# 湖南浏阳客家方言自然语料词典

下

# Dictionary of Liuyang Hakka Dialect based on Natural Spoken Corpus

Volume Ⅱ

陈立中　著

南京大学出版社

# L



【拉手】lak$^{5}$ ʂəu$^{21}$ [名]安装在门窗、抽屉等上面便于用手开关的物件：往里背开是冇问题，搥下去噢。关门个时候子要去里背关呶，去肚里关呶。如今个门是有～唠，从前个大门冇得。我等个冇得。～，～，箇都系学倒个了。学倒如今个讲法了。安做～。uəŋ$^{21}$ti$^{35}$pɔi$^{53}_{44}$k$^{h}$ɔi$^{35}$ʂʅ$^{53}_{44}$ mau$^{13}$uən$^{53}$t$^{h}$i$^{13}_{21}$,ts$^{h}$əŋ$^{21}$xa$^{53}$çi$^{53}_{21}$au$^{0}$.kuan$^{35}$mən$^{13}$ke$^{53}_{44}$ʂʅ$^{13}_{44}$xei$^{53}_{44}$tsʅ$^{0}$ iau$^{53}$çi$^{53}$ti$^{35}$pɔi$^{53}$kuan$^{35}_{44}$nau$^{0}$,çi$^{53}$təu$^{21}$li$^{0}$ kuan$^{35}_{44}$ nau$^{0}$.i$^{13}_{21}$cin$^{35}_{53}$ke$^{53}$mən$^{13}$ʂʅ$^{53}_{44}$iəu$^{35}$lak$^{5}$ ʂəu$^{21}$lau$^{0}$,ts$^{h}$əŋ$^{13}$ts$^{h}$ien$^{13}$ke$^{53}$t$^{h}$ai$^{53}$mən$^{13}_{21}$mau$^{13}$tek$^{3}$.ŋai$^{13}$tien$^{0}$ ke$^{53}$mau$^{13}_{21}$ tek$^{3}$.lak$^{5}$ ʂəu$^{21}$,lak$^{5}$ ʂəu$^{21}$,kai$^{53}_{21}$təu$^{35}_{44}$xe$^{53}_{44}$xɔk$^{5}$ tau$^{21}$ke$^{53}$liau$^{0}$.xɔk$^{5}$ tau$^{21}$i$^{13}_{21}$cin$^{35}_{44}$ke$^{53}$kɔŋ$^{21}$fait$^{5}$ liau$^{0}$.ɔn$^{35}$tso$^{53}_{44}$lak$^{5}$ ʂəu$^{21}$.

【喇叭】la$^{21}$pa$^{0}$ [名]指扬声器：欸，搞滴箇个电子琴箇只唠，欸，～音箱噢。e$_{21}$,kau$^{21}$tet$^{5}$ kai$^{53}_{44}$ke$^{53}_{44}$ t$^{h}$ien$^{53}$tsʅ$^{0}$ c$^{h}$in$^{13}$kai$^{21}$tʂak$^{5}$ lau$^{0}$,ei$_{21}$,la$^{21}$pa$^{0}$ in$^{35}$siɔŋ$^{35}_{44}$ŋau$^{0}$.

【喇叭筒】la$^{53}$pa$^{0}$ t$^{h}$əŋ$^{13}$ [名]抽烟者自己用纸卷成的喇叭状烟卷儿：食～啊。ʂət$^{5}$ la$^{53}$pa$^{0}$ t$^{h}$əŋ$^{13}_{21}$ŋa$^{0}$. ｜滚～ kuən$^{21}$la$^{53}$pa$^{0}$ t$^{h}$əŋ$^{13}$ 抽烟者自己用纸卷制烟卷儿

【腊】lait$^{5}$ [动]通过腌制、晒干、熏烤的方式制成干肉：猪脷子啊，～倒哇，猪脷子～倒也好食嘞。tʂəu$^{35}$li$^{53}$tsʅ$^{0}$ a$^{0}$,lait$^{5}$ tau$^{21}$ua$^{0}$,tʂəu$^{35}$li$^{53}$tsʅ$^{0}$ lait$^{5}$ tau$^{21}$ia$^{35}$xau$^{21}$ʂət$^{5}$ le$^{0}$.

【腊肠】lait$^{5}$ tʂ$^{h}$ɔŋ$^{13}_{21}$ [名]用猪大肠加工成的腊制品。也称"腊肠子"：欸，猪子个大肠，翻转来，洗净来，欸，用绳子缔倒，舞兜糠一炒，就系安做么个肠啊？安做～子，欸交苦瓜炒倒蛮好食。我等以映子只做做～食。有兜廊场舞倒切倒哇清蒸欸箇个炒新鲜食，我等唔食，箇臭猪屎，食唔得。e$_{21}$,tʂəu$^{35}$tsʅ$^{0}$ ke$^{53}_{44}$t$^{h}$ai$^{53}$tʂ$^{h}$ɔŋ$^{13}$,fan$^{35}$tʂuɔn$^{21}$nɔi$^{13}$,se$^{21}$ts$^{h}$iaŋ$^{53}$lɔi$^{13}_{44}$,e$_{21}$,iəŋ$^{53}$ʂən$^{13}$tsʅ$^{0}$ t$^{h}$ak$^{3}$ tau$^{21}$,u$^{21}$ te$^{35}_{53}$xɔŋ$^{35}$iet$^{3}$ ts$^{h}$au$^{21}$,ts$^{h}$iəu$^{53}$xe$^{53}$ɔn$^{35}$tso$^{53}_{44}$mak$^{3}$ ke$^{53}$tʂ$^{h}$ɔŋ$^{13}$ŋa$^{0}$?ɔn$^{35}$tso$^{53}_{44}$lait$^{5}$ tʂ$^{h}$ɔŋ$^{13}_{21}$tsʅ$^{0}$,e$^{0}$ ciau$^{35}_{44}$fu$^{21}$kua$^{35}_{44}$ts$^{h}$au$^{21}$ tau$^{21}$man$^{13}$xau$^{21}$ʂət$^{5}$.ŋai$^{13}_{21}$tien$^{0}$ i$^{21}$iaŋ$^{53}$tsʅ$^{0}$ tʂət$^{3}$ tso$^{53}_{44}$tso$^{53}_{44}$lait$^{5}$ tʂ$^{h}$ɔŋ$^{13}_{21}$ʂət$^{5}$.iəu$^{35}$tiet$^{5}$ laŋ$^{13}_{21}$tʂ$^{h}$ɔŋ$^{13}_{44}$u$^{21}$tau$^{21}$ts$^{h}$iet$^{3}$ tau$^{21}_{44}$ ua$^{0}$ ts$^{h}$in$^{35}$tʂən$^{35}$e$^{0}$ kai$^{53}_{44}$ke$^{53}_{44}$ts$^{h}$au$^{21}$sin$^{35}$sien$^{35}_{44}$ʂət$^{5}$,ŋai$^{13}$tien$^{0}$ n̩$^{13}$ʂət$^{5}$,kai$^{53}$tʂ$^{h}$əu$^{53}_{44}$tʂəu$^{35}$ʂʅ$^{21}$,ʂət$^{5}$ n̩$^{13}_{21}$tek$^{3}$.

【腊肉】lait$^{5}$ɲiəuk$^{3}$ [名]经过盐腌，晒干或风干，再加烟熏的猪肉：～就系腊猪肉。lait$^{5}$ɲiəuk$^{3}$ ts$^{h}$iəu$^{53}_{44}$xe$^{53}_{44}$lait$^{5}$ tʂəu$^{35}_{44}$ɲiəuk$^{3}$.

【腊八豆】lait$^{5}$pait$^{3}$ t$^{h}$ei$^{53}$ [名]湖南传统食品之一，民间多在每年腊月八日开始用煮熟的黄豆发酵腌制：有人做，就学倒讲～，十二月初八哟。学倒别人家咁子做下子。iəu$^{35}$ɲin$^{13}_{21}$tso$^{53}$,ts$^{h}$iəu$^{53}$ xɔk$^{5}$ tau$^{21}$kɔŋ$^{21}$lait$^{5}$ pait$^{3}$ t$^{h}$ei$^{53}$,ʂət$^{5}$ɲi$^{53}_{21}$ɲiet$^{3}$ ts$^{h}$ʅ$^{35}_{44}$pait$^{3}$ io$^{0}$.xɔk$^{5}$ tau$^{21}$p$^{h}$iek$^{5}$ in$^{13}_{44}$ka$^{35}_{44}$kan$^{21}$tsʅ$^{0}$ tso$^{53}$xa$^{53}_{44}$tsʅ$^{0}$.

【腊腊甩甩】lait$^{5}$ lait$^{5}$ ʂait$^{5}$ ʂait$^{5}$ 形容因缺乏依附而摇摆不定：箇个冇牙老子咯，一下冇得哩牙齿咯就有两只特点，一只就箇个嘴巴皮就渠就欸同箇个冇得地方依附样欸，就～嘞，我等话～，两块腊甩皮呢，～啊。让门子唠？渠就会收缩呢。就是摇摇晃晃个意思唠。kai$^{53}$ke$^{53}$ mau$^{13}$ŋa$^{13}_{44}$lau$^{21}$tsʅ$^{0}$ ko$^{0}$,iet$^{3}$ xa$^{53}$mau$^{13}_{21}$tek$^{3}$ li$^{0}$ ŋa$^{13}$tʂ$^{h}$ʅ$^{21}$ko$^{0}$ ts$^{h}$iəu$^{53}$iəu$^{35}_{53}$iɔŋ$^{21}$tʂak$^{3}$ t$^{h}$ek$^{5}$ tien$^{21}$,ie$^{3}$ tʂak$^{3}$ ts$^{h}$iəu$^{53}$kai$^{53}$ ke$^{53}$tsi$^{21}$pa$^{35}_{44}$p$^{h}$i$^{13}$ts$^{h}$iəu$^{53}$ci$^{13}_{21}$ts$^{h}$iəu$^{53}$e$_{21}$t$^{h}$əŋ$^{13}$kai$^{53}_{44}$ke$^{53}_{44}$mau$^{13}$tek$^{3}$ t$^{h}$i$^{53}$fɔŋ$^{35}_{44}$i$^{35}$fu$^{53}$iɔŋ$^{53}_{21}$ŋe$^{0}$,ts$^{h}$iəu$^{53}_{44}$lait$^{5}$ lait$^{5}$ ʂait$^{5}$ ʂait$^{5}$ lei$^{0}$,ŋai$^{13}$tien$^{0}$ ua$^{53}_{44}$lait$^{5}$ lait$^{5}$ ʂait$^{5}$ ʂait$^{5}$,iɔŋ$^{21}$k$^{h}$uai$^{53}$lait$^{5}$ ʂait$^{5}$ p$^{h}$i$^{13}$nei$^{0}$,lait$^{5}$ lait$^{5}$ ʂait$^{5}$ ʂait$^{5}$ a$^{0}$. ɲiɔŋ$^{53}$mən$^{13}_{44}$

tsɿ$^{0}$lau$^{0}$ ?ci$^{13}$tsʰiəu$^{53}$uɔi$^{53}$ʂəu$^{35}$sɔk$^{3}$nei$^{0}$ .tsiəu$^{53}$ʂɿ$^{53}$iau$^{13}$iau$^{13}$faŋ$^{53}$faŋ$^{53}$ke$^{53}_{44}$i$^{53}_{44}$sɿ$^{0}$lau$^{0}$. | 箇我撞怕咯箇人咯唔多注意嘞，箇个裤袋子啊，尤其系以个屁股头箇个裤袋子啊，欸，掏哩东西以后呀，扯嘿出来，系唔系？跑起来是箇个裤袋子～呀。kai$^{53}$ŋai$^{13}_{21}$tsʰɔŋ$^{21}$pʰa$^{53}$ko$^{0}$kai$^{53}$ɲin$^{13}$ko$^{0}$ŋ$^{13}_{21}$to$^{35}_{44}$tʂɥ$^{53}_{44}$i$^{53}$lei$^{0}$,kai$^{53}_{44}$ke$^{53}_{44}$fu$^{53}$tʰɔi$^{53}_{44}$tsɿ$^{0}$a$^{0}$,iəu$^{13}$cʰi$^{13}_{21}$xei$^{53}$i$^{21}$ke$^{53}_{44}$pʰi$^{53}$ku$^{21}$tʰei$^{13}$kai$^{53}_{44}$ke$^{53}_{44}$fu$^{53}$tʰɔi$^{53}_{44}$tsɿ$^{0}$a$^{0}$,e$_{21}$,tʰau$^{13}$li$^{0}$təŋ$^{35}$si$^{0}$i$^{35}_{44}$xei$^{53}_{44}$ia$^{0}$,tʂʰa$^{21}$xek$^{3}$tʂʰət$^{3}$lɔi$^{13}_{21}$,xei$^{53}_{44}$me$^{53}_{44}$?pʰau$^{21}$çi$^{21}$lɔi$^{13}$ʂɿ$^{53}$kai$^{53}$(k)e$^{53}_{21}$fu$^{53}$tʰɔi$^{53}_{21}$tsɿ$^{0}$lait$^{5}$lait$^{5}$ʂait$^{5}$ʂait$^{5}$ia$^{0}$.

【腊梅】lait$^{5}$mɔi$^{13}$ 名 一种落叶灌木，冬季开花：～是渠就到哩冬下十二月开个哦，就安做～噢。lait$^{5}$mɔi$^{13}$ʂɥ$^{53}_{44}$ci$^{13}_{21}$tsʰiəu$^{53}_{44}$tau$^{53}$li$^{0}$təŋ$^{35}$xa$^{53}_{44}$ʂət$^{5}$ɲi$^{53}_{44}$ɲiet$^{5}_{3}$kʰɔi$^{35}$ke$^{53}_{44}$o$^{0}$,tsʰiəu$^{53}_{44}$ɔn$^{35}_{44}$tso$^{53}_{44}$lait$^{5}$mɔi$^{13}_{21}$au$^{0}$.

【腊牛肉】lait$^{5}$ɲiəu$^{13}$ɲiəuk$^{3}$ 名 经过盐腌，晒干或风干，再加烟熏的牛肉：腊肉，就系指腊猪肉。如果牛肉箇只就爱硬爱指出牛来，～。lait$^{5}$ɲiəuk$^{3}$,tsʰiəu$^{53}$xe$^{53}$tʂɿ$^{21}$lai$^{5}$tʂəu$^{35}_{44}$ɲiəuk$^{3}$.y$^{13}$ko$^{21}$ɲiəu$^{13}$ɲiəuk$^{3}$kai$^{53}_{44}$tʂak$^{3}$tsʰiəu$^{53}_{44}$ɔi$^{53}_{44}$ɲiaŋ$^{53}_{44}$ɔi$^{53}_{44}$tʂɿ$^{21}$tʂʰət$^{3}$ɲiəu$^{13}$lɔi$^{13}_{44}$,lait$^{5}$ɲiəu$^{13}$ɲiəuk$^{3}$.

【腊甩皮】lait$^{5}$ʂait$^{5}$pʰi$^{13}$ 名 指因缺乏依附而摇摆不定的皮肉：箇个冇牙老子咯，箇个嘴巴皮就渠就欸同箇个冇得地方依附样欸，两块～呢。kai$^{53}$ke$^{53}$mau$^{13}$ŋa$^{13}_{44}$lau$^{21}$tsɿ$^{0}$ko$^{0}$, kai$^{53}$ke$^{53}$tsi$^{21}$pa$^{35}_{44}$pʰi$^{13}$tsʰiəu$^{53}$ci$^{13}_{21}$tsʰiəu$^{53}$e$_{21}$tʰəŋ$^{13}$kai$^{53}_{44}$ke$^{53}_{44}$mau$^{13}$tek$^{3}$tʰi$^{53}$fɔŋ$^{35}_{44}$i$^{35}$fu$^{53}$iɔŋ$^{53}_{21}$ŋe$^{0}$,iɔŋ$^{21}$kʰuai$^{53}$lait$^{5}$ʂait$^{5}$pʰi$^{13}$nei$^{0}$.

【腊兔子】lait$^{5}$tʰəu$^{53}$tsɿ$^{0}$ 名 腌制后熏干的兔子：哦，今晡昼边搞两碗菜哈，一碗～，一碗欸安做么个豆角。蒸，蒸倒食。欸，渠话～也可以蒸话。/可以，真系好食啊。o$_{53}$,cin$^{35}_{44}$pu$^{35}_{44}$tʂəu$^{53}$pien$^{35}_{44}$kau$^{21}$iɔŋ$^{21}$uɔn$^{21}$tsʰɔi$^{53}$xa$_{44}$,iet$^{3}$uɔn$^{21}$lait$^{5}$tʰəu$^{53}$tsɿ$^{0}$,iet$^{3}$uɔn$^{21}$e$_{21}$ɔn$^{35}_{44}$tso$^{53}$mak$^{3}$ke$^{53}_{44}$tʰei$^{53}$kɔk$^{3}$.tʂən$^{35}$,tʂən$^{35}$tau$^{21}$ʂət$^{5}$.e$_{44}$,ci$^{13}_{21}$ua$^{53}_{44}$lait$^{5}$tʰəu$^{53}$tsɿ$^{0}$a$^{35}_{44}$kʰo$^{21}$i$^{35}_{44}$tʂən$^{35}$ua$^{53}$./kʰo$^{21}$i$^{35}_{44}$,tʂən$^{35}$ne$^{53}$xau$^{21}$ʂət$^{5}$a$^{0}$.

【腊鸭子】lait$^{5}$ait$^{3}$tsɿ$^{0}$ 名 腌制后熏干的兔子：～腊兔子都蒸倒好食。食哩更有热。lait$^{5}$ait$^{3}$tsɿ$^{0}$lait$^{5}$tʰəu$^{53}$tsɿ$^{0}$tau$^{35}_{44}$tʂən$^{35}_{44}$tau$^{21}_{44}$xau$^{21}$ʂət$^{5}$.ʂət$^{5}$li$^{0}$ken$^{53}$mau$^{13}$ɲiet$^{5}$.

【腊靥】lait$^{5}$iait$^{3}$ 形 状态词。很瘪：（筑墙）硬只搞倒点多子钟就肚子就～哦硬哦。ɲiaŋ$^{53}$tʂɿ$^{21}$kau$^{21}$tau$^{21}$tian$^{21}$to$^{35}$tsɿ$^{0}$tʂəŋ$^{35}_{44}$tsʰiəu$^{53}$tu$^{21}$tsɿ$^{0}$tsʰiəu$^{53}_{44}$lait$^{5}$iait$^{3}$o$^{0}$ɲiaŋ$^{53}_{44}$o$_{35}$.

【腊鱼】lait$^{5}$ŋ̍$^{13}$ 名 将鱼洗净腌制晒干熏制的食品：过年个时候子家家都会搞兜子～。～腊肉哇，系啊？～还在前呢。～让门做啊？呃，舞倒箇个鱼，破开来，咬盐，欸，破开来跌滗下子水，咬，当然破个时候子爱洗净来吵，系唔系？咬盐，跌滗下子水就咬兜盐，放下缸里咬下子，咬久下子，咬渠几天呢。咬渠几天以后，欸，天好个话，提起来，吹干下子，嗯，吹干下子水。欸，以下就可以去箇个可以放倒去炕啊，舞倒火烟去炕啊，去熏呐，箇就～啊。ko$^{53}$ɲien$^{13}$ke$^{53}_{44}$ʂɥ$^{13}_{44}$xəu$^{53}_{44}$tsɿ$^{0}$ka$^{35}$ka$^{35}_{44}$təu$^{35}_{44}$uɔi$^{53}_{44}$kau$^{21}$təu$^{35}_{53}$tsɿ$^{0}$lait$^{5}$ŋ̍$^{13}_{21}$.lait$^{5}$ŋ̍$^{13}$lait$^{5}$ɲiəuk$^{3}$ua$^{0}$,xei$^{53}_{44}$a$^{0}$?lait$^{5}$ŋ̍$^{13}$xai$^{13}$tsʰai$^{53}$tsʰien$^{13}$nei$^{0}$.lait$^{5}$ŋ̍$^{13}$ɲiɔŋ$^{53}_{21}$mən$^{13}_{44}$tso$^{53}$a$^{0}$?e$_{21}$,u$^{21}$tau$^{21}$kai$^{53}$ke$^{53}$ŋ̍$^{13}$,pʰo$^{53}$kʰɔi$^{35}_{44}$lɔi$^{13}_{21}$,ŋau$^{21}$ian$^{13}$,e$_{21}$,pʰo$^{53}$kʰɔi$^{35}$lɔi$^{13}_{21}$tet$^{3}$lian$^{21}$xa$^{53}$tsɿ$^{0}$ʂei$^{21}$,ŋau$^{21}$,tɔŋ$^{35}$vien$^{13}_{21}$pʰo$^{53}$ke$^{53}_{44}$ʂɥ$^{13}_{44}$xəu$^{53}_{44}$tsɿ$^{0}$ɔi$^{53}_{44}$sei$^{21}$tsʰiaŋ$^{53}$lɔi$^{13}_{21}$ʂa$^{0}$,xei$^{53}$me$^{53}$?ŋau$^{21}$ian$^{13}$,tet$^{3}$lian$^{21}$ni$^{0}$(x)a$^{53}$tsɿ$^{0}$ʂei$^{21}$tsʰiəu$^{53}$ŋau$^{21}$tei$^{35}_{53}$ian$^{13}$,fɔŋ$^{53}_{44}$xa$^{53}_{44}$kɔŋ$^{35}$li$^{0}$ŋau$^{21}$ua$^{53}$tsɿ$^{0}$,ŋau$^{21}$ciəu$^{21}$ua$^{53}_{44}$tsɿ$^{0}$,ŋau$^{21}$ci$^{13}_{21}$ci$^{21}$tʰien$^{35}$ne$^{0}$.ŋau$^{21}$ci$^{13}_{44}$ci$^{21}$tʰien$^{35}_{44}$i$^{35}_{44}$xei$^{53}$,ei$_{21}$,tʰien$^{35}$xau$^{21}$ke$^{53}$fa$^{53}$,tʰia$^{35}$çi$^{21}$lɔi$^{13}_{21}$,tʂʰei$^{35}$kɔn$^{35}_{44}$na$^{53}$tsɿ$^{0}$,n$_{21}$,tʂʰei$^{35}_{44}$kɔn$^{35}_{44}$na$^{53}$tsɿ$^{0}$ʂei$^{21}$.e$_{21}$,i$^{21}$xa$^{53}$tsʰiəu$^{53}$kʰo$^{21}$i$^{35}_{53}$çi$^{53}_{44}$kai$^{53}_{44}$ke$^{53}_{44}$kʰo$^{21}$i$^{35}_{44}$fɔŋ$^{53}$tau$^{21}$çi$^{53}_{44}$kʰɔŋ$^{53}$ŋa$^{0}$,u$^{21}$tau$^{21}$fo$^{21}$ien$^{35}_{44}$çi$^{53}_{44}$kʰɔŋ$^{53}$ŋa$^{0}$,çi$^{53}_{44}$çin$^{35}$na$^{0}$,kai$^{53}_{44}$tsʰiəu$^{53}_{44}$lait$^{5}$ŋ̍$^{13}_{21}$ŋa$^{0}$.

【腊猪肉】lait$^{5}$tʂəu$^{35}_{44}$ɲiəuk$^{3}$ 名 经过盐腌，晒干或风干，再加烟熏的猪肉：～箇只就放下火上去安做放倒去炕嘞或者。lait$^{5}$tʂəu$^{35}$ɲiəuk$^{3}$kai$^{53}_{44}$tʂak$^{3}_{5}$tsʰiəu$^{53}_{44}$fɔŋ$^{53}_{44}$xa$^{53}_{44}$fo$^{21}$xɔŋ$^{53}_{44}$çi$^{53}_{44}$ɔn$^{35}_{44}$tso$^{53}_{44}$fɔŋ$^{53}$tau$^{21}$çi$^{53}_{44}$kʰɔŋ$^{53}$lei$^{0}$xoit$^{5}$tʂa$^{21}$.

【蜡】lait$^{5}$ 名 动物、植物或矿物所产生的油质，常温下为固态，具有可塑性，易熔化，不溶于水：蜡树就还有。蜡虫，放下蜡树上，就会有～。lait$^{5}$ʂəu$^{53}$tsʰiəu$^{53}_{44}$xai$^{13}_{21}$iəu$^{35}_{44}$.lait$^{5}$tʂʰəŋ$^{13}$,fɔŋ$^{53}_{44}$xa$^{53}_{44}$lait$^{5}$ʂəu$^{53}$xɔŋ$^{53}$,tsʰiəu$^{53}_{44}$uɔi$^{53}_{44}$iəu$^{35}$lait$^{5}$.

【蜡笔】lait$^{5}$piet$^{3}$ 名 颜料搀在蜡里制成的条状物：以前就蛮多人用～嘞，我等细细子就用～了。i$^{35}_{53}$tsʰien$^{13}$tsʰiəu$^{53}$man$^{13}_{21}$to$^{35}_{53}$ɲin$^{13}_{21}$iəŋ$^{53}_{44}$lait$^{5}$piet$^{3}$le$^{0}$,ŋai$^{13}_{21}$tien$^{0}$se$^{53}$se$^{53}$tsɿ$^{0}$tsʰiəu$^{53}_{44}$iəŋ$^{53}_{44}$lait$^{5}$piet$^{3}$le$^{0}$.

【蜡虫】lait$^{5}$tʂʰəŋ$^{13}$ 名 白蜡虫的俗称：～有喔。我细细子就看过。放下箇树上啊，放下箇蜡树上啊，渠就会……箇蜡啊箇树上就箇树干上就有咁个蜡呀，雪白个蜡呀。我等撖倒去搞哇。细细子，欸。以下𫟔看倒有哪映有～了。有么人放了。蜡树就还有。～，放下蜡树上，就会有蜡。lait$^{5}$tʂʰəŋ$^{13}_{21}$iəu$^{35}$uo$^{0}$.ŋai$^{13}$se$^{53}$se$^{53}$tsɿ$^{0}$tsʰiəu$^{53}_{44}$kʰɔn$^{53}$ko$^{53}_{21}$.fɔŋ$^{53}$xa$^{53}_{44}$kai$^{53}_{44}$ʂəu$^{53}$xɔŋ$^{53}_{44}$ŋa$^{0}$,fɔŋ$^{53}_{44}$xa$^{53}_{44}$kai$^{53}_{44}$lait$^{5}$ʂəu$^{53}_{21}$xɔŋ$^{53}_{21}$ŋa$^{0}$,ci$^{13}$tsʰiəu$^{53}$uɔi$^{53}$⋯kai$^{53}_{44}$lait$^{5}$a$^{0}$kai$^{53}_{44}$ʂəu$^{53}$xɔŋ$^{53}_{44}$tsʰiəu$^{53}_{44}$kai$^{53}_{44}$ʂəu$^{53}$kɔn$^{53}_{44}$xɔŋ$^{53}_{44}$tsʰiəu$^{53}_{44}$iəu$^{35}_{44}$kan$^{21}$ke$^{53}_{44}$lait$^{5}$ia$^{0}$,siet$^{3}$pʰak$^{5}_{3}$ke$^{53}_{44}$lait$^{5}$ia$^{0}$.ŋai$^{13}_{21}$tien$^{0}$miet$^{3}$tau$^{21}$çi$^{53}$kau$^{21}$ua$^{0}$.se$^{53}$se$^{53}$tsɿ$^{0}$,e$_{21}$.i$^{21}$xa$^{53}$maŋ$^{13}$kʰɔn$^{53}$tau$^{21}$iəu$^{35}_{44}$lai$^{53}_{44}$iaŋ$^{53}_{44}$iəu$^{35}_{44}$lait$^{5}$tʂʰəŋ$^{13}_{21}$liau$^{0}$.mau$^{13}_{21}$mak$^{3}$in$^{13}$fɔŋ$^{53}$liau$^{0}$.lait$^{5}$ʂəu$^{53}$tsʰiəu$^{53}_{44}$xai$^{13}_{21}$iəu$^{35}_{44}$.lait$^{5}$tʂʰəŋ$^{13}$,fɔŋ$^{53}_{44}$xa$^{53}_{44}$lait$^{5}$

ʂəu$^{53}$xɔŋ$^{53}$,tsʰiəu$^{53}_{44}$uɔi$^{53}_{44}$iəu$^{35}$lait$^{5}$.

【蜡树】lait$^{5}$ʂəu$^{53}$ 名 小叶白蜡树的俗称：就箇箇白果树下箇映子箇有只陈世琛呢，渠箇角上就有几只大个～。tsiəu$^{53}_{44}$kai$^{53}_{44}$kai$^{53}_{44}$pʰak$^{5}$ko$^{21}$ʂəu$^{53}$xa$^{53}_{44}$kai$^{53}_{44}$iaŋ$^{53}$tsɿ$^{0}$kai$^{53}_{44}$iəu$^{35}_{44}$tʂak$^{3}$tʂʰən$^{13}$ʂɿ$^{53}_{44}$tʂʰən$^{35}$nei$^{0}$,ci$^{13}_{44}$kai$^{53}_{44}$kɔk$^{3}$xɔŋ$^{53}_{44}$tsʰiəu$^{53}_{44}$iəu$^{35}$ci$^{21}$(tʂ)ak$^{3}$tʰai$^{53}_{44}$ke$^{0}$lait$^{5}$ʂəu$^{53}_{44}$.

【蜡纸】lait$^{5}$tʂɿ$^{21}$ 名 生产厂家采用油蜡材料制成的纸，八开大小，纸质光滑透明，纸上有统一大小的方格，便于刻写：～就以下就冇多么人用了嘞。刻～啊，用钢板去刻～啊，刻倒来印东西啊。以下冇多么人用了，尽用打印机了。我用过，哦嗬，箇阵子是。lait$^{5}$tʂɿ$^{21}$tsʰiəu$^{53}$i$^{21}$xa$^{53}_{44}$tsʰiəu$^{53}$mau$^{13}_{21}$to$^{35}_{53}$mak$^{3}$in$^{13}_{44}$iəŋ$^{53}$liau$^{0}$le$^{0}$.kʰek$^{3}$lait$^{5}$tʂɿ$^{21}$a$^{0}$,iəŋ$^{53}_{44}$kɔŋ$^{35}$pan$^{21}$çi$^{53}$kʰek$^{3}$lait$^{5}$tʂɿ$^{21}$a$^{0}$,kʰek$^{3}$tau$^{21}$lɔi$^{13}$in$^{53}$təŋ$^{35}$si$^{0}$a$^{0}$.i$^{21}$xa$^{53}$mau$^{13}_{21}$to$^{35}_{53}$mak$^{3}$in$^{13}_{44}$iəŋ$^{53}$liau$^{0}$,tsʰin$^{53}$iəŋ$^{53}_{44}$ta$^{21}$in$^{53}_{44}$ci$^{35}$liau$^{0}$.ŋai$^{13}$iəŋ$^{53}$ko$^{53}_{21}$,o$_{53}$xo$_{21}$,kai$^{53}_{44}$tʂʰən$^{53}_{44}$tsɿ$^{0}$ʂɿ$^{53}_{21}$.

【蜡烛】lait$^{5}$tʂəuk$^{3}$ 名 蜡制的固体照明用品：如今个～就系石蜡做个烛。i$^{13}_{21}$cin$^{35}_{53}$ke$^{53}$lait$^{5}$tʂəuk$^{3}$tsʰiəu$^{53}$xe$^{53}$ʂak$^{5}$lait$^{5}$tso$^{53}$ke$^{53}_{21}$tʂəuk$^{3}$.｜我等屋下都还一掐掐个～放倒去下子嘞。怕停电呐。以前停电买个。ŋai$^{13}$tien$^{0}$uk$^{3}$xa$^{53}$təu$^{35}_{53}$xai$^{13}_{21}$iet$^{3}$kʰa$^{3}$kʰa$^{3}$ke$^{53}$lait$^{5}$tʂəuk$^{3}$fɔŋ$^{53}_{44}$tau$^{21}_{44}$çi$^{53}_{44}$xa$^{53}_{44}$tsɿ$^{0}$lei$^{0}$.pʰa$^{3}$tʰin$^{13}$tʰien$^{53}$na$^{0}$.i$^{35}_{53}$tsʰien$^{13}_{21}$tʰin$^{13}$tʰien$^{53}$mai$^{35}$ke$^{53}_{44}$.

【瘌$_{1}$】lait$^{3}$ 名 锅巴：饭烧嘿哩哈，烧哩～哈。fan$^{53}$ʂau$^{35}$(x)ek$^{3}$li$^{0}$xa$^{0}$,ʂau$^{35}$li$^{0}$lait$^{3}$xa$^{0}$.

【瘌$_{2}$】lait$^{3}$ 动 饭糊了：～嘿哩，欸，烧哩镬啊，安做烧哩镬。lait$^{3}$liek$^{3}$li$^{0}$,e$_{21}$,ʂau$^{35}$li$^{0}$uɔk$^{5}$a$^{0}$,ɔn$^{35}$tso$^{53}_{44}$ʂau$^{35}$li$^{0}$uɔk$^{5}$.

【瘌痢】lait$^{3}$li$^{35}$ 名 ①黄癣；以前就有发～个。以下冇得哩，发～个冇得哩。发～嘞就系因为箇个剃头师傅哇卫生𫠛搞得好，交叉传染，发只箇～。我细细子发过～啦。～发得恶个时候箇头发都冇哩生噢，一扡一扡冇哩生噢。我等是还幸亏也冇得咁厉害。i$^{35}_{53}$tsʰien$^{13}$tsʰiəu$^{53}_{44}$iəu$^{35}$fait$^{3}$lait$^{3}$li$^{35}$cie$^{53}$.i$^{21}$xa$^{53}$mau$^{13}_{21}$tek$^{3}$li$^{0}$,fait$^{3}$lait$^{3}$li$^{35}$ke$^{53}$mau$^{13}_{21}$tek$^{3}$li$^{0}$.fait$^{3}$lait$^{3}$li$^{35}$lei$^{0}$tsʰiəu$^{53}$xei$^{53}$in$^{35}$uei$^{53}_{44}$kai$^{53}_{44}$ke$^{53}_{44}$tʰe$^{53}$tʰei$^{13}$sɿ$^{35}_{44}$fu$^{53}$va$^{0}$uei$^{53}$sen$^{35}_{44}$maŋ$^{13}_{21}$kau$^{21}$tek$^{3}$xau$^{21}$,ciau$^{35}$tsʰa$^{35}_{44}$tʂʰen$^{13}_{21}$ven$^{21}$,fait$^{3}$tʂak$^{3}$kai$^{53}$lait$^{3}$li$^{35}$.ŋai$^{13}$se$^{53}$se$^{53}$tsɿ$^{0}$fait$^{3}$ko$^{53}$lait$^{3}$li$^{35}$la$^{0}$.lait$^{3}$li$^{35}$fait$^{3}$tek$^{3}$ɔk$^{3}$ke$^{53}$ʂɿ$^{13}_{21}$xəu$^{53}$kai$^{53}$tʰei$^{13}_{21}$fait$^{3}$təu$^{35}_{53}$mau$^{13}_{21}$li$^{0}$saŋ$^{35}$au$^{0}$,iet$^{3}$tsiak$^{3}$iet$^{3}$tsiak$^{3}$mau$^{13}$li$^{0}$saŋ$^{35}$ŋau$^{0}$.ŋai$^{13}$tien$^{0}$ʂɿ$^{53}$xai$^{13}_{21}$çin$^{53}$kʰuei$^{35}_{44}$ia$^{35}_{53}$mau$^{13}$tek$^{3}$kan$^{21}$li$^{53}$xɔi$^{53}$. ②对头上长瘌痢者的贬称：欸，箇只瘌……～呀，箇只～呀。箇有滴时候子硬加姓噢。箇只么个黄～呀。欸，张～呀。箇就只系背倒人家讲啊。e$_{21}$,kai$^{53}$tʂak$^{3}$lait$^{3}$…lait$^{3}$li$^{35}$ia$^{0}$,kai$^{53}$tʂak$^{3}$lait$^{3}$li$^{35}$ia$^{0}$.kai$^{53}_{44}$iəu$^{35}$tet$^{5}$ʂɿ$^{13}_{44}$xei$^{53}_{44}$tsɿ$^{0}$ɲiaŋ$^{53}_{44}$cia$^{35}$siaŋ$^{53}$ŋau$^{0}$.kai$^{53}$tʂak$^{3}$mak$^{3}$(k)e$^{53}_{44}$uɔŋ$^{13}$lait$^{3}$li$^{35}$ia$^{0}$.e$_{21}$,tʂɔŋ$^{35}$lait$^{3}$li$^{35}$ia$^{0}$.kai$^{53}_{44}$tsiəu$^{53}_{44}$tʂɿ$^{21}$(x)e$^{53}_{44}$pei$^{53}$tau$^{21}$ɲin$^{13}$ka$^{35}_{44}$kɔŋ$^{21}$ŋa$^{0}$.

【瘌痢牯】lait$^{3}$li$^{35}$ku$^{21}$ 名 对瘌头男子的贬称：欸，箇个同学子有兜发瘌痢个就箇个啊尽兜喊渠～啊，我等小学同学子啊。一般都有，哪只班都有几只～。有兜兄弟姊妹多个，爷娭管唔到个，卫生……欸，𫠛多同渠勤洗头箇只个，就会发瘌痢，就系～。e$_{21}$,kai$^{53}_{44}$ke$^{53}_{44}$tʰəŋ$^{13}$çiɔk$^{5}$tsɿ$^{0}$iəu$^{35}$te$^{35}_{53}$fait$^{3}$lait$^{3}$li$^{35}$ke$^{53}$tsʰiəu$^{53}$kai$^{53}_{44}$ke$^{53}_{44}$a$^{0}$tsʰin$^{53}$tei$^{35}_{53}$xan$^{53}$ci$^{13}_{21}$lait$^{3}$li$^{35}$ku$^{21}$a$^{0}$,ŋai$^{13}$tien$^{0}$siau$^{21}$çiɔk$^{5}$tʰəŋ$^{13}_{21}$çiɔk$^{5}$tsɿ$^{0}$a$^{0}$.iet$^{3}$pan$^{35}$təu$^{35}_{44}$iəu$^{35}_{53}$,lai$^{13}$tʂak$^{3}$pan$^{35}_{44}$təu$^{35}_{44}$iəu$^{35}_{53}$ci$^{21}$tʂak$^{3}$lait$^{3}$li$^{35}$ku$^{21}$.iəu$^{35}$tiet$^{5}$çiəŋ$^{35}$tʰi$^{53}$tsi$^{21}$mɔi$^{53}$to$^{35}$kei$^{53}$,ia$^{13}$ɔi$^{35}_{44}$kɔn$^{21}$n̩$^{13}$tau$^{53}$ke$^{0}$,uei$^{53}$sen$^{35}_{44}$…e$_{21}$,maŋ$^{13}$to$^{35}_{53}$tʰəŋ$^{13}_{21}$ci$^{13}_{44}$cʰin$^{13}$se$^{53}$tʰei$^{13}$kai$^{53}_{44}$tʂak$^{3}$ke$^{53}_{44}$,tsiəu$^{53}$uɔi$^{53}$fait$^{3}$lait$^{3}$li$^{35}$,tsiəu$^{53}$xe$^{53}$lait$^{3}$li$^{35}$ku$^{21}$.

【瘌痢壳】lait$^{3}$li$^{35}$kʰɔk$^{3}$ 名 对瘌头者的贬称：你看箇只细子啊一只～，瘆死人。ɲi$^{13}$kʰɔn$^{53}$kai$^{53}$tʂak$^{3}$se$^{53}$tsɿ$^{0}$a$^{0}$iet$^{3}$tʂak$^{3}$lait$^{3}$li$^{35}$kʰɔk$^{3}$,ɲia$^{13}$si$^{21}$ɲin$^{13}$.

【瘌痢婆】lait$^{3}$li$^{35}$pʰo$^{13}$ 名 对瘌头妇女的贬称：有大人发瘌痢个噢。箇癫嫲箇兜就发瘌痢啊。箇就指神智唔正常个。就有发瘌痢个。箇阵子我等箇有哇，有箇婆婆子发瘌痢啊，有箇夫娘子啊发瘌痢个，～啊。iəu$^{35}$tʰai$^{53}$nin$^{13}_{21}$fait$^{3}$lait$^{3}$li$^{35}_{44}$ke$^{53}$au$^{0}$.kai$^{53}_{44}$tien$^{35}$ma$^{13}_{21}$kai$^{53}$tei$^{35}_{53}$tsʰiəu$^{53}$fait$^{3}$lait$^{3}$li$^{35}_{44}$a$^{0}$.kai$^{53}$tsʰiəu$^{53}$tʂɿ$^{21}$ʂən$^{13}$tʂɿ$^{53}$n̩$^{13}$tʂən$^{53}$tʂʰɔŋ$^{13}_{21}$ke$^{53}$.tsʰiəu$^{53}_{44}$iəu$^{35}_{44}$fait$^{3}$lait$^{3}$li$^{35}$ke$^{53}$.kai$^{53}_{44}$tʂʰən$^{53}$tsɿ$^{0}$ŋai$^{13}$tien$^{0}$kai$^{53}$iəu$^{35}$ua$^{0}$,iəu$^{35}$kai$^{53}$pʰo$^{13}$pʰo$^{13}_{21}$tsɿ$^{0}$fait$^{3}$lait$^{3}$li$^{35}_{44}$a$^{0}$,iəu$^{35}_{44}$kai$^{53}$pu$^{35}$ɲiɔŋ$^{13}_{21}$tsɿ$^{0}$a$^{0}$fait$^{3}$lait$^{3}$li$^{35}_{53}$ke$^{53}_{21}$,lait$^{3}$li$^{35}_{53}$pʰo$^{13}$a$^{0}$.

【瘌痢子】lait$^{3}$li$^{35}$tsɿ$^{0}$ 名 对瘌头者的贬称，通称：～就一般都称呃箇统称箇起人，瘌痢婆瘌痢……么个瘌痢牯哇瘌痢壳啊，通称～。lait$^{3}$li$^{35}_{44}$tsɿ$^{0}$tsʰiəu$^{53}$iet$^{3}$pɔn$^{35}$təu$^{35}$tʂʰən$^{35}$ə$_{21}$kai$^{53}_{44}$tʰəŋ$^{21}$tʂʰən$^{35}$kai$^{53}$çi$^{21}$ɲin$^{13}$,lait$^{3}$li$^{35}_{44}$pʰo$^{13}$lait$^{3}$li$^{35}_{44}$…mak$^{3}$ke$^{53}$lait$^{3}$li$^{35}_{44}$ku$^{21}$ua$^{0}$lait$^{3}$li$^{35}_{44}$kʰɔk$^{3}$a$^{0}$,tʰəŋ$^{35}$tʂʰən$^{35}_{53}$lait$^{3}$li$^{35}_{44}$tsɿ$^{0}$.

【瘌露霜】lait$^{3}$ləu$^{53}$sɔŋ$^{35}$ 名 水霜：箇只“瘌”是么啊唠？箇只“发瘌痢”个“瘌”。～。瘌痢样。雪白雪白。kai$^{53}$tʂak$^{3}$lait$^{3}$ʂɿ$^{53}_{21}$mak$^{3}$a$^{0}$lau$^{0}$?kai$^{53}$tʂak$^{3}$fait$^{3}$lait$^{3}$li$^{35}$ke$^{53}$lait$^{3}$.lait$^{3}$ləu$^{53}$sɔŋ$^{35}$.lait$^{3}$li$^{35}$iɔŋ$^{53}_{44}$.siet$^{5}$pʰak$^{5}_{3}$siet$^{5}_{3}$pʰak$^{5}$.

L

【辣】lait$^{5}$ 形像辣椒等的刺激性味道：箇个唔知几～个就安做钉椒子。kai$^{53}_{44}$ke$^{53}_{44}$n̩$^{13}_{21}$ti$^{35}_{44}$ci$^{13}_{44}$lait$^{5}$ke$^{53}_{44}$ts$^{h}$iəu$^{53}$ɔn$^{35}_{44}$tso$^{53}_{44}$taŋ$^{35}$tsiau$^{35}$tsɿ$^{0}$.｜也系～死人个啦箇指七姊妹辣椒就是。ia$^{35}$xe$^{53}$lait$^{5}$si$^{21}$ɲin$^{13}$ke$^{53}$la$^{0}$kai$^{53}$tsiəu$^{53}_{21}$ʂʅ$^{53}_{21}$.

【辣椒】lait$^{5}$tsiau$^{35}$ 名一年生草本作物，果实味辛辣，可做蔬菜或调味用。也称“辣椒子”：一行～ iet$^{3}$xɔŋ$^{13}$lait$^{5}$tsiau$^{35}$｜我栽～哇。ŋai$^{13}_{21}$tsɔi$^{35}$lait$^{5}$tsiau$^{35}_{44}$ua$^{0}$.｜（豆腐渣）放滴子～子去咁子炒哇，煮下子啊，炒倒食啦。fɔŋ$^{53}_{44}$tet$^{5}_{3}$tsɿ$^{0}$lait$^{5}$tsiau$^{35}_{44}$tsɿ$^{0}$çi$^{53}$kan$^{21}$tsɿ$^{0}$ts$^{h}$au$^{21}$ua$^{0}$,tʂəu$^{21}$ua$^{53}$(←xa$^{53}$)tsa$^{0}$,ts$^{h}$au$^{21}$tau$^{21}$ʂət$^{5}$la$^{0}$.

【辣椒粉】lait$^{5}$tsiau$^{35}_{44}$fən$^{21}$ 名干辣椒末：（酸枣糕肚里）放～呐。fɔŋ$^{53}_{44}$lait$^{5}$tsiau$^{35}_{44}$fən$^{21}$na$^{0}$.｜用～箇只唠，去腌唠，去伏哦，放～去伏哦。iəŋ$^{53}$lait$^{5}$tsiau$^{35}$fən$^{21}$kai$^{53}_{44}$tʂak$^{3}$lau$^{0}$,çi$^{53}$ien$^{35}$nau$^{0}$,çi$^{53}_{44}$fuk$^{5}$o$^{0}$,fɔŋ$^{53}_{44}$lait$^{5}$tsiau$^{35}$fən$^{21}$çi$^{53}_{44}$fuk$^{5}$o$^{0}$.

【辣椒干】lait$^{5}$tsiau$^{35}_{44}$kɔn$^{35}$ 名脱水晒干的辣椒：渠青辣椒晒干来个～雪白呢。ci$^{13}_{21}$ts$^{h}$iaŋ$^{35}$lait$^{5}_{3}$tsiau$^{35}_{44}$sai$^{53}$kɔn$^{35}$nɔi$^{13}_{21}$ke$^{53}_{21}$lait$^{5}$tsiau$^{35}_{44}$kɔn$^{35}$siet$^{5}$p$^{h}$ak$^{5}$nei$^{0}$.

【辣椒酱】lait$^{5}$tsiau$^{35}_{44}$tsiɔŋ$^{53}$ 名将辣椒捣烂而制成的酱：～呃我等以映冇么人做，只有去买，买～。欸，头到我姆婆就嗯我买瓶～分渠，渠蛮喜欢食嘞。渠曾食过，我娭子曾食过～。渠蛮喜欢食，又唔多辣呀，又唔系几辣子啊。渠剁辣椒就食阵唔想食哩了。lait$^{5}$tsiau$^{35}_{44}$tsiɔŋ$^{53}$ə$_{21}$ŋai$^{13}_{21}$tien$^{0}$i$^{21}$iaŋ$^{53}$mau$^{13}_{21}$mak$^{3}$in$^{13}_{44}$tso$^{53}$,tʂʅ$^{21}$iəu$^{35}_{53}$çi$^{53}$mai$^{35}$,mai$^{35}$lait$^{5}$tsiau$^{35}_{44}$tsiɔŋ$^{53}$.e$_{21}$,t$^{h}$ei$^{13}_{21}$tau$^{53}$ŋai$^{13}_{44}$m̩$^{35}$me$^{35}_{44}$ts$^{h}$iəu$^{53}_{44}$n̩$_{21}$ŋai$^{13}_{21}$mai$^{35}$p$^{h}$in$^{13}_{21}$lait$^{5}$tsiau$^{35}_{44}$tsiɔŋ$^{53}$pən$^{35}$ci$^{13}_{21}$,ci$^{13}_{21}$man$^{13}$çi$^{21}$fɔn$^{35}_{44}$ʂət$^{5}$lei$^{0}$.ci$^{13}_{21}$maŋ$^{13}$ʂət$^{5}$ko$^{53}_{44}$,ŋai$^{13}_{21}$ɔi$^{35}$tsɿ$^{0}$maŋ$^{13}_{21}$ʂət$^{5}$ko$^{53}_{44}$lait$^{5}$tsiau$^{35}_{44}$tsiɔŋ$^{53}$.ci$^{13}_{21}$man$^{13}$çi$^{21}$fɔn$^{35}_{44}$ʂət$^{5}$,iəu$^{53}$n̩$^{13}$to$^{35}_{44}$lait$^{5}$ia$^{0}$,iəu$^{53}$m̩$^{13}$p$^{h}$ei$^{53}$ci$^{21}$lait$^{5}$tsɿ$^{0}$a$^{0}$.ci$^{13}$to$^{53}$lait$^{5}_{3}$tsiau$^{35}$ts$^{h}$iəu$^{53}_{44}$ʂət$^{5}$tʂ$^{h}$ən$^{53}$n̩$^{13}$siɔŋ$^{21}$ʂət$^{5}$li$^{0}$liau$^{0}$.

【辣椒筒】lait$^{5}$tsiau$^{35}_{44}$t$^{h}$əŋ$^{13}$ 名将辣椒整个地焯后晾晾，加以甘草、紫苏等香料后再晒干，用作茶点。也称“辣椒筒子”：箇个么个豆角干呐，～啊，苦瓜筒啊，箇就安做盐换茶。kai$^{53}_{44}$cie$^{53}_{44}$mak$^{3}$(k)e$^{53}_{44}$t$^{h}$ei$^{53}$kɔk$^{3}$kɔn$^{35}$na$^{0}$,lait$^{5}$tsiau$^{35}_{44}$t$^{h}$əŋ$^{13}$ŋa$^{0}$,fu$^{21}$kua$^{35}_{44}$t$^{h}$əŋ$^{13}$ŋa$^{0}$,kai$^{53}_{44}$ts$^{h}$iəu$^{53}_{44}$ɔn$^{35}_{44}$tso$^{53}_{44}$ian$^{13}$uɔn$^{53}$ts$^{h}$a$^{13}$.｜又不是辣椒干呢。欸，加甘草，加甘草粉，加滴子紫苏，就当点心食唠，欸，当换茶食唠。……又安做～子呢。晒做～子呢。其实也有片子吵。反正以种辣椒就唔系用来向菜个，唔系用来炒菜，香菜，渠就系用来做换茶食个。一完只完只子做，一般都择箇起个……一般择箇起大滴子个，有咁辣个辣椒。iəu$^{53}_{44}$pət$^{3}$ʂʅ$^{53}_{44}$lait$^{5}$tsiau$^{35}_{44}$kɔn$^{35}$nei$^{0}$.ei$_{21}$,cia$^{35}_{44}$kan$^{35}_{44}$ts$^{h}$au$^{21}$,cia$^{35}_{44}$kan$^{35}_{44}$ts$^{h}$au$^{21}$fən$^{21}$,cia$^{35}_{44}$tiet$^{5}$tsɿ$^{0}$tsɿ$^{21}$səu$^{35}_{44}$,ts$^{h}$iəu$^{53}_{44}$tɔŋ$^{53}$tian$^{21}$sin$^{35}_{44}$ʂət$^{5}$lau$^{0}$,e$_{44}$,tɔŋ$^{53}_{44}$uɔn$^{53}$ts$^{h}$a$^{13}_{21}$ʂət$^{5}$lau$^{0}$.…iəu$^{53}$ɔn$^{35}$tso$^{53}_{21}$lait$^{5}$tsiau$^{35}_{44}$t$^{h}$əŋ$^{13}$tsɿ$^{0}$nei$^{0}$.sai$^{53}_{44}$tso$^{53}_{21}$lait$^{5}$tsiau$^{35}_{44}$t$^{h}$əŋ$^{13}$tsɿ$^{0}$nei$^{0}$.c$^{h}$i$^{13}_{21}$ʂət$^{5}$ia$^{35}$iəu$^{35}_{44}$p$^{h}$ien$^{53}$tsɿ$^{0}$ʂa$^{0}$.fan$^{21}$tʂən$^{53}$i$^{21}$tʂəŋ$^{21}$lait$^{5}$tsiau$^{35}_{44}$ts$^{h}$iəu$^{53}$m̩$^{13}$p$^{h}$e$^{53}$(←xe$^{53}$)iəŋ$^{53}$lɔi$^{13}$çiɔŋ$^{53}$ts$^{h}$ɔi$^{53}$ke$^{53}_{44}$,m̩$^{13}$p$^{h}$e$^{53}$(←xe$^{53}$)iəŋ$^{53}$lɔi$^{13}_{44}$ts$^{h}$au$^{21}$ts$^{h}$ɔi$^{53}$,çiɔŋ$^{35}$ts$^{h}$ɔi$^{53}$,ci$^{13}$ts$^{h}$iəu$^{53}_{44}$xei$^{53}_{44}$iəŋ$^{53}$lɔi$^{13}_{21}$tso$^{53}$uɔn$^{53}$ts$^{h}$a$^{13}_{21}$ʂət$^{5}$ke$^{53}_{44}$.iet$^{3}$uɔn$^{13}$tʂak$^{3}$uɔn$^{13}$tʂak$^{3}$tsɿ$^{0}$tso$^{53}$,iet$^{3}$pɔn$^{35}$təu$^{35}_{44}$t$^{h}$ɔk$^{5}$kai$^{53}_{44}$çi$^{21}$ke$^{53}_{44}$…iet$^{3}$pɔn$^{35}$t$^{h}$ɔk$^{5}$kai$^{53}$çi$^{21}$t$^{h}$ai$^{53}$tiet$^{5}$tsɿ$^{0}$cie$^{53}_{44}$,mau$^{13}_{21}$kan$^{21}$lait$^{5}$cie$^{53}_{44}$lait$^{5}_{3}$tsiau$^{35}_{44}$.

【辣椒王】lait$^{5}$tsiau$^{35}_{44}$uɔŋ$^{13}$ 名辣椒品种名：以个就安做么个，以个安做？/～吧？/欸，系，～系渠。i$^{21}$ke$^{53}$ts$^{h}$iəu$^{53}$ɔn$^{35}_{44}$tso$^{53}_{44}$mak$^{3}$ke$^{53}_{44}$,i$^{21}$ke$^{53}$ɔn$^{35}_{44}$tso$^{53}_{44}$?/lait$^{5}$tsiau$^{35}_{44}$uɔŋ$^{13}$pa$^{0}$?/e$_{21}$,xe$^{53}_{44}$,lait$^{5}$tsiau$^{35}_{44}$uɔŋ$^{13}$xe$^{53}$ci$^{13}_{21}$.

【辣椒油】lait$^{5}$tsiau$^{35}_{44}$iəu$^{13}_{21}$ 名一种调料，一般是将辣椒和各种配料用油炸后制得：以下唔会唔加工～。但是有买唠。～有买呀。i$^{21}$ia$^{53}$n̩$^{13}_{44}$uɔi$^{53}_{44}$ŋ̍$^{13}$cia$^{35}_{44}$kəŋ$^{35}$lait$^{5}$tsiau$^{35}_{44}$iəu$^{13}_{21}$.tan$^{53}_{44}$ʂʅ$^{53}_{44}$iəu$^{35}_{44}$mai$^{35}$lau$^{0}$.lait$^{5}_{3}$tsiau$^{35}$iəu$^{13}_{21}$iəu$^{35}_{44}$mai$^{35}$ia$^{0}$.

【辣辣哩】lait$^{5}$lait$^{5}$li$^{0}$ 形形容疼痛的感觉：嗯，箇竹槁打起来，你话箇打嘿脚下是硬真痛啊，～痛啊面上啊，但是唔得打伤。n̩$_{21}$,kai$^{53}$tʂəuk$^{3}$k$^{h}$ua$^{21}$ta$^{21}$çi$^{21}$lɔi$^{13}_{44}$, ɲi$^{13}_{44}$ua$^{53}_{44}$kai$^{53}$ta$^{21}$(x)ek$^{3}$ciɔk$^{3}$xa$^{53}_{44}$ʂʅ$^{53}_{44}$ɲiaŋ$^{53}$tʂən$^{35}$t$^{h}$əŋ$^{53}$ŋa$^{0}$,lait$^{5}$lait$^{5}$li$^{0}$t$^{h}$əŋ$^{53}$ŋa$^{0}$mien$^{53}$xɔŋ$^{53}$ŋa$^{0}$,tan$^{53}$ʂʅ$^{53}$n̩$^{13}_{21}$tek$^{3}$ta$^{21}$ʂɔŋ$^{35}$.

【啦】la$^{0}$ 助①用于祈使句末，表示叮嘱的语气：好生掇～！xau$^{21}$sien$^{35}$tɔit$^{3}$la$^{0}$！｜慢点看下渠会食滴子吗～。man$^{53}_{21}$tian$^{0}$k$^{h}$ɔn$^{53}_{44}$na$^{53}_{44}$ci$^{13}_{21}$uɔi$^{53}_{44}$ʂət$^{5}$tiet$^{5}$tsɿ$^{0}$ma$^{0}$la$^{0}$. ②用于感叹句末，表示惊叹、警示语气：蛮重子～！man$^{13}$tʂ$^{h}$əŋ$^{35}$tsɿ$^{0}$la$^{0}$！③用于疑问句末，表示求证的语气：墨笔～？mek$^{5}$piet$^{3}$la$^{0}$？④用于选择疑问句备选项之间，相当于“还是”：你是箇钢笔～墨笔唠？ɲi$^{13}$ʂʅ$^{53}_{44}$kai$^{53}_{44}$kɔŋ$^{35}$piet$^{3}$la$^{0}$mek$^{5}$piet$^{3}$lau$^{0}$？⑤放在动词和方位短语之间表趋向，暗含“到、在”的意思：踩～田里 ts$^{h}$ai$^{21}$la$^{0}$t$^{h}$ien$^{13}$li$^{35}_{44}$｜羊角就打下碓枕石上。/欸，羊角打～碓枕上。iɔŋ$^{13}$kɔk$^{3}$tsiəu$^{53}_{44}$ta$^{21}$(x)a$^{53}_{44}$tɔi$^{53}$tʂən$^{21}$ʂak$^{5}$xɔŋ$^{53}_{44}$./e$_{21}$,iɔŋ$^{13}$kɔk$^{3}$ta$^{21}$la$^{0}$tɔi$^{53}$tʂən$^{21}$ʂaŋ$^{53}_{44}$.

【啦恰】la$^{53}$c$^{h}$ia$^{53}$ 名将一截竹子从一端破开，摇动时能发出声响，用来赶鸡：有只妹子安做啦恰嘛。箇～样系。iəu$^{35}$tʂak$^{3}$mɔi$^{53}$tsɿ$^{0}$ɔn$^{35}_{44}$tso$^{53}_{44}$la$^{53}$c$^{h}$ia$^{53}$ma$^{13}$.kai$^{53}_{44}$la$^{53}$c$^{h}$ia$^{53}_{44}$iɔŋ$^{53}_{44}$xei$^{53}_{21}$.

【啦恰嫲】la$^{53}$cʰia$^{53}$ma$^{13}$ [名]指喜欢搬弄是非的女人：我等箇映子讲箇个人呢，欸，有滴有滴人呢，讲事箇只一把嘴巴乱讲啊，欸，唔注意呀，么个都讲啊，安做渠～。一只啦恰样个。就同箇个一赶鸡岔样个，箇啦恰。有有只妹子安做～。箇啦恰样系。鸡啦恰样个。ŋai$^{13}$tien$^{0}$ kai$^{53}$iaŋ$^{53}$tsɿ$^{0}$ kɔŋ$^{21}$kai$^{53}_{44}$kei$^{53}_{44}$ɲin$^{13}$ne$^{0}$,e$_{21}$,iəu$^{35}$tet$^{5}$ iəu$^{35}$tet$^{5}$ɲin$^{13}$ne$^{0}$,kɔŋ$^{21}$sɿ$^{53}$kai$^{53}_{21}$tʂak$^{3}$ iet$^{3}$ pa$^{21}$tsi$^{21}$pa$^{35}_{44}$lɔn$^{53}$kɔŋ$^{21}$ ŋa$^{0}$,e$_{21}$,n̩$^{13}$tʂʯ$^{53}_{44}$i$^{53}$ia$^{0}$,mak$^{3}$ ke$^{53}_{44}$təu$^{35}_{44}$kɔŋ$^{21}$ŋa$^{0}$,ɔn$^{35}_{44}$tso$^{53}_{44}$ci$^{13}_{21}$la$^{53}$cʰia$^{53}$ma$^{13}$.iet$^{3}$ tʂak$^{3}$ la$^{53}$cʰia$^{53}$iɔŋ$^{53}_{21}$ke$^{53}_{21}$.tsʰiəu$^{53}_{44}$ tʰəŋ$^{13}_{21}$kai$^{53}$kei$^{53}$iet$^{3}$ kɔn$^{21}$cie$^{35}_{44}$tsʰa$^{53}$iɔŋ$^{53}_{44}$kei$^{53}_{44}$,kai$^{53}_{44}$la$^{53}$cʰia$^{53}_{21}$.iəu$^{35}_{21}$iəu$^{35}$tʂak$^{3}$ mɔi$^{53}$tsɿ$^{0}$ ɔn$^{35}_{44}$tso$^{53}_{44}$la$^{53}$cʰia$^{53}$ma$^{13}$.kai$^{53}_{44}$ la$^{53}$cʰia$^{53}_{44}$iɔŋ$^{53}_{44}$xei$^{53}_{21}$.cie$^{35}$la$^{53}_{21}$cʰia$^{53}$iɔŋ$^{53}_{21}$kei$^{53}$.

【来$_{1}$】lɔi$^{13}$ [动]①到；从别的地方到说话人所在的地方：～哩以映！lɔi$^{13}$li$^{0}$ i$^{21}$iaŋ$^{53}_{35}$!您来了！②来到：春天～哩。tʂʰən$^{35}$tʰien$^{35}$lɔi$^{13}_{21}$li$^{0}$. ③出现：箇过程中～哩箇个酒娘，就安做～哩酒娘。kai$^{53}_{44}$ko$^{53}$ tʂʰən$^{13}_{21}$tʂəŋ$^{35}$lɔi$^{13}$li$^{0}$ kai$^{53}$ke$^{53}$tsiəu$^{21}$ɲiɔŋ$^{13}_{21}$,tsʰiəu$^{53}_{21}$ɔn$^{35}_{53}$tso$^{53}$lɔi$^{13}$li$^{0}$ tsiəu$^{21}$ɲiɔŋ$^{13}_{44}$. ④起源：系咁个意思，咁子～个。xe$^{53}_{44}$kan$^{21}$ke$^{53}_{44}$i$^{53}$sɿ$^{0}$,kan$^{21}$tsɿ$^{0}$ lɔi$^{13}$ke$^{53}_{44}$. ⑤用在动词结构（或介词结构）与动词（或动词结构）之间表示前者是方法、方向、态度或目的：分开～栽。fən$^{35}$kʰɔi$^{35}$lɔi$^{13}_{21}$tsɔi$^{35}$. ⑥放在补语后，表示行为的结果是趋向补语所说的状态：爱分箇齿搞尖～。ɔi$^{53}_{44}$pən$^{35}$kai$^{53}_{44}$tʂʰʅ$^{21}$kau$^{21}$tsian$^{35}$nɔi$^{13}_{21}$.｜爱用铁荡子荡第二到嘞箇就搞光滑～。ɔi$^{53}$iəŋ$^{53}$tʰiet$^{3}$ tʰɔŋ$^{53}$tsɿ$^{0}$ tʰɔŋ$^{53}_{44}$tʰi$^{53}_{44}$ɲi$^{53}$tau$^{53}_{44}$lei$^{0}$ kai$^{53}_{44}$tsʰiəu$^{53}_{44}$kau$^{21}$ kɔŋ$^{35}$uait$^{5}$ lɔi$^{13}$.

【来$_{2}$】lɔi$^{13}$ [助]放在句末，表示某事已经发生过，相当于"来着"：两个人呶，有只人问渠，问别人家："你昨晡夜晡搞么个～？"渠话："我看你打牌～。" iɔŋ$^{21}$kei$^{53}$ɲin$^{13}$nau$^{0}$,iəu$^{35}$tʂak$^{3}$ ɲin$^{13}$uən$^{53}$ci$^{13}_{21}$,uən$^{53}$pʰiet$^{5}$ɲin$^{13}_{21}$ka$^{35}_{44}$:"ɲi$^{13}$tsʰo$^{35}$pu$^{35}_{44}$ia$^{53}_{44}$pu$^{35}_{44}$kau$^{21}$mak$^{3}$ ke$^{53}_{0}$lɔi$^{13}$?"ci$^{13}_{21}$ua$^{53}$:"ŋai$^{13}$kʰɔn$^{53}$ɲi$^{13}$ta$^{21}$pʰai$^{13}$ lɔi$^{13}$."

【来孙】lɔi$^{13}$sən$^{35}$ [名]玄孙之子：有喊～。iəu$^{35}$xan$^{53}_{44}$lɔi$^{13}$sən$^{35}_{44}$.

【来往】lɔi$^{13}$uɔŋ$^{35}_{44}$ [动]交际往来，过从：箇个两家人系有兜有亲戚关系有兜冇亲戚关系，如果走动哩个就有往来，有～。冇走动个，冇～。打比我等样，我个阿婆个外氏，我以边呢还有我媄子我叔叔我娑娑，系啊？就渠个我媄子家娘个外氏吵，箇就还蛮亲吵，本来我等都还想～下子，但是渠箇向嘞早就冇哩冇……搞出三四代下嘿哩了。冇～了，箇就冇～了。kai$^{53}$kei$^{53}_{44}$ iɔŋ$^{21}$ka$^{35}_{44}$ɲin$^{13}$xe$^{53}$iəu$^{35}$tei$^{35}_{53}$iəu$^{35}$tsʰin$^{35}$tsʰiet$^{3}$ kuan$^{35}_{44}$çi$^{53}_{44}$iəu$^{35}$tei$^{35}_{53}$mau$^{13}$tsʰin$^{35}$tsʰiet$^{3}$ kuan$^{35}_{44}$çi$^{53}_{44}$,ʮ$^{21}$ko$^{21}$tsei$^{21}$tʰəŋ$^{53}$ li$^{0}$ ke$^{53}$tsʰiəu$^{53}_{44}$iəu$^{35}$uɔŋ$^{35}$lɔi$^{13}_{21}$,iəu$^{35}$lɔi$^{13}$uɔŋ$^{35}$.maŋ$^{13}$tsei$^{21}$tʰəŋ$^{53}$ke$^{53}$,mau$^{13}$lɔi$^{13}_{21}$uɔŋ$^{35}_{53}$.ta$^{21}$pi$^{21}$ŋai$^{13}$tien$^{0}$ iɔŋ$^{53}_{44}$,ŋai$^{13}$ ke$^{53}$a$^{35}$pʰo$^{13}_{21}$ke$^{53}$ŋɔi$^{53}$ʂʅ$^{53}$,ŋai$^{13}$i$^{21}$pien$^{35}_{53}$nei$^{0}$ xai$^{13}_{21}$iəu$^{35}_{53}$ŋai$^{13}$ɔi$^{35}$tsɿ$^{0}$ ŋai$^{13}_{21}$ʂəuk$^{3}$ ʂəuk$^{3}$ ŋai$^{13}_{21}$me$^{35}$me$^{35}_{44}$,xei$^{53}$a$^{0}$?tsʰiəu$^{53}_{44}$ ci$^{13}$ke$^{53}$ŋai$^{13}_{21}$ɔi$^{35}$tsɿ$^{0}$ ka$^{35}$ɲiɔŋ$^{13}_{21}$ke$^{53}_{44}$ŋɔi$^{53}$ʂʅ$^{53}$ʂa$^{0}$,kai$^{53}$tsʰiəu$^{53}$xai$^{13}_{21}$man$^{13}$tsʰin$^{35}$ʂa$^{0}$,pən$^{21}$nɔi$^{13}$ŋai$^{13}$tien$^{0}$ təu$^{35}_{53}$xai$^{13}$ siɔŋ$^{21}$lɔi$^{13}$uɔŋ$^{35}$ŋa$^{53}$tsɿ$^{0}$,tan$^{53}$ʂʅ$^{53}$ci$^{13}$kai$^{53}$çiɔŋ$^{53}_{44}$lei$^{0}$ tsau$^{21}$tsʰiəu$^{53}$mau$^{13}_{21}$li$^{0}$ mau$^{13}$…kau$^{21}$tʂʰət$^{3}$ san$^{35}_{44}$si$^{53}$tʰɔi$^{53}$xa$^{53}$ (x)ek$^{3}$ li$^{0}$ liau$^{0}$.maŋ$^{13}_{21}$lɔi$^{13}_{21}$uɔŋ$^{35}_{53}$liau$^{0}$,kai$^{53}_{44}$tsʰiəu$^{53}$maŋ$^{13}$lɔi$^{13}_{21}$uɔŋ$^{35}_{53}$liau$^{0}$.

【赖葩鸡嫲】lai$^{53}$pʰu$^{53}$ke$^{35}$ma$^{13}$ [名]孵小鸡的母鸡：嗯，箇我等有只亲戚咯，渠今年准备放势畜鸡。渠首先渠话正月头渠就讲，渠话："我硬今年爱多畜兜子鸡嘞，畜倒百把只鸡嘞，土鸡。咁好个价钱，系啊？"哦嗬，结果是有哩饽饽嘞又冇得～，好，有哩～嘞，上倒箇饽饽嘞，上一窠就就出倒几多只啊？出倒四只系几多只鸡崽子。第二窠是出倒一只鸡崽子。两窠鸡嫲上两窠饽饽，四十几只饽饽出倒箇五六只。以渠话如今只剩倒两三只。冰冷个。n̩$_{21}$,kai$^{53}$ŋai$^{13}$ tien$^{0}$ iəu$^{35}_{53}$tʂak$^{3}$ tsʰin$^{35}$tsʰiet$^{3}$ ko$^{0}$,ci$^{13}_{21}$cin$^{35}_{44}$ɲien$^{13}_{44}$tʂən$^{21}$pi$^{53}$xɔŋ$^{53}$ʂʅ$^{53}$çiəuk$^{3}$ cie$^{35}$.ci$^{13}_{21}$ʂəu$^{21}$sen$^{35}_{53}$ci$^{13}_{44}$ua$^{53}_{44}$tʂaŋ$^{35}$ɲiet$^{5}$ tʰei$^{13}_{44}$ci$^{13}_{21}$tsiəu$^{53}$kɔŋ$^{21}$,ci$^{13}_{44}$(u)a$^{53}_{44}$:"ŋai$^{13}$ɲiaŋ$^{53}$cin$^{35}$ɲien$^{13}_{21}$ɔi$^{53}_{44}$to$^{35}$çiəuk$^{3}$ təu$^{35}_{21}$tsɿ$^{0}$ cie$^{35}$le$^{0}$,çiəuk$^{3}$ tau$^{21}$pak$^{3}$ pa$^{21}$tʂak$^{3}$ cie$^{35}$le$^{0}$,tʰəu$^{21}$cie$^{35}_{44}$.kan$^{21}$xau$^{21}$ke$^{53}_{44}$cia$^{53}$tsʰien$^{13}_{21}$,xei$^{53}$a$^{0}$?"o$_{53}$xo$_{53}$,ciet$^{3}$ ko$^{21}$ʂʅ$^{53}_{44}$iəu$^{35}$li$^{0}$ pɔk$^{5}$ pɔk$^{5}$ lei$^{0}$ iəu$^{53}$mau$^{13}_{21}$ tek$^{3}$ lai$^{53}$pʰu$^{53}$cie$^{35}$ma$^{13}_{21}$,xau$^{21}$,iəu$^{35}$li$^{0}$ lai$^{53}$pʰu$^{53}$cie$^{35}$ma$^{13}_{21}$lei$^{0}$,ʂɔŋ$^{21}$tau$^{21}$kai$^{53}_{44}$pɔk$^{5}$ pɔk$^{5}$ le$^{0}$,ʂɔŋ$^{21}$iet$^{3}$ kʰo$^{35}$tsʰiəu$^{53}_{44}$ tsiəu$^{53}$tʂʰət$^{3}$ tau$^{21}$ci$^{21}$to$^{35}$tʂak$^{3}$ a$^{0}$?tʂʰət$^{3}$ tau$^{21}$si$^{53}$tʂak$^{3}$ (x)e$^{53}$ci$^{21}$to$^{35}_{53}$tʂak$^{3}$ cie$^{35}$tse$^{21}$tsɿ$^{0}$.tʰi$^{53}_{44}$ɲi$^{53}$kʰo$^{35}_{44}$ʂʅ$^{53}$tʂʰət$^{3}$ tau$^{21}$ (i)et$^{3}$ tʂak$^{3}$ cie$^{35}_{53}$tse$^{21}$tsɿ$^{0}$.iɔŋ$^{21}$kʰo$^{35}_{44}$kei$^{35}_{44}$ma$^{13}_{21}$ʂɔŋ$^{21}$iɔŋ$^{21}$kʰo$^{35}$pɔk$^{5}$ pɔk$^{5}$,si$^{53}$ʂət$^{5}$ ci$^{21}$tʂak$^{3}$ pɔk$^{5}$ pɔk$^{5}$ tʂʰət$^{3}$ tau$^{21}_{44}$kai$^{53}$ ŋ̍$^{21}$liəuk$^{3}$ tʂak$^{3}$.i$^{21}$ci$^{13}_{44}$ua$^{53}_{44}$i$^{13}_{21}$cin$^{35}_{44}$tʂʅ$^{21}$ʂən$^{53}$tau$^{21}_{44}$iɔŋ$^{21}$san$^{35}_{53}$tʂak$^{3}$.pin$^{35}$naŋ$^{35}_{44}$kei$^{53}$.

【赖账】lai$^{53}$tʂɔŋ$^{53}$ [动]不承认所欠的债务，或故意拖延不还：赖子都分别人家赖哩账。lai$^{53}$tsɿ$^{0}$ təu$^{35}_{44}$pən$^{35}_{44}$pʰiet$^{5}$ in$^{13}_{21}$ka$^{35}_{44}$lai$^{53}_{44}$li$^{0}$ tʂɔŋ$^{53}$.

【赖子】lai$^{53}$tsɿ$^{0}$ [名]①儿子：一个人几只～肚里，最大个箇只～就系大～。如果只有一只～，箇就不参与么个大～细～。iet$^{3}$ ke$^{53}$ɲin$^{13}_{44}$ci$^{21}$tʂak$^{3}$ lai$^{53}$tsɿ$^{0}$ təu$^{21}$li$^{0}$,tsei$^{53}$tʰai$^{53}$ke$^{0}$ kai$^{53}_{44}$tʂak$^{3}$ lai$^{53}$tsɿ$^{0}$ tsʰiəu$^{53}_{44}$ xe$^{53}_{44}$tʰai$^{53}$lai$^{53}$tsɿ$^{0}$.ʮ$^{13}$ko$^{21}$tʂʅ$^{21}$iəu$^{35}_{53}$iet$^{3}$ tʂak$^{3}$ lai$^{53}$tsɿ$^{0}$,kai$^{53}$tsʰiəu$^{53}$pət$^{3}$ tsʰan$^{35}_{44}$y$^{13}_{21}$mak$^{3}$ e$^{0}$ tʰai$^{53}$lai$^{53}$tsɿ$^{0}$ sei$^{53}$lai$^{53}$tsɿ$^{0}$.｜绝代鬼，话渠冇～啊。tsʰiet$^{5}$ tʰɔi$^{53}$kuei$^{21}$,ua$^{53}$ci$^{13}_{21}$mau$^{13}$lai$^{53}$tsɿ$^{0}$ a$^{0}$. ②泛指男孩儿：欸，箇只供

L

个～啊妹子哦？ei$_{53}$,kai$^{53}_{44}$tʂak$^{3}$ciəŋ$^{53}_{44}$ke$^{53}_{44}$lai$^{53}$tsɿ$^{0}$a$^{0}$mɔi$^{53}$tsɿ$^{0}$o$^{0}$？

【癞蛤蟆】lai$^{53}$xa$^{13}$ma$^{13}$ 名蟾蜍：箇田里啊冬下都可以挖倒箇个～呢。kai$^{53}$t$^{h}$ien$^{13}$ni$^{21}_{44}$a$^{0}$təŋ$^{35}$xa$^{53}_{44}$təu$^{35}_{53}$k$^{h}$o$^{21}$i$^{35}_{53}$ua$^{35}$tau$^{21}_{44}$kai$^{53}_{44}$ke$^{53}_{44}$lai$^{53}$xa$^{13}_{21}$ma$^{13}$nei$^{0}$.

【癞子油菜】lai$^{53}$tsɿ$^{21}$iəu$^{13}$ts$^{h}$ɔi$^{53}$ 名油菜的一种：还有只癞子，～。/～都后背个了。xai$^{13}$iəu$^{35}_{44}$tʂak$^{3}$lai$^{53}$tsɿ$^{21}$,lai$^{53}$tsɿ$^{21}$iəu$^{13}$ts$^{h}$ɔi$^{53}$./lai$^{53}$tsɿ$^{21}$iəu$^{13}$ts$^{h}$ɔi$^{53}_{44}$təu$^{35}_{44}$xei$^{53}$pɔi$^{53}_{35}$ke$^{53}_{44}$liau$^{0}$.

【籁】lɔi$^{53}$ 名洞：做贼难挖～，学种菜。tso$^{53}$tset$^{5}$lan$^{13}$ua$^{35}$lɔi$^{53}$,xɔk$^{5}$tʂəŋ$^{53}$ts$^{h}$ɔi$^{53}$.

【燷熟】lai$^{53}$ʂəuk$^{5}$ 形状态词。①形容米碾得很好，很精细：第一次食到机器整个米，整米机整个米，哈，真好食硬！～！～！雪白个米。t$^{h}$i$^{53}_{44}$iet$^{3}$ts$^{h}$ʅ$^{53}_{44}$ʂət$^{5}$tau$^{53}_{44}$ci$^{35}$çi$^{53}$tʂaŋ$^{21}$ke$^{53}$mi$^{21}$,tʂaŋ$^{21}$mi$^{21}$ci$^{35}$tʂaŋ$^{21}$ke$^{53}$mi$^{21}$,xa$_{53}$,tʂən$^{35}$xau$^{21}$ʂət$^{5}_{3}$ɲiaŋ$^{53}$!lai$^{53}$ʂəuk$^{5}$!lai$^{53}$ʂəuk$^{5}$!siet$^{3}_{5}$p$^{h}$ak$^{5}_{3}$ke$^{0}$mi$^{21}$. ②（人相互）很熟悉：尽系～个人呐，安做黄秘书呢，姓黄嘞，共田八呀，唔在哩箇只人。欸，认得啊，～个人呐。ts$^{h}$in$^{53}$nei$^{53}_{44}$lai$^{53}$ʂəuk$^{5}$ke$^{53}$ɲin$^{13}_{21}$na$^{0}$,ɔn$^{35}_{44}$tso$^{53}$uɔŋ$^{13}$pi$^{53}$ʂəu$^{35}_{44}$nei$^{0}$,siaŋ$^{53}$uɔŋ$^{13}$lei$^{0}$,k$^{h}$əŋ$^{53}$t$^{h}$ien$^{13}_{44}$pait$^{3}$ia$^{0}$,n̩$^{13}_{21}$ts$^{h}$ɔi$^{35}$li$^{0}$kai$^{53}$(tʂ)ak$^{3}$ɲin$^{13}_{44}$.e$_{21}$, ɲin$^{53}$tek$^{3}$a$^{0}$,lai$^{53}$ʂəuk$^{5}$ke$^{53}_{21}$ɲin$^{13}_{21}$na$^{0}$.

【兰花根】lan$^{13}$fa$^{35}$cien$^{35}$ 名一种用糯米粉加香料经油炸成的条状食品：～兰花片都系一种箇个人加工个一种点心。欸，用灰面一摅，唔知爱加兜么个我就唔晓啦，反正用灰面做个，一摅，和啊，和哩以后，切成灯芯咁大一条条子去炮，箇就系炮出来个就～。咁长子一条子啊。火柴棍子咁大子样，切倒火柴棍子咁大子，一炮，就大嘿哩吵。一炮就系炮哩以后就同箇个铅笔咁大子一条子吧？还赠做得咁大一条，欸，箇就系～。如果切成一片片，切成银毫子咁大一片片，箇一炮，就系兰花片。lan$^{13}$fa$^{35}_{44}$cien$^{35}$lan$^{13}$fa$^{35}$p$^{h}$ien$^{21}$təu$^{35}$xe$^{53}$iet$^{3}$tʂəŋ$^{21}$kai$^{53}$kei$^{53}_{21}$ɲin$^{13}_{21}$cia$^{35}$kəŋ$^{35}$ke$^{53}$iet$^{3}$tʂəŋ$^{21}$tian$^{21}$sin$^{35}_{44}$.e$_{21}$,iəŋ$^{53}$fei$^{35}$mien$^{53}$iet$^{3}$ts$^{h}$ei$^{21}$,n̩$^{13}$ti$^{35}_{53}$ɔi$^{53}$cia$^{35}$tei$^{35}_{53}$mak$^{3}$ke$^{53}$ŋai$^{13}_{21}$ts$^{h}$iəu$^{53}$n̩$^{13}_{21}$çiau$^{21}$la$^{0}$,fan$^{21}$tʂən$^{53}$iəŋ$^{53}$fei$^{35}$mien$^{53}_{44}$tso$^{53}_{44}$ke$^{53}_{44}$,iet$^{3}$ts$^{h}$ei$^{21}$,xo$^{13}$a$^{0}$,xo$^{13}$li$^{0}$i$^{35}_{44}$xei$^{53}_{44}$,ts$^{h}$iet$^{3}$ʂaŋ$^{13}_{21}$ten$^{35}$sin$^{35}_{44}$kan$^{21}$t$^{h}$ai$^{53}$iet$^{3}$t$^{h}$iau$^{13}_{21}$t$^{h}$iau$^{13}$tsɿ$^{0}$çi$^{53}$p$^{h}$au$^{13}$,kai$^{53}$ts$^{h}$iəu$^{53}$xe$^{53}_{44}$p$^{h}$au$^{13}$tʂ$^{h}$ət$^{3}$lɔi$^{13}_{44}$ke$^{0}$ts$^{h}$iəu$^{53}_{44}$lan$^{13}_{21}$fa$^{35}_{44}$cien$^{35}$.kan$^{21}$tʂ$^{h}$ɔŋ$^{13}$tsɿ$^{0}$iet$^{3}$t$^{h}$iau$^{13}_{44}$tsɿ$^{0}$a$^{0}$.fo$^{21}$ts$^{h}$ai$^{13}$kuən$^{53}$tsɿ$^{0}$kan$^{21}$t$^{h}$ai$^{53}$tsɿ$^{0}$iɔŋ$^{53}_{44}$,ts$^{h}$iet$^{3}$tau$^{21}$fo$^{21}$ts$^{h}$ai$^{13}_{44}$kuən$^{53}$tsɿ$^{0}$kan$^{21}$t$^{h}$ai$^{53}$tsɿ$^{0}$,iet$^{3}$p$^{h}$au$^{13}$,ts$^{h}$iəu$^{53}_{44}$t$^{h}$ai$^{53}$xek$^{3}$li$^{0}$ʂa$^{0}$.iet$^{3}$p$^{h}$au$^{13}$ts$^{h}$iəu$^{53}$xei$^{53}$p$^{h}$au$^{13}$li$^{0}$i$^{35}_{53}$xei$^{53}$ts$^{h}$iəu$^{53}$t$^{h}$əŋ$^{13}_{21}$kai$^{53}_{44}$kei$^{53}_{44}$ts$^{h}$ien$^{35}$piet$^{3}$kan$^{21}_{44}$t$^{h}$ai$^{53}$tsɿ$^{0}$iet$^{3}$t$^{h}$iau$^{13}_{44}$tsɿ$^{0}$pa$^{0}$?xai$^{13}_{21}$maŋ$^{13}$tso$^{53}$tek$^{3}$kan$^{21}$t$^{h}$ai$^{53}$iet$^{3}$t$^{h}$iau$^{13}_{44}$,e$_{21}$,kai$^{53}_{44}$ts$^{h}$iəu$^{53}$xe$^{53}$lan$^{13}_{21}$fa$^{35}_{44}$cien$^{35}$.ɥ$^{13}$ko$^{21}$ts$^{h}$iet$^{3}$ʂaŋ$^{13}_{44}$iet$^{3}$p$^{h}$ien$^{53}$p$^{h}$ien$^{53}$,ts$^{h}$iet$^{3}$ʂaŋ$^{13}_{44}$ɲin$^{13}$xau$^{13}_{21}$tsɿ$^{0}$kan$^{21}$t$^{h}$ai$^{53}$iet$^{3}$p$^{h}$ien$^{53}_{44}$p$^{h}$ien$^{53}$,kai$^{53}$iet$^{3}$p$^{h}$au$^{13}$,ts$^{h}$iəu$^{53}_{44}$xe$^{53}_{44}$lan$^{13}_{21}$fa$^{35}_{44}$p$^{h}$ien$^{53}$.

【兰花片】lan$^{13}$fa$^{35}$p$^{h}$ien$^{53}$/p$^{h}$ien$^{21}$ 名一种用糯米粉加香料经油炸成的片状食品：～呢，有起～呢，用油炮个啦。咁大一片片呢。同箇玉兰片样个啦。lan$^{13}$fa$^{35}_{44}$p$^{h}$ien$^{53}$ne$^{0}$,iəu$^{35}_{44}$çi$^{21}_{44}$lan$^{13}_{21}$fa$^{35}_{44}$p$^{h}$ien$^{53}$ne$^{0}$,iəŋ$^{53}$iəu$^{13}_{21}$p$^{h}$au$^{13}_{44}$ke$^{53}$la$^{0}$.kan$^{21}$t$^{h}$ai$^{53}$iet$^{3}$p$^{h}$ien$^{53}$p$^{h}$ien$^{53}$ne$^{0}$.t$^{h}$əŋ$^{13}_{21}$kai$^{53}_{44}$vy$^{53}$lan$^{13}_{21}$p$^{h}$ien$^{53}$iɔŋ$^{53}_{44}$ke$^{53}_{44}$la$^{0}$.

【拦】lan$^{13}$ 动①截断：过河里～一埊唠。ko$^{53}_{44}$xo$^{13}$li$^{21}_{44}$lan$^{13}$iet$^{3}$ts$^{h}$o$^{53}$lau$^{0}$. ②遮挡：舞床晒簟～下倒哇。有滴就舞几块笪呀，番薯丝笪呀，拦稳呐。u$^{21}$ts$^{h}$ɔŋ$^{13}$sai$^{53}$t$^{h}$ian$^{13}_{44}$lan$^{13}_{21}$la$^{53}$tau$^{21}$ua$^{0}$.iəu$^{35}$tet$^{5}$ts$^{h}$iəu$^{53}_{44}$u$^{21}$ci$^{21}$k$^{h}$uai$^{53}$tait$^{3}$ia$^{0}$,fan$^{35}$ʂəu$^{13}_{21}$sɿ$^{35}$tait$^{3}$ia$^{0}$,lan$^{13}$uən$^{21}$na$^{0}$.

【拦网】lan$^{13}$mɔŋ$^{21}$ 名鱼网名，二人各持一端：以个～嘞就好像一条河，河流冇几大，水也唔多深，水浅个栏场，我就徛以边，你徛箇边，藉箇水边子咁子拖一路上。嗯，～。i$^{21}$ke$^{53}$lan$^{13}$mɔŋ$^{21}$lei$^{0}$ts$^{h}$iəu$^{53}$xau$^{21}$ts$^{h}$iɔŋ$^{53}$iet$^{3}$t$^{h}$iau$^{13}_{21}$xo$^{13}$,xo$^{13}$liəu$^{13}_{44}$mau$^{13}$ci$^{21}$t$^{h}$ai$^{53}$,ʂei$^{21}$ia$^{35}_{53}$n̩$^{13}_{21}$to$^{35}_{44}$tʂ$^{h}$ən$^{35}$,ʂei$^{21}$ts$^{h}$ien$^{21}$ke$^{53}$laŋ$^{13}_{21}$tʂ$^{h}$ɔŋ$^{13}$,ŋai$^{13}$ts$^{h}$iəu$^{53}_{44}$c$^{h}$i$^{35}$i$^{21}$pien$^{35}_{44}$, ɲi$^{13}_{21}$c$^{h}$i$^{35}_{44}$kai$^{53}$pien$^{35}$,tʂa$^{53}$kai$^{53}$ʂei$^{21}$pien$^{35}_{44}$tsɿ$^{0}$kan$^{21}$tsɿ$^{0}$t$^{h}$o$^{35}$(i)et$^{3}$ləu$^{53}$ʂɔŋ$^{35}$.n̩$_{21}$,lan$^{13}$mɔŋ$^{21}$.

【拦腰蛇】lan$^{13}$iau$^{35}_{44}$ʂa$^{13}$ 名带状疱疹：安做～唠。我等叔叔就得过一回哟。渠腰，裤带上，腰上……欸，整啊万多块钱。爱用土药去整。ɔn$^{35}_{44}$tso$^{53}_{44}$lan$^{13}$iau$^{35}_{44}$ʂa$^{13}$lau$^{0}$.ŋai$^{13}$tien$^{0}$ʂəuk$^{3}$ʂəuk$^{3}$ts$^{h}$iəu$^{53}$tek$^{3}$ko$^{53}$iet$^{3}$fei$^{13}$iau$^{0}$.ci$^{13}_{21}$iau$^{35}$,fu$^{53}$tai$^{53}_{44}$xɔŋ$^{53}_{44}$,iau$^{35}$xɔŋ$^{53}_{44}$…e$_{21}$,tʂaŋ$^{21}$ŋa$^{0}$uan$^{53}$to$^{35}_{44}$k$^{h}$uai$^{53}$ts$^{h}$ien$^{13}_{21}$.ɔi$^{53}_{44}$iəŋ$^{53}_{44}$t$^{h}$əu$^{21}$iɔk$^{5}$çi$^{53}_{44}$tʂaŋ$^{21}$.

【拦子】lan$^{13}$tsɿ$^{0}$ 名一种鱼网：以面有起去放～啊，就箇拿倒箇东西围鱼子啊，安做～。i$^{21}$mien$^{53}_{44}$iəu$^{35}$çi$^{21}$çi$^{53}_{44}$fɔŋ$^{53}_{44}$lan$^{13}$tsa$^{0}$,ts$^{h}$iəu$^{53}_{44}$kai$^{53}_{44}$la$^{53}$tau$^{21}$kai$^{53}_{44}$təŋ$^{35}_{44}$si$^{0}$uei$^{13}$ŋ̍$^{13}$tsa$^{0}$,ɔn$^{35}_{44}$tso$^{53}_{44}$lan$^{13}$tsɿ$^{0}$.

【栏】laŋ$^{13}$(←lan$^{13}$) 名地方。“栏场”的省略形式：以个～硬栽个时间只有只么个茶花。i$^{21}$ke$^{53}$laŋ$^{13}$ɲiaŋ$^{53}$tsɔi$^{35}$ke$^{53}$ʂʅ$^{13}_{21}$kan$^{35}_{44}$tʂʅ$^{21}$iəu$^{35}_{53}$tʂak$^{3}$mak$^{3}$ke$^{53}_{44}$ts$^{h}$a$^{13}$fa$^{35}_{44}$.｜吊兰以滴～子少。tiau$^{53}$lan$^{13}_{44}$i$^{21}$tiet$^{5}$laŋ$^{13}_{44}$tsɿ$^{0}$ʂau$^{21}$.

【栏场】lan$^{13}$/laŋ$^{13}$/lɔŋ$^{13}$tʂ$^{h}$ɔŋ$^{13}$ 名①地方；场所；位置。也称“栏场子”：茅司里啊，解手个～啊，舞只縻烂个篓公（装揩屎拍）啊。mau$^{13}$sɿ$^{35}_{53}$li$^{0}$a$^{0}$,kai$^{21}$ʂəu$^{21}$ke$^{53}$laŋ$^{13}_{21}$tʂ$^{h}$ɔŋ$^{13}_{44}$ŋa$^{0}$,u$^{21}$tʂak$^{3}$mie$^{35}$lan$^{53}_{44}$ke$^{53}_{44}$li$^{21}$kəŋ$^{35}$ŋa$^{0}$.｜以个指鹅毛扇就以个～有卖了。i$^{21}$ke$^{53}_{44}$ts$^{h}$iəu$^{53}$i$^{21}$ke$^{53}$laŋ$^{13}_{21}$tʂ$^{h}$ɔŋ$^{13}_{44}$iəu$^{35}$mai$^{53}$liau$^{0}$.｜背阴

个～子 pʰɔi$^{53}$in$^{35}$ke$^{53}$laŋ$^{13}_{21}$tʂʰɔŋ$^{13}$tsɿ$^{0}$ 背阴的地方 | 带嘿你以只～子来。tai$^{53}$(x)ek$^{3}$ ɲi$^{13}_{44}$i$^{21}$iak$^{3}$(←tʂak$^{3}$)laŋ$^{13}_{44}$ tʂʰɔŋ$^{13}_{44}$tsɿ$^{0}$ lɔi$^{13}_{44}$. ②泛指盛放东西的器物：装松毛个～安做□柴篓。tʂɔŋ$^{35}$tsʰəŋ$^{13}$mau$^{35}_{44}$ke$^{53}_{44}$laŋ$^{13}_{21}$tʂʰɔŋ$^{13}_{21}$ ɔn$^{35}_{44}$tso$^{53}_{44}$lak$^{5}$ tsʰai$^{13}$lei$^{21}$.

【栏杆】lan$^{13}$kɔn$^{35}$ 名 竹木或金属条编成的栅栏：如今蛮多系下马路边上个人呐，我等有晓得有几个，带细人子唔安全呐，怕溻场啊，怕箇个丁啮大子个细人子走下马路上去蹿，出事啊，系唔系？就用箇个不锈钢做～，拦倒以只禾坪下。i$^{13}_{21}$cin$^{35}_{44}$man$^{13}_{21}$to$^{35}_{44}$xei$^{53}$(x)a$^{53}_{44}$ma$^{35}$ləu$^{53}$pien$^{35}$xɔŋ$^{53}$ ke$^{53}_{44}$ɲin$^{13}_{21}$na$^{0}$,ŋai$^{13}_{21}$tien$^{0}$ iəu$^{35}_{44}$çiau$^{21}$tek$^{3}$ iəu$^{35}$ci$^{21}$cie$^{53}$,tai$^{53}$sei$^{53}$ɲin$^{13}_{44}$tsɿ$^{0}$ n̩$^{13}$ŋɔn$^{35}$tsʰien$^{13}_{44}$na$^{0}$,pʰa$^{53}$tʰait$^{3}$ tʂʰɔŋ$^{13}$a$^{0}$, pʰa$^{53}$kai$^{53}$ke$^{53}$tin$^{53}$ŋait$^{3}$ tʰai$^{53}$tsɿ$^{0}$ ke$^{53}_{44}$sei$^{53}$ɲin$^{13}_{21}$tsɿ$^{0}$ tsei$^{21}$(x)a$^{53}$ma$^{35}$ləu$^{53}_{44}$xɔŋ$^{53}_{44}$çi$^{53}_{44}$tsʰɔn$^{35}_{44}$,tʂʰət$^{3}$ sɿ$^{53}$a$^{0}$,xei$^{53}$me$^{53}$? tsʰiəu$^{53}_{44}$iəŋ$^{53}_{44}$kai$^{53}_{44}$ke$^{53}_{44}$pət$^{3}$ siəu$^{53}$kɔŋ$^{35}$tso$^{53}$lan$^{13}_{21}$kɔn$^{35}_{44}$,lan$^{13}$tau$^{21}$i$^{21}$tʂak$^{3}$ uo$^{13}_{21}$pʰiaŋ$^{13}_{21}$xa$^{53}$.

【栏上】laŋ$^{13}$(←lan$^{13}$)xɔŋ$^{53}$ 名 地方：以只～冇得个东西就唔晓得。i$^{21}$tʂak$^{3}$ laŋ$^{13}$xɔŋ$^{53}_{44}$mau$^{13}$tek$^{3}_{5}$ ke$^{53}_{44}$ tɔŋ$^{35}_{44}$si$^{0}$ tsʰiəu$^{53}_{44}$n̩$^{13}$çiau$^{21}$tek$^{3}$.

【蓝】lan$^{13}$ 形 像晴天天空的颜色：～花 lan$^{13}$fa$^{35}_{44}$ | ～布 lan$^{13}$pu$^{53}$

【蓝墨水】lan$^{13}$mek$^{5}$ ʂei$^{21}$ 名 化学物品制成的蓝色液体，可供书写之用：欸，墨水，用壶子装倒，写钢笔个时候子就用～，以下冇人用哩～嘞。e$_{21}$,mek$^{5}$ ʂei$^{21}$,iəŋ$^{53}$fu$^{13}$tsɿ$^{0}$ tʂɔŋ$^{35}$tau$^{21}$,sia$^{21}$kɔŋ$^{35}$ piet$^{3}$ ke$^{53}_{44}$ʂɿ$^{13}_{21}$xei$^{53}_{44}$tsɿ$^{0}$ tsʰiəu$^{53}_{44}$iəŋ$^{53}$lan$^{13}$mek$^{5}$ ʂei$^{21}$,i$^{21}$xa$^{53}$mau$^{13}$ɲin$^{13}_{44}$iəŋ$^{53}$li$^{0}$ lan$^{13}$mek$^{5}$ ʂei$^{21}$le$^{0}$.

【篮子】lan$^{13}$tsɿ$^{0}$ 名 用竹篾、藤条、塑料等编成的容器，上面有提梁：欸，有有各……箇箇底下个～就有各种各样形状，有长长子个，有圆个子，但是有只弯弯子个揠……提手个东西。都基本上都系咁子个。一只子提手个东西。箇提手个东西嘞，中间就一条子咯，两头嘞就咁子做，做三下子，做两下子来。ei$_{21}$,iəu$^{35}_{44}$iəu$^{35}_{44}$kɔk$^{3}$…kai$^{53}_{44}$kai$^{53}_{44}$te$^{21}$xa$^{53}$ke$^{53}$lan$^{13}$tsɿ$^{0}$ tsʰiəu$^{53}_{44}$iəu$^{35}_{44}$kɔk$^{3}$ tʂəŋ$^{21}$kɔk$^{3}$ iɔŋ$^{53}$çin$^{13}_{21}$tsʰɔŋ$^{53}$,iəu$^{35}_{53}$tʂʰɔŋ$^{13}_{21}$tʂʰɔŋ$^{13}$tsɿ$^{0}$ ke$^{53}$,iəu$^{35}_{44}$ien$^{13}$cie$^{53}$tsɿ$^{0}$,tan$^{53}_{44}$ʂɿ$^{53}_{44}$iəu$^{35}_{44}$tʂak$^{3}$ uan$^{35}_{44}$uan$^{35}_{44}$tsɿ$^{0}$ ke$^{53}_{44}$ ia$^{21}$ʂ…tʰia$^{35}$ʂəu$^{21}$ke$^{53}_{44}$tɔŋ$^{35}_{44}$si$^{0}$.təu$^{35}$ci$^{35}_{44}$pən$^{21}_{44}$xɔŋ$^{53}_{44}$təu$^{35}_{44}$xei$^{53}_{44}$kan$^{21}$tsɿ$^{0}$ ke$^{53}_{44}$.iet$^{3}$ tʂak$^{3}$ tsɿ$^{0}$ tʰia$^{35}_{44}$ʂəu$^{21}$ke$^{53}_{21}$tɔŋ$^{35}_{44}$si$^{0}$.kai$^{53}_{44}$ tʰia$^{35}_{44}$ʂəu$^{21}$ke$^{53}_{21}$tɔŋ$^{35}_{44}$si$^{0}$ lei$^{0}$,tʂəŋ$^{35}$kan$^{35}_{44}$tsʰiəu$^{53}$iet$^{3}$ tʰiau$^{13}$tsɿ$^{0}$ ko$^{53}$,iɔŋ$^{21}$tʰei$^{13}$lei$^{0}$ tsʰiəu$^{53}_{44}$kan$^{21}$tsɿ$^{0}$ tso$^{53}$,tso$^{53}$san$^{35}$ xa$^{53}_{44}$tsɿ$^{0}$,tso$^{53}$iɔŋ$^{21}$xa$^{53}$tsɿ$^{0}$ lɔi$^{13}_{21}$.

【揽】lan$^{21}$ 量 用于搂抱的量：一～柴 iet$^{3}$lan$^{21}$tsʰai$^{13}$ | 搂一～衫裤去洗 ləu$^{13}$iet$^{3}$lan$^{21}$san$^{35}$fu$^{53}$çi$^{53}$se$^{21}$

【懒】lan$^{35}$ 形 ①怠惰：～得出骨 lan$^{35}$tek$^{3}$ tʂʰət$^{3}$ kuət$^{3}$ | ～死哩 lan$^{35}$si$^{21}$li$^{0}$。②表示不愿意、不情愿：箇钱存下银行里，我存兜钱存下银行里，硬冇得几乎冇么个利息，硬～去下搞得箇兜子利息。kai$^{53}$tsʰien$^{13}$tsʰən$^{13}_{21}$na$^{53}$ɲin$^{13}$xɔŋ$^{13}_{44}$li$^{0}$,ŋai$^{13}_{21}$tsʰən$^{13}_{21}$te$^{35}_{53}$tsʰien$^{13}_{44}$tsʰən$^{13}_{21}$na$^{53}$ɲin$^{13}$xɔŋ$^{13}_{44}$li$^{0}$, ɲiaŋ$^{53}$mau$^{13}$tek$^{3}$ ci$^{35}$ fu$^{13}_{44}$mau$^{13}_{21}$mak$^{3}$ e$^{0}$ li$^{53}$siet$^{3}$, ɲiaŋ$^{53}$lan$^{35}$çi$^{53}$xa$^{53}$kau$^{21}$tek$^{3}$ kai$^{53}$te$^{35}_{53}$tsɿ$^{0}$ li$^{53}$siet$^{3}$. ③指做了最大的努力但仍找不到答案：昨晡你提箇问题我硬想～哩。tsʰo$^{35}_{21}$pu$^{35}_{44}$ɲi$^{13}_{21}$tʰi$^{13}$kai$^{53}_{44}$uən$^{53}_{44}$tʰi$^{13}_{21}$ŋai$^{13}$ɲiaŋ$^{53}_{44}$siɔŋ$^{21}$lan$^{35}$li$^{0}$.

【懒鬼】lan$^{35}$kuei$^{21}$ 名 对懒惰者的鄙称：欸～呀，只就话别人家～。大～呀。～。e$_{21}$lan$^{35}$kuei$^{21}$ ia$^{0}$,tʂɿ$^{21}$tsiəu$^{53}_{44}$ua$^{53}_{44}$pʰiet$^{5}_{3}$ in$^{13}_{44}$ka$^{35}_{44}$lan$^{35}$kuei$^{21}$.tʰai$^{13}$lan$^{35}_{44}$kuei$^{21}$ia$^{0}$.lan$^{35}$kuei$^{21}$.

【懒蛇蛇哩】lan$^{35}$ʂa$^{13}_{21}$ʂa$^{13}$li$^{0}$ 形 很懒散的样子：你箇着鞋着好下子哦，莫咁个拖拖奔奔呀，～个样子哦。ɲi$^{13}$kai$^{53}$tʂɔk$^{3}$ xai$^{13}$tʂɔk$^{3}$ xau$^{21}$ua$^{53}$tsɿ$^{0}$ o$^{0}$,mɔk$^{5}$ kan$^{21}$ke$^{53}_{44}$tʰo$^{35}$tʰo$^{35}$tait$^{5}_{3}$ tait$^{5}_{3}$ ia$^{0}$,lan$^{35}$ʂa$^{13}_{21}$ʂa$^{13}$li$^{0}$ ke$^{53}$ iɔŋ$^{53}_{44}$tsɿ$^{0}$ o$^{0}$.

【烂】lan$^{53}$ 形 ①某些固体物质组织被破坏或水分增加后松软：～泥 lan$^{53}$lai$^{13}$ | （猪肉）揪韧就啃唔～呶。tsiəu$^{35}$ɲin$^{53}$tsʰiəu$^{53}_{44}$cʰien$^{21}$n̩$^{13}$nan$^{53}$nau$^{0}$. ②残破腐坏：欸，鸡埘嘞。～柜也可以嘞。欸，～衣橱也可以嘞。e$_{21}$,cie$^{35}$tsi$^{53}$lei$^{0}$.lan$^{53}$kʰuei$^{53}$ia$^{35}_{44}$kʰo$^{21}$i$^{35}_{44}$lei$^{0}$.e$_{21}$,lan$^{53}$i$^{35}$tʂʰəu$^{13}$a$^{35}_{53}$kʰo$^{21}$i$^{35}_{44}$lei$^{0}$. ③碎：请你同我舂碎下子。舂～下子。tsʰiaŋ$^{21}$ɲi$^{13}$tʰəŋ$^{13}_{21}$ŋai$^{13}_{21}$tʂəŋ$^{35}$sei$^{53}$xa$^{53}_{44}$tsɿ$^{0}$.tʂəŋ$^{35}$lan$^{53}_{44}$na$_{44}$(←xa$^{53}$)tsɿ$^{0}$.

【烂饭】lan$^{53}$fan$^{53}$ 名 水分过多的饭：～呐，忒烂哩哦。lan$^{53}$fan$^{53}$na$^{0}$,tʰet$^{3}$ lan$^{53}$li$^{0}$ o$^{0}$.

【烂贱】lan$^{53}$tsʰien$^{53}$ 形 状态词。价格极低，引申指生存及繁育能力极强，无须人们劳心费力：鲫鱼是系唔知几～个一种鱼子。tsiet$^{3}$ ŋ̍$^{13}$ʂɿ$^{53}_{44}$xe$^{53}$n̩$^{13}$ti$^{35}_{53}$ci$^{21}$lan$^{53}$tsʰien$^{53}$ke$^{53}_{44}$iet$^{3}$ tʂəŋ$^{21}$ŋ̍$^{13}$tsɿ$^{0}$. | （松树球）系第一～个东西。xe$^{53}_{44}$tʰi$^{53}$iet$^{3}$ lan$^{53}$tsʰien$^{53}$ke$^{53}_{44}$tɔŋ$^{35}$si$^{0}$.

【烂泥】lan$^{53}$lai$^{13}$ 名 稀烂的软泥：～糊唔上壁。lan$^{53}$lai$^{13}_{21}$fu$^{13}_{21}$n̩$^{13}_{21}$ʂɔŋ$^{35}$piak$^{3}$.

【烂泥羹】lan$^{53}$lai$^{13}$kaŋ$^{35}$ 名 稀烂的软泥：一落水呀箇禾坪下就成哩～。iet$^{3}$ lɔk$^{5}$ ʂei$^{21}$ia$^{0}$ kai$^{53}$uo$^{13}_{21}$ pʰiaŋ$^{13}_{21}$xa$^{53}$tsʰiəu$^{53}$ʂaŋ$^{13}_{21}$li$^{0}$ lan$^{53}$lai$^{13}_{21}$kaŋ$^{35}$.

【烂泥田】lan$^{53}$nai$^{13}_{21}$tʰien$^{13}_{21}$ 名 泥层不很深，但四季不干的田：～就比箇个浅田子要更深滴子。lan$^{53}$nai$^{13}_{21}$tʰien$^{13}$tsʰiəu$^{53}_{44}$pi$^{21}$kai$^{53}_{44}$ke$^{53}_{44}$tsʰien$^{21}$tʰien$^{13}$tsɿ$^{0}$ iau$^{53}_{44}$ken$^{53}$tʂʰən$^{35}$tiet$^{5}$ tsɿ$^{0}$.

【烂睡便宜】lan$^{53}$ʂɔi$^{53}$pʰien$^{13}$ɲin$^{13}$ 形容极其便宜：有兜典当铺里个箇个汽车唠硬～呐。iəu$^{35}$tei$^{35}_{53}$

tian$^{21}$tɔŋ$^{53}$pʰu$^{53}$li$^{0}$ ke$^{0}$ kai$^{53}_{44}$kei$^{53}_{44}$çi$^{53}$tʂʰa$^{35}_{44}$lau$^{0}$ ɲiaŋ$^{53}$lan$^{53}$ʂɔi$^{53}_{44}$pʰien$^{13}_{44}$ɲin$^{13}_{44}$na$^{0}$.

【烂崽】lan$^{53}$tsai$^{21}$ 名流氓；无赖之徒：渠箇只离哩婚个老公咯系只～。ci$^{13}$kai$^{53}$(tʂ)ak$^{3}$ li$^{13}$li$^{0}$ fən$^{35}$ ke$^{53}$lau$^{21}$kəŋ$^{35}$ko$^{0}$ xei$^{53}_{44}$tʂak$^{3}$ lan$^{53}$tsai$^{21}$.

【烂账$_{1}$】lan$^{53}$tʂɔŋ$^{53}$ 名指拖得很久、收不回来的账：我等也有～哦。卖电脑啊，箇只明显个箇有只人买台电脑嘞，还三千两千多块钱冇得哩，总讨都冇哩了。还系姓万个嘞，渠就冇得哩，以下是人都走嘿哩，系下广东去哩。冇得哩，箇两千多块钱是烂哩账。ŋai$^{13}$tien$^{0}$ a$^{35}_{44}$iəu$^{35}$lan$^{53}$ tʂɔŋ$^{53}$ŋo$^{0}$.mai$^{53}$tʰien$^{53}$nau$^{21}$a$^{0}$,kai$^{53}$tʂak$^{3}$ min$^{13}$çien$^{21}$ke$^{53}$kai$^{53}$iəu$^{35}_{53}$tʂak$^{3}$ ɲin$^{13}_{21}$mai$^{35}$tʰɔi$^{13}_{21}$tʰien$^{53}$nau$^{21}$le$^{0}$,xai$^{13}_{21}$ san$^{35}_{44}$tsʰien$^{35}_{44}$iɔŋ$^{21}$tsʰien$^{35}_{44}$to$^{35}_{44}$kʰuai$^{53}$tsʰien$^{13}_{21}$mau$^{13}_{21}$tek$^{3}$ li$^{0}$,tsəŋ$^{21}$tʰau$^{21}$təu$^{35}_{53}$mau$^{13}_{44}$li$^{0}$ liau$^{0}$.xai$^{13}_{21}$xe$^{53}_{44}$siaŋ$^{53}$uan$^{53}$cie$^{53}$ le$^{0}$,ci$^{13}_{21}$tsʰiəu$^{53}_{44}$mau$^{13}_{53}$tek$^{3}$ li$^{0}$,i$^{21}$xa$^{53}$ʂʅ$^{53}$ɲin$^{13}$təu$^{35}_{53}$tsei$^{21}$(x)ek$^{3}$ li$^{0}$,xei$^{53}$(x)a$^{53}$kɔŋ$^{21}$təŋ$^{35}$çi$^{53}$li$^{0}$.mau$^{13}_{21}$tek$^{3}$ li$^{0}$,kai$^{53}$ iɔŋ$^{21}$tsʰien$^{35}_{44}$to$^{35}_{44}$kʰuai$^{53}$tsʰien$^{13}_{21}$ʂʅ$^{53}_{21}$lan$^{53}_{44}$li$^{0}$ tʂɔŋ$^{53}$.

【烂账$_{2}$】lan$^{53}$tʂɔŋ$^{53}$ 动账被久拖不还，不了了之：欸我等有只老弟，开头同我打电话箇只老弟，以前早蛮多年尽跕倒张家坊卖瓷砖，卖建材呀。嗬，以下是，渠是人又好打讲个人，赊凑出去哩，落尾是烂嘿几多子账。讨一阵算哩了，唔想去讨哩讨一阵。唔想去讨哩，算哩，讨也空个。渠冇兜么个原因呢，就系冇得嘞。屋是系屋都系旧哩了，十几年了。e$_{21}$ŋai$^{13}_{21}$tien$^{0}$ iəu$^{35}_{53}$tʂak$^{3}$ lau$^{21}$tʰe$^{35}$,kʰɔi$^{35}$tʰei$^{13}_{21}$tʰəŋ$^{13}_{21}$ŋai$^{13}_{21}$ta$^{21}$tʰien$^{53}$fa$^{53}_{21}$kai$^{53}$(tʂ)ak$^{3}$ lau$^{21}$tʰe$^{35}$,i$^{35}_{53}$tsʰien$^{13}$tsau$^{21}$man$^{13}$to$^{35}_{53}$ɲien$^{13}_{21}$ tsʰin$^{53}$kʰu$^{35}$tau$^{21}$tʂɔŋ$^{35}_{44}$ka$^{35}_{44}$fɔŋ$^{35}$mai$^{53}$tsʰʅ$^{13}$tʂuɔn$^{35}$,mai$^{53}$cien$^{53}$tsʰɔi$^{13}_{44}$ia$^{0}$.xo$_{53}$,i$^{21}$xa$^{53}$ʂʅ$^{53}_{44}$,ci$^{13}_{21}$ʂʅ$^{53}_{44}$ɲin$^{13}$iəu$^{53}$xau$^{21}$ta$^{21}$ kɔŋ$^{21}$ke$^{53}$ɲin$^{13}_{44}$,ʂa$^{35}$tsʰe$^{0}$ tʂʰət$^{3}$ çi$^{53}$li$^{0}$,lɔk$^{5}$ mi$^{35}_{44}$ʂʅ$^{53}_{44}$lan$^{53}$lek$^{3}$ ci$^{21}$to$^{35}$tsʅ$^{0}$ tʂɔŋ$^{53}_{44}$.tʰau$^{21}$(i)et$^{3}$ tʂʰən$^{53}$sɔn$^{53}$li$^{0}$ liau$^{0}$,n̩$^{13}$ siɔŋ$^{21}$çi$^{53}$tʰau$^{21}$li$^{0}$ tʰau$^{21}$(i)et$^{3}$ tʂʰən$^{53}$.n̩$^{13}$siɔŋ$^{21}$çi$^{53}$tʰau$^{21}$li$^{0}$,sɔn$^{53}$li$^{0}$,tʰau$^{21}$ua$^{35}_{53}$kʰəŋ$^{53}$kei$^{53}$.ci$^{13}_{21}$mau$^{13}$tei$^{35}_{53}$mak$^{3}$ e$^{0}$ vien$^{13}_{21}$in$^{13}_{44}$nei$^{0}$,tsiəu$^{53}$xei$^{53}$mau$^{13}_{21}$tek$^{3}_{5}$ lei$^{0}$.uk$^{3}$ ʂʅ$^{53}$xei$^{53}$uk$^{3}$ təu$^{35}_{53}$xei$^{53}$cʰiəu$^{53}$li$^{0}$ liau$^{0}$,ʂət$^{5}$ ci$^{21}$ɲien$^{13}$niau$^{0}$.

【郎中】lɔŋ$^{13}$tʂəŋ$^{35}$ 名老中医的俗称：～都䁯来哟，你咁早走倒去搞么个？～都还䁯来哟。欸，店子门都䁯开哟，～还䁯来。lɔŋ$^{13}$tʂəŋ$^{35}_{44}$təu$^{35}_{53}$maŋ$^{13}_{44}$lɔi$^{13}_{44}$io$^{0}$, ɲi$^{13}$kan$^{21}$tsau$^{21}$tsei$^{21}$tau$^{21}$çi$^{53}$kau$^{21}$mak$^{3}$ ke$^{53}$? lɔŋ$^{13}$tʂəŋ$^{35}_{44}$təu$^{35}_{53}$xai$^{13}_{21}$maŋ$^{13}_{44}$lɔi$^{13}_{44}$io$^{0}$.e$_{21}$,tian$^{53}$tsʅ$^{0}$ mən$^{13}$təu$^{35}_{53}$maŋ$^{13}_{21}$kʰɔi$^{35}$io$^{0}$,lɔŋ$^{13}$tʂəŋ$^{35}_{44}$təu$^{35}_{53}$xai$^{13}_{21}$maŋ$^{13}_{44}$lɔi$^{13}_{21}$.｜欸，以到我老婆就请倒箇个中医啊，～啊，请倒箇～开哩单子啊，食哩药，现在还有效。ei$_{21}$,i$^{21}$ tau$^{53}$ŋai$^{13}_{21}$lau$^{21}$pʰo$^{13}$tsʰiəu$^{53}$tsʰiaŋ$^{21}$tau$^{21}$kai$^{53}_{44}$kei$^{53}_{44}$tʂəŋ$^{35}$i$^{35}_{44}$a$^{0}$,lɔŋ$^{13}$tʂəŋ$^{35}_{44}$ŋa$^{0}$,tsiaŋ$^{21}$tau$^{21}$kai$^{53}$lɔŋ$^{13}$tʂəŋ$^{35}$kʰɔi$^{35}$li$^{0}$ tan$^{35}$tsʅ$^{0}$ a$^{0}$,ʂət$^{5}$ li$^{0}$ iɔk$^{5}$,çien$^{53}$tsʰai$^{53}$xai$^{13}_{21}$iəu$^{35}$çiau$^{53}$.

【郎子】lɔŋ$^{13}$tsʅ$^{0}$ 名青年男子；小伙子：箇妹子掇杯茶分箇只～食啦。kai$^{53}_{44}$mɔi$^{53}$tsʅ$^{0}$ tɔit$^{3}$ pei$^{35}_{44}$tsʰa$^{13}$ pən$^{35}$kai$^{53}_{44}$tʂak$^{3}$ lɔŋ$^{13}$tsʅ$^{0}$ ʂət$^{5}$ la$^{0}$.

【狼蜂】lɔŋ$^{13}$fəŋ$^{35}$ 名马蜂：箇个到岭上去斫柴搞箇只么个都真爱注意，欸，经常有～窠，你去摝倒哩嘞就会惹～叼。欸，～叼得厉害个是硬爱进医院里爱去住院喏。kai$^{53}$ke$^{53}_{44}$tau$^{53}$liaŋ$^{35}$ xɔŋ$^{53}_{44}$çi$^{53}_{44}$tʂɔk$^{3}$ tsʰai$^{13}$kau$^{21}$kai$^{53}$tʂak$^{3}$ mak$^{3}$ (k)e$^{53}$təu$^{35}_{44}$tʂən$^{35}$ɔi$^{53}$tʂʮ$^{53}$i$^{53}$,ei$_{21}$,cin$^{35}$tʂʰɔŋ$^{13}_{21}$iəu$^{35}$lɔŋ$^{13}$fəŋ$^{35}_{44}$kʰo$^{35}$, ɲi$^{13}$ çi$^{53}$ləuk$^{3}$ tau$^{21}$li$^{0}$ lei$^{0}$ tsʰiəu$^{53}_{44}$uɔi$^{53}_{44}$ɲia$^{35}$lɔŋ$^{13}$fəŋ$^{35}_{44}$tiau$^{35}$.e$_{21}$,lɔŋ$^{13}$fəŋ$^{35}_{44}$tiau$^{35}$tek$^{3}$ li$^{53}$xɔit$^{5}$ ke$^{53}$ʂʅ$^{53}_{44}$ɲiaŋ$^{53}$ɔi$^{53}$tsin$^{53}$i$^{35}$ vien$^{53}_{21}$ni$^{21}$ɔi$^{53}$çi$^{53}$tʂʰʮ$^{53}$vien$^{53}$no$^{0}$.

【螂尾】lɔŋ$^{13}$mi$^{35}$ 名蜻蜓：挨夜子箇～系飞得高，第二晡就会晴。～系飞得矮，飞得人咁高子箇～，箇就第二晡就会落水。ai$^{35}$ia$^{53}$tsʅ$^{0}$ kai$^{53}$lɔŋ$^{13}$mi$^{35}_{44}$xe$^{53}$fei$^{35}$tek$^{3}$ kau$^{35}$,tʰi$^{53}$ɲi$^{53}$pu$^{35}$tsʰiəu$^{53}$uɔi$^{53}$tsʰiaŋ$^{13}$. lɔŋ$^{13}$mi$^{35}_{44}$xe$^{53}_{44}$fei$^{35}$tek$^{3}$ ai$^{21}$,fei$^{35}$tek$^{3}$ ɲin$^{13}$kan$^{21}$kau$^{35}$tsʅ$^{0}$ kai$^{53}_{44}$lɔŋ$^{13}$mi$^{35}_{44}$,kai$^{53}_{44}$tsʰiəu$^{53}_{44}$tʰi$^{53}$ɲi$^{53}$pu$^{35}$tsʰiəu$^{53}_{44}$uɔi$^{53}_{44}$lɔk$^{5}$ ʂei$^{21}$.

【浪】lɔŋ$^{53}$ 名重打后留下的红色条痕：打条～ ta$^{21}$tʰiau$^{13}$lɔŋ$^{53}$｜篾篓也会打条～来。篾篓打下去欸，系呀？现条～来。miet$^{5}$ sak$^{3}$ a$^{35}_{44}$uɔi$^{53}_{44}$ta$^{21}$tʰiau$^{13}$lɔŋ$^{53}$lɔi$^{13}_{21}$.miet$^{5}$ sak$^{3}$ ta$^{21}$xa$^{53}_{44}$çi$^{53}_{44}$e$^{0}$,xei$^{53}_{44}$ia$^{0}$?çien$^{53}$tʰiau$^{13}_{21}$ lɔŋ$^{53}$lɔi$^{13}_{21}$.

【晾】lɔŋ$^{53}$ 动晾晒：箇起就安做～衫个竹篙喔。kai$^{53}_{44}$çi$^{21}$tsʰiəu$^{53}_{21}$ɔn$^{35}_{44}$tso$^{53}_{44}$lɔŋ$^{53}$san$^{35}$ke$^{53}$tʂəuk$^{3}$ kau$^{35}_{44}$uo$^{0}$.

【晾篙】lɔŋ$^{53}$kau$^{35}$ 名用来晾晒衣服的竹竿。又称“竹篙”：箇条横个晾衫用来晾衫个就安做竹篙。有人安做～。有人话～，有人话竹篙。kai$^{53}$tʰiau$^{13}_{21}$uaŋ$^{13}_{21}$ke$^{53}_{44}$lɔŋ$^{53}$san$^{35}$iəŋ$^{53}$lɔi$^{13}_{21}$lɔŋ$^{53}$san$^{35}$ke$^{53}_{44}$ tsʰiəu$^{53}_{44}$ɔn$^{35}_{44}$tso$^{53}_{44}$tʂəuk$^{3}$ kau$^{35}$.iəu$^{35}$ɲin$^{13}_{21}$ɔn$^{35}_{44}$tso$^{53}_{44}$lɔŋ$^{53}$kau$^{35}_{44}$.iəu$^{35}$ɲin$^{13}_{21}$ua$^{53}_{44}$lɔŋ$^{53}$kau$^{35}_{44}$,iəu$^{35}$ɲin$^{13}_{21}$ua$^{53}_{44}$tʂəuk$^{3}$ kau$^{35}_{44}$.

【晾伞】lɔŋ$^{53}$san$^{53}$ 名①指皇帝出行用的黄罗盖伞：箇皇帝老子出门呐唔系有打～个？箇个电影电视肚里啊，皇帝老子出门呐就有只人打～，就有只人箇个唠有人擎把伞同渠遮箇个唠遮日头遮风水个唠，嗯，潓大个一把伞呶。箇把伞叫做～。kai$^{53}_{44}$fɔŋ$^{13}$ti$^{53}$lau$^{21}$tsʅ$^{0}$ tʂʰət$^{3}$ mən$^{13}$na$^{0}$ m̩$^{13}$ pʰei$^{53}$iəu$^{35}_{53}$ta$^{21}$lɔŋ$^{53}$san$^{53}_{44}$ke$^{0}$?kai$^{53}_{44}$ke$^{53}_{44}$tʰien$^{53}$iaŋ$^{21}$tʰien$^{53}$ʂʅ$^{53}_{44}$təu$^{21}$li$^{0}$ a$^{0}$,fɔŋ$^{13}$tʰi$^{53}$lau$^{21}$tsʅ$^{0}$ tʂʰət$^{3}$ mən$^{13}$na$^{0}$ tsʰiəu$^{53}_{44}$ iəu$^{35}$tʂak$^{3}$ ɲin$^{13}_{44}$ta$^{21}$lɔŋ$^{53}$san$^{53}$,tsʰiəu$^{53}$iəu$^{35}$tʂak$^{3}$ ɲin$^{13}_{44}$kai$^{53}$ke$^{53}$lau$^{0}$ iəu$^{35}$ɲin$^{13}_{21}$cʰiaŋ$^{13}$pa$^{21}$san$^{53}$tʰəŋ$^{13}_{21}$ci$^{13}_{21}$tʂa$^{35}$kai$^{53}$

cie53-44lau0 tʂa35ɲiet3 thei13-21tʂa35fəŋ35ʂei21ke53lau0,n̩21,mən35thai53ke53-44iet3 pa21san53nau0.kai53-44pa21san53-44ciau53-44tso53-44 ləŋ53san53. ②喻指松松垮垮的裤头：欸欸，箇阵我等细细子嘞就得哩惹别人家笑哩。冇得皮带呀，就舞条子咁个布带子绨下倒哇。肚子一大大子就咁子勒勒摞摞总摞稳去就总扯。长日惹别人家笑，惹大人笑，安做么个？安做打～。嗯，你箇打～样。ei21ei21,kai53tʂhən53ŋai13-21tien0 se53 se53tsɿ0 lei0 tshiəu53-44tek3 li0 ɲia35phiet5 in13-44ka35-44siau53li0 .mau13tek3 phi13tai53ia0 ,tsiəu53u21thiau13tsɿ0 kan21ke53pu53 tai53tsɿ0 thak3 (x)a53tau21ua0 .təu21tsɿ0 iet3 thai53thai53tsɿ0 tshiəu53kan21tsɿ0 lət3 lət3 khuan53khuan53tsəŋ21khuan53 uən21çi53tsiəu53-44tsəŋ21tʂha21.tʂhəŋ13ɲiet3 ɲia35phiet5 in13-44ka35-44siau53, ɲia35thai53ɲin13-21siau53,ən35-44tso53mak3 ke53?ən35-44 tso53-44ta21ləŋ53san53-44.n̩53, n̩i13-21kai53ta21ləŋ53san53iəŋ53.

【晾衫绳】ləŋ53san35ʂən13 名晾晒衣服的绳子：也有用绳子咯。晾衣绳嗷，欸，～嗷。晾衫个绳子唠。ia35iəu35-44iəŋ53ʂən13tsɿ0 ko0 .ləŋ53i35ʂən13nau0 ,e21,ləŋ53san35ʂən13nau0 .ləŋ53san35ke53ʂən13tsɿ0 lau0.

【捞1】lau35 动手顺势一抓：渠就咁皮上有层箇毛，一～嘿去□粗□粗。ci13-21tshiəu53-44kan21-53phi13 xəŋ53-44iəu35tshien13-21kai13-21mau35,iet3 lau35uek3 (←xek3)çi53chia35tshɿ35chia35-44tshɿ35.

【捞2】lau13 动①从水或其他液体里面取东西：爱～起来（蒸饭）。əi53lau13çi21ləi13-21.｜～鱼 lau13 ŋ̍13（用手等）捕鱼。②赚取，多指用不正当手段取得：～钱个本事 lau13tshien13ke53pən21sɿ53｜唔知几远个钱都～得倒。n̩13-21ti35-53ci21ien21ke53-44tshien13təu35-44lau13tek3 tau21.

【捞米饭】lau13mi21fan53 名将米放在水中煮到一定程度，然后再捞出蒸制的饭：箇甑蒸个饭一般都就～嗷。kai53-44tsien53tʂən53cie53-44fan53iet3 pən53təu53-44tshiəu53lau13mi21fan53-44nau0.

【劳动布】lau13thəŋ35-44pu53 名质地紧密、厚实耐穿的粗斜纹棉织物。又称"劳动咔"：我系着个～就同牛仔裤样个咁个布哇，安做～呢。ŋai13-21xe53-44tʂək3 ke53-44lau13thəŋ35-44pu53tshiəu53thəŋ13-21ɲiəu13tsai21 fu53iəŋ53-21ke53-44kan21cie53-44pu53ua0 ,ən35-44tso53-44lau13thəŋ35-44pu53nei0.｜～又安做劳动咔。lau13thəŋ35-44pu53-44iəu53-44ən35-44tso53-44 lau13-21thəŋ35-44kha21.

【劳神】lau13ʂən13 动耗费心神：以前我等走夜路就长日舞只杉壳把呢。箇只东西就第一唔爱劳兜神个东西呢。欸，只爱捡兜子杉壳啊晒燥来呀，有么个事个时候子捡倒箇杉壳晒燥来绨正来，就杉壳把。i35-53tshien13-21ŋai13tien0 tsei21ia53ləu53tshiəu53-44tʂhəŋ13ɲiet3 u21tʂak3 sa35khək3 pa21nei0 .kai53-44 (tʂ)ak3 (t)əŋ35-44si0 tshiəu53-44thi53iet3 m̩13-21məi53lau13te35-53ʂən13-21ke53-44təŋ35-44si0 nei0 .e21,tʂɿ21əi53cian21tei35-53tsɿ0 sa35khək3 a0 sai53 tsau35-44ləi13-21ia0 ,mau13mak3 e0 sɿ53ke0 ʂɿ13-44xəu53-44tsɿ0 cian21tau21kai53sa35khək3 sai53tsau35-44ləi13-21thak3 tʂaŋ53ləi13-44,tshiəu53-44 sa35khək3 pa21.

【痨】lau53 动毒杀：会～死人嗷。uəi53-44lau53si21ɲin13nau0.｜箇政府晓得哩是会罚得渠好看呢～鱼是。你话一～就以整条河大大细细冇哩嘞。kai53tʂən53fu21-44çiau21tek3 li0 ʂɿ53-44uəi53fait5 tek3 ci13-44xau21 khən53ne0 lau53ŋ̍13ʂɿ53-44. n̩i13(u)a53-44iet3 lau53tshiəu53i21-44tʂən21thiau13xo13thai53thai53-44se53se53mau13li0 le0.

【痨病】lau13phiaŋ53 名肺结核：～就系箇个病嘞就系安做肺结核嘞。箇只东西就传染蛮厉害话嘞，～就会传染呢。lau13phiaŋ53tshiəu53-44xe53-44kai53ke53-21phiaŋ53-44le0 tshiəu53-44xei53-44ən35-44tso53-44fei53ciet3 xek3 le0 .kai53 (tʂ)ak3 təŋ35-44si0 tshiəu53tʂhen13vien21man13li53xəi53ua53-44le0 ,lau13phiaŋ53tshiəu53uəi53tʂhen13vien21ne0.

【痨病鬼】lau13phiaŋ53kuei21 名得了痨病的人，也泛指骨瘦如柴有病容的人（詈语）。又称"痨病壳"：一般得哩痨病个人呢就刮瘦呀，欸，黄皮寡瘦呀。得哩痨病个人黄皮寡瘦，箇人安做～，唔像人呐。iet3 pən35tek3 li0 lau13phiaŋ53ke53-21ɲin13ne0 tshiəu53kuait5 sei53ia0 ,e21,uəŋ13phi13-44kua21sei53 ia0 .tek3 li0 lau13phiaŋ53ke53ɲin13-21uəŋ13phi13-44kua21sei53,kai53ɲin13-21ən35-44tso53-44lau13phiaŋ53kuei21,n̩13tshiəŋ53ɲin13na0.

【痨病壳】lau13phiaŋ53khək3 名同"痨病鬼"：～嘞就指箇起痨病得得久个人，"箇只～啊"，身体唔知几垮个人，甚至冇得痨病，但是身体唔知几约个人，身体唔好个人。"欸，箇只箇人～样！"系唔系？还加只"样"字，"～样"。lau13phiaŋ53khək3 lei0 tshiəu53tʂɿ21kai53çi21lau13phiaŋ53 tek3 tek3 ciəu21ke53ɲin13-44,"kai53-21tʂak3 lau13-21phiaŋ53khək3 a0",ʂən35thi21n̩13ti13-53ci21khua21ke53ɲin13-44,ʂən35tʂɿ53-44mau13tek3 lau13phiaŋ53,tan53-44ʂɿ53-44ʂən35thi21n̩13ti13-53ci21ʂo13ke53ɲin13-44,ʂən35thi21n̩13xau21ke53ɲin13-44."ei44,kai53tʂak3 kai53ɲin13-21lau13-21 phiaŋ53khək3 iəŋ53!"xei53me53-44?xai13-21cia35-44(tʂ)ak3 "iəŋ53""tshɿ53-21,"lau35phiaŋ53khək3 iəŋ53".

【痨死鬼】lau53si21kuei21 名喝农药等的人死后变成的鬼：～就食农药死个。～欸分农药痨死个。欸，有哇，我等以映子都有咁个～呀。lau53si21kuei21tshiəu53-44ʂət5 ləŋ13-21iək5 si21ke53.lau53si21kuei21e21pən35 ləŋ13iək5 lau53si21ke0 .ei21,iəu35ua0 ,ŋai13-21tien0 i21iaŋ53tsɿ0 təu53-44iəu35-44kan21ke53-44lau53si21kuei21ia0.

【痨药】lau53iək5-3 名毒药：搞倒箇个痨鱼子个～去痨哩鱼。kau21tau21kai53-44ke53-44lau53ŋ̍13tsɿ0 ke53-44lau53 iək5-3çi53-44lau53li0 ŋ̍13.

L

【老$_1$】lau$^{21}$ [形]①年纪大的：渠嫁只老公咁～。ci$^{13}_{21}$ka$^{53}$tʂak$^{3}$ lau$^{21}$kəŋ$^{35}_{53}$kan$^{21}$lau$^{21}$. ②时间长的，年代久远的：（信封）最古老欸最～个话法就信套子。tsei$^{53}$ku$^{21}$lau$^{21}$e$^{0}$ tsei$^{53}$lau$^{21}$ke$^{53}_{44}$ua$^{53}$fait$^{3}$ tsʰiəu$^{53}_{44}$ sin$^{53}$tʰau$^{53}$tsɿ$^{0}$. ③原来的，旧时的，以前的：以前个～个（油菜）揪苦，食唔得。i$^{35}$tsʰien$^{13}_{21}$ke$^{53}$ lau$^{21}$ke$^{53}$tsiəu$^{35}_{21}$fu$^{21}$,ʂət$^{5}$n̩$^{13}_{21}$tek$^{3}$.｜～房子吧？爱去寻。lau$^{21}$fəŋ$^{13}$tsɿ$^{0}$pa$^{0}$?ɔi$^{53}_{44}$çi$^{53}_{44}$tsʰin$^{13}$. ④与“嫩”相对：黄竹李就～哩就勯黄子。uəŋ$^{13}$tʂəuk$^{3}$li$^{21}$tsʰiəu$^{53}_{44}$lau$^{21}$li$^{0}$ tsʰiəu$^{53}_{44}$li$^{35}$uəŋ$^{13}$tsɿ$^{0}$. ⑤豆腐因制作时石膏或卤水放得多而显得比较硬：有滴人（作豆腐）唔系哦嗬～哩，唔系就嫩哩。iəu$^{35}$tet$^{5}$ɲin$^{13}_{21}$m̩$^{13}_{21}$pʰe$_{44}$(←xe$^{53}$)o$_{44}$xo$_{44}$lau$^{21}$li$^{0}$,m̩$^{13}_{21}$pʰe$_{44}$(←xe$^{53}$)tsʰiəu$^{53}_{44}$lən$^{53}$ni$^{0}$.

【老$_2$】lau$^{21}$ [动]①衰老；变老：以下就成哩只老子啊硬啊，高就还咁高，比我更高，牙齿也缺咁哩啊，嘴巴皮也真个系是箇老人家样了啊，以下真～嘿哩，箇真看唔得哩。晓知系唔系～得咁快？箇阵子是硬一表人才嘞。i$^{21}$xa$^{53}$tsʰiəu$^{53}$ʂaŋ$^{13}_{44}$li$^{0}$ tʂak$^{3}$ lau$^{21}$tsɿ$^{0}$a$^{0}$ɲiaŋ$^{53}$ŋa$^{0}$,kau$^{35}$tsʰiəu$^{53}$ xai$^{13}_{21}$kan$^{21}$kau$^{35}_{44}$,pi$^{21}$ŋai$^{13}$cien$^{53}$kau$^{35}$,ŋa$^{13}$tʂʰɿ$^{21}$a$^{35}_{53}$cʰiet$^{3}$ kan$^{21}$ni$^{0}$a$^{0}$,tsi$^{21}$pa$^{35}_{44}$pʰi$^{13}$ia$^{35}_{53}$tʂən$^{35}$ke$^{53}_{44}$xei$^{53}$ʂɿ$^{53}$kai$^{53}$lau$^{21}$ ɲin$^{13}$ka$^{35}_{53}$iɔŋ$^{53}$liau$^{21}$a$^{0}$,i$^{21}$xa$^{53}$tʂən$^{35}$lau$^{21}$(x)ek$^{3}$ li$^{0}$,kai$^{53}$tʂən$^{35}$kʰɔn$^{53}$n̩$^{13}_{21}$tek$^{3}$ li$^{0}$.çiau$^{21}$ti$^{35}_{53}$xei$^{53}$mei$^{53}$lau$^{21}$tek$^{3}$kan$^{21}$ kʰuai$^{53}$?kai$^{53}$tʂʰən$^{53}$tsɿ$^{0}$ ʂɿ$^{53}_{44}$ɲiaŋ$^{53}$iet$^{3}$ piau$^{21}$ɲin$^{13}$tsʰɔi$^{13}_{44}$lei$^{0}$. ②死的讳称：但是系～哩人个，死哩人个，箇就（作）三只（揖），成单。tan$^{53}$ʂɿ$^{53}$xe$^{53}$lau$^{21}$li$^{0}$ɲin$^{13}$ke$^{53}$,si$^{21}$li$^{0}$ɲin$^{13}$ke$^{53}$,kai$^{53}_{44}$tsʰiəu$^{53}_{44}$san$^{35}$tʂak$^{3}$, tʂʰən$^{13}$tan$^{35}$.

【老$_3$】lau$^{21}$ 词缀。①加在姓氏的前面共同构成称谓，多用于称呼比自己年长或年龄相仿的人：有滴晓得名字个就喊名字嘛，系啊？～张～李哟，么啊陈老师李老师唠。iəu$^{35}$tiet$^{5}$ çiau$^{21}$tek$^{3}$ miaŋ$^{13}$tsʰɿ$^{53}_{44}$ke$^{53}_{44}$tsʰiəu$^{53}_{44}$xan$^{53}_{44}$miaŋ$^{13}$tsʰɿ$^{53}$ma$^{0}$,xe$^{53}_{44}$a$^{0}$ ?lau$^{21}$tʂɔŋ$^{35}_{44}$lau$^{21}$li$^{21}$iau$^{0}$,mak$^{3}$ a$^{0}$ tʂʰən$^{13}_{21}$nau$^{21}$sɿ$^{35}_{44}$li$^{21}$lau$^{21}$sɿ$^{35}_{44}$ lau$^{0}$. ②加在姓氏的后面共同构成对长者的尊称：颜～！ŋai$^{13}$lau$^{21}$！③加在“大”和数目等前，表示排行次序：以只是我～二，箇只我～三。i$^{21}$tʂak$^{3}$ ʂɿ$^{53}_{44}$ŋai$^{13}_{44}$lau$^{21}$ɲi$^{53}$,kai$^{53}$tʂak$^{3}$ ŋai$^{13}_{44}$lau$^{21}$san$^{35}$.

【老班子】lau$^{21}$pan$^{35}_{44}$tsɿ$^{0}$ [名]老一辈人；老年人：以前～手里还有项东西呢，安做篾套笼。i$^{35}_{44}$ tsʰien$^{13}_{21}$lau$^{21}$pan$^{35}_{44}$tsɿ$^{0}$ ʂəu$^{21}$li$^{0}$ xai$^{13}$iəu$^{35}_{44}$xɔŋ$^{53}$təŋ$^{35}_{44}$si$^{0}$ nei$^{0}$,ɔn$^{35}_{44}$tso$^{53}_{44}$miet$^{5}$ tʰau$^{53}$ləŋ$^{13}$.｜除哩～讲下子呀圞桌。tʂʰəu$^{13}_{21}$li$^{0}$ lau$^{21}$pan$^{35}$tsɿ$^{0}$ kɔŋ$^{21}$xa$^{53}_{44}$tsɿ$^{0}$ ia$^{0}$ lɔn$^{13}$tsɔk$^{3}$.

【老板】lau$^{21}$pan$^{21}$ [名]工商业的业主，法人代表及其代理人：有滴晓得名字个就喊名字嘛，系啊？……嗯，么啊～呶。iəu$^{35}$tiet$^{5}$ çiau$^{21}$tek$^{3}$ miaŋ$^{13}$tsʰɿ$^{53}_{44}$ke$^{53}_{44}$tsʰiəu$^{53}_{44}$xan$^{53}_{44}$miaŋ$^{13}$tsʰɿ$^{53}$ma$^{0}$,xe$^{53}_{44}$a$^{0}$?…n̩$_{21}$, mak$^{3}$ a$^{0}$ lau$^{21}$pan$^{21}$nau$^{0}$.

【老板娘】lau$^{21}$pan$^{21}$ɲiɔŋ$^{13}$ [名]指老板的妻子：欸街上蛮多店里呀都系夫妻店。老板就专门跑外背，老板娘就去屋下掌倒，掌店子。e$_{21}$kai$^{35}$xɔŋ$^{53}_{44}$man$^{13}$to$^{35}_{44}$tian$^{53}$ni$^{21}$ia$^{0}$ təu$^{35}$xei$^{53}$fu$^{35}_{44}$tsʰi$^{35}_{44}$tian$^{53}$.lau$^{21}$ pan$^{21}$tsʰiəu$^{53}_{44}$tʂen$^{35}$mən$^{13}_{21}$pʰau$^{21}$ŋɔi$^{53}$pɔi$^{53}$,lau$^{21}$pan$^{21}$ɲiɔŋ$^{13}$tsʰiəu$^{53}$çi$^{53}$uk$^{3}$ xa$^{53}$tʂɔŋ$^{21}$tau$^{21}$,tʂɔŋ$^{21}$tian$^{53}$tsɿ$^{0}$.

【老本】lau$^{21}$pən$^{21}$ [名]最初的本钱：我硬～都蚀嘿哩。ŋai$^{13}$ɲiaŋ$^{53}_{44}$lau$^{21}$pən$^{21}$təu$^{35}_{53}$ʂət$^{5}$ (x)ek$^{3}$ li$^{0}$.｜咁子搞是我～都会亏嘿。kan$^{21}_{13}$tsɿ$^{0}$ kau$^{21}_{44}$ʂɿ$^{53}_{44}$ŋai$^{13}_{44}$lau$^{21}$pən$^{21}$təu$^{35}_{53}$uɔi$^{53}$kʰuei$^{35}_{44}$xek$^{3}$.

【老表】lau$^{21}$piau$^{21}$ [名]表兄弟：都称～。姨～，姑～，舅～，都称～。欸，如果你再一问滴话嘞，箇就舅～，或者姑～，姑表，姨表。也可以咁子称，姑表。təu$^{35}$tʂʰən$^{35}_{44}$nau$^{21}$piau$^{21}$.i$^{13}$lau$^{21}$ piau$^{21}$,ku$^{35}$lau$^{21}$piau$^{21}$,cʰiəu$^{35}$lau$^{21}$piau$^{21}$,təu$^{35}$tʂʰən$^{35}_{44}$nau$^{21}$piau$^{21}$.ei$_{21}$,ʮ$^{13}$ko$^{21}$ɲi$^{13}$tsai$^{53}$iet$^{3}$ uən$^{53}$niet$^{3}$(←tiet$^{3}$)fa$^{53}_{21}$ lei$^{0}$,kai$^{53}_{44}$tsʰiəu$^{53}_{44}$cʰiəu$^{35}$lau$^{21}$piau$^{21}$,xɔit$^{5}$ tʂa$^{21}$ku$^{35}$lau$^{21}$piau$^{21}$,ku$^{35}$piau$^{21}$,i$^{13}$piau$^{21}$.ia$^{35}$kʰo$^{21}$i$^{35}_{44}$kan$^{21}$tsɿ$^{0}$ tʂʰən$^{35}_{44}$,ku$^{35}$ piau$^{21}$.｜我个姑姑卖妹子。……舞倒我只当～个也打只红包喔。ŋai$^{13}$ke$^{53}_{44}$ku$^{35}$ku$^{35}$mai$^{53}$mɔi$^{53}$tsɿ$^{0}$.… u$^{21}$tau$^{21}$ŋai$^{13}$tʂak$^{3}$ tɔŋ$^{35}_{44}$lau$^{21}$piau$^{21}$ke$^{53}$ia$^{35}$ta$^{21}$tʂak$^{3}$ fəŋ$^{13}$pau$^{35}_{44}$uo$^{0}$.

【老床秆】lau$^{21}$tsʰɔŋ$^{13}$kɔn$^{21}$ [名]垫在床上的陈年稻草：我等年年箇欸箇个以前呐年年都爱摊一到子床，分箇个～搂倒烧咁去，放欸摊过床秆。ŋai$^{13}$tien$^{0}$ɲien$^{13}$ɲien$^{13}_{44}$kai$^{53}$e$_{21}$kai$^{53}_{44}$ke$^{53}_{44}$i$^{35}_{53}$tsʰien$^{13}$na$^{0}$ ɲien$^{13}$ɲien$^{13}_{21}$təu$^{35}_{53}$ɔi$^{53}$tʰan$^{35}$iet$^{3}$ tau$^{53}$tsɿ$^{0}$ tsʰɔŋ$^{13}$,pən$^{35}$kai$^{53}$kei$^{53}_{44}$lau$^{21}$tsʰɔŋ$^{13}$kɔn$^{21}$lei$^{13}$tau$^{21}$ʂau$^{35}$kan$^{21}$çi$^{53}$,fɔŋ$^{53}$e$_{21}$ tʰan$^{35}_{44}$ko$^{53}$tsʰɔŋ$^{13}$kɔn$^{21}$.

【老茶】lau$^{21}$tsʰa$^{13}$ [名]中药：～就药哩，药安做～。捡药啊，捡两包～食哩。lau$^{21}$tsʰa$^{13}$tsʰiəu$^{53}_{44}$ iɔk$^{5}$ni$^{0}$,iɔk$^{5}$ɔn$^{35}$tso$^{53}_{44}$lau$^{21}$tsʰa$^{13}$.cian$^{21}$iɔk$^{5}$a$^{0}$,cian$^{21}$iɔŋ$^{21}$pau$^{35}_{44}$lau$^{21}$tsʰa$^{13}$ʂət$^{5}$li$^{0}$.

【老大】lau$^{21}_{13}$tʰai$^{53}$ [名]兄弟姊妹中的年长者；排行第一的人：以只就安做我～。i$^{21}$tʂak$^{3}$ tsʰiəu$^{53}_{44}$ ɔn$^{35}_{44}$tso$^{53}_{44}$ŋai$^{13}_{21}$lau$^{21}$tʰai$^{53}$.

【老大人】lau$^{21}$tʰai$^{53}$ɲin$^{13}$ [名]在墓碑、牌位上写在姓氏后作为对已故男子的敬称：显考万公伦谟～之墓 çien$^{21}$kʰau$^{21}$uan$^{53}$kəŋ$^{35}$lən$^{13}$mu$^{13}$lau$^{21}$tʰai$^{53}$ɲin$^{13}$tʂɿ$^{35}$mu$^{53}$

【老底塥】lau$^{21}$te$^{21}$kak$^{3}$ [名]指熟土层之下的生土：犁田犁得过深哩，分～都翻出来哩。lai$^{13}$

tʰien$^{13}$lai$^{13}$tek$^{3}$ ko$^{53}$ ʂən$^{35}_{44}$ni$^{0}$ ,pən$^{35}$lau$^{21}$te$^{21}$kak$^{3}$ təu$^{35}_{53}$fan$^{35}_{44}$tʂʰət$^{3}$ lɔi$^{13}_{21}$li$^{0}$ .

【老弟】lau$^{21}$tʰe$^{35}$ 名弟弟。也称“老弟子”：起码爱有两只～，嗯，正话系哪只大～。我就有只大～，有只细～。我有三兄弟，箇就讲得吵。欸，大赖子，我就系我爷子个爷娭个大赖子。欸，我大～，就第二个赖子。第三个赖子就细～。çi$^{21}$ma$^{35}_{44}$ɔi$^{53}_{44}$iəu$^{35}_{44}$iɔŋ$^{21}$tʂak$^{3}$ lau$^{21}$tʰe$^{35}$,ṇ$_{21}$,tʂaŋ$^{53}_{44}$ua$^{53}_{44}$ xe$^{53}_{44}$lai$^{53}$tʂak$^{3}$ tʰai$^{53}$lau$^{21}$tʰe$^{35}$.ŋai$^{13}$tsʰiəu$^{53}_{44}$iəu$^{35}$tʂak$^{3}$ tʰai$^{53}$lau$^{21}$tʰe$^{35}$,iəu$^{35}_{44}$tʂak$^{3}$ sei$^{53}$lau$^{21}$tʰe$^{35}$.ŋai$^{13}$iəu$^{35}_{44}$san$^{35}$çiɔŋ$^{35}_{44}$ tʰi$^{35}_{44}$,kai$^{53}_{44}$tsʰiəu$^{53}_{44}$kɔŋ$^{21}$tek$^{3}$ ʂa$^{0}$ .e$_{21}$,tʰai$^{53}$lai$^{53}$tsɿ$^{0}$ ,ŋai$^{13}$tsʰiəu$^{53}$xe$^{53}$ŋai$^{13}_{21}$ia$^{13}$tsɿ$^{0}$ ke$^{53}$ia$^{13}$ɔi$^{35}$ke$^{0}$ tʰai$^{53}$lai$^{53}$tsɿ$^{0}$ .e$_{21}$,ŋai$^{13}$ tʰai$^{53}$lau$^{21}$tʰe$^{35}$,tsʰiəu$^{53}_{44}$tʰi$^{53}_{44}$ṇi$^{53}$ke$^{53}_{44}$lai$^{53}$tsɿ$^{0}$ .tʰi$^{53}_{44}$san$^{35}$ke$^{53}_{44}$lai$^{53}$tsɿ$^{0}$ tsʰiəu$^{53}_{44}$se$^{53}$lau$^{21}$tʰe$^{35}$.｜以只就我～子个丈人娭。i$^{21}$tʂak$^{3}$ tsʰiəu$^{53}$ŋai$^{13}_{21}$lau$^{21}$tʰe$^{35}$tsɿ$^{0}$ ke$^{53}$tʂʰɔŋ$^{53}_{44}$ɲin$^{13}_{21}$ɔi$^{35}$.

【老弟嫂】lau$^{21}$tʰai$^{35}_{44}$sau$^{21}$ 名弟弟的妻子：我箇只～去澄潭江箇映子教过书哇。ŋa$^{13}_{21}$kai$^{53}_{44}$tʂak$^{3}$ lau$^{21}$ tʰai$^{35}_{44}$sau$^{21}$çi$^{53}_{44}$tʂʰən$^{13}_{21}$tʰan$^{13}_{44}$ciɔŋ$^{35}$kai$^{53}_{44}$iaŋ$^{53}_{44}$tsɿ$^{0}$ kau$^{35}_{44}$ko$^{53}_{44}$ʂəu$^{35}$ua$^{0}$ .

【老庚】lau$^{21}$cien$^{35}$ 名①因同岁而结拜的兄弟：～，到哪映去哦，～？lau$^{21}$cien$^{35}$,tau$^{53}_{44}$lai$^{53}_{44}$iaŋ$^{53}_{44}$çi$^{53}$ o$^{0}$ ,lau$^{21}$cien$^{35}$? ②泛指同年的人：也客姓人，摎我两～呢。ia$^{21}$kʰak$^{3}$ sin$^{53}_{44}$ɲin$^{13}_{44}$,lau$^{35}_{44}$ŋai$^{13}_{44}$iɔŋ$^{21}$lau$^{21}$ cien$^{35}$nei$^{0}$ .

【老庚嫂】lau$^{21}$cien$^{35}_{44}$sau$^{21}$ 名老庚之妻：冇得喊同年嫂个，喊～。唔喊同年嫂，只喊～。mau$^{13}$ tek$^{3}$ xan$^{53}$tʰəŋ$^{13}_{21}$ɲien$^{13}_{21}$sau$^{21}$ke$^{53}$,xan$^{53}_{44}$lau$^{21}$cien$^{35}_{44}$sau$^{21}$.ṇ$^{13}_{21}$xan$^{53}$tʰəŋ$^{13}_{21}$ɲien$^{13}_{21}$sau$^{21}$,tʂɿ$^{21}$xan$^{53}$lau$^{21}$cien$^{35}_{44}$sau$^{21}$.

【老公】lau$^{21}$kəŋ$^{35}$ 名丈夫。又称“当家个”：欸一般～是也只有呃渠老婆正能够称～。别么人总不能称～。ei$_{21}$iet$^{3}$ pən$^{35}$lau$^{21}$kəŋ$^{35}_{44}$ʂɿ$^{53}_{44}$a$^{35}_{44}$tʂɿ$^{21}$iəu$^{35}_{44}$ə$_{21}$ci$^{13}_{21}$lau$^{21}$pʰo$^{13}$tʂaŋ$^{53}$len$^{13}_{21}$ciau$^{53}$tʂʰən$^{35}$nau$^{21}$kəŋ$^{35}$.pʰiet$^{5}$ mak$^{3}$ in$^{13}_{44}$tsəŋ$^{21}$pət$^{3}$ len$^{13}_{21}$tʂʰən$^{35}$nau$^{21}$kəŋ$^{35}_{44}$.

【老公公】lau$^{21}$kəŋ$^{35}$kəŋ$^{35}$ 名曾祖父，又称“公太”：如今我阿叔唠，渠个孙子欸谈正哩朋友。二十几岁了，渠个孙子二十几了哇，谈哩女朋友哇，总都唔结婚，我叔叔是真想当老公公了喔，又唔好声得噢。i$^{13}_{21}$cin$^{35}_{53}$ŋai$^{13}_{21}$a$^{35}$ʂəuk$^{3}$ lau$^{0}$ ,ci$^{13}$ke$^{53}$sən$^{35}$tsɿ$^{0}$ e$_{21}$tʰan$^{13}$tʂaŋ$^{53}$li$^{0}$ pʰəŋ$^{13}$iəu$^{35}_{53}$. ɲi$^{53}$ʂət$^{5}$ ci$^{21}$sɔi$^{53}_{44}$ liau$^{0}$ ,ci$^{13}_{44}$(k)e$^{53}_{44}$sən$^{35}_{44}$tsɿ$^{0}$ ɲi$^{53}$ʂət$^{5}$ ci$^{21}$liau$^{0}$ ua$^{0}$ ,tʰan$^{13}$li$^{0}$ ɲy$^{21}$pʰəŋ$^{13}_{21}$iəu$^{35}$ua$^{0}$ ,tsəŋ$^{21}$təu$^{35}_{53}$ṇ$^{13}_{21}$ciet$^{3}$ fən$^{35}$,ŋai$^{13}$ʂəuk$^{3}$ ʂəuk$^{3}$ ʂɿ$^{53}_{44}$tʂən$^{35}$siɔŋ$^{21}$tɔŋ$^{35}$lau$^{21}$kəŋ$^{35}_{44}$kəŋ$^{35}_{44}$liau$^{21}$uo$^{0}$ ,iəu$^{53}$ṇ$^{13}$xau$^{21}$ʂaŋ$^{35}$tek$^{3}$ au$^{0}$ .

【老公太】lau$^{21}$kəŋ$^{35}$tʰai$^{53}$ 名高祖父，又称“老老公公”：～一般就硬爱五代同堂啊。蛮少，～就蛮少。欸，能够当上～个蛮少蛮少，就五代同堂个啊。lau$^{21}$kəŋ$^{35}$tʰai$^{53}$iet$^{3}$ pən$^{35}$tsʰiəu$^{53}$ɲiaŋ$^{53}$ɔi$^{53}_{44}$ ŋ̍$^{21}$tʰɔi$^{53}$tʰəŋ$^{13}_{21}$tʰɔŋ$^{13}_{21}$ŋa$^{0}$ .man$^{13}$ʂau$^{21}$,lau$^{21}$kəŋ$^{35}_{44}$tʰai$^{53}$tsʰiəu$^{53}$man$^{13}_{21}$ʂau$^{21}$.e$_{21}$,lien$^{13}$ciau$^{53}$tɔŋ$^{35}_{44}$ʂɔŋ$^{53}$lau$^{21}$kəŋ$^{35}_{44}$tʰai$^{53}$ ke$^{53}_{44}$man$^{13}$ʂau$^{21}$man$^{13}$ʂau$^{21}$,tsʰiəu$^{53}$ŋ̍$^{21}$tʰɔi$^{53}$tʰəŋ$^{13}_{21}$tʰɔŋ$^{13}_{21}$ke$^{53}$a$^{0}$ .

【老供子】lau$^{21}$ciəŋ$^{53}$tsɿ$^{21}$ ①指老年得子：欸～箇年南乡就有啊，《浏阳报》都报道哩啦。南乡就一只咁个老子七十零了，渠跍倒街上走咯，跍倒街上咯，渠一个人呢箇老子嘞，七十零了，一只哑巴子妹子跟倒渠，反正也唔晓得渠姓么个，也唔晓得渠哪映人，也唔晓得渠么个年纪，箇只夫娘子硬爱跟倒渠，嗯，箇冇办法落尾就你话还摞哩人，欸，还供只细人子。七十岁了还当哩爷箇只老子。～啊，箇个就～。《浏阳报》都报道哩渠。我箇到苛苛子到箇个欸医院里去有么个唔知搞么个路子去哩，渠等话正走咁哩，箇只两公婆正走咁哩。箇民政局还箇个嘞还拿兜钱箇只分渠嘞，同渠箇只夫娘子生人个所有开销都报销嘿哩。冇办法呀箇个人呐。e$^{0}$ lau$^{21}$ciəŋ$^{53}$tsɿ$^{21}$kai$^{53}$ɲien$^{13}_{44}$lan$^{13}$çiɔŋ$^{35}_{44}$tsʰiəu$^{53}_{44}$iəu$^{35}$a$^{0}$ ,liəu$^{13}$iɔŋ$^{13}_{44}$pau$^{53}$təu$^{35}_{44}$pau$^{53}$tʰau$^{53}$li$^{0}$ la$^{0}$ .lan$^{13}$çiɔŋ$^{35}$tsʰiəu$^{53}$ iet$^{3}$ tʂak$^{3}$ (k)an$^{21}$(k)e$^{53}$lau$^{21}$tsɿ$^{0}$ tsʰiet$^{3}$ ʂət$^{5}$ laŋ$^{13}_{21}$liau$^{0}$ ,ci$^{13}_{21}$ku$^{35}$tau$^{21}$kai$^{35}_{44}$xɔŋ$^{53}$tsei$^{21}$ko$^{0}$ ,ku$^{35}_{44}$tau$^{21}_{44}$kai$^{35}_{44}$xɔŋ$^{53}$ko$^{0}$ ,ci$^{13}_{21}$ iet$^{3}$ cie$^{53}$ɲin$^{13}_{21}$ne$^{0}$ kai$^{53}$lau$^{21}$tsɿ$^{0}$ le$^{0}$ ,tsʰiet$^{3}$ ʂət$^{5}$ laŋ$^{13}_{21}$liau$^{0}$ ,iet$^{3}$ tʂak$^{3}$ a$^{21}$pa$^{35}_{53}$tsɿ$^{0}$ mɔi$^{53}$tsɿ$^{0}$ cien$^{35}$tau$^{21}$ci$^{13}_{44}$,fan$^{21}$tʂən$^{53}$ ia$^{35}$ṇ$^{13}$çiau$^{21}$tek$^{3}$ ci$^{13}_{21}$siaŋ$^{53}$mak$^{3}$ kei$^{53}$,ia$^{35}$ṇ$^{13}_{21}$çiau$^{21}$tek$^{3}$ ci$^{13}_{44}$lai$^{53}$iaŋ$^{53}$ɲin$^{13}$,ia$^{35}$ṇ$^{13}_{44}$çiau$^{21}$tek$^{3}$ ci$^{13}_{44}$mak$^{3}$ e$^{0}$ ɲien$^{13}$ ci$^{21}$,kai$^{53}_{44}$tʂak$^{3}$ pu$^{13}$ɲiɔŋ$^{13}_{21}$tsɿ$^{0}$ ɲiaŋ$^{53}$ɔi$^{53}$cien$^{35}$tau$^{21}$ci$^{13}_{44}$,ən$_{21}$,kai$^{53}_{44}$mau$^{13}$pʰan$^{53}$fait$^{3}$ lɔk$^{5}$ mi$^{35}_{53}$tsʰiəu$^{53}$ɲi$^{13}$ua$^{53}_{44}$xai$^{13}_{21}$ kʰuan$^{53}$li$^{0}$ ɲin$^{13}$,e$_{21}$,xai$^{13}$ciəŋ$^{53}$tʂak$^{3}$ sei$^{53}$ɲin$^{13}_{21}$tsɿ$^{0}$ .tsʰiet$^{3}$ ʂət$^{5}$ sɔi$^{53}$liau$^{0}$ xai$^{13}$tɔŋ$^{35}$li$^{0}$ ia$^{13}$kai$^{53}$tʂak$^{3}$ lau$^{21}$tsɿ$^{0}$ .lau$^{21}$ ciəŋ$^{53}$tsɿ$^{21}$a$^{0}$ ,kai$^{53}_{44}$ke$^{53}_{44}$tsʰiəu$^{53}$lau$^{21}$ciəŋ$^{53}$tsɿ$^{21}$.liəu$^{13}$iɔŋ$^{13}_{21}$pau$^{53}$təu$^{35}_{44}$pau$^{53}$tʰau$^{53}_{44}$li$^{0}$ ci$^{13}_{44}$.ŋai$^{13}$kai$^{53}$tau$^{53}_{44}$xo$^{35}$xo$^{35}_{53}$tsɿ$^{0}$ tau$^{53}$kai$^{53}_{44}$kei$^{53}_{44}$e$_{21}$i$^{35}$vien$^{53}_{44}$li$^{21}$çi$^{53}$iəu$^{35}$mak$^{3}$ e$^{0}$ ṇ$^{13}_{21}$ti$^{35}_{53}$kau$^{21}$mak$^{3}$ e$^{0}$ ləu$^{53}$tsɿ$^{0}$ çi$^{53}$li$^{0}$ ,ci$^{13}_{21}$tien$^{0}$ ua$^{53}$tʂaŋ$^{53}$tsei$^{21}$kan$^{21}$ ni$^{0}$ ,kai$^{53}_{44}$tʂak$^{3}$ iɔŋ$^{21}$kəŋ$^{35}_{53}$pʰo$^{13}_{21}$tʂaŋ$^{53}$tsei$^{21}$kan$^{21}$ni$^{0}$ .kai$^{53}_{44}$min$^{13}$tʂən$^{53}$tʂət$^{3}$ xai$^{13}_{44}$kai$^{53}_{44}$ke$^{53}_{44}$le$^{0}$ xai$^{13}_{44}$la$^{35}_{44}$te$^{35}_{44}$tsʰien$^{13}$kai$^{53}_{44}$ tʂak$^{3}$ pən$^{35}_{44}$ci$^{13}_{44}$le$^{0}$ ,tʰəŋ$^{13}$ci$^{13}_{44}$kai$^{53}_{44}$tʂak$^{3}$ pu$^{35}$ɲiɔŋ$^{13}_{21}$tsɿ$^{0}$ saŋ$^{35}$ɲin$^{13}$cie$^{53}_{44}$so$^{21}$iəu$^{35}_{44}$kʰɔi$^{35}_{44}$siau$^{35}_{44}$təu$^{35}_{44}$pau$^{53}$siau$^{35}_{44}$(x)ek$^{3}$ li$^{0}$ .mau$^{13}_{21}$pʰan$^{53}$fait$^{3}$ ia$^{0}$ kai$^{53}$(k)e$^{53}$ɲin$^{13}_{44}$na$^{0}$ . ②指已多次生育者再生孩子：有兜是安做～了。多供哩几只了哦，多供哩几只了就唔系新供子了。iəu$^{35}$tei$^{35}_{53}$ʂɿ$^{53}_{44}$ɔn$^{35}_{53}$tso$^{53}$lau$^{21}$ciəŋ$^{53}$tsɿ$^{0}$ liau$^{0}$ .to$^{35}$ciəŋ$^{53}$li$^{0}$ ci$^{21}$ tʂak$^{3}$ liau$^{0}$ o$^{0}$ ,to$^{35}$ciəŋ$^{53}$li$^{0}$ ci$^{21}$tʂak$^{3}$ liau$^{0}$ tsʰiəu$^{53}$m̩$^{13}_{21}$pʰei$^{53}$sin$^{35}$ciəŋ$^{53}$tsɿ$^{0}$ liau$^{0}$ .

【老姑婆】lau$^{21}$ku$^{35}$pʰo$^{13}$ 名祖父的姑母：比姑婆还大一辈个，打比我个姑姑样，我个姑姑，我

L

赖子嘞，渠就喊姑婆。我孙子来喊呢，箇就就喊～了。箇就咁子喊。pi$^{21}$ku$^{35}_{44}$p$^{h}$o$^{13}_{21}$xai$^{13}$t$^{h}$ai$^{53}$iet$^{3}$ pi$^{53}$ke$^{53}_{44}$,ta$^{21}$pi$^{21}$ŋai$^{13}$ke$^{53}$ku$^{35}_{44}$ku$^{35}_{44}$iɔŋ$^{53}$,ŋai$^{13}$ke$^{53}$ku$^{35}_{44}$ku$^{35}_{44}$,ŋai$^{13}$lai$^{53}$tsɿ$^{0}$ lei$^{0}$ ,ci$^{13}$ts$^{h}$iəu$^{53}$xan$^{53}_{44}$ku$^{35}$p$^{h}$o$^{13}_{21}$.ŋai$^{13}_{21}$sən$^{35}$tsɿ$^{0}$ lɔi$^{13}_{21}$xan$^{53}_{44}$nei$^{0}$ ,kai$^{53}_{44}$ts$^{h}$iəu$^{53}_{44}$ts$^{h}$iəu$^{53}$xan$^{53}$lau$^{21}$ku$^{35}_{44}$p$^{h}$o$^{13}_{21}$liau$^{0}$ .kai$^{53}_{44}$ts$^{h}$iəu$^{53}$kan$^{21}$tsɿ$^{0}$ xan$^{53}$.

【老古董】lau$^{21}$ku$^{21}$təŋ$^{21}$ 名①年代久远、为人珍藏的古代器物：有箇个～个铜镜。iəu$^{35}$kai$^{53}$ke$^{53}_{21}$ lau$^{21}$ku$^{21}$təŋ$^{21}$ke$^{53}_{44}$t$^{h}$əŋ$^{13}$ciaŋ$^{53}_{44}$. ②比喻思想守旧、不合时代潮流的人：如今还有滴箇个迷信滴子个，或者箇～，古董滴子个人，渠也渠去到庙里箇只啦问八字先生也去问下子嘞。i$^{13}_{21}$cin$^{35}_{44}$xai$^{13}_{44}$iəu$^{35}$ tet$^{5}_{3}$ kai$^{53}_{44}$ke$^{53}_{44}$mei$^{13}$sin$^{53}_{44}$tiet$^{5}$ tsɿ$^{0}$ ke$^{53}$,xɔit$^{5}$ tʂa$^{21}$kai$^{53}_{44}$lau$^{21}$ku$^{21}$təŋ$^{21}$,ku$^{21}$təŋ$^{21}$tet$^{5}$ tsɿ$^{0}$ ke$^{53}_{44}$ɲin$^{13}_{44}$,ci$^{13}_{21}$ia$^{35}$ci$^{13}_{21}$çi$^{53}_{44}$tau$^{53}_{44}$ miau$^{53}$li$^{0}$ kai$^{53}_{44}$tʂak$^{3}$ la$^{0}$ uən$^{53}$pait$^{3}$ sɿ$^{53}_{44}$sien$^{35}_{44}$saŋ$^{35}_{44}$ia$^{35}$çi$^{53}_{44}$uən$^{53}$na$_{21}$(←xa$^{53}$)tsɿ$^{0}$ lei$^{0}$.

【老虎】lau$^{21}$fu$^{21}$ 名一种猛兽。猫科，全身黄褐色，有黑色斑纹，喜肉食：我等箇映以前就有～。我等横巷里箇以前咯箇个六十年代啦，箇阵子我等箇只叔公，渠跍倒箇个鹰子尖个顶高渠搞只～笼，硬分渠装倒一只～咯，～崽子咯，有几大子，欸，总系四五十斤子，系如今来是系有牢坐嘿。爱坐牢哇。ŋai$^{13}$tien$^{0}$ kai$^{53}$iaŋ$^{53}$i$^{35}_{53}$ts$^{h}$ien$^{13}_{21}$tsiəu$^{53}$iəu$^{35}_{53}$lau$^{21}$fu$^{21}$.ŋai$^{13}$tien$^{0}$ uaŋ$^{13}$xɔŋ$^{53}_{44}$li$^{0}$ kai$^{53}_{44}$i$^{35}_{44}$ts$^{h}$ien$^{13}$ko$^{0}$ kai$^{53}_{44}$ke$^{53}_{44}$liəuk$^{3}$ ʂət$^{5}$ ɲien$^{13}_{21}$t$^{h}$ɔi$^{53}$la$^{0}$ ,kai$^{53}$tʂ$^{h}$ən$^{53}$tsɿ$^{0}$ ŋai$^{13}_{21}$tien$^{0}$ kai$^{53}$tʂak$^{3}$ ʂəuk$^{3}$ kəŋ$^{35}$,ci$^{13}_{21}$ku$^{35}$ tau$^{21}$kai$^{53}_{44}$ke$^{53}_{44}$in$^{35}$tsɿ$^{21}$tsian$^{35}$ke$^{53}$taŋ$^{21}$kau$^{35}_{44}$ci$^{13}_{21}$kau$^{21}$tʂak$^{3}$ lau$^{21}$fu$^{21}$ləŋ$^{35}$, ɲiaŋ$^{53}_{44}$pən$^{35}_{44}$ci$^{13}_{44}$tsɔŋ$^{35}$tau$^{21}$iet$^{3}$ tʂak$^{3}$ lau$^{21}$ fu$^{21}$ko$^{0}$ ,lau$^{21}$fu$^{21}$tse$^{21}$tsɿ$^{0}$ ko$^{0}$ ,mau$^{13}$ci$^{21}$t$^{h}$ai$^{53}$tsɿ$^{0}$ ,ei$_{21}$,tsəŋ$^{21}$xei$^{53}$si$^{53}$ŋ̍$^{21}$ ʂət$^{5}$ cin$^{35}_{44}$tsɿ$^{0}$ ,xei$^{53}$i$^{13}_{21}$cin$^{35}$lɔi$^{13}_{44}$ʂʅ$^{53}_{44}$xe$^{53}_{44}$iəu$^{35}$ lau$^{13}$ts$^{h}$o$^{35}_{53}$xek$^{3}$ .ɔi$^{53}_{44}$ts$^{h}$o$^{35}$lau$^{13}$ua$^{0}$.

【老花眼】lau$^{21}$fa$^{35}$ŋan$^{21}$ 名老视眼的通称：我都有兜子～了喔，看唔多清。ŋai$^{13}$təu$^{35}_{44}$iəu$^{35}_{44}$tei$^{35}_{53}$tsɿ$^{0}$ lau$^{21}$fa$^{35}_{44}$ŋan$^{21}$liau$^{21}_{44}$uo$^{0}$ ,k$^{h}$ɔn$^{53}$n̩$^{13}_{21}$to$^{35}_{44}$ts$^{h}$in$^{35}$.

【老花眼镜】lau$^{21}$fa$^{35}$ŋan$^{21}$ciaŋ$^{53}$ 名供眼睛老花之人所用的眼镜。又称“火镜子”：箇起就唔话远视镜，老花镜。～唠，就安做～。kai$^{53}$çi$^{21}$ts$^{h}$iəu$^{53}$m̩$^{13}$ua$^{53}_{44}$ien$^{21}$ʂʅ$^{53}$ciaŋ$^{53}$,lau$^{21}$fa$^{35}$ciaŋ$^{53}$.lau$^{21}$fa$^{35}_{44}$ŋan$^{21}$ ciaŋ$^{53}$lau$^{0}$ ,ts$^{h}$iəu$^{53}_{21}$ ɔn$^{35}_{44}$tso$^{53}_{44}$lau$^{21}$fa$^{35}_{44}$ŋan$^{21}$ciaŋ$^{53}$.

【老话】lau$^{21}$fa$^{53}$ 名俗话；谚语：欸你莫去捉鸟嘞，箇个老话话哩啦，“耍手捉鸟，唔死都会病一跤”哇。ei$_{44}$ɲi$^{13}_{44}$mɔk$^{5}$ çi$^{53}$tsɔk$^{3}$ tiau$^{35}$le$^{0}$ ,kai$^{53}_{21}$ke$^{53}$lau$^{21}$fa$^{53}$ua$^{53}$li$^{0}$ la$^{0}$ ,"sa$^{21}$ʂəu$^{21}$tsɔk$^{3}$ tiau$^{35}$,n̩$^{13}$si$^{21}$təu$^{35}_{44}$uɔi$^{53}_{44}$ p$^{h}$iaŋ$^{53}$iet$^{3}$ kau$^{35}$"ua$^{0}$.

【老家】lau$^{21}$cia$^{35}$ 名故乡；家乡：浏阳日报社那渠啊跑下我等人～，去做哩只专题。liəu$^{13}$iɔŋ$^{13}_{44}$ ɲiet$^{3}$ pau$^{53}$ʂa$^{53}$lai$^{53}$ci$^{13}_{21}$a$^{0}$ p$^{h}$au$^{21}$ua$_{44}$(←xa$^{53}$)ŋai$^{13}_{21}$tien$^{0}$ɲin$^{13}_{21}$lau$^{21}$cia$^{35}_{44}$,çi$^{53}_{44}$tso$^{53}$li$^{0}$ tʂak$^{3}$ tʂen$^{35}$t$^{h}$i$^{13}$.

【老姜】lau$^{21}$ciɔŋ$^{35}$ 名生姜中的姜母：如今街上个～比箇嫩姜贵蛮多。价钱都贵蛮多。看也看得出，～，箇一看就看得，箇皮绷老个。i$^{13}_{21}$cin$^{35}_{44}$kai$^{35}_{44}$xɔŋ$^{53}$ke$^{53}_{44}$lau$^{21}$ciɔŋ$^{35}_{44}$pi$^{21}$kai$^{53}_{44}$lən$^{53}$ciɔŋ$^{35}$kuei$^{53}$ man$^{13}_{21}$to$^{35}$.cia$^{53}$ts$^{h}$ien$^{13}_{44}$təu$^{35}_{44}$kuei$^{53}$man$^{13}_{21}$to$^{35}_{44}$.k$^{h}$ɔn$^{53}$na$^{35}_{44}$k$^{h}$ɔn$^{53}$tek$^{3}$ tʂ$^{h}$ət$^{3}$ ,lau$^{21}$ciɔŋ$^{35}_{44}$,kai$^{53}_{44}$iet$^{3}$ k$^{h}$ɔn$^{53}$ts$^{h}$iəu$^{53}_{44}$k$^{h}$ɔn$^{53}$ tek$^{3}$ ,kai$^{53}_{44}$p$^{h}$i$^{13}$paŋ$^{35}_{53}$lau$^{21}$ke$^{53}$.

【老姐公】lau$^{21}$tsia$^{21}$kəŋ$^{35}$ 名外公或外婆的父亲：姐公个爷子叫～。箇如今是～多。如今个～真多啦。tsia$^{21}$kəŋ$^{35}$ke$^{53}$ia$^{13}$tsɿ$^{0}$ ciau$^{53}_{44}$lau$^{21}$tsia$^{21}$kəŋ$^{35}_{44}$.kai$^{53}_{44}$i$^{13}_{21}$cin$^{35}_{53}$ʂʅ$^{53}$lau$^{21}$tsia$^{21}$kəŋ$^{35}_{44}$to$^{35}$.i$^{13}_{21}$cin$^{35}_{53}$ke$^{53}$lau$^{21}$tsia$^{21}$ kəŋ$^{35}_{44}$tʂən$^{35}$to$^{35}$la$^{0}$.

【老姐壳】lau$^{21}$tsia$^{21}$k$^{h}$ɔk$^{3}$ 名对老年妇女的鄙称。又称“死婆婆子、死老姐子”：你箇～！ɲi$^{13}$ kai$^{53}$lau$^{21}$tsia$^{21}$k$^{h}$ɔk$^{3}$!｜打比样我老弟子渠箇只阿婆，九十几岁了，跍下敬老院里。箇算得有么个几多事嘞，箇算得嘞。渠还长日箇个嘞，渠还长日呃爱我老弟子去看下子渠，长日爱我老弟子去看渠。有兜人就话：“哎呀，箇只～，反正有办法。捡倒箇～有办法嘞。”ta$^{21}$pi$^{21}$iɔŋ$^{53}$ ŋai$^{13}$lau$^{21}$t$^{h}$e$^{35}_{53}$tsɿ$^{0}$ ci$^{13}_{21}$kai$^{53}$tʂak$^{3}$ a$^{35}$p$^{h}$o$^{13}_{44}$,ciəu$^{21}$ʂət$^{5}$ ci$^{21}$sɔi$^{53}$liau$^{0}$ ,k$^{h}$u$^{35}_{44}$(x)a$^{53}_{44}$cin$^{53}$nau$^{21}$vien$^{53}$ni$^{21}$.kai$^{53}_{44}$sɔn$^{53}$tek$^{3}$ mau$^{13}$mak$^{3}$ (k)e$^{53}$ci$^{21}$to$^{35}_{44}$sɿ$^{53}$le$^{0}$ ,kai$^{53}_{44}$sɔn$^{53}$tek$^{3}$ lei$^{0}$ .ci$^{13}$xai$^{13}_{44}$tʂ$^{h}$ɔŋ$^{13}$ɲiet$^{3}$ kai$^{53}$ke$^{53}$lei$^{0}$ ,ci$^{13}$xai$^{13}_{44}$tʂ$^{h}$ɔŋ$^{13}$ɲiet$^{3}$ ə$_{21}$ɔi$^{53}$ ŋai$^{13}$lau$^{21}$t$^{h}$e$^{35}_{44}$tsɿ$^{0}$ çi$^{53}_{44}$k$^{h}$ɔn$^{53}$na$^{53}_{21}$tsɿ$^{0}$ ci$^{13}_{21}$,tʂ$^{h}$ɔŋ$^{13}$ɲiet$^{3}$ ɔi$^{53}_{44}$ŋai$^{13}_{44}$lau$^{21}$t$^{h}$e$^{35}_{53}$tsɿ$^{0}$ çi$^{53}_{44}$k$^{h}$ɔn$^{53}$ci$^{13}_{21}$.iəu$^{35}$tei$^{35}_{53}$ɲin$^{13}_{21}$tsiəu$^{53}_{44}$ ua$^{53}_{44}$:"ai$_{21}$ia$_{21}$,kai$^{53}$tʂak$^{3}_{5}$ lau$^{21}$tsia$^{21}$k$^{h}$ɔk$^{3}$ ,fan$^{21}_{13}$tʂən$^{53}$mau$^{13}_{21}$p$^{h}$an$^{53}$fait$^{3}$ .cian$^{21}$tau$^{21}$kai$^{53}$lau$^{21}$tsia$^{21}$k$^{h}$ɔk$^{3}$ mau$^{13}$ p$^{h}$an$^{53}$fait$^{3}$ le$^{0}$ ."

【老姐婆】lau$^{21}$tsia$^{21}$p$^{h}$o$^{13}$ 名外公的母亲：～还更多。如今我老弟子个外甥子外甥女指外孙外孙女喊我娭子就喊～啊。lau$^{21}$tsia$^{21}$p$^{h}$o$^{13}$xan$^{13}$cien$^{53}_{44}$to$^{35}$.i$^{13}_{21}$cin$^{35}_{53}$ŋai$^{13}_{21}$lau$^{21}$t$^{h}$e$^{35}_{53}$tsɿ$^{0}$ ke$^{53}_{44}$ŋɔi$^{53}$saŋ$^{35}_{44}$tsɿ$^{0}$ ŋɔi$^{53}$saŋ$^{35}_{44}$ŋ̍$^{21}$xan$^{53}$ ŋai$^{13}_{21}$ɔi$^{35}$tsɿ$^{0}$ ts$^{h}$iəu$^{53}_{44}$xan$^{53}$lau$^{21}$tsia$^{21}$p$^{h}$o$^{13}$a$^{0}$.

【老姐子】lau$^{21}$tsia$^{21}$tsɿ$^{0}$ 名老年妇女（语气显得不亲热，甚至带有贬义）：一只～死下楼角里。iet$^{3}$ tʂak$^{3}$ lau$^{21}$tsia$^{21}$tsɿ$^{0}$ si$^{21}$(x)a$^{53}$lei$^{13}$kɔk$^{3}$ li$^{0}$.｜死～si$^{21}$lau$^{21}$tsia$^{21}$tsɿ$^{0}$贬称

【老敬少】lau$^{21}$cin$^{53}$ʂau$^{53}$ 长者接待少者。这被认为不合礼节：比方去做客唠，箇映就一只老人

家来接待我唠。箇边来只老人家接待我唠。箇让门要得欸？～，系唔系？～。pi$^{21}$fəŋ$^{35}_{44}$çi$^{53}_{44}$tso$^{53}$ k$^{h}$ak$^{3}$ lau$^{0}$ ,kai$^{53}_{44}$iaŋ$^{53}_{44}$ts$^{h}$iəu$^{53}_{44}$iet$^{3}_{5}$ tʂak$^{3}$ lau$^{21}$ɲin$^{13}$ka$^{35}_{44}$lɔi$^{13}_{21}$tsiet$^{3}$ t$^{h}$ɔi$^{53}$ŋai$^{13}_{21}$lau$^{0}$ .kai$^{53}_{44}$pien$^{35}_{44}$lɔi$^{13}_{21}$tʂak$^{3}$ lau$^{21}$ɲin$^{13}$ka$^{35}_{44}$ tsiet$^{3}$ t$^{h}$ɔi$^{53}$ŋai$^{13}_{21}$lau$^{0}$ .kai$^{53}_{44}$ɲiɔŋ$^{53}_{44}$mən$^{0}$ iau$^{53}$tek$^{3}$ e$_{53}$?lau$^{21}$cin$^{53}$ʂau$^{53}$,xe$^{53}_{44}$me$^{53}_{44}$?lau$^{21}$cin$^{53}$ʂau$^{53}$.

【老老】lau$^{21}$lau$^{21}$ [名]小孩对曾祖母的称谓。又称“太太”或“婆太、老婆婆”：我箇只孙子喊我姝子就渠就可以喊～啊，但是现在更我等都教导渠喊婆太。因为我客姓人硬系喊婆太。～可能系学倒本地人个，本地人喊～。ŋai$^{13}$kai$^{53}$tʂak$^{3}$ sən$^{35}$tsɿ$^{0}$ xan$^{53}$ŋai$^{13}_{21}$ɔi$^{35}$tsɿ$^{0}$ ts$^{h}$iəu$^{53}_{44}$ci$^{13}_{21}$ts$^{h}$iəu$^{53}$k$^{h}$o$^{21}$i$^{35}$ xan$^{53}$lau$^{21}$lau$^{21}$a$^{0}$ ,tan$^{53}$ʂɿ$^{53}$çien$^{53}$ts$^{h}$ai$^{53}$cien$^{53}_{44}$ŋai$^{13}$tien$^{0}$ təu$^{35}_{44}$kau$^{53}_{44}$t$^{h}$au$^{21}_{44}$ci$^{13}_{21}$xan$^{53}$p$^{h}$o$^{13}$t$^{h}$ai$^{53}$.in$^{35}$uei$^{53}_{44}$ŋai$^{13}_{21}$k$^{h}$ak$^{3}$ sin$^{53}$ɲin$^{13}_{21}$ɲiaŋ$^{53}$xe$^{53}_{44}$xan$^{53}$p$^{h}$o$^{13}$t$^{h}$ai$^{53}$.lau$^{21}$lau$^{21}$k$^{h}$o$^{21}$len$^{13}$xe$^{53}$xɔk$^{5}$ tau$^{21}$pən$^{21}$t$^{h}$i$^{53}$ɲin$^{13}$ke$^{53}$,pən$^{21}$t$^{h}$i$^{53}$ɲin$^{13}_{21}$xan$^{53}$ lau$^{21}$lau$^{21}$.

【老老公公】lau$^{21}$lau$^{21}$kəŋ$^{35}$kəŋ$^{35}$ [名]高祖父。又称“老公太”：假设我爷子还在个话，欸，我个孙子就喊渠喊老公公，系唔系？欸，如果还下一辈，箇就爱喊渠～了。cia$^{21}$ʂet$^{3}$ ŋai$^{13}$ia$^{13}$tsɿ$^{0}$ xan$^{13}_{21}$ts$^{h}$ɔi$^{35}$cie$^{53}_{44}$fa$^{53}$,e$_{21}$,ŋai$^{13}$ke$^{53}$sən$^{35}$tsɿ$^{0}$ tsiəu$^{53}_{44}$xan$^{53}$ci$^{13}_{21}$xan$^{53}$lau$^{21}$kəŋ$^{35}_{44}$kəŋ$^{35}$,xei$^{53}_{44}$me$^{53}_{44}$?e$_{21}$,vy$^{13}$ko$^{21}$xai$^{13}$xa$^{53}_{44}$iet$^{3}$ pi$^{53}$,kai$^{53}$ts$^{h}$iəu$^{53}$ɔi$^{53}$xan$^{53}$ci$^{13}_{21}$lau$^{21}$lau$^{21}$kəŋ$^{35}_{44}$kəŋ$^{35}_{44}$liau$^{0}$.

【老老婆婆】lau$^{21}$lau$^{21}$p$^{h}$o$^{13}$p$^{h}$o$^{13}$ [名]高祖母，又称“老婆太”：听晡我孙子个赖子喊我姝子箇就硬喊～了。难得等得到箇一步啊，起码还爱七八上十年，正十五岁呀。t$^{h}$in$^{35}_{44}$pu$^{35}_{53}$ŋai$^{13}_{21}$sən$^{35}$tsɿ$^{0}$ ke$^{53}_{44}$lai$^{53}$tsɿ$^{0}$ xan$^{53}$ŋai$^{13}_{21}$ɔi$^{35}$tsɿ$^{0}$ kai$^{53}$ts$^{h}$iəu$^{53}$ɲiaŋ$^{53}$xan$^{53}$lau$^{21}$lau$^{21}$p$^{h}$o$^{13}$p$^{h}$o$^{13}_{44}$liau$^{0}$ .lan$^{13}$tek$^{3}$ tien$^{21}$tek$^{3}$ tau$^{53}$kai$^{53}$iet$^{3}$ p$^{h}$u$^{53}_{44}$a$^{0}$ ,çi$^{21}$ma$^{35}_{53}$xa$^{13}_{21}$ɔi$^{53}$ts$^{h}$iet$^{3}$ pait$^{3}$ ʂɔŋ$^{53}_{44}$ʂət$^{5}$ ɲien$^{13}_{21}$,tʂaŋ$^{53}_{44}$ʂət$^{5}$ ŋ̍$^{21}$sɔi$^{53}$ia$^{0}$.

【老哩人】lau$^{21}$li$^{0}$ɲin$^{13}$ 有人去世了：我最搞唔清个就系箇～个箇一摊经个复杂。/啊？/～个箇一摊经呐十分复杂。ŋai$^{13}_{21}$tsei$^{53}$kau$^{21}$n̩$^{13}$ts$^{h}$in$^{35}_{44}$ke$^{53}_{44}$ts$^{h}$iəu$^{53}_{44}$xei$^{53}_{44}$kai$^{53}_{44}$lau$^{21}$li$^{0}$ɲin$^{13}$cie$^{53}_{44}$kai$^{53}_{44}$iet$^{3}$ t$^{h}$an$^{35}$cin$^{35}_{44}$cie$^{53}_{44}$ fuk$^{5}_{3}$ts$^{h}$ait$^{5}_{3}$./a$^{35}$?/lau$^{21}$li$^{0}$ɲin$^{13}$ke$^{53}_{44}$kai$^{53}$iet$^{3}$ t$^{h}$an$^{35}$cin$^{35}$na$^{0}$ ʂət$^{5}$ fən$^{35}_{44}$fuk$^{5}$ts$^{h}$ait$^{5}_{3}$.

【老妹】lau$^{21}$mɔi$^{53}$ [名]妹妹。多称“老妹子”：第三个～ t$^{h}$i$^{53}_{44}$san$^{35}$cie$^{53}$lau$^{21}$mɔi$^{53}$｜也话欸最细个～就细～子。ia$^{35}$ua$^{53}$e$_{21}$tsei$^{53}$se$^{53}$ke$^{53}_{44}$lau$^{21}$mɔi$^{53}_{44}$ts$^{h}$iəu$^{53}_{21}$sei$^{53}$lau$^{21}$mɔi$^{53}$tsɿ$^{0}$.｜我～子，大～子，就当哩阿婆了哇。ŋai$^{13}_{21}$lau$^{21}$mɔi$^{53}$tsɿ$^{0}$,t$^{h}$ai$^{53}$lau$^{21}$mɔi$^{53}$tsɿ$^{0}$,ts$^{h}$iəu$^{53}$təŋ$^{35}$li$^{0}$ a$^{35}$p$^{h}$o$^{13}_{21}$liau$^{0}$ ua$^{0}$.

【老妹郎】lau$^{21}$mɔi$^{53}$ləŋ$^{13}$ [名]妹妹的丈夫。又称“老妹婿”：我有三只老妹子啊，就有两三只～。ŋai$^{13}_{44}$iəu$^{35}_{44}$san$^{35}$tʂak$^{3}$ lau$^{21}$mɔi$^{53}$tsa$^{0}$ ,tsiəu$^{53}_{21}$iəu$^{35}_{53}$iɔŋ$^{21}$san$^{35}_{44}$tʂak$^{3}$ lau$^{21}$mɔi$^{53}$ləŋ$^{13}$a$^{0}$.

【老妹婿】lau$^{21}$mɔi$^{53}_{44}$se$^{53}$ [名]妹妹的丈夫：我～个爷子 ŋai$^{13}$lau$^{21}$mɔi$^{53}$se$^{53}$ke$^{53}_{44}$ia$^{13}$tsɿ$^{0}$｜有滴～爱打场子祭个唠。iəu$^{35}$tet$^{5}_{3}$lau$^{21}$mɔi$^{53}_{44}$se$^{53}$ɔi$^{53}_{44}$ta$^{21}$tʂ$^{h}$əŋ$^{13}$tsɿ$^{0}$ tsi$^{53}$ke$^{53}$lau$^{0}$.

【老面】lau$^{21}$mien$^{53}$ [名]面肥：彝倒面粉，放上～。u$^{21}$tau$^{21}$mien$^{53}$fən$^{21}$,fəŋ$^{53}$ʂəŋ$^{53}$lau$^{21}$mien$^{53}$.

【老盘子】lau$^{21}$p$^{h}$an$^{13}$tsɿ$^{0}$ [名]旧的宅基地：只剩倒～个。tʂɿ$^{21}$ʂən$^{53}$tau$^{21}$lau$^{21}$p$^{h}$an$^{13}$tsɿ$^{0}$ ke$^{53}_{44}$.

【老票子】lau$^{21}$p$^{h}$iau$^{53}$tsɿ$^{0}$ [名]法币：～，欸，指箇起国民党手里个法币。lau$^{21}$p$^{h}$iau$^{53}$tsɿ$^{0}$,e$_{53}$,tʂɿ$^{21}$ kai$^{53}_{44}$çi$^{21}_{44}$kuɔk$^{3}$ min$^{13}_{21}$təŋ$^{21}$ʂəu$^{21}$li$^{35}_{44}$ke$^{53}_{44}$fait$^{3}$ p$^{h}$i$^{53}$.

【老婆】lau$^{21}$p$^{h}$o$^{13}$ [名]妻子。又称“婆婆子”：爱我～就晓得。ɔi$^{53}$ŋai$^{13}_{21}$lau$^{21}$p$^{h}$o$^{13}$tsiəu$^{53}$çiau$^{21}$tek$^{3}$.｜～就离嘿去欸。lau$^{21}$p$^{h}$o$^{13}$ts$^{h}$iəu$^{53}$li$^{13}$(x)ek$^{3}$ çi$^{53}$e$^{0}$.

【老婆婆】lau$^{21}$p$^{h}$o$^{13}$p$^{h}$o$^{13}$ [名]曾祖母。又称“婆太”，小孩又称其为“太太、老老”：欸婆婆个姝子，婆婆个上一辈，就系婆太，客姓人是喊婆太，也喊～。欸，我等教我孙子就喊就咁个同我姝子咁个年纪个七八十岁个人，就喊渠～。e$^{0}$ p$^{h}$o$^{13}$p$^{h}$o$^{13}_{21}$ke$^{53}$ɔi$^{35}$tsɿ$^{0}$ ,p$^{h}$o$^{13}_{21}$p$^{h}$o$^{13}_{21}$ke$^{53}_{44}$ʂɔŋ$^{53}$iet$^{3}$ pei$^{53}$, ts$^{h}$iəu$^{53}$xe$^{53}_{44}$p$^{h}$o$^{13}$t$^{h}$ai$^{53}$,k$^{h}$ak$^{3}$ sin$^{53}$ɲin$^{13}_{21}$ʂɿ$^{53}_{44}$xan$^{53}_{44}$p$^{h}$o$^{13}$t$^{h}$ai$^{53}$,ia$^{35}_{44}$xan$^{53}$lau$^{13}_{21}$p$^{h}$o$^{13}$p$^{h}$o$^{13}$.e$_{21}$,ŋai$^{13}$tien$^{0}$ kau$^{35}_{44}$ŋai$^{13}_{21}$sən$^{35}$ tsɿ$^{0}$ ts$^{h}$iəu$^{53}_{44}$xan$^{53}$ts$^{h}$iəu$^{53}_{44}$kan$^{53}_{44}$ke$^{53}_{44}$t$^{h}$əŋ$^{13}_{21}$ŋai$^{13}_{44}$ɔi$^{35}$tsɿ$^{0}$ kan$^{21}$ke$^{53}$ɲien$^{13}$ci$^{21}$ke$^{0}$ ts$^{h}$iet$^{3}$ pait$^{3}$ ʂət$^{5}$ sɔi$^{53}$ke$^{53}_{21}$ɲin$^{13}$,tsiəu$^{53}_{44}$ xan$^{53}$ci$^{13}_{44}$lau$^{21}$p$^{h}$o$^{13}$p$^{h}$o$^{13}_{44}$.

【老婆婆子】lau$^{21}$p$^{h}$o$^{13}$p$^{h}$o$^{13}_{21}$tsɿ$^{0}$ [名]老年妇女：箇～着个箇起团胸衫 kai$^{53}$lau$^{21}$p$^{h}$o$^{13}$p$^{h}$o$^{13}_{21}$tsɿ$^{0}$ tʂɔk$^{3}$ke$^{53}_{44}$ kai$^{53}$çi$^{21}$t$^{h}$ɔn$^{13}$çiəŋ$^{35}_{44}$san$^{35}$

【老婆太】lau$^{21}$p$^{h}$o$^{13}$t$^{h}$ai$^{53}$ [名]①高祖母，又称“老老婆婆”：如今我姝子看下能够还能够活得七八年上十年个话嘞，箇渠就可以当～，嗯，如今婆太就当哩了。i$^{13}_{21}$cin$^{35}_{53}$ŋai$^{13}_{21}$ɔi$^{35}$tsɿ$^{0}$ k$^{h}$ɔn$^{53}$na$^{53}$len$^{13}_{21}$ ciau$^{53}$xai$^{13}$len$^{13}_{21}$ciau$^{53}_{44}$xɔit$^{5}$ tek$^{3}$ ts$^{h}$iet$^{3}$ pait$^{3}$ɲien$^{13}$ʂɔŋ$^{53}_{21}$ʂət$^{5}$ɲien$^{13}$ke$^{53}_{44}$fa$^{53}_{44}$lei$^{0}$,kai$^{53}$ci$^{13}_{21}$ts$^{h}$iəu$^{53}$k$^{h}$o$^{21}$i$^{35}_{44}$təŋ$^{35}$lau$^{21}$ p$^{h}$o$^{13}$t$^{h}$ai$^{53}$,n̩$_{21}$.i$^{13}_{21}$cin$^{35}_{44}$p$^{h}$o$^{13}$t$^{h}$ai$^{53}_{44}$ts$^{h}$iəu$^{53}_{44}$təŋ$^{35}$li$^{0}$ liau$^{21}$. ②戏称比丈夫年纪大的妇女：我等客姓人有只咁个话法呢，箇两个人结婚呐，老婆年纪大滴子啊，有兜就：“哎呀，欸，～。”老婆更大呀。“又一只～。”箇阵我等凤溪中学啊有两三对，看下，一对两对三对四对，有四对都系老婆大，老婆大滴子，欸，有兜大月份，欸，有兜就大岁把子，还有大两三岁个，系～，一只谢老师

个就大两三岁，一只赖老师个就老婆就也大两三岁呀。欸，一只卜老师个就大月份。还有只李老师个就大岁把子。开玩笑样。“你又讨只～。” ŋai$^{13}$tien$^{0}$ kʰak$^{3}$ sin$^{53}_{44}$ɲin$^{13}_{44}$iəu$^{35}_{44}$tʂak$^{3}$ kan$^{21}$cie$^{53}_{44}$ua$^{53}$ fait$^{3}$ nei$^{0}$,kai$^{53}$iəŋ$^{21}$ke$^{53}$ɲin$^{13}_{44}$ciet$^{3}$ fən$^{35}$na$^{0}$,lau$^{21}$pʰo$^{13}$ɲien$^{13}$ci$^{21}$tʰai$^{53}$tiet$^{5}$ tsɿ$^{0}$ a$^{0}$,iəu$^{35}$te$^{35}_{53}$tsʰiəu$^{53}$:"ai$_{21}$,ia$_{21}$,e$_{21}$,lau$^{21}$ pʰo$^{13}$tʰai$^{53}$."lau$^{21}$pʰo$^{13}$cien$^{53}_{44}$tʰai$^{53}$ia$^{0}$."iəu$^{53}$iet$^{3}$ tʂak$^{3}$ lau$^{21}$pʰo$^{13}$tʰai$^{53}$."kai$^{53}$tʂʰən$^{53}$ŋai$^{13}_{21}$tien$^{0}$ fəŋ$^{53}$çi$^{53}_{44}$tʂəŋ$^{53}_{44}$çiək$^{5}$ a$^{0}$ iəu$^{35}$iəŋ$^{21}$san$^{35}_{44}$ti$^{53}$,kʰən$^{53}_{44}$na$^{53}_{44}$,iet$^{3}$ ti$^{53}$iəŋ$^{21}$ti$^{53}$san$^{35}$ti$^{53}$si$^{53}$ti$^{53}$,iəu$^{35}$si$^{53}$ti$^{53}$təu$^{35}_{53}$ue$^{53}$lau$^{21}$pʰo$^{13}$tʰai$^{53}$,lau$^{21}$pʰo$^{13}$tʰai$^{53}$ tiet$^{5}$ tsɿ$^{0}$,ei$_{21}$,iəu$^{35}$tei$^{35}_{53}$tʰai$^{53}$ɲiet$^{5}$ fən$^{53}_{44}$,ei$_{21}$,iəu$^{35}$tei$^{35}_{53}$tsʰiəu$^{53}$tʰai$^{53}$sɔi$^{53}$pa$^{21}$tsɿ$^{0}$,xai$^{13}$iəu$^{35}_{44}$tʰai$^{53}$iəŋ$^{21}$san$^{35}_{44}$sɔi$^{53}$ ke$^{0}$,xe$^{53}_{44}$lau$^{21}$pʰo$^{13}$tʰai$^{53}$,iet$^{3}$ tʂak$^{3}$ tsʰia$^{53}$lau$^{21}$sɿ$^{35}_{44}$ke$^{53}$tsʰiəu$^{53}$tʰai$^{53}$iəŋ$^{21}$san$^{35}_{44}$sɔi$^{53}$,iet$^{3}$ tʂak$^{3}$ lai$^{53}$lau$^{21}$sɿ$^{35}_{44}$ke$^{53}$tsʰiəu$^{53}_{44}$ lau$^{21}$pʰo$^{13}$tsʰiəu$^{53}$ia$^{35}$tʰai$^{53}$iəŋ$^{21}$san$^{35}_{44}$sɔi$^{53}$ia$^{0}$.ei$_{21}$,iet$^{3}$ tʂak$^{3}$ puk$^{3}$ lau$^{21}$sɿ$^{35}_{44}$ke$^{53}$tsʰiəu$^{53}$tʰai$^{53}$ɲiet$^{5}$ fən$^{53}$.xai$^{13}$iəu$^{35}_{53}$ tʂak$^{3}$ li$^{21}$lau$^{21}$sɿ$^{35}_{53}$ke$^{53}$tsʰiəu$^{53}$tʰai$^{53}$sɔi$^{53}$pa$^{21}$tsɿ$^{0}$.kʰɔi$^{35}$uan$^{13}$siau$^{53}_{44}$iəŋ$^{53}_{44}$."ɲi$^{13}$iəu$^{53}$tʰau$^{21}$(tʂ)ak$^{3}$ lau$^{21}$pʰo$^{13}$tʰai$^{53}_{44}$."

【老翘翘哩】lau$^{21}$cʰiau$^{53}$cʰiau$^{53}$li$^{0}$ 形很老的样子：箇只人蛮老了，～。kai$^{53}_{35}$tʂak$^{3}$ ɲin$^{13}$man$^{13}$nau$^{21}$ liau$^{0}$,lau$^{21}$cʰiau$^{53}$cʰiau$^{53}$li$^{0}$.

【老亲老戚】lau$^{21}$tsʰin$^{35}_{44}$lau$^{21}$tsʰiet$^{3}$ 名老亲戚：长日走个，～嘞。tʂʰəŋ$^{13}$ɲiet$^{3}$ tsei$^{21}$ke$^{53}$,lau$^{21}$tsʰin$^{35}_{44}$lau$^{21}$ tsʰiet$^{3}$ le$^{0}$.

【老人】lau$^{21}$ɲin$^{13}$ 名老年人：如今个后背个后生人就都喊做萬筝了，唔喊油荚子。爱～正……i$^{13}_{21}$cin$^{53}_{44}$ke$^{53}_{44}$xei$^{53}$pɔi$^{53}_{35}$ke$^{53}_{44}$xei$^{53}$saŋ$^{35}$ɲin$^{13}_{21}$tsʰiəu$^{53}_{44}$təu$^{35}$xan$^{53}$tso$^{53}_{21}$uo$^{35}_{44}$sən$^{21}$liau$^{0}$,n̩$^{13}$xan$^{53}$iəu$^{13}$mak$^{3}$ tsɿ$^{0}$.ɔi$^{53}$ lau$^{21}$ɲin$^{13}$tʂaŋ$^{53}_{44}$…

【老人家】lau$^{21}$ɲin$^{13}$ka$^{35}$tsɿ$^{0}$ 名老年人。也称“老人家子”：箇真系蛮老个～喊过草笠子。kai$^{53}_{44}$ tʂən$^{35}$ne$_{44}$(←xe$^{53}$)man$^{13}$lau$^{21}$ke$^{53}$lau$^{21}$ɲin$^{13}$ka$^{35}_{53}$xan$^{53}$ko$^{53}$tsʰau$^{21}$liet$^{3}$ tsɿ$^{0}$.｜～子就着咁衣裤嘞。lau$^{21}$ɲin$^{13}$ ka$^{35}_{53}$tsɿ$^{0}$ tsʰiəu$^{53}_{44}$tʂɔk$^{3}$ kan$^{21}$i$^{35}_{44}$fu$^{53}$lei$^{0}$.

【老孺人】li$^{21}$lau$^{21}$ʮ$^{13}$ɲin$^{13}$ 名对已故女性的尊称，多用于牌位和墓碑：姓李个，李～。siaŋ$^{53}$li$^{21}$ ke$^{53}$,li$^{21}$lau$^{21}$ʮ$^{13}$ɲin$^{13}$.

【老晒鱼】lau$^{21}$sai$^{53}$ŋ̍$^{13}$ 名用整条较大而肉多的鲤鱼、草鱼等加盐腌制晒干的鱼：有起安做～嘞。～，唔知让门以个渠就……渠就系渠～渠是咁个，～嘞，一般就系唔知几好个鱼箇粗鲢鱼，鲤鱼啊，鲤鱼草鱼，欸比较子欸鳞濍大个濍大一坨个鳞个，欸，蛮有肉个，又咸，有滴子咸，欸箇起咁个鱼。就咸鱼。又系种咸鱼。安做～。濍大，蛮大。起码有斤多两斤一只个。～。渠就区别于箇起淡干鱼，淡干鱼子。iəu$^{35}$çi$^{21}$ən$^{35}_{44}$tso$^{53}_{44}$lau$^{21}$sai$^{53}$ŋ̍$^{13}_{21}$lei$^{0}$.lau$^{21}$sai$^{53}$ŋ̍$^{13}$,n̩$^{13}_{21}$ti$^{35}$ ɲiəŋ$^{53}_{21}$mən$^{0}$ i$^{21}$ke$^{53}_{44}$ci$^{13}$tsʰiəu$^{53}_{44}$…ci$^{13}$tsʰiəu$^{53}_{44}$xe$^{53}_{44}$ci$^{13}$lau$^{21}$sai$^{53}$ŋ̍$^{13}_{21}$ci$^{13}_{44}$ʂɿ$^{53}_{44}$kan$^{21}$cie$^{53}$,lau$^{21}$sai$^{53}$ŋ̍$^{13}_{21}$lei$^{0}$,iet$^{3}$ pən$^{35}$tsʰiəu$^{53}_{44}$ xe$^{53}$n̩$^{13}_{21}$ti$^{35}_{53}$ci$^{21}$xau$^{21}$ke$^{53}_{44}$ŋ̍$^{13}$kai$^{53}_{44}$tsʰɿ$^{35}$lien$^{35}$ŋ̍$^{13}_{44}$,li$^{35}$ŋ̍$^{13}$ŋa$^{0}$,li$^{35}$ŋ̍$^{13}_{21}$tsʰau$^{21}$ŋ̍$^{13}$,e$_{21}$pi$^{21}$ciau$^{53}$tsɿ$^{0}$ e$_{21}$lin$^{13}$mən$^{35}$tʰai$^{53}$ke$^{53}_{21}$ mən$^{35}$tʰai$^{53}$iet$^{3}$ tʰo$^{13}$ke$^{53}_{44}$lin$^{13}$cie$^{53}_{44}$,e$_{21}$,man$^{13}_{21}$iəu$^{53}_{44}$ɲiouk$^{3}$ ke$^{53}_{44}$,iəu$^{35}$xan$^{13}$,iəu$^{35}$tet$^{5}$ tsɿ$^{0}$ xan$^{13}$,e$_{21}$kai$^{53}$çi$^{21}$kan$^{21}$cie$^{53}$ ŋ̍$^{13}_{21}$.tsʰiəu$^{53}_{44}$xan$^{13}$ŋ̍$^{13}_{44}$.iəu$^{53}_{44}$xei$^{53}$tʂəŋ$^{21}$xan$^{13}$ŋ̍$^{13}_{44}$.ən$^{35}_{44}$tso$^{53}_{44}$lau$^{21}$sai$^{53}$ŋ̍$^{13}_{44}$.mən$^{35}$tʰai$^{53}$,man$^{13}$tʰai$^{53}$.cʰi$^{21}$ma$^{35}$iəu$^{35}_{44}$cin$^{35}$to$^{35}_{44}$ iəŋ$^{21}$cin$^{35}$iet$^{3}$ tʂak$^{3}$ ke$^{53}$.lau$^{21}$sai$^{53}$ŋ̍$^{13}$.ci$^{13}$tsiəu$^{53}_{44}$tʂʰʮ$^{35}$pʰiet$^{3}$ ʮ$^{13}$kai$^{53}_{44}$çi$^{21}$tʰan$^{35}$kən$^{35}_{44}$ŋ̍$^{13}_{21}$,tʰan$^{35}$kən$^{35}_{44}$ŋ̍$^{13}_{21}$tsɿ$^{0}$.

【老师傅】lau$^{21}$sɿ$^{35}_{44}$fu$^{53}$ 名从业时间长、经验丰富、技艺精湛的人：蒸酒作豆腐，称唔得～。tʂən$^{35}$tsiəu$^{21}$tsɔk$^{3}$ tʰei$^{53}$fu$^{53}$,tʂʰən$^{35}$n̩$^{13}_{21}$tek$^{3}$ lau$^{21}$sɿ$^{35}_{44}$fu$^{53}$.

【老事】lau$^{21}$sɿ$^{53}$ 名过去的事情；陈年旧事：老人就翻老案，喜欢讲～啊，翻出～来讲啊。lau$^{21}$ɲin$^{13}$tsʰiəu$^{53}_{44}$fan$^{35}$nau$^{21}$ŋən$^{53}$,çi$^{21}$fən$^{35}_{53}$kəŋ$^{21}$lau$^{21}$sɿ$^{53}$a$^{0}$,fan$^{35}$tʂʰət$^{3}$ lau$^{21}$sɿ$^{53}$lɔi$^{13}_{44}$kəŋ$^{21}$ŋa$^{0}$.

【老事主】lau$^{21}$ʂʮ$^{53}$tʂəu$^{21}$ 名老主顾；经常来买东西者：箇个是～，事主家里，唔爱催。kai$^{53}$ke$^{53}_{44}$ ʂʮ$^{53}_{44}$lau$^{21}$ʂʮ$^{53}$tʂəu$^{21}$,ʂʮ$^{53}$tʂəu$^{21}$ka$^{35}$li$^{0}$,m̩$^{13}_{21}$mɔi$^{53}$tsʰei$^{35}$.

【老式】lau$^{21}$ʂʮ$^{53}$ 名旧式样：箇～个锁啊。安做么个锁？kai$^{53}$lau$^{21}$ʂʮ$^{53}_{21}$ke$^{53}$so$^{21}$a$^{0}$.ən$^{35}$tso$^{53}$mak$^{3}$ e$^{0}$ so$^{21}$?

【老书】lau$^{21}$ʂəu$^{35}$ 名古书；旧学：箇人读过蛮多～呢。kai$^{53}$ɲin$^{13}$tʰəuk$^{5}$ ko$^{53}$man$^{13}_{21}$to$^{35}$lau$^{21}$ʂəu$^{35}_{44}$ne$^{0}$.

【老书先生】lau$^{21}$ʂu$^{35}$sien$^{35}$saŋ$^{35}$ 名旧时教人读老书的男子：以前我个阿公就系～啊。渠就专门教箇个么个欸《三字经》箇兜啦，《百家姓》啊，《幼学》啊，欸，箇就～啊。我只听讲箇教咁个启蒙读物子个嘞，蒙学个呢，𫗦听讲话教箇个唔知几深个箇起文章啊，教咁个么个教《诗经》箇只咁个欸𫗦听讲过。i$^{35}_{53}$tsʰien$^{13}_{21}$ŋai$^{13}_{21}$ke$^{53}_{44}$a$^{35}$kəŋ$^{35}_{53}$tsʰiəu$^{53}$xe$^{53}$lau$^{21}$ʂəu$^{35}_{44}$sien$^{35}_{44}$saŋ$^{35}_{44}$ŋa$^{0}$.ci$^{13}$tsʰiəu$^{53}_{44}$ tʂen$^{35}$mən$^{13}_{21}$kau$^{35}$kai$^{35}$ke$^{53}_{44}$mak$^{3}$ kei$^{53}_{44}$ei$_{21}$san$^{35}_{44}$sɿ$^{53}$cin$^{35}$kai$^{53}_{44}$tei$^{35}_{53}$la$^{0}$,pak$^{3}$ ka$^{35}_{44}$siaŋ$^{53}$ŋa$^{0}$,iəu$^{53}$çiək$^{5}$ a$^{0}$,ei$_{21}$,kai$^{53}$ tsʰiəu$^{53}$lau$^{21}$ʂəu$^{35}_{44}$sien$^{35}_{44}$saŋ$^{35}_{44}$ŋa$^{0}$.ŋai$^{13}$tʂɿ$^{21}$tʰaŋ$^{35}_{53}$kəŋ$^{21}$kai$^{53}_{44}$kau$^{35}$kan$^{21}$ke$^{53}$çi$^{21}$məŋ$^{13}$tʰəuk$^{5}$ uk$^{5}$ tsɿ$^{0}$ ke$^{53}_{44}$lei$^{0}$,məŋ$^{13}$ çiək$^{5}$ ke$^{53}$nei$^{0}$,maŋ$^{13}$tʰaŋ$^{35}_{53}$kəŋ$^{21}$ua$^{53}$kau$^{35}$kai$^{35}$ke$^{53}_{44}$n̩$^{13}$ti$^{35}_{53}$ci$^{21}$tʂʰən$^{35}$ke$^{53}_{44}$kai$^{53}$çi$^{21}$uən$^{13}_{21}$tʂəŋ$^{35}_{44}$a$^{0}$,kau$^{35}$kan$^{21}$ke$^{53}$ mak$^{3}$ ke$^{53}_{44}$kau$^{35}$ʂɿ$^{35}$cin$^{35}_{44}$kai$^{53}_{21}$tʂak$^{3}$ kan$^{21}$cie$^{53}_{44}$e$_{21}$maŋ$^{13}_{21}$tʰaŋ$^{35}_{44}$kəŋ$^{21}$ko$^{53}$.

【老鼠】lau$^{21}$tʂʰəu$^{21}$ 名鼠的通称：屋下个～ uk$^{3}$ xa$^{53}$ke$^{53}$lau$^{21}$tʂʰəu$^{21}$家鼠｜田墈上个草除嘿哩以后嘞，

就冇得咁多～。tʰien$^{13}$kʰan$^{53}$xɔŋ$^{53}_{44}$ke$^{53}_{44}$tsʰau$^{21}$tʂʰəu$^{13}$xek$^{3}$ li$^{0}$ i$^{35}$xei$^{53}_{44}$lei$^{0}$,tsiəu$^{53}$mau$^{13}_{21}$tek$^{3}$ kan$^{21}$to$^{35}$lau$^{21}$tʂʰəu$^{21}$.

【老鼠吊】lau$^{21}$tʂʰəu$^{21}$tiau$^{53}$ 名一种野生植物，簇生的球形种子上有倒须，黏附性很强：有～喔有倒须呀。一起咁大子个球球子呢。箇黪倒硬铁稳呶硬噢。有兜像蓖麻呀蓖麻树样。冇几大子凑。箇起黪倒安做～呢。欸吊得铁稳呢，渠就有倒须样呢。唔知到底有倒须吗，反正渠黪得铁稳子。扯都唔脱。iəu$^{35}$lau$^{21}$tʂʰəu$^{21}$tiau$^{53}$uo$^{0}$ iəu$^{35}$tau$^{53}$si$^{35}_{44}$ia$^{0}$ .iet$^{3}$ çi$^{21}$kan$^{21}$tʰai$^{53}$tsɿ$^{0}$ ke$^{0}$ cʰiəu$^{13}$cʰiəu$^{13}_{44}$ tsɿ$^{0}$ nei$^{0}$ .kai$^{53}$ɲia$^{13}$tau$^{21}$ɲiaŋ$^{53}_{44}$tʰiet$^{3}_{5}$ uən$^{21}$nau$^{0}$ɲiaŋ$^{53}_{44}$ŋau$^{0}$ .iəu$^{35}$təu$^{35}_{53}$tsʰiɔŋ$^{53}$pi$^{35}$ma$^{13}$ia$^{0}$ pi$^{35}$ma$^{13}$ʂəu$^{53}$iɔŋ$^{53}_{44}$.mau$^{13}_{21}$ ci$^{21}$tʰai$^{53}$tsɿ$^{0}$ tsʰe$^{0}$ .kai$^{53}$çi$^{21}$ɲia$^{13}$tau$^{21}$ɔn$^{35}_{44}$tso$^{53}_{44}$lau$^{21}$tʂʰəu$^{21}$tiau$^{53}$nei$^{0}$ .e$_{44}$tiau$^{53}$tek$^{3}$ tʰiet$^{3}_{5}$ uən$^{21}$nei$^{0}$ ,ci$^{13}$tsʰiəu$^{53}_{44}$iəu$^{35}$ tau$^{53}$si$^{35}$iɔŋ$^{53}_{44}$nei$^{0}$ .n̩$^{13}$ti$^{35}_{44}$tau$^{53}$ti$^{21}$iəu$^{35}$tau$^{53}$si$^{35}_{44}$ma$^{0}$ ,fan$^{21}$tʂən$^{53}$ci$^{13}_{21}$ɲia$^{13}$tek$^{3}$ tʰiet$^{3}_{5}$ uən$^{21}$tsɿ$^{0}$ .tʂʰa$^{21}$təu$^{35}_{53}$n̩$^{13}_{44}$tʰɔit$^{3}$ .

【老鼠窿】lau$^{21}$tʂʰəu$^{21}$ləŋ$^{13}$ 名①本义指鼠洞：呃，如今箇个岭上个老鼠哇真多。我以映子箇只灶下靠近箇个后背就系石墈，靠近石墈箇向到处系～。舞得车光，箇～看得出嘞。欸～个边上都车光个了。爬进爬出嘞。真讨嫌箇老鼠。ə$_{21}$,i$^{13}_{21}$cin$^{35}_{53}$kai$^{53}$ke$^{53}_{44}$liaŋ$^{35}$xɔŋ$^{53}$ke$^{53}_{44}$liaŋ$^{35}$xɔŋ$^{53}$ke$^{53}$lau$^{21}$ tʂʰəu$^{21}$ua$^{0}$ tʂən$^{35}$to$^{35}$.ŋai$^{13}_{21}$i$^{21}$iaŋ$^{53}$tsɿ$^{0}$ kai$^{53}_{44}$tʂak$^{3}$ tsau$^{53}$xa$^{35}$kʰau$^{53}$cʰin$^{53}$kai$^{53}_{44}$ke$^{53}_{44}$xei$^{53}$pɔi$^{53}_{44}$tsʰiəu$^{53}_{44}$xe$^{53}_{44}$ʂak$^{5}$ kʰan$^{53}$, kau$^{53}$cʰin$^{53}_{44}$ʂak$^{5}$ kʰan$^{53}$kai$^{53}_{44}$çiɔŋ$^{53}_{44}$tau$^{53}$tʂʰəu$^{53}$xe$^{53}$lau$^{21}$tʂʰəu$^{21}$ləŋ$^{13}$.u$^{21}$tek$^{3}$ tʂʰe$^{35}$kɔŋ$^{35}$,kai$^{53}$lau$^{21}$tʂʰəu$^{21}$ləŋ$^{13}$kʰɔn$^{53}$ tek$^{3}$ tʂʰət$^{3}$ le$^{0}$ .e$^{0}$ lau$^{21}$tʂʰəu$^{21}$ləŋ$^{13}$ke$^{0}$ pien$^{35}$xɔŋ$^{53}_{44}$təu$^{35}_{44}$tʂʰe$^{35}$kɔŋ$^{35}_{44}$ke$^{53}$liau$^{0}$ .pʰa$^{13}$tsin$^{53}$pʰa$^{13}$tʂʰət$^{3}$ le$^{0}$ .tʂən$^{35}$tʰau$^{21}$ çian$^{13}$kai$^{53}$lau$^{21}$tʂʰəu$^{21}$. ②喻指旧棉衣内没有了棉花的地方：箇个欸棉衫呐袄婆啊，系唔系？就有棉花吵，着久哩咯，箇棉花就搞做一坨坨去哩。就咁子拿咁子捏倒就看得箇肚里有□光个，看得有冇得棉花个栏场啊。“欸，箇件棉衫衣有～去哩。欸，现～去哩，唔爱哩。嗯，着唔得哩，现～。”唔系老鼠打个窿，系现咁个冇得棉花个栏场。kai$^{53}_{44}$ke$^{53}_{44}$e$_{21}$mien$^{13}$san$^{35}_{44}$na$^{0}$ au$^{21}$pʰo$^{13}$ a$^{0}$ ,xei$^{53}$me$^{53}$?tsʰiəu$^{53}$iəu$^{35}$mien$^{13}$fa$^{35}_{44}$ʂa$^{0}$ ,tʂɔk$^{3}$ ciəu$^{21}$li$^{0}$ ko$^{0}$ ,kai$^{53}$mien$^{13}$fa$^{35}_{44}$tsʰiəu$^{53}$kau$^{21}$tso$^{53}$iet$^{3}$ tʰo$^{13}_{21}$tʰo$^{13}$çi$^{53}$li$^{0}$ . tsʰiəu$^{53}$kan$^{21}$tsɿ$^{0}$ la$^{53}$kan$^{21}$tsɿ$^{0}$ tʂʰaŋ$^{13}$tau$^{21}$tsʰiəu$^{53}_{44}$kʰɔn$^{53}$tek$^{3}$ kai$^{53}$təu$^{21}$li$^{0}$ iəu$^{35}_{53}$uaŋ$^{13}$kɔŋ$^{35}$ke$^{53}$,kʰɔn$^{53}$tek$^{3}$ iəu$^{35}_{44}$ mau$^{13}$tek$^{3}$ mien$^{13}_{21}$fa$^{35}_{44}$ke$^{53}$laŋ$^{13}_{21}$tʂʰɔŋ$^{13}_{21}$ŋa$^{0}$ ."ei$_{44}$,kai$^{53}_{44}$cʰien$^{53}_{44}$mien$^{13}_{21}$san$^{35}_{44}$i$^{35}_{44}$iəu$^{35}$lau$^{21}$tʂʰəu$^{21}$ləŋ$^{13}$çi$^{53}_{44}$li$^{0}$ .e$_{21}$,çien$^{53}$ lau$^{21}$tʂʰəu$^{21}$ləŋ$^{13}$çi$^{53}$li$^{0}$ ,m̩$^{13}_{21}$mɔi$^{53}$li$^{0}$ .n̩$_{21}$,tʂɔk$^{3}$ n̩$^{13}_{44}$tek$^{3}$ li$^{0}$ ,çien$^{53}$lau$^{21}$tʂʰəu$^{21}$ləŋ$^{13}$."m̩$^{13}$pʰe$^{53}$lau$^{21}$tʂʰəu$^{21}$ta$^{21}$ke$^{53}$ləŋ$^{13}$, xei$^{53}$çien$^{53}$kan$^{21}$kei$^{53}$mau$^{13}$tek$^{3}$ mien$^{13}$fa$^{35}_{44}$ke$^{53}$laŋ$^{13}_{21}$tʂʰɔŋ$^{21}$.

【老鼠肉】lau$^{21}$tʂʰəu$^{21}$ɲiəuk$^{3}$ 名肱二头肌的俗称。又称“老鼠子”：～，呣，欸，系有称～个。咁子咁子箇阵子我等咁子去裁一刀，剁一下就以映鼓下起来咯。呀老鼠子老鼠子咯系，～。系有。我细细子就会去剁啊。剁下去就箇老鼠子就出来哩。～。lau$^{21}$tʂʰəu$^{21}$ɲiəuk$^{3}$ ,m̩$_{21}$,e$_{21}$,xei$^{53}_{44}$ iəu$^{35}_{44}$tʂʰən$^{35}_{44}$lau$^{21}$tʂʰəu$^{21}$ɲiəuk$^{3}$ ke$^{53}$.kan$^{21}$tsɿ$^{0}$ kan$^{21}$tsɿ$^{0}$ kai$^{53}$tʂʰən$^{53}$tsɿ$^{0}$ ŋai$^{13}$tien$^{0}$ kan$^{21}$tsɿ$^{0}$ çi$^{53}$tsʰɔi$^{13}$iet$^{3}$ tau$^{35}_{44}$,to$^{53}$ iet$^{3}$ xa$^{53}_{44}$tsʰiəu$^{53}_{44}$i$^{21}$iaŋ$^{53}_{44}$ku$^{21}$ua$^{53}$(←xa$^{53}$)çi$^{21}$lɔi$^{13}$ko$^{0}$ .ia$_{53}$lau$^{21}$tʂʰəu$^{21}_{53}$tsɿ$^{0}$ lau$^{21}$tʂʰəu$^{21}$tsɿ$^{0}$ ko$^{0}$ xe$^{53}$,lau$^{21}$tʂʰəu$^{21}_{53}$ ɲiəuk$^{3}$ .xei$^{53}_{44}$iəu$^{35}$.ŋai$^{13}$se$^{53}$se$^{53}$tsɿ$^{0}$ tsiəu$^{53}_{44}$uɔi$^{53}_{44}$çi$^{53}_{44}$to$^{53}$a$^{0}$ .to$^{53}$xa$^{53}_{44}$çi$^{53}_{44}$tsʰiəu$^{53}_{44}$kai$^{53}_{44}$lau$^{21}$tʂʰəu$^{21}$tsɿ$^{0}$ tsʰiəu$^{53}$tʂʰət$^{3}$ lɔi$^{13}_{21}$ li$^{0}$ .lau$^{21}$tʂʰəu$^{21}$ɲiəuk$^{3}$ .

【老土】lau$^{21}$tʰəu$^{21}$ 形传统的；土气的：你硬写箇只，写～箇讲法。ɲi$^{13}$ɲiaŋ$^{53}$sia$^{21}$kai$^{53}_{21}$tʂak$^{3}$ ,sia$^{21}$ lau$^{21}$tʰəu$^{21}$cie$^{53}$kɔŋ$^{21}$fait$^{3}$ .

【老外家】lau$^{21}$ŋɔi$^{53}$ka$^{35}$ 名往来几十年的娘家：还有只，我等还有只咁个话法嘞，譬如我样，欸，我，我个，我赖子都四十几岁了，系唔系啊？走嘿四十几年了。欸，可以讲嘿～。我话，我是来去转～。嘿，箇是好笑子样个唠。转～，也系转外家。就系走得年载多个，欸，走几十年个，～。xai$^{13}_{21}$ iəu$^{35}_{53}$ tʂak$^{3}$ ,ŋai$^{13}$ tien$^{0}$ xai$^{13}_{21}$ iəu$^{35}$ tʂak$^{3}$ kan$^{21}$ cie$^{53}_{44}$ ua$^{53}$ fait$^{3}$ le$^{0}$ ,pʰei$^{53}$ vy$^{13}_{21}$ ŋai$^{13}$ iɔŋ$^{53}_{44}$,e$_{21}$,ŋai$^{13}$,ŋai$^{13}$ke$^{53}_{44}$,ŋai$^{13}$lai$^{53}$tsɿ$^{0}$ təu$^{35}_{44}$si$^{53}$ʂət$^{5}$ ci$^{21}$sɔi$^{53}$liau$^{0}$ ,xei$^{53}_{44}$me$^{53}_{44}$a$^{0}$ ?tsei$^{21}$iek$^{3}$ (←xek$^{3}$ )si$^{53}$ʂət$^{5}$ ci$^{21}$ɲien$^{13}$ niau$^{0}$ .ei$_{44}$,kʰo$^{21}$i$^{35}$kɔŋ$^{21}$xek$^{3}$ lau$^{21}$ŋɔi$^{53}$ka$^{35}$.ŋai$^{13}$ua$^{53}_{44}$,ŋai$^{13}$ʂɿ$^{53}_{44}$lɔi$^{13}$çi$^{53}$tʂɔn$^{21}$nau$^{21}$ŋɔi$^{53}$ka$^{35}$.xe$_{21}$,kai$^{53}_{44}$ʂɿ$^{53}_{44}$xau$^{21}$siau$^{53}$ tsɿ$^{0}$ iɔŋ$^{53}_{44}$ke$^{53}_{44}$lau$^{0}$ .tʂɔn$^{21}$lau$^{21}$ŋɔi$^{53}$ka$^{35}$,ia$^{35}$xei$^{53}$tʂɔn$^{21}$ŋɔi$^{53}$ka$^{35}$.tsʰiəu$^{53}$xei$^{53}$tsei$^{21}$tek$^{3}$ɲien$^{13}$tsai$^{21}$to$^{35}$ke$^{53}$,e$_{21}$,tsei$^{21}$ ci$^{21}$ʂət$^{5}$ɲien$^{13}$ke$^{53}$,lau$^{21}$ŋɔi$^{53}$ka$^{35}$.

【老晚】lau$^{21}$man$^{35}$ 名排行最小的人；家中最小的孩子。又称“尾晚子、肚下个”：我～，最细个就安做～。ŋai$^{13}_{21}$lau$^{21}$man$^{35}$,tsei$^{53}_{44}$se$^{53}$ke$^{53}_{44}$tsʰiəu$^{53}_{44}$ɔn$^{35}_{44}$tso$^{53}_{44}$lau$^{21}$man$^{35}$.

【老晚姑】lau$^{21}$man$^{35}$ku$^{35}$ 名老处女，上年纪的未婚女子；也指离婚后回到娘家长住的女子：两公婆就一只子妹子。一只妹子嘞就一身个病，又冇得工作，卖也赠卖出去，一只～。三十几岁，冇人爱。iɔŋ$^{21}$kəŋ$^{35}$pʰo$^{13}$tsʰiəu$^{53}$iet$^{3}$ tʂak$^{3}$ tsɿ$^{0}$ mɔi$^{53}$tsɿ$^{0}$ .iet$^{3}$ tʂak$^{3}$ mɔi$^{53}$tsɿ$^{0}$ lei$^{0}$ tsʰiəu$^{53}$iet$^{3}$ ʂən$^{35}$ke$^{53}_{21}$pʰiaŋ$^{53}$, iəu$^{53}$mau$^{13}_{21}$tek$^{3}$ kəŋ$^{35}$tsɔk$^{3}$ ,mai$^{53}$ia$^{35}_{44}$maŋ$^{13}$mai$^{53}$tʂʰət$^{3}$ çi$^{53}$,it$^{3}$ tʂak$^{3}$ lau$^{21}$man$^{35}$ku$^{35}$.san$^{35}_{44}$ʂət$^{5}$ ci$^{21}$sɔi$^{53}$,mau$^{13}_{21}$ɲin$^{13}_{44}$ ɔi$^{53}$. | 欸，真正个～唔多，就系年纪大哩冇老公个多，离嘿婚个啊，有兜就赠谈成个啊，欸，～啊。一般是系指赠结过婚个，以些就包括箇起离嘿哩婚个又归倒爷娭屋下个，冇得老

公个，箇个唔系喊～啊？你能够话渠系寡妇？我等箇映箇仙姑路都就有两三只咁个。欸箇是就～总嫁都……总都有人爱呀，总卖都卖唔出去呀。总卖都卖唔出去呀，嗯，～哇。ei$_{44}$, tʂən$^{35}$tʂən$^{53}_{44}$ke$^{53}_{44}$lau$^{21}$man$^{35}$ku$^{35}_{44}$n̩$^{13}_{21}$to$^{35}_{44}$,tsʰiəu$^{53}$xei$^{53}$ɲien$^{13}$ci$^{21}$tʰai$^{53}$li$^{0}$ mau$^{13}$lau$^{21}$kəŋ$^{35}_{44}$kei$^{53}$to$^{35}$,li$^{13}$(x)ek$^{3}$ fən$^{35}_{44}$cie$^{53}$ a$^{0}$,iəu$^{35}$te$^{35}_{53}$tsʰiəu$^{53}_{44}$maŋ$^{13}$tʰan$^{53}_{44}$ʂaŋ$^{13}$ke$^{53}$a$^{0}$,e$_{21}$,lau$^{21}$man$^{35}_{44}$ku$^{35}$a$^{0}$.iet$^{3}$ pən$^{35}$ʂʅ$^{53}$xei$^{53}$tʂʅ$^{21}$maŋ$^{13}$ciet$^{3}$ ko$^{53}_{44}$fən$^{35}_{44}$ cie$^{53}$,i$^{21}_{13}$sie$^{35}_{44}$tsʰiəu$^{53}$pau$^{35}$kuait$^{3}$ kai$^{53}$çi$^{53}_{44}$li$^{13}$xek$^{3}$ li$^{0}$ fən$^{35}$cie$^{53}$iəu$^{53}$kuei$^{35}$tau$^{21}$ia$^{13}_{21}$ɔi$^{35}_{53}$uk$^{3}$ xa$^{53}_{44}$ke$^{53}_{44}$,mau$^{13}$tek$^{3}$ lau$^{21}$ kəŋ$^{35}$ke$^{53}_{44}$,kai$^{53}$ke$^{53}$m̩$^{13}$pʰei$^{53}$xan$^{53}_{44}$lau$^{21}$man$^{35}_{44}$ku$^{35}_{44}$a$^{0}$ ?ɲi$^{13}$len$^{13}$ciau$^{53}$ua$^{53}$ci$^{53}_{44}$xei$^{53}$kua$^{21}$fu$^{53}$?ŋai$^{13}$tien$^{0}$ kai$^{53}$iaŋ$^{53}$ kai$^{53}$sien$^{35}_{44}$ku$^{35}_{44}$ləu$^{53}$təu$^{35}_{44}$tsʰiəu$^{53}_{21}$iəu$^{35}_{53}$iəŋ$^{21}$san$^{35}$tʂak$^{3}$ kan$^{21}$cie$^{53}$.e$_{21}$kai$^{53}$ʂʅ$^{53}$tsʰiəu$^{53}$lau$^{21}$man$^{35}_{44}$ku$^{35}_{44}$tsəŋ$^{21}$ka$^{53}$təu… tsəŋ$^{21}$təu$^{35}_{53}$mau$^{13}_{21}$ɲin$^{13}_{44}$ɔi$^{53}$ia$^{0}$,tsəŋ$^{21}$mai$^{53}_{44}$təu$^{35}_{44}$mai$^{53}$n̩$^{13}_{21}$tʂʰət$^{3}$ cʰi$^{53}$ia$^{0}$.tsəŋ$^{21}$mai$^{53}_{44}$təu$^{35}_{44}$mai$^{53}$n̩$^{13}_{21}$tʂʰət$^{3}$ cʰi$^{53}$ia$^{0}$,n̩$_{21}$, lau$^{21}$man$^{35}_{44}$ku$^{35}_{44}$ua$^{0}$.

【老晚头】lau$^{21}$man$^{35}$tʰei$^{13}$ 名 兄弟姐妹中排行最小者：我箇只婿郎就系～呀。渠等六姊妹呀，大个六十几岁了哇，我婿郎正四十几子唠。ŋai$^{13}$kai$^{53}_{44}$tʂak$^{3}$ sei$^{53}$ləŋ$^{13}_{21}$tsʰiəu$^{53}$xe$^{53}$lau$^{21}$man$^{35}_{44}$tʰei$^{13}_{21}$ia$^{0}$.ci$^{13}$ tien$^{0}$ liəuk$^{3}$ tsi$^{21}$mɔi$^{53}$ia$^{0}$,tʰai$^{53}$ke$^{0}$ liəuk$^{3}$ ʂət$^{5}$ ci$^{21}$sɔi$^{53}$liau$^{21}$ua$^{0}$,ŋai$^{13}$se$^{53}$ləŋ$^{13}_{44}$tʂaŋ$^{53}$si$^{53}$ʂət$^{5}$ ci$^{21}$tsʅ$^{0}$ lau$^{0}$.

【老屋】lau$^{21}$uk$^{3}$ 名 旧屋，老宅子；旧居：我等箇只～以前就五间过套。ŋai$^{13}$tien$^{0}$ kai$^{53}$tʂak$^{3}$ lau$^{21}$ uk$^{3}$ i$^{35}_{44}$tsʰien$^{13}_{21}$tsʰiəu$^{53}_{44}$ŋ̍$^{21}$kan$^{35}_{44}$ko$^{53}$tʰau$^{53}$.

【老戏】lau$^{21}$çi$^{53}$ 名 大戏的别称：唱～ tʂʰəŋ$^{53}$lau$^{21}$çi$^{53}$

【老蟹】lau$^{21}$xai$^{21}$ 名 螃蟹：～肉 lau$^{21}$xai$^{21}$ɲiəuk$^{3}$｜箇～正有钳吧？kai$^{53}_{44}$lau$^{21}$xai$^{21}$tʂaŋ$^{53}_{44}$iəu$^{35}_{53}$cʰian$^{13}$pa$^{0}$?

【老蟹钳】lau$^{21}$xai$^{21}$cʰian$^{13}$ 名 蟹钳。又称“老蟹钳子、螯”：有人我听倒有人讲螯。但是～更多唠，讲～个更多唠。iəu$^{35}$ɲin$^{13}_{21}$(ŋ)ai$^{13}_{21}$tʰaŋ$^{35}$tau$^{21}$iəu$^{35}_{44}$ɲin$^{13}_{21}$kəŋ$^{21}$ŋau$^{13}$.tan$^{53}$ʂʅ$^{53}$lau$^{21}$xai$^{21}$cʰian$^{13}$cien$^{53}$to$^{35}_{44}$ lau$^{0}$,kəŋ$^{21}$lau$^{21}$xai$^{21}$cʰian$^{13}$cie$^{53}_{44}$cien$^{53}_{44}$to$^{35}$lau$^{0}$.

【老鸦子】lau$^{21}$a$^{35}$tsʅ$^{0}$ 名 乌鸦：～渠箇个叫声啊，呱呱呱，唔知几凄惨。我等分～是比作系不吉祥个动物。欸，哪映死哩人，渠等有兜人就话：“难怪，箇～都总跍倒箇个树箇屋上屋背放势叫，～放势叫。难怪会死人。”lau$^{21}$a$^{35}$tsʅ$^{0}$ ci$^{13}$kai$^{53}_{44}$ke$^{53}_{44}$ciau$^{53}$ʂaŋ$^{35}_{44}$a$^{0}$,kua$^{35}$kua$^{35}$kua$^{35}$,n̩$^{13}$ti$^{35}_{53}$ci$^{21}$tsʰi$^{35}$ tsʰan$^{21}$.ŋai$^{13}$tien$^{0}$ pən$^{35}$lau$^{21}$a$^{35}$tsʅ$^{0}$ ʂʅ$^{53}_{44}$pi$^{21}$tso$^{53}$xei$^{53}$pət$^{3}$ ciet$^{3}$ tsʰiəŋ$^{13}$ke$^{53}_{44}$tʰəŋ$^{53}_{44}$uk$^{5}$.e$_{21}$,la$^{53}$iaŋ$^{53}$si$^{21}$li$^{0}$ɲin$^{13}$,ci$^{13}$tien$^{0}$ iəu$^{35}$te$^{35}_{53}$ɲin$^{13}_{44}$tsʰiəu$^{53}_{44}$ua$^{53}$:"lan$^{13}$kuai$^{53}$,kai$^{53}$lau$^{21}$a$^{35}$tsʅ$^{0}$ təu$^{35}_{53}$tsəŋ$^{21}$ku$^{35}$tau$^{21}$kai$^{53}_{44}$ke$^{53}_{44}$ʂəu$^{53}$kai$^{53}$uk$^{3}$ xəŋ$^{53}$uk$^{3}$ pɔi$^{53}$ xəŋ$^{53}$ʂʅ$^{53}$ciau$^{53}$,lau$^{21}$a$^{35}$tsʅ$^{0}$ xəŋ$^{53}$ʂʅ$^{53}$ciau$^{53}$.lan$^{13}$kuai$^{53}$uɔi$^{53}$si$^{21}$ɲin$^{13}$."

【老样子】lau$^{21}$iəŋ$^{53}$tsʅ$^{0}$ 名 以前的模样：我等老家箇映箇个山里就咁多年来都系～啊，冇得么个变化。ŋai$^{13}$tien$^{0}$ lau$^{21}$cia$^{35}_{44}$kai$^{53}_{44}$iaŋ$^{53}_{44}$kai$^{53}_{44}$ke$^{53}_{44}$san$^{35}$ni$^{21}$tsʰiəu$^{53}_{44}$kan$^{21}$to$^{35}_{44}$ɲien$^{13}$lɔi$^{13}_{44}$təu$^{35}$xei$^{53}$lau$^{21}$iəŋ$^{53}$tsʅ$^{0}$ a$^{0}$, mau$^{13}$tek$^{3}$ mak$^{3}$ e$^{0}$ pien$^{53}$fa$^{53}$.｜有兜人呐真经得老，间嘿几十年呐别人家还话“箇只人还系～”。iəu$^{35}$tei$^{35}_{53}$ɲin$^{13}_{44}$na$^{0}$ tʂən$^{35}$cin$^{35}$tek$^{3}$ lau$^{21}$,kan$^{53}$nek$^{3}$ ci$^{21}$ʂət$^{5}$ ɲien$^{13}$na$^{0}$ pʰiet$^{5}$ in$^{13}_{44}$ka$^{35}_{53}$xai$^{13}$ua"kai$^{53}$tʂak$^{3}$ ɲin$^{13}_{44}$xai$^{13}$xe$^{53}$ lau$^{21}$iəŋ$^{53}$tsʅ$^{0}$".

【老爷】lau$^{21}$ia$^{13}$ 名 对某些神的敬称：唔知滴五显～系唔系五只，五只～？n̩$^{13}$ti$^{35}_{44}$tet$^{5}$ ŋ̍$^{21}$çien$^{21}$nau$^{21}$ ia$^{13}$xei$^{53}$mei$^{53}$ŋ̍$^{21}$tʂak$^{3}$,ŋ̍$^{21}$tʂak$^{3}$ lau$^{21}$ia$^{35}$?

【老叶茶】lau$^{21}$iait$^{5}$ tsʰa$^{13}$ 名 当年生但已经较老的茶叶。又称“泡壶茶”：哎，茶叶哕有两起，有两种搞法。一种我等开头讲个箇个是绿茶嘞就系馥嫩子个，摘倒箇芯子唔知几春，唔知几早就爱摘。到以三时子现在这个时候了你还可以去摘，摘箇老茶，欸，摘倒箇老茶嘞，就叫～，老叶。但是真正个旧年个叶就要唔得。爱今年个叶，老嘿哩了，你可以摘下来。摘下来放下镬里炆一到。炆一到，烁熷来，做泡壶，打泡壶哇。放下茶壶肚里，泡壶茶。箇起就讲泡壶茶，打泡壶个。ai$_{21}$,tsʰa$^{13}$iait$^{5}_{3}$ ʂa$^{0}$ iəu$^{35}$iəŋ$^{21}$çi$^{21}$,iəu$^{35}$iəŋ$^{21}$tʂəŋ$^{21}$kau$^{21}$fait$^{3}$.iet$^{3}$ tʂəŋ$^{21}$ŋai$^{13}$tien$^{0}$ kʰɔi$^{35}$tʰei$^{13}_{21}$kəŋ$^{21}$ke$^{53}_{44}$ kai$^{53}_{44}$ke$^{53}_{44}$ʂʅ$^{53}_{44}$liəuk$^{5}$ tsʰa$^{13}_{21}$le$^{0}$ tsʰiəu$^{53}_{44}$xe$^{53}_{44}$fət$^{5}$ lən$^{53}$tsʅ$^{0}$ ke$^{53}$,tsak$^{3}$ tau$^{21}$kai$^{53}_{44}$sin$^{35}$tsʅ$^{0}$ n̩$^{13}_{21}$ti$^{35}_{44}$ci$^{13}_{21}$tʂʰən$^{35}$,n̩$^{13}_{21}$ti$^{35}_{53}$ci$^{13}_{21}$tsau$^{21}$ tsʰiəu$^{53}_{44}$ɔi$^{53}_{44}$tsak$^{3}$.tau$^{53}$i$^{21}$san$^{35}_{44}$ʂʅ$^{13}_{21}$tsʅ$^{0}$ liau$^{0}$ ɲi$^{13}_{21}$xai$^{13}$kʰo$^{21}$i$^{35}$çi$^{53}$tsak$^{3}$,tsak$^{3}$ kai$^{53}$lau$^{21}$tsʰa$^{13}$,e$_{53}$,tsak$^{3}$ tau$^{21}$kai$^{53}$lau$^{21}$ tsʰa$^{13}$le$^{0}$,tsʰiəu$^{53}_{44}$ciau$^{53}_{21}$lau$^{21}$iait$^{5}$ tsʰa$^{13}_{21}$,lau$^{21}$iait$^{5}$.tan$^{53}_{44}$ʂʅ$^{53}_{44}$tʂən$^{35}$tʂən$^{53}_{44}$ke$^{53}_{44}$cʰiəu$^{53}$ɲien$^{13}$ke$^{53}_{44}$iait$^{5}$ tsʰiəu$^{53}$iau$^{53}$n̩$^{13}_{21}$ tek$^{3}$.ɔi$^{53}$cin$^{35}$ɲien$^{13}_{21}$ke$^{53}_{44}$iait$^{5}$,lau$^{21}$xek$^{3}$ li$^{0}$ liau$^{0}$, ɲi$^{13}_{21}$kʰo$^{21}$i$^{35}_{44}$tsak$^{3}$ xa$^{53}_{44}$lɔi$^{13}_{21}$.tsak$^{3}$ xa$^{53}_{44}$lɔi$^{13}_{21}$fəŋ$^{53}$ŋa$_{44}$(←xa$^{53}$)uɔk$^{5}$ li$^{0}$ uən$^{13}$iet$^{3}$ tau$^{53}$.uən$^{13}$iet$^{3}$ tau$^{53}$,xɔk$^{3}$ tsau$^{35}$lɔi$^{13}$,tso$^{53}$pʰau$^{53}$fu$^{13}$,ta$^{21}$pʰau$^{53}$fu$^{13}$ua$^{0}$ .fəŋ$^{53}$ŋa$_{44}$(←xa$^{53}$)tsʰa$^{13}$fu$^{13}$təu$^{21}$ li$^{0}$,pʰau$^{53}$fu$^{13}_{21}$tsʰa$^{13}$.kai$^{53}$çi$^{21}$tsʰiəu$^{53}$kəŋ$^{21}$pʰau$^{53}$fu$^{13}$tsʰa$^{13}$,ta$^{21}$pʰau$^{53}$fu$^{13}_{21}$ke$^{53}$.

【老灶】lau$^{21}$tsau$^{53}$ 名 老式的灶：以前个～是烧柴个哕。i$^{35}_{44}$tsʰien$^{13}_{21}$ke$^{53}_{44}$lau$^{21}$tsau$^{53}$ʂʅ$^{53}_{44}$ʂau$^{35}$tsʰai$^{13}_{21}$ke$^{53}_{44}$sa$^{0}$.

【老账】lau$^{21}$tʂəŋ$^{53}$ 名 旧账：我等开店子开嘿十几年了，还有～哦。箇个是就系么个？死账了，冇哩还。烂账，就成哩烂账，～就变成哩烂账，讨唔倒哩。ŋai$^{13}$tien$^{0}$ kʰɔi$^{35}$tian$^{53}$tsʅ$^{0}$ kʰɔi$^{35}$xek$^{3}$ ʂət$^{5}$ ci$^{21}$ɲien$^{13}_{21}$liau$^{0}$,xai$^{13}$iəu$^{35}_{53}$lau$^{21}$tʂəŋ$^{53}$ŋo$^{0}$.kai$^{53}_{44}$ke$^{53}_{44}$ʂʅ$^{53}_{44}$tsʰiəu$^{53}_{44}$xei$^{53}_{44}$mak$^{3}$ ke$^{53}_{44}$?si$^{21}$tʂəŋ$^{53}$liau$^{0}$,mau$^{13}$li$^{0}$

L

uan$^{13}_{44}$.lan$^{53}$tʂɔŋ$^{53}$,tsiəu$^{53}_{44}$ʂaŋ$^{13}_{21}$li$^{0}$ lan$^{53}$tʂɔŋ$^{53}$,lau$^{21}$tʂɔŋ$^{53}$tsʰiəu$^{53}$pien$^{53}$ʂaŋ$^{13}_{21}$li$^{0}$ lan$^{53}$tʂɔŋ$^{53}$,tʰau$^{21}$n̩$^{13}$tau$^{21}$li$^{0}$.

【老猪嫲】lau$^{21}$tʂəu$^{35}_{44}$ma$^{13}$ 名 老母猪。也用来骂人：～。欸，能系～。系。也骂人。欸，能系～。lau$^{21}$tʂəu$^{35}_{44}$ma$^{13}$.e$_{21}$,len$^{13}$(x)e$^{53}_{44}$lau$^{21}$tʂəu$^{35}_{44}$ma$^{13}$.xe$^{53}_{44}$.ia$^{35}$ma$^{35}_{44}$ɲin$^{13}_{21}$.e$_{21}$,len$^{13}_{44}$xe$^{53}_{44}$lau$^{21}$tʂəu$^{35}_{44}$ma$^{13}$.

【老子】lau$^{21}$tsɿ$^{0}$ 名 ①老人：箇只～来哩吧？kai$^{53}$tʂak$^{3}$ lau$^{21}$tsɿ$^{0}$ lɔi$^{13}_{21}$li$^{0}$ pa$^{0}$？｜以前我等箇映有只箇～，九十几岁哩正死。i$^{35}_{53}$tsʰien$^{13}_{21}$ŋai$^{13}_{21}$tien$^{0}$ kai$^{53}_{44}$iaŋ$^{53}_{44}$iəu$^{35}_{53}$tʂak$^{3}$ kai$^{53}_{44}$lau$^{21}$tsɿ$^{0}$,ciəu$^{21}$ʂət$^{5}$ ci$^{21}$sɔi$^{53}_{44}$li$^{0}$ tʂaŋ$^{53}$ si$^{21}$. ②指父亲：如今我阿舅子个赖子就咁子喊渠："～欸，来去帮我搞兜子么个东西。"i$^{13}_{21}$ cin$^{35}_{53}$ŋai$^{13}_{21}$a$^{35}$cʰiəu$^{35}$tsɿ$^{0}$ ke$^{53}_{44}$lai$^{53}$tsɿ$^{0}$ tsʰiəu$^{53}$kan$^{21}$tsɿ$^{0}$ xan$^{53}$ci$^{13}_{44}$:"lau$^{21}$tsɿ$^{0}$ ei$^{0}$,lɔi$^{13}_{21}$çi$^{53}_{44}$pɔŋ$^{35}$ŋai$^{13}_{44}$kau$^{21}$təu$^{35}_{53}$tsɿ$^{0}$ mak$^{3}$ e$^{0}$ təŋ$^{35}_{44}$si$^{0}$."

【老祖宗】lau$^{21}$tsəu$^{21}$tsəŋ$^{35}_{44}$ 名 老祖先：我等箇姓万个有只～嘞蛮有钱。ŋai$^{13}$tien$^{0}$ kai$^{53}$siaŋ$^{53}$uan$^{53}$ kei$^{53}_{44}$iəu$^{35}$tʂak$^{3}$ lau$^{21}$tsəu$^{21}$tsəŋ$^{35}_{44}$lei$^{0}$ man$^{13}$iəu$^{35}_{44}$tsʰien$^{13}$.

【烙铁头】lɔk$^{5}$ tʰiet$^{3}$ tʰei$^{13}$ 名 一种剧毒蛇，学名原矛头蝮，头呈三角形：～有。箇尖个。样子三角□一样个吧？蛮毒啦，～箇蛇子蛮毒。lɔk$^{5}$ tʰiet$^{3}$ tʰei$^{13}$iəu$^{35}_{44}$.kai$^{53}_{44}$tsian$^{35}$cie$^{53}$.iɔŋ$^{53}_{21}$tsɿ$^{0}$ san$^{35}_{44}$kɔk$^{3}$ lian$^{53}$iet$^{3}$ iɔŋ$^{53}_{44}$ke$^{53}_{44}$pa$^{0}$?man$^{13}$tʰəuk$^{5}$ la$^{0}$,lɔk$^{5}$ tʰiet$^{3}$ tʰei$^{13}$kai$^{53}$ʂa$^{13}_{21}$tsɿ$^{0}$ man$^{13}$tʰəuk$^{5}_{3}$.

【䁖】lau$^{53}$ 形 稀疏：如果以一蔸为单位个，箇就箇就去扯～都安做鲜蔸。vy$^{13}$ko$^{21}$i$^{21}$iet$^{3}$ tei$^{35}$uei$^{13}_{21}$ tan$^{35}$uei$^{53}$ke$^{53}_{44}$,kai$^{53}_{44}$tsʰiəu$^{53}_{44}$,kai$^{53}_{44}$tsʰiəu$^{53}_{44}$çi$^{53}_{44}$tʂʰa$^{21}$lau$^{53}_{44}$təu$^{35}_{21}$ɔn$^{35}_{44}$tso$^{53}_{44}$sien$^{35}$tei$^{35}$.｜鲜～来 sien$^{35}$lau$^{53}$lɔi$^{13}$◇䁖，《集韵》郎到切，音潦。《类篇》："宽也。"

【䁖空】lau$^{53}$kʰəŋ$^{35}$ 形 很空：不能空啊，箇肚里不能～，总爱放一滴子东西呀。pət$^{3}$ lən$^{13}_{21}$kʰəŋ$^{35}$ ŋa$^{0}$,kai$^{53}$təu$^{21}$li$^{0}$ pət$^{3}$ lən$^{13}_{21}$lau$^{53}_{44}$kʰəŋ$^{35}$,tsəŋ$^{21}$ɔi$^{53}_{44}$fɔŋ$^{53}$iet$^{3}$ tiet$^{5}$ tsɿ$^{0}$ təŋ$^{35}_{44}$si$^{0}$ ia$^{0}$.

【䁖松】lau$^{53}_{35}$səŋ$^{35}$ 形 不拥挤：箇辆车上～个噢。箇张车～个唠。箇就唔讲泡松个，只讲～，有人，人少。kai$^{53}$liɔŋ$^{21}$tʂʰa$^{35}$xɔŋ$^{53}_{44}$lau$^{53}_{35}$səŋ$^{35}$ke$^{53}$au$^{0}$.kai$^{53}_{44}$tʂɔŋ$^{35}_{44}$tʂʰa$^{35}$lau$^{53}_{35}$səŋ$^{35}_{44}$ke$^{53}$lau$^{0}$.kai$^{53}_{44}$tsʰiəu$^{53}_{44}$n̩$^{13}$kɔŋ$^{21}$ pʰau$^{35}$səŋ$^{35}_{44}$ke$^{53}_{44}$,tʂɿ$^{21}$kɔŋ$^{21}$lau$^{53}_{35}$səŋ$^{35}$,mau$^{13}$ɲin$^{13}$, ɲin$^{13}$ʂau$^{21}$.

【唠】lau$^{0}$ 助 ①放在疑问句末，加强疑问语气：箇只盘盘安做么啊～？kai$^{53}$tʂak$^{3}$ pʰan$^{13}$pʰan$^{13}_{44}$ɔn$^{35}_{44}$ tso$^{53}_{44}$mak$^{3}$ a$^{0}$ lau$^{0}$？②放在陈述句末，加强肯定语气：尊称滴子就称家先生～。tsən$^{35}$tʂʰən$^{35}_{44}$tiet$^{3}$ tsɿ$^{0}$ tsiəu$^{53}_{44}$tʂʰən$^{35}$cia$^{35}$sien$^{35}_{44}$saŋ$^{35}_{44}$lau$^{0}$.｜冬至祭祖～，做冬至会呀。təŋ$^{35}_{44}$tʂɿ$^{53}_{44}$tsi$^{53}$tsəu$^{21}$lau$^{0}$,tso$^{53}_{44}$təŋ$^{35}_{44}$tʂɿ$^{53}_{44}$ fei$^{53}$ia$^{0}$. ③放在祈使句末，加强促请语气：索利滴子～！sɔk$^{3}$ li$^{53}_{44}$tiet$^{5}$ tsɿ$^{0}$ lau$^{0}$！｜你莫讲哩～！ɲi$^{13}_{21}$mɔk$^{5}$ kɔŋ$^{21}_{44}$li$^{0}$ lau$^{0}$！④放在感叹句末，加强感叹语气：箇就真好～。kai$^{53}$tsʰiəu$^{53}_{44}$tʂən$^{35}$xau$^{21}$lau$^{0}$. ⑤放在句中某些成分之后，对该成分内容加以凸显：耳朵尾软软子～话别人家唠。ɲi$^{21}$to$^{21}$mi$^{35}$ ɲiɔn$^{35}$ɲiɔn$^{35}$tsɿ$^{0}$ lau$^{0}$ ua$^{53}_{44}$pʰiet$^{5}$ in$^{13}_{44}$ka$^{35}_{44}$lau$^{0}$.

【了$_1$】liau$^{0}$/liau$^{21}$ 助 ①动态助词，表示已经完成：食哩饭～么？ʂət$^{5}$ li$^{0}$ fan$^{53}$liau$^{0}$ mo$^{0}$？问候用语，多用于用餐时分｜我系唔记得肚里让门子个～。ŋai$^{13}_{21}$xei$^{53}$m̩$^{13}$ci$^{53}$tek$^{3}$ təu$^{21}$li$^{0}$ ɲiɔŋ$^{53}$mən$^{0}$ tsɿ$^{0}$ ke$^{53}_{44}$liau$^{0}$. ②语气助词。用在句子末尾，表示已经出现或将要出现某种情况：肚子真饥～。təu$^{21}$tsɿ$^{0}$ tʂən$^{35}$ci$^{35}$liau$^{0}$. ｜今晡二十五，□眼就到月底～。cin$^{35}$pu$^{35}$ɲi$^{53}$ʂek$^{5}$ n̩$^{13}$,ʂait$^{3}$ ŋan$^{21}$tsʰiəu$^{53}$tau$^{53}$ɲiet$^{5}$ te$^{21}$liau$^{21}$. ③语气助词。用在句子末尾，表示在某种条件下出现某种情况：只爱一夜，就以咁热个天是一夜就酸嘿～。tʂɿ$^{21}$ɔi$^{53}_{44}$iet$^{3}$ ia$^{53}$,tsʰiəu$^{53}$i$^{21}$kan$^{21}$ɲiet$^{5}$ ke$^{53}_{44}$tʰien$^{35}_{44}$ʂɿ$^{53}_{44}$iet$^{3}$ ia$^{53}$tsʰiəu$^{53}_{44}$sɔn$^{35}_{44}$nek$^{3}$(←xek$^{3}$)liau$^{0}$. ④语气助词。用在句子末尾，表示行动等有变化：我等安做粉盐。以下是粉字也有么人话～。ŋai$^{13}$ tien$^{0}$ ɔn$^{35}_{44}$tso$^{53}_{44}$fən$^{21}$ian$^{13}$.i$^{21}$xa$^{53}_{44}$ʂɿ$^{53}_{44}$fən$^{21}$tsʰɿ$^{53}$a$^{35}_{53}$mau$^{13}$mak$^{3}$ in$^{13}_{44}$ua$^{53}$liau$^{0}$. ⑤语气助词。用在句子末尾，表示催促或劝止：欸，棺材唔放间～。扪出来。e$_{21}$,kɔn$^{35}$tsʰɔi$^{13}_{21}$m̩$^{13}_{21}$fɔŋ$^{53}_{44}$kan$^{35}_{44}$liau$^{0}$.mən$^{35}$tʂʰət$^{3}$ lɔi$^{13}_{44}$.

【勒颈柿】lak$^{5}$ ciaŋ$^{21}$tsʰɿ$^{53}$ 名 磨盘柿子。果实扁圆，腰部具有一圈明显缢痕，将果实分为上下两部分：～唔多结呢，但是～更好食呢，滮大一只，肚里有么个籽，只有一只籽。有兜就有一只，有兜就有两只子仁个，甚至有兜冇得仁个。～更好食，～产量冇咁高。lak$^{5}$ ciaŋ$^{21}$tsʰɿ$^{53}$ n̩$^{13}$to$^{35}_{53}$ciet$^{3}$ nei$^{0}$,tan$^{53}_{44}$ʂɿ$^{53}_{44}$lak$^{5}$ ciaŋ$^{21}$tsʰɿ$^{53}$cien$^{53}_{44}$xau$^{21}$ʂət$^{5}$ nei$^{0}$,mən$^{35}$tʰai$^{53}$iet$^{3}$ tʂak$^{3}$,təu$^{21}$li$^{0}$ mau$^{13}$mak$^{3}$ ke$^{53}$tsɿ$^{21}$, tʂɿ$^{21}$iəu$^{35}_{53}$iet$^{3}$ tʂak$^{3}$ tsɿ$^{21}$.iəu$^{35}$te$^{35}_{44}$tsʰiəu$^{53}$iəu$^{35}$iet$^{3}$ tʂak$^{3}$,iəu$^{35}$te$^{35}_{53}$tsʰiəu$^{53}$iəu$^{35}$iɔŋ$^{21}$tʂak$^{3}$ tsɿ$^{0}$ in$^{13}$cie$^{53}$,ʂən$^{53}$tʂɿ$^{53}$iəu$^{35}$ te$^{35}_{53}$mau$^{13}$tek$^{3}$ in$^{13}$cie$^{53}$.lak$^{5}$ ciaŋ$^{21}$tsʰɿ$^{53}$cien$^{53}_{44}$xau$^{21}$ʂət$^{5}$,lak$^{5}$ ciaŋ$^{21}$tsʰɿ$^{53}$tsʰan$^{21}$liɔŋ$^{53}$mau$^{13}$kan$^{21}$kau$^{35}_{44}$.

【勒勒擐擐】lət$^{3}$ lət$^{3}$ kʰuan$^{53}$kʰuan$^{53}$ 形容松松垮垮的样子：有兜箇个有几大子个细人子，打比五六岁子，系唔系？渠去捧箇个三四岁子个细人子，虽然比渠高兜子比渠大兜子，但是渠冇么个劲，～捧倒箇只人，欸，搂搂勒勒，又安做搂搂勒勒，又安做老虎背猪样，～，就系嘞舞唔多稳，欸，舞稳哩个栏场嘞就舞稳哩，𫠝唔稳个栏场又跌下去，就安做～。iəu$^{35}$te$^{35}_{53}$kai$^{53}_{44}$ke$^{53}_{44}$ mau$^{13}$ci$^{21}$tʰai$^{53}$tsɿ$^{0}$ ke$^{53}_{44}$sei$^{53}$ɲin$^{13}_{21}$tsɿ$^{0}$,ta$^{21}$pi$^{21}$ŋ̍$^{21}$liəuk$^{3}$ sɔi$^{53}$tsɿ$^{0}$,xei$^{53}_{44}$me$^{53}$?ci$^{13}$çi$^{53}$pəŋ$^{21}$kai$^{53}$ke$^{53}$san$^{35}$si$^{53}$sɔi$^{53}$tsɿ$^{0}$ ke$^{0}$

sei$^{53}$ɲin$^{13}_{21}$tsɿ$^{0}$,sei$^{35}$vien$^{13}_{21}$pi$^{21}$ci$^{13}_{44}$kau$^{35}$tei$^{35}_{53}$tsɿ$^{0}$pi$^{21}$ci$^{13}_{44}$tʰai$^{53}$tei$^{35}_{53}$tsɿ$^{0}$,tan$^{53}$ʂɿ$^{53}$ci$^{13}_{21}$mau$^{13}$mak$^{3}$e$^{0}$cin$^{53}$,lət$^{3}$lət$^{3}$kʰuan$^{53}$kʰuan$^{53}$pəŋ$^{21}$tau$^{21}$kai$^{53}$tʂak$^{3}$ɲin$^{3}$,e$_{21}$,ləu$^{13}$ləu$^{13}$let$^{5}$let$^{5}$,iəu$^{53}_{44}$ɔn$^{35}_{44}$tso$^{53}_{44}$ləu$^{13}$ləu$^{13}_{44}$let$^{5}$let$^{5}$,iəu$^{53}_{44}$ɔn$^{35}_{44}$tso$^{53}_{44}$lau$^{21}$fu$^{21}$pi$^{53}$tʂəu$^{35}$iəŋ$^{53}$,lət$^{3}$lət$^{3}$kʰuan$^{53}$kʰuan$^{53}$,tsʰiəu$^{53}$xe$^{53}$le$^{0}$u$^{21}$n̩$^{21}$to$^{35}$uən$^{21}$,e$_{21}$,u$^{21}$uən$^{21}$li$^{0}$ke$^{53}$laŋ$^{13}_{21}$tʂʰɔŋ$^{13}_{21}$le$^{0}$tsʰiəu$^{53}$u$^{21}$uən$^{21}$ni$^{0}$,maŋ$^{13}$u$^{21}$uən$^{21}$ke$^{53}$laŋ$^{13}_{21}$tʂʰɔŋ$^{13}_{21}$iəu$^{53}$tet$^{3}$xa$^{53}$çi$^{53}$,tsʰiəu$^{53}_{44}$ɔn$^{35}_{44}$tso$^{53}$lət$^{3}$lət$^{3}$kʰuan$^{53}$kʰuan$^{53}$.

**【勒胖勒胖】** lət$^{5}$pʰaŋ$^{53}$lət$^{5}$pʰaŋ$^{53}$ 形容很不饱满：（蜂镜）有（捡）哇，有兜人箇个啊，有兜畜蜂子个割倒个蜂镜啊，冇么个东西了哇，尽系箇个～个了哇。渠首先一只就冇得哩蜂糖了，蜂糖分渠出嘿哩了哇。箇个就讲割蜂糖个。你箇起摇蜜机个是就你就舞箇蜂镜唔倒。iəu$^{35}$ua$^{0}$,iəu$^{35}$təu$^{35}_{53}$ɲin$^{13}_{44}$kai$^{53}_{44}$ke$^{53}_{44}$a$^{0}$,iəu$^{35}$təu$^{35}_{44}$çiəuk$^{3}$fəŋ$^{35}$tsɿ$^{0}$ke$^{53}_{44}$kɔit$^{3}$tau$^{21}$ke$^{53}_{44}$fəŋ$^{35}$ciaŋ$^{53}$ŋa$^{0}$,mau$^{13}_{21}$mak$^{3}$e$^{0}$təŋ$^{35}_{44}$si$^{35}_{44}$liau$^{21}$ua$^{0}$,tsʰin$^{53}$xe$^{53}_{44}$kai$^{53}_{44}$ke$^{53}_{44}$lət$^{5}$pʰaŋ$^{53}$lət$^{5}$pʰaŋ$^{53}$ke$^{0}$liau$^{21}$ua$^{0}$.ci$^{13}$ʂəu$^{21}$sien$^{35}_{53}$iet$^{3}$tʂak$^{3}$tsʰiəu$^{53}$mau$^{13}$tek$^{3}$li$^{0}$fəŋ$^{35}$tʰɔŋ$^{13}$liau$^{0}$,fəŋ$^{35}$tʰɔŋ$^{13}$pən$^{35}$ci$^{13}_{44}$tʂʰət$^{3}$lek$^{3}$li$^{0}$liau$^{21}_{44}$ua$^{0}$.kai$^{53}$ke$^{53}$tsʰiəu$^{53}$kɔŋ$^{21}$kɔit$^{3}$fəŋ$^{35}$tʰɔŋ$^{13}$ke$^{0}$. ɲi$^{13}$kai$^{53}$çi$^{21}$iau$^{13}$miet$^{5}$ci$^{35}_{44}$ke$^{53}$ʂɿ$^{53}_{21}$tsiəu$^{53}$ɲi$^{13}_{21}$tsiəu$^{53}$u$^{21}$kai$^{53}$fəŋ$^{35}$ciaŋ$^{53}$n̩$^{13}_{21}$tau$^{21}$.

**【扐】** let$^{5}$ 动 ①双手捧起：～一饽泥去奄一下。let$^{5}$iet$^{3}$pʰɔk$^{5}$lai$^{13}_{21}$çi$^{53}_{44}$tait$^{5}$iet$^{3}$xa$^{53}$. ②抬：你同我～起下子箇张桌来哟。ɲi$^{13}_{21}$tʰəŋ$^{13}_{21}$ŋai$^{13}_{44}$let$^{5}$çi$^{21}_{44}$xa$^{53}_{44}$tsɿ$^{0}$kai$^{53}_{44}$tʂɔŋ$^{35}_{44}$tsɔk$^{3}$lɔi$^{13}_{21}$iau$^{0}$. ③移开（较大或较重的东西）：欸笔记本，一下～下床上去啊。e$_{21}$pit$^{3}$ci$^{53}_{44}$pən$^{21}$,iet$^{3}$(x)a$^{53}_{21}$let$^{5}$(x)a$^{53}_{44}$tsʰɔŋ$^{13}$xɔŋ$^{53}_{44}$çi$^{53}_{44}$a$^{0}$.

**【雷打石】** li$^{13}$ta$^{21}$ʂak$^{5}$ 名 相传被雷击开的巨石：我等箇个老家箇映子咯有只箇个有两只栏场有箇呃安做～。箇个一只石头呀有以个一只间咁大，一只间咁大个石头，中间呢磕……打你一条坼，呃，安做～，雷公打开来个话。两只栏场，今晡早晨走箇映过个栏场以只栏场也系有只～。也系硬箩大桶大个石头啦。箇只有咁大。ŋai$^{13}$tien$^{0}$kai$^{53}$ke$^{53}_{44}$lau$^{21}$cia$^{35}_{44}$kai$^{53}_{44}$iaŋ$^{53}_{44}$tsɿ$^{0}$ko$^{0}$iəu$^{35}$tʂak$^{3}$kai$^{53}$ke$^{53}$iəu$^{35}$iəŋ$^{21}$tʂak$^{3}$laŋ$^{13}_{21}$tʂʰɔŋ$^{13}_{44}$iəu$^{35}_{44}$kai$^{53}_{44}$ə$^{0}$ɔn$^{35}$tso$^{53}$li$^{13}$ta$^{21}$ʂak$^{5}$.kai$^{53}$ke$^{53}_{44}$iet$^{3}$tʂak$^{3}$ʂak$^{5}$tʰei$^{13}_{44}$ia$^{0}$iəu$^{35}_{53}$i$^{21}$ke$^{53}$iet$^{3}$tʂak$^{3}$kan$^{35}$kan$^{21}$tʰai$^{53}$,iet$^{3}$tʂak$^{3}$kan$^{35}$kan$^{21}$tʰai$^{53}$(k)e$^{53}_{44}$ʂak$^{5}$tʰei$^{13}_{21}$,tʂəŋ$^{35}$kan$^{35}_{44}$ne$^{0}$kʰɔk$^{3}$…ta$^{21}_{53}$ɲi$^{13}_{44}$iet$^{3}$tʰiau$^{13}_{44}$tsʰak$^{3}$,ə$_{21}$,ɔn$^{35}_{53}$tso$^{53}$li$^{13}$ta$^{21}$ʂak$^{5}$,li$^{13}$kəŋ$^{35}_{44}$ta$^{21}$kʰɔi$^{35}_{44}$lɔi$^{13}_{21}$ke$^{53}_{44}$ua$^{53}_{44}$.iəŋ$^{21}$tʂak$^{3}$laŋ$^{13}_{21}$tʰɔŋ$^{13}_{44}$,cin$^{35}_{44}$pu$^{35}_{53}$tsau$^{21}$ʂən$^{13}$tsei$^{21}$kai$^{53}_{44}$iaŋ$^{53}_{44}$ko$^{53}$ke$^{53}_{44}$laŋ$^{13}_{21}$tʂʰɔŋ$^{13}_{21}$i$^{21}_{44}$tʂak$^{3}$laŋ$^{13}_{21}$tʂʰɔŋ$^{13}_{21}$ia$^{35}$xei$^{53}$iəu$^{35}$tʂak$^{3}$li$^{13}$ta$^{21}$ʂak$^{5}$.ia$^{35}$xe$^{53}$ɲiaŋ$^{53}$lo$^{13}_{21}$tʰai$^{53}$tʰəŋ$^{21}$tʰai$^{53}_{44}$ke$^{53}_{44}$ʂak$^{5}$tʰei$^{13}_{21}$la$^{0}$.kai$^{53}$tʂak$^{3}$mau$^{13}_{21}$kan$^{21}$tʰai$^{53}$.

**【雷公】** li$^{13}$kəŋ$^{35}$ 名 司雷之神，借指雷电：～劈哩。li$^{13}$kəŋ$^{35}$pʰiak$^{3}$li$^{0}$.

**【雷公摒屎粑】** li$^{13}$kəŋ$^{35}_{44}$pin$^{21}$ʂɿ$^{21}$pʰa$^{13}_{21}$ 名 关刀藤的荚，可做药材：箇只关刀藤个是关刀藤个荚子就系像皮槠荚子。箇就就系～欸唔系面前讲。关刀藤呐，应有藤藤呢。系唔系？有藤藤。有滴像刀豌豆样，长长子。～安做。有滴像关云长个箇刀样个，欸，有滴像。咁个，咁个，系啊？刀，一把刀样个。kai$^{53}$tʂak$^{3}$kuan$^{35}$tau$^{35}$tʰien$^{13}$ke$^{53}_{44}$ʂɿ$^{53}_{44}$kuan$^{35}$tau$^{35}$tʰien$^{13}$ke$^{53}_{44}$kait$^{3}$tsɿ$^{0}$tsʰiəu$^{53}$xe$^{53}$tsʰiɔŋ$^{53}_{21}$pʰi$^{13}$tʂəu$^{35}$kait$^{3}$tsɿ$^{0}$.kai$^{53}_{44}$tsʰiəu$^{53}_{44}$tsʰiəu$^{53}$xe$^{53}_{44}$li$^{13}_{21}$kəŋ$^{35}_{53}$pin$^{21}$ʂɿ$^{21}$pʰa$^{13}_{21}$e$^{0}$m̩$^{13}_{21}$pʰe$_{44}$(←xe$^{53}$)mien$^{53}_{44}$tsʰien$^{13}_{21}$kɔŋ$^{21}_{35}$.kuan$^{35}$tau$^{35}$tʰien$^{13}$na$^{0}$,in$^{35}_{44}$iəu$^{35}_{44}$tʰien$^{13}$tʰien$^{13}_{44}$ne$^{0}$.xe$^{53}$me$^{53}_{44}$?iəu$^{35}_{21}$tʰien$^{13}$tʰien$^{13}_{44}$.iəu$^{35}$tet$^{5}$tsʰiɔŋ$^{53}$tau$^{35}$uan$^{35}_{21}$tʰei$^{53}$iɔŋ$^{53}_{44}$,tʂʰɔŋ$^{13}$tʂʰɔŋ$^{13}$tsɿ$^{0}$.li$^{13}$kəŋ$^{35}_{44}$pin$^{21}$ʂɿ$^{21}$pʰa$^{13}_{21}$ɔn$^{35}_{53}$tso$^{53}_{44}$.iəu$^{35}$tet$^{5}_{3}$tsʰiɔŋ$^{53}_{44}$kuan$^{35}$ven$^{13}_{21}$tʂʰɔŋ$^{13}$ke$^{53}$kai$^{53}_{44}$tau$^{35}$iɔŋ$^{53}_{44}$ke$^{53}_{44}$,e$_{21}$,iəu$^{35}$tet$^{5}_{3}$tsʰiɔŋ$^{53}_{44}$.kan$^{21}$ke$^{53}$,kan$^{21}$ke$^{53}$,xe$^{53}_{44}$a$^{0}$?tau$^{35}$,iet$^{3}$pa$^{21}$tau$^{35}$iɔŋ$^{53}_{44}$ke$^{53}_{44}$.｜有种药安做～哦。药名就安做雷公刮屎片咯咁子写咯。我等就安做～。iəu$^{35}$tʂəŋ$^{21}$iɔk$^{5}$ɔn$^{35}_{44}$tso$^{53}_{44}$li$^{13}$kəŋ$^{35}$pin$^{21}$ʂɿ$^{21}$pʰa$^{13}_{21}$o$^{0}$.iɔk$^{5}$min$^{13}$tsʰiəu$^{53}_{44}$ɔn$^{35}_{44}$tso$^{53}_{44}$lei$^{13}$kəŋ$^{35}$kuait$^{3}$ʂɿ$^{21}$pʰien$^{53}$ko$^{0}$kan$^{21}$tsɿ$^{0}$sia$^{21}$ko$^{0}$.ŋai$^{13}_{21}$tien$^{0}$tsʰiəu$^{53}_{44}$ɔn$^{35}_{44}$tso$^{53}_{44}$li$^{13}$kəŋ$^{35}_{44}$pin$^{21}$ʂɿ$^{21}$pʰa$^{13}_{21}$.

**【雷公大水】** li$^{13}$kəŋ$^{35}_{44}$tʰai$^{53}$ʂei$^{21}$ 名 伴随着轰隆隆雷声而下的大雨：又打雷公，又落大水，就安做～。我等客姓人就系话嘞，系啊？“正月就嬲过去，二月就坐过去，三月就～都爱去。”作田个人呐。还有种话法嘞，“三月就蓑衣笠嫲都爱去”。iəu$^{53}$ta$^{21}$tʰai$^{53}$li$^{13}$kəŋ$^{35}$,iəu$^{53}$lɔk$^{5}$tʰai$^{53}$ʂei$^{21}$,tsʰiəu$^{53}_{44}$ɔn$^{35}_{44}$tso$^{53}_{44}$li$^{13}$kəŋ$^{35}_{44}$tʰai$^{53}$ʂei$^{21}$.ŋai$^{13}$tien$^{0}$kʰak$^{3}$sin$^{53}$ɲin$^{13}_{44}$tsʰiəu$^{53}_{44}$xei$^{53}_{44}$ua$^{53}$le$^{0}$,xei$^{53}$a$^{0}$?"tʂaŋ$^{35}$ɲiet$^{5}_{44}$tsʰiəu$^{53}$liau$^{53}$ko$^{53}_{44}$çi$^{53}$,ɲi$^{53}$ɲiet$^{5}$tsʰiəu$^{53}_{44}$tsʰo$^{35}$ko$^{53}_{21}$çi$^{53}$,san$^{35}$ɲiet$^{5}$tsʰiəu$^{53}_{44}$li$^{13}$kəŋ$^{35}_{44}$tʰai$^{53}$ʂei$^{21}$təu$^{35}$ɔi$^{53}_{44}$çi$^{53}$."tsɔk$^{3}$tʰien$^{13}$ke$^{53}$ɲin$^{13}_{21}$na$^{0}$.xai$^{13}_{21}$iəu$^{35}_{53}$tʂəŋ$^{21}$ua$^{53}$fait$^{3}$lei$^{0}$,"san$^{35}$ɲiet$^{5}$tsʰiəu$^{53}_{44}$so$^{35}$i$^{35}_{53}$liet$^{3}$ma$^{13}$təu$^{35}$ɔi$^{53}_{44}$çi$^{53}$".

**【雷公屎】** li$^{13}$kəŋ$^{35}$ʂɿ$^{21}$ 名 中药名：唔知么个东西安做～嘞，我听过，一种药。n̩$^{13}_{21}$ti$^{35}_{53}$mak$^{3}$e$^{0}$təŋ$^{35}_{44}$si$^{0}$ɔn$^{35}_{44}$tso$^{53}_{44}$li$^{13}_{21}$kəŋ$^{35}_{53}$ʂɿ$^{21}$le$^{0}$,ŋai$^{13}_{21}$tʰaŋ$^{35}_{44}$ko$^{53}_{44}$,iet$^{3}$tʂəŋ$^{21}$iɔk$^{5}$.

**【雷鸣炮】** li$^{13}$min$^{13}$pʰau$^{53}$ 名 一种个头大、有巨响的爆竹：就懑大一只个，唔知几响个，像打雷公样，～。tsʰiəu$^{53}_{44}$mən$^{35}$tʰai$^{53}$iet$^{3}$tʂak$^{3}$ke$^{53}_{44}$,n̩$^{13}$ti$^{35}_{53}$ci$^{21}$çiɔŋ$^{21}$ke$^{53}$,tsʰiɔŋ$^{53}_{44}$ta$^{21}$li$^{13}$kəŋ$^{35}_{44}$iɔŋ$^{53}_{44}$,li$^{13}$min$^{13}$pʰau$^{53}$.

**【勴】** li$^{35}$ 动 辗轧：车多哩，也系惊心惊胆，真怕哪辆车捉倒我～下来，～下我身上来哩。tʂʰa$^{35}$to$^{35}$li$^{0}$,ia$^{35}$xe$^{53}$ciaŋ$^{35}$sin$^{35}_{44}$ciaŋ$^{35}$tan$^{21}$,tʂən$^{35}$pʰa$^{53}_{44}$lai$^{53}$liɔŋ$^{21}$tʂʰa$^{35}$tsɔk$^{3}$tau$^{21}$ŋai$^{13}_{21}$li$^{35}$(x)a$^{53}_{44}$lɔi$^{13}_{44}$,li$^{35}$xa$^{53}$ŋai$^{13}_{44}$ʂən$^{35}_{44}$xɔŋ$^{53}$lɔi$^{13}_{21}$li$^{0}$.

【勵黄】li$^{35}$uɔŋ$^{13}$ 形很黄：欸黄竹李就渠就～哩落尾系老哩。e$_{21}$uɔŋ$^{13}$tʂəuk$^{3}$li$^{21}$ts$^{h}$iəu$^{53}_{44}$ci$^{13}$ts$^{h}$iəu$^{53}_{44}$li$^{35}$uɔŋ$^{13}_{44}$li$^{0}$lɔk$^{5}_{3}$mi$^{35}_{44}$(x)e$^{53}_{44}$lau$^{21}$li$^{0}$.｜黄竹李就老哩就～子。uɔŋ$^{13}$tʂəuk$^{3}$li$^{21}$ts$^{h}$iəu$^{53}_{44}$lau$^{21}$li$^{0}$ts$^{h}$iəu$^{53}_{44}$li$^{35}$uɔŋ$^{13}$tsɿ$^{0}$.

【勵活】li$^{35}$uɔit$^{5}$ 形状态词。①很不稳固：打比以部电视机，本来应该特稳子放倒以映，但是唔知么个原因，摇下子～个哦。唔稳一下，就～个。ta$^{21}$pi$^{21}$i$^{21}$p$^{h}$u$^{53}_{44}$t$^{h}$ien$^{53}$ʂɿ$^{53}$ci$^{35}$,pən$^{21}$nɔi$^{13}$in$^{35}_{44}$kɔi$^{35}$t$^{h}$ek$^{5}$uən$^{21}$tsɿ$^{0}$fɔŋ$^{53}_{44}$tau$^{21}$i$^{21}$iaŋ$^{53}$,tan$^{53}_{44}$ʂɿ$^{53}_{44}$n̩$^{13}_{21}$ti$^{35}_{53}$mak$^{3}$e$^{0}$vien$^{13}_{21}$in$^{35}_{44}$,iau$^{13}$xa$^{53}_{44}$tsɿ$^{0}$li$^{35}$uɔit$^{5}$ke$^{53}_{44}$o$^{0}$.n̩$^{13}$uən$^{21}$iet$^{3}$xa$^{53}$,tsiəu$^{53}_{44}$li$^{35}$uɔit$^{5}$ke$^{0}$. ②很鲜活：箇条鱼子啊畜得～。kai$^{53}$t$^{h}$iau$^{13}_{21}$ŋ̍$^{13}$tsɿ$^{0}$a$^{0}$çiəuk$^{3}$tek$^{3}$li$^{35}$uɔit$^{5}$. ③指家里日子过得很红火：箇还有只～哟，讲有兜人呐真会当家，“渠屋下□得～哟”。kai$^{53}_{44}$xai$^{13}$iəu$^{35}_{44}$tʂak$^{3}$li$^{35}$uɔit$^{5}$io$^{0}$,kɔŋ$^{21}$iəu$^{35}$tei$^{35}_{53}$ɲin$^{13}$na$^{0}$tʂən$^{35}$uɔi$^{53}$tɔŋ$^{35}$ka$^{35}$,"ci$^{13}$uk$^{3}$xa$^{53}$liak$^{3}$tek$^{3}$li$^{35}$uɔit$^{5}$io$^{0}$". ④很灵活：我孙子一辆箇个欸细人子坐个车子啊，渠骑起～呀，溜溜转呐。ŋai$^{13}$sən$^{35}$tsɿ$^{0}$iet$^{3}$liɔŋ$^{21}_{44}$kai$^{53}_{44}$ke$^{53}_{44}$e$_{21}$sei$^{53}$ɲin$^{13}_{44}$tsɿ$^{0}$ts$^{h}$o$^{35}$ke$^{53}$tʂ$^{h}$a$^{35}$tsɿ$^{0}$a$^{0}$,ci$^{13}_{21}$c$^{h}$i$^{13}$çi$^{21}_{44}$li$^{35}$uɔit$^{5}$ia$^{0}$,liəu$^{35}$liəu$^{35}_{53}$tʂuən$^{53}$na$^{0}$.

【勵尖】li$^{35}$tsian$^{35}$ 名很尖：箇张刀欸渠就张箇尖刀嘞，～个嘞。kai$^{53}_{44}$tʂɔŋ$^{35}_{44}$tau$^{35}$ei$^{0}$ci$^{13}_{21}$ts$^{h}$iəu$^{53}$tʂɔŋ$^{35}$kai$^{53}_{44}$tsian$^{35}$tau$^{35}_{44}$lei$^{0}$,li$^{35}$tsian$^{35}$ke$^{53}$lei$^{0}$.

【勵胖】li$^{35}$p$^{h}$ɔŋ$^{53}$ 形状态词。（人）很胖：箇只细子啊硬畜起～哈。kai$^{53}$tʂak$^{3}$se$^{53}$tsɿ$^{0}$a$^{0}$ɲiaŋ$^{53}$çiəuk$^{3}$çi$^{21}$li$^{35}$p$^{h}$ɔŋ$^{53}$xa$^{0}$.

【勵圆】li$^{35}$ien$^{13}$ 很圆，又称“溜圆”：画得～ fa$^{53}$tek$^{3}$li$^{35}$ien$^{13}_{21}$｜磨子黄蒲～呶。mo$^{53}$tsɿ$^{0}$uɔŋ$^{13}$p$^{h}$u$^{13}$li$^{35}$ien$^{13}$nau$^{0}$.｜（棋子糕）一般都系～子个。iet$^{3}$pən$^{35}$təu$^{35}_{44}$xei$^{53}_{44}$li$^{35}$ien$^{13}$tsɿ$^{0}$ke$^{53}$.

【勵壮】li$^{35}$tsɔŋ$^{53}$ 形①（人）很肥胖：箇个人呐，～啊。kai$^{53}_{44}$ke$^{53}_{44}$ɲin$^{13}$na$^{0}$,li$^{35}$tsɔŋ$^{53}$ŋa$^{0}$. ②（动物）很肥：箇个指青虫子～一条条。kai$^{53}_{44}$ke$^{53}_{44}$li$^{35}$tsɔŋ$^{53}$iet$^{3}$t$^{h}$iau$^{13}_{21}$t$^{h}$iau$^{13}_{44}$. ③（东西）比较粗大：米筒瓜子嘞就系短短子，～子。mi$^{21}$t$^{h}$əŋ$^{13}$kua$^{35}_{44}$tsɿ$^{0}$lei$^{0}$ts$^{h}$iəu$^{53}_{44}$xe$^{53}_{44}$tɔn$^{21}_{35}$tɔn$^{21}$tsɿ$^{0}$,li$^{35}$tsɔŋ$^{53}$tsɿ$^{0}$.｜你看下子看呐箇球包粟啊～子，真好。包粟啊，事实上系有兜刮瘦丁啱大子个，系唔系？ɲi$^{13}_{21}$k$^{h}$ɔn$^{53}_{44}$xa$^{53}_{44}$tsɿ$^{0}$k$^{h}$ɔn$^{53}_{44}$na$^{0}$kai$^{53}$c$^{h}$iəu$^{13}_{21}$pau$^{35}$siəuk$^{3}$a$^{0}$li$^{35}$tsɔŋ$^{53}$tsɿ$^{0}$,tʂən$^{35}$xau$^{21}$.pau$^{35}$siəuk$^{3}$a$^{0}$,sɿ$^{53}$ʂət$^{5}$xɔŋ$^{53}$xei$^{53}$iəu$^{35}$te$^{35}_{53}$kuait$^{5}$sei$^{53}$tin$^{53}$ŋait$^{3}$t$^{h}$ai$^{53}$tsɿ$^{0}$ke$^{0}$,xei$^{53}$me$^{53}$?

【擂】li$^{13}$ 动①（用擂钵）研磨：好，放嘞去～。xau$^{21}$,fɔŋ$^{53}$lei$^{0}$çi$^{53}$li$^{13}$. ②转动拳头并击打：箇细人子啊就喜欢拿倒拳头子来～别人家。如今我等箇只孙子就喜欢拿只拳头来～，～，欸。我爱渠同我捶下子背囊渠就唔搞嘞。kai$^{53}_{44}$sei$^{53}$ɲin$^{13}_{21}$tsa$^{0}$tsiəu$^{53}_{44}$çi$^{21}$fɔn$^{35}_{44}$la$^{53}$(t)au$^{21}$c$^{h}$ien$^{13}$t$^{h}$ei$^{13}_{21}$tsɿ$^{0}$lɔi$^{13}_{21}$li$^{13}$p$^{h}$iet$^{5}$in$^{13}_{21}$ka$^{35}_{53}$.i$^{13}_{21}$cin$^{35}_{53}$ŋai$^{13}$tien$^{0}$kai$^{53}$(tʂ)ak$^{3}$sən$^{35}$tsɿ$^{0}$ts$^{h}$iəu$^{53}_{44}$çi$^{21}$fɔn$^{35}_{44}$la$^{53}$(tʂ)ak$^{3}$c$^{h}$ien$^{13}$t$^{h}$ei$^{13}_{44}$lɔi$^{13}_{21}$li$^{13}$,li$^{13}$,e$_{21}$.ŋai$^{13}$ɔi$^{53}$ci$^{13}_{44}$t$^{h}$əŋ$^{13}_{44}$ŋai$^{13}_{44}$tʂ$^{h}$ei$^{13}$xa$^{53}_{44}$tsɿ$^{0}$pɔi$^{53}$lɔŋ$^{13}_{21}$ci$^{13}_{21}$tsiəu$^{53}$n̩$^{13}$kau$^{21}$lei$^{0}$.

【擂钵】li$^{13}$pait$^{3}$ 名研碎物品的钵子：～嘞渠就欸箇肚里吵，就唔系光滑个，□粗个。箇故意搞倒箇个壁上噢，搞倒有咁个欸粗糙个，故意搞倒粗糙。渠就更易得欸摩擦大吵。就话别人家箇个面呐，面□粗啊，你个，你箇只面像～样啊。～样。如今还咁子讲嘞。箇细人子有滴时候箇面上舞倒欸□粗啊，箇面上唔光滑个时候子，你箇个你箇只面上～样啊。li$^{13}$pait$^{3}$lei$^{0}$ci$^{13}_{21}$ts$^{h}$iəu$^{53}_{44}$e$_{21}$kai$^{53}$təu$^{21}$li$^{0}$ʂa$^{0}$,ts$^{h}$iəu$^{53}$m̩$^{13}$p$^{h}$e$_{44}$(←xe$^{53}$)kɔŋ$^{35}$uait$^{5}_{3}$ke$^{53}$,c$^{h}$iak$^{5}$ts$^{h}$ɿ$^{35}$ke$^{53}_{21}$.kai$^{53}_{44}$ku$^{53}$i$^{53}$kau$^{21}$tau$^{21}$kai$^{53}$ke$^{53}_{44}$piak$^{3}$xɔŋ$^{53}$ŋa$^{0}$,kau$^{21}$tau$^{21}$iəu$^{35}_{44}$kan$^{21}$kei$^{53}_{44}$e$_{21}$ts$^{h}$əu$^{35}$ts$^{h}$au$^{53}$ke$^{53}_{21}$,ku$^{53}$i$^{53}_{44}$kau$^{21}$tau$^{21}$ts$^{h}$əu$^{35}$ts$^{h}$au$^{53}$.ci$^{13}$ts$^{h}$iəu$^{53}_{44}$cien$^{53}_{44}$i$^{53}$tek$^{3}$e$_{21}$mo$^{13}$ts$^{h}$ait$^{3}$t$^{h}$ai$^{53}_{44}$ʂa$^{0}$.ts$^{h}$iəu$^{53}_{44}$ua$^{53}$p$^{h}$iet$^{5}$in$^{13}_{44}$ka$^{35}_{44}$kai$^{53}_{44}$ke$^{53}_{44}$mien$^{53}$na$^{0}$,mien$^{53}$c$^{h}$iak$^{3}$ts$^{h}$ɿ$^{35}$a$^{0}$, ɲi$^{13}$ke$^{53}_{44}$, ɲi$^{13}$kai$^{53}$tʂak$^{3}$mien$^{53}$siaŋ$^{53}_{44}$li$^{13}$pait$^{3}$iɔŋ$^{53}_{44}$ŋa$^{0}$.li$^{13}$pait$^{3}$iɔŋ$^{53}$.i$^{13}_{21}$cin$^{35}_{44}$xai$^{13}_{44}$kan$^{21}_{44}$tsɿ$^{0}$kɔŋ$^{21}$lei$^{0}$.kai$^{53}_{44}$sei$^{53}$ɲin$^{13}_{21}$tsɿ$^{0}$iəu$^{35}$tet$^{5}$ʂɿ$^{13}_{21}$xei$^{53}_{44}$kai$^{53}_{44}$mien$^{53}$xɔŋ$^{53}_{44}$u$^{21}$tau$^{21}$e$_{21}$c$^{h}$iak$^{5}$ts$^{h}$ɿ$^{35}$a$^{0}$,kai$^{53}_{44}$mien$^{53}$ʂaŋ$^{53}_{21}$n̩$^{13}$kɔŋ$^{35}$uait$^{5}_{3}$ke$^{53}_{44}$ʂɿ$^{13}$xei$^{53}_{44}$tsɿ$^{0}$, ɲi$^{13}_{21}$kai$^{53}_{44}$kei$^{53}_{21}$ɲi$^{13}$kai$^{53}_{44}$tʂak$^{3}$mien$^{53}$xɔŋ$^{53}_{44}$li$^{13}$pait$^{3}$iɔŋ$^{53}$ŋa$^{0}$.

【擂槌】li$^{13}$tʂ$^{h}$ei$^{13}$ 名棒槌；捶打用的木棒：树做个槌子。/系，木头做个就有喊～哟。以个正话写哩啊。欸，～呀，芒槌呀。ʂəu$^{53}$tso$^{53}_{44}$ke$^{53}_{44}$tʂ$^{h}$ei$^{13}$tsɿ$^{0}$./xe$^{53}_{44}$,muk$^{3}$t$^{h}$əu$^{13}$tso$^{53}_{44}$ke$^{53}_{44}$tsiəu$^{53}_{44}$iəu$^{35}_{44}$xan$^{53}_{44}$li$^{13}$tʂ$^{h}$ei$^{13}$iau$^{0}$.i$^{21}$ke$^{53}_{21}$tʂaŋ$^{53}_{44}$ua$^{53}_{44}$sia$^{21}$lia$^{0}$.e$_{44}$,li$^{13}$tʂ$^{h}$ei$^{13}$ia$^{0}$,mɔŋ$^{13}$tʂ$^{h}$ei$^{13}$ia$^{0}$.

【櫑$_{1}$】li$^{53}$ 名用来给藤本作物引蔓的树棍、竹枝、竹尾等：钉只～ taŋ$^{35}$tʂak$^{3}$li$^{53}$｜栽藤子植物就爱顿条箇个～呢，安做～，顿条～，分箇个分箇黄瓜啊豆角箇滴啦，就藉箇只～码稳上。tsɔi$^{35}$t$^{h}$ien$^{13}$tsɿ$^{0}$tʂ$^{h}$ət$^{5}$uk$^{5}$ts$^{h}$iəu$^{53}_{44}$ɔi$^{53}_{44}$tən$^{53}$t$^{h}$iau$^{13}_{44}$kai$^{53}_{44}$ke$^{53}_{44}$li$^{53}$nei$^{0}$,ɔn$^{35}_{44}$tso$^{53}_{44}$li$^{53}$,tən$^{53}$t$^{h}$iau$^{13}_{21}$li$^{53}$,pən$^{35}$kai$^{53}_{44}$ke$^{53}_{44}$pən$^{35}$kai$^{53}_{44}$uɔŋ$^{13}$kua$^{35}$a$^{0}$t$^{h}$ei$^{53}$kɔk$^{3}$kai$^{53}_{44}$tiet$^{5}$la$^{0}$,ts$^{h}$iəu$^{53}_{44}$tʂa$^{53}$kai$^{53}_{44}$tʂak$^{3}$li$^{53}$ma$^{53}$uən$^{21}$ʂɔŋ$^{35}$.

【櫑$_{2}$】li$^{53}$ 动用树棍、竹枝、竹尾等给藤本作物引蔓或支撑其他作物避免其倒伏：～菜嘞就系欸像豆角，苦瓜，欸，豆角啊，苦瓜啊，么个彭眉豆箇兜咁个，渠个藤子啊，系唔系？渠个渠有藤吵，箇藤上结吵。箇藤就比较欸爱舞只咁个东西～起来，使渠伸往上面长，莫长下地泥下去，使渠往上面长嘞，箇就舞只～个，舞条棍呐，或者就舞只竹也去～起来，就咁个。

舞条棍，有兜就插条棍，渠就码倒箇条棍。箇个么个凉薯哇，系唔系？箇个脚板薯哇，有起脚板薯你看得吗？系啊？特别脚板薯，就插条棍，插条篾筵也做得，插条树棍也做得，箇脚板薯个苗就往上面长。还有木耳菜唠也系唠。欸苗比较长个。li$^{53}$tsʰɔi$^{53}$lei$^{0}$ tsʰiəu$^{53}$xei$^{53}$e$_{21}$tsʰiɔŋ$^{53}_{44}$ tʰei$^{53}$kɔk$^{3}$,fu$^{21}$kua$^{35}$,e$_{21}$,tʰei$^{53}$kɔk$^{3}$ a$^{0}$,fu$^{21}$kua$^{35}$a$^{0}$,mak$^{3}$ ke$^{0}$ pʰaŋ$^{13}$pi$^{13}$tʰei$^{53}$kai$^{53}_{44}$təu$^{35}_{44}$kan$^{21}$cie$^{53}_{44}$,ci$^{13}$kei$^{53}_{44}$tʰien$^{13}$tsɿ$^{0}$ a$^{0}$,xei$^{53}_{44}$mei$^{53}_{44}$?ci$^{13}$kei$^{53}$ci$^{13}_{21}$iəu$^{35}$tʰien$^{13}$ʂa$^{0}$,kai$^{53}$tʰien$^{13}$xɔŋ$^{53}$ciet$^{3}$ ʂa$^{0}$.kai$^{53}$tʰien$^{13}$tsʰiəu$^{53}$pi$^{21}$ciau$^{53}$e$_{21}$ɔi$^{53}$u$^{21}$tʂak$^{3}$ kan$^{21}$ke$^{53}$təŋ$^{35}$si$^{0}$ li$^{53}$çi$^{21}$lɔi$^{13}_{21}$,ʂʅ$^{21}$ci$^{13}_{44}$ʂən$^{35}$uɔŋ$^{21}$ʂɔŋ$^{53}$mien$^{53}$tʂɔŋ$^{21}$,mɔk$^{5}$ tʂɔŋ$^{21}$(x)a$^{53}_{44}$tʰi$^{53}$lai$^{13}_{21}$xa$^{35}$çi$^{53}$,ʂʅ$^{21}$ci$^{13}_{44}$uɔŋ$^{21}$ ʂɔŋ$^{53}$mien$^{53}$tʂɔŋ$^{21}$lei$^{0}$,kai$^{53}_{44}$tsʰiəu$^{53}_{44}$u$^{21}$tʂak$^{3}$ li$^{53}$ke$^{0}$,u$^{21}$tʰiau$^{13}$kuən$^{53}$na$^{0}$,xɔit$^{5}$ tʂa$^{21}$tsʰiəu$^{53}$u$^{21}$tʂak$^{3}$ tʂəuk$^{3}$ a$^{35}$çi$^{53}_{44}$li$^{53}$ çi$^{21}$lɔi$^{13}_{21}$,tsiəu$^{53}$kan$^{21}$cie$^{53}$.u$^{21}$tʰiau$^{13}$kuən$^{53}$,iəu$^{35}$tei$^{35}_{53}$tsʰiəu$^{53}_{44}$tsʰait$^{3}$ tʰiau$^{13}$kuən$^{53}$,ci$^{13}_{21}$tsʰiəu$^{53}_{44}$ma$^{53}$tau$^{21}$kai$^{53}_{44}$tʰiau$^{13}_{21}$ kuən$^{53}$.kai$^{53}_{44}$kei$^{53}_{44}$mak$^{3}$ kei$^{53}_{44}$liɔŋ$^{13}$ʂəu$^{13}$ua$^{0}$,xei$^{53}_{44}$me$^{53}_{44}$?kai$^{53}$ke$^{53}$ciɔk$^{3}$ pan$^{21}$ʂəu$^{13}$ua$^{0}$,iəu$^{35}$çi$^{21}_{44}$ciɔk$^{3}$ pan$^{21}$ʂəu$^{13}$ɲi$^{13}$ kʰɔn$^{53}$tek$^{3}$ ma$^{0}$?xei$^{53}$a$^{0}$?tʰet$^{5}$ pʰiet$^{5}$ ciɔk$^{3}$ pan$^{21}$ʂəu$^{13}_{44}$,tsiəu$^{53}_{44}$tsʰait$^{3}$ tʰiau$^{13}$kuən$^{53}$,tsʰait$^{3}$ tʰiau$^{13}$miet$^{5}$ sak$^{3}$ a$^{35}_{53}$tso$^{53}$ tek$^{3}$,tsʰait$^{3}$ tʰiau$^{13}$ʂəu$^{53}$kuən$^{53}_{44}$a$^{35}_{44}$tso$^{53}$tek$^{3}$,kai$^{53}$ciɔk$^{3}$ pan$^{21}$ʂəu$^{13}_{44}$ke$^{53}_{44}$miau$^{13}$tsʰiəu$^{53}_{44}$uɔŋ$^{21}$ʂɔŋ$^{53}$mien$^{53}$tʂɔŋ$^{21}$.xai$^{13}_{21}$ iəu$^{35}_{53}$muk$^{3}$ ɲi$^{21}$tsʰɔi$^{53}$lau$^{0}$ ia$^{35}$xei$^{53}$lau$^{0}$.ei$_{44}$miau$^{13}$pi$^{21}$ciau$^{53}$tʂʰɔŋ$^{13}$ke$^{0}$.

【檑菜】li$^{53}$tsʰɔi$^{53}$ [名]藤本作物：～嘞就区别于茄子辣椒箇个，就你话藤本植物就安做～。li$^{53}$ tsʰɔi$^{53}_{44}$lei$^{0}$ tsʰiəu$^{53}_{44}$tʂʰʮ$^{35}$pʰiet$^{5}$ ʮ$^{13}_{21}$cʰio$^{13}$tsɿ$^{0}$ lait$^{5}$ tsiau$^{35}_{44}$kai$^{53}_{21}$ke$^{53}_{21}$,tsəu$^{53}_{44}$ɲi$^{13}_{44}$ua$^{53}_{44}$tʰien$^{13}$pən$^{21}$tʂʰət$^{5}$ uk$^{5}$ tsʰiəu$^{53}_{44}$ɔn$^{35}_{44}$ tso$^{53}_{44}$li$^{53}$tsʰɔi$^{53}_{44}$.

【肋骨】let$^{3}$ kuət$^{3}$ [名]人或高等动物胸壁两侧弓形的扁骨：箇个跌倒哩个人呐，最容易箇～受伤。～咯唔知让门咁唔经撞，撞下子就断咁哩。kai$^{53}$ke$^{53}$tet$^{3}$ tau$^{21}$li$^{0}$ ke$^{53}$ɲin$^{13}_{21}$na$^{0}$,tsei$^{53}$iəŋ$^{13}$i$^{53}$kai$^{53}$let$^{3}$ kuət$^{3}$ ʂəu$^{53}$ʂɔŋ$^{35}$.let$^{3}$ kuət$^{3}$ ko$^{0}$ n̩$^{13}$ti$^{35}_{53}$ɲiɔŋ$^{53}$mən$^{13}_{53}$kan$^{21}$n̩$^{13}$cin$^{35}$tsʰɔŋ$^{53}$,tsʰɔŋ$^{53}$xa$^{53}_{44}$tsɿ$^{0}$ tsʰiəu$^{53}$tʰɔn$^{35}$kan$^{21}$ni$^{0}$.

【肋色骨】let$^{3}$ sek$^{3}$ kuət$^{3}$ [名]肋骨：系，箇有只么人呐，欸，头到有只人呐，一只后生人呢，妹子人呢，欸骑摩托车骑都𫍽骑，一跤跌哩，就跌断一条～。骑都𫍽让门骑呢，爬上去呢，就一跤跌哩，硬跌断哩一只～。xe$^{53}_{44}$,kai$^{53}$iəu$^{35}$tʂak$^{3}$ mak$^{3}$ ɲin$^{13}_{21}$na$^{0}$,e$_{21}$,tʰei$^{13}_{21}$tau$^{53}_{44}$iəu$^{35}$tʂak$^{3}$ ɲin$^{13}_{21}$na$^{0}$,iet$^{3}$ tʂak$^{3}$ xei$^{53}$saŋ$^{35}_{44}$ɲin$^{13}_{21}$nei$^{0}$,mɔi$^{53}$tsɿ$^{0}$ ɲin$^{13}$nei$^{0}$,e$^{0}$ cʰi$^{13}_{21}$mo$^{13}_{21}$tʰɔk$^{3}$ tʂʰa$^{35}$cʰi$^{13}$təu$^{35}_{53}$maŋ$^{13}_{44}$cʰi$^{13}_{44}$,iet$^{3}$ kau$^{35}$tet$^{3}$ li$^{0}$,tsʰiəu$^{53}$ tet$^{3}$ tʰɔn$^{35}$(i)et$^{3}$ tʰiau$^{13}_{21}$let$^{3}$ sek$^{3}$ kuət$^{3}$.cʰi$^{13}$təu$^{35}_{53}$maŋ$^{13}$ɲiɔŋ$^{53}$mən$^{13}_{44}$cʰi$^{13}$nei$^{0}$,pʰa$^{13}$ʂɔŋ$^{53}$çi$^{53}$nei$^{0}$,tsʰiəu$^{53}$iet$^{3}$ kau$^{35}_{53}$ tet$^{3}$ li$^{0}$, ɲiaŋ$^{53}$tet$^{3}$ tʰɔn$^{35}$ni$^{0}$ iet$^{3}$ tʂak$^{3}$ let$^{3}$ sek$^{3}$ kuət$^{3}$.

【累$_{1}$】li$^{53}$ [形]劳累：～死人 li$^{53}$si$^{21}$ɲin$^{13}$ | ～死哩 li$^{53}$si$^{21}$li$^{0}$

【累$_{2}$】li$^{53}$ [动]让人辛苦，用于表示慰问：～得你！li$^{53}$tek$^{3}$ɲi$^{13}$!

【累人】li$^{53}$ɲin$^{13}$ [形]使人感到劳累；辛苦：只有正先讲鱼子我就蛮～，硬唔懂。以只东西我有得咁～。我更了解呀，渠更懂啊。tʂʅ$^{21}$iəu$^{35}$tʂaŋ$^{53}$sien$^{35}_{44}$kɔŋ$^{21}$ŋ̍$^{13}$tsɿ$^{0}$ ŋai$^{13}$tsʰiəu$^{53}$man$^{13}$li$^{53}$ɲin$^{13}_{21}$, ɲiaŋ$^{53}_{44}$n̩$^{13}$ təŋ$^{21}$.i$^{21}$tʂak$^{3}$ təŋ$^{35}_{44}$si$^{0}$ ŋai$^{13}_{21}$mau$^{13}_{21}$tek$^{3}$ kan$^{21}$li$^{53}$ɲin$^{13}$.ŋai$^{13}$cien$^{53}$liau$^{21}$kai$^{21}$ia$^{0}$,ci$^{13}_{21}$cien$^{53}$təŋ$^{21}$ŋa$^{0}$.

【嘞$_{1}$】le$^{0}$ [助]①放在句中，表示停顿：哎夜了～你就唔得问渠到哪映去。ai$_{44}$ia$^{53}$liau$^{0}$ le$^{0}$ɲi$^{13}$ tsʰiəu$^{53}$n̩$^{13}$tek$^{3}$ uən$^{53}$ci$^{13}_{21}$tau$^{53}$lai$^{53}_{44}$iaŋ$^{53}_{44}$çi$^{53}$. | 好，以映子～，面前冇得墙，以映也冇得墙。xau$^{21}$,i$^{21}$ iaŋ$^{53}$tsɿ$^{0}$ lei$^{0}$,mien$^{53}$tsʰien$^{13}_{21}$mau$^{13}$tek$^{3}$ tsʰiɔŋ$^{13}$,i$^{21}$iaŋ$^{53}$ŋa$_{53}$(←ia$^{35}$)mau$^{13}_{21}$tek$^{3}$ tsʰiɔŋ$^{13}$. ②放在陈述句末，表示确认事实，使对方信服：箇以只东西蛮重要嘞。kai$^{53}_{44}$i$^{21}$iak$^{3}$(←tʂak$^{3}$)təŋ$^{35}_{44}$si$^{0}$ man$^{13}$tʂʰəŋ$^{53}$iau$^{53}$lei$^{0}$. ③放在疑问句末，表示提醒和深究的语气，相当于"呢"：同时白米饭还有只意义就系么个～？就比喻蛮好个生活。tʰəŋ$^{13}_{21}$ʂʅ$^{13}_{44}$pʰak$^{5}$ mi$^{21}$fan$^{53}$xai$^{13}_{21}$iəu$^{35}$tʂak$^{3}$ i$^{53}$ɲi$^{53}_{44}$tsʰiəu$^{53}_{44}$xei$^{53}_{44}$mak$^{3}$ (k)e$^{53}_{44}$ le$^{0}$?tsiəu$^{53}_{44}$pi$^{21}$y$^{53}$man$^{13}$xau$^{21}$ke$^{53}$sien$^{35}$xɔit$^{5}$. | 放哩弹子吗～？肚里有弹子啊冇得～？fɔŋ$^{53}_{44}$li$^{0}$ tʰan$^{53}$tsɿ$^{0}$ ma$^{0}$ lei$^{0}$?təu$^{21}$li$^{0}$ iəu$^{35}$tʰan$^{53}$tsɿ$^{0}$ a$^{0}$ mau$^{13}_{21}$tek$^{3}$ lei$^{0}$? ④放在祈使句末，加强祈使语气：你肿饱下子～！ɲi$^{13}$tʂəŋ$^{21}$pau$^{21}$ua$^{53}$(←xa$^{53}$)tsɿ$^{0}$ lei$^{0}$!骂小孩子的话 ⑤放在感叹句末，加强感叹语气：嗬，箇真多话法哟！死嘿哩就真多话法～！xo$_{53}$,kai$^{53}_{44}$tʂən$^{35}$to$^{35}_{44}$ua$^{53}$fait$^{3}$ iau$^{0}$!si$^{21}$(x)ek$^{3}$ li$^{0}$ tsʰiəu$^{53}_{44}$tʂən$^{35}$to$^{35}_{44}$ua$^{53}$fait$^{3}$ le$^{0}$!

【嘞$_{2}$】lei$^{35}$ [叹]用于指示方向，提请注意：～，你箇光窗箇子就抄哩角。lei$^{35}$, ɲi$^{13}$kai$^{53}$kɔŋ$^{35}$ tsʰəŋ$^{35}$kai$^{53}_{21}$tsɿ$^{0}$ tsʰiəu$^{53}_{44}$tsʰau$^{35}$li$^{0}$ kɔk$^{3}$. | ～，就同以只东西样个。lei$^{35}$,tsʰiəu$^{53}$tʰəŋ$^{13}_{21}$i$^{21}$tʂak$^{3}$ təŋ$^{35}$si$^{0}$ iɔŋ$^{53}_{44}$ ke$^{53}_{44}$.

【楞】laŋ$^{53}$ [名]因刨铁上有缺口而在刨出的物体表面产生的线状凸起：因为刨铁是硬车光，泼眼个东西，渠正能够光张，刨出来个东西正能够平整。你只爱有滴子箇只栏场多用哩滴子，就安做现觅，慢呢刨倒箇个木板上就箇映就唔光滑，就现～安做，就会现～，渠有咁个栏场就高起来呀。渠箇只锋就倒咁哩，系唔系？箇只栏场就现滴子缺子啊，但是刨板子个时候子，刨下去，你现滴子缺个栏场渠就有条～就咁子就刮嘿出来。in$^{35}_{44}$uei$^{53}_{44}$pʰau$^{13}$tʰiet$^{3}$ ʂʅ$^{53}_{44}$ɲiaŋ$^{53}$tʂʰe$^{35}$ kɔŋ$^{35}_{53}$,pʰait$^{5}$ lɔŋ$^{53}$ke$^{0}$ təŋ$^{35}_{44}$si$^{0}$,ci$^{13}_{21}$tʂaŋ$^{53}$len$^{13}_{21}$ciau$^{53}$kɔŋ$^{35}$tʂɔŋ$^{35}$,pʰau$^{13}$tʂʰət$^{3}$ lɔi$^{13}_{21}$ke$^{0}$ təŋ$^{35}_{44}$si$^{0}$ tʂaŋ$^{53}$len$^{13}_{21}$ciau$^{53}$pʰiaŋ$^{13}$

tʂaŋ$^{21}$. ɲi$^{13}_{21}$tʂʅ$^{21}$ɔi$^{53}_{44}$iəu$^{35}$tiet$^{5}$tsɿ$^{0}$kai$^{53}$tʂak$^{3}$laŋ$^{13}_{44}$tʂ$^{h}$ɔŋ$^{13}_{21}$to$^{35}$iəŋ$^{53}$li$^{0}$tiet$^{5}$tsɿ$^{0}$,ts$^{h}$iəu$^{53}$ɔn$^{35}_{44}$tso$^{53}_{44}$çien$^{53}$kan$^{21}$,man$^{53}$ne$^{0}$p$^{h}$au$^{13}_{21}$tau$^{21}$kai$^{53}$ke$^{53}$muk$^{3}$pan$^{21}$xɔŋ$^{53}$ts$^{h}$iəu$^{53}$kai$^{53}$iaŋ$^{53}$ts$^{h}$iəu$^{53}$n̩$^{13}_{21}$kɔŋ$^{35}$uait$^{5}$,ts$^{h}$iəu$^{53}_{44}$çien$^{53}_{44}$laŋ$^{53}$ɔn$^{35}$tso$^{53}_{44}$,ts$^{h}$iəu$^{53}_{44}$uɔi$^{53}_{44}$çien$^{53}_{44}$laŋ$^{53}$,ci$^{13}_{21}$iəu$^{35}_{53}$kan$^{21}$ke$^{53}$laŋ$^{13}_{44}$tʂ$^{h}$ɔŋ$^{13}_{44}$ts$^{h}$iəu$^{53}_{44}$kau$^{35}$çi$^{21}$lɔi$^{13}$ia$^{0}$.ci$^{13}_{21}$kai$^{53}$tʂak$^{3}$fəŋ$^{35}$ts$^{h}$iəu$^{53}$tau$^{21}$kan$^{21}$ni$^{0}$,xei$^{53}$me$^{53}$?kai$^{53}$tʂak$^{3}$laŋ$^{13}_{21}$tʂ$^{h}$ɔŋ$^{13}_{21}$ts$^{h}$iəu$^{53}$çien$^{53}_{44}$tiet$^{5}$tsɿ$^{0}$c$^{h}$iet$^{3}$tsɿ$^{0}$a$^{0}$,tan$^{53}$ʂʅ$^{53}$p$^{h}$au$^{13}$pan$^{21}$tsɿ$^{0}$ke$^{0}$ʂʅ$^{13}_{44}$xəu$^{53}_{44}$tsɿ$^{0}$,p$^{h}$au$^{13}$ua$^{53}_{44}$çi$^{53}_{44}$, ɲi$^{13}$çien$^{53}_{44}$tiet$^{5}$tsɿ$^{0}$c$^{h}$iet$^{3}$ke$^{53}$laŋ$^{13}_{44}$tʂ$^{h}$ɔŋ$^{13}_{44}$ci$^{13}_{21}$ts$^{h}$iəu$^{53}$iəu$^{35}_{44}$t$^{h}$iau$^{13}_{21}$laŋ$^{53}$ts$^{h}$iəu$^{53}$kan$^{21}$tsɿ$^{0}$ts$^{h}$iəu$^{53}$kuait$^{3}$liek$^{3}$tʂ$^{h}$ət$^{3}$lɔi$^{0}$.

**【冷$_{1}$】** laŋ$^{35}$ 形温度低；寒凉：我等一般都唔喜欢泡茶食，喜欢食～开水。ŋai$^{13}$tien$^{0}$iet$^{3}$pɔn$^{35}$təu$^{35}_{44}$n̩$^{13}_{21}$çi$^{21}$fɔn$^{35}_{44}$p$^{h}$au$^{53}$ts$^{h}$a$^{13}$ʂət$^{5}$,çi$^{21}$fɔn$^{35}_{44}$ʂət$^{5}$laŋ$^{35}$k$^{h}$ɔi$^{35}_{44}$ʂei$^{21}_{44}$.｜（米酒）食～个就惹寒，食哩会感冒。ʂət$^{5}$laŋ$^{35}$ke$^{53}_{44}$ts$^{h}$iəu$^{53}_{44}$ɲia$^{35}$xɔn$^{13}$,ʂət$^{5}$li$^{0}$uɔi$^{53}_{44}$kɔn$^{21}$mau$^{53}$.｜欸，我等热天就食～菜还冇事渠更冇事更冇咁热人。热天食～菜冇么个问题。e$_{21}$,ŋai$^{13}$tien$^{0}$ɲiet$^{5}$t$^{h}$ien$^{35}_{44}$ts$^{h}$iəu$^{53}$ʂət$^{5}$laŋ$^{35}$ts$^{h}$ɔi$^{53}$xai$^{13}_{21}$mau$^{13}$sɿ$^{53}$ci$^{13}_{21}$cien$^{53}$mau$^{13}_{21}$sɿ$^{53}$cien$^{53}$mau$^{13}_{21}$kan$^{21}$ɲiet$^{5}$ɲin$^{13}_{21}$. ɲiet$^{5}$t$^{h}$ien$^{35}_{44}$ʂət$^{5}$laŋ$^{35}$ts$^{h}$ɔi$^{53}$mau$^{13}_{21}$mak$^{3}$e$^{0}$uən$^{53}$t$^{h}$i$^{13}_{44}$.

**【冷$_{2}$】** laŋ$^{35}$ 动①冷却；温度变低：我等以映有么人用饭桶。渠会～啊。ŋai$^{13}_{21}$tien$^{0}$i$^{21}_{44}$iaŋ$^{53}_{44}$mau$^{13}_{21}$mak$^{3}$in$^{13}_{44}$iəŋ$^{53}$fan$^{53}$t$^{h}$əŋ$^{21}$.ci$^{13}$uɔi$^{53}$laŋ$^{35}$ŋa$^{0}$.｜冷天～起来啊，分四边个门关得煞煞子啊。laŋ$^{35}$t$^{h}$ien$^{35}_{21}$laŋ$^{35}$çi$^{21}$lɔi$^{13}_{44}$a$^{0}$,pən$^{35}$si$^{53}$pien$^{35}_{44}$ke$^{53}_{44}$mən$^{13}$kuan$^{35}$tek$^{3}$sait$^{3}$sait$^{3}$tsa$^{0}$. ②着凉，招受凉气而发烧、感冒：～倒哩。laŋ$^{35}$tau$^{21}$li$^{0}$.

**【冷饭】** laŋ$^{35}$fan$^{53}$ ①指放凉了的饭：蒸熟哩个饭放久哩或者过哩餐就成哩～。tʂən$^{35}$ʂəuk$^{5}$li$^{0}$ke$^{53}_{44}$fan$^{53}$fɔŋ$^{53}$ciəu$^{21}$li$^{0}$xɔit$^{5}$tʂa$^{21}$ko$^{53}$li$^{0}$ts$^{h}$ɔn$^{35}$tsiəu$^{53}_{44}$ʂaŋ$^{13}_{21}$li$^{0}$laŋ$^{35}$fan$^{53}$. ②指人家不要的饭：“你去捡～食啦！”叫花子就捡～食，就别人家唔爱哩个饭，嗯，也安做～。捡～食也就系欸被别人家瞧唔起样。你只好捡～食。"ɲi$^{13}$çi$^{53}$cian$^{21}$laŋ$^{35}$fan$^{53}$ʂət$^{5}$la$^{0}$!"kau$^{53}$fa$^{53}$tsɿ$^{0}$ts$^{h}$iəu$^{53}$cian$^{21}$laŋ$^{35}$fan$^{53}$ʂət$^{5}$,ts$^{h}$iəu$^{53}_{44}$p$^{h}$iet$^{5}$in$^{13}_{21}$ka$^{35}_{53}$m̩$^{13}_{21}$mɔi$^{53}_{35}$li$^{0}$ke$^{53}_{44}$fan$^{53}$,n̩$_{21}$,ia$^{35}$ɔn$^{35}_{44}$tso$^{53}_{44}$laŋ$^{35}$fan$^{53}$.cian$^{21}$laŋ$^{35}$fan$^{53}$ʂət$^{5}$ia$^{35}$ts$^{h}$iəu$^{53}$xei$^{53}$e$_{21}$p$^{h}$ei$^{53}_{44}$p$^{h}$iet$^{5}$in$^{13}_{44}$ka$^{35}_{53}$ts$^{h}$iau$^{13}_{44}$n̩$^{13}_{44}$çi$^{21}$iɔŋ$^{53}$. ɲi$^{13}$tʂʅ$^{21}$xau$^{21}$cian$^{21}$laŋ$^{35}$fan$^{53}$ʂət$^{5}$.

**【冷冷蓬蓬】** laŋ$^{35}$laŋ$^{35}_{44}$p$^{h}$aŋ$^{13}$p$^{h}$aŋ$^{13}$ 形形容非常冷清凄惨：死哩人硬爱爱敲锣打鼓哇，系唔系？但是渠箇映子么个都冇得，～。si$^{21}$li$^{0}$ɲin$^{13}$ɲiaŋ$^{53}$ɔi$^{53}_{44}$ɔi$^{53}$k$^{h}$au$^{35}$lo$^{13}_{21}$ta$^{21}$ku$^{21}$ua$^{0}$,xei$^{53}_{35}$me$^{53}_{44}$?tan$^{53}$ʂʅ$^{53}_{44}$ci$^{13}_{21}$kai$^{53}_{44}$iaŋ$^{53}_{44}$tsɿ$^{0}$mak$^{3}$ke$^{53}$təu$^{35}_{44}$mau$^{13}_{21}$tek$^{3}$,laŋ$^{35}$laŋ$^{35}_{44}$p$^{h}$aŋ$^{13}_{21}$p$^{h}$aŋ$^{13}$.

**【冷冷子】** laŋ$^{35}$laŋ$^{35}$tsɿ$^{0}$ 形凉貌：～个豆浆 laŋ$^{35}$laŋ$^{35}$tsɿ$^{0}$ke$^{53}_{44}$t$^{h}$ei$^{53}$tsiɔŋ$^{35}_{53}$

**【冷落$_{1}$】** laŋ$^{35}$lɔk$^{5}$ 形冷清：欸，我等箇只祠堂里啊，箇个搞活动个时候子就蛮热闹。箇平时是也蛮～哦。e$_{21}$,ŋai$^{13}$tien$^{0}$kai$^{53}$tʂak$^{3}$ts$^{h}$ɿ$^{13}$t$^{h}$ɔŋ$^{13}_{44}$li$^{0}$a$^{0}$,kai$^{53}_{44}$ke$^{53}_{44}$kau$^{21}$xɔit$^{5}$t$^{h}$əŋ$^{53}_{44}$ke$^{53}_{44}$ʂʅ$^{13}_{44}$xei$^{53}_{44}$tsɿ$^{0}$ts$^{h}$iəu$^{53}_{44}$man$^{13}$ɲiet$^{5}$lau$^{53}$.kai$^{53}$p$^{h}$in$^{13}$ʂʅ$^{13}_{44}$ʂʅ$^{53}_{44}$ia$^{35}_{53}$man$^{13}_{21}$laŋ$^{35}$lɔk$^{5}$o$^{0}$.

**【冷落$_{2}$】** laŋ$^{35}$lɔk$^{5}$ 动冷待：老人家啊，有人工是硬多陪渠等嬲下子，硬莫～哩渠等人，莫～哩渠。lau$^{21}$ɲin$^{13}$ka$^{35}_{44}$a$^{0}$,iəu$^{35}$ɲin$^{13}$kəŋ$^{35}_{44}$ʂʅ$^{53}_{44}$ɲiaŋ$^{53}_{44}$to$^{35}$p$^{h}$ei$^{13}_{21}$ci$^{13}_{21}$tien$^{0}$liau$^{53}$(x)a$^{53}_{21}$tsɿ$^{0}$, ɲiaŋ$^{53}$mɔk$^{5}$laŋ$^{35}$lɔk$^{5}$li$^{0}$ci$^{13}_{21}$tien$^{0}$ɲin$^{13}_{44}$,mɔk$^{5}$laŋ$^{35}$lɔk$^{5}$li$^{0}$ci$^{13}_{21}$.

**【冷屁绰绰】** laŋ$^{35}$p$^{h}$i$^{53}$tʂ$^{h}$ɔk$^{5}$tʂ$^{h}$ɔk$^{5}$ 形容冷冷清清、无声无息：今年修铁路个啊二月正开工。首先是也落水，落尾嘞以下……一方面就落水，做唔得，正月尽落水。第二方面呢就系斢哩老板欸斢哩工程队呀，重新斢只工程队，欸，重新来组织人箇兜。二月么个时候子哦？二月底啊阴历三月了正开哟，正正式开工啊。硬～哩哦，箇几个月都～哩。cin$^{35}_{44}$ɲien$^{13}_{21}$siəu$^{35}$t$^{h}$iet$^{3}$ləu$^{53}$ke$^{53}$a$^{0}$ɲi$^{53}$ɲiet$^{5}$tʂaŋ$^{53}_{21}$k$^{h}$ɔi$^{35}$kəŋ$^{35}$.ʂəu$^{21}$sien$^{35}_{44}$ʂʅ$^{53}_{44}$ia$^{35}$lɔk$^{5}$ʂei$^{21}$,lɔk$^{5}$mi$^{35}_{53}$lei$^{0}$i$^{21}$xa$^{53}$…iet$^{3}$fɔŋ$^{35}$mien$^{53}_{44}$ts$^{h}$iəu$^{53}_{44}$lɔk$^{5}$ʂei$^{21}$,tso$^{53}$n̩$^{13}_{21}$tek$^{3}$,tʂ$^{h}$aŋ$^{35}$ɲiet$^{5}$ts$^{h}$in$^{53}$nɔk$^{5}$ʂei$^{21}$.t$^{h}$i$^{53}$ɲi$^{53}$xɔŋ$^{35}_{44}$mien$^{53}_{44}$ne$^{0}$ts$^{h}$iəu$^{53}$xei$^{53}$t$^{h}$iau$^{21}$li$^{0}$lau$^{21}$pan$^{21}$e$_{21}$t$^{h}$iau$^{21}$li$^{0}$kəŋ$^{35}$tʂ$^{h}$ən$^{13}_{21}$ti$^{53}$ia$^{0}$,tʂ$^{h}$əŋ$^{13}$sin$^{35}_{44}$t$^{h}$iau$^{21}$tʂak$^{3}$kəŋ$^{35}$tʂ$^{h}$ən$^{13}_{21}$ti$^{53}$,e$_{21}$,tʂ$^{h}$əŋ$^{13}$sin$^{35}_{44}$nɔi$^{13}_{21}$tsəu$^{21}$tʂət$^{3}$ɲin$^{13}$kai$^{53}_{44}$te$^{35}_{53}$. ɲi$^{53}$ɲiet$^{5}_{3}$mak$^{3}$e$^{0}$ʂʅ$^{13}_{21}$xei$^{53}_{44}$tsɿ$^{0}$o$^{0}$?ɲi$^{53}$ɲiet$^{5}_{3}$te$^{21}$a$^{0}$in$^{35}$liet$^{5}$san$^{35}$ɲiet$^{5}$liau$^{0}$tʂaŋ$^{53}_{44}$k$^{h}$ɔi$^{35}$io$^{0}$,tʂaŋ$^{53}_{44}$tʂən$^{53}$ʂʅ$^{53}$k$^{h}$ɔi$^{35}_{44}$kəŋ$^{35}$ŋa$^{0}$. ɲiaŋ$^{53}$laŋ$^{35}$p$^{h}$i$^{53}$tʂ$^{h}$ɔk$^{5}$tʂ$^{h}$ɔk$^{5}$li$^{0}$o$^{0}$,kai$^{53}_{44}$ci$^{21}$cie$^{53}$ɲiet$^{5}_{3}$təu$^{35}_{44}$laŋ$^{35}$p$^{h}$i$^{53}$tʂ$^{h}$ɔk$^{5}$tʂ$^{h}$ɔk$^{5}$li$^{0}$.

**【冷清】** laŋ$^{35}$ts$^{h}$in$^{53}$ 形冷清，少有人往：箇祠堂啊，高又咁高个屋，又咁～，系啊？kai$^{53}$ts$^{h}$ɿ$^{13}_{21}$t$^{h}$ɔŋ$^{13}_{44}$ŋa$^{0}$,kau$^{35}_{44}$iəu$^{53}$kan$^{21}$kau$^{35}_{44}$ke$^{53}$uk$^{3}$,iəu$^{53}$kan$^{21}$laŋ$^{35}$ts$^{h}$in$^{53}$,xei$^{53}$a$^{0}$?｜箇庙里真～。kai$^{53}$miau$^{53}$li$^{0}$tʂən$^{35}$laŋ$^{35}$ts$^{h}$in$^{53}$.

**【冷人】** laŋ$^{35}$ɲin$^{13}$ 动让人感觉冷：开空调嘞唔系就～。k$^{h}$ɔi$^{35}_{44}$k$^{h}$əŋ$^{35}$t$^{h}$iau$^{13}_{21}$le$^{0}$m̩$^{13}_{21}$p$^{h}$e$^{53}_{44}$ts$^{h}$iəu$^{53}_{44}$laŋ$^{35}$ɲin$^{13}_{21}$.

**【冷水】** laŋ$^{35}$ʂei$^{21}$ 名未经加热的水：加滴～去磨碎来吵，就豆浆吵。cia$^{35}$tiet$^{5}$laŋ$^{35}$ʂei$^{21}$çi$^{53}_{44}$mo$^{53}$si$^{53}$lɔi$^{13}_{21}$ʂa$^{0}$,ts$^{h}$iəu$^{53}_{44}$t$^{h}$ei$^{53}$tsiɔŋ$^{35}_{44}$ʂa$^{0}$.

**【冷天】** laŋ$^{35}$t$^{h}$ien$^{35}$ 名天气寒冷的日子：～冷起来啊，分四边个门关得煞煞子啊。laŋ$^{35}$t$^{h}$ien$^{35}_{21}$

laŋ$^{35}$çi$^{21}$lɔi$^{13}_{44}$a$^{0}$ ,pən$^{35}$si$^{53}$pien$^{35}_{44}$ke$^{53}_{44}$mən$^{13}$kuan$^{35}$tek$^{3}$sait$^{3}$sait$^{3}$tsa$^{0}$ .

【冷言冷语】laŋ$^{35}$ɲien$^{13}$laŋ$^{35}$ɲy$^{21}$ 含有讥讽意味的冰冷的话：一家人家爱和和气气子，有么个事就爱直讲，不要讲兜～来伤害人。iet$^{3}$ka$^{35}_{44}$ɲin$^{13}_{21}$ka$^{35}_{44}$ɔi$^{53}$fo$^{13}_{21}$fo$^{13}_{44}$çi$^{53}$çi$^{53}$tsɿ$^{0}$ ,iəu$^{35}$mak$^{3}$e$^{0}$sɿ$^{53}$tsʰiəu$^{53}_{44}$ɔi$^{53}_{44}$tʂʰət$^{5}$kɔŋ$^{21}$ ,pət$^{3}$iau$^{53}$kɔŋ$^{21}$te$^{53}_{53}$laŋ$^{35}$ɲien$^{13}_{21}$laŋ$^{35}$ɲy$^{21}$lɔi$^{13}_{21}$ʂɔŋ$^{35}$xɔi$^{53}$ɲin$^{13}$ .｜冷菜冷饭就食得，～就听唔得。laŋ$^{35}$tsʰɔi$^{53}$laŋ$^{35}$fan$^{53}$tsʰiəu$^{53}_{44}$ʂət$^{5}$tek$^{3}$ ,laŋ$^{35}$ɲien$^{13}_{21}$laŋ$^{35}$ɲy$^{21}$tsʰiəu$^{53}$tʰaŋ$^{35}$n$^{13}_{21}$tek$^{3}$ .

【离】li$^{13}$ [动]与人离婚：渠个妹子不是～咁哩，只系死嘿哩。ci$^{13}$ke$^{53}$mɔi$^{53}$tsɿ$^{0}$puk$^{3}$ʂʅ$^{53}$li$^{13}$kan$^{21}$li$^{0}$ ,tʂʅ$^{21}$xei$^{53}$si$^{21}$xek$^{3}$li$^{0}$ .

【离娘钱】li$^{13}$ɲiɔŋ$^{13}$tsʰien$^{13}$ [名]用于感谢岳父母养育女儿之恩情而付出的特别礼金，又称“恩养钱”：噢，箇只恩养钱又安做～。又讲下子～。au$_{21}$ ,kai$^{53}$tʂak$^{3}$ŋen$^{35}$iɔŋ$^{35}_{44}$tsʰien$^{13}$iəu$^{53}_{44}$ɔn$^{35}_{53}$tso$^{53}$li$^{13}$ɲiɔŋ$^{13}$tsʰien$^{13}$ .iəu$^{53}$kɔŋ$^{21}$(x)a$^{53}_{44}$tsɿ$^{0}$li$^{13}$ɲiɔŋ$^{13}$tsʰien$^{13}$ .

【离人】li$^{13}$ɲin$^{13}$ [动]指看护、看管的人都离开了，无人在近旁：日日夜夜不能～呶。ɲiet$^{3}$ɲiet$^{3}$ia$^{53}$ia$^{53}$pət$^{3}$lən$^{13}$li$^{13}$ɲin$^{13}$nau$^{0}$ .

【梨树】li$^{13}$ʂəu$^{53}$ [名]梨子树的简称：～蛮硬呐，我等细细子舞倒箇～去搞么个？去刻章子呢。箇搞雕刻个人就用～呢。渠个纹路十分密，更唔得滑嘿，刻嘿去更唔得滑呀。li$^{13}$ʂəu$^{53}$man$^{13}$ŋaŋ$^{53}$na$^{0}$ ,ŋai$^{13}$tien$^{0}$se$^{53}$se$^{53}$tsɿ$^{0}$u$^{21}$tau$^{21}$kai$^{53}$li$^{13}$ʂəu$^{53}$çi$^{53}$kau$^{21}$mak$^{3}$ke$^{53}$?çi$^{53}$cʰiet$^{3}$tʂɔŋ$^{35}$tsɿ$^{0}$nei$^{0}$ .kai$^{53}$kau$^{21}$tiau$^{35}$kʰek$^{3}$ke$^{53}$ɲin$^{13}_{21}$tsʰiəu$^{53}$iɔŋ$^{53}$li$^{13}$ʂəu$^{53}$nei$^{0}$ .ci$^{13}$ke$^{53}$uən$^{13}$ləu$^{53}$ʂət$^{5}$fən$^{35}_{44}$miet$^{5}$ ,cien$^{53}_{44}$n$^{13}$tek$^{3}$uait$^{5}$(x)ek$^{3}$ ,cʰiet$^{3}$(x)ek$^{3}$çi$^{53}$cien$^{53}$n$^{13}$tek$^{3}$uait$^{5}$ia$^{0}$ .

【梨子】li$^{13}$tsɿ$^{0}$ [名]梨树的果实：唔多，我等以映品种唔多，～个品种唔多。唔知么个栽唔多倒。/就三种。/就三种左右。/么个啦？/～啊。尽发虫，系唔系啊？栽唔多倒。n$^{13}_{21}$to$^{35}_{44}$ ,ŋai$^{13}$tien$^{0}$i$^{21}$iaŋ$^{53}$pʰin$^{21}$tʂəŋ$^{21}$n$^{13}_{21}$to$^{35}_{44}$ ,li$^{13}$tsɿ$^{0}$ke$^{53}$pʰin$^{21}$tʂəŋ$^{21}$n$^{13}_{21}$to$^{35}_{44}$ .n$^{13}_{21}$ti$^{35}_{44}$me$_{44}$(←mak$^{3}$ke$^{53}$)tsɔi$^{35}$n$^{13}_{21}$to$^{35}_{44}$tau$^{21}$ ./tsʰiəu$^{53}$san$^{35}$tʂəŋ$^{21}$ ./tsʰiəu$^{53}_{44}$san$^{35}$tʂəŋ$^{21}$tso$^{21}$iəu$^{53}_{21}$ ./mak$^{3}$ke$^{53}_{44}$la$^{0}$ ?/li$^{13}$tsɿ$^{0}$a$^{0}$ .tsʰin$^{53}$fait$^{3}$tʂʰəŋ$^{13}$ ,xe$^{53}_{44}$me$^{53}_{44}$a$^{0}$ ?tsɔi$^{35}$n$^{13}_{21}$to$^{35}$tau$^{21}$ .

【梨子树】li$^{13}$tsɿ$^{0}$ʂəu$^{53}$ [名]一种常见果树，落叶乔木或灌木，所结果子称“梨子”。也简称“梨树”：欸，我等屋下个对门排上就一线个～，就箇晡讲个，冇得梨子结。□咯有柏树。我首先总系寻总系找原因唔倒嘞，让门别人家梨树有梨子结，我等个～冇结，就系因为有柏树。好，以下就柏树冇得哩呢，欸梨树也冇哩，梨树也死咁哩。老嘿哩啊，百多年个了。梨树也死咁哩。冇人栽嘞。e$_{44}$ŋai$^{13}$tien$^{0}$uk$^{3}$xa$^{53}$ke$^{53}$ti$^{53}$mən$^{13}_{21}$pʰai$^{13}_{21}$xɔŋ$^{53}_{44}$tsʰiəu$^{53}_{44}$iet$^{3}$sen$^{53}$ke$^{53}_{44}$li$^{13}$tsɿ$^{0}$ʂəu$^{53}$ ,tsʰiəu$_{44}$kai$^{53}$pu$^{53}_{53}$kɔŋ$^{21}$ke$^{0}$ ,mau$^{13}$tek$^{3}$li$^{13}$tsɿ$^{0}$ciet$^{3}$ .xəŋ$_{21}$ko$^{0}$iəu$^{35}_{44}$pak$^{3}$ʂəu$^{53}$ .ŋai$^{13}$ʂəu$^{21}$sien$^{35}_{53}$tsəŋ$^{21}$xe$^{53}$tsʰin$^{13}_{21}$tsəŋ$^{21}$xe$^{53}$tsau$^{21}$vien$^{13}$in$^{35}_{53}$n$^{13}_{21}$tau$^{21}$lei$^{0}$ , ɲɔiŋ$^{53}$mən$^{13}_{44}$pʰiet$^{5}$in$^{13}_{21}$ka$^{35}_{53}$li$^{13}$ʂəu$^{53}$iəu$^{35}$li$^{13}$tsɿ$^{0}$ciet$^{3}$ ,ŋai$^{13}$tien$^{0}$ke$^{53}$li$^{13}$tsɿ$^{0}$ʂəu$^{53}$mau$^{13}$ciet$^{3}$ ,tsʰiəu$^{53}_{44}$xe$^{53}_{44}$in$^{35}$uei$^{53}$iəu$^{53}_{44}$pak$^{3}$ʂəu$^{53}$ .xau$^{21}$ ,i$^{21}$xa$^{53}$tsʰiəu$^{53}$pak$^{3}$ʂəu$^{53}$mau$^{13}$tek$^{3}$li$^{0}$nei$^{0}$ ,e$_{53}$li$^{13}$ʂəu$^{53}$ia$^{35}_{44}$mau$^{13}_{21}$li$^{0}$ ,li$^{13}$ʂəu$^{53}$a$^{35}_{53}$si$^{21}$kan$^{21}$ni$^{0}$ .lau$^{21}$xek$^{3}$li$^{0}$a$^{0}$ ,pak$^{3}$to$^{35}_{53}$ɲien$^{13}_{21}$ke$^{53}$liau$^{21}$ .li$^{13}$ʂəu$^{53}$a$^{35}_{44}$si$^{21}$kan$^{21}$ni$^{0}$ .mau$^{13}_{21}$ɲin$^{13}_{44}$tsɔi$^{35}$le$^{0}$ .

【犁$_{1}$】lai$^{13}$ [名]耕地的农具：一张～ iet$^{3}$tʂɔŋ$^{35}$lai$^{13}$｜箇只～上个，就系象鼻。kai$^{53}$tʂak$^{3}$lai$^{13}$xɔŋ$^{53}$ke$^{53}_{44}$ ,tsʰiəu$^{53}_{44}$xe$^{53}_{44}$siɔŋ$^{53}$pʰiet$^{3}$ .

【犁$_{2}$】lai$^{13}$ [动]①用犁耕地：山里个田呢冇几大子一丘。又一条牛，又一张犁咁子去～个时候子，～唔倒。san$^{35}$ni$^{21}_{44}$ke$^{53}_{44}$tʰien$^{13}$ne$^{0}$mau$^{13}_{21}$ci$^{21}$tʰai$^{53}$tsɿ$^{0}$iet$^{3}$cʰiəu$^{35}$ .iəu$^{53}$iet$^{3}$tʰiau$^{13}$ɲiəu$^{13}$ ,iəu$^{53}$iet$^{3}$tʂɔŋ$^{35}$lai$^{13}$kan$^{21}$tsɿ$^{0}$çi$^{53}$lai$^{13}$ke$^{53}$sɿ$^{13}$xei$^{53}_{44}$tsɿ$^{0}$ ,lai$^{13}$n$^{13}_{44}$tau$^{21}$ . ②在地上撒泼耍赖（多指小孩子）：有滴（细人子）是叫也咁子叫欸～也咁子～，嗯，跍下地泥下～，打泼赖。iəu$^{35}$tet$^{5}$ʂʅ$^{53}_{44}$ciau$^{53}$a$^{35}_{44}$kan$^{21}$tsɿ$^{0}$ciau$^{53}$e$^{0}$lai$^{13}$ia$^{35}_{53}$kan$^{21}$tsɿ$^{0}$lai$^{13}_{21}$ ,n$_{21}$ ,kʰu$^{35}$xa$^{53}_{44}$tʰi$^{53}$lai$^{13}_{21}$xa$^{53}$lai$^{13}_{21}$ ,ta$^{21}$pʰait$^{3}$lai$^{53}$ .

【犁拔箭】lai$^{13}$pʰait$^{5}$tsien$^{53}$ [名]安装在犁辕和犁头间起支撑作用的木条：～呢爱犁哩田个人用过犁个人正晓得。～就系犁个后背箇块箇条枋子就安做～。渠个作用就系欸支撑箇张犁，欸，后背嘞顶高嘞就用来扭手。去下起支撑作用个是还有两三条枋子嘞，一只犁辕，一只～，箇条安做么个枋子去哩啰？还有只犁脚。箇个都系支撑个嘞。一条两条三条四条，四条树支撑哩箇张犁。lai$^{13}$pʰait$^{5}$tsien$^{53}$nei$^{0}$ɔi$^{53}$lai$^{13}$li$^{0}$tʰien$^{13}$ke$^{53}$ɲin$^{13}_{44}$iɔŋ$^{53}$ko$^{53}$lai$^{13}$ke$^{53}$ɲin$^{13}_{44}$tʂaŋ$^{53}$çiau$^{21}$tek$^{3}$ .lai$^{13}$pʰait$^{5}$tsien$^{53}$tsʰiəu$^{53}_{44}$xe$^{53}_{44}$lai$^{13}$ke$^{53}$xei$^{53}$pɔi$^{53}$kai$^{53}$kʰuai$^{53}$kai$^{53}$tʰiau$^{13}_{21}$fɔŋ$^{35}$tsɿ$^{0}$tsʰiəu$^{53}_{44}$ɔn$^{35}_{44}$tso$^{53}_{44}$lai$^{13}_{21}$pʰait$^{5}$tsien$^{53}$ .ci$^{13}$ke$^{53}$tsɔk$^{3}$iɔŋ$^{53}$tsʰiəu$^{53}$xei$^{53}$e$_{21}$tʂʅ$^{35}$tsʰən$^{35}_{44}$kai$^{53}$tʂɔŋ$^{35}_{44}$lai$^{13}$ ,e$_{21}$ ,xei$^{53}$pɔi$^{53}$le$^{0}$taŋ$^{21}$kau$^{35}_{44}$le$^{0}$tsʰiəu$^{53}$iɔŋ$^{53}$lɔi$^{13}_{21}$ia$^{21}$ʂəu$^{21}$ .çi$^{53}_{44}$xa$^{53}_{44}$çi$^{21}$tʂʅ$^{35}$tsʰən$^{35}_{44}$tsɔk$^{3}$iɔŋ$^{53}$ke$^{53}$ʂʅ$^{53}$xai$^{13}_{21}$iəu$^{35}$iɔŋ$^{21}$san$^{35}_{44}$tʰiau$^{13}_{21}$fɔŋ$^{35}$tsɿ$^{0}$lei$^{0}$ ,iet$^{3}$tʂak$^{3}$lai$^{13}$ien$^{13}$ ,iet$^{3}$tʂak$^{3}$lai$^{13}_{21}$pʰait$^{5}$tsien$^{53}$ ,kai$^{53}$tʰiau$^{13}_{21}$ɔn$^{35}_{44}$tso$^{53}_{44}$mak$^{3}$e$^{0}$fɔŋ$^{35}$tsɿ$^{0}$çi$^{53}_{44}$li$^{0}$lo$^{0}$ ?xai$^{13}_{21}$iəu$^{35}_{53}$tʂak$^{3}$lai$^{13}$ciɔk$^{3}$ .kai$^{53}_{44}$ke$^{53}_{44}$təu$^{35}$xei$^{53}_{44}$tʂʅ$^{35}$tsʰən$^{35}_{44}$cie$^{53}$le$^{0}$ .iet$^{3}$tʰiau$^{13}$iɔŋ$^{21}$tʰiau$^{13}$san$^{35}$tʰiau$^{13}$si$^{53}$tʰiau$^{13}_{21}$ ,si$^{53}$tʰiau$^{13}_{21}$ʂəu$^{53}$tʂʅ$^{35}_{44}$tsʰən$^{35}_{44}$ni$^{0}$kai$^{53}_{44}$tʂɔŋ$^{35}$lai$^{13}_{21}$ .

【犁壁】lai$^{13}$piak$^{3}$ [名]犁镜，指安于犁铧上方的金属部件。用以翻转和破碎犁起的土块：～就靠下犁拔箭个脚下，卡稳。lai$^{13}$piak$^{3}$ tsʰiəu$^{53}$kʰau$^{53}$ua$^{53}$lai$^{13}_{21}$pʰait$^{5}$ tsien$^{53}$ke$^{53}_{44}$ciɔk$^{3}$ xa$^{53}_{44}$,kʰa$^{21}$uən$^{21}$.｜～个面前就有只犁嘴，犁嘴就进土个。箇个牛拖倒去嘞，箇就钻进泥肚箇里去，系唔系啊？于是就箇张箇只犁嘴就总咁子钻稳进，箇个泥嘞就顺倒箇只犁嘴，以映上背就有只犁拔箭，欸，顺倒就有只～，就以映子犁嘴钻开来哩以后箇个泥就顺倒以只～就咁子上嘿哩，就翻下去哩，就倒过来哩，翻转来哩。lai$^{13}$piak$^{3}$ ke$^{53}_{44}$mien$^{53}$tsʰien$^{13}_{21}$tsʰiəu$^{53}$iəu$^{35}_{44}$tʂak$^{3}$ lai$^{13}$tsi$^{21}$,lai$^{13}$tsi$^{21}$tsʰiəu$^{53}$tsin$^{53}$tʰəu$^{21}$ ke$^{53}$.kai$^{53}$ke$^{53}$ɲiəu$^{13}$tʰo$^{35}$tau$^{21}$çi$^{53}_{44}$lei$^{0}$,kai$^{53}_{44}$tsʰiəu$^{53}_{44}$tsɔn$^{53}$tsin$^{53}$lai$^{13}$təu$^{21}$ka$^{53}_{21}$li$^{0}$ çi$^{53}$,xei$^{53}$mie$^{53}$a$^{0}$?ʮ$^{13}$ʂʅ$^{53}$tsʰiəu$^{53}$kai$^{53}_{44}$ tʂɔŋ$^{35}_{44}$kai$^{53}$tʂak$^{3}$ lai$^{13}$tsi$^{21}$tsʰiəu$^{53}$tsəŋ$^{21}$kan$^{21}$tsʅ$^{0}$ tsɔn$^{53}$uən$^{21}$tsin$^{53}$,kai$^{53}$ke$^{53}$lai$^{13}$lei$^{0}$ tsʰiəu$^{53}$ʂən$^{53}$tau$^{21}$kai$^{53}$tʂak$^{3}$ lai$^{13}$tsi$^{0}$,i$^{21}$iaŋ$^{53}$ʂɔŋ$^{53}$pɔi$^{53}_{44}$tsʰiəu$^{53}_{44}$iəu$^{35}_{44}$tʂak$^{3}$ lai$^{13}$pʰait$^{5}$ tsien$^{53}$,e$_{21}$,ʂən$^{53}$tau$^{21}_{44}$tsʰiəu$^{53}$iəu$^{35}_{53}$tʂak$^{3}$ lai$^{13}$piak$^{3}$,tsʰiəu$^{53}$i$^{21}$iaŋ$^{53}$ tsʅ$^{0}$ lai$^{13}$tsi$^{21}$tsɔn$^{53}$kʰɔi$^{35}$lɔi$^{13}_{21}$li$^{0}$ i$^{35}_{44}$xei$^{53}$kai$^{53}$ke$^{53}$lai$^{13}$tsʰiəu$^{53}$ʂən$^{53}$tau$^{21}$i$^{21}$tʂak$^{3}$ lai$^{13}$piak$^{3}$ tsʰiəu$^{53}$kan$^{21}$tsʅ$^{0}$ ʂɔŋ$^{35}$ŋek$^{3}$ li$^{0}$,tsʰiəu$^{53}_{21}$fan$^{35}$xa$^{53}_{44}$çi$^{53}$li$^{0}$,tsʰiəu$^{53}_{44}$tau$^{21}$ko$^{53}$lɔi$^{13}_{21}$li$^{0}$,fan$^{35}$tʂuɔn$^{21}$nɔi$^{13}_{21}$li$^{0}$.

【犁扶】lai$^{13}$pʰu$^{13}$/fu$^{13}$ [名]安装在犁梢中部供提起犁具的短柄。又称“提手”：以个都提倒走吧？一下提下去个箇只。系呀，提下去个喊～哇。安做～。又喊提手。欸，又喊提手我等。去手抠倒提起来。系系呀。i$^{21}$ke$^{53}_{21}$təu$^{35}_{44}$tʰia$^{35}$tau$^{21}$tsei$^{21}$pa$^{0}$?iet$^{3}$(x)a$^{53}_{44}$tʰia$^{35}$(x)a$^{53}_{44}$çi$^{53}_{44}$ke$^{53}_{44}$kai$^{53}_{44}$tʂak$^{3}$.xei$^{53}_{44}$ia$^{0}$,tʰia$^{35}$(x)a$^{53}_{44}$çi$^{53}_{44}$ke$^{53}_{44}$xan$^{53}$lai$^{13}$fu$^{13}$ua$^{0}$.ɔn$^{35}_{44}$tso$^{53}_{44}$lai$^{13}$pʰu$^{13}$.iəu$^{53}$xan$^{53}$tʰia$^{35}$ʂəu$^{21}$.e$_{21}$,iəu$^{53}_{44}$xan$^{53}_{44}$tʰia$^{35}$ʂəu$^{21}$ŋai$^{13}_{44}$tien$^{0}$.kʰe$^{53}$ ʂəu$^{21}$ia$^{21}_{35}$tau$^{21}$tʰia$^{35}$çi$^{21}$lɔi$^{13}_{21}$.xei$^{53}$xei$^{53}_{44}$ia$^{0}$.

【犁扶尾】lai$^{13}_{21}$pʰu$^{13}_{21}$mi$^{35}$ [名]犁梢：上边箇只长箇只系安做～咯。ʂɔŋ$^{53}$pien$^{35}_{44}$kai$^{53}$tʂak$^{3}$ tʂʰɔŋ$^{13}$kai$^{53}_{44}$ tʂak$^{3}$ xe$^{53}_{44}$ɔn$^{35}_{44}$tso$^{53}_{44}$lai$^{13}_{21}$pʰu$^{13}_{21}$mi$^{35}$ko$^{0}$.

【犁角】lai$^{13}$kɔk$^{3}$ [名]水田里犁不到的角落：还有挖～。山里个田呢冇几大子一丘。又一条牛，又一张犁咁子去犁个时候子，犁唔倒。箇个田角头呀，田角头犁唔倒。箇就爱用人嘞爱用镢头去挖。赠犁倒个就爱用镢头去挖。如果唔挖个话，箇个栽禾就会栽下箇个绷硬个泥上，所以箇就安做挖～。xai$^{13}_{21}$iəu$^{35}_{44}$uait$^{3}$ lai$^{13}$kɔk$^{3}$.san$^{35}$ni$^{21}_{44}$ke$^{53}_{44}$tʰien$^{13}$ne$^{0}$ mau$^{13}_{21}$ci$^{21}$tʰai$^{53}$tsʅ$^{0}$ iet$^{3}$ cʰiəu$^{35}$.iəu$^{53}$iet$^{3}$ tʰiau$^{13}$ɲiəu$^{13}$,iəu$^{53}$iet$^{3}$ tʂɔŋ$^{35}$lai$^{13}$kan$^{21}$tsʅ$^{0}$ çi$^{53}$lai$^{13}$ke$^{53}$sʅ$^{13}$xei$^{53}_{44}$tsʅ$^{0}$,lai$^{13}$n̩$^{13}_{44}$tau$^{21}$.kai$^{53}$ke$^{53}$tʰien$^{13}$kɔk$^{3}$ tʰei$^{13}$ ia$^{0}$,tʰien$^{13}$kɔk$^{3}$ tʰei$^{13}$lai$^{13}$n̩$^{13}_{44}$tau$^{21}$.kai$^{53}_{44}$tsʰiəu$^{53}_{44}$ɔi$^{53}_{44}$iəŋ$^{53}$ɲin$^{13}_{21}$lei$^{0}$ ɔi$^{53}_{44}$iəŋ$^{53}_{44}$ciɔk$^{3}$ tʰei$^{13}_{21}$çi$^{53}$uait$^{3}$.maŋ$^{13}$lai$^{13}_{21}$tau$^{21}$ke$^{53}$ tsʰiəu$^{53}$ɔi$^{53}$iəŋ$^{53}$ciɔk$^{3}$ tʰei$^{13}_{21}$çi$^{53}$uait$^{3}$.y$^{13}$ko$^{21}$n̩$^{13}_{21}$uait$^{3}$ ke$^{53}_{44}$fa$^{53}_{44}$,kai$^{53}$ke$^{53}_{21}$tsɔi$^{35}$uo$^{13}_{21}$tsʰiəu$^{53}_{44}$uɔi$^{53}_{44}$tsɔi$^{35}$a$^{53}_{44}$kai$^{53}_{44}$ke$^{53}_{44}$paŋ$^{35}$ ŋaŋ$^{53}$ke$^{53}_{21}$lai$^{13}$xɔŋ$^{53}_{44}$,so$^{21}$i$^{35}$kai$^{53}_{44}$tsʰiəu$^{53}_{44}$ɔn$^{35}_{44}$tso$^{53}_{44}$uait$^{3}$ lai$^{13}$kɔk$^{3}$.

【犁脚】lai$^{13}$ciɔk$^{3}$ [名]犁床，犁底：～就最底下箇条枋，就安做～。～就系犁身上最容易磨损个箇条树枋。蛮多人在～个底下还钉块篾箍，一只就光滑，第二只保护箇只～，渠唔得咁易得□磨损。lai$^{13}$ciɔk$^{3}$ tsʰiəu$^{53}_{44}$tsei$^{53}$tei$^{21}$xa$^{53}$kai$^{53}$tʰiau$^{13}_{21}$fɔŋ$^{35}$,tsʰiəu$^{53}$ɔn$^{35}_{53}$tso$^{53}$lai$^{13}$ciɔk$^{3}$.lai$^{13}$ciɔk$^{3}$ tsʰiəu$^{53}$xe$^{53}$lai$^{13}$ ʂən$^{35}$xɔŋ$^{53}$tsei$^{53}$iəŋ$^{13}$i$^{53}$mo$^{13}$sən$^{21}$ke$^{53}$kai$^{53}$tʰiau$^{13}_{21}$ʂəu$^{53}$fɔŋ$^{35}$.man$^{13}$to$^{35}_{53}$ɲin$^{13}_{21}$tsʰai$^{53}$lai$^{13}$ciɔk$^{3}$ ke$^{53}$tei$^{21}$xa$^{53}$xai$^{13}_{21}$taŋ$^{35}$ kʰuai$^{53}_{44}$miet$^{5}$ sak$^{3}$,iet$^{3}$ tʂak$^{3}$ tsʰiəu$^{53}_{44}$kɔŋ$^{35}$uait$^{5}$,tʰi$^{53}$ɲi$^{53}$tʂak$^{3}$ pau$^{21}$fu$^{53}$kai$^{53}$tʂak$^{3}$ lai$^{13}$ciɔk$^{3}$,ci$^{13}_{44}$n̩$^{13}$tek$^{3}$ kan$^{21}$i$^{53}$tek$^{3}$ ko$^{35}$.

【犁辕】lai$^{13}$ien$^{13}$ [名]犁上前接犁衡后接犁梢的牵引件：～就箇条弯弯子个树呢。弯弯子个树个头上就一只象鼻嘴嘞。就系箇牛子用牛轭拖倒箇东西第……就系拖倒箇只～呢，拖倒箇～呢，～再带倒箇个犁脚啊犁嘴箇兜过转走嘞，渠就构成只整体。犁个辕是就系咁子圆圆子个嘞，以映就系扶手嘞，以映就犁脚啊，以映就犁拔箭呐，以映就犁壁啊，以映就犁嘴呀。lai$^{35}$ien$^{13}$tsʰiəu$^{53}$kai$^{53}$tʰiau$^{13}_{44}$uan$^{35}$uan$^{35}$tsʅ$^{0}$ ke$^{0}$ ʂəu$^{53}$nei$^{0}$.uan$^{35}$uan$^{35}$tsʅ$^{0}$ ke$^{0}$ ʂəu$^{53}$ke$^{0}$ tʰei$^{13}$xɔŋ$^{53}$tsʰiəu$^{53}$iet$^{3}$ tʂak$^{3}$ siɔŋ$^{53}$pʰiet$^{5}$ tsi$^{21}$le$^{0}$.tsʰiəu$^{53}$xe$^{53}$kai$^{53}$ɲiəu$^{13}$tsʅ$^{0}$ iəŋ$^{53}$ɲiəu$^{13}$ak$^{3}$ tʰo$^{35}$tau$^{21}$kai$^{53}_{44}$təŋ$^{35}_{44}$si$^{0}$ tʰi$^{53}$…tsʰiəu$^{53}$xei$^{53}$tʰo$^{35}$tau$^{21}$ kai$^{53}$tʂak$^{3}$ lai$^{13}$ien$^{13}$ne$^{0}$,tʰo$^{35}$tau$^{21}$kai$^{53}$lai$^{13}$ien$^{13}$ne$^{0}$,lai$^{13}$ien$^{13}$tsai$^{53}$tai$^{53}$tau$^{21}$kai$^{53}$ke$^{53}$lai$^{13}$ciɔk$^{3}$ a$^{0}$ lai$^{13}$tsi$^{21}$kai$^{53}_{44}$təu$^{35}_{44}$ ko$^{53}$tʂuɔn$^{21}$tsei$^{21}$le$^{0}$,ci$^{13}_{21}$tsʰiəu$^{53}$kei$^{53}$tʂʰən$^{13}_{44}$tʂak$^{3}$ tʂən$^{21}$tʰi$^{21}$.lai$^{13}$ke$^{0}$ ien$^{13}$ʂʮ$^{53}_{44}$tsʰiəu$^{53}$xei$^{53}$kan$^{21}$tsʅ$^{0}$ ien$^{13}$ien$^{13}$tsʅ$^{0}$ ke$^{53}_{44}$lei$^{0}$,i$^{21}$iaŋ$^{53}$tsʰiəu$^{53}$xe$^{53}$fu$^{13}$ʂəu$^{21}$le$^{0}$,i$^{21}$iaŋ$^{53}$tsʰiəu$^{53}$lai$^{13}$ciɔk$^{3}$ a$^{0}$,i$^{21}$iaŋ$^{53}$tsʰiəu$^{53}$lai$^{13}$pʰai$^{53}$tsien$^{53}$na$^{0}$,i$^{21}$iaŋ$^{53}$ tsʰiəu$^{53}$lai$^{13}$piak$^{3}$ a$^{0}$,i$^{21}$iaŋ$^{53}$tsʰiəu$^{53}$lai$^{13}$tsi$^{21}$ia$^{0}$.

【犁嘴】lai$^{13}$tsi$^{21}$ [名]铧；犁铲：犁田个时候子咯，～就真唔经搞呢。铁东西就最会坏个就系犁嘴。一只嘞就系～嘞去箇犁肚里翋，系唔系？还有只嘞，往往犁倒哩箇个么个树筋呐，犁倒哩石头，嗰声下～就两茎，～就成哩两茎，就断嘿哩，就冇哩用，就犁唔进哩。lai$^{13}$tʰien$^{13}$ ke$^{53}$ʂʮ$^{13}_{44}$xei$^{53}_{44}$tsʅ$^{0}$ ko$^{0}$,lai$^{13}$tsi$^{21}$tsʰiəu$^{53}_{44}$tʂən$^{35}$n̩$^{13}_{21}$cin$^{35}_{44}$kau$^{21}$nei$^{0}$.tʰiet$^{3}$ təŋ$^{35}_{44}$si$^{0}$ tsʰiəu$^{53}_{44}$tsei$^{53}$uɔi$^{53}$fai$^{53}$ke$^{53}_{44}$tsʰiəu$^{53}$xe$^{53}$ lai$^{13}$tsi$^{21}$.iet$^{3}$ tʂak$^{3}$ lei$^{0}$ tsʰiəu$^{53}$xei$^{53}_{44}$lai$^{13}$tsi$^{21}$lei$^{0}$ çi$^{53}$kai$^{53}$lai$^{13}$təu$^{21}$li$^{21}$kəŋ$^{53}$,xei$^{53}$me$^{53}$?xai$^{13}_{21}$iəu$^{35}_{53}$tʂak$^{3}$ lei$^{0}$,uɔŋ$^{21}$ uɔŋ$^{21}$lai$^{13}$tau$^{21}$li$^{0}$ kai$^{53}_{44}$ke$^{53}_{44}$mak$^{3}$ e$^{0}$ ʂəu$^{53}$cin$^{35}_{44}$na$^{0}$,lai$^{13}$tau$^{21}$li$^{0}$ ʂak$^{5}$ tʰei$^{13}_{44}$,taŋ$^{21}$ʂaŋ$^{35}_{44}$xa$^{53}_{44}$lai$^{13}$tsi$^{21}$tsʰiəu$^{53}$iɔŋ$^{21}$tsʰo$^{53}$, lai$^{13}$tsi$^{21}$tsʰiəu$^{53}$ʂaŋ$^{13}_{44}$li$^{0}$ iɔŋ$^{21}$tsʰo$^{53}$,tsʰiəu$^{53}_{44}$tʰɔn$^{35}$nek$^{3}$ li$^{0}$,tsʰiəu$^{53}$mau$^{13}_{21}$li$^{0}$ iəŋ$^{53}$,tsʰiəu$^{53}$lai$^{13}_{21}$n̩$^{13}$tsin$^{53}$ni$^{0}$.

【漓邋】li$^{13}$lait$^{3}$ 形 邋遢，脏：爱同渠指死者分身上个～箇个着上个衫裤换下去。ɔi$^{53}$tʰəŋ$^{13}_{21}$ci$^{13}_{21}$pən$^{35}$ ʂən$^{35}$xɔŋ$^{53}_{44}$ke$^{53}_{44}$li$^{13}$lait$^{3}$ kai$^{53}_{44}$ke$^{53}_{44}$tʂɔk$^{3}$ xɔŋ$^{0}$ ke$^{53}_{44}$san$^{35}$fu$^{53}_{44}$uɔn$^{53}$na$^{0}$ çi$^{53}$.

【漓尿】lai$^{13}$ɲiau$^{53}$ 动 小便失禁：有滴就死得漓屎～个人呢，[黍多]愁死人哩啊。iəu$^{35}$tet$^{5}$ tsʰiəu$^{53}_{44}$si$^{21}$ tek$^{3}$ lai$^{13}$ʂʅ$^{21}$lai$^{13}$ɲiau$^{53}$ke$^{53}_{44}$ɲin$^{13}_{44}$ne$^{0}$, ɲia$^{13}$tsʰei$^{13}$si$^{21}$ɲin$^{13}$li$^{0}$ a$^{0}$.

【漓屎】lai$^{13}$ʂʅ$^{21}$ 动 拉稀；大便失禁：有漓哩屎箇只啦，吐哩血箇只爱同渠搞净来身上。iəu$^{35}_{44}$ lai$^{13}_{21}$li$^{0}$ ʂʅ$^{21}$kai$^{53}_{44}$tʂak$^{3}$ la$^{0}$ ,tʰəu$^{21}$li$^{0}$ çiet$^{3}$ kai$^{53}_{44}$tʂak$^{3}$ ɔi$^{53}_{44}$tʰəŋ$^{13}_{21}$ci$^{13}_{21}$kau$^{21}$tsʰiaŋ$^{53}$lɔi$^{13}_{21}$ʂən$^{35}_{44}$xɔŋ$^{53}_{44}$.

【黎明家奠】li$^{13}$min$^{13}$cia$^{35}$tʰien$^{53}$ 名 出殡前一晚上从子时持续至天亮的祭祀活动：有滴是渠安做爱～，爱打到天光，箇场祭爱打到天光。讲都咁子，渠爱下半夜架势打咯。爱过下子时架势打祭咯。打到天光噢。就系陪倒箇只亡人个最后一夜。打到天光，打渠两三个钟头。讲就咁子讲，但是有人咁子做了，渠早就搞嘿哩。箇是正斋箇晡，就系亡人个最后一夜，陪亡人个最后一夜，第二晡就还山了，送下岭上去了哇。箇只有箇做事个人呶，箇其他人么人去下看？iəu$^{35}$tet$^{5}$ ʂʅ$^{53}_{44}$ci$^{13}_{44}$ɔn$^{35}_{44}$tso$^{53}_{44}$ɔi$^{53}_{44}$li$^{13}$min$^{13}$cia$^{35}$tʰien$^{53}$,ɔi$^{53}_{44}$ta$^{21}$tau$^{53}_{44}$tʰien$^{35}$kɔŋ$^{35}$,kai$^{53}_{44}$tʂʰɔŋ$^{13}_{21}$tsi$^{53}$ ɔi$^{53}_{44}$ta$^{21}$tau$^{53}_{44}$tʰien$^{35}$ kɔŋ$^{35}$.kɔŋ$^{21}$təu$^{35}_{44}$kan$^{21}$tsʅ$^{0}$,ci$^{13}_{21}$ɔi$^{53}_{44}$xa$^{53}$pan$^{53}_{44}$ia$^{53}_{44}$cia$^{53}_{44}$ʂʅ$^{53}_{44}$ta$^{21}$ko$^{0}$ .ɔi$^{53}_{44}$ko$^{53}$a$^{0}$ tsʅ$^{21}$ʂʅ$^{13}$cia$^{53}$ʂʅ$^{53}_{44}$ta$^{21}$tsi$^{53}$ko$^{0}$ .ta$^{21}$tau$^{53}_{44}$tʰien$^{35}_{44}$ kɔŋ$^{35}$ŋau$^{0}$ .tsʰiəu$^{53}_{44}$xe$^{53}_{44}$pʰei$^{13}$tau$^{21}$kai$^{53}$tʂak$^{3}$ mɔŋ$^{13}$ɲin$^{13}$ke$^{53}_{44}$tsei$^{53}$xei$^{53}_{44}$iet$^{3}$ ia$^{53}$.ta$^{21}$tau$^{53}_{44}$tʰien$^{35}_{44}$kɔŋ$^{35}$,ta$^{21}$ci$^{13}_{44}$iɔŋ$^{21}$ san$^{35}_{44}$ke$^{53}_{44}$tʂəŋ$^{35}$tʰei$^{13}_{21}$.kɔŋ$^{21}$tsʰiəu$^{53}$kan$^{21}$tsʅ$^{0}$ kɔŋ$^{21}$,tan$^{53}_{44}$ʂʅ$^{53}_{44}$mau$^{13}_{21}$ɲin$^{13}_{21}$kan$^{21}$tsʅ$^{0}$ tso$^{53}$liau$^{0}$ ,ci$^{13}_{21}$tsau$^{21}$tsʰiəu$^{53}_{44}$kau$^{21}$ xek$^{3}$ li$^{0}$ .kai$^{53}_{44}$ʂʅ$^{53}_{44}$tʂən$^{53}$tsai$^{35}_{44}$kai$^{53}_{44}$pu$^{35}_{44}$,tsʰiəu$^{53}_{44}$xe$^{53}_{44}$mɔŋ$^{13}$ɲin$^{13}$ke$^{53}_{44}$tsei$^{53}$xei$^{53}_{44}$iet$^{3}$ ia$^{53}$,pʰei$^{13}$mɔŋ$^{13}$ɲin$^{13}$ke$^{53}_{44}$tsei$^{53}$xei$^{53}_{44}$ iet$^{3}$ ia$^{53}$,tʰi$^{53}$ɲi$^{53}_{44}$pu$^{35}$tsʰiəu$^{53}_{44}$fan$^{13}_{21}$san$^{35}$liau$^{0}$ ,səŋ$^{53}$xa$^{53}_{44}$liaŋ$^{35}$xɔŋ$^{53}_{44}$çi$^{53}$liau$^{0}$ ua$^{0}$ .kai$^{53}_{44}$tʂʅ$^{21}$ iəu$^{35}$kai$^{53}_{44}$tso$^{53}_{44}$sʅ$^{53}$ke$^{53}_{44}$ɲin$^{13}_{21}$ nau$^{0}$ ,kai$^{53}$cʰi$^{13}_{21}$tʰa$^{35}_{53}$ɲin$^{13}_{21}$mak$^{3}$ ɲin$^{13}_{44}$çi$^{53}$a$^{0}$ kʰɔn$^{53}$?

【篱笆】li$^{13}$pa$^{35}$ 名 用竹条或木条编成的栅栏：箇个乡下畜哩有鸡，畜鸡就硬爱～，爱围一下，唔围以下就箇个鸡子……栽菜是栽唔倒，么个都会食咁。kai$^{53}_{44}$ke$^{53}_{44}$çiɔŋ$^{35}$xa$^{53}_{44}$çiəuk$^{3}$ li$^{0}$ iəu$^{35}_{44}$cie$^{35}$, çiəuk$^{3}$ cie$^{35}$tsʰiəu$^{53}$ɲiaŋ$^{53}$ɔi$^{53}_{44}$li$^{13}$pa$^{35}_{44}$,ɔi$^{53}$uei$^{13}$iet$^{3}$ xa$^{53}$,n̩$^{13}_{21}$uei$^{13}$iet$^{3}$ xa$^{53}_{44}$tsʰiəu$^{53}_{44}$kai$^{53}_{44}$ke$^{53}_{44}$cie$^{35}$tsʅ$^{0}$ ···tsɔi$^{35}$tsʰɔi$^{53}$ʂʅ$^{53}_{44}$ tsɔi$^{35}_{44}$n̩$^{13}_{44}$tau$^{21}$,mak$^{3}$ e$^{0}$ təu$^{35}_{44}$uɔi$^{53}_{44}$ʂət$^{5}$ kan$^{21}_{44}$.

【篱笆竻】li$^{13}$pa$^{0}$ lek$^{3}$ 名 一种可栽种充当篱笆的带刺灌木：咁个尽竻嘞。围园呢。用来围菜园呢。栽倒箇映子嘞，系唔系？呣，冇……也唔得长几高子。人咁高子。还就系～吧。kan$^{21}$ ke$^{53}_{44}$tsʰin$^{53}$lek$^{3}$ le$^{0}$ .uei$^{13}$ien$^{13}$ne$^{0}$ .iəŋ$^{53}_{44}$lɔi$^{13}_{21}$uei$^{13}$tsʰɔi$^{53}$ien$^{13}_{21}$ne$^{0}$ .tsɔi$^{35}$tau$^{21}$kai$^{53}_{44}$iaŋ$^{53}_{44}$tsʅ$^{0}$ le$^{0}$ ,xe$^{53}_{44}$me$^{53}_{44}$?m̩$_{21}$,mau$^{13}$··· ia$^{35}$n̩$^{13}_{21}$tek$^{3}_{5}$ tʂɔŋ$^{21}$ci$^{21}$kau$^{35}$tsʅ$^{0}$ . ɲin$^{13}$kan$^{21}$kau$^{35}$tsʅ$^{0}$ .xa$^{13}_{44}$tsʰiəu$^{53}$xe$^{53}_{21}$li$^{13}_{21}$pa$^{35}_{44}$lek$^{3}$ pa$^{0}$ .

【礼】li$^{35}$ 名 表示庆贺、友好或敬意所赠之钱物：我以到是有滴么个～，打哩滴么啊～来哩。ŋai$^{13}$i$^{21}_{13}$tau$^{53}$ʂʅ$^{53}_{44}$iəu$^{35}$tet$^{5}$ mak$^{3}$ ke$^{53}_{44}$li$^{35}$,ta$^{21}$li$^{0}$ tiet$^{5}$ mak$^{3}$ a$^{0}$ li$^{35}$lɔi$^{13}_{21}$li$^{0}$ .

【礼单】li$^{35}$tan$^{35}_{44}$ 名 载明礼物名目的帖单：男方就爱送只～去啊。lan$^{13}$fɔŋ$^{35}_{44}$tsʰiəu$^{53}$ɔi$^{53}_{44}$səŋ$^{53}$tʂak$^{3}$ li$^{35}$ tan$^{35}_{44}$çi$^{53}_{44}$a$^{0}$ .

【礼当】li$^{35}$tɔŋ$^{35}$ 动 情理、礼节上应该；理应：欸我等两个好朋友，你来哩我屋下，～招待你，系吗？欸，～食餐子饭。e$_{21}$ŋai$^{13}$tien$^{0}$ iɔŋ$^{21}$ke$^{53}$xau$^{21}$pʰəŋ$^{13}_{21}$iəu$^{35}_{44}$, ɲi$^{13}$lɔi$^{13}$li$^{0}$ ŋai$^{13}$uk$^{3}$ xa$^{53}$,li$^{35}$tɔŋ$^{35}_{44}$tʂau$^{35}_{44}$tʰɔi$^{53}$ ɲi$^{13}$,xei$^{53}$ma$^{0}$ ?e$_{21}$,li$^{35}$tɔŋ$^{35}_{44}$ʂət$^{5}$ tsʰɔn$^{35}_{44}$tsʅ$^{0}$ fan$^{53}$.

【礼房】li$^{35}$fɔŋ$^{13}$ 名 办理红喜事时管事的人，也指其所管理的事务：红喜事就安做么个去哩嘞？红喜事就唔话库房，就话～嘞。安做～嘞。白喜事就安做库房，红喜事安做～。fəŋ$^{13}$çi$^{21}$sʅ$^{53}$ tsʰiəu$^{53}$ɔn$^{35}_{44}$tso$^{53}_{44}$mak$^{3}$ ke$^{53}_{44}$çi$^{53}_{44}$li$^{0}$ lei$^{0}$ ?fəŋ$^{13}$çi$^{21}$sʅ$^{53}$tsʰiəu$^{53}_{44}$m̩$^{13}$ua$^{53}_{44}$kʰu$^{53}$fɔŋ$^{13}$,tsʰiəu$^{53}$ua$^{53}$li$^{35}$fɔŋ$^{13}_{44}$lei$^{0}$ .ɔn$^{35}_{44}$tso$^{53}$li$^{35}$ fɔŋ$^{13}_{44}$lei$^{0}$ .pʰak$^{5}$ çi$^{21}$sʅ$^{53}_{44}$tsʰiəu$^{53}_{44}$ɔn$^{35}_{44}$tso$^{53}_{44}$kʰu$^{53}$fɔŋ$^{13}$,fəŋ$^{13}$çi$^{21}$sʅ$^{53}_{44}$ɔn$^{35}_{44}$tso$^{53}_{44}$li$^{35}$fɔŋ$^{13}_{21}$.

【礼房下】li$^{35}$fɔŋ$^{13}_{21}$xa$^{35}$ 名 ①婚嫁活动中负责管账的人：～就女方个账房啊，女方管账个。男方也安做礼房呢。li$^{35}$fɔŋ$^{13}_{21}$xa$^{35}$tsʰiəu$^{53}$ɲy$^{21}$fɔŋ$^{35}_{44}$ke$^{53}_{44}$tʂɔŋ$^{53}$fɔŋ$^{13}$ŋa$^{0}$ ,ɲy$^{21}$fɔŋ$^{35}_{44}$kɔn$^{21}$tʂɔŋ$^{53}$ke$^{53}_{44}$.lan$^{13}_{21}$fɔŋ$^{35}_{44}$ia$^{35}$ɔn$^{35}_{44}$ tso$^{53}_{44}$li$^{35}$fɔŋ$^{13}_{21}$nei$^{0}$ . ②婚嫁活动中负责管账的人所在的地方：一只就到箇～发下子烟。iet$^{3}$ tʂak$^{3}$ tsʰiəu$^{53}_{44}$tau$^{53}_{44}$kai$^{53}_{44}$li$^{35}$fɔŋ$^{13}_{21}$xa$^{35}$fait$^{3}$ a$^{53}$tsʅ$^{0}$ ien$^{35}$.

【礼恭马义】li$^{35}$kəŋ$^{35}_{44}$ma$^{35}_{44}$ɲi$^{53}$ 形 过于讲究礼节，甚至显得有些迂腐：～箇只人。li$^{35}$kəŋ$^{35}_{44}$ma$^{35}_{44}$ɲi$^{53}$ kai$^{53}$tʂak$^{3}$ɲin$^{21}$.｜啊，～硬，长日子一只脑壳埯埯矬矬。a$_{21}$,li$^{35}$kəŋ$^{35}_{44}$ma$^{35}_{44}$ɲi$^{53}$ɲiaŋ$^{53}$,tʂʰɔŋ$^{13}$ɲiet$^{3}$ tsʅ$^{0}$ iet$^{3}$ tʂak$^{3}$ lau$^{21}$kʰɔk$^{3}$ ŋan$^{21}$ŋan$^{21}$tsʰo$^{13}$tsʰo$^{13}_{44}$.

【礼金】li$^{35}$cin$^{35}_{44}$ 名 当做礼物的现金：亲戚朋友送个吧？箇是只有整酒了就送噢。做酒了就送噢。箇个是～呶。tsʰin$^{35}$tsʰiet$^{3}$ pʰəŋ$^{13}_{21}$iəu$^{35}_{44}$səŋ$^{53}$ke$^{53}_{44}$pa$^{0}$ ?kai$^{53}_{44}$ʂʅ$^{53}_{44}$tʂʅ$^{21}$ iəu$^{35}_{44}$tʂaŋ$^{21}$tsiəu$^{21}$liau$^{0}$ tsʰiəu$^{53}_{44}$səŋ$^{53}$ ŋau$^{0}$ .tso$^{53}$tsiəu$^{21}$liau$^{0}$ tsiəu$^{53}_{44}$səŋ$^{53}$ŋau$^{0}$ .kai$^{53}_{44}$ke$^{53}_{44}$ʂʅ$^{53}_{44}$li$^{35}$cin$^{35}_{44}$nau$^{0}$ .

【礼帽】li$^{35}$mau$^{53}$ 名 举行典礼时与礼服相搭配的帽子：举行祭祀活动个人戴个帽子也安做～。

tʂʅ21çin13_44tsi53sɿ53xɔit5 tʰəŋ53ke53ɲin13_21tai53ke53mau53tsɿ0 ia35ɔn35_44tso53_44li35mau53.

【礼生】li35sen35/sien35 [名]祭祀时的司礼者：一般是就自家人呢，就系有滴子文化个人，会搞箇名个人呢。～呢。渠就主持箇只祭祀啊，打祭呀。爱分工啊，各种各样个分工啊。iet3pɔn35 ʂʅ53_44tsʰiəu53tsʰʅ35_44ka35_44ɲin13_21ne0,tsʰiəu53xei53iəu35tiet5tsɿ0uən13fa53_44ke53_44in13_21,uɔi53kau21kai53min13_21ke53in13_21ne0.li35 sien35_44ne0.ci13_21tsʰiəu53_44tʂʅ21tʂʰʅ13kai53tʂak3tsi53sɿ53_44a0,ta21tsi53ia0.ɔi53_44fən35kəŋ35ŋa0,kɔk3tʂəŋ21kɔk3iɔŋ53_44ke53_44fəŋ35_44 kəŋ35ŋa0.

【礼事】li35sɿ53 [名]礼物：箇只病人嘞送滴子～，送滴子东西分渠。kai53_44tʂak3pʰiaŋ53ɲin13le0səŋ53 tiet5_3tsɿ0li35sɿ53_44,səŋ53tet5tsɿ0təŋ35si0pən35ci13_21.｜苦竹篮子，提～走人家个。fu21tʂəuk3lan13tsɿ0,tʰia35li35sɿ53 tsei21ɲin13ka35_44ke53_44.

【礼帖】li35tʰiait3 [名]结婚礼物的清单：～，就系礼物个清单呐，～咯噢，就礼物个清单。li35 tʰiait3,tsʰiəu53xei53li35uk5ke53_44tsʰin35tan35_44na0,li35tʰiait3kau0,tsʰiəu53li35uk5ke53_44tsʰin35tan35_44.

【礼性】li35sin53 [名]礼仪规范：以前我等有只老叔公渠就真系讲～呐，硬真讲～呐。嗨，我等细细子是硬话渠迂腐哦。硬长日尽兜都觉得渠……还系年轻个时候子都是话渠真迂腐，八九年过身个。渠送人咯，来哩客来探望……来到渠箇映子来哩，送渠走咯，送客佬子走咯，硬真输咁哩嘞硬嘞，爱送半天正送倒走得啦，总送倒去，一只就，爱送两里路远，送倒嘞我等箇大屋里唠，就出去，就系一里子路远呢就一条平路，系唔系？出去就有只岗，晒谷岗啊。箇晒谷岗就爱走晒谷岗箇映下石磤子，几百只磤呢，爱下。渠爱一直爱送倒晒谷岗箇映子，欸箇条路哇转哩弯，爱送到箇转哩弯个栏场子，爱看稳渠下嘿哩石岭，渠正转，正打转。硬“请转呐，请转呐，留步哇留步哇”，还唔转，好，箇只人是又徛下子，又“请转呐”，又“好好好”，慢走哩脚子又眙下子渠。硬送只客都爱送点把钟，硬爱送点把钟就。总讲稳去，我等话渠迂腐哦硬。i35_53tsʰien13_21ŋai13tien0iəu35_53tʂak3lau21ʂəuk3kəŋ35ci13_21tsiəu53_44tʂən35ne0kəŋ21li35sin53na0, ɲiaŋ53tʂən35kəŋ21li35_44sin53na0.xai53_53,ŋai13tien0se35se35tsɿ0ʂʅ53_44ɲiaŋ53ua53ci13_21ʅ35fu21o0. ɲiaŋ53tʂʰəŋ13ɲiet3tsʰin53te35_44 təu35_53kɔk3tek3ci13_44···xai13_21xe53_21ɲien13cʰin35ke0ʂʅ53_44xəu53_44tsɿ0təu35ʂʅ53_44ua53ci13_21tʂən35ʅ35fu21,pait3ciəu21ɲien13ko53ʂən35_44 ke0.ci13səŋ53ɲin13ko0,lɔi13li0kʰak3lɔi13tʰan53uəŋ···lɔi13tau53ci13_21kai53iaŋ53tsɿ0lɔi13li0,səŋ53ci13_21tsei21ko0,səŋ53 kʰak3lau21tsɿ0tsei21ko0, ɲiaŋ53tʂən35ʂəu35kan21li0le0ɲiaŋ53le0,ɔi53_44səŋ53pan53tʰien35tʂaŋ53səŋ53tau21tsei21tek3la0, tsəŋ21səŋ21tau21çi53,iet3tʂak3tsʰiəu53,ɔi53_44səŋ53iɔŋ21li35ləu53ien21,səŋ53tau21lei0ŋai13tien0kai53tʰai53uk3li21lau0, tsʰiəu53_44tʂʰət3çi53,tsʰiəu53xei53iet3li35tsɿ0ləu53ien21ne0tsʰiəu53iet3tʰiau13_21pʰiaŋ13ləu53,xei53_44me53_44?tʂʰət3çi53tsʰiəu53 iəu35_53tʂak3kəŋ35,sai53kuk3kəŋ35ŋa0.kai53_44sai53kuk3kəŋ35tsʰiəu53ɔi53tsei21sai53kuk3kəŋ35kai53_44iaŋ53_44xa35ʂak5tən53 tsɿ0,ci21pak3tʂak3tən53ne0,ɔi53_44xa35.ci13ɔi53iet3tʂʰət5ɔi53səŋ53tau53_44sai53kuk3kəŋ35kai53_44iaŋ53tsɿ0,ei0kai53tʰiau13_44 ləu53ua0tʂuən21ni0uan35,ɔi53_44səŋ53tau53_44kai53_44tʂuən21ni0uan35ke53laŋ13_21tʂʰəŋ13_44tsɿ0,ɔi53_44kʰən35uən21ci13_21xa35xek3li0 ʂak5liaŋ35,ci13_21tʂaŋ53tʂuən21,tʂaŋ53ta21tʂuən21. ɲiaŋ53"tsʰiaŋ21tʂuən21na53_53,tsʰiaŋ21tʂuən21na0,liəu13pʰu53ua0liəu13 pʰu53ua0",xai13_21n̩13tʂuən21_44,xau21,kai53_44tʂak3in13_21ʂʅ53_44iəu53cʰi35xa53tsɿ0,iəu53"tsʰiaŋ21tʂuən21na0",iəu53_44"xau21xau21 xau21",man53tsei21li0ciɔk3tsɿ0iəu53tʂʰʅ13xa53_44tsɿ0ci13_44. ɲiaŋ53səŋ53tʂak3kʰak3təu35_44ɔi53səŋ53tian21pa21tʂəŋ35, ɲiaŋ53 ɔi53səŋ53tian21pa21tʂəŋ35tsʰiəu53.tsəŋ21kəŋ21uən21çi53,ŋai13tien0ua53ci13_21ʅ35fu21o0ɲiaŋ53.

【礼义】li35ɲi53 [名]礼节：我等横巷里以前箇个箇老人家真讲～。最大个就两方面，一只就待人接物讲～，第二只就红白喜事讲～。硬恼渠个瘾，箇红白喜事个～是硬会输咁硬。我都话我都是长日讲，硬以个硬折磨人呶，硬会欸会搞死哟，折磨人。箇死哩人呐，打祭，系唔系？打大三献呐，就系孝子个箇堂祭呀，爱做爱黎明家奠。家奠吵，爱黎明家奠。黎明家奠系么个意思嘞？爱半夜来打，你会搞死人吗？箇起人你话会分你苦死吗？半夜来打。以下搞唔成哩嘞。以下唔搞哩，有兜人就唔同渠搞哩，食嘿夜饭就打。食嘿箇餐呢食嘿箇餐夜饭就架势打家奠。硬会分渠等搞死呀，箇个～呀。ŋai13tien0uaŋ13xɔŋ53li0 i35_53tsʰien13_21kai53_44ke53_44kai53lau21ɲin13ka35_44 tʂən35kəŋ21li35ɲi53.tsei53tʰai53ke53_44tsʰiəu53_44iɔŋ21fəŋ35_44mien53,iet3tʂak3tsʰiəu53_44tʰɔi53ɲin13_21tsiait3uk5kəŋ21li35ɲi53,tʰi53 ɲi53tʂak3tsʰiəu53fəŋ13pʰak5çi21sɿ53kəŋ21li35ɲi53. ɲiaŋ53lau21ci13_44e0in21,kai53fəŋ13_21pʰak5çi21sɿ53ke53_44li35ɲi53ʂʅ53_44ɲiaŋ53 uɔi53ʂəu35kan21ɲiaŋ53.ŋai13təu35_53ua53ŋai13təu35_53ʂʅ35tʂʰəŋ13ɲiet3kəŋ21, ɲiaŋ53_44i21ke53ɲiaŋ53tʂet3mo13ɲin13nau0, ɲiaŋ53uɔi53e21_21uɔi53kau21si21io0,tʂet3mo13_44ɲin13_21.kai53si21li0ɲin13na0,ta21tsi53,xei53_44me53_44?ta21tʰai53_44san53_44çien35na0, tsiəu53_44xei53_44xau53tsɿ0ke53kai53tʰɔŋ13_21tsi53ia0,ɔi53_44tso53ɔi53_44li13min13cia35_44tʰien53.cia35tʰien53ʂa0,ɔi53li13min13cia35_44 tʰien53.li13min13_44cia35_44tʰien53xei53mak3e0i53_44sɿ0lei0?ɔi53_44pan53ia53lɔi13_21ta21, ɲi13_44uɔi53kau21si21ɲin13ma0?kai53çi21ɲin13 ɲi13ua53uɔi53pən35ɲi13_21kʰu21si21ma0?pan53ia53lɔi13ta21.i21xa53kau21n̩13ʂaŋ13_21li0le0.i21xa53n̩13kau21li0,iəu35tei35_53ɲin13_44 tsʰiəu53_44n̩13tʰəŋ13_21ci13_44kau21li0,ʂət5xek3ia53fan53tsʰiəu53ta21.ʂət3xek3kai53tsʰɔn35_53ə_21ʂət5xek3kai53tsʰɔn35_53ia53fan53tsʰiəu53cia53_44ʂʅ53_44ta21cia35tʰien53.ɲiaŋ53uɔi53pən35ci13_44tien0kau21si21ia0,kai53_44kei53_44li35ɲi53ia0.

【李子】li21tsɿ0 名李树的果实：～都系蛮多品种呢。黄竹李，猪血李，石灰李。/～蛮多种。li21tsɿ0təu35(x)e53man13_21to35_44pʰin21tʂəŋ21ne0.uɔŋ13tʂəuk3li21,tʂəu35çiet3li21,ʂak5fɔi35li21./li21tsɿ0man13to35tʂəŋ21.

【李子树】li21tsɿ0ʂəu53 名落叶乔木，春天开白色花，果实叫李子，熟时黄色或紫红色，可吃：～上咯真古怪嘞，有咁个欸同箇个同箇～油样有咁个么个东西啊？一饽饽呢，～咯，有咁个脂肪样个东西啊，树脂啊排出来，有么个用，我唔晓得有么个用嘛，只晓得有咁个。li21tsɿ0ʂəu53xɔŋ53ko0tʂən35ku21kuai53lei0,iəu35kan21ke53_44e_21tʰəŋ13kai53_44kei53_44tʰəŋ13_44kai53_44li21tsɿ0ʂəu53iəu13iɔŋ53_44iəu35kan21kei0mak3e0təŋ35_44si0a0?iet3pʰɔk5pʰɔk5nei0,li21tsɿ0ʂəu53ko0,iəu35kan21kei53_44tʂʅ21fɔŋ13iɔŋ53_44ke53_44təŋ35_44si0a0,ʂəu53tʂʅ21ʐa0pʰai13tʂʰət3lɔi13,mau13mak3e0iəŋ53,ŋai13n̩13_21çiau21tek3iəu35mak3e0iəŋ53ma0,tʂʅ21çiau21tek3iəu35kan21cie53.

【里】ti35/li35/li21/li0 名方位词。①里面：因为渠指跳下压嘿以墙上，你如果以外背两尺，以～也只有两尺，唔系以只墙角都会转嘿？in35uei53_44ci13xa53iak3(x)ek3_5i21tsʰiɔŋ13xɔŋ53_44,ɲi13vy13ko21i21ŋɔi53pɔi53iɔŋ21tʂʰak3,i21ti35ia35_44tʂʅ21iəu35_53iɔŋ21tʂʰak3,m̩13pʰe53(←xe53)i21_44tʂak3tsʰiɔŋ13kɔk3təu35_44uɔi53_44tʂɔn53nek3(←xek3)?②附在名词后边表示位置、处所、地点：手～ʂəu21li35｜心～sin35li21｜大水搂箕嘞箇就爱大河～用个。tʰai53ʂei21lei13ci35_44lei0kai53_21tsʰiəu53_44ɔi53_44tʰai53xo13li0iəŋ53_44ke53_44.③在地名中作通名：火场～fo21tʂʰɔŋ21li35｜新田～sin35tʰien13_21ni0｜塘湾～tʰɔŋ13uan35_44ni0｜杨林～iɔŋ13lin13ni0｜盆形～pʰən13çin13ni0｜鳌缺～ŋau13cʰiet3li0｜三栋屋～san35təŋ53uk3li0

【里背】ti35pɔi53 名方位词。里面，里边儿：藉～走tʂa53ti35pɔi53tsəu21望里走｜箇就进去～了。kai53_44tsʰiəu53_21tsin53çi53_44ti35pɔi53_44liau0.

【里布】li35pu53 名服装内的衬布：～就唔同啊。～就欸衬下肚里个啦。衬下肚里个～啦。打比样以只廊场爱反背以映子就有滴就衬块～嘞，系唔系？衬块～嘞。li35pu53tsʰiəu53_44n̩13_21tʰəŋ13_21ŋa0.li35pu53tsʰiəu53_44e_21tsʰən53na_44(←xa53)təu21li0ke53la0.tsʰən53_44na_44(←xa53)təu21li0ke53_44li35pu53_44la0.ta21pi21iɔŋ53_44i21tʂak3lɔŋ13tʂʰɔŋ13ɔi53_44fan21pɔi53i21iaŋ53_44tsɿ0tsʰiəu53_44iəu35tet5tsʰiəu53_44tsʰən53_44kʰuai53_44li35pu53_44le0,xei53_44me53_44?tsʰən53_44kʰuai53_44li35pu53_44le0.

【里手】ti21ʂəu21 形业务很精通；内行；在某方面很有经验：如今□谟脑壳人名就～哇。i13_21cin35_44tsei13mu13_44lau21kʰɔk3tsʰiəu53_44ti21ʂəu21ua0.｜哦猪□子哦，咁个东西我又撞怕会去搞下子，也撞怕搞倒唔好食，唔～。o_21tʂəu35kʰu53tsɿ0o0,kan21_13cie53_44təŋ35_44si0ŋai13iəu53tsʰɔŋ21pʰa53_44uɔi53_44çi53_44kau21ua53_44tsɿ0,ia35tsʰɔŋ21pʰa53kau21tau21m̩13_21mau21ʂət5,n̩13ti21ʂəu21.

【里手马子】ti21ʂəu21ma35tsɿ0 名业务很精的人：～就蛮里手个人呢，属于箇种蛮里手个人呢。ti21ʂəu21ma35tsɿ0tsʰiəu53man13ti21ʂəu21ke53ɲin13_21ne0,ʂəuk5ʮ13kai53tʂəŋ21man13ti21ʂəu21ke53ɲin13_21ne0.

【里子】li35tsɿ0 名衣服、帽子、鞋子等的衬布：外背就安做面子，肚里是只～。ŋɔi53pɔi53_44tsʰiəu53_44ɔn35_44tso53_44mien53tsɿ0,təu21li0ʂʅ53_44tʂak3li35tsɿ0.

【哩1】li0 助动态助词，出现在动词、动补短语之后，表示完成、已然：风停～。fəŋ35tʰin13li0.｜食～饭了么？ʂət5li0fan53liau0mo0?问候用语，多用于用餐时分｜箇东西就打开来～箇个锁就。kai53_21təŋ35_44si0tsʰiəu53_44ta21kʰɔi35_44lɔi13_21li0kai53_44ke53_44so21tsʰiəu53_44.｜听懂～吗？tʰaŋ35təŋ21li0ma0?

【哩2】li0 助表示陈述语气：系有话鳌个～。xei53iəu35ua53ŋau13kei53li0.

【哩了】li0liau21/liau0 助动态助词，表示完成、已然：搞正～嘞就天晴。kau21tʂaŋ53_44li0liau21le0tsʰiəu53_44tʰien35tsʰiaŋ13.｜木锁让门子个原理我唔记得～。muk3so21ɲiɔŋ53mən0tsɿ0ke53_44vien13li35_44ŋai13_21n̩13_21ci53tek3li0liau0.

【理事】li35sɿ53 动管理、主持事务：你等箇个～个人呐搞么个去哩？咁多路子都𫟪招呼到。以只路子都𫟪搞得好。ɲi13tien0kai53_44ke53_44li35sɿ53kei53ɲin13_21na0kau21mak3e0çi53li0?kan21to35ləu53tsɿ0təu35_53maŋ13tʂau35fu35tau53.i21tʂak3ləu53tsɿ0təu35_53maŋ13kau21tek3xau21.

【鲤水】li35ʂei21 名极小的鲤鱼苗。也称“鲤水子”：鲤鱼个鱼苗嘞就可以点伢大子，唔知几细就可以舞倒去卖。卖，～，箇真系硬，渠个用碗子去舀。春天就有人荷倒来卖。卖一滴嘞，又加滴子水。过嘿路上又加滴子水。反正卖来卖去总卖总稀。就信天舀，一块钱，两块钱，舀两块钱。嘿嘿，～子。以下冇得哩。卖～子。li35ŋ̍13_21ke53ŋ̍13miau13_21lei0tsʰiəu53_44kʰo21i35tian53ŋa13_44tʰai53tsɿ0,n̩13ti35_53ci21se53tsʰiəu53_44kʰo21i35_44u21tau21çi53_44mai53.mai53,li35ʂei21,kai53_44tʂən35xe53_44ɲiaŋ53_44,ci13_21ke53iəŋ53uɔn21tsɿ0çi53 iau$^{21}$.tʂʰən$^{35}$tʰien$^{35}_{44}$tsʰiəu$^{53}_{44}$iəu$^{35}_{44}$ɲin$^{13}_{21}$kʰai$^{35}_{44}$tau$^{21}$lɔi$^{13}_{21}$mai$^{53}$.mai$^{53}$iet$^{3}$tiet$^{5}_{3}$lei$^{0}$,iəu$^{53}$cia$^{35}$tiet$^{5}$tsɿ$^{0}$ʂei$^{21}$.ko$^{53}_{44}$xek$^{3}$ləu$^{53}_{44}$xɔŋ$^{53}_{44}$iəu$^{53}$cia$^{35}_{44}$tiet$^{5}$tsɿ$^{0}$ʂei$^{21}$.fan$^{21}$tʂən$^{53}_{44}$mai$^{53}$lɔi$^{13}_{21}$mai$^{53}_{44}$çi$^{53}_{44}$tsəŋ$^{21}$mai$^{53}$tsəŋ$^{21}$çi$^{35}$.tsʰiəu$^{53}_{44}$sin$^{53}$tʰien$^{35}$iau$^{21}$,iet$^{3}$kʰuai$^{53}$tsʰien$^{13}$,iɔŋ$^{21}$kʰuai$^{53}$tsʰien$^{13}$,iau$^{21}$iɔŋ$^{21}$kʰuai$^{53}$tsʰien$^{13}_{44}$.xe$_{44}$xe$_{21}$,li$^{35}$ʂei$^{21}$tsɿ$^{0}$.i$^{21}$xa$^{53}$mau$^{13}_{21}$tek$^{3}_{5}$li$^{0}$.mai$^{53}$li$^{35}$ʂei$^{21}$tsɿ$^{0}$.

【鲤鱼】li$^{35}$ŋ̍$^{13}$ 名 鱼名：箇到话渠等张家坊人跍倒江西哪只栏场钓鱼啊，钓倒一条四十八斤个～啊，渠话五六个人搞嘿两三点钟正舞起来，又怕渠跑咁，又怕渠拗嘿箇起箇么个钓鞭子箇只么个东西。四十八斤个～话，渠话硬几个人舞嘿两个小时正舞起来，舞尽哩命。kai$^{53}_{44}$tau$^{53}$ua$^{53}$ci$^{13}_{21}$tien$^{0}$tʂɔŋ$^{35}_{44}$ka$^{35}_{44}$xɔŋ$^{35}$ɲin$^{13}_{21}$ku$^{35}$tau$^{21}$kɔŋ$^{35}$si$^{35}$lai$^{53}$tʂak$^{3}$laŋ$^{13}_{21}$tʂʰɔŋ$^{13}_{44}$tiau$^{53}$ŋ̍$^{13}$ŋa$^{0}$,tiau$^{53}$tau$^{21}$(i)et$^{3}$tʰiau$^{13}_{21}$si$^{53}$ʂət$^{5}$pait$^{3}$cin$^{35}_{44}$ke$^{53}_{44}$li$^{35}$ŋ̍$^{13}_{21}$ŋa$^{0}$,ci$^{13}$ua$^{53}$ŋ̍$^{21}$liəuk$^{3}$ke$^{53}$ɲin$^{13}_{44}$kau$^{21}$xek$^{3}$iɔŋ$^{21}$san$^{35}_{44}$tian$^{21}$tʂəŋ$^{35}$tʂaŋ$^{53}$u$^{21}$çi$^{21}$lɔi$^{13}$,iəu$^{53}$pʰa$^{53}$ci$^{13}$pʰau$^{21}$kan$^{21}$,iəu$^{53}$pʰa$^{53}$ci$^{13}_{44}$au$^{21}$xek$^{3}$kai$^{53}_{44}$çi$^{21}_{44}$kai$^{53}_{44}$mak$^{3}$e$^{0}$tiau$^{53}$pien$^{35}$tsɿ$^{0}$kai$^{53}_{21}$tʂak$^{3}$mak$^{3}$e$^{0}$təŋ$^{35}_{44}$si$^{0}$.si$^{53}$ʂət$^{5}$pait$^{3}$cin$^{35}_{44}$ke$^{53}$li$^{35}$ŋ̍$^{13}$ua$^{53}_{44}$,ci$^{13}_{21}$ua$^{53}_{44}$ɲiaŋ$^{53}_{44}$ci$^{21}$cie$^{53}$ɲin$^{13}_{21}$u$^{21}$xek$^{3}$iɔŋ$^{21}$ke$^{53}$siau$^{21}$ʂʅ$^{13}$tʂaŋ$^{53}_{44}$u$^{21}$çi$^{21}$lɔi$^{13}_{21}$,u$^{21}$tsʰin$^{53}_{44}$ni$^{0}$miaŋ$^{53}$.

【鲤鱼灯】li$^{35}$ŋ̍$^{13}$tien$^{35}$ 名 一种传统灯舞。舞蹈时手持鲤鱼形状的彩灯，寓意来年丰收：出～。正月出～。tʂʰət$^{3}$li$^{35}$ŋ̍$^{13}_{21}$tien$^{35}$.tʂaŋ$^{35}$ɲiet$^{5}$tʂʰət$^{3}$li$^{35}$ŋ̍$^{13}_{21}$tien$^{35}$.

【鲤鱼精】li$^{35}$ŋ̍$^{13}$tsin$^{35}$ 名 鲤鱼化成的精怪：鲤鱼大嘿哩个就吓人，就话渠系～。河里个大鲤鱼啊，就是话渠系～。li$^{35}$ŋ̍$^{13}_{21}$tʰai$^{53}$xek$^{3}$li$^{0}$ke$^{53}$tsʰiəu$^{53}$xak$^{3}$ɲin$^{13}$,tsʰiəu$^{53}$ua$^{53}$ci$^{13}_{21}$xe$^{53}$li$^{35}$ŋ̍$^{13}_{21}$tsin$^{35}$.xo$^{13}$li$^{21}$ke$^{53}_{44}$tʰai$^{53}$li$^{35}$ŋ̍$^{13}_{21}$ŋa$^{0}$,tsiəu$^{53}_{44}$ʂʅ$^{53}_{44}$ua$^{53}$ci$^{13}_{21}$xe$^{53}_{44}$li$^{35}$ŋ̍$^{13}_{21}$tsin$^{35}$.

【力气】liet$^{5}$çi$^{53}$ 名 体力，身体肌肉收缩或扩张产生的效能：（打出山）爱有……爱～蛮饱个人，爱有～个人。ɔi$^{53}$iəu…ɔi$^{53}_{44}$liet$^{5}$çi$^{53}_{44}$man$^{13}_{21}$pau$^{21}$ke$^{53}$ɲin$^{13}_{21}$,ɔi$^{53}_{44}$iəu$^{35}$liet$^{5}$çi$^{53}$cie$^{53}_{21}$ɲin$^{13}_{21}$.

【力资钱】liet$^{5}$tsɿ$^{35}$tsʰien$^{13}$ 名 脚钱；脚夫的劳动报酬。又称"脚力钱"：以前是箇个啦，张家坊到小河是，到我等小河，到人溪到上洪到小河，到凤溪，都冇车。路就有一条，冇得车。七十年代八十年代都还冇么个车，尤其系七十年代啊，尽爱靠肩膊荷啦。欸，以前供销社里吵专门畜只人荷货嘞，专门请只人荷货。渠就供销社里有么个货都是舞倒渠到张家坊来荷。浏阳个车只送倒张家坊，浏阳个货只送倒张家坊。我都荷过咯。我等队上栽倒有茯苓呢，箇阵子咯栽茯苓。栽倒个茯苓呢爱荷嘿张家坊来卖，爱荷下张家坊来卖啦，从凤溪呀，以个横巷里个栏场啊。我最重个一担荷过一百三个。还一担箩啦，还有一担箩啦。一百三，硬唔得到喔，硬一脚子懒都偷唔倒喔硬哦。路上过哩辆把子车啊么个，我你把子还拦得倒箇个车？你把子还拦得渠倒啊么个？呼声下就走你门口面前过嘿哩嘞。尽荷倒上来。荷上来以后，只有工分同队上荷是，系唔系？只有工分。归了，走下供……寻下子供销社里，箇我有两只认得下子个人，寻下子供销社里人："有么个货带下子么？带兜子货去。"好，带六十斤子货归去，六十斤子货，又赚得块多两块子钱倒。真有味道。上个时候子荷一百二，归个时候子荷六十斤，顺带吵，系唔系啊？箇晡真抵得。欸，又寻哩咁多工分呢又有～。i$^{35}_{53}$tsʰien$^{13}$ʂʅ$^{53}_{44}$kai$^{53}$ke$^{53}$la$^{0}$,tʂɔŋ$^{35}$ka$^{35}_{44}$fɔŋ$^{35}$tau$^{53}$siau$^{21}$xo$^{13}$ʂʅ$^{53}_{44}$,tau$^{53}$ŋai$^{13}_{21}$tien$^{0}$siau$^{21}$xo$^{13}$,tau$^{53}$uən$^{13}$çi$^{35}_{44}$tau$^{53}$ʂɔŋ$^{53}$pʰəŋ$^{13}_{21}$tau$^{53}$siau$^{21}$xo$^{13}$,tau$^{53}_{44}$fəŋ$^{53}$çi$^{35}_{44}$,təu$^{35}$mau$^{13}$tʂʰa$^{35}$.ləu$^{53}$tsʰiəu$^{53}_{21}$iəu$^{35}$iet$^{3}$tʰiau$^{13}_{44}$,mau$^{13}_{21}$tek$^{3}$tʂʰa$^{35}$.tsʰiet$^{3}$ʂət$^{5}$ɲien$^{13}_{21}$tʰɔi$^{53}_{44}$pait$^{3}$ʂət$^{5}$ɲien$^{13}_{21}$tʰɔi$^{53}_{44}$təu$^{35}_{53}$xai$^{13}$mau$^{13}$mak$^{3}$e$^{0}$tʂʰa$^{35}$,iəu$^{13}_{21}$cʰi$^{13}_{44}$xe$^{53}_{44}$tsʰiet$^{3}$ʂət$^{5}$ɲien$^{13}_{21}$tʰɔi$^{53}_{44}$a$^{0}$,tsʰin$^{53}$ɔi$^{53}$kʰau$^{53}$cien$^{35}$pɔk$^{3}$kʰai$^{35}$la$^{0}$.ei$_{21}$,i$^{35}_{53}$tsʰien$^{13}_{21}$kəŋ$^{35}_{44}$siau$^{35}_{44}$ʂa$^{53}$li$^{21}$ʂa$^{0}$tʂen$^{35}$mən$^{13}_{21}$çiəuk$^{3}$tʂak$^{3}$ɲin$^{13}$kʰai$^{35}$fo$^{53}$lei$^{0}$,tʂen$^{35}$mən$^{13}_{21}$tsʰiaŋ$^{21}$tʂak$^{3}$ɲin$^{13}$kʰai$^{35}_{44}$fo$^{53}$.ci$^{13}_{21}$tsʰiəu$^{53}$kəŋ$^{35}_{44}$siau$^{35}_{44}$ʂa$^{53}$li$^{0}$iəu$^{35}$mak$^{3}$ke$^{53}_{44}$fo$^{53}$təu$^{35}_{44}$ʂʅ$^{53}_{44}$u$^{21}$tau$^{21}$ci$^{13}_{21}$tau$^{53}$tʂɔŋ$^{35}_{44}$ka$^{35}_{44}$fɔŋ$^{35}$lɔi$^{13}_{21}$kʰai$^{35}_{44}$.liəu$^{13}$iɔŋ$^{13}_{21}$ke$^{53}$tʂʰa$^{35}$tʂʅ$^{21}$səŋ$^{53}$tau$^{21}$tʂɔŋ$^{35}_{44}$ka$^{35}_{44}$fɔŋ$^{35}$,liəu$^{13}$iɔŋ$^{13}$ke$^{53}_{44}$fo$^{53}$tʂʅ$^{21}$səŋ$^{53}$tau$^{21}$tʂɔŋ$^{35}_{44}$ka$^{35}_{44}$fɔŋ$^{35}$.ŋai$^{13}$təu$^{35}_{53}$kʰai$^{35}_{44}$ko$^{53}$ko$^{0}$.ŋai$^{13}$tien$^{0}$ti$^{53}$xɔŋ$^{53}$tsɔi$^{35}$tau$^{21}$iəu$^{35}_{44}$fuk$^{5}$lin$^{13}_{21}$nei$^{0}$,kai$^{53}_{44}$tʂʰən$^{53}$tsɿ$^{0}$ko$^{0}$tsɔi$^{35}$fuk$^{5}$lin$^{13}_{21}$.tsɔi$^{35}$tau$^{21}$ke$^{0}$fuk$^{5}$lin$^{13}_{21}$nei$^{0}$ɔi$^{53}_{44}$kʰai$^{35}$xek$^{3}$tʂɔŋ$^{35}_{44}$ka$^{35}_{44}$fɔŋ$^{35}$lɔi$^{13}_{21}$mai$^{53}$,ɔi$^{53}_{44}$kʰai$^{35}$ia$^{53}$tʂɔŋ$^{35}_{44}$ka$^{35}_{44}$fɔŋ$^{35}$lɔi$^{13}_{21}$mai$^{53}$la$^{0}$,tsʰəŋ$^{13}$fəŋ$^{53}$çi$^{35}_{44}$ia$^{0}$,i$^{21}$ke$^{53}$uaŋ$^{13}$xɔŋ$^{53}$li$^{21}$ke$^{53}$lan$^{13}_{44}$tʂʰɔŋ$^{13}_{44}$ŋa$^{0}$.ŋai$^{13}$tsei$^{53}$tʂʰəŋ$^{35}_{44}$ke$^{53}$iet$^{3}$tan$^{35}$kʰai$^{35}_{44}$ko$^{53}$iet$^{3}$pak$^{3}$san$^{35}$cie$^{53}$.xai$^{13}_{21}$iet$^{3}$tan$^{35}_{44}$lo$^{13}$la$^{0}$,xai$^{13}_{21}$iəu$^{35}_{53}$iet$^{3}$tan$^{35}_{44}$lo$^{13}$la$^{0}$.iet$^{3}$pak$^{3}$san$^{35}$, ɲiaŋ$^{53}$n̩$^{13}_{21}$tek$^{3}$tau$^{53}$uo$^{0}$, ɲiaŋ$^{53}$iet$^{3}$ciɔk$^{3}$tsɿ$^{0}$lan$^{35}$təu$^{35}_{44}$tʰɔi$^{35}$n̩$^{13}_{21}$tau$^{21}$uo$^{0}$ɲiaŋ$^{53}_{44}$o$^{0}$.ləu$^{53}$xɔŋ$^{53}$ko$^{53}$li$^{0}$liɔŋ$^{21}_{13}$pa$^{21}$tsɿ$^{0}$tʂʰa$^{35}$a$^{0}$mak$^{3}$ke$^{53}$,ŋai$^{13}_{21}$ɲi$^{13}$pa$^{21}_{44}$tsɿ$^{0}$xai$^{13}$lan$^{13}$tek$^{3}$tau$^{21}$kai$^{53}_{44}$ke$^{53}_{44}$tʂʰa$^{35}$?ɲi$^{13}$pa$^{21}_{44}$tsɿ$^{0}$xai$^{13}_{21}$lan$^{13}$tek$^{3}$ci$^{13}_{21}$tau$^{21}$a$^{0}$mak$^{3}$ke$^{53}$?fu$^{13}$ʂaŋ$^{35}$xa$^{53}$tsʰiəu$^{53}_{44}$tsei$^{21}$ɲi$^{13}_{21}$mən$^{13}$xei$^{21}$mien$^{53}$tsʰien$^{13}_{21}$ko$^{53}$xek$^{3}$li$^{0}$lei$^{0}$.tsʰin$^{53}$kʰai$^{35}$tau$^{21}$ʂɔŋ$^{53}_{44}$lɔi$^{13}_{21}$.kʰai$^{35}$ʂɔŋ$^{53}$lɔi$^{13}_{21}$i$^{35}_{44}$xei$^{53}$,tʂʅ$^{21}$iəu$^{35}_{53}$kəŋ$^{35}$fən$^{35}_{53}$tʰəŋ$^{13}$ti$^{53}$xɔŋ$^{53}_{44}$kʰai$^{35}$ʂʅ$^{53}_{44}$,xei$^{53}$me$^{53}$?tʂʅ$^{21}$iəu$^{35}_{53}$kəŋ$^{35}$fən$^{35}_{53}$.kuei$^{35}$liau$^{21}_{44}$,tsei$^{21}_{44}$xa$^{53}_{44}$kəŋ$^{35}_{44}$…tsʰin$^{13}$na$^{53}_{44}$tsɿ$^{0}$kəŋ$^{35}_{44}$siau$^{35}_{44}$ʂa$^{53}$li$^{0}$,kai$^{53}_{44}$ŋai$^{13}_{21}$iəu$^{35}_{53}$iɔŋ$^{21}$tʂak$^{3}$ɲin$^{53}$tek$^{3}$(x)a$^{53}$tsɿ$^{0}$ke$^{53}$ɲin$^{13}_{21}$,tsʰin$^{13}$na$^{53}_{44}$tsɿ$^{0}$kəŋ$^{35}_{44}$siau$^{35}_{44}$ʂa$^{53}$li$^{0}$ɲin$^{13}_{21}$:"iəu$^{35}$mak$^{3}$ke$^{53}_{44}$fo$^{53}$tai$^{53}_{44}$(x)a$^{53}_{44}$tsɿ$^{0}$mo$^{0}$?tai$^{53}_{44}$te$^{35}_{53}$tsɿ$^{0}$fo$^{53}$çi$^{53}_{44}$."xau$^{21}$,tai$^{53}$liəuk$^{3}$ʂət$^{5}$cin$^{35}_{44}$tsɿ$^{0}$fo$^{53}$kuei$^{35}_{44}$çi$^{53}_{44}$,liəuk$^{3}$ʂət$^{5}$cin$^{35}_{44}$tsɿ$^{0}$fo$^{53}$,iəu$^{53}$tsʰan$^{53}$tek$^{3}$kʰuai$^{53}$to$^{35}_{53}$iɔŋ$^{21}$kʰuai$^{53}$

L

tsɿ$^{0}$ tsʰien$^{13}_{21}$tau$^{21}$.tʂən$^{35}_{44}$iəu$^{35}_{44}$uei$^{53}$tʰau$^{53}$.ʂəŋ$^{35}$ke$^{53}$ʂʅ$^{13}_{44}$xəu$^{53}_{44}$tsɿ$^{0}$ kʰai$^{35}$iet$^{3}$ pak$^{3}$ ɲi$^{53}$,kuei$^{35}$ke$^{53}$ʂʅ$^{13}_{44}$xəu$^{53}_{44}$tsɿ$^{0}$ kʰai$^{35}$ liəuk$^{3}$ ʂət$^{5}$ cin$^{35}_{44}$,ʂən$^{53}$tai$^{53}$ʂa$^{0}$,xei$^{53}$mei$^{53}$a$^{0}$?kai$^{53}$pu$^{35}$tʂən$^{35}_{44}$ti$^{21}$tek$^{3}$.ei$_{21}$,iəu$^{53}$tsʰin$^{13}$ni$^{0}$kan$^{21}$to$^{35}_{44}$kəŋ$^{35}$fən$^{35}_{44}$nei$^{0}$ iəu$^{53}$iəu$^{35}$liet$^{5}$ tsɿ$^{35}_{44}$tsʰien$^{13}$.

【厉害】li$^{53}$xɔi$^{53}$ [形]①严重：（虚）也系肿，箇就冇得咁～个肿。ia$^{35}$xei$^{53}$tʂəŋ$^{21}$,kai$^{53}$tsʰiəu$^{53}$mau$^{13}$ tek$^{3}$kan$^{21}$li$^{53}$xɔi$^{53}$ke$^{53}_{44}$tʂəŋ$^{21}$. ②剧烈：（打新房）蛮～冇得，就系讲下子笑话子箇只唠。man$^{13}$li$^{53}$ xɔi$^{53}_{44}$mau$^{13}$tek$^{3}$,tsʰiəu$^{53}_{21}$(x)ei$^{53}_{44}$kəŋ$^{21}$(x)a$^{53}_{44}$tsɿ$^{0}$ siau$^{53}$fa$^{53}$tsɿ$^{0}$ kai$^{53}_{21}$tʂak$^{3}_{5}$lau$^{0}$. ③（动物）凶猛：（油箩蜂）叼哩人蛮～个。tiau$^{35}_{44}$li$^{0}$ɲin$^{13}$man$^{13}$li$^{53}$xɔi$^{53}_{44}$ke$^{53}_{44}$. ④（人）高强，能干：我等箇有只男子人呐，唔知几～。ŋai$^{13}$tien$^{0}$kai$^{53}_{44}$iəu$^{35}$tʂak$^{3}$lan$^{13}$tsɿ$^{0}$ɲin$^{13}$na$^{0}$,n̩$^{13}_{21}$ti$^{35}_{44}$ci$^{21}$li$^{53}$xɔi$^{53}_{21}$.

【立】liet$^{5}$ [动]①树起：（祖牌）写正哩以后就～起来呀，放下厅下，放下大厅下。sia$^{21}$tʂaŋ$^{53}$li$^{0}$ i$^{35}$xei$^{53}$tsʰiəu$^{53}_{44}$liet$^{5}$çi$^{21}$lɔi$^{13}_{21}$ia$^{0}$,fəŋ$^{53}_{44}$ŋa$_{44}$(←xa$^{53}$)tʰaŋ$^{35}$xa$^{53}_{44}$,fəŋ$^{53}_{44}$ŋa$_{44}$(←xa$^{53}$)tʰai$^{53}$tʰaŋ$^{35}_{44}$xa$^{35}$. ②订立：～字据 liet$^{5}$ sɿ$^{53}$tʂʮ$^{53}$

【立春】liet$^{5}$ tʂʰən$^{35}$ [名]二十四节气之一，为春季之始：～呢就系有光眼春瞎眼春呢。liet$^{5}$ tʂʰən$^{35}$ ne$^{0}$ tsʰiəu$^{53}_{44}$xei$^{53}_{44}$iəu$^{35}_{44}$kəŋ$^{35}$ŋan$^{21}$tʂʰən$^{35}$xait$^{3}$ ŋan$^{21}$tʂʰən$^{35}$nei$^{0}$.

【立冬】liet$^{5}$ təŋ$^{35}$ [动]过了立冬，进入冬季：～以后箇个是酸枣。liet$^{5}$ təŋ$^{35}$i$^{35}_{44}$xei$^{35}$kai$^{53}_{44}$ke$^{53}_{44}$ʂʅ$^{53}_{44}$sən$^{35}$ tsau$^{21}$.｜立哩冬吧黄老鼠个皮都是蛮金贵。liet$^{5}$ li$^{0}$ təŋ$^{35}$pa$^{0}$ uəŋ$^{13}$lau$^{21}_{53}$tʂʰəu$^{21}$ke$^{53}_{44}$pʰi$^{13}$təu$^{35}_{44}$ʂʅ$^{53}$man$^{13}$cin$^{35}$ kuei$^{53}$.

【立秋$_1$】liet$^{5}$ tsʰiəu$^{35}$ [名]节气名：一过哩～，箇刺瓜丝瓜丁丁吊吊冇人爱哩。iet$^{3}$ ko$^{53}$li$^{0}$ liet$^{5}$ tsʰiəu$^{35}_{44}$, kai$^{53}_{21}$tsʰi$^{53}$kua$^{35}_{53}$tin$^{35}$tin$^{35}_{44}$tiau$^{53}$tiau$^{53}$mau$^{13}_{21}$ɲin$^{13}_{44}$ɔi$^{53}$li$^{0}$.

【立秋$_2$】liet$^{5}$ tsʰiəu$^{35}$ [动]交立秋节气；秋季开始：渠等话箇个呢，我跍下浏阳咯，就栽哩菜，栽倒箇丝瓜，我等喊刺瓜，长日有人偷，但是只爱一～，一过哩立秋，箇刺瓜丁丁吊吊冇人爱哩。么个有只我等浏阳人有只咁个讲法，客家人嘞有只箇个讲法嘞，立哩秋个交哩秋个丝瓜刺瓜，交哩秋个刺瓜，食哩会跌头发，冇人爱哩。晓知？冇人偷，偷都冇人偷哩靠我个面前个。我话让门咁古怪？哦，一想，立哩秋了嘞，冇人食。卖也冇人爱哩。箇浏阳下背就蛮讲究箇只东西。以个栏场还更唔多得食了，你只爱立哩秋。如今是还赠，大暑都还赠到唠。ci$^{13}$tien$^{0}$ ua$^{53}_{44}$kai$^{53}$ke$^{0}$ nei$^{0}$,ŋai$^{13}$kʰu$^{35}_{44}$xa$^{53}_{44}$liəu$^{13}$iəŋ$^{13}_{21}$ko$^{0}$,tsʰiəu$^{53}_{44}$tsɔi$^{35}$li$^{0}$ tsʰɔi$^{53}$,tsɔi$^{35}$tau$^{21}$kai$^{53}$sɿ$^{35}$kua$^{35}_{44}$,ŋai$^{13}$tien$^{0}$ xan$^{53}_{44}$tsʰi$^{53}$kua$^{35}_{44}$,tʂʰəŋ$^{13}$ɲiet$^{3}$ iəu$^{35}$ɲin$^{13}_{21}$tʰei$^{35}$,tan$^{53}_{44}$ʂʅ$^{53}_{44}$tʂʅ$^{21}$ɔi$^{53}$iet$^{3}$ liet$^{5}$ tsʰiəu$^{35}$,iet$^{3}$ ko$^{53}$li$^{0}$ liet$^{5}$ tsʰiəu$^{35}_{44}$,kai$^{53}_{21}$tsʰi$^{53}$ kua$^{35}_{53}$tin$^{35}$tin$^{35}_{44}$tiau$^{53}$tiau$^{53}$mau$^{13}_{21}$ɲin$^{13}_{44}$ɔi$^{53}$li$^{0}$.mak$^{3}$(k)ei$^{53}_{44}$iəu$^{35}$tʂak$^{3}$ŋai$^{13}$tien$^{0}$liəu$^{13}$iəŋ$^{13}_{44}$ɲin$^{13}$iəu$^{35}$tʂak$^{3}$kan$^{21}$(k)e$^{0}$ kəŋ$^{21}$fait$^{3}$,kʰak$^{3}$ka$^{35}_{53}$ɲin$^{13}_{21}$lei$^{0}$ iəu$^{35}_{44}$tʂak$^{3}$kai$^{21}$(k)e$^{0}$kəŋ$^{21}$fait$^{3}$lei$^{0}$,liet$^{5}$li$^{0}$tsʰiəu$^{35}$kei$^{0}$ciau$^{35}_{44}$li$^{0}$tsʰiəu$^{35}$ke$^{0}$sɿ$^{35}_{44}$kua$^{35}_{44}$ tsʰi$^{53}$kua$^{35}_{44}$,ciau$^{35}_{44}$li$^{0}$tsʰiəu$^{35}$ke$^{0}$tsʰi$^{53}$kua$^{35}_{44}$,ʂət$^{5}$li$^{0}$uɔi$^{53}$tet$^{3}$tʰei$^{13}$fait$^{3}$,mau$^{13}_{21}$ɲin$^{13}_{44}$ɔi$^{53}$li$^{0}$.çiau$^{53}$ti$^{35}_{53}$?mau$^{13}_{21}$ɲin$^{13}_{44}$tʰei$^{35}_{44}$, tʰei$^{35}$təu$^{35}_{53}$mau$^{13}_{44}$ɲin$^{13}_{44}$tʰei$^{35}_{44}$li$^{0}$kʰau$^{53}$ŋai$^{13}$ke$^{0}$mien$^{53}$tsʰien$^{13}_{44}$ke$^{0}$.ŋai$^{13}$ua$^{53}_{44}$ɲiəŋ$^{53}$mən$^{0}$kan$^{21}$ku$^{21}$kuai$^{53}$?o$_{53}$,iet$^{3}$ siəŋ$^{21}$,liet$^{5}$li$^{0}$tsʰiəu$^{35}$liau$^{0}$le$^{0}$,mau$^{13}$ɲin$^{13}_{44}$ʂət$^{5}$.mai$^{53}$ia$^{35}_{44}$mau$^{13}_{21}$ɲin$^{13}_{44}$ɔi$^{53}$li$^{0}$.kai$^{53}$liəu$^{13}$iəŋ$^{13}$xa$^{53}_{44}$pɔi$^{53}_{44}$tsʰiəu$^{53}$man$^{13}$ kəŋ$^{21}$ciəu$^{53}_{44}$kai$^{53}$(tʂ)ak$^{3}$(t)əŋ$^{35}_{44}$si$^{0}$.i$^{21}$ke$^{0}$laŋ$^{13}_{21}$tʂʰəŋ$^{13}_{44}$xai$^{13}_{44}$cien$^{53}$n̩$^{13}$to$^{35}_{44}$tek$^{3}$ʂət$^{5}$liau$^{0}$, ɲi$^{13}$tʂʅ$^{21}$ɔi$^{53}_{44}$liet$^{5}$li$^{0}$tsʰiəu$^{35}$.i$^{13}_{21}$ cin$^{35}_{44}$ʂʅ$^{53}$xai$^{13}$maŋ$^{13}$,tʰai$^{53}$tʂʰəu$^{21}$təu$^{35}_{53}$xai$^{13}_{21}$maŋ$^{13}$tau$^{53}$lau$^{0}$.

【立夏】liet$^{5}$xa$^{53}$ [名]二十四节气之一，为夏季之始：欸讲天气呢，～就爱下呢，就爱落水呀。～箇晡就爱下呢，就爱落水就更好呢。ei$^{0}$ kəŋ$^{21}$tʰien$^{35}$çi$^{53}$nei$^{0}$,liet$^{5}$ xa$^{53}$tsʰiəu$^{53}$ɔi$^{53}_{21}$xa$^{53}$nei$^{0}$, tsʰiəu$^{53}_{44}$ɔi$^{53}_{44}$lɔk$^{5}$ ʂei$^{21}$ia$^{0}$.liet$^{5}$ xa$^{53}$kai$^{53}_{44}$pu$^{35}_{44}$tsʰiəu$^{53}_{44}$ɔi$^{53}_{44}$xa$^{53}$nei$^{0}$,tsʰiəu$^{53}_{44}$ɔi$^{53}_{44}$lɔk$^{5}$ ʂei$^{21}$tsʰiəu$^{53}$ken$^{53}$xau$^{21}$nei$^{0}$.

【坜】lak$^{5}$ [名]缝隙：壁墙～里 piak$^{3}$ lak$^{5}$ li$^{0}$ ｜门～里 mən$^{13}$lak$^{5}$ li$^{0}$ ｜渠指鱼篓子嘞口嘞中间一只～。ci$^{13}$ lei$^{0}$ xei$^{21}$lei$^{0}$ tʂəŋ$^{35}$kan$^{35}_{44}$iet$^{3}$ tʂak$^{3}$ lak$^{5}$.

【坜坑】lak$^{3}$ xaŋ$^{35}$ [名]污水坑：～渠正肥呀，正有咁肥呀，欸，箇个乌子芹就长得墨乌子啊。lak$^{3}$ xaŋ$^{35}_{53}$ci$^{13}$tʂaŋ$^{53}$pʰi$^{13}$ia$^{0}$,tʂaŋ$^{53}_{44}$iəu$^{35}_{53}$kan$^{21}$pʰi$^{13}$ia$^{0}$,ei$_{21}$,kai$^{53}$ke$^{53}_{44}$tiau$^{35}_{44}$tsɿ$^{0}$ cʰin$^{13}$tsʰiəu$^{53}$tʂəŋ$^{21}$tek$^{3}$ miek$^{5}$ u$^{35}$tsɿ$^{0}$ a$^{0}$.

【利$_1$】li$^{53}$ [形]①锋利，锐利：冇得～，劈柴斧就唔～个。mau$^{13}_{21}$tek$^{3}$ li$^{53}$,pʰiak$^{3}$ tsʰai$^{13}$pu$^{21}$tsʰiəu$^{53}$n̩$^{13}$ li$^{53}$ke$^{53}$. ②引申指工具便于使用，效率高：（磨子个齿）箇就唔～吵，唔煞个吵。kai$^{53}_{44}$tsʰiəu$^{53}_{44}$m̩$^{13}$ li$^{53}$ʂa$^{0}$,n̩$^{13}$sait$^{3}$ ke$^{53}_{44}$ʂa$^{0}$.

【利$_2$】li$^{53}$ [名]利息的别称：两成～iəŋ$^{21}$tʂʰən$^{13}$li$^{53}$ ｜～上滚～li$^{53}$ʂəŋ$^{53}$kuən$^{21}$li$^{53}$ ｜讲～个更唔多哩，讲息个多。kəŋ$^{21}$li$^{53}$ke$^{53}_{44}$cien$^{53}$n̩$^{13}_{21}$to$^{35}$li$^{0}$,kəŋ$^{21}$siet$^{3}$ cie$^{53}_{21}$to$^{35}_{44}$.

【利$_3$】li$^{53}$ [动]促进排除：～水湿 li$^{53}$ʂei$^{21}$ʂət$^{3}_{5}$

【沥】li$^{53}$ [动]液体一滴一滴地落下：还有～干水个就系……安做就系箇两只东西，以前就箇两，以下是就东西多嘿哩唠。xai$^{13}$iəu$^{35}_{44}$li$^{53}$kən$^{35}_{44}$ʂei$^{21}$ke$^{53}$tsiəu$^{53}_{44}$xe$^{53}_{44}$…ən$^{35}$tso$^{53}$tsʰiəu$^{53}$xe$^{53}$kai$^{53}_{21}$iəŋ$^{21}$tʂak$^{3}$ təŋ$^{35}_{44}$

si$^{0}$,i$^{35}_{53}$tsʰien$^{13}$tsʰiəu$^{53}_{44}$kai$^{53}_{44}$iəŋ$^{21}_{35}$,i$^{21}$xa$^{53}$ʂʅ$^{53}_{44}$tsʰiəu$^{53}_{44}$təŋ$^{35}_{44}$si$^{0}$to$^{35}_{44}$(x)ek$^{3}$li$^{0}$lau$^{0}$.

【沥子】li$^{53}$tsɿ$^{0}$ 名漏斗：拿～就欸箇个分箇个油哇水呀上下箇个口子比较小个地方啊，欸，或者分箇个就哇大罂肚里个酒哇用～上下酒壶茶壶里去，上下瓶子肚里去啊。la$^{53}_{44}$li$^{53}$tsɿ$^{0}$tsʰiəu$^{53}$ei$_{21}$kai$^{53}$ke$^{53}$pən$^{35}$kai$^{53}_{44}$ke$^{53}_{44}$iəu$^{13}$ua$^{0}$ ʂei$^{21}$ia$^{0}$ ʂəŋ$^{21}$ŋa$^{53}$kai$^{53}$ke$^{53}$xei$^{21}$tsɿ$^{0}$ pi$^{21}$ciau$^{53}$siau$^{21}$ke$^{53}_{44}$tʰi$^{53}$fəŋ$^{35}$ŋa$^{0}$,e$_{21}$,xɔit$^{5}$ tʂa$^{21}$pən$^{35}$kai$^{53}_{44}$ke$^{53}_{44}$tsiəu$^{21}$ua$^{0}$ tʰai$^{53}$aŋ$^{35}$təu$^{21}$li$^{0}$ ke$^{53}$tsiəu$^{21}$ua$^{0}$ iəŋ$^{53}_{44}$li$^{53}$tsɿ$^{0}$ ʂəŋ$^{21}$ŋa$^{0}$ tsiəu$^{21}$fu$^{13}$tsʰa$^{13}$fu$^{13}_{21}$li$^{0}$ çi$^{53}$,ʂəŋ$^{21}$ ŋa$^{53}$pʰin$^{13}$tsɿ$^{0}$ təu$^{21}$li$^{0}$ çi$^{53}$a$^{0}$.

【笠嫲】liet$^{3}$ma$^{13}$ 名斗笠：～就系箇东西指箬叶做嘞。liet$^{3}$ma$^{13}$tsʰiəu$^{53}$xei$^{53}_{44}$kai$^{53}_{44}$təŋ$^{35}_{44}$si$^{0}$ tso$^{53}_{44}$lei$^{0}$.｜统称是～嘞，我等客姓人安做～嘞。tʰəŋ$^{21}$tʂʰən$^{35}_{53}$ʂʅ$^{53}$liet$^{3}$ma$^{13}$lei$^{0}$,ŋai$^{13}$tien$^{0}$kʰak$^{3}$sin$^{53}$ɲin$^{13}_{21}$ɔn$^{35}_{44}$tso$^{53}_{44}$liet$^{3}$ma$^{13}$ lei$^{0}$.

【笠嫲丘】liet$^{3}$ma$^{13}_{21}$cʰiəu$^{35}$ 名面积极小的水田：箇晡唔系讲嘿～？箇只万老师讲～。kai$^{53}_{44}$pu$^{35}_{44}$m̩$^{13}_{21}$ me$^{53}$(←xe$^{53}$)kəŋ$^{21}$xek$^{3}$liet$^{3}$ma$^{13}_{21}$cʰiəu$^{35}$?kai$^{53}$tʂak$^{3}$uan$^{53}$lau$^{21}$sɿ$^{35}_{44}$kəŋ$^{21}$liet$^{3}$ma$^{13}_{21}$cʰiəu$^{35}$.

【脷子】li$^{53}$tsɿ$^{0}$ 名舌头，一般指猪的舌头。又称"招财"：猪身上有只～啦。猪哇，畜……食猪肉哇，剐猪个猪子个身上啊，猪子个～就系猪子个利钱安做，就系猪舌嫲。tʂəu$^{35}$ʂən$^{35}_{44}$xəŋ$^{53}_{44}$ iəu$^{35}$tʂak$^{3}$li$^{53}$tsɿ$^{0}$la$^{0}$.tʂəu$^{35}$ua$^{0}$,çiəuk$^{3}$…ʂət$^{5}$tʂəu$^{35}$ɲiəuk$^{3}$ua$^{0}$,tʂʰʅ$^{13}_{21}$tʂəu$^{35}$ke$^{53}$tʂəu$^{35}$tsɿ$^{0}$ke$^{0}$ʂən$^{35}_{44}$xəŋ$^{53}$ŋa$^{0}$,tʂəu$^{35}$ tsɿ$^{0}$ke$^{53}_{44}$li$^{53}$tsɿ$^{0}$tsʰiəu$^{53}_{44}$xei$^{53}_{44}$tʂəu$^{35}$tsɿ$^{0}$ke$^{53}_{44}$li$^{53}$tsʰien$^{13}_{21}$ɔn$^{35}_{44}$tso$^{53}_{44}$,tsʰiəu$^{53}_{44}$xei$^{53}_{44}$tʂəu$^{35}$ʂet$^{5}$ma$^{13}$.

【粒】tiet$^{3}$ 量多指颗粒状的东西：一～米 iet$^{3}$tiet$^{3}$mi$^{21}$｜一～谷 iet$^{3}$tiet$^{3}$kuk$^{3}$｜眼珠肚里容不得一～沙子。ŋan$^{21}$tʂəu$^{35}$təu$^{21}$li$^{0}$iəŋ$^{13}$puk$^{3}$tek$^{3}$iet$^{3}$tiet$^{3}$sa$^{35}$tsɿ$^{0}$.

【粒粒转】liet$^{3}$liet$^{3}$tʂən$^{21}$ 动乱转：眼珠～ŋan$^{21}$tʂəu$^{35}$liet$^{3}$liet$^{3}$tʂən$^{21}$

【痢疾】li$^{53}$tsʰiet$^{5}$ 名一种流行性或地方性疾病，以严重腹泻、黏液血便并常有肠道溃疡及毒血症、腹痛以及里急后重为特征：～就泄肚子啊，得～死个人就安做痢疾鬼。li$^{53}$tsʰiet$^{5}$tsʰiəu$^{53}$ set$^{3}$təu$^{21}$tsɿ$^{0}$a$^{0}$,tek$^{3}$li$^{53}$tsʰiet$^{5}$si$^{21}$ke$^{53}_{44}$ɲin$^{13}_{21}$tsʰiəu$^{53}_{21}$ɔn$^{35}_{44}$tso$^{53}_{44}$li$^{53}$tsʰiet$^{5}$kuei$^{21}$.

【痢疾鬼】li$^{53}$tsʰiet$^{5}$kuei$^{21}$ 名得痢疾而死的鬼，多用于骂人：你箇只～！ɲi$^{13}$kai$^{53}_{44}$tʂak$^{3}$li$^{53}$tsʰiet$^{5}$ kuei$^{21}$!

【竻】lek$^{3}$ 名刺，也指带刺的植物：（糖罂子）有～呢，系唔系？有～。iəu$^{35}$lek$^{3}$nei$^{0}$,xei$^{53}_{44}$ me$^{53}_{44}$?iəu$^{35}$lek$^{3}$.｜箇蓬铁篱笆，尽～个。kai$^{53}$pʰəŋ$^{13}_{44}$tʰiet$^{3}$li$^{13}_{21}$pa$^{35}$,tsʰin$^{53}$nek$^{3}$ke$^{53}$.

【竻枫树】lek$^{3}$fəŋ$^{35}$ʂəu$^{53}$ 名枫树的一种，有刺：欸，除嘿以起枫树，还有起，安做～，尽竻个，我等老家就有。～皮箇也好整痒病。舞倒去炆水，炆倒去洗身。e$_{44}$,tʂʰəu$^{13}$xek$^{3}$i$^{21}$çi$^{21}$fəŋ$^{35}$ʂəu$^{53}$, xai$^{13}$iəu$^{35}_{53}$çi$^{21}$,ɔn$^{35}_{44}$tso$^{53}$let$^{3}$fəŋ$^{35}$ʂəu$^{53}$,tsʰin$^{53}$net$^{3}$ke$^{53}$,ŋai$^{13}$tien$^{0}$lau$^{21}$cia$^{35}_{44}$tsʰiəu$^{53}_{44}$iəu$^{35}$.let$^{3}$fəŋ$^{35}$ʂəu$^{53}$pʰi$^{13}$kai$^{53}$ia$^{35}$ xau$^{21}$tʂaŋ$^{21}$iəŋ$^{35}$pʰiaŋ$^{53}$.u$^{21}$tau$^{21}$çi$^{53}$uən$^{13}$ʂei$^{21}$,uən$^{13}$tau$^{21}$çi$^{53}$se$^{21}$ʂən$^{35}$.

【竻瓜子】lek$^{3}$kua$^{35}_{44}$tsɿ$^{0}$ 名黄瓜的一种，表皮上有刺：～，就箇只竻就有刺个哩啊。lek$^{3}$kua$^{35}_{44}$ tsɿ$^{0}$,tsiəu$^{53}$kai$^{53}$kai$^{53}$tʂak$^{3}$liek$^{3}$tsʰiəu$^{53}_{44}$iəu$^{35}_{44}$tsʰɿ$^{53}$ke$^{53}_{44}$lia$^{0}$.

【竻蓬】lek$^{3}$pʰəŋ$^{13}$ 名①带刺的灌木丛：箇个路墈下一只～，真莫搞下肚里去哩哈。kai$^{53}_{44}$kei$^{53}_{44}$ ləu$^{53}$kʰan$^{53}_{44}$xa$^{53}_{44}$(i)et$^{3}$tʂak$^{3}$lek$^{3}$pʰəŋ$^{13}$,tʂən$^{35}$mɔk$^{5}$kau$^{21}$ua$^{53}$kai$^{53}$təu$^{21}$li$^{0}$çi$^{53}_{44}$li$^{0}$xa$^{0}$. ②喻指极其复杂、难以处理的事情：渠箇盘账啊迣下～里去哩，扯唔清哩。ci$^{13}$kai$^{53}$pʰan$^{13}_{21}$tʂəŋ$^{53}$ŋa$^{0}$kəŋ$^{53}$ŋa$^{53}$lek$^{3}$pʰəŋ$^{13}$li$^{0}$ çi$^{53}$li$^{0}$,tʂʰa$^{21}$ŋ̍$^{13}$tsʰin$^{35}$ni$^{0}$.｜以发呀真多事，硬迣下～里样，迣下～里去哩。搞唔清哩。i$^{21}$fait$^{3}$ia$^{0}$ tʂən$^{35}$to$^{35}_{44}$sɿ$^{53}$,ɲiaŋ$^{53}$kəŋ$^{53}$xa$^{53}$lek$^{3}$pʰəŋ$^{13}$li$^{0}$iəŋ$^{53}$,kəŋ$^{53}$xa$^{53}$lek$^{3}$pʰəŋ$^{13}$li$^{0}$çi$^{53}$li$^{0}$.kau$^{21}$ŋ̍$^{13}_{21}$tsʰin$^{35}$ni$^{0}$.

【竻蓬树】lek$^{3}$pʰəŋ$^{13}$ʂəu$^{53}$ 名荆棘：尽竻个就喊安做～吧？tsʰin$^{53}_{21}$nek$^{3}$ke$^{53}_{21}$tsʰiəu$^{53}_{44}$xan$^{53}_{44}$ɔn$^{35}_{44}$tso$^{53}_{44}$lek$^{3}$ pʰəŋ$^{13}$ʂəu$^{53}$pa$^{0}$?

【连$_{1}$】lien$^{13}$ 动①相接，连接：箇边就舞只箇样东西～起来唠。kai$^{53}$pien$^{35}_{44}$tsʰiəu$^{53}_{44}$u$^{21}$tʂak$^{3}$kai$^{53}_{44}$ iəŋ$^{53}_{44}$təŋ$^{35}_{44}$si$^{0}$lien$^{13}$çi$^{21}_{21}$lɔi$^{13}_{21}$lau$^{0}$. ②用针线缝缀：剪做两篼嘞，分渠嘞又用针线子～转去。tsien$^{21}$tso$^{53}$ iəŋ$^{21}$sak$^{3}$lei$^{0}$,pən$^{35}$ci$^{13}_{21}$lei$^{0}$iəu$^{53}$iəŋ$^{53}$tʂən$^{35}$sien$^{53}$tsɿ$^{0}$lien$^{13}$tʂən$^{21}$çi$^{53}$. ③合并：学生子个就有欸～起来加起来安做课桌椅呀。xɔk$^{5}$saŋ$^{35}_{44}$tsɿ$^{0}$ke$^{53}_{44}$tsʰiəu$^{53}_{44}$iəu$^{35}_{44}$ei$_{21}$lien$^{13}$çi$^{21}$lɔi$^{13}$cia$^{35}$çi$^{21}$lɔi$^{13}_{44}$ɔn$^{35}_{44}$tso$^{53}_{44}$kʰo$^{53}$tsɔk$^{3}$i$^{21}$ia$^{0}$. ④挖：箇晡唔系话哩～窿？爱～进去，爱挖进去。kai$^{53}_{44}$pu$^{35}_{44}$m̩$^{13}_{21}$pʰe$^{53}_{44}$ua$^{53}$li$^{0}$lien$^{13}$nəŋ$^{13}$?ɔi$^{53}_{44}$lien$^{13}$tsin$^{53}$cʰi$^{53}_{44}$,ɔi$^{53}_{44}$ ua$^{35}$tsin$^{53}$cʰi$^{53}_{44}$.

【连$_{2}$】lian$^{13}$ 副用在否定句中，表强调，有"几乎完全"的意思：～冇爱挖。lian$^{13}$mau$^{13}_{44}$ɔi$^{53}$ ua$^{35}$.

【连$_{3}$】lien$^{13}$ 介①表示包括在内：～竹床都烧嘿去。lien$^{13}$tʂəuk$^{3}$tsʰəŋ$^{13}$təu$^{35}_{44}$ʂau$^{35}_{44}$xek$^{3}$çi$^{53}_{44}$. ②表示强调，含有"甚而至于"之意：真唔轻啊，重到～我都拿唔动了。tʂən$^{35}$ŋ̍$^{13}$cʰiaŋ$^{35}$ŋa$^{0}$,tʂʰəŋ$^{35}$

L

tau53lien13ŋai13təu35la53ŋ̍13tʰəŋ35liau21.

【连窿】lien13ləŋ13 动造坟的方法，在挖好竖坑之后，再横向挖墓穴：我等个坟，事先就挖只凼进去，挖只狭狭子个。定正哩方向了以映啊，就只爱挖……棺材是长长子个，就挖只咁阔子个，放得只棺材下，对咁……对岭肚里挖，安做～啊。箇晡唔系话哩～？爱连进去，爱挖进去。一分棺材舞好哩就你就筑滴土，以下面上就一只咁个码面。ŋai13_21tien0ke53fən13,sɿ53sien35_44tsʰiəu53_44uait3tʂak3tʰɔŋ53tsin53cʰie53,uait3tʂak3cʰiait5cʰiait5tsɿ0ke53_44.tʰin53tʂaŋ53li0fɔŋ35çiɔŋ53liau0i21iaŋ53_44ŋa0,tsʰiəu53_44tʂʅ21ɔi53uait3…kɔn35tsʰɔi13_44ʂʅ53_44tʂʰɔŋ13tʂʰɔŋ13tsɿ0ke53_44,tsʰiəu53_44uait3tʂak3kan21kʰɔit3tsɿ0ke53_44,fɔŋ53tek3tʂak3kɔn35tsʰɔi13_21xa53_44,ti53kan21…ti53liaŋ35təu21li0ua35,ɔn35_44tso53_44lien13_21nəŋ13ŋa0.kai53_44pu35_44m̩13_21pʰe53_44ua53li0lien13nəŋ13?ɔi53_44lien13tsin53cʰi53_44,ɔi53_44ua35tsin53cʰi53_44.iet3pən35kɔn35tsʰɔi13_21u21xau21li0tsʰiəu53_44ni13_21tsʰiəu53_44tʂəuk3tet5tʰəu21,i21xa53_44mien53xɔŋ53_44tsʰiəu53_44iet3tʂak3kan21ke53_44ma35mien53.

【连坐】lien13tsʰo53 动受牵连：我等就搞过一回～啊。我老弟嫂咯渠就生哩两只妹子，冇赖子哦，真想赖子。我老弟嫂真想赖子，我老弟子也想赖子。又擐哩人喏，渠第三胎哟。箇唔系我老弟子教书吵，爱除名，硬爱渠去引产，爱去结扎，爱去引嘿去，分箇只细人子引嘿去。渠就硬唔去引，我老弟嫂就两公婆就打架，两公婆就来搞筋。欸，以下嘞话爱我等以下我等是兄弟，实在我以只老弟子是过哩房吵，系唔系唠？哦，因为我等我爷子，我，欸，我两只老妹子，我等四个人去下教书，都去小河乡啊都去凤溪乡啊箇阵子啊，因为我老弟子个事爱……也系当时个么个政策，～政策，也就系株连政策，舞倒我四个人个工资都停嘿，唔发工资。箇我怕是唔怕渠唠，欸，个把两个月唔发工资是唔怕渠唠。我等个工资是我都唔着心，唔着愁。就系我老弟子个工作就冇得哩，就会归去做工夫了，就只好归去箇个会除名了。我老婆陪倒渠硬去引嘿哩哦，引产引嘿哩哦。箇唔引嘿是如今我老弟子就归去屋下做工夫了嘞，就除哩名嘞。以下我老弟子就晓得哩啊，一个月也领倒三四千块钱呐，工资啊退休工资啊，系唔系？以下退哩休了嘞，渠比我细五岁嘞。渠也退哩休嘞，旧年退休个嘞。以下领哩几千块钱工资了渠就晓得，箇阵子是硬怪死哩我等呐。ŋai13tien0tsʰiəu53kau21ko53(i)et3fei13lien13tsʰo53a0.ŋai13lau21tʰe53sau21ko0ci13_21tsʰiəu53_44saŋ35li0iɔŋ21tʂak3mɔi53tsɿ0,mau13lai53tsɿ0o_44,tʂən35siɔŋ21lai53tsɿ0.ŋai13lau21tʰe35_53sau21tʂən35siɔŋ21lai53tsɿ0,ŋai13_44lau21tʰe35_53tsɿ0a35_44siɔŋ21lai53tsɿ0.iəu53kʰuan53ni0ɲin13_44no0,çi53tʰi53_44san35tʰɔi35_44io0.kai53_44m̩13_44pʰei53_44ŋai13_21lau21tʰei53tsɿ0kau35_44ʂəu35ʂa0,ɔi53tʂʰʮ13_21miaŋ13,ɲiaŋ53ɔi53ci13_21çi53in21tsʰan21,ɔi53çi53ciet3tsait3,ɔi53çi53in21nek3çi53,pən35kai53_44tʂak3sei53ɲin13_44tsɿ0in13_21nek3çi53_44.ci13_21tsʰiəu53_44ɲiaŋ53ŋ̍13çi53in21,ŋai13_21lau21tʰe53sau21tsʰiəu53_44iɔŋ21kəŋ35pʰo13tsʰiəu53ta21cia53,iɔŋ21kəŋ35pʰo13_21tsʰiəu53lɔi13_21kau21cin35.e_21,i21xa53_44le0ua53ɔi53ŋai13tien0i21xa53_44ŋai13tien0ʂʅ53çiəŋ35_44tʰi53,ʂət5tsʰai53ŋai13_44i21tʂak3lau21tʰe53tsɿ0ʂʅ53_44ko53li0fɔŋ13ʂa0,xei53_44mei53_44lau0?o_53,in35uei53ŋai13_21tien0ŋai13_21ia13tsɿ21,ŋai13,e_21,ŋai13_44iɔŋ21tʂak3lau21mɔi53tsɿ0,ŋai13tien0si53ke53_44ɲin13_21çi53_44xa53_44kau35_44ʂəu35,təu35çi53_44siau21xo13çiɔŋ35_44ŋa0təu35çi53_44fəŋ53çi35_44çiɔŋ35_44ŋa0kai53tʂʰən53tsa0,in35uei53_44ŋai13_21lau21tʰe53_44tsɿ0ke53_44sɿ53ɔi53_44…ia35xei53_44tɔŋ35ʂʅ13_44ke53_44mak3e0tʂən53tsʰek3,lien13tsʰo53tʂən53tsʰek3,ia35tsʰiəu53xe53tʂəu35lien13_21tʂən53tsʰek3,u21tau21ŋai13si53ke53ɲin13_21ke53_44kəŋ35_44tsɿ35_44təu35_44tʰin13_21xek3,ŋ̍13fait3kəŋ35_44tsɿ35_44.kai53ŋai13_21pʰa53ʂʅ53_44m̩13pʰa53_44ci13_21lau0,e_21,cie53pa21iɔŋ21ke53ɲiet5m̩13_21fait3kəŋ35_44tsɿ35_44ʂʅ53m̩13pʰa53ci13_21lau0.ŋai13tien0ke53kəŋ35_44tsɿ35_44ʂʅ53ŋai13_21təu35_53ŋ̍13_21tʂʰɔk5sin35_44,ŋ̍13tʂʰɔk5tsʰei13_21.tsʰiəu53xe53ŋai13_21lau21tʰe53tsɿ0ke53kəŋ35_44tsɔk3tsʰiəu53mau13_21tek3li0,tsʰiəu53uɔi53_21kuei35çi53tso53kəŋ35_44fu35_44liau0,tsʰiəu53tʂʅ21_53xau21kuei35_44çi53_44kai53_21ke53_21uɔi53tʂʰʮ13_21miaŋ13liau0.ŋai13_21lau21pʰo13pʰi13tau21_44ci13_44ɲiaŋ53çi53in21nek3li0o0,in21tsʰan21in21nek3li0o0.kai53ŋ̍13in21xek3ʂʅ53_44i13_21cin35_44ŋai13_21lau21tʰei53tsɿ0tsʰiəu53_44kuei35_44çi53_44uk3xa53_44tso53kəŋ35fu35_44liau0lei0,tsʰiəu53_44tʂʰʮ13_21li0miaŋ13lei0.i21xa53ŋai13_21lau21tʰei53tsɿ0tsʰiəu53çiau21tek3li0a0,iet3ke53ɲiet5ia35lin35tau21san35_44si53tsʰien35kʰuai53tsʰien13na0,kəŋ35_44tsɿ35_44a0tʰei53çiəu35_44kəŋ35_44tsɿ35_44a0,xei53_44me53_44?i21xa53_44tʰei53li0çiəu35liau21le0,ci13_21pi21ŋai13_21se53ŋ̍21sɔi53le0.ci13_21a35tʰei53li0çiəu35_44le0,cʰiəu53ɲien13_21tʰi53çiəu35_44ke53le0.i21xa53_44lin35ni0ci21tsʰien35_44kʰuai53tsʰien13_21kəŋ35tsɿ35_44liau21ci13_21tsʰiəu53çiau21tek3,kai53tʂʰən53tsɿ0ʂʅ53_44ɲiaŋ53kuai53si21li0ŋai13tien0na0.

【莲子】lien13tsɿ21 名莲的种子：角落𥚃有滴子像～。kɔk3lɔk3tʂei35iəu35tet5tsɿ0tsʰiɔŋ53lien13tsɿ21.

【鲢鱼】lien13ŋ̍13 名鱼名：老晒鱼嘞，一般就系唔知几好个鱼箇粗～。lau21sai53ŋ̍13_21lei0,iet3pɔn35tsʰiəu53_44xe53ŋ̍13_21ti35_53ci21xau21ke53_44ŋ̍13kai53_44tsʰɿ35lien35ŋ̍13_44.

【镰铲】lien13tsʰan21 名一种锄头，也称“镰铲子”：因为箇山里个墈蛮高，走一张～徛下田里，铲顶高唔倒。in35uei53_44kai53_44san35ni21ke53_44kʰan53man13kau35,tsei21iet3tʂɔŋ35lien13tsʰan21cʰi35xa53_44tʰien13ni21,tsʰan21taŋ21kau35_44ŋ̍13tau21.｜打平下子就用箇个用～子啊去打啊。kʰo35pʰiaŋ13_21xa53_44tsɿ0tsʰiəu53_44iəŋ53kai53_44cie53_44iəŋ53lien13tsʰan21tsa0cʰi53_44kʰo35a0.

【镰刨】lien$^{13}$p$^h$au$^{13}_{21}$ [名]一种锄头（板宽短，轻快）：用～去扚 iəŋ$^{53}_{44}$lien$^{13}$p$^h$au$^{13}_{21}$çi$^{53}_{44}$k$^h$o$^{35}$

【濂】lian$^{21}$ [形]①干涸（指天不下雨或雨停了之后而言）：今晡～哩水。cin$^{35}$pu$^{35}_{44}$lian$^{21}$li$^0$ ʂei$^{21}$.｜旱～哩。xɔn$^{35}$lian$^{21}$li$^0$.②干，没有水分或水分少：等渠跌～下子米汤以后嘞，倾下甑里去蒸。ten$^{21}$ci$^{13}$tet$^3$ lian$^{21}$na$_{44}$(←xa$^{53}$)tʂʅ$^0$ mi$^{21}$t$^h$ɔŋ$^{35}_{44}$i$^{35}_{44}$xei$^{53}_{44}$lei$^0$,k$^h$uaŋ$^{35}$ŋa$_{44}$(←xa$^{53}$)tsien$^{53}$ni$^0$ çi$^{53}_{44}$tʂən$^{35}$.

【濂捡】lian$^{21}$cian$^{21}$ [动]全部吃光：我箇到买几多只鸡腿呀？八只鸡腿，两只家伙一餐就搞嘿哩，欸。蛮大嘞。去买倒渠箇个欸缯搞正个啦，我自家归来搞个啦，自家归来加工个啦。买倒渠箇映子都两块钱一只啦，滋大一坨啊。箇一包起码都有两斤零啊，八只，两斤零，八只鸡腿。一餐就分渠等食嘿哩，四只子鸡腿是硬一个人四只子是～，一餐就食嘿哩。ŋai$^{13}$kai$^{53}$tau$^{53}$mai$^{35}$ ci$^{21}$(t)o$^{35}$tʂak$^3$ ci$^{35}$t$^h$ɔi$^{21}$ia$^0$?pait$^3$ tʂak$^3$ ci$^{35}_{44}$t$^h$ɔi$^{21}$,iɔŋ$^{21}$tʂak$^3$ cia$^{35}_{44}$xo$^{21}$iet$^3$ ts$^h$ən$^{35}$ts$^h$iəu$^{53}$kau$^{21}$(x)ek$^3$ li$^0$ ,e$_{21}$.man$^{13}$ t$^h$ai$^{53}$lei$^0$ .çi$^{53}$mai$^{35}$tau$^{21}$ci$^{13}$kai$^{53}$ke$^{53}_{44}$ei$_{21}$maŋ$^{13}$kau$^{21}$tʂaŋ$^{53}$ke$^{53}$la$^0$ ,ŋai$^{13}_{21}$ts$^h$ʅ$^{35}$ka$^{35}_{53}$kuei$^{35}_{53}$lɔi$^{13}_{21}$kau$^{21}$ke$^{53}$la$^0$ ,ts$^h$ʅ$^{35}$ka$^{35}_{53}$ kuei$^{35}_{53}$lɔi$^{13}_{21}$cia$^{35}_{44}$kəŋ$^{35}_{44}$ke$^{53}$la$^0$ .mai$^{35}$tau$^{21}$ci$^{13}_{21}$kai$^{53}$iaŋ$^{53}_{44}$tʂʅ$^0$ tau$^{35}_{44}$iɔŋ$^{21}$k$^h$uai$^{53}$ts$^h$ien$^{13}_{44}$iet$^3$ tʂak$^3$ la$^0$ ,mən$^{35}$t$^h$ai$^{53}$iet$^3$ t$^h$o$^{13}_{44}$ a$^0$ .kai$^{53}$iet$^3$ pau$^{35}$çi$^{21}$ma$^{35}_{44}$təu$^{35}_{44}$iəu$^{35}_{44}$iɔŋ$^{21}$cin$^{35}_{44}$laŋ$^{13}_{21}$ŋa$^0$ ,pait$^3$ tʂak$^3$ ,iɔŋ$^{21}$cin$^{35}_{44}$laŋ$^{13}_{21}$,pait$^3$ tʂak$^3$ cie$^{35}$t$^h$ɔi$^{21}$.iet$^3$ ts$^h$ən$^{35}$ ts$^h$iəu$^{53}_{44}$pən$^{35}_{44}$ci$^{13}_{44}$tien$^0$ ʂət$^5$ (x)ek$^3$ li$^0$ ,si$^{53}$tʂak$^3$ tʂʅ$^0$ cie$^{35}_{44}$t$^h$ɔi$^{21}$ ʂʅ$^{53}_{21}$ɲiaŋ$^{53}$iet$^3$ ke$^{53}_{21}$in$^{13}_{21}$si$^{53}$tʂak$^3$ tʂʅ$^0$ ʂʅ$^{53}_{44}$lian$^{21}$cian$^{21}$,iet$^3$ ts$^h$ən$^{35}$ts$^h$iəu$^{53}_{44}$ʂət$^5$ (x)ek$^3$ li$^0$ .

【炼猪油】lien$^{53}$tʂəu$^{35}$iəu$^{13}$ [名]炼制好的桶装猪油：装好桶个？安做……一桶一桶。以前箇几百斤一桶个咁个。以前系有嘞，欸。也只就系猪油呢。冇得么个话法呢。欸。哦，有滴人安做～。炼个，渠外背炼……箇种油安做炼个猪油。～。tʂɔŋ$^{35}$xau$^{21}$t$^h$əŋ$^{21}$ke$^{53}_{44}$?ɔn$^{35}_{44}$tso$^{53}_{44}$…iet$^3$ t$^h$əŋ$^{21}$ iet$^3$ t$^h$əŋ$^{21}$.i$^{35}$ts$^h$ien$^{13}_{21}$kai$^{53}_{44}$ci$^{21}$pak$^3$ cin$^{35}_{44}$iet$^3$ t$^h$əŋ$^{21}$ke$^{53}$kan$^{21}$ke$^{53}_{21}$.i$^{35}$ts$^h$ien$^{13}_{21}$xei$^{53}$iəu$^{35}$le$^0$ ,e$_{21}$.ia$^{35}$tʂʅ$^{21}$ts$^h$iəu$^{53}_{44}$xei$^{53}_{44}$ tʂəu$^{35}$iəu$^{13}_{21}$nei$^0$ .mau$^{13}_{21}$tek$^3$ mak$^3$ ke$^{53}_{44}$ua$^{53}$fait$^3$ nei$^0$ .e$_{21}$.o$_{21}$,iəu$^{35}$tet$^5$ in$^{13}_{44}$ɔn$^{35}_{44}$tso$^{53}_{44}$lien$^{53}$tʂəu$^{35}_{44}$iəu$^{13}_{21}$.lien$^{53}$cie$^{53}_{44}$,ci$^{13}_{21}$ ŋɔi$^{53}$pɔi$^{53}_{44}$lien$^{53}$…kai$^{53}$tʂəŋ$^{21}$iəu$^{13}$ɔn$^{35}$tso$^{53}_{44}$lien$^{53}$ke$^{53}_{44}$tʂəu$^{35}_{44}$iəu$^{13}_{44}$.lien$^{53}$tʂəu$^{35}_{44}$iəu$^{13}_{44}$.

【摙】lien$^{53}$ [动]反复踩踏：有兜是舞绷头牛去～（泥），绷头牛哇，用牛脚去～。欸，～正哩以后嘞，又爱一饽一饽去搋。iəu$^{35}$tei$^{35}_{53}$ʂʅ$^{53}_{44}$u$^{21}$paŋ$^{35}$t$^h$ei$^{13}_{21}$ɲiəu$^{13}$çi$^{53}_{44}$lien$^{53}$,paŋ$^{35}$t$^h$əu$^{13}_{21}$ɲiəu$^{13}$ua$^0$ ,iəŋ$^{53}$ɲiəu$^{13}$ ciɔk$^3$ çi$^{53}_{44}$ts$^h$ai$^{21}$.e$_{21}$,lien$^{53}$tʂaŋ$^{53}_{21}$li$^0$ i$^{35}$xei$^{53}_{44}$lei$^0$ ,iəu$^{53}$ɔi$^{53}$iet$^3$ p$^h$ɔk$^5$ iet$^3$ p$^h$ɔk$^5$ çi$^{53}$ts$^h$ei$^{21}$.

【凉】liɔŋ$^{13}$ [形]温度低但并不寒冷：秋天到哩欸，凉快下来哩，秋～哩。ts$^h$iəu$^{35}$t$^h$ien$^{35}_{44}$tau$^{53}$ lie$^0$ ,liɔŋ$^{13}$k$^h$uai$^{53}$xa$^{35}$lɔi$^{13}_{21}$li$^0$ ,ts$^h$iəu$^{35}$liɔŋ$^{13}_{44}$li$^0$ .

【凉床】liɔŋ$^{13}$ts$^h$ɔŋ$^{13}$ [名]竹床：（竹床）也有人话～。ia$^{35}$iəu$^{35}_{44}$ɲin$^{13}_{21}$ua$^{53}_{44}$liɔŋ$^{13}_{21}$ts$^h$ɔŋ$^{13}_{21}$.

【凉粉】liɔŋ$^{13}$fən$^{21}$ [名]用凉粉坨磨制成的果冻状食品：欸，一种咁个植物呢，洗倒箇个肚里个子子箇兜咯，就泡倒就同番薯粉样个呢，安做～呢。箇～好食唠，热天就泡倒就好食唠，清凉个。爱早晨缯出日头个井水去舞正搞得成。真古怪嘞，爱缯出日头个井水，出哩日头个水就要唔得哩，温度高哩嘛，系唔系？ e$_{21}$,iet$^3$ tʂəŋ$^{21}$kan$^{21}$ke$^{53}_{44}$tʂ$^h$ət$^5$ uk$^5$ nei$^0$ ,se$^{21}$tau$^{21}$kai$^{53}$ke$^{53}$təu$^{21}$li$^0$ ke$^{53}$ tʂʅ$^{21}$tʂʅ$^{21}$kai$^{53}_{44}$te$^{35}_{53}$ko$^0$ ,tsiəu$^{53}_{44}$p$^h$au$^{53}$tau$^{21}$ts$^h$iəu$^{53}$t$^h$əŋ$^{13}_{44}$fan$^{35}_{44}$ʂəu$^{13}_{21}$fən$^{21}$iɔŋ$^{53}$ke$^{53}$nei$^0$ ,ɔn$^{35}_{44}$tso$^{53}_{44}$liɔŋ$^{13}$fən$^{21}$nei$^0$ .kai$^{53}$ liɔŋ$^{13}$fən$^{21}$xau$^{21}$ʂət$^5$ lau$^0$ , ɲiet$^5$ t$^h$ien$^{35}_{44}$ts$^h$iəu$^{53}$p$^h$au$^{53}$tau$^{21}$tsiəu$^{53}_{44}$xau$^{21}$ʂət$^5$ lau$^0$ ,ts$^h$in$^{35}$liɔŋ$^{13}$ke$^0$ .ɔi$^{53}$tsau$^{21}$ʂən$^{13}$ maŋ$^{13}$tʂ$^h$ət$^3$ ɲiet$^3$ t$^h$ei$^{13}_{21}$ke$^{53}$tsiaŋ$^{21}$ʂei$^{21}$çi$^{53}$u$^{21}$tʂaŋ$^{53}$kau$^{21}$tek$^3$ ʂaŋ$^{13}$.tʂən$^{35}$ku$^{21}$kuai$^{53}$lei$^0$ ,ɔi$^{53}$maŋ$^{13}$tʂ$^h$ət$^3$ ɲiet$^3$ t$^h$ei$^{13}_{21}$ ke$^{53}$tsiaŋ$^{21}$ʂei$^{21}$,tʂ$^h$ət$^3$ li$^0$ ɲiet$^3$ t$^h$ei$^{13}$ke$^{53}$ʂei$^{21}$ts$^h$iəu$^{53}$iau$^{53}$n$^{13}_{21}$tek$^3$ li$^0$ ,uən$^{35}$t$^h$əu$^{53}$kau$^{35}_{44}$li$^0$ ma$^0$ ,xei$^{53}$me$^{53}$?

【凉粉坨】liɔŋ$^{13}$fən$^{21}$t$^h$o$^{13}$ [名]薜荔果的俗称，可加工成凉粉：箇咁子个呃绝像狐狸桃样个东西呢，比它狐狸桃大滴子，有咁大，有街上卖个箇狐狸桃咁大。白白子箇种东西，安做～。kai$^{53}$ kan$^{21}$tʂʅ$^0$ kei$^{53}$ə$_{44}$ts$^h$iet$^5$ ts$^h$iɔŋ$^{53}$fu$^{13}_{44}$li$^{13}_{44}$t$^h$au$^{13}$iɔŋ$^{53}_{44}$ke$^{53}_{44}$təŋ$^{35}_{44}$si$^0$ nei$^0$ ,pi$^{21}$t$^h$a$^{35}_{44}$fu$^{13}_{44}$li$^{13}_{44}$t$^h$au$^{13}$t$^h$ai$^{53}$tiet$^5$ tʂʅ$^0$ ,iəu$^{35}_{44}$kan$^{21}$ t$^h$ai$^{53}$,iəu$^{35}_{44}$kai$^{35}$xɔŋ$^{53}_{44}$mai$^{53}$cie$^{53}_{44}$kai$^{53}$fu$^{13}_{21}$li$^{13}_{21}$t$^h$au$^{13}$kan$^{21}$t$^h$ai$^{53}$.p$^h$ak$^5$ p$^h$ak$^5$ tʂʅ$^0$ kai$^{53}$tʂəŋ$^{21}$təŋ$^{35}_{44}$si$^0$ ,ɔn$^{35}_{53}$tso$^{53}$liɔŋ$^{13}_{44}$ fən$^{21}$t$^h$o$^{13}$.｜～肚里是就系一滴子咁个欸有籽籽，有咁个果……种子咯。欸，丁啮大子个种子，同箇西瓜籽样，有咁个同箇苦瓜个咁个瓤样个东西，苦瓜瓤样个，苦瓜肚里呀同箇瓤样个东西，去洗。切开来，舞兜水去洗，去搭，搭出箇个水来，就能够做成凉粉。liɔŋ$^{13}$fən$^{21}$t$^h$o$^{13}$təu$^{21}$ li$^0$ ʂʅ$^{53}_{44}$ts$^h$iəu$^{53}$xe$^{53}$iet$^3$ tiet$^5$ tʂʅ$^0$ kan$^{21}$ke$^{53}_{44}$e$_{21}$iəu$^{35}$tʂʅ$^{21}$tʂʅ$^{21}$,iəu$^{35}$kan$^{21}$ke$^{53}$ko$^{21}$…tʂəŋ$^{21}$tʂʅ$^0$ ko$^0$ .e$_{21}$,tin$^{53}$ŋait$^3$ t$^h$ai$^{53}$tʂʅ$^0$ ke$^0$ tʂəŋ$^{21}$tʂʅ$^0$ ,t$^h$əŋ$^{13}$kai$^{53}_{44}$si$^{35}$kua$^{35}_{44}$tʂʅ$^{21}$iɔŋ$^{53}$,iəu$^{35}$kan$^{21}$ke$^{53}_{44}$t$^h$əŋ$^{13}$kai$^{53}_{44}$fu$^{21}$kua$^{35}_{44}$kei$^{53}_{44}$kan$^{21}$kei$^{53}_{44}$lɔŋ$^{35}$iɔŋ$^{53}_{44}$ke$^{53}_{44}$təŋ$^{35}_{44}$ si$^0$ ,fu$^{21}$kua$^{35}_{44}$lɔŋ$^{35}$iɔŋ$^{53}_{44}$ke$^0$ ,fu$^{21}$kua$^{35}_{53}$təu$^{21}$li$^0$ ia$^0$ t$^h$əŋ$^{13}_{21}$kai$^{53}_{44}$lɔŋ$^{35}$iɔŋ$^{53}_{44}$ke$^0$ təŋ$^{35}_{44}$si$^0$ ,çi$^{53}$se$^{21}$.ts$^h$iet$^3$ k$^h$ɔi$^{35}_{44}$lɔi$^{13}_{21}$,u$^{21}$te$^{35}_{53}$ ʂei$^{21}$çi$^{53}$se$^{21}$,çi$^{53}_{44}$k$^h$ak$^5$ ,k$^h$ak$^5$ tʂ$^h$ət$^3$ kai$^{53}_{44}$ke$^{53}_{44}$ʂei$^{21}$lɔi$^{13}_{21}$,ts$^h$iəu$^{53}$len$^{13}_{21}$ciau$^{53}_{44}$tso$^{53}$tʂ$^h$ən$^{13}_{21}$liɔŋ$^{13}$fən$^{21}$.

【凉快】liɔŋ$^{13}$k$^h$uai$^{53}$ [形]①清凉爽快：凉圈子个作用就系，一只系～，第二只保护以只脑壳。如果全部戴下去，□只帽子戴稳就系就蛮热人。liɔŋ$^{13}$c$^h$ien$^{35}_{44}$tʂʅ$^0$ ke$^{53}_{44}$tsɔk$^3$ iəŋ$^{53}_{44}$ts$^h$iəu$^{53}_{44}$xe$^{53}_{44}$,iet$^3$ tʂak$^3$ (x)e$^{53}_{44}$liɔŋ$^{13}$k$^h$uai$^{53}$,t$^h$i$^{53}$ɲi$^{53}$tʂak$^3$ pau$^{21}$fu$^{53}$i$^{21}$tʂak$^3$ lau$^{21}$k$^h$ɔk$^3$ .y$^{13}$ko$^{21}$ts$^h$ien$^{13}$p$^h$u$^{53}$tai$^{53}$xa$^{53}_{44}$çi$^{53}_{44}$,c$^h$iet$^3$ tʂak$^3$ mau$^{53}$

tsɿ0 tai53 uən21 tsʰiəu53/44 xei53/21 tsʰiəu53/44 man13 ɲiet5 ɲin13. ②温度偏低：迟栽哩嘞就～哩。tʂʰʅ13 tsɔi35 li0 lei0 tsʰiəu53/44 liɔŋ13 kʰuai53 li0.

【凉圈子】liɔŋ13 cʰien35 tsɿ0 名刚出生的婴儿戴的一种头饰，由一个环状（下方）和一个拱形部件构成，有的还绣上花，夏天戴着既凉快，又能保护孩子的头：～，细人子戴个～安做。～，细人子戴个啊。liɔŋ13 cʰien35 tsɿ0 ,se53 ɲin13/21 tsɿ0 tai53 ke53 liɔŋ13 cʰien35 tsɿ0 ɔn35/44 tso53/44.liɔŋ13 cʰien35 tsɿ0 ,se53 ɲin13/21 tsɿ0 tai53 ke53 a0.

【凉薯】liɔŋ13 ʂəu13 名葛薯，豆科粉葛属植物，块根可食用：～也种噢。噢又安做剥皮薯，我等讲剥皮薯吗呢？～我等讲。剥皮薯江西人话咯。我等唔讲剥皮薯。/剥下皮来食个。/剥好皮来食。liɔŋ13 ʂəu13 a35/44 tʂəŋ53 ŋau0 .au21 iəu53/44 ɔn35/44 tso53/44 pɔk3 pʰi13 ʂəu13/44 ,ŋai13 tien0 kɔŋ21 pɔk3 pʰi13 ʂəu13/44 ma0 ne0 ?liɔŋ13 ʂəu13/44 ŋai13 tien0 kɔŋ21 .pɔk3 pʰi13 ʂəu13/44 kɔŋ35 si35/44 ɲin13/21 ua53 ko0 .ŋai13 tien0 ŋ̍13/21 kɔŋ21 pɔk3 pʰi13 ʂəu13/44./pɔk3 (x)a53/44 pʰi13/21 lɔi13/44 ʂət5 ke53./pɔk3 xau21 pʰi13/21 lɔi13/44 ʂət5.

【凉鞋】liɔŋ13 xai13 名一种基本上只有鞋底，用带或布条环绕踝部系于脚上的鞋：欸，到哩热天是我一天到夜都着～哟，唔想着别么个鞋了，如今爱我着双皮鞋是我硬真唔想着哦。ei44,tau53 li0 ɲiet5 tʰien35/44 ʂʅ53/44 ŋai13 iet3 tʰien35 tau53 ia53 təu35/53 tʂɔk3 liɔŋ13 xai13/44 io0 ,n̍13 siɔŋ21 tʂɔk3 pʰiet5 mak3 e0 xai13/21 liau0 ,i13/21 cin35/44 ɔi53 ŋai13/44 tʂɔk3 sɔŋ35/44 pʰi13 xai13/44 ʂʅ53/44 ŋai13/44 ɲiaŋ53/44 tʂən35 n̍13/21 siɔŋ21 tʂɔk3 o0.

【梁】liɔŋ13 名架在墙上或柱子上的长条形水平承重构建：大门顶高个第一条～安做虾公梁。tʰai53 mən13 taŋ21 kau35 ke53/44 tʰi53 iet3 tʰiau13/21 liɔŋ13 ɔn35/44 tso53/44 xa13/21 kɔŋ35/44 liɔŋ13.

【梁树】liɔŋ13 ʂəu53 名用做房梁的树木：分箇～放上去啊爱上梁。pən35 kai53/21 liɔŋ13 ʂəu53 fɔŋ53 ʂɔŋ35 cʰi53/44 a0 ɔi53/44 ʂɔŋ21 liɔŋ13.

【量】liɔŋ13 动用器物计算东西的多少或长短：～衫裤 liɔŋ13 san35 fu53 ｜（斛桶）从前就用来～谷啊。tsʰəŋ13 tsʰien13 tsʰiəu53/44 iəŋ53 lɔi13/21 liɔŋ13 kuk3 a0.｜～两升米煮哩啊。liɔŋ13 iɔŋ21 ʂən35/53 mi21 tʂəu21 lia0.

【量度】liɔŋ13 tʰəu53 名量的规范：渠指酒角子就有～个，有一两个，两两个，半斤个。ci13 tsʰiəu53/44 iəu35 liɔŋ13 tʰəu53 ke53/44.iəu35/44 iet3 liɔŋ35 ke53 ,iɔŋ21 liɔŋ35 ke53/44 ,pan53 cin35/44 cie53/44.

【粮折子】liɔŋ13 tʂait3 tsɿ0 名指计划经济时代的粮本：我老弟子是唔想教书哇，渠分箇个～都剁咁哩咯，舞张柴刀一番子剁嘞。"就系以只东西害死哩我硬，就以只东西害倒哩我。"咁个同你讲过，渠只想搞么个？渠只想搞电工，唔想教书。以下渠就唔讨嫌了哇，个个月领几千块钱呐。掺渠一下搞电工个一分钱都冇得嘞。一百五十块钱呶。渠领三千多啊，一个月三四千呶。ŋai13 lau21 tʰe53 tsɿ0 ʂʅ53/44 n̍13/21 siɔŋ21 kau35/44 ʂəu35/44 ua0 ,ci13/21 pən35 kai53/44 ke53/44 liɔŋ13 tʂait3 tsɿ0 təu35/44 to53 kan21 li0 ko0 ,u21 tʂəŋ35/44 tsʰai13/21 tau35/44 iet3 fən35/44 tsɿ0 to53 le0 ."tsʰiəu53 xei53/21 i21 tʂak3 təŋ35/44 si0 xɔi53 si21 li0 ŋai13/21 ɲiaŋ53 ,tsʰiəu53 i21 tʂak3 təŋ35/44 si0 xɔi53 tau21 li0 ŋai13/21 ."kan21 ke53/21 tʰəŋ13/44 ni13/44 kɔŋ21 ko53 ,ci13/21 tʂʅ21 siɔŋ21 kau21 mak3 e0 ?ci13/21 tʂʅ21 siɔŋ21 kau21 tʰien53 kəŋ35 ,n̍13 siɔŋ21 kau35/44 ʂəu35/44 .i21 xa53 ci13 tsʰiəu53 n̍13 tʰau21 çian13/44 liau21/44 ua0 ,cie53 cie53 ɲiet5 lin35 ci21 tsʰien35/44 kʰuai53 tsʰien13 na0 .lau35 ci13/21 iet3 xa53 kau21 tʰien53 kəŋ35 kei53/44 iet3 fən35 tsʰien13/21 təu35/53 mau13/44 tek3 le0 .iet3 pak3 ŋ̍21 ʂət5 kʰuai53 tsʰien13/21 nau0 .ci13/21 lin35 san35/44 tsʰien35/44 to35/44 a0 ,iet3 cie53/44 ɲiet5 san35 si53 tsʰien35 nau0.

【两₁】iɔŋ21 数一加一所得的数目；二。一般用于量词和"半、十、百、千、万、亿"前：～个月 iɔŋ21 ke53 ɲiet5 ｜一～个 iet3 iɔŋ21 ke53 一到两个 ｜～千 iɔŋ21 tsʰien35 ｜～斤 iɔŋ21 cin35 ｜～丈二 iɔŋ21 tʂʰɔŋ53 ɲi53。◆⑴在传统的度量衡单位"两"前，既可以说"二"（二两ɲi53 liɔŋ35），也可以说"两"：渠指酒角子就有量度个，有一两个，～两个，半斤个。ci13 tsʰiəu53/44 iəu35 liɔŋ13 tʰəu53 ke53/44.iəu35/44 iet3 liɔŋ35 ke53 ,iɔŋ21 liɔŋ35 ke53/44 ,pan53 cin35/44 cie53/44. ⑵"二十"可以说成"两十"：赚得～十万 tsʰan53 tek3 iɔŋ21 ʂət5 uan53 ｜以只西瓜都引进来就正只系～十年子。i21 tʂak3 si35/44 kua35/44 təu35/44 in21 tsin53 lɔi13/21 tsiəu53/44 tʂaŋ53/44 tʂʅ21 xei53/44 iɔŋ21 ʂət5 ɲien13/21 tsɿ0 . ⑶说"两三十"而不说"二三十"：（圆角箱子）只系以～三十年正有了。tʂʅ21/44 xe53/44 i21 iɔŋ21 san35/44 ʂət5/3 ɲien13 tʂaŋ35/44 iəu35 liau0.

【两₂】liɔŋ35 量中国市制重量单位：欸，初五出世个，系两斤。系两～或者。e21,tsʰɿ35 ŋ̍21 tʂʰət3 ʂʅ53/44 ke53/44,xe53 iɔŋ21 cin35/44.xei53/44 iɔŋ21 liɔŋ35 xɔit5 tʂa21.

【两半】iɔŋ21 pan53 相等或几乎相等的二分之一：一刀劈下去就劈成～。iet3 tau35 pʰiak3 (x)a53 çi53 tsiəu53/44 pʰiak3 ʂaŋ13/21 iɔŋ21 pan53.

【两边】iɔŋ21 pien35 名方位词。①两侧；两个方向：～个屋 iɔŋ21 pien35 ke53 uk3 ｜～个铺子 iɔŋ21 pien35/44 ke53/44 pʰu53 tsɿ0。②物体上相对的两面、两头或两个边：（椅子）～个就扶手。iɔŋ21 pien35/44 ke53/44 tsʰiəu53/44 fu13 ʂəu21.｜（明笋）最后搞成嘞就～都系皮。tsei53/21 xei53 kau21 ʂaŋ13 le0 tsʰiəu53/44 iɔŋ21 pien35 təu35/44 xei$^{53}$p$^{h}$i$^{13}$. ③双方；两方：欸，～个亲家，可以坐在一起来哩。ei$_{21}$,iɔŋ$^{21}$pien$^{35}_{44}$ke$^{53}_{44}$ts$^{h}$in$^{35}$ka$^{35}_{44}$,k$^{h}$o$^{21}$i$^{35}$ts$^{h}$o$^{35}$ts$^{h}$ai$^{53}$iet$^{3}$çi$^{21}$lɔi$^{13}$li$^{0}$. | 一般歌诗分作～，箇边四个，以边四个。两组。iet$^{3}$pɔn$^{35}$ko$^{35}_{44}$ʂʅ$^{35}$fən$^{35}_{44}$tso$^{53}_{44}$iɔŋ$^{21}$pien$^{35}$,kai$^{53}$pien$^{35}_{44}$si$^{53}$cie$^{53}$,i$^{21}$pien$^{35}_{44}$si$^{53}$ke$^{53}$.iɔŋ$^{21}$tsəu$^{21}$.

【两齿耙】iɔŋ$^{21}$tʂ$^{h}$ʅ$^{21}$p$^{h}$a$^{13}$ 名 有两个齿的耙子：～好挖土嘞。iɔŋ$^{21}$tʂ$^{h}$ʅ$^{21}$p$^{h}$a$^{13}$xau$^{21}$uait$^{3}$t$^{h}$əu$^{21}$lei$^{0}$.

【两倒水】iɔŋ$^{21}$tau$^{21}$ʂei$^{21}$ 两坡水，即房顶是人字型分水，形成两个斜屋面：～就讲箇个屋啊栋起正中间，以边一倒水，以边一倒水，箇就～。iɔŋ$^{21}$tau$^{21}$ʂei$^{21}$ts$^{h}$iəu$^{53}$kɔŋ$^{21}$kai$^{53}$ke$^{53}$uk$^{3}$a$^{0}$təŋ$^{53}$çi$^{21}_{44}$tʂən$^{53}$tʂəŋ$^{35}$kan$^{35}_{44}$,i$^{21}$pien$^{35}_{53}$iet$^{3}$tau$^{21}$ʂei$^{21}$,i$^{21}$pien$^{35}_{53}$iet$^{3}$tau$^{21}$ʂei$^{21}$,kai$^{53}$ts$^{h}$iəu$^{53}$iɔŋ$^{21}$tau$^{21}$ʂei$^{21}$.

【两点水】iɔŋ$^{21}$tian$^{21}$ʂei$^{21}$ 名 指汉字偏旁“冫”：～就写字个～，冷字啦，冰字啦，系唔系？欸就～。iɔŋ$^{21}$tian$^{21}$ʂei$^{21}$ts$^{h}$iəu$^{53}_{44}$sia$^{21}$sɿ$^{53}$ke$^{53}_{44}$iɔŋ$^{21}$tian$^{21}$ʂei$^{21}$,laŋ$^{35}$ts$^{h}$ɿ$^{53}$la$^{0}$,pin$^{35}$ts$^{h}$ɿ$^{53}$la$^{0}$,xei$^{53}$me$^{53}$?e$_{53}$ts$^{h}$iəu$^{53}$iɔŋ$^{21}$tian$^{21}$ʂei$^{21}$.

【两耳镬】iɔŋ$^{21}$ɲi$^{21}$uɔk$^{5}$ 名 有两个提手的镬。多称“两耳镬子”：有起镬安做～，以个街上都有卖，～。iəu$^{35}$çi$^{21}$uɔk$^{5}$ɔn$^{35}_{44}$tso$^{53}_{44}$iɔŋ$^{21}$ɲi$^{21}$uɔk$^{5}$,i$^{21}$(k)e$^{53}_{44}$kai$^{35}_{44}$xɔŋ$^{53}_{44}$təu$^{35}_{44}$iəu$^{35}_{44}$mai$^{53}$,iɔŋ$^{21}$ɲi$^{21}$uɔk$^{5}$. | 我等屋下箇口～子如今赠用。赠烂嘿嘞，唔用。搞么个唔用嘞？我媄子箇到渠硬话爱买只～子。买倒～子嘞就，买倒嘞我又唔好用，我又唔惯用。搞么个嘞？就系唔好泼水，唔好倾水。落尾过年又买，买把箇起一只手掇得起来个。箇～子就搞么个用了？用来炕猪肉，炕东西。放下煤灶上，欸，炕猪肉，炕鱼子箇兜。欸，炕好哩以后，用手提倒箇两只耳子，和镬头提起来。ŋai$^{13}$tien$^{0}$uk$^{3}$xa$^{53}$kai$^{53}$xei$^{21}$iɔŋ$^{21}$ɲi$^{21}$uɔk$^{5}$tsɿ$^{0}$i$^{13}_{21}$cin$^{35}_{44}$maŋ$^{13}$iəŋ$^{53}$.maŋ$^{13}$lan$^{53}$xek$^{3}$lei$^{0}$,n̩$^{13}$iəŋ$^{53}$.kau$^{21}$mak$^{3}$ke$^{53}$n̩$^{13}$iəŋ$^{53}$lei$^{0}$?ŋai$^{13}_{21}$ɔi$^{35}$tsɿ$^{0}$kai$^{53}$tau$^{53}_{44}$ci$^{13}$ɲiaŋ$^{53}$ua$^{53}$ɔi$^{53}$mai$^{35}$tʂak$^{3}$iɔŋ$^{21}$ɲi$^{21}$uɔk$^{5}$tsɿ$^{0}$.mai$^{35}$tau$^{21}$iɔŋ$^{21}$ɲi$^{21}$uɔk$^{5}$tsɿ$^{0}$lei$^{0}$ts$^{h}$iəu$^{53}_{44}$,mai$^{35}$tau$^{21}$lei$^{0}$ŋai$^{13}$iəu$^{53}$n̩$^{21}$xau$^{21}$iəŋ$^{53}$,ŋai$^{13}$iəu$^{53}$n̩$^{21}$kuan$^{53}$iəŋ$^{53}$.kau$^{21}$mak$^{3}$ke$^{53}$lei$^{0}$?ts$^{h}$iəu$^{53}$xei$^{53}$m̩$^{13}$xau$^{21}$p$^{h}$ait$^{3}$ʂei$^{21}$,n̩$^{13}$xau$^{21}$k$^{h}$uaŋ$^{35}$ʂei$^{21}$.lɔk$^{5}$mi$^{35}_{53}$ko$^{53}_{21}$ɲien$^{13}$iəu$^{53}$mai$^{35}$,mai$^{35}$pa$^{21}$kai$^{53}$çi$^{21}$iet$^{3}$tʂak$^{3}$ʂəu$^{21}$tɔit$^{3}$tek$^{3}$çi$^{21}$lɔi$^{13}$ke$^{0}$.kai$^{53}$iɔŋ$^{21}$ɲi$^{21}$uɔk$^{5}$tsɿ$^{0}$ts$^{h}$iəu$^{53}$kau$^{21}$mak$^{3}$e$^{0}$iəŋ$^{53}$liau$^{0}$?iəŋ$^{53}$lɔi$^{13}_{21}$k$^{h}$ɔŋ$^{53}$tʂəu$^{35}$ɲiəuk$^{3}$,k$^{h}$ɔŋ$^{35}$təŋ$^{35}$si$^{0}$.fɔŋ$^{53}$xa$^{53}_{44}$mei$^{13}$tsau$^{53}$xɔŋ$^{53}$,e$_{21}$,k$^{h}$ɔŋ$^{53}$tʂəu$^{35}$ɲiəuk$^{3}$,k$^{h}$ɔŋ$^{35}$ŋ̍$^{13}$tsɿ$^{0}$kai$^{53}_{44}$təu$^{35}_{53}$.e$_{21}$,k$^{h}$ɔŋ$^{53}$xau$^{21}$li$^{0}$i$^{35}$xei$^{53}$,iəŋ$^{53}$ʂəu$^{21}$t$^{h}$ia$^{35}$tau$^{21}$kai$^{53}$iɔŋ$^{21}$tʂak$^{3}$ɲi$^{21}$tsɿ$^{0}$,uo$^{53}$uɔk$^{5}$t$^{h}$ei$^{13}_{21}$t$^{h}$ia$^{35}$çi$^{21}$lɔi$^{13}_{21}$.

【两分凿】iɔŋ$^{21}$fən$^{35}$ts$^{h}$ɔk$^{5}$ 名 两分宽的凿子：咁阔子个～，凿子，木匠师傅用个，凿咁个丁啮大子个眼呐。kan$^{21}_{13}$k$^{h}$ɔit$^{3}$tsɿ$^{0}$ke$^{53}_{44}$iɔŋ$^{21}$fən$^{35}_{44}$ts$^{h}$ɔk$^{5}$,ts$^{h}$ɔk$^{5}$tsɿ$^{0}$,muk$^{3}$ts$^{h}$iəŋ$^{53}_{44}$sɿ$^{35}_{44}$fu$^{53}_{44}$iəŋ$^{53}_{44}$ke$^{0}$,ts$^{h}$ɔk$^{5}$kan$^{21}$ke$^{53}_{44}$tin$^{53}$ŋait$^{3}$t$^{h}$ai$^{53}$tsɿ$^{0}$ke$^{53}$ŋan$^{21}$na$^{0}$.

【两公婆】iɔŋ$^{21}$kəŋ$^{35}$p$^{h}$o$^{13}_{21}$ 夫妻俩：渠等～爱去吧？ci$^{13}$tien$^{0}$iɔŋ$^{21}$kəŋ$^{35}_{44}$p$^{h}$o$^{13}$ɔi$^{53}_{44}$çi$^{53}$pa$^{0}$?

【两公孙】iɔŋ$^{21}$kəŋ$^{35}$sən$^{35}$ 爷爷和孙子；孙女俩（少）：～，呣，冇多么人讲。一般多唔咁子讲。iɔŋ$^{21}$kəŋ$^{35}_{44}$sən$^{35}$,m̩$_{44}$,mau$^{13}_{21}$to$^{35}_{53}$mak$^{3}$ɲin$^{13}_{44}$kɔŋ$^{21}$.iet$^{3}$pɔn$^{35}$to$^{35}_{53}$n̩$^{13}$kan$^{21}_{44}$tsɿ$^{0}$kɔŋ$^{21}$.

【两姑嫂】iɔŋ$^{21}$ku$^{35}$sau$^{21}$ 嫂子与姑子的合称：如今欸打比我老婆，摎我老妹子，渠两个人，在一起。你等系么啊关系啊？姑嫂，～，系，安做～。i$^{13}_{21}$cin$^{35}_{44}$e$_{21}$ta$^{21}$pi$^{21}$ŋai$^{13}$lau$^{21}$p$^{h}$o$^{13}$,lau$^{35}$ŋai$^{13}$lau$^{21}$mɔi$^{53}$tsɿ$^{0}$,ci$^{13}$iɔŋ$^{21}$ke$^{53}$ɲin$^{13}_{44}$,ts$^{h}$ai$^{53}$iet$^{3}$çi$^{21}$. ɲi$^{13}$tien$^{0}$xei$^{53}$mak$^{3}$a$^{0}$kuan$^{35}_{44}$çi$^{53}_{44}$a$^{0}$?ku$^{35}_{44}$sau$^{21}$,iɔŋ$^{21}$ku$^{35}_{44}$sau$^{21}$,xe$^{53}_{21}$,ɔn$^{35}_{21}$tso$^{53}_{21}$iɔŋ$^{21}$ku$^{35}_{44}$sau$^{21}$.

【两脚路】iɔŋ$^{21}$ciɔk$^{3}$ləu$^{53}$ 形容很短的距离：真近，～就走到哩。tʂən$^{35}$c$^{h}$in$^{35}$,iɔŋ$^{21}$ciɔk$^{3}$ləu$^{53}$ts$^{h}$iəu$^{53}$tsei$^{21}$tau$^{53}$li$^{0}$.

【两截橱】iɔŋ$^{21}$tsiet$^{3}$tʂ$^{h}$əu$^{13}$ 名 一种由上下两节组合而成的柜子：安做么啊名字啊？两截个个柜子。系有噢，可以分开来个噢。～吧？安做～吧？唔安做柜呀，～噢。欸。ɔn$^{35}$tso$^{53}$mak$^{3}$a$^{0}$miaŋ$^{13}_{21}$ts$^{h}$ʅ$^{53}_{44}$a$^{0}$?iɔŋ$^{21}$tset$^{3}$ke$^{53}_{44}$ke$^{53}_{44}$k$^{h}$uei$^{53}$tsɿ$^{0}$.xei$^{53}_{44}$iəu$^{35}$uau$^{0}$,k$^{h}$o$^{21}$i$^{35}_{44}$fən$^{35}$k$^{h}$ɔi$^{35}_{44}$lɔi$^{13}_{21}$ke$^{53}_{44}$au$^{0}$.iɔŋ$^{21}$tset$^{3}$tʂ$^{h}$əu$^{13}$pa$^{0}$?ɔn$^{35}_{44}$tso$^{53}_{44}$iɔŋ$^{21}$tset$^{3}$tʂ$^{h}$əu$^{13}$pa$^{0}$?n̩$^{13}$ɔn$^{35}_{44}$tso$^{53}_{44}$k$^{h}$uei$^{53}$ia$^{0}$,iɔŋ$^{21}$tset$^{3}$tʂ$^{h}$əu$^{13}$uau$^{0}$.e$_{21}$.

【两师徒】iɔŋ$^{21}$sɿ$^{35}_{44}$t$^{h}$əu$^{13}$ 师徒两人：渠～哇真配得蛮中，系，渠～感情真好。ci$^{13}_{44}$iɔŋ$^{21}$sɿ$^{35}_{53}$t$^{h}$əu$^{13}_{21}$ua$^{0}$tʂən$^{35}$p$^{h}$ei$^{53}$tek$^{3}$man$^{13}$tʂəŋ$^{53}$,xe$^{53}_{44}$,ci$^{13}_{21}$iɔŋ$^{21}$sɿ$^{35}_{53}$t$^{h}$əu$^{13}_{21}$kɔn$^{21}$ts$^{h}$in$^{13}$tʂən$^{35}$xau$^{21}$.

【两十】iɔŋ$^{21}$ʂət$^{5}$ 数 二十：吔，我欠哩～块钱话费了哈！ie$_{35}$,ŋai$^{13}$c$^{h}$ian$^{53}$ni$^{0}$iɔŋ$^{21}$ʂət$^{5}$k$^{h}$uai$^{53}_{44}$ts$^{h}$ien$^{13}_{21}$fa$^{53}$fei$^{53}_{44}$liau$^{0}$xa$^{0}$!

【两叔侄】iɔŋ$^{21}$ʂəuk$^{3}$tʂ$^{h}$ət$^{5}$ 叔叔和侄儿或侄女两个人：我摎我阿叔啊我等～是感情唔知几好。ŋai$^{13}$lau$^{35}_{53}$ŋai$^{13}_{44}$a$^{35}$ʂəuk$^{3}$a$^{0}$ŋai$^{13}$tien$^{0}$iɔŋ$^{21}$ʂəuk$^{3}$tʂ$^{h}$ət$^{5}$ʂʅ$^{53}_{44}$kɔn$^{21}$ts$^{h}$in$^{13}_{44}$n̩$^{13}$ti$^{35}_{53}$ci$^{21}_{44}$xau$^{21}$. | 我妹子啊到哩我老弟子箇呀，渠等～嘞爱食两杯子酒呢。我妹子也会食兜酒呢，我老弟子是真喜欢食酒个人呐。我妹子就会摎渠～啦搞两杯子呢。ŋai$^{13}$mɔi$^{53}$tsɿ$^{0}$a$^{0}$tau$^{53}$li$^{0}$ŋai$^{13}_{21}$lau$^{21}$t$^{h}$e$^{53}$tsɿ$^{0}$kai$^{53}$ia$^{0}$,ci$^{13}$tien$^{0}$iɔŋ$^{21}$ʂəuk$^{3}$tʂ$^{h}$ət$^{5}$le$^{0}$ɔi$^{53}$ʂət$^{5}$iɔŋ$^{21}$pei$^{35}_{44}$tsɿ$^{0}$tsiəu$^{21}$nei$^{0}$.ŋai$^{13}$mɔi$^{53}$tsɿ$^{0}$a$^{35}_{44}$uɔi$^{53}_{44}$ʂət$^{5}$te$^{35}_{53}$tsiəu$^{21}$nei$^{0}$,ŋai$^{13}_{44}$lau$^{21}$t$^{h}$e$^{53}$tsɿ$^{0}$ʂʅ$^{53}_{44}$tʂən$^{35}$çi$^{21}$

fən$^{35}_{44}$ʂət$^{5}$ tsiəu$^{21}$ke$^{53}_{44}$ɲin$^{13}_{44}$na$^{0}$ .ŋai$^{13}$mɔi$^{53}$tsɿ$^{0}$ ts$^{h}$iəu$^{53}_{44}$uɔi$^{53}_{44}$lau$^{35}$ ci$^{13}_{21}$iɔŋ$^{21}$ʂəuk$^{3}$ tʂ$^{h}$ət$^{5}$ la$^{0}$ kau$^{21}$iɔŋ$^{21}$pei$^{35}$tsɿ$^{0}$ nei$^{0}$ .

【两头湿溻】iɔŋ$^{21}$t$^{h}$ei$^{13}$ʂət$^{3}$ t$^{h}$ait$^{3}$ 两头遭受损失：举个例子，～个例子你听哩唠。打比样有滴男……伢子人，系唔系？渠找对象。好，找只妹子归来，又用哩钱，系唔系？又划哩钱吵，欸，好，结果嘞箇只钱又用嘿哩嘞，人又走咁哩，有滴妹子又唔跍倒渠屋下，欸，人又冇得哩，钱又冇得哩，欸就～哟安做唠。两头都溻嘿哩唠。tʂʅ$^{21}$ke$^{53}_{44}$li$^{53}$tsɿ$^{0}$ ,iɔŋ$^{21}$t$^{h}$ei$^{13}$ʂət$^{3}$ t$^{h}$ait$^{3}$ ke$^{53}_{44}$li$^{53}$ tsɿ$^{0}$ ɲi$^{13}_{21}$t$^{h}$aŋ$^{35}$li$^{0}$ lau$^{0}$ .ta$^{21}$pi$^{21}$iɔŋ$^{53}_{44}$iəu$^{35}$tiet$^{5}$ lan$^{13}$…ŋa$^{13}$tsɿ$^{0}$ ɲin$^{13}$ ,xe$^{53}_{44}$me$^{53}_{44}$?ci$^{13}_{21}$tsau$^{21}$ti$^{53}$siɔŋ$^{53}_{21}$.xau$^{21}$ ,tsau$^{21}$tʂak$^{3}$ mɔi$^{53}$tsɿ$^{0}$ kuei$^{35}$lɔi$^{13}_{44}$,iəu$^{53}$iəŋ$^{53}$li$^{0}$ ts$^{h}$ien$^{13}$ ,xei$^{53}_{44}$me$^{53}_{44}$?iəu$^{53}$fa$^{13}$li$^{0}$ ts$^{h}$ien$^{13}$ʂa$^{0}$ ,e$_{21}$,xau$^{21}$ ,ciet$^{3}$ ko$^{21}$lei$^{0}$ kai$^{53}$tʂak$^{3}$ ts$^{h}$ien$^{13}$iəu$^{53}$iəŋ$^{53}$xek$^{3}$ li$^{0}$ lei$^{0}$ , ɲin$^{13}$iəu$^{53}$tsei$^{21}$kan$^{21}$ni$^{0}$ ,iəu$^{35}$tet$^{5}_{3}$ mɔi$^{53}$tsɿ$^{0}$ iəu$^{53}_{44}$m̩$^{13}$ku$^{35}_{44}$tau$^{21}$ci$^{13}_{21}$uk$^{3}$ xa$^{53}_{44}$,e$_{21}$, ɲin$^{13}$ iəu$^{53}$mau$^{13}_{44}$tek$^{3}$ li$^{0}$ ,ts$^{h}$ien$^{13}$iəu$^{53}$mau$^{13}_{44}$tek$^{3}$ li$^{0}$ ,e$_{44}$ts$^{h}$iəu$^{53}_{44}$iɔŋ$^{21}$t$^{h}$ei$^{13}$ʂət$^{3}$ t$^{h}$ait$^{3}$ iau$^{0}$ ɔn$^{35}_{44}$tso$^{53}_{44}$lau$^{0}$ .iɔŋ$^{21}$t$^{h}$ei$^{13}$təu$^{35}_{53}$ t$^{h}$ait$^{3}$ (x)ek$^{3}$ li$^{0}$ lau$^{0}$ .

【两向】iɔŋ$^{21}$çiɔŋ$^{53}$ 两个方向，两头：渠等指草鞋搭～都徛得啊。ci$^{13}$tien$^{0}$ iɔŋ$^{21}$çiɔŋ$^{53}$təu$^{35}_{44}$c$^{h}$i$^{35}$tek$^{3}$ a$^{0}$ .

【两兄弟】iɔŋ$^{21}$çiəŋ$^{35}$t$^{h}$i$^{53}$ 弟兄俩：但是～，箇就两只伢子，系，两只男个。tan$^{53}$ʂʅ$^{53}$iɔŋ$^{21}$çiəŋ$^{35}$ t$^{h}$i$^{53}$,kai$^{53}_{44}$ts$^{h}$iəu$^{53}_{44}$iɔŋ$^{21}$tʂak$^{3}$ ŋa$^{13}$tsɿ$^{0}$ ,xe$^{53}_{44}$,iɔŋ$^{21}$tʂak$^{3}$ lan$^{13}$cie$^{53}$.

【两爷女】iɔŋ$^{21}$ia$^{13}$ɲi$^{21}$/ɲy$^{21}$ 父女俩：我摎我妹子～长日都会打下子电话。ŋai$^{13}$lau$^{35}_{44}$ŋai$^{13}_{21}$mɔi$^{53}$tsɿ$^{0}$ iɔŋ$^{21}$ia$^{13}_{44}$ɲy$^{21}$tʂ$^{h}$ɔŋ$^{13}$ɲiet$^{3}$ təu$^{35}_{53}$uɔi$^{53}$ta$^{21}$xa$^{53}_{44}$tsɿ$^{0}$ t$^{h}$ien$^{53}$fa$^{53}$.

【两爷崽】iɔŋ$^{21}$ia$^{13}$tsɔi$^{21}$ 父子俩：如今是我等～系在一起唠。i$^{13}_{21}$cin$^{35}_{53}$ʂʅ$^{53}$ŋai$^{13}_{21}$tien$^{0}$ iɔŋ$^{21}$ia$^{13}_{44}$tsɔi$^{21}$xei$^{53}$ ts$^{h}$ɔi$^{53}$(i)et$^{3}$ çi$^{21}$lau$^{0}$.

【两子阿公】iɔŋ$^{21}$tsɿ$^{21}$a$^{35}$kəŋ$^{35}$ 公孙俩：～，两子阿婆，也分唔出系孙子系孙女来。系分唔出嘞好像，硬系～，两子阿婆。iɔŋ$^{21}$tsɿ$^{21}$a$^{35}$kəŋ$^{35}$,iɔŋ$^{21}$tsɿ$^{21}$a$^{35}$p$^{h}$o$^{13}$ ,ia$^{35}$fən$^{35}$n̩$^{13}_{21}$tʂ$^{h}$ət$^{3}$ xe$^{53}$sən$^{35}$tsɿ$^{0}$ (x)e$^{53}_{44}$sən$^{35}$ ɲy$^{21}$lɔi$^{13}_{21}$.xei$^{53}$fən$^{35}$n̩$^{13}_{21}$tʂ$^{h}$ət$^{3}$ le$^{0}$ xau$^{21}$ts$^{h}$iɔŋ$^{53}_{44}$, ɲiaŋ$^{53}$xei$^{53}$iɔŋ$^{21}$tsɿ$^{21}$a$^{35}$kəŋ$^{35}$,iɔŋ$^{21}$tsɿ$^{21}$a$^{35}$p$^{h}$o$^{13}_{21}$.

【两子阿婆】iɔŋ$^{21}$tsɿ$^{21}$a$^{35}$p$^{h}$o$^{13}$ 婆孙俩，奶奶和孙子或孙女。例见“两子阿公”条。

【两子姑】iɔŋ$^{21}$tsɿ$^{21}$ku$^{35}$ 姑侄俩，姑妈和侄儿或侄女俩：我赖子摎我老妹子啊～哇也长日打电话。ŋai$^{13}$lai$^{53}$tsɿ$^{0}$ lau$^{35}$ŋai$^{13}_{21}$lau$^{21}$mɔi$^{53}$tsɿ$^{0}$ a$^{0}$ iɔŋ$^{21}$tsɿ$^{21}$ku$^{35}$ua$^{0}$ ia$^{35}_{44}$tʂ$^{h}$ɔŋ$^{13}$ɲiet$^{3}$ ta$^{21}$t$^{h}$ien$^{53}$fa$^{53}$.｜呃，我妹子就撞怕会请我老妹子食餐子饭呢，～打下子讲呢。ə$_{44}$,ŋai$^{13}$mɔi$^{53}$tsɿ$^{0}$ ts$^{h}$iəu$^{53}$ts$^{h}$ɔŋ$^{21}$p$^{h}$a$^{53}_{44}$uɔi$^{53}$ts$^{h}$iaŋ$^{21}$ŋai$^{13}_{44}$ lau$^{21}$mɔi$^{53}$tsɿ$^{0}$ ʂət$^{5}$ ts$^{h}$ɔn$^{35}_{44}$tsɿ$^{0}$ fan$^{53}$nei$^{0}$ ,iɔŋ$^{21}$tsɿ$^{21}$ku$^{35}$ta$^{21}$(x)a$^{53}$tsɿ$^{0}$ kɔŋ$^{21}$nei$^{0}$ .

【两子姑爷】iɔŋ$^{21}$tsɿ$^{21}$ku$^{35}$ia$^{13}$ 姑父与侄儿或侄女俩：我赖子就摎我老妹婿呀就～呀。箇阵子我老妹婿去张坊派出所呢。箇～就经常见得倒。ŋai$^{13}_{21}$lai$^{53}$tsɿ$^{0}$ ts$^{h}$iəu$^{53}_{44}$lau$^{35}$ŋai$^{13}_{44}$lau$^{21}$mɔi$^{53}$sei$^{53}$ia$^{0}$ tsiəu$^{53}$ iɔŋ$^{21}$tsɿ$^{21}$ku$^{35}$ia$^{13}_{21}$ia$^{0}$ .kai$^{53}$tʂ$^{h}$ən$^{53}$tsɿ$^{0}$ ŋai$^{13}_{21}$lau$^{21}$mɔi$^{53}$sei$^{53}$çi$^{53}_{44}$tʂɔŋ$^{35}$fɔŋ$^{35}_{44}$p$^{h}$ai$^{53}$tʂ$^{h}$ət$^{3}$ so$^{21}$nei$^{0}$ .kai$^{53}_{44}$iɔŋ$^{21}$tsɿ$^{21}$ku$^{35}$ia$^{13}_{44}$ ts$^{h}$iəu$^{53}_{44}$cin$^{35}$tʂ$^{h}$ɔŋ$^{13}_{44}$cien$^{53}$tek$^{3}$ tau$^{21}$.｜我妹子啊我婿郎啊摎我老妹婿呀～，渠等～经常会喊倒去馆子里食餐子饭，嬲下子，一年都有几次啊。ŋai$^{13}$mɔi$^{53}$tsɿ$^{0}$ a$^{0}$ ŋai$^{13}$se$^{53}$lɔŋ$^{13}_{21}$a$^{0}$ lau$^{35}$ŋai$^{13}_{44}$lau$^{21}$mɔi$^{53}$sei$^{53}$ia$^{0}$ iɔŋ$^{21}$tsɿ$^{0}$ ku$^{35}$ia$^{13}_{21}$,ci$^{13}_{21}$tien$^{0}$ iɔŋ$^{21}$tsɿ$^{0}$ ku$^{35}$ia$^{13}_{21}$cin$^{35}$tʂ$^{h}$ɔŋ$^{13}_{21}$uɔi$^{53}_{44}$xan$^{53}$tau$^{21}$çi$^{53}$kɔn$^{21}$tsɿ$^{0}$ li$^{21}$ʂət$^{5}$ ts$^{h}$ɔn$^{35}_{44}$tsɿ$^{0}$ fan$^{53}$,liau$^{53}$ (x)a$^{53}_{44}$tsɿ$^{0}$ ,iet$^{3}$ɲien$^{13}$təu$^{35}_{44}$iəu$^{35}_{44}$ci$^{21}$ts$^{h}$ɿ$^{53}$a$^{0}$ .

【两子家娘】iɔŋ$^{21}$tsɿ$^{21}$ka$^{35}$ɲiɔŋ$^{13}$ 婆媳俩。例见“两子家爷”条。

【两子家爷】iɔŋ$^{21}$tsɿ$^{21}$ka$^{35}$ia$^{13}$ 公公和媳妇：～，箇就晓得呢，箇就别人家一下就晓得欸系公公摎媳妇嘞，摎新舅嘞，～嘞。两子家娘还有，两子家娘，～。呣。iɔŋ$^{21}$tsɿ$^{21}$ka$^{35}$ia$^{13}_{44}$,kai$^{53}$ts$^{h}$iəu$^{53}$ çiau$^{21}$tek$^{3}$ nei$^{0}$ ,kai$^{53}$ts$^{h}$iəu$^{53}$p$^{h}$iet$^{5}$ in$^{13}_{53}$ka$^{35}_{53}$iet$^{3}$ xa$^{53}$ts$^{h}$iəu$^{53}$çiau$^{21}$tek$^{3}$ e$_{21}$xei$^{53}_{44}$kəŋ$^{35}_{44}$kəŋ$^{35}_{44}$lau$^{35}_{44}$siet$^{3}$ fu$^{53}_{44}$lei$^{0}$ ,lau$^{35}_{44}$ sin$^{35}_{44}$c$^{h}$iəu$^{35}_{44}$lei$^{0}$ ,iɔŋ$^{21}$tsɿ$^{21}$ka$^{35}$ia$^{13}_{44}$lei$^{0}$ .iɔŋ$^{21}$tsɿ$^{21}$ka$^{35}$ɲiɔŋ$^{13}$xai$^{13}_{21}$iəu$^{35}_{44}$,iɔŋ$^{21}$tsɿ$^{21}$ka$^{35}$ɲiɔŋ$^{13}$,iɔŋ$^{21}$tsɿ$^{21}$ka$^{35}$ia$^{13}$.m̩$_{21}$.

【两子舅爷】iɔŋ$^{21}$tsɿ$^{21}$c$^{h}$iəu$^{35}$ia$^{13}$ 舅甥俩：我箇只外甥摎我呀～，渠真怕我，其实我又唔话渠么个。真怕我，呣。ŋai$^{13}$kai$^{53}$tʂak$^{3}$ ŋɔi$^{53}$saŋ$^{35}_{44}$lau$^{35}$ŋai$^{13}_{21}$ia$^{0}$ iɔŋ$^{21}$tsɿ$^{21}$c$^{h}$iəu$^{35}$ia$^{13}_{44}$,ci$^{13}_{21}$tʂən$^{35}$p$^{h}$a$^{53}$ŋai$^{13}_{21}$,c$^{h}$i$^{13}$ʂət$^{5}$ ŋai$^{13}$ iəu$^{53}$n̩$^{13}$ua$^{53}$ci$^{13}_{21}$mak$^{3}$ e$^{0}$ .tʂən$^{35}$p$^{h}$a$^{53}$ŋai$^{13}_{44}$,m̩$_{21}$.

【两子嫂】iɔŋ$^{21}$tsɿ$^{21}$sau$^{21}$ ①妇人和她丈夫的姐妹二人的合称：（我老妹子）摎我老婆～同时摞只大肚。lau$^{35}$ŋai$^{13}_{21}$lau$^{21}$p$^{h}$o$^{13}_{44}$iɔŋ$^{21}$tsɿ$^{21}$sau$^{21}$t$^{h}$əŋ$^{13}$ʂʅ$^{13}_{44}$k$^{h}$uan$^{53}$tʂak$^{3}$ t$^{h}$ai$^{53}$təu$^{21}$. ②妯娌俩：我老婆摎我老弟嫂哇渠～也长日打下子讲呢。ŋai$^{13}$lau$^{21}$p$^{h}$o$^{13}$lau$^{35}$ŋai$^{13}_{44}$lau$^{21}$t$^{h}$ei$^{53}$sau$^{21}$ua$^{0}$ ci$^{13}$iɔŋ$^{21}$tsɿ$^{21}$sau$^{21}$ia$^{35}$tʂ$^{h}$ɔŋ$^{13}_{21}$ɲiet$^{3}$ ta$^{21}$ xa$^{53}$tsɿ$^{0}$ kɔŋ$^{21}$nei$^{0}$ .

【两子叔】iɔŋ$^{21}$tsɿ$^{21}$ʂəuk$^{3}$ 叔侄俩；叔叔和侄儿或侄女：欸，打比样我摎我叔叔在一起，～。我老妹子摎我叔叔在一起也称～嘞。分唔出来。e$_{21}$,ta$^{21}$pi$^{21}$iɔŋ$^{53}_{44}$ŋai$^{13}_{21}$lau$^{35}_{44}$ŋai$^{13}_{21}$ʂəuk$^{3}$ ʂəuk$^{3}$ ts$^{h}$ai$^{53}$iet$^{3}$ çi$^{21}$,iɔŋ$^{21}$tsɿ$^{21}$ʂəuk$^{3}$ .ŋai$^{13}$lau$^{21}$mɔi$^{53}$tsɿ$^{0}$ lau$^{35}$ŋai$^{13}_{21}$ʂəuk$^{3}$ ʂəuk$^{3}$ ts$^{h}$ai$^{53}$iet$^{3}$ çi$^{21}$ia$^{35}$tʂ$^{h}$ən$^{35}_{44}$iɔŋ$^{21}$tsɿ$^{21}$ʂəuk$^{3}$ lei$^{0}$ .fən$^{35}$n̩$^{13}_{21}$ tʂ$^{h}$ət$^{3}$ lɔi$^{13}$.

【两子娭】iɔŋ$^{21}$tsɿ$^{21}$ɔi$^{35}$ 母子俩或母女俩：～，箇就分唔出嘞，分唔出，欸，话哩，我等客家人个分唔出，我摎我娭子也称～，渠～。我老妹子摎我娭子也系称～。分唔出，分唔出来。但是你同别人介绍，欸就欸母子关系，母女关系，箇是爱重新介绍下。但是欸口头同别欸嘴巴讲嘞都系～。就正先讲个两姊妹样。分唔出。除哩话两兄弟。iɔŋ$^{21}$tsɿ$^{21}$ɔi$^{35}$,kai$^{53}_{44}$tsʰiəu$^{53}_{44}$fən$^{35}$n̩$^{13}_{21}$tʂʰət$^{3}$ lei$^{0}$,fən$^{35}$n̩$^{13}_{21}$tʂʰət$^{3}$,e$_{53}$,ua$^{53}$li$^{0}$,ŋai$^{13}$tien$^{0}$ kʰak$^{3}$ ka$^{35}_{53}$ɲin$^{13}_{44}$ke$^{53}_{44}$fən$^{35}$n̩$^{13}_{21}$tʂʰət$^{3}$,ŋai$^{13}$lau$^{35}_{44}$ŋai$^{13}_{21}$ɔi$^{35}$tsɿ$^{0}$ ia$^{35}$tʂʰən$^{35}_{44}$iɔŋ$^{21}$tsɿ$^{21}$ɔi$^{35}$,ci$^{13}_{21}$iɔŋ$^{21}$tsɿ$^{21}$ɔi$^{35}$.ŋai$^{13}$lau$^{21}$mɔi$^{53}$tsɿ$^{0}$ lau$^{35}$ŋai$^{13}_{21}$ɔi$^{35}$tsɿ$^{0}$ ia$^{35}$xe$^{53}_{44}$tʂʰən$^{35}_{44}$iɔŋ$^{21}$tsɿ$^{21}$ɔi$^{35}$.fən$^{35}$n̩$^{13}_{21}$tʂʰət$^{3}$,fən$^{35}$n̩$^{13}_{21}$tʂʰət$^{3}$ lɔi$^{13}_{21}$.tan$^{53}_{44}$ʂɿ$^{53}$ɲi$^{13}_{21}$tʰəŋ$^{13}_{21}$pʰiet$^{5}_{3}$in$^{13}_{44}$kai$^{53}$ʂau$^{53}_{21}$,e$_{44}$tsiəu$^{53}_{44}$e$_{21}$mu$^{35}$tsɿ$^{21}$kuan$^{35}_{44}$çi$^{53}$,mu$^{35}$ɲy$^{21}$kuan$^{35}_{44}$çi$^{53}$,kai$^{53}_{44}$ʂɿ$^{53}_{21}$ɔi$^{53}$ tʂʰəŋ$^{13}_{21}$sin$^{35}_{44}$kai$^{53}$ʂau$^{53}_{21}$xa$^{53}$.tan$^{53}_{44}$ʂɿ$^{53}_{44}$e$_{53}$kʰei$^{21}$tʰei$^{13}$tʰəŋ$^{13}$pʰiet$^{5}$ e$^{0}$ tsi$^{21}$pa$^{35}_{44}$kəŋ$^{21}$lei$^{0}$ təu$^{35}_{44}$xe$^{53}_{44}$iɔŋ$^{21}$tsɿ$^{0}$ ɔi$^{35}$.tsʰiəu$^{53}_{44}$ tʂaŋ$^{53}$sien$^{35}_{44}$kəŋ$^{21}$ke$^{53}$iɔŋ$^{21}$tsi$^{21}$mɔi$^{53}$iɔŋ$^{53}_{44}$.fən$^{35}$n̩$^{13}_{21}$tʂʰət$^{3}$.tʂʰəu$^{13}_{21}$li$^{0}$ ua$^{53}$iɔŋ$^{21}$çiəŋ$^{35}_{44}$tʰi$^{53}$.

【两子爷】iɔŋ$^{21}$tsɿ$^{21}$ia$^{13}$ 父子俩或父女俩：～也分唔出来，到底系父女关系还系父子，也分唔出嘿嘿箇只我等。欸除哩另外分出来，另外特意分出来，特意讲出来，欸可以系可以讲，一般来讲都唔咁子唔分出来。分唔多出，都系咁子可称呶。哎～。iɔŋ$^{21}$tsɿ$^{21}$ia$^{13}$ia$^{35}$fən$^{35}$n̩$^{13}_{21}$tʂʰət$^{3}$ lɔi$^{13}_{44}$,tau$^{35}_{44}$te$^{21}$xei$^{53}_{44}$fu$^{53}$ɲy$^{21}$kuan$^{35}$çi$^{53}_{44}$xai$^{13}_{21}$xei$^{53}_{44}$fu$^{53}$tsɿ$^{21}$,ia$^{35}$fən$^{35}$n̩$^{13}_{21}$tʂʰət$^{3}$ xe$_{44}$xe$_{53}$kai$^{13}_{21}$tʂak$^{3}$ ŋai$^{13}_{21}$tien$^{0}$.e$_{44}$tʂʰəu$^{13}_{21}$li$^{0}$ lin$^{53}$uai$^{53}_{44}$fən$^{35}$tʂʰət$^{3}$ lɔi$^{13}_{21}$,lin$^{53}$uai$^{53}_{44}$tʰek$^{5}$ i$^{53}$fən$^{35}$tʂʰət$^{3}$ lɔi$^{13}_{21}$,tʰek$^{5}$ i$^{53}$kəŋ$^{21}$tʂʰət$^{3}$ lɔi$^{13}$,e$_{44}$kʰo$^{21}$i$^{35}$xe$^{53}_{44}$kʰo$^{21}$i$^{35}$kəŋ$^{21}$,iet$^{3}$ pən$^{35}$nɔi$^{13}_{44}$kəŋ$^{21}$təu$^{35}_{44}$n̩$^{13}$kan$^{21}_{35}$tsɿ$^{0}$ n̩$^{13}$fən$^{35}$tʂʰət$^{3}$ lɔi$^{13}$.fən$^{35}$n̩$^{13}_{21}$to$^{35}_{44}$tʂʰət$^{3}$,təu$^{35}$xei$^{53}$kan$^{21}$tsɿ$^{0}$ kʰo$^{21}$tʂʰən$^{35}$nau$^{0}$.ai$_{21}$ iɔŋ$^{21}$tsɿ$^{21}$ia$^{13}$.

【两姊妹】iɔŋ$^{21}$tsi$^{21}$mɔi$^{53}$ 姐妹俩；姐弟俩；兄妹俩：分唔多出哩，就系也安做～嘞。有分得咁出。就～。有得两姐弟。分唔出，～分唔出来还系姐弟呀，还系姐妹呀，还系兄妹呀，就分唔出。但是两兄弟，箇就两只伢子，系，两只男个。～就分唔出系一男一女呀还系两只女，两女，分唔出，都安做～。fən$^{35}$n̩$^{13}_{44}$to$^{35}_{44}$tʂʰət$^{3}_{5}$li$^{0}$,tsiəu$^{53}$xei$^{53}$ia$^{35}$ɔn$^{35}_{44}$tso$^{53}_{44}$iɔŋ$^{21}$tsi$^{21}$mɔi$^{53}$lei$^{0}$.mau$^{13}$fən$^{35}_{44}$tek$^{3}$ kan$^{21}$tʂʰət$^{3}$.tsiəu$^{53}$iɔŋ$^{21}$tsi$^{21}$mɔi$^{53}$.mau$^{13}$tek$^{3}$ iɔŋ$^{21}$tsie$^{21}$tʰi$^{53}$.fən$^{35}$n̩$^{13}_{21}$tʂʰət$^{3}$,iɔŋ$^{21}$tsi$^{21}$mɔi$^{53}$fən$^{35}$n̩$^{13}_{21}$tʂʰət$^{3}$ lɔi$^{13}$xai$^{13}$ xei$^{53}$tsie$^{21}$ti$^{53}$ia$^{0}$,xai$^{13}_{21}$xei$^{53}_{44}$tsie$^{21}$mei$^{53}$ia$^{0}$,xai$^{13}_{21}$xe$^{53}_{44}$çiəŋ$^{35}_{44}$mei$^{53}$ia$^{0}$,tsiəu$^{53}_{44}$fən$^{35}_{44}$n̩$^{13}_{21}$tʂʰət$^{3}$.tan$^{53}$ʂɿ$^{53}$iɔŋ$^{21}$çiəŋ$^{35}$ tʰi$^{53}$,kai$^{53}_{44}$tsʰiəu$^{53}_{44}$iɔŋ$^{21}$tʂak$^{3}$ ŋa$^{13}$tsɿ$^{0}$,xe$^{53}_{44}$,iɔŋ$^{21}$tʂak$^{3}$ lan$^{13}$cie$^{53}$.iɔŋ$^{21}$tsi$^{21}$mɔi$^{53}$tsʰiəu$^{53}$fən$^{35}$n̩$^{13}_{21}$tʂʰət$^{3}$ xei$^{53}$iet$^{3}$ lan$^{13}$iet$^{3}$ ɲy$^{21}$ia$^{0}$ xai$^{13}_{21}$xe$^{53}$iɔŋ$^{21}$tʂak$^{3}$ ŋ̍$^{21}$,iɔŋ$^{21}$ŋ̍$^{21}$,fən$^{35}$n̩$^{13}_{21}$tʂʰət$^{3}$,təu$^{35}$ɔn$^{35}_{44}$tso$^{53}_{44}$iɔŋ$^{21}$tsi$^{21}$mɔi$^{53}$.

【晾】iɔŋ$^{53}$ 动把东西放在阳光下或通风透气的地方使之变干：我等个草烟只爱～下去咯。ŋai$^{13}$ tien$^{0}$ ke$^{53}_{44}$tsʰau$^{21}$ien$^{35}$tʂɿ$^{21}$ɔi$^{53}_{44}$iɔŋ$^{53}$ŋa$_{44}$(←xa$^{53}$)çi$^{53}_{44}$ko$^{0}$.

【踉踉跄跄】laŋ$^{53}$laŋ$^{53}_{44}$tsʰaŋ$^{53}$tsʰaŋ$^{53}_{44}$ 形形容人走路不稳，犹如醉酒的样子：走路～tsei$^{21}$ləu$^{53}$laŋ$^{53}$ laŋ$^{53}_{44}$tsʰaŋ$^{53}$tsʰaŋ$^{53}_{44}$

【撩剪】liau$^{13}$tsien$^{21}$ 名理发师用的长剪刀：有起就安做～呢，剪箇个长出来个呢。箇□长，渠个剪刀系□长，安做～。渠用起梳子隔正来，一剪下去就□长一线都剪得达平子，安做～。我只晓得箇只～。别么个剪我唔晓得。iəu$^{35}$çi$^{21}$tsʰiəu$^{53}_{44}$ɔn$^{35}_{44}$tso$^{53}_{44}$liau$^{13}$tsien$^{21}$nei$^{0}$,tsien$^{21}$kai$^{53}$ke$^{53}$tʂʰəŋ$^{13}$ tʂʰət$^{3}$ lɔi$^{13}_{44}$ke$^{53}$nei$^{0}$.kai$^{53}_{44}$lai$^{35}$tʂʰəŋ$^{13}_{21}$,ci$^{13}$kei$^{53}$tsien$^{21}$tau$^{35}_{44}$xei$^{21}$lai$^{35}$tʂʰəŋ$^{13}_{21}$,ɔn$^{35}_{44}$tso$^{53}$liau$^{13}$tsien$^{21}$.ci$^{13}_{21}$iəŋ$^{53}_{44}$çi$^{21}$sɿ$^{35}$tsɿ$^{0}$ kak$^{3}$ tʂaŋ$^{53}$lɔi$^{13}_{44}$,iet$^{3}$ tsien$^{21}$na$^{53}_{44}$çi$^{53}_{44}$tsʰiəu$^{53}_{44}$lai$^{35}$tʂʰəŋ$^{13}_{21}$iet$^{3}$ sien$^{53}$təu$^{35}_{53}$tsien$^{21}$tek$^{3}$ tʰait$^{5}$ pʰiaŋ$^{13}_{44}$tsɿ$^{0}$,ɔn$^{35}_{44}$tso$^{53}_{44}$liau$^{13}$ tsien$^{21}$.ŋai$^{21}$tʂɿ$^{21}_{44}$çiau$^{21}_{44}$tek$^{3}$ kai$^{53}$tʂak$^{3}$ liau$^{13}$tsien$^{21}$.pʰiet$^{5}$ mak$^{3}$ e$^{0}$ tsien$^{21}$ŋai$^{13}_{21}$n̩$^{13}$çiau$^{21}_{44}$tek$^{3}$.

【撩手动脚】liau$^{13}$ʂəu$^{21}$tʰəŋ$^{53}$ciɔk$^{3}$ 动手动脚：箇有只咁个伢子啊喜欢跍倒妹子面前～。kai$^{53}$iəu$^{35}$ tʂak$^{3}$ kan$^{21}$kei$^{53}$ŋa$^{13}_{21}$tsɿ$^{0}$ a$^{0}$ çi$^{21}$fən$^{35}_{44}$ku$^{35}$tau$^{21}$mɔi$^{53}$tsɿ$^{0}$ mien$^{53}$tsʰien$^{13}_{21}$liau$^{13}$ʂəu$^{21}$tʰəŋ$^{53}$ciɔk$^{3}$.

【燎纸】liau$^{13}$tʂɿ$^{21}$ 动家奠过程中的一个仪式，将猪头、羊头的毛烧净：瘗完毛血就系～。～就系么啊意思嘞？就系舞只子油条，分箇个猪毛，羊毛，羊脑壳啊，猪脑壳身上个毛哇，烧嘿去。烧净毛来。要用舞两只脑壳咯噢，一只你羊脑壳，一只你猪脑壳。猪头，羊头呀。li$^{53}$ uan$^{13}_{21}$mau$^{35}$çiet$^{3}$ tsʰiəu$^{53}$xei$^{53}_{44}$liau$^{13}$tʂɿ$^{21}$.liau$^{13}$tʂɿ$^{21}$tsʰiəu$^{53}$xei$^{53}$mak$^{3}$ a$^{0}$ i$^{53}_{44}$sɿ$^{0}$ lei$^{0}$?tsʰiəu$^{53}$xei$^{53}$u$^{21}$tʂak$^{3}$ tsɿ$^{0}$ iəu$^{13}$ tʰiau$^{13}_{44}$,pən$^{35}$kai$^{53}_{44}$ke$^{53}_{44}$tʂəu$^{35}$mau$^{35}$,iɔŋ$^{13}$mau$^{35}$,iɔŋ$^{13}$nau$^{21}$kʰɔk$^{3}$ a$^{0}$,tʂəu$^{35}$lau$^{21}$kʰɔk$^{3}$ ʂən$^{35}_{44}$xɔŋ$^{53}_{44}$ke$^{53}_{44}$mau$^{35}$ua$^{0}$,ʂau$^{35}$ ek$^{3}$ çi$^{53}$.ʂau$^{35}_{44}$tsʰiaŋ$^{53}$mau$^{35}$lɔi$^{13}_{21}$.iau$^{53}_{44}$iəŋ$^{53}$u$^{21}$iɔŋ$^{21}$tʂak$^{3}$ lau$^{21}$kʰɔk$^{3}$ kau$^{0}$,iet$^{3}$ tʂak$^{3}$ ɲi$^{13}_{21}$iɔŋ$^{13}$nau$^{21}$kʰɔk$^{3}$,iet$^{3}$ tʂak$^{3}$ ɲ̍$^{13}_{21}$ tʂəu$^{35}$lau$^{21}$kʰɔk$^{3}$.tʂəu$^{35}$tʰei$^{13}_{21}$,iɔŋ$^{13}_{21}$tʰei$^{13}_{21}$ia$^{0}$.

【摎$_{1}$】lau$^{35}$ 动拌：你箇个药唔想食你就～兜子糖去。ɲi$^{13}_{44}$kai$^{53}_{44}$kei$^{53}_{44}$iɔk$^{5}$ n̩$^{13}$siɔŋ$^{21}$ʂət$^{5}$ ɲi$^{13}_{21}$tsʰiəu$^{53}_{44}$lau$^{35}_{44}$ te$^{35}_{53}$tsɿ$^{0}$ tʰəŋ$^{13}$çi$^{53}$.｜蒸酒个时候子蒸正哩呃糯饭，箇个温度合适了，就舞兜酒药子放倒箇糯饭肚里一摎，交佮来，密封，就要得哩。tʂən$^{35}$tsiəu$^{21}$ke$^{53}$ʂɿ$^{13}_{44}$xei$^{53}_{44}$tsɿ$^{0}$ tʂən$^{35}$tʂaŋ$^{53}$li$^{0}$ ə$_{21}$lo$^{53}$fan$^{53}$,kai$^{53}_{44}$ke$^{53}_{44}$ uən$^{35}$tʰəu$^{53}$xɔit$^{5}$ ʂɿ$^{53}$liau$^{21}_{44}$,tsʰiəu$^{53}$u$^{21}$te$^{35}_{53}$tsiəu$^{21}$iɔk$^{5}$ tsɿ$^{0}$ fəŋ$^{53}$tau$^{21}$kai$^{53}_{44}$lo$^{53}$fan$^{53}_{44}$təu$^{21}$li$^{0}$ iet$^{3}$ lau$^{35}$,ciau$^{35}$kait$^{3}$ lɔi$^{13}_{44}$, miet$^{5}$ fəŋ$^{35}_{44}$,tsʰiəu$^{53}$iau$^{53}$tek$^{3}$ li$^{0}$.｜有别么个菜，就舞兜咸菜一～。咸菜～饭就咁子～。mau$^{13}$pʰiet$^{5}$

L

mak$^{3}$ e$^{0}$ tsʰɔi$^{53}$,tsʰiəu$^{53}$u$^{21}$te$^{35}_{53}$xan$^{13}$tsʰɔi$^{53}$iet$^{3}$ lau$^{35}$.xan$^{13}$tsʰɔi$^{53}$lau$^{35}$fan$^{53}$tsʰiəu$^{53}$kan$^{21}$tsɿ$^{0}$ lau$^{35}$.｜箇个蒸冻饽饽啊，从前是一碗冻饽饽都唔知几稀奇，系唔系？箇碗上夥倒蛮多，爱～碗，～饽饽碗。kai$^{53}_{44}$ ke$^{53}_{44}$tʂən$^{35}$təŋ$^{53}$pɔk$^{5}$ pɔk$^{5}$ a$^{0}$,tsʰəŋ$^{13}$tsʰien$^{13}_{44}$ʂʅ$^{53}_{44}$iet$^{3}$ uɔn$^{21}$təŋ$^{53}$pɔk$^{5}$ pɔk$^{5}$ təu$^{35}_{53}$n̩$^{13}_{21}$ti$^{35}_{53}$ci$^{21}$çi$^{35}$cʰi$^{13}_{21}$,xei$^{53}_{44}$me$^{53}_{44}$?kai$^{53}$uɔn$^{21}$ xɔŋ$^{53}$ɲia$^{13}$tau$^{21}$man$^{13}_{21}$to$^{35}_{44}$,ɔi$^{53}$lau$^{35}$uɔn$^{21}$,lau$^{35}$pɔk$^{5}$ pɔk$^{5}$ uɔn$^{21}$.

【撈$_{2}$】lau$^{35}$ 介 引进相关或比较的对象。和，与：明晡哇欸冇么个事啊你～我去嬲下子么？miaŋ$^{13}$pu$^{35}$ua$^{0}$ e$_{21}$mau$^{13}$mak$^{3}$ e$^{0}$ sɿ$^{53}$a$^{0}$ ɲi$^{13}_{21}$lau$^{35}$ŋai$^{13}_{21}$çi$^{53}_{44}$liau$^{53}$(x)a$^{53}_{21}$tsɿ$^{0}$ mo$^{0}$?｜我撈你去爬仙姑岩呀。ŋai$^{13}$ lau$^{35}$ɲi$^{13}_{21}$çi$^{53}$pʰa$^{13}$sien$^{35}_{44}$ku$^{35}_{44}$ŋai$^{13}$ia$^{0}$.｜喜欢讲啊喜欢管箇起～自家无关个事，就安做□空事。çi$^{21}$ fɔn$^{35}_{44}$kɔŋ$^{21}$ŋa$^{0}$ çi$^{21}$fɔn$^{35}_{44}$kɔn$^{21}$kai$^{53}$çi$^{21}$lau$^{35}$tsʰɿ$^{35}$ka$^{35}_{44}$u$^{13}$kuan$^{35}$ke$^{53}$sɿ$^{53}_{21}$,tsʰiəu$^{53}_{44}$ɔn$^{35}_{44}$tso$^{53}_{44}$tʂek$^{3}$ kʰəŋ$^{53}$sɿ$^{53}_{21}$.

【撈$_{3}$】lau$^{35}$ 连 表示并列关系，相当于“和、与”：以只～箇只一样个。i$^{21}$tʂak$^{3}$ lau$^{35}$kai$^{53}$tʂak$^{3}$ iet$^{3}$ iɔŋ$^{53}$ke$^{0}$.｜上十个月～上十月唔同。ʂaŋ$^{35}$ʂət$^{5}$ ke$^{53}$ɲiet$^{5}_{3}$ lau$^{35}$ʂaŋ$^{35}$ʂət$^{5}$ ɲiet$^{5}$ n̩$^{13}_{21}$tʰəŋ$^{13}$.

【了$_{2}$】liau$^{21}$ 动 ①完毕；结束：～嘿以桩事再走。liau$^{21}$xek$^{3}$ i$^{21}$tsɔŋ$^{35}$sɿ$^{53}$tsai$^{53}$tsei$^{21}$. ②放在动词后，与“得”、“唔”连用，表示可能或不可能完成、实现：三天肚里做得～啊做唔～？san$^{35}$ tʰien$^{35}$təu$^{21}$li$^{35}$tso$^{53}$tek$^{3}$ liau$^{21}$a$^{35}$tso$^{53}$ŋ̍$^{13}$liau$^{21}$?｜（福寿螺）消灭唔～嘞。siau$^{35}$miet$^{3}$ n̩$^{13}_{44}$liau$^{21}$lei$^{0}$.

【了不得】liau$^{21}$pət$^{3}$ tek$^{3}$ 形 超乎寻常。多用来表示夸赞：嗯，我等箇有只阿叔去广东箇边办只厂子，渠个票子就～了啦，欸。～个票子啦。ŋ̍$_{21}$,ŋai$^{13}$tien$^{0}$ kai$^{53}_{44}$iəu$^{35}_{44}$tʂak$^{3}$ a$^{35}$ʂəuk$^{3}$ çi$^{53}$kɔŋ$^{21}$təŋ$^{35}_{44}$kai$^{53}_{44}$ pien$^{35}_{44}$pʰan$^{53}$tʂak$^{3}$ tʂʰɔŋ$^{21}$tsɿ$^{0}$,ci$^{13}$ke$^{53}_{44}$pʰiau$^{53}$tsɿ$^{0}$ tsʰiəu$^{53}$liau$^{21}$pət$^{3}$ tek$^{3}$ liau$^{0}$ la$^{0}$,e$_{21}$.liau$^{21}$pət$^{3}$ tek$^{3}$ ke$^{53}_{44}$pʰiau$^{53}$tsɿ$^{0}$ la$^{0}$.

【了解】liau$^{21}$kai$^{21}$ 动 ①打听；调查：据我～（黄鳝剪和黄鳝钳）都系一只东西。tʂʮ$^{53}$ŋai$^{13}$liau$^{21}$ kai$^{21}$təu$^{35}$xe$^{53}$iet$^{3}$ tʂak$^{3}$ təŋ$^{35}_{44}$si$^{0}$. ②知道得清楚，明白：（以只东西）我更～呀。ŋai$^{13}$cien$^{53}$liau$^{21}$kai$^{21}$ ia$^{0}$.｜也可能我唔多～。ia$^{35}$kʰo$^{21}$len$^{13}_{21}$ŋai$^{13}_{21}$n̩$^{13}_{21}$to$^{35}_{44}$liau$^{21}$kai$^{21}_{44}$.

【了尾】liau$^{21}$mi$^{35}$ 名 时间词。后来：～正喊晒田。liau$^{21}$mi$^{35}$tʂaŋ$^{53}_{44}$xan$^{53}_{44}$sai$^{53}$tʰien$^{13}$.｜（奈李）系后背个，渠～正有。/最先有个只有箇几种。xe$^{53}$xəu$^{53}$pɔi$^{53}_{44}$ke$^{53}_{44}$,ci$^{13}_{21}$liau$^{21}$mi$^{35}$tʂaŋ$^{53}$iəu$^{35}$./tsei$^{53}$sien$^{35}_{44}$iəu$^{35}_{44}$ ke$^{53}_{44}$tʂʅ$^{21}$iəu$^{35}_{53}$kai$^{53}_{44}$ci$^{21}$tʂəŋ$^{21}$.

L

【料】liau$^{53}$ 名 ①材料，可供制造其他东西的物质：用角撮～咁子打个噢，皮箩。iəŋ$^{53}_{44}$kɔk$^{3}$ tsʰait$^{3}$ liau$^{53}$kan$^{21}_{44}$tsɿ$^{0}$ ta$^{21}$ke$^{53}_{44}$au$^{0}$,pʰi$^{13}$lo$^{13}$. ②指棺材：就系嫲放死尸个之前就安做～，放哩死尸就安做柩。tsʰiəu$^{53}_{44}$xe$^{53}_{44}$maŋ$^{13}$fɔŋ$^{53}$si$^{21}$ʂʅ$^{35}_{44}$ke$^{53}$tʂʅ$^{35}_{44}$tsʰien$^{13}$tsʰiəu$^{53}_{44}$ɔn$^{35}_{44}$tso$^{53}_{44}$liau$^{53}$,fɔŋ$^{53}$li$^{0}$ si$^{21}$ʂʅ$^{35}_{44}$tsʰiəu$^{53}_{44}$ɔn$^{35}_{44}$tso$^{53}_{44}$ciəu$^{53}$.｜箇副～会殊嘿哩。kai$^{53}_{44}$fu$^{53}_{44}$liau$^{53}$uɔi$^{53}_{44}$mət$^{3}$ lek$^{3}$ li$^{0}$.

【料定】liau$^{53}$tʰin$^{53}$ 动 预料断定：箇只学生子啊我～渠考得大学倒。kai$^{53}$tʂak$^{3}$ xɔk$^{5}$ saŋ$^{35}_{44}$tsa$^{0}$ ŋai$^{13}$ liau$^{53}$tʰin$^{53}$ci$^{13}_{21}$kʰau$^{21}$tek$^{3}$ tʰai$^{53}$çiɔk$^{5}$ tau$^{21}$.

【劣】liak$^{3}$ 动 ①捣乱；做坏事。多指小孩子：细人子，稍微大滴子个细人子嘞，也得人家喜欢，又得人家恼。因为搞么个得人家恼嘞？渠会做坏事。渠会搞兜咁个搞兜箇恶作剧，系唔系？就会得人家恼。么个都去分，么个都去～，乱搞。就得人家恼。sei$^{53}$ɲin$^{13}_{44}$tsɿ$^{0}$,sau$^{21}$uei$^{35}_{44}$ tʰai$^{53}$tiet$^{5}$ tsɿ$^{0}$ ke$^{0}$ sei$^{53}$ɲin$^{13}_{44}$tsɿ$^{0}$ lei$^{0}$,ia$^{35}$tek$^{3}$ ɲin$^{13}_{21}$ka$^{35}_{44}$çi$^{21}$fɔn$^{35}$,iəu$^{53}$tek$^{3}$ ɲin$^{13}_{21}$ka$^{35}_{44}$lau$^{35}$.in$^{35}$uei$^{53}_{44}$kau$^{21}$mak$^{3}$ ke$^{0}$ tek$^{3}$ in$^{13}_{21}$ka$^{35}_{44}$lau$^{35}$lei$^{0}$?ci$^{13}_{21}$uɔi$^{53}$tso$^{53}_{44}$fai$^{53}$sɿ$^{53}$.ci$^{13}_{21}$uɔi$^{53}_{44}$kau$^{21}$təu$^{35}_{53}$kan$^{21}$ke$^{53}_{44}$kau$^{21}$təu$^{35}_{53}$kai$^{53}$ɔk$^{3}$ tsɔk$^{3}$ tʂət$^{3}$,xei$^{53}_{44}$me$^{53}_{44}$?tsiəu$^{53}_{44}$ uɔi$^{53}$tek$^{3}$ in$^{13}_{44}$ka$^{35}_{44}$lau$^{35}$.mak$^{3}$ ke$^{0}$ təu$^{35}_{53}$çi$^{53}$pən$^{35}$,mak$^{3}$ e$^{0}$ təu$^{35}_{53}$çi$^{53}$liak$^{3}$,lɔn$^{53}$kau$^{21}$.tsʰiəu$^{53}_{44}$tek$^{3}$ in$^{13}_{44}$ka$^{35}_{44}$lau$^{35}$. ②拖累；折磨：欸有兜人几十岁了还得疝气哟，我等箇有只退休老师比我细两岁，六十几岁了还得疝气。也唔知让门来个。渠当然渠以只疝气唔系么个六十几岁正得，渠三十几岁，四十几岁，五十几岁，间哩成十年又爱去动到手术，又爱去整一到，渠箇疝气呀，欸。渠长日同我讲唠：“哎，我一世人就系分箇把疝谐音“伞”～倒哩啊。” ei$^{0}$ iəu$^{35}$tei$^{35}_{53}$ɲin$^{13}_{44}$ci$^{21}$ʂət$^{5}$ sɔi$^{53}$liau$^{0}$ xai$^{13}_{21}$tek$^{3}$ san$^{53}$çi$^{53}$io$^{0}$,ŋai$^{13}$tien$^{0}$ kai$^{53}$iəu$^{35}$tʂak$^{3}$ tʰei$^{53}$çiəu$^{35}_{44}$lau$^{21}$sɿ$^{35}_{44}$pi$^{21}$ŋai$^{13}_{21}$sei$^{53}$iɔŋ$^{21}$sɔi$^{53}$,liəuk$^{3}$ ʂət$^{5}$ ci$^{21}$sɔi$^{53}$liau$^{0}$ xai$^{13}_{21}$tek$^{3}$ san$^{53}$çi$^{53}_{44}$.a$^{35}$n̩$^{13}_{21}$ti$^{35}_{44}$ɲiɔŋ$^{53}$mən$^{13}_{44}$lɔi$^{13}_{21}$ke$^{0}$.ci$^{13}_{21}$tɔŋ$^{35}$ven$^{13}_{21}$ci$^{13}_{21}$i$^{21}_{21}$tʂak$^{3}$ san$^{53}$çi$^{53}$m̩$^{13}_{21}$pʰei$^{53}$mak$^{3}$ e$^{0}$ liəuk$^{3}$ ʂət$^{5}$ ci$^{21}$sɔi$^{53}_{44}$ tʂaŋ$^{53}$tek$^{3}$,ci$^{13}$san$^{35}$ʂət$^{5}$ ci$^{21}$sɔi$^{53}_{44}$,si$^{53}$ʂət$^{5}$ ci$^{21}$sɔi$^{53}$,ŋ̍$^{21}$ʂət$^{5}$ ci$^{21}$sɔi$^{53}$,kan$^{53}$li$^{0}$ ʂaŋ$^{13}_{21}$ʂət$^{5}$ ɲien$^{13}$iəu$^{53}$ɔi$^{53}_{44}$çi$^{53}_{44}$tʰəŋ$^{53}$tau$^{35}_{44}$ ʂəu$^{21}$ʂət$^{5}$,iəu$^{53}$ɔi$^{53}_{44}$çi$^{53}$tʂaŋ$^{21}$iet$^{3}$ tau$^{35}$,ci$^{13}_{21}$kai$^{53}_{44}$san$^{53}$çi$^{53}$ia$^{0}$,e$_{21}$.ci$^{13}_{21}$tʂʰɔŋ$^{13}$ɲiet$^{3}$ tʰəŋ$^{13}$ŋai$^{13}_{21}$kɔŋ$^{21}$lau$^{0}$:"ai$_{53}$,ŋai$^{13}$iet$^{3}$ sʅ$^{53}$ɲin$^{13}_{21}$tsʰiəu$^{53}$(x)e$^{53}$pən$^{35}$kai$^{53}_{44}$pa$^{21}$san$^{53}$liak$^{3}$ tau$^{21}$li$^{0}$ a$^{0}$." ③进行；实施：高亲呐走嘿哩了哇，更空滴子了吵，箇就来～箇条路子了，就来送耙子啦。kau$^{35}$tsʰin$^{35}_{44}$na$^{0}$ tsei$^{21}$(x)ek$^{3}$ li$^{0}$ liau$^{0}$ ua$^{0}$,cien$^{53}_{44}$kʰəŋ$^{53}$ tet$^{5}_{3}$ tsɿ$^{0}$ liau$^{21}$ʂa$^{0}$,kai$^{53}_{44}$tsʰiəu$^{53}$lɔi$^{13}_{21}$liak$^{3}$ kai$^{53}$tʰiau$^{13}_{21}$ləu$^{53}$tsɿ$^{0}$ liau$^{0}$,tsʰiəu$^{53}$lɔi$^{13}_{21}$səŋ$^{53}$pʰa$^{13}$tsɿ$^{0}$ la$^{0}$.｜渠系买，渠系去买，到箇做饺子皮卖个店里去买，因为自家舞嘞硬难～噢，难搞喔。ci$^{13}_{21}$xei$^{53}$mai$^{35}$,ci$^{13}_{21}$xei$^{53}$ çi$^{53}$mai$^{35}$,tau$^{53}$kai$^{53}$tso$^{53}$ciau$^{21}$tsɿ$^{0}$ pʰi$^{13}$mai$^{53}$ke$^{53}_{44}$tian$^{53}$ni$^{21}$çi$^{53}$mai$^{35}$,in$^{35}$uei$^{53}_{44}$tsʰɿ$^{35}$ka$^{35}_{44}$u$^{21}$lei$^{0}$ ɲiaŋ$^{53}$lan$^{13}$liak$^{3}$

au$^{0}$,lan$^{13}$kau$^{21}$uo$^{0}$.

【劣车】liak$^{3}$tʂʰa$^{35}$ 动算计：劣别人家车 liak$^{3}$pʰiet$^{5}$in$^{13}_{21}$ka$^{35}_{44}$tʂʰa$^{35}$

【咧】lie$^{53}$ 动合拢：眼皮～下去表示一种不屑的神情。ŋan$^{21}$pʰi$^{13}$lie$^{53}$xa$^{53}_{44}$çi$^{53}$.

【烈$_{1}$】lait$^{3}$ 动①用火燎去毛：～，就系，欸，打比我斫猪肉归来，上背有皮，皮上上背嘞还怕渠有毛，𫗦搞净哩毛，爱～嘿它箇只毛去，～猪肉。～毛。lait$^{3}$,tsʰiəu$^{53}$xe$^{53}$,e$_{21}$,ta$^{21}$pi$^{21}_{44}$ŋai$^{13}$ tʂɔk$^{3}$tʂəu$^{35}$ɲiəuk$^{3}$kuei$^{35}$lɔi$^{13}_{21}$,ʂɔŋ$^{53}$pɔi$^{53}_{44}$iəu$^{35}_{44}$pʰi$^{13}$,pʰi$^{13}$ʂɔŋ$^{53}$xɔŋ$^{53}_{44}$pɔi$^{53}_{44}$lei$^{0}$xai$^{13}$pʰa$^{53}$ci$^{13}_{21}$iəu$^{35}$mau$^{35}$,maŋ$^{13}$kau$^{21}$ tsʰiaŋ$^{53}$li$^{0}$mau$^{35}$,ɔi$^{53}$lait$^{3}$(x)ek$^{3}$tʰa$^{0}$kai$^{53}_{44}$tʂak$^{3}$mau$^{35}$çi$^{53}_{44}$,lait$^{3}$tʂəu$^{35}$ɲiəuk$^{3}$.lait$^{3}$mau$^{35}$. ②用烧红的铁器烫去猪皮等上的毛：烧红（烈杯）来～箇猪肉毛哕。ʂau$^{35}$fəŋ$^{13}_{21}$lɔi$^{13}_{44}$lait$^{3}$kai$^{53}_{44}$tʂəu$^{35}$ɲiəuk$^{3}$mau$^{35}$ʂa$^{0}$.

【烈$_{2}$】lait$^{3}$ 形①温度高；烫人：莫搞咁～。欸。镬头忒～哩。mɔk$^{5}$kau$^{21}$kan$^{21}$lait$^{3}$.e$_{21}$.uɔk$^{5}$tʰei$^{0}$ tʰiet$^{3}$lait$^{3}$li$^{0}$.｜一□火放倒以映子，～面呢。iet$^{3}$tsiau$^{35}$fo$^{21}$fɔŋ$^{53}$tau$^{21}$i$^{21}_{44}$iaŋ$^{53}_{44}$tsɿ$^{0}$,lait$^{3}$mien$^{53}$ne$^{0}$.｜箇个烼衫裤啊，烼起唔知几～呀。kai$^{53}$ke$^{0}$xɔk$^{3}$san$^{35}$fu$^{53}$a$^{0}$,xɔk$^{3}$çi$^{21}_{44}$n̩$^{13}$ti$^{35}_{53}$ci$^{21}$lait$^{3}$ia$^{0}$. ②（阳光）很强烈，炽热：日头蛮～，晒死人。ɲiet$^{3}$tʰei$^{13}$man$^{13}$lait$^{3}$,sai$^{53}$si$^{21}$ɲin$^{13}$.

【烈杯】lait$^{3}$pai$^{35}$ 名带长柄的心形厚烙铁，用来烫去猪毛：箇是还有猪肉，猪肉皮呀，猪肉个皮上有毛哇。有毛以前是拿倒火铲来烧，放来去烈嘞，系呀？有种专门个，做好事啊，一下就剐一只猪哇。箇你拿火铲去烈就够烈哩啊。箇厨官师傅就带～。有～。铁匠打个。咁厚。不容易烧得红。烧红来烈箇猪肉毛哕。欸，咁个咁子个样子，看呐，咁子尖尖子个样子。嗯，以头斗只□长个只铁把。咁子个样子，咁子样子。同箇那个烙铁差唔多啊。烙铁是只系熨布个哕。以个就烈猪肉个，烈猪毛个。咁系不容易烧红。也一一烧一到也烈得蛮多猪肉凑。如今个厨官是冇得哩。痞重噢咁东西噢。kai$^{53}_{44}$ʂʅ$^{53}_{44}$xai$^{13}_{21}$iəu$^{35}_{44}$tʂəu$^{35}$ɲiəuk$^{3}$,tʂəu$^{35}$ɲiəuk$^{3}$pʰi$^{13}$ia$^{0}$,tʂəu$^{35}$ ɲiəuk$^{3}$ke$^{53}_{44}$pʰi$^{13}$xɔŋ$^{53}_{44}$iəu$^{35}$mau$^{35}$ua$^{0}$.iəu$^{35}_{44}$mau$^{35}$i$^{35}_{53}$tsʰien$^{13}_{21}$ʂʅ$^{53}_{44}$la$^{53}$tau$^{21}$fo$^{21}$tsʰan$^{21}$nɔi$^{13}_{21}$ʂau$^{35}$,fɔŋ$^{53}_{44}$lɔi$^{13}_{21}$çi$^{53}$lait$^{3}$ lei$^{0}$,xei$^{53}_{44}$ia$^{0}$?iəu$^{35}_{44}$tʂəŋ$^{21}$tʂen$^{35}$mən$^{13}_{21}$ke$^{53}$,tso$^{53}$xau$^{21}$sɿ$^{53}$a$^{0}$,iet$^{3}$xa$^{53}_{44}$tsʰiəu$^{53}_{44}$tʂʰʅ$^{13}$iet$^{3}$tʂak$^{3}$tʂəu$^{35}$ua$^{0}$.kai$^{53}_{44}$ɲi$^{13}$la$^{53}$ xo$^{21}$tsʰan$^{21}$çi$^{53}$lait$^{3}$tsiəu$^{53}_{44}$ciei$^{53}$lait$^{3}$li$^{0}$a$^{0}$.kai$^{53}_{44}$tʂʰəu$^{13}$kɔn$^{35}_{44}$sɿ$^{35}_{44}$fu$^{53}_{44}$tsʰiəu$^{53}_{21}$tai$^{53}$lait$^{3}$pai$^{35}$.iəu$^{35}_{44}$lait$^{3}$pai$^{35}_{44}$.tʰiet$^{3}$ siɔŋ$^{53}$ta$^{21}$ke$^{53}$.kan$^{21}$xei$^{35}$.pət$^{3}$iəŋ$^{13}$i$^{53}$ʂau$^{35}$tek$^{3}$fəŋ$^{13}$.ʂau$^{35}$fəŋ$^{13}_{21}$lɔi$^{13}_{44}$lait$^{3}$kai$^{53}_{44}$tʂəu$^{35}$ɲiəuk$^{3}$mau$^{35}$ʂa$^{0}$.e$_{21}$,kan$^{21}$ke$^{0}$ kan$^{21}$tsɿ$^{0}$ke$^{53}_{44}$iɔŋ$^{53}_{21}$tsɿ$^{0}$,kʰɔn$^{53}$na$^{0}$,kan$^{21}$tsɿ$^{0}$tsian$^{35}_{44}$tsian$^{35}_{44}$tsɿ$^{0}$ke$^{53}_{44}$iɔŋ$^{53}_{21}$tsɿ$^{0}$.n̩$_{21}$,i$^{21}$tʰei$^{13}_{44}$tei$^{53}$tʂak$^{3}$lai$^{35}$tʂʰɔŋ$^{13}_{21}$cie$^{53}_{44}$ tʂak$^{3}$tʰiet$^{3}$pa$^{53}$.kan$^{21}$tsɿ$^{0}$cie$^{53}_{44}$iɔŋ$^{53}_{21}$tsɿ$^{0}$,kan$^{21}$tsɿ$^{0}$iɔŋ$^{53}_{44}$tsɿ$^{0}$.tʰəŋ$^{13}_{21}$kai$^{53}_{44}$la$^{53}_{44}$ke$^{53}_{44}$lɔk$^{5}$tʰiet$^{3}$tsʰa$^{35}_{44}$n̩$^{13}_{21}$to$^{35}_{44}$a$^{0}$.lɔk$^{5}$tʰiet$^{3}$ʂʅ$^{53}_{21}$ tʂʅ$^{21}$xe$^{53}_{44}$in$^{53}_{44}$pu$^{53}$kei$^{53}_{44}$ʂa$^{0}$.i$^{21}$ke$^{53}$tsʰiəu$^{53}$lait$^{3}$tʂəu$^{35}$ɲiəuk$^{3}$ke$^{53}$,lait$^{3}$tʂəu$^{35}$mau$^{35}_{44}$ke$^{53}_{44}$.kan$^{21}$xei$^{53}$pət$^{3}$iəŋ$^{13}$i$^{53}$ʂau$^{35}$ fəŋ$^{13}$.ia$^{35}$iet$^{3}$iet$^{3}$ʂau$^{35}$iet$^{3}$tau$^{53}_{44}$ia$^{35}$lait$^{3}$tek$^{3}$man$^{13}$to$^{35}_{44}$tʂəu$^{35}$ɲiəuk$^{3}$tsʰe$^{0}$.i$^{13}_{21}$cin$^{35}$ke$^{53}_{21}$tʂʰəu$^{13}_{21}$kɔn$^{35}_{44}$ʂʅ$^{53}_{44}$mau$^{13}_{21}$tek$^{3}$ li$^{0}$.teit$^{5}$tʂʰəŋ$^{35}_{44}$ŋau$^{0}$kan$^{21}$(t)əŋ$^{35}_{44}$si$^{0}$au$^{0}$.

【烈烈闹闹】lait$^{3}$lait$^{3}$lau$^{53}$lau$^{53}$ 形同样的话反反复复地说：就箇老人家子啊，讲哩个又唔记得，系唔系？又倒转去讲，就安做重三倒四，～。tsʰiəu$^{53}_{21}$kai$^{53}$lau$^{21}$ɲin$^{13}$ka$^{35}_{44}$tsɿ$^{0}$a$^{0}$,kɔŋ$^{21}$li$^{0}$ke$^{53}_{44}$iəu$^{53}_{44}$n̩$^{13}$ci$^{53}$ tek$^{3}$,xei$^{53}_{44}$me$^{53}_{44}$?iəu$^{53}$tau$^{53}$tʂɔn$^{21}$çi$^{53}$kɔŋ$^{21}$,tsʰiəu$^{53}_{44}$ɔn$^{35}_{44}$tso$^{53}_{44}$tʂʰəŋ$^{13}$san$^{35}_{44}$tau$^{53}$si$^{53}$,lait$^{3}$lait$^{3}$lau$^{53}$lau$^{53}$.

【烈闹】lait$^{3}$lau$^{53}$ 形同样的话反反复复地说，啰嗦：真～哇！tʂən$^{35}$lait$^{3}$lau$^{53}$ua$^{0}$!｜莫咁～喔！正讲嘿咯，你又架势讲。mɔk$^{5}$kan$^{21}$lait$^{3}$lau$^{53}$uo$^{0}$!tʂaŋ$^{53}$kɔŋ$^{21}$xek$^{3}$ko$^{0}$,ɲi$^{13}$iəu$^{33}$cia$^{53}_{44}$ʂʅ$^{53}_{44}$kɔŋ$^{21}$.

【捩】liet$^{3}$ 动①舞弄：降乩爱两个人～倒来哕。～倒嘞底下箇条棍子嘞就跍下沙盘上写字。kɔŋ$^{53}$ci$^{35}$ɔi$^{53}$iɔŋ$^{21}$ke$^{53}$in$^{13}_{44}$liet$^{3}$tau$^{21}$lɔi$^{13}$ʂa$^{0}$.liet$^{3}$tau$^{21}$lei$^{0}$tei$^{21}$xa$^{53}$kai$^{53}$tʰiau$^{13}_{21}$kuən$^{53}$tsɿ$^{0}$lei$^{0}$tsʰiəu$^{53}_{44}$ku$^{35}_{44}$xa$^{53}_{44}$sa$^{35}$ pʰan$^{13}_{21}$xɔŋ$^{53}_{21}$sia$^{21}$sɿ$^{53}$. ②做圆周运动；环形转动：欸，客姓人来话嘞咁子欢欢转咁子安做～～转，～倒转。～正下子啊。e$_{21}$,kʰak$^{3}$sin$^{53}$ɲin$^{13}_{21}$lɔi$^{13}_{21}$ua$^{53}_{44}$lei$^{0}$kan$^{21}$tsɿ$^{0}$kʰuan$^{35}$kʰuan$^{35}$tʂɔn$^{21}$kan$^{21}$tsɿ$^{0}$ɔn$^{35}_{44}$tso$^{53}_{44}$ liet$^{3}$liet$^{3}$tʂɔn$^{21}$,liet$^{3}$tau$^{21}$tʂɔn$^{21}$.liet$^{3}$tʂaŋ$^{53}$ŋa$_{21}$(←xa$^{53}$)tsa$^{0}$.

【邻舍】lin$^{13}$ʂa$^{53}$ 名邻居。也称"邻舍子"：还爱请只子箇个本地方个，冇得亲戚关系个～子，爱打场祭。欸，～，也爱打场祭。xa$^{13}_{21}$ɔi$^{53}$tsʰiaŋ$^{21}$tʂak$^{3}$tsɿ$^{0}$kai$^{53}_{44}$ke$^{53}_{44}$pən$^{21}$tʰi$^{53}$fɔŋ$^{35}_{44}$ke$^{53}_{44}$,mau$^{13}$tek$^{3}$tsʰin$^{35}$ tsʰiet$^{3}$kuan$^{35}_{44}$çi$^{53}_{44}$ke$^{53}_{44}$lin$^{13}$ʂa$^{53}$tsɿ$^{0}$,ɔi$^{53}_{44}$ta$^{21}$tʂʰɔŋ$^{13}$tsi$^{53}$.e$_{21}$,lin$^{13}$ʂa$^{53}_{44}$,ia$^{35}$ɔi$^{53}_{44}$ta$^{21}$tʂʰɔŋ$^{13}$tsi$^{53}$.

【临时】lin$^{13}$ʂʅ$^{13}$ 副①临到事情发生的时候：以只东西～做都做得正。i$^{21}$tʂak$^{3}$təŋ$^{35}_{44}$si$^{0}$lin$^{13}$ʂʅ$^{13}_{21}$tso$^{53}$ təu$^{35}_{44}$tso$^{53}$tek$^{3}$tʂaŋ$^{53}_{44}$. ②当时；即时：箇整墙蛮重要啦。欸，～就爱整。kai$^{53}$tʂaŋ$^{21}$tsʰiɔŋ$^{13}$man$^{13}$ tʂʰəŋ$^{53}$iau$^{53}$la$^{0}$.e$_{21}$,lin$^{13}$ʂʅ$^{13}$tsʰiəu$^{53}$ɔi$^{53}$tʂaŋ$^{21}$.｜有几多只平顶唔漏水个。～唔漏水，久兜子就会漏水。mau$^{13}$ci$^{21}$(t)o$^{35}_{53}$tʂak$^{3}$pʰiaŋ$^{13}$taŋ$^{21}$n̩$^{13}$lei$^{53}$ʂei$^{21}$ke$^{53}$.lin$^{13}$ʂʅ$^{13}$n̩$^{13}$lei$^{53}$ʂei$^{21}$,ciəu$^{21}$te$^{35}_{53}$tsɿ$^{0}$tsʰiəu$^{53}_{44}$uɔi$^{53}_{44}$lei$^{53}$ʂei$^{21}$.

【淋】lin$^{13}$ 动浇；沃灌：～粪 lin$^{13}$pən$^{53}$｜忒干哩，爱～下子。tʰet$^{3}$kɔn$^{35}$ni$^{0}$,ɔi$^{53}$lin$^{13}$na$_{44}$(←xa$^{53}$)tsɿ$^{0}$.｜舞兜尿素水去～下子辣椒。u$^{21}$tei$^{35}_{53}$ɲiau$^{53}$səu$^{53}$ʂei$^{21}$çi$^{53}$lin$^{13}$na$^{53}_{44}$tsɿ$^{0}$lait$^{5}$tsiau$^{35}_{44}$.

【淋淋漓漓】lin$^{13}$lin$^{13}_{44}$li$^{13}_{44}$li$^{13}_{44}$ 形形容痛快，无遗留：以个倾下去就～。i$^{21}$ke$^{53}$kʰuaŋ$^{35}$ŋa$^{53}$(←xa$^{53}$)çi$^{53}_{44}$

tsʰiəu$^{53}_{44}$lin$^{13}$lin$^{13}_{44}$li$^{13}_{44}$li$^{13}_{44}$.

【鳞】lin$^{13}$ [名]鱼类等动物身体表面具有保护作用的骨质或角质薄片状组织：箇草鱼啊鲤鱼啊箇个大哩个破鱼个时候子爱先打～，爱分～刮咁正食得。kai$^{53}$tsʰau$^{21}$ŋ̍$^{13}_{44}$ŋa$^{0}$li$^{35}$ŋ̍$^{13}_{21}$ŋa$^{0}$kai$^{53}_{44}$ke$^{53}_{44}$tʰai$^{53}$li$^{0}$ke$^{53}_{44}$pʰo$^{53}$ŋ̍$^{13}$ke$^{53}_{44}$ʂʅ$^{13}_{44}$xei$^{53}_{44}$tsɿ$^{0}$ɔi$^{53}_{44}$sien$^{35}$ta$^{21}$lin$^{35}$,ɔi$^{53}_{44}$pən$^{35}$lin$^{35}$kuait$^{3}$kan$^{21}$tʂaŋ$^{53}_{44}$ʂət$^{5}$tek$^{3}$.

【瞵】lin$^{13}$ [量]指排成一长条的东西：四个人打（棋子），每个人拿一排，每个人拿一～呐，拿八只，就来打。si$^{53}$cie$^{53}$in$^{13}_{44}$ta$^{21}$,mei$^{35}$ke$^{53}$ɲin$^{13}_{44}$la$^{53}$iet$^{3}$pʰai$^{13}$,mei$^{35}$ke$^{53}$ɲin$^{13}_{44}$la$^{53}$iet$^{3}$lin$^{13}$na$^{0}$,la$^{53}$pait$^{3}$tʂak$^{3}$,tsʰiəu$^{53}$lɔi$^{13}_{21}$ta$^{21}$.

【羼】lin$^{21}$ [名]人或动物的阴茎：条条马～都臭天。tʰiau$^{13}$tʰiau$^{13}$ma$^{35}$lin$^{21}$təu$^{35}$tʂʰəu$^{53}$tʰien$^{35}$.指人行行都干不好

【伶俐】laŋ$^{13}$/lin$^{13}$li$^{53}$ [形]①干净，清洁，卫生。有“AABB”重叠式。又称“熨帖”：唔～n̩$^{13}_{21}$naŋ$^{13}$li$^{53}$｜我爷子过身就伶伶俐俐，身上么啊都冇得。ŋai$^{13}$ia$^{13}$tsɿ$^{0}$ko$^{53}$ʂən$^{35}$tsʰiəu$^{53}_{44}$lin$^{13}$lin$^{13}$li$^{53}$li$^{53}$,ʂən$^{35}_{44}$xɔŋ$^{53}$mak$^{3}$a$^{0}$təu$^{35}_{44}$mau$^{13}_{21}$tek$^{3}$.②（水）很清，不浑：水真～。ʂei$^{21}$tʂən$^{35}$laŋ$^{13}$li$^{53}$.

【灵$_1$】lin$^{13}$ [名]灵柩：～前对子 lin$^{13}$tsʰien$^{13}_{21}$ti$^{53}$tsɿ$^{0}$｜你就拿倒箇滴子香火，拿倒箇个亡人个～前个香火，你拿倒去。ɲi$^{13}_{21}$tsʰiəu$^{53}_{44}$la$^{53}$tau$^{21}$kai$^{53}_{44}$tiet$^{5}$tsɿ$^{0}$çiɔŋ$^{35}$fo$^{21}$,la$^{53}$tau$^{21}$kai$^{53}_{44}$ke$^{53}_{44}$mɔŋ$^{13}$ɲin$^{13}$ke$^{53}_{44}$lin$^{13}$tsʰien$^{13}_{21}$ke$^{53}_{44}$çiɔŋ$^{35}$fo$^{21}$,ɲi$^{13}$la$^{53}$tau$^{21}$çi$^{53}$.

【灵$_2$】lin$^{13}$ [形]灵验：你到庙里去欸吗，你就心里论下子，论下子箇只菩萨呀，欸，就会～。ɲi$^{13}_{21}$tau$^{53}_{44}$miau$^{53}$li$^{21}$çi$^{53}$ei$_{21}$ma$^{0}$, ɲi$^{13}_{21}$tsʰiəu$^{53}_{44}$sin$^{35}$ni$^{0}$lən$^{53}$(x)a$^{53}_{44}$tsɿ$^{0}$,lən$^{53}$na$_{44}$(←xa$^{53}$)tsɿ$^{0}$kai$^{53}_{44}$tʂak$^{3}$pʰu$^{13}$sait$^{3}$ia$^{0}$,e$_{21}$,tsʰiəu$^{53}$uɔi$^{53}_{44}$lin$^{13}$.

【灵床】lin$^{13}$tsʰɔŋ$^{13}$ [名]放置灵牌的桌子：箇个人死哩以后，办嘿哩丧事啊，就分牌位嘞呃就分箇个欸香火嘞就分箇香火啊牌位箇兜佮下祖宗箇个祠堂里去，佮下祠堂里去，欸，放下箇～上。kai$^{53}_{44}$ke$^{53}_{44}$ɲin$^{13}$si$^{21}$li$^{0}$i$^{35}_{44}$xei$^{53}_{44}$,pʰan$^{53}$nek$^{3}$li$^{0}$sɔŋ$^{35}$sɿ$^{53}$a$^{0}$,tsʰiəu$^{53}$pən$^{35}_{44}$pʰai$^{13}$uei$^{53}$le$^{0}$ə$_{21}$tsʰiəu$^{53}$pən$^{35}_{44}$kai$^{53}_{21}$ke$^{53}_{21}$e$_{21}$çiɔŋ$^{35}$fo$^{21}$lei$^{0}$tsʰiəu$^{53}$pən$^{35}_{44}$kai$^{53}_{44}$çiɔŋ$^{35}$fo$^{21}$a$^{0}$pʰai$^{13}$uei$^{53}$kai$^{53}_{44}$te$^{35}_{44}$kait$^{3}$ia$^{53}$tsɿ$^{21}$tsəŋ$^{35}_{44}$kai$^{53}_{44}$ke$^{53}_{44}$tsʰɿ$^{13}$tʰɔŋ$^{13}_{21}$li$^{21}$çi$^{53}$,kait$^{3}$ia$^{53}$tsʰɿ$^{13}$tʰɔŋ$^{13}_{21}$li$^{21}$çi$^{53}$,e$_{21}$,fɔŋ$^{53}_{44}$ŋa$^{53}_{44}$kai$^{53}$lin$^{13}$tsʰɔŋ$^{13}_{21}$xɔŋ$^{53}$.

【灵活】lin$^{13}$xuɔit$^{5}$ [形]敏捷；不呆滞：手势急你晓得么？唔系好，快呀，手脚～呀。ʂəu$^{21}$ʂʅ$^{53}$ciak$^{3}$ɲi$^{13}_{21}$çiau$^{21}$tek$^{3}$mo$^{0}$?m̩$^{13}_{21}$pʰe$^{53}_{44}$xau$^{21}$,kuai$^{53}$ia$^{0}$,ʂəu$^{21}$ciɔk$^{3}$lin$^{13}$xuɔit$^{5}$ia$^{0}$.

【灵牌】lin$^{13}$pʰai$^{13}$ [名]为死者设的木牌，上面写着死者的名字，用作供奉对象。又称“牌位”：正先箇个是写～。安做～，灵位。tʂaŋ$^{53}$sien$^{35}$kai$^{53}_{44}$ke$^{53}_{44}$ʂʅ$^{53}_{44}$sia$^{21}$lin$^{13}$pʰai$^{13}$.ɔn$^{35}_{44}$tso$^{53}_{44}$lin$^{13}$pʰai$^{13}$,lin$^{13}$uei$^{53}$.｜需要办丧事个时候子是～摎香火是放做一下个。渠是咁个办完哩丧事就分箇个牌位嘞就分箇～呀，欸箇亡人个牌位嘞就安置起来。有兜就放下箇个一张香几桌子，放下箇张高……香几桌子上。有兜就送下祠堂里，安做佮香火，欸。送下祠堂里去，以只亡人是渠个牌位也佮下箇个去了，佮下祠堂里去哩了，归倒哩祠堂里了。si$^{35}_{44}$iau$^{53}_{21}$pʰan$^{53}$sɔŋ$^{35}$sɿ$^{53}$ke$^{53}$ʂʅ$^{13}_{21}$xei$^{53}$tsɿ$^{0}$ʂʅ$^{53}_{44}$lin$^{13}$pʰai$^{13}_{44}$lau$^{35}_{44}$çiɔŋ$^{35}$fo$^{21}$ʂʅ$^{53}_{21}$fɔŋ$^{53}_{44}$tso$^{53}_{44}$iet$^{3}$xa$^{53}$ke$^{0}$.ci$^{13}$ʂʅ$^{53}_{44}$kan$^{21}_{44}$ke$^{53}_{44}$pʰan$^{53}$ien$^{13}_{21}$li$^{0}$sɔŋ$^{35}$sɿ$^{53}$tsʰiəu$^{53}$pən$^{35}_{44}$kai$^{53}_{44}$ke$^{53}_{44}$pʰai$^{13}_{21}$uei$^{53}_{44}$lei$^{0}$tsʰiəu$^{53}_{44}$pən$^{35}_{44}$kai$^{53}_{44}$lin$^{13}$pʰai$^{13}_{44}$ia$^{0}$,e$_{44}$kai$^{53}$mɔŋ$^{13}$ɲin$^{13}_{21}$ke$^{53}$pʰai$^{13}$uei$^{53}$le$^{0}$tsʰiəu$^{53}_{44}$ɔn$^{35}$tʂʅ$^{53}$çi$^{21}$lɔi$^{13}$.iəu$^{35}$te$^{35}_{53}$tsʰiəu$^{53}_{44}$fɔŋ$^{53}_{44}$xa$^{53}_{44}$kai$^{53}_{21}$kei$^{53}_{21}$iet$^{3}$tʂɔŋ$^{35}_{44}$çiɔŋ$^{35}$ci$^{35}_{44}$tsɔk$^{3}$tsɿ$^{0}$,fɔŋ$^{53}_{44}$xa$^{53}_{44}$kai$^{53}_{44}$tʂɔŋ$^{35}_{44}$kau$^{35}$…çiɔŋ$^{35}$ci$^{35}_{44}$tsɔk$^{3}$tsɿ$^{0}$xɔŋ$^{53}$.iəu$^{35}$te$^{35}_{53}$tsʰiəu$^{53}_{44}$səŋ$^{53}$xa$^{53}_{44}$tsʰɿ$^{13}$tʰɔŋ$^{13}_{21}$li$^{0}$,ɔn$^{35}_{44}$tso$^{53}_{44}$kait$^{3}$çiɔŋ$^{35}$fo$^{21}$,e$_{21}$.səŋ$^{53}$ŋa$^{53}$tsʰɿ$^{13}$tʰɔŋ$^{13}_{21}$li$^{0}$çi$^{53}$,i$^{21}$tʂak$^{3}$mɔŋ$^{13}$ɲin$^{13}_{44}$ʂʅ$^{53}_{44}$ci$^{13}_{44}$ke$^{53}_{44}$pʰai$^{13}$uei$^{53}_{44}$ia$^{35}$kait$^{3}$ia$^{53}$kai$^{53}_{44}$ke$^{53}_{44}$çi$^{53}$liau$^{21}$,kait$^{3}$ia$^{53}$tsʰɿ$^{13}$tʰɔŋ$^{13}_{21}$li$^{21}$çi$^{53}$li$^{0}$liau$^{21}$,kuei$^{35}$tau$^{53}_{44}$li$^{0}$tsʰɿ$^{13}$tʰɔŋ$^{13}_{44}$li$^{0}$liau$^{0}$.

【灵前对子】lin$^{13}$tsʰien$^{13}$ti$^{53}$tsɿ$^{0}$ [名]张贴在灵柩前的对联：箇个老哩人箇个就哪只么人死哩都爱搞副子～。欸，～嘞一般就系歌颂渠一……简单个总结渠一世人个功德，欸，箇副～咯，欸，表达对渠个哀思，就咁个就～。kai$^{53}$ke$^{53}$lau$^{21}$li$^{0}$ɲin$^{13}$kai$^{53}_{44}$ke$^{53}_{44}$tsʰiəu$^{53}_{44}$lai$^{53}$tʂak$^{3}$mak$^{3}$in$^{13}_{44}$si$^{21}$li$^{0}$təu$^{35}_{44}$ɔi$^{53}$kau$^{21}$fu$^{53}$tsɿ$^{0}$lin$^{13}$tsʰien$^{13}_{21}$ti$^{53}$tsɿ$^{0}$.e$_{21}$,lin$^{13}$tsʰien$^{13}_{21}$ti$^{53}$tsɿ$^{0}$lei$^{0}$iet$^{3}$pɔn$^{35}$tsʰiəu$^{53}$xei$^{53}$ko$^{35}$səŋ$^{53}$ci$^{13}_{44}$iet$^{3}$ʂ…kan$^{21}$tan$^{35}_{44}$ke$^{53}$tsəŋ$^{21}$ciet$^{3}$ci$^{13}_{44}$iet$^{3}$ʂʅ$^{53}$ɲin$^{13}_{21}$ke$^{53}$kəŋ$^{35}$tek$^{3}$,e$_{44}$,kai$^{53}_{44}$fu$^{53}_{44}$lin$^{13}_{21}$tsʰien$^{13}_{44}$ti$^{53}$tsɿ$^{0}$ko$^{0}$,e$_{21}$,piau$^{21}$tʰait$^{5}$tei$^{53}$ci$^{13}$ke$^{53}_{44}$ŋai$^{35}$sɿ$^{35}_{44}$,tsʰiəu$^{53}_{21}$kan$^{21}_{44}$(k)e$^{0}$tsʰiəu$^{53}$lin$^{13}_{21}$tsʰien$^{13}_{44}$ti$^{53}$tsɿ$^{0}$.

【灵堂】lin$^{13}$tʰɔŋ$^{13}$ [名]丧家供奉灵柩或死者灵位以供吊唁的厅堂，又称“孝堂下”：箇只～啊，一般就布置在厅下。kai$^{53}$tʂak$^{3}$lin$^{13}$tʰɔŋ$^{13}$ŋa$^{0}$,iet$^{3}$pɔn$^{35}$tsʰiəu$^{53}$pu$^{53}$tʂʅ$^{53}$tsʰai$^{53}_{44}$tʰaŋ$^{35}$xa$^{53}_{44}$.

【灵位】lin$^{13}$uei$^{53}$ [名]为供奉死者而设的木牌，上面写着死者的名字：正先箇个是写灵牌。安做灵牌，～。tʂaŋ$^{53}$sien$^{35}$kai$^{53}_{44}$ke$^{53}_{44}$ʂʅ$^{53}_{44}$sia$^{21}$lin$^{13}$pʰai$^{13}$.ɔn$^{35}_{44}$tso$^{53}_{44}$lin$^{13}$pʰai$^{13}$,lin$^{13}$uei$^{53}$.

【灵屋】lin$^{13}$uk$^{3}$ [名]纸扎的房屋，用以烧化给鬼神“居住”。也称“灵屋子”：打嘿祭嘞还爱化

财呀，就烧～啊。ta$^{21}$xek$^{3}$tsi$^{53}$le$^{0}$xa$^{13}_{21}$ɔi$^{53}_{44}$fa$^{53}$tsʰɔi$^{13}$ia$^{0}$,tsiəu$^{53}_{44}$ʂau$^{35}_{44}$lin$^{13}$uk$^{3}$a$^{0}$.｜扎倒个～子，请人用纸扎只屋子，分渠去阴间系个，扎倒，也爱烧嘿去。tsait$^{3}$tau$^{21}$ke$^{53}_{44}$lin$^{13}$uk$^{3}$tsɿ$^{0}$,tsʰiaŋ$^{21}$ɲin$^{13}$iəŋ$^{53}$tʂʅ$^{21}$ tsait$^{3}$tʂak$^{3}$uk$^{3}$tsɿ$^{0}$,pən$^{35}$ci$^{13}_{21}$çi$^{53}_{44}$in$^{35}$kan$^{35}_{44}$xe$^{53}$ke$^{53}_{44}$,tsait$^{3}$tau$^{21}$,ia$^{35}$ɔi$^{53}_{44}$ʂau$^{35}_{44}$xek$^{3}$çi$^{53}$.

【灵桌】lin$^{13}$tsɔk$^{3}$ 名 灵前放置香火等的桌子：～是一定爱箇个啦，死哩人哕，箇张桌子哕不能借倒来个啦，别人家唔得肯你放啦。lin$^{13}$tsɔk$^{3}$ʂʅ$^{53}_{44}$iet$^{3}$tʰin$^{53}_{44}$ɔi$^{53}_{44}$kai$^{53}$ke$^{53}$la$^{0}$,si$^{21}$li$^{0}$ɲin$^{13}$ʂa$^{0}$,kai$^{53}$tʂɔŋ$^{35}_{53}$ tsɔk$^{3}$tsɿ$^{0}$ʂa$^{0}$pət$^{3}$len$^{13}$tsia$^{53}$tau$^{21}$lɔi$^{13}$ke$^{53}$la$^{0}$,pʰiet$^{5}$in$^{35}_{44}$ka$^{35}_{44}$n$^{13}_{21}$tek$^{3}$xen$^{21}$ɲi$^{21}$fɔŋ$^{53}$la$^{0}$.

【铃子】laŋ$^{13}$tsɿ$^{0}$ 名 小铃铛：～，有。有有有有，戴～个。箇就冇真冇几大子个细人子，戴箇～。～唠，安做～啊。lin$^{13}$tsɿ$^{0}$,iəu$^{35}$.iəu$^{35}_{44}$iəu$^{35}_{44}$iəu$^{35}_{44}$iəu$^{35}_{44}$,tai$^{53}$lin$^{13}$tsɿ$^{0}$ke$^{53}$.kai$^{53}$tsʰiəu$^{53}$mau$^{13}$tʂən$^{35}$mau$^{13}$ ci$^{21}$tʰai$^{53}_{44}$tsɿ$^{0}$ke$^{53}_{44}$se$^{53}$ɲin$^{13}_{21}$tsɿ$^{0}$,tai$^{53}$kai$^{53}_{44}$lin$^{13}$tsɿ$^{0}$.laŋ$^{13}$tsɿ$^{0}$lau$^{0}$,ɔn$^{35}_{44}$tso$^{53}_{44}$laŋ$^{13}$tsɿ$^{0}$a$^{0}$.

【凌】lin$^{53}$ 动 凝固：（牛油）结做一坨同箇猪油样一～呢，箇就唔好食，箇就巴嘴呀。ciet$^{3}$ tso$^{53}$iet$^{3}$tʰo$^{13}$tʰəŋ$^{13}_{21}$kai$^{53}_{44}$tʂəu$^{35}$iəu$^{13}_{21}$iɔŋ$^{53}_{44}$iet$^{3}$lin$^{53}$nei$^{0}$,kai$^{53}_{44}$tsʰiəu$^{53}_{44}$m$^{13}_{21}$xau$^{21}$ʂət$^{5}$,kai$^{53}_{44}$tsʰiəu$^{53}_{44}$pa$^{35}_{44}$tʂɔi$^{53}$ia$^{0}$.

【凌镜】lin$^{53}$ciaŋ$^{53}$ 名 冰：结～ciet$^{3}$lin$^{53}$ciaŋ$^{53}$｜融～哩 iəŋ$^{13}$lin$^{53}$ciaŋ$^{53}$li$^{0}$

【凌夜】lin$^{13}$ia$^{53}$ 名 时间词。天快黑的时候；傍晚：～了，会断黑了，鸡进埘了，都系～。lin$^{13}$ ia$^{53}$liau$^{0}$,uɔi$^{53}$tʰɔn$^{35}$xek$^{3}$liau$^{0}$,cie$^{35}$tsin$^{53}$tsi$^{53}$liau$^{0}$,təu$^{35}$xe$^{53}$lin$^{13}$ia$^{53}$.｜呃，～子个时候子最好莫去看书，箇只时候子鸡进埘，会成鸡毛眼。ə$_{21}$,lin$^{13}$ia$^{53}$tsɿ$^{0}$ke$^{53}$ʂʅ$^{13}$xəu$^{53}$tsɿ$^{0}$tsei$^{53}$xau$^{21}$mɔk$^{5}$çi$^{53}$kʰɔn$^{53}_{21}$ʂəu$^{35}$,kai$^{53}$ tʂak$^{3}$ʂʅ$^{13}$xei$^{53}$tsɿ$^{0}$cie$^{35}$tsin$^{53}_{44}$tsi$^{53}$,uɔi$^{53}$ʂaŋ$^{13}_{21}$cie$^{35}_{44}$mau$^{35}_{44}$ŋan$^{21}$.

【菱角】lin$^{13}$kɔk$^{3}$ 名 菱的果实：箇我记得箇阵子李家湾箇映子就有～。我等细细子箇个欸打双赤脚跍倒箇长日去剥～食。我去剥过。kai$^{53}$ŋai$^{13}$ci$^{53}$tek$^{3}$kai$^{53}$tʂʰən$^{53}$tsɿ$^{0}$li$^{21}$ka$^{35}_{44}$uan$^{35}$kai$^{53}$iaŋ$^{53}$tsɿ$^{0}$ tsʰiəu$^{53}$iəu$^{35}_{53}$lin$^{13}_{21}$kɔk$^{3}$.ŋai$^{13}$tien$^{0}$se$^{53}$se$^{53}$tsɿ$^{0}$kai$^{53}_{44}$ke$^{53}_{44}$e$_{21}$ta$^{21}$sɔŋ$^{35}$tʂʰak$^{3}$ciɔk$^{3}$ku$^{35}$tau$^{21}_{44}$kai$^{53}_{44}$tʂʰɔŋ$^{13}_{21}$ɲiet$^{3}$çi$^{53}$pɔk$^{3}$ lin$^{13}$kɔk$^{3}$ʂət$^{5}$.ŋai$^{13}$çi$^{53}$pɔk$^{3}$ko$^{53}$.

【绫罗绸缎】lin$^{13}$lo$^{13}$tʂʰəu$^{13}$tʰɔn$^{53}$ 细滑有文彩的织物。比喻奢华的衣着：着起箇～。tʂɔk$^{3}$çi$^{21}_{44}$kai$^{53}_{44}$ lin$^{13}$no$^{13}_{21}$tʂʰəu$^{35}$tʰɔn$^{53}$.

【零】lin$^{13}$ 数 ①表示没有数量，是介于正数和负数之间唯一的数，算术符号记为0：你或者唔只（棋子）都唔拿，～。ɲi$^{13}$xɔit$^{5}$tʂa$^{21}$m$_{21}$tʂak$^{3}$təu$^{35}_{44}$n$^{13}_{21}$na$^{53}$,lin$^{13}$. ②数的空位：我丈人嫔是八～年死个。ŋai$^{13}$tʂʰɔŋ$^{53}_{44}$in$^{13}_{21}$ɔi$^{35}$ʂʅ$^{53}_{44}$pait$^{3}$lin$^{13}$ɲien$^{13}_{21}$si$^{21}$ke$^{53}$. ③在构成的数词中，常用来代替某些值为零的位数：一百～一iet$^{3}$pak$^{3}$lin$^{13}$iet$^{3}$｜一万～二十iet$^{3}$uan$^{53}$lin$^{13}$ɲi$^{53}$ʂət$^{5}$。构成的数词后面可加量词，前面可以加“第”：第一千～一个tʰi$^{53}$iet$^{3}$tsʰien$^{35}$lin$^{13}$iet$^{3}$ke$^{53}$。④加在十、百、千等整数后表示还有不确定的余数，有时整数和“零”后还可加量词：十～个月 ʂət$^{5}$laŋ$^{13}$ke$^{53}$ɲiet$^{5}$ 将近十个月｜十个～月 ʂət$^{5}$ke$^{53}$laŋ$^{13}$ɲiet$^{5}$ 十个多月｜十～年子 ʂət$^{5}$laŋ$^{13}$ɲien$^{13}$tsɿ$^{0}$ 略多于十年｜百～人，就百多人箇就。pak$^{3}$laŋ$^{13}$ɲin$^{13}$,tsʰiəu$^{53}_{44}$pak$^{3}$to$^{35}$ɲin$^{13}_{44}$kai$^{53}_{44}$tsʰiəu$^{53}_{44}$.｜千～个，千多个，箇就是一千有多。tsʰien$^{35}$laŋ$^{13}$ ke$^{53}$,tsʰien$^{35}$to$^{35}$ke$^{53}$,kai$^{35}_{44}$tsʰiəu$^{53}$ʂʅ$^{53}_{44}$iet$^{3}$tsʰien$^{35}$iəu$^{35}_{44}$to$^{35}$.｜以只东西有几重子？怕有五十～斤吧。i$^{21}$ tʂak$^{3}$təŋ$^{35}$si$^{35}$iəu$^{35}$ci$^{21}$tʂʰəŋ$^{35}$tsɿ$^{0}$?pʰa$^{53}$iəu$^{35}$ŋ̍$^{21}$ʂət$^{5}$laŋ$^{13}$cin$^{35}$pa$^{0}$.｜我箇只姨夫七十～了。ŋai$^{13}$kai$^{53}$tʂak$^{3}$ i$^{13}$fu$^{35}_{53}$tsʰiet$^{3}$ʂət$^{5}$laŋ$^{13}_{44}$liau$^{0}$.

【零工】laŋ$^{13}$kəŋ$^{35}$ 名 零散且非长期的工作。通常指临时性质的工作：如今呢实在你只爱唔懒呢，你跍下屋下打～你都赚得蛮多钱倒。打～咯，你都赚得蛮多钱倒。箇个嘞起嘞～都一百六十块钱一天呢。欸，打～个嘞。i$^{13}_{21}$cin$^{35}_{44}$ne$^{0}$ʂət$^{5}$tsʰai$^{53}$ɲi$^{13}_{21}$tʂʅ$^{21}$ɔi$^{53}$n$^{13}_{21}$nan$^{35}$ne$^{0}$,ɲi$^{13}$ku$^{35}_{44}$(x)a$^{35}_{44}$uk$^{3}$xa$^{53}_{44}$ta$^{21}$ laŋ$^{13}$kəŋ$^{35}_{44}$ɲi$^{13}$təu$^{35}_{44}$tsʰan$^{53}$tek$^{3}$man$^{13}_{21}$to$^{35}_{53}$tsʰien$^{13}_{21}$tau$^{21}$.ta$^{21}$laŋ$^{13}$kəŋ$^{35}_{44}$ko$^{0}$,ɲi$^{13}_{21}$təu$^{35}_{44}$tsʰan$^{53}$tek$^{3}$man$^{13}$to$^{35}_{53}$tsʰien$^{13}_{21}$ tau$^{21}$.kai$^{53}_{44}$ke$^{53}$lei$^{0}$çi$^{21}$le$^{0}$laŋ$^{13}$kəŋ$^{35}_{44}$təu$^{35}_{53}$iet$^{3}$pak$^{3}$liəuk$^{3}$ʂət$^{5}$kʰuai$^{53}_{44}$tsʰien$^{13}_{21}$iet$^{3}$tʰien$^{35}$ne$^{0}$.e$_{21}$,ta$^{21}$laŋ$^{13}$kəŋ$^{35}_{44}$ke$^{0}$ lei$^{0}$.

【零口】laŋ$^{13}$xei$^{21}$ 名 零食；正餐外的零星食品：细人子莫食咁多～呀。嗯，莫只想食～呀，饭又唔想食啦。sei$^{53}$ɲin$^{13}_{21}$tsɿ$^{0}$mɔk$^{5}$ʂət$^{5}$kan$^{21}$to$^{35}_{53}$laŋ$^{13}$xei$^{21}$ia$^{0}$.n$_{21}$,mɔk$^{5}$tʂʅ$^{21}$siɔŋ$^{21}$ʂət$^{5}$laŋ$^{13}$xei$^{21}$ia$^{0}$,fan$^{53}$iəu$^{53}$n$^{13}_{21}$ siɔŋ$^{21}$ʂət$^{5}$la$^{0}$.

【零哩八碎】laŋ$^{13}$li$^{0}$pait$^{3}$si$^{53}$ 零散细碎，也泛指各种零散细碎的东西。也称“零哩八碎子”：放～个屋就安做杂屋。乡下个屋多啊，就有杂屋啊。如今我等是捞总只系几间屋，兜子箇个～个东西硬冇哪放硬，丢都冇哪丢。fɔŋ$^{53}$laŋ$^{13}$li$^{0}$pait$^{3}$si$^{53}$ke$^{53}$uk$^{3}$tsʰiəu$^{53}_{44}$ɔn$^{35}_{44}$tso$^{53}_{44}$tsʰait$^{5}$uk$^{3}$.çiɔŋ$^{35}$ xa$^{53}_{44}$ke$^{53}$uk$^{3}$to$^{35}$a$^{0}$,tsʰiəu$^{53}_{44}$iəu$^{35}$tsʰait$^{5}$uk$^{3}$a$^{0}$.i$^{13}_{21}$cin$^{35}_{53}$ŋai$^{13}$tien$^{0}$ʂʅ$^{53}_{44}$lau$^{13}$tsəŋ$^{21}$tʂʅ$^{21}$(x)ei$^{53}$ci$^{21}$kan$^{35}_{44}$uk$^{3}$,te$^{35}_{53}$tsɿ$^{0}$kai$^{53}_{21}$ ke$^{53}$laŋ$^{13}$li$^{0}$pait$^{3}$si$^{53}_{44}$ke$^{53}_{44}$təŋ$^{35}_{44}$si$^{0}$ɲiaŋ$^{53}$mau$^{13}$lai$^{53}_{44}$fɔŋ$^{53}$ɲiaŋ$^{53}$,tiəu$^{35}$təu$^{35}_{53}$mau$^{13}_{21}$lai$^{53}$tiəu$^{35}$.｜欸，以前我等以映子讨新人箇只嘞，欸，爱荷滴子箇个～子送倒女家头去嘞，就用皮篓子。ei$_{21}$,i$^{35}$tsʰien$^{13}_{21}$ŋai$^{13}$

tien$^{0}$ i$^{21}$iaŋ$^{53}_{44}$tsɿ$^{0}$ tʰau$^{21}$sin$^{35}$ɲin$^{13}_{21}$kai$^{53}_{44}$tʂak$^{3}$ le$^{0}$ ,e$_{21}$,ɔi$^{53}_{44}$kʰai$^{35}$tiet$^{5}$ tsɿ$^{0}$ kai$^{53}_{44}$ke$^{53}_{44}$laŋ$^{13}$li$^{0}$ pait$^{3}$ si$^{53}$tsɿ$^{0}$ səŋ$^{53}$tau$^{21}$ɲi$^{21}$ka$^{35}$ tʰei$^{13}_{21}$çi$^{53}_{44}$lei$^{0}$ ,tsiəu$^{53}$iəŋ$^{53}_{44}$pʰi$^{13}$lei$^{21}$tsɿ$^{0}$.

【零票子】laŋ$^{13}$pʰiau$^{53}$tsɿ$^{0}$ [名]指元、角、分等小面额的钱。又称“零钱”：一块两块个就～。iet$^{3}$ kʰuai$^{53}$iɔŋ$^{21}$kʰuai$^{53}_{44}$ke$^{53}_{44}$tsʰiəu$^{53}_{44}$laŋ$^{13}$pʰiau$^{53}$tsɿ$^{0}$.

【零钱】laŋ$^{13}$tsʰien$^{13}$ [名]指元、角、分等小面额的钱。又称“零票子”：我等出门长日爱带正兜子～呐，欸坐公交车会冇得～呢。我就唔爱～了哇，欸坐公交车唔爱钱了啊。我去长沙坐公交也唔爱钱嘞，只爱拿倒箇本子去嘞。ŋai$^{13}$tien$^{0}$ tʂʰət$^{3}$ mən$^{13}$tʂʰɔŋ$^{13}$ɲiet$^{3}$ ɔi$^{53}$tai$^{53}$tʂaŋ$^{53}$te$^{35}_{53}$tsɿ$^{0}$ laŋ$^{13}$ tsʰien$^{13}_{44}$na$^{0}$ ,e$^{0}$ tsʰo$^{35}_{44}$kəŋ$^{35}_{44}$ciau$^{35}_{44}$tʂʰa$^{35}$uɔi$^{53}$mau$^{13}_{21}$tek$^{3}$ laŋ$^{13}$tsʰien$^{13}_{44}$ne$^{0}$ .ŋai$^{13}$tsʰiəu$^{53}$m̩$^{13}_{21}$mɔi$^{53}$laŋ$^{13}_{21}$tsʰien$^{13}_{21}$liau$^{0}$ ua$^{0}$ ,e$_{21}$tsʰo$^{35}$kəŋ$^{35}_{44}$ciau$^{35}_{44}$tʂʰa$^{35}_{44}$m̩$^{13}_{21}$mɔi$^{53}$tsʰien$^{13}_{21}$niau$^{0}$ a$^{0}$ .ŋai$^{13}_{21}$çi$^{53}$tʂʰɔŋ$^{13}$sa$^{35}_{44}$tsʰo$^{35}_{44}$kəŋ$^{35}_{44}$ciau$^{35}_{44}$ia$^{35}$m̩$^{13}_{21}$ɔi$^{53}$tsʰien$^{13}_{21}$ lei$^{0}$ ,tʂɿ$^{21}$ɔi$^{53}$la$^{53}$tau$^{21}$kai$^{53}$pən$^{21}$tsɿ$^{0}$ çi$^{53}$lei$^{0}$. | 欸，以下是就～就用得更少了。用还用唠，十块两十块个。越搞嘞箇～就面值越大。如今一角钱个是冇多么人爱了。e$_{21}$.i$^{21}$xa$^{53}$ʂʅ$^{53}_{44}$tsʰiəu$^{53}$laŋ$^{13}$tsʰien$^{13}$ tsʰiəu$^{53}_{44}$iəŋ$^{53}$tek$^{3}$ ken$^{53}$ʂau$^{21}$liau$^{0}$ .iəŋ$^{53}$xai$^{13}$iəŋ$^{53}$lau$^{0}$ ,ʂət$^{5}$ kʰuai$^{53}$iɔŋ$^{21}$ʂət$^{53}$kʰuai$^{53}$ke$^{0}$ .vet$^{5}$ kau$^{21}$lei$^{0}$ kai$^{53}$laŋ$^{13}$ tsʰien$^{13}$tsʰiəu$^{53}$mien$^{53}$tʂʰət$^{3}$ viet$^{5}$ tʰai$^{53}$ .i$^{13}_{21}$cin$^{35}_{53}$(i)et$^{3}$ kɔk$^{3}$ tsʰien$^{13}$ke$^{0}$ ʂʅ$^{53}_{44}$mau$^{13}$to$^{35}_{44}$mak$^{3}$ ɲin$^{13}_{44}$ɔi$^{53}$liau$^{0}$.

【零碎】laŋ$^{13}$si$^{53}$ [形]细碎的：放下子～行头箇只啊。fɔŋ$^{53}$ŋa$_{21}$(←xa$^{53}$)tsɿ$^{0}$ laŋ$^{13}$si$^{53}$çin$^{13}$tʰei$^{13}_{44}$kai$^{53}_{44}$tʂak$^{3}$ ŋa$^{0}$.

【零用钱】laŋ$^{13}$iəŋ$^{53}$tsʰien$^{13}$ [名]零花钱：身上袋滴子～。ʂən$^{35}$xɔŋ$^{53}$tʰɔi$^{53}$tiet$^{5}$ tsɿ$^{0}$ laŋ$^{13}$iəŋ$^{53}$tsʰien$^{13}$.

【岭】liaŋ$^{35}$ [名]①山，山脉：我等阿舅子一只屋就做倒箇～东呢。日头一出就来哩，来就来得真早，就系半下昼子就冇哩日头。ŋai$^{13}$tien$^{0}$ a$^{35}$cʰiəu$^{35}_{44}$tsɿ$^{0}$ iet$^{3}$ tʂak$^{3}$ uk$^{3}$ tsʰiəu$^{53}_{44}$tso$^{53}_{44}$tau$^{21}_{44}$kai$^{53}_{44}$liaŋ$^{35}$təŋ$^{35}$ nei$^{0}$. ɲiet$^{3}$ tʰei$^{13}$iet$^{3}$ tʂʰət$^{3}$ tsʰiəu$^{53}$lɔi$^{13}_{21}$li$^{0}$ ,lɔi$^{13}$tsʰiəu$^{53}$lɔi$^{13}$tek$^{3}$ tʂən$^{35}$tsau$^{21}$,tsʰiəu$^{53}$xe$^{53}_{44}$pan$^{53}$xa$^{53}_{44}$tʂəu$^{53}$tsɿ$^{0}$ tsʰiəu$^{53}$ mau$^{13}_{21}$li$^{0}$ɲiet$^{3}$ tʰei$^{13}_{21}$. ②在地名中用作通名：大洞～tʰai$^{53}$tʰəŋ$^{53}_{44}$liaŋ$^{35}$ | 牛轭～ɲiəu$^{13}$ak$^{3}$ liaŋ$^{35}$ | 七星～tsʰiet$^{3}$ sin$^{35}$liaŋ$^{35}$ | 汉高～xɔn$^{53}$kau$^{35}_{44}$liaŋ$^{35}$ | 葛藤～kɔit$^{3}$ tʰien$^{13}$liaŋ$^{35}$ | 界～kai$^{53}$liaŋ$^{35}$

【岭背】liaŋ$^{35}$pɔi$^{53}$ [名]山那边，山后：箇个～个江西人咯，渠就安做糖饽子。kai$^{53}_{44}$ke$^{53}_{44}$liaŋ$^{35}$pɔi$^{53}$ ke$^{53}_{44}$kɔŋ$^{35}$si$^{35}_{44}$ɲin$^{13}_{21}$ko$^{0}$ ,ci$^{13}_{21}$tsʰiəu$^{53}_{44}$ɔn$^{35}_{44}$tso$^{53}_{44}$tʰɔŋ$^{13}$pʰɔk$^{5}$ tsɿ$^{21}$.

【岭壁上】liaŋ$^{35}$piak$^{3}$ xɔŋ$^{53}$ 山崖。又称“岭岗壁上”：我等横巷里我等人老家箇映也有咁个～呢。～个竹哇树都斫……舞唔倒嘞想唔倒来箇个嘞。ŋai$^{13}$tien$^{0}$ uaŋ$^{13}$xɔŋ$^{53}$li$^{0}$ ŋai$^{13}$tien$^{0}$ in$^{13}_{21}$lau$^{21}$cia$^{35}_{44}$ kai$^{53}_{44}$iaŋ$^{53}_{44}$ia$^{35}$iəu$^{35}_{44}$kan$^{21}$cie$^{53}_{44}$liaŋ$^{35}$piak$^{3}$ xɔŋ$^{53}$ne$^{0}$ .liaŋ$^{35}$piak$^{3}$ xɔŋ$^{53}_{44}$ke$^{53}_{44}$tʂəuk$^{3}$ ua$^{0}$ ʂəu$^{53}$təu$^{35}_{44}$tʂɔk$^{3}$ …u$^{21}$n̩$^{13}_{44}$tau$^{21}$le$^{0}$ siɔŋ$^{21}$n̩$^{13}$tau$^{21}$lɔi$^{13}$kai$^{53}$ke$^{53}$le$^{0}$.

【岭顶上】liaŋ$^{35}$taŋ$^{21}$xɔŋ$^{53}$ 山巅。又称“岭岗顶上”：呃，我等箇个老屋里出去就系～啊，出去呀，出去滴子啊。我等就一只窝子里，出去哩就有只～。～搞么个搞得么，搞得么个？舞只晒谷场哦，晒下子谷哦。ə$_{21}$,ŋai$^{13}$tien$^{0}$ kai$^{53}_{44}$ke$^{53}_{44}$lau$^{21}$uk$^{3}$ li$^{0}$ tʂʰət$^{3}$ çi$^{53}$tsʰiəu$^{53}_{44}$xei$^{53}_{44}$liaŋ$^{35}$taŋ$^{21}$xɔŋ$^{53}$ŋa$^{0}$ ,tʂʰət$^{3}$ çi$^{53}_{44}$ia$^{0}$ ,tʂʰət$^{3}$ çi$^{53}$tiet$^{5}$ tsa$^{0}$ .ŋai$^{13}$tien$^{0}$ tsʰiəu$^{53}$iet$^{3}$ tʂak$^{3}$ uo$^{35}$tsɿ$^{0}$ li$^{0}$ ,tʂʰət$^{3}$ çi$^{53}_{44}$li$^{0}$ tsʰiəu$^{53}$iəu$^{35}_{53}$tʂak$^{3}$ liaŋ$^{35}$taŋ$^{21}$xɔŋ$^{53}$. liaŋ$^{35}$taŋ$^{21}$xɔŋ$^{53}$kau$^{21}$mak$^{3}$ e$^{0}$ kau$^{21}_{44}$tek$^{3}$ mo$^{0}$ ,kau$^{21}$tek$^{3}$ mak$^{3}$ ke$^{53}$?u$^{21}$tʂak$^{3}$ sai$^{53}$ku$^{3}$ tʂʰɔŋ$^{21}$ŋo$^{0}$ ,sai$^{53}$xa$^{53}_{44}$tsɿ$^{0}$ kuk$^{3}$ o$^{0}$.

【岭顶头】liaŋ$^{35}$taŋ$^{21}$tʰei$^{13}$ [名]山的顶端，最高部位。加“头”有强调意味：天好就看得箇七姑星倒话就，渠箇岭上～就更好看呐系。tʰien$^{35}$xau$^{21}$tsʰiəu$^{53}$kʰɔn$^{53}$tek$^{3}$ kai$^{53}$tsʰiet$^{3}$ ku$^{35}_{44}$sin$^{35}$tau$^{21}$ua$^{53}_{44}$ tsiəu$^{53}_{44}$,ci$^{13}_{21}$kai$^{53}$liaŋ$^{35}$xɔŋ$^{53}_{44}$liaŋ$^{35}$taŋ$^{21}$tʰei$^{13}$tsʰiəu$^{53}_{44}$cien$^{53}_{44}$xau$^{21}$kʰɔn$^{53}$na$^{0}$ xe$^{53}$. | 渠系下箇～。ci$^{13}_{21}$xei$^{53}$(x)a$^{53}$ kai$^{53}_{44}$liaŋ$^{35}$taŋ$^{21}$tʰei$^{13}$.

【岭崠】liaŋ$^{35}$təŋ$^{53}$ [名]山顶：～上 liaŋ$^{35}$təŋ$^{53}$xɔŋ$^{53}_{35}$

【岭岗】liaŋ$^{35}$kɔŋ$^{35}_{44}$ [名]山：～嘴上 liaŋ$^{35}$kɔŋ$^{35}$tsi$^{21}$xɔŋ$^{53}$ 山脚延伸出去的尖端 | 一种（草鞋）就着倒上～个。iet$^{3}$ tʂəŋ$^{21}$tsʰiəu$^{53}$tʂɔk$^{3}$ tau$^{21}$ʂɔŋ$^{35}_{44}$liaŋ$^{35}$kɔŋ$^{35}_{44}$ke$^{53}_{44}$.

【岭岗壁上】liaŋ$^{35}$kɔŋ$^{35}$piak$^{3}$ xɔŋ$^{53}$ 山崖：系下～个人是真唔真冇办法啦，脚痛唔方便呐。唔系话我等箇只亲戚箇只妹子卖下箇卖下江西箇只廊场子，卖下黄茅箇映子，一只屋去箇～，硬收拾哩啊。我是赠去过，我老婆去过。渠话归来是硬收拾哩咁个栏场，让门系得欸卖倒箇。以下是跍倒箇街上做哩只屋嘞。xei$^{53}_{44}$(x)a$^{53}_{44}$liaŋ$^{35}_{44}$kɔŋ$^{35}_{44}$piak$^{3}$ xɔŋ$^{53}$ke$^{53}$ɲin$^{13}_{44}$ʂʅ$^{53}_{44}$tʂən$^{35}$n̩$^{13}_{21}$tʂən$^{35}$mau$^{13}_{21}$pʰan$^{53}$ fait$^{3}$ la$^{0}$ ,ciau$^{35}_{44}$tʰəŋ$^{35}_{44}$n̩$^{13}_{21}$fɔŋ$^{35}_{44}$pʰien$^{53}$na$^{0}$ .m̩$^{13}_{21}$pʰei$^{53}$ua$^{53}$ŋai$^{13}_{21}$tien$^{0}$ kai$^{53}$tʂak$^{3}$ tsʰin$^{35}$tsʰiet$^{3}$ kai$^{53}_{21}$tʂak$^{3}$ mɔi$^{53}$tsɿ$^{0}$ mai$^{53}_{44}$ ia$^{53}_{44}$kai$^{53}_{44}$mai$^{53}_{44}$ia$^{53}_{44}$kɔŋ$^{35}$si$^{35}_{44}$kai$^{53}$tʂak$^{3}$ laŋ$^{13}_{21}$tʂʰɔŋ$^{13}_{21}$tsɿ$^{0}$ ,mai$^{53}_{44}$ia$^{53}_{44}$uɔŋ$^{13}_{21}$mau$^{13}_{21}$kai$^{53}$iaŋ$^{53}$tsɿ$^{0}$ ,iet$^{3}$ tʂak$^{3}$ uk$^{3}$ çi$^{53}_{44}$kai$^{53}_{44}$ liaŋ$^{35}_{44}$kɔŋ$^{35}_{44}$piak$^{3}$ xɔŋ$^{53}$, ɲiaŋ$^{53}$ʂəu$^{35}$ʂət$^{5}$ li$^{0}$ a$^{0}$ .ŋai$^{13}$ʂʅ$^{53}_{44}$maŋ$^{13}$çi$^{53}$ko$^{53}$,ŋai$^{13}$lau$^{21}$pʰo$^{13}$çi$^{53}$ko$^{53}$ .ci$^{13}_{44}$ua$^{53}_{21}$kuei$^{35}$lɔi$^{13}_{21}$ʂʅ$^{53}_{44}$ ɲiaŋ$^{53}_{44}$ʂəu$^{35}$ʂət$^{5}$ li$^{0}$ kan$^{21}$ke$^{53}$laŋ$^{13}_{44}$tʂʰɔŋ$^{13}_{21}$, ɲiɔŋ$^{53}$mən$^{13}_{44}$xe$^{53}$tek$^{3}$ e$^{0}$ mai$^{53}$tau$^{53}$kai$^{53}_{44}$.i$^{13}_{21}$xa$^{53}_{44}$ʂʅ$^{53}_{44}$ku$^{35}_{44}$tau$^{21}_{44}$kai$^{53}_{44}$kai$^{35}$xɔŋ$^{53}$

tso$^{53}$li$^{0}$tʂak$^{3}$uk$^{3}$le$^{0}$.

【岭岗顶上】liaŋ$^{35}$kɔŋ$^{35}$taŋ$^{21}$xɔŋ$^{53}$ 山巅：～个树冇得几高子个。～个树哇唔知让门长唔起来，又怕干，渠更怕干，欸，冇得大树。liaŋ$^{35}$kɔŋ$^{35}_{53}$taŋ$^{21}$xɔŋ$^{53}_{44}$ke$^{53}_{44}$ʂəu$^{53}$mau$^{13}_{21}$tek$^{3}$ci$^{21}$kau$^{35}_{44}$tsɿ$^{0}$ke$^{0}$.liaŋ$^{35}$kɔŋ$^{35}_{53}$taŋ$^{21}$xɔŋ$^{53}_{44}$ke$^{53}_{44}$ʂəu$^{53}$ua$^{0}$n̩$^{13}_{21}$ti$^{35}_{44}$ɲiɔŋ$^{53}_{44}$mən$^{13}_{44}$tʂɔŋ$^{21}$n̩$^{13}$çi$^{21}$lɔi$^{13}$,iəu$^{53}$pʰa$^{53}$kɔn$^{35}$,ci$^{13}_{21}$cien$^{53}$pʰa$^{53}$kɔn$^{35}$,e$_{21}$,mau$^{13}$tek$^{3}$tʰai$^{53}$ʂəu$^{53}_{44}$.

【岭哽】liaŋ$^{35}$cien$^{53}$ [名]山脊：～上以映子有就是窝下去个，走以映子嘞修条路过，以映就安做坳。liaŋ$^{35}$cien$^{53}$xɔŋ$^{53}_{44}$i$^{21}$iaŋ$^{53}$tsɿ$^{0}$iəu$^{35}$tsəu$^{53}_{21}$sɿ$^{53}_{21}$uo$^{35}$xa$^{35}$çi$^{53}_{44}$ke$^{53}_{44}$,tsei$^{21}$i$^{21}$iaŋ$^{53}$tsɿ$^{0}$lei$^{0}$siəu$^{35}_{44}$tʰiau$^{13}_{21}$ləu$^{35}$ko$^{53}$,i$^{21}$iaŋ$^{53}_{44}$tsʰiəu$^{53}_{44}$ɔn$^{35}_{44}$tso$^{53}_{44}$au$^{53}$.

【岭角】liaŋ$^{35}$kɔk$^{3}$ [名]山区偏僻处：如今是两公婆系下箇～里，唔知几山个栏场。i$^{13}_{21}$cin$^{35}_{53}$ʂɿ$^{53}_{44}$iɔŋ$^{21}$kɔŋ$^{35}$pʰo$^{13}_{21}$xei$^{53}$(x)a$^{53}_{44}$kai$^{53}$liaŋ$^{35}$kɔk$^{3}$li$^{0}$,n̩$^{13}$ti$^{35}_{53}$ci$^{13}_{44}$san$^{35}_{44}$ke$^{53}_{44}$lan$^{13}_{21}$tʂʰɔŋ$^{13}_{21}$.

【岭头】liaŋ$^{35}$tʰei$^{13}$ [名]山上：走下～，斫担柴头。tsei$^{21}$ia$^{35}$liaŋ$^{35}$tʰei$^{13}$,tʂɔk$^{3}$tan$^{35}$tsʰai$^{13}$tʰei$^{13}$.

【岭子】liaŋ$^{35}$tsɿ$^{0}$ [名]山：上～ ʂɔŋ$^{35}_{44}$liaŋ$^{35}$tsɿ$^{0}$ ｜摸摸～ mo$^{35}$mo$^{35}_{44}$liaŋ$^{35}_{44}$tsɿ$^{0}$ 低矮的山丘

【领口】liaŋ$^{35}$xei$^{21}$ [名]衣服的开领处：～上是有箇个当兵个人是有风纪扣呀，爱扣下子风纪扣呀。箇映就～呀。～更易得□□脏，我教我等个外甥子洗衫呐，我话："你爱舞兜子洗衫粉吵，箇领子上是包括～上啊，以个就颈筋背个栏场，你爱舞倒洗衫粉去挪下子啊。"渠箇跍倒箇学堂里读哩书个箇只人咯，么个都唔晓得。唔知让门个硬系咁□傻、蠢啊让门个，硬唔晓得。liaŋ$^{35}$xei$^{21}$xɔŋ$^{53}$ʂɿ$^{53}_{44}$iəu$^{35}$kai$^{53}_{44}$ke$^{53}_{44}$tɔŋ$^{35}$pin$^{35}$ke$^{53}$ɲin$^{13}_{44}$ʂɿ$^{53}_{21}$iəu$^{35}_{44}$fəŋ$^{35}$ci$^{21}$kʰei$^{53}$ia$^{0}$,ɔi$^{35}_{44}$kʰei$^{53}$ia$^{53}_{21}$tsɿ$^{0}$fəŋ$^{35}$ci$^{21}$kʰei$^{53}$ia$^{0}$.kai$^{53}_{44}$iaŋ$^{53}_{44}$tsʰiəu$^{53}$liaŋ$^{35}$xei$^{21}$ia$^{0}$.liaŋ$^{35}$xei$^{21}$cien$^{53}_{44}$i$^{53}_{21}$tek$^{3}$liet$^{5}$tʂet$^{3}$,ŋai$^{13}$kau$^{35}$ŋai$^{13}_{21}$tien$^{0}$ke$^{53}_{44}$ŋɔi$^{53}$saŋ$^{35}_{44}$tsɿ$^{0}$se$^{21}$san$^{35}$na$^{0}$,ŋai$^{13}_{21}$ua$^{53}$:"ɲi$^{13}_{21}$ɔi$^{53}$u$^{21}$te$^{53}_{53}$tsɿ$^{0}$se$^{21}$san$^{35}_{44}$fən$^{21}$ʂa$^{0}$,kai$^{53}_{44}$liaŋ$^{35}$tsɿ$^{0}$xɔŋ$^{53}$ʂɿ$^{53}_{44}$pau$^{35}$kuait$^{3}$liaŋ$^{35}$xei$^{21}$xɔŋ$^{53}$ŋa$^{0}$,i$^{21}$ke$^{53}_{44}$tsʰiəu$^{53}_{44}$ciaŋ$^{21}$cin$^{35}_{44}$pɔi$^{53}$kei$^{53}_{44}$laŋ$^{13}_{21}$tʂʰɔŋ$^{13}_{21}$,ɲi$^{13}_{21}$ɔi$^{53}$u$^{21}$tau$^{21}$se$^{21}$san$^{35}_{53}$fən$^{21}$cʰi$^{53}$lo$^{13}$(x)a$^{53}$tsa$^{0}$."ci$^{13}_{21}$kai$^{53}_{44}$ku$^{35}$tau$^{21}$kai$^{53}$xɔk$^{5}$tʰɔŋ$^{13}_{21}$li$^{0}$tʰəuk$^{5}$li$^{0}$ʂəu$^{35}$ke$^{53}_{44}$kai$^{53}_{44}$tʂak$^{3}$ɲin$^{13}_{21}$ko$^{0}$,mak$^{3}$e$^{0}$təu$^{35}_{53}$n̩$^{13}_{21}$çiau$^{21}$tek$^{3}$.n̩$^{13}$ti$^{35}_{53}$ɲiɔŋ$^{53}$mən$^{13}_{44}$kei$^{53}_{44}$ɲiaŋ$^{53}$xei$^{53}_{44}$kan$^{21}$ʂe$^{13}$a$^{0}$ɲiɔŋ$^{53}_{44}$mən$^{13}_{44}$ke$^{0}$,ɲiaŋ$^{53}$n̩$^{13}$çiau$^{21}$tek$^{3}$.

【领扣子】liaŋ$^{35}$kʰəu$^{53}$tsɿ$^{0}$ [名]衣领上的纽扣；风纪扣儿：我就唔多喜欢扣～，你扣倒以只衣领子嘞以只颈筋下鼓气都鼓唔出。系话我羁领带是收拾哩。ŋai$^{13}$tsʰiəu$^{53}$n̩$^{13}_{21}$to$^{35}_{53}$çi$^{21}$fəŋ$^{35}_{44}$kʰei$^{53}$liaŋ$^{35}$kʰei$^{53}$tsɿ$^{0}$,ɲi$^{13}$kʰei$^{53}$tau$^{21}$i$^{21}$tʂak$^{3}$i$^{35}_{44}$liaŋ$^{35}$tsɿ$^{0}$lei$^{0}$i$^{21}$tʂak$^{3}$ciaŋ$^{21}$cin$^{35}_{44}$xa$^{53}_{44}$tʰei$^{21}$çi$^{53}$təu$^{35}_{53}$tʰei$^{21}$n̩$^{13}_{21}$tʂʰət$^{3}$.xei$^{53}$ua$^{53}$ŋai$^{13}_{44}$cie$^{35}_{44}$liaŋ$^{35}$tai$^{53}$ʂɿ$^{53}_{44}$ʂəu$^{35}$ʂət$^{5}$li$^{0}$.

【领子】liaŋ$^{35}$tsɿ$^{0}$ [名]衣服上围绕脖子的部分：（假领子）就系只子～。tsʰiəu$^{53}$ue$^{53}$(←xe$^{53}$)tʂak$^{3}$tsɿ$^{0}$liaŋ$^{35}$tsɿ$^{0}$.

【另事】laŋ$^{53}$sɿ$^{53}$ [副]另外；表示所说的范围之外：～做过一只，唔爱以只了。laŋ$^{53}$sɿ$^{53}$tso$^{53}$ko$^{53}$iet$^{3}$tʂak$^{3}$,m̩$^{13}$mɔi$^{35}$i$^{21}$tʂak$^{3}$liau$^{21}$. ｜我～食嘞，我两子婖～食嘞，唔摎渠等人食饭呢。ŋai$^{13}$laŋ$^{53}$sɿ$^{53}_{44}$ʂət$^{5}$le$^{0}$,ŋai$^{13}$iɔŋ$^{21}$tsɿ$^{21}$ɔi$^{35}_{44}$laŋ$^{53}$sɿ$^{53}_{44}$ʂət$^{5}$le$^{0}$,n̩$^{13}$nau$^{35}_{44}$ci$^{13}_{21}$tien$^{0}$ɲin$^{13}_{21}$ʂət$^{5}$fan$^{53}$ne$^{0}$.

【令$_1$】laŋ$^{53}$ [形]①漂亮；好：你今晡以只事做得泼令，做得蛮～。ɲi$^{13}_{21}$cin$^{35}$pu$^{35}_{44}$i$^{21}$tʂak$^{3}$sɿ$^{53}$tso$^{53}$tek$^{3}$pʰait$^{3}$laŋ$^{53}$,tso$^{53}$tek$^{3}$man$^{13}$laŋ$^{53}$. ②光滑：刨～来，刨光滑来呀。pʰau$^{13}$laŋ$^{53}$lɔi$^{13}_{21}$,pʰau$^{13}_{21}$kɔŋ$^{35}$uait$^{5}$lɔi$^{13}_{21}$ia$^{0}$.

【令$_2$】lin$^{53}$ 敬辞，用于构成称呼对方亲属的称谓：～尊大人身体还健旺么？lin$^{53}$tsən$^{35}$tʰai$^{53}$ɲin$^{13}_{44}$ʂən$^{35}_{44}$tʰi$^{21}$xai$^{13}$cʰien$^{53}$uɔŋ$^{53}$mo$^{0}$? ｜你～堂老人家还健么？今年么个年纪呀？ɲi$^{13}$lin$^{53}$tʰɔŋ$^{13}_{44}$lau$^{21}$in$^{13}$ka$^{35}_{44}$xan$^{13}$cʰien$^{53}$mo$^{0}$?cin$^{35}_{44}$ɲien$^{13}_{21}$mak$^{3}$e$^{0}$ɲien$^{13}_{44}$ci$^{21}_{44}$ia$^{0}$? ｜有几多位～兄啊？iəu$^{35}$ci$^{21}$to$^{35}$uei$^{53}_{44}$lin$^{53}$çiɔŋ$^{35}$ŋa$^{0}$? ｜你～弟跍倒哪映工作哇？ɲi$^{13}$lin$^{53}$tʰi$^{53}$ku$^{35}$tau$^{21}$la$^{53}$iaŋ$^{53}_{44}$kɔŋ$^{35}$tsɔk$^{3}$a$^{0}$? ｜你个～姐今年么个年纪了哇？ɲi$^{13}$ke$^{53}_{44}$lin$^{53}$tsia$^{21}$cin$^{35}$ɲien$^{13}_{21}$mak$^{3}$e$^{0}$ɲien$^{13}$ci$^{21}$liau$^{21}$ua$^{0}$? ｜～妹去哪映子读书哇？lin$^{53}$mɔi$^{53}$çi$^{53}$lai$^{53}_{44}$iaŋ$^{53}_{44}$tsɿ$^{0}$tʰəuk$^{5}$ʂəu$^{35}$ua$^{0}$? ｜欸，你～郎啊今年么个年纪子了？几大子了啊？我同渠做只介绍。e$_{21}$,ɲi$^{13}$lin$^{53}$lɔŋ$^{13}_{44}$ŋa$_{44}$cin$^{35}$ɲien$^{13}_{21}$mak$^{3}$e$^{0}$ɲien$^{13}$ci$^{21}$tsɿ$^{0}$liau$^{21}$?ci$^{21}$tʰai$^{53}$tsɿ$^{0}$liau$^{0}$a$^{0}$?ŋai$^{13}_{21}$tʰɔŋ$^{13}_{21}$ci$^{13}_{21}$tso$^{53}$(tʂ)ak$^{3}$kai$^{53}$ʂau$^{53}_{44}$. ｜你～爱找哩人家了么？ɲi$^{13}$lin$^{53}$ŋai$^{53}$tsau$^{21}$li$^{0}$ɲin$^{13}$ka$^{35}_{44}$liau$^{0}$mo$^{0}$?

【令溜】laŋ$^{53}$liəu$^{53}_{44}$ [形]漂亮，好，妥帖。多作补语：又还话做得蛮～。iəu$^{53}$xai$^{13}_{21}$ua$^{53}_{44}$tso$^{53}$tek$^{3}$man$^{13}$laŋ$^{53}$liəu$^{53}_{44}$. ｜做唔～tso$^{53}$n̩$^{13}$naŋ$^{53}$liəu$^{53}_{44}$

【呤铃子】lin$^{13}$laŋ$^{13}$tsɿ$^{0}$ [名]铃铛：铃子，有。有有有有，戴铃子个。箇就冇真冇几大子个细人子，戴箇铃子。铃子唠，安做铃子啊。～啊。安做～。唔安做铃铛，安做～。lin$^{13}$tsɿ$^{0}$,iəu$^{35}$.iəu$^{35}_{44}$iəu$^{35}_{44}$iəu$^{35}_{44}$iəu$^{35}_{44}$,tai$^{53}$lin$^{13}$tsɿ$^{0}$ke$^{53}$.kai$^{53}$tsʰiəu$^{53}$mau$^{13}$tsən$^{35}$mau$^{13}$ci$^{21}$tʰai$^{53}_{44}$tsɿ$^{0}$ke$^{53}_{44}$se$^{53}$ɲin$^{13}_{21}$tsɿ$^{0}$,tai$^{53}$kai$^{53}_{44}$lin$^{13}$tsɿ$^{0}$.laŋ$^{13}$tsɿ$^{0}$lau$^{0}$,ɔn$^{35}_{44}$tso$^{53}_{44}$laŋ$^{13}$tsɿ$^{0}$a$^{0}$.lin$^{13}$naŋ$^{13}$tsa$^{0}$.ɔn$^{35}_{44}$tso$^{53}$lin$^{13}$naŋ$^{13}$tsɿ$^{0}$.n̩$^{13}_{21}$nɔn$^{35}_{44}$tso$^{53}$lin$^{13}$taŋ$^{35}$,ɔn$^{35}_{44}$

tso$^{53}$lin$^{13}$naŋ$^{13}$tsʅ$^{0}$.

【溜$_{1}$】liəu$^{35}$ 动 滑行；穿梭：一～就进去哩。iet$^{3}$liəu$^{35}$tsʰiəu$^{53}_{44}$tsin$^{53}$çi$^{53}_{44}$li$^{0}$.｜箇时候子就先分渠指杉树～下来唠。～下来，走箇岭上～下窝脚下，～下山脚下。kai$^{53}_{44}$ʂʅ$^{13}_{44}$xei$^{53}_{44}$tsʅ$^{0}$tsʰiəu$^{53}_{44}$sen$^{35}_{44}$pən$^{35}_{44}$ci$^{13}_{21}$liəu$^{35}$xa$^{53}_{44}$lɔi$^{13}_{21}$lau$^{0}$.liəu$^{35}$xa$^{53}_{44}$lɔi$^{13}_{21}$,tsei$^{21}$kai$^{53}$liaŋ$^{35}$xɔŋ$^{53}_{44}$liəu$^{35}$ua$^{53}_{44}$uo$^{35}$ciɔk$^{3}$xa$^{35}$,liəu$^{35}$ua$^{53}_{44}$san$^{35}_{44}$ciɔk$^{3}$xa$^{35}$.

【溜$_{2}$】liəu$^{53}$ 动 滑落；下滑：如果以根扁担冇得啮朵啊，你个绳子就会～咁呐。y$^{13}$ko$^{21}$i$^{21}_{44}$kən$^{35}_{44}$pien$^{21}$tan$^{53}$mau$^{13}$tek$^{3}$ŋait$^{3}$to$^{21}$a$^{0}$, ɲi$^{13}$ke$^{53}_{44}$ʂən$^{13}$tsʅ$^{0}$tsʰiəu$^{53}_{44}$uɔi$^{53}_{44}$liəu$^{53}$kan$^{21}$na$^{0}$.｜溜溜哩下～嘿去哩。liəu$^{35}_{44}$liəu$^{35}_{44}$li$^{0}$xa$^{53}$liəu$^{53}_{44}$xek$^{3}$çi$^{53}_{21}$li$^{0}$.

【溜抻子】liəu$^{35}$tʂʰən$^{35}$tsʅ$^{0}$ 形 ①平顺挺直：箇阵子我等箇映有只喊老叔婆个，箇真会打扮呶，硬箇个髻子都硬扎得～。欸，七八十岁了都还硬打扮得唔知几好。kai$^{53}$tʂʰən$^{53}$tsʅ$^{0}$ŋai$^{13}_{21}$tien$^{0}$kai$^{53}_{44}$iaŋ$^{53}_{44}$iəu$^{35}_{53}$tʂak$^{3}$xan$^{53}$lau$^{21}$ʂəuk$^{3}$pʰo$^{13}$ke$^{53}$,kai$^{53}$tʂən$^{35}$uɔi$^{53}$ta$^{21}$pan$^{53}_{44}$nau$^{0}$, ɲiaŋ$^{53}$kai$^{53}_{44}$ke$^{53}_{44}$ci$^{53}$tsʅ$^{0}$təu$^{35}_{44}$ɲiaŋ$^{53}$tsait$^{3}$tek$^{3}$liəu$^{35}$tʂʰən$^{35}$tsʅ$^{0}$.e$_{21}$,tsʰiet$^{3}$pait$^{3}$ʂət$^{5}$sɔi$^{53}$liau$^{0}$təu$^{35}_{53}$xai$^{13}$ɲiaŋ$^{53}$ta$^{21}$pan$^{53}$tek$^{3}$n̩$^{13}$ti$^{35}_{53}$ci$^{21}$xau$^{21}$. ②整洁；无褶皱：晒下出来～箇个系是外背来个良种辣椒。sai$^{53}_{44}$ia$_{44}$(←xa$^{53}$)tʂʰət$^{3}$lɔi$^{13}$liəu$^{35}$tʂʰən$^{35}$tsʅ$^{0}$kai$^{53}_{44}$ke$^{53}_{44}$xe$^{53}_{44}$ʂʅ$^{53}_{44}$ŋɔi$^{53}$pɔi$^{53}$lɔi$^{13}_{44}$ke$^{53}_{44}$liɔŋ$^{13}$tʂəŋ$^{21}$lait$^{5}$tsiau$^{35}_{44}$.

【溜滑$_{1}$】liəu$^{35}$uait$^{5}$ 形 很滑爽，容易下咽：（湖藤菜）炒起～～。tsʰau$^{21}$çi$^{21}$liəu$^{35}$uait$^{5}_{3}$liəu$^{35}$uait$^{5}$.

【溜滑$_{2}$】liəu$^{53}$uait$^{5}$ 形 形容物体表面摩擦力很小，很滑：箇指木拖板就跌死人呢，～嘞。(k)ai$^{53}$tsiəu$^{53}_{44}$tet$^{3}$si$^{21}$ɲin$^{13}$ne$^{0}$,liəu$^{53}$uait$^{5}$le$^{0}$.

【溜尖】liəu$^{35}$tsian$^{35}$ 形 很尖且细：～个尖刀 liəu$^{35}$tsian$^{35}_{44}$ke$^{53}_{44}$tsian$^{35}$tau$^{35}$｜用锋利个东西～个东西就安做□。iəŋ$^{53}$fəŋ$^{35}$li$^{53}$ke$^{53}_{21}$təŋ$^{35}_{44}$si$^{0}$liəu$^{35}$tsian$^{35}$ke$^{53}$təŋ$^{35}_{44}$si$^{0}$tsʰiəu$^{53}_{44}$ɔn$^{35}_{44}$tso$^{53}_{44}$tsio$^{35}$.

【溜溜哩】liəu$^{35}_{44}$liəu$^{35}_{44}$li$^{0}$ 副 徐徐下滑的样子：～下溜嘿去哩。liəu$^{35}_{44}$liəu$^{35}_{44}$li$^{0}$xa$^{53}$liəu$^{53}_{44}$xek$^{3}$çi$^{53}_{21}$li$^{0}$.

【溜筛】liəu$^{53}$sai$^{35}$ 名 一种静止而倾斜的筛子，靠物料自重作用在筛面上产生相对滑动而进行筛理：落尾正有咁个一只子坡子下个，顶高拐啊上子个咁个筛沙样个咁子个筛，落尾就有。箇个～安做，溜哇下，～。箇个～用得最多个就系筛沙公，就～。嗯，箇你看过吧？箇沙公肚里夹倒有石头。粉壁个时候子，箇沙有石头个沙公子去唔得。一粉下去，系唔系啊？就一只石头，箇要唔得，就爱筛一到。但是箇沙公是还更重个东西，欸，几百斤上千斤。嗯，箇就舞正只咁个一只箇……顿只咁个筛架架，顿只架架，一锹一锹嘞，戽下箇沙上去，箇好沙嘞就箇个冇得石头个嘞就到哩背里，欸有石头个嘞就跌啊面前来哩，就安做～。以下筛谷啊，粮站里筛谷也系用～。lɔk$^{5}$mi$^{35}$tʂaŋ$^{53}$iəu$^{35}_{44}$kan$^{21}$kei$^{53}_{44}$iet$^{3}$tʂak$^{3}$tsʅ$^{0}$pʰo$^{35}$tsʅ$^{0}$xa$^{35}$ke$^{53}$,taŋ$^{21}$kau$^{35}_{44}$uət$^{3}$a$^{0}$ʂɔŋ$^{53}$tsʅ$^{0}$kei$^{53}$kan$^{21}$kei$^{53}_{44}$sai$^{35}$sa$^{35}$iɔŋ$^{53}$ke$^{0}$kan$^{21}$tsʅ$^{0}$ke$^{0}$sai$^{35}_{44}$,lɔk$^{5}$mi$^{35}_{53}$tsʰiəu$^{53}_{44}$iəu$^{35}_{44}$.kai$^{53}_{44}$ke$^{53}_{44}$liəu$^{53}$sai$^{35}$ɔn$^{35}_{44}$tso$^{53}_{44}$,liəu$^{53}$ua$^{53}_{44}$xa$^{35}$,liəu$^{53}$sai$^{35}$.kai$^{53}_{44}$ke$^{53}_{44}$liəu$^{53}$sai$^{35}$iəŋ$^{53}$tek$^{3}$tsei$^{53}$to$^{35}_{44}$ke$^{53}_{44}$tsʰiəu$^{53}$xe$^{53}$sai$^{35}$sa$^{35}$kəŋ$^{35}_{44}$,tsʰiəu$^{53}_{44}$liəu$^{53}$sai$^{35}$.n̩$_{21}$,kai$^{53}$ɲi$^{13}$kʰɔn$^{53}$ko$^{53}$pa$^{0}$?kai$^{53}_{44}$sa$^{35}$kəŋ$^{35}_{44}$təu$^{21}$li$^{0}$kait$^{3}$tau$^{21}$iəu$^{35}_{44}$ʂak$^{5}$tʰei$^{13}_{21}$.fən$^{21}$piak$^{3}$ke$^{53}$ʂʅ$^{13}$xəu$^{53}$tsʅ$^{0}$,kai$^{53}$sa$^{35}_{44}$iəu$^{35}_{44}$ʂak$^{5}$tʰei$^{13}_{44}$ke$^{53}_{44}$sa$^{35}$kəŋ$^{35}_{53}$tsʅ$^{0}$çi$^{53}$n̩$^{13}_{21}$tek$^{3}$.iet$^{3}$fən$^{21}$na$^{53}$çi$^{53}$,xei$^{53}_{44}$mei$^{53}_{44}$a$^{0}$?tsʰiəu$^{53}$iet$^{3}$tʂak$^{3}$ʂak$^{5}$tʰei$^{13}_{21}$,kai$^{53}_{44}$iau$^{53}$n̩$^{13}_{21}$tek$^{3}$,tsiəu$^{53}$ɔi$^{53}$sai$^{35}$iet$^{3}$tau$^{53}_{44}$.tan$^{53}$ʂʅ$^{53}$kai$^{53}$sa$^{35}$kəŋ$^{35}_{53}$ʂʅ$^{53}_{21}$xan$^{13}$cien$^{53}$tʂʰəŋ$^{35}$ke$^{0}$təŋ$^{35}_{44}$si$^{0}$,ei$_{21}$,ci$^{21}$pak$^{3}$cin$^{35}_{44}$ʂɔŋ$^{53}$tsʰien$^{13}$cin$^{35}_{44}$.n̩$_{21}$,kai$^{53}_{44}$tsʰiəu$^{53}$u$^{21}$tʂaŋ$^{53}$tʂak$^{3}$kan$^{21}$ke$^{53}$iet$^{3}$tʂak$^{3}$kai$^{53}$…tən$^{53}$tʂak$^{3}$kan$^{21}$ke$^{53}_{44}$sai$^{35}$ka$^{53}$ka$^{53}$,tən$^{53}$tʂak$^{3}$ka$^{53}$ka$^{53}$,iet$^{3}$tsʰiau$^{35}$iet$^{3}$tsʰiau$^{35}_{44}$lei$^{0}$,fu$^{53}$xa$^{53}_{44}$kai$^{53}$sa$^{35}$xɔŋ$^{53}_{21}$çi$^{53}$,kai$^{53}_{44}$xau$^{21}$sa$^{35}$lei$^{0}$tsʰiəu$^{53}_{44}$kai$^{53}_{44}$kei$^{53}_{44}$mau$^{13}$tek$^{3}$ʂak$^{5}$tʰei$^{13}_{44}$ke$^{53}_{44}$lei$^{0}$tsʰiəu$^{53}_{44}$tau$^{53}_{44}$li$^{0}$pɔi$^{53}$li$^{0}$,ei$_{21}$iəu$^{35}$ʂak$^{5}$tʰei$^{13}_{21}$ke$^{53}_{44}$lei$^{0}$tsʰiəu$^{53}_{44}$tet$^{3}$a$^{0}$mien$^{53}$tsʰien$^{13}_{21}$nɔi$^{13}_{21}$li$^{0}$,tsʰiəu$^{53}_{21}$ɔn$^{35}_{44}$tso$^{53}_{44}$liəu$^{53}$sai$^{35}_{44}$.i$^{21}_{13}$xa$^{53}$sai$^{35}$kuk$^{3}$a$^{0}$,liɔŋ$^{13}$tsan$^{53}$li$^{0}$sai$^{35}$kuk$^{3}$ia$^{35}$xei$^{53}_{44}$iəŋ$^{53}_{44}$liəu$^{53}$sai$^{35}$.

【溜苔】liəu$^{35}$tʰɔi$^{13}$ 名 苔藓：一般是石头上有～。～爱长在箇个阴暗个栏场嘞。潮湿阴暗个栏场箇就有～。我等搞集体个时候子么个箇个栽早禾啊，育秧啊，早禾育秧啊，箇禾籽□下田里去嘞，莫分渠冷倒哩，还早吵，还系四月份子，有栏场就还会打霜嘞。莫分渠冷倒哩嘞，就爱盖～，盖兜～去。箇就舞倒人去舞～呀，箇就舞倒大家都去岭上去搞～哟。你话箇个来只有只人，就长沙人系上来个，就我同你讲哩话姓杨个嘞，一只长沙人系上来个。正系上来，系上来嘞，三月份子系上来个吧？正月尽子系上来个，系上来嘞就去搞～呀。你话渠嘞一个人到处去搞～，搞嘞一搞搞倒一跌跌下一只箇个仰天窖里。还唔系仰天窖哇，反系野猪窖哇。你话箇野猪窖肚里嘞渠嘞箇只人唔晓得唠，一跌跌下野猪窖肚里去，一个人去个唠，喊天天不应呶。收拾哩，渠话以到是。野猪窖肚里有水嘞。箇水就冇濂话嘞。有咁深个水嘞。冷也冷得尽命啊，看稳就看稳，吓尽哩命，好得箇肚里有条棍。欸，落尾渠就拿倒分箇边上一番子攋哩嘞箇就箇只口就唔知几大，又藉倒箇条棍爬上来哩。硬吓尽哩命啊。渠搞～呀。欸就讲起～个事咯。iet$^{3}$pən$^{35}$ʂʅ$^{53}_{44}$ʂak$^{5}$tʰei$^{13}_{21}$xɔŋ$^{53}$iəu$^{35}$liəu$^{35}$tʰɔi$^{13}_{21}$.liəu$^{35}$tʰɔi$^{13}_{21}$ɔi$^{53}$tʂəŋ$^{21}$tsʰai$^{53}$kai$^{53}_{44}$kei$^{53}_{44}$in$^{35}$an$^{53}$ke$^{0}$

laŋ$^{13}_{44}$tʂʰɔŋ$^{13}_{44}$lei$^{0}$.tʂʰau$^{13}$ʂət$^{3}$ in$^{35}$an$^{53}$ke$^{0}$ laŋ$^{13}_{44}$tʂʰɔŋ$^{13}_{44}$kai$^{53}_{44}$tsʰiəu$^{53}_{44}$iəu$^{35}_{44}$liəu$^{35}$tʰɔi$^{13}_{21}$.ŋai$^{13}$tien$^{0}$kau$^{21}$tsʰiet$^{5}$ tʰi$^{21}$ke$^{0}$ ʂʅ$^{13}$ xəu$^{53}_{44}$tsʅ$^{0}$mak$^{3}$ ke$^{53}$kai$^{53}_{44}$ke$^{53}_{44}$tsɔi$^{35}$tsau$^{21}$uo$^{13}$a$^{0}$,iəuk$^{3}$ iɔŋ$^{35}$ŋa$^{0}$,tsau$^{21}$uo$^{13}$iəuk$^{3}$ iɔŋ$^{35}$ŋa$^{0}$,kai$^{53}$uo$^{13}$tsʅ$^{21}$uet$^{5}$ xa$^{53}_{44}$tʰien$^{13}$ ni$^{0}$ çi$^{53}_{44}$lei$^{0}$,mɔk$^{5}$ pən$^{35}_{44}$ci$^{13}_{44}$laŋ$^{35}$tau$^{21}$li$^{0}$,xan$^{13}$tsau$^{21}$ʂa$^{0}$,xai$^{13}_{21}$xe$^{53}_{44}$si$^{53}$ ɲiet$^{5}_{3}$ fən$^{53}$tsʅ$^{0}$,iəu$^{35}$laŋ$^{13}_{44}$tʂʰɔŋ$^{13}_{44}$tsʰiəu$^{53}_{44}$xa$^{13}_{21}$uɔi$^{53}$ ta$^{21}$sɔŋ$^{35}$le$^{0}$.mɔk$^{5}$ pən$^{35}_{53}$ci$^{13}_{21}$laŋ$^{35}$tau$^{21}$li$^{0}$ lei$^{0}$,tsʰiəu$^{53}$ɔi$^{53}_{44}$kɔi$^{53}$liəu$^{35}$tʰɔi$^{13}_{21}$,kɔi$^{53}$təu$^{35}_{53}$liəu$^{35}$tʰɔi$^{13}_{21}$çi$^{53}$.kai$^{53}$tsʰiəu$^{53}$u$^{21}$ tau$^{21}$ɲin$^{13}$çi$^{53}$u$^{21}$liəu$^{35}$tʰɔi$^{13}_{21}$ia$^{0}$,kai$^{53}_{44}$tsʰiəu$^{53}_{44}$u$^{21}$tau$^{21}$tʰai$^{53}$cia$^{35}_{44}$təu$^{35}$çi$^{53}$liaŋ$^{35}$xɔŋ$^{53}_{44}$çi$^{53}_{44}$kau$^{21}$liəu$^{35}$tʰɔi$^{13}_{44}$iau$^{0}$. ɲi$^{13}$ua$^{53}_{44}$ kai$^{53}_{44}$kei$^{53}_{44}$lɔi$^{13}$tʂak$^{3}$ iəu$^{35}$tʂak$^{3}$ ɲin$^{13}$,tsʰiəu$^{53}_{44}$tʂʰɔŋ$^{13}$sa$^{35}_{44}$ɲin$^{13}_{21}$xe$^{53}$ʂɔŋ$^{53}_{44}$lɔi$^{13}_{21}$ke$^{0}$,tsiəu$^{53}_{44}$ŋai$^{13}$tʰəŋ$^{13}$ɲi$^{13}_{44}$kɔŋ$^{21}$li$^{0}$ ua$^{53}_{44}$ siaŋ$^{53}$iɔŋ$^{13}$ke$^{53}_{44}$lei$^{0}$,iet$^{3}$ tʂak$^{3}$ tʂʰɔŋ$^{13}$sa$^{35}_{44}$ɲin$^{13}_{21}$xe$^{53}$ʂɔŋ$^{53}_{44}$lɔi$^{13}_{21}$ke$^{0}$.tʂaŋ$^{53}$xei$^{53}$ʂɔŋ$^{53}_{44}$lɔi$^{13}_{44}$,xei$^{53}_{44}$ʂɔŋ$^{53}_{44}$lɔi$^{13}_{21}$le$^{0}$,san$^{35}$ɲiet$^{5}$ fən$^{53}$tsʅ$^{0}$ xei$^{53}_{44}$ʂɔŋ$^{53}_{44}$lɔi$^{13}_{21}$ke$^{0}$ pa$^{0}$?tʂaŋ$^{35}$ɲiet$^{5}_{3}$ tsʰin$^{53}$tsʅ$^{0}$ xei$^{53}_{44}$ʂɔŋ$^{53}_{44}$lɔi$^{13}_{21}$ke$^{0}$,xei$^{53}_{44}$ʂɔŋ$^{53}$lɔi$^{13}_{21}$lei$^{0}$ tsʰiəu$^{53}$çi$^{53}_{44}$kau$^{21}$liəu$^{35}$ tʰɔi$^{13}_{44}$ia$^{0}$. ɲi$^{13}$(u)a$^{53}_{44}$ci$^{13}$lei$^{0}$ iet$^{3}$ cie$^{53}$ɲin$^{13}_{44}$tau$^{53}$tʂʰəu$^{53}_{44}$çi$^{53}$kau$^{21}$liəu$^{35}$tʰɔi$^{13}_{44}$,kau$^{21}_{44}$lei$^{0}$ iet$^{3}$ kau$^{21}$kau$^{21}$tau$^{21}$iet$^{3}$ tet$^{3}$ tet$^{3}$ (x)a$^{53}$iet$^{3}$ tʂak$^{3}$ kai$^{53}_{44}$ke$^{53}_{44}$ŋɔŋ$^{35}$tʰien$^{35}$kau$^{53}$li$^{0}$.xa$^{13}_{21}$m̩$^{13}$pʰe$^{53}$ŋɔŋ$^{35}$tʰien$^{35}_{44}$kau$^{53}$ua$^{0}$,fan$^{21}$(x)e$^{53}$ia$^{35}$tʂəu$^{35}_{44}$kau$^{53}$ua$^{0}$. ɲi$^{13}$ ua$^{53}_{44}$kai$^{53}_{44}$ia$^{35}$tʂəu$^{35}_{44}$kau$^{53}$təu$^{21}$li$^{0}$ lei$^{0}$ ci$^{13}_{21}$le$^{0}$ kai$^{53}$tʂak$^{3}$ in$^{13}_{21}$n̩$^{13}$çiau$^{21}$tek$^{3}$ lau$^{0}$,iet$^{3}$ tet$^{3}$ tet$^{3}$ (x)a$^{53}_{44}$ia$^{35}$tʂəu$^{35}_{44}$kau$^{53}$təu$^{21}$li$^{0}$ çi$^{53}$,iet$^{3}$ ke$^{53}$ɲin$^{13}$cʰi$^{53}_{44}$ke$^{53}_{44}$lau$^{0}$,xan$^{53}$tʰien$^{35}_{44}$tʰien$^{35}_{44}$pət$^{3}$ in$^{53}$nau$^{0}$.ʂəu$^{35}_{44}$ʂət$^{5}$ li$^{0}$,ci$^{13}_{44}$ua$^{53}_{44}$i$^{21}$tau$^{53}$ʂʅ$^{53}$.ia$^{35}$tʂəu$^{35}_{44}$kau$^{53}$təu$^{21}$ li$^{0}$ iəu$^{35}_{44}$ʂei$^{21}$le$^{0}$.kai$^{53}$ʂei$^{21}$tsiəu$^{53}$mau$^{13}_{44}$lian$^{21}_{44}$ua$^{53}_{21}$le$^{0}$.iəu$^{35}_{44}$kan$^{21}$tʂʰən$^{35}_{44}$ke$^{0}$ ʂei$^{21}$le$^{0}$.laŋ$^{35}$a$^{35}_{44}$laŋ$^{35}$tek$^{3}$ tsʰin$^{53}$miaŋ$^{53}$ŋa$^{0}$, kʰɔn$^{53}$uən$^{21}$tsiəu$^{53}_{21}$kʰɔn$^{53}$uən$^{21}$,xak$^{3}$ tsʰin$^{53}_{44}$li$^{0}$ miaŋ$^{53}$,xau$^{21}$tek$^{3}$ kai$^{53}$təu$^{21}$li$^{0}$ iəu$^{35}$tʰiau$^{13}_{21}$kuən$^{53}$.e$_{21}$,lɔk$^{5}$ mi$^{35}_{44}$ci$^{13}_{21}$ tsʰiəu$^{53}_{44}$la$^{53}$tau$^{21}$pən$^{35}_{44}$kai$^{53}_{44}$pien$^{35}$xɔŋ$^{53}_{44}$iet$^{3}$ fɔn$^{35}_{44}$tsʅ$^{0}$ ləuk$^{3}$ li$^{0}$ le$^{0}$ kai$^{53}_{44}$tsiəu$^{53}_{44}$kai$^{53}$tʂak$^{3}$ xei$^{21}$tsʰiəu$^{53}_{44}$n̩$^{13}$ti$^{35}_{53}$ci$^{21}$tʰai$^{53}$, iəu$^{53}_{44}$tʂa$^{53}_{44}$tau$^{21}_{44}$kai$^{53}_{44}$tʰiau$^{13}_{21}$kuən$^{53}$pʰa$^{13}_{21}$ʂɔŋ$^{53}$lɔi$^{13}_{21}$li$^{0}$. ɲiaŋ$^{53}$xak$^{3}$ tsʰin$^{53}_{21}$ni$^{0}$ miaŋ$^{53}$ŋa$^{0}$.ci$^{13}_{44}$kau$^{21}$liəu$^{35}$tʰɔi$^{13}$ia$^{0}$.e$_{44}$ tsiəu$^{53}_{44}$kɔŋ$^{21}$çi$^{21}$liəu$^{35}$tʰɔi$^{13}_{21}$ke$^{0}$ sʅ$^{53}$ko$^{0}$.

【溜圆】liəu$^{35}$ien$^{13}$ 形很圆。又称“溜圆子”：（苹果番薯）～一只。liəu$^{35}$ien$^{13}$iet$^{3}$ tʂak$^{3}$.｜箇球指毛桐子的果实～子。kai$^{53}$cʰiəu$^{13}$liəu$^{35}$ien$^{13}$tsʅ$^{0}$.

【溜直】liəu$^{35}$tʂʰət$^{5}$ 形非常直；笔直：（良种辣椒）晒下出来～一只个箇个皮。sai$^{53}_{44}$ia$_{44}$(←xa$^{53}$) tʂʰət$^{3}$ lɔi$^{13}$liəu$^{35}$tʂʰət$^{5}$ iet$^{3}$ tʂak$^{3}$ ke$^{53}$kai$^{53}$ke$^{53}$pʰi$^{13}$.

【刘海】liəu$^{13}$xɔi$^{21}$ 名垂在额头上的短发：～剪得达平子个，系啊？～要，硬讲～哟。liəu$^{13}$xɔi$^{21}$ tsien$^{21}$tek$^{3}$ tʰait$^{5}$ pʰiaŋ$^{13}_{21}$tsʅ$^{0}$ ke$^{53}$,xei$^{53}_{44}$a$^{0}$?liəu$^{13}$xɔi$^{21}$iau$^{53}$, ɲiaŋ$^{53}$kɔŋ$^{21}$liəu$^{13}$xɔi$^{21}$iau$^{0}$.

【浏阳话】liəu$^{13}$iɔŋ$^{13}_{44}$fa$^{53}$ 名以浏阳市区为代表的方言，属于赣方言：康膏。康膏肉。也好像系～一样哩系哩。kʰɔŋ$^{35}$kau$^{53}$.kʰɔŋ$^{35}$kau$^{53}$ɲiəuk$^{3}$ .a$^{35}_{21}$xau$^{21}$tsʰiɔŋ$^{53}$xei$^{53}$liəu$^{13}$iɔŋ$^{13}_{44}$fa$^{53}$iet$^{3}$ iɔŋ$^{53}_{44}$li$^{0}$ xe$^{53}$li$^{0}$. ｜～个本地人安做老鼠荚指客家人所说的狗爪豆。liəu$^{13}$iɔŋ$^{13}_{44}$fa$^{53}$ke$^{53}_{44}$pən$^{21}$tʰi$^{53}$ɲin$^{13}_{21}$ɔn$^{35}_{44}$tso$^{53}_{44}$lau$^{21}$tʂʰəu$^{21}$kait$^{3}$.

【留】liəu$^{13}$ 动①保留：～一半子 liəu$^{13}$iet$^{3}$pan$^{53}$tsʅ$^{0}$｜斫竹子个时候～箇杩～滴子唠。tʂɔk$^{3}$tʂəuk$^{3}$ tsʅ$^{0}$ ke$^{53}$ʂʅ$^{13}_{21}$xei$^{53}_{44}$liəu$^{13}$kai$^{53}$kʰua$^{21}$liəu$^{13}$tiet$^{5}$ tsʅ$^{0}$ lau$^{0}$. ②保存；存留：我等箇只屋都～唔下来呀。ŋai$^{13}$ tien$^{0}$ kai$^{53}$tʂak$^{3}$uk$^{3}$ təu$^{0}$ liəu$^{13}_{21}$n̩$^{13}_{44}$xa$^{35}$lɔi$^{13}_{21}$ia$^{0}$. ③不离去：（孝子）一般都唔爱～，有人招呼。iet$^{3}$pɔn$^{35}$ təu$^{35}_{44}$m̩$^{13}_{21}$mɔi$^{53}_{44}$liəu$^{13}_{21}$,iəu$^{35}$ɲin$^{13}_{21}$tʂau$^{35}_{44}$fu$^{0}$.

【留火】liəu$^{13}$fo$^{21}$ 留住火种：我等山里人呢有得是箇方法～。可以舞只火斗火缸又铲火屎，铲兜火屎～。可以窖只蚊烟火笼去窖只火笼去～。可以去镬底下塞筒柴，镬下塞筒柴，舞兜灰壅倒，咁子～。ŋai$^{13}$tien$^{0}$ san$^{35}$ni$^{0}$ ɲin$^{13}_{21}$nei$^{0}$ iəu$^{35}$tek$^{3}$ ʂʅ$^{53}$kai$^{53}_{44}$fɔŋ$^{35}_{44}$fait$^{3}$ liəu$^{13}$fo$^{21}$.kʰo$^{21}$i$^{35}_{53}$u$^{21}$tʂak$^{3}$ fo$^{21}$tei$^{21}$fo$^{21}$ kɔŋ$^{35}$iəu$^{53}$tsʰan$^{21}$fo$^{21}$ʂʅ$^{21}$,tsʰan$^{21}$tei$^{35}_{53}$fo$^{21}$ʂʅ$^{21}$liəu$^{13}$fo$^{21}$.kʰo$^{21}$i$^{35}_{44}$kau$^{53}$tʂak$^{3}$ mən$^{35}$ien$^{35}_{44}$fo$^{21}$ləŋ$^{35}$çi$^{53}$kau$^{53}$tʂak$^{3}$ fo$^{21}$ləŋ$^{13}$ çi$^{53}$liəu$^{13}_{44}$fo$^{21}$.kʰo$^{21}$i$^{35}_{44}$çi$^{53}_{44}$uɔk$^{5}$ tei$^{21}$xa$^{35}$sek$^{3}$ tʰəŋ$^{13}$tsʰai$^{13}$,uɔk$^{5}$ xa$^{35}_{44}$sek$^{3}$ tʰəŋ$^{13}$tsʰai$^{13}$,u$^{21}$te$^{35}_{53}$fɔi$^{35}$iəŋ$^{35}$tau$^{21}$,kan$^{21}$tsʅ$^{0}$ liəu$^{13}$fo$^{21}$.

【留步】liəu$^{13}$pʰu$^{53}$ 动客套话。用于主人送客时客人请主人不要送出去或不要再送：请～！tsʰiaŋ$^{21}$liəu$^{13}$pʰu$^{53}$!

【流】liəu$^{13}$ 动液体移动：～眼泪 liəu$^{13}$ŋan$^{21}$li$^{53}$

【流氓】liəu$^{13}$mɔŋ$^{13}$ 名多指生活作风不好的人：如今是～是慢慢子是就称哪起人了嘞？称箇起欸男女作风上乱搞个人，～样，～。真正如今你话欸闹下子箇起咁个么个唔做事个人是司空见惯了哦，不是～了啊箇起是，不是～哦。咁个人多得是哦，冇事做个跍倒箇打逴个，系唔系？i$^{13}_{21}$cin$^{35}_{53}$ʂʅ$^{53}$liəu$^{13}$mɔŋ$^{13}_{44}$ʂʅ$^{53}_{21}$man$^{53}$man$^{53}$tsʅ$^{0}$ ʂʅ$^{53}_{44}$tsʰiəu$^{53}_{44}$tʂʰən$^{35}$nai$^{53}$çi$^{21}$ɲin$^{13}_{21}$niau$^{21}$le$^{0}$?tʂʰən$^{35}$kai$^{53}$çi$^{21}$e$_{21}$ lan$^{13}$ɲy$^{21}$tsɔk$^{3}$ fəŋ$^{35}$xɔŋ$^{53}_{44}$lɔn$^{53}$kau$^{21}$ke$^{53}_{44}$ɲin$^{13}_{21}$,liəu$^{13}$mɔŋ$^{13}$iɔŋ$^{53}_{44}$,liəu$^{13}$mɔŋ$^{13}_{21}$.tʂən$^{35}$tʂən$^{53}_{44}$i$^{13}_{21}$cin$^{35}_{53}$ni$^{13}_{21}$ua$^{53}_{44}$e$_{21}$lau$^{53}$xa$^{53}_{44}$ tsʅ$^{0}$ kai$^{53}$çi$^{21}$kan$^{21}$kei$^{53}$mak$^{3}$ kei$^{53}_{44}$n̩$^{13}$tso$^{53}$sʅ$^{53}$ke$^{53}$ɲin$^{13}_{21}$ʂʅ$^{53}_{44}$sʅ$^{35}_{44}$kʰəŋ$^{35}_{44}$cien$^{53}$kuan$^{53}$liau$^{21}$o$_{53}$,pət$^{3}$ ʂʅ$^{53}$liəu$^{13}_{21}$mɔŋ$^{13}_{21}$liau$^{21}$ a$^{0}$ kai$^{53}_{44}$çi$^{21}_{44}$ʂʅ$^{53}_{44}$,pət$^{3}$ ʂʅ$^{53}$liəu$^{13}_{21}$mɔŋ$^{13}_{21}$ŋo$^{0}$ .kan$^{21}$ke$^{53}$ɲin$^{13}_{44}$to$^{35}$tek$^{3}$ ʂʅ$^{53}$zo$^{0}$ ,mau$^{13}$sʅ$^{53}$tso$^{53}_{44}$ke$^{53}_{44}$ku$^{35}$tau$^{21}$kai$^{53}$ta$^{21}$tʂʰɔk$^{3}$ ke$^{53}_{44}$,xei$^{53}_{44}$me$^{53}_{44}$?

【流氓地痞】liəu$^{13}$mɔŋ$^{13}_{44}$tʰi$^{53}$pʰie$^{21}$ 指无固定工作、经常寻衅闹事的人：以前张家坊是真多～个栏场啦。欸，真多啊。你话箇有几年呐整哩一下。硬打死一只，～打死一只啦。打死一只，𫠊抓倒么人呢，唔知么人打死个嘞。渠就系外背个～跍倒以张家坊来打叮叮来搞，跍下张家坊来做坏事，来搞扒当扒手箇只啦来搞箇只么个东西。惹下渠等人捉倒哩，早就爱搞渠等人，唔知系唔系分渠等寻倒一只机会，打死一只。硬派出所都捡倒冇得办法，打死哩就打死哩。江西个，铜鼓来个，～。i$^{35}_{53}$tsʰien$^{13}_{21}$tʂɔŋ$^{35}_{44}$ka$^{35}_{44}$fɔŋ$^{35}$ʂʅ$^{53}_{21}$tʂən$^{35}$to$^{35}$liəu$^{13}$mɔŋ$^{13}_{44}$tʰi$^{53}$pʰie$^{21}$ke$^{53}$laŋ$^{13}_{21}$tʂʰɔŋ$^{13}_{21}$la$^{0}$.e$_{21}$,tʂən$^{35}$to$^{35}$a$^{0}$. ɲi$^{13}$ua$^{53}$kai$^{53}$iəu$^{35}$ci$^{21}$ɲien$^{13}$na$^{0}$tʂaŋ$^{21}$li$^{0}$iet$^{3}$xa$^{53}$. ɲiaŋ$^{53}$ta$^{21}$si$^{21}$iet$^{3}$tʂak$^{3}$,liəu$^{13}$mɔŋ$^{13}_{21}$tʰi$^{53}$pʰie$^{21}$ta$^{21}$si$^{21}$iet$^{3}$tʂak$^{3}$la$^{0}$.ta$^{21}$si$^{21}$iet$^{3}$tʂak$^{3}$,maŋ$^{13}$tʂa$^{35}_{44}$tau$^{21}$mak$^{3}$ɲin$^{13}$ne$^{0}$,n̩$^{13}$ti$^{35}_{53}$mak$^{3}$in$^{13}_{44}$ta$^{21}$si$^{21}$cie$^{53}$lei$^{0}$.ci$^{13}$tsʰiəu$^{53}$xei$^{53}$ŋɔi$^{53}$pɔi$^{53}_{44}$ke$^{53}_{44}$liəu$^{13}$mɔŋ$^{13}_{21}$tʰi$^{53}$pʰie$^{21}$kʰu$^{35}$tau$^{21}$i$^{21}$tʂɔŋ$^{35}_{44}$ka$^{35}_{44}$fɔŋ$^{35}$lɔi$^{13}_{21}$ta$^{21}$tin$^{35}_{44}$tin$^{35}_{44}$lɔi$^{13}_{21}$kau$^{21}$,ku$^{35}$(x)a$^{53}_{21}$tʂɔŋ$^{35}_{44}$ka$^{35}_{44}$fɔŋ$^{35}_{44}$lɔi$^{13}_{21}$tso$^{53}$fai$^{53}$sʅ$^{53}_{44}$,lɔi$^{13}$kau$^{21}$pʰa$^{13}_{21}$tɔŋ$^{35}$pʰa$^{13}$ʂəu$^{21}$kai$^{53}$tʂak$^{3}$la$^{0}$lɔi$^{13}$kau$^{21}$kai$^{53}_{44}$tʂak$^{3}$mak$^{3}$e$^{0}$təŋ$^{35}_{44}$si$^{0}$. ɲia$^{35}$(x)a$^{53}$ci$^{13}_{44}$tien$^{0}$ɲin$^{13}_{21}$tsɔk$^{3}$tau$^{21}$li$^{0}$,tsau$^{21}$tsʰiəu$^{53}$ɔi$^{53}$kau$^{21}$ci$^{13}_{21}$tien$^{0}$ɲin$^{13}_{21}$,n̩$^{13}$ti$^{35}_{44}$xei$^{53}$mei$^{53}$pən$^{35}$ci$^{13}_{21}$tien$^{0}$tsʰin$^{13}$tau$^{21}$iet$^{3}$tʂak$^{3}$ci$^{35}_{44}$fei$^{53}$,ta$^{21}$si$^{21}$iet$^{3}$tʂak$^{3}$. ɲiaŋ$^{53}$pʰai$^{53}$tʂʰət$^{3}$so$^{21}$təu$^{35}_{53}$cian$^{21}$tau$^{21}$mau$^{13}$tek$^{3}$pʰan$^{53}$fait$^{3}$,ta$^{21}$si$^{21}$li$^{0}$(tsʰ)iəu$^{53}$ta$^{21}$si$^{21}_{53}$li$^{0}$. kɔŋ$^{35}$si$^{35}_{44}$ke$^{0}$,tʰəŋ$^{13}$ku$^{21}$lɔi$^{13}$ke$^{53}$,liəu$^{13}$mɔŋ$^{13}_{44}$tʰi$^{53}$pʰie$^{21}$.

【流痞】liəu$^{13}$pʰie$^{21}$ 名 “流氓地痞”的简称：箇～讨死嫌呐。以下好多哩，冇得哩。再都唔敢来哩啊。张家坊人咁团结呀。kai$^{53}$liəu$^{13}$pʰie$^{21}$tʰau$^{21}$si$^{21}$çian$^{13}$na$^{0}$.i$^{21}$xa$^{53}$xau$^{21}$to$^{35}$li$^{0}$,mau$^{13}_{21}$tek$^{3}$li$^{0}$.tsai$^{53}$təu$^{35}_{44}$n̩$^{13}_{21}$kan$^{21}$nɔi$^{13}$li$^{0}$a$^{0}$.tʂɔŋ$^{35}$ka$^{35}_{44}$fɔŋ$^{35}$ɲin$^{13}_{21}$kan$^{21}$tʰɔn$^{13}$ciet$^{3}$ia$^{0}$.

【流水簿】liəu$^{13}$ʂei$^{21}$pʰu$^{35}$ 名记流水账的账本：以前我公太呀老哩以后呀，七八十岁呢有么个事做嘞，长日写～，写簿哇，今晡煮嘿两升米也写记，嗯，欸，明晡借哩别人家两块钱也写记，欸，箇～，箇个就真正个～。我看下子有么个蛮多内容面前是。i$^{35}_{53}$tsʰien$^{13}_{21}$ŋai$^{13}$kəŋ$^{35}$tʰai$^{53}$ia$^{0}$lau$^{21}$li$^{0}$i$^{35}_{44}$xei$^{53}$ia$^{0}$,tsʰiet$^{3}$pait$^{3}$ʂət$^{5}$sɔi$^{53}$ne$^{0}$mau$^{13}_{21}$mak$^{3}$e$^{0}$sʅ$^{53}$tso$^{53}$le$^{0}$,tʂʰɔŋ$^{13}$ɲiet$^{3}$sia$^{21}$liəu$^{13}$ʂei$^{21}$pʰu$^{35}_{44}$,sia$^{21}$pʰu$^{35}$ua$^{0}$,cin$^{35}$pu$^{35}_{44}$tʂəu$^{21}$uek$^{3}$iɔŋ$^{21}$ʂən$^{35}_{44}$mi$^{21}$ia$^{35}$sia$^{21}$ci$^{53}$,n̩$_{21}$,e$_{44}$,miaŋ$^{13}$pu$^{35}$tsia$^{53}$li$^{0}$pʰiet$^{5}$in$^{13}_{44}$ka$^{35}_{44}$iɔŋ$^{21}$kʰuai$^{53}$tsʰien$^{13}$ia$^{35}$sia$^{21}$ci$^{53}$,e$_{21}$,kai$^{53}_{44}$liəu$^{13}$ʂei$^{21}$pʰu$^{35}$,kai$^{53}_{44}$ke$^{53}_{44}$tsʰiəu$^{53}_{44}$tʂən$^{35}$tʂən$^{53}$ke$^{0}$liəu$^{13}$ʂei$^{21}$pʰu$^{35}_{53}$.ŋai$^{13}_{21}$kʰɔn$^{53}$xa$^{53}$tsʅ$^{0}$mau$^{13}$mak$^{3}$e$^{0}$man$^{13}_{21}$to$^{35}_{44}$lei$^{53}$iəŋ$^{13}_{21}$mien$^{53}$tsʰien$^{13}_{44}$ʂʅ$^{53}_{44}$.

【流水杠】liəu$^{13}$ʂei$^{21}$kɔŋ$^{53}$ 名架在伞柱与经墙上，与椽子平行的梁，用以承载房檐上的桁子：以条梁啊，～啊，就系同箇只椽皮一只方向样，系唔系？平行个。欸。安做～。也有滴唔用～个。有滴人唔用～个。以箇有滴人也唔用～噢？渠打比样以映子㖿以向就墙，系啊？以下就伞柱，伞柱摎墙之间，以墙上放一条桁子唦，以伞柱顶高放条桁子，箇就有那放。但是以映子以中间如果渠只檐头做得蛮宽样，你不可能中间就咁宽以只空。还爱放条桁子。以条桁子搁哪去嘞？以条桁子嘞？正讲个就放～啊。以映放条同椽皮平行个以条树。一头就搁下以墙上，一头搁下伞柱上。系唔系？咁子放倒。放箇映子。咁子斜斜子。以头搁下伞欸墙上，以头搁下伞柱上。好，以中间，箇就用～。有滴唔用～，以顶高搁下墙上，底下搁下伞柱上，中间还爱放条桁子。箇让门放嘞？渠就以底下放条跳。欸，唔系正话跳，系唔系？跳顶高嘞，渠做只咁个筒筒。丫筒筒。丫下去。搁下……以条桁子搁下以只筒筒上。欸，为它好看嘞，渠还做以以映子嘞，放半截子个跳。一黪，黪下墙上扯稳下子渠。欸，丫稳下子渠。就我等个箇古代建筑肚里个斗拱样咁个。窜起窜转，箇就还好看滴唠，唔放～。安做么个东西唠？我都唔知安做么个东西。因为我等箇老屋系咁子做个。i$^{21}$tʰiau$^{13}_{44}$liɔŋ$^{13}$ŋa$_{53}$,liəu$^{13}$ʂei$^{21}$kɔŋ$^{53}$ŋa$^{0}$,tsʰiəu$^{53}_{44}$xei$^{53}_{44}$tʰəŋ$^{13}_{21}$kai$^{53}_{44}$tʂak$^{3}$ʂɔn$^{13}$pʰi$^{13}$iet$^{3}$tʂak$^{3}$fɔŋ$^{35}$çiɔŋ$^{53}_{44}$iɔŋ$^{53}_{44}$,xei$^{53}_{44}$me$^{53}_{44}$?pʰin$^{13}$çin$^{13}$cie$^{53}$.e$_{21}$.ɔn$^{35}$tso$^{53}_{44}$liəu$^{13}$ʂei$^{21}$kɔŋ$^{53}$.ia$^{35}$iəu$^{35}$tet$^{5}$n̩$^{13}$iəŋ$^{53}$liəu$^{13}$ʂei$^{21}$kɔŋ$^{53}$ke$^{53}_{21}$.iəu$^{35}$tet$^{5}$ɲin$^{13}_{21}$n̩$^{13}$iəŋ$^{53}$liəu$^{13}$ʂei$^{21}$kɔŋ$^{53}$ke$^{53}_{21}$.i$^{21}$kai$^{53}_{44}$iəu$^{35}$tet$^{5}$ɲin$^{13}_{21}$ia$^{35}_{53}$n̩$^{13}$iəŋ$^{53}$liəu$^{13}$ʂei$^{21}$kɔŋ$^{53}_{44}$ŋau$^{0}$?ci$^{13}$ta$^{21}$pi$^{21}$iɔŋ$^{53}$i$^{21}$iaŋ$^{53}$tsʅ$^{0}$m̩$_{21}$i$^{21}$çiɔŋ$^{53}_{44}$tsʰiəu$^{53}_{44}$tsʰiɔŋ$^{13}_{21}$,xei$^{53}_{44}$a$^{0}$?i$^{21}$xa$^{53}$tsʰiəu$^{53}$san$^{21}$tʂʰəu$^{35}_{44}$,san$^{21}$tʂʰəu$^{35}_{44}$lau$^{35}$tsʰiɔŋ$^{13}$tʂʅ$^{35}_{44}$kan$^{35}_{44}$,i$^{21}$tsʰiɔŋ$^{13}$xɔŋ$^{53}$fɔŋ$^{53}$iet$^{3}$tʰiau$^{13}_{21}$xaŋ$^{13}$tsʅ$^{0}$ʂa$^{0}$,i$^{21}$san$^{21}$tʂʰəu$^{35}$taŋ$^{21}$kau$^{35}$fɔŋ$^{53}$tʰiau$^{13}_{21}$xaŋ$^{13}$tsʅ$^{0}$,kai$^{53}_{44}$tsʰiəu$^{53}_{21}$iəu$^{35}$lai$^{53}_{44}$fɔŋ$^{53}$.tan$^{53}_{44}$ʂʅ$^{53}_{44}$i$^{21}$iaŋ$^{53}_{35}$tsʅ$^{0}$i$^{21}$tʂəŋ$^{35}$kan$^{35}_{44}$vy$^{13}$ko$^{21}$ci$^{13}_{21}$tʂak$^{3}$ian$^{13}$tʰei$^{13}_{44}$tso$^{53}$tek$^{3}$man$^{13}_{21}$kʰɔn$^{35}$iɔŋ$^{53}_{44}$, ɲi$^{13}$puk$^{3}$kʰo$^{21}$len$^{13}$tʂəŋ$^{35}$kan$^{35}_{44}$tsʰiəu$^{53}_{44}$kan$^{21}$kʰɔn$^{35}$i$^{21}$tʂak$^{3}$kʰəŋ$^{53}_{44}$.xa$^{13}_{21}$ɔi$^{53}_{44}$fɔŋ$^{53}$tʰiau$^{13}_{21}$xaŋ$^{13}$tsʅ$^{0}$.i$^{21}$tʰiau$^{13}$xaŋ$^{13}$tsʅ$^{0}$kɔk$^{3}$lai$^{53}_{35}$çi$^{53}$lei$^{0}$?i$^{21}$tʰiau$^{13}$xaŋ$^{13}_{21}$tsʅ$^{0}$lei$^{0}$?tʂaŋ$^{53}$kɔŋ$^{21}$ke$^{53}_{44}$tsʰiəu$^{53}_{44}$fɔŋ$^{53}$liəu$^{13}$ʂei$^{21}$kɔŋ$^{53}$ŋa$^{0}$.i$^{21}$iaŋ$^{53}_{35}$fɔŋ$^{53}$tʰiau$^{13}_{21}$tʰəŋ$^{13}_{44}$ʂɔn$^{13}$pʰi$^{13}$pʰin$^{13}$çin$^{13}$ke$^{53}_{44}$i$^{21}$tʰiau$^{13}_{21}$ʂəu$^{53}$.iet$^{3}$tʰei$^{13}_{21}$tsʰiəu$^{53}$kɔk$^{3}$(x)a$^{53}$i$^{21}$tsʰiɔŋ$^{13}$xɔŋ$^{53}$,iet$^{3}$tʰei$^{13}$kɔk$^{3}$(x)a$^{53}$san$^{21}$tʂʰəu$^{35}_{53}$xɔŋ$^{53}$.xei$^{53}$me$^{53}$?kan$^{21}$tsʅ$^{0}$fɔŋ$^{53}$tau$^{21}$.fɔŋ$^{53}_{44}$kai$^{53}_{44}$iaŋ$^{53}_{44}$tsʅ$^{0}$.kan$^{21}$tsʅ$^{0}$tsʰia$^{13}$tsʰia$^{13}_{21}$tsʅ$^{0}$.i$^{21}$tʰei$^{13}$kɔk$^{3}$(x)a$^{53}_{44}$san$^{21}$e$_{21}$tsʰiɔŋ$^{13}$xɔŋ$^{53}$,i$^{21}$tʰei$^{13}$kɔk$^{3}$(x)a$^{53}$san$^{21}$tʂʰəu$^{53}_{44}$xɔŋ$^{53}_{21}$.xau$^{21}$,i$^{21}$tʂəŋ$^{35}$kan$^{35}_{44}$,kai$^{53}_{44}$tsʰiəu$^{53}_{44}$iəŋ$^{53}$liəu$^{13}$ʂei$^{21}$kɔŋ$^{53}$.iəu$^{35}$tet$^{5}$n̩$^{13}$iəŋ$^{53}$liəu$^{13}$ʂei$^{21}$kɔŋ$^{53}_{44}$,i$^{21}$taŋ$^{21}$kau$^{35}_{44}$kɔk$^{3}$(x)a$^{53}_{44}$tsʰiɔŋ$^{13}$xɔŋ$^{53}_{44}$,te$^{21}$xa$^{53}_{44}$kɔk$^{3}$(x)a$^{53}_{44}$san$^{21}$tʂʰəu$^{35}_{44}$xɔŋ$^{53}_{44}$,tʂəŋ$^{35}$kan$^{35}_{44}$xa$^{13}_{21}$ɔi$^{53}_{44}$fɔŋ$^{53}$tʰiau$^{13}_{21}$xaŋ$^{13}$tsʅ$^{0}$.kai$^{53}_{44}$ɲiɔŋ$^{53}_{21}$mən$^{0}$fɔŋ$^{53}$lei$^{0}$?ci$^{13}$tsʰiəu$^{53}$i$^{21}$te$^{21}$xa$^{53}_{44}$fɔŋ$^{53}$tʰiau$^{13}_{21}$tʰiau$^{53}$.e$_{21}$,m̩$^{13}_{21}$pʰe$_{44}$(←xe$^{53}$)tʂaŋ$^{53}_{44}$ua$^{53}_{44}$tʰiau$^{53}$,xe$^{53}_{44}$me$^{53}_{44}$?tʰiau$^{53}$taŋ$^{21}$kau$^{35}$lei$^{0}$,ci$^{13}$tso$^{53}$tʂak$^{3}$kan$^{21}$cie$^{53}$tʰəŋ$^{13}$

tʰəŋ$^{13}_{44}$.a$^{35}$tʰəŋ$^{13}$tʰəŋ$^{13}_{44}$.a$^{35}$xa$^{53}$çi$^{53}_{21}$.kɔk$^{3}$(x)a$^{53}_{21}$…i$^{21}$tʰiau$^{13}$xaŋ$^{13}$tsɿ$^{0}$ kɔk$^{3}$(x)a$^{53}$i$^{21}$tʂak$^{3}$ tʰəŋ$^{13}$tʰəŋ$^{13}$xɔŋ$^{53}$.e$_{21}$,uei$^{53}$tʰa$^{35}_{21}$ xau$^{21}$kʰɔn$^{53}$nei$^{0}$,ci$^{13}$xai$^{13}_{21}$tso$^{53}$i$^{21}$i$^{21}$iaŋ$^{53}$tsɿ$^{0}$ lei$^{0}$,fɔŋ$^{53}$pan$^{53}$tsiet$^{3}$ tsɿ$^{0}$kei$^{53}_{44}$tʰiau$^{53}$.iet$^{3}$ɲia$^{13}$, ɲia$^{13}$(x)a$^{53}_{44}$tsʰiɔŋ$^{13}_{21}$xɔŋ$^{53}$ tʂʰa$^{21}$uən$^{21}$na$^{53}$(←xa$^{53}$)tsɿ$^{0}$ ci$^{13}_{21}$.e$_{21}$,ŋa$^{35}$uən$^{21}$na$_{44}$(←xa$^{53}$)tsɿ$^{0}$ ci$^{13}_{44}$.tsʰiəu$^{53}$ŋai$^{13}$tien$^{0}$ ke$^{53}_{44}$kai$^{53}_{44}$ku$^{21}$tʰɔi$^{53}_{44}$cien$^{53}$ tʂəuk$^{3}$ təu$^{21}$li$^{0}$ ke$^{53}$tei$^{21}$kəŋ$^{21}$iɔŋ$^{53}_{44}$kan$^{21}$kei$^{53}_{44}$.tsʰɔn$^{53}$çi$^{21}$tsʰɔn$^{53}$tʂɔn$^{21}$,kai$^{53}$tsʰiəu$^{53}$xai$^{13}_{21}$xau$^{21}$kʰɔn$^{53}$tiet$^{5}$ lau$^{0}$,n̩$^{13}$ fɔŋ$^{53}$liəu$^{13}_{21}$ʂei$^{21}$kɔŋ$^{53}$.ɔn$^{35}$tso$^{53}_{21}$mak$^{3}$(k)e$^{53}$təŋ$^{35}_{44}$si$^{0}$ lau$^{0}$?ŋai$^{13}_{21}$təu$^{35}_{53}$n̩$^{13}_{21}$ti$^{35}_{44}$ɔn$^{35}_{44}$tso$^{53}_{44}$mak$^{3}$(k)e$^{53}_{44}$təŋ$^{35}_{44}$si$^{0}$.in$^{35}$uei$^{53}_{44}$ŋai$^{13}_{21}$ tien$^{0}$kai$^{53}$lau$^{21}$uk$^{3}$xei$^{53}$kan$^{21}$tsɿ$^{0}$tso$^{53}_{44}$ke$^{53}_{44}$.

【流水账】liəu$^{13}$ʂei$^{21}$tʂɔŋ$^{53}$ 名 每天记载金钱或货物出入的、不分类别的账目：就开头讲个唠，我公太就箇阵子尽用墨笔子写嘿，欸，天天用墨笔子写，写倒泼令子很漂亮个字嘞。～，系唔系？写～。系啊？箇内容就安做～。箇只本子安做流水簿。tsʰiəu$^{53}_{44}$kʰɔi$^{35}$tʰei$^{13}_{21}$kɔŋ$^{21}$ke$^{53}_{44}$lau$^{0}$,ŋai$^{13}_{21}$ kəŋ$^{35}$tʰai$^{53}_{44}$tsʰiəu$^{53}_{44}$kai$^{53}$tʂʰən$^{53}$tsɿ$^{0}$ tsʰin$^{53}_{44}$iəŋ$^{53}_{44}$miet$^{5}$ piet$^{3}$ tsɿ$^{0}$ sia$^{21}$xek$^{3}$,e$_{21}$,tʰien$^{35}$tʰien$^{35}_{44}$iəŋ$^{53}_{44}$miet$^{5}$ piet$^{3}$ tsɿ$^{0}$ sia$^{21}$,sia$^{21}$tau$^{21}$pʰait$^{5}$ laŋ$^{53}$tsɿ$^{0}$ke$^{53}_{21}$sɿ$^{53}$le$^{0}$.liəu$^{13}_{21}$ʂei$^{21}$tʂɔŋ$^{53}$,xei$^{53}_{44}$me$^{53}_{44}$?sia$^{21}$liəu$^{13}$ʂei$^{21}$tʂɔŋ$^{53}$.xei$^{53}$a$^{0}$?kai$^{53}_{44}$lei$^{53}$iəŋ$^{13}$ tsʰiəu$^{53}_{44}$ɔn$^{35}_{44}$tso$^{53}_{44}$liəu$^{13}$ʂei$^{21}$tʂɔŋ$^{53}$.kai$^{53}$tʂak$^{3}$ pən$^{21}$tsɿ$^{0}$ ɔn$^{35}_{44}$tso$^{53}_{44}$liəu$^{13}_{21}$ʂei$^{21}$pʰu$^{35}$.

【流水账本】liəu$^{13}$ʂei$^{21}$tʂɔŋ$^{53}$pən$^{21}$ 名 记流水账的账簿。又称“流水簿”：既然系～呢，箇就不厌其烦，就我看下子渠等写个～呐，就写滴箇个凡属大大小小个进出个钱米都写倒去哩。ci$^{53}$ vien$^{13}_{21}$xe$^{53}$liəu$^{13}$ʂei$^{21}$tʂɔŋ$^{53}$pən$^{21}$ne$^{0}$,kai$^{53}_{44}$tsʰiəu$^{53}$pət$^{3}$ ien$^{53}$cʰi$^{13}$fan$^{13}$,tsʰiəu$^{53}$ŋai$^{13}$kʰɔn$^{53}$xa$^{53}$tsɿ$^{0}$ ci$^{13}$tien$^{0}$ sia$^{21}$ke$^{53}$ liəu$^{13}$ʂei$^{21}$tʂɔŋ$^{53}$pən$^{21}$na$^{0}$,tsʰiəu$^{53}$sia$^{21}$tiet$^{5}$ kai$^{53}$kei$^{53}_{44}$fan$^{13}$ʂəuk$^{5}$ tʰai$^{53}$tʰai$^{53}$siau$^{21}$siau$^{21}$kei$^{53}$tsin$^{53}$tʂʰət$^{3}$ ke$^{53}$tsʰien$^{13}$ mi$^{21}$təu$^{35}$sia$^{21}$tau$^{21}$çi$^{53}$li$^{0}$.

【流星】liəu$^{13}$sin$^{35}$ 名 流星锤的简称：耍～也蛮惊险呢。我看箇耍～箇几惊险咯。一～放下去，放下箇个欸香几桌子上，箇个神龛桌子上，到渠箇箇～正好嘞去渠箇茶缸子肚里蘸兜子水子，梭嘿转来，又一～打嘿去，打箇香上，蘸兜子香灰子。箇个就蛮准呢，系唔系？渠冇事话分箇茶缸子打咁，冇事话分箇兜子香搞咁，算定似子箇～，就以兜人就吸引人呐，就想看呐。sa$^{21}$liəu$^{13}$sin$^{35}_{53}$na$^{35}_{53}$man$^{13}_{21}$cin$^{35}$çien$^{21}$ne$^{0}$.ŋai$^{13}$kʰɔn$^{53}$kai$^{53}$sa$^{21}$liəu$^{13}$sin$^{35}_{44}$kai$^{53}_{21}$ci$^{21}$cin$^{35}_{44}$çien$^{21}$ko$^{0}$.iet$^{3}$ liəu$^{13}$sin$^{35}_{44}$fɔŋ$^{53}$ xa$^{53}_{44}$çi$^{53}$,fɔŋ$^{53}$xa$^{53}_{44}$kai$^{53}_{44}$ke$^{53}_{44}$ei$_{21}$çiɔŋ$^{35}$ci$^{35}_{44}$tsɔk$^{3}$ tsɿ$^{0}$ xɔŋ$^{53}$,kai$^{53}_{44}$ke$^{53}_{44}$ʂən$^{13}$kʰan$^{35}_{44}$tsɔk$^{3}$ tsɿ$^{0}$ xɔŋ$^{53}$,tau$^{53}$ci$^{13}_{21}$kai$^{53}_{21}$kai$^{53}_{44}$liəu$^{13}_{21}$ sin$^{35}_{44}$tʂən$^{53}$xau$^{21}$lei$^{0}$ çi$^{53}$ci$^{13}_{21}$kai$^{53}$tsʰa$^{13}$kɔŋ$^{35}$tsɿ$^{0}$ təu$^{21}$li$^{0}$ tsian$^{21}$te$^{35}_{53}$tsɿ$^{0}$ ʂei$^{21}$tsɿ$^{0}$,so$^{35}$(x)ek$^{3}$ tʂuɔn$^{21}$nɔi$^{13}$,iəu$^{53}$iet$^{3}$ liəu$^{13}$ sin$^{35}_{53}$ta$^{21}$(x)ek$^{3}$ çi$^{53}$,ta$^{21}$kai$^{53}_{44}$çiɔŋ$^{35}$xɔŋ$^{53}$,tsian$^{21}$te$^{35}_{53}$tsɿ$^{0}$ çiɔŋ$^{35}$fɔi$^{35}_{44}$tsɿ$^{0}$.kai$^{53}$ke$^{53}$tsʰiəu$^{53}$man$^{13}$tʂən$^{21}$ne$^{0}$,xei$^{53}$ me$^{53}$?ci$^{13}_{21}$mau$^{13}$sɿ$^{53}$ua$^{53}$pən$^{35}$kai$^{53}_{21}$tsʰa$^{13}$kɔŋ$^{35}$tsɿ$^{0}$ ta$^{21}$kan$^{21}$,mau$^{13}$sɿ$^{53}$ua$^{53}$pən$^{35}$kai$^{53}_{44}$te$^{35}_{53}$tsɿ$^{0}$ çiɔŋ$^{35}$kau$^{21}$kan$^{21}$,sɔn$^{53}$ tʰiaŋ$^{53}_{44}$sɿ$^{53}_{44}$tsɿ$^{0}$ kai$^{53}$liəu$^{13}_{21}$sin$^{35}_{44}$,tsʰiəu$^{53}_{44}$i$^{21}$tei$^{53}$ɲin$^{13}_{21}$tsʰiəu$^{53}_{44}$cʰiet$^{5}$ in$^{21}$ɲin$^{13}$na$^{0}$,tsiəu$^{53}_{44}$siɔŋ$^{21}$kʰɔn$^{53}$na$^{0}$.

【流行痘】liəu$^{13}$çin$^{13}$tʰei$^{53}$ 名 水痘：～就系水痘子呢。安做～就真易得传染个东西呢。就一个人发哩是硬收拾哩哦，箇就即即哩隔离哟，即即哩归去哟。箇学生子出水痘子，你发现哩哪只学生出水痘子么，你麻溜爱渠透夜都接归去，箇渠歇得一夜来都第二晡就收拾哩，又唔知又增加几多个。～呀。我得过，细细子得过，出痘子。箇阵子搞集体呀，尽兜都系做一只栏场来。箇出～出痘子啊，唔得了哇，硬分几个人荷担箩去荷药啊，荷倒药归来，舞只笼床来蒸呐，欸。箇碗里会怕交错嘞，碗里嘞放正箇个嘞放正篾箕子嘞，有个别个是就唔同滴子个吵，系唔系？有兜是就差唔多个就箇就唔爱紧。你一碗，我一碗，渠一碗，舞只笼床，舞只笼床格来蒸呐蒸药啊。我等搞集体呀箇阵子，一只队人欸七八十个人系做一只屋啊，系倒我等箇只大屋啊。搞集体是硬会害死人个东西啊。搞大食堂啊。liəu$^{13}$çin$^{13}$tʰei$^{53}$tsʰiəu$^{53}$xe$^{53}$ʂei$^{21}$tʰei$^{53}$ tsɿ$^{0}$ nei$^{0}$.ɔn$^{35}_{44}$tso$^{53}$liəu$^{13}$çin$^{13}$tʰei$^{53}$tsʰiəu$^{53}_{44}$tʂən$^{35}$i$^{53}$tek$^{3}$ tʂʰen$^{13}$vien$^{21}$ke$^{53}_{44}$təŋ$^{35}_{44}$si$^{0}$ nei$^{0}$.tsʰiəu$^{53}_{44}$iet$^{3}$ ke$^{53}$ɲin$^{13}_{21}$fait$^{3}$ li$^{0}$ ʂɿ$^{53}_{44}$ɲiaŋ$^{53}$ʂəu$^{35}$ʂət$^{5}$ li$^{0}$ o$^{0}$,kai$^{53}_{44}$tsʰiəu$^{53}_{44}$tset$^{5}$ tset$^{5}$ li$^{0}$ kak$^{3}$ li$^{13}$io$^{0}$,tset$^{5}$ tset$^{5}$ li$^{0}$ kuei$^{35}$çi$^{53}$io$^{0}$.kai$^{53}_{44}$xɔk$^{5}$ saŋ$^{35}_{44}$tsɿ$^{0}$ tʂʰət$^{3}$ ʂei$^{21}$tʰei$^{53}$tsɿ$^{0}$, ɲi$^{13}_{21}$fait$^{3}$ çien$^{53}$li$^{0}$ lai$^{53}$(tʂ)ak$^{3}$ xɔk$^{5}$ saŋ$^{35}$tʂʰət$^{3}$ ʂei$^{21}$tʰei$^{53}$tsɿ$^{0}$ me$^{0}$, ɲi$^{13}_{21}$ma$^{13}$liəu$^{35}_{44}$ɔi$^{53}$ci$^{13}_{21}$tʰei$^{53}$ia$^{53}$təu$^{35}$ tsiait$^{3}$ kuei$^{35}_{44}$çi$^{53}$,kai$^{53}$ci$^{13}$çiet$^{3}$ tek$^{3}$ iet$^{3}$ ia$^{53}$lɔi$^{13}$təu$^{35}$tʰi$^{53}$ɲi$^{53}$pu$^{35}_{44}$tsʰiəu$^{53}_{44}$ʂəu$^{35}_{44}$ʂət$^{5}$ li$^{0}$,iəu$^{53}$n̩$^{13}_{21}$ti$^{35}_{44}$iəu$^{53}_{44}$tsen$^{35}_{44}$cia$^{35}_{44}$ci$^{21}$ to$^{35}$kei$^{53}$.liəu$^{13}$çin$^{13}$tʰei$^{53}$ia$^{0}$.ŋai$^{13}_{21}$tek$^{3}$ ko$^{53}_{44}$,se$^{53}$se$^{53}$tsɿ$^{0}$ tek$^{3}$ ko$^{0}$,tʂʰət$^{3}$ tʰei$^{53}$tsɿ$^{0}$.kai$^{53}_{44}$tʂʰən$^{53}_{44}$tsɿ$^{0}$ kau$^{21}$tsʰiet$^{5}$ tʰi$^{21}$ia$^{0}$, tsʰin$^{53}$te$^{35}_{44}$təu$^{35}_{44}$xei$^{53}$tso$^{53}$iet$^{3}$ tʂak$^{3}$ laŋ$^{13}_{21}$tʂʰɔŋ$^{13}_{21}$lɔi$^{13}$.kai$^{53}$tʂʰət$^{3}$ liəu$^{13}_{21}$çin$^{13}_{21}$tʰei$^{53}$tʂʰət$^{3}$ tʰei$^{53}$tsɿ$^{0}$ a$^{0}$,n̩$^{13}$tek$^{3}$ liau$^{21}$ua$_{44}$, ɲiaŋ$^{53}$pən$^{35}$ci$^{21}$ke$^{53}$ɲin$^{13}_{21}$kʰai$^{35}_{44}$tan$^{35}_{44}$lo$^{13}$çi$^{53}$kʰai$^{35}$iɔk$^{5}$ a$^{0}$,kʰai$^{35}_{44}$tau$^{21}_{44}$iɔk$^{5}$ kuei$^{35}$lɔi$^{13}_{21}$,u$^{21}$tʂak$^{3}$ ləŋ$^{13}$tsʰɔŋ$^{13}_{21}$lɔi$^{13}_{21}$tʂən$^{35}$ na$^{0}$,e$_{21}$.kai$^{53}$uɔn$^{21}$ni$^{0}$ uɔi$^{53}$pʰa$^{53}_{44}$ciau$^{35}_{44}$tsʰo$^{53}$lei$^{0}$,uɔn$^{21}$ni$^{0}$ lei$^{0}$ fɔŋ$^{53}$tʂaŋ$^{53}$kai$^{53}$ke$^{53}$lei$^{0}$ fɔŋ$^{53}_{44}$tʂaŋ$^{53}_{44}$miet$^{5}$ sak$^{3}$ tsɿ$^{0}$ lei$^{0}$,iəu$^{35}$ko$^{53}$pʰiet$^{5}$ ke$^{53}$ʂɿ$^{53}_{44}$tsʰiəu$^{53}$n̩$^{13}$tʰəŋ$^{13}$tiet$^{5}$ tsɿ$^{0}$ ke$^{53}_{44}$ʂa$^{0}$,xei$^{53}$me$^{53}$?iəu$^{35}$te$^{35}_{53}$ʂɿ$^{53}_{44}$tsʰiəu$^{53}_{44}$tsa$^{35}_{44}$n̩$^{13}_{21}$to$^{35}$ke$^{53}_{44}$tsʰiəu$^{53}_{44}$ kai$^{53}_{44}$tsʰiəu$^{53}_{44}$m̩$^{13}_{21}$mɔi$^{53}$cin$^{21}$. ɲi$^{13}$iet$^{3}$ uɔn$^{21}$,ŋai$^{13}$iet$^{3}$ uɔn$^{21}$,ci$^{13}$iet$^{3}$ uɔn$^{21}$,u$^{21}$tʂak$^{3}$ ləŋ$^{13}$tsʰɔŋ$^{13}_{21}$,u$^{21}$(tʂ)ak$^{3}$ ləŋ$^{13}$tsʰɔŋ$^{13}_{21}$ kak$^{3}$ lɔi$^{13}_{21}$tʂən$^{35}_{44}$na$^{0}$ tʂən$^{35}$iɔk$^{5}$ a$^{0}$.ŋai$^{13}$tien$^{0}$ kau$^{21}$tsʰiet$^{5}$ tʰi$^{21}$ia$^{0}$ kai$^{53}$tʂʰən$^{53}$tsɿ$^{0}$,iet$^{3}$ tʂak$^{3}$ ti$^{53}$ɲin$^{13}_{21}$e$_{21}$tsʰiet$^{3}$ pait$^{3}$ ʂət$^{5}$ ke$^{53}$ɲin$^{13}_{21}$xe$^{53}$tso$^{53}$iet$^{3}$ tʂak$^{3}$ uk$^{3}$ a$^{0}$,xe$^{53}$tau$^{21}$ŋai$^{13}_{21}$tien$^{0}$ kai$^{53}$tʂak$^{3}$ tʰai$^{53}$uk$^{3}$ a$^{0}$.kau$^{21}$tsʰiet$^{5}$ tʰi$^{21}$ʂɿ$^{53}_{44}$ɲiaŋ$^{53}_{44}$uɔi$^{53}_{44}$

L

xɔi53si21ɲin13ke53_44təŋ35_44si0a0.kau21tʰai53ʂət5tʰəŋ13ŋa0.

【柳柳修修】liəu21liəu21siəu35_21siəu35_21 形容植物长而直：窝场里个树就唔钻苑呀，就会长啊，就～啊，竹也系啊，唔知几通梢哇。uo35lak3li0ke0ʂəu53tsʰiəu53ṇ13tsɔn53tei35ia0,tsʰiəu53uɔi35tʂʰəŋ13ŋa0,tsʰiəu53liəu21liəu21siəu35_21siəu35_21a0,tʂəuk3a35_44xei53a0,ṇ13ti35_53ci21tʰəŋ35sau35ua0.

【柳青子】liəu35tsʰiaŋ35tsɿ0 形状态词。很青：箇个门口箇个桂花树叶呀～。kai53_44kei53_44mən13xei21kai53_44kei53_44kuei53fa35_44ʂəu53iait5ia0liəu35tsʰiaŋ35_44tsɿ0.｜如今个板栗树哇～。i13_21cin35_53ke53pan21liet5ʂəu53ua0liəu35tsʰiaŋ35_44tsɿ0.

【柳树】liəu35ʂəu53 名柳属植物的总称：北方人是拿倒箇～楣去去编箩，反正咁个嘞。我等也冇么人搞。pɔit3xɔŋ35ɲin13_21ʂɿ53_44la35tau21kai53_44liəu35ʂəu53kʰua21çi53çi53_44pʰien35no13,fan21tʂən53_44kan21ke53_44le0.ŋai13tien0ia35_53mau13_21mak3in13_44kau21_44.｜～叶子□长哦。liəu35ʂəu53iait5tsɿ0lai35tʂʰəŋ13_21ŋo0.

【柳条】liəu35tʰiau13 形身材苗条。有"柳柳条条子、柳条条子"等重叠形式：苗条客姓话让门讲啊？～，欸，～。柳柳条条子，嗯。柳柳条条子安做。～，系呀，你讲起～。柳条条子。miau13tʰiau13kʰak3sin53fa53_21ɲiɔŋ53mən13kɔŋ21ŋa0?liəu35tʰiau13_44,e_21,liəu35tʰiau13_21.liəu35liəu35_44tʰiau13_21tʰiau13_21tsɿ0,ṇ_21.liəu35liəu35_44tʰiau13_21tʰiau13_21tsɿ0ɔn35tso53.liəu35tʰiau13_21,xei53_44ia0,ɲi13_21kɔŋ21çi21_44liəu35tʰiau13_21.liəu35_44tʰiau13_21tʰiau13_21tsɿ0.

【柳条红】liəu35tʰiau13_21fəŋ13 名红米的一种：安做还有一起么个～。箇个也系占个啦。～，渠也系占米，箇个食得滴子。如今是冇哩个稻咁个东西哩哦。/欸，长长子个米欸，比箇个好食滴子。比硇叽红好食滴子。/欸，比硇叽红更好食。ɔn35_44tso53_44xai13iəu35_44iet3çi21mak3ke53_44liəu35tʰiau13_21fəŋ13.kai53_44ke53_44ia35xei53_44tʂan35ke53_44la0.liəu35tʰiau13_21fəŋ13,ci13_21ia35xe53tʂan35mi21,kai53_44ke53_44ʂət5tek3tiet5tsɿ0.i13_21cin35ʂɿ53_44mau13li0ke53tʰau53kan21ke53_44təŋ35si0li0o0./e_21,tʂʰəŋ13tʂʰəŋ13tsɿ0ke53_44mi21e_44,pi21kai53ke53_44xau21ʂət5tiet5tsɿ0.pi21ləu35ci35_44fəŋ13xau21ʂət5tiet5tsɿ0./e_21,pi21ləu35ci35_44fəŋ13cien53_44xau21ʂət5.

【柳条糯】liəu35tʰiau13_21lo53 名糯米的一种，较长，味佳：糯谷就～好食滴嘞。～就最好。lo53kuk3tsʰiəu53_44liəu35tʰiau13_21lo53xau21ʂət5tiet5le0.liəu35tʰiau13_21lo53_44tsʰiəu53_44tsei53xau21.

【柳条肉】liəu35tʰiau13ɲiəuk3 名护心肉。又称"油边"：～长在胸腔肚里，箇个劈开来，扯嘿猪油扯嘿板油以后，豩倒箇个胸腔肚里长倒个，摎油搞做一下个，箇摎油生做一下，撕开油来就系胸腔吵，油摎胸腔豩稳个栏场有箇起肉就安做～，又安做油边。箇～分外个更好食，更嫩。liəu35tʰiau13_21ɲiəuk3tʂɔŋ21tsʰai53çiɔŋ35cʰiɔŋ35təu21li0,kai53_44ke53_44pʰiak3kʰɔi35_44lɔi13_21,tʂʰa21xek3tʂəu35iəu13_21tʂʰa21xek3pan21iəu13i35_44xei53,ɲia13tau21kai53_44kei53_44çiɔŋ35cʰiɔŋ35təu21li0tʂɔŋ21tau21ke53,lau35iəu13kau21tso53_44(i)et3xa53_44ke53_44,kai53_44lau35_44iəu13saŋ35_44tso53_44(i)et3xa53,si35kʰɔi35iəu13lɔi13_21tsʰiəu53xei53çiɔŋ35cʰiɔŋ35ʂa0,iəu13lau35_44çiɔŋ35cʰiɔŋ35ɲia13uən21ke53laŋ13_44tʂʰəŋ13_21iəu35kai53_44çi21ɲiəuk3tsʰiəu53_44ɔn35_44tso53_44liəu35tʰiau13_21ɲiəuk3,iəu53_44ɔn35_44tso53_44iəu13pien35.kai53_44liəu35tʰiau13_21ɲiəuk3fən53uai53ke53_44cien53_44xau21ʂət5,cien53_44lən53.

【绺】liəu53 量用于长条形东西：你个搞一～子唠，搞咁阔来，搞咁阔子唠。ɲi13_21ke53_44kau21iet3liəu53tsɿ0lau0,kau21kan21kʰɔit3lɔi13_0,kau21kan21kʰɔit3tsɿ0lau0.｜黄草纸啊，咁阔子一～子个，我等个栏场都是马路上都看得倒嘞。uɔŋ13tsʰau21tʂɿ21a0,kan21kʰɔit3tsɿ0iet3liəu53tsɿ0ke53_44,ŋai13tien0ke53_44laŋ13_21tʂʰəŋ13_21təu35_44ʂɿ53_44ma35ləu53_44xɔŋ53_44təu35_44kʰɔn53tek3tau21le0.可重叠为"绺绺子"，用于较窄的长条形东西：一～～子 iet3liəu53liəu53_21tsɿ0

【六】liəuk3 数①五加一所得的数目：箇渠呢就只有四个子人，～个子人。kai53_44ci13_21ne0tsʰiəu53_44tʂe21iəu35_44si53ke53tsɿ0ɲin13_21,liəuk3ke53tsɿ0ɲin13_21.｜～字在我等箇个欸在我等人欸客姓人话肚里系只吉利个数字。嗯，～～大顺。liəuk3sɿ53tsʰai53ŋai13_21tien0kai53_44ke53_44e0tsʰai53ŋai13_21tien0ɲin13_21ei0kʰak3sin53ɲin13_21fa53təu21li0xei53tʂak3ciet3li53_44ke0səu53sɿ53_44.ṇ_21,liəuk3liəuk3tʰai53ʂən53.②第六；排行第六：～伯，渠系第～咯。liəuk3pak3,ci13xe53_44tʰi53liəuk3ko0.｜～伯娭 liəuk3pak3me35

【六畜】liəuk3çiəuk3 名泛指各种家畜家禽：箇个我等以前猪栏下咯，猪栏下，嗯，牛栏下，都会写几句子么……写一句子么个字嘞，你晓得吗？"姜太公到此。"你等箇映个有咁个写法么？我等以映就有。特……写句子话，"姜太公到此"。就系祝愿以只猪栏下畜个头牲～兴旺，欸，猪哇牛箇兜都兴旺，姜太公会保佑。kai53kei53_44ŋai13tien0i35_53tsʰien13_21tʂəu35lan13_21xa35ko0,tʂəu35lan13_21xa35,ṇ_21,ɲiəu13lan13_21xa35,təu35uɔi53sia21ci21ci53tsɿ0mak3…sia21iet3ci53tsɿ0mak3e0sɿ53lei0,ɲi13_21çiau21_44tek3ma0?"ciɔŋ35tʰai53kəŋ35tau35tsʰɿ21."ɲi13tien0kai53iaŋ53_44ke53_44iəu35kan21_44ke53_44sia21_44fait3mo0?ŋai13_21tien0i21iaŋ53tsʰiəu53_44iəu35.tʰek5…sia21tʂɥ53tsɿ0fa53,"ciɔŋ35tʰai53kəŋ35tau35tsʰɿ21".tsʰiəu53xei53tʂəuk3vien53i21tʂak3tʂəu35lan13_21xa35 çiəuk3 ke53 tʰei13 saŋ35 liəuk3 çiəuk3 çin35 uɔŋ53,e21,tʂəu35 ua0 ɲiəu13 kai5344 te3544 təu3544 çin35 uɔŋ53,ciɔŋ35 tʰai53 kəŋ3544 uɔi53 pau21 iəu53.

【六柬全书】liəuk3 kan21 tsʰien13 ʂəu35 名结婚时用红纸折叠成六等分的礼帖或请帖：用整张红纸折做八下子，折做六下子，哎，八柬全书，～。iəŋ53 tʂən21 tʂɔŋ35 fəŋ13 tʂʅ21 tʂait3 tso53 pait3 xa53 tsʅ0,tʂait3 tso53 liəuk3 xa53 tsʅ0,ai21,pait3 kan21 tsʰien13 ʂəu35,liəuk3 kan21 tsʰien13 ʂəu35.

【六四1】liəuk3 si53 形形容人性格磨磨蹭蹭，言语啰唆，婆婆妈妈：你莫咁～吵。ɲi13 mək5 kan21 liəuk3 si53 ʂa0.｜我讲只子～个路子你听哩唠。箇年我爷子过身，系唔系？渠就作哩我个田，箇阵子作田呢就还有兜子谷。我箇几亩田呢就分渠作，作倒嘞渠就爱分一千斤谷分我，讲嘿哩个。我爷子过哩身了是就爱办丧事吵，爱谷吵，系唔系？就到渠箇称倒箇一千斤谷来办丧事，欸。以下称哩谷了嘞，渠么个过哩两年子嘞，渠么个爱打张条子，领哩渠个谷，系唔系？好，箇我就打哩一张条子分渠噢。又过哩几年呢，渠码箇张条子失咁哩话，爱我都再打过一张条子，嗯，领哩渠个谷。欸，我话："箇还爱打咁多条子做么个？你失嘿哩你还……我唔寻你爱谷了，系唔系？""箇搞唔得。硬爱打张条子。"好，我又打张条子。好，又过嘿几年呢，箇是十年都过嘿哩嘞，渠么个渠当初打哩张条子分我话，欠我几百斤谷话，欠我个谷。爱我寻倒箇张条子来，我话："箇我就冇得条子了嘞，我也唔得向你爱谷了嘞。"哦，总讲总讲。你话箇～吗？箇个人系唔系～？ŋai13 kɔŋ21 tʂak3 tsʅ0 liəuk3 si53 ke5321 ləu53 tsʅ0 ɲi1321 tʰaŋ35 li0 lau0.kai53 ɲien1321 ŋai1321 ia13 tsʅ0 ko53 ʂən35,xei53 me53?ci13 tsʰiəu53 tsɔk3 li0 ŋai13 ke0 tʰien13,kai53 tʂʰən53 tsʅ0 tsɔk3 tʰien13 ne0 tsʰiəu53 xai1321 iəu35 te5353 tsʅ0 kuk3.ŋai13 kai53 ci21 miau35 tʰien13 ne0 tsʰiəu53 pən35 ci13 tsɔk3,tsɔk3 tau21 lei0 ci1321 tsʰiəu53 ɔi53 pən35 iet3 tsʰien35 cin35 kuk3 pən35 ŋai1321,kɔŋ21 xek3 li0 ke53.ŋai13 ia13 tsʅ0 ko53 li0 ʂən35 liau0 ʂʅ1344 tsʰiəu53 ɔi53 pʰan53 sɔŋ35 sʅ53 ʂa0,ɔi53 kuk3 ʂa0,xei53 me53?tsʰiəu53 tau53 ci1321 kai5344 tʂʰən53 tau21 kai53(i)et3 tsʰien3544 cin3544 kuk3 lɔi1344 pʰan53 sɔŋ35 sʅ53,e21.i21 xa5344 tʂʰən53 ni0 kuk3 liau0 lei0,ci1321 mak3 kei53 ko53 li0 iɔŋ21 ɲien13 tsʅ0 lei0,ci1321 mak3 ke53 ɔi5344 ta21 tʂɔŋ3553 tʰiau13 tsʅ0,lin35 li0 ci1344 (k)e53 kuk3,xei53 me53?xau21,kai53 ŋai1321 tsʰiəu53 ta21 li0 iet3 tʂɔŋ3553 tʰiau1321 tsʅ0 pən35 ci1344 au0.iəu53 ko53 li0 ci21 ɲien13 ne0,ci1321 ma35 kai5344 tʂɔŋ3544 tʰiau1321 tsʅ0 ʂet5 kan21 ni0 ua53,ɔi53 ŋai1344 təu3544 tsai53 ta21 ko53(i)et3 tʂɔŋ3553 tʰiau1321 tsʅ0,n̩21,lin35 li0 ci13 ke53 kuk3.e53,ŋai13 ua53:"kai53(x)ai1321 ɔi53 ta21 kan21 to3553 tʰiau1321 tsʅ0 tso53 mak3 kei53?ɲi1344 ʂet3(x)ek3 li0 ɲi1344 xai1321…ŋai13 n̩1321 tsʰin1321 ɲi1344 ɔi53 kuk3 liau0,xei53 me53?""kai53 kau2144 n̩1344 tek3. ɲiaŋ53 ɔi53 ta21 tʂɔŋ3553 tʰiau1344 tsʅ0."xau21,ŋai13 iəu53 ta21 tʂɔŋ3553 tʰiau1321 tsʅ0.xau21,iəu53 ko53 xek3 ci21 ɲien13 ne0,kai5344 ʂʅ5344 ʂət5 ɲien1321 təu5353 ko53 xek3 li0 le0,ci13 mak3 e0 ci13 tɔŋ35 tsʰʅ35 ta21 li0 tʂɔŋ3544 tʰiau13 tsʅ0 pən35 ŋai13 ua53,cʰian53 ŋai13 ci21 pak3 cin3544 kuk3 ua53,cʰian53 ŋai13 ke53 kuk3.ɔi53 ŋai13 tsʰin13 tau21 kai53 tʂɔŋ3553 tʰiau1321 tsʅ0 lɔi13,ŋai13 ua5344:"kai53 ŋai1321 tsʰiəu53 mau1321 tek3 tʰiau1344 tsʅ0 liau0 le0,ŋai13 ia3553 n̩1321 tek3 çiɔŋ53 ɲi1321 ɔi53 kuk3 liau0 le0."o53,tsəŋ21 kɔŋ21 tsəŋ21 kɔŋ21. ɲi13 ua53 kai53 liəuk3 si53 ma0?kai5344 ke5344 ɲin13 xei53 mei53 liəuk3 si53?

【六四2】liəuk3 si53 名磨磨蹭蹭、言语啰唆、婆婆妈妈的人：开头打电话分我箇个人箇只我等喊叔公就系只～。kʰɔi35 tʰei1321 ta21 tʰien53 fa53 pən35 ŋai1321 kai53 ke53 ɲin1344 kai53 tʂak3 ŋai13 tien0 xan53 ʂəuk3 kəŋ35 tsʰiəu53 xei53 tʂak3 liəuk3 si53.

【六四客】liəuk3 si53 kʰak3 名磨磨蹭蹭、言语啰唆、婆婆妈妈的人：箇是我等箇只梁叔公就系只～，我撂渠做下教过书，硬恼渠个瘾。kai5344 ʂʅ5344 ŋai1321 tien0 kai53(tʂ)ak3 liɔŋ13 ʂəuk3 kəŋ35 tsʰiəu53 xei53 tʂak3 liəuk3 si53 kʰak3,ŋai1321 lau35 ci1321 tso53 xa5344 kau3544 ko5344 ʂəu35, ɲiaŋ53 lau21 ci1344(k)e53 in21.｜渠就真六四个人，呀，出门唔得倒来出门凑撂渠搞么个路子咯。慢走都走倒门口了，"欸嘿，只好倒转去拿副眼镜"，欸。呃，倒转去屙兜尿。硬恼哩渠个瘾，欸箇～。ci13 tsʰiəu53 tʂən35 liəuk3 si5344 ke5344 ɲin1321,ia53,tʂʰət3 mən1321 n̩13 tek3 tau21 lɔi13 tʂʰət3 mən13 tsʰe0 lau3544 ci1321 kau21 mak3 e0 ləu53 tsʅ0 ko0.man53 tsei21 təu5353 tsei21 tau2144 mən13 xei21 liau0,"ei53 xei44,tʂʅ2144(x)au2144 tau2144 tʂuon21 çi2144 la53 fu5321 ŋan21 ciaŋ53",e21.ə44,tau53 tʂuon21 çi1344 o3544 təu3544 ɲiau53. ɲiaŋ53 lau21 ci1344(k)e53 in21,e44 kai5344 liəuk3 si53 kʰak3.

【六月黄】liəuk3 ɲiet5 uɔŋ13 名六月收获的大豆：六月收个～啊。liəuk3 ɲiet5 ʂəu3544 ke5344 liəuk3 ɲiet5 uɔŋ1321 a0.

【六月雪】liəuk3 ɲiet5 set3 名一种草药：～，落雪个雪。渠就系种咁个植物子，顶高结滴咁个籽籽。雪白子个箇籽籽。如今就有哇。写字硬写天上落个雪。～，渠是白个。俨俨哩个雪。风雪个雪啊，～。一种药，欸，～。liəuk3 ɲiet5 set3,lək5 set3 ke53 set3.ci13 tsʰiəu53 xei5344 tʂəŋ21 kan21 ke5344 tʂʰət5 uk5 tsʅ0,taŋ21 kau3544 ciet3 tet5 kan21 ke0 tsʅ21 tsʅ21.siet5 pʰak5 tsʅ0 ke0 kai3544 tsʅ21 tsʅ21.i1321 cin3544 tsʰiəu53 iəu3544 ua0.sia21 sʅ53 ɲiaŋ53 sia21 tʰien35 xɔŋ3544 lək5 ke0 set3.liəuk3 ɲiet5 set3,ci1321 ʂʅ5344 pʰak5 ke0. ɲian21 ɲian21 li0 ke0 set3.fəŋ35 set3 ke53 set$^{3}$ a$^{0}$ ,liəuk$^{3}$ ɲiet$^{5}$ set$^{3}$ .iet$^{3}$ tʂəŋ$^{21}$iɔk$^{3}$ ,e$_{21}$,liəuk$^{3}$ ɲiet$^{5}$ set$^{3}$ .

【六指子】lieuk$^{3}$ tʂʅ$^{21}$tsɿ$^{0}$ 名六指儿，一只手长了六个指头的人：欸就我等箇学生里有～。e$_{44}$ ts$^{h}$iəu$^{53}_{44}$ŋai$^{13}$tien$^{0}$ (k)ai$^{53}$xɔk$^{5}$ saŋ$^{35}_{44}$li$^{35}_{44}$iəu$^{35}_{44}$liəuk$^{3}$ tʂʅ$^{21}$tsɿ$^{0}$ .

【六子棋】liəuk$^{3}$ tsɿ$^{21}$c$^{h}$i$^{13}$ 名一种双人对弈搏杀的版图游戏。棋盘为 4×4 的方格，交战双方棋子数均为 6 颗。当一条直线上只有 3 颗挨着的棋子，而且其中本方占两颗并挨着，即可吃掉另一敌方棋子：我等有～。一个人六只子。～是最简单个棋。就画只咁样呢。我六只子就一，二，三，四，五，六，你个你六只子就摆以向，要唔同个，欸，三，四，五，六。系，你六只子去以向，我六只子去以向。我映子走哟，咁映子一步步子走，以映也可以走。当你在一只直排上，在一只直行上，我有两只，你一只，又中间𣍐脱隙，𣍐间，箇就我就分你箇只食嘿哩。打比样，我以只走嘿以映来哩，我以只走以映来哩，系啊？我就有两只话哩欸话，系啊？我以映就剩倒一只吧？你就麻溜塞一只下来。以只就放下以映来。你放下以映来哩，我分以只拿过来，就食嘿哩你以只。～。但是我如果分以只舞上来，以映三只，箇就𣍐食，箇食唔得。反正呢爱两只，打比映两只，我两只，你一只，就食嘿哩你箇只。安做～。两只食一只。ŋai$^{13}$tien$^{0}$ iəu$^{35}_{44}$liəuk$^{3}$ tsɿ$^{21}$c$^{h}$i$^{13}$.iet$^{3}$ cie$^{53}$in$^{13}_{21}$liəuk$^{3}$ tʂak$^{3}$ tsɿ$^{21}$.liəuk$^{3}$ tsɿ$^{21}$c$^{h}$i$^{13}$ʂʅ$^{53}_{44}$tsei$^{53}$kan$^{21}$tan$^{35}_{44}$ke$^{53}_{44}$ c$^{h}$i$^{13}_{21}$.ts$^{h}$iəu$^{53}$fa$^{53}$tʂak$^{3}$ kan$^{21}$ɲiɔŋ$_{44}$(←iɔŋ$^{53}$)ne$^{0}$ .ŋai$^{13}$liəuk$^{3}_{5}$tʂak$^{3}$ tsɿ$^{21}$ts$^{h}$iəu$^{53}_{44}$iet$^{3}$ , ɲi$^{53}$,san$^{35}$,si$^{53}$,ŋ̍$^{21}$,liəuk$^{3}$ , ɲi$^{13}$ ke$^{53}$ɲi$^{13}$liəuk$^{3}$ tʂak$^{3}$ tsɿ$^{21}$ts$^{h}$iəu$^{53}$pai$^{21}$i$^{21}$çiɔŋ$^{53}$,iau$^{53}$n̩$^{13}_{21}$t$^{h}$əŋ$^{13}_{21}$ke$^{53}$,e$_{21}$,san$^{35}$,si$^{53}$,ŋ̍$^{21}$,liəuk$^{3}$ .xe$^{53}_{21}$, ɲi$^{13}$liəuk$^{3}$ tʂak$^{3}$ tsɿ$^{21}$ çi$^{53}$i$^{21}$çiɔŋ$^{53}$,ŋai$^{13}$liəuk$^{3}$ tʂak$^{3}$ tsɿ$^{21}$çi$^{53}$i$^{21}$çiɔŋ$^{53}$.ŋai$^{13}$iaŋ$^{53}_{44}$tsɿ$^{0}$ tsei$^{21}$iau$^{0}$ ,xan$^{21}$(←kan$^{21}$)iaŋ$^{53}_{44}$tsɿ$^{0}$ iet$^{3}$ p$^{h}$u$^{53}$p$^{h}$u$^{53}$tsɿ$^{0}$ tsei$^{21}$,i$^{21}$iaŋ$^{53}_{44}$ŋa$_{44}$(←ia$^{35}$)k$^{h}$o$^{21}$i$^{21}$tsei$^{21}$.tɔŋ$^{35}$ɲi$^{13}$ts$^{h}$ai$^{53}$iet$^{3}$ tʂak$^{3}$ tʂ$^{h}$ət$^{5}$ p$^{h}$ai$^{13}_{21}$xɔŋ$^{53}_{44}$,ts$^{h}$ɔi$^{53}$iet$^{3}$ tʂak$^{3}$ tʂ$^{h}$ət$^{5}$ xɔŋ$^{13}_{21}$ ʂɔŋ$^{53}_{44}$,ŋai$^{13}$iəu$^{35}$iɔŋ$^{21}$tʂak$^{3}$ , ɲi$^{13}$iet$^{3}$ tʂak$^{3}$ ,iəu$^{53}_{44}$tʂəŋ$^{35}$kan$^{35}_{44}$maŋ$^{13}$t$^{h}$ɔit$^{3}$ c$^{h}$iak$^{3}$ ,maŋ$^{13}$kan$^{53}$,kai$^{53}_{21}$ts$^{h}$iəu$^{53}_{44}$ŋai$^{13}_{21}$ts$^{h}$iəu$^{53}_{44}$ pən$^{35}_{44}$ɲi$^{13}_{21}$kai$^{53}_{21}$tʂak$^{3}$ ʂət$^{5}$ lek$^{3}$ (←xek$^{3}$ )li$^{0}$ .ta$^{21}$pi$^{21}$iɔŋ$^{53}$,ŋai$^{13}$i$^{21}$tʂak$^{3}$ tsei$^{21}$(x)ek$^{3}$ i$^{21}$iaŋ$^{53}$lɔi$^{13}_{21}$li$^{0}$ ,ŋai$^{13}$i$^{21}_{44}$tʂak$^{3}$ tsei$^{21}_{44}$i$^{21}_{44}$ iaŋ$^{53}_{44}$lɔi$^{13}_{21}$li$^{0}$ ,xe$^{53}$a$^{0}$ ?ŋai$^{13}_{21}$ts$^{h}$iəu$^{53}_{44}$iəu$^{35}_{44}$iɔŋ$^{21}$tʂak$^{3}$ ua$^{53}_{44}$lie$^{0}$ ua$^{53}_{44}$,xe$^{53}$a$^{0}$ ?ŋai$^{13}_{21}$i$^{21}$iaŋ$^{53}_{44}$ts$^{h}$iəu$^{53}_{44}$ʂən$^{53}$tau$^{21}$iet$^{3}$ tʂak$^{3}$ pa$^{0}$ ?ɲi$^{13}$ts$^{h}$iəu$^{53}_{44}$ma$^{13}_{21}$liəu$^{35}_{53}$sek$^{3}$ iet$^{3}$ tʂak$^{3}$ xa$^{53}_{44}$lɔi$^{13}_{44}$.i$^{21}$tʂak$^{3}$ ts$^{h}$iəu$^{53}_{44}$fɔŋ$^{53}_{44}$(x)a$^{53}_{44}$i$^{21}$iaŋ$^{53}_{44}$lɔi$^{13}_{21}$. ɲi$^{13}_{21}$fɔŋ$^{53}_{44}$(x)a$^{53}_{44}$i$^{21}$iaŋ$^{53}_{44}$lɔi$^{13}_{21}$ li$^{0}$ ,ŋai$^{13}$pən$^{35}$i$^{21}$tʂak$^{3}$ la$^{53}_{44}$ko$^{53}_{44}$lɔi$^{13}_{21}$,ts$^{h}$iəu$^{53}_{44}$ʂət$^{5}$ (x)ek$^{3}$ li$^{0}$ ɲi$^{13}_{44}$i$^{21}$tʂak$^{3}$ .liəuk$^{3}$ tsɿ$^{21}$c$^{h}$i$^{13}_{21}$.tan$^{53}_{44}$ʂʅ$^{53}_{44}$ŋai$^{13}_{21}$ɥ$^{13}$ko$^{13}_{21}$pən$^{35}$i$^{21}$ tʂak$^{3}$ u$^{21}$ʂɔŋ$^{53}_{44}$lɔi$^{13}_{21}$,i$^{21}$iaŋ$^{53}_{44}$san$^{35}$tʂak$^{3}$ ,kai$^{53}_{44}$ts$^{h}$iəu$^{53}_{44}$maŋ$^{13}_{21}$ʂət$^{5}_{3}$,kai$^{53}_{44}$ʂət$^{5}$ n̩$^{13}_{21}$tek$^{3}$ .fan$^{21}$tʂən$^{53}_{44}$ne$^{0}$ ɔi$^{53}_{44}$iɔŋ$^{21}$tʂak$^{3}$ ,ta$^{21}$pi$^{21}$ iaŋ$^{53}_{44}$iɔŋ$^{21}$tʂak$^{3}$ ,ŋai$^{13}$iɔŋ$^{21}$tʂak$^{3}$ , ɲi$^{13}$iet$^{3}$ tʂak$^{3}$ ,ts$^{h}$iəu$^{53}_{44}$ʂət$^{5}$ lek$^{3}$ (←xek$^{3}$ )li$^{0}$ ɲi$^{13}$kai$^{53}_{21}$tʂak$^{3}$ .ɔn$^{35}_{44}$tso$^{53}_{44}$liəuk$^{3}$ tsɿ$^{21}$ c$^{h}$i$^{13}$.iɔŋ$^{21}$tʂak$^{3}$ ʂət$^{5}$ iet$^{3}$ tʂak$^{3}$ .

【龙】liəŋ$^{13}$ 名①古代传说中一种有鳞有须能兴云作雨的神异动物：～就只有一只眼珠吧？liəŋ$^{13}$ts$^{h}$iəu$^{53}$tʂʅ$^{21}$iəu$^{35}_{53}$iet$^{3}$ tʂak$^{3}$ ŋan$^{21}$tʂəu$^{35}_{44}$pa$^{0}$ ? ②用竹篾、布或纸等材料扎成的龙形物：孝家后背就也就系如果系女个就外氏个～啊。有滴人是搞棚～来呀。欸，打～欸。搞棚～来呀。以下就看情况了箇就，有么啊就摆得去了凑。çiau$^{53}$cia$^{35}$xei$^{53}$pɔi$^{53}$ts$^{h}$iəu$^{53}$ia$^{21}$ts$^{h}$iəu$^{53}_{44}$xei$^{53}_{44}$ɥ$^{13}$ko$^{21}$xei$^{53}$ɲy$^{21}$ke$^{53}_{44}$ ts$^{h}$iəu$^{53}_{44}$ŋɔi$^{53}$ʂʅ$^{53}$ke$^{53}_{44}$liəŋ$^{13}$ŋa$^{0}$ .iəu$^{35}$tet$^{5}$ɲin$^{13}_{21}$ʂʅ$^{53}_{44}$kau$^{21}$p$^{h}$aŋ$^{13}_{21}$liəŋ$^{13}$nɔi$^{13}$ia$^{0}$ .e$_{21}$,ta$^{21}$liəŋ$^{13}$ŋe$^{0}$ .kau$^{21}$p$^{h}$aŋ$^{13}_{21}$liəŋ$^{13}$nɔi$^{13}$ ia$^{0}$ .i$^{21}$xa$^{53}_{44}$ts$^{h}$iəu$^{53}_{44}$k$^{h}$ɔn$^{53}$ts$^{h}$in$^{13}_{21}$k$^{h}$ɔŋ$^{53}$liau$^{0}$ kai$^{53}_{44}$ts$^{h}$iəu$^{53}_{44}$,iəu$^{35}$mak$^{3}$ a$^{0}$ ts$^{h}$iəu$^{53}_{44}$pai$^{21}$tek$^{3}$ çi$^{53}$liau$^{21}$ts$^{h}$e$^{0}$ .

【龙杠】liəŋ$^{13}$kɔŋ$^{53}$ 名指本地人抬棺材用的那一条又长又粗的木杠：（本地人）棺材顶高系舞一条杠，安做独杠。箇条杠安做～。kɔn$^{35}$ts$^{h}$ɔi$^{13}_{21}$taŋ$^{21}$kau$^{35}_{44}$xe$^{53}_{44}$u$^{21}$iet$^{3}$ t$^{h}$iau$^{13}$kɔŋ$^{53}$,ɔn$^{35}$tso$^{53}_{44}$t$^{h}$əuk$^{5}$ kɔŋ$^{53}$. kai$^{53}_{44}$t$^{h}$iau$^{13}$kɔŋ$^{53}$ɔn$^{35}$tso$^{53}_{44}$liəŋ$^{13}$kɔŋ$^{53}_{44}$.

【龙骨】liəŋ$^{13}$kuət$^{3}$ 名脊椎：箇指尾脊骨就系～最底下个唠。kai$^{53}_{44}$ts$^{h}$iəu$^{53}_{44}$xe$^{53}_{21}$liəŋ$^{13}$kuət$^{3}$ tsei$^{53}$te$^{21}$xa$^{53}_{44}$ke$^{53}_{44}$ lau$^{0}$ .

【龙骨水车】liəŋ$^{13}$kuət$^{3}$ ʂei$^{21}$tʂ$^{h}$a$^{35}$ 名传统灌溉农具，因其形如龙骨而得名：～安做。我都踩过嘞。用手也摇过。有脚踩个，有用手摇个，两个人摇，两个人咁子去摇。箇等史书肚里都有嘞。以下冇么人用哩，～。箇渠几只系箇只工具子唔同，渠个一只箇槽肚里呢，～尽系咁个叶子呢，欸一片一片子箇叶子嘞。以边上就一条沟样，欸，咁子个见过嘛，系啊？然后咁子箇个板子咁子走呢。有滴用脚踩唠，坐倒箇映子，坐倒箇扳倒用脚来踩唠。两个人踩一个。手摇就……都系箇个么个嘞，都系就系产生力个作用，摇水车摎踩水车。嗯，我想倒哩。摇水车。用手摇个就摇水车噢，用脚踩个踩水车。摇水车摎踩水车。两起我都用过，只系好搞子用过噻，好搞子用过。真正话一常常昼边去抽……去去去去抽水个𣍐搞过。欸，我看倒放倒去下子，我去踩过下子啊，去摇过下子。我又箇阵子冇几大子，有么啊劲呐？冇得劲。踩都踩唔动。我等是只有搞过。好搞子。liəŋ$^{13}$kuət$^{3}$ ʂei$^{21}$tʂ$^{h}$a$^{35}_{44}$ɔn$^{35}$tso$^{53}$.ŋai$^{13}$təu$^{35}_{44}$ts$^{h}$ai$^{21}$ko$^{53}$le$^{0}$ .iəŋ$^{53}$ʂəu$^{21}$ a$^{35}_{44}$iau$^{13}$ko$^{53}$.iəu$^{35}$ciɔk$^{3}$ ts$^{h}$ai$^{21}$ke$^{53}$,iəu$^{35}$iəŋ$^{53}$ʂəu$^{21}$iau$^{13}$ke$^{53}$,iɔŋ$^{21}$ke$^{53}$in$^{13}_{21}$iau$^{13}$,iɔŋ$^{21}$ke$^{53}$in$^{13}_{21}$kan$^{21}$tsɿ$^{0}$ çi$^{53}$iau$^{13}$.kai$^{53}_{44}$

tien$^{0}$ ʂʅ$^{21}$ʂəu$^{35}$təu$^{21}$li$^{0}$ təu$^{35}_{44}$iəu$^{35}$le$^{0}$ .i$^{21}$xa$^{53}$mau$^{13}_{21}$mak$^{3}$ in$^{13}_{44}$iəŋ$^{53}$li$^{0}$ ,liəŋ$^{13}$kuət$^{3}$ ʂei$^{21}$tʂ$^{h}$a$^{35}_{44}$.kai$^{53}_{44}$ci$^{13}_{21}$ci$^{21}$tʂak$^{3}$ xe$^{53}$kai$^{53}_{21}$ tʂak$^{3}$ kəŋ$^{35}$tʂʮ$^{53}$tsɿ$^{0}$ n̩$^{13}_{21}$t$^{h}$əŋ$^{13}$,ci$^{13}$ke$^{53}$iet$^{3}$ tʂak$^{3}$ kai$^{53}_{44}$ts$^{h}$au$^{13}$təu$^{21}$li$^{0}$ nei$^{0}$ ,liəŋ$^{13}$kuət$^{3}$ ʂei$^{21}$tʂ$^{h}$a$^{35}$ts$^{h}$in$^{53}$ne$_{44}$(←xe$^{53}$) kan$^{21}$ke$^{53}_{44}$iait$^{5}$ tsɿ$^{0}$ nei$^{0}$ ,ei$_{21}$ iet$^{3}$ p$^{h}$ien$^{53}$iet$^{3}$ p$^{h}$ien$^{53}$tsɿ$^{0}$ kai$^{53}_{44}$iait$^{5}$ tsɿ$^{0}$ lei$^{0}$ .i$^{21}$pien$^{35}$xɔŋ$^{53}_{44}$ts$^{h}$iəu$^{53}$iet$^{3}$ t$^{h}$iau$^{13}_{21}$kei$^{35}$ iɔŋ$^{53}$,e$_{21}$,kan$^{21}$tsɿ$^{0}$ ke$^{53}_{44}$cien$^{53}$ko$^{53}$ma$^{0}$ ,xe$^{53}_{44}$a$^{0}$ ?ien$^{13}_{21}$xəu$^{53}_{44}$kan$^{21}$tsɿ$^{0}$ kai$^{53}_{44}$ke$^{53}_{44}$pan$^{21}$tsɿ$^{0}$ kan$^{21}$tsɿ$^{0}$ tsei$^{21}$nei$^{0}$ .iəu$^{35}$tet$^{5}$ iəŋ$^{53}_{44}$ciɔk$^{3}$ ts$^{h}$ai$^{21}$lau$^{0}$ ,ts$^{h}$o$^{35}$tau$^{21}_{44}$kai$^{53}_{35}$iaŋ$^{53}_{44}$tsɿ$^{0}$ ,ts$^{h}$o$^{35}$tau$^{21}_{44}$kai$^{53}_{44}$pan$^{35}$tau$^{21}$iəŋ$^{53}_{44}$ciɔk$^{3}$ lɔi$^{13}_{21}$ts$^{h}$ai$^{21}$lau$^{0}$ .iɔŋ$^{21}$ke$^{53}$in$^{13}_{21}$ ts$^{h}$ai$^{21}$iet$^{3}$ cie$^{53}$.ʂəu$^{21}$iau$^{13}$ts$^{h}$iəu$^{53}_{44}$…təu$^{35}$xei$^{53}_{44}$kai$^{53}_{44}$ke$^{53}_{44}$mak$^{3}$ ke$^{53}_{44}$lei$^{0}$ ,təu$^{35}$xei$^{53}_{44}$ts$^{h}$iəu$^{53}_{44}$xei$^{53}_{44}$ts$^{h}$an$^{21}$sien$^{35}_{44}$liet$^{5}$ ke$^{53}_{44}$ tsɔk$^{3}$ iəŋ$^{53}_{44}$,iau$^{13}$ʂei$^{21}$tʂ$^{h}$a$^{35}_{44}$lau$^{35}_{44}$ts$^{h}$ai$^{21}$ʂei$^{21}$tʂ$^{h}$a$^{35}$.n̩$_{21}$,ŋai$^{13}$siɔŋ$^{21}$tau$^{21}$li$^{0}$ .iau$^{13}$ʂei$^{21}$tʂ$^{h}$a$^{35}$.iəŋ$^{53}_{44}$ʂəu$^{21}$iau$^{13}$ke$^{53}_{44}$ts$^{h}$iəu$^{53}_{44}$ iau$^{13}$ʂei$^{21}$tʂ$^{h}$a$^{35}_{44}$au$^{0}$ ,iəŋ$^{53}$ciɔk$^{3}$ ts$^{h}$ai$^{21}$ke$^{53}$ts$^{h}$ai$^{21}$ʂei$^{21}$tʂ$^{h}$a$^{35}_{44}$.iau$^{13}$ʂei$^{21}$tʂ$^{h}$a$^{35}_{44}$lau$^{35}_{44}$ts$^{h}$ai$^{21}$ʂei$^{21}$tʂ$^{h}$a$^{35}$.iɔŋ$^{21}$çi$^{21}$ŋai$^{13}$təu$^{35}_{44}$ iəŋ$^{53}$ko$^{53}_{21}$,tʂʅ$^{21}$xei$^{53}$xau$^{21}$kau$^{21}$tsɿ$^{0}$ iəŋ$^{53}_{44}$ko$^{53}_{44}$se$^{0}$ ,xau$^{21}$kau$^{21}$tsɿ$^{0}$ iəŋ$^{53}_{44}$ko$^{53}_{44}$.tʂən$^{35}$tʂən$^{53}_{44}$ua$^{53}$iet$^{3}$ tʂ$^{h}$ɔŋ$^{13}$tʂ$^{h}$ɔŋ$^{13}_{44}$tʂəu$^{53}$ pien$^{35}$çi$^{53}_{44}$tʂ$^{h}$əu$^{35}$…çi$^{53}$çi$^{53}$çi$^{53}_{44}$çi$^{53}_{44}$tʂ$^{h}$əu$^{35}$ʂei$^{21}$ke$^{53}$maŋ$^{13}$kau$^{21}$ko$^{53}_{21}$.e$_{21}$,ŋai$^{13}$k$^{h}$ɔn$^{53}$tau$^{21}$fɔŋ$^{53}$tau$^{21}$çi$^{53}$xa$^{53}_{44}$tsɿ$^{0}$ ,ŋai$^{13}$ çi$^{53}$k$^{h}$ai$^{21}$(←ts$^{h}$ai$^{21}$)ko$^{53}$xa$^{53}_{44}$tsɿ$^{0}$ a$^{0}$ ,çi$^{53}$iau$^{13}$ko$^{53}$xa$^{53}_{44}$tsɿ$^{0}$ .ŋai$^{13}$iəu$^{53}_{44}$kai$^{53}$tʂ$^{h}$ən$^{53}$tsɿ$^{0}$ mau$^{13}_{21}$ci$^{21}$t$^{h}$ai$^{53}$tsɿ$^{0}$ ,iəu$^{35}_{44}$mak$^{3}$ a$^{0}$ cin$^{53}$na$^{0}$ ?mau$^{13}_{21}$tek$^{3}$ cin$^{53}$.ts$^{h}$ai$^{21}$təu$^{35}_{44}$ts$^{h}$ai$^{21}$n̩$^{13}_{21}$t$^{h}$əŋ$^{35}$.ŋai$^{13}_{21}$tien$^{0}$ ʂʅ$^{53}_{44}$tʂʅ$^{21}$iəu$^{35}_{44}$kau$^{21}$ko$^{53}$.xau$^{21}$kau$^{21}$tsɿ$^{0}$ .

【龙篓子】liəŋ$^{13}$lei$^{21}$tsɿ$^{0}$ 名 耍龙道具中充当骨节的篾篓：个龙啊一只子完身是分只人攊稳吵，系唔系？个就安做～。kai$^{53}$liəŋ$^{13}$a$^{0}$ iet$^{3}$ tʂak$^{3}$ tsɿ$^{0}$ uɔn$^{13}$ʂən$^{35}_{44}$ʂʅ$^{53}_{44}$pən$^{35}_{44}$tʂak$^{3}$ɲin$^{13}$ɲiaŋ$^{13}$uən$^{21}$ʂa$^{0}$ ,xei$^{53}_{44}$me$^{53}_{44}$? kai$^{53}_{44}$ts$^{h}$iəu$^{53}$ɔn$^{35}_{44}$tso$^{53}_{44}$liəŋ$^{13}$lei$^{21}$tsɿ$^{0}$ .

【龙脉】liəŋ$^{13}$mak$^{3}$ 名 相地看风水用的术语，说地势如游龙：欸，个坟地～蛮好。e$_{53}$,kai$^{53}$p$^{h}$ən$^{13}$ t$^{h}$i$^{53}$liəŋ$^{13}$mak$^{3}$ man$^{13}_{21}$xau$^{21}$.

【龙门墨】ləŋ$^{13}$mən$^{13}$mek$^{5}$ 名 一种浓香型的墨条：～就蛮好个墨。以个只～是一只牌子啊。～就系好牌子个墨。ləŋ$^{13}$mən$^{13}$mek$^{5}$ ts$^{h}$iəu$^{53}$man$^{13}_{21}$xau$^{21}$ke$^{53}_{44}$mek$^{5}$ .i$^{21}_{44}$kai$^{53}$tʂak$^{3}$ ləŋ$^{13}$mən$^{13}_{21}$mek$^{5}$ ʂʅ$^{53}_{44}$iet$^{3}$ tʂak$^{3}$ p$^{h}$ai$^{13}$tsɿ$^{0}$ a$^{0}$ .ləŋ$^{13}$mən$^{13}$mek$^{5}$ ts$^{h}$iəu$^{53}$xei$^{53}$xau$^{21}$p$^{h}$ai$^{13}$tsɿ$^{0}$ ke$^{53}_{44}$mek$^{5}$ .

【龙势】liəŋ$^{13}$ʂʅ$^{53}$ 名 山岭的走势：我等个映子做屋就喜欢做下个岭岗嘴上呢，岭嘴子上呢。岭嘴子上后背就有嶂岭嘛，系啊？屋背正中就有嶂岭嘛。欸，渠就～好哇。有嶂岭就～好哇。嗯，两边又有冲子嘛，欸，后背有嶂岭是，两边就有山冲子嘛，欸，地形又好哇，嗯。ŋai$^{13}$ tien$^{0}$ kai$^{53}$iaŋ$^{53}$tsɿ$^{0}$ tso$^{53}$uk$^{3}$ ts$^{h}$iəu$^{53}_{44}$çi$^{21}$fɔn$^{35}_{44}$tso$^{53}$(x)a$^{53}$kai$^{53}$liaŋ$^{35}$kɔŋ$^{35}$tsi$^{21}$xɔŋ$^{53}_{44}$nei$^{0}$ ,liaŋ$^{35}$tsi$^{21}$tsɿ$^{0}$ xɔŋ$^{53}$nei$^{0}$ .liaŋ$^{35}$ tsi$^{21}$tsɿ$^{0}$ xɔŋ$^{53}$xei$^{53}$pɔi$^{53}_{44}$ts$^{h}$iəu$^{53}_{44}$iəu$^{35}_{44}$tʂɔŋ$^{53}_{44}$liaŋ$^{35}$ma$^{0}$ ,xei$^{53}$a$^{0}$ ?uk$^{3}$ pɔi$^{53}$tʂən$^{53}$tʂəŋ$^{35}_{44}$tsiəu$^{53}_{44}$iəu$^{35}_{44}$tʂɔŋ$^{53}$liaŋ$^{35}$ma$^{0}$ .ei$_{21}$. ci$^{13}_{21}$ts$^{h}$iəu$^{53}$liəŋ$^{13}$ʂʅ$^{53}$xau$^{21}$ua$^{0}$ .iəu$^{35}_{44}$tʂɔŋ$^{53}_{44}$liaŋ$^{35}$ts$^{h}$iəu$^{53}$liəŋ$^{13}$ʂʅ$^{53}$xau$^{21}$ua$^{0}$ .n̩$_{21}$,iɔŋ$^{21}$pien$^{35}$iəu$^{53}_{44}$iəu$^{35}_{44}$tʂ$^{h}$əŋ$^{35}$tsɿ$^{0}$ ma$^{0}$, e$_{21}$,xei$^{53}$pɔi$^{53}$iəu$^{35}_{44}$tsɔŋ$^{53}$liaŋ$^{35}$ʂʅ$^{53}_{44}$,iɔŋ$^{21}$pien$^{35}_{44}$ts$^{h}$iəu$^{53}$iəu$^{35}_{53}$san$^{35}$tʂ$^{h}$əŋ$^{35}$tsɿ$^{0}$ ma$^{0}$ ,e$_{21}$,t$^{h}$i$^{53}$çin$^{13}_{21}$iəu$^{53}$xau$^{21}$ua$^{0}$ ,n̩$_{21}$.

【龙头布】liəŋ$^{13}$t$^{h}$ei$^{13}_{21}$pu$^{53}$ 名 未加工染色的粗布：～就冇得么个白～乌～冇得，就系白个，只有白个，就本色布哇。liəŋ$^{13}$t$^{h}$ei$^{13}_{21}$pu$^{53}$ts$^{h}$iəu$^{53}_{44}$mau$^{13}$tek$^{3}$ mak$^{3}$ ke$^{53}_{44}$p$^{h}$ak$^{5}$ liəŋ$^{13}$t$^{h}$ei$^{13}_{21}$pu$^{53}$u$^{35}$liəŋ$^{13}$t$^{h}$ei$^{13}_{21}$pu$^{53}$mau$^{13}_{21}$ tek$^{3}$ ,ts$^{h}$iəu$^{53}$xe$^{53}_{44}$p$^{h}$ak$^{5}$ ke$^{53}_{44}$,tʂʅ$^{21}$iəu$^{35}$p$^{h}$ak$^{5}$ ke$^{53}_{44}$,ts$^{h}$iəu$^{53}_{44}$pən$^{21}$sek$^{3}$ pu$^{53}$ua$^{0}$ .｜～就是最粗个布，𫜹……欸，最粗糙个布，本色个。还爱染一到。liəŋ$^{13}$t$^{h}$ei$^{13}_{21}$pu$^{53}$ts$^{h}$iəu$^{53}_{44}$ʂʅ$^{53}_{44}$tsei$^{53}$ts$^{h}$əu$^{35}$ke$^{53}_{44}$pu$^{53}$,maŋ$^{13}$…e$_{21}$,tsei$^{53}$ ts$^{h}$əu$^{35}$ts$^{h}$au$^{53}_{44}$ke$^{53}_{44}$pu$^{53}$,pən$^{21}$sek$^{3}$ ke$^{53}$.xa$^{13}_{21}$ɔi$^{53}_{44}$ɲian$^{53}$iet$^{3}$ tau$^{53}$.

【龙王】liəŋ$^{13}$uɔŋ$^{13}$ 名 传说掌理云雨的龙神：相传～是系管水个神。遭干了，爱去龙王庙里求水，呃，涨水了到龙王庙里去求渠嘞欸求渠退水。siɔŋ$^{35}$tʂ$^{h}$en$^{13}$liəŋ$^{13}$uɔŋ$^{13}_{44}$ʂʅ$^{53}_{44}$xei$^{53}$kɔn$^{21}$ʂei$^{21}$ke$^{53}$ʂən$^{13}$. tsau$^{35}_{44}$kɔn$^{35}$liau$^{21}$,ɔi$^{53}$çi$^{53}$liəŋ$^{13}$uɔŋ$^{13}$miau$^{53}$li$^{21}$c$^{h}$iəu$^{13}$ʂei$^{21}$,ə$_{21}$,tʂɔŋ$^{21}$ʂei$^{21}$liau$^{0}$ tau$^{53}$liəŋ$^{13}$uɔŋ$^{13}$miau$^{53}$li$^{21}$çi$^{53}$c$^{h}$iəu$^{13}_{21}$ ci$^{13}_{21}$lei$^{0}$ e$_{21}$c$^{h}$iəu$^{13}_{21}$ci$^{13}_{44}$t$^{h}$i$^{53}$ʂei$^{21}$.

【龙王老爷】liəŋ$^{13}$uɔŋ$^{13}$lau$^{21}$ia$^{13}$ 名 对龙王的敬称：个～嘞有兜人又还作为一只神来求，欸，求渠整病，个也龙王也唔知会整么个病，我要想下子。kai$^{53}$liəŋ$^{13}$uɔŋ$^{13}$lau$^{21}$ia$^{13}$lei$^{0}$ iəu$^{35}_{44}$tei$^{35}_{53}$ɲin$^{13}_{21}$iəu$^{53}$ xai$^{13}_{21}$tsɔk$^{3}$ uei$^{53}$iet$^{3}$ tʂak$^{3}$ ʂən$^{13}$lɔi$^{13}_{44}$c$^{h}$iəu$^{13}_{44}$,ei$_{21}$,c$^{h}$iəu$^{13}$ci$^{13}_{44}$tʂaŋ$^{21}$p$^{h}$iaŋ$^{53}$,kai$^{53}$ia$^{35}_{44}$liəŋ$^{13}$uɔŋ$^{13}$a$^{35}_{53}$n̩$^{13}$ti$^{35}_{53}$uɔi$^{53}$tʂaŋ$^{21}$ mak$^{3}$ e$^{0}$ p$^{h}$iaŋ$^{53}$,ŋai$^{13}_{21}$iau$^{53}_{44}$siɔŋ$^{21}_{44}$xa$^{53}_{44}$tsɿ$^{0}$ .

【龙王庙】liəŋ$^{13}$uɔŋ$^{13}$miau$^{53}$ 名 供奉龙王的庙宇：皇岗下背个个包公庙个下背就有只～呢。～就管水个。系啊？uɔŋ$^{13}$kɔŋ$^{35}$xa$^{53}_{44}$pɔi$^{53}_{44}$kai$^{53}_{44}$ke$^{53}_{44}$pau$^{35}_{44}$kəŋ$^{35}_{44}$miau$^{53}$kai$^{53}_{44}$xa$^{53}_{44}$pɔi$^{53}_{44}$ts$^{h}$iəu$^{53}_{44}$iəu$^{35}_{44}$tʂak$^{3}$ liəŋ$^{13}$uɔŋ$^{13}$ miau$^{53}$nei$^{0}$ .liəŋ$^{13}$uɔŋ$^{13}$miau$^{53}$ts$^{h}$iəu$^{53}$kɔn$^{21}$ʂei$^{21}$cie$^{53}$.xei$^{53}_{44}$a$^{0}$ ?

【龙衣罂子】ləŋ$^{13}$i$^{35}$aŋ$^{35}$tsɿ$^{0}$ 名 一种特制的坛子，上部小下部大，下部呈圆鼓形，上部离坛子口不远处有凸出的坛沿，坛沿的凹槽能够装水，坛子盖覆盖在凹槽上。也简称“龙衣罂”：我发现～吵，个个我等中国人创造个东西呀，～特别好。搞么个都好，个剁辣椒哇，你等是唔剁辣椒吧？我发现个剁辣椒咯用咁个矿泉水瓶子，个口濎大个，系唔系？咁子筑倒，毁紧口来，你取倒食个时候子唠，你爱好生好生子放，唔系是会射下个屋顶上去，系唔系？渠会个一股气呀。～就冇事。～渠就系搞么个就，箇渠有只龙衣子吵，系唔系？有只边吵。箇边上就放水吵。以只盖□嘿去吵，当渠箇肚里个水箇个东西发酵个时候子，渠个水咽咽咽咽咽，就只有出冇得进。渠会分箇起咁个唔好个气呀放嘿去，你箇矿泉水瓶子就空个，你就空个。就～就确实系。其他么个东西，你舞倒箇个舞只箇壶子装倒，你用薄膜纸子包得煞煞哩，一重又一重包得，绨稳，滴都唔分渠……就你又唔分渠进又唔分渠出。出也出唔得进也进唔得，以个剁辣椒冇咁好食。还系～更好食。但是～就一般来讲比较大滴子，你就食唔赢，系唔系？会变质。箇最好嘞～舞正哩以后，等渠过嘿哩箇只发酵个期嘞，咽咽咽个箇只期了，咕咕响啊，系啊？过嘿哩箇只阶段了，渠就冇得总有气吵箇是剁辣椒吵，你再用么个壶子装倒。壶子个特点就系搞么个？食一壶就丢一壶。ŋai$^{13}_{21}$fait$^{3}$ çien$^{53}$ləŋ$^{13}$i$^{35}_{44}$aŋ$^{35}$tsɿ$^{0}$ ʂa$^{0}$,kai$^{53}$ke$^{53}$ŋai$^{13}$tien$^{0}$ tʂəŋ$^{35}$ kɔit$^{3}$ ɲin$^{13}_{21}$tsʰɔŋ$^{21}$tsʰau$^{53}_{44}$ke$^{0}$ təŋ$^{35}_{44}$si$^{0}$ ia$^{0}$,ləŋ$^{13}_{21}$i$^{35}_{44}$aŋ$^{35}_{44}$tsɿ$^{0}$ tʰek$^{5}$ pʰiet$^{5}$ xau$^{21}$.kau$^{21}$mak$^{3}$ ke$^{53}$təu$^{35}_{53}$xau$^{21}$,kai$^{53}_{44}$to$^{53}$lait$^{5}$ tsiau$^{35}$ua$^{0}$, ɲi$^{13}$tien$^{0}$ ʂʅ$^{53}$n̩$^{13}$to$^{53}$lait$^{5}$ tsiau$^{35}_{44}$pa$^{0}$?ŋai$^{13}_{21}$fait$^{3}$ çien$^{53}_{44}$kai$^{53}_{44}$to$^{53}$lait$^{5}$ tsiau$^{35}_{44}$ko$^{0}$ iəŋ$^{53}$kan$^{21}$ke$^{53}$kʰɔŋ$^{53}$tsʰien$^{13}_{21}$ʂei$^{21}$pʰin$^{13}$tsɿ$^{0}$,kai$^{53}$xei$^{21}$mən$^{35}$tʰai$^{53}_{44}$ke$^{0}$,xei$^{53}_{44}$me$^{53}_{44}$?kan$^{21}$tsɿ$^{0}$ tʂəuk$^{5}$ tau$^{21}$,tsiəu$^{53}_{21}$cin$^{21}$xei$^{21}$lɔi$^{13}$, ɲi$^{13}$tsʰi$^{21}$tau$^{21}$ ʂət$^{5}$ ke$^{53}_{44}$ʂʅ$^{13}_{44}$xəu$^{53}_{44}$tsɿ$^{0}$ lau$^{0}$, ɲi$^{13}_{44}$ɔi$^{53}_{44}$xau$^{21}$sien$^{35}_{44}$xau$^{21}$sien$^{35}_{44}$tsɿ$^{0}$ fɔŋ$^{53}$,m̩$^{13}_{21}$pʰei$^{53}$ʂʅ$^{53}_{21}$uɔi$^{53}$ʂa$^{53}$(x)a$^{53}_{44}$kai$^{53}_{44}$uk$^{3}$ taŋ$^{21}$xɔŋ$^{53}$ çi$^{53}$,xei$^{53}$me$^{53}$?ci$^{13}_{21}$uɔi$^{53}$kai$^{53}_{44}$iet$^{3}$ ku$^{21}$çi$^{53}$ia$^{0}$.ləŋ$^{13}_{21}$i$^{35}_{44}$aŋ$^{35}_{44}$tsɿ$^{0}$ tsiəu$^{53}_{21}$mau$^{13}_{21}$sɿ$^{53}$.ləŋ$^{13}_{21}$i$^{35}_{44}$aŋ$^{35}_{44}$tsɿ$^{0}$ ci$^{13}_{21}$tsʰiəu$^{53}$xei$^{53}$kau$^{21}$ mak$^{3}$ e$^{0}$ tsʰiəu$^{53}_{44}$,kai$^{53}_{44}$ci$^{13}_{21}$iəu$^{35}_{53}$tʂak$^{3}$ ləŋ$^{13}$i$^{35}$tsɿ$^{0}$ ʂa$^{0}$,xei$^{53}_{44}$me$^{53}_{44}$?iəu$^{35}$tʂak$^{3}$ pien$^{35}$ʂa$^{0}$.kai$^{53}_{44}$pien$^{35}$xɔŋ$^{53}_{44}$tsʰiəu$^{53}_{44}$fɔŋ$^{53}$ ʂei$^{21}$ʂa$^{0}$.i$^{21}$tʂak$^{3}$ kɔi$^{53}$cʰiet$^{3}$ (x)ek$^{3}$ çi$^{53}_{21}$ʂa$^{0}$,tɔŋ$^{35}$ci$^{13}_{21}$kai$^{53}_{44}$təu$^{21}$li$^{0}$ ke$^{53}$ʂei$^{21}$kai$^{53}_{44}$ke$^{53}_{44}$təŋ$^{35}_{44}$si$^{0}$ fait$^{3}$ çiau$^{53}$ke$^{53}$ʂʅ$^{13}$xei$^{53}_{44}$ tsɿ$^{0}$,ci$^{13}_{21}$ke$^{53}$ʂei$^{21}$kuet$^{5}$ kuet$^{5}$ kuet$^{5}$ kuet$^{5}$ kuet$^{5}$,tsʰiəu$^{53}_{44}$tʂʅ$^{21}$iəu$^{35}_{53}$tʂʰət$^{3}$ mau$^{13}$tek$^{3}$ tsin$^{53}$.ci$^{13}$uɔi$^{53}$pən$^{35}$kai$^{53}$çi$^{21}_{44}$kan$^{21}$ ke$^{53}$m̩$^{13}$xau$^{21}$ke$^{53}_{44}$çi$^{53}$ia$^{0}$ fɔŋ$^{53}$xek$^{3}$ çi$^{53}_{44}$, ɲi$^{13}$kai$^{53}$kʰɔŋ$^{53}$tsʰien$^{13}_{21}$ʂei$^{21}$pʰin$^{13}$tsɿ$^{0}$ tsiəu$^{53}_{44}$kʰəŋ$^{53}$ke$^{53}$, ɲi$^{13}_{21}$tsiəu$^{53}$kʰəŋ$^{53}_{44}$ ke$^{53}_{44}$.tsiəu$^{53}$ləŋ$^{13}$i$^{35}_{44}$aŋ$^{35}$tsɿ$^{0}$ tsiəu$^{53}$kʰɔk$^{3}$ ʂət$^{5}$ xe$^{53}$.cʰi$^{13}$tʰa$^{35}_{44}$mak$^{3}$ e$^{0}$ təŋ$^{35}_{44}$si$^{0}$, ɲi$^{13}$u$^{21}$tau$^{21}$kai$^{53}_{44}$ke$^{53}_{44}$u$^{21}$tʂak$^{3}$ kai$^{53}$fu$^{13}$ tsɿ$^{0}$ tʂɔŋ$^{13}$tau$^{21}$, ɲi$^{13}$iəŋ$^{53}$pʰɔk$^{5}$ mɔk$^{5}_{3}$ tʂʅ$^{21}$tsɿ$^{0}$ pau$^{35}$tek$^{3}$ sait$^{3}$ sait$^{3}$ li$^{0}$,iet$^{3}$ tʂʰəŋ$^{13}_{21}$iəu$^{53}$iet$^{3}$ tʂʰəŋ$^{13}$pau$^{35}$tek$^{3}$,tʰak$^{3}$ uən$^{21}$,tiet$^{5}$ təu$^{35}_{53}$m̩$^{13}_{21}$pən$^{35}_{44}$ci$^{13}_{21}$⋯tsʰiəu$^{53}$ɲi$^{13}$iəu$^{53}$m̩$^{13}$pən$^{35}_{44}$ci$^{13}_{21}$tsin$^{53}$iəu$^{53}$m̩$^{13}$pən$^{35}_{53}$ci$^{13}_{21}$tʂʰət$^{3}$.tʂʰət$^{3}$ a$^{35}_{53}$tʂʰət$^{3}$ n̩$^{13}_{21}$tek$^{3}$ tsin$^{53}$na$^{35}_{44}$tsin$^{53}$n̩$^{13}_{21}$tek$^{3}$,i$^{21}$ke$^{53}_{44}$to$^{53}$lait$^{5}$ tsiau$^{35}_{44}$mau$^{13}_{21}$kan$^{21}$xau$^{21}$ʂət$^{5}$.xan$^{13}_{21}$ne$^{53}$ləŋ$^{13}$i$^{35}_{44}$aŋ$^{35}$tsɿ$^{0}$ ken$^{53}_{44}$xau$^{21}$ʂət$^{5}$.tan$^{53}$ʂʅ$^{53}$ ləŋ$^{13}_{21}$i$^{35}_{44}$aŋ$^{35}$tsɿ$^{0}$ tsʰiəu$^{53}_{44}$iet$^{3}$ pɔn$^{35}$lɔi$^{13}_{21}$kɔŋ$^{21}$pi$^{21}$ciau$^{53}_{44}$tʰai$^{53}$tiet$^{5}$ tsɿ$^{0}$, ɲi$^{13}_{21}$tsʰiəu$^{53}_{44}$ʂət$^{5}$ n̩$^{13}_{44}$iaŋ$^{13}$,xei$^{53}$me$^{53}$?uɔi$^{53}$pien$^{53}$ tʂət$^{3}$.kai$^{53}_{44}$tsei$^{53}$xau$^{21}$lei$^{0}$ ləŋ$^{13}_{21}$i$^{35}_{44}$aŋ$^{35}_{44}$tsɿ$^{0}$ u$^{21}$tʂaŋ$^{53}$li$^{0}$ i$^{35}_{44}$xei$^{53}$,ten$^{21}$ci$^{13}_{44}$ko$^{53}$xek$^{3}$ li$^{0}$ kai$^{53}$tʂak$^{3}$ fait$^{3}$ çiau$^{53}$ke$^{0}$ cʰi$^{13}$ le$^{0}$,kuet$^{5}$ kuet$^{5}$ kuet$^{5}$ ke$^{53}_{44}$kai$^{53}_{44}$tʂak$^{3}$ cʰi$^{13}_{21}$liau$^{0}$,ku$^{35}_{44}$ku$^{35}_{44}$çiɔŋ$^{21}$ŋa$^{0}$,xei$^{53}$a$^{0}$?ko$^{53}$xek$^{3}$ li$^{0}$ kai$^{53}_{44}$tʂak$^{3}$ kai$^{35}$tɔn$^{53}$ niau$^{0}$,ci$^{13}$tsʰiəu$^{53}$mau$^{13}_{44}$tek$^{3}$ tsəŋ$^{21}$iəu$^{35}$çi$^{53}$ʂa$^{0}$ kai$^{53}_{44}$ʂʅ$^{53}_{44}$to$^{53}_{44}$lait$^{5}$ tsiau$^{35}_{44}$ʂa$^{0}$, ɲi$^{13}_{21}$tsai$^{53}$iəŋ$^{53}_{44}$mak$^{3}$ ke$^{53}_{44}$fu$^{13}$tsɿ$^{0}$ tʂɔŋ$^{35}$ tau$^{21}$.fu$^{13}$tsɿ$^{0}$ ke$^{53}_{44}$tʰek$^{5}$ tien$^{21}$tsʰiəu$^{53}$xei$^{53}$kau$^{21}$mak$^{3}$ e$^{0}$?ʂət$^{5}$ (i)et$^{3}$ fu$^{13}$(ts)iəu$^{53}_{44}$tiəu$^{35}$iet$^{3}$ fu$^{13}$.

【砻$_{1}$】ləŋ$^{13}$ 名 去掉稻壳的工具，形状像磨，多以竹、木、泥制成：专门用来整米呀，～啊，碓子啊。tʂen$^{35}$mən$^{13}_{21}$iəŋ$^{53}$lɔi$^{13}_{21}$tʂaŋ$^{21}$mi$^{21}$ia$^{0}$,ləŋ$^{13}$ŋa$^{0}$,tɔi$^{53}$tsɿ$^{0}$ a$^{0}$.

【砻$_{2}$】ləŋ$^{13}$ 动 用砻去掉稻壳：从前整米个第一道工序系搞么个？就～谷。分箇谷壳～出来。tsʰəŋ$^{13}$tsʰien$^{13}$tʂaŋ$^{21}$mi$^{21}$ke$^{53}_{44}$tʰi$^{53}$iet$^{3}$ tʰau$^{53}_{44}$kəŋ$^{35}_{44}$si$^{53}_{44}$xei$^{53}$kau$^{21}$mak$^{3}$ ke$^{0}$?tsʰiəu$^{53}$ləŋ$^{13}$kuk$^{3}$.pən$^{35}$kai$^{53}$kuk$^{3}$ kʰɔk$^{3}$ ləŋ$^{13}$tʂʰət$^{3}$ lɔi$^{13}_{44}$.｜唔喊～米，喊～谷。m̩$^{13}$xan$^{53}$ləŋ$^{13}$mi$^{21}$,xan$^{53}$ləŋ$^{13}$kuk$^{3}$.

【砻斗子】ləŋ$^{13}$tei$^{21}$/təu$^{21}$老派 tsɿ$^{0}$ 名 砻上谷子的入口：～就箇中间箇只啊。/欸，进谷个，就～。出个是渠都藉边上箇映洒样出来哩唠。我等个砻上另外冇得么个要出个，我等以映，我等冇得只口。渠就从四……周围里出来，从周围全部出来。ləŋ$^{13}$təu$^{21}$tsɿ$^{0}$ tsʰiəu$^{53}$kai$^{53}$tʂəŋ$^{35}$kan$^{35}_{44}$kai$^{53}$ tʂak$^{3}$ a$^{0}$./e$_{44}$,tsin$^{53}$kuk$^{3}$ kei$^{53}$,tsʰiəu$^{53}$ləŋ$^{13}$tei$^{21}$tsɿ$^{0}$.tʂʰət$^{3}$ ke$^{53}$ʂʅ$^{53}_{44}$ci$^{13}_{21}$təu$^{35}$tʂa$^{53}$pien$^{35}$ʂɔŋ$^{53}$kai$^{53}_{44}$iaŋ$^{53}_{21}$sai$^{21}$iɔŋ$^{53}$tʂʰət$^{3}$ lɔi$^{13}_{21}$li$^{0}$ lau$^{0}$.ŋai$^{13}_{21}$tien$^{0}$ ke$^{53}_{44}$ləŋ$^{13}$xɔŋ$^{53}_{44}$lin$^{53}$uai$^{53}$mau$^{13}_{21}$tek$^{3}$ mak$^{3}$ ke$^{53}$iau$^{53}$tʂʰət$^{3}$ ke$^{53}_{44}$,ŋai$^{13}_{21}$tien$^{0}$ i$^{21}$iaŋ$^{53}_{44}$,ŋai$^{13}_{21}$tien$^{0}$ mau$^{13}$tek$^{3}$ tʂak$^{3}$ xei$^{21}$.ci$^{13}$tsʰiəu$^{53}_{44}$tsʰəŋ$^{13}$si$^{53}$⋯tʂəu$^{35}$uei$^{13}_{21}$li$^{0}$ tʂʰət$^{3}$ lɔi$^{13}_{44}$,tsʰəŋ$^{13}$tʂəu$^{35}$uei$^{13}_{21}$tsʰien$^{13}$pʰu$^{53}$tʂʰət$^{3}$ lɔi$^{13}_{44}$.

【砻钩耙】ləŋ$^{13}$kei$^{35}$pʰa$^{13}$ 名 套在砻手上用以推动砻转动的丁字形木钩：箇只砻个就喊砻钩。/安做～哩。/渠话嘞用手个就磨手，正用手。/我等个砻就冇得么人用手去砻。/欸，砻嘞就有只砻耙。/砻个上背箇冇得磨手，渠有～。kai$^{53}_{44}$tʂak$^{3}$ ləŋ$^{13}$ke$^{53}$tsʰiəu$^{53}_{44}$xan$^{53}$ləŋ$^{13}$kəu$^{35}$./ɔn$^{35}_{44}$tso$^{53}$ləŋ$^{13}$ kei$^{35}_{44}$pʰa$^{13}$li$^{0}$./ci$^{13}_{44}$ua$^{53}_{44}$lei$^{0}$ iəŋ$^{53}$ʂəu$^{21}$ke$^{53}_{44}$tsʰiəu$^{53}_{44}$mo$^{53}$ʂəu$^{21}$,tʂaŋ$^{53}_{44}$iəŋ$^{53}$ʂəu$^{21}$./ŋai$^{13}$tien$^{0}$ ke$^{53}_{44}$ləŋ$^{13}$tsʰiəu$^{53}_{44}$mau$^{13}_{21}$tek$^{3}$ mak$^{3}$ in$^{13}_{44}$iəŋ$^{53}_{44}$ʂəu$^{21}$cʰi$^{53}$ləŋ$^{13}_{21}$./e$_{21}$,ləŋ$^{13}$lei$^{0}$ tsʰiəu$^{53}_{44}$iəu$^{35}_{44}$tʂak$^{3}$ ləŋ$^{13}$pʰa$^{13}$./ləŋ$^{13}$ke$^{53}_{44}$ʂɔŋ$^{53}_{44}$pɔi$^{53}_{44}$kai$^{53}_{44}$mau$^{13}_{21}$tek$^{3}$ mo$^{53}$ ʂəu$^{21}$,ci$^{13}_{21}$iəu$^{35}_{44}$ləŋ$^{13}_{21}$kei$^{35}$pʰa$^{13}$.

【砻刮子】ləŋ$^{13}$kuait$^{3}$ tsɿ$^{0}$ 名 将米从砻盘里拨下来的工具：渠还有一只刮子啦，～啦。刮米呀。刮……/～都有，欸。/噢，箇是撘箇砻手个……/吊下顶高上槛滴子欸砻手上。渠以只东西，渠要舞么下，走啦下，就系漏下以只砻盘上，㩳倒以只砻盘上只系高起滴子。渠就以只东西，因为跟倒以只砻转，所以你要出倒个，你就全部扒下箇眼里出欸。渠跟倒转。嘞，以映漏下去个东西，漏下以只砻盘里个，以只刮子就一刮下过，跟倒出欸。渠就以只砻盘上箇有只眼，有只出口呀，渠就靠以只～啊，刮。分以向东西扒……刮，刮过来呀，刮嘿以只眼里就。分箇砻盘里个东西意思就扒下来。/你冇得箇只东西慢点箇就装得太多。ci$^{13}_{21}$xai$^{13}$iəu$^{35}_{53}$iet$^{3}$tʂak$^{3}$ kuait$^{3}$tsɿ$^{0}$la$^{0}$,ləŋ$^{13}$kuait$^{3}$tsɿ$^{0}$la$^{0}$.kuait$^{3}$mi$^{21}$ia$^{0}$.kuait$^{3}$…/ləŋ$^{13}$kuait$^{3}$tsɿ$^{0}$təu$^{35}_{44}$iəu$^{35}_{53}$,e$_{21}$./au$_{21}$,kai$^{53}$ʂɿ$^{53}_{21}$lau$^{35}_{21}$kai$^{53}$ ləŋ$^{13}$ʂəu$^{21}$ke$^{53}$…/tiau$^{53}_{44}$ua$_{44}$(←xa$^{53}$)taŋ$^{21}$kau$^{35}_{44}$ʂəŋ$^{53}$k$^{h}$an$^{21}$tiet$^{5}$tsɿ$^{0}$e$_{21}$ləŋ$^{13}$ʂəu$^{21}$xəŋ$^{53}_{44}$.ci$^{13}_{21}$i$^{21}$tʂak$^{3}$təŋ$^{35}_{44}$si$^{0}$,ci$^{13}_{21}$iau$^{53}_{44}$ u$^{21}$mak$^{3}$xa$^{35}$,tsei$^{21}_{44}$la$^{0}$xa$^{35}$,ts$^{h}$iəu$^{53}_{44}$xe$^{53}_{44}$lei$^{53}$ia$_{44}$(←xa$^{53}$)i$^{21}$tʂak$^{3}$ləŋ$^{13}$p$^{h}$an$^{13}$xəŋ$^{53}_{44}$, ɲia$^{13}$tau$^{21}$i$^{21}$tʂak$^{3}$ləŋ$^{13}$p$^{h}$an$^{13}$ xəŋ$^{53}$tʂɿ$^{21}$xe$^{53}_{44}$kau$^{35}$çi$^{21}$tiet$^{5}$tsɿ$^{0}$.ci$^{13}$ts$^{h}$iəu$^{53}_{44}$i$^{21}$tʂak$^{3}$təŋ$^{35}_{44}$si$^{0}$,in$^{35}$uei$^{53}_{44}$cien$^{35}$tau$^{21}$i$^{21}$tʂak$^{3}$ləŋ$^{13}$tʂən$^{21}$,so$^{21}$i$^{35}_{44}$ɲi$^{13}$iau$^{53}_{44}$ tʂ$^{h}$ət$^{3}$tau$^{21}$ke$^{53}$, ɲi$^{13}_{21}$tsiəu$^{53}_{44}$ts$^{h}$ien$^{13}$p$^{h}$u$^{53}_{44}$p$^{h}$a$^{13}$xa$^{53}$kai$^{53}$ŋan$^{21}$li$^{0}$tʂ$^{h}$ət$^{3}$ei$_{21}$.ci$^{13}_{21}$cien$^{35}$tau$^{21}$tʂən$^{21}$.le$_{21}$,i$^{21}$iaŋ$^{53}_{44}$lei$^{53}$xa$^{53}_{44}$ çi$^{53}_{44}$ke$^{53}_{44}$təŋ$^{35}_{44}$si$^{0}$,lei$^{53}$xa$^{53}_{44}$i$^{21}$tʂak$^{3}$ləŋ$^{13}$p$^{h}$an$^{13}$li$^{0}$ke$^{53}_{44}$,i$^{21}$tʂak$^{3}$kuait$^{3}$tsɿ$^{0}$tsiəu$^{53}_{44}$iet$^{3}$kuait$^{3}$xa$^{53}_{44}$ko$^{53}_{44}$,cien$^{35}$tau$^{21}$tʂ$^{h}$ət$^{3}$ ei$^{13}$.ci$^{13}_{21}$ts$^{h}$iəu$^{53}_{44}$i$^{21}$tʂak$^{3}$ləŋ$^{13}$p$^{h}$an$^{13}$xəŋ$^{53}_{44}$kai$^{53}_{44}$iəu$^{35}_{44}$tʂak$^{3}$ŋan$^{21}$,iəu$^{35}_{44}$tʂak$^{3}$tʂ$^{h}$ət$^{3}$xei$^{21}$ia$^{0}$,ci$^{13}_{21}$ts$^{h}$iəu$^{53}_{44}$k$^{h}$au$^{53}_{44}$i$^{21}$tʂak$^{3}$ ləŋ$^{13}$kuait$^{3}$tsɿ$^{0}$a$^{0}$,kuait$^{3}$.pən$^{35}$i$^{21}$çioŋ$^{53}_{44}$təŋ$^{35}_{44}$si$^{0}$p$^{h}$a$^{13}_{21}$…kuait$^{3}$,kuait$^{3}$ko$^{53}$lɔi$^{13}_{21}$ia$^{0}$,kuait$^{3}$(x)ek$_{5}$i$^{21}$tʂak$^{3}$ŋan$^{21}$li$^{0}$ ts$^{h}$iəu$^{53}$.pən$^{35}$kai$^{53}$ləŋ$^{13}$p$^{h}$an$^{13}_{21}$li$^{0}$ke$^{53}_{44}$təŋ$^{35}_{44}$si$^{0}$i$^{53}$sɿ$^{0}$ts$^{h}$iəu$^{53}_{44}$p$^{h}$a$^{13}_{21}$xa$^{53}_{44}$lɔi$^{13}$./ɲi$^{13}$mau$^{13}$tek$^{3}$kai$^{53}_{44}$tʂak$^{3}$təŋ$^{35}_{44}$si$^{0}$man$^{53}_{44}$ tian$^{21}_{44}$kai$^{53}_{44}$tsiəu$^{53}_{44}$tʂəŋ$^{35}$tek$^{3}$t$^{h}$ai$^{53}$to$^{35}_{44}$.

【砻脚】ləŋ$^{13}$ciɔk$^{3}$ 名 砻盘下的支架：砻就放倒砻盘里，砻盘底下就有只～，承稳。ləŋ$^{13}$ts$^{h}$iəu$^{53}$ fəŋ$^{53}$tau$^{21}$ləŋ$^{13}$p$^{h}$an$^{13}$li$^{0}$,ləŋ$^{13}$p$^{h}$an$^{13}$tei$^{21}$xa$^{53}$ts$^{h}$iəu$^{53}_{44}$iəu$^{35}_{44}$tʂak$^{3}$ləŋ$^{13}$ciɔk$^{3}$,çin$^{13}$uən$^{21}_{44}$.

【砻糠】ləŋ$^{13}$xəŋ$^{35}$/k$^{h}$əŋ$^{35}$ 名 稻谷砻过以后脱下的外壳：砻正哩个唔爱箇只壳喊～。/～。/肚里有哩米，砻嘿哩，喊～。ləŋ$^{13}$tʂaŋ$^{53}_{44}$li$^{0}$ke$^{53}_{44}$m$^{13}_{21}$məi$^{53}_{35}$kai$^{53}$tʂak$^{3}$k$^{h}$ək$^{3}$xan$^{53}$ləŋ$^{13}$k$^{h}$əŋ$^{35}$./ləŋ$^{13}$xəŋ$^{35}$./təu$^{21}$li$^{0}$ mau$^{13}$li$^{0}$mi$^{21}$,ləŋ$^{13}$ŋek$^{3}$(←xek$^{3}$)li$^{0}$,xan$^{53}$ləŋ$^{13}$k$^{h}$əŋ$^{35}$.

【砻糠灰】ləŋ$^{13}$xəŋ$^{35}$fəi$^{35}$ 名 砻糠烧成的灰：谷壳烧个灰就安做～。～嘞，一只就做得碱，欸，渠伶俐呀，就系谷啊，都系兜子谷啊，系唔系？ kuk$^{3}$k$^{h}$ək$^{3}$ʂau$^{35}$ke$^{53}_{21}$fəi$^{35}$ts$^{h}$iəu$^{53}$ən$^{35}_{53}$tso$^{53}$ləŋ$^{13}$xəŋ$^{35}_{44}$ fəi$^{35}_{44}$.ləŋ$^{13}$xəŋ$^{35}_{44}$fəi$^{35}$lei$^{0}$,iet$^{3}$tʂak$^{3}$ts$^{h}$iəu$^{53}$tso$^{53}$tek$^{3}$kan$^{21}$,e$_{21}$,ci$^{13}$lin$^{13}$li$^{13}$ia$^{0}$,tsiəu$^{53}$xe$^{53}$kuk$^{3}$a$^{0}$,təu$^{35}$xe$^{53}_{44}$te$^{35}_{53}$tsɿ$^{0}$ kuk$^{3}$a$^{0}$,xei$^{53}$me$^{53}$?

【砻糠碱】ləŋ$^{13}$xəŋ$^{35}$kan$^{21}$ 名 用砻糠灰制作的碱水：渠可以通……用……砻糠灰嘞用布装倒，扎稳箇只嘴，扎稳箇只袋嘴，舞只袋装倒咯，用布袋装倒，扎稳箇只袋嘴，放下水肚里一炆，炆哩以后，提起来，箇砻糠不要哩，箇个水就系碱水，～。砻糠灰取出来个碱呐。所有个灰都有碱呢，系唔系？你去摸下子看呐，溜滑箇手。ci$^{13}_{21}$k$^{h}$o$^{21}$i$^{35}_{44}$t$^{h}$əŋ$^{35}_{44}$…iəŋ$^{53}$…ləŋ$^{13}$xəŋ$^{35}_{44}$fəi$^{35}_{44}$lei$^{0}$iəŋ$^{53}_{44}$ pu$^{53}$tʂəŋ$^{35}$tau$^{21}$,tsait$^{3}$uən$^{21}$kai$^{53}$(tʂ)ak$^{3}$tʂəi$^{53}$,tsait$^{3}$uən$^{21}$kai$^{53}$(tʂ)ak$^{3}$t$^{h}$əi$^{53}$tʂəi$^{53}$,u$^{21}$(tʂ)ak$^{3}$t$^{h}$əi$^{53}$tʂəŋ$^{35}$tau$^{21}$ko$^{0}$, iəŋ$^{53}_{44}$pu$^{53}$t$^{h}$əi$^{53}_{44}$tʂəŋ$^{35}$tau$^{21}$,tsait$^{3}$uən$^{21}$kai$^{53}$(tʂ)ak$^{3}$t$^{h}$əi$^{53}$tʂəi$^{53}$,fəŋ$^{53}$xa$^{53}$ʂei$^{21}$təu$^{21}$li$^{0}$iet$^{3}$uən$^{13}$,uən$^{13}$li$^{0}$i$^{35}_{44}$xei$^{53}$,t$^{h}$ia$^{13}$ çi$^{21}$lɔi$^{13}$,kai$^{53}$ləŋ$^{13}$xəŋ$^{35}_{44}$pət$^{3}$iau$^{53}_{21}$li$^{0}$,kai$^{53}$kei$^{53}$ʂei$^{21}$ts$^{h}$iəu$^{53}$xei$^{53}$kan$^{21}$ʂei$^{21}$,ləŋ$^{13}$xəŋ$^{35}$kan$^{21}$.ləŋ$^{13}$xəŋ$^{35}_{44}$fəi$^{35}$ts$^{h}$i$^{21}$ tʂ$^{h}$ət$^{3}$lɔi$^{13}$ke$^{53}$kan$^{21}$na$^{0}$.so$^{21}$iəu$^{35}_{53}$ke$^{53}$fəi$^{35}$təu$^{35}_{44}$iəu$^{35}_{44}$kan$^{21}$nei$^{0}$,xei$^{53}$me$^{53}$?ɲi$^{13}$çi$^{53}$mo$^{35}$xa$^{53}_{44}$tsɿ$^{0}$k$^{h}$ən$^{53}_{44}$na$^{0}$,liəu$^{35}_{53}$uait$^{5}$ kai$^{53}$ʂəu$^{21}$.

【砻糠酒】ləŋ$^{13}$xəŋ$^{35}$tsiəu$^{21}$ 名 用砻糠酿造的酒：欸，箇谷壳还可以蒸酒。唔知让门蒸凑呢。我等也蒸过箇阵子。我等屋下就𫧃蒸过。我记得我爷子箇阵子咯，去张家坊教书呢，渠也去张坊教过书呢。到箇大……到箇粮站里去搞兜谷壳去吊酒，去蒸酒呢，～。就谷壳蒸酒。箇（我）也有几大子，我还系几岁子，还唔会食酒个时候子。后背也冇么人搞了，欸酒怕只味道只有咁好。e$_{21}$,kai$^{53}$kuk$^{3}$k$^{h}$ək$^{3}$xai$^{13}_{21}$k$^{h}$o$^{21}$i$^{35}_{44}$tʂən$^{35}$tsiəu$^{21}$.n̩$^{13}$ti$^{35}_{53}$ɲiəŋ$^{53}_{44}$mən$^{13}_{44}$tʂən$^{35}$ts$^{h}$e$^{0}$nei$^{0}$.ŋai$^{13}$tien$^{0}$a$^{35}_{44}$ tʂən$^{35}_{44}$ko$^{0}$kai$^{53}$tʂ$^{h}$ən$^{53}$tsɿ$^{0}$.ŋai$^{13}$tien$^{0}$uk$^{3}$xa$^{53}$ts$^{h}$iəu$^{53}$maŋ$^{13}_{21}$tʂən$^{35}_{44}$ko$^{53}$.ŋai$^{13}$ci$^{53}$tek$^{3}$ŋai$^{13}$ia$^{13}$tsɿ$^{0}$kai$^{53}$tʂ$^{h}$ən$^{53}$tsɿ$^{0}$ko$^{0}$, çi$^{53}$tʂəŋ$^{35}_{44}$ka$^{35}_{44}$fəŋ$^{35}$kau$^{35}_{44}$ʂəu$^{35}$nei$^{0}$,ci$^{13}_{21}$a$^{35}_{44}$çi$^{53}$tʂəŋ$^{35}_{44}$xəŋ$^{35}_{44}$kau$^{35}_{44}$ko$^{53}_{44}$ʂəu$^{35}_{44}$nei$^{0}$.tau$^{53}$kai$^{53}$t$^{h}$ai$^{53}$…tau$^{53}$kai$^{53}$liəŋ$^{13}$tsan$^{53}$ li$^{21}$çi$^{53}$kau$^{21}$tei$^{35}_{53}$kuk$^{3}$k$^{h}$ək$^{3}$çi$^{53}$tiau$^{53}$tsiəu$^{21}$,çi$^{53}$tʂən$^{35}$tsiəu$^{21}$nei$^{0}$,ləŋ$^{13}$xəŋ$^{35}_{44}$tsiəu$^{21}$.ts$^{h}$iəu$^{53}$kuk$^{3}$k$^{h}$ək$^{3}$tʂən$^{35}$tsiəu$^{21}$. kai$^{53}$ia$^{35}_{53}$mau$^{13}_{21}$ci$^{21}$t$^{h}$ai$^{53}$tsɿ$^{0}$,ŋai$^{13}$xai$^{13}_{21}$xe$^{53}$ci$^{21}$sɔi$^{53}$tsɿ$^{0}$,xai$^{13}_{21}$m̩$^{13}$uɔi$^{53}_{44}$ʂət$^{5}$tsiəu$^{21}$ke$^{53}$ʂɿ$^{13}_{21}$xəu$^{53}$tsɿ$^{0}$.xei$^{53}$pɔi$^{53}_{44}$ia$^{35}_{44}$mau$^{13}_{21}$ mak$^{3}$in$^{13}_{21}$kau$^{21}$liau$^{0}$,e$_{35}$tsiəu$^{21}$p$^{h}$a$^{53}$tʂɿ$^{21}$uei$^{53}$t$^{h}$au$^{53}_{44}$tʂɿ$^{21}$iəu$^{35}_{53}$kan$^{21}$xau$^{21}$.

【砻盘】ləŋ$^{13}$p$^{h}$an$^{13}$ 名 砻下装米的盘子：～是就系装个了。/箇只砻一渠放放下肚箇里。ləŋ$^{13}$ p$^{h}$an$^{13}$ʂɿ$^{53}_{44}$ts$^{h}$iəu$^{53}$xe$^{53}$tʂəŋ$^{35}$ke$^{53}_{44}$liau$^{21}$./kai$^{53}_{44}$tʂak$^{3}$ləŋ$^{13}$iet$^{3}$ci$^{13}_{21}$fəŋ$^{53}$fəŋ$^{53}$xa$^{53}$təu$^{21}$kai$^{53}_{21}$li$^{0}$.

【砻手】ləŋ$^{13}$ʂəu$^{21}$ 名 固定在砻上槛两侧，用来套砻钩耙的柄：砻钩耙是箇只箇个弯个，渠箇只就箇只砻钩耙要挽下去箇只箇坨啊，箇有只眼呐，箇只砻钩耙就是做做下箇眼里。箇坨子喊么个？挽得有砻钩耙个箇坨子。/搊下起来是是上槛下槛。/系呀系呀系。系呀系呀，箇只东西。/系呀，就系钉上槛个用两只咁个东西。/系啊，～哇。/系～哇。ləŋ$^{13}_{21}$kei$^{35}_{44}$p$^{h}$a$^{13}$ʂɿ$^{53}_{44}$kai$^{53}$ tʂak$^{3}$kai$^{53}_{44}$ke$^{53}_{44}$uan$^{35}$ke$^{53}_{44}$,ci$^{13}_{21}$kai$^{53}$tʂak$^{3}$ts$^{h}$iəu$^{53}$kai$^{53}$tʂak$^{3}$ləŋ$^{13}$kei$^{35}_{44}$p$^{h}$a$^{13}$iau$^{53}_{44}$uan$^{21}$na$_{44}$(←xa$^{53}$)çi$^{53}$kai$^{53}_{44}$tʂak$^{3}$kai$^{53}_{44}$

tʰo$^{13}$a$^{0}$ ,kai$^{53}_{44}$iəu$^{35}$tʂak$^{3}$ ŋan$^{21}$na$^{0}$ ,kai$^{53}_{44}$tʂak$^{3}$ ləŋ$^{13}_{21}$kei$^{35}_{44}$pʰa$^{13}$tsʰiəu$^{53}_{44}$ʂʅ$^{53}_{44}$tso$^{53}_{44}$tso$^{53}_{44}$(x)a$^{53}_{44}$kai$^{53}_{44}$ŋan$^{21}$li$^{0}$ .kai$^{53}_{44}$tʰo$^{13}$tsʅ$^{0}$ xan$^{53}_{44}$mak$^{3}$ ke$^{53}_{44}$?uan$^{21}$nek$^{3}$ (←tek$^{3}$)iəu$^{35}_{44}$ləŋ$^{13}$kei$^{35}_{53}$pʰa$^{13}$ke$^{53}$kai$^{53}_{44}$tʰo$^{13}$tsʅ$^{0}$ ./tsʰəu$^{35}$(x)a$^{53}_{44}$çi$^{21}$ləi$^{13}$sʅ$^{53}_{21}$sʅ$^{53}_{44}$ʂəŋ$^{53}$kʰan$^{21}$ xa$^{35}_{44}$kʰan$^{21}$./xei$^{53}_{21}$ia$^{0}$ xei$^{53}$ia$^{0}$ xe$^{53}_{44}$.xei$^{53}_{21}$ia$^{0}$ xei$^{53}_{44}$ia$^{0}$ ,kai$^{53}_{44}$tʂak$^{3}$ təŋ$^{35}_{44}$si$^{0}$ ./xei$^{53}_{44}$ia$^{0}$ ,tsʰiəu$^{53}_{44}$xe$^{53}_{44}$taŋ$^{35}$ʂəŋ$^{53}$kʰan$^{21}$ke$^{53}_{44}$ iəŋ$^{53}_{44}$iəŋ$^{21}$tʂak$^{3}$kan$^{21}$ke$^{53}_{44}$təŋ$^{35}_{44}$si$^{0}$ ./xei$^{53}$a$^{0}$ ,ləŋ$^{13}$ʂəu$^{21}$ua$^{0}$ ./xe$^{53}$ləŋ$^{13}$ʂəu$^{21}$ua$^{0}$ .

【聋】ləŋ$^{35}$ 形①耳朵听不见或听不清楚：～婆子 ləŋ$^{35}$pʰo$^{13}$tsʅ$^{0}$。②厌倦：以只东西我等搞哇哎呀旧年都搞～哩。旧年。旧年从二月十三睛起，二月十三，一只一只欸么啊喊一只婆婆子死嘿哩，一直搞到十二月。硬搞嘿六出啦七出啦六七起，死嘿六七个人。欸我等箇映三四百人子啊，三百多子人呐，哪一出都爱去，一搞就搞六七天，四五天。i$^{21}$tʂak$^{3}$ təŋ$^{35}_{44}$si$^{0}$ ŋai$^{13}$tien$^{0}$ kau$^{21}$ ua$^{0}$ ai$_{53}$ia$_{13}$cʰiəu$^{53}$ɲien$^{13}_{21}$təu$^{35}_{44}$kau$^{21}$ləŋ$^{35}$li$^{0}$ .cʰiəu$^{53}$ɲien$_{21}$.cʰiəu$^{53}$ɲien$^{13}_{44}$tsʰəŋ$^{13}$ɲi$^{53}$ɲiet$^{5}$ ʂət$^{5}$ san$^{35}$pu$^{35}_{44}$çi$^{21}$, ɲi$^{53}$ɲiet$^{5}$ ʂət$^{5}$ san$^{35}$,iet$^{3}$ tʂak$^{3}$ iet$^{3}$ tʂak$^{3}$ e$_{21}$mak$^{3}$ a$^{0}$ xan$^{35}$iet$^{3}$ tʂak$^{3}$ pʰo$^{13}$pʰo$^{13}_{44}$tsʅ$^{0}$ si$^{21}$xek$^{3}$ li$^{0}$ ,iet$^{3}$ tʂʰət$^{5}$ kau$^{21}$tau$^{53}_{44}$ʂət$^{5}$ɲi$^{53}$ɲiet$^{5}$. ɲiaŋ$^{53}$kau$^{21}$xek$^{3}$ liəuk$^{3}$ tʂʰət$^{3}$ la$^{0}$ tsʰiet$^{3}$ tʂʰət$^{3}$ la$^{0}$ liəuk$^{3}$ tsʰiet$^{3}$ çi$^{21}$,si$^{21}$xek$^{3}$ liəuk$^{3}$ tsʰiet$^{3}$ ke$^{53}$ɲin$^{13}$.e$_{21}$ŋai$^{13}_{21}$tien$^{0}$ kai$^{53}_{44}$iaŋ$^{53}_{44}$san$^{35}$si$^{53}$pak$^{3}$ ɲin$^{13}$tsʅ$^{0}$ a$^{0}$ ,san$^{35}$pak$^{3}$ to$^{35}_{44}$tsʅ$^{0}$ ɲin$^{13}_{21}$na$^{0}$ ,lai$^{53}$iet$^{3}$ tʂʰət$^{3}$ təu$^{35}_{44}$ɔi$^{53}_{44}$çi$^{53}$,iet$^{3}$ kau$^{21}$tsʰiəu$^{53}_{44}$kau$^{21}$ liəuk$^{3}$ tsʰiet$^{3}$ tʰien$^{35}$,si$^{53}$ŋ̍$^{21}$tʰien$^{35}$.

【聋黄】ləŋ$^{35}$uɔŋ$^{13}$ 形状态词。很黄：箇只人面色唔好看，～。kai$^{53}$tʂak$^{3}$ɲin$^{13}_{21}$mien$^{53}$sek$^{3}$ n̩$^{13}_{21}$nau$^{21}$ (←xau$^{21}$)kʰɔn$^{53}$,nəŋ$^{35}$uɔŋ$^{13}$.

【聋婆子】ləŋ$^{35}$pʰo$^{13}$tsʅ$^{0}$ 名对耳聋妇女的贬称：～唠，年纪大个人就安做～唠。ləŋ$^{35}$pʰo$^{13}$tsʅ$^{0}$lau$^{0}$, ɲien$^{13}$ci$^{21}$tʰai$^{53}$ke$^{53}_{44}$ɲin$^{13}$tsʰiəu$^{53}_{44}$ɔn$^{35}_{44}$tso$^{53}_{44}$ləŋ$^{35}$pʰo$^{13}$tsʅ$^{0}$lau$^{0}$.

【聋倾倾哩】ləŋ$^{35}$kʰuaŋ$^{35}$kʰuaŋ$^{35}$li$^{0}$ 形状态词。形容耳朵听力很差：渠么比我大几岁，欸耳朵么～哩，有兜下数，一个人，赖子妹子都冇得。一个人呢，孤孤单单呢。ci$^{13}_{44}$me$^{0}$ pi$^{21}$ŋai$^{13}$tʰai$^{53}$ ci$^{21}$sɔi$^{53}$,e$^{0}$ ɲi$^{21}$to$^{21}$me$^{0}$ ləŋ$^{35}$kʰuaŋ$^{35}_{44}$kʰuaŋ$^{35}$ni$^{0}$ ,mau$^{13}_{21}$te$^{35}_{53}$xa$^{35}_{44}$sʅ$^{53}_{21}$,iet$^{3}$ kei$^{53}$ɲin$^{13}_{44}$,lai$^{53}$tsʅ$^{0}$ mɔi$^{53}$tsʅ$^{0}$ təu$^{35}_{44}$mau$^{13}_{21}$ tek$^{3}$ .iet$^{3}$ kei$^{53}$ɲin$^{13}_{21}$ne$^{0}$ ,ku$^{35}_{44}$ku$^{35}_{44}$tan$^{35}_{44}$tan$^{35}_{44}$ne$^{0}$ .

【聋子】ləŋ$^{35}$tsʅ$^{0}$ 名耳朵听不见或听不清楚的人：～啊，箇就男女都可以话，～。ləŋ$^{35}$tsʅ$^{0}$ a$^{0}$,kai$^{53}_{44}$tsʰiəu$^{53}_{44}$lan$^{13}$ɲy$^{21}$təu$^{35}_{44}$kʰo$^{21}$i$^{35}$ua$^{53}$,ləŋ$^{35}$tsʅ$^{0}$.｜～个耳朵，做样子个。ləŋ$^{35}$tsʅ$^{0}$ ke$^{53}_{44}$ɲi$^{21}$to$^{21}$,tso$^{53}$iɔŋ$^{53}$ tsʅ$^{0}$ ke$^{53}$.｜欸，以个电话机放倒以映做样子个。哼，～个耳朵。e$_{53}$,i$^{21}$ke$^{53}_{44}$tʰien$^{53}_{44}$fa$^{53}_{44}$ci$^{35}$fəŋ$^{53}_{44}$tau$^{21}$i$^{21}$ iaŋ$^{53}_{44}$tso$^{53}$iɔŋ$^{53}$tsʅ$^{0}$ke$^{53}$.xẽ$_{53}$,ləŋ$^{35}$tsʅ$^{0}$ ke$^{53}_{44}$ɲi$^{21}$to$^{21}$.

【笼$_1$】ləŋ$^{13}$ 名捕捉或饲养禽畜的笼子：（鸡笼）像只现在箇街上个装老鼠个箇～样个。tsʰiɔŋ$^{53}$tʂak$^{3}$çien$^{53}$tsai$^{53}$kai$^{35}$kai$^{35}$xɔŋ$^{53}_{44}$kei$^{53}_{44}$tsɔŋ$^{35}$lau$^{21}$tʂʰəu$^{21}$ke$^{53}$kai$^{53}_{44}$ləŋ$^{13}$iɔŋ$^{53}_{44}$ke$^{53}_{21}$.

【窿$_1$】ləŋ$^{13}$ 名①洞：老鼠～lau$^{21}$tʂʰəu$^{21}$ləŋ$^{13}$｜打只～啊。ta$^{21}$tʂak$^{3}$ ləŋ$^{13}$ŋa$^{0}$. ②横向的墓穴：欸，箇个打圹就爱让门子啊？爱连～。e$_{21}$,kai$^{53}$ke$^{53}_{44}$ta$^{21}$kʰɔŋ$^{35}$tsʰiəu$^{53}_{44}$ɔi$^{53}_{44}$ɲiɔŋ$^{53}_{44}$mən$^{0}$ tsa$^{0}$ ?ɔi$^{53}_{44}$lien$^{13}$nəŋ$^{13}$.

【窿$_2$】ləŋ$^{13}$ 动将东西伸入孔洞中：嘴巴你咁子，箇肚里烧火箇灶是蛮长，系啊？咁子喷是喷唔倒喷唔倒，渠就舞只火喷筒，～下箇肚里去，以映子嘴上只爱吹凑。tsi$^{21}$pa$^{35}_{44}$ɲi$^{13}_{21}$kan$^{21}$tsʅ$^{0}$, kai$^{53}_{44}$təu$^{21}$li$^{0}$ ʂau$^{35}$fo$^{21}$kai$^{53}_{44}$tsau$^{53}$ʂʅ$^{53}_{44}$man$^{13}_{44}$tʂʰɔŋ$^{13}$,xei$^{53}$a$^{0}$ ?kan$^{21}$tsʅ$^{0}$ pʰən$^{35}$ʂʅ$^{53}_{44}$pʰən$^{35}$n̩$^{13}_{44}$tau$^{21}$pʰaŋ$^{35}$n̩$^{13}_{21}$tau$^{21}$,ci$^{13}_{21}$ tsiəu$^{53}$u$^{21}$tʂak$^{3}$ fo$^{21}$pʰaŋ$^{35}$tʰəŋ$^{13}$,ləŋ$^{13}$ŋa$^{53}$kai$^{53}$təu$^{21}$li$^{0}$ çi$^{53}$,i$^{21}$iaŋ$^{53}$tsʅ$^{0}$ tʂɔi$^{53}$ʂɔŋ$^{53}_{44}$tʂʅ$^{21}$ɔi$^{53}_{44}$tʂʰei$^{35}$tsʰe$^{0}$.

【窿稿】ləŋ$^{13}$kau$^{21}$ 动倒伏；农作物的茎柔弱或受强风暴雨的侵袭而偃倒在地上。又称“倒稿”：田里个禾会熟了，一醮大水一搞，禾一转，欸，慢风又一吹，就窿哩稿。或者嘞欸还有只惹倒哩么个虫呢也会～呢，发哩虫啊也会～。欸水浸哩也会～。欸，大风一吹，也会～。就系踏乱哩，就唔知几乱了哇，交……搞做一饽一饽了哇。～就箇个啦～就渠就会损失啦，有兜就会生秧啊，禾就会生秧啊，有兜就搞下地泥下搞下田里去哩啊搞下水肚里去哩啊，会生秧啊，加上打禾了，气温又高哇，系唔系？欸，禾就怕～，一～就产量就差唔知几大去哩。油菜也怕～啦，油菜也会～啦，油菜窿哩稿也唔得了啦，也产量就差天远呐。麦子也怕～嘛。箇见得，麦子也见得。就系油菜㨃禾。tʰien$^{13}$ni$^{21}$ke$^{53}$uo$^{13}$uɔi$^{53}$siəuk$^{3}$ liau$^{0}$ ,iet$^{3}$ tsiau$^{53}$tʰai$^{53}$ʂei$^{21}$iet$^{3}$ kau$^{21}$,uo$^{13}$iet$^{3}$ tʂuɔn$^{53}$,e$_{21}$,man$^{53}_{44}$fəŋ$^{35}$iəu$^{53}$iet$^{3}$ tʂʰei$^{35}$,tsʰiəu$^{53}$ləŋ$^{13}$li$^{0}$ kau$^{21}$.xɔk$^{5}$ tʂa$^{21}$lei$^{0}$ ei$_{44}$xai$^{13}$iəu$^{35}_{53}$tʂak$^{3}$, ɲia$^{35}$ tau$^{21}$li$^{0}$ mak$^{3}$ e$^{0}$ tʂʰəŋ$^{13}$nei$^{0}$ ia$^{35}$uɔi$^{53}$ləŋ$^{13}$kau$^{21}$nei$^{0}$ ,fait$^{3}$ li$^{0}$ tʂʰəŋ$^{13}$ŋa$^{0}$ ia$^{35}$uɔi$^{53}$ləŋ$^{13}$kau$^{21}$.e$_{44}$ʂei$^{21}$tsin$^{53}$ni$^{21}$ia$^{35}$uɔi$^{53}$ ləŋ$^{13}$kau$^{21}$.e$_{21}$,tʰai$^{53}$fəŋ$^{35}_{44}$iet$^{3}$ tʂʰei$^{35}$,ia$^{35}$uɔi$^{53}$ləŋ$^{13}$kau$^{21}$.tsʰiəu$^{53}_{44}$xei$^{53}$tʰait$^{5}$ lɔn$^{53}$li$^{0}$ ,tsʰiəu$^{53}_{44}$n̩$^{13}$ti$^{35}_{53}$ci$^{21}$lɔn$^{53}$liau$^{21}$ ua$^{0}$ ,ciau$^{35}$ts⋯kau$^{21}$tso$^{53}$iet$^{3}$ pʰɔk$^{5}$ iet$^{3}$ pʰɔk$^{5}$ liau$^{21}$ua$^{0}$ .ləŋ$^{13}$kau$^{21}$tsʰiəu$^{53}$kai$^{53}$ke$^{53}$la$^{0}$ ləŋ$^{13}$kau$^{21}$tsʰiəu$^{53}$ci$^{13}_{21}$tsʰiəu$^{53}$ uɔi$^{53}$sən$^{21}$ʂət$^{3}$ la$^{0}$ ,iəu$^{35}$te$^{35}_{53}$tsʰiəu$^{53}$uɔi$^{53}$saŋ$^{35}$iɔŋ$^{35}$ŋa$^{0}$ ,uo$^{13}$tsʰiəu$^{53}_{44}$uɔi$^{53}_{44}$saŋ$^{35}$iɔŋ$^{35}$ŋa$^{0}$ ,iəu$^{35}$te$^{35}_{53}$tsʰiəu$^{53}_{44}$kau$^{21}$ua$^{53}_{44}$tʰi$^{53}_{44}$ lai$^{13}_{21}$xa$^{35}$kau$^{21}$ua$^{53}$tʰien$^{13}$ni$^{21}$çi$^{53}$li$^{0}$ a$^{0}$ kau$^{21}$ua$^{53}$ʂei$^{21}$təu$^{21}$li$^{0}$ çi$^{53}$li$^{0}$ a$^{0}$ ,uɔi$^{53}$saŋ$^{35}_{44}$iɔŋ$^{35}$ŋa$^{0}$ ,cia$^{35}_{44}$ʂɔŋ$^{53}_{44}$ta$^{21}$uo$^{13}$liau$^{0}$ ,çi$^{53}$ uən$^{35}_{44}$iəu$^{53}$kau$^{35}_{44}$ua$^{0}$ ,xei$^{53}$me$^{53}$?e$_{21}$,uo$^{13}$tsʰiəu$^{53}$pʰa$^{53}$ləŋ$^{13}$kau$^{21}$,iet$^{3}$ ləŋ$^{13}$kau$^{21}$tsʰiəu$^{53}_{44}$tsʰan$^{21}$liɔŋ$^{53}$tsʰiəu$^{53}_{44}$tsa$^{35}$n̩$^{13}$ti$^{35}_{53}$

ci$^{21}$t$^{h}$ai$^{53}$çi$^{53}$li$^{0}$.iəu$^{13}$ts$^{h}$ɔi$^{53}$ia$^{35}$p$^{h}$a$^{53}_{44}$ləŋ$^{13}$kau$^{21}$la$^{0}$,iəu$^{13}$ts$^{h}$ɔi$^{53}$ia$^{35}$uɔi$^{53}$ləŋ$^{13}$kau$^{21}$la$^{0}$,iəu$^{13}$ts$^{h}$ɔi$^{53}$ləŋ$^{13}$li$^{0}$kau$^{21}$a$^{35}_{53}$n̩$^{13}_{21}$tek$^{3}$liau$^{21}$li$^{0}$la$^{0}$,ia$^{35}$ts$^{h}$an$^{21}$liɔŋ$^{53}_{44}$ts$^{h}$iəu$^{53}_{44}$tsa$^{35}_{44}$t$^{h}$ien$^{35}$ien$^{21}$na$^{0}$.mak$^{3}$tsɿ$^{0}$a$^{35}_{44}$p$^{h}$a$^{53}$ləŋ$^{13}$kau$^{21}$xo$^{0}$.kai$^{53}$cien$^{53}$tek$^{3}$,mak$^{5}$tsɿ$^{0}$a$^{35}_{44}$cien$^{53}$tek$^{3}$.ts$^{h}$iəu$^{53}$xei$^{53}$iəu$^{13}$ts$^{h}$ɔi$^{53}$lau$^{35}$uo$^{13}$.

【窿窿拱拱】ləŋ$^{13}$ləŋ$^{13}_{44}$kəŋ$^{21}$kəŋ$^{21}$ 动 背地里挑拨是非，鼓动他人做坏事：欸，你有么个意见就讲出来啊，莫跍倒箇肚子里咕咕咕咕，莫跍倒后背～。～嘞就系么个？去你面上讲一到，去渠面上讲一到。e$_{21}$,ɲi$^{13}_{21}$iəu$^{35}$mak$^{3}$e$^{0}$i$^{53}$cien$^{53}$ts$^{h}$iəu$^{53}$kəŋ$^{21}$tʂ$^{h}$ət$^{3}$lɔi$^{13}$a$^{0}$,mɔk$^{5}$ku$^{35}_{44}$tau$^{21}_{44}$kai$^{53}_{44}$təu$^{21}$tsɿ$^{0}$li$^{0}$ku$_{21}$ku$_{44}$ku$_{53}$ku$_{44}$,mɔk$^{5}$ku$^{35}$tau$^{21}$xei$^{53}$pɔi$^{53}_{44}$ləŋ$^{13}$ləŋ$^{13}_{21}$kəŋ$^{21}$kəŋ$^{21}$.ləŋ$^{13}$ləŋ$^{13}_{44}$kəŋ$^{21}$kəŋ$^{21}$lei$^{0}$ts$^{h}$iəu$^{53}_{44}$xei$^{53}_{44}$mak$^{3}$ke$^{0}$?çi$^{53}$ɲi$^{13}$mien$^{53}$xɔŋ$^{53}$kɔŋ$^{21}$iet$^{3}$tau$^{53}$,çi$^{53}$ci$^{13}$mien$^{53}$xɔŋ$^{53}$kɔŋ$^{21}$iet$^{3}$tau$^{53}$.

【垅】ləŋ$^{13}$ 名 山间平地：我等屋门口就有只田垅子啊，有只田垅。欸，箇只～里嘞只有几亩子田。ŋai$^{13}$tien$^{0}$uk$^{3}$mən$^{13}$xei$^{21}$ts$^{h}$iəu$^{53}$iəu$^{35}_{53}$tʂak$^{3}$t$^{h}$ien$^{13}$nəŋ$^{13}_{44}$tsɿ$^{0}$a$^{0}$,iəu$^{35}_{53}$tʂak$^{3}$t$^{h}$ien$^{13}$nəŋ$^{13}_{44}$.ei$_{21}$,kai$^{53}$tʂak$^{3}$ləŋ$^{13}$li$^{0}$lei$^{0}$tʂɿ$^{21}$iəu$^{35}_{53}$ci$^{21}$miau$^{35}$tsɿ$^{0}$t$^{h}$ien$^{13}_{21}$.

【拢】ləŋ$^{35}$ 动 合上；聚集：（锁头袋子）头上可以锁～来。t$^{h}$ei$^{13}$xɔŋ$^{53}$k$^{h}$o$^{21}_{44}$i$^{35}_{44}$so$^{21}$ləŋ$^{35}$lɔi$^{13}_{21}$.

【笼$_{2}$】ləŋ$^{21}$/ləŋ$^{13}$ 名 籭箱子，泛指成对、有座子的箱子：就系舞倒箇草纸啊，装下箇个箴箱子肚里啊，就箇只箱子就安做～啊。ts$^{h}$iəu$^{53}_{44}$xe$^{53}_{44}$u$^{21}$tau$^{21}$kai$^{53}_{44}$ts$^{h}$au$^{21}$tʂɿ$^{21}$ʐa$^{0}$,tʂɔŋ$^{35}$a$^{0}$kai$^{53}_{44}$ke$^{53}_{44}$miet$^{5}$siɔŋ$^{35}$tsɿ$^{0}$təu$^{21}$li$^{0}$a$^{0}$,ts$^{h}$iəu$^{53}_{44}$kai$^{53}$tʂak$^{3}$siɔŋ$^{35}$tsɿ$^{0}$ts$^{h}$iəu$^{53}_{44}$ɔn$^{35}_{44}$tso$^{53}_{44}$ləŋ$^{21}$ŋa$^{0}$.｜箇个安做钉～个（新鲜竹钉子）就用沙炒。kai$^{53}_{44}$ke$^{53}_{44}$ɔn$^{35}_{44}$tso$^{53}_{44}$taŋ$^{35}$ləŋ$^{13}$ke$^{53}_{44}$ts$^{h}$iəu$^{53}_{44}$iəŋ$^{53}_{44}$sa$^{35}$ts$^{h}$au$^{21}$.

【楼】lei$^{13}$ 名 楼房的一层：去三～，三零幺。çi$^{53}$san$^{35}$nei$^{13}_{21}$,san$^{35}$nin$^{13}_{21}$iau$^{35}$.｜请上～！ts$^{h}$iaŋ$^{21}$ʂɔŋ$^{35}$lei$^{13}$!｜（厅下）冇得～个。mau$^{13}$tek$^{3}$lei$^{13}$ke$^{53}$.

【楼板】lei$^{13}$pan$^{21}$ 名 楼房两层之间的隔板：～上爱紧楼个时候子啊，会钉钉子啊？lei$^{13}$pan$^{21}$xɔŋ$^{53}$ɔi$^{53}_{44}$cin$^{21}$lei$^{13}$ke$^{53}$ʂɿ$^{13}$xei$^{53}_{44}$tsa$^{0}$,uɔi$^{53}_{44}$taŋ$^{35}_{44}$taŋ$^{35}$tsa$^{0}$?｜厅下是唔放～。t$^{h}$aŋ$^{35}$xa$^{35}$ʂɿ$^{53}_{21}$n̩$^{13}$fɔŋ$^{53}_{44}$lei$^{13}$pan$^{21}$.

【楼底下】lei$^{13}$tei$^{21}$xa$^{53}$ ①楼房的下一层或最底下一层。又简称“楼下”：头到我妹子箇映子自家唔晓得信，一只下水道烂咁哩，搞倒～箇家人唔得了哩，箇个墙上都墨乌个了。因为～冇人系，欸，我妹子箇映咯，楼下赠系人，渠有一到归来盼下子正晓得收拾哩，墨乌个了箇墙上都，漏哩水呀。t$^{h}$ei$^{13}$tau$^{53}$ŋai$^{13}$mɔi$^{53}$tsɿ$^{0}$kai$^{53}$iaŋ$^{53}$tsɿ$^{0}$sɿ$^{35}$ka$^{35}_{44}$n̩$^{13}$çiau$^{21}$tek$^{3}$sin$^{53}$,iet$^{3}$tʂak$^{3}$xa$^{53}_{44}$ʂei$^{21}$t$^{h}$au$^{53}$lan$^{53}$kan$^{21}$ni$^{0}$,kau$^{21}$tau$^{21}$lei$^{13}$tei$^{21}$xa$^{53}_{44}$kai$^{53}_{44}$ka$^{35}_{44}$ɲin$^{13}_{21}$n̩$^{13}$tek$^{3}$liau$^{21}$li$^{0}$,kai$^{53}_{21}$ke$^{53}_{21}$ts$^{h}$iɔŋ$^{13}$xɔŋ$^{53}_{44}$təu$^{35}_{44}$mek$^{5}$u$^{35}_{44}$ke$^{53}$liau$^{21}$.in$^{35}$uei$^{53}_{44}$lei$^{13}_{21}$tei$^{21}$xa$^{53}$mau$^{13}_{21}$ɲin$^{13}_{21}$xe$^{53}$,e$_{21}$,ŋai$^{13}$mɔi$^{53}$tsɿ$^{0}$kai$^{53}_{44}$iaŋ$^{53}_{44}$ko$^{0}$,lei$^{13}$xa$^{53}_{44}$maŋ$^{13}$xei$^{53}$ɲin$^{13}$,ci$^{13}$iəu$^{35}$iet$^{3}$tau$^{53}_{44}$kuei$^{35}$lɔi$^{13}_{21}$tʂ$^{h}$ʅ$^{35}$xa$^{53}_{44}$tsɿ$^{0}$tʂaŋ$^{53}_{44}$çiau$^{21}$tek$^{3}$ʂəu$^{35}$ʂət$^{5}$li$^{0}$,me$^{35}$u$^{35}_{44}$ke$^{53}$liau$^{0}$kai$^{53}_{44}$ts$^{h}$iɔŋ$^{13}$xɔŋ$^{53}_{44}$təu$^{35}_{44}$,lei$^{53}$li$^{0}$ʂei$^{21}$ia$^{0}$. ②指楼下的平地上：你到～去嬲下子。ɲi$^{13}$tau$^{53}$lei$^{13}$tei$^{21}$xa$^{53}_{44}$çi$^{53}$liau$^{53}$xa$^{53}_{44}$tsɿ$^{0}$.｜欸，你等到～去打下子球吵，去嬲下子吵。ei$_{21}$,ɲi$^{13}$tien$^{0}$tau$^{53}$lei$^{13}$tei$^{21}$xa$^{35}$çi$^{53}$ta$^{21}$(x)a$^{53}$tsɿ$^{0}$c$^{h}$iəu$^{13}$ʂa$^{0}$,çi$^{53}_{44}$liau$^{53}$ua$^{53}_{44}$tsɿ$^{0}$ʂa$^{0}$.

【楼房】lei$^{13}$fɔŋ$^{13}$ 名 两层或两层以上的房子。区别于平房：欸，如今城里是有几多只唔系～了。欸，尽系～。如今是蛮多人是系下高层～去了，几十层个～了。e$_{21}$,i$^{13}_{21}$cin$^{35}_{53}$tʂ$^{h}$ən$^{13}$ni$^{0}$ʂʅ$^{53}_{44}$mau$^{13}_{21}$ci$^{21}$(t)o$^{35}_{53}$tʂak$^{3}$m̩$^{13}$p$^{h}$e$^{53}$lei$^{13}$fɔŋ$^{13}_{44}$liau$^{0}$.e$_{21}$,ts$^{h}$in$^{53}$ne$^{53}_{21}$lei$^{13}_{21}$fɔŋ$^{13}_{44}$.i$^{13}_{21}$cin$^{35}_{53}$ʂʅ$^{53}$man$^{13}$to$^{35}_{53}$ɲin$^{13}_{44}$ʂʅ$^{53}_{44}$xei$^{53}$(x)a$^{53}$kau$^{35}$ts$^{h}$ien$^{13}_{21}$nei$^{13}_{21}$fɔŋ$^{13}_{21}$çi$^{53}$liau$^{0}$,ci$^{21}$ʂət$^{5}$ts$^{h}$ien$^{13}$cie$^{53}$lei$^{13}_{44}$fɔŋ$^{13}_{44}$liau$^{0}$.

【楼栿】lei$^{13}$fuk$^{5}$ 名 承载楼板的栿梁：～吧？噢，欸，～，系。渠你箇只屋爱做一层，做一层就一层～啊，欸。lei$^{13}$fuk$^{5}$pa$^{0}$?au$_{53}$,e$_{21}$,lei$^{13}$fuk$^{5}$,xe$^{53}_{21}$.ci$^{13}$ɲi$^{13}$kai$^{53}$tʂak$^{3}$uk$^{3}$ɔi$^{53}_{44}$tso$^{53}$iet$^{3}$ts$^{h}$ien$^{13}$,tso$^{53}$iet$^{3}$ts$^{h}$ien$^{13}$ts$^{h}$iəu$^{53}$iet$^{3}$ts$^{h}$ien$^{13}$lei$^{13}$fuk$^{5}$a$^{0}$,e$_{21}$.

【楼门】lei$^{13}$mən$^{13}$ 名 ①旧时楼板上所开上下通道处安装的门：以前是很少扶楼梯呀，都系用箇起两条棍子个楼梯呀，系唔系？渠往往箇只～呢只系一只架架。我等以前老屋里就箇映～就一只咁个架架嘞。欸扳下下来，就锁嘿哩箇只楼上，就上唔得哩楼。i$^{35}_{53}$ts$^{h}$ien$^{13}_{44}$ʂʅ$^{53}_{44}$xen$^{21}$ʂau$^{21}$fu$^{13}$lei$^{13}$t$^{h}$ɔi$^{35}$ia$^{0}$,təu$^{35}_{44}$xei$^{53}$iəŋ$^{53}_{44}$kai$^{53}_{44}$çi$^{21}$iɔŋ$^{21}$t$^{h}$iau$^{13}_{21}$kuən$^{53}$tsɿ$^{0}$ke$^{0}$lei$^{13}_{21}$t$^{h}$ɔi$^{35}_{44}$ia$^{0}$,xei$^{53}$me$^{53}$?ci$^{13}_{21}$uɔŋ$^{21}$uɔŋ$^{21}$kai$^{53}$tʂak$^{3}$lei$^{13}_{21}$mən$^{13}_{21}$ne$^{0}$tʂʅ$^{21}$xei$^{53}$iet$^{3}$tʂak$^{3}$ka$^{53}$ka$^{53}_{44}$.ŋai$^{13}$tien$^{0}$i$^{35}_{53}$ts$^{h}$ien$^{13}_{21}$lau$^{21}$uk$^{3}$li$^{0}$ts$^{h}$iəu$^{53}$kai$^{53}$iaŋ$^{53}$lei$^{13}_{21}$mən$^{13}_{21}$ts$^{h}$iəu$^{53}$iet$^{3}$tʂak$^{3}$kan$^{21}$ke$^{0}$ka$^{53}$ka$^{53}_{21}$lei$^{0}$.e$^{0}$pan$^{35}$na$^{53}$xa$^{53}_{44}$lɔi$^{13}_{21}$,ts$^{h}$iəu$^{53}_{44}$so$^{21}$xek$^{3}$li$^{0}$kai$^{53}$tʂak$^{3}$lei$^{13}$xɔŋ$^{53}$,ts$^{h}$iəu$^{53}$ʂɔŋ$^{35}$n̩$^{13}_{21}$tek$^{3}$li$^{0}$lei$^{13}$. ②进出楼上房间的门：我等楼上就有两只间啵，通过箇只楼梯上倒第一只间。然后打开……进入第二只间呢要打开箇只～来，打开第二只间里箇只～来正进得。ŋai$^{13}$tien$^{0}$lei$^{13}_{21}$xɔŋ$^{53}_{44}$ts$^{h}$iəu$^{53}_{44}$iəu$^{35}_{44}$iɔŋ$^{21}$tʂak$^{3}$kan$^{35}_{44}$nau$^{0}$,t$^{h}$əŋ$^{35}$ko$^{53}$kai$^{53}$tʂak$^{3}$lei$^{13}$t$^{h}$ɔi$^{35}_{44}$ʂɔŋ$^{35}$tau$^{21}$t$^{h}$i$^{53}$iet$^{3}$tʂak$^{3}$kan$^{35}$.vien$^{13}$xei$^{53}$ta$^{21}$k$^{h}$ɔi$^{35}_{44}$…tsin$^{53}$vy$^{13}$t$^{h}$i$^{53}$ɲi$^{53}$tʂak$^{3}$kan$^{35}_{44}$nei$^{0}$iau$^{53}$ta$^{21}$k$^{h}$ɔi$^{35}_{44}$kai$^{53}$tʂak$^{3}$lei$^{13}$mən$^{13}_{44}$lɔi$^{13}_{44}$,ta$^{21}$k$^{h}$ɔi$^{35}_{44}$t$^{h}$i$^{53}$ɲi$^{53}$tʂak$^{3}$kan$^{35}_{44}$ni$^{0}$kai$^{53}$tʂak$^{3}$lei$^{13}$mən$^{13}_{21}$nɔi$^{13}_{44}$tʂaŋ$^{53}_{44}$tsin$^{53}$tek$^{3}$. ③楼房的单元门：～是唔指各家个门，系指单元门就系～。lei$^{13}$mən$^{13}_{44}$ʂʅ$^{53}_{44}$m̩$^{13}$tʂʅ$^{21}$kɔk$^{3}$ka$^{35}$ke$^{53}$mən$^{13}$,xei$^{53}$tʂʅ$^{21}$tan$^{35}$vien$^{13}_{21}$mən$^{13}$tsiəu$^{53}$xe$^{53}$lei$^{13}$mən$^{13}$.

【楼面】lei$^{13}$mien$^{53}$ 名 楼栿或楼板构成的平面：～上唔起作用个。lei$^{13}$mien$^{53}$xɔŋ$^{53}$m̩$^{13}$çi$^{21}$tsɔk$^{3}$ iəŋ$^{53}$ ke$^{53}$.

【楼上】lei$^{13}$xɔŋ$^{53}_{44}$ 名 房屋底层之上的部分，或指所处楼层以上：（杆）一般就放下牛栏～唠。iet$^{3}$pɔn$^{35}$tsʰiəu$^{53}$fɔŋ$^{53}_{44}$xa$^{53}_{44}$ɲiəu$^{13}$lan$^{13}$lei$^{13}$xɔŋ$^{53}_{44}$lau$^{0}$.

【楼梯】lei$^{13}$tʰai$^{35}$/tʰɔi$^{35}$ 名 云梯。用于爬高的器具，由两根长粗杆子做边，中间横穿适合攀爬的横杆：破（猪肉）个时候子挂起来，一头就绾倒箇只脚，一头就绾倒～上。pʰo$^{53}$ke$^{53}_{44}$ʂʅ$^{13}$xei$^{53}_{44}$ tsʅ$^{0}$kua$^{53}$çi$^{21}$lɔi$^{13}_{21}$,iet$^{3}$ tʰei$^{13}$tsʰiəu$^{53}$uan$^{21}$tau$^{21}$kai$^{53}$tʂak$^{3}$ ciɔk$^{3}$,iet$^{3}$ tʰei$^{13}$tsʰiəu$^{53}$uan$^{21}$tau$^{21}$lei$^{13}$tʰai$^{35}_{44}$xɔŋ$^{53}_{44}$.

【楼下】lɔu$^{13}$/lei$^{13}$xa$^{53}$ ①楼房的下一层或最底下一层。又称"楼底下"：我系倒三楼，我等～系一只当医师个系倒去箇子。ŋai$^{13}$xei$^{53}$tau$^{21}$san$^{35}$nei$^{13}$,ŋai$^{13}$tien$^{0}$ lei$^{13}$xa$^{53}_{44}$xei$^{53}$iet$^{3}$ tʂak$^{3}$ tɔŋ$^{35}_{44}$i$^{35}$sʅ$^{35}_{44}$ke$^{53}$xei$^{53}$ tau$^{21}$çi$^{53}$kai$^{53}$tsʅ$^{0}$. ②指楼下的平地上：欸，我孙子等人呢箇个散哩学嘞一散学归来就擂只篮球到～去打篮球去哩。ei$_{21}$,ŋai$^{13}$sən$^{35}$tsʅ$^{21}$ten$^{21}_{44}$ɲin$^{13}_{44}$nei$^{0}$ kai$^{53}_{44}$ke$^{53}_{44}$san$^{53}$ni$^{0}$ xɔk$^{5}$ lei$^{0}$ iet$^{3}$ san$^{53}$xɔk$^{5}$ kuei$^{35}$lɔi$^{13}_{21}$ tsʰiəu$^{53}$le$^{53}$tʂak$^{3}$ lan$^{13}$cʰiəu$^{13}$tau$^{53}$lei$^{13}$xa$^{53}$çi$^{53}$ta$^{21}$lan$^{13}$cʰiəu$^{13}$çi$^{53}$li$^{0}$.

【搂】lɔu$^{13}$/lei$^{13}$ 动 ①用手臂围住；抱（东西）：打比一床被窝，系唔系？我就～下倒，～一床被窝。ta$^{21}$pi$^{21}$iet$^{3}$ tsʰɔŋ$^{13}_{21}$pʰi$^{35}$pʰo$^{35}_{44}$,xei$^{53}$me$^{53}$?ŋai$^{13}$tsʰiəu$^{53}$lɔu$^{13}$ua$^{53}$tau$^{21}$,lɔu$^{13}$iet$^{3}$ tsʰɔŋ$^{13}_{21}$pʰi$^{35}$pʰo$^{35}_{44}$.｜～滴子柴，～一揽柴。lɔu$^{13}$tiet$^{5}$ tsʅ$^{0}$ tsʰai$^{13}$,lɔu$^{13}$iet$^{3}$ lan$^{21}$tsʰai$^{13}$. ②从水或其他液体中捞起：～面 lei$^{13}$mien$^{53}$ 把面条从锅中捞出｜箇用甑个要爱用甑，渠就硬爱～一下咯。你唔～一下，（饭）蒸唔熟咯。kai$^{53}_{44}$iəŋ$^{53}_{44}$ tsien$^{53}$ke$^{53}_{21}$iau$^{53}_{21}$ɔi$^{53}_{44}$iəŋ$^{53}_{44}$tsien$^{53}$,ci$^{13}_{21}$tsʰiəu$^{53}_{44}$ɲiaŋ$^{53}$ɔi$^{53}$lei$^{13}$iet$^{3}$ xa$^{53}$ko$^{0}$. ɲi$^{13}$n̩$^{13}$nei$^{13}$iet$^{3}$ xa$^{53}$,tʂən$^{35}$n̩$^{13}_{21}$ʂəuk$^{5}$ ko$^{0}$.｜米子藻冇么人～倒分猪食。mi$^{21}$tsʅ$^{21}$pʰiau$^{13}$mau$^{13}$mak$^{3}$ɲin$^{13}_{44}$lei$^{13}$tau$^{21}$pən$^{35}$tʂəu$^{35}$ʂət$^{5}_{3}$. ③捕捉（鱼、虾等）：～虾公 lei$^{13}$xa$^{13}$kəŋ$^{35}$｜我箇两十岁子箇时候子箇阵子撂箇只老师做一只学堂教书，渠就真会搞鱼子，我是跟倒渠还安做去～过几只子鱼子。箇阵子真多鱼子嘞，七几年呐。ŋai$^{13}$ kai$^{53}$iɔŋ$^{21}$ʂət$^{5}$ sɔi$^{53}$tsʅ$^{0}$ kai$^{53}_{44}$ʂʅ$_{44}$xɔu$^{53}_{44}$tsʅ$^{0}$ kai$^{53}$tʂʰən$^{53}$tsʅ$^{0}$ lau$^{35}$kai$^{53}$tʂak$^{3}$ lau$^{21}$sʅ$^{35}_{44}$tso$^{53}_{44}$iet$^{3}$ tʂak$^{3}$ xɔk$^{5}$ tʰɔŋ$^{13}_{21}$kau$^{35}_{44}$ʂəu$^{35}$, ci$^{13}$tsʰiəu$^{53}$tʂən$^{35}$uɔi$^{53}$kau$^{21}$ŋ̍$^{13}$tsʅ$^{0}$,ŋai$^{13}$ʂʅ$^{53}$cien$^{35}$tau$^{21}$ci$^{13}_{44}$xai$^{13}_{44}$ɔn$^{35}$tso$^{53}$çi$^{53}_{44}$lei$^{13}$ko$^{53}$ci$^{21}$tʂak$^{3}$ tsʅ$^{0}$ ŋ̍$^{13}$tsʅ$^{0}$.kai$^{53}$tʂʰən$^{53}_{44}$ tsʅ$^{0}$ tʂən$^{35}$to$^{35}_{44}$ŋ̍$^{13}$tsʅ$^{0}$ le$^{0}$,tsʰiet$^{3}$ ci$^{21}$ɲien$^{13}$na$^{0}$.

【搂饭】lei$^{13}$fan$^{53}$ 动 将煮好的米从米汤中捞出或沥出：（饭撮）用来～。iəŋ$^{53}$lɔi$^{13}_{21}$lei$^{13}$fan$^{53}$.

【搂箕】lei$^{13}$/lɔu$^{13}$老派 ci$^{35}$ 名 捞鱼虾的渔具，支架为"叉"字形，渔网连接在三角形部分：啊，还有一只就细滴子咯，安做～。拿下～呀。/～，系呀，～。/细滴子个～，大滴子个就网。/～，网，大水搂箕。/系呀，大水搂箕，长把搂箕。/就系大……就系大水了。就系大水搂箕呀。a$_{21}$,xai$^{13}$iəu$^{35}_{44}$iet$^{3}$ tʂak$^{3}$ tsʰiəu$^{53}_{44}$se$^{53}$tiet$^{5}$ tsʅ$^{0}$ ko$^{0}$ ,ɔn$^{35}_{44}$tso$^{53}_{44}$lɔu$^{13}$ci$^{35}$.la$^{53}_{44}$(x)a$^{53}$lɔu$^{13}$ci$^{35}$ia$^{0}$./lei$^{13}$ci$^{35}_{44}$,xei$^{53}_{44}$ ia$^{0}$,lei$^{13}$ci$^{35}_{44}$./se$^{53}_{44}$tiet$^{5}_{3}$tsʅ$^{0}$ke$^{53}_{44}$lɔu$^{13}$ci$^{35}$,tʰai$^{35}$tiet$^{5}_{3}$tsʅ$^{0}$ ke$^{53}_{44}$tsʰiəu$^{53}_{44}$mɔŋ$^{21}$./lɔu$^{13}$ci$^{35}_{44}$,mɔŋ$^{21}$,tʰai$^{53}$ʂei$^{21}$lɔu$^{13}$ci$^{35}$./xei$^{53}_{44}$ ia$^{0}$,tʰai$^{53}$ʂei$^{21}$lei$^{13}$ci$^{35}$,tʂʰɔŋ$^{13}$pa$^{53}$lei$^{13}$ci$^{35}_{44}$./tsʰiəu$^{53}_{44}$xe$^{53}_{44}$tʰai$^{53}$···tsʰiəu$^{53}$xe$^{53}$tʰai$^{53}$ʂei$^{21}$liau$^{0}$.tsʰiəu$^{53}$xe$^{53}_{44}$tʰai$^{53}$ʂei$^{21}$ lɔu$^{13}_{21}$ci$^{35}$ia$^{0}$.

【搂搂打打】lɔu$^{35}$lɔu$^{35}$ta$^{21}$ta$^{21}$ 扭打：以下你愎服吗啦？嘿，以前是硬长日捉倒渠老婆～。欸长日骂渠老婆，欸打渠老婆。欸，一离离下咁，愎服，冇哩出。i$^{21}$xa$^{53}$ɲi$^{13}_{44}$tɔk$^{5}$ fuk$^{5}$ ma$^{0}$ la$^{0}$ ?xe$_{53}$,i$^{35}_{53}$ tsʰien$^{13}_{21}$ʂʅ$^{13}_{44}$ɲiaŋ$^{53}$tʂʰɔŋ$^{13}_{53}$ɲiet$^{3}$ tsɔk$^{3}$ (t)au$^{21}$ci$^{13}_{44}$lau$^{21}$pʰo$^{13}_{44}$lɔu$^{35}_{44}$lɔu$^{35}_{44}$ta$^{21}$ta$^{21}$.e$_{21}$tʂʰɔŋ$^{13}$ɲiet$^{3}$ ma$^{53}$ci$^{13}_{44}$lau$^{21}$pʰo$^{13}_{44}$,ei$_{53}$ta$^{21}_{44}$ ci$^{13}_{44}$lau$^{21}$pʰo$^{13}_{44}$.ei$_{13}$,iet$^{3}$ li$^{13}$li$^{13}$ia$^{53}$kan$^{21}_{44}$,tɔk$^{5}$ fuk$^{5}$ ,mau$^{13}$li$^{0}$ tʂʰət$^{3}$.

【篓$_{1}$】lei$^{21}$/lɔu$^{21}$老派 名 盛东西的器具，用竹篾等编成，从口到底比较深：～就有几起啦。有篾丝篓，就有番薯篓。lei$^{21}$tsʰiəu$^{53}_{44}$iəu$^{35}_{44}$ci$^{21}$çi$^{21}$la$^{0}$.iəu$^{35}$miet$^{5}$ sʅ$^{35}$lei$^{21}$,tsʰiəu$^{53}_{44}$iəu$^{35}$fan$^{35}$ʂəu$^{13}_{21}$lei$^{21}$.

【篓$_{2}$】lei$^{21}$ 量 指用篓装的东西：用鱼篓子装倒，一～鱼子。iəŋ$^{53}$ŋ̍$^{13}$lei$^{21}$tsʅ$^{0}$ tʂɔŋ$^{35}$tau$^{21}$,iet$^{3}$ lei$^{21}$ŋ̍$^{13}$ tsʅ$^{0}$.

【篓公】li$^{21}$kəŋ$^{35}$ 名 一种篾篓，用一条绳子挎在肩上，用途很广：我等以映只有～。但是我等以只背嘞唔同嘞。唔同渠等箇起咁子背。/唔同箇两边背倒箇，我等只有一条绳。扤只，掼……/有滴去人家也扤～哦。/以只篓公就有大～细～。/竹子编个。/去人家也有扤～个唠。/也有扤～个。/湘西就系两根个唠，渠就粪箕都冇得。/所以我等用个箇个以只～嘞就包括用滴么啊东西嘞？欸，摘茶叶，采茶，摘茶籽，摘菜，摘猪菜，都用以只东西。ŋai$^{13}_{21}$tien$^{0}$ i$^{21}_{44}$ iaŋ$^{53}_{44}$tsʅ$^{21}$iəu$^{35}_{44}$li$^{21}$kəŋ$^{35}_{44}$.tan$^{53}_{44}$ʂʅ$^{53}_{44}$ŋai$^{13}_{21}$tien$^{0}$ i$^{21}$tʂak$^{3}$ pei$^{35}$le$^{0}$ n̩$^{13}$tʰəŋ$^{13}_{21}$le$^{0}$ .n̩$^{13}$tʰəŋ$^{13}_{21}$ci$^{13}_{21}$tien$^{0}$ kai$^{53}$çi$^{21}$kan$^{21}$tsʅ$^{0}$ pei$^{35}$./n̩$^{13}$ tʰəŋ$^{13}_{44}$kai$^{53}_{44}$iɔŋ$^{21}$pien$^{35}_{44}$pi$^{53}$tau$^{21}$kai$^{53}_{44}$,ŋai$^{13}_{21}$tien$^{0}$ tsʅ$^{21}$iəu$^{35}_{53}$iet$^{3}$ tʰiau$^{13}$ʂən$^{13}$.kʰuai$^{21}$tʂak$^{3}$,kʰuan$^{53}$···/iəu$^{35}$tet$^{5}$ çi$^{53}$ɲin$^{13}_{21}$ ka$^{35}_{44}$ia$^{35}$kʰuai$^{21}$li$^{21}$kəŋ$^{35}$o$^{0}$ ./i$^{21}$tʂak$^{3}$ li$^{21}$kəŋ$^{35}_{44}$tsʰiəu$^{53}_{44}$iəu$^{35}$tʰai$^{53}_{44}$li$^{21}$kəŋ$^{35}_{44}$sei$^{35}$li$^{21}$kəŋ$^{35}$./tʂəuk$^{3}$ tsʅ$^{0}$ pien$^{35}_{44}$ke$^{53}_{44}$./çi$^{53}$ ɲin$^{13}$ka$^{35}_{44}$ia$^{35}$iəu$^{35}_{53}$kʰuai$^{21}$li$^{21}$kəŋ$^{35}$ke$^{53}$lau$^{0}$ ./ia$^{35}$iəu$^{35}_{53}$kʰuai$^{21}$li$^{21}$kəŋ$^{35}$ke$^{53}_{44}$./siɔŋ$^{35}$si$^{35}$tsʰiəu$^{53}_{44}$xei$^{53}$iəŋ$^{21}$cien$^{35}$ke$^{53}_{44}$

lau$^{0}$,ci$^{13}_{21}$ts$^{h}$iəu$^{53}_{44}$pən$^{53}$ci$^{35}$təu$^{35}_{44}$mau$^{13}_{44}$tek$^{3}$./so$^{21}$i$^{35}$ŋai$^{13}_{21}$tien$^{0}$ iəŋ$^{53}_{44}$ke$^{53}_{44}$kai$^{53}$ke$^{53}_{44}$i$^{21}$tʂak$^{3}$ li$^{21}$kəŋ$^{35}_{44}$lei$^{0}$ ts$^{h}$iəu$^{53}_{44}$pau$^{35}$ kuait$^{3}$ iəŋ$^{53}_{44}$tet$^{5}_{3}$ mak$^{3}$ a$^{0}$ təŋ$^{35}_{44}$si$^{0}$ lei$^{0}$ ?e$_{21}$,tsak$^{3}$ ts$^{h}$a$^{13}$iait$^{5}_{3}$,ts$^{h}$ai$^{21}$ts$^{h}$a$^{13}$,tsak$^{3}$ ts$^{h}$a$^{13}$tsɿ$^{21}$,tsak$^{3}$ ts$^{h}$ɔi$^{53}$,tsak$^{3}$ tʂəu$^{35}$ ts$^{h}$ɔi$^{53}_{44}$,təu$^{35}$iəŋ$^{53}_{44}$i$^{21}$tʂak$^{3}$ təŋ$^{35}_{44}$si$^{0}$.

【漏】lei$^{53}$ [动]①物体由孔或缝中滴下、透出或掉出：（竹筒）一爆就箇只酒就～出来啦。iet$^{3}$ pau$^{53}$ts$^{h}$iəu$^{53}_{44}$kai$^{53}_{44}$tʂak$^{3}$ tsiəu$^{21}$tsiəu$^{53}_{44}$lei$^{53}$tʂ$^{h}$ət$^{3}$ lɔi$^{13}$la$^{0}$.｜冇事漏烟呶。mau$^{13}_{21}$sɿ$^{53}_{44}$lei$^{53}$ien$^{35}$nau$^{0}$. ②往下流：～口水，就同细人子咁～口水。lei$^{53}$xei$^{21}$ʂei$^{21}$,ts$^{h}$iəu$^{53}_{44}$t$^{h}$əŋ$^{13}$sei$^{53}$ɲin$^{13}_{21}$tsɿ$^{0}$ kan$^{21}_{44}$lei$^{53}$xei$^{21}$ʂei$^{21}$. ③遗漏：～字 lei$^{53}$sɿ$^{53}$

【漏勺】lei$^{53}$ʂɔk$^{5}$ [名]炊事用具，是有许多小孔的金属勺子：我等屋下就有两起～啦，一只～就系舀箇个镬头里个渣渣个啦，还一只～嘞就炮换茶个～啊，炮玉兰片箇兜就爱用～啊。ŋai$^{13}$ tien$^{0}$ uk$^{3}$ xa$^{53}_{44}$ts$^{h}$iəu$^{53}$iəu$^{35}_{53}$iəŋ$^{21}$çi$^{21}$lei$^{53}$ʂɔk$^{5}$ la$^{0}$,iet$^{3}$ tʂak$^{3}$ lei$^{53}$ʂɔk$^{5}$ ts$^{h}$iəu$^{53}$xei$^{53}$iau$^{21}$kai$^{53}_{44}$kei$^{53}_{44}$uɔk$^{5}$ t$^{h}$ei$^{13}_{21}$li$^{21}$ke$^{53}$tsa$^{35}$ tsa$^{35}_{44}$ke$^{53}$la$^{0}$,xai$^{13}$iet$^{3}$ tʂak$^{3}$ lei$^{53}_{44}$ʂɔk$^{5}$ lei$^{0}$ ts$^{h}$iəu$^{53}$p$^{h}$au$^{13}$uɔn$^{53}$ts$^{h}$a$^{13}_{21}$ke$^{0}$ lei$^{53}$ʂɔk$^{5}$ a$^{0}$,p$^{h}$au$^{13}$i$^{53}$lan$^{13}_{21}$p$^{h}$ien$^{21}$kai$^{53}_{44}$te$^{35}_{53}$ ts$^{h}$iəu$^{53}_{44}$ɔi$^{53}_{44}$iəŋ$^{53}_{44}$lei$^{53}$ʂɔk$^{5}$ a$^{0}$.

【漏水】lei$^{53}$ʂei$^{21}$ [动]①东西破裂，使得水成滴状或细流状渗透出来：欸（镬头）爆条子坼，有滴子～。e$^{0}$ pau$^{53}$t$^{h}$iau$^{13}_{44}$tsɿ$^{0}$ ts$^{h}$ak$^{3}$,iəu$^{35}$tet$^{5}$ tsɿ$^{0}$ lei$^{53}$ʂei$^{21}$. ②房顶破损，雨水下漏：屋～了就捡屋。uk$^{3}$ lei$^{53}$ʂei$^{21}$liau$^{0}$ ts$^{h}$iəu$^{53}$cian$^{21}$uk$^{3}$.

【炉】ləu$^{13}$ [名]供做饭、烧水、取暖等用的器具或装置：就到～肚里去松火个，系有把铲子。ts$^{h}$iəu$^{53}_{44}$tau$^{53}$ləu$^{13}$təu$^{21}$li$^{0}$ çi$^{53}_{44}$səŋ$^{35}$fo$^{21}$ke$^{53}$,xei$^{53}_{44}$iəu$^{35}$pa$^{21}$ts$^{h}$an$^{21}$tsɿ$^{0}$.

【炉盖子】ləu$^{13}$kɔi$^{53}$tsɿ$^{0}$ [名]①煤灶上的水箱盖：箇如今我摎我婈子就用只煤灶喔，煤灶上就有只～啊。煤灶边上有水呀，箇水是喷滚个，长日盖稳呐，盖稳箇只煤灶个箇只炉子啊，箇就箇个欸水箱罩哇，烧煤个水箱罩哇，也系～嘞。kai$^{53}_{44}$i$^{13}_{21}$cin$^{35}_{53}$ŋai$^{13}$lau$^{35}_{53}$ŋai$^{13}_{21}$ɔi$^{35}$tsɿ$^{0}$ ts$^{h}$iəu$^{53}$iəŋ$^{53}$tʂak$^{3}$ mei$^{13}$tsau$^{53}$uo$^{0}$,mei$^{13}$tsau$^{53}_{44}$xɔŋ$^{53}_{44}$ts$^{h}$iəu$^{53}$iəu$^{35}_{53}$tʂak$^{3}$ ləu$^{13}$kɔi$^{53}$tsa$^{0}$.mei$^{13}$tsau$^{53}$pien$^{35}_{44}$xɔŋ$^{53}_{44}$iəu$^{35}$ʂei$^{21}$ia$^{0}$,kai$^{53}$ʂei$^{21}$ʂʅ$^{53}_{44}$ p$^{h}$aŋ$^{53}$kuən$^{21}$cie$^{0}$,tʂ$^{h}$ɔŋ$^{13}$ɲiet$^{3}$ kɔi$^{53}$uən$^{21}$na$^{0}$,kɔi$^{53}$uən$^{21}$kai$^{53}$tʂak$^{3}$ mei$^{13}$tsau$^{53}$ke$^{53}_{44}$kai$^{53}$tʂak$^{3}$ ləu$^{13}$tsa$^{0}$,kai$^{53}$ts$^{h}$iəu$^{53}_{44}$ kai$^{53}$ke$^{53}_{44}$e$^{0}$ ʂei$^{21}$siɔŋ$^{35}$tsau$^{53}$ua$^{0}$,ʂau$^{35}$mei$^{13}$ke$^{53}_{44}$ʂei$^{21}$siɔŋ$^{35}$tsau$^{53}$ua$^{0}$,ia$^{35}$xe$^{53}$ləu$^{13}$kɔi$^{53}$tsɿ$^{0}$ le$^{0}$. ②引申指电饭煲的盖子：我箇到一只机器炉子烂嘿哩，拿倒去换底，我就分只炉子盖拿归来哩，系啊？搞嘿几个月，我把做冇得箇底换呢，搞几个月渠正喊我，换正哩。箇我话箇我爱归去寻倒箇只炉子盖来哟，～来哟，𫚖寻倒箇～来是我不要哩噢，落尾寻倒哩箇～，箇唔系我又多只机器炉子？拿归来哩。ŋai$^{13}$kai$^{53}$tau$^{53}$iet$^{3}$ tʂak$^{3}$ ci$^{35}$çi$^{53}$ləu$^{13}$tsɿ$^{0}$ lan$^{53}$nek$^{3}$ li$^{0}$,la$^{53}$tau$^{21}$çi$^{53}_{44}$uən$^{53}$te$^{21}$,ŋai$^{13}$ts$^{h}$iəu$^{53}$pən$^{35}$ tʂak$^{3}$ ləu$^{13}$tsɿ$^{0}$ kɔi$^{53}$la$^{53}$kuei$^{35}$lɔi$^{13}_{21}$li$^{0}$,xei$^{53}$a$^{0}$ ?kau$^{21}$xek$^{3}$ ci$^{21}$cie$^{53}$ɲiet$^{5}$,ŋai$^{13}$pa$^{21}$tso$^{53}$mau$^{13}$tek$^{3}$ kai$^{53}_{44}$tei$^{21}$uən$^{53}$ ne$^{0}$,kau$^{21}$ci$^{21}$cie$^{53}$ɲiet$^{5}$ ci$^{13}_{21}$tʂaŋ$^{53}$xan$^{53}$ŋai$^{13}_{21}$,uən$^{53}$tʂaŋ$^{53}$li$^{0}$.kai$^{53}$ŋai$^{13}$ua$^{53}$kai$^{53}$ŋai$^{13}_{21}$ɔi$^{53}_{21}$kuei$^{35}$çi$^{53}_{44}$ts$^{h}$in$^{13}$tau$^{21}$kai$^{53}$ tʂak$^{3}$ ləu$^{13}$tsɿ$^{0}$ kɔi$^{53}$lɔi$^{13}$io$^{0}$,ləu$^{13}$kɔi$^{53}$tsɿ$^{0}$ lɔi$^{13}$io$^{0}$,maŋ$^{13}$ts$^{h}$in$^{13}_{21}$tau$^{21}$kai$^{53}$ləu$^{13}$kɔi$^{53}$tsɿ$^{0}$ lɔi$^{13}$ʂʅ$^{53}_{44}$ŋai$^{13}_{21}$pət$^{3}$ iau$^{53}$li$^{0}$ au$^{0}$, lɔk$^{5}$ mi$^{35}_{53}$ts$^{h}$in$^{13}$tau$^{21}$li$^{0}$ kai$^{53}$ləu$^{13}$kɔi$^{53}$tsɿ$^{0}$,kai$^{53}$m̩$^{13}_{44}$p$^{h}$ei$^{53}_{44}$ŋai$^{13}$iəu$^{53}$to$^{35}$tʂak$^{3}$ ci$^{35}_{44}$çi$^{53}$ləu$^{13}$tsɿ$^{0}$ ?la$^{53}_{44}$kuei$^{35}$lɔi$^{13}_{21}$li$^{0}$.

【炉门】ləu$^{13}$mən$^{13}$ [名]炉子下方的进气口。又称"炉膛眼"：我等天天食嘿夜饭呢煮嘿夜饭食就煤盖子盖下～上留只子眼呢。欸，渠就顶高又可以放只炉子去坐兜子水洗碗，又搞夜搞到八九点子钟就换煤，就明晡早晨还可以煮餐饭食。ŋai$^{13}$tien$^{0}$ t$^{h}$ien$^{35}$t$^{h}$ien$^{35}_{44}$ʂət$^{5}$ xek$^{3}$ ia$^{53}$fan$^{53}_{44}$ne$^{0}$ tʂəu$^{21}$ xek$^{3}$ ia$^{53}$fan$^{53}_{44}$ʂət$^{5}$ ts$^{h}$iəu$^{53}_{44}$mei$^{13}$kɔi$^{53}$tsɿ$^{0}$ kɔi$^{53}$(x)a$^{53}_{44}$ləu$^{13}_{21}$mən$^{13}_{21}$xɔŋ$^{53}$liəu$^{13}$tʂak$^{3}$ tsɿ$^{0}$ ŋan$^{21}$nei$^{0}$.e$_{21}$,ci$^{13}$ts$^{h}$iəu$^{53}$taŋ$^{21}$ kau$^{35}_{44}$iəu$^{53}$k$^{h}$o$^{21}$i$^{35}_{44}$fɔŋ$^{53}$tʂak$^{3}$ ləu$^{13}$tsɿ$^{0}$ çi$^{53}$ts$^{h}$o$^{53}$te$^{35}_{53}$tsɿ$^{0}$ ʂei$^{21}$se$^{21}$uən$^{21}$,iəu$^{53}$kau$^{21}$ia$^{53}$kau$^{21}$tau$^{53}_{44}$pait$^{3}$ ciəu$^{21}$tian$^{21}$tsɿ$^{0}$ tʂəŋ$^{35}$ts$^{h}$iəu$^{53}$uən$^{53}$mei$^{13}$,tsiəu$^{53}_{44}$miaŋ$^{13}$pu$^{35}_{53}$tsau$^{21}$ʂən$^{13}_{44}$xai$^{13}_{21}$k$^{h}$o$^{21}$i$^{35}_{53}$tʂəu$^{21}$ts$^{h}$ɔn$^{35}_{44}$fan$^{53}$ʂət$^{5}$.

【炉桥子】ləu$^{13}$c$^{h}$iau$^{13}$tsɿ$^{0}$ [名]炉条，炉膛与炉底之间承燃料、漏柴灰的铁条：以前个灶是冇得箇只～。i$^{35}_{44}$ts$^{h}$ien$^{13}$ke$^{53}_{44}$tsau$^{53}$ʂʅ$^{53}_{44}$mau$^{13}$tek$^{3}$ kai$^{53}$tʂak$^{3}$ ləu$^{13}$c$^{h}$iau$^{13}$tsɿ$^{0}$.

【炉膛】ləu$^{13}$t$^{h}$ɔŋ$^{13}$ [名]炉灶内部燃烧燃料的空间：我等箇～肚里只爱放三坨煤，长日都只爱放三坨煤。ŋai$^{13}$tien$^{0}$ kai$^{53}$ləu$^{13}$t$^{h}$ɔŋ$^{13}$təu$^{21}$li$^{0}$ tʂʅ$^{21}$ɔi$^{53}_{44}$fɔŋ$^{53}$san$^{35}$t$^{h}$o$^{13}_{21}$mei$^{13}_{21}$,tʂ$^{h}$ɔŋ$^{13}$ɲiet$^{3}$ təu$^{35}_{53}$tʂʅ$^{21}$ɔi$^{53}_{44}$fɔŋ$^{53}$san$^{35}$t$^{h}$o$^{13}_{21}$ mei$^{13}$.

【炉膛眼】ləu$^{13}$t$^{h}$ɔŋ$^{13}$ŋan$^{21}$ [名]炉门：呃～上就去用煤盖子分渠盖稳渠唠，系唔系？欸。爱火大滴子嘞就扯出滴子来唠。如果过夜个时候子嘞只爱留滴子眼呶。ə$_{21}$ləu$^{13}$t$^{h}$ɔŋ$^{13}_{44}$ŋan$^{21}$xɔŋ$^{53}$ts$^{h}$iəu$^{53}$ çi$^{53}$iəŋ$^{53}$mei$^{13}$kɔi$^{53}$tsɿ$^{0}$ pən$^{35}$ci$^{13}_{21}$kɔi$^{53}$uən$^{21}$ci$^{13}_{44}$lau$^{0}$,xei$^{53}$me$^{53}$?e$_{21}$.ɔi$^{53}$fo$^{21}$t$^{h}$ai$^{53}$tiet$^{5}$ tsɿ$^{0}$ lei$^{0}$ ts$^{h}$iəu$^{53}_{44}$tʂ$^{h}$a$^{21}$tʂ$^{h}$ət$^{3}$ tiet$^{5}$ tsɿ$^{0}$ lɔi$^{13}_{44}$lau$^{0}$.ɥ$^{13}$ko$^{21}$ko$^{53}$ia$^{53}$ke$^{53}_{44}$ʂʅ$^{13}_{44}$xəu$^{53}_{44}$tsɿ$^{0}$ lei$^{0}$ tʂʅ$^{21}$ɔi$^{53}_{44}$liəu$^{13}$tiet$^{5}$ tsɿ$^{0}$ ŋan$^{21}$nau$^{0}$.

【炉心】ləu$^{13}$sin$^{35}$ [名]煤炉内的瓦筒：我以只灶都分我换哩两到～了喔。一只～只用得两年子。我分箇个东西下夹嘿去，箇烂嘿哩个～呐下丢嘿去。～摎煤灶之间呢就系一重保温沙，系唔系？我只爱分箇保温沙留起，分箇烂～夹咁去，放转只～去，分保温沙倾转去，就要得哩。ŋai$^{13}$i$^{21}$tʂak$^{3}$ tsau$^{53}$təu$^{35}_{53}$pən$^{35}_{53}$ŋai$^{13}_{21}$uən$^{53}$li$^{0}$ iəŋ$^{21}$tau$^{53}$ləu$^{13}$sin$^{35}_{44}$niau$^{21}$uo$^{0}$.iet$^{3}$ tʂak$^{3}$ ləu$^{13}$sin$^{35}_{53}$tʂʅ$^{21}$iəŋ$^{53}$tek$^{3}$ iəŋ$^{21}$ɲien$^{13}$tsɿ$^{0}$.ŋai$^{13}_{21}$pən$^{35}$kai$^{53}_{44}$ke$^{53}_{44}$təŋ$^{35}_{44}$si$^{0}$ xa$^{53}$kait$^{3}$ (x)ek$^{3}$ çi$^{53}$,kai$^{53}_{44}$lan$^{53}$nek$^{3}$ li$^{0}$ ke$^{0}$ ləu$^{13}$sin$^{35}$na$^{0}$ xa$^{53}$tiəu$^{35}$uek$^{3}$ çi$^{53}$. ləu$^{13}$sin$^{35}_{44}$lau$^{35}$mei$^{13}$tsau$^{53}$tʂʅ$^{35}_{44}$kan$^{35}_{44}$ne$^{0}$ tsʰiəu$^{53}$xei$^{53}$iet$^{3}$ tʂʰəŋ$^{13}$pau$^{21}$uən$^{35}_{44}$sa$^{35}$,xei$^{53}$me$^{53}$?ŋai$^{13}_{21}$tʂʅ$^{21}$ɔi$^{53}_{44}$pən$^{35}$kai$^{53}_{44}$pau$^{21}$uən$^{35}_{44}$sa$^{35}$liəu$^{13}$çi$^{21}$,pən$^{35}$kai$^{53}_{44}$lan$^{53}$ləu$^{13}$sin$^{35}$kait$^{3}$ kan$^{21}$çi$^{53}$,fɔŋ$^{53}$tʂuən$^{21}$tʂak$^{3}$ ləu$^{13}$sin$^{35}$cʰi$^{53}$,pən$^{35}$pau$^{21}$uən$^{35}_{44}$sa$^{35}_{44}$kʰuaŋ$^{35}$tʂuən$^{21}$çi$^{53}_{44}$,tsʰiəu$^{53}$iau$^{53}$(t)ek$^{3}$ li$^{0}$.

【炉子】ləu$^{13}$tsɿ$^{0}$ 名 供做饭、烧水、取暖等用的器具或装置：箇长日提个镬头，细镬子，欸，炒完菜要提跖走，又放下～去坐个。kai$^{53}$tʂʰɔŋ$^{13}$ɲiet$^{3}$ tʰia$^{35}$ke$^{53}_{44}$uɔk$^{5}$ tʰei$^{0}$,se$^{53}$uɔk$^{5}$ tsɿ$^{0}$,e$_{21}$,tsʰau$^{21}$uən$^{13}$tsʰɔi$^{53}$iau$^{53}_{44}$tʰia$^{35}$xɔŋ$^{53}_{21}$tsei$^{21}$,iəu$^{53}$fɔŋ$^{53}$ŋa$_{21}$(←xa$^{53}$)ləu$^{13}$tsɿ$^{0}$ çi$^{53}_{44}$tʰo$^{53}$ke$^{53}_{44}$.

【炉子脚】ləu$^{13}$tsɿ$^{0}$ciɔk$^{3}$ 名 ①炉子底部的支撑部分：我等箇只煤灶个～铁个，我放四口红砖承起来，唔爱弯腰，省子弯腰。我就唔想弯腰个人。ŋai$^{13}$tien$^{0}$ kai$^{53}$tʂak$^{3}$ mei$^{13}$tsau$^{53}$ke$^{53}$ləu$^{13}$tsɿ$^{0}$ ciɔk$^{3}$ tʰiet$^{3}$ ke$^{53}$,ŋai$^{13}$fɔŋ$^{53}$si$^{53}$xei$^{21}$fəŋ$^{13}$tʂuən$^{35}$ʂən$^{13}$çi$^{21}$lɔi$^{13}$,m̩$^{13}_{21}$mɔi$^{53}_{44}$uan$^{35}_{44}$iau$^{35}$,saŋ$^{21}$tsɿ$^{0}$ uan$^{35}$iau$^{35}$.ŋai$^{13}$tsʰiəu$^{53}$n̩$^{13}$siɔŋ$^{21}$uan$^{35}_{44}$iau$^{35}$ke$^{53}$ɲin$^{13}_{44}$. ②风炉，铁制，加火屎，上放砂炉子，下有孔，可搧风：放滴火屎去，分箇只砂炉子坐下面上，底下还可……有眼，还可以搧风，还可以搧得风，～安做。fɔŋ$^{53}$tet$^{5}$ fo$^{21}$ʂʅ$^{21}$çi$^{53}_{44}$,pən$^{35}$kai$^{53}$tʂak$^{3}$ sa$^{35}$ləu$^{13}_{21}$tsɿ$^{0}$ tʰo$^{53}$(x)a$^{53}_{44}$mien$^{53}_{44}$xɔŋ$^{53}_{44}$,te$^{21}$xa$^{53}_{44}$xai$^{13}_{44}$kʰo$^{21}$…iəu$^{35}$ŋan$^{21}$,xai$^{13}_{21}$kʰo$^{21}$i$^{35}$ʂen$^{53}$fəŋ$^{35}$,xai$^{13}_{21}$kʰo$^{21}$i$^{35}$ʂen$^{53}_{44}$tek$^{3}$ fəŋ$^{35}$,ləu$^{13}$tsɿ$^{0}$ ciɔk$^{3}$ ɔn$^{35}_{53}$tso$^{53}_{44}$.

【鸬鹚】ləu$^{13}$tsʰɿ$^{13}$ 名 鱼鹰：欸，我去浏阳河个下游西乡箇普迹箇映子我等朋友箇映嬲，我正第一次看过用～捕鱼。欸，～同渠捉鱼。一只人坐倒箇船上，坐倒箇排子上趟倒箇～去河里搞鱼子，欸，颈筋上戴只圈，大鱼渠就食唔下哩。e$_{21}$,ŋai$^{13}$çi$^{53}$liəu$^{13}$iɔŋ$^{13}_{44}$xo$^{13}$ke$^{53}_{44}$çia$^{53}$iəu$^{13}$si$^{35}$çiɔŋ$^{53}_{44}$kai$^{53}$pʰu$^{21}$tsiet$^{3}$ kai$^{53}$iaŋ$^{53}$tsɿ$^{0}$ ŋai$^{13}$tien$^{0}$ pʰəŋ$^{13}$iəu$^{35}_{44}$kai$^{53}_{44}$iaŋ$^{53}_{44}$liau$^{53}$,ŋai$^{13}$tʂaŋ$^{53}$tʰi$^{53}$iet$^{3}$ tsʰɿ$^{53}_{44}$kʰɔn$^{53}$ko$^{53}$iəŋ$^{53}$ləu$^{13}$tsʰɿ$^{13}_{44}$pu$^{21}$ŋ̍$^{13}$.e$_{21}$,ləu$^{13}$tsʰɿ$^{13}_{44}$tʰəŋ$^{13}_{21}$ci$^{13}_{44}$tsɔk$^{3}$ ŋ̍$^{13}$.iet$^{3}$ tʂak$^{3}$ɲin$^{13}$tsʰo$^{35}$tau$^{21}$kai$^{53}_{44}$ʂɔn$^{13}$xɔŋ$^{53}_{44}$,tsʰo$^{35}$tau$^{21}$kai$^{53}_{21}$pʰai$^{13}$tsɿ$^{0}$ xɔŋ$^{53}$ciəuk$^{5}$ tau$^{21}$kai$^{53}_{44}$ləu$^{13}$tsʰɿ$^{13}$çi$^{53}$xo$^{13}$li$^{21}_{44}$kau$^{21}$ŋ̍$^{13}$tsɿ$^{0}$,e$_{21}$,ciaŋ$^{21}$cin$^{35}_{44}$xɔŋ$^{53}_{44}$tai$^{53}$tʂak$^{3}$ cʰien$^{35}$,tʰai$^{53}$ŋ̍$^{13}_{21}$ci$^{13}_{44}$tsiəu$^{53}_{44}$ʂət$^{5}$ n̩$^{13}_{21}$xa$^{35}$li$^{0}$.

【鲁班】ləu$^{35}$/ləu$^{21}$pan$^{35}_{44}$ 名 中国古代的建筑工匠，被后世尊奉为木匠、锯匠、泥瓦匠等行业的师祖：木匠个祖师就～吵。muk$^{3}$ siɔŋ$^{53}_{44}$ke$^{53}_{44}$tsəu$^{21}$sɿ$^{35}$tsʰiəu$^{53}_{44}$ləu$^{21}$pan$^{35}_{44}$ʂa$^{0}$.

【鲁班尺】ləu$^{35}$pan$^{35}_{44}$tʂʰak$^{3}$ 名 鲁班营造尺的简称：四五尺长个吧？欸，～。si$^{53}$ŋ̍$^{21}$tʂʰak$^{3}$ tʂʰɔŋ$^{13}$ke$^{53}_{44}$pa$^{0}$?e$_{21}$,ləu$^{35}$pan$^{35}_{44}$tʂʰak$^{3}$.

【鲁班庙】ləu$^{35}$pan$^{35}$miau$^{53}$ 名 敬奉鲁班的神庙：鲁班是系木匠个祖师，～就敬奉鲁班个敬奉木匠祖师个。ləu$^{35}$pan$^{35}_{44}$ʂʅ$^{53}_{21}$xei$^{53}$muk$^{3}$ siɔŋ$^{53}$ke$^{53}$tsəu$^{21}$sɿ$^{35}_{44}$,ləu$^{35}$pan$^{35}_{44}$miau$^{53}$tsʰiəu$^{53}_{44}$ciəŋ$^{53}$fəŋ$^{53}$ləu$^{35}$pan$^{35}$kei$^{53}$ciəŋ$^{53}$fəŋ$^{53}$muk$^{3}$ siɔŋ$^{53}$tsəu$^{21}$sɿ$^{35}_{44}$ke$^{53}$.

【鲁班仙师】ləu$^{35}$pan$^{35}_{44}$sien$^{35}_{44}$sɿ$^{35}_{44}$ 名 木匠、锯匠、泥瓦匠等行业的工匠对师祖鲁班的尊称：舞张子红纸，写只子～啊。u$^{21}$tʂɔŋ$^{35}_{44}$tsɿ$^{0}$ fəŋ$^{13}$tʂʅ$^{21}$,sia$^{21}$tʂak$^{3}$ tsɿ$^{0}$ ləu$^{35}$pan$^{35}_{44}$sien$^{35}_{44}$sɿ$^{35}_{44}$a$^{0}$.

【硵】ləu$^{35}$ 名 锈：铁面盆就冇得嘞，因为渠会生～，系唔系？tʰiet$^{3}$ mien$^{53}$pʰən$^{13}$tsʰiəu$^{53}$mau$^{13}_{44}$tek$^{3}$ lei$^{0}$,in$^{35}$uei$^{53}_{44}$ci$^{13}_{21}$uɔi$^{53}_{44}$saŋ$^{35}$ləu$^{35}$,xei$^{53}_{44}$me$^{53}_{44}$?◇《集韵》笼五切：“音鲁。砂也。”硵砂，矿物名，常为皮壳状或粉块状结晶，无色或白色，间带红褐色，与铁锈有一定相似之处。

【硵萁】ləu$^{35}$ci$^{35}$ 名 蕨类，尤指细叶蕨：大硵萁摎～就唔同啊，～就细个子咯。tʰai$^{53}$ləu$^{35}$ci$^{35}$lau$^{35}$ləu$^{35}$ci$^{35}$tsʰiəu$^{53}$n̩$^{13}_{21}$tʰəŋ$^{13}_{21}$ŋa$^{0}$,ləu$^{35}$ci$^{35}_{44}$tsʰiəu$^{53}_{44}$se$^{53}$ke$^{53}$tsɿ$^{0}$ ko$^{0}$.｜箇引火柴就系～呀，松毛喔。kai$^{53}_{44}$tsʰiəu$^{53}_{44}$xe$^{53}_{44}$ləu$^{35}$ci$^{35}$ia$^{0}$,tsʰəŋ$^{13}$mau$^{35}$uo$^{0}$.

【硵萁杈】ləu$^{35}$ci$^{35}$tsʰa$^{53}$ 名 用作柴火的蕨类：还有起就引……还有起就安做～，引火个，松毛，～，系引火个。xai$^{13}_{21}$iəu$^{35}_{53}$çi$^{21}$tsʰiəu$^{53}_{44}$in$^{21}$…xai$^{13}_{21}$iəu$^{35}_{53}$çi$^{21}$tsʰiəu$^{53}$ɔn$^{35}$tso$^{53}_{44}$ləu$^{35}$ci$^{35}_{44}$tsʰa$^{53}$,in$^{21}$fo$^{21}$ke$^{53}$,tsʰəŋ$^{13}$mau$^{35}$,ləu$^{35}$ci$^{35}_{44}$tsʰa$^{53}$,xei$^{53}$in$^{21}$fo$^{21}$ke$^{53}$.

【硵萁红】ləu$^{35}$ci$^{35}_{44}$fəŋ$^{13}$ 名 红米的一种：箇个～是硬食唔得哦。/～系硬哽人呢。kai$^{53}_{44}$ke$^{53}_{44}$ləu$^{35}$ci$^{35}_{44}$fəŋ$^{13}$ʂʅ$^{53}_{44}$ɲiaŋ$^{53}_{44}$ʂət$^{5}$ n̩$^{13}_{21}$tek$^{3}$ o$^{0}$./ləu$^{35}$ci$^{35}_{44}$fəŋ$^{13}$uei$_{44}$(←xei$^{53}$)ɲiaŋ$^{53}$kaŋ$^{21}$ɲin$^{13}$ne$^{0}$.｜箇只安做么啊～是打唔白嘞。/～打唔白，打唔白，渠硬系红米。～咯就硬系红米，随你让门子整，欸，让门子去踏，都冇得熟，都冇得白。熟会熟啦，冇得白。kai$^{53}_{44}$tʂak$^{3}$ ɔn$^{35}_{44}$tso$^{53}_{44}$mak$^{3}$ a$^{0}$ ləu$^{35}$ci$^{35}_{44}$fəŋ$^{13}_{21}$ʂʅ$^{53}_{44}$ta$^{21}$n̩$^{13}$pʰak$^{5}$ le$^{0}$./ləu$^{35}$ci$^{35}_{44}$fəŋ$^{13}_{21}$ta$^{21}$n̩$^{13}$pʰak$^{5}$,ta$^{21}$n̩$^{13}$pʰak$^{5}$,ci$^{13}$ɲiaŋ$^{53}$xe$^{53}$fəŋ$^{13}$mi$^{21}$.ləu$^{35}$ci$^{35}_{44}$fəŋ$^{13}$ko$^{0}$ tsʰiəu$^{53}_{44}$ɲiaŋ$^{53}$xe$^{53}_{44}$fəŋ$^{13}$mi$^{21}$,tsʰi$^{13}$ɲi$^{13}_{44}$ɲiɔŋ$^{53}$mən$^{0}$ tsɿ$^{0}$ tʂaŋ$^{21}$,e$_{21}$, ɲiɔŋ$^{53}$mən$^{0}$ tsɿ$^{0}$ çi$^{53}_{44}$tʰait$^{5}$,təu$^{35}_{44}$mau$^{13}_{21}$tek$^{3}$ ʂəuk$^{5}$,təu$^{35}_{44}$mau$^{13}_{21}$tek$^{3}$ pʰak$^{5}$.ʂəuk$^{5}$ uɔi$^{53}_{44}$ʂəuk$^{5}_{3}$la$^{0}$,mau$^{13}_{21}$tek$^{3}$ pʰak$^{5}$.

【硇其菌】ləu$^{35}$ci$^{35}_{44}$cʰin$^{35}$ 名 一种长在蕨中的菌子：～就硇其肚里长个菌子，唔知食得啊食唔得，我唔晓得。可能系食唔得。白白子呢，一条梗子□长呢，～。ləu$^{35}$ci$^{35}_{44}$cʰin$^{35}$tsʰiəu$^{53}_{44}$ləu$^{35}$ci$^{35}_{44}$təu$^{21}$li$^{0}$ tʂəŋ$^{21}$kei$^{53}$cʰin$^{35}$tsɿ$^{0}$,n̩$^{13}_{21}$ti$^{35}_{44}$ʂət$^{5}$ tek$^{3}$ a$^{0}$ ʂət$^{5}$ n̩$^{13}_{21}$tek$^{3}$,ŋai$^{13}$n̩$^{13}_{44}$çiau$^{21}_{44}$tek$^{3}$.kʰo$^{21}$len$^{13}$xei$^{53}_{44}$ʂət$^{5}$ n̩$^{13}_{21}$tek$^{3}$.pʰak$^{5}$ pʰak$^{5}$ tsɿ$^{0}$ nei$^{0}$,iet$^{3}$ tʰiau$^{13}_{53}$kuaŋ$^{21}$tsɿ$^{0}$ lai$^{35}$tʂʰəŋ$^{13}_{44}$nei$^{0}$,ləu$^{35}$ci$^{35}_{44}$cʰin$^{35}_{44}$.

【硇其兰】ləu$^{35}$ci$^{35}$lan$^{13}$ 名 本地兰花品种名：我只晓得石兰，～。ŋai$^{13}$tʂʅ$^{21}$çiau$^{21}$tek$^{3}$ ʂak$^{5}$ lan$^{13}$,ləu$^{35}$ci$^{35}$lan$^{13}$.

【鹿子】ləuk$^{5}$ tsɿ$^{0}$ 名 本地野生的一种鹿类动物。又称“花鹿子”：～吧？又安做花鹿子。我等以个栏场个～系么个～唠？有～嘞。箇绝对不是梅花鹿，也不是四不像，呣也不是麋鹿，应该系么个～？ləuk$^{5}$ tsɿ$^{0}$ pa$^{0}$?iəu$^{35}$ɔn$^{35}_{53}$tso$^{53}$fa$^{35}$ləuk$^{5}$ tsɿ$^{0}$.ŋai$^{13}$tien$^{0}$ i$^{21}_{13}$ke$^{53}$laŋ$^{13}_{21}$tʰɔŋ$^{13}_{21}$ke$^{53}_{44}$ləuk$^{5}$ tsɿ$^{0}$ xei$^{53}$mak$^{3}$ e$^{0}$ ləuk$^{5}$ tsɿ$^{0}$ lau$^{0}$?iəu$^{35}$ləuk$^{5}$ tsɿ$^{0}$ le$^{0}$.kai$^{53}_{44}$tsʰiet$^{5}$ tei$^{53}$pət$^{3}$ ʂʅ$^{53}$mɔi$^{13}$fa$^{35}_{44}$ləuk$^{5}$,ia$^{35}$pət$^{3}$ ʂʅ$^{53}$si$^{53}$pət$^{3}$ tsʰiɔŋ$^{53}$,m̩$_{21}$ia$^{35}$pət$^{3}$ ʂʅ$^{53}_{44}$mi$^{13}$ləuk$^{5}$,in$^{35}$kɔi$^{35}_{53}$xei$^{53}$mak$^{3}$ e$^{0}$ ləuk$^{5}$ tsɿ$^{0}$?

【路$_{1}$】ləu$^{53}$ 名 ①往来通行的道路：（山区）～唔好。ləu$^{53}$n̩$^{13}$xau$^{21}$.｜我箇只屋去～边上。ŋai$^{13}$ kai$^{53}$tʂak$^{3}$ uk$^{3}$ çi$^{53}_{44}$ləu$^{53}$pien$^{35}_{44}$xɔŋ$^{53}_{44}$. ②锯路的简称：箇个～扳开下子。kai$^{53}_{44}$cie$^{53}$ləu$^{53}$pan$^{35}$kʰɔi$^{35}$(x)a$^{53}$tsɿ$^{0}$.

【路$_{2}$】ləu$^{53}$ 量 用于成列的东西：（一丈红）结一～个红花嘞。ciet$^{3}$ iet$^{3}$ ləu$^{53}$ke$^{53}$fəŋ$^{13}$fa$^{35}_{44}$lei$^{0}$.

【路壁下】ləu$^{53}$piak$^{3}$ xa$^{35}$ 名 路靠山的一侧：渠是一条路，以边就系岭上，以边就一嶂岭，箇边就一条河，黟岭箇就安做～，黟河箇边呢安做路舷口。其实是两边都系路舷口呀，系唔系？但是因为箇边系一嶂岭，就安做～。ci$^{13}$ʂʅ$^{53}$iet$^{3}$ tʰiau$^{13}$ləu$^{53}$,i$^{21}$pien$^{35}_{53}$tsʰiəu$^{53}$xei$^{53}$liaŋ$^{35}$xɔŋ$^{35}$,i$^{21}$pien$^{35}_{53}$ tsʰiəu$^{53}$iet$^{3}$ tʂɔŋ$^{53}$liaŋ$^{35}$,kai$^{53}$pien$^{35}_{44}$tsʰiəu$^{53}$iet$^{3}$ tʰiau$^{13}_{21}$xo$^{13}$, ɲia$^{13}$liaŋ$^{35}$kai$^{53}$tsʰiəu$^{53}_{44}$ɔn$^{35}_{44}$tso$^{53}$ləu$^{53}$piak$^{3}$ xa$^{35}$, ɲia$^{13}$ xo$^{13}$kai$^{53}_{44}$pien$^{35}_{44}$ne$^{0}$ ɔn$^{35}$tso$^{53}_{44}$ləu$^{53}$çien$^{13}_{44}$xei$^{21}$.cʰi$^{13}$ʂət$^{5}$ ʂʅ$^{53}_{44}$iɔŋ$^{21}$pien$^{35}$təu$^{35}_{44}$xe$^{53}_{44}$ləu$^{53}$çien$^{13}_{21}$xei$^{21}$ia$^{0}$,xei$^{53}$me$^{53}$?tan$^{53}_{44}$ ʂʅ$^{53}$in$^{35}_{44}$uei$^{35}_{44}$kai$^{53}$pien$^{35}_{44}$xei$^{53}$iet$^{3}$ tʂɔŋ$^{53}$liaŋ$^{35}$,tsʰiəu$^{53}_{44}$ɔn$^{35}_{44}$tso$^{53}_{44}$ləu$^{53}$piak$^{3}$ xa$^{35}$.

【路边】ləu$^{53}$pien$^{35}$ 名 靠近大路的长条土地：大路小路都有只～。tʰai$^{53}$ləu$^{53}$siau$^{21}$ləu$^{53}$təu$^{35}_{44}$iəu$^{35}_{53}$ tʂak$^{3}$ ləu$^{53}$pien$^{35}$.

【路道】ləu$^{53}$tʰau$^{53}_{21}$ 名 途径；方案；规划：（有滴人）就事做起来呀欸做事冇～哇。tsiəu$^{53}_{21}$sɿ$^{53}_{21}$tso$^{53}$ çi$^{21}$lɔi$^{13}$ia$^{0}$ e$_{21}$tso$^{53}$sɿ$^{53}$mau$^{13}$ləu$^{53}$tʰau$^{53}_{21}$ua$^{0}$.

【路祭】ləu$^{53}$tsi$^{53}$ 名 送葬路上在过河过桥时举行的祭祀仪式：路远哩个话，过江过河，过河过桥，还爱打祭，安做～。ləu$^{53}$ien$^{21}$li$^{0}$ ke$^{53}_{44}$fa$^{53}_{44}$,ko$^{53}$ciɔŋ$^{35}$ko$^{53}$xo$^{13}$,ko$^{53}$xo$^{13}$ko$^{53}$cʰiau$^{13}$,xa$^{13}_{21}$ɔi$^{53}_{44}$ta$^{21}$tsi$^{53}$,ɔn$^{35}_{44}$ tso$^{53}_{44}$ləu$^{53}$tsi$^{53}$.

【路墈下】ləu$^{53}$kʰan$^{53}$xa$^{35}_{44}$ 路旁的高墈之下：～有只屋。ləu$^{53}$kʰan$^{53}$xa$^{53}_{44}$iəu$^{35}$tʂak$^{3}$ uk$^{3}$.｜我箇只屋去～。ŋai$^{13}$kai$^{53}$tʂak$^{3}$ uk$^{3}$ çi$^{53}_{44}$ləu$^{53}$kʰan$^{53}$xa$^{53}_{44}$.

【路钱】lu$^{53}$tsien$^{13}$ 名 在送葬的路上沿途抛洒的纸钱：我等以个路上长日有箇个去火送送倒人去火化个，欸来来去去嘞都箇个车上嘞都会丢滴俵滴～，俵倒丢下丢下路上，俵倒路上看得倒。水一打就冇得哩。ŋai$^{13}$tien$^{0}$ i$^{21}_{13}$ke$^{53}_{44}$ləu$^{53}$xɔŋ$^{53}_{44}$tʂʰɔŋ$^{13}$ɲiet$^{3}$ iəu$^{35}$kai$^{53}$ke$^{53}_{44}$çi$^{53}$fo$^{21}$səŋ$^{53}$səŋ$^{53}$tau$^{21}$ɲin$^{13}$çi$^{53}$ fo$^{21}$fa$^{53}$ke$^{53}$,e$_{44}$lɔi$^{13}$lɔi$^{13}$çi$^{53}$çi$^{53}_{44}$le$^{0}$ təu$^{35}$kai$^{53}$ke$^{53}$tʂʰa$^{35}$xɔŋ$^{53}$le$^{0}$ təu$^{35}_{44}$uɔi$^{53}$tiəu$^{35}$tiet$^{5}$ piau$^{53}$tiet$^{5}$ lu$^{53}$tsʰien$^{13}$,piau$^{53}$ tau$^{21}$tiəu$^{35}_{44}$ua$^{53}_{44}$tiəu$^{35}_{44}$ua$^{53}_{44}$ləu$^{53}$xɔŋ$^{53}$,piau$^{53}_{44}$tau$^{21}$lu$^{53}$xɔŋ$^{53}_{44}$kʰɔn$^{53}$tek$^{3}$ tau$^{21}$.ʂei$^{21}$iet$^{3}$ ta$^{21}$tsiəu$^{53}$mau$^{13}_{21}$ek$^{3}$ li$^{0}$.

【路上】lu$^{53}$xɔŋ$^{53}$ 名 路途中：～小心哈！lu$^{53}$xɔŋ$^{53}$siau$^{21}$sin$^{35}$xa$^{0}$!｜（出殡）～还爱打祭。ləu$^{53}$ xɔŋ$^{53}$xa$^{13}_{21}$ɔi$^{53}_{44}$ta$^{21}$tsi$^{53}_{44}$.

【路舷口】ləu$^{53}$çien$^{13}$xei$^{21}$ 名 路侧，多指地势低或靠河的一侧：以下还有只嘞就我阿舅子箇侧边子嘞，箇河里呢，箇个一条子冲子进呢，箇底下河里呢，～，一只石头，箇天天长日都看得倒，到我阿舅子箇是长日都看得。欸箇只栏场箇侧箇只栏场个团转子都安做雷打石。出哩名，雷打石。箇只石头几大子嘞？渠等跍倒箇石头顶高摊床晒簟晒谷晒番薯丝箇兜。ia$_{44}$ (←i$^{21}$xa$^{53}$)xai$^{13}_{21}$iəu$^{35}_{53}$tʂak$^{3}$ lei$^{0}$ tsʰiəu$^{53}$ŋai$^{13}_{21}$a$^{35}$cʰiəu$^{35}$tsɿ$^{0}$ kai$^{53}_{44}$tset$^{3}$ pien$^{35}_{44}$tsɿ$^{0}$ lei$^{0}$,kai$^{53}$xo$^{13}$li$^{0}$ nei$^{0}$,kai$^{53}_{44}$ke$^{53}_{44}$iet$^{3}$ tʰiau$^{13}$tsɿ$^{0}$ tʂʰəŋ$^{35}$tsɿ$^{0}$ tsin$^{53}$nei$^{0}$,kai$^{53}$te$^{21}$xa$^{53}$xo$^{13}$li$^{0}$ nei$^{0}$,ləu$^{53}$çien$^{13}_{44}$xei$^{21}$,iet$^{3}$ tʂak$^{3}$ ʂak$^{5}$ tʰei$^{13}_{44}$,kai$^{53}$tʰien$^{35}$tʰien$^{35}_{44}$ tʂʰɔŋ$^{13}$ɲiet$^{3}$ (t)əu$^{35}_{44}$kʰɔn$^{53}$(t)ek$^{3}$ tau$^{21}$,tau$^{53}$ŋai$^{13}_{21}$a$^{35}_{44}$cʰiəu$^{35}_{44}$tsɿ$^{0}$ kai$^{53}$ʂʅ$^{53}_{44}$tʂʰɔŋ$^{13}$ɲiet$^{3}$ təu$^{35}_{44}$kʰɔn$^{53}$tek$^{3}$.ei$_{21}$kai$^{53}$tʂak$^{3}$ laŋ$^{13}_{21}$tʂʰɔŋ$_{44}$kai$^{53}$tset$^{3}$ kai$^{53}$tʂak$^{3}$ laŋ$^{13}_{21}$tʂʰɔŋ$^{13}_{21}$ke$^{53}$tʰɔn$^{13}$tʂuɔn$^{21}$tsɿ$^{0}$ təu$^{35}_{44}$ɔn$^{35}_{53}$tso$^{53}$li$^{13}$ta$^{21}$ʂak$^{5}$.tʂʰət$^{3}$ li$^{0}$ miaŋ$^{13}$,li$^{13}$ta$^{21}$ ʂak$^{5}$.kai$^{53}$(tʂ)ak$^{3}$ ʂak$^{5}$ tʰei$^{13}_{44}$ci$^{21}_{21}$tʰai$^{53}$tsɿ$^{0}$ lei$^{0}$?ci$^{13}_{21}$tien$^{0}$ ku$^{35}$tau$^{21}_{44}$kai$^{53}_{44}$ʂak$^{5}$ tʰei$^{13}_{44}$taŋ$^{21}$kau$^{35}_{44}$tʰan$^{35}$tsʰɔŋ$^{13}_{21}$sai$^{53}$tʰian$^{53}$ sai$^{53}$kuk$^{3}$ sai$^{53}$fan$^{35}$ʂəu$^{13}_{21}$sɿ$^{35}$kai$^{53}_{44}$te$^{35}_{44}$.

【路子】ləu$^{53}$tsɿ$^{0}$ 名 ①事情：我今去下子研究箇只客家话箇～。ŋai$^{13}_{21}$cin$^{35}_{44}$çia$^{53}$tsɿ$^{0}$ ɲien$^{35}$ciəu$^{53}_{44}$kai$^{53}_{44}$ tʂak$^{3}$ kʰak$^{3}$ ka$^{35}_{44}$fa$^{53}_{44}$kai$^{53}_{44}$ləu$^{53}_{44}$tsɿ$^{0}$.｜以只～你就莫急啊。i$^{21}$iak$^{3}$ (←tʂak$^{3}$)ləu$^{53}$tsɿ$^{0}$ɲi$^{13}$tsʰiəu$^{53}_{44}$mɔk$^{5}$ ciet$^{3}$ a$^{0}$.

②工作：欸搞滴咁个～！e$^{0}$kau$^{21}$tet$^{5}_{3}$kan$^{21}$ke$^{53}_{44}$ləu$^{53}$tsɿ$^{0}$！③故事：笑话就也安做讲只好笑个～你听哩唠。siau$^{53}$fa$^{53}$tsʰiəu$^{53}$ia$^{35}$ɔn$^{35}_{44}$tso$^{53}_{44}$kɔŋ$^{21}$tʂak$^{3}$xau$^{21}$siau$^{53}$ke$^{53}_{44}$ləu$^{53}$tsɿ$^{0}$ɲi$^{13}_{21}$tʰaŋ$^{35}_{44}$li$^{0}$lau$^{0}$.

【熝】ləuk$^{5}$ 动①焯水：～一下唠。～下子渠唠。ləuk$^{5}$iet$^{3}$xa$^{53}_{44}$lau$^{0}$.ləuk$^{5}$(x)a$^{53}_{44}$tsɿ$^{0}$ci$^{13}_{21}$lau$^{0}$. ②用开水烫（已杀死的鸡以便去毛）：～，就烫，就系～下子。欸，～只鸡。～哩正扯得毛脱吵。ləuk$^{5}$,tsʰiəu$^{53}_{44}$tʰɔŋ$^{53}$,tsʰiəu$^{53}_{21}$xe$^{53}_{44}$ləuk$^{5}$(x)a$^{53}_{44}$tsɿ$^{0}$.e$_{21}$,ləuk$^{5}$tʂak$^{3}$cie$^{35}$.ləuk$^{5}$li$^{0}$tʂaŋ$^{53}_{44}$tʂʰa$^{21}$tek$^{3}$mau$^{13}$tʰɔit$^{3}$ʂa$^{0}$. ③（石灰）加水溶解：舞倒箇石灰一～。u$^{21}$tau$^{21}$kai$^{53}_{44}$ʂak$^{5}$fɔi$^{35}_{44}$iet$^{3}$ləuk$^{5}_{3}$. ④两个手掌相对或一个手掌放在另一只手的手背上擦：～滚手来 ləuk$^{5}$kuən$^{21}$ʂəu$^{21}$lɔi$^{13}$

【熝人】ləuk$^{5}$ɲin$^{13}$ 形烫人：热天呐箇煤灶肚里个水呀硬～。硬会泡，煤灶肚里个水呀，唔单是～，硬还会泡。ɲiet$^{5}$tʰien$^{35}_{44}$na$^{0}$kai$^{53}$mei$^{13}$tsau$^{53}$təu$^{21}$li$^{21}_{44}$ke$^{53}$ʂei$^{21}$ia$^{0}$ɲiaŋ$^{53}$ləuk$^{5}$ɲin$^{13}_{21}$. ɲiaŋ$^{53}$uɔi$^{53}$pʰau$^{35}$, mei$^{13}$tsau$^{53}$təu$^{21}$li$^{0}$ke$^{53}$ʂei$^{21}$ia$^{0}$,n̩$^{13}_{21}$tan$^{35}_{44}$ʂɿ$^{53}_{44}$ləuk$^{5}$ɲin$^{13}_{21}$, ɲiaŋ$^{53}$xai$^{13}_{21}$uɔi$^{53}$pʰau$^{35}$.

【熝铁】ləuk$^{5}$tʰiet$^{3}$ 名烙铁；一种用火烧热来烫东西的铁器：～，烙铁有。安～吧？我等喊～。落尾正有熨……熨斗。～系放下火屎肚里去烧哇。烫衫裤个。ləuk$^{5}$tʰiet$^{3}$,lɔk$^{5}$tʰiet$^{3}$iəu$^{35}_{44}$.ɔn$^{35}_{44}$ ləuk$^{5}$tʰiet$^{3}$pa$^{0}$?ŋai$^{13}_{21}$tien$^{0}$xan$^{53}_{21}$ləuk$^{5}$tʰiet$^{3}$.lɔk$^{5}_{3}$mi$^{35}_{44}$tʂaŋ$^{53}_{44}$iəu$^{35}$in$^{53}$…uən$^{53}$tei$^{21}$.ləuk$^{5}$tʰiet$^{3}$(x)e$^{53}_{44}$fɔŋ$^{53}_{44}$ŋa$_{44}$(←xa$^{53}$)fo$^{21}$ʂɿ$^{21}$təu$^{21}$li$^{0}$çi$^{53}_{44}$ʂau$^{35}$ua$^{0}$.tʰɔŋ$^{53}$san$^{35}_{44}$fu$^{53}_{21}$ke$^{53}_{44}$.

【摝】ləuk$^{3}$ 动①搅拌：我以映子以只缸子肚里放兜箇个咖啡，拿调羹去～下子。ŋai$^{13}$i$^{21}$iaŋ$^{53}$tsɿ$^{0}$i$^{21}$tʂak$^{3}$kɔŋ$^{35}$tsɿ$^{0}$təu$^{21}$li$^{0}$fɔŋ$^{53}$tei$^{35}_{53}$kai$^{53}_{44}$ke$^{53}_{44}$kʰa$^{35}$fei$^{35}_{44}$,la$^{53}_{44}$tʰiau$^{13}_{21}$kaŋ$^{35}_{53}$çi$^{53}$ləuk$^{3}$(x)a$^{53}$tsɿ$^{0}$. ②寻觅，见“摝食”。

【摝食】ləuk$^{3}$ʂət$^{5}$ ①（动物）找吃的东西：欸狗子～唔倒嘞。e$_{53}$kei$^{21}$tsɿ$^{0}$ləuk$^{3}$ʂət$^{5}$n̩$^{13}_{21}$tau$^{21}$le$^{0}$.｜渠指狗嫲去～个手段咁下贱呐，到箇垃圾桶里去捡呐。ci$^{13}_{21}$cʰi$^{53}$ləuk$^{3}$ʂət$^{5}$ke$^{53}_{44}$ʂəu$^{21}$tɔn$^{53}$kan$^{21}$çia$^{53}$tsʰien$^{53}$na$^{0}$,tau$^{53}_{44}$kai$^{53}_{44}$la$^{35}$ci$^{35}_{44}$tʰəŋ$^{21}$li$^{0}$çi$^{53}$cian$^{21}$na$^{0}$. ②（人）找生计；糊口：～都摝唔倒。ləuk$^{3}$ʂət$^{5}$təu$^{35}$ləuk$^{3}$n̩$^{13}$tau$^{21}$.

【蠊蚂】ləuk$^{5}$ma$^{35}$ 名牛虻：箇牛子嘞箇个～啮稳哩啊，渠就拿尾巴放势□，放势□。kai$^{53}$ɲiəu$^{13}$tsɿ$^{0}$lei$^{0}$kai$^{53}_{44}$ke$^{53}_{44}$ləuk$^{5}$ma$^{35}$ŋait$^{3}$uən$^{21}$li$^{0}$a$^{0}$,ci$^{13}_{21}$tsʰiəu$^{53}$la$^{53}_{21}$mi$^{35}$pa$^{35}_{44}$xɔŋ$^{53}$ʂɿ$^{53}_{21}$fiet$^{5}$,xɔŋ$^{53}$ʂɿ$^{53}_{44}$faŋ$^{53}$.｜如今箇个热天早晨你绷条牛子出去呀，箇～硬踪法子来。真多～。跟倒牛后背，人后背冇得～。唔知让门箇～专门踪箇牛。i$^{13}_{21}$cin$^{35}_{44}$kai$^{53}_{44}$ke$^{53}_{44}$ɲiet$^{5}$tʰien$^{35}_{44}$tsau$^{21}$ʂən$^{13}_{44}$ni$^{13}_{44}$paŋ$^{35}$tʰiau$^{13}_{21}$ɲiəu$^{13}$tsɿ$^{0}$tʂʰət$^{3}$çi$^{53}$ia$^{0}$,kai$^{53}_{44}$ləuk$^{5}$ma$^{35}$ɲiaŋ$^{53}_{44}$tsəŋ$^{35}$fait$^{3}$tsɿ$^{0}$lɔi$^{13}_{44}$.tʂən$^{35}$to$^{35}_{44}$ləuk$^{5}$ma$^{35}_{44}$.cien$^{35}$tau$^{21}$ɲiəu$^{13}$xei$^{53}$pɔi$^{53}_{44}$, ɲin$^{13}$xei$^{53}$pɔi$^{53}$mau$^{13}$tek$^{3}$ləuk$^{5}$ma$^{35}_{44}$.n̩$^{13}$ti$^{35}_{53}$iɔŋ$^{53}$mən$^{13}_{44}$kai$^{53}_{44}$ləuk$^{5}$ma$^{35}_{44}$tʂuen$^{35}$mən$^{13}_{21}$tsəŋ$^{35}$kai$^{53}_{44}$ɲiəu$^{13}$.

【露】ləu$^{53}$ 动冒出：～出土 ləu$^{53}$tʂʰət$^{3}$tʰəu$^{21}$

【露水】ləu$^{53}$ʂei$^{21}$ 名凝结在地面或靠近地面的物体表面上的水珠：下～xa$^{35}$ləu$^{53}$ʂei$^{21}$｜到哩秋天呐，欸话九月十月啊，九月十月啊就到哩寒露边呐就箇阵子就有～也来哩。tau$^{53}$li$^{0}$tsʰiəu$^{35}$tʰien$^{35}_{44}$na$^{0}$,e$_{44}$ua$^{53}_{44}$ciəu$^{21}$ɲiet$^{5}$ʂət$^{5}$ɲiet$^{5}$a$^{0}$,ciəu$^{21}$ɲiet$^{5}$ʂət$^{5}$ɲiet$^{5}$a$^{0}$tsʰiəu$^{53}_{44}$tau$^{53}$li$^{0}$xɔn$^{13}$nəu$^{53}$pien$^{35}$na$^{0}$tsʰiəu$^{53}_{44}$kai$^{53}$tʂʰən$^{53}_{44}$tsɿ$^{0}$tsʰiəu$^{53}_{44}$iəu$^{35}$ləu$^{53}$ʂei$^{21}$ia$^{35}$lɔi$^{13}_{21}$li$^{0}$.｜如今咁大晴是如今咁热个时候子～都冇得。i$^{13}_{21}$cin$^{35}_{53}$kan$^{21}$tʰai$^{53}$tsʰiaŋ$^{13}_{44}$ʂɿ$^{53}_{44}$i$^{13}_{21}$cin$^{35}_{53}$kan$^{21}$ɲiet$^{5}$ke$^{53}_{21}$ʂɿ$^{13}$xəu$^{53}$tsɿ$^{0}$ləu$^{53}$ʂei$^{21}$təu$^{35}_{53}$mau$^{13}_{21}$tek$^{3}$.

【露田】ləu$^{53}$tʰien$^{13}$ 动放走稻田中积水，让土壤变干。又称“露水”，今称“晒田”：安……噢，安做～。安做露水也做得。箇个晒田都落尾了正讲。/了尾正喊晒田。/落尾正喊晒田。以前就只讲～，露水。以前个又老班子就只讲……箇就唔就安做晒田。/晒田是爱晒倒渠爱开坼。ɔn$^{35}_{44}$…au$_{21}$,ɔn$^{35}_{44}$tso$^{53}_{44}$ləu$^{53}$tʰien$^{13}$.ɔn$^{35}_{44}$tso$^{53}_{44}$ləu$^{53}$ʂei$^{21}$ia$^{35}$tso$^{53}$tek$^{3}$.kai$^{53}_{44}$ke$^{53}_{44}$sai$^{53}$tʰien$^{13}$təu$^{35}_{44}$lɔk$^{5}$mi$^{35}$liau$^{21}$tʂaŋ$^{53}$kɔŋ$^{21}$./liau$^{21}$mi$^{35}$tʂaŋ$^{53}_{44}$xan$^{53}_{44}$sai$^{53}$tʰien$^{13}$./lɔk$^{5}$mi$^{35}$tʂaŋ$^{53}_{44}$xan$^{53}_{44}$sai$^{53}$tʰien$^{13}$.i$^{35}$tsʰien$^{13}_{44}$tsiəu$^{53}$tʂɿ$^{21}$kɔŋ$^{21}$ləu$^{53}$tʰien$^{13}$,ləu$^{53}$ʂei$^{21}$.i$^{35}_{44}$tsʰien$^{13}$ke$^{53}_{44}$iəu$^{53}_{44}$lau$^{21}$pan$^{35}_{44}$tsɿ$^{0}$tsʰiəu$^{53}$tʂɿ$^{21}$kɔŋ$^{21}$…kai$^{53}$tsʰiəu$^{53}_{44}$ŋ̍$^{13}_{21}$tsəu$^{53}_{44}$ɔn$^{35}_{44}$tso$^{53}_{44}$sai$^{53}$tʰien$^{13}_{21}$./sai$^{53}$tʰien$^{13}_{21}$ʂɿ$^{53}_{44}$ɔi$^{53}_{44}$sai$^{53}$tau$^{21}$ci$^{13}_{21}$ɔi$^{53}_{21}$kʰɔi$^{35}$tsʰak$^{3}$.

【驴牯】li$^{13}$ku$^{21}$ 名①雄性的驴。或作驴子的通称：驴子是我等唔晓得渠嫲子啊公子，反正就系～。li$^{13}$tsɿ$^{0}$ʂɿ$^{53}_{44}$ŋai$^{13}$tien$^{0}$n̩$^{13}_{44}$çiau$^{21}_{44}$tek$^{3}$ci$^{13}_{44}$ma$^{13}$tsɿ$^{0}$a$^{0}$kəŋ$^{35}$tsɿ$^{0}$,fan$^{21}$tʂən$^{53}$tsʰiəu$^{53}$xe$^{53}$li$^{13}$ku$^{21}$. ②喻指身体健硕、性功能强壮的人。含有戏谑意味：“～样”，有兜话箇个男子人呐，“一只～样”，牛高马大呀就系话，欸，性功能蛮强壮啊，蛮旺盛呐，“～样啊”。据说驴牯是系性功能蛮旺盛个东西。“你箇只～吧？”"li$^{13}$ku$^{21}$iɔŋ$^{53}$",iəu$^{35}$tei$^{35}_{53}$ua$^{53}$kai$^{53}_{44}$ke$^{53}_{44}$lan$^{13}$tsɿ$^{21}$ɲin$^{13}_{21}$na$^{0}$,"iet$^{3}$(tʂ)ak$^{3}$li$^{13}$ku$^{21}$iɔŋ$^{53}$", ɲiəu$^{13}$kau$^{35}_{44}$ma$^{35}_{44}$tʰai$^{53}$ia$^{0}$tsʰiəu$^{53}_{44}$xei$^{53}_{44}$ua$^{53}$,e$_{21}$,sin$^{53}$kəŋ$^{35}_{44}$len$^{13}_{21}$man$^{13}$cʰiɔŋ$^{13}$tsɔŋ$^{53}$ŋa$^{0}$,man$^{13}$uɔŋ$^{53}$ʂən$^{53}$na$^{0}$,"li$^{13}$ku$^{21}_{44}$iɔŋ$^{53}$ŋa$^{0}$".tʂɿ$^{53}$ʂet$^{3}$li$^{13}$ku$^{21}$ʂɿ$^{53}_{44}$xei$^{53}_{44}$sin$^{53}$kəŋ$^{35}_{44}$len$^{13}_{21}$man$^{13}$uɔŋ$^{53}$ʂən$^{53}_{21}$ke$^{53}_{21}$təŋ$^{35}_{44}$si$^{0}$."ɲi$^{13}$kai$^{53}$tʂak$^{3}$li$^{13}$ku$^{21}$pa$^{0}$?"

【驴胶】li$^{13}$kau$^{35}_{44}$ 名传统滋补品，用驴皮经过多道工序制成，主要有补血止血、滋阴润肺的功效：只有～就见得多。tʂʅ$^{21}$iəu$^{35}$li$^{13}$kau$^{35}_{44}$ts$^{h}$iəu$^{53}_{44}$cien$^{53}$tek$^{3}$to$^{35}$.

【驴子】li$^{13}$tsɿ$^{0}$ 名一种力畜，像马，比马小，耳朵和脸都较大，性温顺：箇个起我等以下更冇得了。更冇得，～是只听讲过～。欸，驴牯驴嫲。马子倒还少见都还见哩下子。～是只有驴胶就见得多。kai$^{53}_{44}$ke$^{53}_{44}$c$^{h}$i$^{21}$ŋai$^{13}$tien$^{0}$ia$_{44}$(←i$^{21}$xa$^{53}$)cien$^{53}$mau$^{13}$tek$^{3}$liau$^{0}$.cien$^{53}$mau$^{13}_{21}$tek$^{3}$,li$^{13}$tsɿ$^{0}$ʂʅ$^{53}_{44}$tʂʅ$^{21}$t$^{h}$aŋ$^{35}_{53}$kɔŋ$^{21}$ko$^{53}_{44}$li$^{13}$tsɿ$^{0}$.e$_{21}$,li$^{13}$ku$^{21}$li$^{13}$ma$^{13}$.ma$^{35}$tsɿ$^{0}$tau$^{53}_{44}$xai$^{13}_{21}$ʂau$^{21}$cien$^{53}$təu$^{35}_{44}$xai$^{13}_{21}$cien$^{53}$li$^{0}$(x)a$^{53}_{44}$tsɿ$^{0}$.li$^{13}$tsɿ$^{0}$ʂʅ$^{53}_{44}$tʂʅ$^{21}$iəu$^{35}$li$^{13}$kau$^{35}_{44}$ts$^{h}$iəu$^{53}_{44}$cien$^{53}$tek$^{3}$to$^{35}$.

【旅社】li$^{35}$ʂa$^{53}$ 名旅馆：来我箇嘚哇，唔爱你打～，有哪歇啊。lɔi$^{13}_{21}$ŋai$^{13}_{21}$kai$^{53}$liau$^{53}$ua$^{0}$,m̩$^{13}_{21}$mɔi$^{53}_{44}$ɲi$^{13}_{21}$ta$^{21}$li$^{35}$ʂa$^{53}$,iəu$^{35}$lai$^{53}_{44}$çiet$^{3}$a$^{0}$.

【旅行袋】li$^{35}$çin$^{13}$t$^{h}$ɔi$^{53}$ 名行李袋，旅行包：本来从前个～是就系唔知几深呢，又抿得个袋呢，就安做～。又抿得，又蛮深，放得蛮多装得蛮多行头个袋，就安做～。各种各样～就。如今还讲哦，老人家子就还会讲哦，欸，"一只～呀"。pən$^{21}$nɔi$^{13}$ts$^{h}$əŋ$^{13}$ts$^{h}$ien$^{13}_{44}$ke$^{53}_{44}$li$^{35}$çin$^{13}$t$^{h}$ɔi$^{53}$ʂʅ$^{53}_{44}$ts$^{h}$iəu$^{53}$xe$^{53}$n̩$^{13}$ti$^{35}_{53}$ci$^{21}$tʂ$^{h}$ən$^{35}$nei$^{0}$,iəu$^{53}$k$^{h}$uai$^{21}$tek$^{3}$ke$^{53}_{44}$t$^{h}$ɔi$^{53}$nei$^{0}$,ts$^{h}$iəu$^{53}_{44}$ɔn$^{35}_{44}$tso$^{53}_{44}$li$^{35}$çin$^{13}_{21}$t$^{h}$ɔi$^{53}$.iəu$^{53}$k$^{h}$uai$^{21}$tek$^{3}$,iəu$^{53}$man$^{13}_{21}$tʂ$^{h}$ən$^{35}$,fɔŋ$^{53}$tek$^{3}$man$^{13}_{21}$to$^{35}_{44}$tʂɔŋ$^{35}$tek$^{3}$man$^{13}_{21}$to$^{35}_{44}$çin$^{13}$t$^{h}$ei$^{13}_{21}$ke$^{53}_{44}$t$^{h}$ɔi$^{53}$,ts$^{h}$iəu$^{53}_{44}$ɔn$^{35}_{44}$tso$^{53}_{44}$li$^{35}$çin$^{13}_{21}$t$^{h}$ɔi$^{53}$.kɔk$^{3}$tʂəŋ$^{21}$kɔk$^{3}$iɔŋ$^{53}$li$^{35}$çin$^{13}_{21}$t$^{h}$ɔi$^{53}$ts$^{h}$iəu$^{53}_{21}$.i$^{13}_{21}$cin$^{35}_{53}$xai$^{13}_{21}$kɔŋ$^{21}$ŋo$^{0}$,lau$^{21}$ɲin$^{13}_{44}$ka$^{35}_{53}$tsɿ$^{0}$ts$^{h}$iəu$^{53}_{44}$xai$^{13}_{21}$uɔi$^{53}$kɔŋ$^{21}$ŋo$^{0}$,e$_{21}$,"iet$^{3}$tʂak$^{3}$li$^{35}$çin$^{13}_{21}$t$^{h}$ɔi$^{53}$ia$^{0}$".

【铝】lei$^{21}$/li$^{21}$ 名金属名：（洋瓷碗）爱分箇个～个呀，欸，不锈钢个，分渠代替咁咧。ɔi$^{53}_{44}$pən$^{35}$kai$^{53}$ke$^{53}_{44}$lei$^{21}$ke$^{53}$ia$^{0}$,e$_{21}$,pət$^{3}$siəu$^{53}$kɔŋ$^{35}$ke$^{53}_{44}$,pən$^{35}$ci$^{13}_{44}$t$^{h}$ɔi$^{53}$t$^{h}$i$^{53}$kan$^{21}$lie$^{0}$.｜～面盆，有哇，以前我等屋下就有只～面盆呐。li$^{21}$mien$^{53}$p$^{h}$ən$^{13}$,iəu$^{35}$ua$^{0}$,i$^{35}$ts$^{h}$ien$^{13}_{21}$ŋai$^{13}_{21}$tien$^{0}$uk$^{3}$xa$^{53}_{44}$ts$^{h}$iəu$^{53}_{44}$iəu$^{35}$tʂak$^{3}$lei$^{21}$mien$^{53}$p$^{h}$ən$^{13}$na$^{0}$.

【铝壶】lei$^{21}$/li$^{21}$fu$^{13}$ 名带提梁的铝制壶：～，雪白子个，～，箇只东西咯解放前都有呢。我等人屋下有把～哇，还系解放前留下来个嘞，有只面盆呢，铝面盆呢，也系解放前留下来个嘞。欸，唔知么人买归来个凑，反正箇只面盆，箇把壶。欸，装茶，因为渠飘轻子啊，好装茶。一般是装冷茶，我等打比样箇个到岭上去做事样，人多哩，请你几个人去岭上做工夫，箇有把～就真好啦，箇就提一壶茶去啦，真好用～提茶啦。li$^{21}$fu$^{13}$,siet$^{5}$p$^{h}$ak$^{5}$tsɿ$^{0}$ke$^{53}$,lei$^{21}$fu$^{13}$,kai$^{53}$(tʂ)ak$^{3}$təŋ$^{35}_{44}$si$^{35}_{44}$ko$^{0}$kai$^{21}$xɔŋ$^{53}$ts$^{h}$ien$^{13}$təu$^{35}_{44}$iəu$^{35}_{44}$nei$^{0}$.ŋai$^{13}$tien$^{0}$in$^{13}_{44}$uk$^{3}$xa$^{53}_{44}$iəu$^{35}$pa$^{21}$lei$^{21}$fu$^{13}$va$^{0}$,xai$^{13}$xe$^{53}$kai$^{21}$xɔŋ$^{53}$ts$^{h}$ien$^{13}$liəu$^{13}$xa$^{53}$lɔi$^{13}_{44}$ke$^{53}_{44}$lei$^{0}$,iəu$^{35}$tʂak$^{3}$mien$^{53}$p$^{h}$ən$^{13}_{21}$nei$^{0}$,lei$^{21}$mien$^{53}$p$^{h}$ən$^{13}_{21}$nei$^{0}$,ia$^{35}$xe$^{53}$kai$^{21}$fɔŋ$^{53}$ts$^{h}$ien$^{13}$liəu$^{13}$xa$^{53}$lɔi$^{13}_{21}$ke$^{53}_{21}$lei$^{0}$.e$_{21}$,n̩$^{13}$ti$^{35}_{53}$mak$^{3}$ɲin$^{13}_{44}$mai$^{35}$kuei$^{35}_{44}$lɔi$^{13}_{21}$ke$^{53}_{44}$ts$^{h}$e$^{0}$,fan$^{21}$tʂən$^{53}_{44}$kai$^{53}_{44}$tʂak$^{3}$mien$^{53}$p$^{h}$ən$^{13}_{21}$,kai$^{53}$pa$^{21}$fu$^{13}$.e$_{21}$,tʂɔŋ$^{35}$ts$^{h}$a$^{13}$,in$^{35}$uei$^{53}$ci$^{13}_{21}$p$^{h}$iau$^{35}$c$^{h}$iaŋ$^{35}$tsɿ$^{0}$a$^{0}$,xau$^{21}$tʂɔŋ$^{35}$ts$^{h}$a$^{13}$.iet$^{3}$pɔn$^{35}$ʂʅ$^{53}_{44}$tʂɔŋ$^{35}$laŋ$^{35}$ts$^{h}$a$^{13}_{21}$,ŋai$^{13}$tien$^{0}$ta$^{21}$pi$^{21}$iɔŋ$^{53}$kai$^{53}_{44}$ke$^{53}_{44}$tau$^{53}_{44}$liaŋ$^{35}$xɔŋ$^{53}_{44}$çi$^{53}_{44}$tso$^{53}_{44}$sɿ$^{53}$iɔŋ$^{53}_{44}$, ɲin$^{13}$to$^{35}$li$^{0}$,ts$^{h}$iaŋ$^{21}$ɲi$^{13}$ci$^{21}$cie$^{53}$ɲin$^{13}_{44}$çi$^{53}$liaŋ$^{35}$xɔŋ$^{53}_{44}$tso$^{53}$kəŋ$^{35}$fu$^{35}_{44}$,kai$^{53}$iəu$^{35}$pa$^{21}$lei$^{21}$fu$^{13}$ts$^{h}$iəu$^{53}_{44}$tʂən$^{35}$xau$^{21}$la$^{0}$,kai$^{53}_{21}$ts$^{h}$iəu$^{53}_{21}$t$^{h}$ia$^{35}$iet$^{3}$fu$^{13}_{21}$ts$^{h}$a$^{13}$çi$^{53}$la$^{0}$,tʂən$^{35}$xau$^{21}$iəŋ$^{53}$lei$^{21}$fu$^{13}$t$^{h}$ia$^{35}_{44}$ts$^{h}$a$^{13}$la$^{0}$.

【铝镬】lei$^{21}$uɔk$^{5}$ 名铝锅。又称"铝镬子"：铝锅子煮饭个？有哇。铝镬子煮饭有。箇就同……箇就铁镬～样个，就□个饭呐，焖个饭呐。欸，用镬头哈，系唔系？用镬头。就铁镬揫～样个，都安做□个饭呶或者焖个饭呶。lei$^{21}$ko$^{35}$tsɿ$^{0}$tʂəu$^{21}$fan$^{53}$cie$^{53}_{44}$?iəu$^{35}$ua$^{0}$.lei$^{21}$uɔk$^{5}$tsɿ$^{0}$tʂəu$^{21}$fan$^{53}$iəu$^{35}_{44}$.kai$^{53}_{44}$ts$^{h}$iəu$^{53}$t$^{h}$əŋ$^{13}_{44}$…kai$^{53}$ts$^{h}$iəu$^{53}_{44}$t$^{h}$iet$^{3}$uɔk$^{5}$lei$^{21}$uɔk$^{5}$iɔŋ$^{53}$ke$^{53}_{44}$,ts$^{h}$iəu$^{53}_{44}$ŋɔit$^{3}$ke$^{53}_{44}$fan$^{53}$na$^{0}$,mən$^{35}$cie$^{53}_{44}$fan$^{53}$na$^{0}$.e$_{21}$,iəŋ$^{53}_{44}$uɔk$^{5}$t$^{h}$ei$^{13}_{21}$xa$^{0}$,xei$^{53}_{44}$me$^{53}_{44}$?iəŋ$^{53}_{44}$uɔk$^{5}$t$^{h}$ei$^{13}_{21}$.tsiəu$^{53}_{21}$t$^{h}$iet$^{3}$uɔk$^{5}$lau$^{35}_{44}$lei$^{21}$uɔk$^{5}$iɔŋ$^{53}$ke$^{53}_{44}$,təu$^{35}$ɔn$^{35}_{44}$tso$^{53}_{44}$ŋɔit$^{3}$cie$^{53}_{44}$fan$^{53}$nau$^{0}$xɔit$^{5}$tʂa$^{21}$mən$^{35}$cie$^{53}_{44}$fan$^{53}$nau$^{0}$.

【绿】liəuk$^{5}$ 形蓝和黄混合成的颜色，一般草和树叶呈现这种颜色：～叶liəuk$^{5}$iait$^{5}$｜箇寿被是系男红女～，男个就爱红个，女个就～个。kai$^{53}_{44}$ʂəu$^{53}$p$^{h}$i$^{35}_{44}$ʂʅ$^{53}_{44}$xei$^{53}_{44}$lan$^{13}$fəŋ$^{13}$ɲy$^{21}$liəuk$^{5}$,lan$^{13}$ke$^{53}_{44}$ts$^{h}$iəu$^{53}_{44}$ɔi$^{53}_{44}$fəŋ$^{13}$ke$^{53}_{44}$, ɲy$^{21}$ke$^{53}_{44}$ts$^{h}$iəu$^{53}_{44}$liəuk$^{5}$ke$^{53}_{44}$.

【绿豆色】liəuk$^{5}$t$^{h}$ei$^{53}$/t$^{h}$əu$^{53}$老派 sek$^{3}$ 名指近似绿豆的颜色：勾头散籽以后嘞就系禾是转哩～，系啊？/系啊，就……慢慢子架势变黄哩是咁个，安做转～唠。就比箇只青个更暗了嘛箇只色度。以只～就更暗了。但是又还……又还𫠊完全黄嘿。kəu$^{35}$t$^{h}$əu$^{13}_{21}$san$^{21}$tsɿ$^{21}$i$^{35}$xəu$^{53}_{44}$le$^{0}$ts$^{h}$iəu$^{53}_{44}$xe$^{53}_{44}$uo$^{13}$ʂʅ$^{53}_{44}$tʂɔn$^{21}$li$^{0}$liəuk$^{5}$t$^{h}$əu$^{53}$sek$^{3}$,xe$^{53}$a$^{0}$?/xei$^{53}_{44}$a$^{0}$,tsiəu$^{53}_{44}$…man$^{53}$man$^{53}_{44}$tsɿ$^{0}$cia$^{53}$ʂʅ$^{53}_{44}$pien$^{53}$uɔŋ$^{13}$li$^{0}$ʂʅ$^{53}_{44}$kan$^{21}_{35}$ke$^{53}_{44}$,ɔn$^{35}_{44}$tso$^{53}_{44}$tʂɔn$^{21}$liəuk$^{5}$t$^{h}$ei$^{53}_{44}$sek$^{3}$lau$^{0}$.ts$^{h}$iəu$^{53}_{44}$pi$^{21}$kai$^{53}$tʂak$^{3}$ts$^{h}$iaŋ$^{35}$ke$^{53}_{44}$ken$^{53}_{44}$an$^{53}$liau$^{21}$ma$^{0}$kai$^{53}_{44}$tʂak$^{3}$sek$^{3}$t$^{h}$əu$^{53}_{44}$.i$^{21}$tʂak$^{3}$liəuk$^{5}$t$^{h}$ei$^{53}_{44}$sek$^{3}$ts$^{h}$iəu$^{53}_{44}$ken$^{53}_{44}$an$^{53}$liau$^{21}$.tan$^{53}$ʂʅ$^{53}$iəu$^{53}$xai$^{13}_{21}$m…iəu$^{53}$xai$^{13}_{21}$maŋ$^{13}$xɔn$^{13}$ts$^{h}$ien$^{13}_{44}$uɔŋ$^{13}$xek$^{3}$.

【绿豆子】liəuk$^{5}$t$^{h}$ei$^{53}$/t$^{h}$əu$^{53}$老派 tsɿ$^{0}$ 名①一种草本植物，其种子可食，通常绿色或黄色绿豆：蛮多人栽～，呃，～嘞产量高，只东西唔知几烂贱。渠只爱一粒豆子，生倒一条苗，渠就能够长起来嘞长蛮多荚，产量蛮高个东西。man$^{13}$to$^{35}_{53}$ɲin$^{13}_{44}$tsɔi$^{35}$liəuk$^{5}$ t$^{h}$ei$^{53}$tsɿ$^{0}$,ə$_{21}$,liəuk$^{5}$ t$^{h}$ei$^{53}$tsɿ$^{0}$ lei$^{0}$ ts$^{h}$an$^{21}$liɔŋ$^{53}_{44}$kau$^{35}_{44}$,tʂak$^{3}$ tɔŋ$^{35}_{44}$si$^{0}$ n̩$^{13}$ti$^{35}_{53}$ci$^{21}$lan$^{53}$ts$^{h}$ien$^{53}$.ci$^{13}$tʂʅ$^{21}$ɔi$^{53}$iet$^{3}$ tiet$^{3}$ t$^{h}$ei$^{53}$tsɿ$^{0}$,saŋ$^{35}$tau$^{21}$(i)et$^{3}$ t$^{h}$iau$^{13}_{44}$ miau$^{13}$,ci$^{13}$ts$^{h}$iəu$^{53}$len$^{13}_{21}$ciau$^{53}$tʂɔŋ$^{21}$çi$^{21}$lɔi$^{13}$le$^{0}$ tʂɔŋ$^{21}$man$^{13}$to$^{35}_{44}$kait$^{3}$,ts$^{h}$an$^{21}$liɔŋ$^{53}$man$^{13}$kau$^{35}_{44}$ke$^{53}_{44}$tɔŋ$^{35}_{44}$si$^{0}$. ②指这种作物的种子：～欸热天～炆羹食，食哩好。～就欸除水湿啦搞么个嘞。除湿热，～啊除湿热，食哩好。liəuk$^{5}$ t$^{h}$ei$^{53}$tsɿ$^{0}$ e$_{21}$ɲiet$^{5}$ t$^{h}$ien$^{35}_{44}$liəuk$^{5}$ t$^{h}$ei$^{53}$tsɿ$^{0}$ uən$^{13}_{21}$kaŋ$^{35}$ʂət$^{5}$,ʂət$^{5}$ li$^{0}$ xau$^{21}$.liəuk$^{5}$ t$^{h}$ei$^{53}$tsɿ$^{0}$ ts$^{h}$iəu$^{53}$e$_{21}$tʂ$^{h}$əu$^{13}$ʂei$^{21}$ʂət$^{3}$ la$^{0}$ kau$^{21}$mak$^{3}$ e$^{0}$ lei$^{0}$ .tʂ$^{h}$əu$^{13}$ʂət$^{3}$ɲiet$^{5}$,liəuk$^{5}$ t$^{h}$ei$^{53}$tsɿ$^{0}$ a$^{0}$ tʂ$^{h}$əu$^{13}$ʂət$^{3}$ɲiet$^{5}$,ʂət$^{5}$ li$^{0}$ xau$^{21}$.

【绿肥】liəuk$^{5}$ fei$^{13}$ 名当植株还是绿色状态时就耕翻下去，在地里发酵分解，以培肥土壤的草本作物。多指紫云英：安做草籽啊，也就系～呀，紫云英呐。ɔn$^{35}$tso$^{53}$ts$^{h}$au$^{21}$tsɿ$^{21}$a$^{0}$,ia$^{35}$ts$^{h}$iəu$^{53}$xe$^{53}_{44}$ liəuk$^{5}$ fei$^{13}$ia$^{0}$,tsɿ$^{21}$vən$^{13}$in$^{35}$na$^{0}$.

【绿绿子】liəuk$^{5}$ liəuk$^{5}$ tsɿ$^{0}$ 形颜色绿绿的样子：（鸭舌草）～个。liəuk$^{5}$ liəuk$^{5}$ tsɿ$^{0}$ke$^{53}_{44}$.｜渠现咁个颜色，～。ci$^{13}$çien$^{53}$kan$^{21}$ke$^{53}_{44}$ian$^{13}$sek$^{3}$,liəuk$^{5}$ liəuk$^{5}$ tsɿ$^{0}$.

【绿头菌】liəuk$^{5}$ t$^{h}$ei$^{13}$c$^{h}$in$^{35}$ 名一种长在山坡、有绿色斑点的野生食用菌：我等箇岭上有～。箇个一把子伞子样啊，开开来哩凑，伞子顶高绿个。ŋai$^{13}_{21}$tien$^{0}$ kai$^{53}_{44}$liaŋ$^{35}$xɔŋ$^{53}_{44}$iəu$^{35}$liəuk$^{5}$ t$^{h}$ei$^{13}_{21}$c$^{h}$in$^{35}$. kai$^{53}_{44}$kei$^{53}_{44}$iet$^{3}$ pa$^{21}$tsɿ$^{0}$ san$^{53}$tsɿ$^{0}$ iɔŋ$^{53}$ŋa$^{0}$,k$^{h}$ɔi$^{35}$k$^{h}$ɔi$^{35}_{53}$lɔi$^{13}_{21}$li$^{0}$ ts$^{h}$e$^{0}$,san$^{53}$tsɿ$^{0}$ taŋ$^{21}$kau$^{35}_{44}$liəuk$^{5}$ ke$^{0}$.

【滤】li$^{53}$ 动使液体经过布等，除去其中所含的渣滓、杂质等：加滴冷水去磨碎来哕，就豆浆哕。磨倒箇豆浆放下箇桶里。第一步，就开水泡下去，啊泡一下豆腐。泡哩以后就～豆腐。泡哩以后就放倒去～呀。冇只袋呀，系唔系？哦袋起～呀。～嘿渣去呀。有渣啊，豆腐渣……分豆腐渣～出来呀。先泡，箇就～豆腐。cia$^{35}$tiet$^{5}$ laŋ$^{35}$ʂei$^{21}$çi$^{53}_{44}$mo$^{53}$si$^{53}$lɔi$^{13}_{21}$ʂa$^{0}$,ts$^{h}$iəu$^{53}_{44}$t$^{h}$ei$^{53}$ tsiɔŋ$^{35}_{44}$ʂa$^{0}$ .mo$^{53}$tau$^{21}$kai$^{53}_{44}$t$^{h}$ei$^{53}$tsiɔŋ$^{35}_{44}$fɔŋ$^{53}_{44}$xa$^{53}_{44}$kai$^{53}_{44}$t$^{h}$əŋ$^{21}$li$^{0}$ .t$^{h}$i$^{53}$iet$^{5}$ p$^{h}$u$^{53}$,ts$^{h}$iəu$^{53}_{44}$k$^{h}$ɔi$^{35}$ʂei$^{21}$p$^{h}$au$^{53}$ua$_{44}$ (←xa$^{53}$)çi$^{53}_{44}$,a$^{0}$ p$^{h}$au$^{53}$iet$^{3}$ xa$^{53}_{44}$t$^{h}$ei$^{53}_{44}$fu$^{53}_{44}$.p$^{h}$au$^{53}$li$^{0}$ i$^{35}$xei$^{53}_{44}$ts$^{h}$iəu$^{53}_{44}$li$^{53}$t$^{h}$ei$^{53}_{44}$fu$^{53}_{44}$.p$^{h}$au$^{53}$li$^{0}$ i$^{35}$xei$^{53}_{44}$ts$^{h}$iəu$^{53}_{44}$fɔŋ$^{53}_{44}$tau$^{21}$çi$^{53}_{44}$ li$^{53}$ia$^{0}$ .u$^{21}$tʂak$^{3}$ t$^{h}$ɔi$^{53}$ia$^{0}$ ,xei$^{53}_{44}$me$^{53}_{44}$?o$_{21}$t$^{h}$ɔi$^{53}_{44}$çi$^{53}_{21}$li$^{53}$ia$^{0}$ .li$^{53}$iek$^{3}$ (←xek$^{3}$ )tsa$^{35}$çi$^{53}_{44}$ia$^{0}$ .iəu$^{35}$tsa$^{35}$a$^{0}$ ,t$^{h}$ei$^{53}$fu$^{53}_{44}$ts…pən$^{35}$ t$^{h}$ei$^{53}$fu$^{53}_{44}$tsa$^{35}$li$^{53}$tʂ$^{h}$ət$^{3}$ lɔi$^{13}_{21}$ia$^{0}$ .sien$^{35}$p$^{h}$au$^{53}$,kai$^{53}_{21}$ts$^{h}$iəu$^{53}_{44}$li$^{53}$t$^{h}$ei$^{53}_{44}$fu$^{53}_{44}$.



【圞$_{1}$】lɔn$^{13}$ 形圆：（圆凳子）也有人话～凳子。ia$^{35}$iəu$^{35}$ɲin$^{13}_{21}$ua$^{53}$lɔn$^{13}$tien$^{53}$tsɿ$^{0}$.｜～镜子，系有人话～镜子。系系系。有人话～镜子。～镜子话得多。～个子。lɔn$^{13}$ciaŋ$^{53}$tsɿ$^{0}$,xei$^{53}_{44}$iəu$^{35}$ɲin$^{13}_{21}$ua$^{53}$ lɔn$^{13}$ciaŋ$^{53}$tsɿ$^{0}$ .xei$^{53}$xei$^{53}_{44}$xei$^{53}_{44}$.iəu$^{35}$ɲin$^{13}_{21}$ua$^{53}_{44}$lɔn$^{13}$ciaŋ$^{53}$tsɿ$^{0}$ .lɔn$^{13}$ciaŋ$^{53}$tsɿ$^{0}$ ua$^{53}_{44}$tek$^{3}$ to$^{35}_{44}$.lɔn$^{13}$cie$^{53}$tsɿ$^{0}$ .

【圞$_{2}$】lɔn$^{13}$ 动剩下的全部买了：欸，你箇兜子洋薯子我就下同你～嘿去啊，我同你～嘿去。ei$_{21}$, ɲi$^{13}$kai$^{53}$tei$^{35}_{53}$tsɿ$^{0}$ iɔŋ$^{13}$ʂəu$^{13}_{44}$tsɿ$^{0}$ ŋai$^{13}$ts$^{h}$iəu$^{53}_{44}$xa$^{53}$t$^{h}$əŋ$^{13}_{44}$ɲi$^{13}_{44}$lɔn$^{13}$nek$^{3}$ çi$^{53}$a$^{0}$ ,ŋai$^{13}$t$^{h}$əŋ$^{13}_{44}$ɲi$^{13}_{44}$lɔn$^{13}$nek$^{3}$ çi$^{53}$.

【圞泥】lɔn$^{13}$lai$^{13}_{21}$ 动打圆场：以前我就有只二叔婆啊，我只二叔婆就喜是都蛮喜欢我，就系嘴巴上。渠就我二叔婆嘞，我晓得，到嘿我晓得，我十几岁了我就懂事了我懂事来讲咯，渠就嗯就长日都冇柴唔倒来烧。我二叔公呢，人是高高大大，就系卵谈，唔爱滴紧，冇柴烧譬如箇楼上个楼栿都拆来烧嘿哩，箇屋都转嘿哩唠，箇间屋都转嘿哩唠，分渠拆倒做柴烧哇。天一晴了嘞我话："欸，二叔公，来去斫柴吧？""收拾哩，咁湿，让门去得欸？在乎渠，过下子看。欸，滕下子唠。"慢呢箇春天是春无三日晴啊，系唔系？晴哩一天是还唔去搞柴是，哦嗬，又落水去嘞，又冇柴烧哇。以下我同渠搞哩柴嘞，我二叔婆啊渠就真会～啦，系啊？"欸，小端子你咁好事同我搞哩柴是，我硬做双子鞋分你着哩。"嗯，我是硬欢喜得唔得了。我二叔婆会做双鞋分我，会做双子新鞋分我着嘞。我姆娑就话："到哩正算得啊。嗯，二叔婆个路子。"落尾就□记哩噢。长日渠个就空头支票哇，长日开空头支票个人呐我二叔婆是。i$^{35}_{53}$ts$^{h}$ien$^{13}_{21}$ŋai$^{13}$ts$^{h}$iəu$^{53}_{44}$iəu$^{35}_{44}$tʂak$^{3}$ɲi$^{53}$ʂəuk$^{3}$ p$^{h}$o$^{13}$a$^{0}$ ,ŋai$^{13}$tʂak$^{3}$ɲi$^{53}$ʂəuk$^{3}$ p$^{h}$o$^{13}$ts$^{h}$iəu$^{53}$çi$^{21}$ʂʅ$^{53}_{21}$təu$^{35}_{53}$man$^{13}_{21}$çi$^{21}$fɔn$^{35}_{44}$ ŋai$^{13}_{21}$,ts$^{h}$iəu$^{53}$xe$^{53}_{44}$tsi$^{21}$pa$^{35}$xɔŋ$^{53}_{21}$.ci$^{13}_{21}$ts$^{h}$iəu$^{53}_{44}$ŋai$^{13}$ɲi$^{53}$ʂəuk$^{3}$ p$^{h}$o$^{13}$lei$^{0}$ ,ŋai$^{13}$çiau$^{21}$tek$^{3}$ ,tau$^{53}$xek$^{3}$ ŋai$^{13}$çiau$^{21}$tek$^{3}$ ,ŋai$^{13}$ ʂət$^{5}$ ci$^{21}$sɔi$^{53}$liau$^{0}$ ŋai$^{13}$ts$^{h}$iəu$^{53}$təŋ$^{21}$sɿ$^{53}$liau$^{0}$ ŋai$^{13}$təŋ$^{21}$sɿ$^{53}$lɔi$^{13}_{44}$kɔŋ$^{21}$ko$^{0}$ ,ci$^{13}_{21}$ts$^{h}$iəu$^{53}_{44}$ən$_{44}$ts$^{h}$iəu$^{53}_{44}$tʂ$^{h}$ɔŋ$^{13}$ɲiet$^{3}$ təu$^{35}_{53}$u$^{21}$ ts$^{h}$ai$^{13}$n̩$^{13}_{21}$tau$^{21}$lɔi$^{13}_{21}$ʂau$^{35}_{44}$.ŋai$^{13}$ɲi$^{53}$ʂəuk$^{3}$ kəŋ$^{35}$nei$^{0}$ , ɲin$^{13}$ʂʅ$^{53}_{44}$kau$^{35}$kau$^{35}$t$^{h}$ai$^{53}$t$^{h}$ai$^{53}$ ,ts$^{h}$iəu$^{53}$xe$^{53}_{44}$lɔn$^{21}$t$^{h}$an$^{13}$ ,m̩$^{13}_{21}$mɔi$^{53}_{35}$ tiet$^{5}$ cin$^{21}_{44}$,mau$^{13}_{21}$ts$^{h}$ai$^{13}$ʂau$^{35}_{44}$p$^{h}$i$^{53}$ʮ$^{13}_{53}$kai$^{53}_{44}$lei$^{13}_{21}$xɔŋ$^{53}_{44}$ke$^{0}$ lei$^{13}$fuk$^{5}$ təu$^{35}_{53}$ts$^{h}$ak$^{3}$ lɔi$^{13}_{21}$ʂau$^{35}_{44}$(x)ek$^{3}$ li$^{0}$ ,kai$^{53}_{44}$uk$^{3}$ təu$^{35}_{44}$ tʂuɔn$^{53}$nek$^{3}$ li$^{0}$ lau$^{0}$ ,kai$^{53}_{44}$kan$^{35}_{44}$uk$^{3}$ təu$^{35}_{44}$tʂuɔn$^{53}$nek$^{3}$ li$^{0}$ lau$^{0}$ ,pən$^{35}$ci$^{13}_{21}$ts$^{h}$ak$^{3}$ tau$^{21}$tso$^{53}$ts$^{h}$ai$^{13}_{21}$ʂau$^{35}_{44}$ua$^{0}$ .t$^{h}$ien$^{35}$niet$^{3}$ ts$^{h}$iaŋ$^{13}$liau$^{0}$ lei$^{0}$ ŋai$^{13}$ua$^{53}_{44}$:"e$_{21}$, ɲi$^{53}$ʂəuk$^{3}$ kəŋ$^{35}$,lɔi$^{13}$çi$^{53}$tʂɔk$^{3}$ ts$^{h}$ai$^{13}$pa$^{0}$ ?""ʂəu$^{35}$ʂət$^{5}$ li$^{0}$ ,kan$^{21}$ʂət$^{3}$ , ɲiɔŋ$^{53}$mən$^{13}_{44}$çi$^{53}$ tek$^{3}$ e$^{0}$ ?ts$^{h}$ai$^{53}$fu$^{35}_{44}$ci$^{13}_{44}$,ko$^{53}$(x)a$^{53}_{44}$tsɿ$^{0}$ k$^{h}$ɔn$^{53}_{44}$.e$_{21}$,lian$^{21}$na$^{53}$tsɿ$^{0}$ lau$^{0}$ ."man$^{53}_{44}$ne$^{0}$ kai$^{53}_{44}$tʂ$^{h}$ən$^{35}$t$^{h}$ien$^{35}_{44}$ʂʅ$^{53}_{44}$tʂ$^{h}$ən$^{35}$u$^{13}_{21}$san$^{35}$ ɲiet$^{3}$ ts$^{h}$iaŋ$^{13}$ŋa$^{0}$ ,xei$^{53}_{44}$me$^{53}_{44}$?ts$^{h}$iaŋ$^{13}$li$^{0}$ iet$^{3}$ t$^{h}$ien$^{35}$ʂʅ$^{53}_{44}$xai$^{13}$n̩$^{13}_{44}$çi$^{53}$kau$^{21}$ts$^{h}$ai$^{13}$ʂʅ$^{53}_{44}$,o$_{44}$xo$_{44}$,iəu$^{53}$lɔk$^{5}$ ʂei$^{21}$çi$^{53}_{44}$le$^{0}$ ,iəu$^{53}$ mau$^{13}_{44}$ts$^{h}$ai$^{13}_{21}$ʂau$^{35}_{44}$ua$^{0}$ .i$^{21}$xa$^{53}$ŋai$^{13}_{44}$t$^{h}$əŋ$^{13}_{44}$ci$^{13}_{44}$kau$^{21}$li$^{0}$ ts$^{h}$ai$^{13}$lei$^{0}$ ,ŋai$^{13}$ɲi$^{53}$ʂəuk$^{3}$ p$^{h}$o$^{13}$a$^{0}$ ci$^{13}_{21}$ts$^{h}$iəu$^{53}_{44}$tʂən$^{35}$uɔi$^{53}$lɔn$^{13}$ nai$^{13}_{44}$la$^{0}$ ,xei$^{53}$a$^{0}$ ?"e$_{21}$,siau$^{21}$tɔn$^{35}_{44}$tsɿ$^{0}$ɲi$^{13}$kan$^{21}$xau$^{21}$sɿ$^{53}$t$^{h}$əŋ$^{13}$ŋai$^{13}_{44}$kau$^{21}$li$^{0}$ ts$^{h}$ai$^{13}$ʂʅ$^{53}_{44}$,ŋai$^{13}$ɲiaŋ$^{53}_{44}$tso$^{53}$səŋ$^{35}_{44}$tsɿ$^{0}$ xai$^{13}$

pən$^{35}_{44}$ɲi$^{13}_{21}$tʂɔk$^{3}$ li$^{0}$."n̩$_{21}$,ŋai$^{13}_{21}$ʂʅ$^{53}_{44}$ɲiaŋ$^{53}$fɔn$^{35}$çi$^{21}$tek$^{3}$ n̩$^{13}_{44}$tek$^{3}$ liau$^{21}$.ŋai$^{13}$ɲi$^{53}$ʂəuk$^{3}$ pʰo$^{13}$uɔi$^{53}_{44}$tso$^{53}$səŋ$^{35}$xai$^{13}$pən$^{35}$ŋai$^{13}_{21}$,uɔi$^{53}$tso$^{53}$səŋ$^{35}$tsʅ$^{0}$ sin$^{35}$xai$^{13}$pən$^{35}$ŋai$^{13}_{21}$tʂɔk$^{3}$ le$^{0}$.ŋai$^{13}_{21}$m̩$^{13}$me$^{35}_{44}$tsʰiəu$^{53}_{44}$ua$^{53}_{44}$:"tau$^{53}$li$^{0}$ tʂaŋ$^{53}_{44}$sɔn$^{53}$tek$^{3}$ a$^{0}$.n̩$_{21}$, ɲi$^{53}$ʂəuk$^{3}$ pʰo$^{13}$ke$^{0}$ ləu$^{53}_{44}$tsʅ$^{0}$."lɔk$^{5}$ mi$^{35}_{53}$tsiəu$^{53}_{44}$lai$^{13}$ci$^{53}$li$^{0}$ au$^{0}$.tʂʰɔŋ$^{13}$ɲiet$^{3}$ ci$^{13}$ke$^{53}$tsʰiəu$^{53}_{44}$kʰəŋ$^{35}$tʰei$^{13}_{21}$tʂʅ$^{35}_{44}$pʰiau$^{53}$ua$^{0}$,tʂʰɔŋ$^{13}$ɲiet$^{3}$ kʰɔi$^{35}$kʰəŋ$^{35}$tʰei$^{13}_{21}$tʂʅ$^{35}_{44}$pʰiau$^{53}$ke$^{0}$ɲin$^{13}_{21}$na$^{0}$ ŋai$^{13}_{44}$ɲi$^{53}$ʂəuk$^{3}$ pʰo$^{13}$ʂʅ$^{53}_{44}$.

【圞刨子】lɔn$^{13}$pʰau$^{13}$tsʅ$^{0}$ [名]圆刨子：箇个箇圆木啊，圆木肚里，爱去刨肚里爱刨，系唔系？打正哩以后爱刨，爱刨令来，刨肚里。因为箇肚里比较细咁个，箇只～嘞就箇只刨铁嘞就圆圆子转个。爱刨肚里箇只圆。外背就唔爱～做得呢。外背就用光刨子做得呢。kai$^{53}_{44}$ke$^{53}_{44}$kai$^{53}$ien$^{13}$muk$^{3}$ a$^{0}$,ien$^{13}$muk$^{3}$ təu$^{21}$li$^{0}$,ɔi$^{53}$çi$^{53}$pʰau$^{13}$təu$^{21}$li$^{0}$ ɔi$^{53}$pʰau$^{13}$,xei$^{53}$me$^{53}$?ta$^{21}$tʂaŋ$^{53}$li$^{0}$ i$^{35}_{53}$xei$^{53}$ɔi$^{53}$pʰau$^{13}$,ɔi$^{53}_{44}$pʰau$^{13}$laŋ$^{53}$lɔi$^{13}_{44}$,pʰau$^{13}$təu$^{21}$li$^{0}$.in$^{35}_{44}$uei$^{53}_{44}$kai$^{53}$təu$^{21}$li$^{0}$ pi$^{21}$ciau$^{53}_{44}$se$^{53}$kan$^{21}_{13}$kei$^{53}_{44}$,kai$^{53}$tʂak$^{3}$ lɔn$^{13}$pʰau$^{13}$tsʅ$^{0}$ lei$^{0}$ tsʰiəu$^{53}_{44}$kai$^{53}$tʂak$^{3}$ pʰau$^{13}$tʰiet$^{3}$ lei$^{0}$ tsʰiəu$^{53}$ien$^{13}$ien$^{13}$tsʅ$^{0}$ tʂuɔn$^{21}$cie$^{53}$.ɔi$^{53}_{44}$pʰau$^{13}$təu$^{21}$li$^{0}$ kai$^{53}$tʂak$^{3}$ ien$^{13}$.ŋɔi$^{53}$pɔi$^{53}_{44}$tsʰiəu$^{53}$m̩$^{13}_{21}$mɔi$^{53}$lɔn$^{13}$pʰau$^{13}_{44}$tsʅ$^{0}$ tso$^{53}$tek$^{3}$ nei$^{0}$.ŋɔi$^{53}$pɔi$^{53}_{44}$tsʰiəu$^{53}_{44}$iəŋ$^{53}$kɔŋ$^{35}$pʰau$^{13}_{44}$tsʅ$^{0}$ tso$^{53}$tek$^{3}$ nei$^{0}$.

【圞心】lɔn$^{13}$sin$^{35}$ [名]心脏的俗称：心脏也系安做～。sin$^{35}$tsʰɔŋ$^{53}$ia$^{35}_{44}$xe$^{53}_{21}$ɔn$^{35}_{44}$tso$^{53}_{44}$lɔn$^{13}$sin$^{35}$.

【圞桌】lɔn$^{13}$tsɔk$^{3}$ [名]老派对圆桌的称呼：冇多么人话～了。除哩老班子讲下子呀～。～。欸，老人家会讲～，后生人都讲圆桌。mau$^{13}$to$^{35}_{53}$mak$^{3}$ in$^{13}_{44}$ua$^{53}$lɔn$^{13}$tsɔk$^{3}$ liau$^{0}$.tʂʰəu$^{13}_{21}$li$^{0}$ lau$^{21}$pan$^{35}$tsʅ$^{0}$ kɔŋ$^{21}$xa$^{53}_{44}$tsʅ$^{0}$ ia$^{0}$ lɔn$^{13}$tsɔk$^{3}$.lɔn$^{13}$tsɔk$^{3}$.e$_{21}$,lau$^{21}$ɲin$^{13}$ka$^{35}_{44}$uɔi$^{53}$kɔŋ$^{21}$lɔn$^{13}$tsɔk$^{3}$,xei$^{53}$saŋ$^{35}_{44}$ɲin$^{13}_{21}$təu$^{35}$kɔŋ$^{21}$ien$^{13}$tsɔk$^{3}$.

【卵$_{1}$】lɔn$^{21}$ [名]人或动物的阴茎：有句俗话："老人就翻老案，细人子就翻～看。" iəu$^{35}$tʂʮ$^{53}$səuk$^{3}$ fa$^{53}$:"lau$^{21}$ɲin$^{13}$tsʰiəu$^{53}_{44}$fan$^{35}_{44}$nau$^{21}$ŋɔn$^{53}$,se$^{53}$ɲin$^{13}_{21}$tsʅ$^{0}$ tsʰiəu$^{53}_{44}$fan$^{35}$lɔn$^{21}$kʰɔn$^{53}$."

【卵$_{2}$】lan$^{21}$ [形]詈语：咁个～东西尽规（矩）……kan$^{21}$ke$^{53}$lan$^{21}$təŋ$^{35}_{44}$si$^{0}$ tsʰin$^{53}$kuei$^{35}$…

【卵毛】lɔn$^{21}$mau$^{35}$ [名]男性的阴毛：阴部箇只安做卵毛嘞。in$^{35}$pʰu$^{53}$kai$^{53}_{44}$tʂak$^{3}$ ɔn$^{35}_{44}$tso$^{53}_{44}$lɔn$^{21}$mau$^{35}$le$^{0}$.｜男子人个阴毛就安做～哇。欸，有只话法系搞起～屄光啊。lan$^{13}$tsʅ$^{0}$ɲin$^{13}$ke$^{53}$in$^{35}$mau$^{13}_{21}$tsʰiəu$^{53}$ɔn$^{35}_{44}$tso$^{53}_{44}$lɔn$^{21}$mau$^{35}$ua$^{0}$.e$_{21}$,iəu$^{35}$tʂak$^{3}$ ua$^{53}$fait$^{3}$ xe$^{53}$kau$^{21}$çi$^{21}_{44}$lɔn$^{21}$mau$^{35}$piet$^{3}$ kɔŋ$^{35}$ŋa$^{0}$.

【卵毛屄光】lɔn$^{21}$mau$^{35}$piet$^{3}$ kɔŋ$^{35}$ 一点不剩。比喻失去一切，变得一无所有：你还话留滴子分我，系唔系？一碗糯米丸呐，系唔系？还话留滴子分我，你食起～，分你食起～，嘿，还话留滴子分我呀。ɲi$^{13}_{21}$xai$^{13}$ua$^{53}$liəu$^{13}$tiet$^{5}$ tsʅ$^{0}$ pən$^{35}_{44}$ŋai$^{13}$,xei$^{53}$me$^{53}$?iet$^{3}$ uɔn$^{21}$lo$^{53}$mi$^{21}$ien$^{13}$na$^{0}$,xei$^{53}$me$^{53}$?xai$^{13}$ua$^{53}$liəu$^{13}$tiet$^{5}$ tsʅ$^{0}$ pən$^{35}_{44}$ŋai$^{13}$, ɲi$^{13}$ʂət$^{5}$ çi$^{21}_{44}$lɔn$^{21}$mau$^{35}$piet$^{3}$ kɔŋ$^{35}_{44}$,pən$^{35}$ɲi$^{13}_{44}$ʂət$^{5}$ çi$^{21}_{44}$lɔn$^{21}$mau$^{35}$piet$^{3}$ kɔŋ$^{35}_{44}$,xe$_{53}$,xai$^{13}$ua$^{53}$liəu$^{13}$tiet$^{5}$ tsʅ$^{0}$ pən$^{35}$ŋai$^{13}$ia$^{0}$.｜（赌钱）输起～。ʂəu$^{35}$çi$^{21}$lɔn$^{21}$mau$^{35}$piet$^{3}$ kɔŋ$^{35}$.

【卵鸟子】lɔn$^{21}$tiau$^{35}_{44}$tsʅ$^{0}$ [名]男性生殖器：欸，箇个我看下子哪只细人子哪只箇个冇几大子个伢子，细人子啊，都喜欢搞～。e$_{21}$,kai$^{53}_{44}$ke$^{53}_{44}$ŋai$^{13}$kʰɔn$^{53}$na$^{53}$tsʅ$^{0}$ lai$^{53}$tʂak$^{3}$ sei$^{53}$ɲin$^{13}_{44}$tsʅ$^{0}$ lai$^{53}$tʂak$^{3}$ kai$^{53}_{44}$ke$^{53}_{44}$mau$^{13}_{21}$ci$^{21}$tʰai$^{53}$tsʅ$^{0}$ ke$^{53}$ŋa$^{13}$tsʅ$^{0}$,sei$^{53}$ɲin$^{13}_{21}$tsʅ$^{0}$ a$^{0}$,təu$^{35}$çi$^{21}$fɔn$^{35}_{44}$kau$^{21}$lɔn$^{21}$tiau$^{35}_{44}$tsʅ$^{0}$.

【卵弹】lɔn$^{21}$tʰan$^{13}$ [形]吊儿郎当，做事不着调；不靠谱：真～呐，箇人，随随便便呐。tʂən$^{35}$lɔn$^{21}$tʰan$^{13}$na$^{0}$,kai$^{53}_{44}$ɲin$^{13}_{21}$,sei$^{13}$sei$^{13}_{44}$pʰien$^{53}$pʰien$^{53}$na$^{0}$.｜箇只人呐我硬料定哩渠今晡归唔到屋。渠咁～个人是。kai$^{53}$tʂak$^{3}$ɲin$^{13}$na$^{0}$ ŋai$^{13}$ɲiaŋ$^{53}_{44}$liau$^{53}$tʰin$^{53}$ni$^{0}$ ci$^{13}_{44}$cin$^{35}_{44}$pu$^{35}_{44}$kuei$^{35}_{44}$n̩$^{13}_{21}$tau$^{53}$uk$^{3}$.ci$^{13}_{21}$kan$^{21}$lɔn$^{21}$tʰan$^{13}_{21}$ke$^{53}$ɲin$^{13}_{21}$ʂʅ$^{53}_{44}$.

【卵弹鬼】lɔn$^{21}$tʰan$^{13}$kuei$^{21}$ [名]吊儿郎当、得过且过的人：话别人家卵弹琴呐，～呀。ua$^{53}_{44}$pʰiet$^{5}$ in$^{13}_{44}$ka$^{35}_{44}$lɔn$^{21}$tʰan$^{13}$cʰin$^{13}$na$^{0}$,lɔn$^{21}$tʰan$^{13}$kuei$^{21}$ia$^{0}$.

【卵弹琴】lɔn$^{21}$tʰan$^{13}$cʰin$^{13}$ [动]比喻做事胡闹，不认真负责：我还请倒渠做事，请过渠做事。做事也～。箇人老婆都冇得，一个人，五十几岁了。ŋai$^{13}$xai$^{13}_{53}$tsʰiaŋ$^{21}$tau$^{21}$ci$^{13}_{21}$tso$^{53}_{44}$sʅ$^{53}$,tsʰiaŋ$^{21}$ko$^{53}_{44}$ci$^{13}_{21}$tso$^{53}$sʅ$^{53}$.tso$^{53}_{44}$sʅ$^{53}$a$^{35}_{44}$lɔn$^{21}$tʰan$^{13}_{21}$cʰin$^{13}$.kai$^{53}_{44}$ɲin$^{13}_{44}$lau$^{21}$pʰo$^{13}_{21}$təu$^{35}_{53}$mau$^{13}_{21}$tek$^{3}$,iet$^{3}$ ke$^{53}$ɲin$^{13}_{44}$,ŋ̍$^{13}_{21}$ʂət$^{5}$ ci$^{21}$sɔi$^{53}$liau$^{0}$.

【乱$_{1}$】lɔn$^{53}$ [动]指小孩子顽皮捣乱；淘气；玩耍：细人子唔怕～呢，就系爱～。～，渠正会健康。欸，猫头牯样剁剁哩坐倒墩墩哩坐倒有么个用？sei$^{53}$ɲin$^{13}_{21}$tsʅ$^{0}$ m̩$^{13}$pʰa$^{53}$lɔn$^{53}$ne$^{0}$,tsʰiəu$^{53}$xe$^{53}_{44}$ɔi$^{53}_{44}$lɔn$^{53}$.lɔn$^{53}$,ci$^{13}_{21}$tʂaŋ$^{53}_{44}$uɔi$^{53}_{44}$cʰien$^{53}$kʰɔŋ$^{35}$.e$_{21}$,miau$^{53}$tʰei$^{13}_{21}$ku$^{21}$iɔŋ$^{53}$to$^{53}$to$^{53}$li$^{0}$ tsʰo$^{35}$tau$^{21}$tən$^{35}$tən$^{35}$li$^{0}$ tsʰo$^{35}$tau$^{21}$iəu$^{35}$mak$^{3}$ e$^{0}$ iəŋ$^{53}$?｜等得细人子都唔想动了，唔～了，箇就病得蛮厉害了。ten$^{21}$tek$^{3}$ sei$^{53}$ɲin$^{13}_{21}$tsʅ$^{0}$ təu$^{35}_{53}$n̩$^{13}$siɔŋ$^{21}$tʰəŋ$^{35}$liau$^{21}$,n̩$^{13}$lɔn$^{53}$liau$^{21}$,kai$^{53}_{44}$tsʰiəu$^{53}_{44}$pʰiaŋ$^{53}$tek$^{3}$ man$^{13}$li$^{53}$xɔi$^{53}_{44}$liau$^{0}$.

【乱$_{2}$】lɔn$^{53}$ [副]任意；随便：以伴细子同猴子样，到处都～爬个。i$^{21}$pʰɔn$^{53}$se$^{53}$tsʅ$^{0}$ tʰəŋ$^{13}$xei$^{13}$tsʅ$^{0}$ iɔŋ$^{53}$,tau$^{53}$tʂʰəu$^{53}$lɔn$^{53}$pʰa$^{13}$cie$^{53}$.｜我觉得我等人讲么个事嘞，讲哩个事就对自家讲个事负责，不要～讲，随你讲么个都不要～讲。ŋai$^{13}$kɔk$^{3}$ tek$^{3}$ ŋai$^{13}$tien$^{0}$ ɲin$^{13}_{44}$kɔŋ$^{21}$mak$^{3}$ e$^{0}$ sʅ$^{53}$lei$^{0}$,kɔŋ$^{21}$li$^{0}$ ke$^{53}$sʅ$^{53}$tsiəu$^{53}$tei$^{53}$tsʰʅ$^{35}$ka$^{35}_{44}$kɔŋ$^{21}$ke$^{53}_{44}$sʅ$^{53}$fu$^{53}$tsek$^{3}$,pət$^{3}$ iau$^{53}_{44}$lɔn$^{53}$kɔŋ$^{21}$,tsʰi$^{13}$ɲi$^{13}_{44}$kɔŋ$^{21}$mak$^{3}$ e$^{0}$ təu$^{35}_{44}$pət$^{3}$ iau$^{53}_{44}$lɔn$^{53}$kɔŋ$^{21}$.

【乱搞】lɔn$^{53}$kau$^{21}$ [动]胡搞，胡来：正好滴子，屋下正有滴子钱，就～。tʂaŋ$^{53}$xau$^{21}$tiet$^{5}$ tsʅ$^{0}$,uk$^{3}$

xa$^{35}_{44}$tʂaŋ$^{53}$iəu$^{35}$tiet$^{5}$tsɿ$^{0}$tsʰien$^{13}$,tsʰiəu$^{35}_{44}$lən$^{53}$kau$^{21}$.

【乱搞三天】lən$^{53}$kau$^{21}$san$^{35}$tʰien$^{35}$ 形容极其胡来：冇得规划做事，～呐，也安做蛮乌□。mau$^{13}_{21}$tek$^{3}$kuei$^{35}$fa$^{35}$tso$^{53}_{44}$sɿ$^{53}_{44}$,lən$^{53}$kau$^{21}$san$^{35}_{44}$tʰien$^{35}_{44}$na$^{0}$,ia$^{35}$ɔn$^{35}_{44}$tso$^{53}_{44}$man$^{13}$u$^{35}$ɲia$^{53}$.

【乱精】lən$^{53}$tsin$^{35}$ 名淘气的孩子：我等箇只孙子就一只～呢，一天到夜冇停，只～，一天到夜都冇得停凑。ŋai$^{13}$tien$^{0}$kai$^{53}$tʂak$^{3}$sən$^{35}$tsɿ$^{0}$tsʰiəu$^{53}$iet$^{3}$tʂak$^{3}$lən$^{53}$tsin$^{35}_{44}$ne$^{0}$,iet$^{3}$tʰien$^{35}$tau$^{53}$ia$^{53}$mau$^{13}$tʰin$^{13}$,tʂak$^{3}$lən$^{53}$tsin$^{35}_{44}$,iet$^{3}$tʰien$^{35}$tau$^{53}$ia$^{53}_{44}$təu$^{35}_{53}$mau$^{13}_{21}$tek$^{3}$tʰin$^{13}$tsʰe$^{0}$.

【乱七八糟】lən$^{53}$tsʰiet$^{3}$pait$^{3}$tsau$^{35}$ 形容无秩序、无条理，乱得不成样子：屋下，屋下个东西欸……唔检点就～唠。uk$^{3}$xa$^{53}$,uk$^{3}$xa$^{53}$ke$^{53}_{44}$təŋ$^{35}_{44}$si$^{0}$e$_{44}$…n̩$^{13}$cian$^{21}$tian$^{21}$tsʰiəu$^{53}_{44}$lən$^{53}$tsʰiet$^{3}$pait$^{3}$tsau$^{35}_{44}$lau$^{0}$.

【乱糟糟】lən$^{53}$tsau$^{35}_{44}$tsau$^{35}$ 形形容混乱一团：乌□也有滴子～个意思样，～哩。u$^{35}$ɲia$^{53}$ia$^{35}$iəu$^{35}_{44}$tiet$^{5}_{3}$tsɿ$^{0}$lən$^{53}$tsau$^{35}_{44}$tsau$^{35}$ke$^{53}$i$^{53}_{44}$sɿ$^{0}$iɔŋ$^{53}_{44}$,lən$^{53}$tsau$^{35}_{44}$tsau$^{35}$li$^{0}$.

【抡】lən$^{21}$ 动用手指搓并使被搓的东西转动；捻：～苎麻 lən$^{21}$tʂʰəu$^{35}$ma$^{13}_{21}$｜两只手指～，嗯，～下子。比方数票子啊，就～下子。iɔŋ$^{21}$tʂak$^{3}$ʂəu$^{21}$tʂɿ$^{21}$lən$^{21}$,ŋ̍$_{21}$,lən$^{21}$na$^{53}$(←xa$^{53}$)tsɿ$^{0}$.pi$^{21}$fəŋ$^{35}_{44}$səu$^{21}$pʰiau$^{53}$tsa$^{0}$,tsʰiəu$^{53}_{44}$lən$^{21}$na$^{53}$(←xa$^{53}$)tsɿ$^{0}$.｜我等人箇穿针呐看唔真，箇个线呐十分嫩，系唔系？看唔真。看唔真让门子啊？舞只子饭呢，拈滴子饭呢，分箇个线头上啊～下子嘞，渠就又绷硬子冇事牵下去嘞，又更粗兜子更好看呐，就～滴子。ŋai$^{13}$tien$^{0}$ɲin$^{13}_{44}$kai$^{53}$tʂʰuən$^{35}$tʂən$^{35}$na$^{0}$kʰɔn$^{53}$n̩$^{13}_{21}$tʂən$^{35}$,kai$^{53}_{44}$ke$^{53}_{44}$sien$^{53}$na$^{0}$ʂət$^{5}$fən$^{35}_{44}$nən$^{53}$,xei$^{53}$me$^{53}$?kʰɔn$^{53}$n̩$^{13}_{21}$tʂən$^{35}$.kʰɔn$^{53}$n̩$^{13}_{21}$tʂən$^{35}$ɲiɔŋ$^{53}_{44}$mən$^{13}_{44}$tsɿ$^{0}$a$^{0}$?u$^{21}$tʂak$^{3}$tsɿ$^{0}$fan$^{53}$nei$^{0}$,ɲian$^{13}$tiet$^{5}$tsɿ$^{0}$fan$^{53}$nei$^{0}$,pən$^{35}$kai$^{53}_{44}$ke$^{53}_{44}$sen$^{53}$tʰei$^{13}$xɔŋ$^{53}$ŋa$^{0}$lən$^{21}$xa$^{53}$tsɿ$^{0}$lei$^{0}$,ci$^{13}_{21}$tsʰiəu$^{53}_{44}$iəu$^{53}$paŋ$^{35}_{44}$ŋaŋ$^{53}$tsɿ$^{0}$mau$^{13}_{21}$sɿ$^{53}_{44}$tait$^{5}$xa$^{53}_{44}$çi$^{53}_{44}$lei$^{0}$,iəu$^{53}$cien$^{53}$tsʰəu$^{35}$te$^{35}_{53}$tsɿ$^{0}$cien$^{53}$xau$^{21}$kʰɔn$^{53}$na$^{0}$,tsiəu$^{53}$lən$^{21}$tiet$^{5}$tsɿ$^{0}$.

【轮$_1$】lən$^{13}$ 动依规则更替：有几多只子就～倒么人走。iəu$^{35}$ci$^{21}$to$^{35}$tʂak$^{3}$tsɿ$^{21}$tsʰiəu$^{53}$lən$^{13}$tau$^{21}$mak$^{3}$ɲin$^{13}$tsei$^{21}$.

【轮$_2$】lən$^{13}$ 量动量词。次，遍：好，就倾滴泥去，筑一～。又放一～墙绷，又筑一～。又放一～墙绷。xau$^{21}$,tsʰiəu$^{53}_{44}$kʰuaŋ$^{35}$tet$^{5}$lai$^{13}_{21}$çi$^{53}_{44}$,tʂəuk$^{3}$iet$^{3}$lən$^{13}$.iəu$^{53}$fəŋ$^{53}$iet$^{3}$lən$^{13}_{21}$tsʰiɔŋ$^{13}_{21}$paŋ$^{35}_{44}$,iəu$^{53}$tʂəuk$^{3}$iet$^{3}$lən$^{13}$.iəu$^{53}$fəŋ$^{53}$iet$^{3}$lən$^{13}_{21}$tsʰiɔŋ$^{13}_{21}$paŋ$^{35}_{53}$.｜打比样，以个粉以个壁，第一～用木荡子。ta$^{21}$pi$^{21}$iɔŋ$^{53}_{44}$,i$^{21}$ke$^{53}$fən$^{21}$i$^{21}$ke$^{53}$piak$^{3}$,tʰi$^{53}$iet$^{3}$lən$^{13}$iəŋ$^{53}$muk$^{3}$tʰəŋ$^{53}$tsɿ$^{0}$.

【轮子$_1$】lən$^{13}$tsɿ$^{0}$ 名各类车子或类似车子的物件上的圆形助动构件，配上轮轴给以推力可以按预定路线滚动前进：（坐枷）也系底下四只子～。ia$^{35}$xei$^{53}$te$^{21}$xa$^{53}$si$^{53}$tʂak$^{3}$tsɿ$^{0}$lən$^{13}$tsɿ$^{0}$.

【轮子$_2$】lən$^{13}$tsɿ$^{0}$ 量动量词。遍：发～烟呐。fait$^{3}$lən$^{13}_{21}$tsɿ$^{0}$ien$^{35}$na$^{0}$.

【论$_1$】lən$^{53}$ 动①掐算：渠第二睛渠就回我信，渠话依～有么个路子啊。ci$^{13}_{21}$tʰi$^{53}$ɲi$^{53}_{44}$pu$^{35}$ci$^{13}_{21}$tsʰiəu$^{53}_{44}$fei$^{13}_{21}$ŋai$^{13}_{44}$sin$^{53}_{44}$,ci$^{13}_{44}$a$^{53}_{44}$i$^{35}_{44}$lən$^{53}$mau$^{13}_{21}$mak$^{3}$ke$^{53}_{44}$ləu$^{53}$tsɿ$^{0}$a$^{0}$.②心中默默念想、祈祷：我娭子就长日教我你到庙里去欸吗，你就心里～下子，～下子箇只菩萨呀，欸，就会灵。ŋai$^{13}_{21}$ɔi$^{35}$tsɿ$^{0}$tsʰiəu$^{53}_{44}$tʂʰɔŋ$^{13}_{21}$ɲiet$^{3}$kau$^{35}$ŋai$^{13}_{21}$ɲi$^{13}_{21}$tau$^{53}_{44}$miau$^{53}$li$^{21}$çi$^{53}$ei$_{21}$ma$^{0}$,ɲi$^{13}_{21}$tsʰiəu$^{53}_{44}$sin$^{35}$ni$^{0}$lən$^{53}$(x)a$^{53}_{44}$tsɿ$^{0}$,lən$^{53}$na$_{44}$(←xa$^{53}$)tsɿ$^{0}$kai$^{53}_{44}$tʂak$^{3}$pʰu$^{13}$sait$^{3}$ia$^{0}$,e$_{21}$,tsʰiəu$^{53}$uɔi$^{53}_{44}$lin$^{13}$.③讲求，计较：渠就唔～大细啊，唔～箇个比姐公更大呀还更细，都喊姐公。ci$^{13}$tsʰiəu$^{53}$n̩$^{13}$nən$^{53}_{44}$tʰai$^{53}$se$^{53}_{21}$a$^{0}$,n̩$^{13}$nən$^{53}_{44}$kai$^{53}_{44}$ke$^{53}_{44}$pi$^{21}$tsia$^{21}$kəŋ$^{35}$cien$^{53}_{44}$tʰai$^{53}$ia$^{0}$xai$^{13}$cien$^{53}_{44}$se$^{53}$,təu$^{35}$xan$^{53}$tsia$^{21}$kəŋ$^{35}$.

【论$_2$】lən$^{53}$ 介按照某种单位或类别说：草秆子嘞箇就～条数卖。tsʰau$^{21}$kɔn$^{21}$tsɿ$^{0}$lei$^{0}$kai$^{53}_{44}$tsʰiəu$^{53}_{44}$lən$^{53}$tʰiau$^{13}$su$^{53}_{44}$mai$^{53}$.｜渠又唔完完全～箇大细来舞嘞。ci$^{13}$iəu$^{53}$n̩$^{13}$xɔn$^{13}_{35}$xɔn$^{13}$tsʰien$^{13}_{44}$lən$^{53}$kai$^{53}_{44}$tʰai$^{53}$se$^{53}$lɔi$^{13}$u$^{21}$lei$^{0}$.

【论$_3$】lən$^{53}$ 量指成行排列、行与行中间留有孔隙的事物：箇砖就咁子，箇一～一～子个，留滴空欸，箇火正进得啊。kai$^{53}_{44}$tʂɔn$^{35}$tsʰiəu$^{53}$kan$^{21}$tsɿ$^{0}$,kai$^{53}_{44}$iet$^{3}$lən$^{53}$net$^{3}$(←iet$^{3}$)lən$^{53}$tsɿ$^{0}$ke$^{53}_{21}$,liəu$^{13}$tet$^{5}_{3}$kʰəŋ$^{53}$ŋe$^{0}$,kai$^{53}_{44}$fo$^{21}$tʂaŋ$^{53}_{44}$tsin$^{53}$tek$^{3}$a$^{0}$.

【捋$_1$】lɔit$^{5}$/lɔk$^{5}$ 动手握着东西向一端抹取：（过河袜）只有只筒筒，渠唔爱考虑底下湿唔湿，系唔系？一～嘿起来就走嘿哩，过哩。tʂɿ$^{21}$iəu$^{35}$tʂak$^{3}$tʰəŋ$^{13}$tʰəŋ$^{13}_{44}$,ci$^{13}$m̩$^{13}_{21}$mɔi$^{53}$kʰau$^{21}$ly$^{53}$te$^{21}$xa$^{53}$ʂət$^{5}$n̩$^{13}$ʂət$^{5}_{3}$,xei$^{53}_{44}$me$^{53}_{44}$?iet$^{3}$lɔk$^{5}$xek$^{3}$çi$^{21}$lɔi$^{13}$tsʰiəu$^{53}$tsei$^{21}$xek$^{3}$li$^{0}$,ko$^{53}$li$^{0}$.｜欸，我等以个箇个岭上啊路边上啊到处都生倒真多指甲花咯，到处生倒有指甲花，我等细人子我细细子啊～倒箇个指甲花箇个籽籽去丢，丢倒哦嗬听睛落尾是到处生倒有，丢倒地泥下就会生，唔知几烂贱。e$_{21}$,ŋai$^{13}$tien$^{0}$i$^{21}$kei$^{53}$kai$^{53}_{44}$ke$^{53}_{44}$liaŋ$^{35}$xɔŋ$^{53}$ŋa$^{0}$ləu$^{53}$pien$^{35}_{44}$xɔŋ$^{53}$ŋa$^{0}$tau$^{53}$tʂʰəu$^{53}_{44}$təu$^{35}_{44}$saŋ$^{35}$tau$^{21}$tʂən$^{35}$to$^{35}_{44}$tʂɿ$^{21}$kait$^{3}$fa$^{35}$ko$^{0}$,tau$^{53}$tʂʰəu$^{53}$saŋ$^{35}_{44}$tau$^{21}_{44}$iəu$^{35}_{53}$tʂɿ$^{21}$kait$^{3}$fa$^{35}$,ŋai$^{13}$tien$^{0}$sei$^{53}$ɲin$^{13}_{44}$tsɿ$^{0}$ŋai$^{13}$se$^{53}$se$^{53}$tsɿ$^{0}$a$^{0}$lɔit$^{5}$tau$^{21}_{44}$kai$^{53}_{44}$ke$^{53}_{44}$tʂɿ$^{21}$kait$^{3}$fa$^{35}$kai$^{53}_{44}$ke$^{53}_{44}$tsɿ$^{21}$tsɿ$^{21}$çi$^{53}$tiəu$^{35}$,tiəu$^{35}$tau$^{21}_{44}$o$_{44}$xo$_{35}$tʰin$^{35}_{44}$pu$^{35}$lɔk$^{5}$mi$^{35}_{44}$ʂɿ$^{53}_{44}$tau$^{53}$tʂʰəu$^{53}_{44}$saŋ$^{35}$tau$^{21}$iəu$^{35}$,tiəu$^{35}$tau$^{21}$tʰi$^{53}$lai$^{13}_{21}$xa$^{35}$

tsʰiəu$^{53}$uɔi$^{53}_{21}$saŋ$^{35}$,n̩$^{13}$ti$^{35}_{53}$ci$^{21}$lan$^{53}$tsʰien$^{53}_{44}$.

【捋$_{2}$】lɔit$^{3}$ 动喂奶：狗崽子爱食嬿，爱～嬿呐，～起渠唔知几苦啊。kei$^{21}$tse$^{21}$tsɿ$^{0}$ɔi$^{53}_{44}$ʂət$^{5}$lien$^{53}$, ɔi$^{53}$lɔit$^{3}$lien$^{53}$na$^{0}$,lɔit$^{3}$çi$^{21}_{44}$ci$^{13}_{21}$n̩$^{13}$ti$^{35}_{53}$ci$^{21}$kʰu$^{21}$a$^{0}$.

【捋嬿】lɔit$^{3}$lien$^{53}$ 动喂奶：爱～。欸，狗嫲又冇么个食，就捋一阵嬿呢箇狗嫲就冇分渠食，冇分狗崽子食。ɔi$^{53}$lɔit$^{3}$lien$^{53}$.e$_{21}$,kei$^{21}$ma$^{13}$iəu$^{53}$mau$^{13}$mak$^{3}$e$^{0}$ʂət$^{5}$,tsʰiəu$^{53}$lɔit$^{3}$iet$^{3}$tʂʰən$^{53}$lien$^{53}$ne$^{0}$kai$^{53}$kei$^{21}$ ma$^{13}$tsʰiəu$^{53}$mau$^{13}$pən$^{35}$ci$^{13}_{21}$ʂət$^{5}$,mau$^{13}$pən$^{35}$kei$^{21}$tse$^{21}$tsɿ$^{0}$ʂət$^{5}$.

【啰啰唆唆】lo$^{35}$lo$^{35}$so$^{35}$so$^{35}$ 形形容言语很繁复：欸，开头我等箇只阿叔就打电话就唔怕箇个啦唔怕电话费个啦，～啦，你，我就即即哩同渠煞屎咯，唔系是……渠硬讲得半天，渠打过来个嘞，我有人工是我可以慢慢子同渠～来煲电话粥咯。ei$_{21}$,kʰɔi$^{35}$tʰei$^{13}_{21}$ŋai$^{13}$tien$^{0}$kai$^{53}$tʂak$^{3}$a$^{35}$ ʂəuk$^{3}$tsʰiəu$^{53}_{44}$ta$^{21}$tʰien$^{53}$fa$^{53}_{44}$tsʰiəu$^{53}_{44}$m̩$^{13}$pʰa$^{53}_{44}$kai$^{53}_{44}$ke$^{53}_{44}$la$^{0}$m̩$^{13}$pʰa$^{53}_{44}$tʰien$^{53}_{44}$fa$^{53}_{44}$fei$^{53}$ke$^{53}$la$^{0}$,lo$^{35}$lo$^{35}_{44}$so$^{35}_{44}$so$^{35}_{44}$la$^{0}$, ɲi$^{13}$, ŋai$^{13}$tsʰiəu$^{53}_{44}$tset$^{5}$tset$^{5}$li$^{0}$tʰəŋ$^{13}_{21}$ci$^{13}_{44}$sait$^{3}$təuk$^{3}$ko$^{0}$,m̩$^{13}$pʰei$^{53}$ʂʅ$^{53}$…ci$^{13}$ɲiaŋ$^{53}$kɔŋ$^{21}$tek$^{3}$pan$^{53}$tʰien$^{35}$,ci$^{13}$ta$^{21}$ko$^{53}$lɔi$^{13}$ ke$^{53}$lei$^{0}$,ŋai$^{13}$iəu$^{35}_{53}$ɲin$^{13}$kəŋ$^{35}_{53}$ʂʅ$^{53}_{44}$ŋai$^{13}_{44}$kʰo$^{21}$i$^{0}$man$^{53}$man$^{53}_{44}$tsɿ$^{0}$tʰəŋ$^{13}_{21}$ci$^{13}_{21}$lo$^{35}$lo$^{35}_{44}$so$^{35}_{44}$so$^{35}_{44}$lɔi$^{13}_{21}$pau$^{21}$tʰien$^{53}$fa$^{53}$tʂəuk$^{3}$ ko$^{0}$.

【啰唆】lo$^{35}$so$^{35}$ 名麻烦；困扰人的小问题：渠冇滴病咯渠咯，冇得～咯。～是有唠，箇是也有唠，渠冇么个病咯。ci$^{13}_{21}$mau$^{13}$tiet$^{5}$pʰiaŋ$^{53}$ko$^{0}$ci$^{13}_{21}$ko$^{0}$,mau$^{13}$tiet$^{5}$lo$^{35}$so$^{35}$ko$^{0}$.lo$^{35}$so$^{35}$ʂʅ$^{53}_{44}$iəu$^{35}$lau$^{0}$,kai$^{53}$ʂʅ$^{53}_{21}$ ia$^{35}$iəu$^{35}_{44}$lau$^{0}$,ci$^{13}_{21}$mau$^{13}$mak$^{3}$e$^{0}$pʰiaŋ$^{53}$ko$^{0}$.

【啰唆病】lo$^{35}_{44}$so$^{35}$pʰiaŋ$^{53}$ 名指不很严重但经常发作的疾病：长日咁多～。tʂʰɔŋ$^{13}$ɲiet$^{3}$kan$^{21}$to$^{35}$lo$^{35}_{44}$ so$^{35}$pʰiaŋ$^{53}$.

【罗布手巾】lo$^{13}$pu$^{53}$ʂəu$^{21}$cin$^{35}$ 名多用作洗澡毛巾：箇一般用～，欸，洗身用～。kai$^{53}_{44}$iet$^{3}$pɔn$^{35}$ iəŋ$^{53}_{44}$lo$^{13}$pu$^{53}_{44}$ʂəu$^{21}$cin$^{35}$,e$_{21}$,se$^{21}$ʂən$^{35}$iəŋ$^{53}$lo$^{13}$pu$^{53}_{44}$ʂəu$^{21}$cin$^{35}$.｜箇～就系几重布，但是冇得箇只绒。要洗面个正系绒巾子。kai$^{53}$lo$^{13}$pu$^{53}$ʂəu$^{21}$cin$^{35}$tsʰiəu$^{53}_{44}$xei$^{53}_{44}$ci$^{21}$tʂʰəŋ$^{13}$pu$^{53}_{44}$,tan$^{53}$ʂʅ$^{53}_{44}$mau$^{13}_{21}$tek$^{3}$kai$^{53}$tʂak$^{3}$iəŋ$^{13}$.iau$^{53}_{44}$ se$^{21}$mien$^{53}$ke$^{53}_{44}$tʂaŋ$^{53}_{44}$xei$^{53}_{44}$iəŋ$^{13}$cin$^{35}$tsɿ$^{0}$.

【罗罗呋呋】lo$^{13}$lo$^{13}_{21}$cio$^{35}_{44}$cio$^{35}_{44}$ 絮絮叨叨：箇有兜咁个婆婆子啊唔服好，讲兜子么个事子总跍倒去下～。kai$^{53}$iəu$^{35}$tei$^{35}_{44}$kan$^{21}$ke$^{53}_{44}$pʰo$^{13}$pʰo$^{13}_{44}$tsɿ$^{0}$a$^{0}$n̩$^{13}$fuk$^{5}$xau$^{21}$,kɔŋ$^{21}$te$^{35}_{53}$tsɿ$^{0}$mak$^{3}$e$^{0}$sɿ$^{53}_{44}$tsɿ$^{0}$tsəŋ$^{21}$ku$^{35}$tau$^{21}$çi$^{53}$ xa$^{53}$lo$^{13}$lo$^{13}_{21}$cio$^{35}_{44}$cio$^{35}_{44}$.

【罗围】lo$^{13}$uei$^{13}$ 名一座坟地的范围：就渠个范围就安做～。整个箇坟地个范围，箇座坟个范围就安做～。最外背个，最外层箇映子就安做坷条沟就安做罗围沟。～肚里就不能你不能别人家不能搞么个。你不能栽滴树箇只或者搞滴么啊去，或者取土哇或者搞么个。～外外层，箇渠就管唔得咁到了吵，系唔系？～外层唔爱高一滴，箇唔限定。你系十分陡哩个岭岗是渠就会高滴子啊。如果箇起咁个岭上葬地渠就会高，会高滴。tsiəu$^{53}_{44}$ci$^{13}_{21}$ke$^{53}_{44}$fan$^{53}$uei$^{13}$tsʰiəu$^{53}_{44}$ɔn$^{35}_{44}$tso$^{53}_{44}$ lo$^{13}$uei$^{13}$.tʂən$^{21}$ko$^{53}$kai$^{53}$pʰən$^{13}$tʰi$^{53}$ke$^{53}_{44}$fan$^{53}$uei$^{13}$,kai$^{53}_{44}$tsʰo$^{53}_{44}$fən$^{13}$cie$^{53}_{44}$fan$^{53}$uei$^{13}$tsiəu$^{53}_{44}$ɔn$^{35}_{44}$tso$^{53}_{44}$lo$^{13}$uei$^{13}$.tsei$^{53}$ŋɔi$^{53}$ pɔi$^{53}$ke$^{53}_{44}$,tsei$^{53}$uai$^{53}$tsʰien$^{13}$kai$^{53}_{44}$iaŋ$^{53}$tsɿ$^{0}$tsiəu$^{53}_{44}$ɔn$^{35}_{44}$tso$^{53}_{44}$kʰo$^{53}_{44}$tʰiau$^{13}_{21}$kei$^{35}$tsiəu$^{53}_{44}$ɔn$^{35}_{44}$tso$^{53}_{44}$lo$^{13}_{21}$uei$^{13}_{44}$ciei$^{35}$.lo$^{13}$uei$^{13}$ təu$^{21}$li$^{0}$tsʰiəu$^{53}$pət$^{3}$lən$^{13}$ɲi$^{13}$pət$^{3}$lən$^{13}$pʰiet$^{5}$in$^{13}_{21}$ka$^{35}_{44}$pət$^{3}$lən$^{13}$kau$^{21}$mak$^{3}$ke$^{53}$. ɲi$^{13}_{21}$pət$^{3}$lən$^{13}$tsɔi$^{35}_{44}$tiet$^{5}$ʂəu$^{53}$kai$^{53}_{44}$ tʂak$^{3}$xɔit$^{5}_{3}$tʂa$^{21}$kau$^{21}$tet$^{5}_{3}$mak$^{3}$a$^{0}$çi$^{53}_{21}$,xɔit$^{5}$tʂa$^{21}$tsʰi$^{21}$tʰəu$^{21}$ua$^{0}$xɔit$^{5}$tʂa$^{21}$kau$^{21}$mak$^{3}$ke$^{0}$.lo$^{13}$uei$^{13}_{21}$uai$^{53}$uai$^{53}$ tsʰien$^{13}$,kai$^{53}_{44}$ci$^{13}_{21}$tsʰiəu$^{53}_{44}$kɔn$^{21}$n̩$^{13}_{21}$tek$^{3}$kan$^{21}$tau$^{53}$liau$^{0}$ʂa$^{0}$,xe$^{53}_{44}$me$^{53}_{44}$?lo$^{13}$uei$^{13}_{21}$uai$^{53}$tsʰien$^{13}$m̩$^{13}_{21}$mɔi$^{53}_{35}$kau$^{35}_{44}$iet$^{3}$ tiet$^{5}_{3}$,kai$^{53}$m̩$^{13}_{21}$kʰan$^{53}_{44}$tʰiaŋ$^{53}$. ɲi$^{13}_{21}$xe$^{53}_{44}$ʂət$^{5}$fən$^{35}_{44}$tei$^{21}$li$^{0}$ke$^{53}_{44}$liaŋ$^{35}$kɔŋ$^{35}_{44}$ʂʅ$^{53}_{44}$ci$^{13}_{21}$tsʰiəu$^{53}_{44}$uɔi$^{53}$kau$^{35}_{44}$tet$^{5}$tsɿ$^{0}$a$^{0}$.ʯ$^{13}_{21}$ko$^{21}_{44}$ kai$^{53}$çi$^{21}$kan$^{21}$ke$^{53}_{44}$liaŋ$^{35}_{44}$xɔŋ$^{53}_{44}$tsɔŋ$^{53}$tʰi$^{53}$ci$^{13}_{21}$tsʰiəu$^{53}_{44}$uɔi$^{53}_{44}$kau$^{35}_{44}$,uɔi$^{53}_{44}$kau$^{35}_{44}$tet$^{5}$.

【罗围沟】lo$^{13}$uei$^{13}$ciei$^{35}$ 名坟地外围开挖的排水沟：爱开沟呀。安做～呀。爱排水呀。你唔排水是嘛箇个箇家会边嘿咯。欸，落多哩水箇就边嘿咯。ɔi$^{53}_{44}$kʰɔi$^{35}_{44}$ciei$^{35}$ia$^{0}$.ɔn$^{35}_{44}$tso$^{53}_{44}$lo$^{13}$uei$^{13}$ciei$^{35}$ ia$^{0}$.ɔi$^{53}_{44}$pʰai$^{13}_{21}$ʂei$^{21}$ia$^{0}$. ɲi$^{13}$m̩$^{13}_{21}$pʰai$^{13}_{21}$ʂei$^{21}$ʂʅ$^{53}_{44}$ma$^{0}$kai$^{53}_{44}$ke$^{53}_{44}$kai$^{53}_{44}$ciəŋ$^{21}$uɔi$^{53}_{44}$pien$^{35}$nek$^{3}$ko$^{0}$.ei$_{21}$,lɔk$^{5}$to$^{35}_{44}$li$^{0}$ʂei$^{21}$kai$^{53}_{44}$ tsiəu$^{53}_{44}$pien$^{35}$nek$^{3}$ko$^{0}$.

【罗远秀才】lo$^{13}$ien$^{21}$siəu$^{53}$tsʰɔi$^{13}_{21}$ 一位传说中的智慧人物：罗远就系一只罗么个，安做罗么个名字啊？～。～是，渠等讲～讲得真神呢。有只么个故事啊？渠渠～整只病人，一只夫娘子。渠整病人呢，让门子啊话渠？渠分箇只夫娘子身上个血下放出来。人就放下床上。系啊？分渠个血下放出来。以下话来灌转去嘞，系唔系？话来灌转去，灌唔转去哩。装唔倒哩。就唔知么人弄哩□，加哩滴子水进去哩。咁唔系渠就舞倒渠就扮蛮筋下灌转去，舞倒夫娘子个个月出滴子血。经期，系唔系？安做～搞个。舞倒夫娘子个个月爱出滴子血子。lo$^{13}$ien$^{21}$tsʰiəu$^{53}_{44}$ xei$^{53}$iet$^{3}$tʂak$^{3}$lo$^{13}$mak$^{3}$ke$^{53}$,ɔn$^{35}_{44}$tso$^{53}_{44}$lo$^{13}$mak$^{3}$e$^{0}$miaŋ$^{13}$tsʰɿ$^{53}_{44}$a$^{0}$?lo$^{13}$ien$^{21}$siəu$^{53}$tsʰɔi$^{13}_{44}$.lo$^{13}$ien$^{21}$siəu$^{53}$tsʰɔi$^{13}_{44}$ʂʅ$^{53}_{44}$,ci$^{13}$

tien0 kɔŋ21 lo13 ien21 siəu53 tsʰɔi13-44 kɔŋ21 tek3 tʂən35 ʂən13 ne0 .iəu35-44 tʂak3 mak3 e0 ku53-44 sɿ53-44 a0 ?ci13 ci13 lo13 ien21 siəu53 tsʰɔi13-21 tʂaŋ21 tʂak3 pʰiaŋ53 ɲin13 ,iet3 tʂak3 pu35 ɲiɔŋ13-21 tsɿ0 .ci13 tʂaŋ21 pʰiaŋ53 ɲin13-21 ne0 , ɲiɔŋ53 mən0 tsa0 ua53-44 ci13-44 ?ci-21 pən35 kai53-44 tʂak3 pu35 ɲiɔŋ13-21 tsɿ0 ʂən35 xɔŋ53-44 ke0 çiet3 xa53 fɔŋ53 tʂʰət3 lɔi13-21. ɲin13 tsʰiəu53-44 fɔŋ53-44 xa53-44 tsʰɔŋ13-21 xɔŋ53 .xei53-44 a0 ?pən35 cie-44 çiet3 xa53 fɔŋ53 tʂʰət3 lɔi13-21 .i21 xa53-44 ua53 lɔi13 kɔn53 tʂən21 çi53-44 lei0 ,xei53-44 me53-44 ?ua53-44 lɔi13 kɔn53 tʂən21 çi53-44 ,kɔn53 n̩13 tʂən21 çi53 li0 . tʂɔŋ35 n̩13-44 tau21 li0 .tsʰiəu53 n̩13 ti35-53 mak3 ɲin13-44 lən53 li0 çiau35 ,cia35 li0 tiet5 tsɿ0 ʂei21 tsin53 çi53 li0 .kam-35 pʰei53 ci13-44 tsʰiəu53 u21 tau21 ci13 tsʰiəu53-44 pan53 man13-21 cin35-44 xa53-44 kɔn53 tʂən21 çi53-44 ,u21 tau21 pu35 ɲiɔŋ13-44 tsɿ0 cie53 cie53-44 ɲiet5 tʂʰət3 tiet5 tsɿ0 çiet3 .cin35 cʰi13 ,xei53-44 me53-44 ?ɔn35-44 tso53-44 lo13 ien21 siəu53 tsʰɔi13 kau21 ke0 .u21 tau21 pu35 ɲiɔŋ13-21 tsɿ0 cie53 cie53 ɲiet5 ɔi53-44 tʂʰət3 tiet5 tsɿ0 çiet3 tsɿ0 .

**【萝卜】** lo13 pʰek5 名①蔬菜名称；②特指萝卜头：大～，好大一只，几斤一只个都有。tʰai53 lo13 pʰek5 ,xau21 tʰai53 iet3 tʂak3 ,ci21 cin35 iet3 tʂak3 ke53-44 təu53-44 iəu35 .

**【萝卜菜】** lo13 pʰek5 tsʰɔi53 名尚无萝卜头的或萝卜头还小的萝卜嫩苗：箇时子安做～，长大哩正安做萝卜苗。kai53-44 ʂɿ13-44 tsɿ0 ɔn35-44 tso53-44 lo13-21 pʰek5 tsʰɔi53 ,tʂɔŋ21 tʰai53 li0 tʂaŋ53-44 ɔn35-44 tso53-44 lo13-21 pʰek5 miau13 .

**【萝卜丁】** lo13 pʰek5 tin35 名切成丁的萝卜：～是有几种搞法啦。一种就晒做干，晒干哩以后嘞蒸倒食，欸煮倒食也好食，津甜。还有种就系放下罂子哩渠擦，～晒干呐，稍微晒干下子放倒去筑，筑下罂头里，渠欸密封以后嘞会酸，欸，抠出来交猪肉子炒倒真好食，甜花酸子，嗯，交猪肉，放兜子辣椒子炒倒蛮好食，因为萝卜箇只东西嘞唔揪韧，渠炒倒嘞渠真脆个东西。lo13 pʰek5 tin35 ʂɿ13 iəu35-53 ci21 tʂəŋ21 kau21 fait3 la0 .iet3 tʂəŋ21 tsʰiəu53-44 sai53 tso53-44 kɔn35 ,sai53 kɔn35 ni0 i35-44 xei53-44 lei0 tʂən35 tau21 ʂət5 ,e-21 tʂəu21 tau21 ʂət5 la35-44 xau21 ʂət5 ,tsin35 tʰian13-44 .xai13 iəu35-53 tʂəŋ21 tsʰiəu53 xei53-44 fɔŋ53-44 ŋa53-44 aŋ35 tsɿ0 li21 çi53 tsʰait3 , lo13 pʰek5-3 tin35 sai53 kɔn35 na0 ,sau21 uei13 sai53 kɔn35 na53-21 tsɿ0 fɔŋ53 tau21 çi53 tʂəuk3 ,tʂəuk3 (x)a53-44 aŋ35 tʰei13-21 li0 ,ci13 e-21 miet5 fəŋ35 i35-44 xei53-44 lei0 uɔi53 sɔn35 ,ei-21 ,ia21 tʂʰət3 lɔi13-44 ciau35 tʂəu35 ɲiəuk3 tsɿ0 tsʰau21 tau21 tʂən35-44 xau21 ʂət5 ,tʰian13-21 fa53-44 sɔn35-44 tsɿ0 ,n̩-21 ,ciau35-44 tʂəu35 ɲiəuk3 ,fɔŋ53-44 te35-44 tsɿ0 lait5 tsiau35-44 tsɿ0 tsʰau21 tau21 man13 xau21 ʂət5 ,in35 uei53-44 lo13 pʰek5 kai53-44 (tʂ)ak3 (t)əŋ35-44 si0 lei0 n̩13 tsiəu35 ɲin53 ,ci13-21 tsʰau21 tau21 lei0 ci13-21 tʂən35 tsʰei53 ke53-21 təŋ35-44 si0 .

**【萝卜饭】** lo13 pʰek5 fan53 名掺有萝卜丝的米饭：放萝卜丝个唠也有唠，～呶。fɔŋ53 lo13 pʰek5 sɿ35-44 ke53-44 lau0 ia35 iəu35-44 lau0 ,lo13 pʰek5 fan53 nau0 .

**【萝卜干】** lo13 pʰek5 kɔn35 名晒干脱水的萝卜：～就有正先讲哩萝卜丁，有萝卜条，有萝卜皮，箇就也是让门子晒咯，系唔系？欸丁就切成咁个坨坨，欸条嘞切成一长条条，欸一皮嘞就切成一片片。欸，～蒸倒都好食呢，舞只碗呐，放兜子～，放兜子水去呀，津甜呢，蒸倒个～都津甜。蒸倒都好食。津甜呐。lo13 pʰek5 kɔn35 tsʰiəu53-21 iəu35-53 tʂaŋ53-44 sien35-53 kɔŋ21 li0 lo13 pʰek5 tin35 ,iəu35 lo13 pʰek5 tʰiau13 ,iəu35 lo13 pʰek5 pʰi13 ,kai53 tsʰiəu53 a35-44 ʂɿ53-44 ɲiɔŋ53-44 mən35-44 tsɿ0 sai53 ko0 ,xei53-44 me53-44 ?ei-21 tin35 tsʰiəu53 tsʰiet3 ʂaŋ13-44 kan21 ke53 tʰo13 tʰo13-44 ,e-44 tʰiau13 le0 tsʰiet3 ʂaŋ13 iet3 tʂʰɔŋ13 tʰiau13 tʰiau13-44 ,ei-44 iet3 pʰi13 lei0 tsʰiəu53 tsʰiet3 ʂaŋ13 iet3 pʰien53 pʰien53 .e-21 ,lo13 pʰek5 kɔn35 tʂən35 tau21 təu35-44 xau21 ʂət5 nei0 ,u21 tʂak3 uɔn21 na0 ,fɔŋ53 te35-53 tsɿ0 lo13 pʰek5 kɔn35-44 , fɔŋ53 te35-53 tsɿ0 ʂei21 çi53-44 ia0 ,tsin35 tʰian13-21 nei0 ,tʂən35 tau21 ke53 lo13 pʰek5 kɔn35-44 təu35-44 tsin35-44 tʰian13-21 .tʂən35 tau21 təu35-53 xau21 ʂət5 . tsʰin35 tʰan35 na0 .

**【萝卜干子】** lo13 pek5 kɔn35 tsɿ0 名用萝卜和各种香料加工成的小吃：箇只有这个系就系箇个～肚里就加各种各样个香料箇只。kai53-44 tʂɿ21 iəu35 tʂe53-44 ke53-44 xe53-44 tsʰiəu53-44 xe53-44 kai53-44 ke53-44 lo13-21 pʰek5 kɔn35 tsɿ0 təu21 li0 tsʰiəu53-44 cia35 kɔk3 tʂəŋ21 kɔk3 iɔŋ53-44 ke53-44 çiɔŋ35 liau53 kai53-44 tʂak3 .

**【萝卜蕻】** lo13 pʰek5 fəŋ53 名萝卜苔：～就萝卜还赠老，抽个蕻，也好食嘞，～也好食。欸，撕嘿皮去，掐嘿花去，嗯，就同白菜蕻样咁子炒。lo13-21 pʰek5-3 fəŋ53 tsʰiəu53-44 lo13 pʰek5 xai13-44 maŋ13-44 lau21 , tʂʰəu35 ke53-44 fəŋ53 ,ia35 xau21 ʂət5 le0 ,lo13-21 pʰek5 fəŋ53 ŋa35-44 xau21 ʂət5 .e-21 ,si35 (x)ek3 pʰi13 çi53 ,kʰait3 (x)ek3 fa35 çi53 ,n̩-21 , tsʰiəu53 tʰəŋ13-21 pʰak5 tsʰɔi53 fəŋ53 iɔŋ53-44 kan21 tsɿ0 tsʰau21 .

**【萝卜髻】** lo13 pʰek5 ci53 名萝卜头露出土的部分：萝卜是有只咁个啦，么个安做～呀？有只～呀。/～是菜生苗个箇一茎子。/箇箇一茎子。/萝卜箇簃稳脑高开叶个箇茎子安做～。/系呀露出土……萝……底下个萝卜，顶高个叶，中间相簃个箇只蒂把样个就安做～。/～就食唔得。绷硬个。lo13 pʰek5 ʂɿ53-44 iəu35 tʂak3 kan21 ke53 la0 ,mak3 ke53-44 ɔn35-44 tso53-44 lo13-21 pʰek5 ci53 ia0 ?iəu35 tʂak3 lo13-21 pʰek5 ci53 ia0 ./lo13 pʰek5 ci53 ʂɿ53-44 tʰɔi53 saŋ35 miau13 ke53-44 kai53-44 iet3 tʰɔk5 tsɿ0 ./kai53-21 kai53-44 iet3 tʰɔk5 tsɿ0 ./lo13 pʰek5 kai53-44 ɲia13 uən21 lau21 kau35-44 kʰɔi35 iait5 ke53-44 kai53-44 tsʰɔk5 tsɿ0 ɔn35-44 tso53-44 lo13-21 pʰek5 ci53 ./xei53-35 ia0 ləu53 tʂʰət3 tʰəu21 …lo13 …te21 xa53 ke53 lo13 pʰek5 ,taŋ21 kau35-44 ke53-44 iait5 ,tʂəŋ35 kan35-44 siɔŋ35 ɲia13 ke53-44 kai53-44 tʂak3 li53 pa53 iɔŋ53-44 ke53 tsʰiəu53 ɔn35-44 tso53-44 lo13-21 pʰek5-3 ci53 ./lo13 pʰek5 ci53 tsʰiəu53-44 ʂət5 n̩13-21 tek3 .paŋ35 ŋaŋ53 ke53-21 .

【萝卜筋】lo$^{13}$p$^{h}$ek$^{5}$cin$^{35}$ 名萝卜的根：底下为～，脑高个就是萝卜髻。te$^{21}$xa$^{53}_{44}$uɔi$^{13}_{44}$lo$^{13}$p$^{h}$ek$^{5}$cin$^{35}$, lau$^{21}$kau$^{35}_{44}$ke$^{53}_{44}$tsiəu$^{53}_{44}$ʂʅ$^{53}_{44}$lo$^{13}_{21}$p$^{h}$ek$^{5}$ci$^{53}$.

【萝卜苗】lo$^{13}$p$^{h}$ek$^{5}$miau$^{13}$ 名萝卜头长大到一定程度以后的萝卜缨子：底下有有萝卜了，就脑高舞出来个，就～。有滴子都还唔算呐。舞嘿咁大子一只子个时间都还喊萝卜菜。落尾硬□咖萝卜了，箇萝卜可以起得来，格外重滴了，箇下就安做～箇是。te$^{21}$xa$^{53}_{44}$iəu$^{35}_{44}$iəu$^{35}$lo$^{13}$p$^{h}$ek$^{5}$liau$^{0}$,tsiəu$^{53}_{44}$lau$^{21}$kau$^{35}_{44}$u$^{21}$tʂ$^{h}$ət$^{3}$lɔi$^{13}_{21}$ke$^{53}_{44}$,tsiəu$^{53}_{44}$lo$^{13}$p$^{h}$ek$^{5}$miau$^{13}$.iəu$^{35}$tiet$^{5}$tsʅ$^{0}$təu$^{35}_{44}$xai$^{13}_{21}$n̩$^{13}$sɔn$^{53}$na$^{0}$.u$^{21}$xek$^{3}$kan$^{21}$t$^{h}$ai$^{53}$tsʅ$^{0}$iet$^{3}$tʂak$^{3}$tsʅ$^{0}$ke$^{53}_{44}$ʂʅ$^{13}_{21}$kan$^{35}_{44}$təu$^{35}$xai$^{13}_{21}$xan$^{53}$lo$^{13}$p$^{h}$ek$^{5}$ts$^{h}$ɔi$^{53}$.lɔk$^{5}_{3}$mi$^{35}$ɲiaŋ$^{53}$ləu$^{35}$ka$^{0}$lo$^{13}$p$^{h}$ek$^{5}$liau$^{0}$,kai$^{53}$lo$^{13}$p$^{h}$ek$^{5}$k$^{h}$o$^{21}$i$^{35}_{53}$c$^{h}$i$^{21}$tek$^{3}$lɔi$^{13}$,kek$^{3}$uai$^{53}$tʂ$^{h}$əŋ$^{35}$tiet$^{5}$liau$^{0}$,kai$^{53}$xa$^{53}_{44}$ts$^{h}$iəu$^{53}_{44}$ɔn$^{35}_{44}$tso$^{53}_{44}$lo$^{13}$p$^{h}$ek$^{5}$miau$^{13}$kai$^{53}_{44}$ʂʅ$^{53}_{35}$. ｜～洗净来就好做酸菜呢。晒燥下子，擦下罂头肚里，就两夜子就熟哩呢。箇酸菜也好食。lo$^{13}$p$^{h}$ek$^{5}$miau$^{13}$se$^{21}$ts$^{h}$iaŋ$^{53}$lɔi$^{13}_{21}$ts$^{h}$iəu$^{53}$xau$^{21}$tso$^{53}$sɔn$^{35}$ts$^{h}$ɔi$^{53}$nei$^{0}$.sai$^{53}$tsau$^{35}_{44}$ua$^{53}$tsʅ$^{0}$,ts$^{h}$ait$^{3}$ia$^{53}$aŋ$^{35}$t$^{h}$ei$^{13}_{21}$təu$^{21}$li$^{0}$,ts$^{h}$iəu$^{53}_{44}$iɔŋ$^{21}$ia$^{53}$sʅ$^{53}$ts$^{h}$iəu$^{53}_{44}$ʂəuk$^{5}$li$^{0}$nei$^{0}$.kai$^{53}_{44}$sɔn$^{35}$ts$^{h}$ɔi$^{53}$ia$^{35}_{44}$xau$^{21}$ʂət$^{5}$.

【萝卜皮】lo$^{13}$p$^{h}$ek$^{5}$p$^{h}$i$^{13}$ 名切片晒干的萝卜，又称“萝卜片”：（萝卜片）也安做～。ia$^{35}$ɔn$^{35}_{44}$tso$^{53}$lo$^{13}$p$^{h}$ek$^{5}$p$^{h}$i$^{13}$.

【萝卜片】lo$^{13}$p$^{h}$ek$^{5}$p$^{h}$ien$^{21}$ 名①切成片状的新鲜萝卜：呃，新鲜萝卜你就可以切做一片一片子，稍微放兜子辣椒啊，炒成～食嘞。也蛮好食。煮甜个，欸，或者莫放辣椒，煮甜个。ə$_{21}$,sin$^{35}$sien$^{35}_{44}$lo$^{13}$p$^{h}$ek$^{5}$ɲi$^{13}_{21}$ts$^{h}$iəu$^{53}_{44}$k$^{h}$o$^{21}$i$^{35}_{53}$ts$^{h}$iet$^{3}$tso$^{53}_{44}$iet$^{3}$p$^{h}$ien$^{53}$iet$^{3}$p$^{h}$ien$^{53}$tsʅ$^{0}$,sau$^{21}$uei$^{13}$fɔŋ$^{53}$te$^{35}_{53}$tsʅ$^{0}$lait$^{5}$tsiau$^{35}_{53}$a$^{0}$,ts$^{h}$au$^{21}$ʂaŋ$^{13}$lo$^{13}$p$^{h}$ek$^{5}$p$^{h}$ien$^{21}$ʂət$^{5}$le$^{0}$.ia$^{35}$man$^{13}_{21}$xau$^{21}$ʂət$^{5}$.tʂəu$^{21}$t$^{h}$ian$^{13}$cie$^{53}$,e$_{21}$,xɔit$^{5}$tʂa$^{21}$mɔk$^{5}$fɔŋ$^{53}_{44}$lait$^{5}$tsiau$^{35}_{44}$,tʂəu$^{21}$t$^{h}$ian$^{13}$cie$^{53}$. ②切片晒干的萝卜，又称“萝卜皮”：一般都晒做～。搞么个晒做～呢？～切得薄薄子啊，易得干呐。欸，你晒做萝卜丁就最唔得干。萝卜丁一般唔……一般晒萝卜干唔得绝对唔得切做丁。切做丁是系稍微晒下子，筑下罂头肚里，分渠酸，咁子来食个。iet$^{3}$pɔn$^{35}$təu$^{35}_{44}$sai$^{53}$tso$^{53}_{44}$lo$^{13}$p$^{h}$ek$^{5}$p$^{h}$ien$^{21}$.kau$^{21}$mak$^{3}$e$^{0}$sai$^{53}$tso$^{53}$lo$^{13}$p$^{h}$ek$^{5}$p$^{h}$ien$^{21}$nei$^{0}$?lo$^{13}$p$^{h}$ek$^{5}$p$^{h}$ien$^{21}$ts$^{h}$iet$^{3}$tek$^{3}$p$^{h}$ɔk$^{5}$p$^{h}$ɔk$^{5}$tsʅ$^{0}$a$^{0}$,i$^{53}$tek$^{3}$kɔn$^{35}$na$^{0}$.e$_{21}$, ɲi$^{13}$sai$^{53}$tso$^{53}$lo$^{13}$p$^{h}$ek$^{5}$tin$^{35}$tsiəu$^{53}_{44}$tsei$^{53}$n̩$^{13}_{21}$tek$^{3}$kɔn$^{35}$.lo$^{13}$p$^{h}$ek$^{5}$tin$^{35}$iet$^{3}$pɔn$^{35}$n̩$^{13}$…iet$^{3}$pɔn$^{35}$sai$^{53}$lo$^{13}$p$^{h}$ek$^{5}$kɔn$^{35}$n̩$^{13}$tek$^{3}$ts$^{h}$iet$^{5}$tei$^{53}$n̩$^{13}$tek$^{3}$ts$^{h}$iet$^{3}$tso$^{53}$tin$^{35}$.ts$^{h}$iet$^{3}$tso$^{53}$tin$^{35}$ʂʅ$^{53}_{44}$xei$^{53}$sau$^{21}$uei$^{13}$sai$^{53}$xa$^{53}$tsʅ$^{0}$,tʂəuk$^{3}$ua$^{53}$aŋ$^{35}$t$^{h}$ei$^{13}_{21}$təu$^{21}$li$^{0}$,pən$^{35}$ci$^{13}_{21}$sɔn$^{35}$,kan$^{21}_{13}$tsʅ$^{0}$lɔi$^{13}$ʂət$^{5}$ke$^{53}$.

【萝卜丝】lo$^{13}$p$^{h}$iek$^{5}$sʅ$^{35}$ 名加工成的细丝状的萝卜：～系咁子搞。lo$^{13}$p$^{h}$iek$^{5}$sʅ$^{35}$xe$^{53}$kan$^{21}$tsʅ$^{0}$kau$^{21}$.

【萝卜酸菜】lo$^{13}$p$^{h}$ek$^{5}$sɔn$^{35}$ts$^{h}$ɔi$^{53}$ 名用萝卜加工制作的酸菜：欸打比箇萝卜呀，萝卜苗哇，萝卜呀，晒潮下子，尽可能晒潮下子，也莫晒成干菜啦。晒潮下子，剁碎来，剁得末碎，放滴子盐子，放滴盐子去挪下子，然后筑下箇个罂头肚里，就安做～。e$^{0}$ta$^{21}$pi$^{21}$kai$^{53}$lo$^{13}$p$^{h}$ek$^{5}$ia$^{0}$,lo$^{13}$p$^{h}$ek$^{5}$miau$^{13}$ua$^{0}$,lo$^{13}$p$^{h}$ek$^{5}$ia$^{0}$,sai$^{53}$tʂ$^{h}$au$^{13}$ua$^{53}$(←xa$^{53}$)tsʅ$^{0}$,ts$^{h}$in$^{53}$k$^{h}$o$^{21}$len$^{13}$sai$^{53}$tʂ$^{h}$au$^{13}$ua$^{53}$(←xa$^{53}$)tsʅ$^{0}$,ia$^{35}_{44}$mo$^{53}$sai$^{53}$ʂaŋ$^{13}_{21}$kɔn$^{35}$ts$^{h}$ɔi$^{53}$la$^{0}$.sai$^{53}$tʂ$^{h}$au$^{13}$(x)a$^{53}$tsʅ$^{0}$,to$^{53}$si$^{53}$lɔi$^{13}$,to$^{53}_{21}$tek$^{3}$mait$^{5}$si$^{53}$,fɔŋ$^{53}$tet$^{5}$tsʅ$^{0}$ian$^{13}$tsʅ$^{0}$,fɔŋ$^{53}_{44}$tet$^{5}$ian$^{13}$tsʅ$^{0}$çi$^{53}$lo$^{13}$(x)a$^{53}_{44}$tsʅ$^{0}$,ven$^{13}_{21}$xei$^{53}_{44}$tʂəuk$^{3}$(x)a$^{53}_{44}$kai$^{53}_{44}$ke$^{53}_{44}$aŋ$^{35}$t$^{h}$ei$^{13}_{21}$təu$^{21}$li$^{0}$,ts$^{h}$iəu$^{53}_{21}$ɔn$^{35}_{44}$tso$^{53}_{44}$lo$^{13}$p$^{h}$ek$^{5}_{3}$sɔn$^{35}_{44}$ts$^{h}$ɔi$^{53}_{44}$. ｜泡茶就唔。做过酸菜。/～，箇是最好食个。/欸，最好食个酸菜，～。/～最好食。～就食。/比青菜个更好嘞～嘞。/更好食咯。/酸菜肚箇里最好个就～。p$^{h}$au$^{53}$ts$^{h}$a$^{13}$ts$^{h}$iəu$^{53}$n̩$^{13}$.tso$^{53}$ko$^{53}_{44}$sɔn$^{35}$ts$^{h}$ɔi$^{53}_{44}$./lo$^{13}$p$^{h}$ek$^{5}$sɔn$^{35}$ts$^{h}$ɔi$^{53}$,kai$^{53}_{44}$ʂʅ$^{53}_{44}$tsei$^{53}$xau$^{21}$ʂət$^{5}$ke$^{53}_{44}$./e$_{21}$,tsei$^{53}$xau$^{21}$ʂət$^{5}$ke$^{53}_{44}$sɔn$^{35}$ts$^{h}$ɔi$^{53}_{44}$,lo$^{13}$p$^{h}$ek$^{5}_{3}$sɔn$^{35}_{44}$ts$^{h}$ɔi$^{53}_{44}$./lo$^{13}$p$^{h}$ek$^{5}_{3}$sɔn$^{35}_{44}$ts$^{h}$ɔi$^{53}_{44}$tsei$^{53}$xau$^{21}$ʂət$^{5}$.lo$^{13}$p$^{h}$ek$^{5}$sɔn$^{35}$ts$^{h}$ɔi$^{53}_{44}$ts$^{h}$iəu$^{53}_{44}$ʂət$^{5}$./pi$^{21}$ts$^{h}$iaŋ$^{35}$ts$^{h}$ɔi$^{53}_{44}$ke$^{53}_{44}$ken$^{53}_{44}$xau$^{21}$le$^{0}$lo$^{13}$p$^{h}$ek$^{5}$sɔn$^{35}$ts$^{h}$ɔi$^{53}_{44}$le$^{0}$./cien$^{53}_{44}$xau$^{21}$ʂət$^{5}$ko$^{0}$./sɔn$^{35}$ts$^{h}$ɔi$^{53}$təu$^{21}$kai$^{53}_{21}$li$^{0}$tsei$^{53}$xau$^{21}$ke$^{53}_{44}$ts$^{h}$iəu$^{53}_{44}$lo$^{13}$p$^{h}$ek$^{5}$sɔn$^{35}$ts$^{h}$ɔi$^{53}_{44}$.

【萝卜条】lo$^{13}$p$^{h}$ek$^{5}$t$^{h}$iau$^{13}$ 名加工成长条形的萝卜：～，欸，切成箇长条条哇。湿湿子个。lo$^{13}$p$^{h}$ek$^{5}$t$^{h}$iau$^{13}$,e$_{21}$,ts$^{h}$iet$^{3}$tʂ$^{h}$ən$^{13}$kai$^{53}$tʂ$^{h}$ɔŋ$^{13}$t$^{h}$iau$^{13}$t$^{h}$iau$^{13}$ua$^{0}$.ʂət$^{3}$ʂət$^{3}$tsʅ$^{0}$ke$^{53}$.

【萝卜秧】lo$^{13}$p$^{h}$ek$^{5}$iɔŋ$^{35}$ 名萝卜幼苗：最先呀去箇凼子里就还要喊～箇就。最先去下凼子里啊有几高子嘞就系是～。tsei$^{53}$sien$^{35}$ia$^{0}$çi$^{53}_{44}$kai$^{53}_{44}$t$^{h}$ɔŋ$^{53}$tsʅ$^{0}$li$^{0}$ts$^{h}$iəu$^{53}_{44}$xai$^{13}$iau$^{53}_{44}$xan$^{53}_{44}$lo$^{13}$p$^{h}$ek$^{5}$iɔŋ$^{35}$kai$^{53}_{44}$ts$^{h}$iəu$^{53}_{44}$.tsei$^{53}_{44}$sien$^{35}_{44}$çi$^{53}_{44}$xa$^{53}_{21}$t$^{h}$ɔŋ$^{53}$tsʅ$^{0}$li$^{0}$a$^{0}$mau$^{13}_{21}$ci$^{21}$kau$^{35}$tsʅ$^{0}$le$^{0}$ts$^{h}$iəu$^{53}_{44}$xe$^{53}_{44}$ʂʅ$^{53}_{44}$lo$^{13}$p$^{h}$ek$^{5}$iɔŋ$^{35}$.

【萝卜叶】lo$^{13}$p$^{h}$ek$^{5}$iait$^{5}$ 名萝卜的叶子：～加上萝卜梗子，晒潮下子，可以擦酸菜食。lo$^{13}$p$^{h}$ek$^{5}$iait$^{5}$cia$^{35}$ʂɔŋ$^{53}$lo$^{13}$p$^{h}$ek$^{5}$kuaŋ$^{21}$tsʅ$^{0}$,sai$^{53}$tʂ$^{h}$au$^{13}$ua$^{53}$tsʅ$^{0}$,k$^{h}$o$^{21}$i$^{35}_{44}$ts$^{h}$ait$^{3}$sɔn$^{35}$ts$^{h}$ɔi$^{53}$ʂət$^{5}$.

【萝卜子】lo$^{13}$p$^{h}$ek$^{5}$tsʅ$^{21}$ 名切得碎小的萝卜干：～就切做一坨一坨个。/渠唔成条条箇。渠唔系条，一条条。渠就单独咁个小四方，四……正方体子个，欸，同箇正方体子样个。就咁大子一只子箇。lo$^{13}$p$^{h}$ek$^{5}$tsʅ$^{21}$tsiəu$^{53}_{44}$ts$^{h}$iet$^{3}$tso$^{53}_{21}$iet$^{3}$t$^{h}$o$^{13}$iet$^{3}$t$^{h}$o$^{13}$ke$^{53}$./ci$^{13}$n̩$^{13}_{44}$ʂaŋ$^{13}_{44}$t$^{h}$iau$^{13}$t$^{h}$iau$^{13}$kai$^{53}_{44}$.ci$^{13}_{21}$n̩$^{13}$xe$^{53}$t$^{h}$iau$^{13}$,iet$^{3}$t$^{h}$iau$^{13}$t$^{h}$iau$^{13}$.ci$^{13}_{21}$ts$^{h}$iəu$^{53}_{44}$tan$^{35}$t$^{h}$əuk$^{5}$kan$^{21}$ke$^{53}_{44}$siau$^{21}$si$^{53}$fɔŋ$^{35}_{44}$,si$^{53}_{44}$…tʂən$^{53}$fɔŋ$^{35}$t$^{h}$i$^{21}$tsʅ$^{0}$ke$^{53}_{44}$,e$_{21}$,t$^{h}$əŋ$^{13}_{21}$kai$^{53}_{44}$tʂən$^{53}$fɔŋ$^{35}$t$^{h}$i$^{21}$tsʅ$^{0}$iɔŋ$^{53}_{21}$ke$^{53}_{44}$.tsiəu$^{53}_{44}$kan$^{21}$t$^{h}$ai$^{53}_{44}$tsʅ$^{0}$iet$^{3}$tʂak$^{3}$tsʅ$^{0}$ke$^{53}_{44}$.

【萝卜籽】lo$^{13}$p$^{h}$ek$^{5}$tsɿ$^{21}$ [名]莱菔子。可用于消食：箇有哇，以个栏场以只还有哇，解胀啊。/箇～吧？/就系～做药啊，解胀，欸。/胀肚子就要得呢。/～是又系药噢。消食个东西吧～哦，解胀啊。kai$^{53}_{44}$iəu$^{35}$ua$^{0}$,i$^{21}$ke$^{53}_{44}$laŋ$^{13}_{44}$tʂ$^{h}$ɔŋ$^{13}_{44}$i$^{21}_{44}$tʂak$^{3}$ xai$^{13}_{44}$iəu$^{35}_{44}$ua$^{0}$,kai$^{21}$tʂɔŋ$^{53}$ŋa$^{0}$./kai$^{53}_{44}$lo$^{13}$p$^{h}$ek$^{5}$tsɿ$^{21}$pa$^{0}$?/ts$^{h}$iəu$^{53}$xe$^{53}$lo$^{13}$p$^{h}$ek$^{5}$tsɿ$^{21}$tso$^{53}_{44}$iɔk$^{3}$a$^{0}$,kai$^{21}$tʂɔŋ$^{53}$,e$_{21}$./tʂɔŋ$^{53}$təu$^{21}$tsɿ$^{0}$ts$^{h}$iəu$^{53}_{44}$iau$^{53}_{44}$tek$^{3}$nei$^{0}$./lo$^{13}$p$^{h}$ek$^{5}$tsɿ$^{21}$ʂʅ$^{53}_{44}$iəu$^{53}$xe$^{53}_{44}$iɔk$^{5}$ŋau$^{0}$.siau$^{35}$ʂət$^{5}$ke$^{53}_{44}$təŋ$^{35}$si$^{0}$pa$^{0}$lo$^{13}$p$^{h}$ek$^{5}$tsɿ$^{21}$o$^{0}$,kai$^{21}$tʂɔŋ$^{53}$ŋa$^{0}$.

【逻瘸】la$^{13}$c$^{h}$ia$^{13}$ [名]蜘蛛：发～疮 fait$^{3}$la$^{13}$c$^{h}$ia$^{13}$ts$^{h}$ɔŋ$^{35}$因蜘蛛在衣服上爬过留下的毒素感染而使人皮肤生出的疮

【脶】lo$^{13}$ [名]圆形的手指纹：人个手指啊，有～啊，箕。n̩$^{13}$ke$^{53}$ʂəu$^{21}$tʂʅ$^{21}$ʐa$^{0}$,iəu$^{35}_{44}$lo$^{13}$a$^{0}$,ci$^{35}$.｜一～穷，二～富，三～蒸酒打豆腐……iet$^{3}$lo$^{13}$c$^{h}$iəŋ$^{13}$,ɲi$^{53}$lo$^{13}$fu$^{53}$,san$^{35}$lo$^{13}$tʂən$^{35}$tsiəu$^{21}$ta$^{21}$t$^{h}$əu$^{53}$fu$^{53}$…

【锣】lo$^{13}$ [名]一种铜制乐器，像盘，用槌子敲打出来：打～ta$^{21}$lo$^{13}$｜背只耙子噢，敲～打鼓呢。箇就敲～打鼓呢。游街呢。pi$^{53}$tʂak$^{3}$p$^{h}$a$^{13}$tsɿ$^{0}$au$^{0}$,k$^{h}$au$^{35}$lo$^{13}_{21}$ta$^{21}$ku$^{21}$nei$^{0}$.kai$^{53}$ts$^{h}$iəu$^{53}_{44}$k$^{h}$au$^{35}_{44}$lo$^{13}_{21}$ta$^{21}$ku$^{21}$nei$^{0}$.iəu$^{13}_{21}$kai$^{35}$nei$^{0}$.

【锣槌】lo$^{13}$tʂ$^{h}$ei$^{13}$ [名]用来敲锣的槌子：欸箇个欸舞我等可以舞筒子树子啊，我等就喜欢舞筒树子呃做只～。欸，～让门做个嘞？如今个～有讲究啦，欸，一条子棍子，长兜子，咁长子个棍子，棍子唔爱几大，就系手指公咁大子个棍子吧，箇头上用布子扎倒，欸，扎只坨坨子。箇只用布箇只坨坨子嘞就系捶呀锣上个。唔系么个舞筒大兜子个树□，唔系。系用布子扎只坨坨，以咁子用布筋子啊扎只坨坨，咁子去敲。箇是～个做法呀。还有起～嘞，就箇铛锣子个～，铛锣子个～嘞渠就唔用布子。渠就一块子咁阔子个树篾子。箇个铛锣子嘞也有只～，渠就唔同，渠就唔系圆个，渠就咁子比以映还厚滴子一块子树板子样，嗯，铛铛铛，咁子挖下挖哩，咁子打，铛锣子就咁子打。～，也系～嘞。ei$^{0}$kai$^{53}_{44}$cie$^{53}_{44}$e$_{44}$u$^{21}$ŋai$^{13}$tien$^{0}$k$^{h}$o$^{21}$i$^{35}_{44}$u$^{21}$t$^{h}$əŋ$^{13}$tsɿ$^{0}$ʂəu$^{53}$tsɿ$^{0}$a$^{0}$,ŋai$^{13}$tien$^{0}$ts$^{h}$iəu$^{53}_{44}$çi$^{21}$fɔn$^{35}_{44}$u$^{21}$t$^{h}$əŋ$^{13}$ʂəu$^{53}$tsɿ$^{0}$ə$_{21}$tso$^{53}$tʂak$^{3}$lo$^{13}$tʂ$^{h}$ei$^{13}$.e$_{21}$,lo$^{13}$tʂ$^{h}$ei$^{13}_{21}$ɲiɔŋ$^{53}_{44}$mən$^{13}_{44}$tso$^{53}$ke$^{53}_{44}$lei$^{0}$?i$^{13}_{21}$cin$^{35}_{53}$ke$^{53}$lo$^{13}$tʂ$^{h}$ei$^{13}_{44}$iəu$^{35}_{53}$kɔŋ$^{21}$ciəu$^{53}$la$^{0}$,e$_{21}$,iet$^{3}$t$^{h}$iau$^{13}_{21}$tsɿ$^{0}$kuən$^{53}$tsɿ$^{0}$,tʂ$^{h}$ɔŋ$^{13}$te$^{35}_{53}$tsɿ$^{0}$,kan$^{21}$tʂ$^{h}$ɔŋ$^{13}$tsɿ$^{0}$ke$^{53}_{44}$kuən$^{53}$tsɿ$^{0}$,kuən$^{53}$tsɿ$^{0}$m̩$^{13}_{21}$mɔi$^{53}_{44}$ci$^{21}$t$^{h}$ai$^{53}$,ts$^{h}$iəu$^{53}_{44}$xei$^{53}_{44}$ʂəu$^{21}$tʂʅ$^{21}$kəŋ$^{35}$kan$^{21}$t$^{h}$ai$^{53}$tsɿ$^{0}$ke$^{53}_{44}$kuən$^{53}$tsɿ$^{0}$pa$^{0}$,kai$^{53}$t$^{h}$ei$^{13}$xɔŋ$^{53}$iəŋ$^{53}_{44}$pu$^{53}$tsɿ$^{0}$tsait$^{3}$tau$^{21}$,e$_{21}$,tsait$^{3}$tʂak$^{3}$t$^{h}$o$^{13}$t$^{h}$o$^{13}$tsɿ$^{0}$.kai$^{53}_{44}$tʂak$^{3}$iəŋ$^{53}_{44}$pu$^{53}$kai$^{53}$tʂak$^{3}$t$^{h}$o$^{13}$t$^{h}$o$^{13}_{21}$tsɿ$^{0}$lei$^{0}$ts$^{h}$iəu$^{53}_{44}$xei$^{53}_{44}$tʂ$^{h}$ei$^{13}$ia$^{53}$lo$^{13}$xɔŋ$^{53}$ke$^{53}$.m̩$^{13}$p$^{h}$ei$^{53}$mak$^{3}$ke$^{53}_{44}$u$^{21}$t$^{h}$əŋ$^{13}$t$^{h}$ai$^{53}$te$^{35}_{44}$tsɿ$^{0}$ke$^{0}$ʂəu$^{53}$k$^{h}$uət$^{3}$,m̩$^{13}$p$^{h}$e$^{53}$.xei$^{53}_{44}$iəŋ$^{53}_{44}$pu$^{53}$tsɿ$^{0}$tsait$^{3}$tʂak$^{3}$t$^{h}$o$^{13}$t$^{h}$o$^{13}_{44}$,i$^{21}$kan$^{21}$tsɿ$^{0}$iəŋ$^{53}_{44}$pu$^{53}$cin$^{35}$tsɿ$^{0}$a$^{0}$tsait$^{3}$tʂak$^{3}$t$^{h}$o$^{13}$t$^{h}$o$^{13}_{44}$,kan$^{21}$tsɿ$^{0}$çi$^{53}$k$^{h}$au$^{35}$.kai$^{53}_{44}$ʂʅ$^{53}_{44}$lo$^{13}$tʂ$^{h}$ei$^{13}_{21}$ke$^{53}_{44}$tso$^{53}$fait$^{3}$ia$^{0}$.xai$^{13}$iəu$^{35}_{53}$çi$^{21}$lo$^{13}$tʂ$^{h}$ei$^{13}_{21}$le$^{0}$,ts$^{h}$iəu$^{53}$kai$^{53}$təŋ$^{35}$lo$^{13}_{21}$tsɿ$^{0}$ke$^{53}$lo$^{13}$tʂ$^{h}$ei$^{13}_{44}$,təŋ$^{35}$lo$^{13}_{21}$tsɿ$^{0}$ke$^{53}$lo$^{13}_{21}$tʂ$^{h}$ei$^{13}_{21}$lei$^{0}$ci$^{13}_{21}$ts$^{h}$iəu$^{53}_{44}$m̩$^{13}$iəŋ$^{53}_{44}$pu$^{53}$tsɿ$^{0}$.ci$^{13}_{21}$ts$^{h}$iəu$^{53}$iet$^{3}$k$^{h}$uai$^{53}$tsɿ$^{0}$kan$^{21}_{13}$k$^{h}$ɔit$^{3}$tsɿ$^{0}$ke$^{53}_{44}$ʂəu$^{53}$sak$^{3}$tsɿ$^{0}$.kai$^{53}$ke$^{0}$təŋ$^{35}$lo$^{13}_{21}$tsɿ$^{0}$lei$^{0}$ia$^{35}$iəu$^{35}_{53}$tʂak$^{3}$lo$^{13}$tʂ$^{h}$ei$^{13}_{21}$,ci$^{13}$ts$^{h}$iəu$^{53}$n̩$^{13}_{21}$t$^{h}$əŋ$^{13}_{21}$,ci$^{13}$ts$^{h}$iəu$^{53}$m̩$^{13}$p$^{h}$ei$^{53}$ien$^{13}$ke$^{0}$,ci$^{13}_{21}$ts$^{h}$iəu$^{53}$kan$^{21}$tsɿ$^{0}$pi$^{21}$i$^{21}$iaŋ$^{53}$xai$^{13}_{21}$xei$^{35}$tiet$^{5}$tsɿ$^{0}$iet$^{3}$k$^{h}$uai$^{53}$tsɿ$^{0}$ʂəu$^{53}$pan$^{21}$tsɿ$^{0}$iɔŋ$^{53}$,n̩$_{21}$,təŋ$^{35}$təŋ$^{35}$təŋ$^{35}$,kan$^{21}$tsɿ$^{0}$uait$^{3}$ia$^{53}$uait$^{3}$li$^{0}$,kan$^{21}_{13}$tsɿ$^{0}$ta$^{21}$,təŋ$^{35}$lo$^{13}_{21}$tsɿ$^{0}$ts$^{h}$iəu$^{53}$kan$^{21}_{13}$tsɿ$^{0}$ta$^{21}$.lo$^{13}$tʂ$^{h}$ei$^{13}_{21}$,ia$^{35}$xe$^{53}$lo$^{13}_{44}$tʂ$^{h}$ei$^{13}_{44}$le$^{0}$.

【锣鼓】lo$^{13}$ku$^{21}$ [名]锣和鼓，也泛指打击乐器：打个打～，打个打爆竹。ta$^{21}$ke$^{53}_{44}$ta$^{21}$lo$^{13}$ku$^{21}$,ta$^{21}$ke$^{53}_{44}$ta$^{21}$pau$^{53}$tʂəuk$^{3}$.

【箩$_{1}$】lo$^{13}$ [名]箩筐：～就圆个，篓嘞就底下方角个。lo$^{13}$ts$^{h}$iəu$^{53}$ien$^{13}$ke$^{53}$,lei$^{21}$lei$^{0}$ts$^{h}$iəu$^{53}_{44}$te$^{21}$xa$^{53}_{44}$fɔŋ$^{35}$kɔk$^{3}$ke$^{53}$.｜用角撮掇下掇倒倾下～里。iəŋ$^{53}_{35}$kɔk$^{3}$ts$^{h}$ait$^{3}$tɔit$^{3}$ia$^{53}$(←xa$^{53}$)tɔit$^{3}$tau$^{21}_{44}$k$^{h}$uaŋ$^{35}$ŋa$_{44}$(←xa$^{53}$)lo$^{13}$li$^{0}$.

【箩$_{2}$】lo$^{13}$ [量]用于用箩筐装的东西：渠冇么啊舞了呀，搞～谷，放一～谷放下肚里。ci$^{21}$mau$^{13}_{21}$mak$^{3}$a$^{0}$u$^{21}$liau$^{0}$ia$^{0}$,kau$^{21}$lo$^{13}$kuk$^{3}$,fɔŋ$^{53}$iet$^{3}$lo$^{13}_{21}$kuk$^{3}$fɔŋ$^{53}_{44}$(x)a$^{53}_{44}$təu$^{21}$li$^{0}$.

【箩大桶大】lo$^{13}$t$^{h}$ai$^{53}$t$^{h}$əŋ$^{21}$t$^{h}$ai$^{53}$ 形容很大：箇是我等呃我等箇映有只呃松树喔，我屋背有只松树几个人都抱唔倒，欸，～呀，箇个树也～。kai$^{53}_{44}$ʂʅ$^{53}_{44}$ŋai$^{13}_{21}$tien$^{0}$ə$_{21}$ŋai$^{13}$tien$^{0}$kai$^{53}$iaŋ$^{53}$iəu$^{35}_{44}$tʂak$^{3}$ə$_{21}$ts$^{h}$əŋ$^{13}$ʂəu$^{53}$uo$^{0}$,ŋai$^{13}$uk$^{3}$pɔi$^{53}_{44}$iəu$^{35}_{53}$tʂak$^{3}$ts$^{h}$əŋ$^{13}$ʂəu$^{53}$ci$^{21}$kei$^{53}$ɲin$^{13}_{21}$təu$^{35}_{44}$p$^{h}$au$^{53}$n̩$^{13}_{21}$tau$^{21}$,e$_{21}$,lo$^{13}$t$^{h}$ai$^{53}_{44}$t$^{h}$əŋ$^{21}$t$^{h}$ai$^{53}$ia$^{0}$,kai$^{53}$(k)e$^{53}_{44}$ʂəu$^{53}_{44}$ia$^{35}_{53}$lo$^{13}_{21}$t$^{h}$ai$^{53}_{44}$t$^{h}$əŋ$^{21}$t$^{h}$ai$^{53}_{44}$.

【箩担】lo$^{13}$tan$^{35}$ [名]挑有两个箩筐的担子：但是箇番薯丝嘞一下搞就搞一～。tan$^{53}$ʂʅ$^{53}$kai$^{53}$fan$^{35}$ʂəu$^{13}_{21}$sɿ$^{35}_{44}$lei$^{0}$iet$^{3}$xa$^{53}_{44}$kau$^{21}$ts$^{h}$iəu$^{53}$kau$^{21}$iet$^{3}$lo$^{13}$tan$^{35}$.

【箩盖子】lo$^{13}$kɔi$^{53}$tsɿ$^{0}$ [名]箩的盖子：去人家个时候还有一只～哦。盖倒箩上个，翻下转来嘞鸡箇个就放面上。/又体面。又怕屙鸡屎。/系，就隔开子来。çi$^{53}$ɲin$^{13}$ka$^{35}$ke$^{53}$ʂʅ$^{13}_{21}$xəu$^{53}_{44}$xai$^{13}$iəu$^{35}_{44}$iet$^{3}$tʂak$^{3}$lo$^{13}$kɔi$^{53}$tsɿ$^{0}$o$^{0}$.kɔi$^{53}$tau$^{21}$lo$^{13}$xɔŋ$^{53}_{44}$ke$^{53}_{44}$,fan$^{35}$na$^{53}$(←xa$^{53}$)tʂən$^{21}$nɔi$^{13}$lei$^{0}$ke$^{35}$kai$^{53}_{44}$ke$^{53}_{44}$ts$^{h}$iəu$^{53}_{21}$fɔŋ$^{53}_{44}$mien$^{53}$xɔŋ$^{53}$./iəu$^{53}$t$^{h}$i$^{21}$mien$^{53}$,iəu$^{53}$p$^{h}$a$^{53}$o$^{35}$cie$^{35}$ʂʅ$^{21}$./xe$_{21}$,tsiəu$^{53}_{44}$kak$^{3}$k$^{h}$ɔi$^{35}_{44}$tsɿ$^{0}$lɔi$^{13}_{21}$.

【箩窠子】lo$^{13}$k$^{h}$o$^{35}$tsɿ$^{0}$ [名]旧时用箩筐做成的婴儿卧具。也简称“箩子”：呃，我等带两只细人子都坐过～，箩子，都坐过箩子。欸，箇阵子薄膜都冇得，就舞块油布，欸，油布啦，放下底下，怕漓尿哇。ə$_{21}$,ŋai$^{13}$tien$^{0}$ tai$^{53}$iɔŋ$^{21}$tʂak$^{3}$ sei$^{53}$ɲin$^{13}_{44}$tsɿ$^{0}$ təu$^{35}$ts$^{h}$o$^{35}$ko$^{53}$lo$^{13}$k$^{h}$o$^{35}$tsɿ$^{0}$,lo$^{13}$tsɿ$^{0}$,təu$^{35}$ts$^{h}$o$^{35}$ko$^{53}$lo$^{13}$tsɿ$^{0}$.e$_{21}$,kai$^{53}$tʂ$^{h}$ən$^{53}$tsɿ$^{0}$ p$^{h}$ɔk$^{5}$ mo$^{13}_{21}$təu$^{35}_{53}$mau$^{13}_{21}$tek$^{3}$,tsiəu$^{53}$u$^{21}$k$^{h}$uai$^{53}$iəu$^{13}$pu$^{53}$,e$_{21}$,iəu$^{13}$pu$^{53}$la$^{0}$,fɔŋ$^{53}$xa$^{53}$tei$^{21}$xa$^{53}_{44}$,p$^{h}$a$^{53}_{44}$lai$^{13}$ɲiau$^{53}$ua$^{0}$.

【箩舷】lo$^{13}$çien$^{13}$ 名箩筐的上口沿：（用子竹篾）缠箇只～呐。tʂ$^{h}$en$^{13}$kai$^{53}_{44}$tʂak$^{3}$ lo$^{13}$çien$^{13}$na$^{0}$.

【螺$_{1}$】lo$^{13}$ 名软体动物，体外包着锥形、纺锤形或椭圆形的硬壳，上有旋纹：河里个～xo$^{13}$li$^{21}$ke$^{53}$lo$^{13}$

【螺$_{2}$】lo$^{13}$ 形指在打牌、下棋等活动中反应慢，技术差：箇只～嘞一般是指么个嘞？指打牌呀，指箇嬲，搞个路子，欸，打扑克呀，打牌呀，作棋。“你真～哈！”反应慢，欸又技术唔好哇。话别人家～啊。kai$^{53}$tʂak$^{3}$ lo$^{13}$lei$^{0}$ iet$^{3}$ pən$^{35}$ʂʅ$^{53}$tʂʅ$^{21}$mak$^{3}$ ke$^{53}_{44}$lei$^{0}$ ?tʂʅ$^{21}$ta$^{21}$p$^{h}$ai$^{13}$ia$^{0}$,tʂʅ$^{21}$kai$^{53}_{44}$liau$^{53}$,kau$^{21}$ke$^{53}$ləu$^{53}$tsɿ$^{0}$,e$_{21}$,ta$^{21}$p$^{h}$uk$^{3}$ k$^{h}$ek$^{3}$ ia$^{0}$,ta$^{21}$p$^{h}$ai$^{13}$ia$^{0}$,tsɔk$^{3}$ c$^{h}$i$^{13}_{21}$."ɲi$^{13}_{44}$tʂən$^{35}$lo$^{13}$xa$^{0}$!"fan$^{21}$in$^{53}$man$^{53}$,e$_{21}$ iəu$^{53}$çi$^{53}$ʂət$^{5}$ m̩$^{13}_{21}$xau$^{21}$ua$^{0}$.ua$^{53}_{44}$p$^{h}$iet$^{5}$ in$^{13}_{44}$ka$^{35}_{53}$lo$^{13}$a$^{0}$.

【螺丝】lo$^{13}$sɿ$^{35}_{44}$ 名指螺丝钉：毂～ tsiəu$^{21}$lo$^{13}$sɿ$^{35}_{44}$

【螺蛳】lo$^{13}$sɿ$^{35}$ 名软体动物，体外包着锥形、纺锤形或椭圆形的硬壳，上有旋纹。多指石螺子：箇个岭岗上个箇个河子里呀箇石头子肚里真多～。可以捡倒来。冇几大子，也食得欸。爱跍下水肚里焯一下，挑倒来，箇就安做“三碗田螺冇碗肉”啊。kai$^{53}_{44}$kei$^{53}_{44}$liaŋ$^{35}$kɔŋ$^{35}$xɔŋ$^{53}$ke$^{53}_{44}$ kai$^{53}_{44}$ke$^{53}_{44}$xo$^{13}$tsɿ$^{0}$ li$^{0}$ ia$^{0}$ kai$^{53}_{44}$ʂak$^{5}$ t$^{h}$ei$^{0}$ tsɿ$^{0}$ təu$^{21}$li$^{0}$ tʂən$^{35}$to$^{35}$lo$^{13}$sɿ$^{35}$.k$^{h}$o$^{21}$i$^{35}_{53}$cian$^{21}$tau$^{21}$lɔi$^{13}$.mau$^{13}$ci$^{21}$t$^{h}$ai$^{53}$tsɿ$^{0}$,ia$^{35}$ ʂət$^{5}$ tek$^{3}$ e$^{0}$.ɔi$^{53}$k$^{h}$u$^{35}_{53}$xa$^{53}$ʂei$^{21}$təu$^{21}$li$^{0}$ tʂ$^{h}$ɔk$^{3}$ iet$^{3}$ xa$^{53}$,t$^{h}$iau$^{35}$tau$^{21}$lɔi$^{13}_{21}$,kai$^{53}_{44}$ts$^{h}$iəu$^{53}_{44}$ɔn$^{35}_{44}$tso$^{53}_{44}$"san$^{35}$uɔn$^{13}_{21}$t$^{h}$ien$^{13}_{44}$no$^{13}_{44}$ mau$^{13}$uɔn$^{21}$ɲiəuk$^{3}$"a$^{0}$.｜～唔安做螺头嘞，冇几大子，～，丁啱大子，安做石螺子啊。lo$^{13}$sɿ$^{35}$n̩$^{13}_{21}$ ɔn$^{35}_{53}$tso$^{53}$lo$^{13}$t$^{h}$ei$^{13}_{21}$le$^{0}$,mau$^{13}$ci$^{21}$t$^{h}$ai$^{53}$tsɿ$^{0}$,lo$^{13}$sɿ$^{35}$,tin$^{53}$ŋait$^{3}$ t$^{h}$ai$^{53}$tsɿ$^{0}$,ɔn$^{35}$tso$^{53}_{44}$ʂak$^{5}$ lo$^{13}$tsa$^{0}$.

【螺蛳饽】lo$^{13}$sɿ$^{35}_{44}$p$^{h}$ɔk$^{5}$ 名手腕关节处骨头突起部分；脚踝：以只系～。脚上也有～啦。鸡眼箇地方以映啊。脚上也有只～啊。也安做～。i$^{21}$tʂak$^{3}$ (x)e$^{53}_{44}$lo$^{13}$sɿ$^{35}_{44}$p$^{h}$ɔk$^{5}$.ciɔk$^{3}$ xɔŋ$^{53}_{44}$ŋa$_{44}$(←ia$^{35}$)iəu$^{35}_{44}$ lo$^{13}$sɿ$^{35}_{44}$p$^{h}$ɔk$^{5}$ la$^{0}$.ci$^{35}$ŋan$^{21}$kai$^{53}_{44}$t$^{h}$i$^{53}_{44}$fɔŋ$^{35}_{44}$i$^{21}$iaŋ$^{53}_{44}$ŋa$^{0}$.ciɔk$^{3}$ xɔŋ$^{53}_{44}$ia$^{35}$iəu$^{35}_{44}$tʂak$^{3}$ lo$^{13}$sɿ$^{35}_{44}$p$^{h}$ɔk$^{5}$ a$^{0}$.ia$^{35}$ɔn$^{35}_{44}$tso$^{53}_{44}$lo$^{13}$sɿ$^{35}_{44}$ p$^{h}$ɔk$^{5}$.

【螺蛳灯】lo$^{13}$sɿ$^{35}_{44}$tien$^{35}$ 名一种传统灯舞：～欸我听讲过，𫠣看过。有～。～就就系扮成田螺吧？嗯。系啊，就～。就扮成田螺咁样。一只人屁股头舞只箇田螺壳样个，欸，一只妹子，舞只妹子。见过，唔记得哩，见过。lo$^{13}$sɿ$^{35}_{44}$tien$^{35}_{44}$e$_{21}$ŋai$^{13}_{21}$t$^{h}$aŋ$^{35}$kɔŋ$^{21}$ko$^{53}_{44}$,maŋ$^{13}$k$^{h}$ɔn$^{53}$ko$^{53}_{21}$.iəu$^{35}$lo$^{13}$sɿ$^{35}_{44}$ tien$^{35}$.lo$^{13}$sɿ$^{35}_{44}$tien$^{35}_{44}$ts$^{h}$iəu$^{53}_{44}$ts$^{h}$iəu$^{53}_{44}$xe$^{53}_{44}$pan$^{53}$ʂaŋ$^{13}_{21}$t$^{h}$ien$^{13}$lo$^{13}_{21}$pa$^{0}$ ?ŋ̍$_{21}$.xei$^{53}_{44}$a$^{0}$,ts$^{h}$iəu$^{53}$lo$^{13}_{21}$sɿ$^{35}_{44}$tien$^{35}_{53}$.ts$^{h}$iəu$^{53}_{44}$pan$^{53}$ ʂaŋ$^{13}_{21}$t$^{h}$ien$^{13}$no$^{13}$kan$^{21}$ɲiɔŋ$^{53}_{44}$.iet$^{3}$ tʂak$^{3}$ ɲin$^{13}_{44}$p$^{h}$i$^{53}$ku$^{21}$t$^{h}$ei$^{13}$u$^{21}$tʂak$^{3}$ kai$^{53}_{44}$t$^{h}$ien$^{13}_{21}$lo$^{13}_{21}$k$^{h}$ɔk$^{3}$ iɔŋ$^{53}_{44}$ke$^{53}_{44}$,e$_{21}$,iet$^{3}$ tʂak$^{3}$ mɔi$^{53}$tsɿ$^{0}$,u$^{21}$tʂak$^{3}$ mɔi$^{53}$tsɿ$^{0}$.cien$^{53}_{44}$ko$^{53}_{21}$,n̩$^{13}$ci$^{53}$tek$^{3}$li$^{0}$,cien$^{53}$ko$^{53}_{21}$.

【螺蛳毂】lo$^{13}$sɿ$^{35}_{44}$tsiəu$^{53}$ 名漩涡：转～ tʂɔn$^{21}$no$^{13}$sɿ$^{35}_{44}$tsiəu$^{53}$

【螺头】lo$^{13}$t$^{h}$ei$^{13}$ 名①田螺的别称：箇个欸春天箇田里就有～捡呶。撞怕是一到都捡得半篓公倒。嗯，～，也话～，也话田螺。kai$^{53}_{44}$ke$^{53}_{44}$e$_{21}$tʂ$^{h}$ən$^{35}$t$^{h}$ien$^{35}_{44}$kai$^{53}$t$^{h}$ien$^{13}$ni$^{21}$ts$^{h}$iəu$^{53}_{21}$iəu$^{35}_{44}$lo$^{13}$t$^{h}$ei$^{13}_{44}$cian$^{21}$ nau$^{0}$.ts$^{h}$ɔŋ$^{21}$p$^{h}$a$^{53}_{44}$ʂʅ$^{53}_{44}$iet$^{3}$ tau$^{53}$təu$^{35}_{53}$cian$^{21}$tek$^{3}$ pan$^{53}$li$^{21}$kəŋ$^{35}_{44}$tau$^{21}$.n̩$_{21}$,lo$^{13}$t$^{h}$ei$^{13}_{44}$,ia$^{35}$ua$^{53}$lo$^{13}$t$^{h}$ei$^{13}_{44}$,ia$^{35}$ua$^{53}$t$^{h}$ien$^{13}$no$^{13}_{44}$. ②喻指在打牌、下棋等活动中反应慢、技术差的人：你摎我打牌是我是只～啦，打你唔赢嘞。ɲi$^{13}$lau$^{35}_{44}$ŋai$^{13}$ta$^{21}$p$^{h}$ai$^{13}$ʂʅ$^{53}_{44}$ŋai$^{13}$ʂʅ$^{53}_{44}$tʂak$^{3}$ lo$^{13}$t$^{h}$ei$^{13}_{44}$la$^{0}$,ta$^{21}$ɲi$^{13}_{44}$n̩$^{13}_{44}$iaŋ$^{13}$le$^{0}$.

【螺头毂拐】lo$^{13}$t$^{h}$ei$^{13}$tsiəu$^{53}$kuai$^{21}$ ①指东西弯弯扭扭：箇条咁个树有么个用斫倒归来？～欸。kai$^{53}$t$^{h}$iau$^{13}_{21}$kan$^{21}$ke$^{53}_{44}$ʂəu$^{53}$iəu$^{35}$mak$^{3}$ e$^{0}$ iəŋ$^{53}$tʂɔk$^{3}$ tau$^{21}$kuei$^{35}$lɔi$^{13}_{44}$?lo$^{13}$t$^{h}$ei$^{13}_{21}$tsiəu$^{53}$kuai$^{21}$ei$^{0}$. ②形容人长得丑：箇只人呐真难看，系唔系？长得箇～，生倒箇～。kai$^{53}$tʂak$^{3}$ ɲin$^{13}_{21}$na$^{0}$ tʂən$^{35}$nan$^{13}$k$^{h}$ɔn$^{53}$,xei$^{53}$me$^{53}$? tʂɔŋ$^{21}$tek$^{3}$ kai$^{53}$lo$^{13}$t$^{h}$ei$^{13}_{21}$tsiəu$^{53}$kuai$^{21}$,saŋ$^{35}$tau$^{21}$kai$^{53}$lo$^{13}$t$^{h}$ei$^{13}_{21}$tsiəu$^{53}$kuai$^{21}$.

【络络子】lɔk$^{5}$ lɔk$^{5}$ tsɿ$^{0}$ 名竹篮：一只～样个东西，一只圆东西就蒙下去。iet$^{3}$ tʂak$^{3}$ lɔk$^{5}$ lɔk$^{5}$ tsɿ$^{0}$ iɔŋ$^{53}_{44}$ke$^{53}_{44}$təŋ$^{35}_{44}$si$^{0}$,iet$^{3}$ tʂak$^{3}$ ien$^{13}$təŋ$^{35}$si$^{0}$ ts$^{h}$iəu$^{53}_{44}$maŋ$^{13}$ŋa$_{44}$(←xa$^{53}$)çi$^{53}_{44}$.

【络子】lɔk$^{5}$tsɿ$^{0}$ 名带盖的小竹篮：两三个子人食饭舞只子～唠。iɔŋ$^{21}$san$^{35}_{44}$ke$^{53}$tsɿ$^{0}$ɲin$^{13}$ʂət$^{5}$ fan$^{53}$u$^{21}$ tʂak$^{3}$tsɿ$^{0}$ lɔk$^{5}$tsɿ$^{0}$ lau$^{0}$.

【落】lɔk$^{5}$ 动①物体因失去支持而下坠：～细水子lɔk$^{5}_{3}$ se$^{53}$ʂei$^{21}$tsɿ$^{0}$下小雨。②停留：万氏宗祖神位，也爱合黄道。第六只字就爱～下生字上啦。uan$^{53}$ʂʅ$^{53}$tsəŋ$^{35}$tsəu$^{21}$ʂən$^{13}$uei$^{53}$,ia$^{35}$ɔi$^{53}_{44}$xɔit$^{5}$ uɔŋ$^{13}$t$^{h}$au$^{53}$.t$^{h}$i$^{53}$ liəuk$^{3}$ tʂak$^{3}$ ts$^{h}$ɿ$^{53}_{44}$ts$^{h}$iəu$^{53}_{44}$ɔi$^{53}_{44}$lɔk$^{5}$ a$^{0}$ sien$^{35}$ts$^{h}$ɿ$^{53}_{44}$xɔŋ$^{53}_{44}$la$^{0}$. ③趋向动词，放在动词后表示向下：舞饭个人就是咁子捣～几笊篱来。u$^{21}$fan$^{53}$ke$^{53}_{44}$ɲin$^{13}_{44}$ts$^{h}$iəu$^{53}_{44}$ʂʅ$^{53}_{44}$kan$^{21}_{44}$tsɿ$^{0}$ ts$^{h}$ei$^{35}$lɔk$^{5}$ ci$^{21}_{44}$tsau$^{53}$lei$^{13}_{44}$lɔi$^{13}_{44}$.

L

【落地】lɔk$^{5}$tʰi$^{53}$ [动]着地；落在地上：雪一～就融嘿哩。siet$^{3}$iet$^{3}$lɔk$^{5}$tʰi$^{53}$tsʰiəu$^{53}$iəŋ$^{13}_{21}$xek$^{3}$li$^{0}$.

【落地个雷公】lɔk$^{5}$tʰi$^{53}$ke$^{0}$li$^{13}$kəŋ$^{35}$ 指在云地闪电中产生的雷：～就吓人呐，欸，雷公落哩地呀，就系～啊，就吓人呐。有兜树，打树都树尾巴么个大树都打下哩个。欸，有打倒哩人个，～啊。欸，箇有只人渠话，渠话落大水去哩，打双赤脚，麻溜归，系啊？涿起一身滐湿，麻溜归。渠话一归倒斤子里是箇个火蛇子就脚上曳稳来咯，懒懒痛咯，火蛇子曳稳来呀，箇个就～啊。渠一双脚滐湿嘞。箇雷公落哩地呀，系啊？lɔk$^{5}$tʰi$^{53}$ke$^{0}$li$^{13}_{21}$kəŋ$^{35}_{44}$tsʰiəu$^{53}$xak$^{3}$ɲin$^{13}_{21}$na$^{0}$,e$_{21}$,li$^{13}_{21}$kəŋ$^{35}_{44}$lɔk$^{5}$li$^{0}$tʰi$^{53}$ia$^{0}$,tsiəu$^{53}_{21}$xei$^{53}_{44}$lɔk$^{5}$tʰi$^{53}$ke$^{0}$li$^{13}_{21}$kəŋ$^{35}_{44}$ŋa$^{0}$,tsʰiəu$^{53}$xak$^{3}$ɲin$^{13}$na$^{0}$.iəu$^{35}$tei$^{35}_{44}$ʂəu$^{53}$,ta$^{21}$ʂəu$^{53}$təu$^{35}_{44}$ʂəu$^{53}$mi$^{35}_{44}$pa$^{35}$mak$^{3}$e$^{0}$tʰai$^{53}$ʂəu$^{53}$təu$^{35}_{53}$ta$^{21}$xa$^{53}_{21}$li$^{0}$ke$^{53}$.e$_{21}$,iəu$^{35}$ta$^{21}$tau$^{21}$li$^{0}$ɲin$^{13}$cie$^{53}$,lɔk$^{5}$tʰi$^{53}$ke$^{0}$li$^{13}_{21}$kəŋ$^{35}_{44}$ŋa$^{0}$.ei$_{21}$,kai$^{53}$iəu$^{35}_{53}$tʂak$^{3}$ɲin$^{13}_{21}$ci$^{13}_{21}$ua$^{53}$,ci$^{13}_{21}$ua$^{53}_{44}$lɔk$^{5}$tʰai$^{53}$ʂei$^{21}$çi$^{53}$li$^{0}$,ta$^{21}$səŋ$^{35}_{44}$tʂʰak$^{3}$ciɔk$^{3}$,ma$^{13}_{21}$liəu$^{35}_{44}$kuei$^{35}_{44}$,xei$^{53}_{44}$a$^{0}$?təuk$^{3}$çi$^{21}_{44}$iet$^{3}$ʂən$^{35}_{44}$tset$^{5}$ʂət$^{3}$,ma$^{13}_{21}$liəu$^{35}_{44}$kuei$^{35}_{44}$.ci$^{13}_{44}$(u)a$^{53}_{44}$iet$^{3}$kuei$^{35}$tau$^{21}$tʰaŋ$^{35}$tsɿ$^{0}$li$^{0}$ʂɿ$^{53}_{44}$kai$^{53}$ke$^{53}$fo$^{21}$ʂa$^{13}$tsɿ$^{0}$tsʰiəu$^{53}$ciɔk$^{3}$xɔŋ$^{53}_{44}$ia$^{53}$uən$^{21}$nɔi$^{13}$ko$^{0}$,lai$^{53}$lai$^{53}$tʰəŋ$^{53}$ko$^{0}$,fo$^{21}$ʂa$^{13}$tsɿ$^{0}$ia$^{53}$uən$^{21}$nɔi$^{13}$ia$^{0}$,kai$^{53}_{44}$ke$^{53}_{44}$tsʰiəu$^{53}_{44}$lɔk$^{5}$tʰi$^{53}$ke$^{0}$li$^{13}_{21}$kəŋ$^{35}_{44}$ŋa$^{0}$.ci$^{13}_{21}$iet$^{3}$səŋ$^{35}$ciɔk$^{3}$tsiet$^{5}$ʂət$^{3}$le$^{0}$.kai$^{53}$li$^{13}$kəŋ$^{35}_{44}$lɔk$^{5}$li$^{0}$tʰi$^{53}$ia$^{0}$,xei$^{53}_{44}$a$^{0}$?

【落地雷】lɔk$^{5}$tʰi$^{53}$li$^{13}$/lei$^{13}$ [名]在云地闪电中产生的雷。也称"落地雷公"或"落地个雷公"：箇指箇只雷个时候子就系～。"箇只雷是系～呀。"箇起就嬒落地呀，系唔系？呃，所以渠打人唔倒是渠就嬒落地呀。以只雷公是～呀。以只是～呀，箇起就唔系～呀。就咁子话。也话落地雷公，欸，箇个想话就话落地雷公。kai$^{53}$tʂɿ$^{21}$kai$^{53}$tʂak$^{3}$lei$^{13}$ke$^{53}$ʂɿ$^{13}$xei$^{53}$tsɿ$^{0}$tsʰiəu$^{53}_{44}$xe$^{53}_{44}$lɔk$^{5}$tʰi$^{53}$lei$^{13}$."kai$^{53}$tʂak$^{3}$li$^{13}$ʂɿ$^{53}_{21}$xei$^{53}_{44}$lɔk$^{5}$tʰi$^{53}$lei$^{13}_{21}$ia$^{0}$."kai$^{53}$çi$^{21}$tsʰiəu$^{53}_{21}$maŋ$^{13}$lɔk$^{5}$tʰi$^{53}$ia$^{0}$,xei$^{53}$me$^{53}$?e$_{21}$,so$^{21}$i$^{35}_{53}$ci$^{13}_{44}$ta$^{21}$ɲin$^{13}$n̩$^{13}_{44}$tau$^{21}$ʂɿ$^{53}_{44}$ci$^{13}_{44}$tsʰiəu$^{53}_{44}$maŋ$^{13}$lɔk$^{5}$tʰi$^{53}$ia$^{0}$.i$^{21}$tʂak$^{3}$lei$^{13}$kəŋ$^{35}_{44}$ʂɿ$^{53}_{44}$lɔk$^{5}$tʰi$^{53}$li$^{13}_{21}$ia$^{0}$.i$^{21}$tʂak$^{3}$ʂɿ$^{53}_{44}$lɔk$^{5}$tʰi$^{53}$li$^{13}$ia$^{0}$,kai$^{53}$çi$^{21}$tsʰiəu$^{53}_{44}$m̩$^{13}$pʰe$^{53}_{44}$lɔk$^{5}$tʰi$^{53}$li$^{13}_{21}$ia$^{0}$.tsiəu$^{53}_{44}$kan$^{21}$tsɿ$^{0}$ua$^{53}$.ia$^{35}$ua$^{53}$lɔk$^{5}$tʰi$^{53}$li$^{13}_{21}$kəŋ$^{35}_{44}$,e$_{21}$,kai$^{53}$ke$^{53}$siɔŋ$^{21}$ua$^{53}$tsʰiəu$^{53}$ua$^{53}$lɔk$^{5}$tʰi$^{53}$li$^{13}_{21}$kəŋ$^{35}_{44}$.

【落脚货】lɔk$^{5}$ciɔk$^{3}$fo$^{53}$ [名]①卖剩下的差货：拣尽卖了个～kan$^{21}$tsʰin$^{53}$mai$^{53}$liau$^{21}$ke$^{53}_{44}$lɔk$^{5}$ciɔk$^{3}$fo$^{53}$。②喻指没人喜欢的人：讨个四嫂～。tʰau$^{21}$ke$^{53}$si$^{53}$sau$^{21}$lɔk$^{5}$ciɔk$^{3}$fo$^{53}$.

【落客】lɔk$^{5}$kʰak$^{3}$ [动]供客人食宿：客栈就系旅社，就系～个。kʰak$^{3}$tsan$^{53}$tsʰiəu$^{53}$xe$^{53}$li$^{35}$ʂa$^{53}$,tsiəu$^{53}_{44}$xe$^{53}_{44}$lɔk$^{5}$kʰak$^{3}$ke$^{53}$.

【落哩墩】lɔk$^{5}$li$^{0}$tʰɔn$^{53}$ 地势比周围低：箇只地方～。就比周围更低。欸，箇就～。kai$^{53}$tʂak$^{3}$tʰi$^{53}$fɔŋ$^{35}_{44}$lɔk$^{5}$li$^{0}$tʰɔn$^{53}$.tsʰiəu$^{53}_{44}$pi$^{21}$tʂəu$^{35}$uei$^{13}_{21}$ken$^{53}$te$^{35}$.e$_{21}$,kai$^{53}_{21}$tsiəu$^{53}_{44}$lɔk$^{5}$li$^{0}$tʰɔn$^{53}$.

【落气】lɔk$^{5}$çi$^{53}$ [动]咽气。又称"断气"：正～呀，唔系烧散纸欸，就烧整箱整箱个纸欸。tʂaŋ$^{53}_{44}$lɔk$^{5}_{3}$çi$^{53}$ia$^{0}$,n̩$^{13}$tʰe$_{44}$(←xe$^{53}$)ʂau$^{35}$san$^{21}$tʂɿ$^{21}$e$^{0}$,tsʰiəu$^{53}_{44}$ʂau$^{35}_{44}$tʂən$^{21}$siɔŋ$^{35}$tʂən$^{21}$siɔŋ$^{35}$ke$^{53}_{44}$tʂɿ$^{21}$e$^{0}$.

【落气笼】lɔk$^{5}$çi$^{53}$ləŋ$^{21}$ 人刚死时所烧装有纸钱的篾箱：箇个人一死啊下来吵，就爱烧～。就系舞倒箇草纸啊，装下箇个篾箱子肚里啊，就箇只箱子就安做笼啊。就当天烧咁烧啊。同时最好是还爱写，还爱上背搞块子封皮呢。安做"起身之期"。箇个笼上咯还爱用舞张子纸，用红纸，写张咁个单子，"起身之期"，起身了，架势走了，归去了，"起身之期"。箇是最箇正眼珠正死，安做～。烧～。正落气呀，唔系烧散纸欸，就烧整箱整箱个纸欸。欸，渠做只个做成只个你去看啵带你去看下子。落气个笼啊。迷信个栏场个。篾箕个。竹子织个。以下是有也有纸壳箱个。舞嘿纸壳箱个唠。箇唔用木头，唔用树做，箇烧起唔得□咯。kai$^{53}_{44}$ke$^{53}_{44}$ɲin$^{13}$iet$^{3}$si$^{21}$a$^{0}$xa$^{53}$lɔi$^{13}_{21}$ʂa$^{0}$,tsʰiəu$^{53}_{44}$ɔi$^{53}_{44}$ʂau$^{35}_{44}$lɔk$^{5}$çi$^{53}_{44}$ləŋ$^{21}$.tsʰiəu$^{53}_{44}$xe$^{53}_{44}$u$^{21}$tau$^{21}$kai$^{53}_{44}$tsʰau$^{21}$tʂɿ$^{21}$ʐa$^{0}$,tʂɔŋ$^{35}$a$^{0}$kai$^{53}_{44}$ke$^{53}_{44}$miet$^{5}$siɔŋ$^{35}$tsɿ$^{0}$təu$^{21}$li$^{0}$a$^{0}$,tsʰiəu$^{53}_{44}$kai$^{53}$tʂak$^{3}$siɔŋ$^{35}$tsɿ$^{0}$tsʰiəu$^{53}_{44}$ɔn$^{35}_{44}$tso$^{53}_{44}$ləŋ$^{21}$ŋa$^{0}$.tsʰiəu$^{53}_{44}$tɔŋ$^{35}$tʰien$^{35}_{44}$ʂau$^{35}_{44}$kan$^{0}$ʂau$^{35}$ua$^{0}$.tʰəŋ$^{13}_{21}$ʂɿ$^{13}_{21}$tsei$^{53}$xau$^{21}$ʂɿ$^{53}_{44}$xa$^{13}_{21}$ɔi$^{53}_{44}$sia$^{21}$,xai$^{13}_{21}$ɔi$^{53}_{44}$ʂɔŋ$^{53}_{44}$pɔi$^{53}_{44}$kau$^{21}$kʰuai$^{53}$tsɿ$^{0}$fəŋ$^{35}$pʰi$^{13}_{44}$nei$^{0}$.ɔn$^{35}_{44}$tso$^{53}_{44}$çi$^{21}$ʂən$^{35}_{44}$tʂɿ$^{35}_{44}$cʰi$^{13}$.kai$^{53}_{44}$ke$^{53}_{44}$ləŋ$^{21}$ʂɔŋ$^{53}$ko$^{0}$xa$^{13}_{21}$ɔi$^{53}_{44}$iəŋ$^{53}_{44}$u$^{21}$tʂɔŋ$^{35}_{44}$tsɿ$^{0}$tʂɿ$^{21}$,iəŋ$^{53}$fəŋ$^{13}$tʂɿ$^{21}$,sia$^{21}$tʂɔŋ$^{35}_{44}$kan$^{21}$ke$^{53}_{44}$tan$^{35}$tsɿ$^{0}$,çi$^{21}$ʂən$^{35}_{44}$tʂɿ$^{35}_{44}$cʰi$^{13}$,çi$^{21}$ʂən$^{35}$liau$^{0}$,cia$^{53}$ʂɿ$^{53}$tsei$^{21}$liau$^{0}$,kuei$^{35}$çi$^{53}$liau$^{0}$,çi$^{21}$ʂən$^{35}_{44}$tʂɿ$^{35}_{44}$cʰi$^{13}_{21}$.kai$^{53}_{44}$ʂɿ$^{53}_{44}$tsei$^{53}_{35}$kai$^{53}$tʂaŋ$^{53}$ŋan$^{21}$tʂəu$^{35}_{44}$tʂaŋ$^{53}$si$^{21}$,ɔn$^{35}_{44}$tso$^{53}_{44}$lɔk$^{5}$çi$^{53}$ləŋ$^{21}$.ʂau$^{35}$lɔk$^{5}$çi$^{53}$ləŋ$^{21}$. tʂaŋ$^{53}_{44}$lɔk$^{5}_{3}$çi$^{53}$ia$^{0}$,n̩$^{13}$tʰe$_{44}$(←xe$^{53}$)ʂau$^{35}$san$^{21}$tʂɿ$^{21}$e$^{0}$,tsʰiəu$^{53}_{44}$ʂau$^{35}_{44}$tʂən$^{21}$siɔŋ$^{35}$tʂən$^{21}$siɔŋ$^{35}$ke$^{53}_{44}$tʂɿ$^{21}$e$^{0}$.e$_{21}$,ci$^{13}$tso$^{53}$tʂak$^{3}$ke$^{53}_{44}$tso$^{53}$ʂaŋ$^{13}_{21}$tʂak$^{3}$ke$^{53}$ɲi$^{13}_{21}$cʰi$^{53}_{44}$kʰɔn$^{53}$nau$^{0}$tai$^{53}_{44}$ɲi$^{13}_{21}$cʰi$^{53}_{44}$kʰɔn$^{53}$na$^{0}$tsɿ$^{0}$.lɔk$^{5}$çi$^{53}_{44}$ke$^{53}$ləŋ$^{21}$ŋa$^{0}$.mei$^{13}$sin$^{53}$ke$^{53}$laŋ$^{13}_{21}$tʂɔŋ$^{13}_{21}$ke$^{53}$.miet$^{5}$sak$^{3}$ke$^{53}_{44}$.tʂəuk$^{3}$tsɿ$^{0}$tʂət$^{3}$cie$^{53}$.i$^{21}$xa$^{53}_{44}$ʂɿ$^{53}_{44}$iəu$^{35}$ia$^{35}$iəu$^{35}_{44}$tʂɿ$^{21}$kʰɔk$^{3}$siɔŋ$^{35}$ke$^{53}_{0}$.u$^{21}$xek$^{3}$tʂɿ$^{21}$kʰɔk$^{3}$siɔŋ$^{35}$ke$^{53}_{0}$lau$^{0}$.kai$^{53}$ŋ̍$^{13}_{21}$iəŋ$^{53}_{44}$muk$^{5}$tʰəu$^{0}$,ŋ̍$^{13}$ɲiəŋ$^{53}$ʂəu$^{53}$tso$^{53}$,kai$^{53}_{44}$ʂau$^{35}_{44}$çi$^{21}_{44}$n̩$^{13}_{21}$tek$^{3}$ko$^{35}_{44}$ko$^{0}$.

【落水】lɔk$^{5}$ʂei$^{21}$ [动]下雨：会～了，天上墨暗。uɔi$^{53}_{44}$lɔk$^{5}$ʂei$^{21}$liau$^{0}$,tʰien$^{35}_{44}$xɔŋ$^{53}_{44}$mek$^{5}$an$^{53}$.｜又～去哩哦！落咁大哟！iəu$^{53}$lɔk$^{5}$ʂei$^{21}$çi$^{53}_{44}$li$^{0}$o$^{0}$!lɔk$^{5}$kan$^{21}$tʰai$^{53}$iau$^{0}$!

【落水天】lɔk$^{5}$ʂei$^{21}$tʰien$^{35}$ [名]雨天；下雨的日子：～呢有几个好处，欸，就蛮有情调，嘿嘿，～有情调。我是一到哩～就读下子李商隐个箇首诗。但是～有兜子烦人，欸，出去走又唔多好走，欸，只系话有情调。天晴更好哇。lɔk$^{5}$ ʂei$^{21}$tʰien$^{35}$ne$^{0}$ iəu$^{35}$ci$^{13}_{44}$ke$^{53}_{44}$xau$^{21}$tʂʰəu$^{53}$,e$_{21}$,tsʰiəu$^{53}$ man$^{13}_{21}$iəu$^{35}_{53}$tsʰin$^{13}$tiau$^{53}$,xe$_{53}$xe$_{21}$,lɔk$^{5}$ ʂei$^{21}$tʰien$^{35}$iəu$^{35}_{53}$tsʰin$^{13}$tiau$^{53}$.ŋai$^{13}$ʂʅ$^{13}$iet$^{3}$ tau$^{53}$li$^{0}$ lɔk$^{5}$ ʂei$^{21}$tʰien$^{35}$tsʰiəu$^{53}$ tʰəuk$^{5}$ xa$^{53}_{21}$tsʅ$^{0}$ li$^{21}$ʂɔŋ$^{35}_{44}$in$^{21}$ke$^{53}_{44}$kai$^{53}_{44}$ʂəu$^{21}$ʂʅ$^{35}$.tan$^{53}_{44}$ʂʅ$_{44}$lɔk$^{5}$ ʂei$^{21}$tʰien$^{35}$iəu$^{35}_{53}$tei$^{35}_{53}$tsʅ$^{0}$ fan$^{13}$ɲin$^{13}$,e$_{21}$,tʂʰət$^{3}$ çi$^{53}$tsei$^{21}$ iəu$^{53}$n̩$^{13}$to$^{35}_{53}$xau$^{21}$tsei$^{21}$,e$_{21}$,tʂʅ$^{21}$xei$^{53}$ua$^{53}$iəu$^{35}_{53}$tsʰin$^{13}$tiau$^{53}$.tʰien$^{35}$tsʰiaŋ$^{13}$cien$^{53}$xau$^{21}$ua$^{0}$.

【落尾】lɔk$^{5}$mi$^{35}$ 名 时间词。后来；最后：箇个晒田都～了正讲。kai$^{53}_{44}$ke$^{53}_{44}$sai$^{53}$tʰien$^{13}$təu$^{35}_{44}$lɔk$^{5}$ mi$^{35}$ liau$^{21}$tʂaŋ$^{53}$kɔŋ$^{21}$.｜箇～搞集体个七几年唔系南乡师傅来就尽打个皮箩？kai$^{53}$lɔk$^{5}$ mi$^{35}_{44}$kau$^{21}$tsʰiet$^{5}$ tʰi$^{21}$ke$^{53}_{44}$tsʰiet$^{3}$ ci$^{21}$ɲien$^{13}$m̩$^{13}_{21}$pʰe$^{53}_{44}$lan$^{13}$çiɔŋ$^{35}_{44}$sʅ$^{35}_{44}$fu$^{53}_{44}$lɔi$^{13}_{21}$tsʰiəu$^{53}_{44}$tsʰin$^{53}$ta$^{21}$ke$^{53}_{44}$pʰi$^{13}$lo$^{13}$?｜～搞懒哩正晓得。lɔk$^{5}_{3}$mi$^{35}_{44}$kau$^{21}$lan$^{35}$ni$^{0}$ tʂaŋ$^{53}_{44}$çiau$^{21}$tek$^{3}$.

【落屋】lɔk$^{5}$ uk$^{3}$ 动 回家。又称"归屋下"：我箇只细子真□，真野，一天到夜跍外背嬲，唔～。其实箇只屋就讲自家个屋，唔归屋下唠。ŋai$^{13}$kai$^{53}_{44}$tʂak$^{3}$ se$^{53}$tsʅ$^{0}$ tʂən$^{35}$nuən$^{53}$,tʂən$^{35}$ia$^{35}$,iet$^{3}$ tʰien$^{35}$tau$^{53}$ia$^{53}$kʰu$^{35}_{44}$ŋɔi$^{53}$pɔi$^{53}_{44}$liau$^{53}$,n̩$^{13}$nɔk$^{5}$ uk$^{3}$.cʰi$^{13}$ʂət$^{5}_{3}$kai$^{53}$tʂak$^{3}$ uk$^{3}$ tsʰiəu$^{53}_{44}$kɔŋ$^{21}$tsʰʅ$^{35}$ka$^{35}_{44}$ke$^{53}_{44}$uk$^{3}$,n̩$^{13}$kuei$^{35}$ uk$^{3}$ xa$^{35}_{44}$lau$^{0}$.

【落下】lɔk$^{5}$ xa$^{53}$ 动 ①掉落下来：渠～箇个种子渠就自然生啊。ci$^{13}$lɔk$^{5}$ xa$^{53}_{44}$kai$^{53}_{44}$ke$^{53}_{44}$tʂəŋ$^{21}$tsʅ$^{0}$ ci$^{13}$ tsʰiəu$^{53}_{44}$tsʰʅ$^{53}$vien$^{13}$saŋ$^{35}$ŋa$^{0}$. ②最终停留在（某处）：嘞，根据字来，渠爱看，看呐最后箇只字～哪映子。le$_{21}$,cien$^{35}$tʂʅ$^{53}$tsʰʅ$^{53}$lɔi$^{13}_{21}$,ci$^{13}_{21}$ɔi$^{53}_{44}$kʰɔn$^{53}_{44}$,kʰɔn$^{53}_{44}$na$^{0}$ tsei$^{53}$xei$^{53}_{44}$kai$^{53}_{44}$tʂak$^{3}$ tsʰʅ$^{53}_{44}$lɔk$^{5}$ a$^{0}$ la$^{53}$iaŋ$^{53}_{44}$tsʅ$^{0}$.

【落屑】lɔk$^{5}$ sɔit$^{3}$ 名 指落叶、灰尘等：箇个老屋个天心呐塞咁哩，分～塞咁哩。kai$^{53}_{44}$kei$^{53}_{44}$lau$^{21}$ uk$^{3}$ ke$^{0}$ tʰien$^{35}$sin$^{35}$na$^{0}$ set$^{3}$ kan$^{21}$ni$^{0}$,pən$^{35}$lɔk$^{5}$ sɔit$^{3}$ set$^{3}$ kan$^{21}$ni$^{0}$.

【落心】lɔk$^{5}$ sin$^{35}$ 动 放心：唔～ŋ̍$^{13}$lɔk$^{5}$ sin$^{35}$放心不下｜（死嘿哩以后）放下棺材肚里就落哩心哕。fɔŋ$^{53}_{44}$xa$^{53}_{44}$kɔn$^{35}$tsʰɔi$^{13}_{21}$təu$^{21}$li$^{0}$ tsʰiəu$^{53}_{44}$lɔk$^{5}$ li$^{0}$ sin$^{35}$ʂa$^{0}$.

【落雪】lɔk$^{5}$ siet$^{3}$/set$^{3}$ 动 下雪；降雪：唔～就唔过年，嗯，我等以映个规矩是。让门都爱～，唔系就落兜子雪子，呃，雪少箇年落兜子雪子。箇有一年呢，就过年欸年脚下嬒～，第二年正月落哩雪。正月初二晡爬跣来，瘩厚个雪，欸。我等系下箇个横巷里个时候子，哦哟，我箇只老弟嫂广东妹子，正归，哈，真有味道哇，落咁大个雪呀。n̩$^{13}$nɔk$^{5}$ set$^{3}$ tsʰiəu$^{53}$n̩$^{13}$ko$^{53}$ɲien$^{13}$, n̩$_{21}$,ŋai$^{13}$tien$^{0}$ i$^{21}_{44}$iaŋ$^{53}_{44}$ke$^{53}_{44}$kuei$^{35}$tʂʅ$^{21}$ʂʅ$_{44}$. ɲiɔŋ$^{53}$mən$^{13}_{44}$təu$^{35}_{44}$ɔi$^{53}_{44}$lɔk$^{5}$ set$^{3}$ ,m̩$^{13}$pʰei$^{53}_{44}$tsʰiəu$^{53}_{44}$lɔk$^{5}$ tei$^{35}_{53}$tsʅ$^{0}$ set$^{3}$ tsʅ$^{0}$,ə$_{21}$, set$^{3}$ ʂau$^{21}$kai$^{53}$ɲien$^{13}_{21}$lɔk$^{5}$ tei$^{35}_{53}$tsʅ$^{0}$ set$^{3}$ tsʅ$^{0}$.kai$^{53}$iəu$^{35}_{53}$iet$^{3}$ɲien$^{13}_{21}$nei$^{0}$,tsʰiəu$^{53}_{44}$ko$^{53}$ɲien$^{13}_{21}$ei$_{21}$ɲien$^{13}_{21}$ciɔk$^{3}$ xa$^{35}$maŋ$^{13}_{44}$ lɔk$^{5}$ set$^{3}$,tʰi$^{53}$ɲi$^{53}$ɲien$^{13}_{21}$tʂaŋ$^{35}$ɲiet$^{5}$ lɔk$^{5}$ li$^{0}$ siet$^{3}$.tʂaŋ$^{35}$ɲiet$^{5}$ tsʰʅ$^{35}_{44}$ɲi$^{53}$pu$^{35}_{44}$pʰa$^{13}$xɔŋ$^{53}$lɔi$^{13}_{44}$,tek$^{5}$ xei$^{35}_{44}$ke$^{53}_{44}$siet$^{3}$,e$_{21}$.ŋai$^{13}$ tien$^{0}$ xei$^{53}$(x)a$^{53}_{44}$kai$^{53}_{44}$kei$^{53}_{44}$uaŋ$^{13}$xɔŋ$^{53}$li$^{0}$ ke$^{53}_{44}$ʂʅ$^{13}_{44}$xəu$^{53}_{44}$tsʅ$^{0}$,o$_{53}$io$_{35}$,ŋai$^{13}_{21}$kai$^{53}$tʂak$^{3}$ lau$^{21}$tʰei$^{53}$sau$^{21}$kɔŋ$^{21}$təŋ$^{35}_{44}$mɔi$^{53}$tsʅ$^{0}$, tʂaŋ$^{53}$kuei$^{35}$,xa$_{53}$,tʂən$^{35}_{44}$iəu$^{35}_{44}$uei$^{53}$tʰau$^{53}_{21}$ua$_{35}$,lɔk$^{5}$ kan$^{21}$tʰai$^{53}$ke$^{53}_{44}$set$^{3}$ ia$^{0}$.

【落雪打凌】lɔk$^{5}$ siet$^{3}$ ta$^{21}$lin$^{53}$ 下雪和冰冻：欸，～呢去冻，冻，欸，冻一下，安做冻米嘞。e$_{21}$,lɔk$^{5}$ siet$^{3}$ ta$^{21}$lin$^{53}$ne$^{0}$ çi$^{53}_{21}$tən$^{53}$,tən$^{53}$,e$_{21}$,tən$^{53}$iet$^{3}$ xa$^{53}$,ɔn$^{35}_{44}$tso$^{53}_{44}$tən$^{53}$mi$^{21}$le$^{0}$.

【落叶】lɔk$^{3}$ iait$^{5}$ 动 落叶植物的叶子在生长季节末或一段时间内脱落：（黄檀树）渠系冬下会～欸。ci$^{13}$xe$^{53}_{44}$tən$^{35}_{44}$xa$^{53}_{44}$uɔi$^{53}_{44}$lɔk$^{3}$ iait$^{5}$ e$^{0}$.

【落叶红】lɔk$^{5}$ iait$^{5}$ fəŋ$^{13}$ 名 树木名：有起～，如今箇路边上栽倒有～啊。渠个叶子会鲜红个到哩下半年咯，老兜子了咯，叶子鲜红个，～。iəu$^{35}$çi$^{21}$lɔk$^{5}$ iait$^{5}$ fəŋ$^{13}$,i$^{13}_{21}$cin$^{35}_{44}$kai$^{53}_{44}$ləu$^{53}$pien$^{35}_{44}$xɔŋ$^{53}_{44}$tsɔi$^{35}_{44}$ tau$^{21}_{44}$iəu$^{35}_{44}$lɔk$^{5}$ iait$^{5}$ fəŋ$^{13}$ŋa$^{0}$.ci$^{13}_{21}$ke$^{53}_{44}$iait$^{5}$ tsʅ$^{0}$ uɔi$^{53}_{44}$çien$^{35}$fəŋ$^{13}$ke$^{53}$tau$^{53}$li$^{0}$ xa$^{53}$pan$^{53}_{44}$ɲien$^{13}_{21}$ko$^{0}$,lau$^{21}$te$^{35}_{53}$tsʅ$^{0}$ liau$^{0}$ ko$^{0}$,iait$^{5}$ tsʅ$^{0}$ çien$^{35}$fəŋ$^{13}_{21}$ke$^{53}$,lɔk$^{5}$ iait$^{5}$ fəŋ$^{13}$.

【落叶树】lɔk$^{5}$ iait$^{5}$ʂəu$^{53}$ 名 冬季开始落叶，次年春天再长出新叶的树：所有个～都开哩，都开哩叶了，渠正渠正还嬒开。so$^{21}$iəu$^{35}_{44}$ke$^{53}$lɔk$^{5}$ iait$^{5}$ ʂəu$^{53}$təu$^{35}$kʰɔi$^{35}$li$^{0}$,təu$^{35}$kʰɔi$^{35}$li$^{0}$ iait$^{5}$ liau$^{0}$,ci$^{13}_{21}$tʂaŋ$^{53}$ci$^{13}$ tʂaŋ$^{53}$xai$^{13}_{21}$maŋ$^{13}_{21}$kʰɔi$^{35}$.

【落叶樟】lɔk$^{5}$ iait$^{5}$ tʂɔŋ$^{35}$ 名 学名檫树。又俗称"梓树"或"梓木树"：梓木树又安做～。tsʅ$^{21}$ muk$^{3}$ ʂəu$^{53}_{44}$iəu$^{53}_{44}$ɔn$^{35}_{44}$tso$^{53}_{44}$lɔk$^{5}$ iait$^{5}$ tʂɔŋ$^{35}_{44}$.

【落月】lɔk$^{5}$ɲiet$^{5}$ 动 难产：～死嘿哩。lɔk$^{5}$ɲiet$^{5}$ si$^{21}$(x)ek$^{3}$ li$^{0}$.

【落月鬼】lɔk$^{5}$ɲiet$^{5}$ kuei$^{21}$ 名 ①迷信的人称因难产而死的妇女变成的鬼：渠是咁个，因为难产死个人，夫娘子，难产，生人死个夫娘子，就安做～。落月死哩，就话箇起人落月死哩。ci$^{13}_{21}$ ʂʅ$^{53}_{21}$kan$^{21}_{13}$kei$^{53}$,in$^{35}$uei$^{13}_{44}$lan$^{21}$tsʰan$^{21}$si$^{21}$ke$^{53}$ɲin$^{13}_{21}$,pu$^{35}$ɲiɔŋ$^{13}_{21}$tsʅ$^{0}$,lan$^{13}$tsʰan$^{21}$,saŋ$^{35}$ɲin$^{13}$si$^{21}$ke$^{53}_{44}$pu$^{35}$ɲiɔŋ$^{13}_{21}$tsʅ$^{0}$,tsʰiəu$^{53}_{44}$ ɔn$^{35}_{44}$tso$^{53}_{44}$lɔk$^{5}$ɲiet$^{5}$ kuei$^{21}$.lɔk$^{5}$ɲiet$^{5}$ si$^{21}$li$^{0}$,tsʰiəu$^{53}_{44}$ua$^{53}$kai$^{53}$çi$^{21}$ɲin$^{13}$lɔk$^{5}$ɲiet$^{5}$ si$^{21}$li$^{0}$. ②辱骂妇女之辞：以下落尾就有兜骂箇夫娘子，"你箇个～"，系唔系？咒渠呀。"你就冇么个事你就生人你都会死

咁呐。” i$^{21}$xa$^{53}$lɔk$^{5}$ mi$^{35}_{53}$tsʰiəu$^{53}_{44}$iəu$^{35}_{44}$te$^{35}_{44}$ma$^{53}$kai$^{53}_{44}$pu$^{35}_{44}$ɲiɔŋ$^{13}_{21}$tsɿ$^{0}$,"ɲi$^{13}_{21}$kai$^{53}_{21}$ke$^{53}_{44}$lɔk$^{5}$ɲiet$^{5}$ kuei$^{21}$",xei$^{53}_{21}$me$^{53}$?ʈʂəu$^{53}$ ci$^{13}_{21}$ia$^{0}$."ɲi$^{13}$tsʰiəu$^{53}$mau$^{13}$mak$^{3}$ e$^{0}$ sɿ$^{53}$ɲi$^{13}$tsʰiəu$^{53}$saŋ$^{35}$ɲin$^{13}$ɲi$^{13}$təu$^{35}_{53}$uɔi$^{53}$si$^{21}$kan$^{21}$na$^{0}$."

【啰】lo$^{0}$ 助①放在陈述句末，表示肯定语气：渠买哩房子箇，欸，有几远子～。ci$^{13}_{21}$mai$^{35}$li$^{0}$ fɔŋ$^{13}$tsɿ$^{0}$kai$^{53}$,e$_{44}$,mau$^{13}$ci$^{21}$ien$^{21}$lo$^{0}$.｜夜饭后箇是就成哩夜宵～。ia$^{53}_{44}$fan$^{53}_{44}$xei$^{53}$kai$^{53}_{44}$ʂʅ$^{53}_{44}$tsʰiəu$^{53}_{44}$ʂaŋ$^{13}_{21}$li$^{0}$ ia$^{53}$ siau$^{35}$lo$^{0}$. ②放在陈述句末，表示知悉、明白：我等箇映子只喊笋干。/哦，笋干～。ŋai$^{13}_{21}$tien$^{0}$ kai$^{53}_{44}$iaŋ$^{53}_{44}$tsɿ$^{0}$ ʈʂʅ$^{21}$xan$^{53}$sən$^{21}$kɔn$^{35}$./o$_{21}$,sən$^{21}$kɔn$^{35}$no$^{0}$. ③放在祈使句末，表示期望：你摎我去～！ɲi$^{13}_{21}$ lau$^{35}$ŋai$^{13}_{21}$çi$^{53}$lo$_{44}$!｜你莫总跍倒箇映子～！ɲi$^{13}$mɔk$^{5}$tsəŋ$^{21}$ku$^{35}$tau$^{21}$kai$^{53}_{44}$iaŋ$^{53}_{44}$tsɿ$^{0}$ lo$_{44}$! ④放在疑问句末，表示期待答案：箇个蚕虫蚕虫饽饽子肚里正萢出来个箇个点伢大子个蚕虫子安做么个东西～？kai$^{53}_{44}$ke$^{53}_{44}$tsʰan$^{13}$ʈʂʰəŋ$^{13}_{44}$tsʰan$^{13}$ʈʂʰəŋ$^{13}_{44}$pɔk$^{5}$ pɔk$^{5}$ tsɿ$^{0}$ təu$^{21}$li$^{0}$ ʈʂaŋ$^{53}$pʰu$^{53}$ʈʂʰət$^{3}$ lɔi$^{13}_{21}$ke$^{53}$kai$^{53}_{44}$ke$^{53}_{44}$tian$^{53}$ŋa$^{13}_{44}$tʰai$^{53}$tsɿ$^{0}$ ke$^{53}$tsʰan$^{13}$ʈʂʰəŋ$^{13}$tsɿ$^{0}$ ɔn$^{35}_{44}$tso$^{53}_{44}$mak$^{3}$ (k)e$^{53}_{44}$təŋ$^{35}_{44}$si$^{0}$ lo$^{0}$?｜栀子花～？/系呀，黄栀子花嘞。ʈʂʅ$^{35}$tsɿ$^{0}$ fa$^{35}$ lo$^{0}$?/xei$^{53}_{44}$ia$^{0}$,uɔŋ$^{13}$ci$^{35}$tsɿ$^{0}$ fa$^{35}_{44}$lei$^{0}$. ⑤放在句中某一成分之后，表示对该成分的强调：头一～，今晡真热哦！tʰei$^{13}$iet$^{3}$ lo$^{0}$,cin$^{35}$pu$^{35}$ʈʂən$^{35}$ɲiet$^{5}$ o$^{0}$!

L

# M



【抹】mait$^{3}$ 动擦拭：～净下子 mait$^{3}$tsʰiaŋ$^{53}$xa$^{53}_{44}$tsɿ$^{0}$ ｜～桌子 mait$^{3}$tsɔk$^{3}$tsɿ$^{0}$

【抹布】mait$^{3}$pu$^{53}$ 名专用于擦桌子的织物：以条手巾只好做～了。i$^{21}$tʰiau$^{13}_{21}$ʂəu$^{21}$cin$^{35}_{53}$tʂʅ$^{21}$(x)au$^{21}_{44}$ tso$^{53}$mait$^{3}$pu$^{53}$liau$^{0}$.

【抹澡】mait$^{3}$tsau$^{21}$ 动擦身：呃，我箇年动手术啦，跕下床上睡嘿三个月啊。箇第一个月，爱我莫跖来。箇就硬抹一个月个澡哇。硬是恼哩瘾呐。ə$_{21}$,ŋai$^{13}$kai$^{53}$ɲien$^{13}_{44}$tʰəŋ$^{53}$ʂəu$^{21}$ʂət$^{5}$la$_{44}$,ku$^{35}_{44}$(x)a$^{53}_{44}$ tsʰɔŋ$^{13}_{21}$xɔŋ$^{53}_{44}$ʂɔi$^{53}$(x)ek$^{3}$san$^{35}_{44}$cie$^{53}$ɲiet$^{5}$a$^{0}$.kai$^{53}_{44}$tʰi$^{53}$iet$^{3}$cie$^{53}$ɲiet$^{5}$,ɔi$^{53}_{44}$ŋai$^{13}_{21}$mɔk$^{5}$xɔŋ$^{53}$lɔi$^{13}_{21}$.kai$^{53}_{44}$tsʰiəu$^{53}_{44}$ɲiaŋ$^{53}$ mait$^{3}$iet$^{3}$ke$^{53}$ɲiet$^{5}$ke$^{0}$tsau$^{21}$ua$^{0}$. ɲiaŋ$^{53}$ʂʅ$^{53}$lau$^{21}$li$^{0}$in$^{21}$na$^{0}$.

【麻饼】ma$^{13}$piaŋ$^{21}$ 名沾有芝麻的饼：安做～啊，放滴子麻子去。ɔn$^{35}_{44}$tso$^{53}_{44}$ma$^{13}$piaŋ$^{21}$a$^{0}$,fɔŋ$^{53}$tet$^{5}$tsɿ$^{0}$ ma$^{13}$tsɿ$^{21}$çi$^{53}$.

【麻布】ma$^{13}$pu$^{53}$ 名麻料织的布：买倒来个啊？买倒来个只有黄麻唠，～，黄麻织个唠。□粗啊。黄麻渠个纤维更粗哇么个。mai$^{35}$tau$^{21}$lɔi$^{13}_{21}$ke$^{53}_{44}$a$^{0}$?mai$^{35}$tau$^{21}$lɔi$^{13}_{21}$ke$^{53}$tʂʅ$^{21}$iəu$^{35}_{53}$uɔŋ$^{13}$ma$^{13}$lau$^{0}$,ma$^{13}$ pu$^{53}$,uɔŋ$^{13}$ma$^{13}$tʂət$^{3}$cie$^{53}$lau$^{0}$.cʰia$^{53}$tsʰɿ$^{35}$a$^{0}$.uɔŋ$^{13}$ma$^{13}$ci$^{13}$kei$^{53}$tsʰien$^{35}$uei$^{13}_{21}$cien$^{53}$tsʰəu$^{35}$ua$^{0}$mak$^{3}$e$^{0}$.

【麻布袋】ma$^{13}$pu$^{53}$tʰɔi$^{53}$ 名麻布做的袋子：箇～是就几早啦，真系解放前就有～。箇个～个布几粗糙子，系唔系？箇都用来做袋呀装谷箇兜啦。以下就用编织袋代替哩渠，欸，～很少了，有还有哇，很少了。kai$^{53}$ma$^{13}_{21}$pu$^{53}_{44}$tʰɔi$^{53}$ʂʅ$^{53}_{44}$tsiəu$^{53}$ci$^{21}$tsau$^{21}$la$^{0}$,tʂən$^{35}$nei$^{53}$kai$^{21}$xɔŋ$^{53}_{44}$tsʰien$^{13}$tsʰiəu$^{53}_{44}$iəu$^{35}$ma$^{13}$ pu$^{53}$tʰɔi$^{53}$.kai$^{53}_{44}$ke$^{53}_{44}$ma$^{13}_{21}$pu$^{53}_{44}$tʰɔi$^{53}$ke$^{53}_{44}$pu$^{53}_{44}$ci$^{21}$tsʰəu$^{35}$tsʰau$^{53}$tsɿ$^{0}$,xei$^{53}_{44}$me$^{53}_{44}$?kai$^{53}_{44}$təu$^{35}_{44}$iəŋ$^{53}$lɔi$^{13}_{21}$tso$^{53}$tʰɔi$^{53}$ia$^{0}$tʂɔŋ$^{35}$ kuk$^{3}$kai$^{53}_{44}$tei$^{35}_{53}$la$^{0}$.i$^{21}$xa$^{53}$tsʰiəu$^{53}$iəŋ$^{53}$pʰien$^{35}$tʂət$^{3}$tʰɔi$^{53}$tʰɔi$^{53}$tʰi$^{53}_{44}$li$^{0}$ci$^{13}_{21}$,e$_{21}$,ma$^{13}$pu$^{53}_{44}$tʰɔi$^{53}$xen$^{21}$ʂau$^{21}$liau$^{0}$,iəu$^{35}$xai$^{13}_{44}$ iəu$^{35}_{44}$ua$^{0}$,xen$^{21}$ʂau$^{21}$liau$^{0}$.

【麻糍】ma$^{13}$tsʰi$^{13}$ 名一种小吃。将糯米浸泡，蒸熟，入石臼捣烂，做成团，裹以芝麻粉、豆粉、糖等食用：～摎米馃个区别就在于渠个原料，～就系蒸熟米来做，米馃就分米打成粉来做，系咁子个。～就分米蒸熟来，去捣哇，安做去□啊。米馃就分米打成粉来做，就唔爱□了。ma$^{13}$tsʰi$^{13}$lau$^{35}_{53}$mi$^{21}$ko$^{21}$ke$^{53}_{44}$tʂʰʮ$^{35}_{44}$pʰiek$^{5}$tsʰiəu$^{53}$tsʰai$^{53}$vy$^{13}_{44}$ci$^{13}$ke$^{53}_{44}$vien$^{13}$liau$^{53}$,ma$^{13}$tsʰi$^{13}$tsʰiəu$^{53}$xe$^{53}$tʂən$^{35}$ ʂəuk$^{5}$mi$^{21}$lɔi$^{13}$tso$^{53}$,mi$^{21}$ko$^{21}$tsʰiəu$^{53}_{44}$pəm$_{44}$(←pən$^{35}$)mi$^{21}$ta$^{21}$ʂaŋ$^{13}$fən$^{21}$lɔi$^{13}$tso$^{53}$,xei$^{53}$kan$^{21}$tsɿ$^{0}$ke$^{53}$.ma$^{13}$tsʰi$^{13}$ tsʰiəu$^{53}_{44}$pəm$_{44}$(←pən$^{35}$)mi$^{21}$tʂən$^{35}$ʂəuk$^{5}$lɔi$^{13}_{44}$,çi$^{53}$tau$^{21}$ua$^{0}$,ɔn$^{35}_{44}$tso$^{53}_{44}$çi$^{53}_{44}$tsiet$^{3}$a$^{0}$.mi$^{21}$ko$^{21}$tsʰiəu$^{53}_{44}$pəm$_{44}$(←pən$^{35}$) mi$^{21}$ta$^{21}$ʂaŋ$^{13}$fən$^{21}$lɔi$^{13}_{21}$tso$^{53}$,tsʰiəu$^{53}_{44}$m$^{13}_{21}$mɔi$_{35}$(←ɔi$^{53}$)tsiet$^{3}$liau$^{0}$.

【麻糍墩子】ma$^{13}$tsʰi$^{13}$tən$^{35}$tsɿ$^{0}$ 名又小又矮的山：～就有只有几大子个一只高滴子个地方啊。也系有人咁子讲咯，～，就放只麻糍放倒那样。ma$^{13}$tsʰi$^{13}$tən$^{35}$tsɿ$^{0}$tsʰiəu$^{53}_{44}$iəu$^{35}_{44}$tʂak$^{3}$mau$^{13}$ci$^{21}$tʰai$^{53}$ tsɿ$^{0}$ke$^{53}_{44}$iet$^{3}$tʂak$^{3}$kau$^{35}$tiet$^{5}$tsɿ$^{0}$ke$^{53}_{44}$tʰi$^{53}_{44}$fɔŋ$^{35}_{44}$ŋa$^{0}$.ia$^{35}$xei$^{53}$iəu$^{35}_{44}$ɲin$^{13}_{44}$kan$^{21}$tsɿ$^{0}$kɔŋ$^{21}$ko$^{0}$,ma$^{13}$tsʰi$^{13}$tən$^{35}$tsɿ$^{0}$,tsʰiəu$^{53}_{44}$ fɔŋ$^{53}$tʂak$^{3}$ma$^{13}$tsʰi$^{13}_{21}$fɔŋ$^{53}_{44}$tau$^{21}_{44}$lai$^{53}_{44}$iɔŋ$^{53}_{44}$.

【麻糍团子】ma$^{13}$tsʰi$^{13}_{21}$tʰɔn$^{13}$tsɿ$^{0}$ 名①喻指又小又矮的山：箇嶂岭啊～样。kai$^{53}$tʂɔŋ$^{53}$liaŋ$^{35}_{44}$ŋa$^{0}$ma$^{13}$ tsʰi$^{13}_{21}$tʰɔn$^{13}$tsɿ$^{0}$iɔŋ$^{53}$. ②喻指矮矮胖胖的人：以下是也有指人，分渠箇只人喊吵～。矮矮子个胖。

i$^{21}$xa$^{53}_{44}$ʂʅ$^{53}_{44}$ia$^{35}$iəu$^{35}_{44}$tʂʅ$^{21}$ɲin$^{13}$,pən$^{35}$ci$^{13}_{21}$kai$^{53}_{44}$tʂak$^{3}$ɲin$^{13}$xan$^{53}$ʂa$^{0}$ ma$^{13}$tsʰi$^{13}_{21}$tʰɔn$^{13}$tsʅ$^{0}$.ai$^{21}$ai$^{21}$tsʅ$^{0}$ke$^{53}$pʰɔŋ$^{53}$.

【麻点子】ma$^{13}$tian$^{21}$tsʅ$^{0}$ 名似麻子的斑点：（箬壳）～个。ma$^{13}$tian$^{21}$tsʅ$^{0}$ke$^{53}$.

【麻烦$_{1}$】ma$^{13}$fan$^{13}$ 形繁琐；费事：你问我食哩饭么，我觉得你蛮～样，我“唼呐，食了”。ɲi$^{13}$uən$^{53}$ŋai$^{13}_{21}$ʂət$^{5}$li$^{0}$fan$^{53}$mo$_{44}$,ŋai$^{13}_{44}$kɔk$^{3}$tek$^{3}$ɲi$^{13}_{44}$man$^{13}$ma$^{13}$fan$^{13}$iɔŋ$^{53}$,ŋai$^{13}_{44}$"an$_{44}$na$^{0}$,ʂət$^{5}$liau$^{0}$".

【麻烦$_{2}$】ma$^{13}$fan$^{13}$ 动使人费事或增加负担；打扰：～哩啊，耽搁哩你事啊！ma$^{13}$fan$^{13}$li$^{0}$a$^{0}$, tan$^{35}$kɔk$^{3}$li$^{0}$ɲi$^{13}_{44}$sʅ$^{53}$a$_{44}$!

【麻稿】ma$^{13}$kau$^{21}$ 名芝麻的秸秆：有只话法，揢嘿麻子就不要哩～。就比喻有兜人呢子女大哩嘞老婆就嫌嘿哩，欸，分老婆就嫌倒走嘿个，离婚个，系啊？你不要揢嘿哩麻子就不要哩～。iəu$^{35}$tʂak$^{3}$ua$^{53}$fait$^{3}$,kʰɔk$^{5}_{3}$(x)ek$^{3}$ma$^{13}$tsʅ$^{0}$tsʰiəu$^{53}$pət$^{3}$iau$^{53}$li$^{0}$ma$^{13}$kau$^{21}$.tsʰiəu$^{53}_{44}$pi$^{21}$y$^{53}$iəu$^{35}$tei$^{35}_{44}$ɲin$^{13}_{21}$nei$^{0}$ tsʅ$^{21}$ŋ̍$^{21}$tʰai$^{53}$li$^{0}$lei$^{0}$lau$^{21}$pʰo$^{13}$tsiəu$^{53}$çian$^{13}$nek$^{3}$li$^{0}$,e$_{21}$,pən$^{35}_{44}$nau$^{21}$pʰo$^{13}$tsiəu$^{53}$çian$^{13}$tau$^{21}_{44}$tsei$^{21}$xek$^{3}$ke$^{0}$,li$^{13}$fən$^{35}$ cie$^{53}$,xei$^{53}$a$^{0}$?ɲi$^{13}_{21}$pət$^{3}$iau$^{53}_{44}$kʰɔk$^{5}$(x)ek$^{3}$li$^{0}$ma$^{13}$tsʅ$^{0}$tsʰiəu$^{53}$pət$^{3}$iau$^{53}$li$^{0}$ma$^{13}$kau$^{21}$.

【麻拐子】ma$^{13}$kuai$^{21}$tsʅ$^{0}$ 名蛙名，皮麻色，重一两左右：箇个细细子子个～啊到处都有，还可以做药。你箇个手上割倒哩呀，撞伤哩，系吗？舞倒箇～放兜子石灰，唔系哟，～一捶呢，捶蓉来呀，放倒去垛下去，就敷下去啊，就一种好药嘞。渠就能够止血生肉嘞。kai$^{53}_{44}$ke$^{53}_{44}$se$^{53}$ se$^{53}$tsʅ$^{0}$tsʅ$^{0}$ke$^{53}$ma$^{13}$kuai$^{21}$tsʅ$^{0}$a$^{0}$tau$^{53}$tʂʰəu$^{53}_{44}$təu$^{35}_{44}$iəu$^{35}_{44}$,xai$^{13}$kʰo$^{21}$i$^{35}_{44}$tso$^{53}_{44}$iɔk$^{5}$. ɲi$^{13}$kai$^{53}_{44}$ke$^{53}_{44}$ʂəu$^{21}$xɔŋ$^{53}$kɔit$^{3}$tau$^{21}$li$^{0}$ ia$^{0}$,tsʰɔŋ$^{53}$ʂɔŋ$^{35}$li$^{0}$,xei$^{53}_{44}$ma$^{0}$?u$^{21}$tau$^{21}$kai$^{53}$ma$^{13}$kuai$^{21}$tsʅ$^{0}$fɔŋ$^{53}$tei$^{35}_{53}$tsʅ$^{0}$ʂak$^{5}$fɔi$^{35}_{44}$,m̩$^{13}_{21}$pʰei$^{53}$io$^{0}$,ma$^{13}$kuai$^{21}$tsʅ$^{0}$iet$^{3}$ tʂʰei$^{13}$nei$^{0}$,tʂʰei$^{13}$iəŋ$^{13}$lɔi$^{13}$ia$^{0}$,fɔŋ$^{53}$tau$^{21}$çi$^{53}$to$^{53}$(x)a$^{53}_{44}$çi$^{53}_{21}$,tsʰiəu$^{53}_{44}$fu$^{35}$ua$^{53}_{44}$çi$^{53}$a$^{0}$,tsʰiəu$^{53}$iet$^{3}$tʂəŋ$^{21}$xau$^{21}$iɔk$^{5}$le$^{0}$.ci$^{13}_{21}$ tsʰiəu$^{53}$len$^{13}_{21}$ciau$^{53}_{44}$tʂʅ$^{21}$çiet$^{3}$saŋ$^{35}$ɲiəuk$^{3}$le$^{0}$.

【麻糊】ma$^{13}$fu$^{13}$ 形不讲卫生貌：真～ tʂən$^{35}$ma$^{13}$fu$^{13}$

【麻花】ma$^{13}$fa$^{35}$ 名①一种食品，把两三股条状的面拧在一起用油炸制而成：～吧？我等以映子唔会做～。……～其实也就系箇……做成长条喔。做成□长个长条喔。不过渠个～有一点，我觉得渠还爱发哩。渠还爱发酵，渠正会做起滮大一只子，朦起滮大，肚里，肚里就雪白子。肚里就勃胖个吵，系唔系？肚里就有空啊。渠就会一条子手指咁大子也炮得咁大倒哇。手指咁大子一条个东西，渠炮得咁大一坨坨啊。一炮就滮大呀。样子好看呢。我讲个就冇得咁大唠，体积冇得几大子唠。渠只系会泡松。欸，～也系咁子炮个。ma$^{13}$fa$^{35}$pa$^{0}$?ŋai$^{13}$tien$^{0}$i$^{21}$iaŋ$^{53}$tsʅ$^{0}$ m̩$^{13}_{21}$uɔi$^{53}_{44}$tso$^{53}_{44}$ma$^{13}$fa$^{35}_{44}$.…ma$^{13}$fa$^{35}$cʰi$^{13}$ʂət$^{5}$ia$^{35}$tsʰiəu$^{53}$xei$^{53}$kai$^{53}_{44}$…tso$^{53}$ʂaŋ$^{13}_{44}$tʂʰɔŋ$^{13}$tʰiau$^{13}$uo$^{0}$.tso$^{53}$ʂaŋ$^{13}_{44}$lai$^{35}$tʂʰɔŋ$^{13}_{44}$ ke$^{53}_{44}$tʂʰɔŋ$^{13}$tʰiau$^{13}$uo$^{0}$.puk$^{3}$ko$^{53}$ci$^{13}_{44}$ke$^{53}_{44}$ma$^{13}$fa$^{35}_{44}$iəu$^{35}_{44}$iet$^{3}$tian$^{21}$,ŋai$^{13}$kɔk$^{3}$tek$^{3}$ci$^{13}_{44}$xai$^{13}_{44}$ɔi$^{53}_{44}$fait$^{3}$li$^{0}$.ci$^{13}_{21}$xai$^{13}_{21}$ɔi$^{53}_{44}$fait$^{3}$ çiau$^{53}$,ci$^{13}_{21}$tʂaŋ$^{53}$uɔi$^{53}$tso$^{53}$çi$^{21}$mən$^{35}$tʰai$^{53}$iet$^{3}$tʂak$^{3}$tsʅ$^{0}$,pu$^{53}$çi$^{21}$mən$^{35}$tʰai$^{53}$,təu$^{21}$li$^{0}$,təu$^{21}$li$^{0}$tsʰiəu$^{53}_{44}$siet$^{5}$pʰak$^{5}$ tsʅ$^{0}$.təu$^{21}$li$^{0}$tsʰiəu$^{53}_{44}$pət$^{5}$pʰaŋ$^{53}$ke$^{53}_{21}$ʂa$^{0}$,xei$^{53}$me$^{53}$?təu$^{21}$li$^{0}$tsʰiəu$^{53}_{44}$iəu$^{35}_{44}$kʰəŋ$^{35}$ŋa$^{0}$.ci$^{13}_{21}$tsʰiəu$^{53}_{44}$uɔi$^{53}_{44}$iet$^{3}$tʰiau$^{13}_{44}$tsʅ$^{0}$ ʂəu$^{21}$tʂʅ$^{21}$kan$^{21}$tʰai$^{53}$tsʅ$^{0}$ie$^{21}_{53}$pʰau$^{13}$tek$^{3}$kan$^{21}$tʰai$^{53}$tau$^{21}_{44}$ua$^{0}$.ʂəu$^{21}$tʂʅ$^{21}$kan$^{21}$tʰai$^{53}$tsʅ$^{0}$iet$^{3}$tʰiau$^{13}$ke$^{53}_{44}$təŋ$^{35}_{44}$si$^{0}$,ci$^{13}_{21}$ pʰau$^{13}$tek$^{3}$kan$^{21}$tʰai$^{53}$iet$^{3}$tʰo$^{13}_{21}$tʰo$^{13}_{44}$a$^{0}$.iet$^{3}$pʰau$^{13}$tsʰiəu$^{53}_{44}$mən$^{35}$tʰai$^{53}_{44}$ia$^{0}$.iɔŋ$^{53}$tsʅ$^{0}$xau$^{21}$kʰɔn$^{53}$ne$^{0}$.ŋai$^{13}$kɔŋ$^{21}$ke$^{53}$ tsʰiəu$^{53}$mau$^{13}_{21}$tek$^{3}$kan$^{21}$tʰai$^{53}$lau$^{0}$,tʰi$^{21}$tsiet$^{3}$mau$^{13}$tek$^{3}$ci$^{21}$tʰai$^{53}$tsʅ$^{0}$lau$^{0}$.ci$^{13}$tʂʅ$^{21}$xe$^{53}$uɔi$^{53}$pʰau$^{35}_{44}$səŋ$^{35}$.e$_{21}$,ma$^{13}$fa$^{35}_{44}$ ia$^{35}_{53}$xei$^{53}$kan$^{21}$tsʅ$^{0}$pʰau$^{13}$ke$^{53}$. ②形状像麻花的东西：雪枣掺麻花有么啊区别？噢，扭哩个就安做麻花啊？渠等话汽车轮胎，摩……单车……摩托车轮胎扭成哩～，系唔系？箇咁个扭哩个就安做麻花。siet$^{3}$tsau$^{21}$lau$^{35}$ma$^{13}$fa$^{35}$iəu$^{35}_{44}$mak$^{3}$a$^{0}$tʂʰʮ$^{35}_{44}$pʰiek$^{5}_{3}$?au$_{44}$, ɲiəu$^{21}$li$^{0}$ke$^{53}_{44}$tsʰiəu$^{53}_{44}$ɔn$^{35}_{44}$tso$^{53}_{44}$ma$^{13}$fa$^{35}_{44}$ a$^{0}$?ci$^{13}_{21}$tien$^{0}$ua$^{53}_{44}$çi$^{53}$tʂʰa$^{35}_{44}$lən$^{13}$tʰɔi$^{35}_{44}$,mo$^{13}$…tan$^{35}$tʂʰa$^{35}_{44}$…mo$^{13}$tʰo$^{35}_{44}$tʂʰa$^{35}_{44}$lən$^{13}$tʰɔi$^{35}_{44}$ɲiəu$^{21}$ʂaŋ$^{13}_{21}$li$^{0}$ma$^{35}$fa$^{35}_{44}$,xei$^{53}_{44}$ me$^{53}_{44}$?kai$^{53}_{44}$kan$^{21}$ke$^{53}$ɲiəu$^{21}$li$^{0}$ke$^{53}$tsʰiəu$^{53}_{44}$ɔn$^{35}_{44}$tso$^{53}_{44}$ma$^{13}$fa$^{35}_{53}$.

【麻将】ma$^{13}$tsiɔŋ$^{53}$ 名一种牌类娱乐用具，用竹子、骨头或塑料制成的小长方块，上面刻有花纹或字样：～是，今年就禁呢，架势禁～呢。今年硬会捉啊。只有只能够老人家子跍倒你屋下打。你唔准开麻将馆。唔准开麻将馆了。欸老人家子你跍倒屋……自家屋下打下子可以。箇个硬会捉下派出所里啊。……会捉啊。渠派出所里，渠十分积极来搞箇样路子。捉，捉麻呀，捉，捉赌是这……你等默正神呐，系唔系啊？渠等打～个人默正神呐。渠有人会去报。打比样我等个，打比样我等四个人邀正来打，打～。有人去报嘞。打电话嘞。我箇晡问渠等，我话让门几个人嬲得好哇，打下子～让门也有人告，有人会去报，会告密？渠话你去想下子看呶，一家人，两公婆，一只打～一只唔打～，你想下子箇只唔打～个高兴呢唔高兴呢？系唔系啊？有滴话唔信呢。有滴屋下有要紧事都唔搞哩啊，闷头□只讲去打～啊。渠就会箇个噢告密啦，爱政府来捉下子你啊。ma$^{13}$tsiɔŋ$^{53}$ʂʅ$^{53}_{44}$,cin$^{35}$ɲien$^{13}_{21}$tsʰiəu$^{53}_{44}$cin$^{53}$ne$^{0}$,cia$^{53}_{44}$ʂʅ$^{53}_{44}$cin$^{53}$ma$^{13}$tsiɔŋ$^{53}_{21}$ ne$^{0}$.cin$^{35}$ɲien$^{13}_{44}$ɲiaŋ$^{53}$uɔi$^{53}$tsɔk$^{3}$a$^{0}$.tʂʅ$^{21}$iəu$^{35}_{44}$tʂʅ$^{21}$len$^{13}$ciau$^{53}$lau$^{21}$ɲin$^{13}$ka$^{35}_{44}$tsʅ$^{0}$kʰu$^{35}$tau$^{21}_{44}$ɲi$^{13}_{44}$uk$^{3}$xa$^{53}$ta$^{21}$. ɲi$^{13}_{21}$n̩$^{13}$

tʂən21 kʰɔi35_44 ma13_21 tsiɔŋ53 kɔn21 .n̩13 tʂən21 kʰɔi35_44 ma13_21 tsiɔŋ53 kɔn21 liau0 .ei44 lau21 ɲin13 ka35_44 tsɿ0 ɲi44 ku35_44 tau21_44 uk3 …tsʰɿ35_44 ka35_53 uk3 xa53 ta21 xa53_44 tsɿ0 kʰo21 i35_44 .kai53_44 ke53_44 ɲiaŋ53_44 uɔi53_44 tsɔk3 (x)a53_21 pʰai53 tʂʰət3 so21 lia0 .…uɔi53_44 tsɔk3 a0 .ci13_21 pʰai53 tʂʰət3 so21 li0 ,ci13_21 ʂət5 fɔn35_44 tsiet3 cʰiet5 lai13_21 kau21 kai53_35 iɔŋ53_44 ləu53 tsɿ0 .tsɔk3 ,tsɔk3 ma13_21 ia0 ,tsɔk3 ,tsɔk3 təu21 ʂɿ53_21 tʂe53 …
ɲi13 tien0 mek3 tʂaŋ53 ʂən13 na0 ,xei53_44 me53_44 a0 ?ci13 tien0 ta21 ma13 tsiɔŋ53 ke53_44 ɲin13 mek3 tʂaŋ53 ʂən13 na0 .ci13_21 iəu35 ɲin13_21 uɔi53_44 çi53_44 pau53 .ta21 pi21 iɔŋ53_44 ŋai13 tien0 ke53_44 ,ta21 pi21 iɔŋ53_44 ŋai13 tien0 si53_44 ke53_44 ɲin13_21 iau35 tʂaŋ53 lɔi13_44 ta21 ,ta21 ma13 tsiɔŋ53 .iəu35 ɲin13_21 çi53_44 pau53 lei0 .ta21 tʰien53 fa53_44 lei0 .ŋai13 kai53_44 pu35 uən53 ci13_21 tien0 ,ŋai13_21 ua53_44 ɲiɔŋ53 mən0 ci21 cie53 ɲin13 liau53 tek3 xau21 ua0 ,ta21 xa53_44 tsɿ0 ma13_21 tsiɔŋ53_44 ɲiɔŋ53_44 mən0 ia35 iəu35 ɲin13_21 kau53_44 ,iəu35 ɲin13_21 uɔi53_44 çi53_44 pau53_44 ,uɔi53_44 kau53_44 miet5 ?cia44 (←ci13 ua53 )ɲi13 çi53 siɔŋ21 xa53_44 tsɿ0 kʰan53_44 nau0 ,iet3 ka35 ɲin13 ,iɔŋ21 kɔŋ35_44 pʰo13 ,iet3 tʂak3 ta21 ma13 tsiɔŋ53 iet3 tʂak3 n̩13 ta21 ma13 tsiɔŋ53 , ɲi13_21 siɔŋ21 ua53 (←xa53 )tsɿ0 kai53 tʂak3 n̩13_21 ta21 ma13_21 tsiɔŋ53_44 ke53_44 kau35 çin53_44 ne0 n̩13_21 kau53_44 çin53_44 ne0 ?xei53_44 ma44 (←m̩13 xei53 a0 )?iəu35 tet5 ua53_44 n̩13_21 sin53 ne0 .iəu35 tet5 uk3 xa53_44 iəu35 iau53_44 cin21 sɿ53 təu35_44 n̩13_44 kau21 lia0 ,mən35 tʰei13_44 tsiet3 tʂɿ21 kɔŋ21 çi53 ta21 ma13 tsiɔŋ53 ŋa0 .ci13_21 tsʰiəu53_44 uɔi53_44 kai53_44 cie53_44 au0 kau53_44 miet5 la0 ,ɔi53_44 tʂən53 fu21 lɔi13_21 tsɔk3 (x)a53 tsɿ0 ɲi13_21 a0 .

【麻鮕石】ma13 kʰu35 ʂak5 名砂岩：～就最松个，用镢头都挖得开呀。ma13 kʰu35 ʂak5 tsʰiəu53 tsei53 ʂəŋ35 ke53_21 ,iəŋ53 ciɔk3 tʰei13 təu35_53 uait3 tek3 kʰɔi35 ia0 .

【麻梨】ma13 li13 tsɿ0 名一种梨子。个大，本地产，皮色黄中带麻点。又称“麻梨子”：我等是喊～子嘞，～嘞。/箇皮系灰色子唠。以只真真有蛮大嘞，咁大一只只个梨子啊。渠到食一只都食唔完呢。咁大，如今个梨子咁大一只个都有哟。/带点子。/有点子，系。/欸，黄黄子，带点子。/咁个就～。/还唔系灰，系。ŋai13 tien0 ʂɿ53_44 xan53 ma13 li13 tsɿ0 lei0 ,ma13 li13 lei0 ./kai53 pʰi13 xe53 fɔi35 sek3 tsɿ0 lau0 .i:21_53 tʂak3 tʂən35_44 tʂən35_44 iəu35_44 man21_21 tʰai53_44 le0 ,ka:n21 tʰai53 iet3 tʂak3 tʂak3 ke53_44 li13 tsɿ0 a0 .ci13 tau53_44 ʂət5 iet3 tʂak3 təu35_44 ʂət5 n̩13_21 ien13_21 ne0 .ka:n21 tʰai53_44 ,i13_21 cin35_44 ke53_44 li13 tsɿ0 ka:n21 tʰai53_44 iet3 tʂak3 ke53_44 təu35_44 iəu35_44 io0 ./tai53 tian21 tsɿ0 ./iəu35_44 tian21 tsɿ0 ,xe53_44 ./ei35 ,uɔŋ13 uɔŋ13 tsɿ0 ,tai53 tian21 tsɿ0 ./kai53 ke53 tsʰiəu53_44 ma13 li13 ./xai13 m̩13_21 pʰe44 (←xe53 )ɔi35 , fxe53_44 .

【麻利】ma13_21 li53_44 副立刻；赶快：箇张纸会烧尽了，～窒下去。kai53_44 tʂɔŋ35 tʂɿ21 uɔi53_44 ʂau35 tsʰin53 niau0 ,ma13_21 li53_44 tsət3 la44 (←xa53 )çi53_44 .｜渠个烧哩镬以后呀，我等就话～好生呶。ci13 ke53_44 ʂau35 li0 uɔk5 i35 xei53_44 ia0 ,ŋai13 tien0 tsʰiəu53_44 ua53_44 ma13 li0 xau21 sien35_44 nau0 .

【麻溜】ma13_21 liəu53 副迅速；赶快：～收衫，打水点去哩！ma13_21 liəu53_44 ʂəu35 san35 ,ta21 ʂei21 tian21 çi53 li0 ！｜我一喊渠，渠～就来哩。ŋai13 iet3 xan53 ci13 ,ci13 ma13 liəu53 tsʰiəu53 lɔi13 li0 .

【麻麻色子】ma13 ma13 sek3 tsɿ0 形形容麻色：你箇件衫呐就～嘞。ɲi13 kai53_44 cʰien53_44 san35 na0 tsiəu53 ma13 ma13_44 sek3 tsɿ0 le0 .

【麻屄】ma13 pʰi13 名指女阴。多用做詈语：你箇个～！ɲi13 kai53 ke53_44 ma13 pʰi13 !

【麻雀子】ma13 tsʰiɔk3 tsɿ0 名麻雀：～，背驼驼，驮升米，送姐婆。ma13 tsʰiɔk3 tsɿ0 ,pɔi53 tʰo13 tʰo13 ,tʰo13 ʂən35 mi21 ,səŋ53 tsia21 pʰo13 .

【麻人】ma13 ɲin13 形吃用后使人产生像是吃了花椒的感觉：箇个指野芋子食唔得欸。/～呶。kai53_44 ke53_44 ʂət53_44 n̩13_21 tek3 e21 ./ma13 ɲin13 nau0 .

【麻绳】ma13 ʂən13 名细麻编成的绳索：舞倒（黄麻）打～呶。u21 tau21 ta21 ma13 ʂən13 nau0 .｜～一搞哩水就唔经哩。ma13 ʂən13_44 iet3 kau21 li0 ʂei21 tsʰiəu53 n̩13 cin35_44 ni0 .

【麻石】ma13 ʂak5 名花岗岩：最硬个就系～。tsei53 ŋaŋ53 ke53_44 tsʰiəu53_44 xe53_44 ma13 ʂak5 .

【麻衣】ma13 i35 名粗麻布做成的衣服，用作儿子、媳妇穿的孝衣，女儿也可穿：最大个孝嘞，最重个孝嘞，就系赖子妹子，赖子新舅，～，欸，就着～。妹子也可以着～，也可以拼长白。赖子就一定一定系着～个多。tsei53 tʰai53 ke53_44 çiau53 le0 ,tsei53 tʂʰəŋ53 ke53_44 çiau53 le0 ,tsʰiəu53_44 xe53_44 lai53 tsɿ0 mɔi53 tsɿ0 ,lai53 tsɿ0 sin35 cʰiəu35_44 ,ma13_21 i35_44 ,e21 ,tsʰiəu53_44 tʂɔk3 ma13_21 i35_44 .mɔi53 tsɿ0 ia35 kʰo21 i0 tʂɔk3 ma13_21 i35_44 ,ia35 kʰo21 i35_44 tən35 tʂʰɔŋ13_21 pʰak5 .lai53 tsɿ0 tsʰiəu53_44 iet3 tʰin53_44 iet3 tʰin53 xe53 tʂɔk3 ma13 i35_44 ke53_44 to35 .

【麻衣庙】ma13 i35_44 miau53 名供奉杨孝子的神庙：有～。～就孝子啊，杨孝子啊。iəu35 ma13 i35_44 miau53 .ma13 i35_44 miau53 tsʰiəu53_44 çiau53 tsɿ21 a0 ,iaŋ13 çiau53 tsɿ21 a0 .

【麻衣相】ma13 i35 siɔŋ53 名相术名。后人假托传说的麻衣道者所做。用人的面貌、五官、骨骼、气色、体态和手纹等推测吉凶祸福、贵贱夭寿的相面术：～就看相。有看～个。渠挂倒箇牌子啊，“麻衣相”啊。摸下子，搲下子你手啦，看下子你个额门呐，箇就看下子你个相貌哇，搲下子你个手哇。渠手蛮重要嘞，渠看呢箇手哇□粗□粗绷硬个人啦，以咁你就唔系当教授个人呐。ma$^{13}$i$^{35}_{44}$sioŋ$^{53}_{44}$tsʰiəu$^{53}_{44}$kʰən$^{53}_{44}$sioŋ$^{53}$.iəu$^{35}$kʰən$^{53}$ma$^{13}$i$^{35}_{44}$sioŋ$^{53}$ke$^{53}_{44}$.ci$^{13}$kua$^{53}$tau$^{21}_{44}$kai$^{53}_{44}$pʰai$^{13}$tsɿ$^{0}$a$^{0}$,"ma$^{13}$i$^{35}$sioŋ$^{53}$"ŋa$^{0}$.mo$^{35}$xa$^{53}$tsɿ$^{0}$,ia$^{21}$xa$^{53}_{44}$tsɿ$^{0}$ɲi$^{13}_{44}$ʂəu$^{21}$la$^{0}$,kʰən$^{53}$na$^{53}_{44}$tsɿ$^{0}$ɲi$^{13}$kei$^{53}$ɲiait$^{3}$mən$^{13}$na$^{0}$,kai$^{53}$tsʰiəu$^{53}$kʰən$^{53}$na$^{53}_{44}$tsɿ$^{0}$ɲi$^{13}$kei$^{53}$sioŋ$^{53}$mau$^{53}$ua$^{0}$,ia$^{21}$xa$^{53}_{44}$tsɿ$^{0}$ɲi$^{13}_{44}$(k)e$^{0}$ʂəu$^{21}$ua$^{0}$.ci$^{13}$ʂəu$^{21}$man$^{13}$tʂʰəŋ$^{53}$iau$^{53}$lei$^{0}$,ci$^{13}$kʰən$^{53}$ne$^{0}$kai$^{53}$ʂəu$^{21}$ua$^{0}$cʰia$^{53}$tsʰɿ$^{35}$cʰia$^{53}$tsʰɿ$^{35}$paŋ$^{35}$ŋaŋ$^{35}$ke$^{53}$ɲin$^{13}_{21}$la$^{0}$,i$^{21}$kan$^{21}$ɲi$^{13}$tsiəu$^{53}$m̩$^{13}$pʰei$^{53}_{44}$təŋ$^{35}$ciau$^{53}$ʂəu$^{53}$ke$^{53}$ɲin$^{13}_{21}$na$^{0}$.

【麻油】ma$^{13}$iəu$^{13}$ 名芝麻油：～喷香啊，嗯，蛮贵呀。我等拿来箇个唠欸向下子菜哟。打比有兜打碗汤，面上放兜子～子去。食倒喷香。欸，有兜嘞就煮面，放兜子～子去，煮正哩了，箇汤面上放兜子～子。ma$^{13}$iəu$^{13}_{44}$pʰəŋ$^{35}_{44}$çiəŋ$^{35}$ŋa$^{0}$,n̩$_{21}$,man$^{13}$kuei$^{53}$ia$^{0}$.ŋai$^{13}$tien$^{0}$la$^{53}$lɔi$^{13}_{44}$kai$^{53}$ke$^{53}$lau$^{0}$e$_{21}$çiəŋ$^{53}$ŋa$^{53}_{21}$tsɿ$^{0}$tsʰɔi$^{35}$io$^{0}$.ta$^{21}$pi$^{21}$iəu$^{35}$te$^{35}_{44}$ta$^{21}$uən$^{21}$tʰəŋ$^{35}$,mien$^{53}$xəŋ$^{53}$fəŋ$^{53}$te$^{35}_{53}$tsɿ$^{0}$ma$^{13}$iəu$^{13}_{21}$tsɿ$^{0}$çi$^{53}$.ʂət$^{5}$tau$^{21}$pʰəŋ$^{35}$çiəŋ$^{35}$.e$_{21}$,iəu$^{35}$te$^{35}_{44}$lei$^{0}$tsiəu$^{53}$tʂəu$^{21}$mien$^{53}$,fəŋ$^{53}$tei$^{35}_{53}$tsɿ$^{0}$ma$^{13}$iəu$^{13}_{21}$tsɿ$^{0}$çi$^{53}$,tʂəu$^{21}$tʂaŋ$^{53}$li$^{0}$liau$^{0}$,kai$^{53}_{44}$tʰəŋ$^{35}$mien$^{53}$xəŋ$^{53}_{44}$fəŋ$^{53}$te$^{35}_{53}$tsɿ$^{0}$ma$^{13}$iəu$^{13}_{44}$tsɿ$^{0}$.

【麻竹子】ma$^{13}$tʂəuk$^{3}$tsɿ$^{0}$ 名斑竹：还有水竹子啊，～啊，实心竹哇，箬竹子啊，鸡嫲竹喔。xai$^{13}$iəu$^{35}_{44}$ʂei$^{21}$tʂəuk$^{3}$tsɿ$^{0}$a$^{0}$,ma$^{13}$tʂəuk$^{3}$tsɿ$^{0}$a$^{0}$,ʂət$^{5}$sin$^{35}_{53}$tʂəuk$^{3}$ua$^{0}$,ɲiok$^{3}$tʂəuk$^{3}$tsɿ$^{0}$a$^{0}$,cie$^{35}$ma$^{13}$tʂəuk$^{3}$uo$^{0}$.

【麻子】ma$^{13}$tsɿ$^{21}$/tsɿ$^{0}$ 名①芝麻的子实：安做麻饼啊，放滴子～去。ən$^{35}_{44}$tso$^{53}_{44}$ma$^{13}$piaŋ$^{21}$a$^{0}$,fəŋ$^{53}$tet$^{5}$tsɿ$^{0}$ma$^{13}$tsɿ$^{21}$çi$^{53}$.｜欸，只有两起吧？乌～，白～吧？/哎。e$_{44}$,tʂɿ$^{21}$iəu$^{35}_{44}$iəŋ$^{21}$çi$^{21}$pa$^{0}$?u$^{35}$ma$^{13}_{21}$tsɿ$^{21}$,pʰak$^{5}$ma$^{13}_{21}$tsɿ$^{21}$pa$^{0}$?/ai$_{44}$. ②脸上的麻点，或指脸上有麻点的人：黄～ uəŋ$^{13}$ma$^{13}$tsɿ$^{0}$

【嫲榫】ma$^{13}$sən$^{21}$ 名公母榫的母头：箇个楼板呐就有平榫，有搭榫，有公嫲榫。公嫲榫个～就系箇只更大个箇向。欸，以只打比样箇公嫲榫就是系咁子个，欸，以边以筒树嘞就咁子做倒，以只就公榫，以只就～。～就凹进去，公榫就凸出来个。kai$^{53}$ke$^{53}$lei$^{13}$pan$^{21}$na$^{0}$tsiəu$^{53}_{44}$iəu$^{35}$pʰiaŋ$^{13}$sən$^{21}$,iəu$^{35}$tait$^{3}$sən$^{21}$,iəu$^{35}$kəŋ$^{35}$ma$^{13}_{21}$sən$^{21}$.kəŋ$^{35}$ma$^{13}_{44}$sən$^{21}_{44}$ke$^{53}_{44}$ma$^{13}$sən$^{21}$tsʰiəu$^{53}_{44}$xei$^{53}_{44}$kai$^{53}$tʂak$^{3}$cien$^{53}$tʰai$^{53}$ke$^{53}_{44}$kai$^{53}_{44}$çiəŋ$^{53}$.e$_{21}$,i$^{21}$tʂak$^{3}$ta$^{21}$pi$^{21}$iəŋ$^{53}$kai$^{53}$kəŋ$^{35}$ma$^{13}_{21}$sən$^{21}$tsʰiəu$^{53}_{44}$ʂɿ$^{53}$xe$^{53}$kan$^{13}_{21}$tsɿ$^{0}$ke$^{53}$,e$_{21}$,i$^{21}$pien$^{35}_{53}$i$^{21}$tʰəŋ$^{13}$ʂəu$^{53}$lei$^{0}$tsʰiəu$^{53}$kan$^{21}$tsɿ$^{0}$tso$^{53}$tau$^{21}$,i$^{21}$tʂak$^{3}$tsʰiəu$^{53}$kəŋ$^{35}$sən$^{21}$,i$^{21}$(tʂ)ak$^{3}$tsʰiəu$^{53}$ma$^{13}$sən$^{21}$.ma$^{13}$sən$^{21}$tsʰiəu$^{53}$au$^{35}$tsin$^{53}$çi$^{53}$,kəŋ$^{35}$sən$^{21}$tsʰiəu$^{53}_{44}$tʰəuk$^{5}$tʂʰət$^{3}$lɔi$^{13}_{21}$ke$^{0}$.

【嫲子】ma$^{13}$tsɿ$^{0}$ 名①雌性的禽畜：你个牛嫲下哩牛崽子啊，牯子啊～啊？ɲi$^{13}$(k)ei$^{53}$ɲiəu$^{13}$ma$^{13}_{44}$xa$^{53}$li$^{0}$ɲiəu$^{13}$tse$^{21}$tsɿ$^{0}$a$^{0}$,ku$^{21}$tsɿ$^{0}$a$^{0}$ma$^{13}$tsɿ$^{0}$a$^{0}$? ②指女孩子：你老婆供只牯子啊～啊？ɲi$^{13}_{21}$lau$^{21}$pʰo$^{13}$ciəŋ$^{53}$tʂak$^{3}$ku$^{21}$tsɿ$^{0}$a$^{0}$ma$^{13}$tsɿ$^{0}$? ③铜钱无字的一面：有得字个箇一面就背面样啊，系啊？就～唠。欸，有字个箇一面就公子唠。mau$^{13}$tek$^{3}$sɿ$^{53}$ke$^{53}_{44}$kai$^{53}$iet$^{3}$mien$^{53}$tsʰiəu$^{53}_{44}$pɔi$^{53}$mien$^{53}_{44}$iəŋ$^{53}_{44}$ŋa$^{0}$,xei$^{53}_{44}$a$^{0}$? tsiəu$^{53}$ma$^{13}$tsɿ$^{0}$lau$^{0}$.e$_{21}$,iəu$^{35}$sɿ$^{53}$ke$^{53}_{44}$kai$^{53}_{44}$iet$^{3}$mien$^{53}$tsʰiəu$^{53}_{44}$kəŋ$^{35}$tsɿ$^{0}$lau$^{0}$.

【马槽】ma$^{35}$tsʰau$^{13}$ 名供马食草料、饮水的器具：以前我等欸横巷里也有也畜哩马子话嘞。欸，我等还看倒有就箇只族长屋下咁长一条条个～，石个，石头打个，～，欸，□长一条条个～。i$^{35}_{53}$tsʰien$^{13}_{21}$ŋai$^{13}_{21}$tien$^{0}$e$_{21}$uaŋ$^{13}$xəŋ$^{53}$li$^{0}$ia$^{35}$iəu$^{35}_{44}$ia$^{35}$çiəuk$^{3}$li$^{0}$ma$^{35}$tsɿ$^{0}$ua$^{53}_{21}$le$^{0}$.e$_{21}$,ŋai$^{13}$tien$^{0}$xai$^{13}_{21}$kʰən$^{53}$tau$^{21}$iəu$^{35}_{44}$tsʰiəu$^{53}_{44}$kai$^{53}_{44}$tʂak$^{3}$tsʰəuk$^{5}$tʂəŋ$^{21}$uk$^{3}$xa$^{53}_{44}$kan$^{21}$tʂʰəŋ$^{13}_{44}$iet$^{3}$tʰiau$^{13}_{21}$tʰiau$^{13}_{21}$ke$^{0}$ma$^{35}$tsʰau$^{13}_{44}$,ʂak$^{5}$ke$^{0}$,ʂak$^{5}$tʰei$^{13}_{44}$ta$^{21}$ke$^{0}$,ma$^{35}$tsʰau$^{13}_{44}$,e$_{21}$,lai$^{35}$tʂʰəŋ$^{13}_{21}$iet$^{3}$tʰiau$^{13}_{21}$tʰiau$^{13}_{21}$ke$^{0}$ma$^{35}$tsʰau$^{13}_{44}$.

【马草】ma$^{35}$tsʰau$^{21}$ 名喂马的草料：（马槽）一边放水，一边放箇个～。iet$^{3}$pien$^{35}$fəŋ$^{53}$ʂei$^{21}$,iet$^{3}$pien$^{35}$fəŋ$^{53}$kai$^{53}_{21}$ke$^{53}_{44}$ma$^{35}$tsʰau$^{21}$.

【马刀锯】ma$^{35}$tau$^{35}_{44}$cie$^{53}$ 名一种形如大刀的锯子：以前我等有种咁个锯子，欸锯子咯。箇锯子嘞咁子拖个，欸拖个。以个手里就拖揺手个木把。箇向嘞就咁个长长子个，咁个长长子。就同箇个红军用个大刀样个，安做～。我等安做～。i$^{35}$tsʰien$^{13}_{21}$ŋai$^{13}_{21}$tien$^{0}$iəu$^{35}_{44}$tʂəŋ$^{21}$kan$^{21}$cie$^{53}_{44}$cie$^{53}$tsɿ$^{0}$,e$^{0}$cie$^{53}$tsɿ$^{0}$ko$^{0}$.kai$^{53}_{44}$cie$^{53}$tsɿ$^{0}$lei$^{0}$kan$^{21}$tsɿ$^{0}$tʰo$^{35}$ke$^{53}$,e$^{0}$tʰo$^{35}$ke$^{53}$.ie$_{35}$(←i$^{21}$ke$^{53}$)ʂəu$^{21}$li$^{0}$tsʰiəu$^{53}$tʰo$^{35}$ia$^{21}$ʂəu$^{21}$ke$^{53}_{44}$muk$^{3}$pa$^{53}$.kai$^{53}$çiəŋ$^{53}_{44}$lei$^{0}$tsʰiəu$^{53}_{44}$kan$^{21}$ke$^{53}_{44}$tʂʰəŋ$^{13}$tʂʰəŋ$^{13}$tsɿ$^{0}$ke$^{53}$,kan$^{21}$ke$^{53}_{21}$tʂʰəŋ$^{13}$tʂʰəŋ$^{13}$tsɿ$^{0}$.tsʰiəu$^{53}$tʰəŋ$^{13}_{21}$kai$^{53}_{44}$ke$^{53}_{44}$fəŋ$^{13}_{21}$tʂən$^{35}_{44}$iəŋ$^{53}_{44}$ke$^{53}_{21}$tʰai$^{35}$tau$^{35}_{44}$iəŋ$^{53}_{44}$ke$^{53}_{44}$,ən$^{35}_{44}$tso$^{53}_{44}$ma$^{35}$tau$^{35}_{44}$cie$^{53}$.ŋai$^{13}$tien$^{0}$ən$^{35}_{44}$tso$^{53}_{44}$ma$^{35}$tau$^{35}_{44}$cie$^{53}$.

【马灯】ma$^{35}$ten$^{35}$/tien$^{35}_{44}$ 名一种手提式的煤油灯，能防风挡雨：箇寻客个人呢就寻倒你，～就一照，就你就爱跣身。kai$^{53}_{44}$tsʰin$^{13}$kʰak$^{3}$ke$^{53}_{44}$ɲin$^{13}_{21}$ne$^{0}$tsʰiəu$^{53}_{44}$tsʰin$^{13}_{21}$tau$^{21}$ɲi$^{13}_{21}$,ma$^{35}$tien$^{35}_{44}$tsʰiəu$^{53}_{44}$iet$^{3}$tʂau$^{53}$,tsʰiəu$^{53}_{44}$ɲi$^{13}$tsʰiəu$^{53}_{44}$ɔi$^{53}_{44}$xəŋ$^{53}$ʂən$^{35}$.

【马杆簕】ma$^{35}$kan$^{21}$lek$^{3}$ 名本地山上一种带刺的野生植物，其蔸部块根大且含淀粉，旧时缺粮者提取其中的淀粉食用，有人说其块根可拿来酿酒：从前冇饭吃是还有只东西哦，箇安做～蔸哟。tsʰəŋ$^{13}$tsʰien$^{13}$mau$^{13}$fan$^{53}$tʂʰʅ$^{53}$ʂʅ$^{53}_{44}$xai$^{13}$iəu$^{35}$tʂak$^{3}$təŋ$^{35}_{44}$si$^{0}$o$^{0}$,kai$^{53}_{44}$ən$^{35}_{44}$tso$^{53}_{44}$ma$^{35}$kan$^{21}$let$^{3}$tei$^{35}$io$^{0}$.

【马牯】ma$^{35}$ku$^{21}$ 名公马：么啊话法吧公马？唔晓得，箇只东西唔晓得。我等以个栏场蛮少哦。～哇，～听过。有么人话马嫲哦，～就有。你记下子者，看下，啊，看下有么啰。看下有么个话法么。因为我一直到我我几十我几十岁我都嫚多看过马子。我等以个山里有么个马子啊。山区有么个马子。又搞么个嘞？路唔好。咁马子会打踶，会……箇个马踶不行。爱走好路。mak$^{3}$ a$^{0}$ ua$^{53}$ fait$^{3}$ pa$^{0}$ kəŋ$^{35}$ ma$^{21}$?n̩$^{13}_{21}$çiau$^{21}$tek$^{3}$ ,kai$^{53}_{44}$tʂak$^{3}$ təŋ$^{35}_{44}$si$^{0}$ n̩$^{13}_{21}$çiau$^{21}$tek$^{3}$ .ŋai$^{13}$tien$^{0}$ i$^{21}$ke$^{53}$laŋ$^{13}_{44}$ tʂʰɔŋ$^{13}_{44}$man$^{13}$ʂau$^{21}$o$^{0}$ .ma$^{35}$ku$^{21}$ua$^{0}$ ,ma$^{35}$ku$^{21}$tʰaŋ$^{35}$ko$^{53}_{21}$.mau$^{13}_{21}$mak$^{3}$ in$^{13}_{44}$ua$^{53}$ma$^{35}$ma$^{13}$au$^{0}$ ,ma$^{35}$ku$^{21}$tsʰiəu$^{53}_{44}$iəu$^{35}$. ɲi$^{13}$ci$^{53}$xa$^{53}_{44}$tsɿ$^{0}$ tʂa$^{21}$,kʰɔn$^{53}_{44}$na$_{44}$(←xa$^{53}$),a$_{21}$,kʰɔn$^{53}_{44}$na$_{44}$(←xa$^{53}$)iəu$^{35}$mo$^{0}$ lo$^{0}$ .kʰɔn$^{53}_{44}$na$_{44}$(←xa$^{53}$)iəu$^{35}$mak$^{3}$ (k)e$^{53}_{44}$ ua$^{53}_{44}$fait$^{3}$ mo$^{0}$ .in$^{35}$uei$^{53}_{44}$ŋai$^{13}$iet$^{3}$ tʂʰət$^{5}$ tau$^{53}$ŋai$^{13}_{21}$ŋai$^{13}$(c)i$^{21}$ʂɿt$^{5}$ ŋai$^{13}$ci$^{21}$ʂət$^{5}$ sɔi$^{53}$ŋai$^{13}$təu$^{35}_{53}$maŋ$^{13}$to$^{35}_{44}$kʰɔn$^{53}$ko$^{53}_{44}$ma$^{35}$ tsɿ$^{0}$ .ŋai$^{13}$tien$^{0}$ i$^{21}$ke$^{53}$san$^{35}$ni$^{21}$mau$^{13}_{21}$mak$^{3}$ (k)e$^{53}_{44}$ma$^{35}$tsa$^{0}$ .san$^{35}$tʂʰʮ$^{35}_{44}$mau$^{13}_{21}$mak$^{3}$ ke$^{53}_{44}$ma$^{35}$tsɿ$^{0}$ .iəu$^{53}_{21}$kau$^{21}$mak$^{3}$ (k)e$^{53}_{44}$lei$^{0}$ ?ləu$^{53}$n̩$^{13}$xau$^{21}$.kan$^{21}_{44}$ma$^{35}$tsɿ$^{0}$ uɔi$^{53}$ta$^{21}$tʰai$^{13}$,uɔi$^{53}_{44}$…kai$^{53}_{44}$ke$^{53}_{44}$ma$^{35}$tʰi$^{13}$pət$^{3}$ çin$^{13}$.ɔi$^{53}$tsei$^{21}$xau$^{21}$ləu$^{53}$.

【马牯蝉】ma$^{35}$ku$^{21}$ʂan$^{13}$ 名 蚱蝉：～就系箇树上嘞箇起灰灰色子个大蝉子就安做～。叫起来唔知几响个。ma$^{35}$ku$^{21}$ʂan$^{13}$tsʰiəu$^{53}$xe$^{53}_{44}$kai$^{53}_{44}$ʂəu$^{53}$xɔŋ$^{53}_{44}$le$^{0}$ kai$^{53}$çi$^{21}_{44}$fɔi$^{35}$fɔi$^{35}$sek$^{3}$ tsɿ$^{0}$ ke$^{53}_{44}$tʰai$^{53}$ʂan$^{13}$tsɿ$^{0}$ tsʰiəu$^{53}_{44}$ɔn$^{35}_{44}$ tso$^{53}_{44}$ma$^{35}$ku$^{21}$ʂan$^{13}$.ciau$^{53}$çi$^{21}$lɔi$^{13}_{21}$n̩$^{13}$ti$^{35}_{53}$ci$^{21}$çiɔŋ$^{21}$ke$^{53}$.

【马虎】ma$^{35}$fu$^{21}$ 形 ①脏，不卫生：狗食么个东西嘞唔知几～。kei$^{21}$ʂət$^{5}$ mak$^{3}$ e$^{0}$ təŋ$^{35}_{44}$si$^{0}$ lei$^{0}$ n̩$^{13}$ti$^{35}_{53}$ ci$^{21}$ma$^{35}$fu$^{21}$. | 箇只夫娘子真～。kai$^{53}$tʂak$^{3}$ pu$^{35}_{44}$niɔŋ$^{13}_{21}$tsɿ$^{0}$ tʂən$^{35}$ma$^{35}$fu$^{21}_{44}$. ②敷衍了事，粗枝大叶：写个作业唔知几～。sia$^{21}$ke$^{53}$tsɔk$^{3}$ɲiait$^{5}$ n̩$^{13}$ti$^{35}_{53}$ci$^{21}$ma$^{35}$fu$^{21}_{44}$.

【马夹】ma$^{35}$kait$^{3}$ 名 一种没有袖子的上衣：大概～嘞，就可以着出来，着出外背来。tʰai$^{53}$ kʰai$^{53}$ma$^{35}$kait$^{3}$ le$^{0}$ ,tsʰiəu$^{53}$kʰo$^{21}$i$^{35}$tʂɔk$^{3}$ tʂʰət$^{3}$ lɔi$^{13}_{44}$,tʂɔk$^{3}$ tʂʰət$^{3}$ ŋɔi$^{53}$pɔi$^{53}$lɔi$^{13}_{21}$.

【马剪】ma$^{35}$tsien$^{21}$ 名 铡刀：欸，我等以映个～呢就一张凳上，系啊？一张咁个凳上，欸，有兜嘞就钉下板子上，有兜直接钉下以上背。e$_{21}$,ŋai$^{13}$tien$^{0}$ i$^{21}$iaŋ$^{53}$ke$^{53}$ma$^{35}$tsien$^{21}$ne$^{0}$ tsʰiəu$^{53}$iet$^{3}$ tʂɔŋ$^{35}$ ten$^{53}$xɔŋ$^{53}_{44}$,xei$^{53}_{44}$a$^{0}$ ?iet$^{3}$ tʂɔŋ$^{35}$kan$^{21}$ke$^{53}_{44}$ten$^{53}$xɔŋ$^{53}_{44}$,e$_{21}$,iəu$^{35}$te$^{35}_{53}$lei$^{0}$ tsʰiəu$^{53}$taŋ$^{35}$ŋa$^{53}$pan$^{21}$tsɿ$^{0}$ xɔŋ$^{53}$,iəu$^{35}$te$^{35}_{44}$tʂʰət$^{5}$ tsiet$^{3}$ taŋ$^{35}$ŋa$^{0}$ i$^{21}$ʂɔŋ$^{53}$pɔi$^{53}_{44}$.

【马剪刀】ma$^{35}$tsien$^{21}$tau$^{35}$ 名 铡刀的刀身：马剪呢，以映一张凳，有滴嘞，箇马剪呢就系让门子个嘞？以映就两只脚子，以个就铁个。有兜就直接钉下以箇张凳上，马剪凳，以张就安做马剪凳呐。直接钉嘿上背。以映子嘞就有只桥，桥子嘞肚里两块子铁皮，肚里嘞就放把刀去箇。欸，以只栏场子就有只转向个东西。以映就以张就系～哇。我等个～就咁子捱倒呢，看啵。咁子捱倒呢，咁子铡呢。ma$^{35}$tsien$^{21}$ne$^{0}$ ,i$^{21}$iaŋ$^{53}$iet$^{3}$ tʂɔŋ$^{35}$ten$^{53}$,iəu$^{35}$tiet$^{5}$ le$^{0}$ ,kai$^{53}_{44}$ma$^{35}$tsien$^{21}$ne$^{0}$ tsʰiəu$^{53}_{44}$xei$^{53}_{44}$ɲiɔŋ$^{53}$mən$^{13}_{44}$tsɿ$^{0}$ ke$^{53}_{44}$lei$^{0}$ ?i$^{21}$iaŋ$^{53}$tsʰiəu$^{53}$iɔŋ$^{21}$tʂak$^{3}$ ciɔk$^{3}$ tsɿ$^{0}$ ,i$^{21}$ke$^{53}$tsʰiəu$^{53}$tʰiet$^{3}$ ke$^{53}$.iəu$^{35}$te$^{35}_{53}$tsʰiəu$^{53}_{44}$ tʂʰət$^{5}$ tsiet$^{3}$ taŋ$^{35}$ŋa$^{53}$i$^{21}$kai$^{53}_{44}$tʂɔŋ$^{35}$ten$^{53}$xɔŋ$^{53}_{44}$,ma$^{35}$tsien$^{21}$tien$^{53}$,i$^{21}$tʂɔŋ$^{35}_{44}$tsʰiəu$^{53}_{44}$ɔn$^{35}_{44}$tso$^{53}_{44}$ma$^{35}$tsen$^{21}$tien$^{53}$na$^{0}$ .tʂʰət$^{5}$ tsiet$^{3}$ taŋ$^{35}$ŋek$^{3}$ ʂɔŋ$^{53}_{44}$pɔi$^{53}_{44}$.i$^{21}$iaŋ$^{53}$tsɿ$^{21}$lei$^{0}$ tsʰiəu$^{53}$iəu$^{35}_{44}$tʂak$^{3}$ cʰiau$^{13}$,cʰiau$^{13}$tsɿ$^{21}$lei$^{0}$ təu$^{21}$li$^{35}_{44}$iɔŋ$^{21}$kʰuai$^{53}$tsɿ$^{0}$ tʰiet$^{3}$ pʰi$^{13}$,təu$^{21}$li$^{0}$ le$^{0}$ tsʰiəu$^{53}_{21}$fɔŋ$^{53}$pa$^{21}_{13}$tau$^{35}$çi$^{53}$kai$^{53}$.e$_{21}$,i$^{21}$tʂak$^{3}$ laŋ$^{13}$tʂʰɔŋ$^{13}_{44}$tsɿ$^{0}$ tsʰiəu$^{53}$iəu$^{35}_{53}$tʂak$^{3}$ tʂuɔn$^{21}$çiɔŋ$^{53}$ke$^{53}_{21}$təŋ$^{35}_{44}$ si$^{0}$ .i$^{21}$iaŋ$^{53}$tsʰiəu$^{53}$i$^{21}$tʂɔŋ$^{35}_{53}$tsʰiəu$^{53}$xe$^{53}$ma$^{35}$tsien$^{21}$tau$^{35}$ua$^{0}$ .ŋai$^{13}$tien$^{0}$ke$^{53}$ma$^{35}$tsien$^{21}$tau$^{35}_{44}$tsʰiəu$^{53}$kan$^{21}_{13}$tsɿ$^{21}$ia$^{21}$tau$^{21}$ nei$^{0}$ ,kʰɔn$^{53}$nau$^{0}$ .kan$^{21}_{13}$tsɿ$^{0}$ ia$^{21}$tau$^{21}$nei$^{0}$ ,kan$^{21}$tsɿ$^{0}$ tsʰait$^{5}$ lei$^{0}$ .

【马剪凳】ma$^{35}$tsien$^{21}$tien$^{53}$ 名 充当铡刀床子的凳子：我等剪猪菜个时候子长日都分张～就呃舞倒箇个布垫稳下子，省子坐倒屁股系咁愁人。ŋai$^{13}$tien$^{0}$ tsen$^{21}$tʂəu$^{35}$tsʰɔi$^{53}$ke$^{53}$ʂɿ$^{13}$xei$^{53}_{44}$tsɿ$^{0}$ tʂʰɔŋ$^{13}$ɲiet$^{3}$ təu$^{35}_{44}$pən$^{35}_{44}$tʂɔŋ$^{35}_{44}$ma$^{35}$tsen$^{21}$tien$^{53}$tsʰiəu$^{53}_{44}$ə$_{21}$u$^{21}$tau$^{21}$kai$^{53}_{44}$ke$^{53}_{44}$pu$^{53}$tʰian$^{53}$uən$^{21}$na$^{53}$tsɿ$^{0}$ ,saŋ$^{21}$tsɿ$^{0}$ tsʰo$^{35}$tau$^{21}$pʰi$^{53}$ku$^{21}$ xei$^{53}_{44}$kan$^{21}$tsʰei$^{13}$ɲin$^{13}_{21}$.

【马筋】ma$^{35}$cin$^{35}$ 名 竹子的地下茎：你到箇个有竹个栏场是一镢头挖下去就挖倒哩～啵，欸，到处系～啵。箇只～咯有只真古怪个东西呢，尽系长下上呢，长下上个多呢，长下下个真少呢。我箇阵子有只亲戚，渠话么个爱寻只么个方子嘞？爱下岭个～。我话箇个几多子箇下岭个～呢，上个上下个下嘞。结果硬寻恼哩瘾喏正寻倒哩，正寻倒一条下岭个～。横横子长倒过个有，长下上个子有，就系长下下个～少。ɲi$^{13}$tau$^{53}_{44}$kai$^{53}_{44}$ke$^{53}_{44}$iəu$^{35}$tʂəuk$^{3}$ ke$^{53}$laŋ$^{13}_{44}$tʂʰɔŋ$^{13}_{44}$ʂʮ$^{53}_{44}$iet$^{3}$ ciɔk$^{3}$ tʰei$^{13}_{44}$uait$^{3}$ (x)a$^{53}$çi$^{53}$tsʰiəu$^{53}$uait$^{3}$ tau$^{21}$li$^{0}$ ma$^{35}$cin$^{35}_{44}$nau$^{0}$ ,ei$_{21}$,tau$^{53}$tʂʰəu$^{53}$xei$^{53}$ma$^{35}$cin$^{35}_{44}$nau$^{0}$ .kai$^{53}_{44}$tʂak$^{3}$ ma$^{35}$ cin$^{35}_{44}$ko$^{0}$ iəu$^{35}$tʂak$^{3}$ tʂən$^{35}$ku$^{21}$kuai$^{53}_{44}$ke$^{53}_{44}$təŋ$^{35}_{44}$si$^{35}_{44}$nei$^{0}$ ,tsʰin$^{35}$xei$^{53}_{44}$tʂɔŋ$^{21}$ŋa$^{53}_{44}$ʂɔŋ$^{35}$nei$^{0}$ ,tʂɔŋ$^{21}$xa$^{53}$ʂɔŋ$^{35}$ke$^{53}$to$^{35}_{44}$nei$^{0}$ , tʂɔŋ$^{21}$(x)a$^{53}_{44}$xa$^{35}$ke$^{53}$tʂən$^{35}$ʂau$^{21}$nei$^{0}$ .ŋai$^{13}$kai$^{53}$tʂʰən$^{53}$tsɿ$^{0}$ iəu$^{35}$tʂak$^{3}$ tsʰin$^{35}$tsʰiet$^{3}$ ,ci$^{13}_{21}$ua$^{53}$mak$^{3}_{44}$kei$^{53}_{44}$ɔi$^{53}$tsʰin$^{13}$ tʂak$^{3}$ mak$^{3}$ e$^{0}$ fɔŋ$^{35}$tsɿ$^{0}$ lei$^{0}$ ?ɔi$^{53}_{44}$xa$^{35}$liaŋ$^{35}$ke$^{53}$ma$^{35}$cin$^{35}_{44}$.ŋai$^{13}$ua$^{53}_{44}$kai$^{53}$kei$^{53}_{44}$ci$^{21}$to$^{35}$tsɿ$^{0}$ kai$^{53}_{44}$xa$^{35}$liaŋ$^{35}_{44}$ke$^{53}_{44}$ma$^{35}$cin$^{35}_{44}$ nei$^{0}$ ,ʂɔŋ$^{35}$ke$^{53}$ʂɔŋ$^{35}$xa$^{35}_{44}$cie$^{53}_{44}$xa$^{35}$lei$^{0}$ .ciet$^{3}$ ko$^{21}_{44}$ɲiaŋ$^{53}$tsʰin$^{13}_{21}$nau$^{21}$li$^{0}$ in$^{21}$no$^{0}$ tʂaŋ$^{53}$tsʰin$^{13}$tau$^{21}$li$^{0}$ ,tʂaŋ$^{53}$tsʰin$^{13}$tau$^{21}$ iet$^{3}$ tʰiau$^{13}$xa$^{35}$liaŋ$^{35}_{44}$ke$^{53}_{44}$ma$^{35}$cin$^{35}_{44}$.uaŋ$^{13}$uaŋ$^{13}$tsɿ$^{0}$ tʂɔŋ$^{21}$tau$^{21}$ko$^{53}$ke$^{53}_{44}$iəu$^{35}$,tʂɔŋ$^{21}$ŋa$^{53}_{44}$ʂɔŋ$^{35}$ke$^{53}$tsɿ$^{0}$ iəu$^{35}$,tsʰiəu$^{53}$xe$^{53}$ tʂɔŋ$^{21}$ŋa$^{53}_{44}$xa$^{35}$ke$^{53}$ma$^{35}_{44}$cin$^{35}_{44}$ʂau$^{21}$.

【马筋笋】ma$^{35}$cin$^{35}$sən$^{21}$ 名 竹子地下茎的末梢长出的笋子：竹子个地下茎是渠箇头上是有兜是

会长出一只子笋来啦。我等安做～。tʂəuk$^{3}$ tsɿ$^{0}$ ke$^{53}_{44}$tʰi$^{53}$çia$^{53}$cin$^{35}$ʂʅ$^{53}_{44}$ci$^{13}_{44}$kai$^{53}$tʰei$^{13}$xɔŋ$^{53}$ʂʅ$^{53}_{44}$iəu$^{35}$te$^{35}_{53}$ʂʅ$^{53}_{44}$uɔi$^{53}$tʂɔŋ$^{21}$tʂʰət$^{3}$ iet$^{3}$ tʂak$^{3}$ tsɿ$^{0}$ sən$^{21}$nɔi$^{13}$la$^{0}$.ŋai$^{13}$tien$^{0}$ ɔn$^{35}_{44}$tso$^{53}_{44}$ma$^{35}$cin$^{35}_{44}$sən$^{21}$.

【马口子】ma$^{35}$xei$^{21}$tsɿ$^{0}$ [名]煤油灯上固定灯罩的卡子：箇只～上背就有四条子铁皮子唠，欸，灯筒子就插嘿去唠，系啊？灯筒子插嘿去唠，就箇盏灯盏就更光啊，又更光欸又更唔怕风吹哟。你系冇得箇只～嘞，你就放唔得灯筒子。kai$^{53}_{21}$tʂak$^{3}$ ma$^{35}$xei$^{21}$tsɿ$^{0}$ ʂɔŋ$^{53}_{44}$pɔi$^{53}_{44}$tsʰiəu$^{53}_{44}$iəu$^{35}$si$^{53}$tʰiau$^{13}_{21}$ tsɿ$^{0}$ tʰiet$^{3}$ pʰi$^{13}$tsɿ$^{0}$ lau$^{0}$ ,e$_{21}$,tien$^{35}$tʰəŋ$^{13}_{21}$tsɿ$^{0}$ tsʰiəu$^{53}$tsʰait$^{3}$ (x)ek$^{3}$ çi$^{53}$lau$^{0}$ ,xei$^{53}$a$^{0}$ ?tien$^{35}$tʰəŋ$^{13}_{21}$tsɿ$^{0}$ tsʰait$^{3}$ (x)ek$^{3}$ çi$^{53}$ lau$^{0}$ ,tsʰiəu$^{53}_{44}$kai$^{53}$tsan$^{21}$ten$^{35}$tsan$^{21}$tsʰiəu$^{53}_{44}$cien$^{53}_{44}$kɔŋ$^{35}$ŋa$^{0}$ ,iəu$^{53}$cien$^{53}$kɔŋ$^{35}$ŋe$^{0}$ iəu$^{53}$cien$^{53}$m̩$^{13}_{21}$pʰa$^{53}_{44}$fəŋ$^{35}$tʂʰei$^{35}$iau$^{0}$ . ɲi$^{13}$xei$^{53}$mau$^{13}$tek$^{3}$ kai$^{53}$tʂak$^{3}$ ma$^{35}$xei$^{21}$tsɿ$^{0}$ lei$^{0}$ , ɲi$^{13}$tsʰiəu$^{53}_{44}$fɔŋ$^{53}$n̩$^{13}_{21}$tek$^{3}$ tien$^{35}$tʰəŋ$^{13}_{21}$tsɿ$^{0}$ .

【马路】ma$^{35}$ləu$^{53}$ [名]供车马行走的宽阔平整的道路；公路：我等个栏场都是～上都看得倒（黄草纸）嘞。ŋai$^{13}$tien$^{0}$ ke$^{53}_{44}$laŋ$^{13}_{21}$tʂʰɔŋ$^{13}_{21}$təu$^{35}_{44}$ʂʅ$^{53}_{44}$ma$^{35}$ləu$^{53}_{44}$xɔŋ$^{53}_{44}$təu$^{35}_{44}$kʰɔn$^{53}$tek$^{3}$ tau$^{21}$le$^{0}$ .

【马马兮兮】ma$^{35}$ma$^{35}$çi$^{35}$çi$^{35}$ ①敷衍了事：分派倒你个事就爱做好来哟，莫搞起～哟。fən$^{35}$ pʰai$^{53}$tau$^{21}$ɲi$^{13}$kei$^{53}_{44}$sɿ$^{53}$tsʰiəu$^{53}$ɔi$^{53}$tso$^{53}$xau$^{21}$lɔi$^{13}$io$^{0}$ ,mɔk$^{5}$ kau$^{21}$çi$^{21}_{44}$ma$^{35}$ma$^{35}_{44}$çi$^{35}_{44}$çi$^{35}_{44}$io$^{0}$ . ②谦辞。一般般，还算过得去：你以到搞倒以只路子你赚蛮多钱吧？/冇得啊，～子啊。ɲi$^{13}$i$^{21}$tau$^{53}_{44}$kau$^{21}$tau$^{21}$i$^{21}$tʂak$^{3}$ ləu$^{53}$tsɿ$^{0}$ɲi$^{13}_{21}$tsʰan$^{53}$man$^{13}$to$^{35}_{44}$tsʰien$^{13}$pa$^{0}$ ?/mau$^{13}$tek$^{3}$ a$^{0}$ ,ma$^{35}$ma$^{35}$çi$^{35}$çi$^{35}$tsɿ$^{0}$ a$^{0}$ .

【马面】ma$^{35}$mien$^{53}$ [名]地狱中的鬼卒：牛头～就系吓死人个东西啦，欸，地狱肚里个鬼子啦。ɲiəu$^{13}$tʰei$^{13}_{21}$ma$^{35}$mien$^{53}$tsʰiəu$^{53}_{44}$xe$^{53}_{44}$xak$^{3}$ si$^{21}$ɲin$^{13}$ke$^{53}_{44}$təŋ$^{35}_{44}$si$^{0}$ la$^{0}$ ,e$_{21}$,tʰi$^{53}$y$^{53}$təu$^{21}$li$^{0}$ ke$^{53}$kuei$^{21}$tsɿ$^{0}$ la$^{0}$ .

【马脑】ma$^{21}$/ma$^{35}$lau$^{21}$ [名]①一种发型，留长发并尽力往后梳：还有起就～呢。分只头发梳得唔知几上呢。以映子覅空个。～。xai$^{13}_{21}$iəu$^{35}$çi$^{21}$tsʰiəu$^{53}_{44}$ma$^{21}$lau$^{21}$nei$^{0}$ .pən$^{35}$tʂak$^{3}$ tʰei$^{13}$fait$^{3}$ sɿ$^{35}$tek$^{3}$ n̩$^{13}_{21}$ti$^{35}_{53}$ci$^{21}_{44}$ ʂɔŋ$^{53}_{44}$nei$^{0}$ .i$^{21}$iaŋ$^{53}$tsɿ$^{0}$ lau$^{53}_{35}$kʰəŋ$^{35}$ke$^{53}_{44}$.ma$^{21}$lau$^{21}$. ②指烧木炭时未烧透的柴头：～就系𫟼烧倒个，柴头呀。ma$^{35}$lau$^{21}$tsʰiəu$^{53}$xei$^{53}$maŋ$^{13}$ʂau$^{35}_{44}$tau$^{21}$ke$^{53}$,tsʰai$^{13}$tʰei$^{13}$ia$^{0}$ .｜我不是～，我系响炭呐。ŋai$^{13}$pət$^{3}$ ʂʅ$^{53}$ ma$^{35}$lau$^{21}$,ŋai$^{13}$xei$^{53}$çiɔŋ$^{21}$tʰan$^{53}$na$^{0}$ .

【马屎苋】ma$^{35}$ʂʅ$^{21}$xan$^{53}$ [名]马齿苋：～一种野生个植物，欸，可以舞倒来食，箇到底有么个药用功效我就唔晓得。反正食得凑，也还好食。舞倒洗净来，一焯，焯倒，放兜子咁个么个东西就，放兜子咁个欸盐呐，放兜子咁个酱油子箇兜啦，就咁子凉拌来食。ma$^{35}$ʂʅ$^{21}$xan$^{53}$iet$^{3}$ tʂəŋ$^{21}$ia$^{35}$saŋ$^{35}_{44}$ke$^{0}$ tʂʰət$^{5}$ uk$^{5}$ ,e$_{21}$,kʰo$^{21}$i$^{35}_{53}$u$^{21}$tau$^{21}$lɔi$^{13}$ʂət$^{5}$ ,kai$^{53}_{44}$tau$^{53}$ti$^{21}$iəu$^{35}_{53}$mak$^{3}$ e$^{0}$ iɔk$^{5}$ iəŋ$^{53}$kəŋ$^{35}$çiau$^{53}$ŋai$^{13}$ tsʰiəu$^{53}$n̩$^{13}_{21}$çiau$^{21}$tek$^{3}$ .fan$^{21}$tʂən$^{53}$ʂət$^{5}$ tek$^{3}$ tsʰe$^{0}$ ,ia$^{35}$xan$^{13}_{21}$xau$^{21}$ʂət$^{5}$ .u$^{21}$tau$^{21}$se$^{21}$tsʰiaŋ$^{53}$lɔi$^{13}_{44}$,ie$^{3}$ tʂʰɔk$^{3}$ ,tʂʰɔk$^{3}$ tau$^{21}$, fɔŋ$^{53}$tei$^{35}_{53}$tsɿ$^{0}$ kan$^{21}$ke$^{53}_{44}$mak$^{3}$ e$^{0}$ təŋ$^{35}_{44}$si$^{0}$ tsʰiəu$^{53}_{21}$,fɔŋ$^{53}$tei$^{35}_{53}$tsɿ$^{0}$ kan$^{21}$ke$^{53}_{44}$ei$_{21}$ian$^{13}$na$_{44}$,fɔŋ$^{53}$tei$^{35}_{53}$tsɿ$^{0}$ kan$^{21}$ke$^{53}_{44}$tsiɔŋ$^{53}$ iəu$^{13}_{21}$tsɿ$^{0}$ kai$^{53}_{44}$te$^{35}_{53}$la$^{0}$ ,tsiəu$^{53}$kan$^{21}$tsɿ$^{0}$ liɔŋ$^{13}$pʰɔn$^{53}$lɔi$^{13}_{21}$ʂət$^{5}$ .

【马蹄】ma$^{35}$tʰi$^{13}$ [名]马的蹄子：路唔好。咁马子会打蹄，会……箇个～不行。ləu$^{53}$n̩$^{13}$xau$^{21}$.kan$^{21}_{44}$ ma$^{35}$tsɿ$^{0}$ uɔi$^{53}$ta$^{21}$tʰai$^{13}$,uɔi$^{53}_{44}$…kai$^{53}_{44}$ke$^{53}_{44}$ma$^{35}$tʰi$^{13}$pət$^{3}$ çin$^{13}$.

【马蹄脚】ma$^{35}$tʰe$^{13}$/tʰi$^{13}$ciɔk$^{3}$ [名]床下部支撑柱的一种形制：我等箇阵子做个箇起床脚嘞就系咁个～呢。欸，～啊就系咁子个呢，马蹄嘞。系咁子个神气子吧？嗯，～。～嘞就扁个。欸，以映子唔多像呶。以映子以以映以映咁子个，咁子个～。箇床脚。箇就老式床啊。ŋai$^{13}$tien$^{0}$ kai$^{53}$tʂʰən$^{53}$tsɿ$^{0}$ tso$^{53}$ke$^{0}$ kai$^{53}_{44}$çi$^{21}_{44}$tsʰɔŋ$^{13}$ciɔk$^{3}$ lei$^{0}$ tsʰiəu$^{53}$xei$^{53}$kan$^{21}$kei$^{53}$ma$^{35}$tʰi$^{13}$ciɔk$^{3}$ nei$^{0}$ .e$_{21}$,ma$^{35}$tʰi$^{13}$ciɔk$^{3}$ a$^{0}$ tsʰiəu$^{53}$xei$^{53}$kan$^{21}_{13}$tsɿ$^{0}$ ke$^{53}$nei$^{0}$ ,ma$^{35}$tʰi$^{13}_{44}$lei$^{0}$ .xei$^{53}$kan$^{21}$tsɿ$^{0}$ ke$^{0}$ ʂən$^{13}$çi$^{53}$tsɿ$^{0}$ pa$^{0}$ ?n̩$_{21}$,ma$^{35}$tʰi$^{13}_{44}$ciɔk$^{3}$ .ma$^{35}$tʰi$^{13}_{44}$ciɔk$^{3}$ lei$^{0}$ tsʰiəu$^{53}_{44}$pien$^{21}$ke$^{53}$.e$_{21}$,i$^{21}_{13}$iaŋ$^{53}$tsɿ$^{0}$ n̩$^{13}_{21}$to$^{35}_{44}$tsʰiɔŋ$^{53}$nau$^{0}$ .i$^{21}_{13}$iaŋ$^{53}$tsɿ$^{0}$ i$^{21}_{44}$i$^{21}_{44}$iaŋ$^{53}$i$^{21}_{44}$iaŋ$^{53}$kan$^{21}_{13}$tsɿ$^{0}$ ke$^{0}$ ,kan$^{21}_{13}$tsɿ$^{0}$ ke$^{0}$ ma$^{35}$ tʰi$^{13}_{44}$ciɔk$^{3}$ .kai$^{53}$tsʰɔŋ$^{13}$ciɔk$^{3}$ .kai$^{53}_{44}$tsiəu$^{53}$lau$^{21}$ʂʅ$^{53}_{21}$tsʰɔŋ$^{13}$ŋa$^{0}$ .

【马蹄桌】ma$^{35}$tʰi$^{13}_{21}$tsɔk$^{3}$ [名]桌子的一种形制：～就箇只桌脚同箇马蹄样。唔系溜圆个圆桌脚，欸，～嘞就系桌脚系方个，同时有兜子造型。ma$^{35}$tʰi$^{13}_{21}$tsɔk$^{3}$ tsʰiəu$^{53}$kai$^{53}$tʂak$^{3}$ tsɔk$^{3}$ ciɔk$^{3}$ tʰəŋ$^{13}_{44}$kai$^{53}_{44}$ ma$^{35}$tʰi$^{13}$iɔŋ$^{53}$.m̩$^{13}$pʰei$^{53}$liəu$^{35}$ien$^{13}$ke$^{53}$ien$^{13}$tsɔk$^{3}$ ciɔk$^{3}$ ,e$_{21}$,ma$^{35}$tʰi$^{13}_{21}$ciɔk$^{3}$ le$^{0}$ tsʰiəu$^{53}$xei$^{53}$tsɔk$^{3}$ ciɔk$^{3}$ xe$^{53}$fɔŋ$^{35}$ kei$^{53}$,tʰəŋ$^{13}$ʂʅ$^{13}_{21}$iəu$^{35}$tei$^{35}_{53}$tsɿ$^{0}$ tsʰau$^{53}$çin$^{13}$.

【马铁甲】ma$^{35}$tʰiet$^{3}$ kait$^{3}$ [名]马掌：渠等钉块铁板呢。脚下个铁巴掌。系呀！喊～啊。ci$^{13}$ten$^{0}$ taŋ$^{35}$kʰuai$^{53}_{44}$tʰiet$^{3}$ pan$^{21}$ne$^{0}$ .ciɔk$^{3}$ xa$^{53}_{44}$ke$^{53}_{44}$tʰiet$^{3}$ pa$^{35}_{44}$tʂɔŋ$^{21}$.xei$^{53}_{44}$ia$^{0}$ !xan$^{53}_{44}$ma$^{35}$tʰiet$^{3}$ kait$^{3}$ a$^{0}$ .

【马兮】ma$^{35}$çi$^{35}$ [形]①敷衍了事：莫咁～哟。mɔk$^{5}$ kan$^{21}$ma$^{35}$çi$^{35}$io$^{0}$ . ②谦辞。一般般，还算过得去：以到你卖妹子啊，系唔系啊？酒席蛮周正吧？/蛮～呀。i$^{21}$tau$^{53}$ɲi$^{13}$mai$^{53}$mɔi$^{53}$tsɿ$^{0}$ a$^{0}$ ,xei$^{53}_{44}$mei$^{53}_{44}$ a$^{0}$ ?tsiəu$^{21}$siet$^{5}$ man$^{13}_{21}$tʂəu$^{35}$tʂən$^{53}$pa$^{0}$ ?/man$^{13}$ma$^{35}$çi$^{35}_{44}$ia$^{0}$ .

【马崽子】ma$^{35}$tse$^{21}$tsɿ$^{0}$ [名]小马：我等以映子畜马子个人呢箇以映子畜马子个人很少有下哩～个呢，难多得见。ŋai$^{13}$tien$^{0}$ i$^{21}$iaŋ$^{53}$tsɿ$^{0}$ çiəuk$^{3}$ ma$^{35}$tsɿ$^{0}$ ke$^{53}_{21}$ɲin$^{13}_{21}$ne$^{0}$ kai$^{53}$i$^{21}$iaŋ$^{53}$tsɿ$^{0}$ çiəuk$^{3}$ ma$^{35}$tsɿ$^{0}$ ke$^{53}$ɲin$^{13}_{44}$

xen$^{21}$ʂau$^{21}$iəu$^{35}$xa$^{35}$li$^{0}$ma$^{35}$tse$^{21}$tsɿ$^{0}$ke$^{53}$nei$^{0}$,lan$^{13}$to$^{35}_{44}$tek$^{3}$cien$^{53}$.

【马子】ma$^{35}$tsɿ$^{0}$ 名①马：～你晓得渠个脑壳长长子个吵。ma$^{35}$tsɿ$^{0}$ɲi$^{13}_{21}$çiau$^{21}$tek$^{3}$ci$^{13}_{44}$ke$^{53}_{44}$lau$^{21}$k$^{h}$ɔk$^{3}$tʂ$^{h}$ɔŋ$^{13}$tʂ$^{h}$ɔŋ$^{13}$tsɿ$^{0}$ke$^{53}_{44}$ʂa$^{0}$.｜山区冇么个～。san$^{35}$tʂ$^{h}$ʮ$^{35}_{44}$mau$^{13}_{21}$mak$^{3}$ke$^{53}_{44}$ma$^{35}$tsɿ$^{0}$. ②指中国象棋中的马。也称“马”：～后背箇只炮哇，欸炮子跟倒马后背呀。欸马后炮。ma$^{35}$tsɿ$^{0}$xei$^{53}$pɔi$^{53}_{21}$kai$^{53}_{44}$tʂak$^{3}$p$^{h}$au$^{53}$ua$^{0}$,e$_{21}$p$^{h}$au$^{53}$tsɿ$^{0}$cien$^{35}$tau$^{21}_{44}$ma$^{35}$xei$^{53}$pɔi$^{53}_{21}$ia$^{0}$.e$_{21}$ma$^{35}$xei$^{53}_{44}$p$^{h}$au$^{53}$.

【马嘴葱】ma$^{35}$tsi$^{21}$ts$^{h}$ɔŋ$^{35}$ 名水田里的一种野草：瘦田就生～。～嘞就有滴子像咁个灯芯草样个东西。箇我晓得。欸，箇个草嘞，也十分扯肥。你看得出。硬系箇起刮瘦个田呢，冇得肥个田呢，就尽～。一条子灯芯样个呢，冇得叶，冇得么个，就系条咁个棍棍子，长下起来，密密麻麻，就生倒嚣密哩个箇个～欸。箇个田是肯定禾就唔好，刮瘦。sei$^{53}$t$^{h}$ien$^{13}$ts$^{h}$iəu$^{53}_{44}$saŋ$^{35}$ma$^{35}$tsi$^{21}$ts$^{h}$ɔŋ$^{35}$.ma$^{35}$tsi$^{21}$ts$^{h}$ɔŋ$^{35}$lei$^{0}$ts$^{h}$iəu$^{53}_{44}$iəu$^{35}$tiet$^{5}$tsɿ$^{0}$ts$^{h}$iɔŋ$^{53}_{44}$kan$^{21}$ke$^{53}_{44}$tien$^{35}$sin$^{35}_{44}$ts$^{h}$au$^{21}$iɔŋ$^{53}_{44}$ke$^{53}_{44}$tɔŋ$^{35}_{44}$si$^{0}$.kai$^{53}_{44}$ŋai$^{13}$çiau$^{21}$tek$^{3}$.e$_{44}$,kai$^{53}$ke$^{53}_{44}$ts$^{h}$au$^{21}$lei$^{0}$,ia$^{35}$ʂət$^{5}$fɔn$^{35}_{44}$tʂ$^{h}$a$^{21}$p$^{h}$i$^{13}$. ɲi$^{13}$k$^{h}$ɔn$^{53}$tek$^{3}$tʂ$^{h}$ət$^{3}$. ɲiaŋ$^{53}_{44}$xe$^{53}_{44}$kai$^{53}_{21}$çi$^{21}$kuait$^{5}$sei$^{53}$ke$^{53}_{44}$t$^{h}$ien$^{13}$ne$^{0}$,mau$^{13}$tek$^{3}$p$^{h}$i$^{13}$ke$^{53}_{44}$t$^{h}$ien$^{13}$ne$^{0}$,ts$^{h}$iəu$^{53}_{44}$ts$^{h}$in$^{53}$ma$^{35}$tsi$^{21}$ts$^{h}$ɔŋ$^{35}$.iet$^{3}$t$^{h}$iau$^{13}_{21}$tsɿ$^{0}$tien$^{35}$sin$^{35}_{44}$iɔŋ$^{53}_{44}$ke$^{53}_{44}$nei$^{0}$,mau$^{13}$tek$^{3}$iait$^{5}$,mau$^{13}$tek$^{3}$mak$^{3}$ke$^{53}$,ts$^{h}$iəu$^{53}$uei$_{44}$(←xei$^{53}$)t$^{h}$iau$^{13}_{21}$kan$^{21}$ke$^{53}_{44}$kuən$^{53}$kuən$^{53}_{44}$tsɿ$^{0}$,tʂɔŋ$^{21}$xa$^{53}_{44}$çi$^{21}$lɔi$^{13}_{21}$,miet$^{5}$miet$^{5}_{3}$ma$^{13}_{21}$ma$^{13}_{21}$,ts$^{h}$iəu$^{53}$saŋ$^{35}$tau$^{21}$aŋ$^{35}$miet$^{5}$li$^{0}$ke$^{53}$kai$^{53}_{44}$ke$^{53}_{44}$ma$^{35}$tsi$^{21}$ts$^{h}$ɔŋ$^{35}$ŋei$^{0}$.kai$^{53}_{44}$ke$^{53}_{44}$t$^{h}$ien$^{13}$ʂʅ$^{53}_{44}$k$^{h}$en$^{21}$t$^{h}$in$^{35}$uo$^{13}$ts$^{h}$iəu$^{53}_{44}$m̩$^{13}_{21}$xau$^{21}$,kuait$^{5}$sei$^{53}$.

【码$_{1}$】ma$^{35}$ 动堆叠：～起来 ma$^{35}$çi$^{21}$lɔi$^{13}$

【码$_{2}$】ma$^{53}$ 动①建造；砌：灶下还～只水池子嘞。tsau$^{53}$xa$^{53}_{44}$xai$^{13}_{44}$ma$^{53}$tʂak$^{3}$ʂei$^{21}$tʂ$^{h}$ʅ$^{13}$tsɿ$^{0}$lei$^{0}$. ②嵌；贴（瓷砖）：壁上墙上也～瓷砖，间里也～哩瓷砖。piak$^{3}$xɔŋ$^{53}$ts$^{h}$iɔŋ$^{13}$xɔŋ$^{53}$ŋa$^{35}_{53}$ma$^{53}$ts$^{h}$ʅ$^{13}_{21}$tʂuən$^{35}_{44}$, kan$^{35}$li$^{0}$ia$^{35}_{44}$ma$^{53}$li$^{0}$ts$^{h}$ʅ$^{13}_{21}$tʂuən$^{35}_{44}$. ③拿：就系由箇只做事个人～倒，分箇只孝子。tsiəu$^{53}_{44}$e$^{53}_{44}$iəu$^{13}_{21}$kai$^{53}_{44}$tʂak$^{3}$tso$^{53}_{44}$sɿ$^{53}$ke$^{53}_{44}$ɲin$^{13}_{21}$ma$^{53}$tau$^{21}$,pəŋ$^{35}$kai$^{53}_{44}$tʂak$^{3}$xau$^{53}$tsɿ$^{21}$.

【码钉】ma$^{35}$taŋ$^{35}$ 名蚂蟥钉：～是系一只钉两边有脚个，箇就～。欸，以前呢做屋搡架嘞用～，以下冇么人用～了。ma$^{35}$taŋ$^{35}$ʂʅ$^{53}$xei$^{53}_{44}$iet$^{3}$tʂak$^{3}$taŋ$^{35}$iɔŋ$^{21}$pien$^{35}$iəu$^{35}$ciɔk$^{3}$ke$^{0}$,kai$^{53}_{44}$ts$^{h}$iəu$^{53}_{44}$ma$^{35}$taŋ$^{35}$.ei$_{21}$,i$^{35}_{53}$ts$^{h}$ien$^{13}$nei$^{0}$tso$^{53}$uk$^{3}$tsiau$^{21}$ka$^{53}$lei$^{0}$iɔŋ$^{53}$ma$^{35}$taŋ$^{35}$,i$^{21}$xa$^{53}$mau$^{13}$mak$^{3}$in$^{13}_{44}$iɔŋ$^{53}$ma$^{35}$taŋ$^{35}_{53}$liau$^{0}$.

【码面】ma$^{35}$mien$^{53}$ 名坟前用石头砌成，位于碑石之后：～系哪映？～可能就系面前赠放碑石个箇只笔顿个就安做～。箇地呀，赠放碑石个，就碑石个壁下子。～。是用石头砌个，赠放碑石个栏场。就爱准备放碑……碑石壁下，碑石肚里，就安做～。系安做～。碑石肚里就安做～。ma$^{35}$mien$^{53}$xe$^{53}_{44}$lai$^{53}_{44}$iaŋ$^{53}_{44}$?ma$^{35}$mien$^{53}$k$^{h}$o$^{21}$len$^{13}$ts$^{h}$iəu$^{53}_{44}$xei$^{53}_{44}$mien$^{53}$ts$^{h}$ien$^{13}_{21}$maŋ$^{13}$fɔŋ$^{53}$pi$^{35}$ʂak$^{5}$ke$^{53}_{44}$kai$^{53}_{44}$tʂak$^{3}$piet$^{3}$tən$^{53}$ke$^{53}_{44}$ts$^{h}$iəu$^{53}_{44}$ɔn$^{35}_{44}$tso$^{53}_{44}$ma$^{35}$mien$^{53}_{44}$.kai$^{53}_{44}$t$^{h}$i$^{53}$ia$^{0}$,maŋ$^{13}$fɔŋ$^{53}_{44}$pi$^{35}$ʂak$^{5}$ke$^{53}_{44}$,ts$^{h}$iəu$^{53}_{44}$pi$^{35}$ʂak$^{5}$ke$^{53}_{44}$piak$^{3}$xa$^{53}_{44}$tsɿ$^{0}$.ma$^{35}$mien$^{53}_{44}$.ʂʅ$^{53}$iɔŋ$^{53}$ʂak$^{5}$t$^{h}$ei$^{13}$ts$^{h}$i$^{53}$ke$^{53}_{44}$,maŋ$^{13}$fɔŋ$^{53}_{44}$pi$^{35}$ʂak$^{5}$ke$^{53}_{44}$laŋ$^{13}_{21}$tʂ$^{h}$ɔŋ$^{13}_{44}$.ts$^{h}$iəu$^{53}_{44}$ɔi$^{53}_{44}$tʂən$^{21}$p$^{h}$i$^{53}_{44}$fɔŋ$^{53}_{44}$pi$^{35}$…pi$^{35}$ʂak$^{5}$piak$^{3}$xa$^{53}_{44}$,pi$^{35}$ʂak$^{5}$təu$^{21}$li$^{0}$,ts$^{h}$iəu$^{53}_{44}$ɔn$^{35}_{44}$tso$^{53}_{44}$ma$^{35}$mien$^{53}_{44}$.xe$^{53}_{44}$ɔn$^{35}_{44}$tso$^{53}_{44}$ma$^{35}$mien$^{53}_{44}$.pi$^{35}$ʂak$^{5}$təu$^{21}$li$^{0}$ts$^{h}$iəu$^{53}_{44}$ɔn$^{35}_{44}$tso$^{53}_{44}$ma$^{35}$mien$^{53}_{44}$.｜箇个一般大金是就唔爱么啊嘞，就系犇几只子石头嘞砌只子～呢。kai$^{53}_{44}$ke$^{53}_{44}$iet$^{3}$pɔn$^{35}$t$^{h}$ai$^{53}$cin$^{35}$ʂʅ$^{53}_{44}$ts$^{h}$iəu$^{53}_{44}$m̩$^{13}_{21}$mɔi$^{53}_{44}$mak$^{3}$a$^{0}$le$^{0}$,ts$^{h}$iəu$^{53}$xe$^{53}_{44}$u$^{21}$ci$^{21}$tʂak$^{3}$tsɿ$^{0}$ʂak$^{5}$t$^{h}$ei$^{0}$lei$^{0}$ts$^{h}$i$^{53}$tʂak$^{3}$tsɿ$^{0}$ma$^{35}$mien$^{53}$nei$^{0}$.

【码头】ma$^{35}$t$^{h}$ei$^{13}$ 名指交通方便、宜于经商的场所：做生意就爱～好。tso$^{53}$sen$^{35}$i$^{53}$ts$^{h}$iəu$^{53}_{44}$ɔi$^{53}_{44}$ma$^{35}$t$^{h}$ei$^{13}_{21}$xau$^{21}$.

【蚂蟥】ma$^{35}$uɔŋ$^{13}_{21}$ 名水蛭的俗称：（蚂蟥带子）跟～样扯长扯短。kən$^{35}_{44}$ma$^{35}$uɔŋ$^{13}_{21}$iɔŋ$^{53}_{44}$tʂ$^{h}$a$^{21}$tʂ$^{h}$ɔŋ$^{13}$tʂ$^{h}$a$^{21}$tɔn$^{21}$.

【蚂蟥带子】ma$^{35}$uɔŋ$^{13}$tai$^{53}$tsɿ$^{0}$ 名松紧带的旧称。又称“缩头带子”：安做～。跟蚂蟥样扯长扯短。松紧带子，缩头带子，最早安做～。ɔn$^{35}$tso$^{53}$ma$^{35}$uɔŋ$^{13}$tai$^{53}$tsɿ$^{0}$.kən$^{35}_{44}$ma$^{35}$uɔŋ$^{13}_{21}$iɔŋ$^{53}_{44}$tʂ$^{h}$a$^{21}$tʂ$^{h}$ɔŋ$^{13}$tʂ$^{h}$a$^{21}$tɔn$^{21}$.səŋ$^{35}$cin$^{21}$tai$^{53}$tsɿ$^{0}$,sɔk$^{3}$t$^{h}$ei$^{13}$tai$^{53}$tsɿ$^{0}$,tsei$^{53}$tsau$^{21}$ɔn$^{35}_{44}$tso$^{53}_{44}$ma$^{35}$uɔŋ$^{13}$tai$^{53}$tsɿ$^{0}$.

【蚂蚁】ma$^{35}$le$^{35}$ 名蚁科昆虫的通称。又称“蚂蚁子、蚁公”：～饽饽子雪白子呢。一路去呢，一饽一饽哦，～饽饽子。欸，撞怕挖倒箇个岭上啊，挖出来呀，一饽个～饽饽子，雪白个。ma$^{35}$le$^{35}$pɔk$^{5}$pɔk$^{5}$tsɿ$^{0}$siet$^{5}$p$^{h}$ak$^{5}$tsɿ$^{0}$nei$^{0}$.iet$^{3}$ləu$^{53}$çi$^{53}$nei$^{0}$,iet$^{3}$p$^{h}$ɔk$^{5}$iet$^{3}$p$^{h}$ɔk$^{5}$o$^{0}$,ma$^{35}$le$^{35}$pɔk$^{5}$pɔk$^{5}$tsɿ$^{0}$.e$_{21}$, ts$^{h}$ɔŋ$^{21}$p$^{h}$a$^{53}$uait$^{3}$tau$^{21}$kai$^{53}_{44}$ke$^{53}_{44}$lian$^{35}$xɔŋ$^{53}$ŋa$^{0}$,uait$^{3}$tʂ$^{h}$ət$^{3}$lɔi$^{13}_{21}$ia$^{0}$,iet$^{3}$p$^{h}$ɔk$^{5}$ke$^{53}_{44}$ma$^{35}$le$^{35}$pɔk$^{5}$pɔk$^{5}$tsɿ$^{0}$,siet$^{5}$p$^{h}$ak$^{5}_{3}$ke$^{53}$.

【蚂蚁上树】ma$^{35}$le$^{35}$ʂɔŋ$^{35}$ʂəu$^{53}$ 名菜名，由南粉、肉末等制作而成的菜肴，因肉末贴在粉丝上，形似蚂蚁爬在树枝上而得名：箇个我等喜欢炒箇一碗菜就安做～哇。～就系欸犇滴子猪肉就切得末碎呀。分滴子箇南粉呐，分箇南粉就发胀来交倒猪肉肚里一炒哇，箇个就安做么个？

M

安做～。kai$^{53}_{44}$cie$^{53}_{44}$ŋai$^{13}$tien$^{0}$ çi$^{21}$fɔn$^{35}_{44}$tsʰau$^{21}$kai$^{53}$iet$^{3}$ uɔn$^{21}$tsʰɔi$^{53}$tsʰiəu$^{53}$ɔn$^{35}_{53}$tso$^{53}_{44}$ma$^{35}$le$^{35}_{44}$ʂɔŋ$^{35}$ʂəu$^{53}$ua$^{0}$.ma$^{35}$le$^{35}_{44}$ʂɔŋ$^{35}$ʂəu$^{53}$tsiəu$^{53}$xe$^{53}$e$_{21}$u$^{21}$tiet$^{5}$ tsɿ$^{0}$ tʂəu$^{35}$ɲiəuk$^{3}$ tsiəu$^{53}_{44}$tsʰiet$^{3}$ tek$^{3}$ mait$^{5}$ si$^{53}$ia$^{0}$.pən$^{35}$tiet$^{5}$ tsɿ$^{0}$ kai$^{53}_{44}$lan$^{13}$fən$^{21}$na$^{0}$, pən$^{35}$kai$^{53}$lan$^{13}$fən$^{21}$tsʰiəu$^{53}$fait$^{3}$ tʂɔŋ$^{53}$lɔi$^{13}_{44}$ciau$^{35}$tau$^{21}_{44}$tʂəu$^{35}$ɲiəuk$^{3}$ təu$^{21}$li$^{35}_{44}$iet$^{3}$ tsʰau$^{21}$ua$^{0}$,kai$^{53}_{44}$ke$^{53}_{44}$tsʰiəu$^{53}_{44}$ɔn$^{35}_{44}$tso$^{53}$mak$^{3}$ ke$^{0}$?ɔn$^{35}$tso$^{53}_{44}$ma$^{35}$le$^{35}$ʂɔŋ$^{35}$ʂəu$^{53}$.

【骂】ma$^{53}$ 动①用粗语或恶意的话侮辱人：话别人家阴阳人是系～人呢。ua$^{53}$pʰiet$^{5}$ in$^{13}_{44}$ka$^{35}_{44}$in$^{35}$ niɔŋ$^{13}_{21}$ɲin$^{13}_{21}$ʂɿ$^{53}_{21}$xei$^{53}_{44}$ma$^{53}$ɲin$^{13}$nei$^{0}$. ②斥责：我话我细细子斫一条皮槠荚树哇，惹渠等～尽哩命啊。ŋai$^{13}$ua$^{53}$ŋai$^{13}$se$^{53}$se$^{53}$tsɿ$^{0}$ tʂɔk$^{3}$ iet$^{3}$ tʰiau$^{13}_{21}$pʰi$^{13}_{21}$tʂəu$^{35}_{44}$kait$^{3}$ ʂəu$^{53}$ua$^{0}$, ɲia$^{35}$ci$^{13}_{21}$tien$^{0}$ ma$^{53}$tsʰin$^{53}_{21}$ni$^{0}$ miaŋ$^{53}$ŋa$^{0}$.

【吗】ma$^{0}$ 助①放在整句或小句末，表示疑问语气：听懂哩～？tʰaŋ$^{35}$təŋ$^{21}$li$^{0}$ ma$^{0}$?｜慢点看下渠会食滴子～啦。man$^{53}_{21}$tian$^{0}$ kʰɔn$^{53}_{44}$na$^{53}_{44}$ci$^{13}_{21}$uɔi$^{53}_{44}$ʂət$^{5}$ tiet$^{5}$ tsɿ$^{0}$ ma$^{0}$ la$^{0}$. ②放在两个并列成分之间，表示两者都有可能，蕴含“或者”的意思：黄个～白个指桂花是我等。uɔŋ$^{13}$ke$^{53}_{44}$ma$^{0}$ pʰak$^{5}$ ke$^{53}_{44}$ʂɿ$^{53}_{44}$ŋai$^{13}_{21}$tien$^{0}$.

【吗嘞】ma$^{0}$lei$^{0}$/le$^{0}$ 助放在句末，表疑问语气：放哩弹子～？fɔŋ$^{53}_{44}$li$^{0}$ tʰan$^{53}$tsɿ$^{0}$ ma$^{0}$ lei$^{0}$?｜虾公有脚～？xa$^{13}$kəŋ$^{35}_{44}$iəu$^{35}_{44}$ciɔk$^{3}$ ma$^{0}$ lei$^{0}$?｜你怕杉槁劀～？系啊？杉槁劀你。ɲi$^{13}$pʰa$^{53}$sa$^{35}$kʰua$^{21}$tsʰan$^{13}$ma$^{0}$ le$^{0}$?xe$^{53}_{44}$a$^{0}$?sa$^{35}$kʰua$^{21}$tsʰan$^{13}$ɲi$^{13}$.

【埋】mai$^{13}$ 动葬：就系～个头晡夜晡还爱打开（棺材）来。tsʰiəu$^{53}_{44}$xei$^{53}_{44}$mai$^{13}$ke$^{53}_{44}$tʰei$^{13}$pu$^{35}_{44}$ia$^{53}$pu$^{35}$ xai$^{13}_{21}$ɔi$^{53}_{44}$ta$^{21}$kʰɔi$^{35}_{44}$lɔi$^{13}_{21}$.

【买】mai$^{35}$ 动购进；拿钱换东西：你到生资铺里去～只水子挽。ɲi$^{13}_{21}$tau$^{53}_{44}$sien$^{35}$tsɿ$^{35}_{44}$pʰu$^{53}$li$^{0}$ çi$^{53}_{44}$ mai$^{35}$tʂak$^{3}$ ʂei$^{21}$tsɿ$^{0}$ uan$^{21}$.｜我去～件衫呢。ŋai$^{13}$çi$^{53}$mai$^{35}$cʰien$^{53}$san$^{35}$ne$^{0}$.

【买主】mai$^{35}$tʂəu$^{21}$ 名大宗商品的买入者：箇个超市里买兜子咁个零里八碎个唔喊～。只有哪起嘞？大桩商品个～就喊～。打比样卖只屋分别人家，“～系么人呐？”箇就有～。但是你话欸卖斤辣椒，卖两掐白菜，箇唔讲～。kai$^{53}_{35}$ke$^{53}$tʂʰau$^{35}$ʂɿ$^{53}$li$^{21}$mai$^{35}$tei$^{35}_{53}$tsɿ$^{0}$ kan$^{21}_{44}$laŋ$^{13}$li$^{21}$pait$^{3}$ si$^{53}$ke$^{53}_{44}$ n̩$^{13}$xan$^{53}$mai$^{35}$tʂəu$^{21}$.tʂɿ$^{21}$iəu$^{35}_{53}$lai$^{53}$çi$^{21}$lei$^{0}$?tʰai$^{53}$tsɔŋ$^{35}_{44}$ʂɔŋ$^{35}_{44}$pʰin$^{21}$ke$^{53}_{44}$mai$^{35}$tʂəu$^{21}$tsiəu$^{53}$xan$^{53}$mai$^{35}$tʂəu$^{21}$.ta$^{21}$pi$^{21}$ iɔŋ$^{53}_{44}$mai$^{53}$tʂak$^{3}$ uk$^{3}$ pən$^{35}$pʰiet$^{5}$ in$^{13}_{21}$ka$^{35}_{44}$,"mai$^{35}$tʂəu$^{21}$xei$^{53}$mak$^{3}$ ɲin$^{13}_{44}$na$^{0}$?"kai$^{53}_{44}$tsʰiəu$^{53}_{44}$iəu$^{35}_{53}$mai$^{35}$tʂəu$^{21}$.tan$^{53}$ʂɿ$^{53}$ ɲi$^{13}$ua$^{53}_{44}$e$_{21}$mai$^{53}_{44}$cin$^{35}$lait$^{5}$ tsiau$^{35}_{44}$,mai$^{53}$iɔŋ$^{21}$kʰa$^{35}_{44}$pʰak$^{5}$ tsʰɔi$^{53}$,kai$^{53}$n̩$^{13}$kɔŋ$^{21}$mai$^{35}$tʂəu$^{21}$.

【荬梗】mak$^{3}$ kuaŋ$^{21}$ 名莴笋的肉质嫩茎：欸，还有嘞荬子好食，叶也好食，～也好食。e$_{21}$,xai$^{13}$ iəu$^{35}_{44}$lei$^{0}$ mak$^{3}$ tsɿ$^{0}$ xau$^{21}$ʂət$^{5}$ ,iait$^{5}$ ia$^{0}$ xau$^{21}$ʂət$^{5}$ ,mak$^{3}$ kuaŋ$^{21}$ŋa$^{35}$xau$^{21}$ʂət$^{5}$ .

【荬子】mak$^{3}$ tsɿ$^{0}$ 名莴笋。又称“莴荬、油荬子”：我等人以前栽菜呀，我就教知我老婆，～就爱多栽兜子。因为箇只东西嘞到哩箇个春天呐，青黄不接个时候子箇～食得久。欸，还有嘞～好食，叶也好食，荬梗也好食。就爱多栽，箇只东西就多栽，别么个都赠栽得咁多都好哩，箇食唔得几久。～就又食得久，又青黄不接个时候子个好菜，餐餐都食得。ŋai$^{13}$tien$^{0}$ in$^{13}_{44}$ i$^{35}$tsʰien$^{13}_{21}$tsɔi$^{35}$tsʰɔi$^{53}$ia$^{0}$ ,ŋai$^{13}$tsʰiəu$^{53}_{44}$ciau$^{35}_{44}$ti$^{35}_{44}$ŋai$^{13}_{21}$lau$^{21}$pʰo$^{13}$,mak$^{3}$ tsɿ$^{0}$ tsʰiəu$^{53}_{44}$ɔi$^{53}_{44}$to$^{35}$tsɔi$^{35}$tei$^{35}_{53}$tsɿ$^{0}$ .in$^{35}$uei$^{53}_{44}$kai$^{53}$ tʂak$^{3}$ təŋ$^{35}_{44}$si$^{0}$ lei$^{0}$ tau$^{53}$li$^{0}$ kai$^{53}_{44}$ke$^{53}_{44}$tʂʰən$^{35}$tʰien$^{35}$na$^{0}$ ,tsʰin$^{35}$uɔŋ$^{13}$pət$^{3}$ tsiait$^{3}$ ke$^{53}$ʂɿ$^{13}$xei$^{53}$tsɿ$^{0}$ kai$^{53}_{44}$mak$^{3}$ tsɿ$^{0}$ ʂət$^{5}$ tek$^{3}$ ciəu$^{21}$.e$_{21}$,xai$^{13}$iəu$^{35}_{44}$lei$^{0}$ mak$^{3}$ tsɿ$^{0}$ xau$^{21}$ʂət$^{5}$ ,iait$^{5}$ ia$^{0}$ xau$^{21}$ʂət$^{5}$ ,mak$^{3}$ kuaŋ$^{21}$ŋa$^{35}$xau$^{21}$ʂət$^{5}$ .tsʰiəu$^{53}_{44}$ɔi$^{53}_{44}$to$^{35}$tsɔi$^{35}$, kai$^{53}$(tʂ)ak$^{3}$ təŋ$^{35}_{44}$si$^{0}$ tsiəu$^{53}$to$^{35}$tsɔi$^{35}_{44}$,pʰiet$^{5}$ mak$^{3}$ ke$^{53}_{44}$təu$^{35}_{44}$maŋ$^{13}$tsɔi$^{35}$tek$^{3}$ kan$^{21}$to$^{35}$təu$^{35}_{53}$xau$^{21}$li$^{0}$ ,kai$^{53}_{44}$ʂət$^{5}$ n̩$^{13}_{44}$tek$^{3}$ ci$^{21}$ciəu$^{21}$.mak$^{3}$ tsɿ$^{0}$ tsʰiəu$^{53}_{44}$iəu$^{53}$ʂət$^{5}$ tek$^{3}$ ciəu$^{21}$,iəu$^{53}$tsʰin$^{35}$uɔŋ$^{13}_{21}$pət$^{3}$ tsiait$^{3}$ ke$^{53}$ʂɿ$^{13}_{44}$xei$^{53}_{44}$tsɿ$^{0}$ ke$^{53}_{44}$xau$^{21}$tsʰɔi$^{53}$, tsʰɔn$^{35}$tsʰɔn$^{35}_{44}$təu$^{35}_{44}$ʂət$^{5}$ tek$^{3}$ .

【麦粉】mak$^{5}$ fən$^{21}$ 名麦子经粗加工而成的粉：我等以映子是加工个机械不行呐，磨倒个～是□粗啦。ŋai$^{13}$tien$^{0}$ i$^{21}$iaŋ$^{53}$tsɿ$^{0}$ ʂɿ$^{53}_{21}$cia$^{35}$kəŋ$^{35}_{44}$ke$^{0}$ ci$^{35}$kai$^{53}$pət$^{3}$ çin$^{13}$na$^{0}$ ,mo$^{53}$tau$^{21}$ke$^{53}_{44}$mak$^{5}$ fən$^{21}$ʂɿ$^{53}_{21}$cʰia$^{53}$tsʰəu$^{35}$ la$^{0}$.

【麦麸】mak$^{5}$ fu$^{35}$ 名用小麦加工面粉时的副产品，多用作家畜饲料：～，又安做麦皮。mak$^{5}$ fu$^{35}$,iəu$^{53}_{21}$ɔn$^{35}_{44}$tso$^{53}_{44}$mak$^{5}$ pʰi$^{13}$.

【麦稿】mak$^{5}$ kau$^{21}$ 名麦秸。也称“麦稿子”：打哩麦子以后就有～。欸，箇个～嘞，我等以映个～下烧嘿哩，整柴烧嘿哩，沤秆□烧嘿哩，整柴都冇人烧，唔好烧。ta$^{21}$li$^{0}$ mak$^{5}$ tsɿ$^{0}$ i$^{35}$xei$^{53}$ tsʰiəu$^{53}$iəu$^{35}$mak$^{5}$ kau$^{21}$.e$_{21}$,kai$^{53}_{44}$ke$^{53}_{44}$mak$^{5}$ kau$^{21}$lei$^{0}$ ,ŋai$^{13}$tien$^{0}$ i$^{21}$iaŋ$^{53}$ke$^{53}$mak$^{5}$ kau$^{21}$xa$^{53}$ʂau$^{35}$xek$^{3}$ li$^{0}$ ,tʂən$^{21}$ tsʰai$^{13}$ʂau$^{35}_{44}$xek$^{3}$ li$^{0}$ ,ei$^{53}$kɔn$^{21}$tsiau$^{35}_{44}$ʂau$^{35}_{44}$xek$^{3}$ li$^{0}$ ,tʂən$^{21}$tsʰai$^{13}$təu$^{35}_{53}$mau$^{13}_{21}$ɲin$^{13}_{44}$ʂau$^{35}_{44}$,n̩$^{13}$xau$^{21}$ʂau$^{35}_{44}$.｜扯几条～子去扎兜子玩具，扎兜子咁个搞本子啊分细人子搞哩。tʂʰa$^{21}$ci$^{21}$tʰiau$^{13}$mak$^{5}$ kau$^{21}$tsɿ$^{0}$ çi$^{53}$tsait$^{3}$ tei$^{35}_{53}$tsɿ$^{0}$ uan$^{13}$tʂʮ$^{53}$,tsait$^{3}$ tei$^{35}_{53}$tsɿ$^{0}$ kan$^{21}$ke$^{53}$kau$^{21}$pən$^{21}$tsɿ$^{0}$ a$^{0}$ pən$^{35}_{44}$sei$^{53}$ɲin$^{13}_{21}$tsɿ$^{0}$ kau$^{21}$li$^{0}$ .

【麦梗】mak$^{5}$ kuaŋ$^{21}$ 名麦子的茎：～就可以用来织倒做草帽子嘞。mak$^{5}$ kuaŋ$^{21}$tsiəu$^{53}$kʰo$^{21}$i$^{35}$iəŋ$^{53}$

ləi$^{13}_{21}$tʂət$^{3}$ tau$^{21}$tso$^{53}$tsʰau$^{21}$mau$^{53}$tsɿ$^{0}$ le$^{0}$ .

【麦李子】mak$^{5}$ li$^{21}$tsɿ$^{0}$ [名]一种李子：～有哇。真正哪起安做～我也搞唔清。/更细。渠更早。mak$^{5}$ li$^{21}$tsɿ$^{0}$ iəu$^{35}$ua$^{0}$ .tʂən$^{35}$tʂən$^{53}_{44}$lai$^{53}$çi$^{21}$ ɔn$^{35}_{44}$tso$^{53}_{44}$mak$^{5}$ li$^{21}$tsɿ$^{0}$ ŋai$^{13}_{21}$ia$^{35}_{21}$kau$^{21}$ n̩$^{13}_{21}$tsʰin$^{35}_{44}$./cien$^{53}$se$^{53}$.ci$^{13}_{44}$cien$^{53}_{44}$tsau$^{21}$.

【麦米馃】mak$^{5}$ mi$^{21}$ko$^{21}$ [名]麦粉做的米馃：我等以映子是加工个机械不行呐，磨倒个麦粉是□粗啦。乌□□哩啦，麦米馃唔好食啦，绷硬一只只。箇连冇得灰面粉做个米馃箇好食嘞。ŋai$^{13}$tien$^{0}$ i$^{21}$iaŋ$^{35}$tsɿ$^{0}$ ʂɿ$^{53}_{21}$cia$^{35}$kəŋ$^{35}_{44}$ke$^{0}$ ci$^{35}$kai$^{53}$pət$^{3}$ çin$^{13}$na$^{0}$ ,mo$^{53}$tau$^{21}$ke$^{53}_{44}$mak$^{5}$ fən$^{21}$ʂɿ$^{53}_{21}$cʰia$^{35}$tsʰau$^{35}$la$^{0}$ .u$^{35}_{44}$ʂe$^{35}$ ʂe$^{35}$li$^{0}$ la$^{0}$ ,mak$^{5}$ mi$^{21}$ko$^{21}$m̩$^{13}$mau$^{21}$ʂət$^{5}$ la$^{0}$ ,paŋ$^{35}$ŋaŋ$^{35}$iet$^{3}$ tʂak$^{3}$ tʂak$^{3}$ .kai$^{53}$lien$^{13}$mau$^{13}_{21}$tek$^{3}$ fei$^{35}$mien$^{53}$fən$^{21}$tso$^{53}$ ke$^{53}_{44}$mi$^{21}$ko$^{21}$kai$^{53}$xau$^{21}$ʂət$^{5}$ le$^{0}$ .

【麦脑】mak$^{5}$ lau$^{21}$ [名]一种发型，将头发在头后扎成马尾形：安做么个？～。安做～。头发往后背梢。系啊，～。系。还不是系那麦子个麦？～？就就就尽尽分箇头发蓄得比较长，尽往后背梢哇。～。ɔn$^{35}_{44}$tso$^{53}_{44}$mak$^{3}$ (k)e$^{53}_{44}$?mak$^{5}$ lau$^{21}$.ɔn$^{35}_{44}$tso$^{53}_{44}$mak$^{5}$ lau$^{21}$.tʰei$^{13}$fait$^{3}$ uɔŋ$^{21}$xei$^{53}$pɔi$^{53}_{44}$sau$^{35}$.xei$^{53}_{44}$ a$^{0}$ ,mak$^{5}$ lau$^{21}$.xei$^{53}_{44}$.xai$^{13}$puk$^{3}$ ʂɿ$^{53}_{44}$xe$^{53}_{44}$la$^{53}_{44}$mak$^{5}$ tsɿ$^{0}$ ke$^{53}_{44}$mak$^{5}$ ?mak$^{5}$ lau$^{21}$.tsʰiəu$^{53}_{44}$tsʰiəu$^{53}_{35}$tsʰiəu$^{53}_{44}$tsʰin$^{53}$tsʰin$^{53}$pən$^{35}$ kai$^{53}_{44}$tʰei$^{13}$fait$^{3}$ çiəuk$^{3}$ tek$^{3}$ pi$^{21}$ciau$^{53}$tʂʰɔŋ$^{13}$,tsʰin$^{53}$uɔŋ$^{21}$xei$^{53}$pɔi$^{53}_{44}$sau$^{35}$ua$^{0}$ .mak$^{5}$ lau$^{21}$.

【麦蚊子】mak$^{5}$ mən$^{35}$tsɿ$^{0}$ [名]室内的一种黑色小蚊子，叮人：～，我等安做～。点伢大子个。等得到乌蚊子了嘞，箇就有脚箇只个嘞。以个～是点伢大子，同箇一只子芝麻样，咁大子个，就安做～。mak$^{5}$ mən$^{35}$tsɿ$^{0}$ ,ŋai$^{13}_{21}$tien$^{0}$ ɔn$^{35}_{44}$tso$^{53}_{44}$mak$^{5}$ mən$^{35}$tsɿ$^{0}$ .tian$^{21}_{53}$ŋa$^{13}_{44}$tʰai$^{53}$tsɿ$^{0}$ ke$^{53}_{44}$.tien$^{21}$tek$^{3}$ tau$^{53}_{44}$u$^{35}$mən$^{35}$ tsɿ$^{0}$ liau$^{21}$lei$^{0}$ ,kai$^{53}_{44}$tsʰiəu$^{53}_{21}$iəu$^{35}$ciɔk$^{3}$ kai$^{53}_{44}$tʂak$^{3}$ ke$^{53}_{44}$lei$^{0}$ .i$^{21}$ke$^{53}$mak$^{5}$ mən$^{35}$tsɿ$^{0}$ ʂɿ$^{53}_{44}$tian$^{21}_{53}$ŋa$^{13}_{44}$tʰai$^{53}$tsɿ$^{0}$ ,tʰəŋ$^{13}$kai$^{53}$ iet$^{3}$ tʂak$^{3}$ tsɿ$^{0}$ tʂɿ$^{35}$ma$^{13}_{21}$iɔŋ$^{53}$,kan$^{21}$tʰai$^{53}$tsɿ$^{0}$ ke$^{53}_{21}$,tsʰiəu$^{53}_{44}$ɔn$^{35}_{44}$mak$^{5}$ mən$^{35}$tsɿ$^{0}$ .

【麦线子】mak$^{5}$ sien$^{53}$tsɿ$^{0}$ [名]麦穗：欸箇丘田个～你看啦，下转咁哩哦！e$^{0}$ kai$^{53}_{44}$cʰiəu$^{35}$tʰien$^{13}_{21}$ke$^{53}_{44}$ mak$^{5}$ sien$^{53}$tsɿ$^{0}$ ɲi$^{13}_{21}$kʰɔn$^{53}_{44}$la$^{0}$ ,xa$^{53}$tʂuon$^{53}$kan$^{21}$ni$^{0}$ o$^{0}$ !｜箇麦子可以箇个嘞，唔多个情况下是我就可以分～割倒去，麦稿就丢嘿去嘞。kai$^{53}_{44}$mak$^{5}$ tsɿ$^{0}$ kʰo$^{21}$i$^{35}$kai$^{53}$ke$^{53}$le$^{0}$ ,n̩$^{13}$to$^{35}$ke$^{53}$tsʰin$^{13}_{21}$kʰɔŋ$^{53}_{44}$çia$^{53}_{44}$ʂɿ$^{53}_{44}$ŋai$^{13}_{21}$ tsʰiəu$^{53}_{44}$kʰo$^{21}$i$^{13}_{44}$pən$^{35}_{44}$mak$^{5}$ sien$^{53}$tsɿ$^{0}$ kɔit$^{3}$ tau$^{21}$çi$^{53}$,mak$^{5}$ kau$^{21}$tsʰiəu$^{53}_{44}$tiəu$^{35}$xek$^{3}$ çi$^{53}$le$^{0}$ .

【麦芽】mak$^{5}$ ŋa$^{13}$ [名]大麦种子发的芽。含丰富淀粉酶，可用做糖化剂：～两只呢，一只就熬糖呢。从前冇糖卖唠，我等是打倒～，有兜就用谷用粮食去熬糖，用糯米熬糖。有兜嘞就用么个用话哩用蔗梗子去下熬糖。蔗梗个都蛮少。番薯糖，放兜子～去，箇真好，嗯，剁滴子～。mak$^{5}$ ŋa$^{13}_{44}$iɔŋ$^{21}$tʂak$^{3}$ nei$^{0}$ ,iet$^{3}$ tʂak$^{3}$ tsʰiəu$^{53}$ŋau$^{13}_{21}$tʰɔŋ$^{13}$nei$^{0}$ .tsʰəŋ$^{13}$tsʰien$^{13}_{44}$mau$^{13}$tʰɔŋ$^{13}$mai$^{53}$lau$^{0}$ ,ŋai$^{13}$ tien$^{0}$ ʂɿ$^{53}_{44}$ta$^{21}$tau$^{21}$mak$^{5}$ ŋa$^{13}_{44}$,iəu$^{35}$təu$^{35}_{44}$tsʰiəu$^{53}$iəŋ$^{53}$kuk$^{3}$ iəŋ$^{53}_{44}$liɔŋ$^{13}$ʂət$^{5}$ çi$^{53}$ŋau$^{13}_{21}$tʰɔŋ$^{13}_{21}$,iəŋ$^{53}$lo$^{53}$mi$^{21}$ŋau$^{13}$tʰɔŋ$^{13}$.iəu$^{35}$ təu$^{35}_{53}$lei$^{0}$ tsʰiəu$^{53}$iəŋ$^{53}$mak$^{3}$ ke$^{0}$ iəŋ$^{53}_{44}$ua$^{53}_{21}$li$^{0}$ iəŋ$^{53}_{44}$tʂa$^{53}$kuaŋ$^{21}$tsɿ$^{0}$ çi$^{53}$xa$^{53}$ŋau$^{13}_{21}$tʰɔŋ$^{13}$.tʂa$^{53}$kuaŋ$^{21}$ke$^{53}_{44}$təu$^{35}_{44}$man$^{13}$ʂau$^{21}$. fan$^{35}$ʂəu$^{13}_{21}$tʰɔŋ$^{13}$,fɔŋ$^{53}$təu$^{35}_{53}$tsɿ$^{0}$mak$^{5}$ ŋa$^{13}$çi$^{53}$,kai$^{53}$tʂən$^{35}$xau$^{21}$,n̩$_{21}$,to$^{53}$tiet$^{5}$ tsɿ$^{0}$ mak$^{5}$ ŋa$^{13}$.

【麦芽凌】mak$^{5}$ ŋa$^{13}$lin$^{53}$ [名]严霜（地表土被其中水分凝成的冰顶松，踩在上面发出嘎吱嘎吱的响声）：打～ ta$^{21}$mak$^{5}$ ŋa$^{13}_{21}$lin$^{53}$ 又称"黄土出白肉" ｜咁长个～kan$^{21}$tʂʰɔŋ$^{13}$ke$^{53}_{44}$mak$^{5}$ ŋa$^{13}_{21}$lin$^{53}$

【麦芽糖】mak$^{5}$ ŋa$^{13}$tʰɔŋ$^{13}$ [名]一种碳水化合物，由含淀粉酶的麦芽作用于淀粉而制得，是一种传统小食：--就系欸占米糯米放兜麦芽去熬个糖。麦芽只系起到一种催化作用啊，欸，还系爱占米摎糯米，爱米去熬哇，熬出来个就系～嘞。欸，唔知系唔系有唔用麦芽也熬得糖出来，箇我就唔晓得。我晓得就硬爱麦芽。欸打正麦芽以后嘞，打倒箇麦芽就唔怕长啊，剁得末碎，剁碎来，放倒去分渠发酵哇让门子，落尾就可以去熬糖。mak$^{5}$ ŋa$^{13}_{21}$tʰɔŋ$^{13}$tsʰiəu$^{53}$xe$^{53}$e$_{21}$tʂan$^{35}$mi$^{21}$ lo$^{53}$mi$^{21}$fɔŋ$^{53}$te$^{35}_{44}$mak$^{5}$ ŋa$^{13}$çi$^{53}$ŋau$^{13}$ke$^{53}_{44}$tʰɔŋ$^{13}$.mak$^{3}$ ŋa$^{13}_{21}$tʂɿ$^{21}$xei$^{53}$çi$^{21}$tau$^{53}$iet$^{3}$ tʂəŋ$^{21}$tsʰi$^{35}$fa$^{53}$tsɔk$^{3}$ iəŋ$^{53}$ŋa$^{0}$ ,e$_{21}$,xai$^{13}_{21}$ xe$^{53}$ɔi$^{53}$tʂan$^{35}$mi$^{21}$lau$^{35}_{44}$lo$^{53}$mi$^{21}$,ɔi$^{53}$mi$^{21}$çi$^{53}$ŋau$^{13}$ua$^{0}$ ,ŋau$^{13}$tʂʰət$^{3}$ ləi$^{13}_{21}$ke$^{53}_{44}$tsʰiəu$^{53}_{44}$xei$^{53}_{44}$mak$^{5}$ ŋa$^{13}_{21}$tʰɔŋ$^{13}$le$^{0}$ .ei$_{44}$,n̩$^{13}$ti$^{35}_{53}$ xei$^{53}$mei$^{53}_{44}$iəu$^{35}_{44}$n̩$^{13}$iəŋ$^{53}$mak$^{5}$ ŋa$^{13}_{21}$ia$^{35}$ŋau$^{13}_{21}$tek$^{3}$ tʰɔŋ$^{13}_{21}$tʂʰət$^{3}$ ləi$^{13}_{21}$,kai$^{53}$ŋai$^{13}_{21}$tsʰiəu$^{53}$n̩$^{13}_{21}$çiau$^{21}$tek$^{3}$ .ŋai$^{13}$çiau$^{21}$tek$^{3}$ tsʰiəu$^{53}$ɲiaŋ$^{53}$ɔi$^{53}_{44}$mak$^{5}$ ŋa$^{13}_{21}$.e$^{0}$ ta$^{21}$tʂaŋ$^{53}_{44}$mak$^{5}$ ŋa$^{13}_{21}$i$^{35}$xei$^{53}_{44}$lei$^{0}$ ,ta$^{21}$tau$^{21}$kai$^{53}_{44}$mak$^{5}$ ŋa$^{13}_{21}$tsʰiəu$^{53}$m̩$^{13}$pʰa$^{53}$tʂʰɔŋ$^{13}$ŋa$^{0}$ , to$^{53}$tek$^{3}$ mait$^{5}$ si$^{53}$,to$^{53}$si$^{53}$ləi$^{13}_{21}$,fɔŋ$^{53}$tau$^{21}$çi$^{53}$pən$^{35}$ci$^{13}_{21}$fait$^{3}$ çiau$^{53}$ua$^{0}$ ɲiaŋ$^{53}$mən$^{13}_{44}$tsɿ$^{0}$ ,lɔk$^{5}$ mi$^{35}_{53}$tsʰiəu$^{53}$kʰo$^{21}$i$^{35}_{44}$çi$^{53}$ ŋau$^{13}_{21}$tʰɔŋ$^{13}_{21}$.

【麦子】mak$^{5}$tsɿ$^{0}$ [名]小麦：我等人以前欸箇晡面前讲个冇饭食个时候子就欸搞块子土栽滴子～，嗯，到哩春天呢，渠～就比禾啊成熟得更早，比早禾都更早，好像系，系唔系，三四月子吧，四月子啊么个时候子就有食吧？箇阵子有饭食个时候子就割滴子～，割～，打欸搞下子搞兜子麦米馃食下子。箇我割过～，我也栽过～。ŋai$^{13}$tien$^{0}$ ɲin$^{13}_{44}$i$^{35}_{53}$tsʰien$^{13}_{44}$e$_{21}$kai$^{53}$pu$^{35}_{44}$mien$^{53}$tsʰien$^{13}$kəŋ$^{21}$ ke$^{0}$ mau$^{13}$fan$^{53}$ʂət$^{5}$ ke$^{0}$ ʂɿ$^{13}$xəu$^{53}_{44}$tsɿ$^{0}$ tsʰiəu$^{53}_{44}$e$_{21}$kau$^{21}$kʰuai$^{53}$tsɿ$^{0}$ tʰəu$^{21}$tsɔi$^{35}_{44}$tiet$^{5}$ tsɿ$^{0}$ mak$^{3}$ tsɿ$^{0}$ ,n̩$_{21}$,tau$^{53}_{44}$li$^{0}$ tʂʰən$^{35}$ tʰien$^{35}_{44}$ne$^{0}$ ,ci$^{13}$mak$^{5}$ tsɿ$^{0}$ tsiəu$^{53}_{44}$pi$^{21}$uo$^{13}$a$^{0}$ tʂʰən$^{13}$ʂəuk$^{5}$ tek$^{3}$ cien$^{53}$tsau$^{21}$,pi$^{21}$tsau$^{21}$uo$^{13}$təu$^{35}_{44}$cien$^{53}$tsau$^{21}$,xau$^{21}$

tsʰiɔŋ53xe53,xei53-44mei53-44,san35si53ɲiet5tsɿ0pa0,si53ɲiet5tsɿ0a0mak3e0ʂʅ13xəu53-44tsɿ0tsʰiəu53-44iəu35ʂət5pa0?kai53tʂʰən53 tsɿ0mau13fan53ʂət5ke53ʂʅ13-44xəu53-44tsɿ0tsʰiəu53-44kɔit3tiet5tsɿ0mak5tsɿ0,kɔit3mak5tsɿ0,ta21e44kau21xa53tsɿ0kau21təu35-44 tsɿ0mak5mi21ko21ʂət5(x)a53tsɿ0.kai53-44ŋai13kɔit3ko53-44mak5tsɿ0,ŋai13ia35-44tsɔi35ko53mak5tsɿ0.

【麦子饭】mak5tsɿ0fan53 名掺有麦粒的米饭：～有哇。mak5-3tsɿ0fan53iəu35ua0.

【卖】mai53 动①出售；拿东西换钱：～屋 mai53uk3｜硬系人贩子是拐带嘿哩。唔知一～～嘿哪映去哩啊？～嘿河南啦河北又哪映子去哩。～咁远去哩。ɲiaŋ53xei53ɲin13fan53tsɿ0ʂʅ53-21kuai21tai53 (x)ek3li0.ṇ13-21ti35-53iet3mai53-44mai53-44(x)ek3la53iaŋ53-44çi53-44li0a0?mai53(x)ek3xo13lan13-21la0xo13pɔit3iəu53-44la53-44iaŋ53-44tsɿ0çi53 li0.mai53kan21ien21çi53li0. ②嫁：以前呐，早年间子，妹子～出去哩以后，～嘿哩妹子以后，到哩春天会归去踏青呢。i35-44tsʰien13-21na0,tsau21ɲien13kan35-44tsɿ0,mɔi53tsɿ0mai53tʂʰət3çi53li0i35-44xei53-44,mai53ek3li0 mɔi53tsɿ0i35-44xei53-44,tau53li0tʂʰən35tʰien35-44uɔi53kuei35çi53-44tʰait5tsʰiaŋ35nei0.

【卖二嫁】mai53ɲi53ka53 妇女再嫁：～了。卖嘿一嫁了，～。mai53-44ɲi53ka53-21liau0.mai53xek3iet3ka53 liau0,mai53-44ɲi53ka53-21.

【卖狗皮膏药个】mai53kei21pʰi13kau35iɔk5ke53-0 旧指推销名不副实的膏药的江湖郎中，后比喻说得好听，实则吹牛甚至骗人的人：箇到来一只～，我就用客姓讲法：“咦，箇又还唔系又系～，系唔系？”分渠听懂哩哦，箇几句话还系客姓，也呀掺普通话都差唔多，分渠听倒。“我就不是～嘞，”渠话，“我就不是。”我是细声子话下渠“箇唔系又～”。kai53tau53lɔi13iet3tʂak3mai53 ciei21pʰi13kau35-44iɔk5ke0,ŋai13tsʰiəu53iəŋ53-44kʰak3sin53kɔŋ21fait3:"i53,kai53-21iəu53xai13-21m13pʰe53-44iəu53xe53-44mai53ciei21 pʰi13kau35-44iɔk5ke0,xei53me53?"pən35ci13-21tʰaŋ35təŋ21li0o0,kai53ci21tʂʅ53fa53xai13-21xe53kʰak3sin53,ia35ia0lau35pʰu21 tʰəŋ35-44fa53təu35tsa35ṇ13-21to35,pən35ci13-21tʰaŋ35tau21."ŋai13tsʰiəu53pət3ʂʅ53mai53-44kei21pʰi13kau35-44iɔk5ke0le0,"ci13-44ua53-44, "ŋai13tsʰiəu53pət3ʂʅ53-44."ŋai13ʂʅ53-44se53ʂaŋ35tsɿ0ua53(x)a53-21ci13-44"kai53-44m13pʰe53-44iəu53mai53ciei21pʰi13kau35-44iɔk5ke0".

【卖家】mai53cia35-44 名卖方；商品的出售者：从～个角度上来讲，欸，(屋)卖嘿哩，就系写嘿哩。tsʰəŋ13mai53cia35-44ke53-44kɔk3tʰəu53-44xɔŋ53-44lɔi13-21kɔŋ21,e21,mai53xek3li0,tsʰiəu53-44xe53-44sia21xek3li0.

【卖妹子】mai53mɔi53tsɿ0 （女方父母）嫁女儿：～是箇就爱打蛮多线呶。mai53mɔi53tsɿ0ʂʅ53-44kai53-44 tsʰiəu53-21ɔi53ta21man13to35-44sien53nau0.

【卖妹子酒】mai53mɔi53tsɿ0tsiəu21 名婚庆活动中女方置办的酒席：食～ ʂet5mai53mɔi53tsɿ0tsiəu21

【卖千嫁】mai53tsʰien35ka53ke53 名多次改嫁，多用于辱骂妇女：有滴骂人家～，骂别人家～。你箇个有人爱个，～个。iəu35tet5ma53ɲin13-21ka35-44mai53tsʰien35ka53-44,ma53pʰiet5ɲin13-44ka35-44mai53tsʰien35ka53.ɲi13 kai53-44ke53-44mau13ɲin13ɔi53-44ke53-44,mai53tsʰien35ka53-44ke53-44.

【卖钱】mai53tsʰien13 动出售货物以换得金钱：渠箇阵子绩来～咯。ci13kai53tʂʰən53-44tsɿ0tsiak3lɔi13 mai53tsʰien13ko0.

【卖人家】mai53ɲin13-21ka35-44 动（女子）出嫁：我妹子～。我赖子就系主高亲呢。ŋai13mɔi53tsɿ0mai53 ɲin13-21ka35-44.ŋai13lai53tsɿ0tsʰiəu53uei53tʂʅ21kau35-44tsʰin35-44ne0.

【卖膝头盖】mai53tsʰiet3tʰei13-21pʰi13 指孝子下跪：欸，以下是安做～，以下子死哩爷娭是安做～。e44,i21xa53-44ʂʅ53-44ɔn35-44tso53-44mai53tsʰiet3tʰei13-21kɔi53,i21xa53tsɿ0si21li0ia13ɔi35-44ʂʅ53ɔn35-44tso53-44mai53tsʰiet3tʰei13-21kɔi53.

【卖膝头皮】mai53tsʰiet3tʰei13-21pʰi13 指孝子下跪：死哩爷娭就系～呀，膝头皮就爱舍得啊。si21li0 ia13ɔi35tsʰiəu53-44xei53-44mai53tsʰiet3tʰei13-21pʰi13ia0,tsʰiet3tʰei13-21pʰi13tsʰiəu53ɔi53ʂa21tek3a0.

【埋怨】mai13ien53 动抱怨：你不要～自家，只有～自家欸箇个呣𫟃生得人家好。ɲi13-21pət3iau53 mai13ien53tsʰɿ35ka35-44,tʂʅ21iəu53-53mai13ien53-44tsʰɿ35ka35-44e21kai53-44ke53-44m21maŋ13saŋ35-44tek3ɲin13ka35-44xau21.

【蛮】man13 副表示程度高，相当于“很，颇”：～难做 man13lan13tso53｜（茶豆）乌哩～多子。u35li0man13to35-44tsɿ0.｜～重子啦！man13tʂʰəŋ35tsɿ0la0!

【蛮扮】man13pan53 名蛮悍的人，也称“蛮扮筋、蛮人”：东乡就安做出～。～，蛮扮筋呐，蛮人呐。təŋ35çiɔŋ35tsʰiəu53-44ɔn35-44tso53-44tʂʰət3man13pan53.man13pan53-44,man13pan53cin35na0,man13ɲin13na0.

【蛮蛮扮扮】man13man13-44pan53-44pan53-44 形勉强；不太合适：莫搞箇样～个东西。mɔk5kau21kai53-44iɔŋ53-44 man13man13-44pan53-44pan53-44ke53-44təŋ35-44si0.

【馒坨】mɔn13tʰo13 名馒头。又称“馍馍”：要做包子箇过程呐，做包子～啊，发酵个过程就安做发面。iau53-44tso53pau35tsɿ0kai53ko53tʂʰən13-44na0,tso53pau35tsɿ0mɔn13tʰo13a0,fait3çiau53ke53-44ko53tʂʰən13tsʰiəu53-44 ɔn35-44tso53-44fait3mien53.

【满】man35/mən53/man21 形①全部充实；达到容量的极点：都酾～来，欸，酾～来我就食，食酒。tәu$^{35}_{44}$sai$^{35}_{44}$man$^{35}_{53}$lɔi$^{13}$,e$_{21}$,sai$^{35}$man$^{35}_{53}$nɔi$^{13}$ŋai$^{13}_{21}$tsʰiəu$^{53}_{44}$ʂət$^{5}$,ʂət$^{5}$tsiəu$^{21}$.｜用箇秆放袋筑～来。iəŋ$^{53}_{44}$kai$^{53}_{44}$kɔn$^{21}$fɔŋ$^{53}$tʰɔi$^{53}_{21}$tʂəuk$^{3}$mən$^{53}$lɔi$^{13}_{44}$. ②全；整个：用箇只可能也遮～唔来？iəŋ$^{53}$kai$^{53}_{44}$tʂak$^{3}$kʰo$^{21}_{44}$len$^{13}_{44}$ia$^{35}_{44}$tʂa$^{35}$man$^{21}$n̩$^{13}_{21}$nɔi$^{13}$?

【满分】man$^{35}$fən$^{35}$ 名指规定的最高的分数，也引申指完美的表现：以只事你做得蛮好，打得～。i$^{21}$tʂak$^{3}$sɿ$^{53}$ɲi$^{13}$tso$^{53}$tek$^{3}$man$^{13}$xau$^{21}$,ta$^{21}$tek$^{3}$man$^{35}$fən$^{35}_{44}$.

【满意】mɔn$^{35}$i$^{53}$ 动符合心愿：大人唔多～个。tʰai$^{53}$ɲin$^{13}_{21}$n̩$^{13}$to$^{35}_{44}$mɔn$^{35}$i$^{53}$ke$^{53}_{44}$.

【满月$_{1}$】man$^{35}$ɲiet$^{5}$ 动婴儿出生后满一个月：一个月～，做满月。就纪念下子咯。iet$^{3}$cie$^{53}$ɲiet$^{5}_{3}$man$^{35}$ɲiet$^{5}$,tso$^{53}$man$^{35}$ɲiet$^{5}$.tsʰiəu$^{53}_{44}$ci$^{53}$ɲien$^{53}_{44}$xa$^{53}_{44}$tsɿ$^{0}$ko$^{0}$.

【满月$_{2}$】man$^{35}$ɲiet$^{5}$ 名满月酒：欸，做～半月个时候子嘞，就爱置披子背带。e$_{44}$,tso$^{53}$man$^{35}$ɲiet$^{5}_{3}$pan$^{53}$ɲiet$^{5}_{3}$ke$^{53}_{44}$ʂɿ$^{13}$xei$^{53}_{44}$tsɿ$^{0}$lei$^{0}$,tsʰiəu$^{53}_{44}$ɔi$^{53}_{44}$tʂɿ$^{53}$pʰi$^{35}$tsɿ$^{0}$pi$^{53}$tai$^{53}_{44}$.

【满月酒】man$^{35}$ɲiet$^{5}$tsiəu$^{21}$ 名婴儿出生后满一个月时举办的庆典宴席：箇是你……你食嘞半月酒～是，食细人子出世个酒，不论半月还系满月，都爱发饽饽，发红饽饽。kai$^{53}_{44}$ʂɿ$^{53}_{44}$ɲi$^{13}_{21}$…ɲi$^{13}$ʂət$^{5}$le$^{0}$pan$^{53}$ɲiet$^{5}$tsiəu$^{21}$man$^{35}$ɲiet$^{5}$tsiəu$^{21}$ʂɿ$^{0}$,ʂət$^{5}_{3}$sei$^{53}$ɲin$^{13}_{21}$tsɿ$^{0}$tʂʰət$^{3}$ʂɿ$^{53}$ke$^{53}_{44}$tsiəu$^{21}$,pət$^{3}$lən$^{53}_{44}$pan$^{53}$ɲiet$^{5}$xai$^{13}_{21}$xe$^{53}_{44}$man$^{35}$ɲiet$^{5}$,təu$^{35}$ɔi$^{53}$fait$^{3}$pɔk$^{5}$pɔk$^{0}$,fait$^{3}$fəŋ$^{13}$pɔk$^{5}$pɔk$^{0}$.

【满足】mɔn$^{35}$tsuk$^{3}$ 动感到已经足够了：我还少滴子五千块嘞。箇我蛮～啊，陈老师。我也教几十年书都㫘进过咁多工资个，系唔系？ŋai$^{13}$xa$^{13}$ʂau$^{21}$tiet$^{5}$tsɿ$^{0}$ŋ̍$^{21}$tsʰien$^{35}$kʰuai$^{53}$le$^{0}$.kai$^{53}$ŋai$^{13}$man$^{13}$mɔn$^{35}$tsuk$^{3}$a$^{0}$,tʂʰən$^{13}$nau$^{21}$sɿ$^{35}_{44}$.ŋai$^{13}$ia$^{35}_{44}$kau$^{35}$ci$^{21}$ʂət$^{5}$ɲien$^{13}$ʂu$^{35}_{44}$təu$^{35}_{53}$maŋ$^{13}_{21}$tsin$^{53}$kuo$^{53}$kan$^{21}$to$^{35}_{44}$kəŋ$^{35}_{44}$tsɿ$^{35}_{44}$ke$^{0}$,xe$^{53}_{44}$me$^{53}_{44}$?

【㪐】man$^{53}$ 名①指甲缝里的脏东西：安做～呢，手指甲个～呢。ɔn$^{35}$tso$^{53}_{44}$man$^{53}$nei$^{0}$,ʂəu$^{21}$tʂɿ$^{21}$kait$^{3}$ke$^{53}_{44}$man$^{53}$nei$^{0}$. ②身上的污垢：蹭$_{搓擦}$～tsʰən$^{53}$man$^{53}$｜呃，我等长日教细人子呢，箇洗身呐洗面呐，箇耳朵背箇兜啦，欸颈筋下，硬爱多擦下子，莫搞起箇～条滚滚哩，箇是第一易得有～个栏场渠，欸。ə$_{21}$,ŋai$^{13}$tien$^{0}$tʂʰɔŋ$^{13}$ɲiet$^{3}$kau$^{35}$sei$^{53}$ɲin$^{13}_{21}$tsɿ$^{0}$nei$^{0}$,kai$^{53}_{44}$sei$^{21}$ʂən$^{35}$na$^{0}$sei$^{21}$mien$^{53}$na$^{0}$,kai$^{53}$ɲi$^{21}$to$^{21}$pɔi$^{53}$kai$^{53}_{44}$te$^{35}_{53}$la$^{0}$,ei$^{0}$ciaŋ$^{21}$cin$^{35}_{44}$xa$^{35}$, ɲiaŋ$^{53}$ɔi$^{53}$to$^{35}$tsʰait$^{3}$(x)a$^{53}$tsɿ$^{0}$,mɔk$^{5}$kau$^{21}$çi$^{53}_{44}$kai$^{53}_{44}$man$^{53}$tʰiau$^{13}_{21}$kuən$^{21}$kuən$^{21}$ni$^{0}$,kai$^{53}_{44}$ʂɿ$^{53}_{44}$tʰi$^{53}$iet$^{3}$i$^{53}$tek$^{3}$iəu$^{35}$man$^{53}$ke$^{53}$laŋ$^{13}_{21}$tʂʰɔŋ$^{13}_{44}$ci$^{13}_{44}$,e$_{21}$.

【㪐条滚滚】man$^{53}$tʰiau$^{13}_{21}$kuən$^{21}$kuən$^{21}$ 形容身上污垢很多：有兜细人子啊渠箇个家长唔太提醒渠，唔教渠呀，真系唔晓得熨帖。你去睎下子渠颈筋背看呐，墨乌个，擦下子么～哩。细人子硬爱教嘞。iəu$^{35}$tei$^{35}_{44}$sei$^{53}$ɲin$^{13}_{21}$tsɿ$^{0}$a$^{0}$ci$^{13}$kai$^{53}_{44}$ke$^{0}$cia$^{35}$tʂɔŋ$^{21}$n̩$^{13}$tʰai$^{53}$tʰi$^{13}$siaŋ$^{21}$ci$^{13}_{44}$,n̩$^{13}$kau$^{35}$ci$^{13}_{21}$ia$^{0}$,tʂən$^{35}$xei$^{53}$n̩$^{13}$çiau$^{21}$tek$^{3}$iait$^{3}$tʰiait$^{3}$. ɲi$^{13}$çi$^{53}_{44}$tʂʰɿ$^{35}$xa$^{53}$tsɿ$^{0}$ci$^{13}$ciaŋ$^{21}$cin$^{35}$pɔi$^{53}$kʰɔn$^{53}_{44}$na$^{0}$,me$^{5}$u$^{35}_{44}$ke$^{0}$,tsʰait$^{3}$(x)a$^{53}$tsɿ$^{0}$me$^{0}$man$^{53}$tʰiau$^{13}_{21}$kuən$^{21}$kuən$^{21}$li$^{0}$.sei$^{53}$ɲin$^{13}_{44}$tsɿ$^{0}$ɲiaŋ$^{53}$ɔi$^{53}_{44}$kau$^{35}$le$^{0}$.

【慢$_{1}$】man$^{53}$ 形迟缓；速度低。与“快”相对：手～呐。ʂəu$^{21}$man$^{53}$na$^{0}$.｜（黄檀树）长得～。tʂɔŋ$^{21}$tek$^{3}$man$^{53}$.

【慢$_{2}$】man$^{53}$ 名时间词。一般放在整句或小句句首，表示接下来的某个时间，相当于“一会儿、稍后”：～我等就休息下子。man$^{53}$ŋai$^{13}_{21}$tien$^{0}$tsiəu$^{53}_{44}$çiəu$^{35}$siet$^{3}$(x)a$^{53}$tsɿ$^{0}$.｜～汶妹子归来哩，爱汶妹子打电话分我呀。man$^{53}_{21}$uən$^{53}$mɔi$^{53}_{44}$tsɿ$^{0}$kuei$^{35}$lɔi$^{13}_{21}$li$^{0}$,ɔi$^{53}_{44}$uən$^{53}$mɔi$^{53}_{44}$tsɿ$^{0}$ta$^{21}$tʰien$^{53}$fa$^{53}$pən$^{35}$ŋai$^{13}_{21}$ia$^{0}$.

【慢滴】man$^{53}$tet$^{5}_{3}$ 名时间词。表示接下来的某个时间，相当于“一会儿、稍后”：今晡～渠唔好得咯，慢渠坐唔住咯。cin$^{35}$pu$^{35}_{44}$man$^{53}$tet$^{5}_{3}$ci$^{13}$n̩$^{13}_{21}$xau$^{21}$tek$^{3}$ko$^{0}$,man$^{53}$ci$^{13}_{44}$tsʰo$^{35}_{44}$n̩$^{13}_{21}$tʂʰəu$^{53}$ko$^{0}$.

【慢滴子】man$^{53}$tiet$^{5}$tsɿ$^{0}$ 副慢点儿；慢慢儿地：～走，不要跑。man$^{53}$tiet$^{5}$tsɿ$^{0}$tsei$^{21}$,pət$^{3}$iau$^{53}$pʰau$^{21}$.

【慢点】man$^{53}$tian$^{21}$ 名时间词。一般放在整句或小句句首，表示接下来的某个时间，相当于“一会儿、稍后”：～我我带你去到岭上去去箇个唠，拿张刀去斫条柴条子你。man$^{53}_{44}$tian$^{0}$ŋai$^{13}$ŋai$^{13}$tai$^{53}$ɲi$^{13}_{21}$çi$^{53}_{44}$tau$^{53}_{44}$liaŋ$^{35}$xɔŋ$^{53}_{44}$çi$^{53}_{44}$çi$^{53}_{44}$kai$^{53}_{44}$ke$^{53}_{44}$lau$^{0}$,la$^{35}_{44}$tʂɔŋ$^{35}_{44}$tau$^{35}$çi$^{53}$tʂɔk$^{3}$tʰiau$^{13}$tsʰai$^{13}$tʰiau$^{13}_{21}$tsɿ$^{0}$ɲi$^{13}_{21}$.｜我讲错哩是～就唔好了。ŋai$^{13}$kɔŋ$^{21}$tsʰo$^{53}$li$^{0}$ʂɿ$^{53}_{44}$man$^{53}_{44}$tian$^{21}_{44}$tsiəu$^{53}_{44}$m̩$^{13}$xau$^{21}$liau$^{0}$.

【慢点子】man$^{53}$tian$^{21}_{44}$tsɿ$^{0}$ 副慢点儿；慢慢儿地：你莫讲～看呶。ɲi$^{13}$mɔk$^{5}$kɔŋ$^{21}$man$^{53}$tian$^{21}_{44}$tsɿ$^{0}$kʰɔn$^{53}_{44}$nau$^{0}$.

【慢跺跺哩】man$^{53}$to$^{53}$to$^{53}$li$^{0}$ 形慢吞吞的样子：欸，教细人子啊，走路爱急惜滴子，～有兜用。e$_{21}$,kau$^{35}$sei$^{53}$ɲin$^{13}_{44}$tsɿ$^{0}$a$^{0}$,tsei$^{21}$ləu$^{53}$ɔi$^{53}_{21}$ciak$^{3}$siak$^{3}$tiet$^{5}$tsɿ$^{0}$,man$^{53}$to$^{53}$to$^{53}$li$^{0}$mau$^{13}$te$^{35}_{53}$iəŋ$^{53}$.

【慢慢子】man$^{53}$man$^{53}$tsɿ$^{0}$ 副①慢点儿；慢慢地：食哩饭爱～走，莫跑！/唔爱紧。ʂek$^{5}$li$^{0}$fan$^{53}$ɔi$^{53}$man$^{53}$man$^{53}$tsɿ$^{0}$tsei$^{21}$,mɔk$^{5}$pʰau$^{21}$!/m̩$^{13}$mɔi$^{35}$cin$^{21}$. ②渐渐地：以前冇得火缸，落尾～有火缸。i$^{35}_{44}$

tsʰien$^{13}_{21}$mau$^{13}$tek$^{3}$ fo$^{21}$kɔŋ$^{35}$,lɔk$^{5}$ mi$^{35}_{44}$man$^{53}$man$^{53}_{44}$tsɿ$^{0}$ iəu$^{35}_{44}$fo$^{21}$kɔŋ$^{35}$.

【慢探】man$^{53}$tʰan$^{53}$ 形（做事）不麻利：有兜人就～。哦，手势～就该受磨难。有只咁个话法，做事爱麻利，麻利兜子咯。iəu$^{35}$tei$^{35}_{53}$ɲin$^{13}_{21}$tsʰiəu$^{53}_{44}$man$^{53}$tʰan$^{53}$.o$_{21}$,ʂəu$^{21}$ʂʅ$^{53}$man$^{53}$tʰan$^{53}$tsʰiəu$^{0}$ kɔi$^{35}$ʂəu$^{35}$ mo$^{13}$lan$^{53}$.iəu$^{35}_{44}$tʂak$^{3}$ kan$^{21}$cie$^{53}_{44}$ua$^{53}$fait$^{3}$,tso$^{53}$sɿ$^{53}$ɔi$^{53}$ma$^{13}$li$^{53}$,ma$^{13}$li$^{53}$tei$^{35}_{53}$tsɿ$^{0}$ ko$^{0}$.

【慢行】man$^{53}$xaŋ$^{13}$ 动慢走；对即将离开的人所说的客套话：话别人家同别人家告别个时候子啊，系唔系？“～啊！～啊！”实在硬系讲～，老人家子就会讲～啊。年轻人就慢走啊，慢走。ua$^{53}_{44}$pʰiet$^{5}$ in$^{13}_{21}$ka$^{35}_{44}$tʰəŋ$^{13}_{21}$pʰiet$^{5}_{3}$ in$^{13}_{44}$ka$^{35}_{44}$kau$^{53}_{44}$pʰiet$^{5}$ kei$^{0}$ ʂʅ$^{13}$xei$^{53}_{44}$tsɿ$^{0}$ a$^{0}$,xei$^{53}_{44}$me$^{53}_{44}$?"man$^{53}$xaŋ$^{13}$ŋa$^{0}$!man$^{53}$ xaŋ$^{13}$ŋa$^{0}$!"ʂət$^{5}$ tsʰai$^{53}$ɲiaŋ$^{53}$(x)e$^{53}_{44}$kɔŋ$^{21}_{44}$man$^{53}$xaŋ$^{13}$,lau$^{21}$ɲin$^{13}$ka$^{35}$tsɿ$^{0}$ tsʰiəu$^{53}_{44}$uɔi$^{53}_{44}$kɔŋ$^{21}$man$^{53}$xaŋ$^{13}$ŋa$^{0}$. ɲien$^{13}$ cʰin$^{35}$ɲin$^{13}_{21}$tsʰiəu$^{53}_{44}$man$^{53}$tsei$^{21}$a$^{0}$,man$^{53}$tsei$^{21}$.

【慢走】man$^{53}$tsei$^{21}$ 动客套话。用于送客时请对方路上注意安全。可单说：～！man$^{53}$tsei$^{21}$!｜你～啊！ɲi$^{13}$man$^{53}$tsei$^{21}$a$^{0}$!

【芒】mɔŋ$^{13}$ 名芒草：就去割滴青芒分渠食。割滴～。tsʰiəu$^{53}_{44}$çi$^{53}_{44}$kɔit$^{3}$ tiet$^{5}$ tsʰiaŋ$^{35}$mɔŋ$^{13}$pən$^{35}_{44}$ci$^{13}_{44}$ ʂət$^{5}$.kɔit$^{3}$ tiet$^{5}_{3}$ mɔŋ$^{13}$.

【芒草】mɔŋ$^{13}$tsʰau$^{21}$ 名多年生草本植物，叶子条形，秋天茎顶生穗，果实多毛：割一掐～。kɔit$^{3}$ iet$^{3}$ kʰa$^{35}$mɔŋ$^{13}$tsʰau$^{21}$.

【芒草菌】mɔŋ$^{13}$tsʰau$^{21}$cʰin$^{35}$ 名长在冬茅里的食用菌。又称“冬芒菌”：～，系，有起～，就箇芒头蔸下长倒个。mɔŋ$^{13}$tsʰau$^{21}$cʰin$^{35}$,xei$^{53}$,iəu$^{35}$çi$^{21}$mɔŋ$^{13}$tsʰau$^{21}$cʰin$^{35}_{44}$,tsʰiəu$^{53}_{44}$kai$^{53}_{44}$mɔŋ$^{13}$tʰei$^{13}_{21}$tei$^{35}$xa$^{53}_{44}$tʂɔŋ$^{21}$ tau$^{21}$ke$^{53}$.

【芒槌】mɔŋ$^{13}$tʂʰei$^{13}$ 名棒槌；捶打用的木棒：还有一种就擂槌哟。箇只擂槌嘞就又喊～。箇只就一头拿手，箇头就更大。就咁个。xai$^{13}$iəu$^{35}_{53}$iet$^{3}$ tʂəŋ$^{21}$tsʰiəu$^{53}$li$^{13}$tʂʰei$^{13}_{21}$iau$^{0}$.kai$^{53}$tʂak$^{3}$ li$^{13}$tʂʰei$^{13}_{21}$lei$^{0}$ tsʰiəu$^{53}_{44}$iəu$^{53}$xan$^{53}_{44}$mɔŋ$^{13}$tʂʰei$^{13}_{21}$.kai$^{53}_{44}$tʂak$^{3}$ tsʰiəu$^{53}_{44}$iet$^{3}$ tʰei$^{13}$la$^{53}$ʂəu$^{21}$,kai$^{53}$tʰei$^{13}_{21}$tsʰiəu$^{53}_{44}$ken$^{53}$tʰai$^{53}$.tsʰiəu$^{53}_{44}$kan$^{21}$ke$^{53}_{44}$.

【芒蜂】mɔŋ$^{13}$fəŋ$^{35}$ 名一种野蜂，较长，腰细，黄褐色：芒头上个欵～。有哇，有人讲，安做～啊。mɔŋ$^{13}$tʰei$^{13}$xɔŋ$^{53}_{44}$ke$^{53}_{44}$e$_{21}$mɔŋ$^{13}$fəŋ$^{35}$.iəu$^{35}$ua$^{0}$,iəu$^{35}$ɲin$^{13}_{21}$kɔŋ$^{13}_{21}$,ɔn$^{35}_{44}$tso$^{53}_{44}$mɔŋ$^{13}$fəŋ$^{35}$ŋa$^{0}$.

【芒梗】mɔŋ$^{13}$kuaŋ$^{21}$ 名冬芒的茎：如今岭上就有箇起～。i$^{13}_{21}$cin$^{35}_{44}$liaŋ$^{35}$xɔŋ$^{53}_{44}$tsʰiəu$^{53}_{44}$iəu$^{35}$kai$^{53}_{44}$çi$^{21}_{44}$mɔŋ$^{13}$ kuaŋ$^{21}$.

【芒花豆】mɔŋ$^{13}$fa$^{35}$tʰei$^{53}$ 名一种野生豆类植物的种子：有起安做～，豆子唔知几细，荚还系□长。聋黄子一只，到处都有野生，嗯，野生。箇个苗么你只爱唔舞咁，渠就野生倒，生倒嘞箇苗嘞一大蓬，一大蓬个苗。以下就系摘起唔得倒，就系收起唔得倒。食嘞还好食，野生，真香，清香，有种清香。但是就系唔得倒。丁啱大子，同箇几大子？反正丁啱大子凑，唔得倒，哎呀，硬呃摘一……和荚摘倒来咯，摘一篓公咯，都唔知舞得一升倒嘛。唔多得倒箇东西。同箇绿豆子咁大子。但是有么人去栽，因为箇野生到处都有。iəu$^{35}$çi$^{21}$ɔn$^{35}_{44}$tso$^{53}_{44}$mɔŋ$^{13}$fa$^{35}$tʰei$^{53}$, tʰei$^{53}$tsɿ$^{21}$n̩$^{13}$ti$^{35}_{53}$ci$^{21}$se$^{53}$,kait$^{3}$ xai$^{13}$xe$^{53}$lai$^{35}$tʂʰɔŋ$^{13}_{21}$.ləŋ$^{35}$uɔŋ$^{13}$tsɿ$^{0}$ iet$^{3}$ tʂak$^{3}$,tau$^{53}$tʂʰəu$^{53}_{44}$təu$^{35}_{44}$iəu$^{35}_{44}$ia$^{35}$saŋ$^{35}$,n̩$_{21}$,ia$^{35}$ saŋ$^{35}_{44}$.kai$^{53}_{44}$ke$^{53}_{44}$miau$^{13}$me$^{0}$ɲi$^{13}$tʂʅ$^{21}$ɔi$^{53}$n̩$^{13}_{44}$u$^{21}$kan$^{21}$,ci$^{13}_{21}$tsʰiəu$^{53}$ia$^{35}$saŋ$^{35}$tau$^{21}$,saŋ$^{21}$tau$^{21}$lei$^{0}$ kai$^{53}_{44}$miau$^{13}$lei$^{0}$ iet$^{3}$ tʰai$^{53}$ pʰəŋ$^{13}$,iet$^{3}$ tʰai$^{53}$pʰəŋ$^{13}$cie$^{53}$miau$^{13}$.i$^{21}$xa$^{53}_{44}$tsʰiəu$^{53}$xei$^{53}_{44}$tsak$^{3}$ çi$^{21}_{53}$n̩$^{13}_{21}$tek$^{3}$ tau$^{21}$,tsʰiəu$^{53}$xei$^{53}_{44}$ʂəu$^{35}_{44}$çi$^{21}_{44}$n̩$^{13}_{21}$tek$^{3}$ tau$^{21}$.ʂət$^{5}$ le$^{0}$ xai$^{13}_{21}$xau$^{21}$ʂət$^{5}$,ia$^{35}$saŋ$^{35}$,tʂən$^{35}$çiɔŋ$^{35}$,tsʰin$^{35}$çiɔŋ$^{35}$,iəu$^{35}_{44}$tʂəŋ$^{21}$tsʰin$^{35}$çiɔŋ$^{35}$.tan$^{53}_{44}$ʂʅ$^{53}_{44}$tsʰiəu$^{53}$xe$^{53}_{21}$n̩$^{13}$tek$^{3}$ tau$^{21}$.tin$^{53}$ ŋait$^{3}$ tʰai$^{53}$tsɿ$^{0}$,tʰəŋ$^{13}_{21}$kai$^{53}$ci$^{21}$tʰai$^{53}$tsɿ$^{0}$?fan$^{21}$tʂən$^{53}_{44}$tin$^{53}$ŋait$^{3}$ tʰai$^{53}$tsɿ$^{0}$ tsʰe$^{0}$,n̩$^{13}$tek$^{3}$ tau$^{21}$,ai$_{53}$ia$_{35}$, ɲiaŋ$^{53}$ə$^{0}$ tsak$^{3}$ iet$^{3}$ ···uo$^{53}$kait$^{3}$ tsak$^{3}$ tau$^{21}$lɔi$^{13}$ko$^{0}$,tsak$^{3}$ iet$^{3}$ li$^{21}$kəŋ$^{35}$ko$^{0}$,təu$^{35}_{44}$n̩$^{13}$ti$^{35}_{53}$u$^{21}$tek$^{3}$ iet$^{3}$ ʂən$^{35}$tau$^{21}$ma$^{0}$.n̩$^{13}$to$^{35}_{53}$tek$^{3}$ tau$^{21}$ kai$^{53}_{44}$təŋ$^{35}_{44}$si$^{0}$.tʰəŋ$^{13}_{21}$kai$^{53}_{44}$liəuk$^{5}$ tʰei$^{53}$tsɿ$^{0}$ kan$^{21}$tʰai$^{53}$tsɿ$^{0}$.tan$^{53}$ʂʅ$^{53}$mau$^{13}_{21}$mak$^{3}$ in$^{13}_{44}$çi$^{53}$tsɔi$^{35}$,in$^{35}$uei$^{53}_{44}$kai$^{53}$ia$^{35}$saŋ$^{35}_{44}$ tau$^{53}$tʂʰəu$^{53}$təu$^{35}_{44}$iəu$^{35}_{44}$.

【芒花扫把】mɔŋ$^{13}$fa$^{35}$sau$^{53}$pa$^{21}$ 名用芒穗扎成的扫把：渠等有兜人是高粱稿加倒箇个欵芒花，咁子去扎扫把，加兜芒花去扎。一般用～个多。～，第一只就轻快，第二只嘞扫得净，嗯，但是也有兜子跌芒花。第三只嘞取材容易，不要钱，到岭上去斫凑，以三时节就有斫了啦。只爱芒花老哩，嫩个要唔得嘞，箇生个，爱老哩白哩了就好哩，就有用。ci$^{13}_{21}$tien$^{0}$ iəu$^{35}$təu$^{35}_{53}$ɲin$^{13}_{21}$ ʂʅ$^{53}_{44}$kau$^{35}$liɔŋ$^{13}_{21}$kau$^{21}$cia$^{35}$tau$^{21}$kai$^{53}$ke$^{53}$e$_{21}$mɔŋ$^{13}$fa$^{35}_{44}$,kan$^{21}$tsɿ$^{0}$ çi$^{53}$tsait$^{3}$ sau$^{53}$pa$^{21}$,cia$^{35}$təu$^{35}_{53}$mɔŋ$^{13}$fa$^{35}_{44}$çi$^{53}$tsait$^{3}$.iet$^{3}$ pɔn$^{35}_{44}$iəŋ$^{53}$mɔŋ$^{13}$fa$^{35}_{53}$sau$^{53}$pa$^{21}$ke$^{53}_{44}$to$^{35}_{44}$.mɔŋ$^{13}$fa$^{35}_{44}$sau$^{53}$pa$^{21}$,tʰi$^{53}$iet$^{3}$ tʂak$^{3}$ tsʰiəu$^{53}$cʰiaŋ$^{35}$kʰuai$^{53}$,tʰi$^{53}$ɲi$^{53}$tʂak$^{3}$ lei$^{0}$ sau$^{53}$tek$^{3}$ tsʰiaŋ$^{53}$,n̩$_{21}$,tan$^{53}$ʂʅ$^{53}$ia$^{35}$iəu$^{35}_{53}$təu$^{35}_{53}$tsɿ$^{0}$ tet$^{3}$ mɔŋ$^{13}$fa$^{35}_{44}$.tʰi$^{53}$san$^{35}$tʂak$^{3}$ lei$^{0}$ tsʰi$^{21}$tsʰɔi$^{13}$iəŋ$^{13}$i$^{53}$,pət$^{3}$ iau$^{53}$ tsʰien$^{13}$,tau$^{53}$liaŋ$^{35}$xɔŋ$^{53}_{44}$çi$^{53}$tʂɔk$^{3}$ tsʰe$^{53}$,i$^{21}$san$^{35}_{44}$ʂʅ$^{13}_{44}$tset$^{3}$ tsʰiəu$^{53}$iəu$^{35}_{53}$tʂɔk$^{3}$ liau$^{0}$ la$^{0}$.tʂʅ$^{21}$ɔi$^{53}$mɔŋ$^{13}$fa$^{35}_{44}$lau$^{21}$li$^{0}$,lən$^{53}$ cie$^{53}_{44}$iau$^{53}$n̩$^{13}_{21}$tek$^{3}$ le$^{0}$,kai$^{53}_{44}$saŋ$^{35}$ke$^{0}$,ɔi$^{53}$lau$^{21}$li$^{0}$ pʰak$^{5}$ li$^{0}$ liau$^{0}$ tsiəu$^{53}$xau$^{21}$li$^{0}$,tsʰiəu$^{53}_{44}$iəu$^{35}$iəŋ$^{53}$.

【芒灰】maŋ13fɔi35 名不带泥土烧的冬芒灰：～就系欸箇个冬芒烧个灰，斫倒箇冬芒烧个灰。唔带泥个冬芒灰。mɔŋ13fɔi35tsʰiəu53xe53e21kai53/44ke53/44təŋ35mɔŋ13/21ʂau35/44ke53/44fɔi35,tʂɔk3 tau21kai53/44təŋ35mɔŋ13/21ʂau35/44ke53/44fɔi35.n̩13tai53ne13ke53təŋ35mɔŋ13/21fɔi35.

【芒头】mɔŋ13tʰei0 名芒草：箇～呀，箇个冬芒啊，冬下头嘞也会发滴子笋。ka53/44mɔŋ13tʰei13ia0,kai53/44ke53/44təŋ35mɔŋ13/44ŋa0,təŋ35xa53/44tʰei13/21lei0 ia35uɔi53fait3 tiet5 tsɿ0 sən21.｜热天来个春天来哩有～（牛）就食～唠。ɲiet5 tʰien35/44lɔi13/44ke0 tʂʰən35tʰien35lɔi13/21li0 iəu35mɔŋ13tʰei0 tsʰiəu53/44ʂət5 mɔŋ13tʰei0 lau0.

【芒头壁】mɔŋ13tʰei13/44piak3 名长满芒头的陡坡：（排田）如今下成哩～，看唔出来哩，冇么人作哩啊。大田丘都冇人作哩哦。i13/21cin35/44xa53ʂaŋ13/21li0 mɔŋ13tʰei13/44piak3,kʰɔn53n̩13/21tʂʰət3 lɔi13/21li0,mau13mak3 in13/44tsɔk3 li0 a0.tʰai53tʰien13/21cʰiəu35/44təu35/53mau13/21ɲin13/44tsɔk3 li0 o0.

【芒头蓬】mɔŋ13tʰei13/44pʰəŋ13 名丛生的杂树或杂草：一般是草多个栏场就安做～里呢。～里啊进人都进唔得哩。到处系进人唔得个～哩。iet3 pɔn35ʂɿ53tsʰau21to35/53ke0 laŋ13/21tʂʰɔŋ13/44tsʰiəu53ɔn35/53tso53mɔŋ13tʰei13/44pʰəŋ13li0 nei0.mɔŋ13tʰei13/44pʰəŋ13li0 a0 tsin53ɲin13təu35/44tsin53n̩13/21tek3 li0.tau53tʂʰəu53xe53/44tsin53ɲin13n̩13/44tek3 ke0 mɔŋ13tʰei13/44pʰəŋ13li0.

【芒种】mɔŋ13təŋ53/tʂəŋ53 名二十四节气之一：“～忙忙栽，夏至禾胞胎。”～时候子是搞都冇赢啦，么个都爱栽啦，唔栽就冇得啊。又话“～芒出，夏至禾出”。"mɔŋ13təŋ53mɔŋ13mɔŋ13tsɔi35,xa53tʂɿ53uo13pau35/44tʰɔi35."mɔŋ13tʂəŋ53ʂɿ13xei53tsɿ0 ʂɿ53/44kau21təu35/53mau13/21iaŋ13la0,mak3 ke53təu35/53ɔi53tsɔi35la0,n̩13tsɔi35tsʰiəu53/44mau13tek3 a0.iəu53ua53"mɔŋ13tʂəŋ53mɔŋ13tʂʰət3,xa53tʂɿ53uo13tʂʰət3".

【芒种桃】mɔŋ13tʂəŋ53tʰau13 名一种芒种前后成熟的桃子品种：还有起～嘞。更早兜子唠。xai13iəu35/44çi21mɔŋ13tʂəŋ53tʰau13/21le0.ken53tsau21te35tsɿ21lau0.

【忙】mɔŋ13 形事务多，没空闲：到哩芒种边子是硬真～哦硬哦。tau53li0 mɔŋ13tʂəŋ53pien35tsɿ0 ʂɿ53/44ɲiaŋ53tʂən35mɔŋ13ŋo0 ɲiaŋ53/44ŋo0.

【猫公】miau53kəŋ35 名猫：（猫公蛇）唔知喊脑壳像～啊还系会叫，箇～个声。n̩13ti35/53xan53lau21kʰɔk3 tsʰiɔŋ53/44miau53kəŋ35/44ŋa0 xai13/21xe53/44uɔi53/44ciau53,kai53/44miau53kəŋ35/44ke53/44ʂaŋ35.

【猫公蛇】miau53kəŋ35ʂa13 名蛇名，传说能发出如猫一样的叫声：～，有，系，有～。大概～就叫……唔知喊脑壳像猫公啊还系会叫，箇猫公个声。我唔多记得哩。～。miau53kəŋ35ʂa13/21,iəu35/44,xei53/44,iəu35miau53kəŋ35/44ʂa13/21.tʰai53/44kʰai53/44miau53kəŋ35ʂa13/21tsʰiəu53/44ciau53…n̩13ti35/53xan53lau21kʰɔk3 tsʰiɔŋ53/44miau53kəŋ35/44ŋa0 xai13/21xe53/44uɔi53/44ciau53,kai53/44miau53kəŋ35/44ke53/44ʂaŋ35.ŋai13m̩13/21to35/44ci53tek3 li0.miau53kəŋ35ʂa13/44.

【猫牯】miau53ku21 名公猫：猫公嘞就系指猫子，～嘞就系相对猫嫲来讲个，～猫嫲。miau53kəŋ35lei0 tsʰiəu53/44xei53/44tʂɿ21miau53tsɿ0,miau53ku21lei0 tsʰiəu53/44xei53/44siɔŋ35tei53miau53ma13lɔi13kɔŋ21ke0,miau21ku21miau53ma13.

【猫籁子】miau53lɔi53/44tsɿ0 名室内的门侧墙根开的洞，方便猫进出：房间里就开～。就莫分狗进去。间里就莫分狗进去，会惹狗虱啊。但是你个大门屋墙个大门就你就爱开狗籁子唠。系呀？开狗籁子。间里就开～。～就只有咁大了，只出得一只子猫公啊。狗就更大吵。faŋ13cien35/44ni21tsʰiəu53/44kʰɔi35/44miau53lɔi53/44tsɿ0.tsʰiəu53/44mɔk5 pən35ciei21tsin53çi53/44.kan35ni21tsʰiəu53/44mɔk5 pən35/44ciei21tsin53/44çi53/44,uɔi53/44ɲia35ciei21sek3 a0.tan53/44ʂɿ53/44ɲi13/21ke53/44tʰai53mən13/21uk3 tsʰiɔŋ13/44ke53/44tʰai53mən13/21tsʰiəu53/44ɲi13/21tsʰiəu53/44ɔi53/44kʰɔi35/44ciei21lɔi53tsɿ0 lau0.xei53/44ia0?kʰɔi35ciei21lɔi53tsɿ0.kan35ni21tsʰiəu53/44kʰɔi35miau53lɔi53/44tsɿ0.miau53lɔi53/44tsɿ0 tsʰiəu53/44tʂɿ21iəu35/44kan21/35tʰai53tsɿ0,tʂɿ21tʂʰət3 tek3 iet3 tʂak3 tsɿ0 miau53kəŋ35/44ŋa0.ciei21tsʰiəu53/44cien53tʰai53ʂa0.

【猫嫲】miau53ma13 名已生育过的母猫：～爱交配个时候子，通夜放势叫，寻猫牯，怀死声，欸。miau53ma13ɔi53ciau35pʰei53ke53/44ʂɿ13xei53/44tsɿ0,tʰəŋ35ia53/44xɔŋ53/44ʂɿ53/44ciau53,tsʰin13miau53ku21,uai13si21ʂaŋ35/44,e21.｜有只笑话啦。一只人讲事渠话搞都冇赢，系唔系？渠话：“欸，～又思春，狗嫲又起走。”狗嫲怀春了嘞就到处走，寻狗牯哇去交配呀。呀“～又思春”，～思春就～爱寻猫牯了，系唔系？爱交配了。“狗嫲又起走。箇下是你去搞哇。”欸嘿，箇笑话咯。iəu35/44tʂak3 siau53fa53/21la0.iet3 tʂak3 ɲin13/44kəŋ21sɿ53ci13/21ua53/44kau21təu35/53mau13/21iaŋ13,xei53me53?ci13/21ua53:"e21,miau53ma13iəu53sɿ35tʂʰən35,kei21ma13iəu53çi21tsei21."kei21ma13fai13tʂʰən35liau21lei0 tsʰiəu53/44tau53tʂʰəu53/44tsei21,tsʰin13kei21ku21ua0 çi53/44ciau35pʰei53ia0.ia0"miau53ma13iəu53sɿ35/44tʂʰən35",miau53ma13sɿ35/44tʂʰən35tsʰiəu53/44miau53ma13ɔi53/44tsʰin13miau53ku21liau0,xei53me53?ɔi53/44ciau35pʰei53liau0."kei21ma13iəu53çi21tsei21.kai53xa53/44ʂɿ53/44ni13çi53kau21ua0."e44xe53,kai53/44siau53fa53/21ko0.

【猫头牯】miau53tʰei13ku21 名猫头鹰：我等人老家箇屋后背有条树上，只有我老婆就晓得，箇映有～，渠捉过蛮多～，～崽子啊。我就话渠莫去捉啊，系唔系啊？～崽子捉倒来炆倒食，整脑壳，确实系整脑壳，蛮好，整脑壳痛啊。以下就咁多年𫗦去了，唔知还有嘛。ŋai$^{13}_{21}$tien$^{0}$ ɲin$^{13}_{44}$lau$^{21}$cia$^{35}_{44}$kai$^{53}$uk$^{3}$ xei$^{53}$pɔi$^{53}$iəu$^{35}$tʰiau$^{13}_{21}$ʂəu$^{53}$xɔŋ$^{53}$,tʂʅ$^{21}$iəu$^{35}_{53}$ŋai$^{13}_{21}$lau$^{21}$pʰo$^{13}$tsʰiəu$^{53}$çiau$^{21}$tek$^{3}$,kai$^{53}_{44}$iaŋ$^{53}_{44}$iəu$^{35}_{44}$ miau$^{53}$tʰei$^{13}_{21}$ku$^{21}$,ci$^{13}_{21}$tsɔk$^{3}$ ko$^{53}$man$^{13}_{21}$to$^{35}_{44}$miau$^{53}$tʰei$^{13}_{21}$ku$^{21}$,miau$^{53}$tʰei$^{13}_{21}$ku$^{21}$tse$^{21}$tsɿ$^{0}$ a$^{0}$.ŋai$^{13}_{21}$tsʰiəu$^{53}$ua$^{53}$ci$^{13}_{21}$mɔk$^{5}$ çi$^{53}$ tsɔk$^{3}$ a$^{0}$,xei$^{53}$me$^{53}$a$^{0}$?miau$^{53}$tʰei$^{13}_{21}$ku$^{21}$tsei$^{21}$tsɿ$^{0}$ tsɔk$^{3}$ tau$^{21}$lɔi$^{13}_{44}$uən$^{13}$tau$^{21}$ʂət$^{5}$,tʂaŋ$^{21}$lau$^{21}$kʰɔk$^{3}$,kʰɔk$^{3}$ ʂət$^{5}$ xei$^{53}$ tʂaŋ$^{21}$lau$^{21}$kʰɔk$^{3}$,man$^{13}_{21}$xau$^{21}$,tʂaŋ$^{21}$lau$^{21}$kʰɔk$^{3}$ tʰəŋ$^{53}$ŋa$^{0}$.i$^{21}$xa$^{53}$tsʰiəu$^{53}$kan$^{21}$to$^{35}_{53}$ɲien$^{13}_{44}$maŋ$^{13}$çi$^{53}$liau$^{0}$,n̩$^{13}_{21}$ti$^{35}_{53}$xai$^{13}_{21}$ iəu$^{35}_{44}$ma$^{0}$.

【猫子】miau$^{53}$tsɿ$^{0}$ 名猫：渠等话～个肉就食唔得话嘞，食哩上唔得神龛。ci$^{13}$tien$^{0}$ua$^{53}_{44}$miau$^{53}$tsɿ$^{0}$ kei$^{53}$ɲiəuk$^{3}$ tsʰiəu$^{53}_{44}$ʂət$^{5}$ n̩$^{13}_{21}$tek$^{3}$ ua$^{53}$le$^{0}$,ʂət$^{5}$ li$^{0}$ ʂɔŋ$^{35}$n̩$^{13}_{21}$tek$^{3}$ ʂən$^{13}$kʰan$^{35}_{44}$.

【猫牸子】miau$^{53}$tsʰɿ$^{53}$tsɿ$^{0}$ 名未生育过的母猫：箇阵子我老弟子个箇只渠箇只婆婆咯有一年咯畜倒一只猫嫲，下倒你一窠两三，三四，欸七八，五六只吧，畜起懑大一只只个猫牯子～，冇人爱，尽兜都唔爱。各人㓾倒食，系唔系？各人㓾倒来食，苛苛子我去哩，渠也唔声么个肉，真好食唠，我如今都还记得哦，放兜子油子炒倒，放兜子茶油子炒倒炆倒哇，真好食，食嘿哩正话我知，猫肉哇。我食得么个唔出咯，只系好食嘞，箇阵子冇饭食个时候子啊。过苦日子个时候子啊。箇食过，猫子肉我食过。kai$^{53}$tʂʰən$^{53}$tsɿ$^{0}$ ŋai$^{13}_{44}$lau$^{21}$tʰe$^{53}$tsɿ$^{0}$ ke$^{53}_{44}$kai$^{53}$tʂak$^{3}$ ci$^{13}_{21}$kai$^{53}$ tʂak$^{3}$ pʰo$^{13}_{21}$pʰo$^{13}_{21}$ko$^{0}$ iəu$^{35}$(i)et$^{3}$ ɲien$^{13}_{21}$ko$^{0}$ çiəuk$^{3}$ tau$^{21}$iet$^{3}$ tʂak$^{3}$ miau$^{53}$ma$^{13}$,xa$^{53}$tau$^{21}$ɲi$^{13}_{44}$iet$^{3}$ kʰo$^{35}$iɔŋ$^{21}$san$^{35}_{44}$,san$^{35}_{44}$ si$^{53}$,e$_{21}$tsʰiet$^{3}$ pait$^{3}$,ŋ̍$^{21}$liəuk$^{3}$ tʂak$^{3}$ pa$^{0}$,çiəuk$^{3}$ çi$^{21}_{53}$mən$^{35}$tʰai$^{53}$iet$^{3}$ tʂak$^{3}$ tʂak$^{3}$ ke$^{53}$miau$^{53}$ku$^{21}$tsɿ$^{0}$ miau$^{53}$tsʰɿ$^{53}$tsɿ$^{0}$, mau$^{13}$ɲin$^{13}_{21}$ɔi$^{53}$,tsʰin$^{53}$te$^{35}_{53}$təu$^{35}_{53}$m̩$^{13}_{21}$mɔi$^{53}$.kɔk$^{3}$ ɲin$^{13}_{44}$tʂʰʅ$^{13}$tau$^{21}$ʂət$^{5}$,xei$^{53}_{44}$me$^{53}_{44}$?kɔk$^{3}$ ɲin$^{13}_{44}$tʂʰʅ$^{13}$tau$^{21}$lɔi$^{13}$ʂət$^{5}$,xo$^{35}$xo$^{35}_{53}$ tsɿ$^{0}$ ŋai$^{13}$çi$^{53}$li$^{0}$,ci$^{13}_{21}$ia$^{35}_{53}$n̩$^{13}_{21}$ʂaŋ$^{35}_{44}$mak$^{3}$ e$^{0}$ ɲiəuk$^{3}$,tʂən$^{35}$xau$^{21}$ʂət$^{5}$ lau$^{0}$,ŋai$^{13}_{21}$i$^{13}_{21}$cin$^{35}_{44}$təu$^{35}_{44}$ci$^{53}$tek$^{3}$ o$^{0}$,fɔŋ$^{53}$te$^{35}_{53}$tsɿ$^{0}$ iəu$^{13}$ tsɿ$^{0}$ tsʰau$^{21}$tau$^{21}$,fɔŋ$^{53}$te$^{35}_{53}$tsɿ$^{0}$ tsʰa$^{13}$iəu$^{13}_{44}$tsɿ$^{0}$ tsʰau$^{21}$tau$^{21}$uən$^{13}$tau$^{21}$ua$^{0}$,tʂən$^{35}$xau$^{21}$ʂət$^{5}$,ʂət$^{3}$ xek$^{3}$ li$^{0}$ tʂaŋ$^{53}$ua$^{53}$ŋai$^{13}_{21}$ ti$^{35}_{53}$,miau$^{53}$ɲiəuk$^{3}$ ua$^{0}$.ŋai$^{13}_{21}$ʂət$^{3}$ tek$^{3}$ mak$^{3}$ e$^{0}$ n̩$^{13}_{21}$tʂʰət$^{3}$ ko$_{44}$,tʂʅ$^{21}_{44}$xei$^{53}_{44}$xau$^{21}$ʂət$^{5}$ le$^{0}$,kai$^{53}$tʂʰən$^{53}$tsɿ$^{0}$ mau$^{13}$fan$^{53}$ʂət$^{5}$ kei$^{53}$ʂʅ$^{13}_{44}$xəu$^{53}_{44}$tsɿ$^{0}$ a$^{0}$.ko$^{53}$kʰu$^{21}$ɲiet$^{3}$ tsɿ$^{0}$ ke$^{53}$ʂʅ$^{13}$xei$^{53}$tsɿ$^{0}$ a$^{0}$.kai$^{53}_{44}$ʂət$^{5}$ ko$^{53}$,miau$^{53}$tsɿ$^{0}$ɲiəuk$^{3}$ ŋai$^{13}$ʂət$^{5}$ ko$^{53}_{44}$.

【毛】mau$^{35}$ 名①动植物的皮上所生的丝状物：猪肉个皮上有～哇。tʂəu$^{35}$ɲiəuk$^{3}$ ke$^{53}_{44}$pʰi$^{13}$xɔŋ$^{53}_{44}$ iəu$^{35}$mau$^{35}$ua$^{0}$.｜□青个黄豆子有～个，安做毛豆荚。kue$^{35}$tsʰiaŋ$^{35}_{44}$ke$^{53}_{44}$uɔŋ$^{13}$tʰei$^{53}$tsɿ$^{0}$ iəu$^{35}_{44}$mau$^{35}$ke$^{53}$, ɔn$^{35}_{44}$tso$^{53}_{44}$mau$^{35}$tʰei$^{53}$kait$^{3}$. ②指像毛的东西：（芋子）～就脱得□光。mau$^{35}$tsiəu$^{53}_{44}$tʰɔk$^{3}$ tek$^{5}$ lin$^{35}$kɔŋ$^{35}_{44}$.

【毛辫子】mau$^{35}$pʰien$^{53}$tsɿ$^{0}$ 名辫子：欸大人呢箇个成年个夫娘子也有扎～个。欸最多个就系细人子。欸，渠娭子同渠扎只～。e$_{21}$tʰai$^{53}$ɲin$^{13}$ne$^{0}$ kai$^{53}$ke$^{53}$tʂʰən$^{13}$ɲien$^{13}_{21}$ke$^{53}_{44}$pu$^{35}$ɲiɔŋ$^{13}_{21}$tsɿ$^{0}$ ia$^{35}$iəu$^{35}_{44}$tsait$^{3}$ mau$^{35}$pʰien$^{53}_{44}$tsɿ$^{0}$ ke$^{0}$.e$_{21}$tsei$^{53}$to$^{35}_{44}$ke$^{0}$ tsʰiəu$^{53}_{44}$xe$^{53}_{44}$sei$^{53}$ɲin$^{13}_{21}$tsɿ$^{0}$.e$_{21}$,ci$^{13}_{21}$ɔi$^{35}$tsɿ$^{0}$ tʰəŋ$^{13}_{21}$ci$^{13}_{44}$tsait$^{3}$ tʂak$^{3}$ mau$^{35}$pʰien$^{53}_{44}$tsɿ$^{0}$.

【毛虫】mau$^{35}$tʂʰəŋ$^{13}_{21}$ 名某些鳞翅目昆虫的幼虫，每环节的疣状突起上丛生着毛：（草鞋搭）就系只～差唔多。tsʰiəu$^{53}$xe$^{53}_{44}$tʂak$^{3}$ mau$^{35}$tʂʰəŋ$^{13}_{21}$tsa$^{35}$n̩$^{13}_{21}$to$^{35}$.

【毛虫子】mau$^{35}$tʂʰən$^{13}$tsɿ$^{0}$ 名本指小毛虫，常用来喻指所疼爱的婴儿：欸，～嘞就系只箇起细毛虫，但是农村里有一只话法呢，有呢，渠就分箇个细人子啊，唔知几可爱呀供倒个细人子，系啊？欸，安做～。我等箇映子欸有只人呐，渠一只赖子啊，如今是四十几岁了嘞，尽喊渠～嘞。我赖子等喊渠～，我就唔喊渠～嘞。安做～。渠细细子渠爷娭就……最细个赖子啊，爷子真喜欢渠呀，以只赖子啊，安做～。e$_{21}$,mau$^{35}$tʂʰəŋ$^{13}_{21}$tsɿ$^{0}$ lei$^{0}$ tsʰiəu$^{53}$xei$^{53}$tʂʅ$^{21}$kai$^{53}$çi$^{21}$sei$^{53}$mau$^{35}$ tʂʰəŋ$^{13}_{44}$,tan$^{53}$ʂʅ$^{53}$ləŋ$^{13}$tsʰən$^{35}_{44}$ni$^{21}$iəu$^{35}_{44}$iet$^{3}$ tʂak$^{3}$ ua$^{53}$fait$^{3}$ nei$^{0}$,iəu$^{35}_{44}$nei$^{0}$,ci$^{13}_{21}$tsʰiəu$^{53}_{44}$pən$^{35}$kai$^{53}_{44}$ke$^{53}_{44}$se$^{53}$ɲin$^{13}_{21}$tsɿ$^{0}$ a$^{0}$,n̩$^{13}$ ti$^{35}_{53}$ci$^{21}$kʰo$^{21}$ŋai$^{53}$ia$^{0}$ ciəŋ$^{53}$tau$^{21}$ke$^{53}_{44}$sei$^{53}$ɲin$^{13}_{21}$tsɿ$^{0}$,xei$^{53}$a$^{0}$?e$_{21}$,ɔn$^{35}_{44}$tso$^{53}_{44}$mau$^{35}$tʂʰəŋ$^{13}_{21}$tsɿ$^{0}$.ŋai$^{13}$tien$^{0}$ kai$^{53}$in$^{53}$tsɿ$^{0}$ ei$^{0}$ iəu$^{35}$tʂak$^{3}$ ɲin$^{13}$na$^{0}$,ci$^{13}$iet$^{3}$ tʂak$^{3}$ lai$^{53}$tsɿ$^{0}$ a$^{0}$,i$^{13}_{21}$cin$^{35}_{44}$ʂʅ$^{53}_{44}$si$^{53}$ʂət$^{3}$ ci$^{21}$sɔi$^{53}$liau$^{21}$lei$^{0}$,tsʰin$^{53}$xan$^{53}$ci$^{13}_{44}$mau$^{35}$tʂʰəŋ$^{13}_{21}$tsɿ$^{0}$ lei$^{0}$.ŋai$^{13}$lai$^{53}$tsɿ$^{0}$ ten$^{21}_{44}$xan$^{53}$ci$^{13}_{21}$mau$^{35}$tʂʰəŋ$^{13}_{21}$tsɿ$^{0}$,ŋai$^{13}$tsʰiəu$^{53}_{44}$n̩$^{13}$xan$^{53}$ci$^{13}_{44}$mau$^{35}_{44}$tʂʰəŋ$^{13}_{21}$tsɿ$^{0}$.ɔn$^{35}_{44}$tso$^{53}$mau$^{35}$tʂʰəŋ$^{13}_{44}$ tsɿ$^{0}$.ci$^{13}_{21}$se$^{53}$se$^{53}$tsɿ$^{0}$ ci$^{13}_{44}$ia$^{13}$ɔi$^{35}_{44}$tsʰiəu$^{53}$…tsei$^{53}$sei$^{53}$ke$^{0}$ lai$^{53}$tsɿ$^{0}$ a$^{0}$,ia$^{13}$tsɿ$^{0}$ tʂən$^{35}$çi$^{21}$fɔn$^{35}_{44}$ci$^{13}_{21}$ia$^{0}$,i$^{21}$tʂak$^{3}$ lai$^{53}$tsɿ$^{0}$ a$^{0}$, ɔn$^{35}_{44}$tso$^{53}_{44}$mau$^{35}$tʂʰəŋ$^{13}_{21}$tsɿ$^{0}$.

【毛刀子】mau$^{35}$tau$^{35}$tsɿ$^{0}$ 名屠夫用来去毛的刀：你还有滴么个刀哇你呀？刮毛……刮毛个～，系唔系？ɲi$^{13}_{21}$xai$^{13}_{21}$iəu$^{35}_{44}$tiet$^{5}$ mak$^{3}$ (k)e$^{53}_{44}$tau$^{35}_{44}$ua$^{0}$ ɲi$^{13}_{21}$ia$^{0}$?kuait$^{3}$ m…kuait$^{3}$ mau$^{35}$cie$^{53}_{44}$mau$^{35}$tau$^{35}_{44}$tsɿ$^{0}$,xei$^{53}_{44}$me$^{53}_{44}$?

【毛钉子】mau$^{35}$taŋ$^{35}$tsɿ$^{0}$ 名小钉子：欸，我箇到爱钉么个东西啊，我话去买～。"揠兜子去凑唠。咁个唔爱钱啵。"箇卖钉子个人，"你揠兜子去凑。" e$_{21}$,ŋai$^{13}$kai$^{53}$tau$^{53}$ɔi$^{53}$taŋ$^{35}$mak$^{3}$ e$^{0}$ təŋ$^{35}_{44}$si$^{0}$ a$^{0}$,ŋai$^{13}$ua$^{53}_{44}$çi$^{53}_{44}$mai$^{35}$mau$^{35}$taŋ$^{35}_{44}$tsɿ$^{0}$."ia$^{21}$te$^{35}_{53}$tsɿ$^{0}$ çi$^{53}$tsʰe$^{0}$ lau$^{0}$.kan$^{21}_{44}$ke$^{53}$m̩$^{13}_{21}$mɔi$^{53}$tsʰien$^{13}_{44}$nau$^{0}$."kai$^{53}_{44}$mai$^{53}$taŋ$^{35}$tsɿ$^{0}$ ke$^{53}_{44}$ɲin$^{13}_{44}$,"ɲi$^{13}$ia$^{21}$te$^{35}_{53}$tsɿ$^{0}$ çi$^{53}$tsʰe$^{0}$."

【毛豆荚】mau$^{35}$tʰei$^{53}$kait$^{3}$ 名大豆的嫩荚，青色，荚上生有细毛，荚中的豆子可剥出做菜，也可连荚煮熟后食用。也简称“毛豆”：就系黄豆子，□青个黄豆子有毛个，毛荚子话，安做～。成熟哩以后，老了以后，变成哩黄豆子冇么人就，就冇么人讲～了，冇么人讲毛豆了。/欸，就打做黄豆子。/打做黄豆，黄豆子。～系硬系咁个嘞，欸，有……□胀子了，系唔系？有毛。□青个，箇就～。tsʰiəu$^{53}$xei$^{53}$uɔŋ$^{13}$tʰei$^{53}$tsɿ$^{0}$,kue$^{35}$tsʰiaŋ$^{35}_{44}$ke$^{53}_{44}$uɔŋ$^{13}$tʰei$^{53}$tsɿ$^{0}$ iəu$^{35}_{44}$mau$^{35}$ke$^{53}$,mau$^{35}$ kait$^{3}$ tsɿ$^{0}$ ua$^{53}$,ɔn$^{35}_{44}$tso$^{53}_{44}$mau$^{35}$tʰei$^{53}$kait$^{3}$ .tʂʰən$^{13}$ʂəuk$^{5}$ li$^{0}$ i$^{35}_{44}$xei$^{53}_{44}$,lau$^{21}$li$^{0}$ i$^{35}_{44}$xei$^{53}_{44}$,pien$^{53}$tʂʰən$^{13}_{21}$li$^{0}$ uɔŋ$^{13}$tʰei$^{53}$tsɿ$^{0}$ mau$^{13}_{21}$mak$^{3}$ in$^{13}_{44}$tsʰiəu$^{53}_{44}$,tsʰiəu$^{53}$mau$^{13}_{21}$mak$^{3}$ in$^{13}_{44}$kɔŋ$^{21}$mau$^{35}$tʰei$^{53}$kait$^{3}$ liau$^{0}$,mau$^{13}_{21}$mak$^{3}$ in$^{13}_{44}$kɔŋ$^{21}$mau$^{35}$tʰei$^{53}$ liau$^{0}$./e$_{21}$,tsʰiəu$^{53}_{44}$ta$^{21}$tso$^{53}_{44}$uɔŋ$^{13}$tʰəu$^{53}$tsɿ$^{0}$./ta$^{21}$tso$^{53}_{44}$uɔŋ$^{13}$tʰei$^{53}$,uɔŋ$^{13}_{21}$tʰei$^{53}_{44}$tsɿ$^{0}$.mau$^{35}$tʰei$^{53}$kait$^{3}$ (x)e$^{53}_{44}$ɲiaŋ$^{53}$(x)e$^{53}_{44}$ kan$^{21}$cie$^{53}$le$^{0}$,e$_{21}$,iəu$^{35}_{44}$…kue$^{35}$tʂɔŋ$^{53}$tsɿ$^{0}$ liau$^{0}$,xei$^{53}_{44}$me$^{53}_{44}$?iəu$^{35}$mau$^{35}$.kue$^{35}$tsʰiaŋ$^{35}$ke$^{53}_{44}$,kai$^{53}_{44}$tsʰiəu$^{53}_{44}$mau$^{35}$tʰei$^{53}$ kait$^{3}$.

【毛风细水】mau$^{35}$fəŋ$^{35}$se$^{53}$ʂei$^{21}$ [名] 指吹着小风下着小雨的天气：抢阴天，抓晴天，～是好天。tsʰiaŋ$^{21}$in$^{35}$tʰien$^{35}$,tʂa$^{35}$tsʰiaŋ$^{13}$tʰien$^{35}$,mau$^{35}$fəŋ$^{35}$se$^{53}$ʂei$^{21}$ʂʅ$^{53}$xau$^{21}$tʰien$^{35}$.

【毛公竹】mau$^{35}$kəŋ$^{35}_{44}$tʂəuk$^{3}$ [名]一种竹子，不大不高，也不很直，皮上有毛：我等个～就更细。我等喊～就更细。渠就咁皮上有层箇毛，一搇嘿去□粗□粗。箇起是～。ŋai$^{13}$tien$^{0}$ ke$^{53}$mau$^{35}$ kəŋ$^{35}_{44}$tʂəuk$^{3}$ tsʰiəu$^{53}_{21}$ken$^{53}_{44}$se$^{53}$.ŋai$^{13}$tien$^{0}$ xan$^{53}$mau$^{35}$kəŋ$^{35}_{44}$tʂəuk$^{3}$ tsʰiəu$^{53}_{21}$ken$^{53}_{44}$se$^{53}$.ci$^{13}_{21}$tsʰiəu$^{53}_{44}$kan$^{21}_{53}$pʰi$^{13}$xɔŋ$^{53}_{44}$iəu$^{35}$ tsʰien$^{13}_{21}$kai$^{53}_{21}$mau$^{35}$,iet$^{3}$ lau$^{35}$uek$^{3}$(←xek$^{3}$)çi$^{53}$cʰia$^{53}$tsʰʅ$^{35}$cʰia$^{53}_{44}$tsʰʅ$^{35}$.kai$^{53}_{44}$çi$^{21}$ʂʅ$^{53}_{44}$mau$^{35}$kəŋ$^{35}_{44}$tʂəuk$^{3}$.

【毛乎乎】mau$^{35}$fu$^{13}$fu$^{13}$ [形]毛密而多的样子：（草鞋搭）又～哩。iəu$^{53}$mau$^{35}$fu$^{13}$fu$^{13}$li$^{0}$.

【毛栗子】mau$^{35}$liet$^{5}$ tsɿ$^{0}$ [名]一种野生的小栗子：尖栗就（比板栗）更细，～就还更细。tsian$^{35}$ liet$^{5}_{3}$ tsʰiəu$^{53}_{44}$ken$^{53}_{44}$se$^{53}$,mau$^{35}$liet$^{5}$ tsɿ$^{0}$ tsʰiəu$^{53}_{44}$xai$^{13}$cien$^{53}_{44}$se$^{53}$.

【毛路】mau$^{35}$ləu$^{53}$ [名]路基：爱打倒四米啦，我爱分箇条～修好来哟。你莫打倒箇三米子宽是我硬嘞冇用哦箇是，起码爱～起码爱修倒五米唠。ɔi$^{53}_{44}$ta$^{21}$tau$^{21}$si$^{53}$mi$^{21}$la$^{0}$,ŋai$^{13}_{21}$ɔi$^{53}_{44}$pən$^{35}$kai$^{53}$tʰiau$^{13}_{21}$ mau$^{35}$ləu$^{53}$siəu$^{35}_{44}$xau$^{21}$lɔi$^{13}$io$^{0}$. ɲi$^{13}$mɔk$^{5}$ ta$^{21}$tau$^{21}$kai$^{53}$san$^{35}$mi$^{21}$tsɿ$^{0}$ kʰɔn$^{35}$ʂʅ$^{53}_{44}$ŋai$^{13}$ɲiaŋ$^{53}$le$^{0}$ mau$^{13}$iəŋ$^{53}$ŋo$^{0}$ kai$^{53}_{44}$ ʂʅ$^{53}_{44}$,çi$^{21}$ma$^{35}_{44}$ɔi$^{53}$mau$^{35}$ləu$^{53}$çi$^{21}$ma$^{35}_{44}$ɔi$^{53}_{44}$siəu$^{35}$tau$^{21}$ŋ̍$^{21}$mi$^{21}$lau$^{0}$.

【毛毛】mau$^{35}$mau$^{35}_{44}$ [名]①动植物的皮上所生的丝状物：你搇下渠指毛公竹啦箇面上确实有层～个。ɲi$^{13}_{21}$lau$^{35}$ua$^{53}$(←xa$^{53}$)ci$^{13}$la$^{0}$ kai$^{53}_{44}$mien$^{53}$xɔŋ$^{53}_{44}$cʰiɔk$^{3}$ ʂət$^{5}_{3}$ iəu$^{35}_{44}$tsʰien$^{13}_{21}$mau$^{35}$mau$^{35}_{44}$ke$^{53}_{44}$. ②婴儿：洗～se$^{21}$mau$^{35}$ mau$^{35}_{44}$婴儿出生后第三天给婴儿洗澡。又称“洗三朝”

【毛毛虫】mau$^{13}$mau$^{13}_{44}$tʂʰəŋ$^{13}$ [名]毛虫：（草鞋搭）就～样啊。tsiəu$^{53}$mau$^{13}$mau$^{13}_{44}$tʂʰəŋ$^{13}$iɔŋ$^{53}$a$^{0}$.

【毛毛子】mau$^{35}$mau$^{35}$tsɿ$^{0}$ [名]婴儿：欸，如今细人子着个箇件衫呐，正出世个～啊，渠就咁个嘞，打嘿转来，系唔系？一块子咁个嘞。e$_{21}$,i$^{13}_{21}$cin$^{35}_{44}$se$^{53}$ɲin$^{13}$tsɿ$^{0}$ tʂɔk$^{3}$ ke$^{53}_{44}$kai$^{53}$cʰien$^{53}_{44}$san$^{35}$na$^{0}$,tʂaŋ$^{53}$ tʂʰət$^{3}$ ʂʅ$^{53}$ke$^{53}_{44}$mau$^{35}$mau$^{35}_{44}$tsa$^{0}$,ci$^{13}_{44}$tsiəu$^{53}$kan$^{21}$cie$^{53}$le$^{0}$,ta$^{21}$(x)ek$^{3}_{5}$ tʂɔn$^{21}$nɔi$^{13}$,xei$^{53}_{44}$me$^{53}_{44}$?iet$^{3}$ kʰuai$^{53}$tsɿ$^{0}$ kan$^{21}$cie$^{53}$ le$^{0}$.

【毛绳子】mau$^{35}$ʂən$^{13}$tsɿ$^{0}$ [名]毛线：如今冇多么人打～衫了。绳子衫冇多么人打了。i$^{13}_{21}$cin$^{35}_{44}$mau$^{13}$ to$^{35}_{53}$mak$^{3}$ɲin$^{13}_{44}$ta$^{21}$mau$^{35}$ʂən$^{13}_{21}$tsɿ$^{0}$ san$^{35}$liau$^{0}$.ʂən$^{13}$tsɿ$^{0}$ san$^{35}$mau$^{13}$to$^{35}_{53}$mak$^{3}$ in$^{13}_{44}$ta$^{21}$liau$^{0}$.

【毛水$_1$】mau$^{35}$ʂei$^{21}$ [名]细而密集的雨：～霏霏mau$^{35}$ʂei$^{21}$fei$^{35}$fei$^{35}$ | 落～去哩哈，麻溜归哈。欸，大～哈。lɔk$^{5}$ mau$^{35}$ʂei$^{21}$çi$^{53}$li$^{0}$ xa$^{0}$,ma$^{13}$liəu$^{35}_{44}$kuei$^{35}$xa$^{0}$.e$_{21}$,tʰai$^{53}$mau$^{35}$ʂei$^{21}$xa$^{0}$.

【毛水$_2$】mau$^{35}$ʂei$^{21}$ [名]指动物皮毛的颜色：欸，以条牛子分你畜得蛮好，你看箇～都车光子。e$_{53}$,i$^{21}$tʰiau$^{13}_{21}$ɲiəu$^{13}_{21}$tsɿ$^{0}$ pən$^{35}$ɲi$^{13}_{44}$çiəuk$^{3}$ tek$^{3}$ man$^{13}_{21}$xau$^{21}$, ɲi$^{13}$kʰɔn$^{53}_{44}$kai$^{53}_{44}$mau$^{35}$ʂei$^{21}$təu$^{35}_{44}$tʂʰe$^{35}$kɔŋ$^{35}_{44}$tsɿ$^{0}$. | 你看以件皮衫个～几好子。ɲi$^{13}$kʰɔn$^{53}$i$^{21}$cʰien$^{53}$pʰi$^{13}$san$^{35}_{44}$ke$^{53}_{44}$mau$^{35}$ʂei$^{21}$ci$^{21}$xau$^{21}$tsɿ$^{0}$.

【毛水子】mau$^{35}$ʂei$^{21}$tsɿ$^{0}$ [名]毛毛雨：落～lɔk$^{5}$ mau$^{35}$ʂei$^{21}$tsɿ$^{0}$ | 唔怕，欸～。唔爱紧，唔爱齿渠。m̩$^{13}$pʰa$^{53}$,e$_{21}$mau$^{35}$ʂei$^{21}$tsɿ$^{0}$.m̩$^{13}$mɔi$^{53}$cin$^{21}$,m̩$^{13}$mɔi$^{53}$tʂʰʅ$^{21}$ci$^{13}_{44}$.

【毛桃子】mau$^{35}$tʰau$^{13}_{21}$tsɿ$^{0}$ [名]野生桃树上结的果实：野桃子有哇，有噢。就～。/就～，～喊。/只爱食哩桃下个骨头丢倒箇地……丢倒箇岭上，系唔系？就会生。/欸渠就生起来哟。/生哩就会结。结啦箇个就滴伢大子一只。/去箇～。/揪酸揪酸，冇人食。ia$^{35}$tʰau$^{13}_{21}$tsɿ$^{0}$ iəu$^{35}$ ua$^{0}$,iəu$^{35}$uau$^{0}$.tsʰiəu$^{53}$mau$^{35}$tʰau$^{13}_{44}$tsɿ$^{0}$./tsiəu$^{53}_{44}$mau$^{35}$tʰau$^{13}_{21}$tsɿ$^{0}$,mau$^{35}$tʰau$^{13}_{21}$tsɿ$^{0}$ xan$^{53}$./tʂʅ$^{21}$ɔi$^{53}_{44}$ʂət$^{5}$ li$^{0}$ tʰau$^{13}_{21}$tsɿ$^{0}$ ke$^{53}_{44}$kuət$^{3}$ tʰei$^{13}$tiəu$^{35}$tau$^{21}$kai$^{53}_{44}$tʰi$^{53}_{21}$…tiəu$^{35}$tau$^{21}$kai$^{53}_{44}$liaŋ$^{35}$xɔŋ$^{53}_{44}$,xe$^{53}_{44}$me$^{53}_{44}$?tsʰiəu$^{53}_{44}$uɔi$^{53}_{44}$saŋ$^{35}$./ei$_{21}$ci$^{13}$tsiəu$^{53}_{44}$saŋ$^{35}$ çi$^{21}$lɔi$^{13}$iau$^{0}$./saŋ$^{35}$li$^{0}$ tsʰiəu$^{53}_{44}$uɔi$^{53}_{44}$ciet$^{3}$ .ciet$^{3}$ la$^{0}$(←xa$^{53}$)kai$^{53}_{44}$ke$^{53}_{44}$tsʰiəu$^{53}_{44}$tiet$^{5}$ ŋa$^{0}$ tʰai$^{53}_{44}$tsɿ$^{0}$ iet$^{3}$ tʂak$^{3}$./çi$^{53}$kai$^{53}$ mau$^{35}$tʰau$^{13}$tsɿ$^{0}$./tsiəu$^{35}$sɔn$^{35}_{44}$tsiəu$^{35}_{44}$sɔn$^{35}_{44}$,mau$^{13}_{21}$ɲin$^{13}_{21}$ʂət$^{5}$.

【毛桐子】mau$^{35}$tʰəŋ$^{13}$tsɿ$^{21}$ [名]一种油桐。树矮，果实溜圆，其内多为五个仁并生：～就一只也有五只仁个嘞。mau$^{35}$tʰəŋ$^{13}_{21}$tsɿ$^{21}$tsʰiəu$^{53}_{44}$iet$^{3}$ tʂak$^{3}$ ia$^{35}$iəu$^{35}_{44}$ŋ̍$^{21}$tʂak$^{3}$ in$^{13}$ke$^{53}$le$^{0}$.

【毛细】mau$^{35}$se$^{53}$ [形]细小：渠就像～斧头子。ci$^{13}$tsʰiəu$^{53}$siɔŋ$^{53}_{44}$mau$^{35}$se$^{53}$pu$^{21}$tʰei$^{13}$tsɿ$^{0}$.

M

【毛躁】mau$^{35}$tsau$^{53}$ 形①性急而易冲动：莫咁～喔！mɔk$^{5}$kan$^{21}$mau$^{35}$tsau$^{53}$uo$^{0}$！｜我孙子都有做事就有兜子～嘞，欸，别人家话下子渠嘞就发火。话下都话唔得。唔知几大个脾气。ŋai$^{13}_{21}$sən$^{35}$tsɿ$^{0}$ təu$^{35}_{44}$iəu$^{35}_{44}$tso$^{53}$sɿ$^{53}$tsʰiəu$^{53}_{44}$iəu$^{35}_{44}$tei$^{35}_{44}$tsɿ$^{0}$ mau$^{35}$tsau$^{53}$le$^{0}$,e$_{44}$,pʰiet$^{5}$ in$^{13}_{44}$ka$^{35}_{44}$ua$^{53}$(x)a$^{53}_{44}$tsɿ$^{0}$ ci$^{13}_{21}$lei$^{0}$ tsʰiəu$^{53}$fait$^{3}$ fo$^{21}$.ua$^{53}$xa$^{53}$təu$^{35}_{44}$ua$^{53}$n̩$^{13}_{21}$tek$^{3}$.n̩$^{13}$ti$^{35}_{53}$ci$^{21}_{44}$tʰai$^{53}$ke$^{0}$ pʰi$^{13}$çi$^{53}$. ②不细心：欸，爱渠洗碗箇兜吧，就洗倒几只碗，就系洗几只碗，一就唔掇起下子，箇碗唔放起，第二就唔倾水，箇盆水就本本洗哩碗个水就放倒映，箇就系～哇，就有兜子～。箇个是后生人个通病。e$_{21}$,ɔi$^{53}$ci$^{13}_{44}$se$^{21}$uɔn$^{21}$kai$^{53}_{44}$tei$^{35}_{44}$pa$^{0}$, tsʰiəu$^{53}$se$^{21}$tau$^{21}$ci$^{21}$tʂak$^{3}$ uɔn$^{21}$,tsʰiəu$^{53}$xe$^{53}$se$^{21}$ci$^{21}$(tʂ)ak$^{3}$ uɔn$^{21}$,iet$^{3}$ tsʰiəu$^{53}$n̩$^{13}$tɔit$^{3}$ çi$^{21}$xa$^{53}$tsɿ$^{0}$,kai$^{53}$uɔn$^{21}$n̩$^{13}$fɔŋ$^{53}$ çi$^{21}$,tʰi$^{53}$ɲi$^{53}$tsʰiəu$^{53}$n̩$^{13}$kʰuaŋ$^{35}$ʂei$^{21}$,kai$^{53}$pʰən$^{13}_{21}$ʂei$^{21}$tsʰiəu$^{53}$pən$^{21}$pən$^{21}_{53}$se$^{21}$li$^{0}$ uɔn$^{21}$ke$^{53}$ʂei$^{21}$tsiəu$^{53}_{44}$fɔŋ$^{53}$tau$^{21}$iaŋ$^{53}$, kai$^{53}$tsʰiəu$^{53}$xe$^{53}$mau$^{35}$tsau$^{53}$ua$^{0}$,tsʰiəu$^{53}_{44}$iəu$^{35}$te$^{35}_{53}$tsɿ$^{0}$ mau$^{35}$tsau$^{53}$.kai$^{53}$ke$^{53}$ʂʅ$^{53}_{21}$xei$^{53}$saŋ$^{35}$ɲin$^{13}_{21}$ke$^{0}$ tʰəŋ$^{35}$pʰiaŋ$^{53}$.

【毛爪子】mau$^{35}$tsau$^{21}$tsɿ$^{0}$ 名蹄子：还有种嘞，你就话："我是唔爱咁子啊，我只爱只～啊。"箇就指底下一莖子咯。唔系是十块钱买得倒？要你箇个四十块都买唔倒哇，系咁长一只，一条腿都会来哩啊。xai$^{13}$iəu$^{35}_{53}$tʂəŋ$^{21}$le$^{0}$, ɲi$^{13}$tsʰiəu$^{53}$ua$^{53}$:"ŋai$^{13}$ʂʅ$^{53}_{44}$m̩$^{13}$mɔi$^{53}$kan$^{21}$tsa$^{0}$,ŋai$^{13}$tʂʅ$^{21}$ɔi$^{53}$tʂak$^{3}$ mau$^{35}$tsau$^{21}$tsɿ$^{0}$a$^{0}$."kai$^{53}_{44}$tsʰiəu$^{53}$tʂʅ$^{21}$tei$^{21}$xa$^{53}_{44}$iet$^{3}$ tsʰo$^{53}$tsɿ$^{0}$ko$^{0}$.m̩$^{13}$pʰe$^{53}$ʂʅ$^{53}_{44}$ʂət$^{5}$ kʰuai$^{53}$tsʰien$^{13}_{21}$mai$^{53}$(t)ek$^{3}$ tau$^{21}$?iau$^{53}$ɲi$^{13}$ kai$^{53}_{44}$ke$^{53}_{44}$si$^{53}$ʂət$^{5}$ kʰuai$^{53}_{44}$təu$^{35}_{44}$mai$^{35}_{44}$n̩$^{13}_{44}$tau$^{21}$ua$^{0}$,xe$^{53}_{44}$kan$^{21}$tʂʰɔŋ$^{13}$iet$^{3}$ tʂak$^{3}$,iet$^{3}$ tʰiau$^{13}$tʰɔi$^{21}$təu$^{35}_{44}$uɔi$^{53}$lɔi$^{13}$li$^{0}$a$^{0}$.

【毛竹笋】mau$^{35}$tʂəuk$^{3}$sən$^{21}$ 名毛竹长出的笋子：～可以食啦。mau$^{35}$tʂəuk$^{3}$ sən$^{21}$kʰo$^{21}$i$^{35}$ʂət$^{5}$la$^{0}$.

【茅草】mau$^{13}$tsʰau$^{21}$ 名茅的通称：么个盖～是冬暖夏凉唠，也系咁子话唠我问他都。mak$^{3}$(k)e$^{53}_{44}$kɔi$^{53}$mau$^{13}$tsʰau$^{21}$ʂʅ$^{53}_{44}$təŋ$^{35}$lɔn$^{21}$çia$^{53}$liɔŋ$^{13}$lau$^{0}$,ia$^{35}$xe$^{53}$kan$^{21}$tsɿ$^{0}$ ua$^{53}_{44}$lau$^{0}$ ŋai$^{13}$uən$^{53}$tʰa$^{35}_{44}$təu$^{35}_{44}$.

【茅司】mau$^{13}$sɿ$^{35}_{53}$ 名厕所：～里个屎啊。mau$^{13}$sɿ$^{35}_{53}$li$^{0}$ ke$^{53}_{44}$ʂʅ$^{21}$ʐa$^{0}$.｜以前箇人是唔系同我等如今样，欸箇么个间里有只～个。系唔系？最多是放只尿桶，嗯，唔系是慢呢会间里会臭得尽命。欸屙堆屎屙下间里箇输哩命。屙屎就硬爱到～里去屙。～嘞就硬摎正屋嘞硬爱隔一段子距离，唔系会臭出来。i$^{35}_{53}$tsʰien$^{13}$kei$^{53}$ɲin$^{13}_{44}$ʂʅ$^{53}_{44}$m̩$^{13}_{21}$pʰei$^{53}$tʰəŋ$^{13}_{21}$ŋai$^{13}$tien$^{0}$ i$^{13}_{21}$cin$^{35}_{44}$iɔŋ$^{53}$,e$_{44}$kai$^{53}_{44}$mak$^{3}$ e$^{0}$ kan$^{35}$ni$^{21}$iəu$^{35}_{53}$ tʂak$^{3}$ mau$^{13}$sɿ$^{35}_{53}$ke$^{0}$.xei$^{53}_{44}$me$^{53}_{44}$?tsei$^{53}$to$^{35}_{44}$ʂʅ$^{53}_{44}$fɔŋ$^{53}$tʂak$^{3}$ɲiau$^{53}$tʰəŋ$^{21}$,n̩$_{21}$,m̩$^{13}$pʰe$^{53}$ʂʅ$^{53}_{44}$man$^{53}_{44}$ne$^{0}$ uɔi$^{53}$kan$^{35}$ni$^{21}_{44}$uɔi$^{53}_{44}$ tʂʰəu$^{53}$tek$^{3}$ tsʰin$^{53}$miaŋ$^{53}$.e$_{21}$o$^{35}_{44}$tɔi$^{35}_{44}$ʂʅ$^{21}$o$^{35}_{44}$(x)a$^{53}_{44}$kan$^{35}_{44}$ni$^{21}_{44}$kai$^{53}_{44}$ʂəu$^{35}$li$^{0}$ miaŋ$^{53}$.o$^{35}$ʂʅ$^{21}$tsʰiəu$^{53}$ɲiaŋ$^{53}$ɔi$^{53}$tau$^{53}$mau$^{13}$ sɿ$^{35}_{53}$li$^{0}$ çi$^{53}_{44}$o$^{35}_{44}$.mau$^{13}$sɿ$^{35}_{53}$lei$^{0}$ tsʰiəu$^{53}$ɲiaŋ$^{53}$lau$^{35}$tʂən$^{53}$uk$^{3}$ lei$^{0}$ɲiaŋ$^{53}$ɔi$^{53}$kak$^{3}$ iet$^{3}$ tɔn$^{53}$tsɿ$^{0}$ tʂʮ$^{53}$li$^{13}$,m̩$^{13}$pʰe$^{53}$uɔi$^{53}_{44}$ tʂʰəu$^{53}$tʂʰət$^{3}$ lɔi$^{13}$.

【茅司凼】mau$^{13}$sɿ$^{35}$tʰɔŋ$^{53}$ 名厕所里的粪坑：挖～啊用三沙泥。ua$^{35}$mau$^{13}_{21}$sɿ$^{35}_{44}$tʰɔŋ$^{53}$ŋa$^{0}$ iəŋ$^{53}$san$^{35}$sa$^{35}$ lai$^{13}_{21}$.

【茅司屋】mau$^{13}$sɿ$^{35}_{53}$uk$^{3}$ 名用做厕所的屋子：我等箇映去老家系倒，我等箇～起码就有一百五十米远。ŋai$^{13}$tien$^{0}$ kai$^{53}$iaŋ$^{53}$çi$^{53}$lau$^{21}$cia$^{35}_{44}$xei$^{53}$tau$^{21}$,ŋai$^{13}$tien$^{0}$ kai$^{53}$mau$^{13}$sɿ$^{35}_{53}$uk$^{3}$ çi$^{21}$ma$^{35}_{44}$tsʰiəu$^{53}$iəu$^{35}$iet$^{3}$ pak$^{3}$ ŋ̍$^{21}$ʂət$^{5}$ mi$^{21}$ien$^{21}$.

【茅司下】mau$^{13}_{21}$sɿ$^{35}_{44}$xa$^{35}$ 名厕所：就系去箇只～搞只角（放地屑灰），箇渠唔喊么个噢，渠只系话箇墙角上噢，～个墙角上噢。tsʰiəu$^{53}_{44}$xe$^{53}_{44}$çi$^{53}_{44}$kai$^{53}_{44}$tʂak$^{3}$ mau$^{13}_{21}$sɿ$^{53}_{44}$xa$^{35}$kau$^{21}$tʂak$^{3}$ kɔk$^{3}$,kai$^{53}$ci$^{13}_{21}$m̩$^{13}$xan$^{53}_{44}$ mak$^{3}$ ke$^{53}$au$^{0}$,ci$^{13}_{21}$tʂet$^{3}$(x)e$^{53}_{44}$ua$^{53}_{44}$kai$^{53}_{44}$tsʰiɔŋ$^{13}$kɔk$^{3}$ xɔŋ$^{53}$ŋau$^{0}$,mau$^{13}_{21}$sɿ$^{35}_{44}$xa$^{35}_{44}$ke$^{53}_{44}$tsʰiɔŋ$^{13}$kɔk$^{3}$ xɔŋ$^{53}$ŋau$^{0}$.

【茅屋】mau$^{13}$uk$^{3}$ 名用稻草、茅草等盖的房屋：顶高盖哩瓦个屋就安做瓦屋。𫠊盖瓦，盖箇个盖秆呐盖芒头个嘞，就安做～。taŋ$^{21}$kau$^{35}_{44}$kɔi$^{53}$li$^{0}$ ŋa$^{21}$ke$^{53}$uk$^{3}$ tsʰiəu$^{53}$ɔn$^{35}_{53}$tso$^{53}$ŋa$^{21}$uk$^{3}$.maŋ$^{13}$kɔi$^{53}$ŋa$^{21}$, kɔi$^{53}$kai$^{53}$ke$^{53}_{44}$kɔi$^{53}$kɔn$^{21}$na$^{0}$ kɔi$^{53}$mɔŋ$^{13}$tʰei$^{13}_{21}$ke$^{53}$lei$^{0}$,tsʰiəu$^{53}$ɔn$^{35}_{53}$tso$^{53}$mau$^{13}$uk$^{3}$.

【有$_{1}$】mau$^{13}$ 动①没有；不拥有；不具有：硬～人工去栽花箇个。ɲiaŋ$^{53}$mau$^{13}$ɲin$^{13}$kəŋ$^{35}_{44}$çi$^{53}_{44}$tsɔi$^{35}$ fa$^{35}$kai$^{53}_{44}$kei$^{53}_{44}$.｜食哩饭箇下子真尴困倦，真～精神。ʂət$^{5}$ li$^{0}$ fan$^{53}$kai$^{53}_{44}$xa$^{53}$tsɿ$^{0}$ tʂən$^{35}$cʰiɔi$^{53}$,tʂən$^{35}$mau$^{13}_{21}$ tsin$^{35}_{44}$ʂən$^{13}_{21}$.｜饭都～食嘞我等细细子。fan$^{53}$təu$^{35}_{44}$mau$^{13}_{21}$ʂət$^{5}$ le$^{0}$ ŋai$^{13}_{21}$tien$^{0}$ se$^{53}$se$^{53}$tsɿ$^{0}$. ②不再存在：欸，以映箇只打油个是系～哩噢。e$_{21}$,i$^{21}$iaŋ$^{53}$kai$^{53}$tʂak$^{3}$ ta$^{21}$iəu$^{13}$ke$^{53}$ʂʅ$^{53}$xe$^{53}$mau$^{13}_{44}$li$^{0}$ au$^{0}$.

【有$_{2}$】mau$^{13}$ 副①不曾：以前～来过以里吗？i$^{35}$tsʰien$^{13}$mau$^{13}_{21}$lɔi$^{13}$ko$^{53}$i$^{21}$li$^{0}$ ma$^{0}$？②不：～捡点 mau$^{13}_{44}$cian$^{21}$tian$^{21}$不收捡，凌乱｜羊角是卡倒渠～分渠两头走。iɔŋ$^{13}$ciɔk$^{3}$ ʂʅ$^{53}_{44}$kʰa$^{21}$tau$^{21}$ci$^{13}_{44}$mau$^{13}$pən$^{35}_{44}$ci$^{13}_{21}$iɔŋ$^{21}$ tʰei$^{13}$tsei$^{21}$.

【有爱】mau$^{13}$ɔi$^{53}$ 副不要：以下就有么人去开口塘了，请倒挖机来挖口塘。几百块钱就挖啊哩，系唔系？/连～挖。i$^{21}$xa$^{53}_{44}$tsʰiəu$^{53}_{44}$mau$^{13}_{21}$mak$^{3}$ in$^{13}_{21}$çi$^{53}_{44}$kʰɔi$^{35}$xei$^{21}$tʰɔŋ$^{13}$liau$^{21}$,tsʰiaŋ$^{21}$tau$^{21}$ua$^{35}$ci$^{35}_{44}$lɔi$^{13}_{21}$ua$^{35}$ xei$^{21}$tʰɔŋ$^{13}_{21}$.ci$^{21}$pak$^{3}$ kʰuai$^{53}$tsʰien$^{13}$tsʰiəu$^{53}_{44}$ua$^{35}$a$^{0}$ li$^{0}$,xei$^{53}_{44}$me$^{53}_{44}$?/lian$^{13}$mau$^{13}_{44}$ɔi$^{53}$ua$^{35}$.

【有处捉】mau$^{13}$tʂʰʮ$^{53}$tsɔk$^{3}$ 形容人不讲规矩，耍无赖：就昨晡箇只我等阿叔个老弟呢，渠五只五兄弟嘞，就系以只老二就系一只咁个～个。tsʰiəu$^{53}$tsʰo$^{35}_{44}$pu$^{35}_{53}$kai$^{53}$tʂak$^{3}$ ŋai$^{13}_{21}$tien$^{0}$ a$^{35}$ʂəuk$^{3}$ ke$^{53}_{44}$lau$^{21}$

tʰe$^{35}$nei$^{0}$,ci$^{13}$ŋ̍$^{21}$tʂak$^{3}$ ŋ̍$^{21}$çiəŋ$^{35}$tʰi$^{53}$lei$^{0}$,tsʰiəu$^{53}$xei$^{53}$i$^{21}$tʂak$^{3}$ lau$^{21}$ɲi$^{53}$tsʰiəu$_{44}^{53}$xei$_{44}^{53}$iet$^{3}$ tʂak$^{3}$ kan$_{44}^{21}$ke$_{44}^{53}$mau$_{21}^{13}$tʂʰʮ$^{53}$ tsɔk$^{3}$ke$^{53}$.

【冇得$_{1}$】mau$^{13}$tek$^{3}$ 动①没有；不拥有；不具有：槐树以下～。fai$^{13}$ʂəu$^{53}$i$_{44}^{21}$ia$^{53}$(←xa$^{53}$)mau$_{21}^{13}$tek$^{3}$. ②不再存在：欸，以映箇只打油个是系冇哩噢。/～哩。e$_{21}$,i$^{21}$iaŋ$^{53}$kai$^{53}$tʂak$^{3}$ ta$^{21}$iəu$^{13}$ke$^{53}$ʂʅ$^{53}$xe$^{53}$ mau$_{44}^{13}$li$^{0}$au$^{0}$./mau$^{13}$tek$^{3}$li$^{0}$. ③指人去世：渠有滴时候～哩啊，打比阿姐唔在哩啊。ci$_{21}^{13}$iəu$^{35}$tet$^{5}$ʂʅ$_{21}^{13}$ xəu$_{44}^{53}$mau$^{13}$tek$^{3}$li$^{0}$a$^{0}$,ta$^{21}$pi$^{21}$a$^{35}$tsia$^{21}$n̍$_{21}^{13}$tsʰɔi$^{35}$li$^{0}$a$^{0}$. ④放在数量词前，表示“不足”的意思：买哩还～三斤，一百四十块子钱嘛。mai$_{44}^{35}$li$^{0}$xai$_{21}^{13}$mau$^{13}$tek$^{3}$san$^{35}$cin$_{44}^{35}$,iet$^{3}$pak$^{3}$si$^{53}$ʂət$^{3}$kʰuai$^{53}$tsʅ$^{0}$tsʰien$_{21}^{13}$ma$^{0}$. ⑤放在差比句中，表示“不及，不如”的意思：箇只～以只好。kai$^{53}$tʂak$^{3}$mau$^{13}$tek$^{3}$i$^{21}$tʂak$^{3}$ xau$^{21}$. ⑥放在某些形容词前，表示“不会变成怎样、难以变成怎样”的意思：熟会熟啦，～白。ʂəuk$^{5}$uɔi$_{44}^{53}$ʂəuk$_{3}^{5}$la$^{0}$,mau$_{21}^{13}$tek$^{3}$pʰak$^{5}$.｜（你唔舞嘿滴饭汤去渠就）会～熟嘞。uɔi$^{53}$mau$^{13}$tek$^{3}$ ʂəuk$^{5}$le$^{0}$.

【冇得$_{2}$】mau$^{13}$tek$^{3}$ 副①放在动词或动词性短语前，表示“不曾、未曾”的意思：本来是（菜镬摎饭镬）～分。pən$^{21}$nɔi$^{13}$ʂʅ$_{44}^{53}$təu$_{53}^{35}$mau$^{13}$tek$^{3}$fən$_{44}^{35}$.｜其实是都～么个分嘞。cʰi$^{13}$ʂət$^{5}$ʂʅ$_{44}^{53}$təu$_{44}^{35}$ mau$_{21}^{13}$tek$^{3}$mak$^{3}$(k)e$_{44}^{53}$fən$_{44}^{35}$nei$^{0}$. ②放在某些形容词前，表示“不”的意思：～利，劈柴斧就唔利个。mau$_{21}^{13}$tek$^{3}$li$^{53}$,pʰiak$^{3}$tsʰai$^{13}$pu$^{21}$tsʰiəu$^{53}$n̍$^{13}$li$^{53}$ke$^{53}$.

【冇得锯屎出】mau$_{21}^{13}$tek$^{3}$cie$^{53}$ʂʅ$^{21}$tʂʰət$^{3}$ 比喻做事效率低下，劳而无功。也简称“冇锯屎出”：客姓人话，就话箇个人嘞，冇锯屎出。做事啊～。仰就仰得蛮迷，～。就锯哩柴就冇锯屎啊，系唔系？就系做哩事就冇成效哇。就话别人家做事冇效率唠，冇效率个人吧，就话别人家冇锯屎出。箇只人仰就仰得蛮迷，冇锯屎出。kʰak$^{3}$sin$^{53}$ɲin$_{21}^{13}$ua$_{44}^{53}$,tsʰiəu$_{44}^{53}$ua$_{44}^{53}$kai$^{53}$(k)e$_{44}^{53}$ɲin$_{21}^{13}$nei$^{0}$,mau$^{13}$ ke$^{53}$ʂʅ$^{21}$tʂʰət$^{3}$.tso$^{53}$sʅ$^{53}$a$^{0}$ mau$_{21}^{13}$tek$^{3}$ cie$^{53}$ʂʅ$^{21}$tʂʰət$^{3}$. ɲiɔŋ$^{21}$tsʰiəu$^{53}$ɲiɔŋ$^{21}$tek$^{3}$ man$^{13}$mi$^{13}$,mau$_{21}^{13}$tek$^{3}$ cie$^{53}$ʂʅ$^{21}$ tʂʰət$^{3}$.tsʰiəu$_{44}^{53}$cie$^{53}$li$^{0}$ tsʰai$^{13}$tsʰiəu$_{44}^{53}$iəu$^{35}$cie$^{53}$ʂʅ$^{21}$a$^{0}$,xei$^{53}$me$_{44}^{53}$?tsʰiəu$_{44}^{53}$xe$_{44}^{53}$tso$^{53}$li$^{0}$ sʅ$^{53}$tsʰiəu$_{44}^{53}$iəu$_{44}^{35}$tʂʰən$^{13}$çiau$^{53}$ ua$^{0}$.tsʰiəu$_{21}^{53}$ua$_{44}^{53}$pʰiet$^{5}$in$_{44}^{13}$ka$_{44}^{35}$tso$^{53}$sʅ$^{53}$mau$^{13}$çiau$^{53}$liet$^{5}$lau$^{0}$,mau$^{13}$çiau$^{53}$liet$^{5}$cie$^{3}$ɲin$^{13}$pa$^{0}$,tsʰiəu$_{44}^{53}$ua$^{53}$pʰiet$^{5}$in$_{44}^{13}$ ka$_{44}^{35}$mau$^{13}$ke$^{53}$ʂʅ$^{21}$tʂʰət$^{3}$.kai$^{53}$tʂak$^{3}$ɲin$_{21}^{13}$ɲiɔŋ$^{21}$tsʰiəu$^{53}$ɲiɔŋ$^{21}$tek$^{3}$man$^{13}$mi$^{13}$,mau$_{21}^{13}$cie$^{53}$ʂʅ$^{21}$tʂʰət$^{3}$.

【冇得用】mau$^{13}$tek$^{3}$iəŋ$^{53}$ ①没有东西可用：我爱买只茶壶了，欸茶壶烂嘿哩，～。ŋai$^{13}$ɔi$^{53}$ mai$^{35}$tʂak$^{3}$tsʰa$_{21}^{13}$fu$_{21}^{13}$liau$^{0}$,e$^{0}$tsʰa$_{21}^{13}$fu$_{21}^{13}$lan$^{53}$nek$^{3}$li$^{0}$,mau$^{13}$tek$^{3}$iəŋ$^{53}$. ②不中用；没有才能：你箇人硬～，么个都做唔得。ɲi$^{13}$kai$^{53}$ɲin$_{44}^{13}$ɲian$^{53}$mau$^{13}$tek$^{3}$iəŋ$^{53}$,mak$^{3}$e$^{0}$təu$_{44}^{35}$tso$^{53}$n̍$_{21}^{13}$tek$^{3}$. ③不济事；没有效果：打比箇狗趜稳来哩样啊，我系拿倒拿脚顿下子啊，拿竹槁箇兜～。总追稳来。ta$^{21}$pi$^{21}$kai$_{44}^{53}$ciei$^{21}$ ciəuk$^{5}$uən$^{21}$nɔi$^{13}$li$^{0}$iɔŋ$^{53}$ŋa$^{0}$,ŋai$^{13}$xe$_{44}^{53}$la$^{53}$tau$^{21}$la$^{53}$ciɔk$^{3}$ten$^{53}$na$_{21}^{53}$tsa$^{0}$,la$^{53}$tʂəuk$^{3}$kʰua$^{21}$kai$_{44}^{53}$te$_{44}^{35}$mau$^{13}$tek$^{3}$iəŋ$^{53}$. tsəŋ$^{21}$tʂei$_{44}^{35}$uən$^{21}$nɔi$_{21}^{13}$.

【冇多么人】mau$_{21}^{13}$to$_{44}^{35}$mak$^{3}$ɲin$_{21}^{13}$/in$^{13}$ 没什么人，少有人：～讲了。mau$_{21}^{13}$to$_{44}^{35}$mak$^{3}$in$^{13}$kɔŋ$^{21}$liau$^{0}$.｜～食哩。/唔食。mau$^{13}$to$_{44}^{35}$mak$^{3}$ɲin$_{21}^{13}$ʂət$^{5}$li$^{0}$./n̍$^{13}$ʂət$^{5}$.

【冇几】mau$^{13}$ci$^{21}$ 放在形容词或“形容词+‘子’”前，表示“不太、不很”：～多，有滴滴子。mau$^{13}$ci$^{21}$to$^{35}$,iəu$^{35}$tiet$^{5}$tiet$^{5}$tsʅ$^{0}$.｜渠买哩房子箇，欸，～远啰。ci$_{21}^{13}$mai$^{35}$li$^{0}$fɔŋ$^{13}$tsʅ$^{0}$kai$^{53}$,e$_{44}$,mau$^{13}$ci$^{21}$ ien$^{21}$lo$^{0}$.｜箇个人呐～高子。kai$_{44}^{53}$ke$_{44}^{53}$ɲin$^{13}$na$^{0}$mau$^{13}$ci$^{21}$kau$^{35}$tsʅ$^{0}$.

【冇几大子】mau$^{13}$ci$^{21}$tʰai$^{53}$tsʅ$^{0}$ ①（体积或面积）不大：麻糍墩子就～个一只高滴子个地方啊。ma$^{13}$tsʰi$^{13}$tən$^{35}$tsʅ$^{0}$tsʰiəu$^{53}$mau$^{13}$ci$^{21}$tʰai$^{53}$tsʅ$^{0}$ke$_{44}^{53}$iet$^{3}$tʂak$^{3}$kau$^{35}$tiet$^{5}$tsʅ$^{0}$ke$_{44}^{53}$tʰi$_{44}^{53}$fɔŋ$_{44}^{35}$ŋa$^{0}$. ②年龄不大：我又箇阵子～，有么啊劲呐？ŋai$^{13}$iəu$_{44}^{53}$kai$^{53}$tʂʰən$^{53}$tsʅ$^{0}$mau$_{21}^{13}$ci$^{21}$tʰai$^{53}$tsʅ$^{0}$,iəu$_{44}^{35}$mak$^{3}$a$^{0}$cin$^{53}$na$^{0}$?

【冇开冇合】mau$^{13}$kʰɔi$_{44}^{35}$mau$^{13}$xait$^{5}$ 僵持不下，不分胜负：打起～。ta$^{21}$çi$_{44}^{21}$mau$^{13}$kʰɔi$_{44}^{35}$mau$^{13}$xait$^{5}$.

【冇哩$_{1}$】mau$^{13}$li$^{0}$ 动①单用或后接名词，表示“没有”的意思：～话，么啊都～。mau$^{13}$li$^{0}$ ua$_{44}^{53}$,mak$^{3}$a$^{0}$təu$_{44}^{35}$mau$_{21}^{13}$li$^{0}$.｜渠个袜子嘞箇底下箇茎～用用处，烂到～用了。ci$^{13}$ke$^{53}$mait$^{3}$tsʅ$^{0}$lei$^{0}$kai$^{53}$ te$^{21}$xa$^{53}$kai$^{53}$tsʰo$^{53}$mau$^{13}$li$^{0}$iəŋ$^{53}$,lan$^{53}$tau$_{44}^{53}$mau$^{13}$li$^{0}$iəŋ$^{53}$liau$^{21}$. ②后接动词，表示“无法”的意思：得嘞咁个病，～整，冇整。tek$^{3}$le$^{0}$kan$^{21}$cie$_{44}^{53}$pʰiaŋ$^{53}$,mau$^{13}$li$^{0}$tʂaŋ$_{53}^{21}$,mau$^{13}$tʂaŋ$^{21}$. ③后接形容词，表示“难以”的意思：压榨个目的就榨干水。唔系就～干。iak$^{3}$tsa$_{44}^{53}$ke$_{44}^{53}$muk$^{3}$tiet$^{3}$tsʰiəu$_{44}^{53}$tsa$^{53}$kɔn$^{35}$ ʂei$^{21}$.m̩$^{13}$pʰe$^{53}$(←xe$^{53}$)tsʰiəu$^{53}$mau$^{13}$li$^{0}$kɔn$^{35}$.

【冇哩$_{2}$】mau$^{13}$li$^{0}$ 副后接动词，表示“不”的意思：（纸煤）～着哩又□嘞。mau$_{21}^{13}$li$^{0}$tʂʰɔk$^{5}$li$^{0}$ iəu$_{44}^{53}$fət$^{5}$le$^{0}$.

【冇么啊】mau$^{13}$mak$^{3}$a$^{0}$ ①后接名词，表示名词所指事物量很少：咁个～问题嘞。kan$^{21}$ke$_{44}^{53}$ mau$_{21}^{13}$mak$^{3}$a$^{0}$uən$^{53}$tʰi$_{44}^{13}$le$^{0}$.｜以个汤～食首。i$^{21}$ke$_{44}^{53}$tʰɔŋ$_{44}^{35}$mau$^{13}$mak$^{3}$a$^{0}$ʂət$^{5}$ʂəu$^{21}$.｜几乎摎普通话～区

别了。ci$^{35}_{44}$fu$^{35}_{44}$lau$^{35}_{44}$pʰu$^{21}$tʰəŋ$^{35}_{44}$fa$^{53}$mau$^{13}_{21}$mak$^{3}$a$^{0}$tʂʰʯ$^{35}_{44}$pʰiet$^{5}$liau$^{0}$. ②后接动词，表示动词可支配的对象很少：你～写你就唔爱写咁多。ɲi$^{13}$mau$^{13}$mak$^{3}$a$^{0}$sia$^{21}$ɲi$^{13}$tsʰiəu$^{53}$m̩$^{13}$mɔi$^{53}$sia$^{21}$kan$^{21}$to$^{35}_{21}$.｜嬲都～嬲。liau$^{53}$təu$^{35}_{44}$mau$^{13}_{21}$mak$^{3}$a$^{0}$liau$^{53}$.

【冇么个】mau$^{13}$mak$^{3}$ke$^{53}_{44}$ ①后接名词，表示名词所指事物量很少：河沙～泥。xo$^{13}$sa$^{35}_{44}$mau$^{13}$mak$^{3}$ke$^{53}_{44}$lai$^{13}$.｜梧桐籽啊，有么啊用，～用。ŋ̍$^{13}$tʰəŋ$^{13}$tsɿ$^{21}$a$^{0}$,mau$^{13}$mak$^{3}$a$^{0}$iəŋ$^{53}$,mau$^{13}$mak$^{3}$ka$^{0}$iəŋ$^{53}$. ②后接形容词，表示向形容词所指情况变化的可能性很小：脚囊肚蛮大哟，就～高了。脚囊肚大了就～高了，男孩子咯。ciɔk$^{3}$laŋ$^{13}$təu$^{21}$mən$^{35}$tʰai$^{53}$io$^{0}$,tsʰiəu$^{53}$mau$^{13}_{21}$mak$^{3}$(k)e$^{53}_{44}$kau$^{35}$liau$^{0}$.ciɔk$^{3}$laŋ$^{13}$təu$^{21}$tʰai$^{53}$liau$^{0}$tsʰiəu$^{53}$mau$^{13}_{21}$mak$^{3}$(k)e$^{53}_{44}$kau$^{35}$liau$^{0}$,lan$^{13}$xai$^{13}$tsɿ$^{0}$ko$^{0}$.

【冇么人】mau$^{13}$mak$^{3}$ɲin$^{13}_{21}$ 没什么人；很少有人。①后接动词，表示该动词所表示的动作行为的主体很少：我等也～食。ŋai$^{13}$tien$^{0}$ia$^{35}$mau$^{13}$mak$^{3}$ɲin$^{13}_{21}$ʂət$^{5}$.｜（以前）～喊宝宝，客姓人唔喊。mau$^{13}$mak$^{3}$in$^{13}_{44}$xan$^{53}$pau$^{21}$pau$^{0}$,kʰak$^{3}$sin$^{53}$ɲin$^{13}_{21}$n̩$^{13}$xan$^{53}$. ②后接谓词性代词，表示该代词所表示的动作行为所指向的主体很少：也有么人话晚婿郎，～咁子讲。ia$^{35}$mau$^{13}_{21}$mak$^{3}$in$^{13}_{44}$ua$^{53}_{44}$man$^{35}$se$^{53}$ləŋ$^{13}$,mau$^{13}_{21}$mak$^{3}$in$^{13}_{44}$kan$^{21}$tsɿ$^{0}$kəŋ$^{21}$. ③后面省略了谓词性成分，表示省略成分所表示的动作行为的主体很少：三到是～（耘）了。san$^{35}$tau$^{53}$ʂɿ$^{53}_{44}$mau$^{13}$mak$^{3}$ɲin$^{13}_{44}$liau$^{0}$.

【冇年纪】mau$^{13}$ɲien$^{13}_{21}$ci$^{21}$ 年纪不大，年轻：～个时候 mau$^{13}$ɲien$^{13}_{21}$ci$^{21}$ke$^{53}$ʂɿ$^{13}_{21}$xəu$^{53}_{44}$｜别家～就白头发哟，系啊？～就白头发，就系少白头。pʰiet$^{5}_{3}$ka$^{35}_{44}$mau$^{13}$ɲien$^{13}$ci$^{21}$tsiəu$^{53}$pʰak$^{5}$tʰei$^{13}$fait$^{3}$iau$^{0}$,xei$^{53}_{44}$a$^{0}$?mau$^{13}$ɲien$^{13}$ci$^{21}$tsiəu$^{53}_{44}$pʰak$^{5}$tʰei$^{13}$fait$^{3}$,tsiəu$^{53}_{44}$xe$^{53}_{44}$ʂau$^{53}$pʰak$^{5}$tʰei$^{13}$.

【冇人爱个】mau$^{13}$ɲin$^{13}$ɔi$^{53}$ke$^{53}$ 指没有人愿意娶为妻的人，多用作对妇女的辱称：你箇个～，卖千嫁个。ɲi$^{13}$kai$^{53}_{44}$ke$^{53}_{44}$mau$^{13}$ɲin$^{13}$ɔi$^{53}_{44}$ke$^{53}_{44}$,mai$^{53}$tsʰien$^{35}$ka$^{53}_{44}$ke$^{53}_{44}$.

【冇人工】mau$^{13}_{21}$ɲin$^{13}$kəŋ$^{35}_{44}$ 没有空闲；很忙。又称“冇空”：硬～去栽花箇个。ɲiaŋ$^{53}$mau$^{13}$ɲin$^{13}$kəŋ$^{35}_{44}$çi$^{53}_{44}$tsɔi$^{35}$fa$^{35}$kai$^{53}_{44}$kei$^{53}_{44}$.｜我～啊，爱上班呐。ŋai$^{13}$mau$^{13}_{21}$ɲin$^{13}$(k)əŋ$^{35}_{44}$ŋa$^{0}$,ɔi$^{53}_{44}$ʂəŋ$^{53}_{44}$pan$^{35}$na$^{0}$.

【冇日冇夜】mau$^{13}$ɲiet$^{3}$mau$^{13}$ia$^{53}$ 不分日夜，表示整天：就～去下做箇箇个人就系鬼如赌鬼。tsʰiəu$^{53}_{44}$mau$^{13}$ɲiet$^{3}$mau$^{13}$ia$^{53}$çi$^{53}$xa$^{53}_{44}$tso$^{53}$kai$^{53}_{44}$kai$^{53}_{44}$ke$^{53}_{44}$ɲin$^{13}$tsʰiəu$^{53}_{44}$xe$^{53}_{44}$kuei$^{21}$.

【冇声冇气】mau$^{13}$ʂaŋ$^{35}$mau$^{13}$çi$^{53}$ 默不作声；无声无息：声气也会……会话，欸，～。ʂaŋ$^{35}$çi$^{53}$ia$^{35}_{44}$uɔi$^{53}_{44}$k…uɔi$^{53}$ua$^{53}_{44}$,e$_{21}$,mau$^{13}$ʂaŋ$^{35}$mau$^{13}$çi$^{53}$.

【冇事】mau$^{13}$sɿ$^{53}$ 动①不/别让某种事情发生：舞块舞条舞皮手巾蒙稳，就～冷咁就饭甑就。u$^{21}$kʰuai$^{53}$u$^{21}$tʰiau$^{13}_{44}$u$^{21}$pʰi$^{13}$ʂəu$^{21}$cin$^{35}_{44}$maŋ$^{35}$uən$^{21}$,tsiəu$^{53}$mau$^{13}$sɿ$^{53}$laŋ$^{35}$kan$^{21}$tsʰiəu$^{53}_{44}$fan$^{53}$tsien$^{35}$tsʰiəu$^{53}_{44}$. ②不会：以只人～赖账，你放心。i$^{21}$tʂak$^{3}$ɲin$^{13}_{44}$mau$^{13}$sɿ$^{53}$lai$^{53}$tʂəŋ$^{53}$,ɲi$^{13}$fəŋ$^{53}$sin$^{35}$.｜框框面上嘞就□板子，放箇板子去。欸，渠鸡就～出，跑出来呀，欸。kʰəŋ$^{35}$kʰəŋ$^{35}$mien$^{53}$xəŋ$^{53}_{44}$lei$^{0}$tsʰiəu$^{53}_{44}$pʰaŋ$^{13}$pan$^{21}$tsɿ$^{0}$,fəŋ$^{53}_{44}$kai$^{53}_{44}$pan$^{21}$tsɿ$^{0}$çi$^{53}_{44}$.e$_{21}$,ci$^{13}_{21}$cie$^{35}$tsʰiəu$^{53}$mau$^{13}$sɿ$^{53}$tʂʰət$^{3}$,pʰau$^{21}$tʂʰət$^{3}$lɔi$^{13}_{44}$ia$^{0}$,e$_{21}$.

【冇收捡】mau$^{13}$ʂəu$^{35}_{44}$cian$^{21}$ 不加收拾而至于凌乱：欸打比，欸细人子看哩书样啊，细人子玩哩玩具呀，到处丢，就～。e$_{21}$ta$^{21}$pi$^{35}_{44}$,e$_{44}$sei$^{53}$ɲin$^{13}_{21}$tsɿ$^{0}$kʰɔn$^{53}$ni$^{0}$ʂəu$^{35}$iəŋ$^{53}_{21}$ŋa$^{0}$,sei$^{53}$ɲin$^{13}_{21}$tsɿ$^{0}$uan$^{13}$ni$^{0}$uan$^{13}$tʂʯ$^{53}$ia$^{0}$,tau$^{53}$tʂʰəu$^{21}$tiəu$^{35}_{44}$,tsʰiəu$^{53}_{44}$mau$^{13}$ʂəu$^{35}_{44}$cian$^{21}$.｜以映丢一项，箇映丢一项，就～。真～，乱丢，么啊东西乱丢。i$^{21}$iaŋ$^{53}_{44}$tiəu$^{35}_{44}$iet$^{3}$xəŋ$^{53}_{44}$,kai$^{53}_{44}$iaŋ$^{53}_{44}$tiəu$^{35}_{44}$iet$^{3}$xəŋ$^{53}_{44}$,tsʰiəu$^{53}_{44}$mau$^{13}$ʂəu$^{35}_{44}$cian$^{21}$.tʂən$^{35}$mau$^{13}_{21}$ʂəu$^{35}_{44}$cian$^{21}$,lɔn$^{53}$tiəu$^{35}_{44}$,mak$^{3}$a$^{0}$təŋ$^{35}_{44}$si$^{0}$lɔn$^{53}$tiəu$^{35}$.

【冇味】mau$^{13}$uei$^{53}$ ①没趣，无聊；没意义：呃，打比样你今晡以下去路上走，系唔系？惹别人家摩托车撞一下。别人家嘞赔一百块钱分你，系唔系？你话：“箇个钱是我寻倒都～哟。呵呵，我得倒都冇味哟。欸，我自家受哩痛嘛。”ə$_{21}$,ta$^{21}$pi$^{21}$iəŋ$^{53}$ɲi$^{13}$cin$^{35}_{44}$pu$^{35}_{44}$i$^{21}$xa$^{53}_{44}$çi$^{53}$ləu$^{53}$xəŋ$^{53}$tsei$^{21}$,xei$^{53}_{44}$me$^{53}_{44}$?ɲia$^{35}$pʰiet$^{5}$in$^{13}_{44}$ka$^{35}_{44}$mo$^{13}$tʰɔk$^{3}$tʂʰa$^{35}$tsʰəŋ$^{53}$iet$^{3}$xa$^{53}$.pʰiet$^{5}$in$^{13}_{21}$ka$^{35}_{44}$lei$^{0}$pʰi$^{13}$iet$^{3}$pak$^{3}$kʰuai$^{53}$tsʰien$^{13}$pən$^{35}$ɲi$^{13}_{44}$,xei$^{53}_{44}$me$^{53}_{44}$?ɲi$^{13}$ua$^{53}_{44}$:"kai$^{53}$ke$^{53}_{44}$tsʰien$^{13}$ʂɿ$^{53}_{21}$ŋai$^{13}$tsʰin$^{13}$tau$^{21}$təu$^{35}_{53}$mau$^{13}$uei$^{53}$io$^{0}$.xə$_{53}$xə$_{53}$,ŋai$^{13}_{21}$tek$^{3}$tau$^{21}$təu$^{35}_{53}$mau$^{13}$uei$^{53}$io$^{0}$.e$_{21}$,ŋai$^{13}_{21}$tsʰɿ$^{35}_{44}$ka$^{35}_{53}$ʂəu$^{53}_{44}$li$^{0}$tʰəŋ$^{53}$ma$^{0}$." ②不必要：欸，打比样啊，呃我撈你嬲得好样，欸我老婆唔多好，系唔系啊？欸，你就讲句下子客气：“欸，你老婆病哩，我都𫟛来看下子啊，莫怪去哩啊。”“箇我撈你讲兜咁个就～唠，系唔系？”e$_{44}$,ta$^{21}$pi$^{21}$iəŋ$^{53}$ŋa$_{21}$,ə$_{21}$ŋai$^{13}_{21}$lau$^{35}_{53}$ɲi$^{13}_{21}$liau$^{53}$tek$^{3}$xau$^{21}$iəŋ$^{53}$,e$_{21}$ŋai$^{13}$lau$^{21}$pʰo$^{13}_{44}$n̩$^{13}_{21}$to$^{35}_{53}$xau$^{21}$,xei$^{53}$mei$^{53}$a$^{0}$?ei$_{21}$,ɲi$^{13}$tsʰiəu$^{53}$kəŋ$^{21}$ci$^{53}$xa$^{53}_{21}$tsɿ$^{0}$kʰek$^{3}$çi$^{53}$:"ei$_{21}$,ɲi$^{13}_{21}$lau$^{21}$pʰo$^{0}$pʰiaŋ$^{53}$li$^{0}$,ŋai$^{13}$təu$^{35}_{53}$maŋ$^{13}_{21}$lɔi$^{13}$kʰɔn$^{53}$na$^{53}_{21}$tsa$^{0}$,mɔk$^{5}$kuai$^{53}$çi$^{53}_{21}$li$^{0}$a$^{0}$.""kai$^{53}$ŋai$^{13}$lau$^{35}$ɲi$^{13}_{44}$kəŋ$^{21}$tei$^{35}_{53}$kan$^{21}$ke$^{53}_{44}$tsʰiəu$^{53}_{44}$mau$^{13}$uei$^{53}$lau$^{0}$,xei$^{53}$me$^{53}$?"

【冇问题】mau$^{13}$uən$^{53}$tʰi$^{13}$ 没有不良影响或妨害：往里背开是～。uəŋ$^{21}$ti$^{35}$pɔi$^{53}_{44}$kʰɔi$^{35}$ʂɿ$^{53}_{44}$mau$^{13}$uən$^{53}$tʰi$^{13}_{21}$.｜咁个有么啊问题嘞。kan$^{21}$ke$^{53}_{44}$mau$^{13}_{21}$mak$^{3}$a$^{0}$uən$^{53}$tʰi$^{13}_{44}$le$^{0}$.

M

【冇香冇气】mau$^{13}$çiəŋ$^{35}$mau$^{13}$çi$^{53}$ 毫无香味：欸（棉籽油）就系咁个水样个，食倒嘴里啊～安做，系啊，～食倒。e$^{0}$tsʰiəu$^{53}$xei$^{53}$kan$^{21}$kei$^{53}$ʂei$^{21}$iəŋ$^{53}$ke$^{0}$,ʂət$^{5}$tau$^{21}$tʂɔi$^{53}$li$^{0}$a$^{0}$mau$^{13}$çiəŋ$^{35}_{44}$mau$^{13}_{21}$çi$^{53}$ɔn$^{35}_{44}$tso$^{53}_{44}$,xei$^{53}$a$^{0}$,mau$^{13}$çiəŋ$^{35}_{44}$mau$^{13}_{21}$çi$^{53}$ʂət$^{5}$tau$^{21}_{53}$.

【冇信】mau$^{13}$sin$^{53}$ 副说不定。表示估计，可能性很大：～哪张车都坐得痞没很满。mau$^{13}_{21}$sin$^{53}_{44}$lai$^{53}$tʂɔŋ$^{35}_{44}$tʂʰa$^{35}$təu$^{35}_{44}$tsʰo$^{35}_{44}$tek$^{3}$tek$^{5}$mət$^{5}$.

【冇牙老子】mau$^{13}$ŋa$^{13}$lau$^{21}$tsɿ$^{0}$ 名指没有牙齿的老人：完全冇得牙齿个老人家是又唔喊缺牙耙啦。不能咁子讲。完全冇得牙齿个老人家就安做渠～。uɔn$^{13}$tsʰien$^{13}_{44}$mau$^{13}$tek$^{3}$ŋa$^{13}$tʂʰʅ$^{21}$ke$^{53}$lau$^{21}$ɲin$^{13}$ka$^{35}$ʂʅ$^{53}_{44}$iəu$^{53}$n̩$^{13}$xan$^{53}_{21}$cʰiet$^{3}$ŋa$^{13}_{21}$pʰa$^{13}$la$^{0}$.pət$^{3}$len$^{13}_{21}$kan$^{21}$tsɿ$^{0}$kɔŋ$^{21}$.uɔn$^{13}$tsʰien$^{13}_{44}$mau$^{13}$tek$^{3}$ŋa$^{13}$tʂʰʅ$^{21}$ke$^{53}$lau$^{21}$ɲin$^{13}$ka$^{35}_{44}$tsʰiəu$^{53}$ɔn$^{35}_{53}$tso$^{53}$ci$^{13}_{21}$mau$^{13}$ŋa$^{13}$lau$^{21}$tsɿ$^{0}$.

【冇瘾】mau$^{13}_{21}$in$^{21}$ 形没意思；无趣。又称"冇味"：以只事真～。i$^{21}$tʂak$^{3}$sɿ$^{53}$tʂən$^{35}$mau$^{13}_{21}$in$^{21}$.｜箇系呀箇底下个人也～呐，底下个白果树底下个人呐也～呐，也也唔臭屎哎箇只隔几远都臭屎啊。kai$^{53}_{44}$xei$^{53}_{35}$ia$^{0}$kai$^{53}$te$^{21}$xa$^{53}$ke$^{53}$ɲin$^{13}$ia$^{35}_{53}$mau$^{13}_{21}$in$^{21}$na$^{0}$,te$^{21}$xa$^{53}_{44}$ke$^{53}_{44}$pʰak$^{5}_{35}$ko$^{21}$ʂəu$^{53}$te$^{21}$xa$^{53}$ke$^{53}$ɲin$^{13}_{44}$na$^{0}$ia$^{35}_{53}$mau$^{13}_{21}$in$^{21}$na$^{0}$,ia$^{35}_{53}$a$^{35}$n̩$^{13}$tʂʰəu$^{53}$ʂɿ$^{21}$ai$^{0}$kai$^{53}$tʂak$^{3}$kak$^{3}$ci$^{21}$ien$^{21}$təu$^{35}_{44}$tʂʰəu$^{53}$ʂɿ$^{21}$ʐa$^{0}$.

【冇有】mau$^{13}$iəu$^{35}$ 动没有：（棺材钉）长系六欸有六寸长哎，也～七寸长。tʂʰɔŋ$^{13}$(x)e$^{53}$liəuk$^{3}$e$_{44}$iəu$^{35}$liəuk$^{3}$tsʰən$^{35}$tʂʰɔŋ$^{13}$nau$^{0}$,a$^{35}$mau$^{13}_{44}$iəu$^{35}_{44}$tsʰiet$^{3}$tsʰən$^{35}_{44}$tʂʰɔŋ$^{13}$.

【冇整】mau$^{13}$tʂaŋ$^{21}$（疾病）无法治好：得嘞咁个病，冇哩整，～。tek$^{3}$le$^{0}$kan$^{21}$cie$^{53}_{44}$pʰiaŋ$^{53}$,mau$^{13}$li$^{0}$tʂaŋ$^{21}_{53}$,mau$^{13}$tʂaŋ$^{21}$.

【冒】mau$^{53}$ 动开口说话：（东乡人）嘴巴一～就出得钱倒哇。tsi$^{21}$pa$^{0}$iet$^{3}$mau$^{53}$tsʰiəu$^{53}_{44}$tʂʰət$^{3}$tek$^{3}$tsʰien$^{13}$tau$^{21}$ua$^{0}$.｜盘子都唔爱搞，我只爱嘴巴一～就"你同我做屋"。pʰan$^{13}$tsɿ$^{0}$təu$^{35}_{53}$m̩$^{13}_{21}$mɔi$^{53}$kau$^{21}$,ŋai$^{13}$tʂʅ$^{21}$ɔi$^{53}_{44}$tsi$^{0}$pa$^{35}$(i)et$^{3}$mau$^{53}$tsʰiəu$^{53}_{44}$"ɲi$^{13}_{21}$tʰəŋ$^{13}$ŋai$^{13}_{21}$tso$^{53}$uk$^{3}$".

【帽顶子】mau$^{53}$taŋ$^{21}$tsɿ$^{0}$ 名帽子顶上所缀的饰物：有兜细人子就帽子顶高哇欸舞滴子咁个装饰品子，箇就～。iəu$^{35}$te$^{35}_{44}$sei$^{53}$ɲin$^{13}_{21}$tsɿ$^{0}$tsʰiəu$^{53}_{44}$mau$^{53}$tsɿ$^{0}$taŋ$^{21}$kau$^{35}_{44}$ua$^{0}$e$_{44}$u$^{21}$tiet$^{5}$tsɿ$^{0}$kan$^{21}$kei$^{53}$tsɔŋ$^{35}$ʂət$^{5}$pʰin$^{21}$tsɿ$^{0}$,kai$^{53}_{44}$tsʰiəu$^{53}_{44}$mau$^{53}$taŋ$^{21}$tsɿ$^{0}$.

【帽肚子】mau$^{53}$təu$^{21}$tsɿ$^{0}$ 名帽子的内部空间。也简称"帽肚"：欸，帽子以顶高就安做帽肚，～。顶高箇块布咯，打比，顶高箇块布就～。……～，嗯，帽肚。e$_{21}$,mau$^{53}$tsɿ$^{0}$i$^{21}$taŋ$^{21}$kau$^{35}_{44}$tsʰiəu$^{53}_{44}$ɔn$^{35}_{44}$tso$^{53}_{44}$mau$^{53}$təu$^{21}$,mau$^{53}$təu$^{21}$tsɿ$^{0}$.taŋ$^{21}$kau$^{35}_{44}$kai$^{53}$kʰuai$^{53}_{44}$pu$^{53}$ko$^{0}$,ta$^{21}$pi$^{21}$,taŋ$^{21}$kau$^{35}_{44}$kai$^{53}_{44}$kʰuai$^{53}_{44}$pu$^{53}_{44}$tsʰiəu$^{53}_{44}$mau$^{53}$təu$^{21}$tsɿ$^{0}$.…mau$^{53}$təu$^{21}$tsɿ$^{0}$,ŋ̍$_{21}$,mau$^{53}$təu$^{21}$.

【帽襻子】mau$^{53}$pʰan$^{53}$tsɿ$^{0}$ 名帽带儿：～嘞就箇细人子戴个帽子以映子有一只襻胲绳，又安做襻胲绳呢。mau$^{53}$pʰan$^{53}$tsɿ$^{0}$lei$^{0}$tsʰiəu$^{53}_{44}$kai$^{53}_{21}$sei$^{53}$ɲin$^{13}_{21}$tsɿ$^{0}$tai$^{53}_{44}$ke$^{53}_{44}$mau$^{53}$tsɿ$^{0}$i$^{21}$iaŋ$^{53}$tsɿ$^{0}$iəu$^{35}_{44}$iet$^{3}$tʂak$^{3}$pʰan$^{53}$kɔi$^{35}$ʂən$^{13}$,iəu$^{53}_{44}$ɔn$^{35}_{44}$tso$^{53}_{44}$pʰan$^{53}_{44}$kɔi$^{35}$ʂən$^{13}$ne$^{0}$.

【帽圈】mau$^{53}$cʰien$^{35}$ 名帽子或斗笠内将帽子固定在头上或起吸汗作用的垫圈。也称"帽圈子"：哦，安做～，欸，草帽圈，～，～子淌汗个唠。那戴倒冇事咁子热人哎，系啊？～子。o$_{44}$,ɔn$^{35}_{44}$tso$^{53}_{44}$mau$^{53}$cʰien$^{35}$,e$_{21}$,tsʰau$^{21}$mau$^{53}$cʰien$^{35}$,mau$^{53}$cʰien$^{35}$,mau$^{53}_{44}$cʰien$^{35}$tsɿ$^{0}$tʰɔŋ$^{21}$xɔn$^{53}$cie$^{53}_{44}$lau$^{0}$.la$^{53}_{44}$tai$^{53}$tau$^{21}$mau$^{13}$sɿ$^{53}$kan$^{21}$tsɿ$^{0}$ɲiet$^{5}$ɲin$^{13}_{21}$nau$^{0}$,xei$^{53}$a$^{0}$?mau$^{53}$cʰien$^{35}$tsɿ$^{0}$.｜～，也就系只圈圈。mau$^{53}$cʰien$^{35}$,ia$^{21}$tsiəu$^{53}$xe$^{53}_{21}$tʂak$^{3}$cʰien$^{35}$cʰien$^{35}_{44}$.

【帽舌】mau$^{53}$ʂait$^{5}$ 名帽子前部的帽檐。也称"帽舌子"：欸，有起咁个学生帽，有只舌舌个东西就～。唔系话有起鸭舌帽，～。啊读舌子嘞，～子。e$_{21}$,iəu$^{35}$çi$^{21}$kan$^{21}$ke$^{53}_{44}$çiək$^{5}$sen$^{35}_{44}$mau$^{53}_{44}$,iəu$^{35}_{44}$tʂak$^{3}$ʂait$^{5}$ʂait$^{5}$ke$^{53}_{21}$təŋ$^{35}_{44}$si$^{0}$tsʰiəu$^{53}_{21}$mau$^{53}$ʂait$^{5}$.m̩$^{13}_{21}$pʰe$_{44}$(←xe$^{53}$)ua$^{53}_{44}$iəu$^{35}_{44}$çi$^{21}_{44}$ait$^{3}$ʂek$^{5}$mau$^{53}_{44}$,mau$^{53}_{44}$ʂait$^{5}$.a$^{0}$tʰəuk$^{5}_{3}$ʂait$^{5}$tsɿ$^{0}$lei$^{0}$,mau$^{53}$ʂait$^{5}$tsɿ$^{0}$.

【帽子】mau$^{53}$tsɿ$^{0}$ 名戴在头上，用以遮阳、避雨、保暖或装饰的用品：渠其实兔子帽挼狗头帽都系箇一只作用，就系冷天戴个～保暖。ci$^{13}_{21}$cʰi$^{13}$ʂət$^{5}$tʰəu$^{53}$tsɿ$^{0}$mau$^{53}_{44}$lau$^{35}$kei$^{21}$tʰei$^{13}$mau$^{53}$təu$^{35}$xei$^{53}$kai$^{53}$iet$^{3}$tʂak$^{3}$tsɔk$^{3}$iəŋ$^{53}$,tsʰiəu$^{53}$ue$^{53}$(←xe$^{53}$)laŋ$^{35}$tʰien$^{35}_{44}$tai$^{53}_{44}$ke$^{53}_{44}$mau$^{53}$tsɿ$^{0}$pau$^{21}$lɔn$^{35}$.

【么$_{1}$】mak$^{3}$ 代疑问代词。加在名词前，表示不确定的对象，相当于"什么、某种"：只有～麂子我见过。tʂʅ$^{21}$iəu$^{35}_{53}$mak$^{3}$ci$^{21}$tsɿ$^{0}$ŋai$^{13}$cien$^{53}$ko$^{0}$.｜（细斧子）用来捶下子～东西个。iəŋ$^{53}$lɔi$^{13}_{21}$tʂʰei$^{13}$ia$_{44}$(←xa$^{53}$)tsɿ$^{0}$mak$^{3}$təŋ$^{35}_{44}$si$^{0}$ke$^{53}_{44}$.

【么$_{2}$】mo$^{0}$ 助①出现在句末，表示疑问，相当于"吗"：兰花你搞得清～？lan$^{13}$fa$^{35}_{44}$ɲi$^{13}_{21}$kau$^{21}$tek$^{3}$tsʰin$^{35}$mo$^{0}$?｜你等食下子烟～？ɲi$^{13}$tien$^{0}$ʂət$^{5}$(x)a$^{53}_{44}$tsɿ$^{0}$ien$^{35}$mo$^{0}$?｜还有别么个～？xai$^{13}_{21}$iəu$^{35}_{44}$pʰiet$^{5}$mak$^{3}$ke$^{53}_{44}$mo$^{0}$?｜有十二点哩～？iəu$^{35}_{44}$ʂət$^{5}$ɲi$^{53}$tian$^{21}$li$^{0}$mo$^{0}$? ②出现在句中"有"之后，用于

M

询问或求证有还是没有：以前有～咁个啊，从前呐？i35tshien13iəu35mo0 kan21cie53_44a0,tshəŋ13tshien13na0？｜你记下子者看下，啊，看下有～啰。看下有么个话法么。ɲi13ci53xa53_44tsɿ0 tʂa21khɔn53_44na44(←xa53),a21,khɔn53_44na44(←xa53)iəu35mo0 lo0.khɔn53_44na44(←xa53)iəu35mak3(k)e53_44ua53_44fait3mo0.

【么啊】mak3a0 代疑问代词。①用于询问，相当于"什么"：箇起人搞～个？kai53çi21ɲin13kau21 mak3a0ke53_44？②表示不确定的事物：唔知安做～东西。n̩13_21ti44ɔn35_44tso53_44mak3a0təŋ35_44si0.③所谓的：旧年走下大围山呐～樱花谷安做。chiəu53ɲien13_21tsei21(x)a53_44thai53uei13_21san35na0 mak3a0 in35fa35_44kuk3ɔn35_44tso53_44.④用于遍指，与"都"搭配使用，表示所说的范围之内无例外：冇哩话，～都冇哩。mau13li0 ua53_44,mak3a0təu35_44mau13_21li0.｜～鸟子都唔去徛渠箇只树指百鸟不企。mak3a0 tiau35tsɿ0təu35ŋ13çi53chi35ci13_21kai53_21 tʂak3ʂəu53_44.

【么个】mak0ke53/e0 代疑问代词。①用于询问，相当于"什么"：箇只承箇只碓担子个箇样东西安做～？kai53_44tʂak3ʂən13kai53tʂak3tɔi53tan53tsɿ0ke53_44kai53iɔŋ53təŋ35_44si0 ɔn35_44tso53_44mak0e0？②用于遍指，与"都"搭配使用，表示所说的范围之内无例外：唔注意呀，～都讲啊。n̩13tʂʮ53_44i35ia0,mak3ke53_44təu35_44 kɔŋ21ŋa0.｜～都唔懂。mak3(k)e53təu35_53n̩13_21təŋ21.

【么个时候】mak3ke53ʂɿ13xəu53/xei53 什么时候。多用于询问时间。也称"么个时候子"：你～来哟？ɲi13_21mak3e0ʂɿ13xei53lɔi13io0？｜你～子结婚喏？ɲi13mak3e0ʂɿ13_21xei53tsɿ0ciet3fən35no0？｜你老婆～子会供哦？ɲi13lau21pho13mak3e0ʂɿ13xei53_44tsɿ0uɔi53_44ciəŋ53ŋo0？

【么么箕箕】mak3mak3sak3sak3 形（饭）半生不熟：我等人食个饭就箇就煮哩以后就一甑就硬爱蒸熟来，赠蒸熟就～，食唔得。就夹生熟哇。ŋai13tien0ɲin13ʂət5ke53fan53_44tshiəu53_44kai53_44tshiəu53_44 tʂəu21li0 i35_44xei53_44tshiəu53_21iet3tsien53tshiəu53_44ɲiaŋ53ɔi53_44tʂən35_44ʂəuk5lɔi13_21,maŋ13tʂən35_44ʂəuk5tshiəu53mak3mak3sak3 sak3,ʂət5n̩13_44tek3.tshiəu53kait3saŋ35ʂəuk5ua0.

【么人】mak3ɲin13/in13 代疑问代词。①询问人的身份，相当于"什么人，谁"：～呐？我系老王。man13(←mak3)ɲin13na0?ŋai13xe53lau21uɔŋ13.｜桌上个书系～个？系老王个。tsɔk3xɔŋ53ke53 ʂəu35xe53man13(←mak3)ɲin13ke53?xe53lau21uɔŋ13ke53.②表不定指，指不确定的人：冇～用面粉去做米馃。mau13mak3ɲin13_44iɔŋ53_44mien53fən21çi53tso53mi21ko21.｜明晡你喊只～来帮你，你话，喊只么人？miaŋ13_21pu35_44ɲi13_21xan53tʂak3 mak3ɲin13_44lɔi13_44pɔŋ35ɲi13_21, ɲi13_21ua53_44,xan53tʂak3 mak3 in13_44？③表遍指，指所有的人：脑壳心顶高是～都有只旋。lau21khɔk3sin35taŋ21kau35_44ʂɿ53_44mak3ɲin13_44təu35_44iəu35tʂak3tshiɔn53.

【枚】mɔi13 量相当于"个"，多用于形体小的东西：箇～洋钉子嘞放下下子去。kai53_44mɔi13_21iɔŋ13_21 taŋ35_44tsɿ0 lei0 fɔŋ53xa53_44(x)a53_44tsɿ0 çi53_44.｜从前个细人子是舞～子，舞条子鼻帕子就挂倒……舞～子镔针呢挂下衫上嘞。tshəŋ13tshien13_21ke53_44sei53ɲin13_44tsɿ0 ʂʮ53_44u21mɔi13tsɿ0,u21thiau13tsɿ0 phi53pha53_44tsɿ0 tshiəu53_44kua53 tau21…u21mɔi13tsɿ0 pin35tʂən35ne0 kua53(x)a53_44san35xɔŋ53_44le0.

【眉毛】mi13mau35 名长在眼眶上沿的毛：修～siəu35mi13mau35｜箇个眼珠个顶高个就～吵。kai53ke53ŋan21tʂəu35ke53taŋ21kau35ke53tshiəu53_44mi13mau35ʂa0.

【梅花】mɔi13fa35 名梅树的花：一般就系正月开嘞我等以个～呢。～开得蛮久子嘞。iet3pɔn35 tshiəu53xe53tʂaŋ35ɲiet5khɔi35_44lei0 ŋai13tien0 i21_44ke53mɔi13_21fa35_44nei0.mɔi13fa35_44khɔi35tek3man13ciəu21tsɿ0le0.

【梅子】mɔi13tsɿ0 名梅树的核果：（乌梅）还系～咁个形状。～箇形状，舞倒薄膜袋子包倒。xai13xe53mɔi13tsɿ0kan21cie53_44çin13tshɔŋ53.mɔi13tsɿ0kai53_44çin13tshɔŋ53,u21tau21phɔk5mo13thɔi53tsɿ0 pau35tau21.

【梅子酒】mɔi13tsɿ0tsiəu21 名用乌梅浸泡的酒：还有～，乌梅浸个酒。箇就不是杨梅啦，乌梅啦。xai13_21iəu35_53mɔi13tsɿ0tsiəu21,u35mɔi13tsin53_44ke53_44tsiəu21.kai53_44tshiəu53_44pət3ʂʮ53_44iɔŋ13mɔi13la0,u35mɔi13la0.

【梅子树】mɔi13tsɿ21ʂəu53 名蔷薇科杏属小乔木或稀灌木：箇有只人渠话爱我归去栽～，渠话："栽～你系箇你爱多栽兜啦，你起码爱栽倒几百亩嘞，你爱召倒别人家都来栽，栽倒几千亩嘞，欸，别人家正好箇个制药厂啊就会同你签订合同呢，欸，你个梅子就有销路嘞。你靠你自家舞倒去卖是，欸，卖唔得卖得几多赚得几多个钱倒？" kai53_44iəu35tʂak3ɲin13_44ci13_21ua53_44ɔi53ŋai13_21 kuei35çi53tsɔi35_44mɔi13_21tsɿ0ʂəu53,ci13_21ua53_44:"tsɔi35mɔi13tsɿ0ʂəu53ɲi13xei53kai53ɲi13ɔi53to35tsɔi35tei35_53la0, ɲi13çi21ma35ɔi53 tsɔi35tau21ci21pak3miau35le0, ɲi13ɔi53_44tʂhau53tau21phiet5in13_21ka35_44təu35lɔi13_21tsɔi35,tsɔi35tau21ci21tshien35_44miau35_44 lei0,e21,phiet5in13_21ka35_44tʂaŋ35xau21kai53_44ke53_44tʂʮ53iɔk5tʂhɔŋ21ŋa0tshiəu53uɔi53thəŋ13_21ɲi13_21tshien35_44tin53xɔit5thəŋ13_21ne0,e21, ɲi13ke53mɔi13tsɿ0tshiəu53iəu35siau35ləu53le0. ɲi13khau53ɲi13_21tshɿ35ka35_53u21tau21çi53mai53ʂʮ53_21,e53,mai53n̩13_21tek3 mai53 tek3ci21to35tshan53tek3ci21to35ke53tshien13_21tau21?"

【媒人】mɔi13ɲin13_44 名男女婚事的撮合者；婚姻介绍人。今又称"介绍、介绍人"：做～tso53

mɔi$^{13}$ɲin$^{13}_{21}$｜如果～去箇就系做媒。vy$^{13}$ko$^{21}$mɔi$^{13}$ɲin$^{13}$çi$^{53}$kai$^{53}_{44}$ts$^{h}$iəu$^{53}_{44}$xei$^{53}_{44}$tso$^{53}$mɔi$^{13}$.

【媒人公】mɔi$^{13}$ɲin$^{13}$kəŋ$^{35}$ 名男性媒人：做～个人，你箇晡爱跪踏凳子。tso$^{53}$mɔi$^{13}$ɲin$^{13}_{44}$kəŋ$^{35}$ke$^{53}$ ɲin$^{21}$,ɲi$^{13}$kai$^{53}_{44}$pu$^{35}_{44}$ɔi$^{53}_{44}$k$^{h}$uei$^{21}$t$^{h}$ait$^{5}$tien$^{53}$tsɿ$^{0}$.

【媒人婆】mɔi$^{13}$ɲin$^{13}$p$^{h}$o$^{13}$ 名女性媒人：也安做媒人公，箇指男个，～就指女个。统称就媒人。ia$^{35}$ɔn$^{35}_{44}$tso$^{53}_{44}$mɔi$^{13}$ɲin$^{13}$kəŋ$^{35}$,kai$^{53}_{44}$tʂɿ$^{21}$nan$^{13}$cie$^{53}$,mɔi$^{13}$ɲin$^{13}$p$^{h}$o$^{13}$ts$^{h}$iəu$^{53}$tʂɿ$^{21}$ɲy$^{21}$ke$^{53}$.t$^{h}$əŋ$^{21}$tʂ$^{h}$ən$^{35}_{44}$ts$^{h}$iəu$^{53}$mɔi$^{13}$ɲin$^{13}_{44}$.

【煤】mei$^{13}$/mi$^{13}$ 名煤炭，一种可以燃烧的黑色固体矿物。又称"煤炭"：我等也𫞼多烧～，所以箇～都系以几年子来个。ŋai$^{13}_{21}$tien$^{0}$ia$^{35}$maŋ$^{13}$to$^{35}_{44}$ʂau$^{35}_{44}$mei$^{13}_{21}$,so$^{21}$i$^{35}_{44}$kai$^{53}_{44}$mei$^{13}$təu$^{35}_{44}$xe$^{53}$i$^{21}$ci$^{13}_{21}$ɲien$^{13}_{21}$tsɿ$^{0}$lɔi$^{13}_{21}$ke$^{53}$.｜真正个～就有颜色，唔系噢，有光泽。tʂən$^{35}$tʂən$^{53}_{44}$ke$^{53}_{44}$mei$^{13}$tsiəu$^{53}_{44}$iəu$^{35}_{44}$ŋan$^{13}$sek$^{3}$,m̩$^{13}_{21}$p$^{h}$e$^{53}_{44}$au$^{0}$,iəu$^{35}$kəŋ$^{35}$ts$^{h}$ek$^{3}$.

【煤壁】mi$^{13}$piak$^{3}$ 名煤矸石：箇个煤肚里嘞有懑大一块块个。有滴嘞就系煤块，箇就好烧，有兜嘞就系石头，就系～。有兜就～，有兜就煤块。～就烧都唔着。烧唔着，只好丢嘿去。kai$^{53}$ke$^{53}$mei$^{13}$təu$^{21}$li$^{0}$lei$^{0}$iəu$^{35}$mən$^{35}$t$^{h}$ai$^{53}$iet$^{3}$k$^{h}$uai$^{53}$k$^{h}$uai$^{53}_{44}$ke$^{0}$.iəu$^{35}$tiet$^{5}$lei$^{0}$ts$^{h}$iəu$^{53}_{44}$xei$^{53}_{44}$mei$^{13}$k$^{h}$uai$^{53}$,kai$^{53}$ts$^{h}$iəu$^{53}$xau$^{21}$ʂau$^{35}$,iəu$^{35}$te$^{35}_{53}$lei$^{0}$ts$^{h}$iəu$^{53}_{44}$xei$^{53}_{44}$ʂak$^{5}$t$^{h}$ei$^{13}_{21}$,ts$^{h}$iəu$^{53}$xe$^{53}$mi$^{13}$piak$^{3}$.iəu$^{35}$te$^{35}_{53}$ts$^{h}$iəu$^{53}$mi$^{13}$piak$^{3}$,iəu$^{35}$te$^{35}_{53}$ts$^{h}$iəu$^{53}_{44}$mi$^{13}$k$^{h}$uai$^{53}$.mi$^{13}$piak$^{3}$ts$^{h}$iəu$^{53}_{44}$ʂau$^{35}$təu$^{35}_{53}$n$^{13}_{44}$tʂ$^{h}$ɔk$^{5}_{3}$.ʂau$^{35}$n$^{13}_{21}$tʂ$^{h}$ɔk$^{5}$,tʂɿ$^{21}$(x)au$^{21}$tiəu$^{35}$(x)ek$^{3}$çi$^{0}$.

【煤饼】mei$^{13}$piaŋ$^{21}$ 名糊在墙上的煤块，也指用来烧制砖头的方形煤块：～呢安做呢。做只饼呢。做过，只系好搞子做过。搋湿来唠，系唔系？箇上背还舞滴子眼去吧？箇壁上啊。箇……滐湿个时候子就分……分渠舞滴手指映去。舞滴子手指映。mei$^{13}$piaŋ$^{21}$nei$^{0}$ɔn$^{35}_{44}$tso$^{53}$nei$^{0}$.tso$^{53}$tʂak$^{3}$piaŋ$^{21}$nei$^{0}$.tso$^{53}$ko$^{53}_{21}$,tʂɿ$^{21}$(x)e$^{53}$xau$^{21}$kau$^{21}$tsɿ$^{0}$tso$^{53}$ko$^{53}_{44}$.ts$^{h}$ei$^{21}$ʂət$^{3}$lɔi$^{13}_{21}$lau$^{0}$,xei$^{53}_{44}$me$^{53}_{44}$?kai$^{53}_{44}$ʂɔŋ$^{53}$pɔi$^{53}_{44}$xai$^{13}_{21}$u$^{21}$tet$^{5}$tsɿ$^{0}$ŋan$^{21}$c$^{h}$i$^{53}_{44}$pa$^{0}$?kai$^{53}_{44}$piak$^{3}$xɔŋ$^{53}$ŋa$^{0}$.kai$^{53}_{44}$m…tsek$^{5}$ʂət$^{3}$ke$^{53}_{44}$ʂɿ$^{13}_{21}$xei$^{53}_{44}$tsɿ$^{0}$ts$^{h}$iəu$^{53}_{44}$pən$^{35}_{44}$…pən$^{35}$ci$^{13}_{21}$u$^{21}$tet$^{5}$ʂəu$^{21}$tʂɿ$^{21}$iaŋ$^{53}$çi$^{53}_{21}$.u$^{21}$tet$^{5}$tsɿ$^{0}$ʂəu$^{21}$tʂɿ$^{21}$iaŋ$^{53}$.

【煤店】mei$^{13}$tian$^{53}$ 名加工出售藕煤的店铺：欸，我等以映个～就系做欸买倒外背拖倒煤来做咁个藕煤卖个，就安做～。e$_{21}$,ŋai$^{13}$tien$^{0}$i$^{13}_{21}$iaŋ$^{53}$ke$^{53}$mei$^{13}$tian$^{53}$tsiəu$^{53}_{44}$xe$^{53}_{44}$tso$^{53}$e$_{21}$mai$^{35}$tau$^{21}$ŋɔi$^{13}$pɔi$^{53}_{44}$t$^{h}$o$^{35}$tau$^{21}$mei$^{13}$lɔi$^{13}_{44}$tso$^{53}$kan$^{21}$kei$^{53}$ɲiau$^{21}$mei$^{13}$mai$^{53}$ke$^{53}$,ts$^{h}$iəu$^{53}_{44}$ɔn$^{35}_{44}$tso$^{53}_{44}$mei$^{13}$tian$^{53}$.

【煤盖子】mei$^{13}$kɔi$^{53}$tsɿ$^{0}$ 名煤灶的炉门盖：正我走我正扯开～来呀。tʂaŋ$^{53}$ŋai$^{13}$tsei$^{21}$ŋai$^{13}$tʂaŋ$^{53}$tʂ$^{h}$a$^{21}$k$^{h}$ɔi$^{35}_{44}$mei$^{13}$kɔi$^{53}$tsɿ$^{0}$lɔi$^{13}_{21}$ia$^{0}$.｜我等箇只煤灶箇只～啊欸只爱记得关记得开呢，我等箇煤灶一天只爱甚至只爱两坨煤就有哩。一般都系三坨煤，煮三餐饭食，洗身脚箇只么个都栅齐。ŋai$^{13}$tien$^{0}$kai$^{53}$tʂak$^{3}$mei$^{13}$tsau$^{53}$kai$^{53}$tʂak$^{3}$mei$^{13}$kɔi$^{53}$tsɿ$^{0}$a$^{0}$ei$_{44}$tʂɿ$^{21}$ɔi$^{53}$ci$^{53}$tek$^{3}$kuan$^{35}$ci$^{53}$tek$^{3}$k$^{h}$ɔi$^{35}$nei$^{0}$,ŋai$^{13}$tien$^{0}$kai$^{53}$mei$^{13}$tsau$^{53}$iet$^{3}$t$^{h}$ien$^{35}$tʂɿ$^{21}$ɔi$^{53}$ʂən$^{53}$tʂɿ$^{53}$tʂɿ$^{21}$ɔi$^{53}$iɔŋ$^{21}$t$^{h}$o$^{13}$mei$^{13}$ts$^{h}$iəu$^{53}_{44}$iəu$^{35}$li$^{0}$.iet$^{3}$pən$^{35}$təu$^{35}_{44}$xe$^{53}_{44}$san$^{35}$t$^{h}$o$^{13}_{21}$mei$^{13}$,tʂəu$^{21}$san$^{35}$ts$^{h}$ɔn$^{35}_{44}$fan$^{53}$ʂət$^{5}$,se$^{21}$ʂən$^{35}$ciɔk$^{3}$kai$^{53}_{44}$tʂak$^{3}$mak$^{3}$e$^{0}$təu$^{35}$tsait$^{5}$ts$^{h}$e$^{13}_{44}$.

【煤灰】mei$^{13}$fɔi$^{35}$ 名指扬起的煤粉或粉末状的煤：箇个汽车下煤个时候子啊，箇个车上下煤个时候子啊，下煤个时候子啊，你莫徛咁拢，箇～真大，莫徛咁前。kai$^{53}_{44}$ke$^{53}_{44}$çi$^{53}$tʂ$^{h}$a$^{35}_{44}$xa$^{35}$mei$^{13}$ke$^{53}$ʂɿ$^{13}$xəu$^{53}_{44}$tsɿ$^{0}$a$^{0}$,kai$^{53}_{44}$ke$^{53}_{44}$tʂ$^{h}$a$^{35}$xɔŋ$^{53}$xa$^{35}$mei$^{13}$ke$^{53}$ʂɿ$^{13}_{44}$xəu$^{53}_{44}$tsa$^{0}$,xa$^{35}$mi$^{13}$ke$^{53}$ʂɿ$^{13}_{44}$xəu$^{53}_{44}$tsa$^{0}$,ɲi$^{13}$mɔk$^{5}$c$^{h}$i$^{35}_{44}$kan$^{21}$ləŋ$^{35}$,kai$^{53}_{44}$mei$^{13}$fɔi$^{35}_{44}$tʂən$^{35}$t$^{h}$ai$^{53}$,mɔk$^{5}$c$^{h}$i$^{35}_{53}$kan$^{21}$ts$^{h}$ien$^{13}$.

【煤末】mi$^{13}$mait$^{5}$ 名粉末状的煤：～就系煤个欸箇个碎煤，就末碎个煤，除嘿箇起坨坨，剩下个就喊做～。本来如今是做箇个做藕煤个时候子做煤球个时候子特事都爱分箇一块子嘞打成粉打成～。mi$^{13}$mait$^{5}$ts$^{h}$iəu$^{53}$xe$^{53}$mi$^{13}$ke$^{53}$e$_{21}$kai$^{53}$ke$^{53}$si$^{53}$mi$^{13}$,ts$^{h}$iəu$^{53}_{44}$mait$^{5}$si$^{53}$ke$^{53}$mi$^{13}$,tʂ$^{h}$əu$^{13}$xek$^{3}$kai$^{53}$çi$^{21}_{44}$t$^{h}$o$^{13}$t$^{h}$o$^{13}_{44}$,ʂən$^{53}$çia$^{35}$ke$^{53}_{44}$ts$^{h}$iəu$^{53}_{44}$xan$^{53}_{44}$tso$^{53}_{44}$mi$^{13}$mait$^{5}$.pən$^{21}$nɔi$^{13}$i$^{13}_{21}$cin$^{35}_{53}$ʂɿ$^{53}_{44}$tso$^{53}$kai$^{53}_{44}$ke$^{53}_{44}$tso$^{53}$ɲiau$^{21}$mei$^{13}$ke$^{53}_{44}$ʂɿ$^{13}_{44}$xəu$^{53}_{44}$tsɿ$^{0}$tso$^{53}$mei$^{13}_{21}$c$^{h}$iəu$^{13}_{21}$ke$^{53}$ʂɿ$^{13}$xəu$^{53}_{44}$tsɿ$^{0}$t$^{h}$et$^{5}$sɿ$^{53}_{44}$təu$^{35}_{44}$ɔi$^{53}_{44}$pən$^{35}$kai$^{53}_{44}$iet$^{3}$k$^{h}$uai$^{21}$tsɿ$^{0}$lei$^{0}$ta$^{21}$ʂaŋ$^{13}$fən$^{21}$ta$^{21}$ʂaŋ$^{13}$mi$^{13}$mait$^{5}$.

【煤炭】mi$^{13}$/mei$^{13}$t$^{h}$an$^{53}$ 名煤：（浏阳）南乡就出～呶，～呢。欸，箇边就可以挖～。lan$^{13}$çiɔŋ$^{35}_{44}$ts$^{h}$iəu$^{53}$tʂ$^{h}$ət$^{3}$mi$^{13}$t$^{h}$an$^{53}$nau$^{0}$,mei$^{13}$t$^{h}$an$^{53}$ne$^{0}$.e$_{21}$,kai$^{53}_{44}$pien$^{35}_{44}$ts$^{h}$iəu$^{53}_{44}$k$^{h}$o$^{21}$i$^{35}$uait$^{3}$mei$^{13}$t$^{h}$an$^{53}$.

【煤坨】mi$^{13}$t$^{h}$o$^{13}$ 名散煤加上黄泥和水做成的饼状煤块。又称"煤饼"：箇个散煤舞倒去烧个时候子，如今是就做成藕煤，和兜子黄泥做成有眼子个煤球。以前最先呢就舞倒箇个散煤嘞交兜子泥子箇起，放兜水子，做成一只一只个饼样个，就安做～，又安做煤饼，但唔安做煤球。我等以映𫞼做过。我等以映子来哩煤以后，自从架势烧煤以后，就烧藕煤，烧煤球。kai$^{53}$ke$^{53}$san$^{21}$mi$^{13}$u$^{21}$tau$^{21}$çi$^{53}$ʂau$^{35}$ke$^{53}$ʂɿ$^{13}$xəu$^{53}$tsɿ$^{0}$,i$^{13}_{21}$cin$^{35}_{53}$ʂɿ$^{53}_{44}$tsiəu$^{53}_{44}$tso$^{53}$ʂaŋ$^{13}_{44}$ɲiau$^{21}$mi$^{13}$,xo$^{13}$te$^{35}_{53}$tsɿ$^{0}$uɔŋ$^{13}$lai$^{13}_{44}$tso$^{53}$ʂaŋ$^{13}_{44}$iəu$^{35}$ŋan$^{21}$tsɿ$^{0}$kei$^{53}$mi$^{13}_{21}$c$^{h}$iəu$^{13}$.i$^{35}$ts$^{h}$ien$^{13}_{21}$tsei$^{53}$sien$^{35}$nei$^{0}$ts$^{h}$iəu$^{53}$u$^{21}$tau$^{21}$kai$^{53}$ke$^{53}$san$^{21}$mi$^{13}$lei$^{0}$ciau$^{35}$te$^{35}_{44}$

M

tsɿ$^{0}$ lai$^{13}$tsɿ$^{0}$ kai$^{53}$çi$^{21}$,fɔŋ$^{53}$te$^{35}_{53}$ʂei$^{21}$tsɿ$^{0}$,tso$^{53}$ʂaŋ$^{13}_{21}$iet$^{3}$ tʂak$^{3}$ iet$^{3}$ tʂak$^{3}$ ke$^{53}$piaŋ$^{21}$iɔŋ$^{53}$ke$^{53}$,tsiəu$^{53}$ɔn$^{35}_{53}$tso$^{53}$mi$^{13}$t$^{h}$o$^{13}$, iəu$^{53}$ɔn$^{35}_{53}$tso$^{53}$mei$^{13}$piaŋ$^{21}$,tan$^{53}$n̩$^{13}_{21}$ɔn$^{35}_{53}$tso$^{53}$mei$^{13}_{21}$c$^{h}$iəu$^{13}$.ŋai$^{13}$tien$^{0}$ i$^{21}$iaŋ$^{53}$maŋ$^{13}$tso$^{53}$ko$^{0}$.ŋai$^{13}$tien$^{0}$ i$^{21}$iaŋ$^{53}$tsɿ$^{0}$ lɔi$^{13}$ li$^{0}$ mei$^{13}$i$^{35}$xei$^{53}$,ts$^{h}$ɿ$^{53}$ts$^{h}$əŋ$^{13}_{21}$cia$^{53}$ʂʅ$^{53}$ʂau$^{35}$mei$^{13}$i$^{35}_{44}$xei$^{53}_{44}$,tsiəu$^{53}$ʂau$^{35}$ɲiau$^{21}$mei$^{13}_{44}$,ʂau$^{35}_{44}$mei$^{13}$c$^{h}$iəu$^{13}$.

【煤油】mei$^{13}$iəu$^{13}_{21}$ 名 石油分馏出来的燃料油，挥发性比汽油低。旧称“洋油”：渠就石油公司箇只装汽油，装～哇，装～来个。ci$^{13}$tsiəu$^{53}_{44}$ʂak$^{5}$ iəu$^{13}_{21}$kəŋ$^{35}_{44}$sɿ$^{35}_{44}$kai$^{53}_{44}$tʂak$^{3}$ tʂɔŋ$^{35}_{44}$çi$^{53}$iəu$^{13}_{21}$,tʂɔŋ$^{35}_{44}$mei$^{13}$iəu$^{13}_{44}$ ua$^{0}$,tʂɔŋ$^{35}$mei$^{13}$iəu$^{13}_{21}$lɔi$^{13}_{21}$ke$^{53}$.

【煤灶】mei$^{13}$tsau$^{53}$ 名 以煤炭作为燃料的炉灶：炒正哩噢，我炒正哩去下炆呶，去姆娑个灶上去下子炆呶。～上噢。ts$^{h}$au$^{21}$tʂaŋ$^{53}_{44}$li$^{0}$ au$^{0}$,ŋai$^{13}$ts$^{h}$au$^{21}$tʂaŋ$^{53}$li$^{0}$ çi$^{53}$xa$^{53}$uən$^{13}$nau$^{0}$,çi$^{53}$m̩$^{13}$me$^{35}_{44}$ke$^{53}_{44}$tsau$^{53}$ xɔŋ$^{53}_{44}$çi$^{53}_{44}$xa$^{53}_{44}$tsɿ$^{0}$ uən$^{13}$nau$^{0}$.mei$^{13}$tsau$^{53}$xɔŋ$^{53}_{44}$ŋau$^{0}$.

【煤渣】mei$^{13}$tsa$^{35}$ 名 煤燃烧后剩余的东西：铲～个（铲子）ts$^{h}$an$^{21}$mei$^{13}$tsa$^{35}$ke$^{53}_{44}$

【霉$_{1}$】mɔi$^{13}$ 名 衣物、食品等因受湿热所生的霉菌：渠$_{\text{指草烟}}$会久哩会生～嘞，箇就爱舞倒去晒下子。ci$^{13}_{44}$uɔi$^{53}_{44}$ciəu$^{21}$li$^{0}$ uɔi$^{53}$saŋ$^{35}_{44}$mɔi$^{13}$le$^{0}$,kai$^{53}_{44}$ts$^{h}$iəu$^{53}$ɔi$^{53}_{44}$u$^{21}$tau$^{21}$çi$^{53}_{44}$sai$^{53}$xa$^{53}_{21}$tsɿ$^{0}$.

【霉$_{2}$】mɔi$^{13}$ 动 食品、衣物等滋长霉菌：就只爱用钵子装倒，渠$_{\text{指豆腐渣}}$就会慢慢子就会～呀，同箇霉豆腐样啊，就会～呀。～哩以后就喷香啊。ts$^{h}$iəu$^{53}$tʂʅ$^{21}$ɔi$^{53}$iəŋ$^{53}$pait$^{3}$ tsɿ$^{0}$ tʂɔŋ$^{35}$tau$^{21}$,ci$^{13}_{21}$ts$^{h}$iəu$^{53}$ uɔi$^{53}$man$^{53}$man$^{53}$tsɿ$^{0}$ ts$^{h}$iəu$^{53}$uɔi$^{53}_{44}$mɔi$^{13}$ia$^{0}$,t$^{h}$əŋ$^{13}_{21}$kai$^{53}_{44}$mi$^{13}_{21}$t$^{h}$ei$^{53}_{44}$fu$^{53}$iɔŋ$^{53}_{21}$ŋa$^{0}$,tsiəu$^{53}$uɔi$^{53}_{44}$mɔi$^{13}$ia$^{0}$.mɔi$^{13}$li$^{0}$ i$^{35}$xei$^{53}_{44}$ ts$^{h}$iəu$^{53}_{44}$p$^{h}$ən$^{35}$çiɔŋ$^{35}$ŋa$^{0}$.

【霉豆腐】mi$^{13}_{21}$t$^{h}$ei$^{53}_{44}$fu$^{53}$ 名 豆腐乳。豆腐利用霉菌发酵腌制而成的佐餐小菜。例见“霉$_{2}$”条。

【每】mei$^{35}$ 代 指示代词。后接量词或数量短语，表示特定范围内的任何一个或一组：～次做道场都爱做醮都爱出榜啊。mei$^{35}$ts$^{h}$ɿ$^{53}$tso$^{53}$t$^{h}$au$^{53}$tʂ$^{h}$ɔŋ$^{13}_{21}$təu$^{35}_{44}$ɔi$^{53}_{44}$tso$^{53}$tsiau$^{53}$təu$^{35}_{44}$ɔi$^{53}_{44}$tʂ$^{h}$ət$^{3}$ pɔŋ$^{21}$ŋa$^{0}$.｜成哩服以后，～餐食饭，食饭之前爱打餐祭。tʂ$^{h}$ən$^{13}$ni$^{0}$ fuk$^{5}$ i$^{35}_{44}$xei$^{53}_{44}$,mei$^{35}$ts$^{h}$ɔn$^{35}$ʂət$^{5}$ fan$^{53}$,ʂət$^{5}$ fan$^{53}$tʂʅ$^{35}_{44}$ ts$^{h}$ien$^{13}_{21}$ɔi$^{53}_{44}$ta$^{21}$ts$^{h}$ɔn$^{35}$tsi$^{53}$.｜渠$_{\text{指狗姜}}$～年会长一坨。ci$^{13}_{21}$mei$^{35}$ɲien$^{13}_{21}$uɔi$^{53}$tʂɔŋ$^{21}$iet$^{3}$ t$^{h}$o$^{13}$.

【妹子】mɔi$^{53}$tsɿ$^{0}$ 名 ①女孩子：就搞几搞几只年轻漂亮个～啊，欸，拿滴子个灯笼子啊，唱下子歌啊，跳下子舞啊。ts$^{h}$iəu$^{53}_{44}$kau$^{21}$ci$^{21}_{44}$kau$^{21}$ci$^{21}$tʂak$^{3}$ ɲien$^{13}$c$^{h}$in$^{35}_{44}$p$^{h}$iau$^{53}$liɔŋ$^{53}_{44}$ke$^{53}_{44}$mɔi$^{53}$tsɿ$^{0}$ a$^{0}$,e$_{21}$,la$^{53}$tet$^{5}$ tsɿ$^{0}$ ke$^{53}_{44}$tien$^{35}$ləŋ$^{13}_{21}$tsa$^{0}$,tʂ$^{h}$ɔŋ$^{53}$ŋa$_{44}$(←xa$^{53}$)tsɿ$^{0}$ ko$^{35}$a$^{0}$,t$^{h}$iau$^{53}$xa$^{53}_{44}$tsɿ$^{0}$ u$^{35}$a$^{0}$. ②加在名字中的某个字后，构成对某个女孩子的称谓，也可以在前面加上“狗”之类的字眼构成对男孩子的贱称：汶～上来哩吧？uən$^{53}$mɔi$^{53}_{44}$tsɿ$^{0}$ ʂɔŋ$^{35}$lɔi$^{13}_{21}$li$^{0}$ pa$^{0}$?｜我等箇只外甥就安做狗～。伢子嘞渠安做渠狗～。ŋai$^{13}_{21}$ tien$^{0}$ kai$^{53}_{44}$tʂak$^{3}$ ŋɔi$^{53}$saŋ$^{35}_{44}$ts$^{h}$iəu$^{53}_{44}$ɔn$^{35}_{44}$tso$^{53}_{44}$kei$^{21}$mɔi$^{53}$tsɿ$^{0}$.ŋa$^{13}$tsɿ$^{0}$ lei$^{0}$ ci$^{13}_{21}$ɔn$^{35}_{44}$tso$^{53}_{44}$ci$^{13}_{21}$kei$^{21}$mɔi$^{53}$tsɿ$^{0}$. ③特指女儿：以只我三～。欸，二～，以只大～。i$^{21}$tʂak$^{3}$ ŋai$^{13}_{21}$san$^{35}$mɔi$^{53}$tsɿ$^{0}$.e$_{21}$, ɲi$^{53}$mɔi$^{53}$tsɿ$^{0}$,i$^{21}$tʂak$^{3}$ t$^{h}$ai$^{53}$mɔi$^{53}$tsɿ$^{0}$.｜我老妹子话我个～安做侄女咯。ŋai$^{13}$lau$^{21}$mɔi$^{53}$tsɿ$^{0}$ ua$^{53}$ŋai$^{13}$ke$^{53}_{44}$mɔi$^{53}$tsɿ$^{0}$ ɔn$^{35}_{44}$tso$^{53}_{44}$tʂ$^{h}$ət$^{5}$ ŋ̍$^{21}$ko$^{0}$.

【妹子人】mɔi$^{53}$tsɿ$^{0}$ɲin$^{13}$ 名 ①女孩子：从前讲～用个～个间门口箇箇只吊楼就安做花楼。ts$^{h}$əŋ$^{13}$ts$^{h}$ien$^{13}_{44}$kɔŋ$^{21}$mɔi$^{53}$tsɿ$^{0}$ ɲin$^{13}$iəŋ$^{53}_{44}$kei$^{53}_{44}$mɔi$^{53}$tsɿ$^{0}$ ɲin$^{13}$kei$^{53}_{44}$kan$^{35}$mən$^{13}_{21}$xei$^{21}$kai$^{53}_{44}$kai$^{53}_{21}$tʂak$^{3}$ tiau$^{53}$lei$^{13}_{21}$ts$^{h}$iəu$^{53}_{44}$ ɔn$^{53}_{44}$tso$^{53}_{44}$fa$^{35}$lei$^{13}_{21}$. ②泛指妇女：～用个脚盆吧？mɔi$^{53}$tsɿ$^{0}$ɲin$^{13}$iəŋ$^{53}_{44}$ke$^{53}_{44}$ciɔk$^{3}$ p$^{h}$ən$^{13}$pa$^{0}$?

【门$_{1}$】mən$^{13}$ 名 ①建筑物的出入口，又指安装在出入口能开关的装置：夜挂树是做～、床板蛮好噢。ia$^{53}$kua$^{53}$ʂəu$^{53}$ʂʅ$^{53}_{21}$tso$^{53}$mən$^{13}$,tʂ$^{h}$ɔŋ$^{13}$pan$^{21}$man$^{13}$xau$^{21}$uau$^{0}$. ②器物可以开关的部分：（穿衣镜）都放下衣橱～上。təu$^{35}_{44}$fɔŋ$^{53}$xa$^{53}_{44}$i$^{35}$tʂ$^{h}$əu$^{13}_{21}$mən$^{13}$xɔŋ$^{53}_{44}$.

【门$_{2}$】mən$^{13}$ 量 用于婚事等：一～亲事 iet$^{3}$ mən$^{13}$ts$^{h}$in$^{35}$sɿ$^{53}$

【门板】mən$^{13}$pan$^{21}$ 名 简陋的木板门：一般个大滴子阔滴子个门都两块～。iet$^{3}$ pɔn$^{35}$ke$^{53}_{44}$t$^{h}$ai$^{53}$tiet$^{5}_{3}$ tsɿ$^{0}$ k$^{h}$ɔit$^{3}$ tiet$^{5}$ tsɿ$^{0}$ ke$^{53}$mən$^{13}$təu$^{35}$iɔŋ$^{21}$k$^{h}$uai$^{53}$mən$^{13}$pan$^{21}$.

【门背】mən$^{13}$pɔi$^{53}$ 名 门外：以个门上都有一只眼，安做猫眼，系唔系？通过箇猫眼可以看出门背有人冇人，欸，～来个系只么个人。i$^{21}$ke$^{53}$mən$^{13}$xɔŋ$^{53}_{44}$təu$^{35}_{44}$iəu$^{35}_{53}$iet$^{3}$ tʂak$^{3}$ ŋan$^{21}$,ɔn$^{35}_{44}$tso$^{53}_{44}$miau$^{53}$ ŋan$^{21}$,xei$^{53}$me$^{53}$?t$^{h}$əŋ$^{35}$ko$^{53}_{44}$kai$^{53}_{44}$miau$^{53}$ŋan$^{21}$ts$^{h}$iəu$^{53}_{44}$k$^{h}$o$^{21}$i$^{35}_{44}$k$^{h}$ɔn$^{53}$tʂ$^{h}$ət$^{3}$ mən$^{13}$pɔi$^{53}$iəu$^{35}$ɲin$^{13}$mau$^{13}$ɲin$^{13}$,e$_{21}$, mən$^{13}$pɔi$^{53}$lɔi$^{13}$ke$^{53}_{44}$xei$^{53}$tʂak$^{3}$ mak$^{3}$ e$^{0}$ɲin$^{13}$.

【门掌】mən$^{13}$ts$^{h}$aŋ$^{53}$ 名 斜着顶住门板的木杠：门，箇渠，渠三只字有就从前有哇咁三只字。门，系啊？闩嘞就门字肚里一横。系啊？门字肚里一直就安做～。门闩掌。我记得箇掌子。晓得有没有箇只字啊？门闩，门闩掌。一横就闩，一直就掌。安做～。怕咁子闩倒还唔好。mən$^{13}$,kai$^{53}_{44}$ci$^{13}$,ci$^{13}_{21}$san$^{35}$tʂak$^{3}$ sɿ$^{53}$iəu$^{35}_{44}$ts$^{h}$iəu$^{53}_{44}$ts$^{h}$əŋ$^{13}$ts$^{h}$ien$^{13}_{21}$iəu$^{35}$ua$^{0}$ kan$^{21}$san$^{35}$tʂak$^{3}$ sɿ$^{53}_{44}$.mən$^{13}$,xei$^{53}_{44}$a$^{0}$ ?ts$^{h}$ɔn$^{35}$ ne$^{0}$ ts$^{h}$iəu$^{53}$mən$^{13}$ts$^{h}$ɿ$^{53}$təu$^{21}$li$^{0}$ iet$^{3}$ uaŋ$^{13}$.xei$^{53}_{44}$a$^{0}$ ?mən$^{13}$ts$^{h}$ɿ$^{53}$təu$^{21}$li$^{0}$ iet$^{3}$ tʂ$^{h}$ət$^{5}$ ts$^{h}$iəu$^{53}_{44}$ɔn$^{35}_{44}$tso$^{53}_{44}$mən$^{13}$ts$^{h}$aŋ$^{53}$.mən$^{13}$ ts$^{h}$ɔn$^{35}$ts$^{h}$aŋ$^{53}$.ŋai$^{13}_{21}$ci$^{53}$tek$^{3}$ kai$^{53}$tʂ$^{h}$ən$^{53}$tsɿ$^{0}$ .çiau$^{21}$tek$^{3}$ iəu$^{35}$mek$^{3}$ iəu$^{35}$kai$^{53}$tʂak$^{3}$ ts$^{h}$ɿ$^{53}_{44}$a$^{0}$ ?mən$^{13}$ts$^{h}$ɔn$^{35}$,mən$^{13}$

tsʰɔn$^{35}$tsʰaŋ$^{53}$.iet$^{3}$uaŋ$^{13}$tsʰiəu$^{53}_{44}$tsʰɔn$^{35}$,iet$^{3}$tʂʰət$^{5}$tsʰiəu$^{53}_{44}$tsʰaŋ$^{53}$.ɔn$^{35}_{44}$tso$^{53}_{44}$mən$^{13}$tsʰaŋ$^{53}$.pʰa$^{53}$kan$^{21}$tsɿ$^{0}$tsʰɔn$^{35}$tau$^{21}$xai$^{13}$n̩$^{13}$xau$^{21}$.

【门搭】mən$^{13}$tait$^{3}$ [名]门上的锁扣：～就系搭子，呃，箇皮门钉只～去，就好挂锁，就挂把锁，～搭稳哩啊。mən$^{13}$tait$^{3}$tsʰiəu$^{53}$xe$^{53}$tait$^{3}$tsɿ$^{0}$,ə$_{21}$,kai$^{53}$pʰi$^{13}_{21}$mən$^{13}_{21}$taŋ$^{35}$tʂak$^{3}$mən$^{13}$tait$^{3}$çi$^{53}$,tsʰiəu$^{53}$xau$^{21}$kua$^{53}$so$^{21}$,tsiəu$^{53}_{44}$kua$^{53}$pa$^{21}$so$^{21}$,mən$^{13}$tait$^{3}$tait$^{3}$uən$^{21}$ni$^{0}$a$^{0}$.

【门凼子】mən$^{13}$tʰɔŋ$^{53}$tsɿ$^{0}$ [名]门礅上承载门枢的坑。又称“门腕子”：欸底下欸门不上个就系～哦。e$_{21}$te$^{21}$xa$^{53}_{44}$e$_{21}$mən$^{13}$tən$^{21}$xɔŋ$^{53}$ke$^{53}$tsʰiəu$^{53}$xe$^{53}$mən$^{13}$tʰɔŋ$^{53}$tsɿ$^{0}$o$^{0}$.

【门斗子】mən$^{13}$tei$^{21}$tsɿ$^{0}$ [名]木门转榫的窝座：欸底下欸门不上个就系门凼子哦。上背个箇只托须呀，箇两只又有两只眼呶，系啊？托须上个眼安做么个东西？唔知安做么个嘞，冇得一只话……门斗吧？怕～。我唔多记得箇东西。哦，咁子都。就安做～吧？e$_{21}$te$^{21}$xa$^{53}_{44}$e$_{21}$mən$^{13}$tən$^{21}$xɔŋ$^{53}$ke$^{53}$tsʰiəu$^{53}$xe$^{53}$mən$^{13}$tʰɔŋ$^{53}$tsɿ$^{0}$o$^{0}$.ʂɔŋ$^{53}$pɔi$^{53}_{44}$ke$^{53}_{44}$kai$^{53}_{44}$tʂak$^{3}$tʰɔk$^{3}$si$^{35}$ia$^{0}$,kai$^{53}$iɔŋ$^{21}$tʂak$^{3}$iəu$^{53}_{21}$iəu$^{35}$iɔŋ$^{21}$tʂak$^{3}$ŋan$^{21}$nau$^{0}$,xei$^{53}_{44}$a$^{0}$?tʰɔk$^{3}$si$^{35}$xɔŋ$^{53}$ke$^{53}_{44}$ŋan$^{21}$ɔn$^{35}_{44}$tso$^{53}_{44}$mak$^{3}$(k)e$^{53}_{44}$təŋ$^{35}_{44}$si$^{0}$?n̩$^{13}_{21}$ti$^{35}$ɔn$^{35}_{44}$tso$^{53}_{44}$mak$^{3}$(k)e$^{53}$le$^{0}$,mau$^{13}$tek$^{3}$iet$^{3}$tʂak$^{3}$ua$^{53}_{44}$…mən$^{13}$tei$^{21}$pa$^{0}$?pʰa$^{53}$mən$^{13}$tei$^{21}$tsɿ$^{0}$.ŋai$^{13}$n̩$^{13}_{21}$to$^{53}_{44}$ci$^{53}$tek$^{3}$kai$^{53}_{44}$təŋ$^{35}_{44}$si$^{0}$.o$_{53}$,kan$^{21}$tsɿ$^{0}$təu$_{21}$.tsiəu$^{53}_{44}$ɔn$^{35}_{44}$tso$^{53}_{44}$mən$^{13}$tei$^{21}$tsɿ$^{0}$pa$^{0}$?

【门不】mən$^{13}$tən$^{21}$ [名]门礅，托住门轴的木头或石头：有的石～，有的木～。iəu$^{35}$tet$^{3}$ʂak$^{5}$mən$^{13}$tən$^{21}$,iəu$^{35}$tet$^{3}$muk$^{3}$mən$^{13}$tən$^{21}$.｜我等个是石～。石头个。ŋai$^{13}$tien$^{0}$ke$^{53}_{44}$ʂɿ$^{53}_{21}$ʂak$^{5}$mən$^{13}$tən$^{21}$.ʂak$^{5}$tʰei$^{0}$ke$^{53}_{44}$.

【门杠】mən$^{13}$kɔŋ$^{53}$ [名]横向顶住门板的木杠：～呢，安做～，系，～，舞条树杠稳渠。系，安做～。mən$^{13}$kɔŋ$^{53}$nei$^{0}$,ɔn$^{35}$tso$^{53}_{44}$mən$^{13}$kɔŋ$^{53}$,xe$^{53}_{21}$,mən$^{13}$kɔŋ$^{53}$,u$^{21}$tʰiau$^{13}$ʂəu$^{53}_{44}$kɔŋ$^{53}$uən$^{21}$ci$^{13}_{44}$.xe$^{53}_{21}$,ɔn$^{35}_{44}$tso$^{53}_{44}$mən$^{13}$kɔŋ$^{53}$.

【门架】mən$^{13}$ka$^{53}$ [名]门框：～嘞就系本来～就一般是有大～小～。其实～就系门框嘞。～就包括顶高个过砖，底下个门槛，好像两边呢就系安做便砖。两边个都安做便砖，顶高个安做过砖，底下就安做门槛。过砖顶高有门棂子，箇是箇起大门咯，大～咯。mən$^{13}$ka$^{53}$le$^{0}$tsʰiəu$^{53}$xe$^{53}$pən$^{21}$nɔi$^{13}$mən$^{13}$ka$^{53}$tsʰiəu$^{53}_{44}$iet$^{3}$pɔn$^{35}$ʂɿ$^{53}_{44}$iəu$^{53}_{44}$tʰai$^{53}$mən$^{13}$ka$^{53}$siau$^{21}$mən$^{13}$ka$^{53}$.cʰi$^{13}$ʂət$^{5}$mən$^{13}$ka$^{53}_{44}$tsiəu$^{53}$xe$^{53}$mən$^{13}$cʰiɔŋ$^{35}$le$^{0}$.mən$^{13}$ka$^{53}$tsʰiəu$^{53}_{44}$pau$^{35}$kuait$^{3}$taŋ$^{21}$kau$^{35}_{44}$ke$^{53}_{44}$ko$^{53}$tʂuɔn$^{35}$,tei$^{21}$xa$^{53}_{44}$ke$^{53}$mən$^{13}$cʰian$^{35}$,xau$^{21}$tsʰiɔŋ$^{53}$iɔŋ$^{21}$pien$^{35}$ne$^{0}$tsʰiəu$^{53}_{44}$xei$^{53}_{44}$ɔn$^{35}_{44}$tso$^{53}_{44}$pʰien$^{53}$tʂuɔn$^{35}$.iɔŋ$^{21}$pien$^{35}$ke$^{53}_{44}$təu$^{35}_{44}$ɔn$^{35}_{44}$tso$^{53}_{44}$pʰien$^{53}$tʂuɔn$^{35}_{44}$,taŋ$^{21}$kau$^{35}_{44}$ke$^{53}_{44}$ɔn$^{35}_{44}$tso$^{53}_{44}$ko$^{53}$tʂuɔn$^{35}$,tei$^{21}$xa$^{53}_{44}$tsʰiəu$^{53}$ɔn$^{35}_{53}$tso$^{53}$mən$^{13}$cʰian$^{35}$.ko$^{53}$tʂuɔn$^{35}_{44}$taŋ$^{21}$kau$^{35}_{44}$iəu$^{35}_{53}$mən$^{13}$lin$^{13}$tsɿ$^{0}$,kai$^{53}_{44}$ʂɿ$^{53}_{44}$kai$^{53}$çi$^{21}$tʰai$^{53}$mən$^{13}$ko$^{0}$,tʰai$^{53}$mən$^{13}_{21}$ka$^{53}$ko$^{0}$.

【门角里】mən$^{13}$kɔk$^{3}$li$^{0}$ [名]门内侧的角落：欸，落水天个伞，你进哩屋就放下箇～呀。涿湿哩个伞呐，就放下～啊。e$_{21}$,lɔk$^{5}$ʂei$^{21}$tʰien$^{35}_{44}$ke$^{53}_{44}$san$^{53}$,ɲi$^{13}$tsin$^{53}$ni$^{0}$uk$^{3}$tsʰiəu$^{53}_{44}$fɔŋ$^{53}$xa$^{53}$kai$^{53}$mən$^{13}$kɔk$^{3}$li$^{0}$ia$^{0}$.təuk$^{3}$ʂət$^{3}$li$^{0}$ke$^{53}_{44}$san$^{53}$na$^{0}$,tsiəu$^{53}$fɔŋ$^{53}$xa$^{53}$mən$^{13}$kɔk$^{3}$li$^{0}$a$^{0}$.

【门槛】mən$^{13}$cʰian$^{35}$ [名]门框下端的横木条或石条：就系徛倒大门口，一进，还缯进大门，还缯进箇只～，一看嘿去，爱看箇只死角唔倒。tsʰiəu$^{53}$xei$^{53}_{44}$cʰi$^{35}$tau$^{21}$tʰai$^{53}$mən$^{13}$xei$^{21}$,iet$^{3}$tsin$^{53}$,xai$^{13}_{21}$maŋ$^{13}$tsin$^{53}$tʰai$^{53}$mən$^{13}$,xai$^{13}_{21}$maŋ$^{13}$tsin$^{53}$kai$^{53}$tʂak$^{3}$mən$^{13}$cʰian$^{35}_{44}$,iet$^{3}$kʰɔn$^{53}$nek$^{3}$(←xek$^{3}$)çi$^{53}_{44}$,ɔi$^{53}_{44}$kʰɔn$^{53}$kai$^{53}$tʂak$^{3}$si$^{21}$kɔk$^{3}$n̩$^{13}$tau$^{53}_{44}$.

【门口】mən$^{13}$xei$^{21}$ [名]门跟前；进入建筑物或场所的入口处的近旁：放下厅下～。fɔŋ$^{53}_{44}$ŋa$_{44}$(←xa$^{53}$)tʰaŋ$^{35}$xa$^{53}_{44}$mən$^{13}$xei$^{21}$.｜～徛倒一伴人。mən$^{13}$xei$^{21}$cʰi$^{35}$tau$^{21}$iet$^{3}$pʰɔŋ$^{53}$ɲin$^{13}$.

【门框】mən$^{13}$cʰiɔŋ$^{35}$ [名]围着门道两旁和顶上的边框与上槛，镶在墙上，通常支承着门扇：箇个如今做屋个人呐～都唔爱做哩，箇个有门个栏场只爱留只眼。搞么个嘞？如今去买门呢尽系和～一下买下来，渠和～同你装。你买门就～也来哩，欸，爱搭倒～去卖。kai$^{53}$ke$^{53}_{44}$i$^{13}_{21}$cin$^{35}_{44}$tso$^{53}$uk$^{3}$ke$^{53}_{44}$ɲin$^{13}_{21}$na$^{0}$mən$^{13}$cʰiɔŋ$^{35}$təu$^{35}_{53}$m̩$^{13}_{21}$mɔi$^{53}_{44}$tso$^{53}$li$^{0}$,kai$^{53}$ke$^{53}_{44}$iəu$^{35}$mən$^{13}$ke$^{53}$laŋ$^{13}_{44}$tʂʰɔŋ$^{13}_{44}$tʂɿ$^{21}$ɔi$^{53}$liəu$^{13}$tʂak$^{3}$ŋan$^{21}$.kau$^{21}$mak$^{3}$ke$^{53}$lei$^{0}$?i$^{13}_{21}$cin$^{35}_{53}$çi$^{53}$mai$^{35}$mən$^{13}$ne$^{0}$tsʰin$^{13}$ne$^{53}_{44}$uo$^{53}$mən$^{13}$cʰiɔŋ$^{35}$iet$^{3}$xa$^{53}$mai$^{35}_{44}$ia$^{53}_{44}$lɔi$^{13}_{21}$,ci$^{13}_{44}$uo$^{53}$mən$^{13}$cʰiɔŋ$^{35}_{44}$tʰəŋ$^{13}_{21}$ɲi$^{13}_{21}$tsɔŋ$^{35}$. ɲi$^{13}_{21}$mai$^{35}$mən$^{13}$tsʰiəu$^{53}$mən$^{13}$cʰiɔŋ$^{35}$ŋa$^{35}_{53}$lɔi$^{13}$li$^{0}$,e$_{21}$,ɔi$^{53}$tait$^{3}$tau$^{21}$mən$^{13}$cʰiɔŋ$^{35}_{44}$çi$^{53}$mai$^{53}$.

【门帘】mən$^{13}$lian$^{13}$ [名]门上挂的帘子：～其实是就系一种呃装饰品，看下子个好看个，打开门来以后，欸，就有只～子遮倒。～遮倒嘞，隔与不隔，就系唔知几有么个有情调个味道，系唔系？有情调。mən$^{13}$lian$^{13}_{44}$cʰi$^{13}_{21}$ʂət$^{5}$ʂɿ$^{53}_{44}$tsʰiəu$^{53}$xei$^{53}$iet$^{3}$tʂəŋ$^{21}$ə$_{21}$tsɔŋ$^{35}$ʂət$^{5}$pʰin$^{21}$,kʰɔn$^{53}$na$^{53}_{44}$tsɿ$^{0}$ke$^{53}_{21}$xau$^{21}$kʰɔn$^{53}$cie$^{53}$,ta$^{21}$kʰɔi$^{35}$mən$^{13}$nɔi$^{13}_{21}$i$^{35}_{44}$xei$^{53}_{44}$,ei$_{21}$,tsʰiəu$^{53}$iəu$^{35}_{53}$tʂak$^{3}$mən$^{13}$lian$^{13}_{44}$tsɿ$^{0}$tʂa$^{35}$tau$^{21}$.mən$^{13}$lian$^{13}_{44}$tsɿ$^{0}$tʂa$^{35}$tau$^{21}$lei$^{0}$,kak$^{3}$ɥ$^{21}$pət$^{3}$kak$^{3}$,tsʰiəu$^{53}$xei$^{53}$n̩$^{13}$ti$^{35}_{53}$ci$^{21}$iəu$^{35}$mak$^{3}$e$^{0}$iəu$^{35}_{53}$tsʰin$^{13}$tiau$^{53}_{44}$ke$^{53}_{44}$uei$^{53}$tʰau$^{53}$,xei$^{53}$me$^{53}$?iəu$^{35}_{53}$tsʰin$^{13}$

tiau$^{53}$.

【门面】mən$^{13}$mien$^{53}$ 名店铺房屋临街的一面：渠都买哩屋唠，买箇只～呶，又走我手里拿哩一次钱呶。ci$^{13}_{21}$təu$^{35}_{44}$mai$^{35}$li$^{0}$ uk$^{3}$ lau$^{0}$ ,mai$^{35}$kai$^{53}_{44}$tʂak$^{3}$ mən$^{13}$mien$^{53}$nau$^{0}$ ,iəu$^{53}$tsei$^{21}$ŋai$^{13}_{44}$ʂəu$^{21}$li$^{0}$ la$^{53}$li$^{0}$ iet$^{3}$ tsʰɿ$^{53}$ tsʰien$^{13}$nau$^{0}$ .

【门球子】mən$^{13}$cʰiəu$^{13}$tsɿ$^{0}$ 名门簪：欸，还有，欸，箇大门，唔系以顶高就系过砖，系唔系啊？过砖以面前，就两只伸出来个东西吵，系啊？一边一只吵，伸出来个。就安做～吵？系正讲哩～。伸出来个。伸出来个，以映子伸出来。e$_{21}$,xai$^{13}_{21}$iəu$^{35}_{44}$,e$_{21}$,kai$^{53}_{21}$tʰai$^{53}$mən$^{13}$,m̩$^{13}_{21}$me$_{21}$(←xe$^{53}$)i$^{21}$ taŋ$^{21}$kau$^{35}_{44}$tsʰiəu$^{53}_{44}$xe$^{53}_{21}$ko$^{53}$tʂən$^{35}$,xei$^{53}_{44}$me$^{53}_{44}$a$^{0}$ ?ko$^{53}$tʂən$^{35}$i$^{21}$mien$^{53}$tsʰien$^{13}_{21}$,tsʰiəu$^{53}$iəŋ$^{21}$tʂak$^{3}$ tʂʰən$^{35}$tʂʰət$^{3}$ ləi$^{13}$ke$^{53}_{44}$ təŋ$^{35}_{44}$si$^{0}$ ʂa$^{0}$ ,xei$^{53}_{44}$a$^{0}$ ?iet$^{3}$ pien$^{35}$iet$^{3}$ tʂak$^{3}$ ʂa$^{0}$ ,tʂʰən$^{35}$tʂʰət$^{3}$ ləi$^{13}_{21}$ke$^{53}_{21}$.tsʰiəu$^{53}_{44}$ɔn$^{35}_{44}$tso$^{53}_{44}$mən$^{13}$cʰiəu$^{13}$tsɿ$^{0}$ ʂa$^{0}$ ?xe$^{53}_{21}$tʂaŋ$^{53}$ kɔŋ$^{21}$li$^{0}$ mən$^{13}$cʰiəu$^{13}$tsɿ$^{0}$ .tʂʰən$^{35}$tʂʰət$^{3}$ ləi$^{13}_{21}$ke$^{53}$.tʂʰən$^{35}$tʂʰət$^{3}$ ləi$^{13}_{21}$ke$^{53}$,i$^{21}$iaŋ$^{53}_{44}$tsɿ$^{0}$ tʂʰən$^{35}$tʂʰət$^{3}$ ləi$^{13}_{21}$.

【门圈子】mən$^{13}$cʰien$^{35}$tsɿ$^{0}$ 名门环：哦，大门上两只圈圈呐？噢，箇两只唔系哟，箇唔系门……箇两只怕系门环，哈，～吧？系好像安做～吧？我等个大门冇得。欸，系，系有咁个，铁打个。关门箇只，系唔系？挜倒箇只来，圈圈。我等个冇得。冇得，冇得箇样的圈圈。o$_{13}$,tʰai$^{53}$mən$^{13}_{21}$xɔŋ$^{53}$iəŋ$^{21}$tʂak$^{3}$ cʰien$^{35}$cʰien$^{35}_{44}$na$^{0}$ ?au$_{13}$,kai$^{53}$iəŋ$^{21}$tʂak$^{3}$ m̩$^{13}_{21}$pʰe$^{53}$ (←xe$^{53}$)iau$^{0}$ ,kai$^{53}$m̩$^{13}_{21}$pʰe$^{53}$ (←xe$^{53}$)mən$^{13}$···kai$^{53}$iəŋ$^{21}$tʂak$^{3}$ pʰa$^{53}$xei$^{53}$mən$^{13}$fan$^{13}$,xa$_{35}$,mən$^{13}$cʰien$^{35}$tsɿ$^{0}$ pa$^{0}$ ?xe$^{53}_{44}$xau$^{21}$siəŋ$^{53}$ɔn$^{35}_{53}$tso$^{53}$mən$^{13}$ cʰien$^{35}$tsɿ$^{0}$ pa$^{0}$ ?ŋai$^{13}$tien$^{0}$ ke$^{53}_{44}$tʰai$^{53}$mən$^{13}_{21}$mau$^{13}$tek$^{3}$ .e$_{21}$,xe$^{53}_{44}$,xei$^{53}$iəu$^{35}_{53}$kan$^{21}$ke$^{53}$,tʰiet$^{3}$ ta$^{21}$ke$^{53}$.kuan$^{35}$mən$^{13}$kai$^{53}_{21}$ tʂak$^{3}$ ,xei$^{53}_{44}$me$^{53}_{44}$?ia$^{21}$tau$^{21}$kai$^{53}$iak$^{3}$ (←tʂak$^{3}$ )ləi$^{13}$,cʰien$^{35}$cʰien$^{35}_{44}$.ŋai$^{13}$tien$^{0}$ ke$^{53}$mau$^{13}$tek$^{3}$ .mau$^{13}$tek$^{3}$ ,mau$^{13}$tek$^{3}$ kai$^{53}$iəŋ$^{53}_{21}$tet$^{3}$ cʰien$^{35}$cʰien$^{35}_{44}$.

【门闩】mən$^{13}$tsʰɔn$^{35}$ 名指门关上后，插在门内使门推不开的滑动插销：从前个门呐，以只大门呐，～唔知几扎实，大门呐。箇我等箇祠堂里箇只老屋个～都唔知几扎实唠箇只。欸，咁长，有咁厚，箇～有咁厚咁阔。tsʰəŋ$^{13}$tsʰien$^{13}$ke$^{53}$mən$^{13}$na$^{0}$ ,i$^{21}$(tʂ)ak$^{3}$ tʰai$^{53}$mən$^{13}_{21}$na$^{0}$ ,mən$^{13}$tsʰɔn$^{35}_{44}$n̩$^{13}_{21}$ti$^{35}_{53}$ ci$^{21}$tsait$^{3}$ ʂət$^{5}$ ,tʰai$^{53}$mən$^{13}_{21}$na$^{0}$ .kai$^{53}_{44}$ŋai$^{13}_{21}$tien$^{0}$ kai$^{53}$tsʰɿ$^{13}$tʰɔŋ$^{13}_{44}$li$^{0}$ kai$^{53}$tʂak$^{3}$ lau$^{21}$uk$^{3}$ ke$^{53}$mən$^{13}$tsʰɔn$^{35}_{44}$təu$^{35}_{53}$n̩$^{13}$ti$^{35}_{53}$ci$^{21}$ tsait$^{3}$ ʂət$^{5}$ lau$^{0}$ kai$^{53}$tʂak$^{3}$ .e$_{21}$,kan$^{21}$tʂʰɔŋ$^{13}$,iəu$^{35}_{44}$ka:n$^{21}$xei$^{35}$,kai$^{53}_{21}$mən$^{13}$tsʰɔn$^{35}_{53}$iəu$^{35}_{44}$kan$^{21}$xei$^{35}$kan$^{21}$kʰɔit$^{3}$ .

【门头$_1$】mən$^{13}$tʰəu$^{13}$ 名家门前：（方竹）就系栽下箇～，如今又冇得哩啦。tsʰiəu$^{53}_{44}$xe$^{53}_{44}$tsɔi$^{35}$xa$^{53}$ kai$^{53}_{44}$mən$^{13}$tʰəu$^{13}$,i$^{13}_{21}$cin$^{35}_{44}$iəu$^{53}$mau$^{13}$tek$^{3}$ li$^{0}$ la$^{0}$ .

【门头$_2$】mən$^{13}$tʰei$^{13}$ 名意思；趣味：想阵有～。siɔŋ$^{21}$tʂʰən$^{53}$mau$^{13}$mən$^{13}$tʰei$^{13}$.

【门碗子】mən$^{13}$uɔn$^{21}$tsɿ$^{0}$ 名门礅或门斗上承载门枢的圆坑。又称“门凼子”：老式个屋嘞底下箇只门轴嘞就呃以只眼唔打穿来就安只～。箇～嘞就同舞只碗样，箇皮门个箇只轴哇就去箇碗肚里转动。lau$^{21}$ʂɿ$^{53}_{21}$ke$^{53}$uk$^{3}$ lei$^{0}$ tei$^{21}$xa$^{53}_{44}$kai$^{53}$tʂak$^{3}$ mən$^{13}$tʂʰəuk$^{5}$ lei$^{0}$ tsʰiəu$^{53}_{44}$ə$_{21}$i$^{21}$tʂak$^{3}$ ŋan$^{21}$n̩$^{13}$ta$^{21}$tʂʰuɔn$^{35}_{44}$ nɔi$^{13}_{21}$tsʰiəu$^{53}_{44}$ɔn$^{35}$tʂak$^{3}$ mən$^{13}$uɔn$^{21}$tsɿ$^{0}$ .kai$^{53}$mən$^{13}$uɔn$^{21}$tsɿ$^{0}$ lei$^{0}$ tsʰiəu$^{53}$tʰəŋ$^{13}_{21}$u$^{21}$tʂak$^{3}$ uɔn$^{21}$iɔŋ$^{53}$,kai$^{53}$pʰi$^{13}_{21}$mən$^{13}$ cie$^{53}_{44}$kai$^{53}_{44}$tʂak$^{3}$ tʂʰəuk$^{5}$ ua$^{0}$ tsʰiəu$^{53}$çi$^{53}$kai$^{53}$uɔn$^{21}$təu$^{21}$li$^{0}$ tʂuɔn$^{21}$tʰəŋ$^{53}$.

【门牙】mən$^{13}$ŋa$^{13}$ 名位于牙床中央的牙齿，上下各有四枚：有兜人个～生倒唔知几尧尧哩，尧尧哩就变成哩龅牙，唔好看。iəu$^{35}$tei$^{35}_{53}$ɲin$^{13}_{21}$ke$^{53}$mən$^{13}$ŋa$^{13}_{44}$saŋ$^{35}$tau$^{21}$n̩$^{13}_{21}$ti$^{35}_{53}$ci$^{21}$ɲiau$^{35}$ɲiau$^{35}$li$^{0}$ , ɲiau$^{35}$ ɲiau$^{35}$li$^{0}$ tsʰiəu$^{53}_{44}$pien$^{53}$tʂʰən$^{13}_{21}$li$^{0}$ pʰau$^{53}$ŋa$^{13}_{21}$,n̩$^{13}_{21}$xau$^{21}$kʰɔn$^{53}$.

【门页子】mən$^{13}$niait$^{5}$ tsɿ$^{0}$ 名门板：我等老家个箇个老屋里箇个～啊都系用杉树做个嘞。欸飘轻子，杉树做个。欸，杂树个痞重啊，扐都唔起呀。ŋai$^{13}$tien$^{0}$ lau$^{21}$cia$^{35}_{44}$ke$^{53}$kai$^{53}_{44}$ke$^{53}_{44}$lau$^{21}$uk$^{3}$ li$^{0}$ kai$^{53}$ ke$^{53}_{44}$mən$^{13}$iait$^{5}$ tsɿ$^{0}$ a$^{0}$ təu$^{35}$ue$^{53}$iəŋ$^{53}$sa$^{35}$ʂəu$^{53}$tso$^{53}$ke$^{53}$lei$^{0}$ .e$^{0}$ pʰiau$^{35}$cʰiaŋ$^{35}$tsɿ$^{0}$ ,sa$^{35}$ʂəu$^{53}$tso$^{53}$ke$^{0}$ .e$_{21}$,tsʰait$^{5}$ ʂəu$^{53}$ ke$^{53}_{44}$tsʰiəu$^{53}_{44}$tek$^{5}$ tʂʰəŋ$^{35}_{44}$ŋa$^{0}$ ,let$^{5}$ təu$^{35}$n̩$^{13}_{21}$çi$^{21}$ia$^{0}$ .

【闷】mən$^{53}$ 动憋闷。又称“板”：～得死 mən$^{53}$tek$^{3}$ si$^{21}$

【闷车】mən$^{53}$tʂʰa$^{35}$ 动晕车：（我等个栏场）～个就多。mən$^{53}$tʂʰa$^{35}$ke$^{53}$tsʰiəu$^{53}_{44}$to$^{35}_{44}$.

【闷船】mən$^{53}$tʂʰɔn$^{13}$ 动晕船：～唔多啊，我等个栏场冇得船呢。闷车个就多。mən$^{53}$tʂʰɔn$^{13}$n̩$^{13}_{21}$ to$^{35}_{44}$a$^{0}$ ,ŋai$^{13}$tien$^{0}$ ke$^{53}$lɔŋ$^{13}_{21}$tʂʰɔŋ$^{13}_{21}$mau$^{13}$tek$^{3}$ ʂɔn$^{13}$ne$^{0}$ .mən$^{53}$tʂʰa$^{35}$ke$^{53}$tsʰiəu$^{53}_{44}$to$^{35}_{44}$.

【闷河】mən$^{53}$xo$^{13}$ 名指水流非常缓慢的汊河子：如今欸皇碑树下箇映子如今唔知还有嘛，以前是一只沙洲濊大哟，箇几十亩喔。两向都系水呀。箇条河，河锋就走箇边子下，以向嘞就一条～，以向就一条死河，冇得冇么个流动个，一只子汊河子啊，以边就一条汊河子。箇汊河子肚里我等细细子去下读书，咁长一条条个鱼，真有味道哇。有一回痨哇，我都捉倒两条濊大个。i$^{13}_{21}$cin$^{35}_{53}$e$_{21}$uɔŋ$^{13}$pi$^{53}_{44}$ʂəu$^{53}$xa$^{53}_{44}$kai$^{53}$iaŋ$^{53}$tsɿ$^{0}$ i$^{13}_{21}$cin$^{35}_{53}$n̩$^{13}_{21}$ti$^{35}_{53}$xai$^{13}_{21}$iəu$^{35}$ma$^{0}$ ,i$^{35}_{53}$tsʰien$^{13}$ʂɿ$^{53}$iet$^{3}$ tʂak$^{3}$ sa$^{35}$tʂəu$^{35}_{44}$ mən$^{35}$tʰai$^{53}$io$^{0}$ ,kai$^{53}$ci$^{21}$ʂət$^{5}$ miau$^{35}$uo$^{0}$ .iɔŋ$^{21}$çiɔŋ$^{53}$təu$^{35}$xe$^{53}$ʂei$^{21}$ia$^{0}$ .kai$^{53}$tʰiau$^{13}_{21}$xo$^{13}$,xo$^{13}$fəŋ$^{35}$tsʰiəu$^{53}$tsei$^{21}$kai$^{53}$

pien$^{35}_{44}$tsɿ$^{0}$ xa$^{35}$,i$^{21}$çiɔŋ$^{53}_{44}$lei$^{0}$ tsʰiəu$^{53}$iet$^{3}$ tʰiau$^{13}_{21}$mən$^{53}$xo$^{13}$,i$^{21}$çiɔŋ$^{53}$tsʰiəu$^{53}$iet$^{3}$ tʰiau$^{13}_{21}$si$^{21}$xo$^{13}$,mau$^{13}$tek$^{3}$ mau$^{13}$mak$^{3}$ e$^{0}$ liəu$^{13}$tʰəŋ$^{53}$ke$^{53}$,iet$^{3}$ tʂak$^{3}$ tsɿ$^{0}$ tsʰa$^{53}$xo$^{13}$tsɿ$^{0}$ a$^{0}$,i$^{21}$pien$^{35}_{53}$tsʰiəu$^{53}$iet$^{3}$ tʰiau$^{13}_{21}$tsʰa$^{53}$xo$^{13}$tsɿ$^{0}$.kai$^{53}_{44}$tsʰa$^{53}$xo$^{13}_{21}$tsɿ$^{0}$ təu$^{21}$ li$^{0}$,ŋai$^{13}$tien$^{0}$ se$^{53}$se$^{53}$tsɿ$^{0}$ çi$^{53}_{44}$xa$^{53}_{44}$tʰəuk$^{5}$ ʂəu$^{35}$,ka:n$^{21}$tʂʰɔŋ$^{13}$iet$^{3}$ tʰiau$^{13}_{21}$tʰiau$^{13}_{21}$kei$^{53}$ŋ̍$^{13}$,tʂən$^{35}$iəu$^{35}_{44}$uei$^{53}$tʰau$^{53}$ua$^{0}$. iəu$^{35}$iet$^{3}$ fei$^{13}$lau$^{53}$ua$^{0}$,ŋai$^{13}$təu$^{53}_{53}$tsɔk$^{3}$ tau$^{21}$iɔŋ$^{21}$tʰiau$^{13}$mən$^{35}$tʰai$^{53}_{44}$ke$^{0}$.

【闷头接】mən$^{35}$tʰei$^{13}_{44}$tsiet$^{3}$ 动 埋头（含贬义）：有滴屋下有要紧事都唔搞哩啊，～只讲去打麻将啊。iəu$^{35}$tet$^{5}$ uk$^{3}$ xa$^{53}_{44}$iəu$^{35}$iau$^{35}_{44}$cin$^{21}$sɿ$^{53}$təu$^{35}_{44}$n̩$^{13}_{44}$kau$^{21}$lia$^{0}$,mən$^{35}$tʰei$^{13}_{44}$tsiet$^{3}$ tʂɿ$^{21}$kɔŋ$^{21}$çi$^{53}$ta$^{21}$ma$^{13}$tsiɔŋ$^{53}$ŋa$^{0}$.

【焖】mən$^{35}$ 动 盖紧锅盖，用微火把饭菜煮熟：～，欸，也话～。系，也话～糯饭焖糯米饭，□糯饭，～糯饭。mən$^{35}$,ei$_{21}$,ia$^{35}$ua$^{53}$mən$^{35}$.xei$^{53}_{21}$,ia$^{35}$ua$^{53}$mən$^{35}$no$^{53}$fan$^{53}$,ŋɔit$^{3}$ lo$^{53}$fan$^{53}$,mən$^{35}$no$^{53}$fan$^{53}$.

【懑大】mən$^{35}$tʰai$^{53}$ 形 状态词。很大：箇只～个就棺材钉啊。kai$^{53}_{21}$tʂak$^{3}$ mən$^{35}$tʰai$^{53}_{44}$ke$^{53}_{44}$tsʰiəu$^{53}_{44}$kɔn$^{35}$ tsʰɔi$^{13}_{21}$taŋ$^{35}$ŋa$^{0}$.｜箇起～一只个（瓶子）唠，系啊？下得手个唠。kai$^{53}_{44}$çi$^{21}$mən$^{35}$tʰai$^{53}$iet$^{3}$ tʂak$^{3}$ ke$^{53}$ lau$^{0}$,xe$^{53}_{44}$a$^{0}$?xa$^{35}$tek$^{3}$ ʂəu$^{21}$cie$^{53}$lau$^{0}$.

【懑十八大】mən$^{35}$ʂət$^{5}$ pait$^{3}$ tʰai$^{53}$ 形容很大：欸，渠等屋下做只～个屋。ei$_{44}$,ci$^{13}_{21}$tien$^{0}$ uk$^{3}$ xa$^{53}_{44}$tso$^{53}$ tʂak$^{3}$ mən$^{35}$ʂət$^{5}$ pait$^{3}$ tʰai$^{53}$ke$^{53}$uk$^{3}$.｜壁背一条～个树。piak$^{3}$ pɔi$^{53}$iet$^{3}$ tʰiau$^{13}$mən$^{35}$ʂət$^{5}$ pait$^{3}$ tʰai$^{53}$ke$^{53}_{44}$ʂəu$^{53}$.｜门口一条～个塘。mən$^{13}$xei$^{21}$iet$^{3}$ tʰiau$^{13}_{44}$mən$^{35}$ʂət$^{5}$ pait$^{3}$ tʰai$^{53}$ke$^{53}_{44}$tʰɔŋ$^{13}$.

【搣】mən$^{35}$ 动 ①手持上举：～坨泥 mən$^{35}$tʰo$^{13}_{21}$lai$^{13}$｜～张凳子炙日头。mən$^{35}$tʂaŋ$^{35}$tien$^{53}$tsɿ$^{21}$tʂak$^{3}$ ɲiet$^{3}$ tʰei$^{13}$. ②抬：欸，棺材唔放间了。～出来。e$_{21}$,kɔn$^{35}$tsʰɔi$^{13}_{21}$m̩$^{13}_{21}$fɔŋ$^{53}_{44}$kan$^{35}_{44}$liau$^{0}$.mən$^{35}$tʂʰət$^{3}$ lɔi$^{13}_{44}$. ③搬：各人分兜行头嘞～下祠堂里放倒。kɔk$^{3}$ ɲin$^{13}_{44}$pən$^{35}$tei$^{35}_{53}$çin$^{13}$tʰei$^{13}_{44}$lei$^{0}$ mən$^{35}_{44}$na$^{53}_{44}$tsʰɿ$^{13}$tʰɔŋ$^{13}_{21}$li$^{21}$fɔŋ$^{53}$ tau$^{21}$.

【蒙$_{1}$】maŋ$^{35}$ 动 遮蔽；覆盖：（豆腐箱）肚里就～块兜巾。təu$^{21}$li$^{0}$ tsʰiəu$^{53}$maŋ$^{35}$kʰuai$^{53}$tei$^{35}$cin$^{35}$.｜欸，我等细细子就系自家去做二胡哇，舞倒箇个竹筒，打倒箇蛇皮～下去。拉得响哦，只系话音调只有咁好凑。e$_{21}$,ŋai$^{13}$tien$^{0}$ se$^{53}$se$^{53}$tsɿ$^{0}$ tsʰiəu$^{53}$xe$^{53}$tsʰɿ$^{53}$ka$^{35}_{44}$çi$^{53}_{44}$tso$^{53}$ɲi$^{53}$fu$^{13}_{21}$va$^{0}$,u$^{21}$tau$^{21}$kai$^{53}$ke$^{53}$ tʂəuk$^{3}$ tʰəŋ$^{13}$,ta$^{21}$tau$^{21}$kai$^{53}$ʂa$^{13}$pʰi$^{13}$maŋ$^{35}$ŋa$^{53}_{44}$çi$^{53}$.la$^{35}_{44}$tek$^{3}$ çiɔŋ$^{21}$ŋo$^{0}$,tʂɿ$^{21}$(x)ei$^{53}$ua$^{53}$in$^{35}$tiau$^{53}$tʂɿ$^{21}$iəu$^{35}_{53}$kan$^{21}$xau$^{21}$ tsʰe$^{0}$.

【蒙$_{2}$】məŋ$^{13}$ 动 将纸放在另一张有字或画的纸上照着写或者画：～格子就系箇个嘞呢舞张纸，哦或者写正字来，另外舞张纸盖倒上背去～，～格子。məŋ$^{13}$kak$^{3}$ tsɿ$^{0}$ tsʰiəu$^{53}_{44}$xei$^{53}_{44}$kai$^{53}$ke$^{53}$le$^{0}$ ə$_{21}$u$^{21}$ tʂɔŋ$^{35}$tʂɿ$^{21}$,o$^{0}$ xɔit$^{5}$ tʂa$^{21}$sia$^{21}$tʂaŋ$^{35}_{44}$sɿ$^{53}$lɔi$^{13}_{21}$,lin$^{53}$uai$^{53}$u$^{21}$tʂɔŋ$^{35}$tʂɿ$^{21}$kɔi$^{53}$tau$^{21}$ʂɔŋ$^{53}$pɔi$^{53}$çi$^{53}$məŋ$^{13}$,məŋ$^{13}$kak$^{3}$ tsɿ$^{0}$.｜我喜欢箇只菩萨子，我就舞张纸去～下来，～倒。ŋai$^{13}_{21}$çi$^{21}$fɔn$^{35}_{44}$kai$^{53}$tʂak$^{3}$ pʰu$^{13}$sait$^{3}$ tsɿ$^{0}$,ŋai$^{13}$ tsʰiəu$^{53}$u$^{21}$tʂɔŋ$^{35}$tʂɿ$^{21}$çi$^{53}$məŋ$^{13}$xa$^{53}_{44}$lɔi$^{13}_{21}$,məŋ$^{13}$tau$^{21}$.

【蒙$_{3}$】məŋ$^{13}$ 形 弥漫笼罩而看不清的样子：落水落大哩就落～哩呢。lɔk$^{5}$ ʂei$^{21}$lɔk$^{5}$ tʰai$^{53}$li$^{0}$ tsʰiəu$^{53}_{44}$ lɔk$^{5}$ məŋ$^{13}$li$^{0}$ nei$^{0}$.

【蒙蒙光子】məŋ$^{35}$məŋ$^{35}$kɔŋ$^{35}$tsɿ$^{0}$ （天）蒙蒙亮：欸，我箇有晡早晨呐～就跣来起床去散步。e$_{21}$, ŋai$^{13}$kai$^{53}$iəu$^{35}_{53}$pu$^{35}_{44}$tsau$^{21}$ʂən$^{13}$na$^{0}$ məŋ$^{35}$məŋ$^{35}_{44}$kɔŋ$^{35}$tsɿ$^{0}$ tsiəu$^{53}_{44}$xɔŋ$^{53}$lɔi$^{13}_{21}$çi$^{53}_{44}$san$^{53}_{44}$pʰu$^{53}$.

【蒙蒙纱纱】məŋ$^{13}$məŋ$^{13}$sa$^{35}$sa$^{35}$ 形容模糊不清：今晡早晨跣来呀呢雾唔知几大，到处都～。欸，看都唔倒。cin$^{35}_{44}$pu$^{35}_{44}$tsau$^{21}$ʂən$^{13}$xɔŋ$^{53}$lɔi$^{13}_{44}$ia$^{0}$ ə$_{21}$u$^{53}$n̩$^{13}$ti$^{35}_{53}$ci$^{21}$tʰai$^{53}$,tau$^{53}$tʂʰəu$^{53}_{44}$təu$^{35}_{44}$məŋ$^{13}$məŋ$^{13}$sa$^{35}_{44}$sa$^{35}_{44}$.e$_{21}$, kʰɔn$^{53}$təu$^{35}_{53}$n̩$^{13}_{21}$tau$^{21}$.

【蒙稳】maŋ$^{35}$uən$^{21}$ 动 遮挡严实：（土楼）底下箇向用竹篾～。tei$^{21}$xa$^{53}$kai$^{53}_{44}$çiɔŋ$^{53}_{44}$iəŋ$^{53}_{44}$tʂəuk$^{3}$ sak$^{3}$ maŋ$^{35}$uən$^{21}$.｜舞块舞条舞皮手巾～，就冇事冷咁就饭甑就。u$^{21}$kʰuai$^{53}$u$^{21}$tʰiau$^{13}_{44}$u$^{21}$pʰi$^{13}$ʂəu$^{21}$cin$^{35}_{44}$ maŋ$^{35}$uən$^{21}$,tsiəu$^{53}$mau$^{13}$sɿ$^{53}$laŋ$^{35}$kan$^{21}$tsʰiəu$^{53}_{44}$fan$^{53}$tsien$^{53}$tsʰiəu$^{53}_{44}$.｜箇是怕莫分别家看倒，舞块布～了。用布哇，唔用草纸。只爱遮倒莫分别家看呢。舞条面巾子也做得，舞条毛巾呐，～面上啊，～箇只面莫分别家看呐。渠是搞么啊莫分别家看呢？就怕渠有咁个唔安详啊，死哩以后眼珠暴暴哩箇只嘞，系唔系啊？怕难看。kai$^{53}_{44}$ʂɿ$^{53}_{44}$pʰa$^{53}_{44}$mɔk$^{5}$ pən$^{35}$pʰiet$^{5}_{3}$ a$^{0}$ kʰɔn$^{53}$tau$^{0}$,u$^{21}$kʰuai$^{53}_{44}$pu$^{53}$ maŋ$^{35}$uən$^{21}$liau$^{0}$.iəŋ$^{53}_{44}$pu$^{53}$ua$^{0}$,n̩$^{13}_{21}$niəŋ$^{53}_{44}$tsʰau$^{21}$tʂɿ$^{21}$.tʂɿ$^{21}$ɔi$^{53}_{21}$tʂa$^{35}$tau$^{21}$mɔk$^{5}$ pən$^{35}_{44}$pʰiet$^{5}_{3}$ a$^{0}$ kʰɔn$^{53}$ne$^{0}$.u$^{21}$tʰiau$^{13}$ mien$^{53}$cin$^{35}_{44}$tsɿ$^{0}$ a$^{35}_{44}$tso$^{53}$tek$^{3}$,u$^{21}$tʰiau$^{13}$mau$^{13}$cin$^{35}_{44}$na$^{0}$,maŋ$^{35}$uən$^{21}$mien$^{53}$xɔŋ$^{53}_{44}$ŋa$^{0}$,maŋ$^{35}$uən$^{21}$kai$^{53}_{44}$tʂak$^{3}$ mien$^{53}$ mɔk$^{5}$ pən$^{35}_{44}$pʰiet$^{5}_{3}$ a$^{0}$ kʰɔn$^{53}$na$^{0}$.ci$^{13}_{21}$ʂɿ$^{53}_{44}$kau$^{21}$mak$^{3}$ a$^{0}$ mɔk$^{5}$ pən$^{35}_{44}$pʰiet$^{5}_{3}$ a$^{0}$ kʰɔn$^{53}$nei$^{0}$?tsʰiəu$^{53}_{44}$pʰa$^{53}$ci$^{13}_{21}$iəu$^{35}$kan$^{21}$ ke$^{53}_{44}$ŋ̍$^{13}$ŋɔn$^{35}$tsʰiɔŋ$^{13}_{21}$ŋa$^{0}$,si$^{21}$li$^{0}$ i$^{35}$xei$^{53}_{44}$ŋan$^{21}$tʂəu$^{35}_{44}$pau$^{53}$pau$^{53}$li$^{0}$ kai$^{53}_{44}$tʂak$^{3}$ le$^{0}$,xei$^{53}_{35}$mia$^{0}$?pʰa$^{53}$nan$^{13}$kʰɔn$^{53}$.

【猛】məŋ$^{53}$ 形 勇猛而不怕危险；莽撞；做事不计后果。又称"癫"：咁～啊，（不能去的地方）你也跑倒去啊？kan$^{21}$məŋ$^{53}$ŋa$^{0}$,ɲi$^{13}_{21}$a$^{35}$pʰau$^{21}$tau$^{21}$çi$^{53}$a$^{0}$?｜箇细子真～啊。kai$^{53}_{44}$se$^{53}$tsɿ$^{0}$ tʂən$^{35}_{44}$məŋ$^{53}$ŋa$^{0}$.

【猛牯】məŋ$^{53}$ku$^{21}$ 名 莽撞、做事不计后果的人：欸，箇阵子我等教小学下子箇时候是就搞兜唔系话讲哩欸冇只爬杆？欸。还有就冇单杠哦。斫两条箇个尖栗树。请倒木匠打几只眼，欸，窖下地泥下，冇条茶树棍就做箇条杠。欸，细人子就跍倒箇上背，地泥下么个沙池都冇得啦硬。～，箇我都如今想起都～箇只路。e$_{44}$,kai$^{53}$tʂʰən$^{53}$tsɿ$^{0}$ ŋai$^{13}$tien$^{0}$ kau$^{35}_{44}$siau$^{21}$çiɔk$^{5}$ xa$^{53}_{44}$tsɿ$^{0}$ kai$^{53}_{44}$ʂʅ$^{13}_{21}$ xəu$^{53}_{21}$ʂʅ$^{53}_{21}$tsʰiəu$^{53}_{44}$kau$^{21}$te$^{35}_{53}$m̩$^{13}$pʰei$^{53}$ua$^{53}$kɔŋ$^{21}$li$^{0}$ e$^{0}$ u$^{21}$tʂak$^{3}$ pʰa$^{13}$kɔn$^{35}$?e$_{21}$.xai$^{13}_{21}$iəu$^{35}_{44}$tsʰiəu$^{53}$u$^{21}$tan$^{35}$kɔŋ$^{53}$ŋo$^{0}$.tʂɔk$^{3}$ iɔŋ$^{21}$tʰiau$^{13}$kai$^{53}_{44}$ke$^{53}_{44}$tsian$^{35}$liet$^{5}$ ʂəu$^{53}$.tsʰiaŋ$^{21}$tau$^{21}$muk$^{3}$ siɔŋ$^{53}$ta$^{21}$ci$^{21}$tʂak$^{3}$ ŋan$^{21}$,ei$_{21}$,kau$^{53}$ua$^{53}_{44}$tʰi$^{53}$lai$^{13}_{21}$xa$^{35}$,u$^{21}$ tʰiau$^{13}$tsʰa$^{13}$ʂəu$^{53}$kuən$^{53}$tsʰiəu$^{53}$tso$^{53}$kai$^{53}$tʰiau$^{13}_{21}$kɔŋ$^{53}$.e$_{21}$,sei$^{53}$ɲin$^{13}_{44}$tsɿ$^{0}$ tsiəu$^{53}_{44}$ku$^{35}$tau$^{21}_{44}$kai$^{53}_{44}$ʂɔŋ$^{53}_{44}$pɔi$^{53}_{44}$,tʰi$^{53}$lai$^{13}_{21}$xa$^{53}_{44}$ mak$^{3}$ e$^{0}$ sa$^{35}$tʂʰʅ$^{13}_{21}$təu$^{35}_{53}$mau$^{13}_{21}$tek$^{3}$ la$^{0}$ ɲiaŋ$^{53}$.meŋ$^{53}$ku$^{21}$,kai$^{53}_{21}$ŋai$^{13}_{21}$təu$^{35}_{53}$i$^{13}_{21}$cin$^{35}_{53}$siɔŋ$^{21}$çi$^{21}$təu$^{35}_{53}$məŋ$^{53}$ku$^{21}$kai$^{53}_{44}$tʂak$^{3}$ ləu$^{53}_{44}$.

【懵】məŋ$^{21}$ 形糊涂；迷糊：一跌跌下番薯窖肚里，人都磕～。iet$^{3}$ tet$^{3}$ tet$^{3}$ (x)a$^{53}_{44}$fan$^{35}$ʂəu$^{13}_{21}$kau$^{53}$ təu$^{21}$li$^{0}$, ɲin$^{13}$təu$^{35}_{44}$kʰɔk$^{3}_{5}$məŋ$^{21}$.

【懵懂】məŋ$^{21}$təŋ$^{21}$ 形头脑不清楚或不能明辨事物：你爱清醒滴子，莫咁～哦。ɲi$^{13}_{21}$ɔi$^{53}$tsʰin$^{35}$ siaŋ$^{21}$tiet$^{5}$ tsɿ$^{0}$,mɔk$^{5}$ kan$^{21}$məŋ$^{21}$təŋ$^{21}$ŋo$^{0}$.｜我等箇孙子正两岁子是还懵懵懂懂啊，么个都唔晓得，还唔知几～。ŋai$^{13}$tien$^{0}$ kai$^{53}$sən$^{35}$tsɿ$^{0}$ tʂaŋ$^{53}$iɔŋ$^{21}$sɔi$^{53}$tsɿ$^{0}$ ʂʅ$^{53}_{44}$xai$^{13}_{44}$məŋ$^{21}$məŋ$^{21}$təŋ$^{21}$təŋ$^{21}$ŋa$^{0}$,mak$^{3}$ e$^{0}$ təu$^{35}_{53}$n̩$^{13}_{21}$ çiau$^{21}$tek$^{3}$,xai$^{13}_{21}$n̩$^{13}$ti$^{35}_{53}$ci$^{21}$məŋ$^{21}$təŋ$^{21}$.

【懵懵懂懂】məŋ$^{21}$məŋ$^{21}$təŋ$^{21}$təŋ$^{21}$ 形糊里糊涂的样子：睡起～。ʂɔi$^{53}$çi$^{21}$məŋ$^{21}$məŋ$^{21}$təŋ$^{21}$təŋ$^{21}$.

【梦】məŋ$^{53}$ 动做梦，也比喻幻想：以到箇又系有百多块钱是我也赠～都赠～倒哇就加啊来哩哦。i$^{21}$tau$^{53}$kai$^{53}$iəu$^{53}$xei$^{53}$iəu$^{35}_{44}$pak$^{3}$ to$^{35}_{44}$kʰuai$^{53}$tsʰien$^{13}_{44}$ʂʅ$^{53}_{44}$ŋai$^{13}$a$^{35}_{44}$maŋ$^{13}$məŋ$^{53}$təu$^{35}_{44}$maŋ$^{13}$məŋ$^{53}$tau$^{21}$ua$^{0}$ tsʰiəu$^{53}$ cia$^{35}$a$^{0}$ lɔi$^{13}_{21}$li$^{0}$ o$^{0}$.

【眯】mi$^{35}$ 动眼皮微微合拢：～倒眼珠mi$^{35}$tau$^{21}$ŋau$^{21}$tʂəu$^{35}$ = ～起眼珠来 mi$^{35}$çi$^{21}$ŋau$^{21}$tʂəu$^{35}$lɔi$^{13}_{0}$ ｜唔～啦眼珠去 m̩$^{13}$mi$^{35}_{44}$la$^{0}$ ŋan$^{21}$tʂəu$^{35}_{44}$çi$^{53}$

【眯眯蒙蒙】mi$^{35}$mi$^{35}$məŋ$^{13}$məŋ$^{13}$ 朦朦胧胧：箇个嗯春天落水呀硬一落就几天，撞怕就落大水，撞怕就落咁毛水子，打开门来看下子外背呀，～，到处都看都唔清。kai$^{53}_{44}$ke$^{53}_{44}$n̩$_{21}$tʂʰən$^{35}$tʰien$^{35}_{44}$ lɔk$^{5}$ ʂei$^{21}$ia$^{0}$ ɲiaŋ$^{53}_{44}$iet$^{3}$ lɔk$^{5}$ tsʰiəu$^{53}_{44}$ci$^{21}$tʰien$^{35}$,tsʰɔŋ$^{21}$pʰa$^{53}_{44}$tsiəu$^{53}_{44}$lɔk$^{5}$ tʰai$^{53}$ʂei$^{21}$,tsʰɔŋ$^{21}$pʰa$^{53}_{44}$tsʰiəu$^{53}_{44}$lɔk$^{5}$ kan$^{21}$ mau$^{35}$ʂei$^{21}$tsɿ$^{0}$,ta$^{21}$kʰɔi$^{35}$mən$^{13}$nɔi$^{13}_{44}$kʰɔn$^{53}$na$^{53}_{44}$tsɿ$^{0}$ ŋɔi$^{53}$pɔi$^{53}$ia$^{0}$,mi$^{35}$mi$^{35}$məŋ$^{13}$məŋ$^{13}_{44}$,tau$^{53}$tʂʰəu$^{53}_{21}$təu$^{35}$kʰɔn$^{53}$təu$^{35}_{53}$ n̩$^{13}_{21}$tsʰin$^{35}$.

【眯眯摸摸】mi$^{35}$mi$^{35}$ma$^{35}$ma$^{35}$ 形容在黑暗中迷迷糊糊前行的样子：我有晡夜晡跖来呀赠开灯呐，呃，～跑倒去解手，跑下卫生间里去解手，～。ŋai$^{13}_{21}$iəu$^{35}$pu$^{35}_{44}$ia$^{35}_{53}$pu$^{35}_{44}$xɔŋ$^{53}$lɔi$^{13}_{21}$ia$^{0}$ maŋ$^{13}$kʰɔi$^{35}_{44}$ ten$^{35}_{44}$na$^{0}$,ə$_{21}$,mi$^{35}$mi$^{35}_{44}$ma$^{35}_{44}$ma$^{35}_{44}$pʰau$^{21}$tau$^{21}$çi$^{53}$kai$^{21}$ʂəu$^{21}$,pʰau$^{21}$(x)a$^{53}_{44}$uei$^{53}$sen$^{35}_{44}$kan$^{35}_{44}$ni$^{0}$ çi$^{53}$kai$^{21}$ʂəu$^{21}$,mi$^{35}$mi$^{35}_{44}$ ma$^{35}_{44}$ma$^{35}_{44}$.｜～撞怕寻门都寻唔中。mi$^{35}$mi$^{35}_{44}$ma$^{35}_{44}$ma$^{35}_{44}$tsʰɔŋ$^{21}$pʰa$^{53}$tsʰin$^{13}_{21}$mən$^{13}_{21}$təu$^{35}_{53}$tsʰin$^{13}_{21}$n̩$^{13}_{21}$tʂəŋ$^{53}$.

【眯牙尽缝】mi$^{35}$ŋa$^{13}$tsʰin$^{53}$pʰəŋ$^{53}$ 形容严丝合缝：你看以皮门呐做得几好子啊，～。ɲi$^{13}$kʰɔn$^{53}$i$^{21}$ pʰi$^{13}$mən$^{13}$na$^{0}$ tso$^{53}$tek$^{3}$ ci$^{21}$xau$^{21}$tsa$^{0}$,mi$^{35}$ŋa$^{13}_{21}$tsʰin$^{53}_{44}$pʰəŋ$^{53}$.

【弥】mi$^{13}$ 形密合，无缝隙：整理一下就分箇棺材盖盖上去呀，盖～来呀。tʂən$^{21}$li$^{35}$iet$^{3}$ xa$^{53}_{44}$ tsʰiəu$^{53}_{44}$pən$^{35}$kai$^{53}_{44}$kɔn$^{35}$tsʰɔi$^{13}_{21}$kɔi$^{53}_{44}$kɔi$^{53}$ʂɔŋ$^{53}_{44}$çi$^{53}_{44}$ia$^{0}$,kɔi$^{53}$mi$^{13}$lɔi$^{13}_{21}$ia$^{0}$.

【弥席布】mi$^{13}$tsʰiak$^{5}_{3}$pu$^{53}$ 名铺在七星板上用于垫死尸的布：七星板面上呢放块布，安做～，～哇，就代替席子个，唔系分渠直接放下板上啊。 tsʰiet$^{3}$ sin$^{35}_{44}$pan$^{21}$mien$^{53}_{44}$xɔŋ$^{53}_{44}$nei$^{0}$ fɔŋ$^{53}_{44}$ kʰuai$^{53}_{44}$pu$^{53}$,ɔn$^{35}_{44}$tso$^{53}_{44}$mien$^{13}$tsʰiak$^{5}_{3}$pu$^{53}$,mi$^{13}$tsʰiak$^{5}$ pu$^{53}$ua$^{0}$,tsʰiəu$^{53}_{44}$tʰɔi$^{53}$tʰi$^{53}_{44}$tsʰiak$^{5}$ tsɿ$^{0}$ ke$^{53}_{44}$,m̩$^{13}$pʰe$^{53}_{44}$pən$^{35}$ci$^{13}_{21}$ tʂʰət$^{5}$ tsiet$^{3}$ fɔŋ$^{53}$xa$^{35}_{44}$pan$^{21}$xɔŋ$^{53}$ŋa$^{0}$.

【迷】mi$^{13}$ 形卖力：（箇只人）仰$_{嘚瑟}$就仰得蛮～，冇得锯屎出。ɲiɔŋ$^{21}$tsʰiəu$^{53}$ɲiɔŋ$^{21}$tek$^{3}$ man$^{13}$ mi$^{13}$,mau$^{13}_{21}$tek$^{3}$ cie$^{53}$ʂʅ$^{21}$tʂʰət$^{3}$.

【迷痴打甩】mi$^{13}$tʂʰʅ$^{35}_{44}$ta$^{21}$ʂai$^{21}$ 形容迷迷糊糊的样子：正醒过来，～。tʂaŋ$^{53}$siaŋ$^{21}$ko$^{53}$lɔi$^{13}_{44}$,mi$^{13}$tʂʰʅ$^{35}_{44}$ ta$^{21}$ʂai$^{21}$.

【迷信】mei$^{13}$sin$^{53}$ 动对神仙鬼怪等的盲目信仰：（科仪店）卖咁个～用品呐。mai$^{53}$kan$^{21}$ke$^{53}_{44}$ mei$^{13}$sin$^{53}$iəŋ$^{53}$pʰin$^{21}$na$^{0}$.

【迷信纸】mei$^{13}$sin$^{53}$tʂʅ$^{21}$ 名用于宗教、祭祀及各类迷信活动的黄纸：做草纸嘞，箇～，草纸嘞，就生料纸就唔爱蒸。tso$^{53}$tsʰau$^{21}$tʂʅ$^{21}$lei$^{0}$,kai$^{53}_{44}$mei$^{13}$sin$^{53}$tʂʅ$^{21}$,tsʰau$^{21}$tʂʅ$^{21}$lei$^{0}$,tsʰiəu$^{53}_{44}$saŋ$^{35}$liau$^{53}_{44}$tʂʅ$^{21}$tsʰiəu$^{53}_{44}$ m̩$^{13}_{21}$mɔi$^{53}_{35}$tʂən$^{35}$.

【攠】mi$^{13}$ 动擦拭：～净身上来 mi$^{13}$tsʰiaŋ$^{53}$ʂən$^{35}$xɔŋ$^{53}$lɔi$^{13}_{44}$｜身上蛮□□$_{脏}$，爱～净下子。ʂən$^{35}$ xɔŋ$^{53}_{44}$man$^{13}$lek$^{5}$ tʂek$^{5}$,ɔi$^{53}_{44}$mi$^{13}$tsʰiaŋ$^{53}$ŋa$^{0}$(←xa$^{53}$)tsɿ$^{0}$.

【娎娎】me$^{35}$me$^{35}_{44}$ 名婶婶；叔母：婶婶就喊～嘞。我等客姓人安做～。ʂən$^{21}$ʂən$^{21}_{44}$ts$^{h}$iəu$^{53}_{44}$xan$^{53}$me$^{35}$me$^{35}_{44}$lei$^{0}$.ŋai$^{13}_{21}$tien$^{0}$k$^{h}$ak$^{3}$sin$^{53}$ɲin$^{13}_{21}$ən$^{35}_{44}$tso$^{53}_{44}$me$^{35}$me$^{35}_{44}$.

【縻】mi$^{13}$ 形烂熟：鸡髀也系哟，爱□炆～，爱□烂来唠。cie$^{35}$pi$^{21}$ia$^{35}$xei$^{53}$iau$^{0}$,ɔi$^{53}_{44}$sait$^{5}$mi$^{13}_{21}$,ɔi$^{53}$sait$^{5}$lan$^{53}$lɔi$^{13}_{21}$lau$^{0}$.

【縻烂】me$^{13}$/mei$^{13}$lan$^{53}$ 形状态词。①很破碎：茶缸子跌嘿地泥下，打得～。ts$^{h}$a$^{13}_{21}$kɔŋ$^{35}_{44}$tsɿ$^{0}$tet$^{3}$(x)ek$^{3}$t$^{h}$i$^{53}$lai$^{13}_{21}$xa$^{35}$,ta$^{21}$tek$^{3}$me$^{13}$lan$^{53}$. ②很破旧：箇件衫着起～了。kai$^{53}_{44}$c$^{h}$ien$^{53}_{21}$san$^{35}$tʂɔk$^{3}$çi$^{21}$me$^{13}_{35}$lan$^{53}$niau$^{0}$.｜渠其实渠都一双～个袜子，剩倒一只筒筒。ci$^{13}$c$^{h}$i$^{13}$ʂət$^{5}$ci$^{13}$təu$^{35}_{44}$iet$^{3}$səŋ$^{35}_{44}$mei$^{13}_{35}$lan$^{53}$ke$^{53}$mait$^{3}$tsɿ$^{0}$,ʂən$^{53}$tau$^{21}$iet$^{3}$tʂak$^{3}$t$^{h}$əŋ$^{13}$t$^{h}$əŋ$^{13}_{44}$.

【米$_{1}$】mi$^{21}$ 名①大米，稻米：焖饭除哩滴把子，欸斤把子～，箇就可以镬头去焖。mən$^{53}$fan$^{53}$tʂ$^{h}$əu$^{13}_{21}$li$^{0}$tiet$^{5}$pa$^{21}$tsɿ$^{0}$,ei$_{21}$cin$^{35}$pa$^{21}$tsɿ$^{0}$mi$^{21}$,kai$^{53}_{21}$ts$^{h}$iəu$^{53}_{44}$k$^{h}$o$^{21}$i$^{35}$uɔk$^{5}$t$^{h}$ei$^{13}_{21}$çi$^{53}_{44}$mən$^{53}_{21}$. ②像米的东西：竹子都结箇个～呀？tʂəuk$^{3}$tsɿ$^{0}$təu$^{35}_{44}$ciet$^{3}$kai$^{53}$ke$^{53}_{44}$mi$^{21}$ia$^{0}$?

【米$_{2}$】mi$^{21}$ 量国际长度单位，一米等于三市尺：一～布 iet$^{3}$mi$^{21}$pu$^{53}$｜千多～个隧道 ts$^{h}$ien$^{35}$to$^{35}_{44}$mi$^{21}$ke$^{53}_{44}$sei$^{53}_{44}$t$^{h}$au$^{53}_{44}$｜一～八几个人呢箇就。iet$^{3}$mi$^{21}$pait$^{3}$ci$^{21}$ke$^{53}$ɲin$^{13}_{21}$ne$^{0}$kai$^{53}$tsiəu$^{53}_{21}$.

【米尺】mi$^{21}$tʂ$^{h}$ak$^{3}$ 名以厘米为计量单位测量长度的尺子：以下个木匠师傅量么个尽用～。以前尽用市尺，以下唔用市尺了，用～。i$^{21}$xa$^{53}$ke$^{53}$muk$^{3}$ts$^{h}$iɔŋ$^{53}$sɿ$^{35}_{44}$fu$^{53}$liɔŋ$^{13}$mak$^{3}$ke$^{53}_{44}$ts$^{h}$in$^{53}$iəŋ$^{53}$mi$^{21}$tʂ$^{h}$ak$^{3}$.i$^{35}$ts$^{h}$ien$^{13}$ts$^{h}$in$^{53}_{44}$iəŋ$^{53}_{44}$ʂʅ$^{53}$tʂ$^{h}$ak$^{3}$,i$^{21}$xa$^{53}$n̩$^{13}$iəŋ$^{53}$ʂʅ$^{53}$tʂ$^{h}$ak$^{3}$liau$^{0}$,iəŋ$^{53}$mi$^{21}$tʂ$^{h}$ak$^{3}$.

【米虫】mi$^{21}$tʂ$^{h}$əŋ$^{13}$ 名米中生的黄白色小虫，能吐丝：渠指蟓子不是安做～。～更大一条条。～啊有咁长子。ci$^{13}_{21}$pət$^{3}$ʂʅ$^{53}_{35}$ən$^{35}_{44}$tso$^{53}_{44}$mi$^{21}$tʂ$^{h}$əŋ$^{13}$.mi$^{21}$tʂ$^{h}$əŋ$^{13}$ken$^{53}_{44}$t$^{h}$ai$^{53}$iet$^{3}$t$^{h}$iau$^{13}$t$^{h}$iau$^{13}_{44}$.mi$^{21}$tʂ$^{h}$əŋ$^{13}$a$^{0}$iəu$^{35}_{44}$kan$^{21}$tʂ$^{h}$ɔŋ$^{13}$tsɿ$^{0}$.

【米槌子】mi$^{21}$tʂ$^{h}$ei$^{13}$tsɿ$^{0}$ 名手槌，用于制饼：箇起唔知喊么啊槌子欸？打棋子糕哇，做棋子糕哇，擦打米程箇只槌喊么啊槌？/搕搕搕下子唠，搕下，搕搕搕。/用木做个吧？树做个。/用木做个。用木做个箇只东西正我讲个系喊～嘞。箇是比以只东西正大滴子箇只，只有咁长子。箇只～嘞一直就因为以箇只做饼用个。做饼啊。/渠做正来模子一槌哟，系吧？/欸欸欸。/欸，槌一正好槌下去唠。kai$^{53}$çi$^{21}$n̩$^{13}_{21}$ti$^{35}_{53}$xan$^{53}$mak$^{3}$a$^{0}$tʂ$^{h}$ei$^{13}_{21}$tsɿ$^{0}$e$^{0}$?ta$^{21}$c$^{h}$i$^{13}_{21}$tsɿ$^{0}$kau$^{35}$ua$^{0}$,tso$^{53}$c$^{h}$i$^{13}_{21}$tsɿ$^{0}$kau$^{35}$ua$^{0}$,lau$^{35}$ta$^{21}$mi$^{21}$tʂ$^{h}$aŋ$^{13}_{21}$kai$^{53}_{44}$tʂak$^{3}$tʂ$^{h}$ei$^{13}$xan$^{53}$mak$^{3}$a$^{0}$tʂ$^{h}$ei$^{13}_{21}$?/k$^{h}$ɔk$^{5}$k$^{h}$ɔk$^{5}$k$^{h}$ɔk$^{5}$(x)a$^{35}_{44}$tsɿ$^{0}$lau$^{0}$,k$^{h}$ɔk$^{5}$(x)a$^{53}_{44}$,k$^{h}$ɔk$^{5}$k$^{h}$ɔk$^{5}$k$^{h}$ɔk$^{5}$./iəŋ$^{53}$muk$^{3}$tso$^{53}$ke$^{53}_{44}$pa$^{0}$?ʂəu$^{53}$tso$^{53}_{44}$ke$^{53}_{44}$./iəŋ$^{53}$muk$^{3}$tso$^{53}$ke$^{53}_{44}$.iəŋ$^{53}$muk$^{3}$tso$^{53}$ke$^{53}_{44}$kai$^{53}$iak$^{3}$(←tʂak$^{3}$)(t)əŋ$^{35}_{44}$si$^{0}$tʂaŋ$^{53}$ŋai$^{13}$kɔŋ$^{21}_{44}$ke$^{53}_{44}$xei$^{53}$xan$^{53}$mi$^{21}$tʂ$^{h}$ei$^{13}$tsɿ$^{0}$lei$^{0}$.kai$^{53}_{44}$ʂʅ$^{53}_{35}$pi$^{21}$i$^{21}$tʂak$^{3}$(t)əŋ$^{35}_{44}$si$^{0}$tʂaŋ$^{53}_{21}$t$^{h}$ai$^{53}_{44}$tiet$^{5}$tsɿ$^{0}$kai$^{53}_{44}$tʂak$^{3}$,tʂʅ$^{21}$iəu$^{35}_{44}$kan$^{21}_{35}$tʂ$^{h}$ɔŋ$^{13}_{21}$tsɿ$^{0}$.kai$^{53}_{35}$tʂak$^{3}$mi$^{21}$tʂ$^{h}$ei$^{13}$tsɿ$^{0}$lei$^{0}$iet$^{3}$tʂ$^{h}$ət$^{5}$ts$^{h}$iəu$^{53}$in$^{35}$uei$^{53}_{21}$i$^{35}$kai$^{53}$tʂak$^{3}$tso$^{53}$piaŋ$^{21}$iəŋ$^{53}$ke$^{53}_{44}$.tso$^{53}$piaŋ$^{21}$ŋa$^{0}$./ci$^{13}$tso$^{53}$tʂaŋ$^{53}$lɔi$^{13}_{21}$mu$^{13}$tsɿ$^{0}$iet$^{3}$tʂ$^{h}$ei$^{13}$iau$^{0}$,xei$^{53}_{44}$pa$^{0}$?/e$_{44}$e$_{53}$e$_{44}$./e$_{21}$,tʂ$^{h}$ei$^{13}_{21}$iet$^{3}$tʂən$^{53}$xau$^{21}$tʂ$^{h}$ei$^{13}$ia$_{44}$(←xa$^{53}$)çi$^{53}_{44}$lau$^{0}$.

【米袋子】mi$^{21}$t$^{h}$ɔi$^{53}$tsɿ$^{0}$ 名①用来装米的袋子：扛只～，欸，去量两升米。k$^{h}$uai$^{21}$tʂak$^{3}$mi$^{21}$t$^{h}$ɔi$^{53}$tsɿ$^{0}$,e$_{21}$,çi$^{53}$liɔŋ$^{13}$iɔŋ$^{21}$ʂən$^{35}_{53}$mi$^{21}$. ②引申指粮食：我以下是，～个事就唔爱去操了，嘿嘿，食饭个问题唔爱操了，真好。以前是从我出世算起啦，起码系搞嘿四十年愁～个问题。九几年正唔愁食饭个问题呀，唔愁食饭个路子了。ŋai$^{13}$i$^{21}$xa$^{53}$ʂʅ$^{53}_{44}$,mi$^{21}$t$^{h}$ɔi$^{53}$tsɿ$^{0}$ke$^{53}_{44}$sɿ$^{53}$ts$^{h}$iəu$^{53}$m̩$^{13}_{21}$mɔi$^{53}$çi$^{53}$ts$^{h}$au$^{35}$liau$^{0}$,xe$_{53}$xe$_{53}$,ʂət$^{5}$fan$^{53}$ke$^{53}_{44}$uən$^{53}$t$^{h}$i$^{13}$m̩$^{13}_{21}$mɔi$^{53}$ts$^{h}$au$^{35}_{44}$liau$^{0}$,tʂən$^{35}$xau$^{21}$.i$^{35}_{53}$ts$^{h}$ien$^{13}_{44}$ʂʅ$^{53}_{44}$ts$^{h}$əŋ$^{13}_{44}$ŋai$^{13}_{44}$tʂ$^{h}$ət$^{3}$ʂʅ$^{53}$sɔn$^{53}$çi$^{21}$la$^{0}$,çi$^{21}$ma$^{35}$(x)e$^{53}$kau$^{21}$uek$^{3}$si$^{53}$ʂət$^{5}$ɲien$^{13}_{21}$ts$^{h}$ei$^{13}$mi$^{21}$t$^{h}$ɔi$^{53}$tsɿ$^{0}$ke$^{0}$uən$^{53}$t$^{h}$i$^{13}_{21}$.ciəu$^{21}$ci$^{21}$ɲien$^{13}$tʂaŋ$^{53}$n̩$^{13}$ts$^{h}$ei$^{13}$ʂət$^{5}$fan$^{53}$ke$^{0}$uən$^{53}$t$^{h}$i$^{13}_{21}$ia$^{0}$,n̩$^{13}$ts$^{h}$ei$^{13}$ʂət$^{5}$fan$^{53}$ke$^{0}$ləu$^{53}$tsɿ$^{0}$liau$^{0}$.

【米豆腐】mi$^{21}$t$^{h}$ei$^{53}_{44}$fu$^{53}$ 名一种地方小吃。用大米淘洗浸泡后加水磨成米浆，然后加碱熬制，冷却后形如豆腐，切成小四方块烹制：比方系搞箇个～啊，渠就爱放下镬里去□嘞。pi$^{21}$fɔŋ$^{35}_{44}$xe$^{53}_{44}$kau$^{21}$kai$^{53}$ke$^{53}_{44}$mi$^{21}$t$^{h}$ei$^{53}_{44}$fu$^{53}$a$^{0}$,ci$^{13}_{21}$ts$^{h}$iəu$^{53}_{44}$ɔi$^{53}_{44}$fɔŋ$^{53}_{44}$xa$^{53}_{44}$uɔk$^{5}$li$^{0}$çi$^{53}_{44}$c$^{h}$iet$^{5}$le$^{0}$.

【米粉】mi$^{21}$fən$^{21}$ 名①用大米磨成的粉：用箇个～呐，炒熟来。iəŋ$^{53}$kai$^{53}_{44}$ke$^{53}_{44}$mi$^{21}$fən$^{21}$na$^{0}$,ts$^{h}$au$^{21}$ʂəuk$^{5}$lɔi$^{13}$. ②用大米磨粉加工成的线状食品；米线：食～ ʂət$^{5}$mi$^{21}$fən$^{21}$

【米粉店】mi$^{21}$fən$^{21}$tian$^{53}$ 名经营米线的店铺：～，早餐店，夜宵店，反正都系搞食个。mi$^{21}$fən$^{21}$tian$^{53}$,tsau$^{21}$ts$^{h}$ɔn$^{35}$tian$^{53}$,ia$^{53}$siau$^{35}_{44}$tian$^{53}$,fan$^{21}$tʂəŋ$^{53}_{44}$təu$^{35}_{44}$uei$_{44}$(←xei$^{53}$)kau$^{21}$ʂət$^{5}$ke$^{53}_{44}$.

【米粿】mi$^{21}$ko$^{21}$ 名用大米磨成的粉为主要原料加工成的副食。也称“米粿子”：用米粉和倒来做～，蒸熟来食。iəŋ$^{53}$mi$^{21}$fən$^{21}$xo$^{13}$tau$^{21}$lɔi$^{13}$tso$^{53}$mi$^{21}$ko$^{21}$,tʂən$^{35}$ʂəuk$^{5}$lɔi$^{13}_{21}$ʂət$^{5}$.｜镬里放滴子油子，箇个～子去翻去翻转，面上瘌滴子油个，箇个就烁～子。uɔk$^{5}$li$^{0}$fɔŋ$^{53}$tet$^{5}$tsɿ$^{0}$iəu$^{13}$tsɿ$^{0}$,kai$^{53}_{44}$ke$^{53}_{44}$mi$^{21}$ko$^{21}$tsɿ$^{0}$çi$^{53}_{44}$fan$^{35}$çi$^{53}_{44}$fan$^{35}$tʂən$^{21}$,mien$^{53}$xɔŋ$^{53}$lait$^{3}$tiet$^{5}$tsɿ$^{0}$iəu$^{13}_{21}$ke$^{53}$,kai$^{53}_{21}$ke$^{53}_{21}$tsiəu$^{53}$xɔk$^{3}$mi$^{21}$ko$^{21}$tsɿ$^{0}$.

M

【米疖子】mi$^{21}$tset$^{3}$tsɿ$^{0}$ 名一种疖子：～样。欸就点伢大子个。mi$^{21}$tset$^{3}$tsɿ$^{0}$iɔŋ$^{53}$.e$_{21}$tsʰiəu$^{53}_{44}$tian$^{53}$ŋa$^{13}_{44}$tʰai$^{53}$tsɿ$^{0}$ke$^{53}_{44}$.

【米酒】mi$^{21}$tsiəu$^{21}$ 名用糯米酿造的甜酒：因为尽系～，食冷个就惹寒，食哩会感冒。in$^{35}$uei$^{53}_{44}$tsʰin$^{53}$ne$_{44}$(←xe$^{53}$)mi$^{21}$tsiəu$^{21}$,ʂət$^{5}$laŋ$^{35}$ke$^{53}_{44}$tsʰiəu$^{53}_{44}$ɲia$^{35}$xɔn$^{13}$,ʂət$^{5}$li$^{0}$uɔi$^{53}_{44}$kɔn$^{21}$mau$^{53}$.

【米程】mi$^{21}$tʂʰaŋ$^{13}$ 名米花糖：箇就箇就安做箇个唠，安做冻米糖哦安做。渠安做冻米糖哦，其实唔系冻米搞个唠。哦唔系，安做～。就安做写米糖唠。要放滴糖去唠，可以切唠，系唔系？搞成一封封子唠，搞成一坨坨子唠。以种米糖就系用箇爆……分箇爆米花，放滴糖去啊，一炒哇，箇糖就加热啊，就融嘿哩吵，欸，本来是爱旬糖唠，哦旬糖啊，爱箇起爱用米熬个箇起糖唠，放滴米呀，放滴麦芽去熬个箇起糖哦。渠个豨性更好唠。箇个就安做米糖嘞，箇也安做米糖嘞。放滴箇个糖以后，箇个爆米花放滴箇个糖以后，要炒。炒。炒倒以后嘞，就舞正舞只咁个框框子，木框子，倾下箇肚里去，去捶。印得达平去捶。捶哉，拿开木框子来，一切，欸切啊，箇就成哩米糖。就安做安做我其实我等客姓人安做～。但是后来都学倒箇本地人讲个米糖。米糖欸。打两……打两系～嘞。～，程，你硬写箇只，写老土个讲法。～。有滴有话米糖个。箇学倒箇本地人话冻米糖啊。也讲啊，冻米糖，箇就硬系冻米打个。以个就～啊，不是冻米打个。kai$^{53}_{21}$tsʰiəu$^{53}_{44}$kai$^{53}_{44}$tsʰiəu$^{53}_{44}$ɔn$^{35}_{44}$tso$^{53}_{44}$kai$^{53}_{44}$cie$^{53}_{44}$lau$^{0}$,ɔn$^{35}_{44}$tso$^{53}_{44}$təŋ$^{53}$mi$^{21}$tʰɔŋ$^{13}$ŋo$^{0}$ ɔn$^{35}_{44}$tso$^{53}_{44}$.ci$^{13}_{21}$ɔn$^{35}_{44}$tso$^{53}_{44}$təŋ$^{53}$mi$^{21}$tʰɔŋ$^{13}$ŋo$^{0}$,cʰi$^{13}$ʂət$^{5}$m̩$^{13}$pʰe$_{44}$(←xe$^{53}$)təŋ$^{53}$mi$^{21}$kau$^{21}$cie$^{53}_{44}$lau$^{0}$.o$^{0}$ m̩$^{13}_{21}$pʰe$_{44}$(←xe$^{53}$),ɔn$^{35}_{44}$tso$^{53}_{44}$mi$^{21}$tʂʰaŋ$^{13}$.tsʰiəu$^{53}$ɔn$^{35}_{44}$tso$^{53}_{44}$sia$^{21}$mi$^{21}$tʰɔŋ$^{13}$lau$^{0}$.iau$^{53}_{21}$fɔŋ$^{53}$tet$^{5}$tʰɔŋ$^{13}$çi$^{53}$lau$^{0}$,kʰo$^{21}$i$^{35}$tsʰiet$^{3}$lau$^{0}$,xei$^{53}_{44}$me$^{53}_{44}$?kau$^{21}$ʂaŋ$^{13}$iet$^{3}$fəŋ$^{35}$fəŋ$^{35}$tsɿ$^{0}$lau$^{0}$,kau$^{21}$ʂaŋ$^{13}$iet$^{3}$tʰo$^{13}$tʰo$^{13}$tsɿ$^{0}$lau$^{0}$.i$^{21}$tʂəŋ$^{21}$mi$^{21}$tʰɔŋ$^{13}$tsʰiəu$^{53}_{44}$xe$^{53}_{44}$iəŋ$^{53}_{21}$kai$^{53}$pau$^{53}$⋯pən$^{35}$kai$^{53}_{44}$pau$^{53}$mi$^{21}$fa$^{35}$,fɔŋ$^{53}$tet$^{5}$tʰɔŋ$^{13}$çi$^{53}$a$^{0}$,iet$^{3}$tsʰau$^{21}$ua$^{0}$,kai$^{53}_{44}$tʰɔŋ$^{13}$tsʰiəu$^{53}_{44}$cia$^{35}$ɲiet$^{5}$a$^{0}$,tsʰiəu$^{53}_{44}$iəŋ$^{13}$ŋek$^{3}$(←xek$^{3}$)li$^{0}$ʂa$^{0}$,e$_{21}$,pən$^{21}$nɔi$^{13}$ʂʅ$^{53}_{44}$ɔi$^{53}$sən$^{13}$tʰɔŋ$^{13}$lau$^{0}$,o$_{44}$sən$^{13}$tʰɔŋ$^{13}$ŋa$^{0}$,ɔi$^{53}_{44}$kai$^{53}$çi$^{21}$ɔi$^{53}$iəŋ$^{53}$mi$^{21}$ŋau$^{13}$ke$^{53}_{44}$kai$^{53}$çi$^{21}$tʰɔŋ$^{13}$lau$^{0}$,fɔŋ$^{53}_{44}$tet$^{5}_{3}$mi$^{21}$ia$^{0}$,fɔŋ$^{53}_{44}$tet$^{5}_{3}$mak$^{5}$ŋa$^{13}$çi$^{53}$ŋau$^{13}$ke$^{53}_{44}$kai$^{53}$çi$^{21}$tʰɔŋ$^{13}$ŋo$^{0}$.ci$^{13}$ke$^{53}_{44}$ɲia$^{13}$sin$^{53}$cien$^{53}$xau$^{21}$lau$^{0}$.kai$^{53}_{44}$cie$^{53}_{44}$tsiəu$^{53}_{44}$ɔn$^{35}_{53}$tso$^{53}$mi$^{21}$tʰɔŋ$^{13}_{21}$lei$^{0}$,kai$^{53}_{44}$ia$^{35}$ɔn$^{35}_{44}$tso$^{53}_{44}$mi$^{21}$tʰɔŋ$^{13}$lei$^{0}$.fɔŋ$^{53}$tet$^{5}$kai$^{53}$ke$^{53}_{21}$tʰɔŋ$^{13}$i$^{35}_{44}$xei$^{53}$,kai$^{53}_{44}$ke$^{53}_{44}$pau$^{53}$mi$^{21}$fa$^{35}$fɔŋ$^{53}$tet$^{5}$kai$^{53}$ke$^{53}_{21}$tʰɔŋ$^{13}$i$^{35}_{44}$xei$^{53}$,iau$^{53}$tsʰau$^{21}$.tsʰau$^{21}$.tsʰau$^{21}$tau$^{21}$i$^{35}$xei$^{53}_{44}$lei$^{0}$,tsʰiəu$^{53}_{44}$u$^{21}$tʂaŋ$^{53}$u$^{21}$tʂak$^{3}$kan$^{21}$cie$^{53}_{44}$kʰɔŋ$^{35}$kʰɔŋ$^{35}$tsɿ$^{0}$,muk$^{3}$kʰɔŋ$^{35}$tsɿ$^{0}$,kʰuaŋ$^{35}$ŋa$_{44}$(←xa$^{53}$)kai$^{53}_{44}$təu$^{21}$li$^{0}$çi$^{53}$,çi$^{53}$tʂʰei$^{13}$.in$^{53}$tek$^{3}$tʰait$^{5}$pʰiaŋ$^{13}$çi$^{53}$tʂʰei$^{13}$.tʂʰei$^{13}$tse$_{44}$,la$^{53}$kʰɔi$^{35}$muk$^{3}$kʰɔŋ$^{35}$tsɿ$^{0}$lɔi$^{13}_{21}$,iet$^{3}$tsʰiet$^{3}$,e$^{0}$tsʰiet$^{3}$a$^{0}$,kai$^{53}_{44}$tsʰiəu$^{53}$ʂaŋ$^{13}_{44}$li$^{0}$mi$^{21}$tʰɔŋ$^{13}$.tsʰiəu$^{53}_{44}$ɔn$^{35}_{44}$tso$^{53}_{44}$ɔn$^{35}_{44}$tso$^{53}$ŋai$^{13}_{21}$cʰi$^{13}_{21}$ʂət$^{5}$ŋai$^{13}_{21}$tien$^{0}$kʰak$^{3}$sin$^{53}$ɲin$^{13}_{21}$ɔn$^{35}_{44}$tso$^{53}_{44}$mi$^{21}$tʂʰaŋ$^{13}$.tan$^{53}_{21}$ʂʅ$^{53}_{44}$xei$^{53}$lɔi$^{13}_{21}$təu$^{35}$xɔk$^{5}$tau$^{21}$kai$^{53}_{44}$pən$^{21}$tʰi$^{53}$ɲin$^{13}_{21}$kɔŋ$^{21}$ke$^{53}$mi$^{21}$tʰɔŋ$^{13}$.mi$^{21}$tʂʰaŋ$^{13}$ŋei$^{0}$.ta$^{21}$iɔŋ$^{21}$⋯ta$^{21}$iɔŋ$^{21}$xe$^{53}$mi$^{21}$tʂʰaŋ$^{13}$lei$^{0}$.mi$^{21}$tʂʰaŋ$^{13}$,tʂʰaŋ$^{13}$, ɲi$^{13}$ɲiaŋ$^{53}$sia$^{21}$kai$^{53}_{21}$tʂak$^{3}$,sia$^{21}$lau$^{21}$tʰəu$^{21}$cie$^{53}$kɔŋ$^{21}$fait$^{3}$.mi$^{21}$tʂʰaŋ$^{13}$.iəu$^{35}$tet$^{5}$iəu$^{35}$ua$^{53}$mi$^{21}$tʰɔŋ$^{13}$ke$^{53}$.kai$^{53}_{44}$xɔk$^{5}$tau$^{21}$kai$^{53}$pən$^{21}$tʰi$^{53}$ɲin$^{13}_{21}$ua$^{53}_{44}$təŋ$^{53}$mi$^{21}$tʰɔŋ$^{13}$ŋa$^{0}$.ia$^{35}$kɔŋ$^{21}$ŋa$^{0}$,təŋ$^{53}$mi$^{21}$tʰɔŋ$^{13}$,kai$^{53}_{44}$tsʰiəu$^{53}_{44}$ɲiaŋ$^{53}_{44}$xe$^{53}_{44}$təŋ$^{53}$mi$^{21}$ta$^{21}$cie$^{53}$.i$^{21}$ke$^{53}$tsʰiəu$^{53}$mi$^{21}$tʂʰaŋ$^{13}$ŋa$^{0}$,pət$^{3}$ʂʅ$^{53}$təŋ$^{53}$mi$^{21}$ta$^{21}$ke$^{53}$.

【米面】mi$^{21}$mien$^{53}$ 名河粉：～是如今食个～是就系箇起店子里卖个箇个扁扁子个箇个粉样个。嗯。欸，我等客家人个以前个～让门搞个？自家去扯个～。欸，箇～让门子搞个嘞？首先分箇米浸正来以后，磨成浆，磨成浆以后，磨泖滴，舞只～托子，达平子个托子，分箇米浆搲一勺子放下去，搞平来，系啊？到处都叮倒有米浆，然后放下镬里去蒸，蒸熟来以后，从箇边子上刮起，扯下下来，扯～。扯倒眼起来。真好食咯。箇只东西真香咯，一种清香咯。箇阵子我等人细细子是箇是别人家扯～是你总爱多舞正几斤米啦，唔系就别人家整唤茶都食嘿蛮多去啦。有兜扯倒一张～呢，就卷下倒就咁子拿嘿嘴里就食嘞。箇个～好食多哩嘞，如今箇个～唔知让门做个，唔好食如今箇个～。欸，燥哩滴子嘞就成哩欸箇个眼倒，舞条竹篙嘞眼倒嘞，呃，箇个滦湿滦湿个时候子卷做筒子来去切，切成～丝吧？切得薄薄子，也系～呐。欸，以前是正月头箇个嘞正月头客来哩就爱煮碗粉呢，煮只碗呢，煮只碗就有兜人是煮～呢。欸，打比是二十八九，冬下头二十八九来扯～，天晴天好个话二十八九来扯～，箇时候子又冷天，系唔系？箇就可以留倒初二三子嘞就唔爱舞干来，湿个更好食吵。箇燥哩就成哩箇个粉丝样是更冇咁好食吵，爱煮一到爱煮绵来吵。mi$^{21}$mien$^{53}$ʂʅ$^{53}_{44}$i$^{13}_{21}$cin$^{35}_{44}$ʂət$^{5}$ke$^{53}$mi$^{21}$mien$^{53}$ʂʅ$^{53}_{44}$tsʰiəu$^{53}$xe$^{53}$kai$^{53}$çi$^{21}$tian$^{53}$tsɿ$^{0}$li$^{0}$mai$^{53}$ke$^{53}_{44}$kai$^{53}_{44}$ke$^{53}_{44}$pien$^{21}$pien$^{21}$tsɿ$^{0}$ke$^{53}$kai$^{53}_{44}$ke$^{53}_{44}$fən$^{21}$iɔŋ$^{53}$ke$^{53}$.n̩$_{21}$.e$_{44}$,ŋai$^{13}$tien$^{0}$kʰak$^{3}$ka$^{35}_{53}$ɲin$^{13}_{21}$ke$^{53}$i$^{35}_{53}$tsʰien$^{13}$ke$^{53}$mi$^{21}$mien$^{53}_{44}$ɲiɔŋ$^{53}_{44}$mən$^{13}_{44}$kau$^{21}$ke$^{53}_{44}$?tsʰɿ$^{35}$ka$^{35}_{44}$çi$^{53}$tʂʰa$^{21}$ke$^{53}_{44}$mi$^{21}$mien$^{53}$.e$_{21}$,kai$^{53}_{44}$mi$^{21}$mien$^{53}_{44}$ɲiɔŋ$^{53}_{44}$mən$^{13}_{44}$tsɿ$^{0}$kau$^{21}$ke$^{53}_{44}$le$^{0}$?ʂəu$^{21}$sien$^{35}_{44}$pən$^{35}_{44}$kai$^{53}_{44}$mi$^{21}$tsin$^{53}$tʂaŋ$^{53}$lɔi$^{13}_{21}$i$^{35}$xei$^{53}$,mo$^{53}$ʂaŋ$^{13}_{21}$tsiɔŋ$^{35}$,mo$^{53}$ʂaŋ$^{13}_{21}$tsiɔŋ$^{35}$i$^{35}_{44}$xei$^{53}_{44}$,mo$^{53}$lei$^{13}$tiet$^{5}$,u$^{21}$tʂak$^{3}$mi$^{21}$mien$^{53}$tʰɔk$^{3}$tsɿ$^{0}$,tʰait$^{5}$pʰiaŋ$^{13}$tsɿ$^{0}$ke$^{0}$tʰɔk$^{3}$tsɿ$^{0}$,pən$^{35}$kai$^{53}_{44}$mi$^{21}$tsiɔŋ$^{35}$uət$^{3}$iet$^{3}$

ʂɔk$^{5}$ tsɿ$^{0}$ fɔŋ$^{53}$xa$^{53}$çi$^{53}$,kau$^{21}$pʰiaŋ$^{13}$lɔi$^{13}_{44}$,xei$^{53}$a$^{0}$ ?tau$^{53}$tʂʰəu$^{53}_{44}$təu$^{35}_{44}$tin$^{35}$tau$^{21}$iəu$^{35}_{44}$mi$^{21}$tsiɔŋ$^{35}$,vien$^{13}$xei$^{53}_{44}$fɔŋ$^{53}_{44}$xa$^{53}_{44}$ uɔk$^{5}$ li$^{0}$ çi$^{53}_{21}$tʂən$^{35}$,tʂən$^{35}$ʂəuk$^{5}$ lɔi$^{13}_{21}$i$^{35}_{44}$xei$^{53}_{44}$,tsʰəŋ$^{13}$kai$^{53}_{44}$pien$^{35}$tsɿ$^{0}$ xɔŋ$^{53}$kuait$^{3}$ çi$^{21}$,tʂʰa$^{21}$(x)a$^{53}$xa$^{53}$lɔi$^{13}_{21}$,tʂʰa$^{21}$mi$^{21}$ mien$^{53}$.tʂʰa$^{21}$tau$^{21}$lɔŋ$^{53}$çi$^{21}$lɔi$^{13}_{21}$.tʂən$^{35}$xau$^{21}$ʂət$^{5}$ ko$^{0}$ .kai$^{53}_{44}$(tʂ)ak$^{3}$ (t)əŋ$^{35}_{44}$si$^{0}$ tʂən$^{35}$çiɔŋ$^{35}$ko$^{0}$ ,iet$^{3}$ tʂəŋ$^{21}$tsʰin$^{35}$çiɔŋ$^{35}_{44}$ ko$^{0}$ .kai$^{53}$tʂʰən$^{53}$tsɿ$^{0}$ ŋai$^{13}_{21}$tien$^{0}$ɲin$^{13}_{44}$sei$^{53}$sei$^{53}$tsɿ$^{0}$ ʂʅ$^{53}_{44}$kai$^{53}$ʂʅ$^{53}_{21}$pʰiet$^{5}$ in$^{13}_{44}$ka$^{35}_{44}$tʂʰa$^{21}$mi$^{21}$mien$^{53}$ʂʅ$^{35}_{44}$ɲi$^{13}$tsəŋ$^{21}$ɔi$^{53}_{44}$to$^{35}$u$^{21}$ tʂaŋ$^{53}$ci$^{21}$cin$^{35}$mi$^{21}$la$^{0}$ ,m̩$^{13}_{21}$pʰei$^{53}$tsiəu$^{53}_{21}$pʰiet$^{5}$ in$^{13}_{44}$ka$^{35}_{44}$tʂən$^{21}$uɔn$^{53}$tsʰa$^{13}_{21}$təu$^{35}_{44}$ʂət$^{5}$ lek$^{3}$ man$^{13}_{21}$to$^{35}_{44}$çi$^{53}$la$^{0}$ .iəu$^{35}$tei$^{35}_{53}$ tʂʰa$^{21}$tau$^{21}$iet$^{3}$ tʂɔŋ$^{35}$mi$^{21}$mien$^{53}$ne$^{0}$ ,tsʰiəu$^{53}$cien$^{21}$na$^{53}$tau$^{21}_{44}$tsʰiəu$^{53}$kan$^{21}$tsɿ$^{0}$ la$^{53}$(x)ek$^{3}$ tʂɔi$^{53}$li$^{0}$ tsʰiəu$^{53}_{44}$ʂət$^{5}$ le$^{0}$ .kai$^{53}$ ke$^{53}$mi$^{21}$mien$^{53}$xau$^{21}$ʂət$^{5}$ to$^{35}$li$^{0}$ lei$^{0}$ ,i$^{13}_{21}$cin$^{35}_{44}$kai$^{53}$ke$^{53}_{44}$mi$^{21}$mien$^{53}$n̩$^{13}_{21}$ti$^{35}_{44}$ɲiɔŋ$^{53}_{44}$mən$^{13}_{44}$tso$^{53}$ke$^{0}$ ,m̩$^{13}$xau$^{21}$ʂət$^{5}$ i$^{13}_{21}$cin$^{35}_{53}$ kai$^{53}_{44}$ke$^{53}_{44}$mi$^{21}$mien$^{53}$.e$_{21}$,tsau$^{35}$li$^{0}$ tiet$^{5}$ tsɿ$^{0}$ lei$^{0}$ tsiəu$^{53}$ʂaŋ$^{13}_{44}$li$^{0}$ e$_{21}$kai$^{53}_{44}$ke$^{53}_{44}$lɔŋ$^{53}$tau$^{21}$,u$^{21}$tʰiau$^{13}_{21}$tʂəuk$^{3}$ kau$^{35}$lei$^{0}$ lɔŋ$^{53}$ tau$^{21}$lei$^{0}$ ,ə$_{21}$,kai$^{53}_{44}$ke$^{53}_{44}$tsiet$^{5}$ ʂət$^{3}$ tsiet$^{5}$ ʂət$^{3}$ ke$^{53}$ʂʅ$^{13}_{44}$xei$^{53}_{44}$tsɿ$^{0}$ cien$^{21}$tso$^{53}$tʰəŋ$^{13}$tsɿ$^{0}$ lɔi$^{13}_{21}$çi$^{53}$tsʰet$^{3}$ ,tsʰet$^{3}$ ʂaŋ$^{13}_{21}$mi$^{21}$mien$^{53}$ sɿ$^{35}$pa$^{0}$ ?tsʰiet$^{3}$ tek$^{3}$ pʰɔk$^{5}$ pʰɔk$^{5}$ tsɿ$^{0}$ ,ia$^{35}$xe$^{53}$mi$^{21}$mien$^{53}$na$^{0}$ .ei$_{44}$,i$^{35}_{53}$tsʰien$^{13}_{21}$ʂʅ$^{53}_{44}$tʂaŋ$^{35}$ɲiet$^{5}$ tʰei$^{13}_{21}$kai$^{53}$ke$^{53}$lei$^{0}$ tʂaŋ$^{35}$ ɲiet$^{5}$ tʰei$^{13}_{44}$kʰak$^{3}$ lɔi$^{13}_{21}$li$^{0}$ tsʰiəu$^{53}$ɔi$^{53}$tʂəu$^{21}$uɔn$^{21}$fən$^{21}$ne$^{0}$ ,tʂəu$^{21}$tʂak$^{3}$ uɔn$^{21}$ne$^{0}$ ,tʂəu$^{21}$tʂak$^{3}$ uɔn$^{21}$tsʰiəu$^{53}$iəu$^{35}_{53}$tei$^{35}_{53}$ ɲin$^{13}_{44}$ʂʅ$^{53}_{44}$tʂəu$^{21}$mi$^{21}$mien$^{53}$ne$^{0}$ .e$_{21}$,ta$^{21}$pi$^{21}$ʂʅ$^{0}$ɲi$^{53}$ʂət$^{5}$ pait$^{3}$ ciəu$^{21}$,təŋ$^{35}$xa$^{53}$tʰei$^{13}_{21}$ɲi$^{53}$ʂət$^{5}$ pait$^{3}$ ciəu$^{21}$lɔi$^{13}$tʂʰa$^{21}$mi$^{21}$ mien$^{53}$,tʰien$^{35}_{44}$tsʰiaŋ$^{13}$tʰien$^{35}_{44}$xau$^{21}$ke$^{53}_{44}$fa$^{53}_{44}$ɲi$^{53}$ʂət$^{5}$ pait$^{3}$ ciəu$^{21}$lɔi$^{13}$tʂʰa$^{21}$mi$^{21}$mien$^{53}$,kai$^{53}$ʂʅ$^{13}$xei$^{53}_{44}$tsɿ$^{0}$ iəu$^{53}$laŋ$^{35}$ tʰien$^{35}_{44}$,xei$^{53}$me$^{53}$?kai$^{53}_{44}$tsʰiəu$^{53}_{44}$kʰo$^{21}$i$^{35}_{44}$liəu$^{13}$tau$^{21}$tsʰʅ$^{35}_{44}$ɲi$^{53}$san$^{35}_{44}$tsɿ$^{0}$ lei$^{0}$ tsʰiəu$^{53}$m̩$^{13}_{21}$mɔi$^{53}$u$^{21}$kɔn$^{35}$nɔi$^{13}_{21}$,ʂət$^{3}$ cie$^{53}_{44}$ cien$^{53}_{44}$xau$^{21}$ʂət$^{5}$ ʂa$^{0}$ .kai$^{53}_{44}$tsau$^{35}$li$^{0}$ tsʰiəu$^{53}$ʂaŋ$^{13}_{21}$li$^{0}$ kai$^{53}_{44}$ke$^{53}_{44}$fən$^{21}$sɿ$^{35}$iɔŋ$^{53}$ʂʅ$^{53}_{44}$cien$^{53}$mau$^{13}_{21}$kan$^{21}$xau$^{21}$ʂət$^{5}$ ʂa$^{0}$ ,ɔi$^{53}$ tʂəu$^{21}$iet$^{3}$ tau$^{53}$ɔi$^{53}$tʂəu$^{21}$mien$^{13}$nɔi$^{13}$ʂa$^{0}$ .

【米盘】mi$^{21}$pʰan$^{13}$ 名一种用细竹条编制而成的大米筛子，圆形，底部有细小筛眼，用于筛去粮食谷物中的沙石和谷物碎粒，也能盛物，可以用钩子悬挂起来：懑大个一只～mən$^{35}$tʰai$^{53}_{44}$ kei$^{53}$iet$^{3}$ tʂak$^{3}$ mi$^{21}$pʰan$^{13}$

【米筛】mi$^{21}$sai$^{35}$ 名将米和谷头分开的筛子：～筛么个嘞？～就筛谷头。mi$^{21}$sai$^{35}_{44}$sai$^{35}_{44}$mak$^{3}$ e$^{0}$ lei$^{0}$ ?mi$^{21}$sai$^{35}_{44}$tsʰiəu$^{53}$sai$^{35}$kuk$^{3}$ tʰei$^{13}_{21}$.

【米潲水】mi$^{21}$sau$^{53}$ʂei$^{21}$ 名洗过米的水：还有只安做～嘞。～系么个东西嘞？箇就有滴子摎箇个本地人相接……比较接近嘞。就系箇个米呀，洗米呀，洗哩以后呀，留下来个箇水，就安做～，洗米个水嘞。洗起泬□□哩嘞。安做～。箇有滴子受本地人个影响。xai$^{13}_{21}$iəu$^{35}_{44}$tʂak$^{3}$ ɔn$^{35}_{44}$ tso$^{53}_{44}$mi$^{21}$sau$^{53}$ʂei$^{21}$lei$^{0}$ .mi$^{21}$sau$^{53}$ʂei$^{21}$xei$^{53}_{44}$mak$^{3}$ ke$^{53}_{44}$təŋ$^{35}_{44}$si$^{0}$ lei$^{0}$ ?kai$^{53}_{44}$tsʰiəu$^{53}_{44}$iəu$^{35}$tet$^{5}$ tsɿ$^{0}$ lau$^{35}$kai$^{53}_{44}$ke$^{53}_{44}$pən$^{21}$tʰi$^{53}$ ɲin$^{13}_{21}$siɔŋ$^{35}$tsiet$^{3}$ …pi$^{21}$ciau$^{53}$tsiet$^{3}$ cʰin$^{53}$nei$^{0}$ .tsʰiəu$^{53}_{44}$xei$^{53}_{44}$kai$^{53}_{44}$ke$^{53}_{44}$mi$^{21}$ia$^{0}$ ,se$^{21}$mi$^{21}$ia$^{0}$ ,se$^{21}$li$^{0}$ i$^{35}$xei$^{53}$ia$^{0}$ ,liəu$^{13}$ çia$^{53}$lɔi$^{13}_{44}$ke$^{53}_{44}$kai$^{53}_{44}$ʂei$^{21}$,tsiəu$^{53}$ɔn$^{35}_{53}$tso$^{53}$mi$^{21}$sau$^{53}$ʂei$^{21}$,se$^{21}$mi$^{21}$ke$^{53}$ʂei$^{21}$lei$^{0}$ .se$^{21}$çi$^{21}_{53}$lei$^{13}$kəŋ$^{35}_{44}$kəŋ$^{35}$li$^{0}$ lei$^{0}$ .ɔn$^{35}_{44}$tso$^{53}_{44}$ mi$^{21}$sau$^{53}$ʂei$^{21}$.kai$^{53}_{44}$iəu$^{35}$tet$^{5}$ tsɿ$^{0}$ ʂəu$^{53}$pən$^{21}$tʰi$^{53}$ɲin$^{13}_{21}$ke$^{53}$in$^{21}$çiɔŋ$^{21}$.

【米水】mi$^{21}$ʂei$^{21}$ 名洗过米的水：洗米个水就安做～。～就最好用来浇花唠，系唔系？se$^{21}$mi$^{21}$ ke$^{53}$ʂei$^{21}$tsʰiəu$^{53}_{44}$ɔn$^{35}_{44}$tso$^{53}_{44}$mi$^{21}$ʂei$^{21}$.mi$^{21}$ʂei$^{21}$tsiəu$^{53}$tsei$^{53}$xau$^{21}$iəŋ$^{53}_{44}$lɔi$^{13}_{21}$ciau$^{35}$fa$^{35}$lau$^{0}$ ,xei$^{53}$me$^{53}_{44}$?

【米汤】mi$^{21}$tʰɔŋ$^{35}$ 名饭汤：箇镬里煮个时候子嘞，又有～，又有米吵有饭吵。舀下以指饭撮肚里。舀下肚里，你就，等渠跌溓下子～以后嘞，倾下甑里去蒸。kai$^{53}_{44}$uɔk$^{5}$ li$^{0}$ tʂəu$^{21}$ke$^{53}$ʂʅ$^{13}$xei$^{53}_{44}$tsɿ$^{0}$ lei$^{0}$ ,iəu$^{53}$iəu$^{35}$mi$^{21}$tʰɔŋ$^{35}_{44}$,iəu$^{53}$iəu$^{35}$mi$^{21}$ʂa$^{0}$ iəu$^{35}_{44}$fan$^{53}$ʂa$^{0}$ .iau$^{21}$(x)a$^{53}$i$^{21}$təu$^{21}$li$^{0}$ .iau$^{21}$(x)a$^{53}$təu$^{21}$li$^{0}$, ɲi$^{13}$tsiəu$^{53}$,ten$^{21}$ ci$^{13}$tet$^{3}$ lian$^{21}$na$_{44}$(←xa$^{53}$)tsɿ$^{0}$ mi$^{21}$tʰɔŋ$^{35}_{44}$i$^{35}_{44}$xei$^{53}_{44}$lei$^{0}$ ,kʰuaŋ$^{35}$ŋa$_{44}$(←xa$^{53}$)tsien$^{53}$ni$^{0}$ çi$^{53}_{44}$tʂən$^{35}$.

【米汤水】mi$^{21}$tʰɔŋ$^{35}$ʂei$^{21}$ 名饭汤：辣椒放下罂里，加滴水。加滴么个水嘞？加滴箇个呣～。呣，加滴～。lait$^{5}$ tsiau$^{35}_{44}$fɔŋ$^{53}_{44}$ŋa$_{44}$(←xa$^{53}$)aŋ$^{35}$li$^{0}$ ,cia$^{35}$tiet$^{5}$ ʂei$^{21}$.cia$^{35}$tiet$^{5}$ mak$^{3}$ ke$^{53}_{44}$ʂei$^{21}$lei$^{0}$ ?cia$^{35}$tiet$^{5}$ kai$^{53}_{44}$ke$^{53}_{21}$m̩$_{21}$ mi$^{21}$tʰɔŋ$^{35}$ʂei$^{21}$.m̩$_{21}$,cia$^{35}$tiet$^{5}$ mi$^{21}$tʰɔŋ$^{35}$ʂei$^{21}$.

【米筒瓜子】mi$^{21}$tʰəŋ$^{13}$kua$^{35}_{44}$tsɿ$^{0}$ 名①一种黄瓜：～嘞就系短短子，勵壮子。mi$^{21}$tʰəŋ$^{13}$kua$^{35}_{44}$tsɿ$^{0}$ lei$^{0}$ tsʰiəu$^{53}_{44}$xe$^{53}_{44}$tɔn$^{21}_{35}$tɔn$^{21}$tsɿ$^{0}$ ,li$^{35}$tsɔŋ$^{53}$tsɿ$^{0}$ . ②比喻人矮矮胖胖：话箇个人呐有几高子啊，矮矮子，勵壮啊，嗨，人呀长得～样。ua$^{53}$kai$^{53}_{44}$ke$^{53}_{44}$ɲin$^{13}$na$^{0}$ mau$^{13}$ci$^{21}$kau$^{35}$tsɿ$^{0}$ a$^{0}$ ,ai$^{21}_{35}$ai$^{21}$tsɿ$^{0}$ ,li$^{35}$tsɔŋ$^{53}$ŋa$^{0}$ ,x̥ḁi̥$_{21}$, ɲin$^{13}$ia$^{0}$ tʂɔŋ$^{21}_{44}$tek$^{3}$ mi$^{21}$tʰəŋ$^{13}_{21}$kua$^{35}$tsɿ$^{0}$ iɔŋ$^{53}$.

【米桶】mi$^{21}$tʰəŋ$^{21}$ 名用于存放大米的容器：打比箇～肚里啊，我爱煮饭了，箇唔安做舀米，安做摝呢。ta$^{21}_{44}$pi$^{21}_{44}$kai$^{53}_{44}$mi$^{21}$tʰəŋ$^{21}$təu$^{21}$li$^{0}$ a$^{0}$ ,ŋai$^{13}_{21}$ɔi$^{53}_{44}$tʂəu$^{21}$fan$^{53}$niau$^{21}$,kai$^{53}_{44}$n̩$^{13}_{21}$ɔn$^{35}_{44}$tso$^{53}_{44}$iau$^{21}$mi$^{21}$,ɔn$^{35}_{44}$tso$^{53}_{44}$uət$^{3}$ nei$^{0}$ .

【米虾子】mi$^{21}$xa$^{13}$tsɿ$^{0}$ 名小虾：～吧？就系河里自家去打个箇起丁啮大子个虾子，虾公。煠熠哩以后只有米咁大子一只。嗯，鲜红，但是蛮好食，箇个喷香。mi$^{21}$xa$^{13}$tsɿ$^{0}$ pa$^{0}$ ?tsʰiəu$^{53}$ue$^{53}$xo$^{13}$ li$^{0}$ tsʰʅ$^{35}$ka$^{35}_{53}$çi$^{53}$ta$^{21}$ke$^{53}$kai$^{53}_{44}$çi$^{21}$tin$^{53}$ŋait$^{5}$ tʰai$^{53}$tsɿ$^{0}$ ke$^{0}$ xa$^{13}_{21}$tsɿ$^{0}$ ,xa$^{13}_{21}$kəŋ$^{35}_{53}$.xɔk$^{3}$ tsau$^{35}$li$^{0}$ i$^{35}_{44}$xei$^{53}$tʂʅ$^{21}$iəu$^{35}_{53}$mi$^{21}$kan$^{21}$ tʰai$^{53}$tsɿ$^{0}$ iet$^{3}$ tʂak$^{3}$ .n̩$_{21}$,çien$^{35}$fəŋ$^{13}_{21}$,tan$^{53}$ʂʅ$^{53}$man$^{13}_{21}$xau$^{21}$ʂət$^{5}$ ,kai$^{53}_{21}$ke$^{53}_{21}$pʰəŋ$^{35}$çiɔŋ$^{35}$.

【米心】mi$^{21}$sin$^{35}$ 名指饭粒未完全熟透时中间较硬的部分：煮倒剩倒滴子～了，分渠搂起来。

tʂəu21tau21ʂən53tau21tiet5tsɿ0mi21sin35niau0,pən35_44ci13_21lei13çi21ləi13_44.

【米崽子】mi21tse21tsɿ0 名谷子碾后筛剩的碎米：～就系整米个时候子一只米舞做两垄去哩，或者舞做几多垄去哩，欸，末碎了，筛出来个～。往往是交糠搞做一下去哩，大兜子个嘞就筛得出来。mi21tse21tsɿ0tsiəu53ue53tʂaŋ21mi21ke53ʂɿ13xəu53tsɿ_44iet3tʂak3mi21u21tso53iəŋ21tsho53çi53li0,xəit5_3tʂa21u21tso53ci21to35tsho53çi53_44li0,e_21,mait5si53liau0,sai35tʂhət3ləi13_21ke0mi21tse21tsɿ0.uəŋ21uəŋ21ʂɿ53_21ciau35_44xəŋ35kau21tso53_44(i)et3xa53_44çi53_44li0,thai53te35_53tsɿ0ke53_44lei0tsiəu53_44sai35_44tek3tʂhət3ləi13_21.

【米子】mi21tsɿ0 名稻米：箇个～炒得泡松噢。kai53_44ke53_44mi21tsɿ0tshau21tek3phau35səŋ35ŋau0.

【米子椆】mi21tsɿ0tʂhəu13 名椆树的一种：就叶唔同，大叶椆嘞是叶更细，大叶椆嘞是叶更大。tshiəu53_44iait5n̩13_21thəŋ13,thai53iait5tʂhəu13_21lau35mi21tsɿ0tʂhəu13_21.mi21tsɿ0tʂhəu13ʂɿ53_44iait5ken53_44se53,thai53iait5tʂhəu13le0ʂɿ53_44iait5ken53_44thai53.

【米子藨】mi21tsɿ21phiau13 名一种很细小的萍：～，点伢大子个。唔知几细个。就～。mi21tsɿ21phiau13_44,tian53ŋa13_44thai53tsɿ0ke53_44.n̩13_21ti35_53ci21se53ke53_44.tshiəu53_44mi21tsɿ21phiau13_44.｜～有么人搂倒分猪食。mi21tsɿ21phiau13mau13mak3ɲin13_44lei13tau21pən35tʂəu35ʂət5_3.

【米子雪】mi21tsɿ21siet3 名雪珠：欸，我等晓得嘞，年年都冬下头咯，最先爱落一场～，正有雪花落下来。嗯，最先爱落一回～凑，～就唔知几早就有哩。e_21,ŋai13tien0çiau21tek3le0,ɲien13ɲien13_21təu35_53təŋ35xa53_44thei13_21ko0,tsei53sien35_44ɔi53lək5(i)et3tʂhəŋ13_21mi21tsɿ21set3,tʂaŋ53_44iəu35set3fa35lək5xa53_44ləi13_44.n̩_21,tsei53sien35_44ɔi53lək5(i)et3fei13_21mi21tsɿ21set3tshe0,mi21tsɿ21set3tshiəu53n̩13ti35_53ci21tsau21tshiəu53_44iəu35li0.

【沕1】mi53 动下潜：～下去呀。mi53xa53_44çi53_44ia0.

【沕2】mi53 名①菜汤：以下是我等人怕食唠，猪肉～怕食唠。以前是争倒食，擦～呀。欸，擦猪肉～，箇只碗争倒食。鱼子～，蒸个鱼子啊，蒸个火焙鱼子个～呀，呃，争倒擦，争倒擦～。i21xa53ʂɿ53_44ŋai13tien0in13_21pha53ʂət5lau0,tʂəu35ɲiəuk3mi53pha53ʂət5lau0.i35_53tshien13_21ʂɿ53_44tsaŋ35tau21ʂət5_3,lau35mi53ia0.e_21,lau35tʂəu35ɲiəuk3mi53,kai53tʂak3uən21tsaŋ35tau21ʂət5.ŋ̍13tsɿ0mi53,tʂən35cie53_44ŋ̍13tsɿ0a0,tʂən35cie53_44fo21phəi53ŋ̍13tsɿ0ke53_44mi53ia0,ə_21,tsaŋ35tau21lau35,tsaŋ35tau21lau35mi53. ②做泡菜用的酸水：我等就安做辣椒～哩，浸辣椒个水呀，安做辣椒～哩。～。箇不一定呢，萝卜……浸萝卜个就萝卜～哟。～，指的箇种水。ŋai13tien0tshiəu53_44ən35tso53_44lait5tsiau35mi53li0,tsin53lait5tsiau35_44ke53_44ʂei21ia0,ən35_44tso53_44lait5tsiau35mi53li0.mi53.kai53_44pət3iet3thin53_44ne0,lo13phek5_3⋯tsin53lo13phek5_3ke53_44tsiəu53_44lo13phek5_3mi53io0.mi53,tʂʅ21tet3kai53tʂəŋ21ʂei21.

【沕头沕睐】mi53thei13mi53tshi53 形专心致志，不分散精力：唔管风也好水也好，～做。ŋ̍13kən21fəŋ35ia35xau21ʂei21a35xau21,mi53thei13mi53tshi53tso53.

【密】miet5 形事物之间距离近；事物的部分之间空隙小：打比箇禾～了哇，忒～哩啊，爱鲜滴去咯，欸，扯下去咯。ta21pi21_44kai53_44uo13miet5liau21ua0,thiet3miet5_3lia0,ɔi53_44sien35tet5_3çi53_44ko0,e_44,tʂha21xa35_44çi53ko0.

【密密哩】miet5miet5li0 形密集貌：渠箇个烧窑唦，渠箇瓦是尽系咁子～系啊咁子弯弯子个，一块一块个，一□咁高。ci13kai53_44kei53_44ʂau35iau13ʂa0,ci13kai53_44ŋa21ʂɿ53_44tshin53nei_44(←xei53)kan21tsɿ0miet5miet5li0xei53_44a0kan21tsɿ0uan35uan35_44tsɿ0kei53_44,iet3khuai53iet3khuai53kei53_44,iet3tsiau35kan21kau35.

【密密麻麻】miet5miet5_3ma13_21ma13_21 形又多又密的样子：（马嘴葱）长下起来，～。tʂəŋ21xa53_44çi21ləi13_21,miet5miet5_3ma13_21ma13_21.

【绵】mien13 形①软：箇黄蒲哇，蒸～来。kai53uəŋ13phu13_44ua0,tʂən35mien13nəi13. ②烂熟：我食唔进哈，炆～下子。ŋai13ʂət5n̩13tsin53xa0,uən13mien13na53(←xa53)tsɿ0.｜肉嬗煮～。ɲiəuk3maŋ13tʂəu21mien13. ③重量略有不足：～就系砣下去，就系少滴子。准就系秤尾巴钉起来，多兜子。欸，卖东西分别人家是爱准滴子。爱准滴子。秤莫称～哩，别人家是唔欢喜。mien13tsiəu53_44xe53_44tho13xa35çi53,tsiəu53_44xe53_44ʂau21tiet5tsɿ0.tʂən21tshiəu53xei53tʂhən53mi35pa35_44taŋ35çi21ləi13,to35te35_53tsɿ0.e_21,mai53təŋ35si0pən35_44phiet5in13_44ka35_44ʂɿ53ɔi53tʂən21tiet5tsɿ0.ɔi53tʂən21tiet5tsɿ0.tʂhən53mək5tʂhən53mien13ni0,phiet5in13_44ka35_44ʂɿ53_21n̩13_21fən35çi21.

【绵秤】mien13tʂhən53 名指称重不足的秤：莫拿倒箇把秤去称分别人家，箇把是～，渠秤都会少咁。mək5la53tau21kai53pa21tʂhən53çi53_44tʂhən35pən35_44phiet5in13_21ka35_44,kai53pa21ʂɿ53_21mien13tʂhən53,ci13_21tʂhən53təu35_44uɔi53ʂau21kan21.

【绵羊】mien13iəŋ13 名①一种常见的饲养动物。角较山羊短小，性温顺，毛长而软：欸，我等以映个羊子就系山羊，北方来个羊子就～。～是一般取羊毛，羊肉冇咁好食。呃，我等以映舞倒来外背来舞倒来卖个箇起羊肉啊便就便宜，十多块子钱一斤，箇是～，唔好食，欸，冇得本地个山羊好食。e21,ŋai13 tien0 i21 iaŋ53 ke53 iɔŋ13 tsɿ0 tsiəu53-44 xe53-44 san35 iɔŋ13,pɔit3 fɔŋ35 lɔi13-21 ke53 iɔŋ13 tsɿ0 tsʰiəu53 mien13 iɔŋ13-44.mien13 iɔŋ13-44 ʂʅ53 iet3 pɔn35 tsʰi21 iɔŋ13 mau35-44,iɔŋ13 ɲiəuk3 mau13-21 kan21 xau21 ʂət5 .ə21,ŋai13 tien0 i21 iaŋ53 u21 tau21 lɔi13-21 ŋai53 pɔi53 lɔi13-44 u21 tau21 lɔi13-21 mai53 ke53 kai53 çi21 iɔŋ13 ɲiəuk3 a0 pʰien13 tsʰiəu53 pʰien13 ɲin13-44,ʂət5 to35-53 kʰuai53 tsɿ0 tsʰien13-21 iet3 cin35-44,kai53 ʂʅ53 mien13 iɔŋ13,m̩13 mau21 ʂət5 ,e21,mau13 tek3 pɔn21 tʰi53 ke53-44 san35 iɔŋ13-21 xau21 ʂət5 . ②喻指懦弱的人：你硬莫搞起一只～样哦，么个都怕。ɲi13 ɲiaŋ53 mɔk5 kau21 çi21-53 iet3 tʂak3 mien13 iɔŋ13 iɔŋ53 ŋo0,mak3 ke53 təu35-44 pʰa53.

【绵准子】mien13 tʂən21 tsɿ0 [名]指极微小的差距：有绵掺准呢，有咁个话法，～。～啊，只差～，就只差丁啮子。多放兜子去就准滴子，拿嘿就绵滴子。iəu35-44 mien13 lau35-53 tʂən21 ne0,iəu35-44 kan21 ke53-44 ua53 fait3 ,mien13 tʂən21 tsɿ0 .mien13 tʂən21 tsɿ0 a0 ,tʂʅ21 tsa35-44 mien13 tʂən21 tsɿ0 ,tsʰiəu53-44 tʂʅ21 tsa35-44 tin53 ŋait5 tsɿ0 .to35 xɔŋ53 te35-53 tsɿ0 çi53 tsʰiəu53-44 tʂən21 tiet5 tsɿ0 ,la53(x)ek3 tsʰiəu53 mien13 tiet5 tsɿ0 .｜～要么个紧呶，哎，莫咁小气。mien13 tʂən21 tsɿ0 iau53 mak3 e0 cin21 nau0 ,ai53,mɔk5 kan21 siau21 çi53.

【棉背褡子】mien13 pɔi53 tait3 tsɿ0 [名]里头絮了棉花的背心：有～，老人家最喜欢着。iəu35-44 mien13 pɔi53 tait3 tsɿ0 ,lau21 ɲin13 ka35-44 tsei53 çi21 fɔn35-44 tʂɔk3 .

【棉绸布】mien13 tʂʰəu13 pu53 [名]纤维素和蛋白质的混纺，属于人造棉大类：～真凉快，着倒真凉快，热天最好着。mien13 tʂʰəu13-44 pu53 tʂən35-44 liɔŋ13 kʰuai53 ,tʂɔk3 tau21 tʂən35 liɔŋ13 kʰuai53 , ɲiet5 tʰien35-44 tsei53 xau21 tʂɔk3 .

【棉衮身子】mien13 kuən21 ʂən35 tsɿ0 [名]棉衣：有兜人呢硬爱着件～。iəu35 te35-53 ɲin13-21 ne0 ɲiaŋ53 ɔi53 tʂɔk3 cʰien53 mien13 kuən21 ʂən35 tsɿ0 .

【棉花】mien13 fa35 [名]①一年生或多年生草本植物或灌木，果实中的棉纤维是重要的纺织原料：以前是～籽也用来榨油嘞。i35-53 tsʰien13-44 ʂʅ53-44 mien13 fa35-44 tsɿ21 ia35 iɔŋ53 lɔi13-21 tsa53 iəu13 le0 .②棉桃中的纤维：（棉鞋）放哩～，会保暖个嘞。fɔŋ53 li0 mien13 fa35-44,uɔi53-44 pau21 lɔn35 cie53 le0 .｜（袄婆艾个叶子）有滴像～样个颜色。iəu35 tet5 tsʰiɔŋ53 mien13 fa35-44 iɔŋ53-44 ke53-44 ŋan13 sek3 . ③代指棉衣：冷稳哩呀你么个羊毛衫都空个，硬爱～。laŋ35 uən21 ni0 ia0 ɲi13 mak0 kei53 iɔŋ13 mau35-44 san35-44 təu35-44 kʰəŋ53-44 ke0 , ɲiaŋ53 ɔi53 mien13-21 fa35-44.

【棉跍】mien13 kʰu35 [名]棉花籽榨油后剩下的渣饼：以前是棉花籽也用来榨油嘞，安做～。i35-53 tsʰien13-44 ʂʅ53-44 mien13 fa35-44 tsɿ0 ia35 iɔŋ53 lɔi13-21 tsa53 iəu13 le0 ,ɔn35-44 tso53-44 mien13 kʰu35.

【棉裤】mien13 fu53 [名]絮了棉花的裤子：我都以两年来越搞越怕冷，旧年我都看稳买条棉裤着哩了。欸，越搞越怕冷，想着～了。ŋai13 təu35-53 i21 iɔŋ21 ɲien13 lɔi13-44 vet5 kau21 vet5 pʰa53-44 laŋ35 ,cʰiəu53 ɲien13-44 ŋai13 təu35-53 kʰɔn53 uən21 mai35 tʰiau13-21 mien13 fu53 tʂɔk3 li0 liau0 .e21,vet5 kau21 vet5 pʰa53-44 laŋ35 ,siɔŋ21 tʂɔk3 mien13 fu53 liau0 .

【棉裙】mien13 cʰin13 [名]旧时包裹幼儿以便背负的小被：～就有唠。从前是细人子是背倒嘞，背下背龙上嘞。顶高就搞块欸身上就包块～呢，系啊？欸。以下就舞床披子嘞，安做披子。披风啊，就披子。mien13 cʰin13 tsʰiəu53-44 iəu35 lau0 .tsʰəŋ13 tsʰien13 ʂʅ53-44 sei53 ɲin13-44 tsɿ0 ʂʅ53-44 pi53 tau21 lei0 ,pi53 ia44 pɔi53 lɔŋ13-21 xɔŋ53 lei0 .taŋ21 kau35-44 tsʰiəu53 kau21 kʰuai53 e21 ʂən35 xɔŋ53-44 tsʰiəu53-44 pau35-44 kʰuai53 mien13 cʰin13 ne0 ,xe53-44 a0 ?e21.i21 xa53 tsʰiəu53-44 u21 tsʰɔŋ13 pʰi35 tsɿ0 lei0 ,ɔn35-44 tso53-44 pʰi35 tsɿ0 .pʰi35 fəŋ35 ŋa0 ,tsʰiəu53-44 pʰi35 tsɿ0 .

【棉衫】mien13 san35 [名]棉袄，两层布中间夹有棉絮的上衣，冬天穿着可以御寒、保暖。又称"袄婆"：我就我只看我看个嘞就系绗～个时候子用（粉袋子）。ŋai13 tsʰiəu53 ŋai13 tʂʅ21 kʰɔn53 ŋai13 kʰɔn53 ke53-44 lei0 tsʰiəu53-44 xe53-44 xɔŋ13 mien13 san35-44 ke53-44 ʂʅ13 xei53-44 tsɿ0 iɔŋ53-44.

【棉桃】mien13 tʰau13 [名]①棉花的果实，外形似桃：欸，我箇几年栽哩棉花个时候子，去浏阳我都栽嘿几年个棉花。棉花苗长得高，当阳晒日个时候子～都更大。我等栽哩阴栏场子，欸，栽哩箇死泥骨，也栽哩箇个岗子上箇个当阳晒日个土，栽过辣椒个，箇个～都懑大一只。e21,ŋai13 kai53 ci21 ɲien13 tsɔi35 li0 mien13 fa35-44 ke0 ʂʅ13-44 xəu53-44 tsɿ0 ,çi53 liəu13 iɔŋ13-44 ŋai13-21 təu35-53 tsɔi35 xek3 ci21 ɲien13 ke53 mien13-21 fa35-44.mien13 fa35-44 miau13 tʂɔŋ21 tek3 kau35 ,tɔŋ35 iɔŋ13 sai53 ɲiet3 ke53 ʂʅ13-44 xəu53-44 tsɿ0 mien13 tʰau13-21 təu35-44 cien53-44 tʰai53 .ŋai13 tien0 tsɔi35 li0 in35 naŋ13-21 tʂʰɔŋ13-21 tsɿ0 ,e21,tsɔi35 li0 kai53-44 si21 lai13 kuət3 ,ia35 tsɔi35 li0 kai53-44 ke53-44 kɔŋ35 tsɿ0 xɔŋ53-44 kai53-44 ke53-44 tɔŋ35 iɔŋ13 sai53 ɲiet3 ke53-44 tʰəu21 ,tsɔi35 ko53-44 lait5 tsiau35-44 ke0 ,kai53 ke53 mien13 tʰau13-21 təu35-53 mən35 tʰai53 iet3 tʂak3 . ②喻指母猪的外生殖器：箇个赶脚猪个人呐，"欸，"渠话，箇畜猪嫲个人渠就问呢，我就经常听讲个，听别人家讲，箇早几年咯。"你话我箇只猪嫲牵得了吗啦？放得猪牯了吗？"安做放得猪牯了吗，可以交配了吗。渠就会话："还放唔得，箇～还唔大。"kai53-44 ke53-44 kɔn21 ciɔk3 tʂəu35 ke53 ɲin13-21 na$^{0}$,"ei$_{53}$,"ci$^{13}_{21}$ua$^{53}_{44}$,kai$^{53}$çiəuk$^{3}$ tʂəu$^{35}$ma$^{13}_{21}$kei$^{53}$ɲin$^{13}_{44}$ci$^{13}_{21}$tsiəu$^{53}_{44}$uən$^{53}$nei$^{0}$,ŋai$^{13}_{21}$tsiəu$^{53}_{44}$cin$^{35}$tʂʰɔŋ$^{13}_{21}$tʰaŋ$^{35}$kɔŋ$^{21}$ke$^{53}_{44}$,tʰaŋ$^{35}$pʰiet$^{5}$ in$^{13}_{44}$ka$^{35}_{44}$kɔŋ$^{21}$,kai$^{53}$tsau$^{21}$ci$^{21}$ɲien$^{13}$ko$^{0}$."ɲi$^{13}_{44}$ua$^{53}_{44}$ŋai$^{13}$kai$^{53}$tʂak$^{3}$ tʂəu$^{35}$ma$^{13}_{44}$cʰien$^{35}$tek$^{3}$ liau$^{21}$ma$^{0}$ la$^{0}$?fɔŋ$^{53}$tek$^{3}$ tʂəu$^{35}$ku$^{21}$liau$^{21}$ma$^{0}$?"ɔn$^{35}_{44}$tso$^{53}_{44}$fɔŋ$^{53}$tek$^{3}$ tʂəu$^{35}$ku$^{21}$liau$^{21}$ma$^{0}$,kʰo$^{21}$i$^{35}$ciau$^{35}_{44}$pʰei$^{53}$liau$^{21}$ma$^{0}$.ci$^{13}_{21}$tsiəu$^{53}_{21}$uɔi$^{53}_{21}$ua$^{53}_{21}$:"xai$^{13}$fɔŋ$^{53}$n̩$^{13}_{21}$tek$^{3}$,kai$^{53}$mien$^{13}$tʰau$^{13}_{44}$xai$^{13}_{44}$n̩$^{13}$tʰai$^{53}$."

【棉袜】mien$^{13}$mait$^{3}$ 名絮了棉花的袜子：以下冇得哩，如今冇么人做～，以前有哇，有单袜子～呀。如今冇得哩。以前个袜子就布做个嘞，一只箇筒筒样个嘞。～嘞就箇硬两重啊，中间子絮棉花。怕系着倒肯定唔舒服一下啦。i$^{21}$xa$^{53}$mau$^{13}_{21}$tek$^{3}$ li$^{0}$,i$^{13}_{21}$cin$^{35}_{53}$mau$^{13}_{21}$mak$^{3}$ in$^{13}_{21}$tso$^{53}$mien$^{13}$mait$^{3}$,i$^{35}_{53}$tsʰien$^{13}_{21}$iəu$^{35}_{44}$ua$^{0}$,iəu$^{35}_{44}$tan$^{35}$mait$^{3}$ tsɿ$^{0}$ mien$^{13}$mait$^{3}$ ia$^{0}$.i$^{13}_{21}$cin$^{35}_{53}$mau$^{13}_{21}$tek$^{3}$ li$^{0}$.i$^{35}_{53}$tsʰien$^{13}_{21}$ke$^{53}$mait$^{3}$ tsɿ$^{0}$ tsʰiəu$^{53}_{44}$pu$^{53}$tso$^{53}_{44}$ke$^{53}_{44}$lei$^{0}$,iet$^{3}$ tʂak$^{3}$ kai$^{53}$tʰəŋ$^{21}$tʰəŋ$^{21}$iɔŋ$^{53}$ke$^{0}$ lei$^{0}$.mien$^{13}$mait$^{3}$ lei$^{0}$ tsʰiəu$^{53}$kai$^{53}$ɲiaŋ$^{53}$iɔŋ$^{21}$tʂʰəŋ$^{13}$ŋa$^{0}$,tʂəŋ$^{35}_{44}$kan$^{35}_{44}$tsɿ$^{0}$ si$^{53}$mien$^{13}$fa$^{35}_{44}$.pʰa$^{53}$xe$^{53}$tʂɔk$^{3}$ tau$^{21}$kʰen$^{21}$tʰin$^{53}$n̩$^{13}$ʂʮ$^{35}_{44}$fuk$^{5}$ iet$^{3}$ xa$^{53}$la$^{0}$.

【棉絮】mien$^{13}$si$^{53}$ 名用棉花做的填装被褥用的胎。也称"棉絮子"：铺床～pʰu$^{35}$tsʰɔŋ$^{13}_{21}$mien$^{13}$si$^{53}_{44}$ ｜用～子做只窠样，包稳（茶壶）。iəŋ$^{53}$mien$^{13}$si$^{53}$tsɿ$^{0}$ tso$^{53}_{21}$tʂak$^{3}$ kʰo$^{35}$iɔŋ$^{53}_{44}$,pau$^{35}$uən$^{21}$.

【棉籽油】mien$^{13}$tsɿ$^{21}$iəu$^{13}$ 名以棉花籽榨的油：～吧我等食过，箇真唔好食，～食唔得。箇油冇滴味道哇，冇滴油个味道哇，～我等搞过。欸，箇阵队上栽哩棉花，欸棉子舞倒去轧，轧哩棉花以后个棉籽嘞舞归来哩，渠等话欸去打～哇，箇冇油食啦箇阵子。请倒箇打油个人呢渠又𫠏打过，还唔系照老办法咁子一舞嘿去𫠏打出油来，哼，照老办法搞嘿去，照打茶油打菜油咁子搞倒去，𫠏打出油来，唔知让门子舞，我搞过一回。mien$^{13}$tsɿ$^{21}$iəu$^{13}$pa$^{0}$ ŋai$^{13}$tien$^{0}$ ʂət$^{5}$ ko$^{0}$,kai$^{53}$tʂən$^{35}$n̩$^{13}_{21}$xau$^{21}$ʂət$^{5}$,mien$^{13}_{21}$tsɿ$^{21}$iəu$^{13}$ʂət$^{5}$ n̩$^{13}_{21}$tek$^{3}$.(k)ai$^{53}$iəu$^{13}$mau$^{13}$tiet$^{5}$ uei$^{53}$tʰau$^{53}$ua$^{0}$,mau$^{13}$tiet$^{5}$ iəu$^{13}$ke$^{53}_{44}$ uei$^{53}$tʰau$^{53}$ua$^{0}$,mien$^{13}$tsɿ$^{21}$iəu$^{13}$ŋai$^{13}$tien$^{0}$ kau$^{21}$ko$^{53}$.e$_{21}$,kai$^{53}$tʂʰən$^{53}_{44}$ti$^{53}$xɔŋ$^{53}_{21}$tsɔi$^{35}_{44}$li$^{0}$ mien$^{13}$fa$^{35}_{44}$,e$_{53}$mien$^{13}$tsɿ$^{0}$ u$^{21}$ tau$^{21}$çi$^{53}_{44}$ŋait$^{5}$,ŋait$^{5}$ li$^{0}$ mien$^{13}$fa$^{35}_{44}$i$^{35}_{44}$xei$^{53}_{44}$ke$^{53}_{44}$mien$^{13}$tsɿ$^{21}$lei$^{0}$ u$^{21}$kuei$^{35}_{44}$lɔi$^{13}_{21}$li$^{0}$,ci$^{13}_{21}$tien$^{0}$ ua$^{53}_{44}$e$_{21}$çi$^{53}$ta$^{21}$mien$^{13}$tsɿ$^{21}$iəu$^{13}$ ua$^{0}$,kai$^{53}$mau$^{13}_{21}$iəu$^{13}$ʂət$^{5}$ la$^{0}$ kai$^{53}$tʂʰən$^{53}$tsɿ$^{0}$.tsʰiaŋ$^{21}$tau$^{21}$kai$^{53}$ta$^{21}$iəu$^{13}$ke$^{53}$ɲin$^{13}$nei$^{0}$ ci$^{13}_{21}$iəu$^{53}$maŋ$^{13}$ta$^{21}$ko$^{53}$,xai$^{13}$m̩$^{13}$ pʰei$^{53}$tʂau$^{53}$lau$^{21}$pʰan$^{53}$fait$^{3}$ kan$^{21}$tsɿ$^{0}$ iet$^{3}$ u$^{21}$xek$^{3}$ çi$^{53}$maŋ$^{13}$ta$^{21}$tʂʰət$^{3}$ iəu$^{13}$lɔi$^{13}_{44}$,xn̩$_{53}$,tʂau$^{53}$lau$^{21}$pʰan$^{53}_{44}$fait$^{3}$ kau$^{21}$ xek$^{3}$ çi$^{53}$,tʂau$^{53}$ta$^{21}$tsʰa$^{13}$iəu$^{13}_{44}$ta$^{21}$tsʰɔi$^{53}$iəu$^{13}_{21}$kan$^{21}$tsɿ$^{0}$ kau$^{21}$tau$^{21}$çi$^{53}$,maŋ$^{13}$ta$^{21}$tʂʰət$^{3}$ iəu$^{13}$lɔi$^{13}_{44}$,n̩$^{13}$ti$^{35}_{53}$ɲiɔŋ$^{53}$mən$^{13}_{44}$tsɿ$^{0}$ u$^{21}$,ŋai$^{13}$kau$^{21}$ko$^{53}$(i)et$^{3}$ fei$^{13}_{21}$.

【面$_{1}$】mien$^{53}$ 名①脸。又称"面肚子"：气起～都青个。cʰi$^{53}$çi$^{21}$mien$^{53}$təu$^{35}_{44}$tsʰiaŋ$^{35}$ke$^{53}_{21}$.｜就话别人家箇个～呐，～□粗啊，你个，你箇只～像擂钵样啊。tsʰiəu$^{53}_{44}$ua$^{53}$pʰiet$^{5}$ in$^{13}_{44}$ka$^{35}_{44}$kai$^{53}_{44}$ke$^{53}_{44}$mien$^{53}$ na$^{0}$,mien$^{53}$cʰiak$^{3}$ tsʰɿ$^{35}$a$^{0}$, ɲi$^{13}$ke$^{53}_{44}$, ɲi$^{13}$kai$^{53}$tʂak$^{3}$ mien$^{53}$siaŋ$^{53}_{44}$li$^{13}$pait$^{3}$ iɔŋ$^{53}_{44}$ŋa$^{0}$. ②表面；皮：嗯，箇竹棍打起来，你话箇打嘿脚下是硬真痛啊，辣辣哩痛啊～上啊，但是唔得打伤。n̩$_{21}$,kai$^{53}$tʂəuk$^{3}$ kʰua$^{21}$ta$^{21}$çi$^{21}$lɔi$^{13}_{44}$, ɲi$^{13}_{44}$ua$^{53}_{44}$kai$^{53}$ta$^{21}$(x)ek$^{3}$ ciɔk$^{3}$ xa$^{53}_{44}$ʂʮ$^{53}_{44}$ɲiaŋ$^{53}$tʂən$^{35}$tʰəŋ$^{53}$ŋa$^{0}$,lait$^{5}$ lait$^{5}$ li$^{0}$ tʰəŋ$^{53}$ŋa$^{0}$ mien$^{53}$xɔŋ$^{53}$ ŋa$^{0}$,tan$^{53}$ʂɿ$^{53}$n̩$^{13}_{21}$tek$^{3}$ ta$^{21}$ʂɔŋ$^{35}$. ③方位词。指部位或方面；侧面：留一～呐，系，留一边就放被窝进去，放棉絮进去个，箇就安做捅单。liəu$^{13}$iet$^{3}$ mien$^{53}$na$^{0}$,xe$^{53}_{44}$,liəu$^{13}$iet$^{3}$ pien$^{35}$tsʰiəu$^{53}_{44}$fɔŋ$^{53}$pʰi$^{35}$pʰo$^{35}_{44}$ tsin$^{53}$cʰi$^{53}_{44}$,fɔŋ$^{53}$mien$^{13}$si$^{53}_{44}$tsin$^{53}_{44}$çi$^{53}_{44}$ke$^{53}_{44}$,kai$^{53}_{21}$tsʰiəu$^{53}_{44}$ɔn$^{35}_{44}$tso$^{53}_{44}$tʰəŋ$^{21}$tan$^{35}_{44}$.

【面$_{2}$】mien$^{53}$ 量①用于扁平的物件：一～钟 iet$^{3}$ mien$^{53}$tʂəŋ$^{35}$｜箇～镜子打得糜烂。kai$^{53}_{44}$mien$^{53}_{44}$ ciaŋ$^{53}$tsɿ$^{0}$ ta$^{21}$tek$^{3}$ me$^{35}$lan$^{53}$.｜搞～大旗呢。kau$^{21}$mien$^{53}_{44}$tʰai$^{53}$cʰi$^{13}_{21}$nei$^{0}$. ②用于脸上的东西：一～个汗 iet$^{3}$ mien$^{53}$ke$^{53}_{21}$xɔn$^{53}$｜粉刺就系后生人……起倒一～个，安做子子唠。fən$^{21}$tsʰɿ$^{53}$tsʰiəu$^{53}_{44}$xe$^{53}_{44}$xei$^{53}$ saŋ$^{35}$ɲin$^{13}$…çi$^{21}$tau$^{21}$iet$^{3}$ mien$^{53}$ke$^{53}_{21}$,ɔn$^{35}_{44}$tso$^{53}$tsɿ$^{21}$tsɿ$^{21}$lau$^{0}$. ③指见面的次数：见一～cien$^{53}$iet$^{3}$ mien$^{53}$

【面$_{3}$】mien$^{53}$ 名面条：唔系就泡碗～食哩啊。m̩$^{13}$pʰe$^{53}_{44}$tsʰiəu$^{53}_{44}$pʰau$^{53}$uɔn$^{21}$mien$^{53}$ʂət$^{5}$ li$^{0}$ a$^{0}$.｜到箇面店里去食～呐。tau$^{53}$kai$^{53}_{44}$mien$^{53}$tian$^{53}$ni$^{0}$ çi$^{53}_{44}$ʂət$^{5}_{3}$ mien$^{53}$na$^{0}$.

【面肚子】mien$^{53}$təu$^{21}$tsɿ$^{0}$ 名脸蛋儿：箇只细子啊～硬红朵朵哩啊，生蛋鸡嫲样。kai$^{53}$tʂak$^{3}$ sei$^{53}$ tsɿ$^{0}$ a$^{0}$ mien$^{53}$təu$^{21}$tsɿ$^{0}$ ɲiaŋ$^{53}$fəŋ$^{13}$to$^{21}$to$^{21}$li$^{0}$ a$^{0}$,saŋ$^{35}$tʰan$^{35}_{44}$cie$^{35}$ma$^{13}_{21}$iɔŋ$^{53}$ŋa$^{0}$.｜只系搽得面肚子，面上搽得鲜红子，箇胭脂。tʂʮ$^{21}_{13}$xei$^{53}$tsʰa$^{13}_{21}$tek$^{3}$ mien$^{53}$təu$^{21}$tsɿ$^{0}$,mien$^{53}$xɔŋ$^{53}_{44}$tsʰa$^{13}_{21}$tek$^{3}$ çien$^{35}$fəŋ$^{13}_{21}$tsɿ$^{0}$,kai$^{53}_{44}$ien$^{35}$tʂʮ$^{35}$.

【面肥】mien$^{53}$pʰi$^{13}$/fei$^{13}$ 名撒施在栽种农作物的土地表面的肥料：莫～呃～就～就爱少打滴，面上个肥就。mɔk$^{5}$ mien$^{53}$fei$^{13}$ə$_{21}$mien$^{53}$fei$^{13}$tsʰiəu$^{53}_{44}$mien$^{53}$pʰi$^{13}$tsʰiəu$^{53}_{44}$ɔi$^{53}_{44}$ʂau$^{21}$ta$^{21}$tiet$^{0}$,mien$^{53}$xɔŋ$^{53}$ke$^{0}$ fei$^{13}$ tsʰiəu$^{53}_{21}$.

【面羹】mien$^{53}$kaŋ$^{35}$ 名面糊儿（生的）：可以话～啊，可以话～，但是𫠏熟凑，系唔系？还系生个。kʰo$^{21}$i$^{35}$ua$^{53}$mien$^{53}$kaŋ$^{35}$ŋa$^{0}$,kʰo$^{21}$i$^{35}$ua$^{53}$mien$^{53}$kaŋ$^{35}$,tan$^{53}_{44}$ʂʮ$^{53}_{44}$maŋ$^{13}$ʂəuk$^{5}$ tsʰe$_{44}$,xei$^{53}_{44}$me$^{53}_{44}$?xai$^{13}_{21}$xe$^{53}_{44}$saŋ$^{35}$ ke$^{53}$.

【面馆子】mien$^{53}$kɔn$^{21}$tsɿ$^{0}$ 名经营面条的店铺：泡面个就～。pʰau$^{53}$mien$^{53}$ke$^{53}_{44}$tsʰiəu$^{53}_{44}$mien$^{53}$kɔn$^{21}$tsɿ$^{0}$.

M

【面巾子】mien$^{53}$cin$^{35}_{44}$tsɿ$^{0}$ 名 毛巾，多指洗脸毛巾：～都冇哪映子眼，落尾嘞箇壁上钉一只钉，咁个。mien$^{53}$cin$^{35}_{44}$tsɿ$^{0}$ tau$^{35}_{53}$mau$^{13}$la$^{53}$iaŋ$^{53}$tsɿ$^{0}$ lɔŋ$^{53}$,lɔk$^{5}$ mi$^{35}_{44}$lei$^{0}$ kai$^{53}_{44}$piak$^{3}$ xɔŋ$^{53}$taŋ$^{35}$iet$^{3}$ tʂak$^{3}$ taŋ$^{35}$,kan$^{21}$cie$^{53}$.｜以前讲面帕子个多。如今就讲～个多，冇么人讲面帕子了。i$^{35}_{53}$tsʰien$^{13}$kɔŋ$^{21}$mien$^{53}$pʰa$^{53}$tsɿ$^{0}$ke$^{0}$ to$^{35}$.i$^{13}_{21}$cin$^{35}_{44}$tsʰiəu$^{53}$kɔŋ$^{21}$mien$^{53}$cin$^{35}$tsɿ$^{0}$ke$^{53}_{21}$to$^{35}$,mau$^{13}$mak$^{3}$ in$^{13}_{44}$kɔŋ$^{21}$mien$^{53}$pʰa$^{53}$tsɿ$^{0}$liau$^{0}$.

【面框骨】mien$^{53}$cʰiɔŋ$^{35}$kuət$^{3}$ 名 颧骨：要～高个人就让门子啊？我老婆去下讲，～高个人就更恶啊还系让门子啊渠话？会克夫，系系咁子讲个，我老婆系咁子讲，～高哩个夫娘子啊会克夫。iau$^{53}_{44}$mien$^{53}$cʰiɔŋ$^{35}$kuət$^{3}$ kau$^{35}$ke$^{53}$ɲin$^{13}_{21}$tsʰiəu$^{53}_{44}$ɲiɔŋ$^{53}$mən$^{13}_{44}$tsɿ$^{0}$a$^{0}$?ŋai$^{13}_{21}$lau$^{21}$pʰo$^{13}$çi$^{53}$xa$^{53}$kɔŋ$^{21}$,mien$^{53}$ cʰiɔŋ$^{35}$kuət$^{3}$ kau$^{35}$ke$^{53}$ɲin$^{13}_{21}$tsʰiəu$^{53}_{44}$cien$^{53}$ɔk$^{3}$ a$^{0}$ xai$^{13}_{44}$xe$^{53}_{44}$ɲiɔŋ$^{53}_{44}$mən$^{13}_{44}$tsɿ$^{0}$ a$^{0}$ ci$^{13}_{21}$ua$^{53}_{44}$?uɔi$^{53}_{44}$kʰek$^{3}$ fu$^{35}$,xei$^{53}$xei$^{53}_{44}$kan$^{21}$ tsɿ$^{0}$kɔŋ$^{21}$ke$^{53}$,ŋai$^{13}_{21}$lau$^{21}$pʰo$^{13}_{21}$xei$^{53}$kan$^{21}$tsɿ$^{0}$kɔŋ$^{21}$,mien$^{53}$cʰiɔŋ$^{35}_{44}$kuət$^{3}$kau$^{35}$li$^{0}$ke$^{0}$pu$^{35}$ɲiɔŋ$^{13}_{21}$tsɿ$^{0}$a$^{0}$ uɔi$^{53}_{44}$kʰek$^{3}$ fu$^{35}$.

【面帕子】mien$^{53}$pʰa$^{53}$tsɿ$^{0}$ 名 洗脸毛巾：从前个人呐蛮苦哇，我仍记得我等细细子都苦哇，一家人就一条子～。如今我等人是一个人嘞两条，一条洗面个，一条洗身个，还有条□水个，欸，硬输哩命筋呢。以前是一家人一条子～嘞，大家共倒用啊。tsʰəŋ$^{13}$tsʰien$^{13}_{21}$ke$^{53}$ɲin$^{13}_{21}$na$^{0}$ man$^{13}$ kʰu$^{21}$ua$^{0}$,ŋai$^{13}_{21}$in$^{13}_{44}$ci$^{53}$tek$^{3}$ ŋai$^{13}_{21}$tien$^{0}$ se$^{53}$se$^{53}$tsɿ$^{0}$ tau$^{35}$kʰu$^{21}$ua$^{0}$,iet$^{3}$ ka$^{35}$ɲin$^{13}_{21}$tsʰiəu$^{53}$iet$^{3}$ tʰiau$^{13}$tsɿ$^{0}$ mien$^{53}$pʰa$^{53}$tsɿ$^{0}$. i$^{13}_{21}$cin$^{35}_{53}$ŋai$^{13}$tien$^{0}$ɲin$^{13}_{44}$ʂɿ$^{53}_{44}$iet$^{3}$ke$^{53}$ɲin$^{13}_{21}$le$^{0}$ iɔŋ$^{21}$tʰiau$^{13}$,ie$^{3}$ tʰiau$^{13}$sei$^{21}$mien$^{53}$ke$^{53}$,iet$^{3}$ tʰiau$^{13}$se$^{21}$ʂən$^{35}$ke$^{53}$,xai$^{13}_{21}$iəu$^{35}_{44}$ tʰiau$^{13}_{21}$tsʰuən$^{53}$ʂei$^{21}$ke$^{53}_{44}$,e$_{21}$,ɲiaŋ$^{53}$ʂəu$^{35}$li$^{0}$ miaŋ$^{53}$cin$^{35}$nei$^{0}$.i$^{35}_{53}$tsʰien$^{13}_{44}$ʂɿ$^{53}_{44}$iet$^{3}$ka$^{35}$ɲin$^{13}_{21}$iet$^{3}$ tʰiau$^{13}$tsɿ$^{0}$ mien$^{53}$pʰa$^{53}$ tsɿ$^{0}$le$^{0}$,tʰai$^{53}$cia$^{35}_{44}$kʰəŋ$^{53}$tau$^{21}$iəŋ$^{53}$ŋa$^{0}$.

【面盆】mien$^{53}$pʰən$^{13}$ 名 脸盆：（猪食盆）同箇个～样。tʰəŋ$^{13}$kai$^{53}_{44}$ke$^{53}_{21}$mien$^{53}$pʰən$^{13}$iɔŋ$^{53}$.

【面盆架子】mien$^{53}$pʰən$^{13}$ka$^{53}$tsɿ$^{0}$ 名 脸盆架：～呃有木架子，有铁架子。我等人屋下是木架子也冇得就铁架子也冇得。冇张咁个烂凳冇哩用个烂凳，咁个独凳子，就放下箇子整～。mien$^{53}$pʰən$^{13}$ka$^{53}$tsɿ$^{0}$ ə$_{21}$iəu$^{35}$muk$^{3}$ ka$^{53}$tsɿ$^{0}$,iəu$^{35}$tʰiet$^{3}$ ka$^{53}$tsɿ$^{0}$.ŋai$^{13}$tien$^{0}$ɲin$^{13}_{21}$uk$^{3}$ xa$^{53}$ʂɿ$^{53}_{44}$muk$^{3}$ ka$^{53}$tsɿ$^{0}$ a$^{35}_{53}$mau$^{13}_{21}$ tek$^{3}$ tsʰiəu$^{53}_{44}$tʰiet$^{3}$ ka$^{53}_{44}$tsɿ$^{0}$ a$^{35}_{44}$mau$^{13}_{21}$tek$^{3}$ .u$^{21}$tʂɔŋ$^{35}_{44}$kan$^{21}$ke$^{53}_{44}$lan$^{53}$ten$^{53}_{44}$mau$^{13}$li$^{0}$ iəŋ$^{53}$ke$^{53}_{44}$lan$^{53}$ten$^{53}$,kan$^{21}$ke$^{53}_{44}$tʰəuk$^{5}$ ten$^{53}$tsɿ$^{0}$,tsʰiəu$^{53}$fɔŋ$^{53}_{44}$xa$^{53}_{44}$kai$^{53}$tsɿ$^{0}$ tʂən$^{21}$mien$^{53}$pʰən$^{13}$ka$^{53}$tsɿ$^{0}$.

【面前】mien$^{53}$tsʰien$^{13}$ 名 方位词。①表方位。前面；前头：牛是去以～，欸，也有两条绳，摞稳个。ɲiəu$^{13}$ʂɿ$^{53}_{44}$çi$^{53}_{44}$i$^{21}$mien$^{53}$tsʰien$^{13}$,ei$_{21}$,ia$^{35}$iəu$^{35}_{44}$iɔŋ$^{21}$tʰiau$^{13}_{21}$ʂən$^{13}$,kʰuan$^{53}$uən$^{21}$ke$^{53}_{44}$.｜（角撮帽）～更平，更薄。后背更深。mien$^{53}$tsʰien$^{13}_{21}$cien$^{53}$pʰiaŋ$^{13}$,cien$^{53}_{44}$pʰɔk$^{5}$ .xei$^{53}$pɔi$^{53}$cien$^{53}$tʂʰən$^{35}$. ②表时间。以前；过去：以下有滴人写干塘。～哩喊旱塘。i$^{21}$xa$^{53}_{44}$iəu$^{35}$tet$^{5}$ɲin$^{13}_{21}$sia$^{21}$kɔn$^{35}$tʰɔŋ$^{13}_{21}$.mien$^{53}$tsʰien$^{13}_{21}$li$^{0}$ xan$^{53}$xɔn$^{35}$ tʰɔŋ$^{13}_{21}$. ③指年龄大些的人：打比我等有几姊妹，欸，～几只都嫁咁，卖嘿哩了，还有只最细个老妹子，我有最细个老妹子结婚以到。ta$^{21}$pi$^{21}$ŋai$^{13}$tien$^{0}$ iəu$^{35}_{44}$ci$^{21}$tsi$^{21}$mɔi$^{53}$,e$_{21}$,mien$^{53}$tsʰien$^{13}_{21}$ci$^{21}$tʂak$^{3}$ təu$^{35}_{44}$ka$^{53}$kan$^{21}$,mai$^{53}$ek$^{3}$ li$^{0}$ liau$^{0}$,xai$^{13}_{21}$iəu$^{35}_{44}$tʂak$^{3}$ tsei$^{53}$se$^{53}_{44}$ke$^{53}_{44}$lau$^{21}$mɔi$^{53}$tsɿ$^{0}$,ŋai$^{13}_{21}$iəu$^{35}_{44}$tsei$^{53}$se$^{53}_{44}$ke$^{53}_{44}$lau$^{21}$mɔi$^{53}$tsɿ$^{0}$ ciet$^{3}$ fən$^{35}$i$^{21}$tau$^{53}_{44}$.

【面青鬼黄】mien$^{53}$tsʰiaŋ$^{35}$kuei$^{21}$uɔŋ$^{13}$ 惊恐貌：吓起～ xak$^{3}$ çi$^{21}_{44}$mien$^{53}$tsʰiaŋ$^{35}$kuei$^{21}$uɔŋ$^{13}$

【面色】mien$^{53}$sek$^{3}$ 名 脸色，脸部呈现的气色：箇只人～唔好看，聋黄。kai$^{53}$tʂak$^{3}$ɲin$^{13}_{21}$mien$^{53}$ sek$^{3}$ n̩$^{13}_{21}$nau$^{21}$(←xau$^{21}$)kʰɔn$^{53}$,nəŋ$^{35}$uɔŋ$^{13}$.

【面上】mien$^{53}$xɔŋ$^{53}$ 名 方位词。①上面；上方：椽皮～就盖瓦。ʂɔn$^{13}$pʰi$^{13}_{44}$mien$^{53}$xɔŋ$^{53}_{44}$tsʰiəu$^{53}_{44}$kɔi$^{53}$ ŋa$^{21}$.｜（豆浆）滤个时候子就去镬～滤呀。li$^{53}$ke$^{53}_{44}$ʂɿ$^{13}$xəu$^{53}$tsɿ$^{0}$ tsʰiəu$^{53}_{44}$çi$^{53}_{44}$uɔk$^{5}$ mien$^{53}_{44}$xɔŋ$^{53}_{44}$li$^{53}$ia$^{0}$. ②表面，表层：分～个箇一层肥泥冇嘿哩。pən$^{35}$mien$^{53}$xɔŋ$^{53}_{44}$ke$^{53}_{44}$kai$^{53}$iet$^{3}$ tsʰien$^{13}$fei$^{13}$lai$^{13}$u$^{21}$(x)ek$^{3}$ li$^{0}$.

【面相】mien$^{53}$siɔŋ$^{53}$ 名 人的面部容貌，迷信的人根据它来推测吉凶：看～ kʰɔn$^{53}$mien$^{53}$siɔŋ$^{53}$

【面向$_{1}$】mien$^{53}$çiɔŋ$^{53}_{44}$ 名 方位词。方位；部分：以只～嘞，就圆圆子个，圆个。i$^{21}$tʂak$^{3}$ mien$^{53}$ çiɔŋ$^{53}_{44}$lei$^{0}$,tsʰiəu$^{53}$ien$^{13}_{21}$ien$^{13}_{21}$tsɿ$^{0}$ ke$^{53}$,ien$^{13}$ke$^{53}_{44}$.

【面向$_{2}$】mien$^{53}$çiɔŋ$^{53}$ 动 面对；朝向：你徛倒，～客佬子。ɲi$^{13}_{21}$cʰi$^{35}$tau$^{21}$,mien$^{53}$çiɔŋ$^{53}_{44}$kʰak$^{3}$ lau$^{21}$tsɿ$^{0}$.

【面子】mien$^{53}$tsɿ$^{0}$ 名 ①指物体的表面或表层：细镜子就咁大子个～个。se$^{53}$ciaŋ$^{53}$tsɿ$^{0}$ tsʰiəu$^{53}_{21}$kan$^{21}_{13}$ tʰai$^{53}_{44}$tsɿ$^{0}$(k)e$^{53}_{44}$mien$^{53}$tsɿ$^{0}$ke$^{53}_{44}$.｜（屐鞋）面子用牛皮做个。mien$^{53}$tsɿ$^{0}$ iəŋ$^{53}$ɲiəu$^{13}$pʰi$^{13}$tso$^{53}_{44}$ke$^{53}_{44}$. ②情面，人与人之间的情分：你冇又冇哩嘞，又赠食得鸡髀嘞，你就赠做得～，欸，赠搞得～。ɲi$^{13}$u$^{21}$ iəu$^{53}$u$^{21}$li$^{0}$ lei$^{0}$,iəu$^{53}$maŋ$^{13}$ʂət$^{5}$ tek$^{3}$ cie$^{35}$pi$^{21}$lei$^{0}$,ɲi$^{13}$tsʰiəu$^{53}$maŋ$^{13}$tso$^{53}$tek$^{3}$ mien$^{53}$tsɿ$^{0}$,e$_{21}$,maŋ$^{13}$kau$^{21}$tek$^{3}$ mien$^{53}$ tsɿ$^{0}$. ③体面；虚荣：越人越多就越有～啊。uet$^{5}$ɲin$^{13}$uet$^{5}$ to$^{35}_{44}$tsʰiəu$^{53}_{44}$uet$^{5}_{3}$iəu$^{35}$mien$^{53}$tsa$^{0}$.

【苗】miau$^{13}$ 名 也称"苗子"。①植物的茎和枝叶：本本箇只～就本本像姜～。pən$^{21}$pən$^{21}$kai$^{53}$ tʂak$^{3}$ miau$^{13}$tsʰiəu$^{53}$pən$^{21}$pən$^{21}$tsʰiɔŋ$^{53}_{44}$ciɔŋ$^{35}$miau$^{13}_{21}$.｜（铁篱笆）尽赘箇只～是。tsʰin$^{53}$nek$^{3}$ kai$^{53}_{44}$tʂak$^{3}$ miau$^{13}_{21}$ʂɿ$^{53}_{44}$.｜箇只野姜箇只～子个气味有箇姜个气味。kai$^{53}_{44}$tʂak$^{3}$ ia$^{35}$ciɔŋ$^{35}_{44}$kai$^{53}$tʂak$^{3}$ miau$^{13}$tsɿ$^{0}$ ke$^{53}$çi$^{53}$

uei$^{53}$iəu$^{35}$kai$^{53}$ciəŋ$^{35}$kei$^{53}_{44}$çi$^{53}$uei$^{53}$. ②初生的植物或没有秀穗的庄稼：种树都系栽～。tʂəŋ$^{53}$ʂəu$^{53}$təu$^{35}$xe$^{53}_{44}$tsɔi$^{35}$miau$^{13}$.｜我个有咁大个（山茶花）树个～。ŋai$^{13}$ke$^{53}$iəu$^{35}$kan$^{21}$tʰai$^{53}_{44}$ke$^{53}_{44}$ʂəu$^{53}$ke$^{53}_{44}$miau$^{13}_{21}$.｜广柑系广东来个～子。kɔŋ$^{21}$kan$^{35}$xei$^{53}$kɔŋ$^{21}$təŋ$^{35}$lɔi$^{13}$ke$^{53}$miau$^{13}$tsɿ$^{0}$.

【苗竹槁】miau$^{13}$tʂəuk$^{3}$kʰua$^{21}$ [名]竹枝：～就系竹槁，用来赶鸡赶鸭，用来箇吓细人子，安做～。嗯，用来打细人子个，箇～打细人子嘞就有只好处，只痛，唔得伤。嗯，箇竹槁打起来，你话箇打嘿脚下是硬真痛啊，辣辣哩痛啊面上啊，但是唔得打伤。你拿条竹棍去打唠，你看下子看呐，痛又只有咁痛嘞就伤又打伤哩嘞。打细人子就唔系就拿～，唔系就拿杉槁，剿下子渠，剿痛渠唠。miau$^{13}$tʂəuk$^{3}$kʰua$^{21}$tsʰiəu$^{53}$xe$^{53}$tʂəuk$^{3}$kʰua$^{3}$,iəŋ$^{53}$lɔi$^{13}_{44}$kɔn$^{21}$cie$^{35}$kɔn$^{21}$ait$^{3}$,iəŋ$^{53}$lɔi$^{13}_{21}$kai$^{53}_{44}$xak$^{3}$sei$^{53}$ɲin$^{13}_{21}$tsɿ$^{0}$,ɔn$^{35}_{53}$tso$^{53}$miau$^{13}$tʂəuk$^{3}$kʰua$^{21}$.n̩$_{21}$,iəŋ$^{53}$lɔi$^{13}_{21}$ta$^{21}$sei$^{53}$ɲin$^{13}_{21}$tsɿ$^{0}$ke$^{0}$,kai$^{53}$miau$^{13}$tʂəuk$^{3}$kʰua$^{21}$ta$^{21}$sei$^{53}$ɲin$^{13}_{21}$tsɿ$^{0}$lei$^{0}$tsʰiəu$^{53}$iəu$^{35}_{53}$tʂak$^{3}$xau$^{21}$tʂʰəu$^{53}$,tʂɿ$^{21}$tʰəŋ$^{53}$,n̩$^{13}$tek$^{3}$ʂəŋ$^{35}$.n̩$_{21}$,kai$^{53}$tʂəuk$^{3}$kʰua$^{21}$ta$^{21}$çi$^{21}$lɔi$^{13}_{44}$, ɲi$^{13}_{44}$ua$^{53}_{44}$kai$^{53}$ta$^{21}$(x)ek$^{3}$ciɔk$^{3}$xa$^{53}_{44}$ʂɿ$^{53}_{44}$ɲiaŋ$^{53}$tʂən$^{35}$tʰəŋ$^{53}$ŋa$^{0}$,lait$^{5}$lait$^{5}$li$^{0}$tʰəŋ$^{53}$ŋa$^{0}$mien$^{53}$xɔŋ$^{53}$ŋa$^{0}$,tan$^{53}$ʂɿ$^{53}$n̩$^{13}_{21}$tek$^{3}$ta$^{21}$ʂəŋ$^{35}$. ɲi$^{13}_{21}$la$^{53}$tʰiau$^{13}_{21}$tʂəuk$^{3}$kuən$^{53}$çi$^{53}_{44}$ta$^{21}$lau$^{0}$, ɲi$^{13}_{21}$kʰɔn$^{53}_{44}$xa$^{53}_{44}$tsɿ$^{0}$kʰɔn$^{53}_{44}$na$^{0}$,tʰəŋ$^{53}$iəu$^{53}_{44}$tʂɿ$^{21}$iəu$^{35}_{53}$kan$^{21}$tʰəŋ$^{53}_{44}$lei$^{0}$tsiəu$^{53}_{44}$ʂəŋ$^{35}$iəu$^{53}$ta$^{21}$ʂəŋ$^{35}$li$^{0}$le$^{0}$.ta$^{21}$sei$^{53}$ɲin$^{13}_{44}$tsɿ$^{0}$tsiəu$^{53}_{21}$m̩$^{13}_{21}$pʰei$^{53}$tsiəu$^{53}_{44}$la$^{53}$miau$^{13}$tʂəuk$^{3}$kʰua$^{21}$,m̩$^{13}_{21}$pʰei$^{53}$tsʰiəu$^{53}$la$^{53}$sa$^{35}$kʰua$^{21}$,tsʰan$^{13}$na$^{53}$tsɿ$^{0}$ci$^{13}_{21}$,tsʰan$^{13}$tʰəŋ$^{53}$ci$^{13}_{44}$lau$^{0}$.

【庙】miau$^{53}$ [名]寺庙。又称“寺、寺庙”：附近个人是渠就经常到～里去啊。欸，以映一只～个，到处系～哇。像以张家坊小河都尽～哇，到处系～哇。渠以……有滴就到以只……渠信以只～里个菩萨，有滴信箇只～。fu$^{53}_{44}$cʰin$^{53}$ke$^{53}_{44}$ɲin$^{13}_{21}$ʂɿ$^{53}_{44}$ci$^{13}_{21}$tsʰiəu$^{53}_{44}$cin$^{35}$tʂʰəŋ$^{13}_{21}$tau$^{53}$miau$^{53}$li$^{0}$çi$^{53}_{44}$a$^{0}$.ei$_{21}$,i$^{21}$iaŋ$^{53}_{44}$iet$^{3}$tʂak$^{3}$miau$^{53}$ke$^{53}_{44}$,tau$^{53}$tʂʰəu$^{21}$xei$^{53}$miau$^{53}$ua$^{0}$.siɔŋ$^{53}_{44}$i$^{21}$tʂɔŋ$^{35}_{44}$ka$^{35}_{44}$fɔŋ$^{35}$siau$^{21}$xo$^{13}$təu$^{35}_{44}$tsʰin$^{53}$miau$^{53}$ua$^{0}$,tau$^{53}$tʂʰəu$^{21}$xei$^{53}_{44}$miau$^{53}$ua$^{0}$.ci$^{13}_{21}$i$^{21}$···iəu$^{35}$tet$^{5}$tsʰiəu$^{53}$tau$^{53}$i$^{21}$tʂak$^{3}$···ci$^{13}_{21}$sin$^{53}$i$^{21}$tʂak$^{3}$miau$^{53}$li$^{0}$ke$^{53}_{44}$pʰu$^{13}_{21}$sait$^{3}$,iəu$^{35}$tet$^{5}$sin$^{53}$kai$^{53}$tʂak$^{3}$miau$^{53}$.

【庙老子】miau$^{53}$lau$^{21}$tsɿ$^{0}$ [名]守庙人，多为老年男性：我去箇华佗庙里看下子两只守庙个老子尽系我认得个，两只箇守庙老子嘞，有只还系比我更细哟，欸。比我都还更细。箇唔系我话：“听睛我也当只～啦，听睛我也可以到庙里来当～啦，来守庙哇。”我系笑哩渠，我话：“你等唔想搞哩是话我知下子啊，我来呀。”ŋai$^{13}$çi$^{53}$kai$^{53}$fa$^{13}$tʰo$^{13}$miau$^{53}$li$^{0}$kʰɔn$^{53}$na$^{53}$tsɿ$^{0}$iɔŋ$^{21}$tʂak$^{3}$ʂəu$^{21}$miau$^{53}$ke$^{53}$lau$^{21}$tsɿ$^{0}$tsʰin$^{53}$ne$^{53}$ŋai$^{13}$ɲin$^{53}$tek$^{3}$ke$^{53}_{44}$,iɔŋ$^{21}$tʂak$^{3}$kai$^{53}_{44}$ʂəu$^{21}$miau$^{53}$lau$^{21}$tsɿ$^{0}$le$^{0}$,iəu$^{53}$tʂak$^{3}$xai$^{13}$xe$^{53}$pi$^{21}$ŋai$^{13}$ken$^{53}_{44}$se$^{53}$io$^{0}$,e$_{21}$,pi$^{21}$ŋai$^{13}$təu$^{35}_{44}$xai$^{13}_{21}$ken$^{53}_{44}$se$^{53}$.kai$^{53}_{44}$m̩$^{13}_{44}$pʰei$^{53}_{44}$ŋai$^{13}$ua$^{53}$:"tʰin$^{35}_{44}$pu$^{35}_{44}$ŋai$^{13}$a$^{35}_{44}$tɔŋ$^{35}_{44}$tʂak$^{3}$miau$^{53}$lau$^{21}$tsɿ$^{0}$la$^{0}$,tʰin$^{35}_{44}$pu$^{35}_{44}$ŋai$^{13}$a$^{35}_{53}$kʰo$^{21}_{13}$i$^{21}$tau$^{53}$miau$^{53}$li$^{0}$lɔi$^{13}_{21}$tʰɔŋ$^{53}$miau$^{53}$lau$^{21}$tsɿ$^{0}$la$^{0}$,lɔi$^{13}$ʂəu$^{21}$miau$^{53}$ua$^{0}$."ŋai$^{13}$xei$^{53}$siau$^{53}$li$^{0}$ci$^{13}_{21}$,ŋai$^{13}$ua$^{53}_{44}$:"ɲi$^{13}$tien$^{0}$n̩$^{13}_{21}$siɔŋ$^{21}$kau$^{21}$li$^{0}$ʂɿ$^{53}_{44}$ua$^{53}$ŋai$^{13}_{21}$ti$^{35}_{44}$ia$^{53}$tsɿ$^{0}$a$^{0}$,ŋai$^{13}$lɔi$^{13}$ia$^{0}$."

【搣】met$^{3}$/miet$^{3}$ [动]①用指尖抠或挑下来：欸箇壁上一张画是～嘿渠去。e$_{21}$kai$^{53}_{44}$piak$^{3}$xɔŋ$^{53}_{44}$iet$^{3}$tʂɔŋ$^{35}$fa$^{53}$ʂɿ$^{53}_{44}$met$^{3}$xek$^{3}$ci$^{13}_{21}$çi$^{53}$.｜我等～倒（蜡）去搞哇。ŋai$^{13}_{21}$tien$^{0}$miet$^{3}$tau$^{21}$çi$^{53}$kau$^{21}$ua$^{0}$. ②掰：麻溜就分箇只箇一蒲嘞，就～开来。ma$^{13}$liəu$^{35}_{44}$tsʰiəu$^{53}$pən$^{35}$kai$^{53}_{44}$tʂak$^{3}$kai$^{53}$iet$^{3}$pʰu$^{13}$lei$^{0}$,tsʰiəu$^{53}_{44}$miet$^{3}$kʰɔi$^{35}$lɔi$^{13}_{21}$. ③用手剥去外壳或表皮：～花生 met$^{3}$fa$^{35}$sen$^{35}$｜分箇壳～嘿去。pən$^{35}$kai$^{53}$kʰɔk$^{3}$met$^{3}$(x)ek$^{3}$çi$^{53}$.

【篾笪子】miet$^{5}$tait$^{3}$tsɿ$^{0}$ [名]一种用粗竹篾编成的像席的东西，可用于晾晒粮食等东西：中间就用么个，用织倒个～啊，隔开来呀。tʂəŋ$^{35}$kan$^{35}_{44}$tsʰiəu$^{53}_{44}$iəŋ$^{53}$mak$^{3}$ke$^{53}_{44}$,iəŋ$^{53}$tʂek$^{3}$tau$^{21}$ke$^{53}_{44}$miet$^{5}$tait$^{3}$tsɿ$^{0}$a$^{0}$,kak$^{3}$kʰɔi$^{13}_{44}$lɔi$^{13}_{21}$ia$^{0}$.｜筒车叶子是箇块～。tʰəŋ$^{13}$tʂʰa$^{35}$iait$^{5}$tsɿ$^{0}$ʂɿ$^{53}_{44}$kai$^{53}_{44}$kʰuai$^{53}_{44}$miet$^{5}$tait$^{3}$tsɿ$^{0}$.

【篾刀】miet$^{5}$tau$^{35}$ [名]一种用来劈竹片的厚背刀：～蛮利啦锋利啦。箇个打晒簟篾啊，一揿下去，不能够话唔系么个劈下去，揿下去就开。miet$^{5}$tau$^{35}_{44}$man$^{13}$li$^{53}$la$^{0}$fəŋ$^{35}$li$^{53}$la$^{0}$.kai$^{53}_{44}$ke$^{53}_{44}$ta$^{21}$sai$^{53}$tʰian$^{53}_{44}$miet$^{5}$a$^{0}$,iet$^{3}$tsʰən$^{21}$na$^{53}$çi$^{53}$,pət$^{3}$len$^{13}$ciau$^{53}$ua$^{53}$m̩$^{13}$pʰei$^{53}$mak$^{3}$e$^{0}$pʰiak$^{3}$(x)a$^{53}$çi$^{53}$,tsʰən$^{21}$na$^{53}$çi$^{53}$tsiəu$^{53}_{44}$kʰɔi$^{35}$.

【篾骨】miet$^{5}$kuət$^{3}$ [名]竹子的最内层：然后以下剩倒箇起不能够破了，箇个就安做～。/搞成柴烧嘞。如今舞倒来做纸吧？系呀？以滴～做得纸么？/做得哦。ien$^{13}_{21}$xəu$^{53}_{44}$i$^{21}$(x)a$^{53}_{35}$sən$^{53}$tau$^{21}$kai$^{53}$çi$^{21}$pət$^{3}$len$^{13}$ciau$^{53}_{44}$pʰo$^{53}$liau$^{0}$,kai$^{53}_{44}$ke$^{53}_{44}$tsʰiəu$^{53}_{44}$ɔn$^{35}_{44}$tso$^{53}_{44}$miet$^{5}$kuət$^{3}$./kau$^{21}$tsʰən$^{13}_{21}$tsʰai$^{13}_{21}$ʂau$^{35}_{44}$le$^{0}$.i$^{13}_{21}$cin$^{35}_{44}$u$^{21}$tau$^{21}$lɔi$^{13}$tso$^{53}$tʂɿ$^{21}$pa$^{0}$?xei$^{53}_{44}$ia$^{0}$?i$^{21}$tiet$^{5}_{3}$miet$^{5}$kuət$^{3}$tso$^{53}_{44}$tek$^{3}$tʂɿ$^{21}$mo$^{0}$?/tso$^{53}$tek$^{3}$o$^{0}$.

【篾匠】miet$^{5}$siɔŋ$^{53}$ [名]用竹篾制造器物的手工业者：～个刀也蛮多把嘞。miet$^{5}_{3}$siɔŋ$^{53}_{44}$ke$^{53}_{44}$tau$^{35}$ia$^{35}_{44}$man$^{13}_{21}$to$^{35}_{53}$pa$^{21}$le$^{0}$.

【篾匠师傅】miet$^{5}$siɔŋ$^{53}$sɿ$^{35}_{44}$fu$^{53}$ 对篾匠的尊称：～来用嘞渠就篾丝啦。miet$^{5}$siɔŋ$^{53}$sɿ$^{35}_{44}$fu$^{53}_{44}$lɔi$^{13}$iəŋ$^{53}$lei$^{0}$ci$^{13}_{21}$tsʰiəu$^{53}_{44}$miet$^{5}$sɿ$^{35}$la$^{0}$.

M

【篾笼】miet$^{5}$ləŋ$^{13}_{44}$ 名 竹篾编的笼：咁大一只～啊。kan$^{21}$tʰai$^{53}$iet$^{3}$tʂak$^{3}$miet$^{5}$ləŋ$^{13}_{44}$a$^{0}$.

【篾片】miet$^{5}$pʰien$^{21}$ 名 用竹子茎剖分的薄层。多称“篾箦”：以映子嘞搞块～，钉稳，钉稳以只东西，包倒以只木。i$^{21}$iaŋ$^{53}_{44}$tsɿ$^{0}$ lei$^{0}$ kau$^{21}$kʰuai$^{53}_{44}$miet$^{5}$ pʰien$^{53}_{44}$,taŋ$^{35}$uən$^{21}$,taŋ$^{35}$uən$^{21}$i$^{21}$tʂak$^{3}$ (t)əŋ$^{35}_{44}$ si$^{0}$,pau$^{21}$tau$^{21}$i$^{21}$tʂak$^{3}$muk$^{3}$.

【篾锹】miet$^{5}$tsʰiau$^{35}$ 名 用于补簟子的工具：篾匠用箇是箇个补簟个东西安做么个？/欸，～。补簟呐。/补晒簟呐。/同箇么个，同箇个细条绷子样的。miet$^{3}$siɔŋ$^{53}$iəŋ$^{53}$kai$^{53}_{44}$ʂɿ$^{53}_{44}$kai$^{53}_{44}$ke$^{53}_{44}$pu$^{21}$ tʰian$^{53}$ke$^{53}_{44}$təŋ$^{35}_{44}$si$^{0}$ ɔn$^{35}_{44}$tso$^{53}_{44}$mak$^{3}$ke$^{53}_{0}$?/e$_{21}$,miet$^{5}$ tsʰiau$^{35}$.pu$^{21}$tʰian$^{53}$na$^{0}$./pu$^{21}$sai$^{53}$tʰian$^{53}_{21}$na$^{0}$./tʰəŋ$^{13}$kai$^{53}_{44}$mak$^{3}$ e$^{0}$,tʰəŋ$^{13}$kai$^{53}_{44}$ke$^{53}_{44}$sei$^{53}$tʰiau$^{13}$paŋ$^{35}$tsɿ$^{0}$ iɔŋ$^{53}_{44}$tet$^{3}$.

【篾箦】miet$^{5}$sak$^{3}$ 名 竹片或薄篾片。也称“篾箦子”：鱼篓子，蛮多是用……以前是蛮多用～织个。ŋ̍$^{13}$lei$^{21}$tsɿ$^{0}$,man$^{13}$to$^{35}_{44}$ʂɿ$^{53}_{44}$iəŋ$^{53}_{44}$…i$^{35}$tsʰien$^{13}$ʂɿ$^{53}_{44}$man$^{13}$to$^{35}_{44}$iəŋ$^{53}_{44}$miet$^{5}$sak$^{3}$tʂek$^{3}$cie$^{53}$.｜（摇篮）用～子做个。边上个～子嘞嵌滴子么个“易长成人”呐，写滴子咁好话子箇只，欸。iəŋ$^{53}_{44}$miet$^{5}$sak$^{3}$ tsɿ$^{0}$ tso$^{53}_{44}$ke$^{53}_{44}$.pien$^{35}$xɔŋ$^{53}_{44}$ke$^{53}_{44}$miet$^{5}$ sak$^{3}$ tsɿ$^{0}$ lei$^{0}$ xan$^{53}$tiet$^{5}_{3}$tsɿ$^{0}$ mak$^{3}$ ke$^{53}_{44}$"i$^{53}$tʂɔŋ$^{21}$tʂʰən$^{13}$ɲin$^{13}$"na$^{0}$,sia$^{21}$tet$^{5}$ tsɿ$^{0}$ kan$^{21}_{44}$xau$^{21}$fa$^{53}$tsɿ$^{0}$ kai$^{53}_{21}$tʂak$^{3}$,e$_{21}$.

【篾屎】miet$^{5}$ʂɿ$^{21}$ 名 篾屑，可用来造纸：～呢，竹屎做纸嘞嘞。miet$^{5}$ʂɿ$^{21}$nei$^{0}$,tʂəuk$^{3}$ʂɿ$^{21}$tso$^{53}$tʂɿ$^{21}$le$^{0}$ le$^{0}$.

【篾丝】miet$^{5}$sɿ$^{35}$ 名 竹篾劈成的细丝。也称“篾丝子”：从前个饭撮，真正个饭撮，渠个～系咁个方向织个。～啊系咁个直个方向织个。tsʰəŋ$^{13}$tsʰien$^{13}$ke$^{53}_{44}$fan$^{53}$tsʰait$^{3}$,tʂən$^{35}$tʂən$^{53}_{44}$ke$^{53}_{44}$fan$^{53}$ tsʰait$^{3}$,ci$^{13}$ke$^{53}_{44}$miet$^{5}$ sɿ$^{35}_{44}$xei$^{53}_{44}$kan$^{21}_{13}$cie$^{53}_{44}$fɔŋ$^{35}$çiɔŋ$^{53}_{44}$tʂek$^{3}$ cie$^{53}_{44}$.miet$^{5}$ sɿ$^{35}_{44}$a$^{0}$ xei$^{53}_{44}$kan$^{21}_{13}$cie$^{53}_{44}$tʂʰət$^{5}$ cie$^{53}_{44}$fɔŋ$^{35}_{44}$çiɔŋ$^{53}$ tʂek$^{3}$cie$^{53}_{44}$.｜（饭络子）我等用过。～子织个。ŋai$^{13}_{21}$tien$^{0}$ iəŋ$^{53}$ko$^{53}_{44}$.miet$^{5}$ sɿ$^{35}_{44}$tsɿ$^{0}$ tʂek$^{3}$ ke$^{53}_{44}$.

【篾丝篓】miet$^{5}$sɿ$^{35}$lei$^{21}$ 名 用篾丝编成的篓子：篓就有几起啦。有～，就有番薯篓。lei$^{21}$tsʰiəu$^{53}_{44}$ iəu$^{35}_{44}$ci$^{21}$çi$^{21}$la$^{0}$.iəu$^{35}$miet$^{5}$ sɿ$^{35}$lei$^{21}$,tsʰiəu$^{53}_{44}$iəu$^{35}$fan$^{35}$ʂəu$^{13}_{21}$lei$^{21}$.

【篾丝箩】miet$^{5}$sɿ$^{35}$lo$^{13}$ 名 用篾丝编成的箩筐：我记得箇阵子搞集体箇时候子嘞～就十斤一担，皮箩就八斤子一担。ŋai$^{13}$ci$^{53}$tek$^{3}$ kai$^{53}_{44}$tʂʰən$^{53}_{44}$tsɿ$^{0}$ kau$^{21}$tsʰiet$^{5}$ tʰi$^{21}$kai$^{53}_{44}$ʂɿ$^{13}$xei$^{53}_{44}$tsɿ$^{0}$ lei$^{0}$ miet$^{5}$ sɿ$^{35}$lo$^{13}$tsiəu$^{53}_{44}$ ʂət$^{5}$cin$^{35}$iet$^{3}$tan$^{35}$,pʰi$^{13}$lo$^{13}$tsʰiəu$^{53}$pait$^{3}$cin$^{35}$tsɿ$^{0}$ iet$^{3}$tan$^{35}$.

【篾套笼】miet$^{5}$tʰau$^{53}$ləŋ$^{13}$ 名 用竹篾编成的挑箱：讲起皮箩皮篓子嘞，以前老班子手里还有项东西呢，安做～。也系咁个篾……扁篾做个。扁篾做个啊。同箇套笼样，懑大。又有只盖。用欸用箇个桐油去油。欸，哦，以前皮篓子也有人用桐油去油。欸，欸，舞倒豆浆，舞倒箇豆子啊磨……浸胀来磨倒个豆浆，磨得浓……氿氿子，刷一到，用豆浆刷一到，然后又用桐油油一到。箇就唔知几板扎，就更扎实。以前箇～也系咁子个。还系细细子读书个时候子，荷担～去学堂里读书，放行头。欸，也有只盖，像箇个皮篓子样，天盖地。kɔŋ$^{21}$çi$^{21}$pʰi$^{13}$lo$^{13}$ pʰi$^{13}$lei$^{21}$tsɿ$^{0}$ lei$^{0}$,i$^{35}_{44}$tsʰien$^{13}_{21}$lau$^{21}$pan$^{35}_{44}$tsɿ$^{0}$ ʂəu$^{21}$li$^{0}$ xai$^{13}$iəu$^{35}_{44}$xɔŋ$^{53}$təŋ$^{35}_{44}$si$^{0}$ nei$^{0}$,ɔn$^{35}_{44}$tso$^{53}_{44}$miet$^{5}$ tʰau$^{53}$ləŋ$^{13}$.ia$^{35}$xe$^{53}$ kan$^{21}_{44}$ke$^{53}_{44}$miet$^{5}$…pien$^{21}$miet$^{5}$tso$^{53}$ke$^{53}_{44}$.pien$^{21}$miet$^{5}$tso$^{53}$ke$^{53}_{44}$a$^{0}$ .tʰəŋ$^{13}_{21}$kai$^{53}_{44}$tʰau$^{53}$ləŋ$^{13}_{21}$iɔŋ$^{53}_{44}$,mən$^{35}$tʰai$^{53}_{44}$.iəu$^{35}_{44}$iəu$^{35}$ tʂak$^{3}$kɔi$^{53}$.iəŋ$^{53}$e$_{21}$iəŋ$^{53}$kai$^{53}_{44}$ke$^{53}_{44}$tʰəŋ$^{13}$iəu$^{13}$çi$^{53}$iəu$^{13}$.e$_{44}$,o$_{21}$,i$^{35}_{44}$tsʰien$^{13}_{21}$pʰi$^{13}$lei$^{21}$tsɿ$^{0}$ a$^{35}_{44}$iəu$^{35}_{44}$ɲin$^{13}_{21}$iəŋ$^{53}_{44}$tʰəŋ$^{13}$iəu$^{13}$çi$^{53}_{44}$ iəu$^{13}$.e$_{21}$,e$_{44}$,u$^{21}$tau$^{21}$tʰei$^{53}$tsiɔŋ$^{35}$,u$^{21}$tau$^{21}$kai$^{53}_{44}$tʰei$^{53}$tsɿ$^{0}$ a$^{0}$ mo$^{53}$…tsin$^{53}$tʂɔŋ$^{53}$lɔi$^{13}$mo$^{53}$tau$^{21}$ke$^{53}$tʰei$^{53}$tsiɔŋ$^{35}$,mo$^{53}$ tek$^{3}$ləŋ$^{13}$…lei$^{13}$lei$^{13}$tsɿ$^{0}$ ,sɔit$^{3}$ iet$^{3}$ tau$^{53}_{44}$,iəŋ$^{53}_{44}$tʰei$^{53}$tsiɔŋ$^{35}$sɔit$^{3}$ iet$^{3}$ tau$^{53}$,vien$^{13}$xei$^{53}_{44}$iəu$^{53}$iəŋ$^{53}$tʰəŋ$^{13}$iəu$^{13}$iəu$^{13}$iet$^{3}$ tau$^{53}$.kai$^{53}_{44}$tsʰiəu$^{53}_{44}$n̩$^{13}_{21}$ti$^{35}_{44}$ci$^{21}$pan$^{21}$tsait$^{3}$ ,tsiəu$^{53}_{44}$cien$^{53}_{44}$tsait$^{3}$ ʂət$^{5}$ .i$^{35}$tsʰien$^{13}_{44}$kai$^{53}_{44}$miet$^{5}$ tʰau$^{53}_{44}$ləŋ$^{13}$ia$^{35}$xe$^{53}_{44}$kan$^{21}$tsɿ$^{0}$ ke$^{53}_{44}$.xai$^{13}$xe$^{53}_{44}$se$^{53}$se$^{53}$tsɿ$^{0}$ tʰəuk$^{5}$ ʂəu$^{35}$ke$^{53}_{44}$ʂɿ$^{13}$xei$^{53}_{44}$tsɿ$^{0}$ ,kʰai$^{35}$tan$^{35}$miet$^{5}$ tʰau$^{53}$ləŋ$^{13}$çi$^{53}_{44}$xɔk$^{5}$ tʰɔŋ$^{13}_{21}$li$^{0}$ tʰəuk$^{5}$ ʂəu$^{35}$,fɔŋ$^{53}$çin$^{13}$tʰei$^{0}$ .e$_{21}$,ia$^{35}$iəu$^{35}_{44}$tʂak$^{3}$ kɔi$^{53}$,siɔŋ$^{53}$kai$^{53}$ke$^{53}$pʰi$^{13}$lei$^{21}$tsɿ$^{0}$ iɔŋ$^{53}$,tʰien$^{35}$kɔi$^{53}_{44}$tʰi$^{53}$.

【篾席】miet$^{5}$tsʰiak$^{5}$ 名 竹篾编的席子：睡～咯我睡哩一夜个～，以映就抽筋。ʂɔi$^{53}$miet$^{5}$ tsʰiak$^{5}$ ko$^{0}$ ŋai$^{13}$ʂɔi$^{53}$li$^{0}$ iet$^{3}$ ia$^{53}$ke$^{53}_{44}$miet$^{5}$ tsʰiak$^{5}$ ,i$^{21}$iaŋ$^{53}_{44}$tsʰiəu$^{53}$tʂʰəu$^{35}$cin$^{35}$.

【篾箱子】miet$^{5}$siɔŋ$^{35}$tsɿ$^{0}$ 名 用竹篾编成的箱形器物：就系舞倒箇草纸啊，装下箇个～肚里啊，就箇只箱子就安做笼啊。tsʰiəu$^{53}_{44}$xe$^{53}_{44}$u$^{21}$tau$^{21}$kai$^{53}_{44}$tsʰau$^{21}$tʂɿ$^{21}$ʐa$^{0}$ ,tʂɔŋ$^{35}$a$^{0}$ kai$^{53}_{44}$ke$^{53}_{44}$miet$^{5}$ siɔŋ$^{35}$tsɿ$^{0}$ təu$^{21}$li$^{0}$ a$^{0}$ .

【篾子】miet$^{5}$tsɿ$^{0}$ 名 篾条：～走只眼过来。miet$^{5}$tsɿ$^{0}$ tsei$^{21}$tʂak$^{3}$ ŋan$^{21}_{44}$ko$^{53}_{44}$lɔi$^{13}_{44}$.｜（篾骨）就～个骨头了。tsiəu$^{53}_{44}$miet$^{5}$ tsɿ$^{0}$ ke$^{53}_{44}$kuət$^{3}$ tʰei$^{13}$liau$^{0}$ .

【缗钱】min$^{13}$tsʰien$^{13}$ 名 指铜钱：根据箇～个样子来看（吉凶）。就是那箇孔方兄啊。cien$^{35}$tʂʅ$^{53}$ kai$^{53}_{44}$min$^{13}$tsʰien$^{13}$ke$^{53}_{44}$iɔŋ$^{53}$tsɿ$^{0}$ lɔi$^{13}_{21}$kʰɔn$^{53}$.tsʰiəu$^{53}$ʂɿ$^{53}_{44}$lai$^{53}_{44}$kai$^{53}_{44}$kʰəŋ$^{21}$faŋ$^{35}_{44}$çiɔŋ$^{35}_{44}$ŋa$^{0}$ .

【抿子】min$^{21}$tsɿ$^{0}$ 名 铁制的抹灰工具，桃形或近似三角形：～个作用，搞么个用渠嘞？～。min$^{21}$tsɿ$^{0}$ ke$^{53}$tsɔk$^{3}$ iəŋ$^{53}_{44}$,kau$^{21}$mak$^{3}$ ke$^{53}_{44}$iəŋ$^{53}_{44}$ci$^{13}_{44}$le$^{0}$ ?min$^{21}$tsɿ$^{0}$ .

M

【呡】min$^{21}$ 动 小尝；略微喝一点：～一口子就食滴子嘞，系唔系？min$^{21}$iet$^{3}$ xei$^{21}$tsɿ$^{0}$ tsʰiəu$^{53}_{44}$ʂət$^{5}_{3}$ tiet$^{5}$ tsɿ$^{0}$ le$^{0}$,xei$^{53}$me$^{53}$?

【名】miaŋ$^{13}$ 名 ①指事物的名称：去安做么个～东西吧？就安做圆镜子。çi$^{53}_{21}$ɔn$^{35}_{44}$tso$^{53}_{44}$mak$^{3}$(k)e$^{53}_{44}$ miaŋ$^{13}_{21}$təŋ$^{35}_{44}$si$^{0}$ pa$^{0}$?tsʰiəu$^{53}_{44}$ɔn$^{35}_{44}$tso$^{53}_{44}$ien$^{13}$ ciaŋ$^{53}$tsɿ$^{0}$. ②指人名：唔晓得系么人写个。也有～，有～有姓。n̩$^{13}$çiau$^{21}$tek$^{3}$ xei$^{53}$mak$^{3}$ɲin$^{13}_{44}$sia$^{21}$ke$^{53}$.ia$^{35}$mau$^{13}_{21}$miaŋ$^{13}$,mau$^{13}$miaŋ$^{13}_{21}$mau$^{13}$siaŋ$^{53}$.

【名堂】min$^{13}$tʰɔŋ$^{13}_{44}$ 名 ①花样；相关的事物：篾匠蛮多～这里指篾匠的工具之类个。miet$^{5}$ siɔŋ$^{53}$man$^{13}_{21}$to$^{35}_{44}$ min$^{13}$tʰɔŋ$^{13}_{44}$ke$^{53}_{44}$.｜箇厅下就蛮多～嘞，厅下就嘞。kai$^{53}_{21}$tʰaŋ$^{35}$xa$^{53}_{44}$tsʰiəu$^{53}_{44}$man$^{13}_{21}$to$^{35}_{44}$min$^{13}_{21}$tʰɔŋ$^{13}_{21}$le$^{0}$,tʰaŋ$^{35}$ xa$^{53}_{44}$tsʰiəu$^{53}_{44}$le$^{0}$. ②事物的品类、名称：（垛栗）也是一只～啊。ia$^{35}$sɿ$^{53}$iet$^{3}$ tʂak$^{3}$ min$^{13}$tʰɔŋ$^{13}_{21}$ŋa$^{0}$. ③不正当的手段：尽搞～。tsʰin$^{53}$kau$^{21}$min$^{13}$tʰɔŋ$^{13}$.

【名下】miaŋ$^{13}_{21}$xa$^{53}$ 名 某人名义之下，指属于某人或与某人有关：箇只老子～有百多两百人了。kai$^{53}$tʂak$^{3}$ lau$^{21}$tsɿ$^{0}$ miaŋ$^{13}_{21}$xa$^{53}$iəu$^{35}_{44}$pak$^{3}$ to$^{35}_{44}$iɔŋ$^{21}$pak$^{3}$ɲin$^{13}_{21}$liau$^{0}$.

【名义】min$^{13}$ɲi$^{53}$ 名 做某事时用来作为依据的名称或称号：用我个～同我爷子树碑。iəŋ$^{53}$ŋai$^{13}$ ke$^{53}$min$^{13}$ɲi$^{53}$tʰəŋ$^{13}$ŋai$^{13}_{21}$ia$^{13}$tsɿ$^{0}$ ʂəu$^{53}$pei$^{35}$.

【名字】miaŋ$^{13}$sɿ$^{53}$/tsʰɿ$^{53}$/tsɿ$^{53}$ ①人的称号：大外甥女，细外甥女，一般都只系～啊，欸，喊哩～。tʰai$^{53}$ŋɔi$^{53}_{44}$saŋ$^{35}$ŋ̍$^{21}$,se$^{53}$ŋɔi$^{53}$saŋ$^{35}$ŋ̍$^{21}$,iet$^{3}$ pɔn$^{35}$təu$^{35}_{44}$tʂʅ$^{21}$xei$^{53}$miaŋ$^{13}$sɿ$^{53}$a$^{0}$,e$_{21}$,xan$^{53}$li$^{0}$ miaŋ$^{13}$sɿ$^{53}$. ②事物的名称：（娃娃鱼）以前唔知安做么啊～。i$^{35}_{53}$tsʰien$^{13}$n̩$^{13}_{21}$ti$^{35}_{53}$ɔn$^{35}_{44}$tso$^{53}_{44}$mak$^{3}$ a$^{0}$ miaŋ$^{13}$tsɿ$^{53}$.｜箇上背还有美孚石油公司个～嘞。kai$^{53}_{44}$ʂɔŋ$^{53}$pɔi$^{53}$xai$^{13}_{21}$iəu$^{35}_{44}$mei$^{35}$fu$^{13}$ʂak$^{5}$ iəu$^{13}$kəŋ$^{35}_{44}$sɿ$^{35}_{44}$ke$^{53}_{21}$miaŋ$^{13}$sɿ$^{53}$le$^{0}$.

【明晡】miaŋ$^{13}$pu$^{35}$ 名 明天：～昼边中午 miaŋ$^{13}_{21}$pu$^{35}_{44}$tʂəu$^{53}$pien$^{35}_{44}$｜以下是我是～爱出嫁了，欸，唔舍得你。i$^{21}$xa$^{53}$ʂʅ$^{53}_{44}$ŋai$^{13}_{21}$ʂʅ$^{53}_{44}$miaŋ$^{13}$pu$^{35}_{44}$ɔi$^{53}$tʂʰət$^{3}$ ka$^{53}$liau$^{0}$,e$_{21}$,n̩$^{13}$ʂa$^{21}$tek$^{3}$ɲi$^{13}_{44}$.

【明个】min$^{13}$ke$^{53}$ 副 清楚地；显而易见地：金环蛇就是红百节，箇就就系～举出来系红色个百节。cin$^{35}$fan$^{13}_{21}$ʂa$^{13}_{21}$tsʰiəu$^{53}_{44}$ʂʅ$^{53}_{44}$fəŋ$^{13}$pak$^{3}$ tsiet$^{3}$,kai$^{53}_{44}$tsʰiəu$^{53}_{44}$tsʰiəu$^{53}_{44}$xe$^{53}_{44}$min$^{13}$ke$^{53}_{44}$tʂʅ$^{21}$tʂʰət$^{3}$ lɔi$^{13}$xei$^{53}$fəŋ$^{13}$sek$^{3}$ ke$^{53}$pak$^{3}$ tsiet$^{3}$.

【明柜】min$^{13}$kʰuei$^{53}$ 名 门向上方开启的大柜子，多用来装谷、米：柜子顶高开门，安做～嘞，柜子安做～。kʰuei$^{53}$tsɿ$^{0}$ taŋ$^{21}$kau$^{35}_{44}$kʰɔi$^{35}_{44}$mən$^{13}_{21}$,ɔn$^{35}$tso$^{53}_{44}$min$^{13}$kʰuei$^{53}$le$^{0}$,kʰuei$^{53}_{44}$tsɿ$^{0}$ ɔn$^{35}$tso$^{53}_{44}$min$^{13}$kʰuei$^{53}$.

【明火】min$^{13}$fo$^{21}$ 名 可见火焰的火：底下就烧～。tei$^{21}$xa$^{53}$tsʰiəu$^{53}$ʂau$^{35}_{44}$min$^{13}$fo$^{21}$.｜渠指杉壳就冇得～出来，就鲜红鲜红，暗倒箇肚里。ci$^{13}$tsʰiəu$^{53}$mau$^{13}$tek$^{3}$ min$^{13}$fo$^{21}$tʂʰət$^{3}$ lɔi$^{13}_{44}$,tsʰiəu$^{53}_{44}$çien$^{35}$fəŋ$^{13}_{21}$çien$^{35}_{44}$ fəŋ$^{13}$,an$^{53}$tau$^{21}$kai$^{53}_{44}$təu$^{21}$li$^{0}$.

【明脚】min$^{13}$ciɔk$^{3}$ 名 房屋的基脚（地面以上的）：地板以上，打比也看得倒个，也系地板以上，系啊？以映子，从前是砌砖，系啊？砌土砖，或者筑土墙。但是地……底下一线子□□怕水。底下就用三沙，以只脚，以映也安做只脚，安做～。就如今个地脚梁啊。要倒地脚梁个栏场安做～。也就系如今讲个正负零以上啊。～就去草脚个上背，欸。～是一定个，只有一板或者两板。两板子墙，或者一尺子高，或者两尺高。tʰi$^{53}$pan$^{21}$i$^{35}$ʂɔŋ$^{35}$,ta$^{21}$pi$^{21}$ie$^{21}_{13}$kʰɔn$^{53}$tek$^{3}$ tau$^{21}$ke$^{53}$,ie$^{21}$xe$^{53}_{44}$tʰi$^{53}$pan$^{21}$i$^{35}_{44}$ʂɔŋ$^{35}$,xei$^{53}_{44}$a$^{0}$?i$^{21}$iaŋ$^{53}$tsɿ$^{0}$,tsʰəŋ$^{13}$tsʰien$^{13}_{21}$ʂʅ$^{53}_{44}$tsʰi$^{53}$tʂɔn$^{35}$,xei$^{53}_{44}$a$^{0}$?tsʰi$^{53}$tʰəu$^{21}$ tʂɔn$^{35}$,xɔit$^{5}$ tʂa$^{21}$tʂəuk$^{3}$ tʰəu$^{21}$tsʰiɔŋ$^{13}$.tan$^{53}_{21}$ʂʅ$^{53}_{21}$tʰi$^{53}$…tei$^{21}$xa$^{53}$iet$^{3}$ sien$^{53}$tsɿ$^{0}$ lən$_{44}$u$_{21}$pʰa$^{53}$ʂei$^{21}$.tei$^{21}$xa$^{53}$tsʰiəu$^{53}$iəŋ$^{53}$ san$^{35}$sa$^{35}$,i$^{21}$tʂak$^{3}$ ciɔk$^{3}_{5}$,i$^{21}$iaŋ$^{53}_{35}$ia$^{35}$ɔn$^{35}_{44}$tso$^{53}_{21}$tʂak$^{3}$ ciɔk$^{3}$,ɔn$^{35}_{44}$tso$^{53}_{21}$min$^{13}$ciɔk$^{3}$.tsʰiəu$^{53}$i$^{13}_{21}$cin$^{35}_{44}$kei$^{53}$tʰi$^{53}$ciɔk$^{3}$ liɔŋ$^{13}$ ŋa$^{0}$.iau$^{53}_{44}$tau$^{53}$tʰi$^{53}$ciɔk$^{3}$ liɔŋ$^{13}$ke$^{53}$lan$^{13}_{21}$tʂʰɔŋ$^{13}_{44}$ɔn$^{35}_{44}$tso$^{53}_{21}$min$^{13}$ciɔk$^{3}$.ia$^{35}$tsʰiəu$^{53}$xei$^{53}_{44}$i$^{13}_{21}$cin$^{35}_{44}$kɔŋ$^{21}$ke$^{53}_{44}$tʂən$^{53}$fu$^{53}$lin$^{13}$ i$^{35}$ʂɔŋ$^{53}$ŋa$^{0}$.min$^{13}$ciɔk$^{3}$ tsʰiəu$^{53}$çi$^{53}$tsʰau$^{21}$ciɔk$^{3}$ ke$^{53}_{44}$ʂɔŋ$^{53}$pɔi$^{53}_{44}$,e$_{21}$.min$^{13}$ciɔk$^{3}$ ʂʅ$^{53}_{44}$iet$^{3}$ tʰin$^{53}$cie$^{53}$,tʂʅ$^{21}$iəu$^{35}_{53}$iet$^{3}$ pan$^{21}$ xɔit$^{5}$ tʂa$^{21}$iɔŋ$^{21}$pan$^{21}$.iɔŋ$^{21}$pan$^{21}$tsɿ$^{0}$ tsʰiɔŋ$^{13}_{44}$,xɔit$^{5}$ tʂa$^{21}$iet$^{3}$ tʂʰak$^{3}$ tsɿ$^{0}$ kau$^{35}_{44}$,xɔit$^{5}$ tʂa$^{21}$iɔŋ$^{21}$tʂʰak$^{3}$ kau$^{35}_{44}$.

【明年】miaŋ$^{13}$ɲien$^{13}$ 名 时间词。今年的下一年：～是我也争取开辆车开下浏阳去。我箇辆车争取爱开得到浏阳去。miaŋ$^{13}$ɲien$^{13}_{21}$ʂʅ$^{53}_{44}$ŋai$^{13}$a$^{35}_{44}$tsen$^{35}$tsʰi$^{21}$kʰɔi$^{35}_{44}$liɔŋ$^{21}$tʂʰa$^{35}_{44}$kʰɔi$^{35}_{44}$(x)a$^{35}_{44}$liəu$^{13}$iɔŋ$^{13}_{21}$çi$^{53}$.ŋai$^{13}$ kai$^{53}$liɔŋ$^{21}$tʂʰa$^{35}_{44}$tsen$^{35}_{44}$tsʰi$^{21}$ɔi$^{53}_{44}$kʰɔi$^{35}_{44}$tek$^{3}$ tau$^{53}_{44}$liəu$^{13}$iɔŋ$^{13}_{21}$çi$^{53}$.

【明笋】min$^{13}$sən$^{21}$ 名 一种笋干。将整只的笋煮熟，压干水分后晒干而成：～就系箇笋炆熟哩以后，/完只完只去晒个。一榨。/榨哩以后，榨水再去晒。最后呀一筒一只箇筒筒样哦，系唔系啊？/唔系筒筒噢，成哩片个哦。/完只完只片片子，系。/最后搞成嘞就两边都系皮。/压得唔知几片呶。要分水压啊去啊正晒得干呐。min$^{13}$sən$^{21}$tsʰiəu$^{53}_{44}$xe$^{53}_{44}$kai$^{53}_{44}$sən$^{21}$uən$^{13}$ʂəuk$^{5}$ li$^{0}$ i$^{35}$ xei$^{53}_{44}$,/uən$^{13}$tʂak$^{3}$ uən$^{13}$tʂak$^{3}$ çi$^{53}$sai$^{53}$ke$^{53}$.iet$^{3}$ tsa$^{53}$./tsa$^{53}$li$^{0}$ i$^{35}$xei$^{53}_{44}$,tsa$^{53}$ʂei$^{21}$tsai$^{53}_{44}$çi$^{53}_{44}$sai$^{53}$.tsei$^{53}$xei$^{53}$ia$^{0}$ iet$^{3}$ tʰəŋ$^{13}$ iet$^{3}$ tʂak$^{3}$ kai$^{53}$tʰəŋ$^{13}$tʰəŋ$^{13}_{21}$iɔŋ$^{53}$ŋo$^{0}$,xei$^{53}$me$^{53}_{44}$a$^{0}$?/m̩$^{13}_{21}$pʰe$^{53}$(←xe$^{53}$)tʰəŋ$^{13}$tʰəŋ$^{13}_{21}$ŋau$^{0}$,ʂaŋ$^{13}_{44}$li$^{0}$ pien$^{21}$ke$^{53}$o$^{0}$./uən$^{13}$ tʂak$^{3}$ uən$^{13}$tʂak$^{3}$ pien$^{21}$pien$^{21}$tsɿ$^{0}$,xe$^{53}_{21}$./tsei$^{53}_{21}$xei$^{53}$kau$^{21}$ʂaŋ$^{13}$le$^{0}$ tsʰiəu$^{53}_{44}$iɔŋ$^{21}$pien$^{35}$təu$^{35}_{44}$xei$^{53}$pʰi$^{13}$./iak$^{3}$ tek$^{3}$ n̩$^{13}_{21}$ti$^{35}_{53}$

ci$^{21}$pien$^{21}$nau$^{0}$.iau$^{53}_{35}$pən$^{35}_{44}$ʂei$^{21}$iak$^{3}$ a$^{0}$ çi$^{53}$a$^{0}$ tʂaŋ$^{53}_{44}$sai$^{53}$tek$^{3}$ kən$^{35}$na$^{0}$.

【明瓦】min$^{13}$ŋa$^{21}$ [名]玻璃瓦：如今我个灶下都盖哩～。i$^{13}_{21}$cin$^{35}_{53}$ŋai$^{13}_{21}$ke$^{53}_{44}$tsau$^{53}$xa$^{53}_{44}$təu$^{35}_{44}$kɔi$^{53}$li$^{0}$ min$^{13}$ŋa$^{21}$.

【鸣金】min$^{13}$cin$^{35}$ [动]敲锣：（行家奠礼）爱击鼓～放炮哇。ɔi$^{53}_{44}$ciet$^{3}$ ku$^{21}$min$^{13}_{21}$cin$^{35}_{44}$fɔŋ$^{53}$p$^{h}$au$^{53}$ua$^{0}$.

【冥旌】min$^{13}$tsin$^{35}$ [名]出殡时队伍前起引领作用的旗帜。又简称“旗”：有旗哟，以下是我等一般都用旗呢，搞面大旗呢。箇个死者个家属个旗，～呢。箇就舞几个人，安排几个人去搞滴。箇有得规定个么人。iəu$^{35}$c$^{h}$i$^{13}$iau$^{0}$ ,i$^{21}$xa$^{53}_{44}$ʂʅ$^{53}_{44}$ŋai$^{13}_{21}$tien$^{0}$ iet$^{3}$ pən$^{35}_{44}$təu$^{35}_{44}$iəŋ$^{53}$c$^{h}$i$^{13}$nei$^{0}$ ,kau$^{21}$mien$^{53}_{44}$t$^{h}$ai$^{53}$c$^{h}$i$^{13}_{21}$ nei$^{0}$ .kai$^{53}_{44}$ke$^{53}_{44}$si$^{21}$tʂa$^{21}$ke$^{53}_{44}$cia$^{35}$ʂəuk$^{3}$ ke$^{53}_{44}$c$^{h}$i$^{13}$,min$^{13}$tsin$^{35}_{44}$ne$^{0}$ .kai$^{53}_{44}$ts$^{h}$iəu$^{53}_{44}$u$^{21}$ci$^{21}$cie$^{53}$ȵin$^{13}_{21}$,ŋɔn$^{35}$p$^{h}$ai$^{13}_{21}$ci$^{21}$cie$^{53}$ ȵin$^{13}_{21}$c$^{h}$i$^{53}_{44}$kau$^{21}$tet$^{5}$ .kai$^{53}$mau$^{13}_{21}$tek$^{3}$ kuei$^{35}$t$^{h}$in$^{53}_{44}$ke$^{53}_{44}$mak$^{3}$ ȵin$^{13}_{21}$.

【冥器铺】min$^{13}$çi$^{53}$p$^{h}$u$^{53}$ [名]丧葬用品店：张家坊街上啊箇个～都有几只哦。箇边箇只是还两进呶，唔知几像啊。欸，如今个人呢也有钱了，也更看得箇个亡人起。tʂɔŋ$^{35}_{44}$ka$^{35}_{53}$fɔŋ$^{35}$kai$^{35}_{44}$xɔŋ$^{53}$a$^{0}$ kai$^{53}_{44}$ke$^{53}_{44}$min$^{13}$çi$^{53}_{44}$p$^{h}$u$^{53}$təu$^{35}_{44}$iəu$^{35}_{44}$ci$^{21}$tʂak$^{3}$ o$^{0}$ .kai$^{53}$pien$^{35}_{44}$kai$^{53}$tʂak$^{3}$ ʂʅ$^{53}_{44}$xai$^{13}_{44}$iɔŋ$^{21}$tsin$^{53}$nau$^{0}$ ,n̩$^{13}$ti$^{35}_{53}$ci$^{21}$ts$^{h}$iɔŋ$^{53}$ a$^{0}$ .e$_{21}$,i$^{13}_{21}$cin$^{35}_{53}$ke$^{53}$ȵin$^{13}$nei$^{0}$ ia$^{35}$iəu$^{35}$ts$^{h}$ien$^{13}$liau$^{0}$ ,ia$^{35}$cien$^{53}$k$^{h}$ɔn$^{53}$tek$^{3}$ kai$^{53}_{44}$ke$^{53}_{44}$mɔŋ$^{13}$ȵin$^{13}_{44}$c$^{h}$i$^{21}$.

【命】miaŋ$^{53}$ [名]①生命；性命：感谢渠救～之恩呐。kən$^{21}$ts$^{h}$ia$^{53}_{44}$ci$^{13}$ciəu$^{53}$miaŋ$^{53}$tʂʅ$^{35}_{44}$ȵien$^{35}$na$^{0}$ . ②寿命：箇起人就～唔长嘞，咁就话～唔长。kai$^{53}_{44}$çi$^{21}$ȵin$^{13}$ts$^{h}$iəu$^{53}_{44}$miaŋ$^{53}$m̩$^{13}_{21}$tʂ$^{h}$ɔŋ$^{13}$lei$^{0}$ ,kan$^{21}$ts$^{h}$iəu$^{53}$ua$^{53}$ miaŋ$^{53}$n̩$^{13}_{21}$tʂ$^{h}$ɔŋ$^{13}$. ⑶命运；指生死、贫富和一切遭遇（迷信的人认为是生来注定的）：黄豆子～苦，唔怕硬土。uɔŋ$^{13}$t$^{h}$ei$^{53}$tsʅ$^{0}$ miaŋ$^{53}$k$^{h}$u$^{21}$,m̩$^{13}$p$^{h}$a$^{53}$ŋaŋ$^{53}$t$^{h}$əu$^{21}$.指黄豆易于栽种，不必深播。

【摸$_{1}$】mo$^{35}$ [动]摸索：（箇婆婆子）～稳来做嘞，箇眼珠迷迷～下子坐正来做爆竹。mo$^{35}$uən$^{21}$ lɔi$^{13}$tso$^{53}$lei$^{0}$ ,kai$^{53}_{44}$ŋan$^{21}$tʂəu$^{35}_{44}$mei$^{13}$mei$^{13}$mo$^{35}_{21}$xa$^{53}_{44}$tsʅ$^{0}$ ts$^{h}$o$^{35}$tʂaŋ$^{53}_{21}$lɔi$^{13}$tso$^{53}_{44}$pau$^{53}$tʂəuk$^{3}$.

【摸$_{2}$】mo$^{35}$ [形]动作迟缓：手～啊。ʂəu$^{21}$mo$^{35}$a$^{0}$.

【摸篮】mo$^{35}$lan$^{13}_{21}$ [名]一种大簸箕：簸箕放下～肚箇里放得倒。pɔit$^{5}$ ci$^{35}_{44}$fɔŋ$^{53}$xa$^{53}_{44}$mo$^{35}$lan$^{13}_{21}$təu$^{21}$kai$^{53}_{21}$ li$^{0}$ fɔŋ$^{53}$tek$^{3}$ tau$^{21}$.

【摸摸岭子】mo$^{35}$mo$^{35}$liaŋ$^{35}$tsʅ$^{0}$ [名]低矮的小山：呃，我等以个栏场尽系滮大一嶂个岭，箇到哩长沙望城箇四路啦，有都系～了，欸，唔系是硬达平，有岭。ə$_{44}$,ŋai$^{13}$tien$^{0}$ i$^{21}$ke$^{53}$laŋ$^{13}_{21}$tʂ$^{h}$ɔŋ$^{13}_{44}$ ts$^{h}$in$^{53}$xei$^{53}$mən$^{53}$t$^{h}$ai$^{53}$iet$^{3}$ tʂɔŋ$^{53}_{44}$ke$^{53}_{44}$liaŋ$^{35}$,kai$^{53}_{44}$tau$^{53}$li$^{0}$ tʂ$^{h}$ɔŋ$^{13}$sa$^{35}_{44}$uɔŋ$^{53}$tʂ$^{h}$ən$^{13}$kai$^{53}_{44}$sʅ$^{53}$ləu$^{53}$la$^{0}$ ,iəu$^{35}$təu$^{35}_{44}$xei$^{53}$ mo$^{35}$mo$^{35}_{44}$liaŋ$^{35}_{44}$tsʅ$^{0}$ liau$^{0}$ ,e$_{21}$,m̩$^{13}_{21}$p$^{h}$ei$^{53}_{44}$ʂʅ$^{53}_{44}$ȵiaŋ$^{53}_{44}$t$^{h}$ait$^{5}$ p$^{h}$iaŋ$^{13}_{21}$,mau$^{13}_{21}$liaŋ$^{35}$.

【摸摸削削子】mo$^{35}$mo$^{35}$siɔk$^{3}$ siɔk$^{3}$ tsʅ$^{0}$ 形容操作不很专业：箇金店里我看渠一般子咁个呃～子维修下子箇兜渠也会搞。kai$^{53}_{44}$cin$^{35}$tian$^{53}$ni$^{0}$ ŋai$^{13}$k$^{h}$ɔn$^{53}$ci$^{13}_{44}$iet$^{3}$ pɔn$^{35}$tsʅ$^{0}$ kan$^{21}_{13}$ke$^{53}_{44}$ə$_{21}$mo$^{35}$mo$^{35}$siɔk$^{3}$ siɔk$^{3}$ tsʅ$^{0}$ uei$^{13}$siəu$^{35}_{44}$(x)a$^{35}$tsʅ$^{0}$ kai$^{53}_{44}$tei$^{35}_{44}$ci$^{13}_{21}$ia$^{35}$uɔi$^{53}$kau$^{21}$.

【摸西】mo$^{35}$si$^{35}$ [形]（做事）不麻利：做事莫咁～哟，急惜兜子。tso$^{53}$sʅ$^{53}$mɔk$^{5}$ kan$^{21}$mo$^{35}$si$^{35}_{44}$ io$^{0}$ ,ciak$^{3}$ siak$^{3}$ te$^{35}_{53}$tsʅ$^{0}$. | 我媄子做事就～呀，硬唔得了。ŋai$^{13}_{21}$ɔi$^{35}$tsʅ$^{0}$ tso$^{53}$sʅ$^{53}$ts$^{h}$iəu$^{53}$mo$^{35}$si$^{35}_{44}$ia$^{0}$ , ȵiaŋ$^{53}$ n̩$^{13}_{44}$tek$^{3}$ liau$^{21}$.

【摸子】ma$^{35}$tsʅ$^{0}$ [名]瞎子：瞎子嘞又安做～。xait$^{3}$ tsʅ$^{0}$ lei$^{0}$ iəu$^{53}_{44}$ɔn$^{35}_{44}$tso$^{53}_{44}$ma$^{35}$tsʅ$^{0}$.

【馍馍】mo$^{13}$mo$^{13}$ [名]馒头。又称“馒坨”：有滴人又喊～。iəu$^{35}$tet$^{5}$ȵin$^{13}_{21}$iəu$^{53}$xan$^{53}$mo$^{13}$mo$^{13}$.

【膜】mɔk$^{5}$ [名]牛肉中的零碎筋膜：就～～吧？～吧？我等就话箇卖牛肉个时候子你爱同我分箇个雪白个割嘿去啊。箇白个就安做～哩。我等是统称为～。ts$^{h}$iəu$^{53}_{44}$mɔk$^{5}$ mɔk$^{5}$ pa$^{0}$ ?mɔk$^{5}$ pa$^{0}$ ?ŋai$^{13}_{21}$tien$^{0}$ ts$^{h}$iəu$^{53}$ua$^{53}_{44}$kai$^{53}_{44}$mai$^{53}$ȵiəu$^{13}$ȵiəuk$^{3}$ ke$^{53}$ʂʅ$^{13}_{44}$xei$^{53}_{44}$tsʅ$^{0}$ ȵi$^{13}$ɔi$^{53}$t$^{h}$əŋ$^{13}_{21}$ŋai$^{13}_{21}$pəŋ$^{35}$（←pən$^{35}$）kai$^{53}_{44}$ke$^{53}_{44}$ siet$^{5}$ p$^{h}$ak$^{5}$ ke$^{53}_{44}$kɔit$^{3}$ (x)ek$^{3}$ çi$^{53}$a$^{0}$ .kai$^{53}_{44}$p$^{h}$ak$^{5}$ ke$^{53}_{44}$ts$^{h}$iəu$^{53}_{44}$ɔn$^{35}_{44}$tso$^{53}_{44}$mɔk$^{5}$ li$^{0}$ .ŋai$^{13}$tien$^{0}$ ʂʅ$^{53}_{44}$t$^{h}$əŋ$^{21}$tʂ$^{h}$ən$^{35}$uei$^{53}_{44}$mɔk$^{5}$.

【磨$_{1}$】mo$^{13}$ [动]①用磨料磨擦物体使光滑、锋利或达到其他目的：刨子爱～刨头了哇。p$^{h}$au$^{13}$ tsʅ$^{0}$ ɔi$^{53}$mo$^{13}$p$^{h}$au$^{13}$t$^{h}$e$^{13}_{44}$liau$^{0}$ ua$^{0}$. | 以前是还专门呃有兜人爱学啊，爱学～刀子啦，～剪刀哇～刀子啊。i$^{35}_{53}$ts$^{h}$ien$^{13}_{21}$ʂʅ$^{53}_{44}$xai$^{13}_{44}$tʂuen$^{35}$mən$^{13}_{21}$ə$_{21}$iəu$^{35}$tei$^{35}_{53}$ȵin$^{13}_{21}$ɔi$^{53}_{44}$xɔk$^{5}$ a$^{0}$ ,ɔi$^{53}_{44}$xɔk$^{5}$ mo$^{13}_{21}$tau$^{35}$tsʅ$^{0}$ la$^{0}$ ,mo$^{13}$tsien$^{21}$tau$^{35}_{44}$ua$^{0}$ mo$^{13}_{21}$tau$^{35}$tsʅ$^{0}$ a$^{0}$. ②刁难；折磨：特事子～我。t$^{h}$ek$^{5}$ sʅ$^{53}$tsʅ$^{0}$ mo$^{13}$ŋai$^{13}$.

【磨钵】mo$^{13}$pait$^{3}$ [名]一种陶器，内壁有意做得很不光滑，用来磨碎魔芋等：～，磨魔芋哇，磨魔芋用个钵头呀，唔系爱粗糙，系唔系啊？～，磨魔芋用个钵头。～样嘞就系讲箇只咁粗糙。就～咁粗糙。因为渠爱磨魔芋嘞，所以肚里就不能够光滑。不光滑个钵头。有一面不光滑个。肚里唔光滑。肚里故意做得蛮粗糙。mo$^{13}$pait$^{3}$ ,mo$^{13}$mo$^{13}$u$^{53}$ua$^{0}$ ,mo$^{13}$mo$^{13}$u$^{53}$iəŋ$^{53}_{44}$ke$^{53}_{44}$pait$^{3}$ t$^{h}$ei$^{13}$ ia$^{0}$ ,m̩$^{13}_{21}$p$^{h}$e$^{53}_{44}$ɔi$^{53}$ts$^{h}$ʅ$^{35}$ts$^{h}$au$^{53}$ ,xei$^{53}$mei$^{53}$a$^{0}$ ?mo$^{13}$pait$^{3}$ ,mo$^{13}$mo$^{13}$u$^{53}$iəŋ$^{53}_{44}$ke$^{53}_{44}$pait$^{3}$ t$^{h}$ei$^{13}$.mo$^{13}$pait$^{3}$ iɔŋ$^{53}$lei$^{0}$ ts$^{h}$iəu$^{53}$ xei$^{53}$kɔŋ$^{21}$kai$^{53}$tʂak$^{3}$ kan$^{21}$ts$^{h}$ʅ$^{35}$ts$^{h}$au$^{53}$.ts$^{h}$iəu$^{53}$mo$^{13}$pait$^{3}$ kan$^{21}$ts$^{h}$ʅ$^{35}$ts$^{h}$au$^{53}$.in$^{35}_{44}$uei$^{53}_{44}$ci$^{13}$ɔi$^{53}$mo$^{13}$mo$^{13}$u$^{53}$lei$^{0}$ ,so$^{21}$i$^{35}_{53}$ təu$^{21}$li$^{0}$ ts$^{h}$iəu$^{53}$pət$^{3}$ nen$^{13}$ciau$^{53}_{44}$kɔŋ$^{35}$uait$^{5}$ .pət$^{3}$ kɔŋ$^{35}$uait$^{5}$ ke$^{53}_{44}$pait$^{3}$ t$^{h}$ei$^{13}$.iəu$^{35}$iet$^{3}$ mien$^{53}$pət$^{3}$ kɔŋ$^{35}$uait$^{5}$ ke$^{0}$ .təu$^{21}$

li0 n13/4 kɔŋ35 uait5 .tǝu21 li0 ku53 i13/44 tso53 tek3 man13/21 tsʰɿ35 tsʰau53.

【磨墨】mo13 mek5 动研墨成汁：如今有么人～了，买一瓶墨汁。i13/21 cin35/53 mau13 mak3 in13/44 mo13 mek5 liau0 ,mai35 iet3 pʰin13 mek5 tʂǝt3.

【魔芋】mo13 u53 名一种多年生草本植物，其块状球茎制成的淀粉可做成豆腐状食品：如今欸～箇只东西还系食哩还好嘞。箇个～冇得箇个冇得化肥呀，冇得农药啊，唔爱化肥农药啊。箇东西食哩好哇，又简单呐。以下作为箇个哦，凤溪箇映子就搞箇只乌石村沙，我等教哩书个栏场，箇乌石箇向大架势种～哦，鼓励渠等放势种～哦，作为一只扶贫项目啊。但是也唔栽起唔得成功，哼，箇只东西咯，栽起唔得高产。i13/21 cin35/53 e21 mo13 u53 kai53 (tʂ)ak3 tǝŋ35/44 si0 xai13/21 xe53/44 ʂǝt5 li0 xai13/44 xau21 le0 .kai53/44 ke53/44 mo13 u53 mau13 tek3 kai53 ke53 mau13 tek3 fa53 fei13/44 ia0 ,mau13 tek3 lǝŋ13 iɔk5 a0 ,m13/21 mɔi53/44 fa53 fei13/21 lǝŋ13 iɔk5 a0 .kai53/21 (t)ǝŋ35/44 si35/44 ʂǝt5 li0 xau21 ua0 ,iǝu53 kan21 tan35/44 na0 .i21 xa53/44 tsɔk3 uei13/21 kai53 ke53 o0 ,fǝŋ53 çi35/44 kai53 iaŋ53 tsɿ0 tsʰiǝu53/44 kau21 kai53 tʂak3 u35 ʂak5 tsʰǝn35/44 ʂa0 ,ŋai13 tien0 kau53/44 li0 ʂǝu35/44 ke53 laŋ13/21 tʂʰǝŋ13/21 ,kai53/44 u35 ʂak5 kai53/44 çiɔŋ53/44 tʰai53 cia53/44 ʂɿ53/44 tʂǝŋ53 mo13 u53 o0 ,ku21 li53/44 ci13/21 tien0 xɔŋ53 ʂɿ53/44 tʂǝŋ53 mo13 u53 o0 ,tsɔk3 uei13/44 iet3 tʂak3 fu13 pʰin13 xɔŋ53 muk3/5 a0 .tan53 ʂɿ53 ia35 n13 tsɔi53/44 çi21/44 n13 tek3 tʂʰǝn13 kǝŋ35 ,xŋ53/33 ,kai53 (tʂ)ak3 tǝŋ35/44 si0 ko0 ,tsɔi53 çi21/44 n13 tek3 kau35 tsʰan21.

【末旧】mait5 cʰiǝu53 形状态词。很旧：箇只人呐着衫裤啊真省罄啊，着起～，一身都～个。kai53 tʂak3 ɲin13/44 na0 tʂɔk3 san35 fu53 a0 tʂǝn35 saŋ21 cʰiaŋ53 ŋa0 ,tʂɔk3 çi21/44 mait5 cʰiǝu53 ,iet3 ʂǝn35 tǝu35/44 mait5 cʰiǝu53 ke0.

【末末】mait5 mait5 名碎屑：姜末其实就系分箇姜嫲剁得末碎。不是么个欸姜嫲个咁个唔爱哩个～。ciɔŋ35 mait5 cʰi13/21 ʂǝt5 tsʰiǝu53/44 xei53/44 pǝn35/44 kai53/44 ciɔŋ35 ma13/21 to53 tek3 mait5 si53 .pǝt3 ʂɿ3 mak3 kei53 ei21 ciɔŋ35 ma13/21 ke53 kan21 kei53 m13/21 mɔi53/35 li0 ke53 mait5 mait5.

【末碎】mait5 si53 形①很破碎：以只茶缸子跌嘿地泥下，打得～。iak3 (←i21 tʂak3 )tsʰa13/21 kɔŋ35/44 tsɿ0 tet3 (x)ek3 tʰi21 lai13/21 xa35 ,ta21 tek3 mait5 si53. ②很细小：剁起～啦，又有得么个肉末子哦有得箇种话法。冇得么个人话肉末子。剁碎来唠。只讲话切成～。to53/44 çi21/44 mait5 si53 la0 ,iǝu53/44 mau13 tek3 mak3 (k)e53/44 ɲiǝuk3 mait5 tsɿ0 o0 mau13 tek3 kai53/21 tʂǝŋ21/44 ua53 fait3 .mau13 tek3 mak3 (k)e53/44 in13/21 ua53 ɲiǝuk3 mait5 tsɿ0 .to53 si53 lɔi13/21 lau0 .tʂɿ21 kɔŋ21 ua53 tsʰiet3 ʂaŋ13 mait5 si53.

【末药子】mait5 iɔk5 tsɿ0 名药粉：箇末碎个药啊安做～咯。kai53/44 mait5 si53 ke53/44 iɔk5 a0 ɔn35/44 tso53/44 mait5 iɔk5 tsɿ0 ko0.

【没₁】mǝt5 动沉：～下去哩 mǝt5 xa53/44 çi53 li0｜今晡我去栽禾，看稳～啦湖洋眼里去哩。cin35/44 pu35/53 ŋai13/21 çi53/44 tsɔi35 uo13 ,kʰɔn53 uǝn21 mǝt5 la0 fu13/21 iɔŋ13/21 ŋan21 li0 çi53 li0.

【没₂】mǝt5 形①满。多做补语：只爱磨得成粉个，进得嘴个，都舞倒来做倒塞肚子，塞～，塞饱肚子来。tʂɿ21 ɔi53 mo53 tek3 ʂaŋ13 fǝn21 ke0 ,tsin53 tek3 tʂɔi53 ke0 ,tǝu35 u21 tau21 lɔi13/44 tso53 tau21 set3 tǝu21 tsɿ0 ,set3 mǝt5 ,set3 pau21 tǝu21 tsɿ0 lɔi13.｜（装水个箱箱）探～哩了，以头就更重了就一舵嘿下嘞，水就放跑咁哩。tʰan53/44 mǝt5 li0 liau21/44 ,i13/21 tʰei13 tsʰiǝu53 cien53 tʂʰǝŋ35 liau21 tsʰiǝu53/44 iet3 tʰo53 (x)ek3 xa53/44 lei0 ,ʂei21 tsʰiǝu53/44 fɔŋ53 pʰau21/44 kan21 ni0. ②遍；没有空余的地方。多做补语：箇个岗嘴子四向都栽～哩箇果树。kai53/44 ke53/44 kɔŋ35 tsi21 tsɿ0 si53 çiɔŋ53/44 tǝu35/44 tsɔi35 mǝt5 li0 kai53 ko21 ʂǝu53.｜哪只药店里都箇药架子上摆倒～摆～哩个药。lai53 tʂak3 iɔk5 tian35 ni0 tǝu35/44 kai53/44 iɔk5 ka53/44 tsɿ0 xɔŋ53 pa:i21 tau21 mǝt5 pai21 mǝt5 li0 ke53/21 iɔk5.

【殁】mǝt3 动腐烂；朽坏：渠婈子死哩以后十几年了，去捡地，哦呵，赠～唠，赠～咁呶。ci13/21 ɔi35 tsɿ0 si21 li0 i35/44 xei53/44 ʂǝt5 ci21 ɲien13/21 niau0 ,çi53/44 cian21 tʰi53 ,o44 xo35 ,maŋ13 mǝt3 lau0 ,maŋ13 mǝt3 kan35/44 nau0.｜箇条树斫倒去下子呃几年都赠拖归去，～嘿哩唠。kai53/44 tʰiau13/21 ʂǝu53 tʂɔk3 tau21 çi53 xa53/44 tsɿ0 ǝ21 ci21 ɲien13 tǝu35/53 maŋ13/21 tʰo35/44 kuei35/53 çi53/44 ,mǝt3 lek3 li0 lau0.◇《集韵》莫葛切："殁，音末。朽余也。"

【殁绵】mǝt5 mien13 形状态词。很绵软。有"ABAB"重叠式。又称"殁绵子"：捻倒去都～～。ɲian21 tau21 çi53/44 tǝu35/44 mǝt5 mien13 mǝt5 mien13.｜我等也长日会买洋葱食，因为箇只东西煮熟来以后嘞，呃～子，好食。ŋai13 tien0 ia35 tʂʰɔŋ13/21 ɲiet3 uɔi53 mai35/44 iɔŋ13 tsʰǝŋ35/44 ʂǝt5 ,in35 uei53/44 kai53 (tʂ)ak3 tǝŋ35/44 si0 tʂǝu21 ʂǝuk5 lɔi13/21 i35/44 xei53/44 lei0 ,ǝ21 mǝt5 mien13 tsɿ0 ,xau21 ʂǝt5.

【莫】mɔk5 副不要；别：欸欸欸欸，～走，～走。ei44 ei44 ei53 ei53 ,mɔk5 tsei21 ,mɔk5 tsei21.｜落水天～去摘豆角。lɔk5 ʂei21 tʰien35 mɔk5 çi53/44 tsak3 tʰei53 kɔk3.

【莫系】mɔk5 xei53 副表示揣测或反问：好像箇起英子啊，有起英子啊，渠也老哩以后会开花，也就咁子同蒲公英样咁子一飘嘞，～箇起英子就系蒲公英？xau21 tsʰiɔŋ53 kai53 çi21 mak3 tsɿ0 a0 ,iǝu35 çi21 mak3 tsɿ0 a0 ,ci13 ia35/35 lau21 li0 i35 xei53 uɔi53/44 kʰɔi35 fa35 ,ia35 tsʰiǝu53 kan21 tsɿ0 tʰǝŋ13/21 pʰu13/21 kǝŋ35 in35 iɔŋ53 kan21 tsɿ0 iet3 pʰiau35 lei0 ,mɔk5 xei53 kai53 çi21 mak3 tsɿ0 tsʰiǝu53 xei53/44 pʰu13/21 kǝŋ35/44 in35?

【墨】mek$^{5}$ 名写字绘画用的黑色颜料：～忒淡哩。mek$^{5}$tʰek$^{3}$tʰan$^{35}$ni$^{0}$.

【墨暗】mek$^{5}$/miek$^{5}$an$^{53}$ 形光线很暗：以边～呐。i$^{21}$pien$^{35}$miek$^{5}$an$^{53}$na$^{0}$.｜会落水了，天上～。uɔi$^{53}_{44}$lɔk$^{5}$ʂei$^{21}$liau$^{0}$,tʰien$^{35}_{44}$xɔŋ$^{53}_{44}$mek$^{5}$an$^{53}$.

【墨笔】mek$^{5}$piet$^{3}$ 名毛笔：你用～写，我用钢笔写。ɲi$^{13}$iəŋ$^{53}$mek$^{5}$piet$^{3}$sia$^{21}$,ŋai$^{13}$iəŋ$^{53}$kɔŋ$^{35}$piet$^{3}$sia$^{21}$.

【墨斗】mek$^{5}$tei$^{21}$ 名木匠用来打直线的器具。从墨斗中拉出墨线，放在木材上，绷紧，提起墨绳趁着弹力就打上了黑线：～角尺，少唔得个。mek$^{5}$tei$^{21}$kɔk$^{3}$tʂʰak$^{3}$,ʂau$^{21}$n̩$^{13}_{44}$tek$^{3}$ke$^{53}_{44}$.

【墨古贼暗】mek$^{5}$ku$^{21}$tsʰet$^{5}$an$^{53}$ 形容光线非常微弱：～以个教室里，电灯都冇得。mek$^{5}$ku$^{21}$tsʰet$^{5}$an$^{53}$i$^{21}$ke$^{53}$ciau$^{53}$ʂət$^{3}$li$^{21}$,tʰien$^{53}$tien$^{35}_{44}$təu$^{35}_{53}$mau$^{13}_{21}$tek$^{3}$.

【墨黑】mek$^{5}$xek$^{3}$ 形像墨一样黑；很黑：～个火柴头子啊。mek$^{5}_{3}$xek$^{3}$ke$^{53}$fo$^{21}$tsʰai$^{13}$tʰei$^{13}$tsa$^{0}$.

【墨盘】mek$^{5}$pʰan$^{13}$ 名砚台：我等人屋下箇阵子有只～，咁大，我唔记得哩啰，箇年做祠堂拆屋分别人家谋嘿哩啰，分别人家舞走哩啰。不过唔系么个几名贵子啰，一只咁大个～，咁大。就系修谱用哩个。欸，唔知系唔系放下我箇映子，修谱用哩个。咁大。晓是晓得么人搞走哩啰。算哩，咁个。ŋai$^{13}$tien$^{0}$ɲin$^{13}_{44}$uk$^{3}$xa$^{53}_{44}$kai$^{53}$tʂʰən$^{53}$tsɿ$^{0}$iəu$^{35}_{44}$tʂak$^{3}$mek$^{5}$pʰan$^{13}_{21}$,kan$^{21}$tʰai$^{53}$,ŋai$^{13}_{21}$n̩$^{13}$ci$^{53}$tek$^{3}$li$^{0}$lo$^{0}$,kai$^{53}$ɲien$^{13}_{44}$tso$^{53}$tsʰɿ$^{13}_{21}$tʰɔŋ$^{13}_{44}$tsʰak$^{3}$uk$^{3}$pən$^{35}$pʰiet$^{5}$in$^{13}_{44}$ka$^{35}_{44}$mei$^{13}$xek$^{3}$li$^{0}$lo$^{0}$,pən$^{35}$pʰiet$^{5}$in$^{13}_{44}$ka$^{35}_{53}$u$^{21}$tsei$^{21}$li$^{0}$lo$^{0}$.pət$^{3}$ko$^{53}$m̩$^{13}_{21}$pʰei$^{53}$mak$^{3}$e$^{0}$ci$^{21}$min$^{13}$kuei$^{53}$tsɿ$^{0}$lo$^{0}$,iet$^{3}$tʂak$^{3}$kan$^{21}$tʰai$^{53}$ke$^{53}$mek$^{5}$pʰan$^{13}_{44}$,kan$^{21}$tʰai$^{53}$.tsʰiəu$^{53}$xe$^{53}$siəu$^{35}_{53}$pʰu$^{21}$iəŋ$^{53}$li$^{0}$ke$^{0}$.e$_{21}$,n̩$^{13}_{21}$ti$^{35}_{53}$xei$^{53}$mei$^{53}$fɔŋ$^{53}$xa$^{53}$ŋai$^{13}$kai$^{53}$iaŋ$^{53}$tsɿ$^{0}$,siəu$^{35}$pʰu$^{21}$iəŋ$^{53}$li$^{0}$ke$^{0}$.kan$^{21}$tʰai$^{53}$.çiau$^{21}$ʂʅ$^{53}_{44}$çiau$^{21}$tek$^{3}$mak$^{3}$in$^{13}_{44}$kau$^{21}$tsei$^{21}$li$^{0}$lo$^{0}$.sɔn$^{53}$ni$^{0}$,kan$^{21}$cie$^{53}$.

【墨水】mek$^{3}$ʂei$^{21}$ 写字用的各种颜色的水汁：你话箇阵子个钢笔水呀，蓝～红～，冇得乌～呢。冇得乌个，只有墨汁。如今就有箇个吵，欸，箇圆子心呐，系唔系？有乌个吵。ɲi$^{13}$ua$^{53}$kai$^{53}$tʂʰən$^{53}$tsɿ$^{0}$ke$^{53}$kɔŋ$^{35}$piet$^{3}$ʂei$^{21}$ia$^{0}$,lan$^{13}$mek$^{5}$ʂei$^{21}$fəŋ$^{13}$mek$^{3}$ʂei$^{21}$,mau$^{13}$tek$^{3}$u$^{35}$mek$^{5}$ʂei$^{21}$nei$^{0}$.mau$^{13}_{21}$tek$^{3}$u$^{35}$ke$^{53}$,tsʅ$^{21}$iəu$^{35}_{53}$mek$^{5}$tʂət$^{3}$.i$^{13}_{21}$cin$^{35}_{53}$tsʰiəu$^{53}_{44}$iəu$^{35}$kai$^{53}$ke$^{53}_{44}$ʂa$^{0}$,e$_{21}$,kai$^{53}$ven$^{13}$tsɿ$^{0}$sin$^{35}$na$^{0}$,xei$^{53}$me$^{53}$?iəu$^{35}$u$^{35}$ke$^{53}$ʂa$^{0}$.

【墨乌】mek$^{5}$/miek$^{5}$u$^{35}$ 形状态词。①像墨一样黑；形容很黑。也称“墨乌子”：嗯箇壁上啊，分细人子舞起～。ŋ̍$_{21}$kai$^{53}$piak$^{3}$xɔŋ$^{53}$ŋa$^{0}$,pən$^{35}$sei$^{53}$in$^{13}_{21}$tsɿ$^{0}$u$^{21}$çi$^{21}_{44}$mek$^{5}$u$^{35}$.｜（蟓子）就～子个。tsiəu$^{53}_{44}$mek$^{5}$u$^{35}$tsɿ$^{0}$ke$^{53}_{44}$. ②绿油油的样子：坜坑渠正肥呀，正有咁肥呀，欸，箇个鸟子芹就长得～子啊。lak$^{3}$xaŋ$^{35}_{53}$ci$^{13}$tʂaŋ$^{53}$pʰi$^{13}$ia$^{0}$,tʂaŋ$^{53}_{44}$iəu$^{35}_{53}$kan$^{21}$pʰi$^{13}$ia$^{0}$,ei$_{21}$,kai$^{53}$ke$^{53}_{44}$tiau$^{35}_{44}$tsɿ$^{0}$cʰin$^{13}$tsʰiəu$^{53}$tʂɔŋ$^{21}$tek$^{3}$miek$^{5}$u$^{35}$tsɿ$^{0}$a$^{0}$.

【墨乌嘀嗒】mek$^{5}$u$^{35}$tiet$^{3}$tait$^{3}$ 形形容人长相很黑，黑不溜秋的样子：箇只人～。kai$^{53}_{44}$tʂak$^{3}$ɲin$^{13}$mek$^{5}$u$^{35}_{44}$tiet$^{3}$tait$^{3}$.

【墨鱼】mek$^{5}$ŋ̍$^{13}$ 名乌贼：哈，我姆婆是长日都只讲食～，爱补阴。我姆婆啊长日讲食～凑，爱补阴。硬箇个屋下啊箇个欸放下箇衣橱里，箇衫肚里都喷臭，欸只有箇～个味道蛮难闻。渠爱拿得咁起呀，放下箇衣橱里啊。渠就爱食～噢，食又食唔进呶，欸长日扦我食唠，欸，我话：“我是以只东西我是硬唔想，唔缺阴，唔想食。”xa$_{53}$,ŋai$^{13}_{21}$m̩$^{13}$me$^{35}_{53}$ʂʅ$^{53}_{44}$tʂʰɔŋ$^{13}$ɲiet$^{3}$təu$^{35}_{53}$tʂʅ$^{21}$kɔŋ$^{21}$ʂət$^{5}$mek$^{5}$ŋ̍$^{13}_{21}$,ɔi$^{53}_{44}$pu$^{21}$in$^{35}$.ŋai$^{13}_{21}$m̩$^{13}$me$^{35}_{44}$a$^{0}$tʂʰɔŋ$^{13}$ɲiet$^{3}$kɔŋ$^{21}$ʂət$^{5}$mek$^{5}$ŋ̍$^{13}_{21}$tsʰe$^{0}$,ɔi$^{53}$pu$^{21}$in$^{35}$.ɲiaŋ$^{53}$kai$^{53}_{44}$ke$^{53}_{44}$uk$^{3}$xa$^{53}_{44}$a$^{0}$kai$^{53}_{44}$kei$^{53}_{44}$e$_{21}$fɔŋ$^{53}_{44}$xa$^{53}_{44}$kai$^{53}_{44}$i$^{35}$tʂʰəu$^{13}_{21}$li$^{0}$,kai$^{53}_{44}$san$^{35}$təu$^{21}$li$^{0}$təu$^{35}_{44}$pʰən$^{35}$tʂʰəu$^{53}_{44}$,e$^{0}$tʂʅ$^{21}$iəu$^{35}_{53}$kai$^{53}$mek$^{5}$ŋ̍$^{13}_{21}$ke$^{53}_{44}$uei$^{53}$tʰau$^{53}$man$^{13}$lan$^{13}$uən$^{13}_{21}$.ci$^{13}_{21}$ɔi$^{53}_{44}$la$^{53}$tek$^{3}$kan$^{21}$çi$^{21}$ia$^{0}$,fɔŋ$^{53}$xa$^{53}$kai$^{53}$i$^{35}$tʂʰəu$^{13}_{21}$li$^{0}$a$^{0}$.ci$^{13}_{21}$tsʰiəu$^{53}$ɔi$^{53}$ʂət$^{5}$mek$^{5}$ŋ̍$^{13}_{44}$ŋau$^{0}$,ʂət$^{5}$iəu$^{53}$ʂət$^{5}$n̩$^{13}_{21}$tsin$^{53}$nau$^{0}$,e$^{0}$tʂʰɔŋ$^{13}$ɲiet$^{3}$kan$^{35}_{44}$ŋai$^{13}$ʂət$^{5}$lau$^{0}$,e$_{44}$,ŋai$^{13}$ua$^{53}$:"ŋai$^{13}$ʂʅ$^{53}_{21}$i$^{21}$tʂak$^{3}$təŋ$^{35}_{44}$si$^{0}$ŋai$^{13}_{21}$ʂʅ$^{53}_{44}$ɲiaŋ$^{53}$n̩$^{13}$siɔŋ$^{21}$,n̩$^{13}$tʂʰak$^{3}$in$^{35}_{44}$,n̩$^{13}_{21}$siɔŋ$^{21}$ʂət$^{5}$."

【墨汁】mek$^{3}$tʂət$^{3}$ 名用墨加水磨成的汁，也指工业生产的用来写字、画画的黑色液体：如今做么个红白喜事啊尽买～。我等就买一得阁个～，还好。i$^{13}_{21}$cin$^{35}_{44}$tso$^{53}$mak$^{3}$kei$^{53}_{44}$fəŋ$^{13}$pʰak$^{5}$çi$^{21}$sɿ$^{53}$a$^{0}$tsʰin$^{53}$mai$^{35}$mek$^{5}$tʂət$^{3}$.ŋai$^{13}$tien$^{0}$tsʰiəu$^{53}$mai$^{35}$iet$^{3}$tek$^{3}$kɔk$^{3}$ke$^{53}_{44}$mek$^{5}$tʂət$^{3}$,xai$^{13}$xau$^{21}$.

【磨$_{2}$】mo$^{53}$ 动①用磨子把粮食等弄碎：以前我等长日～东西。唔系话欸麦子粉呐，欸，米粉呐，番薯粉是唔爱～，麦子粉呐，米粉呐，箇个么个豆粉呐，有副磨子长日～，就落尾就搞成想做只磨斗。我记得我细细子啊成十岁子个时候子吧，就冇饭食啦，长日以宗也～箇宗也～。最先呢跪正凳上，呃，箇磨子就放下桌上，舞只簸箕子，簸箕子放倒，跪正凳上来～。欸，落尾嘞就徛正来～高兜子了就，徛倒地泥下来～。得兜～哩凑，反正长日么个都爱～，冇饭食。i$^{35}$tsʰien$^{13}_{21}$ŋai$^{13}_{21}$tien$^{0}$tʂʰɔŋ$^{13}$ɲiet$^{3}$mo$^{53}$təŋ$^{35}_{44}$si$^{0}$.m̩$^{13}_{21}$pʰei$^{53}$ua$^{53}$e$_{21}$mak$^{5}$tsɿ$^{0}$fən$^{21}$na$^{0}$,e$_{21}$,mi$^{21}$fən$^{21}$na$^{0}$,fan$^{35}$ʂəu$^{13}_{21}$fən$^{21}$ʂʅ$^{53}_{21}$m̩$^{13}_{21}$mɔi$^{53}_{44}$mo$^{53}$,mak$^{5}$tsɿ$^{0}$fən$^{21}$na$^{0}$,mi$^{21}$fən$^{21}$na$^{0}$,kai$^{53}_{44}$ke$^{53}_{44}$mak$^{3}$e$^{0}$tʰei$^{53}$fən$^{21}$na$^{0}$,iəu$^{35}$fu$^{53}_{44}$

mo$^{53}$tsɿ$^{0}$ tʂʰɔŋ$^{13}$ɲiet$^{3}$ mo$^{53}$,tsʰiəu$^{53}_{44}$lɔk$^{5}$ mi$^{35}_{44}$tsʰiəu$^{53}_{44}$kau$^{21}$tʂʰaŋ$^{13}$siɔŋ$^{21}_{44}$tso$^{53}$tʂak$^{3}$ mo$^{53}$tei$^{21}$.ŋai$^{13}$ci$^{53}$tek$^{3}$ ŋai$^{13}$se$^{53}$se$^{53}$ tsɿ$^{0}$ a$^{0}$ ʂaŋ$^{13}_{21}$ʂət$^{5}$ sɔi$^{53}$tsɿ$^{0}$ ke$^{0}$ ʂɿ$^{13}_{21}$xei$^{53}_{44}$tsɿ$^{0}$ pa$^{0}$,tsʰiəu$^{53}$mau$^{13}$fan$^{53}$ʂət$^{5}$ la$^{0}$,tʂʰɔŋ$^{13}$ɲiet$^{3}$ i$^{21}$tsəŋ$^{35}$ŋa$^{35}_{53}$mo$^{53}$kai$^{53}_{44}$tsəŋ$^{35}$ŋa$^{35}_{44}$ mo$^{53}$.tsei$^{53}$sien$^{35}$nei$^{0}$ kʰuei$^{21}$tʂaŋ$^{53}$ten$^{53}$xɔŋ$^{53}$,ə$_{21}$,kai$^{53}_{44}$mo$^{53}$tsɿ$^{0}$ tsiəu$^{53}_{44}$fɔŋ$^{53}$xa$^{53}$tsɔk$^{3}$ xɔŋ$^{53}$,u$^{21}$tʂak$^{3}$ pɔit$^{5}$ ci$^{35}_{44}$tsɿ$^{0}$, pɔit$^{5}$ ci$^{35}_{44}$tsɿ$^{0}$ fɔŋ$^{53}$tau$^{21}$,kʰuei$^{21}$tʂaŋ$^{53}$ten$^{53}$xɔŋ$^{53}$lɔi$^{13}_{21}$mo$^{53}$.e$_{21}$,lɔk$^{5}$ mi$^{35}_{44}$lei$^{0}$ tsʰiəu$^{53}_{44}$cʰi$^{35}$tʂaŋ$^{53}_{21}$lɔi$^{13}$mo$^{53}$kau$^{35}$te$^{35}_{53}$tsɿ$^{0}$ liau$^{0}$ tsʰiəu$^{53}$,cʰi$^{35}$tau$^{21}$tʰi$^{53}$lai$^{13}_{21}$xa$^{35}$lɔi$^{13}$mo$^{53}$.tek$^{3}$ te$^{35}_{44}$mo$^{53}$li$^{0}$ tsʰe$^{0}$,fan$^{21}_{44}$tʂən$^{53}_{44}$tʂʰɔŋ$^{13}$ɲiet$^{3}$ mak$^{3}$ ke$^{53}$təu$^{35}_{44}$ɔi$^{53}$ mo$^{53}$,mau$^{13}$fan$^{53}$ʂət$^{5}$. ②转动木盘压紧棉絮：你同我～到下子啦。多～下子啦。系吧系安做～。～到下子啊。就像磨子样唠，系啊？欸，咁子去转呶。～。～到下子。ɲi$^{13}_{21}$tʰəŋ$^{13}_{21}$ŋai$^{13}_{21}$ mo$^{53}$tau$^{53}$ua$_{44}$(←xa$^{53}$)tsɿ$^{0}$ la$^{0}$.to$^{35}$mo$^{53}$ua$_{44}$(←xa$^{53}$)tsɿ$^{0}$ la$^{0}$.xe$^{53}_{21}$pʰa$^{53}_{44}$xe$^{53}$ɔn$^{35}_{44}$tso$^{53}_{44}$mo$^{53}$.mo$^{53}$tau$^{53}$ua$_{44}$(←xa$^{53}$)tsa$^{0}$. tsʰiəu$^{53}_{21}$tsʰiɔŋ$^{53}_{44}$mo$^{53}$tsɿ$^{0}$ iɔŋ$^{53}_{44}$lau$^{0}$,xei$^{53}_{44}$a$^{0}$?e$_{21}$,kan$^{21}$tsɿ$^{0}$ çi$^{53}$tʂɔn$^{21}$nau$^{0}$.mo$^{53}$.mo$^{53}$tau$^{53}$ua$_{44}$(←xa$^{53}$)tsɿ$^{0}$.

【磨槽】mo$^{53}$tsʰau$^{13}$ 名磨架下用两块木板做成的收集粉的槽子：顶高放兜三棱棍去咁子磨啊磨倒就箇个粉就跌下来呀，就走～里出嘞，底下就舞只么个装稳。taŋ$^{21}$kau$^{35}_{44}$fɔŋ$^{53}_{44}$təu$^{35}_{44}$san$^{35}$lin$^{13}_{21}$ kuən$^{53}$çi$^{53}_{44}$kan$^{21}$tsɿ$^{0}$ mo$^{53}$a$^{0}$ mo$^{53}$tau$^{21}_{44}$tsʰiəu$^{53}_{44}$kai$^{53}$ke$^{53}$fən$^{21}$tsʰiəu$^{53}$tet$^{3}$ xa$^{53}$lɔi$^{13}_{44}$ia$^{0}$,tsiəu$^{53}$tsei$^{21}$mo$^{53}$tsʰau$^{13}$li$^{0}$ tʂʰət$^{3}$ le$^{0}$,tei$^{21}$xa$^{53}$tsʰiəu$^{53}$u$^{21}$tʂak$^{3}$ mak$^{3}$ e$^{0}$ tʂɔŋ$^{35}$uən$^{21}$.

【磨齿】mo$^{53}$tʂʰʅ$^{21}$ 名磨盘上凹凸排列像牙齿形状的部分：～欸，磨子上背个齿欸，箇磨子个齿嘞，就安做～。mo$^{53}$tʂʰʅ$^{21}$e$^{0}$,mo$^{53}$tsɿ$^{0}$ ʂɔŋ$^{53}_{44}$pɔi$^{53}_{44}$ke$^{53}_{44}$tʂʰʅ$^{21}$e$^{0}$,kai$^{53}_{44}$mo$^{53}$tsɿ$^{0}$ ke$^{53}_{44}$tʂʰʅ$^{21}$lei$^{0}$,tsʰiəu$^{53}_{21}$ɔn$^{35}_{44}$tso$^{53}_{44}$ mo$^{53}$tʂʰʅ$^{21}$.

【磨吊浆】mo$^{53}$tiau$^{53}$tsiɔŋ$^{35}$ 动加工水磨粉：如今蛮多磨米粉就咁子磨嘞。浸正米来，～安做。i$^{13}_{21}$cin$^{35}_{44}$man$^{13}_{21}$to$^{35}_{44}$mo$^{53}$mi$^{21}$fən$^{21}$tsʰiəu$^{53}$kan$^{21}$tsɿ$^{0}$ mo$^{53}$lei$^{0}$.tsin$^{53}$tʂaŋ$^{53}$mi$^{21}$lɔi$^{13}$,mo$^{53}$tiau$^{53}$tsiɔŋ$^{35}$ɔn$^{35}_{44}$tso$^{53}_{44}$.

【磨斗】mo$^{53}$tei$^{21}$ 名磨具中附加装置的总称：整个箇只东西安做～。系除嘿磨子就安做～，除嘿箇副磨子就安做～。tʂən$^{21}$ko$^{53}$kai$^{53}$(tʂ)ak$^{3}$ təŋ$^{35}_{44}$si$^{0}$ ɔn$^{35}_{44}$tso$^{53}_{44}$mo$^{53}$tei$^{21}$.xe$^{53}$tʂʰəu$^{13}$xek$^{3}$ mo$^{53}$tsɿ$^{0}$ tsʰiəu$^{53}$ɔn$^{35}_{53}$ tso$^{53}$mo$^{53}$tei$^{21}$,tʂʰəu$^{13}$xek$^{3}$ kai$^{53}_{44}$fu$^{53}_{44}$mo$^{53}$tsɿ$^{0}$ tsʰiəu$^{53}$ɔn$^{35}_{53}$tso$^{53}$mo$^{53}$tei$^{21}$.

【磨架】mo$^{53}$ka$^{53}$ 名支撑磨子的架子：两只杈椤箇两条横枋就安做～，就支撑倒箇副磨子啊。iɔŋ$^{21}$tʂak$^{3}$ tsʰa$^{35}$lau$^{35}_{44}$kai$^{53}$iɔŋ$^{21}$tʰiau$^{13}_{21}$uaŋ$^{13}$fɔŋ$^{35}_{44}$tsʰiəu$^{53}_{44}$ɔn$^{35}_{44}$tso$^{53}_{44}$mo$^{53}$ka$^{53}$,tsʰiəu$^{53}_{44}$tʂʅ$^{35}$tsʰən$^{35}_{44}$tau$^{21}$kai$^{53}_{44}$fu$^{53}_{44}$mo$^{53}$ tsɿ$^{0}$ a$^{0}$.

【磨盘】mo$^{53}$pʰan$^{13}$ 名磨下的石盘：箇只东西就以起就冇得嘞，～就蛮难寻了嘞。～咯，渠就有起磨子嘞搭只盘来个嘞。箇浏阳箇有只老子渠都爱我寻都硬冇哪寻，～。欸，磨子底下个一只盘，就系有石头个，有石头个盘盘呐，箇是冇哪寻嘿哩。欸，以副系磨子样，渠箇～托下以底下，看呶，托下以底下，椤渠成为一体，椤以只磨子成为一体。以就系也就系以底下一块大石头，中间就做磨子，边上就做～。箇只东西就冇哪寻哩，硬渠话欸系有寻是多少钱渠都出得，浏阳有只人呐。kai$^{53}$(tʂ)ak$^{3}$ təŋ$^{35}_{44}$si$^{0}$ tsʰiəu$^{53}$i$^{21}$çi$^{21}$tsʰiəu$^{53}_{44}$mau$^{13}_{21}$tek$^{3}$ lei$^{0}$,mo$^{53}$pʰan$^{13}$tsʰiəu$^{53}$ man$^{13}_{21}$lan$^{13}_{21}$tsʰin$^{13}_{21}$liau$^{0}$ lei$^{0}$.mo$^{53}$pʰan$^{13}$ko$^{0}$,ci$^{13}_{21}$tsʰiəu$^{53}_{44}$iəu$^{35}$çi$^{21}$mo$^{53}$tsɿ$^{0}$ lei$^{0}$ tait$^{3}$ tʂak$^{3}$ pʰan$^{13}$lɔi$^{13}$ke$^{53}$lei$^{0}$.kai$^{53}$ liəu$^{13}$iɔŋ$^{13}_{44}$kai$^{53}$iəu$^{35}_{53}$tʂak$^{3}$ lau$^{21}$tsɿ$^{21}$ci$^{13}_{21}$təu$^{35}_{44}$ɔi$^{53}$ŋai$^{13}_{21}$tsʰin$^{13}$təu$^{35}_{44}$ɲiaŋ$^{53}$mau$^{13}$lai$^{53}$tsʰin$^{13}_{21}$,mo$^{53}$pʰan$^{13}_{21}$.e$_{53}$,mo$^{53}$tsɿ$^{0}$ tei$^{21}$ xa$^{53}$ke$^{53}$iet$^{3}$ tʂak$^{3}$ pʰan$^{13}$,tsʰiəu$^{53}_{44}$xei$^{53}_{44}$iəu$^{35}$ʂak$^{5}$ tʰei$^{13}_{21}$ke$^{0}$,iəu$^{35}_{44}$ʂak$^{5}$ tʰei$^{13}_{21}$ke$^{0}$ pʰan$^{13}_{21}$pʰan$^{13}_{21}$na$^{0}$,kai$^{53}$ʂɿ$^{53}$mau$^{13}$lai$^{53}$ tsʰin$^{13}$nek$^{3}$ li$^{0}$.ei$_{35}$,i$^{21}$fu$^{53}$xei$^{53}_{44}$mo$^{53}$tsɿ$^{0}$ iɔŋ$^{53}$,ci$^{13}$kai$^{53}$mo$^{53}$pʰan$^{13}$tʰɔk$^{3}$ (x)a$^{53}$i$^{21}$tei$^{21}$xa$^{53}_{44}$,kʰɔn$^{53}_{44}$nau$^{0}$,tʰɔk$^{3}$ (x)a$^{53}$i$^{21}$ tei$^{21}$xa$^{53}$,lau$^{35}_{53}$ci$^{13}_{21}$tʂʰən$^{13}$uei$^{13}_{44}$iet$^{3}$ tʰi$^{21}$,lau$^{35}$i$^{21}$tʂak$^{3}$ mo$^{53}$tsɿ$^{0}$ tʂʰən$^{13}$uei$^{13}_{44}$iet$^{3}$ tʰi$^{21}$.i$^{21}$tsʰiəu$^{53}_{44}$xei$^{53}_{44}$ia$^{35}$tsʰiəu$^{53}$xei$^{53}$i$^{21}$ tei$^{21}$xa$^{53}$iet$^{3}$ kʰuai$^{53}$tʰai$^{53}$ʂak$^{5}$ tʰei$^{13}_{21}$,tʂəŋ$^{35}$kan$^{35}_{44}$tsʰiəu$^{53}_{44}$tso$^{53}$mo$^{53}$tsɿ$^{0}$,pien$^{35}$xɔŋ$^{53}_{44}$tsiəu$^{53}_{44}$tso$^{53}_{44}$mo$^{53}$pʰan$^{13}$.kai$^{53}_{44}$ (tʂ)ak$^{3}$ (t)əŋ$^{35}_{44}$si$^{0}$ tsʰiəu$^{53}$mau$^{13}_{21}$lai$^{53}_{21}$tsʰin$^{13}$ni$^{0}$, ɲiaŋ$^{53}$ci$^{13}_{21}$ua$^{53}$ei$_{21}$xei$^{53}$iəu$^{35}$tsʰin$^{13}_{21}$ʂɿ$^{53}_{44}$to$^{35}$ʂau$^{21}$tsʰien$^{13}_{21}$ci$^{13}_{21}$təu$^{35}_{53}$tʂʰət$^{3}$ tek$^{3}$,liəu$^{13}_{21}$iɔŋ$^{13}_{44}$iəu$^{35}_{53}$tʂak$^{3}$ ɲin$^{13}_{44}$na$^{0}$.

【磨手】mo$^{53}$ʂəu$^{21}$ 名磨上的把手，固定在磨的上槛侧面：渠话嘞用手个就（有）～，正用手。ci$^{13}_{44}$ua$^{53}_{44}$lei$^{0}$ iɔŋ$^{53}$ʂəu$^{21}$ke$^{53}_{44}$tsʰiəu$^{53}_{44}$mo$^{53}$ʂəu$^{21}$,tʂaŋ$^{53}_{44}$iɔŋ$^{53}$ʂəu$^{21}$.

【磨心】mo$^{53}$sin$^{35}$ 名磨脐；磨轴：～系铁做个，欸，一般都系放下下槛。上槛磨子嘞心上就舞只圈圈，紧下去，紧下箇石头肚里就冇事箇个就冇事总搞总大，箇眼冇事总搞总大。mo$^{53}$ sin$^{35}$xe$^{53}$tʰiet$^{3}$ tso$^{53}$ke$^{53}$,e$_{21}$,iet$^{3}$ pɔn$^{35}$təu$^{35}_{44}$xe$^{53}$fɔŋ$^{53}$ŋa$^{53}$xa$^{35}$kʰan$^{21}$.ʂɔŋ$^{53}$kʰan$^{21}$mo$^{53}$tsɿ$^{0}$ lei$^{0}$ sin$^{35}$xɔŋ$^{53}$tsʰiəu$^{53}$u$^{21}$ tʂak$^{3}$ cʰien$^{35}$cʰien$^{35}$,cin$^{21}$na$^{53}$çi$^{53}$,tin$^{21}$na$^{53}_{44}$kai$^{53}_{44}$ʂak$^{5}$ tʰei$^{13}_{21}$təu$^{21}$li$^{0}$ tsiəu$^{53}$mau$^{13}_{21}$sɿ$^{53}_{44}$kai$^{53}_{44}$ke$^{53}_{44}$tsiəu$^{53}$mau$^{13}_{21}$sɿ$^{53}$tsəŋ$^{21}$ kau$^{21}$tsəŋ$^{21}$tʰai$^{53}$,kai$^{53}$ŋan$^{21}$mau$^{13}$sɿ$^{53}$tsəŋ$^{21}$kau$^{21}$tsəŋ$^{21}$tʰai$^{53}$.

【磨盐】mo$^{53}$ian$^{13}$ 动将砂盐炒后磨碎备用：爱炒一到，放镬里一炒，然后用磨子磨。哎，正用得，正食得，正成哩咁个粉粉，正放倒……～呶。哪有如今个盐呐咁好？欸，舞只薄膜袋子装倒。ɔi$^{53}$tsʰau$^{21}$iet$^{3}$ tau$^{53}$,fɔŋ$^{53}_{44}$uɔk$^{5}$ li$^{0}$ iet$^{3}$ tsʰau$^{21}$,vien$^{13}_{21}$xei$^{53}_{44}$iɔŋ$^{53}_{44}$mo$^{53}_{44}$tsɿ$^{0}$ mo$^{53}$.ai$_{21}$,tʂaŋ$^{53}_{44}$iɔŋ$^{53}$tek$^{3}$,tʂaŋ$^{53}_{44}$

ʂət$^{5}$tek$^{3}$,tʂaŋ$^{53}_{44}$ʂaŋ$^{13}_{21}$li$^{0}$kan$^{21}$cie$^{53}_{44}$fən$^{21}$fən$^{21}$,tʂaŋ$^{53}_{44}$fəŋ$^{53}_{44}$tau$^{21}$…mo$^{53}$ian$^{13}$nau$^{0}$.lai$^{53}_{44}$iəu$^{35}_{44}$i$^{13}_{21}$cin$^{35}_{44}$cie$^{53}$ian$^{13}$na$^{0}$kan$^{21}$xau$^{21}$?e$_{21}$,u$^{21}$tʂak$^{3}$p$^{h}$ɔk$^{5}$mo$^{13}_{21}$t$^{h}$ɔi$^{53}$tsɿ$^{0}$tʂəŋ$^{35}$tau$^{21}$.

【磨眼】mo$^{53}$ŋan$^{21}$ 名 磨的上扇上供谷物进入磨膛的孔：～呢就指个就系上槛磨子个欸中间欸箇个边子上，以映一只磨心样，系啊？边子上，以映子，靠边滴子个栏场，打只眼，就系下……爱磨个东西就走箇映跌嘿下，就箇只～箇就。mo$^{53}$ŋan$^{21}$ne$^{0}$ts$^{h}$iəu$^{53}$tʂɿ$^{21}$ke$^{53}_{44}$ts$^{h}$iəu$^{53}$xe$^{53}$ʂəŋ$^{53}$k$^{h}$an$^{21}$mo$^{53}$tsɿ$^{0}$kei$^{53}$e$_{21}$tʂəŋ$^{35}$kan$^{35}_{44}$ei$_{21}$kai$^{53}_{44}$kei$^{53}_{44}$pien$^{35}$tsɿ$^{0}$xəŋ$^{53}$,i$^{21}$iaŋ$^{35}$iet$^{3}$tʂak$^{3}$mo$^{53}$sin$^{35}$iəŋ$^{53}$,xei$^{53}$a$^{0}$?pien$^{35}$tsɿ$^{0}$xəŋ$^{53}$,i$^{21}$iaŋ$^{53}_{44}$tsɿ$^{0}$,k$^{h}$au$^{53}$p$^{h}$ien$^{35}$tiet$^{5}$tsɿ$^{0}$kei$^{53}$laŋ$^{13}_{21}$tʂ$^{h}$əŋ$^{13}_{21}$,ta$^{21}$tʂak$^{3}$ŋan$^{21}$,ts$^{h}$iəu$^{53}_{44}$xei$^{53}_{44}$xa$^{35}$…ɔi$^{53}_{44}$mo$^{53}$ke$^{53}_{44}$təŋ$^{35}_{44}$si$^{0}$ts$^{h}$iəu$^{53}_{44}$tsei$^{21}$kai$^{53}_{44}$iaŋ$^{53}_{44}$tet$^{3}$(x)ek$^{3}$xa$^{35}$,tsiəu$^{53}_{21}$kai$^{53}_{44}$tʂak$^{3}$mo$^{53}$ŋan$^{21}$kai$^{53}$ts$^{h}$iəu$^{53}$.

【磨子】mo$^{53}$tsɿ$^{0}$ 名 石磨：箇～，石～吵，磨一阵吵，磨阵会，箇个齿就会平啊。kai$^{53}_{44}$mo$^{53}$tsɿ$^{0}$,ʂak$^{5}$mo$^{53}$tsɿ$^{0}$ʂa$^{0}$,mo$^{53}$(i)et$^{3}$tʂ$^{h}$ən$^{53}$ʂa$^{0}$,mo$^{53}$tʂ$^{h}$ən$^{53}_{21}$uɔi$^{53}_{44}$,kai$^{53}_{44}$ke$^{53}_{44}$tʂ$^{h}$ʅ$^{21}$ts$^{h}$iəu$^{53}_{44}$uɔi$^{53}_{44}$p$^{h}$iaŋ$^{13}$ŋa$^{0}$.

【磨子黄蒲】mo$^{53}$tsɿ$^{0}$uəŋ$^{13}$p$^{h}$u$^{13}$ 名 一种南瓜，扁而圆：有滴像磨子样，扁个，～。iəu$^{35}_{21}$tet$^{5}$ts$^{h}$iəŋ$^{53}_{44}$mo$^{53}$tsɿ$^{0}$iəŋ$^{53}_{44}$,pien$^{21}$ke$^{53}_{44}$,mo$^{53}$tsɿ$^{0}$uəŋ$^{13}$p$^{h}$u$^{13}$.

【默$_{1}$】mek$^{3}$ 动 动脑筋；反复思考：以咁子个滴还好讲滴子，就系以个成语唔好讲。□硬想到唔多事想有滴是。欸个出哩硬硬脑壳都～得烂。想唔倒。脑壳都～得烂都还𣍐想倒，𣍐想倒一只好讲好个。i$^{21}$kan$^{21}_{44}$tsɿ$^{0}$ke$^{53}_{44}$tet$^{5}$xai$^{13}_{21}$xau$^{21}$kəŋ$^{21}$tet$^{5}$tsɿ$^{0}$,ts$^{h}$iəu$^{53}$xe$^{53}$i$^{21}$ke$^{53}$tʂ$^{h}$ən$^{13}$ɲʮ$^{21}$ŋ̍$^{13}$xau$^{21}$kəŋ$^{21}$.vie$^{35}$ɲiaŋ$^{53}$siəŋ$^{21}$tau$^{53}$m̩$^{13}_{21}$to$^{35}_{44}$sɿ$^{53}_{44}$siəŋ$^{21}$iəu$^{35}_{44}$tet$^{5}_{3}$ʂʅ$^{53}_{44}$.e$_{53}$ke$^{53}_{44}$tʂ$^{h}$ət$^{3}$li$^{0}$ɲiaŋ$^{53}_{44}$ɲiaŋ$^{53}$lau$^{21}$k$^{h}$ɔk$^{3}$təu$^{35}_{44}$mek$^{3}$tek$^{3}$lan$^{53}$.siəŋ$^{21}$ŋ̍$^{13}$tau$^{21}$.lau$^{21}$k$^{h}$ɔk$^{3}$təu$^{35}_{44}$mek$^{3}$tek$^{3}$lan$^{53}$təu$^{35}_{44}$xai$^{13}_{21}$maŋ$^{13}$siəŋ$^{21}$tau$^{21}$,maŋ$^{13}$siəŋ$^{21}$tau$^{21}$iet$^{3}$tʂak$^{3}$xau$^{21}$kəŋ$^{21}$xau$^{21}_{44}$ke$^{53}_{21}$.

【默$_{2}$】mət$^{3}$ 动 闭合；合拢：～稳嘴巴唔敨气 mət$^{3}$uən$^{21}$tsi$^{21}$pa$^{35}_{0}$ŋ̍$^{13}$t$^{h}$ei$^{21}$çi$^{53}$

【默正】mek$^{3}$tʂaŋ$^{53}$ 动 心中暗自想到：挖倒哩箇石头了，你就～是底下就有金罂了。uait$^{3}$tau$^{21}$li$^{0}$kai$^{53}$ʂak$^{5}$t$^{h}$ei$^{13}_{44}$liau$^{0}$,ɲi$^{13}$ts$^{h}$iəu$^{53}$mek$^{3}$tʂaŋ$^{53}$ʂʅ$^{53}_{44}$tei$^{21}$xa$^{35}_{44}$ts$^{h}$iəu$^{53}_{44}$iəu$^{35}$cin$^{35}$aŋ$^{35}_{44}$liau$^{0}$.

【默神】mek$^{3}$ʂən$^{13}$ 动 ①寻思；觉得：我～渠箇事做唔好。ŋai$^{13}$mek$^{3}$ʂən$^{13}$ci$^{13}$kai$^{53}$sɿ$^{53}_{44}$tso$^{53}$ŋ̍$^{13}_{21}$xau$^{21}$.｜我～系箇只字。ŋai$^{13}_{21}$mek$^{3}$ʂən$^{13}$xe$^{53}_{44}$kai$^{53}$tʂak$^{3}$ts$^{h}$ʅ$^{53}_{21}$. ②小心（避免危险）；留心（注意观察）：你等默正神呐，系唔系啊？渠等打麻将个人默正神呐。渠有人会去报。ɲi$^{13}$tien$^{0}$mek$^{3}$tʂaŋ$^{53}$ʂən$^{13}$na$^{0}$,xei$^{53}_{44}$me$^{53}_{44}$a$^{0}$?ci$^{13}$tien$^{0}$ta$^{21}$ma$^{13}$tsiəŋ$^{53}$ke$^{53}_{44}$ɲin$^{13}$mek$^{3}$tʂaŋ$^{53}$ʂən$^{13}$na$^{0}$.ci$^{13}_{21}$iəu$^{35}$ɲin$^{13}_{21}$uɔi$^{53}_{44}$çi$^{53}_{44}$pau$^{53}$.

【谋】mei$^{13}$ 动 设法获取，多指通过不正当手段或暗地里为之：我等人屋下箇阵子有只墨盘，咁大，我唔记得哩啰，箇年做祠堂拆屋分别人家～嘿哩啰，分别人家舞走哩啰。ŋai$^{13}$tien$^{0}$ɲin$^{13}_{44}$uk$^{3}$xa$^{53}_{44}$kai$^{53}$tʂ$^{h}$ən$^{53}$tsɿ$^{0}$iəu$^{35}_{44}$tʂak$^{3}$mek$^{5}$p$^{h}$an$^{13}_{21}$,kan$^{21}$t$^{h}$ai$^{53}$,ŋai$^{13}_{21}$ŋ̍$^{13}$ci$^{53}$tek$^{3}$li$^{0}$lo$^{0}$,kai$^{53}$ɲien$^{13}_{44}$tso$^{53}$ts$^{h}$ʅ$^{13}_{21}$t$^{h}$əŋ$^{13}_{44}$ts$^{h}$ak$^{3}$uk$^{3}$pən$^{35}$p$^{h}$iet$^{5}$in$^{13}_{44}$ka$^{35}_{44}$mei$^{13}$xek$^{3}$li$^{0}$lo$^{0}$,pən$^{35}$p$^{h}$iet$^{5}$in$^{13}_{44}$ka$^{35}_{53}$u$^{21}$tsei$^{21}$li$^{0}$lo$^{0}$.

【谋生】miau$^{13}$sien$^{35}$ 动 设法寻求维持生活的门路；营求生计：靠荷担子～k$^{h}$au$^{53}$k$^{h}$ai$^{35}_{44}$tan$^{35}$tsɿ$^{0}$miau$^{13}$sien$^{35}$

【某某】miau$^{35}$miau$^{35}_{44}$ 代 指示代词。表示未指明或特别提到的人：～人坏得唔得了。miau$^{35}$miau$^{35}_{44}$ɲin$^{13}_{21}$fai$^{53}$tek$^{3}$ŋ̍$^{13}$tek$^{3}$liau$^{21}$.

【模板】mo$^{13}$pan$^{21}$ 名 模型板：用咁个～慢慢子去印 iəŋ$^{53}$kan$^{21}$ke$^{53}_{44}$mo$^{13}$pan$^{21}$man$^{53}$man$^{53}$tsɿ$^{0}$çi$^{53}_{44}$in$^{53}$

【模子】mu$^{13}$/mo$^{13}$tsɿ$^{0}$ 名 模型；模具：渠做正来～一槌哟。ci$^{13}$tso$^{53}$tʂaŋ$^{53}$lɔi$^{13}_{21}$mu$^{13}$tsɿ$^{0}$iet$^{3}$tʂ$^{h}$ei$^{13}$iau$^{0}$.｜舞只子咁个～。u$^{21}$tʂak$^{3}$tsɿ$^{0}$kan$^{21}$ke$^{53}$mo$^{13}$tsɿ$^{0}$.

【母】mu$^{35}$ 名 加在夫姓后，多用于牌位和墓碑，指已故的女性：如果系箇只夫娘子箇只婆婆子本身姓李或者姓张，你就万～李氏啊。ʮ$^{13}$ko$^{21}$xei$^{53}_{44}$kai$^{53}_{44}$tʂak$^{3}$pu$^{35}$ɲiəŋ$^{13}_{21}$tsɿ$^{0}$kai$^{53}_{44}$tʂak$^{3}$p$^{h}$o$^{13}$p$^{h}$o$^{13}_{44}$tsɿ$^{0}$pən$^{21}$ʂən$^{35}_{44}$siaŋ$^{53}$li$^{21}$xɔit$^{5}$tʂa$^{21}$siaŋ$^{53}$tʂəŋ$^{35}$,ɲi$^{13}_{21}$ts$^{h}$iəu$^{53}_{44}$uan$^{53}$mu$^{35}$li$^{21}$ʂʅ$^{53}$a$^{0}$.

【母党】mu$^{35}$təŋ$^{21}$ 名 母亲家的亲戚：～箇边一个人，本家一个人。mu$^{35}$təŋ$^{21}$kai$^{53}_{44}$pien$^{35}_{44}$iet$^{3}$ke$^{53}_{44}$ɲin$^{13}_{21}$,pən$^{21}$ka$^{35}_{44}$iet$^{3}$ke$^{53}$ɲin$^{13}_{21}$.

【母榫】mu$^{35}$sən$^{21}$ 名 榫眼。又称“眼”：最简单个，打比做张凳样，一块凳板，系啊？就爱斗四只脚。箇块坐板上嘞就打正四只眼。箇个就～。凳脚上嘞就做四只削细兜做细兜子做方来，钉下去，欸就公榫。tsei$^{53}$kan$^{21}$tan$^{35}_{44}$ke$^{53}_{44}$,ta$^{21}$pi$^{21}$tso$^{53}$tʂəŋ$^{35}_{44}$ten$^{53}$iəŋ$^{53}_{44}$,iet$^{3}$k$^{h}$uai$^{53}$tien$^{53}$pan$^{21}$,xei$^{53}$a$^{0}$?ts$^{h}$iəu$^{53}_{44}$ɔi$^{53}_{44}$tei$^{53}$si$^{53}$tʂak$^{3}$ciɔk$^{3}$.kai$^{53}_{44}$k$^{h}$uai$^{53}_{44}$ts$^{h}$o$^{35}$pan$^{21}$xəŋ$^{53}_{44}$lei$^{0}$ts$^{h}$iəu$^{53}_{44}$ta$^{21}$tʂaŋ$^{53}_{44}$si$^{53}$tʂak$^{3}$ŋan$^{21}$.kai$^{53}$e$^{0}$ts$^{h}$iəu$^{53}$mu$^{35}$sən$^{21}$.ten$^{53}$ciɔk$^{3}$xəŋ$^{53}_{44}$lei$^{0}$tsiəu$^{53}_{44}$tso$^{53}$si$^{53}$tʂak$^{3}$siɔk$^{3}$se$^{53}$tei$^{53}_{53}$tso$^{53}$se$^{53}$tei$^{53}$tsɿ$^{0}$tso$^{53}$fəŋ$^{35}$lɔi$^{13}_{21}$,taŋ$^{35}$ŋa$^{53}_{44}$çi$^{53}_{44}$,e$_{44}$ts$^{h}$iəu$^{53}_{44}$kəŋ$^{35}$sən$^{21}$.

【亩】miau$^{35}$ 量 中国市制土地面积单位，一亩约等于 667 平方米：我等人老家箇只生产队呀，七八十个子人，一百一十多～田。ŋai$^{13}$tien$^{0}$ in$^{13}_{21}$lau$^{21}$cia$^{35}_{44}$kai$^{53}_{44}$tʂak$^{3}$ sen$^{35}$tsʰan$^{21}$ti$^{53}$ia$^{0}$ ,tsʰiet$^{3}$ pait$^{3}$ ʂət$^{5}$ ke$^{53}$tsɿ$^{0}$ ɲin$^{13}$,iet$^{3}$ pak$^{3}$ iet$^{3}$ ʂət$^{5}$ to$^{35}_{44}$miau$^{35}_{44}$tʰien$^{13}_{21}$.｜以前是五担谷一～。五担谷田个面积咯，打得五担谷咁阔子，就喊一～。i$^{35}$tsʰien$^{13}_{44}$ʂɿ$^{53}_{44}$ŋ̍$^{21}$tan$^{35}$kuk$^{3}$ iet$^{3}$ miau$^{35}$.ŋ̍$^{21}$tan$^{35}$kuk$^{3}$ tʰien$^{13}$ke$^{0}$ mien$^{53}$tsiet$^{3}$ ko$^{0}$,ta$^{21}$tek$^{3}$ ŋ̍$^{21}$tan$^{35}_{44}$kuk$^{3}$ kan$^{21}$kʰɔit$^{3}$ tsɿ$^{0}$,tsiəu$^{53}_{44}$xan$^{53}$iet$^{3}$ miau$^{35}$.

【姆婆】m̩$^{35}$me$^{13}_{21}$ 名 妈妈。又称“娭子、阿婆”，旧时又称“au$^{13}$ue$^{35}$”：我正先下哩车，我就喊下～。“欸，～，以到我坐车归来哩，欸，我坐倒陈老师个车嗯一下子就归倒哩屋下。”ŋai$^{13}$ tʂaŋ$^{53}_{44}$sien$^{35}_{44}$xa$^{53}_{44}$li$^{0}$ tʂʰa$^{35}_{44}$,ŋai$^{13}$tsʰiəu$^{53}_{44}$xan$^{53}$ xa$^{53}_{44}$m̩$^{35}$me$^{13}_{21}$."e$_{21}$,m̩$^{35}$mei$^{13}_{21}$,i$^{21}$tau$^{53}$ŋai$^{13}$tsʰo$^{35}_{44}$tʂʰa$^{35}$kuei$^{35}$lɔi$^{13}_{21}$li$^{0}$ ,e$_{21}$, ŋai$^{13}_{21}$tsʰo$^{35}$tau$^{21}$tʂʰən$^{13}$nau$^{21}$sɿ$^{35}_{44}$ke$^{53}_{44}$tʂʰa$^{35}_{44}$n̩$_{21}$iet$^{3}$ xa$^{53}$tsɿ$^{0}$ tsʰiəu$^{53}_{44}$kuei$^{35}$tau$^{21}$li$^{0}$ uk$^{3}$ xa$^{53}_{44}$."

【木$_1$】muk$^{3}$ 名 木头：包倒以只～。pau$^{35}$tau$^{21}$i$^{21}$tʂak$^{3}$ muk$^{3}$.｜有滴是还用～做个噢。iəu$^{35}$tiet$^{5}$ ʂɿ$^{53}_{44}$ xai$^{13}_{21}$iəŋ$^{53}$muk$^{3}$ tso$^{53}$ke$^{53}_{44}$au$^{0}$.

【木$_2$】muk$^{3}$ 形 ①用木材制作的：以只框系～个。i$^{21}$tʂak$^{3}$ kʰuɔŋ$^{35}$xei$^{53}$muk$^{3}$ ke$^{53}$.｜有滴石门不，有滴～门不。iəu$^{35}$tet$^{3}$ ʂak$^{5}$ mən$^{13}$tən$^{21}$,iəu$^{35}$tet$^{3}$ muk$^{3}$ mən$^{13}$tən$^{21}$. ②笨拙；不灵巧：我个手真～，画得唔好看。ŋai$^{13}$ke$^{53}$ʂəu$^{21}$tʂən$^{35}$muk$^{3}$,fa$^{53}$tek$^{3}$ ŋ̍$^{13}$xau$^{21}$kʰɔn$^{53}$.

【木把】muk$^{3}$pa$^{53}$ 名 木制的把手：以个手里就拖挜手个～。ie$_{35}$(←i$^{21}$ke$^{53}$)ʂəu$^{21}$li$^{0}$ tsʰiəu$^{53}$tʰo$^{35}$ia$^{21}$ ʂəu$^{21}$ke$^{53}_{44}$muk$^{3}$pa$^{53}$.

【木板】muk$^{3}$pan$^{21}$ 名 板状的木材。又称“木板子、树板”：以块～更厚。i$^{21}$kʰuai$^{53}$muk$^{3}$pan$^{21}$ cien$^{53}$xei$^{35}$.｜渠个饭甑是用树用～子打个吵，系唔系啊？～子打。ci$^{13}$ke$^{53}_{44}$fan$^{53}$tsien$^{53}$ʂɿ$^{53}_{44}$iəŋ$^{53}_{44}$ʂəu$^{53}$ iəŋ$^{53}$muk$^{3}$pan$^{21}$tsɿ$^{0}$ ta$^{21}$kei$^{53}$ʂa$^{0}$ ,xei$^{53}$me$^{53}$a$^{0}$ ?muk$^{3}$pan$^{21}$tsɿ$^{0}$ ta$^{21}$.

【木柴】muk$^{3}$tsʰai$^{13}$ 名 用来做燃料或引火的小块木头：～烧着哩。muk$^{3}$tsʰai$^{13}$ʂau$^{35}$tʂʰɔk$^{5}$li$^{0}$.

【木荡子】muk$^{3}$tʰɔŋ$^{53}$tsɿ$^{0}$ 名 泥瓦匠用来抹灰泥的木制工具：其实是～就系更长。～。打比样，以个粉以个壁，第一轮用～。开开来，分箇个砂浆箇只，系唔系？开开来。好。渠个长处就在于更长，更大，可搞得更快呀，效率更高哇，刷哩更宽呢。但是渠不能搞得几光张子，光滑子。爱用铁荡子荡第二到嘞箇就搞光滑来。……我问哩渠等就系两只作用。两只区别。cʰi$^{13}_{21}$ʂət$^{5}$ ʂɿ$^{53}_{44}$muk$^{3}$ tʰɔŋ$^{53}$tsɿ$^{0}$ tsʰiəu$^{53}_{44}$xe$^{53}_{44}$cien$^{53}$tʂʰɔŋ$^{13}$.muk$^{3}$ tʰɔŋ$^{53}$tsɿ$^{0}$ .ta$^{21}$pi$^{21}$iəŋ$^{53}_{44}$,i$^{21}$ke$^{53}$fən$^{21}$i$^{21}$ke$^{53}$piak$^{3}$ ,tʰi$^{53}$iet$^{3}$ lən$^{13}$ iəŋ$^{53}$ muk$^{3}$ tʰɔŋ$^{53}$ tsɿ$^{0}$ .kʰɔi$^{35}$ kʰɔi$^{35}$ lɔi$^{13}_{21}$,pən$^{35}$kai$^{53}$ kei$^{53}_{21}$sa$^{35}$ tsiɔŋ$^{35}$ kai$^{53}_{44}$tʂak$^{3}$ ,xei$^{53}_{44}$me$^{53}_{44}$?kʰɔi$^{35}$ kʰɔi$^{35}$ lɔi$^{13}_{21}$.xau$^{21}$.ci$^{13}$ke$^{53}$tʂʰɔŋ$^{13}$tʂʰʮ$^{53}_{44}$tsʰiəu$^{53}_{44}$tsʰai$^{53}$vy$^{13}_{21}$cien$^{53}$tʂʰɔŋ$^{13}$,cien$^{53}_{44}$tʰai$^{53}$,kʰo$^{21}$kau$^{21}$tek$^{3}$ cien$^{53}_{44}$kʰuai$^{53}$ia$^{0}$ ,çiau$^{53}$ lit$^{3}$ cien$^{53}_{44}$kau$^{35}$ua$^{0}$ ,sɔit$^{3}$ li$^{0}$ cien$^{53}$kʰɔn$^{35}$ne$^{0}$ .tan$^{53}$ʂɿ$^{53}$ci$^{13}_{21}$pət$^{3}$ len$^{13}_{21}$kau$^{21}$tek$^{3}$ ci$^{21}$kɔŋ$^{35}$tʂɔŋ$^{35}_{44}$tsɿ$^{0}$ ,kɔŋ$^{35}$uait$^{5}$ tsɿ$^{0}$ .ɔi$^{53}$ iəŋ$^{53}$tʰiet$^{3}$ tʰɔŋ$^{53}$tsɿ$^{0}$ tʰɔŋ$^{53}_{44}$tʰi$^{53}_{44}$ɲi$^{53}$tau$^{53}_{44}$lei$^{0}$ kai$^{53}_{44}$tsʰiəu$^{53}_{44}$kau$^{21}$kɔŋ$^{35}$uait$^{5}$ lɔi$^{13}$.…ŋai$^{13}_{21}$uən$^{53}$li$^{0}$ ci$^{13}_{21}$tien$^{0}$ tsʰiəu$^{53}_{44}$xei$^{53}_{44}$ iɔŋ$^{21}$tʂak$^{3}$ tsɔk$^{3}$ iəŋ$^{53}$.iɔŋ$^{21}$tʂak$^{3}$ tʂʰʮ$^{35}$pʰiek$^{5}_{3}$.

【木碓】muk$^{3}$tɔi$^{53}$ 名 碓身是用木材做成的碓，多指木制的手碓：欸，～嘞指个就系箇起手碓子嘞箇就。用手去挖个呢。渠也爱一只碓臼，箇个碓臼就可以系木个，也可以系以只最多嘞就系石头个。e$_{44}$,muk$^{3}$ tɔi$^{53}$lei$^{0}$ tʂɿ$^{21}$ke$^{53}_{44}$tsʰiəu$^{53}$xe$^{53}_{44}$kai$^{53}$çi$^{21}$ʂəu$^{21}$tɔi$^{53}$tsɿ$^{0}$ lei$^{0}$ kai$^{53}_{44}$tsiəu$^{53}_{44}$.iəŋ$^{53}$ʂəu$^{21}$çi$^{53}$uait$^{3}$ ke$^{53}$nei$^{0}$ .ci$^{13}_{21}$ia$^{35}$ɔi$^{53}$iet$^{3}$ tʂak$^{3}$ tɔi$^{53}$cʰiəu$^{35}$,kai$^{53}_{21}$e$^{0}$ tɔi$^{53}$cʰiəu$^{35}$tsʰiəu$^{53}$kʰo$^{21}$i$^{35}_{44}$xe$^{53}$muk$^{3}$ ke$^{53}$,ia$^{35}$kʰo$^{21}$i$^{35}_{44}$xei$^{53}$i$^{21}$ (tʂ)ak$^{3}$ tsei$^{53}$to$^{35}_{44}$lei$^{0}$ tsʰiəu$^{53}_{44}$xei$^{53}_{44}$ʂak$^{5}$ tʰei$^{13}_{21}$ke$^{53}$.

【木耳】muk$^{3}$ɲi$^{21}$ 名 一种长在朽木上的食用真菌：我等经常买黑～食。以个是本来是乌～，我等客姓人是应该话乌～，但是以前冇得咁个东西。以前有，～有，冇得咁多，冇么人去栽，只有去岭上捡，捡倒食唔赢就去焐，焐燥来，就系就成哩～干呐，系唔系？以下是就有卖了，箇唔系就跟倒喊黑哩，安做黑～。ŋai$^{13}$tien$^{0}$ cin$^{35}$tʂʰɔŋ$^{13}_{21}$mai$^{35}$xek$^{3}$ muk$^{3}$ ɲi$^{21}$ʂət$^{5}$ .i$^{21}$ke$^{53}$ʂɿ$^{53}$pən$^{21}$nɔi$^{13}$ʂɿ$^{53}_{44}$ u$^{35}$muk$^{3}$ ɲi$^{21}$,ŋai$^{13}$tien$^{0}$ kʰak$^{3}$ sin$^{53}$ɲin$^{13}_{21}$ʂɿ$^{53}_{21}$in$^{35}_{44}$kɔi$^{35}_{44}$ua$^{53}$u$^{35}$muk$^{3}$ ɲi$^{21}$,tan$^{53}_{44}$ʂɿ$^{53}_{44}$i$^{35}_{44}$tsʰien$^{13}_{21}$mau$^{13}$tek$^{3}$ kan$^{21}$ke$^{53}_{44}$təŋ$^{35}_{44}$ si$^{0}$ .i$^{35}$tsʰien$^{13}_{21}$iəu$^{35}$,muk$^{3}$ ɲi$^{21}$ iəu$^{35}$,mau$^{13}$tek$^{3}$ kan$^{21}$to$^{35}$,mau$^{13}$mak$^{3}$ ɲin$^{13}_{44}$çi$^{53}$tsɔi$^{35}$,tʂɿ$^{21}$ iəu$^{35}_{53}$çi$^{53}$liaŋ$^{35}$xɔŋ$^{53}$ cian$^{21}$,cian$^{21}$tau$^{21}$ʂət$^{5}$ n̩$^{13}_{21}$iaŋ$^{13}$tsʰiəu$^{53}$çi$^{53}$xɔk$^{3}$ ,xɔk$^{3}$ tsau$^{35}_{44}$lɔi$^{13}_{21}$,tsiəu$^{53}_{44}$xei$^{53}_{44}$tsiəu$^{53}$ʂaŋ$^{13}_{21}$li$^{0}$ muk$^{3}$ ɲi$^{13}_{21}$kɔn$^{35}$na$^{0}$ ,xei$^{53}$ me$^{53}_{44}$?i$^{21}$xa$^{53}_{44}$ʂɿ$^{53}_{44}$tsʰiəu$^{53}_{44}$iəu$^{35}$mai$^{53}$liau$^{0}$ ,kai$^{53}_{44}$m̩$^{13}$pʰe$^{53}_{44}$tsʰiəu$^{53}_{44}$cien$^{35}$tau$^{53}$xan$^{53}$(x)ek$^{3}$ li$^{0}$ ,ɔn$^{35}_{44}$tso$^{53}_{44}$xek$^{3}$ muk$^{3}$ ɲi$^{21}$.

【木耳菜】muk$^{3}$ɲi$^{21}$tsʰɔi$^{53}$ 名 落葵的俗称。又称“湖藤菜”：箇起是～哩。箇叶子痞厚呀。打汤食啦。也系以咁多年正有。kai$^{53}_{44}$çi$^{21}_{44}$ʂɿ$^{53}_{44}$muk$^{3}$ ɲi$^{21}$tsʰɔi$^{53}_{44}$li$^{0}$ .kai$^{53}_{44}$iait$^{5}$ tsɿ$^{0}$ tek$^{5}$ xei$^{35}$ia$^{0}$ .ta$^{21}$tʰɔŋ$^{35}$ʂət$^{5}$ la$^{0}$ .ia$^{35}$ xei$^{53}$i$^{21}$kan$^{21}$to$^{35}_{44}$ɲien$^{13}_{21}$tʂaŋ$^{53}$iəu$^{35}$.

【木瓜】muk$^{3}$kua$^{35}$ 名 一种落叶灌木或小乔木，其果实椭圆形，性温，色黄，气香，可食，亦可供药用：蛮好食嘞木瓜酒，～浸个酒哇。man$^{13}_{21}$xau$^{21}$ʂət$^{5}$ le$^{0}$ muk$^{3}$ kua$^{35}_{44}$tsiəu$^{21}$,muk$^{3}$ kua$^{35}_{44}$tsin$^{53}$ke$^{53}_{44}$ tsiəu$^{21}$ua$^{0}$.

【木瓜酒】muk$^{3}$kua$^{35}_{44}$tsiəu$^{21}$ [名]用木瓜浸泡的酒：～也唔系用木瓜酿个酒嘞，只系用木瓜浸个酒嘞。muk$^{3}$ku$^{35}_{44}$tsiəu$^{21}$ia$^{35}_{44}$m̩$^{13}_{21}$p$^{h}$e$_{44}$(←xe$^{53}$)iəŋ$^{53}$muk$^{3}$kua$^{35}_{44}$ɲiəŋ$^{53}$ke$^{53}_{44}$tsiəu$^{21}$le$^{0}$,tʂʅ$^{21}$xe$^{53}$iəŋ$^{53}$muk$^{3}$kua$^{35}_{44}$tsin$^{53}$ke$^{53}_{44}$tsiəu$^{21}$le$^{0}$.

【木匠】muk$^{3}$siəŋ$^{53}$ [名]制作或修理木器的工匠：～个祖师就鲁班吵。muk$^{3}$siəŋ$^{53}_{44}$ke$^{53}_{44}$tsəu$^{21}$sʅ$^{35}$ts$^{h}$iəu$^{53}_{44}$ləu$^{21}$pan$^{35}_{44}$ʂa$^{0}$.

【木匠师傅】muk$^{3}$ts$^{h}$iəŋ$^{53}_{44}$sʅ$^{35}_{44}$fu$^{53}_{44}$ 对木匠的尊称：请倒～做个 ts$^{h}$iaŋ$^{21}$tau$^{21}$muk$^{3}$ts$^{h}$iəŋ$^{53}_{44}$sʅ$^{35}_{44}$fu$^{53}_{44}$tso$^{53}$ke$^{53}_{21}$

【木马】muk$^{3}$ma$^{35}$ [名]一种木工器具，木头十字架的中心垂直钉入一根木棍，使用时十字架的两个角和垂直木棍的远端三点着地：木匠师傅同别人家做屋，一进场嘞就先做正两只～，锯两筒树做成只～。箇就唔得带倒来啦，上下屋个就会带，或者你本家有～个，就唔爱做，唔系是一般都做两只，自家走嘿架势就做两只～。muk$^{3}$ts$^{h}$iəŋ$^{53}_{44}$sʅ$^{35}_{44}$fu$^{53}_{44}$t$^{h}$əŋ$^{13}_{21}$p$^{h}$iet$^{5}_{3}$in$^{13}_{44}$ka$^{35}_{44}$tso$^{53}$uk$^{3}$,iet$^{3}$tsin$^{53}$tʂ$^{h}$əŋ$^{13}_{21}$lei$^{0}$tsiəu$^{53}_{21}$sien$^{35}$tso$^{53}$tʂaŋ$^{53}$iəŋ$^{21}$tʂak$^{3}$muk$^{3}$ma$^{35}_{44}$,cie$^{53}$iəŋ$^{21}$t$^{h}$əŋ$^{13}$ʂəu$^{53}$tso$^{53}$ʂaŋ$^{13}_{21}$tʂak$^{3}$muk$^{3}$ma$^{35}_{53}$.kai$^{53}$ts$^{h}$iəu$^{53}$n̩$^{13}_{21}$tek$^{3}$tai$^{53}$tau$^{21}$ləi$^{13}_{21}$la$^{0}$,ʂəŋ$^{53}$xa$^{35}$uk$^{3}$ke$^{53}_{44}$ts$^{h}$iəu$^{53}_{44}$uəi$^{53}_{44}$tai$^{53}_{44}$,xəit$^{5}$tʂa$^{21}$ɲi$^{13}_{21}$pən$^{21}$ka$^{35}_{44}$iəu$^{35}$muk$^{3}$ma$^{35}_{44}$ke$^{53}$,ts$^{h}$iəu$^{53}_{44}$m̩$^{13}_{21}$məi$^{53}_{44}$tso$^{53}$,m̩$^{13}$p$^{h}$ei$^{53}$ʂʅ$^{53}_{21}$iet$^{3}$pən$^{35}$təu$^{35}_{44}$tso$^{53}$iəŋ$^{21}$tʂak$^{3}$,ts$^{h}$ʅ$^{35}$ka$^{35}_{44}$tsei$^{21}$(x)ek$^{3}$cia$^{53}$ʂʅ$^{53}_{44}$ts$^{h}$iəu$^{53}_{44}$tso$^{53}$iəŋ$^{21}$tʂak$^{3}$muk$^{3}$ma$^{35}_{44}$.

【木面盆】muk$^{3}$mien$^{53}$p$^{h}$ən$^{13}$ [名]木脸盆，有用木板拼成的，也有圆木挖成的：～又箇个来，～又有两种呐。一种就同箇个请倒木匠师傅做个，打圆木个，打圆木做个。还有种挖出来个。一种就系一块一块子个板子拼裁成个，就同打下做水桶箇样咁子拼裁成个。还有种就挖出来个面盆。箇就有几大子。箇也就都安做～呶。muk$^{3}$mien$^{53}$p$^{h}$ən$^{13}_{21}$iəu$^{53}$kai$^{53}$cie$^{53}$lai$^{0}$,muk$^{3}$mien$^{53}$p$^{h}$ən$^{13}_{21}$iəu$^{53}_{44}$iəu$^{35}$iəŋ$^{21}$tʂəŋ$^{21}$na$^{0}$.iet$^{3}$tʂəŋ$^{21}$ts$^{h}$iəu$^{53}$t$^{h}$əŋ$^{13}_{21}$kai$^{53}_{44}$kei$^{53}_{44}$ts$^{h}$iaŋ$^{21}$tau$^{21}$muk$^{3}$ts$^{h}$iəŋ$^{53}_{44}$sʅ$^{35}_{44}$fu$^{53}_{44}$tso$^{53}$ke$^{53}_{21}$,ta$^{21}$ien$^{13}$muk$^{3}$ke$^{53}$,ta$^{21}$ien$^{13}$muk$^{3}$tso$^{53}$ke$^{53}$.xai$^{13}_{21}$iəu$^{35}$tʂəŋ$^{21}$ua$^{35}$tʂ$^{h}$ət$^{5}$ləi$^{13}_{21}$ke$^{53}_{21}$.iet$^{3}$tʂəŋ$^{21}$ts$^{h}$iəu$^{53}$xei$^{53}$iet$^{3}$k$^{h}$uai$^{53}$iet$^{3}$k$^{h}$uai$^{53}$tsʅ$^{0}$ke$^{53}_{44}$pan$^{21}$tsʅ$^{0}$p$^{h}$in$^{35}$ts$^{h}$ai$^{13}_{21}$ʂaŋ$^{13}_{44}$ke$^{53}$,ts$^{h}$iəu$^{53}_{44}$t$^{h}$əŋ$^{13}_{21}$ta$^{21}$xa$^{53}_{21}$tso$^{53}$ʂei$^{21}$t$^{h}$əŋ$^{21}$kai$^{53}_{44}$iəŋ$^{53}_{44}$kan$^{21}$tsʅ$^{0}$p$^{h}$in$^{35}$ts$^{h}$ai$^{13}_{21}$ʂaŋ$^{13}_{44}$ke$^{53}$.xai$^{13}_{21}$iəu$^{35}_{53}$tʂəŋ$^{21}$ts$^{h}$iəu$^{53}_{44}$ua$^{35}$tʂ$^{h}$ət$^{5}$ləi$^{13}_{21}$ke$^{53}_{44}$mien$^{53}$p$^{h}$ən$^{13}_{21}$.kai$^{53}$ts$^{h}$iəu$^{53}$mau$^{13}_{21}$ci$^{21}$t$^{h}$ai$^{53}$tsʅ$^{0}$.kai$^{53}$ia$^{35}_{21}$tsiəu$^{53}$təu$^{35}$ən$^{35}_{44}$tso$^{53}_{44}$muk$^{3}$mien$^{53}$p$^{h}$ən$^{13}_{21}$nau$^{0}$.

【木脑】muk$^{3}$lau$^{21}$ [名]①木偶：～哇欸就做两只箇～，用人去提，系唔系？muk$^{3}$lau$^{21}$ua$^{0}$e$_{21}$ts$^{h}$iəu$^{53}$tso$^{53}$iəŋ$^{21}$tʂak$^{3}$kai$^{53}$muk$^{3}$lau$^{21}$,iəŋ$^{53}$ɲin$^{13}$çi$^{53}_{44}$t$^{h}$ia$^{35}$,xei$^{53}$me$^{53}$? ②喻指任人摆布的人：有兜嘞就分箇人呐自家冇得主见，尽掺别人家提个，尽系听别人家指挥个人，“箇你箇只箇～”。iəu$^{35}$te$^{35}_{53}$lei$^{0}$ts$^{h}$iəu$^{53}$pən$^{35}_{44}$kai$^{53}_{44}$ɲin$^{13}$na$^{0}$sʅ$^{35}$ka$^{35}_{44}$mau$^{13}$te$^{35}_{53}$tʂəu$^{21}$cien$^{53}$,ts$^{h}$in$^{53}$nau$^{35}_{44}$p$^{h}$iet$^{5}$in$^{13}_{44}$ka$^{35}_{44}$t$^{h}$ia$^{35}$kei$^{53}$,ts$^{h}$in$^{53}$ne$^{53}_{44}$t$^{h}$aŋ$^{35}$p$^{h}$iet$^{5}$in$^{13}_{21}$ka$^{35}_{44}$tʂʅ$^{21}$fei$^{35}_{44}$ke$^{53}_{44}$ɲin$^{13}_{21}$,"kai$^{53}_{44}$ɲi$^{13}_{21}$kai$^{53}$tʂak$^{3}$kai$^{53}$muk$^{3}$lau$^{21}$".

【木脑戏】muk$^{3}$lau$^{21}$çi$^{53}$ [名]木偶戏：欸，以前乌石箇映子，我等教过书个箇映子有只姜绍祥，渠就会唱～。我一直都赠看过嘞，以下就箇只人也死嘿哩。八九十岁了死嘿。渠就系会唱～，好像上东乡都只有渠。欸，除嘿箇起木脑是唔爱别么个几多道具唠。欸，就系一块子白布吧。我都唔多晓得，唔多晓得了。锣鼓栅齐，渠一个人打得一堂锣鼓，渠一个人呐打堂锣鼓，打鼓，打□钹，手哇脚啊，嘴巴就唱，箇我就听讲嘞，听过嘞。渠一个人打堂子锣鼓就看过，看渠打过锣鼓。欸，一面子钞，脚底下就脚趾子就佮只钞，佮倒箇□钹呀咁子□，脚趾就佮只钞。欸，以只脚嘞就舞只锣槌，踩下踩哩就打锣。打鼓就有办法嘞，爱一双手打。嘴里就唱。箇是渠～是有兜箇唔止一个人呶，只系话渠一个人打得一堂锣鼓唠，欸我就看渠打过。e$_{21}$,i$^{35}_{53}$ts$^{h}$ien$^{13}_{44}$u$^{35}$ʂak$^{5}$kai$^{53}_{44}$iaŋ$^{53}_{44}$tsʅ$^{0}$,ŋai$^{13}_{21}$tien$^{0}$kau$^{35}_{44}$ko$^{53}_{44}$ʂəu$^{35}$ke$^{53}$kai$^{53}_{44}$iaŋ$^{53}_{44}$tsʅ$^{0}$iəu$^{35}_{44}$tʂak$^{3}$ciəŋ$^{35}$ʂau$^{53}$siəŋ$^{13}$,ci$^{13}_{21}$ts$^{h}$iəu$^{53}$uəi$^{53}$tʂ$^{h}$əŋ$^{53}$muk$^{3}$lau$^{21}$çi$^{53}$.ŋai$^{13}$iet$^{3}$tʂ$^{h}$ət$^{5}$təu$^{35}_{53}$maŋ$^{13}$k$^{h}$ən$^{53}$ko$^{53}_{44}$lei$^{0}$,i$^{21}$xa$^{53}_{44}$ts$^{h}$iəu$^{53}_{44}$kai$^{53}$tʂak$^{3}$ɲin$^{13}$na$^{35}_{53}$si$^{21}$xek$^{3}$li$^{0}$.pait$^{3}$ciəu$^{21}$ʂət$^{5}$səi$^{53}$liau$^{0}$si$^{21}$xek$^{3}$.ci$^{13}_{21}$ts$^{h}$iəu$^{53}$xe$^{53}_{44}$uəi$^{53}$tʂ$^{h}$əŋ$^{53}$muk$^{3}$lau$^{21}$çi$^{53}$,xau$^{21}$ts$^{h}$iəŋ$^{53}$ʂəŋ$^{53}$təŋ$^{35}_{44}$çiəŋ$^{35}_{44}$təu$^{35}_{53}$tʂʅ$^{21}$iəu$^{35}_{53}$ci$^{13}_{21}$.e$_{21}$,tʂ$^{h}$əu$^{13}$xek$^{3}$kai$^{53}$çi$^{21}_{44}$muk$^{3}$lau$^{21}$ʂʅ$^{53}_{44}$m̩$^{13}_{21}$məi$^{53}_{44}$p$^{h}$iet$^{5}$mak$^{3}$e$^{0}$ci$^{21}$(t)o$^{35}$t$^{h}$au$^{53}_{44}$tʂʮ$^{53}_{44}$lau$^{0}$.e$_{21}$,ts$^{h}$iəu$^{53}_{44}$xei$^{53}_{44}$iet$^{3}$k$^{h}$uai$^{53}$tsʅ$^{0}$p$^{h}$ak$^{5}$pu$^{53}_{44}$pa$^{0}$.ŋai$^{13}$təu$^{35}_{53}$n̩$^{13}_{21}$to$^{35}_{53}$çiau$^{21}$tek$^{3}$,n̩$^{13}_{21}$to$^{35}_{53}$çiau$^{21}$tek$^{3}$liau$^{0}$.lo$^{13}$ku$^{21}$tsait$^{5}$ts$^{h}$e$^{13}_{21}$,ci$^{13}$iet$^{3}$ke$^{53}$ɲin$^{13}_{21}$ta$^{21}$tek$^{3}$iet$^{3}$t$^{h}$əŋ$^{13}_{44}$lo$^{13}$ku$^{21}$,ci$^{13}$iet$^{3}$cie$^{53}$ɲin$^{13}_{21}$na$^{0}$ta$^{21}$t$^{h}$əŋ$^{13}$lo$^{13}$ku$^{21}$,ta$^{21}$ku$^{21}$,ta$^{21}$ts$^{h}$iet$^{5}$pait$^{5}$,ʂəu$^{21}$ua$^{0}$ciək$^{3}$a$^{0}$,tsi$^{21}$pa$^{35}$ts$^{h}$iəu$^{53}_{44}$tʂ$^{h}$əŋ$^{53}$,kai$^{53}$ŋai$^{13}_{21}$ts$^{h}$iəu$^{53}_{44}$t$^{h}$aŋ$^{35}$kəŋ$^{21}$lei$^{0}$,t$^{h}$aŋ$^{35}$ko$^{53}$lei$^{0}$.ci$^{13}$iet$^{3}$ke$^{53}$ɲin$^{13}_{21}$ta$^{21}$t$^{h}$əŋ$^{13}$tsʅ$^{0}$lo$^{13}$ku$^{21}$ts$^{h}$iəu$^{53}_{44}$k$^{h}$ən$^{53}$ko$^{53}$,k$^{h}$ən$^{53}$ci$^{13}_{21}$ta$^{21}$ko$^{53}$lo$^{13}$ku$^{21}$.e$_{21}$,iet$^{3}$mien$^{53}$tsʅ$^{0}$ts$^{h}$au$^{35}$,ciək$^{3}$tei$^{21}$xa$^{53}$ts$^{h}$iəu$^{53}$ciək$^{3}$tʂʅ$^{21}$tsʅ$^{0}$ts$^{h}$iəu$^{53}$kait$^{3}$tʂak$^{3}$ts$^{h}$au$^{35}$,kait$^{3}$tau$^{21}$kai$^{53}_{44}$ts$^{h}$iet$^{5}$p$^{h}$ait$^{3}$ia$^{0}$kan$^{3}$ts$^{h}$ʅ$^{0}$ts$^{h}$et$^{5}$,ciək$^{3}$tʂʅ$^{21}$tsiəu$^{53}$kait$^{3}$tʂak$^{3}$ts$^{h}$au$^{35}$.e$_{21}$,i$^{21}$tʂak$^{3}$ciək$^{3}$lei$^{0}$ts$^{h}$iəu$^{53}$u$^{21}$tʂak$^{3}$lo$^{13}$tʂ$^{h}$ei$^{13}$,ts$^{h}$ai$^{21}$ia$^{53}$ts$^{h}$ai$^{21}$li$^{0}$ts$^{h}$iəu$^{53}$ta$^{21}$lo$^{13}$.ta$^{21}$ku$^{21}$ts$^{h}$iəu$^{53}$mau$^{13}$p$^{h}$an$^{53}$fait$^{3}$lei$^{0}$,əi$^{53}$iet$^{3}$səŋ$^{35}$ʂəu$^{21}$ta$^{21}$.tʂəi$^{53}$li$^{0}$tsiəu$^{53}_{44}$tʂ$^{h}$əŋ$^{53}$.kai$^{53}_{44}$ʂʅ$^{53}_{44}$ci$^{13}_{44}$muk$^{3}$lau$^{21}$çi$^{53}$ʂʅ$^{53}_{44}$iəu$^{35}$te$^{35}_{53}$kai$^{53}$n̩$^{13}$tʂʅ$^{21}$iet$^{3}$cie$^{53}$ɲin$^{13}$nau$^{0}$,tʂʅ$^{21}$xei$^{53}$ua$^{53}$ci$^{13}$iet$^{3}$cie$^{53}$ɲin$^{13}_{21}$ta$^{21}$tek$^{3}$iet$^{3}$t$^{h}$əŋ$^{13}_{21}$lo$^{13}$ku$^{21}$lau$^{0}$,e$_{21}$ŋai$^{13}$ts$^{h}$iəu$^{53}$k$^{h}$ən$^{53}$ci$^{13}_{44}$ta$^{21}$ko$^{53}$.

【木牛牯】muk$^{3}$ɲiəu$^{13}_{44}$ku$^{21}$ 名一种鱼，长六七公分，不灵活：～，欸，有，系，～。𫠨看过，我只晓得渠等讲过。muk$^{3}$ɲiəu$^{13}_{44}$ku$^{21}$,ei$_{21}$,iəu$^{35}_{44}$,xe$^{53}_{44}$,muk$^{3}$ɲiəu$^{13}_{44}$ku$^{21}$.maŋ$^{13}$kʰɔn$^{53}$ko$^{53}_{44}$,ŋai$^{13}_{21}$tʂʅ$^{21}$çiau$^{21}$tek$^{3}$ci$^{13}$tien$^{0}$kɔŋ$^{21}$ko$^{53}_{44}$.

【木片】muk$^{3}$pʰien$^{53}$ 名用木材加工成的片状物：或者竹片个，或者～个。xɔit$^{5}$tʂa$^{21}$tʂəuk$^{3}$pʰien$^{53}_{44}$ke$^{53}_{44}$,xɔit$^{5}$tʂa$^{21}$muk$^{3}$pʰien$^{53}_{44}$ke$^{53}_{44}$.

【木沙发】muk$^{3}$sa$^{35}$fait$^{3}$ 名形如沙发的木制长坐具：欸，我等一张箇个～呀，冷天坐倒箇～就有兜子冷人呶，就放只垫子，沙发垫子。e$_{21}$,ŋai$^{13}_{21}$tien$^{0}$iet$^{3}$tʂɔŋ$^{35}_{44}$kai$^{53}_{44}$ke$^{53}_{44}$muk$^{3}$sa$^{35}_{44}$fait$^{3}$ia$^{0}$,laŋ$^{35}$tʰien$^{35}_{44}$tsʰo$^{35}$tau$^{21}$kai$^{53}$muk$^{3}$sa$^{35}_{44}$fait$^{3}$tsʰiəu$^{53}_{44}$iəu$^{35}$tei$^{35}_{53}$tsʅ$^{0}$laŋ$^{35}$ɲin$^{13}_{21}$nau$^{0}$,tsʰiəu$^{53}_{44}$fɔŋ$^{53}$tʂak$^{3}$tʰian$^{53}$tsʅ$^{0}$,sa$^{35}$fait$^{3}$tʰian$^{53}$tsʅ$^{0}$.

【木勺】muk$^{3}$ʂɔk$^{5}$ 名用木头挖成的舀具：～，欸，我等以前有。有卖咯，以前箇街上有卖咯，就系用松树挖个嘞。大大细细。以前个勺硬箇个咯，箇阵子硬是卖～咯。以下子从有哩塑料个了，有哩箇个塑料个了，冇得哩，箇只东西冇得哩。～用来舀水呀，箇大～嘞到缸里舀哇。细勺子也有哇，细滴子个咁大子个勺子也有哇，大个咁大个勺也有。muk$^{3}$ʂɔk$^{5}$,e$_{21}$,ŋai$^{13}$tien$^{0}$i$^{35}_{44}$tsʰien$^{13}_{21}$iəu$^{35}$.iəu$^{35}$mai$^{53}$ko$^{0}$,i$^{35}$tsʰien$^{13}_{21}$kai$^{53}_{44}$kai$^{35}_{44}$xɔŋ$^{53}_{44}$iəu$^{35}$mai$^{53}$ko$^{0}$,tsʰiəu$^{53}$xei$^{53}_{44}$iəŋ$^{53}$tsʰəŋ$^{13}$ʂəu$^{53}$ua$^{35}$ke$^{53}$lei$^{0}$.tʰai$^{53}$tʰai$^{53}_{44}$se$^{53}$se$^{53}$.i$^{35}_{53}$tsʰien$^{13}_{21}$ke$^{53}_{44}$ʂɔk$^{5}$ɲiaŋ$^{53}$kai$^{53}$ke$^{53}_{44}$ko$^{0}$,kai$^{53}$tʂʰən$^{53}$tsʅ$^{0}$ɲiaŋ$^{53}$ʂʅ$^{53}_{44}$mai$^{53}$muk$^{3}$ʂɔk$^{5}$ko$^{0}$.i$^{21}$xa$^{53}$tsʅ$^{0}$tsʰəŋ$^{13}_{21}$iəu$^{35}$li$^{0}$sɔk$^{3}$liau$^{53}_{44}$ke$^{53}$liau$^{0}$,iəu$^{35}$li$^{0}$kai$^{53}_{44}$ke$^{53}_{44}$sɔk$^{3}$liau$^{53}_{44}$ke$^{53}$liau$^{0}$,mau$^{13}_{21}$tek$^{3}$li$^{0}$,kai$^{53}_{44}$tʂak$^{3}$təŋ$^{35}_{44}$si$^{0}$mau$^{13}_{21}$tek$^{3}$li$^{0}$.muk$^{3}$ʂɔk$^{5}$iəŋ$^{53}$lɔi$^{13}_{21}$iau$^{21}$ʂei$^{21}$ia$^{0}$,kai$^{53}_{44}$tʰai$^{53}$muk$^{3}$ʂɔk$^{5}$le$^{0}$tau$^{53}_{44}$kɔŋ$^{35}$li$^{21}$iau$^{21}$ua$^{0}$.sei$^{53}$ʂɔk$^{5}$tsʅ$^{0}$ia$^{35}_{44}$iəu$^{35}_{44}$ua$^{0}$,sei$^{53}$tiet$^{5}$tsʅ$^{0}$ke$^{0}$kan$^{21}_{13}$tʰai$^{53}$tsʅ$^{0}$ke$^{0}$ʂɔk$^{5}$tsʅ$^{0}$a$^{35}_{44}$iəu$^{35}$ua$^{0}$,tʰai$^{53}$cie$^{53}_{44}$kan$^{21}$tʰai$^{53}_{44}$ke$^{53}_{44}$ʂɔk$^{5}$a$^{35}_{44}$iəu$^{35}_{44}$.

【木锁】muk$^{3}$so$^{21}$ 名木质的锁：渠门闩肚里有滴有锁，门闩肚里。渠个门闩肚里，哈，讲起门闩肚里个锁，渠就让门子嘞？渠其实就系一只咁个东西肚里咯，渠箇，箇东西嘞，其实嘞就系一只么个嘞？渠肚里以映子舞只缺，舞只缺啊，只眼呐。箇东西，当箇个东西游过来个时候子，正好跌下以只眼肚里。跌下以只眼肚箇里，就坐稳哩。只爱拿倒么东西顶下上去，一拔嘿过去，箇东西就打开来哩箇个锁就。箇～就渠个保密效果就非常差。那就最容易舞开来。ci$^{13}_{21}$mən$^{13}$tsʰɔn$^{35}_{44}$təu$^{21}$li$^{0}$iəu$^{35}$tet$^{5}$iəu$^{35}$so$^{21}$,mən$^{13}$tsʰɔn$^{35}_{44}$təu$^{21}$li$^{0}$.ci$^{13}$ke$^{53}_{44}$mən$^{13}$tsʰɔn$^{35}_{44}$təu$^{21}$li$^{0}$,xa$_{53}$,kɔŋ$^{21}$çi$^{21}_{44}$mən$^{13}$tsʰɔn$^{35}_{44}$təu$^{21}$li$^{0}$ke$^{53}_{44}$so$^{21}$,ci$^{13}$tsʰiəu$^{53}_{44}$ɲiɔŋ$^{53}$mən$^{13}$tsʅ$^{0}$lei$^{0}$?ci$^{13}$cʰi$^{13}_{21}$ʂət$^{5}$tsʰiəu$^{53}$xei$^{53}_{44}$iet$^{3}$tʂak$^{3}$kan$^{21}$ke$^{53}_{44}$təŋ$^{35}_{44}$si$^{0}$təu$^{21}$li$^{0}$ko$^{0}$,ci$^{13}$kai$^{53}$,kai$^{53}_{44}$təŋ$^{35}$si$^{0}$lei$^{0}$,cʰi$^{13}_{21}$ʂət$^{5}_{3}$lei$^{0}$tsʰiəu$^{53}$xei$^{53}$iet$^{3}$tʂak$^{3}$mak$^{3}$(k)e$^{53}_{44}$lei$^{0}$?ci$^{13}$təu$^{21}$li$^{0}$i$^{21}$iaŋ$^{53}_{44}$tsʅ$^{0}$u$^{21}$tʂak$^{3}$cʰiek$^{3}$,u$^{21}$tʂak$^{3}$cʰiek$^{3}$a$^{0}$,tʂak$^{3}$ŋan$^{21}$na$^{0}$.kai$^{53}$təŋ$^{35}_{44}$si$^{0}$,tɔŋ$^{35}$kai$^{53}_{21}$ke$^{53}_{21}$təŋ$^{35}_{44}$si$^{0}$iəu$^{13}$ko$^{53}$lɔi$^{13}_{21}$ke$^{53}_{44}$ʂʅ$^{13}$xei$^{53}$tsʅ$^{0}$,tʂən$^{53}$xau$^{21}$tet$^{3}$(x)a$^{53}$i$^{21}$tʂak$^{3}$ŋan$^{21}$təu$^{21}$li$^{0}$.tet$^{3}$(x)a$^{53}$i$^{21}$tʂak$^{3}$ŋan$^{21}$təu$^{21}$kai$^{53}_{21}$li$^{0}$,tsʰiəu$^{53}_{44}$tsʰo$^{35}$uən$^{21}$ni$^{0}$.tʂʅ$^{21}$ɔi$^{53}_{44}$lak$^{5}$tau$^{21}$mak$^{3}$(t)əŋ$^{35}_{44}$si$^{0}$tin$^{21}$na$_{44}$(←xa$^{53}$)ʂɔŋ$^{53}_{44}$çi$^{53}_{44}$,iet$^{3}$pɔit$^{3}$(x)ek$^{3}_{5}$ko$^{53}$çi$^{53}_{44}$,kai$^{53}_{21}$təŋ$^{35}_{44}$si$^{0}$tsʰiəu$^{53}_{44}$ta$^{21}$kʰɔi$^{35}_{44}$lɔi$^{13}_{21}$li$^{0}$kai$^{53}_{44}$ke$^{53}_{44}$so$^{21}$tsʰiəu$^{53}_{44}$.kai$^{53}$muk$^{3}$so$^{21}$tsʰiəu$^{53}$ci$^{13}$ke$^{53}_{44}$pau$^{21}$miet$^{5}$çiau$^{53}$ko$^{21}$tsʰiəu$^{53}$fei$^{35}$ʂɔŋ$^{13}_{21}$tsʰa$^{53}$.na$^{53}_{21}$tsiəu$^{53}_{44}$tsei$^{53}$iəŋ$^{13}_{21}$i$^{53}$u$^{21}$kʰɔi$^{35}_{44}$lɔi$^{13}_{44}$.

【木炭】muk$^{3}$tʰan$^{53}$ 名木材在隔绝空气的条件下干馏得到的东西。又称“响炭”：（炼焦）就系用煤去同箇暗炭子样啊，烧～样。tsʰiəu$^{53}$uei$^{53}$iəŋ$^{53}$mei$^{13}$çi$^{53}_{44}$tʰəŋ$^{13}_{21}$kai$^{53}_{44}$an$^{53}$tʰan$^{53}$tsʅ$^{0}$iɔŋ$^{53}$ŋa$^{0}$,ʂau$^{35}$muk$^{3}$tʰan$^{53}$iɔŋ$^{53}_{21}$.

【木套笼】muk$^{3}$tʰau$^{53}$ləŋ$^{21}$ 名木制的挑箱，用来装衣物，常用作嫁妆：套笼嘞木做个多唠。有篾套笼噢，～。tʰau$^{53}$ləŋ$^{21}$le$^{0}$muk$^{3}$tso$^{53}$ke$^{53}_{44}$to$^{35}_{44}$lau$^{0}$.iəu$^{35}_{44}$miet$^{5}$tʰau$^{53}_{44}$ləŋ$^{21}$ŋau$^{0}$,muk$^{3}$tʰau$^{53}$ləŋ$^{21}$.

【木桶】muk$^{3}$tʰəŋ$^{21}$ 名木制圆筒状容器：从前只有～啊，冇得塑料桶。tsʰəŋ$^{13}$tsʰien$^{13}_{21}$tʂe$^{21}$iəu$^{35}_{53}$muk$^{3}$tʰəŋ$^{21}$ŋa$^{0}$,mau$^{13}$tek$^{3}$sɔk$^{3}$liau$^{53}$tʰəŋ$^{21}$.

【木拖板】muk$^{3}$tʰo$^{35}_{44}$pan$^{21}$ 名木屐：安做～，我等都着过嘞，自家做。箇就跌死人呢，溜滑嘞。ɔn$^{35}_{44}$tso$^{53}_{44}$muk$^{3}$tʰo$^{35}$pan$^{21}$,ŋai$^{13}_{21}$tien$^{0}$təu$^{35}_{44}$tʂɔk$^{3}$ko$^{53}$lei$^{0}$,tsʰʅ$^{35}$ka$^{35}_{44}$tso$^{53}$.(k)ai$^{53}$tsiəu$^{53}_{44}$tet$^{3}$si$^{21}$ɲin$^{13}$ne$^{0}$,liəu$^{53}$uait$^{5}$le$^{0}$.

【木坨】muk$^{3}$tʰo$^{13}$ 名块状的木头。有“ABB”重叠式：放块～筑下箇泥肚里去。fɔŋ$^{53}$kʰuai$^{53}$muk$^{3}$tʰo$^{13}$tʂəuk$^{3}$(x)a$^{53}$kai$^{53}$lai$^{13}$təu$^{21}$li$^{0}$çi$^{53}$.｜你放只木坨坨，你箇板子钉下去，用洋钉子钉下箇木坨坨上，顶得特稳。ɲi$^{13}_{21}$fɔŋ$^{53}$tʂak$^{3}$muk$^{3}$tʰo$^{13}_{44}$tʰo$^{13}_{44}$, ɲi$^{13}$kai$^{53}_{44}$pan$^{21}$tsʅ$^{0}$taŋ$^{35}$ŋa$^{53}$(←xa$^{53}$)çi$^{53}$,iəŋ$^{53}$iaŋ$^{13}$taŋ$^{35}$tsʅ$^{0}$taŋ$^{35}$ŋa$^{53}$(←xa$^{53}$)kai$^{53}_{21}$muk$^{3}$tʰo$^{13}$tʰo$^{13}_{44}$xɔŋ$^{53}$,tʰaŋ$^{35}$tek$^{3}$tʰiet$^{5}$uən$^{21}$.

【木箱】muk$^{3}$siɔŋ$^{35}$ 名木制的箱子。也称“木箱子”：第一次箇个～做倒圆角箇只。tʰi$^{53}$iet$^{3}$tsʰʅ$^{53}_{44}$kai$^{53}_{44}$ke$^{53}_{44}$muk$^{3}$siɔŋ$^{35}_{44}$tso$^{53}$tau$^{21}$ien$^{13}$kɔk$^{3}$kai$^{53}_{44}$tʂak$^{3}$.｜我等屋下还有只圆角～子。欸，圆角箱子。ŋai$^{13}_{21}$tien$^{0}$uk$^{3}$xa$^{53}_{44}$xai$^{13}_{44}$iəu$^{35}_{44}$tʂak$^{3}$ien$^{13}$kɔk$^{3}$muk$^{3}$siɔŋ$^{35}_{44}$tsʅ$^{0}$.e$_{21}$,ien$^{13}$kɔk$^{3}$siɔŋ$^{35}$tsʅ$^{0}$.

【木鱼】muk$^{3}$ŋ̍$^{13}$ 名一种打击乐器，原为僧尼念经、化缘时敲打的响器，用木头做成，中间镂空：～，箇个道士啊，欸，庙里个箇做道士个人呐，㨋庙里个箇起和尚啊，用来敲个东西，～。一筒树，挖成一条鱼样个，肚里空，肚子肚里空。剁剁剁，咁子去敲。安做～，安做敲～。也有竹个唠。话就话～，如今蛮多就用竹子去敲。竹是渠本身就系空个，唔爱挖了哇，系啊？muk$^{3}$ ŋ̍$^{13}$,kai$^{53}_{44}$ke$^{53}_{44}$tʰau$^{53}$sɿ$^{53}_{44}$a$^{0}$,e$_{21}$,miau$^{53}$li$^{0}$ ke$^{53}_{44}$kai$^{53}_{44}$tso$^{53}_{44}$tʰau$^{53}$sɿ$^{53}_{44}$ke$^{53}$ɲin$^{13}_{21}$na$^{0}$,lau$^{35}$miau$^{53}$li$^{21}$ke$^{53}_{44}$ kai$^{53}_{44}$çi$^{21}$uo$^{13}$ʂɔŋ$^{53}$ŋa$^{0}$,iəŋ$^{53}$lɔi$^{13}_{21}$kʰau$^{35}$ke$^{53}$təŋ$^{35}_{44}$si$^{0}$,muk$^{3}$ ŋ̍$^{13}$.iet$^{3}$ tʰəŋ$^{13}$ʂəu$^{53}$,ua$^{35}$ʂaŋ$^{13}_{21}$iet$^{3}$ tʰiau$^{13}_{21}$ŋ̍$^{13}$iɔŋ$^{53}$ke$^{53}_{44}$,təu$^{21}$ li$^{0}$ kʰəŋ$^{35}$,təu$^{21}$tsɿ$^{0}$ təu$^{21}$li$^{0}$ kʰəŋ$^{35}$.to$_{53}$to$_{53}$to$_{53}$,kan$^{21}$tsɿ$^{0}$ çi$^{53}_{44}$kʰau$^{35}$.ɔn$^{35}$tsʰiəu$^{53}$muk$^{3}$ ŋ̍$^{13}$,ɔn$^{35}_{44}$tso$^{53}$kʰau$^{35}_{44}$muk$^{3}$ ŋ̍$^{13}_{44}$.ia$^{35}$ iəu$^{35}_{44}$tʂəuk$^{3}$ ke$^{53}$lau$^{0}$ .ua$^{53}$tsiəu$^{53}$ua$^{53}$muk$^{3}$ ŋ̍$^{13}$,i$^{13}_{21}$cin$^{35}_{53}$man$^{13}_{21}$to$^{35}_{44}$tsʰiəu$^{53}$iəŋ$^{53}_{44}$tʂəuk$^{3}$ tsɿ$^{0}$ çi$^{53}_{21}$kʰau$^{35}$.tʂəuk$^{3}$ ʂʅ$^{53}_{44}$ci$^{13}_{44}$ pən$^{21}$ʂən$^{35}$tsʰiəu$^{53}$xei$^{53}$kʰəŋ$^{35}$ke$^{53}$,m̩$^{13}_{21}$mɔi$^{53}$ua$^{35}$liau$^{21}$ua$^{0}$,xei$^{53}$a$^{0}$?

【木榨】muk$^{3}$ tsa$^{53}$ 名指传统的木制榨油器具：用～也系有只油槽。iəŋ$^{53}$muk$^{3}$ tsa$^{53}$ia$^{35}$xei$^{53}$iəu$^{35}$ tʂak$^{3}$ iəu$^{13}_{21}$tsʰau$^{13}_{21}$.

【木猪篼】muk$^{3}$ tʂəu$^{35}_{44}$tei$^{35}_{44}$ 名用松木挖制的猪食槽：有滴就～呢。舞筒松树，舞筒咁长子个松树哇，去挖嘞，挖成咁个猪篼样。欸，用斧头咁子去挖，分边上就留倒哇，系啊？四向留倒，挖深来呀。欸，～。iəu$^{35}$tet$^{5}$ tsʰiəu$^{53}_{44}$muk$^{3}$ tʂəu$^{35}_{44}$tei$^{35}_{44}$nei$^{0}$ .u$^{21}$tʰəŋ$^{13}_{21}$tsʰəŋ$^{13}$ʂəu$^{53}$,u$^{21}$tʰəŋ$^{13}$kan$^{21}$tʂʰɔŋ$^{13}$tsɿ$^{0}$ ke$^{53}_{44}$ tsʰəŋ$^{13}$ʂəu$^{53}$ua$^{0}$ ,çi$^{53}$ua$^{35}$lei$^{0}$ ,ua$^{35}$ʂaŋ$^{13}_{21}$kan$^{21}_{44}$ke$^{53}_{44}$tʂəu$^{35}_{44}$tei$^{35}_{44}$iɔŋ$^{53}$.e$_{21}$,iəŋ$^{53}$pu$^{21}$tʰei$^{13}$kan$^{21}$tsɿ$^{0}$ çi$^{53}$ua$^{35}$,pən$^{35}_{44}$pien$^{35}$ xɔŋ$^{53}$tsʰiəu$^{53}_{44}$liəu$^{13}$tau$^{21}$ua$^{0}$ ,xei$^{53}_{44}$a$^{0}$ ?si$^{53}$çiɔŋ$^{53}_{44}$liəu$^{13}$tau$^{21}$,ua$^{35}$tʂʰən$^{35}$nɔi$^{13}_{21}$ia$^{0}$ .e$_{21}$,muk$^{3}$ tʂəu$^{35}_{44}$tei$^{35}_{44}$.

【木子】muk$^{3}$ tsɿ$^{0}$ 名乌桕树种子的俗称：（油茶）唔喊～。有是有起～树咯。/～喊～还～嘞。～有，食唔得嘞。/～就系乌桕哇。/～油是就系白～。/所舞倒来装乌子个唠。/系啊。/系系，又舞倒去装乌子哈。/油是系做油烛个。/欸，做油烛。n̩$^{13}$xan$^{53}$muk$^{3}$ tsɿ$^{0}$ .iəu$^{35}_{44}$ʂʅ$^{53}_{44}$iəu$^{35}$çi$^{21}$ muk$^{3}$ tsɿ$^{0}$ ʂəu$^{53}$ko$^{0}$ ./muk$^{3}$ tsɿ$^{0}$ xan$^{53}$muk$^{3}$ tsɿ$^{0}$ uan$^{13}$muk$^{3}$ tsɿ$^{0}$ lei$^{0}$ .muk$^{3}$ tsɿ$^{0}$ iəu$^{35}$,ʂət$^{5}$ n̩$^{13}_{21}$tek$^{3}$ lei$^{0}$ ./muk$^{3}$ tsɿ$^{0}$ tsʰiəu$^{53}_{44}$xe$^{53}_{44}$u$^{35}_{44}$ciəu$^{53}$ua$^{0}$ ./muk$^{3}$ tsɿ$^{0}$ iəu$^{13}$ʂʅ$^{53}_{44}$tsʰiəu$^{53}_{44}$xe$^{53}_{44}$pʰak$^{5}$ muk$^{3}$ tsɿ$^{0}$ ./so$^{21}_{35}$u$^{21}$tau$^{21}$lɔi$^{13}_{21}$tsɔŋ$^{35}$tiau$^{35}$tsɿ$^{0}$ ke$^{53}_{44}$ lau$^{0}$ ./xe$^{53}_{44}$a$^{0}$ ./xe$_{53}$xe$_{21}$,iəu$^{53}$u$^{21}$tau$^{21}$çi$^{53}_{44}$tsɔŋ$^{35}$tiau$^{35}$tsɿ$^{0}$ xa$^{0}$ ./iəu$^{13}$ʂʅ$^{53}$xe$^{53}$tso$^{53}$iəu$^{13}$tʂəuk$^{3}$ ke$^{53}$./e$_{53}$,tso$^{53}$iəu$^{13}$tʂəuk$^{3}$.

【幕】mu$^{53}$ 量戏剧或歌剧中按剧情划分的段落之一：一～戏 iet$^{3}$ mu$^{53}$çi$^{53}$

M

# N

【嗯$_1$】n̩$_{53}$ 叹用于回应别人的呼唤，表示听到了：欸，好好好。好。～。e$_{53}$,xau$^{21}$xau$^{21}$xau$^{21}$.xau$^{21}$.n̩$_{53}$.｜～，来哩呀。n̩$_{53}$,lɔi$^{13}$li$^{0}$ia$^{0}$.

【嗯$_2$】n̩$_{21}$/ŋ̍$_{21}$ 叹①表达对前文内容的认同、肯定：夜挂树会开花吧？/～～。ia$^{53}_{44}$kua$^{53}_{44}$ʂəu$^{53}_{44}$uɔi$^{53}_{44}$kʰɔi$^{35}$fa$^{35}$pa$^{0}$?/n̩$_{21}$n̩$_{21}$.

【嗯$_3$】n̩$_{44}$ 叹起到停顿作用，经过思考后表述下文：如果系公子就爱阉嘿来，～，嫲子也爱阉嘿来，箇猪猪条。y$^{13}$ko$^{21}$xei$^{53}_{44}$kəŋ$^{35}$tsɿ$^{0}$tsʰiəu$^{53}_{44}$ɔi$^{53}_{44}$ian$^{35}$nek$^{3}$(←xek$^{3}$)lɔi$^{13}_{21}$,n̩$_{44}$,ma$^{13}$tsɿ$^{0}$ia$^{35}$ɔi$^{53}_{44}$ian$^{35}$nek$^{3}$(←xek$^{3}$)lɔi$^{13}_{21}$,kai$^{53}_{44}$tʂəu$^{35}$tʂəu$^{35}$tʰiau$^{13}_{21}$.｜咬倒食。就凉拌呶。～。咬倒食。ŋau$^{21}$tau$^{21}$ʂət$^{5}$.tsʰiəu$^{53}$liɔŋ$^{13}$pʰan$^{53}$nau$^{0}$.n̩$_{44}$.ŋau$^{21}$tau$^{21}$ʂət$^{5}$.

【嗯$_4$】n̩$_{21}$ 助用于句中表停顿：渠箇种箇箇几种蚊子都系有～么个嘞？ci$^{13}_{21}$kai$^{53}$tʂəŋ$^{21}$kai$^{53}$kai$^{53}$ci$^{21}$tʂəŋ$^{21}$mən$^{35}$tsɿ$^{0}$təu$^{35}_{44}$xe$^{53}_{44}$iəu$^{35}_{21}$n̩$_{21}$mak$^{3}$(k)e$^{53}_{44}$le$^{0}$?｜舞倒箇（燕蜂子）窠子来，欸，泡水食，是整细人子个～箇个么个欸伤风感冒子。u$^{21}$tau$^{21}$kai$^{53}_{44}$kʰo$^{35}$tsɿ$^{0}$lɔi$^{13}_{21}$,e$_{21}$,pʰau$^{53}$ʂei$^{21}$ʂət$^{5}$,ʂʅ$^{53}_{44}$tʂaŋ$^{21}$sei$^{53}$ɲin$^{13}_{21}$tsɿ$^{0}$ke$^{53}_{44}$n̩$_{21}$kai$^{53}_{44}$ke$^{53}_{44}$mak$^{3}$ke$^{53}_{44}$e$_{21}$ʂɔŋ$^{35}$fəŋ$^{35}$kɔn$^{21}$mau$^{53}$tsɿ$^{0}$.

【嗯唠】ŋ̍$^{13}$/n̩$_{21}$/ən$_{21}$lau$^{0}$ 叹表示认同：锤子是正话讲个箇只哈？/～。tʂʰei$^{13}$tsɿ$^{0}$ʂʅ$^{53}_{44}$tʂaŋ$^{53}_{44}$ua$^{53}_{44}$kɔŋ$^{21}$ke$^{53}_{44}$kai$^{53}$tʂak$^{3}$xa$^{0}$?/ŋ̍$^{13}$nau$^{0}$.

【拿$_1$】la$^{53}$ 动①用手握持：车刀～嘿手里。tʂʰa$^{35}$tau$^{35}_{44}$la$^{53}$(x)ek$^{3}$ʂəu$^{21}$li$^{0}$.｜～倒走得个？la$^{53}$tau$^{21}$tsei$^{21}$tek$^{3}$cie$^{53}_{44}$? ②取：箇就～得出了。kai$^{53}_{44}$tsʰiəu$^{53}_{21}$la$^{35}$tek$^{3}$tʂʰət$^{3}$liau$^{0}$.｜你～把你姆娭啦？ɲi$^{13}_{21}$la$^{53}_{44}$pa$^{21}_{44}$ɲi$^{13}_{21}$m̩$^{35}$me$^{35}_{21}$la$^{0}$? ③获得（名次、荣誉等）：我等作为茶陵师范个一只合唱团呢，箇去茶陵县是我等～第一名哦，稳～第一名哦，茶陵县个最高学府咯箇阵子咯。ŋai$^{13}$tien$^{0}$tsɔk$^{3}$uei$^{13}_{44}$tsʰa$^{13}$lin$^{13}$sɿ$^{35}_{44}$fan$^{53}$ke$^{53}_{44}$iet$^{3}$tʂak$^{3}$xɔit$^{5}$tʂʰɔŋ$^{53}$tʰɔn$^{13}$ne$^{0}$,kai$^{53}$çi$^{53}$tsʰa$^{13}_{21}$lin$^{13}_{44}$çien$^{53}$ʂʅ$^{53}_{44}$ŋai$^{13}_{21}$tien$^{0}$la$^{53}$tʰi$^{53}$iet$^{3}$miaŋ$^{13}$ŋo$^{0}$,uən$^{21}$la$^{53}$tʰi$^{53}$iet$^{3}$miaŋ$^{13}$ŋo$^{0}$,tsʰa$^{13}$lin$^{13}_{44}$çien$^{53}_{44}$ke$^{0}$tsei$^{53}$kau$^{35}_{44}$çiɔk$^{5}$fu$^{21}$ko$^{0}$kai$^{53}_{44}$tʂʰən$^{53}$tsɿ$^{0}$ko$^{0}$. ④给予，赠予：欸，爱～茶钱就系见面礼。就～只……～只红包。我等箇阵子～一块钱。ei$_{21}$,ɔi$^{53}$la$^{53}$tsʰa$^{13}$tsʰien$^{13}$tsʰiəu$^{53}$xe$^{53}_{44}$cien$^{53}$mien$^{53}_{44}$li$^{35}$.tsʰiəu$^{53}_{21}$la$^{53}_{44}$tʂak$^{3}$…la$^{53}$tʂak$^{3}$fəŋ$^{13}_{21}$pau$^{35}_{44}$.ŋai$^{13}$tien$^{0}$kai$^{53}$tʂʰən$^{53}_{44}$tsɿ$^{0}$la$^{53}_{44}$iet$^{3}$kʰuai$^{53}$tsʰien$^{13}_{21}$. ⑤传递：你同我～过下子来哟箇杆笔。ɲi$^{13}_{21}$tʰəŋ$^{13}$ŋai$^{13}_{44}$la$^{53}$ko$^{53}_{44}$a$^{0}$tsɿ$^{0}$lɔi$^{13}$iau$^{0}$(k)ai$^{53}_{44}$kɔn$^{21}$piet$^{5}$. ⑥支付：比方送细人子去读书样啊，你就爱～学费呀。pi$^{21}$fɔŋ$^{35}_{44}$səŋ$^{53}$sei$^{53}$ɲin$^{13}_{21}$tsɿ$^{0}$çi$^{53}_{44}$tʰəuk$^{5}$ʂəu$^{35}$iɔŋ$^{53}_{44}$ŋa$^{0}$,ɲi$^{13}_{21}$tsʰiəu$^{53}_{44}$ɔi$^{53}_{44}$la$^{53}_{44}$çiɔk$^{5}$fei$^{53}$ia$^{0}$.

【拿$_2$】la$^{53}$ 介①表处置，相当于“把”：有滴栏场～番薯安做山药。iəu$^{35}$tiet$^{5}$laŋ$^{13}$tʂʰɔŋ$^{13}$na$^{53}$fan$^{35}$ʂəu$^{13}$ɔn$^{35}$tso$^{53}$san$^{35}$iɔk$^{5}$. ②引述工具、材料，相当于“用”：（核桃）爱～只夹子去夹。ɔi$^{53}_{44}$la$^{53}$tʂak$^{3}$kait$^{3}$tsɿ$^{0}$çi$^{53}$kait$^{3}$.｜现在都是都系～钱折。安做～钱折。折价个意思啊，折做钱呐。用钱折啊。çien$^{53}$tsʰai$^{53}$təu$^{35}_{44}$ʂʅ$^{53}_{44}$təu$^{35}$xe$^{53}_{44}$la$^{53}$tsʰien$^{13}$tʂek$^{3}$.ɔn$^{35}$tso$^{53}_{44}$la$^{53}$tsʰien$^{13}$tʂek$^{3}$.tʂek$^{3}$cia$^{53}$ke$^{53}_{44}$i$^{53}$sɿ$^{0}$a$^{0}$,tʂek$^{3}$tso$^{53}$tsʰien$^{13}$na$^{0}$.iəŋ$^{53}$tsʰien$^{13}$tʂek$^{3}$a$^{0}$.

【拿手】la$^{53}$ʂəu$^{21}$ 动可供用手握持：箇只指芒槌就一头～，箇头就更大。kai$^{53}_{44}$tʂak$^{3}$tsʰiəu$^{53}_{44}$iet$^{3}$tʰei$^{13}$la$^{53}$

ʂəu$^{21}$,kai$^{53}$tʰei$^{13}_{21}$tsʰiəu$^{53}_{44}$ken$^{53}$tʰai$^{53}$.

【黐$_1$】ɲia$^{13}$ [动]①靠近；挨着。又称“黐拢”：以下～最底下箇一莖就安做萝卜筋。i$^{21}$ia$_{44}$(←xa$^{53}$)ɲia$^{13}$tsei$^{53}$tei$^{21}$xa$^{53}$kai$^{53}_{44}$iet$^{3}$tsʰɔk$^{3}$tsʰiəu$^{53}_{44}$ɔn$^{35}_{44}$tso$^{53}_{44}$lo$^{13}$pʰek$^{5}$cin$^{35}$.｜渠就～哩地呀，扯哩水气呀，会易得殊。ci$^{13}_{21}$tsʰiəu$^{53}$ɲia$^{13}$li$^{0}$tʰi$^{53}$ia$^{0}$,tʂʰa$^{21}$li$^{0}$ʂei$^{21}$çi$^{53}$ia$^{0}$,uɔi$^{53}$i$^{53}$tek$^{3}$mət$^{3}$. ②黏连；黏性的东西互相附着连结在一起：～下箇网上 ɲia$^{13}$(x)a$^{53}$kai$^{53}$mɔŋ$^{21}$xɔŋ$^{53}$｜一～下去就～倒哩。iet$^{3}$ɲia$^{13}$(x)a$^{53}_{44}$çi$^{53}_{44}$tsiəu$^{53}$ɲia$^{13}$tau$^{21}$li$^{0}$.｜放滴子油哇，渠你唔放油就唔脱镬啊，会～镬啊。fɔŋ$^{53}$tet$^{5}$tsɿ$^{0}$iəu$^{13}$ua$^{0}$,ci$^{13}_{21}$ɲi$^{13}$m̩$^{13}_{44}$fɔŋ$^{53}$iəu$^{13}$tsʰiəu$^{53}$m̩$^{13}_{21}$tʰɔit$^{3}$uɔk$^{5}$a$^{0}$,uɔi$^{53}$ɲia$^{13}$uɔk$^{5}$a$^{0}$. ③与……有关：渠就搞滴子箇……赚滴子咁个～死人个生活钱子啊。ci$^{13}_{21}$tsʰiəu$^{53}$kau$^{21}$tet$^{5}$tsɿ$^{0}$kai$^{53}_{44}$…tsʰan$^{53}_{44}$tet$^{5}$tsɿ$^{0}$kan$^{21}$ke$^{53}_{44}$ɲia$^{13}$si$^{21}$ɲin$^{13}$ke$^{53}_{44}$sən$^{35}$xuɔit$^{5}$tsʰien$^{13}_{21}$tsa$^{0}$.

【黐$_2$】ɲia$^{13}$ [形]黏性重：渠媚用来装箇个～死人个泥箇只咁东西。ci$^{13}_{21}$maŋ$^{13}$iəŋ$^{53}$lɔi$^{13}_{21}$tʂɔŋ$^{35}$kai$^{53}_{44}$kei$^{53}_{44}$ɲia$^{13}$si$^{21}$ɲin$^{13}$ke$^{53}$lai$^{13}$kai$^{53}_{44}$tʂak$^{3}$kan$^{21}$təŋ$^{35}_{44}$si$^{0}$.

【黐倒】ɲia$^{13}$tau$^{21}$ [动]贴近；靠拢：～禾镰铁，欸，脾。ɲia$^{13}$tau$^{21}_{44}$uo$^{13}$lian$^{13}$tʰiet$^{3}$,e$_{21}$,pʰi$^{13}$.

【黐脚】ɲia$^{13}$ciɔk$^{3}$ [副]随即：你先走，我～就来。ɲi$^{13}$sien$^{35}$tsei$^{21}$,ŋai$^{13}$ɲia$^{13}$ciɔk$^{3}$tsʰiəu$^{53}$lɔi$^{13}$.

【黐拢】ɲia$^{13}$ləŋ$^{35}$ [动]挨近；紧紧地贴近：～下子我 ɲia$^{13}$ləŋ$^{35}$(x)a$^{53}_{21}$tsɿ$^{0}$ŋai$^{13}$｜渠首先出下出来就箇个谷子～～吵。ci$^{13}_{44}$ʂəu$^{21}$sien$^{35}_{44}$tʂət$^{3}$la$_{44}$(←xa$^{53}$)tʂət$^{3}$lɔi$^{13}_{21}$tsʰiəu$^{53}_{21}$kai$^{53}$ke$^{53}$kuk$^{3}$tsɿ$^{0}$ɲia$^{13}_{21}$ləŋ$^{21}_{44}$ɲia$^{13}_{21}$ləŋ$^{35}_{44}$ʂa$^{0}$.

【黐黐搭搭】ɲia$^{13}$ɲia$^{13}_{21}$tait$^{3}$tait$^{3}$ ①有黏度的样子：欸，（棉籽）油哇□淡，白邪邪哩个，冇滴子油个香味就冇兜子油个箇只浓郁，欸，箇只欸咁浓啊，系唔系？～个箇只味道哇冇得。e$_{21}$,iəu$^{13}$ua$^{0}$pe$^{35}$tʰan$^{35}$,pʰak$^{5}$sia$^{13}_{21}$sia$^{13}$li$^{0}$ke$^{53}$,mau$^{13}$tiet$^{5}$tsɿ$^{0}$iəu$^{13}$kei$^{53}$çiɔŋ$^{35}$uei$^{53}$tsʰiəu$^{53}$mau$^{13}$te$^{35}_{53}$tsɿ$^{0}$iəu$^{13}$kei$^{53}$kai$^{53}$tʂak$^{3}$ləŋ$^{13}$iəuk$^{3}$,e$_{21}$,kai$^{53}$tʂak$^{3}$ei$_{21}$kan$^{21}$ɲiəŋ$^{13}$ŋa$^{0}$,xei$^{53}$me$^{53}$?ɲia$^{13}$ɲia$^{13}_{21}$tait$^{3}$tait$^{3}$ke$^{53}$kai$^{53}$tʂak$^{3}$uei$^{53}$tʰau$^{53}$ua$^{0}$mau$^{13}$tek$^{3}$. ②黏滞不爽的感觉：圆领个纱褂子我唔喜欢着，渠出滴子汗子黐倒箇个肉上，黐倒身上真唔舒服，～。ien$^{13}_{21}$liaŋ$^{35}_{44}$ke$^{53}_{44}$sa$^{35}$kua$^{53}$tsɿ$^{0}$ŋai$^{13}_{21}$n̩$^{13}$çi$^{21}$fɔn$^{35}_{44}$tʂɔk$^{3}$,ci$^{13}_{21}$tʂʰət$^{3}$tiet$^{5}$tsɿ$^{0}$xɔn$^{53}$tsɿ$^{0}$ɲia$^{13}$tau$^{21}$kai$^{53}$ke$^{53}$ɲiəuk$^{3}$xɔŋ$^{53}$, ɲia$^{13}$tau$^{21}$ʂən$^{35}$xɔŋ$^{53}_{44}$tʂən$^{35}$n̩$^{13}_{21}$ʂʮ$^{35}_{44}$fuk$^{5}$, ɲia$^{13}$ɲia$^{13}_{44}$tait$^{3}$tait$^{3}_{5}$.

【黐人】ɲia$^{13}$ɲin$^{13}$ [形]①黏性重：豆豉油冇卖。我等人唔多买倒食，好像硬太～哩样。tʰei$^{53}$ʂʮ$^{53}_{44}$iəu$^{13}$iəu$^{35}$mai$^{53}$.ŋai$^{13}$tien$^{0}$ɲin$^{13}_{21}$n̩$^{13}_{21}$to$^{35}_{44}$mai$^{35}$tau$^{21}$ʂət$^{5}_{3}$,xau$^{21}$tsʰiɔŋ$^{53}_{44}$ɲiaŋ$^{53}$tʰai$^{53}$ɲia$^{13}$ɲin$^{13}$li$^{0}$iɔŋ$^{53}$. ②脏；不干净：蛮～ man$^{13}$ɲia$^{13}$ɲin$^{13}_{44}$

【黐舌】ɲia$^{13}$ʂet$^{5}$ [形]口齿不清。又称“大舌头”：箇人～。kai$^{53}_{44}$in$^{13}_{44}$ɲia$^{13}$ʂet$^{5}$.

【黐网子】ɲia$^{13}$mɔŋ$^{21}$tsɿ$^{0}$ [名]一种细密的渔网：我晓得箇网嘞有～。渠等去放～。放下箇河边子上，箇～馥嫩子，箇鱼子黐倒就岔倒就走唔得哩，箇是～，早晨还去收。ŋai$^{13}$çiau$^{21}$tek$^{3}$kai$^{53}$mɔŋ$^{21}$lei$^{0}$iəu$^{35}_{53}$ɲia$^{13}$mɔŋ$^{21}$tsɿ$^{0}$.ci$^{13}_{21}$tien$^{0}$çi$^{53}$fɔŋ$^{53}$ɲia$^{13}$mɔŋ$^{21}$tsɿ$^{0}$.fɔŋ$^{53}$xa$^{53}$kai$^{53}$xo$^{13}$pien$^{35}_{44}$tsɿ$^{0}$xɔŋ$^{53}$,kai$^{53}$ɲia$^{13}$mɔŋ$^{21}$tsɿ$^{0}$fət$^{5}$lən$^{53}$tsɿ$^{0}$,kai$^{53}$ŋ̍$^{13}$tsɿ$^{0}$ɲia$^{13}$tau$^{21}$tsʰiəu$^{53}$tsʰa$^{53}$tau$^{21}_{44}$tsʰiəu$^{53}$tsei$^{21}$n̩$^{13}_{44}$tek$^{3}$li$^{0}$,kai$^{53}$ʂʮ$^{53}$ɲia$^{13}$mɔŋ$^{21}$tsɿ$^{0}$,tsau$^{21}$ʂən$^{13}$xai$^{13}_{44}$çi$^{53}_{44}$ʂəu$^{35}$.

【黐稳】ɲia$^{13}$uən$^{21}$ [动]靠近；紧挨着：灶边上啊，以映就一只灶，～就一块板呐。tsau$^{53}$pien$^{35}$xɔŋ$^{53}_{44}$ŋa$^{0}$,i$^{21}$iaŋ$^{53}_{44}$tsʰiəu$^{53}_{44}$iet$^{3}$tʂak$^{3}$tsau$^{53}$, ɲia$^{13}$uən$^{21}$tsʰiəu$^{53}$iet$^{3}$kʰuai$^{53}$pan$^{21}$na$^{0}$.｜萝卜箇～脑高开叶个箇莖子安做萝卜髻。lo$^{13}$pʰek$^{5}$kai$^{53}_{44}$ɲia$^{13}$uən$^{21}$lau$^{21}$kau$^{35}_{44}$kʰɔi$^{35}$iait$^{5}$ke$^{53}_{44}$kai$^{53}_{44}$tsʰɔk$^{5}$tsɿ$^{0}$ɔn$^{35}_{44}$tso$^{53}_{44}$lo$^{13}_{21}$pʰek$^{5}$ci$^{53}$.

【黐性】ɲia$^{13}$sin$^{53}$ [名]黏着力：渠$_{指的糖}$个～更好唠。ci$^{13}$ke$^{53}_{44}$ɲia$^{13}$sin$^{53}$cien$^{53}$xau$^{21}$lau$^{0}$.｜箇酸枣肉啊，～蛮好。kai$^{53}_{44}$sən$^{35}$tsau$^{21}$ɲiəuk$^{3}$a$^{0}$,ɲia$^{13}$sin$^{53}$man$^{13}_{21}$xau$^{21}_{44}$.

【哪】lai$^{53}$/la$^{53}$ [代]疑问代词。①出现在疑问句中，后接名词，表示要求在所问范围中有所确定，相当于“什么”：～东西喫安做暖桶？lai$^{53}$təŋ$^{35}_{44}$si$^{0}$au$^{0}$ɔn$^{35}_{44}$tso$^{53}_{44}$lɔn$^{35}_{44}$tʰəŋ$^{21}$? ②出现在疑问句中，用于询问处所，相当于“哪里”：榨就榨下～嘞？就榨下镬里装倒。tsa$^{53}_{44}$tsiəu$^{53}_{21}$tsa$^{53}_{44}$xa$^{53}_{44}$lai$^{53}_{44}$lei$^{0}$?tsʰiəu$^{53}_{44}$tsa$^{53}_{44}$xa$^{53}_{44}$uɔk$^{5}$li$^{0}$tʂɔŋ$^{35}$tau$^{21}$. ③出现在疑问句中，后接量名结构，表示要求在所问范围中有所确定：走～条路？tsei$^{21}$lai$^{53}$tʰiau$^{13}$ləu$^{53}$?｜以只大，箇只细，以两只东西～只好滴子嘞？i$^{21}$tʂak$^{3}$tʰai$^{53}$,kai$^{53}$tʂak$^{3}$se$^{53}$.i$^{21}$iɔŋ$^{21}$tʂak$^{3}$təŋ$^{35}$si$^{35}$lai$^{53}$tʂak$^{3}$xau$^{53}$tiet$^{5}$tsɿ$^{0}$le$^{0}$? ④如果出现在反问句中，则表示否定：如今～还有扯？i$^{13}_{21}$cin$^{35}$na$^{53}$xai$^{13}_{21}$iəu$^{35}_{44}$tʂʰa$^{21}$? ⑤出现在陈述句中，后接量词、数量结构或数量名结构，表示所指范围中的任何一个：箇个妹子～只都有钱。kai$^{53}_{44}$ke$^{53}_{44}$mɔi$^{53}$tsɿ$^{0}$lai$^{53}$tʂak$^{3}$təu$^{35}_{44}$iəu$^{35}$tsʰien$^{13}$.｜硬搞嘿六出啦七出啦六七起，（因为）死嘿六七个人。……～一出$_{次}$都爱去。ɲiaŋ$^{53}$kau$^{21}$xek$^{3}$liəuk$^{3}$tʂʰət$^{3}$la$^{0}$tsʰiet$^{3}$tʂʰət$^{3}$la$^{0}$liəuk$^{3}$tsʰiet$^{3}$çi$^{21}$,si$^{21}$xek$^{3}$liəuk$^{3}$tsʰiet$^{3}$ke$^{53}$ɲin$^{13}$.…lai$^{53}$iet$^{3}$tʂʰət$^{3}$təu$^{35}_{44}$ɔi$^{53}_{44}$çi$^{53}$. ⑥出现在否定词“冇”后，表示无处的意思：冇～寻哩。mau$^{13}$lai$^{53}_{44}$tsʰin$^{13}_{21}$ni$^{0}$.

【哪晡】lai$^{53}$pu$^{35}$ [代]疑问代词。用于询问日期，相当于“哪天”：～个日子架势搞丧事啊？lai$^{53}$

pu$^{35}$ke$^{53}_{44}$ɲiet$^{3}$tsɿ$^{0}$cia$^{53}$ʂʅ$^{53}$kau$^{21}$sɔŋ$^{35}$sɿ$^{53}_{44}$a$^{0}$？｜从～起？从明晡。tsʰəŋ$^{13}$lai$^{53}$pu$^{35}$çi$^{21}$?tsʰəŋ$^{13}$miaŋ$^{13}$pu$^{35}$.

【哪晡日】lai$^{53}$pu$^{35}$ɲiet$^{3}$ [代]疑问代词。用于询问日期，相当于"哪天"：～架势啊？lai$^{53}$pu$^{35}$ɲiet$^{3}$ cia$^{53}$ʂʅ$^{53}$a$^{0}$？

【哪个】lai$^{53}$ke$^{53}$ [代]疑问代词。用于询问某人的身份，相当于"谁"。又称"么人、哪畲"：人出哩世就爱做事，～人都爱做事。ɲin$^{13}$tʂʰət$^{3}$li$^{0}$ʂʅ$^{53}$tsʰiəu$^{53}_{44}$ɔi$^{53}$tso$^{53}$sɿ$^{53}$,lai$^{53}$cie$^{53}_{44}$ɲin$^{13}_{21}$təu$^{35}_{44}$ɔi$^{53}$tso$^{53}$sɿ$^{53}$.｜人出哩世总爱有烦恼，～唔系咁个？～都有兜子。ɲin$^{13}$tʂʰət$^{3}$li$^{0}$ʂʅ$^{53}$tsəŋ$^{21}$ɔi$^{53}$iəu$^{35}_{53}$fan$^{13}$nau$^{21}$,lai$^{53}$ke$^{53}$m̩$^{13}$pʰei$^{53}$kan$^{21}$cie$^{53}_{44}$?lai$^{53}$ke$^{53}_{44}$təu$^{35}_{44}$iəu$^{35}$te$^{35}_{53}$tsɿ$^{0}$.

【哪里】la$^{53}$li$^{21}$ [代]疑问代词。泛指任何处所："大跃进"个时候唔系以红砂个～都种几多子(黄麻)。"tʰai$^{53}$iɔk$^{3}$tsin$^{53}$"ke$^{53}_{44}$ʂʅ$^{13}$xəu$^{53}$m̩$^{13}_{21}$pʰe$^{53}$(←xe$^{53}$)i$^{21}$fəŋ$^{13}$sa$^{35}_{44}$ke$^{53}_{44}$la$^{53}$li$^{21}$təu$^{35}_{44}$tʂəŋ$^{53}$ci$^{21}$to$^{35}$tsɿ$^{0}$.

【哪起】lai$^{53}$çi$^{21}$ [代]疑问代词。哪种：箇只圳呢我等以映只讲～嘞？人工挖箇只。kai$^{53}_{44}$tʂak$^{3}$ tʂən$^{53}$nei$^{0}$ŋai$^{13}_{21}$tien$^{0}$i$^{21}_{44}$iaŋ$^{53}_{44}$tʂek$^{3}$kɔŋ$^{21}$lai$^{53}_{44}$çi$^{21}$lei$^{0}$?ɲin$^{13}$kəŋ$^{35}_{44}$uait$^{3}$kai$^{53}_{44}$tʂak$^{3}$.

【哪畲】lai$^{53}$sa$^{13}$ [代]疑问代词。用于询问某人的身份，相当于"谁"。又称"么人、哪个"：以碗茶系～食哩个噢？i$^{21}$uɔn$^{21}$tsʰa$^{13}$xe$^{53}$lai$^{53}$sa$^{13}_{21}$ʂət$^{5}$li$^{0}$ke$^{53}$au$^{0}$?｜如今唔多讲～了嘞，唔多讲了。只系我等客姓人会讲凑。i$^{13}_{21}$cin$^{35}_{53}$n̩$^{13}_{21}$to$^{35}_{44}$kɔŋ$^{21}$lai$^{53}$sa$^{13}$liau$^{0}$le$^{0}$,n̩$^{13}_{21}$to$^{35}_{53}$kɔŋ$^{21}$liau$^{0}$.tʂʅ$^{21}$xe$^{53}$ŋai$^{13}_{21}$tien$^{0}$kʰak$^{3}$sin$^{53}$ɲin$^{13}_{21}$uɔi$^{53}$kɔŋ$^{21}$tsʰe$^{0}$.

【哪天子】lai$^{53}$tʰien$^{35}_{44}$tsɿ$^{0}$ [代]疑问代词。泛指任何一天：同分粽子样啊，你就～都做得。tʰəŋ$^{13}_{21}$pən$^{35}_{0}$tsəŋ$^{53}$tsɿ$^{0}$iɔŋ$^{53}$ŋa$^{0}$,ɲi$^{13}_{21}$tsʰiəu$^{53}$lai$^{53}$tʰien$^{35}_{44}$tsɿ$^{0}$təu$^{35}_{44}$tso$^{53}$tek$^{3}$.

【哪下】la$^{53}_{21}$xa$^{53}$ [代]疑问代词。泛指任何时间：～都唔食咁多水。na$^{53}_{21}$xa$^{53}$təu$^{35}_{53}$n̩$^{13}$ʂət$^{5}$kan$^{21}$to$^{35}$ʂei$^{21}$.

【哪样】lai$^{53}$iɔŋ$^{53}$ [代]如何，怎么：咁大水你～看我打牌嘞？kan$^{21}$tʰai$^{53}$ʂei$^{21}$ɲi$^{13}$lai$^{53}$iɔŋ$^{53}$kʰɔn$^{53}$ŋai$^{13}_{21}$ta$^{21}$ pʰai$^{13}$lei$^{0}$?

【哪映】lai$^{53}$iaŋ$^{53}$ [代]疑问代词。也称"哪映子"。①用于询问处所，相当于"哪里"：你到～去？我上街去。ɲi$^{13}$tau$^{53}$lai$^{53}$iaŋ$^{53}_{35}$çi$^{53}$?ŋai$^{13}$ʂɔŋ$^{53}$kai$^{35}$çi$^{53}$.｜你系啊～子啊？你如今跍啊～子啊？ɲi$^{13}_{21}$xei$^{53}$ a$^{0}$la$^{53}$iaŋ$^{53}_{44}$tsɿ$^{0}$a$^{0}$?ɲi$^{13}_{21}$i$^{13}_{21}$cin$^{35}_{44}$kʰu$^{35}_{44}$a$^{0}$la$^{53}$iaŋ$^{53}_{44}$tsɿ$^{0}$a$^{0}$?｜渠羹撈粥个区别在于～子嘞？ci$^{13}_{21}$kaŋ$^{35}$lau$^{35}_{44}$tʂəuk$^{3}$ ke$^{53}_{44}$tʂʰɥ$^{35}$pʰiek$^{5}_{3}$tsʰai$^{53}$y$^{13}$lai$^{53}$iaŋ$^{53}$tsɿ$^{0}$lei$^{0}$?②虚指不确定的处所：～搞得唔好个归渠负责，渠指出来。la$^{53}_{44}$iaŋ$^{53}_{44}$kau$^{21}$tek$^{3}$ŋ̍$^{13}$xau$^{21}$ke$^{53}$kuei$^{35}$ci$^{13}_{21}$fu$^{53}$tsek$^{3}$,ci$^{13}$tʂʅ$^{21}$tʂʰət$^{3}$lɔi$^{13}$.｜只有落尾都箇个都唔知～舞滴来好多来榻来插哩插哩，落尾搞出只白杨树来哩。tʂe$^{21}$iəu$^{35}$lɔk$^{5}_{3}$mi$^{35}$təu$^{35}_{44}$kai$^{53}_{44}$ke$^{53}_{44}$təu$^{35}_{44}$n̩$^{13}_{21}$ti$^{35}_{44}$la$^{53}$iaŋ$^{53}_{44}$ u$^{21}$tiet$^{5}$lɔi$^{13}_{21}$xau$^{21}$to$^{35}_{21}$lɔi$^{13}_{44}$kʰua$^{21}$lɔi$^{13}$tsʰait$^{3}$li$^{0}$tsʰait$^{3}$li$^{0}$,lɔk$^{5}_{3}$mi$^{35}_{44}$kau$^{21}$tʂʰət$^{3}$tʂak$^{3}$pʰak$^{5}$iɔŋ$^{13}$ʂəu$^{53}_{44}$lɔi$^{13}_{21}$li$^{0}$.｜嘞，根据字来，渠爱看，看呐最后箇只字落下～子。le$_{21}$,cien$^{35}$tʂɥ$^{35}$tsʰɿ$^{53}$lɔi$^{13}_{21}$,ci$^{13}_{21}$ɔi$^{53}_{44}$kʰɔn$^{53}_{44}$,kʰɔn$^{53}_{44}$na$^{0}$tsei$^{53}$ xei$^{53}_{44}$kai$^{53}_{44}$tʂak$^{3}$tsʰɿ$^{53}_{44}$lɔk$^{5}$a$^{0}$la$^{53}$iaŋ$^{53}_{44}$tsɿ$^{0}$.③任指某一处所：嗯，好得有你商量下子，我欸也冇～问。ŋ̍$_{53}$,xau$^{21}$tek$^{3}$iəu$^{35}_{44}$ɲi$^{13}$ʂɔŋ$^{35}$liɔŋ$^{13}$xa$^{53}$tsɿ$^{0}$,ŋai$^{13}$e$_{44}$ia$^{35}_{53}$mau$^{13}$lai$^{53}_{44}$iaŋ$^{53}_{44}$uən$^{53}$.｜要我又冇～走啦，我又只好走以映呢。iau$^{53}_{44}$ŋai$^{13}$iəu$^{53}$mau$^{13}$lai$^{53}$iaŋ$^{53}$tsei$^{21}$la$^{0}$,ŋai$^{13}$iəu$^{53}$tʂʅ$^{21}$xau$^{21}_{44}$tsei$^{21}_{44}$i$^{21}$iaŋ$^{53}_{44}$ne$^{0}$.｜以皮门，你冇～子……上下冇～安……安筋咯？i$^{21}$pʰi$^{13}_{44}$mən$^{13}$, ɲi$^{13}_{21}$mau$^{13}$la$^{53}_{44}$iaŋ$^{53}_{44}$tsɿ$^{0}$…ʂɔŋ$^{53}$çia$^{53}$mau$^{13}$la$^{53}_{44}$iaŋ$^{53}_{44}$ŋɔn$^{35}$… ɔn$^{35}$cin$^{35}$ko$^{0}$?

【哪阵】lai$^{53}$tʂʰən$^{53}$ [代]疑问代词。也称"哪阵子"。①用于询问时间，相当于"什么时候"：你～子去？我麻溜就去。ɲi$^{13}$lai$^{53}$tʂʰən$^{53}$tsɿ$^{0}$çi$^{53}$?ŋai$^{13}$ma$^{13}$liəu$^{53}$tsʰiəu$^{53}$çi$^{53}$.②或早或晚，指任何时候：～来都做得。lai$^{53}$tʂʰən$^{53}$lɔi$^{13}$təu$^{35}$tso$^{53}$tek$^{3}$.③表示不确定的时间：～来去嬲下子，来去看下子欸南乡个做爆竹个。lai$^{53}$tʂʰən$^{53}$lɔi$^{13}_{21}$çi$^{53}_{44}$liau$^{53}$xa$^{53}_{21}$tsɿ$^{0}$,lɔi$^{13}_{21}$çi$^{53}_{44}$kʰɔn$^{53}$xa$^{53}_{21}$tsɿ$^{0}$e$_{21}$lan$^{13}$çiɔŋ$^{35}_{44}$ke$^{53}_{44}$tso$^{53}_{44}$pau$^{53}$ tʂəuk$^{3}$cie$^{53}_{44}$.｜欸，依～子收，五月收个就五月黄，六月收个六月黄。e$_{44}$,i$^{35}_{44}$lai$^{53}$tʂʰən$^{53}$tsɿ$^{0}$ʂəu$^{35}$,ŋ̍$^{21}$ ɲiet$^{5}$ʂəu$^{35}$ke$^{53}_{44}$tsʰiəu$^{53}_{44}$ŋ̍$^{21}$ɲiet$^{5}$uɔŋ$^{13}_{21}$,liəuk$^{3}$ɲiet$^{5}$ʂəu$^{35}$ke$^{53}_{44}$liəuk$^{3}$ɲiet$^{5}$uɔŋ$^{13}_{21}$.

【哪只栏场】lai$^{53}$tʂak$^{3}$laŋ$_{21}$(←lan$^{13}$)tʂʰɔŋ$^{13}_{21}$ 什么地方：欸，你个屋起啊～哦？e$_{21}$, ɲi$^{13}$kei$^{53}$uk$^{3}$çi$^{21}$a$^{0}$ lai$^{53}$tʂak$^{3}$laŋ$_{21}$(←lan$^{13}$)tʂʰɔŋ$^{13}_{21}$ŋo$^{0}$?｜你箇只店子开呀～哦？ɲi$^{13}$kai$^{53}$tʂak$^{3}$tian$^{53}$tsɿ$^{0}$kʰɔi$^{35}_{44}$ia$^{0}$lai$^{53}$tʂak$^{3}$ laŋ$_{21}$(←lan$^{13}$)tʂʰɔŋ$^{13}_{21}$ŋo$^{0}$?

【那$_1$】lai$^{53}$/la$^{53}$ [代]指示代词。①用于远指，指较远的人或事物。可单用，也可后接名词、量词、量名结构或数量名结构：～就最容易舞开来。na$^{53}_{21}$tsiəu$^{53}_{44}$tsei$^{53}$iəŋ$^{13}_{21}$i$^{53}_{44}$u$^{21}$kʰɔi$^{35}_{44}$lɔi$^{13}_{44}$.｜慢去问下子医师看下，问下子医师看下～几只骨头让门话。man$^{53}_{35}$çi$^{53}_{44}$uən$^{53}$na$_{21}$(←xa$^{53}$)tsɿ$^{0}$i$^{35}$sɿ$^{35}$kʰɔn$^{53}_{44}$na$_{44}$ (←xa$^{53}$),uən$^{53}$na$_{21}$(←xa$^{53}$)tsɿ$^{0}$i$^{35}$sɿ$^{35}$kʰɔn$^{53}_{44}$na$_{44}$(←xa$^{53}$)lai$^{53}$ci$^{21}$tʂak$^{3}$kuət$^{3}$tʰei$^{13}$ɲiɔŋ$^{53}_{44}$mən$^{13}$ua$^{53}_{44}$.②代指某个地方：以墙上放一条桁子吵，以伞柱顶高放条桁子，箇就有～放。i$^{21}$tsʰiɔŋ$^{13}$xɔŋ$^{53}$fɔŋ$^{53}$iet$^{3}$tʰiau$^{13}_{21}$ xaŋ$^{13}$tsɿ$^{0}$ʂa$^{0}$,i$^{21}$san$^{21}$tʂʰəu$^{35}$taŋ$^{21}$kau$^{35}$fɔŋ$^{53}$tʰiau$^{13}_{21}$xaŋ$^{13}$tsɿ$^{0}$,kai$^{53}_{44}$tsʰiəu$^{53}_{21}$iəu$^{35}$lai$^{53}_{44}$fɔŋ$^{53}$.

【那$_{2}$】lai$^{53}$ [连]表示顺着上文或上句话的语意，申说应有的结果：你个生烟就都都假个了吧？/欸，去江西买个。/噢噢，～差唔多。ȵi$^{13}$ke$^{53}_{44}$saŋ$^{35}_{44}$ien$^{35}_{44}$tsiəu$^{53}_{21}$təu$^{35}$təu$^{35}_{44}$cia$^{21}$ke$^{53}$liau$^{21}$pa$^{0}$?/e$_{21}$,çi$^{53}_{44}$kəŋ$^{35}$si$^{35}_{44}$mai$^{35}$ke$^{53}_{44}$./au$_{21}$au$_{21}$,lai$^{53}$tsa$^{35}_{44}$n̩$^{13}_{21}$to$^{35}_{44}$.

【那起】la$^{5}$çi$^{21}$ [代]指示代词。那种：～是红酒。la$^{53}_{44}$çi$^{21}_{44}$ʂʅ$^{53}_{21}$fəŋ$^{13}$tsiəu$^{21}$.

【纳】lait$^{5}$ [动]容纳；接纳；对人宽容，与人友好相处：我两只舅婆咁～唔得个啊。ŋai$^{13}$iɔŋ$^{21}$tʂak$^{3}$c$^{h}$iəu$^{35}$me$^{35}_{44}$kan$^{21}$lait$^{5}$n̩$^{13}_{21}$tek$^{3}$ke$^{53}$a$^{0}$.｜你么个咁～我唔得嘞？ȵi$^{13}$mak$^{3}$ke$^{0}$kan$^{21}$lait$^{5}$ŋai$^{13}_{21}$n̩$^{13}_{21}$tek$^{3}$lei$^{0}$?｜箇近边人～唔得，分渠趟咁哩呢。kai$^{53}_{44}$c$^{h}$in$^{35}_{44}$pien$^{35}_{44}$ȵin$^{13}_{21}$lait$^{5}$n̩$^{13}_{21}$tek$^{3}$,pən$^{35}$ci$^{13}_{21}$ciəuk$^{5}$kan$^{21}$ni$^{0}$nei$^{0}$.

【捺】lait$^{5}$ [量]表示排列成横行的事物：一～碗 iet$^{3}$lait$^{5}$uən$^{21}$｜箇树哇栽倒笔直子啊，一行呢，一～呢。kai$^{53}_{44}$ʂəu$^{53}$ua$^{0}$tsɔi$^{35}$tau$^{21}$piet$^{3}$tʂ$^{h}$ət$^{5}$tsʅ$^{0}$a$^{0}$,iet$^{3}$xɔŋ$^{13}$nei$^{0}$,iet$^{3}$lait$^{5}$nei$^{0}$.

【捺刀】lai$^{35}$tau$^{35}$ [名]指汉字笔画捺：人字是就系一撇一～。ȵin$^{13}$ts$^{h}$ʅ$^{53}$ʂʅ$^{53}_{44}$ts$^{h}$iəu$^{53}$xei$^{53}$iet$^{3}$p$^{h}$et$^{3}$iet$^{3}$lai$^{35}$tau$^{35}_{44}$.

【呐】na$^{0}$ [助]“啊”[a$^{0}$]在前一音节韵尾为-n 时的变体。①用在祈使句末，表示召唤语气：欸，洗身～！e$_{44}$,se$^{21}$ʂən$^{35}$na$^{0}$！②放在正反问句的肯定、否定式之间，表示“还是”的意思，实际调值变为 35：还有饭～冇得哩？xai$^{13}$iəu$^{35}$fan$^{53}$na$^{35}$(←a$^{35}$)mau$^{13}$tek$^{3}$li$^{35}$?｜你去过北京～赠去过？ȵi$^{13}$çi$^{53}$ko$^{53}$pɔit$^{3}$kin$^{35}$na$^{35}$maŋ$^{13}$çi$^{53}$ko$^{53}$?③放在句中，表停顿：骨头粉～唔知几少。kuət$^{3}$t$^{h}$ei$^{13}$fən$^{21}$na$^{0}$n̩$^{13}_{21}$ti$^{35}_{53}$ci$^{21}$ʂau$^{21}$.

【乃字斧】lai$^{35}$sʅ$^{53}$pu$^{21}$ [名]一种斧头，斧身形如“乃”字：斧头有两起，一起周字斧，一起～。pu$^{21}$t$^{h}$ei$^{13}$iəu$^{35}_{53}$iɔŋ$^{21}$çi$^{21}$,iet$^{3}$çi$^{21}$tʂəu$^{35}$sʅ$^{53}$pu$^{21}$,iet$^{3}$çi$^{21}$lai$^{35}$sʅ$^{53}$pu$^{21}$.

【奶娘】lai$^{35}$ȵiɔŋ$^{13}$ [名]奶妈：细人子出哩世冇嬷吃，请只～。我细细子就请过～，我出哩世以后我娭子发嬷欸烂嬷菇，箇只箇彝倒冇……请过几个子月。sei$^{53}$ȵin$^{13}_{21}$tsʅ$^{0}$tʂ$^{h}$ət$^{3}$li$^{0}$ʂʅ$^{53}$mau$^{13}$lien$^{53}$ʂət$^{5}$,ts$^{h}$iaŋ$^{21}$tʂak$^{3}$lai$^{35}$ȵiɔŋ$^{13}$.ŋai$^{13}$se$^{53}$se$^{53}$tsʅ$^{0}$tsiəu$^{53}$ts$^{h}$iaŋ$^{21}$ko$^{53}$lai$^{35}$ȵiɔŋ$^{13}_{21}$,ŋai$^{13}$tʂ$^{h}$ət$^{3}$li$^{0}$ʂʅ$^{53}$i$^{35}_{53}$xei$^{53}$ŋai$^{13}_{21}$ɔi$^{35}$tsʅ$^{0}$fait$^{3}$lien$^{53}$e$_{21}$lan$^{53}$lien$^{53}$ku$^{35}$,kai$^{53}$tʂak$^{3}$kai$^{53}$u$^{21}$tau$^{21}$mau$^{13}$…ts$^{h}$iaŋ$^{21}$ko$^{53}$ci$^{21}$ke$^{53}$tsʅ$^{0}$ȵiet$^{5}$.

【奶牙】lai$^{21}$ŋa$^{13}$ [名]小儿最初生长，未经脱换的牙齿：～就系细人子出哩世以后第一次生个牙齿，系唔系？～是再过几年子就会脱咁，到哩几岁子就会跌咁，换过新牙齿。lai$^{21}$ŋa$^{13}$ts$^{h}$iəu$^{53}$xe$^{53}_{21}$sei$^{53}$ȵin$^{13}_{21}$tsʅ$^{0}$tʂ$^{h}$ət$^{3}$li$^{0}$ʂʅ$^{53}$i$^{35}_{53}$xei$^{53}_{44}$t$^{h}$i$^{53}$iet$^{3}$ts$^{h}$ʅ$^{53}$saŋ$^{35}$cie$^{53}_{44}$ŋa$^{13}$tʂ$^{h}$ʅ$^{21}$,xei$^{53}$me$^{53}$?lai$^{21}$ŋa$^{13}$ʂʅ$^{53}_{44}$tsai$^{53}$ko$^{53}$ci$^{21}$ȵien$^{13}$tsʅ$^{0}$tsiəu$^{53}$uɔi$^{53}$t$^{h}$ɔit$^{3}$kan$^{21}$,tau$^{53}$li$^{0}$ci$^{21}$sɔi$^{53}$tsʅ$^{0}$ts$^{h}$iəu$^{53}$uɔi$^{53}$tet$^{3}$kan$^{21}$,uən$^{53}$ko$^{53}$sin$^{35}$ŋa$^{13}_{21}$tʂ$^{h}$ʅ$^{21}$.

【奶猪子】lai$^{21}$tʂəu$^{35}$tsʅ$^{0}$ [名]小猪；五十斤以下的猪：欸，如今你～你爱渠易得大滴子啊，你硬爱食饲料。唔食饲料是安做～奶半年。欸，奶半年，半年都还系几十斤子啦，～是啦。唔食饲料是半年都还系几十斤子。ei$_{21}$,i$^{13}_{21}$cin$^{35}_{53}$ȵi$^{13}_{21}$lai$^{21}$tʂəu$^{35}$tsʅ$^{0}$ȵi$^{13}_{21}$ɔi$^{35}$ci$^{13}_{21}$i$^{53}$tek$^{3}$t$^{h}$ai$^{53}$tiet$^{5}$tsʅ$^{0}$a$^{0}$,ȵi$^{13}$ȵiaŋ$^{53}$ɔi$^{53}_{44}$ʂət$^{5}$sʅ$^{53}$liau$^{53}$.n̩$^{13}$ʂət$^{5}$sʅ$^{53}$liau$^{53}_{44}$ʂʅ$^{53}_{44}$ɔn$^{35}_{44}$tso$^{53}_{44}$lai$^{21}$tʂəu$^{35}$tsʅ$^{0}$lai$^{21}$pan$^{53}$ȵien$^{13}$.e$_{21}$,lai$^{21}$pan$^{53}$ȵien$^{13}$,pan$^{53}$ȵien$^{13}_{21}$təu$^{35}_{53}$xai$^{13}_{21}$xe$^{53}_{44}$ci$^{21}$ʂət$^{5}$cin$^{35}$tsʅ$^{0}$la$^{0}$,lai$^{21}$tʂəu$^{35}_{44}$tsʅ$^{0}$ʂʅ$^{53}_{21}$la$^{0}$.n̩$^{13}$ʂət$^{5}$sʅ$^{53}$liau$^{53}_{44}$ʂʅ$^{53}_{44}$pan$^{53}$ȵien$^{13}_{21}$təu$^{35}_{53}$xai$^{13}_{21}$xe$^{53}_{44}$ci$^{21}$ʂət$^{5}$cin$^{35}_{44}$tsʅ$^{0}$.

【奈何桥】lai$^{53}$xo$^{13}$c$^{h}$iau$^{13}$ [名]传说阳世与阴间之间的一座桥：搞么个人死哩以后，进哩棺材，唔得话急于就分棺材钉嘿去，还爱放倒箇映放几天，就系么个嘞？话箇死人还去～上。欸，搞么个爱拣日子，还山个日子爱拣日子，还山箇晡哇爱拣日子哦？爱藏水，欸，爱画符子，爱请倒箇道士画张符子，就系怕犯重丧。因为箇只亡人是还去～上等，嗯，还赠归。欸，箇个讲法嘞系你系亡人还去～上。呣，打比样有只老子过哩身，怕渠还去～上等，就爱通过画咁个符子画咁个东西嘞保护以个还在世个人，莫犯重丧，莫跟倒渠去，就咁个意思。kau$^{21}$mak$^{3}$kei$^{53}$ȵin$^{13}$si$^{21}$li$^{0}$i$^{35}$xei$^{53}$,tsin$^{53}$ni$^{0}$kɔn$^{35}$ts$^{h}$ɔi$^{35}_{44}$,n̩$^{13}$tek$^{3}$ua$^{53}$ciet$^{3}$ʮ$^{13}$ts$^{h}$iəu$^{53}$pən$^{35}$kɔn$^{35}_{44}$ts$^{h}$ɔi$^{35}_{21}$taŋ$^{35}$ŋek$^{3}$çi$^{53}$,xa$^{13}_{21}$ɔi$^{53}_{44}$fɔŋ$^{53}$tau$^{21}$kai$^{53}_{44}$iaŋ$^{53}_{44}$fɔŋ$^{21}$ci$^{21}$t$^{h}$ien$^{35}$,ts$^{h}$iəu$^{53}$xei$^{53}$mak$^{3}$e$^{0}$lei$^{0}$?ua$^{53}$kai$^{53}$si$^{21}$ȵin$^{13}$xai$^{13}_{21}$çi$^{53}_{44}$lai$^{53}$xo$^{13}_{21}$c$^{h}$iau$^{13}_{21}$xɔŋ$^{53}$.e$_{21}$,kau$^{21}$mak$^{3}$kei$^{53}$ɔi$^{53}$kan$^{21}$ȵiet$^{3}$tsʅ$^{0}$,fan$^{13}_{21}$san$^{35}$ke$^{53}$ȵiet$^{3}$tsʅ$^{0}$ɔi$^{53}$kan$^{21}$ȵiet$^{3}$tsʅ$^{0}$,fan$^{13}_{21}$san$^{35}$kai$^{53}$pu$^{53}$ua$^{0}$ɔi$^{53}$kan$^{21}$ȵiet$^{3}$tsʅ$^{0}$o$^{0}$?ɔi$^{53}$ts$^{h}$ɔŋ$^{13}$ʂei$^{21}$,ei$_{21}$,ɔi$^{53}$fa$^{53}$fu$^{13}$tsʅ$^{0}$,ɔi$^{53}$ts$^{h}$iaŋ$^{21}$tau$^{21}$kai$^{53}_{44}$t$^{h}$au$^{53}$sʅ$^{53}_{44}$fa$^{53}$tʂɔŋ$^{35}_{44}$fu$^{13}$tsʅ$^{0}$,ts$^{h}$iəu$^{53}_{44}$xei$^{53}_{44}$p$^{h}$a$^{53}$fan$^{53}$tʂ$^{h}$əŋ$^{13}$sɔŋ$^{35}_{44}$.in$^{35}$uei$^{53}$kai$^{53}$(tʂ)ak$^{3}$mɔŋ$^{13}$ȵin$^{13}_{44}$ʂʅ$^{53}_{44}$xai$^{13}$çi$^{53}$lai$^{53}$xo$^{13}_{21}$c$^{h}$iau$^{13}$xɔŋ$^{53}$ten$^{21}$,n̩$_{21}$,xai$^{13}_{21}$maŋ$^{13}$kuei$^{35}$.e$_{53}$,kai$^{53}_{44}$ke$^{53}_{44}$kɔŋ$^{21}$fait$^{3}$lei$^{0}$xei$^{53}_{21}$ȵi$^{13}$xe$^{53}$maŋ$^{13}_{44}$ȵin$^{13}_{44}$xai$^{13}_{21}$çi$^{53}$lai$^{53}$xo$^{13}_{21}$c$^{h}$iau$^{13}$xɔŋ$^{53}$.m̩$_{21}$,ta$^{21}$pi$^{21}$iɔŋ$^{53}_{44}$iəu$^{35}$tʂak$^{3}$lau$^{21}$tsʅ$^{0}$ko$^{53}$li$^{0}$ʂən$^{35}_{44}$,p$^{h}$a$^{53}$ci$^{13}_{21}$xai$^{13}_{21}$çi$^{53}$lai$^{53}$xo$^{13}_{21}$c$^{h}$iau$^{13}_{21}$xɔŋ$^{53}$ten$^{21}$,ts$^{h}$iəu$^{53}$ɔi$^{53}$t$^{h}$əŋ$^{35}$ko$^{53}$fa$^{53}$kan$^{21}$ke$^{53}_{44}$fu$^{13}$tsʅ$^{0}$fa$^{53}$kan$^{21}$ke$^{0}$təŋ$^{35}_{44}$si$^{0}$lei$^{0}$pau$^{21}$fu$^{21}$i$^{21}$ke$^{53}_{44}$xan$^{13}$ts$^{h}$ai$^{53}$ʂʅ$^{53}$ke$^{0}$ȵin$^{13}$,mək$^{5}$fan$^{53}$tʂ$^{h}$əŋ$^{13}$sɔŋ$^{35}$,mək$^{5}$cien$^{35}_{44}$tau$^{21}$ci$^{13}_{21}$çi$^{53}$,tsiəu$^{53}_{44}$kan$^{13}_{21}$ke$^{0}$i$^{35}$sʅ$^{0}$.

【柰李】lai$^{53}$li$^{21}$ [名]一种李子：最好食个就系～呀。还有～嘞。tsei$^{53}$xau$^{21}$ʂət$^{5}$ke$^{53}$ts$^{h}$iəu$^{53}_{44}$xe$^{53}_{44}$lai$^{53}$li$^{21}$ia$^{0}$.xai$^{13}_{21}$iəu$^{35}_{44}$lai$^{53}$li$^{21}$le$^{0}$.｜箇只～都后背来个。/啊？/～都后背个噢。/系后背个，渠了尾正有。/最先有个只有箇几种。kai$^{53}_{21}$tʂak$^{3}$lai$^{53}$li$^{21}$təu$^{35}_{44}$xei$^{53}$pɔi$^{53}_{35}$lɔi$^{13}_{21}$ke$^{53}_{44}$./a$^{35}$?/lai$^{53}$li$^{21}$təu$^{35}_{44}$xei$^{53}$pɔi$^{53}_{35}$ke$^{53}_{44}$au$^{0}$./xe$^{53}$

N

xəu53 pɔi53/44 ke53/44,ci13/21 liau21 mi35 tʂaŋ53 iəu35./tsei53 sien35/44 iəu35/44 ke53/44 tʂʅ21 iəu35/53 kai53/44 ci21 tʂəŋ21.

【耐烦】lai53 fan13 形 不急躁；不怕麻烦；有耐性：～啵！lai53 fan13 nau0！｜以映子关键个部位嘞就系爱分箇鸡爪爱～一只一只子鸡爪爱斩做三坨，渠就更进盐味箇肚里啊。i13/21 iaŋ53 tsʅ0 kuan35 cien53/44 ke53/44 pʰu53/44 uei53/44 lei0 tsʰiəu53/44 xei53/44 ɔi53/44 pən35/44 kai53/44 cie35 tsau21 ɔi53 lai53 fan13 iet3 tʂak3 iet3 tʂak3 tsʅ0 cie35 tsau21 ɔi53 tsan21 tso53 san35 tʰo13/21,ci13 tsʰiəu53 cien53 tsin53 ian13 mi53 kai53 tәu21 li0 a0.｜箇你系耐得烦你总盘倒去都做得哦，□长。kai53/44 ɲi13 xe53/44 lai53 tek3 fan13 ɲi13 tsəŋ21 pʰan13 tau21 çi53/44 təu35 tso53 tek3 o0,lai35 tʂʰɔŋ13.

【耐唔得】lai53 n̩13/21 tek3 难以忍耐；不能忍受：猪尿脬打人，痛就唔痛，～你箇只骚气。tʂəu35 ɲiau53 pʰau53 ta21 ɲin13,tʰəŋ53 tsʰiəu53 n̩13 tʰəŋ53,lai53 n̩13/21 tek3 ɲi13 kai53/44 tʂak3 sau35 çi53.批评某人虽然没造成直接的经济损害，但是侮辱了他人的人格

【男】lan13 形 属性词。①男性的：骂～个就癫牯哇。ma53 lan13 ke53/44 tsʰiəu53/44 tien35 ku21 ua0.②指儿子，今多用于墓碑上的落款：箇碑石上啊，有赖子。赖子就写～。～，么啊名字，系啊？ka53/44 pi35 ʂak5 xɔŋ53/44 ŋa0,iəu35 lai53 tsʅ0.lai53 tsʅ0 tsʰiəu53 sia21 lan13.lan13,mak3 a0 miaŋ21 tsʰʅ53/44,xei53/44 a0?

【男家】lan13 ka35/44 名 婚姻关系中男方的家；男方：～就系头晡昼边（整陪媒酒），女家就系头晡夜晡。lan13 ka35/44 tsʰiəu53/44 xe53/44 tʰei13 pu35/44 tʂəu53 pien35/44,ɲy21 ka35/44 tsʰiəu53 xe53 tʰei13 pu35/44 ia53 pu35/44.

【男家头】lan13 ka35/44 tʰei13/21 名 婚姻关系中男方的家；男方：箇个做介绍个人，做媒人呢，渠就讲正来，还系到～达嫁场，还系到女家头欸过定。kai53/44 ke53/44 tso53 kai53 ʂau53 ke53/44 ɲin13,tso53 mɔi13 ɲin13 nei0,ci13/21 tsʰiəu53 kɔŋ21 tʂaŋ53 lɔi13/21,xai13 xe53/44 tau53 lan13 ka35/44 tʰei13/21 tʰait5 ka53 tʂʰɔŋ13,xai13 xe53/44 tau53 ɲi21 ka35/44 tʰei13/21 e21 ko53/44 tʰin53.

【男客】lan13 kʰak3 名 男性的客人：～，欸，客佬子肚里个男子人，就区别于女客。一般是都讲客，欸，但是你爱安排床铺个时候子，几多只～嗅？几多只女客嗅？就咁子就分出来哩，就爱分，系啊？欸，一般是都系客，冇得么个区别。lan13 kʰak3,e21,kʰak3 lau21 tsʅ0 təu21 li0 ke53 lan13 tsʅ21 ɲin13/44,tsʰiəu53/44 tʂʰʅ35 pʰiet5 ʮ13/21 ɲi21 kʰak3.iet3 pɔn35 ʂʅ53/44 təu35/44 kɔŋ21 kʰak3,e21,tan53 ʂʅ53 ɲi13/21 ɔi53/44 ŋɔn35 pʰai13/21 tsʰɔŋ13 pʰu35/44 ke53 ʂʅ13 xəu53 tsʅ0,ci21 (t)o35 tʂak3 lan13 kʰak3 au0?ci21 (t)o35/53 tʂak3 ɲi21 kʰak3 au0?tsʰiəu53/44 kan21/13 tsʅ0 tsʰiəu53/44 fən35 tʂʰət3 lɔi13/21 li0,tsʰiəu53 ɔi53 fən35,xei53 a0?e21,iet3 pɔn35 ʂʅ53 təu35/44 xei53 kʰak3,mau13/21 tek3 mak3 e0 tʂʰʮ35/44 pʰiet5.

【男女】lan13 ɲy21 名 ①男性和女性：聋子啊，箇就～都可以话。ləŋ35 tsʅ0 a0,kai53/44 tsʰiəu53/44 lan13 ɲy21 təu35/44 kʰo21 i35 ua53.②性别：唔分～，就哑巴子。n̩13 fən35/44 lan13 ɲy21,tsiəu53/44 a21 pa35/44 tsʅ0.

【男子人】lan13 tsʅ0 ɲin13 名 男人，多指成年男子：我等箇有只～呐，唔知几厉害。ŋai13 tien0 kai53/44 iəu35 tʂak3 lan13 tsʅ0 ɲin13 na0,n̩13/21 ti35/44 ci21 li53 xɔi53/21.

【南】lan13 名 方位词。早晨面对太阳，右手的一边，与“北”相对：箇只大洞岭下去出去箇向子有只栏场安做南边。地名安做南边。渠系坐～，渠系以欸箇条河啊，箇条河下个靠～个箇只方向。kai53 tʂak3 tʰai53 tʰəŋ53 liaŋ35 xa53/44 çi53/44 tʂʰət3 çi53 kai53/44 çiɔŋ53/44 tsʅ0 iəu35 tʂak3 laŋ13/21 tʂʰɔŋ13/44 ɔn35/44 tso53/44 lan13 pien35/44.tʰi53 miaŋ13/21 ɔn35/44 tso53/44 lan21 pien35/44.ci13/21 xei53 tsʰo53 lan13,ci13/21 xei53 i21 e21 kai53 tʰiau13/21 xo13 a0,kai53 tʰiau13/21 xo13 xa35 kei53 kʰau53 lan13 cie53/44 kai53/44 tʂak3 fɔŋ35/44 çiɔŋ53.

【南边】lan13 pien35 名 方位词。南面，南侧：我等箇只老屋里啊坐东朝西，热天当西晒，热得尽命，但是嘞～呢一嶂岭唔知几高，冬下头是冬下头个日头是唔知几昼正晒得倒，欸，十一点多钟正晒得倒，一下晒倒点把子钟又冇得哩，就阴嘿哩，冬下头冷死人。就因为～一嶂岭唔知几高。ŋai13 tien0 kai53 tʂak3 lau21 uk3 li0 a0 tsʰo53 təŋ35 tʂʰau35 si35,ɲiet5 tʰien35 tɔŋ35 si35 sai53,ɲiet5 tek3 tsʰin53 miaŋ53,tan53 ʂʅ53 lei0 lan13 pien35 nei0 iet3 tʂɔŋ53 liaŋ35 n̩13 ti35/53 ci21 kau35,təŋ35 xa53 tʰei13/21 ʂʅ53/44 təŋ35 xa53 tʰei13/21 ke53 ɲiet3 tʰei13 ʂʅ53/44 n̩13 ti35/53 ci21 tʂəu53 tʂaŋ53 sai53 tek3 tau21,e21,ʂət5 iet3 tian21 to35/44 tʂəŋ35/44 tʂaŋ53 sai53 tek3 tau21,iet3 xa53 sai53 tau21 tian21 pa21 tsʅ0 tʂəŋ35/44 iəu53 mau13/21 tek3 li0,tsiəu53 in35 nek3 li0,təŋ35/44 xa53/44 tʰei13/21 laŋ35 si21 ɲin13.tsʰiəu53/44 in35/44 uei13/21 lan13 pien35/44 iet3 tʂɔŋ53 liaŋ35 n̩13 ti35/53 ci21 kau35/44.

【南边上】lan13 pien35 xɔŋ53 名 方位词。南边：就同以一线样啊，～就一嶂高岭啊，一嶂岭咁高唠，所以以一线冬下头都唔多舒服，以一线个屋咯，但是对门箇向啊镇政府对门箇向，上上洪箇条路箇一线坐北朝南，箇一线就冬下头更有日头炙。tsʰiəu53 tʰəŋ13/21 i13/21 iet3 sien53 iɔŋ53/44 ŋa0,lan13 pien35 xɔŋ53/44 tsʰiəu53/44 iet3 tʂɔŋ53 kau35 liaŋ35 ŋa0,iet3 tʂɔŋ53/21 liaŋ35 kan21 kau35/44 lau0,so21 i35/53 i21 iet3 sien53 təŋ35 xa53/44 tʰei13/21 təu35/53 n̩13/21 to35/44 ʂʮ35/44 fuk5,i21 iet3 sen53 ke53 uk3 ko0,tan53/44 ʂʅ53/44 ti53 mən13/21 kai53/44 çiɔŋ53 ŋa0 tʂən53 tʂən53 fu21 ti53 mən13/21 kai53/44 çiɔŋ53/44,ʂɔŋ35 ʂɔŋ53 pʰəŋ13 kai53/44 tʰiau13/21 ləu53 kai53 iet3 sien53 tsʰo53 pɔit3 tʂʰau13/21 lan13,kai53 iet3 sien53/44 tsʰiəu53/44 təŋ35/44 xa53/44 tʰei13/21 cien53 iəu35 ɲiet3 tʰei13 tʂak3.

【南粉】lan$^{13}$fən$^{21}$ 名以蚕豆、绿豆、豌豆、川豆、四季豆等为原料加工制作的粉丝。又称“西粉、湘粉、粉丝”：～以只东西嘞渠系历时悠久，我等细细子食个粉丝就系箇个嘞，就系～呢。欸，就系豌豆做个。lan$^{13}$fən$^{21}$i$^{21}$ (tʂ)ak$^{3}$ təŋ$^{35}_{44}$si$^{0}$ le$^{0}$ ci$^{13}_{21}$xe$^{53}_{44}$liet$^{5}$ ʂʅ$^{21}$iəu$^{35}$ciəu$^{21}$,ŋai$^{13}$tien$^{0}$ se$^{53}$se$^{53}$ tsʅ$^{0}$ ʂʅt$^{5}$ ke$^{0}$ fən$^{21}$sʅ$^{35}$tsʰiəu$^{53}$xe$^{53}_{44}$kai$^{53}$ke$^{53}$le$^{0}$,tsʰiəu$^{53}$xe$^{53}_{44}$lan$^{13}$fən$^{21}$ne$^{0}$.e$_{21}$,tsʰiəu$^{53}$xe$^{53}$uan$^{35}$tʰei$^{53}_{44}$tso$^{53}$ke$^{53}_{44}$.｜今晡夜晡就来炒碗蚂蚁上树，渠就会用～做个粉丝来做。cin$^{35}$pu$^{35}_{44}$ia$^{53}_{44}$pu$^{35}_{44}$tsʰiəu$^{53}_{44}$lɔi$^{13}_{21}$tsʰau$^{21}$uɔn$^{21}$ma$^{35}$le$^{35}_{44}$ ʂɔŋ$^{35}_{44}$ʂəu$^{53}$,ci$^{13}$tsʰiəu$^{53}$uɔi$^{53}$iəŋ$^{53}$lan$^{13}$fən$^{21}$tso$^{53}$ke$^{53}$fən$^{21}$sʅ$^{35}_{44}$lɔi$^{13}_{21}$tso$^{53}$.

【南岭】lan$^{13}_{21}$liaŋ$^{35}_{44}$ 名浏阳市小河乡地名：～是还有箇地名啊，～啊。小河就有只～。lan$^{13}$liaŋ$^{35}_{44}$ ʂʅ$^{53}_{44}$xai$^{13}_{21}$iəu$^{35}_{44}$kai$^{53}_{44}$tʰi$^{53}$miaŋ$^{13}$ŋa$^{0}$,lan$^{13}_{21}$liaŋ$^{35}_{44}$ŋa$^{0}$.siau$^{21}$xo$^{13}$tsʰiəu$^{53}_{44}$iəu$^{35}_{44}$tʂak$^{3}$ lan$^{13}_{21}$liaŋ$^{35}_{44}$.

【南乡】lan$^{13}$çiɔŋ$^{35}_{44}$ 名指浏阳市的南部地区：～箇茴饼就蛮出名嘞。lan$^{13}$çiɔŋ$^{35}_{44}$ke$^{53}_{44}$fei$^{13}$piaŋ$^{21}$ tsʰiəu$^{53}_{44}$man$^{13}$tʂʰət$^{3}_{5}$ miaŋ$^{13}$le$^{0}$.

【南乡师傅】lan$^{13}$çiɔŋ$^{35}_{44}$sʅ$^{35}_{44}$fu$^{53}_{44}$ 指浏阳南乡的手艺人：箇落尾搞集体个七几年唔系～来就尽打个皮箩？kai$^{53}$lɔk$^{5}$ mi$^{35}_{44}$kau$^{21}$tsʰiet$^{5}$ tʰi$^{21}$ke$^{53}_{44}$tsʰiet$^{3}$ ci$^{21}$ɲien$^{13}$m̩$^{13}_{21}$pʰe$^{53}_{44}$lan$^{13}$çiɔŋ$^{35}_{44}$sʅ$^{35}_{44}$fu$^{53}_{44}$lɔi$^{13}_{21}$tsʰiəu$^{53}_{44}$tsʰin$^{53}$ta$^{21}$ke$^{53}_{44}$ pʰi$^{13}$lo$^{13}$?

【南杂铺】lan$^{13}$tsʰait$^{5}$ pʰu$^{53}$ 名经营油盐酱醋等生意的店铺：欸，张家坊街上个～哇还有得手机店咁多，还有得药店咁多。e$_{21}$,tʂɔŋ$^{35}_{44}$ka$^{35}_{44}$fɔŋ$^{35}$kai$^{35}_{44}$xɔŋ$^{53}_{44}$ke$^{53}$lan$^{13}$tsʰait$^{5}$ pʰu$^{53}$ua$^{0}$ xai$^{13}_{21}$mau$^{13}_{21}$tek$^{3}$ ʂəu$^{21}$ci$^{35}$ tian$^{53}$kan$^{21}$to$^{35}_{44}$,xai$^{13}_{21}$mau$^{13}_{21}$tek$^{3}$ iɔk$^{5}$ tian$^{53}$kan$^{21}$to$^{35}_{44}$.

【南竹】lan$^{13}$tʂəuk$^{3}$ 名一种竹子，最为粗大。也称“南竹子”：～嘞渠就拔令子。/最大个啰。/更大个。/有一起，一尺几个都有。lan$^{13}$tʂəuk$^{3}$ lei$^{0}$ ci$^{13}_{21}$tsiəu$^{53}_{21}$pʰait$^{5}$ laŋ$^{53}$tsʅ$^{0}$./tsei$^{53}$tʰai$^{53}$ke$^{53}_{44}$lo$^{0}$./ken$^{53}$ tʰai$^{53}$ke$^{53}_{21}$./iəu$^{35}$iet$^{3}$ çi$^{21}$,iet$^{3}$ tʂʰak$^{3}$ ci$^{21}$ke$^{53}$təu$^{35}_{44}$iəu$^{35}$.｜有起箇个七八寸子个有话箇～子哇。iəu$^{35}$çi$^{21}$kai$^{53}$ ke$^{53}$tsʰiet$^{3}$ pait$^{3}$ tsʰən$^{53}$tsʅ$^{0}$ ke$^{53}_{44}$iəu$^{35}_{44}$ua$^{53}_{44}$kai$^{53}_{44}$lan$^{13}$tʂəuk$^{3}$ tsʅ$^{0}$ ua$^{0}$.

【南竹笋】lan$^{13}$tʂəuk$^{3}$ sən$^{21}$ 名南竹长出的笋子：大竹～可以食啦。tʰai$^{53}$tʂəuk$^{3}$ lan$^{13}$tʂəuk$^{3}$ sən$^{21}$kʰo$^{21}$ i$^{35}$ʂət$^{5}$ la$^{0}$.

【难$_{1}$】lan$^{13}$ 形①不容易；做起来费事的：路蛮～走。ləu$^{53}$man$^{13}$lan$^{13}$tsei$^{21}$.｜箇路子蛮～搞。kai$^{53}_{44}$ləu$^{53}$tsʅ$^{0}$ man$^{13}$lan$^{13}$kau$^{21}$. ②不好：箇只屋，箇地方蛮～系居住。kai$^{53}$tʂak$^{3}$ uk$^{3}$,kai$^{53}_{44}$tʰi$^{53}$fɔŋ$^{35}_{44}$man$^{13}_{21}$ lan$^{13}_{21}$xe$^{53}$.

【难$_{2}$】lan$^{13}$ 动因费事而不愿意：渠一只一只是～去搞吵。ci$^{13}$iet$^{3}$ tʂak$^{3}$ iet$^{3}$ tʂak$^{3}$ ʂʅ$^{53}_{44}$lan$^{13}$çi$^{53}$kau$^{21}$ ʂa$^{0}$.｜唔爱换，唔爱换，～去搞得！m̩$^{13}_{21}$mɔi$^{53}_{35}$uɔn$^{53}$,m̩$^{13}_{21}$mɔi$^{53}_{35}$uɔn$^{53}$,lan$^{13}$çi$^{53}$kau$^{21}$tek$^{3}$!

【难得】lan$^{13}$tek$^{3}$ 形①不容易得到或办到：陈老师你咁远来哩，～，硬啊食两杯，我自家先干为敬。tʂʰən$^{13}$lau$^{21}$sʅ$^{35}_{44}$ɲi$^{13}_{21}$kan$^{21}$ien$^{21}$lɔi$^{13}_{21}$li$^{0}$,lan$^{13}$tek$^{3}$, ɲiaŋ$^{53}$a$^{0}$ ʂət$^{5}$ iɔŋ$^{21}$pi$^{35}_{44}$,ŋai$^{13}$tsʰʅ$^{35}_{21}$ka$^{35}_{44}$sien$^{35}$kɔn$^{35}_{44}$uei$^{13}_{21}$cin$^{53}$. ②不经常：你真系稀客哈，～来呀。ɲi$^{13}_{21}$tʂən$^{35}_{44}$ne$^{53}_{44}$çi$^{35}$kʰak$^{3}$ xa$^{0}$,lan$^{13}$tek$^{3}_{5}$ lɔi$^{13}$ia$^{0}$.｜可以讲冇得。我是也～食藕粉。kʰo$^{21}$i$^{35}$kɔŋ$^{21}$mau$^{13}$tek$^{3}$.ŋai$^{13}$ʂʅ$^{53}_{44}$ia$^{35}_{53}$lan$^{13}$tek$^{3}$ ʂət$^{5}$ ŋei$^{21}$fən$^{21}$.

【难多得】lan$^{13}$to$^{35}$tek$^{3}$ 副不经常：鸡蛋糕张坊街上有做蛋糕个，我等～买倒食，鸡蛋糕。cie$^{35}$ tʰan$^{53}$kau$^{35}_{44}$tʂɔŋ$^{33}_{44}$xɔŋ$^{35}_{53}$kai$^{35}_{44}$xɔŋ$^{53}_{44}$iəu$^{35}$tso$^{53}_{44}$tʰan$^{53}$kau$^{35}_{44}$ke$^{0}$,ŋai$^{13}$tien$^{0}$ lan$^{13}$to$^{35}_{44}$tek$^{3}$ mai$^{35}$tau$^{21}$ʂət$^{5}$,cie$^{35}_{44}$tʰan$^{53}_{21}$kau$^{35}_{44}$.

【难搞】lan$^{13}$kau$^{21}$ 动难办：以只事有滴子～。i$^{21}$tʂak$^{3}$ sʅ$^{53}$iəu$^{35}$tiet$^{5}$ tsʅ$^{0}$ lan$^{13}$kau$^{21}$.

【难怪】lan$^{13}$kuai$^{53}$ 副怪不得。表示明白了原因，对某种情况就不再觉得奇怪：嗬嗬，～咁了！xo$_{53}$xo$_{53}$,lan$^{13}$kuai$^{53}_{44}$kan$^{21}$liau$^{0}$!｜～，箇老鸦子都总跍倒箇个树箇屋上屋背放势叫，老鸦子放势叫。～会死人。lan$^{13}$kuai$^{53}$,kai$^{53}$lau$^{21}$a$^{35}$tsʅ$^{0}$ təu$^{35}_{53}$tsəŋ$^{21}$ku$^{35}$tau$^{21}$kai$^{53}_{44}$ke$^{53}_{44}$ʂəu$^{53}$kai$^{53}$uk$^{3}$ xɔŋ$^{53}$uk$^{3}$ pɔi$^{53}$xɔŋ$^{53}$ʂʅ$^{53}$ ciau$^{53}$,lau$^{21}$a$^{35}$tsʅ$^{0}$ xɔŋ$^{53}$ʂʅ$^{53}$ciau$^{53}$.lan$^{13}$kuai$^{53}$uɔi$^{53}$si$^{21}$ɲin$^{13}$.

【难过】lan$^{13}$ko$^{53}$ 形①不容易度过：冇钱用个日子～啊。mau$^{13}$tsʰien$^{13}$iəŋ$^{53}$ke$^{53}$ɲiet$^{3}$ tsʅ$^{0}$ lan$^{13}$ko$^{53}$a$^{0}$.｜屋下有病人个日子～。uk$^{3}$ xa$^{53}_{44}$iəu$^{35}_{44}$pʰiaŋ$^{53}$ɲin$^{13}_{21}$ke$^{53}$ɲiet$^{3}$ tsʅ$^{0}$ lan$^{13}$ko$^{53}$. ②（身体）不舒服：我以发真～，人唔好，真～。ŋai$^{13}$i$^{21}$fait$^{3}$ tʂən$^{35}$nan$^{13}$ko$^{53}$, ɲin$^{13}$n̩$^{13}_{21}$xau$^{21}$,tʂən$^{35}$nan$^{13}$ko$^{53}$.

【难看】lan$^{13}$kʰɔn$^{53}$ 形不好看；丑陋：渠是搞么啊莫分别家看呢？就怕渠有咁个唔安详啊，死哩以后眼珠暴暴哩箇只嘞，系唔系啊？怕～。ci$^{13}_{21}$ʂʅ$^{53}_{44}$kau$^{21}$mak$^{3}$ a$^{0}$ mɔk$^{5}$ pən$^{35}_{44}$pʰiet$^{5}_{3}$ a$^{0}$ kʰɔn$^{53}$ nei$^{0}$?tsʰiəu$^{53}_{44}$pʰa$^{53}$ci$^{13}_{21}$iəu$^{35}$kan$^{21}$ke$^{53}_{44}$ŋ̍$^{13}$ŋɔn$^{35}$tsʰiɔŋ$^{13}_{21}$ŋa$^{0}$,si$^{21}$li$^{0}$ i$^{35}$xei$^{53}_{44}$ŋan$^{21}$tʂəu$^{35}_{44}$pau$^{53}$pau$^{53}$li$^{0}$ kai$^{53}_{44}$tʂak$^{3}$ le$^{0}$,xei$^{53}_{35}$ mia$^{0}$?pʰa$^{53}$nan$^{13}$kʰɔn$^{53}$.

【难耐】lan$^{13}$lai$^{53}$ 动难以忍耐；不能忍受：猪尿脬打人，痛就唔痛，骚气～。tʂəu$^{35}$ɲiau$^{53}$pʰau$^{53}$ ta$^{21}$ɲin$^{13}$,tʰəŋ$^{53}$tsʰiəu$^{53}$n̩$^{13}$tʰəŋ$^{53}$,sau$^{35}$çi$^{53}$lan$^{13}$lai$^{53}$.

【难食】lan$^{13}$ʂət$^{5}$ 形不好吃；味道差：红米就蛮～啦。fəŋ$^{13}$mi$^{21}$tsʰiəu$^{53}_{44}$man$^{13}$lan$^{13}$ʂət$^{5}$ la$^{0}$.

【难受】lan$^{13}$ʂəu$^{53}$ 形让人感觉不佳，难以忍受：（苦斋）唔放下饭肚里去，箇系十分～。m̩$^{13}$ fəŋ$^{53}_{44}$xa$^{53}_{44}$fan$^{35}$təu$^{21}$li$^{0}$çi$^{53}$,kai$^{53}$xei$^{53}_{21}$ʂət$^{5}$fən$^{35}_{53}$nan$^{13}$ʂəu$^{53}$.

【难为】lan$^{13}$uei$^{13}$ 动使人为难。多用作感谢别人代自己做事的客套话：～你！lan$^{13}$uei$^{13}$ɲi$^{13}$!

【囊泡】ləŋ$^{35}$p$^{h}$au$^{35}_{44}$ 名肚皮下气泡状的肥肉。也称“囊泡肉”：渠是肥泡肉唠，系唔系？就～。也又有加“肉”啊，～肉。ci$^{13}_{21}$ʂʅ$^{53}_{44}$fei$^{13}$p$^{h}$au$^{53}$ɲiəuk$^{3}$lau$^{0}$,xei$^{53}_{44}$me$^{53}_{44}$?tsiəu$^{53}_{44}$ləŋ$^{35}$p$^{h}$au$^{35}_{44}$.ia$^{35}$iəu$^{53}_{44}$iəu$^{35}_{44}$cia$^{35}_{44}$ ɲiəuk$^{3}$a$^{0}$,ləŋ$^{35}$p$^{h}$au$^{35}_{44}$ɲiəuk$^{3}$.

【铙钹】ɲiau$^{13}$p$^{h}$ait$^{5}$ 名乐器名。铜制的合击乐器，呈圆盘状，小的称为“铙”，声音较响亮，大的称为“钹”，声音较浑厚：～听鼓响。ɲiau$^{13}$p$^{h}$ait$^{5}$t$^{h}$in$^{53}$ku$^{21}$çiəŋ$^{21}$.｜箇起道士用个就瀗大，咁大，～。kai$^{53}$çi$^{21}$t$^{h}$au$^{53}$sʅ$^{53}_{44}$iəŋ$^{53}$ke$^{53}$ts$^{h}$iəu$^{53}$mən$^{35}$t$^{h}$ai$^{53}$,kan$^{21}$t$^{h}$ai$^{53}$, ɲiau$^{13}$p$^{h}$ait$^{5}$.

【恼】lau$^{35}$ 动厌烦；讨厌：（细人子）大滴子了嘞渠就会犯错，就会做坏事，就得人家～唠。箇只～嘞，也不是么个恨，不是。就系让门子啊？烦恼个意思吧，使人有兜子烦恼吧。t$^{h}$ai$^{53}$ tiet$^{5}$tsʅ$^{0}$liau$^{0}$lei$^{0}$ci$^{13}_{21}$tsiəu$^{53}_{44}$uɔi$^{53}_{44}$fan$^{53}_{44}$ts$^{h}$o$^{53}$,tsiəu$^{53}_{44}$uɔi$^{53}_{44}$tso$^{53}$fai$^{53}$sʅ$^{53}$,ts$^{h}$iəu$^{53}_{44}$tek$^{3}$in$^{13}_{21}$ka$^{35}_{44}$lau$^{35}$liau$^{0}$.kai$^{53}$tʂak$^{3}$lau$^{35}$ lei$^{0}$,ia$^{35}$pət$^{3}$ʂʅ$^{53}_{44}$mak$^{3}$e$^{0}$xen$^{53}$,pət$^{3}$ʂʅ$^{53}$.ts$^{h}$iəu$^{53}$xe$^{53}$ɲiəŋ$^{53}$mən$^{0}$tsa$^{0}$?fan$^{13}$nau$^{21}$ke$^{0}$i$^{53}$sʅ$^{0}$pa$^{0}$,ʂʅ$^{21}$ɲin$^{13}$iəu$^{35}$təu$^{35}_{53}$tsʅ$^{0}$ fan$^{13}$nau$^{21}$pa$^{0}$.

【恼瘾】lau$^{21}$in$^{21}$ 动窝火；感到困窘：荷担谷荷得唔知几累嘞，走倒去又还唔知几麻烦呶，就安做恼哩瘾呐，真～呐硬啊。k$^{h}$ai$^{35}_{44}$tan$^{35}_{44}$kuk$^{3}$k$^{h}$ai$^{35}_{44}$tek$^{3}$n̩$^{13}$ti$^{35}_{53}$ci$^{21}$li$^{53}$lei$^{0}$,tsei$^{21}$tau$^{21}$çi$^{53}$iəu$^{53}$xai$^{13}_{21}$n̩$^{13}$ti$^{35}_{53}$ci$^{21}$ ma$^{13}$fan$^{13}_{21}$nau$^{0}$,ts$^{h}$iəu$^{53}$ɔn$^{35}_{53}$tso$^{53}$lau$^{21}$li$^{0}$in$^{21}$na$^{0}$,tʂən$^{35}$lau$^{21}$in$^{21}$na$^{0}$ŋiaŋ$^{53}$ŋa$^{0}$.

【脑$_{1}$】lau$^{21}$ 名头：（打日头落山）系走渠～上翻下过去。xe$^{53}$tsei$^{21}$ci$^{13}_{21}$lau$^{21}$xɔŋ$^{53}_{44}$fan$^{35}$na$^{53}$ko$^{53}_{44}$çi$^{53}_{44}$.

【脑$_{2}$】lau$^{21}$ 量用于与头部有关的事物：一～头发 iet$^{3}$lau$^{21}$t$^{h}$ei$^{13}$fait$^{3}$

【脑额门】lau$^{21}$ɲiait$^{3}$mən$^{13}$ 名囟门：啊以顶高硬～，头发肚里，系啊？以只～以映子真打唔得啦，真撞唔得啦，以下撞哩就唔得了啦。欸，以映子翼翼动啊，翼翼动啊，看得倒来动啊，系啊。a$_{21}$i$^{21}$taŋ$^{21}$kau$^{35}_{53}$ŋiaŋ$^{53}$lau$^{21}$ɲiait$^{3}$mən$^{13}$,t$^{h}$ei$^{13}$fait$^{3}$təu$^{21}$li$^{0}$,xei$^{53}$a$^{0}$?i$^{21}$tʂak$^{21}$lau$^{21}$ɲiait$^{3}$mən$^{13}_{21}$i$^{13}_{21}$iaŋ$^{53}$tsʅ$^{0}$ tʂən$^{35}$ta$^{21}$n̩$^{13}$tek$^{3}$la$^{0}$,tʂən$^{35}$ts$^{h}$ɔŋ$^{53}$n̩$^{13}_{21}$tek$^{3}$la$^{0}$,i$^{21}$xa$^{53}_{44}$ts$^{h}$ɔŋ$^{53}$li$^{0}$ts$^{h}$iəu$^{53}$n̩$^{13}_{21}$tek$^{3}$liau$^{21}$la$^{0}$.ei$_{21}$,i$^{21}$iaŋ$^{53}$tsʅ$^{0}$iait$^{5}$iait$^{5}$ t$^{h}$əŋ$^{35}$ŋa$^{0}$,iait$^{5}$iait$^{5}$t$^{h}$əŋ$^{35}$ŋa$^{0}$,k$^{h}$ɔn$^{53}$tek$^{3}$tau$^{21}$lɔi$^{13}_{21}$t$^{h}$əŋ$^{35}$ŋa$^{0}$,xei$^{53}_{21}$a$^{0}$.

【脑高】lau$^{21}$kau$^{35}$ 名方位词。①指位置、地势高的地方：渠个意思是说底下烧火，～就熏么个个。ci$^{13}$ke$^{53}_{44}$i$^{53}$sʅ$^{0}$ʂʅ$^{53}_{44}$ʂek$^{3}$tei$^{21}$xa$^{53}_{44}$ʂau$^{35}$fo$^{21}$,lau$^{21}$kau$^{35}$tsiəu$^{53}_{44}$çin$^{35}$mak$^{3}$kei$^{53}_{44}$ke$^{53}_{44}$.｜我等箇～吵蛮多竹。ŋai$^{13}$tien$^{0}$kai$^{53}$lau$^{21}$kau$^{35}_{44}$ʂa$^{0}$man$^{13}$to$^{35}_{53}$tʂəuk$^{3}$. ②物体的上面部分；耙梁是～箇只吧？p$^{h}$a$^{13}$liɔŋ$^{13}$ʂʅ$^{53}_{44}$lau$^{21}$ kau$^{35}_{44}$kai$^{53}_{21}$tʂak$^{3}$pa$^{0}$?｜底下有有萝卜了，就～舞出来个，就萝卜苗。te$^{21}$xa$^{53}_{44}$iəu$^{53}_{44}$iəu$^{35}$lo$^{13}$p$^{h}$ek$^{5}$ liau$^{0}$,tsiəu$^{53}_{44}$lau$^{21}$kau$^{35}_{44}$u$^{21}$tʂ$^{h}$ət$^{3}$lɔi$^{13}_{21}$ke$^{53}_{44}$,tsiəu$^{53}_{44}$lo$^{13}$p$^{h}$ek$^{5}$miau$^{13}$.

【脑颏】lau$^{21}$kɔi$^{35}$ 名脖子：～下个牛铃子。lau$^{21}$kɔi$^{35}$xa$^{53}_{44}$ke$^{53}_{44}$ɲiəu$^{13}$laŋ$^{13}$tsʅ$^{0}$.

【脑匠】lau$^{21}$siɔŋ$^{53}$ 名理发师：我等以前做工夫个时候子咯就到～箇映子去扎头呢。ŋai$^{13}_{21}$tien$^{0}$i$^{35}$ ts$^{h}$ien$^{13}_{21}$tso$^{53}$kəŋ$^{35}$fu$^{35}_{44}$ke$^{53}_{44}$ʂʅ$^{13}_{44}$xei$^{53}_{44}$tsʅ$^{0}$ko$^{0}$ts$^{h}$iəu$^{53}_{44}$tau$^{53}$lau$^{21}$siɔŋ$^{53}$kai$^{53}$iaŋ$^{53}$tsʅ$^{0}$çi$^{53}$tsait$^{3}$t$^{h}$ei$^{13}$nei$^{0}$.

【脑匠铺】lau$^{21}$siɔŋ$^{53}$p$^{h}$u$^{53}$ 名理发店：浏阳也蛮多箇个年纪大个人开个～也蛮多。liəu$^{13}$iɔŋ$^{13}_{44}$ia$^{35}$ man$^{13}_{21}$to$^{35}_{44}$kai$^{53}_{44}$ke$^{53}_{44}$ɲien$^{13}$ci$^{21}$t$^{h}$ai$^{53}$ke$^{53}_{44}$ɲin$^{13}_{21}$k$^{h}$ɔi$^{35}_{44}$ke$^{53}_{44}$lau$^{21}$siɔŋ$^{53}_{44}$p$^{h}$u$^{53}_{44}$ia$^{35}$man$^{13}_{21}$to$^{35}_{44}$.

【脑匠师傅】lau$^{21}$siɔŋ$^{53}$sʅ$^{35}$fu$^{53}$ 指理发师：我等屋下就有只～啊，我等箇老妹婿就系剃头个。ŋai$^{13}_{21}$tien$^{0}$uk$^{3}$xa$^{53}_{44}$tsiəu$^{53}_{44}$iəu$^{35}_{44}$tʂak$^{3}$lau$^{21}$siɔŋ$^{53}$sʅ$^{53}_{44}$fu$^{53}_{44}$a$^{0}$,ŋai$^{13}$tien$^{0}$kai$^{53}$lau$^{21}$mɔi$^{53}$se$^{53}$ts$^{h}$iəu$^{53}_{44}$(x)e$^{53}$t$^{h}$e$^{53}$t$^{h}$ei$^{13}$ke$^{53}$.

【脑筋】lau$^{21}$cin$^{35}$ 名泛指思考力、记忆力等：（一步子人）就是就系～唔多会转弯个人。～唔转弯。ts$^{h}$iəu$^{53}_{44}$ʂʅ$^{53}_{44}$ts$^{h}$iəu$^{53}_{44}$xe$^{53}_{44}$lau$^{21}$cin$^{35}$n̩$^{13}$to$^{35}_{44}$uɔi$^{53}$tʂɔn$^{21}$uan$^{35}$cie$^{53}$ɲin$^{13}_{21}$.lau$^{21}$cin$^{35}_{44}$n̩$^{13}$tʂɔn$^{21}$uan$^{35}$.｜动哩～嘞。t$^{h}$əŋ$^{53}$li$^{0}$lau$^{21}$cin$^{35}_{44}$nei$^{0}$.

【脑壳】lau$^{21}$k$^{h}$ɔk$^{3}$ 名①头；脑袋。又称“头 na$^{35}$”：（鳊鱼）～细细子。lau$^{21}$k$^{h}$ɔk$^{3}$se$^{53}$se$^{53}$tsʅ$^{0}$.｜食哩（狗爪豆）～会车昏。ʂət$^{5}$li$^{0}$lau$^{21}$k$^{h}$ɔk$^{3}$uɔi$^{53}$tʂ$^{h}$a$^{35}$fən$^{13}$. ②泛指思考力、记忆力等：想唔倒。～都默得烂都还嫑想倒，嫑想倒一只好讲好个。siɔŋ$^{21}$n̩$^{13}$tau$^{21}$.lau$^{21}$k$^{h}$ɔk$^{3}$təu$^{35}_{44}$mek$^{3}$tek$^{3}$lan$^{53}$ təu$^{35}_{44}$xai$^{13}_{21}$maŋ$^{13}$siɔŋ$^{21}$tau$^{21}$,maŋ$^{13}$siɔŋ$^{21}$tau$^{21}$iet$^{3}$tʂak$^{3}$xau$^{21}$kɔŋ$^{21}$xau$^{21}_{44}$ke$^{53}_{21}$.

【脑壳骨】lau$^{21}$k$^{h}$ɔk$^{3}$kuət$^{3}$ 名头部的骨头；天灵盖：～就放下最顶高。lau$^{21}$k$^{h}$ɔk$^{3}$kuət$^{3}$ts$^{h}$iəu$^{53}$fəŋ$^{53}$ ŋa$^{0}$tsei$^{53}$taŋ$^{21}$kau$^{35}_{44}$.

【脑壳痛】lau$^{21}$k$^{h}$ɔk$^{3}$t$^{h}$əŋ$^{53}$ 名头疼病：整～，也用（过路黄荆）。tʂaŋ$^{21}$lau$^{21}$k$^{h}$ɔk$^{3}$t$^{h}$əŋ$^{53}$,ia$^{35}$iəŋ$^{53}_{44}$.

【脑子】lau$^{21}$tsʅ$^{0}$ 名结头；用绳子等长条状的东西挽成的疙瘩：渠搞条篾箩，咁样，就搞条以个篾片，篾片，咁长，一般咁长子。然后这就用绳子一绞绞子搞好啦咁子，扎个～，箇也就安做秆苦。ci$^{13}$kau$^{21}$t$^{h}$iau$^{13}$miet$^{5}$sak$^{3}$,kan$^{21}_{35}$iɔŋ$^{53}_{44}$,ts$^{h}$iəu$^{53}_{44}$kau$^{21}$t$^{h}$iau$^{13}$i$^{21}_{44}$ke$^{53}_{44}$miet$^{5}$p$^{h}$ien$^{21}$,miet$^{5}_{3}$p$^{h}$ien$^{21}$,kan$^{21}$tʂ$^{h}$ɔŋ$^{13}$,iet$^{3}$pan$^{35}$kan$^{21}$tʂ$^{h}$ɔŋ$^{13}$tsɿ$^{0}$.vien$^{13}$xei$^{53}_{44}$tʂe$^{53}$tsiəu$^{53}_{44}$iəŋ$^{53}$ʂən$^{13}$tsɿ$^{0}$iet$^{3}$ciau$^{21}$ciau$^{21}$tsɿ$^{0}$kau$^{21}$xau$^{21}_{44}$la$^{0}$kan$^{21}$tsɿ$^{0}$,tsait$^{3}$(k)e$^{53}_{44}$lau$^{21}$tsɿ$^{0}$,kai$^{53}_{44}$ia$^{53}_{21}$tsiəu$^{53}_{21}$ɔn$^{35}_{44}$tso$^{53}_{44}$kɔn$^{21}$ʂen$^{35}$.

【闹$_{1}$】lau$^{53}$ 动 ①开玩笑；逗趣：～新房 lau$^{53}$sin$^{35}$fɔŋ$^{13}$。②吵；争吵：～一场 lau$^{53}$iet$^{3}$tʂ$^{h}$ɔŋ$^{13}$

【闹$_{2}$】lau$^{53}$ 形 喧哗；不安静：～喳喳哩 lau$^{53}$tʂa$^{53}_{44}$tʂa$^{53}$li$^{0}$

【闹热】lau$^{53}$ɲiet$^{5}_{3}$ 形 热闹：箇只老子死哩啊，真像，搞起真～。kai$^{53}$tʂak$^{3}$lau$^{21}$tsɿ$^{0}$si$^{21}$li$^{0}$a$^{0}$,tʂən$^{35}$ts$^{h}$iɔŋ$^{53}$,kau$^{21}$çi$^{21}_{44}$tʂən$^{35}$nau$^{53}$ɲiet$^{5}_{3}$.

【闹喳喳哩】lau$^{53}$tʂa$^{53}_{44}$tʂa$^{53}$li$^{0}$ 形 闹哄哄的：箇禾坪下～呀！kai$^{53}_{44}$uo$^{13}_{21}$p$^{h}$iaŋ$^{13}_{44}$xa$^{35}$lau$^{53}_{44}$tʂa$^{53}_{44}$tʂa$^{53}$li$^{0}$ia$^{0}$！｜食饭个栏场～呀！ʂət$^{5}$fan$^{53}$ke$^{53}$laŋ$^{13}_{21}$tʂ$^{h}$ɔŋ$^{13}_{21}$lau$^{53}$tʂa$^{53}_{44}$tʂa$^{53}$li$^{0}$ia$^{0}$！

【呶$_{1}$】ləu$^{53}$ 动 （嘴）向一边歪斜：～起嘴吧 ləu$^{53}$çi$^{21}$tsi$^{21}$pa$^{35}_{0}$

【呶$_{2}$】nau$^{0}$ 助 语气助词“唠”在前一音节带-n 或-t 韵尾时的变体。①放在陈述句或小句末，表示确定：如今是坐车唠，有滴去几十个人～。i$^{13}_{21}$cin$^{35}_{44}$ʂɿ$^{53}_{44}$ts$^{h}$o$^{35}_{44}$tʂ$^{h}$a$^{35}$lau$^{0}$,iəu$^{35}$tet$^{5}$çi$^{53}$ci$^{21}$ʂət$^{5}$ke$^{53}$ɲin$^{13}_{21}$nau$^{0}$. ②放在疑问句末，表示疑问：你去搞么个噢如今～？欸？ɲi$^{53}$çi$^{53}$kau$^{21}$mak$^{3}$ke$^{53}$au$^{0}$i$^{13}_{21}$cin$^{35}_{53}$nau$^{0}$?e$_{35}$? ③放在祈使句末，加强祈使语气：你不能掐我秆～！ɲi$^{13}$pət$^{3}$len$^{13}$k$^{h}$ait$^{3}$ŋai$^{13}_{44}$tʂ$^{h}$ən$^{53}$nau$^{0}$！④放在句中表停顿，并可增强对前一成分的肯定：族学，族间～办个学堂。ts$^{h}$əuk$^{5}$xɔk$^{5}$,ts$^{h}$əuk$^{5}$kan$^{35}_{44}$nau$^{0}$p$^{h}$an$^{53}$ke$^{53}$xɔk$^{5}$t$^{h}$ɔŋ$^{13}_{21}$.

【呢】nei$^{0}$/ne$^{0}$ 助 语气助词“嘞”在前一音节尾音为-n 或-t 时的变体。①放在正反问句的肯定和否定成分后，用来加强疑问语气：两公婆，一只打麻将一只唔打麻将，你想下子箇只唔打麻将个高兴呢唔高兴～？iɔŋ$^{21}$kəŋ$^{35}_{44}$p$^{h}$o$^{13}$,iet$^{3}$tʂak$^{3}$ta$^{21}$ma$^{13}$tsiɔŋ$^{53}$iet$^{3}$tʂak$^{3}$n̩$^{13}$ta$^{21}$ma$^{13}$tsiɔŋ$^{53}$, ɲi$^{13}_{21}$siɔŋ$^{21}$ua$^{53}$(←xa$^{53}$)tsɿ$^{0}$kai$^{53}$tʂak$^{3}$n̩$^{13}_{21}$ta$^{21}$ma$^{13}_{21}$tsiɔŋ$^{53}_{44}$ke$^{53}_{44}$kau$^{35}$çin$^{53}_{44}$ne$^{0}$n̩$^{13}_{21}$kau$^{35}_{44}$çin$^{53}_{44}$ne$^{0}$? ②放在陈述句或小句末，表示确定：以个（裤裆棋）就最简单～。□牯$_{傻瓜}$都会作。i$^{21}$ke$^{53}_{44}$ts$^{h}$iəu$^{53}_{44}$tsei$^{53}$kan$^{21}$tan$^{35}_{44}$ne$^{0}$.ʂe$^{13}$ku$^{21}_{44}$təu$^{35}_{44}$uɔi$^{53}_{44}$tsɔk$^{3}$. ③放在疑问句末，表示疑问：箇主高亲系么人～？kai$^{53}_{44}$tʂɥ$^{21}$kau$^{35}_{44}$ts$^{h}$in$^{35}_{44}$xei$^{53}$mak$^{3}$ɲin$^{13}_{21}$nei$^{0}$? ④放在感叹句末，加强感叹语气：箇双鞋就蛮扎滑～！kai$^{53}_{44}$sɔŋ$^{35}_{44}$xai$^{13}_{21}$ts$^{h}$iəu$^{53}_{44}$man$^{13}_{21}$tsait$^{3}$uait$^{5}$nei$^{0}$！｜颜色蛮重～。ŋan$^{13}$sek$^{3}$man$^{13}_{21}$tʂ$^{h}$ən$^{35}$ne$^{0}$. ⑤放在句中表停顿，并可增强对前一成分的肯定：有滴是嫁倒去第一个月吵，还会做满月～有滴呢。iəu$^{35}$tet$^{5}$ʂɿ$^{53}_{44}$ka$^{53}$tau$^{21}$çi$^{53}_{44}$t$^{h}$i$^{53}$iet$^{3}$cie$^{53}_{44}$ɲiet$^{5}$ʂa$^{0}$,xa$^{13}_{21}$uɔi$^{53}_{44}$tso$^{53}$man$^{35}$ɲiet$^{5}$nei$^{0}$iəu$^{35}$tet$^{5}$nei$^{0}$.｜箇牛骨粉～，欸，做肥料嘞渠是咁子个。kai$^{53}_{44}$ɲiəu$^{13}$kuət$^{3}$fən$^{21}$nei$^{0}$,e$_{21}$,tso$^{53}$fei$^{13}$liau$^{53}_{44}$lei$^{0}$ci$^{13}_{21}$ʂɿ$^{53}_{44}$kan$^{21}$tsɿ$^{0}$ke$^{53}_{44}$.

【内八字】li$^{53}$pait$^{3}$ts$^{h}$ɿ$^{53}$ 名 人走路时的一种姿势，脚尖向内撇成“八”字形：那只安做～哦？那只安做外八字？以只就～吧？lai$^{53}$tʂak$^{3}$ɔn$^{35}_{44}$tso$^{53}_{44}$li$^{53}$pait$^{3}$ts$^{h}$ɿ$^{53}$o$^{0}$?lai$^{53}$tʂak$^{3}$ɔn$^{35}_{44}$tso$^{53}_{44}$ŋɔi$^{53}$pait$^{3}$ts$^{h}$ɿ$^{53}$?i$^{21}$tʂak$^{3}$ts$^{h}$iəu$^{53}_{44}$li$^{53}$pait$^{3}$ts$^{h}$ɿ$^{53}$pa$^{0}$?

【内套子】lei$^{53}$t$^{h}$au$^{53}_{44}$tsɿ$^{0}$ 名 指枕头内胎：（枕头）～用只布袋呀。lei$^{53}$t$^{h}$au$^{53}_{44}$tsɿ$^{0}$iəŋ$^{53}_{44}$tʂak$^{3}$pu$^{53}$t$^{h}$ɔi$^{53}_{44}$ia$^{0}$.

【嫩】lən$^{53}$ 形 ①初生而柔弱：渠箇个叶嘞更～。ci$^{13}_{21}$kai$^{53}_{44}$kei$^{53}_{44}$iait$^{5}$lei$^{0}$cien$^{53}$lən$^{53}$. ②（食物）不老，易嚼嚼：（白辣椒）更～唠。ken$^{53}_{44}$lən$^{53}$lau$^{0}$. ③（粉末）细，细腻：更～呢，吊浆粉更～，但是更淡呶。cien$^{53}$lən$^{53}$nei$^{0}$,tiau$^{53}$tsiɔŋ$^{35}$fən$^{21}$cien$^{53}$nən$^{53}$,tan$^{53}$ʂɿ$^{53}_{44}$cien$^{53}$t$^{h}$an$^{35}$nau$^{0}$.｜爱磨～下子哦。ɔi$^{53}_{44}$mo$^{53}_{44}$lən$^{53}$na$^{53}_{44}$tso$^{0}$. ④豆腐因制作时石膏或卤水放得少而显得比较软：有滴人（作豆腐）唔系哦嗬老哩，唔系就～哩。iəu$^{35}$tet$^{5}$ɲin$^{13}_{21}$m̩$^{13}_{21}$p$^{h}$e$_{44}$(←xe$^{53}$)o$_{44}$xo$_{44}$lau$^{21}$li$^{0}$,m̩$^{13}_{21}$p$^{h}$e$_{44}$(←xe$^{53}$)ts$^{h}$iəu$^{53}_{44}$lən$^{53}$ni$^{0}$.

【嫩茶】lən$^{53}$ts$^{h}$a$^{13}$ 名 嫩茶叶。又称“细茶（叶子）”：就我等开头箇起就～。首先讲箇起绿茶就系～。嫩茶叶啊。只系对比而言就讲。ts$^{h}$iəu$^{53}_{44}$ŋai$^{13}_{21}$tien$^{0}$k$^{h}$ɔi$^{35}$t$^{h}$ei$^{13}_{21}$kai$^{53}_{44}$çi$^{21}$ts$^{h}$iəu$^{53}_{44}$lən$^{53}$ts$^{h}$a$^{13}_{21}$.ʂəu$^{21}$sien$^{35}_{44}$kɔŋ$^{21}$kai$^{53}_{44}$çi$^{21}$liəuk$^{5}$ts$^{h}$a$^{13}_{21}$ts$^{h}$iəu$^{53}_{44}$xe$^{53}_{44}$lən$^{53}$ts$^{h}$a$^{13}_{21}$.lən$^{53}$ts$^{h}$a$^{13}_{21}$iait$^{5}$a$^{0}$.tʂɿ$^{21}$xe$^{53}_{44}$tei$^{53}$pi$^{21}$y$^{13}$ɲien$^{13}$ts$^{h}$iəu$^{53}$kɔŋ$^{21}$.｜～搭老叶茶相对呀。lən$^{53}$ts$^{h}$a$^{13}_{21}$lau$^{35}$lau$^{21}$iait$^{5}$ts$^{h}$a$^{13}$siɔŋ$^{35}_{44}$tei$^{53}$ia$^{0}$.

【嫩葱葱哩】lən$^{53}$ts$^{h}$əŋ$^{35}_{44}$ts$^{h}$əŋ$^{35}$li$^{0}$ 形 状态词。①（东西）很嫩：我一块萝卜菜呀长得～。ŋai$^{13}$iet$^{3}$k$^{h}$uai$^{53}$lo$^{13}_{21}$p$^{h}$ek$^{5}$ts$^{h}$ɔi$^{53}$ia$^{0}$tʂɔŋ$^{21}$tek$^{3}$lən$^{53}$ts$^{h}$əŋ$^{35}_{44}$ts$^{h}$əŋ$^{35}$li$^{0}$. ②（人）年轻稚嫩，富有朝气：你看下子箇只细子看呶，硬～。ɲi$^{13}_{21}$k$^{h}$ɔn$^{53}$xa$^{53}$tsɿ$^{0}$kai$^{53}$tʂak$^{3}$sei$^{53}$tsɿ$^{0}$k$^{h}$ɔn$^{53}$nau$^{0}$,ɲiaŋ$^{53}$lən$^{53}$ts$^{h}$əŋ$^{35}_{44}$ts$^{h}$əŋ$^{35}$li$^{0}$.

【嫩嫩子】lən$^{53}$lən$^{53}$tsɿ$^{0}$ 形 嫩嫩的样子：油菜秧是食～是油菜秧啊好食呢。iəu$^{13}$ts$^{h}$ɔi$^{53}$iɔŋ$^{35}$ʂɿ$^{53}_{44}$ʂət$^{5}$lən$^{53}$lən$^{53}$tsɿ$^{0}$ʂɿ$^{53}_{44}$iəu$^{13}$ts$^{h}$ɔi$^{53}$iɔŋ$^{35}$ŋa$_{44}$xau$^{21}$ʂət$^{5}$ne$^{0}$.

【嫩沙】lən$^{53}$sa$^{35}$ 名 颗粒细小的沙子。又称“细沙”：～也用来箇个欸用来砌墙，用来粉壁，但是打地面就唔用～，打水泥地呀唔用～。lən$^{53}$sa$^{35}_{44}$ia$^{35}$iəŋ$^{53}$lɔi$^{13}_{21}$kai$^{53}_{44}$ke$^{53}_{44}$e$_{21}$iəŋ$^{53}$lɔi$^{13}_{21}$ts$^{h}$i$^{53}$ts$^{h}$iɔŋ$^{13}$,iəŋ$^{53}$lɔi$^{13}_{21}$fən$^{21}$piak$^{3}$,tan$^{53}_{44}$ʂɿ$^{53}_{44}$ta$^{21}$t$^{h}$i$^{53}$mien$^{53}_{44}$ts$^{h}$iəu$^{53}_{44}$n̩$^{13}$iəŋ$^{53}_{44}$lən$^{53}$sa$^{35}_{44}$,ta$^{21}$ʂei$^{21}$lai$^{13}$t$^{h}$i$^{53}$ia$^{0}$n̩$^{13}$iəŋ$^{53}_{44}$lən$^{53}$sa$^{35}_{44}$.

N

【嫩竹】lən$^{53}$tʂəuk$^{3}$ [名]幼小的竹子：还正架势子开叶个箇起就喊～。xai$^{13}$tʂaŋ$^{53}$cia$^{53}$ʂʅ$^{53}_{44}$tsʅ$^{0}$ k$^{h}$ɔi$^{35}$ iait$^{5}$ke$^{53}_{44}$kai$^{53}_{44}$çi$^{21}$ts$^{h}$iəu$^{53}_{44}$xan$^{21}$lən$^{53}$tʂəuk$^{3}$.

【能够】len$^{13}$ciəu$^{53}$/ciau$^{53}$/kei$^{53}$ [动]助动词。①有能力：渠能不～讲得快哟？ci$^{13}$len$^{13}$pət$^{3}$len$^{13}$ciau$^{53}_{44}$/kei$^{53}_{44}$kəŋ$^{21}$tek$^{3}$k$^{h}$uai$^{53}$io$^{0}$？②可以；适合：基本上都～食。ci$^{35}$pən$^{21}$xəŋ$^{53}$təu$^{35}$len$^{13}_{21}$ciəu$^{53}_{44}$ʂət$^{5}$.

【泥】lai$^{13}$ [名]泥土：（番薯）挖归来就有～。uait$^{3}$kuei$^{35}$lɔi$^{13}_{21}$ts$^{h}$iəu$^{53}_{44}$iəu$^{35}$lai$^{13}_{21}$.｜地泥下有～。t$^{h}$i$^{53}$ lai$^{13}_{21}$xa$^{35}_{44}$iəu$^{35}$lai$^{13}$.

【泥刀】lai$^{13}$tau$^{35}$ [名]砖刀。又称“斫刀”：～喔。泥水师傅用个吵？～安做。lai$^{13}$tau$^{35}_{44}$uo$^{0}$.lai$^{13}$ ʂei$^{21}$sʅ$^{35}_{44}$fu$^{53}_{44}$iəŋ$^{53}_{44}$ke$^{53}_{44}$ʂa$^{0}$?lai$^{13}$tau$^{35}$ɔn$^{35}_{44}$tso$^{53}$.

【泥塥里】lai$^{13}$kak$^{3}$li$^{0}$ 指泥层深处：分箇草哇踩下～去。pən$^{35}$kai$^{53}_{44}$ts$^{h}$au$^{21}$ua$^{0}$ts$^{h}$ai$^{21}$ia$^{53}$lai$^{13}_{21}$kak$^{3}$li$^{0}$çi$^{53}$.

【泥浆】lai$^{13}$/le$^{13}$tsiɔŋ$^{35}$ [名]泥土与水混合成的半流体：箇个修铁路个栏场啊，一落水是硬到处系～，成哩一口塘。kai$^{53}_{44}$ke$^{53}_{44}$siəu$^{35}$t$^{h}$iet$^{3}$ləu$^{53}$ke$^{53}$laŋ$^{13}_{21}$tʂ$^{h}$ɔŋ$^{13}_{21}$ŋa$^{0}$,iet$^{3}$lɔk$^{5}$ʂei$^{21}$ʂʅ$^{53}_{44}$ɲiaŋ$^{53}$tau$^{53}$tʂ$^{h}$əu$^{53}$xe$^{53}$lai$^{13}$ tsiɔŋ$^{35}$,ʂaŋ$^{13}_{21}$li$^{0}$iet$^{3}$xei$^{21}$t$^{h}$ɔŋ$^{13}$.

【泥脚】lai$^{13}$ciɔk$^{3}$ [名]①指泥层以下的基础：黄泥田就讲田里个泥个～啊系黄泥。uɔŋ$^{13}$lai$^{13}$t$^{h}$ien$^{13}$ ts$^{h}$iəu$^{53}$kəŋ$^{21}$t$^{h}$ien$^{13}$li$^{0}$ke$^{53}$lai$^{13}$ke$^{53}$lai$^{13}$ciɔk$^{3}$a$^{0}$xei$^{53}$uɔŋ$^{13}$lai$^{13}$.②泥层的深度：可能我等唔多晓得唠，可能别哪映有兜栏场也系咁个唠，大田，大麻大丘个湖洋田呶，～深呶。～深咁去拖拉机去唔得啊。k$^{h}$o$^{21}$len$^{13}$ŋai$^{13}$tien$^{0}$n̩$^{13}_{21}$to$^{35}_{53}$çiau$^{21}$tek$^{3}$lau$^{0}$,k$^{h}$o$^{21}$len$^{13}$p$^{h}$iet$^{5}$lai$^{53}_{44}$iaŋ$^{35}_{44}$iəu$^{35}$tei$^{35}_{53}$laŋ$^{13}_{21}$tʂ$^{h}$ɔŋ$^{13}_{21}$ia$^{35}$xei$^{53}$kan$^{13}$ ke$^{53}$lau$^{0}$,t$^{h}$ai$^{53}$t$^{h}$ien$^{13}_{44}$,t$^{h}$ai$^{53}$ma$^{13}_{21}$t$^{h}$ai$^{53}$c$^{h}$iəu$^{35}_{44}$ke$^{0}$fu$^{13}$iɔŋ$^{13}_{21}$t$^{h}$ien$^{13}_{21}$nau$^{0}$,lai$^{13}$ciɔk$^{3}$tʂ$^{h}$ən$^{35}$nau$^{0}$.lai$^{13}$ciɔk$^{3}$tʂ$^{h}$ən$^{35}$ kan$^{21}$çi$^{53}$t$^{h}$o$^{35}_{44}$la$^{35}_{44}$ci$^{35}_{44}$çi$^{53}$n̩$^{13}_{21}$tek$^{3}$a$^{0}$.

【泥沙】lai$^{13}$sa$^{35}_{44}$ [名]泥土与沙石：有～，放下河里去洗嘞。iəu$^{35}$lai$^{13}$sa$^{35}_{44}$,fɔŋ$^{53}$(x)a$^{53}$xo$^{13}$li$^{0}$çi$^{53}$se$^{21}$le$^{0}$.

【泥水】lai$^{13}$ʂei$^{21}$ [名]泥工，即从事夯筑房屋、砌砖盖瓦工程的人：～肚里有大工嘞。lai$^{13}$ʂei$^{21}$ təu$^{21}$li$^{0}$iəu$^{35}_{44}$t$^{h}$ai$^{35}$kəŋ$^{35}$lei$^{0}$.

【泥水师傅】lai$^{13}$ʂei$^{21}$sʅ$^{35}_{44}$fu$^{53}_{44}$ 对泥工的尊称：～用个吵？泥刀安做。lai$^{13}$ʂei$^{21}$sʅ$^{35}_{44}$fu$^{53}_{44}$iəŋ$^{53}_{44}$ke$^{53}_{44}$ʂa$^{0}$?lai$^{13}$ tau$^{35}$ɔn$^{35}_{44}$tso$^{53}$.

【泥坨】lai$^{13}$t$^{h}$o$^{13}$ [名]泥团。也称“泥坨子”：挖倒一天一地个～。uait$^{3}$tau$^{21}$iet$^{3}$t$^{h}$ien$^{35}$iet$^{3}$t$^{h}$i$^{53}$ke$^{53}$ lai$^{13}$t$^{h}$o$^{13}$.｜细人子就喜欢做～嘞，搭～，安做搭，细人子喜欢搭～子搞。sei$^{53}$ɲin$^{13}_{21}$tsʅ$^{0}$ts$^{h}$iəu$^{53}$çi$^{21}$ fɔn$^{35}_{44}$tso$^{53}$lai$^{13}$t$^{h}$o$^{13}$lei$^{0}$,k$^{h}$ak$^{5}$lai$^{13}$t$^{h}$o$^{13}_{21}$,ɔn$^{35}_{44}$tso$^{53}_{44}$k$^{h}$ak$^{5}$,sei$^{53}$ɲin$^{13}_{21}$tsʅ$^{0}$çi$^{21}$fɔn$^{35}_{44}$k$^{h}$ak$^{5}$lai$^{13}$t$^{h}$o$^{13}$tsʅ$^{0}$kau$^{21}$.

N

【你】ɲi$^{13}$ [代]人称代词。①称对方，多称指一个人：～昨晡夜晡搞么个来？ɲi$^{13}$ts$^{h}$o$^{35}$pu$^{35}_{44}$ia$^{53}_{44}$pu$^{35}_{44}$ kau$^{21}$mak$^{3}$ke$^{53}_{0}$lɔi$^{13}$?｜～姓么个啊？ɲi$^{13}$siaŋ$^{53}$mak$^{3}$ke$^{53}$a$^{0}$?｜～来我箇嬲么？ɲi$^{13}_{21}$lɔi$^{13}$ŋai$^{13}_{21}$kai$^{53}_{44}$liau$^{53}$ mo$^{0}$？②表虚指：放一箩谷放下（衣橱）肚里。……肩膊都搁痛哩啊，搁～几十里呀。fɔŋ$^{53}$ iet$^{3}$lo$^{13}_{21}$kuk$^{3}$fɔŋ$^{53}_{44}$(x)a$^{53}_{44}$təu$^{21}$li$^{0}$.…cien$^{35}$pɔk$^{3}$təu$^{35}_{21}$kɔŋ$^{53}_{44}$t$^{h}$əŋ$^{53}$li$^{0}$a$^{0}$,kɔŋ$^{35}$ɲi$^{13}_{21}$ci$^{13}_{21}$ʂət$^{5}$li$^{35}$ia$^{0}$.｜么个都唔好就安乃近，渠只爱安乃近，又食得多，食～三四只也做得。mak$^{3}$ke$^{0}$təu$^{35}_{53}$n̩$^{13}$xau$^{21}$ts$^{h}$iəu$^{53}$ŋɔn$^{35}$nai$^{21}$ c$^{h}$in$^{53}$,ci$^{13}_{21}$tʂʅ$^{21}$ɔi$^{53}_{44}$ŋɔn$^{35}$nai$^{21}$c$^{h}$in$^{53}$,iəu$^{53}$ʂət$^{5}$tek$^{3}$to$^{35}$,ʂət$^{5}$ɲi$^{13}_{21}$san$^{35}_{44}$si$^{53}$tʂak$^{3}$a$^{35}_{44}$tso$^{53}_{44}$tek$^{3}$.

【你不话】ɲi$^{13}$puk$^{5}$ua$^{53}$ 用在句首，表示对后文某种程度的认同：欸，～有滴也系哼用笑声表示“（喊归来之类的做法）有一定的灵验”的意思。e$_{21}$,ɲi$^{13}$puk$^{5}$ua$^{53}_{44}$iəu$^{35}$tet$^{5}$ia$^{35}$xei$^{53}$xŋ̍$_{21}$.

【你等】ɲi$^{13}$ten$^{0}$/tien$^{0}$ [代]人称代词。你们，用于称不只一个人的对方或包括对方在内的若干人：我等是同～差蛮远得。ŋai$^{13}$tien$^{0}$ʂʅ$^{53}_{44}$t$^{h}$əŋ$^{13}_{21}$ɲi$^{13}_{21}$tien$^{0}$tsa$^{35}$man$^{13}$ien$^{21}_{13}$tek$^{3}$.｜～几多个人来个哦？ɲi$^{13}$ tien$^{0}$ci$^{21}$to$^{35}$ke$^{53}$ɲin$^{13}_{21}$nɔi$^{13}_{44}$ke$^{53}_{44}$o$^{0}$?

【你等人】ɲi$^{13}$ten$^{35}_{0}$ɲin$^{13}_{21}$ [代]人称代词。你们：～来得成啊来唔成？ɲi$^{13}$ten$^{35}$ɲin$^{13}$lɔi$^{13}$tek$^{3}$ʂaŋ$^{13}$ŋa$^{35}$ lɔi$^{13}$ŋ̍$^{13}$ʂaŋ$^{13}$?

【你老人家】ɲi$^{13}$lau$^{21}$ŋ̍$^{13}$/ɲin$^{13}$ka$^{53}_{44}$ 对尊长的敬称，相当于“您”：只讲～，渠老人家，有么人讲我老人家。tʂʅ$^{21}$kɔŋ$^{21}$ɲi$^{13}$lau$^{21}$ŋ̍$^{13}$ka$^{35}_{44}$,ci$^{13}$lau$^{21}$ɲin$^{13}$ka$^{35}_{44}$,mau$^{13}$mak$^{3}$in$^{13}_{44}$kɔŋ$^{21}$ŋai$^{13}$lau$^{13}_{21}$in$^{13}_{21}$ka$^{35}$.

【你屋下个】ɲi$^{13}$uk$^{3}$xa$^{35}$ke$^{53}$ 对话中指说话对象的丈夫：我等蛮多称～。ŋai$^{13}_{21}$tien$^{0}$man$^{13}_{21}$to$^{35}_{44}$tʂ$^{h}$ən$^{35}$ ɲi$^{13}_{21}$uk$^{3}$xa$^{35}_{44}$ke$^{53}_{44}$.｜～嘞？ɲi$^{13}_{21}$uk$^{3}$xa$^{35}_{44}$ke$^{53}$lei$^{0}$?

【逆】ɲiak$^{5}$ [形]指关系僵；双方相持不下，矛盾不能调和：我话两只国家啊，你像擐越南样啊，好个时候子同志加兄弟，搞～哩咯八九年个一架一仗打哩，系唔系？ŋai$^{13}$ua$^{53}$iɔŋ$^{21}$tʂak$^{3}$kɔit$^{3}$ cia$^{35}_{44}$a$^{0}$,ɲi$^{13}_{21}$ts$^{h}$iɔŋ$^{53}_{44}$lau$^{35}_{44}$viet$^{5}$lan$^{13}$iɔŋ$^{53}_{44}$ŋa$^{0}$,xau$^{21}$ke$^{53}$ʂʅ$^{13}$xəu$^{53}$tsʅ$^{0}$t$^{h}$əŋ$^{13}$tʂʅ$^{53}$cia$^{35}_{44}$çiɔŋ$^{35}_{44}$t$^{h}$i$^{53}$,kau$^{21}$ɲiak$^{5}$li$^{0}$ko$^{0}$pait$^{3}$ ciəu$^{21}$ɲien$^{13}$ke$^{0}$iet$^{3}$cia$^{53}$iet$^{3}$tʂɔŋ$^{53}$ta$^{21}$li$^{0}$,xei$^{53}_{44}$me$^{53}_{44}$?

【拈】ɲian$^{35}$ [动]用大拇指和食指捏起：我以咁子就系以个饼干就～呢，～。～两片子食哩啊。

ŋai13 i21 kan21/44 tsɿ0 tsʰiəu53/44 xe53/44 i21 ke53 piaŋ21 kɔn35/44 tsʰiəu53/44 ɲian35 ne0 ,ɲian35. ɲian35 iɔŋ21 pʰien53 tsɿ0 ʂət5 lia0.

【拈阄】ɲian35 kei35 动从预先做好记号的纸卷或纸团中，随意拈取一个，来决定事情：箇阵子我等生产队上爱卖只保管室，有五六个人想买，唔好卖分么人，就各人～。欸，分箇只万树苗拈嘿哩，尽兜都认命啊，嗯，冇拈倒哇。kai53 tʂʰən53 tsɿ0 ŋai13 tien0 sen35 tsʰan21 ti53/44 xɔŋ53/44 ɔi53 mai53 tʂak3 pau21 kɔn21 ʂət3 ,iəu35 ŋ̍21 liəuk3 ke53 ɲin13/21 siɔŋ21 mai35 ,n̩13 xau21 mai53 pən53/53 mak3 ɲin13/44 ,tsʰiəu53 kɔk3 ɲin13/21 ɲian35 kei35 .e44 pən35 kai53 tʂak3 uan53 ʂau53 miau13 ɲian35 nek3 li0 ,tsʰin53/44 te35/44 təu35/44 ɲin53 miaŋ53 ŋa0 ,n̩53 ,mau13/21 ɲian35/44 tau21 ua0 .

【拈阄撞命】ɲian35 kei35 tsʰɔŋ53 miaŋ53 比喻碰运气：搞责任制个时候子我等生产队上欸分田呐也拈阄，箇我老婆就拈倒一阄唔知几好个。～啊，你系话爱生产队上人分箇坨田分分我是，啊，一世都唔爱渠啊，么人都唔得肯。啊拈阄就冇讲啊。我拈倒一坨最好个田。我老婆拈，我人都还跍倒茶陵师范读书。kau21 tsek3 uən53/44 tʂɿ53 kei53/44 ʂɿ13/44 xəu53/44 tsɿ0 ŋai13 tien0 sen35/44 tsʰan21 ti53 xɔŋ53 e21 fən35 tʰien13 na0 ia35 ɲian35/44 kei35 ,kai53 ŋai13/21 lau21 pʰo13/44 tsʰiəu53/44 ɲian35 tau21 iet3 kei35/44 n̩13 ti53/53 ci21 xau21 ke53. ɲian35 kei35 tsʰɔŋ53 miaŋ53 ŋa0 ,ɲi13/21 xei53 ua53 ɔi53 sen35/44 tsʰan21 ti53 xɔŋ53 ɲin13 pən35 kai53 tʰo13/21 tʰien13/21 fən35/44 pən35/44 ŋai13 ʂɿ53/44 ,a53 ,(i)et3 ʂɿ53 təu35/53 m̩13/21 mɔi53 cia0 ,mak3 ɲin13/44 təu35/53 n̩13/44 tek3 xen21 .a44 ɲian35 kei35 tsiəu53 mau13/21 kɔŋ21 ŋa0 .ŋai13/21 ɲian35 tau21 iet3 tʰo13 tsei53 xau21 ke53 tʰien13/21 .ŋai13/21 lau21 pʰo13 ɲian13/44 ,ŋai13 ɲin13 təu35/53 xai13/21 ku35/44 tau21 tsʰa13/21 lin13/21 sɿ35/44 fan53 tʰəuk5 ʂəu35.

【拈一下鼻一下】ɲian35 iet3 xa53 pʰi53 iet3 xa53 形容做事不专心，这山望到那山高：做起事来～。tso53 çi21 sɿ53/44 lɔi13/44 ɲian35 iet3 xa53 pʰi53 iet3 xa53.

【年】ɲien13 名时间单位。指地球绕太阳公转一周的时间：屋下苦兜子唔爱紧，～把两～就爬起来哩。uk3 xa53 kʰu21 tei35/53 tsɿ0 m̩13/21 mɔi53 cin21 , ɲien13 pa21 iɔŋ21 ɲien13 tsiəu53 pʰa13/21 çi21 lɔi13 li0 .｜我也看呐以只学开车看下学哩～把子看下有本事开下浏阳去嘛。ŋai13 ia35/44 kʰɔn53 na0 i21 tʂak3 xɔk5/3 kʰɔi35 tʂʰa35 kʰɔn53/44 na0 xɔk5 li0 ɲien13 pa21 tsɿ0 kʰɔn53 na53 iəu35 pən21 sɿ53 kʰɔi35/44 ia35/44 liəu13 iɔŋ13/44 çi53 ma0 .

【年成】ɲien13 tʂʰən13 名指庄稼等当年的收获。又称"年序"：～唔好 ɲien13 tʂʰən13 ŋ̍13/21 xau21

【年纪】ɲien13 ci21 名（人的）年龄；岁数：渠今年么个～了？也只系三十几岁子吧。ci13 cin35 ɲien13 mak3 ke53 ɲien13 ci21 liau21 ?ia35 tʂək3 xe53 san35 ʂət3 ci21 sɔi53 tsɿ0 pa0 .

【年脚下】ɲien13 ciɔk3 xa35 名年尾，年底：～个时候子，冬天呐箇田里有水都。ɲien13 ciɔk3 xa35 ke0 ʂɿ13/44 xəu53/44 tsɿ0 ,tɔŋ35 tʰien35/44 na0 kai53 tʰien13/21 ni21 iəu35 ʂei21 təu35/44 .｜我借你个钱呐～还分你哈。ŋai13 tsia53 ɲi13/44 ke0 tsʰien13 na0 ɲien13 ciɔk3 xa35 uan13 pən35/44 ɲi13/21 xa0 .

【年年】ɲien13 ɲien13/44 每年：～政府爱划不□个钱呐去搞哇。ɲien13 ɲien13/44 tʂən53 fu21 ɔi53 fa13 pət3 ʂen53 ke53/44 tsʰien13 na0 çi53 kau21 ua0 .

【年轻】ɲien13 cʰin35 形年纪不大：牵新人个，一般就～妇女呀，摎渠比较亲个唠，～妇女唠。cʰien35/44 sin35 ɲin13/21 cie53/44 ,iet3 pɔn35 tsʰiəu53/44 ɲien13 cʰin35/44 fu53 ɲy21 ia0 ,lau35 ci13/21 pi21 ciau53/44 tsʰin35 cie53/21 lau0 , ɲien13 cʰin35/44 fu53 ɲy21 lau0 .

【年轻力壮】ɲien13 cʰin35/44 liet5 tsɔŋ53 形容人年纪轻且身体强壮：反正你箇个孝子你个箇肚里～个人你爱帮。fan21 tʂən53/44 ɲi13/21 kai53/44 ke53/44 xau53 tsɿ21 ɲi13/21 kei53 kai53/44 təu21 li0 ɲien13 cʰin35/44 liet5 tsɔŋ53 ke53/44 ɲin13/21 ɲi13/21 ɔi53/44 pɔŋ35.

【年轻人】ɲien13 cʰin35/44 ɲin13/21 /in13/21 名青年人：老人家子嘞就话万金油个多，～冇么人话万金油，都话清凉油。lau21 ɲin13 ka35/44 tsɿ0 lei0 tsʰiəu53/44 ua53/44 uan53 cin35/44 iəu13/21 ke53/44 to35 , ɲien13 cʰin35/44 ɲin13/21 mau13/21 mak3 in13/44 ua53 uan53 cin35/44 iəu13/21 ,təu35 ua53 tsʰin35/44 liɔŋ13/21 iəu13/21 .｜～面上多啊，起子酒刺啊。ɲien13 tsʰin35/44 in13/21 mien53 xɔŋ53 to35 a0 ,çi21 tsɿ21 za0 .

【年数】ɲien13 səu53 名年的数目：以个东西就欸都系引进来都～唔多。i21 ke53/44 tɔŋ35/44 si0 tsiəu53/44 e0 təu35 xe53 in21 tsin53 lɔi13/21 təu35/44 ɲien13 səu53 n̩13/21 to35/44 .

【年头】ɲien13 tʰei13 名年初：欸我赖子开店子啊箇赊……欠账个～欠到年尾。ei21 ŋai13 lai53 tsɿ0 kʰɔi35 tian53 tsɿ0 a0 kai53/44 ʂa35 …cʰian53 tʂɔŋ53 ke53/44 ɲien13 tʰei13/21 cʰian53 tau53/44 ɲien13 mi35.

【年尾】ɲien13 mi35 名年末。又称"年脚下"：年头到～ɲien13 tʰei13/44 tau53 ɲien13/21 mi35 一年到头｜到～了嘞，欸，箇个欠个账就硬爱结清就好。tau53 ɲien13/21 mi35 liau21 le0 ,e21 ,kai53/44 ke53/44 cʰian53 ke0 tʂɔŋ53 tsʰiəu53 ɲiaŋ53 ɔi53/44 ciet3 tsʰin35/44 tsʰiəu53 xau21.

【年序】ɲien13 si53 名①年成：以只～唔得了哇？i21 tʂak3 ɲien13 si53 n̩13/21 tek3/5 liau21 ua0 ?｜水多也～唔好，系唔系？天干也是～唔好。ʂei21 to35/44 ia35/44 ɲien13 si53 ŋ̍13/21 xau21 ,xe53/44 me53/44 ?tʰien35 kɔn35 na44 (←ia35) ʂɿ53/21 ɲien13 si53 ŋ̍13/21 xau21. ②指年头儿；时代：以种～ i21 tʂəŋ21 ɲien13 si53

【年载】ɲien13 tsai21 名①年代，年头儿：哎，箇指搭嗰么个～看过个？ai53 ,kai53/44 mak3 (k)e53 ɲien13 tsai21 kʰɔn$^{53}$ko$^{53}_{44}$ke$^{53}_{44}$? ②年数：就系走得～多个，欸，走几十年个，老外家。tsʰiəu$^{53}$xei$^{53}$tsei$^{21}$tek$^{3}$ɲien$^{13}$ tsai$^{21}$to$^{35}$ke$^{53}$,e$_{21}$,tsei$^{21}$ci$^{21}$ʂət$^{5}$ɲien$^{13}$ke$^{53}$,lau$^{21}$ŋɔi$^{53}$ka$^{35}$.

【年中】ɲien$^{13}$tʂəŋ$^{35}$ 名 一年的中间或中间一段时间：日子过得真快呀，唔知信就～了，一年就过嘿一半了，就到～了。ɲiet$^{3}$tsɿ$^{0}$ko$^{53}$tek$^{3}$tʂən$^{35}$kʰuai$^{53}$ia$^{0}$,n̩$^{13}_{21}$ti$^{35}_{44}$sin$^{35}$tsʰiəu$^{53}_{44}$ɲien$^{13}$tʂəŋ$^{35}$liau$^{0}$,iet$^{3}$ ɲien$^{13}$tsʰiəu$^{53}$ko$^{53}$xek$^{3}$iet$^{3}$pan$^{53}$niau$^{0}$,tsʰiəu$^{53}$tau$^{53}$ɲien$^{13}$tʂəŋ$^{35}$liau$^{0}$.

【鲇拐】ɲian$^{13}$kuai$^{21}$ 名 鲇鱼的别称：农贸市场肚里么就有卖～个。ləŋ$^{13}$miau$^{53}$ʂɿ$^{53}$tʂʰɔŋ$^{13}_{21}$təu$^{21}$li$^{0}$ tsʰiəu$^{53}_{44}$iəu$^{35}$mai$^{53}$ɲian$^{13}$kuai$^{21}$ke$^{0}$.

【鲇鱼】ɲian$^{13}$ŋ̍$^{13}$ 名 鱼名。头大，尾侧扁，皮有黏质，无鳞：～就有兜人打鱼打倒有～舞倒来卖嘞。ɲian$^{13}$ŋ̍$^{13}_{44}$tsʰiəu$^{53}_{44}$iəu$^{35}$tei$^{35}_{53}$nin$^{35}_{21}$ta$^{21}$ŋ̍$^{13}$ta$^{21}$tau$^{21}$iəu$^{35}$ɲian$^{13}$ŋ̍$^{13}_{44}$u$^{21}$tau$^{21}$lɔi$^{13}_{21}$mai$^{53}$lei$^{0}$.

【捻】lien$^{21}$/ɲian$^{21}$ 动 ①用手指搓并使被搓的东西转动：（绩苎麻）也有喊～麻。ia$^{35}$iəu$^{35}_{44}$xan$^{53}$ lien$^{21}$ma$^{13}$.｜～倒去都殊绵殊绵。ɲian$^{21}$tau$^{21}$çi$^{53}_{44}$təu$^{35}_{44}$mət$^{5}$mien$^{13}$mət$^{5}$mien$^{13}$. ②用手指挤但不把皮肤往上提；捏：三只夫娘，六只嬔姑——～得确定哩个。san$^{35}$tʂak$^{3}$pu$^{35}$ɲiɔŋ$^{13}$,liəuk$^{3}$tʂak$^{3}$lien$^{53}$ ku$^{35}$—ɲian$^{21}$tek$^{3}$kʰuek$^{5}$tʰiaŋ$^{53}$li$^{0}$ke$^{53}$.｜有只子疖子，系唔系？我～嘿去。iəu$^{35}$tʂak$^{3}$tsɿ$^{0}$tset$^{3}$tsɿ$^{0}$,xei$^{53}$ me$^{53}$?ŋai$^{13}$ɲian$^{21}$nek$^{3}$çi$^{53}$.

【碾】ŋan$^{35}$ 动 ①（用研船）研磨：如今中药肚里有蛮多药嘞都爱用药碾船分渠～成粉，正有正蒸得味出来。i$^{13}_{21}$cin$^{35}_{53}$tʂəŋ$^{35}$iɔk$^{5}$təu$^{21}$li$^{0}$iəu$^{35}$man$^{13}_{21}$to$^{35}_{44}$iɔk$^{5}$lei$^{0}$təu$^{35}_{44}$ɔi$^{53}$iəŋ$^{53}_{44}$iɔk$^{5}$ŋan$^{35}$ʂuən$^{13}$pən$^{35}$ci$^{13}_{21}$ŋan$^{35}$ ʂaŋ$^{13}$fən$^{21}$,tʂaŋ$^{53}$iəu$^{35}$tʂaŋ$^{53}$tʂən$^{35}$tek$^{3}$mi$^{53}$tʂʰət$^{3}$lɔi$^{13}_{21}$. ②碾压；碾轧：～茶籽 ŋan$^{35}$tsʰa$^{13}$tsɿ$^{21}$

【碾槽】ŋan$^{35}$tsʰau$^{13}$ 名 药碾子的凹槽部分，状如船型：欸，分开来箇只就碾公，箇只是～。e$_{21}$,fən$^{35}$kʰɔi$^{35}$lɔi$^{13}_{21}$kai$^{53}$tʂak$^{3}$tsʰiəu$^{53}_{44}$ŋan$^{35}$kəŋ$^{35}$,kai$^{53}$tʂak$^{3}$ʂɿ$^{53}_{44}$ŋan$^{35}$tsʰau$^{13}$.

【碾船】ŋan$^{35}$ʂən$^{13}$ 名 药碾子。中药店用来碾磨药物的金属器具，形似船：你分出两样东西来，箇就安做碾公摎碾槽。但是整个来讲，箇就安做～。两样东西加起来安做～。借只～，用～碾下子。你买只～，你就不能只买一项。ɲi$^{13}$fən$^{35}$tʂʰət$^{3}$iɔŋ$^{21}$iɔŋ$^{53}$təŋ$^{35}$si$^{0}$lɔi$^{13}_{21}$,kai$^{53}$tsʰiəu$^{53}$ɔn$^{35}_{44}$tso$^{53}_{44}$ŋan$^{35}$ kəŋ$^{35}$lau$^{35}$ŋan$^{35}$tsʰau$^{13}$.tan$^{53}$ʂɿ$^{53}$tʂən$^{21}$ko$^{53}$lɔi$^{13}_{21}$kɔŋ$^{21}$,kai$^{53}_{44}$tsʰiəu$^{53}_{44}$ɔn$^{35}_{44}$tso$^{53}_{44}$ŋan$^{35}$ʂən$^{13}_{21}$.iɔŋ$^{21}$iɔŋ$^{53}_{44}$təŋ$^{35}_{44}$si$^{0}$cia$^{35}$cʰi$^{21}$ lɔi$^{13}_{21}$ɔn$^{35}_{44}$tso$^{53}$ŋan$^{35}$ʂən$^{13}_{21}$.tsia$^{53}$tʂak$^{3}$ŋan$^{35}$ʂən$^{13}_{21}$,iəŋ$^{53}$ŋan$^{35}$ʂən$^{13}_{21}$ŋan$^{35}$na$_{21}$(←xa$^{53}$)tsɿ$^{0}$. ɲi$^{13}_{21}$mai$^{35}$tʂak$^{3}$ŋan$^{35}$ʂən$^{13}_{21}$, ɲi$^{13}_{21}$tsʰiəu$^{53}$pət$^{3}$len$^{13}$tʂɿ$^{21}$mai$^{35}_{44}$iet$^{3}$xɔŋ$^{53}$.

【碾公】ŋan$^{35}$kəŋ$^{35}$ 名 药碾子中的碾滚子，形如车轮：碾子啊？碾子。～啊。箇滚轮就～。箇只就安做碾槽。～碾槽。ŋan$^{35}$tsɿ$^{0}$a$^{0}$?ŋan$^{35}$tsɿ$^{0}$.ŋan$^{35}$kəŋ$^{35}$ŋa$^{0}$.kai$^{53}$kuən$^{21}$nən$^{13}$tsʰiəu$^{53}$ŋan$^{35}$kəŋ$^{35}$.kai$^{53}$ tʂak$^{3}$tsʰiəu$^{53}_{44}$ɔn$^{35}_{44}$tso$^{53}_{44}$ŋan$^{35}$tsʰau$^{13}$.ŋan$^{35}$kəŋ$^{35}$ŋan$^{35}$tsʰau$^{13}$.

【碾棚】ŋan$^{35}$pʰəŋ$^{13}$ 名 碾房。又称“碾棚下”：箇只碾子是去地泥下，箇只碾子是你不能去□天下，系唔系？就打只棚，或者搞间屋，或者砌间屋啊，箇只棚或者箇只屋就安做～，就碾棚下，欸。到箇映子就系安做到碾棚下。箇只栏场子就不能长日变化，因为箇个碾子几千斤，就不能长日变化，就箇只栏场做～就只好做～。所以箇只栏场就比较固定个地方了，安做碾棚下。kai$^{53}$tʂak$^{3}$ŋan$^{35}$tsɿ$^{0}$ʂɿ$^{53}_{44}$çi$^{53}$tʰi$^{53}$lai$^{13}_{21}$xa$^{35}$,kai$^{53}$(tʂ)ak$^{3}$ŋan$^{35}$tsɿ$^{0}$ʂɿ$^{53}_{44}$ɲi$^{13}_{21}$pət$^{3}$len$^{13}_{21}$çi$^{53}$tʂʰo$^{21}$tʰien$^{35}_{44}$xa$^{35}$,xei$^{53}_{44}$ me$^{53}_{44}$?tsʰiəu$^{53}$ta$^{21}$tʂak$^{3}$pʰəŋ$^{13}$,xɔit$^{5}$tʂa$^{21}$kau$^{21}$kan$^{35}_{44}$uk$^{3}$,xɔit$^{5}$tʂa$^{21}$tsʰi$^{53}$kan$^{35}_{44}$uk$^{3}$a$^{0}$,kai$^{53}$tʂak$^{3}$pʰəŋ$^{13}$xɔit$^{5}$tʂa$^{21}$kai$^{53}$ tʂak$^{3}$uk$^{3}$tsʰiəu$^{53}_{44}$ɔn$^{35}_{44}$tso$^{53}_{44}$ŋan$^{35}$pʰəŋ$^{13}$,tsʰiəu$^{53}_{44}$ŋan$^{35}$pʰəŋ$^{13}_{21}$xa$^{35}$,e$_{21}$.tau$^{53}$kai$^{53}$iaŋ$^{53}$tsɿ$^{0}$tsʰiəu$^{53}$xei$^{53}$ɔn$^{35}_{44}$tso$^{53}_{44}$tau$^{53}$ ŋan$^{35}$pʰəŋ$^{13}_{21}$xa$^{35}$.kai$^{53}$(tʂ)ak$^{13}_{21}$lan$^{13}_{44}$tʂʰɔŋ$^{13}_{44}$tsɿ$^{0}$tsʰiəu$^{53}$pət$^{3}$len$^{13}_{21}$tʂʰɔŋ$^{13}$ɲiet$^{3}$pien$^{53}$fa$^{53}$,in$^{35}$uei$^{53}$kai$^{53}_{21}$(k)e$^{53}_{21}$ŋan$^{35}$tsɿ$^{0}$ ci$^{21}$tsʰien$^{35}$cin$^{35}_{44}$,tsiəu$^{53}_{44}$pət$^{3}$len$^{13}_{21}$tʂʰɔŋ$^{13}$ɲiet$^{3}$pien$^{53}$fa$^{53}$,tsʰiəu$^{53}$kai$^{53}$tʂak$^{3}$lan$^{13}_{44}$tʂʰɔŋ$^{13}_{44}$tso$^{53}$ŋan$^{35}$pʰəŋ$^{13}$tsʰiəu$^{53}$tʂɿ$^{21}$ xau$^{21}$tso$^{53}$ŋan$^{35}$pʰəŋ$^{13}_{21}$.so$^{21}$i$^{35}_{44}$kai$^{53}$(tʂ)ak$^{3}$(l)an$^{13}_{44}$tʂʰɔŋ$^{13}_{44}$tsʰiəu$^{53}$pi$^{21}$ciau$^{53}_{44}$ku$^{53}$tʰin$^{53}_{44}$ke$^{53}_{44}$tʰi$^{53}_{44}$fɔŋ$^{35}_{44}$liau$^{0}$,ɔn$^{35}_{44}$tso$^{53}_{44}$ ŋan$^{35}_{44}$pʰəŋ$^{13}_{21}$xa$^{35}$.

【碾棚下】ŋan$^{35}$pʰəŋ$^{13}$xa$^{35}$ 名 碾房：箇阵子我等队上做纸，箇个～就舞条牛去碾料坯。我取都只碾过一回。我等箇有只咁个比我细一岁个一只咁个伢子嘞，唔多灵泛个，渠就长日都打碾子。欸，跍啊～，欸，趟条牛喔，总打圈圈呶，总打叮叮呶。做倒箇兜子料坯来碾呶。我也搞过一回。舞倒我也搞过一回凑，打料坯呀。kai$^{53}$tʂʰən$^{53}$tsɿ$^{0}$ŋai$^{13}$tien$^{0}$ti$^{53}$xɔŋ$^{53}$tso$^{53}$tʂɿ$^{21}$,kai$^{53}$ke$^{53}$ ŋan$^{35}$pʰəŋ$^{13}_{21}$xa$^{35}$tsʰiəu$^{53}$u$^{21}$tʰiau$^{13}_{2}$ɲiəu$^{13}$çi$^{53}$ŋan$^{35}$liau$^{53}$pʰi$^{35}$.ŋai$^{13}$tsʰi$^{21}$təu$^{35}_{53}$tʂɿ$^{21}$ŋan$^{35}$ko$^{53}$(i)et$^{3}$fei$^{13}$.ŋai$^{13}$tien$^{0}$kai$^{53}$ iəu$^{35}$tʂak$^{3}$kan$^{21}$ke$^{53}$pi$^{21}$ŋai$^{13}$se$^{53}$iet$^{3}$sɔi$^{53}$kei$^{53}$iet$^{3}$tʂak$^{3}$kan$^{21}$kei$^{53}$ŋa$^{13}$tsɿ$^{0}$lei$^{0}$,n̩$^{13}$to$^{35}_{53}$lin$^{13}$fan$^{53}_{21}$cie$^{53}$,ci$^{13}_{21}$tsʰiəu$^{53}$ tʂʰɔŋ$^{13}$ɲiet$^{3}$təu$^{35}_{53}$ta$^{21}$ŋan$^{35}_{44}$tsɿ$^{0}$.e$_{21}$,ku$^{35}_{44}$a$^{0}$ŋan$^{35}_{44}$pʰəŋ$^{13}_{21}$xa$^{35}$,ei$_{21}$,ciəuk$^{5}$tʰiau$^{13}_{2}$ɲiəu$^{13}$uo$^{0}$,tsəŋ$^{21}$ta$^{21}$cʰien$^{35}_{44}$cʰien$^{35}_{44}$ nau$^{0}$,tsəŋ$^{21}$ta$^{21}$tin$^{35}_{44}$tin$^{35}_{44}$nau$^{0}$.tso$^{53}$tau$^{21}$kai$^{53}$te$^{35}_{53}$tsɿ$^{0}$liau$^{53}$pʰi$^{35}_{44}$lɔi$^{13}_{21}$ŋan$^{35}$nau$^{0}$.ŋai$^{13}$ia$^{35}_{44}$kau$^{21}$ko$^{53}$(i)et$^{3}$fei$^{13}_{21}$.u$^{21}$tau$^{21}$ ŋai$^{13}$ia$^{35}_{53}$kau$^{21}$ko$^{53}$(i)et$^{3}$fei$^{13}_{21}$tsʰe$^{0}$,ta$^{21}$liau$^{53}$pʰi$^{35}_{44}$ia$^{0}$.

N

【碾子】ŋan$^{35}$tsɿ$^{0}$ [名]去掉谷壳或轧碎谷物的工具，由圆柱形的碾轮和承担碾砣的碾盘组成（尤指竹木制成者）：我等细细子坐下箇个坐箇～上去嬲哇。ŋai$^{13}_{21}$tien$^{0}$ sei$^{53}$sei$^{53}$tsɿ$^{0}$ tsʰo$^{35}$xa$^{53}_{44}$kai$^{53}$ke$^{53}_{44}$ tsʰo$^{35}$kai$^{53}$ŋan$^{35}$tsɿ$^{0}$ xɔŋ$^{53}_{44}$çi$^{53}_{44}$liau$^{53}$ua$^{0}$.｜从前是有～啊，碾么个嘞？欸，做纸个人嘞，碾料坯，欸，整米嘞可以用～来碾谷，碾米。tsʰəŋ$^{13}$tsʰien$^{13}_{44}$ʂɿ$^{53}_{44}$iəu$^{35}$ŋan$^{35}$tsɿ$^{0}$ a$^{0}$ ,ŋan$^{35}$mak$^{3}$ e$^{0}$ lei$^{0}$ ?e$_{21}$,tso$^{53}$tʂɿ$^{21}$ke$^{53}$in$^{13}_{44}$ le$^{0}$ ,ŋan$^{35}$liau$^{53}$pʰi$^{35}_{44}$,e$_{21}$,tʂaŋ$^{21}$mi$^{21}$lei$^{0}$ kʰo$^{21}$i$^{35}_{44}$iəŋ$^{53}$ŋan$^{35}$tsɿ$^{0}$ lɔi$^{13}_{21}$ŋan$^{35}$kuk$^{3}$ ,ŋan$^{35}$mi$^{21}$.

【念】ɲian$^{53}$ [动]①诵读；按字读出声；说：～一句唱一句。ɲian$^{53}$iet$^{3}$ ci$^{53}_{21}$tʂʰɔŋ$^{53}$iet$^{3}$ ci$^{53}_{44}$.｜系咁子～，三沙一土七成灰，系唔系？xei$^{53}$kan$^{21}$tsɿ$^{0}$ ɲian$^{53}$,san$^{35}$sa$^{35}_{44}$iet$^{3}$ tʰəu$^{21}$tsʰiet$^{3}$ tʂʰən$^{13}_{21}$fɔi$^{35}$,xei$^{53}_{44}$me$^{53}_{44}$? ②想念：天天～（倒）tʰien$^{35}$tʰien$^{35}_{44}$ɲian$^{53}$(tau$^{21}$)

【念经】ɲian$^{53}$cin$^{35}$ [动]朗读或背诵宗教经文：我等以个栏场最近几年也有咁个，渠一家人家有唔顺遂个，有滴唔顺遂，假设一只娭子尽病，欸，或者一只爷子或者么啊癌症箇只总整都整唔好箇只嘞。欸，整啊真滴冇滴办法哩是就到庙里念两天经呶。请人～呶。如今陈家桥箇映子就有只唐兴寺。渠等话个侧边个人呐，蛮远个人都跑倒来，请渠等～。侧边个夫娘子都会～。ŋai$^{13}_{21}$tien$^{0}$ i$^{21}$ke$^{53}$laŋ$^{13}_{21}$tʂʰɔŋ$^{13}$tsei$^{53}$cʰin$^{53}$ci$^{21}$ɲien$^{13}$ia$^{35}$iəu$^{35}_{44}$kan$^{21}$cie$^{53}$,ci$^{13}_{21}$iet$^{3}$ ka$^{35}$ɲin$^{13}_{21}$ka$^{35}_{44}$iəu$^{35}_{44}$n̩$^{13}$ʂən$^{53}$si$^{53}$ ke$^{53}_{21}$,iəu$^{35}$tet$^{5}$ n̩$^{13}$ʂən$^{53}$si$^{53}$,cia$^{21}$ʂət$^{3}$ iet$^{3}$ tʂak$^{3}$ ɔi$^{35}$tsɿ$^{0}$ tsʰin$^{53}_{44}$pʰiaŋ$^{53}$,e$_{21}$,xɔit$^{5}$ tʂa$^{21}$iet$^{3}$ tʂak$^{3}$ ia$^{13}$tsɿ$^{0}$ xɔit$^{5}$ tʂa$^{21}$mak$^{3}$ a$^{0}$ ŋai$^{13}_{21}$tʂən$^{53}_{44}$kai$^{53}_{44}$tʂak$^{3}$ tsəŋ$^{21}$tʂaŋ$^{21}$təu$^{35}_{44}$tʂaŋ$^{21}$n̩$^{13}_{21}$xau$^{21}$kai$^{53}_{44}$tʂak$^{3}$ le$^{0}$ .e$_{21}$,tʂaŋ$^{21}$ŋa$^{0}$ tʂʰən$_{44}$(←tʂən$^{35}$)tet$^{3}$ mau$^{13}$tiet$^{5}_{3}$ pʰan$^{53}$fait$^{3}$ li$^{0}$ ʂɿ$^{53}_{44}$tsʰiəu$^{53}_{44}$tau$^{53}_{44}$miau$^{53}$li$^{0}$ ɲian$^{53}$iɔŋ$^{21}$tʰien$^{35}_{44}$cin$^{35}$nau$^{0}$ .tsʰiaŋ$^{21}$ɲin$^{13}$ɲian$^{53}$cin$^{35}$nau$^{0}$ .i$^{13}_{21}$cin$^{35}_{44}$tʂʰən$^{13}_{21}$ka$^{35}_{44}$cʰiau$^{13}$kai$^{53}_{44}$iaŋ$^{53}$tsɿ$^{0}$ tsʰiəu$^{53}_{44}$iəu$^{35}$tʂak$^{3}$ tʰɔŋ$^{13}$çin$^{35}_{44}$sɿ$^{53}$.ci$^{13}_{21}$tien$^{0}$ ua$^{53}_{44}$ke$^{53}_{44}$tsek$^{3}$ pien$^{35}$ke$^{53}_{44}$ɲin$^{13}_{21}$na$^{0}$ ,man$^{13}$ien$^{21}$ ke$^{53}$ɲin$^{13}_{21}$təu$^{35}_{44}$pʰau$^{21}$tau$^{21}$lɔi$^{13}$,tsʰiaŋ$^{21}$ci$^{13}_{21}$tien$^{0}$ ɲian$^{53}$cin$^{35}$.tsek$^{3}$ pien$^{35}_{44}$ke$^{53}_{44}$pu$^{35}$ɲiɔŋ$^{13}_{21}$tsɿ$^{0}$ təu$^{35}_{44}$uɔi$^{53}_{44}$ɲian$^{53}$cin$^{35}$.

【念零念碎】ɲian$^{53}$laŋ$^{13}$ɲian$^{53}$si$^{53}$ 反反复复地讲不满的话：你莫～哟！ɲi$^{13}$mɔk$^{5}$ ɲian$^{53}$laŋ$^{13}$ɲian$^{53}$si$^{53}$ io$^{0}$！

【念零碎】ɲian$^{53}$laŋ$^{13}$si$^{53}$ 反反复复地讲不满的话：莫～。mɔk$^{5}$ ɲian$^{53}$laŋ$^{13}$si$^{53}$.

【嬭】lien$^{53}$ [名]奶汁：你箇只毛毛子有～食么？～蛮饱么？ɲi$^{13}$kai$^{53}_{44}$tʂak$^{3}$ mau$^{35}$mau$^{35}$tsɿ$^{0}$ iəu$^{35}$lien$^{35}$ ʂət$^{5}$ mo$^{0}$ ?lien$^{53}$man$^{13}$pau$^{21}$mo$^{0}$ ?｜你箇毛毛子食～呐食牛奶哟？ɲi$^{13}$kai$^{53}_{44}$mau$^{35}$mau$^{35}_{44}$tsɿ$^{0}$ ʂət$^{5}$ lien$^{53}$na$^{0}$ ʂət$^{5}$ ɲiəu$^{13}$lai$^{21}$io$^{0}$ ?

【嬭菇】lien$^{53}$ku$^{35}$ [名]乳房：三只夫娘，六只～——捻得确定哩个。san$^{35}$tʂak$^{3}$ pu$^{35}$ɲiɔŋ$^{13}$,liəuk$^{3}$ tʂak$^{3}$ lien$^{53}$ku$^{35}$—ɲian$^{21}$tek$^{3}$ kʰuek$^{5}$ tʰiaŋ$^{53}$li$^{0}$ ke$^{53}$.

【嬭菇嘴】lien$^{53}$ku$^{35}$tsi$^{21}$ [名]①乳房中央突起的尖端部分：箇阵子冇饭食个时候子啊，箇个夫娘子人带人都冇呃食唔饱，捋嬭呐，箇个细人子食嬭呐，食起～都痛。欸，冇得嬭了渠就会啮，啮起～都鲜红个。我等就搞过。细人子肚子饥呀，又冇么个嬭呢，箇阵子箇夫娘子冇嬭食是唔系同如今个样嘞欸舞倒去赶呢，箇阵子冇得赶。kai$^{53}$tʂʰən$^{53}$tsɿ$^{0}$ mau$^{13}$fan$^{53}$ʂət$^{5}$ ke$^{53}_{44}$ʂɿ$^{13}$xei$^{53}_{44}$tsɿ$^{0}$ a$^{0}$ ,kai$^{53}_{44}$ke$^{53}_{44}$pu$^{35}$ɲiɔŋ$^{13}_{21}$tsɿ$^{0}$ ɲin$^{13}$tai$^{53}$ɲin$^{13}$təu$^{35}_{53}$mau$^{13}$ə$^{0}$ ʂət$^{5}$ m̩$^{13}_{21}$pau$^{21}$ua$^{0}$ ,lɔit$^{3}$ lien$^{53}$na$^{0}$ ,kai$^{53}_{44}$ke$^{53}_{44}$sei$^{53}$ɲin$^{13}_{21}$tsɿ$^{0}$ ʂət$^{5}$ lien$^{53}$na$^{0}$ ,ʂət$^{5}$ çi$^{21}_{44}$lien$^{53}$ku$^{35}_{44}$tsi$^{21}$təu$^{35}_{44}$tʰəŋ$^{53}$.e$_{21}$,mau$^{13}$tek$^{3}$ lien$^{53}$liau$^{0}$ ci$^{13}_{21}$tsʰiəu$^{53}$uɔi$^{53}$ŋait$^{3}$ ,ŋait$^{3}$ çi$^{21}_{44}$lien$^{53}$ku$^{35}_{44}$tsi$^{21}$ təu$^{35}_{53}$çien$^{35}$fəŋ$^{13}_{21}$ke$^{0}$ .ŋai$^{13}$tien$^{0}$ tsʰiəu$^{53}$kau$^{21}$ko$^{53}$.sei$^{53}$ɲin$^{13}_{21}$tsɿ$^{0}$ təu$^{21}$tsɿ$^{0}$ ci$^{35}_{44}$ia$^{0}$ ,iəu$^{53}$mau$^{13}_{21}$mak$^{3}$ e$^{0}$ lien$^{53}$ne$^{0}$ ,kai$^{53}_{44}$ tʂʰən$^{53}_{44}$tsɿ$^{0}$ kai$^{53}_{44}$pu$^{35}$ɲiɔŋ$^{13}_{21}$tsɿ$^{0}$ mau$^{13}$lien$^{53}$ʂət$^{5}$ ʂɿ$^{53}$m̩$^{13}$pʰe$^{53}$tʰəŋ$^{13}_{21}$i$^{13}_{21}$cin$^{35}_{53}$ke$^{53}$iɔŋ$^{53}$le$^{0}$ e$_{44}$u$^{21}$tau$^{21}_{44}$çi$^{53}$kɔn$^{21}$ne$^{0}$ ,kai$^{53}$ tʂʰən$^{53}$mau$^{13}$tek$^{3}$ kɔn$^{21}$. ②用在奶瓶上帮助婴儿吸吮牛奶或水的一种橡皮制工具：好，以只～嘞就系呃买倒来个，买倒来个～，买只～来分细人子食牛奶。xau$^{21}$,i$^{21}$tʂak$^{3}$ lien$^{53}_{44}$ku$^{35}$tsi$^{21}$lei$^{0}$ tsʰiəu$^{53}_{44}$ xe$^{53}_{44}$ə$_{21}$mai$^{35}$tau$^{21}$lɔi$^{13}_{21}$ke$^{53}$,mai$^{35}$tau$^{21}$lɔi$^{13}_{21}$ke$^{53}_{44}$lien$^{53}_{44}$ku$^{35}$tsi$^{21}$,mai$^{35}$tʂak$^{3}$ lien$^{53}$ku$^{35}$tsi$^{21}$lɔi$^{13}$pən$^{35}_{44}$sei$^{53}$ɲin$^{13}_{21}$tsɿ$^{0}$ ʂət$^{5}$ ɲiəu$^{13}$lai$^{21}$.

【嬭猪子】lien$^{53}$tʂəu$^{35}$tsɿ$^{0}$ [名]小猪；五十斤以下的猪：欸，如果系五十斤子以下个箇猪崽子，安做～，猪崽子。e$_{44}$,y$^{13}$ko$^{21}$xei$^{53}$ŋ̍$^{21}$ʂət$^{5}$ cin$^{35}_{44}$tsɿ$^{0}$ i$^{35}_{44}$xa$^{35}_{44}$ke$^{0}$ kai$^{53}_{44}$tʂəu$^{35}$tse$^{21}$tsɿ$^{0}$ .ɔn$^{35}_{44}$tso$^{53}_{44}$lien$^{53}$tʂəu$^{35}_{44}$tsɿ$^{0}$ ,tʂəu$^{35}$ tse$^{21}$tsɿ$^{0}$.

【娘家】ɲiɔŋ$^{13}$cia$^{35}$ [名]已婚女子婚前的家：归～。kuei$^{35}$ɲiɔŋ$^{13}$cia$^{35}_{44}$.｜～会打发渠咯，打发箇个咯，早生贵子啊。四项子换茶唠。ɲiɔŋ$^{13}$cia$^{35}_{44}$uɔi$^{53}$ta$^{21}$fait$^{3}$ ci$^{13}_{44}$ko$^{0}$ ,ta$^{21}$fait$^{3}$ kai$^{53}$ke$^{53}_{44}$ko$^{0}$ ,tsau$^{21}$sien$^{35}_{44}$kuei$^{53}$tsɿ$^{21}$ a$^{0}$ .si$^{53}$çiɔŋ$^{53}$tsɿ$^{0}$ uɔn$^{53}$tsʰa$^{13}_{21}$lau$^{0}$ .

【娘爷】ɲiɔŋ$^{13}$ia$^{13}$ [名]父母：本来系亲生个～，唔喊爸爸妈妈。pən$^{21}$nɔi$^{13}$xe$^{53}$tsʰin$^{35}$sien$^{35}_{44}$ke$^{53}_{44}$ɲiɔŋ$^{13}$ ia$^{13}$,m̩$^{13}$xan$^{53}$pa$^{53}$pa$^{0}$ ma$^{35}$ma$^{0}$ .

【鸟铳】ɲiau$^{35}$tʂʰəŋ$^{53}$ [名]指以铁砂打鸟的猎枪：打野东西个～啊。ta$^{21}$ia$^{35}$təŋ$^{35}_{44}$si$^{0}$ ke$^{53}_{44}$ɲiau$^{35}_{21}$tʂʰəŋ$^{53}$ŋa$^{0}$ .

【鸟窦子】tiau$^{35}$tei$^{53}$tsɿ$^{0}$ [名]鸟窝：鸟窝就叫做～哩。ɲiau$^{21}$uo$_{44}$tsʰiəu$^{53}_{44}$ciau$^{53}_{44}$tso$^{53}_{44}$tiau$^{35}$tei$^{53}$tsɿ$^{0}$ ni$^{0}$ .

N

【鸟核子】tiau$^{35}$xak$^{5}$tsɿ$^{0}$ [名]睾丸。又称“卵子、睾子”：箇两只就安做～。安做核子。又安做睾子。kai$^{53}$iɔŋ$^{21}$tʂak$^{3}$tsʰiəu$^{53}_{44}$ɔn$^{35}_{44}$tso$^{53}_{44}$tiau$^{35}$xak$^{5}$tsɿ$^{0}$.ɔn$^{35}$tso$^{53}_{44}$xak$^{5}$tsɿ$^{0}$.iəu$^{53}_{44}$ɔn$^{35}_{44}$tso$^{53}_{44}$kʰau$^{35}$tsɿ$^{0}$.

【鸟砣子】tiau$^{35}$tʰo$^{13}$tsɿ$^{0}$ [名]阴囊：阴囊啊？欸，～，我等喊做～。in$^{35}_{44}$nɔŋ$^{13}$a$^{0}$?e$_{21}$,tiau$^{35}$tʰo$^{13}$tsɿ$^{0}$,ŋai$^{13}$tien$^{0}$xan$^{53}$tso$^{53}_{44}$tiau$^{35}$tʰo$^{13}$tsɿ$^{0}$.｜～就箇袋子。tiau$^{35}$tʰo$^{13}$tsɿ$^{0}$tsʰiəu$^{53}_{44}$kai$^{53}_{44}$tʰɔi$^{53}$tsɿ$^{0}$.

【鸟消】ɲiau$^{35}$siau$^{35}$ [动]死去（语气不太尊重）：箇老子～哩。kai$^{53}_{44}$lau$^{21}$tsɿ$^{0}$ɲiau$^{35}$siau$^{35}_{44}$li$^{0}$.｜当扒手嘞惹打哩啊，打伤哩啊，跍倒屋下就咁子哎病苶苶哩，搞下子就～哩啊。tɔŋ$^{35}$pʰa$^{13}_{21}$ʂəu$^{21}$le$^{0}$ɲia$^{35}$ta$^{21}$li$^{0}$a$^{0}$,ta$^{21}$ʂɔŋ$^{35}$li$^{0}$a$^{0}$,ku$^{35}$tau$^{21}$uk$^{3}$xa$^{53}_{44}$tsʰiəu$^{53}$kan$^{21}$tsɿ$^{0}$ai$_{53}$pʰiaŋ$^{53}$ɲiet$^{5}$ɲiet$^{5}$li$^{0}$,kau$^{21}$xa$^{53}$tsɿ$^{0}$tsʰiəu$^{53}_{44}$ɲiau$^{35}$siau$^{35}$li$^{0}$a$^{0}$.

【鸟子】tiau$^{35}$tsɿ$^{0}$ [名]①鸟，飞禽的总称：渠箇箇箇种～会食别人家禾。ci$^{13}_{21}$kai$^{53}_{44}$kai$^{53}$kai$^{53}$tʂɔŋ$^{21}$tiau$^{35}$tsɿ$^{0}$uɔi$^{53}_{44}$ʂət$^{5}$pʰiet$^{5}$in$^{13}_{44}$ka$^{35}_{44}$uo$^{13}$.｜么啊～都唔去徛渠箇只树指百鸟不企。mak$^{3}$a$^{0}$tiau$^{35}$tsɿ$^{0}$təu$^{35}$ŋ̍$^{13}$çi$^{53}$cʰi$^{35}$ci$^{13}_{21}$kai$^{53}_{21}$tʂak$^{3}$ʂəu$^{53}_{44}$. ②男孩子的生殖器：嗯，箇个细人子就喜欢搞自家个～。有只老话话哩呀：“大人就翻老案，细人子就翻卵看。”欸细人子系喜欢搞自家～。ŋ̍$_{21}$,kai$^{53}_{44}$ke$^{53}_{44}$sei$^{53}$ɲin$^{13}_{21}$tsɿ$^{0}$tsiəu$^{53}$çi$^{21}$fɔn$^{35}_{44}$kau$^{21}$tsʰɿ$^{35}$ka$^{35}_{53}$ke$^{0}$tiau$^{35}$tsɿ$^{0}$.iəu$^{35}$tʂak$^{3}$lau$^{21}$fa$^{53}$ua$^{53}$li$^{0}$ia$^{0}$:"tʰai$^{53}$ɲin$^{13}_{21}$tsiəu$^{53}_{44}$fan$^{35}$lau$^{21}$ŋɔn$^{53}$,sei$^{53}$ɲin$^{13}_{21}$tsɿ$^{0}$tsiəu$^{53}_{44}$fan$^{35}_{44}$lɔn$^{21}$kʰɔn$^{53}$."ei$^{0}$sei$^{53}$ɲin$^{13}_{44}$tsɿ$^{0}$xei$^{53}_{44}$çi$^{21}$fɔn$^{35}_{44}$kau$^{21}$tsʰɿ$^{35}$ka$^{35}_{53}$tiau$^{35}$tsɿ$^{0}$.

【鸟子芹】tiau$^{35}$tsɿ$^{0}$cʰin$^{13}$ [名]芹菜的一种，野生水芹菜：～就野芹菜呢。炒倒食唠。我是唔食～，唔喜欢食～。搞么个嘞？除哩我自家亲手去扯个，别人家扯个街上卖个箇～呢，有兜去箇坜坑泥肚里坜坑肚里扯个呢。坜坑泥肚里长个嘞，尽长下箇个愁死人个栏场嘞。tiau$^{35}$tsɿ$^{0}$cʰin$^{13}$tsʰiəu$^{53}_{44}$ia$^{35}$cʰin$^{13}$tsʰɔi$^{53}$nei$^{0}$.tsʰau$^{21}$tau$^{21}$ʂət$^{5}$lau$^{0}$.ŋai$^{13}$ʂɿ$^{53}_{44}$n̩$^{13}$ʂət$^{5}$tiau$^{35}_{44}$tsɿ$^{0}$cʰin$^{13}_{21}$,n̩$^{13}$çi$^{21}$fɔn$^{35}_{44}$ʂət$^{5}$tiau$^{35}_{44}$tsɿ$^{0}$cʰin$^{13}$.kau$^{21}$mak$^{3}$e$^{0}$lei$^{0}$?tʂʰəu$^{13}$li$^{0}$ŋai$^{13}_{21}$tsʰɿ$^{35}$ka$^{35}_{44}$tsʰin$^{35}$ʂəu$^{21}$çi$^{53}$tʂʰa$^{21}$kei$^{53}$,pʰiet$^{5}$in$^{13}_{44}$ka$^{35}_{44}$tʂʰa$^{21}$(k)e$^{0}$kai$^{35}$xɔŋ$^{53}_{44}$mai$^{53}$ke$^{53}_{44}$kai$^{53}_{44}$tiau$^{35}$tsɿ$^{0}$cʰin$^{13}_{21}$nei$^{0}$,iəu$^{35}$tei$^{35}_{53}$çi$^{53}$kai$^{53}$lak$^{3}$xaŋ$^{35}_{44}$lai$^{13}$təu$^{21}$li$^{0}$lak$^{3}$xaŋ$^{35}_{53}$təu$^{21}$li$^{0}$tʂʰa$^{21}$ke$^{53}$nei$^{0}$.lak$^{3}$xaŋ$^{35}_{53}$lai$^{13}$təu$^{21}$li$^{0}$tʂɔŋ$^{21}$ke$^{53}$lei$^{0}$,tsʰin$^{53}$tʂɔŋ$^{21}$xa$^{53}$kai$^{53}$ke$^{53}$tsʰei$^{13}$si$^{21}$ɲin$^{13}$ke$^{53}$laŋ$^{13}_{21}$tʂʰɔŋ$^{13}_{44}$lei$^{0}$.

【鸟嘴子】tiau$^{35}$tsi$^{21}$tsɿ$^{0}$ [名]喻指小男孩的生殖器：箇个小男孩个箇只鸟子嘞安做～。kai$^{53}_{44}$ke$^{53}_{44}$siau$^{21}$lan$^{13}$xai$^{13}$ke$^{53}_{44}$kai$^{53}_{44}$tʂak$^{3}$tiau$^{35}$tsɿ$^{0}$lei$^{0}$ɔn$^{35}_{44}$tso$^{53}_{44}$tiau$^{35}$tsi$^{21}$tsɿ$^{0}$.｜看下，你个～出水去了吗？kʰɔn$^{53}$na$^{53}$,ɲi$^{13}_{21}$(k)e$^{53}_{44}$tiau$^{35}$tsi$^{21}$tsɿ$^{0}$tʂʰət$^{3}$ʂei$^{21}$çi$^{53}$li$^{0}$ma$^{0}$?

【袅牚袅牚】ɲiau$^{21}$tsʰaŋ$^{53}$ɲiau$^{21}$tsʰaŋ$^{53}$ 形容摇摇摆摆的样子：过苦日子个时候子箇食个羹，你话几鲜子啊？冇得米啊，箇羹肚里冇得米，嗍嘿两三口正有七八只子米～浮倒来，浮到你面前来。ko$^{53}$kʰu$^{21}$ɲiet$^{3}$tsɿ$^{0}$ke$^{53}$ʂɿ$^{13}$xei$^{53}$tsɿ$^{0}$kai$^{53}_{44}$ʂət$^{5}$cie$^{53}_{44}$kaŋ$^{35}$,ɲi$^{13}$ua$^{53}$ci$^{21}$sen$^{35}$tsɿ$^{0}$a$^{0}$?mau$^{13}$tek$^{3}$mi$^{21}$a$^{0}$,kai$^{53}_{44}$kaŋ$^{35}$təu$^{21}$li$^{0}$mau$^{13}$tek$^{3}$mi$^{21}$,so$^{35}$(x)ek$^{3}$iɔŋ$^{21}$san$^{35}_{44}$xei$^{21}$tʂaŋ$^{53}$iəu$^{35}$tsʰiet$^{3}$pait$^{3}$tʂak$^{3}$tsɿ$^{0}$mi$^{21}$ɲiau$^{21}$tsʰaŋ$^{53}$ɲiau$^{21}$tsʰaŋ$^{53}$fei$^{13}$tau$^{21}$lɔi$^{13}$,fei$^{13}$tau$^{53}$ɲi$^{13}$mien$^{53}$tsʰien$^{13}_{21}$lɔi$^{13}$.｜箇老人家子走唔动啊，箇有只老子爱去食酒了是只好步条棍呐，～走倒去啊。kai$^{53}_{44}$lau$^{21}$ɲin$^{13}$ka$^{35}_{44}$tsɿ$^{0}$tsei$^{21}$n̩$^{13}_{21}$tʰəŋ$^{35}$ŋa$^{0}$,kai$^{53}_{44}$iəu$^{35}$tʂak$^{3}$lau$^{21}$tsɿ$^{0}$ɔi$^{53}_{44}$çi$^{53}_{44}$ʂət$^{5}$tsiəu$^{21}$liau$^{21}$ʂɿ$^{53}$tʂɿ$^{21}$xau$^{21}$pʰu$^{53}$tʰiau$^{13}$kuən$^{53}$na$^{0}$,ɲiau$^{21}$tsʰaŋ$^{53}$ɲiau$^{21}$tsʰaŋ$^{53}$tsei$^{21}$tau$^{21}$çi$^{53}$a$^{0}$.

【嫽】liau$^{53}$ [动]①玩耍；放松：你有么啊事来～么，上来～么？ɲi$^{13}$mau$^{13}$mak$^{3}$a$^{0}$sɿ$^{53}$lɔi$^{13}_{21}$liau$^{53}$mo$^{0}$,ʂaŋ$^{35}$lɔi$^{13}_{21}$liau$^{53}$mo$^{0}$?｜蛮辛苦嘞你等就去～下子。man$^{13}$sin$^{35}$kʰu$^{21}$lei$^{0}$ɲi$^{13}_{21}$tien$^{0}$tsʰiəu$^{53}_{44}$çi$^{53}_{44}$liau$^{53}$xa$^{53}_{21}$tsɿ$^{0}$. ②游览：欸开樱花个时候子几多子人到武汉大学去～。e$_{44}$kʰɔi$^{35}$in$^{35}$fa$^{35}_{44}$ke$^{53}_{44}$ʂɿ$^{13}$xəu$^{53}$tsɿ$^{0}$ci$^{21}$to$^{35}$tsɿ$^{0}$ɲin$^{13}$tau$^{53}$u$^{35}$xɔn$^{53}_{44}$tʰai$^{53}_{44}$çiɔk$^{5}_{3}$çi$^{53}_{44}$liau$^{53}$. ③交往：打新房是就系新郎啊箇些男方啊箇个欸～得好个人呐。ta$^{21}$sin$^{35}$fɔŋ$^{13}$ʂɿ$^{53}_{44}$tsʰiəu$^{53}_{44}$xei$^{53}_{44}$sin$^{35}$nɔŋ$^{13}_{21}$ŋa$^{0}$kai$^{53}_{21}$sia$^{35}_{21}$lan$^{13}$fɔŋ$^{35}$a$^{0}$kai$^{53}$ke$^{53}_{44}$ŋe$^{0}$liau$^{53}$tek$^{3}$xau$^{21}$ke$^{53}$ɲin$^{13}_{21}$na$^{0}$.

【嫽伴子】liau$^{53}$pʰɔn$^{53}$tsɿ$^{0}$ [名]伙伴；玩伴：箇个后生人，箇～肚里就经常会笑别人家出门呢就系去调货。kai$^{53}_{44}$ke$^{53}_{44}$xei$^{53}$saŋ$^{35}_{44}$ɲin$^{13}_{21}$,kai$^{53}_{44}$liau$^{53}$pʰɔn$^{53}$tsɿ$^{0}$təu$^{21}$li$^{0}$tsʰiəu$^{53}_{44}$cin$^{35}$tʂʰɔŋ$^{13}$uɔi$^{53}$siau$^{53}$pʰiet$^{5}$in$^{13}_{21}$ka$^{35}_{44}$tʂʰət$^{3}$mən$^{13}$nei$^{0}$tsʰiəu$^{53}_{44}$xei$^{53}_{44}$çi$^{53}_{44}$tiau$^{53}_{44}$fo$^{53}$.

【嫽嫽子】liau$^{53}$liau$^{53}$tsɿ$^{0}$ [副]好玩儿似的：如今箇超市里啊，以个白果树下箇超市啊，箇个请倒箇人来做事啊，正一千五百块钱一个月话嘞，工资就真系唔高嘞。一千五啊，一只妹子箇兜，也好嗅，跍倒屋门口哟，系唔系？嫽嫽子啊搞得一千五啊，一天两班倒哇。i$^{13}_{21}$cin$^{35}_{53}$kai$^{53}$tʂʰau$^{35}$ʂɿ$^{53}$li$^{21}$a$^{0}$,i$^{21}$ke$^{53}_{44}$pʰak$^{5}$ko$^{21}$ʂəu$^{53}$xa$^{53}_{44}$kai$^{53}_{44}$tʂʰau$^{35}$ʂɿ$^{53}$a$^{0}$,kai$^{53}_{44}$ke$^{53}_{44}$tsʰiaŋ$^{53}$tau$^{21}$kai$^{53}$ɲin$^{13}_{21}$nɔi$^{13}_{21}$tso$^{53}$sɿ$^{53}$a$^{0}$,tʂaŋ$^{53}_{44}$iet$^{3}$tsʰien$^{35}_{44}$ŋ̍$^{21}$pak$^{3}$kʰuai$^{53}$tsʰien$^{13}_{21}$iet$^{3}$cie$^{53}$ɲiet$^{5}$ua$^{53}$lei$^{0}$,kəŋ$^{35}$tsɿ$^{35}_{44}$tsʰiəu$^{53}_{44}$tʂən$^{35}$ne$^{53}$n̩$^{13}_{21}$kau$^{35}_{44}$lei$^{0}$.iet$^{3}$tsʰien$^{35}_{44}$ŋ̍$^{21}$ŋa$^{0}$,iet$^{3}$tʂak$^{3}$mɔi$^{53}$tsɿ$^{0}$kai$^{53}_{44}$te$^{35}_{44}$,ia$^{35}$xau$^{21}$au$^{0}$,ku$^{35}_{44}$tau$^{21}_{44}$uk$^{3}$mən$^{13}$xei$^{21}$io$^{0}$,xei$^{53}$me$^{53}$?liau$^{53}$liau$^{53}$tsɿ$^{0}$a$^{0}$kau$^{21}$tek$^{3}$iet$^{3}$tsʰien$^{35}_{44}$ŋ̍$^{21}$ŋa$^{0}$,iet$^{3}$tʰien$^{35}$iɔŋ$^{21}$pan$^{35}_{44}$tau$^{21}$ua$^{0}$.

【尿】ɲiau$^{53}$ [名]小便，多指人尿：舀～个尿角 iau$^{21}$ɲiau$^{53}_{44}$ke$^{53}_{44}$ɲiau$^{53}$kɔk$^{3}$｜都唔系么啊屙滴子～嘞，硬系胀啊。təu$^{35}_{44}$m̩$^{13}_{21}$pʰe$^{53}_{44}$mak$^{3}$a$^{0}$o$^{35}$tiet$^{5}$tsɿ$^{0}$ɲiau$^{53}$lei$^{0}$,ɲiaŋ$^{53}$xei$^{53}_{44}$tʂɔŋ$^{53}$ŋa$^{0}$.

【尿布】ɲiau$^{53}$pu$^{53}$ 名包裹婴儿身体下部或铺在婴儿床上接尿用的布：我等箇只孙子两年了如今都还夜晡睡目还放兜～去，还放尿不湿。就如今两岁多了都还夜晡还放兜～去。搞么个啦？夜晡唔想兜尿，省子去滴尿喔，日里就唔放了，日里就会喊渠屙尿嘞，箇夜晡睡着哩，箇大人也睡着哩，大人也落心睡哟，等渠去滴呀。ŋai$^{13}$tien$^{0}$kai$^{53}$tʂak$^{3}$sən$^{35}$tsɿ$^{21}$iɔŋ$^{21}$ɲien$^{13}$liau$^{0}$ i$^{13}_{21}$cin$^{35}_{53}$ təu$^{35}_{53}$xai$^{13}$ia$^{53}$pu$^{35}_{53}$ʂɔi$^{53}$muk$^{3}$ xai$^{13}$fɔŋ$^{35}$tei$^{35}_{53}$ɲiau$^{53}$pu$^{53}_{44}$çi$^{53}$,xai$^{13}$fɔŋ$^{35}$ɲiau$^{53}$pət$^{3}$ ʂət$^{3}$ .tsʰiəu$^{53}$i$^{13}_{21}$cin$^{35}_{53}$iɔŋ$^{21}$sɔi$^{53}$to$^{35}$ liau$^{0}$ təu$^{35}_{53}$xai$^{13}$ia$^{53}$pu$^{35}_{44}$xai$^{13}$fɔŋ$^{35}_{44}$tei$^{35}_{44}$ɲiau$^{53}$pu$^{53}_{44}$çi$^{53}_{44}$.kau$^{21}$mak$^{3}$ ke$^{53}_{44}$la$^{0}$ ?ia$^{53}$pu$^{35}$n̩$^{13}$siɔŋ$^{21}$tei$^{35}$ɲiau$^{53}$,saŋ$^{21}$tsɿ$^{0}$ ci$^{13}_{44}$ lai$^{13}$ɲiau$^{53}$uo$^{0}$, ɲiet$^{3}$ li$^{0}$ tsʰiəu$^{53}$m̩$^{13}$fɔŋ$^{53}$liau$^{0}$, ɲiet$^{3}$ li$^{0}$ tsʰiəu$^{53}$uɔi$^{53}$xan$^{53}$ci$^{13}_{44}$o$^{53}_{44}$ɲiau$^{53}$lei$^{0}$,kai$^{53}_{44}$ia$^{53}$pu$^{35}$ʂɔi$^{53}$tʂʰɔk$^{5}$ li$^{0}$,kai$^{53}_{44}$tʰai$^{53}$ɲin$^{13}_{21}$na$^{35}_{44}$ʂɔi$^{53}$tʂʰɔk$^{5}$ li$^{0}$ ,tʰai$^{53}$ɲin$^{13}$na$^{35}_{44}$lɔk$^{5}$ sin$^{35}_{44}$ʂɔi$^{53}$io$^{0}$ ,ten$^{21}$ci$^{13}_{21}$çi$^{53}$lai$^{13}$ia$^{0}$.

【尿角】ɲiau$^{53}$kɔk$^{3}$ 名在一节竹筒上安上柄做成的舀尿器具：舀粪个粪角，舀尿个～，系，有～粪角。iau$^{21}$pən$^{53}$ke$^{53}_{21}$pən$^{53}$kɔk$^{3}$ ,iau$^{21}$ɲiau$^{53}_{44}$ke$^{53}_{44}$ɲiau$^{53}$kɔk$^{3}$ ,xe$^{53}_{44}$,iəu$^{35}$ɲiau$^{53}$kɔk$^{3}$ pən$^{53}$kɔk$^{3}$ .

【尿脬】ɲiau$^{53}$pʰau$^{53}$ 名膀胱。又称"小肚"：猪～打人，痛就唔痛，耐唔得你箇只骚气。tʂəu$^{35}$ ɲiau$^{53}$pʰau$^{53}$ta$^{21}$ɲin$^{13}$,tʰəŋ$^{53}$tsʰiəu$^{53}$n̩$^{13}$tʰəŋ$^{53}$,lai$^{53}$n̩$^{13}_{21}$tek$^{3}$ ɲi$^{13}$kai$^{53}_{44}$tʂak$^{3}$ sau$^{35}$çi$^{53}$.

【尿桶】ɲiau$^{53}$tʰəŋ$^{21}$ 名专门用于装尿的容器；小便桶：凳呐，～脚盆都有。tien$^{53}$na$^{0}$ ,ɲiau$^{53}$tʰəŋ$^{21}$ ciɔk$^{3}$ pʰən$^{13}_{21}$təu$^{35}_{44}$iəu$^{35}$.

【捏】ɲiait$^{3}$ 动凭空编造：我冇得箇只事，你嘞～出一只事来，～起我有哩箇只事。箇你就系画符。ŋai$^{13}$mau$^{13}$tek$^{3}$ kai$^{53}$tʂak$^{3}$ sɿ$^{53}$, ɲi$^{13}$lei$^{0}$ɲiait$^{3}$ tʂʰət$^{3}$ iet$^{3}$ tʂak$^{3}$ sɿ$^{53}$lɔi$^{13}_{21}$, ɲiait$^{3}$ çi$^{21}$ŋai$^{13}_{21}$iəu$^{35}$li$^{0}$ kai$^{53}$tʂak$^{3}$ sɿ$^{53}$. kai$^{53}_{44}$ɲi$^{13}$tsʰiəu$^{53}$xei$^{53}_{44}$fa$^{53}$fu$^{13}$.

【捏起火绳来】ɲiait$^{3}$ çi$^{21}$fo$^{21}$ʂən$^{13}$nɔi$^{13}$ 比喻想办法克服困难：黑哩火绳让门子搞？我要～搞箇只路子。碰倒一只蛮大个困难，只好攒起劲来，想办法，就安做～。xek$^{3}$ li$^{0}$ fo$^{21}$ʂən$^{13}$ɲiɔŋ$^{53}$mən$^{13}_{53}$ tsɿ$^{0}$ kau$^{21}_{44}$?ŋai$^{13}$iau$^{53}$ɲiait$^{3}$ çi$^{21}$fo$^{21}$ʂən$^{13}$nɔi$^{13}_{44}$kau$^{21}$kai$^{53}$(tʂ)ak$^{3}$ ləu$^{53}$tsɿ$^{0}$ .pʰən$^{53}$tau$^{21}$iet$^{3}$ tʂak$^{3}$ man$^{13}$tʰai$^{53}_{44}$ke$^{53}_{44}$ kʰuən$^{53}$nan$^{53}_{44}$,tʂɿ$^{21}$xau$^{21}$tsan$^{21}$çi$^{21}$cin$^{53}$nɔi$^{13}_{44}$,siɔŋ$^{21}$pʰan$^{53}$fait$^{3}$ ,tsʰiəu$^{53}_{21}$ɔn$^{35}_{53}$tso$^{53}$ɲiait$^{3}$ çi$^{21}$fo$^{21}$ʂən$^{13}$nɔi$^{13}_{44}$.｜我硬黑哩火绳呐，欸，～。ŋai$^{13}$ɲiaŋ$^{53}$xek$^{3}$ li$^{0}$ fo$^{21}$ʂən$^{13}$na$^{0}$ ,ei$_{44}$, ɲiait$^{3}$ çi$^{21}$fo$^{21}$ʂən$^{13}$nɔi$^{13}_{44}$.

【苶毁】ɲiait$^{5}$ tsiəu$^{53}$ 形形容皱褶很多很深：苦瓜你看系唔系～个？苦瓜尽……唔平啊，唔光滑啊。fu$^{21}$kua$^{35}_{44}$ɲi$^{13}_{21}$kʰɔn$^{53}_{44}$xei$^{53}$mei$^{53}$ɲiait$^{5}$ tsiəu$^{53}$ke$^{0}$ ,fu$^{21}$kua$^{35}_{44}$tsʰin$^{53}$⋯m̩$^{13}$pʰiaŋ$^{13}$ŋa$^{0}$ ,n̩$^{13}$kɔŋ$^{35}$uait$^{5}$ a$^{0}$ .｜箇洗衫个时候子嬗搞抻呐，放倒晒起晒燥哩有兜系～个。搽菜干样哦。有滴话撞怕话搽菜干样哦。kai$^{53}_{44}$se$^{21}$san$^{35}$ke$^{0}$ ʂɿ$^{13}$xəu$^{53}$tsɿ$^{0}$ maŋ$^{13}$kau$^{21}$tʂʰən$^{35}$na$^{0}$ ,fɔŋ$^{53}$tau$^{21}$sai$^{53}$çi$^{21}_{44}$sai$^{53}$tsau$^{35}$li$^{0}$ iəu$^{35}_{44}$təu$^{35}_{44}$xei$^{53}_{44}$ɲiait$^{5}$ tsiəu$^{53}$ke$^{0}$. tsʰat$^{3}$ tsʰɔi$^{53}$kɔn$^{35}$iɔŋ$^{53}_{44}$ŋo$^{0}$ .iəu$^{35}_{44}$tiet$^{5}$ ua$^{53}_{44}$tsʰɔŋ$^{21}$pʰa$^{53}_{44}$ua$^{53}_{44}$tsʰat$^{3}$ tsʰɔi$^{53}$kɔn$^{35}$iɔŋ$^{53}_{44}$ŋo$^{0}$ .

【苶软】ɲiet$^{5}$ ɲiɔn$^{35}$ 形①很软和：（棕叶扇子）真系用棕叶织个，～哦。tʂən$^{35}$xe$^{53}_{44}$iəŋ$^{53}$tsəŋ$^{35}$iait$^{5}$ tʂek$^{3}$ cie$^{53}$, ɲiet$^{5}$ ɲiɔn$^{35}$no$^{0}$. ②软塌塌的；无力貌：一身都～个。iet$^{3}$ ʂən$^{35}$təu$^{35}_{44}$ɲiet$^{5}$ ɲiɔn$^{35}$cie$^{53}$.

【苶软大嫂】ɲiet$^{5}$ ɲiɔn$^{35}$tʰai$^{53}$sau$^{21}$ 名对身体软绵绵的人的戏称：我等箇映子有只咁个夫娘子，一身呐就喜欢卖弄风骚样咯，走路哇，箇个欸平时啊，搔首弄姿啊，一身唔知几软样啊。渠等就分只绰号子分渠，安做～，苶软个，一身都苶软个，冇骨头样。嗯，～，箇是笑箇箇笑渠唠。我等就拿倒来笑我箇只大孙子唠箇阵子唠。"你看下子看呐，你是～样啊。"渠想睡呀，欸，吵醒哩渠欸渠等。ŋai$^{13}$tien$^{0}$ kai$^{53}_{44}$iaŋ$^{53}_{44}$tsɿ$^{0}$ iəu$^{35}$tʂak$^{3}$ kan$^{21}$ke$^{53}_{44}$pu$^{35}$ɲiɔŋ$^{13}_{21}$tsɿ$^{0}$ ,iet$^{3}$ ʂən$^{35}$na$^{0}$ tsʰiəu$^{53}$çi$^{21}$ fɔn$^{35}_{44}$mai$^{53}$ləŋ$^{53}$fəŋ$^{35}$sau$^{35}_{44}$iɔŋ$^{53}_{21}$ko$^{0}$ ,tsei$^{21}$ləu$^{53}$ua$^{0}$ ,kai$^{53}_{44}$ke$^{53}_{44}$e$_{21}$pʰin$^{13}$ʂɿ$^{13}$a$^{0}$ ,sau$^{35}$ʂəu$^{21}$ləŋ$^{53}$tsɿ$^{35}$a$^{0}$ ,iet$^{3}$ ʂən$^{35}$n̩$^{13}$ti$^{35}_{53}$ci$^{21}$ ɲiɔn$^{35}$iɔŋ$^{53}$ŋa$^{0}$ .ci$^{13}_{21}$tien$^{0}$ tsʰiəu$^{53}$pən$^{35}$tʂak$^{3}$ tʂʰɔk$^{3}$ xau$^{53}$tsɿ$^{0}$ pən$^{35}$ci$^{13}_{21}$,ɔn$^{35}_{44}$tso$^{53}_{44}$ɲiet$^{5}$ ɲiɔn$^{35}$tʰai$^{53}$sau$^{21}$, ɲiet$^{5}$ ɲiɔn$^{35}$ cie$^{0}$ ,iet$^{3}$ ʂən$^{35}$təu$^{35}_{44}$ɲiet$^{5}$ ɲiɔn$^{35}_{44}$cie$^{0}$ ,mau$^{13}$kuət$^{3}$ tʰei$^{13}$iɔŋ$^{53}$ .n̩$_{21}$, ɲiet$^{5}$ ɲiɔn$^{35}$tʰai$^{53}$sau$^{21}$,kai$^{53}_{21}$ʂɿ$^{53}_{21}$siau$^{53}$kai$^{53}_{44}$kai$^{53}_{44}$ siau$^{53}$ci$^{13}_{21}$lau$^{0}$ .ŋai$^{13}$tien$^{0}$ tsʰiəu$^{53}$la$^{53}$tau$^{21}$lɔi$^{13}$siau$^{53}$ŋai$^{13}_{21}$kai$^{53}_{44}$tʂak$^{3}$ tʰai$^{53}$sən$^{35}$tsɿ$^{0}$ lau$^{0}$ kai$^{35}$tʂʰən$^{53}$tsɿ$^{0}$ lau$^{0}$ ."ɲi$^{13}$ kʰɔn$^{53}$xa$^{53}_{44}$tsɿ$^{0}$ kʰɔn$^{53}_{44}$na$^{0}$ , ɲi$^{13}$ʂɿ$^{53}_{44}$ɲiet$^{5}$ ɲiɔn$^{35}_{44}$tʰai$^{53}$sau$^{21}$iɔŋ$^{53}_{44}$ŋa$^{0}$ ."ci$^{13}$siɔŋ$^{21}$ʂɔi$^{53}$ia$^{0}$ ,ei$_{35}$,tsʰau$^{21}$siaŋ$^{21}$li$^{0}$ ci$^{13}_{44}$e$^{0}$ ci$^{13}_{21}$ tien$^{0}$.

【啮$_{1}$】ŋait$^{3}$ 动①咬：据说（五步蛇）～了人以后五步就人只要走五步就死嘿哩。tʂɿ$^{53}$ʂuek$^{3}$ ŋait$^{3}$ li$^{0}$ ɲin$^{13}$i$^{13}_{44}$xei$^{53}_{44}$ŋ̍$^{21}$pʰu$^{53}_{44}$tsʰiəu$^{53}_{44}$ɲin$^{13}$tʂɿ$^{21}$iau$^{53}_{44}$tsei$^{21}$ŋ̍$^{21}$pʰu$^{53}$tsʰiəu$^{53}$si$^{21}$xek$^{3}$ li$^{0}$ .｜渠惹癞狗～哩一口。ci$^{13}$ ɲia$^{35}$tien$^{35}$kei$^{21}$ŋait$^{3}$ li$^{0}$ iet$^{3}$ xei$^{21}$. ②嚼；啃食：我个牙齿啊，箇早几年子都食东西还蛮煞呢，我长日去买兜箇个欸细豌子去～呢。锻炼牙齿，细豌子啊，箇个小豌豆呀欸去锻炼牙齿。以下也蛮久嬗锻炼哩，以下蛮多东西就～唔进哩，～唔烂哩。欸，以前我食鸡脚爬，骨头都冇得吐，下～嘿哩，下～烂哩。以下就箇个大滴子个骨头～唔进哩。ŋai$^{13}$kei$^{53}$ŋa$^{13}$tʂʰʅ$^{21}$za$^{0}$ ,kai$^{53}_{44}$tsau$^{21}$ ci$^{21}$ɲien$^{13}$tsɿ$^{0}$ təu$^{35}_{53}$ʂət$^{5}$ təŋ$^{35}_{44}$si$^{0}$ xai$^{13}_{21}$man$^{13}_{21}$sait$^{3}$ nei$^{0}$ ,ŋai$^{13}$tʂʰɔŋ$^{13}_{21}$ɲiet$^{3}$ çi$^{53}$mai$^{35}$tei$^{35}_{53}$kai$^{53}_{44}$ke$^{53}_{44}$e$_{21}$sei$^{53}$uan$^{35}$tsɿ$^{0}$ çi$^{53}$ ŋait$^{3}$ nei$^{0}$ .tən$^{53}$lien$^{53}$ŋa$^{13}$tʂʰʅ$^{21}$,sei$^{53}$uan$^{35}_{44}$tsɿ$^{0}$ a$^{0}$ ,kai$^{53}_{44}$ke$^{53}_{44}$siau$^{21}$uan$^{35}$tʰei$^{53}$ia$^{0}$ e$_{21}$çi$^{53}$tən$^{53}$lien$^{53}$ŋa$^{13}$tʂʰʅ$^{21}$.i$^{21}$xa$^{53}$ia$^{35}$

N

man$^{13}_{21}$ciəu$^{21}$maŋ$^{13}$tən$^{53}$lien$^{53}$li$^{0}$,i$^{21}$xa$^{53}$man$^{13}$to$^{35}_{44}$təŋ$^{35}_{44}$si$^{0}$ tsʰiəu$^{53}$ŋait$^{3}$ n̩$^{13}$tsin$^{53}$ni$^{0}$,ŋait$^{3}$ n̩$^{13}$nan$^{53}$ni$^{0}$.e$_{21}$,i$^{35}_{53}$tsʰien$^{13}_{21}$ŋai$^{13}_{21}$ʂət$^{5}$ cie$^{35}_{44}$ciɔk$^{3}$ pʰa$^{13}$,kuət$^{3}$ tʰei$^{13}_{21}$təu$^{35}_{53}$mau$^{13}_{21}$tek$^{3}$ tʰəu$^{21}$,xa$^{53}$ŋait$^{3}$ (x)ek$^{3}$ li$^{0}$,xa$^{53}$ŋait$^{3}$ lan$^{53}$ni$^{0}$.i$^{21}$xa$^{53}_{44}$tsʰiəu$^{53}_{44}$kai$^{53}_{44}$kei$^{53}_{44}$tʰai$^{53}$tiet$^{5}$ tsɿ$^{0}$ ke$^{0}$ kuət$^{3}$ tʰei$^{13}_{21}$ŋait$^{3}$ n̩$^{13}_{21}$tsin$^{53}_{44}$ni$^{0}$. ③蚊虫等用针形口器吸食：蚊家～人。mən$^{35}$ka$^{35}_{44}$ŋait$^{3}$ ɲin$^{13}$. ④蜈蚣等以体节第一对脚的毒爪抓住并射出毒液：蜈蚣虫～人。ŋ̍$^{13}_{21}$kəŋ$^{35}_{53}$tʂʰəŋ$^{13}$ŋait$^{3}$ ɲin$^{13}$. ⑤咬合：正好以咁子嘞～嘿箇肚里。tʂən$^{53}$xau$^{21}$i$^{21}$kan$^{21}$tsɿ$^{0}$ lei$^{0}$ ŋait$^{3}_{5}$(x)ek$^{3}$ kai$^{53}$təu$^{21}$li$^{0}$. ⑥寒气侵人：十二月天你打双赤脚到箇水肚里去踩下子看呐，箇水硬～人喏。ʂət$^{5}$ ɲi$^{53}$ɲiet$^{5}$ tʰien$^{35}_{44}$ni$^{13}_{21}$ta$^{21}$səŋ$^{35}_{53}$tʂʰak$^{3}$ ciɔk$^{3}$ tau$^{53}$kai$^{53}$ʂei$^{21}$təu$^{21}$li$^{0}$ çi$^{53}$tsʰai$^{21}$ia$^{53}$tsɿ$^{0}$ kʰɔn$^{53}_{44}$na$^{0}$,kai$^{53}$ʂei$^{21}$ɲiaŋ$^{53}$ŋait$^{3}$ ɲin$^{13}$no$_{53}$. ⑦指认；供认：打比样啊以前我等箇映子就碰过一只咁个路子啊，一只栏场呃发生哩盗窃事件，欸，就捉倒一只人，一番事审哩嘞，渠就分渠个同伙下～出来哩。ta$^{21}$pi$^{21}$iɔŋ$^{53}$ŋa$^{0}$ i$^{35}_{53}$tsʰien$^{13}_{21}$ŋai$^{13}_{21}$tien$^{0}$ kai$^{53}$iaŋ$^{53}$tsɿ$^{0}$ tsʰiəu$^{53}_{44}$pʰən$^{53}$ko$^{53}$iet$^{3}$ tʂak$^{3}$ kan$^{21}$ke$^{0}$ ləu$^{53}$tsɿ$^{0}$ a$^{0}$,iet$^{3}$ tʂak$^{3}$ lan$^{13}_{21}$tʂʰɔŋ$^{13}_{44}$ə$_{21}$fait$^{3}$ sien$^{35}_{44}$ni$^{0}$ tʰau$^{53}$tsʰiet$^{3}$ sɿ$^{53}_{44}$cʰien$^{53}_{44}$,e$_{21}$,tsiəu$^{53}$tsɔk$^{3}$ tau$^{21}$iet$^{3}$ tʂak$^{3}$ ɲin$^{13}$,iet$^{3}$ fɔn$^{35}_{44}$sɿ$^{53}_{44}$ʂən$^{21}$ni$^{0}$ lei$^{0}$,ci$^{13}_{21}$tsʰiəu$^{53}_{44}$pən$^{35}$ci$^{13}_{44}$ke$^{53}_{44}$tʰəŋ$^{13}$fo$^{21}$xa$^{53}$ŋait$^{3}$ tʂʰət$^{3}$ lɔi$^{13}$li$^{0}$.

【啮$_{2}$】ŋait$^{3}$ 名①缺损部位：（边搭缝）有只～咯。iəu$^{35}_{44}$tʂak$^{3}$ ŋait$^{3}$ ko$^{0}$. ②扁担两头离末端几厘米处砍削出的凹槽，用于防止所挑之物滑落：扁担冇～，两头蚀溻。 pien$^{21}$tan$^{53}$mau$^{13}$ŋait$^{3}$,iɔŋ$^{21}$tʰei$^{13}$ʂət$^{5}$ tʰait$^{3}$.

【啮$_{3}$】ŋait$^{5}$ 形吝啬；小气：打比箇阵我等生产队上一只出纳咯就真～呀。你爱渠拿兜子钱子买杆子笔，渠都够讨哩，讨渠个钱讨起唔得倒。嗯，渠个钱么公家个钱都比私人个都更～，同箇私人个样。安做割卵都唔出血。割卵都冇得血出来，硬真～。但是生产队上个出纳就爱咁子个人当。箇十分大方哩个就冇咁多来分渠败，会分渠搞净。渠硬生产队队长批哩个条子渠都到渠手里拿钱都系硬够搞哩凑。ta$^{21}$pi$^{21}$kai$^{53}$tʂʰən$^{53}$ŋai$^{13}_{21}$tien$^{0}$ sen$^{35}_{44}$tsʰan$^{21}_{44}$ti$^{53}$xɔŋ$^{53}$iet$^{3}$ tʂak$^{3}$ tʂʰət$^{5}$ lait$^{5}$ ko$^{0}$ tsʰiəu$^{53}_{44}$tʂən$^{35}$ŋait$^{5}$ ia$^{0}$. ɲi$^{13}$ɔi$^{53}$ci$^{13}_{44}$la$^{53}$təu$^{35}_{53}$tsɿ$^{0}$ tsʰien$^{13}$tsɿ$^{0}$ mai$^{35}$kɔn$^{21}$tsɿ$^{0}$ piet$^{3}$,ci$^{13}_{21}$təu$^{35}_{53}$ciei$^{53}$tʰau$^{21}$li$^{0}$, tʰau$^{21}$ci$^{13}_{44}$(k)e$^{53}$tsʰien$^{13}_{44}$tʰau$^{21}$çi$^{21}_{44}$n̩$^{13}_{21}$tek$^{3}$ tau$^{21}$.n̩$_{21}$,ci$^{13}$ke$^{53}$tsʰien$^{13}$me$^{0}$ kəŋ$^{35}$cia$^{35}_{44}$e$^{0}$ tsʰien$^{13}$təu$^{35}_{53}$pi$^{21}$sɿ$^{35}$uən$^{13}_{21}$ke$^{0}$ təu$^{35}$cien$^{53}_{44}$ŋait$^{5}$,tʰəŋ$^{13}$kai$^{53}_{44}$sɿ$^{35}$uən$^{13}_{21}$ke$^{53}_{44}$iɔŋ$^{53}_{44}$.ɔn$^{35}_{44}$tso$^{53}_{44}$kɔit$^{3}$ lɔn$^{21}$təu$^{35}_{53}$n̩$^{13}_{21}$tʂʰət$^{3}$ çiet$^{3}$.kɔit$^{3}$ lɔn$^{21}$təu$^{35}_{53}$mau$^{13}$tek$^{3}$ çiet$^{3}$ tʂʰət$^{3}$ lɔi$^{13}_{44}$, ɲiaŋ$^{53}$tʂən$^{35}$ŋait$^{5}$.tan$^{53}$ʂʅ$^{53}_{44}$sien$^{35}$tsʰan$^{21}$ti$^{53}$xɔŋ$^{53}$ke$^{0}$ tʂʰət$^{3}$ lait$^{5}$ tsʰiəu$^{53}$ɔi$^{53}$kan$^{21}$tsɿ$^{0}$ ke$^{53}$ɲin$^{13}_{21}$tɔŋ$^{35}$.kai$^{53}_{44}$ʂət$^{5}$ fən$^{35}_{44}$tʰai$^{53}$fɔŋ$^{35}$li$^{0}$ ke$^{0}$ tsʰiəu$^{53}_{44}$mau$^{13}$kan$^{21}$to$^{35}_{44}$lɔi$^{13}_{21}$pən$^{35}$ci$^{13}_{21}$pʰai$^{53}$,uɔi$^{53}_{44}$pən$^{35}$ci$^{13}_{21}$kau$^{21}$tsʰiaŋ$^{53}$.ci$^{13}_{21}$ɲiaŋ$^{53}$sen$^{35}$tsʰan$^{21}$ti$^{53}$ti$^{53}$tʂɔŋ$^{21}$pʰi$^{35}$li$^{0}$ ke$^{53}_{44}$tʰiau$^{13}_{44}$tsɿ$^{0}$ ci$^{13}_{21}$təu$^{35}_{53}$tau$^{53}$ci$^{13}_{21}$ʂəu$^{21}$li$^{0}$ la$^{53}$tsʰien$^{13}_{21}$təu$^{35}_{53}$xei$^{53}_{44}$ɲiaŋ$^{53}_{44}$kei$^{53}$kau$^{21}$li$^{0}$ tsʰe$^{0}$.



【啮朵】ŋait$^{3}$to$^{21}$ 名①缺损部位：边搭缝是渠映□有只～咯。pʰien$^{35}$tait$^{3}$ pʰəŋ$^{53}$ʂʅ$^{53}_{21}$ci$^{13}$iaŋ$^{53}_{44}$ɲie$_{44}$iəu$^{35}_{44}$tʂak$^{3}$ ŋait$^{3}$ to$^{21}$ko$^{0}$. ②扁担两头离末端几厘米处砍削出的凹槽，用于防止所挑之物滑落：舞只～唠。安做舞只～唠，箇扁担。扁担头上以映子，以映子，做只子……以咁舞只，本来是以映子泼正舞得去吵，以映子就锯滴子唠。箇头上隔咁远子个地方锯滴子，锯深下子唠。以向就削滴子唠。就现嘞现只子安做～。～，现滴子～。安做有只话法哟，“扁担冇啮，两头蚀溻”。扁担呢，如果以根扁担冇得～啊，你个绳子就会溜咁呐，系啊？会溜咁呐，会藉嘿边溜咁呢。安做“扁担冇啮，两头蚀溻”。u$^{21}$tʂak$^{3}$ ŋait$^{3}$ to$^{21}$ lau$^{0}$ .ɔn$^{35}_{44}$tso$^{53}_{44}$u$^{21}$tʂak$^{3}$ ŋait$^{3}$ to$^{21}$ lau$^{0}$,kai$^{53}_{44}$pien$^{21}$tan$^{53}_{44}$.pien$^{21}$tan$^{53}$tʰei$^{13}$xɔŋ$^{53}$i$^{21}$iaŋ$^{53}$tsɿ$^{0}$,i$^{21}$iaŋ$^{53}$tsɿ$^{0}$,tso$^{53}$tʂak$^{3}$ tsɿ$^{0}$ …i$^{21}$kan$^{21}_{44}$u$^{21}$tʂak$^{3}$,pən$^{21}$nɔi$^{13}$ʂʅ$^{53}_{44}$i$^{21}$iaŋ$^{53}_{44}$tsɿ$^{0}$ pʰait$^{5}$ tʂaŋ$^{53}_{44}$u$^{21}$tek$^{3}$ çi$^{53}$ʂa$^{0}$,iaŋ$_{35}$(←i$^{21}$iaŋ$^{53}$)tsɿ$^{0}$ tsʰiəu$^{53}_{44}$cie$^{53}$tiet$^{5}$ tsɿ$^{0}$ lau$^{0}$.kai$^{53}_{44}$tʰei$^{13}$xɔŋ$^{53}_{44}$kak$^{3}$ kan$^{21}$ien$^{21}$tsɿ$^{0}$ ke$^{53}_{44}$tʰi$^{53}$fɔŋ$^{35}_{44}$cie$^{53}$tiet$^{5}$ tsɿ$^{0}$,cie$^{53}$tʂʰən$^{35}$na$_{44}$(←xa$^{53}$)tsɿ$^{0}$ lau$^{0}$.i$^{21}$çiɔŋ$^{53}_{44}$tsʰiəu$^{53}_{44}$siɔk$^{3}$ tiet$^{5}$ tsɿ$^{0}$ lau$^{0}$.tsiəu$^{53}_{44}$çien$^{53}$ne$^{0}$ çien$^{53}$tʂak$^{3}$ tsɿ$^{0}$ ɔn$^{35}_{44}$tso$^{53}_{44}$ŋait$^{3}$ to$^{21}$.ŋait$^{3}$ to$^{21}$,çien$^{53}$tiet$^{5}$ tsɿ$^{0}$ ŋait$^{3}$ to$^{21}$.ɔn$^{35}$tso$^{53}_{44}$iəu$^{35}$tʂak$^{3}$ ua$^{53}$fait$^{3}$ iau$^{0}$,"pien$^{21}$tan$^{53}$mau$^{13}$ŋait$^{3}$,iɔŋ$^{21}$tʰei$^{13}$ʂət$^{5}$ tʰait$^{3}$".pien$^{21}$tan$^{53}$ne$^{0}$,y$^{13}$ko$^{21}$i$^{21}_{44}$kən$^{35}_{44}$pien$^{21}$tan$^{53}$mau$^{13}$tek$^{3}$ ŋait$^{3}$ to$^{21}$a$^{0}$, ɲi$^{13}$ke$^{53}_{44}$ʂən$^{13}$tsɿ$^{0}$ tsʰiəu$^{53}_{44}$uɔi$^{53}_{44}$liəu$^{53}$kan$^{21}$na$^{0}$,xei$^{53}_{44}$a$^{0}$ ?uɔi$^{53}_{44}$liəu$^{53}$kan$^{21}$na$^{0}$,uɔi$^{53}_{44}$tʂa$^{53}_{44}$xek$^{3}$ pien$^{35}_{44}$liəu$^{53}$kan$^{21}$ne$^{0}$.ɔn$^{35}_{44}$tso$^{53}_{44}$"pien$^{21}$tan$^{53}$mau$^{13}$ŋait$^{3}$,iɔŋ$^{21}$tʰei$^{13}$ʂət$^{3}$ tʰait$^{3}$".

【埕】ɲiait$^{3}$ 名很小的山间平地：～系让门个地方呢？就小块个平地呢，比窝托子都还更细个平地。窝中间个。ɲiait$^{3}$ xei$^{53}_{44}$ɲiɔŋ$^{53}_{44}$mən$^{0}$ ke$^{53}_{44}$tʰi$^{53}_{44}$fɔŋ$^{35}_{44}$ne$^{0}$ ?tsʰiəu$^{53}$siau$^{21}$kʰuai$^{53}_{44}$ke$^{53}_{44}$pʰiaŋ$^{13}$tʰi$^{53}$nei$^{0}$,pi$^{21}$uo$^{35}$tʰɔk$^{3}$ tsɿ$^{0}$ təu$^{35}_{44}$xai$^{13}$ken$^{53}_{44}$se$^{53}$ke$^{53}_{44}$pʰiaŋ$^{13}$tʰi$^{53}$.uo$^{35}$tʂəŋ$^{35}_{44}$kan$^{35}_{44}$ke$^{53}_{44}$. | 猴子～xei$^{13}$tsɿ$^{0}$ ɲiait$^{3}$ 地名

【牛】ɲiəu$^{13}$ 名反刍类哺乳动物，趾端有蹄，头上长一对角，力量很大，能耕田拉车：～耕田，马食谷。ɲiəu$^{13}$cien$^{35}_{44}$tʰien$^{13}_{21}$,ma$^{35}$ʂət$^{5}$ kuk$^{3}$.喻指不公平的事实

【牛百叶】ɲiəu$^{13}$pak$^{3}$iait$^{5}$ 名牛的百叶肚：我只晓得～。ŋai$^{13}$tʂʅ$^{21}_{44}$çiau$^{21}$tek$^{3}$ɲiəu$^{13}$pak$^{3}$iait$^{5}$.

【牛鼻柱】ɲiəu$^{13}$pʰi$^{53}$tʂʰəu$^{35}$ 名穿过牛鼻的竹条，桊：～嘞就牛子个鼻公嘞嗯牛子还赠长大个时候子就爱穿鼻公，系唔系？穿嘿鼻公就穿只眼，穿只眼呢就舞条咁个东西呢，舞条篾箕做个

嘞闩下去。闩下去嘞，以头缔稳，舞条子苎麻绳子啊，箇要系苎麻绳子，莫用棕绳，棕绳就□人呐，系啊？以头缔稳，走渠擐下以向去，一□下转，绷稳走个。以只就安做～子。就系只闩子嘞走渠鼻公眼里闩下过嘞。ɲiəu$^{13}$p$^{h}$i$^{53}$tʂ$^{h}$əu$^{35}$lei$^{0}$ ts$^{h}$iəu$^{53}$ɲiəu$^{13}$tsɿ$^{0}$ ke$^{0}$ p$^{h}$i$^{53}$kəŋ$^{35}_{44}$lei$^{0}$ n̩$_{21}$ɲiəu$^{13}$tsɿ$^{0}$ xai$^{13}_{21}$maŋ$^{13}_{44}$tʂəŋ$^{21}$t$^{h}$ai$^{53}$ke$^{53}$ʂɿ$^{13}_{44}$xəu$^{53}_{44}$tsɿ$^{0}$ ts$^{h}$iəu$^{53}_{21}$ɔi$^{53}$tʂ$^{h}$uən$^{53}$p$^{h}$i$^{53}$kəŋ$^{35}_{44}$,xei$^{53}_{44}$me$^{53}_{44}$?tʂ$^{h}$uən$^{53}$nek$^{3}$ p$^{h}$i$^{53}$kəŋ$^{35}_{44}$ts$^{h}$iəu$^{53}_{44}$ tʂ$^{h}$uən$^{53}$tʂak$^{3}$ ŋan$^{21}$,tʂ$^{h}$uən$^{53}$tʂak$^{3}$ ŋan$^{21}$nei$^{0}$ ts$^{h}$iəu$^{53}$u$^{21}$t$^{h}$iau$^{13}_{21}$kan$^{21}$ke$^{53}_{44}$təŋ$^{35}_{44}$si$^{0}$ nei$^{0}$ ,u$^{21}$t$^{h}$iau$^{13}_{21}$miet$^{5}$ sak$^{3}$ tso$^{53}$ke$^{53}$ lei$^{0}$ ts$^{h}$uən$^{35}$na$^{53}_{44}$çi$^{53}$.ts$^{h}$uən$^{35}$na$^{53}_{44}$çi$^{53}_{44}$lei$^{0}$ ,i$^{21}$t$^{h}$ei$^{13}$t$^{h}$ak$^{3}$ uən$^{21}$,u$^{21}$t$^{h}$iau$^{13}$tsɿ$^{0}$ tʂ$^{h}$əu$^{35}$ma$^{13}_{21}$ʂən$^{13}$tsɿ$^{0}$ a$^{0}$ ,kai$^{53}$iau$^{53}$ue$^{53}_{44}$ tʂ$^{h}$əu$^{35}$ma$^{13}_{21}$ʂən$^{13}$tsɿ$^{0}$ ,mɔk$^{5}$ iəŋ$^{53}$tsəŋ$^{35}$ʂən$^{13}_{21}$,tsəŋ$^{35}$ʂən$^{13}_{21}$ts$^{h}$iəu$^{53}_{44}$c$^{h}$iet$^{5}$ɲin$^{13}$na$^{0}$ ,xei$^{53}$a$^{0}$ ?i$^{21}$t$^{h}$ei$^{13}_{44}$t$^{h}$ak$^{3}$ uən$^{21}$,tsei$^{21}$ci$^{13}_{44}$ k$^{h}$uan$^{53}$na$^{53}_{44}$i$^{21}$çiɔŋ$^{53}_{44}$çi$^{53}$,iet$^{3}$ k$^{h}$au$^{35}$ua$^{53}$tʂuən$^{21}$,paŋ$^{35}$uən$^{21}$tsei$^{21}$cie$^{0}$ .i$^{21}$tʂak$^{3}$ ts$^{h}$iəu$^{53}$ɔn$^{35}_{53}$tso$^{53}$ɲiəu$^{13}$p$^{h}$i$^{53}$tʂ$^{h}$əu$^{35}$tsɿ$^{0}$. ts$^{h}$iəu$^{53}$xei$^{53}$tʂak$^{3}$ ts$^{h}$uən$^{35}$tsɿ$^{0}$ lei$^{0}$ tsei$^{21}$ci$^{13}_{44}$p$^{h}$i$^{53}$kəŋ$^{35}_{53}$ŋan$^{21}$ni$^{0}$ ts$^{h}$uən$^{35}$na$^{53}_{44}$ko$^{53}$le$^{0}$ .

**【牛鞭子】** ɲiəu$^{13}$pien$^{35}$tsɿ$^{0}$ 名赶牛用的竹子枝条：箇起啊，喊……打牛个嘞安做牛……喊哩喊哩喊～。赶牛个～啊。kai$^{53}$çia$_{44}$(←çi$^{21}$a$^{0}$ ),xan$^{53}$…ta$^{21}$ɲiəu$^{13}$ke$^{53}_{44}$lei$^{0}$ ɔn$^{35}_{44}$tso$^{53}_{44}$ɲiəu$^{13}$…xan$^{53}_{21}$li$^{0}$ xan$^{53}_{21}$li$^{0}$ xan$^{53}_{44}$ɲiəu$^{13}$pien$^{35}$tsɿ$^{0}$ .kɔn$^{21}$ɲiəu$^{13}$ke$^{53}_{44}$ɲiəu$^{13}$pien$^{35}$tsa$^{0}$ .

**【牛草】** ɲiəu$^{13}$ts$^{h}$au$^{21}$ 名牛吃的草料：割～ kɔit$^{3}$ɲiəu$^{13}$ts$^{h}$au$^{21}$

**【牛轭】** ɲiəu$^{13}$ak$^{3}$ 名耕地时套在牛颈上的曲木，是牛犁地时的重要农具：箇只～侧边呐有只圆……竹圈子啊，穿牛绳个啊。kai$^{53}$tʂak$^{3}$ɲiəu$^{13}$ak$^{3}$ tsek$^{3}$ pien$^{35}$na$^{0}$ iəu$^{35}_{44}$tʂak$^{3}$ ien$^{13}$…tʂəuk$^{3}$ c$^{h}$ien$^{35}$ tsa$^{0}$ ,tʂ$^{h}$ɔn$^{53}$ɲiəu$^{13}$ʂən$^{13}_{44}$ke$^{53}_{44}$a$^{0}$ .

**【牛饭】** ɲiəu$^{13}$fan$^{53}$ 名春耕期间给牛吃的拌了盐的夹生饭：欸，我等箇映箇阵子搞集体是春天牛子做工夫了是爱食好滴子啦。爱送～呐，牛子爱食饭呐。欸，牛子食饭让门子嘞？就舞兜米呢，一炆炆下倒嘞。炆倒咁个么么箑箑子个饭呢，唔系么个人家屋下蒸个饭呐，放兜子盐去嘞，菜就唔爱。么么箑箑箇饭，品兜子盐，就咁子分渠食啦，放下牛食盆肚里。e$_{44}$,ŋai$^{13}$ tien$^{0}$ kai$^{53}$iaŋ$^{53}_{44}$kai$^{53}$tʂ$^{h}$ən$^{53}$tsɿ$^{0}$ kau$^{21}$ts$^{h}$iet$^{5}$ t$^{h}$i$^{21}$ʂɿ$^{53}_{44}$tʂ$^{h}$ən$^{35}$t$^{h}$ien$^{35}_{44}$ɲiəu$^{13}$tsɿ$^{0}$ tso$^{53}$kəŋ$^{35}$fu$^{35}_{44}$liau$^{21}$ʂɿ$^{53}_{21}$ɔi$^{53}$ʂət$^{5}$ xau$^{21}$tiet$^{5}$ tsɿ$^{0}$ la$^{0}$ .ɔi$^{53}$səŋ$^{53}$ɲiəu$^{13}$fan$^{53}$na$^{0}$ , ɲiəu$^{13}$tsɿ$^{0}$ ɔi$^{53}_{44}$ʂət$^{5}$ fan$^{53}$na$^{0}$ .ei$_{21}$, ɲiəu$^{13}$tsɿ$^{0}$ ʂət$^{5}$ fan$^{53}$ɲiɔŋ$^{53}_{44}$mən$^{13}_{44}$tsɿ$^{0}$ lei$^{0}$ ?ts$^{h}$iəu$^{53}$ u$^{21}$təu$^{35}_{44}$mi$^{21}$nei$^{0}$ ,iet$^{3}$ uən$^{13}$uən$^{13}$na$^{53}$tau$^{21}$lei$^{0}$ .uən$^{13}$tau$^{21}$kan$^{21}$ke$^{53}$mak$^{3}$ mak$^{3}$ sak$^{3}$ sak$^{3}$ tsɿ$^{0}$ ke$^{53}_{44}$fan$^{53}$nei$^{0}$ ,m̩$^{13}$ p$^{h}$ei$^{53}$mak$^{3}$ e$^{0}$ ɲin$^{13}$ka$^{35}_{53}$uk$^{3}$ xa$^{53}$tʂən$^{35}$cie$^{53}$fan$^{53}$na$^{0}$ ,fəŋ$^{53}$təu$^{35}_{53}$tsɿ$^{0}$ ian$^{13}$çi$^{53}$lei$^{0}$ ,ts$^{h}$ɔi$^{53}$ts$^{h}$iəu$^{53}_{44}$m̩$^{13}_{21}$mɔi$^{53}$.mak$^{3}$ mak$^{3}$ sak$^{3}$ sak$^{3}$ ke$^{53}$fan$^{53}$,p$^{h}$in$^{21}$te$^{35}_{53}$tsɿ$^{0}$ ian$^{13}$,ts$^{h}$iəu$^{53}$kan$^{21}$tsɿ$^{0}$ pən$^{35}_{44}$ci$^{13}_{44}$ʂət$^{5}$ la$^{0}$ ,fəŋ$^{53}$xa$^{53}$ɲiəu$^{13}_{21}$ʂət$^{5}$ p$^{h}$ən$^{13}_{21}$təu$^{21}$li$^{0}$ .

**【牛贩子】** ɲiəu$^{13}$fan$^{53}$tsɿ$^{0}$ 名以买卖牛作为职业的人：如今箇个～买牛哇，渠就喜欢买黄牛牯子。i$^{13}_{21}$cin$^{35}_{53}$kai$^{53}_{44}$ke$^{53}_{44}$ɲiəu$^{13}$fan$^{53}$tsɿ$^{0}$ mai$^{35}_{44}$ɲiəu$^{13}$ua$^{0}$ ,ci$^{13}$ts$^{h}$iəu$^{53}$çi$^{21}$fɔn$^{35}_{44}$mai$^{35}$uɔŋ$^{13}$ɲiəu$^{13}_{44}$ku$^{21}$tsɿ$^{0}$ .

**【牛粪】** ɲiəu$^{13}$pən$^{53}$ 名用牛屎等做成的粪肥：～就牛屎掺箇个草放下箇栏里沤倒个，箇个就安做～。～不完全就系牛屎。牛栏肚里是除嘿欸渠长日爱睡嘞，系唔系？牛子爱睡，就爱放兜燶草去，但牛子又冇捡点个东西，渠又到处屙屎，欸你屙哩屎嘞你就爱箇个又爱垫兜秆去。欸，屎掺秆，牛尿，搞做一坨，箇起嘞搞哩蛮久子你爱出牛栏，爱分箇个牛屎掺草嘞调嘿去，堆做一下，经过沤制，箇个～唔知几好。ɲiəu$^{13}$pən$^{53}$ts$^{h}$iəu$^{53}$ɲiəu$^{13}$ʂɿ$^{21}$lau$^{35}$kai$^{53}$ke$^{53}_{44}$ts$^{h}$au$^{21}$fəŋ$^{53}$xa$^{53}$ kai$^{53}$lan$^{13}$ni$^{21}$ei$^{53}$tau$^{21}$ke$^{53}$,kai$^{53}_{44}$ke$^{53}_{44}$tsiəu$^{53}_{44}$ɔn$^{35}_{44}$tso$^{53}_{44}$ɲiəu$^{13}$pən$^{53}$. ɲiəu$^{13}$pən$^{53}$pət$^{3}$ xɔn$^{13}$ts$^{h}$ien$^{13}_{44}$ts$^{h}$iəu$^{53}$xe$^{53}$ɲiəu$^{13}$ʂɿ$^{21}$. ɲiəu$^{13}$lan$^{13}_{44}$təu$^{21}$li$^{0}$ ʂɿ$^{53}_{44}$tʂ$^{h}$əu$^{13}$xek$^{3}$ ei$_{21}$ci$^{13}_{44}$tʂ$^{h}$əŋ$^{13}$ɲiet$^{3}$ ɔi$^{53}_{44}$ʂɔi$^{53}$lei$^{0}$ ,xei$^{53}$me$^{53}$?ɲiəu$^{13}$tsɿ$^{0}$ ɔi$^{53}_{44}$ʂɔi$^{53}$,ts$^{h}$iəu$^{53}_{44}$ɔi$^{53}_{44}$fəŋ$^{53}$ te$^{35}_{53}$tsau$^{35}$ts$^{h}$au$^{21}$çi$^{53}$,tan$^{53}$ɲiəu$^{13}$tsɿ$^{0}$ iəu$^{53}$mau$^{13}$cian$^{21}$tian$^{21}$ke$^{53}_{44}$təŋ$^{35}_{44}$si$^{0}$ ,ci$^{13}_{21}$iəu$^{53}$tau$^{53}$tʂ$^{h}$əu$^{53}$o$^{35}$ʂɿ$^{21}$,e$_{21}$ɲi$^{13}_{21}$o$^{35}$li$^{0}$ ʂɿ$^{21}$ lei$^{0}$ɲi$^{13}_{21}$ts$^{h}$iəu$^{53}$ɔi$^{53}_{44}$kai$^{53}_{44}$ke$^{53}_{44}$iəu$^{53}$ɔi$^{53}_{44}$t$^{h}$ian$^{53}_{44}$tei$^{35}_{53}$kɔn$^{21}$çi$^{53}$.e$_{21}$,ʂɿ$^{21}$lau$^{35}$kɔn$^{21}$, ɲiəu$^{13}$ɲiau$^{53}$,kau$^{21}$tso$^{53}$(i)et$^{3}$ t$^{h}$o$^{13}$,kai$^{53}_{44}$ çi$^{21}$lei$^{0}$ kau$^{21}$li$^{0}$ man$^{13}_{21}$ciəu$^{21}$tsɿ$^{0}$ ɲi$^{13}_{21}$ɔi$^{53}$tʂ$^{h}$ət$^{3}$ ɲiəu$^{13}$lan$^{13}$,ɔi$^{53}_{44}$pən$^{35}$kai$^{53}_{44}$ke$^{53}_{44}$ɲiəu$^{13}$ʂɿ$^{21}$lau$^{35}_{44}$ts$^{h}$au$^{21}$lei$^{0}$ tiau$^{53}$xek$^{3}$ çi$^{53}$,tei$^{35}$tso$^{53}$iet$^{3}$ xa$^{53}$,cin$^{35}$ko$^{53}_{44}$ei$^{53}$tʂɿ$^{53}$,kai$^{53}$ke$^{53}$ɲiəu$^{13}$pən$^{53}$n̩$^{13}$ti$^{35}_{53}$ci$^{21}$xau$^{21}$.

**【牛骨粉】** ɲiəu$^{13}$kuət$^{3}$ fən$^{21}$ 名牛骨磨成的粉末。又称"牛骨头粉"：嗯，陈老师，箇～呢，欸，做肥料嘞渠是咁子个。先一烧，又安做暗，暗骨头粉。欸，就暗炭子样咁子暗，隔绝空气呀。欸，暗哩以后嘞，就放倒碓去踏。踏成粉。欸，踏成粉，因为～是十分少，骨……牛骨头粉是十分少，欸，也有滴子肥，所以栽禾就只好让门子搞嘞？只好栽禾个时候子，箇禾秧个蔸上，蘸滴子骨头粉去。n̩$_{21}$,tʂ$^{h}$ən$^{13}$lau$^{13}_{21}$sɿ$^{35}_{44}$,kai$^{53}_{44}$ɲiəu$^{13}$kuət$^{3}$ fən$^{21}$nei$^{0}$ ,e$_{21}$,tso$^{53}$fei$^{13}$liau$^{53}_{44}$lei$^{0}$ ci$^{13}_{21}$ʂɿ$^{53}_{44}$kan$^{21}$tsɿ$^{0}$ ke$^{53}_{44}$.sien$^{35}$iet$^{3}$ ʂau$^{35}$,iəu$^{53}_{44}$ɔn$^{35}_{44}$tso$^{53}_{44}$an$^{53}$,an$^{53}$kuət$^{3}$ t$^{h}$ei$^{13}$fən$^{21}$.e$_{21}$,ts$^{h}$iəu$^{53}_{44}$an$^{53}$t$^{h}$an$^{53}$tsɿ$^{0}$ iɔŋ$^{53}_{44}$kan$^{21}$tsɿ$^{0}$ an$^{53}$,kak$^{3}$ ts$^{h}$iet$^{5}$ k$^{h}$əŋ$^{35}$çi$^{53}_{44}$ia$^{0}$ .e$_{21}$,an$^{53}$ni$^{0}$ i$^{35}$xei$^{53}_{44}$lei$^{0}$ ,ts$^{h}$iəu$^{53}_{44}$fəŋ$^{53}$tau$^{21}$tɔi$^{53}$çi$^{53}_{21}$t$^{h}$ait$^{5}$ .t$^{h}$ait$^{5}$ ʂaŋ$^{13}_{21}$fən$^{21}$.e$_{21}$,t$^{h}$ait$^{5}$ ʂaŋ$^{13}_{44}$fən$^{21}$,in$^{35}$ uei$^{53}_{44}$ɲiəu$^{13}$kuət$^{3}$ fən$^{21}$ʂɿ$^{53}_{21}$ʂət$^{5}$ fən$^{35}_{53}$ʂau$^{21}$,kuət$^{3}$ …ɲiəu$^{13}$kuət$^{3}$ t$^{h}$ei$^{13}$fən$^{21}$ʂɿ$^{53}_{21}$ʂət$^{5}$ fən$^{35}_{53}$ʂau$^{21}$,e$_{21}$,ia$^{35}$iəu$^{35}$tiet$^{5}$ tsɿ$^{0}$ p$^{h}$i$^{13}$,so$^{21}$i$^{35}_{44}$tsɔi$^{35}$uo$^{13}$ts$^{h}$iəu$^{53}_{44}$tʂɿ$^{21}$xau$^{21}$ɲiɔŋ$^{53}_{44}$mən$^{0}$ tsɿ$^{0}$ kau$^{21}$lei$^{0}$ ?tʂɿ$^{21}$xau$^{21}$tsɔi$^{35}$uo$^{13}$ke$^{53}$ʂɿ$^{13}$xei$^{53}$tsɿ$^{0}$ ,kai$^{53}$uo$^{13}$iɔŋ$^{35}$ ke$^{53}_{44}$tei$^{35}$xəŋ$^{53}$,tsian$^{21}$tiet$^{5}$ tsɿ$^{0}$ kut$^{3}$ t$^{h}$ei$^{13}$fən$^{21}$çi$^{53}$.

N

【牛牯】ɲiəu$^{13}$ku$^{21}$ 名公牛：箇～会斗人呢。kai$^{53}_{44}$ɲiəu$^{13}$ku$^{21}$uɔi$^{53}$tei$^{53}$ɲin$^{13}$ne$^{0}$.

【牛牯蜂】ɲiəu$^{13}$ku$^{21}$fəŋ$^{35}$ 名一种野蜂，体大脚长，黄褐色：呃，去岭上做事个时候子就爱小心莫惹倒哩～啊，惹倒哩～欸你就会分渠叼倒啦。惹倒哩～嘞你就爱想办法，你就即即哩跍下去，莫动。你跑就跑渠唔赢啦。渠会飞啦，你就跑渠唔赢啊。渠顺倒箇线风来，欸，你跑就有风吵。ə$_{21}$,çi$^{53}$liaŋ$^{35}$xɔŋ$^{53}_{44}$tso$^{53}_{44}$sɿ$^{53}$ke$^{53}_{44}$ʂʅ$^{13}_{44}$xei$^{53}_{44}$tsɿ$^{0}$ ts$^{h}$iəu$^{53}_{44}$ɔi$^{53}_{44}$siau$^{21}$sin$^{35}_{44}$mɔk$^{5}$ɲia$^{35}$tau$^{21}$li$^{0}$ɲiəu$^{13}$ku$^{21}$fəŋ$^{35}_{44}$ŋa$^{0}$, ɲia$^{35}$tau$^{21}$li$^{0}$ɲiəu$^{13}$ku$^{21}$fəŋ$^{35}$ŋe$^{0}$ɲi$^{13}_{21}$ts$^{h}$iəu$^{53}$uɔi$^{35}$pən$^{35}_{44}$ci$^{13}_{21}$tiau$^{35}_{44}$tau$^{21}$la$^{0}$. ɲia$^{35}$tau$^{21}$li$^{0}$ɲiəu$^{13}_{21}$ku$^{21}$fəŋ$^{35}$lei$^{0}$ɲi$^{13}_{21}$ts$^{h}$iəu$^{53}_{44}$ɔi$^{53}_{44}$siɔŋ$^{21}$p$^{h}$an$^{53}$fait$^{3}$, ɲi$^{13}_{21}$ts$^{h}$iəu$^{53}_{44}$tset$^{5}$ tset$^{5}$ li$^{0}$ ku$^{35}_{44}$xa$^{53}_{44}$c$^{h}$i$^{53}_{44}$,mɔk$^{5}$ t$^{h}$əŋ$^{35}$. ɲi$^{13}$p$^{h}$au$^{21}$ts$^{h}$iəu$^{53}$p$^{h}$au$^{21}$ci$^{13}_{21}$n̩$^{13}_{44}$iaŋ$^{13}_{44}$la$^{0}$ .ci$^{13}_{21}$uɔi$^{53}_{44}$fei$^{35}$la$^{0}$, ɲi$^{13}$ts$^{h}$iəu$^{53}$p$^{h}$au$^{21}$ci$^{13}_{44}$n̩$^{13}_{44}$iaŋ$^{13}_{44}$a$^{0}$ .ci$^{13}_{21}$ʂən$^{53}$tau$^{21}$kai$^{53}$sen$^{53}$fəŋ$^{35}$lɔi$^{13}_{21}$,e$_{21}$, ɲi$^{13}_{21}$iet$^{3}$ p$^{h}$au$^{21}$ts$^{h}$iəu$^{53}$iəu$^{35}_{53}$fəŋ$^{35}$ʂa$^{0}$.

【牛角】ɲiəu$^{13}$kɔk$^{3}$ 名牛的角，也指用其做成的号角：吹～ tʂ$^{h}$ei$^{35}$ɲiəu$^{13}$kɔk$^{3}$

【牛角辣椒】ɲiəu$^{13}$kɔk$^{3}$lait$^{5}$tsiau$^{35}$ 名一种辣椒，体长肉厚：～滮大一只个，□长啊。ɲiəu$^{13}$kɔk$^{3}$ lait$^{5}$tsiau$^{35}_{44}$mən$^{35}$t$^{h}$ai$^{53}_{44}$iet$^{3}$tʂak$^{3}$ke$^{53}$,lai$^{35}$tʂ$^{h}$ɔŋ$^{13}_{21}$ŋa$^{0}$.｜唔大，～也唔大。因为渠肉厚呀。n̩$^{13}$t$^{h}$ai$^{53}$. ɲiəu$^{13}$ kɔk$^{3}$lait$^{5}$tsiau$^{35}_{44}$ia$^{35}_{44}$n̩$^{13}_{21}$t$^{h}$ai$^{53}$.in$^{35}$uei$^{53}_{44}$ci$^{13}_{44}$ɲiəuk$^{3}$xei$^{35}$ia$^{0}$.

【牛筋】ɲiəu$^{13}$cin$^{35}$ 名牛身上的韧带，富有韧劲：剭牛就身上就有～呐。～是揪古牵韧个东西。箇个呢本来是羽毛球拍子就爱用～来挣呢，如今有几多只用～个唠，还<u>唔系</u>要搞倒箇个咁个欸塑料绳子就咁子去挣呢。箇如果真正用～挣个羽毛球拍子箇就经得打。欸，～就系真韧个东西。tʂ$^{h}$ʅ$^{13}_{21}$ɲiəu$^{13}$ts$^{h}$iəu$^{53}_{44}$ʂən$^{35}_{44}$xɔŋ$^{53}_{44}$ts$^{h}$iəu$^{53}_{44}$iəu$^{35}_{44}$ɲiəu$^{13}$cin$^{35}_{44}$na$^{0}$ . ɲiəu$^{13}$cin$^{35}_{44}$ʂʅ$^{53}$tsiəu$^{35}$ku$^{21}$tait$^{5}$ɲin$^{53}_{44}$ke$^{0}$ təŋ$^{35}_{44}$si$^{0}$ .kai$^{53}$ke$^{53}$nei$^{0}$ pən$^{21}$nɔi$^{13}$ʂʅ$^{53}_{44}$ɥ$^{21}$mau$^{35}_{53}$c$^{h}$iəu$^{13}$p$^{h}$ak$^{3}$ tsɿ$^{0}$ ts$^{h}$iəu$^{53}$ɔi$^{53}$iəŋ$^{53}$ɲiəu$^{13}$cin$^{35}_{44}$lɔi$^{13}$tsien$^{53}$nei$^{0}$ ,i$^{13}_{21}$cin$^{35}_{44}$iəu$^{35}_{53}$ ci$^{21}$to$^{35}$tʂak$^{3}$ iəŋ$^{53}$ɲiəu$^{13}$cin$^{35}$ke$^{53}$lau$^{0}$ ,xai$^{13}_{44}$me$^{13}_{44}$iau$^{53}_{44}$kau$^{21}$tau$^{21}$kai$^{53}$ke$^{53}$kan$^{21}$kei$^{53}$e$_{21}$sɔk$^{3}$ liau$^{53}$ʂən$^{13}$tsɿ$^{0}$ ts$^{h}$iəu$^{53}$ kan$^{21}$tsɿ$^{0}$ çi$^{53}$tsen$^{53}_{21}$ne$^{0}$ .kai$^{53}_{44}$ɥ$^{13}$ko$^{21}$tʂən$^{35}$tʂən$^{53}$iəŋ$^{53}$ɲiəu$^{13}$cin$^{35}_{44}$tsen$^{53}$ke$^{53}_{44}$ɥ$^{21}$mau$^{35}$c$^{h}$iəu$^{13}_{21}$p$^{h}$ak$^{3}$ tsɿ$^{0}$ kai$^{53}$ts$^{h}$iəu$^{53}_{44}$ cin$^{35}_{44}$tek$^{3}$ ta$^{21}$.e$_{21}$, ɲiəu$^{13}$cin$^{35}_{44}$ts$^{h}$iəu$^{53}_{44}$xe$^{53}_{44}$tʂən$^{35}$ɲin$^{53}$ke$^{53}_{44}$təŋ$^{35}_{44}$si$^{0}$.

【牛筋糖】ɲiəu$^{13}$cin$^{35}_{44}$t$^{h}$ɔŋ$^{13}$ 名一道由麦芽糖、芝麻等食材制成的小食，富有弹性：有起糖子安做～，嗯，经得嚼。iəu$^{35}$çi$^{21}$t$^{h}$ɔŋ$^{13}$tsɿ$^{0}$ ɔn$^{35}_{44}$tso$^{53}_{44}$ɲiəu$^{13}$cin$^{35}_{44}$t$^{h}$ɔŋ$^{13}$,n̩$_{21}$,cin$^{35}$tek$^{3}$ tsiɔk$^{3}$.

【牛栏】ɲiəu$^{13}$lan$^{13}$ 名牛圈：（矸）一般就放下～楼上唠。iet$^{3}$ pɔn$^{35}$ts$^{h}$iəu$^{53}$fɔŋ$^{53}_{44}$xa$^{53}_{44}$ɲiəu$^{13}$lan$^{13}$lei$^{13}$ xɔŋ$^{53}_{44}$lau$^{0}$.

【牛栏间】ɲiəu$^{13}$lan$^{13}$kan$^{35}$ 名牛圈：～呶。一般就放下……放矸吵？欸，牛栏欸箇个唠。一般就放下牛栏楼上唠。～个楼上放倒，欸，矸就来放倒唠。也就分牛食。ɲiəu$^{13}$lan$^{13}_{21}$kan$^{35}_{44}$ nau$^{0}$ .iet$^{3}$ pɔn$^{35}$ts$^{h}$iəu$^{53}$fɔŋ$^{53}_{44}$xa$^{53}_{44}$…fɔŋ$^{53}$kɔn$^{21}$ʂa$^{0}$ ?e$_{21}$. ɲiəu$^{13}$lan$^{13}$e$_{21}$kai$^{53}$ke$^{53}_{44}$lau$^{0}$ .iet$^{3}$ pɔn$^{35}$ts$^{h}$iəu$^{53}$fɔŋ$^{53}_{44}$xa$^{53}_{44}$ɲiəu$^{13}$ lan$^{13}$lei$^{13}$xɔŋ$^{53}_{44}$lau$^{0}$ . ɲiəu$^{13}$lan$^{13}$kan$^{35}_{44}$ke$^{5}$lei$^{13}$xɔŋ$^{53}_{44}$fɔŋ$^{53}_{44}$tau$^{21}$,e$_{21}$,kɔn$^{21}$ts$^{h}$iəu$^{53}$lɔi$^{13}_{21}$fɔŋ$^{53}$tau$^{21}$lau$^{0}$ .ie$^{21}_{35}$tsiəu$^{53}$pən$^{35}$ ɲiəu$^{13}$ʂət$^{5}$.

【牛栏下】ɲieu$^{13}$lan$^{13}$xa$^{35}$ 名牛圈：贴嘿箇个畜头牲个栏场。打比猪栏下，～，羊栏下，猪栏，牛栏，羊栏，欸。t$^{h}$iait$^{3}$(x)ek$^{3}$kai$^{53}_{44}$ke$^{53}_{44}$çiəuk$^{3}$t$^{h}$ei$^{13}$saŋ$^{35}_{44}$ke$^{53}_{44}$laŋ$^{13}$tʂ$^{h}$ɔŋ$^{13}$.ta$^{21}$pi$^{21}_{44}$tʂəu$^{35}$lan$^{13}_{21}$xa$^{35}$, ɲiəu$^{13}$lan$^{13}_{21}$ xa$^{35}$,iɔŋ$^{13}$lan$^{13}_{21}$xa$^{35}$,tʂəu$^{35}$lan$^{13}$, ɲiəu$^{13}$lan$^{13}$,iɔŋ$^{13}$lan$^{13}$,e$_{21}$.

【牛铃子】ɲiəu$^{13}$laŋ$^{13}$tsɿ$^{0}$ 名套在牛脖子上的响器：脑胲下个～。欸铜个吧铝个，铝个铜个。铜个多，系啊！lau$^{21}$kɔi$^{35}$xa$^{35}_{44}$ke$^{53}_{44}$ɲiəu$^{13}$laŋ$^{13}$tsɿ$^{0}$ .e$^{0}$ t$^{h}$əŋ$^{13}$ke$^{53}_{44}$pa$^{0}$ lei$^{21}$ke$^{53}_{44}$,lei$^{21}$ke$^{53}_{44}$t$^{h}$əŋ$^{13}$ke$^{53}_{44}$.t$^{h}$əŋ$^{13}$ke$^{53}$to$^{35}$,xei$^{53}_{44}$ a$^{0}$!

【牛嫲子】ɲiəu$^{13}$ma$^{13}$tsɿ$^{0}$ 名已生育过的母牛：箇个欸用牛子犁田呢，牛牯就更有劲，但是你就爱箇个啦牛牯就怕斗人呐。渠脾气更躁哇。～嘞就更温顺，但是更冇劲，走唔得咁急。一般呢新牛子嘞你就肯做去跟～。kai$^{53}$ke$^{53}_{44}$e$_{21}$iəŋ$^{53}$ɲiəu$^{13}$tsɿ$^{0}$ lai$^{13}$t$^{h}$ien$^{13}_{21}$ne$^{0}$ , ɲiəu$^{13}$ku$^{21}$ts$^{h}$iəu$^{53}_{44}$ken$^{53}_{44}$iəu$^{35}$ cin$^{53}$,tan$^{53}$ʂʅ$^{53}$ɲi$^{13}_{21}$ts$^{h}$iəu$^{53}_{44}$ɔi$^{53}$kai$^{53}$ke$^{53}$la$^{0}$ɲiəu$^{13}$ku$^{21}$tsiəu$^{53}$p$^{h}$a$^{53}$tei$^{53}$ɲin$^{13}$na$^{0}$ .ci$^{13}_{44}$p$^{h}$i$^{13}_{21}$çi$^{53}_{44}$cien$^{53}_{44}$tsau$^{53}$ua$^{0}$ . ɲiəu$^{13}$ ma$^{13}$tsɿ$^{0}$ lei$^{0}$ ts$^{h}$iəu$^{53}_{44}$cien$^{53}_{44}$uən$^{35}$ʂən$^{53}$,tan$^{53}_{44}$ʂʅ$^{53}_{44}$cien$^{53}_{44}$mau$^{13}_{21}$cin$^{53}$,tsei$^{21}$n̩$^{13}_{44}$tek$^{3}$ kan$^{21}$ciak$^{3}$ .iet$^{3}$ pɔn$^{35}$ne$^{0}$ sin$^{35}$ʂəu$^{21}$ tsɿ$^{0}$ lei$^{0}$ ɲi$^{13}_{21}$tsiəu$^{53}_{44}$xen$^{21}$tso$^{53}_{44}$çi$^{53}_{44}$cien$^{35}$ɲiəu$^{13}$ma$^{13}$tsɿ$^{0}$.

【牛毛】ɲiəu$^{13}$mau$^{35}$ 名牛身上的毛：我等以映子唔晓得系羊个啊还系牛……羊毛啊～啊搞唔清呢。ŋai$^{13}$tien$^{0}$ i$^{21}$iaŋ$^{53}$tsɿ$^{0}$ n̩$^{13}_{21}$çiau$^{21}$tek$^{3}$ xe$^{53}$iɔŋ$^{13}$ke$^{53}$a$^{0}$ xai$^{13}_{21}$xe$^{53}$ɲiəu$^{13}$…iɔŋ$^{13}$mau$^{35}$a$^{0}$ ɲiəu$^{13}$mau$^{35}$a$^{0}$ kau$^{21}$m̩$^{13}_{21}$ ts$^{h}$in$^{35}_{44}$ne$^{0}$.

【牛尿】ɲiəu$^{13}$ɲiau$^{53}$ 名牛排出的尿液：渠放个茶叶多啊，（泡起箇茶）骨氹个，～样，～就墨乌啊。ci$^{13}_{44}$fɔŋ$^{53}$ŋe$^{0}$ ts$^{h}$a$^{13}_{21}$iait$^{5}_{3}$ to$^{35}$a$^{0}$ ,kuət$^{5}$ lei$^{13}_{21}$ke$^{0}$, ɲiəu$^{13}$ɲiau$^{53}_{44}$iɔŋ$^{53}_{44}$, ɲiəu$^{13}$ɲiau$^{53}_{44}$ts$^{h}$iəu$^{53}_{21}$mek$^{5}$ u$^{35}$a$^{0}$.

【牛襻胲】ɲiəu$^{13}$p$^{h}$an$^{53}$kɔi$^{35}$ 名夹脖儿。又称“襻胲绳”：～又安做襻胲绳呐，渠就系哪只栏场子嘞？箇牛子嘞爱拖轭啊，以映就有只牛轭就走背囊上拖下挂下去吵，系唔系？一只牛轭吵。牛轭就咁子个，挂下以映子，渠走是箇时候子唔系会晃起来，就以颈筋下以只牛轭个以边安条绳，走颈筋下拖下转，又挂下箇向，就箇条绳就安做襻胲绳，～安做。ȵiəu$^{13}$pʰan$^{53}$kɔi$^{35}$iəu$^{53}_{44}$ɔn$^{35}_{44}$tso$^{53}_{44}$pʰan$^{53}$kɔi$^{35}$ʂən$^{13}$na$^{0}$,ci$^{13}_{21}$tsʰiəu$^{53}_{44}$xei$^{53}_{44}$lai$^{53}$tʂak$^{3}$lan$^{13}_{21}$tʂʰɔŋ$^{13}_{44}$tsɿ$^{0}$lei$^{0}$?kai$^{53}$ȵiəu$^{13}$tsɿ$^{0}$lei$^{0}$ɔi$^{53}$tʰo$^{53}$ak$^{3}$a$^{0}$,i$^{21}$iaŋ$^{53}$tsʰiəu$^{53}$iəu$^{35}_{44}$tʂak$^{3}$ȵiəu$^{13}$ak$^{3}$tsʰiəu$^{53}$tsei$^{21}$pɔi$^{53}$lɔŋ$^{13}_{44}$xɔŋ$^{53}_{44}$tʰo$^{35}$(x)a$^{53}_{44}$kua$^{53}$(x)a$^{53}_{44}$çi$^{53}_{44}$ʂa$^{0}$,xei$^{53}$me$^{53}$?iet$^{3}$tʂak$^{3}$ȵiəu$^{13}_{21}$ak$^{3}$ʂa$^{0}$. ȵiəu$^{13}$ak$^{3}$tsʰiəu$^{53}$kan$^{21}$tsɿ$^{0}$cie$^{53}$,kua$^{53}$(x)a$^{53}_{44}$i$^{21}_{44}$iaŋ$^{53}$tsɿ$^{0}$,ci$^{13}$tsei$^{21}$ʂɿ$^{21}_{44}$kai$^{53}$ʂɿ$^{13}_{44}$xɔu$^{53}_{44}$tsɿ$^{0}$m̩$^{13}$pʰe$^{53}$uɔi$^{53}$faŋ$^{53}$çi$^{21}$lɔi$^{13}_{21}$,tsʰiəu$^{53}$i$^{21}$ciaŋ$^{21}$cin$^{35}_{44}$xa$^{35}$i$^{21}$tʂak$^{3}$ȵiəu$^{13}$ak$^{3}$ke$^{53}$i$^{21}$pien$^{35}_{53}$ɔn$^{35}$tʰiau$^{13}_{21}$ʂən$^{13}$,tsei$^{21}$ciaŋ$^{21}$cin$^{35}_{44}$xa$^{53}_{44}$tʰo$^{13}$(x)a$^{53}_{44}$tʂuɔn$^{21}$,iəu$^{53}_{21}$kua$^{53}$(x)a$^{53}_{44}$kai$^{53}$çiɔŋ$^{53}_{44}$,tsʰiəu$^{53}$kai$^{53}$tʰiau$^{13}_{44}$ʂən$^{13}_{21}$tsiəu$^{53}_{44}$ɔn$^{35}_{44}$tso$^{53}_{44}$pʰan$^{53}$kɔi$^{35}$ʂən$^{13}$, ȵiəu$^{13}$pʰan$^{53}$kɔi$^{35}$ɔn$^{35}_{44}$tso$^{53}_{44}$.

【牛皮】ȵiəu$^{13}$pʰi$^{13}$ 名 牛的皮：（屐鞋）面子用～做个。mien$^{53}$tsɿ$^{0}$iɔŋ$^{53}$ȵiəu$^{13}$pʰi$^{13}$tso$^{53}_{44}$ke$^{53}_{44}$.

【牛皮豆】ȵiəu$^{13}$pʰi$^{13}$tʰei$^{53}$ 名 一种作为汤面臊子的黄豆：箇起安做～呀。□熬煮熟来，黄豆子，用黄豆子，□熟来以后就……我觉得□熟来以后就放兜油盐一炒呢，嗯，就咁子就安做～呢。欸，韧韧子呢，韧韧子，又箇个嘞，又潮潮子嘞，就～。kai$^{53}$çi$^{21}_{44}$ɔn$^{35}_{53}$tso$^{53}$ȵiəu$^{13}$pʰi$^{13}$tʰei$^{53}$ia$^{0}$.sait$^{5}$ʂəuk$^{5}$lɔi$^{13}_{21}$,uɔŋ$^{13}$tʰei$^{53}$tsɿ$^{0}$,iɔŋ$^{53}$uɔŋ$^{13}$tʰei$^{53}$tsɿ$^{0}$,sait$^{5}$ʂəuk$^{5}$lɔi$^{13}_{21}$i$^{35}$xei$^{53}$tsʰiəu$^{53}$…ŋai$^{13}_{21}$kɔk$^{3}$tek$^{3}$sait$^{5}$ʂəuk$^{5}$lɔi$^{13}_{21}$i$^{35}$xei$^{53}$tsʰiəu$^{53}$fɔŋ$^{53}$te$^{53}_{53}$iəu$^{13}$ian$^{13}_{44}$iet$^{3}$tsʰau$^{21}$nei$^{0}$,n̩$_{21}$,tsʰiəu$^{53}$kan$^{21}$tsɿ$^{0}$tsʰiəu$^{53}$ɔn$^{35}_{53}$tso$^{53}$ȵiəu$^{13}$pʰi$^{13}$tʰei$^{53}$nei$^{0}$.ei$_{21}$, ȵin$^{53}$ȵin$^{53}$tsɿ$^{0}$nei$^{0}$, ȵin$^{53}$ȵin$^{53}$tsɿ$^{0}$,iəu$^{53}$kai$^{53}$ke$^{53}_{21}$lei$^{0}$,iəu$^{53}$tʂʰau$^{13}$tʂʰau$^{13}$tsɿ$^{0}$lei$^{0}$,tsʰiəu$^{53}$ȵiəu$^{13}_{21}$pʰi$^{13}_{21}$tʰei$^{53}$.

【牛皮剁剁哩】ȵiəu$^{13}$pʰi$^{13}$to$^{53}$to$^{53}_{44}$li$^{0}$ 形容很爱吹牛的样子：我等身边蛮多咁个喜欢吹牛个人，～，欸。ŋai$^{13}$tien$^{0}$ʂən$^{35}_{44}$pien$^{35}_{44}$man$^{13}$to$^{35}_{44}$kan$^{21}$ke$^{53}_{44}$çi$^{21}$fɔn$^{35}_{44}$tʂʰei$^{53}$ȵiəu$^{13}$ke$^{53}$ȵin$^{13}$, ȵiəu$^{13}$pʰi$^{13}$to$^{53}$to$^{53}_{44}$li$^{0}$,e$_{21}$.

【牛皮客】ȵiəu$^{13}$pʰi$^{13}$kʰak$^{3}$ 名 爱吹牛皮者：我等爱做事讲事爱老老实实，莫做～。ŋai$^{13}$tien$^{0}$ɔi$^{53}$tso$^{53}$sɿ$^{53}$kɔŋ$^{21}$sɿ$^{53}$ɔi$^{53}$lau$^{21}$lau$^{21}$ʂət$^{5}$ʂət$^{5}$,mɔk$^{5}$tso$^{53}$ȵiəu$^{13}$pʰi$^{13}$kʰak$^{3}$.

【牛皮蒲】ȵiəu$^{13}$pʰi$^{13}$pʰu$^{13}$ 名 一种瓠瓜，较长：呃，我箇晡去浏阳啊，我话买只蒲子，买只～，嗬，落尾煮倒下倾嘿哩，食唔得，绷老哇，老嘿哩。渠放倒箇会老，放倒箇赠卖咯就会老，食唔得，赠食得几多子，下倾嘿哩。可惜哩油盐。ə$_{21}$,ŋai$^{13}$kai$^{53}_{44}$pu$^{53}_{44}$çi$^{53}$liəu$^{13}$iɔŋ$^{13}_{44}$ŋa$^{0}$,ŋai$^{13}$ua$^{53}_{44}$mai$^{35}$tʂak$^{3}$pʰu$^{13}$tsɿ$^{0}$,mai$^{35}$tʂak$^{3}$ȵiəu$^{13}_{44}$pʰi$^{13}_{44}$pʰu$^{13}$,xo$_{53}$,lɔk$^{5}$mi$^{35}_{44}$tʂəu$^{21}$tau$^{21}$xa$^{53}$kʰuaŋ$^{35}$ŋek$^{3}$li$^{0}$,ʂət$^{5}$n̩$^{13}_{21}$tek$^{3}$,paŋ$^{35}_{53}$lau$^{21}$ua$^{0}$,lau$^{21}$xek$^{3}$li$^{0}$.ci$^{13}_{21}$fɔŋ$^{53}$tau$^{21}$kai$^{53}$uɔi$^{53}$lau$^{21}$,fɔŋ$^{53}$tau$^{21}$kai$^{53}$maŋ$^{13}$mai$^{53}$ko$^{0}$tsʰiəu$^{53}$uɔi$^{53}$lau$^{21}$,ʂət$^{5}$n̩$_{21}$tek$^{3}$,maŋ$^{13}_{21}$ʂət$^{5}$tek$^{3}$ci$^{21}$to$^{35}_{44}$tsɿ$^{0}$,xa$^{53}$kʰuaŋ$^{35}_{44}$ŋek$^{3}$li$^{0}$.kʰo$^{21}$siet$^{3}$li$^{0}$iəu$^{13}$ian$^{13}$.

【牛皮糖】ȵiəu$^{13}$pʰi$^{13}$tʰɔŋ$^{13}$ 名 以白砂糖、白芝麻、淀粉、花生等为原料制成的一种小食，有金黄透明，有弹性、黏性，不发硬等特点：～哦，有起么啊～哦，揪韧个唠。只有卖，唔会做。ȵiəu$^{13}$pʰi$^{13}$tʰɔŋ$^{13}$ŋo$^{0}$,iəu$^{35}_{53}$çi$^{21}$mak$^{3}$a$^{0}$ȵiəu$^{13}$pʰi$^{13}$tʰɔŋ$^{13}$ŋo$^{0}$,tsiəu$^{35}$ȵin$^{53}$cie$^{53}_{44}$lau$^{0}$.tʂɿ$^{21}$iəu$^{35}$mai$^{53}$,m̩$^{13}_{21}$uɔi$^{53}_{44}$tso$^{53}$.

【牛皮癣】ȵiəu$^{13}$pʰi$^{13}$sien$^{21}$ 名 一种慢性皮肤病：箇种癣之所以安做～呢就有咁顽固，像牛皮样，唔得好，唔系么个像牛皮，就咁顽固个。唔系呀，搞得好哇～就真系唔得好啦，惹倒哩～就唔得了。kai$^{53}$tʂəŋ$^{21}$sien$^{21}$tʂɿ$^{35}$so$^{21}$i$^{35}_{44}$ɔn$^{35}_{53}$tso$^{53}$ȵiəu$^{13}$pʰi$^{13}$sien$^{21}$ne$^{0}$tsʰiəu$^{53}_{44}$iəu$^{35}$kan$^{21}$ŋan$^{13}$ku$^{53}$,tsʰiɔŋ$^{53}_{21}$ȵiəu$^{13}$pʰi$^{13}_{21}$iɔŋ$^{53}$,n̩$^{13}$tek$^{3}$xau$^{21}$,m̩$^{13}_{21}$pʰei$^{53}$mak$^{3}$e$^{0}$tsʰiɔŋ$^{53}$ȵiəu$^{13}_{21}$pʰi$^{13}$,tsʰiəu$^{53}$kan$^{21}$ŋan$^{13}$ku$^{53}$ke$^{53}$.m̩$^{13}$pʰe$^{53}$ia$^{0}$,kau$^{21}$tek$^{3}$xau$^{21}$ua$^{0}$ȵiəu$^{13}$pʰi$^{13}_{44}$sien$^{21}$tsiəu$^{53}$tʂən$^{35}$ne$^{53}$n̩$^{13}_{44}$tek$^{3}$xau$^{21}$la$^{0}$, ȵia$^{35}$tau$^{21}$li$^{0}$ȵiəu$^{13}$pʰi$^{13}_{44}$sien$^{21}$tsiəu$^{53}$n̩$^{13}$tek$^{3}$liau$^{21}$.

【牛肉】ȵiəu$^{13}$ȵiəuk$^{3}$ 名 牛宰杀后供食用的肉：我等就话箇卖～个时候子你爱同我分箇个雪白个（膜）割嘿去啊。ŋai$^{13}_{21}$tien$^{0}$tsʰiəu$^{53}$ua$^{53}_{44}$kai$^{53}_{44}$mai$^{53}$ȵiəu$^{13}$ȵiəuk$^{3}$ke$^{53}$ʂɿ$^{13}_{44}$xei$^{53}_{44}$tsɿ$^{0}$ȵi$^{13}$ɔi$^{53}$tʰəŋ$^{13}_{21}$ŋai$^{13}_{21}$pəŋ$^{35}$(←pən$^{35}$)kai$^{53}_{44}$ke$^{53}_{44}$siet$^{5}$pʰak$^{5}$ke$^{53}_{44}$kɔit$^{3}$(x)ek$^{3}$çi$^{53}$a$^{0}$.

【牛三镬】ȵiəu$^{13}$san$^{35}$uɔk$^{5}$ 名 一种铁锅：～就一种镬子，有几大子个，镬子个大细嘞唔知让门子安下来个，安做～，牛四镬，牛五镬。唔知让门箇只牛三牛四牛五唔知让门子分下来箇兜，就系尺寸越搞越大。欸，最大个就系牛五镬，最大个就也唔系牛五镬，还有安做王镬有起。ȵiəu$^{13}$san$^{35}_{44}$uɔk$^{5}$tsʰiəu$^{53}_{44}$iet$^{3}$tʂəŋ$^{21}$uɔk$^{5}$tsɿ$^{0}$,mau$^{13}$ci$^{21}$tʰai$^{53}$tsɿ$^{0}$ke$^{53}$,uɔk$^{5}$tsɿ$^{0}$ke$^{53}_{44}$tʰai$^{53}$se$^{53}_{44}$le$^{0}$n̩$^{13}$ti$^{35}_{53}$ȵiɔŋ$^{53}$mən$^{13}_{44}$tsɿ$^{0}$ɔn$^{35}$na$^{53}$lɔi$^{13}_{21}$ke$^{53}$,ɔn$^{35}_{44}$tso$^{53}$ȵiəu$^{13}$san$^{35}$uɔk$^{5}$, ȵiəu$^{13}$si$^{53}$uɔk$^{5}$, ȵiəu$^{13}$ŋ̍$^{21}$uɔk$^{5}$.n̩$^{13}$ti$^{35}_{53}$ȵiɔŋ$^{53}$mən$^{13}_{44}$kai$^{53}$tʂak$^{3}$ȵiəu$^{13}$san$^{35}$ȵiəu$^{13}$si$^{53}$ȵiəu$^{13}$ŋ̍$^{21}$n̩$^{13}$ti$^{35}_{53}$ȵiɔŋ$^{53}$mən$^{13}_{44}$tsɿ$^{0}$fən$^{35}_{44}$na$^{53}$lɔi$^{13}$kai$^{53}_{44}$te$^{35}_{44}$,tsʰiəu$^{53}$uei$^{53}$tʂʰak$^{3}$tsʰən$^{53}_{44}$viet$^{5}$kau$^{21}$viet$^{5}$tʰai$^{53}$.e$_{21}$,tsei$^{53}$tʰai$^{53}$ke$^{53}_{44}$tsʰiəu$^{53}$xei$^{53}$ȵiəu$^{13}$ŋ̍$^{21}$uɔk$^{5}$,tsei$^{53}$tʰai$^{53}$ke$^{53}_{44}$tsʰiəu$^{53}_{44}$ia$^{35}$m̩$^{13}_{21}$xe$^{53}$ȵiəu$^{13}$ŋ̍$^{21}$uɔk$^{5}$,xai$^{13}$iəu$^{35}_{44}$ɔn$^{35}_{44}$tso$^{53}$uɔŋ$^{13}$uɔk$^{5}$iəu$^{35}$çi$^{21}_{44}$.

【牛生日】ȵiəu$^{13}$saŋ$^{35}_{44}$ȵiet$^{3}$ 名 传说中牛王的生日：四月八呢，～呢。牛王个。～呢。有笑还，欸，笑别人家都话你四月八生咯，系。si$^{53}$ȵiet$^{5}$pait$^{3}$nei$^{0}$,ȵiəu$^{13}_{21}$saŋ$^{35}_{44}$ȵiet$^{3}$nei$^{0}$. ȵiəu$^{13}$uɔŋ$^{13}_{44}$ke$^{53}_{44}$. ȵiəu$^{13}$saŋ$^{35}_{44}$ȵiet$^{3}$nei$^{0}$.iəu$^{35}$siau$^{53}$xai$^{13}_{21}$,ei$_{21}$,siau$^{53}$pʰiet$^{5}$in$^{13}_{21}$ka$^{35}_{44}$təu$^{35}_{44}$ua$^{53}_{44}$ȵi$^{13}$si$^{53}$ȵiet$^{5}$pait$^{3}$saŋ$^{35}_{44}$ko$^{0}$,xe$_{21}$.

N

【牛绳】ȵiəu$^{13}$ʂən$^{13}$ 名牵牛的绳子：箇只牛轭侧边呐有只圆……竹圈子啊，穿～个啊。kai$^{53}$ tʂak$^{3}$ȵiəu$^{13}$ak$^{3}$tsek$^{3}$pien$^{35}$na$^{0}$ iəu$^{35}_{44}$tʂak$^{3}$ien$^{13}$…tʂəuk$^{3}$ c$^{h}$ien$^{35}$tsa$^{0}$,tʂ$^{h}$ən$^{53}$ȵiəu$^{13}$ʂən$^{13}_{44}$ke$^{53}_{44}$a$^{0}$.

【牛绳圈子】ȵiəu$^{13}$ʂən$^{13}$c$^{h}$ien$^{35}$tsɿ$^{0}$ 名挂在牛轭一侧，供牛绳穿过：箇只牛轭侧边呐有只圆……竹圈子啊，穿牛绳个啊，箇只安做么啊圈子啊？喊么个啊？喊么个圈？喊安做系～。kai$^{53}$ tʂak$^{3}$ȵiəu$^{13}$ak$^{3}$tsek$^{3}$pien$^{35}$na$^{0}$ iəu$^{35}_{44}$tʂak$^{3}$ien$^{13}$…tʂəuk$^{3}$c$^{h}$ien$^{35}$tsa$^{0}$,tʂ$^{h}$ən$^{53}$ȵiəu$^{13}$ʂən$^{13}_{44}$ke$^{53}_{44}$a$^{0}$,kai$^{53}_{44}$tʂak$^{3}$ən$^{35}_{44}$tso$^{53}_{44}$ mak$^{3}$a$^{0}$c$^{h}$ien$^{35}$tsɿ$^{0}$a$^{0}$?xan$^{53}$mak$^{3}$ke$^{53}$a$^{0}$?xan$^{53}$mak$^{3}$ke$^{53}$c$^{h}$ien$^{35}$?xan$^{53}_{44}$ən$^{35}_{44}$tso$^{53}_{44}$xe$^{53}_{44}$ȵiəu$^{13}$ʂən$^{13}$c$^{h}$ien$^{35}$tsɿ$^{0}$.

【牛食盆】ȵiəu$^{13}$ʂət$^{5}$p$^{h}$ən$^{13}$ 名供牛喝水的器皿：平时～就食水呀，～就放水呀，放下牛栏里啊。p$^{h}$in$^{13}$ʂɿ$^{13}_{44}$ȵiəu$^{13}$ʂət$^{5}$p$^{h}$ən$^{13}_{21}$tsiəu$^{53}$ʂət$^{5}$ʂei$^{21}$ia$^{0}$,ȵiəu$^{13}$ʂət$^{5}$p$^{h}$ən$^{13}$tsiəu$^{53}_{44}$fɔŋ$^{53}$ʂei$^{21}$ia$^{0}$,fɔŋ$^{53}$xa$^{53}$ȵiəu$^{13}$lan$^{13}$li$^{0}$a$^{0}$.

【牛屎】ȵiəu$^{13}$ʂɿ$^{21}$ 名牛的粪便：一堆～ iet$^{3}$tɔi$^{35}$ȵiəu$^{13}$ʂɿ$^{21}$

【牛屎虫】ȵiəu$^{13}$ʂɿ$^{21}$tʂ$^{h}$əŋ$^{13}$ 名专指以牛屎为食的蜣螂：～，系一种专门彝彝彝……安做□屎虫。唔系安做□屎……硬系～吧？有一种安做□屎虫嘞，渠专门食屎，专门去箇屎肚里□，去箇屎肚里，牛屎箇只么啊屎啊，渠就专门去□个欸都□屎虫。以种可能系～。有～。ȵiəu$^{13}$ʂɿ$^{21}$ tʂ$^{h}$əŋ$^{13}$,xe$^{53}_{44}$iet$^{3}$tʂəŋ$^{21}$tʂen$^{35}$mən$^{13}_{21}$u$^{21}$u$^{21}_{53}$u$^{21}$…ən$^{35}_{44}$tso$^{53}_{44}$ts$^{h}$au$^{53}$ʂɿ$^{21}$tʂ$^{h}$əŋ$^{13}$.m̩$^{13}_{21}$p$^{h}$e$^{53}$(←xe$^{53}$)ən$^{35}_{44}$tso$^{53}_{44}$ts$^{h}$au$^{53}$ʂɿ$^{21}$… ȵiaŋ$^{53}$xe$^{53}$ȵiəu$^{13}$ʂɿ$^{21}$tʂ$^{h}$əŋ$^{13}$pa$^{0}$?iəu$^{35}$iet$^{3}_{5}$tʂəŋ$^{21}$ən$^{35}_{44}$tso$^{53}_{44}$ts$^{h}$au$^{53}$ʂɿ$^{21}$tʂ$^{h}$əŋ$^{13}$lei$^{0}$,ci$^{13}$tʂen$^{35}$mən$^{13}_{21}$ʂət$^{5}$ʂɿ$^{21}$,tʂen$^{35}$mən$^{13}_{21}$ çi$^{53}$kai$^{53}_{44}$ʂɿ$^{21}$təu$^{21}$li$^{0}$ts$^{h}$au$^{53}$,çi$^{53}$kai$^{53}_{44}$ʂɿ$^{21}$təu$^{21}$li$^{0}$,ȵiəu$^{13}$ʂɿ$^{21}$kai$^{53}_{44}$tʂak$^{3}$mak$^{3}$a$^{0}$ʂɿ$^{21}$za$^{0}$,ci$^{13}_{21}$ts$^{h}$iəu$^{53}_{44}$tʂen$^{35}$mən$^{13}_{21}$çi$^{53}_{44}$ ts$^{h}$au$^{53}$ke$^{53}_{44}$e$_{44}$təu$^{35}_{44}$ts$^{h}$au$^{53}$ʂɿ$^{21}$tʂ$^{h}$əŋ$^{13}$.i$^{21}$tʂəŋ$^{21}$k$^{h}$o$^{21}$len$^{13}$xei$^{53}_{44}$ȵiəu$^{13}$ʂɿ$^{21}$tʂ$^{h}$əŋ$^{13}$.iəu$^{35}_{44}$ȵiəu$^{13}$ʂɿ$^{21}$tʂ$^{h}$əŋ$^{13}$.

【牛四】ȵiəu$^{13}$si$^{53}$ 名牛四锅（一般家用）。也称“牛四镬、牛四镬子”：一般人家屋下就用～，～镬子。iet$^{3}$pən$^{35}$ȵin$^{13}$ka$^{35}_{53}$uk$^{3}$xa$^{53}_{44}$ts$^{h}$iəu$^{53}_{44}$iəŋ$^{53}_{44}$ȵiəu$^{13}_{21}$si$^{53}$, ȵiəu$^{13}_{21}$si$^{53}$uɔk$^{5}$tsɿ$^{0}$.

【牛藤】ȵiəu$^{13}$t$^{h}$ien$^{13}$/t$^{h}$en$^{13}$ 名连接犁耙与牛轭的绳索：还有两条～。绨倒牛轭上个。以两条就喊～。xai$^{13}_{21}$iəu$^{35}_{44}$iəŋ$^{21}$t$^{h}$iau$^{13}$ȵiəu$^{13}$t$^{h}$en$^{13}$.t$^{h}$ak$^{3}_{5}$tau$^{21}_{44}$ȵiəu$^{13}$ak$^{3}$ʂəŋ$^{53}_{44}$ke$^{53}_{44}$.i$^{21}$iəŋ$^{21}$t$^{h}$iau$^{13}_{44}$tsiəu$^{53}_{44}$xan$^{53}$ȵiəu$^{13}$t$^{h}$ien$^{13}_{21}$. ｜杆绳有兜么个作用啊？第一只就打～，用秆扎个绳做～。kən$^{21}$ʂən$^{13}$iəu$^{35}$təu$^{35}_{53}$mak$^{3}$e$^{0}$tsɔk$^{3}$iəŋ$^{53}$ ŋa$^{0}$?t$^{h}$i$^{53}$iet$^{3}$tʂak$^{3}$ts$^{h}$iəu$^{53}$ta$^{21}$ȵiəu$^{13}$t$^{h}$ien$^{13}$,iəŋ$^{53}$kən$^{21}$tsa$^{21}$ke$^{53}$ʂən$^{13}$tso$^{53}$ȵiəu$^{13}$t$^{h}$ien$^{13}_{44}$.

【牛条子】ȵiəu$^{13}$t$^{h}$iau$^{13}$tsɿ$^{0}$ 名快到成年的小牛：箇个牛牯子下哩以后呀年把岁把子个牛子啊就系安做～。过哩箇只～以后嘞就可以春天呢就可以发教了。kai$^{53}$ke$^{53}$ȵiəu$^{13}$ku$^{21}$tsɿ$^{0}$xa$^{53}$li$^{0}$ i$^{35}_{44}$xei$^{53}$ia$^{0}$ ȵien$^{13}$pa$^{21}$sɔi$^{53}$pa$^{21}$tsɿ$^{0}$ke$^{53}$ȵiəu$^{13}$tsɿ$^{0}$a$^{0}$ts$^{h}$iəu$^{53}_{44}$xe$^{53}_{44}$ən$^{35}_{53}$tso$^{53}$ȵiəu$^{13}$t$^{h}$iau$^{13}$tsɿ$^{0}$.ko$^{53}$li$^{0}$kai$^{53}$tʂak$^{3}$ȵiəu$^{13}$t$^{h}$iau$^{13}_{21}$tsɿ$^{0}$i$^{35}_{53}$ xei$^{53}_{44}$lei$^{0}$ts$^{h}$iəu$^{53}$k$^{h}$o$^{21}$i$^{35}_{44}$tʂ$^{h}$ən$^{35}$t$^{h}$ien$^{35}_{44}$nei$^{0}$ts$^{h}$iəu$^{53}$k$^{h}$o$^{21}$i$^{35}_{44}$fait$^{3}$kau$^{35}$liau$^{0}$.

【牛尾掌】ȵiəu$^{13}$mi$^{35}$ts$^{h}$aŋ$^{53}$ 名耕田时为避免牛尾将泥巴甩到人身上而用来缠牛尾的树杈子。也称“牛尾掌子”：箇是还要绞牛尾哟，～哦。欸，你看过么，绞牛尾呀？箇牛子啊去田里耙田个时候子箇田里个泥呀，耙田个时候子啊田里个泥是摝起箇骨泚吵，系唔系？箇牛子嘞箇个蠓蚂啮稳哩啊，渠就拿尾巴放势□尾，放势。你跕倒后背耙田呐，犁田个时候子啊，渠放势□啊，唔系□倒你一头一面，开眼珠都开唔得，就分牛尾绞起来。～子。～子让门绞嘞？也蛮简单。欸，以映子嘞就以头嘞就一条子咁个桠子嘞，以映就一只桠子，欸，以映以底下就一只桠子，以头嘞就劈开下子来，劈开下子来以头嘞分只牛尾嘞就……劈开来哩就分只牛尾巴箇个箇……箇是尾巴上咁长子个毛嘞就啮下肚里去，缠下子，啮下肚里缠下子，箇唔系就以头就缠稳哩？缠稳哩分只牛尾哟放下转来就以头一丫下去，一插下去，绞下去，箇牛尾就剩倒咁长子，让门□唔都只……□唔倒哩。冇事□倒你一头一面个泥了。箇就安做绞牛尾。安做～，其实就系岭上去拗条子树棍子凑嘞，拗条子树棍子嘞，一头就有只桠杈子，就又下箇牛尾巴上，箇头嘞就爱劈开下子来欸拗开下子来，拗开下子，分牛尾巴欸牛尾巴箇须须子啮嘿肚里去，缠下子。箇么硬开眼珠都开唔得咯你，箇哟你唔掌牛尾哟箇个就……尤其系到哩以三时子啊到哩芒种夏至边是箇输哩命更呐我开眼珠都开唔得啊系。犁田见得，更长啊，人徛得远兜子啊，就系耙田，正正徛下牛尾巴后背，渠冇……有兜牛尾巴长个啊，一奔嘿你面上来哩，箇个尾巴都奔嘿你面上来哩，欸开眼珠都开唔得。kai$^{53}_{44}$ʂɿ$^{53}_{44}$xai$^{13}_{44}$iau$^{53}_{44}$ciau$^{21}$ȵiəu$^{13}$mi$^{35}$ io$^{0}$, ȵiəu$^{13}$mi$^{35}$ts$^{h}$aŋ$^{53}$ŋo$^{0}$.e$_{21}$, ȵi$^{13}$k$^{h}$ən$^{53}$ko$^{53}$mo$^{0}$,ciau$^{21}$ȵiəu$^{13}$mi$^{35}$ia$^{0}$?kai$^{53}$ȵiəu$^{13}$tsɿ$^{0}$a$^{0}$çi$^{53}$t$^{h}$ien$^{13}$ni$^{0}$p$^{h}$a$^{13}$t$^{h}$ien$^{13}$ ke$^{53}$ʂɿ$^{13}_{44}$xəu$^{53}_{44}$tsɿ$^{0}$kai$^{53}$t$^{h}$ien$^{13}$ni$^{21}$ke$^{53}$lai$^{13}$ia$^{0}$,p$^{h}$a$^{13}_{21}$t$^{h}$ien$^{13}$ke$^{53}$ʂɿ$^{13}_{44}$xəu$^{53}_{44}$tsɿ$^{0}$a$^{0}$t$^{h}$ien$^{13}_{21}$li$^{0}$(k)e$^{53}$lai$^{13}_{21}$ʂɿ$^{53}$ləuk$^{3}$çi$^{21}_{44}$kai$^{53}_{44}$ kuət$^{5}$lei$^{13}_{21}$ʂa$^{0}$,xei$^{53}$me$^{53}$?kai$^{53}$ȵiəu$^{13}$tsɿ$^{0}$lei$^{0}$kai$^{53}_{44}$ke$^{53}_{44}$ləuk$^{5}$ma$^{35}$ŋait$^{3}$uən$^{21}$li$^{0}$a$^{0}$,ci$^{13}_{21}$ts$^{h}$iəu$^{53}$la$^{53}_{21}$mi$^{35}$pa$^{35}_{44}$xəŋ$^{53}$ʂɿ$^{53}_{21}$ fiet$^{5}$,xəŋ$^{53}$ʂɿ$^{53}_{44}$faŋ$^{53}$. ȵi$^{13}$ku$^{35}$tau$^{21}$xei$^{53}$pɔi$^{53}_{44}$p$^{h}$a$^{13}$t$^{h}$ien$^{13}$na$^{0}$,lai$^{13}$t$^{h}$ien$^{13}$ke$^{53}$ʂɿ$^{13}_{44}$xəu$^{53}_{44}$tsa$^{0}$,ci$^{13}$xəŋ$^{53}$ʂɿ$^{53}_{44}$faŋ$^{53}$ŋa$^{0}$,me$_{44}$ (←m̩$^{13}$xe$^{53}$)faŋ$^{53}$tau$^{21}$ȵi$^{13}_{44}$iet$^{3}$t$^{h}$ei$^{13}$iet$^{3}$mien$^{53}$,k$^{h}$ɔi$^{35}$ŋan$^{21}$tʂəu$^{35}_{44}$təu$^{35}_{44}$k$^{h}$ɔi$^{35}_{44}$n̩$^{13}_{21}$tek$^{3}$,ts$^{h}$iəu$^{53}$pən$^{35}_{53}$ȵiəu$^{13}$mi$^{35}_{44}$ciau$^{21}$ çi$^{21}$lɔi$^{13}_{21}$. ȵiəu$^{13}$mi$^{35}_{44}$ts$^{h}$aŋ$^{53}$tsɿ$^{0}$. ȵiəu$^{13}$mi$^{35}_{44}$ts$^{h}$aŋ$^{53}$tsɿ$^{0}$ȵiəŋ$^{53}_{44}$mən$^{13}_{44}$ciau$^{21}$le$^{0}$?ia$^{21}$man$^{13}_{21}$kan$^{21}$tan$^{35}_{44}$.ei$_{21}$,i$^{21}$iaŋ$^{53}$tsɿ$^{0}$

lei0 tsʰiəu53 i21 tʰei13-21 lei0 tsʰiəu53 iet3 tʰiau13-44 tsɿ0 kan21 cie53-44 a35 tsɿ0 lei0 ,i21 iaŋ53 tsʰiəu53 iet3 tʂak3 a35 tsɿ0 ,ei-21,i21 iaŋ53 i21 tei21 xa53 tsʰiəu53 iet3 tʂak3 a35 tsɿ0 ,i21 tʰei13-44 lei0 tsʰiəu53 pʰiak3 kʰɔi35-44 xa53 tsɿ0 lɔi13-21,pʰiak3 kʰɔi35 xa53 tsɿ0 lɔi13-21 i21 tʰei13-44 lei0 pən35-44 tʂak3 ɲiəu13 mi35 lei0 tsʰiəu53…pʰiak3 kʰɔi35 lɔi13-21 li0 tsʰiəu53-44 pən35-53 tʂak3 ɲiəu13 mi35 pa35 kai53-44 ke53-44 kai53-44…kai53 ʂɿ53-21 mi35 pa35-44 xɔŋ53-44 kan21 tʂʰɔŋ13 tsɿ0 ke53-44 mau35 lei0 tsʰiəu53-44 ŋait5 ia53-44 təu21 li0 çi53,tʂʰen13 xa53 tsɿ0 ,ŋait5 (x)a53 təu21 li0 tʂʰen13 na53 tsɿ0 ,kai53-44 m̩13-44 pʰei53 tsʰiəu53 i21 tʰei13-44 tsʰiəu53 tʂʰen13 uən21 ni0 ?tʂʰen13 uən21 ni0 pən35-44 tʂak3 ɲiəu13 mi35-53 iau0 fɔŋ53 ŋa53-44 tʂuɔn21 nɔi13 tsʰiəu53 i21 tʰei13-44 iet3 a35 (x)a53 çi53 ,iet3 tsʰait3 (x)a53 çi53 ,ciau21 ua53 çi53 ,kai53-44 ɲiəu13-21 mi35-44 tsiəu53 ʂən53 tau21 kan21-13 tʂʰɔŋ13-44 tsɿ0 , ɲiɔŋ53 mən13 fiet5 n̩13-21 təu35 tʂɿ21…fiet5 n̩13-44 tau21 li0 .mau13-21 sɿ53 fiet5 tau21 ɲi13 iet3 tʰei13-21 iet3 mien53 ke53 lai13 liau0 .kai53-44 tsʰiəu53-44 ɔn35-44 tso53-44 ciau21 ɲiəu13 mi35 .ɔn35-44 tso53-44 ɲiəu13 mi35 tsʰaŋ53 ,cʰi13-21 ʂət5 tsʰiəu53 xe53-44 liaŋ35 xɔŋ53-44 çi53 au21 tʰiau13 tsɿ0 ʂəu53 kuən53 tsɿ0 tsʰe0 le0 ,au21 tʰiau13 tsɿ0 ʂəu53 kuən53 tsɿ0 lei0 ,iet3 tʰei13 tsʰiəu53 (i)əu35-53 tʂak3 a35 tsʰa35-44 tsɿ0 , tsʰiəu53-44 tsʰa35 (x)a53 kai53 ɲiəu13 mi35 pa35-44 xɔŋ53-44,kai53 tʰei13-21 lei0 tsʰiəu53 ɔi53 pʰiak3 kʰɔi35 xa53 tsɿ0 lɔi13-21 e0 au21 kʰɔi35 ia53 tsɿ0 lɔi13-21,au21 kʰɔi35 ia53 tsɿ0 ,pən35-44 ɲiəu13-21 mi35-44 pa35-44 ei-21 ɲiəu13 mi35-44 pa35-44 kai53-44 si35 si35-44 tsɿ0 ŋait5 (x)ek3 təu21 li0 çi53 ,tʂʰen13 na53 tsɿ0 .kai53 mo-35 ɲiaŋ53 kʰɔi35 ŋan21 tʂəu35-44 təu35-44 kʰɔi35 n̩13-21 tek3 ko0 ɲi13-21,kai53 io0 ɲi13 n̩13 tsʰaŋ53 ɲiəu13 mi35 io0 kai53-44 ke53-44 tsʰiəu53 p…iəu13-21 cʰi13-44 xe53-44 tau53 li0 i21 san35-44 ʂɿ13-21 tsɿ0 a0 tau53 li0 mɔŋ13 təŋ53-44 çia53 tʂɿ53 pien35 ʂɿ53-44 kai53 ʂəu35-44 li0 miaŋ53 ken53-44 na0 ŋai13-44 kʰɔi35 ŋan21 tʂəu35 təu35-53 kʰɔi35-44 n̩13-44 tek3 a0 xei53-44.lai13 tʰien13-44 cien53 tek3 ,cien53 tʂʰɔŋ13 ŋa0 , ɲin13 cʰi35 tek3 ien21 tei35-53 tsa0 ,tsʰiəu53 xe53-44 pʰa13 tʰien13 ,tʂən53 tʂən53-44 cʰi35-44 (x)a53-44 ɲiəu13 mi35-44 pa35-44 xei53 pɔi53-44,ci13-21 mau13…iəu35 tei35-53 ɲiəu13 mi35-44 pa35-44 tʂʰɔŋ13 ke53-44 a0 ,iet3 tait5-3 (x)ek3 ɲi13 mien53 xɔŋ53-44 lɔi13-21 li0 ,kai53-44 ke53-44 mi35 pa35-44 təu35-44 tait5 (x)ek3 ɲi13 mien53 xɔŋ53-44 lɔi13-21 li0 ,e0 kʰɔi35-53 ŋan21 tʂəu35-44 təu35-44 kʰɔi35-44 n̩13-21 tek3 .

【牛尾锁】ɲiəu13 mi35 so21 名旧式锁具名，形如牛尾：～，我还用过～。欸，～，我等硬话～。ɲiəu13 mi35-44 so21 ,ŋai13-21 xai13 iəŋ53 ko53-44 ɲiəu13 mi35 so21 .e-21, ɲiəu13 mi35 so21 ,ŋai13-21 tien0 ɲiaŋ53 ua53 ɲiəu13 mi35 so21 .

【牛五】ɲiəu13 ŋ̍21 名牛五锅：～镬就最……就蛮大了，比牛四更大，牛四比牛三又更大。ɲiəu13 ŋ̍21 uɔk5 tsʰiəu53-44 tsei53…tsʰiəu53 man13 tʰai53 liau0 ,pi21 ɲiəu13 si53 cien53-44 tʰai53 ,ɲiəu13 si53 pi21 ɲiəu13 san35 iəu53-44 cien53-44 tʰai53-44.

【牛心】ɲiəu13 sin35 名牛的心脏：～就真大个东西啦，咁大一只～。ɲiəu13 sin35 tsʰiəu53 tʂən35 tʰai53 ke53-44 təŋ35-44 si0 la0 ,kan21 tʰai53 iet3 tʂak3 ɲiəu13 sin35-44.

【牛心李】ɲiəu13 sin35 li21 名一种李子：有种李子安做～嘞。只子呃个子懑大，就同咁个样子，牛心样。欸，有种蛮大个李子啊，箇也只有咁大子唠，像牛心呶，唔系么个有牛心咁大呀，样子像牛心呢，～呀。有么个蛮好食。iəu35 tʂəŋ21 li21 tsɿ0 ɔn35-44 tso53-44 ɲiəu13 sin35-44 li21 lei0 .tʂak3 tsɿ0 ə-44 ko53 tsɿ0 mən35 tʰai53 ,tsʰiəu53 tʰəŋ13-21 kan21 ke53 iɔŋ53-44 tsɿ0 , ɲiəu13 sin35-44 iɔŋ53 .e-21,iəu35 tʂəŋ21 man13 tʰai53 ke53 li21 tsa0 ,kai53 ia35 tʂɿ21-44 iəu35-44 kan21 tʰai53 tsɿ0 lau0 ,tsʰiɔŋ53 ɲiəu13 sin35 nau0 ,m̩13 pʰei53 mak3 e0 iəu35-53 ɲiəu13 sin35 kan21 tʰai53 ia0 ,iɔŋ53 tsɿ0 tsʰiɔŋ53 ɲiəu13 sin35-44 ne0 , ɲiəu13 sin35-44 ni21 ia0 .mau13-21 mak3 e0 man13-21 xau21 ʂət5 .

【牛眼杯子】ɲiəu13 ŋan21 pi35/pei35 tsɿ0 名一种饮酒工具，大小如牛眼，无把。也简称“牛眼杯”：酒杯子嘞一般有几大子嘞？食烧酒用～。牛眼珠咁大子啊，牛子个眼珠咁大子。一～装得几多子嘞？装得箇个六到八钱子，六钱子到八钱子，细滴子个六钱，大滴子个八钱，一～。用～就箇就欸有兜食得个就硬系食得十几杯啦。箇个～唔讲酒盅子。酒盅子就硬系大滴子个，箇就装得两两个。酒盅子有耳朵，牛眼杯冇得。tsiəu21 pi35 tsɿ0 lei0 iet3 pɔn35 iəu35-44 ci21 tʰai53-44 tsɿ0 lei0 ?ʂət5 ʂau35 tsiəu21 iəŋ53 ɲiəu13 ŋan21 pi35 tsɿ0 . ɲiəu13 ŋan21 tʂəu35 kan21 tʰai53 tsɿ0 a0 , ɲiəu13 tsɿ0 ke53 ŋan21 tʂəu35-53 kan21 tʰai53 tsɿ0 . iet3 ɲiəu13 ŋan21 pei35 tsɿ0 tʂɔŋ35 tek3 ci21 (t)o35-44 tsɿ0 lei0 ?tʂɔŋ35 tek3 kai53-44 ke53-44 liəuk3 tau53 pait3 tsʰien13 tsɿ0 ,liəuk3 tsʰien13 tsɿ0 tau53 pait3 tsʰien13 tsɿ0 ,se53 tiet5 tsɿ0 ke53 liəuk3 tsʰien13 ,tʰai53 tiet5 tsɿ0 ke53 pait3 tsʰien13 ,iet3 ɲiəu13 ŋan21 pei35 tsɿ0 .iəŋ53 ɲiəu13 ŋan21 pei35 tsɿ0 tsiəu53-21 kai53 tsʰiəu53-44 ei-21 iəu35 tei35-44 ʂət5 tek3 ke53-44 tsiəu53-44 ʂət5 tek3 ʂət5 ci21 pi35 la0 .kai53 ke53 ɲiəu13 ŋan21 pi35 tsɿ0 n̩13 kɔŋ21 tsiəu21 tʂəŋ35 tsɿ0 .tsiəu21 tʂəŋ35 tsɿ0 tsʰiəu53-44 ɲiaŋ53 xe53 tʰai53 tiet5-3 tsɿ0 ke0 ,kai53-44 tsʰiəu53-44 tʂɔŋ35 tek3 iɔŋ21 liɔŋ35 ke0 .tsiəu21 tʂəŋ35 tsɿ0 iəu35 ɲi21 to21 , ɲiəu13 ŋan21 pei35-44 mau13-21 tek3 .

【牛油】ɲiəu13 iəu13 名牛的肥膘炼出的油脂：我等就食过～哇。箇阵子冇油食，队上剐条牛，箇条牛……死一条牛吧，欸剐一条牛，箇牛嘞唔知几壮，真多油，冇人爱，尽兜都唔爱，我舞倒归去，我话我在乎……来看呀食得吗。蛮好食，～蛮好食。不过一条，冷个就食唔得，只能食滚个，冷哩就唔好食，冷哩结做一坨嘞，结做一坨同箇猪油样一凌呢，箇就唔好食，箇就巴嘴呀。我就箇回食哩～。我让门子？有么人食嘞，尽兜都唔爱。不要钱呢，欸～放倒箇会丢嘿了，系唔系？我就想下子，赫鲁晓夫哇讲下子啊，斯大林等讲下子，土豆加牛肉个共产主义，系唔系？加～喔，我箇阵记做～喔，俄罗斯人尽食～嘞，啊应该食总食得，有毒总冇得，只系话我等人习惯唔食，唔好食。可能喷膻。嗬，炒倒真好食。欸，交兜子箇浸辣椒哇炒倒哇，哈，真好食。就系冷个食唔得，箇都冇问题呀。ŋai13 tien0 tsʰiəu53-44 ʂət5 ko21 ɲiəu13-21 iəu13-21 ua0.kai53 tʂʰən53 tsɿ0 mau13-21 iəu13 ʂət5,ti53 xɔŋ53 tʂʰɿ13 tʰiau13-44 ɲiəu13,kai53 tʰiau13-21 ɲiəu13-21…si21 iet3 tʰiau13-44 ɲiəu13 pa0,e0 tʂʰɿ13 iet3 tʰiau13-44 ɲiəu13,kai53 ɲiəu13 le0 n̩13 ti35-53 ci21 tsɔŋ53,tʂən35 to35 iəu13,mau13 ɲin13-44 ɔi53,tsʰin53 te35-53 təu35-53 m̩13-21 mɔi53,ŋai13 u21 tau21 kuei35-44 çi53,ŋai13 ua53-44 ŋai13-21 tsʰai53 fu35-44…lɔi13-21 kʰən53-44 ia0 ʂət5 tek3 ma0.man13 xau21 ʂət5, ɲiəu13-21 iəu13-21 man13 xau21 ʂət5.pət3 ko53 iet3 tʰiau13,laŋ35 ke53 tsʰiəu53-44 ʂət5 n̩13 tek3,tʂɿ21 len13 ʂət5 kuən21 cie53,laŋ35 li0 tsʰiəu53 m̩13-21 xau21 ʂət5,laŋ35 li0 ciet3 tso53 iet3 tʰo13 lei0,ciet3 tso53 iet3 tʰo13 tʰəŋ13-21 kai53-44 tʂəu53 iəu13-21 iɔŋ53-44 iet3 lin53 nei0,kai53-44 tsʰiəu53-44 m̩13-21 xau21 ʂət5,kai53-44 tsʰiəu53-44 pa53-44 tʂɔi53 ia0.ŋai13 tsʰiəu53 kai53 fei13-21 ʂət5 li0 ɲiəu13-21 iəu13-21.ŋai13 ɲiɔŋ53 mən13-53 tsɿ0?mau13 mak3 in13-44 ʂət5 lei0,tsʰin53 təu35-53 təu35-53 m̩13-21 mɔi53.pət3 iau35 tsʰien13 ne0,ei44 ɲiəu13 iəu13-21 fɔŋ53-44 tau21 kai53 uɔi53 tiəu35 xek3 liau0,xei53-44 me53-44?ŋai13 tsʰiəu53 siɔŋ21 xa53-44 tsɿ0,xek3 ləu21 çiau21 fu35 va44 kɔŋ21 xa53 tsɿ0 a0,sɿ44 tʰai13 lin13-21 ten0 kɔŋ21 xa53 tsɿ0,tʰəu21 tʰei53 cia35 ɲiəu13 ɲiəuk3 ke53-44 kʰəŋ53 tsʰan21 tʂɿ21 ɲi53,xei53-44 me53-44?cia35 ɲiəu13 iəu13 uo0,ŋai13 kai53-44 tʂʰən53-44 ci53 tso53-44 ɲiəu13 iəu13-21 uo0,ŋo13 lo13-21 sɿ35 ɲin13-21 tsʰin53 ʂət5 ɲiəu13 iəu13 le0,a21 in35-44 kɔi35-44 ʂət5 tsəŋ21 ʂət5 tek3,iəu35 tʰəuk5 tsəŋ21 mau13 tek3,tʂɿ21 xei53 ua53 ŋai13-21 tien0 ɲin13-21 siet5 kuan53 n̩13-21 ʂət5,n̩13 xau21 ʂət5.kʰo21 len13 pʰən35-44 ʂen35.xo53,tsʰau21 tau21 tʂən35 xau21 ʂət5.ei21,ciau35-44 tei35-53 tsɿ0 kai53-44 tsin53 lait5 tsiau35 ua0 tsʰau21 tau21 ua0,xa53,tʂən35 xau21 ʂət5.tsʰiəu53 xei53-44 laŋ35 ke53-44 ʂət5 n̩13-21 tek3,kai53 təu35-53 mau13-21 uən53-44 tʰi13-44 ia0.

【牛崽子】ɲiəu13 tse21 tsɿ0 名小牛：我等箇年畜条牛嫲，队上搞集体呀，欸，搞责任制了啊，一条牛分分我等人，分条牛嫲子分我等人。下哩～，硬下哩～，落尾嘞，箇牛嫲死咁哩啰，唔知让门子死咁哩啰，唔知食倒哩么个唠。以下就好啦箇只～啦，系唔系？还去下食嫐呢，落尾买兜箇个奶粉箇兜，也买哩啦还能买哩奶粉箇兜分渠食啦。畜啊畜哩啊，畜倒蛮大了，以下我就想倒我爷子箇阵子也平哩反了，八几年是，欸，平哩反了，欸退休了，我爷子八五年退休个还么个，渠也六十岁退休个。我爷子退哩休，呀，我话箇个彝倒我爷子又天天去割牛草箇兜我懒去下搞。就送过分我姑姑去哩，我姑爷渠就三只赖子，四个人做田里工夫，作田呐。我就送过分渠箇只～，你等去畜，欸，我只爱只么个嘞？畜大哩个牛再分你，我只爱你年年来帮我做下子田里工夫。渠四个人呶，三只赖子蹦狠呶，系啊？欸，加正我姑爷唠，四个人呶，箇蛮好，年年都同我做犁耙啦，栽禾箇兜啦，几天事一出伙就搞嘿哩，工钱都唔爱。ŋai13 tien0 kai53 ɲien13-21 çiəuk3 tʰiau13-44 ɲiəu13 ma13,ti53 xɔŋ53 kau21 tsʰiet5 tʰi21 ia0,e21,kau21 tset3 uən53-44 tʂɿ53 liau21 a0,iet3 tʰiau13-21 ɲiəu13-21 fən35-44 pən35-53 ŋai13-21 tien0 ɲin13-21,fən35 tʰiau13-21 ɲiəu13 ma13-21 tsɿ0 pən35-53 ŋai13-21 tien0 ɲin13-21.xa53 li0 ɲiəu13 tse21 tsɿ0,ɲiaŋ53-44 xa53 li0 ɲiəu13 tse21 tsɿ0,lɔk5 mi35-44 lei0,kai53 ɲiəu13 ma13-44 si21 kan21 ni0 lo0,n̩13 ti13-53 ɲiɔŋ53 mən13-53 tsɿ0 si21 kan21 ni0 lo0,n̩13 ti35-44 ʂət5 tau21-44 li0 mak3 ke53-44 lau0.i21 xa53 tsʰiəu53 xau21 la0 kai53 tʂak3 ɲiəu13 tse21 tsɿ0 la0,xei53 me53?xai13-21 çi53-44 xa53-44 ʂət5 lien53 ne0,lɔk5 mi35-44 mai35 te35-53 kai53-44 ke53-44 lai21 fən21 kai53-44 te35-44,ia35 mai35 li0 la0 xai13-21 len13-44 mai35-44 li0 lai21 fən21 kai53-44 te35-44 pən35-44 ci13-44 ʂət5 la0.çiəuk3 a0 çiəuk3 li0 a0,çiəuk3 tau21 man13 tʰai13 liau0,i21 xa53 ŋai13 tsʰiəu53 siɔŋ21 tau21 ŋai13-44 ia13 tsɿ0 kai53 tʂʰən53 tsɿ0 ia35 pʰin13-21 ni0 fan21 niau0,pait3 ci21 ɲien13-44 sɿ53-44,e21,pʰin13 ni0 fan21 niau0,e21 tʰei53 çiəu35 liau0,ŋai13-21 ia13 tsɿ0 pait3 ŋ̍21 ɲien13 tʰei53 çiəu35 ke53 xai13-21 mak3 ke0,(c)i13-21 ia35-53 liəuk3 ʂət5 sɔi53 tʰei53 çiəu35 ke53.ŋai13-21 ia13 tsɿ0 tʰi53 li0 çiəu35,ia53,ŋai13 ua53-44 kai53-44 ke53-44 u21 tau21 ŋai13-21 ia13 tsɿ0 iəu53 tʰien35 tʰien35-44 çi53 kɔit3 ɲiəu13 tsʰau21 kai53 te35-53 ŋai13-21 lan35 çi53 xa53 kau21.tsʰiəu53-44 səŋ53 ko53-44 pən35 ŋai13-21 ku35 ku35-44 çi53 li0,ŋai13-21 ku35 ia13-21 ci13 tsʰiəu53 san35 tʂak3 lai53 tsɿ0,si53 ke53 ɲin13-44 tso53 tʰien13-21 ni21 kəŋ35-44 fu35-44,tsɔk3 tʰien13 na0.ŋai13 tsʰiəu53 səŋ53 ko53-44 pən35 ci13-21 kai53 tʂak3 ɲiəu13 tse21 tsɿ0, ɲi13 tien0 çi53 çiəuk3,ei21,ŋai13 tʂɿ21 ɔi53 tʂak3 mak3 ke53 le0?çiəuk3 tʰai13 li0 ke53-44 ɲiəu13 tsai53-44 pən35 ɲi13,ŋai13 tʂɿ21 ɔi53 ɲi13-21 ɲien13 ɲien13-44 lai13-21 pɔŋ35 ŋai13-21 tso53 xa53-21 tsɿ0 tʰien13-21 ni21 kəŋ35 fu35.ci13-21 si53 ke53-44 ɲin13-44 nau0,san35 tʂak3 lai53 tsɿ0 paŋ53 xen21 nau0,xei53-44 a0?e21,cia35 tʂaŋ53-21 ŋai13-21 ku35 ia13-21 lau0,si53 ke53-44 ɲin13-44 nau0,kai53 man13 xau21, ɲien13 ɲien13-21 təu35-53 tʰəŋ13-44 ŋai13-44 tso53 lai13 pʰa13-44 la0,tsɔi35 uo13 kai53-44 te35-44 la0,ci21 tʰien35 sɿ53 iet3 tʂʰət3 fo21 tsʰiəu53 kau21 xek3 li0,kəŋ35 tsʰien13-21 təu35-44 m̩13-21 mɔi53-44.

【牛子】ɲiəu13 tsɿ0 名①牛：欸，～是有只咁个有只映嘞，猜～个就讲起牛舌嫲就啦。"头动尾动，舌嫲绞鼻公。"就系～。～长日分只分舌嫲塞嘿鼻公眼哩去，系唔系？e21, ɲiəu13 tsɿ0 sɿ53-44 iəu35 tʂak3 kan21 kei53-44 iəu35 tʂak3 iaŋ35 le0,tsʰai35 ɲiəu13 tsɿ0 ke53-44 tsʰiəu53-44 kɔŋ21 çi21 ɲiəu13 ʂek5 ma13 tsʰiəu53-44 la0."tʰei13 tʰəŋ35-44 mi35 tʰəŋ35,ʂek5 ma13 ciau21 pʰi53 kəŋ35-44."tsʰiəu53 xe53 ɲiəu13 tsɿ0. ɲiəu13 tsɿ0 tʂʰɔŋ13 ɲiet3 pən35-44 tʂak3 pən35-44 ʂek5 ma13-21 set3 (x)ek3 pʰi53 kəŋ35-53 ŋan21 li0 çi53,xei53 me53? ②夯筑房屋墙体时用来支撑墙板的横木的末端：筑墙是就用墙板，系唔系？墙板是以向就固定哩吵，系啊？张得开合得拢吵，系唔系？以向就固定哩。有块挡板，以向是敞个，以向可以打开来。打开来个时候子爱筑个时候子你就不能也分渠打开来，就爱卡稳，卡稳箇只就卡子，卡子头上箇只就～。tʂəuk3 tsʰiɔŋ13 sɿ53-44 tsiəu53 iɔŋ53 tsʰiɔŋ13 pan$^{21}$,xei$^{53}_{44}$me$^{53}$?tsʰiəŋ$^{13}$pan$^{21}$ʂʅ$^{53}_{44}$i$^{21}$çiəŋ$^{53}$tsʰiəu$^{53}$ku$^{53}$tʰin$^{53}$ni$^{0}$ʂa$^{0}$,xei$^{53}$a$^{0}$?tʂəŋ$^{35}$tek$^{3}$kʰɔi$^{35}$xait$^{5}$tek$^{3}$ləŋ$^{35}$ʂa$^{0}$,xei$^{53}_{44}$me$^{53}_{44}$?i$^{21}$çiəŋ$^{53}$tsʰiəu$^{53}$ku$^{53}$tʰin$^{53}$ni$^{0}$.iəu$^{35}_{44}$kʰuai$^{53}_{44}$təŋ$^{21}$pan$^{21}$,i$^{21}$çiəŋ$^{53}$ʂʅ$^{53}_{44}$tʂʰo$^{21}$ke$^{53}_{44}$,i$^{21}$çiəŋ$^{53}$kʰo$^{21}_{44}$i$^{35}_{44}$ta$^{21}$kʰɔi$^{35}$lɔi$^{13}_{44}$.ta$^{21}$kʰɔi$^{35}$lɔi$^{13}_{21}$ke$^{53}_{44}$ʂʅ$^{13}_{44}$xəu$^{53}_{44}$tsʅ$^{0}$ɔi$^{53}$tʂəuk$^{3}$ke$^{53}_{44}$ʂʅ$^{13}_{44}$xəu$^{53}_{44}$tsʅ$^{0}$ɲi$^{13}_{21}$tsʰiəu$^{53}_{44}$pət$^{3}$len$^{13}_{21}$ia$^{35}$pən$^{35}_{44}$ci$^{13}_{44}$ta$^{21}$kʰɔi$^{35}_{44}$lɔi$^{13}_{44}$,tsʰiəu$^{53}$ɔi$^{53}$kʰa$^{13}$uən$^{21}$,kʰa$^{13}$uən$^{21}$kai$^{53}$tʂak$^{3}$tsʰiəu$^{53}$kʰa$^{13}$tsʅ$^{0}$,kʰa$^{13}$tsʅ$^{0}$tʰei$^{13}$xəŋ$^{53}$kai$^{53}$tʂak$^{3}$tsʰiəu$^{53}$ɲiəu$^{13}$tsʅ$^{0}$.

【牛牸子】ɲiəu$^{13}$tsʰʅ$^{53}$tsʅ$^{0}$ 名 未生育过的母牛：我等箇年分我姑爷畜个箇只就～嘞。落尾渠又畜倒下哩牛崽子嘞，真易得噢，箇只爱两三年呶。ŋai$^{13}$tien$^{0}$kai$^{53}$ɲien$^{13}_{44}$pən$^{35}$ŋai$^{13}_{21}$ku$^{35}$ia$^{13}_{21}$çiəuk$^{3}$ke$^{53}$kai$^{53}$tʂak$^{3}$tsʰiəu$^{53}$ɲiəu$^{13}$tsʰʅ$^{53}$tsʅ$^{0}$lei$^{0}$.lɔk$^{5}$mi$^{35}_{53}$ci$^{13}$iəu$^{53}_{44}$çiəuk$^{3}$tau$^{21}$xa$^{53}$li$^{0}$ɲiəu$^{13}$tse$^{21}$tsʅ$^{0}$lei$^{0}$,tʂən$^{35}$i$^{53}$tek$^{3}$au$^{0}$,kai$^{53}$tʂʅ$^{21}$ɔi$^{53}$iəŋ$^{21}$san$^{35}_{44}$ɲien$^{13}_{21}$nau$^{0}$.

【牛嘴络】ɲiəu$^{13}$tʂɔi$^{53}$lɔk$^{5}$ 名 牛笼嘴；戴在牲口嘴上，防止它吃东西的器物：～系么个作用嘞？用篾篓织个东西，套稳箇只牛嘴巴，冇得渠食黄豆子啊。欸，趟倒走个时候子，去莳田个时候子，慢呐你唔搞只～哦，慢渠进一口食一口，同你箇田塍上个豆子枯得洁净。ɲiəu$^{13}$tʂɔi$^{53}$lɔk$^{5}$xei$^{53}$mak$^{3}$e$^{0}$tsɔk$^{3}$iəŋ$^{53}$lei$^{0}$?iəŋ$^{53}_{44}$miet$^{5}$sak$^{3}$tʂət$^{3}$ke$^{53}_{44}$təŋ$^{35}_{44}$si$^{0}$,tʰau$^{53}$uən$^{21}$kai$^{53}$tʂak$^{3}$ɲiəu$^{13}$tsi$^{21}$pa$^{35}$,mau$^{13}$tek$^{3}$ci$^{13}_{21}$ʂət$^{5}$uəŋ$^{13}$tʰei$^{53}$tsʅ$^{0}$a$^{0}$.ei$_{21}$,ciəuk$^{5}$tau$^{21}$tsei$^{21}$ke$^{53}_{44}$ʂʅ$^{13}_{44}$xəu$^{53}$tsʅ$^{0}$,çi$^{53}$sʅ$^{13}_{21}$tʰien$^{13}$ke$^{53}$ʂʅ$^{13}_{44}$xəu$^{53}$tsʅ$^{0}$,man$^{35}$na$^{0}$ɲi$^{13}$n̩$^{13}$kau$^{21}$tʂak$^{3}$ɲiəu$^{13}$tʂɔi$^{53}$lɔk$^{5}$o$^{0}$,man$^{53}_{44}$ci$^{13}_{44}$tsin$^{53}$iet$^{3}$xei$^{21}$ʂət$^{5}$iet$^{3}$xei$^{21}$,tʰəŋ$^{13}_{21}$ɲi$^{13}$kai$^{53}$tʰien$^{13}$ʂən$^{13}_{44}$xəŋ$^{53}_{44}$ke$^{53}_{44}$tʰei$^{53}$tsʅ$^{0}$ɲian$^{13}$tek$^{3}$ciet$^{5}$tsʰiaŋ$^{53}$.

【扭$_1$】ɲiəu$^{21}$ 动 ①拧；用两股以上的条状物向相反的方向转动：箇咁个～哩个就安做麻花。kai$^{53}_{44}$kan$^{21}$ke$^{53}$ɲiəu$^{21}$li$^{0}$ke$^{53}$tsʰiəu$^{53}_{44}$ɔn$^{35}_{44}$tso$^{53}_{44}$ma$^{13}$fa$^{35}_{53}$. ②身体左右扭动：～秧歌ɲiəu$^{21}$iəŋ$^{35}$ko$^{35}$跳秧歌舞，解放初期东北人带来

【扭$_2$】ɲiəu$^{21}$ 量 用于扭结成条状的东西：一～头发 iet$^{3}$ɲiəu$^{21}$tʰei$^{13}$fait$^{3}$

【扭扭哩】ɲiəu$^{21}$ɲiəu$^{21}$li$^{0}$ 形 扭绞成条貌：就咁个～个油绳子。tsiəu$^{53}_{21}$kan$^{21}$ke$^{53}_{44}$ɲiəu$^{21}$ɲiəu$^{21}$li$^{0}$ke$^{53}$iəu$^{13}$ʂən$^{13}$tsʅ$^{0}$.

【纽】lei$^{21}$ 动 扣上扣子：我等就颈筋下箇只纽子只想取咁去，嘿嘿，唔想～倒。ŋai$^{13}$tien$^{0}$tsʰiəu$^{53}_{44}$ciaŋ$^{21}$cin$^{35}_{44}$xa$^{35}$kai$^{53}$tʂak$^{3}$lei$^{21}$tsʅ$^{0}$tʂʅ$^{21}$siəŋ$^{21}$tsʰi$^{21}$kan$^{21}$çi$^{53}$,xe$_{44}$xe$_{53}$,n̩$^{13}$siəŋ$^{21}$lei$^{21}$tau$^{21}$.

【纽襻】lei$^{21}$pʰan$^{53}$ 名 扣子的旧称。今又称"纽子"：欸，老班子嘞又讲～。我等就话，年轻人就说，"欸，以件衫呐，纽子都冇得哩"，系啊？"跌嘿两只纽子。"欸老人家子讲嘞，"以件衫，～都冇得哦"，"～都冇得啊"。ei$_{35}$,lau$^{21}$pan$^{35}$tsʅ$^{0}$lei$^{0}$iəu$^{53}$kəŋ$^{21}$lei$^{21}$pʰan$^{53}$.ŋai$^{13}_{21}$tien$^{0}$tsʰiəu$^{53}_{44}$ua$^{53}_{44}$, ɲien$^{13}$cʰin$^{35}_{44}$in$^{13}_{21}$tsʰiəu$^{53}$ʂuo$_{44}$,"e$_{21}$,i$^{21}$cʰien$^{53}$san$^{35}_{44}$na$^{0}$,lei$^{21}$tsʅ$^{0}$təu$^{35}_{53}$mau$^{13}_{21}$tek$^{3}$li$^{0}$",xe$^{53}_{44}$a$^{0}$?"tet$^{3}$(x)ek$^{3}$iəŋ$^{21}$tʂak$^{3}$lei$^{21}$tsʅ$^{0}$."e$_{44}$lau$^{21}$ɲin$^{13}_{21}$ka$^{35}_{44}$tsʅ$^{0}$kəŋ$^{21}$lei$^{0}$,"i$^{21}$cʰien$^{53}_{44}$san$^{35}_{44}$,lei$^{21}$pʰan$^{53}_{44}$təu$^{35}_{53}$mau$^{13}_{21}$tek$^{3}$o$^{0}$","lei$^{21}$pʰan$^{53}$təu$^{35}_{53}$mau$^{13}_{21}$tek$^{3}$a$^{0}$".

【纽眼】lei$^{21}$ŋan$^{21}$ 名 扣眼儿，即套住纽扣的小孔：如今个呃买个新个衫裤啊都临时来开～，系啊？欸，你买倒走个时候子箇卖衫裤个人呢渠就拿剪刀小剪子同你剪滴子，嗯，临时来开只～。渠省倒哩箇一步，箇个成衣店里呀，箇个服装厂里啊，渠省哩一步，省倒箇一步，箇箇省倒唔爱同你开呀。渠个～是让门子开呀？渠就系箇个嘞渠就系一架机子嘞，以映子五只纽子个话，系唔系？几多只纽子个话，你系话用手工，蛮多是用手工咯，欸，剪正眼来，用针线子绞一下，渠以个用机子，哪只栏场子，踩两下，听晡你爱了以就箇映剪开下子也就。i$^{13}_{21}$cin$^{35}_{53}$kei$^{53}$ə$_{21}$mai$^{35}$kei$^{53}$sin$^{35}$ke$^{53}_{44}$san$^{35}$fu$^{53}$a$^{0}$təu$^{35}_{53}$lin$^{13}$ʂʅ$^{13}_{21}$lɔi$^{13}_{21}$kʰɔi$^{35}_{44}$lei$^{21}$ŋan$^{21}$,xei$^{53}_{21}$a$^{0}$?ei$_{44}$,ɲi$^{13}_{21}$mai$^{35}$tau$^{21}$tsei$^{21}$ke$^{53}$ʂʅ$^{13}_{44}$xəu$^{53}_{44}$tsʅ$^{0}$kai$^{53}_{44}$mai$^{53}$san$^{35}_{44}$fu$^{53}$ke$^{0}$ɲin$^{13}_{21}$nei$^{0}$ci$^{13}_{21}$tsiəu$^{53}_{44}$la$^{53}$tsien$^{21}$tau$^{35}_{44}$siau$^{21}$tsien$^{21}$tsʅ$^{0}$tʰəŋ$^{13}_{44}$ɲi$^{13}_{44}$tsien$^{21}$tiet$^{5}$tsʅ$^{0}$,n̩$_{21}$,lin$^{13}_{21}$ʂʅ$^{13}_{21}$lɔi$^{13}_{44}$kʰɔi$^{35}$tʂak$^{3}$lei$^{21}$ŋan$^{21}$.ci$^{13}$saŋ$^{21}$tau$^{21}$li$^{0}$kai$^{53}_{44}$iet$^{3}$pʰu$^{53}$,kai$^{53}_{44}$ke$^{53}_{44}$tʂʰən$^{13}$i$^{35}_{44}$tian$^{53}$li$^{0}$ia$^{0}$,kai$^{53}_{44}$ke$^{53}_{44}$fuk$^{5}$tsɔŋ$^{35}_{53}$tʂʰɔŋ$^{21}$li$^{0}$a$^{0}$,ci$^{13}_{44}$saŋ$^{21}$li$^{0}$iet$^{3}$pʰu$^{53}$,saŋ$^{21}$tau$^{21}$kai$^{53}_{44}$iet$^{3}$pʰu$^{53}$,kai$^{53}_{44}$kai$^{53}_{44}$saŋ$^{21}$tau$^{21}$m̩$^{13}_{21}$mɔi$^{53}$tʰəŋ$^{13}_{21}$ɲi$^{13}_{21}$kʰɔi$^{35}$ia$^{0}$.ci$^{13}$ke$^{53}$lei$^{21}$ŋan$^{21}$ʂʅ$^{53}_{21}$ɲiəŋ$^{53}$mən$^{13}_{44}$tsʅ$^{0}$kʰɔi$^{35}$ia$^{0}$?ci$^{13}_{21}$tsʰiəu$^{53}$xei$^{53}_{44}$kai$^{53}$ke$^{53}$lei$^{0}$ci$^{13}_{21}$tsʰiəu$^{53}$xei$^{53}_{44}$iet$^{3}$ka$^{53}_{44}$ci$^{35}$tsʅ$^{0}$lei$^{0}$,i$^{21}$iaŋ$^{53}$tsʅ$^{0}$ŋ̍$^{21}$tʂak$^{3}$lei$^{21}$tsʅ$^{0}$ke$^{53}$fa$^{53}$,xei$^{53}$me$^{53}$?ci$^{21}$to$^{35}_{53}$tʂak$^{3}$lei$^{21}$tsʅ$^{0}$ke$^{53}$fa$^{53}$, ɲi$^{13}$xei$^{53}$ua$^{53}$iəŋ$^{53}$ʂəu$^{21}$kəŋ$^{35}_{53}$,man$^{13}_{21}$to$^{35}_{44}$ʂʅ$^{53}$iəŋ$^{53}$ʂəu$^{21}$kəŋ$^{35}_{53}$ko$^{0}$,e$_{44}$,tsien$^{21}$tʂaŋ$^{53}$ŋan$^{21}$lɔi$^{13}$,iəŋ$^{53}$tʂən$^{35}$sien$^{53}$tsʅ$^{0}$ciau$^{21}$iet$^{3}$xa$^{53}$,ci$^{13}$i$^{21}$ke$^{53}$iəŋ$^{53}$ci$^{35}$tsʅ$^{0}$,lai$^{53}$tʂak$^{3}$laŋ$^{13}_{44}$tʂʰɔŋ$^{13}_{44}$tsʅ$^{0}$,tsʰai$^{21}$iəŋ$^{21}$xa$^{53}$,tʰin$^{35}_{44}$pu$^{35}_{44}$ɲi$^{13}_{21}$ɔi$^{53}$liau$^{0}$i$^{21}$tsʰiəu$^{53}$kai$^{53}$iaŋ$^{53}$tsien$^{21}$kʰɔi$^{35}_{53}$xa$^{53}_{44}$tsʅ$^{0}$a$^{35}_{44}$tsiəu$^{53}_{44}$.

【纽子】lei$^{21}$tsʅ$^{0}$ 名 扣子：欸，箇起箇布～是以向就安做～，箇边就安做纽襻。箇头就有襻吵，以映就一只～吵，系啊？e$_{21}$,kai$^{53}$çi$^{21}$kai$^{53}_{44}$pu$^{53}$lei$^{21}$tsʅ$^{0}$ʂʅ$^{53}_{44}$i$^{21}$çiəŋ$^{53}$tsʰiəu$^{53}$ɔn$^{35}_{53}$tso$^{53}$lei$^{21}$tsʅ$^{21}$,kai$^{53}$pien$^{35}_{44}$tsʰiəu$^{53}_{44}$ɔn$^{35}_{44}$tso$^{53}_{44}$lei$^{21}$pʰan$^{53}$.kai$^{53}$tʰei$^{13}_{21}$tsʰiəu$^{53}_{44}$iəu$^{35}_{44}$pʰan$^{53}$ʂa$^{0}$,i$^{21}$iaŋ$^{53}$tsʰiəu$^{53}$iet$^{3}$tʂak$^{3}$lei$^{21}$tsʅ$^{0}$ʂa$^{0}$,xei$^{53}$a$^{0}$?｜欸，以件衫呐，～都冇得哩。e$_{21}$,i$^{21}$cʰien$^{53}$san$^{35}_{44}$na$^{0}$,lei$^{21}$tsʅ$^{0}$təu$^{35}_{53}$mau$^{13}_{21}$tek$^{3}$li$^{0}$.

【农忙】ləŋ$^{13}$məŋ$^{13}$ 名 指农事繁忙之时：～时节 ləŋ$^{13}$məŋ$^{13}$ʂʅ$^{13}_{44}$tsiet$^{3}$

N

【农忙假】ləŋ13məŋ13cia21 [名]农事繁忙时放的假期：以下就冇得哩放～，以下冇得～放了，以前有啦。摘茶籽个时候子放茶籽假，五月份栽禾个时候子放栽禾假。摘茶籽放假嘞，放三天子嘞。i21xa53tsʰiəu53mau13tek3li0fəŋ53ləŋ13məŋ13_44cia21,i21xa53mau13tek3ləŋ13məŋ13_21cia21fəŋ53liau0,i35tsʰien13iəu35la0.tsak3tsʰa13tsʅ21ke53_44ʂʅ_44xəu53_44tsʅ0fəŋ53tsʰa13tsʅ21_44cia21_44,ŋ̍21ɲiet5fən53tsɔi35uo13ke0ʂʅ13xəu13_21tsʅ0fəŋ53tsɔi35uo13cia21.tsak3tsʰa13tsʅ21fəŋ53cia21lei0,fəŋ53san35_44tʰien35_44tsʅ0lei0.

【农闲】ləŋ13xan13 [名]农事较少的闲暇之时：开口塘是也爱到～唠。kʰɔi35xəu21tʰəŋ13ʂʅ53_44ia35_53ɔi35tau53ləŋ13xan13lau0.

【浓】ɲiəŋ13/ləŋ13 [形]含某种成分多。与“淡、鲜”相对：（墨）磨～哩 mo13ɲiəŋ13li0｜豆浆磨得～。tʰei53tsiəŋ35mo53tek3ləŋ13.

【脓】ləŋ13 [名]疮口流出来的黄白色汁液，是死亡的白血球、细菌及脂肪等的混合物：分箇～拔出来 pən35kai53_44ləŋ13pʰait5tʂʰət3lɔi13_44

【秾】ɲiəŋ13 [动]（杂草、树木）丛生；茂盛：如果唔除箇草，～嘿起来，跍个老鼠唔知几凶，壁下两行禾都冇得哩。y13ko21n̩21_21tʂʰəu13kai53tsʰau21, ɲiəŋ13(x)ek3çi21lɔi13,ku35_44ke53_44lau21tʂʰəu21n̩21_21ti35_44ci21çiəŋ35,piak3xa53iəŋ21xəŋ13uo13_21təu35_53mau13_21tek3li0.｜树叶～哩，虫蛰就多哩。ʂəu53iait5ɲiəŋ13li0,tʂʰəŋ13ʂʅ35tsʰiəu53to35li0.

【弄弄鬆鬆】ləŋ53ləŋ53_44səŋ35_44səŋ35_44 披头散发的样子：欸，箇只么个妹子啊，爱你姆娑同你分箇头发扎做两只子把子啊，省子省子跌啊下来～啊。e_21,kai53_44tʂak3mak3ke53_44mɔi53tsʅ0a0,ɔi53ɲi13_21m̩13me35_44tʰəŋ13ɲi13_44pən35kai53_44tʰei13fait3tsait3tso53iəŋ21tʂak3tsʅ0pa21tsʅ0a0,saŋ21tsʅ0saŋ21tsʅ0tet3a0xa53lɔi13_21ləŋ53ləŋ53_44səŋ35_44səŋ35_44ŋa0.

【弄人1】ləŋ53ɲin13 [动]捉弄他人；戏弄他人：还有只人胆大一滴个嘞就姓卢个，姓卢。渠也系胆子唔知几大。箇个也系只夫娘子。渠也系家庭教育系咁个嘞。箇姓卢个夫娘子，以下是死嘿哩唠。姓卢个夫娘子也系嘞。社会上个人搞弄死人呢。箇姓卢个夫娘子嘞，唔知几苦。老公嘞就做么个事唔得，寻么个钱唔倒。以下箇只夫娘子嘞，就一窠妻呀，以下讲一窠妻系么个意思吗？就系供一路个赖子啊。赖子妹子啊，七八只。唔系屋下唔知几苦吗，系啊？箇有兜眼前样，清清楚楚看得个。我搭渠同哩几脚子路哇，去皇碑树下，凤溪万伏初老师系个箇垄路顶，同哩几脚子路。看稳渠嘞系箇映过，我就……渠就进去，箇就坐只姓曾个人，一只老子坐倒去下子。箇老子也咁～，系啊？渠个农村里个人呢，真系～呐。看倒以只姓卢个夫娘子来哩就：“野老婆野老婆，让门咁久都𫞕看得你？”渠就喊渠野老婆。“野老婆野老婆，让门咁久都走下哪映去哩，系唔系？逢咁久都𫞕看得你？”其实箇个喊野老婆就系系假个唠，好搞个啦，系唔系？逗渠个啦。以只箇姓卢个夫娘子嘞，渠也你喊我野老婆就箇我也有咁煞泼辣有滴啦。徛下渠面前，一屁股就坐下渠膝头上。就坐下渠膝头上。“今晡野老婆来哩，你总爱招待下子我啦，总爱拿滴子我分我啦，爱打发下子我啦。你有么个东西硬啊？还有么个？有垄卵呢。装起来一垄卵呢，裤脱出卵都冇得一垄哩，系唔系？”渠后面啊渠就身上个袋子那起东西。“看呐，看也有钱吗？有吗有吗？”三十几块子钱就分渠搜嘿去啦。箇个……我就讲农村里让门其实让门个人都有。渠箇只人那好搞样啊，系唔系？还看下倒就冇得一句好话。“野老婆野老婆，让门子唔都𫞕看得你？咁久咁久都𫞕看得你？”惹人。以只嘞，你喊哩我野老婆啊，系唔系？野老婆来哩，你总爱招待下子吧？冇得么个，就袋子里三十几块子钱都分渠搜嘿哩。好搞样。渠箇人真有味道嘞。xai13iəu35tʂak3ɲin13tan21tʰai53i13_44tet3ke0lei0tsʰiəu53siaŋ53ləu13ke0,siaŋ53ləu13.ci13_21ia35xei53tan21tsʅ0n̩13ti35_44ci21_44tʰai53.kai53ke0ia35xei53tʂak3pu35ɲiəŋ13_21tsʅ0.ci13ia35xei53cia35tʰin13_21ciau53iəuk3xei53kan21ke0le0.kai53siaŋ53ləu13ke0pu35ɲiəŋ13_21tsʅ0,i21_13xa53ʂʅ53_44si21xek3li0lau0.siaŋ53ləu13ke0pu35ɲiəŋ13_21tsʅ0ia35xei53lei0.ʂa53fei53ʂəŋ53ke0ɲin13kau21_44ləŋ53si21ɲin13ne0.kai53siaŋ53ləu13ke0pu35ɲiəŋ13_21tsʅ0lei0,n̩13ti35_53ci21kʰu21.lau21kəŋ35_44lei0tsʰiəu53_44tso53mak3e0sʅ53n̩13_21tek3,tsʰin13mak3e0tsʰien13n̩13_44tau21.i21xa53_44kai53tʂak3pu35ɲiəŋ13_21tsʅ0lei0,tsʰiəu53_44iet3kʰo35tsʰi35ia0,i21_44xa53_44kəŋ21iet3kʰo35tsʰi35xei53mak3e0i53sʅ0ma0?tsʰiəu53uei53_44ciəŋ53iet3ləu53cie53_44lai53tsʅ0a0.lai53tsʅ0mɔi53tsʅ0a0,tsʰiet3pait3tʂak3.m̩13pʰei53uk3xa53n̩13ti35_53ci21kʰu21ma0,xei53_44a0?kai53_44iəu35təu35_53ŋan21tsʰien13_44iəŋ53,tsʰin35tsʰin35_44tsʰu21tsʰu21kʰən53tek3ke0.ŋai13lau35ci13_44tʰəŋ13li0ci21ciɔk3tsʅ0ləu53ua0,çi53uəŋ13pi35_44ʂəu53xa53_44,fəŋ53çi35_44uan53fuk3tsʰʅ35lau21sʅ35_44xei53ke53_44kai53_44tsʰo53ləu53taŋ21,tʰəŋ13li0ci21ciɔk3tsʅ0ləu53.kʰən53uən21ci13_44lei0xei53_44kai53_44iaŋ53_44ko53,ŋai13tsʰiəu53…ci13_21tsʰiəu53_44tsin53çi53,kai53_44tsʰiəu53_44tsʰo35tʂak3siaŋ53tsien35ke53ɲin13_44,iet3tʂak3lau21tsʅ0tsʰo35tau21çi53xa53tsʅ0.kai53lau21tsʅ0ia35kan21ləŋ53ɲin13_21,xei53_44a0?ci13_21ke53_44ləŋ13tsʰən35li0ke0ɲin13 nei0,tʂən35ne53-44ləŋ53ɲin13-21na0.kʰən53tau21i21tʂak3siaŋ53ləu13ke53pu35ɲiəŋ13-21tsɿ0lɔi13li0tsʰiəu53-44:"ia35lau21pʰo13-21ia35lau21pʰo13, ɲiəŋ53mən0kan21ciəu21təu35-53maŋ13kʰən53tek3ɲi13?"ci13tsʰiəu53-44xan53ci13-21ia35lau21pʰo13."ia35lau21pʰo13-21ia35lau21pʰo13, ɲiəŋ53mən0kan21ciəu21təu35-44tsei21ia53-44la53iaŋ53-44çi53-44li0,xei53-44me53-44?fəŋ13kan21ciəu21təu35-53maŋ13kʰən53tek3ɲi13?"cʰi13-21ʂət5kai53-44ke53-44xan53ia35lau21pʰo13tsʰiəu53-44xei53-44xei53-44cia21ke53lau0,xau21kau21cie53-44la0,xei53me53?tei35ci13-21cie53la0.i21tʂak3kai53siaŋ53ləu13-21ke0pu35ɲiəŋ13-21tsɿ0lei0,ci13-21ia35-44ɲi13xan53ŋai13ia35lau21pʰo13tsʰiəu53-44kai53ŋai13ia35-44iəu35-44kan21sait3pʰait3lait3iəu35tiet5la0.cʰi35ia53ci13-44men53-44tsʰien44,iet3pʰi53ku21tsiəu53-44tsʰo35-44a53-44ci13-21tsʰiet3tʰei13xəŋ53.tsiəu53-44tsʰo35-44a53-44ci13-21tsʰiet3tʰei13xəŋ53."cin35pu35-53ia35lau21pʰo13lɔi13li0, ɲi13tsəŋ21ɔi53-44tʂau35tʰɔi53ia53-44tsɿ0ŋai13-21la0,tsəŋ21ɔi53-44la53tiet5tsɿ0ŋai13pən53-44ŋai13-21la0,ɔi53-44ta21fait3a53tsɿ0ŋai13-21la0. ɲi13iəu35-44mak3e0təŋ35-44si0ɲiaŋ53ŋa0?xai13-21iəu35mak3ke53?iəu35-44tsʰo53lən21nei0.tʂəŋ35çi21lɔi13iet3tsʰo53lən21nei0,kʰu53tʰɔit3tʂʰət3lən21təu35-53mau13-21tek3iet3tsʰo53ni0,xei53-44me53-44?"ci13xəu53-44mien53-44a0ci13tsʰiəu53-44ʂən35-44xəŋ53ke0tʰɔi53tsɿ0lai53-44çi21təŋ35-44si0."kʰən53-44na0,kʰən53ia35iəu35tsʰien13ma0?iəu35ma0iəu35ma0?"san35ʂət5ci21kʰuai53-44tsɿ0tsʰien13-44tsiəu53-44pən35ci13-21sei35xek3çi53la0.kai53kei53-44…ŋai13tsʰiəu53kəŋ21ləŋ13tsʰən35-44li0ɲiəŋ53mən0cʰi13ʂət5ɲiəŋ53mən0ke0ɲin13təu35-44iəu35.ci13kai53tʂak3ɲin13la53xau21kau21iəŋ53ŋa0,xei53-44me53-44?xai13-44kʰən53-35a53-44tau21-44tsʰiəu53mau13tek3iet3ci53xau21fa53."ia35lau21pʰo13-21ia35lau21pʰo13, ɲiəŋ53mən0tsɿ0n̩13təu35-53maŋ13kʰən53tek3ɲi13?kan21ciəu21kan21ciəu21təu35-53maŋ13kʰən53tek3ɲi13?"ɲia35ɲin13-21.i21tʂak3lei0, ɲi13xan53li0ŋai13-21ia35lau21pʰo13a0,xei53me53?ia35lau21pʰo13lɔi13li0, ɲi13tsəŋ21ɔi53-44tʂau35tʰɔi53ia53-44tsɿ0pa0?mau13tek3mak3e0,tsʰiəu53-44tʰɔi53tsɿ0li21san35ʂət5ci21kʰuai53tsɿ0tsʰien13təu35-44pən35-53ci13-21sei35xek3li0.xau21kau21iəŋ53.ci13-21kai53ɲin13-21tʂən35iəu35uei53tʰau53le0.

【弄人₂】ləŋ53ɲin13 形命运捉弄人。多用以表示人生多变，无法预料，甚至令人啼笑皆非：以下有咁～呢。同你讲下子空事咯。箇唔系渠是死嘿哩就是渠只老婆嘞四只细人子欸欸三只妹子啊几多只妹子啊。渠只老婆三只妹子。你话箇唔系冇哩老公，系啊？以下张家坊有只人呢就也有咁～。两公婆嘞食嘿夜饭呢去散步，走箇到到箇到箇桥上，走你欸走仙姑路箇映子到箇桥上去散步。一辆箇个欸箇面的车子，糜烂个面的嘞，捉倒渠只老婆钟得㱚死。捉啊渠老婆钟得㱚死。唔系以只男子人就冇哩老婆，箇箇只王亚欣就欸王亚欣老婆就冇哩老公？两个人结合哩。系因都系因为车祸。嘿嘿笑死人。蛮好嘞，箇个以只男子人就蛮会做生意，蛮赚钱。箇夫娘子就蛮会交佮人箇只，蛮会，欸，真好。i21-13xa35iəu35-44kan21nəŋ53ɲin13-21ne0.tʰəŋ13-44ɲi13-44kəŋ21xa53-44tsɿ0kʰəŋ53sɿ53-44ko0.kam44(←kai53m̩13)pʰei53-44ci13ʂɿ53-44si21xek3li0tsʰiəu53ʂɿ53iak3(←ci13tʂak3)lau21pʰo13lei0si53tʂak3sei53ɲin13-44tsɿ0e0e0san35tʂak3mɔi53tsɿ0a0ci21-44(t)o35-44tʂak3mɔi53tsa0.ci13-44(tʂ)ak3lau21pʰo13san35tʂak3mɔi53tsɿ0.ɲi13ua53-44kai53m̩13pʰei53mau13-21li0lau21kəŋ35-44,xei53-44a0?i21xa53-44tʂəŋ35-44ka35-44fəŋ35iəu35tʂak3ɲin13nei0tsiəu53ia35iəu35-44kan21nəŋ53ɲin13.iəŋ21kəŋ35-44pʰo13lei0ʂət5xek3ia53fan53-44nei0çi53-44san53-44pʰu53,tsei21kai53tau53-44tau53-44kai53-44tau53-44kai53-44cʰiau13xəŋ53,tsei21ɲi13-44e0tsei21sien35ku35lu53kai53-44iaŋ53-44tsɿ0tau53kai53cʰiau13xəŋ53-44çi53-44san53-44pʰu53-44.iet3liəŋ35kai53-44ke53-44e0kai53-44mien53tiet3tʂʰa35tsɿ0,me35lan53-44ke53-44mien53tiet3le0,tsɔk3tau53-44(c)i13-44(tʂ)ak3lau21pʰo13tʂəŋ35tek3tsiəu53si21.tsɔk3a0ci13-44lau21pʰo13tʂəŋ35tek3tsiəu53si21.m̩13pʰei53i21tʂak3lan13tsɿ0ɲin13tsʰiəu53mau13-44li0lau21pʰo13,kai53kai53tʂak3uəŋ13ia53çin35tsʰiəu53e0uəŋ13ia53çin35nau21pʰo13tsiəu53mau13-44li0lau21kəŋ35-44?iəŋ21ke53-44in13-44ciet3xɔit5li0.xe53-44in35təu35xei53in13-44uei53-44tʂʰa35fo53-44.xei44xei53siau53si21ɲin13.man13xau21lei0,kai53-44iei44(←kei53)i21tʂak3lan13tsɿ0ɲin13tsʰiəu53man13uɔi53-44tso53-44sen35i53,man13tsʰan53tsʰien13-44.kai53pu35ɲiəŋ13-21tsɿ0tsiəu53-44man13uɔi53-44ciau35kait3ɲin13kai53-44tʂak3,man13uɔi53,e21,tʂən35xau21.

【弄死人】ləŋ53si21ɲin13 形容很可笑：欸笑死人，我等一只喊大哥个，七十零了，渠就冇滴子咁个半蒲水子个味道。渠哟欸呀冇么个事我讲下子渠啊。欸几只路子～。渠一只～呢渠去当兵去哩吵，渠老弟子去屋下嘞早早就定哩一只老婆。渠归来哩。老弟嫂就讨哩了吵，系唔系？渠也跟倒渠老弟子到渠丈人爷箇去，渠也跟倒喊丈人爷，哼，笑死人。欸，喊跟倒喊丈人婑，箇是一只笑人吧？e44siau53si21ɲin13-21,ŋai13tien0iet3tʂak3xan53tʰai53ko35-44ke0,tsʰiet3ʂət5laŋ13-21liau0,ci13-21tsʰiəu53iəu35tiet5tsɿ0kan21ke53-44pan53pʰu13ʂei21tsɿ0ke0uei53tʰau53.ci13-21io0ei44ia44mau13-21mak3e0sɿ53ŋai13-44kəŋ21xa53-44tsɿ0ci13-44a0.ei44ci21tʂak3ləu53tsɿ0ləŋ53si21ɲin13-21.ci13-21iet3tʂak3ləŋ53si21ɲin13nei0ci13-21çi53təŋ35pin35çi53li0ʂa0,ci13-21lau21tʰei53tsɿ0çi53uk3xa53lei0tsau21tsau21tsiəu53-44tʰin53li0iet3tʂak3lau21pʰo13.ci13-21kuei35lɔi13-21li0.lau21tʰei53sau21tsʰiəu53tʰau21li0liau21ʂa0,xei53me53?ci13-21ia35cien35tau21ci13-44lau21tʰei53tsɿ0tau53ci13-44tʂʰəŋ53-44in13-44ia13kai53-44çi53-44,ci13ia35-53cien35-44tau21-44xan53-44tʂʰəŋ53-44in13-44ia13-21,xŋ̍53,siau53si21ɲin13-21.e21,xan53cien35tau21xan53-44tʂʰəŋ53-44in13-44ɔi35,kai53-44ʂɿ53-44iet3tʂak3siau53ɲin13-21pa0?

【洡₁】lei13 动使汤汁变得浓稠：就所以嘞欸莫煮烂哩，煮多哩米个话，做好事煮一大甑饭个话，你爱洗米。爱洗一到米来，洗一到米来去煮，就冇事～汤，冇事～饭汤。tsiəu53-21so21i35-44lei0

N

e$_{21}$mɔk$^{5}$ tʂəu$^{21}$lan$^{53}$ni$^{0}$,tʂəu$^{21}$to$^{35}$li$^{0}$mi$^{21}$ke$^{53}$fa$^{53}$,tso$^{53}$xau$^{21}$sɿ$^{53}$tʂəu$^{21}$iet$^{3}$ tʰai$^{53}$tsien$^{53}_{44}$fan$^{53}$cie$^{53}_{44}$fa$^{53}$, ɲi$^{13}_{21}$ɔi$^{53}$se$^{21}$mi$^{21}$. ɔi$^{53}$se$^{21}$iet$^{3}$ tau$^{53}$mi$^{21}$lɔi$^{13}_{44}$,se$^{21}$iet$^{3}$ tau$^{53}$mi$^{21}$lɔi$^{13}$çi$^{53}$tʂəu$^{21}$,tsʰiəu$^{53}$mau$^{13}$sɿ$^{53}$lei$^{13}_{21}$tʰɔŋ$^{35}$,mau$^{13}$sɿ$^{53}$lei$^{13}$fan$^{53}$tʰɔŋ$^{35}_{44}$.

【泂$_{2}$】lei$^{13}$ 形①流体浓稠：豆浆磨得～～子。tʰei$^{53}$tsiɔŋ$^{35}$mo$^{53}$tek$^{3}$ lei$^{13}$lei$^{13}$tsɿ$^{0}$. ②称人酒菜丰盛。又称“体面、丰盛”：今晡以餐就蛮～。cin$^{35}$pu$^{35}_{44}$i$^{21}$tsʰɔn$^{35}_{44}$tsiəu$^{21}$man$^{13}$lei$^{13}$.

【女$_{1}$】ɲy$^{21}$/ɲi$^{21}$ 形属性词。①女性的：你箇阴阳人，不男不～个。ɲi$^{13}_{21}$kai$^{53}_{44}$in$^{35}$niɔŋ$^{13}_{21}$ɲin$^{13}_{21}$,pət$^{3}$ lan$^{13}$ pət$^{3}$ɲy$^{21}$ke$^{53}$. ②雌性的：～猪子 ɲi$^{21}$tʂəu$^{35}$tsɿ$^{0}$

【女$_{2}$】ŋ̍$^{21}$/ɲy$^{21}$ 名女性；女子：男左～右。lan$^{13}$tso$^{21}$ɲy$^{21}$iəu$^{53}$.｜两姊妹就分唔出系一男一～呀还系两只～，两～，分唔出，都安做两姊妹。iɔŋ$^{21}$tsi$^{21}$mɔi$^{53}$tsʰiəu$^{53}$fən$^{35}$n̩$^{13}_{21}$tʂʰət$^{3}$ xei$^{53}$iet$^{3}$ lan$^{13}$iet$^{3}$ɲy$^{21}$ ia$^{0}$ xai$^{13}_{21}$xe$^{53}$iɔŋ$^{21}$tʂak$^{3}$ ŋ̍$^{21}$,iɔŋ$^{21}$ŋ̍$^{21}$,fən$^{35}$n̩$^{13}_{21}$tʂʰət$^{3}$,təu$^{35}$ɔn$^{35}_{44}$tso$^{53}_{44}$iɔŋ$^{21}$tsi$^{21}$mɔi$^{53}$.

【女方】ɲy$^{21}$fɔŋ$^{35}$ 名女的方面（多用于有关婚事的场合）：箇只～合适以只伢子。kai$^{53}_{44}$tʂak$^{3}$ɲy$^{21}$ fɔŋ$^{35}$xɔit$^{5}$ʂʅ$^{53}$i$^{21}$tʂak$^{3}$ŋa$^{13}$tsɿ$^{0}$.

【女个】ɲy$^{21}$/ɲʮ$^{21}$ke$^{53}$ 指妇女：裤脚盆，洗裤子个，妹子人用来，～用来。fu$^{53}$ciɔk$^{3}$ pʰən$^{13}$,se$^{21}$fu$^{53}$ tsɿ$^{0}$ ke$^{53}_{44}$,mɔi$^{53}$tsɿ$^{0}$ɲin$^{13}$iəŋ$^{53}$lɔi$^{13}_{21}$, ɲʮ$^{21}$ke$^{53}_{44}$iəŋ$^{53}$lɔi$^{13}_{21}$.｜有滴箇夫娘子，有滴～啊，箇个妹子箇只嘞，系唔系？渠就唔舍得样啊，哎，就爱分人舞归去。iəu$^{35}$tet$^{5}$ kai$^{53}_{44}$pu$^{35}$ɲiɔŋ$^{13}_{21}$tsɿ$^{0}$,iəu$^{35}$tet$^{5}$ɲy$^{21}$ke$^{53}_{44}$a$^{0}$,kai$^{53}_{44}$ ke$^{53}_{44}$mɔi$^{53}$tsɿ$^{0}$ kai$^{53}_{44}$tʂak$^{3}$ le$^{0}$,xei$^{53}_{44}$me$^{53}_{44}$? ci$^{13}_{21}$tsʰiəu$^{53}_{44}$n̩$^{13}$ʂa$^{21}$tek$^{3}$ iɔŋ$^{53}$ŋa$^{0}$,ai$_{21}$,tsʰiəu$^{53}_{44}$ɔi$^{53}_{21}$pən$^{35}$ɲin$^{13}_{21}$u$^{21}$kuei$^{35}_{44}$çi$^{53}$.

【女家】ɲi$^{21}$ka$^{35}$ 名婚姻中的女方家：结婚之前呐就爱箇个嘞爱箇只媒人呢爱拿倒箇日子到～去，拿日子单呐到～去。ciet$^{3}$ fən$^{35}$tʂʅ$^{35}_{53}$tsʰien$^{13}$na$^{0}$ tsʰiəu$^{53}$ɔi$^{53}_{44}$kai$^{53}$ke$^{53}$le$^{0}$ ɔi$^{53}$kai$^{53}$tʂak$^{3}$ mɔi$^{13}$ɲin$^{13}_{21}$ne$^{0}$ ɔi$^{53}$ la$^{53}$tau$^{21}$kai$^{53}$ɲiet$^{3}$ tsɿ$^{0}$ tau$^{53}$ɲi$^{21}$ka$^{35}_{44}$çi$^{53}_{44}$,la$^{53}$ɲiet$^{3}$ tsɿ$^{0}$ tan$^{35}$na$^{0}$ tau$^{53}$ɲi$^{21}$ka$^{35}_{44}$çi$^{53}$.

【女家头】ɲi$^{21}$/ɲy$^{21}$ka$^{35}_{44}$tʰei$^{13}_{21}$ 名婚姻中的女方家：女方就安做～。ɲy$^{21}$fɔŋ$^{35}$tsʰiəu$^{53}$ɔn$^{35}_{44}$tso$^{53}_{44}$ɲi$^{21}$ka$^{35}$ tʰei$^{13}_{21}$.｜欸，以前我等以映子讨新人箇只嘞，欸，爱荷滴子箇个零哩八碎子送倒～去嘞，就用皮篓子。ei$_{21}$,i$^{35}$tsʰien$^{13}_{21}$ŋai$^{13}$tien$^{0}$ i$^{21}$iaŋ$^{53}_{44}$tsɿ$^{0}$ tʰau$^{21}$sin$^{35}$ɲin$^{13}_{21}$kai$^{53}_{44}$tʂak$^{3}$ le$^{0}$,e$_{21}$,ɔi$^{53}_{44}$kʰai$^{35}$tiet$^{5}$ tsɿ$^{0}$ kai$^{53}_{44}$ke$^{53}_{44}$laŋ$^{13}$li$^{0}$ pait$^{3}$ si$^{53}$tsɿ$^{0}$ səŋ$^{53}$tau$^{21}$ɲi$^{21}$ka$^{35}$tʰei$^{13}_{21}$çi$^{53}_{44}$lei$^{0}$,tsiəu$^{53}$iəŋ$^{53}_{44}$pʰi$^{13}$lei$^{21}$tsɿ$^{0}$.

【女客】ɲi$^{21}$kʰak$^{3}$ 名女性客人：请客就莫请～，请五十就来一百。tsʰiaŋ$^{21}$kʰak$^{3}$ tsiəu$^{53}_{44}$mɔk$^{5}$ tsʰiaŋ$^{21}$ɲi$^{21}$kʰak$^{3}$,tsʰiaŋ$^{21}$ŋ̍$^{21}$ʂət$^{5}$ tsʰiəu$^{53}$lɔi$^{13}$iet$^{3}$ pak$^{3}$.

【女猪子】ɲi$^{21}$tʂəu$^{35}$tsɿ$^{0}$ 名未阉割且未生育过的母猪（不是用来下崽的）：哎，箇阵子我等去捉猪子就唔想捉～嘞，只想捉公猪子，唔想捉～，捉猪子畜啊。捉～爱阉一到，𫌎阉得好是死都冇哩来，死都冇大。ai$_{21}$,kai$^{53}$tʂʰən$^{53}$tsɿ$^{0}$ ŋai$^{13}$tien$^{0}$ çi$^{53}$tsɔk$^{3}$ tʂəu$^{35}$tsɿ$^{0}$ tsʰiəu$^{53}$n̩$^{13}$siɔŋ$^{21}$tsɔk$^{3}$ɲi$^{21}$tʂəu$^{35}$tsɿ$^{0}$ le$^{0}$,tʂɿ$^{21}$siɔŋ$^{21}$tsɔk$^{3}$ kəŋ$^{35}$tʂəu$^{35}_{44}$tsɿ$^{0}$,n̩$^{13}$siɔŋ$^{21}$tsɔk$^{3}$ɲi$^{21}$tʂəu$^{35}$tsɿ$^{0}$,tsɔk$^{3}$ tʂəu$^{35}$tsɿ$^{0}$ çiəuk$^{3}$ a$^{0}$.tsɔk$^{3}$ɲi$^{21}$tʂəu$^{35}$tsɿ$^{0}$ ɔi$^{53}$ ian$^{35}$iet$^{3}$ tau$^{53}$,maŋ$^{13}$ian$^{35}$tek$^{3}$ xau$^{21}$ʂʅ$^{53}$si$^{21}$təu$^{35}_{53}$mau$^{13}_{21}$li$^{0}$ lɔi$^{13}_{21}$,si$^{21}$təu$^{35}_{53}$mau$^{13}_{21}$tʰai$^{53}$.

【暖】lɔn$^{35}$ 形温和；不冷：嗯，～就～呢箇袜子啦。n̩$^{13}$,lɔn$^{35}$tsʰiəu$^{53}$lɔn$^{35}$ne$^{0}$ kai$^{53}$mait$^{3}$ tsɿ$^{0}$ la$^{0}$.｜冬下头着倒～就～箇起咁个裤咯欸箇布咯。təŋ$^{35}$xa$^{53}_{44}$tʰei$^{13}_{21}$tʂɔk$^{3}$ tau$^{21}$lɔn$^{35}$tsʰiəu$^{53}$lɔn$^{35}$kai$^{53}$çi$^{21}_{44}$kan$^{21}$ke$^{53}_{44}$ fu$^{53}$ko$^{0}$ e$_{44}$kai$^{53}_{44}$pu$^{53}$ko$^{0}$.

【暖滚】lɔn$^{35}$kuən$^{21}$ 动加热：～下子 lɔn$^{35}$kuən$^{21}$na$_{44}$(←xa$^{53}$)tsɿ$^{0}$

【暖活】lɔn$^{35}$fɔit$^{5}$ 形暖和：正月头是咁冷啊，我唔来你箇，听晡～滴子嘞，三四月子～哩了，我到你箇来歇两夜子啊。tʂaŋ$^{35}$ɲiet$^{5}$ tʰei$^{13}_{44}$ʂʅ$^{53}_{44}$kan$^{21}$laŋ$^{35}$ŋa$^{0}$,ŋai$^{13}$n̩$^{13}$lɔi$^{13}$ɲi$^{13}$kai$^{53}$,tʰin$^{35}_{44}$pu$^{35}_{44}$lɔn$^{35}$fɔit$^{5}$ tiet$^{5}$ tsɿ$^{0}$ lei$^{0}$,san$^{35}$si$^{53}$ɲiet$^{5}$ tsɿ$^{0}$ lɔn$^{35}$fɔit$^{5}$ li$^{0}$ liau$^{0}$,ŋai$^{13}$tau$^{53}$ɲi$^{13}_{21}$kai$^{53}$lɔi$^{13}_{21}$çiet$^{3}$ iɔŋ$^{21}$ia$^{53}$tsa$^{0}$.

【暖脚壶】lɔn$^{35}$ciɔk$^{3}$ fu$^{13}$ 名冬天装热水放在脚下取暖的壶具：欸，～就系欸有几起嘞，反正就系放下被窝窿里欸箇只栏场子有发热个东西。如今个～是蛮多是有箇金属做个，铁做个，我娭子用个就箇起金属做个，肚里上兜开水去。有兜就热水袋，以只作用系一样个。但是旧年一只冬下，包括今年正月，天气唔知几暖，我娭子𫌎用～，一只冬下都𫌎用～。e$_{21}$,lɔn$^{35}$ciɔk$^{3}$ fu$^{13}$tsʰiəu$^{53}_{44}$xe$^{53}_{44}$e$_{21}$iəu$^{35}_{44}$ci$^{21}$çi$^{21}$lei$^{0}$,fan$^{21}$tʂən$^{53}$tsʰiəu$^{53}$xe$^{53}_{44}$fɔŋ$^{53}_{44}$xa$^{53}_{44}$pʰi$^{35}$pʰo$^{35}_{44}$lɔŋ$^{13}$li$^{0}$ e$_{21}$kai$^{53}$tʂak$^{3}$ laŋ$^{13}_{21}$tʂʰɔŋ$^{13}_{44}$tsɿ$^{0}$ iəu$^{35}_{44}$fait$^{3}$ ɲiet$^{5}$ ke$^{53}_{21}$təŋ$^{35}_{44}$si$^{0}$ .i$^{13}_{21}$cin$^{35}_{53}$ke$^{53}$lɔn$^{35}$ciɔk$^{3}$ fu$^{13}$ʂʅ$^{53}_{44}$man$^{13}$to$^{35}_{44}$ʂʅ$^{53}_{44}$iəu$^{35}$kai$^{53}_{44}$cin$^{35}_{44}$ʂəuk$^{3}$ tso$^{53}$ke$^{53}_{44}$,tʰiet$^{3}$ tso$^{53}$ke$^{53}$, ŋai$^{13}_{21}$ɔi$^{35}$tsɿ$^{0}$ iəŋ$^{53}_{44}$ke$^{0}$ tsʰiəu$^{53}_{44}$kai$^{53}$çi$^{21}$cin$^{35}$ʂəuk$^{3}$ tso$^{53}_{44}$ke$^{53}_{44}$,təu$^{21}$li$^{0}$ ʂɔŋ$^{21}$te$^{35}_{53}$kʰɔi$^{35}$ʂei$^{21}$çi$^{53}$.iəu$^{35}$te$^{35}_{53}$tsʰiəu$^{53}_{44}$ɲiet$^{5}$ ʂei$^{21}$ tʰɔi$^{35}$,i$^{21}$tʂak$^{3}$ tsɔk$^{3}$ iəŋ$^{53}$xe$^{53}_{44}$iet$^{3}$ iɔŋ$^{53}$ke$^{0}$.tan$^{53}_{44}$ʂʅ$^{53}_{44}$cʰiəu$^{53}$ɲien$^{13}_{21}$iet$^{3}$ tʂak$^{3}$ təŋ$^{35}$xa$^{53}_{44}$,pau$^{35}_{44}$kuait$^{3}$ cin$^{35}_{44}$ɲien$^{13}_{21}$tʂaŋ$^{35}$ ɲiet$^{5}$ ,tʰien$^{35}$çi$^{53}$n̩$^{13}$ti$^{35}_{53}$ci$^{21}$lɔn$^{35}$,ŋai$^{13}$ɔi$^{35}$tsɿ$^{0}$ maŋ$^{13}_{21}$iəŋ$^{53}_{44}$lɔn$^{35}$ciɔk$^{3}$ fu$^{13}_{21}$,iet$^{3}$ tʂak$^{3}$ təŋ$^{35}$xa$^{53}_{44}$təu$^{35}_{53}$maŋ$^{13}_{21}$iəŋ$^{53}$lɔn$^{35}$ciɔk$^{3}$ fu$^{13}_{21}$.

【暖金】lɔn$^{35}$cin$^{35}$ 动二次葬时以土覆盖金罂：捡哩骨头了，骨头金罂个顶上，箇映子就安做暖土，安做～。系，安做～。cian$^{21}$ni$^{0}$ kuət$^{3}$ tʰei$^{0}$ liau$^{0}$,kuət$^{3}$ tʰei$^{0}$ cin$^{35}$aŋ$^{35}_{44}$ke$^{53}_{44}$taŋ$^{21}$xɔŋ$^{53}$,kai$^{53}_{44}$iaŋ$^{53}_{44}$tsɿ$^{0}$

tsʰiəu53/44ɔn35/44tso53/44lən35tʰəu21,ɔn35/44tso53/44lən35cin35.xe53,ɔn35/44tso53/44lən35cin35.

【暖桶1】lən35tʰəŋ21 名 旧时无热水瓶，冬天茶壶里的茶容易变冷，用棉絮包住放进四方形的木桶。该木桶有底，无盖或有盖但可以打开，前方有缺口让茶壶嘴伸出以便酾茶：欸唔系昨晡讲哩～，昨晡讲个～，啊寻就寻唔倒哩。～啊。箇冬下……哈，赠找倒，赠寻倒。冇得哩寻呢。欸，冇得哩寻呢。欸冬下头呀，以前冇热水瓶呐，冬下头个茶会冷啊，就话～，就系彝……箇开水装下茶壶肚里会冷，让门搞嘞？用棉絮包稳。㖠，彝滴棉絮去包稳。就做只箇木桶，四四方方个木桶。以只桶有底，冇盖。欸，看呐。也……也有是有，有滴是也有盖唠。欸顶高嘞可以打开来，可以拿出来，顶高个，顶高爱扳手吵，欸分箇分箇和和箇只桶扳转来吵，正酾得茶出吵。底下以面前就有只缺子，就正好放箇茶壶嘴。伸出来，就酾，系啊？㖠，以下就一只箇四四方方个东西，系系。用棉絮子做只窠样，包稳。～。我以前我舅爷滴等箇就有哇。我等屋下是冇得，咁个都冇得。e44m̩13pʰe44(←xe53)tsʰo53/21pu35/53kɔŋ21li0 lən35tʰəŋ21,tsʰo35pu35/53 kɔŋ21ke53/44lən35tʰəŋ21,a44tsʰin13/21tsiəu53tsʰin13/21n̩13/44tau21li0 .lən35tʰəŋ21ŋa0 .kai53/44təŋ35xa53/44⋯xa35,maŋ13tsau21tau21,maŋ13 tsʰin13tau21.mau13tek3 li0 tsʰin13ne0 .e21,mau13tek3 li0 tsʰin13/44ne0 .e44təŋ35xa53/44tʰei13/44ia0 ,i53/53tsʰien13/21mau13ɲiet5 ʂei21 pʰin13na0 ,təŋ35xa53/44tʰei13/44ke53/44tsʰa13uɔi53/44laŋ35ŋa0 ,tsʰiəu53ua53/21lən35tʰəŋ21,tsʰiəu53ue53(←xe53)u21⋯kai53/44kʰɔi35ʂei21 tʂəŋ35/44ŋa44(←xa53)tsʰa13fu13/21təu21li0 uɔi53laŋ35, ɲiəŋ53/21mən13/44kau21lei0 ?iəŋ53mien13si53pau35uən21.m̩21,u21tet5 mien13 si53çi53/44pau35uən21.tsʰiəu53tso53tʂak3 kai53/44muk3 tʰəŋ21,si53si53/44fəŋ35fəŋ35ke53muk3 tʰəŋ21.iak3(←i21tʂak3)tʰəŋ21iəu35 te21,mau13kɔi53.e21,kʰɔn35/44na0 .ia35i⋯ia35iəu35ʂʅ53/44iəu35,iəu35tet5 ʂʅ53/44ia35iəu35kɔi53lau0 .e44taŋ21kau35/44lei0 kʰo21i35/44ta21 kʰɔi35/44lɔi13/21,kʰo21i35/44la35tʂʰət3 lɔi13,taŋ21kau35/44kei53,taŋ21kau35/44ɔi35/44pan35/44ʂəu21ʂa0 ,e21pən35kai53/44pən35kai53/44uo53uo35kai53 tʂak3 tʰəŋ21pan35tʂɔn21nɔi13/21ʂa0 ,tʂaŋ35/44sai35tek3 tsʰa13tʂʰət3 ʂa0 .te21xa53/44i21mien53tsʰien13/21tsʰiəu53/44iəu35/44tʂak3 cʰiet3 tsʅ0 ,tsʰiəu53/44tʂən53xau21fəŋ35kai35tsʰa13fu13/44tsi21.tʂʰən35tʂʰət3 lɔi13,tsʰiəu53/44sai35,xei53/44a0 ?m̩21,i21xa53/44tsʰiəu53iet3 tʂak3 kai53/44si53si53fəŋ35/44fəŋ35/44ke53/44təŋ35/44si0 ,xe21xe21.iəŋ53mien13si53tsʅ0 tso53/21tʂak3 kʰo35iəŋ53/44,pau35uən21.lən35tʰəŋ21.ŋai13i35/44 tsʰien13/21ŋai21cʰiəu35ia13/21tet5 tien0 kai53/44tsʰiəu53/44iəu35ua0 .ŋai13/21tien0 uk3 xa53 ʂʅ53mau13/21tek3,kan21cie53təu35/53mau13/21tek3.

【暖桶2】lən35tʰəŋ21 动 安葬前将纸钱、鞭炮、芝麻秆、炭子点燃抛入墓穴中：箇是葬地个时候子先爱～。一般葬地个时候子都先爱～。kai53/44ʂʅ53/44tsəŋ35tʰi53ke53/44ʂʅ13/21xei53tsʅ0 sien35ɔi53lən35tʰəŋ21.iet3 pən35tsəŋ53tʰi53ke53/44ʂʅ13/44xəu53/44tsʅ0 təu35sien35ɔi53lən35tʰəŋ21.

【暖土】lən35tʰəu21 名 二次土葬时金罂以上至墓顶的泥土：箇晡有一只东西讲错哩。我问倒箇老子，渠正话我知。欸，首先我安做～。我分～嘞搞做么啊嘞？搞做大金，棺材，到碑石之间个泥，箇一部分安做～。就唔系，搞错哩，系。我问倒老人家讲嘞，欸，大金就系棺材，冇得～。棺材冇得～。只有小金，金罂，捡哩骨头以后个金罂，金罂顶高箇滴子泥，金罂上背个泥，就安做～。金罂上背到墓顶箇滴子泥，安做～。安做暖金，欸，安做暖金，箇滴子就安做～。大金冇得～。大金就系棺材咯。如果箇只墓还系棺材个话，冇得～，也冇得～个讲法。只有小金，所谓小金呢就系金罂，捡哩骨头了，客家人是还爱捡骨头，捡哩骨头了，骨头金罂个顶上，箇映子就安做～，安做暖金。系，安做暖金。箇只正安做～，欸，爱改过来。kai53/44pu35/44iəu35/44iet3 tʂak3 təŋ35/44si0 kɔŋ21tsʰo53li0 .ŋai13/21uən53tau21/44kai53lau21tsʅ0 ,ci13/21tʂaŋ53/44ua53ŋai13/21ti35/44.e21,ʂəu21 sien35/44ŋai13/21ɔn35/44tso53/44lən35tʰəu21.ŋai13pən35lən35tʰəu21lei0 kau21tso53mak3 a0 lei0 ?kau21tso53/44tʰai53cin35,kɔn35 tsʰɔi13,tau35pi35ʂak5 tʂʅ35/44kan35/44kei53lai13,kai53iet3 pʰu53fən53ɔn35/44tso53/44lən35tʰəu21.tsʰiəu53m̩13pʰe53(←xe53),kau21 tsʰo53li0 ,xei53/44.ŋai13uən53tau21lau21ɲin13ka35/44kɔŋ21lei0 ,e21,tʰai53cin35tsʰiəu53/44xe53/44kɔn35tsʰɔi13/21,mau13tek3 lən35 tʰəu21.kɔn35tsʰɔi13/21mau13/21tek3 lən35tʰəu21.tʂʅ21iəu35/44siau21cin35,cin35aŋ35,cien21li0 kuət3 tʰei13i35xei53/44ke53/44cin35 aŋ35,cin35aŋ35/44taŋ21kau35kai53/44tiet5 tsʅ0 lai13,cin35aŋ35/44ʂəŋ53pɔi53cie53/44lai13,tsʰiəu53/44ɔn35/44tso53/44lən35tʰəu21.cin35aŋ35/44ʂəŋ53 pɔi53tau53/44mu53taŋ21kai53/44tiet5 tsʅ0 lai13,ɔn35/44tso53/44lən35tʰəu21.ɔn35/44tso53/44lən35cin35,e21,ɔn35/44tso53/44lən35cin35,kai53tiet5 tsʅ0 tsʰiəu53/44ɔn35/44tso53/44lən35tʰəu21.tʰai53cin35mau13tek3 lən35tʰəu21.tʰai53cin35tsʰiəu53/44xei53/44kɔn35tsʰɔi13/21ko0 .vy13ko21kai53/44 tʂak3 mu53xai13/21xei53/44kɔn35tsʰɔi13/21ke53/44fa53/44,mau13tek3 lən35tʰəu21,ia35mau13tek3 lən35tʰəu21ke53kɔŋ21fait3 .tʂʅ21iəu35/53 siau21cin35,so21uei53siau21cin35nei0 tsʰiəu53/44xei53/44cin35aŋ35,cian21ni0 kuət3 tʰei13liau0 ,kʰak3 ka35/44ɲin13/21ʂʅ53/44xai13/21ɔi53 cian21kuət3 tʰei0 ,cian21ni0 kuət3 tʰei0 liau0 ,kuət3 tʰei0 cin35aŋ35/44ke53/44taŋ21xɔŋ53,kai53/44iaŋ53/44tsʅ0 tsʰiəu53/44ɔn35/44tso53/44lən35 tʰəu21,ɔn35/44tso53/44lən35cin35.xe53,ɔn35/44tso53/44lən35cin35.kai53tʂak3 tʂaŋ53ɔn35/53tso53lən35tʰəu21,ei21,ɔi53kɔi21ko53lɔi13/21.

【暖鞋】lən35xai13 名 棉鞋的俗称：～，又话～，欸。箇以前硬讲～。如今也讲，～。本来系～。lən35xai13/21,iəu53/44ua53/44lən35xai13/21,e21.kai53/44i35/53tsʰien13ɲiaŋ53kɔŋ21lən35xai13/44.i13/21cin35/44ia35kɔŋ21,lən35xai13/44.pən21 nɔi13xe53/44lən35xai13/44.

N

【挪】lo$^{13}$ 动揉，搓（圆子、衣物、绳子等）：～圆子 lo$^{13}$ien$^{13}$tsɿ$^{0}$ | 咁子去～，咁子安做去～，～下子。～两到，汤两到，安做咁子。kan$^{21}$tsɿ$^{0}$çi$^{53}$lo$^{13}$,kan$^{21}$tsɿ$^{0}$ɔn$^{35}_{44}$tso$^{53}_{44}$çi$^{53}$lo$^{13}$,lo$^{13}$(x)a$^{53}_{44}$tsɿ$^{0}$.lo$^{13}$iɔŋ$^{21}$tau$^{53}$,t$^{h}$ɔŋ$^{35}$iɔŋ$^{21}$tau$^{53}$, ɔn$^{35}_{44}$tso$^{53}_{44}$kan$^{21}$tsɿ$^{0}$. | 放下膝头上～也做得，～条绳子啊。fɔŋ$^{53}$xa$^{53}$ts$^{h}$iet$^{3}$t$^{h}$ei$^{13}$xɔŋ$^{53}$lo$^{13}$a$^{35}_{44}$tso$^{53}$tek$^{3}$,lo$^{13}$t$^{h}$iau$^{13}_{44}$ʂən$^{13}$tsɿ$^{0}$a$^{0}$.

【糯】lo$^{53}$ 形黏性的：唔～个就喊占米呀。n̩$^{13}$lo$^{53}$ke$^{53}_{44}$ts$^{h}$iəu$^{53}_{44}$xan$^{53}_{44}$tʂan$^{35}$mi$^{21}$ia$^{0}$.

【糯饭】lo$^{53}$fan$^{53}$ 名用糯米煮的饭：□焖～呢。ŋɔit$^{3}$lo$^{53}$fan$^{53}_{44}$ne$^{0}$. | 糯米饭又安做～。～是以前是系唔知几奢侈个欸箇个啦欸享受啦。食碗～是系奢侈个享受。lo$^{53}$mi$^{21}$fan$^{53}$iəu$^{53}_{44}$ɔn$^{35}_{44}$tso$^{53}_{44}$lo$^{53}$fan$^{53}$.lo$^{53}$fan$^{53}$ʂɿ$^{53}_{44}$i$^{35}$ts$^{h}$ien$^{13}_{21}$ʂɿ$^{53}_{44}$xe$^{53}$n̩$^{13}_{21}$ti$^{35}_{53}$ci$^{21}$ʂa$^{35}$tʂ$^{h}$ɿ$^{21}$ke$^{53}_{44}$e$_{21}$kai$^{53}$ke$^{53}$la$^{0}$ ei$_{44}$çiɔŋ$^{21}$ʂəu$^{53}$la$^{0}$.ʂət$^{5}$ uɔn$^{21}$lo$^{53}$fan$^{53}_{44}$ʂɿ$^{53}_{44}$xei$^{53}_{44}$ʂa$^{35}$tʂ$^{h}$ɿ$^{21}$ke$^{53}_{44}$çiɔŋ$^{21}$ʂəu$^{53}$.

【糯饭瘌】lo$^{53}$fan$^{53}_{44}$lait$^{3}$ 名煮糯米饭时黏结在锅底上的锅巴：箇是箇熇个糯饭是～都真好食哦，最后呀，箇～就真好食噢。kai$^{53}$ʂɿ$^{53}_{44}$kai$^{53}$piet$^{3}$ ke$^{53}_{44}$lo$^{53}$fan$^{53}$ʂɿ$^{53}_{44}$lo$^{53}$fan$^{53}$lait$^{3}$ təu$^{35}_{44}$tʂən$^{35}_{44}$xau$^{21}$ʂət$^{5}$ o$^{0}$,tsei$^{53}$xei$^{53}_{44}$ia$^{0}$,kai$^{53}_{44}$lo$^{53}$fan$^{53}_{44}$lait$^{3}$ tsiəu$^{53}_{44}$tʂən$^{35}_{44}$xau$^{21}$ʂət$^{5}$ au$^{0}$.

【糯谷】lo$^{53}$kuk$^{3}$ 名糯稻的谷子：缯整个就喊～噢。maŋ$^{13}$tʂaŋ$^{21}$ke$^{53}_{44}$ts$^{h}$iəu$^{53}_{44}$xan$^{53}_{44}$lo$^{53}$kuk$^{3}$ au$^{0}$.

【糯米】lo$^{53}$mi$^{21}$ 名糯稻碾出的米：舞滴子～ u$^{21}$tet$^{5}_{3}$tsɿ$^{0}$ lo$^{53}$mi$^{21}$

【糯米饭】lo$^{53}$mi$^{21}$fan$^{53}$ 名用糯米煮的饭：～让门子呃搞嘞？欸，有蛮多东西搞，一只就放红枣，欸，放白糖，欸，放兜茶油去炒，糯米爱先要放茶油去炒，嗯，炒熟下子来。如今个～唔系咁子搞嘞。用茶油去分箇糯米炒熟下子，糯米爱先洗，洗净来滴溓下子水，就舞兜茶油放下镬里去炒，炒熟下子来。莫炒十分久哩凑。炒熟哩以后，也就放兜子水去焖，安做焖糯饭。焖糯饭呐放下镬里去啊。欸，还可以放兜子欸放兜子花生米，欸，以前是么个都冇得唠，就系放兜子茶油炒下子，放兜油炒下子，焖糯饭。可以放芝麻，欸，放兜子盐，还可以放白糖。lo$^{53}$mi$^{21}$fan$^{53}$ɲiɔŋ$^{53}_{44}$mən$^{13}_{44}$tsɿ$^{0}$ə$_{21}$kau$^{21}$lei$^{0}$?ei$_{21}$,iəu$^{35}$man$^{13}_{21}$to$^{35}_{44}$təŋ$^{35}_{44}$si$^{0}$ kau$^{21}$,iet$^{3}$ tʂak$^{3}$ ts$^{h}$iəu$^{53}$fɔŋ$^{53}$fəŋ$^{13}$tsau$^{21}$, e$_{21}$,fɔŋ$^{53}$p$^{h}$ak$^{5}$ t$^{h}$ɔŋ$^{13}$,e$_{21}$,fɔŋ$^{53}$te$^{35}_{53}$ts$^{h}$a$^{13}$iəu$^{13}_{21}$çi$^{53}$ts$^{h}$au$^{21}$,lo$^{53}$mi$^{21}$ɔi$^{53}$sien$^{35}_{44}$iau$^{53}_{44}$fɔŋ$^{53}$ts$^{h}$a$^{13}$iəu$^{13}_{21}$çi$^{53}$ts$^{h}$au$^{21}$,n̩$_{21}$,ts$^{h}$au$^{21}$ʂəuk$^{5}$ (x)a$^{53}$tsɿ$^{0}$lɔi$^{13}_{44}$.i$^{13}_{21}$cin$^{35}_{53}$ke$^{53}$lo$^{53}$mi$^{21}$fan$^{53}$n̩$^{13}_{21}$xei$^{53}$kan$^{21}$tsɿ$^{0}$kau$^{21}$le$^{0}$.iəŋ$^{53}$ts$^{h}$a$^{13}$iəu$^{13}_{21}$çi$^{53}$pən$^{35}_{44}$kai$^{53}_{44}$lo$^{53}$mi$^{21}$ts$^{h}$au$^{21}$ʂəuk$^{5}$ (x)a$^{53}_{44}$tsɿ$^{0}$,lo$^{53}$mi$^{21}$ɔi$^{53}_{44}$sen$^{35}$se$^{21}$,sei$^{21}$ts$^{h}$iaŋ$^{53}$lɔi$^{13}_{21}$tet$^{3}$ lian$^{21}$xa$^{53}$tsɿ$^{0}$ʂei$^{21}$,ts$^{h}$iəu$^{53}$u$^{21}$te$^{35}_{53}$ts$^{h}$a$^{13}$iəu$^{13}_{21}$fɔŋ$^{53}_{44}$xa$^{53}_{44}$uɔk$^{5}$ li$^{0}$ (ç)i$^{53}$ts$^{h}$au$^{21}$,ts$^{h}$au$^{21}$ʂəuk$^{5}$ xa$^{53}_{44}$tsɿ$^{0}$lɔi$^{13}_{44}$.mɔk$^{5}$ ts$^{h}$au$^{21}$ʂət$^{5}$ fən$^{35}_{44}$ciəu$^{21}$li$^{0}$ ts$^{h}$e$^{0}$ .ts$^{h}$au$^{21}$ʂəuk$^{5}$ li$^{0}$ i$^{35}_{44}$xei$^{53}$,ia$^{35}$ tsiəu$^{53}_{44}$fɔŋ$^{53}$te$^{35}_{53}$tsɿ$^{0}$ʂei$^{21}$çi$^{53}_{44}$mən$^{35}$,ɔn$^{35}_{44}$tso$^{53}_{44}$mən$^{35}$no$^{53}$fan$^{53}$.mən$^{35}$no$^{53}$fan$^{53}$na$^{0}$ fɔŋ$^{53}_{44}$xa$^{53}_{44}$uɔk$^{5}$ li$^{0}$ çi$^{53}_{44}$a$^{0}$ .e$_{21}$,xai$^{13}_{21}$k$^{h}$o$^{21}$ i$^{35}_{44}$fɔŋ$^{53}$te$^{35}_{53}$tsɿ$^{0}$ e$_{21}$fɔŋ$^{53}$te$^{35}_{53}$tsɿ$^{0}$ fa$^{35}$sen$^{35}_{44}$mi$^{21}$,e$_{21}$,i$^{35}$ts$^{h}$ien$^{13}_{21}$ʂɿ$^{53}_{21}$mak$^{3}$ e$^{0}$ təu$^{35}_{53}$mau$^{13}_{21}$tek$^{3}$ lau$^{0}$,ts$^{h}$iəu$^{53}$xei$^{53}$fɔŋ$^{53}$tei$^{35}_{53}$tsɿ$^{0}$ ts$^{h}$a$^{13}$iəu$^{13}_{44}$ts$^{h}$au$^{21}$xa$^{53}$tsɿ$^{0}$,fɔŋ$^{53}$tei$^{35}_{53}$iəu$^{13}$ts$^{h}$au$^{21}$xa$^{53}$tsɿ$^{0}$,mən$^{35}$no$^{53}$fan$^{53}$.k$^{h}$o$^{21}$i$^{35}_{44}$fɔŋ$^{53}$tʂɿ$^{35}$ma$^{13}_{21}$,ei$_{21}$,fɔŋ$^{53}$te$^{35}_{53}$tsɿ$^{0}$ ian$^{13}$,xai$^{13}_{21}$k$^{h}$o$^{21}$i$^{35}_{44}$fɔŋ$^{53}$p$^{h}$ak$^{5}$ t$^{h}$ɔŋ$^{13}$.

【糯米粉】lo$^{53}$mi$^{21}$fən$^{21}$ 名糯米磨成的粉末：箇时还加滴么啊～呐。kai$^{53}$ʂɿ$^{13}_{21}$xai$^{13}_{44}$cia$^{35}$tet$^{5}$ mak$^{3}$ a$^{0}$ lo$^{53}$mi$^{21}$fən$^{21}$na$^{0}$.

【糯米圆】lo$^{53}$mi$^{21}$ien$^{13}$ 名①一种小吃，糯米粉和好后切成四方坨子，用油和糖炒出来：就系～呶。就系糯米做倒米馃样啊，但是唔系米馃。渠就切成咁个四方坨子，因为米馃忒大哩。也可以唠，米馃也可以啊。放滴糖，放下镬里一炒哇。欸，放滴糖啊，放滴油哇，放下镬里一炒哇。箇是整酒个时候子都用噢，欸，做酒个时候子都用噢，舞碗～食哩是尽……箇以前是舞碗～是还蛮重要喔，欸，老哩人，尤其系老哩人。ts$^{h}$iəu$^{53}_{44}$ue$_{44}$(←xe$^{53}$)lo$^{53}$mi$^{21}$ien$^{13}$nau$^{0}$.ts$^{h}$iəu$^{53}_{44}$ue$_{44}$(←xe$^{53}$)lo$^{53}$mi$^{21}$tso$^{53}$tau$^{21}$mi$^{21}$ko$^{21}$iɔŋ$^{53}$ŋa$^{0}$,tan$^{53}$ʂɿ$^{53}$m̩$^{13}$p$^{h}$e$^{53}$(←xe$^{53}$)mi$^{21}$ko$^{21}$.ci$^{13}$ts$^{h}$iəu$^{53}$ts$^{h}$iet$^{3}$ ʂaŋ$^{13}$kan$^{21}$ke$^{53}_{44}$si$^{53}$fɔŋ$^{35}$t$^{h}$o$^{13}$tsɿ$^{0}$,in$^{35}$uei$^{53}$mi$^{21}$ko$^{21}$t$^{h}$et$^{3}$ t$^{h}$ai$^{53}$li$^{0}$.ia$^{35}$k$^{h}$o$^{21}$i$^{35}$lau$^{0}$,mi$^{21}$ko$^{21}$a$^{35}_{44}$k$^{h}$o$^{21}$i$^{35}_{44}$a$^{0}$.fɔŋ$^{53}$tet$^{5}$ t$^{h}$ɔŋ$^{13}$,fɔŋ$^{53}$xa$^{53}$uɔk$^{5}$ li$^{0}$ iet$^{3}$ ts$^{h}$au$^{21}$ua$^{0}$.e$_{21}$,fɔŋ$^{53}$tet$^{5}$ t$^{h}$ɔŋ$^{13}$ŋa$^{0}$,fɔŋ$^{53}$tet$^{5}$ iəu$^{13}$ua$^{0}$,fɔŋ$^{53}$xa$^{53}$uɔk$^{5}$ li$^{0}$ iet$^{3}$ ts$^{h}$au$^{21}$ua$^{0}$.kai$^{53}$ʂɿ$^{53}_{44}$tʂaŋ$^{21}$tsiəu$^{21}$ke$^{53}$ʂɿ$^{13}$xei$^{53}$tsɿ$^{0}$ təu$^{35}_{44}$iəŋ$^{53}$ŋau$^{0}$,e$_{21}$,tso$^{53}$tsiəu$^{21}$ke$^{53}$ʂɿ$^{13}$xei$^{53}$tsɿ$^{0}$ təu$^{35}_{44}$iəŋ$^{53}$ŋau$^{0}$,u$^{21}$uɔn$^{21}$no$^{53}$mi$^{21}$ien$^{13}$ʂət$^{5}$ li$^{0}$ ʂɿ$^{53}_{44}$ts$^{h}$in$^{53}$…kai$^{53}_{44}$i$^{35}$ts$^{h}$ien$^{13}$ʂɿ$^{53}_{44}$u$^{21}$uɔn$^{21}$no$^{53}$mi$^{21}$ien$^{13}$ʂɿ$^{53}_{44}$xai$^{13}_{21}$man$^{13}$tʂ$^{h}$əŋ$^{53}$iau$^{53}$uo$^{0}$,e$_{21}$,lau$^{21}$li$^{0}$ ɲin$^{13}$,iəu$^{13}$c$^{h}$i$^{13}$xei$^{53}$lau$^{21}$li$^{0}$ ɲin$^{13}$. ②一种圆形小吃，用油将糍粑煎熟，再放上糖：就系就系也就系～呢。不过渠箇～就唔同开头用豆粉做个，用麻糍……用糯米去筑个，筑倒也切倒点伢大子一只子，放倒……放滴油放滴糖去炒，欸，也就系～。唔去炮，就系炒。～，就安做～，～个第二种做法。ts$^{h}$iəu$^{53}_{44}$xei$^{53}_{44}$ts$^{h}$iəu$^{53}$xei$^{53}$ia$^{35}$ts$^{h}$iəu$^{53}_{44}$xei$^{53}_{44}$lo$^{53}$mi$^{21}$ien$^{13}$nei$^{0}$ .puk$^{3}$ ko$^{53}$ci$^{13}_{21}$kai$^{53}$lo$^{53}$mi$^{21}$ien$^{13}$ts$^{h}$iəu$^{53}$m̩$^{13}$t$^{h}$əŋ$^{13}$k$^{h}$ɔi$^{35}$t$^{h}$ei$^{13}$iəŋ$^{53}_{44}$t$^{h}$ei$^{53}$fən$^{21}$tso$^{53}_{44}$ke$^{53}_{44}$,iəŋ$^{53}$ma$^{13}$ts$^{h}$i$^{13}$…iəŋ$^{53}_{44}$lo$^{53}$mi$^{21}$çi$^{53}$tʂəuk$^{3}$ ke$^{53}$,tʂəuk$^{3}$ tau$^{21}$ia$^{35}$ts$^{h}$iet$^{3}$ tau$^{21}$tian$^{53}$ŋa$^{13}_{44}$t$^{h}$ai$^{53}$tsɿ$^{0}$ iet$^{3}$ tʂak$^{3}$ tsɿ$^{0}$,fɔŋ$^{53}$tau$^{21}$…fɔŋ$^{53}_{44}$tet$^{5}_{3}$iəu$^{13}$fɔŋ$^{53}_{44}$tet$^{5}_{3}$t$^{h}$ɔŋ$^{13}$çi$^{53}$ts$^{h}$au$^{21}$,e$_{21}$,ia$^{35}$ts$^{h}$iəu$^{53}$ue$^{53}$(←xe$^{53}$)lo$^{53}$mi$^{21}$ien$^{13}$.ŋ̍$^{13}$c$^{h}$i$^{53}$p$^{h}$au$^{13}$,ts$^{h}$iəu$^{53}$ue$^{53}$(←xe$^{53}$)ts$^{h}$au$^{21}$.lo$^{53}$mi$^{21}$ien$^{13}$,ts$^{h}$iəu$^{53}$ɔn$^{35}_{44}$tso$^{53}_{44}$lo$^{53}$mi$^{21}$

ien$^{13}$,lo$^{53}$mi$^{21}$ien$^{13}$ke$^{53}_{44}$t$^{h}$i$^{53}$ɲi$^{53}$tʂəŋ$^{21}$tso$^{53}$fait$^{3}$.

【糯米粥】lo$^{53}$mi$^{21}$tʂəuk$^{3}$ 名用糯米熬的粥：还有～哇，嗯，加滴糯米去，～哇。xai$^{13}_{21}$iəu$^{35}_{44}$lo$^{53}$mi$^{21}$tʂəuk$^{3}$ua$^{0}$,n̩$_{21}$,cia$^{35}$tet$^{5}_{3}$lo$^{53}$mi$^{21}$çi$^{53}_{21}$,lo$^{53}$mi$^{21}$tʂəuk$^{3}$ua$^{0}$.

【糯性】lo$^{53}$sin$^{53}$ 名米的黏性：冇得～个就系占米。mau$^{13}$tek$^{3}$lo$^{53}$sin$^{53}$ke$^{53}_{44}$ts$^{h}$iəu$^{53}_{44}$xe$^{53}_{44}$tʂan$^{35}$mi$^{21}$.

N

# O



【喔】uo$^{0}$ 助①出现在陈述句整句或小句末，加强判断并提请注意：箇起就安做眼衫个竹篙～。kai$^{53}_{44}$çi$^{21}$ts$^{h}$iəu$^{53}_{21}$ɔn$^{35}_{44}$tso$^{53}_{44}$lɔŋ$^{53}$san$^{35}$ke$^{53}$tʂəuk$^{3}$kau$^{35}_{44}$uo$^{0}$.｜就咁子去筑～，筑倒。ts$^{h}$iəu$^{53}$kan$^{21}$tsɿ$^{0}$ çi$^{53}$tʂəuk$^{3}$uo$^{0}$,tʂəuk$^{3}$tau$^{21}$. ②出现在疑问句末，加强疑问语气：让得了～？ɲiɔŋ$^{53}$tek$^{3}$liau$^{21}$uo$^{0}$?｜你爱割猪肉个安做么个刀～？欸，系唔系系唔系安做屠刀～？唔系。杀刀～？唔系杀刀。ɲi$^{13}$ɔi$^{53}$kɔit$^{3}$tʂəu$^{35}$ɲiəuk$^{3}$ke$^{53}_{44}$ɔn$^{35}_{44}$tso$^{53}_{44}$mak$^{3}$(k)e$^{53}_{44}$tau$^{35}_{44}$uo$^{0}$?e$_{13}$,xei$^{53}_{44}$mei$^{53}_{44}$xei$^{53}$mei$^{53}_{44}$ɔn$^{35}_{44}$tso$^{53}_{44}$t$^{h}$əu$^{13}$tau$^{35}$uo$^{0}$?m̩$^{13}$ p$^{h}$e$_{44}$(←xe$^{53}$).sait$^{3}$tau$^{35}$uo$^{0}$?m̩$^{13}$p$^{h}$e$_{44}$(←xe$^{53}$)sait$^{3}$tau$^{35}$. ③出现在感叹句末或后置主语前，加强感叹语气：箇只人真好～。kai$^{53}_{44}$tʂak$^{3}$ɲin$^{13}$tʂən$^{35}$xau$^{21}$uo$^{0}$. ④出现在祈使句末，表示叮嘱语气：去嬲～！çi$^{53}_{44}$liau$^{53}$uo$^{0}$!｜你自家想倒让门子就让门子，莫信别人家烧～！ɲi$^{13}$ts$^{h}$ɿ$^{35}$ka$^{35}_{44}$siɔŋ$^{21}$tau$^{21}$ɲiɔŋ$^{53}$ mən$^{0}$tsɿ$^{0}$ts$^{h}$iəu$^{53}_{44}$ɲiɔŋ$^{53}_{44}$mən$^{0}$tsɿ$^{0}$,mɔk$^{53}$sin$^{53}$p$^{h}$iet$^{5}$in$^{13}_{21}$ka$^{35}_{44}$ʂau$^{35}$uo$^{0}$! ⑤出现在句中，对前一成分（话题）加以强调：番薯条～有起。fan$^{35}$ʂəu$^{13}_{21}$t$^{h}$iau$^{13}$uo$^{0}$ iəu$^{35}_{44}$çi$^{21}_{44}$.｜真好～以只圆角子个（木箱）。tʂən$^{35}_{44}$ xau$^{21}$uo$^{0}$ iak$^{3}$(←i$^{21}$tʂak$^{3}$)ien$^{13}$kɔk$^{3}$tsɿ$^{0}$ke$^{53}_{21}$.

【噢$_{1}$】au$^{0}$ 助①出现在陈述句整句或小句末，加强判断：（引火柴）就用□柴篓装～。ts$^{h}$iəu$^{53}_{44}$ iəŋ$^{53}_{44}$lak$^{5}$ts$^{h}$ai$^{13}_{21}$lei$^{21}$tʂɔŋ$^{35}$ŋau$^{0}$. ②出现在疑问句末，加强疑问语气：么啊事～？mak$^{3}$a$^{0}$sɿ$^{53}_{44}$au$^{0}$? ③出现在祈使句末，表示请求语气：一杆钢笔欸同我拿下床上去～。iet$^{3}$kɔn$^{21}$kɔŋ$^{35}$piet$^{3}$e$^{0}$t$^{h}$əŋ$^{13}_{21}$ ŋai$^{13}_{21}$la$^{53}$(x)a$^{53}_{21}$ts$^{h}$ɔŋ$^{13}_{21}$xɔŋ$^{53}_{44}$çi$^{53}_{44}$au$^{0}$. ④出现在感叹句末，表示提醒语气：箇唔系～！kai$^{53}$n̩$^{13}_{21}$t$^{h}$e$^{53}$ (←xe$^{53}$)au$^{0}$! ⑤出现在句中，对前一成分（话题）加以强调：喜欢□空事～箇人呶。çi$^{21}$fɔn$^{35}_{44}$ tʂek$^{3}$k$^{h}$əŋ$^{53}$sɿ$^{53}_{44}$au$^{0}$kai$^{53}_{44}$ɲin$^{13}_{21}$nau$^{0}$.｜渠个马槽咯～，咁长，中间嘞有咁个深滴子个沟。ci$^{13}_{44}$ke$^{53}_{44}$ma$^{35}$ ts$^{h}$au$^{13}_{21}$kou$^{0}$(←ko$^{0}$au$^{0}$),kan$^{21}$tʂ$^{h}$ɔŋ$^{13}$,tʂəŋ$^{35}$kan$^{35}_{44}$nei$^{0}$iəu$^{35}$kan$^{21}$cie$^{53}$tʂ$^{h}$ən$^{35}$tiet$^{5}$tsɿ$^{0}$ke$^{53}_{44}$kei$^{35}$. ⑥出现在句中，表示停顿：渠就会箇个～告密啦，爱政府来捉下子你啊。ci$^{13}_{21}$ts$^{h}$iəu$^{53}_{44}$uɔi$^{53}_{44}$kai$^{53}_{44}$cie$^{53}_{44}$au$^{0}$kau$^{53}_{44}$miet$^{5}$ la$^{0}$,ɔi$^{53}_{44}$tʂən$^{53}$fu$^{21}$lɔi$^{13}_{21}$tsɔk$^{3}$(x)a$^{53}$tsɿ$^{0}$ɲi$^{13}_{21}$a$^{0}$.

【噢$_{2}$】au$_{21}$ 叹①表示听到了，明白了：一副对子爱一十一只字个对子。～，一边爱十一只字。iet$^{3}$fu$^{53}$ti$^{53}$tsɿ$^{0}$ɔi$^{53}_{44}$iet$^{3}$ʂət$^{5}$iet$^{3}$tʂak$^{3}$sɿ$^{53}$ke$^{53}_{44}$ti$^{53}$tsɿ$^{0}$.au$_{21}$,iet$^{3}$pien$^{35}$ɔi$^{53}_{44}$ʂət$^{5}$iet$^{3}$tʂak$^{3}$sɿ$^{53}$.｜欸，去江西买个。/～～，那差唔多。e$_{21}$,çi$^{53}_{44}$kɔŋ$^{35}$si$^{35}_{44}$mai$^{35}$ke$^{53}_{44}$./au$_{21}$au$_{21}$,lai$^{53}$tsa$^{35}_{44}$n̩$^{13}_{21}$to$^{35}_{44}$. ②表示停顿，用于思考并对前文加以确认：离开个时子爱打发呀，～，箇打发一滴么啊东西，如今是就系打发一只红包啦。li$^{13}$k$^{h}$ɔi$^{35}_{44}$ke$^{53}_{44}$ʂʅ$^{13}_{44}$tsɿ$^{0}$ɔi$^{53}_{44}$ta$^{21}$fait$^{3}$ia$^{0}$,au$_{21}$,ka$^{53}_{44}$ta$^{21}$fait$^{3}$iet$^{3}$tet$^{5}$mak$^{3}$a$^{0}$təŋ$^{35}_{44}$si$^{0}$,i$^{13}_{21}$cin$^{35}_{44}$ʂʅ$^{53}_{44}$ts$^{h}$iəu$^{53}$xe$^{53}$ta$^{21}$fait$^{3}$iet$^{3}$ tʂak$^{3}$fəŋ$^{13}_{21}$pau$^{35}_{44}$la$^{0}$.

【噢$_{3}$】au$_{53}$ 叹表示惊讶：～，你来哩系唔系？au$_{53}$, ɲi$^{13}$lɔi$^{13}$li$^{0}$(x)ei$^{53}_{44}$me$^{53}_{44}$!｜～，你也去以映噢！au$_{53}$, ɲi$^{13}$ia$^{35}_{44}$çi$^{53}$i$^{21}$iaŋ$^{53}$ŋau$^{0}$!｜～，你哪阵子来个？au$_{53}$, ɲi$^{13}$lai$^{53}_{44}$tʂ$^{h}$ən$^{53}_{44}$tsɿ$^{0}$lɔi$^{13}$kei$^{53}$?

【哦$_{1}$】o$^{0}$/o$^{53}$ 助①出现在陈述句整句或小句末，加强判断或对陈述的事实加以强调：棕叶扇子系只么个棕叶扇子嘞？用棕叶，真系用棕叶织个，茶软～。tsəŋ$^{35}$iait$^{5}$ʂen$^{53}$tsɿ$^{0}$xei$^{53}_{44}$tʂak$^{3}$mak$^{3}$ (k)e$^{53}_{44}$tsəŋ$^{35}$iait$^{5}$ʂen$^{53}$tsɿ$^{0}$lei$^{0}$?iəŋ$^{53}$tsəŋ$^{35}$iait$^{5}$,tʂən$^{35}$xe$^{53}_{44}$iəŋ$^{53}$tsəŋ$^{35}$iait$^{5}$tʂek$^{3}$cie$^{53}$, ɲiet$^{5}$ɲiɔn$^{35}$no$^{0}$.｜镬里唔放

汤～，唔放水哟。uɔk$^{5}$li$^{0}$m̩$^{13}$fɔŋ$^{53}$tʰɔŋ$^{35}$ŋo$^{0}$,m̩$^{13}$fɔŋ$^{53}_{44}$ʂei$^{21}$io$^{0}$. ②出现在疑问句末，加强疑问语气：你到哪映去～？ɲi$^{13}$tau$^{53}_{44}$lai$^{53}$iaŋ$^{53}_{44}$çi$^{53}$o$^{0}$？｜几多点子钟～？ci$^{21}$to$^{35}_{44}$tian$^{21}$tsɿ$^{0}$tʂəŋ$^{35}$ŋo$^{0}$？③出现在祈使句末，表示请求语气：你莫打嗙矜持客套而不肯吃或不肯多吃哦！ɲi$^{13}$mɔk$^{5}$ta$^{21}$pʰaŋ$^{53}$ŋo$^{0}$！④出现在感叹句末，加强感叹语气：（草鞋搭）毛几硬～！mau$^{35}$ci$^{21}_{44}$ŋaŋ$^{53}$ŋo$^{0}$！｜头一啰，今晡真热～！tʰei$^{13}$iet$^{3}$lo$^{0}$,cin$^{35}$pu$^{35}$tʂən$^{35}$ɲiet$^{5}$o$^{0}$！⑤出现在句中，对前一成分（话题）加以强调：番薯糖～安做，欸，津甜呶。fan$^{35}$ʂəu$^{13}_{21}$tʰɔŋ$^{13}$ŋo$^{0}$ɔn$^{35}_{44}$tso$^{53}_{44}$,e$_{21}$,tsin$^{35}$tʰian$^{13}$nau$^{0}$.｜八月～，就有笋子噢。pait$^{3}$ɲiet$^{5}$o$^{0}$,tsʰiəu$^{53}_{44}$iəu$^{35}$sən$^{21}$tsɿ$^{0}$au$_{21}$. ⑥出现在句中，表示停顿：系唔系～安做蚕蛹啊？xei$^{53}_{44}$me$^{53}_{44}$o$^{0}$ɔn$^{35}_{44}$tso$^{53}_{44}$tsʰan$^{13}$iəŋ$^{21}$ŋa$^{0}$？

【哦$_{2}$】o$_{21}$ 叹①表示听到了，明白了：～，搞副长对子□。系唔系今晡个酒哇？～～，舞副对子啊，舞两只气球哇？o$_{21}$,kau$^{21}$fu$^{53}_{44}$tʂʰɔŋ$^{13}$ti$^{53}_{44}$tsɿ$^{0}$ʂe$^{53}$.xe$^{53}_{44}$me$^{53}_{44}$cin$^{35}$pu$^{35}_{44}$ke$^{53}_{44}$tsiəu$^{21}$ua$^{0}$?o$_{44}$o$_{21}$,u$^{21}$fu$^{53}_{44}$ti$^{53}$tsa$^{0}$,u$^{21}$iɔŋ$^{21}$tʂak$^{3}$çi$^{53}$cʰiəu$^{13}_{21}$ua$^{0}$？②表示突然想起了后文的内容：冇得么个话法呢。欸。～，有滴人安做炼猪油。mau$^{13}_{21}$tek$^{3}$mak$^{3}$ke$^{53}_{44}$ua$^{53}$fait$^{3}$nei$^{0}$.e$_{21}$.o$_{21}$,iəu$^{35}$tet$^{5}$in$^{13}_{44}$ɔn$^{35}_{44}$tso$^{53}_{44}$lien$^{53}$tʂəu$^{35}_{44}$iəu$^{13}_{21}$.

【哦$_{3}$】o$_{53}$ 叹表示惊讶、感叹：有几起菌子。欸，松树底下个松树菌。荷树菌。茶树菌。欸，牛屎菌。嗯，秆菌子。秆菌子就系就秆做个，欸，稻草箇秆呐，秆菌子。～，哎呀，蛮多菌子。iəu$^{35}$ci$^{21}$çi$^{21}$cʰin$^{35}$tsɿ$^{0}$.e$_{21}$,tsʰəŋ$^{13}$ʂəu$^{53}$tei$^{35}_{44}$xa$^{53}_{44}$ke$^{53}_{44}$tsʰəŋ$^{13}$ʂəu$^{53}$cʰin$^{35}$.xo$^{13}$ʂəu$^{53}$cʰin$^{35}$.tsʰa$^{13}$ʂəu$^{53}$cʰin$^{35}$.e$_{21}$,ɲiəu$^{13}$ʂʅ$^{21}$cʰin$^{35}$.n̩$_{21}$,kɔn$^{21}$cʰin$^{35}_{44}$tsɿ$^{0}$.kɔn$^{21}$cʰin$^{35}_{44}$tsɿ$^{0}$tsʰiəu$^{53}$xei$^{53}_{44}$tsʰiəu$^{53}_{44}$kɔn$^{21}$tso$^{53}$ke$^{53}_{44}$,e$_{21}$,tʰau$^{53}$tsʰau$^{21}$kai$^{53}$kɔn$^{21}$na$^{0}$,kɔn$^{21}$cʰin$^{35}_{44}$tsɿ$^{0}$.o$_{53}$,ai$_{13}$ia$_{21}$,man$^{13}$to$^{35}_{44}$cʰin$^{35}_{44}$tsɿ$^{0}$.

【哦呵$_{1}$】o$_{44}$xo$_{35}$ 叹表示惊讶、意外、不可思议的语气：渠嫔子死哩以后十几年了，去捡地，～，缯殊唠，缯殊咁呶。ci$^{13}_{21}$ɔi$^{35}$tsɿ$^{0}$si$^{21}$li$^{0}$i$^{35}_{44}$xei$^{53}_{44}$ʂət$^{5}$ci$^{21}$ɲien$^{13}_{21}$niau$^{0}$,çi$^{53}_{44}$cian$^{21}$tʰi$^{53}$,o$_{44}$xo$_{35}$,maŋ$^{13}$mət$^{3}$lau$^{0}$,maŋ$^{13}$mət$^{3}$kan$^{35}_{44}$nau$^{0}$.

【哦呵$_{2}$】o$_{44}$xo$_{44}$ 叹表示遗憾的语气：有滴人（作豆腐）唔系～老哩，唔系就嫩哩。iəu$^{35}$tet$^{5}$ɲin$^{13}_{21}$m̩$^{13}_{21}$pʰe$_{44}$(←xe$^{53}$)o$_{44}$xo$_{44}$lau$^{21}$li$^{0}$,m̩$^{13}_{21}$pʰe$_{44}$(←xe$^{53}$)tsʰiəu$^{53}_{44}$lən$^{53}$ni$^{0}$.

【哦呵斗】o$^{35}$xo$^{21}$tei$^{21}$ 名短烟斗：～斗，底下就安做～。烟筒斗。放烟个箇只栏场，安做烟筒斗，又安做～。哦呵啊，打哦呵。打哦呵了。唔晓得让门子安做～。又安做烟筒斗。o$^{35}$xo$^{21}$tei$^{21}$,te$^{21}$xa$^{53}_{44}$tsʰiəu$^{53}_{44}$ɔn$^{35}_{44}$tso$^{53}_{44}$o$^{35}$xo$^{21}$tei$^{21}$.ien$^{35}$tʰəŋ$^{13}_{21}$tei$^{21}$.fɔŋ$^{53}$ien$^{35}$ke$^{53}_{44}$kai$^{53}$iak$^{3}$(←tʂak$^{3}$)lɔŋ$^{13}_{21}$tʂʰɔŋ$^{13}_{44}$,ɔn$^{35}$tso$^{53}_{44}$ien$^{35}$tʰəŋ$^{13}_{21}$tei$^{21}$,iəu$^{53}_{44}$ɔn$^{35}_{44}$tso$^{53}_{44}$o$^{35}$xo$^{21}$tei$^{21}$.o$^{53}$xo$^{13}$a$^{0}$,ta$^{21}$o$^{53}$xo$^{21}$.ta$^{21}$o$^{53}$xo$^{21}$liau$^{0}$.ŋ̍$^{13}$çiau$^{21}$tek$^{3}$ɲiɔŋ$^{53}_{44}$mən$^{13}_{44}$tsɿ$^{0}$ɔn$^{35}_{44}$tso$^{53}_{44}$o$^{35}$xo$^{21}$tei$^{21}$.iəu$^{53}_{44}$ɔn$^{35}_{44}$tso$^{53}_{44}$ien$^{35}$tʰəŋ$^{13}_{21}$tei$^{21}$.

【呕】ei$^{21}$ 动东西在胃喉中上涌，从口中出来：～哩 ei$^{21}$li$^{0}$｜想～样啊。siɔŋ$^{21}$ei$^{21}$iɔŋ$^{53}$ŋa$^{0}$.

【呕血】ei$^{21}$çiet$^{3}$ 动吐血：箇晡我老婆去下子讲只么个东西，嗨呀，我话你，我话我是硬从来都唔去问咁个东西，唔去关心咁个东西，哦，就系箇映子拆哩屋啊，系唔系？就箇个桥边呐拆哩屋啊。渠话，我老婆归来渠话：“箇一路个屋啊咁长啊，箇边唔系缯拆？渠就唔知几积极嘞，渠箇人呢背时啊，唔知几积极，自家屋就先拆咁，结果嘞又缯又钱又冇得哩嘞，尽兜又唔尽兜都唔拆，欸，咁气起～。”我话：“哪映气起么个～？”我话：“今晡早晨我都看倒渠去下子散步。”我话：“你去，□关心兜咁个路子。”kai$^{53}_{44}$pu$^{35}$ŋai$^{13}_{21}$lau$^{21}$pʰo$^{13}$çi$^{53}$xa$^{53}$tsɿ$^{0}$kɔŋ$^{21}$tʂak$^{3}$mak$^{3}$e$^{0}$təŋ$^{35}_{44}$si$^{0}$,xai$_{44}$ia$_{21}$,ŋai$^{13}_{21}$ua$^{53}$ɲi$^{13}$,ŋai$^{13}$ua$^{53}$ŋai$^{13}$ʂʅ$^{53}_{44}$ɲiaŋ$^{53}$tsʰəŋ$^{13}$lɔi$^{13}_{21}$təu$^{35}_{53}$n̩$^{13}$çi$^{53}_{44}$uən$^{53}$kan$^{21}$ke$^{53}_{44}$təŋ$^{35}_{44}$si$^{0}$,n̩$^{13}_{21}$çi$^{53}_{44}$kuan$^{35}_{44}$sin$^{35}_{53}$kan$^{21}$ke$^{53}_{44}$təŋ$^{35}_{44}$si$^{0}$,o$_{21}$,tsʰiəu$^{53}$xei$^{53}$kai$^{53}$iaŋ$^{53}$tsɿ$^{0}$tsʰak$^{3}$li$^{0}$uk$^{3}$a$^{0}$,xei$^{53}$me$^{53}$?tsʰiəu$^{53}_{44}$kai$^{53}_{44}$(k)e$^{53}_{44}$cʰiau$^{13}$pien$^{35}$na$^{0}$tsʰak$^{3}$li$^{0}$uk$^{3}$a$^{0}$.ci$^{13}_{44}$ua$^{53}_{44}$,ŋai$^{13}_{21}$lau$^{21}$pʰo$^{13}$kuei$^{35}$lɔi$^{13}_{21}$ci$^{13}_{21}$ua$^{53}_{21}$:"kai$^{53}_{44}$iet$^{3}$ləu$^{53}$ke$^{53}$uk$^{3}$a$^{0}$kan$^{21}$tʂʰɔŋ$^{13}$ŋa$^{0}$,kai$^{53}$pien$^{35}_{44}$m̩$^{13}_{21}$pʰei$^{53}$maŋ$^{13}$tsʰak$^{3}$?ci$^{13}$tsʰiəu$^{53}$n̩$^{13}$ti$^{35}_{53}$ci$^{21}$tsiet$^{3}$cʰiet$^{5}$le$^{0}$,ci$^{13}$kai$^{53}$ɲin$^{13}_{44}$ne$^{0}$pʰi$^{53}$ʂʅ$^{13}$ʐa$^{0}$,n̩$^{13}$ti$^{35}_{53}$ci$^{21}$tsʰiet$^{3}$cʰiet$^{5}$,tsʰɿ$^{35}$ka$^{35}_{53}$uk$^{3}$tsʰiəu$^{53}_{44}$sien$^{35}$tsʰak$^{3}$kan$^{21}_{44}$,ciet$^{3}$ko$^{21}$lei$^{0}$iəu$^{53}$maŋ$^{13}$iəu$^{53}$tsʰien$^{13}$iəu$^{53}$mau$^{13}_{21}$tek$^{3}$li$^{0}$lei$^{0}$,tsʰin$^{53}$te$^{35}_{44}$iən$^{53}$n̩$^{13}$tsʰin$^{53}$te$^{35}_{44}$təu$^{35}_{53}$n̩$^{13}$tsʰak$^{3}$,e$_{21}$,kan$^{21}_{13}$çi$^{53}$çi$^{21}_{44}$ei$^{21}$çiet$^{3}$."ŋai$^{13}$ua$^{53}_{44}$:"la$^{53}$iaŋ$^{53}_{35}$çi$^{53}$çi$^{21}_{44}$mak$^{3}$e$^{0}$ei$^{21}$çiet$^{3}$?"ŋai$^{13}$ua$^{53}_{44}$:"cin$^{35}$pu$^{35}_{53}$tsau$^{21}$ʂən$^{13}$ŋai$^{13}$təu$^{35}_{53}$kʰɔn$^{53}$tau$^{21}$ci$^{13}$çi$^{53}$xa$^{53}_{44}$tsɿ$^{0}$san$^{53}$pʰu$^{53}$."ŋai$^{13}$ua$^{53}$:"ɲi$^{13}_{21}$çi$^{53}$,fəŋ$^{35}$kuan$^{35}_{44}$sin$^{35}_{44}$te$^{35}_{53}$kan$^{21}$ke$^{53}_{44}$ləu$^{53}$tsɿ$^{0}$."

【熰】ei$^{53}$ 动焚烧；使柴火等不起火苗只冒烟地烧：打比样子昨晡讲个，～火土，箇也系～。ta$^{21}$pi$^{21}$iɔŋ$^{53}_{44}$tsɿ$^{0}$tsʰo$^{35}_{21}$pu$^{35}_{53}$kɔŋ$^{21}$ke$^{53}_{44}$,ei$^{53}$fo$^{21}$tʰəu$^{21}$,kai$^{53}_{21}$ia$^{35}$xe$^{53}_{44}$ei$^{53}_{44}$.

【熰床秆】ei$^{53}$tsʰɔŋ$^{13}$kɔn$^{21}$ 出殡前晚上为死者焚烧生前床上垫的稻草及衣物等。又称“烧床秆”：就系还山个头晡夜晡，嗯，上岭个头晡夜晡哇，爱分死者用过个衫裤，着过个衫裤，唔爱哩个，箇床秆箇兜，欸，席箇兜，死者用过个唔爱哩个，烧嘿去。就安做～。熰哦话就话～，包括渠个衫裤箇兜都烧嘿去，唔爱哩。箇晡我姆婆都系唔系话：“你等真不要买咁多衫裤分我啦，落尾着唔得几多下是只好煀嘿去了啦，只好烧嘿去啊听睛啊，嗯，可惜哩啦。”我就话我话：“姆娑，还caret话起呀。起码还有十几年呐，十几两十年呐。”我话caret话起。tsʰiəu$^{53}$xe$^{53}$ fan$^{13}$san$^{35}$ke$^{53}$tʰei$^{13}$pu$^{35}_{44}$ia$^{53}$pu$^{35}_{44}$,n̩$_{21}$,ʂɔŋ$^{53}_{44}$liaŋ$^{35}$ke$^{53}$tʰei$^{13}$pu$^{35}_{44}$ia$^{53}$pu$^{35}_{44}$ua$^{0}$ ,ɔi$^{53}_{44}$pən$^{35}_{44}$si$^{21}$tʂa$^{21}$iəŋ$^{53}$ko$^{53}_{44}$ke$^{53}_{44}$san$^{35}$fu$^{53}$, tʂɔk$^{3}$ ko$^{53}$ke$^{53}_{44}$san$^{35}$fu$^{53}$,m̩$^{13}_{21}$mɔi$^{53}_{44}$li$^{0}$ ke$^{53}$,kai$^{53}_{44}$tsʰɔŋ$^{13}$kɔn$^{21}$kai$^{53}_{44}$te$^{35}_{53}$,e$_{21}$,tsʰia$^{53}$kai$^{53}_{44}$te$^{35}_{44}$,si$^{21}$tʂa$^{21}$iəŋ$^{53}$ko$^{53}_{44}$ke$^{53}_{44}$m̩$^{13}_{21}$ mɔi$^{53}$li$^{0}$ ke$^{53}$,ʂau$^{35}$xek$^{3}$ çi$^{53}_{44}$.tsiəu$^{53}_{21}$ɔn$^{35}_{21}$tso$^{53}_{21}$ei$^{53}$tsʰɔŋ$^{13}$kɔn$^{21}$.ei$^{53}$o$_{21}$ua$^{53}$tsiəu$^{53}_{44}$ua$^{53}_{44}$ei$^{53}$tsʰɔŋ$^{13}$kɔn$^{21}$,pau$^{35}$kuait$^{3}$ ci$^{13}_{44}$ ke$^{53}_{44}$san$^{35}$fu$^{53}$kai$^{53}_{44}$te$^{35}_{44}$təu$^{35}_{44}$ʂau$^{35}$(x)ek$^{3}$ çi$^{53}_{44}$,m̩$^{13}_{21}$mɔi$^{53}_{44}$li$^{0}$ .kai$^{53}_{44}$pu$^{35}_{44}$ŋai$^{13}_{21}$m̩$^{13}$mei$^{35}_{44}$təu$^{35}_{44}$xei$^{53}_{44}$m̩$^{13}_{21}$pʰei$^{53}$ua$^{53}_{44}$:"ɲi$^{13}$tien$^{0}$ tʂən$^{35}$pət$^{3}$ iau$^{53}_{44}$mai$^{35}_{44}$kan$^{21}$to$^{35}_{44}$san$^{35}$fu$^{53}$pən$^{35}$ŋai$^{13}_{21}$la$^{0}$ ,lɔk$^{5}$ mi$^{35}_{53}$tʂɔk$^{3}$ n̩$^{13}_{21}$tek$^{3}$ ci$^{21}$(t)o$^{35}_{44}$xa$^{53}_{44}$ʂʅ$^{53}_{44}$tʂʅ$^{21}$xau$^{21}$ei$^{53}$(x)ek$^{3}$ çi$^{53}$liau$^{21}$la$^{0}$ ,tʂʅ$^{21}$(x)au$^{21}$ʂau$^{35}$(x)ek$^{3}$ çi$^{53}$a$^{0}$ tʰin$^{35}_{44}$pu$^{35}_{44}$a$^{0}$ ,n̩$_{21}$,kʰo$^{21}$set$^{3}$ li$^{0}$ la$^{0}$ ."ŋai$^{13}_{21}$tsiəu$^{53}_{44}$ua$^{53}_{44}$ŋai$^{13}_{44}$(u)a$^{53}_{44}$:"m̩$^{13}$me$^{35}_{44}$, xai$^{13}_{21}$maŋ$^{13}$ua$^{53}$çi$^{21}$ia$^{0}$ .çi$^{21}$ma$^{35}_{44}$xai$^{13}_{21}$iəu$^{35}_{44}$ʂət$^{5}$ ci$^{21}$ɲien$^{13}$na$^{0}$ ,ʂət$^{5}$ ci$^{21}$iɔŋ$^{21}$ʂət$^{5}$ ɲien$^{13}$na$^{0}$ ."ŋai$^{13}$ua$^{53}$maŋ$^{13}$ua$^{53}$çi$^{21}$.

【藕】ɲiau$^{21}$ [名]莲的地下茎，肥大有节，中间有管状小孔，折断后有丝，可食：买倒箇～来炖排骨食唠。mai$^{35}$tau$^{21}_{44}$kai$^{53}$ɲiau$^{21}$lɔi$^{13}$tən$^{53}$pʰai$^{13}$kuət$^{3}$ ʂət$^{5}$ lau$^{0}$ .

【藕蔸】ɲiau$^{21}$tei$^{35}$ [名]藕的别称：～藕粉，系唔系？又话～嘞，又话藕。ɲiau$^{21}$tei$^{35}$ɲiau$^{21}$fən$^{21}$,xei$^{53}$ me$^{53}$?iəu$^{53}$ua$^{53}$ɲiau$^{21}$tei$^{35}$lei$^{0}$ ,iəu$^{53}$ua$^{53}$ɲiau$^{21}$.

【沤】ei$^{53}$/əu$^{53}$老派 [动]壅埋堆积，使之发酵：～粪 əu$^{53}$pən$^{53}$ | 欸，箇只以到讲个么箇割倒箇青归来啊舞倒去～做一□哇，箇又箇就典型箇子发酵，欸，发酵个意思。欸，渠箇个又又也喊～。ei$_{21}$,kai$^{53}$tʂak$^{3}$ i$^{21}$tau$^{53}_{44}$kɔŋ$^{21}$ke$^{53}_{44}$mak$^{3}$ kai$^{53}_{44}$kɔit$^{3}$ tau$^{21}$kai$^{53}_{44}$tsʰiaŋ$^{35}$kuei$^{35}$lɔi$^{13}_{21}$a$_{21}$u$^{21}$tau$^{21}$çi$^{53}_{44}$ei$^{53}$tso$^{53}$iet$^{3}$ tsiau$^{35}$ ua$^{0}$ ,kai$^{53}_{44}$iəu$^{53}_{44}$kai$^{53}_{44}$tsʰiəu$^{53}_{44}$tien$^{21}$çin$^{13}$kai$^{53}_{44}$tsɿ$^{0}$ fait$^{3}$ çiau$^{53}$,e$_{21}$,fait$^{3}$ çiau$^{53}$ke$^{53}_{44}$i$^{53}_{44}$sɿ$^{0}$ .ei$_{21}$,ci$^{13}_{21}$kai$^{53}_{44}$ke$^{53}_{44}$iəu$^{53}_{44}$iəu$^{53}_{44}$ia$^{35}$ xan$^{53}_{44}$ei$^{53}$.

【沤气】ei$^{53}$çi$^{53}$ [名]湿东西长时间不能干而产生的难闻气味：冇日头晒倒个衫都一只箇～呀。mau$^{13}$ɲiet$^{3}$ tʰei$^{13}$sai$^{53}$tau$^{21}$ke$^{53}_{21}$san$^{35}$təu$^{35}$iet$^{3}$ tʂak$^{3}$ kai$^{53}_{21}$ei$^{53}$çi$^{53}$ia$^{0}$ .

【怄】ei$^{53}$ [动]生闷气：～倒一肚子火 ei$^{53}$tau$^{21}$iet$^{3}$ təu$^{21}$tsɿ$^{0}$ fo$^{21}$

【怄气】əu$^{53}$çi$^{53}$ [动]受窝囊气：搞起我真～以只路子。kau$^{21}$çi$^{21}_{44}$ŋai$^{13}_{21}$tʂən$^{35}$ei$^{53}$çi$^{53}$i$^{21}$tʂak$^{3}$ ləu$^{53}$tsɿ$^{0}$ .

【怄人】ei$^{53}$ɲin$^{13}$ [动]气人；令人生气：打比样啊欸打比我等人我等横巷里爱修路样，系唔系？舞倒我跑倒去欸舞倒我呀花费兜时间呐欸舞倒去帮搞，但是有人唔理解，渠把做我跍倒从中可以得兜子么个路，欸，讲兜子空事嘞就讲下我耳朵眼里来哩。箇就真～呐。好人把做贼啊，鸡屎就把做墨。好坏不分哝，箇就真～，箇个路子就怄死人。ta$^{21}$pi$^{21}$iɔŋ$^{53}$ŋa$^{0}$ e$^{0}$ ta$^{21}$pi$^{21}$ŋai$^{13}$tien$^{0}$ in$^{13}_{44}$ŋai$^{13}$tien$^{0}$ uaŋ$^{13}$xɔŋ$^{53}_{44}$li$^{0}$ ɔi$^{53}_{44}$siəu$^{35}$ləu$^{53}$iɔŋ$^{53}_{44}$,xei$^{53}_{44}$me$^{53}_{44}$?u$^{21}$tau$^{21}$ŋai$^{13}$pʰau$^{21}$tau$^{21}$çi$^{53}$e$_{21}$u$^{21}$tau$^{21}$ŋai$^{13}$ia$^{0}$ fa$^{35}$fei$^{53}$ te$^{35}_{53}$ʂʅ$^{13}$kan$^{35}_{53}$na$^{0}$ e$_{21}$u$^{21}$tau$^{21}$çi$^{53}$pɔŋ$^{35}$kau$^{21}$,tan$^{53}$ʂʅ$^{53}$iəu$^{35}$ɲin$^{13}_{21}$n̩$^{13}_{21}$li$^{35}$kai$^{21}$,ci$^{13}$pa$^{21}$tso$^{53}$ŋai$^{13}$ku$^{35}$tau$^{21}$tsʰəŋ$^{13}$tʂəŋ$^{35}_{44}$kʰo$^{21}$ i$^{35}_{44}$tek$^{3}$ te$^{35}_{53}$tsɿ$^{0}$ mak$^{3}$ e$^{0}$ ləu$^{53}$,e$_{21}$,kɔŋ$^{21}$te$^{35}_{53}$tsɿ$^{0}$ kʰəŋ$^{53}$sɿ$^{53}$lei$^{0}$ tsʰiəu$^{53}$kɔŋ$^{21}$ŋa$^{53}$ŋai$^{13}_{21}$ɲi$^{21}$to$^{21}$ŋan$^{21}$li$^{0}$ lɔi$^{13}_{21}$li$^{0}$ .kai$^{53}_{44}$tsʰiəu$^{53}_{44}$ tʂən$^{35}$ei$^{53}$ɲin$^{13}_{21}$na$^{0}$ .xau$^{21}$ɲin$^{13}$pa$^{21}$tso$^{53}_{44}$tsʰet$^{5}$ a$^{0}$ ,cie$^{35}$ʂʅ$^{21}$tsʰiəu$^{53}_{44}$pa$^{21}$tso$^{53}_{44}$mek$^{5}$ .xau$^{21}$fai$^{53}$pət$^{3}$ fən$^{35}$nau$^{0}$ ,kai$^{53}$ tsʰiəu$^{53}$tʂən$^{35}$ei$^{53}$ɲin$^{13}_{21}$,kai$^{53}_{44}$ke$^{53}_{44}$ləu$^{53}$tsɿ$^{0}$ tsiəu$^{53}_{44}$ei$^{53}$si$^{21}$ɲin$^{13}_{21}$.

# P

【扒】pʰa$^{13}$ 动①用手或工具把东西聚拢或拨开：戴倒手套哇，用手去～嘞。……爱去～。爱去箇泥肚里寻呢。tai$^{53}$tau$^{21}$ʂəu$^{21}$tʰau$^{53}$ua$^{0}$,iəŋ$^{53}$ʂəu$^{21}$çi$^{53}$pʰa$^{13}$lei$^{0}$.…ɔi$^{53}_{44}$çi$^{53}_{44}$pʰa$^{13}$.ɔi$^{53}_{44}$çi$^{53}$kai$^{53}_{44}$lai$^{13}$təu$^{21}$li$^{0}$tsʰin$^{13}$ne$^{0}$.｜就咁子分谷～拢来。～拢来，～下箇角撮里。tsʰiəu$^{53}_{44}$kan$^{21}$tsɿ$^{0}$pən$^{35}$kuk$^{3}$pʰa$^{13}$ləŋ$^{35}_{44}$lɔi$^{13}_{21}$.pʰa$^{13}$ləŋ$^{35}_{44}$lɔi$^{13}_{21}$,pʰa$^{13}$(x)a$^{53}_{44}$kai$^{53}_{44}$kɔk$^{3}$tsʰait$^{3}$li$^{0}$. ②从别人身上摸窃财物：我就碰过一回扒手哇。箇系赠～倒我几多钱呶。你话我去还系去凤溪教书个时候子嘞，我坐车到浏阳嘞，拿张一百块钱个票子出来。箇阵子百块钱系蛮多，只爱几块子钱车票，系唔系？找你九十几块钱分我，还随手就室嘿袋子里，随手塞嘿袋子里。以下就摎别人家来讲，讲一阵呢我就砌目睡睡着了，等得到浏阳一下哩车嘞看呢冇得哩唠。欸就系我侧边坐倒一只子咁个后生伢子，也默神就系渠～嘿哩。ŋai$^{13}$tsiəu$^{53}_{44}$pʰəŋ$^{53}$ko$^{53}$(i)et$^{3}$fei$^{13}_{21}$pʰa$^{13}_{21}$ʂəu$^{21}$ua$^{0}$.kai$^{53}$xe$^{53}_{44}$maŋ$^{13}$pʰa$^{13}$tau$^{21}$ŋai$^{13}$ci$^{21}$to$^{35}$tsʰien$^{13}$nau$^{0}$.ɲi$^{13}$ua$^{53}$ŋai$^{13}_{44}$çi$^{53}$xai$^{13}$xe$^{53}_{44}$çi$^{53}$fəŋ$^{53}$çi$^{35}_{44}$kau$^{35}_{44}$ʂəu$^{35}_{44}$ke$^{53}$ʂʅ$^{13}_{44}$xei$^{53}$tsɿ$^{0}$lei$^{0}$,ŋai$^{13}_{21}$tsʰo$^{35}_{44}$tʂʰa$^{35}_{44}$tau$^{53}$liəu$^{13}$iɔŋ$^{13}_{44}$le$^{0}$,la$^{53}$tʂɔŋ$^{35}_{53}$iet$^{3}$pak$^{3}$kʰuai$^{53}_{44}$tsʰien$^{13}_{44}$ke$^{53}_{44}$pʰiau$^{53}$tsɿ$^{0}$tʂʰət$^{3}$lɔi$^{13}_{21}$.kai$^{53}$tʂʰən$^{53}$tsɿ$^{0}$pak$^{3}$kʰuai$^{53}$tsʰien$^{13}_{21}$xe$^{53}_{21}$man$^{13}_{21}$to$^{35}$,tʂʅ$^{21}$ɔi$^{53}$ci$^{21}$kʰuai$^{53}$tsɿ$^{0}$tsʰien$^{13}_{21}$tʂʰa$^{35}$pʰiau$^{53}$,xei$^{53}_{44}$me$^{53}_{44}$?tsau$^{21}$ɲi$^{13}$ciəu$^{21}$ʂət$^{5}$ci$^{21}$kʰuai$^{53}_{44}$tsʰien$^{13}_{21}$pən$^{35}_{44}$ŋai$^{13}_{44}$,xai$^{13}$sei$^{13}$ʂəu$^{21}$tsʰiəu$^{53}$tset$^{3}$(x)ek$^{3}$tʰɔi$^{53}$tsɿ$^{0}$li$^{0}$,sei$^{13}$ʂəu$^{21}$set$^{3}$(x)ek$^{3}$tʰɔi$^{53}$tsɿ$^{0}$li$^{0}$.i$^{21}$xa$^{53}$tsʰiəu$^{53}$lau$^{35}_{44}$pʰiet$^{5}$in$^{13}_{21}$ka$^{35}_{53}$lɔi$^{13}_{21}$kɔŋ$^{21}$,kɔŋ$^{21}$iet$^{3}$tʂʰən$^{53}$ne$^{0}$ŋai$^{13}$tsʰiəu$^{53}$tsʰi$^{53}$muk$^{3}$ʂɔi$^{53}_{44}$ʂɔi$^{53}$tʂʰɔk$^{5}_{3}$liau$^{0}$,ten$^{21}$tek$^{3}$tau$^{53}$liəu$^{13}$iɔŋ$^{13}_{44}$iet$^{3}$xa$^{53}_{44}$li$^{0}$tʂʰa$^{35}$le$^{0}$kʰɔn$^{53}$ne$^{0}$mau$^{13}$tek$^{3}$li$^{0}$lau$^{0}$.e$^{0}$tsʰiəu$^{53}$xei$^{53}_{44}$ŋai$^{13}_{21}$tsʰck$^{3}$pien$^{35}_{44}$tsʰʊ$^{35}$tau$^{21}$iet$^{3}$tʂak$^{3}$tsɿ$^{0}$kan$^{21}$ke$^{53}_{44}$xei$^{53}$saŋ$^{35}_{44}$ŋa$^{13}_{21}$tsɿ$^{0}$,ia$^{35}_{44}$mek$^{3}$ʂən$^{13}$tsʰiəu$^{53}$xei$^{53}_{44}$ci$^{13}_{21}$pʰa$^{13}$(x)ek$^{3}$li$^{0}$.

【扒灰佬】pʰa$^{13}$fɔi$^{35}_{44}$lau$^{21}$ 名指与儿媳有暧昧关系的公公，常用作谑称：噢，～噢。家爷就～噢，送只耙子分渠啦。au$_{21}$,pʰa$^{13}$fɔi$^{35}_{44}$lau$^{21}$uau$^{0}$.ka$^{13}$ia$^{13}_{44}$tsiəu$^{53}_{44}$pʰa$^{13}$fɔi$^{35}_{44}$lau$^{21}$uau$^{0}$,səŋ$^{53}$tʂak$^{3}$pʰa$^{13}$tsɿ$^{0}$pən$^{35}$ci$^{13}_{21}$la$^{0}$.

【扒手】pʰa$^{13}$ʂəu$^{21}$ 名常在公交车上、火车站、商场、闹市等人流拥堵场所行窃的小偷：我就碰过一回～哇。ŋai$^{13}$tsiəu$^{53}_{44}$pʰəŋ$^{53}$ko$^{53}$(i)et$^{3}$fei$^{13}_{21}$pʰa$^{13}_{21}$ʂəu$^{21}$ua$^{0}$.｜箇阵子我等欸我教书个栏场有只人呐，一只咁个后生伢子，欸唔想做事，长日走一发子又归来，归来摎别人家打牌，真有钱，摞钱摞摞哩，落尾正晓得，渠跍下外背当～。结果最后嘞又唔赠结果得好，当～嘞惹打哩啊，打伤哩啊，跍倒屋下就咁子哎病苶苶哩，搞下子就鸟消哩啊，就死嘿哩。一只好后生嘞，老婆都赠讨嘞。kai$^{53}$tʂʰən$^{53}$tsɿ$^{0}$ŋai$^{13}$tien$^{0}$e$_{21}$ŋai$^{13}$kau$^{35}_{44}$ʂəu$^{35}_{44}$ke$^{53}$laŋ$^{13}_{21}$tʂʰɔŋ$^{13}_{21}$iəu$^{35}$tʂak$^{3}$ɲin$^{13}_{21}$na$^{0}$,iet$^{3}$tʂak$^{3}$kan$^{21}$ke$^{53}_{44}$xei$^{53}$saŋ$^{35}_{44}$ŋa$^{13}_{21}$tsɿ$^{0}$,e$_{53}$n̩$^{13}_{21}$siɔŋ$^{21}$tso$^{53}$sɿ$^{53}$,tʂʰɔŋ$^{13}$ɲiet$^{3}$tsei$^{21}$iet$^{3}$fait$^{3}$tsɿ$^{0}$iəu$^{53}_{44}$kuei$^{35}$lɔi$^{13}_{21}$,kuei$^{35}$lɔi$^{13}_{21}$lau$^{35}_{44}$pʰiet$^{5}$in$^{35}_{44}$ka$^{35}_{44}$ta$^{21}$pʰai$^{13}$,tʂən$^{35}_{44}$iəu$^{35}_{44}$tsʰien$^{13}_{21}$,lo$^{53}$tsʰien$^{13}_{21}$lo$^{53}$lo$^{53}$li$^{0}$,lɔk$^{5}$mi$^{35}_{53}$tʂaŋ$^{53}$çiau$^{21}$tek$^{3}$,ci$^{13}_{21}$ku$^{35}$(x)a$^{53}_{21}$ŋɔi$^{53}$pɔi$^{53}_{44}$tɔŋ$^{35}$pʰa$^{13}$ʂəu$^{21}$.ciet$^{3}$ko$^{21}$tsei$^{53}$xei$^{53}_{21}$lei$^{0}$iəu$^{53}$n̩$^{13}_{21}$maŋ$^{13}$ciet$^{3}$ko$^{21}$tek$^{3}$xau$^{21}$,tɔŋ$^{35}$pʰa$^{13}_{21}$ʂəu$^{21}$le$^{0}$ɲia$^{35}$ta$^{21}$li$^{0}$a$^{0}$,ta$^{21}$ʂɔŋ$^{35}$li$^{0}$a$^{0}$,ku$^{35}$tau$^{21}$uk$^{3}$xa$^{53}_{44}$tsʰiəu$^{53}$kan$^{21}$tsɿ$^{0}$ai$_{53}$pʰiaŋ$^{53}$ɲiet$^{5}$ɲiet$^{5}$li$^{0}$,kau$^{21}$xa$^{53}$tsɿ$^{0}$tsʰiəu$^{53}_{44}$ɲiau$^{35}$siau$^{35}$li$^{0}$a$^{0}$,tsiəu$^{53}$si$^{21}$xek$^{3}$li$^{0}$.iet$^{3}$tʂak$^{3}$xau$^{21}$xei$^{53}$saŋ$^{35}_{44}$le$^{0}$,lau$^{21}$pʰo$^{13}_{21}$təu$^{35}_{53}$maŋ$^{13}_{21}$tʰau$^{21}$le$^{0}$.

【爬】pʰa$^{13}$ 动①爬行或攀登：～树是最多个唠。长日～。～倒树上来嬲噢。pʰa$^{13}$ʂəu$^{53}$ʂʅ$^{53}_{21}$tsei$^{53}$to$^{35}_{44}$ke$^{53}_{44}$lau$^{0}$.tʂʰɔŋ$^{13}$ɲiet$^{3}$pʰa$^{13}_{44}$.pʰa$^{13}$tau$^{21}_{44}$ʂəu$^{53}$xɔŋ$^{53}_{44}$lɔi$^{13}_{21}$liau$^{53}$uau$^{0}$. ②由躺卧或趴着的状态慢慢起身：～

起来 pʰa$^{13}$çi$^{21}$lɔi$^{13}$

【爬床揶席】pʰa$^{13}$tsʰɔŋ$^{13}$ia$^{21}$tsʰia$^{53}$ 形容在床上极其痛苦地挣扎：箇个食哩农药个人死又唔得死，～。我就听讲过有只食哩农药个人，渠做乜渠去下子喊，渠话："收拾哩，我晓得食农药咁苦是我硬真正唔得食农药啊。"有兜死又唔死嘞。就系咁苦子话嘞，食哩农药咯。kai$^{53}_{44}$ ke$^{53}_{44}$ʂət$^{5}$ li$^{0}$ ləŋ$^{13}$iɔk$^{5}$ ke$^{53}_{44}$ɲin$^{53}_{44}$si$^{21}$iəu$^{53}$n̩$^{13}_{44}$tek$^{3}$ si$^{21}$,pʰa$^{13}$tsʰɔŋ$^{13}_{44}$ia$^{21}$tsʰia$^{53}$.ŋai$^{13}$tsʰiəu$^{53}$tʰaŋ$^{35}$kɔŋ$^{21}$ko$^{53}$iəu$^{35}$tʂak$^{3}$ ʂət$^{5}$ li$^{0}$ ləŋ$^{13}_{21}$iɔk$^{5}$ ke$^{53}$ɲin$^{13}_{21}$,ci$^{13}_{21}$tso$^{53}$mei$^{35}$ci$^{13}_{21}$çi$^{53}$xa$^{53}_{44}$tsɿ$^{0}$ xan$^{53}$,ci$^{13}_{44}$ua$^{53}_{44}$:"ʂəu$^{35}$ʂət$^{5}$ li$_{44}$,ŋai$^{13}$çiau$^{21}$tek$^{3}$ ʂət$^{5}$ ləŋ$^{13}_{21}$iɔk$^{5}$ kan$^{21}$ kʰu$^{21}$ʂɿ$^{53}_{21}$ŋai$^{13}$ɲiaŋ$^{53}$tʂən$^{35}$tʂən$^{53}$n̩$^{13}_{21}$tek$^{3}$ ʂət$^{5}$ ləŋ$^{13}_{21}$iɔk$^{5}$ a$^{0}$."iəu$^{35}_{44}$tei$^{35}_{53}$si$^{21}$iəu$^{53}$n̩$^{13}_{21}$si$^{21}$le$^{0}$.tsʰiəu$^{53}$xei$^{53}_{44}$kan$^{21}$kʰu$^{21}$tsɿ$^{0}$ ua$^{53}$le$^{0}$,ʂət$^{5}$ li$^{0}$ ləŋ$^{13}$iɔk$^{5}$ ko$^{0}$.

【爬竿】pʰa$^{13}$kɔn$^{35}$ 动 一种身体附着于长竿向上攀援的体育活动：还有兜搞么个？斫两条竹归来呢。徛下箇个檐头下，分箇两条竹嘞，底下就挖只子眼子嘞。分条竹去，箇顶高就彝条铁丝啊或者彝兜么个棕绳箇兜一缔缔下倒嘞，分细人子做么个？～呐。细人子也咁子去爬就老师也咁子去爬。我箇阵子我蛮熬嘞，爬做上得下得，唔爱脚，唔用脚，就咁子双手捋稳去。手劲是我都差唔多大，我轻啊，箇阵子我都正一百零几斤子嘞。读得半年书来就成哩一百三十几嘞。以下教得几十年书来一百六十斤。xai$^{13}_{21}$iəu$^{35}_{53}$təu$^{35}_{53}$kau$^{21}$mak$^{3}$ ke$^{0}$?tʂɔk$^{3}$ iɔŋ$^{21}$tʰiau$^{13}$tʂəuk$^{3}$ kuei$^{35}$lɔi$^{13}_{44}$nei$^{0}$.cʰi$^{35}_{44}$(x)a$^{35}$kai$^{53}_{44}$kei$^{53}_{44}$ian$^{13}_{21}$tʰei$^{13}_{21}$tʰei$^{13}_{21}$xa$^{35}$,pən$^{35}$kai$^{53}$iɔŋ$^{21}$tʰiau$^{13}$tʂəuk$^{3}$ lei$^{0}$,tei$^{21}$xa$^{53}$tsʰiəu$^{53}$ua$^{35}$ tʂak$^{3}$ tsɿ$^{0}$ ŋan$^{21}$tsɿ$^{0}$ lei$^{0}$.pən$^{35}_{53}$tʰiau$^{13}_{44}$tʂəuk$^{3}$ çi$^{53}$,kai$^{53}$taŋ$^{21}$kau$^{35}$tsʰiəu$^{53}$u$^{21}$tʰiau$^{13}$tʰiet$^{3}$ sɿ$^{35}_{53}$a$^{0}$ xɔit$^{5}_{3}$tʂa$^{21}$u$^{21}$tei$^{35}_{53}$mak$^{3}$ e$^{0}$ tsəŋ$^{35}$ʂən$^{13}$kai$^{53}_{44}$təu$^{35}_{44}$iet$^{3}$ tʰak$^{3}$ tʰak$^{3}$ (x)a$^{53}$tau$^{21}$lei$^{0}$,pən$^{35}$sei$^{53}$ɲin$^{13}_{21}$tsɿ$^{0}$ tso$^{53}_{44}$mak$^{3}$ ke$^{53}_{44}$?pʰa$^{13}$kɔn$^{35}$na$^{0}$.sei$^{53}$ɲin$^{13}_{44}$ tsɿ$^{0}$ a$^{35}_{53}$kan$^{21}$tsɿ$^{0}$ çi$^{53}_{44}$pʰa$^{13}$tsʰiəu$^{53}_{44}$lau$^{21}$sɿ$^{35}_{44}$a$^{35}_{53}$kan$^{21}$tsɿ$^{0}$ çi$^{53}_{44}$pʰa$^{13}$.ŋai$^{13}$kai$^{53}$tʂʰən$^{53}$tsɿ$^{0}$ ŋai$^{13}$man$^{13}_{44}$sait$^{3}$ le$^{0}$,pʰa$^{13}$tso$^{53}_{44}$ ʂəŋ$^{35}$tek$^{3}$ xa$^{35}$tek$^{3}$,m̩$^{13}_{21}$mɔi$^{53}$ciɔk$^{3}$,n̩$^{13}$iəŋ$^{53}$ciɔk$^{3}$,tsʰiəu$^{53}$kan$^{21}$tsɿ$^{0}$ səŋ$^{35}$ʂəu$^{21}$lɔit$^{5}$ uən$^{21}_{44}$çi$_{44}$.ʂəu$^{21}$cin$^{53}$ʂɿ$^{53}_{44}$ŋai$^{13}$təu$^{35}_{53}$ tsa$^{35}$n̩$^{13}_{21}$to$^{35}$tʰai$^{53}$,ŋai$^{13}_{21}$cʰiaŋ$^{35}$ŋa$^{0}$,kai$^{53}$tʂʰən$^{53}$tsɿ$^{0}$ ŋai$^{13}$təu$^{35}_{53}$tʂaŋ$^{53}$iet$^{3}$ pak$^{3}$ lin$^{13}$ci$^{21}$cin$^{35}$tsɿ$^{0}$ lei$^{0}$.tʰəuk$^{5}$ tek$^{3}$ pan$^{53}$ ɲien$^{13}_{21}$ʂəu$^{35}$lɔi$^{13}_{21}$tsʰiəu$^{53}$ʂaŋ$^{13}_{44}$li$^{0}$ iet$^{3}$ pak$^{3}$ san$^{35}$ʂət$^{5}$ ci$^{21}$lei$^{0}$.i$^{21}$xa$^{53}$kau$^{35}$tek$^{3}$ ci$^{21}$ʂət$^{5}$ɲien$^{13}_{21}$ʂəu$^{35}$lɔi$^{13}_{21}$iet$^{3}$ pak$^{3}$ liəuk$^{3}$ ʂət$^{5}$ cin$^{35}_{44}$.

【耙$_1$】pʰa$^{13}$ 名 ①把土块弄碎的短齿的铁耙，手持的：泥忒多哩，用～都捶唔出去。lai$^{13}$tʰiet$^{3}$ to$^{35}$li$^{0}$,iəŋ$^{53}$pʰa$^{13}$təu$^{35}_{44}$tsʰəŋ$^{21}$n̩$^{13}$tʂʰət$^{3}$ kʰe$^{53}_{44}$. ②平田用的有齿农具，力畜拖拉的：如果打嘿禾来，再来栽，再来重新搞犁～来栽嘞，箇就安做栽二禾。ʮ$^{13}$ko$^{21}$ta$^{21}$xek$^{3}$ uo$^{13}$lɔi$^{13}_{44}$,tsai$^{53}$lɔi$^{13}_{21}$tsɔi$^{35}$,tsai$^{53}$lɔi$^{13}_{21}$ tʂʰəŋ$^{13}$sin$^{35}_{44}$kau$^{21}$lai$^{13}$pʰa$^{13}$lɔi$^{13}$tsɔi$^{35}$lei$^{0}$,kai$^{53}_{44}$tsʰiəu$^{53}_{44}$ɔn$^{35}_{44}$tso$^{53}_{44}$tsɔi$^{35}$ɲi$^{53}$uo$^{13}$.

【耙$_2$】pʰa$^{13}$ 动 ①用耙碎土平地：用铁耙～哩以后 iəŋ$^{53}$tʰiet$^{3}$ pʰa$^{13}_{21}$pʰa$^{13}$li$^{0}$ i$^{35}$xəu$^{53}_{44}$。②用耙子搂取松毛或去除谷中的禾衣等：耙子是硬系欸用竹做个，用竹楇子抈个，去岭上～松毛个耙子，松毛耙子安做。欸，还有嘞就系晒谷个时候子～箸个箇起耙子，用来～咁个飘轻个东西个耙子。pʰa$^{13}$tsɿ$^{0}$ ʂɿ$^{53}_{44}$ɲiaŋ$^{53}$xe$^{53}$ei$_{21}$,iəŋ$^{53}$tʂəuk$^{3}$ tso$^{53}_{44}$kei$^{53}_{44}$,iəŋ$^{53}$tʂəuk$^{3}$ kʰua$^{21}$tsɿ$^{0}$ uət$^{3}$ cie$^{53}$,çi$^{53}$liaŋ$^{35}$xɔŋ$^{53}_{44}$pʰa$^{13}_{21}$tsʰəŋ$^{13}$ mau$^{35}_{44}$ke$^{53}$pʰa$^{13}_{21}$tsɿ$^{0}$,tsʰəŋ$^{13}$mau$^{35}_{44}$pʰa$^{13}_{21}$tsɿ$^{0}$ ɔn$^{35}_{53}$tso$^{53}$.e$_{44}$,xai$^{13}_{21}$iəu$^{35}_{44}$lei$^{0}$ tsʰiəu$^{53}_{44}$xei$^{53}_{44}$sai$^{53}$kuk$^{3}$ ke$^{53}_{44}$ʂɿ$^{13}_{44}$xei$^{53}_{44}$tsɿ$^{0}$ pʰa$^{13}$ ɲiɔk$^{5}$ ke$^{53}_{44}$kai$^{53}$çi$^{21}$pʰa$^{13}$tsɿ$^{0}$,iəŋ$^{53}$lɔi$^{13}_{21}$pʰa$^{13}$kan$^{21}$kei$^{53}$pʰiau$^{35}$cʰiaŋ$^{35}$ke$^{53}$təŋ$^{35}_{44}$si$^{0}$ ke$^{53}$pʰa$^{13}_{21}$tsɿ$^{0}$.

【耙包】pʰa$^{13}$pau$^{35}$ 名 包住耙齿公的木制构件：安箇只牛藤个就～。就系包子个包包样噢系。包倒。～。ɔn$^{35}$kai$^{53}$tʂak$^{3}$ɲiəu$^{13}$tʰen$^{13}_{44}$ke$^{53}$tsʰiəu$^{53}$pʰa$^{13}$pau$^{35}$.tsʰiəu$^{53}$xe$^{53}$pau$^{35}$tsɿ$^{0}$ ke$^{53}_{44}$pau$^{35}_{44}$pau$^{35}_{44}$iəŋ$^{53}$ŋau$^{0}$ xe$^{53}_{44}$.pau$^{35}$tau$^{21}$.pʰa$^{13}$pau$^{35}$.｜弯弯哩咯安做～咯。uan$^{35}_{44}$uan$^{35}_{44}$li$^{0}$ ko$^{0}$ ɔn$^{35}_{44}$tso$^{53}_{44}$pʰa$^{13}$pau$^{35}$ko$^{0}$.｜包倒以只耙齿公箇面前以块东西就安做～。pau$^{35}$tau$^{21}$i$^{21}$tʂak$^{3}$ pʰa$^{13}$tʂʰʅ$^{21}$kəŋ$^{35}$kai$^{53}_{44}$mien$^{53}$tsʰien$^{13}_{21}$i$^{21}$kʰuai$^{53}_{44}$təŋ$^{35}_{44}$si$^{0}$ tsʰiəu$^{53}_{21}$ɔn$^{35}_{44}$tso$^{53}_{44}$pʰa$^{13}_{21}$pau$^{35}$.

【耙齿】pʰa$^{13}$tʂʰʅ$^{21}$ 名 耙下方的齿：以个就喊～，以滴箇个尖个就是～。/十二只～。i$^{21}$ke$^{53}$ tsʰiəu$^{53}_{44}$xan$^{53}$pʰa$^{13}$tʂʰʅ$^{21}$,i$^{21}$tet$^{5}_{3}$kai$^{53}_{35}$ke$^{53}_{44}$tsian$^{35}$ke$^{53}_{44}$tsiəu$^{53}_{44}$ʂɿ$^{53}_{44}$pʰa$^{13}$tʂʰʅ$^{21}$./ʂət$^{5}$ɲi$^{53}$tʂak$^{3}$ pʰa$^{13}$tʂʰʅ$^{21}$.

【耙齿公】pʰa$^{13}$tʂʰʅ$^{21}$kəŋ$^{35}$ 名 耙下方用来系缰绳的突出部分：以只耙包肚箇里箇条。耙包系指面上箇两只箇箇个木个，肚箇里箇只东西，肚箇里就一条铁个咯，箇条铁个安做～。/系～唠。/肚箇里箇两条。/系系系，不错。i$^{21}$tʂak$^{3}$ pʰa$^{13}$pau$^{35}$təu$^{21}$kai$^{53}_{21}$li$^{0}$ kai$^{53}$tʰiau$^{13}_{21}$.pʰa$^{13}$pau$^{35}$xei$^{53}$tsɿ$^{21}$ mien$^{53}$xɔŋ$^{53}_{44}$kai$^{53}_{44}$iɔŋ$^{21}$tʂak$^{3}$ kai$^{53}_{44}$kai$^{53}_{44}$ke$^{53}_{44}$muk$^{3}$ ke$^{53}_{44}$,təu$^{21}$kai$^{53}_{21}$li$^{0}$ kai$^{53}_{44}$tʂak$^{3}$ təŋ$^{35}_{44}$si$^{0}$ ,təu$^{21}$kai$^{53}_{21}$li$^{0}$ tsʰiəu$^{53}$iet$^{3}$ tʰiau$^{13}_{21}$ tʰiet$^{3}$ ke$^{53}_{44}$ko$^{0}$,kai$^{53}$tʰiau$^{13}_{44}$tʰiet$^{3}$ ke$^{53}$ɔn$^{35}_{44}$tso$^{53}_{44}$pʰa$^{13}$tʂʰʅ$^{21}$kəŋ$^{35}$./xe$^{53}$pʰa$^{13}$tʂʰʅ$^{21}$kəŋ$^{35}$lau$^{0}$./təu$^{21}$kai$^{53}_{21}$li$^{0}$ kai$^{53}$iɔŋ$^{21}$ tʰiau$^{13}_{21}$./xe$^{53}$xe$^{53}_{21}$xe$^{53}_{21}$,pət$^{3}$ tsʰo$^{53}$.｜以个～啊，以映子个耙梁啊，耙齿啊，箇个就铁匠打。i$^{21}_{44}$ke$^{53}_{44}$pʰa$^{13}$ tʂʰʅ$^{21}$kəŋ$^{35}$ŋa$^{0}$,i$^{21}$iaŋ$^{53}_{44}$tsɿ$^{0}$ ke$^{53}_{44}$pʰa$^{13}$liɔŋ$^{13}$ŋa$^{0}$,pʰa$^{13}$tʂʰʅ$^{21}$ʐa$^{0}$,kai$^{53}_{44}$ke$^{53}_{44}$tsʰiəu$^{53}_{44}$tʰiet$^{3}$ siɔŋ$^{53}_{44}$ta$^{21}$.

【耙梁】pʰa$^{13}$liɔŋ$^{13}$ 名 耙下方的安接耙齿的横梁、耙两侧的立木、上方的扶手的统称。又称"耙梁子"：箇条横棍呶系。欸欸，横棍，～。kai$^{53}$tʰiau$^{13}_{21}$uaŋ$^{13}$kuən$^{53}$nau$^{0}$ xei$^{53}$.e$_{44}$e$_{44}$,uaŋ$^{13}$

kuən$^{53}$,p$^{h}$a$^{13}$liɔŋ$^{13}$.｜箇两只直个。/两只直个就系～子啊。/噢，～。～是脑高箇只吧？扼手个咯～咯！耙梁子咯！/箇两只直个……箇两条系哟！/也喊吗？/嗯哼。kai$^{53}_{44}$iɔŋ$^{21}$tʂak$^{3}$tʂ$^{h}$ek$^{5}$ke$^{53}_{44}$./iɔŋ$^{21}$tʂak$^{3}$tʂ$^{h}$ek$^{5}$ke$^{53}_{44}$ts$^{h}$iəu$^{53}_{44}$xe$^{53}$p$^{h}$a$^{13}$liɔŋ$^{13}$tsa$^{0}$./au$_{21}$,p$^{h}$a$^{13}$liɔŋ$^{13}$.p$^{h}$a$^{13}$liɔŋ$^{13}$ʂʅ$^{53}_{44}$lau$^{21}$kau$^{35}_{44}$kai$^{53}_{21}$tʂak$^{3}$pa$^{0}$?ia$^{21}$ʂəu$^{21}$ke$^{53}$ko$^{0}$p$^{h}$a$^{13}$liɔŋ$^{13}_{44}$ko$_{35}$!p$^{h}$a$^{13}$liɔŋ$^{13}$tsɿ$^{0}$ko$_{44}$!/kai$^{53}_{44}$iɔŋ$^{21}$tʂak$^{3}$tʂ$^{h}$ek$^{5}$cie$^{53}_{44}$…kai$^{53}$liɔŋ$^{21}$t$^{h}$iau$^{13}$xei$^{53}_{44}$iau$^{0}$!/ia$^{35}$xan$^{53}$ma$_{44}$?/ẽ$_{21}$xẽ$_{44}$.｜箇个渠意思就系以三条都喊～子。/欸，对对对，三条。kai$^{53}_{44}$ke$^{53}_{44}$ci$^{13}_{44}$i$^{53}$sɿ$^{0}$ts$^{h}$iəu$^{53}_{44}$xei$^{53}_{44}$i$^{21}$san$^{35}$t$^{h}$iau$^{13}_{21}$təu$^{35}_{44}$xan$^{53}_{44}$p$^{h}$a$^{13}$liɔŋ$^{13}$tsɿ$^{0}$./e$_{21}$,tei$^{53}$tei$^{53}_{44}$tei$^{53}_{44}$,san$^{35}$t$^{h}$iau$^{13}_{21}$.

【耙子】p$^{h}$a$^{13}$tsɿ$^{0}$ 名 多指松毛耙：你系讲～系只么东西嘞？～是硬系欸用竹做个，用竹棍子扔个，去岭上耙松毛个～，松毛耙子安做。欸，还有嘞就系晒谷个时候子耙箬个箇起～，用来耙咁个飘轻个东西个～。～就，用来耙小东西个轻快个细东西子个～，就安做～。蛮长，把蛮长，只有咁大子，几只咁个～啊，几只咁个篾箩子拐正个咁个弓子啊，看啵，一路个弓子啊，分渠绨做一下，就咁子去耙松毛哇。松毛耙箇是一种～。箇种松毛耙子还可以用来耙么个？打箬。晒谷个时候子啊，唔系箇禾桶摎谷一下来个还有箇个还有箇谷毛箇兜嘛，系啊？嗯。呃，就系禾衣箇兜嘛，分箇个摊下晒簟里个时候子，用～分箇禾衣耙嘿去。ɲiei$_{53}$(←ɲi$^{13}$xei$^{53}$)kɔŋ$^{21}$p$^{h}$a$^{13}$tsɿ$^{0}$xei$^{53}$tʂak$^{3}$mak$^{3}$(t)əŋ$^{35}_{44}$si$^{0}$lei$^{0}$?p$^{h}$a$^{13}$tsɿ$^{0}$ʂʅ$^{53}_{44}$ɲiaŋ$^{53}$xe$^{53}$ei$_{21}$iəŋ$^{53}$tʂəuk$^{3}$tso$^{53}_{44}$kei$^{53}_{44}$,iəŋ$^{53}$tʂəuk$^{3}$k$^{h}$ua$^{21}$tsɿ$^{0}$uət$^{3}$cie$^{53}$,çi$^{53}$liaŋ$^{35}$xɔŋ$^{53}_{44}$p$^{h}$a$^{13}_{21}$ts$^{h}$əŋ$^{13}$mau$^{35}_{44}$ke$^{53}$p$^{h}$a$^{13}_{21}$tsɿ$^{0}$,ts$^{h}$əŋ$^{13}$mau$^{35}_{44}$p$^{h}$a$^{13}_{21}$tsɿ$^{0}$ɔn$^{35}_{53}$tso$^{53}$.e$_{44}$,xai$^{13}_{21}$iəu$^{35}_{44}$lei$^{0}$ts$^{h}$iəu$^{53}_{44}$xei$^{53}_{44}$sai$^{53}$kuk$^{3}$ke$^{53}_{44}$ʂʅ$^{13}_{44}$xei$^{53}_{44}$tsɿ$^{0}$p$^{h}$a$^{13}$ɲiɔk$^{5}$ke$^{53}_{44}$kai$^{53}$çi$^{21}$p$^{h}$a$^{13}$tsɿ$^{0}$,iəŋ$^{53}$lɔi$^{13}_{21}$p$^{h}$a$^{13}$kan$^{21}$kei$^{53}$p$^{h}$iau$^{35}$c$^{h}$iaŋ$^{35}$ke$^{53}$təŋ$^{35}_{44}$si$^{0}$ke$^{53}$p$^{h}$a$^{13}_{21}$tsɿ$^{0}$.p$^{h}$a$^{13}$tsɿ$^{0}$ts$^{h}$iəu$^{53}$,iəŋ$^{53}$lɔi$^{13}_{44}$p$^{h}$a$^{13}$siau$^{21}$təŋ$^{35}_{44}$si$^{0}$ke$^{53}$c$^{h}$iaŋ$^{35}$k$^{h}$uai$^{53}$ke$^{0}$se$^{53}$təŋ$^{35}_{44}$si$^{0}$tsɿ$^{0}$ke$^{53}$p$^{h}$a$^{13}_{21}$tsɿ$^{0}$,ts$^{h}$iəu$^{53}$ɔn$^{35}_{53}$tso$^{53}$p$^{h}$a$^{13}_{21}$tsɿ$^{0}$.man$^{13}$tʂ$^{h}$ɔŋ$^{13}$,pa$^{53}$man$^{13}$tʂ$^{h}$ɔŋ$^{13}$,tʂʅ$^{21}$iəu$^{35}_{53}$kan$^{21}$t$^{h}$ai$^{53}$tsɿ$^{0}$,ci$^{21}$tʂak$^{3}$kan$^{21}$ke$^{53}$p$^{h}$a$^{13}$tsɿ$^{0}$a$^{0}$,ci$^{21}$tʂak$^{3}$kan$^{21}$ke$^{53}_{44}$miet$^{5}$sak$^{3}$tsɿ$^{0}$uət$^{3}$tʂaŋ$^{53}_{21}$ke$^{53}$kan$^{21}$ke$^{53}$ciəŋ$^{35}$tsɿ$^{0}$a$^{0}$,k$^{h}$ɔn$^{53}$nau$^{0}$,iet$^{3}$ləu$^{53}$ke$^{53}_{44}$ciəŋ$^{35}$tsɿ$^{0}$a$^{0}$,pən$^{35}_{44}$ci$^{13}_{44}$t$^{h}$ak$^{3}$tso$^{53}_{44}$iet$^{3}$xa$^{53}$,ts$^{h}$iəu$^{53}$kan$^{21}$tsɿ$^{0}$çi$^{53}$p$^{h}$a$^{13}_{21}$ts$^{h}$əŋ$^{13}_{21}$mau$^{35}_{44}$ua$^{0}$.ts$^{h}$əŋ$^{13}_{21}$mau$^{35}_{44}$p$^{h}$a$^{13}_{21}$kai$^{53}$ʂʅ$^{53}$iet$^{3}$tʂəŋ$^{21}$p$^{h}$a$^{13}$tsɿ$^{0}$.kai$^{53}$tʂəŋ$^{21}$ts$^{h}$əŋ$^{13}$mau$^{35}_{44}$p$^{h}$a$^{13}_{21}$tsɿ$^{0}$xai$^{13}$k$^{h}$o$^{21}$i$^{35}_{44}$iəŋ$^{53}$lɔi$^{13}_{21}$p$^{h}$a$^{13}$mak$^{3}$ke$^{53}$?ta$^{21}$ɲiɔk$^{5}$.sai$^{53}$kuk$^{3}$ke$^{53}_{44}$ʂʅ$^{13}_{44}$xei$^{53}_{44}$tsa$^{0}$,m̩$^{13}$p$^{h}$ei$^{53}_{44}$kai$^{53}$uo$^{13}$t$^{h}$əŋ$^{21}$lau$^{35}$kuk$^{3}$iet$^{3}$xa$^{53}$lɔi$^{13}$ke$^{53}$xai$^{13}_{21}$iəu$^{35}_{53}$kai$^{53}_{44}$kei$^{53}_{44}$xai$^{13}_{21}$iəu$^{35}_{44}$kai$^{53}_{44}$kuk$^{3}$mau$^{35}$kai$^{53}_{44}$tei$^{35}_{44}$ma$^{0}$,xei$^{53}_{44}$a$^{0}$?n̩$_{21}$.ə$_{21}$,ts$^{h}$iəu$^{53}$xe$^{53}$uo$^{13}$i$^{35}$kai$^{53}_{44}$te$^{35}_{44}$ma$^{0}$,pən$^{35}$kai$^{53}_{44}$kei$^{53}_{44}$t$^{h}$an$^{35}$na$^{53}_{44}$sai$^{53}$t$^{h}$ian$^{53}_{44}$ni$^{21}_{44}$ke$^{53}_{44}$ʂʅ$^{13}_{44}$xei$^{53}_{44}$tsɿ$^{0}$,iəŋ$^{53}$p$^{h}$a$^{13}$tsɿ$^{0}$pən$^{35}_{44}$kai$^{53}_{44}$uo$^{13}$i$^{35}_{44}$p$^{h}$a$^{13}$xek$^{3}$çi$^{53}$.

【怕$_{1}$】p$^{h}$a$^{53}$ 动 ①害怕；畏惧：咁个唔～唠。kan$^{21}$cie$^{53}_{44}$m̩$^{13}$p$^{h}$a$^{53}_{44}$lau$^{0}$.｜我搞么个～渠？ŋai$^{13}$kau$^{21}$mak$^{3}$ke$^{53}_{44}$p$^{h}$a$^{53}$ci$^{13}$? ②担心：又～屙鸡屎。iəu$^{53}$p$^{h}$a$^{53}$o$^{35}$cie$^{35}$ʂʅ$^{21}$.｜就～渠指鱼子猋出来。tsiəu$^{53}_{21}$p$^{h}$a$^{53}$ci$^{13}_{21}$piau$^{35}$tʂ$^{h}$ət$^{3}$lɔi$^{13}_{21}$.

【怕$_{2}$】p$^{h}$a$^{53}$ 副 表示猜想、估计，相当于"恐怕""也许""或许"：～有百多年了。p$^{h}$a$^{53}_{44}$iəu$^{35}_{44}$pak$^{3}$to$^{35}_{44}$ɲien$^{13}_{21}$liau$^{0}$.｜箇就～你就𫟼看过箇只东西。kai$^{53}$tsiəu$^{53}_{44}$p$^{h}$a$^{53}_{44}$ɲi$^{13}$ts$^{h}$iəu$^{53}_{44}$maŋ$^{13}$k$^{h}$ɔn$^{53}_{44}$ko$^{53}_{44}$kai$^{53}_{44}$tʂak$^{3}$təŋ$^{35}_{44}$si$^{0}$.｜渠～𫟼去屋下吧。ci$^{13}$p$^{h}$a$^{53}$maŋ$^{13}$çi$^{53}$uk$^{3}$xa$^{53}$pa$_{21}$.

【怕生】p$^{h}$a$^{53}$saŋ$^{35}$ 动 怕见生人：细人子就蛮多就～唠。sei$^{53}$ɲin$^{13}_{21}$tsɿ$^{0}$tsiəu$^{53}_{44}$man$^{13}_{21}$to$^{35}_{44}$tsiəu$^{53}_{44}$p$^{h}$a$^{53}$saŋ$^{35}$lau$^{0}$.

【怕死】p$^{h}$a$^{53}$si$^{21}$ 动 害怕死去：越系～，渠就越系病就会寻你，系唔系？你唔～，你懒㩟识渠得，呣，就好哩。viet$^{5}$xei$^{53}$p$^{h}$a$^{53}$si$^{21}$,ci$^{13}_{21}$ts$^{h}$iəu$^{53}_{44}$viet$^{5}$xe$^{53}$p$^{h}$iaŋ$^{53}$ts$^{h}$iəu$^{53}$uɔi$^{53}$ts$^{h}$in$^{13}$ɲi$^{13}_{44}$,xei$^{53}$me$^{53}$?ɲi$^{13}_{21}$m̩$^{13}$p$^{h}$a$^{53}$si$^{21}$,ɲi$^{13}_{44}$lan$^{35}$ts$^{h}$uɔn$^{21}$ʂət$^{5}$ci$^{13}_{44}$tek$^{3}$,m̩$_{53}$,ts$^{h}$iəu$^{53}$xau$^{21}$li$^{0}$.

【怕死鬼】p$^{h}$a$^{53}$si$^{21}$kuei$^{21}$ 名 对胆小怕事的人的鄙称：你箇～。ɲi$^{13}_{21}$kai$^{53}$p$^{h}$a$^{53}$si$^{21}$kuei$^{21}$.

【怕畏】p$^{h}$a$^{53}_{44}$uei$^{53}$ 动 害怕：打比你夜晡走路你～呀，我摎你凑伴。ta$^{21}$pi$^{21}_{44}$ɲi$^{13}$ia$^{53}$pu$^{35}_{44}$tsei$^{21}$ləu$^{53}$ɲi$^{13}_{21}$p$^{h}$a$^{53}_{44}$uei$^{53}$ia$^{0}$,ŋai$^{13}_{21}$lau$^{35}_{44}$ɲi$^{13}_{21}$ts$^{h}$ei$^{53}_{44}$p$^{h}$ɔn$^{53}$.

【怕羞】p$^{h}$a$^{53}$siəu$^{35}$ 动 害羞：箇～就真多嘞。有兜妹子人呢欸同渠做介绍渠就～哇。kai$^{53}$p$^{h}$a$^{53}$siəu$^{35}$ts$^{h}$iəu$^{53}_{44}$tʂən$^{35}_{44}$to$^{35}_{44}$le$^{0}$.iəu$^{35}$te$^{35}_{44}$mɔi$^{53}$tsɿ$^{0}$ɲin$^{13}_{44}$ne$^{0}$e$_{44}$t$^{h}$əŋ$^{13}_{21}$ci$^{13}_{44}$tso$^{53}$kai$^{53}$ʂau$^{53}_{44}$ci$^{13}_{44}$tsiəu$^{53}_{44}$p$^{h}$a$^{53}$siəu$^{35}$ua$^{0}$.

【拍】p$^{h}$ak$^{3}$ 动 以手掌或片状物打：欸，有滴𫟼筑得好个，爱整墙欸。爱整。整就爱～紧，欸。e$_{21}$,iəu$^{35}$tiet$^{5}$maŋ$^{13}_{21}$tʂəuk$^{3}$tek$^{3}$xau$^{21}$ke$^{53}_{44}$,ɔi$^{53}$tʂaŋ$^{21}$ts$^{h}$iɔŋ$^{13}$ŋe$^{0}$.ɔi$^{53}_{44}$tʂaŋ$^{21}$.tʂaŋ$^{21}$ts$^{h}$iəu$^{53}_{21}$ɔi$^{53}_{44}$p$^{h}$ak$^{3}$cin$^{21}$,e$_{53}$.

【拍巴掌】p$^{h}$ɔk$^{3}$pa$^{35}$tʂɔŋ$^{21}$ 鼓掌：以只事搞得好，我要～。i$^{21}$tʂak$^{3}$sɿ$^{53}$kau$^{21}$tek$^{3}$xau$^{21}$,ŋai$^{13}$iau$^{53}$p$^{h}$ak$^{3}$pa$^{35}$tʂɔŋ$^{21}$.｜嗯，做得好你等拍下子巴掌啊。n̩$_{44}$,tso$^{53}$tek$^{3}$xau$^{21}$ɲi$^{13}$tien$^{0}$p$^{h}$ɔk$^{3}$a$^{0}$tsɿ$^{0}$pa$^{35}$tʂɔŋ$^{21}$ŋa$^{0}$.

【拍马屁】p$^{h}$ak$^{3}$ma$^{35}$p$^{h}$i$^{53}$ 向人谄媚奉承：箇阵子我等有只学生咯，渠就真喜真系会～。渠跍倒长沙一只大学毕哩业以后呀，搞几年子啊，别人家有兜工作都𫟼找倒，系唔系？渠分渠搞下银行里还当起箇高管，欸，如今搞下深圳去哩吧？箇到我……渠就去湖南欸安做湖南商学院毕业个，欸，我学生。我妹子嘞也考倒哩湖南商学院，毕业个时候子我就打只电话分渠，欸，我话你跍倒呃唔知么个中国建设银行啊中国投资银行去哩，我话我妹子以到毕业了，帮我箇交哇看下有咁个机会嘛，帮我找下子工作啊，搞下银行里去啊，银行里收入高哇，系唔系？箇渠会拍你个马屁吗？渠就唔得拍。我个马屁就唔得拍，箇个系空个。一口拒绝。箇人就十分会～话，渠等话渠，渠等个同学子话渠，冇么人掺渠箇个嗯冇么人掺渠嬲。哼，冇味道咁个人。kai$^{53}$tʂʰən$^{53}$tsɿ$^{0}$ŋai$^{13}_{21}$tien$^{0}$iəu$^{35}_{44}$tʂak$^{3}$xɔk$^{5}$saŋ$^{35}$ko$^{0}$,ci$^{13}_{21}$tsʰiəu$^{53}_{44}$tʂən$^{35}$çi$^{21}$tʂən$^{35}$xe$^{53}_{44}$uɔi$^{53}$pʰak$^{3}$ma$^{35}$pʰi$^{53}$.ci$^{13}$ku$^{35}$tau$^{21}_{44}$tʂʰɔŋ$^{13}$sa$^{35}_{44}$iet$^{3}$tʂak$^{3}$tʰai$^{53}_{44}$ciɔk$^{5}$piet$^{3}$li$^{0}$ɲiait$^{5}$i$^{35}_{44}$xei$^{53}_{44}$ia$^{0}$,kau$^{21}$ci$^{21}$ɲien$^{13}$tsɿ$^{0}$a$^{0}$,pʰiet$^{5}$ɲin$^{13}_{21}$ka$^{35}_{44}$iəu$^{35}$tei$^{35}_{44}$kəŋ$^{35}$tsɔk$^{3}$təu$^{35}_{53}$maŋ$^{13}_{21}$tsau$^{21}$tau$^{21}$,xei$^{53}$me$^{53}$?ci$^{13}$pən$^{35}_{44}$ci$^{13}_{21}$kau$^{21}$ua$^{53}$ɲin$^{13}$xɔŋ$^{13}_{21}$li$^{21}_{44}$xa$^{35}_{44}$tɔŋ$^{35}$çi$^{21}$kai$^{35}_{44}$kau$^{35}$kən$^{21}$,e$_{21}$,i$^{13}_{21}$cin$^{35}_{53}$kau$^{21}$ua$^{53}$ʂən$^{35}$tʂən$^{35}_{44}$çi$^{53}$li$^{0}$pa$^{0}$?kai$^{53}$tau$^{53}$ŋai$^{13}$…ci$^{13}_{21}$tsʰiəu$^{53}$çi$^{53}$fu$^{13}$lan$^{13}$e$_{21}$ɔn$^{35}_{53}$tso$^{53}$fu$^{13}$lan$^{13}$ʂɔŋ$^{35}$çiɔk$^{5}$vien$^{53}$pit$^{3}$ɲiait$^{5}$ke$^{53}$,e$_{44}$ŋai$^{13}$xɔk$^{5}$saŋ$^{35}_{44}$.ŋai$^{13}$mɔi$^{53}$tsɿ$^{0}$lei$^{0}$ia$^{35}$kʰau$^{21}$tau$^{21}$li$^{0}$fu$^{13}_{21}$lan$^{13}_{21}$ʂɔŋ$^{35}$çiɔk$^{5}$vien$^{53}$,piet$^{3}$ɲiait$^{5}$ke$^{53}$ʂɿ$^{13}_{44}$xəu$^{53}_{44}$tsɿ$^{0}$ŋai$^{13}$tsʰiəu$^{53}$ta$^{21}$tʂak$^{3}$tʰien$^{53}$fa$^{53}_{44}$pən$^{35}$ci$^{13}_{21}$,e$_{21}$,ŋai$^{13}$ua$^{53}$ɲi$^{13}$kʰu$^{35}$tau$^{21}_{44}$ə$_{44}$n̩$^{13}$ti$^{35}_{53}$mak$^{3}$e$^{0}$tʂəŋ$^{35}$kɔit$^{3}$cien$^{53}$ʂət$^{3}$ɲin$^{13}_{21}$xɔŋ$^{13}_{21}$a$^{0}$tʂəŋ$^{35}$kɔit$^{3}$tʰiau$^{13}$tsɿ$^{35}_{53}$ɲin$^{13}_{44}$xɔŋ$^{13}_{44}$çi$^{53}$li$^{0}$,ŋai$^{13}$ua$^{53}$ŋai$^{13}$mɔi$^{53}$tsɿ$^{0}$i$^{21}$tau$^{13}_{44}$pit$^{3}$ɲiait$^{5}$liau$^{21}$,pɔŋ$^{35}$ŋai$^{13}_{21}$kai$^{53}_{44}$ciau$^{35}_{44}$ua$^{0}$kʰɔn$^{53}_{44}$na$^{53}_{44}$iəu$^{35}$kan$^{21}$(k)e$^{53}_{21}$ci$^{35}_{44}$fei$^{53}$ma$^{0}$,pɔŋ$^{35}$ŋai$^{13}_{21}$tsau$^{21}$(x)a$^{53}_{44}$tsɿ$^{0}$kəŋ$^{35}$tsɔk$^{3}$a$^{0}$,kau$^{21}$(x)a$^{53}$ɲin$^{13}$xɔŋ$^{13}$li$^{21}$çi$^{53}$a$^{0}$, ɲin$^{13}$xɔŋ$^{13}_{44}$li$^{0}$ʂəu$^{35}$ɲiait$^{5}$kau$^{35}_{44}$ua$^{0}$,xei$^{53}_{44}$me$^{53}_{44}$?kai$^{53}$ci$^{13}$uɔi$^{53}_{44}$pʰak$^{3}$ɲi$^{13}_{44}$(k)e$^{53}_{44}$ma$^{35}$pʰi$^{53}$ma$^{0}$?ci$^{13}_{21}$tsiəu$^{53}_{21}$n̩$^{13}_{21}$tek$^{3}$pʰak$^{3}$.ŋai$^{13}$ke$^{53}$ma$^{35}$pʰi$^{53}$tsiəu$^{53}_{44}$n̩$^{13}_{21}$tek$^{3}$pʰak$^{3}$,kai$^{53}$ke$^{53}_{44}$(x)ei$^{53}_{21}$kʰəŋ$^{53}$kei$^{53}$.iet$^{3}$kʰei$^{21}$tʂʮ$^{53}$tsʰet$^{5}$.kai$^{53}$ɲin$^{13}_{21}$tsiəu$^{53}_{21}$ʂət$^{5}$fən$^{35}_{44}$uɔi$^{53}$pʰak$^{3}$ma$^{35}$pʰi$^{53}_{44}$ua$^{53}_{44}$,ci$^{13}_{21}$tien$^{0}$ua$^{53}$ci$^{13}_{44}$,ci$^{13}_{21}$tien$^{0}$(k)e$^{0}$tʰəŋ$^{13}$çiɔk$^{5}$tsɿ$^{0}$ua$^{53}_{44}$ci$^{13}_{44}$,mau$^{13}$mak$^{3}$in$^{13}_{21}$lau$^{35}$ci$^{13}_{21}$kai$^{53}_{44}$ke$^{53}_{44}$n̩$_{21}$,mau$^{13}$mak$^{3}$in$^{13}_{21}$lau$^{35}$ci$^{13}_{21}$liau$^{53}$.xŋ̍$_{53}$,mau$^{13}$uei$^{53}$tʰau$^{53}$kan$^{21}_{13}$(k)e$^{0}$ɲin$^{13}_{44}$.

【排$_1$】pʰai$^{13}$ 动 ①摆成行列：～成一列 pʰai$^{13}_{21}$tʂʰən$^{13}_{44}$iet$^{3}$lek$^{5}$。②编次：（陪媒酒）媒人坐第一位，系啊？其他个嘞就再来～。mɔi$^{13}$ɲin$^{13}$tsʰo$^{53}$tʰi$^{53}$iet$^{3}$uei$^{53}$,xei$^{53}_{44}$a$^{0}$? cʰi$^{13}$tʰa$^{35}_{44}$ke$^{53}_{44}$lei$^{0}$tsʰiəu$^{53}$tsai$^{53}$lɔi$^{13}_{21}$pʰai$^{13}$.

【排$_2$】pʰai$^{13}$ 名 ①编扎在一起，利用水流来运送的竹子或树木。也称“排子”：渠也蛮多人都会放～，就系彝倒箇个树哇竹啊缔下稳，尾巴一缔缔下稳，欸，就搭下去，一捆一捆搭下去，到箇河边去缔，缔也到河边去缔，一捆一捆搭下去，就系一只一挂～子。ci$^{13}_{21}$ie$^{21}$man$^{13}$to$^{35}_{44}$ɲin$^{13}$təu$^{35}_{53}$uɔi$^{53}_{44}$fɔŋ$^{53}$pʰai$^{13}$,tsʰiəu$^{53}$xe$^{53}$u$^{21}$tau$^{21}$kai$^{53}_{44}$ke$^{53}_{44}$ʂəu$^{53}$ua$^{0}$tʂəuk$^{3}$a$^{0}$tʰak$^{3}$(x)a$^{53}$uən$^{21}$,mi$^{35}$pa$^{35}_{44}$iet$^{3}$tʰak$^{3}$tʰak$^{3}$(x)a$^{53}$uən$^{21}$,ei$_{21}$,tsʰiəu$^{53}$tait$^{3}$(x)a$^{53}$çi$^{53}$,iet$^{3}$kʰuən$^{21}$iet$^{3}$kʰuən$^{21}$tait$^{3}$(x)a$^{53}$çi$^{53}$,tau$^{53}$kai$^{53}$xo$^{13}$pien$^{35}_{44}$çi$^{53}$tʰak$^{3}$,tʰak$^{3}$a$^{35}_{53}$tau$^{53}$xo$^{13}_{21}$pien$^{35}_{44}$çi$^{53}$tʰak$^{3}$,iet$^{3}$kʰuən$^{21}$iet$^{3}$kʰuən$^{21}$tait$^{3}$(x)a$^{53}$çi$^{53}$,tsʰiəu$^{53}$xei$^{53}$iet$^{3}$tʂak$^{3}$iet$^{3}$kua$^{53}$pʰai$^{13}$tsɿ$^{0}$. ②指地势较高、当阳且有排田的山坡，常作为通名用于地名中：～上 pʰai$^{13}$xɔŋ$^{53}_{44}$｜长丘～tʂʰɔŋ$^{13}$cʰiəu$^{35}_{44}$pʰai$^{13}$｜乌董～u$^{35}$tɔŋ$^{21}$pʰai$^{13}$

【排$_3$】pʰai$^{13}$ 量 指排列、编次的东西：以前个铳是就一～一～打唠。一～铳就四铳噢。i$^{35}$tsʰien$^{13}$ke$^{53}_{44}$tʂʰəŋ$^{53}$ʂɿ$^{53}_{44}$tsʰiəu$^{53}$iet$^{3}$pʰai$^{13}$iet$^{3}$pʰai$^{13}$ta$^{21}$lau$^{0}$.iet$^{3}$pʰai$^{13}$tʂʰəŋ$^{53}_{44}$tsʰiəu$^{53}_{44}$si$^{53}$tʂʰəŋ$^{53}$ŋau$^{0}$.｜两杆笔三杆笔放做一～哟，排笔。iɔŋ$^{21}$kɔn$^{21}$piet$^{3}$san$^{35}$kɔn$^{21}$piet$^{3}$fɔŋ$^{53}$tso$^{53}$iet$^{3}$pʰai$^{13}$iau$^{0}$,pʰai$^{13}$piet$^{3}$.

【排行】pʰai$^{13}$xɔŋ$^{13}$ 名 依长幼排列的次序：大阿舅子，细阿舅子。也系按～，嗯，也唔分比老婆大细。tʰai$^{53}$a$^{35}_{44}$cʰiəu$^{35}_{44}$tsɿ$^{0}$,se$^{53}$a$^{35}_{44}$cʰiəu$^{35}_{44}$tsɿ$^{0}$.ia$^{35}$xei$^{53}$ŋɔn$^{53}$pʰai$^{13}_{21}$xɔŋ$^{13}_{21}$,ŋ̍$_{21}$,ia$^{35}$m̩$^{13}$fən$^{35}_{44}$pi$^{21}$lau$^{21}$pʰo$^{13}$tʰai$^{53}$se$^{53}$.

【排水】pʰai$^{13}$ʂei$^{21}$ 动 排除过剩的水：爱～呀。你唔～是嘛箇个箇家会边嘿咯。ɔi$^{53}_{44}$pʰai$^{13}_{21}$ʂei$^{21}$ia$^{0}$. ɲi$^{13}$m̩$^{13}_{21}$pʰai$^{13}_{21}$ʂei$^{21}$ʂɿ$^{53}_{44}$ma$^{0}$kai$^{53}_{44}$ke$^{53}_{44}$kai$^{53}_{44}$ciəŋ$^{21}$uɔi$^{53}_{44}$pien$^{35}$nek$^{3}$ko$^{0}$.

【排田子】pʰai$^{13}$tʰien$^{13}$tsɿ$^{0}$ 名 梯田：欸，我等老家就尽系～啊。箇有一只栏场一只子壁上，～有几多子嘞？有六十八丘，但是总面积嘞系几多子嘞？两亩。两亩，有六十八丘。话哩经常呐看呶犁田耙田箇兜都底下搞下上吵，系唔系？耙下上啊，耙田呐，从窝脚下耙下上啊，耙倒上背一眙嘞，哦嗬，还差几丘𫠣耙倒啰。过嘿哩走边上过嘿哩𫠣看倒还，欸，耙嘿上背一眙。有兜一……两莞子禾过唠，一条子水圳子样啊，两莞子禾过唠，欸。有兜嘞牛子，以映牛子就正下田呢，唔系哟，我人都还𫠣下田呢，箇边牛就上嘿哩唠，上哩墈呶，嘿，系箇只就有咁长子一丘子唠，人都我人……人走后背吵，系唔系？人都还𫠣下田，牛子又上哩墈。箇细田丘子啊，安做蓑衣笠嫲丘。你等老家有咁个田么？冇得，你等达平个栏场。如今下成哩芒头壁，看唔出来哩，冇么人作哩啊。大田丘都冇人作哩哦。e$_{21}$,ŋai$^{13}$tien$^{0}$lau$^{21}$cia$^{35}_{44}$tsʰiəu$^{53}_{44}$tsʰin$^{53}$xe$^{53}_{44}$pʰai$^{13}$tʰien$^{13}_{44}$tsa$^{0}$.kai$^{53}_{44}$iəu$^{35}$iet$^{3}$tʂak$^{3}$laŋ$^{13}_{21}$tʂʰɔŋ$^{13}_{21}$iet$^{3}$tʂak$^{3}$tsɿ$^{0}$piak$^{3}$xɔŋ$^{53}$,pʰai$^{13}$tʰien$^{13}_{21}$tsɿ$^{0}$iəu$^{35}$ci$^{21}$(t)o$^{35}_{44}$tsɿ$^{0}$lei$^{0}$?iəu$^{35}$liəuk$^{3}$ʂət$^{5}$pait$^{3}$cʰiəu$^{35}$,tan$^{53}$ʂɿ$^{53}$tsəŋ$^{21}$mien$^{53}$tsiet$^{3}$lei$^{0}$xei$^{53}$ci$^{21}$(t)o$^{35}_{53}$tsɿ$^{0}$lei$^{0}$?iɔŋ$^{21}$miau$^{35}$.iɔŋ$^{21}$miau$^{35}$,iəu$^{35}$liəuk$^{3}$ʂət$^{5}$pait$^{3}$cʰiəu$^{35}$.ua$^{53}$li$^{0}$cin$^{35}$tʂʰɔŋ$^{13}_{21}$na$^{0}$kʰɔn$^{53}$nau$^{0}$lai$^{13}$tʰien$^{13}_{21}$pʰa$^{13}$tʰien$^{13}_{21}$kai$^{53}$te$^{35}_{53}$təu$^{35}_{44}$tei$^{21}$xa$^{53}$kau$^{21}$ua$^{53}$ʂɔŋ$^{35}$ʂa$^{0}$,xei$^{53}$me$^{53}$?pʰa$^{13}$(x)a$^{53}_{44}$ʂɔŋ$^{35}$ŋa$^{0}$,pʰa$^{13}$tʰien$^{13}$na$^{0}$,tsʰɔŋ$^{13}_{21}$uo$^{35}$ciɔk$^{3}$xa$^{35}$pʰa$^{13}$(x)a$^{53}_{44}$ʂɔŋ$^{35}$ŋa$^{0}$, pʰa$^{13}$tau$^{53}_{44}$ʂɔŋ$^{53}$pɔi$^{53}$iet$^{3}$tʂʰʅ$^{35}$le$^{0}$,o$_{44}$xo$_{35}$,xai$^{13}_{21}$tsa$^{35}$ci$^{21}$cʰiəu$^{35}$maŋ$^{13}_{21}$pʰa$^{13}$tau$^{21}$lo$^{0}$.ko$^{53}$(x)ek$^{3}$li$^{0}$tsei$^{21}$pien$^{35}$xɔŋ$^{53}_{44}$ko$^{53}$(x)ek$^{3}$li$^{0}$maŋ$^{13}$kʰɔn$^{53}$tau$^{21}$xai$^{13}_{44}$,e$_{21}$,pʰa$^{13}$(x)ek$^{3}$ʂɔŋ$^{53}$pɔi$^{53}$iet$^{3}$tʂʰʅ$^{35}$.iəu$^{35}$tei$^{35}_{53}$iet$^{3}$…iɔŋ$^{21}$tei$^{35}$tsɿ$^{0}$uo$^{13}$ko$^{53}$

lau0,iet3 tʰiau13 tsɿ0 ʂei21 tʂən53 tsɿ0 ioŋ53-44 a0,ioŋ21 tei35 tsɿ0 uo13 ko53 lau0,ei-21.iəu35 te35-53 lei0 ɲiəu13 tsɿ0,i21 iaŋ53 ɲiəu13 tsɿ0 tsiəu53-44 tʂaŋ53 xa53-44 tʰien13 nei0,m13 pʰei53 io0,ŋai13 ɲin13 təu35-53 xai13-44 maŋ13-44 xa53-44 tʰien13 nei0,kai53-44 pien35-44 ɲiəu13 tsʰiəu53 ʂəŋ35 ŋek3 li0 lau0,ʂəŋ35 li0 kʰan53 nau0,xe0,xei53-21 kai53 tʂɿ21 tsiəu53 iəu35-53 kan21 tʂʰəŋ13 tsɿ0 iet3 cʰiəu35 tsɿ0 lau0, ɲin13 təu35-53 ŋai13 ɲin13…ɲin13 tsei21 xei53 pəi53-44 ʂa0,xei53 me53?ɲin13 təu35-53 xai13-21 maŋ13-21 xa35 tʰien-21, ɲiəu13 tsɿ0 iəu53-44 ʂəŋ35-44 li0 kʰan53.kai53-44 sei53 tʰien13-21 cʰiəu35 tsɿ0 a0,ən53-44 tso53-44 so35 i35-44 liet3 ma13-21 cʰiəu35-44. ɲi13 tien0 lau21 cia35-44 iəu35-53 kan21-44 ke53-44 tʰien13-44 mo0?mau13-21 tek3, ɲi13 tien0 tʰait5 pʰiaŋ13-21 ke53 laŋ13-21 tʂʰəŋ-21.i13-21 cin35-44 xa53 ʂaŋ13-21 li0 məŋ13 tʰei13-44 piak3,kʰən53 n13-21 tʂʰət3 ləi13-21 li0,mau13 mak3 in13-44 tsək3 li0 a0.tʰai53 tʰien13-21 cʰiəu35-44 təu35-53 mau13-21 ɲin13-44 tsək3 li0 o0.

【牌坊】pʰai13 fəŋ35 名形状像牌楼的建筑物，旧时用来宣扬封建礼教所谓忠孝节义的人物：以前有～啊。我晓得两只～，一只贞节～，一只系百岁～。我印象最深个就百岁～，箇贞节～我都只见过两回子。百岁～，因为搞么个嘞？我年年正月去我舅爷箇，正月呀，我爱去我舅爷箇吵，走箇～脚下过，欸，箇起码过嘿十多年我晓得都。落尾系八嗯七几年子舞嘿个，文化革命个时候子舞嘿个。我是五几年出世个吵，欸，六几年子就有印象了哇，就读初中箇兜了哇，就年年正月就会去我舅爷箇呀，爱去呀。贞节～我就唔多记得哩，我就只系见过一回把子，去小河啊，冇得哩，以下冇得哩，多时搞嘿哩。两只～都冇哩，两只～都冇得哩。如今我只系去硬赠看倒哪映有～了哈。下搞嘿哩，破四旧个时候子下搞嘿哩。咁大一条条个麻条哇，□长啊，晓得渠箇个划几多子钱来咯。百岁～，一只婆婆子一百岁。i35-44 tsʰien13-21 iəu35-53 pʰai13-21 fəŋ35-44 a0.ŋai13 çiau21 tek3 ioŋ21 tʂak3 pʰai13 fəŋ35-44,iet3 tʂak3 tʂən35 tset3 pʰai13 fəŋ35-44,iet3 tʂak3 xei53 pak3 səi53 pʰai13-21 fəŋ35-44. ŋai13 in53 sioŋ53-44 tsei53 ʂən35-44 ke53-44 tsʰiəu53 pak3 səi53 pʰai13-21 fəŋ35-44,kai53-44 tʂən35 tset3 pʰai13-21 fəŋ35-53 ŋai13-21 təu35-53 tʂɿ21 cien53 ko53 ioŋ21 fei13 tsɿ0.pak3 səi53 pʰai13-21 fəŋ35-44,in35-44 uei53-44 kau21 mak3 e0 lei0?ŋai13 ɲien13 ɲien13-44 tʂaŋ35-44 ɲiet5 çi53 ŋai13-21 cʰiəu35 ia13-21 kai53, tʂaŋ35-44 ɲiet5 ia0,ŋai13-21 əi53 çi53 ŋai13-21 cʰiəu35 ia13-21 kai53 ʂa0,tsei21 kai53 pʰai13-21 xəŋ35-44 ciək3 xa53-44 ko53,e-21,kai53 çi21 ma35-44 ko53 (x)ek3 ʂət5 to35-44 ɲien13 ŋai13-21 çiau21 tek3 təu35-44.lək5 mi35 xe53 pait3 n-21 tsʰiet3 ci21 ɲien13 tsɿ0 u21(x)ek3 ke53,uən13-21 fa53 kek3 min53 kei53-44 ʂɿ13 xei53 tsɿ0 u21 xek3 ke53.ŋai13 ʂɿ13-44 ŋ21 ci21 ɲien13 tʂʰət3 ʂɿ53 ke53-44 ʂa0,e-21,liəuk3 ci21 ɲien13 tsɿ0 tsʰiəu53 iəu35 in53 sioŋ53 liau21 ua0,tsʰiəu53 tʰəuk5 tsʰəu35 tʂəŋ35 kai53-44 te35-53 liau21 ua0,tsʰiəu53 ɲien13-21 ɲien13-21 tʂaŋ35 ɲiet5 tsʰiəu53 uəi53 çi53 ŋai13-21 cʰiəu35 ia13-21 kai53 ia0,əi53 çi53 ia0.tʂən35 tsiet3 pʰai13-21 fəŋ35-53 ŋai13-21 tsʰiəu53 n13-21 to35-44 ci53(t)ek3 li0,ŋai13-21 tsʰiəu53 tʂɿ21 xei53 cien53 ko53-44(i)et3 fei13 pa21 tsɿ0,çi53 siau21 xo13 a0,mau13 tek3 li0,i21 xa53 mau13(t)ek3 li0,to35 ʂɿ13-44 kau21(x)ek3 li0.ioŋ21 tʂak3 pʰai13-21 fəŋ35-53 təu35-53 mau13-21 li0,ioŋ21 tʂak3 pʰai13-21 fəŋ35-53 təu35-53 mau13-21 tek3 li0.i13-21 cin35-53 ŋai13-21 tʂɿ21(x)e53-44 çi53 ɲiaŋ53 maŋ13 kʰən53 tau21 lai53 iaŋ53 iəu35-53 pʰai13-21 fəŋ35-53 liau21 xa0.xa53 kau21(x)ek3 li0,pʰo53 si53 cʰiəu53 ke53 ʂɿ13-44 xəu53-44 tsɿ0 xa53 kau21(x)ek3 li0.ka:n21 tʰai53 iet3 tʰiau13 tʰiau13-21 kei53 ma13 tʰiau13 ua0,lai35 tʂʰəŋ13-21 ŋa0,çiau21 tek3 ci13-21 kai53 ke53 fa13-21 ci21(t)o35-53 tsɿ0 tsʰien13-21 nəi13-21 ko0.pak3 səi53 pʰai13-21 fəŋ35-44,iet3 tʂak3 pʰo13 pʰo13-44 tsɿ0 iet3 pak3 səi53.

【牌九】pʰai13 ciəu21 名骨牌：推～哇我只系看过，唔会搞，唔会嬲，赠推过～。tʰi35-44 pʰai13 ciəu21 ua0 ŋai13-21 tʂɿ21 xe53 kʰən53 ko53-21,m13-21 uəi53 kau21,m13-21 uəi53 liau53,maŋ13-21 tʰi35 ko0 pʰai13 ciəu21.

【牌位】pʰai13 uei53 名指神主、灵位或其他题着名字作为祭祀对象的木牌。也称“牌位子”：祠堂肚里有木～呀，有祖宗～呀。箇个我等到五华看下子渠等个就有～呢。渠等个就咁阔子个～呢，细～子嘞。哎呀，密密麻麻。tsʰɿ13 tʰəŋ13-44 təu21-44 li0 iəu35 muk3 pʰai13 uei53 ia0,iəu35 tsəu21 tsəŋ35 pʰai13-21 uei53 ia0.kai53 ke53-44 ŋai13 tien0 tau53 ŋ21 fa13 kʰən53 na53-44 tsɿ0 ci13-21 tien0 cie53-44 tsʰiəu53-44 iəu35-44 pʰai13-21 uei53 nei0.ci13-21 tien0 ke53-44 tsʰiəu53-44 kan21-35 kʰəit3 tsɿ0 ke53-44 pʰai13-21 uei53 nei0,se53 pʰai13-21 uei53 tsɿ0 lei0.ai53 ia0,miet5 miet5 ma13-21 ma13-21.

【牌子货】pʰai13 tsɿ0 fo53 名指名牌商品：如今去买球鞋呀有箇起么个～就上千块吧？i13-21 cin35-53 çi53 mai35 cʰiəu13 xai13-21 ia0 iəu35 kai53 çi21 mak3 e0 pʰai13 tsɿ0 fo53-44 tsʰiəu53-44 ʂəŋ53 tsʰien35 kʰuai53 pa0?

【派】pʰai53 动委派：箇只接亲个队伍就～嗒箇只荷[illegible]担子人就做代表吵。kai53 tʂak3 tsiet3 tsʰin35 ke53-44 tei35 u21 tsʰiəu53 pʰai53 ta0 kai53 tʂak3 kʰai35-44 tan35 tsɿ0 ɲin13-21 tsʰiəu53-44 tso53-44 tʰəi53 piau21 ʂa0.

【盘1】pʰan13 动①盘曲：棋盘蛇也唔多动呐，～倒箇映子。cʰi13 pʰan13-44 ʂa13-44 ia35-53 n13-21 to35-44 tʰəŋ35 na0,pʰan13-21 tau21-44 kai53-44 iaŋ53-44 tsɿ0. ②翻找采集：箇你系耐得烦你总～倒去都做得哦。kai53-44 ɲi13 xe53-44 lai53 tek3 fan13 ɲi13 tsəŋ21 pʰan13 tau21 çi53-44 təu35 tso53 tek3 o0.

【盘2】pʰan13 量用于棋类等比赛：一～棋 iet3 pʰan13 cʰi13

【盘3】pʰan13 名指向日葵的子房。也作“盘盘”：么啊～～啵？箇只～～安做么啊唠？就安做～～啵。结籽个箇照日莲个。照日莲个。欸，有么啊话法么？/我等以映子好像有么人咁子去分开来。箇只梗就话梗。脑高就话箇只～。就咁个。/底下就梗，顶高就系～。mak3 a0 pʰan13 pʰan13-44 nau0?kai53 tʂak3 pʰan13 pʰan13-44 ən35-44 tso53-44 mak3 a0 lau0?tsiəu53-44 ən35-44 tso53-44 pʰan13 pʰan13-44 nau0.ciet3 tsɿ21 ke53-44 kai53-44 tʂau53 ɲiet3-5 lien13 ke53.tʂau53 ɲiet3-5 lien13 ke53.e21,iəu35-53 mak3 a0 ua53 fait3 mo0?/ŋai13 tien0 i21 iaŋ53 tsɿ0 xau21 tsʰiəŋ53 mau13 mak3 in13-44 kan21 tsɿ0 çi53 fən35 kʰɔi35 lɔi13-21.kai53-44 tʂak3 kuaŋ21 tsʰiəu53 ua53 kuaŋ21.lau21 kau35-44 tsʰiəu53-44 ua53-44 kai53 tʂak3 pʰan13.tsʰiəu53-44 kan21 ke53-44./te21 xa53-44 tsʰiəu53-44 kuaŋ21,taŋ21 kau35-44 tsʰiəu53-44 xe53 pʰan13.

【盘秤子】pʰan13 tʂʰən53 tsɿ0 名一种杆秤，在杆的一头系有一个盘子，把要称的东西放在盘里：欸如今我看下子箇街上卖菜个人用～个蛮少了哈。尽兜都买把子箇个有带数字个，电子秤。ei21 i13-21 cin35-53 ŋai13 kʰən53 xa53-44 tsɿ0 kai53-44 kai35 xəŋ53-44 mai53 tsʰɔi53 ke53-21 ɲin13-21 iəŋ53 pʰan13 tʂʰən53 tsɿ0 ke53 man13-21 ʂau21 liau21 xa0.tsʰin53 te35-44 təu35-53 mai35 pa21 tsɿ0 kai53 ke53-44 iəu53-44 tai53-44 səu53 sɿ53-44 ke0,tʰien53 tsɿ0 tʂʰən53.

【盘底】pʰan13 te21 动盘点：～就店子里欸在一定个时间就分存货摎箇个账目啊进行盘……盘一次，核算一次，就安做～。pʰan13 te21 tsʰiəu53-44 tian53 tsɿ0 li0 e21 tsʰai53 iet3 tʰin53 ke53 ʂɿ13 kan35 tsʰiəu53-44 pən35 tsʰən13 fo53 lau35 kai53-44 ke53-44 tʂəŋ53 muk5 a0 tsin53 çin13-21 pʰan13…pʰan13 iet3 tsʰɿ53,xek3 sən53 iet3 tsʰɿ53-44,tsʰiəu53 ɔn35-53 tso53 pʰan13 te21.

【盘费】pʰan13 fei53 名路费；外出的开销：箇旅游个时候子～要多带兜子，嗯，多带兜钱出门。kai53 li35 iəu13 ke53 ʂɿ13 xei53 tsɿ0 pʰan13 fei53-44 iau53-44 to35 tai53-44 te35-53 tsɿ0,n21,to35 tai53-44 te35-53 tsʰien13 tʂʰət3 mən13-21.

【盘古开天地】pʰan13 ku21 kʰɔi35-44 tʰien35-44 tʰi53 比喻年代久远：哎呀，么个～个东西都记忆都分你翻出来哩。ai53-13 ia0,mak3 ke53 pʰan13 ku21 kʰɔi35-44 tʰien35-44 tʰi53 ke53-44 təŋ35-44 si0 təu35-53 ci53 i53-44 təu35-44 pən35 ɲi13-21 fan35 tʂʰət3 lɔi13-21 li0.

【盘香】pʰan13 çiɔŋ35 名绕成螺旋形的线香：一饼一饼个同箇蚊香样个安做～啊。iet3 piaŋ21 iet3 piaŋ21 ke0 tʰəŋ13-21 kai53-44 uən13 çiɔŋ35 iɔŋ53-44 ke53-44 ɔn35-44 tso53-44 pʰan13 çiɔŋ35-44 ŋa0.

【盘子1】pʰan13 tsɿ0 名①盛放物品的器具：秤～tʂʰən53 pʰan13 tsɿ0｜茶～tsʰa13 pʰan13 tsɿ0。②宅基地；准备用于建房的场地：有得～个栏场打只～。箇阵我等箇一只人呐硬箇只～打嘿两三年呢，有滴子人工又去打，又去挖。mau13 tek3 pʰan13 tsɿ0 ke53 laŋ13-44 tʂʰɔŋ13-44 ta21 tʂak3 pʰan13 tsɿ0.kai53 tʂʰən53 ŋai13-21 tien0 kai53-44 iet3 tʂak3 ɲin13-21 na0 ɲiaŋ53 kai53 tʂak3 pʰan13-44 tsɿ0 ta21 xek3 iɔŋ21 san35-53 ɲien13 ne0,iəu35 tiet5 tsɿ0 ɲin13-21 kəŋ35-53 iəu53 çi53 ta21,iəu53 çi53 uait3.｜打哩～以后嘞就挖草脚沟。ta21 li0 pʰan13 tsɿ0 i35 xei53-44 lei0 tsʰiəu53-44 uait3 tsʰau21 ciɔk3 kei35.

【盘子2】pʰan13 tsɿ0 量用于用盘子盛的东西：箇个食饭个时候子掇一～个以咁个东西呀，炒米。kai53-44 ke53-44 ʂət5 fan53 ke53 ʂɿ13 xei53-44 tsɿ0 tɔit3 iet3 pʰan13 tsɿ0 ke53-44 i21 kan21 cie53-44 təŋ35-44 si0 ia0,tsʰau21 mi21.

【襻】pʰan53 动扣住，使分开的东西连在一起：（箇面上嘞）几条箇绳子～倒个。ci21 tʰiau13 kai53-44 ʂən13 tsɿ0 pʰan53 tau21 ke53.｜细人子个衫裤渠自家会去取纽子箇兜，就加只襻襻子～稳。se53 ɲin13-21 tsɿ0 ke53 san35 fu53-21 ci13-21 tsʰɿ35 ka35-44 uɔi53 çi53 tsʰi21 lei21 tsɿ0 kai53-44 te35-53,tsʰiəu53-44 cia35 tʂak3 pʰan53 pʰan53-44 tsɿ0 pʰan53 uən21.

【襻胲绳】pʰan53 kɔi35 ʂən13 名夹脖儿。又称“牛襻胲”：牛颈筋底下以个唠，还有条～。ɲiəu13 ciaŋ21 cin35 tei21 xa53-44 i21-44 ke53-44 lau0,xai13-21 iəu35-44 tʰiau13-21 pʰan53 kɔi35 ʂən13.｜连下以只东西，以只牛轭，牛轭以只边上就安条绳。安做～。lien13 na53(←xa53)i21 tʂak3 (t)əŋ35 si0,i21 tʂak3 ɲiəu13 ak3,ɲiəu13-21 ak3-35 i21 tʂak3 pien35-44 xəŋ53-44 tsʰiəu53-44 ɔn35 tʰiau13-21 ʂən13.ɔn35-44 tso53-44 pʰan53 kɔi35 ʂən13.

【襻子】pʰan53 tsɿ0 名用布做的扣住纽扣的套，或形状、功能与此类似的东西。有“AA子”重叠式：裤～fu53 pʰan53 tsɿ0 裤头上套住皮带的布条｜帽～mau53 pʰan53 tsɿ0｜细人子个鞋嘞渠会自家会去脱，有兜嘞就着唔多稳，就加只鞋～。sei53 ɲin13-21 tsɿ0 ke53-44 xai13 lei0 ci13-21 uɔi53-44 tsʰɿ35 ka35-53 uɔi53 çi53 tʰɔit3,iəu35 te35-44 lei0 tsʰiəu53-44 tʂɔk3 n13-21 to35-53 uən21,tsʰiəu53-21 cia35-44 tʂak3 xai13 pʰan53 tsɿ0.｜如今我孙子个我箇只细孙子个箇起鞋就哪双鞋冇得～个都爱搞只襻襻子放倒，欸，安只襻襻子去，渠自家会去脱。i13-21 cin35-53 ŋai13-21 sən35 tsɿ0 ke53-44 ŋai13 kai53-44 tʂak3 sei53 sən35 tsɿ0 ke53-44 kai53 çi21 xai13 tsʰiəu53 lai53 səŋ35-44 xai13 mau13 tek3 pʰan53 tsɿ0 ke53 təu35-53 ɔi53 kau21 tʂak3 pʰan53 pʰan53 tsɿ0 fəŋ53 tau21,e21,ɔn35-44 tʂak3 pʰan53 pʰan53 tsɿ0 çi53,ci13-21 tsʰɿ35 ka35-53 uɔi53 çi53 tʰɔit3.

【襻子鞋】pʰan53 tsɿ0 xai13 名安有襻子的鞋子：（有襻子个）安做～哟，就安做～哟。ɔn35-44 tso53-44 pʰan53 tsɿ0 xai13 iau0,tsʰiəu53-44 ɔn35-44 tso53-44 pʰan53 tsɿ0 xai13 iau0.

【乒槌】pʰəŋ35 tʂʰei13 名一种木槌，槌身大而圆，用于打桩，也可用来夯紧地面，以三四条竹片做把：欸，箇只咁大个喊么啊槌呀？舞筒咁大个柞树哇，斗只眼眼呀，也斗几条篾篁个呀。/箇个喊～。/～，系呀，有～。/打桩篙个。/箇个有以咁大个。/柞树，中间打只眼。唔系打石个啦。/打么个捶么个东西个。/欸欸。/打桩篙个。/欸，打桩篙撞怕会用。箇就少说有咁以咁大唠。/～是如今呐还用得着。/打地面唠。e44,kai53 tʂak3 kan21 tʰai53 ke53-44 xan53 mak3 a0 tʂʰei13 ia0?u21 tʰəŋ13-21 kan21 tʰai53-44 ke53-44 tsʰɔk5 ʂəu53 ua0,tei53 tʂak3 ŋan21 ŋan21 ia0,ia35 tei53 ci21 tʰiau13 miet5 sak3 ke53-21 ia0./kai53 ke53-44 xan53-44 pʰəŋ35 tʂʰei13./pʰəŋ35 tʂʰei13-21,xei53-44 ia0,iəu35 pʰəŋ35 tʂʰei13-21./ta21 tsəŋ35 kau35 ke53-44./kai53-21 ke53 iəu35 i21 kan21 tʰai53 ke$^{53}_{44}$./tsʰɔk$^{5}$ ʂəu$^{53}$,tʂəŋ$^{35}$kan$^{35}_{44}$ta$^{21}$tʂak$^{3}$ ŋan$^{21}$.m̩$^{13}_{21}$pʰe$^{53}_{44}$ta$^{21}$ʂak$^{5}$ ke$^{53}_{44}$la$^{0}$ ./ta$^{21}$mak$^{3}$ ke$^{53}_{44}$tʂʰei$^{13}$mak$^{3}$ (k)e$^{53}_{44}$təŋ$^{35}_{44}$si$^{0}$ ke$^{53}_{44}$./e$_{53}$e$_{53}$./ta$^{21}$tsiɔŋ$^{35}$kau$^{35}_{44}$kei$^{53}_{44}$./e$_{21}$,ta$^{21}$tsiɔŋ$^{35}$kau$^{35}_{44}$tsʰɔŋ$^{21}$pʰa$^{53}_{44}$uɔi$^{53}_{44}$iəŋ$^{53}_{44}$.kai$^{53}_{44}$tsiəu$^{53}_{44}$ʂau$^{21}$ʂek$^{3}_{5}$iəu$^{35}_{44}$kan$^{21}_{53}$i$^{21}$kan$^{21}$ tʰai$^{53}_{44}$lau$^{0}$ ./pʰɔŋ$^{35}$tʂʰei$^{13}_{21}$ʂʅ$^{53}_{44}$i$^{13}_{21}$cin$^{35}$na$^{0}$ xai$^{13}$iəŋ$^{53}$tek$^{3}$ tʂʰɔk$^{5}$ ./ta$^{21}$tʰi$^{53}$mien$^{53}_{44}$nau$^{0}$ .

【胮】pʰɔŋ$^{13}$ 名 肿块：（黄鸡嫲子）真煞呀，啮下去一只～，啮下去就一只～，就肿起来呀，就膝起一坨肉来呀，安做一只～啊。啮下去就肉上就一只～。啮下你肉上就一只～。tʂən$^{35}$ sait$^{3}$ ia$^{0}$ ,ŋait$^{3}$ ia$^{53}$çi$^{53}$iet$^{3}$ tʂak$^{3}$ pʰɔŋ$^{13}_{44}$,ŋait$^{3}$ (x)a$^{53}$çi$^{53}$tsʰiəu$^{53}$iet$^{3}$ tʂak$^{3}$ pʰɔŋ$^{13}$,tsʰiəu$^{53}$tʂəŋ$^{21}$çi$^{21}$lɔi$^{13}_{44}$ia$^{0}$,tsʰiəu$^{53}_{44}$pu$^{53}$ çi$^{21}$iet$^{3}$ tʰo$^{13}$ɲiəuk$^{3}$ lɔi$^{13}_{44}$ia$^{0}$ ,ɔn$^{35}_{44}$tso$^{53}$iet$^{3}$ tʂak$^{3}$ pʰɔŋ$^{13}$ŋa$^{0}$ .ŋait$^{3}$ (x)a$^{53}$çi$^{53}_{44}$tsʰiəu$^{53}_{44}$ɲiəuk$^{3}$ xɔŋ$^{53}$tsʰiəu$^{53}$iet$^{3}$ tʂak$^{3}$ pʰɔŋ$^{13}$.ŋait$^{3}$ (x)a$^{53}$ɲi$^{13}_{44}$ɲiəuk$^{3}$ xɔŋ$^{53}$tsʰiəu$^{53}$iet$^{3}$ tʂak$^{3}$ pʰɔŋ$^{13}$.◇《广韵》薄江切："胮肛，胀大也。"

【覫】pʰɔŋ$^{21}$ 动 扶持：（孝子）～下子杠啊。pʰɔŋ$^{21}$xa$^{53}_{44}$tsʅ$^{0}$ kɔŋ$^{53}$ŋa$^{0}$ .◇《集韵》普朗切，滂上声。"视物貌。"《字汇》："侧视物貌。"

【嗙】pʰaŋ$^{53}$ 形 爱说谎；爱夸夸其谈：真～以只人！tʂən$^{35}$pʰaŋ$^{53}$i$^{21}$(tʂ)ak$^{3}$ɲin$^{13}$!｜～得死 pʰaŋ$^{53}$tek$^{3}$ si$^{21}$

【肨】pʰaŋ$^{53}$ 形 ①（稻谷）不太饱满：（二度斗）就系出箇只～个唔好个。tsʰiəu$^{53}_{44}$xe$^{53}_{44}$tʂʰət$^{3}$ kai$^{53}_{44}$ tʂak$^{3}$ pʰaŋ$^{53}$kei$^{53}_{44}$ŋ̍$^{13}$xau$^{21}$ke$^{53}$. ②空心的：欸，箇到我等人箇只昨晡箇只阿叔啊，欸，爱喊我去扯萝卜。系唔系？渠个萝卜食唔完。欸，结果扯倒几只萝卜嘞，哦嗬，空哩心喏，扯倒几只空心萝卜。空心萝卜，萝卜还系萝卜，就唔好食。渠所以为空心就系因为老嘿哩，～嘿哩，欸，萝卜中间呐～嘿哩。e$_{21}$,kai$^{53}$tau$^{53}$ŋai$^{13}_{21}$tien$^{0}$ɲin$^{13}_{44}$kai$^{53}$tʂak$^{3}$ tsʰo$^{35}_{44}$pu$^{35}_{53}$kai$^{53}$tʂak$^{3}$ a$^{35}$ʂəuk$^{3}$ a$^{0}$ ,e$_{21}$,ɔi$^{53}$xan$^{53}$ŋai$^{13}$ çi$^{53}$tʂʰa$^{21}$lo$^{13}$pʰek$^{5}$ .xei$^{53}_{44}$me$^{53}_{44}$?ci$^{13}_{44}$(k)e$^{53}_{44}$lo$^{13}_{21}$pʰek$^{5}$ ʂət$^{5}$ n̩$^{13}_{21}$ien$^{13}$.e$_{21}$,ciet$^{3}$ ko$^{21}$tʂʰa$^{21}$tau$^{21}$ci$^{21}$(tʂ)ak$^{3}$ lo$^{13}$pʰek$^{5}$ le$^{0}$ ,o$_{44}$ xo$_{35}$,kʰəŋ$^{35}$li$^{0}$ sin$^{35}$no$^{0}$ ,tʂʰa$^{21}$tau$^{21}$ci$^{21}$(tʂ)ak$^{3}$ kʰəŋ$^{35}$sin$^{35}_{44}$no$^{13}$pʰek$^{5}$ .kʰəŋ$^{35}$sin$^{35}_{44}$no$^{13}_{21}$pʰek$^{5}$ ,lo$^{13}$pʰek$^{5}$ xai$^{13}_{21}$xe$^{53}_{44}$lo$^{13}$ pʰek$^{5}$ ,tsʰiəu$^{53}$m̩$^{13}_{21}$xau$^{21}$ʂət$^{5}$ .ci$^{13}_{21}$so$^{21}$i$^{13}_{53}$uei$^{13}_{44}$kʰəŋ$^{35}_{44}$sin$^{35}_{44}$tsʰiəu$^{53}$uei$^{13}$in$^{35}_{44}$uei$^{13}$lau$^{21}$(x)ek$^{3}$ li$^{0}$ ,pʰaŋ$^{53}$ŋek$^{3}$ li$^{0}$ ,e$_{21}$,lo$^{13}$ pʰek$^{5}$ tʂəŋ$^{35}$kan$^{35}_{44}$na$^{0}$ pʰaŋ$^{53}$ŋek$^{3}$ li$^{0}$ . ③为人不踏实，浮躁：你像我等屋下样，系啊？你系～得来嘞，箇就日子就会过唔下嘞，～唔得嘞。ɲi$^{13}$tsʰiɔŋ$^{53}$ŋai$^{13}$tien$^{0}$ uk$^{3}$ xa$^{53}_{44}$iɔŋ$^{53}_{44}$,xei$^{53}_{44}$a$^{0}$ ?ɲi$^{13}_{21}$xei$^{53}_{44}$pʰaŋ$^{53}$tek$^{3}$ lɔi$^{13}_{21}$ le$^{0}$,kai$^{53}_{44}$tsʰiəu$^{53}_{44}$ɲiet$^{3}$ tsʅ$^{0}$ tsʰiəu$^{53}_{44}$uɔi$^{53}_{44}$ko$^{53}$n̩$^{13}_{21}$xa$^{35}$le$^{0}$ ,pʰaŋ$^{53}$n̩$^{13}_{21}$tek$^{3}$ le$^{0}$ .

【肨谷】pʰaŋ$^{53}$kuk$^{3}$ 名 不太饱满的稻谷：箇映子是出～个。kai$^{53}_{44}$iaŋ$^{53}_{44}$tsʅ$^{0}$ ʂʅ$^{53}_{44}$tʂʰət$^{3}$ pʰaŋ$^{53}$kuk$^{3}$ ke$^{53}_{44}$. ｜最靨个，风车下吹走哩个，箇个就系～。tsei$^{53}$iait$^{3}$ kei$^{53}$,fəŋ$^{35}$tʂʰa$^{35}$xa$^{53}$tʂʰei$^{35}$tsei$^{21}$li$^{0}$ ke$^{0}$,kai$^{53}$ke$^{53}$ tsʰiəu$^{53}_{44}$xe$^{53}_{44}$pʰaŋ$^{53}$kuk$^{3}$.

【肨肨靨靨】pʰaŋ$^{53}$pʰaŋ$^{53}$iait$^{3}$ iait$^{3}$ 形容谷物很不饱满：田里个禾啊呃如果𫠛呃如果阳光唔好，欸，或者嘞就干坏哩，秋收个时候子就～，就打么个谷唔倒。tʰien$^{13}$ni$^{21}$ke$^{53}$uo$^{13}$a$^{0}$ ə$_{21}$ʮ$^{13}$ko$^{21}$maŋ$^{13}$ ə$_{21}$ʮ$^{13}$ko$^{21}$iɔŋ$^{13}$kɔŋ$^{35}$n̩$^{13}_{21}$xau$^{21}$,e$_{21}$,xɔit$^{5}$ tʂa$^{21}$lei$^{0}$ tsʰiəu$^{53}$kɔn$^{35}$fai$^{53}$li$^{0}$ ,tsʰiəu$^{35}$ʂəu$^{35}_{44}$ke$^{53}$ʂʅ$^{13}_{21}$xe$^{53}_{44}$tsʅ$^{0}$ tsʰiəu$^{53}_{44}$pʰaŋ$^{53}$ pʰaŋ$^{53}$iait$^{3}$ iait$^{3}$ ,tsʰiəu$^{53}$ta$^{21}$mak$^{3}$ e$^{0}$ kuk$^{3}$ n̩$^{13}_{21}$tau$^{21}$.

【肨桐树】pʰaŋ$^{53}$təŋ$^{13}_{21}$ʂəu$^{53}$ 名 泡桐树。一种落叶乔木，木材质地疏松：（死个系）男子人呢用竹棍（做孝堂棍），夫娘子嘞用～棍。lan$^{13}$tsʅ$^{0}$ɲin$^{13}_{21}$ne$^{0}$ iəŋ$^{53}$tʂəuk$^{3}$ kuən$^{53}$,pu$^{35}$ɲiɔŋ$^{13}_{21}$tsʅ$^{0}$ lei$^{0}$ iəŋ$^{53}_{44}$pʰaŋ$^{53}$ təŋ$^{13}_{21}$ʂəu$^{53}$kuən$^{53}$.

【胖】pʰɔŋ$^{53}$ 形 人体内含脂肪多；肥胖：箇只妹子真～哈。kai$^{53}$tʂak$^{3}$ mɔi$^{53}$tsʅ$^{0}$ tʂən$^{35}$pʰɔŋ$^{53}$xa$^{0}$ .｜以只人比箇只人更高，只系冇得箇只人咁～。i$^{21}$tʂak$^{3}$ɲin$^{13}$pi$^{21}$kai$^{53}$tʂak$^{3}$ɲin$^{13}$cien$^{53}$kau$^{35}$,tʂʅ$^{21}$xei$^{53}$mau$^{13}$ tek$^{3}$ kai$^{53}$tʂak$^{3}$ɲin$^{13}$kan$^{21}$pʰɔŋ$^{53}$.

【胖子】pʰɔŋ$^{53}$tsʅ$^{0}$ 名 肥胖的人：唔讲壮子，只是讲～。ŋ̍$^{13}$kɔŋ$^{21}$tsɔŋ$^{53}$tsʅ$^{0}$ ,tʂʅ$^{21}$ʂʅ$^{53}_{44}$kɔŋ$^{21}$pʰɔŋ$^{53}$tsʅ$^{0}$ .｜打肿面来称～，死爱面子。ta$^{21}$tʂəŋ$^{21}$mien$^{53}$nɔi$^{13}_{21}$tʂʰən$^{35}_{44}$pʰɔŋ$^{53}$tsʅ$^{0}$ ,si$^{21}$ɔi$^{53}_{44}$mien$^{53}$tsʅ$^{0}$ .

【抛】pʰau$^{35}$ 动 颠动摇晃：放兜白糖去，一～，系啊？一～，～倒，就等渠指蒲子干过一夜。fɔŋ$^{53}$ tei$^{35}_{53}$pʰak$^{5}$ tʰɔŋ$^{13}_{21}$çi$^{53}$,iet$^{3}$ pʰau$^{35}$,xei$^{53}$a$^{0}$ ?iet$^{3}$ pʰau$^{35}$,pʰau$^{35}$tau$^{21}$,tsʰiəu$^{53}$ten$^{21}$ci$^{13}_{44}$ko$^{53}$(i)et$^{3}$ ia$^{53}$.

【泡$_1$】pʰau$^{35}$ 动 （水）开，受热而沸腾：煮～来 tʂəu$^{21}$pʰau$^{35}_{44}$lɔi$^{13}_{21}$｜热天呐箇煤灶肚里个水呀，硬会～，唔单是熝人，硬还会～。ɲiet$^{5}$ tʰien$^{35}_{44}$na$^{0}$ kai$^{53}$mei$^{13}$tsau$^{53}$təu$^{21}$li$^{0}$ ke$^{53}$ʂei$^{21}$ia$^{0}$, ɲiaŋ$^{53}$uɔi$^{53}$pʰau$^{35}$, n̩$^{13}_{21}$tan$^{35}_{44}$ʂʅ$^{53}_{44}$ləuk$^{5}$ɲin$^{13}_{21}$, ɲiaŋ$^{53}$xai$^{13}_{21}$uɔi$^{53}$pʰau$^{35}$.

【泡咽咽哩】pʰau$^{35}$kuet$^{5}$ kuet$^{5}$ li$^{0}$ 形 状态词。形容气泡很多，破裂声此起彼伏：舞滴泡水一发，好，发起（茶黏粉）箇～。u$^{21}$tiet$^{5}$ pʰau$^{35}$ʂei$^{21}$iet$^{3}$ fait$^{3}$,xau$^{21}$,fait$^{3}$ çi$^{21}_{44}$kai$^{53}_{44}$pʰau$^{35}$kuet$^{5}$ kuet$^{5}$ li$^{0}$ .

【泡水$_1$】pʰau$^{35}$ʂei$^{21}$ 名 开水：磨正哩就磨倒就放下箇欸豆腐桶里。用～，开水呀，一冲下去。mo$^{53}$tʂaŋ$^{53}$li$^{0}$ tsʰiəu$^{53}_{44}$mo$^{53}$tau$^{21}$tsʰiəu$^{53}_{44}$fɔŋ$^{53}_{44}$xa$^{53}_{44}$kai$^{53}_{44}$e$_{21}$tʰei$^{53}$fu$^{53}_{44}$tʰəŋ$^{21}$li$^{0}$ .iəŋ$^{53}$pʰau$^{35}$ʂei$^{21}$,kʰɔi$^{35}$ʂei$^{21}$ia$^{0}$ ,iet$^{3}$ tʂʰəŋ$^{35}$ŋa$^{3}$(←xa$^{53}$)çi$^{53}$.

【泡松】pʰau$^{35}$səŋ$^{35}$ 形很松脆：箇个米子炒得～噢，黄豆子炒得～噢。kai$^{53}_{44}$ke$^{53}_{44}$mi$^{21}$tsɿ$^{0}$ tsʰau$^{21}$tek$^{3}$ pʰau$^{35}$səŋ$^{35}$ŋau$^{0}$,uəŋ$^{13}$tʰei$^{53}$tsɿ$^{0}$ tsʰau$^{21}$tek$^{3}$ pʰau$^{35}$səŋ$^{35}$ŋau$^{0}$.

【藨子】pʰau$^{35}$tsɿ$^{0}$ 名山莓、覆盆子、桑葚、草莓、蓝莓等浆果的统称：箇年我摎带倒我孙子去铲地，铲地嘞铲嘿哩地走箇映子个岭上下，我话我以条路欸秾秾子凑，我话以前我等尽走以条路。嗬，走下箇映子是欸箇荒田哩呀唔知几多～。欸，我话："来，以个食得。"我话："以个～食得，阿公细细子都我都细细子喜欢食咁个，系啊？"渠也捡倒一膺喏，捡倒一膺～。箇真系好食。洗都唔爱洗呀，我就拈嘿两只食哩。kai$^{53}$ɲien$^{13}_{21}$ŋai$^{13}$lau$^{35}$tai$^{53}$tau$^{21}$ŋai$^{13}_{21}$sən$^{35}$ tsɿ$^{0}$ çi$^{53}_{44}$tsʰan$^{21}$tʰi$^{53}$,tsʰan$^{21}$tʰi$^{53}$lei$^{0}$ tsʰan$^{21}$xek$^{3}$ li$^{0}$ tʰi$^{53}$tsei$^{21}$kai$^{53}_{44}$iaŋ$^{53}_{44}$tsɿ$^{0}$ ke$^{53}_{44}$liaŋ$^{35}$xəŋ$^{53}_{21}$xa$^{35}$,ŋai$^{13}$ua$^{53}$ŋai$^{13}_{44}$i$^{21}$tʰiau$^{13}$ ləu$^{53}$e$_{21}$ɲiəŋ$^{13}$ɲiəŋ$^{13}$tsɿ$^{0}$ tsʰe$^{0}$,ŋai$^{13}$ua$^{53}$i$^{13}_{53}$tsʰien$^{13}$ŋai$^{13}$tien$^{0}$ tsʰin$^{53}$tsei$^{21}$i$^{21}$tʰiau$^{13}$ləu$^{53}$.xo$_{53}$,tsei$^{21}$xa$^{53}_{44}$kai$^{53}$iaŋ$^{53}$tsɿ$^{0}$ ʂɿ$^{53}_{44}$e$_{21}$kai$^{53}$fəŋ$^{35}$tʰien$^{13}_{21}$ni$^{21}_{44}$ia$^{0}$ n̩$^{13}$ti$^{35}_{53}$ci$^{21}$to$^{35}_{44}$pʰau$^{35}$tsɿ$^{0}$.e$_{21}$,ŋai$^{13}$ua$^{53}$:"ləi$^{13}_{21}$,i$^{21}$ke$^{53}_{44}$ʂət$^{5}$ tek$^{3}$."ŋai$^{13}$(u)a$^{53}_{44}$:"i$^{21}$ke$^{53}_{44}$pʰau$^{35}$ tsɿ$^{0}$ ʂət$^{5}$ tek$^{3}$,a$^{35}$kəŋ$^{35}_{44}$se$^{53}$se$^{53}$tsɿ$^{0}$ təu$^{35}_{44}$ŋai$^{13}_{21}$təu$^{35}_{44}$se$^{53}$se$^{53}$tsɿ$^{0}$ çi$^{21}$fəŋ$^{35}_{44}$ʂət$^{5}$kan$^{21}$cie$^{53}$,xei$^{53}_{44}$a$^{0}$?"ci$^{13}_{44}$a$^{0}$ cian$^{21}$tau$^{21}$iet$^{3}$ en$^{35}$no$^{0}$,cian$^{21}$tau$^{21}$iet$^{3}$ en$^{35}$pʰau$^{35}$tsɿ$^{0}$.kai$^{53}$tʂən$^{35}$ne$^{53}$xau$^{21}$ʂət$^{5}$.sei$^{21}$təu$^{35}_{53}$m̩$^{13}_{21}$məi$^{53}$sei$^{21}$ia$^{0}$,ŋai$^{13}_{21}$tsʰiəu$^{53}$ɲian$^{35}$ nek$^{3}$ iəŋ$^{21}$tʂak$^{3}$ ʂət$^{5}$ li$^{0}$.

【刨】pʰau$^{13}$ 动用刨子等工具去除瓜果竹木等的表皮：～丝瓜？用镬铲皮子～呢。pʰau$^{13}$sɿ$^{35}_{44}$ kua$^{35}_{44}$?iəŋ$^{53}_{44}$uək$^{5}$ tsʰan$^{21}$pʰi$^{13}$tsɿ$^{0}$ pʰau$^{13}_{21}$nei$^{0}$.｜黄蒲就～皮哩更好食。uəŋ$^{13}$pʰu$^{13}$tsiəu$^{53}$pʰau$^{13}$pʰi$^{13}$li$^{0}$ cien$^{53}$ xau$^{21}$ʂət$^{5}$.

【刨刀】pʰau$^{13}$tau$^{35}$ 名用于刮平并控制篾的厚薄的刀具：刮平个就是～。kuait$^{3}$ pʰiaŋ$^{13}$ke$^{53}_{44}$tsiəu$^{53}_{44}$ ʂɿ$^{53}_{44}$pʰau$^{13}$tau$^{35}_{44}$.

【刨花】pʰau$^{13}$fa$^{35}$ 名刨木料时刨下来的薄片，多呈卷状：～就好引火啊，搧薄子啊。pʰau$^{13}$fa$^{35}_{53}$ tsʰiəu$^{53}_{21}$xau$^{21}$in$^{21}$fo$^{21}$a$^{0}$,ʂen$^{35}$pʰɔk$^{5}$ tsɿ$^{0}$a$^{0}$.

【刨铁】pʰau$^{13}$tʰiet$^{3}$ 名工匠用的刨子上的铁质刃具：渠指铁锤子是锤箇只长刨个～。ci$^{13}$ʂɿ$^{53}_{44}$tʂʰei$^{13}$ kai$^{53}$tʂak$^{3}$ tʂʰəŋ$^{13}$pʰau$^{13}$ke$^{53}_{44}$pʰau$^{13}$tʰiet$^{3}$.

【刨头】pʰau$^{13}$tʰei$^{13}_{44}$ 名刨铁的别称：正先讲箇个搕～个箇起就安做硬嘞安做细斧子。tʂaŋ$^{53}$sien$^{35}_{44}$ kəŋ$^{21}$kai$^{53}_{44}$kei$^{53}_{44}$kʰɔk$^{3}$ pʰau$^{13}$tʰei$^{13}_{21}$ke$^{53}$kai$^{53}$çi$^{21}$tsiəu$^{53}_{44}$ɔn$^{35}_{44}$tso$^{53}_{44}$ɲiaŋ$^{53}_{44}$le$^{0}$ ɔn$^{35}_{44}$tso$^{53}_{44}$se$^{53}$pu$^{21}$tsɿ$^{0}$.

【刨子】pʰau$^{13}$tsɿ$^{0}$ 名铁皮做的去除瓜果表皮的小工具：刨丝瓜？用镬铲皮子刨呢。最原始个方法就用镬铲去刨嘞，咁子去剐嘞。现在是用用咁个哎用咁个～啦，刨皮个～啊，欸。也安做～嘞。现在就专门专门个刨是用用咁个哎用咁个～啦。专门个～，铁皮做个。pʰau$^{13}$sɿ$^{35}_{44}$ kua$^{35}_{44}$?iəŋ$^{53}_{44}$uək$^{5}$ tsʰan$^{21}$pʰi$^{13}$tsɿ$^{0}$ pʰau$^{13}_{21}$nei$^{0}$.tsei$^{53}$vien$^{13}$ʂɿ$^{21}$ke$^{53}_{44}$fəŋ$^{35}_{44}$fait$^{3}$ tsʰiəu$^{53}_{44}$iəŋ$^{53}_{44}$uək$^{5}$ tsʰan$^{21}$çi$^{53}$pʰau$^{13}_{21}$ lei$^{0}$,kan$^{21}$tsɿ$^{0}$ çi$^{53}$kua$^{21}$nei$^{0}$.çien$^{53}$tsʰai$^{53}_{44}$ʂɿ$^{53}_{44}$iəŋ$^{53}_{44}$iəŋ$^{53}$kan$^{21}$ke$^{53}_{44}$ai$_{13}$iəŋ$^{53}$kan$^{21}$ke$^{53}$pʰau$^{13}$tsɿ$^{0}$ la$^{0}$,pʰau$^{13}$pʰi$^{13}$ke$^{53}$ pʰau$^{13}$tsɿ$^{0}$ a$^{0}$,e$_{44}$.ia$^{35}$ɔn$^{35}_{44}$tso$^{53}_{44}$pʰau$^{13}$tsɿ$^{0}$ lei$^{0}$.çien$^{53}$tsʰai$^{53}_{44}$tsʰiəu$^{53}_{44}$tʂen$^{35}_{44}$mən$^{13}_{21}$tʂen$^{35}$mən$^{13}_{44}$ke$^{53}_{44}$pʰau$^{13}$ʂɿ$^{53}_{44}$iəŋ$^{53}_{44}$iəŋ$^{53}$ kan$^{21}$ke$^{53}_{44}$ai$_{13}$iəŋ$^{53}$kan$^{21}$ke$^{53}$pʰau$^{13}$tsɿ$^{0}$ la$^{0}$.tʂen$^{35}$mən$^{13}_{44}$ke$^{53}_{44}$pʰau$^{13}$tsɿ$^{0}$,tʰiet$^{3}$ pʰi$^{13}$tso$^{53}_{44}$ke$^{53}_{44}$.

【炮$_{1}$】pʰau$^{13}$ 动把食物放在滚沸的油锅中炸：嗯，我等人是～摎炼唔同。镬里放滴子油子，箇个米馃子去翻去翻转，面上瘌滴子油个，箇个就炼米馃子。欸，带点煎个味道，欸，对。如果系讲炸嘞，我觉得你等讲个炸嘞就系～。箇就分箇米馃放下油肚里，放一镜油，放蛮多油，镬里放蛮多油，舞倒箇米馃放倒肚里去～。箇就喊做炸。ŋ̍$_{21}$,ŋai$^{13}$tien$^{0}$ ɲin$^{13}_{21}$ʂɿ$^{53}_{44}$pʰau$^{13}$lau$^{35}$ xɔk$^{3}$ ŋ̍$^{13}_{21}$tʰəŋ$^{13}$.uək$^{5}$ li$^{0}$ fəŋ$^{53}$tet$^{5}$tsɿ$^{0}$ iəu$^{13}$tsɿ$^{0}$,kai$^{53}_{44}$ke$^{53}_{44}$mi$^{21}$ko$^{21}$tsɿ$^{0}$ çi$^{53}_{44}$fan$^{35}$çi$^{53}_{44}$fan$^{35}$tʂən$^{21}$,mien$^{53}$xəŋ$^{53}$lait$^{3}$ tiet$^{5}$ tsɿ$^{0}$ iəu$^{13}_{21}$ke$^{53}$,kai$^{53}_{21}$ke$^{53}_{21}$tsiəu$^{53}$xɔk$^{3}$ mi$^{21}$ko$^{21}$tsɿ$^{0}$.e$_{53}$,tai$^{53}$tian$^{21}$tsien$^{35}$ke$^{53}_{44}$uei$^{53}$tʰau$^{53}$,e$_{21}$,tei$^{53}$.ɹɿ$^{13}$ko$^{21}$xei$^{53}$kəŋ$^{21}$tsa$^{53}$ lei$^{0}$,ŋai$^{13}$kɔk$^{3}$ tek$^{3}$ ɲi$^{13}$tien$^{0}$ kəŋ$^{21}$ke$^{53}_{44}$tsa$^{53}$lei$^{0}$ tsʰiəu$^{53}$xei$^{53}$pʰau$^{13}$.kai$^{53}_{35}$tsʰiəu$^{53}_{44}$pən$^{35}$kai$^{53}_{44}$mi$^{21}$ko$^{21}$fəŋ$^{53}_{44}$xa$^{53}_{44}$iəu$^{13}$ təu$^{21}$li$^{0}$,fəŋ$^{53}$iet$^{3}$ ciaŋ$^{53}$iəu$^{13}$,fəŋ$^{53}$man$^{13}_{21}$to$^{35}$iəu$^{13}_{21}$,uək$^{5}$ li$^{0}$ fəŋ$^{53}$man$^{13}_{21}$to$^{35}$iəu$^{13}_{21}$,u$^{21}$tau$^{21}$kai$^{53}$mi$^{21}$ko$^{21}$fəŋ$^{53}$tau$^{21}$təu$^{21}$ li$^{0}$ çi$^{53}$pʰau$^{13}$.kai$^{53}_{44}$tsʰiəu$^{53}_{44}$xan$^{53}_{44}$tso$^{53}_{44}$tsa$^{53}$.

【炮豆腐】pʰau$^{13}$tʰei$^{53}_{44}$fu$^{53}_{44}$ 名油炸豆腐：油炸豆腐吧？～，箇就安做～。iəu$^{13}$tsa$^{53}_{44}$tʰei$^{53}$fu$^{53}$ pa$^{0}$?pʰau$^{13}$tʰei$^{53}_{44}$fu$^{53}_{44}$,kai$^{53}_{21}$tsʰiəu$^{53}_{21}$ɔn$^{35}_{44}$tso$^{53}_{44}$pʰau$^{13}$tʰei$^{53}_{44}$fu$^{53}_{44}$.

【炮换茶】pʰau$^{13}$uɔn$^{53}$tsʰa$^{13}$ 名油炸的副食品、茶点：～，安做炮个我等喊。pʰau$^{13}$uɔn$^{53}$tsʰa$^{13}$,ɔn$^{35}$ tso$^{53}_{21}$pʰau$^{13}$ke$^{53}$ŋai$^{13}$tien$^{0}$ xan$^{53}_{44}$.

【跑】pʰau$^{21}$ 动①奔；两脚交互向前迅速跃进：分滴人就追哟，分滴人就～噢。pən$^{35}$tet$^{5}$ɲin$^{21}$ tsʰiəu$^{53}_{44}$tʂei$^{35}$iau$^{0}$,pən$^{35}$tet$^{5}$ɲin$^{21}$tsʰiəu$^{53}_{44}$pʰau$^{21}$uau$^{0}$.｜～倒归去。pʰau$^{21}$tau$^{21}$kuei$^{35}_{44}$çi$^{53}$. ②逃：～唔脱哩 pʰau$^{21}$ŋ̍$^{13}$tʰɔit$^{3}$li$^{0}$

【跑法子】pʰau$^{21}$fait$^{3}$tsɿ$^{0}$ 副像跑步一样：你走，走面前，～归啦，爱～归，跑倒归。ɲi$^{13}$

tsei21,tsei21mien53tsʰien13,pʰau21fait3tsɿ0kuei35-44la0,ɔi53-44pʰau21fait3tsɿ0kuei35-44,pʰau21tau21kuei35-44.

【跑和】pʰau21fu13 名大字牌的别称：打～ ta21pʰau21fu13

【跑脚】pʰau21ciɔk3 动负责办理外部事务：欸，做好事个时候子就少唔得～个啦。欸，硬爱个把两个～个人呐。e21,tso53xau21sɿ53ke53ʂɿ13xei53tsɿ0tsiəu53ʂau21n̩13tek3pʰau21ciɔk3ke53la0.e21,ɲiaŋ53ɔi53-44cie53pa21iɔŋ21ke53pʰau21ciɔk3ke53ɲin13-21na0.｜以前个乡政府哇，箇阵子交通箇个电话箇兜唔太发达个时候子啊，有通讯员，专门～。i35-53tsʰien13-21kei53çiɔŋ35tʂən53fu21va0,kai35tʂʰən35tsɿ0ciau35tʰəŋ35-44kai53-44ke53-44tʰien53fa53-44kai53-44te35-44n̩13tʰai53-44fait3tʰait5ke53ʂɿ13xəu53-44tsɿ0a0,iəu35-44tʰəŋ35-44sin53vien13,tʂen35mən13-21pʰau21ciɔk3.

【跑来跑去】pʰau21lɔi13pʰau21çi53-44 反复来回地跑：贩子就系～个，箇贩子。fan53tsɿ0tsʰiəu53-44xe53-44pʰau21lɔi13pʰau21çi53-44ke53-21,kai53-44fan53tsɿ0.

【跑路】pʰau21ləu53 动①跑腿：欸，做好事个时候子啊我就取都赠去跑过路嘞，我就尽跍倒屋下，唔爱我～。e21,tso53xau21sɿ53ke53ʂɿ13xei53tsɿ0a0ŋai13-21tsʰiəu53tsʰi21təu35-53maŋ13-21çi53pʰau21ko53-44ləu53lei0,ŋai13-21tsʰiəu53-44tsʰin53ku35-44tau21-44uk3xa53-44,m̩13-21mɔi53ŋai13-44pʰau21ləu53.②外出躲避：我等人浏阳是厂子也多，花炮厂多，一下碰倒箇花炮唔景气个时候子啊，到哩年脚下，蛮多老板就跑哩路。但是渠个～嘞只系躲债，欸，过哩年呢慢呐迟迟子嘞又归来哩。真正话欸跑下外国去当箇个红通人员呐箇还系蛮少。ŋai13tien0ɲin13-21liəu13iɔŋ13ʂɿ35-44tʂʰəŋ21tsɿ0ia35to35,fa35pʰau53tʂʰəŋ21to35,iet3xa53pʰən53tau21kai53-44fa35pʰau53n̩13cin21çi53ke53-44ʂɿ13xəu53tsɿ0a0,tau53li0ɲien13ciɔk3xa53-44,man13to35-53lau21pan21tsiəu53pʰau21li0ləu53.tan53ʂɿ53ci13-21ke53pʰau21ləu53lei0tʂɿ21xei53to21tsai53,e21,ko53li0ɲien13ne0man53na0tʂʰɿ13tʂʰɿ13-21tsɿ0lei0iəu53kuei35lɔi13-21li0.tʂən35tʂən53-44ua53-44e21pʰau21ua53-44uai53kuət3çi53-44tɔŋ35kai53-44ke53-44fəŋ13tʰəŋ35-44uən13-21vien13-21na0kai53-44xai13-21xe53man13ʂau21.

【跑堂个】pʰau21tʰɔŋ13ke53 指在酒店饭馆中招待客人的服务员：如今饭店里不容易搞，请一只～又爱几千块钱。i13-21cin35-44fan53tian53li0pət3iəŋ13i53kau21,tsʰiaŋ21iet3tʂak3pʰau21tʰɔŋ13ke53iəu53ɔi53ci21tsʰien35-44kʰuai53tsʰien13.

【泡₂】pʰau35 名气体在液体内使液体鼓起来的球状体：开水冲下去箇时候子，渠就形成……形……搞出唔知几多～来哩。～～哇。箇就安做豆腐～。kʰɔi35ʂei21tʂʰəŋ35ŋa53(←xa53)çi53-44kai53-44ʂɿ13xei53tsɿ0,ci13tsʰiəu53çin13-21tʂʰən13-44…çin13-21…kau21tʂʰət3n̩13ti35-53ci21to35pʰau35lɔi13-21li0.pʰau35pʰau35-44ua0.kai35-21tsʰiəu53-21ɔn35-44tso53-44tʰei53fu53-44pʰau35.

【泡₃】pʰau53 动①沏；用沸水、热水冲烫：如果系妹子合适以只伢子，箇只女方合适以只伢子，就由箇只妹子自家～碗茶掇倒来分渠食。y13ko21xei53mɔi53tsɿ0xɔit5ʂɿ53i21tʂak3ŋa13tsɿ0,kai53-44tʂak3ɲy21fəŋ35xɔit5ʂɿ53i21tʂak3ŋa13tsɿ0,tsʰiəu53iəu13-21kai53-44tʂak3mɔi53tsɿ0tsʰɿ35ka35-44pʰau53uən21tsʰa13-21tɔit3tau21lɔi13-21pən35-44ci13-21ʂət5.｜你等食过～番薯粉吗？哈，番薯粉让门～哇？舞一调羹子番薯粉，放两调羹子水放下碗里，舞只深滴子个碗呐，茶缸子也要得，放下碗里，搋鲜来，调匀称来，调和来，然后用泡泡沸个水，就系正在开个水，欸，泡泡沸个水冲下去，又搋几下，□稳下子，就要得哩，就成哩。又爱搋下子啦，爱搅拌下子，箇个就系～番薯粉。～百合粉也咁子～，嗯。～葛包粉也咁子～，葛粉也咁子～。ɲi13tien0ʂət5ko53-44pʰau53fan35-44ʂəu13-21fən21ma0?xa35,fan35ʂəu13-21fən21ɲiɔŋ53-44mən13-44pʰau53ua0?u21iet3tʰiau13kaŋ35-44tsɿ0fan35-44ʂəu13-21fən21,fəŋ53iɔŋ21tʰiau13kaŋ35tsɿ0fəŋ53-44xa53-44uən21ni35,u21tʂak3tʂʰən35tiet5tsɿ0ke53uən21na0,tsʰa13kɔŋ35-44tsɿ0a35-44iau53tek3,fəŋ53xa53uən21ni35,ləuk3sien35nɔi13-21,tʰiau13in13tsʰin53nɔi13-21,tʰiau13xo13-21lɔi13-44,vien13-21xei53-44iəŋ53-44pʰau35pʰau35pi53ke0ʂei53,tsʰiəu53-44xe53-44tʂən53tsʰai53-44kʰɔi35ke53ʂei21,e21,pʰau35pʰau35pi53ke0ʂei53tʂʰəŋ35ŋa53-44çi53,iəu53ləuk3ci21xa53,cʰiet3uən21xa53tsɿ0,tsʰiəu53iau53tek3li0,tsʰiəu53-44ʂaŋ13-21li0.iəu53ɔi53ləuk3(x)a53tsɿ0la0,ɔi53ciau21pʰən53na53-44tsɿ0,kai53-21ke53tsʰiəu53-44xe53-44pʰau53fan35ʂəu13-21fən21.pʰau53pak3xɔit5fən21na35kan21tsɿ0pʰau53,n̩21.pʰau53kɔit3pau35-44fən21na35-53kan21tsɿ0pʰau53,kɔit3fən21na35-53kan21tsɿ0pʰau53.②煮：～面个就面馆子。pʰau53mien53ke53-44tsʰiəu53-44mien53kɔn21tsɿ0.

【泡₄】pʰau53 形虚而松软：有兜饼子唔知几～个东西啊，系唔系？iəu35tei35-53piaŋ21tsɿ0n̩13ti35-53ci21pʰau53ke53-44təŋ35-44si0a0,xei53me53?

【泡豆腐】pʰau53tʰei53fu53 磨好的豆浆装桶，冲入开水：豆腐泡哇，就系箇个欸磨好哩箇豆腐，磨好哩以后，系啊？我等一般是咁子，磨正哩就磨倒就放下箇欸豆腐桶里。用泡水，开水呀，一冲下去，冲下去，安做～，爱泡一下，安做～。tʰei53fu53-44pʰau35ua0,tsʰiəu53-44uei44(←xei53)kai53-44ke53-44e21mo53xau21li0kai53-44tʰei53-44fu53-44,mo53xau21li0i35xei53-44,xe53-44a0?ŋai13tien0iet3pɔn35ʂɿ53kan21tsɿ0,mo53tʂaŋ53li0tsʰiəu53-44mo53tau21tsʰiəu53-44fɔŋ53xa53-44kai53-44e21tʰei53fu53-44tʰəŋ21li0.iəŋ53pʰau35ʂei21,kʰɔi35ʂei21ia0,iet3tʂʰəŋ35ŋa53(←xa53)çi53,tʂʰəŋ35ŋa53(←xa53)çi53,ɔn35-44tso53-44pʰau53tʰei53-44fu53-44,ɔi53-44pʰau53iet3xa53,ɔn35tso53-44pʰau53tʰei53-44fu53-44.

P

【泡壶】p$^{h}$au$^{53}$fu$^{13}$ 名大茶壶：箇阵子我等人欸家家都呃年年都爱箇个年年都爱摘正兜老茶叶，好到哩热天了打～。kai$^{53}$tʂ$^{h}$ən$^{53}$tsɿ$^{0}$ŋai$^{13}$tien$^{0}$in$^{13}_{44}$ei$_{44}$ka$^{35}$ka$^{35}_{44}$təu$^{35}_{53}$ə$^{0}$ɲien$^{13}$ɲien$^{13}_{44}$təu$^{35}_{53}$ɔi$^{53}_{44}$kai$^{53}$ke$^{53}$ɲien$^{13}$ɲien$^{13}_{44}$təu$^{35}_{53}$ɔi$^{53}_{44}$tsak$^{3}$tʂaŋ$^{53}$te$^{35}_{53}$lau$^{21}$ts$^{h}$a$^{13}$iait$^{5}$,xau$^{21}$tau$^{53}$li$^{0}$ɲiet$^{5}$t$^{h}$ien$^{35}_{44}$niau$^{0}$ta$^{21}$p$^{h}$au$^{53}$fu$^{13}_{21}$.

【泡壶茶】p$^{h}$au$^{53}$fu$^{13}$ts$^{h}$a$^{13}$ 名当年生已经较老的茶叶。又称“老叶茶”：（老叶茶）炆一到，炢熷来，做泡壶，打泡壶哇。放下茶壶肚里，～。箇起就讲～，打泡壶个。uən$^{13}$iet$^{3}$tau$^{53}$,xɔk$^{3}$tsau$^{35}$lɔi$^{13}$,tso$^{53}$p$^{h}$au$^{53}$fu$^{13}$,ta$^{21}$p$^{h}$au$^{53}$fu$^{13}$ua$^{0}$.fɔŋ$^{53}$ŋa$_{44}$(←xa$^{53}$)ts$^{h}$a$^{13}$fu$^{13}$təu$^{21}$li$^{0}$,p$^{h}$au$^{53}$fu$^{13}_{21}$ts$^{h}$a$^{13}$.kai$^{53}$çi$^{21}$ts$^{h}$iəu$^{53}$kɔŋ$^{21}$p$^{h}$au$^{53}$fu$^{13}$ts$^{h}$a$^{13}$,ta$^{21}$p$^{h}$au$^{53}$fu$^{13}_{21}$ke$^{53}$.

【泡泡】p$^{h}$au$^{53}$p$^{h}$au$^{53}$ 名泛指某些液体内部空气散发，鼓起的圆形或半圆形、椭圆形的气泡等：细人子就如今就喜欢买箇个吹～个东西啦。渠舞正熨是八帖嘞舞杆子枪样，欸，我等箇孙子都喜欢吹箇只～哇。人家还有箇一杆子枪样，咁子揿一下又吹揿一下又射一下个，欸～，让门造个都有哇，欸。sei$^{53}$ɲin$^{13}_{21}$tsɿ$^{0}$ts$^{h}$iəu$^{53}_{44}$i$^{13}_{21}$cin$^{35}_{44}$ts$^{h}$iəu$^{53}_{44}$çi$^{21}$fən$^{35}_{44}$mai$^{35}$kai$^{53}_{44}$ke$^{53}_{44}$tʂ$^{h}$ei$^{35}_{44}$p$^{h}$au$^{53}$p$^{h}$au$^{53}_{44}$ke$^{0}$təŋ$^{35}_{44}$si$^{0}$la$^{0}$.ci$^{13}$u$^{21}$tʂaŋ$^{53}$iet$^{3}$sɿ$^{53}$pait$^{3}$t$^{h}$iet$^{3}$le$^{0}$u$^{21}$kən$^{21}$tsɿ$^{0}$ts$^{h}$iɔŋ$^{35}$iɔŋ$^{53}_{44}$,e$_{21}$,ŋai$^{13}$tien$^{0}$kai$^{53}$sən$^{35}_{44}$tsɿ$^{0}$təu$^{35}_{44}$çi$^{21}$fən$^{35}_{44}$tʂ$^{h}$ei$^{35}$kai$^{53}_{44}$tʂak$^{3}$p$^{h}$au$^{53}$p$^{h}$au$^{53}_{44}$ua$^{0}$.in$^{13}_{21}$cia$^{35}$xai$^{13}$iəu$^{35}_{53}$kai$^{53}_{44}$iet$^{3}$kən$^{21}$tsɿ$^{0}$ts$^{h}$iɔŋ$^{35}$iɔŋ$^{53}_{44}$,kan$^{21}_{44}$tsɿ$^{0}$ɲien$^{21}$iet$^{3}$xa$^{53}_{44}$iəu$^{53}_{44}$tʂ$^{h}$ei$^{35}$ɲien$^{21}$iet$^{3}$xa$^{53}_{44}$iəu$^{53}_{44}$sa$^{53}$(i)et$^{3}$xa$^{53}_{44}$ke$^{0}$,e$^{0}$p$^{h}$au$^{53}$p$^{h}$au$^{53}_{44}$,ɲiɔŋ$^{53}$mən$^{0}$tsau$^{53}$ke$^{0}$təu$^{35}_{44}$iəu$^{35}_{44}$ua$^{0}$,e$_{21}$.

【泡泡沸】p$^{h}$au$^{35}$p$^{h}$au$^{35}$pi$^{53}$ 形正在沸腾的：用～个水，就系正在开个水，欸，～个水冲下去。iəŋ$^{53}_{44}$p$^{h}$au$^{35}$p$^{h}$au$^{35}$pi$^{53}$ke$^{0}$ʂei$^{53}$,ts$^{h}$iəu$^{53}_{44}$xe$^{53}_{44}$tʂən$^{53}$ts$^{h}$ai$^{53}_{44}$k$^{h}$ɔi$^{35}$ke$^{53}$ʂei$^{21}$,e$_{21}$,p$^{h}$au$^{35}$p$^{h}$au$^{35}$pi$^{53}$ke$^{0}$ʂei$^{53}$tʂ$^{h}$əŋ$^{35}$ŋa$^{53}_{44}$çi$^{53}$.

【泡水$_{2}$】p$^{h}$au$^{53}$ʂei$^{21}$ 动用开水冲泡：舞倒箇（燕蜂子）窠子来，欸，～食。u$^{21}$tau$^{21}$kai$^{53}_{44}$k$^{h}$o$^{35}$tsɿ$^{0}$lɔi$^{13}_{21}$,e$_{21}$,p$^{h}$au$^{53}$ʂei$^{21}$ʂət$^{5}$.

【泡圆】p$^{h}$au$^{53}$ien$^{13}$ 名龙眼：～呐？还唔系就咁子搣倒丢下嘴里去食。我娭子就也会搣倒箇～个肉啊去蒸呢，蒸饽饽箇兜食。p$^{h}$au$^{53}$ien$^{13}_{21}$na$^{0}$?xai$^{13}$m̩$^{13}_{21}$p$^{h}$ei$^{53}_{44}$ts$^{h}$iəu$^{53}$kan$^{21}$tsɿ$^{0}$miet$^{3}$tau$^{21}$tiəu$^{35}_{44}$xa$^{53}_{44}$tʂɔi$^{53}$li$^{0}$çi$^{53}_{44}$ʂət$^{5}$.ŋai$^{13}_{21}$ɔi$^{35}$tsɿ$^{0}$ts$^{h}$iəu$^{53}_{44}$ia$^{35}$uɔi$^{53}$miet$^{3}$tau$^{21}$kai$^{53}_{44}$p$^{h}$au$^{53}$ien$^{13}_{21}$ke$^{53}$ɲiəuk$^{3}$a$^{0}$çi$^{53}$tʂən$^{35}$nei$^{0}$,tʂən$^{35}$pək$^{5}$pək$^{5}$kai$^{53}_{44}$tei$^{35}_{44}$ʂət$^{5}$.

【炮$_{2}$】p$^{h}$au$^{53}$ 名①指爆竹：（箇浏阳南乡）人人会做～嘞。ɲin$^{13}$ɲin$^{13}_{21}$uɔi$^{53}$tso$^{53}$p$^{h}$au$^{53}_{44}$le$^{0}$. ②指中国象棋中的炮，见“炮子①”。

【炮钎】p$^{h}$au$^{53}$ts$^{h}$ian$^{35}$ 名钢钎。又称“炮棍”：钢钎呢，安做～呢。开炮个炮。炮棍，又安做炮棍。又安做～。kɔŋ$^{35}$ts$^{h}$ian$^{35}_{44}$ne$^{0}$,ɔn$^{35}$tso$^{53}_{44}$p$^{h}$au$^{53}$ts$^{h}$ian$^{35}_{44}$nei$^{0}$.k$^{h}$ɔi$^{35}$p$^{h}$au$^{53}$ke$^{53}_{21}$p$^{h}$au$^{53}$.p$^{h}$au$^{53}_{44}$kuən$^{53}$,iəu$^{53}_{44}$ɔn$^{35}_{44}$tso$^{53}_{44}$p$^{h}$au$^{53}_{44}$kuən$^{53}$.iəu$^{53}_{44}$ɔn$^{35}_{44}$tso$^{53}_{44}$p$^{h}$au$^{53}$ts$^{h}$ian$^{35}$.

【炮手师】p$^{h}$au$^{53}$ʂəu$^{21}$sɿ$^{35}$ 名接亲时作为男家代表的本家人。又称“提郎夫子”：～我当过。我当过～。欸，我当～就……么个～？哎，你还……我阿舅子讨新舅嘞，渠箇映子尽问题嘞，箇向咯，就舞倒我去同渠处理箇兜咁个路子嘞。别么人唔去同唔同渠搞嘞，请唔倒。一只嘞几只咁个唔知几棘手个路子，麻烦个路子。p$^{h}$au$^{53}$ʂəu$^{21}$sɿ$^{35}$ŋai$^{13}_{21}$təŋ$^{35}_{44}$ko$^{53}$.ŋai$^{13}_{21}$təŋ$^{35}$ko$^{53}_{44}$p$^{h}$au$^{53}$ʂəu$^{21}$sɿ$_{44}$.e$_{53}$,ŋai$^{13}$təŋ$^{35}_{44}$p$^{h}$au$^{53}$ʂəu$^{21}$sɿ$^{35}_{44}$ts$^{h}$iəu$^{53}_{21}$…mak$^{3}$e$^{0}$p$^{h}$au$^{53}$ʂəu$^{21}$sɿ$^{35}_{44}$?ai$_{53}$,ɲi$^{13}_{21}$xa$^{13}_{21}$…ŋai$^{13}$a$^{35}$c$^{h}$iəu$^{35}_{44}$tsɿ$^{0}$t$^{h}$au$^{21}$sin$^{35}$c$^{h}$iəu$^{35}_{44}$lei$^{0}$,ci$^{13}$kai$^{53}_{44}$iaŋ$^{53}_{44}$tsɿ$^{0}$ts$^{h}$in$^{53}$uən$^{53}$t$^{h}$i$^{13}_{21}$lei$^{0}$,kai$^{53}_{44}$çiɔŋ$^{53}_{44}$ko$^{0}$,ts$^{h}$iəu$^{53}$u$^{21}$tau$^{21}$ŋai$^{13}$çi$^{53}$t$^{h}$əŋ$^{13}_{44}$ci$^{13}_{44}$tʂ$^{h}$ʮ$^{21}$li$^{35}_{44}$kai$^{53}$tei$^{35}_{53}$kan$^{21}$ke$^{0}$ləu$^{53}$tsɿ$^{0}$lei$^{0}$.p$^{h}$iet$^{5}$mak$^{3}$in$^{13}_{21}$n̩$^{13}$c$^{h}$i$^{53}$t$^{h}$əŋ$^{13}_{21}$n̩$^{13}$t$^{h}$əŋ$^{13}_{21}$ci$^{13}_{44}$kau$^{21}$lei$^{0}$,ts$^{h}$iaŋ$^{21}$n̩$^{13}$tau$^{21}_{44}$.iet$^{3}$tʂak$^{3}$lei$^{0}$ci$^{21}$tʂak$^{3}$kan$^{21}_{44}$kei$^{53}_{44}$n̩$^{13}$ti$^{35}_{53}$ci$^{21}$ciet$^{3}$ʂəu$^{21}$ke$^{53}_{44}$ləu$^{53}$tsɿ$^{0}$,ma$^{13}$fan$^{13}_{21}$ke$^{53}_{44}$ləu$^{53}$tsɿ$^{0}$.

【炮子】p$^{h}$au$^{53}$tsɿ$^{0}$ 名①指中国象棋中的炮，也简称“炮”：马子后背箇只炮哇，欸～跟倒马后背呀。欸马后炮。ma$^{35}$tsɿ$^{0}$xei$^{53}$pɔi$^{53}_{21}$kai$^{53}_{44}$tʂak$^{3}$p$^{h}$au$^{53}$ua$^{0}$,e$_{21}$p$^{h}$au$^{53}$tsɿ$^{0}$cien$^{35}$tau$^{21}_{44}$ma$^{35}$xei$^{53}$pɔi$^{53}_{21}$ia$^{0}$.e$_{21}$ma$^{35}$xei$^{53}_{44}$p$^{h}$au$^{53}$.｜～隔山打唠。p$^{h}$au$^{53}$tsɿ$^{0}$kak$^{3}$san$^{35}_{44}$ta$^{21}$lau$^{0}$. ②子弹：我等细细子问渠，欸让门渠脚咁个？我等个脚以咁子个吵，渠个脚□个，走起路来，咁子这样侧侧哩。因为因为箇只～打伤个呀。欸，～打伤哩呀。就子弹打伤哩咯，就安做～打伤哩。ŋai$^{13}$tien$^{0}$se$^{53}$se$^{53}$tsɿ$^{0}$uən$^{53}$ci$^{13}_{21}$,e$_{21}$ɲiɔŋ$^{53}$mən$_{44}$ci$^{13}_{44}$ciɔk$^{3}$kan$^{21}_{35}$ke$^{53}_{44}$?ŋai$^{13}$tien$^{0}$ke$^{53}$ciɔk$^{3}$i$^{21}$kan$^{21}_{44}$tsɿ$^{0}$ke$^{53}_{44}$ʂa$^{0}$,ci$^{13}$ke$^{53}$ciɔk$^{3}$ŋau$^{13}$ke$^{53}$,tsei$^{21}$çi$^{21}$ləu$^{53}$lɔi$^{13}_{21}$,kan$^{21}$tsɿ$^{0}$tse$^{53}$iɔŋ$^{53}_{21}$tseit$^{3}_{35}$tseit$^{3}$li$^{0}$.in$^{35}_{21}$uei$^{53}_{44}$in$^{35}_{44}$uei$^{53}_{44}$kai$^{53}_{21}$iak$^{3}$(←tʂak$^{3}$)p$^{h}$au$^{53}$tsɿ$^{0}$ta$^{21}$ʂɔŋ$^{35}$ŋe$_{44}$(←ke$^{53}$)ia$^{0}$.e$_{21}$,p$^{h}$au$^{53}$tsɿ$^{0}$ta$^{21}$ʂɔŋ$^{35}$li$^{0}$ia$^{0}$.ts$^{h}$iəu$^{53}_{44}$tsɿ$^{21}$t$^{h}$an$^{35}$ta$^{21}$ʂɔŋ$^{35}_{44}$li$^{0}$ko$^{0}$,ts$^{h}$iəu$^{53}_{44}$ɔn$^{35}_{44}$tso$^{53}_{44}$p$^{h}$au$^{53}$tsɿ$^{0}$ta$^{21}$ʂɔŋ$^{35}_{44}$li$^{0}$.

【疱】p$^{h}$iau$^{53}$ 名皮肤上长的像水泡一样的东西：起只～哇。打比样，我去拿镢头去挖一挖，久哩箇手上会起～哇。就是起～咯，就起～，我等讲～。çi$^{21}$tʂak$^{3}$p$^{h}$iau$^{53}$ua$^{0}$.ta$^{21}$pi$^{21}$iɔŋ$^{53}$,ŋai$^{13}$çi$^{53}$la$^{53}$ciɔk$^{3}$t$^{h}$ei$^{13}$çi$^{53}$uait$^{3}$iet$^{3}$uait$^{3}$,ciəu$^{21}$li$^{0}$kai$^{53}$ʂəu$^{21}$xɔŋ$^{53}_{44}$uɔi$^{53}_{44}$çi$^{21}$p$^{h}$iau$^{53}$ua$^{0}$.tsiəu$^{53}_{21}$sɿ$^{53}_{44}$c$^{h}$i$^{21}$p$^{h}$iau$^{53}$ko$^{0}$,tsiəu$^{53}_{44}$çi$^{21}$p$^{h}$iau$^{53}$,ŋai$^{13}_{21}$tien$^{0}$kɔŋ$^{21}$p$^{h}$iau$^{53}$.｜拿久哩刀把做事，起～。la$^{53}$ciəu$^{21}$li$^{0}$tau$^{35}$pa$^{53}$tso$^{53}_{44}$sɿ$^{53}$,çi$^{21}$p$^{h}$iau$^{53}$.

【呸呰】p$^{h}$iet$^{5}$ts$^{h}$iəu$^{53}$ 动怒斥：系只晚姑你话渠系大嫂是渠会～你哈。xei$^{53}$tʂak$^{3}$man$^{35}$ku$^{35}_{44}$ɲi$^{13}$ua$^{53}_{44}$

P

ci13_21xe53_44tʰai53sau21ʂʅ53_44ci13_21uɔi53pʰiet5 tsʰiəu53ɲi13_21xa0.

【呸雀】pʰi21tsʰiɔk3 [动]奚落；取笑：欸，就系死人着寿衣了就系用线。欸，箇就系～别人家了啦。"唔爱呀，唔爱皮带呀，冇条线绵下子就要得哩啊。"箇就系笑别人家个了。ei_21,tsʰiəu53 xe53si21ɲin13_44tʂɔk3 ʂəu53i35liau0 tsʰiəu53_44xei53_44iəŋ53_21sen53.e_21,kai53_44tsʰiəu53_44xe53_44pʰi21tsʰiɔk3 pʰiet5ɲin13_21ka35_53liau0 la0."m̩13_21mɔi53_44ia0,m̩13_21mɔi53pʰi13tai53ia0,u21tʰiau13_21sen53tʰak3 (x)a53tsʅ0 tsʰiəu53iau53tek3 li0 a0."kai53tsʰiəu53xe53 çiau35pʰiet5 in13_21ka35_44ke53_44liau0.

【胚只】pʰɔi35tʂak3 [名]指人或动物的身材：箇男子人呢～硬爱大滴子，更箇个嘞更冇得病痛嘞，更有力气嘞，系唔系？kai53lan13tsʅ0ɲin13ne0 pʰɔi35tʂak3ɲiaŋ53ɔi53tʰai53tiet5 tsʅ0,cien53kai53ke53le0 cien53 mau13_21tek3 pʰiaŋ53tʰəŋ53_21le0,cien53iəu35_44liet5 çi53le0,xei53_44me53_44?

【胚子】pʰɔi35tsʅ0 [名]体格；身材：箇黄牛牯子嘞～唔大，但是肉多，肉好，肉个质量好。kai53 uɔŋ13ɲiəu13_44ku21tsʅ0 lei0 pʰɔi35tsʅ0 n̩13tʰai53,tan53_44ʂʅ53_44ɲiəuk3 to35, ɲiəuk3 xau21, ɲiəuk3 ke53tʂət3 liɔŋ53xau21.

【陪】pʰi13 [动]在旁边做伴：两边就侧边就～他个。侧边就～他。iɔŋ21pien35tsʰiəu53_44tsek3 pien35_44 tsʰiəu53_44pʰi13tʰa35_21ke53_21.tsek3 pien35_44tsʰiəu53_44pʰi13tʰa35_21.｜两边个就爱～客啊。iɔŋ21pien35ke53_44tsʰiəu53_44ɔi53_44pʰi35 kʰak3 a0.

【陪东】pʰi13təŋ35 [名]主人特邀来陪伴主客的人：我做好事啊，做箇个呃白呃红喜事啊，我搞得最多个就做～，嗯，陪客。哪到都"端哥，你就同我去陪高亲哈"。唔知搞么个冇倒哪到冇倒我？就我更会讲啊，我会吹呀。欸，箇个远方人就我就会打起箇普通话来同渠讲箇个，系唔系？会吹呀。但事实欸经常我都唔想吹。有兜人冇么个吹嘞，渠唔多同我吹嘞有兜人呢。有箇远个啦，河南河北个，系唔系？你一问，我话"你系哪映个"，"河南个"，系唔系？"河南哪映子啊？""嵩山。""哦，嵩山少林寺啰。"系唔系？河南有兜么个东西，我就讲得下子中啊。有蛮多人是河南去哪映去祖国个南方啊北方渠都搞唔清呐，嗯。哪到都冇倒我去搞咁个路子，～，陪客。ŋai13tso53xau21sʅ53a0,tso53kai53_44ke53_44ə_21pʰak5 ə0 fəŋ13çi21sʅ53a0,ŋai13kau21tek3 tsei53 to35_44ke0 tsʰiəu53_44tso53pʰi13təŋ35,n̩_21,pʰi13kʰak3.lai53tau53_21təu35_44"tɔn35_44ko35_44, ɲi13tsʰiəu53tʰəŋ13_21ŋai13_21çi53pʰi13_21kau35tsʰin35 xa0".n̩13ti35_53kau21mak3 ke53u21tau21lai53tau53_44u21tau21ŋai13_21?tsʰiəu53_44ŋai13cien53uɔi53kɔŋ21ŋa0,ŋai13uɔi53tʂʰei35 ia0.e_21,kai53_44ke53_44ien21fɔŋ35ɲin13tsʰiəu53_44ŋai13tsʰiəu53uɔi53ta21cʰi21kai53_44pʰu21tʰəŋ35fa53lɔi13_21tʰəŋ13_21ci13_44kɔŋ21kai53_44 ke53_44,xei53me53?uɔi53tʂʰei35ia0.tan53sʅ53ʂʅt5 e_44cin35tʂʰɔŋ13_21ŋai13_21təu35_53n̩13siɔŋ21tʂʰei35_44.iəu35tei35_53ɲin13_21mau13mak3 e0 tʂʰei35lei0,ci13_21n̩13to35_53tʰəŋ13_21ŋai13_21tʂʰei35lei0 iəu35tei35_53ɲin13_21nei0.iəu35kai53ien21ke53la0,xo13lan13_44xo13pɔit3 ke53,xei53 me53?ɲi13iet3 uən53,ŋai13ua53"ɲi13xei53lai53iaŋ53ke53_44","xo13lan13_21cie53",xei53me53?"xo13lan13_21lai53iaŋ53tsʅ0 a0?" "səŋ35san35_44.""o_53,səŋ35san35_44ʂau53lin13_21sʅ53lo0."xei53me53?xo13lan13_21iəu35tei35_53mak3 e0 təŋ35_44si0,ŋai13tsʰiəu53kɔŋ21tek3 (x)a53tsʅ0 tʂəŋ53ŋa0.iəu35man13_21to35_53ɲin13_21ʂʅ53_21xo13lan13_21çi53lai53iaŋ53_44çi53tsəu21kuɔit3 ke53lan13fɔŋ35_53a0 pɔit3 fɔŋ35_44ci13_21 təu35_53kau21n̩13tsʰin35_44na0,n̩_21.lai53tau53_44təu35_53u21tau21ŋai13çi53kau21kan21_13ke53_44ləu53tsʅ0,pʰi13təŋ35_44,pʰi13kʰak3.

【陪酒】pʰi13tsiəu21 [名]款待高亲的酒席：食～ ʂət5 pʰi13tsiəu21

【陪媒酒】pʰi13mɔi13tsiəu21 [名]感谢媒人的酒宴：头晡，好，起哩媒以后嘞箇就箇介绍就媒人公就会来呀，系唔系？打比十二晡个日子样，十一晡渠就爱来食昼饭呐。箇晡昼边就～，陪媒人个酒。箇就爱十碗菜啦，箇就爱仅次于比箇个嘞，仅次于正酒嘞。箇晡个席面就爱仅次于正酒。请媒人来。头晡昼边，欸。～。大家都食啦，唔系么啊只有媒人就食啦。大家样个酒啦。所有来个人，有十桌就十桌，欸，有六桌就六桌啦。tʰei13pu35_44,xau21,çi21li0 mɔi13i35xei53_44lei0 kai53_44tsʰiəu53_44kai53_44kai53ʂau53_44tsʰiəu53_44mɔi13ɲin13_21kəŋ35tsʰiəu53uɔi53lɔi13ia0,xei53me53?ta21pi21ʂət5ɲi53pu35_44ke53_44ɲiet3 tsʅ0 iɔŋ53_44,ʂət5 iet3 pu35_44ci13_21tsʰiəu53_44ɔi53lɔi13ʂət5 tʂəu53fan53na0.ka53_44pu35tʂəu53pien35_44tsʰiəu53_44pʰi13mɔi13tsiəu21,pʰi13mɔi13 ɲin13_21ke53tsiəu21.kai53_44tsʰiəu53_44ɔi53_44ʂət5 uɔn21tsʰɔi53la0,kai53_44tsʰiəu53_44ɔi53_44cʰin53tsʰʅ53vy13pi21kai53cie53_44le0,cʰin53tsʰʅ53 vy13_44tʂən53tsiəu21le0.kai53_44pu35_44ke53_44siet5 mien53_44tsʰiəu53_44ɔi53cʰin53tsʰʅ53vy13_44tʂən53tsiəu21.tsʰiaŋ21mɔi13ɲin13_44lɔi13.tʰei13_21 pu35_44tʂəu53pien35,e_21.pʰi13mɔi13tsiəu21.tʰai53cia35_44təu35_44ʂət5 la0,m̩13pʰe53mak3 a0 tʂʅ21iəu35_53mɔi13ɲin13_44tsʰiəu53ʂət5 la0.tʰai53cia35_44iɔŋ53ke53_44tsiəu21la0.so21iəu35lɔi13ke53ɲin13_21,iəu35ʂət5 tsɔk3 tsʰiəu53_44ʂət5 tsɔk3,e_21,iəu35_44liəuk3 tsɔk3 tsʰiəu53liəuk3 tsɔk3 la0.

【培】pʰi13 [动]培育：分渠指丫禾～大来。pən35ci13_44pʰi13tʰai53lɔi13_21.

【赔】pʰi13 [动]补偿损失：打烂哩爱～分别人家。ta21lan53li0 ɔi53_44pʰi13pən35_44pʰiet3 in13_21ka35_44.｜爱～钱。ɔi53pʰi13tsʰien13.

【喷】pʰaŋ35/pʰən53/pʰən13 [动]急遽涌射或散射而出：渠就系代替风箱个作用，欸，以个火喷筒

P

只爱嘴巴～。ci$^{13}_{21}$tsʰiəu$^{53}_{44}$xe$^{53}_{44}$tʰɔi$^{53}$tʰi$^{53}_{44}$fəŋ$^{35}$siɔŋ$^{35}_{44}$ke$^{0}$ tsɔk$^{3}$ iəŋ$^{53}$,e$_{21}$,i$^{21}$ke$^{53}$fo$^{21}$pʰaŋ$^{35}_{53}$tʰəŋ$^{13}_{44}$tʂʅ$^{21}$ɔi$^{53}$tsi$^{21}$pa$^{35}_{44}$ pʰaŋ$^{35}$.｜～滴子水 pʰən$^{53}$tiet$^{5}$tsʅ$^{0}$ʂei$^{21}$｜（石灰李个面上）真像～哩层石灰嘞。tʂən$^{35}$tsʰiɔŋ$^{53}$pʰən$^{13}_{21}$ li$^{0}$tsʰien$^{13}_{21}$ʂak$^{5}$fɔi$^{35}$lei$^{0}$.

【喷屎虫】pʰən$^{53}$ʂʅ$^{21}$tʂʰəŋ$^{13}$ 名屎壳郎。又称"擂屎虫"：～只系话讲起咁黪人咯，～咯名字咁黪人。其实虫是并冇得咁黪人，系唔系？虫并唔系几黪人几愁人咯。我看过～。pʰən$^{53}$ʂʅ$^{21}$ tʂʰəŋ$^{13}$tʂʅ$^{21}$xei$^{53}$ua$^{53}$kɔŋ$^{21}$çi$^{21}_{53}$kan$^{21}$ɲia$^{13}$ɲin$^{13}_{21}$ko$^{0}$,pʰən$^{53}$ʂʅ$^{21}$tʂʰəŋ$^{13}$ko$^{0}$ miaŋ$^{13}$sʅ$^{53}$kan$^{21}$ɲia$^{13}$ɲin$^{13}_{21}$.cʰi$^{13}$ʂət$^{5}$ tʂʰəŋ$^{13}$ ʂʅ$^{53}_{44}$pin$^{53}$mau$^{13}$tek$^{3}$ kan$^{21}$ɲia$^{13}$ɲin$^{13}_{21}$,xei$^{53}$me$^{53}$?tʂʰəŋ$^{13}$pin$^{53}$m̩$^{13}$pʰei$^{53}$ci$^{21}$ɲia$^{13}$ɲin$^{13}_{44}$ci$^{21}$tsʰei$^{13}$ɲin$^{13}$ko$^{0}$.ŋai$^{13}$kʰɔn$^{53}$ ko$^{53}_{44}$pʰən$^{53}$ʂʅ$^{21}$tʂʰəŋ$^{13}_{21}$.

【盆盆】pʰən$^{13}$pʰən$^{13}_{44}$ 名盆子：箇只～做倒蛮西式唠。kai$^{53}$tʂak$^{3}$ pʰən$^{13}_{21}$pʰən$^{13}_{44}$tso$^{53}$tau$^{21}$man$^{13}$si$^{35}_{53}$ʂʅ$^{53}$lau$^{0}$.

【盆子】pʰən$^{13}$tsʅ$^{0}$ 名盛放东西或洗涤用的器皿，通常为圆形，口大底小，比盘深：舞只～，装倒个灰。u$^{21}$tʂak$^{3}$ pʰən$^{13}$tsʅ$^{0}$,tʂɔŋ$^{35}$tau$^{21}$ke$^{53}_{21}$fɔi$^{35}$.

【喷臭】pʰən$^{35}$tʂʰəu$^{53}$ 形很臭：～死人 pʰən$^{35}$tʂʰəu$^{53}$si$^{21}$ɲin$^{13}$｜箇茅司茅……开头唔系讲话个茅司屋爱做远兜。箇你话忒近哩是有兜是～嘞。有兜灶下后背就做一只茅司，近就近，嘿嘿，～。kai$^{53}$mau$^{13}$sʅ$^{35}_{53}$mau$^{13}$…kʰɔi$^{35}$tʰei$^{13}_{21}$m̩$^{13}_{21}$pʰei$^{53}$kɔŋ$^{21}$ua$^{53}_{44}$ke$^{53}_{44}$mau$^{13}$sʅ$^{35}_{53}$uk$^{3}$ ɔi$^{53}$tso$^{53}$ien$^{21}$tei$^{35}_{53}$.kai$^{53}_{44}$ɲi$^{13}$ua$^{53}$tʰet$^{3}$ cʰin$^{35}$ ni$^{0}$ ʂʅ$^{53}_{44}$iəu$^{35}$te$^{35}_{53}$ʂʅ$^{53}_{44}$pʰən$^{35}$tʂʰəu$^{53}$le$^{0}$.iəu$^{35}$te$^{35}_{44}$tsau$^{53}$xa$^{53}_{44}$xei$^{53}$pɔi$^{53}_{44}$tsʰiəu$^{53}_{44}$tso$^{53}_{21}$iet$^{3}$ tʂak$^{3}$ mau$^{13}$sʅ$^{35}_{53}$,cʰin$^{35}$tsʰiəu$^{53}$ cʰin$^{35}$,xe$_{44}$xe$_{21}$,pʰən$^{35}$tʂʰəu$^{53}$.

【喷臊】pʰən$^{35}$sau$^{35}$ 形状态词。臊味很重：箇卫生间里𫜂冲得好硬～个。我是箇子楼下箇只卫生间唔知系唔系我赖子总话～话，我鼻都鼻唔倒我，渠总话我系唔系𫜂冲水，我话冲哩咯，我哪到也冲哩哦，晓知让门个。撞怕嘞屙尿个时候子就𫜂多注意嘞，跌倒箇个外背个，就𫜂舀兜子水去冲下子。kai$^{53}_{44}$uei$^{53}$sen$^{35}_{44}$kan$^{35}$ni$^{21}$maŋ$^{13}$tʂʰəŋ$^{35}$tek$^{3}$ xau$^{21}$ɲiaŋ$^{53}_{21}$pʰən$^{35}$sau$^{35}_{44}$ke$^{53}$.ŋai$^{13}$ʂʅ$^{53}_{44}$kai$^{53}$tsʅ$^{0}$ lei$^{13}$xa$^{53}_{44}$kai$^{53}$(tʂ)ak$^{3}$ uei$^{53}$sen$^{35}_{44}$kan$^{35}_{44}$n̩$^{13}$ti$^{35}_{53}$xei$^{53}$mei$^{53}$ŋai$^{13}$lai$^{53}$tsʅ$^{0}$ tsəŋ$^{21}$ua$^{53}$pʰən$^{35}$sau$^{35}$ua$^{53}$,ŋai$^{13}$pʰi$^{53}$təu$^{35}_{44}$pʰi$^{53}$n̩$^{13}_{21}$ tau$^{21}$ŋai$^{13}$,ci$^{13}$tsəŋ$^{21}$ua$^{53}$ŋai$^{13}_{21}$xei$^{53}$mei$^{53}$maŋ$^{13}$tʂʰəŋ$^{35}$ʂei$^{21}$,ŋai$^{13}$ua$^{53}$tʂʰəŋ$^{35}$li$^{0}$ ko$^{0}$,ŋai$^{13}$lai$^{53}$tau$^{53}_{44}$ua$^{35}_{44}$tʂʰəŋ$^{35}$li$^{0}$ o$^{0}$,çiau$^{21}$ti$^{35}_{44}$ɲiɔŋ$^{53}_{44}$mən$^{13}_{44}$ke$^{53}$.tsʰɔŋ$^{21}$pʰa$^{53}_{44}$le$^{0}$ o$^{35}$ɲiau$^{53}$ke$^{53}_{44}$ʂʅ$^{13}_{21}$xei$^{53}$tsʅ$^{0}$ tsʰiəu$^{53}_{44}$maŋ$^{13}$to$^{35}_{44}$tʂʮ$^{53}$i$^{53}$lei$^{0}$,tet$^{3}$ tau$^{21}$kai$^{53}_{44}$ ke$^{53}_{44}$ŋɔi$^{53}$pɔi$^{53}_{44}$ke$^{53}_{21}$,tsʰiəu$^{53}$maŋ$^{13}$iau$^{21}$te$^{35}_{53}$tsʅ$^{0}$ ʂei$^{21}$çi$^{53}_{44}$tʂʰəŋ$^{35}$ŋa$^{53}_{21}$tsʅ$^{0}$.

【喷膻】pʰən$^{35}$ʂen$^{35}$ 形状态词。膻味很重：牛肉哦箇羊肉哦会～，𫜂搞得好就～。ɲiəu$^{13}$ɲiəuk$^{3}$ o$^{0}$ kai$^{53}_{44}$iɔŋ$^{13}$ɲiəuk$^{3}$ o$^{0}$ uɔi$^{53}_{44}$pʰən$^{35}$ʂen$^{35}$,maŋ$^{13}_{21}$kau$^{21}$tek$^{3}$ xau$^{21}$tsiəu$^{53}_{21}$pʰən$^{35}$ʂen$^{35}$.

【喷馊】pʰən$^{35}$sei$^{35}$ 形状态词。馊味很重：箇个菜过哩夜会～。kai$^{53}_{44}$ke$^{53}_{44}$tsʰɔi$^{53}$ko$^{53}$li$^{0}$ ia$^{53}$uɔi$^{53}_{44}$pʰən$^{35}$ sei$^{35}$.

【喷酸】pʰən$^{35}$sɔn$^{35}$ 形状态词。酸气或汗气很重：现饭留久哩会～。çien$^{53}$fan$^{53}$liəu$^{13}$ciəu$^{21}$li$^{0}$ uɔi$^{53}$ pʰən$^{35}$sɔn$^{35}$.｜欸，出哩汗，𫜂换衫，身上会～。e$_{21}$,tʂʰət$^{3}$ li$^{0}$ xɔn$^{53}$,maŋ$^{13}$uɔn$^{53}$san$^{35}$,ʂən$^{35}$xɔŋ$^{53}_{44}$uɔi$^{53}_{44}$ pʰən$^{35}$sɔn$^{35}$.

【喷香】pʰən$^{35}$çiɔŋ$^{35}$ 形状态词。很香：渠搞倒～。ci$^{13}_{21}$kau$^{21}$tau$^{21}$pʰən$^{35}$çiɔŋ$^{35}$.｜椿烟就好食啦，～啊。tʂʰən$^{35}$ien$^{35}_{44}$tsʰiəu$^{53}_{44}$xau$^{21}$ʂət$^{5}$ la$^{0}$,pʰən$^{35}_{44}$çiɔŋ$^{35}_{44}$ŋa$^{0}$.

【喷腥】pʰən$^{35}$siaŋ$^{35}$ 形状态词。很腥：箇起鱼～，系唔系？爱放兜茶油，唔系是唔好食，～个。kai$^{53}$çi$^{21}$ŋ̍$^{13}$pʰəŋ$^{35}$siaŋ$^{35}$,xei$^{53}$me$^{53}$?ɔi$^{53}$fɔŋ$^{53}$te$^{35}_{53}$tsʰa$^{13}$iəu$^{13}_{44}$,m̩$^{13}$pʰei$^{53}$ʂʅ$^{53}_{44}$n̩$^{13}$xau$^{21}$ʂət$^{5}$,pʰən$^{35}$siɔŋ$^{35}$ke$^{0}$.

【烹】pʰən$^{35}$/pʰaŋ$^{35}$ 动烧煮：（勺嫲子）～出来香个啊。pʰən$^{35}$tʂət$^{3}$ lai$^{13}_{21}$çiɔŋ$^{35}_{44}$ke$^{53}_{44}$a$^{0}$.｜箇只就咁子～倒去啊，就潲镬里。kai$^{53}_{21}$tʂak$^{3}$ tsʰiəu$^{53}$kan$^{21}$tsʅ$^{0}$ pʰaŋ$^{35}$tau$^{21}$çi$^{53}_{44}$a$^{0}$,tsʰiəu$^{53}_{44}$sau$^{53}$uɔk$^{5}$li$^{0}$.

【烹滚】pʰaŋ$^{35}$/pʰaŋ$^{53}$kuən$^{21}$ 形温度极热，极烫：～个水pʰaŋ$^{35}$kuən$^{21}$cie$^{53}_{44}$ʂei$^{21}$｜～个汤 pʰaŋ$^{53}$ kuən$^{21}$ke$^{53}$tʰɔŋ$^{35}$

【朋友】pʰəŋ$^{13}$iəu$^{35}$ 名友人的通称。也称"朋友子"：渠正经去箇子同一只～打讲呢。ci$^{13}_{21}$tʂən$^{53}$ cin$^{35}$çi$^{53}$kai$^{53}$tsʅ$^{0}$ tʰəŋ$^{13}$iet$^{3}$ tʂak$^{3}$ pʰəŋ$^{13}$iəu$^{35}$ta$^{21}$kɔŋ$^{21}$ne$^{0}$.｜也就系摎渠公公，摎渠个家爷老子嬲得好个人，欸，箇个～子啊。渠等送（耙子）啊。ia$^{35}$tsʰiəu$^{53}$xe$^{53}_{0}$lau$^{35}$ci$^{13}_{21}$kəŋ$^{35}$kəŋ$^{35}_{44}$,lau$^{35}$ci$^{21}$ke$^{53}_{0}$ka$^{35}$ia$^{13}_{21}$ lau$^{21}$tsʅ$^{0}$ liau$^{53}$tek$^{3}$ xau$^{21}$ke$^{53}$ɲin$^{13}_{21}$,e$_{21}$,kai$^{53}_{44}$ke$^{53}_{44}$pʰəŋ$^{13}$iəu$^{35}$tsa$^{0}$.ci$^{13}_{21}$tien$^{0}$ səŋ$^{53}$ŋa$^{0}$.

【彭眉豆】pʰaŋ$^{13}$mi$^{13}$tʰei$^{53}$ 名扁豆：箇个～是硬系热天正有食个东西咯。反季节蔬菜呀么个都有，箇冬下头呀十二月都有～，但是唔好食以个，反季节蔬菜唔好食。kai$^{53}$ke$^{53}$pʰaŋ$^{13}_{21}$mi$^{13}_{21}$tʰei$^{53}$ ʂʅ$^{53}_{44}$ɲiaŋ$^{53}_{44}$xei$^{53}_{44}$ɲiet$^{5}$ tʰien$^{35}_{44}$tʂaŋ$^{53}_{44}$iəu$^{35}_{44}$ʂət$^{5}$ ke$^{53}_{44}$təŋ$^{35}_{44}$si$^{0}$ ko$^{0}$.fan$^{21}$ci$^{53}$tset$^{3}$ səu$^{35}_{44}$tsʰɔi$^{53}$ia$^{0}$ mak$^{3}$ ke$^{53}$təu$^{35}_{44}$iəu$^{35}$,kai$^{53}_{44}$ təŋ$^{35}$xa$^{53}_{44}$tʰei$^{13}_{21}$ia$^{0}$ ʂət$^{5}_{3}$ɲi$^{53}$ɲiet$^{5}_{3}$təu$^{35}_{53}$iəu$^{35}_{53}$pʰaŋ$^{13}_{21}$mi$^{13}_{21}$tʰei$^{53}$,tan$^{53}$ʂʅ$^{53}$m̩$^{13}_{21}$xau$^{21}$ʂət$^{5}$ i$^{21}$ke$^{53}$,fan$^{21}$ci$^{53}$tset$^{3}$ səu$^{35}_{44}$tsʰɔi$^{53}$n̩$^{13}_{21}$ xau$^{21}$ʂət$^{5}$.

【棚】pʰaŋ$^{13}$ [量]用于纸扎的龙：（外氏）搞～龙来呀。kau$^{21}$ pʰaŋ$^{13}_{21}$liəŋ$^{13}$nɔi$^{13}$ia$^{0}$.｜泻屎龙也冇人打哩。龙都冇多么人打哩噢。如今只有死哩人来话攞～子龙去，去看下子噢，去凑下子兴呶。sia$^{53}$ʂʅ$^{21}$liəŋ$^{13}$ŋa$^{35}_{53}$mau$^{13}_{21}$ɲin$^{13}_{21}$ta$^{21}$li$^{0}$.liəŋ$^{13}$təu$^{35}_{53}$mau$^{13}$to$^{35}_{53}$mak$^{3}$ in$^{13}_{44}$ta$^{21}$li$^{0}$ au$^{0}$ .i$^{13}_{21}$cin$^{35}_{44}$tʂʅ$^{21}$iəu$^{35}_{44}$si$^{21}$li$^{0}$ɲin$^{13}$nɔi$^{13}_{44}$ua$^{53}$ ɲiaŋ$^{13}$pʰaŋ$^{13}_{44}$tsʅ$^{0}$ liəŋ$^{13}$çi$^{53}$,çi$^{53}_{44}$kʰɔn$^{53}$na$^{53}_{44}$tsʅ$^{0}$au$^{0}$,çi$^{53}_{44}$tsʰei$^{53}$ia$^{53}_{44}$tsʅ$^{0}$çin$^{53}$nau$^{0}$.

【蓬$_1$】pʰəŋ$^{13}$ [动]草木丛生：箇个树就总长总高，总长总大，欸，就～煞哩。kai$^{53}_{44}$ke$^{53}_{44}$ʂəu$^{53}$ tsʰiəu$^{53}_{44}$tsəŋ$^{21}$tʂɔŋ$^{21}$tsəŋ$^{21}$kau$^{35}_{44}$,tsəŋ$^{21}$tʂɔŋ$^{21}$tsəŋ$^{21}$tʰai$^{53}$,ei$_{21}$,tsʰiəu$^{53}_{44}$pʰəŋ$^{13}$sait$^{3}$ li$^{0}$.

【蓬$_2$】pʰəŋ$^{13}$ [量]用于丛生的灌木或乔木：箇～铁篱笆 kai$^{53}$ pʰəŋ$^{13}_{44}$tʰiet$^{3}$ li$^{13}_{21}$pa$^{35}$｜一～竹子 iet$^{3}$ pʰəŋ$^{13}$tʂəuk$^{3}$ tsʅ$^{0}$｜一～花 iet$^{3}$ pʰəŋ$^{13}$fa$^{35}$｜一～树 iet$^{3}$ pʰəŋ$^{13}$ʂəu$^{53}$

【膨花】pʰən$^{13}$fa$^{35}$ [名]一种形如棍棒的膨化食品：系安做～吧？咁个棍棍呢，□长一条个棍呢，咁长一条个。细人子就背条棍子食嘞，食起尽味道。xei$^{53}$ɔn$^{35}_{44}$tso$^{53}_{44}$pʰən$^{13}$fa$^{35}$pa$^{0}$?kan$^{21}$cie$^{53}_{44}$kuən$^{53}$ kuən$^{53}$ne$^{0}$,lai$^{35}$tʂʰɔŋ$^{13}_{21}$iet$^{3}$ tʰiau$^{13}$ke$^{53}_{44}$kuən$^{53}_{44}$ne$^{0}$,kan$^{21}$tʂʰɔŋ$^{13}$iet$^{3}$ tʰiau$^{13}_{21}$ke$^{53}$.sei$^{53}$ɲin$^{13}_{21}$tsʅ$^{0}$ tsʰiəu$^{53}_{44}$pi$^{53}$tʰiau$^{13}_{21}$kuən$^{53}$ tsʅ$^{0}$ ʂət$^{5}$ le$^{0}$,ʂət$^{5}$ çi$^{21}_{44}$tsʰin$^{53}$uei$^{53}_{44}$tʰau$^{53}_{44}$.

【捧】pəŋ$^{21}$ [动]两手托着；抱（小孩）：如今欸如今同我箇只孙子样，两岁多子咁大子啊，虽然渠也会犯事，长日惹箇个细人子，比渠大个比渠细个渠都会去惹。但是还系蛮多人还系得人家惜。嗯，蛮多人看下倒就想～渠，看下倒就想～，欸。渠咁大子十分可爱呀。i$^{13}_{21}$cin$^{35}_{53}$e$_{44}$i$^{13}_{21}$ cin$^{35}_{53}$tʰəŋ$^{13}_{21}$ŋai$^{13}$kai$^{53}_{44}$tʂak$^{3}$ sən$^{35}$tsʅ$^{0}$ iɔŋ$^{53}_{44}$,iɔŋ$^{21}$sɔi$^{53}$to$^{35}_{44}$tsʅ$^{0}$kan$^{21}$tʰai$^{53}$tsʅ$^{0}$a$^{0}$,sei$^{35}$vien$^{13}_{21}$ci$^{13}_{21}$ia$^{35}$uɔi$^{53}_{44}$fan$^{53}_{21}$sʅ$^{53}$,tʂʰɔŋ$^{13}$ ɲiet$^{3}$ɲia$^{35}$kai$^{53}_{44}$ke$^{53}_{44}$sei$^{53}$ɲin$^{13}_{21}$tsʅ$^{0}$,pi$^{21}$ci$^{13}_{21}$tʰai$^{53}$ke$^{0}$ pi$^{21}$ci$^{13}_{21}$se$^{53}$ke$^{0}$ ci$^{13}_{21}$təu$^{35}$uɔi$^{53}$çi$^{53}_{44}$ɲia$^{35}$.tan$^{53}$ʂʅ$^{53}$xan$^{13}$xe$^{53}$man$^{13}_{21}$to$^{35}_{44}$ ɲin$^{13}_{21}$xai$^{13}$xei$^{53}$tek$^{3}$ in$^{13}$ka$^{35}_{44}$siak$^{3}$ .n$_{21}$,man$^{13}$to$^{35}_{44}$ɲin$^{13}_{21}$kʰɔn$^{53}$na$^{53}_{44}$tau$^{21}$tsʰiəu$^{53}$siɔŋ$^{21}$pəŋ$^{21}$ci$^{13}_{44}$,kʰɔn$^{53}$xa$^{53}$tau$^{21}_{53}$tsʰiəu$^{53}_{44}$ siɔŋ$^{21}_{13}$pəŋ$^{21}$,e$_{21}$.ci$^{13}_{21}$kan$^{21}_{13}$tʰai$^{53}$tsʅ$^{0}$ ʂət$^{5}$ fən$^{35}_{44}$kʰo$^{21}$ŋai$^{53}$ia$^{0}$.

【捧烛】pʰəŋ$^{21}$tʂəuk$^{3}$ [动]旧时婚俗。一对童男童女捧着蜡烛领着新郎新娘进入洞房：童子～ tʰəŋ$^{13}$tsʅ$^{0}$ pʰəŋ$^{21}$tʂəuk$^{3}$

【碰】pʰəŋ$^{53}$ [动]①触及：渠就～得是箇个剩手个箇映子安做杉㮟。ci$^{13}$tsʰiəu$^{53}_{44}$pʰəŋ$^{53}_{35}$tek$^{3}_{5}$ʂʅ$^{53}_{44}$kai$^{53}_{44}$ke$^{53}_{44}$ tsʰan$^{13}$ʂəu$^{21}$ke$^{53}_{44}$kai$^{53}_{44}$iaŋ$^{53}_{44}$tsʅ$^{0}$ ɔn$^{35}_{44}$tso$^{53}_{44}$sa$^{35}$lek$^{3}$. ②碰见；遇到：～哩鬼 pʰəŋ$^{53}$li$^{0}$ kuei$^{21}$｜听讲过，但是𫠛～过。tʰaŋ$^{35}$kəŋ$^{21}$ko$^{53}$,tan$^{53}_{44}$ʂʅ$^{53}_{44}$maŋ$^{13}_{21}$pʰəŋ$^{53}$ko$^{53}_{21}$.

【碰倒】pʰəŋ$^{53}$tau$^{21}$ [动]遭逢；遇上：又～只咁个问题嘞。iəu$^{53}_{44}$pʰən$^{53}$tau$^{21}$tʂak$^{3}$ kan$^{21}$ke$^{53}_{44}$uən$^{53}$tʰi$^{13}_{44}$lei$^{0}$.｜如果～食物来哩渠指棋盘蛇就也下就唔知几快就去攻击渠。y$^{13}_{21}$ko$^{21}$pʰəŋ$^{53}$tau$^{21}_{44}$ʂət$^{5}$ uk$^{5}$ lɔi$^{13}_{21}$li$^{0}$ ci$^{13}_{21}$ tsʰiəu$^{53}$ia$^{35}$xa$^{53}$tsʰiəu$^{53}_{44}$n$^{13}_{21}$ti$^{35}_{53}$ci$^{21}$kʰuai$^{53}_{44}$tsʰiəu$^{53}_{44}$çi$^{53}_{44}$kəŋ$^{35}$ciet$^{3}$ ci$^{13}_{21}$.

【碰得】pʰəŋ$^{53}$tek$^{3}$ [副]偶尔：我今年下半年都捡系去张家坊，～就会下下子浏阳。ŋai$^{13}_{21}$cin$^{35}_{44}$ ɲien$^{13}_{44}$xa$^{53}$pan$^{53}$ɲien$^{13}_{21}$təu$^{35}_{53}$cien$^{21}$xe$^{53}_{44}$çi$^{53}_{44}$tʂɔŋ$^{35}_{44}$ka$^{35}_{44}$fɔŋ$^{35}$,pʰəŋ$^{53}$tek$^{3}$ tsʰiəu$^{53}_{44}$uɔi$^{53}_{44}$xa$^{53}_{44}$(x)a$^{53}_{44}$tsʅ$^{0}$ liəu$^{13}_{21}$iɔŋ$^{13}_{44}$.

【碰哩鬼】pʰəŋ$^{53}$li$^{0}$ kuei$^{21}$ ①遇鬼了，比喻遇见了不喜欢的人：真滴～哟硬正得，～正得。tʂən$^{35}$net$^{5}$ pʰəŋ$^{53}$li$^{0}$ kuei$^{21}$iau$^{0}$ɲiaŋ$^{53}$tʂaŋ$^{53}$tek$^{3}$,pʰəŋ$^{53}$li$^{0}$ kuei$^{21}$tʂaŋ$^{53}$tek$^{3}$. ②鬼使神差地做错了事：或者做事个时候子，自家考虑不周哇，系唔系？本来都唔得咁子做啊，但是突然唔知让门子个突然想么啊事想事𫠛想得中啊，𫠛想得好，𫠛做得好哇箇事。～正得俺自家，真滴我哎～呀。xɔit$^{5}$ tʂa$^{21}$tso$^{53}$sʅ$^{53}$ke$^{53}_{44}$ʂʅ$^{13}$xəu$^{53}$tsʅ$^{0}$,tsʰʅ$^{13}_{44}$ka$^{35}_{44}$kʰau$^{21}$ly$^{53}_{44}$pət$^{3}$ tʂəu$^{35}$ua$^{0}$,xe$^{53}_{44}$me$^{53}_{44}$?pən$^{21}$lɔi$^{13}$təu$^{35}_{44}$n$^{13}$tek$^{3}$ kan$^{21}$tsʅ$^{0}$ tso$^{53}$a$^{0}$,tan$^{53}_{44}$ʂʅ$^{53}_{44}$tʰəuk$^{5}$ vien$^{13}_{21}$n$^{13}_{21}$ti$^{35}_{44}$niɔŋ$^{53}$mən$^{0}$ tsʅ$^{0}$ ke$^{53}_{44}$tʰəuk$^{5}$ vien$^{13}_{21}$siɔŋ$^{21}$mak$^{3}$ a$^{0}$ sʅ$^{53}_{44}$siɔŋ$^{21}$sʅ$^{53}$maŋ$^{13}$siɔŋ$^{21}$tek$^{3}$ tʂəŋ$^{53}$ŋa$^{0}$,maŋ$^{13}$siɔŋ$^{21}$tek$^{3}$ xau$^{21}$,maŋ$^{13}$tso$^{53}$tek$^{3}$ xau$^{21}$ua$^{0}$ kai$^{53}_{44}$sʅ$^{53}_{44}$.pʰəŋ$^{53}$li$^{0}$ kuei$^{21}$tʂaŋ$^{53}$tek$^{3}$ an$^{21}$tsʰʅ$^{35}_{44}$ka$^{35}_{44}$,tʂən$^{35}$ tet$^{5}$ ŋai$^{13}_{21}$ai$^{0}$ pʰəŋ$^{53}$li$^{0}$ kuei$^{21}$ia$^{0}$.

【批$_1$】pʰi$^{35}$ [动]租住（房子）：～屋 pʰi$^{35}$uk$^{3}$

【批$_2$】pʰi$^{35}$ [量]用于大宗的货物或数量众多的事物：一～货 iet$^{3}$ pʰi$^{35}$fo$^{53}$

【披麻戴孝】pʰi$^{35}$ma$^{13}_{21}$tai$^{53}_{44}$xau$^{53}$ 长辈去世，子孙身披麻布服，头上戴白，表示哀悼：如果系赖子新舅，箇就爱麻衣。欸，～哇，麻衣。y$^{13}$ko$^{21}$xe$^{53}_{44}$lai$^{53}$tsʅ$^{0}$ sin$^{35}$cʰiəu$^{35}$,kai$^{53}_{44}$tsʰiəu$^{53}_{44}$ɔi$^{53}_{44}$ma$^{13}$i$^{35}_{44}$.e$_{21}$,pʰi$^{35}_{44}$ ma$^{13}$tai$^{53}$xau$^{53}$ua$^{0}$,ma$^{13}$i$^{35}_{44}$.

【披厦】pʰi$^{35}$sa$^{21}$ [名]在正房侧面依墙搭建的屋顶向外侧倾斜的房屋。也称“披厦子”：～安做。搭只～子。pʰi$^{35}$sa$^{21}$ɔn$^{35}$tso$^{53}_{44}$.tait$^{3}$ tʂak$^{3}$ pʰi$^{35}$sa$^{21}$tsʅ$^{0}$.◇《醒世姻缘传》第三五回：“他把侯小槐的一堵界墙作了自己的，后面盖了五间～。”黄侃《蕲春语》：“吾乡谓於正室旁依墙作屋，斜而下，其外更无壁者，曰～。”

【披子】pʰi$^{35}$tsʅ$^{0}$ [名]包裹幼儿以便背负的小四方被：～，背带，从前是硬爱欸生哩细人子是当姐婆个姐公姐婆个是就爱置～背带呀，摇篮坐枷，欸。～背带，摇篮坐枷啦，欸。pʰi$^{35}$

P

tsɿ$^{0}$,pi$^{53}$tai$^{53}_{44}$,ts$^{h}$əŋ$^{13}$ts$^{h}$ien$^{13}$ʂʅ$^{53}_{44}$ȵiaŋ$^{53}$ɔi$^{53}_{44}$e$_{21}$saŋ$^{35}$li$^{0}$ se$^{53}$ȵin$^{13}_{44}$tsɿ$^{0}$ ʂʅ$^{53}_{44}$təŋ$^{35}$tsia$^{21}$p$^{h}$o$^{13}$ke$^{53}$tsia$^{21}$kəŋ$^{35}_{44}$tsia$^{21}$p$^{h}$o$^{13}$ke$^{53}$ʂʅ$^{53}_{44}$ts$^{h}$iəu$^{53}_{21}$ɔi$^{53}_{44}$tʂʅ$^{53}$p$^{h}$i$^{35}$tsɿ$^{0}$ pi$^{53}$tai$^{53}$ia$^{0}$,iau$^{13}$lan$^{13}$ts$^{h}$o$^{35}$ka$^{35}_{44}$,e$_{21}$.p$^{h}$i$^{35}$tsɿ$^{0}$ pi$^{53}$tai$^{53}$,iau$^{13}$lan$^{13}$ts$^{h}$o$^{35}$ka$^{35}_{44}$la$^{0}$,e$_{21}$.

【砒霜】p$^{h}$ai$^{35}$/p$^{h}$i$^{35}$sɔŋ$^{35}$ 名 三氧化二砷的俗称，性毒：～是一种毒药，我等人……药店里有吧，系唔系？我等𫗦用过，用是硬𫗦用过，怕，听倒都怕，箇东西会痨人个，食哩会死人。～，有兜人话～嘞。p$^{h}$i$^{35}$sɔŋ$^{35}_{44}$ʂʅ$^{53}_{44}$iet$^{3}$ tʂən$^{21}$t$^{h}$əuk$^{5}$ iɔk$^{5}$,ŋai$^{13}_{21}$tien$^{0}$ȵin$^{13}_{21}$…iɔk$^{5}$ tian$^{53}$li$^{21}$iəu$^{35}$pa$^{0}$,xei$^{53}$me$^{53}$?ŋai$^{13}$tien$^{0}$maŋ$^{13}$iəŋ$^{53}$ko$^{53}$,iəŋ$^{53}$ʂʅ$^{53}_{44}$ȵiaŋ$^{53}_{44}$maŋ$^{13}$iəŋ$^{53}$ko$^{53}$,p$^{h}$a$^{53}$,t$^{h}$aŋ$^{35}$tau$^{21}$təu$^{35}_{44}$p$^{h}$a$^{53}$,kai$^{53}_{21}$(t)əŋ$^{35}_{44}$si$^{0}$ uɔi$^{53}_{44}$lau$^{53}$ȵin$^{13}$cie$^{53}$,ʂət$^{5}$ li$^{0}$ uɔi$^{53}$si$^{21}$ȵin$^{13}$.p$^{h}$i$^{35}$saŋ$^{35}_{44}$,iəu$^{35}$tei$^{35}_{53}$in$^{13}_{44}$ua$^{53}_{44}$p$^{h}$ai$^{35}$sɔŋ$^{35}$lei$^{0}$.

【劈】p$^{h}$iak$^{3}$ 动 ①用刀斧或强力破开，砍削：我记得我等细细子啊有只姑爷，欸，比我更大，渠年纪比我更大咯。我记得我等两子爷都～唔开个柴，我姑爷正月头来我箇映嫐哇，系唔系？渠就真有劲呐，几下工夫，一□柴下分渠～嘿哩，我等两子爷都～唔开个渠就～嘿哩。真有劲。ŋai$^{13}$ci$^{53}$tek$^{3}$ ŋai$^{13}$tien$^{0}$ se$^{53}$se$^{53}$tsɿ$^{0}$ a$^{0}$ iəu$^{35}$tʂak$^{3}$ ku$^{35}$ia$^{13}_{21}$,e$_{21}$,pi$^{21}$ŋai$^{13}$cien$^{53}_{44}$t$^{h}$ai$^{53}$,ci$^{13}_{21}$ȵien$^{13}$ci$^{21}$pi$^{21}$ŋai$^{13}$cien$^{53}_{44}$t$^{h}$ai$^{53}$ko$^{0}$.ŋai$^{13}$ci$^{53}$tek$^{3}$ ŋai$^{13}$tien$^{0}$ iɔŋ$^{21}$tsɿ$^{21}$ia$^{13}$təu$^{35}_{53}$p$^{h}$iak$^{3}$ n̩$^{13}_{21}$k$^{h}$ɔi$^{35}_{44}$ke$^{53}$ts$^{h}$ai$^{13}$,ŋai$^{13}_{21}$ku$^{35}$ia$^{13}_{21}$tʂaŋ$^{35}_{44}$ȵiet$^{5}$ t$^{h}$ei$^{13}_{21}$lɔi$^{13}_{21}$ŋai$^{13}$kai$^{53}_{44}$iaŋ$^{53}_{44}$liau$^{53}$ua$^{0}$,xei$^{53}$me$^{53}$?ci$^{13}$ts$^{h}$iəu$^{53}_{44}$tʂən$^{35}_{44}$iəu$^{35}_{44}$cin$^{53}$na$^{0}$,ci$^{21}$xa$^{53}_{44}$kəŋ$^{35}_{44}$fu$^{35}$,iet$^{3}$ tsiau$^{35}$ts$^{h}$ai$^{13}_{21}$xa$^{53}$pən$^{35}_{53}$ci$^{13}_{44}$p$^{h}$iak$^{3}$ xek$^{3}$ li$^{0}$,ŋai$^{13}$tien$^{0}$ iɔŋ$^{21}$tsɿ$^{21}$ia$^{13}$təu$^{35}_{53}$p$^{h}$iak$^{3}$ n̩$^{13}_{21}$k$^{h}$ɔi$^{35}$ke$^{53}$ci$^{13}$ts$^{h}$iəu$^{53}$p$^{h}$iak$^{3}$ (x)ek$^{3}$ li$^{0}$.tʂən$^{35}$iəu$^{35}_{44}$cin$^{53}$. ②雷电击坏或击毙：雷公～哩。li$^{13}$kəŋ$^{35}$p$^{h}$iak$^{3}$ li$^{0}$.

【劈柴】p$^{h}$iak$^{3}$ ts$^{h}$ai$^{13}$ 名 用斧子等工具把短原木劈成的块状木柴：还有起就～，箇就一大筒个树劈开来个～。xai$^{13}_{21}$iəu$^{35}_{53}$çi$^{21}_{44}$tsiəu$^{53}$p$^{h}$iak$^{3}$ ts$^{h}$ai$^{13}$,kai$^{53}_{44}$ts$^{h}$iəu$^{53}_{44}$iet$^{3}$ t$^{h}$ai$^{53}$t$^{h}$əŋ$^{13}$ke$^{53}_{44}$ʂəu$^{53}$p$^{h}$iak$^{3}$ k$^{h}$ɔi$^{35}$lɔi$^{13}_{21}$ke$^{0}$ p$^{h}$iak$^{3}$ ts$^{h}$ai$^{13}$.

【劈柴斧】p$^{h}$iak$^{3}$ ts$^{h}$ai$^{13}$pu$^{21}$ 名 专门用来劈柴的斧头：欸，还有起～，劈柴个。冇得利，～就唔利个。e$_{21}$,xai$^{13}_{21}$iəu$^{35}$çi$^{21}$p$^{h}$iak$^{3}$ ts$^{h}$ai$^{13}$pu$^{21}$,p$^{h}$iak$^{3}$ ts$^{h}$ai$^{13}$ke$^{53}$.mau$^{13}_{21}$tek$^{3}$ li$^{53}$,p$^{h}$iak$^{3}$ ts$^{h}$ai$^{13}$pu$^{21}$ts$^{h}$iəu$^{53}$n̩$^{13}$li$^{53}$ke$^{53}$.

【皮$_{1}$】p$^{h}$i$^{13}$ 名 ①动植物外表的一层组织：猪肉个～上有毛哇。tʂəu$^{35}$ȵiəuk$^{3}$ ke$^{53}_{44}$p$^{h}$i$^{13}$xɔŋ$^{53}_{44}$iəu$^{35}$mau$^{35}$ua$^{0}$.｜箇个苦楝树，因为苦楝～可以做药，真多人去剥。你硬除哩从头剥到人咁高哇，全部剥净渠正冇事死欸正死嘿哩。一般个渠硬唔怕你剥。kai$^{53}_{44}$ke$^{53}_{44}$fu$^{21}$lien$^{53}$ʂəu$^{53}$,in$^{35}$uei$^{53}_{44}$fu$^{21}$lien$^{53}$p$^{h}$i$^{13}$k$^{h}$o$^{21}$i$^{35}_{44}$tso$^{53}_{44}$iɔk$^{5}$,tʂən$^{35}$to$^{35}_{44}$ȵin$^{13}_{21}$c$^{h}$i$^{53}$pɔk$^{3}$. ȵi$^{13}$ȵiaŋ$^{53}$tʂ$^{h}$əu$^{13}_{21}$li$^{0}$ ts$^{h}$əŋ$^{13}$t$^{h}$ei$^{13}$pɔk$^{3}$ tau$^{53}$ȵin$^{13}$kan$^{21}$kau$^{35}_{44}$ua$^{0}$,ts$^{h}$ien$^{13}_{21}$p$^{h}$u$^{53}$pɔk$^{3}$ ts$^{h}$iaŋ$^{53}$ci$^{13}_{21}$tʂaŋ$^{53}$mau$^{13}_{21}$sɿ$^{53}$si$^{21}$e$^{0}$ tʂaŋ$^{53}$si$^{21}$xek$^{3}$ li$^{0}$.iet$^{3}$ pən$^{35}$ke$^{53}$ci$^{13}$ȵiaŋ$^{53}$m̩$^{13}$p$^{h}$a$^{53}$ȵi$^{13}_{21}$pɔk$^{3}$. ②泛指包在物体外面的一层东西：𥬠$_{擀}$皮子唠安做唠。𥬠饺子～哟。tʂ$^{h}$ɔn$^{53}$p$^{h}$i$^{13}$tsɿ$^{0}$ lau$^{0}$ ɔn$^{35}_{44}$tso$^{53}$lau$^{0}$.tʂ$^{h}$ɔn$^{53}$ciau$^{21}$tsɿ$^{0}$ p$^{h}$i$^{13}$iau$^{0}$. ③皮革：（屐鞋）底子用皮子做个。～做个。te$^{21}$tsɿ$^{0}$ iəŋ$^{53}$p$^{h}$i$^{13}$tsɿ$^{0}$ tso$^{53}_{44}$ke$^{53}_{44}$.p$^{h}$i$^{13}$tso$^{53}$ke$^{53}_{44}$.

【皮$_{2}$】p$^{h}$i$^{13}$ 量 ①用于薄片状的东西：一～菜叶 iet$^{3}$ p$^{h}$i$^{13}$ts$^{h}$ɔi$^{53}$iait$^{5}$｜几～烟咁子缔下倒。ci$^{21}$p$^{h}$i$^{13}$ien$^{35}_{44}$kan$^{21}$tsɿ$^{0}$ t$^{h}$ak$^{3}$ (x)a$^{53}$tau$^{21}$.｜（风车叶子）箇就一～～子个。kai$^{53}_{44}$ts$^{h}$iəu$^{53}_{44}$iet$^{3}$ p$^{h}$i$^{13}$p$^{h}$i$^{13}$tsɿ$^{0}$ ke$^{53}$.｜分～手巾呢一缔缔下箇个顿铲把个顶高。pən$^{35}$p$^{h}$i$^{13}_{21}$ʂəu$^{21}$cin$^{35}_{44}$nei$^{0}$ iet$^{3}$ t$^{h}$ak$^{3}$ t$^{h}$ak$^{3}$ (x)a$^{53}$kai$^{53}$kei$^{53}_{44}$tən$^{53}$ts$^{h}$an$^{21}$pa$^{53}$ke$^{53}_{44}$taŋ$^{21}$kau$^{35}_{44}$. ②用于门：以后背，以映就应该有两～门，系唔系？两～大门。i$^{21}$xei$^{53}$pɔi$^{53}_{44}$,iaŋ$_{35}$(←i$^{21}$iaŋ$^{53}$)ts$^{h}$iəu$^{53}_{44}$in$^{35}_{44}$kɔi$^{35}_{44}$iəu$^{35}_{44}$iɔŋ$^{21}$p$^{h}$i$^{13}$mən$^{13}$,xei$^{53}_{44}$me$^{53}$?iɔŋ$^{21}$p$^{h}$i$^{13}$t$^{h}$ai$^{53}$mən$^{13}$. ③用于长条状的东西：以～跳哇，就砌嘿墙肚里去。i$^{21}$p$^{h}$i$^{13}$t$^{h}$iau$^{53}$ua$^{0}$,ts$^{h}$iəu$^{53}_{44}$ts$^{h}$i$^{53}$xek$^{3}$ ts$^{h}$iɔŋ$^{13}$təu$^{21}$li$^{0}$ çi$^{53}_{44}$. ④用于渔网：一～网 iet$^{3}$ p$^{h}$i$^{13}_{44}$mɔŋ$^{21}$

【皮$_{3}$】p$^{h}$i$^{13}$ 动 加工制作（皮蛋）：我等以个客家人呐，蛮多人喜欢自家屋下去～饽饽。自家饽饽食唔赢，就去～倒食，～饽饽。以前是么个唠，冇得冰箱啊，系啊？你唔～倒就会坏嘿哩。ŋai$^{13}$tien$^{0}$ i$^{21}$ke$^{53}_{44}$k$^{h}$ak$^{3}$ ka$^{35}_{44}$ȵin$^{13}_{21}$na$^{0}$,man$^{13}$to$^{35}_{53}$ȵin$^{13}_{21}$çi$^{21}$fɔn$^{35}_{44}$ts$^{h}$ɿ$^{35}$ka$^{35}_{44}$uk$^{3}$ xa$^{53}$çi$^{53}$p$^{h}$i$^{13}$pɔk$^{5}$ pɔk$^{5}$.ts$^{h}$ɿ$^{35}$ka$^{35}_{44}$pɔk$^{5}$ pɔk$^{5}$ ʂət$^{5}$ n̩$^{13}_{21}$iaŋ$^{13}$,ts$^{h}$iəu$^{53}$çi$^{53}$p$^{h}$i$^{13}$tau$^{21}$ʂət$^{5}$,p$^{h}$i$^{13}$pɔk$^{5}$ pɔk$^{5}$.i$^{35}_{53}$ts$^{h}$ien$^{13}_{21}$ʂʅ$^{53}_{44}$mak$^{3}$ e$^{0}$ lau$^{0}$,mau$^{13}_{21}$tek$^{3}$ pin$^{35}$siɔŋ$^{35}_{44}$ŋa$^{0}$,xei$^{53}_{44}$a$^{0}$?ȵi$^{13}_{21}$n̩$^{13}_{21}$p$^{h}$i$^{13}$tau$^{21}_{44}$ts$^{h}$iəu$^{53}_{44}$uɔi$^{53}_{44}$fai$^{53}$xek$^{3}$ li$^{0}$.

【皮包骨】p$^{h}$i$^{13}_{21}$pau$^{35}_{44}$kuət$^{3}$ 形容很瘦：瘦起～ sei$^{53}$çi$^{21}$p$^{h}$i$^{13}_{21}$pau$^{35}_{44}$kuət$^{3}$

【皮饽饽】p$^{h}$i$^{13}$pɔk$^{5}$ pɔk$^{5}$ 名 皮蛋的俗称：～就唔爱蒸渠就。p$^{h}$i$^{13}$pɔk$^{5}$ pɔk$^{5}$ ts$^{h}$iəu$^{53}$m̩$^{13}_{21}$mɔi$^{53}_{44}$tʂən$^{35}_{44}$ci$^{13}_{21}$ts$^{h}$iəu$^{53}$.

【皮尺】p$^{h}$i$^{13}$tʂ$^{h}$ak$^{3}$ 名 用漆布、塑料等做的卷尺：我等最早去哪映子看哩系～嘞？就系裁缝师傅个～。以下落尾嘞就去学堂里读书，看倒箇体育老师用个～。以下是就有～了唠。ŋai$^{13}$tien$^{0}$ tsei$^{53}$tsau$^{21}$çi$^{53}$lai$^{53}$iaŋ$^{53}$tsɿ$^{0}$ k$^{h}$ɔn$^{53}$ni$^{0}$ xei$^{53}_{44}$p$^{h}$i$^{13}$tʂ$^{h}$ak$^{3}$ lei$^{0}$?ts$^{h}$iəu$^{53}$xei$^{53}$ts$^{h}$ai$^{13}_{21}$fəŋ$^{13}_{44}$sɿ$^{35}_{53}$fu$^{53}$kei$^{53}$p$^{h}$i$^{13}$tʂ$^{h}$ak$^{3}$.i$^{21}$xa$^{53}_{44}$lɔk$^{5}$ mi$^{35}_{44}$lei$^{0}$ ts$^{h}$iəu$^{53}_{44}$çi$^{53}_{44}$xɔk$^{5}$ t$^{h}$ɔŋ$^{13}_{21}$li$^{21}$t$^{h}$əuk$^{5}$ ʂəu$^{35}$,k$^{h}$ɔn$^{53}$tau$^{21}$kai$^{53}$t$^{h}$i$^{21}$iəuk$^{3}$ lau$^{21}$sɿ$^{35}_{53}$iəŋ$^{53}$kei$^{53}_{21}$p$^{h}$i$^{13}$tʂ$^{h}$ak$^{3}$.i$^{21}$xa$^{53}$ʂʅ$^{53}_{44}$ts$^{h}$iəu$^{53}$iəu$^{35}_{53}$p$^{h}$i$^{13}$tʂ$^{h}$ak$^{3}$ liau$^{21}$lau$^{0}$.

【皮带】pʰi$^{13}$tai$^{53}$ [名]腰带，多用皮革制成的：（便裤）以映冇得～个。i$^{21}$iaŋ$^{53}$mau$^{13}$tek$^{3}$ pʰi$^{13}$tai$^{53}_{44}$ke$^{53}_{44}$. ｜今晡我都就嫧羁～哟。cin$^{35}$pu$^{35}_{53}$ŋai$^{13}_{21}$təu$^{35}_{53}$tsʰiəu$^{53}$maŋ$^{13}_{21}$cie$^{35}_{44}$pʰi$^{13}_{21}$tai$^{53}_{44}$io$^{0}$.

【皮箍子】pʰi$^{13}$ku$^{35}$tsɿ$^{0}$ [名]一种用橡胶与乳胶做成的短圈，一般用来把东西绑在一起，又称"橡皮筋"：讲法就老人家就讲～唠，后生人就讲橡皮筋呶。kɔŋ$^{21}$fait$^{3}$ tsʰiəu$^{53}_{44}$lau$^{21}$ɲin$^{13}$ka$^{35}_{44}$tsʰiəu$^{53}_{44}$ kɔŋ$^{21}$pʰi$^{13}$ku$^{35}_{44}$tsɿ$^{0}$ lau$^{0}$,xei$^{53}$saŋ$^{35}_{44}$ɲin$^{13}_{21}$tsʰiəu$^{53}_{44}$kɔŋ$^{21}$siɔŋ$^{53}$pʰi$^{13}_{21}$cin$^{35}$nau$^{0}$.

【皮篓子】pʰi$^{13}$lei$^{21}$tsɿ$^{0}$ [名]用扁篾编成的篓子，有盖子：皮箩摎～个区别，欸先讲～。～嘞系片篾，欸片篾啊，做个。渠更轻快。欸，四四方方，方个，一直都系方个舞下上。欸篾子也唔知几薄。箇只口嘞，也系方个。口上嘞用篾，细，点伢大子个篾丝子去缠，缠倒，韧软子。同时嘞，～还有只盖。箇盖嘞，蛮重子，□下去。pʰi$^{13}$lo$^{13}$lau$^{35}$pʰi$^{13}$lei$^{21}$tsɿ$^{0}$ ke$^{53}_{44}$tʂʰʅ$^{35}$pʰiek$^{5}_{3}$,e$_{44}$ sien$^{35}$kɔŋ$^{21}$pʰi$^{13}$lei$^{21}$tsɿ$^{0}$.pʰi$^{13}$lei$^{21}$tsɿ$^{0}$ lei$^{0}$ xei$^{53}$pʰien$^{21}$miet$^{5}$,e$_{21}$pʰien$^{21}$miet$^{5}$ a$^{0}$,tso$^{53}$ke$^{53}_{44}$.ci$^{13}$cien$^{53}$cʰiaŋ$^{35}$ kʰuai$^{53}$.e$^{21}$,si$^{53}$si$^{53}$fɔŋ$^{35}$fɔŋ$^{35}$,fɔŋ$^{35}$ke$^{53}_{44}$,iet$^{3}$ tʂʰət$^{5}$ təu$^{35}_{44}$xe$^{53}_{44}$fɔŋ$^{35}$ke$^{53}_{44}$u$^{21}$(x)a$^{53}_{44}$ʂɔŋ$^{35}$.e$_{21}$miet$^{5}$ tsɿ$^{0}$ ia$^{35}$n̩$^{13}$ti$^{35}_{44}$ci$^{21}$ pʰɔk$^{5}$.kai$^{53}$tʂak$^{3}$ xei$^{21}$lei$^{0}$,ia$^{35}$xe$^{53}_{44}$fɔŋ$^{35}$ke$^{53}_{44}$.xei$^{53}$xɔŋ$^{53}$lei$^{0}$ iəŋ$^{53}$miet$^{5}$,se$^{53}$,tian$^{53}$ŋa$^{13}_{44}$tʰai$^{53}$tsɿ$^{0}$ ke$^{53}_{44}$miet$^{5}$ sɿ$^{35}_{44}$tsɿ$^{0}$ çi$^{53}_{44}$ tʂʰen$^{13}$,tʂʰen$^{13}$tau$^{21}$, ɲin$^{53}$ɲiɔn$^{35}$tsɿ$^{0}$.tʰəŋ$^{13}$ʂʅ$^{13}$lei$^{0}$,pʰi$^{13}$lei$^{21}$tsɿ$^{0}$ xai$^{13}$iəu$^{35}$tʂak$^{3}$ kɔi$^{53}$.kai$^{53}_{44}$kɔi$^{53}$lei$^{0}$,man$^{13}$tʂʰəŋ$^{35}$ tsɿ$^{0}$,cʰiet$^{3}$(x)a$^{53}_{44}$çi$^{53}$.

【皮箩】pʰi$^{13}$lo$^{13}$ [名]用扁篾编成的箩：～就系用扁篾编个，扁篾做个，系唔系啊？～。外背南乡师傅……箇落尾搞集体个七几年唔系南乡师傅来就尽打个～？我等听得都一下子打五十担～。用箇个噢，用角撮料咁子打个噢，～，系～。pʰi$^{13}$lo$^{13}$tsʰiəu$^{53}$xei$^{53}$iəŋ$^{53}$pien$^{21}$met$^{5}$ pien$^{35}_{21}$ ke$^{53}_{44}$,pien$^{21}$met$^{5}$ tso$^{53}$ke$^{53}_{44}$,xei$^{53}_{44}$me$^{53}$a$^{0}$?pʰi$^{13}$lo$^{13}_{21}$.ŋɔi$^{53}$pɔi$^{53}$lan$^{13}$çiɔŋ$^{35}_{44}$sɿ$^{35}_{44}$f…kai$^{53}$lɔk$^{5}$ mi$^{35}_{44}$kau$^{21}$tsʰiet$^{5}$ tʰi$^{21}$ke$^{53}_{44}$ tsʰiet$^{3}$ ci$^{21}$ɲien$^{13}$m̩$^{13}_{21}$pʰe$^{53}_{44}$lan$^{13}$çiɔŋ$^{35}_{44}$sɿ$^{35}_{44}$fu$^{53}_{44}$lɔi$^{13}_{21}$tsʰiəu$^{53}_{44}$tsʰin$^{53}$ta$^{21}$ke$^{53}_{44}$pʰi$^{13}$lo$^{13}$?ŋai$^{13}$tien$^{0}$ tʰin$^{35}_{44}$tek$^{3}$ təu$^{35}_{44}$iet$^{3}$ xa$^{53}$ tsɿ$^{0}$ ta$^{21}$ŋ̍$^{21}$ʂət$^{5}$ tan$^{53}_{44}$pʰi$^{13}$lo$^{13}_{21}$.iəŋ$^{53}_{44}$kai$^{53}_{44}$ke$^{53}_{44}$au$^{0}$,iəŋ$^{53}_{44}$kɔk$^{3}$ tsʰait$^{3}$ liau$^{53}$kan$^{21}_{44}$tsɿ$^{0}$ ta$^{21}$ke$^{53}_{44}$au$^{0}$,pʰi$^{13}$lo$^{13}$,xe$^{53}$pʰi$^{13}$lo$^{13}$.

【皮袍】pʰi$^{13}$pʰau$^{13}$ [名]皮袄：箇是真暖呐～就啦。用皮子，动物个皮子做个袍子，一般是黄鼠狼皮子，黄老鼠皮子啊。kai$^{53}$ʂʅ$^{53}_{44}$tʂən$^{35}$nɔn$^{35}$na$^{0}$ pʰi$^{13}$pʰau$^{13}$tsʰiəu$^{53}$la$^{0}$.iəŋ$^{53}$pʰi$^{13}$tsɿ$^{0}$,tʰəŋ$^{53}$uk$^{5}$ ke$^{0}$ pʰi$^{13}$tsɿ$^{0}$ tso$^{53}$ke$^{53}$pʰau$^{13}_{21}$tsɿ$^{0}$,iet$^{3}$ pɔn$^{35}$ʂʅ$^{53}$uɔŋ$^{13}_{44}$tʂʰəu$^{21}$lɔŋ$^{13}$pʰi$^{13}$tsɿ$^{0}$,uɔŋ$^{13}$lau$^{21}_{44}$tʂʰəu$^{21}$pʰi$^{13}$tsɿ$^{0}$ a$^{0}$.

【皮皮】pʰi$^{13}$pʰi$^{13}$ [名]表皮或包在外面的一层东西：有层～样个嘞。iəu$^{35}_{53}$tsʰien$^{13}_{21}$pʰi$^{13}$pʰi$^{13}$iɔŋ$^{53}_{44}$ke$^{53}_{44}$ lei$^{0}$. ｜羊眼豆是渠箇只豆个～尽像羊眼。iɔŋ$^{13}$ŋan$^{21}$tʰəu$^{53}$ʂʅ$^{53}_{44}$ci$^{13}_{44}$kai$^{53}$tʂak$^{3}$ tʰəu$^{53}$ke$^{53}_{44}$pʰi$^{13}$pʰi$^{13}$tsʰin$^{53}$ tsʰiɔŋ$^{53}$iɔŋ$^{13}$ŋan$^{21}$.

【皮箱】pʰi$^{13}$siɔŋ$^{35}$ [名]皮革制的箱子，也用作箱子的统称：总个来讲安做～啊。我等都安做渠～啊。装衫裤哇，装书哇，装零碎呀。安做～啊。统称就系～。其实有滴就木木树做个木箱子。tsəŋ$^{21}$ke$^{53}$lɔi$^{13}_{21}$kɔŋ$^{21}$ɔn$^{35}_{44}$tso$^{53}_{44}$pʰi$^{13}$siɔŋ$^{35}$ŋa$^{0}$.ŋai$^{13}_{21}$tien$^{0}$ təu$^{35}_{44}$ɔn$^{35}_{44}$tso$^{53}_{44}$ci$^{13}_{21}$pʰi$^{13}$siɔŋ$^{35}$ŋa$^{0}$.tʂɔŋ$^{35}$san$^{35}$fu$^{53}$ ua$^{0}$,tʂɔŋ$^{35}$ʂəu$^{35}$ua$^{0}$,tʂɔŋ$^{35}$laŋ$^{13}$si$^{53}$ia$^{0}$.ɔn$^{35}_{44}$tso$^{53}_{44}$pʰi$^{13}$siɔŋ$^{35}_{44}$ŋa$^{0}$.tʰəŋ$^{21}$tʂʰən$^{35}_{44}$tsiəu$^{53}_{44}$xe$^{53}_{44}$pʰi$^{13}$siɔŋ$^{35}_{44}$.cʰi$^{13}_{21}$ʂət$^{5}_{3}$ iəu$^{35}_{44}$tet$^{5}_{3}$ tsʰiəu$^{53}_{44}$muk$^{3}$ muk$^{3}$ ʂəu$^{53}$tso$^{53}_{44}$ke$^{53}_{44}$muk$^{3}$ siɔŋ$^{35}$tsɿ$^{0}$.

【皮鞋】pʰi$^{13}$xai$^{13}$ [名]用皮革等做成的鞋：以前个人是冇得～着啊。我记得我爷子箇阵子有双～，欸，落尾过苦日子了，对做两十斤米食嘿哩啰。以双～欸保哩命哦。i$^{35}_{53}$tsʰien$^{13}$ke$^{53}$ɲin$^{13}_{44}$ʂʅ$^{53}_{44}$mau$^{13}$ tek$^{3}$ pʰi$^{13}$xai$^{13}_{44}$tʂɔk$^{3}$ a$^{0}$.ŋai$^{13}$ci$^{53}$tek$^{3}$ ŋai$^{13}_{21}$ia$^{13}$tsɿ$^{0}$ kai$^{53}$tʂʰən$^{53}$tsɿ$^{0}$ iəu$^{35}$səŋ$^{35}_{44}$pʰi$^{13}$xai$^{13}_{21}$,e$_{21}$,lɔk$^{5}$ mi$^{35}_{44}$ko$^{53}$kʰu$^{21}$ɲiet$^{3}$ tsɿ$^{0}$ liau$^{0}$,ti$^{53}$tso$^{53}$iɔŋ$^{21}$ʂət$^{5}$ cin$^{35}_{44}$mi$^{21}$ʂət$^{5}$(x)ek$^{3}$ li$^{0}$ lo$^{0}$.i$^{21}_{44}$səŋ$^{35}_{44}$pʰi$^{13}_{21}$xai$^{13}_{21}$e$_{21}$pau$^{21}$li$^{0}$ miaŋ$^{53}$ŋo$^{0}$.

【皮槠荚】pʰi$^{13}$tʂəu$^{35}$kait$^{3}$ [名]皂角果，又称"皮槠荚子"。也代指皂角树：唔系话最早就有～欸。～呀，最早是用箇～做肥皂哇。～，箇晡讲哩嘛，我话，我话我我箇个啊，我话我细细子斫一条～树哇，惹渠等骂尽哩命啊。皂荚欸。安做～。m̩$^{13}_{21}$pʰe$_{44}$(←xe$^{53}$)ua$^{53}_{44}$tsei$^{53}$tsau$^{21}$tsiəu$^{53}_{44}$ iəu$^{35}_{44}$pʰi$^{13}_{21}$tʂəu$^{35}_{53}$kait$^{3}$ ie$^{0}$.pʰi$^{13}$tʂəu$^{35}_{44}$kait$^{3}$ ia$^{0}$,tsei$^{53}$tsau$^{21}$ʂʅ$^{53}_{44}$iəŋ$^{53}_{44}$kai$^{53}_{44}$pʰi$^{13}$tʂəu$^{35}_{44}$kait$^{3}$ tso$^{53}$fei$^{13}$tsʰau$^{53}$ua$^{0}$.pʰi$^{13}$ tʂəu$^{35}$kait$^{3}$,kai$^{53}_{44}$pu$^{35}$kɔŋ$^{21}$li$^{0}$ ma$^{0}$,ŋai$^{13}$ua$^{53}$,ŋai$^{13}$ua$^{53}$ŋai$^{13}_{21}$ŋai$^{13}$kai$^{53}$cie$^{53}_{44}$a$^{0}$,ŋai$^{13}$ua$^{53}$ŋai$^{13}$se$^{53}$se$^{53}$tsɿ$^{0}$ tʂɔk$^{3}$ iet$^{3}$ tʰiau$^{13}_{21}$pʰi$^{13}_{21}$tʂəu$^{35}_{44}$kait$^{3}$ ʂəu$^{53}$ua$^{0}$, ɲia$^{35}$ci$^{13}_{21}$tien$^{0}$ ma$^{53}$tsʰin$^{53}_{21}$ni$^{0}$ miaŋ$^{53}$ŋa$^{0}$.tsʰau$^{53}$kait$^{3}$ ei$^{0}$.ɔn$^{35}_{44}$tso$^{53}_{44}$pʰi$^{13}$tʂəu$^{35}$kait$^{3}$. ｜关刀藤个荚子就系像～子。kuan$^{35}$tau$^{35}$tʰien$^{13}$ke$^{53}_{44}$kait$^{3}$ tsɿ$^{0}$ tsʰiəu$^{53}$xe$^{53}$tsʰiɔŋ$^{53}_{21}$pʰi$^{13}$tʂəu$^{35}$kait$^{3}$ tsɿ$^{0}$.

【皮槠荚水】pʰi$^{13}$tʂəu$^{35}_{44}$kait$^{3}$ ʂei$^{21}$ [名]用皂角熬的水：欸，有条件个（用）皂荚水，～（洗头）。e$_{21}$,iəu$^{35}$tʰiau$^{13}_{21}$cʰien$^{53}_{44}$ke$^{53}_{44}$tsʰau$^{53}$kait$^{3}$ ʂei$^{21}$,pʰi$^{13}$tʂəu$^{35}_{44}$kait$^{3}$ ʂei$^{21}$.

【皮子】pʰi$^{13}$tsɿ$^{0}$ [名]①动植物外表的一层组织：箇只猪杀死哩以后嘞，就箇脚上啊，割条子～。kai$^{53}_{21}$tʂak$^{3}$ tʂəu$^{35}$sait$^{3}$ si$^{21}$li$^{0}$ i$^{35}$xei$^{53}_{44}$lei$^{0}$,tsʰiəu$^{53}_{44}$kai$^{53}$ciɔk$^{3}$ xɔŋ$^{53}$ŋa$^{0}$,kɔit$^{3}$ tʰiau$^{13}_{53}$tsɿ$^{0}$ pʰi$^{13}$tsɿ$^{0}$. ｜（唔精壮个谷）剩倒重子～。ʂən$^{53}$tau$^{21}$tʂʰəŋ$^{13}$tsɿ$^{0}$ pʰi$^{13}$tsɿ$^{0}$. ②皮革：（屐鞋）底子用～做个。te$^{21}$tsɿ$^{0}$ iəŋ$^{53}$pʰi$^{13}$tsɿ$^{0}$ tso$^{53}_{44}$ ke$^{53}_{44}$. ③泛指包在物体外面的一层东西：（帆布箱）用帆布做个～。iəŋ$^{53}_{44}$fan$^{35}$pu$^{53}_{44}$tso$^{53}_{44}$ke$^{53}_{44}$pʰi$^{13}$tsɿ$^{0}$.

丨戭新～唠安做唠。tʂʰon53 pʰi13 tsʅ0 lau0 ɔn35_44 tso53 lau0. ④某些薄片状的东西：刨丝瓜？用镬铲～刨呢。pʰau13 sʅ35_44 kua35_44 ?iəŋ53_44 uɔk5 tsʰan21 pʰi13 tsʅ0 pʰau13_21 nei0.

【枇杷树】pʰi13 pʰa13 ʂəu53 名枇杷树。也称"枇杷子树"：～就多，话哩渠同箇毛桃子树猴唧子树一样个，硬就系咁烂贱子。箇只还有种树啦，还有种箇个么个正先讲哩个啦箇个苦楝子树，硬就系咁烂贱子凑，跌倒地泥下，几乎跌倒地泥下，你只爱唔舞咁，渠就会生秧，就会长成一只枇杷子树，但是箇枇杷子唔好食。pʰi13 pʰa13_44 ʂəu53 tsʰiəu53_44 to35, ua53 li0 ci13_44 tʰəŋ13_44 kai53 mau35 tʰau13_21 tsʅ0 ʂəu53 xei13 tsi35_44 tsʅ0 ʂəu53 iet3 iɔŋ53 ke44, ɲiaŋ35 tsʰiəu53 xei53_44 kan21 lan53 tsʰien53 tsʅ0. kai53 tʂak3 xai13 iəu35_53 tʂəŋ21 ʂəu53 la0, xai13 iəu35_53 tʂəŋ21 kai53_44 kei53_44 mak3 kei53 tʂaŋ53_44 sien35_53 kɔŋ21 li0 kei53_44 la0 kai53_44 ke53_44 fu21 lien53 tsʅ0 ʂəu53, ɲiaŋ53_44 tsʰiəu53 xei53_44 kan21 lan53 tsʰien53 tsʅ0 tsʰe0, tet3 tau21 tʰi53 lai13_21 xa53, ci35 fu35_44 tet3 tau21 tʰi53 lai13_21 xa53_44, ɲi13 tʂʅ21 ɔi53 n̩13 u21 kan21_44, ci13_21 tsʰiəu53 uɔi53_44 saŋ35 iɔŋ35, tsʰiəu53 uɔi53_44 tʂəŋ21 ʂaŋ13_44 iet3 tʂak3 pʰi13 pʰa13_21 tsʅ0 ʂəu53, tan53 ʂʅ53 kai53 pʰi13_44 pʰa13_44 tsʅ21 n̩13 xau21 ʂət5.

【枇杷子】pʰi13 pʰa13 tsʅ21 名枇杷树的果实：认真讲箇～嘞，如今箇起良种个也只有咁好食，酸酸子，系唔系？ɲin53 tʂəŋ35_53 kɔŋ21 kai53_44 pʰi13 pʰa13_21 tsʅ21 lei0, i13_21 cin35_53 kai53 çi21 liɔŋ13 tʂəŋ53 ke53 ia35 tʂʅ21 iəu35_53 kan21_44 xau21 ʂət5, sɔn35 sɔn35_44 tsʅ0, xei53 me53_44?

【脾气】pʰi13 çi53 名性情：怪里怪气呢，箇就讲有滴人～怪。kuai53 li0 kuai53 çi53 ne0, kai53_35 tsʰiəu53_44 kɔŋ21 iəu35 tet5_3 ɲin13_21 pʰi13 çi53_44 kuai53.

【匹】pʰiet3 量用于马、骡子、布等：一～骡子 iet3 pʰiet3 lo13 tsʅ0 丨一～布 iet3 pʰiet3 pu53丨以～细马子赠骑过人，你好生子骑。i21 pʰiet3 se53 ma35 tsʅ0 maŋ13 cʰi13 ko53 ɲin13, ɲi13 xau21 sien35 tsʅ0 cʰi13.

【痞棍】pʰie21 kuən53 名痞子：欸，我等也教细人子就会咁子教呢。"欸，攒劲读书哇，系唔系？欸，唔想读书嘞，莫咁懒呐，偷懒就懒唔得啦。你一懒是听睸你除哩去当～呐，你就会成只～呐。"ei21, ŋai13_21 tien0 ia35_44 kau35 sei53 ɲin13_21 tsʅ0 tsʰiəu53 uɔi53 kan21 tsʅ0 kau35_44 nei0."e21, tsan21 cin53_44 tʰəuk5 ʂəu35 ua0, xei53_44 me53_44?e21, n̩13 siɔŋ21 tʰəuk5 ʂəu35 lei0, mɔk5 kan21 lan35 na0, tʰɔi35 lan35 tsʰiəu53 lan35 n̩13_21 tek3 la0. ɲi13_21 iet3 lan35 ʂʅ53_44 tʰin35_44 pu35_44 ɲi13_21 tʂʰəu13_21 li0 çi53_44 tɔŋ35 pʰie21 kuən53 na0, ɲi13_21 tsʰiəu53 uɔi53 ʂaŋ13_21 tʂak3 pʰie21 kuən53 na0."

【痞子】pʰie21 tsʅ0 名恶棍，流氓。又称"痞棍"：万事都就怕懒，一懒就好食懒做就会成～。欸，懒唔得人是，爱发狠兜子。uan53 sʅ53_21 təu35_53 tsʰiəu53 pʰa53 lan35, iet3 lan35 tsʰiəu53 xau53 ʂət5 lan35 tso53 tsʰiəu53 uɔi53 ʂaŋ13 pʰie21 tsʅ0. e21, lan35 n̩13_21 tek3 ɲin13 ʂʅ53_44, ɔi53 fait3 xen21 te35_53 tsʅ0.

【擗筒】pɔk5 tʰəŋ13 名用来吓走野猪等的竹筒：我等箇映子个～就系用来吓野猪个。吓野猪。箇～，我等箇吓野猪嘞，箇野猪去岭上吵，你箇个欸箇个爱吓野猪你必须跍倒箇岭上吓啊。箇个你跍倒屋下敲～有么个几多用，系唔系？渠来都唔得来。箇就让门子搞嘞？去箇岭上做只咁个用箇个水做只咁个水碓子样个东西，自家敲～。欸，你晓得让门做么？唔知你等箇有咁个吗？嘞，舞一节竹筒，舞一节竹筒咯，以映就留只节啦，留只节，以向就打……看呶，欸，以映子就穿条担子，嗯，欸，舞倒箇个栏场搁稳，欸，以只竹筒咁子搁稳，系啊？搁稳。如今呢如今空个嘞分渠以头更重，以底下就放只～，以底下就放只～啊，以向嘞就一只□角筒，以向就削成□角样个，□角筒。也舞管水，细细子一管水，箇慢慢总咁子箇个田缺湖里个水呀舞管子水来舞只细竹筒子探倒去，探倒以映子，探倒以只削……以映子就一只节疤就去以映子，爱算正下子来嘞，装滮哩以筒水，以向就更重，以映就是一踏呀下去，箇唔系水就倾嘿哩？倾嘿哩水以向会更重嘞，就剁一下。装滮哩又剁一下，就敲一下，装滮哩又敲一下，好像有人去系敲样。咁个安做么个东西唠咁个唠？嗯，咁个就系～嘞。底下就安正一只咁个安正一只箇～来嘞。箇也蛮有味道嘞。欸，自动个，箇就可以安下箇岭上啊，蛮远个岭上啊，唔爱人去敲哇。一天到夜渠都会自动个会敲哇，自动敲～。用水带动。箇只东西你莫话嘞，唔多好做嘞。ŋai13 tien0 kai53_44 iaŋ35 tsʅ0 ke53_44 pɔk5 tʰəŋ13_44 tsʰiəu53 xei53 iəŋ53 lɔi13_21 xak3 ia35 tʂəu35_53 kei53. xak3 ia35 tʂəu35_53. kai53_44 pɔk5 tʰəŋ13_44, ŋai13 tien0 kai53 xak3 ia35 tʂəu35_53 lei0, kai53 ia35 tʂəu35_44 çi53 liaŋ35 xɔŋ53 ʂa0, ɲi13 kai53 kei53 e21 kai53 kei53 ɔi53 xak3 ia35 tʂəu35_53 ɲi13 piet3 si35_44 ku35_44 tau35_44 kai53_44 liaŋ35 xɔŋ53 xak3 a0. kai53 ke0 ɲi13_21 kʰu35 tau21 uk3 xa35_44 kʰau35_53 pɔk5 tʰəŋ13_21 iəu35 mak3 e0 ci21 to35 iəŋ53, xei53_44 me53_44? ci13_21 lɔi13 tɔu35_44 n̩13_44 tek3 lɔi13. kai53_44 tsʰiəu53_44 ɲiɔŋ53_44 mən13_44 tsʅ0 kau21 lei0? çi53_44 kai53_44 liaŋ35 xɔŋ53_44 tso53 tʂak3 kan21_13 ke53 iəŋ53 kai53_44 ke53_44 ʂei21 tso53 tʂak3 kan21_13 ke53 ʂei21 tɔi53 tsʅ0 iɔŋ53_44 ke53_44 təŋ35_44 si0, tsʰʅ35 ka35_44 kʰau35_53 pɔk5 tʰəŋ13_44. e21, ɲi13_21 çiau21_44(t)ek3 ɲiɔŋ53 mən13_44 tso53 mo0 ?n̩13 ti35_53 ɲi13 tien0 kai53_44 iəu35_53 kan21 ke53 ma0 ?le35, u21 iet3 tset3 tʂəuk3 tʰəŋ13, u21 iet3 tset3 tʂəuk3 tʰəŋ13 ko0, i21 iaŋ53 tsʰiəu53 liəu13_21 tʂak3 tset3 la0, liəu13_21 tʂak3 tset3, i21 çiɔŋ53 tsʰiəu53 ta21…kʰɔn53 nau0, e21, i21 iaŋ53 tsʅ0 tsʰiəu53 tʂʰuɔn53 tʰiau13_21 tan53 tsʅ0, n̩21, e21, u21 tau21 kai53 ke53 laŋ13_21 tʂʰɔŋ13_21 kɔk3 uən21,e-21,i21(tʂ)ak3 tʂəuk3 tʰəŋ13-21kan21tsɿ0 kɔk3 uən21,xei53a0 ?kɔk3 uən21.i13-21cin35-53nei0 i13-21cin35-44kʰəŋ35ke53-44lei0 pən35-44ci13-21 i21tʰei13cien53tʂʰəŋ35,i21tei21xa53-44tsʰiəu53-44fɔŋ53tʂak3 pɔk5 tʰəŋ13-44,i21tei21xa53-44tsʰiəu53-44fɔŋ53tʂak3 pɔk5 tʰəŋ13-44ŋa0,i21çiɔŋ53 le0 tsʰiəu53iet3 tʂak3 tsiɔk5 kɔk3 tʰəŋ13,i21çiɔŋ53tsʰiəu53siɔk3 ʂaŋ13tsiɔk5 kɔk3 iɔŋ53-44ke53-44,tsiɔk5 kɔk3 tʰəŋ13.ia35u21 kɔn21ʂei21,se53se53tsɿ0 iet3 kɔn21ʂei21,kai53-44man53man53tsəŋ21kan21tsɿ0 kai53ke53tʰien13-21cʰiet5 fu13-21li0 ke53ʂei21ia0 u21 kɔn21tsɿ0 ʂei21lɔi13u21tʂak3 sei53tʂəuk3 tʰəŋ13tsɿ0 tʰan53tau21çi53,tʰan53tau21i21iaŋ53tsɿ0,tʰan53tau21i21tʂak3 siɔk3 …i21 iaŋ53tsɿ0 tsiəu53-21iet3 tʂak3 tset3 pa35-53tsʰiəu53çi53i21iaŋ53tsɿ0,ɔi53-44sɔn53tʂaŋ53xa53-21tsɿ0 lɔi13-21le0,tʂɔŋ35mən53li0 i21tʰəŋ13ʂei21, i21çiɔŋ53-44tsʰiəu53-44ken53-44tʂʰəŋ35,i21iaŋ53-44tsʰiəu53-44ʂʅ53-44iet3 tʰait5 ia0 xa53-44çi53-44,kai53-44m̩13-21pʰei53ʂei21tsʰiəu53kʰuaŋ35xek3 li0 ? kʰuaŋ35ŋek3 li0 ʂei21i21çiɔŋ53uɔi53cien53tʂʰəŋ35-44le0,tsʰiəu53-44to53(i)et3 xa53-44.tʂɔŋ35mən53li0 iəu53-44to53(i)et3 xa53-44,tsʰiəu53-21 kʰau35-53iet3 xa53-44,tʂɔŋ35mən53li0 iəu53-44kʰau35-53iet3 xa53-44,xau21tsʰiɔŋ53iəu35ɲin13-21çi53-44xei53-44kʰau35-53iɔŋ53-44.kan21ke53ɔn35-44tso53-44 mak3 e0 təŋ35-44si35-44lau0 kan21ke53-44lau0 ?n̩-21,kan21-13ke53-44tsʰiəu53xei53-44pɔk5 tʰəŋ13lei0 .tei21xa53tsʰiəu53ɔn35tʂaŋ53-21iet3 tʂak3 kan21-13kei53ɔn35tʂaŋ53iet3 tʂak3 kai53-44pɔk5 tʰəŋ13-21lɔi13-21lei0 .kai53-44ia35man13-21iəu35-44uei53tʰau53-44lei0 .e-21,tsʰɿ53tʰəŋ53-44ke53-44,kai53 tsʰiəu53kʰo21i35-53ɔn35-44na53-44kai53-44liaŋ35xɔŋ53ŋa0,man13ien21ke53liaŋ35xɔŋ53ŋa0,m̩13-21mɔi53ɲin13çi53-44kʰau35-44ua0 .iet3 tʰien35 tau53-44ia53-44ci13-21təu35-44uɔi53tsʰɿ53tʰəŋ53-44ke53-44uɔi53-44kʰau35ua0,tsʰɿ53tʰəŋ53-44kʰau35pɔk5 tʰəŋ13-21.iɔŋ53ʂei21tai53-44tʰəŋ53-44.kai53-44(tʂ)ak3 təŋ35-44si0 ɲi13mɔk5 ua53le0,n̩13to35-53xau21tso53lei0 .

【屁股】pʰi53ku21 名泛指动物身体近肛门的部分；臀部：箇本书去哪映？/去你～背。kai53pən21 ʂəu35çi53lai53-44iaŋ53-44?/çi53-44ɲi13pʰi53ku21pɔi53.｜～蛮大，就安做蛮坐富。pʰi53ku21man13tʰai53,tsʰiəu53-44ɔn35-44tso53-44 man13tsʰo53fu53-44.

【屁股头】pʰi53ku21tʰei13 名①屁股的下沿：我觉得（直筒裤）就系从以映子，从～以映子，一直到脚下，一样子大。ŋai13kɔk3 tek3 tsʰiəu53xei53tsʰəŋ13i21iaŋ53tsɿ0,tsʰəŋ13pʰi53ku21tʰei13i21iaŋ53tsɿ0,iet3 tʂʰət5 tau53ciɔk3 xa53-44,iet3 iɔŋ53tsɿ0 tʰai53. ②屁股的上面：一只人～舞只箇田螺壳样个。iet3 tʂak3 ɲin13-44 pʰi53ku21tʰei13u21tʂak3 kai53-44tʰien13-21lo13-21kʰɔk3 iɔŋ53-44ke53-44.

【屁股臀】pʰi53ku21tʰən13 名屁股：呃，坐久哩啊，两只～都发烧喔，热天呐，坐久哩～都发烧。ə-21,tsʰo35ciəu21li0 a0,iɔŋ21tʂak3 pʰi53ku21tʰən13təu35-53fait3 ʂau35uo0, ɲiet5 tʰien35na0,tsʰo35ciəu21li0 pʰi53ku21tʰən13 təu35-53fait3 ʂau35.｜打针呐，肌肉注射就打～呐。ta21tʂən35na0,ci35ɲiəuk3 tʂʮ53ʂa53tsʰiəu53ta21pʰi53ku21 tʰən13na0.

【屁眼】pʰi53ŋan21 名肛门：做兜箇冇～个事！tso53te35-53kai53mau13pʰi53ŋan21ke53-44sɿ53!指责人做事不讲良心不计后果。｜你唔讲良心唔讲道德个话，听睛你做哩箇事，你老婆供个赖子都冇～。ɲi13n̩13kɔŋ21liɔŋ13sin35-53 n̩13kɔŋ21tʰau53tek3 ke53-21fa53,tʰin35-53pu35-53ɲi13-21tso53li0 kai53-44sɿ53-44, ɲi13-21lau21pʰo13ciɔŋ53ke53lai53tsɿ0 təu35-53mau13pʰi53ŋan21.

【屁眼鬼】pʰi53ŋan21kuei21 名背时鬼，也指做事欠商量的人：箇～一般就唔系讲话打肿面来充胖子个人。就蛮背时个人呶，欸～是，你箇个～是。～也话背时鬼。kai53-44pʰi53ŋan21kuei21iet3 pɔn35tsʰiəu53m̩13-21pʰe53(←xe53)kɔŋ21ua53-44ta21tʂəŋ21mien53nɔi13-44tʂʰəŋ35-44pʰɔŋ53tsɿ0 ke53-21ɲin13.tsʰiəu53man13pʰi53ʂʅ13ke53 ɲin13-44nau0,e-44pʰi53ŋan21kuei21ʂʅ53-44, ɲi13kai53-44ke53-44pʰi53ŋan21kuei21ʂʅ53-44.pʰi53ŋan21kuei21ia35ua53-44pʰi53ʂʅ13kuei21.

【辟邪】pʰiet3 sia13 动迷信语，指降伏妖魔鬼怪使其不侵扰人：～个方法除哩曳米还有倾兜酒去啊，淋兜酒去也～。还有更～个嘞就系淋鸡血，欸，舞只鸡公割嘿来，就等渠边鲹就边淋血，箇就更～个。pʰiet3 sia13ke53fɔŋ35fait3 tʂʰəu13li0 ie53mi21xai13-21iəu35-44kʰuaŋ35te35-53tsiəu21çi53a0,lin13te35-53tsiəu21 çi53ia35pʰiet3 sia13-21.xai13iəu35-44cien53pʰiet3 sia13ke53lei0 tsʰiəu53-44xei53-44lin13cie35çiet3,e-44,u21(tʂ)ak3 ke35kəŋ35-44kɔit3 iek3 lɔi13-44,tsiəu53-44ten21ci13-21pien35pait5 tsʰiəu53-44pien35lin13-21çiet3,kai53-44tsʰiəu53-44cien53pʰiet3 sia13ke53.

【偏】pʰien35 形不正；不在中间：放～哩 fɔŋ53pʰien35ni0

【偏枫荷】pʰien21fəŋ35xo13 名树名，可作中药，可治偏头痛：～就一种荷树。欸，渠有兜像㮰枫树样个东西，～。可以做药，整偏头痛。pʰien21fəŋ35-53xo13-21tsʰiəu53iet3 tʂəŋ21xo13ʂəu53.e-21,ci13iəu35te35-53 tsʰiɔŋ53let3 fəŋ35ʂəu53iɔŋ53-21ke53-21təŋ35-44si0,pʰien21fəŋ35-53xo13.kʰo21i35tso53iɔk5,tʂaŋ21pʰien35tʰei13-21tʰəŋ53.

【偏生熟】pʰien21saŋ35ʂəuk5 名半身不遂的病状：得哩箇个中风个人一簏生熟，就系人个身体有一半唔晓失去哩知觉，箇起人就安做～。tek3 li0 kai53-44ke53-44tʂəŋ35fəŋ35ke53ɲin13-21iet3 sak3 saŋ35ʂəuk5, tsʰiəu53xei53ɲin13ke53-44ʂən35-44tʰi21iəu35iet3 pan53n̩13çiau21ʂət3 tʂʰʮ53li0 tʂɿ35cʰiɔk3,kai53çi21ɲin13tsʰiəu53ɔn35-53tso53 pʰien21saŋ35-44ʂəuk5.｜你看箇只人呐成哩～了。ɲi13kʰɔn53kai53tʂak3 ɲin13-21na0 ʂaŋ13li0 pʰien21saŋ35-44ʂəuk5 liau21.

【偏一王】pʰien35iet3 uɔŋ13 下中国象棋时侧出老将：～箇是作象棋，又讲出一王啊。pʰien35iet3 uɔŋ13kai53-44ʂʅ53-44tsɔk3 siɔŋ53cʰi13-21,iəu53kɔŋ21tʂʰət3 iet3 uɔŋ13ŋa0.

【偏转】pʰien$^{35}$tʂuən$^{21}$ 动①（自然现象或自然物）偏向；方向发生改变：一只就系讲自然箇个东西，箇风啊～哪向，系啊？树哇爱～哪向去了。iet$^{3}$ tʂak$^{3}$ tsʰiəu$^{53}$xe$^{53}$kɔŋ$^{21}$tsʰɿ$^{53}$vien$^{13}_{21}$kai$^{53}$ke$^{53}_{21}$təŋ$^{35}_{44}$ si$^{0}$,kai$^{53}_{44}$fəŋ$^{35}$ŋa$^{0}$ pʰien$^{35}$tʂuən$^{21}$lai$^{53}$çiɔŋ$^{53}_{44}$,xei$^{53}_{44}$a$^{0}$ ?ʂəu$^{53}$ua$^{0}$ ɔi$^{53}_{44}$pʰien$^{35}$tʂuən$^{21}$lai$^{53}$çiɔŋ$^{53}_{44}$çi$^{53}$liau$^{0}$. ②（人的观点或情感倾向）发生相反的变化：打比样我摎你有兜么个欸矛盾纠纷，请倒别人家来调解，或者同别人家讲下子。箇只人呢首先都摎我都讲得蛮好，系唔系？赞成我。落尾突然呢～你箇头去哩。渠就帮你了，唔帮我了。箇也安做～。ta$^{21}$pi$^{21}$iɔŋ$^{53}$ŋai$^{13}_{21}$lau$^{35}_{44}$ɲi$^{13}_{21}$iəu$^{35}$tei$^{35}_{53}$mak$^{3}$ ke$^{53}_{44}$e$_{21}$ mau$^{13}$tən$^{53}$ciəu$^{35}$fən$^{35}$,tsʰiaŋ$^{21}$tau$^{21}$pʰiet$^{5}$ ɲin$^{13}_{21}$ka$^{35}_{44}$lɔi$^{53}_{21}$tʰiau$^{13}$kai$^{21}$,xɔit$^{5}$ tʂa$^{21}$tʰəŋ$^{13}$pʰiet$^{5}$ in$^{13}_{44}$ka$^{35}_{44}$kɔŋ$^{21}$(x)a$^{53}$tsɿ$^{0}$. kai$^{53}$tʂak$^{3}$ ɲin$^{13}$nei$^{0}$ ʂəu$^{21}$sien$^{35}_{44}$təu$^{35}_{44}$lau$^{35}$ŋai$^{13}_{21}$təu$^{35}_{53}$kɔŋ$^{21}$tek$^{3}$ man$^{13}$xau$^{21}$,xei$^{53}$me$^{53}$?tsan$^{53}$tʂʰən$^{13}_{21}$ŋai$^{13}$.lɔk$^{5}$ mi$^{35}_{44}$ tʰəuk$^{5}$ vien$^{13}_{21}$nei$^{0}$ pʰien$^{35}_{44}$tʂuən$^{21}$ɲi$^{13}$kai$^{53}_{44}$tʰei$^{13}_{44}$çi$^{53}$li$^{0}$ .ci$^{13}_{21}$tsʰiəu$^{53}_{44}$pɔŋ$^{35}$ɲi$^{13}$liau$^{0}$,m̩$^{13}$pɔŋ$^{35}_{44}$ŋai$^{13}$liau$^{0}$ .kai$^{53}_{21}$ia$^{35}$ɔn$^{35}_{53}$ tso$^{53}$pʰien$^{35}$tʂuən$^{21}$.｜箇只婆婆子啊首先都欸蛮喜欢细妹子，落尾～哩大妹子去哩。kai$^{53}$tʂak$^{3}$ pʰo$^{13}$pʰo$^{13}_{44}$tsɿ$^{0}$ a$^{0}$ ʂəu$^{21}$sien$^{35}_{44}$təu$^{35}_{44}$ei$_{21}$man$^{13}$çi$^{21}$fɔn$^{35}_{44}$sei$^{53}$mɔi$^{53}$tsɿ$^{0}$,lɔk$^{5}$ mi$^{35}_{44}$pʰien$^{35}$tʂuən$^{21}$ni$^{0}$ tʰai$^{53}$mɔi$^{53}$tsɿ$^{0}$ çi$^{53}$li$^{0}$.

【便宜】pʰien$^{13}$ɲin$^{13}$ 形价格低廉：烂是～lan$^{53}$ʂɿ$^{53}$pʰien$^{13}$ɲin$^{13}$特别便宜｜头番子个饽饽正八块钱一板，箇就真系蛮～呐。有人爱呀。唔知搞么个道理，八块钱一板，两角多钱一只。tʰei$^{13}$fan$^{35}_{44}$tsɿ$^{0}$ ke$^{53}_{44}$pɔk$^{5}$ pɔk$^{5}$ tʂaŋ$^{53}$pait$^{3}$ kʰuai$^{53}$tsʰien$^{13}_{21}$iet$^{3}$ pan$^{21}$,kai$^{53}$tsʰiəu$^{53}_{44}$tʂən$^{35}$nei$^{53}$man$^{13}_{21}$pʰien$^{13}$ɲin$^{13}_{21}$na$^{0}$ .mau$^{13}$ɲin$^{13}_{44}$ɔi$^{53}$ ia$^{0}$ .n̩$^{13}$ti$^{35}_{53}$kau$^{21}$mak$^{3}$ e$^{0}$ tʰau$^{53}_{44}$li$^{35}_{44}$,pait$^{3}$ kʰuai$^{53}$tsʰien$^{13}_{44}$iet$^{3}$ pan$^{21}$,iɔŋ$^{21}$kɔk$^{3}$ to$^{35}_{53}$tsʰien$^{13}_{21}$iet$^{3}$ tʂak$^{3}$.

【片$_{1}$】pʰien$^{21}$/pʰien$^{53}$ 名平而薄的物体或形状：搞成～个就片刨子。kau$^{21}$tʂʰən$^{13}$pʰien$^{53}$ke$^{53}_{44}$tsʰiəu$^{53}_{44}$ pʰien$^{21}$pʰau$^{13}_{21}$tsɿ$^{0}$.｜还有肉就切成～啵，切成条喔，切成方坨子啰。xai$^{13}$iəu$^{35}_{44}$ɲiəuk$^{3}$ tsʰiəu$^{53}_{44}$tsʰiet$^{3}$ tʂʰən$^{13}$pʰien$^{53}$nau$^{0}$,tsʰiet$^{3}$ tʂʰən$^{13}$tʰiau$^{13}$uo$^{0}$,tsʰiet$^{3}$ tʂʰən$^{13}$fɔŋ$^{35}$tʰo$^{13}_{44}$tsɿ$^{0}$ lo$^{0}$.

【片$_{2}$】pʰien$^{53}$ 量①用于平而薄的东西：一～姜 iet$^{3}$ pʰien$^{53}$ciɔŋ$^{35}$｜欸，后来就有划粉，就一～～个。e$_{21}$,xei$^{53}$lɔi$^{13}$tsʰiəu$^{53}_{44}$iəu$^{35}$fa$^{53}$fən$^{21}$,tsʰiəu$^{53}_{44}$iet$^{3}$ pʰien$^{53}$pʰien$^{53}$cie$^{53}_{44}$.｜我箇到买个箇起片糖啊，欸，一～一～子放倒箇个欸罂头肚里浸酒，嗯，蛮好食，箇个片糖啊。ŋai$^{13}_{21}$kai$^{53}$tau$^{53}$mai$^{35}$ke$^{53}_{44}$ kai$^{53}$çi$^{21}$pʰien$^{53}$tʰɔŋ$^{13}$ŋa$^{0}$ ,e$_{21}$,iet$^{3}$ pʰien$^{53}$iet$^{3}$ pʰien$^{53}$tsɿ$^{0}$ fɔŋ$^{53}$tau$^{21}$kai$^{53}$ke$^{53}_{21}$e$_{21}$aŋ$^{35}$tʰei$^{13}_{21}$təu$^{21}$li$^{0}$ tsin$^{53}$tsiəu$^{21}$,n̩$_{21}$, man$^{13}$xau$^{21}$ʂət$^{5}$ ,kai$^{53}_{44}$ke$^{53}_{44}$pʰien$^{53}$tʰɔŋ$^{13}_{21}$ŋa$^{0}$. ②用于渔网等：一～网 iet$^{3}$ pʰien$^{21}_{44}$mɔŋ$^{21}$ ③用于心意等：一～好心 iet$^{3}$ pʰien$^{53}$xau$^{21}$sin$^{35}$

【片篾】pʰien$^{21}$miet$^{5}$ 名薄而宽的篾片：皮篓子嘞系～，欸～啊，做个。pʰi$^{13}$lei$^{21}$tsɿ$^{0}$ lei$^{0}$ xei$^{53}$ pʰien$^{21}$miet$^{5}$,e$_{21}$pʰien$^{21}$miet$^{5}$ a$^{0}$ ,tso$^{53}$ke$^{53}_{44}$.

【片刨子】pʰien$^{21}$pʰau$^{13}$tsɿ$^{0}$ 名将菜刨成片的小工具：搞成片个就～。kau$^{21}$tʂʰən$^{13}$pʰien$^{53}$ke$^{53}_{44}$tsʰiəu$^{53}_{44}$ pʰien$^{21}$pʰau$^{13}_{21}$tsɿ$^{0}$.

【片片子】pien$^{21}$pien$^{21}$tsɿ$^{0}$ 名平而薄的物体或形状：完只完只～，系。uɔn$^{13}$tʂak$^{3}$ uɔn$^{13}$tʂak$^{3}$ pien$^{21}$ pien$^{21}$tsɿ$^{0}$ ,xe$^{53}_{21}$.

【片糖】pʰien$^{53}$tʰɔŋ$^{13}$ 名片状的红糖：以前是冇得～，欸以咁多十多两十年呢就有咁个～。我就喜欢买～食。～渠同黄糖样，还好食，还甜。i$^{35}_{53}$tsʰien$^{13}$ʂɿ$^{53}_{44}$mau$^{13}$tek$^{3}$ pʰien$^{53}$tʰɔŋ$^{13}_{21}$,e$_{44}$i$^{21}$kan$^{21}$to$^{35}_{44}$ ʂət$^{5}$ to$^{35}_{44}$iɔŋ$^{21}$ʂət$^{5}$ ɲien$^{13}_{21}$ne$^{0}$ tsʰiəu$^{53}_{44}$iəu$^{35}$kan$^{21}$ke$^{53}_{44}$pʰien$^{53}$tʰɔŋ$^{13}_{21}$.ŋai$^{13}$tsʰiəu$^{53}$çi$^{21}$fɔn$^{35}_{44}$mai$^{35}$pʰien$^{53}$tʰɔŋ$^{13}_{21}$ʂət$^{5}$. pʰien$^{53}$tʰɔŋ$^{13}_{44}$ci$^{13}_{44}$tʰəŋ$^{13}_{44}$uɔŋ$^{13}$tʰɔŋ$^{13}$iɔŋ$^{53}$,xai$^{13}$xau$^{21}$ʂət$^{5}$ ,xan$^{13}_{44}$tʰian$^{13}$.

【片子】pʰien$^{53}$tsɿ$^{0}$ 名①薄片状的东西：（辣椒筒子）其实也有～哕。cʰi$^{13}_{21}$ʂət$^{5}$ ia$^{35}$iəu$^{35}_{44}$pʰien$^{53}$tsɿ$^{0}$ ʂa$^{0}$. ②名片、名帖的俗称：欸，我等人以映子欸搞箇个狮灯龙灯呐，就在出发之前呢爱先送～。准备到哪家去欸同渠拜年，就送只～。箇只～安做拜年～。一般都系正月头唠，正月头出灯哕，嗯，就拜年个～。e$_{21}$,ŋai$^{13}$tien$^{0}$ ɲin$^{13}_{44}$i$^{21}_{13}$iaŋ$^{53}$tsɿ$^{0}$ e$_{21}$kau$^{21}$kai$^{53}_{44}$ke$^{53}_{44}$sɿ$^{35}$ten$^{35}_{44}$liəŋ$^{13}$ten$^{35}_{44}$na$^{0}$ ,tsʰiəu$^{53}_{21}$ tsʰai$^{53}$tʂʰət$^{3}$ fait$^{3}$ tʂɿ$^{35}$tsʰien$^{13}_{21}$nei$^{0}$ ɔi$^{53}_{44}$sien$^{35}$səŋ$^{53}_{44}$pʰien$^{53}$tsɿ$^{0}$ .tʂən$^{21}$pʰei$^{53}$tau$^{53}$lai$^{53}_{44}$ka$^{35}$çi$^{53}$e$_{21}$tʰəŋ$^{13}_{21}$ci$^{13}_{21}$pai$^{53}$ɲien$^{13}$, tsʰiəu$^{53}_{44}$səŋ$^{53}$tʂak$^{3}$ pʰien$^{53}$tsɿ$^{0}$ .kai$^{53}_{44}$tʂak$^{3}$ pʰien$^{53}$tsɿ$^{0}$ ɔn$^{35}_{44}$tso$^{53}_{44}$pai$^{53}$ɲien$^{13}_{21}$pʰien$^{53}$tsɿ$^{0}$ .iet$^{3}$ pɔn$^{35}$təu$^{35}_{44}$xei$^{53}_{44}$tʂaŋ$^{35}$ɲiet$^{5}$ tʰei$^{13}_{44}$lau$^{0}$ ,tʂaŋ$^{35}$ɲiet$^{5}$ tʰei$^{13}_{44}$tʂʰət$^{3}$ tien$^{35}$ʂa$^{0}$ ,n̩$_{21}$,tsʰiəu$^{53}_{44}$pai$^{53}$ɲien$^{13}$ke$^{53}_{44}$pʰien$^{53}$tsɿ$^{0}$.

【骗子】pʰien$^{53}$tsɿ$^{0}$ 名利用手段欺骗他人的人。又称"乏子"：呃，～，如今呢讲～，～多，嗯，有欸么个电信～，金融～，欸，专门骗老人家个～，就咁个各种各样个～。ə$_{21}$,pʰien$^{53}$tsɿ$^{0}$, i$^{13}_{21}$cin$^{35}_{44}$ne$^{0}$ kɔŋ$^{21}$pʰien$^{53}$tsɿ$^{0}$ ,pʰien$^{53}$tsɿ$^{0}$ to$^{35}$,n̩$_{21}$,iəu$^{35}$e$_{21}$mak$^{3}$ ke$^{53}_{44}$tʰien$^{53}$sin$^{53}$pʰien$^{53}$tsɿ$^{0}$ ,cin$^{35}$iəŋ$^{13}$pʰien$^{53}$tsɿ$^{0}$ ,e$_{21}$, tʂen$^{35}$mən$^{13}_{21}$pʰien$^{53}$lau$^{21}$ɲin$^{13}$ka$^{35}_{44}$ke$^{53}_{44}$pʰien$^{53}$tsɿ$^{0}$ ,tsiəu$^{53}_{44}$kan$^{21}$kei$^{53}_{44}$kɔk$^{3}$ tʂəŋ$^{21}$kɔk$^{3}$ iɔŋ$^{53}_{44}$ke$^{53}_{44}$pʰien$^{53}$tsɿ$^{0}$.

【飘】pʰiau$^{35}$ 动飞动：看下么人个（石子）～得更多下唠。kʰɔn$^{53}$na$^{53}$mak$^{3}$ in$^{13}_{44}$cie$^{53}_{44}$pʰiau$^{35}$tek$^{3}$ cien$^{53}_{21}$to$^{35}$xa$^{53}$lau$^{0}$.

【飘轻】pʰiau$^{35}$cʰiaŋ$^{35}$ 形状态词。很轻，重量很小：（篾套笼）有滴～只怕。iəu$^{35}$tiet$^{5}$ pʰiau$^{35}$

cʰiaŋ$^{35}$tsɿ$^{21}$pʰa$^{53}_{44}$.｜带只可乐瓶嘞，～噢。tai$^{53}$tʂak$^{3}$kʰo$^{21}$lɔk$^{5}$pʰin$^{13}$ne$^{0}$,pʰiau$^{35}$cʰiaŋ$^{35}$ŋau$^{0}$.

【嫖货】pʰiau$^{13}$fo$^{53}$ 动 勾搭女性：嗯，箇个～咁个路子啊冇得搞首，蛮多破坏双方个家庭，欸。我等箇有只学生唔系箇晡我想喊你看咯箇只学生子，箇晡我摎你散步侧边过嘿一只学生。三十岁子，去我手里去张坊中学读初中我还教哩渠，呃，箇只老公是又食毒，又赌钱，又～。首先就唔肯渠嫁分渠，唔肯卖分渠呀，爷娭就唔肯呐。分渠箇只箇男子人，专门搞咁个路子个人，就分渠上哩钩呀，有么个办法？以只妹子就死心踏地爱卖分渠。结果嘞生只细人子，欸呀捉倒坐牢去哩。欸，～，食毒，又食毒啦，又赌钱呐，八门架子栅齐。以下是以只妹子嘞欸自家正两十多子吧，冇三十吧，两十多岁子，以下……又生哩只细人子。渠箇边呢，个人个人，冇爷冇娭了，箇男方咯冇爷冇娭，个人个人。箇唔系尽跍倒娭子爷娭屋下，如今尽跍倒爷娭屋下。渠等人横辈人都话以只妹子也不是么个蛮好个妹子，以只妹子也系冇么人敢讨。以只妹子冇么人敢讨哇。搞么个？箇只咁个人就箇只渠箇只老公咯，渠箇只离哩婚个老公咯系只烂崽。么人讨哩以只妹子箇渠硬会……会惹渠……除哩嫁得远远哩，除哩卖得远远哩凑，冇么人敢讨。一只冇么人敢讨嘞就怕渠怕哩箇只男子人，第二只冇么人敢讨嘞，冇么人供得渠起，以只妹子也系食烟食酒，么个都乱搞。n̩$_{21}$,kai$^{53}$ke$^{53}_{44}$pʰiau$^{13}$fo$^{53}$kan$^{21}$kei$^{53}_{44}$ləu$^{53}$tsɿ$^{0}$a$^{0}$ mau$^{13}$tek$^{3}$kau$^{21}$ʂəu$^{21}$,man$^{13}_{21}$to$^{35}_{44}$pʰo$^{53}$fai$^{53}_{21}$sɔŋ$^{35}$fɔŋ$^{35}_{44}$kei$^{53}$cia$^{35}$tʰin$^{13}_{21}$,e$_{21}$.ŋai$^{13}$tien$^{0}$kai$^{53}_{44}$iəu$^{35}$tʂak$^{3}$xɔk$^{5}$saŋ$^{35}_{44}$m̩$^{13}_{21}$ pʰe$^{53}_{44}$kai$^{53}$pu$^{35}_{53}$ŋai$^{13}_{21}$siɔŋ$^{21}$xan$^{53}$ɲi$^{13}_{21}$kʰɔn$^{53}$ko$^{0}$kai$^{53}_{44}$tʂak$^{3}$xɔk$^{5}$saŋ$^{35}_{44}$tsɿ$^{0}$,kai$^{53}_{44}$pu$^{35}_{44}$ŋai$^{13}_{21}$lau$^{35}_{44}$ɲi$^{13}_{21}$san$^{53}$pʰu$^{53}$tset$^{3}$pien$^{35}_{44}$ ko$^{53}$(x)ek$^{3}$iet$^{3}$tʂak$^{3}$xɔk$^{5}$saŋ$^{35}$.san$^{35}$ʂət$^{5}$sɔi$^{53}$tsɿ$^{0}$,çi$^{53}$ŋai$^{13}_{21}$ʂəu$^{21}$li$^{0}$çi$^{53}$tʂɔŋ$^{35}$xɔŋ$^{35}_{44}$tʂəŋ$^{35}_{44}$çiɔk$^{5}$tʰəuk$^{5}$tsʰəu$^{35}_{44}$tʂəŋ$^{35}_{44}$ ŋai$^{13}_{21}$xai$^{13}_{21}$kau$^{35}$li$^{0}$ci$^{13}_{21}$,ə$_{21}$,kai$^{53}$tʂak$^{3}$lau$^{21}$kəŋ$^{35}_{53}$ʂɿ$^{53}_{44}$iəu$^{53}$ʂət$^{5}$tʰəuk$^{5}$,iəu$^{53}$təu$^{21}$tsʰien$^{13}$,iəu$^{53}$pʰiau$^{13}$fo$^{53}$.ʂəu$^{21}$sien$^{35}_{44}$ tsʰiəu$^{53}$n̩$^{13}$xen$^{21}$ci$^{13}_{21}$ka$^{53}$pən$^{35}_{44}$ci$^{13}_{44}$,n̩$^{13}$xen$^{21}$mai$^{53}$pən$^{35}$ci$^{13}_{21}$ia$^{0}$,ia$^{35}$ɔi$^{35}$tsʰiəu$^{53}$n̩$^{13}$xen$^{21}$na$^{0}$.pən$^{35}$ci$^{13}_{44}$kai$^{53}$tʂak$^{3}$kai$^{53}$ lan$^{13}$tsɿ$^{0}$ɲin$^{13}_{44}$,tʂen$^{35}$mən$^{13}_{21}$kau$^{21}$kan$^{21}_{13}$ke$^{53}_{44}$ləu$^{53}$tsɿ$^{0}$ke$^{53}$ɲin$^{13}_{44}$,tsiəu$^{53}_{21}$pən$^{35}$ci$^{13}_{44}$ʂɔŋ$^{53}_{44}$li$^{0}$kei$^{35}$ia$^{0}$,iəu$^{35}$mak$^{3}$e$^{0}$pʰan$^{53}$ fait$^{3}$?i$^{21}$tʂak$^{3}$mɔi$^{53}$tsɿ$^{0}$tsiəu$^{53}_{44}$si$^{21}$sin$^{35}_{44}$tʰait$^{5}$tʰi$^{53}_{44}$ɔi$^{53}_{44}$mai$^{53}$pən$^{35}$ci$^{13}_{21}$.ciet$^{3}$ko$^{21}$lei$^{0}$saŋ$^{35}$tʂak$^{3}$sei$^{53}$ɲin$^{13}_{21}$tsɿ$^{0}$,ei$_{21}$ia$_{53}$ tsɔk$^{3}$tau$^{21}$tsʰo$^{35}_{53}$lau$^{13}_{21}$çi$^{53}_{44}$li$^{0}$.e$_{21}$,pʰiau$^{13}$fo$^{53}$,ʂət$^{5}$tʰəuk$^{5}$,iəu$^{53}$ʂət$^{5}$tʰəuk$^{5}$la$^{0}$,iəu$^{53}$təu$^{21}$tsʰien$^{13}$na$^{0}$,pait$^{3}$mən$^{13}$ka$^{53}$ tsɿ$^{0}$tsait$^{5}$tsʰe$^{13}_{44}$.i$^{21}$xa$^{53}_{44}$ʂɿ$^{53}$i$^{21}$tʂak$^{3}$mɔi$^{53}$tsɿ$^{0}$lei$^{0}$ei$_{44}$tsʰɿ$^{35}_{44}$ka$^{35}_{44}$tʂaŋ$^{53}_{44}$iɔŋ$^{21}$ʂət$^{5}$to$^{35}$tsɿ$^{0}$pa$^{0}$,mau$^{13}_{21}$san$^{35}$ʂət$^{5}$pa$^{0}$,iɔŋ$^{21}$ʂət$^{5}$ to$^{35}$sɔi$^{53}$tsɿ$^{0}$,i$^{21}$xa$^{53}_{44}$…iəu$^{53}_{44}$saŋ$^{35}$li$^{0}$tʂak$^{3}$sei$^{53}$ɲin$^{13}_{44}$tsɿ$^{0}$.ci$^{13}_{21}$kai$^{53}$pien$^{35}_{44}$nei$^{0}$,ke$^{53}$ɲin$^{13}_{21}$ke$^{53}$ɲin$^{13}_{44}$,mau$^{13}$ia$^{13}_{21}$mau$^{13}_{21}$ɔi$^{35}_{44}$ liau$^{0}$,kai$^{53}_{44}$lan$^{13}$fɔŋ$^{35}_{44}$ko$^{0}$mau$^{13}$ia$^{13}_{21}$mau$^{13}_{21}$ɔi$^{35}_{44}$,cie$^{53}$ɲin$^{13}_{21}$ke$^{53}$ɲin$^{13}_{21}$.kai$^{53}_{44}$m̩$^{13}_{21}$pʰei$^{53}_{44}$tsʰin$^{53}$ku$^{35}$tau$^{21}$ɔi$^{35}$tsɿ$^{0}$ia$^{13}_{21}$ɔi$^{35}_{53}$uk$^{3}$ xa$^{53}$,i$^{13}_{21}$cin$^{35}_{44}$tsʰin$^{53}$ku$^{35}$tau$^{21}$ia$^{13}_{21}$ɔi$^{35}_{53}$uk$^{3}$xa$^{53}$.ci$^{13}_{21}$tien$^{0}$in$^{13}_{21}$uaŋ$^{13}$pei$^{53}_{44}$ɲin$^{13}_{44}$təu$^{35}_{44}$ua$^{53}_{44}$i$^{21}$tʂak$^{3}$mɔi$^{53}$tsɿ$^{0}$a$^{35}_{53}$pət$^{3}$ʂɿ$^{53}$mak$^{3}$ e$^{0}$man$^{13}$xau$^{21}$ke$^{53}_{44}$mɔi$^{53}$tsɿ$^{0}$,i$^{21}$tʂak$^{3}$mɔi$^{53}$tsɿ$^{0}$ia$^{35}$xei$^{53}$mau$^{13}_{21}$mak$^{3}$in$^{13}_{44}$kan$^{21}$tʰau$^{21}$.i$^{21}$tʂak$^{3}$mɔi$^{53}$tsɿ$^{0}$mau$^{13}$mak$^{3}$in$^{13}_{44}$ kan$^{21}$tʰau$^{21}$ua$^{0}$.kau$^{21}$mak$^{3}$e$^{0}$?kai$^{53}$tʂak$^{3}$kan$^{21}$ke$^{53}$ɲin$^{13}_{44}$tsʰiəu$^{53}_{44}$kai$^{53}$tʂak$^{3}$ci$^{13}$kai$^{53}$tʂak$^{3}$lau$^{21}$kəŋ$^{35}$ko$^{0}$,ci$^{13}$kai$^{53}$ (tʂ)ak$^{3}$li$^{13}$li$^{0}$fən$^{35}$ke$^{53}$lau$^{21}$kəŋ$^{35}$ko$^{0}$xei$^{53}_{44}$tʂak$^{3}$lan$^{53}$tsai$^{21}$.mak$^{3}$in$^{13}_{44}$tʰau$^{21}$li$^{0}$i$^{21}$tʂak$^{3}$mɔi$^{53}$tsɿ$^{0}$kai$^{53}$ci$^{13}_{21}$ɲiaŋ$^{53}_{44}$ uɔi$^{53}$…uɔi$^{53}$ɲia$^{35}$ci$^{13}_{21}$…tʂʰəu$^{13}$li$^{0}$ka$^{53}$tek$^{3}$ien$^{21}$ien$^{21}$ni$^{0}$,tʂʰəu$^{13}$li$^{0}$mai$^{53}$tek$^{3}$ien$^{21}$ien$^{21}$ni$^{0}$tsʰe$^{0}$,mau$^{13}$mak$^{3}$in$^{13}_{44}$ kan$^{21}$tʰau$^{21}$.iet$^{3}$tʂak$^{3}$mau$^{13}$mak$^{3}$in$^{13}_{44}$kan$^{21}$tʰau$^{21}$lei$^{0}$tsʰiəu$^{53}$pʰa$^{53}$ci$^{13}_{21}$pʰa$^{53}$li$^{0}$kai$^{53}$(tʂ)ak$^{3}$lan$^{13}$tsɿ$^{0}$ɲin$^{13}$,tʰi$^{53}$ɲi$^{53}$ tʂak$^{3}$mau$^{13}$mak$^{3}$in$^{13}_{44}$kan$^{21}$tʰau$^{21}$lei$^{0}$,mau$^{13}$mak$^{3}$in$^{13}_{44}$ciəŋ$^{35}_{44}$tek$^{3}$ci$^{13}_{44}$çi$^{21}$,i$^{21}$tʂak$^{3}$mɔi$^{53}$tsɿ$^{0}$ia$^{35}$xe$^{53}$ʂət$^{5}$ien$^{35}_{44}$ʂət$^{5}$ tsiəu$^{21}$,mak$^{3}$e$^{0}$təu$^{35}_{44}$lɔn$^{53}$kau$^{21}$.

【嫖客】pʰiau$^{13}$kʰak$^{3}$ 名 狎妓的人，也指作风不好的男人：话渠作风唔好嘞，“你箇～啊”。话渠“你箇～”。ua$^{53}$ci$^{13}_{21}$tsɔk$^{3}$fɔŋ$^{35}_{53}$ŋ̩$^{13}_{21}$xau$^{21}$lei$^{0}$,"ɲi$^{13}_{44}$kai$^{53}_{44}$pʰiau$^{13}$kʰak$^{3}$a$^{0}$".ua$^{53}$ci$^{13}_{21}$"ɲi$^{13}$kai$^{53}$pʰiau$^{13}$kʰak$^{3}$".

【薸子】pʰiau$^{13}$tsɿ$^{0}$ 名 浮萍：～，系，安做～。冬下头打倒分猪食。泉水田肚里就有。冬下头更多。泉水田肚里更多。pʰiau$^{13}$tsɿ$^{0}$,xe$^{53}$,ɔn$^{35}_{44}$tso$^{53}_{44}$pʰiau$^{13}$tsɿ$^{0}$.təŋ$^{35}$xa$^{35}_{44}$tʰei$^{13}_{21}$ta$^{21}$tau$^{21}$pən$^{35}$tʂəu$^{35}$ʂət$^{5}_{3}$.tsʰan$^{13}$ ʂei$^{21}$tʰien$^{13}$təu$^{21}$li$^{0}$tsʰiəu$^{53}_{44}$iəu$^{35}$.təŋ$^{35}$xa$^{35}_{44}$tʰei$^{13}_{21}$ken$^{53}_{44}$to$^{35}$.tsʰan$^{13}$ʂei$^{21}$tʰien$^{13}$təu$^{21}$li$^{0}$ken$^{53}$to$^{35}$.

【漂江水】pʰiau$^{35}$kɔŋ$^{35}$ʂei$^{21}$ 名 大洪水：我晓得嘞以两十多年来八三年涨哩～，欸，九四年涨哩～，九八年涨哩～，今年都还系冇几大。ŋai$^{13}$çiau$^{21}$tek$^{3}$lei$^{0}$i$^{21}$iɔŋ$^{21}$ʂət$^{5}$to$^{35}_{53}$ɲien$^{13}_{21}$nɔi$^{13}_{21}$pait$^{3}$san$^{35}$ ɲien$^{13}_{21}$tʂɔŋ$^{21}$li$^{0}$pʰiau$^{35}$kɔŋ$^{35}_{44}$ʂei$^{21}$,e$_{21}$,ciəu$^{21}$si$^{53}$ɲien$^{13}_{21}$tʂɔŋ$^{21}$li$^{0}$pʰiau$^{35}$kɔŋ$^{35}_{44}$ʂei$^{21}$,ciəu$^{3}$pait$^{3}$ɲien$^{13}_{44}$tʂɔŋ$^{21}$li$^{0}$pʰiau$^{35}$ kɔŋ$^{35}_{44}$ʂei$^{21}$,cin$^{35}$ɲien$^{13}_{21}$təu$^{35}_{53}$xai$^{13}_{21}$xe$^{53}_{44}$mau$^{13}$ci$^{21}$tʰai$^{53}$.

【票夹】pʰiau$^{53}$kait$^{3}$ 名 钱包的别称：欸，我话我箇只外甥子，我话：“你有钱，有～么？”“我爱么个～嘞？我又冇得钱，系唔系？”我话：“箇伢子人两十多岁了，让门唔爱只子～欸？唔爱只子钱包？”欸，我拿只分渠，唔多好个。“我唔爱咁个噢。”哼哼哼，笑死人。渠不要。e$_{21}$,ŋai$^{13}$ua$^{53}$ŋai$^{13}$kai$^{53}$tʂak$^{3}$ŋɔi$^{53}$saŋ$^{35}_{44}$tsɿ$^{0}$,ŋai$^{13}$ua$^{53}$:"ɲi$^{13}_{44}$iəu$^{35}_{44}$tsʰien$^{13}_{21}$,iəu$^{35}_{44}$pʰiau$^{53}$kait$^{3}$mo$^{0}$?""ŋai$^{13}_{21}$ɔi$^{53}$mak$^{3}$e$^{0}$ pʰiau$^{53}$kait$^{3}$le$^{0}$?ŋai$^{13}$iəu$^{53}$mau$^{13}_{21}$(t)ek$^{3}$tsʰien$^{13}$,xei$^{53}$me$^{53}$?"ŋai$^{13}$ua$^{53}$:"kai$^{53}$ŋa$^{13}$tsɿ$^{0}$ɲin$^{13}_{44}$iɔŋ$^{21}$ʂət$^{5}$to$^{35}_{44}$sɔi$^{53}$liau$^{0}$, ɲiɔŋ$^{53}$mən$^{13}_{44}$mɔi$_{35}$(←m̩$^{13}$ɔi$^{53}$)tʂak$^{3}$tsɿ$^{0}$pʰiau$^{53}$kait$^{3}$ei$^{0}$?m̩$^{13}$mɔi$^{53}$tʂak$^{3}$tsɿ$^{0}$tsʰien$^{13}$pau$^{35}_{44}$?"e$_{21}$,ŋai$^{13}$la$^{53}$tʂak$^{3}$pən$^{35}_{44}$

ci$^{13}_{44}$,n̩$^{13}_{21}$to$^{35}_{53}$xau$^{21}$ke$^{53}$."ŋai$^{13}_{21}$m̩$^{13}_{21}$mɔi$^{53}$kan$^{21}$cie$^{53}$au$^{0}$."xŋ̍$_{21}$xŋ̍$_{21}$xŋ̍$_{53}$,siau$^{53}$si$^{21}$ɲin$^{13}_{21}$.ci$^{13}_{21}$pət$^{3}$iau$^{53}$.

【票子】p$^{h}$iau$^{53}$tsɿ$^{0}$ 名钞票：比方数～啊，就抡下子。pi$^{21}$fɔŋ$^{35}_{44}$səu$^{21}$p$^{h}$iau$^{53}$tsa$^{0}$,ts$^{h}$iəu$^{53}_{44}$lən$^{21}$na$^{53}$(←xa$^{53}$)tsɿ$^{0}$.

【撇】p$^{h}$iet$^{3}$ 动除去：蕲艾是用来做箇～下子味嘞，～味嘞。c$^{h}$i$^{13}$ɲie$^{53}$ʂʅ$^{53}_{44}$iəŋ$^{53}$lai$^{13}_{21}$tso$^{53}_{44}$kai$^{53}_{44}$p$^{h}$iet$^{3}$(x)a$^{53}$tsɿ$^{0}$uei$^{53}$lei$^{0}$,p$^{h}$iet$^{3}$uei$^{53}$lei$^{0}$.

【拼】p$^{h}$in$^{35}$ 动合在一起；连合：两三杆笔唠，～做一下唠。iɔŋ$^{21}$san$^{35}_{44}$kɔn$^{21}$piet$^{3}$lau$^{0}$,p$^{h}$in$^{35}$tso$^{53}_{21}$iet$^{3}$xa$^{53}$lau$^{0}$.｜车（爆竹）筒子以后，欸，以下就打倮子，～成一饼一饼啊。tʂ$^{h}$a$^{35}_{44}$t$^{h}$əŋ$^{13}$tsɿ$^{0}$i$^{35}$xei$^{53}$,ei$_{21}$,ia$^{35}$(←i$^{21}$xa$^{53}$)ts$^{h}$iəu$^{53}_{44}$ta$^{21}$ko$^{21}$tsɿ$^{0}$,p$^{h}$in$^{35}$ʂaŋ$^{13}_{44}$iet$^{3}$piaŋ$^{21}$iet$^{3}$piaŋ$^{21}$ŋa$^{0}$.

【拼裁】p$^{h}$in$^{35}$ts$^{h}$ai$^{13}_{21}$ 动拼接并裁齐：一种（木面盆）就系一块一块子个板子～成个。iet$^{3}$tʂəŋ$^{21}$ts$^{h}$iəu$^{53}$xei$^{53}$iet$^{3}$k$^{h}$uai$^{53}$iet$^{3}$k$^{h}$uai$^{53}$tsɿ$^{0}$ke$^{53}_{44}$pan$^{21}$tsɿ$^{0}$p$^{h}$in$^{35}$ts$^{h}$ai$^{13}_{21}$ʂaŋ$^{13}_{44}$ke$^{53}$.

【品$_{1}$】p$^{h}$in$^{21}$ 动拌；掺：但是（苦斋）唔～下饭肚里去。tan$^{53}$ʂʅ$^{53}$m̩$^{13}$p$^{h}$in$^{21}$na(←xa$^{53}$)fan$^{53}$təu$^{21}$li$^{0}$çi$^{53}$.｜欸，有只箇样话法唠，欸，同样个两个人啵，系唔系？你就屋里糖～饭呐？我就欸我就屋里屎交沙？系唔系？糖品饭掺屎交沙。欸，你就屋里糖～饭渠食哩啊？我就屋里屎交沙渠食哩啊？e$_{21}$,iəu$^{35}$tʂak$^{3}$kai$^{53}_{21}$iɔŋ$^{53}_{44}$ua$^{53}$fait$^{3}$lau$^{0}$,e$_{21}$,t$^{h}$əŋ$^{13}$iɔŋ$^{53}$kei$^{53}$iɔŋ$^{21}$kei$^{53}$ɲin$^{13}$nau$^{0}$,xei$^{53}_{44}$me$^{53}_{44}$?ɲi$^{13}$ts$^{h}$iəu$^{53}$uk$^{3}$li$^{0}$t$^{h}$ɔŋ$^{13}$p$^{h}$in$^{21}$fan$^{53}$na$^{0}$?ŋai$^{13}$ts$^{h}$iəu$^{53}$e$_{44}$ŋai$^{13}$ts$^{h}$iəu$^{53}$uk$^{3}$li$^{0}$ʂʅ$^{21}$ciau$^{35}_{44}$sa$^{35}$?xei$^{53}_{44}$me$^{53}_{44}$?t$^{h}$ɔŋ$^{13}$p$^{h}$in$^{21}$fan$^{53}$lau$^{35}$ʂʅ$^{21}$ciau$^{35}_{44}$sa$^{35}$.ei$_{21}$,ɲi$^{13}$ts$^{h}$iəu$^{53}$uk$^{3}$li$^{0}$t$^{h}$ɔŋ$^{13}$p$^{h}$in$^{21}$fan$^{53}$ci$^{13}_{21}$ʂət$^{5}$li$^{0}$a$^{0}$?ŋai$^{13}$ts$^{h}$iəu$^{53}$uk$^{3}$li$^{0}$ʂʅ$^{21}$ciau$^{35}_{44}$sa$^{35}$ci$^{13}_{21}$ʂət$^{5}$li$^{0}$a$^{0}$?比喻你对人家好，我对不起人家。

【品$_{2}$】p$^{h}$in$^{21}$ 量用于香，相当于“支”：欸一个人只爱一根香啰，一个人只爱一～香啦，三个人就三～香啊。ei$_{44}$iet$^{3}$ke$^{53}$ɲin$^{13}_{44}$tʂʅ$^{21}$ɔi$^{53}$iet$^{3}$cien$^{35}$çiɔŋ$^{35}$lo$^{0}$,iet$^{3}$ke$^{53}$ɲin$^{13}_{21}$tʂʅ$^{21}$ɔi$^{53}$iet$^{3}$p$^{h}$in$^{21}$çiɔŋ$^{35}$la$^{0}$,san$^{35}$ke$^{53}$ɲin$^{13}_{44}$ts$^{h}$iəu$^{53}_{44}$san$^{35}$p$^{h}$in$^{21}$çiɔŋ$^{35}$a$^{0}$.

【品排子】p$^{h}$in$^{21}$p$^{h}$ai$^{13}$tsɿ$^{0}$ 副对称地；并排地：两张桌，～。iɔŋ$^{21}$tʂɔŋ$^{35}_{44}$tsɔk$^{3}$,p$^{h}$in$^{21}$p$^{h}$ai$^{13}$tsɿ$^{0}$.｜三条（梁）～放倒。san$^{35}$t$^{h}$iau$^{13}_{21}$p$^{h}$in$^{21}$p$^{h}$ai$^{13}$tsɿ$^{0}$fɔŋ$^{53}$tau$^{21}$.

【聘金】p$^{h}$in$^{53}$cin$^{35}$ 名订婚行聘的财礼：我等如今箇是渠就……渠就咁个了啦。专门有一只系～。专门一只～。几多万块钱。ŋai$^{13}$tien$^{0}$i$^{13}_{21}$cin$^{35}_{44}$kai$^{53}$ʂʅ$^{53}_{44}$ci$^{13}_{21}$ts$^{h}$iəu$^{53}_{44}$…ci$^{13}_{21}$ts$^{h}$iəu$^{53}$kan$^{21}_{35}$cie$^{53}$liau$^{0}$la$^{0}$.tʂen$^{35}$mən$^{13}_{21}$iəu$^{35}$iet$^{3}$tʂak$^{3}$xei$^{53}_{44}$p$^{h}$in$^{53}$cin$^{35}$.tʂen$^{35}$mən$^{13}_{44}$iet$^{3}$tʂak$^{3}$p$^{h}$in$^{53}$cin$^{35}_{44}$.ci$^{21}$to$^{35}$uan$^{53}$k$^{h}$uai$^{53}$ts$^{h}$ien$^{13}$.

【聘金钱】p$^{h}$in$^{53}_{21}$cin$^{35}_{44}$ts$^{h}$ien$^{13}$ 名聘金的俗称。又简称“聘金钱子”：送～子箇就结婚了，结婚了送～。səŋ$^{53}$p$^{h}$in$^{21}$cin$^{35}_{44}$ts$^{h}$ien$^{13}_{21}$tsɿ$^{0}$kai$^{53}_{44}$ts$^{h}$iəu$^{53}$ciet$^{3}$fən$^{35}$niau$^{0}$,ciet$^{3}$fən$^{35}$niau$^{0}$səŋ$^{53}$p$^{h}$in$^{21}$cin$^{35}_{44}$ts$^{h}$ien$^{13}_{21}$.

【聘书】p$^{h}$in$^{53}$ʂəu$^{35}$ 名聘用人的契约文书：我爷子就讲过唠，欸，箇个招聘制啊，也只有解放前箇就真正系招聘制。有一年呐，正月初六初七晡都还冇么人来请，初八晡早晨送张～来哩。初七晡都冇人请话，都还赠来赠确定去哪映教书，欸，箇解放前咯。渠话箇个就真正个招聘制。初八晡早晨接倒一张～。ŋai$^{13}_{21}$ia$^{13}$tsɿ$^{0}$ts$^{h}$iəu$^{53}$kɔŋ$^{21}$ko$^{53}$lau$^{0}$,e$_{21}$,kai$^{53}_{44}$ke$^{53}_{44}$tʂau$^{35}$p$^{h}$in$^{53}$tʂʅ$^{53}$za$^{0}$,ia$^{35}_{44}$tʂʅ$^{21}$iəu$^{35}_{53}$kai$^{53}$xɔŋ$^{53}$ts$^{h}$ien$^{13}$kai$^{53}$ts$^{h}$iəu$^{53}_{21}$tʂən$^{35}$tʂən$^{53}_{44}$xe$^{53}_{44}$tʂau$^{35}_{44}$p$^{h}$in$^{53}_{44}$tʂʅ$^{53}_{44}$.iəu$^{35}$iet$^{3}$ɲien$^{13}$na$^{0}$,tʂaŋ$^{35}_{44}$ɲiet$^{5}$ts$^{h}$ʅ$^{35}$liəuk$^{3}$ts$^{h}$ʅ$^{35}$ts$^{h}$iet$^{3}$pu$^{35}$təu$^{35}_{53}$xai$^{13}_{21}$mau$^{13}_{21}$mak$^{3}$in$^{13}_{44}$lɔi$^{13}_{44}$ts$^{h}$iaŋ$^{21}$,ts$^{h}$ʅ$^{35}$pait$^{3}$pu$^{35}$tsau$^{21}$ʂən$^{13}_{44}$səŋ$^{53}$tʂɔŋ$^{35}_{44}$p$^{h}$in$^{53}$ʂəu$^{35}_{44}$lɔi$^{13}_{21}$li$^{0}$.ts$^{h}$ʅ$^{35}$ts$^{h}$iet$^{3}$pu$^{35}$təu$^{35}_{53}$mau$^{13}_{21}$ɲin$^{13}_{21}$ts$^{h}$iaŋ$^{21}$ua$^{53}$,təu$^{35}_{53}$xai$^{13}_{21}$maŋ$^{13}$lɔi$^{13}$maŋ$^{13}$c$^{h}$iɔk$^{3}$t$^{h}$in$^{53}_{44}$çi$^{53}_{44}$lai$^{53}$iaŋ$^{53}$kau$^{35}_{44}$ʂəu$^{35}_{44}$,e$_{21}$,kai$^{53}_{44}$kai$^{21}$xɔŋ$^{53}$ts$^{h}$ien$^{13}$ko$^{0}$.ci$^{13}$(u)a$^{53}_{44}$kai$^{53}$ke$^{53}_{44}$ts$^{h}$iəu$^{53}_{44}$tʂən$^{35}$tʂən$^{53}_{44}$ke$^{53}_{44}$tʂau$^{35}$p$^{h}$in$^{53}$tʂʅ$^{53}_{44}$.ts$^{h}$ʅ$^{35}_{53}$pait$^{3}$pu$^{35}$tsau$^{21}$ʂən$^{13}_{21}$tsiait$^{3}$tau$^{21}$iet$^{3}$tʂɔŋ$^{35}$p$^{h}$in$^{53}$ʂəu$^{35}_{44}$.

【平$_{1}$】p$^{h}$iaŋ$^{13}$ 形①不倾斜；无凹凸；平整：砌得整个都砌～哩。ts$^{h}$i$^{53}$tek$^{3}$tʂən$^{21}$ko$^{53}$təu$^{35}_{44}$ts$^{h}$i$^{53}$p$^{h}$iaŋ$^{13}$li$^{0}$.｜（角撮帽）面前更～，更薄。后背更深。mien$^{53}$ts$^{h}$ien$^{13}_{21}$cien$^{53}$p$^{h}$iaŋ$^{13}$,cien$^{53}_{44}$p$^{h}$ɔk$^{5}$.xei$^{53}$pɔi$^{53}$cien$^{53}$tʂ$^{h}$ən$^{35}$.｜箇块土唔～。kai$^{53}$k$^{h}$uai$^{53}$t$^{h}$əu$^{21}$m̩$^{13}_{44}$p$^{h}$iaŋ$^{13}$.②（秤杆）不下垂也不上翘，表示斤两正好，不多不少：称东西个时候子我只爱～唔爱赢，箇秤爱称～来。实在是还爱秤爱好看就爱钉起下子来箇把秤。tʂ$^{h}$ən$^{53}$tən$^{35}$si$^{35}_{44}$ke$^{53}$ʂʅ$^{13}_{44}$xei$^{53}_{44}$tsɿ$^{0}$ŋai$^{13}$tʂʅ$^{21}$ɔi$^{53}$p$^{h}$iaŋ$^{13}$m̩$^{13}$mɔi$^{53}$iaŋ$^{13}$,kai$^{53}_{44}$tʂ$^{h}$ən$^{53}$ɔi$^{53}_{44}$tʂ$^{h}$ən$^{53}$p$^{h}$iaŋ$^{13}$lɔi$^{13}_{44}$.ʂət$^{5}$tsai$^{53}$ʂʅ$^{53}_{44}$xa$^{13}_{21}$ɔi$^{53}_{44}$tʂ$^{h}$ən$^{53}$ɔi$^{53}_{44}$xau$^{21}$k$^{h}$ɔn$^{53}$ts$^{h}$iəu$^{53}_{21}$ɔi$^{53}$taŋ$^{35}$çi$^{21}$(x)a$^{53}$tsɿ$^{0}$lɔi$^{13}_{21}$kai$^{53}$pa$^{21}$tʂ$^{h}$ən$^{53}$.③均平；齐一：或者我等～个，都酾满（酒）来。xɔit$^{3}$tʂa$^{21}$a$_{21}$(←ŋai$^{13}$)tien$^{0}$p$^{h}$iaŋ$^{13}_{21}$ke$^{53}_{44}$,təu$^{35}_{44}$sai$^{35}_{44}$man$^{35}_{53}$lɔi$^{13}$.｜分得蛮～噢。fən$^{35}$tek$^{3}$man$^{13}$p$^{h}$iaŋ$^{13}$ŋau$^{0}$.

【平$_{2}$】p$^{h}$iaŋ$^{13}$ 动①变平：箇磨子，石磨子吵，磨一阵吵，磨阵会，箇个齿就会～啊。kai$^{53}_{44}$mo$^{53}$tsɿ$^{0}$,ʂak$^{5}$mo$^{53}$tsɿ$^{0}$ʂa$^{0}$,mo$^{53}$(i)et$^{3}$tʂ$^{h}$ən$^{53}$ʂa$^{0}$,mo$^{53}$tʂ$^{h}$ən$^{53}_{21}$uɔi$^{53}_{44}$,kai$^{53}_{44}$ke$^{53}_{44}$tʂ$^{h}$ʅ$^{21}$ts$^{h}$iəu$^{53}_{44}$uɔi$^{53}_{44}$p$^{h}$iaŋ$^{13}$ŋa$^{0}$.②弄平：荷树个木质还系蛮硬子啦，蛮硬子。/唔好～。xo$^{13}$ʂəu$^{53}$kei$^{53}$muk$^{3}$tʂət$^{3}$xai$^{13}$xe$^{53}_{44}$man$^{13}$ŋaŋ$^{53}$tsɿ$^{0}$la$^{0}$,man$^{13}$ŋaŋ$^{53}$tsɿ$^{0}$./n̩$^{13}$xau$^{21}$p$^{h}$iaŋ$^{13}$.③使与别的东西高度相同：后背箇一栋爱高滴子更好看呢，

不可能～倒。xei$^{53}$pɔi$^{53}_{44}$kai$^{53}_{44}$iet$^{3}$təŋ$^{53}_{44}$ɔi$^{53}_{44}$kau$^{35}$tiet$^{5}$tsɿ$^{0}$cien$^{53}_{44}$xau$^{21}$kʰɔn$^{53}$ne$^{0}$,puk$^{3}$kʰo$^{21}$len$^{13}_{44}$pʰiaŋ$^{13}$tau$^{21}$.｜箇横屋嘞，渠就一般呢就～倒以只檐头来。kai$^{53}$uaŋ$^{13}$uk$^{3}$lei$^{0}$,ci$^{13}$tsʰiəu$^{53}$iet$^{3}$pɔn$^{35}$ne$^{0}$tsʰiəu$^{53}_{44}$pʰiaŋ$^{13}$tau$^{21}$i$^{21}$tʂak$^{3}$ian$^{13}$tʰei$^{13}$lɔi$^{13}$.

【平辈】pʰiaŋ$^{13}$pi$^{53}$ [形]辈分相同：我摎箇晡箇我摎今晡早晨你食早饭个箇映子是箇只就～，兄弟栏场，欸，以个尽喊我端哥。ŋai$^{13}$lau$^{35}_{44}$kai$^{53}$pu$^{35}_{44}$kai$^{53}$ŋai$^{13}$lau$^{35}_{44}$cin$^{35}$pu$^{35}_{53}$tsau$^{21}$ʂən$^{13}_{44}$ɲi$^{13}_{44}$ʂət$^{5}_{3}$tsau$^{21}$fan$^{53}_{44}$ke$^{53}_{44}$kai$^{53}_{44}$iaŋ$^{53}_{44}$tsɿ$^{0}$ʂɿ$^{53}$kai$^{53}$tʂak$^{3}$tsʰiəu$^{53}_{44}$pʰiaŋ$^{13}$pi$^{53}$,çiɔŋ$^{35}$tʰi$^{53}$laŋ$^{13}_{44}$tʂʰɔŋ$^{13}_{44}$,e$_{21}$,i$^{21}$ke$^{53}_{44}$tsʰin$^{53}$xan$^{53}_{44}$ŋai$^{13}_{21}$tɔn$^{35}$ko$^{35}$.

【平底】pʰiaŋ$^{13}$te$^{21}$ 纳鞋底时的一种方法，针脚均对空走直线：打鞋底有两种打法。箇我细细子就打过嘞。一种打法嘞安做打～。欸，鞋底我发现好像只有两种打法。一种嘞打～。譬喻以只鞋底样，哼，有滴像鞋底唠，系唔系？箇样鞋底嘞打～。就系一针两针三针四针五针，好，以映空子里一针以映来，隔开来嘞，嗯，欸，以映就又对空子嘞，咁子一横横上，一路一路都打～，以映子嘞，以映子以映子，系啊？ta$^{21}$xai$^{13}$te$^{21}$iəu$^{35}$iɔŋ$^{21}$tʂəŋ$^{21}$ta$^{21}$fait$^{3}$.kai$^{53}$ŋai$^{13}$se$^{53}$se$^{53}$tsɿ$^{0}$tsʰiəu$^{53}_{44}$ta$^{21}$ko$^{53}$le$^{0}$.iet$^{3}$tʂəŋ$^{21}$ta$^{21}$fait$^{3}$lei$^{0}$ɔn$^{35}$tso$^{53}$ta$^{21}$pʰiaŋ$^{13}$te$^{21}$.e$_{44}$,xai$^{13}$te$^{21}$ŋai$^{13}_{44}$fait$^{3}$çien$^{53}$xau$^{21}$tsʰiɔŋ$^{53}$tʂɿ$^{21}$iəu$^{35}_{53}$iɔŋ$^{21}$tʂəŋ$^{21}$ta$^{21}$fait$^{3}$.iet$^{3}$tʂəŋ$^{21}$le$^{0}$ta$^{21}$pʰiaŋ$^{13}$te$^{21}$.pʰei$^{53}$y$^{53}$i$^{21}$tʂak$^{3}$xai$^{13}$te$^{21}$iɔŋ$^{53}$,xŋ̍$_{21}$,iəu$^{35}$tet$^{5}$tsʰiɔŋ$^{53}$xai$^{13}$te$^{21}$lau$^{0}$,xei$^{53}_{44}$me$^{53}_{44}$?kai$^{53}$iɔŋ$^{53}_{44}$xai$^{13}$te$^{21}$le$^{0}$ta$^{21}$pʰiaŋ$^{13}$te$^{21}$.tsʰiəu$^{53}_{44}$xei$^{53}_{44}$iet$^{3}$tʂən$^{35}$iɔŋ$^{21}$tʂən$^{35}_{44}$san$^{35}_{44}$tʂən$^{35}_{44}$si$^{53}$tʂən$^{35}$ŋ̍$^{21}$tʂən$^{35}$,xau$^{21}$,i$^{21}$iaŋ$^{53}_{44}$kʰəŋ$^{53}$tsɿ$^{0}$li$^{0}$iet$^{3}$tʂən$^{35}$i$^{21}$iaŋ$^{53}_{21}$lɔi$^{13}_{44}$,kak$^{3}$kʰɔi$^{35}$lɔi$^{13}_{21}$le$^{0}$,n̩$_{21}$,e$_{35}$,i$^{21}$iaŋ$^{53}_{44}$tsʰiəu$^{53}_{44}$iəu$^{53}$ti$^{53}$kʰəŋ$^{53}$tsɿ$^{0}$le$^{0}$,kan$^{21}$tsɿ$^{0}$iet$^{3}$uaŋ$^{13}$uaŋ$^{13}$xɔŋ$^{53}_{44}$,iet$^{3}$lu$^{53}$iet$^{3}$lu$^{53}$təu$^{35}$ta$^{21}$pʰiaŋ$^{13}$te$^{21}$,i$^{21}$iaŋ$^{53}$tsɿ$^{0}$le$^{0}$,i$^{21}$iaŋ$^{53}$tsɿ$^{0}$i$^{21}$iaŋ$^{53}$tsɿ$^{0}$,xe$^{53}$a$^{0}$?

【平底褂子】pʰiaŋ$^{13}$te$^{21}$kua$^{53}$tsɿ$^{0}$ [名]下摆平直的衬衣：我爱买平底褂子。ŋai$^{13}_{21}$ɔi$^{53}_{44}$mai$^{35}$pʰiaŋ$^{13}$te$^{21}$kua$^{53}$tsɿ$^{0}$.

【平底鞋】pʰiaŋ$^{13}$tei$^{21}$xai$^{13}$ [名]露边的平跟布鞋。又称“大底鞋”：露出边来个平跟布鞋，～，就安做～。ləu$^{53}$tʂʰət$^{3}$pien$^{35}$nɔi$^{13}_{21}$ke$^{53}_{44}$pʰiaŋ$^{13}$cien$^{35}$pu$^{53}$xai$^{13}_{21}$,pʰiaŋ$^{13}$te$^{21}$xai$^{13}$,tsʰiəu$^{53}_{44}$ɔn$^{35}_{44}$tso$^{53}_{44}$pʰiaŋ$^{13}$te$^{21}$xai$^{13}$.

【平顶】pʰiaŋ$^{13}$taŋ$^{21}$ [名]平屋顶：我等以映做屋嘞屋面都喜欢盖瓦，欸，唔喜欢搞做～。搞做～搞么个嘞？有几多只～唔漏水个。临时唔漏水，久兜子就会漏水。搞唔稳。ŋai$^{13}$tien$^{0}$i$^{21}$iaŋ$^{53}$tso$^{53}$uk$^{3}$lei$^{0}$uk$^{3}$mien$^{53}$təu$^{35}$çi$^{21}$fɔn$^{35}_{44}$kɔi$^{53}$ŋa$^{21}$,e$_{21}$,n̩$^{13}$çi$^{21}$fɔn$^{35}_{53}$kau$^{21}$tso$^{53}$pʰiaŋ$^{13}$taŋ$^{21}$.kau$^{21}$tso$^{53}$pʰiaŋ$^{13}$taŋ$^{21}$kau$^{21}$mak$^{3}$e$^{0}$lei$^{5}$?mau$^{13}$ci$^{21}$(t)o$^{35}_{53}$tʂak$^{3}$pʰiaŋ$^{13}$taŋ$^{21}$n̩$^{13}$lei$^{53}$ʂei$^{21}$ke$^{53}$.lin$^{13}$ʂɿ$^{13}$n̩$^{13}$lei$^{53}$ʂei$^{21}$,ciəu$^{21}$te$^{35}_{53}$tsɿ$^{0}$tsʰiəu$^{53}_{44}$uɔi$^{53}_{44}$lei$^{53}$ʂei$^{21}$.kau$^{21}$n̩$^{13}_{44}$uən$^{21}$.

【平肚】pʰin$^{13}$təu$^{21}$ [名]皮肚：～就系猪皮……猪皮去炮，用油炮。猪皮用油去炮，欸，就安做～唠，欸。～就系欸猪皮用油去炮哇。pʰin$^{13}$təu$^{21}$tsʰiəu$^{53}$xei$^{53}$tʂəu$^{35}$pʰi$^{13}$…tʂəu$^{35}$pʰi$^{13}$çi$^{53}$pʰau$^{13}$,iɔŋ$^{53}$iəu$^{13}$pʰau$^{13}$.tʂəu$^{35}_{44}$pʰi$^{13}$iɔŋ$^{53}$iəu$^{13}$çi$^{53}$pʰau$^{13}$,ei$_{21}$,tsʰiəu$^{53}_{44}$ɔn$^{35}_{44}$tso$^{53}_{44}$pʰin$^{13}$təu$^{21}$lau$^{0}$,e$_{21}$.pʰin$^{13}$təu$^{21}$tsʰiəu$^{53}$xei$^{53}$e$_{44}$tʂəu$^{35}$pʰi$^{13}$iɔŋ$^{53}$iəu$^{13}$çi$^{53}$pʰau$^{13}$ua$^{0}$.

【平分水】pʰiaŋ$^{13}$fən$^{35}_{44}$ʂei$^{21}$ [动]屋脊居中：如果唔参栋，正好放中间，打比样以只扉系两丈长，我以只栋正好去中间，一丈个栏场子，系唔系？以边一丈，以边也一丈，正好去中间映，箇安做～。～就要唔得。一般个屋都爱参栋。ɥ$^{13}$ko$^{21}$n̩$^{13}$tsʰan$^{35}$təŋ$^{53}$,tʂən$^{53}$xau$^{21}$fɔŋ$^{53}_{44}$tʂəŋ$^{35}_{44}$kan$^{35}_{44}$,ta$^{21}$pi$^{21}$iɔŋ$^{53}$i$^{21}$tʂak$^{3}$fei$^{35}$xe$^{53}_{44}$iɔŋ$^{21}$tʂʰɔŋ$^{53}$tʂʰɔŋ$^{13}$,ŋai$^{13}$i$^{21}$tʂak$^{3}$təŋ$^{53}$tʂən$^{53}$xau$^{21}$çi$^{53}$tʂəŋ$^{35}$kan$^{35}_{44}$,iet$^{3}$tʂʰɔŋ$^{53}$ke$^{53}_{44}$lɔŋ$^{13}_{21}$tʂʰɔŋ$^{13}_{44}$tsɿ$^{0}$,xe$^{53}_{44}$me$^{53}_{44}$?i$^{21}$pien$^{35}_{44}$iet$^{3}$tʂʰɔŋ$^{53}$,i$^{21}$pien$^{35}_{44}$ia$^{35}_{44}$iet$^{3}$tʂʰɔŋ$^{53}$,tʂən$^{53}$xau$^{21}$çi$^{53}$tʂəŋ$^{35}$kan$^{35}_{44}$iaŋ$^{53}_{44}$,kai$^{53}_{44}$ɔn$^{35}_{44}$tso$^{53}_{44}$pʰiaŋ$^{13}$fən$^{35}_{44}$ʂei$^{21}$.pʰiaŋ$^{13}$fən$^{35}_{44}$ʂei$^{21}$tsʰiəu$^{53}_{44}$iau$^{53}$n̩$^{13}_{21}$tek$^{3}$.iet$^{3}$pɔn$^{35}$ke$^{53}$uk$^{3}$təu$^{35}_{44}$ɔi$^{53}_{44}$tsʰan$^{35}$təŋ$^{53}$.

【平缝】pʰiaŋ$^{13}$pʰəŋ$^{53}$ [名]木板料邻边之间直而平的缝：斜缝就同～差唔多。tsʰia$^{13}$pʰəŋ$^{53}$tsʰiəu$^{53}_{44}$tʰəŋ$^{13}_{21}$pʰiaŋ$^{13}$pʰəŋ$^{53}$tsa$^{35}$n̩$^{13}_{21}$to$^{53}_{21}$.

【平跟】pʰiaŋ$^{13}$cien$^{35}$ [形]属性词。鞋底前后一样高：露出边来个～布鞋，平底鞋。ləu$^{53}$tʂʰət$^{3}$pien$^{35}$nɔi$^{13}_{21}$ke$^{53}_{44}$pʰiaŋ$^{13}$cien$^{35}$pu$^{53}$xai$^{13}_{21}$,pʰiaŋ$^{13}$te$^{21}$xai$^{13}$.

【平光镜】pʰiaŋ$^{13}$kɔŋ$^{35}$ciaŋ$^{53}$ [名]指没有屈光度的眼镜：～，嗯，有得度数个，也唔系近视也唔系欸么个老花，～。欸，我要曾经话准备买一面～，嘿嘿嘿，有么个事带下子，落尾像下子欸呀箇戴眼镜咁累赘个路子有哩办法嘞，系唔系？近视眼箇老花个人就有办法嘞，我有得老花个时候子箇阵子四十几岁呀，眼珠还好个时候子有么个戴得咁个，有，嗯，贪只么个安做贪只么个洋伴。箇个都系洋伴东西。pʰiaŋ$^{13}$kɔŋ$^{35}_{44}$ciaŋ$^{53}$,n̩$_{21}$,mau$^{13}$tek$^{3}$tʰəu$^{53}$ʂɿ$^{53}_{44}$ke$^{0}$,ia$^{35}$m̩$^{13}_{21}$pʰe$^{53}$cʰin$^{53}$ʂɿ$^{53}_{44}$ia$^{35}_{44}$m̩$^{13}_{21}$pʰe$^{53}$e$_{21}$mak$^{3}$ke$^{53}_{44}$lau$^{21}$fa$^{35}$,pʰiaŋ$^{13}$kɔŋ$^{35}_{44}$ciaŋ$^{53}$.e$_{21}$,ŋai$^{13}$iau$^{53}_{44}$tsʰən$^{13}$cin$^{35}_{44}$ua$^{53}$tʂən$^{21}$pʰi$^{53}$mai$^{35}$iet$^{3}$mien$^{53}$pʰiaŋ$^{13}$kɔŋ$^{35}_{44}$ciaŋ$^{53}$,xe$_{44}$xe$_{53}$xe$_{53}$,mau$^{13}_{21}$mak$^{3}$e$^{0}$sɿ$^{53}$tai$^{53}$ia$^{53}_{44}$tsɿ$^{0}$,lɔk$^{5}_{3}$mi$^{35}_{53}$siɔŋ$^{21}_{44}$xa$^{53}_{44}$tsɿ$^{0}$ei$_{53}$ia$_{13}$kai$^{53}$tai$^{53}$ŋan$^{21}$ciaŋ$^{53}$kan$^{21}$lei$^{53}$tʂei$^{53}_{44}$kei$^{53}_{44}$ləu$^{53}$tsɿ$^{0}$mau$^{13}_{21}$li$^{0}$pʰan$^{53}$fait$^{3}$lei$^{0}$,xei$^{53}$me$^{53}$?cʰin$^{53}$ʂɿ$^{13}$ŋan$^{21}$kai$^{53}_{44}$lau$^{21}$fa$^{35}_{53}$ke$^{53}$ɲin$^{13}_{21}$tsiəu$^{53}_{44}$mau$^{13}$pʰan$^{53}$fait$^{3}$le$^{0}$,ŋai$^{13}$mau$^{13}$tek$^{3}$lau$^{21}$fa$^{35}_{44}$ke$^{53}$ʂɿ$^{13}_{44}$xəu$^{53}_{44}$tsɿ$^{0}$kai$^{53}$tʂʰən$^{53}$tsɿ$^{0}$si$^{53}$ʂət$^{5}$ci$^{21}$sɔi$^{53}$ia$^{0}$,ŋan$^{21}$tʂəu$^{35}_{53}$xau$^{21}$ke$^{53}$

ʂʅ$^{13}_{44}$xəu$^{53}_{44}$tsɿ$^{0}$ iəu$^{35}_{44}$mak$^{3}$ e$^{0}$ tai$^{53}$tek$^{3}$ kan$^{21}$cie$^{53}$,iəu$^{35}_{44}$,n̩$_{21}$,tʰan$^{35}$tʂak$^{3}$ mak$^{3}$ kei$^{53}_{44}$ɔn$^{35}$tso$^{53}$tʰan$^{35}$tʂak$^{3}$ mak$^{3}$ e$^{0}$ iɔŋ$^{13}$ pʰɔn$^{53}$.kai$^{53}_{44}$ke$^{53}_{44}$təu$^{35}_{44}$xei$^{53}_{44}$iɔŋ$^{13}$pʰɔn$^{53}$təŋ$^{35}$si$^{0}$.

【平肩】pʰiaŋ$^{13}$cien$^{35}$ [名]肩斜度偏小的肩型：～（比斜肩）更好看呢。pʰiaŋ$^{13}$cien$^{35}_{44}$cien$^{53}_{44}$xau$^{21}$ kʰɔn$^{53}$ne$^{0}$.

【平锯$_{1}$】pʰiaŋ$^{13}$ke$^{53}$/cie$^{53}$ [动]锯板子时两人配合，平着拉锯：陡锯就区别于～，唔系话筵椽皮咯，渠就咁个唠，两种方式都可以啊。筵椽皮，一种方式嘞，打比以筒树样，咁子，平个放倒，箇就以底下爱放两只架啦。以映就一只木马，以映子一……我画出来，欸，以映一只木马，嗯，以映一只木马，系啊？以映子就搁条子树，欸，搁条树以后嘞，搁啊只木马上，撑稳，系<u>唔系</u>？以向系顶地，以向落啊地泥下，以向也落啊地泥下，以下嘞分□爱锯个树就咁子搁啊以上背，锯个树搁啊以上背，一个人徛以向，一个人徛以向，就系人徛倒咁高子，就拿把锯去扯，欸，扯去扯转。箇～。以个讲筵板呐，唔系锯树筒子啦。以起就～，系啊？tei$^{21}$cie$^{53}$tsʰiəu$^{53}_{44}$tʂʰʮ$^{35}_{44}$pʰiet$^{5}$ʮ$^{13}_{44}$pʰiaŋ$^{13}$cie$^{53}$,m̩$^{13}$pʰei$^{53}$ua$^{53}$sak$^{3}$ ʂuɔn$^{13}$pʰi$^{13}$ko$^{0}$,ci$^{13}_{21}$tsʰiəu$^{53}_{44}$kan$^{21}$ke$^{0}$ lau$^{0}$,iɔŋ$^{21}$ tʂəŋ$^{21}$fɔŋ$^{35}$ʂʅ$^{53}_{44}$təu$^{35}_{53}$kʰo$^{21}$i$^{35}_{44}$a$^{0}$ .sak$^{3}$ ʂuɔn$^{13}$pʰi$^{13}$,iet$^{3}$ tʂəŋ$^{21}$fɔŋ$^{35}$ʂʅ$^{53}_{44}$lei$^{0}$,ta$^{21}$pi$^{21}$i$^{21}$tʰəŋ$^{13}$ʂəu$^{53}$iɔŋ$^{53}_{44}$,kan$^{21}_{13}$tsɿ$^{0}$,pʰiaŋ$^{13}$ ke$^{0}$ fɔŋ$^{53}$tau$^{21}$,kai$^{53}$tsʰiəu$^{53}$i$^{21}$te$^{21}$xa$^{53}_{44}$ɔi$^{53}_{44}$fɔŋ$^{53}_{44}$iɔŋ$^{21}$tʂak$^{3}$ ka$^{53}$la$^{0}$ .i$^{21}$iaŋ$^{53}$tsʰiəu$^{53}$iet$^{3}$ tʂak$^{3}$ muk$^{3}$ ma$^{35}$,i$^{21}$iaŋ$^{53}$tsɿ$^{0}$ iet$^{3}$ …ŋai$^{13}$fa$^{53}$tʂʰət$^{3}$ lɔi$^{13}$,e$_{21}$,i$^{21}$iaŋ$^{53}$iet$^{3}$ tʂak$^{3}$ muk$^{3}$ ma$^{35}$,n̩$_{21}$,i$^{21}$iaŋ$^{53}$iet$^{3}$ tʂak$^{3}$ muk$^{3}$ ma$^{35}$,xei$^{53}$a$^{0}$ ?i$^{21}$iaŋ$^{53}$tsɿ$^{0}$ tsʰiəu$^{53}_{44}$kɔk$^{3}$ tʰiau$^{13}_{21}$tsɿ$^{0}$ ʂəu$^{53}$,e$_{21}$,kɔk$^{3}$ tʰiau$^{13}$ʂəu$^{53}$i$^{35}_{44}$xei$^{53}_{44}$lei$^{0}$ ,kɔk$^{3}$ a$^{0}$ tʂak$^{3}$ muk$^{3}$ ma$^{35}_{44}$xɔŋ$^{53}_{44}$,tsʰaŋ$^{53}$uən$^{21}$,xei$^{53}_{44}$ me$^{53}_{44}$?i$^{21}$çiɔŋ$^{53}_{44}$xe$^{53}_{44}$tin$^{21}$tʰi$^{53}$,i$^{21}$çiɔŋ$^{53}_{44}$lɔk$^{5}$ a$^{0}$ tʰi$^{53}$lai$^{13}_{21}$xa$^{35}$,i$^{21}$çiɔŋ$^{53}_{44}$a$^{35}_{44}$lɔk$^{5}$ a$^{0}$ tʰi$^{53}$lai$^{13}_{21}$xa$^{35}$,i$^{21}$xa$^{53}_{44}$lei$^{0}$ pən$^{35}$tʰek$^{3}$ ɔi$^{53}$ cie$^{53}$ke$^{0}$ ʂəu$^{53}$tsʰiəu$^{53}$kan$^{21}$tsɿ$^{0}$ kɔk$^{3}$ a$^{0}$ i$^{21}$ʂɔŋ$^{53}$pɔi$^{53}$,cie$^{53}$ke$^{0}$ ʂəu$^{53}_{44}$kɔk$^{3}$ a$^{0}$ i$^{21}$ʂɔŋ$^{53}$pɔi$^{53}$,iet$^{3}$ ke$^{53}$ɲin$^{13}_{21}$cʰi$^{35}$i$^{21}$çiɔŋ$^{53}$,iet$^{3}$ ke$^{53}$ɲin$^{13}_{44}$cʰi$^{35}$i$^{21}$çiɔŋ$^{53}$,tsʰiəu$^{53}_{44}$xei$^{53}_{44}$ɲin$^{13}$cʰi$^{35}$tau$^{21}$kan$^{21}$kau$^{35}_{44}$tsɿ$^{0}$ ,tsiəu$^{53}$la$^{53}$pa$^{21}$cie$^{53}$çi$^{53}_{44}$tʂʰa$^{21}$,e$_{53}$,tʂʰa$^{21}$çi$^{53}$tʂʰa$^{21}$ tʂuɔn$^{21}$.kai$^{53}_{44}$pʰiaŋ$^{13}$cie$^{53}$.i$^{21}$ke$^{53}$kɔŋ$^{21}$sak$^{3}$ pan$^{21}$na$^{0}$,m̩$^{13}$pʰei$^{53}_{44}$cie$^{53}$ʂəu$^{53}$tʰəŋ$^{13}$tsɿ$^{0}$ la$^{0}$. i$^{21}$çi$^{21}$tsʰiəu$^{53}_{44}$pʰiaŋ$^{13}$cie$^{53}$, xei$^{53}_{44}$a$^{0}$?

【平锯$_{2}$】pʰiaŋ$^{53}$ke$^{53}$/cie$^{53}$ [名]一种锯子，锯条两头的锯齿朝向不同，用时木头平放着来锯：～区别于箇个陡锯。～最少。一般个锯都系陡锯，就系一边高低个锯就最多。～就最少，以下冇得哩，冇么人用～了，因为以前～就来筵椽皮唠，筵椽皮个因为箇树咯十分长，筵楼板筵椽皮呀，箇树十分长，欸，你筵呃做陡锯你不可能徛下箇个唔知几高个栏场来筵，系<u>唔系</u>？渠就只好摆平来筵，就安做～，以下冇得哩，唔爱哩。以下，讲起来都系～了，舞只锯台，一树一揰下去。pʰiaŋ$^{53}$ke$^{53}$tʂʰʮ$^{35}_{44}$pʰiet$^{5}$ʮ$^{13}_{21}$kai$^{53}$ke$^{53}$tei$^{21}$cie$^{53}$.pʰiaŋ$^{13}$cie$^{53}$tsei$^{53}$ʂau$^{21}$.iet$^{3}$ pɔn$^{35}$ke$^{53}$cie$^{53}$təu$^{53}_{44}$ xe$^{53}$tei$^{21}$cie$^{53}$,tsʰiəu$^{53}_{44}$xe$^{53}_{44}$iet$^{3}$ pien$^{35}_{44}$kau$^{35}$tei$^{35}_{44}$ke$^{53}_{44}$cie$^{53}_{44}$tsʰiəu$^{53}_{21}$tsei$^{53}$to$^{35}$.pʰiaŋ$^{13}$cie$^{53}_{44}$tsʰiəu$^{53}_{44}$tsei$^{53}$ʂau$^{21}$,i$^{21}$xa$^{53}$mau$^{13}$ tek$^{3}$ li$^{0}$ ,mau$^{13}$mak$^{3}$ in$^{13}_{44}$iəŋ$^{53}$pʰiaŋ$^{13}$cie$^{53}$liau$^{0}$ ,in$^{35}_{44}$uei$^{53}_{44}$i$^{35}$tsʰien$^{13}$pʰiaŋ$^{13}$cie$^{53}_{44}$tsʰiəu$^{53}$lɔi$^{13}_{21}$sak$^{3}$ ʂuɔn$^{13}$pʰi$^{13}$ lau$^{0}$ ,sak$^{3}$ ʂuɔn$^{13}$pʰi$^{13}_{21}$ke$^{53}$in$^{35}$uei$^{53}_{44}$kai$^{53}_{44}$ʂəu$^{53}$ko$^{0}$ ʂət$^{5}$ fən$^{35}_{53}$tʂʰɔŋ$^{13}$,sak$^{3}$ lei$^{13}$pan$^{21}$sak$^{3}$ ʂuɔn$^{13}$pʰi$^{13}_{44}$ia$^{0}$ ,kai$^{53}_{44}$ʂəu$^{53}$ʂət$^{5}$ fən$^{35}_{44}$tʂʰɔŋ$^{13}$,e$_{21}$, ɲi$^{13}$sak$^{3}$ ə$^{0}$ tso$^{53}$tei$^{21}$cie$^{53}$ɲi$^{13}$pət$^{3}$ kʰo$^{21}$len$^{13}_{44}$cʰi$^{35}$xa$^{53}_{44}$kai$^{53}_{44}$ke$^{53}_{44}$n̩$^{13}$ti$^{35}_{53}$ci$^{21}$kau$^{35}$ke$^{53}$laŋ$^{13}_{21}$tʂʰɔŋ$^{13}_{21}$lɔi$^{13}_{44}$ sak$^{3}$ ,xei$^{53}$me$^{53}$?ci$^{13}_{21}$tsʰiəu$^{53}$tʂʅ$^{21}$xau$^{21}$pai$^{21}$pʰiaŋ$^{13}$lɔi$^{13}_{44}$sak$^{3}$ ,tsʰiəu$^{53}_{21}$ɔn$^{35}_{53}$tso$^{53}$pʰiaŋ$^{13}$cie$^{53}$,i$^{21}$xa$^{53}$mau$^{13}$tek$^{3}$ li$^{0}$ ,m̩$^{13}_{21}$ mɔi$^{53}$li$^{0}$ .i$^{21}$xa$^{53}$,kɔŋ$^{21}$çi$^{21}$lɔi$^{13}_{21}$təu$^{35}$xe$^{53}$pʰiaŋ$^{13}$cie$^{53}$liau$^{0}$ ,u$^{21}$tʂak$^{3}$ cie$^{53}$tʰɔi$^{13}$,iet$^{3}$ ʂəu$^{53}$iet$^{3}$ tsʰəŋ$^{21}$xa$^{53}$çi$^{53}$.

【平口】pʰiaŋ$^{13}$xəu$^{21}$ [形]属性词。口沿直而无弧度：渠个是个～。ci$^{13}_{21}$ke$^{53}$ʂʅ$^{53}_{44}$ke$^{53}_{44}$pʰiaŋ$^{13}$xəu$^{21}$.

【平盘】pʰiaŋ$^{13}$pʰan$^{13}$ [动]安放好楼栿后继续砌几层砖，使扉墙与经墙一样高：渠一般是还咁个嘞，它那个砌倒啦这这那个放天花板那个地方，是啊？砌倒那里，就要放楼栿啊。要搞架楼吵，以前就没有预制板，就搞放楼栿，欸，楼栿面上嘞楼栿顶高嘞就以间那个，顶高底下样，系<u>唔系</u>？又不可能就刷扉，还爱砌滴子墙子。以顶高哇，楼栿顶高还爱砌滴墙子。唔系箇映子会进……会进老……会进欸鸟子箇只咯会飞进去咯。砌嘿去，爱砌滴子，砌哩咁高子。砌齐哩，砌得整个都砌平哩，安做～。欸嘿，平哩盘。ci$^{13}_{21}$iet$^{3}$ pɔn$^{35}$ʂʅ$^{53}_{44}$xai$^{13}$kan$^{21}_{44}$cie$^{53}_{44}$lei$^{0}$ ,tʰa$_{44}$la$_{44}$ke$^{53}_{44}$ tsʰi$^{53}$tau$^{21}$la$^{0}$ tʂe$^{53}$tʂe$^{53}$la$_{44}$ke$_{44}$fɔŋ$^{53}$tʰien$_{44}$fa$_{44}$pan$^{21}$la$_{21}$ke$^{53}_{44}$ti$_{44}$faŋ$^{0}$ ,ʂʅ$^{53}_{44}$a$^{0}$ ?tsʰi$^{53}$tau$^{21}$la$^{53}_{44}$li$^{0}$ ,tsʰiəu$^{53}$iau$^{53}$fɔŋ$^{53}$lei$^{13}$ fuk$^{5}$ a$^{0}$ .iau$^{53}$kau$^{21}$ka$^{53}$ləu$^{13}$ʂa$^{0}$ ,i$_{21}$tsʰien$^{13}$tsʰiəu$^{53}_{44}$mei$_{35}$iəu$^{21}$ʮ$^{53}$tʂʅ$^{53}_{21}$pan$^{21}$,tsʰiəu$^{53}_{44}$kau$^{21}$fɔŋ$^{53}$lei$^{13}$fuk$^{5}$,e$_{21}$,lei$^{13}$fuk$^{5}$ mien$^{53}$xɔŋ$^{53}_{44}$lei$^{0}$ lei$^{13}$fuk$^{5}$ taŋ$^{21}$kau$^{35}_{44}$lei$^{0}$ tsʰiəu$^{53}$i$^{21}$kan$^{35}_{44}$nei$_{44}$ko$^{0}$ ,taŋ$^{21}$kau$^{35}_{44}$te$^{21}$xa$^{53}_{44}$iɔŋ$^{53}_{44}$,xe$^{53}_{44}$me$^{53}_{44}$?iəu$^{53}$puk$^{3}$ kʰo$^{21}$ len$^{13}$tsʰiəu$^{53}$sɔit$^{3}$ fei$^{35}$,xai$^{13}_{21}$ɔi$^{53}_{44}$tsʰi$^{53}$tiet$^{5}$ tsɿ$^{0}$ tsʰiɔŋ$^{13}$tsɿ$^{0}$ .i$^{21}$taŋ$^{21}$kau$^{35}_{44}$ua$^{0}$ ,lei$^{13}$fuk$^{5}$ taŋ$^{21}$kau$^{35}_{44}$xa$^{13}_{21}$ɔi$^{53}_{44}$tsʰi$^{53}$tiet$^{5}$ tsʰiɔŋ$^{13}$tsɿ$^{0}$ .m̩$^{13}_{21}$pʰe$_{44}$(←xe$^{53}$)kai$^{53}_{44}$iaŋ$^{53}_{44}$tsɿ$^{0}$ uɔi$^{53}_{44}$tsin$^{53}$…uɔi$^{53}_{44}$tsin$^{53}$nau$^{21}$…uɔi$^{53}_{44}$tsin$^{53}$ei$_{21}$tiau$^{35}$tsɿ$^{0}$ kai$^{53}_{44}$tʂak$^{3}$ ko$^{0}$ uɔi$^{53}_{44}$fei$^{35}$tsin$^{53}_{44}$çi$^{53}_{44}$ko$^{0}$ .tsʰi$^{53}$xek$^{3}$ çi$^{53}$,ɔi$^{53}_{21}$tsʰi$^{53}_{44}$tiet$^{5}$ tsɿ$^{0}$ ,tsʰi$^{53}$li$^{0}$ kan$^{21}$kau$^{35}_{44}$tsɿ$^{0}$ .tsʰi$^{53}$tsʰe$^{13}$li$^{0}$ ,tsʰi$^{53}$tek$^{3}$ tʂən$^{21}$ko$^{53}$ təu$^{35}_{44}$tsʰi$^{53}$pʰiaŋ$^{13}$li$^{0}$ ,ɔn$^{35}_{44}$tso$^{53}$pʰiaŋ$^{13}$pʰan$^{13}$.e$_{44}$xe$_{21}$,pʰiaŋ$^{13}$li$^{0}$ pʰan$^{13}$.

【平平子$_{1}$】pʰiaŋ$^{13}$pʰiaŋ$^{13}$tsɿ$^{0}$ [形]齐平貌：两三杆笔唠，拼做一下唠，咁子平平子放做一排哟。

P

iɔŋ$^{21}$san$^{35}_{44}$kɔn$^{21}$piet$^{3}$lau$^{0}$,pʰin$^{35}$tso$^{53}_{21}$iet$^{3}$xa$^{53}$lau$^{0}$,kan$^{21}_{44}$tsɿ$^{0}$pʰiaŋ$^{13}$pʰiaŋ$^{13}$tsɿ$^{0}$fɔŋ$^{53}$tso$^{53}$iet$^{3}$pʰai$^{13}$iau$^{0}$.

【平平子$_{2}$】pʰin$^{13}$pʰin$^{13}$tsɿ$^{0}$ [形]不好不差：箇只老子嘞欸搞下人民医院，打嘿几天吊针，还系～，也赠更好，也赠更苦，欸，～。kai$^{53}$tʂak$^{3}$lau$^{21}$tsɿ$^{21}$lei$^{0}$e$_{21}$kau$^{21}$ua$^{53}_{44}$uən$^{13}$min$^{13}$i$^{35}$vien$^{53}_{44}$,ta$^{21}$xek$^{3}$ci$^{21}$tʰien$^{35}_{44}$tiau$^{53}$tʂən$^{35}_{44}$,xan$^{13}_{21}$xe$^{53}$pʰin$^{13}$pʰin$^{13}$tsɿ$^{0}$,ia$^{35}$maŋ$^{13}$cien$^{53}$xau$^{21}$,ia$^{35}$maŋ$^{13}$cien$^{53}$kʰu$^{21}$,e$_{21}$,pʰin$^{13}$pʰin$^{13}$tsɿ$^{0}$.

【平箧锯】pʰiaŋ$^{13}$sak$^{3}$cie$^{53}$ [名]箧锯的一种：～就两个人扯。pʰiaŋ$^{13}$sak$^{3}$cie$^{53}$tsʰiəu$^{53}$iɔŋ$^{21}$ke$^{53}$in$^{13}_{21}$tʂʰa$^{21}$.｜箧椽皮欸箧楼板箇个□长个箧箇□长个树就爱用～。sak$^{3}$ʂuɔn$^{13}$pʰi$^{13}_{44}$e$_{21}$sak$^{3}$lei$^{13}$pan$^{21}$kai$^{53}$ke$^{53}$lai$^{35}$tʂʰɔŋ$^{13}_{21}$ke$^{53}$sak$^{3}$kai$^{53}$lai$^{35}$tʂʰɔŋ$^{13}_{21}$ke$^{53}_{44}$ʂəu$^{53}$tsʰiəu$^{53}_{44}$ɔi$^{53}$iəŋ$^{53}$pʰiaŋ$^{13}$sak$^{3}$cie$^{53}$.

【平时】pʰin$^{13}$ʂɿ$^{13}$ [名]平常；平日；通常的时候：（酒罂）箇只嘴嘞就～就窒稳。kai$^{53}_{44}$tʂak$^{3}$tsi$^{21}$lei$^{0}$tsʰiəu$^{53}$pʰin$^{13}$ʂɿ$^{13}$tsʰiəu$^{53}_{44}$tsət$^{5}$uən$^{21}$.｜你～有滴子人工你就去录电脑吧？ɲi$^{13}_{21}$pʰin$^{13}$ʂɿ$^{13}_{44}$iəu$^{35}$tet$^{5}$tsɿ$^{0}$ɲin$^{13}$kəŋ$^{35}_{44}$ɲi$^{13}$tsʰiəu$^{53}$çi$^{53}_{44}$ləuk$^{5}$tʰien$^{53}$nau$^{21}$pa$^{0}$?

【平田】pʰiaŋ$^{13}$tʰien$^{13}$ [动]平整水田：拖斗是～个唠。tʰo$^{35}$təu$^{21}$ʂɿ$^{53}_{44}$pʰiaŋ$^{13}$tʰien$^{13}$ke$^{53}$lau$^{0}$.

【平头】pʰiaŋ$^{13}$/pʰin$^{13}$tʰei$^{13}$ [名]一种短的发型，从脑后到两鬓的头发全部推光，上端头发稍长齐平：剪～ tsien$^{21}$pʰiaŋ$^{13}$tʰei$^{13}$｜剃～ tʰe$^{53}$pʰin$^{13}$tʰei$^{13}$

【平整】pʰiaŋ$^{13}$tʂaŋ$^{21}$ [形]平坦；起伏小：从前是路……箇个屋下啊揢箇个……屋肚里揢屋外背都冇得如今咁～个。如今是系有地板哕。tsʰəŋ$^{13}$tsʰien$^{13}$ʂɿ$^{53}_{44}$ləu$^{53}$…kai$^{53}$kei$^{53}_{44}$uk$^{3}$xa$^{53}$a$^{0}$lau$^{35}$kai$^{53}_{44}$kei$^{53}_{44}$…uk$^{3}$təu$^{21}$li$^{0}$lau$^{35}$uk$^{3}$ŋɔi$^{53}$pɔi$^{53}_{44}$təu$^{35}$mau$^{13}$tek$^{3}$i$^{13}_{21}$cin$^{35}_{53}$kan$^{21}$pʰiaŋ$^{13}$tʂaŋ$^{21}$ke$^{53}$.i$^{13}_{21}$cin$^{35}_{53}$ʂɿ$^{53}_{44}$xei$^{53}_{44}$iəu$^{35}$tʰi$^{53}$pan$^{21}$ʂa$^{0}$.

【坪】pʰiaŋ$^{13}$ [名]①平坦的地方。也称"坪子"：箇起嘞就系安做么啊竹啊？一团团来个箇只～里。kai$^{53}$çi$^{21}$lei$^{0}$tsʰiəu$^{53}_{44}$xei$^{53}$ɔn$^{35}_{44}$tso$^{53}_{44}$mak$^{3}$a$^{0}$tʂəuk$^{3}$a$^{0}$?iet$^{3}$tʰɔn$^{13}_{21}$tʰɔn$^{13}_{21}$lɔi$^{13}_{21}$ke$^{53}_{44}$kai$^{53}$tʂak$^{3}$pʰiaŋ$^{13}$li$^{0}$.｜（坟前）爱有只子～子咯。ɔi$^{53}_{44}$iəu$^{35}_{44}$tʂak$^{3}$tsɿ$^{0}$pʰiaŋ$^{13}$tsɿ$^{0}$ko$^{0}$. ②在地名中用作通名：冬瓜～təŋ$^{35}$kua$^{35}_{44}$pʰiaŋ$^{13}$｜大夫～tʰai$^{53}$fu$^{35}$pʰiaŋ$^{13}$

【苹果番薯】pʰin$^{13}$ko$^{21}$fan$^{35}_{44}$ʂəu$^{13}_{21}$ [名]番薯品种名，个儿圆，生吃味美：欸，如今是有～，箇就以几年正有个。/欸，以前冇得。/溜圆一只。唔系长个。/箇种番薯生食蛮好食。e$_{21}$,i$^{13}_{21}$cin$^{35}_{44}$ʂɿ$^{53}_{44}$iəu$^{35}_{44}$pʰin$^{13}$ko$^{21}$fan$^{35}_{44}$ʂəu$^{13}_{21}$,kai$^{53}_{44}$tsʰiəu$^{53}_{44}$i$^{21}$ci$^{21}$ɲien$^{13}$tʂaŋ$^{53}_{44}$iəu$^{35}$ke$^{53}$./e$_{21}$,i$^{35}$tsʰien$^{13}_{44}$mau$^{13}_{44}$tek$^{3}$./liəu$^{35}$ien$^{13}$iet$^{3}$tʂak$^{3}$.m̩$^{13}_{21}$me$_{44}$(←xe$^{53}$)tʂʰɔŋ$^{13}$ke$^{53}$./kai$^{53}$tʂəŋ$^{21}$fan$^{35}$ʂəu$^{13}_{21}$saŋ$^{35}$ʂət$^{5}$man$^{13}_{21}$xau$^{21}$ʂət$^{5}$.

【屏风】pʰin$^{13}$fəŋ$^{35}$ [名]厢房、亭子厅等处用来代替墙壁的遮蔽用具：以映冇墙，用么个东西嘞平时嘞？用～。i$^{21}$iaŋ$^{53}$mau$^{13}_{21}$tsʰiɔŋ$^{13}$,iəŋ$^{53}$mak$^{3}$(k)e$^{53}_{44}$təŋ$^{35}_{44}$si$^{0}$lei$^{0}$pʰin$^{13}$ʂɿ$^{13}_{21}$lei$^{0}$?iəŋ$^{53}$pʰin$^{13}$fəŋ$^{35}$.

【屏风门】pʰin$^{13}$fəŋ$^{13}_{44}$mən$^{13}$ [名]进出厢房的门。又称"厢房门"：有屏风个就安做～呢。iəu$^{35}$pʰin$^{13}$fəŋ$^{13}_{44}$ke$^{53}_{44}$tsʰiəu$^{53}_{44}$ɔn$^{35}_{44}$tso$^{53}_{44}$pʰin$^{13}$fəŋ$^{35}_{44}$mən$^{13}_{21}$nei$^{0}$.

【瓶】pʰin$^{13}$ [量]用于瓶子装的东西。也称"瓶子"：一～油 iet$^{3}$pʰin$^{13}$iəu$^{13}$｜提两～酒 tʰia$^{35}$iɔŋ$^{21}$pʰin$^{13}$tsiəu$^{21}$｜一～子酒 iet$^{3}$pʰin$^{13}$tsɿ$^{0}$tsiəu$^{21}$

【瓶子】pʰin$^{13}$tsɿ$^{0}$ [名]容器，一般口较小，颈细肚大。多指玻璃瓶：玻璃～po$^{35}$li$^{13}$pʰin$^{13}$tsɿ$^{0}$｜～都唔用哦。pʰin$^{13}$tsɿ$^{0}$təu$^{35}_{53}$n̩$^{13}_{21}$iəŋ$^{53}_{44}$ŋo$^{0}$.

【瓶子酒】pʰin$^{13}$tsɿ$^{0}$tsiəu$^{21}$ [名]瓶装酒：欸，以下个酒尽系～，嗯，只有本地方个箇个么个酒厂里个就嘞箇就自家去打散装酒，剩下个都系食～。e$_{21}$,i$^{21}$xa$^{53}$ke$^{53}$tsiəu$^{21}$tsʰin$^{53}$xe$^{53}_{44}$pʰin$^{13}$tsɿ$^{0}$tsiəu$^{21}$,n̩$_{21}$,tʂɿ$^{21}$iəu$^{35}_{53}$pən$^{21}$tʰi$^{53}_{44}$fɔŋ$^{35}_{44}$ke$^{53}$kai$^{53}_{44}$ke$^{53}_{44}$mak$^{3}$ke$^{53}$tsiəu$^{21}$tʂʰɔŋ$^{21}$li$^{21}$ke$^{0}$tsiəu$^{21}$le$^{0}$kai$^{53}_{44}$tsiəu$^{53}_{44}$tsʰɿ$^{35}$ka$^{35}_{44}$çi$^{53}_{44}$ta$^{21}$san$^{21}$tsɔŋ$^{35}_{53}$tsiəu$^{21}$,ʂən$^{53}$çia$^{53}$ke$^{53}_{44}$təu$^{35}$xe$^{53}_{44}$ʂət$^{5}$pʰin$^{13}$tsɿ$^{0}$tsiəu$^{21}$.

【泼】pʰait$^{3}$ [动]①泼洒，用力向外倒或洒液体使散开：欸，土里栽哩菜，就爱～兜粪去。我记得栽大蒜呐，我等箇阵子栽大蒜呐，我栽哩一年个大蒜，咁大一条，真有味道。我让门子学倒渠等教我个，我冇人工箇阵子，冇人工，又荷得担子，又冇肥料荷，就跍倒以映子栽倒箇。我箇一厢子，就系两张子床咁阔子吧，一厢子土，两张子长咁床咁大子，荷嘿几担粪。荷一担粪，～嘿去，～一担粪，系啊？以下就过一夜，等渠晒燥来，等渠晒，晒哩后，第二晡嘞倒一到，用镢头呀去倒一下，分渠充分个搅拌，系啊？倒正哩嘞又～一担粪，嗯，又过一夜，又箇，～嘿三担粪呐几多担粪。哈，箇栽倒箇大蒜硬真有味道喔！濊大一条喔！再都唔爱放哩肥。e$_{21}$,tʰəu$^{21}$li$^{0}$tsɔi$^{35}$li$^{0}$tsʰɔi$^{53}$,tsʰiəu$^{53}_{44}$ɔi$^{53}_{44}$pʰait$^{3}$te$^{35}_{44}$pən$^{53}$çi$^{53}_{21}$.ŋai$^{13}$ci$^{53}_{44}$tek$^{3}$tsɔi$^{35}$tʰai$^{53}$sɔn$^{53}$na$^{0}$,ŋai$^{13}$tien$^{0}$kai$^{53}$tʂʰən$^{53}$tsɿ$^{0}$tsɔi$^{35}$tʰai$^{53}$sɔn$^{53}$na$^{0}$,ŋai$^{13}$tsɔi$^{35}_{44}$li$^{0}$iet$^{3}$ɲien$^{13}$ke$^{53}_{44}$tʰai$^{53}$sɔn$^{53}_{21}$,kan$^{21}$tʰai$^{53}_{44}$iet$^{3}$tʰiau$^{13}$,tʂən$^{35}$iəu$^{35}_{44}$uei$^{53}$tʰau$^{53}$.ŋai$^{13}$ɲiɔŋ$^{53}$mən$^{13}_{44}$tsɿ$^{0}$xɔk$^{5}$tau$^{21}$ci$^{13}_{21}$tien$^{0}$kau$^{35}$ŋai$^{13}_{44}$ke$^{0}$,ŋai$^{13}_{21}$iəu$^{35}$ɲin$^{13}$kəŋ$^{35}_{44}$kai$^{53}$tʂʰən$^{53}$tsɿ$^{0}$,iəu$^{35}$ɲin$^{13}_{21}$kəŋ$^{35}_{44}$,iəu$^{53}$kʰai$^{35}_{44}$tek$^{3}$tan$^{35}$tsɿ$^{0}$,iəu$^{53}$iəu$^{35}$fei$^{13}_{21}$liau$^{53}_{44}$kʰai$^{35}_{44}$,tsʰiəu$^{53}$ku$^{35}$tau$^{21}$i$^{21}$iaŋ$^{53}$tsɿ$^{0}$tsɔi$^{35}$tau$^{21}$kai$^{53}_{44}$.ŋai$^{13}$kai$^{53}$iet$^{3}$siɔŋ$^{35}$tsɿ$^{0}$,tsʰiəu$^{53}$uei$^{53}$iɔŋ$^{21}$tʂɔŋ$^{35}$tsɿ$^{0}$tsʰɔŋ$^{13}$kan$^{21}$kʰɔit$^{3}$tsɿ$^{0}$pa$^{0}$,iet$^{3}$siɔŋ$^{35}$tsɿ$^{0}$tʰəu$^{21}$,iɔŋ$^{21}$tʂɔŋ$^{35}$tsɿ$^{0}$tʂʰɔŋ$^{13}_{44}$kan$^{21}_{44}$tsʰɔŋ$^{13}$kan$^{21}$

tʰai53tsɿ0,kʰai35iek3ci21tan35pən53.kʰai35iet3tan35-44pən53-44,pʰait3(x)ek3çi53,pʰait3iet3tan53pən53,xei53-44a0?i21xa53 tsʰiəu53ko53iet3ia53,ten21ci13sai53tsau35lɔi13-21,ten21ci13sai53,sai53li0xei53-44,tʰi13-44ɲi53-44pu35-44lei0tau53iet3tau53,iəŋ53ciɔk3 tʰei13ia0çi53-44tau53iet3xa53,pən35ci13-21tʂʰəŋ35fən53-44ke53-44ciau21pʰɔn53,xei53-44a0?tau53tʂaŋ53-44li0lei0iəu53pʰait3iet3tan35-44 pən53,n̩21,iəu53ko53iet3ia53,iəu53kai53,pʰait3(x)ek3san35tan35-44pən53na0ci21(t)o35-44tan35pən53.xa53,kai53-44tsɔi35tau21kai53-44 tʰai53sɔn53-44ɲiaŋ53-44tʂən35iəu35-44uei35tʰau53-21uo0!mən35tʰai53iet3tʰiau13uo0!tsai53təu35-44m̩13-21mɔi53-44fəŋ53li0pʰi13. ②大雨瓢泼：大水～稳来。tʰai53ʂei21pʰait3uən21nɔi13-21.

【泼辣】pʰɔit3lait5 形凶悍而不讲道理：有滴夫娘子就硬系咁～呀。iəu35tet5pu35ɲiɔŋ13-21tsɿ0tsʰiəu53-44 ɲiaŋ53-44xei53-44kan21pʰɔit3lait5ia0.

【婆】pʰo13 名老年妇女：～惜尾晚子，公惜后来婆。pʰo13siak3mi35man35tsɿ0,kəŋ35siak3xei53lɔi13-21 pʰo13.

【婆薄】pʰo13pʰɔk5 名薄荷：（薄荷）又有滴人又话～。iəu53iəu35tet5ɲin13-21iəu53ua53pʰo13pʰɔk5.

【婆党】pʰo13tɔŋ21 名奶奶家的亲戚：第三只位子嘞，就～，安做～，箇硬爱排正来啦。欸，～。第三只位子就～。我娭子个外家。阿婆咯，～就阿婆个咯。欸。母党就娭子个外家咯。～就阿婆个外家咯。tʰi53-44san35tʂak3uei53tsɿ0lei0,tsʰiəu53-44pʰo13tɔŋ21,ɔn35-44tso53-44pʰo13tɔŋ21,kai53-44ɲiaŋ53ɔi53-44 pʰai13tʂaŋ53lɔi13-21la0.e21,pʰo13tɔŋ21.tʰi53-44san35-44tʂak3uei53tsɿ0tsʰiəu53-44pʰo13tɔŋ21.ŋai13ɔi35tsɿ0ke53-44ŋɔi53-44ka35-44.a35pʰo13-21 ko0,pʰo13tɔŋ21tsʰiəu53-44a35pʰo13-21ke53-44ko0.e21.mu35tɔŋ21tsʰiəu53-44ɔi35tsɿ0ke53-44ŋɔi53-44ka35-44ko0.pʰo13tɔŋ21tsʰiəu53-44a35pʰo13-21ke53-44 ŋɔi53-44ka35-44ko0.

【婆婆】pʰo13pʰo13 名祖母；奶奶。又称"阿婆"：～嘞去箇吗？pʰo13pʰo13le0çi53kai53-44ma0?

【婆婆老人家】pʰo13pʰo13-21lau21ɲin13ka35 对老年妇女的尊称。可述称也可面称：箇只～唔知去哪映嘅喔？kai53tʂak3pʰo13pʰo13-21lau21ɲin13ka35-44n̩13ti35-44çi53la53iaŋ53-44liau53uo0?｜～你老人家你去哪映啰？pʰo13 pʰo13-21lau21ɲin13ka35-44ɲi13lau21in13-21ka35-44ɲi13çi53la53iaŋ53-44lo0?

【婆婆子】pʰo13pʰo13tsɿ0 名①老年妇女；上年纪的妇女：箇个～，七八十岁了，箇～还寻得千多块钱一个人呢。kai53-44ke53-44pʰo13pʰo13-44tsɿ0,tsʰiet3pait3ʂət5sɔi53liau0,kai53-44pʰo13pʰo13-44tsɿ0xai13tsʰin13-44tek3 tsʰien35-44to35-44kʰuai53-44tsʰien13-21iet3cie53ɲin13-44nei0.｜箇个四五十岁个箇～箇只是上请下请噢，箇是噢，请倒渠去做爆竹噢。kai53-44ke53-44si53ŋ̍21ʂət5sɔi53-44ke53-44kai53-44pʰo13pʰo13-44tsɿ0kai53-44tʂak3ʂɿ53-44ʂɔŋ53tsʰiaŋ21xa53-44tsʰiaŋ21 ŋau0,kai53-44ʂɿ53-44au0,tsʰiaŋ21tau21ci13çi53-44tso53pau53tʂəuk3au0. ②丈夫称妻子：我等箇～也尽绩翻哩哦，有年纪个时候。ŋai13tien0kai53-44pʰo13pʰo13-44tsɿ0ia35tsʰin53tsiak3fan35ni0o0,mau13ɲien13-21ci21ke53ʂɿ13-21xəu53-44.

【婆太】pʰo13tʰai53 名曾祖母：打比我箇只孙子喊我娭子就取都喊～。欸，渠首先是有人教渠喊老婆婆，我话唔咁子喊，我等客姓人硬爱喊～。ta21pi21ŋai13kai53tʂak3sən35tsɿ0xan53ŋai13-21ɔi35tsɿ0 tsʰiəu53-44tsʰi21təu35-44xan53pʰo13tʰai53.ei21,ci13ʂəu21sien35-44ʂɿ53-44iəu35ɲin13-21kau35ci13-44xan53lau21pʰo13pʰo13-44,ŋai13ua53n̩13kan21 tsɿ0xan53,ŋai13tien0kʰak3sin35ɲin13-21ɲiaŋ53ɔi53-44xan53pʰo13tʰai53.

【破】pʰo53 动剖开；剖分：手工～（篾子）是有唔匀称呐。ʂəu21kəŋ35pʰo53ʂɿ53-44iəu35n̩13in13tsʰin53na0.｜欸，～猪个时候子嘞？～开来，～开肚子来时候子用么个刀哇？e21,pʰo53tʂəu35-44ke53-44ʂɿ13xei53-44tsɿ0 le0?pʰo53kʰɔi53-44lɔi13-21,pʰo53kʰɔi35-44təu21tsɿ0lɔi13-21ʂɿ13xei53-44tsɿ0iəŋ53mak3(k)e53-44tau35ua0?｜最好嘞就舞倒箇个活鱼子，大大细细都要得，活鱼子嘞，～咁，洗净来。tsei53xau21lei0tsʰiəu53u21tau21kai53ke53uɔit5ŋ̍13-21tsɿ0, tʰai53tʰai53se53se53təu35-44iau53tek3,uɔit5ŋ̍13-44tsɿ0le0,pʰo53kan21,sei21tsʰiaŋ53lɔi13-44.

【破落户】pʰo53lɔk5fu53 名从原来的名门望族或富裕人家败落下来的人或人家：欸张坊街上出哩名个有两只～。箇有只～，最风光个时候子，渠搞么个人呐？阉猪个人。最风光个时候子，渠呀，全国各地个人到以映子来学阉猪，同渠学阉猪。箇阵子箇个畜牧业呀更分散个时候子啊，家家都畜猪哇，八十年代呀家家都畜猪，渠就搞中哩啊，渠跍倒箇电视台呀箇个报纸上箇兜广告一打，尽兜全国都来啦，一期就几多百块钱一个人学阉猪，学阉鸡，一期就招得几多十个人倒。个多子月又一期吧，个多子月又一届呀。硬赚哩钱，箇阵子渠真赚哩钱。赚哩钱第一只就分老婆斢嘿去，嗯，斢只两十多岁子个老婆。好，落尾是以只畜……阉猪个路子以整个以只畜猪个路子都冰冷了唠，系啊？如今是家家户户都唔畜哩猪，就冇么人箇个了，好，以下就名堂子来哩啦。老婆离嘿哩，以只，箇只老婆就嫁下台湾去哩，嗯，箇只离嘿哩个老婆噢嫁下台湾去哩。以只年轻个妹子嘞唔跟哩渠，你冇哩钱了我跟你做么个？箇首先是系细二十几岁呀，欸，渠四十几岁，老婆还系红花女嘞。有钱啦。好，呃，渠个钱唔系来也来得快就用也用得快哟，唔系箇阵子咁有钱咯，两三年就冇哩钱，欸么个咁唔经用？渠个人就钱来得快咯，来得轻松咯，渠也唔珍惜啦么个，系唔系？好，欸，有只赖子，欸赖子就食毒，箇有钱个时候子啊赖子就食毒，只有只赖子啊么个，食哩毒欸赖子落尾跳楼跳死哩，跳楼跳嘿哩。好，以下是呃早几年子是落尾穷穷子，嗯，钱也冇得，搞起病也来哩，冇得钱整，箇个～死嘿哩。冇得哩，箇家人就冇得哩。屡屁逍遥，嘿，屡屁逍遥。以下落尾箇只屋子卖嘿哩，唔知系唔系归过哩唔知归过哩么人，就市场里箇映子，屋就有一间呐，嗯，门面箇兜下卖咁哩。e$_{21}$tʂəŋ$^{35}_{44}$fəŋ$^{35}_{44}$kai$^{35}_{44}$xəŋ$^{35}_{44}$tʂʰət$^{3}$ li$^{0}$ miaŋ$^{13}$kei$^{53}_{44}$iəu$^{35}$iəŋ$^{21}$tʂak$^{3}$ pʰo$^{53}$lək$^{5}$ fu$^{53}$.kai$^{53}$iəu$^{53}_{53}$tʂak$^{3}$ pʰo$^{53}$lək$^{5}$ fu$^{53}$,tsei$^{53}$fəŋ$^{35}$kəŋ$^{35}$ke$^{53}$ʂʅ$^{13}_{21}$xei$^{53}_{44}$tsʅ$^{0}$,ci$^{13}_{21}$kau$^{21}$mak$^{3}$ (k)e$^{53}$ɲin$^{13}_{21}$na$^{0}$?ian$^{35}$tʂəu$^{35}$ke$^{53}$ɲin$^{13}_{21}$.tsei$^{53}$fəŋ$^{35}_{44}$kəŋ$^{35}_{44}$ke$^{53}$ʂʅ$^{13}$ xei$^{53}$tsʅ$^{0}$,ci$^{13}$ia$^{0}$,tsʰien$^{13}$kəit$^{3}$ kək$^{3}$ tʰi$^{13}$ke$^{53}$ɲin$^{13}_{44}$tau$^{53}$i$^{21}$iaŋ$^{53}$tsʅ$^{0}$ ləi$^{13}_{21}$xək$^{5}$ ian$^{35}_{44}$tʂəu$^{35}$,tʰəŋ$^{13}_{21}$ci$^{13}_{44}$xək$^{5}$ ian$^{35}_{44}$tʂəu$^{35}$. kai$^{53}$tʂʰən$^{53}$tsʅ$^{0}$ kai$^{53}_{44}$kei$^{53}_{44}$çiəuk$^{3}$ muk$^{3}$ ɲiait$^{5}$ ia$^{0}$ cien$^{53}$fən$^{35}$san$^{53}$ke$^{53}_{44}$ʂʅ$^{13}_{44}$xəu$^{53}_{44}$tsʅ$^{0}$ a$^{0}$ ,ka$^{35}$ka$^{35}_{44}$təu$^{35}_{53}$çiəuk$^{3}$ tʂəu$^{35}$ ua$^{0}$ ,pait$^{3}$ ʂət$^{5}$ ɲien$^{13}_{21}$tʰəi$^{53}$ia$^{0}$ ka$^{35}$ka$^{35}_{44}$təu$^{35}_{53}$çiəuk$^{3}$ tʂəu$^{35}_{44}$,ci$^{13}$tsʰiəu$^{53}$kau$^{21}$tʂəŋ$^{53}$li$^{0}$ a$^{0}$ ,ci$^{13}_{21}$ku$^{35}$tau$^{21}$kai$^{53}_{44}$tʰien$^{53}$ʂʅ$^{53}$ tʰəi$^{13}$ia$^{0}$ kai$^{53}_{44}$ke$^{53}_{44}$pau$^{53}$tʂʅ$^{21}$xəŋ$^{35}_{44}$kai$^{53}_{44}$te$^{35}_{44}$kəŋ$^{21}$kau$^{53}$iet$^{3}$ ta$^{21}$,tsʰin$^{53}$təu$^{35}_{44}$tsʰien$^{13}$kəit$^{3}$ təu$^{53}_{53}$ləi$^{13}_{44}$la$^{0}$ ,iet$^{3}$ cʰi$^{13}$tsʰiəu$^{53}$ ci$^{21}$to$^{35}$pak$^{3}$ kʰuai$^{53}$tsʰien$^{13}$iet$^{3}$ ke$^{53}$ɲin$^{13}_{21}$xək$^{5}$ ian$^{35}_{44}$tʂəu$^{35}$,xək$^{5}$ ian$^{35}_{44}$cie$^{35}$,iet$^{3}$ cʰi$^{13}$tsʰiəu$^{53}$tʂau$^{35}_{44}$tek$^{3}$ ci$^{21}$to$^{35}$ʂət$^{5}$ cie$^{53}$ɲin$^{13}$tau$^{21}$.ke$^{53}$to$^{35}_{44}$tsʅ$^{0}$ ɲiet$^{5}$ iəu$^{53}$iet$^{3}$ cʰi$^{13}$pa$^{0}$ ,cie$^{53}$to$^{35}_{44}$tsʅ$^{0}$ ɲiet$^{5}$ iəu$^{53}$iet$^{3}$ kai$^{53}$ia$^{0}$ . ɲiaŋ$^{35}$tsʰan$^{53}$li$^{0}$ tsʰien$^{13}$,kai$^{53}_{44}$ tʂʰən$^{53}_{44}$tsʅ$^{0}$ ci$^{13}_{21}$tʂən$^{35}$tsʰan$^{53}$li$^{0}$ tsʰien$^{13}_{21}$.tsʰan$^{53}$li$^{0}$ tsʰien$^{13}$tʰi$^{53}$iet$^{3}$ tʂak$^{3}$ tsʰiəu$^{53}_{44}$pən$^{35}_{44}$lau$^{21}$pʰo$^{13}$tʰiau$^{21}$xek$^{3}$ çi$^{53}$,n̩$_{21}$, tʰiau$^{21}$tʂak$^{3}$ iəŋ$^{21}$ʂət$^{5}$ to$^{35}$səi$^{53}$tsʅ$^{0}$ ke$^{53}$lau$^{21}$pʰo$^{13}$.xau$^{21}$,lək$^{5}$ mi$^{35}$ʂʅ$^{53}$i$^{21}$tʂak$^{3}$ çiəuk$^{3}$ …ian$^{35}$tʂəu$^{35}$ke$^{53}$ləu$^{53}_{44}$tsʅ$^{0}$ i$^{21}$ tʂən$^{21}$ko$^{53}$i$^{21}$tʂak$^{3}$ çiəuk$^{3}$ tʂəu$^{35}_{44}$ke$^{53}_{44}$ləu$^{53}_{44}$tsʅ$^{0}$ təu$^{35}_{53}$pin$^{35}$laŋ$^{35}$liau$^{21}$lau$^{0}$ ,xei$^{53}_{44}$a$^{0}$ ?i$^{13}_{21}$cin$^{35}_{44}$ʂʅ$^{53}_{44}$ka$^{35}$ka$^{35}_{44}$fu$^{53}_{44}$fu$^{53}_{44}$təu$^{35}_{53}$n̩$^{13}$ çiəuk$^{3}$ li$^{0}$ tʂəu$^{35}_{44}$,tsiəu$^{53}_{21}$mau$^{13}$mak$^{3}$ in$^{35}_{44}$kai$^{53}_{44}$ke$^{53}_{44}$liau$^{0}$ ,xau$^{21}$,i$^{21}$xa$^{53}_{44}$tsʰiəu$^{53}$min$^{13}$tʰəŋ$^{13}_{21}$tsʅ$^{0}$ ləi$^{13}_{21}$li$^{0}$ la$^{0}$ .lau$^{21}$pʰo$^{13}$li$^{13}$ (x)ek$^{3}$ li$^{0}$ ,i$^{21}$tʂak$^{3}$ ,kai$^{53}$tʂak$^{3}$ lau$^{21}$pʰo$^{13}$tsʰiəu$^{53}_{44}$ka$^{53}$(x)a$^{53}_{44}$tʰəi$^{13}_{21}$uan$^{35}_{44}$çi$^{53}$li$^{0}$ ,n̩$_{21}$,kai$^{53}$tʂak$^{3}$ li$^{13}$xek$^{3}$ li$^{0}$ ke$^{53}$lau$^{21}$pʰo$^{13}$ au$^{0}$ ka$^{53}$(x)a$^{53}$tʰəi$^{13}$uan$^{35}_{44}$çi$^{53}$li$^{0}$ .i$^{21}$tʂak$^{3}$ ɲien$^{13}$cʰin$^{35}_{44}$ke$^{53}_{44}$məi$^{53}$tsʅ$^{0}$ lei$^{0}$ n̩$^{13}$cien$^{35}_{44}$li$^{0}$ ci$^{13}_{44}$, ɲi$^{13}$mau$^{13}$li$^{0}$ tsʰien$^{13}$niau$^{0}$ ŋai$^{13}_{21}$cien$^{35}_{44}$ɲi$^{13}_{21}$tso$^{53}$mak$^{3}$ ke$^{53}$?kai$^{53}$ʂəu$^{21}$sien$^{35}_{44}$ʂʅ$^{13}$xe$^{53}_{44}$sei$^{53}_{44}$ɲi$^{53}$ʂət$^{5}$ ci$^{21}$səi$^{53}$ia$^{0}$ ,e$_{21}$,ci$^{13}$si$^{53}$ʂət$^{5}$ ci$^{21}$səi$^{53}$,lau$^{21}$pʰo$^{13}$ xai$^{13}$xe$^{53}_{44}$fəŋ$^{13}$fa$^{35}_{44}$ŋ̍$^{21}$le$^{0}$ .iəu$^{35}_{44}$tsʰien$^{13}$la$^{0}$ .xau$^{21}$,ə$_{21}$,ci$^{13}$ke$^{53}$tsʰien$^{13}$m̩$^{13}_{44}$mei$^{53}_{44}$ləi$^{13}$ia$^{35}_{53}$ləi$^{13}_{21}$tek$^{3}$ kʰuai$^{53}$tsiəu$^{53}_{44}$iəŋ$^{53}$ŋa$^{35}_{44}$ iəŋ$^{53}$tek$^{3}$ kʰuai$^{53}$io$^{0}$ ,m̩$^{13}_{53}$mei$^{53}_{44}$kai$^{53}$tʂʰən$^{53}$tsʅ$^{0}$ kan$^{21}$iəu$^{35}$tsʰien$^{13}_{44}$ko$^{0}$ ,iəŋ$^{21}$san$^{35}_{53}$ɲien$^{13}_{44}$tsʰiəu$^{53}$mau$^{13}_{21}$li$^{0}$ tsʰien$^{13}_{44}$,ei$_{53}$ mak$^{3}$ e$^{0}$ kan$^{21}$n̩$^{13}$cin$^{35}$iəŋ$^{53}$?ci$^{13}$ke$^{53}$ɲin$^{13}_{44}$tsʰiəu$^{53}_{44}$tsʰien$^{13}$ləi$^{13}$tek$^{3}$ kʰuai$^{53}$ko$^{0}$ ,ləi$^{13}$tek$^{3}$ cʰiaŋ$^{35}$səŋ$^{35}_{44}$ko$^{0}$ ,ci$^{13}$ia$^{35}_{53}$n̩$^{13}_{21}$ tʂən$^{35}$siet$^{3}$ la$^{0}$ mak$^{3}$ ke$^{0}$ ,xei$^{53}$me$^{53}$?xau$^{21}$,ei$_{44}$,iəu$^{35}$tʂak$^{3}$ lai$^{53}$tsʅ$^{0}$ ,e$_{21}$lai$^{53}$tsʅ$^{0}$ tsiəu$^{53}_{21}$ʂət$^{5}$ tʰəuk$^{5}$ ,kai$^{53}_{44}$iəu$^{35}$tsʰien$^{13}$ ke$^{53}$ʂʅ$^{13}_{44}$xəu$^{53}_{44}$tsʅ$^{0}$ a$^{0}$ lai$^{53}$tsʅ$^{0}$ tsiəu$^{53}_{21}$ʂət$^{5}$ tʰəuk$^{5}$ ,tʂʅ$^{21}$iəu$^{35}_{53}$tʂak$^{3}$ lai$^{53}$tsʅ$^{0}$ a$^{0}$ mak$^{3}$ e$^{0}$ ,ʂət$^{5}$ li$^{0}$ tʰəuk$^{5}$ e$^{0}$ lai$^{53}$tsʅ$^{0}$ lək$^{5}$ mi$^{35}_{44}$ tʰiau$^{53}$lei$^{13}$tʰiau$^{53}$si$^{21}$li$^{0}$ ,tʰiau$^{53}$lei$^{13}$tʰiau$^{53}$xek$^{3}$ li$^{0}$ .xau$^{21}$,i$^{21}$xa$^{53}$ʂʅ$^{53}$ə$_{44}$tsau$^{21}$ci$^{21}$ɲien$^{13}$tsʅ$^{0}$ ʂʅ$^{53}_{44}$lək$^{5}$ mi$^{35}_{53}$cʰiəŋ$^{13}$cʰiəŋ$^{13}$ tsʅ$^{0}$ ,n̩$_{21}$,tsʰien$^{13}$na$^{35}_{53}$mau$^{13}_{21}$tek$^{3}$ ,kau$^{21}$çi$^{21}_{44}$pʰiaŋ$^{53}$ŋa$^{35}_{44}$ləi$^{13}_{21}$li$^{0}$ ,mau$^{13}_{21}$tek$^{3}$ tsʰien$^{13}$tʂaŋ$^{21}$,kai$^{53}_{21}$ie$^{53}_{21}$pʰo$^{53}_{44}$lək$^{5}$ fu$^{53}_{44}$si$^{21}$xek$^{3}$ li$^{0}$ .mau$^{13}_{21}$tek$^{3}$ li$^{0}$ ,kai$^{53}_{21}$ka$^{35}_{53}$ɲin$^{13}_{44}$tsʰiəu$^{53}_{44}$mau$^{13}$(t)ek$^{3}$ li$^{0}$ .iait$^{3}$ pʰi$^{53}$siau$^{35}_{44}$iau$^{13}_{21}$,xe$_{53}$,iait$^{3}$ pʰi$^{53}$siau$^{35}_{44}$iau$^{13}_{21}$.i$^{13}_{21}$xa$^{53}$lək$^{5}$ mi$^{35}_{53}$kai$^{53}$tʂak$^{3}$ uk$^{3}$ tsʅ$^{0}$ mai$^{53}$(x)ek$^{3}$ li$^{0}$ ,n̩$^{13}_{21}$ti$^{35}_{53}$xei$^{53}$mei$^{53}$kuei$^{35}$ko$^{53}$li$^{0}$ n̩$^{13}_{21}$ti$^{35}_{53}$kuei$^{35}_{44}$ko$^{53}$li$^{0}$ mak$^{3}$ ɲin$^{13}_{44}$,tsʰiəu$^{53}_{44}$ʂʅ$^{53}_{44}$ tʂʰəŋ$^{21}$li$^{0}$ kai$^{53}$iaŋ$^{53}$tsʅ$^{0}$ ,uk$^{3}$ tsʰiəu$^{53}_{44}$iəu$^{35}$iet$^{3}$ kan$^{35}_{44}$na$^{0}$ ,n̩$_{21}$,mən$^{13}$mien$^{53}_{44}$kai$^{53}_{44}$tei$^{35}_{44}$xa$^{53}$mai$^{53}$kan$^{21}$ni$^{0}$ .

【破相】pʰo$^{53}$siəŋ$^{53}$ 名 缺陷：胎神咯蛮多人都只有咁信。但是嘞又怕自家个子女嘞有么个胎记，系唔系？有么个～，我等讲有么个～，所以么人唔信也唔敢去碓渠。tʰəi$^{35}$ʂən$^{13}_{21}$ko$^{0}$ man$^{13}$to$^{35}_{44}$ ɲin$^{13}_{21}$təu$^{35}_{44}$tʂʅ$^{21}$iəu$^{35}_{44}$kan$^{21}$sin$^{35}$.tan$^{35}_{44}$ʂʅ$^{53}_{44}$lei$^{0}$ iəu$^{53}$pʰa$^{53}$tsʰʅ$^{35}$ka$^{35}_{44}$ke$^{53}_{44}$tsʅ$^{21}$ŋ̍$^{21}$lei$^{0}$ iəu$^{35}$mak$^{3}$ ke$^{53}$tʰəi$^{35}$ci$^{53}_{44}$,xei$^{53}$me$^{53}$? iəu$^{35}$mak$^{3}$ e$^{0}$ pʰo$^{53}$siəŋ$^{53}$,ŋai$^{13}$tien$^{0}$ kəŋ$^{21}$iəu$^{35}$mak$^{3}$ e$^{0}$ pʰo$^{53}$siəŋ$^{53}$,so$^{21}$i$^{35}_{53}$mak$^{3}$ ɲin$^{13}_{44}$n̩$^{13}$sin$^{35}$ia$^{35}$n̩$^{13}$kan$^{21}$çi$^{53}_{44}$təi$^{53}$ci$^{13}_{21}$.

【仆地一跤】pʰuk$^{5}$ tʰi$^{53}$iet$^{3}$ kau$^{35}$ 嘴啃地，脸朝下跌倒：欸细人子跑个细人子就咁个情况多啊。欸，跑么，我等箇孙子就咁个啊，唔好好子走路，你爱渠走嘞渠就跑，欸，慢呢嘞班倒么个东西～。e$_{21}$sei$^{53}$ɲin$^{13}_{44}$tsʅ$^{0}$ pʰau$^{21}$ke$^{53}$sei$^{53}$ɲin$^{13}_{21}$tsʅ$^{0}$ tsʰiəu$^{53}_{44}$kan$^{21}$cie$^{53}$tsʰin$^{13}_{21}$kʰəŋ$^{53}_{44}$to$^{35}$a$^{0}$ .e$_{21}$,pʰau$^{21}$mei$^{0}$ ,ŋai$^{13}$tien$^{0}$ kai$^{53}$sən$^{35}$tsʅ$^{0}$ tsʰiəu$^{53}$kan$^{21}_{44}$ke$^{53}_{44}$a$^{0}$ ,n̩$^{13}$xau$^{21}$xau$^{21}$tsʅ$^{0}$ tsei$^{21}$ləu$^{53}$, ɲi$^{13}$əi$^{53}$ci$^{13}_{44}$tsei$^{21}$lei$^{0}$ ci$^{13}_{21}$tsiəu$^{53}$pʰau$^{21}$,e$_{21}$,man$^{53}_{44}$ne$^{0}$ lei$^{0}$ kaŋ$^{53}$tau$^{21}$mak$^{3}$ e$^{0}$ təŋ$^{35}_{44}$si$^{0}$ pʰuk$^{5}$ tʰi$^{53}$iet$^{3}$ kau$^{35}_{44}$.

【铺】pʰu$^{35}$ 动 把东西展开或摊平：～床被窝棉絮 pʰu$^{35}$tsʰəŋ$^{13}_{21}$pʰi$^{35}$pʰo$^{35}_{44}$mien$^{13}$si$^{53}$

【铺陈】pʰu$^{35}$ʂən$^{13}$ 名 ①床上用品：置套～tʂʅ$^{53}$tʰau$^{53}$pʰu$^{35}$ʂən$^{13}$。②女孩出嫁时娘家打发的床上用品的总称：一般又唔多咁子话了嘞。一般冇么人话以床个～。～蛮好哇。有么……又有么人咁子话，一般就就系讲嫁女欸，欸……讨新舅哇，欸就……有～么？系啊？打发哩～么？欸，渠就系指箇以只东西。渠就系指箇以只东西，指箇以个铺盖。一套铺盖。枕头呀，欸，床单呢。iet$^{3}$ pən$^{35}$iəu$^{53}$n̩$^{13}$to$^{35}_{44}$kan$^{21}$tsʅ$^{0}$ ua$^{53}$liau$^{0}$ lei$^{0}$ .iet$^{3}$ pən$^{35}_{53}$mau$^{13}$mak$^{3}$ in$^{35}_{44}$ua$^{53}$i$^{21}$tsʰəŋ$^{13}$ke$^{53}_{44}$pʰu$^{35}$ʂən$^{13}_{21}$.pʰu$^{35}$ʂən$^{13}_{21}$ man$^{13}_{21}$xau$^{21}$ua$^{0}$ .mau$^{13}$mak$^{3}$ …iəu$^{53}$mau$^{13}$mak$^{3}$ in$^{35}_{44}$kan$^{21}$tsʅ$^{0}$ ua$^{53}$,iet$^{3}$ pən$^{35}$tsʰiəu$^{53}_{44}$tsiəu$^{53}$xe$^{53}$kəŋ$^{21}$ka$^{53}$ɲy$^{21}$e$^{0}$ ,e$_{21}$ s…tʰau$^{21}$sin$^{35}$cʰiəu$^{35}_{44}$ua$^{0}$ ,e$_{21}$tsiəu$^{53}$…iəu$^{35}_{44}$pʰu$^{35}$ʂən$^{13}_{21}$mo$^{0}$ ?xe$^{53}_{44}$a$^{0}$ ?ta$^{21}$fait$^{3}$ li$^{0}$ pʰu$^{35}$ʂən$^{13}_{21}$mo$^{0}$ ?e$_{44}$,ci$^{13}$tsʰiəu$^{53}$xe$^{53}_{44}$ tʂʅ$^{21}$kai$^{53}_{44}$iak$^{3}$ (←i$^{21}$tʂak$^{3}$)təŋ$^{35}_{44}$si$^{0}$ .ci$^{13}$tsʰiəu$^{35}_{44}$xe$^{53}_{44}$tʂʅ$^{21}$kai$^{53}_{44}$i$^{21}$tʂak$^{3}$ təŋ$^{35}_{44}$si$^{0}$ ,tʂʅ$^{21}$kai$^{53}_{44}$i$^{21}$ke$^{53}_{44}$pʰu$^{35}$kəi$^{53}$.iet$^{3}$ tʰau$^{53}_{44}$

pʰu^{35}kɔi^{53}_{21}.tʂən^{21}tʰei^{13}ia^{0},e_{21},tsʰəŋ^{13}tan^{35}_{44}ne^{0}.

【铺盖】pʰu^{35}kɔi^{53} 名 被褥卧具的总称：渠就系指箇以只东西，指箇以个～。一套～。ci^{13} tsʰiəu^{35}_{44}xe^{53}_{44}tʂʅ^{21}kai^{53}_{44}i^{21}tʂak^{3}təŋ^{35}_{44}si^{0},tʂʅ^{21}kai^{53}_{44}i^{21}ke^{53}_{44}pʰu^{35}kɔi^{53}.iet^{3}tʰau^{53}_{44}pʰu^{35}kɔi^{53}_{21}.

【潽】pʰu^{35} 动 液体溢出：莫□_{盖上}镬盖嘞，要唔系会～咁呢。mɔk^{5}cʰiet^{3}uɔk^{5}kɔi^{53}le^{0},iau^{53}_{44}m̩^{13}_{21}pʰe_{44}(←xe^{53})uɔi^{53}_{44}pʰu^{35}kan^{21}ne^{0}.｜落水天欸呀一落水嘞就堵水，箇天心里就～水。lɔk^{5}ʂei^{21}tʰien^{35}_{44}ei_{21}ia_{21} iet^{3}lɔk^{5}ʂei^{21}lei^{0}tsʰiəu^{35}təu^{21}ʂei^{21},kai^{53}_{44}tʰien^{35}sin^{35}_{44}ni^{0}tsʰiəu^{53}_{44}pʰu^{35}ʂei^{21}.

【菩萨】pʰu^{13}sait^{3} 名 ①泛指佛或某些神：渠信以只庙里个～，有滴信箇只庙。ci^{13}_{21}sin^{53}i^{21}tʂak^{3} miau^{53}li^{0}ke^{53}_{44}pʰu^{13}_{21}sait^{3},iəu^{35}tet^{5}sin^{53}kai^{53}tʂak^{3}miau^{53}. ②指佛或某些神的塑像：渠系同别家念经，箇只屋下装起箇～箇只嘞。ci^{13}_{21}xe^{53}_{44}tʰəŋ^{13}_{21}pʰiet^{5}ka^{35}_{44}ɲian^{53}cin^{35},kai^{53}_{44}tʂak^{3}uk^{3}xa^{53}tsɔŋ^{35}çi^{21}kai^{53}_{44}pʰu^{13}_{21}sait^{3}kai^{53}_{44} tʂak^{3}lei^{0}.

【菩萨树】pʰu^{13}sait^{3}ʂəu^{53} 名 罗汉松的别称：罗汉松就系～。～哇有兜真有蛮大个。以映子就正讲啊以映子有只瀌大个～。欸，小河也有只树，～，硬……呃，～还有兜子神秘个色彩。欸，同箇个树精样，欸，树神样，有兜子咁个，欸受别人家供奉。lo^{13}xɔn^{53}səŋ^{35}tsʰiəu^{53}_{44}xe^{53}_{44}pʰu^{13} sait^{3}ʂəu^{53}.pʰu^{13}sait^{3}ʂəu^{53}ua^{0}iəu^{35}tei^{35}_{44}tʂən^{35}iəu^{35}_{53}man^{13}_{21}tʰai^{53}ke^{53}_{44}.i^{21}iaŋ^{53}tsʅ^{0}tsʰiəu^{53}tʂaŋ^{53}kɔŋ^{21}a^{0}i^{21}iaŋ^{53}tsʅ^{0}iəu^{35} tʂak^{3}mən^{35}tʰai^{53}ke^{53}_{44}pʰu^{13}sait^{3}ʂəu^{53}.e_{21},siau^{21}xo^{13}a^{35}_{44}iəu^{35}_{44}tʂak^{3}ʂəu^{53},pʰu^{13}sait^{3}ʂəu^{53},ɲiaŋ^{53}…ə_{21},pʰu^{13}sait^{3} ʂəu^{53}xai^{13}_{21}iəu^{35}_{53}tei^{35}_{53}tsʅ^{0}ʂən^{13}mi^{53}_{44}ke^{53}_{44}sek^{3}tsʰai^{21}.e_{21},tʰəŋ^{13}kai^{53}kei^{53}_{44}ʂəu^{53}tsin^{35}iɔŋ^{53}_{44},e_{21},ʂəu^{53}ʂən^{13}iɔŋ^{53},iəu^{35}tei^{35}_{53} tsʅ^{0}kan^{21}_{13}ke^{53}_{44},e^{0}ʂəu^{53}pʰiet^{5}in^{13}_{44}ka^{35}_{44}ciəŋ^{53}fəŋ^{53}.

【菩萨籽】pʰu^{13}sait^{3}tsʅ^{21} 名 罗汉松的果实：欸，据说箇～食得嘞。罗汉松树上结个～啊食得。我𫟪食过，唔知好食啊唔好食。e_{21},tʂʯ^{53}ʂet^{3}kai^{53}pʰu^{13}sait^{3}tsʅ^{21}ʂət^{5}tek^{3}le^{0}.lo^{13}xɔn^{53}_{44}səŋ^{35}ʂəu^{53}xɔŋ^{53}ciet^{3} ke^{53}_{44}kai^{53}pʰu^{13}sait^{3}tsʅ^{21}a^{0}ʂət^{5}tek^{3}.ŋai^{13}maŋ^{13}ʂət^{5}ko^{53}_{44},n̩^{13}_{21}ti^{35}_{53}xau^{21}ʂət^{5}a^{0}m̩^{13}_{21}mau^{21}ʂət^{5}.

【菩萨子】pʰu^{13}sait^{3}tsʅ^{0} 名 ①指走马灯中的纸像：发着灯盏来就箇个～就车车转呢。pɔit^{3}tʂʰɔk^{5} tien^{35}tsan^{21}nɔi^{13}_{21}tsʰiəu^{35}_{44}kai^{53}_{44}ke^{53}_{44}pʰu^{13}sait^{3}tsʅ^{0}tsʰiəu^{35}_{44}tʂʰa^{35}tʂʰa^{35}_{44}tʂɔn^{21}nei^{0}. ②玩偶；供儿童玩耍的人形玩具：我等箇只孙子就喜欢搞挖机，箇只妹子嘞就喜欢搞咁个布娃娃样个东西，欸，～。以下我等箇映子就有～啊，面前买倒箇～啊。欸，渠也不存在么个换唔换啵，渠就到我箇拿倒箇只东西走嘿哩。但是渠个挖机嘞就分我箇只拿嘿哩。就咁子同箇换嘿哩样。ŋai^{13}tien^{0}kai^{53} (tʂ)ak^{3}sən^{35}tsʅ^{0}tsiəu^{53}çi^{21}fɔn^{35}_{44}kau^{21}ua^{35}ci^{35}_{44},kai^{53}tʂak^{3}mɔi^{53}tsʅ^{0}lei^{0}tsʰiəu^{53}_{44}çi^{21}fɔn^{35}_{53}kau^{21}kan^{21}kei^{53}pu^{53}ua^{13}ua^{13} iɔŋ^{53}_{44}ke^{0}təŋ^{35}_{44}si^{0},e_{21},pʰu^{13}sait^{3}tsʅ^{0}.i^{13}_{21}xa^{53}ŋai^{13}tien^{0}kai^{53}iaŋ^{53}tsʅ^{0}tsiəu^{53}_{44}iəu^{35}pʰu^{13}sait^{3}tsa^{0},mien^{53}tsʰien^{13}mai^{35} tau^{21}kai^{53}pʰu^{13}sait^{3}tsa^{0}.ei_{21},ci^{13}ia^{35}_{53}pət^{3}tsʰən^{13}tsʰai^{53}_{44}mak^{3}e^{0}uɔn^{53}m̩^{13}uɔn^{53}nau^{0},ci^{13}_{21}tsʰiəu^{53}tau^{53}ŋai^{13}_{21}kai^{53}_{44}la^{53} tau^{21}kai^{53}_{44}(tʂ)ak^{3}(t)əŋ^{35}_{44}si^{0}tsei^{21}(x)ek^{3}li^{0}.tan^{53}_{44}ʂʅ^{53}_{44}ci^{13}ke^{0}ua^{35}ci^{35}lei^{0}tsʰiəu^{53}_{44}pən^{35}_{44}ŋai^{13}kai^{53}_{21}tʂak^{3}la^{53}(x)ek^{3}li^{0}. tsʰiəu^{53}kan^{21}tsʅ^{0}tʰəŋ^{13}_{21}kai^{53}_{44}uɔn^{53}nek^{3}li^{0}iɔŋ^{53}. ③书刊中的人物图像：我喜欢箇只～，我就彝张纸去蒙下来，蒙倒。ŋai^{13}_{21}çi^{21}fɔn^{35}_{44}kai^{53}tʂak^{3}pʰu^{13}sait^{3}tsʅ^{0},ŋai^{13}tsʰiəu^{53}u^{21}tʂɔŋ^{35}tʂʅ^{21}çi^{53}mən^{13}xa^{53}_{44}lɔi^{13}_{21},mən^{13}tau^{21}.

【蒲₁】pʰu^{13} 名 成丛的东西：有一只～有两三只个是垛栗。iəu^{35}iet^{3}tʂak^{3}pʰu^{13}_{21}iəu^{35}iɔŋ^{21}san^{35}tʂak^{3} ke^{53}ʂʅ^{21}tʰo^{53}liet^{5}.

【蒲₂】pʰu^{13} 量 ①用于成把、成丛的东西：栽一大～进去。tsɔi^{35}iet^{3}tʰai^{53}pʰu^{13}tsin^{53}çi^{53}_{44}. ②用于团状的事物：就系外背就绣哩花，肚里就一～草哇。tsʰiəu^{53}_{21}xe^{53}_{21}ŋɔi^{53}pɔi^{53}tsʰiəu^{53}_{44}siəu^{53}li^{0}fa^{35},təu^{21}li^{0} tsʰiəu^{53}iet^{3}pʰu^{13}tsʰau^{21}ua^{0}.｜打下去，响一下㗎，出～烟啵。ta^{21}xa^{53}_{44}çi^{53}_{44},çiɔŋ^{21}iet^{3}xa^{53}_{44}lau^{0},tʂʰət^{3}pʰu^{13}_{21} ien^{35}nau^{0}. ③用于人，相当于“群”：一～人 iet^{3}pʰu^{13}ɲin^{13}

【蒲₃】pʰu^{13} 形 指人蠢：我等箇映有只欸箇阵系凤溪箇映子，凤溪中学教书个对门箇冲里安做南冲，有只咁个夫娘子～～子，渠等喊渠让门子啊，又喊渠么个？欸，喊渠蒲水嫲。就话渠咁～。ŋai^{13}tien^{0}kai^{53}_{44}iaŋ^{53}_{44}iəu^{35}tʂak^{3}e^{0}kai^{53}_{44}tʂʰən^{53}_{44}xe^{53}_{44}fəŋ^{53}çi^{35}_{44}kai^{53}_{44}iaŋ^{53}_{44}tsʅ^{0},fəŋ^{53}çi^{35}_{44}tʂəŋ^{35}çiɔk^{5}kau^{53}_{44}ʂəu^{35} ke^{53}ti^{53}mən^{13}_{21}kai^{53}_{44}tʂʰəŋ^{35}li^{0}ɔn^{35}_{44}tso^{53}_{44}lan^{13}tʂʰəŋ^{35},iəu^{35}_{44}tʂak^{3}kan^{21}ke^{53}_{44}pu^{35}ɲiɔŋ^{13}_{21}tsʅ^{0}pʰu^{13}_{21}pʰu^{13}tsʅ^{0},ci^{13}_{21}tien^{0}xan^{53} ci^{13}_{21}ɲiɔŋ^{53}_{44}mən^{13}_{44}tsʅ^{0}a^{0},iəu^{53}_{44}xan^{53}ci^{13}_{21}mak^{3}ke^{53}_{44}?e_{21},xan^{53}ci^{13}_{44}pʰu^{13}ʂei^{21}ma^{13}.tsʰiəu^{53}ua^{53}ci^{13}_{21}kan^{21}pʰu^{13}.

【蒲滚】pʰu^{13}kuən^{21} 名 平田碎泥的农具：～有铁～木～。欸，箇阵子欸搞集体个时候子是耙正哩田还爱打到～。一般就系栽二禾个田里要打～呢，欸，早禾唔打～，因为二禾田搞么个嘞？又有秆，又多秆，又咁多禾蔸髻，禾蔸髻又𫟪烁，所以箇田里嘞杂七杂八个东西多。pʰu^{13} kuən^{21}iəu^{35}_{53}tʰiet^{3}pʰu^{13}kuən^{21}muk^{3}pʰu^{13}kuən^{21}.e_{21},kai^{53}tʂʰən^{53}tsʅ^{0}e_{44}kau^{21}tsʰiet^{5}tʰi^{21}kei^{53}ʂʅ^{13}xei^{53}tsʅ^{0}ʂʅ^{53}_{44}pʰa^{13} tʂaŋ^{53}li^{0}tʰien^{13}xa^{13}ɔi^{53}ta^{21}tau^{53}pʰu^{13}kuən^{21}.iet^{3}pɔn^{35}tsʰiəu^{53}xei^{53}_{44}tsɔi^{35}ɲi^{53}uo^{13}_{21}ke^{53}tʰien^{13}_{21}ni^{21}iau^{53}ta^{21}pʰu^{13}kuən^{21} nei^{0},ei_{21},tsau^{21}uo^{13}n̩^{13}ta^{21}pʰu^{13}kuən^{21},in^{35}_{44}uei^{53}_{44}ɲi^{53}uo^{13}_{21}tʰien^{13}_{21}kau^{21}mak^{3}e^{0}lei^{0}?iəu^{53}iəu^{35}kɔn^{21},iəu^{53}to^{35}_{44}kɔn^{21}, iəu53kan21to35-44uo13tei35-44ci53,uo13-21tei35-44ci53iəu53-21maŋ13mət3,so21i35-44kai53thien13ni21le0 tshait5 tshiet3 tshait5 pait3 kei53-44 təŋ35-44si0 to35.

【蒲滚船】phu13kuən21ʂən13 名一种用来翻耕平整水田的船型农机具：欸，但是如今有一项东西呢，我老弟子等箇映子咯，乌石咯，渠箇映子就湖洋多箇田咯，大麻大丘，一丘田都去牛唔得个，箇让门搞嘞？如今渠有种机器呢，专门搞箇个湖洋田个，欸嘿，种机器，安做么个？安做～。一只子船子，冇几大子，就系大概就系以张书桌咁长子，木个，树做个啊，底下嘞钉篾箕，钉篾箕就更光滑啊，更好走。箇船子肚里嘞，船头上坐个人，嗯，人坐下箇船头上，以下后背嘞放架柴油机，放只子箇个欸后背……以下就柴油机就放下箇船上，欸，箇个蒲滚，箇打滚子个棍子啊就去船背子，欸，提起……箇个爱打深了嘞爱打了嘞，提起下子柴油机来，就～射就过嘿哩，就深。欸，打比唔爱打个时候子，分柴油机放下子起，渠箇个是正好有只咁个扭手个东西，你就坐倒面前操纵，安做～。随你几深子个湖洋都去得，系一只船。只有渠箇映子还有我看倒，别哪映都蹭看倒哪映还有了。冇么人生产了，咁个田冇人作了啊。能够还继续搞下去就不错了嘞。唔深个也可以去，快呀箇起同志打起来。但是渠只能够打秋水田，只能够打水田，欸，你箇个干田打唔烂。打是也照说打得烂呶。渠冇办法，渠拖拉机去唔得啊。e21,tan53ʂʅ53i13-21cin35-44iəu35-44iet3 xəŋ53təŋ35-44si0 nei0,ŋai13lau21the35-53tsʅ0 ten0 kai53iaŋ53tsʅ0 ko0,u35ʂak5 ko0,ci13 kai53iaŋ53tsʅ0 tshiəu53fu13iəŋ13-21to35-44kai53-44thien13-21ko0,thai35ma13-21thai53chiəu35-44,iet3 chiəu35thien13-21təu35-44çi53ɲiəu13n̩13-21tek3 ke0,kai53-44ɲiəŋ53-44mən0 kau21lei0?i13-21cin35ci13-21iəu35tʂəŋ21ci35çi53nei0,tʂen35mən13-21kau21kai53ke53fu13iəŋ13-21thien13-21 ke53,e44xe44,tʂəŋ21ci35-44çi53,ən35-44tso53-44mak3 ke53-44?ən35-44tso53-44phu13kuən21ʂən13.iet3 tʂak3 tsʅ0 ʂən13tsʅ0,mau13ci21thai53tsʅ0, tshiəu53-44xei53-44thai53khai53tshiəu53xei53i21tʂəŋ35-44ʂəu35tsək3 kan21tʂhəŋ13tsʅ0,muk3 ke53,ʂəu53tso53ke53a0,tei21xa53-44lei0 taŋ35-44met5 sak3,taŋ35-44met5 sak3 tshiəu53-44cien53-44kəŋ35uait5 a0,cien53-44xau21-44tsei21.kai53-44ʂən13tsʅ0 təu21li0 lei0,ʂən13thei13 xəŋ53tsho35ke53ɲin13,n̩21, ɲin13tsho35(x)a53-44kai53ʂən13-21thei13-21xəŋ53,i21xa53-44xei53pəi53-44lei0 fəŋ53ka53tshai13-21iəu13-21ci35,fəŋ53 tʂak3 tsʅ0 kai53-44ke53-44e21xei53pəi…i21xa53-44tshiəu53tshai13-21iəu13-21ci35tsiəu53fəŋ53xa53kai53ʂən13xəŋ53,e21,kai53ke53phu13 kuən21,kai53ta21kuən21tsʅ0 kei53kuən21tsʅ0 a0 tshiəu53çi53ʂən13pəi53tsʅ0,e21,thia35çi21…kai53-44ke53-44əi53ta21tʂhən35liau21 lei0 əi53ta21liau0 lei0,thia35çi21(x)a53tsʅ0 tshai13-21iəu13-21ci35-44ləi13-44,tsiəu53phu13-21kuən21ʂən13-21ʂa53tshiəu53-21ko53(x)ek3 li0, tsiəu53tʂhən35.ei44,ta21-44pi21-44m̩13-21məi53ta21kei53-44ʂʅ13xəu53-44tsʅ0,pən35-44tshai13-21iəu13-21ci35-44fəŋ53xa53-44tsʅ0 çi21,ci13-21kai53-44ke53-44ʂʅ53-21tʂən53 xau21iəu35tʂak3 kan21-44kei53-44ia21ʂəu21ke53-44təŋ35-44si0, ɲi13tshiəu53-44tsho35-44tau21-44mien53tshien13-21tshau35tsəŋ53,ən35-53tso53phu13 kuən21ʂən13.tshi13ɲi13-44ci13-21tʂhən35-44tsʅ0 ke0 fu13iəŋ13-21təu35-44çi53tek3,xe53-44iet3 tʂak3 ʂən13.tʂʅ21iəu35-53ci13-21kai53iaŋ53tsʅ0 xai13-21 iəu35-44ŋai13khən53tau21,phiet5 lai53iaŋ35-44təu35-53maŋ13khən53tau21lai13-21iaŋ53xai13-21iəu35liau0.mau13mak3 ɲin13-44sen35-44tshan21 liau21,kan21ke53thien13-44mau13ɲin13-44tsək3 liau21-44a0.len13ciau53xai13-21ci53səuk3 kau21xa53chi53tshiəu53-44pət3 tsho53liau0 lei0.n̩13tʂhən35-44cie53a35-53kho21i13-44çi53,khuai53ia0 kai53çi21thəŋ13-44tsʅ53-44ta21çi21ləi13-21.tan53ʂʅ53ci13-21tʂʅ21len13ciəu53-44ta21tshiəu35 ʂei21thien13-44,tʂʅ21len13ciəu53ta21ʂei21thien13-44,e21, ɲi13kai53kei53kən35thien13-21ta21n̩13nan53.ta21ʂʅ53-21ia35tʂau53ʂet3 ta21 (t)ek3 lan53nau0.ci13mau13phan53fait3,ci13-21tho35-44la35-44ci35-44çi53n̩13-21tek3 a0.

【蒲葵】phu13khuei13 名一种常绿乔木，生长在热带和亚热带地区，叶子可以做扇子：箇起箇个就不是棕叶嘞，箇是～嘞。kai53çi21-44kai53ke53tshiəu53-44pət3 ʂʅ53-44tsəŋ35iait5 le0,kai53ʂʅ53-44phu13khuei13le0.

【蒲扇】phu13ʂen53 名用蒲葵做的扇子：欸，～是硬系就系蒲葵树……买……外背舞倒来个，我等本地冇得。～就是系最普遍个。嗨，摇起箇大～。e21,phu13ʂen53ʂʅ53-44ɲiaŋ53xe53-44tshiəu53-44ue53-44phu13 khuei13ʂəu53…mai21…ŋəi53pəi53u21tau21ləi13-21ke53-44,ŋai13tien0 pən21thi53mau13-21tek3.phu13ʂen53tshiəu53-44ʂʅ53-44xe53-44tsei53 phu21phien53-44ke53-44.xai53,iau13çi21kai53-44thai53phu13ʂen53.

【蒲水】phu13ʂei21 名瓠瓜。又称“蒲子”。例见“蒲水嫲”条。

【蒲水嫲】phu13ʂei21ma13 名笨女人：蛮笨个夫娘子安做～。箇瓠瓜啊，我等又安做蒲子嘞，又安做渠蒲水嘞。～，就是就系就唔多聪明个，唔多雀个夫娘子。～。man13pən53cie53-44pu35ɲiəŋ13-21 tsʅ0 ən35-44tso53-44phu13ʂei21ma13.kai53-44fu53kua35-44a0,ŋai13-21tien0 iəu53-44ən35-44tso53-44phu13tsʅ0 lei0,iəu53-44ən35-44tso53-44ci13-21phu13ʂei21 lei0.phu13ʂei21ma13,tshiəu53ʂʅ53tshiəu53xei53-44tshiəu53n̩13-21to35-44tshəŋ35min13-21cie53-44,n̩13-21to35-44tshiək3 cie53-44pu35ɲiəŋ13-21tsʅ0.phu13 ʂei21ma13.

【蒲子】phu13tsʅ0 名瓠瓜。又称“蒲水”：箇瓠瓜啊，我等又安做～嘞。kai53-44fu53kua35-44a0,ŋai13-21tien0 iəu53-44ən35-44tso53-44phu13tsʅ0 lei0.

【蒲子干】phu13tsʅ0kən35 名用牛皮蒲晒制的一种小食：～，欸，就系箇起牛皮蒲欸食唔一般人一般就系牛皮蒲食唔赢就晒做干。欸，切倒一条条子欸放下镬里放下泡水肚里焯一到，舞起

P

来晒干来，就系～。食啊？箇爱好食就箇就有箇个啦欸箇就还爱放势搞啦。放兜糖去，晒倒唔系十分干个时候子，你莫晒倒十分干呢，晒倒还润润子，揪韧揪韧个时候子，舞兜糖，一搡，舞兜糖，放兜白糖去，一抛，系啊？一抛，抛倒，就等渠过一夜，□糖融嘿哩扯进去哩，如果系十分湿嘞你就还晒下子，如果唔系十分湿了你就装起。密封。箇真好食唠箇个噢。莫晒十分干哩。欸，如果系箇个就放兜子欸八角粉欸唔系八角粉，放兜子紫苏粉箇兜甘草粉箇兜，真好食。pʰu$^{13}$tsɿ$^{0}$kɔn$^{35}$,e$_{21}$,tsʰiəu$^{53}$xe$^{53}$kai$^{53}$çi$^{21}$ɲiəu$^{13}$pʰi$^{13}$pʰu$^{13}$e$_{21}$ʂət$^{5}$n̩$^{13}_{44}$iet$^{3}$pɔn$^{35}$ɲin$^{13}_{21}$iet$^{3}$pɔn$^{35}$tsʰiəu$^{53}$xe$^{53}$ɲiəu$^{13}$pʰi$^{13}_{21}$pʰu$^{13}$ʂət$^{5}$n̩$^{13}_{21}$iaŋ$^{13}$tsiəu$^{53}_{44}$sai$^{53}$tso$^{53}_{44}$kɔn$^{35}$.e$_{21}$,tsʰiet$^{3}$tau$^{21}_{44}$iet$^{3}$tʰiau$^{13}$tʰiau$^{13}$tsɿ$^{0}$e$_{21}$fɔŋ$^{53}$xa$^{53}$uɔk$^{5}$li$^{0}$fɔŋ$^{53}_{44}$xa$^{53}_{44}$pʰau$^{35}$ʂei$^{21}$təu$^{21}$li$^{0}$tʂʰɔk$^{3}$iet$^{3}$tau$^{53}$,u$^{21}$çi$^{21}$lɔi$^{13}$sai$^{53}$kɔn$^{35}$nɔi$^{13}_{21}$,tsʰiəu$^{53}$xei$^{53}$pʰu$^{13}_{21}$tsɿ$^{0}$kɔn$^{35}$.ʂət$^{5}$a$_{44}$?kai$^{53}_{44}$ɔi$^{53}$xau$^{21}$ʂət$^{5}$tsʰiəu$^{53}_{44}$kai$^{53}$tsʰiəu$^{53}$iəu$^{35}$kai$^{53}$ke$^{53}$la$^{0}$e$_{21}$kai$^{53}$tsʰiəu$^{53}$xa$^{13}_{21}$ɔi$^{53}_{44}$xɔŋ$^{53}$ʂʅ$^{53}$kau$^{21}$la$^{0}$.fɔŋ$^{53}$te$^{35}_{53}$tʰɔŋ$^{13}$çi$^{53}_{44}$,sai$^{53}$tau$^{21}$m̩$^{13}$pʰe$^{53}_{44}$ʂət$^{5}$fən$^{35}_{44}$kɔn$^{35}_{44}$ke$^{53}$ʂʅ$^{13}_{21}$xei$^{53}$tsɿ$^{0}$, ɲi$^{13}$mɔk$^{5}$sai$^{53}$tau$^{21}$ʂət$^{5}$fən$^{35}_{44}$kɔn$^{35}_{44}$ne$^{0}$,sai$^{53}$tau$^{21}$xai$^{13}$in$^{53}$in$^{53}$tsɿ$^{0}$,tsiəu$^{35}$ɲin$^{53}$tsiəu$^{35}$ɲin$^{53}$kei$^{53}_{44}$ʂʅ$^{13}$xei$^{53}_{44}$tsɿ$^{0}$,u$^{21}$tei$^{35}_{53}$tʰɔŋ$^{13}$,iet$^{3}$sɔŋ$^{21}$,u$^{21}$te$^{35}_{21}$tʰɔŋ$^{13}$,fɔŋ$^{53}$tei$^{35}_{53}$pʰak$^{5}$tʰɔŋ$^{13}_{21}$çi$^{53}$,iet$^{3}$pʰau$^{35}$,xei$^{53}$a$^{0}$?iet$^{3}$pʰau$^{35}$,pʰau$^{35}$tau$^{21}$,tsʰiəu$^{53}$ten$^{21}$ci$^{13}_{44}$ko$^{53}$(i)et$^{3}$ia$^{53}$,tʰiet$^{5}$tʰɔŋ$^{13}$iəŋ$^{13}$ŋek$^{3}$li$^{0}$tʂʰa$^{21}$tsin$^{53}$çi$^{53}$li$^{0}$,ʮ$^{13}$ko$^{21}$xei$^{53}$ʂət$^{5}$fən$^{35}_{44}$ʂət$^{3}$le$^{0}$ɲi$^{13}_{21}$tsiəu$^{53}$xai$^{13}$sai$^{53}$xa$^{53}$tsɿ$^{0}$,ʮ$^{13}$ko$^{21}$n̩$^{13}_{21}$tʰe$^{53}_{44}$ʂət$^{5}$fən$^{35}_{53}$ʂət$^{3}$liau$^{0}$ɲi$^{13}_{21}$tsʰiəu$^{53}_{44}$tʂɔŋ$^{35}$çi$^{21}$.miet$^{5}$fəŋ$^{35}$.kai$^{53}_{44}$tʂən$^{35}$xau$^{21}$ʂət$^{5}$lau$^{0}$kai$^{53}_{44}$ke$^{53}_{44}$au$^{0}$.mɔk$^{5}$sai$^{53}$ʂət$^{5}$fən$^{35}_{44}$kɔn$^{35}_{44}$ni$^{0}$.e$_{21}$,ʮ$^{13}_{21}$ko$^{21}_{44}$xei$^{53}$kai$^{53}_{44}$ke$^{53}_{44}$tsʰiəu$^{53}_{44}$fɔŋ$^{53}$tei$^{35}_{53}$tsɿ$^{0}$e$_{21}$pait$^{3}$kɔk$^{3}$fən$^{21}$e$_{21}$m̩$^{13}_{21}$pʰei$^{53}$pait$^{3}$kɔk$^{3}$fən$^{21}$,fɔŋ$^{53}$te$^{35}_{53}$tsɿ$^{0}$tsɿ$^{21}$sɿ$^{35}_{44}$fən$^{21}$kai$^{53}_{44}$te$^{35}_{53}$kan$^{35}$tsʰau$^{21}$fən$^{21}$kai$^{53}_{44}$te$^{35}_{53}$,tʂən$^{35}_{44}$xau$^{21}$ʂət$^{5}$.

【谱】pʰu$^{21}$ 名家族里记载本族世系和重要人物事迹的书：我等前年呢欸箇年一四年呢修哩～哇，修正哩～了嘞，箇就打开祠堂门来接～。ŋai$^{13}$tien$^{0}$tsʰien$^{13}$ɲien$^{13}_{44}$ne$^{0}$e$_{44}$kai$^{53}$ɲien$^{13}_{44}$iet$^{3}$si$^{53}$ɲien$^{13}_{21}$ne$^{0}$siəu$^{35}$li$^{0}$pʰu$^{21}$ua$^{0}$,siəu$^{35}$tʂaŋ$^{53}_{44}$li$^{0}$pʰu$^{21}$liau$^{21}_{44}$lei$^{0}$,kai$^{53}_{21}$tsʰiəu$^{53}$ta$^{21}$kʰɔi$^{35}_{53}$tsʰɿ$^{13}_{21}$tʰɔŋ$^{13}_{21}$mən$^{13}_{21}$lɔi$^{13}_{21}$tsiait$^{3}$pʰu$^{21}$.

【铺门板】pʰu$^{53}$mən$^{13}$pan$^{21}$ 名铺子的门板：铺子里个板子多。一只外背就有门板。以前就冇得箇卷闸门，系唔系？尽系咁个□长个门板子销下去。天天早晨爱分门板松下来欸放下箇角子里，背下门角子里放倒，放做一□，放做一扇子。以下挨夜子了又销转去，欸。外背就～。铺子个门呐，～。pʰu$^{53}$tsɿ$^{0}$li$^{0}$ke$^{53}$pan$^{21}$tsɿ$^{0}$to$^{35}$.iet$^{3}$tʂak$^{3}$ŋɔi$^{53}$pɔi$^{53}_{44}$tsʰiəu$^{53}_{44}$iəu$^{35}_{44}$mən$^{13}$pan$^{21}$.i$^{35}_{53}$tsʰien$^{13}_{21}$tsʰiəu$^{53}_{44}$mau$^{13}_{21}$tek$^{3}$kai$^{53}$tʂen$^{21}$tsait$^{3}$mən$^{13}$,xei$^{53}_{44}$me$^{53}_{44}$?tsʰin$^{53}$xei$^{53}_{44}$kan$^{21}$ke$^{53}$lai$^{35}$tʂʰɔŋ$^{13}_{21}$ke$^{53}$mən$^{13}$pan$^{21}$tsɿ$^{0}$siau$^{53}$xa$^{53}_{44}$çi$^{53}_{44}$.tʰien$^{35}$tʰien$^{35}_{44}$tsau$^{21}$ʂən$^{13}_{44}$ɔi$^{53}_{44}$pən$^{35}$mən$^{13}$pan$^{21}$səŋ$^{35}$xa$^{53}_{44}$lɔi$^{13}_{21}$e$_{21}$fɔŋ$^{53}$xa$^{53}$kai$^{53}$kɔk$^{3}$tsɿ$^{0}$li$^{0}$,pi$^{53}$xa$^{53}$mən$^{13}$kɔk$^{3}$tsɿ$^{0}$li$^{0}$fɔŋ$^{53}$tau$^{21}$,fɔŋ$^{53}$tso$^{53}$(i)et$^{3}$tsiau$^{35}$,fɔŋ$^{53}$tso$^{53}$iet$^{3}$ʂen$^{53}$tsɿ$^{0}$.i$^{21}$xa$^{53}_{44}$ai$^{35}$ia$^{53}$tsɿ$^{0}$liau$^{0}$iəu$^{53}_{44}$siau$^{53}$tʂuɔn$^{21}$çi$^{53}$,e$_{21}$.ŋɔi$^{53}$pɔi$^{53}_{44}$tsʰiəu$^{53}_{44}$pʰu$^{53}$mən$^{13}$pan$^{21}$.pʰu$^{53}$tsɿ$^{0}$ke$^{53}$mən$^{13}$na$^{0}$,pʰu$^{53}$mən$^{13}$pan$^{21}$.

【铺身】pʰu$^{53}$ʂən$^{35}$ 名柜台：～上不能乱放东西。如今我赖子唔系我硬放只子茶缸子放只子么个，渠都爱念一到。“箇～是硬系做生意个，放商品个栏场，你箇茶缸子莫乱放哦。”硬哪到都爱念一到凑。我茶缸子都放唔得。pʰu$^{53}$ʂən$^{35}$xɔŋ$^{53}_{21}$pət$^{3}$len$^{13}_{44}$lɔn$^{53}$fɔŋ$^{53}$təŋ$^{35}_{44}$si$^{0}$.i$^{13}_{21}$cin$^{35}_{53}$ŋai$^{13}$lai$^{53}$tsɿ$^{0}$m̩$^{13}_{21}$pʰe$^{53}_{44}$ŋai$^{13}$ɲiaŋ$^{53}$fɔŋ$^{53}$tʂak$^{3}$tsɿ$^{0}$tsʰa$^{13}$kɔŋ$^{35}$tsɿ$^{0}$fɔŋ$^{53}$tʂak$^{3}$tsɿ$^{0}$mak$^{3}$e$^{0}$,ci$^{13}_{21}$təu$^{35}_{44}$ɔi$^{53}_{44}$ɲian$^{53}$iet$^{3}$tau$^{53}$."kai$^{53}_{44}$pʰu$^{53}$ʂən$^{35}_{44}$ʂʅ$^{53}_{44}$ɲiaŋ$^{53}$xe$^{53}$tso$^{53}$sen$^{35}$i$^{53}$ke$^{0}$,fɔŋ$^{53}$ʂɔŋ$^{35}$pʰin$^{21}$ke$^{53}$laŋ$^{13}_{21}$tʰɔŋ$^{13}_{44}$, ɲi$^{13}$kai$^{53}$tsʰa$^{13}$kɔŋ$^{35}$tsɿ$^{0}$mɔk$^{5}$lɔn$^{53}$fɔŋ$^{53}_{21}$ŋo$^{0}$."ɲiaŋ$^{53}_{44}$lai$^{53}$tau$^{21}$təu$^{35}_{44}$ɔi$^{53}$ɲian$^{53}$iet$^{3}$tau$^{53}$tsʰe$^{0}$.ŋai$^{13}_{21}$tsʰa$^{13}$kɔŋ$^{35}$tsɿ$^{0}$təu$^{35}_{44}$fɔŋ$^{53}$n̩$^{13}_{21}$tek$^{3}$.

【铺子】pʰu$^{53}$tsɿ$^{0}$ 名店铺，设有门面销售商品或进行其他营业的处所：开～ kʰɔi$^{35}$pʰu$^{53}$tsɿ$^{0}$

# Q

【七】tsʰiet$^{3}$ 数六加一后所得的数目：猪条子就系渠～八十斤子个五六十斤子个箇猪子就安做猪条子。tʂəu$^{35}$tʰiau$^{13}$tsɿ$^{0}$ tsʰiəu$^{53}$xei$^{53}$ci$^{13}_{21}$tsʰiet$^{3}$ pait$^{3}$ ʂət$^{5}$ cin$^{35}_{44}$tsɿ$^{0}$ ke$^{53}_{44}$ŋ̍$^{21}$liəuk$^{3}$ ʂət$^{5}$ cin$^{35}_{44}$tsɿ$^{0}$ ke$^{53}_{44}$kai$^{53}_{44}$tʂəu$^{35}_{44}$tsɿ$^{0}$ tsʰiəu$^{53}_{44}$ɔn$^{35}_{44}$tso$^{53}_{44}$tʂəu$^{35}$tʰiau$^{13}_{21}$tsɿ$^{0}$.

【七岔八岔】tsʰiet$^{3}$ tsʰa$^{53}$pait$^{3}$ tsʰa$^{53}$ 阴差阳错（以致事情没成功）：～就岔咁哩唠以只事就。箇只事就赠搞成啊。就系因为～唠，岔嘿了。箇场婚事样我……渠两个人婚事就黄嘿哩。～，以映岔箇映岔，就岔咁哩啊，就黄嘿哩啊。tsʰiet$^{3}$ tsʰa$^{53}$pait$^{3}$ tsʰa$^{53}$tsʰiəu$^{53}_{44}$tsʰa$^{53}$kan$^{21}$li$^{0}$ lau$^{0}$ i$^{21}$tʂak$^{3}$ sɿ$^{53}_{44}$ tsʰiəu$^{53}_{44}$.kai$^{53}$tʂak$^{3}$ sɿ$^{53}$tsʰiəu$^{53}_{44}$maŋ$^{13}$kau$^{21}$ʂaŋ$^{13}$ŋa$^{0}$ .tsʰiəu$^{53}$uei$^{53}$(←xei$^{53}$)in$^{35}$uei$^{13}_{21}$tsʰiet$^{3}$ tsʰa$^{53}$pait$^{3}$ tsʰa$^{53}$lau$^{0}$, tsʰa$^{53}$xek$^{3}$ liau$^{0}$ .kai$^{53}_{44}$tʂʰɔŋ$^{13}_{21}$fən$^{35}$sɿ$^{53}$iɔŋ$^{53}_{44}$ŋai$^{13}_{44}$…ci$^{13}_{21}$iɔŋ$^{21}$ke$^{53}_{44}$in$^{13}_{44}$fən$^{35}_{44}$sɿ$^{53}_{44}$tsʰiəu$^{53}_{44}$uɔŋ$^{13}$(x)ek$^{3}$ li$^{0}$ .tsʰiet$^{3}$ tsʰa$^{53}$pait$^{3}$ tsʰa$^{53}$,i$^{21}$iaŋ$^{53}_{44}$tsʰa$^{53}_{44}$kai$^{53}_{44}$iaŋ$^{53}_{44}$tsʰa$^{53}$,tsʰiəu$^{53}_{44}$tsʰa$^{53}$kan$^{21}$ni$^{0}$ a$^{0}$ ,tsʰiəu$^{53}_{44}$uɔŋ$^{13}$ŋek$^{3}$(←xek$^{3}$)lia$^{0}$.

【七寸】tsʰiet$^{3}$ tsʰən$^{53}$ 名指蛇的心脏所在位置，比喻事物的关键点：打蛇打～。ta$^{21}$ʂa$^{13}$ta$^{21}$tsʰiet$^{3}$ tsʰən$^{53}$.

【七颠八倒】tsʰiet$^{3}$ tien$^{35}$pait$^{3}$ tau$^{53}$ 形容说话语无伦次、张冠李戴：我老弟子箇只过房个阿婆啊，九十六岁了，以前都还精明，如今呢讲起事来就有兜子～。讲事就～哇。反正呢欸你个事扯下别人家名下去哩，欸，以只人个路子扯下箇只名下去哩。ŋai$^{13}_{44}$lau$^{21}$tʰe$^{53}$tsɿ$^{0}$ kai$^{53}$tʂak$^{3}$ ko$^{53}$fɔŋ$^{13}_{21}$ ke$^{53}$a$^{35}$pʰo$^{13}_{21}$a$^{0}$ ,ciəu$^{21}$ʂət$^{5}$ liəuk$^{3}$ sɔi$^{53}$liau$^{21}$,i$^{35}_{53}$tsʰien$^{13}$təu$^{35}_{53}$xai$^{13}_{21}$tsin$^{35}$min$^{13}_{21}$,i$^{13}_{21}$cin$^{35}_{44}$ne$^{0}$ kɔŋ$^{21}$çi$^{21}$sɿ$^{53}$lɔi$^{13}_{21}$tsʰiəu$^{53}_{44}$iəu$^{35}$ tei$^{35}_{53}$tsɿ$^{0}$ tsʰiet$^{3}$ tien$^{35}$pait$^{3}$ tau$^{53}_{21}$.kɔŋ$^{21}$sɿ$^{53}$tsʰiəu$^{53}_{44}$tsʰiet$^{3}$ tien$^{35}$pait$^{3}$ tau$^{53}$ua$^{0}$ .fan$^{21}$tʂən$^{53}_{44}$ne$^{0}$ ei$_{21}$ɲi$^{13}$kei$^{53}$sɿ$^{53}_{44}$tʂʰa$^{21}$xa$^{53}_{44}$ pʰiet$^{5}$ in$^{13}_{44}$ka$^{35}_{44}$miaŋ$^{13}_{21}$xa$^{53}_{44}$çi$^{53}$li$^{0}$ ,e$_{21}$,i$^{21}$tʂak$^{3}$ ɲin$^{13}$ke$^{53}$ləu$^{53}$tsɿ$^{0}$ tʂʰa$^{21}$xa$^{53}_{44}$kai$^{53}$tʂak$^{3}$ miaŋ$^{13}_{21}$xa$^{53}_{44}$çi$^{53}$li$^{0}$.

【七姑星】tsʰiet$^{3}$ ku$^{35}$sin$^{35}$ 名牵牛织女星：阴历个七月初七是我等就会去会到箇以只仙姑娘娘箇顶高去。欸，渠等是夜晡都上去哦。天好就看得箇～倒话就，渠箇岭上岭顶头就更好看呐系。箇是唔系么个到岭顶头是完全就系为了看～呶，箇是系话到岭顶头是箇有只仙姑娘娘唠。箇上背有人，义……志愿者到哩七月初七啦，头几晡就有人上去上背做准备，荷水个啦，舞么个东西个啦。七月初七箇晡是到箇上背有面食啦，饭就冇食，煮碗子面食哩，有茶有面有换茶箇兜。有兜人义务个拿兜钱买兜水果箇兜放倒上背。in$^{35}$liet$^{5}$ ke$^{53}$tsʰiet$^{3}$ ɲiet$^{5}$ tsʰəu$^{35}_{44}$tsʰiet$^{3}$ ʂʅ$^{53}$ ŋai$^{13}$tien$^{0}$ tsʰiəu$^{53}$uɔi$^{53}$çi$^{53}$uɔi$^{53}$tau$^{53}$kai$^{53}$i$^{21}$tʂak$^{3}$ sien$^{35}_{44}$ku$^{35}_{44}$ɲiɔŋ$^{13}_{21}$ɲiɔŋ$^{13}_{21}$kai$^{53}$taŋ$^{21}$kau$^{35}_{44}$çi$^{53}$.e$_{21}$,ci$^{13}_{21}$tien$^{0}$ ʂʅ$^{53}_{44}$ia$^{53}$pu$^{35}_{44}$ təu$^{35}_{44}$ʂɔŋ$^{53}_{44}$çi$^{53}$o$^{0}$ .tʰien$^{35}$xau$^{21}$tsʰiəu$^{53}$kʰɔn$^{53}$tek$^{3}$ kai$^{53}$tsʰiet$^{3}$ ku$^{35}_{44}$sin$^{35}$tau$^{21}$ua$^{53}_{44}$tsiəu$^{53}_{44}$,ci$^{13}_{21}$kai$^{53}$liaŋ$^{35}$xɔŋ$^{53}_{44}$liaŋ$^{35}$taŋ$^{21}$ tʰei$^{13}$tsʰiəu$^{53}_{44}$cien$^{53}_{44}$xau$^{21}$kʰɔn$^{53}$na$^{0}$ xe$^{53}$.kai$^{53}$ʂʅ$^{53}$m̩$^{13}$pʰei$^{53}$mak$^{3}$ e$^{0}$ tau$^{53}$liaŋ$^{35}$taŋ$^{21}$tʰei$^{13}$ʂʅ$^{53}$xɔn$^{13}$tsʰien$^{13}_{44}$tsʰiəu$^{53}$xe$^{53}$ uei$^{53}$liau$^{21}$kʰɔn$^{53}$tsʰiet$^{3}$ ku$^{35}_{44}$sin$^{35}$nau$^{0}$ ,kai$^{53}_{21}$ʂʅ$^{53}_{44}$xei$^{53}$ua$^{53}$tau$^{53}$liaŋ$^{35}$taŋ$^{21}$tʰei$^{13}$ʂʅ$^{53}$kai$^{53}_{44}$iəu$^{35}_{53}$tʂak$^{3}$ sien$^{35}_{44}$ku$^{35}_{44}$ɲiɔŋ$^{13}$ ɲiɔŋ$^{13}_{21}$lau$^{0}$ .kai$^{53}_{44}$ʂɔŋ$^{53}$pɔi$^{53}_{44}$iəu$^{35}$ɲin$^{13}_{21}$, ɲi$^{53}$…tʂʅ$^{53}$vien$^{53}$tʂa$^{21}$tau$^{53}_{44}$li$^{0}$ tsʰiet$^{3}$ ɲiet$^{5}$ tsʰɿ$^{35}$tsʰiet$^{3}$ la$^{0}$ ,tʰei$^{13}$ci$^{21}$pu$^{35}$ tsʰiəu$^{53}_{44}$iəu$^{35}$ɲin$^{13}_{21}$ʂɔŋ$^{35}$çi$^{53}$ʂɔŋ$^{53}_{44}$pɔi$^{53}_{44}$tso$^{53}_{44}$tʂən$^{21}$pʰei$^{53}$,kʰai$^{35}$ʂei$^{21}$cie$^{53}$la$^{0}$ ,u$^{21}$mak$^{3}$ e$^{0}$ təŋ$^{35}_{44}$si$^{0}$ ke$^{53}$la$^{0}$ .tsʰiet$^{3}$ ɲiet$^{5}$ tsʰɿ$^{35}$tsʰiet$^{3}$ kai$^{53}$pu$^{35}_{53}$ʂʅ$^{53}$tau$^{53}$kai$^{53}$ʂɔŋ$^{53}$pɔi$^{53}$iəu$^{35}$mien$^{53}$ʂət$^{5}$ la$^{0}$ ,fan$^{53}$tsʰiəu$^{53}_{44}$mau$^{13}$ʂət$^{5}$ ,tʂəu$^{21}$uɔn$^{21}$tsɿ$^{0}$ mien$^{53}$ʂət$^{5}$ li$^{0}$ ,iəu$^{35}$tsʰa$^{13}$iəu$^{35}$mien$^{53}$iəu$^{35}$uɔn$^{53}$tsʰa$^{13}_{21}$kai$^{53}_{44}$te$^{35}_{44}$.iəu$^{35}$tei$^{35}_{53}$ɲin$^{13}_{44}$ɲi$^{53}$u$^{53}_{44}$ke$^{53}_{44}$la$^{53}$te$^{35}_{53}$tsʰien$^{13}$mai$^{35}$te$^{35}_{53}$ʂei$^{21}$ko$^{21}$kai$^{53}_{44}$

te$^{35}_{44}$fɔŋ$^{53}$tau$^{21}$ʂɔŋ$^{53}$pɔi$^{53}$.

【七零八落】ts$^h$iet$^3$lin$^{13}$pait$^3$lɔk$^5$ 形容散乱、不完整：今年也落哩一醮蛮大子个水。箇到大水过哩以后呀，我箇只阿叔栽倒箇河边上个菜呀，硬打起搞起～，冲得～。cin$^{35}$ɲien$^{13}_{44}$ia$^{35}$lɔk$^5$li$^0$iet$^3$tsiau$^{53}$man$^{13}$t$^h$ai$^{53}$tsɿ$^0$ke$^{53}$ʂei$^{21}$.kai$^{53}_{44}$tau$^{53}_{44}$t$^h$ai$^{53}$ʂei$^{21}$ko$^{53}$li$^0$i$^{35}_{44}$xei$^{53}$ia$^0$,ŋai$^{13}$kai$^{13}$tʂak$^3$a$^{35}$ʂəuk$^3$tsɔi$^{35}$tau$^{21}$kai$^{53}_{44}$xo$^{13}$pien$^{35}_{44}$xɔŋ$^{53}_{21}$ke$^{53}_{21}$ts$^h$ɔi$^{53}$ia$^0$,ɲiaŋ$^{53}$ta$^{21}$çi$^{21}_{44}$kau$^{21}$çi$^{21}_{44}$ts$^h$iet$^3$lin$^{13}$pait$^3$lɔk$^5$,tʂ$^h$əŋ$^{35}$tek$^3$ts$^h$iet$^3$lin$^{13}_{21}$pait$^3$lɔk$^5$.

【七上八下】ts$^h$iet$^3$ʂɔŋ$^{35}$pait$^3$xa$^{35}$ 形容心情起伏不定、忐忑不安：心里啊～钟胖谷样。sin$^{35}$ni$^{21}$a$^0$ts$^h$iet$^3$ʂɔŋ$^{35}_{44}$pait$^3$xa$^{53}_{44}$tʂəŋ$^{35}$p$^h$aŋ$^{53}$kuk$^3$iɔŋ$^{53}$.｜头到我老婆病哩，跕倒长沙去下搞检查我就心里都～了哇，冇哩上下。t$^h$ei$^{13}$tau$^{53}$ŋai$^{13}_{21}$lau$^{21}$p$^h$o$^{13}$p$^h$iaŋ$^{53}$li$^0$,ku$^{35}$tau$^{21}$tʂ$^h$ɔŋ$^{13}_{21}$sa$^{35}_{44}$çi$^{53}$xa$^{53}$kau$^{21}$cian$^{21}$ts$^h$a$^{13}$ŋai$^{13}$ts$^h$iəu$^{53}$sin$^{35}$ni$^{21}$təu$^{35}_{44}$ts$^h$iet$^3$ʂɔŋ$^{35}_{44}$pait$^3$xa$^{35}_{44}$liau$^0$ua$^0$,mau$^{13}$li$^0$xɔŋ$^{53}$xa$^{53}_{44}$.

【七手八脚】ts$^h$iet$^3$ʂəu$^{21}$pait$^3$ciɔk$^3$ 形容人多手杂，动作忙乱：我记得我爷子过哩身以后呀，我等咁多姊妹都去身边，箇就尽兜都～啊就着衫个着衫呐，欸攤个就同渠攤呀，攤净身上来呀，着衫个着衫呐，捡场个捡场啊，～就分渠舞倒安下厅下去欸箇个啊入哩殓呐。ŋai$^{13}$ci$^{53}$tek$^3$ŋai$^{13}_{21}$ia$^{13}$tsɿ$^0$ko$^{53}$li$^0$ʂən$^{35}$i$^{35}_{44}$xei$^{53}_{44}$ia$^0$,ŋai$^{13}$tien$^0$kan$^{21}$to$^{35}_{53}$tsi$^{21}$mɔi$^{53}_{44}$təu$^{35}$çi$^{53}$ʂən$^{35}_{44}$pien$^{35}_{44}$,kai$^{53}_{44}$ts$^h$iəu$^{53}_{44}$ts$^h$in$^{53}$te$^{35}_{53}$təu$^{35}_{53}$ts$^h$iet$^3$ʂəu$^{21}$pait$^3$ciɔk$^3$a$^0$ts$^h$iəu$^{53}_{44}$tʂɔk$^3$san$^{35}$ke$^{53}$tʂɔk$^3$san$^{35}$na$^0$,e$^0$mi$^{13}$ke$^{53}$ts$^h$iəu$^{53}_{44}$t$^h$əŋ$^{13}_{21}$ci$^{13}_{44}$mi$^{13}$ia$^0$,mi$^{13}$ts$^h$iaŋ$^{53}$ʂən$^{35}$xɔŋ$^{53}$lɔi$^{13}_{44}$ia$^0$,tʂɔk$^3$san$^{35}_{44}$ke$^{53}$tʂɔk$^3$san$^{35}$na$^0$,cian$^{21}$tʂ$^h$ɔŋ$^{13}_{44}$ke$^{53}$cian$^{21}$tʂ$^h$ɔŋ$^{13}$ŋa$^0$,ts$^h$iet$^3$ʂəu$^{21}_{44}$pait$^3$ciɔk$^3$ts$^h$iəu$^{53}_{44}$pən$^{35}_{53}$ci$^{13}_{44}$u$^{21}$tau$^{21}$ɔn$^{35}_{44}$na$^{53}_{44}$t$^h$aŋ$^{35}$xa$^{53}_{44}$çi$^{53}_{44}$e$_{21}$kai$^{53}_{44}$ke$^{53}_{44}$a$^0$ɲiet$^5$li$^0$lian$^{53}$na$^0$.

【七五六个】ts$^h$iet$^3$ŋ̍$^{21}$liəuk$^3$ke$^{53}$ 五至七个：坐得～人个箇个（长凳子）ts$^h$o$^{35}$tek$^3$ts$^h$iet$^3$ŋ̍$^{21}$liəuk$^3$ke$^{53}$ɲin$^{13}_{21}$ke$^{53}_{44}$kai$^{53}_{44}$ke$^{53}_{44}$

【七星板】ts$^h$iet$^3$sin$^{35}_{44}$pan$^{21}$ 名 棺内盖底的板：棺材底下就有块板，七只眼，安做～。kɔn$^{35}$ts$^h$ɔi$^{13}_{21}$tei$^{21}$xa$^{35}_{44}$ts$^h$iəu$^{53}_{44}$iəu$^{35}_{44}$k$^h$uai$^{53}_{44}$pan$^{21}$,ts$^h$iet$^3$tʂak$^3$ŋan$^{21}$,ɔn$^{35}_{44}$tso$^{53}_{44}$ts$^h$iet$^3$sin$^{35}_{44}$pan$^{21}$.

【七叶一枝花】ts$^h$iet$^3$iait$^5$iet$^3$tʂʅ$^{35}_{44}$fa$^{35}$ 名 中药名：～听讲过，唔认得。ts$^h$iet$^3$iait$^5$iet$^3$tʂʅ$^{35}_{44}$fa$^{35}$t$^h$aŋ$^{35}$kɔŋ$^{21}$ko$^{53}_{44}$,n̩$^{13}$ɲin$^{53}$tek$^3$.

【七月半】ts$^h$iet$^3$ɲiet$^5$pan$^{53}$ 名 中元节（祭祀先人）：～是我等客姓人是又安做鬼个生日啦。欸，～蛮重视，有兜地方是比中秋都更重视，～呐，蛮重视，一只大节气。ts$^h$iet$^3$ɲiet$^5$pan$^{53}$ʂʅ$^{53}_{44}$ŋai$^{13}$tien$^0$k$^h$ak$^3$sin$^{53}$ɲin$^{13}_{21}$ʂʅ$^{53}_{21}$iəu$^{53}_{44}$ɔn$^{35}_{44}$tso$^{53}_{44}$kuei$^{21}$ke$^{53}_{44}$saŋ$^{35}$ɲiet$^3$la$^0$.e$_{21}$,ts$^h$iet$^3$ɲiet$^5$pan$^{53}$man$^{13}$tʂ$^h$əŋ$^{53}$ʂʅ$^{53}_{44}$,iəu$^{35}$te$^{35}_{53}$t$^h$i$^{53}$fɔŋ$^{35}_{44}$ʂʅ$^{53}_{44}$pi$^{21}$tʂəŋ$^{35}$ts$^h$iəu$^{35}_{44}$təu$^{35}_{44}$cien$^{53}$tʂ$^h$əŋ$^{53}$ʂʅ$^{53}$,ts$^h$iet$^3$ɲiet$^5$pan$^{53}$na$^0$,man$^{13}$tʂ$^h$əŋ$^{53}$ʂʅ$^{53}$,iet$^3$tʂak$^3$t$^h$ai$^{53}$tsiet$^3$çi$^{53}$.

【七月七】ts$^h$iet$^3$ɲiet$^5$ts$^h$iet$^3$ 名 七月初七日，传说是仙姑娘娘的生日：～，仙姑娘娘生日就做药米粿。ts$^h$iet$^3$ɲiet$^5$ts$^h$iet$^3$,sien$^{35}$ku$^{35}_{44}$ɲiɔŋ$^{13}_{21}$ɲiɔŋ$^{13}_{21}$saŋ$^{35}$ɲiet$^3$ts$^h$iəu$^{53}_{44}$tso$^{53}_{44}$iɔk$^5$mi$^{21}$ko$^{21}$.

【七姊妹】ts$^h$iet$^3$tsi$^{21}$mɔi$^{53}$ 名 朝天椒的一种，簇生：就以下个我等也还有一种嘞就安做～唠。一攥一攥呶，咁子咯。都撑下上啊。/系，系系，都撑下上。一饽一饽生下上。箇有起钉椒子嘞就东一只西一只子咁子个是吧？/欸，东一只西一只渠是。/有起一撮一撮个～。也系辣死人个啦箇就是。tsəu$^{53}_{44}$i$^{21}$xa$^{53}_{44}$ke$^{53}_{44}$ŋai$^{13}_{21}$tien$^0$ia$^{35}_{53}$xai$^{13}_{21}$iəu$^{35}_{53}$iet$^3$tʂəŋ$^{21}$lei$^0$ts$^h$iəu$^{53}_{44}$ɔn$^{35}_{44}$tso$^{53}_{44}$ts$^h$iet$^3$tsi$^{21}$mɔi$^{53}$lau$^0$.iet$^3$tsɔn$^{21}$iet$^3$tsɔn$^{21}$nau$^0$,kan$^{21}$tsɿ$^0$ko$^0$.təu$^{35}$ts$^h$aŋ$^{35}$ŋa$_{44}$(←xa$^{53}$)ʂɔŋ$^{35}$ŋa$^0$./xe$^{53}_{44}$,xe$^{53}_{44}$xe$^{53}_{44}$,təu$^{35}$ts$^h$aŋ$^{35}$ŋa$_{44}$(←xa$^{53}$)ʂɔŋ$^{35}$.iet$^3$p$^h$ɔk$^5$iet$^3$p$^h$ɔk$^5$saŋ$^{35}$ŋa$_{44}$(←xa$^{53}$)ʂɔŋ$^{35}_{44}$.kai$^{53}$iəu$^{35}$çi$^{21}$taŋ$^{35}$tsiau$^{35}$tsɿ$^0$lei$^0$ts$^h$iəu$^{53}_{44}$təŋ$^{35}$iet$^3$tʂak$^3$si$^{35}$iet$^3$tʂak$^3$tsɿ$^0$kan$^{21}$tsɿ$^0$ke$^{53}_{44}$ʂʅ$^{53}_{44}$pa$^0$?/ei$_{21}$,təŋ$^{35}$iet$^3$tʂak$^3$si$^{35}$iet$^3$tʂak$^3$ci$^{13}_{44}$ʂʅ$^{53}_{44}$./iəu$^{35}$çi$^{21}$iet$^3$tsɔk$^3$iet$^3$tsɔk$^3$ke$^{53}_{44}$ts$^h$iet$^3$tsi$^{21}$mɔi$^{53}$.ia$^{35}$xe$^{53}$lait$^5$si$^{21}$ɲin$^{13}$ke$^{53}$la$^0$kai$^{53}$tsiəu$^{53}_{21}$ʂʅ$^{53}_{21}$.

【七嘴八舌】ts$^h$iet$^3$tsi$^{21}$pait$^3$ʂət$^5$ 形容人多口杂、议论纷乱的样子：欸，我等生产队上话修路个路子啊，欸开会呀总都冇得统一，箇只观点，～，欸，公说公有理婆说婆有理。e$_{21}$,ŋai$^{13}$tien$^0$sen$^{35}_{44}$ts$^h$an$^{21}$ti$^{35}_{44}$xɔŋ$^{35}_{44}$ua$^{53}_{44}$siəu$^{35}$ləu$^{53}$ke$^{53}_{44}$ləu$^{53}$tsɿ$^0$a$^0$,e$^0$k$^h$ɔi$^{35}$fei$^{53}$ia$^0$tsəŋ$^{21}$təu$^{35}_{53}$mau$^{13}$tek$^3$t$^h$əŋ$^{21}$iet$^3$,kai$^{53}_{44}$tʂak$^3$kɔn$^{35}$tien$^0$,ts$^h$iet$^3$tsi$^{21}$pait$^3$ʂet$^5$,e$_{21}$,kəŋ$^{35}$ʂet$^3$kəŋ$^{35}_{44}$iəu$^{35}_{44}$li$^{35}_{44}$p$^h$o$^{13}$ʂet$^3$p$^h$o$^{13}$iəu$^{35}_{44}$li$^{35}_{44}$.

【沏壶】ts$^h$i$^{35}$fu$^{13}$ 名 用来烧水、温酒的提壶：呃，以前我等人老家箇映子是家家都一把遮大个～哦。箇个热天是家家都搞一壶茶，欸，食得一天。箇是蛮大个壶啦。ə$_{21}$,i$^{35}_{53}$ts$^h$ien$^{13}_{21}$ŋai$^{13}$tien$^0$ɲin$^{13}_{44}$lau$^{21}$cia$^{35}$kai$^{53}_{44}$iaŋ$^{53}$tsɿ$^0$ʂʅ$^{53}_{44}$ka$^{35}$ka$^{35}_{44}$təu$^{35}_{53}$iet$^3$pa$^{21}$mən$^{35}$t$^h$ai$^{53}_{44}$ke$^{53}_{44}$ts$^h$i$^{35}$fu$^{13}$o$^0$.kai$^{53}_{44}$ke$^{53}_{44}$ɲiet$^5$t$^h$ien$^{35}_{44}$ʂʅ$^{53}_{44}$ka$^{35}$ka$^{35}_{44}$təu$^{35}_{53}$kau$^{21}$iet$^3$fu$^{13}_{44}$ts$^h$a$^{13}$,ei$_{21}$,ʂət$^5$tek$^3$iet$^3$t$^h$ien$^{35}$.kai$^{53}_{44}$ʂʅ$^{53}_{44}$man$^{13}$t$^h$ai$^{53}$ke$^{53}_{44}$fu$^{13}_{21}$la$^0$.

【凄人】ts$^h$ie$^{35}$ɲin$^{13}$ 形 （水、物体）温度低：箇有一回呀话哩教师节唠，九月份呶，我等到箇个到大围山去嬲哇，箇上背有只陈大仙人庙，拿倒箇矿泉水壶子装倒箇个庙里个泉水呀，硬～呐。九月时候哇，你话呀还蛮热个时候子吵，箇水硬～。话哩尽兜都真有味道，冰冷子啊，系唔系？～。尽兜都装一壶食哩，一下子就几只肚子痛个。忑冷哩呀。气温又咁高哇，热系咁热啊，系唔系？一下子冰冷个东西食嘿肚子里去，箇胃受唔了啊，就肚子痛。硬几个肚子痛。kai53 iəu35 iet3 fei13/21 ia0 ua53 li0 ciau53 sɿ35/44 tsiet3 lau0 ,ciəu21 ɲiet5 fən53 nau0 ,ŋai13 tien0 tau53 kai53/44 ke53/44 tau53 tʰai53 uei13/21 san35 çi53 liau53 ua0 ,kai53 ʂəŋ53 pɔi53 iəu35 tʂak3 tʂʰən13 tʰai53 sien35 ɲin13/21 miau53 ,la53 tau21/44 kai53/44 kʰəŋ53 tsʰien13/21 ʂei21 fu13 tsɿ0 tʂəŋ35 tau21 kai53/44 ke53/44 miau53 li0 ke0 tsʰan13 ʂei21 ia0 , ɲiaŋ53 tsʰie35 ɲin13 na0 .ciəu21 ɲiet5 ʂɿ13/53 xəu53 ua0 , ɲi13 ua53 ia0 xai13 man13 ɲiet5 ke53/44 ʂɿ13 xei53 tsɿ0 ʂa0 ,kai53 ʂei21 ɲiaŋ53 tsʰie35 ɲin13/21 .ua53/44 li0 tsʰin53 te35/44 təu35/44 tʂən35 iəu35/44 uei53 tʰau53 , pin35 laŋ35/44 tsɿ0 a0 ,xei53 me53 ?tsʰie35 ɲin13/21 .tsʰin53 te35/44 təu35/44 tʂəŋ35 iet3 fu13/21 ʂət5 li0 ,iet3 xa53 tsɿ0 tsʰiəu53 ci21 tʂak3 təu21 tsɿ0 tʰəŋ53 ke53 .tʰet3 laŋ35 li0 ia0 .çi35 uən35/44 iəu35 kan21 kau35 ua0 , ɲiet5 (x)e53/44 kan21 ɲiet5 a0 ,xei53 me53 ?iet3 xa53 tsɿ0 pin35 laŋ35 ke53 təŋ35/44 si0 ʂət5 (x)ek3 təu21 tsɿ0 li21/44 çi53 ,kai53/44 uei53 ʂəu53 n̩13/21 liau21 a0 ,tsiəu53 təu21 tsɿ0 tʰəŋ53 . ɲiaŋ53 ci21 ke53 təu21 tsɿ0 tʰəŋ53 .｜冬下头个铁唠搲倒去～呶。təŋ35 xa53 tʰei13/21 ke53/44 tʰiet3 lau0 ia21 tau21 çi35 tsʰie35 ɲin13/21 nau0 .

【漆$_1$】tsʰiet3 [名]油漆：买一桶～。mai35 iet3 tʰəŋ21/13 tsʰiet3 .

【漆$_2$】tsʰiet3 [动]用油漆涂：～得鲜红子 tsʰiet3 tek3 çien35 fəŋ13/21 tsɿ0

【漆匠】tsʰiet3 siəŋ53 [名]油漆匠，以油漆器物为职业的人。旧时又称“油匠”：箇年张家坊以映子箇街上箇映子办只箇个职业学校。你话箇职业学校个老板呢，渠就有只舅爷，渠只舅爷去哪映嘞？去武昌造船厂退休个。我就同渠打讲，我话：“你呀你去箇船厂里搞么个？”做～，欸，船厂里做～。kai53 ɲien13/21 tʂəŋ35 ka35/44 fəŋ35 i21 iaŋ53 tsɿ0 kai53/44 kai35 xəŋ53/44 kai53/44 iaŋ53/44 tsɿ0 pʰan53 tʂak3 kai53/44 ke53/44 tʂət3 ɲiait5 çiɔk5/3 çiau53/44 . ɲi13 ua53/44 kai53 tʂət3 ɲiait5 çiɔk5 çiau53/44 ke53/44 lau21 pan21 ne0 ,ci13/21 tsʰiəu53/44 iəu35/53 tʂak3 cʰiəu35 ia13/21 ,ci13/21 tʂak3 cʰiəu35 ia13/21 çi53 la53 iaŋ53/44 lei0 ?çi53/44 u35 tʂʰəŋ35/44 tsʰau53 ʂuən13 tʂʰəŋ21 tʰei53 çiəu35/44 ke0 .ŋai13 tsʰiəu53 tʰəŋ13/44 ci13/44 ta21 kəŋ21 , ŋai13 ua53 :"ɲi13 ia0 ɲi13 çi53 kai53 tʂʰuən13 tʂʰəŋ21 li0 kau21 mak3 ke53 ?"tso53 tsʰiet3 siəŋ53 ,e21 ,ʂuən13 tʂʰəŋ21 li0 tso53 tsʰiet3 siəŋ53 .

【漆刷】tsʰiet3 sɔit3 [名]油漆刷子：箇漆匠食哩饭冇事嘞拿倒～走箇间里出个时候子就刮你一下。kai53/44 tsʰiet3 siəŋ53/44 ʂət5 li0 fan53 mau13/21 sɿ53 lei0 la53 tau21 tsʰiet3 sɔit3 tsei21 kai53/44 kan35 ni21 tʂʰət3 ke53 ʂɿ13/44 xəu53/44 tsɿ0 tsʰiəu53/44 kuait3 ɲi13/21 iet3 xa53 .

【齐】tsʰe13 [形]①整齐：剪～来 tsien21 tsʰe13 lɔi13/44｜砌～哩，砌得整个都砌平哩，安做平盘。tsʰi53 tsʰe13 li0 ,tsʰi53 tek3 tʂən21 ko53 təu35/44 tsʰi53 pʰiaŋ13 li0 ,ɔn35/44 tso53 pʰiaŋ13 pʰan13 . ②同样；无内部差别：箇只受力面就～呀。kai53/21 tʂak3 ʂəu53/21 liet5 mien53/44 tsiəu53/44 tsʰe13/44 ia0 . ③齐全；完备：酒娘出～哩，全部释放出来哩。tsiəu21 ɲiəŋ13 tʂʰət3 tsʰe13 li0 ,tsʰien13 pʰu53/44 ʂət3 fəŋ53/44 tʂʰət3 lɔi13/21 li0 .｜欸栽个豆子生～哩。e21 tsɔi35 ke53/44 tʰei53 tsɿ0 saŋ35 tsʰe13 li0 .

【齐扎】tsʰe13 tsait3 [形]状态词。①整齐：箇个食饭了捡碗筷硬爱……箇个整酒个时候子啊爱强调箇碗筷爱捡～兜子。kai53/44 ke53/44 ʂət5 fan53 niau21 cian21 uən21 kʰuai53 ɲiaŋ53 ɔi53 …kai53 ke53 tʂaŋ21 tsiəu21 ke53 ʂɿ13/44 xəu53/44 tsa0 ɔi53 cʰiəŋ13/21 tiau53 kai53 uən21 kʰuai53 ɔi53 cian21 tsʰe13 tsait3 te35/53 tsɿ0 . ②无缺少，无遗漏：今年以到我栽滴子包粟哇，生得真～嘞。cin35 ɲien13/21 i21 tau53 ŋai13/21 tsɔi35 tiet5 tsɿ0 pau35 siəuk3 ua0 ,saŋ35 tek3 tʂən35 tsʰe13 tsait3 lei0 .

【其实】cʰi13/21 ʂət5 [副]表示所说的是实际情况（承上文，多含转折意）：我等箇是就以映有一起咁个安做高粱蔗梗，也安做蔗梗高粱。～渠系种高粱，只系话梗子更甜滴子。ŋai13 tien0 kai53 ʂɿ0 tsʰiəu53 i21 iaŋ53/44 iəu35 iet3 çi21 kan21 ke53 ɔn35 tso53 kau35 liəŋ13 tʂa53 kuaŋ21 ,ia35 ɔn35/44 tso53/44 tʂa53 kuaŋ21 kau35 liəŋ13 .cʰi13/21 ʂət5 ci13/21 xei53 tʂəŋ21 kau35 liəŋ13/21 ,tʂe21 (x)e53 ua53 kuaŋ21 tsɿ0 cien53 tʰian13 tet5 tsɿ0 .｜我个我丈人娭呀，岳母娘啊，渠就箇阵子就长日绩绩。～箇阵子渠唔老嘞。ŋai13 ke53 ŋai13/21 tʂʰəŋ35/44 in13/21 ɔi35 ia0 ,iɔk5 mu21 ɲiəŋ13 ŋa0 ,ci13 tsʰiəu53/44 kai53 tʂʰən53/21 tsɿ0 tsʰiəu53/44 tʂʰəŋ13 ɲiet3 tsiak3 tsiak3 .cʰi13 ʂət5 kai53 tʂʰən53 tsɿ0 ci13/21 n̩13 nau21 lei0 .

【其他】cʰi13 tʰa35 [代]指示代词。别的：～个就安做杂工嘞。cʰi13 tʰa35 ke53 tsʰiəu53/44 ɔn35/44 tso53/44 tsʰait5 kəŋ35/44 lei0 .

【其余】cʰi13 ʮ13 [代]指示代词。剩下的：～个 cʰi13 ʮ13 ke53

【骑】cʰi13 [动]跨坐在牲畜或其他东西上：～摩托渠就重瘾呢。cʰi13/21 mo13 tʰo0 ci13/21 tsʰiəu53/44 tʂʰəŋ53 in13/21 nei0 .

【骑龙送子】cʰi13 liəŋ13 səŋ53 tsɿ21 龙的一种耍法。到了久不生育的人家耍龙时，六个耍龙者用木棍将一个男孩子举起，送到主人的床上。主人家要给大红包：～，箇是打龙个搞法欸。打龙。出龙。有渠箇只人家呢讨倒新人舞归呢三年四载都唔生崽个，就咁子去搞唠。cʰi13 liəŋ13 səŋ53 tsɿ21 ,kai53/44 ʂɿ53/44 ta21 liəŋ13 ke53 kau21 fait3 ei44 .ta21 liəŋ13 .tʂʰət3 liəŋ13 .iəu21 ci13 kai53/44 tʂak3 ɲin13/21 ka35/44 ne0 tʰau21 tau21 sin35/44 ɲin13/21 u$^{21}$kuei$^{35}_{44}$ne$^{0}$ san$^{35}$ɲien$^{13}_{21}$si$^{53}$tsai$^{21}$təu$^{35}_{44}$n̩$^{13}$saŋ$^{35}$tsɔi$^{21}$ke$^{53}_{44}$,tsiəu$^{53}$kan$^{21}$tsʅ$^{0}$ çi$^{53}$kau$^{21}$lau$^{0}$.

【骑马】c$^{h}$i$^{13}_{21}$ma$^{35}$ [动]骑在马背上，引申指骑在别人背上玩：我箇孙子就喜欢天天夜晡就爱来～啦，爱监我做马子骑，系。一般是只骑得一下子。骑下我背囊上来烎呶，就咁子仰啊咁子仰。ŋai$^{13}$kai$^{53}_{44}$sən$^{35}$tsʅ$^{0}$ tsiəu$^{53}_{44}$çi$^{21}$fən$^{35}_{44}$t$^{h}$ien$^{35}$t$^{h}$ien$^{35}_{44}$ia$^{53}$pu$^{35}_{44}$ts$^{h}$iəu$^{53}$ɔi$^{53}$lɔi$^{13}_{21}$c$^{h}$i$^{13}_{21}$ma$^{35}$la$^{0}$,ɔi$^{53}_{21}$kan$^{35}$ŋai$^{13}_{44}$tso$^{53}$ma$^{35}$tsʅ$^{0}$ c$^{h}$i$^{35}$, xe$_{53}$.iet$^{3}$ pən$^{35}$ʂʅ$^{53}_{44}$tʂʅ$^{21}$c$^{h}$i$^{13}_{21}$tek$^{3}$ iet$^{3}$ xa$^{53}$tsʅ$^{0}$ .c$^{h}$i$^{13}$ia$^{53}$ŋai$^{13}_{21}$pɔi$^{53}$lɔŋ$^{13}_{21}$xɔŋ$^{53}$lɔi$^{13}_{21}$ian$^{53}$nau$^{0}$ ,tsiəu$^{53}_{21}$kan$^{21}$tsʅ$^{0}$ ɲiɔŋ$^{21}$ŋa$^{0}$ kan$^{21}$tsʅ$^{0}$ ɲiɔŋ$^{21}_{44}$.

【骑屎缸菩萨】c$^{h}$i$^{13}$ʂʅ$^{21}$kɔŋ$^{35}_{44}$p$^{h}$u$^{13}$sait$^{3}$ 儿童坐在大人肩上：～呀安做箇只箇只搞法就。屎缸啊，茅司里个屎啊，屙屎个屎啊。箇系咁子咁子讲嘞。屎缸啊，屎缸菩萨呀，～。咁子骑下大人欸大人脑壳上就安做～，肩膊上，欸。c$^{h}$i$^{13}$ʂʅ$^{21}$kɔŋ$^{35}_{44}$p$^{h}$u$^{13}$sait$^{3}$ ia$^{0}$ ɔn$^{35}$tso$^{53}_{21}$kai$^{53}$tʂak$^{3}$ kai$^{53}_{44}$tʂak$^{3}$ kau$^{21}$ fait$^{3}$ tsiəu$^{53}_{44}$.ʂʅ$^{21}$kɔŋ$^{35}$ŋa$^{0}$ ,mau$^{13}$sʅ$^{35}_{53}$li$^{0}$ ke$^{53}_{44}$ʂʅ$^{21}$ʐa$^{0}$ ,o$^{35}_{44}$ʂʅ$^{21}$ke$^{53}$ʂʅ$^{21}$ʐa$^{0}$ .kai$^{53}_{35}$xei$^{53}$kan$^{21}$tsʅ$^{0}$ kan$^{21}$tsʅ$^{0}$ kɔŋ$^{21}$le$^{0}$ .ʂʅ$^{21}$kɔŋ$^{35}$ ŋa$^{0}$ ,ʂʅ$^{21}$kɔŋ$^{35}_{44}$p$^{h}$u$^{13}$sait$^{3}$ ia$^{0}$ ,c$^{h}$i$^{13}_{21}$ʂʅ$^{21}$kɔŋ$^{35}_{44}$p$^{h}$u$^{13}_{21}$sait$^{3}$ .kan$^{21}$tsʅ$^{0}$ c$^{h}$i$^{13}$(x)a$^{53}_{44}$t$^{h}$ai$^{53}$ɲin$^{13}_{21}$e$_{21}$t$^{h}$ai$^{53}$ɲin$^{13}$nau$^{21}$k$^{h}$ɔk$^{3}$ xɔŋ$^{53}$ ts$^{h}$iəu$^{53}_{44}$ɔn$^{35}_{44}$tso$^{53}_{44}$c$^{h}$i$^{13}$ʂʅ$^{21}$kɔŋ$^{35}_{44}$p$^{h}$u$^{13}$sait$^{3}$ ,cien$^{35}$pɔk$^{3}$ xɔŋ$^{53}_{44}$,e$_{21}$.

【棋】c$^{h}$i$^{13}$ [名]一种文娱用品，下棋时双方按规则摆放或移动棋子来比输赢：呃，各种各样个～。欸，我等有么个上天棋，六子棋，欸，裤罠棋，欸，还有么个～。ə$_{21}$,kɔk$^{3}$ tʂəŋ$^{21}$kɔk$^{3}$ iɔŋ$^{53}$ke$^{53}$c$^{h}$i$^{13}$.e$_{21}$,ŋai$^{13}$tien$^{0}$ iəu$^{35}_{44}$mak$^{3}$ ke$^{53}$ʂɔŋ$^{35}$t$^{h}$ien$^{35}_{44}$c$^{h}$i$^{13}$,liəuk$^{3}$ tsʅ$^{0}$ c$^{h}$i$^{13}$,e$_{21}$,fu$^{53}$lɔŋ$^{35}_{44}$c$^{h}$i$^{13}$,e$_{21}$,xai$^{13}_{21}$iəu$^{35}_{44}$mak$^{3}$ e$^{0}$ c$^{h}$i$^{13}$.

【棋盘蛇】c$^{h}$i$^{13}$p$^{h}$an$^{13}$ʂa$^{13}$ [名]蛇名（常盘起）：箇个吧？～吧？有～么？～也唔多动呐，盘倒箇映子。欸。一只棋盘样。睡倒箇动都唔动。如果碰倒食物来哩渠就也下就唔知几快就去攻击渠。欸系，动作唔知几快。～。也系咁子个特性。kai$^{53}_{44}$ke$^{53}_{44}$pa$^{0}$ ?c$^{h}$i$^{13}$p$^{h}$an$^{13}$ʂa$^{13}$pa$^{0}$ ?iəu$^{35}$c$^{h}$i$^{13}_{21}$p$^{h}$an$^{13}_{44}$ ʂa$^{13}_{44}$mo$^{0}$ ?c$^{h}$i$^{13}$p$^{h}$an$^{13}_{44}$ʂa$^{13}_{44}$ia$^{35}_{53}$n̩$^{13}_{21}$to$^{35}_{44}$t$^{h}$əŋ$^{35}$na$^{0}$ ,p$^{h}$an$^{13}_{21}$tau$^{21}_{44}$kai$^{53}_{44}$iaŋ$^{53}_{44}$tsʅ$^{0}$ .e$_{21}$.iet$^{3}$ tʂak$^{3}$ c$^{h}$i$^{13}$p$^{h}$an$^{13}$iɔŋ$^{53}$.ʂɔi$^{53}$tau$^{21}$kai$^{53}_{44}$ t$^{h}$əŋ$^{35}$təu$^{35}_{53}$n̩$^{13}_{21}$t$^{h}$əŋ$^{35}$.y$^{13}_{21}$ko$^{21}$p$^{h}$əŋ$^{53}$tau$^{21}_{44}$ʂət$^{5}$uk$^{5}$ lɔi$^{13}_{21}$li$^{0}$ ci$^{13}_{21}$ts$^{h}$iəu$^{53}$ia$^{35}$xa$^{53}$ts$^{h}$iəu$^{53}_{44}$n̩$^{13}_{21}$ti$^{35}_{53}$ci$^{21}$k$^{h}$uai$^{53}_{44}$ts$^{h}$iəu$^{53}_{44}$çi$^{53}_{44}$kɔŋ$^{35}$ ciet$^{3}$ ci$^{13}_{21}$.e$_{44}$xe$_{44}$,t$^{h}$əŋ$^{53}$tsɔk$^{3}$ n̩$^{13}_{21}$ti$^{35}_{53}$ci$^{21}_{44}$k$^{h}$uai$^{53}_{44}$.c$^{h}$i$^{13}$p$^{h}$an$^{13}_{44}$ʂa$^{13}_{44}$.ia$^{35}$xei$^{53}$kan$^{21}$tsʅ$^{0}$ ke$^{53}_{44}$t$^{h}$iet$^{3}$ sin$^{53}_{44}$.

【棋子】c$^{h}$i$^{13}$tsʅ$^{21}$ [名]棋类游戏中用来放在棋盘上对弈的、用木或塑料等做成的小块：只有象棋军旗箇就～上有字。箇兜～都冇得字个。tʂʅ$^{21}$iəu$^{35}_{44}$siɔŋ$^{53}$c$^{h}$i$^{13}_{21}$tʂən$^{35}$c$^{h}$i$^{13}$kai$^{53}$ts$^{h}$iəu$^{53}$c$^{h}$i$^{13}$tsʅ$^{21}$xɔŋ$^{53}_{44}$iəu$^{35}$ sʅ$^{53}$.kai$^{53}$tei$^{35}_{53}$c$^{h}$i$^{13}$tsʅ$^{21}$təu$^{35}_{53}$mau$^{13}$tek$^{3}$ sʅ$^{53}$ke$^{0}$ .

【棋子糕】c$^{h}$i$^{13}$tsʅ$^{0}$ kau$^{35}$ [名]一种乡土副食品。制作方法大致是先将糯米炒至半熟，磨成粉，摊在篾盘里。回潮一夜后把糯米粉、白糖、八角粉捏团、压模，印上“将”“帅”“炮”等字样，再隔盘烘烤、摊凉。味道软甜酥香：你讲个就安做～。象棋个～，欸。就系用米粉，欸，用箇个米粉呐，炒熟来，加倒白糖，加点白糖去，然后嘞就用咁个模板，用咁个板呐箇木板呢雕正眼，欸，雕正一只只个模子，欸，慢慢子去印，分箇个粉呐，交哩糖个米粉呢印得去，做成箇个糕子。做成咁个糕子。勵圆子个，一般都系勵圆子个。肚里嘞欸刻滴字去，象棋个字。欸，唔安做做～，安做打～，因为做正哩以后嘞箇个欸米粉箇只嘞去箇米粉加糖啊。放到箇～个哎放到箇板肚里去研紧哩，研紧哩以后，轻轻子去搕，去打，打箇只东西。渠就震松哩，震松哩就倒得出来。安做打～。过年个时候子就打～。正月就系一种非常好个换……点茶，点心。欸，放滴子各种颜色，红个绿个子，欸。箇你浏阳日报社听我等讲哩，浏阳日报社那渠啊跑下我等人老家，去做哩只专题。ɲi$^{13}$kɔŋ$^{21}$ke$^{53}_{44}$tsiəu$^{53}$ɔn$^{35}_{44}$tso$^{53}_{44}$c$^{h}$i$^{13}$tsʅ$^{0}$ kau$^{35}$.siɔŋ$^{53}$c$^{h}$i$^{13}$ke$^{53}$ c$^{h}$i$^{13}$tsʅ$^{0}$ kau$^{35}$,e$_{21}$.tsiəu$^{53}_{44}$xe$^{53}_{44}$iɔŋ$^{53}_{44}$mi$^{21}$fən$^{21}$,e$_{21}$,iɔŋ$^{53}$kai$^{53}_{44}$ke$^{53}_{44}$mi$^{21}$fən$^{21}$na$^{0}$ ,ts$^{h}$au$^{21}$ʂəuk$^{5}$ lɔi$^{13}$,cia$^{35}$tau$^{21}$p$^{h}$ak$^{5}$ t$^{h}$ɔŋ$^{13}$,cia$^{35}$tian$^{21}$p$^{h}$ak$^{5}$ t$^{h}$ɔŋ$^{13}$çi$^{53}_{44}$,vien$^{13}$xei$^{53}$lei$^{0}$ ts$^{h}$iəu$^{53}$iɔŋ$^{53}$kan$^{21}$ke$^{53}_{44}$mo$^{13}$pan$^{21}$,iɔŋ$^{53}$kan$^{21}$ke$^{53}_{44}$pan$^{21}$na$^{0}$ kai$^{53}_{44}$ muk$^{3}$ pan$^{21}$nei$^{0}$ tiau$^{35}$tʂaŋ$^{53}_{44}$ŋan$^{21}$,e$_{21}$,tiau$^{35}$tʂaŋ$^{53}_{21}$iet$^{3}$ tʂak$^{3}$ tʂak$^{3}$ ke$^{53}_{44}$mo$^{13}$tsʅ$^{0}$ ,e$_{21}$,man$^{53}$man$^{53}$tsʅ$^{0}$ çi$^{53}_{44}$in$^{53}$,pən$^{35}$ kai$^{53}_{44}$ke$^{53}_{44}$fən$^{21}$na$^{0}$ ,ciau$^{35}$li$^{0}$ t$^{h}$ɔŋ$^{13}_{21}$ke$^{53}_{44}$mi$^{21}$fən$^{21}$nei$^{0}$ in$^{53}$tek$^{3}$ çi$^{53}_{44}$,tso$^{53}$tʂ$^{h}$ən$^{13}_{21}$kai$^{53}_{44}$ke$^{53}_{44}$kau$^{35}$tsʅ$^{0}$ .tso$^{53}$tʂ$^{h}$ən$^{13}_{21}$kan$^{21}$ ke$^{53}_{44}$kau$^{35}$tsʅ$^{0}$ .li$^{35}$ien$^{13}$tsʅ$^{0}$ ke$^{53}$,iet$^{3}$ pən$^{35}$təu$^{35}_{44}$xei$^{53}_{44}$li$^{35}$ien$^{13}$tsʅ$^{0}$ ke$^{53}$.təu$^{21}$li$^{0}$ lei$^{0}$ e$_{21}$k$^{h}$ek$^{3}$ tiet$^{5}_{3}$ sʅ$^{53}$çi$^{53}_{44}$,siɔŋ$^{53}$c$^{h}$i$^{13}$ke$^{53}_{44}$ sʅ$^{53}$.e$_{44}$,n̩$^{13}$ɔn$^{35}$tso$^{53}_{21}$tso$^{53}$c$^{h}$i$^{13}$tsʅ$^{0}$ kau$^{35}$,ɔn$^{35}_{44}$tso$^{53}_{44}$ta$^{21}$c$^{h}$i$^{13}$tsʅ$^{0}$ kau$^{35}$,in$^{35}$uei$^{53}_{44}$tso$^{53}$tʂaŋ$^{13}_{21}$li$^{0}$ i$^{35}$xei$^{53}_{44}$lei$^{0}$ kai$^{53}_{44}$ke$^{53}_{44}$e$_{21}$mi$^{21}$ fən$^{21}$kai$^{53}_{44}$tʂak$^{3}$ lei$^{0}$ çi$^{53}_{44}$kai$^{53}_{44}$mi$^{21}$fən$^{21}$cia$^{35}$t$^{h}$ɔŋ$^{13}$ŋa$^{0}$ .fɔŋ$^{53}$tau$^{53}_{44}$kai$^{53}_{44}$c$^{h}$i$^{13}$tsʅ$^{0}$ kau$^{35}$ke$^{53}$ai$_{21}$fɔŋ$^{53}$tau$^{53}_{44}$kai$^{53}_{44}$pan$^{21}$təu$^{21}$ li$^{0}$ çi$^{53}_{44}$ŋa$^{53}$cin$^{21}$li$^{0}$ ,ŋa$^{53}$cin$^{21}$li$^{0}$ i$^{35}$xei$^{53}$,c$^{h}$iaŋ$^{35}$c$^{h}$iaŋ$^{35}$tsʅ$^{0}$ çi$^{53}$k$^{h}$ɔk$^{3}$ ,çi$^{53}$ta$^{21}$,ta$^{21}$kai$^{53}$tʂak$^{3}$ təŋ$^{35}_{44}$si$^{0}$ .ci$^{13}$ts$^{h}$iəu$^{53}_{44}$tʂən$^{53}$ sən$^{35}$li$^{0}$ ,tʂən$^{53}$sən$^{35}$li$^{0}$ ts$^{h}$iəu$^{53}_{44}$tau$^{53}$tek$^{3}$ tʂ$^{h}$ət$^{3}$ lɔi$^{13}$.ɔn$^{35}$tso$^{53}$ta$^{21}$c$^{h}$i$^{13}$tsʅ$^{0}$ kau$^{35}$.ko$^{53}$ɲien$^{13}$ke$^{53}_{44}$ʂʅ$^{13}$xei$^{53}$tsʅ$^{0}$ ts$^{h}$iəu$^{53}_{44}$ta$^{21}$ c$^{h}$i$^{13}$tsʅ$^{0}$ kau$^{35}$.tʂaŋ$^{35}$ɲiet$^{5}$ ts$^{h}$iəu$^{53}_{44}$xei$^{53}$iet$^{3}$ tʂəŋ$^{21}$fei$^{35}$ʂɔŋ$^{13}_{21}$xau$^{21}$ke$^{53}_{44}$uən$^{53}$…tian$^{21}$ts$^{h}$a$^{13}$,tian$^{21}$sin$^{35}_{44}$.e$_{21}$,fɔŋ$^{53}$tiet$^{5}_{3}$ tsʅ$^{0}$ kɔk$^{3}$ tʂəŋ$^{21}$ŋan$^{21}$sek$^{3}$ ,fɔŋ$^{13}$ke$^{53}_{44}$liəuk$^{5}$ ke$^{53}_{44}$tsʅ$^{0}$ ,e$_{21}$.kai$^{53}$ɲi$^{13}_{44}$liəu$^{13}$iɔŋ$^{13}_{44}$ɲiet$^{3}$ pau$^{53}$ʂa$^{53}$t$^{h}$aŋ$^{35}$ŋai$^{13}_{21}$tien$^{0}$ kɔŋ$^{21}$li$^{0}$ ,liəu$^{13}$ iɔŋ$^{13}_{44}$ɲiet$^{3}$ pau$^{53}$ʂa$^{53}$lai$^{53}$ci$^{13}_{21}$a$^{0}$ p$^{h}$au$^{21}$ua$_{44}$(←xa$^{53}$)ŋai$^{13}_{21}$tien$^{0}$ ɲin$^{13}_{21}$lau$^{21}$cia$^{35}_{44}$,çi$^{53}_{44}$tso$^{53}$li$^{0}$ tʂak$^{3}$ tʂen$^{35}$t$^{h}$i$^{13}$.

【旗】cʰi$^{13}$ 名 用布、纸、绸子或其他材料做成的标识，多是长方形或方形，多指丧葬活动中标有姓氏的旗子：欸，如今呢办丧事了，以下舞舞舞一家人家死哩人呐，要打～。打比我等姓万个人死哩人样，打几面姓万个万字个～，白～红～，插下箇屋门口子。以下别人家来食酒嘞外氏……只也只有外氏，嗯，箇只人个老婆，打比我㜷子过哩身样，系唔系？听晡就我舅爷等人箇向，欸老表等箇向，渠等唐府上，会舞面～来。其他就唔得了。其他就冇得。其他唔搞～。只有两起两姓子。（旗上个字）不是印个。打比白～样，就舞滴红布欸黄布。欸，看呐，红布吧？系红布。红布嘞，去红布上嗯框只字，箇个画正只边来呀。然后用剪……剪，用用分箇有多个剪嘿去。然后嘞一针针子钉下箇个布上去，钉下旗上去。箇爱洗咯，欸旗是会□□咯，系唔系？□□哩要洗咯。不是贴嘿去啦。用针线钉下去。e$_{21}$,i$^{13}_{21}$cin$^{35}_{44}$ne$^{0}$pʰan$^{53}$sɔŋ$^{35}$sɿ$^{53}$liau$^{0}$,i$^{21}$xa$^{53}$u$^{21}$u$^{21}$u$^{21}$iet$^{3}$ka$^{35}_{44}$ɲin$^{13}_{21}$ka$^{35}_{44}$si$^{21}$li$^{0}$ɲin$^{13}$na$^{0}$,iau$^{53}$ta$^{21}$cʰi$^{13}$.ta$^{21}$pi$^{21}$ŋai$^{13}$tien$^{0}$siaŋ$^{53}$uan$^{53}$ke$^{0}$ɲin$^{13}_{21}$si$^{21}$li$^{0}$ɲin$^{13}$iɔŋ$^{53}$,ta$^{21}$ci$^{21}$mien$^{53}_{44}$siaŋ$^{53}_{44}$uan$^{53}$ke$^{53}_{44}$uan$^{53}$sɿ$^{53}_{44}$ke$^{53}_{44}$cʰi$^{13}$,pʰak$^{5}$cʰi$^{13}_{44}$fəŋ$^{13}$cʰi$^{13}_{44}$,tsʰait$^{3}$ia$^{0}$kai$^{53}$uk$^{3}$mən$^{13}$xei$^{21}$tsɿ$^{0}$.i$^{21}$xa$^{53}_{44}$pʰiet$^{5}$in$^{13}_{21}$ka$^{35}_{44}$lɔi$^{13}_{21}$ʂət$^{5}$tsiəu$^{21}$lei$^{0}$ŋɔi$^{53}$ʂʅ$^{53}$⋯tʂʅ$^{21}$ia$^{35}$tʂʅ$^{21}$iəu$^{35}_{44}$ŋɔi$^{53}$ʂʅ$^{53}_{21}$,ən$_{44}$,kai$^{53}$tʂak$^{3}$ɲin$^{13}$ke$^{53}$lau$^{21}$pʰo$^{13}$,ta$^{21}$pi$^{21}$ŋai$^{13}_{21}$ɔi$^{35}$tsɿ$^{0}$ko$^{53}$li$^{0}$ʂən$^{35}$iɔŋ$^{53}$,xei$^{53}$me$^{53}$?tʰin$^{35}_{44}$pu$^{35}_{53}$tsʰiəu$^{53}_{44}$ŋai$^{13}_{21}$cʰiəu$^{35}$ia$^{13}_{21}$ten$^{21}_{44}$ɲin$^{13}_{21}$kai$^{53}_{44}$çiɔŋ$^{53}_{44}$,e$_{21}$lau$^{21}$piau$^{21}$ten$^{21}_{44}$kai$^{53}_{44}$çiɔŋ$^{53}_{44}$,ci$^{13}$tien$^{0}$tʰɔŋ$^{13}$fu$^{21}$xɔŋ$^{53}$,uɔi$^{53}$u$^{21}$mien$^{53}$cʰi$^{13}_{21}$lɔi$^{13}_{44}$.cʰi$^{13}_{21}$tʰa$^{35}_{53}$tsʰiəu$^{53}$m̩$^{13}$tek$^{3}$liau$^{0}$.cʰi$^{13}_{21}$tʰa$^{35}_{53}$tsʰiəu$^{53}$mau$^{13}_{21}$tek$^{3}$.cʰi$^{13}_{21}$tʰa$^{35}_{53}$n̩$^{13}_{21}$kau$^{21}$cʰi$^{13}$.tʂʅ$^{21}$iəu$^{35}_{53}$iɔŋ$^{21}$çi$^{21}$iɔŋ$^{21}$siaŋ$^{53}$tsɿ$^{0}$.pət$^{3}$ʂʅ$^{53}_{44}$in$^{53}$cie$^{0}$.ta$^{21}$pi$^{21}$pʰak$^{3}$cʰi$^{13}$iɔŋ$^{53}_{44}$,tsʰiəu$^{53}$u$^{21}$tiet$^{5}$fəŋ$^{13}$pu$^{53}$e$^{0}$uɔŋ$^{13}$pu$^{53}$.e$_{21}$,kʰɔn$^{53}_{44}$na$^{0}$,fəŋ$^{13}$pu$^{53}$pa$^{0}$?xe$^{53}$fəŋ$^{13}$pu$^{53}$.fəŋ$^{13}$pu$^{53}$lei$^{0}$,çi$^{53}$fəŋ$^{13}$pu$^{53}$xɔŋ$^{53}$en$_{44}$kʰɔŋ$^{35}$tʂak$^{3}$sɿ$^{53}$,kai$^{53}_{44}$ke$^{53}_{44}$fa$^{53}$tʂaŋ$^{53}_{44}$tʂak$^{3}$pien$^{35}$nɔi$^{13}_{44}$ia$^{0}$.vien$^{13}$xei$^{53}_{44}$iəŋ$^{53}_{44}$tsien$^{21}$⋯tsien$^{21}$,iəŋ$^{53}$iəŋ$^{53}$pən$^{35}$kai$^{53}_{44}$iəu$^{35}$to$^{35}$ke$^{0}$tsien$^{21}$nek$^{3}$çi$^{53}$.vien$^{13}$xei$^{53}_{44}$lei$^{0}$iet$^{3}$tʂən$^{35}_{44}$tʂən$^{35}$tsɿ$^{0}$tin$^{53}$na$^{0}$kai$^{53}_{21}$ke$^{53}_{21}$pu$^{53}$xɔŋ$^{53}_{44}$çi$^{53}_{44}$,tin$^{53}$na$^{0}$cʰi$^{13}_{21}$xɔŋ$^{53}_{44}$çi$^{53}$.kai$^{53}_{44}$ɔi$^{53}$se$^{21}$ko$^{0}$,ei$_{53}$cʰi$^{13}_{21}$ʂʅ$^{53}_{44}$uɔi$^{53}_{44}$lek$^{5}$tʂek$^{3}$ko$^{0}$,xei$^{53}$me$^{53}_{44}$?lek$^{5}$tʂek$^{3}$li$^{0}$iau$^{53}$se$^{21}$ko$^{0}$.pət$^{3}$ʂʅ$^{53}$tiet$^{3}$(x)ek$^{3}$çi$^{53}$la$^{0}$.iəŋ$^{53}$tʂən$^{35}$sien$^{53}_{44}$tin$^{53}$na$^{0}$çi$^{53}_{44}$.

【蕲艾】cʰi$^{13}$ɲiɔi$^{53}$老派/ɲie$^{53}$ 名 香艾。又称“大叶艾”：～是用来做箇撇下子味嘞，撇味嘞。生哩细人子啊，一下滴哩人嘞死哩人箇只嘞，舞滴子～，舞只火笼，舞滴～烧下子。驱除下子箇起咁个……就～。cʰi$^{13}$ɲie$^{53}$ʂʅ$^{53}_{44}$iəŋ$^{53}$lai$^{13}_{21}$tso$^{53}_{44}$kai$^{53}_{44}$pʰiet$^{3}$(x)a$^{53}$tsɿ$^{0}$uei$^{53}$lei$^{0}$,pʰiet$^{3}$uei$^{53}$lei$^{0}$.saŋ$^{35}$li$^{0}$sei$^{53}$ɲin$^{13}_{21}$tsa$^{0}$,iet$^{3}$xa$^{53}$lai$^{13}_{21}$li$^{0}$ɲin$^{13}$le$^{0}$si$^{21}$li$^{0}$ɲin$^{13}$kai$^{53}_{44}$tʂak$^{3}$le$^{0}$,u$^{21}$tet$^{5}$tsɿ$^{0}$cʰi$^{13}$ɲie$^{53}$,u$^{21}$tʂak$^{3}$fo$^{21}$ləŋ$^{13}$,u$^{21}$tet$^{5}$cʰi$^{13}$ɲie$^{53}_{44}$ʂau$^{35}$xa$^{53}_{21}$tsɿ$^{0}$.tʂʰʮ$^{35}$tʂʰəu$^{13}$xa$^{53}$tsɿ$^{0}$kai$^{53}$çi$^{21}$kan$^{21}$ke$^{53}$⋯tsʰiəu$^{53}$cʰi$^{13}$ɲie$^{53}$.

【杞树】ci$^{21}$ʂəu$^{53}$ 名 矮杞树，多生于水边：河河里有河边上哪只河里嘞就有懑大一只只个树哩，有滴像榆树样个，就安做～呢。/我等也喊～。xo$^{13}$xo$^{13}$li$^{0}$iəu$^{35}_{44}$xo$^{13}$pien$^{35}$xɔŋ$^{53}_{44}$lai$^{53}_{44}$tʂak$^{3}$xo$^{13}$li$^{0}$le$^{0}$tsiəu$^{53}_{44}$iəu$^{35}_{44}$mən$^{35}$tʰai$^{53}$iet$^{3}$tʂak$^{3}$tʂak$^{3}$ke$^{53}_{44}$ʂəu$^{53}$li$^{0}$,iəu$^{35}$tet$^{5}_{3}$tsʰiɔŋ$^{53}$ʮ$^{13}$ʂəu$^{53}$iɔŋ$^{53}_{44}$ke$^{53}_{44}$,tsʰiəu$^{53}_{44}$ɔn$^{35}_{44}$tso$^{53}_{44}$ci$^{21}$ʂəu$^{53}$nei$^{0}$./ŋai$^{13}$tien$^{0}$ia$^{35}_{44}$xan$^{53}$ci$^{21}$ʂəu$^{53}$.

【起$_{1}$】çi$^{21}$/cʰi$^{21}$ 动 ①滋生：（竹山多个廊场）真～蚊子啊。tʂən$^{35}$çi$^{21}$mən$^{35}$tsa$^{0}$. ②长出；生出：打比样，我去拿镢头去挖一挖，久哩箇手上会～疱哇。ta$^{21}$pi$^{21}$iɔŋ$^{53}$,ŋai$^{13}$çi$^{53}$la$^{53}$ciɔk$^{3}$tʰei$^{13}$çi$^{53}$uait$^{3}$iet$^{3}$uait$^{3}$,ciəu$^{21}$li$^{0}$kai$^{53}$ʂəu$^{21}$xɔŋ$^{53}_{44}$uɔi$^{53}_{44}$çi$^{21}$pʰiau$^{53}$ua$^{0}$. ③建造：渠～屋个时候子冇得么人～过路厅。ci$^{13}_{21}$çi$^{21}$uk$^{3}$ke$^{53}$ʂʅ$^{13}$xei$^{53}$tsɿ$^{0}$mau$^{13}$tek$^{3}$mak$^{3}$ɲin$^{13}_{44}$çi$^{21}$ko$^{53}$ləu$^{53}$tʰaŋ$^{35}$. ④发挥；产生：以前冇得套鞋，（屐鞋）就～套鞋个作用。i$^{35}_{44}$tsʰien$^{13}_{21}$mau$^{13}_{21}$tek$^{3}$tʰau$^{53}$xai$^{13}_{21}$,tsʰiəu$^{53}_{44}$çi$^{21}$tʰau$^{53}$xai$^{13}_{21}$ke$^{53}_{44}$tsɔk$^{3}$iəŋ$^{53}_{44}$.｜楼面上唔～作用个。lei$^{13}$mien$^{53}$xɔŋ$^{53}$m̩$^{13}$çi$^{21}$tsɔk$^{3}$iəŋ$^{53}$ke$^{53}$. ⑤拔出；取出：～钉子 çi$^{21}$taŋ$^{35}$tsɿ$^{0}$｜箇萝卜可以～得来。kai$^{53}$lo$^{13}$pʰek$^{5}$kʰo$^{21}$i$^{35}_{53}$cʰi$^{21}$tek$^{3}$lɔi$^{13}$. ⑥开始：从哪晡～？从明晡。tsʰəŋ$^{13}$lai$^{53}$pu$^{35}$çi$^{21}$?tsʰəŋ$^{13}$miaŋ$^{13}$pu$^{35}$.｜奏哩大乐以后嘞停下来，～小乐。tsei$^{53}$li$^{0}$tʰai$^{53}$iɔk$^{5}$i$^{35}$xei$^{53}_{44}$lei$^{0}$tʰin$^{13}$xa$^{53}_{44}$lɔi$^{13}_{21}$,çi$^{21}$siau$^{21}$iɔk$^{5}$.｜底下树梗摎苑下～到尾上都尽势。tei$^{21}$xa$^{53}_{44}$ʂəu$^{53}$kuaŋ$^{21}$lau$^{35}$təu$^{35}$xa$^{35}_{44}$çi$^{21}$tau$^{53}_{44}$mi$^{35}$xɔŋ$^{53}_{44}$təu$^{35}$tsʰin$^{53}$nek$^{3}$. ⑦趋向动词，用在动词或动宾短语后，表示动作向上移动的趋向：以只东西蛮重，拿得～啊拿唔～？i$^{21}$tʂak$^{3}$təŋ$^{35}$si$^{35}$man$^{13}$tʂʰəŋ$^{35}$,la$^{53}$ek$^{3}$çi$^{21}$ŋa$^{35}$la$^{53}$ŋ̍$^{13}$çi$^{21}$. ⑧趋向动词，用在动词后，与“得”或“唔”连用，表示能力够得上或够不上：买箇瓦箇只买唔～呀。mai$^{35}$kai$^{53}$ŋa$^{21}$kai$^{53}_{44}$tʂak$^{3}$mai$^{35}$n̩$^{13}_{21}$çi$^{21}$ia$^{0}$.

【起$_{2}$】cʰi$^{21}$ 副 表示从此以后。后常接“都”：话哩～都𫠪看倒哩，真系唔该分我斫下去。以下砍得就，～都𫠪看我欸就。ua$^{53}_{44}$li$^{0}$cʰi$^{21}$təu$^{35}$maŋ$^{13}$kʰɔn$^{53}$tau$^{21}$li$^{0}$,tʂən$^{35}$ne$^{53}$(←xe$^{53}$)ŋ̍$^{13}_{21}$kɔi$^{35}_{44}$pən$^{35}_{53}$ŋai$^{13}_{21}$tʂɔk$^{3}$(x)a$^{53}_{21}$çi$^{53}_{21}$.ia$_{53}$(←i$^{21}$xa$^{53}$)kʰan$^{21}$tek$^{3}$tsʰiəu$^{53}_{44}$,cʰi$^{21}$təu$^{35}$maŋ$^{13}_{21}$kʰɔn$^{53}_{44}$ŋai$^{13}$e$_{21}$tsiəu$^{53}_{44}$.

【起$_{3}$】çi$^{21}$ 量 ①种；类：一～菜 iet$^{3}$çi$^{21}$tsʰɔi$^{53}$｜箇就蛮多～呀。kai$^{53}_{44}$tsiəu$^{53}_{44}$man$^{13}_{21}$to$^{35}$çi$^{21}$ia$^{0}$. ②次；场：硬搞嘿六出啦七出啦六七～，（因为）死嘿六七个人。ɲiaŋ$^{53}$kau$^{21}$xek$^{3}$liəuk$^{3}$tʂʰət$^{3}$la$^{0}$tsʰiet$^{3}$tʂʰət$^{3}$la$^{0}$liəuk$^{3}$tsʰiet$^{3}$çi$^{21}$,si$^{21}$xek$^{3}$liəuk$^{3}$tsʰiet$^{3}$ke$^{53}$ɲin$^{13}$. ③放在数词后表示倍数：白水泥蛮贵啦，

两～咁贵呀。pʰak5 ʂei21lai13man13kuei53la0,iəŋ21çi21kan21kuei53ia0. ④表示不定的数量，相当于“些”：以～屋子冇得箇～屋子好。i21çi21uk3 tsɿ0 mau13tek3 kai53çi21uk3 tsɿ0 xau21.

【起4】çi21 助结构助词。用在述补结构中表示述补关系，相当于“得”：渠个舞倒镬癞用水一煮，渠食～尽味道。ci13/21ke53/44u21tau21uɔk5 lait3 iəŋ53ʂei21iet3 tʂəu21,ci13ʂət5 çi21tsʰin53uei53/44tʰau53/44.｜欸有滴人是猪崽子畜～唔知几大唠。ei21iəu35tet5 ɲin13/44ʂɿ53/44tʂəu35tse21tsɿ0 çiəuk3 çi21/53n̩13ti35/53ci21tʰai53lau0.｜看渠咁着急，急～面都红哩。kʰɔn53ci13kan13tʂʰɔk5 ciet3,ciet3 çi21/53mien53təu35fəŋ13li0.｜箇落哩水去走路，趾～裤脚尽泥。kai53/44lɔk5 li0 ʂei21çi53/44tsei21ləu53,kaŋ53çi21/44fu53ciɔk3 tsʰin53nai13.｜如今蛮多人，农村里人，渠有地方啊渠就灶下做～懑大哟。i13/21cin35/44man13/21to35/53ɲin13/44,ləŋ13tsʰən35/44ni0 ɲin13/44,ci13iəu35tʰi53fəŋ35/44ŋa0 ci13/21 tsiəu53/44tsau53xa35tso53çi21mən35tʰai53/44iau0.

【起5】çi21 动态助词。放在动词后。①表起始：走箇边写～，走西边写～。tsei21kai53pien35/44sia21 çi21,tsei21si35pien35sia21çi21.｜总取最大个客请～呀。tsəŋ21tsʰi21tsei53tʰai53ke53/44kʰak3 tsʰiaŋ21çi21ia0.｜渠话渠从五十几子就搞～，咁子搞。ci13ua53ci13/44tsʰəŋ13ŋ̍21ʂət5 ci21tsɿ0 tsʰiəu53kau21çi21,kan21/13tsɿ0 kau21. ②动态助词，表示动作正在进行或状态持续，相当于“着”：嘟～嘴吧 təu35çi21tsi21pa35/0｜瞪～眼珠 tən53çi21ŋau21tʂəu35

【起伏】çi21fuk3 动进入伏天：从～开始，一直到末伏，箇一段时间都喊三伏天。tsʰəŋ13çi21fuk5 kʰɔi35ʂɿ21,iet3 tʂʰət5 tau53mɔit5 fuk5,kai53iet3 tən53ʂɿ13/21kan35/44təu35xan53san35fuk5 tʰien35.

【起火1】çi21fo21 动失火：～哩 çi21fo21li0

【起火2】çi21fo21 形易燃：箇个柴嘞锯倒一筒一筒，唔劈开来冇得熷，唔劈开来也唔好烧，欸，唔～，系要劈开来。kai53/44ke53/44tsʰai13lei0 ci53tau21iet3 tʰəŋ13iet3 tʰəŋ13,n̩13pʰiak3 kʰɔi35lɔi13/21mau13/21tek3 tsau35,n̩13 pʰiak3 kʰɔi35lɔi13/21ia35n̩13/21xau21ʂau35,e21,n̩13çi21fo21,xei53/44iau53pʰiak3 kʰɔi35/44lɔi13/44.

【起肩】çi21cien35 动扛上重物后起立：分棺材搁下凳上，欸，省子放下地泥下嘞就要～就蛮累人。pən35kɔn35/44tsʰɔi13/21kɔk3 a0 tien53xɔŋ53/44,e21,saŋ21tsɿ0 fəŋ53ŋa53/44tʰi53lai13/21xa35lei0 tsʰiəu53/44iau53/44çi21cien35tsʰiəu53/44 man13/21li53ɲin13.

【起来1】cʰi21lɔi13/21 动趋向动词。用在动词后，表示动作向上位移的趋向：欸舞下去就分以个钉子撬～哩。e21u21(x)a53çi53/44tsʰiəu53/44pən35i21/44ke53/44taŋ35/44tsɿ0 cʰiau53cʰi21lɔi13/21li0.

【起来2】çi21lɔi13 助动态助词。放在动词后，表示开始发生或兴起：(鸡啦恰)敲～嗑嗑响。kʰau35çi21lɔi13kʰo53kʰo53/44çiɔŋ21.｜倒下来，生下水肚里，渠都又会长～。tau53xa35lɔi13,saŋ35ŋa44(←xa53)ʂei21təu21li0,ci13/21təu35/44iəu53uɔi53/44tʂɔŋ21çi21lɔi13/21.

【起栏】çi21lan13 动母猪求偶：猪嫲个欸爱交配了就让门子嘞？猪嫲就～。tʂəu35ma13ke53e21ɔi53/44 ciau35pʰei53liau0 tsʰiəu53/44iəŋ53mən13/44tsɿ0 lei0?tʂəu35ma13/21tsiəu53çi21lan13.

【起码】cʰi21ma35 形属性词。最低限度的：～有斤多两斤一只个。cʰi21ma35iəu35/44cin35to35/44iəŋ21cin35 iet3 tʂak3 ke53.｜你打比以皮个以只檐头你爱搞三尺，以皮跳嘞，就～爱两尺多子唠。ɲi13ta21pi21 i21pʰi13ke53/44i21tʂak3 ian13tʰei0 ɲi13/21ɔi53kau21san35tʂʰak3,i21pʰi13tʰiau53lei0,tsʰiəu53/44çi21ma35ɔi53iəŋ21tʂʰak3 to35tsɿ0 lau0.

【起媒】çi21mɔi13 动婚礼举行前请媒人出马：结婚个头晡吧？箇爱哟，男方爱哟。头晡昼边，打比十二晡个日子样，系啊？十二晡结婚，十一晡个昼边，十一晡哇，欸，十一晡之前，你就爱拿只红包，买滴子猪肉，斫滴猪肉，欸，买滴子水果，提两瓶酒，爱～，就系请起箇只媒人来。如果有媒人个就爱请起媒人来。～，欸。欸，欸以只事嘞我是结婚了，请媒人公啊抬步，请媒人公着累。抬步，就系到我屋下来啊，哎，你就爱来呀。我就做过介绍啊旧年冬下。头几晡就是～嘞。纵竖都好哩嘞，我只学生呶，欸，做介绍唠，纵竖都好哩，都爱～。ciet3 fən35ke53tʰei13pu35/44pa0?kai53ɔi53io0,lan13/21fəŋ35/44ɔi53io0.tʰei13pu35/44tʂəu53pien35/44,ta21pi21ʂət5 ɲi53pu35/44ke53/44ɲiet3 tsɿ0 iɔŋ53,xei53/44a0?ʂət5 ɲi53pu35/44ciet3 fən35,ʂət5 iet3 pu35ke53/44tʂəu53pien35,ʂət5 iet3 pu35/44ua0,e21,ʂət5 iet3 pu35/44tʂɿ35/44tsʰien13, ɲi13tsʰiəu53/44ɔi53la35tʂak3 fəŋ13pau35,mai35tiet5 tsɿ0 tʂəu35ɲiəuk3,tʂɔk3 tet5 tʂəu35ɲiəuk3,e21,mai35tiet5 tsɿ0 ʂei21 ko21,tʰia35iəŋ21pʰin13tsiəu21,ɔi53çi21mɔi13,tsʰiəu53xei53tsʰiaŋ21çi21kai53tʂak3 mɔi13ɲin13/21lɔi13.y13ko21iəu35mɔi13ɲin13 ke53tsiəu53/44ɔi53tsʰiaŋ21çi21mɔi13ɲin13nɔi13/44.çi21mɔi13,e53.ei21,ei0 i21tʂak3 sɿ53lei0 ŋai13ʂɿ53/44ciet3 fən35liau0,tsʰiaŋ21mɔi13 ɲin13kəŋ35ŋa0 tʰai13/44pʰu53,tsʰiaŋ21mɔi13ɲin13kəŋ35tʂʰɔk5 li53.tʰai13/44pʰu53,tsʰiəu53/44xe53/44tau53ŋai13/44uk3 xa53lɔi13/44a0,ai21, ɲi13tsʰiəu53/44ɔi53lɔi13ia0.ŋai13tsʰiəu53/44tso53ko53/44kai53ʂau53a0 cʰiəu53ɲien13/44təŋ35ŋa0(←xa53).tʰei13/21ci21pu35/44tsʰiəu53/44sɿ53/44 çi21mɔi13lei0.tsəŋ53ʂəu53təu35/44xau21li0 lei0,ŋai13tʂak3 xɔk5 saŋ35/44nau0,e21,tso53kai53ʂau53lau0,tsəŋ53ʂəu53təu35/44xau21 li0,təu35/44ɔi53/44çi21mɔi13.

【起身】çi21 ʂən35 [动]①动身；启程：喊倒箇孝子或者孝孙，跪正箇映子，告别，要以到是欸～了。xan53-44tau21kai53-44çiau53tsɿ21xɔit5-3tʂa21çiau53sən35,khuei21tʂaŋ53-44kai53-44iaŋ53-44tsɿ0,kau53phiet5,iau53-44i21tau53ʂʅ53-44e21çi21ʂən35niau0. ②比喻离世归西：箇个笼上咯还爱用舞张子纸，用红纸，写张咁个单子，"～之期"，～了，架势走了，归去了，"～之期"。kai53-44ke53-44lən21ʂɔŋ53ko0 xa13-21ɔi53-44iɔŋ53-44u21tʂɔŋ35-44tsɿ0tʂʅ21,iɔŋ53fəŋ13tʂʅ21,sia21tʂɔŋ35-44kan21ke53-44tan35tsɿ0,"çi21ʂən35-44tʂʅ35-44chi13",çi21ʂən35liau0,cia53ʂʅ53tsei21liau0,kuei35çi53liau0,"çi21ʂən35-44tʂʅ35-44chi13-21".

【起身祭】çi21ʂən35-44tsi53 [动]出殡前举行的祭祀。又称"遣奠"：好，绕嘿棺就箇就可以打～呀。打～是打祭呀，就系分两个人一起啊通唱啊。分两个人指挥呀通唱啊。箇就唔歌诗了。就通唱，跪跪拜拜呀。喊倒箇孝子或者孝孙，跪正箇映子，告别，要以到是欸起身了。xau21,ɲiau35xek3kɔn35tshiɔu53-44kai53-44tshiɔu53kho21i53-44ta21çi21ʂən35-44tsi53ia0.ta21çi21ʂən35-44tsi53ʂʅ53-44ta21tsi53ia0,tshiɔu53-44xei53-44pɔn35iɔŋ21ke53-44nin13-21iet3 çia44thɔŋ35-44tʂhɔŋ53ŋa0.pɔn35iɔŋ21ke53-44in13-21tʂʅ21fei35-44ia0 thɔŋ35-44tʂhɔŋ53ŋa0.kai53-44tshiɔu53-44ŋ13-21ko35-44ʂʅ35liau0.tshiɔu53-44thɔŋ35-44tʂhɔŋ53,khuei21khuei21pai53pai53ia0.xan53-44tau21kai53-44çiau53tsɿ21xɔit5-3tʂa21çiau53sən35,khuei21tʂaŋ53-44kai53-44iaŋ53-44tsɿ0,kau53phiet5,iau53-44i21tau53ʂʅ53-44e21çi21ʂən35niau0.

【起士】çi21sɿ53 [动]下中国象棋时把士从将帅两侧移至米字格的中央：士是不系中间咯，系啊？米子格咯。欸，咁子来个吧？呀，以只一只就王吧一只将吧？以映士啦，以映士啦。欸士本来都去以映子个嘞，系唔系？以映子，又为了保护以只王啊，我就起一士啊，以只士走嘿以映来哩啊。就安做～啦。sɿ53ʂʅ53-44pət3(x)ei53-44tʂəŋ35kan35-44ko0,xei53-44a0?mi21tsɿ53kak3ko0.e21,kan21tsɿ0lɔi13-21ke53-44pa0?ia21,i21tʂak3iet5-3(tʂ)ak3tshiɔu53-44uɔŋ13pa0iet3tʂak3tsiɔŋ53pa0?i21iaŋ53sɿ53la0,i21iaŋ53sɿ53la0.e21sɿ53pən21nai13tɔu35-44çi53-44i21iaŋ53tsɿ0ke53-44le0,xei53-44me53-44?i21iaŋ53tsɿ0,iɔu53-44uei21liau0pau21fu53i21tʂak3uɔŋ13ŋa0,ŋai13tshiɔu53-44çi21iet3sɿ53a0,i21tʂak3sɿ53tsei21-44xek3i21iaŋ53lɔi13-21li0a0.tshiɔu53-44ɔn35-44tso53-44çi21sɿ53la0.

【起屋】çi21uk3 [动]建造房子：渠～个时候子冇得么人起过路厅。ci13-21çi21uk3ke53ʂʅ13xei53tsɿ0mau13tek3mak3ɲin13-44çi21ko53lɔu53thaŋ35.

【起雾】çi21u53 [动]下雾：今晡早晨都有子雾哦。今晡早晨唔系走牛轭岭箇映子过嘞箇只河可能箇河箇个箇条河哇，箇映有只子咁个水库子样个吵，箇河水比较满，以几晡嘞气温比较高，～，箇映子就好像同箇起哩雾样。大围山也起哩雾嘞。以个咁热个天～，不是有落水个象征，系还会晴个象征。cin35pu35-53tsau21ʂən13tɔu35-44iɔu35-44tsɿ0u53o0.cin35-44pu35-53tsau21ʂən13-21m13-21phe53tsei21ɲiɔu13-21ak3liaŋ35kai53iaŋ53-44tsɿ0ko53lei0kai53-44tʂak3xo13-21kho21len13-21kai53xo13kai53ke53-44kai53thiau13-21xo13ua0,kai53-44iaŋ53-44iɔu35-53tʂak3tsɿ0kan21(k)e53-44ʂei21khu53tsɿ0iɔŋ53ke53-44ʂa0,kai53xo13ʂei21pi21ciau53-44mən53,i21ci21pu35-44lei0çi53uən35-44pi21ciau53kau35,çi21u53,kai53iaŋ53tsɿ0tshiɔu53-44xau21tshiɔŋ53-44thɔŋ13-21kai53-44çi21li0u53iɔŋ53.thai53uei13-21san35na53-53çi21li0u53lei0.i21ke53kan21ɲiet5ke53-44thien35çi21u53,pət3ʂʅ53iɔu35lɔk5ʂei21ke53-44siɔŋ53tʂən35-44,xei53xai13uɔi53tshiaŋ13ke53-44siɔŋ53tʂən35.

【起线】çi21sien53 [动]用线刨子在家具上做出花线：木匠师傅做个东西如果爱讲究好看滴子，讲究外表好看，只爱系箇面积稍微大滴子个栏场就爱～。欸箇平面大滴子个栏场就爱～才好看。以个你看以个就起哩线呢，以个就～呢。以个板子也可以～呢，起兜线就更好看呐，就唔呆板呐。muk3siɔŋ53sɿ35-53fu53-44tso53ke53-21təŋ35si0ɻ13ko21ɔi53kɔŋ21ciɔu53xau21khɔn53tiet5tsɿ0,kɔŋ21ciɔu53-44uai53piau21xau21khɔn53,tʂʅ21ɔi53-44xei53-44kai53-44mien53tsiet3sau21uei13thai53tiet5tsɿ0ke53-44laŋ13-21tʂhɔŋ13-44tshiɔu53-44ɔi53-44çi21sien53.e0kai53phin13mien53-44thai53tiet5tsɿ0ke53-44laŋ13-21tʂhɔŋ13-44tshiɔu53-44ɔi53-44çi21sien53tshai13-44xau21khɔn53.i21ke53ɲi13khɔn53i21ke53tshiɔu53çi21li0sien53ne0,i21ke53tshiɔu53çi21sien53ne0.i21kei53pan21tsɿ0ia35kho21i35-44çi21sien53ne0,çi21tɔu35-44sien53tshiɔu53-44ken53-44xau21khɔn53na0,tshiɔu53-44n13-44tai35-44pan21na0.

【起子1】çi21tsɿ21 [动]长粉刺、疹子等：～哦，安做～，青春痘就。年轻人面上多啊，～啊。酒刺有人话嘞。就系～啊。身上～啊。青春痘就～。çi21tsɿ21zo0,ɔn35-44tso53çi21tsɿ21,tshin35-44tʂhən35-44thei53tshiɔu53-44.ɲien13tshin35-44in13-21mien53xɔŋ53to35a0,çi21tsɿ21za0.tsiɔu21tshɿ53iɔu35ɲin13-21ua53lei0.tshiɔu53ue53(←xe53)çi21tsɿ21a0.ʂən35-44xɔŋ53çi21tsɿ21a0.tshin35-44tʂhən35-44thei53tshiɔu53-21çi21tsɿ21.｜脚癣就脚上痒啊，脱皮呀，～啊。ciɔk3sien21tshiɔu53ciɔk3xɔŋ53iɔŋ35ŋa0,thɔit3phi13ia0,çi21tsɿ21za0.

【起子2】çi21tsɿ0 [名]螺丝刀的俗称：拿～去啟 la53çi21tsɿ0çi53tsiau21

【起走】çi21tsei21 [动]母狗到处走动来求偶：狗嫲爱寻配偶了就安做～。kei21ma13ɔi53tshin13-21phei53ɲiau21liau0tshiɔu53-44ɔn35-53tso53çi21tsei21.

【气1】çi53 [名]①空气：就去吹～个。爱分～送进去个。tshiɔu53-44çi53-44tʂhei35çi53ke53-44.ɔi53-44pən35çi53səŋ53tsin53chi53-44ke53-44. ②气息：忍一口～ɲin35ɲiet3(←iet3)xei21çi53

【气$_{2}$】çi$^{53}$ 动生气；发怒：～死人 çi$^{53}$si$^{21}$ɲin$^{13}$｜～起面都青个 cʰi$^{53}$çi$^{21}$mien$^{53}$təu$^{35}_{44}$tsʰiaŋ$^{35}$ke$^{53}_{21}$｜面都～青哩 mien$^{53}$təu$^{35}_{44}$çi$^{53}$tsʰiaŋ$^{35}$li$^{0}$｜～得尽命，～得阿弥陀佛，～得唔得了，～都～死哩，欸都系表示～个程度。çi$^{53}$tek$^{3}$ tsʰin$^{53}$miaŋ$^{53}$,çi$^{53}$tek$^{3}$ o$^{35}$mi$^{13}_{44}$tʰo$^{13}$fət$^{5}$,çi$^{53}$tek$^{3}$ n̩$^{13}$tek$^{3}$ liau$^{21}$,çi$^{53}$təu$^{35}_{44}$çi$^{53}$si$^{21}$ li$^{0}$,e$_{21}$təu$^{35}$xei$^{53}_{44}$piau$^{21}$ʂʅ$^{53}_{44}$çi$^{53}$ke$^{53}_{21}$tʂʰən$^{13}$tʰəu$^{53}$.

【气劲】çi$^{53}$cin$^{53}$ 名气力：吹笛指唢呐是蛮爱～呐，要有肺活量啊。tʂʰei$^{35}$tʰak$^{5}$ ʂʅ$^{53}_{44}$man$^{13}_{21}$ɔi$^{53}_{44}$çi$^{53}$cin$^{53}$ na$^{0}$,iau$^{53}_{44}$iəu$^{35}$fei$^{53}$xɔit$^{5}$ liɔŋ$^{53}$ŋa$^{0}$.

【气人】çi$^{53}$ɲin$^{13}$ 令人恼怒；使人生气：有兜事想起来又真～。唔高兴个事啊想起来真～。我是～气得一阵子就好哩，欸，过哩一阵子就好哩，我就唔得去～了。iəu$^{35}$te$^{35}_{53}$sʅ$^{53}$siɔŋ$^{21}$çi$^{21}$lɔi$^{13}$ iəu$^{53}_{44}$tʂən$^{35}$çi$^{53}$ɲin$^{13}_{21}$.n̩$^{13}_{21}$kau$^{35}$çin$^{53}_{44}$ke$^{53}_{44}$sʅ$^{53}$a$^{0}$ siɔŋ$^{21}$çi$^{21}$lɔi$^{13}_{21}$tʂən$^{35}$çi$^{53}$ɲin$^{13}_{21}$.ŋai$^{13}$ʂʅ$^{53}_{44}$çi$^{53}$ɲin$^{13}_{21}$çi$^{53}$tek$^{3}$ iet$^{3}$ tʂʰən$^{53}$tsʅ$^{0}$ tsʰiəu$^{53}$xau$^{21}$li$^{0}$,e$_{21}$,ko$^{53}$li$^{0}$ iet$^{3}$ tʂʰən$^{53}$tsʅ$^{0}$ tsʰiəu$^{53}$xau$^{21}$li$^{0}$,ŋai$^{13}_{21}$tsʰiəu$^{53}$n̩$^{13}_{21}$tek$^{3}$ çi$^{53}$çi$^{53}$ɲin$^{13}_{21}$liau$^{0}$.

【气色】çi$^{53}$sek$^{3}$ 名①气味，多指臭味、馊味等非正常气味：欸，箇个菜碗呐过哩夜食唔得。我等昨晡一碗么个菜呀？一碗豆角，我鼻下子都就有～了。e$_{21}$,kai$^{53}_{44}$ke$^{53}_{44}$tsʰɔi$^{53}$uɔn$^{21}$na$^{0}$ ko$^{53}$li$^{0}$ ia$^{53}$ ʂət$^{5}$ n̩$^{13}_{21}$tek$^{3}$.ŋai$^{13}$tien$^{0}$ tsʰo$^{35}$pu$^{35}_{53}$iet$^{3}$ uɔn$^{21}$mak$^{3}$ ke$^{53}_{44}$tsʰɔi$^{53}$ia$^{0}$?iet$^{3}$ uɔn$^{21}$tʰei$^{53}$kɔk$^{3}$,ŋai$^{13}$pʰi$^{53}$xa$^{53}_{44}$tsʅ$^{0}$ təu$^{35}_{44}$tsʰiəu$^{53}_{44}$ iəu$^{35}$çi$^{53}$sek$^{3}$ liau$^{0}$. ②一个人的精神和皮肤（尤其是面部皮肤）色调：箇晡我老婆话个街上有只人就～唔好。kai$^{53}_{44}$pu$^{35}_{53}$ŋai$^{13}_{21}$lau$^{21}$pʰo$^{13}$ua$^{53}_{44}$kei$^{53}$kai$^{35}$xɔŋ$^{53}_{44}$iəu$^{35}$tʂak$^{3}$ ɲin$^{13}_{21}$tsʰiəu$^{53}_{44}$çi$^{53}$sek$^{3}$ n̩$^{13}$xau$^{21}$.

【气痛】çi$^{53}$tʰəŋ$^{53}$ 名①胃痛的俗称：我就有兜～啊。经常会～。食哩箇个对胃有刺激个东西，就会～。糯米呀，芋子啊，箇个都食哩都会～。欸，食辣哩呀，欸，烧酒哇，箇个唔知几度数高个箇烧酒哇食哩都会～。ŋai$^{13}$tsʰiəu$^{53}_{44}$iəu$^{35}$te$^{35}_{53}$çi$^{53}$tʰəŋ$^{53}_{44}$ŋa$^{0}$.cin$^{35}$tʂʰɔŋ$^{13}_{21}$uɔi$^{53}$çi$^{53}$tʰəŋ$^{53}$,ʂət$^{5}$ li$^{0}$ kai$^{53}_{44}$ke$^{53}_{44}$ tei$^{53}$uei$^{53}$iəu$^{35}$tsʰʅ$^{53}$ciet$^{3}$ ke$^{53}_{21}$təŋ$^{35}_{44}$si$^{0}$,tsʰiəu$^{53}_{44}$uɔi$^{53}_{44}$çi$^{53}$tʰəŋ$^{53}_{44}$.lɔk$^{5}$ mi$^{21}$ia$^{0}$,u$^{53}$tsʅ$^{21}$a$^{0}$,kai$^{53}_{44}$ke$^{53}_{44}$təu$^{35}_{44}$ʂət$^{5}$ li$^{0}$ təu$^{35}_{44}$uɔi$^{53}_{44}$ çi$^{53}$tʰəŋ$^{53}$.e$_{21}$,ʂət$^{5}$ lait$^{5}$ li$^{0}$ ia$^{0}$,e$_{21}$,ʂau$^{35}$tsiəu$^{21}$ua$^{0}$,kai$^{53}_{44}$ke$^{53}_{44}$n̩$^{13}_{21}$ti$^{35}_{44}$ci$^{21}_{44}$tʰəu$^{53}$səu$^{53}$kau$^{35}$ke$^{53}_{21}$kai$^{53}_{44}$ʂau$^{35}$tsiəu$^{21}$ua$^{0}$ ʂət$^{5}$ li$^{0}$ təu$^{35}$uɔi$^{53}_{44}$çi$^{53}$tʰəŋ$^{53}$. ②指胃痛引起的胸口痛：我就搞过胸口痛啊，总把做系胸膜炎呐，总把做系心绞痛啊，都不是，～。ŋai$^{13}$tsʰiəu$^{53}$kau$^{21}$ko$^{53}$çiəŋ$^{35}$kʰei$^{21}$tʰəŋ$^{53}$ŋa$^{0}$,tsəŋ$^{21}$pa$^{21}$tso$^{53}$xei$^{53}$çiəŋ$^{35}$mo$^{13}$ien$^{13}$na$^{0}$, tsəŋ$^{21}$pa$^{21}$tso$^{53}$xei$^{53}$sin$^{35}$ciau$^{21}$tʰəŋ$^{53}$ŋa$^{0}$,təu$^{35}$pət$^{3}$ ʂʅ$^{53}$,çi$^{53}$tʰəŋ$^{53}_{44}$.

【气头上】çi$^{53}$tʰei$^{13}$xɔŋ$^{53}$ 发怒的时候：一个人～是爱忍稳下子，莫去做箇个使人后悔个事。～就硬忍稳下子。iet$^{3}$ ke$^{53}$ɲin$^{13}_{44}$çi$^{53}$tʰei$^{13}$xɔŋ$^{53}$ʂʅ$^{53}_{44}$ɔi$^{53}$ɲin$^{35}$uən$^{21}$na$^{53}_{44}$tsʅ$^{0}$,mɔk$^{5}$ çi$^{53}$tso$^{53}$kai$^{53}_{44}$ke$^{53}_{44}$ʂʅ$^{21}$ɲin$^{13}_{44}$xei$^{53}$fei$^{21}$ ke$^{53}_{44}$sʅ$^{53}_{44}$.çi$^{53}$tʰei$^{13}_{21}$xɔŋ$^{53}_{44}$tsʰiəu$^{53}_{44}$ɲiaŋ$^{53}$ɲin$^{35}$uən$^{21}$na$^{53}_{21}$tsʅ$^{0}$.

【气味】çi$^{53}$uei$^{53}$ 名①鼻子闻东西所得的感觉：箇只野姜箇只苗子个～有箇姜个～。kai$^{53}_{44}$tʂak$^{3}$ ia$^{35}$ciɔŋ$^{35}_{44}$kai$^{53}$tʂak$^{3}$ miau$^{13}$tsʅ$^{0}$ ke$^{53}$çi$^{53}$uei$^{53}$iəu$^{35}$kai$^{53}$ciɔŋ$^{35}$kei$^{53}_{44}$çi$^{53}$uei$^{53}$. ②特指臭味、馊味等非正常气味：以碗菜食唔得哩啊，有～了。i$^{21}$uɔn$^{21}$tsʰɔi$^{53}_{44}$ʂət$^{5}$ n̩$^{13}_{21}$tek$^{3}$ li$^{0}$ a$^{0}$,iəu$^{35}$çi$^{53}$uei$^{53}_{44}$liau$^{21}$.

【汽灯】çi$^{53}$tien$^{35}$ 名一种灯具。点着以后，利用本身的热量把煤油变成蒸气，喷射在浸过硝酸钍溶液的纱罩上，发出白色的亮光：以前是还有～呶。放滴煤油去，打得气起哟。雪白个火噢。你见过么？箇举行大个活动个时候子夜晡啊，系唔系？照得唔知几亮，唔知几远呐。i$^{35}$ tsʰien$^{13}_{21}$ʂʅ$^{53}_{44}$xai$^{13}_{21}$iəu$^{35}_{44}$çi$^{53}$tien$^{35}_{44}$nau$^{0}$.fɔŋ$^{53}_{44}$tiet$^{5}_{3}$ mei$^{13}$iəu$^{13}_{21}$çi$^{53}_{44}$,ta$^{21}$tek$^{3}$ çi$^{53}$çi$^{21}$iau$^{0}$.siet$^{5}$ pʰak$^{5}_{3}$ke$^{53}_{21}$fo$^{21}$au$^{0}$. ɲi$^{13}_{21}$cien$^{53}$ ko$^{53}$mo$^{0}$?kai$^{53}$tʂʮ$^{21}$çin$^{13}$tʰai$^{53}$ke$^{53}_{21}$xɔit$^{5}$ tʰəŋ$^{53}$ke$^{53}_{44}$ʂʅ$^{13}$xei$^{53}_{44}$tsʅ$^{0}$ ia$^{53}$pu$^{35}$a$^{0}$,xei$^{53}_{44}$me$^{53}_{44}$?tʂau$^{53}$tek$^{3}$ n̩$^{13}_{21}$ti$^{35}_{53}$ci$^{21}$liɔŋ$^{53}$,n̩$^{13}_{21}$ ti$^{35}_{53}$ci$^{21}$ien$^{21}$na$^{0}$.

【契】kʰe$^{53}$/cʰie$^{53}$ 名字据；契约；买卖合约：我等买浏阳个屋就写哩～嘞。渠硬爱写只～，必须爱写～正同你办过户手续。ŋai$^{13}$tien$^{0}$ mai$^{35}$liəu$^{13}$iɔŋ$^{13}_{21}$ke$^{53}$uk$^{3}$ tsʰiəu$^{53}_{44}$sia$^{21}$li$^{0}$ cʰie$^{53}$lei$^{0}$.ci$^{13}$ɲiaŋ$^{53}$ɔi$^{53}$sia$^{21}$ tʂak$^{3}$ cʰie$^{53}$,piet$^{3}$ si$^{35}_{44}$ɔi$^{53}$sia$^{21}$cʰie$^{53}$tʂaŋ$^{53}$tʰəŋ$^{13}_{21}$ɲi$^{13}_{21}$pʰan$^{53}$ko$^{53}$fu$^{53}_{44}$ʂəu$^{21}$səuk$^{5}$.

【契约子】cʰie$^{53}$iɔk$^{5}$ tsʅ$^{0}$ 名双方或多方共同协议订立的有关买卖、抵押、租赁等关系的文书：如今我等人写下子咁个么个～啊，就画押，签字画押。i$^{13}_{21}$cin$^{35}_{53}$ŋai$^{13}$tien$^{0}$ ɲin$^{13}_{21}$sia$^{21}$xa$^{53}$tsʅ$^{0}$ kan$^{21}$ke$^{53}$ mak$^{3}$ ke$^{53}$cʰie$^{53}$iɔk$^{5}$ tsʅ$^{0}$ a$^{0}$,tsʰiəu$^{53}$fa$^{53}$ait$^{3}$,tsʰien$^{35}$tsʰʅ$^{53}_{44}$fa$^{53}$ait$^{3}$.

【砌】tsʰi$^{53}$ 动①建筑时垒砖石，用泥灰黏合：爱～墙个栏场先舞正条沟来。ɔi$^{53}$tsʰi$^{53}$tsʰiɔŋ$^{13}$ke$^{53}$ lɔŋ$^{13}$tʂʰɔŋ$^{13}$sien$^{35}$u$^{21}$tʂaŋ$^{53}$tʰiau$^{13}_{21}$kei$^{35}$lɔi$^{13}_{21}$. ②喂（饭）：细人子爱～羹，～倒分渠食。sei$^{53}$ɲin$^{13}_{21}$tsʅ$^{0}$ ɔi$^{53}$ tsʰi$^{53}$kaŋ$^{35}$,tsʰi$^{53}$tau$^{21}$pən$^{35}_{44}$ci$^{13}_{21}$ʂət$^{5}$.｜四十几岁就中风啊，坐倒轮椅上啊，爱老婆～饭呐。你会输咁哩命，让得过。si$^{53}$ʂət$^{5}$ ci$^{21}$sɔi$^{53}$tsʰiəu$^{53}$tʂəŋ$^{35}_{44}$fəŋ$^{35}$ŋa$^{0}$,tsʰo$^{35}$tau$^{21}$lən$^{13}$i$^{21}$xɔŋ$^{53}$ŋa$^{0}$,ɔi$^{53}$lau$^{21}$pʰo$^{13}$tsʰi$^{53}$fan$^{53}$na$^{0}$. ɲi$^{13}$uɔi$^{53}$ʂəu$^{35}$kan$^{21}$li$^{0}$ miaŋ$^{53}_{21}$, ɲiɔŋ$^{53}$tek$^{3}$ ko$^{53}$.

【⿰目祭】tsʰi$^{53}$ 动低头：～下脑壳去tsʰi$^{53}$xa$^{35}$lau$^{21}$kʰɔk$^{3}$ çi$^{53}$｜欸，爱爱分脑壳～得下下子。e$_{21}$,ɔi$^{53}_{44}$ɔi$^{53}_{44}$ pən$^{35}_{44}$nau$^{21}$kʰɔk$^{3}$ tsʰi$^{53}$tek$^{3}$ xa$^{35}$xa$^{35}_{44}$tsʅ$^{0}$.｜～目睡tsʰi$^{53}$muk$^{3}$ ʂɔi$^{53}$打盹儿

【掐$_1$】kʰait$^{3}$ 动①摘：用指甲按或截断：欸，（萝卜蔸）撕嘿皮去，～嘿花去，嗯，就同白菜蔸样咁子炒。e$_{21}$,si$^{35}$(x)ek$^{3}$ pʰi$^{13}$çi$^{53}$,kʰait$^{3}$ (x)ek$^{3}$ fa$^{35}$çi$^{53}$,n̩$_{21}$,tsʰiəu$^{53}$tʰəŋ$^{13}_{21}$pʰak$^{5}$ tsʰɔi$^{53}$fəŋ$^{53}$iəŋ$^{53}_{44}$kan$^{21}$tsɿ$^{0}$ tsʰau$^{21}$. ②用指甲及手指紧按：～肉 kʰait$^{3}$ɲiəuk$^{3}$。③用拇指点着其他指节来推算干支或占测吉凶：～手指算下子八字唠，算下子日子啊，系唔系？～下子手指。～手指就系欸算下子运程算下子么个时辰箇兜。kʰait$^{3}$ ʂəu$^{21}$tʂɿ$^{21}$sɔn$^{53}$na$^{53}_{44}$tsɿ$^{0}$ pait$^{3}$ sɿ$^{53}$lau$^{0}$,sɔn$^{53}$na$^{53}_{44}$tsɿ$^{0}$ ɲiet$^{3}$ tsɿ$^{0}$ a$^{0}$,xei$^{53}$me$^{53}$?kʰait$^{3}$ (x)a$^{53}$tsɿ$^{0}$ ʂəu$^{21}$tʂɿ$^{21}$.kʰait$^{3}$ ʂəu$^{21}$tʂɿ$^{21}$tsʰiəu$^{53}$xei$^{53}$e$_{21}$sɔn$^{53}$xa$^{53}_{21}$tsɿ$^{0}$ uən$^{53}$tʂʰən$^{13}_{21}$sɔn$^{53}$na$^{53}$tsɿ$^{0}$ mak$^{3}$ kei$^{53}$ʂɿ$^{13}$ʂən$^{13}$kai$^{53}_{44}$te$^{35}_{44}$. ④短斤少两：卖东西是莫去～别人家，莫掐别人家秤。mai$^{53}$təŋ$^{35}_{44}$si$^{0}$ ʂɿ$^{53}_{44}$mɔk$^{5}$ çi$^{53}$kʰait$^{3}$ pʰiet$^{5}$ in$^{13}_{21}$ka$^{35}_{44}$,mɔk$^{5}$ kʰait$^{3}$ pʰiet$^{5}$ in$^{13}_{44}$ka$^{35}_{44}$tʂʰən$^{53}$.

【掐$_2$】kʰa$^{35}$/cʰia$^{35}$ 动①用手的虎口及手指紧紧握住：～稳渠个颈筋 kʰa$^{35}$uən$^{21}$ci$^{13}_{44}$ke$^{53}_{44}$ciaŋ$^{21}$cin$^{35}_{44}$。②（鸡）用爪子抓挠，刨：我栽滴子辣椒，赠岔得杉榻，硬分鸡子～净哩。ŋai$^{13}$tsɔi$^{35}$tiet$^{5}$ tsɿ$^{0}$ lait$^{5}$ tsiau$^{35}_{44}$,maŋ$^{13}$tsʰa$^{35}$tek$^{3}$ sa$^{35}$kʰua$^{21}$, ɲiaŋ$^{53}$pən$^{35}$cie$^{35}$tsɿ$^{0}$ cʰia$^{35}$tsʰiaŋ$^{53}$li$^{0}$.｜哦，狗子也会去～呢。狗子见得啰，狗子是渠唔系箇个唔系寻食唠，狗子是脚爪子痒人呶，渠会去～唠。o$_{53}$,kei$^{21}$tsɿ$^{0}$ a$^{35}$ uɔi$^{53}$çi$^{53}_{44}$cʰia$^{35}$nei$^{0}$ .kei$^{21}$tsɿ$^{0}$ cien$^{53}$tek$^{3}$ lo$^{0}$ ,kei$^{21}$tsɿ$^{0}$ ʂɿ$^{53}_{21}$ci$^{13}_{21}$m̩$^{13}$pʰei$^{53}$kai$^{53}$kei$^{53}$m̩$^{13}$pʰei$^{53}$tsʰin$^{13}$ʂɔt$^{5}$ lau$^{0}$ ,kei$^{21}$tsɿ$^{0}$ ʂɿ$^{53}$ ciɔk$^{3}$ tsau$^{21}$tsɿ$^{0}$ iɔŋ$^{35}$ɲin$^{13}$nau$^{0}$ ,ci$^{13}_{21}$uɔi$^{53}_{44}$çi$^{53}_{44}$cʰia$^{35}_{44}$lau$^{0}$ .

【掐$_3$】kʰa$^{35}$ 量指一只手或两只手指尖相对握着的数量：一～鸟子芹 iet$^{3}$ kʰa$^{35}$tiau$^{35}_{44}$tsɿ$^{0}$ cʰin$^{13}$｜割一～芒草。kɔit$^{3}$ iet$^{3}$ kʰa$^{35}$mɔŋ$^{13}$tsʰau$^{21}$.｜拗倒一～细笋子 au$^{21}$tau$^{21}$iet$^{3}$ kʰa$^{35}_{44}$se$^{53}$sən$^{21}$tsɿ$^{0}$

【掐秤】kʰait$^{3}$ tʂʰən$^{53}$ 动卖家故意短斤少两（有批评意味）：嘞，买东西嘞，贵就贵滴子啊，秤就掐唔得啦！斤两就爱足哇！le$_{21}$,mai$^{35}$təŋ$^{35}_{44}$si$^{0}$ lei$^{0}$ ,kuei$^{53}$tsʰiəu$^{53}_{44}$kuei$^{53}_{44}$tiet$^{5}$ tsa$^{0}$ ,tʂʰən$^{53}$tsʰiəu$^{53}_{44}$kʰait$^{3}$ n̩$^{13}_{21}$ tek$^{3}$ la$^{0}$ !cin$^{35}$niɔŋ$^{35}$tsʰiəu$^{53}_{44}$ɔi$^{53}_{44}$tsəuk$^{3}$ ua$^{0}$ !｜自愿准滴子分别人家，莫掐别人家秤，别人家唔欢喜。tsʰɿ$^{53}$ɲien$^{53}$tʂən$^{21}$tiet$^{5}$ tsɿ$^{0}$ pən$^{35}_{44}$pʰiet$^{5}$ in$^{13}_{21}$ka$^{35}_{44}$,mɔk$^{5}$ kʰait$^{3}$ pʰiet$^{5}$ in$^{13}_{44}$ka$^{35}_{44}$tʂʰən$^{53}$,pʰiet$^{5}$ in$^{13}_{44}$ka$^{35}_{44}$n̩$_{21}$fɔn$^{35}$çi$^{21}$.

【揢】kʰak$^{5}$ 动握捏成团：放肆去～（饭饽）啊，爱～久滴子啊。xɔŋ$^{53}$ʂɿ$^{53}_{44}$çi$^{53}_{44}$kʰak$^{5}$ a$^{0}$ ,ɔi$^{53}_{44}$kʰak$^{5}$ ciəu$^{21}$ tiet$^{5}$ tsɿ$^{0}$ a$^{0}$.

【千】tsʰien$^{35}$ 数数目，十个一百。①位数词，前后可加个数词：五～ŋ̍$^{21}$tsʰien$^{35}$。②构成的数词后可加量词：两～二百个 iɔŋ$^{21}$tsʰien$^{35}$ɲi$^{53}$pak$^{3}$ ke$^{53}$。③当后面带百位数但十位数和个位数都为零，且不带量词时，“百”可省略：二万二～二百 ɲi$^{53}$uan$^{53}$ɲi$^{53}$tsʰien$^{35}$ɲi$^{53}$pak$^{3}$ = 二万二～二 ɲi$^{53}$ uan$^{53}$ɲi$^{53}$tsʰien$^{35}$ɲi$^{53}$

【千百万】tsʰien$^{35}$pak$^{3}$ uan$^{53}$ 数形容数量很多：箇个石头指雷打石呢让门子会箇个哩嘞？箇个岭顶上一只咁大个石头，所以箇个石头个成因呐你去考察啊，箇个总系～年前个事，系唔系？晓得几久子形成个事？～年个。kai$^{53}$kei$^{53}_{44}$ʂak$^{5}$ tʰei$^{13}_{21}$ə$_{21}$ɲiɔŋ$^{53}$mən$^{13}_{53}$tsɿ$^{0}$ uɔi$^{53}$kai$^{53}$ke$^{53}$li$^{0}$ lei$^{0}$ ?kai$^{53}_{44}$ke$^{53}_{44}$liaŋ$^{35}$ taŋ$^{21}$xɔŋ$^{53}$iet$^{3}$ tʂak$^{3}$ kan$^{21}$tʰai$^{53}$ke$^{53}$ʂak$^{5}$ tʰei$^{13}_{21}$,so$^{21}$i$^{35}_{44}$kai$^{53}$ke$^{53}_{21}$ʂak$^{5}$ tʰei$^{13}_{21}$ke$^{53}_{44}$tʂʰən$^{13}$in$^{35}$na$^{0}$ ɲi$^{13}$çi$^{53}$kʰau$^{21}$tsʰait$^{3}$ a$^{0}$ ,kai$^{53}_{44}$ke$^{53}_{44}$tsəŋ$^{21}$xe$^{53}_{44}$tsʰien$^{35}$pak$^{3}$ uan$^{53}$ɲien$^{13}_{21}$tsʰien$^{13}_{21}$ke$^{53}_{44}$sɿ$^{53}$,xei$^{53}$me$^{53}_{21}$?çiau$^{21}$tek$^{3}$ ci$^{21}$ciəu$^{21}$tsɿ$^{0}$ çin$^{13}$tʂʰən$^{13}$ke$^{53}_{44}$ sɿ$^{53}$?tsʰien$^{35}$pak$^{3}$ uan$^{53}$ɲien$^{13}_{21}$ke$^{0}$.

【千鞭】tsʰien$^{35}$pien$^{35}$ 名千响的鞭炮，又称“一千头”：我等是还有只咁个话法啦，你以只事都做好哩啊，你……打比样，你都舍得买张车啊，你都舍得做以买只么个东西啊，我打只～，我打挂～，嗯，有咁个话法。ŋai$^{13}_{21}$tien$^{0}$ ʂɿ$^{0}$xai$^{13}_{21}$iəu$^{35}_{53}$tʂak$^{3}$ kan$^{21}_{44}$ke$^{53}_{44}$ua$^{53}$fait$^{3}$ la$^{0}$ , ɲi$^{13}$i$^{21}$tʂak$^{3}$ sɿ$^{53}$təu$^{35}_{53}$tso$^{53}$ xau$^{21}$li$^{0}$ a$^{0}$ , ɲi$^{13}_{21}$···ta$^{21}$pi$^{21}$iɔŋ$^{53}_{44}$, ɲi$^{13}$təu$^{35}_{53}$ʂa$^{21}$tek$^{3}$ mai$^{35}_{44}$tʂɔŋ$^{35}_{21}$tʂʰa$^{35}$a$^{0}$ , ɲi$^{13}_{21}$təu$^{35}_{53}$ʂa$^{21}$tek$^{3}$ tso$^{53}$i$^{21}$mai$^{35}$tʂak$^{3}$ mak$^{3}$ e$^{0}$ təŋ$^{35}_{44}$si$^{0}$ a$^{0}$ ,ŋai$^{13}$ta$^{21}$tʂak$^{3}$ tsʰien$^{35}$pien$^{35}_{44}$,ŋai$^{13}$ta$^{21}$kua$^{53}$tsʰien$^{35}$pien$^{35}_{44}$,n̩$_{21}$,iəu$^{35}_{53}$kan$^{21}$cie$^{53}_{44}$ua$^{53}$fait$^{3}$.

【千变万化】tsʰien$^{35}$pien$^{53}$uan$^{53}$fa$^{53}$ 形容变化无穷：箇个天上个云呐也系～，一下子就变嘿哩，欸，又变得咁快。kai$^{53}$ke$^{53}_{44}$tʰien$^{35}$xɔŋ$^{53}_{44}$ke$^{53}$in$^{13}$na$^{0}$ ia$^{35}_{44}$xe$^{53}_{21}$tsʰien$^{35}$pien$^{53}$uan$^{53}$fa$^{53}$,iet$^{3}$ xa$^{53}$tsɿ$^{0}$ tsʰiəu$^{53}$pien$^{53}$ nek$^{3}$ li$^{0}$ ,e$_{21}$,iəu$^{53}_{44}$pien$^{53}$tek$^{3}$ kan$^{21}$kʰuai$^{53}$.

【千重皮子】tsʰien$^{35}$tʂʰəŋ$^{13}_{21}$pʰi$^{13}$tsɿ$^{0}$ 名一种酥皮饼：～如今我还系喜欢食，因为一拿下倒就有细细子个过中秋个感觉，就记得细细子个时候过中秋。tsʰien$^{35}_{44}$tʂʰəŋ$^{13}_{21}$pʰi$^{13}$tsɿ$^{0}$ i$^{13}_{21}$cin$^{35}_{53}$ŋai$^{13}_{21}$xai$^{13}_{21}$xe$^{53}$çi$^{21}$ fɔn$^{35}_{44}$ʂɔt$^{5}$ ,in$^{35}_{44}$uei$^{13}_{21}$iet$^{3}$ la$^{53}$(x)a$^{53}$tau$^{21}$tsʰiəu$^{53}$iəu$^{35}$se$^{53}$se$^{53}$tsɿ$^{0}$ ke$^{53}$ko$^{53}$tʂəŋ$^{35}$tsʰiəu$^{35}_{44}$ke$^{53}$kɔn$^{21}$cʰiɔk$^{3}$ ,tsʰiəu$^{53}_{44}$ci$^{53}$tek$^{3}$ se$^{53}$se$^{53}$tsɿ$^{0}$ ke$^{53}_{44}$ʂɿ$^{13}_{21}$xei$^{53}_{44}$ko$^{53}$tʂəŋ$^{35}$tsʰiəu$^{35}_{44}$.

【千家万户】tsʰien$^{35}$ka$^{35}$/cia$^{35}$uan$^{53}$fu$^{53}$ 指众多人家：我等一只家，一只家庭几个子人个家都够当哩，全国十几亿人个家，～个嘞渠都爱管呐，箇真系不容易，系。ŋai$^{13}$tien$^{0}$ iet$^{3}$ tʂak$^{3}$ ka$^{35}$,iet$^{3}$ tʂak$^{3}$ cia$^{35}$tʰin$^{13}_{21}$ci$^{21}$ke$^{53}$tsɿ$^{0}$ ɲin$^{13}_{21}$ke$^{53}_{44}$ka$^{35}_{44}$təu$^{35}_{44}$kei$^{53}$təŋ$^{35}$li$^{0}$ ,tsʰien$^{13}$kɔit$^{3}$ ʂət$^{5}$ ci$^{21}$i$^{53}$ɲin$^{13}$kei$^{53}_{44}$cia$^{35}$,tsʰien$^{35}$ka$^{35}_{44}$uan$^{53}$ fu$^{53}$ke$^{53}$le$^{0}$ ci$^{13}_{21}$təu$^{35}$ɔi$^{53}$kɔn$^{21}$na$^{0}$ ,kai$^{53}_{21}$tʂən$^{35}$xe$^{53}$pət$^{3}$ iəŋ$^{13}_{21}$i$^{53}$,xe$^{53}_{44}$.

【千脚虫】tsʰien35ciɔk3tʂʰəŋ13 [名]蚰蜒的俗称：以前老家箇只栏场我等细细子长日看得～倒。～啊，吓死人呐。其实渠又唔啮人呢。莫去惹渠冇得事。i35-53tsʰien13-21lau21cia35-53kai53iak3laŋ13-21tʂʰɔŋ13-21ŋai13tien0se53se53tsɿ0tʂʰɔŋ13ɲiet3kʰɔn53tek3tsʰien35ciɔk3tʂʰəŋ13tau21.tsʰien35ciɔk3tʂʰəŋ13ŋa0,xak3si21ɲin13na0.cʰi13ʂʅt5ci13iəu53n̩13ŋait3ɲin13-44ne0.mɔk5çi53ɲia35ci13-21mau13-21te35-53sɿ53-21.

【千军万马】tsʰien35tʂən35ua53ma35 形容兵马众多：我爷子讲啊，我等湖南解放啊，我等湖南是和平解放啊，赠打仗。欸，我爷子去下讲，渠话，箇唔系完全系我爷子讲咯，蛮多箇老班子讲咯，渠话冇……我就问渠："箇解放哩有么个唔同么你等箇阵子啊么个解放哩，嗯。""有么个唔同？就系箇过兵呢，过嘿几日几夜个兵呢，～走箇皇碑树下过呢。欸，过嘿几日几夜。就安做解放哩嘞。嘿嘿，冇得么个。和平解放啊，赠打仗嘞。"湖南是和平解放啊。ŋai13-21ia13tsɿ0kɔŋ21ŋa0,ŋai13tien0fu13lan13kai21fɔŋ53ŋa0,ŋai13tien0fu13lan13ʂʅ53-44xo13pʰin13kai21fɔŋ53ŋa0,maŋ13ta21tʂɔŋ53.e21,ŋai13-21ia13tsɿ0çi53xa53kɔŋ21,ci13-21ua53,kai53n̩13-21tʰe53xɔn13tsʰien13-21xei53ŋai13-21ia13tsɿ0kɔŋ21ko0,man13to35-44kai53lau21pan35tsɿ0kɔŋ21ko0,ci13-44ua53-44mau··ŋai13tsʰiəu53-44uən53ci13-21:"kai53kai21xɔŋ53li0iəu35mak3e0n̩13-21tʰəŋ13mo0ɲi13tien0kai53tʂʰən53tsɿ0a0mak3e0kai21fɔŋ53li0,n̩53.""iəu35-53mak3ke53n̩13-44tʰəŋ13?tsʰiəu53xei53-44kai53-44ko53pin35nei0,ko53xek3ci21ɲiet3ci21ia53ke53-44pin35nei0,tsʰien35tʂən35-44ua53ma35tsei21kai53-44uɔŋ13pi35ʂəu53xa53-44ko53nei0.e21,ko53xek3ci21ɲiet3ci21ia53.tsʰiəu53-21ɔn35-53tso53kai21fɔŋ53li0lei0.xe44xe44,mau13te3mak3e0."xo13pʰin13kai21fɔŋ53ŋa0,maŋ13ta21tʂɔŋ53le0.fu13lan13-21ʂʅ53xo13pʰin13kai21fɔŋ53ŋa0.

【千年桐】tsʰien35ɲien13tʰəŋ13 [名]一种油桐。树高，挂果时间长，果实有棱角，多为三个并生：～就欸渠唔得早来结，但是结得时间更长，所以安做～。tsʰien35ɲien13-21tʰəŋ13-21tsʰiəu53-44ei21ci13-44n̩13tek3tsau21lɔi13ciet3,tan53-44ʂʅ53-44ciet3tek3ʂʅ13-21kan35-44ken53tʂʰɔŋ13,so21i35ɔn35-44tso53-44tsʰien35ɲien13-21tʰəŋ13-21.

【千年屋】tsʰien35ɲien13-21uk3 [名]棺材。又称"长生、料"：从前个老人家嘞五六十岁就架势准备正～，准备自家个长生，欸，放倒箇映子。有兜是……我娭子个长生是几十年了，会冇用了，招呼箇只～冇会冇用了，殊嘿哩。tsʰəŋ13tsʰien13ke53lau21ɲin13ka35-44lei0ŋ̍21liəuk3ʂət5sɔi53tsʰiəu53cia53ʂʅ53tʂən21pʰi53tʂaŋ53tsʰien35ɲien13-21uk3,tʂən21pʰi53-44tsʰɿ35-44ka35-44(k)e0tʂʰɔŋ13sen35-44,e21,fɔŋ53tau21kai53-44iaŋ53tsɿ0.iəu35te35-53ʂʅ53-44···ŋai13-21ɔi35tsɿ0ke53-44tʂʰɔŋ13sen35-44ʂʅ53-44ci21ʂət5ɲien13liau0,uɔi53mau13iəŋ53liau0,tʂau35-44fu35-44kai53tʂak3tsʰien13ɲien13-21uk3mau13uɔi53mau13iəŋ53liau0,mət3lek3li0.

【千千万万】tsʰien35tsʰien35uan53uan53 成千上万，形容数量很多：我去长沙看下子啊，箇个我想下子中国人个手机呀，箇长沙箇个火车站里啊，箇门口箇只啦箇个电脑城呐箇～个人，每个人，冇得哪只人冇手机，每个人一只手机。欸。硬冇哪只人冇手机凑。箇个手机箇手机个箇一块个行业唔知赚几多钱呢。ŋai13çi53tʂʰɔŋ13sa35-44kʰɔn53xa53-44tsɿ0a0,kai53ke53ŋai13-21siɔŋ21xa53tsɿ0tʂəŋ35kɔit3ɲin13ke53-21ʂəu21ci35-44ia0,kai53tʂʰɔŋ13sa35-44kai53-44ke53-44fo21tʂʰa35tsan53li21a0,kai53mən13xei21kai53tʂak3la0kai53-44ke53-44tʰien53nau21tʂʰən13na0kai53-44tsʰien35tsʰien35-44uan53uan53ke53-44ɲin13-21,mei35ke53ɲin13-44,mau13tek3lai53tʂak3ɲin13-21mau13-21ʂəu21ci35-44,mei35ke53ɲin13-21iet3tʂak3ʂəu21ci35-44.e21. ɲiaŋ53mau13lai53tʂak3ɲin13-21mau13-21ʂəu21ci35-44tsʰe0.kai53-44ke53-44ʂəu21ci35-44kai53ʂəu21ci35-44ke53kai53iet3kʰuai53ke53xɔŋ13ɲiait5n̩13-21ti35-53tsʰan53ci21(t)o35-53tsʰien13ne0.

【千万】tsʰien35uan53 [副]务必。表示恳切叮咛：～搞唔得 tsʰien35uan53kau21ŋ̍13tek3

【千辛万苦】tsʰien35sin35uan53kʰu21 形容各种各样的艰难辛苦：我等想下子我等几十年来都经过哩～，经过哩蛮多苦。欸，箇是比箇个长征比箇打仗个人是比唔得唠，欸，我等还算平平淡淡子过哩个，但是也经过哩～，经过哩蛮多嘞。ŋai13tien0siɔŋ21xa53tsɿ0ŋai13tien0ci21ʂət5ɲien13-44lɔi13-21təu35-44cin35ko53-44li0tsʰien35-44sin35-44uan53kʰu21,cin35ko53-44li0man13-21to35-53kʰu21.e21,kai53-44ʂʅ53-44pi21kai53ke53tʂʰɔŋ13tʂən35pi21kai53ta21tʂɔŋ53ke53ɲin13-44ʂʅ53-44pi21n̩13-21tek3lau0,e21,ŋai13tien0xai13-21sɔn53pʰin13pʰin13-44tʰan53tʰan53tsɿ0ko53li0ke53,tan53-44ʂʅ53-44ia35cin35ko53li0tsʰien35-44sin35-44uan53kʰu21,cin35ko53li0man13-21to35-44le0.

【千言万语】tsʰien35ɲien13uan53ɲy21 指要说的话很多：好打讲个人呢，～都还唔够样，系唔系？唔好打讲个人呢，讲哩两三句就冇哩讲。xau21ta21kɔŋ21ke53ɲin13ne0,tsʰien35ɲien13-21uan53ɲy21təu35-53xai13-21n̩13kei53iɔŋ53-44,xei53me53?n̩13xau21ta21kɔŋ21ke53ɲin13ne0,kɔŋ21li0iɔŋ21san35-44ci53tsʰiəu53mau13li0kɔŋ21.

【千真万确】tsʰien35tʂən35uan53kʰɔk3 非常确实的：我等老家箇个栏场啊真多箇个石墈。真多石墈呢，面前我同你讲嘿，系唔系？箇石墈噢硬系～个咯，硬系一只只子石头砌起来个咯。箇么人砌个么个时候子砌个，让门都唔晓得，无从考证。～个石墈，但是无从考证，唔知么人手里砌个。ŋai13tien0lau21cia35-44kai53ke53-21laŋ13-44tʂʰɔŋ13-44ŋa0tʂən35to35-44kai53ke53-21ʂak5kʰan53.tʂən35to35-44ʂak5kʰan53ne0,mien53tsʰien13-21ŋai13-21tʰəŋ13ɲi13-21kɔŋ21ŋek3,xei53me53?kai53-44ʂak5kʰan53ŋau0ɲiaŋ53xe53tsʰien35tʂən35uan53kʰɔk3 ke$^{0}$ko$^{0}$, ɲiaŋ$^{53}$xe$^{53}$iet$^{3}$tʂak$^{3}$tʂak$^{3}$tsɿ$^{0}$ʂak$^{5}$tʰei$^{13}_{44}$tsʰi$^{53}$çi$^{21}$lɔi$^{13}_{21}$ke$^{53}$ko$^{0}$.kai$^{53}$mak$^{3}$ɲin$^{13}_{44}$tsʰi$^{53}$ke$^{53}_{44}$mak$^{3}$e$^{0}$ʂʅ$^{13}_{21}$xəu$^{53}_{44}$ tsɿ$^{0}$tsʰi$^{53}$ke$^{53}$, ɲiɔŋ$^{53}$mən$^{13}_{44}$təu$^{35}_{53}$n̩$^{13}_{21}$çiau$^{21}$tek$^{3}$,u$^{13}$tsʰəŋ$^{13}$kʰau$^{21}$tʂən$^{53}$.tsʰien$^{35}$tʂən$^{35}$uan$^{53}$kʰɔk$^{3}$ke$^{53}_{44}$ʂak$^{5}$kʰan$^{53}$, tan$^{53}$ʂʅ$^{53}$u$^{13}$tsʰəŋ$^{13}$kʰau$^{21}$tʂən$^{53}$,n̩$^{13}_{21}$ti$^{35}_{53}$mak$^{3}$ɲin$^{13}_{44}$ʂəu$^{21}$li$^{0}$tsʰi$^{53}$ke$^{53}_{44}$.

【扦子】tsʰin$^{35}$tsɿ$^{0}$ 名 金属、竹子等制成的针状物或主要是针状的器物：～，花炮～啊，一条唔知几细个，一条子箇篾箕子也有哇，欸篾箕子做个也有哇，木棍子做个也有哇。～，花炮～，～，就花炮～啊。我等话～，欸，花炮～。欸，晓知系么个唠。欸，看下还有么～？烧烤用个就更粗滴子唠，也喊～。tsʰin$^{35}$tsɿ$^{0}$,fa$^{35}_{44}$pʰau$^{53}$tsʰin$^{35}_{44}$tsɿ$^{0}$a$^{0}$,iet$^{3}$tʰiau$^{13}_{44}$n̩$^{13}$ti$^{35}_{53}$ci$^{21}$sei$^{53}$ke$^{0}$,iet$^{3}$tʰiau$^{13}$tsɿ$^{0}$kai$^{53}_{44}$miet$^{5}$sak$^{3}$tsɿ$^{0}$a$^{35}_{44}$iəu$^{35}$ua$^{0}$,e$_{21}$miet$^{5}$sak$^{3}$tsɿ$^{0}$tso$^{53}_{44}$ke$^{53}_{44}$a$^{35}_{44}$iəu$^{35}$ua$^{0}$,muk$^{3}$kuən$^{53}$tsɿ$^{0}$tso$^{53}_{44}$ke$^{53}_{44}$a$^{35}_{44}$iəu$^{35}$ua$^{0}$.tsʰin$^{35}$tsɿ$^{0}$,fa$^{35}_{44}$pʰau$^{53}$tsʰin$^{35}$tsɿ$^{0}$,tsʰien$^{35}$tsɿ$^{0}$,tsʰiəu$^{53}$fa$^{35}_{44}$pʰau$^{53}$tsʰien$^{35}$tsa$^{0}$.ŋai$^{13}$tien$^{0}$ua$^{53}$tsʰin$^{35}$tsɿ$^{0}$,e$_{21}$,fa$^{35}_{44}$ pʰau$^{53}$tsʰin$^{35}$tsɿ$^{0}$.e$_{21}$,çiau$^{21}$ti$^{35}_{53}$xei$^{53}$mak$^{3}$ke$^{0}$lau$^{0}$.e$_{44}$,kʰɔn$^{53}$na$^{53}$xai$^{13}$iəu$^{35}_{53}$mak$^{3}$tsʰin$^{35}$tsɿ$^{0}$?ʂau$^{35}$kʰau$^{21}$iəŋ$^{53}_{44}$ke$^{53}_{44}$ tsʰiəu$^{53}_{44}$ken$^{53}_{44}$tsʰəu$^{35}$tiet$^{5}$tsɿ$^{0}$lau$^{0}$,ia$^{35}$xan$^{53}$tsʰin$^{35}$tsɿ$^{0}$.

【牵】cʰien$^{35}$ 动 ①拉着使行走或移动；引领向前：举行（结婚）仪式个时候子啊，就爱有人～呐，～新人呢。tʂʮ$^{21}$çin$^{13}$ɲi$^{13}$ʂʅ$^{53}_{44}$ke$^{53}_{44}$ʂʅ$^{13}_{44}$xei$^{53}$tsa$^{0}$,tsʰiəu$^{53}_{21}$ɔi$^{53}_{44}$iəu$^{35}_{44}$ɲin$^{13}_{21}$cʰien$^{35}$na$^{0}$,cʰien$^{35}_{44}$sin$^{35}$ɲin$^{13}_{44}$ne$^{0}$. ②（动物）交配：有兜人畜公猪，畜倒用来欸安做～猪嫲，就系配种啊。iəu$^{35}$tei$^{35}_{53}$ɲin$^{13}_{21}$çiəuk$^{3}$kəŋ$^{35}$tʂəu$^{35}_{44}$,çiəuk$^{3}$tau$^{21}$iəŋ$^{53}$lɔi$^{13}_{44}$e$_{21}$ɔn$^{35}_{44}$tso$^{53}_{44}$cʰien$^{35}_{44}$tʂəu$^{35}$ma$^{13}_{44}$,tsʰiəu$^{53}_{44}$xe$^{53}_{44}$pʰei$^{53}$tʂəŋ$^{21}$ŋa$^{0}$. ③喻指（人）婚配：欸，有兜人是逗霸唠，系唔系？打比样一伴人去到哪映子去嬲，有男有女，系唔系？箇上岭岗呢，唔好走嘞，系唔系？"来，我来～下子，看下～得上吗。"欸，摢倒箇妹子人咯系，就笑箇妹子人呐系。"你啊你，渠～下子你吵，看下～得上吗！"就系就箇牵猪嫲个意思。ei$_{44}$,iəu$^{35}$tei$^{35}_{53}$ɲin$^{13}_{44}$ʂʅ$^{53}_{44}$tei$^{53}$pa$^{53}$lau$^{0}$,xei$^{53}_{44}$me$^{53}_{44}$?ta$^{21}$pi$^{21}$iəŋ$^{53}_{44}$iet$^{3}$pʰɔn$^{53}$ɲin$^{13}_{21}$çi$^{53}_{44}$tau$^{53}$lai$^{53}_{44}$iaŋ$^{53}_{44}$tsɿ$^{0}$çi$^{53}_{44}$liau$^{53}$,iəu$^{35}$lan$^{13}_{21}$ iəu$^{35}$ɲy$^{21}$,xei$^{53}_{44}$me$^{53}_{44}$?kai$^{53}_{44}$ʂɔŋ$^{53}_{44}$lian$^{35}$kɔŋ$^{35}_{44}$ne$^{0}$,m̩$^{13}$xau$^{21}$tsei$^{21}$le$^{0}$,xe$^{53}$me$^{53}$?"lɔi$^{13}$,ŋai$^{13}$lɔi$^{13}_{44}$cʰien$^{35}$na$^{53}$tsɿ$^{0}$,kʰɔn$^{53}_{44}$ na$^{53}_{44}$cʰien$^{35}$tek$^{3}$ʂɔŋ$^{53}_{44}$ma$^{0}$."e$_{21}$,ia$^{21}$ta$^{21}$kai$^{53}_{44}$mɔi$^{53}$tsɿ$^{0}$ɲin$^{13}$ko$^{0}$xe$^{53}_{44}$,tsʰiəu$^{53}_{44}$siau$^{53}$kai$^{53}_{44}$mɔi$^{53}$tsɿ$^{0}$ɲin$^{13}$na$^{0}$xe$^{53}_{44}$."ɲi$^{13}$a$^{0}$ ɲi$^{13}_{21}$,ci$^{13}_{21}$cʰien$^{35}$na$^{53}_{44}$tsɿ$^{0}$ɲi$^{13}$ʂa$^{0}$,kʰɔn$^{53}_{44}$xa$^{53}_{44}$cʰien$^{35}$tek$^{3}$ʂɔŋ$^{35}$ma$^{0}$!"tsʰiəu$^{53}_{44}$xei$^{53}_{44}$tsiəu$^{53}$kai$^{53}$cʰien$^{35}$tʂəu$^{35}$ma$^{13}_{21}$ke$^{0}$i$^{53}$ sɿ$^{0}$.

【牵狗唔上耙】cʰien$^{35}$kei$^{21}$n̩$^{13}$ʂɔŋ$^{35}$pʰa$^{13}$ 比喻有人牵头做事，但是没人响应，大家不配合：～就系好丑都有么人来呀。～，爱牵牛正上得耙吵，牵狗让门会上耙唠，系唔系？就去耙田咯，安做～。cʰien$^{35}$kei$^{21}$n̩$^{13}$ʂɔŋ$^{35}_{44}$pʰa$^{13}$tsʰiəu$^{53}_{44}$xei$^{53}_{44}$xau$^{21}_{53}$tʂʰəu$^{21}_{53}$təu$^{35}_{44}$mau$^{13}$mak$^{3}$in$^{13}_{44}$lɔi$^{13}$ia$^{0}$.cʰien$^{35}$kei$^{21}$n̩$^{13}$ʂɔŋ$^{35}_{44}$ pʰa$^{13}$,ɔi$^{53}_{44}$cʰien$^{35}$ɲiəu$^{13}$tʂaŋ$^{53}$ʂɔŋ$^{35}$tek$^{3}$pʰa$^{13}$ʂa$^{0}$,cʰien$^{35}$kei$^{21}$ɲiɔŋ$^{53}$mən$^{13}_{44}$uɔi$^{53}$ʂɔŋ$^{35}_{44}$pʰa$^{13}$lau$^{0}$,xei$^{53}$me$^{53}$?tsʰiəu$^{53}$çi$^{53}$ pʰa$^{13}$tʰien$^{13}$ko$^{0}$,ɔn$^{35}_{44}$tso$^{53}_{44}$cʰien$^{35}$kei$^{21}$n̩$^{13}$ʂɔŋ$^{35}_{44}$pʰa$^{13}$.

【牵轿娘】cʰien$^{35}$cʰiau$^{53}$ɲiɔŋ$^{13}$ 名 负责接新娘下轿、带领其进屋举行婚礼的妇女。又称"牵新人个"：～就牵新人个嘞。渠唔系接亲个，～嘞就系新人坐倒轿子或者坐倒箇车，系唔系？到哩男家头了，去禾坪下下哩车，就爱进男家头去举行婚礼了，箇只时候子嘞欸由～带倒渠进，欸。好像一般都有两个子吧，一只牵下子手个，一只就擎把子遮子个，擎下了伞个，欸。cʰien$^{35}_{44}$cʰiau$^{53}$ɲiɔŋ$^{13}_{21}$tsʰiəu$^{53}_{44}$cʰien$^{35}_{44}$sin$^{35}$ɲin$^{13}_{21}$ke$^{53}$lei$^{0}$.ci$^{13}_{21}$m̩$^{13}$pʰe$^{53}$tsiait$^{3}$tsʰin$^{35}$cie$^{53}_{44}$,cʰien$^{35}$cʰiau$^{53}$ɲiɔŋ$^{13}$le$^{0}$ tsʰiəu$^{53}$xe$^{53}$sin$^{35}$ɲin$^{13}$tsʰo$^{35}$tau$^{21}$cʰiau$^{53}$tsɿ$^{0}$xɔit$^{5}$tʂa$^{21}$tsʰo$^{35}$tau$^{21}$kai$^{53}_{21}$tʂʰa$^{35}$,xei$^{53}$me$^{53}$?tau$^{53}$li$^{0}$lan$^{13}$ka$^{35}_{53}$tʰei$^{13}_{21}$ liau$^{0}$,çi$^{53}$uo$^{13}$pʰiaŋ$^{13}_{21}$xa$^{53}_{44}$xa$^{53}_{44}$li$^{0}$tʂʰa$^{35}$,tsʰiəu$^{53}_{44}$ɔi$^{53}_{44}$tsin$^{53}$lan$^{13}$ka$^{35}_{44}$tʰei$^{13}_{21}$çi$^{53}$tʂʮ$^{21}$çin$^{13}$fən$^{35}$li$^{35}_{44}$liau$^{0}$,kai$^{53}$tʂak$^{3}$ʂʅ$^{13}$xei$^{53}_{44}$ tsɿ$^{0}$lei$^{0}$e$_{21}$iəu$^{13}$cʰien$^{35}$cʰiau$^{53}$ɲiɔŋ$^{13}$tai$^{53}$tau$^{21}$ci$^{13}_{21}$tsin$^{53}$,e$_{21}$.xau$^{21}$siɔŋ$^{53}_{44}$iet$^{3}$pɔn$^{35}$təu$^{35}_{44}$iəu$^{35}_{44}$iɔŋ$^{21}$ke$^{53}$tsɿ$^{0}$pa$^{0}$,iet$^{3}$tʂak$^{3}$ cʰien$^{35}$na$^{53}$tsɿ$^{0}$ʂəu$^{21}$cie$^{53}$,iet$^{3}$tʂak$^{3}$tsʰiəu$^{53}$cʰiaŋ$^{13}$pa$^{21}$tsɿ$^{0}$tʂa$^{35}$tsɿ$^{0}$ke$^{0}$,cʰiaŋ$^{13}$xa$^{53}_{44}$tsɿ$^{0}$san$^{53}$cie$^{53}_{21}$,e$_{21}$.

【牵牛子】cʰien$^{35}$ɲiəu$^{13}$tsɿ$^{0}$ 名 最上层的几根栿梁：二架楼栿顶……还顶高安做～。～顶高就系桁子了。ɲi$^{53}$ka$^{53}_{44}$lei$^{13}_{21}$fuk$^{5}$taŋ$^{21}$…xai$^{13}$taŋ$^{21}$kau$^{35}_{44}$ɔn$^{35}_{44}$tso$^{53}_{44}$cʰien$^{35}$ɲiəu$^{13}_{21}$tsɿ$^{0}$.cʰien$^{35}$ɲiəu$^{13}_{21}$tsɿ$^{0}$taŋ$^{21}$kau$^{35}_{44}$tsʰiəu$^{53}_{44}$ xe$^{53}_{44}$xaŋ$^{13}$tsɿ$^{0}$liau$^{0}$.

【牵新郎个】cʰien$^{35}$sin$^{35}$lɔŋ$^{13}$ke$^{53}$ 指在婚礼过程中陪伴新郎的男子。又称"带郎个"：欸，一般呢～擐牵新人个，擐牵轿娘如果能够个话嘞要就系一对子夫妇就更好嘞，欸，咁子嘞，爱箇对夫妇爱有细人子个嘞，爱唔系二婚呢。e$_{21}$,iet$^{3}$pɔn$^{35}$ne$^{0}$cʰien$^{35}$sin$^{35}_{44}$nɔŋ$^{13}$ke$^{53}$lau$^{35}$cʰien$^{35}$sin$^{35}$ɲin$^{13}$ ke$^{53}$,lau$^{35}$cʰien$^{35}$cʰiau$^{53}$ɲiɔŋ$^{13}$ʮ$^{13}$ko$^{21}$lien$^{13}$ciau$^{53}$ke$^{53}_{44}$fa$^{53}$lei$^{0}$iau$^{53}_{44}$tsʰiəu$^{53}_{44}$xei$^{53}_{44}$iet$^{3}$ti$^{53}$tsɿ$^{0}$fu$^{35}$fu$^{53}$tsʰiəu$^{53}$cien$^{53}$ xau$^{21}$lei$^{0}$,ei$_{21}$,kan$^{21}$tsɿ$^{0}$lei$^{0}$,ɔi$^{53}_{44}$kai$^{53}_{44}$ti$^{53}_{44}$fu$^{35}$fu$^{53}$ɔi$^{53}_{44}$iəu$^{35}_{44}$sei$^{35}$ɲin$^{13}_{21}$tsɿ$^{0}$ke$^{53}$lei$^{0}$,ɔi$^{53}$m̩$^{13}$pʰe$^{53}_{44}$ɲi$^{53}$fən$^{35}$nei$^{0}$.

【牵新人个】cʰien$^{35}_{44}$sin$^{35}$ɲin$^{13}_{21}$cie$^{53}_{44}$ ①婚礼时搀扶新郎新娘的一对夫妻：但是有一点，～，男方去接新人个有一点，你爱陪倒渠举行婚礼个时候子，伴郎伴娘爱两公婆，箇就也有爱有一对。我等唔讲伴郎伴娘呶，就系～唠。～爱有一对。打比样，我两公婆去，我两公婆，定倒我两公婆要系呀爱我，欸，我老婆去接新人，我可以唔爱去。但是到新人进来哩，接倒新人来哩，箇就我老婆就牵倒箇只新人，扶倒箇只新人，我就扶倒箇只郎子，欸，扶倒箇只新郎。举行仪式个时候子啊，就爱有人牵呐，牵新人呢。tan$^{53}_{44}$ʂʅ$^{53}_{44}$iəu$^{35}$iet$^{3}$tian$^{21}$,c$^{h}$ien$^{35}$sin$^{35}$ɲin$^{13}_{21}$cie$^{53}_{44}$,lan$^{13}$fəŋ$^{35}_{44}$çi$^{53}$tsiet$^{3}$ sin$^{35}$ɲin$^{13}_{21}$ke$^{53}_{44}$iəu$^{35}$iet$^{3}$tian$^{21}$, ɲi$^{13}$ɔi$^{53}$p$^{h}$ei$^{13}$tau$^{21}$ci$^{13}_{44}$tʂʅ$^{21}$çin$^{13}$fən$^{35}$li$^{35}_{44}$ke$^{53}_{44}$ʂʅ xei$^{53}_{44}$tsɿ$^{0}$,p$^{h}$ɔn$^{53}$lɔŋ$^{13}$p$^{h}$ɔn$^{53}$ɲiɔŋ$^{13}$ɔi$^{53}$iɔŋ$^{21}$kəŋ$^{35}_{44}$p$^{h}$o$^{13}_{21}$,kai$^{53}_{44}$ts$^{h}$iəu$^{53}_{44}$ia$^{21}$iəu$^{35}_{44}$ɔi$^{53}_{44}$iəu$^{35}$iet$^{3}$ ti$^{53}$.ŋai$^{13}$tien$^{0}$ ŋ̍$^{13}_{21}$kɔŋ$^{21}$p$^{h}$an$^{53}$lɔŋ$^{13}$p$^{h}$ɔn$^{53}$ɲiɔŋ$^{13}$nau$^{0}$,tsiəu$^{53}_{44}$xei$^{53}_{44}$c$^{h}$ien$^{35}_{44}$sin$^{35}$ɲin$^{13}_{21}$cie$^{53}_{44}$lau$^{0}$.c$^{h}$ien$^{35}_{44}$sin$^{35}$ɲin$^{13}_{21}$cie$^{53}_{44}$ɔi$^{53}_{44}$iəu$^{35}$iet$^{3}$ti$^{53}$.ta$^{21}$pi$^{21}$iɔŋ$^{21}_{44}$,ŋai$^{13}$iɔŋ$^{21}$kəŋ$^{35}_{44}$p$^{h}$o$^{13}_{21}$çi$^{53}$,ŋai$^{13}$iɔŋ$^{21}$kəŋ$^{35}_{44}$p$^{h}$o$^{13}_{21}$,t$^{h}$in$^{53}$tau$^{21}$ŋai$^{13}$iɔŋ$^{21}$kəŋ$^{35}_{44}$p$^{h}$o$^{13}_{21}$iau$^{53}_{44}$xei$^{53}$ia$^{0}$ ɔi$^{53}$ŋai$^{13}_{21}$,e$_{21}$,ŋai$^{13}$lau$^{21}$p$^{h}$o$^{13}$çi$^{53}_{21}$tsiet$^{3}$ sin$^{35}_{44}$ɲin$^{13}_{21}$,ŋai$^{13}$k$^{h}$o$^{21}$i$^{35}_{44}$m̩$^{13}_{21}$mɔi$^{53}_{44}$çi$^{53}$.tan$^{53}_{44}$ʂʅ$^{53}_{44}$tau$^{53}_{44}$sin$^{35}$ɲin$^{13}_{21}$tsin$^{53}$lɔi$^{13}_{44}$li$^{0}$,tsiet$^{3}$ tau$^{21}$sin$^{35}$ɲin$^{13}_{44}$nɔi$^{13}_{44}$li$^{0}$,kai$^{53}_{44}$ts$^{h}$iəu$^{53}_{44}$ŋai$^{13}$lau$^{21}$p$^{h}$o$^{13}_{21}$ts$^{h}$iəu$^{53}_{44}$c$^{h}$ien$^{35}$tau$^{21}$kai$^{53}_{44}$tʂak$^{3}$ sin$^{35}$ɲin$^{13}_{21}$,fu$^{13}$tau$^{21}$kai$^{53}_{44}$tʂak$^{3}$ sin$^{35}$ɲin$^{13}_{21}$,ŋai$^{13}$ts$^{h}$iəu$^{53}$fu$^{13}_{21}$tau$^{21}$kai$^{53}$tʂak$^{3}$ lɔŋ$^{13}$tsɿ$^{0}$,e$_{21}$,fu$^{13}$tau$^{21}$kai$^{53}$tʂak$^{3}$ sin$^{35}$nɔŋ$^{13}$.tʂʅ$^{21}$çin$^{13}$ɲi$^{13}$ʂʅ$^{53}_{44}$ke$^{53}_{44}$ʂʅ$^{13}_{44}$xei$^{0}$ tsa$^{0}$,ts$^{h}$iəu$^{53}_{21}$ɔi$^{53}_{44}$iəu$^{35}_{44}$ɲin$^{13}_{21}$c$^{h}$ien$^{35}$na$^{0}$,c$^{h}$ien$^{35}_{44}$sin$^{35}$ɲin$^{13}_{44}$ne$^{0}$. ②特指搀扶新娘的妇女，旧时也称“牵轿娘”：～，一般就年轻妇女呀，摎渠比较亲个唠，年轻妇女唠。欸，正讲个，最好就不是再婚呶。最好是生哩人个唠，生过哩细人子个。比较亲个。不是再婚个。c$^{h}$ien$^{35}_{44}$sin$^{35}$ɲin$^{13}_{21}$cie$^{53}_{44}$,iet$^{3}$ pɔn$^{35}$ts$^{h}$iəu$^{53}_{44}$ɲien$^{13}$c$^{h}$in$^{35}_{44}$fu$^{53}$ɲy$^{21}$ia$^{0}$,lau$^{35}$ci$^{13}_{21}$pi$^{21}$ciau$^{53}_{44}$ts$^{h}$in$^{35}$cie$^{53}_{21}$lau$^{0}$, ɲien$^{13}$c$^{h}$in$^{35}_{44}$fu$^{53}$ɲy$^{21}$lau$^{0}$.e$_{21}$,tʂaŋ$^{53}_{44}$kɔŋ$^{21}$ke$^{53}_{44}$,tsei$^{53}$xau$^{21}$ts$^{h}$iəu$^{53}_{44}$pət$^{3}$ ʂʅ$^{53}_{44}$tsai$^{53}$fən$^{35}_{44}$nau$^{0}$.tsei$^{53}$xau$^{21}$ʂʅ$^{53}_{44}$saŋ$^{35}$li$^{0}$ɲin$^{13}$cie$^{53}$lau$^{0}$,saŋ$^{35}$ko$^{53}_{44}$li$^{0}$ se$^{53}$ɲin$^{13}_{21}$tsɿ$^{0}$ke$^{53}_{44}$.pi$^{21}$ciau$^{53}_{44}$ts$^{h}$in$^{35}$cie$^{53}_{21}$.pət$^{3}$ ʂʅ$^{53}_{44}$tsai$^{53}$fən$^{35}_{44}$cie$^{53}_{21}$.

【签筒】ts$^{h}$ian$^{35}$t$^{h}$əŋ$^{13}$ [名]装占卜用的签子的筒子：嗯，渠就拿倒箇有只～，一只升筒样个竹筒啊，肚里就二十五签二十六签三十三十几多签几多十签。咁子摇摇摇一阵跌出一条来哩。ṇ$_{21}$,ci$^{13}_{21}$ts$^{h}$iəu$^{53}_{44}$la$^{53}$tau$^{21}$kai$^{53}_{44}$iəu$^{35}$tʂak$^{3}$ ts$^{h}$ian$^{35}$t$^{h}$əŋ$^{13}_{21}$,iet$^{3}$ (tʂ)ak$^{3}$ ʂən$^{35}$t$^{h}$əŋ$^{13}_{21}$iɔŋ$^{53}_{44}$ke$^{53}_{44}$tʂəuk$^{3}$ t$^{h}$əŋ$^{13}_{21}$ŋa$^{0}$,təu$^{21}$li$^{0}$ ts$^{h}$iəu$^{53}_{44}$ɲi$^{53}$ʂət$^{5}$ ŋ̍$^{21}$ts$^{h}$ian$^{35}_{44}$ɲi$^{53}$ʂət$^{5}$ liəuk$^{3}$ ts$^{h}$ian$^{35}_{44}$san$^{35}$ʂət$^{5}$ san$^{35}$ʂət$^{5}$ cio$_{35}$(←ci$^{21}$to$^{35}$)ts$^{h}$ian$^{35}_{44}$ci$^{21}$(t)o$^{35}_{44}$ʂət$^{5}$ ts$^{h}$ian$^{35}_{44}$.kan$^{21}$tsɿ$^{0}$ iau$^{13}$iau$^{13}$iau$^{13}$iet$^{3}$ tʂ$^{h}$ən$^{53}$tet$^{3}$ tʂ$^{h}$ət$^{3}$ iet$^{3}$ t$^{h}$iau$^{13}_{44}$lɔi$^{13}_{44}$li$^{0}$.

【扦】ts$^{h}$ian$^{13}$ [动]拉扯、拔取：剐鸡剐兔子剐鸭子爱～毛。欸，最唔好～毛个就系兔子，脑壳都痛，剐兔子就。tʂ$^{h}$ʅ$^{13}$cie$^{35}$tʂ$^{h}$ʅ$^{13}$t$^{h}$əu$^{53}$tsɿ$^{0}$ tʂ$^{h}$ʅ$^{13}$ait$^{3}$ tsɿ$^{0}$ ɔi$^{53}$ts$^{h}$ian$^{13}_{21}$mau$^{35}$.e$_{21}$,tsei$^{53}$ṇ$^{13}_{21}$xau$^{21}$ts$^{h}$ian$^{13}_{21}$mau$^{35}$ke$^{53}_{44}$ts$^{h}$iəu$^{53}_{44}$xe$^{53}_{44}$t$^{h}$əu$^{53}$tsɿ$^{0}$,lau$^{21}$k$^{h}$ɔk$^{3}$ təu$^{35}_{44}$t$^{h}$əŋ$^{53}$,tʂ$^{h}$ʅ$^{13}$t$^{h}$əu$^{53}$tsɿ$^{0}$ ts$^{h}$iəu$^{53}_{21}$.

【前摆】ts$^{h}$ien$^{13}$pai$^{21}$ [名]衣服的前襟：箇个裁缝师傅做衫，面前两块就安做～。以底下就安做摆，面前两块布就安做～。kai$^{53}_{44}$ke$^{53}_{44}$ts$^{h}$ai$^{13}$fəŋ$^{13}_{21}$sɿ$^{35}_{44}$fu$^{53}_{44}$tso$^{53}$san$^{35}$,mien$^{53}$ts$^{h}$ien$^{13}$iɔŋ$^{21}$k$^{h}$uai$^{53}$ts$^{h}$iəu$^{53}_{44}$ɔn$^{35}_{53}$tso$^{53}$ts$^{h}$ien$^{13}$pai$^{21}$.i$^{21}$tei$^{21}$xa$^{53}$ts$^{h}$iəu$^{53}$ɔn$^{35}_{53}$tso$^{53}$pai$^{21}$,mien$^{53}$ts$^{h}$ien$^{13}_{21}$iɔŋ$^{21}$k$^{h}$uai$^{53}$pu$^{53}$ts$^{h}$iəu$^{53}$ɔn$^{35}_{53}$tso$^{53}$ts$^{h}$ien$^{13}$pai$^{21}$.

【前晡】ts$^{h}$ien$^{13}$pu$^{35}$ [名]前天。多称“前日晡”：～早晨我开车就开下箇个开下欸哪映去哩啊？开下箇个安做开下白石桥去哩。ts$^{h}$ien$^{13}$pu$^{35}$tsau$^{21}$ʂən$^{13}_{44}$ŋai$^{13}_{44}$k$^{h}$ɔi$^{35}_{44}$tʂ$^{h}$a$^{35}_{44}$ts$^{h}$iəu$^{53}_{21}$k$^{h}$ɔi$^{35}$ia$^{53}_{44}$kai$^{53}$ke$^{53}_{21}$k$^{h}$ɔi$^{35}_{44}$ia$^{53}_{44}$e$_{21}$lai$^{53}$iaŋ$^{53}_{44}$çi$^{53}$li$^{0}$ a$^{0}$ ?k$^{h}$ɔi$^{35}$ia$^{53}_{44}$kai$^{53}_{21}$ke$^{53}_{21}$ɔn$^{35}_{44}$tso$^{53}_{44}$k$^{h}$ɔi$^{35}$ia$^{53}_{44}$p$^{h}$ak$^{5}$ ʂak$^{5}$ c$^{h}$iau$^{13}$çi$^{53}$li$^{0}$.

【前镬】ts$^{h}$ien$^{13}$uɔk$^{5}$ [名]灶上离墙较远的锅子：乡下个灶，有两只灶个，后背个就后镬，面前个～。所谓前摎后嘞，后背个就靠近靠……一箇灶都靠只壁，靠壁个就后镬，唔靠壁个就～。～就用来平时煮饭食。平时用得最多，～用得最多。欸，后镬嘞就话嘞炆潲个时候子就炆潲，唔炆潲个时候子嘞就来哩客，人多个时候子用下子后镬。çiɔŋ$^{35}$xa$^{53}_{44}$ke$^{53}_{44}$tsau$^{53}$,iəu$^{35}$iɔŋ$^{21}$tʂak$^{3}$ tsau$^{53}$ke$^{0}$,xei$^{53}$pɔi$^{53}_{44}$ke$^{53}_{44}$ts$^{h}$iəu$^{53}_{21}$xei$^{53}$uɔk$^{5}$,mien$^{53}$ts$^{h}$ien$^{13}_{21}$ke$^{53}$ts$^{h}$ien$^{13}$uɔk$^{5}$.so$^{21}$uei$^{53}$ts$^{h}$ien$^{13}$nau$^{35}$xei$^{53}$le$^{0}$,xei$^{53}$pɔi$^{53}_{44}$ke$^{53}_{44}$ts$^{h}$iəu$^{53}_{21}$k$^{h}$au$^{53}$c$^{h}$in$^{35}_{44}$k$^{h}$au…iet$^{3}$ kai$^{53}_{44}$tsau$^{53}$təu$^{35}_{44}$k$^{h}$au$^{53}$tʂak$^{3}$ piak$^{3}$,k$^{h}$au$^{53}$piak$^{3}$ ke$^{53}_{44}$ts$^{h}$iəu$^{53}_{44}$xei$^{53}$uɔk$^{5}$,ṇ$^{13}$k$^{h}$au$^{53}$piak$^{3}$ ke$^{53}_{44}$ts$^{h}$iəu$^{53}_{44}$ts$^{h}$ien$^{13}$uɔk$^{5}$.ts$^{h}$ien$^{13}$uɔk$^{5}$ ts$^{h}$iəu$^{53}$iɔŋ$^{53}$lɔi$^{13}_{21}$p$^{h}$in$^{13}$ʂʅ$^{13}_{21}$tʂəu$^{21}$fan$^{53}$ʂət$^{5}$.p$^{h}$in$^{13}$ʂʅ$^{13}$iɔŋ$^{53}$tek$^{3}$ tsei$^{53}$to$^{35}$,ts$^{h}$ien$^{13}$uɔk$^{5}$ iɔŋ$^{53}$tek$^{3}$ tsei$^{53}$to$^{35}_{44}$.e$_{21}$,xei$^{53}$uɔk$^{5}$ lei$^{0}$ ts$^{h}$iəu$^{53}_{21}$ua$^{53}$lei$^{0}$ uən$^{13}$sau$^{53}$ke$^{53}_{21}$ʂʅ$^{13}_{21}$xəu$^{53}$tsɿ$^{0}$ tsiəu$^{53}_{44}$uən$^{13}$sau$^{53}$,ṇ$^{13}$uən$^{13}$sau$^{53}$ke$^{53}_{44}$ʂʅ$^{13}$xəu$^{53}_{44}$tsɿ$^{0}$ lei$^{0}$ ts$^{h}$iəu$^{53}$lɔi$^{13}$li$^{0}$ k$^{h}$ak$^{3}$, ɲin$^{13}$to$^{35}$ke$^{53}$ʂʅ$^{13}$xəu$^{53}_{44}$tsɿ$^{0}$ iɔŋ$^{53}$ŋa$^{13}_{21}$tsɿ$^{0}$ xei$^{53}$uɔk$^{5}$.

【前几年】ts$^{h}$ien$^{13}$ci$^{21}$ɲien$^{13}$ 指过去的几年：～我嫔子身体还好个时候子，箇阵子我真得哩轻松。嘿嘿，我真轻松，好嬲。ts$^{h}$ien$^{13}$ci$^{21}$ɲien$^{13}_{21}$ŋai$^{13}_{21}$ɔi$^{53}$tsɿ$^{0}$ ʂən$^{35}_{44}$t$^{h}$i$^{21}$xan$^{13}_{21}$xau$^{21}$ke$^{53}$ʂʅ$^{13}_{44}$xei$^{53}_{44}$tsɿ$^{0}$,kai$^{53}$tʂ$^{h}$ən$^{53}$tsɿ$^{0}$ ŋai$^{13}_{21}$tʂən$^{35}$tek$^{3}$ li$^{0}$ c$^{h}$iaŋ$^{35}_{44}$səŋ$^{35}$.xe$_{53}$xe$_{53}$,ŋai$^{13}_{21}$tʂən$^{35}$c$^{h}$iaŋ$^{35}_{44}$səŋ$^{35}_{44}$,xau$^{21}$liau$^{53}$.

【前经墙】ts$^{h}$ien$^{13}$cin$^{35}$ts$^{h}$iɔŋ$^{13}$ [名]前墙：欸，箇个墙嘞，摎大门安大门个箇扇墙就安做～。欸，后背，对下去个后背箇映子欸安祖宗个栏场箇扇墙嘞就安做后经墙。e$_{21}$,kai$^{53}_{44}$ke$^{53}_{44}$ts$^{h}$iɔŋ$^{13}$lei$^{0}$,lau$^{35}$t$^{h}$ai$^{53}$mən$^{13}_{21}$ɔn$^{35}$t$^{h}$ai$^{53}$mən$^{13}_{21}$ke$^{53}_{44}$kai$^{53}$ʂen$^{53}$ts$^{h}$iɔŋ$^{13}$ts$^{h}$iəu$^{53}_{21}$ɔn$^{35}$tso$^{53}_{44}$ts$^{h}$ien$^{13}$cin$^{35}_{44}$ts$^{h}$iɔŋ$^{13}_{21}$.e$_{21}$,xei$^{53}$pɔi$^{53}_{44}$,ti$^{53}$ia$^{53}_{44}$çi$^{53}_{44}$ke$^{53}_{44}$xei$^{53}$pɔi$^{53}_{44}$kai$^{53}_{44}$iaŋ$^{53}_{44}$tsɿ$^{0}$ e$_{21}$ɔn$^{35}$tsəu$^{21}$tsəŋ$^{35}$ke$^{53}$laŋ$^{13}_{21}$tʂ$^{h}$ɔŋ$^{13}_{44}$kai$^{53}$ʂen$^{53}$ts$^{h}$iɔŋ$^{13}$le$^{0}$ ts$^{h}$iəu$^{53}_{44}$ɔn$^{35}_{44}$tso$^{53}_{44}$xei$^{53}$cin$^{35}_{44}$ts$^{h}$iɔŋ$^{13}$.

【前井】tsiaŋ$^{21}$ 名 棺材与前方抬棺用的绳索之间的方形空间：面前箇只打出山个人后背箇只嘞，就三面都系杠，欸，两面系杠唠。箇只面前就一条绳呐，后背一副棺材，渠就安做跕倒～。mien$^{53}$ts$^h$ien$^{13}_{21}$kai$^{35}_{44}$tʂak$^3$ ta$^{21}$ tʂ$^h$ət$^3$ san$^{35}_{44}$ke$^{53}_{44}$ɲin$^{13}_{21}$xei$^{53}$ pɔi$^{53}_{44}$kai$^{53}_{44}$tʂak$^3$ lei$^0$ ,ts$^h$iəu$^{53}_{44}$san$^{35}$ mien$^{53}_{44}$təu$^{35}_{44}$xe$^{53}_{44}$ kɔŋ$^{53}$,e$_{21}$,iɔŋ$^{21}$mien$^{53}_{44}$xe$^{53}_{44}$kɔŋ$^{53}$lau$^0$ .kai$^{53}_{21}$tʂak$^3$ mien$^{53}$ts$^h$ien$^{13}_{21}$ts$^h$iəu$^{53}$iet$^3$ t$^h$iau$^{13}$ʂən$^{13}$na$^0$ ,xei$^{53}$pɔi$^{53}$iet$^3$ fu$^{53}$kɔn$^{35}$ ts$^h$ɔi$^{13}_{21}$,ci$^{13}$ts$^h$iəu$^{53}_{44}$ɔn$^{35}_{44}$tso$^{53}_{44}$k$^h$u$^{35}_{44}$tau$^{21}$ts$^h$ien$^{13}$tsiaŋ$^{21}$.

【前井后梢】ts$^h$ien$^{35}$tsiaŋ$^{21}$xei$^{53}$sau$^{35}$ 抬棺时前井和最后方的梢这两个位置的合称：～。箇两只人最轻松。最轻松，冇么啊劲个人箇个，箇八仙肚里有滴冇么啊劲个人呐，欸，长又长得怪瘦怪瘦个人呢，欸，年纪又比较大个人呢，就舞倒渠去搞～。ts$^h$ien$^{35}$tsiaŋ$^{21}$xei$^{53}$sau$^{35}$.kai$^{53}$iɔŋ$^{21}$tʂak$^3$ ɲin$^{13}_{21}$tsei$^{53}$c$^h$iaŋ$^{35}$səŋ$^{35}_{44}$.tsei$^{53}$c$^h$iaŋ$^{35}_{44}$səŋ$^{35}_{44}$,mau$^{13}$mak$^3$ a$^0$ cin$^{53}$ke$^{53}_{44}$ɲin$^{13}_{21}$kai$^{53}_{44}$ke$^{53}_{44}$,kai$^{53}_{44}$pait$^3$ sien$^{35}$təu$^{21}$li$^{35}$iəu$^{35}$tet$^5$ mau$^{13}$mak$^3$ a$^0$ cin$^{53}$ke$^{53}_{44}$ɲin$^{13}_{44}$na$^0$ ,e$_{21}$,tʂɔŋ$^{21}$iəu$^{53}_{44}$tʂɔŋ$^{21}$tek$^3$ kuai$^{53}$sei$^{53}$kuai$^{53}$sei$^{53}$ke$^{53}_{44}$ɲin$^{13}_{21}$ne$^0$ ,ei$_{21}$, ɲien$^{13}$ci$^{21}_{44}$iəu$^{53}_{44}$ pi$^{21}$ciau$^{53}_{44}$t$^h$ai$^{53}$ke$^{53}_{44}$ɲin$^{13}_{21}$nei$^0$ ,ts$^h$iəu$^{53}_{44}$u$^{21}$tau$^{21}$ci$^{13}_{21}$çi$^{53}_{44}$kau$^{21}$ts$^h$ien$^{13}$tsiaŋ$^{21}$xei$^{53}$sau$^{35}$.

【前口】ts$^h$ien$^{13}$xei$^{21}$ 名 方位词。前面：高亲都走嘿哩了，你就分箇只牌位请倒，掇倒，和香火，和箇个香火箇只放下禾坪～，放下厅下门口，禾坪～。kau$^{35}$ts$^h$in$^{35}_{44}$təu$^{35}_{44}$tsei$^{21}$xek$^3$ li$^0$ liau$^0$ , ɲi$^{13}$ ts$^h$iəu$^{53}$pən$^{35}$kai$^{53}_{21}$tʂak$^3$ p$^h$ai$^{13}_{21}$uei$^{53}_{44}$ts$^h$iaŋ$^{21}$tau$^{21}$,tɔit$^3$ tau$^{21}$,uo$^{53}$çiɔŋ$^{35}$fo$^{21}$,uo$^{53}$kai$^{53}_{44}$ke$^{53}_{44}$çiɔŋ$^{35}$fo$^{21}$kai$^{53}_{44}$tʂak$^3$ fɔŋ$^{53}$ŋa$_{44}$ (←xa$^{53}$)uo$^{13}_{21}$p$^h$iaŋ$^{13}_{44}$ts$^h$ien$^{13}$xei$^{21}$,fɔŋ$^{53}_{44}$ŋa$_{44}$(←xa$^{53}$)t$^h$aŋ$^{35}$xa$^{53}_{44}$mən$^{13}$xei$^{21}$,uo$^{13}_{21}$p$^h$iaŋ$^{13}_{21}$ts$^h$ien$^{13}$xei$^{21}$.

【前门】ts$^h$ien$^{13}$mən$^{13}$ 名 房屋前面开的门：面前个门就安做～，一般面前个门就系大门呶。～是系相对而言个。当箇只屋有后门或者箇只间有后门，箇只就安做～，如果冇得后门，只有一皮门，就无冇得么个～后门个事。mien$^{53}$ts$^h$ien$^{13}_{44}$ke$^{53}_{44}$mən$^{13}$ts$^h$iəu$^{53}$ɔn$^{35}_{53}$tso$^{53}$ts$^h$ien$^{13}$mən$^{13}$,iet$^3$ pən$^{35}$ mien$^{53}$ts$^h$ien$^{13}_{21}$ke$^{53}_{21}$mən$^{13}_{21}$ts$^h$iəu$^{53}_{44}$xe$^{53}_{44}$t$^h$ai$^{53}$mən$^{13}_{21}$nau$^0$ .ts$^h$ien$^{13}$mən$^{13}$ʂʅ$^{53}_{44}$xe$^{53}$siɔŋ$^{35}$tei$^{53}$ʮ$^{13}_{21}$ɲien$^{13}$ke$^{53}$.tɔŋ$^{35}$kai$^{53}$ tʂak$^3$ uk$^3$ iəu$^{35}$xei$^{53}$mən$^{13}_{21}$xɔit$^5$ tʂa$^{21}$kai$^{53}$tʂak$^3$ kan$^{35}$iəu$^{35}_{44}$xei$^{53}$mən$^{13}_{21}$,kai$^{53}$tʂak$^3$ ts$^h$iəu$^{53}$ɔn$^{35}_{53}$tso$^{53}$ts$^h$ien$^{13}$mən$^{13}$,ʮ$^{13}$ ko$^{21}$mau$^{13}$tek$^3$ xei$^{53}$mən$^{13}_{21}$,tʂʅ$^{21}$iəu$^{35}_{53}$iet$^3$ p$^h$i$^{13}$mən$^{13}$,ts$^h$iəu$^{53}$u$^{13}$mau$^{13}$tek$^3$ mak$^3$ ke$^{53}$ts$^h$ien$^{13}$mən$^{13}_{21}$xei$^{53}$mən$^{13}_{21}$ke$^{53}_{44}$ sʅ$^{53}$.

【前年】ts$^h$ien$^{13}$ɲien$^{13}$ 名 时间词。去年的去年：我系～到个北京。ŋai$^{13}$xe$^{53}$ts$^h$ien$^{13}$ɲien$^{13}$tau$^{53}$ke$^{53}$ pɔit$^3$ cin$^{35}$.

【前日晡】ts$^h$ien$^{13}$ɲiet$^3$ pu$^{35}$ 名 前天。又称"前晡"：～早晨我就到哩中塘嘞，嘿，开车到哩中塘。ts$^h$ien$^{13}$ɲiet$^3$ pu$^{35}_{53}$tsau$^{21}$ʂən$^{13}_{21}$ŋai$^{13}$ts$^h$iəu$^{53}$tau$^{53}$li$^0$ tʂəŋ$^{13}$t$^h$ɔŋ$^{13}_{21}$le$^0$ ,xe$_{53}$,k$^h$ɔi$^{35}_{44}$tʂ$^h$a$^{35}_{44}$tau$^{53}$li$^0$ tʂəŋ$^{35}$t$^h$ɔŋ$^{13}_{21}$.

【前台】ts$^h$ien$^{13}$t$^h$ɔi$^{13}$ 名 ①舞台、戏台的前面部分：唱戏个时候子呃上台仰个箇起就系～，后背，有兜人看唔倒个，就箇就系后台。有兜人看唔倒个栏场，箇演员个啊换衫裤个箇只栏场啊，箇就安做后台。tʂ$^h$ɔŋ$^{53}_{44}$çi$^{53}$ke$^{53}_{44}$ʂʅ$^{53}_{44}$xei$^{53}_{44}$tsʅ$^0$ ə$_{21}$ʂɔŋ$^{35}$t$^h$ɔi$^{13}$ɲiɔŋ$^{21}$ke$^{53}$kai$^{53}$çi$^{21}$ts$^h$iəu$^{53}$xe$^{53}$ts$^h$ien$^{13}$t$^h$ɔi$^{13}$,xei$^{53}$ pɔi$^{53}$,iəu$^{35}_{44}$tei$^{35}_{53}$ɲin$^{13}_{21}$k$^h$ɔn$^{53}$n̩$^{13}_{21}$tau$^{21}$ke$^{53}$,tsiəu$^{53}_{44}$kai$^{53}_{44}$tsiəu$^{53}_{44}$xei$^{53}$t$^h$ɔi$^{13}$.iəu$^{35}_{44}$tei$^{35}_{53}$ɲin$^{13}_{21}$k$^h$ɔn$^{53}$n̩$^{13}_{21}$tau$^{21}$ke$^{53}$laŋ$^{13}_{21}$tʂ$^h$ɔŋ$^{13}_{21}$, kai$^{53}$ien$^{21}$vien$^{13}$ke$^{53}$a$^0$ uən$^{53}$san$^{35}$fu$^{53}$ke$^{53}_{44}$kai$^{53}$tʂak$^3$ laŋ$^{13}_{21}$tʂ$^h$ɔŋ$^{13}_{21}$ŋa$^0$ ,kai$^{53}_{44}$tsiəu$^{53}_{44}$ɔn$^{35}_{44}$tso$^{53}_{44}$xei$^{53}$t$^h$ɔi$^{13}$. ②酒店或单位负责迎候来宾、办理相关手续等事务的部门：～服务员ts$^h$ien$^{13}$t$^h$ɔi$^{13}$fuk$^5$ u$^{53}$vien$^{13}$

【前向】ts$^h$ien$^{13}$çiɔŋ$^{53}$ 名 上座对面的位子：以个以个～就唔请嘞。i$^{21}_{44}$ke$^{53}_{44}$i$^{21}$ke$^{53}$ts$^h$ien$^{13}$çiɔŋ$^{53}$ts$^h$iəu$^{53}_{44}$ m̩$^{13}$ts$^h$iaŋ$^{21}_{44}$le$^0$ .

【前檐】ts$^h$ien$^{13}$ian$^{13}$ 名 房屋前头房坡的屋檐：面前个就安做～。mien$^{53}$ts$^h$ien$^{13}_{21}$ke$^{53}_{44}$ts$^h$iəu$^{53}_{44}$ɔn$^{35}_{44}$tso$^{53}_{44}$ ts$^h$ien$^{13}$ian$^{13}$.

【前正间】ts$^h$ien$^{13}$tʂən$^{53}$kan$^{35}$ 名 下厅两侧的屋子。又称"下正间"：～也安做下正间。ts$^h$ien$^{13}$ tʂən$^{53}$kan$^{35}$ia$^{35}$ɔn$^{35}_{44}$tso$^{53}_{44}$xa$^{35}$tʂən$^{53}$kan$^{35}$.

【虔诚】c$^h$ien$^{13}$ʂən$^{13}$/tʂ$^h$ən$^{13}$ 形 待人客气、热忱：蛮～man$^{13}$c$^h$ien$^{13}$ʂən$^{13}$｜到渠屋下真～呢，真客气。tau$^{53}$ci$^{13}_{21}$uk$^3$ xa$^{35}$tʂən$^{35}$c$^h$ien$^{13}$tʂ$^h$ən$^{13}_{44}$nei$^0$ ,tʂən$^{35}_{44}$k$^h$ak$^3$ çi$^{53}_{44}$.

【钱】ts$^h$ien$^{13}$ 名 货币：两块～ iɔŋ$^{21}$k$^h$uai$^{53}$ts$^h$ien$^{13}$

【钱柜】ts$^h$ien$^{13}$k$^h$uei$^{53}$ 名 旧时的木制钱匣，也可临时代替凳子供主人坐：如今农贸市场里蛮多店子做生意个就舞只～。i$^{13}_{21}$cin$^{35}_{44}$lən$^{13}_{21}$miau$^{53}$ʂʅ$^{53}$tʂ$^h$ɔŋ$^{13}_{21}$li$^0$ man$^{13}$to$^{35}_{44}$tian$^{53}$tsʅ$^0$ tso$^{53}$sen$^{35}$i$^{53}_{44}$ke$^{53}_{44}$ts$^h$iəu$^{53}$u$^{21}$tʂak$^3$ ts$^h$ien$^{13}$k$^h$uei$^{53}$.

【钱纸】ts$^h$ien$^{13}$tʂʅ$^{21}$ 名 民间祭祀时用以礼鬼神和葬礼及扫墓时用以供死者享用的冥纸：我等年年七月半都爱烧～啊烧分亡人呐。ŋai$^{13}$tien$^0$ ɲien$^{13}$ɲien$^{13}_{21}$ts$^h$iet$^3$ ɲiet$^5$ pan$^{53}$təu$^{35}_{44}$ɔi$^{53}$ʂau$^{35}$ts$^h$ien$^{13}$tʂʅ$^{21}$ʐa$^0$ ʂau$^{35}_{44}$pən$^{35}_{44}$mɔŋ$^{13}$ɲin$^{13}$na$^0$ .

【钱庄】ts$^h$ien$^{13}$tsɔŋ$^{35}$ 名 旧时指银号，今指地下放高利贷者：以前张坊街上有～。就步行街箇

Q

映子嘞。i$^{35}_{53}$ts$^{h}$ien$^{13}_{21}$tʂɔŋ$^{35}_{44}$fɔŋ$^{35}_{44}$kai$^{35}_{44}$xɔŋ$^{53}_{44}$iəu$^{35}_{53}$ts$^{h}$ien$^{13}_{21}$tsɔŋ$^{35}_{44}$.ts$^{h}$iəu$^{53}$p$^{h}$u$^{53}$çin$^{13}_{21}$kai$^{35}_{44}$kai$^{53}$iaŋ$^{53}$tsɿ$^{0}$lei$^{0}$.

【钱子】ts$^{h}$ien$^{13}$tsɿ$^{0}$ 名小钱：装死呢，捡地呢，渠就搞滴咁个东西嘞，赚滴～呢。tsɔŋ$^{35}$si$^{21}$nei$^{0}$,cian$^{21}$t$^{h}$i$^{53}$nei$^{0}$,ci$^{13}_{21}$ts$^{h}$iəu$^{53}$kau$^{21}$tet$^{5}$kan$^{21}$cie$^{53}_{44}$təŋ$^{35}_{44}$si$^{0}$lei$^{0}$,ts$^{h}$an$^{53}_{44}$tet$^{5}$ts$^{h}$ien$^{13}$tsɿ$^{0}$nei$^{0}$.

【钳$_{1}$】c$^{h}$ian$^{13}$ 名也称“钳子”。①一种用来夹紧、握牢或牵拉物体或者夹断某种东西的器具：安做夹湖鳅个安做么个？/欸，箇只安做么啊～呐？黄鳝～呢。ɔn$^{35}_{44}$tso$^{53}_{44}$kait$^{3}$fu$^{13}$ts$^{h}$iəu$^{35}_{53}$ke$^{53}_{44}$ɔn$^{35}_{44}$tso$^{53}_{44}$mak$^{3}$ke$^{53}$?/e$_{21}$,kai$^{53}_{44}$tʂak$^{3}$ɔn$^{35}_{44}$tso$^{53}_{44}$mak$^{3}$a$^{0}$c$^{h}$ian$^{13}$na$^{0}$?uɔŋ$^{13}$ʂen$^{53}_{44}$c$^{h}$ian$^{13}$nei$^{0}$. ②虾蟹的螯：老蟹个～lau$^{21}$xai$^{21}$kei$^{53}$c$^{h}$ian$^{13}$ | 虾公面前箇只话～子。xa$^{13}_{21}$kəŋ$^{35}_{44}$mien$^{53}$ts$^{h}$ien$^{13}$kai$^{53}_{44}$tʂak$^{3}$ua$^{53}_{44}$c$^{h}$ian$^{13}$tsɿ$^{0}$.

【钳$_{2}$】c$^{h}$ian$^{13}$ 动用钳子夹：咁子～。kan$^{21}$tsɿ$^{0}$c$^{h}$ian$^{13}$.

【乾道】c$^{h}$ien$^{13}$t$^{h}$au$^{53}$ 名指道士（与“坤道”相对）：箇阵我去浏阳箇只么个青阳山箇映子箇时候子，就又有男……有～有坤道，也有几只夫娘子人。kai$^{53}$tʂ$^{h}$ən$^{53}$ŋai$^{13}_{21}$çi$^{53}$liəu$^{13}$iɔŋ$^{13}_{21}$kai$^{53}$tʂak$^{3}$mak$^{3}$ke$^{53}$ts$^{h}$in$^{35}_{44}$iɔŋ$^{13}_{21}$san$^{35}$kai$^{53}_{44}$iaŋ$^{53}_{44}$tsɿ$^{0}$kai$^{53}$ʂɿ$^{13}$xei$^{53}$tsɿ$^{0}$,ts$^{h}$iəu$^{53}$iəu$^{53}_{44}$iəu$^{35}_{44}$lan$^{13}$…iəu$^{35}_{44}$c$^{h}$ien$^{13}$t$^{h}$au$^{53}_{44}$iəu$^{35}_{44}$k$^{h}$uən$^{35}$t$^{h}$au$^{53}$,ia$^{35}$iəu$^{35}_{44}$ci$^{21}$tʂak$^{3}$pu$^{35}$ɲiɔŋ$^{13}_{21}$tsɿ$^{0}$ɲin$^{13}_{21}$.

【浅】ts$^{h}$ien$^{21}$ 形从表面到底或外面到里面距离小的，与“深”相对：但是渠指石猪旡比马槽更～，比马槽哇更～。tan$^{53}_{44}$ʂɿ$^{53}_{44}$ci$^{13}_{21}$pi$^{21}$ma$^{35}$ts$^{h}$au$^{13}_{21}$cien$^{53}$ts$^{h}$ien$^{21}$,pi$^{21}$ma$^{35}$ts$^{h}$au$^{13}_{21}$ua$^{0}$cien$^{53}$ts$^{h}$ien$^{21}$.

【浅红】ts$^{h}$ien$^{21}$fəŋ$^{13}$ 形淡红色：如今箇个搞选举啊，箇选票哇一般就用～个纸。因为去我等店子里打印咯箇个选票，渠唔系忒红哩个纸嘞，箇大红纸嘞，箇个打印机打个嘞又系墨乌个吵墨吵，莫讲箇个哦，我都看唔真喏，嘿嘿，渠用～纸，但是又爱用红纸，就只好用～。i$^{13}_{21}$cin$^{35}$kai$^{53}_{44}$kei$^{53}_{44}$kau$^{21}$sien$^{21}$tʂɿ$^{21}$ʐa$^{0}$,kai$^{53}$sien$^{21}$p$^{h}$iau$^{53}$ua$^{0}$iet$^{3}$pɔn$^{35}$ts$^{h}$iəu$^{53}$iəŋ$^{53}$ts$^{h}$ien$^{21}$fəŋ$^{13}$ke$^{53}$tʂɿ$^{21}$.in$^{35}$uei$^{53}$çi$^{53}$ŋai$^{13}$tien$^{0}$tian$^{53}$tsɿ$^{0}$li$^{0}$ta$^{21}$in$^{53}_{44}$ko$^{0}$kai$^{53}_{44}$ke$^{53}_{44}$sien$^{21}$p$^{h}$iau$^{53}$,ci$^{13}$m̩$^{13}_{21}$p$^{h}$ei$^{53}$t$^{h}$iet$^{3}$fəŋ$^{13}$li$^{0}$ke$^{53}$tʂɿ$^{21}$lei$^{0}$,kai$^{53}_{44}$t$^{h}$ai$^{53}$fəŋ$^{13}_{21}$tʂɿ$^{21}$lei$^{0}$,kai$^{53}_{44}$ke$^{53}_{44}$ta$^{21}$in$^{53}$ci$^{35}$ta$^{21}$ke$^{53}_{44}$lei$^{0}$iəu$^{53}_{44}$xe$^{53}_{44}$mek$^{5}$u$^{35}$ke$^{53}$ʂa$^{0}$mek$^{5}$ʂa$^{0}$,mɔk$^{5}$kɔŋ$^{21}$kai$^{53}$ke$^{53}$o$^{0}$,ŋai$^{13}$təu$^{35}_{53}$k$^{h}$ɔn$^{53}$n̩$^{13}_{21}$tʂən$^{35}$no$^{0}$,xe$_{53}$xe$^{0}$,ci$^{13}$iəŋ$^{53}$ts$^{h}$ien$^{21}$fəŋ$^{13}$tʂɿ$^{21}$,tan$^{53}_{44}$ʂɿ$^{53}_{44}$iəu$^{53}$ɔi$^{53}_{44}$iəŋ$^{53}$fəŋ$^{13}$tʂɿ$^{21}$,ts$^{h}$iəu$^{53}$tʂɿ$^{21}$xau$^{21}$iəŋ$^{53}$ts$^{h}$ien$^{21}$fəŋ$^{13}$.

【浅脚田】ts$^{h}$ien$^{21}$ciɔk$^{3}$t$^{h}$ien$^{13}$ 名泥层较浅的田，与“深田”相对。又称“浅田子”：箇是有种田，相比之下箇深田，箇个裤都走倒去裤都湿个，牛都去唔得个箇起深田，欸，剩下个就安欸箇个唔深个田就安做～。～就好哇，～就有兜子怕干呶。kai$^{53}$ʂɿ$^{53}_{21}$iəu$^{35}$tʂəŋ$^{21}$t$^{h}$ien$^{13}$,siɔŋ$^{35}$pi$^{21}$tʂɿ$^{35}$çia$^{53}$kai$^{53}$tʂ$^{h}$ən$^{35}$t$^{h}$ien$^{13}$,kai$^{53}_{21}$ke$^{53}_{21}$fu$^{53}$təu$^{35}_{44}$tsei$^{21}$tau$^{21}$çi$^{53}_{44}$fu$^{53}$təu$^{35}_{44}$ʂət$^{3}$cie$^{53}$, ɲiəu$^{13}$təu$^{35}_{44}$çi$^{53}$n̩$^{13}_{21}$tek$^{3}$ke$^{53}$kai$^{53}$çi$^{21}_{44}$ʂən$^{35}$t$^{h}$ien$^{13}$,e$_{21}$,ʂən$^{53}$çia$^{53}_{44}$ke$^{53}_{44}$ts$^{h}$iəu$^{53}$ɔn$^{35}_{44}$e$^{0}$kai$^{53}$ke$^{53}$n̩$^{13}$tʂ$^{h}$ən$^{35}$cie$^{53}$t$^{h}$ien$^{13}_{21}$tsiəu$^{53}$ɔn$^{35}_{53}$tso$^{53}$ts$^{h}$ien$^{21}$ciɔk$^{3}$t$^{h}$ien$^{13}$.ts$^{h}$ien$^{21}$ciɔk$^{3}$t$^{h}$ien$^{13}_{21}$ts$^{h}$iəu$^{53}$xau$^{21}$ua$^{0}$,ts$^{h}$ien$^{21}$ciɔk$^{3}$t$^{h}$ien$^{13}$ts$^{h}$iəu$^{53}$iəu$^{35}_{53}$tei$^{35}_{53}$tsɿ$^{0}$p$^{h}$a$^{53}$kɔn$^{35}$nau$^{0}$.

【浅蓝】ts$^{h}$ien$^{21}$lan$^{13}$ 形介乎蓝色和白色之间的一种颜色：～就浅浅子个蓝色，一般是用来搞么个嘞？用来涂箇壁头，欸，涂成～色子个，箇个色调和谐色调更柔和啊，呃，箇个幼儿园里箇兜就喜欢浅咁个，色调更柔和，有冇事打架。ts$^{h}$ien$^{21}$lan$^{13}$ts$^{h}$iəu$^{53}$ts$^{h}$ien$^{21}$ts$^{h}$ien$^{21}$tsɿ$^{0}$ke$^{53}$lan$^{13}$sek$^{3}$,iet$^{3}$pɔn$^{35}$ʂɿ$^{53}$iəŋ$^{53}$lɔi$^{13}_{21}$kau$^{21}$mak$^{3}$ke$^{53}_{44}$lei$^{0}$?iəŋ$^{53}$lɔi$^{13}_{21}$t$^{h}$əu$^{13}$kai$^{53}$piak$^{3}$t$^{h}$ei$^{13}$,e$_{21}$,t$^{h}$əu$^{13}$ʂaŋ$^{13}_{44}$ts$^{h}$ien$^{21}$lan$^{13}$sek$^{3}$tsɿ$^{0}$ke$^{53}$,kai$^{53}_{44}$ke$^{53}_{44}$sek$^{3}$tiau$^{53}$xo$^{13}$xai$^{13}_{21}$sek$^{3}$tiau$^{53}$cien$^{53}$iəu$^{13}$xo$^{13}$a$^{0}$,ə$_{21}$,kai$^{53}$kei$^{53}_{44}$iəu$^{53}$e$^{13}_{21}$vien$^{13}$li$^{0}$kai$^{53}$te$^{35}_{53}$ts$^{h}$iəu$^{53}$çi$^{21}$fɔn$^{35}_{53}$ts$^{h}$ien$^{21}$kan$^{21}$cie$^{53}$,sek$^{3}$tiau$^{53}$cien$^{53}$iəu$^{13}$xo$^{13}_{44}$,iəu$^{53}$mau$^{13}_{21}$sɿ$^{53}$ta$^{21}$cia$^{53}$.

【浅浅子】ts$^{h}$ien$^{21}$ts$^{h}$ien$^{21}$tsɿ$^{0}$ 形指上下距离较小、颜色较淡、内容易懂等：～可以系水～，田～，欸，还可以系一本书～，欸，都可以用～。颜色也可以～，系，唔系大红大紫。ts$^{h}$ien$^{21}$ts$^{h}$ien$^{21}$tsɿ$^{0}$k$^{h}$o$^{21}$i$^{35}_{44}$xe$^{53}$ʂei$^{21}$ts$^{h}$ien$^{21}$ts$^{h}$ien$^{21}$tsɿ$^{0}$,t$^{h}$ien$^{13}$ts$^{h}$ien$^{21}$ts$^{h}$ien$^{21}$tsɿ$^{0}$,e$_{21}$,xai$^{13}_{21}$k$^{h}$o$^{21}$i$^{35}_{44}$xei$^{53}$iet$^{3}$pən$^{21}$ʂəu$^{35}$ts$^{h}$ien$^{21}$ts$^{h}$ien$^{21}$tsɿ$^{0}$,e$_{21}$,təu$^{35}_{53}$k$^{h}$o$^{21}$i$^{35}_{44}$iəŋ$^{53}$ts$^{h}$ien$^{21}$ts$^{h}$ien$^{21}$tsɿ$^{0}$.ŋan$^{13}$sek$^{3}$a$^{35}_{53}$k$^{h}$o$^{21}$i$^{35}_{53}$ts$^{h}$ien$^{21}$ts$^{h}$ien$^{21}$tsɿ$^{0}$,xe$^{53}_{21}$,m̩$^{13}_{21}$p$^{h}$ei$^{53}$t$^{h}$ai$^{53}$fəŋ$^{13}_{21}$t$^{h}$ai$^{53}$tsɿ$^{21}$.

【浅田子】ts$^{h}$ien$^{21}$t$^{h}$ien$^{13}$tsɿ$^{0}$ 名泥层较浅的田。又称“浅脚田”：烂泥田就比箇个～要更深滴子。lan$^{53}$nai$^{13}_{21}$t$^{h}$ien$^{13}$ts$^{h}$iəu$^{53}_{44}$pi$^{21}$kai$^{53}_{44}$ke$^{53}_{44}$ts$^{h}$ien$^{21}$t$^{h}$ien$^{13}$tsɿ$^{0}$iau$^{53}_{44}$ken$^{53}$tʂ$^{h}$ən$^{35}$tiet$^{5}$tsɿ$^{0}$.

【遣奠】c$^{h}$ien$^{21}$t$^{h}$ien$^{53}$ 名出殡前举行的祭祀。又称“起身祭”：箇打嘿哩以后，第二晡早晨就欸还有～呶。就系起身祭呀。打起身祭。就系架势还山了，爱打起身祭。箇个就小三献。kai$^{53}_{44}$ta$^{21}$xek$^{3}$li$^{0}$i$^{35}$xei$^{53}_{44}$,t$^{h}$i$^{53}_{44}$ɲi$^{53}_{44}$pu$^{35}_{44}$tsau$^{21}$ʂən$^{13}$ts$^{h}$iəu$^{53}_{44}$e$_{21}$xai$^{13}_{44}$iəu$^{35}_{44}$c$^{h}$ien$^{21}$t$^{h}$ien$^{53}$nau$^{0}$.ts$^{h}$iəu$^{53}_{44}$xe$^{53}_{44}$çi$^{21}$ʂən$^{35}_{44}$tsi$^{53}$ia$^{0}$.ta$^{21}$çi$^{21}$ʂən$^{35}_{44}$tsi$^{53}$.ts$^{h}$iəu$^{53}_{44}$xei$^{53}_{44}$cia$^{53}$ʂɿ$^{53}$fan$^{13}_{21}$san$^{35}$niau$^{0}$,ɔi$^{53}_{44}$ta$^{21}$çi$^{21}$ʂən$^{35}_{44}$tsi$^{53}$.kai$^{53}_{44}$ke$^{53}_{44}$ts$^{h}$iəu$^{53}_{44}$siau$^{21}$san$^{35}_{44}$çien$^{53}$.

【欠$_{1}$】c$^{h}$ian$^{53}$ 动肢体稍上提移：箇揿欠虫嘞就咁个，揿一下～一下，看呶一伸一缩啊。kai$^{53}_{44}$c$^{h}$in$^{53}$c$^{h}$ian$^{53}$tʂ$^{h}$əŋ$^{13}$lei$^{0}$ts$^{h}$iəu$^{53}$kan$^{21}$cie$^{53}$,c$^{h}$in$^{53}$iet$^{3}$xa$^{53}$c$^{h}$ian$^{53}$iet$^{3}$xa$^{53}_{44}$,k$^{h}$ɔn$^{53}$nau$^{0}$iet$^{3}$ʂən$^{35}$iet$^{3}$sɔk$^{3}$a$^{0}$.

【欠$_{2}$】c$^{h}$ian$^{53}$ 动借别人的钱物没有还。又称“该”：～哩账 c$^{h}$ian$^{53}$ni$^{0}$tʂɔŋ$^{53}$

【欠账】c$^{h}$ian$^{53}$tʂɔŋ$^{53}$ 动负债；欠人钱财：莫～，一个人只怕～，欠哩账就唔得了。mɔk$^{5}$c$^{h}$ian$^{53}$

tʂɔŋ53,iet3 ke53ɲin13/21tʂʅ21pʰa53/44cʰian53tʂɔŋ53,cʰian53ni0 tʂɔŋ53tsʰiəu53n̩13/44tek3 liau0.

【嵌】xan53 动把较小的东西卡入较大东西上面的凹处：箇起有兜人个花板床上啊～面镜子去嘞。kai35çi21iəu35təu35ɲin13ke53fa35pan21tsʰɔŋ13xɔŋ53a0 xan53mien53ciaŋ53tsʅ0 çi53lei0.

【枪子】tsʰiɔŋ35tsʅ0 名儿童自制的玩具手枪：捡倒箇个炮子啊，捡倒箇子弹壳啊，又唔系子弹壳嘞，箇子弹头子样个嘞，有滴跌嘿哩个子弹头子有只子凼子。我等舞倒个火柴头，火柴头放下肚里。墨黑个火柴头子啊，箇舞滴子箇火柴头药子啊，系啊？火柴头个药啊，放下肚里。放箇子弹箇个凼子肚里。以下以下就以向就舞枚钉子。以下以一舞条铁丝就以以底下就绨稳一只子弹头，系唔系？以映子弯转来，以上背就舞枚钉子，洋钉子。箇枚洋钉子嘞放下下子去，咁子，扳下转来。搭嘿去，或者就咁子，打下去，舞只子石头子么啊打下去，梆声，还好响，火柴头都会响。还就拿倒舞个火柴头，一只火柴盒子放倒箇火柴边子上，舞根火柴咁子顿倒，系唔系？放倒箇映子，一弹来，哟，就着哩啊。吧，声下。咁个就会搞啊。搞～，搞～做～箇只搞，箇咁个就有。你话箇捽跤咁个系真呢＝多去搞过。～是自家做个玩具手枪啊。cian21tau21kai53/44ke53/44pʰau53tsʅ21a0,cian21tau21kai53/44tsʅ21tʰan53kʰɔk3 a0,iəu53m̩13/21pʰei53tsʅ21tʰan53kʰɔk3 lei0,kai53/44tsʅ21tʰan53tʰei13tsʅ0 iɔŋ53/44ke53/44le0,iəu35tet5 tet3 (x)ek3 li0 ke53/44tsʅ21tʰan53tʰei13tsʅ0 iəu35tʂak3 tsʅ0 tʰɔŋ53tsʅ0.ŋai13/21tien0 u21tau21ke53xo21(←fo21)tsʰai13tʰei13,fo21tsʰai13tʰei13fɔŋ53ŋa53(←xa53)təu21li0.mek5/3xek3 ke53fo21tsʰai13tʰei13tsa0,kai53/21u21tet5 tsʅ0 kai53/44xo21(←fo21)tʰai_21(←tsʰai13)tʰei13iɔk5 tsa0,xe53/44a0?fo21tsʰai13/21tʰei13/21ke53/44iɔk5 a0,fɔŋ53ŋa53(←xa53)təu21li0.fɔŋ53/44kai53tsʅ21tʰan53kai53/44ke53/44tʰɔŋ53tsʅ0 təu21li0.i21xa53/44i21xa53/44tsʰiəu53i21çiɔŋ53tsʰiəu53/44u21mɔi13taŋ35tsʅ0.i21xa53/44i21iet3 u21tʰiau13tʰiet3 sʅ35/44tsʰiəu53i21i21te21xa53tsiəu53tʰak3 uən21iet3 tʂak3 tsʅ21tʰan53tʰei13/21,xei53/44me53?iaŋ_44(←i21iaŋ53)tsʅ0 uan35tʂɔn21nɔi13/44,i21ʂɔŋ53pɔi53tsʰiəu53/44u21mɔi13/21taŋ35tsʅ0,iɔŋ13/21taŋ35/44tsʅ0.kai53/44mɔi13/21iɔŋ13/21taŋ35/44tsʅ0 lei0 fɔŋ53xa53/44(x)a53/44tsʅ0 çi53/44,kan21tsʅ0,pan35na53(←xa53)tʂɔn21nɔi13.tait3 (x)ek3 çi53/21,xɔit5 tʂa21tsʰiəu53kan21tsʅ0,ta21(x)a53çi53,u21tʂak3 tsʅ0 ʂak5 tʰei0 tsʅ0 mak3 a0 ta21(x)a53çi53,paŋ53ʂaŋ35/44,xa13/21xau21/44çiɔŋ21,fo21tsʰai13tʰei13təu35/44uɔi53/44çiɔŋ21.xai13tsʰiəu53/44la53tau21u21ke53fo21tsʰai13tʰei13,iet3 tʂak3 fo21tsʰai13xait5 tsʅ0 fɔŋ53nau21(←tau21)kai53fo21tsʰai13pien35tsʅ0 xɔŋ53,u21cien35/44fo21tsʰai13/21kan21tsʅ0 tən53tau21,xe53me53/44?fɔŋ53/44tau21/44kai53/44iaŋ53/44tsʅ0,iet3 tʰan53nai13,iau_44,tsʰiəu53/44tʂʰɔk5 li0 a0.pa_53,ʂaŋ35/44xa53/21.kan21cie53tsʰiəu53uɔi53kau21a0.kau21tsʰiɔŋ35tsʅ0,kau21tsʰiɔŋ35tsʅ0 tso53tsʰiɔŋ35tsʅ0 kai53/21tʂak3 kau21,kai53kan21cie53/44tsʰiəu53/44iəu35. ɲi13ua53kai53sai35/21ciau35kan21ke53/44xei53tʂən35nei0 maŋ13/21to35/44çi53kau21ko53/44.tsʰiɔŋ35tsʅ0 ʂʅ53/44tsʰʅ35ka35/44tso53ke53/44uan13tʂʮ53ʂəu21tsʰiɔŋ35a0.

【戗风】tsʰiaŋ35fəŋ35 动影响空气流通：渠个熟土你栽哩辣椒个，下咁多肥个土栽黄豆子冇得，冗苗冗嘿哩，会～。ci13ke53/44ʂəuk3 tʰəu21ɲi13/21tsɔi35li0 lait5 tsiau35/44ke0,xa35kan21to35/44pʰi13ke0 tʰəu21tsɔi35uɔŋ13tʰei53tsʅ0 mau13tek3,iəŋ21miau13iəŋ21ŋek3 li0,uɔi53tsʰiaŋ35fəŋ35.

【戗戗哩】tsʰiaŋ35tsʰiaŋ35li0 形直直的：欸，我喊下子渠都应都唔应哩，我话："你＝听倒哇？"渠硬～眙稳我。"哦，"我话，"唔晓得你听音乐去哩。"ei_21,ŋai13/21xan53a0 tsʅ0 ci13/44təu35/44en53təu35/44n̩13/21en53li0,ŋai13ua53:"ɲi13/21maŋ13/21tʰaŋ35tau21ua_53?"ci13ŋən53/44tsʰiaŋ35tsʰiaŋ35li0 tʂʰʅ35uən21ŋai13/44."o_53,"ŋai13ua53,"n̩13çiau21tek3 ɲi13/44tʰaŋ33in35iɔk5 çi53li0."

【强】cʰiɔŋ13 形①人品好：以只伢子就蛮～哇。i21tʂak3 ŋai13/21tsʅ0 tsʰiəu53man13/21cʰiɔŋ13/21ŋa0. ②经常对人有过分之举：真～tʂən35cʰiɔŋ13。③程度高；显著：就说明栽花麦季节性十分～。tsiəu53ʂek3 min13/21tsɔi35fa35mak5 ci53tset3 sin53ʂət5 fən35/44cʰiɔŋ13.

【墙】tsʰiɔŋ13 名墙壁，即用砖石等砌成承架房顶或隔开内外的建筑物：爱砌～个栏场先舞正条沟来。ɔi53tsʰi53tsʰiɔŋ13ke53lɔŋ13tʂʰɔŋ13sien35u21tʂaŋ53tʰiau13/21kei35lɔi13/21.｜箇指钟槌是钟～个。kai53/44ʂʅ53/44tʂəŋ35tsʰiɔŋ13ke53/44.

【墙板】tsʰiɔŋ13pan21 名舂墙用的模板：筑墙个工具啊？首先就系箇只夹板。～，也话～。～呢，话～也话得。嗯，话～。两块瘩厚个板呶，系啊？箇边就舞只箇样东西连起来唠。就～。tʂəuk3 tsʰiɔŋ13ke53/44kəŋ35/44tʂʮ53/44a0?ʂəu21sien35/44tsʰiəu53/44xei53/44kai53tʂak3 kait3 pan21.tsʰiɔŋ13pan21,ia35ua53tsʰiɔŋ13pan21.tsʰiɔŋ13pan21ne0,ua53tsʰiɔŋ13pan21na_44(←ia35)ua53tek3.n̩_21,ua53tsʰiɔŋ13pan21.iɔŋ21kʰuai53/44tek5 xei35/44kei53/44pan21nau0,xei53/44a0?kai53pien35/44tsʰiəu53/44u21tʂak3 kai53/44iɔŋ53/44təŋ35/44si0 lien13çi21/44lɔi13/21lau0.tsiəu53/44tsʰiɔŋ13pan21.

【墙绷】tsʰiɔŋ13paŋ35 名筑墙时，夯土层之间所夹的生树木或竹子，能起到加强土墙的整体性、防止地基沉降而导致房屋受损的作用：防止墙个沉降，放箇个放～。安做放～。～，欸，我唔知箇绷字让门写的。用生个竹掺树，爱生个。箇土欸砖墙就放唔成绷唠。就放绷唔成。只有筑土个筑个筑个墙就放得绷。欸，打比样，一一放只咁只放只咁只咁个东西，系，放正以映子来。放嘿……准备筑了，准备筑墙了，用只卡子卡稳。以映子就倾得泥去吵，系唔系？倾得泥去筑吵，系呀？在倾泥之前，就放一轮个～。生个树擌竹。（湿的，生的。干的去不得。因为这个泥巴是湿的，是挖出来的，是湿的，你把干树子一放进里面去就会腐烂。你生的一起干。）同样同……墙也会爒嘞就箇个～也会爒。欸，你如果墙系滐湿个，欸，箇个～系爒个，箇墙就会□吤，就会□吤，欸。好，箇咁子放倒去嘞，爱错开来。但是不能放出外背来，系呀？外背是渠会有箇个吵，会现出来吵。嗯唠。放嘿肚里。好，就倾滴泥去，筑一轮。又放一轮～，又筑一轮，又放一轮～。筑得好个放得筑得仔细个爱放三轮～。最少都爱两轮箇～。～个作用，放嘿箇中间，渠就冇事箇只墙啊，冇事……比方说箇基础上以映子唔多……正你讲个，以映子唔多稳，以映更稳，以映子衬下子去哟，渠就冇事话映子跌下去。渠就扯稳哩啊。以映就就扯稳哩，箇～扯稳哩。还有只嘞，筑墙是一堑堑子筑吵。一次只有箇只卡子只有咁长子嘞，只有咁长子嘞，以扇墙有丈长欸，爱做三下四下来筑。第一下筑个擌第二下筑个之间，用箇个～。你如果冇冇得～个话，今晡箇一扇就垮咁哩。系，你就扯稳下子，就起到上下扯稳，咁子上下扯稳，欸，以个横个扯稳，欸，横个也扯稳哩。fɔŋ$^{13}$tʂʅ$^{21}$ts$^{h}$iɔŋ$^{13}$ke$^{53}_{44}$tʂ$^{h}$ən$^{13}$ciɔŋ$^{53}_{44}$,fɔŋ$^{53}$kai$^{53}_{44}$ke$^{53}_{44}$fɔŋ$^{53}$ts$^{h}$iɔŋ$^{13}$paŋ$^{35}$.ɔn$^{35}_{44}$tso$^{53}_{44}$fɔŋ$^{53}$ts$^{h}$iɔŋ$^{13}$paŋ$^{35}$.ts$^{h}$iɔŋ$^{13}$paŋ$^{35}$,e$_{21}$,ŋai$^{13}_{21}$n̩$^{13}_{21}$ti$^{35}_{44}$kai$^{53}_{44}$paŋ$^{35}$ts$^{h}$ɿ$^{53}_{44}$ɲiɔŋ$^{53}_{44}$mən$^{13}_{44}$sia$^{21}$tet$^{3}$.iəŋ$^{53}$saŋ$^{35}$ke$^{53}_{44}$tʂəuk$^{3}$lau$^{35}$ʂəu$^{53}$,ɔi$^{53}$saŋ$^{35}$ke$^{53}_{44}$.kai$^{53}$t$^{h}$əu$^{21}$e$_{44}$tʂɔn$^{35}$ts$^{h}$iɔŋ$^{13}_{21}$ts$^{h}$iəu$^{53}$fɔŋ$^{53}$n̩$^{13}_{21}$ʂaŋ$^{13}_{21}$paŋ$^{35}$lau$^{0}$.ts$^{h}$iəu$^{53}$fɔŋ$^{53}$paŋ$^{35}$n̩$^{13}_{21}$ʂaŋ$^{13}_{21}$.tʂʅ$^{21}$iəu$^{35}_{53}$tʂəuk$^{3}$t$^{h}$əu$^{21}$ke$^{53}$tʂəuk$^{3}$ke$^{53}_{44}$tʂəuk$^{3}$ke$^{53}$ts$^{h}$iɔŋ$^{13}_{21}$ts$^{h}$iəu$^{53}_{44}$fɔŋ$^{53}$tek$^{3}$paŋ$^{35}$.e$_{21}$,ta$^{21}$pi$^{21}$iɔŋ$^{53}_{44}$,iet$^{3}$iet$^{3}$fɔŋ$^{53}$tʂak$^{3}$kan$^{21}$tʂak$^{3}$fɔŋ$^{53}$tʂak$^{3}$kan$^{21}$tʂak$^{3}$kan$^{21}$ke$^{53}_{44}$təŋ$^{35}_{44}$si$^{0}$,xe$^{53}_{44}$,fɔŋ$^{53}$tʂaŋ$^{53}$i$^{21}$iaŋ$^{53}$tsɿ$^{0}$lɔi$^{13}_{44}$.fɔŋ$^{53}_{44}$xek$^{3}$…tʂən$^{21}$p$^{h}$i$^{53}$tʂəuk$^{3}$liau$^{0}$,tʂən$^{21}$p$^{h}$i$^{53}$tʂəuk$^{3}$ts$^{h}$iɔŋ$^{13}$liau$^{0}$,iəŋ$^{53}_{21}$tʂak$^{3}$k$^{h}$a$^{13}$tsɿ$^{0}$k$^{h}$a$^{13}$uən$^{21}$.i$^{21}$iaŋ$^{53}_{35}$tsɿ$^{0}$ts$^{h}$iəu$^{53}_{44}$k$^{h}$uaŋ$^{35}$tek$^{3}$lai$^{13}$çi$^{53}_{44}$ʂa$^{0}$,xei$^{53}_{44}$me$^{53}_{44}$?k$^{h}$uaŋ$^{35}$tek$^{3}$lai$^{13}_{21}$çi$^{53}_{44}$tʂəuk$^{3}_{5}$ʂa$^{0}$,xei$^{53}_{35}$ia$^{0}$?ts$^{h}$ai$^{53}$k$^{h}$uaŋ$^{35}$lai$^{13}$tʂʅ$^{35}$ts$^{h}$ien$^{13}$,tsiəu$^{53}_{44}$fɔŋ$^{53}$iet$^{3}$lən$^{13}$ke$^{53}_{44}$ts$^{h}$iɔŋ$^{13}$paŋ$^{35}$.saŋ$^{35}$ke$^{53}_{44}$ʂəu$^{53}$lau$^{35}_{44}$tʂəuk$^{3}$.t$^{h}$əŋ$^{13}$iɔŋ$^{53}$t$^{h}$əŋ$^{13}$…ts$^{h}$iɔŋ$^{13}$ŋa$^{53}$(←ia$^{35}$)uɔi$^{53}_{44}$tsau$^{35}$lei$^{0}$ts$^{h}$iəu$^{53}_{44}$kai$^{53}_{44}$ke$^{53}_{44}$ts$^{h}$iɔŋ$^{35}$paŋ$^{35}$ia$^{35}_{44}$uɔi$^{53}$tsau$^{35}_{44}$.e$_{21}$, ɲi$^{13}_{21}$vy$^{13}$ko$^{21}$ts$^{h}$iɔŋ$^{13}$xe$^{53}_{44}$tsek$^{5}$ʂət$^{3}$cie$^{53}_{44}$,e$_{21}$,kai$^{53}_{44}$ke$^{53}_{44}$ts$^{h}$iɔŋ$^{13}$paŋ$^{35}$xe$^{53}$tsau$^{35}$ke$^{53}$,kai$^{53}_{44}$ts$^{h}$iɔŋ$^{13}$ts$^{h}$iəu$^{53}$uɔi$^{53}$mek$^{3}$kai$^{0}$,ts$^{h}$iəu$^{53}$uɔi$^{53}$mek$^{3}$kai$^{0}$,e$_{53}$.xau$_{21}$,kai$^{53}_{44}$kan$^{21}$tsɿ$^{0}$fɔŋ$^{53}$tau$^{21}$çi$^{53}_{44}$lei$^{0}$,ɔi$^{53}_{44}$ts$^{h}$o$^{53}$k$^{h}$ɔi$^{35}_{44}$lɔi$^{13}_{21}$.tan$^{53}_{44}$ʂʅ$^{53}_{44}$pət$^{3}$len$^{13}$fɔŋ$^{53}$tʂ$^{h}$ət$^{3}$ŋɔi$^{53}$pɔi$^{53}_{44}$lɔi$^{13}_{21}$,xei$^{53}_{44}$ia$^{0}$?ŋɔi$^{53}$pɔi$^{53}_{44}$ʂʅ$^{53}_{44}$ci$^{13}_{21}$uɔi$^{53}_{44}$iəu$^{35}$kai$^{53}_{44}$cie$^{53}_{44}$ʂa$^{0}$,uɔi$^{53}_{44}$çien$^{53}$tʂ$^{h}$ət$^{3}$lɔi$^{13}_{21}$ʂa$^{0}$.ən$_{21}$lau$^{0}$.fɔŋ$^{53}$xek$^{3}_{5}$təu$^{21}$li$^{0}$.xau$^{21}$,ts$^{h}$iəu$^{53}_{44}$k$^{h}$uaŋ$^{13}$tet$^{5}$lai$^{13}_{21}$çi$^{53}_{44}$,tʂəuk$^{3}$iet$^{3}$lən$^{13}$.iəu$^{53}$fɔŋ$^{53}$iet$^{3}$lən$^{13}_{21}$ts$^{h}$iɔŋ$^{13}_{21}$paŋ$^{35}_{44}$,iəu$^{53}$tʂəuk$^{3}$iet$^{3}$lən$^{13}$,iəu$^{53}$fɔŋ$^{53}$iet$^{3}$lən$^{13}_{21}$ts$^{h}$iɔŋ$^{13}_{21}$paŋ$^{35}_{53}$.tʂəuk$^{3}$tek$^{3}$xau$^{21}$ke$^{53}$fɔŋ$^{53}$tek$^{3}$tʂəuk$^{3}$tek$^{3}_{5}$tsɿ$^{21}$se$^{53}$ke$^{53}_{44}$ɔi$^{53}_{44}$fɔŋ$^{53}_{44}$san$^{35}$nən$^{13}_{21}$ts$^{h}$iɔŋ$^{13}$paŋ$^{35}$.tsei$^{53}$ʂau$^{21}$təu$^{35}_{44}$ɔi$^{53}$iɔŋ$^{21}$lən$^{13}_{21}$kai$^{53}_{44}$ts$^{h}$iɔŋ$^{13}_{21}$paŋ$^{35}_{44}$.ts$^{h}$iɔŋ$^{13}$paŋ$^{35}_{44}$ke$^{53}_{44}$tsɔk$^{3}$iəŋ$^{53}_{44}$,fɔŋ$^{53}_{44}$xek$^{3}$kai$^{53}_{44}$tʂəŋ$^{35}$kan$^{35}$,ci$^{13}$ts$^{h}$iəu$^{53}$mau$^{13}$sɿ$^{53}_{44}$kai$^{53}$tʂak$^{3}$ts$^{h}$iɔŋ$^{13}$ŋa$^{0}$,mau$^{13}$sɿ$^{53}_{44}$…pi$^{21}$fɔŋ$^{35}_{44}$ʂek$^{3}$kai$^{53}_{44}$ci$^{35}$ts$^{h}$əu$^{21}$xɔŋ$^{53}$i$^{21}$iaŋ$^{53}$tsɿ$^{0}$n̩$^{13}$to$^{35}_{44}$…tʂaŋ$^{53}$ɲi$^{13}$kɔŋ$^{21}$ke$^{53}_{44}$,i$^{21}$iaŋ$^{53}$tsɿ$^{0}$n̩$^{13}$to$^{35}_{44}$uən$^{21}$,i$^{21}$iaŋ$^{53}_{35}$cien$^{53}$uən$^{21}$,i$^{21}$iaŋ$^{53}_{35}$tsɿ$^{0}$tʂ$^{h}$ən$^{53}$xa$^{53}_{44}$tsɿ$^{0}$çi$^{53}_{44}$iau$^{0}$,ci$^{13}_{21}$ts$^{h}$iəu$^{53}$mau$^{13}$sɿ$^{53}$ua$^{53}_{44}$iaŋ$^{53}_{44}$tsɿ$^{0}$t$^{h}$iet$^{5}$xa$^{53}_{44}$çi$^{53}_{44}$.ci$^{13}$ts$^{h}$iəu$^{53}$tʂ$^{h}$a$^{21}$uən$^{21}$nia$^{0}$.i$^{21}$iaŋ$^{53}_{35}$ts$^{h}$iəu$^{53}$tsiəu$^{53}_{44}$tʂ$^{h}$a$^{21}$uən$^{21}$ni$^{0}$,kai$^{53}_{44}$ts$^{h}$iɔŋ$^{13}_{21}$paŋ$^{35}_{44}$tʂ$^{h}$a$^{21}$uən$^{21}$ni$^{0}$.xai$^{13}_{21}$iəu$^{35}$tʂak$^{3}$lei$^{0}$,tʂəuk$^{3}$ts$^{h}$iɔŋ$^{13}$ʂʅ$^{53}_{44}$iet$^{3}$ts$^{h}$o$^{53}$ts$^{h}$o$^{53}$tsɿ$^{0}$tʂəuk$^{3}$ʂa$^{0}$.iet$^{3}$ts$^{h}$ɿ$^{53}$tʂʅ$^{21}$iəu$^{35}_{53}$kai$^{53}$tʂak$^{3}$k$^{h}$a$^{13}_{21}$tsɿ$^{0}$tʂʅ$^{21}$iəu$^{35}_{53}$kan$^{21}$tʂ$^{h}$ɔŋ$^{13}$tsɿ$^{0}$lei$^{0}$,tʂʅ$^{21}$iəu$^{35}_{53}$kan$^{21}$tʂ$^{h}$ɔŋ$^{13}$tsɿ$^{0}$lei$^{0}$,i$^{21}$ʂen$^{53}$ts$^{h}$iɔŋ$^{13}_{21}$iəu$^{35}_{44}$tʂ$^{h}$ɔŋ$^{53}$tʂ$^{h}$ɔŋ$^{13}_{21}$ŋe$^{0}$,ɔi$^{53}_{44}$tso$^{53}_{44}$san$^{35}$xa$^{53}_{44}$si$^{53}$xa$^{53}_{44}$lɔi$^{13}$tʂəuk$^{3}$.t$^{h}$i$^{53}$iet$^{3}$xa$^{53}$tʂəuk$^{3}$ke$^{53}$lau$^{35}$t$^{h}$i$^{53}$ɲi$^{53}$xa$^{53}_{44}$tʂəuk$^{3}$ke$^{53}_{44}$tʂʅ$^{35}_{44}$kan$^{35}_{44}$,iəŋ$^{53}_{21}$kai$^{53}_{44}$ke$^{53}_{44}$ts$^{h}$iɔŋ$^{13}$paŋ$^{35}_{44}$. ɲi$^{13}_{21}$vy$^{13}$ko$^{21}$mau$^{13}$mau$^{13}$tek$^{3}$ts$^{h}$iɔŋ$^{13}$paŋ$^{35}_{44}$ke$^{53}_{44}$fa$^{53}_{44}$,cin$^{35}$pu$^{35}_{44}$kai$^{53}_{44}$iet$^{3}$ʂen$^{53}$ts$^{h}$iəu$^{53}_{44}$k$^{h}$ua$^{21}$kan$^{21}$ni$^{0}$.xe$_{44}$, ɲi$^{13}_{44}$ts$^{h}$iəu$^{53}_{44}$tʂ$^{h}$a$^{21}$uən$^{21}$na$^{53}$(←xa$^{53}$)tsɿ$^{0}$,ts$^{h}$iəu$^{53}_{44}$çi$^{21}$tau$^{53}_{44}$ʂɔŋ$^{53}$xa$^{35}$tʂ$^{h}$a$^{21}$uən$^{21}$,kan$^{21}$tsɿ$^{0}$ʂɔŋ$^{53}$xa$^{35}$tʂ$^{h}$a$^{21}$uən$^{21}$,e$_{21}$,i$^{21}_{13}$ke$^{53}$uaŋ$^{13}$kei$^{53}$tʂ$^{h}$a$^{21}$uən$^{21}$,e$_{21}$,uaŋ$^{13}$kei$^{53}$ia$^{35}$tʂ$^{h}$a$^{21}$uən$^{21}$ni$^{0}$.

【墙角】ts$^{h}$iɔŋ$^{13}$kɔk$^{3}$ 名 两堵墙相接处的凹角或其近处。也称“墙角子”：以只～都会转嘿。i$^{21}_{44}$tʂak$^{3}$ts$^{h}$iɔŋ$^{13}$kɔk$^{3}$təu$^{35}_{44}$uɔi$^{53}_{44}$tʂɔn$^{53}$nek$^{3}$(←xek$^{3}$).｜箇个壁角子～子上就舞只子竹筒子嘞，专门插纸煤筒。kai$^{53}_{44}$ke$^{53}_{44}$piak$^{3}$kɔk$^{3}$tsɿ$^{0}$ts$^{h}$iɔŋ$^{13}$kɔk$^{3}$tsɿ$^{0}$xɔŋ$^{53}_{44}$ts$^{h}$iəu$^{53}$u$^{21}$tʂak$^{3}$tsɿ$^{0}$tʂəuk$^{3}$t$^{h}$əŋ$^{13}$tsɿ$^{0}$le$^{0}$,tʂen$^{35}$mən$^{13}_{21}$ts$^{h}$ait$^{3}$tʂʅ$^{21}$mɔi$^{13}$t$^{h}$əŋ$^{13}$.

【墙角板】ts$^{h}$iɔŋ$^{13}$kɔk$^{3}$pan$^{21}$ 名 外墙拐角处用来防止墙角被碰坏的方形木块，钉在夯筑或砌在墙内的木块上：欸，筑墙或者砌墙个时候子，箇只墙角上，搞到以映，以映打比以只墙角，系唔系？以墙就往以向筑，以墙嘞往以向筑，以映就像墙角吵。放块树，放一坨树去，放一坨木，木欸，木坨坨去，放块木坨坨。放块木坨筑下箇泥肚里去，也系生个，筑嘿泥肚去，好，角……筑个时候子以映放一坨，间哩有个人咁高子，又放一坨。欸，只爱放得两坨子就有哩。搞么个嘞？筑好哩墙以后，以映，钉块板。墙角上钉块板。就钉㼧咁个，咁子个，保护它以只墙角。只爱过得人个栏场保护嘞，高个栏场唔爱保护。冇事撞倒个。打比系走底下过样个，底下箇一楼呀，系唔系？箇个墙角，你就保护渠呀。荷柴箇只啦，过人箇只啦，欸，以就……搞么个爱放箇两条木坨坨嘞？因为泥上钉唔稳。泥上就钉唔稳。你放只木坨坨，你箇板子钉下去，用洋钉子钉下箇木坨坨上，钉得特稳。系啊？就钉稳哩。以……爱放嘿角上。要放嘿角上。～呶，～，欸。e$_{44}$,tʂəuk$^{3}$ tsʰiɔŋ$^{13}$xɔit$^{5}$ tʂa$^{21}$tsʰi$^{53}$tsʰiɔŋ$^{13}$ke$^{53}$ʂʅ$^{13}$xei$^{53}$tsʅ$^{0}$,kai$^{53}$tʂak$^{3}$ tsʰiɔŋ$^{13}$ kɔk$^{3}$ xɔŋ$^{53}_{44}$,kau$^{21}$tau$^{53}$i$^{21}$iaŋ$^{53}_{44}$,i$^{21}$iaŋ$^{53}$ta$^{21}$pi$^{21}$i$^{21}$tʂak$^{3}$ tsʰiɔŋ$^{13}_{21}$kɔk$^{3}$,xei$^{53}_{44}$me$^{53}_{44}$?i$^{21}$siɔŋ$^{13}_{53}$tsʰiəu$^{53}$uɔŋ$^{21}$i$^{21}$çiɔŋ$^{53}$tʂəuk$^{3}$,i$^{21}$ siɔŋ$^{13}_{53}$le$^{0}$ uɔŋ$^{21}$ i$^{21}$ çiɔŋ$^{53}$ tʂəuk$^{3}$,i$^{21}$ iaŋ$^{53}$ tsʰiəu$^{53}$ tsʰiɔŋ$^{53}$ tsʰiɔŋ$^{13}$ kɔk$^{3}$ ʂa$^{0}$.fɔŋ$^{53}$kʰuai$^{53}_{44}$ʂəu$^{53}$,fɔŋ$^{53}$iet$^{3}$ tʰo$^{13}$ʂəu$^{53}$ çi$^{53}_{44}$,fɔŋ$^{53}$iet$^{3}$ tʰo$^{13}_{21}$muk$^{3}$,muk$^{3}$ e$^{0}$,muk$^{3}$ tʰo$^{13}$tʰo$^{13}$çi$^{53}$,fɔŋ$^{53}$kʰuai$^{53}$muk$^{3}$ tʰo$^{13}$tʰo$^{13}$.fɔŋ$^{53}$kʰuai$^{53}$muk$^{3}$ tʰo$^{13}$tʂəuk$^{3}$ (x)a$^{53}$kai$^{53}$lai$^{13}$təu$^{21}$li$^{0}$ çi$^{53}$,ia$^{35}$xei$^{53}$saŋ$^{35}$ke$^{53}$,tʂəuk$^{3}_{35}$xek$^{3}$ lai$^{13}_{21}$təu$^{21}$çi$^{53}$,xau$^{21}$,kɔk$^{3}$ …tʂəuk$^{3}$ ke$^{53}_{44}$ʂʅ$^{13}$xei$^{53}_{44}$tsʅ$^{0}$ i$^{21}$ iaŋ$^{53}_{44}$fɔŋ$^{53}$iet$^{3}$ tʰo$^{13}_{21}$,kan$^{53}$li$^{0}$ iəu$^{35}_{53}$ue$_{44}$(←ke$^{53}$)ɲin$^{13}$kan$^{21}$kau$^{35}$tsʅ$^{0}$,iəu$^{53}$fɔŋ$^{53}_{44}$iet$^{3}$ tʰo$^{13}$.e$_{21}$,tʂʅ$^{21}$ɔi$^{53}$fɔŋ$^{53}$tek$^{3}$ iɔŋ$^{21}$tʰo$^{13}$ tsʅ$^{0}$ tsʰiəu$^{53}_{44}$iəu$^{53}_{44}$li$^{0}$.kau$^{21}$mak$^{3}$ (k)e$^{53}_{44}$lei$^{0}$ ?tʂəuk$^{3}$ xau$^{21}$li$^{0}$ tsʰiɔŋ$^{13}$i$^{13}_{44}$xei$^{53}_{44}$,i$^{21}$iaŋ$^{53}_{44}$,taŋ$^{35}$kʰuai$^{53}$pan$^{21}$.tsʰiɔŋ$^{13}$kɔk$^{3}$ xɔŋ$^{53}_{44}$taŋ$^{35}$kʰuai$^{53}_{44}$pan$^{21}$.tsʰiəu$^{53}_{44}$taŋ$^{35}_{44}$saŋ$^{21}$kan$^{21}$ke$^{53}_{44}$,kan$^{21}$tsʅ$^{0}$ ke$^{53}_{44}$,pau$^{21}$fu$^{53}$tʰa$^{35}_{44}$i$^{21}$tʂak$^{3}$ tsʰiɔŋ$^{13}$kɔk$^{3}$.tʂʅ$^{21}$ɔi$^{53}$ko$^{53}$ tek$^{3}$ɲin$^{13}$cie$^{53}$lɔŋ$^{13}_{21}$tʂʰɔŋ$^{13}_{21}$pau$^{21}$fu$^{53}$lei$^{0}$,kau$^{35}$ke$^{53}_{44}$lɔŋ$^{13}_{21}$tʂʰɔŋ$^{13}_{21}$m̩$^{13}_{21}$mɔi$^{53}$pau$^{21}$fu$^{53}_{44}$.mau$^{13}$sʅ$^{53}_{44}$tsʰɔŋ$^{53}$tau$^{21}$ke$^{53}_{21}$.ta$^{21}$pi$^{21}$ xe$^{53}_{44}$tsei$^{21}$tei$^{21}$xa$^{53}$ko$^{53}_{44}$iɔŋ$^{53}_{44}$ke$^{53}_{44}$,te$^{21}$xa$^{53}$kai$^{53}$iet$^{3}$ lei$^{13}$ia$^{0}$,xei$^{53}_{44}$me$^{53}_{44}$?kai$^{53}$ke$^{53}$tsʰiɔŋ$^{13}_{21}$kɔk$^{3}$, ɲi$^{13}_{21}$tsʰiəu$^{53}$pau$^{21}$fu$^{53}$ci$^{13}_{44}$ ia$^{0}$.kʰai$^{35}$tsʰai$^{13}$kai$^{53}_{44}$tʂek$^{3}_{5}$ la$^{0}$,ko$^{53}$ɲin$^{13}$kai$^{53}_{44}$tʂek$^{3}_{5}$ la$^{0}$,e$_{21}$,i$^{21}_{13}$tsʰiəu$^{53}$…kau$^{21}$mak$^{3}$ ke$^{53}$ɔi$^{53}$fɔŋ$^{53}$kai$^{53}$iɔŋ$^{21}$tʰiau$^{13}$ muk$^{3}$ tʰo$^{13}$tʰo$^{13}_{21}$lei$^{0}$ ?in$^{35}$uei$^{53}_{21}$lai$^{13}$xɔŋ$^{53}_{44}$taŋ$^{35}$n̩$^{13}_{21}$uən$^{21}$.lai$^{13}$xɔŋ$^{53}_{44}$tsʰiəu$^{53}_{44}$taŋ$^{35}$n̩$^{13}_{21}$uən$^{21}$. ɲi$^{13}_{21}$fɔŋ$^{53}$tʂak$^{3}$ muk$^{3}$ tʰo$^{13}_{44}$tʰo$^{13}_{44}$, ɲi$^{13}$kai$^{53}_{44}$pan$^{21}$tsʅ$^{0}$ taŋ$^{35}$ŋa$^{53}$(←xa$^{53}$)çi$^{53}$,iɔŋ$^{53}$iaŋ$^{13}$taŋ$^{35}$tsʅ$^{0}$ taŋ$^{35}$ŋa$^{53}$(←xa$^{53}$)kai$^{53}_{21}$muk$^{3}$ tʰo$^{13}$tʰo$^{13}_{44}$xɔŋ$^{53}$,tʰaŋ$^{35}$tek$^{3}$ tʰiet$^{5}$ uən$^{21}$.xei$^{53}_{44}$a$^{0}$ ?tsʰiəu$^{53}_{44}$taŋ$^{35}$uən$^{21}$ni$^{0}$ .i$^{21}$…ɔi$^{53}_{44}$fɔŋ$^{53}_{44}$xek$^{3}_{5}$ kɔk$^{3}$ xɔŋ$^{53}$.iau$^{53}_{21}$fɔŋ$^{53}_{44}$xek$^{3}_{5}$ kɔk$^{3}$ xɔŋ$^{53}$.tsʰiɔŋ$^{13}$kɔk$^{3}$ pan$^{21}$nau$^{0}$,tsʰiɔŋ$^{13}$kɔk$^{3}$pan$^{21}$,e$_{21}$.

【墙脚】tsʰiɔŋ$^{13}$ciɔk$^{3}$ 名 墙根；墙的基部：～下？tsʰiɔŋ$^{13}$ciɔk$^{3}$ xa$^{35}$？｜～有两只脚包括草脚和明脚。tsʰiɔŋ$^{13}_{21}$ciɔk$^{3}$ iəu$^{35}_{44}$iɔŋ$^{21}$tʂak$^{3}$ ciɔk$^{3}$.

【墙眼下】tsʰiɔŋ$^{13}$ŋan$^{21}_{35}$xa$^{35}$ 名 墙体与桁子、椽皮接近的部分：因为厅下是唔放楼板，唔放楼栿，冇得楼个，渠就会看倒箇只～。in$^{35}$uei$^{53}_{21}$tʰaŋ$^{35}$xa$^{35}$ʂʅ$^{53}_{21}$n̩$^{13}$fɔŋ$^{53}_{44}$lei$^{13}$pan$^{21}$,n̩$^{13}$fɔŋ$^{53}_{44}$lei$^{13}$fuk$^{5}$,mau$^{13}$tek$^{3}$ lei$^{13}$ ke$^{53}$,ci$^{13}$tsʰiəu$^{53}_{44}$uɔi$^{53}_{44}$kʰɔn$^{53}$tau$^{21}$kai$^{53}$tʂak$^{3}$ tsʰiɔŋ$^{13}$ŋan$^{21}_{35}$xa$^{35}$.

【墙子】tsʰiɔŋ$^{13}$tsʅ$^{0}$ 名 不高的墙：楼栿顶高还爱砌滴～。lei$^{13}$fuk$^{5}$ taŋ$^{21}$kau$^{35}_{44}$xa$^{13}_{21}$ɔi$^{53}_{44}$tsʰi$^{53}$tiet$^{5}$ tsʰiɔŋ$^{13}$ tsʅ$^{0}$.

【擅】cʰiɔŋ$^{13}$ 动 拉住：～稳箇只袋，□阔来，莫分渠合拢去啊。cʰiɔŋ$^{13}$uən$^{21}$kai$^{53}$tʂak$^{3}$ tʰɔi$^{53}$,kʰɔŋ$^{13}$ kʰait$^{3}$ lɔi$^{13}_{44}$,mɔk$^{5}$ pəŋ$^{35}_{44}$ci$^{13}_{21}$xait$^{5}$ ləŋ$^{21}$çi$^{53}$a$^{0}$.

【抢】tsʰiɔŋ$^{21}$ 动 抢先；争先：～时间 tsʰiɔŋ$^{21}$ʂʅ$^{13}$kan$^{35}_{44}$｜想正来讲，莫～倒讲。siɔŋ$^{21}$tʂaŋ$^{53}$lɔi$^{13}$ kɔŋ$^{21}$,mɔk$^{5}$ tsʰiɔŋ$^{21}$tau$^{21}$kɔŋ$^{21}$.

【抢食胲】tsʰiɔŋ$^{21}$ʂət$^{5}$ kɔi$^{35}$ 名 喉结：男子人有～，夫娘子冇得。lan$^{13}$tsʅ$^{0}$ɲin$^{13}_{21}$iəu$^{35}_{53}$tsʰiɔŋ$^{21}$ʂət$^{5}$ kɔi$^{35}$, pu$^{35}$ɲiɔŋ$^{13}_{21}$tsʅ$^{0}$ mau$^{13}_{21}$tek$^{3}$.

【抢水】tsʰiɔŋ$^{21}$ʂei$^{21}$ 动 自由泳：有只有起安做～呀，箇手侧转来个吵，攒劲，攒劲咁子游。箇手咁子扫下转来，咁子划嘞。我以前会～嘞。iəu$^{35}_{44}$tʂak$^{3}$ iəu$^{35}$çi$^{21}$ɔn$^{35}_{44}$tso$^{53}_{44}$tsʰiɔŋ$^{21}$ʂei$^{21}$ia$^{0}$,kai$^{53}_{44}$ʂəu$^{21}$ tsek$^{3}$ tʂɔn$^{21}$nɔi$^{13}_{44}$ke$^{53}_{44}$ʂa$^{0}$,tsan$^{21}$cin$^{53}$,tsan$^{21}$cin$^{53}$kan$^{21}$tsʅ$^{0}$ iəu$^{13}_{21}$.kai$^{53}_{44}$ʂəu$^{21}$kan$^{21}$tsʅ$^{0}$ sau$^{21}_{35}$(x)a$^{53}_{44}$tʂɔn$^{21}$nɔi$^{13}_{44}$,kan$^{21}$tsʅ$^{0}$ fa$^{13}$le$^{0}$.ŋai$^{13}$i$^{35}_{44}$tsʰien$^{13}_{21}$uɔi$^{53}$tsʰiɔŋ$^{21}$ʂei$^{21}$le$^{0}$.

【抢子】tsʰiɔŋ$^{21}$tsʅ$^{0}$ 名 为刀具开锋口用的工具：～，开锋口个，欸。tsʰiɔŋ$^{21}$tsʅ$^{0}$,kʰɔi$^{35}$fɔŋ$^{35}$kʰei$^{21}$ ke$^{53}$,e$_{21}$.

【跷】kʰau$^{35}$/cʰiau$^{35}$ 动 ①脚向上抬：摆腿，就分双脚～起来～起来咁子燚啦燚哩吧？咁就安做摆腿吧？欸，分双……一双脚啊分只脚～起来呀，欸，燚啦燚哩啊，箇就安做摆腿。pai$^{21}$ tʰɔi$^{21}$,tsʰiəu$^{53}_{44}$pən$^{35}_{44}$səŋ$^{35}_{44}$ciɔk$^{3}$ kʰau$^{35}$çi$^{21}$lɔi$^{13}_{21}$cʰiau$^{35}$çi$^{21}$lɔi$^{13}_{21}$kan$^{21}$tsʅ$^{0}$ ian$^{53}_{44}$la$^{0}$ ian$^{53}$li$^{0}$ pa$^{0}$ ?kan$^{21}$tsiəu$^{53}_{44}$ɔn$^{35}_{44}$tso$^{53}_{44}$pai$^{21}$ tʰɔi$^{21}$pa$^{0}$ ?e$_{21}$,pən$^{35}_{44}$səŋ$^{35}_{44}$…iet$^{3}$ səŋ$^{35}$ciɔk$^{3}$ a$^{0}$ pən$^{35}$tʂak$^{3}$ ciɔk$^{3}$ kʰau$^{35}$çi$^{21}$lɔi$^{13}_{21}$ia$^{0}$,ei$_{21}$,ian$^{53}_{44}$la$^{0}$ ian$^{53}$li$^{0}$ a$^{0}$,kai$^{53}_{44}$tsʰiəu$^{53}_{44}$ ɔn$^{35}_{44}$tso$^{53}_{44}$pai$^{21}$tʰɔi$^{21}$. ②两手交叉在胸前或背后：～起一双手 kʰau$^{35}$çi$^{21}$iet$^{3}$ səŋ$^{35}_{44}$ʂəu$^{21}$｜～起手来 kʰau$^{35}$çi$^{21}$ʂəu$^{21}$lɔi$^{13}$

【锹$_{1}$】tsʰiau$^{35}$ 名 挖土或铲东西的器具：（顿铲）就同有滴子像箇个～样个，欸，北方人用个～咁子个东西。tsiəu$^{53}$tʰəŋ$^{13}_{21}$iəu$^{35}$tet$^{5}$ tsʅ$^{0}$ tsʰiɔŋ$^{53}$kai$^{53}_{44}$ke$^{53}_{44}$tsʰiau$^{35}$iɔŋ$^{53}_{44}$ke$^{53}_{44}$,e$_{21}$,pɔit$^{3}$ fɔŋ$^{35}_{44}$ɲin$^{13}_{21}$iəŋ$^{53}$ke$^{53}_{21}$ tsʰiau$^{35}$kan$^{21}$tsʅ$^{0}$ke$^{53}_{44}$təŋ$^{35}$si$^{0}$.

【锹$_{2}$】tsʰiau$^{35}$ 动 ①用铁锹挖土或铲东西：～起来 tsʰiau$^{35}$çi$^{21}$lɔi$^{13}_{21}$。②像用锹一样舀取：欸，以前供销社里卖盐咯，就用牛子个盐杯骨去～。e$_{44}$,i$^{35}_{53}$tsʰien$^{13}_{21}$kəŋ$^{35}_{44}$siau$^{35}_{44}$ʂa$^{53}$li$^{21}$mai$^{53}$ian$^{13}$ko$^{0}$,tsʰiəu$^{53}$ iəŋ$^{53}$ɲiəu$^{13}$tsʅ$^{0}$ ke$^{53}$ian$^{13}$pai$^{35}$kuət$^{3}$ çi$^{53}_{44}$tsʰiau$^{35}$. ③用长的工具挑起来：呃，碗里个东西呀一碗个箇个

粉皮呀你撞怕拿筷子～，～唔起。ə$_{44}$,uən$^{21}$ni$^{0}$ ke$^{53}$ təŋ$^{35}_{44}$si$^{0}$ ia$_{44}$iet$^{3}$ uən$^{21}$ke$^{53}_{44}$kai$^{53}_{44}$ke$^{53}_{44}$fən$^{21}$p$^{h}$i$^{13}$ia$^{0}$ ɲi$^{13}_{21}$ ts$^{h}$əŋ$^{21}$p$^{h}$a$^{53}_{44}$la$^{53}$k$^{h}$uai$^{53}$tsɿ$^{0}$ ts$^{h}$iau$^{35}$,ts$^{h}$iau$^{35}$n̩$^{13}_{21}$çi$^{21}$.

【敲】k$^{h}$au$^{35}$ 动 打；击：（鸡啦恰）～起来嗑嗑响。k$^{h}$au$^{35}$çi$^{21}$ləi$^{13}$k$^{h}$o$^{53}$k$^{h}$o$^{53}_{44}$çiəŋ$^{21}$.

【敲锣打鼓】k$^{h}$au$^{35}$lo$^{13}_{21}$ta$^{21}$ku$^{21}$ 敲打锣鼓：舞倒去游街哟。背只耙子噢，～呢。箇就～呢。u$^{21}$ tau$^{21}$çi$^{53}$iəu$^{13}$kai$^{35}$iau$^{0}$.pi$^{53}$tʂak$^{3}$ p$^{h}$a$^{13}$tsɿ$^{0}$ au$^{0}$,k$^{h}$au$^{35}$lo$^{13}_{21}$ta$^{21}$ku$^{21}$nei$^{0}$ .kai$^{53}$ts$^{h}$iəu$^{53}_{44}$k$^{h}$au$^{35}_{44}$lo$^{13}_{21}$ta$^{21}$ku$^{21}$nei$^{0}$.

【缲$_{1}$】ts$^{h}$iau$^{35}$ 动 缝纫方法。①纳；密密地缝：做箇只底个时候子，箇就几重子布吵，系唔系？用针线去打，安做～袜底。tso$^{53}$kai$^{53}$tʂak$^{3}$ te$^{21}$ke$^{53}$ʂɿ$^{13}$xei$^{53}_{44}$tsɿ$^{0}$,kai$^{53}_{44}$ts$^{h}$iəu$^{53}$ci$^{21}$tʂ$^{h}$əŋ$^{13}$tsɿ$^{0}$ pu$^{53}_{44}$ʂa$^{0}$,xei$^{53}_{44}$ me$^{53}_{44}$ʔiəŋ$^{53}_{44}$tʂən$^{35}$sien$^{53}_{44}$çi$^{53}$ta$^{21}$,ən$^{35}_{44}$tso$^{53}_{44}$ts$^{h}$iau$^{35}$mait$^{3}$ te$^{21}$. ②泛指缝制：～蓑衣个人就系棕匠噢。ts$^{h}$iau$^{35}$ so$^{35}$i$^{35}_{44}$ke$^{53}$ɲin$^{13}$ts$^{h}$iəu$^{53}_{44}$xei$^{53}_{44}$tsəŋ$^{35}$siəŋ$^{53}$ŋau$^{0}$. ③用木条将木板拼接在一起：～板呢渠又有种咁个～法，渠以个桌指鼓皮桌一般就咁子～嘞，以两块更厚个，系唔系？两块更厚个肚里嘞打只缲过来，以中间呢就用薄板子盖下面上，就只有以个一半子咁厚子个都冇得。以个咯鼓皮桌咯。ts$^{h}$iau$^{35}$ pan$^{21}$nei$^{0}$ ci$^{13}_{21}$iəu$^{53}_{44}$iəu$^{35}_{44}$tʂəŋ$^{21}$kan$^{21}$ke$^{53}_{44}$ts$^{h}$iau$^{35}_{44}$fait$^{3}$ ,ci$^{13}$i$^{21}$ke$^{53}$tsək$^{3}$ iet$^{3}$ pən$^{35}$ts$^{h}$iəu$^{53}$kan$^{21}$tsɿ$^{0}$ ts$^{h}$iau$^{35}$lei$^{0}$ ,i$^{21}$iəŋ$^{21}$ k$^{h}$uai$^{53}_{44}$cien$^{53}_{44}$xei$^{35}$ke$^{0}$ ,xei$^{53}_{44}$me$^{53}_{44}$ʔiəŋ$^{21}$k$^{h}$uai$^{53}$cien$^{53}$xei$^{35}$ke$^{0}$ təu$^{21}$li$^{0}$ lei$^{0}$ ta$^{21}$tʂak$^{3}$ ts$^{h}$iau$^{35}$ko$^{53}$ləi$^{13}_{21}$,i$^{21}$tʂəŋ$^{35}$kan$^{35}_{44}$ nei$^{0}$ ts$^{h}$iəu$^{53}_{44}$iəŋ$^{53}_{44}$p$^{h}$ək$^{5}$ pan$^{21}$tsɿ$^{0}$ kəi$^{53}$ia$^{53}_{44}$mien$^{53}_{44}$xəŋ$^{53}_{44}$,ts$^{h}$iəu$^{53}_{44}$tʂɿ$^{21}$ iəu$^{35}_{53}$i$^{21}$ke$^{53}$iet$^{3}$ pan$^{53}$tsɿ$^{0}$ kan$^{21}$xei$^{35}$tsɿ$^{0}$ ke$^{0}$ təu$^{35}_{53}$ mau$^{13}_{21}$tek$^{3}$ .i$^{21}$ke$^{53}$ko$^{0}$ ku$^{21}$p$^{h}$i$^{13}$tsək$^{3}$ ko$^{0}$.

【缲$_{2}$】ts$^{h}$iau$^{35}$ 名 用来将木头或木板贯穿起来拼接在一起的木条：欸，打比样以几筒都系树哇，以几筒都系树样啊，我爱分渠做成一皮门呐，我就爱让门子啊？以映打只眼呐，以映打只眼过去，以映打只眼过去，眼对眼以咁子以映嘞舞筒舞只子～哇，舞只～打下过去啊，箇只就～哇。咁子就更扎实啊。走木头中间树中间穿下过，打穿来，硬凿眼，如果唔凿眼个，同箇做镬盖，渠箇是正讲个做猪栏是渠箇脚啊，猪子个脚，猪子几百斤吵，系唔系？你系薄哩是冇用吵。但是你做镬盖个话，渠就本身个板子就搧薄子，系唔系？你系中间又打得一只眼来呀，箇唔系会两头会现～了？渠就只爱以……做镬盖就爱轻快吵，渠就只爱以向落条子槽，打只子～打下去，搧薄子个～，但是一条，爱分渠穿做一下，不能分渠一块一块脱。以下如今做镬盖是我喊渠等人冇得咁个搞个，～都唔爱打哩。ei$_{21}$,ta$^{21}$pi$^{21}$iəŋ$^{21}$i$^{21}$ci$^{21}$t$^{h}$əŋ$^{13}_{21}$təu$^{35}_{44}$xe$^{53}_{44}$ ʂəu$^{53}$ua$^{0}$ ,i$^{21}$ci$^{21}$t$^{h}$əŋ$^{13}$təu$^{35}$xe$^{53}_{44}$ʂəu$^{53}$iəŋ$^{53}_{44}$ŋa$^{0}$ ,ŋai$^{13}$əi$^{53}_{44}$pən$^{35}$ci$^{13}_{21}$tso$^{53}$ʂaŋ$^{13}_{21}$iet$^{3}$ p$^{h}$i$^{13}$mən$^{13}$na$^{0}$ ,ŋai$^{13}$ts$^{h}$iəu$^{53}$əi$^{53}$ɲiəŋ$^{53}$ mən$^{0}$ tsɿ$^{0}$ a$^{0}$ ʔi$^{21}$iaŋ$^{53}$ta$^{21}$tʂak$^{3}$ ŋan$^{21}$na$^{0}$ ,i$^{21}$iaŋ$^{53}$ta$^{21}$tʂak$^{3}$ ŋan$^{21}$ko$^{53}$çi$^{53}_{44}$,i$^{21}$iaŋ$^{53}$ta$^{21}$tʂak$^{3}$ ŋan$^{21}$ko$^{53}$çi$^{53}_{44}$,ŋan$^{21}$ti$^{53}$ŋan$^{21}$ i$^{21}$kan$^{21}_{44}$tsɿ$^{0}$ i$^{21}$iaŋ$^{53}_{44}$lei$^{0}$ u$^{21}_{53}$t$^{h}$əŋ$^{13}_{44}$u$^{21}$tʂak$^{3}$ tsɿ$^{0}$ ts$^{h}$iau$^{35}$ua$^{0}$ ,u$^{21}$tʂak$^{3}$ ts$^{h}$iau$^{35}$ta$^{21}$xa$^{53}_{44}$ko$^{53}$çi$^{53}$a$^{0}$ ,kai$^{53}$(tʂ)ak$^{3}$ ts$^{h}$iəu$^{53}$ ts$^{h}$iau$^{35}$ua$^{0}$ .kan$^{21}_{13}$tsɿ$^{0}$ ts$^{h}$iəu$^{53}_{44}$ken$^{53}$tsait$^{3}$ ʂət$^{5}$ a$^{0}$ .tsei$^{21}$muk$^{3}$ t$^{h}$ei$^{13}_{21}$tʂəŋ$^{35}$kan$^{35}_{53}$ʂəu$^{53}$tʂəŋ$^{35}$kan$^{35}_{44}$tʂ$^{h}$uən$^{35}_{44}$na$^{53}_{44}$ko$^{53}$,ta$^{21}$ tʂ$^{h}$uən$^{35}$nəi$^{13}_{21}$, ɲiaŋ$^{53}_{44}$ts$^{h}$ək$^{5}$ ŋan$^{21}$ ,y$^{13}$ko$^{21}$n̩$^{13}$ts$^{h}$ək$^{5}$ ŋan$^{21}$cie$^{53}$ ,t$^{h}$əŋ$^{13}_{21}$kai$^{53}_{44}$tso$^{53}$uək$^{5}$ kəi$^{53}_{44}$,ci$^{13}_{21}$kai$^{53}_{44}$ʂɿ$^{53}_{44}$tʂaŋ$^{53}$kəŋ$^{21}_{44}$kei$^{53}_{44}$ tso$^{53}$tʂəu$^{35}$lan$^{13}_{21}$ʂɿ$^{53}_{44}$ci$^{13}_{21}$kai$^{53}$ciək$^{3}$ a$^{0}$ ,tʂəu$^{35}$tsɿ$^{0}$ kei$^{53}_{44}$ciək$^{3}$ ,tʂəu$^{35}$tsɿ$^{0}$ ci$^{21}$pak$^{3}$ cin$^{35}_{44}$ʂa$^{0}$ ,xei$^{53}_{44}$me$^{53}_{44}$ʔɲi$^{13}$xei$^{53}_{44}$p$^{h}$ək$^{5}$ li$^{0}$ ʂɿ$^{53}_{44}$mau$^{13}$iəŋ$^{53}$ʂa$^{0}$ .tan$^{53}_{44}$ʂɿ$^{53}_{44}$ɲi$^{13}$tso$^{53}_{44}$uək$^{5}$ kəi$^{53}_{44}$ke$^{0}$ fa$^{53}$,ci$^{13}$ts$^{h}$iəu$^{53}$pən$^{21}$ʂən$^{35}_{44}$ke$^{0}$ pan$^{21}$tsɿ$^{0}$ ts$^{h}$iəu$^{53}_{44}$ʂen$^{35}$p$^{h}$ək$^{5}$ tsɿ$^{0}$, xei$^{53}_{44}$me$^{53}_{44}$ʔɲi$^{13}$xei$^{53}_{44}$tʂəŋ$^{35}$kan$^{35}_{44}$iəu$^{53}$ta$^{21}$tek$^{3}$ iet$^{3}$ tʂak$^{3}$ ŋan$^{21}$nəi$^{13}$ia$^{0}$ ,kai$^{53}$m̩$^{13}$p$^{h}$e$^{53}_{44}$uəi$^{53}$iəŋ$^{21}$t$^{h}$ei$^{13}$uəi$^{53}$çien$^{53}$ts$^{h}$iau$^{35}$ liau$^{0}$ ʔci$^{13}_{21}$ts$^{h}$iəu$^{53}$tʂɿ$^{21}$əi$^{53}$i$^{21}$⋯tso$^{53}_{44}$uək$^{5}$ kəi$^{53}$ts$^{h}$iəu$^{53}$əi$^{53}$c$^{h}$iaŋ$^{35}$k$^{h}$uai$^{53}$ʂa$^{0}$ ,ci$^{13}_{21}$ts$^{h}$iəu$^{53}$tʂɿ$^{21}$əi$^{53}$i$^{13}_{21}$çiəŋ$^{53}$lək$^{5}$ t$^{h}$iau$^{13}_{21}$ tsɿ$^{0}$ ts$^{h}$au$^{13}$,ta$^{21}$tʂak$^{3}$ tsɿ$^{0}$ ts$^{h}$iau$^{35}$ta$^{21}$(x)a$^{53}_{44}$çi$^{53}$,ʂen$^{35}$p$^{h}$ək$^{5}$ tsɿ$^{0}$ ke$^{0}$ ts$^{h}$iau$^{35}$,tan$^{53}_{44}$ʂɿ$^{53}_{44}$iet$^{3}$ t$^{h}$iau$^{13}$,əi$^{53}_{44}$pən$^{35}$ci$^{13}_{21}$tʂ$^{h}$uən$^{53}$ tso$^{53}$(i)et$^{3}$ xa$^{53}$,pət$^{3}$ len$^{13}_{21}$pən$^{35}_{44}$ci$^{13}_{21}$iet$^{3}$ k$^{h}$uai$^{53}$iet$^{3}$ k$^{h}$uai$^{53}$t$^{h}$əit$^{3}$ .i$^{21}$xa$^{53}$i$^{13}_{21}$cin$^{35}_{44}$tso$^{53}$uək$^{5}$ kəi$^{53}_{44}$ʂɿ$^{53}_{44}$ŋai$^{13}_{21}$xan$^{35}_{44}$ci$^{13}_{21}$tien$^{0}$ in$^{13}_{21}$mau$^{13}_{21}$tek$^{3}$ kan$^{21}$cie$^{53}$kau$^{21}$ke$^{0}$ ,ts$^{h}$iau$^{35}$təu$^{35}_{53}$m̩$^{13}_{21}$məi$^{53}$ta$^{21}$li$^{0}$.

【乔】c$^{h}$iau$^{13}$ 形 因固执己见、不肯变通而致使事情陷入僵局：渠爱做生意，欸我爱买滴么个东西，赠搞成，就系么人么人～煞哩。～倒去箇子。欸，打比我爱买只屋，买别人家只屋。欸，渠就爱十万，我就只来得九万。箇一万块钱就系～倒哩。还有嘞，男女双方欸谈爱，系唔系？本来都会结婚了，两个人唔知几合适，但是只爷子唔合适，或者一只娭子唔合适，就爷子～倒去箇，就渠娭子～倒去箇子。ci$^{13}_{21}$əi$^{53}_{44}$tso$^{53}$sen$^{35}$i$^{53}_{44}$,e$_{21}$ŋai$^{13}$əi$^{53}$mai$^{35}$tiet$^{5}$ mak$^{3}$ ke$^{0}$ təŋ$^{35}_{44}$si$^{0}$,maŋ$^{13}$ kau$^{21}$ʂaŋ$^{13}$,ts$^{h}$iəu$^{53}$xei$^{53}$mak$^{3}$ ɲin$^{13}_{21}$mak$^{3}$ ɲin$^{13}_{44}$c$^{h}$iau$^{13}$sait$^{3}$ li$^{0}$ .c$^{h}$iau$^{13}$tau$^{21}$çi$^{53}$kai$^{53}$tsɿ$^{0}$ .ei$_{21}$,ta$^{21}$pi$^{21}$ŋai$^{13}$əi$^{53}_{44}$mai$^{35}$ tʂak$^{3}$ uk$^{3}$ ,mai$^{35}$p$^{h}$iet$^{5}$ in$^{13}_{44}$ka$^{35}_{44}$tʂak$^{3}$ uk$^{3}$ .ei$_{21}$,ci$^{13}$ts$^{h}$iəu$^{53}$əi$^{53}$ʂət$^{5}$ uan$^{53}$,ŋai$^{13}$ts$^{h}$iəu$^{53}$tʂət$^{3}$ ləi$^{13}$tek$^{3}$ ciəu$^{21}$uan$^{53}$.kai$^{53}$ iet$^{3}$ uan$^{53}$k$^{h}$uai$^{53}$ts$^{h}$ien$^{13}_{21}$ts$^{h}$iəu$^{53}$xe$^{53}$c$^{h}$iau$^{13}$tau$^{21}$li$^{0}$ .xai$^{13}_{21}$iəu$^{35}_{44}$le$^{0}$ ,lan$^{13}$ɲy$^{21}$səŋ$^{35}_{44}$fəŋ$^{35}_{44}$e$_{21}$t$^{h}$an$^{13}$ŋai$^{53}$,xei$^{53}_{44}$me$^{53}_{44}$ʔpən$^{21}$ nəi$^{13}$təu$^{35}_{53}$uəi$^{53}$ciet$^{3}$ fən$^{35}$niau$^{0}$ ,iəŋ$^{21}$ke$^{53}_{44}$in$^{13}_{44}$n̩$^{13}$ti$^{35}_{44}$ci$^{21}$xəit$^{5}$ ʂət$^{5}$ ,tan$^{53}_{44}$ʂɿ$^{53}$tʂak$^{3}$ ia$^{13}$tsɿ$^{0}$ n̩$^{13}$xəit$^{5}$ ʂət$^{5}$ ,xəit$^{5}$ tʂa$^{21}$iet$^{3}$ tʂak$^{3}$ əi$^{35}$tsɿ$^{0}$ n̩$^{13}$xəit$^{5}$ ʂət$^{5}$ ,ts$^{h}$iəu$^{13}_{21}$ia$^{13}$tsɿ$^{0}$ c$^{h}$iau$^{13}$tau$^{21}$çi$^{53}_{44}$kai$^{53}_{44}$,ts$^{h}$iəu$^{53}_{44}$ci$^{13}_{44}$əi$^{35}$tsɿ$^{0}$ c$^{h}$iau$^{13}$tau$^{21}$çi$^{53}$kai$^{53}$tsɿ$^{0}$.

【桥】c$^{h}$iau$^{13}$ 名 ①架在水上或空中便于通行的建筑物：到箇有座～个栏场子，停下来。tau$^{53}_{44}$ kai$^{53}_{44}$iəu$^{35}$ts$^{h}$o$^{53}_{44}$c$^{h}$iau$^{13}$ke$^{53}$lan$^{13}_{21}$tʂ$^{h}$əŋ$^{13}_{21}$tsɿ$^{0}$ ,t$^{h}$in$^{13}$xa$^{53}_{44}$ləi$^{13}_{21}$. ②在地名中用作通名：白石～p$^{h}$ak$^{5}$ ʂak$^{5}$ c$^{h}$iau$^{13}$

｜陈家～tʂʰən$^{13}$ka$^{35}_{44}$cʰiau$^{13}$｜九老～ciəu$^{21}$lau$^{21}$cʰiau$^{13}$

【瞧唔起】tsʰiau$^{13}$n̩$^{13}$çi$^{21}$ 轻视；小看。又称“看唔起”：箇个欸人呐苦苦子唔爱紧，有兜硬也系天灾人祸，系唔系？只有箇起懒人，又好食又懒做，好食懒做个人，箇别人家就～。箇就真系～。箇苦唔爱紧，你只莫懒。kai$^{53}$kei$^{53}_{44}$e$_{21}$ɲin$^{13}$na$^{0}$ kʰu$^{21}$kʰu$^{21}$tsɿ$^{0}$ m̩$^{13}$mɔi$^{53}$cin$^{21}$,iəu$^{35}$tei$^{35}_{53}$ɲiaŋ$^{53}_{44}$ia$^{35}_{44}$xei$^{53}_{44}$ tʰien$^{35}_{44}$tsai$^{35}_{44}$ɲin$^{13}$fo$^{53}$,xei$^{53}$me$^{53}$?tʂɿ$^{21}$iəu$^{35}_{53}$kai$^{53}$çi$^{21}_{44}$lan$^{35}$ɲin$^{13}$,iəu$^{53}$xau$^{53}$ʂət$^{5}$ iəu$^{53}$lan$^{35}$tso$^{53}$,xau$^{53}$ʂət$^{5}$ lan$^{35}$tso$^{53}$ke$^{53}$ ɲin$^{13}_{21}$,kai$^{53}_{44}$pʰiet$^{5}$ in$^{13}_{44}$ka$^{35}_{44}$tsʰiəu$^{53}_{44}$tsʰiau$^{13}_{21}$n̩$^{13}_{44}$çi$^{21}$.kai$^{53}_{44}$tsʰiəu$^{53}_{44}$tʂən$^{35}$ne$^{53}_{44}$tsʰiau$^{13}_{21}$n̩$^{13}$çi$^{21}$.kai$^{53}$kʰu$^{21}$m̩$^{13}$mɔi$^{53}$cin$^{21}$, ɲi$^{13}_{21}$ tʂɿ$^{21}$mɔk$^{5}$ lan$^{35}$.

【巧】cʰiau$^{21}$ [形]聪明；机巧：渠现在那个人呢渠又更～啊哩。ci$^{13}_{21}$çien$^{53}$tsʰai$^{53}_{44}$lai$^{53}_{44}$ke$^{53}_{44}$ɲin$^{13}_{21}$nei$^{0}$ ci$^{13}_{21}$ iəu$^{53}$cien$^{53}$cʰiau$^{21}$a$^{0}$ li$^{0}$.

【翘】cʰiau$^{53}$ [动]一头向上仰起：钉辣椒是钉下子就～……其实就就～下上。taŋ$^{35}$lait$^{5}$ tsiau$^{35}_{44}$ʂɿ$^{53}_{21}$ taŋ$^{35}$ŋa$_{44}$(←xa$^{53}$)tsɿ$^{0}$ tsʰiəu$^{53}_{44}$cʰiau$^{53}$…cʰi$^{13}$ʂət$^{5}$ tsʰiəu$^{53}_{44}$tsʰiəu$^{53}_{44}$cʰiau$^{53}_{44}$xa$^{53}_{44}$ʂɔŋ$^{35}$.｜以只～起来个东西就回哩原原位。i$^{21}$tʂak$^{3}$ cʰiau$^{53}$çi$^{21}$lɔi$^{13}$ke$^{53}_{44}$təŋ$^{35}$si$^{0}$ tsʰiəu$^{53}_{44}$fei$^{13}_{21}$li$^{0}$ ien$^{13}$vien$^{13}$uei$^{53}$.

【撬】cʰiau$^{53}$ [动]用杠棒、尖利的工具或锤子借助支点拨动或挑起东西：（棺材）𫠊放正渠就爱你～正下子啊，或者还爱放进去呀。maŋ$^{13}$fɔŋ$^{53}$tʂən$^{53}$ci$^{13}_{21}$tsʰiəu$^{53}_{44}$ɔi$^{53}_{44}$ɲi$^{13}_{21}$cʰiau$^{53}$tʂaŋ$^{53}$xa$^{53}_{21}$tsa$^{0}$ ,xɔit$^{3}$ tʂa$^{21}$ xa$^{53}_{21}$ɔi$^{53}_{44}$fɔŋ$^{53}_{44}$tsin$^{53}$çi$^{53}_{44}$ia$^{0}$.｜箇个鞋锤子嘞就面前可以有起可以～钉子个。kai$^{53}_{44}$ke$^{53}_{44}$xai$^{13}$tʂʰei$^{13}$tsɿ$^{0}$ lei$^{0}$ tsʰiəu$^{53}_{44}$mien$^{53}$tsʰien$^{13}_{21}$kʰo$^{21}$i$^{35}_{44}$iəu$^{35}$çi$^{21}$kʰo$^{21}$i$^{13}$cʰiau$^{53}$taŋ$^{35}$tsɿ$^{0}$ ke$^{53}_{44}$.

【切】tsʰiet$^{3}$ [动]用刀把物品分成若干部分：拿刀去～la$^{53}$tau$^{35}_{44}$çi$^{53}_{44}$tsʰiet$^{3}$｜（洋辣椒）～倒炒倒就有滴扯丝。tsʰiet$^{3}$ tau$^{21}$tsʰau$^{21}$tau$^{21}$tsʰiəu$^{53}_{44}$iəu$^{35}$tiet$^{5}$ tʂʰa$^{21}$sɿ$^{35}$.

【茄干】cʰio$^{13}$kɔn$^{35}$ [名]茄子干：呃还有晒～晒盐干子，嗯，放兜子糖子，唔系话搡兜子糖去渠就会融，融哩以后欸渠就扯进糖去哩。如果系忒湿哩个话，还晒下子，又搡兜子盐去，真好食。苦瓜干，～，欸，么个蒲子干，都可以，豆角干。ə$^{0}$xai$^{13}_{21}$iəu$^{35}$sai$^{53}$cʰio$^{13}$kɔn$^{35}_{44}$sai$^{53}$ian$^{13}$kɔn$^{35}_{44}$ tsɿ$^{0}$ ,ən$_{21}$,fɔŋ$^{53}$te$^{35}_{53}$tsɿ$^{0}$ tʰɔŋ$^{13}$tsɿ$^{0}$ ,m̩$^{13}$pʰei$^{53}_{44}$ua$^{53}_{44}$sɔŋ$^{21}$te$^{35}_{53}$tsɿ$^{0}$ tʰɔŋ$^{13}$çi$^{53}$ci$^{13}_{21}$tsʰiəu$^{53}$uɔi$^{53}$iəŋ$^{13}$,iəŋ$^{13}$li$^{0}$ i$^{35}_{44}$xei$^{53}_{44}$e$_{21}$ci$^{13}$ tsʰiəu$^{53}$tʂʰa$^{21}$tsin$^{53}$tʰɔŋ$^{13}$çi$^{53}$li$^{0}$ .ɥ$^{13}$ko$^{21}$xei$^{53}$tʰet$^{3}$ ʂət$^{3}$ li$^{0}$ ke$^{53}_{44}$fa$^{53}_{44}$,xai$^{13}$sai$^{53}$xa$^{53}_{21}$tsɿ$^{0}$ ,iəu$^{53}$sɔŋ$^{21}$təu$^{35}_{53}$tsɿ$^{0}$ ian$^{13}$çi$^{53}$, tʂən$^{35}$xau$^{21}$ʂət$^{5}$ .fu$^{21}$kua$^{35}_{44}$kɔn$^{35}_{44}$,cʰio$^{13}$kɔn$^{35}_{44}$,e$_{21}$,mak$^{3}$ ke$^{53}$pʰu$^{13}$tsɿ$^{21}$kɔn$^{35}$,təu$^{35}$kʰo$^{21}$i$^{35}_{44}$,tʰei$^{53}$kɔk$^{3}$ kɔn$^{35}$.

【茄子】cʰio$^{13}$tsɿ$^{0}$ [名]一种蔬菜：～，苦瓜，豆角，都可以搞，食唔完个就晒做干子。cʰio$^{13}$tsɿ$^{0}$, fu$^{21}$kua$^{35}_{44}$,tʰei$^{53}$kɔk$^{3}$ ,təu$^{35}$kʰo$^{21}$i$^{35}$kau$^{21}$,ʂət$^{5}$ n̩$^{13}_{21}$ien$^{13}_{21}$ke$^{53}_{44}$tsʰiəu$^{53}$sai$^{53}$tso$^{53}_{44}$kɔn$^{35}$tsɿ$^{0}$.

【亲】tsʰin$^{35}$ [形]血统关系最接近的；亲密：箇是最～个人呐。kai$^{53}_{44}$ʂɿ$^{53}_{44}$tsei$^{53}$tsʰin$^{35}$cie$^{53}$ɲin$^{13}_{21}$na$^{0}$.｜我就有包唔～个姨子就我就有两只姨子啊。ŋai$^{13}$tsʰiəu$^{53}_{44}$iəu$^{35}_{44}$pau$^{35}$n̩$^{13}$tsʰin$^{35}_{44}$ke$^{53}_{44}$i$^{13}$tsɿ$^{0}$ tsʰiəu$^{53}$ŋai$^{13}$tsʰiəu$^{53}_{44}$ iəu$^{35}_{53}$iɔŋ$^{21}$tʂak$^{3}$ i$^{13}$tsɿ$^{0}$ a$^{0}$.

【亲戚】tsʰin$^{35}$tsʰiet$^{3}$ [名]跟自己有血统或婚姻关系的家庭及其成员：我等以前有只～，渠个绰号就安做土蛔。ŋai$^{13}_{21}$tien$^{0}$ i$^{35}$tsʰien$^{13}_{21}$iəu$^{35}$tʂak$^{3}$ tsʰin$^{35}$tsʰiet$^{3}$ ,ci$^{13}$ke$^{53}_{44}$tʂʰɔk$^{3}$ xau$^{53}_{44}$tsəu$^{53}_{44}$ɔn$^{35}_{44}$tso$^{53}_{44}$tʰəu$^{21}$kɔk$^{3}$.

【亲人】tsʰin$^{35}$ɲin$^{13}_{21}$ [名]跟自己有血统关系的人或配偶：由～同渠指死者去搞指擦身。iəu$^{13}_{21}$tsʰin$^{35}$ɲin$^{13}_{21}$ tʰəŋ$^{13}_{21}$ci$^{13}_{21}$çi$^{53}$kau$^{21}$.

【亲生】tsʰin$^{35}$sien$^{35}$ [形]属性词。自己生育的或生育自己的：箇只东西嘞是咁个嘞，渠只系假设有唔～个，正咁子介绍。打比样爷子，欸，讨哩，讨过两只老婆，欸，箇只就系我～娭子亲妈，箇只就我后娭。kai$^{53}$iak$^{3}$(←tʂak$^{3}$)tɔŋ$^{35}_{44}$si$^{0}$ lei$^{0}$ ʂɿ$^{53}_{44}$kan$^{21}_{13}$cie$^{53}$lei$^{0}$,ci$^{13}$tʂɿ$^{21}$(x)ei$^{53}$cia$^{21}$ʂət$^{3}$ iəu$^{35}$m̩$^{13}$tsʰin$^{35}_{44}$sien$^{35}_{44}$ cie$^{53}_{44}$,tʂaŋ$^{53}$kan$^{21}$tsɿ$^{0}$ kai$^{53}_{44}$ʂau$^{53}_{44}$.ta$^{21}$pi$^{21}$iɔŋ$^{53}$ia$^{13}$tsɿ$^{0}$ ,e$_{21}$,tʰau$^{21}$li$^{0}$ ,tʰau$^{21}$ko$^{53}$iɔŋ$^{21}$tʂak$^{3}$ lau$^{21}$pʰo$^{13}$,e$_{21}$,kai$^{53}$tʂak$^{3}$ tsʰiəu$^{53}$xei$^{53}$ŋai$^{13}$tsʰin$^{35}$sien$^{35}_{44}$ɔi$^{35}$tsɿ$^{0}$ ,kai$^{53}$tʂak$^{3}$ tsʰiəu$^{53}_{44}$ŋai$^{13}_{21}$xei$^{53}$ɔi$^{35}$.

【亲友】tsʰin$^{35}$iəu$^{21}$ [名]亲戚好友：渠爱通知～吵。ci$^{13}_{21}$ɔi$^{53}_{44}$tʰəŋ$^{35}$tʂɿ$^{35}_{44}$tsʰin$^{35}$iəu$^{21}$ʂa$^{0}$.

【琴筒子】cʰin$^{13}$tʰəŋ$^{13}$tsɿ$^{0}$ [名]指胡琴类乐器的共鸣器：（板胡个）～短短子，但系也蛮大。cʰin$^{13}$ tʰəŋ$^{13}$tsɿ$^{0}$ tɔn$^{21}$tɔn$^{21}$tsɿ$^{0}$ ,tan$^{53}_{44}$xe$^{53}_{44}$ie$^{21}_{44}$man$^{13}_{21}$tʰai$^{53}$.

【勤快】cʰin$^{13}$kʰuai$^{53}$ [形]手脚勤，爱劳动：箇夫娘子真～呀。(k)ai$^{53}_{21}$pu$^{35}$ɲiɔŋ$^{13}_{21}$tsɿ$^{0}$ tʂən$^{35}$cʰin$^{13}$kʰuai$^{53}_{44}$ ia$^{0}$.

【浸凉】tsʰin$^{21}$liɔŋ$^{13}$ [形]状态词。很凉：壁背箇管井水呀～个。piak$^{3}$ pɔi$^{53}$kai$^{53}$kɔn$^{21}$tsiaŋ$^{21}$ʂei$^{21}$ia$^{0}$ tsʰin$^{21}$liɔŋ$^{13}$ke$^{53}$.｜以个天呐箇个大树底下就～子。i$^{21}$ke$^{53}$tʰien$^{35}$na$^{0}$ kai$^{53}_{44}$ke$^{53}_{44}$tʰai$^{53}$ʂəu$^{53}$tei$^{35}$xa$^{53}_{44}$tsʰiəu$^{53}$ tsʰin$^{21}$liɔŋ$^{13}$tsɿ$^{0}$.｜箇井水呀～子。kai$^{53}$tsiaŋ$^{21}$ʂei$^{21}$ia$^{0}$ tsʰin$^{21}$liɔŋ$^{13}$tsɿ$^{0}$.

【揿】cʰin$^{53}$ [动]①按住：你系箇个打蛇哈，或者兔子来哩，野兔子来哩啊，“来唠，麻溜，你就麻溜分箇脑壳～稳呶。呣，莫分渠搷呶”。ɲi$^{13}$xei$^{53}$kai$^{53}$ke$^{53}$ta$^{21}$ʂa$^{13}$xa$^{0}$ ,xɔit$^{5}_{3}$ tʂa$^{21}_{44}$tʰəu$^{53}$tsɿ$^{0}$ lɔi$^{13}_{21}$

li$^{0}$,ia$^{35}$tʰəu$^{53}$tsɿ$^{0}$ lɔi$^{13}_{21}$li$^{0}$ a$^{0}$ ,"lɔi$^{13}$lau$^{0}$,ma$^{13}$liəu$^{35}_{44}$, ɲi$^{13}$tsʰiəu$^{53}$ma$^{13}$liəu$^{35}_{44}$pən$^{35}_{44}$kai$^{53}$lau$^{21}$kʰɔk$^{3}$ cʰin$^{53}$uən$^{21}$ nau$^{0}$.m̩$_{21}$,mɔk$^{5}$ pən$^{35}_{53}$ci$^{13}_{44}$pin$^{21}$nau$^{0}$". ②往前伸：箇揿欠虫嘞就咁个，～一下欠一下，看呶一伸一缩啊。kai$^{53}_{44}$cʰin$^{53}$cʰian$^{53}$tʂʰəŋ$^{13}$lei$^{0}$ tsʰiəu$^{53}$kan$^{21}$cie$^{53}$,cʰin$^{53}$iet$^{3}$ xa$^{53}$cʰian$^{53}$iet$^{3}$ xa$^{53}_{44}$,kʰɔn$^{53}$nau$^{0}$ iet$^{3}$ ʂən$^{35}$iet$^{3}$ sɔk$^{3}$ a$^{0}$.

【揿欠虫】cʰin$^{53}$cʰian$^{53}$tʂʰəŋ$^{13}$ 名 尺蠖：躬背虫又安做～。欠呢就系欠哩账个欠吧？揿系哪样揿呐？看呶，咁子就，打比样，以映子一只鸟，一只么个小动物去箇映，系唔系？我嘞手揿下去，一扑下去样。箇～嘞就咁个，揿一下欠一下，看呶一伸一缩啊。kəŋ$^{35}$pɔi$^{53}$tʂʰəŋ$^{13}$iəu$^{53}$ɔn$^{35}_{44}$tso$^{53}_{44}$cʰin$^{53}$cʰian$^{53}$tʂʰəŋ$^{13}$.cʰian$^{53}$ne$^{0}$ tsʰiəu$^{53}$xe$^{53}$cʰian$^{53}$ni$^{0}$ tʂɔŋ$^{53}$ke$^{0}$ cʰian$^{53}$pa$^{0}$ ?cʰin$^{53}$xe$^{53}_{44}$lai$^{53}_{44}$iɔŋ$^{53}_{44}$cʰin$^{53}$na$^{0}$ ? kʰɔn$^{53}$nau$^{53}$,kan$^{21}_{13}$tsɿ$^{0}$ tsʰiəu$^{53}_{44}$,ta$^{21}$pi$^{21}$iɔŋ$^{53}$,i$^{21}$iaŋ$^{53}$tsɿ$^{0}$ iet$^{3}$ tʂak$^{3}$ tiau$^{35}$,iet$^{3}$ tʂak$^{3}$ mak$^{3}$ e$^{0}$ siau$^{21}$tʰəŋ$^{53}$uk$^{5}$ çi$^{53}$kai$^{53}_{44}$ iaŋ$^{53}_{44}$,xei$^{53}_{44}$me$^{53}_{44}$?ŋai$^{13}$lei$^{0}$ ʂəu$^{21}$cʰin$^{53}$na$^{53}_{44}$çi$^{53}$,iet$^{3}$ pʰuk$^{5}$ (x)a$^{53}_{44}$çi$^{53}_{44}$iɔŋ$^{53}_{44}$.kai$^{53}_{44}$cʰin$^{53}$cʰian$^{53}$tʂʰəŋ$^{13}$lei$^{0}$ tsʰiəu$^{53}$kan$^{21}$ cie$^{53}$,cʰin$^{53}$iet$^{3}$ xa$^{53}$cʰian$^{53}$iet$^{3}$ xa$^{53}_{44}$,kʰɔn$^{53}$nau$^{0}$ iet$^{3}$ ʂən$^{35}$iet$^{3}$ sɔk$^{3}$ a$^{0}$.

【青$_{1}$】tsʰiaŋ$^{35}$ 形 ①绿色的：欸，到哩夏天，热天，禾蛮大了，箇只时候子嘞，就系～草了。e$_{21}$,tau$^{53}$li$^{0}$ çia$^{53}$tʰien$^{35}$, ɲiet$^{5}$ tʰien$^{35}$,uo$^{13}_{21}$man$^{13}_{44}$tʰai$^{53}$liau$^{0}$,kai$^{53}$tʂak$^{3}$ sɿ$^{13}$xei$^{53}$tsɿ$^{0}$ lei$^{0}$,tsʰiəu$^{53}$xei$^{53}_{44}$tsʰiaŋ$^{35}$tsʰau$^{21}$ liau$^{0}$.｜红个就是红辣椒，冇红个～辣椒。fəŋ$^{13}$ke$^{53}_{44}$tsʰiəu$^{53}_{44}$sɿ$^{53}_{44}$fəŋ$^{13}$lait$^{5}_{3}$tsiau$^{35}_{44}$,mau$^{13}$fəŋ$^{13}$ke$^{53}_{44}$tsʰiaŋ$^{35}$ lait$^{5}_{3}$tsiau$^{35}_{44}$. ②黑色的：就安做布伞，一般都系～布。tsʰiəu$^{53}_{44}$ɔn$^{35}_{44}$tso$^{53}_{44}$pu$^{53}$san$^{53}_{44}$,iet$^{3}$ pɔn$^{35}$təu$^{35}_{44}$xei$^{53}_{44}$ tsʰiaŋ$^{35}$pu$^{53}_{44}$. ③天青色的：～天 tsʰiaŋ$^{35}$tʰien$^{35}_{44}$。④青黑色的。常用来形容人生气、恐惧或生病时的脸色：气起面都～个。cʰi$^{53}$çi$^{21}$mien$^{53}$təu$^{35}_{44}$tsʰiaŋ$^{35}$ke$^{53}_{21}$.｜面都气～哩。mien$^{53}$təu$^{35}_{44}$çi$^{53}$tsʰiaŋ$^{35}$li$^{0}$.

【青$_{2}$】tsʰiaŋ$^{35}$ 名 ①绿肥：割倒箇～归来啊舞倒去沤做一□$_{堆}$。kɔit$^{3}$ tau$^{21}$kai$^{53}_{44}$tsʰiaŋ$^{35}$kuɔi$^{35}$lɔi$^{13}_{21}$a$_{21}$ u$^{21}$tau$^{21}$çi$^{53}_{44}$ei$^{53}$tso$^{53}$iet$^{3}$ tsiau$^{35}$. ②指竹青：劈啊滴～去，分外背一层劈啊去。pʰiak$^{3}$ a$^{0}$ tiet$^{5}$ tsʰiaŋ$^{35}$ çi$^{53}$,pən$^{35}$ŋɔi$^{53}$pɔi$^{53}_{44}$iet$^{3}$ tsʰien$^{13}_{21}$pʰiak$^{3}$ a$^{0}$ çi$^{53}$.

【青菜】tsʰiaŋ$^{35}$tsʰɔi$^{53}$ 名 芥菜：我等以映子蛮多人呢喜欢栽～。我记得我箇年呐我栽几多蔸～呀？栽十蔸～啊几多蔸～。唔知几大。十蔸～都百多斤呐，舞嘿搞做一担呐，用粪箕搞做一担呢。成十蔸～。咁大一蔸蔸，荷都唔起。ŋai$^{13}$tien$^{0}$ i$^{21}_{44}$iaŋ$^{53}$tsɿ$^{0}$ man$^{13}$to$^{35}_{53}$ɲin$^{13}_{21}$ne$^{0}$ çi$^{21}$fɔn$^{35}_{44}$tsɔi$^{35}$ tsʰiaŋ$^{35}$tsʰɔi$^{53}$.ŋai$^{13}$ci$^{53}$tek$^{3}$ ŋai$^{13}$kai$^{53}$ɲien$^{13}_{44}$na$^{0}$ ŋai$^{13}$tsɔi$^{35}$ci$^{21}$to$^{35}$tei$^{35}_{44}$tsʰiaŋ$^{35}$tsʰɔi$^{53}$ia$^{0}$ ?tsɔi$^{35}$ʂət$^{5}$ tei$^{35}_{44}$tsʰiaŋ$^{35}$tsʰɔi$^{53}_{44}$ a$^{0}$ ci$^{21}$to$^{35}$tei$^{35}_{44}$tsʰiaŋ$^{35}_{44}$tsʰɔi$^{53}_{44}$.n̩$^{13}_{21}$ti$^{35}_{53}$ci$^{21}$tʰai$^{53}$.ʂət$^{5}$ tei$^{35}_{44}$tsʰiaŋ$^{35}_{44}$tsʰɔi$^{53}_{44}$təu$^{35}_{44}$pak$^{3}$ to$^{35}_{44}$cin$^{35}_{44}$na$^{0}$ ,u$^{21}$(x)ek$^{3}$ kau$^{21}$tso$^{53}_{44}$iet$^{3}$ tan$^{35}$na$^{0}$ ,iəŋ$^{53}_{44}$pən$^{35}$ci$^{35}_{44}$kau$^{21}$tso$^{53}_{21}$iet$^{3}$ tan$^{35}$ne$^{0}$ .ʂaŋ$^{13}$ʂət$^{5}$ tei$^{35}_{44}$tsʰiaŋ$^{35}_{44}$tsʰɔi$^{53}_{44}$.kan$^{21}$tʰai$^{53}$iet$^{3}$ tei$^{35}_{44}$tei$^{35}_{44}$,kʰai$^{35}$təu$^{35}_{53}$ n̩$^{13}_{21}$çi$^{21}$.

【青虫子】tsʰiaŋ$^{35}$tʂʰəŋ$^{13}$tsɿ$^{0}$ 名 一种青色的虫子，喜食红薯叶等：欸食叶子个，我等一般安做～唠。箇个勵壮一条条。你一打下去嘞成哩一肚□青个屎。□青个屎。箇～。e$_{44}$ʂət$^{5}_{3}$ iait$^{5}$ tsɿ$^{0}$ ke$^{53}_{44}$,ŋai$^{13}_{21}$tien$^{0}$ iet$^{3}$ pɔn$^{35}$ɔn$^{35}_{44}$tso$^{53}_{44}$tsʰiaŋ$^{35}$tʂʰəŋ$^{13}_{21}$tsɿ$^{0}$ lau$^{0}$ .kai$^{53}_{44}$ke$^{53}_{44}$li$^{35}$tsɔŋ$^{53}$iet$^{3}$ tʰiau$^{13}_{21}$tʰiau$^{13}_{44}$. ɲi$^{13}_{21}$iet$^{3}$ ta$^{21}$xa$^{53}$ çi$^{53}_{44}$lei$^{0}$ ʂaŋ$^{13}_{44}$li$^{0}$ iet$^{3}$ təu$^{21}$kue$^{35}$tsʰiaŋ$^{35}_{44}$ke$^{53}_{44}$sɿ$^{21}$.kue$^{35}$tsʰiaŋ$^{35}_{44}$ke$^{53}_{44}$sɿ$^{21}$.kai$^{53}_{44}$tsʰiaŋ$^{35}$tʂʰəŋ$^{13}_{44}$tsɿ$^{0}$.

【青灯】tsʰiaŋ$^{35}$ten$^{35}$/tien$^{35}$ 名 油灯，其光青荧，故名：箇～个灯油嘞，箇就可以系茶油，可以系菜油，可以系桐油。也可以棉花油。箇就安做～。好像箇个文学作品肚里箇个戏曲肚里就～呐。kai$^{53}_{44}$tsʰiaŋ$^{35}$ten$^{35}_{44}$ke$^{0}$ ten$^{35}$iəu$^{13}$lei$^{0}$,kai$^{53}_{44}$tsʰiəu$^{53}$kʰo$^{21}$i$^{35}_{44}$xe$^{53}$tsʰa$^{13}$iəu$^{13}$,kʰo$^{21}$i$^{35}_{44}$xe$^{53}$tsʰɔi$^{53}$iəu$^{13}_{44}$,kʰo$^{21}$i$^{35}_{44}$ xe$^{53}$tʰəŋ$^{13}$iəu$^{13}_{44}$.ia$^{35}$kʰo$^{21}$i$^{35}_{44}$mien$^{13}$fa$^{35}_{44}$iəu$^{13}_{21}$.kai$^{53}_{44}$tsiəu$^{53}_{21}$ɔn$^{35}_{53}$tso$^{53}$tsʰiaŋ$^{35}$ten$^{35}$.xau$^{21}$tsʰiɔŋ$^{53}$kai$^{53}_{44}$ke$^{53}_{44}$uən$^{13}$çiɔk$^{5}$ tsɔk$^{3}$ pʰin$^{21}$təu$^{21}$li$^{0}$ kai$^{53}_{44}$ke$^{53}_{44}$çi$^{53}$cʰiəuk$^{3}$ təu$^{21}$li$^{0}$ tsʰiəu$^{53}_{44}$tsʰiaŋ$^{35}$tien$^{35}_{44}$na$^{0}$.

【青瓜】tsʰiaŋ$^{35}$kua$^{35}_{44}$ 名 指青皮黄瓜。也称"青瓜子"：～摎白瓜，按颜色分就。tsʰiaŋ$^{35}$kua$^{35}$lau$^{35}_{44}$ pʰak$^{5}_{3}$ kua$^{35}_{44}$,ɔn$^{53}$ŋan$^{13}$sek$^{3}$ fən$^{35}$tsʰiəu$^{53}_{44}$.｜按颜色分就分～子白瓜子。ɔn$^{53}$ŋan$^{13}$sek$^{3}$ fən$^{35}$tsʰiəu$^{53}_{44}$fən$^{35}$ tsʰiaŋ$^{35}$kua$^{35}_{44}$tsɿ$^{0}$ pʰak$^{5}$ kua$^{35}$tsɿ$^{0}$.

【青拐子】tsʰiaŋ$^{35}$kuai$^{21}$tsɿ$^{0}$ 名 青蛙：～长大哩也有几大，有人捉，捉倒去食唠，安做田鸡哟，田鸡肉哦。tsʰiaŋ$^{35}$kuai$^{21}$tsɿ$^{0}$tʂɔŋ$^{21}$tʰai$^{53}$li$^{0}$ a$^{35}_{53}$mau$^{13}_{21}$ci$^{21}$tʰai$^{53}$,iəu$^{35}$ɲin$^{13}_{21}$tsɔk$^{3}$ ,tsɔk$^{3}$ tau$^{21}$çi$^{53}_{21}$ʂət$^{5}$ lau$^{0}$ ,ɔn$^{35}_{44}$tso$^{53}_{44}$ tʰien$^{13}$cie$^{35}$io$^{0}$ ,tʰien$^{13}$cie$^{35}_{44}$ɲiəuk$^{3}$ o$^{0}$.

【青光白日】tsʰiaŋ$^{35}$kɔŋ$^{35}_{44}$pʰak$^{5}$ɲiet$^{3}$ 青天白日，大白天。含强调意：～，跍下床上睡目！tsʰiaŋ$^{35}$ kɔŋ$^{35}_{44}$pʰak$^{5}$ ɲiet$^{3}$,ku$^{35}$(x)a$^{53}_{44}$tsʰɔŋ$^{13}_{21}$xɔŋ$^{53}_{44}$ʂɔi$^{53}$muk$^{3}$!

【青光摸】tsʰiaŋ$^{35}$kɔŋ$^{35}_{44}$ma$^{35}$ 名 指患有青光眼，有眼睛却看不见的人：箇只人呐，空个，～。就系只～。kai$^{53}$tʂak$^{3}$ɲin$^{13}_{21}$na$^{0}$ ,kʰəŋ$^{53}$ke$^{53}_{44}$,tsʰiaŋ$^{35}$kɔŋ$^{35}_{44}$ma$^{35}$.tsʰiəu$^{53}_{44}$xe$^{53}$tʂak$^{3}$ tsʰiaŋ$^{35}$kɔŋ$^{35}_{44}$ma$^{35}$.

【青蛤蟆】tsʰiaŋ$^{35}$xa$^{13}$ma$^{13}$ 名 喻指暴晒过度的草烟：一般以前个草烟吵，箇唔多是特事去晒，都系橛正来，舞条竹篙，橛正来就挂下箇竹篙上，晾下箇檐头上。放势晒晒唔得啦，会触日烈呀，唔好食，会成么个？会成～。你系晒多哩日头会成咁个青个。触青，食起烟来触青。只好挂倒箇个唔晒日头个栏场，阴阴子，阴干下子。iet$^{3}$ pɔn$^{35}_{44}$i$^{35}_{53}$tsʰien$^{13}_{21}$ke$^{0}$ tsʰau$^{21}$ien$^{35}_{44}$ʂa$^{0}$,kai$^{53}$n̩$^{13}_{21}$ to$^{35}_{44}$sɿ$^{53}_{21}$tʰek$^{5}$ sɿ$^{53}_{44}$çi$^{53}_{44}$sai$^{53}$,təu$^{35}$xei$^{53}$ciɔk$^{3}$ tʂaŋ$^{53}$lɔi$^{13}_{21}$,u$^{21}$tʰiau$^{13}_{21}$tʂəuk$^{3}$ kau$^{35}$,ciɔk$^{3}$ tʂaŋ$^{53}$lɔi$^{13}_{21}$tsiəu$^{53}_{44}$kua$^{53}$(x)a$^{53}_{44}$kai$^{53}$ tʂəuk$^{3}$ kau$^{35}$xɔŋ$^{53}$,lɔŋ$^{53}$(x)a$^{53}_{44}$kai$^{53}$ian$^{13}$tʰei$^{13}_{21}$xɔŋ$^{53}$.xɔŋ$^{53}$ʂɿ$^{53}_{44}$sai$^{53}$sai$^{53}$n̩$^{13}_{21}$tek$^{3}$ la$^{0}$,uɔi$^{53}$tʂʰəuk$^{5}$ ɲiet$^{3}$ lait$^{3}$ ia$^{0}$,n̩$^{13}$ xau$^{21}$ʂət$^{5}$,uɔi$^{53}$ʂaŋ$^{13}_{21}$mak$^{3}$ ke$^{53}_{44}$?uɔi$^{53}$ʂaŋ$^{13}_{44}$tsʰiaŋ$^{35}$xa$^{13}_{21}$ma$^{13}$. ɲi$^{13}$xei$^{53}_{44}$sai$^{53}$to$^{35}$li$^{0}$ɲiet$^{3}$ tʰei$^{13}_{44}$uɔi$^{53}$ʂaŋ$^{13}_{21}$kan$^{21}$kei$^{53}$ tsʰiaŋ$^{35}$ke$^{53}$.tʂʰəuk$^{5}$ tsʰiaŋ$^{35}$,ʂət$^{5}$ çi$^{21}$ien$^{35}$nɔi$^{13}_{21}$tʂʰəuk$^{5}$ tsʰiaŋ$^{35}$.tʂɿ$^{21}$xau$^{21}$kua$^{53}$tau$^{21}$kai$^{53}$ke$^{53}$n̩$^{13}$sai$^{53}$ɲiet$^{3}$ tʰei$^{13}_{21}$ke$^{53}$ laŋ$^{13}_{44}$tʂʰɔŋ$^{13}_{44}$,in$^{35}$in$^{35}$tsɿ$^{0}$ kɔn$^{35}$,in$^{35}$kɔn$^{35}$na$^{53}$tsɿ$^{0}$.

【青蒿】tsʰiaŋ$^{35}$xau$^{35}_{44}$ 名菊科艾属植物，多年生草本。初春时羽状分裂叶布地丛生，抽茎高三四尺，嫩者可食，秋日开淡黄色花，香气浓烈：我只晓～喔，唔晓白蒿喔。ŋai$^{13}$tʂɿ$^{21}$çiau$^{21}$ tsʰiaŋ$^{35}$xau$^{35}_{44}$uo$^{0}$,ŋ̍$^{13}$çiau$^{21}$pʰak$^{5}$ xau$^{35}_{44}$uo$^{0}$.

【青黄不接】tsʰin$^{35}$uɔŋ$^{13}_{21}$pət$^{3}$ tsiait$^{3}$ 指新的作物还没有成熟，旧的作物已经吃完：荚子就又食得久，又～个时候子个好菜，餐餐都食得。mak$^{3}$ tsɿ$^{0}$ tsʰiəu$^{53}_{44}$iəu$^{53}$ʂət$^{5}$ tek$^{3}$ ciəu$^{21}$,iəu$^{53}$tsʰin$^{35}$uɔŋ$^{13}_{21}$pət$^{3}$ tsiait$^{3}$ ke$^{53}$ʂɿ$^{13}_{44}$xei$^{53}_{44}$tsɿ$^{0}$ ke$^{53}_{44}$xau$^{21}$tsʰɔi$^{53}$,tsʰɔn$^{35}$tsʰɔn$^{35}_{44}$təu$^{35}_{44}$ʂət$^{5}$ tek$^{3}$.

【青椒】tsʰiaŋ$^{35}$tsiau$^{35}_{44}$ 名青辣椒：（白辣椒系）～做成个。tsʰiaŋ$^{35}$tsiau$^{35}_{44}$tso$^{53}$tʂʰən$^{13}_{21}$cie$^{53}_{44}$.

【青筋】tsʰiaŋ$^{35}$cin$^{35}$ 名静脉血管：我夜晡睡目啊我取都唔睡篾席嘞。睡哩篾席就箇脚上个～呢就会抽筋呢。ŋai$^{13}$ia$^{53}$pu$^{35}_{53}$ʂɔi$^{53}$muk$^{3}$ a$^{0}$ ŋai$^{13}_{21}$tsʰi$^{21}$təu$^{35}_{53}$n̩$^{13}_{21}$ʂɔi$^{53}$miet$^{5}$ tsʰiak$^{5}$ lei$^{0}$.ʂɔi$^{53}_{44}$li$^{0}$ miet$^{5}$ tsʰiak$^{5}$ tsʰiəu$^{53}_{44}$ kai$^{53}$ciɔk$^{3}$ xɔŋ$^{53}$ke$^{53}$tsʰiaŋ$^{35}$cin$^{35}$ne$^{0}$ tsʰiəu$^{53}$uɔi$^{53}$tʂʰəu$^{35}_{44}$cin$^{35}$nei$^{0}$.

【青芒】tsʰiaŋ$^{35}$mɔŋ$^{13}$ 名冬天冬芒长出的嫩茎叶，可割来喂牛：（冬下）有～。iəu$^{35}$tsʰiaŋ$^{35}$mɔŋ$^{13}_{21}$. ｜就去割滴～分渠指牛食。tsʰiəu$^{53}_{44}$çi$^{53}_{44}$kɔit$^{3}$ tiet$^{5}$ tsʰiaŋ$^{35}$mɔŋ$^{13}$pən$^{35}_{44}$ci$^{13}_{44}$ʂət$^{5}$.

【青篾】tsʰiaŋ$^{35}$miet$^{5}$ 名竹子表层取下的篾：～肚里有头青二青。其实最好个就二青欸。第二层。最好个就第二层。/箇是就一只欸打扁篾就爱分……/就分得出来箇第二层。/经事是就系二层，二层更好哇。tsʰiaŋ$^{35}$miet$^{5}$ təu$^{21}$li$^{0}$ iəu$^{35}_{44}$tʰei$^{13}$tsʰiaŋ$^{35}_{44}$ɲi$^{53}$tsʰiaŋ$^{35}$.cʰi$^{13}$ʂət$^{5}_{3}$tsei$^{53}$xau$^{21}$ke$^{53}_{44}$tsʰiəu$^{53}_{44}$ɲi$^{53}$ tsʰiaŋ$^{35}$ŋei$^{0}$.tʰi$^{53}_{44}$ɲi$^{53}$tsʰien$^{13}_{21}$.tsei$^{53}$xau$^{21}$ke$^{53}_{44}$tsʰiəu$^{53}_{44}$tʰi$^{53}_{44}$ɲi$^{53}$tsʰien$^{13}_{21}$./kai$^{53}_{44}$ʂɿ$^{53}_{21}$tsʰiəu$^{53}_{44}$iet$^{3}$ tʂak$^{3}$ e$_{21}$ta$^{21}$pien$^{21}$miet$^{5}$ tsiəu$^{53}$ɔi$^{53}_{44}$fən$^{35}$⋯/tsʰiəu$^{53}_{44}$fən$^{35}$tek$^{3}$ tʂʰət$^{3}$ lɔi$^{13}$kai$^{53}_{44}$tʰi$^{53}_{44}$ɲi$^{53}$tsʰien$^{13}_{21}$./cin$^{35}$sɿ$^{53}$ʂɿ$^{53}_{21}$tsʰiəu$^{53}$xe$^{53}_{44}$ɲi$^{53}$tsʰien$^{13}_{21}$, ɲi$^{53}$ tsʰien$^{13}_{21}$ken$^{53}$xau$^{21}$ua$^{0}$.

【青皮豆】tsʰiaŋ$^{35}$pʰi$^{13}$tʰei$^{53}$ 名青大豆：如今箇个菜市场里呀～就系一碗经久不衰个菜啦。冬下头食倒春天，春天食倒冬下，一年四季都食～。i$^{13}_{21}$cin$^{35}_{53}$kai$^{53}_{44}$ke$^{53}_{44}$tsʰɔi$^{53}$ʂɿ$^{53}$tʂʰɔŋ$^{21}$li$^{0}$ ia$^{0}$ tsʰiaŋ$^{35}$pʰi$^{13}_{21}$ tʰei$^{53}$tsʰiəu$^{53}_{21}$xei$^{53}$iet$^{3}$ uɔn$^{21}$cin$^{35}$ciəu$^{21}$pət$^{3}$ sai$^{35}$ke$^{53}_{44}$tsʰɔi$^{53}$la$^{0}$.təŋ$^{35}$xa$^{53}_{44}$tʰei$^{13}_{21}$ʂət$^{5}$ tau$^{21}$tʂʰən$^{35}$tʰien$^{35}_{44}$,tʂʰən$^{35}$tʰien$^{35}_{44}$ ʂət$^{5}$ tau$^{21}$təŋ$^{35}$xa$^{53}_{44}$,iet$^{3}$ ɲien$^{13}$si$^{53}$ci$^{53}$təu$^{35}_{44}$ʂət$^{5}$ tsʰiaŋ$^{35}_{44}$pʰi$^{13}_{21}$tʰei$^{53}$.

【青藻子】tsʰiaŋ$^{35}$pʰiau$^{13}_{21}$tsɿ$^{0}$ 名绿萍，可做猪食：～分猪食。tsʰiaŋ$^{35}$pʰiau$^{13}_{21}$tsɿ$^{0}$ pən$^{35}$tʂəu$^{35}$ʂət$^{5}$.

【青色】tsʰiaŋ$^{35}$sek$^{3}$ 名绿色：箇指竹青就还现～。kai$^{53}_{44}$tsʰiəu$^{53}_{44}$xai$^{13}_{21}$çien$^{53}$tsʰiaŋ$^{35}$sek$^{3}$.

【青石子】tsʰiaŋ$^{35}$ʂak$^{5}$ tsɿ$^{0}$ 名青色的岩石：一般只有两起石子啊，～，白石子啊。iet$^{3}$ pɔn$^{35}$tʂek$^{3}$ iəu$^{35}$iɔŋ$^{21}$çi$^{21}$ʂak$^{5}$ tsɿ$^{0}$ a$^{0}$,tsʰiaŋ$^{35}$ʂak$^{5}$ tsɿ$^{0}$,pʰak$^{5}$ ʂak$^{5}$ tsɿ$^{0}$ a$^{0}$.

【青丝簕】tsʰiaŋ$^{35}$sɿ$^{35}$lek$^{3}$ 名一种带刺植物，有藤，皮青色：～，一种簕啊，箇个～嘞箇棍子有几大，但是簕多，甚至叶都有么个有，也都唔多，蛮讨嫌，到处都有，矮矮子，也有高个，也有是有人咁高个～。tsʰiaŋ$^{35}$sɿ$^{35}$lek$^{3}$,iet$^{3}$ tʂəŋ$^{21}$lek$^{3}$ a$^{0}$,kai$^{53}$ke$^{53}$tsʰiaŋ$^{35}$sɿ$^{35}$lek$^{3}$ lei$^{0}$ kai$^{53}_{44}$kuən$^{53}$tsɿ$^{0}$ mau$^{13}$ ci$^{21}$tʰai$^{53}$,tan$^{53}$ʂɿ$^{53}$lek$^{3}$ to$^{35}$,ʂən$^{53}_{44}$tʂɿ$^{53}_{44}$iait$^{5}$ təu$^{35}_{53}$mau$^{13}_{21}$mak$^{3}$ e$^{0}$ iəu$^{35}$,iait$^{5}$ təu$^{35}_{53}$n̩$^{13}_{21}$to$^{35}_{44}$,man$^{13}$tʰau$^{21}$çian$^{13}$,tau$^{53}$tʂʰəu$^{53}_{44}$ təu$^{35}_{44}$iəu$^{35}$,ai$^{21}_{13}$ai$^{21}$tsɿ$^{0}$,ia$^{35}$iəu$^{35}_{44}$kau$^{35}_{44}$ke$^{0}$,ia$^{35}$iəu$^{35}_{53}$ʂɿ$^{53}_{44}$iəu$^{35}$ɲin$^{13}$kan$^{21}$kau$^{35}_{44}$kei$^{53}$tsʰiaŋ$^{35}_{44}$sɿ$^{35}_{44}$lek$^{3}$.

【青丝鸟】tsʰiaŋ$^{35}$sɿ$^{35}_{44}$tiau$^{35}$ 名鸟名，食种子与禾苗：我等喊～。渠箇箇箇种鸟子会食别人家禾，会食别人家植物。会食禾。～真讨嫌呢。ŋai$^{13}_{21}$tien$^{0}$ xan$^{53}_{44}$tsʰiaŋ$^{35}$sɿ$^{35}_{44}$tiau$^{35}_{44}$.ci$^{13}_{21}$kai$^{53}_{44}$kai$^{53}$kai$^{53}$tʂəŋ$^{21}$tiau$^{35}$ tsɿ$^{0}$ uɔi$^{53}_{44}$ʂət$^{5}$ pʰiek$^{5}$ in$^{13}_{44}$ka$^{35}_{44}$uo$^{13}$,uɔi$^{53}_{44}$ʂət$^{5}$ pʰiek$^{5}_{3}$ in$^{13}_{44}$ka$^{35}_{44}$tʂʰət$^{5}$ uk$^{3}$ .uɔi$^{53}_{44}$ʂət$^{5}$ uo$^{13}$.tsʰiaŋ$^{35}$sɿ$^{35}_{44}$tiau$^{35}_{44}$tʂən$^{35}$tʰau$^{21}$ çian$^{13}$ne$^{0}$.

【青苔】tsʰiaŋ$^{35}$tʰɔi$^{13}_{21}$ 名水生苔藓植物，色翠绿，生长在水中或陆地阴湿处：（石墁）就系有滴像～样。tsʰiəu$^{53}$xei$^{53}$iəu$^{35}_{44}$tet$^{5}$ tsʰiɔŋ$^{53}_{44}$tsʰiaŋ$^{35}$tʰɔi$^{13}_{21}$iɔŋ$^{53}_{44}$.

【青藤子】tsʰiaŋ$^{35}$tʰien$^{13}$tsɿ$^{0}$ 名一种藤本植物：呃我等老家箇映就有箇～嘞，揪韧呢，箇真好喔，箇真好做绳好打绳呐做搊箕耳箇兜唠。硬铺天盖地，到处都系，～。真经，真经事。尽系野生个。ə$_{21}$ŋai$^{13}$tien$^{0}$ lau$^{21}$cia$^{35}_{44}$kai$^{53}_{44}$iaŋ$^{53}_{44}$tsʰiəu$^{53}_{21}$iəu$^{35}_{53}$kai$^{53}$tsʰiaŋ$^{35}$tʰien$^{13}_{21}$tsɿ$^{0}$ lei$^{0}$ ,tsiəu$^{35}$ɲin$^{35}$nei$^{0}$,kai$^{53}$tʂən$^{35}$xau$^{21}$ uo$^{0}$,kai$^{53}_{44}$tʂən$^{35}$xau$^{21}$tso$^{53}$tʂən$^{35}$xau$^{21}$ta$^{21}$ʂən$^{13}$na$^{0}$ tso$^{53}$tsʰei$^{35}$ci$^{35}_{44}$ɲi$^{21}$kai$^{53}_{44}$te$^{35}_{44}$lau$^{0}$. ɲiaŋ$^{53}$pʰu$^{35}$tʰien$^{35}$kɔi$^{53}_{44}$tʰi$^{53}_{44}$,tau$^{53}$

tʂʰəu$^{53}_{44}$təu$^{35}_{44}$xei$^{53}_{44}$,tsʰiaŋ35tʰien$^{13}_{21}$tsɿ0.tʂən35cin35,tʂən35cin35sɿ53.tsʰin53nei$^{53}_{21}$ia$^{35}_{44}$saŋ$^{35}_{44}$ke0.

【青天】tsʰiaŋ35/tsʰin35tʰien35 名指清官：～大老爷tsʰiaŋ35tʰien$^{35}_{44}$tʰai53lau21ia13｜包～pau$^{35}_{44}$tsʰin$^{35}_{44}$tʰien35｜碰倒哩～pʰəŋ53tau21li0 tsʰiaŋ35tʰien35

【青天塥】tsʰiaŋ35tʰien35kak3 名指云中间露出的蓝天：欸，打比落水天呐看倒箇云推开哩以后呀现滴子青天呢，就安做："现～去哩哈，会晴了，现～去哩。" e$_{21}$,ta21pi21lɔk5ʂei21tʰien$^{35}_{44}$na0 kʰɔn53tau21kai53in13tʰi35kʰɔi35li0 i$^{35}_{44}$xei53ia0 çien53tiet5 tsɿ0 tsʰiaŋ35tʰien$^{35}_{44}$ne0,tsʰiəu$^{53}_{44}$ɔn$^{35}_{44}$tso$^{53}_{44}$:"çien53tsʰiaŋ$^{35}_{44}$tʰien$^{35}_{44}$kak3 çi53li0 xa0,uɔi53tsʰiaŋ13liau21,çien53tsʰiaŋ$^{35}_{44}$tʰien$^{35}_{44}$kak3 çi53li0."｜现哩～，天气就差唔多就会好滴子了。çien53li0 tsʰiaŋ35tʰien35kak3,tʰien35çi53tsʰiəu53tsa35n̩$^{13}_{21}$to35tsʰiəu53uɔi53xau21tiet5 tsɿ0 liau0.

【青瓦】tsʰiaŋ35ŋa21 名用黏土烧制而成的暗蓝色瓦：欸，以前个老屋啊尽系用～来盖哩个嘞，用～盖。e$_{21}$,i$^{35}_{53}$tsʰien13ke53lau21uk3 a0 tsʰin53xe$^{53}_{44}$iəŋ53tsʰiaŋ35ŋa21lɔi13kɔi53li0 ke53lei0,iəŋ53tsʰiaŋ35ŋa21kɔi53.

【青鱼】tsʰiaŋ35ŋ̍13 名黑鲩。我国重要的淡水鱼类之一，体细圆，呈青黑色：～，四大家鱼之一，青草鲢鳙，四大家鱼之一，～。我等以映唔多嘞，～。我就讲买鱼咯，很少看倒有么个有～嘞，只有草鱼鲤鱼就多嘞。tsʰiaŋ35ŋ̍13,si53tʰai53cia35ŋ̍13tʂɿ35iet3,tsʰiaŋ35tsʰau21lien13iəŋ35,si53tʰai53cia35ŋ̍13tʂɿ35iet3,tsʰiaŋ35ŋ̍$^{13}_{21}$.ŋai13tien0 i$^{21}_{53}$iaŋ53n̩13to35lei0,tsʰiaŋ35ŋ̍$^{13}_{21}$.ŋai13tsʰiəu53kɔŋ21mai35ŋ̍13ko0,xen21ʂau21kʰɔn53tau21iəu$^{35}_{53}$mak3 e0 iəu$^{35}_{53}$tsʰiaŋ35ŋ̍$^{13}_{21}$lei0,tʂɿ21iəu$^{35}_{53}$tsʰau21ŋ̍13li35ŋ̍$^{13}_{21}$tsʰiəu$^{53}_{44}$to35lei0.

【青枣】tsʰiaŋ35tsau21 名本地出产的一种枣，个儿不大：本地也有枣嘞，也有箇个～。～畜唔红，冇得红。也唔大。以个本地箇枣子树也有嘞。也唔大，箇枣子。pən21tʰi53ia35iəu$^{35}_{44}$tsau21lei0,ia35iəu$^{35}_{44}$kai$^{53}_{44}$ke$^{53}_{44}$tsʰiaŋ35tsau21.tsʰiaŋ35tsau21çiəuk3 m̩$^{13}_{21}$fəŋ13,mau$^{13}_{21}$tek3 fəŋ13.ia35n̩13tʰai53.i21ke53pən21tʰi53kai$^{53}_{44}$tsau21tsɿ0 ʂəu53ia$^{35}_{44}$iəu35le0.ia35n̩13tʰai53,kai53tsau21tsɿ0.

【青竹篙】tsʰiaŋ35tʂəuk3 kau35 名①刚砍下来的竹竿：两只意思。一只嘞就系竹篙，正剐下来个～。欸，用□青子个竹做成个竹篙就安做～。iɔŋ21tʂak3 i53sɿ0.iet3 tʂak3 lei0 tsʰiəu53xei53tʂəuk3 kau35,tʂaŋ53tʰiait$^{5}_{3}$ xa53lɔi$^{13}_{21}$kei0 tsʰiaŋ35tʂəuk3 kau35.e$_{21}$,iəŋ53kue35tsʰiaŋ35tsɿ0 ke0 tʂəuk3 tso53tʂʰən13ke0 tʂəuk3 kau35tsʰiəu$^{53}_{44}$ɔn$^{35}_{44}$tso$^{53}_{44}$tsʰiaŋ35tʂəuk3 kau35. ②蛇名：还有种就一种蛇，安做～。～毒性唔大。xai13 iəu$^{35}_{53}$tʂəŋ21tsʰiəu53iet3 tʂəŋ21ʂa13,ɔn$^{35}_{44}$tso53tsʰiaŋ35tʂəuk3 kau$^{35}_{44}$.tsʰiaŋ35tʂəuk3 kau35tʰəuk5 sin53n̩13tʰai53.

【青砖】tsʰiaŋ35tʂuɔn35 名一种砖，用黏土做成坯子，入窑烧制过程中加水冷却，使黏土中的铁不完全氧化，呈青色。也称"窑砖、烟砖"：～就系一种墨乌个砖。以前烧瓦个时候子啊，箇屋上盖个瓦爱烧吵，系唔系？舞倒箇个田底下个箇起咁个嗯有么个沙公个，含沙比较少个箇起安做罂子泥去欸做瓦。做倒瓦嘞就爱烧。但是烧瓦个时候子嘞，底下爱用砖砌起来，瓦放下顶高。所以话"烟砖交瓦一窑货"。烟砖摎瓦是放做一下去烧个。烟砖就指箇～。箇烧出来个砖墨乌个，乌色，深色，深黑色，就安做～。tsʰiaŋ35tʂuɔn35tsʰiəu53ue53iet3 tʂəŋ21mek5 u35 ke53tʂuɔn$^{35}_{44}$.i$^{35}_{53}$tsʰien13ʂau$^{35}_{44}$ŋa21ke$^{53}_{44}$ʂɿ13xəu53tsa0,kai$^{53}_{44}$uk3 xɔŋ$^{53}_{44}$kɔi53ke53ŋa21ɔi$^{53}_{44}$ʂau35ʂa0,xei53me53?u21tau21kai$^{53}_{44}$kei$^{53}_{44}$tʰien13tei21xa53ke53kai53çi21kan$^{21}_{13}$kei53ən$_{21}$mau13mak3 e0 sa35kəŋ$^{35}_{44}$ke0,xan13sa35pi21ciau53ʂau21ke53kai53çi21ɔn35tso$^{53}_{44}$aŋ35tsɿ0 lai13çi53e$_{21}$tso53ŋa21.tso53tau21ŋa21lei0 tsʰiəu$^{53}_{44}$ɔi$^{53}_{44}$ʂau35.tan53ʂɿ53ʂau35ŋa21kei$^{53}_{44}$ʂɿ13xəu$^{53}_{44}$tsɿ0 lei0,tei21xa$^{53}_{44}$ɔi53iəŋ53tʂuɔn35tsʰi53çi21lɔi13,ŋa21fɔŋ53xa53taŋ21kau$^{35}_{44}$.so21i$^{35}_{44}$ua53"ien35tʂuɔn$^{35}_{44}$ciau$^{35}_{44}$ŋa21iet3 iau13fo53".ien35tʂuɔn$^{35}_{44}$lau$^{35}_{44}$ŋa21ʂɿ$^{53}_{21}$fɔŋ53tso53(i)et3 xa53çi$^{53}_{44}$ʂau35ke0.ien35tʂuɔn35tsʰiəu53tʂɿ21kai$^{53}_{44}$tsʰiaŋ35tʂuɔn$^{35}_{53}$.kai53ʂau35tʂʰət3 lɔi$^{13}_{21}$ke$^{53}_{21}$tʂuɔn35mek5 u35ke53,u35sek3,ʂən35sek3,ʂən35xek3 sek3,tsʰiəu53ɔn$^{35}_{53}$tso53tsʰiaŋ35tʂuɔn35.

【轻】cʰiaŋ35 形①不重，轻巧：担子～。tan35tsɿ0 cʰiaŋ35. ②用力小：打条兴呶。兴就更箇个就更更～啊。ta21tʰiau13çin35nau0.çin35tsʰiəu53cien53kai$^{53}_{44}$ke$^{53}_{44}$tsʰiəu53cien53cien53cʰiaŋ35ŋa0. ③年纪不大：年纪～ɲien13ci21cʰiaŋ35。④礼金少，礼物不贵重：欸，箇包封忒系唔系～哩？打比我爱一百块你只来六十块。e$_{21}$,kai$^{53}_{44}$pau35fəŋ$^{35}_{44}$tʰet3 xe53me$^{53}_{44}$cʰiaŋ35li0?ta21pi21ŋai$^{13}_{21}$ɔi53iet3 pak3 kʰuai53ɲi13tʂɿ21lɔi13liəuk3 ʂət5 kʰuai53.｜我个礼物就蛮～。ŋai13ke$^{53}_{44}$li35u$^{53}_{44}$tsʰiəu53man$^{13}_{21}$cʰiaŋ35. ⑤比喻分娩：你妹子～哩么？～哩，～哩。生哩人就安做～哩。ɲi13mɔi53tsɿ0 cʰiaŋ35li0 mo0?cʰiaŋ35li0,cʰiaŋ35li0.saŋ$^{35}_{44}$li0ɲin13 tsiəu$^{53}_{44}$ɔn$^{35}_{44}$tso$^{53}_{44}$cʰiaŋ35li0.

【轻浮】cʰiaŋ35fei13 形不实在，不踏实。又称"浮"：我等有只老弟就蛮～，真系有兜～。么个都会，会就么个都会，就系唔知系唔系唔知让门四十几四十岁了哇冇滴子么个事业，𫟼做出滴子么个名堂来，钱就冇钱呢，家庭就家庭𫟼搞好，嗯，唔知让门个，有兜子～呀，有兜～。雀就真雀嘞，箇人尽兜都话渠么个都会搞，就系𫟼搞出名堂。欸，箇阵子就系搞么个工厂里搞么个技术员，搞维修，机修，听渠自家讲真赚钱，好，落尾箇映子冇哩搞，又去搞只么个东西啊？又去开饭店，欸，又渠又会箇个嘞去屋下渠又会做屋嘞，会砌砖箇兜嘞，会砌墙嘞，会做泥水嘞。但是咁多年下来，唔，么个都冇得。ŋai13tien0 iəu35-53tʂak3 lau21tʰe35tsʰiəu53 man13-21cʰiaŋ35fei13-21,tʂən35xe53-44iəu35te35-53cʰiaŋ35fei13-21.mak3 ke53-44təu35-44uɔi53,uɔi53tsiəu53-21mak3 ke53-44təu35-44uɔi53,tsʰiəu53xei53 n̩13-21ti35-53xei53mei53n̩13-21ti35-53ɲiɔŋ53mən13-44si53ʂət5 ci21si53ʂət5 sɔi53liau21ua0 mau13tiet5 tsɿ0 mak3 e0 sɿ53ɲiait5,maŋ13tso53 tʂʰət3 tiet5 tsɿ0 mak3 e0 min13tʰɔŋ13-44lɔi13-44,tsʰien13tsʰiəu53mau13-21tsʰien13ne0,cia35tʰin13-44tsʰiəu53-44cia35tʰin13-21maŋ13-21kau21 xau21,n̩21,n̩13ti35-53ɲiɔŋ53mən13-53ke53,iəu35tei35-53tsɿ0 cʰiaŋ35fei13-21ia0,iəu35tei35-53cʰiaŋ35fei13-21.tsʰiɔk3 tsʰiəu53tʂən35-53tsʰiɔk3 le0,kai53ɲin13-21tsʰin53te35-44təu35-44ua53ci13-21mak3 e0 təu35-53uɔi53kau21,tsʰiəu53xei53maŋ13kau21tʂʰət3 min13tʰɔŋ13-44.ei21,kai53 tʂʰən53tsɿ0 tsiəu53xei53kau21mak3 ke53-44kəŋ35tʂʰɔŋ21li21-44kau21mak3 kei53-44çi53ʂət5 vien13-21,kau21uei13-21siəu35-44,ci35siəu35-44, tʰaŋ35ci13-21tsʰɿ35ka35-53kəŋ21tʂən35tsʰan35tsʰien13,xau21,lɔk5 mi35-53kai53iaŋ53tsɿ0 mau13li0 kau21-44,iəu53çi53kau21tʂak3 mak3 e0 təŋ35-44si0 a0?iəu53çi53kʰɔi35fan35tian53-44,ei21,iəu35ci13iəu35uɔi53kai53ke53-44lei0 çi53uk3 xa53-44ci13iəu53-44uɔi53-44tso53uk3 lei0, uɔi53tsʰi53tʂuən35kai53-44te35-53lei0,uɔi53tsʰi53tsʰiɔŋ13lei0,uɔi53tso53lai13ʂei21lei0.tan53ʂɿ53kan35to13-21ɲien13xa53-44lɔi13-44,m̩53, mak3 e0 təu35-53mau13-21tek3.

【轻快】cʰiaŋ35kʰuai53 形 轻便：渠指皮箸子更～。ci13cien53cʰiaŋ35kʰuai53.｜（薄膜）忒～呀。tʰiet3 cʰiaŋ35kʰuai53ia0.

【轻飘飘哩】cʰiaŋ35pʰiau35pʰiau35li0 形 状态词。很轻的样子：羽绒服啊～，着倒身上欸欸又□暖。箇就羽绒服到底系蛮好，贵贵子凑。ɥ21iəŋ13fuk5 a0 cʰiaŋ35-44pʰiau35-44pʰiau35li0,tʂɔk3 tau21ʂən35xɔŋ53-44 e44ei21,iəu53-44vət5 lən35.kai53-44tsiəu53-44ɥ21iəŋ13fuk5 tau53ti21xei53man13xau21,kuei53kuei53tsɿ0 tsʰe0.｜间壁箇只妹子嘞二十二斤，轻四斤，但是捧倒手里我等箇只（孙子）硬就只唔知几坠手。渠箇只系～。kan53piak3 kai53-44tʂak3 mɔi53tsɿ0 lei0 ɲi53-44ʂət3-5ɲi53cin35-44,cʰiaŋ35si53cin35,tan53ʂɿ53pəŋ21tau21ʂəu21li0 ŋai13tien0 kai53 tʂak3 ɲiaŋ53tsʰiəu53tʂət3 n̩13ti35-53ci21tʂʰei53ʂəu21.ci13kai53tʂak3 (x)ei53cʰiaŋ35-44pʰiau35-44pʰiau35li0.

【轻轻子】cʰiaŋ35cʰiaŋ35tsɿ0 形 用力不猛：斫紧哩以后，～去搕。ŋa53cin21li0 i35xei53,cʰiaŋ35cʰiaŋ35 tsɿ0 çi35kʰɔk3.

【轻松】cʰiaŋ35səŋ35 形 不感到有负担。又称“松 、松爽”：忒～哩 tʰek3cʰiaŋ35səŋ35li0｜前井后梢。箇两只人最～。tsʰien35tsiaŋ21xei53sau35.kai53iɔŋ21tʂak3 ɲin13-21tsei53cʰiaŋ35səŋ35-44.

【轻松松】cʰiaŋ35səŋ35-44səŋ35-44 形 很轻松：湖洋田里打桩篙，～噢。fu13iɔŋ13tʰien13ni0 ta21tsiɔŋ35 kau35,cʰiaŋ35səŋ35-44səŋ35-44ŋau0.

【倾】kʰuaŋ35 动 使器物反转或歪斜，以倒出里面的东西：用角撮掇下掇倒～下箩里。iəŋ53-35kɔk3 tsʰait3 tɔit3 ia53(←xa53)tɔit3 tau21-44kʰuaŋ35ŋa44(←xa53)lo13li0.｜在～泥之前，就放一轮个墙绷。tsʰai53 kʰuaŋ35lai13tʂɿ35tsʰien13,tsiəu53-44fɔŋ53iet3 lən13ke53-44tsʰiɔŋ13paŋ35.

【倾黄】kʰuaŋ35uɔŋ13 形 状态词。形容病态的黄色：面都～个。mien53təu35-44kʰuaŋ35uɔŋ13ke0.

【清1】tsʰin35 形 ①（认识）真切：兰花我搞唔～。兰花你搞得～么？lan13fa35-44ŋai13-21kau21n̩13-21 tsʰin35-44.lan13fa35-44ɲi13-21kau21tek3tsʰin35mo0？②（表达）清晰、有条理：大舌头哟，讲事都讲唔～呶。tʰai53ʂet5tʰei13iau0,kɔŋ21sɿ53-44təu35-44kɔŋ21n̩13-21tsʰin35-44nau0.

【清2】tsʰin35 动 ①清理：分箇只所爱用个栏场通通都～开来呀。pən35kai53tʂak3 so21ɔi53-44iəŋ53ke53-44 lɔŋ13tʂʰɔŋ13tʰəŋ35tʰəŋ35təu35-21tsʰin35kʰɔi35lɔi13-21ia0. ②清楚地了解：箇我等唔多～。kai53ŋa13-21tien0 n̩13to35-44 tsʰin35-44.

【清迟八迟】tsʰiaŋ35tʂʰɿ13-21pait3 tʂʰɿ13 形 形容很迟：本来应该早滴子，栽得～正栽。欸，我栽辣椒哇，打比样五月份要栽呀，七月份正栽，～正栽。就蛮迟啊。pən21lɔi13in35-44kɔi35-44tsau21tet5 tsɿ0,tsɔi35 tek3 tsʰiaŋ35tʂʰɿ13-21pait3 tʂʰɿ13tʂaŋ53tsɔi35.e21,ŋai13-21tsɔi35lait5 tsiau35-44ua0,ta21pi21iɔŋ53-44ŋ̍21ɲiet5 fən53-44iau53-44tsɔi35-44ia0,tsʰiet3 ɲiet5 fən53-44tʂaŋ53-44tsɔi35,tsʰiaŋ35tʂʰɿ13-21pait3 tʂʰɿ13-21tʂaŋ53tsɔi35.tsʰiəu53man13tʂʰɿ13a0.

【清基】tsʰin35ci35 动 清理地基：（打盘子）就是～呀。tsʰiəu53-44ʂɿ53-44tsʰin35-44ci35-44ia0.

【清明】tsʰiaŋ35miaŋ13 名 二十四节气之一，也指这个节日：欸，我等以映子好像渠系摘谷雨茶。～茶……我等以个栏场咯箇可能系欸海拔高哩滴子，～个时候子还忒嫩哩。渠系摘谷雨茶。e21,ŋai13tien0 i21iaŋ53tsɿ0 xau21tsʰiɔŋ53ci13-21xei53tsak3 kuk3 i21tsʰa13-21.tsʰin35min13-21tsʰa13-21…ŋai13-21tien0 i13-21ke53laŋ13-21 tʂʰɔŋ13-21ko0 kai53kʰo21len13xei53e21xɔi21pʰak5 kau35li0 tiet5 tsɿ0,tsʰin35min13-21ke53ʂɿ13-44xei53-44tsɿ0 xai13-21tʰiet3 lən53li0.ci13-21 xei53tsak3 kuk3 i21tsʰa13-21.｜～挂山 tsʰin35min13-21kua53san35

【清明节】tsʰin35min13tsiet3 名 传统节日。在这一天，民间有上坟扫墓等活动：欸，以下箇～就蛮重视了啦，国家还放天假啦，系唔系？～啊。～就铲地呀，有兜人寄托箇个哀思个时候子。

ei$_{21}$,i$^{21}$xa$^{53}$kai$^{53}$ts$^{h}$in$^{35}_{44}$min$^{13}_{21}$tsiet$^{3}$ ts$^{h}$iəu$^{53}$man$^{13}$tʂ$^{h}$əŋ$^{53}$ʂʅ$^{53}_{44}$liau$^{21}$la$^{0}$,kɔit$^{3}$ cia$^{35}_{44}$xai$^{13}_{44}$fɔŋ$^{53}_{44}$t$^{h}$ien$^{35}_{44}$cia$^{21}$la$^{0}$,xei$^{53}$me$^{53}_{21}$? ts$^{h}$in$^{35}$min$^{13}_{21}$tsiet$^{3}$ a$^{0}$.ts$^{h}$in$^{35}$min$^{13}_{21}$tsiet$^{3}$ ts$^{h}$iəu$^{53}_{44}$ts$^{h}$an$^{21}$t$^{h}$i$^{53}$ia$^{0}$,iəu$^{35}$tei$^{35}_{53}$ɲin$^{13}_{21}$ci$^{53}$t$^{h}$ɔk$^{3}$ kai$^{53}$ke$^{53}$ŋai$^{35}$sɿ$^{35}_{44}$ke$^{53}$ʂʅ$^{13}$xei$^{53}$ tsɿ$^{0}$.

【清清白白】ts$^{h}$in$^{35}$ts$^{h}$in$^{35}$p$^{h}$ak$^{5}$ p$^{h}$ak$^{5}$ 品行纯洁，没有污点，特指廉洁：一个人做人就爱～做人，莫贪心咁大，嗯，～子做人，就人也轻轻松松子一世人。iet$^{3}$ ke$^{53}$ɲin$^{13}_{44}$tso$^{53}$ɲin$^{13}$ts$^{h}$iəu$^{53}$ɔi$^{53}$ts$^{h}$in$^{35}$ts$^{h}$in$^{35}$p$^{h}$ak$^{5}$ p$^{h}$ak$^{5}$ tso$^{53}$ɲin$^{13}$,mɔk$^{5}$ t$^{h}$an$^{35}_{44}$sin$^{35}_{44}$kan$^{21}$t$^{h}$ai$^{53}$,n̩$_{53}$,ts$^{h}$in$^{35}$ts$^{h}$in$^{35}$p$^{h}$ak$^{5}$ p$^{h}$ak$^{5}$ tsɿ$^{0}$ tso$^{53}$ɲin$^{13}$,ts$^{h}$iəu$^{53}$ɲin$^{13}$na$^{35}_{44}$c$^{h}$iaŋ$^{35}$c$^{h}$iaŋ$^{35}_{44}$səŋ$^{35}_{44}$səŋ$^{35}_{44}$tsɿ$^{0}$ iet$^{3}$ ʂʅ$^{53}$ɲin$^{13}_{21}$.

【清水】ts$^{h}$iaŋ$^{35}$ʂei$^{21}$ [名]清澈而不含杂质、无添加的水：以下我再都唔用箇指便宜的洗发水，我冇得哩我就会用水，我就洗～。i$^{21}$xa$^{53}$ŋai$^{13}_{21}$tsai$^{53}$təu$^{35}_{53}$n̩$^{13}$iəŋ$^{53}$kai$^{53}$,ŋai$^{13}$mau$^{13}$tek$^{3}$ li$^{0}$ ŋai$^{13}$ts$^{h}$iəu$^{53}$uɔi$^{53}$iəŋ$^{53}$ʂei$^{21}$,ŋai$^{13}$tsiəu$^{53}$sei$^{21}$ts$^{h}$iaŋ$^{35}$ʂei$^{21}$.

【清一色】ts$^{h}$in$^{35}$iet$^{3}$ sek$^{3}$ ①颜色的千篇一律。比喻全部由一种成分构成或全部一个样子：欸打比一伴个人，十几两十个人都着件子白褂子，欸就～个白衬衣。e$_{21}$ta$^{21}$pi$^{21}$iet$^{3}$ p$^{h}$ɔn$^{53}$ke$^{53}_{44}$ɲin$^{13}$,ʂət$^{5}$ ci$^{21}$iɔŋ$^{21}$ʂət$^{5}$ ke$^{53}$ɲin$^{13}_{44}$təu$^{35}$tʂɔk$^{3}$ c$^{h}$ien$^{53}$tsɿ$^{0}$ p$^{h}$ak$^{5}$ kua$^{53}$tsɿ$^{0}$,e$_{21}$ts$^{h}$iəu$^{53}_{21}$ts$^{h}$in$^{35}$iet$^{3}$ sek$^{3}$ ke$^{53}$p$^{h}$ak$^{5}$ ts$^{h}$ən$^{53}$i$^{35}$. ②打麻将时，某家的牌全部由一种花色组成：打麻将就有～啊。ta$^{21}$ma$^{13}$tsiɔŋ$^{53}_{44}$ts$^{h}$iəu$^{53}_{44}$iəu$^{35}_{44}$ts$^{h}$in$^{35}$iet$^{3}$ sek$^{3}$ a$^{0}$.

【清油灯盏】ts$^{h}$in$^{35}$iəu$^{13}_{21}$tien$^{35}_{44}$tsan$^{21}$ [名]以茶油、菜油等植物油作为燃料的油灯：欸，有茶油灯盏，就～呢。e$_{21}$,iəu$^{35}_{53}$ts$^{h}$a$^{13}$iəu$^{13}_{44}$tien$^{35}_{44}$tsan$^{21}$,ts$^{h}$iəu$^{53}_{44}$ts$^{h}$in$^{35}$iəu$^{13}_{21}$tien$^{35}_{44}$tsan$^{21}$ne$^{0}$.

【晴】ts$^{h}$iaŋ$^{13}$ [形]天空中无云或云很少：天～哩。t$^{h}$ien$^{35}$ts$^{h}$iaŋ$^{13}$li$^{0}$.｜水唔落了。爱天～了。ʂei$^{21}$ ŋ̍$^{13}$lɔk$^{5}$ liau$^{21}$.ɔi$^{53}$t$^{h}$ien$^{35}$ts$^{h}$iaŋ$^{13}$liau$^{21}$.

【晴天】ts$^{h}$iaŋ$^{13}$t$^{h}$ien$^{35}$ [名]天空中无云或云很少的日子：～摎落水天相对。～好哇，只爱唔系同如今样咁热人。～人心情都好多哩，可以到处去走动下子。ts$^{h}$iaŋ$^{13}$t$^{h}$ien$^{35}$lau$^{35}_{44}$lɔk$^{5}$ ʂei$^{21}$t$^{h}$ien$^{35}$ siɔŋ$^{35}$tei$^{53}$.ts$^{h}$iaŋ$^{13}$t$^{h}$ien$^{35}_{53}$xau$^{21}$ua$^{0}$,tʂʅ$^{21}$ɔi$^{53}$m̩$^{13}_{21}$p$^{h}$ei$^{53}$t$^{h}$əŋ$^{13}_{21}$i$^{13}_{21}$cin$^{35}_{44}$iɔŋ$^{53}$kan$^{21}$ɲiet$^{5}$ ɲin$^{13}_{21}$.ts$^{h}$iaŋ$^{13}_{21}$t$^{h}$ien$^{35}_{44}$ɲin$^{13}_{21}$sin$^{35}$ ts$^{h}$in$^{13}_{21}$təu$^{35}_{53}$xau$^{21}$to$^{35}$li$^{0}$,k$^{h}$o$^{21}$i$^{35}$tau$^{53}$tʂ$^{h}$əu$^{53}_{44}$çi$^{53}_{44}$tsei$^{21}$t$^{h}$əŋ$^{53}$xa$^{53}_{21}$tsɿ$^{0}$.

【擎】c$^{h}$iaŋ$^{13}$ [动]撑：好像（牵轿娘）一般都有两个子吧，一只牵下子手个，一只就～把子遮子个，～下子伞个，欸。xau$^{21}$siɔŋ$^{53}_{44}$iet$^{3}$ pɔn$^{35}$təu$^{35}_{44}$iəu$^{35}_{44}$iɔŋ$^{21}$ke$^{53}$tsɿ$^{0}$ pa$^{0}$,iet$^{3}$ tʂak$^{3}$ c$^{h}$ien$^{35}$na$^{53}$tsɿ$^{0}$ ʂəu$^{21}$ cie$^{53}$,iet$^{3}$ tʂak$^{3}$ ts$^{h}$iəu$^{53}$c$^{h}$iaŋ$^{13}$pa$^{21}$tsɿ$^{0}$ tʂa$^{35}$tsɿ$^{0}$ ke$^{0}$,c$^{h}$iaŋ$^{13}$xa$^{53}_{44}$tsɿ$^{0}$ san$^{53}$cie$^{53}_{21}$,e$_{21}$.｜就分人～把伞呢。欸，拿把伞呢，遮稳（遗像）呢。ts$^{h}$iəu$^{53}_{44}$pən$^{35}$ɲin$^{13}_{21}$c$^{h}$iaŋ$^{13}_{21}$pa$^{21}$san$^{53}$ne$^{0}$.e$_{21}$,la$^{53}$pa$^{21}$san$^{53}_{44}$ne$^{0}$,tʂa$^{35}$uən$^{21}$ne$^{0}$.

【请】ts$^{h}$iaŋ$^{21}$ [动]①邀请；聘请：从前爱～高亲食酒哇。ts$^{h}$əŋ$^{13}_{21}$ts$^{h}$ien$^{13}_{44}$ɔi$^{53}_{44}$ts$^{h}$iaŋ$^{21}$kau$^{35}$ts$^{h}$in$^{35}_{44}$ʂət$^{5}$ tsiəu$^{21}$ua$^{0}$.｜～只挖机来挖个塘。ts$^{h}$iaŋ$^{21}$tʂak$^{3}$ ua$^{35}$ci$^{35}_{44}$lɔi$^{13}_{44}$ua$^{35}$ke$^{53}$tɔŋ$^{13}_{21}$. ②默念神祇名字，请动神明，祈求保佑赐福：你就分箇只牌位～倒……欸，放禾坪前口，～下子，嘴里～下子。ɲi$^{13}$ts$^{h}$iəu$^{53}$ pən$^{35}$kai$^{53}_{21}$tʂak$^{3}$ p$^{h}$ai$^{13}_{21}$uei$^{53}_{44}$ts$^{h}$iaŋ$^{21}$tau$^{21}$…e$_{21}$,fɔŋ$^{53}$uo$^{13}_{21}$p$^{h}$iaŋ$^{13}_{21}$ts$^{h}$ien$^{13}$xei$^{21}$,ts$^{h}$iaŋ$^{21}$ŋa$^{53}$(←xa$^{53}$)tsɿ$^{0}$,tʂɔi$^{53}$li$^{0}$ ts$^{h}$iaŋ$^{21}$ŋa$^{53}$(←xa$^{53}$)tsɿ$^{0}$.｜（捡骨头的时候）也有么啊仪式，舞倒～起下子来呀，烧滴子香烛子啊。ia$^{35}$mau$^{13}_{21}$mak$^{3}$ a$^{0}$ ɲi$^{13}$ʂʅ$^{53}$,u$^{21}$tau$^{21}_{44}$ts$^{h}$iaŋ$^{21}$çi$^{21}$a$^{53}$tsɿ$^{0}$ lɔi$^{13}_{21}$ia$^{0}$,ʂau$^{35}_{44}$tet$^{5}$ tsɿ$^{0}$ çiɔŋ$^{35}$tʂəuk$^{3}$ tsa$^{0}$. ③敬辞，用于希望对方做某事：～！ts$^{h}$iaŋ$^{21}$!您请！｜～食茶！ts$^{h}$iaŋ$^{21}$ʂet$^{5}$ ts$^{h}$a$^{13}$!｜～净手！ts$^{h}$iaŋ$^{21}$ts$^{h}$in$^{53}$ʂəu$^{21}$!请洗手！｜～换鞋！ts$^{h}$iaŋ$^{21}$uɔn$^{53}$xai$^{13}$!｜～洗身！ts$^{h}$iaŋ$^{21}$se$^{21}$ʂən$^{35}$!｜～用饭！ts$^{h}$iaŋ$^{21}$iəŋ$^{53}$fan$^{53}$!｜～食菜，莫食光饭。ts$^{h}$iaŋ$^{21}$ʂət$^{5}$ ts$^{h}$ɔi$^{53}$,mɔk$^{5}$ ʂət$^{5}$ kɔŋ$^{35}$fan$^{53}$.｜～你同我钟舂碎下子。ts$^{h}$iaŋ$^{21}$ɲi$^{13}$t$^{h}$əŋ$^{13}_{21}$ŋai$^{13}_{21}$tʂəŋ$^{35}$ sei$^{53}$xa$^{53}_{44}$tsɿ$^{0}$.

【请饭】ts$^{h}$iaŋ$^{21}$fan$^{53}$ [动]请客吃饭：请餐饭 ts$^{h}$iaŋ$^{21}$ts$^{h}$ɔn$^{35}_{44}$fan$^{53}$

【请柬】ts$^{h}$iaŋ$^{21}$kan$^{21}$ [名]请帖（多用于书面语）：请帖嘞，然后（封首）就写只子“～”。ts$^{h}$iaŋ$^{21}$ t$^{h}$iait$^{3}$ lei$^{0}$,ien$^{13}$xei$^{53}_{44}$ts$^{h}$iəu$^{53}_{44}$sia$^{21}$tʂak$^{3}$ tsɿ$^{0}$ ts$^{h}$iaŋ$^{21}$kan$^{21}$.

【请客】ts$^{h}$iaŋ$^{21}$k$^{h}$ak$^{3}$ [动]宴请他人且承担一切开销：厅下，比较庄重个地方，或者是～，欸，或者举行祭祀活动，搞箇么个仪式箇只，就用高桌。t$^{h}$aŋ$^{35}$xa$^{53}_{44}$,pi$^{21}$ciau$^{53}_{44}$tsɔŋ$^{35}$tʂ$^{h}$əŋ$^{53}_{44}$ke$^{53}_{44}$t$^{h}$i$^{53}_{44}$ fɔŋ$^{35}$,xɔit$^{5}$ tʂa$^{21}_{44}$ʂʅ$^{53}_{44}$ts$^{h}$iaŋ$^{21}$k$^{h}$ak$^{3}$,e$_{21}$,xɔit$^{5}$ tʂa$^{21}$tʂʮ$^{21}$çin$^{13}$tsi$^{53}$sɿ$^{53}_{44}$xɔit$^{5}$ t$^{h}$əŋ$^{53}_{44}$,kau$^{21}$kai$^{53}_{44}$mak$^{3}$ (k)e$^{53}$ɲi$^{13}$ʂʅ$^{53}_{44}$kai$^{53}_{44}$ tʂak$^{3}$,ts$^{h}$iəu$^{53}_{44}$iəŋ$^{53}_{44}$kau$^{35}$tsɔk$^{3}$.｜请哩一桌客。ts$^{h}$iaŋ$^{21}$li$^{35}$iet$^{3}$ tsɔk$^{3}$ k$^{h}$ak$^{3}$.

【请神】ts$^{h}$iaŋ$^{21}$ʂən$^{13}$ [动]召请神灵：箇只人就～。kai$^{53}$tʂak$^{3}$ɲin$^{13}_{21}$ts$^{h}$iəu$^{53}_{44}$ts$^{h}$iaŋ$^{21}$ʂən$^{13}$.

【请师傅】ts$^{h}$iaŋ$^{21}$sɿ$^{35}$fu$^{53}_{44}$ 祭祀行业神，祈求其保佑办事顺利：渠有滴是，打比斫条大树，渠怕渴场，爱请起渠师傅来。一般就请，请山神个人都很少。爱请起师傅来。哎，尤其是锯匠，欸，锯树个人，斫啊懑大个树，箇个就是捱下子出事就唔得了，系啊？渠就去请起师傅来。

咁就有。请鲁班。咁子个有。做屋，起屋。……请鲁班，～哇，请起师傅来呀。装香啊，嘴里请起来呀。啊？箇我晓让门请呶？也就分，师傅个，鲁班师傅，木匠，木匠个祖师就鲁班吵，欸，我分祖宗……分箇个装香啊，欸，甚至还安只子，写张子，舞张子红纸，写只子鲁班仙师啊。欸。ci$^{13}_{21}$iəu$^{35}$tet$^{5}$ ʂʅ$^{53}_{44}$,ta$^{21}$pi$^{21}$tʂɔk$^{3}$ t$^{h}$iau$^{13}$t$^{h}$ai$^{53}$ʂəu$^{53}_{44}$,ci$^{13}_{21}$p$^{h}$a$^{53}$t$^{h}$ait$^{3}$ tʂ$^{h}$ɔŋ$^{13}$,ɔi$^{53}_{44}$ts$^{h}$iaŋ$^{21}$çi$^{21}$ci$^{13}_{44}$sɿ$^{35}$fu$^{53}$ lɔi$^{13}_{21}$.iet$^{3}$ pən$^{35}$tsiəu$^{53}$ts$^{h}$iaŋ$^{21}$,ts$^{h}$iaŋ$^{21}$san$^{35}$ʂən$^{13}_{21}$ke$^{53}_{44}$in$^{13}_{21}$təu$^{35}_{21}$xen$^{21}$ʂau$^{21}$.ɔi$^{53}_{44}$ts$^{h}$iaŋ$^{21}$çi$^{21}$sɿ$^{35}$fu$^{53}$lɔi$^{13}_{21}$.ai$_{21}$,iəu$^{13}_{21}$c$^{h}$i$^{13}_{21}$ʂʅ$^{53}_{44}$ cie$^{53}$siɔŋ$^{53}$,e$_{21}$,cie$^{53}_{44}$ʂəu$^{53}$ke$^{53}_{44}$ɲin$^{13}_{21}$,tʂɔk$^{3}$ a$^{0}$ mən$^{35}$t$^{h}$ai$^{53}_{44}$ke$^{53}_{44}$ʂəu$^{53}_{44}$,kai$^{53}_{44}$ke$^{53}_{44}$ts$^{h}$iəu$^{53}_{21}$sɿ$^{53}_{21}$ŋai$^{13}$a$^{53}$tsɿ$^{0}$ tʂ$^{h}$ət$^{3}$ sɿ$^{53}$ts$^{h}$iəu$^{53}_{44}$ m̩$^{13}_{21}$tek$^{3}$ liau$^{21}$,xei$^{53}_{44}$a$^{0}$ ?ci$^{13}_{21}$ts$^{h}$iəu$^{53}_{44}$çi$^{53}_{44}$ts$^{h}$iaŋ$^{21}$çi$^{21}$sɿ$^{35}$fu$^{53}$lɔi$^{13}_{21}$.kan$^{21}$ts$^{h}$iəu$^{53}_{44}$iəu$^{35}$.ts$^{h}$iaŋ$^{21}$ləu$^{35}$pan$^{35}_{44}$.kan$^{21}$tsɿ$^{0}$ ke$^{53}_{44}$ iəu$^{35}$.tso$^{53}$uk$^{3}$,çi$^{21}$uk$^{3}$.…ts$^{h}$iaŋ$^{21}$ləu$^{35}$pan$^{35}_{44}$,ts$^{h}$iaŋ$^{21}$sɿ$^{35}_{44}$fu$^{53}$ua$^{0}$,ts$^{h}$iaŋ$^{21}$çi$^{21}$sɿ$^{35}$fu$^{53}$lɔi$^{13}_{21}$ia$^{0}$.tsɔŋ$^{35}$çiɔŋ$^{35}$ŋa$^{0}$,tʂɔi$^{53}$li$^{0}$ ts$^{h}$iaŋ$^{21}$çi$^{21}$lɔi$^{13}_{21}$ia$^{0}$.a$_{35}$?kai$^{53}$ŋai$^{13}_{21}$çiau$^{21}_{44}$ɲiɔŋ$^{53}_{44}$mən$^{0}$ ts$^{h}$iaŋ$^{21}$nau$^{0}$ ?ie$^{21}$ts$^{h}$iəu$^{53}_{21}$pən$^{35}_{44}$,sɿ$^{35}$fu$^{53}_{44}$ke$^{53}_{44}$,ləu$^{35}$pan$^{35}_{44}$sɿ$^{35}_{44}$ fu$^{53}_{44}$,muk$^{3}$ siɔŋ$^{53}$,muk$^{3}$ siɔŋ$^{53}_{44}$ke$^{53}_{44}$tsəu$^{21}$sɿ$^{35}$ts$^{h}$iəu$^{53}_{44}$ləu$^{21}$pan$^{35}_{44}$ʂa$^{0}$,e$_{21}$,ŋai$^{13}_{21}$pən$^{35}_{44}$tsəu$^{21}$tsəŋ…pəŋ$^{35}_{44}$kai$^{53}_{44}$ke$^{53}_{44}$tsɔŋ$^{35}_{44}$ çiɔŋ$^{35}$ŋa$^{0}$,e$_{21}$,ʂən$^{53}_{44}$tʂʅ$^{53}_{44}$xai$^{13}_{21}$ɔn$^{35}$tʂak$^{3}$ tsɿ$^{0}$,sia$^{21}$tʂɔŋ$^{35}_{44}$tsɿ$^{0}$,u$^{21}$tʂɔŋ$^{35}_{44}$tsɿ$^{0}$ fəŋ$^{13}$tʂʅ$^{21}$,sia$^{21}$tʂak$^{3}$ tsɿ$^{0}$ ləu$^{35}$pan$^{35}_{44}$sien$^{35}_{44}$sɿ$^{35}_{44}$ a$^{0}$.e$_{21}$.

【请示】ts$^{h}$in$^{21}$ʂʅ$^{53}$ 动①下级向上级请求指示：欸，我等如今族间有么个事嘞，就会去～下子箇只族长，爱族长话一句子看下让门搞。e$_{21}$,ŋai$^{13}$tien$^{0}$ i$^{13}_{21}$cin$^{35}_{44}$ts$^{h}$əuk$^{5}$ kan$^{35}_{44}$iəu$^{35}_{53}$mak$^{3}$ e$^{0}$ sɿ$^{53}$lei$^{0}$,ts$^{h}$iəu$^{53}$ uɔi$^{53}$çi$^{53}$ts$^{h}$in$^{21}$ʂʅ$^{53}$(x)a$^{53}_{44}$tsɿ$^{0}$ kai$^{53}_{44}$tʂak$^{3}$ ts$^{h}$əuk$^{5}$ tʂɔŋ$^{21}_{13}$,ɔi$^{53}_{44}$ts$^{h}$əuk$^{5}$ tʂɔŋ$^{21}$ua$^{53}$iet$^{3}$ ci$^{53}_{44}$tsɿ$^{0}$ k$^{h}$ɔn$^{53}_{44}$na$^{53}_{44}$ɲiɔŋ$^{53}$mən$^{13}$kau$^{21}$. ②丧制程序，正斋之夜置酒请外氏长辈协商丧葬事宜：箇个～是唔知系唔系就系我等客姓人搞个一只咁东西。当一家人家个夫娘子老太太死哩以后，系唔系？女个死哩以后，欸，欸渠就肯定会有外氏来。我等往往嘞就嗯专门举行只子咁个～个仪式。在么个时候子搞嘞？就系正斋箇晡下昼～，就系家奠还赠架势之前搞下请下子示。就讲下子啊，欸，请舅爷老表哇欸对以场丧事有么个要求哇，有么个看法呀，～下子。就咁子个。也系种形式。以下是落尾蛮多也唔搞了。kai$^{53}$kei$^{53}$ts$^{h}$in$^{21}$ʂʅ$^{53}$ʂʅ$^{53}_{21}$n̩$^{13}$ti$^{35}_{53}$xei$^{53}$mei$^{53}_{44}$ts$^{h}$iəu$^{53}$xei$^{53}_{21}$ŋai$^{13}$tien$^{0}$ k$^{h}$ak$^{3}$ sin$^{53}$ɲin$^{13}_{21}$kau$^{21}$ke$^{53}$iet$^{3}$ tʂak$^{3}$ kan$^{21}_{44}$təŋ$^{35}_{44}$si$^{0}$.tɔŋ$^{35}$iet$^{3}$ ka$^{35}_{44}$ɲin$^{13}_{21}$ka$^{35}_{44}$ke$^{53}$pu$^{35}$ɲiɔŋ$^{13}_{21}$tsɿ$^{0}$ lau$^{21}$t$^{h}$ai$^{53}$t$^{h}$ai$^{53}$si$^{21}$li$^{0}$ i$^{35}$xei$^{53}$,xei$^{53}_{44}$me$^{53}_{44}$?ɲy$^{21}$ke$^{53}$si$^{21}$li$^{0}$ i$^{35}$ xei$^{53}$,e$_{21}$,ei$_{44}$ci$^{13}$ts$^{h}$iəu$^{53}$c$^{h}$ien$^{21}$t$^{h}$in$^{53}$uɔi$^{53}_{44}$iəu$^{35}_{44}$ŋɔi$^{53}$ʂʅ$^{53}$lɔi$^{13}_{21}$.ŋai$^{13}$tien$^{0}$ uɔŋ$^{21}$uɔŋ$^{21}$le$^{0}$ ts$^{h}$iəu$^{53}$n̩$_{21}$tʂen$^{35}$mən$^{13}_{21}$tʂʮ$^{21}$ çin$^{13}$tʂak$^{3}$ tsɿ$^{0}$ kan$^{21}$ke$^{53}_{44}$ts$^{h}$in$^{21}$ʂʅ$^{53}$ke$^{53}$ɲi$^{13}$ʂʅ$^{53}$.ts$^{h}$ai$^{53}$mak$^{3}$ e$^{0}$ ʂʅ$^{13}$xei$^{53}$tsɿ$^{0}$ kau$^{21}$lei$^{0}$ ?ts$^{h}$iəu$^{53}$xe$^{53}$tʂən$^{53}$tsai$^{35}$kai$^{53}_{44}$pu$^{35}_{44}$ xa$^{35}$tʂəu$^{53}$ts$^{h}$in$^{21}$ʂʅ$^{53}$,tsiəu$^{53}_{44}$xei$^{53}_{44}$cia$^{35}$t$^{h}$ien$^{53}$xan$^{13}_{21}$maŋ$^{13}$cia$^{53}$ʂʅ$^{53}$tʂʅ$^{35}_{44}$ts$^{h}$ien$^{13}$kau$^{21}$ua$^{53}$ts$^{h}$in$^{21}$na$^{53}_{44}$tsɿ$^{0}$ ʂʅ$^{53}$.ts$^{h}$iəu$^{53}_{44}$ kɔŋ$^{21}$ŋa$^{53}$tsa$^{0}$,e$_{21}$,ts$^{h}$iaŋ$^{21}$c$^{h}$iəu$^{35}$ia$^{13}_{21}$lau$^{21}$piau$^{21}$ua$^{0}$ e$_{21}$tei$^{53}$i$^{21}$tʂ$^{h}$ɔŋ$^{21}$sɔŋ$^{35}$sɿ$^{53}$iəu$^{35}$mak$^{3}$ kei$^{53}_{44}$iau$^{35}$c$^{h}$iəu$^{13}_{21}$ua$^{0}$,iəu$^{35}$ mak$^{3}$ e$^{0}$ k$^{h}$ɔn$^{53}$fait$^{3}$ ia$^{0}$,ts$^{h}$in$^{21}$ʂʅ$^{53}$(x)a$^{53}_{21}$tsɿ$^{0}$.tsiəu$^{53}$kan$^{21}_{13}$tsɿ$^{0}$ ke$^{53}$.ia$^{35}$xei$^{53}$tʂəŋ$^{21}$çin$^{13}$ʂʅ$^{53}$.i$^{21}$xa$^{53}$ʂʅ$^{53}$lɔk$^{5}$ mi$^{35}_{53}$man$^{13}_{21}$ to$^{35}_{44}$ia$^{35}$n̩$^{13}$kau$^{21}$liau$^{0}$.

【请帖】ts$^{h}$iaŋ$^{21}$t$^{h}$iait$^{3}$ 名邀请出席或参加的卡片。又称“请柬”：写～sia$^{21}$ts$^{h}$iaŋ$^{21}$t$^{h}$iait$^{3}$ ｜送～səŋ$^{53}$ts$^{h}$iaŋ$^{21}$t$^{h}$iait$^{3}$ ｜发～fait$^{3}$ ts$^{h}$iaŋ$^{21}$t$^{h}$iait$^{3}$

【请坐】ts$^{h}$iaŋ$^{21}$ts$^{h}$o$^{35}$ 动酒席上请最尊贵的几位客人坐到特定的席位上：爱～，坐上啊。～。客姓人呢欸蛮讲……也蛮讲究～啦。蛮讲究～。欸，大客。渠是箇，客姓人呢渠搞来搞去嘞以下嘞，搞来搞去嘞箇只～个路子嘞，渠请又爱请，但是嘞渠又怕有滴爱请个赠请得，请多哩嘞会见怪。渠话么人就请哩，么人就赠请。以下就咁个唠，以下就，我等以映子客姓……客家人就，以前是箇就到处……只只厅子都爱请，嗯，请坐上个。以下就唔咁子搞了，请一只子厅子了。请一只厅子。嗯。请四只子位子，现在都请四只子位子。请四只子位子嘞，就系大厅下，正厅，最上向，两张桌，一般都打双桌，两张桌，品排子，两张桌，四只子位子。欸，我就，爱根据渠个大细嘞。我画你看哈。以映子就正厅，以映子就系祖牌样，祖宗牌位。欸，咁子去画唠，咁子画祖牌唠，祖牌呀。系呀？祖位面前呢，以映就开两张桌。以映坐只……以上向，以映就上座，以向就是上座。欸，上座，系啊？以映四只位子嘞有大细嘞。第一只位子就以映。第一，以只就第一。走以映中间进呐，进菜呀。以只就前向吵系。以只就一，第一位子。以只就第二只位子。以映就第三只位子。欸，以映就第四只位子。一二三四。欸，以只位子最大。第一位子最大。第一只位子，就安做第一只位子。请第一只位子。以只位子最大。以个都系上席。以个以个前向就唔请嘞。以个下……如果以只厅下欸有……开得六张桌样，系啊？咁子开六张桌。以向三张桌，以向三张桌。啊，我等客家人呢搞法，以个都唔算了。只有以四只位子，最大。欸，本来是以映又系一二三四唠。一二三四哟。欸，一，以映三，以映二，以映四。欸，以映又系一，二，三，四呀。本来是咁子唠，但是现在又就怕请错哦。只请四只位子。ɔi$^{53}_{44}$ts$^{h}$iaŋ$^{21}$ts$^{h}$o$^{35}$,ts$^{h}$o$^{35}_{44}$ʂɔŋ$^{35}$ŋa$^{0}$.ts$^{h}$iaŋ$^{21}$ts$^{h}$o$^{35}$.k$^{h}$ak$^{3}$ sin$^{53}$ɲin$^{13}_{21}$ne$^{0}$ e$_{44}$

man$^{13}$kɔŋ$^{21}$…ia$^{35}$man$^{13}_{21}$kɔŋ$^{21}$ciəu$^{53}$tsʰiaŋ$^{21}$tsʰo$^{35}$la$^{0}$.man$^{13}_{21}$kɔŋ$^{21}$ciəu$^{53}$tsʰiaŋ$^{21}$tsʰo$^{35}$.e$_{21}$,tʰai$^{53}$kʰak$^{3}$.ci$^{13}_{44}$ʂʅ$^{53}_{44}$kai$^{53}$,kʰak$^{3}$sin$^{53}$ɲin$^{13}_{21}$nei$^{0}$ci$^{13}_{21}$kau$^{21}$lɔi$^{13}$kau$^{21}$çi$^{53}$lei$^{0}$i$^{21}$xa$^{53}_{44}$lei$^{0}$,kau$^{21}$lɔi$^{13}$kau$^{21}$çi$^{53}$lei$^{0}$kai$^{53}_{44}$tʂak$^{3}$tsʰiaŋ$^{21}$tsʰo$^{35}$ke$^{53}_{44}$ləu$^{53}_{44}$tsɿ$^{0}$lei$^{0}$,ci$^{13}_{21}$tsʰiaŋ$^{21}$iəu$^{53}_{44}$ɔi$^{53}$tsʰiaŋ$^{21}$,tan$^{53}_{44}$ʂʅ$^{53}_{44}$lei$^{0}$ci$^{13}_{21}$iəu$^{53}_{44}$pʰa$^{53}$iəu$^{35}$tet$^{5}$ɔi$^{53}$tsʰiaŋ$^{21}$ke$^{53}_{44}$maŋ$^{13}$tsʰiaŋ$^{21}$tek$^{3}$,tsʰiaŋ$^{21}$to$^{35}$li$^{0}$lei$^{0}$uɔi$^{53}_{44}$cien$^{53}_{44}$kuai$^{53}$.ci$^{13}_{44}$ua$^{53}_{44}$mak$^{3}$ɲin$^{13}_{44}$tsʰiəu$^{53}$tsʰiaŋ$^{21}_{44}$li$^{0}$,mak$^{3}$ɲin$^{13}_{44}$tsʰiəu$^{53}$maŋ$^{13}$tsʰiaŋ$^{21}$.i$^{21}$xa$^{53}$tsʰiəu$^{53}_{44}$kan$^{21}_{35}$cie$^{53}_{44}$lau$^{0}$,i$^{21}$xa$^{53}$tsʰiəu$^{53}_{0}$,ŋai$^{13}_{21}$tien$^{0}$i$^{21}$iaŋ$^{53}$tsɿ$^{0}$kʰak$^{3}$sin$^{53}_{44}$…kʰak$^{3}$ka$^{35}_{44}$ɲin$^{13}_{21}$tsʰiəu$^{53}_{44}$,i$^{35}$tsʰien$^{13}$ʂʅ$^{53}_{44}$kai$^{53}_{44}$tsʰiəu$^{53}_{44}$tau$^{53}$tʂʰəu$^{53}_{44}$…tʂak$^{3}$tʂak$^{3}$tʰaŋ$^{35}$tsɿ$^{0}$təu$^{35}_{44}$ɔi$^{53}_{44}$tsʰiaŋ$^{21}$,n̩$_{21}$,tsʰiaŋ$^{21}$tsʰo$^{35}_{44}$ʂɔŋ$^{35}$ke$^{53}$.i$^{21}$xa$^{53}$tsʰiəu$^{53}$m̩$^{13}$kan$^{21}$tsɿ$^{0}$kau$^{21}$liau$^{0}$,tsʰiaŋ$^{21}$iet$^{3}$tʂak$^{3}$tsɿ$^{0}$tʰaŋ$^{35}$tsɿ$^{0}$liau$^{0}$.tsʰiaŋ$^{21}$iet$^{3}$tʂak$^{3}$tʰaŋ$^{35}$tsɿ$^{0}$.n̩$_{21}$.tsʰiaŋ$^{21}$si$^{53}$tʂak$^{3}$tsɿ$^{0}$uei$^{53}$tsɿ$^{0}$,çien$^{53}_{44}$tsai$^{53}_{44}$təu$^{35}_{44}$tsʰiaŋ$^{21}$si$^{53}$tʂak$^{3}$tsɿ$^{0}$uei$^{53}$tsɿ$^{0}$.tsʰiaŋ$^{21}$si$^{53}$tʂak$^{3}$tsɿ$^{0}$uei$^{53}$tsɿ$^{0}$le$^{0}$,tsʰiəu$^{53}_{44}$xei$^{53}_{44}$tʰai$^{53}$tʰaŋ$^{35}_{44}$xa$^{35}$,tʂən$^{53}$tʰaŋ$^{35}$,tsei$^{53}$ʂɔŋ$^{53}$çiɔŋ$^{53}$,iɔŋ$^{21}$tʂɔŋ$^{35}_{44}$tsɔk$^{3}$,iet$^{3}$pɔn$^{35}$təu$^{35}_{44}$ta$^{21}$sɔŋ$^{35}$tsɔk$^{3}$,iɔŋ$^{21}$tʂɔŋ$^{35}_{44}$tsɔk$^{3}$,pʰin$^{21}$pʰai$^{13}$tsɿ$^{0}$,iɔŋ$^{21}$tʂɔŋ$^{35}_{44}$tsɔk$^{3}$,si$^{53}$tʂak$^{3}$tsɿ$^{0}$uei$^{53}$tsɿ$^{0}$.e$_{21}$,ŋai$^{13}$tsʰiəu$^{53}_{44}$,ɔi$^{53}_{44}$cien$^{35}$tʂʅ$^{53}$ci$^{13}_{21}$ke$^{53}_{44}$tʰai$^{53}$se$^{53}$le$^{0}$.ŋai$^{13}_{21}$fa$^{53}$ɲi$^{13}$kʰan$^{53}$xa$^{0}$.i$^{21}$iaŋ$^{53}$tsɿ$^{0}$tsʰiəu$^{53}_{44}$tʂən$^{53}$tʰaŋ$^{35}$,i$^{21}$iaŋ$^{53}$tsɿ$^{0}$tsʰiəu$^{53}_{44}$xe$^{53}_{44}$tsəu$^{21}$pʰai$^{13}$iɔŋ$^{53}_{44}$,tsəu$^{21}$tsəŋ$^{35}_{44}$pʰai$^{13}_{21}$uei$^{53}_{44}$.e$_{44}$,kan$^{21}$tsɿ$^{0}$çi$^{53}_{44}$fa$^{53}$lau$^{0}$,kan$^{21}$tsɿ$^{0}$fa$^{53}$tsəu$^{21}$pʰai$^{13}$lau$^{0}$,tsəu$^{21}$pʰai$^{13}_{44}$ia$^{0}$.xei$^{53}_{44}$ia$^{0}$?tsəu$^{21}$uei$^{53}_{44}$mien$^{53}$tsʰien$^{13}_{21}$ne$^{0}$,i$^{21}$iaŋ$^{53}_{44}$tsʰiəu$^{53}_{44}$kʰɔi$^{35}_{44}$iɔŋ$^{21}$tʂɔŋ$^{35}$tsɔk$^{3}$.i$^{21}$iaŋ$^{53}_{44}$tsʰo$^{35}_{44}$tʂak$^{3}$…i$^{21}$ʂɔŋ$^{53}$çiɔŋ$^{53}$,i$^{21}$iaŋ$^{53}_{44}$tsʰiəu$^{53}_{44}$ʂɔŋ$^{53}$tsʰo$^{53}$,i$^{21}$çiɔŋ$^{53}$tsʰiəu$^{53}$ʂʅ$^{53}_{44}$ʂɔŋ$^{53}$tsʰo$^{53}$.e$_{21}$,ʂɔŋ$^{53}$tsʰo$^{53}_{44}$,xe$^{53}_{44}$a$^{0}$?i$^{21}$iaŋ$^{53}_{44}$si$^{53}$tʂak$^{3}$uei$^{53}$tsɿ$^{0}$lei$^{0}$iəu$^{35}$tʰai$^{53}_{44}$sei$^{53}_{44}$le$^{0}$.tʰi$^{53}$iet$^{3}$tʂak$^{3}$uei$^{53}$tsɿ$^{0}$tsʰiəu$^{53}_{44}$i$^{21}$iaŋ$^{53}_{44}$.tʰi$^{53}$iet$^{3}$,i$^{21}$tʂak$^{3}$tsʰiəu$^{53}$tʰi$^{53}$iet$^{3}$.tsei$^{21}$i$^{21}$iaŋ$^{53}_{44}$tʂəŋ$^{35}_{44}$kan$^{35}_{44}$tsin$^{53}$na$^{0}$,tsin$^{53}$tsʰɔi$^{53}$ia$^{0}$.i$^{21}$tʂak$^{3}$tsʰiəu$^{53}$tsʰien$^{13}$çiɔŋ$^{53}_{44}$ʂa$^{0}$xe$^{53}_{44}$.i$^{21}$tʂak$^{3}$tsʰiəu$^{53}$iet$^{3}$,tʰi$^{53}$iet$^{3}$uei$^{53}$tsɿ$^{0}$.i$^{21}$tʂak$^{3}$tsʰiəu$^{53}_{44}$tʰi$^{53}_{44}$ɲi$^{53}$tʂak$^{3}$uei$^{53}$tsɿ$^{0}$.i$^{21}$iaŋ$^{53}$tsʰiəu$^{53}_{44}$tʰi$^{53}_{44}$san$^{35}$tʂak$^{3}$uei$^{53}$tsɿ$^{0}$.ei$_{21}$,i$^{21}$iaŋ$^{53}_{44}$tsʰiəu$^{53}_{44}$tʰi$^{53}_{44}$si$^{53}$tʂak$^{3}$uei$^{53}$tsɿ$^{0}$.iet$^{3}$ɲi$^{53}$san$^{35}$si$^{53}$.e$_{53}$,i$^{21}$tʂak$^{3}$uei$^{53}$tsɿ$^{0}$tsei$^{53}$tʰai$^{53}$.tʰi$^{53}$iet$^{3}$uei$^{53}$tsɿ$^{0}$tsei$^{53}$tʰai$^{53}$.tʰi$^{53}$iet$^{3}$tʂak$^{3}$uei$^{53}$tsɿ$^{0}$,tsʰiəu$^{53}_{44}$ɔn$^{35}_{44}$tso$^{53}_{44}$tʰi$^{53}$iet$^{3}$tʂak$^{3}$uei$^{53}$tsɿ$^{0}$.tsʰiaŋ$^{21}$tʰi$^{53}$iet$^{3}$tʂak$^{3}$uei$^{53}$tsɿ$^{0}$.i$^{21}$tʂak$^{3}$uei$^{53}_{44}$tsɿ$^{0}$tsei$^{53}$tʰai$^{53}$.i$^{21}$ke$^{53}_{44}$təu$^{35}$xe$^{53}_{44}$ʂɔŋ$^{53}_{44}$siet$^{3}$.i$^{21}_{44}$ke$^{53}_{44}$i$^{21}$ke$^{53}$tsʰien$^{13}$çiɔŋ$^{53}$tsʰiəu$^{53}_{44}$m̩$^{13}$tsʰiaŋ$^{21}_{44}$le$^{0}$.i$^{21}$ke$^{53}_{44}$xa$^{35}$…vy$^{13}$ko$^{21}$i$^{21}$tʂak$^{3}$tʰaŋ$^{35}$xa$^{35}_{44}$ei$_{21}$,iəu$^{35}$…kʰɔi$^{35}$tek$^{3}$liəuk$^{3}$tʂɔŋ$^{35}_{44}$tsɔk$^{3}$iɔŋ$^{53}_{44}$,xei$^{53}_{44}$a$^{0}$?kan$^{21}$tsɿ$^{0}$kʰɔi$^{35}_{44}$liəuk$^{3}$tʂɔŋ$^{35}_{44}$tsɔk$^{3}$.i$^{21}$çiɔŋ$^{53}_{44}$san$^{35}_{44}$tʂɔŋ$^{35}_{44}$tsɔk$^{3}$,i$^{21}$çiɔŋ$^{53}_{44}$san$^{35}_{44}$tʂɔŋ$^{35}_{44}$tsɔk$^{3}$.a$_{21}$,ŋai$^{13}_{21}$tien$^{0}$kʰak$^{3}$ka$^{35}_{44}$ɲin$^{13}_{21}$nei$^{0}$kau$^{21}$fait$^{3}$,i$^{21}$ke$^{53}_{44}$təu$^{35}_{44}$n̩$^{13}$sɔn$^{53}$niau$^{0}$.tʂʅ$^{21}$iəu$^{35}_{44}$i$^{21}$si$^{53}$tʂak$^{3}$uei$^{53}$tsɿ$^{0}$,tsei$^{53}$tʰai$^{53}$.e$_{44}$,pən$^{21}$nɔi$^{13}$ʂʅ$^{53}_{44}$i$^{21}$iaŋ$^{53}_{44}$iəu$^{53}$xei$^{53}$iet$^{3}$ɲi$^{53}$san$^{35}_{44}$si$^{53}_{44}$lau$^{0}$.iet$^{3}$ɲi$^{53}$san$^{35}_{44}$si$^{53}$iau$^{0}$.e$_{44}$,iet$^{3}$,i$^{21}$iaŋ$^{53}_{44}$san$^{35}_{44}$,i$^{21}$iaŋ$^{53}_{44}$ɲi$^{53}$,i$^{21}$iaŋ$^{53}_{44}$si$^{53}$.e$_{21}$,i$^{21}$iaŋ$^{53}_{44}$iəu$^{53}$xei$^{53}$iet$^{3}$, ɲi$^{53}$,san$^{35}_{44}$,si$^{53}_{44}$ia$^{0}$.pən$^{21}$nai$^{13}$ʂʅ$^{53}_{44}$kan$^{21}_{44}$tsɿ$^{0}$lau$^{0}$,tan$^{53}_{21}$ʂʅ$^{53}_{21}$çien$^{53}_{44}$tsai$^{53}_{44}$iəu$^{53}_{44}$tsʰiəu$^{53}$pʰa$^{53}$tsʰiaŋ$^{21}$tsʰo$^{53}$o$^{0}$.tʂʅ$^{21}$tsʰiaŋ$^{21}$si$^{53}$tʂak$^{3}$uei$^{53}_{44}$tsɿ$^{0}$.

【亲家】tsʰin$^{35}$ka$^{35}_{44}$ 名 因两家儿女相婚配而形成的亲戚关系。可用作面称称谓：欸，两边个～，可以坐在一起来哩。ei$_{21}$,iɔŋ$^{21}$pien$^{35}_{44}$ke$^{53}_{44}$tsʰin$^{35}$ka$^{35}_{44}$,kʰo$^{21}$i$^{35}$tsʰo$^{35}$tsʰai$^{53}$iet$^{3}$çi$^{21}$lɔi$^{13}$li$^{0}$.

【亲家公】tsʰin$^{35}$ka$^{35}_{44}$kəŋ$^{35}$ 名 对嫂子、弟媳妇的父亲或姐姐、妹妹的公公的背称：～，亲家母，也讲。但是你讲～，亲家母，别人家分唔出你个关系。到底系你妹子个亲家呀，你妹子个家娘家爷，还系么个关系咯，分唔出。也会讲。～，亲家母，好像冇得亲家婆个话法。唔讲亲家婆。tsʰin$^{35}$ka$^{35}_{44}$kəŋ$^{35}$,tsʰin$^{35}_{44}$ka$^{35}_{44}$mu$^{35}$,ia$^{35}$kɔŋ$^{21}$.tan$^{53}_{44}$ʂʅ$^{53}$ɲi$^{13}_{21}$kɔŋ$^{21}$tsʰin$^{35}$ka$^{35}_{44}$kəŋ$^{35}$,tsʰin$^{35}_{44}$ka$^{35}_{44}$mu$^{35}$,pʰiet$^{5}$in$^{13}_{44}$ka$^{35}_{44}$fən$^{35}$n̩$^{13}_{21}$tʂʰət$^{3}$ɲi$^{13}$ke$^{53}_{21}$kuan$^{35}$çi$^{53}$.tau$^{53}$ti$^{21}$xei$^{53}_{44}$ɲi$^{13}$mɔi$^{53}$tsɿ$^{0}$ke$^{53}_{44}$tsʰin$^{35}$ka$^{35}_{44}$ia$^{0}$, ɲi$^{13}$mɔi$^{53}$tsɿ$^{0}$ke$^{53}_{44}$ka$^{35}_{44}$ɲiɔŋ$^{13}_{21}$ka$^{35}_{44}$ia$^{13}$,xai$^{13}_{21}$xe$^{53}_{44}$mak$^{3}$(k)e$^{53}$kuan$^{35}$çi$^{53}$ko$^{0}$,fən$^{35}_{44}$n̩$^{13}_{21}$tʂʰət$^{3}$.ia$^{35}$uɔi$^{53}$kɔŋ$^{21}$.tsʰin$^{35}$ka$^{35}_{44}$kəŋ$^{35}$,tsʰin$^{35}_{44}$ka$^{35}_{44}$mu$^{35}$,xau$^{21}$tsʰiɔŋ$^{53}$mau$^{13}$tek$^{3}$tsʰin$^{35}_{44}$ka$^{35}_{44}$pʰo$^{13}$ke$^{53}_{44}$ua$^{53}$fait$^{3}$.ŋ̍$^{13}_{21}$kɔŋ$^{21}$tsʰin$^{35}_{44}$ka$^{35}_{44}$pʰo$^{13}$.

【亲家老子】tsʰin$^{35}$ka$^{35}$lau$^{21}$tsɿ$^{0}$ 名 指儿子的岳父或女儿的公公：我个～九十岁哟，你话撂我……我去食酒哇，两亲家，渠比我个娭子都更大。ŋai$^{13}$ke$^{53}$tsʰin$^{35}$ka$^{35}_{44}$lau$^{21}$tsɿ$^{0}$ciəu$^{21}$ʂət$^{5}$sɔi$^{53}$iau$^{0}$, ɲi$^{13}$ua$^{53}$lau$^{35}$ŋai$^{13}_{21}$…ŋai$^{13}$çi$^{53}$ʂət$^{5}$tsiəu$^{21}$ua$^{0}$,iɔŋ$^{21}$tsʰin$^{35}_{44}$ka$^{35}$,ci$^{13}$pi$^{21}$ŋai$^{13}$ke$^{0}$ɔi$^{35}$tsɿ$^{0}$təu$^{35}_{44}$cien$^{53}_{44}$tʰai$^{53}_{44}$.

【亲家母】tsʰin$^{35}_{44}$ka$^{35}_{44}$mu$^{35}$ 名 对儿子的岳母或女儿的婆婆的称呼，也用作对嫂子、弟媳妇的母亲或姐姐、妹妹的婆婆的背称：～唠，欸，统称就可以称～。但是箇～，亲家婆嘞，渠就有各种各样个现象唠，你就分唔出来唠。唔晓得到底箇两个人个关系让门子唠。tsʰin$^{35}_{44}$ka$^{35}_{44}$mu$^{35}$lau$^{0}$,e$_{21}$,tʰəŋ$^{21}$tʂʰən$^{35}_{44}$tsʰiəu$^{53}$kʰo$^{21}$i$^{35}$tʂʰən$^{35}_{44}$tsʰin$^{35}_{44}$ka$^{35}_{44}$mu$^{35}$.tan$^{53}_{44}$ʂʅ$^{53}$kai$^{53}_{44}$tsʰin$^{35}_{44}$ka$^{35}_{44}$mu$^{35}$,tsʰin$^{35}_{44}$ka$^{35}_{44}$pʰo$^{13}$lei$^{0}$,ci$^{13}_{21}$tsʰiəu$^{53}_{44}$iəu$^{35}_{44}$kɔk$^{3}$tʂəŋ$^{21}$kɔk$^{3}$iɔŋ$^{53}_{44}$ke$^{53}_{44}$çien$^{53}$siɔŋ$^{53}$lau$^{0}$, ɲi$^{13}_{21}$tsʰiəu$^{53}$fən$^{35}$n̩$^{13}_{21}$tʂʰət$^{3}$lɔi$^{13}_{21}$lau$^{0}$.ŋ̍$^{13}$çiau$^{21}$tek$^{3}$tau$^{53}$ti$^{21}$kai$^{53}_{44}$iɔŋ$^{21}$ke$^{53}$in$^{13}_{21}$ke$^{53}_{44}$kuan$^{35}_{44}$çi$^{53}_{44}$xei$^{53}_{44}$ɲiɔŋ$^{53}$mən$^{13}_{44}$tsɿ$^{0}$lau$^{0}$.

【磬】cʰiaŋ$^{53}$ 动 ①爱惜，节省（东西）：箇只人真～，钱米上真省磬啊。kai$^{53}$tʂak$^{3}$ɲin$^{13}$tʂən$^{35}$cʰiaŋ$^{53}$,tsʰien$^{13}$mi$^{21}$xɔŋ$^{53}$tʂən$^{35}$saŋ$^{21}$cʰiaŋ$^{53}$ŋa$^{0}$. ②节制；约束自己；保养（身体）：旧年冬下（我个耳朵边）鳍烂，我就～稳哩我唔骑摩托。cʰiəu$^{53}$ɲien$^{13}_{21}$təŋ$^{35}_{44}$xa$^{35}_{44}$maŋ$^{13}$lan$^{53}$,ŋai$^{13}_{21}$tsiəu$^{53}_{44}$cʰiaŋ$^{53}$uən$^{21}$ni$^{0}$ŋai$^{13}_{44}$n̩$^{13}$cʰi$^{13}$mo$^{13}$tʰɔk$^{3}$.丨欸，月婆就月婆做月就硬爱～好下子啦。欸，食爱食好兜子唠，休爱休息好。欸，箇个洗身箇兜啦洗衫裤箇兜爱都爱～好来。嗯，老班子是话鳍～得好是会箇个会听睛老哩会唔好过。e$_{44}$, ɲiet$^{5}$pʰo$^{13}_{21}$tsʰiəu$^{53}$ɲiet$^{5}$pʰo$^{13}_{21}$tso$^{53}$ɲiet$^{5}$tsʰiəu$^{53}_{44}$ɲiaŋ$^{53}$ɔi$^{53}_{44}$cʰiaŋ$^{53}$xau$^{21}$ua$^{53}$tsɿ$^{0}$la$^{0}$.e$_{21}$, ʂət$^{5}$ ɔi$^{53}$ʂət$^{5}$ xau$^{21}$te$^{35}_{53}$tsɿ$^{0}$ lau$^{0}$ ,ɕiəu$^{35}$ɔi$^{53}$ɕiəu$^{35}$siet$^{5}$ xau$^{21}$.e$_{44}$,kai$^{53}_{44}$ke$^{53}_{44}$se$^{21}$ʂən$^{35}$kai$^{53}_{44}$te$^{35}_{53}$la$^{0}$ sei$^{21}$san$^{35}$fu$^{53}_{44}$kai$^{53}_{44}$te$^{35}_{44}$ɔi$^{53}_{44}$ təu$^{35}$ɔi$^{53}_{44}$cʰiaŋ$^{53}$xau$^{21}$lɔi$^{13}$.n̩$_{21}$,lau$^{21}$pan$^{35}_{44}$tsɿ$^{0}$ ʂʅ$^{53}_{44}$ua$^{53}$maŋ$^{13}$cʰiaŋ$^{53}$tek$^{3}$ xau$^{21}$ʂʅ$^{53}_{44}$uɔi$^{53}$kai$^{35}$ke$^{53}$uɔi$^{53}$tʰin$^{53}$pu$^{53}_{53}$lau$^{21}$li$^{0}$ uɔi$^{53}$n̩$^{13}$xau$^{21}$ko$^{53}$.｜同时我又～稳下子啊，欸，咁个糯米饭个东西少食兜子啊，咁个芋子箇兜唔食咁多。我很少胃痛了以下就，就好蛮多，酒也唔去食哩。tʰəŋ$^{13}_{21}$ʂʅ$^{53}_{44}$ŋai$^{13}_{21}$iəu$^{53}_{44}$cʰiaŋ$^{53}$uən$^{21}$na$^{53}_{44}$ tsa$^{0}$ ,ei$_{44}$,kan$^{21}$kei$^{53}_{44}$lo$^{53}$mi$^{21}$fan$^{53}_{44}$ke$^{53}_{44}$təŋ$^{35}_{44}$si$^{0}$ ʂau$^{21}$ʂət$^{5}$ tei$^{53}_{53}$tsɿ$^{0}$ a$^{0}$ ,kan$^{21}$ke$^{53}_{44}$u$^{53}$tsɿ$^{0}$ kai$^{53}_{44}$te$^{35}_{44}$n̩$^{13}$ʂət$^{5}$ kan$^{21}$to$^{35}$.ŋai$^{13}$ xen$^{21}$ʂau$^{21}$uei$^{53}$tʰəŋ$^{53}$liau$^{0}$ i$^{21}$xa$^{53}$tsiəu$^{53}_{21}$,tsiəu$^{53}$xau$^{21}$man$^{13}$to$^{53}_{53}$,tsiəu$^{21}$ua$^{53}_{53}$n̩$^{13}$ɕi$^{53}$ʂət$^{5}$ li$^{0}$.

【磬胯】cʰiaŋ$^{53}$cʰia$^{53}$ 动 夹紧双腿：你当婊子你还磬么啊胯？ɲi$^{13}_{21}$təŋ$^{35}$piau$^{21}$tsɿ$^{0}$ ɲi$^{13}_{21}$xai$^{13}$cʰiaŋ$^{53}$mak$^{3}$ a$^{0}$ cʰia$^{53}$?

【罄】tsʰin$^{53}$ 形 穷；缺乏财物：屋下真～呶。么个都冇得哦。uk$^{3}$ xa$^{53}_{44}$tʂən$^{35}$tsʰin$^{53}$nau$^{0}$ .mak$^{3}$ ke$^{53}_{44}$ təu$^{35}_{44}$mau$^{13}_{21}$tek$^{3}$ o$^{0}$ .

【穷】cʰiəŋ$^{13}$ 形 贫困；缺乏衣食钱财：从前个人～。tsʰəŋ$^{13}$tsʰien$^{13}_{44}$ke$^{53}$ɲin$^{13}_{44}$cʰiəŋ$^{13}$.｜有只人唔知几～。iəu$^{35}$tʂak$^{3}$ ɲin$^{13}_{21}$n̩$^{13}$ti$^{35}_{53}$ci$^{21}$cʰiəŋ$^{13}$.

【穷健】cʰiəŋ$^{13}$cʰien$^{53}$ 形 身体健旺但比较穷困。多用于老年人自谦的情境：欸，我等如今问箇个老人家个身体呀，欸，就咁子问呢。“你老人家还健旺吧？你老人家健旺就好哇。”渠就让门答嘞？“～呐。”渠就咁子应呢。～呐，就系穷穷子啊，有钱呐，系啊？～呐。我话其实最……我是又讲：“哎呀，第一好个就系～。”以下讲到底也以只箇个咯，只有如今呢就箇个有工作个人，拿退休工资个人就多嘿哩咯，系唔系？以前呐我爷子等人箇只年代呀整个我横巷里有几多只拿退休工资个唠？硬只有个把两个子人呐拿退休工资个噢。e$_{21}$,ŋai$^{13}$tien$^{0}$ i$^{13}_{21}$cin$^{35}_{44}$ uən$^{53}$kai$^{53}_{44}$ke$^{53}_{44}$lau$^{21}$ɲin$^{13}$ka$^{35}_{44}$ke$^{53}_{44}$ʂən$^{35}$tʰi$^{21}$ia$^{0}$ ,ei$_{44}$,tsʰiəu$^{53}$kan$^{21}$tsɿ$^{0}$ uən$^{53}$nei$^{0}$ ."ɲi$^{13}$lau$^{21}$in$^{13}_{21}$ka$^{35}_{44}$xan$^{13}_{21}$cʰien$^{53}$uəŋ$^{53}$ pa$^{0}$ ?ɲi$^{13}$lau$^{21}$in$^{13}_{21}$ka$^{35}_{44}$cʰien$^{53}$uəŋ$^{53}$tsʰiəu$^{53}$xau$^{21}$ua$^{0}$ ."ci$^{13}$tsʰiəu$^{53}$ɲiəŋ$^{53}$mən$^{53}_{44}$tait$^{3}$ le$^{0}$ ?"cʰiəŋ$^{13}$cʰien$^{53}$na$^{0}$ ."ci$^{13}$ tsʰiəu$^{53}$kan$^{21}$tsɿ$^{0}$ en$^{53}$nei$^{0}$ .cʰiəŋ$^{13}$cʰien$^{53}$na$^{0}$ ,tsʰiəu$^{53}$xei$^{53}$cʰiəŋ$^{13}$cʰiəŋ$^{13}$tsa$^{0}$ ,mau$^{13}$tsʰien$^{13}$na$^{0}$ ,xei$^{53}_{44}$a$^{0}$ ?cʰiəŋ$^{13}$ cʰien$^{53}$na$^{0}$ .ŋai$^{13}$ua$^{53}_{44}$cʰi$^{13}_{21}$ʂət$^{5}$ tsei$^{53}$…ŋai$^{13}$ʂʅ$^{53}$iəu$^{53}_{44}$kəŋ$^{21}$:"ai$_{21}$ia$_{21}$,tʰi$^{53}$iet$^{3}$ xau$^{21}$kei$^{53}_{44}$tsʰiəu$^{53}_{44}$xei$^{53}_{44}$cʰiəŋ$^{13}$cʰien$^{53}$." ia$_{35}$(←i$^{21}$xa$^{53}$)kəŋ$^{21}$tau$^{53}$ti$^{21}$ia$^{35}_{53}$i$^{21}$iak$^{3}$ kai$^{53}$ke$^{53}_{44}$ko$^{0}$ ,tʂʅ$^{21}$iəu$^{35}_{53}$i$^{13}_{21}$cin$^{35}$ne$^{0}$ tsʰiəu$^{53}$kai$^{53}_{44}$kei$^{53}_{44}$iəu$^{35}_{44}$kəŋ$^{35}$tsək$^{3}$ ke$^{53}$ɲin$^{13}_{21}$, la$^{53}$tʰei$^{53}$ɕiəu$^{35}_{44}$kəŋ$^{35}_{44}$tsɿ$^{35}_{44}$kei$^{53}$ɲin$^{13}_{21}$tsʰiəu$^{53}_{44}$to$^{35}$xek$^{3}$ li$^{0}$ ko$^{0}$ ,xei$^{53}$me$^{53}$?i$^{35}$tsʰien$^{13}$na$^{0}$ ŋai$^{13}$ia$^{13}$tsɿ$^{0}$ ten$^{21}_{13}$ɲin$^{13}_{21}$kai$^{53}$tʂak$^{3}$ ɲien$^{13}$tʰɔi$^{53}$ia$^{0}$ tʂən$^{21}$ko$^{53}$ŋai$^{13}_{21}$uaŋ$^{13}$xəŋ$^{53}$li$^{0}$ iəu$^{35}$ci$^{21}$to$^{35}$tʂak$^{3}$ la$^{53}$tʰei$^{53}$ɕiəu$^{35}_{44}$kəŋ$^{35}_{44}$tsɿ$^{35}_{44}$ke$^{53}$lau$^{0}$ ?ɲiaŋ$^{53}$tʂʅ$^{21}$iəu$^{35}_{44}$ cie$^{53}$pa$^{21}$iəŋ$^{21}$ke$^{53}$tsɿ$^{0}$ ɲin$^{13}$na$^{0}$ la$^{53}$tʰei$^{53}$ɕiəu$^{35}_{44}$kəŋ$^{35}_{44}$tsɿ$^{35}_{44}$ke$^{53}$au$^{0}$ .

【丘】cʰiəu$^{35}$ 量 指被田塍、田墈分隔成的大小不一的水田：一～田，两～田，箇～高滴子，以～矮滴子。iet$^{3}$ cʰiəu$^{35}_{44}$tʰien$^{13}$,iəŋ$^{21}$cʰiəu$^{35}_{44}$tʰien$^{13}$,kai$^{53}_{44}$cʰiəu$^{35}_{44}$kau$^{35}$tiet$^{5}$ tsɿ$^{0}$ ,i$^{21}$cʰiəu$^{35}_{44}$ai$^{21}$tiet$^{5}$ tsɿ$^{0}$ .｜箇～田就栽得七蔸禾。kai$^{53}_{44}$cʰiəu$^{35}_{44}$tʰien$^{13}_{44}$tsiəu$^{53}_{44}$tsɔi$^{35}$tek$^{3}$ tsʰiet$^{3}$ tei$^{53}$uo$^{13}$.

【丘痘子】cʰiəu$^{35}$tʰei$^{53}$tsɿ$^{0}$ 名 天花：我等箇只叔公就系出哩～。一面个麻子。我等晓得渠就系一面个麻子。尽凼凼箇面上尽欸摸倒去咯唔系光滑个，尽凼凼。渠就系出箇个麻子。出麻子引起个嘞，留下来个嘞。ŋai$^{13}$tien$^{0}$ kai$^{53}$tʂak$^{3}$ ʂəuk$^{3}$ kəŋ$^{35}$tsʰiəu$^{53}$xe$^{53}_{44}$tʂʰət$^{3}$ li$^{0}$ cʰiəu$^{35}$tʰei$^{53}$tsɿ$^{0}$ .iet$^{3}$ mien$^{53}$ ke$^{0}$ ma$^{13}$tsɿ$^{0}$ .ŋai$^{13}$tien$^{0}$ ɕiau$^{21}$tek$^{3}$ ci$^{13}$tsʰiəu$^{53}$xei$^{53}$iet$^{3}$ mien$^{53}$ke$^{0}$ ma$^{13}_{21}$tsɿ$^{0}$ .tsʰin$^{53}$tʰəŋ$^{53}_{44}$tʰəŋ$^{53}_{44}$kai$^{53}_{44}$mien$^{53}_{44}$xəŋ$^{53}_{21}$ tsʰin$^{53}$e$^{0}$ mo$^{53}$tau$^{21}$ɕi$^{53}$ko$^{0}$ m̩$^{13}$pʰe$^{53}_{44}$kəŋ$^{35}$uait$^{3}$ ke$^{0}$ ,tsʰin$^{53}$tʰəŋ$^{53}$tʰəŋ$^{53}_{44}$.ci$^{13}$tsʰiəu$^{53}$xei$^{53}$tʂʰət$^{3}$ kai$^{53}$ke$^{0}$ ma$^{13}$tsɿ$^{0}$ .tʂʰət$^{3}$ ma$^{13}$tsɿ$^{0}$ in$^{21}$cʰi$^{21}$ke$^{53}$le$^{0}$ ,liəu$^{13}$xa$^{53}$lɔi$^{13}_{44}$ke$^{53}$le$^{0}$ .

【秋】tsʰiəu$^{35}$ 形 齐全；周遍：有只顺口溜，讲么个嘞？讲箇个搭人情，讲走人家啊，安做“人情搭得～”，箇～就秋天个秋，慢再来解释唠，欸“卖嘿门前猪屎丘”。门前猪屎丘嘞就系最好个田，欸，假设你爱分箇人情都搭得～，搭得～就搭得到哇，全部搭到哩啊，欸，家家都去哩啊，系唔系？所有想去个爱去个都去哩，大家都冇滴意见，箇就安做人情搭得～。欸，箇只～嘞就系搭得齐个意思。你爱搭齐个话，你门口个猪屎丘，最好个一丘田你都会卖咁。欸，“人情搭得～，卖嘿门前猪屎丘”，意思就欸让门去搭兜箇人情搭唔高哇。iəu$^{35}$tʂak$^{3}$ ʂən$^{53}$kʰei$^{21}$liəu$^{35}$,kəŋ$^{21}$mak$^{3}$ ke$^{53}_{44}$lei$^{0}$ ?kəŋ$^{21}$kai$^{53}$ke$^{53}$tait$^{3}$ ɲin$^{13}$tsʰin$^{13}$,kəŋ$^{21}$tsei$^{21}$ɲin$^{13}$ka$^{35}_{44}$a$^{0}$ ,ən$^{35}_{44}$tso$^{53}_{44}$"ɲin$^{13}$tsʰin$^{13}$ tait$^{3}$ tek$^{3}$ tsʰiəu$^{35}$",kai$^{53}_{44}$tsʰiəu$^{35}$tsʰiəu$^{53}_{44}$tsʰiəu$^{35}$tʰien$^{35}_{44}$ke$^{0}$ tsʰiəu$^{35}$,man$^{53}_{44}$tsai$^{53}$lɔi$^{13}_{21}$kai$^{21}$ʂət$^{3}$ lau$^{0}$ ,e$_{21}$"mai$^{53}$xek$^{3}$ mən$^{13}$tsʰien$^{13}_{44}$tʂəu$^{35}$ʂʅ$^{21}$cʰiəu$^{35}$".mən$^{13}$tsʰien$^{13}_{44}$tʂəu$^{35}$ʂʅ$^{21}$cʰiəu$^{35}$le$^{0}$ tsʰiəu$^{53}_{21}$xe$^{53}_{21}$tsei$^{53}$xau$^{21}$ke$^{53}$tʰien$^{13}_{21}$,e$_{21}$,cia$^{21}$ʂet$^{3}$ ɲi$^{13}$ɔi$^{53}_{44}$pən$^{35}$kai$^{53}_{44}$ɲin$^{13}$tsʰin$^{13}_{21}$təu$^{35}_{53}$tait$^{3}$ tek$^{3}$ tsʰiəu$^{35}$,tait$^{3}$ tek$^{3}$ tsʰiəu$^{35}$tsʰiəu$^{53}$tait$^{3}$ tek$^{3}$ tau$^{53}$ua$^{0}$ ,tsʰien$^{13}$pʰu$^{53}$tait$^{3}$ tau$^{53}$li$^{0}$ a$^{0}$ ,e$_{21}$,ka$^{35}$ka$^{35}$təu$^{35}_{44}$ɕi$^{53}$li$^{0}$ a$^{0}$ ,xei$^{53}$me$^{53}$?so$^{21}$iəu$^{35}$siəŋ$^{21}$ɕi$^{53}_{44}$ke$^{0}$ ɔi$^{53}$ɕi$^{53}$ke$^{0}$ təu$^{35}$ɕi$^{53}$li$^{0}$ ,tʰai$^{53}$cia$^{35}_{44}$təu$^{35}_{53}$mau$^{13}$ tiet$^{5}$ i$^{53}$cien$^{53}$,kai$^{53}_{44}$tsʰiəu$^{53}_{44}$ən$^{35}_{53}$tso$^{53}$ɲin$^{13}$tsʰin$^{13}$tait$^{3}$ tek$^{3}$ tsʰiəu$^{35}$.e$_{21}$,kai$^{53}_{44}$tʂak$^{3}$ tsʰiəu$^{35}$lei$^{0}$ tsʰiəu$^{53}$xei$^{53}_{44}$tait$^{3}$ tek$^{3}$ tsʰe$^{13}$ke$^{53}_{44}$i$^{53}$sɿ$^{0}$ . ɲi$^{13}$ɔi$^{53}$tait$^{3}$ tsʰei$^{13}$kei$^{53}_{44}$fa$^{53}$, ɲi$^{13}_{21}$mən$^{13}$xei$^{21}$ke$^{53}_{44}$tʂəu$^{35}_{44}$ʂʅ$^{21}$cʰiəu$^{35}$,tsei$^{53}$xau$^{21}$ke$^{53}_{44}$iet$^{3}$ cʰiəu$^{35}$tʰien$^{13}_{21}$

ɲi13$_{21}$təu35$_{44}$uɔi53$_{44}$mai53kan21.ei$_{21}$,"ɲin13tsʰin13tait3 tek3 tsʰiəu35,mai53xek3 mən13tsʰien13tʂəu35ʂʅ21cʰiəu35",i53sʅ35$_{44}$tsʰiəu53$_{44}$e$_{2}$ɲiɔŋ53mən13$_{44}$çi53$_{44}$tait3 təu35$_{53}$kai53ɲin13tsʰin13$_{21}$tait3 n̩13$_{21}$kau35ua0.

【秋白梨】tsʰiəu35pʰak5 li13 名梨子品种名。又称“秋白子”：～就系种梨子，秋天正有食。箇种梨子蛮迟嘞，唔知系唔系爱立冬了来食渠更好食嘞。蛮大一只，蛮好食，津甜。欸，梨系白白子，欸浅绿色唠，浅绿色梨咯欸白……皮咯，皮系浅绿色。同麻梨子差唔多，但比箇起么个咁大，有起咁大子一只个么个梨子啊？如今有卖个箇起么个梨子啊？箇比渠都更大，有咁大一只，～。tsʰiəu35pʰak5 li13tsʰiəu35xei53tʂəŋ21li13tsʅ0,tsʰiəu35tʰien35$_{44}$tʂaŋ53$_{21}$iəu35$_{53}$ʂət5.kai53tʂəŋ21li13tsʅ0 man13tʂʰʅ13lei0,n̩13ti35$_{53}$xei53mei53ɔi53liet5 təŋ35liau21lɔi13ʂət5 ci13$_{44}$cien53xau21ʂət5 lei0.man13tʰai53iet3 tʂak3,man13$_{21}$xau21ʂət5,tsin35tʰian13$_{21}$.ei$_{21}$,li13xei53$_{44}$pʰak5 pʰak5 tsʅ0,e0 tsʰien21liəuk5 sek3 lau0,tsʰien21liəuk5 sek3 li13ko0 e$_{21}$ pʰak5…pʰi13ko0,pʰi13xe53$_{44}$tsʰien21liəuk5 sek3.tʰəŋ13$_{21}$ma13li13$_{21}$tsʅ0 tsa35n̩13$_{21}$to35$_{53}$,tan53pi21kai53çi21mak3 kei53kan21$_{13}$tʰai53, iəu35çi21kan21$_{13}$tʰai53tsʅ0 iet3 tʂak3 ke53mak3 e0 li13tsʅ0 a0?i21$_{21}$cin35$_{53}$iəu35$_{53}$mai53ke53$_{44}$kai53çi21mak3 e0 li13tsʅ0 a0?kai53pi21 ci13$_{21}$təu35cien53$_{44}$tʰai53,iəu35$_{44}$kan21tʰai53iet3 tʂak3,tsʰiəu35$_{44}$pʰak5 li13$_{21}$.

【秋白子】tsʰiəu35pʰek5 tsʅ0 名指秋白梨：～（比麻梨子）更细，更松，更甜。tsʰiəu35pʰek5 tsʅ0 ken53$_{44}$se53,ken53səŋ35,ken53tʰian13.

【秋豆角】tsʰiəu35tʰei53/tʰəu53老派 kɔk3 名豆角品种名。下种晚，荚不长：～冇哇几长，只有咁长子。tsʰiəu35tʰəu53$_{44}$kɔk3 mau13ua$_{44}$ci21tʂʰəŋ13,tʂʅ21$_{5}$iəu35$_{44}$kan21tʂʰəŋ13tsʅ0.

【秋分】tsʰiəu35fən35 名二十四节气之一：白露过哩就～呐。～是日夜平分了嘞，欸，天气渐渐子凉快。pʰak5 ləu53ko53li0 tsʰiəu53$_{44}$tsʰiəu35fən35na0.tsʰiəu35fən35ʂʅ53$_{21}$ɲiet3 ia53pʰiaŋ13fən35niau21le0,ei$_{21}$, tʰien35$_{44}$çi53tsʰien53tsʰien53tsʅ0 liɔŋ13kʰuai53.｜春分～，日夜平分。tʂʰən35$_{44}$fən35$_{44}$tsʰiəu35$_{44}$fən35$_{44}$,ɲiet3 ia53pʰiaŋ13 fən35$_{44}$.

【秋瓜子】tsʰiəu35kua35tsʅ0 名①种得比较晚的瓜：种得比较迟个瓜子就安做～呢。tʂəŋ53tek3 pi21 ciau53$_{44}$tʂʰʅ13ke53$_{44}$kua35tsʅ0 tsʰiəu35$_{44}$ɔn35$_{44}$tso53$_{44}$tsʰiəu35kua35tsʅ0 nei0.②喻指高龄产妇生的小孩：欸，还有只咁个啦，箇只夫娘子啊，四十几岁了，还生只子人，系唔系？生倒，还结只子～。ei$_{44}$,xai13 iəu35$_{53}$tʂak3 kan21$_{13}$cie53la0,kai53tʂak3 pu35ɲiɔŋ13$_{21}$tsʅ0 a0,si53ʂət5 ci21sɔi53liau0,xai13$_{21}$saŋ35tʂak3 tsʅ0 ɲin13,xei53me53$_{21}$?saŋ35$_{44}$ tau21$_{44}$,xai13$_{21}$ciet3 tʂak3 tsʅ0 tsʰiəu35kua35$_{44}$tsʅ0.

【秋老虎】tsʰiəu35lau21fu21 名喻指立秋以后仍然十分炎热的天气：立哩秋嘞还二十四只～，就系还有个把月蛮热个，箇一个月都过嘿哩嘞就更凉快了。liet5 li0 tsʰiəu35lei0 xai13$_{2}$ɲi53ʂət5 si53tʂak3 tsʰiəu35lau21$_{44}$fu21,tsʰiəu53xe53xai13$_{21}$iəu35$_{44}$cie53pa21ɲiet5 man13ɲiet5 ke0,kai53iet3 cie53$_{44}$ɲiet5 təu35$_{53}$ko53xek3 li0 lei0 tsʰiəu53$_{44}$cien53$_{44}$liɔŋ13kʰuai53liau0.

【秋痢】tsʰiəu35li53 名一种秋季常见的肠道传染病：～也系整起唔得好个东西啦。tsʰiəu35li53ia35 xe53$_{44}$tʂaŋ21çi21$_{53}$n̩13$_{21}$tek3 xau21ke53$_{44}$təŋ35$_{44}$si0 la0.

【秋茄子】tsʰiəu35cʰio13tsʅ0 名秋天结的茄子，也特指最后一批茄子：～就系欸本义是指秋天立哩秋以后呀或者么个秋分以后结个茄子，以咁子嘞就唔系咁完全咁个意思了以下就，就系欸茄子最后一批茄子就安做～。tsʰiəu35cʰio13$_{21}$tsʅ0 tsʰiəu53xei53e$_{21}$pən21ɲi53ʂʅ21tʂʅ21tsʰiəu35tʰien35$_{44}$liet5 li0 tsʰiəu35i35$_{44}$xei53$_{44}$ia0 xɔit5 tʂa21mak3 kei53tsʰiəu35fən35$_{44}$i35xei53ciet3 ke53cʰio13tsʅ0,i21kan35$_{44}$tsʅ0 lei0 tsʰiəu53m̩13pʰei53 kan21xɔn13tsʰien13$_{21}$kan21$_{13}$ke53i53sʅ0 liau0 i21xa53$_{44}$tsʰiəu53,tsʰiəu53xei53ei$_{21}$cʰio13tsʅ0 tsei53xei53$_{44}$iet3 pʰi35cʰio13$_{21}$tsʅ0 tsʰiəu53$_{21}$ ɔn35$_{53}$tso53tsʰiəu35cʰio13tsʅ0.

【秋社】tsʰiəu35ʂa35 名指立秋后第五个戊日，民间常于当天举行酬祭土神的典礼：春天有只春社，秋天有只～。tʂʰən35tʰien35$_{44}$iəu35$_{44}$tʂak3 tʂʰən35ʂa35,tsʰiəu35tʰien35$_{44}$iəu35$_{44}$tʂak3 tsʰiəu35ʂa35.

【秋收】tsʰiəu35ʂəu35 动秋季收获农作物：以前是每年～了是又爱打禾，欸，又爱摘茶籽，欸，以下学堂里都放假呢。i35$_{53}$tsʰien13ʂʅ53$_{44}$mei35ɲien13$_{21}$tsʰiəu35ʂəu35liau21ʂʅ53$_{21}$iəu53ɔi53ta21uo13,e$_{21}$,iəu53ɔi53tsak3 tsʰa13 tsʅ21,e$_{21}$,i21$_{44}$(x)a53$_{44}$xɔk5 tʰɔŋ13$_{21}$li21təu35$_{44}$fɔŋ53cia21ne0.

【秋水田】tsʰiəu35ʂei21tʰien13 名秋冬季节仍有水的稻田：好，同干田相对应个就系么个嘞？有起就干嘿个田吵，还有是赠干个田，冬下头都有水个田，系唔系？安做～。年脚下箇时候子，冬天呐箇田里有水都，箇个～，唔话冬水田。xau21,tʰəŋ13$_{21}$kɔn35tʰien35$_{44}$siɔŋ35tei53in53$_{44}$cie0 tsʰiəu53$_{44}$xei53$_{44}$ mak3 e0 lei0?iəu35$_{21}$çi21tsʰiəu53kɔn35nek3 ke0 tʰien13$_{21}$ʂa0,xai13$_{21}$iəu35$_{53}$ʂʅ53$_{44}$maŋ13kɔn35$_{44}$ke0 tʰien35$_{44}$,təŋ35xa53$_{44}$tʰei13$_{21}$təu35$_{44}$iəu35$_{44}$ ʂei21ke0 tʰien13$_{44}$,xei53$_{44}$me53$_{44}$?ɔn35$_{44}$tso53$_{44}$tsʰiəu35ʂei21tʰien13.ɲien13ciɔk3 xa35ke0 ʂʅ13$_{44}$xəu53$_{44}$tsʅ0,təŋ35tʰien35$_{44}$na0 kai53 tʰien13$_{21}$ni21iəu35ʂei21təu35$_{44}$,kai53ke53tsʰiəu35ʂei21tʰien13,n̩13ua53təŋ35ʂei21tʰien13$_{21}$.

【秋天】tsʰiəu$^{35}$tʰien$^{35}$ [名]秋季：花麦是过唔得～个。fa$^{35}$mak$^{5}$ ʂʅ$^{53}_{44}$ko$^{53}$ŋ̍$^{13}_{44}$tek$^{3}$ tsʰiəu$^{35}$tʰien$^{35}$ke$^{53}$.｜～打哩禾以后拖滴秆呶，去跳噢。tsʰiəu$^{35}$tʰien$^{35}_{44}$ta$^{21}$li$^{0}$ uo$^{13}$i$^{35}$xei$^{53}_{44}$tʰo$^{35}$tet$^{5}$ kɔn$^{21}$nau$^{0}$,çi$^{53}_{44}$tʰiau$^{53}$uau$^{0}$.

【求福】cʰiəu$^{13}$fuk$^{3}$ [动]求神赐福：我等以个栏场蛮多屋下顺遂个人更唔多去求，系，就系有兜子屋下唔多顺遂个，有兜子么个困难个啊，首先想到个就到庙里去～。ŋai$^{13}$tien$^{0}$ i$^{21}$ke$^{53}$laŋ$^{13}_{21}$ tʂʰɔŋ$^{13}_{44}$man$^{13}$to$^{35}_{53}$uk$^{3}$ xa$^{53}_{44}$ʂən$^{53}$si$^{53}_{21}$ke$^{53}_{21}$ɲin$^{13}_{21}$cien$^{53}$n̩$^{13}_{21}$to$^{35}_{53}$çi$^{53}$cʰiəu$^{13}$,xe$^{53}$,tsʰiəu$^{53}$xei$^{53}$iəu$^{35}$tei$^{35}_{53}$tsʅ$^{0}$ uk$^{3}$ xa$^{53}_{44}$n̩$^{13}_{21}$to$^{35}_{44}$ ʂən$^{53}$si$^{53}_{44}$ke$^{53}_{44}$,iəu$^{35}$tei$^{35}_{53}$tsʅ$^{0}$ mak$^{3}$ e$^{0}$ kʰuən$^{53}$nan$^{53}_{44}$ke$^{53}$a$^{0}$,ʂəu$^{21}$sien$^{35}_{53}$siɔŋ$^{21}$tau$^{53}_{44}$ke$^{53}_{44}$tsʰiəu$^{53}_{44}$tau$^{53}_{44}$miau$^{53}$li$^{21}$çi$^{53}$cʰiəu$^{13}_{21}$ fuk$^{3}$.

【求签】cʰiəu$^{13}$tsʰian$^{35}$ [动]迷信的人在神佛面前抽签来占卜吉凶：有兜人是硬么个事都去～。找女朋友～，系<u>唔系</u>？出门做生意，～。欸，甚至屋下买项子东西，都爱去求只签。咁个人有啦。啊买东西都～，买大东西啦。打比做只屋样啊，欸就～，求下子。欸，呃神明系赞成我做以只屋吗？系啊？我就取都做么个事我唔～，我懒搞得。我唔信。iəu$^{35}$tei$^{35}_{53}$ɲin$^{13}_{21}$ʂʅ$^{53}_{44}$ɲiaŋ$^{53}$ mak$^{3}$ ke$^{53}_{44}$sʅ$^{53}$təu$^{35}_{53}$çi$^{53}$cʰiəu$^{13}$tsʰian$^{35}$.tsau$^{21}$ɲy$^{21}$pʰəŋ$^{13}_{21}$iəu$^{35}$cʰiəu$^{13}$tsʰian$^{35}$,xei$^{53}$me$^{53}$?tʂʰət$^{3}$ mən$^{13}$tso$^{53}$sen$^{35}$i$^{53}$, cʰiəu$^{13}$tsʰian$^{35}$.e$_{21}$,ʂən$^{53}$tʂʅ$^{53}$uk$^{3}$ xa$^{53}_{44}$mai$^{35}$xɔŋ$^{53}$tsʅ$^{0}$ tɔŋ$^{35}$si$^{35}_{44}$,təu$^{35}$ɔi$^{53}$çi$^{53}$cʰiəu$^{13}$tʂak$^{3}$ tsʰian$^{35}$.kan$^{21}_{13}$ke$^{0}$ ɲin$^{13}_{21}$iəu$^{35}$ la$^{0}$.a$_{21}$mai$^{35}$tɔŋ$^{35}_{44}$si$^{35}_{44}$təu$^{35}_{53}$cʰiəu$^{13}_{21}$tsʰian$^{35}_{53}$,mai$^{35}$tʰai$^{53}$tɔŋ$^{35}_{44}$si$^{35}_{44}$la$^{0}$.ta$^{21}$pi$^{21}$tso$^{53}$tʂak$^{3}$ uk$^{3}$ iɔŋ$^{53}$ŋa$^{0}$,e$_{21}$tsʰiəu$^{53}$cʰiəu$^{13}_{21}$ tsʰian$^{35}$,cʰiəu$^{13}$ua$^{53}_{44}$tsʅ$^{0}$.e$_{21}$,ə$_{44}$ʂən$^{13}$min$^{13}_{44}$ne$^{53}_{44}$tsan$^{53}$tʂʰən$^{13}_{21}$ŋai$^{13}$tso$^{53}$i$^{21}$tʂak$^{3}$ uk$^{3}$ ma$^{0}$?xei$^{53}$a$^{0}$?ŋai$^{13}$tsʰiəu$^{53}$tsʰi$^{21}$ təu$^{35}_{53}$tso$^{53}$mak$^{3}$ e$^{0}$ sʅ$^{53}$ŋai$^{13}_{21}$n̩$^{13}_{21}$cʰiəu$^{13}_{21}$tsʰian$^{35}$,ŋai$^{13}$lan$^{35}_{44}$kau$^{21}_{44}$tek$^{3}$.ŋai$^{13}_{21}$n̩$^{13}$sin$^{53}$.

【球】cʰiəu$^{13}$ [名]喻指植物球形的果实：以下（毛桐子）箇个～，～，系圆个。ia$_{35}$(←i$^{21}$xa$^{53}$)kai$^{53}_{44}$ ke$^{53}_{44}$cʰiəu$^{13}$,cʰiəu$^{13}$,xe$^{53}$vien$^{13}$ke$^{53}_{44}$.

【球毛子】cʰiəu$^{13}$mau$^{35}$tsʅ$^{0}$ [名]松针：松树上啊到哩冬下就会跌～啊，系<u>唔系</u>？但是渠还系箇个嘞还系唔得成条光棍呢，还系常青植物嘞。tsʰəŋ$^{13}$ʂəu$^{53}$xɔŋ$^{53}$ŋa$^{0}$ tau$^{53}$li$^{0}$ tɔŋ$^{35}$xa$^{53}_{44}$tsʰiəu$^{53}$uɔi$^{53}$tet$^{3}$ cʰiəu$^{13}$mau$^{35}$tsʅ$^{0}$ a$^{0}$,xei$^{53}$me$^{53}$?tan$^{53}$ʂʅ$^{53}$ci$^{13}_{21}$xai$^{13}$xei$^{53}$kai$^{53}$ke$^{53}$lei$^{0}$ xan$^{13}$xe$^{53}$n̩$^{13}$tek$^{3}$ ʂaŋ$^{13}_{21}$tʰiau$^{13}_{21}$kɔŋ$^{35}$kuən$^{53}$ ne$^{0}$,xan$^{13}$xe$^{53}$tʂʰɔŋ$^{13}$tsʰin$^{35}_{44}$tʂʰət$^{5}$ uk$^{5}$ le$^{0}$.

【球球】cʰiəu$^{13}$cʰiəu$^{13}$ [名]泛指球形或接近球形的物体。也称“球球子”：结只～ciet$^{3}_{5}$tʂak$^{3}$ cʰiəu$^{13}_{21}$ cʰiəu$^{13}_{44}$｜（秆 tsiau$^{35}$帽）顶高一只子～子。taŋ$^{21}$kau$^{35}$iet$^{3}$ tʂak$^{3}$ tsʅ$^{0}$ cʰiəu$^{13}$cʰiəu$^{13}$tsʅ$^{0}$.

【球鞋】cʰiəu$^{13}$xai$^{13}$ [名]一种运动鞋，鞋帮为帆布，鞋底为橡胶：如今去买～呀有箇起么个牌子货就上千块吧？系啊？一双～呀。咁贵个我就赠着过，两三百块钱我着过。i$^{13}_{21}$cin$^{35}_{53}$çi$^{53}$mai$^{35}$ cʰiəu$^{13}$xai$^{13}_{21}$ia$^{0}$ iəu$^{35}$kai$^{53}$çi$^{21}$mak$^{3}$ e$^{0}$ pʰai$^{13}$tsʅ$^{0}$ fo$^{53}_{44}$tsʰiəu$^{53}_{44}$ʂɔŋ$^{53}$tsʰien$^{35}$kʰuai$^{53}$pa$^{0}$?xei$^{53}_{21}$a$^{0}$?iet$^{3}$ sɔŋ$^{35}_{44}$cʰiəu$^{13}_{21}$xai$^{13}_{44}$ ia$^{0}$.kan$^{21}$kuei$^{53}$cie$^{53}$ŋai$^{13}_{21}$tsʰiəu$^{53}$maŋ$^{13}_{21}$tʂɔk$^{3}$ ko$^{53}$,iɔŋ$^{21}$san$^{35}$pak$^{3}$ kʰuai$^{53}$tsʰien$^{13}_{21}$ŋai$^{13}_{21}$tʂɔk$^{3}$ ko$^{0}$.

【蛆】tsʰi$^{35}$ [名]蝇类的幼虫渠：欸，茅司里个，粪凼里个箇起就安做屎蛆。再还有其他地方个，就叫做～。e$_{53}$,mau$^{13}$sʅ$^{35}_{53}$li$^{0}$ ke$^{53}$,pɔn$^{53}$tʰɔŋ$^{53}_{44}$li$^{0}$ ke$^{53}_{44}$kai$^{53}$çi$^{21}$tsʰiəu$^{53}_{44}$ɔn$^{35}_{44}$tso$^{53}_{44}$ʂʅ$^{21}$tsʰi$^{35}$.tsai$^{53}$xai$^{13}_{21}$iəu$^{35}_{44}$cʰi$^{13}$tʰa$^{35}_{44}$tʰi$^{53}_{44}$ fɔŋ$^{35}_{44}$ke$^{53}_{44}$,tsʰiəu$^{53}$ciau$^{53}_{44}$tso$^{53}_{44}$tsʰi$^{35}_{44}$.

【渠】ci$^{13}$ [代]人称代词。①称自己和对方以外的某个人：潘长江箇样专门逗别人家笑箇人呢箇起个人，欸，专门逗别人家笑个咁个人，安做～三化<u>子啊</u>。pʰan$^{35}$tʂʰɔŋ$^{13}_{21}$ciɔŋ$^{35}$kai$^{53}$iɔŋ$^{53}$tʂen$^{35}$ mən$^{13}_{21}$tei$^{35}$pʰiet$^{5}$ in$^{13}_{44}$ka$^{35}_{44}$siau$^{53}$kai$^{53}_{44}$ɲin$^{13}$ne$^{0}$ kai$^{53}_{44}$çi$^{21}$ke$^{53}$ɲin$^{13}_{21}$,e$_{21}$,tʂen$^{35}$mən$^{13}_{21}$tei$^{35}$pʰiet$^{5}$ in$^{13}_{44}$ka$^{35}_{44}$siau$^{53}$ke$^{53}_{21}$kan$^{21}$ ke$^{53}_{44}$ɲin$^{13}_{21}$,ɔn$^{35}_{44}$tso$^{53}_{44}$ci$^{13}_{21}$san$^{35}$fa$^{53}$tsa$^{0}$. ②不定指，相当于“有的人”：安做神仙土。～话可以食个是。有人食过个。但是话可以食。ɔn$^{35}_{44}$tso$^{53}_{44}$ʂən$^{13}$sien$^{35}_{44}$tʰəu$^{21}$.ci$^{13}_{21}$ua$^{53}_{44}$kʰo$^{21}$i$^{35}_{44}$ʂek$^{5}$ ke$^{53}_{21}$ʂʅ$^{53}_{21}$.iəu$^{35}$ɲin$^{13}_{21}$ʂek$^{5}$ ko$^{53}_{21}$ ke$^{53}_{44}$.tan$^{53}_{44}$ʂʅ$^{53}_{44}$ua$^{53}_{44}$kʰo$^{21}$i$^{35}_{44}$ʂət$^{5}$. ③称人以外的事物：马子你晓得渠个脑壳长长子个吵。ma$^{35}$tsʅ$^{0}$ ɲi$^{13}_{21}$ çiau$^{21}$tek$^{3}$ ci$^{13}_{44}$ke$^{53}_{44}$lau$^{21}$kʰɔk$^{3}$ tʂʰɔŋ$^{13}$tʂʰɔŋ$^{13}$tsʅ$^{0}$ ke$^{53}_{44}$ʂa$^{0}$.｜～指厢房甚至可以唔爱墙，就四只伞柱上。ci$^{13}$ ʂən$^{53}$tʂʅ$^{53}_{44}$kʰo$^{21}$i$^{35}_{44}$m̩$^{13}_{21}$mɔi$^{53}_{35}$tsʰiɔŋ$^{13}_{21}$,tsʰiəu$^{53}$si$^{53}$tʂak$^{3}$ san$^{21}$tʂʰəu$^{35}$ʂɔŋ$^{35}$. ④表虚指：有鱼冇鱼我都打～一网。iəu$^{35}$ŋ̍$^{13}$mau$^{13}_{44}$ŋ̍$^{13}$ŋai$^{13}_{21}$təu$^{35}_{44}$ta$^{21}$ci$^{13}_{44}$iet$^{3}$ mɔŋ$^{21}$.｜你箇几角钱一盒个你买～两三盒。ɲi$^{13}$kai$^{53}$ci$^{21}$kɔk$^{3}$ tsʰien$^{13}_{21}$ iet$^{3}$ xait$^{5}$ ke$^{0}$ ɲi$^{13}_{21}$mai$^{35}$ci$^{13}_{21}$iɔŋ$^{21}$san$^{35}_{44}$xait$^{5}$.

【渠等】ci$^{13}$ten$^{0}$/tien$^{0}$ [代]人称代词。①称自己和对方以外的若干人：我系横巷里个，我等老家个，我同长日教～作揖。ŋai$^{13}$xei$^{53}$uaŋ$^{13}$xɔŋ$^{53}$li$^{21}$ke$^{53}$,ŋai$^{13}_{21}$tien$^{0}$ lau$^{21}$cia$^{35}_{44}$ke$^{53}_{44}$,ŋai$^{13}_{21}$tʰəŋ$^{13}_{44}$tʂʰɔŋ$^{13}$ɲiet$^{3}$ kau$^{35}_{44}$ ci$^{13}_{44}$tien$^{0}$ tsɔk$^{3}$ iet$^{3}$. ②称不只一个的事物：～指草鞋搭两向都企得啊。ci$^{13}$tien$^{0}$ iɔŋ$^{21}$çiɔŋ$^{53}$təu$^{35}_{44}$cʰi$^{35}$tek$^{3}$a$^{0}$.｜～指簸箕和摸篮箇只做法唔同。ci$^{13}$tien$^{0}$ kai$^{53}_{44}$tʂak$^{3}$ tso$^{53}$fait$^{3}$ n̩$^{13}$tʰəŋ$^{13}$. ③不定指，相当于“有的人”：石灰是有坨子灰，有化灰啦。如今是～用机子打，全部成哩化灰。ʂak$^{5}$ fɔi$^{35}$ʂʅ$^{53}_{44}$iəu$^{35}_{44}$tʰo$^{13}$tsʅ$^{0}$ fɔi$^{35}$, iəu$^{35}_{44}$fa$^{53}$fɔi$^{35}$la$^{0}$.i$^{13}_{21}$cin$^{35}$ʂʅ$^{53}_{21}$ci$^{13}$tien$^{0}$ iɔŋ$^{53}$ci$^{35}$tsʅ$^{0}$ ta$^{21}$,tsʰien$^{13}$pu$^{53}$ʂaŋ$^{13}_{21}$li$^{0}$ fa$^{53}$fɔi$^{35}$.

【渠等人】ci$^{13}$ten$^{0}$/tien$^{0}$ɲin$^{13}_{21}$ [代]人称代词。称自己和对方以外的若干人：欸，就请～箇个呀，

系唔系啊？请～着累呀，葬地呀，葬好下子啊。e$_{21}$,tsʰiəu$^{53}_{44}$tsʰiaŋ$^{21}$ci$^{13}_{21}$tien$^{0}$ɲin$^{13}_{21}$kai$^{53}_{44}$cie$^{53}_{44}$ia$^{0}$,xei$^{53}_{44}$me$^{53}_{44}$a$^{0}$?tsʰiaŋ$^{21}$ci$^{13}_{21}$tien$^{0}$ɲin$^{13}_{21}$tʂʰɔk$^{5}$li$^{53}$ia$^{0}$,tsɔŋ$^{53}$tʰi$^{53}$ia$^{0}$,tsɔŋ$^{53}$xau$^{21}$ua$^{53}_{44}$tsa$^{0}$.｜箇路上一伴人呐，箇～呐到哪映去？kai$^{53}$ləu$^{53}$xɔŋ$^{53}$iet$^{3}$ pʰɔn$^{53}$ɲin$^{13}_{21}$na$^{0}$,kai$^{53}_{44}$ci$^{13}$tien$^{0}$ɲin$^{13}_{44}$na$^{0}$ tau$^{53}$la$^{53}$iaŋ$^{53}_{44}$çi$^{53}_{44}$?

【渠老人家】ci$^{13}$lau$^{21}$ɲin$^{13}$ka$^{35}$ 对自己和对方以外的某个人的尊称：只讲你老人家，～，冇么人讲我老人家。tʂʅ$^{21}$kɔŋ$^{21}$ɲi$^{13}$lau$^{21}$ŋ̍$^{13}$ka$^{35}_{44}$,ci$^{13}$lau$^{21}$ɲin$^{13}$ka$^{35}_{44}$,mau$^{13}$mak$^{3}$ in$^{13}_{44}$kɔŋ$^{21}$ŋai$^{13}$lau$^{13}_{21}$in$^{13}_{21}$ka$^{35}$.

【渠哩】ci$^{13}$li$^{0}$ 他的：箇本书系～哥个。kai$^{53}$pən$^{21}$ʂəu$^{35}$xe$^{53}$ci$^{13}$li$^{0}$ ko$^{35}$ke$^{53}$.

【渠两个人】ci$^{13}_{21}$iɔŋ$^{21}$ke$^{53}$in$^{13}$ 他俩：～个八字啊，合得吗？ci$^{13}_{21}$iɔŋ$^{21}$ke$^{53}$in$^{13}$ke$^{53}_{44}$pait$^{3}$ tsʰʅ$^{53}$a$^{0}$,kait$^{3}$ tek$^{3}$ ma$^{0}$?

【曲】cʰiəuk$^{3}$ [名]固定要锯成板子的木材的铁制工具：～有兜像码钉。～咁个东西如今更少了。～咁个东西嘞如今蛮少了。搞么个嘞？固定锯板个东西嘞以前一般都系用平锯用陡锯去锯板子。如今锯板子冇么人用手工去锯了，都用电锯，所以箇～也就冇么个几多用了。cʰiəuk$^{3}$ iəu$^{35}$te$^{35}_{44}$tsʰiɔŋ$^{53}$ma$^{35}$taŋ$^{35}_{44}$.cʰiəuk$^{3}$ kan$^{21}_{13}$ke$^{53}_{44}$tɔŋ$^{35}_{44}$si$^{0}$ i$^{13}_{21}$cin$^{35}_{44}$cien$^{53}$ʂau$^{21}$liau$^{0}$.cʰiəuk$^{3}$ kan$^{21}_{13}$e$^{0}$ tɔŋ$^{35}_{44}$si$^{0}$ le$^{0}$ i$^{13}_{21}$cin$^{35}_{53}$man$^{13}_{21}$ʂau$^{21}$liau$^{0}$.kau$^{21}$mak$^{3}$ e$^{0}$ lei$^{0}$ ?ku$^{53}$tʰin$^{53}$cie$^{53}$pan$^{21}$ke$^{53}_{44}$tɔŋ$^{35}_{44}$si$^{0}$ lei$^{0}$ i$^{35}_{53}$tsʰien$^{13}_{21}$iet$^{3}$ pɔn$^{35}$təu$^{35}_{44}$xei$^{53}$iɔŋ$^{53}$ pʰiaŋ$^{13}$cie$^{53}$iɔŋ$^{53}$tei$^{21}$cie$^{53}_{44}$çi$^{53}_{44}$cie$^{53}$pan$^{21}$tsʅ$^{0}$.i$^{13}_{21}$cin$^{35}_{44}$cie$^{53}$pan$^{21}$tsʅ$^{0}$ mau$^{13}$mak$^{3}$ɲin$^{13}_{44}$iɔŋ$^{53}$ʂəu$^{21}$kɔŋ$^{35}$çi$^{53}_{44}$cie$^{53}$liau$^{0}$, təu$^{35}$iɔŋ$^{53}_{44}$tʰien$^{53}$cie$^{53}$,so$^{21}$i$^{35}_{44}$kai$^{53}$cʰiəuk$^{3}$ ia$^{35}_{44}$tsʰiəu$^{53}$mau$^{13}_{21}$mak$^{3}$ e$^{0}$ ci$^{21}$to$^{35}_{44}$iɔŋ$^{53}$liau$^{0}$.

【取】tsʰi$^{21}$ [动]①选取：有滴分细人子～个名字～得唔知几贱呢。iəu$^{35}$tet$^{5}$ pən$^{35}$se$^{53}$ɲin$^{13}_{21}$tsʅ$^{0}$ tsʰi$^{21}$ke$^{53}$ miaŋ$^{13}$tsʰʅ$^{53}_{44}$tsʰi$^{21}$tek$^{3}$ n̩$^{13}_{21}$ti$^{35}_{44}$ci$^{21}$tsʰien$^{53}$nei$^{0}$.｜总～最大个客请起呀。tsɔŋ$^{21}$tsʰi$^{21}$tsei$^{53}$tʰai$^{53}$ke$^{53}_{44}$kʰak$^{3}$ tsʰiaŋ$^{21}$ çi$^{21}$ia$^{0}$. ②解开：我等就颈筋下箇只纽子只想～咁去，嘿嘿，唔想纽倒，只想～咁去。只爱解开来。ŋai$^{13}$tien$^{0}$ tsʰiəu$^{53}_{44}$ciaŋ$^{21}$cin$^{35}_{44}$xa$^{35}$kai$^{53}$tʂak$^{3}$ lei$^{21}$tsʅ$^{0}$ tʂʅ$^{21}$siɔŋ$^{21}$tsʰi$^{21}$kan$^{21}$çi$^{53}$,xe$_{44}$xe$_{53}$,n̩$^{13}$siɔŋ$^{21}$lei$^{21}$tau$^{21}$, tʂʅ$^{21}$siɔŋ$^{21}$tsʰi$^{21}$kan$^{21}$çi$^{53}$.tʂʅ$^{21}$ɔi$^{35}$kai$^{21}$kʰɔi$^{35}$lɔi$^{13}_{21}$. ③制作，提取：箇碱让门～嘞？只能够去碱水，不能够去灰，欸秆灰摎石灰，就爱用布缔稳，分箇秆灰呀分箇石灰呀用布缔稳，放下镬里去炆，炆出碱来。爱放下镬里去炆下子，唔爱炆几久唠。渠正冇事搞兜灰去呀。kai$^{53}$kan$^{21}$ɲiɔŋ$^{53}$mən$^{13}_{44}$ tsʰi$^{21}$lei$^{0}$ ?tʂʅ$^{21}$len$^{13}$ciau$^{53}_{44}$çi$^{53}$kan$^{21}$ʂei$^{21}$,pət$^{3}$ len$^{13}$ciau$^{53}$çi$^{53}$fɔi$^{35}$,e$_{21}$kɔn$^{21}$fɔi$^{35}$lau$^{35}$ʂak$^{5}$ fɔi$^{35}$,tsʰiəu$^{53}_{44}$ɔi$^{53}_{44}$iɔŋ$^{53}_{44}$pu$^{53}$ tʰak$^{3}$ uən$^{21}$,pən$^{35}$kai$^{53}_{44}$kɔn$^{21}$fɔi$^{35}$ia$^{0}$ pən$^{35}$kai$^{53}_{44}$ʂak$^{5}$ fɔi$^{35}$ia$^{0}$ iɔŋ$^{53}$pu$^{53}$tʰak$^{3}$ uən$^{21}$,fɔŋ$^{53}$xa$^{35}$uɔk$^{5}$ li$^{0}$ çi$^{53}$uən$^{13}$,uən$^{13}$ tʂʰət$^{3}$ kan$^{21}$lɔi$^{13}$.ɔi$^{53}_{44}$fɔŋ$^{53}$xa$^{35}$uɔk$^{5}$ li$^{0}$ çi$^{53}$uən$^{13}$na$^{53}$tsʅ$^{0}$,m̩$^{13}_{21}$mɔi$^{53}$uən$^{13}_{21}$ci$^{21}$ciəu$^{21}$lau$^{0}$.ci$^{13}_{21}$tʂaŋ$^{53}$mau$^{13}$sʅ$^{53}$kau$^{21}$te$^{35}_{53}$ fɔi$^{35}$çi$^{53}$ia$^{0}$. ④获得并带走：（罗围肚里）你不能栽滴树箇只或者搞滴么啊去，或者～土哇或者搞么个。ɲi$^{13}_{21}$pət$^{3}$ lən$^{13}$tsɔi$^{35}_{44}$tiet$^{5}$ ʂəu$^{53}$kai$^{53}_{44}$tʂak$^{3}$ xɔit$^{5}_{3}$ tʂa$^{21}$kau$^{21}$tet$^{5}_{3}$ mak$^{3}$ a$^{0}$ çi$^{53}_{21}$,xɔit$^{5}$ tʂa$^{21}$tsʰi$^{21}$tʰəu$^{21}$ua$^{0}$ xɔit$^{5}$ tʂa$^{21}$kau$^{21}$mak$^{3}$ke$^{0}$.

【取本取心】tsʰi$^{21}$pən$^{21}$tsʰi$^{21}$sin$^{35}_{44}$ 形容做事非常卖力：～去下做。tsʰi$^{21}$pən$^{21}$tsʰi$^{21}$sin$^{35}_{44}$çia$_{44}$(←çi$^{53}$ xa$^{53}$)tso$^{53}$.

【取本心】tsʰi$^{21}$pən$^{21}$sin$^{35}_{44}$ [形]（做事）卖力：箇只人做事真～。kai$^{53}$tʂak$^{3}$ɲin$^{13}_{21}$tso$^{53}$sʅ$^{53}_{44}$tʂən$^{35}$tsʰi$^{21}$pən$^{21}$ sin$^{35}_{44}$.

【取都】tsʰi$^{21}$təu$^{35}$ [副]从来；总是：我买碗呐～唔买箇个碗肚里有花个，～买箇碗肚里雪白子个冇得花个箇碗。ŋai$^{13}$mai$^{35}$uɔn$^{21}$na$^{0}$ tsʰi$^{21}$təu$^{35}_{53}$m̩$^{13}_{21}$mai$^{35}_{44}$kai$^{53}$ke$^{53}_{21}$uɔn$^{21}$təu$^{21}$li$^{0}$ iəu$^{35}_{44}$fa$^{35}$kei$^{53}$,tsʰi$^{21}$təu$^{35}_{53}$mai$^{35}$ kai$^{53}$uɔn$^{21}$təu$^{21}$li$^{0}$ siet$^{5}$ pʰak$^{5}$ tsʅ$^{0}$ ke$^{53}$mau$^{13}$tek$^{3}$ fa$^{35}$ke$^{53}$kai$^{53}$uɔn$^{21}$.

【取堆头】tsʰi$^{21}$tɔi$^{35}$tʰəu$^{0}$ （目的是）取其能达成一定的量：就系～哇安做。tsʰiəu$^{53}_{44}$xe$^{53}_{44}$tsʰi$^{21}$tɔi$^{35}$ tʰəu$^{0}$ ua$^{0}$ ɔn$^{35}_{21}$tso$^{53}$.

【取耳】tsʰi$^{21}$ɲi$^{21}$ [动]挖除耳垢：以前个脑匠师傅是蛮多项目啦。就以三项是我记得个啦，～啦，剪鼻毛啦，欸，放一身呐，欸就按摩啊。i$^{35}_{53}$tsʰien$^{13}_{21}$ke$^{53}_{44}$lau$^{21}$siɔŋ$^{53}_{44}$sʅ$^{35}_{44}$fu$^{53}_{44}$ʂʅ$^{53}_{44}$man$^{13}_{21}$to$^{35}$xɔŋ$^{53}$muk$^{3}$ la$^{0}$. tsʰiəu$^{53}_{44}$i$^{21}$san$^{35}$xɔŋ$^{53}$ʂʅ$^{53}_{44}$ŋai$^{13}$ci$^{53}$tek$^{3}$ ke$^{53}$la$^{0}$,tsʰi$^{21}$ɲi$^{21}$la$^{0}$,tsʰien$^{21}$pʰiet$^{3}$ mau$^{35}_{44}$la$^{0}$,e$_{21}$,fɔŋ$^{53}$iet$^{3}$ ʂən$^{35}_{44}$na$^{0}$,e$_{21}$tsʰiəu$^{53}$ ŋan$^{53}$mo$^{13}$a$^{0}$.

【取笑】tsʰi$^{21}$siau$^{53}$ [动]耍弄，开玩笑：百多斤咯，喊渠去背哟，反正就是～嘞。pak$^{3}$ to$^{35}_{44}$cin$^{35}$ ko$^{0}$,xan$^{53}_{44}$ci$^{13}_{21}$çi$^{53}_{44}$pi$^{53}$iau$^{0}$,fan$^{21}$tʂən$^{53}$tsiəu$^{53}_{44}$ʂʅ$^{53}_{44}$tsʰi$^{21}$siau$^{53}$lei$^{0}$.

【去$_1$】çi$^{53}$/cʰi$^{53}$/kʰe$^{53}$/tʂʰʮ$^{53}$ [动]①前往：～个时候子落水。çi$^{53}$ke$^{53}_{44}$ʂʅ$^{13}$xəu$^{53}_{44}$tsʅ$^{0}$ lɔk$^{5}$ ʂei$^{21}$.｜人～摘倒食。in$^{13}$kʰe$^{53}_{44}$tsak$^{3}$ tau$^{21}$ʂət$^{5}$. ②在；处于：～三楼，三零幺。çi$^{53}$san$^{35}$nei$^{13}_{21}$,san$^{35}$nin$^{13}_{21}$iau$^{35}$.｜我啊，我就～外背啦，我，我～外背，我，欸，蛮远呐。ŋai$^{13}$a$^{0}$,ŋai$^{13}$tsʰiəu$^{53}_{44}$çi$^{53}_{44}$ŋɔi$^{53}$pɔi$^{53}_{44}$la$^{0}$,ŋai$^{13}$,ŋai$^{13}$çi$^{53}$ ŋɔi$^{53}$pɔi$^{53}_{44}$,ŋai$^{13}$,e$_{53}$,man$^{13}$ien$^{21}$na$^{0}$.｜以几个月嘞我赠存倒一滴钱。～屋下几个月。i$^{21}$ci$^{21}$ke$^{53}$ɲiet$^{5}$ le$^{0}$ ŋai$^{13}_{21}$maŋ$^{13}_{21}$tsʰən$^{13}_{21}$tau$^{21}$(i)et$^{3}$ tet$^{5}$ tsʰien$^{13}_{21}$.çi$^{53}$uk$^{3}$ xa$^{35}_{44}$ci$^{21}$cie$^{53}$ɲiet$^{5}$. ③白白地花掉（钱）：钱又～嘿哩，事

又𫷷搞成。tsʰien$^{13}_{21}$iəu$^{53}_{44}$çi$^{53}$(x)ek$^{3}$ li$^{0}$,ʂɿ$^{53}$iəu$^{53}_{44}$maŋ$^{13}_{21}$kau$^{21}$ʂaŋ$^{13}$. ④失去；损失：手～嘿一只。ʂəu$^{21}$çi$^{53}$ xek$^{3}$iet$^{3}$tʂak$^{3}$. ⑤除掉，去除：爱分箇咁箇只指衣服上的洗衣粉、碱之类～咁吵，就安做汤衫。ɔi$^{53}_{44}$pən$^{35}$kai$^{53}_{44}$ kan$^{21}$kai$^{53}_{44}$tʂak$^{3}$tʂʰʮ$^{53}$kan$^{21}$ʂa$^{0}$,tsʰiəu$^{53}_{44}$ɔn$^{35}_{44}$tso$^{53}_{44}$tʰɔŋ$^{35}$san$^{35}$.｜～咁箇毛去。kʰe$^{53}$kan$^{21}$kai$^{53}_{44}$mau$^{35}$çi$^{53}$. ⑥用在动词或动词短语后表示趋向：你到哪映～哦？ɲi$^{13}$tau$^{53}_{44}$lai$^{53}$iaŋ$^{53}_{44}$çi$^{53}$o$^{0}$?｜下种个时候子嘞怕霜打，就盖滴石墁～，盖滴溜苔～，石墁～。xa$^{53}$tʂəŋ$^{21}$ke$^{53}$ʂʅ$^{13}$xei$^{53}_{44}$tsɿ$^{0}$ lei$^{0}$ pʰa$^{53}_{44}$sɔŋ$^{35}$ta$^{21}$,tsʰiəu$^{53}_{44}$kɔi$^{53}_{44}$tiet$^{5}$ ʂak$^{5}$ man$^{53}$cʰi$^{13}$,kɔi$^{53}_{44}$tiet$^{5}$ liəu$^{35}$tʰɔi$^{13}_{21}$çi$^{53}$,ʂak$^{5}$ man$^{53}$çi$_{44}$.

【去$_{2}$】çi$^{53}$ 副表示动作的正在进行，相当于"正在"：你～搞么个噢如今呶？欸？ɲi$^{53}$çi$^{53}$kau$^{21}$ mak$^{3}$ ke$^{53}$au$^{0}$ i$^{13}_{21}$cin$^{35}_{53}$nau$^{0}$?e$_{35}$?｜我摎陈老师呢还～啊搞咁个噢，还唔知爱两天正搞得正噢。还～啊搞噢。ŋai$^{13}$lau$^{35}_{44}$tʂʰən$^{13}_{21}$nau$^{21}$sɿ$^{35}_{44}$ne$^{0}$ xai$^{13}_{21}$çi$^{53}$a$^{0}$ kau$^{21}$kan$^{21}$cie$^{53}$au$^{0}$,xai$^{13}_{21}$n̩$^{13}_{21}$ti$^{35}_{44}$ɔi$^{53}_{44}$iɔŋ$^{21}$tʰien$^{35}_{44}$tʂaŋ$^{53}_{44}$kau$^{21}$tek$^{3}$ tʂaŋ$^{53}$uau$^{0}$.xai$^{13}_{21}$çi$^{53}$a$^{0}$ kau$^{21}$uau$^{0}$.

【去$_{3}$】çi$^{53}$ 介①引述处所，相当于"在"：～黑板上写字。çi$^{53}$xek$^{3}$ pan$^{21}$xɔŋ$^{53}$sia$^{21}$sɿ$^{53}$.｜以箇（饭撮）如今是覆倒～箇子唠。i$^{21}$kai$^{53}_{44}$i$^{13}_{21}$cin$^{35}_{53}$ʂʅ$^{53}_{44}$pʰuk$^{3}$ tau$^{21}$çi$^{53}$kai$^{53}_{44}$tsɿ$^{0}$ lau$^{0}$. ②引述行为动作的起始位置，相当于"从"：你～哪映来哟？ɲi$^{13}$çi$^{53}_{44}$la$^{53}$iaŋ$^{53}_{44}$lɔi$^{13}$io$^{0}$?｜我等以只针线络子是还系～横巷里带倒来个哦。ŋai$^{13}$tien$^{0}$ i$^{21}$tʂak$^{3}$ tʂən$^{35}_{44}$sien$^{53}_{44}$lɔk$^{5}$ tsɿ$^{0}$ ʂʅ$^{53}_{44}$xai$^{13}_{21}$xe$^{53}_{44}$çi$^{53}$uaŋ$^{13}$xɔŋ$^{53}_{44}$li$^{0}$ tai$^{53}$tau$^{21}$lɔi$^{13}_{21}$ke$^{53}$o$^{0}$.

【去菜】çi$^{53}$tsʰɔi$^{53}$ 动把做好的菜送到餐桌上；上菜：～呀，菜就去走以映指席口去。çi$^{53}_{44}$tsʰɔi$^{53}$ ia$^{0}$,tsʰɔi$^{53}$tsiəu$^{53}_{44}$çi$^{53}_{44}$tsei$^{21}$i$^{21}$iaŋ$^{53}_{44}$çi$^{53}_{44}$.

【去哩】çi$^{53}$li$^{0}$ 助①放在动词后，表示结果趋向如此：塘里都暴坼丫天～。tʰɔŋ$^{13}$li$^{0}$ təu$^{35}_{44}$pau$^{53}$ tsʰak$^{3}$ ŋa$^{35}_{44}$tʰien$^{35}_{44}$çi$^{53}_{44}$li$^{0}$. ②表示询问的语气，相当于"来着"：红喜事就安做么个～嘞？fəŋ$^{13}$çi$^{21}$ sɿ$^{53}$tsʰiəu$^{53}$ɔn$^{35}_{44}$tso$^{53}_{44}$mak$^{3}$ ke$^{53}_{44}$çi$^{53}_{44}$li$^{0}$ lei$^{0}$?｜喊么个～？我等都用过咯。xan$^{53}$mak$^{3}$ ke$^{53}_{44}$çi$^{53}_{44}$li$^{0}$?ŋai$^{13}_{21}$tien$^{0}$ təu$^{35}_{44}$iəŋ$^{53}_{44}$ko$^{53}_{44}$ko$^{0}$.

【去人】çi$^{53}$ɲin$^{13}$ 动安排人前去：如果系女家头到男家头去达嫁场，箇就唔爱讲了，女家头你只爱～凑。y$^{13}$ko$^{21}$xei$^{53}$ɲy$^{21}$ka$^{35}_{44}$tʰei$^{13}_{21}$tau$^{53}$lan$^{13}$ka$^{35}_{44}$tʰei$^{13}_{21}$çi$^{53}_{44}$tʰait$^{5}$ ka$^{53}$tʂʰɔŋ$^{13}$,kai$^{53}_{44}$tsʰiəu$^{53}_{44}$m̩$^{13}_{21}$mɔi$^{53}$kɔŋ$^{21}$liau$^{0}$, ɲi$^{21}$ka$^{35}_{44}$tʰei$^{13}_{21}$ɲi$^{13}_{44}$tʂʅ$^{21}$ɔi$^{53}_{44}$çi$^{53}$ɲin$^{13}_{21}$tsʰe$^{0}$.

【去人家】çi$^{53}$ɲin$^{13}$ka$^{35}$ 走亲戚：荷担子～。kʰai$^{35}$tan$^{35}$tsɿ$^{0}$ çi$^{53}$ɲin$^{13}$ka$^{35}$.｜～个时候还有一只箩盖子哦。çi$^{53}$ɲin$^{13}$ka$^{35}$ke$^{53}$ʂʅ$^{13}_{21}$xəu$^{53}_{44}$xai$^{13}$iəu$^{35}_{44}$iet$^{3}$ tʂak$^{3}$ lo$^{13}$kɔi$^{53}$tsɿ$^{0}$ o$^{0}$.

【去手】kʰe$^{53}$/çi$^{53}$ʂəu$^{21}$ 动伸手去（抓住、触碰或采摘）：～扭倒提起来。kʰe$^{53}$ʂəu$^{21}$ia$^{21}_{35}$tau$^{21}$tʰia$^{35}$çi$^{21}$ lɔi$^{13}_{21}$.｜～唔得个是喊（垛栗）呢。çi$^{53}$ʂəu$^{21}$n̩$^{13}_{44}$tek$^{3}$ ke$^{53}$ʂʅ$^{53}_{21}$xan$^{53}_{21}$ne$^{0}$.

【去下$_{1}$】çi$^{53}$xa$^{53}$ 动①后接表处所的词或短语，相当于"在、处于"：最先～凼子里啊有几高子嘞就系是萝卜秧。tsei$^{53}_{44}$sien$^{35}_{44}$çi$^{53}_{44}$xa$^{53}_{21}$tʰɔŋ$^{35}$tsɿ$^{0}$ li$^{0}$ a$^{0}$ mau$^{13}_{21}$ci$^{21}$kau$^{35}$tsɿ$^{0}$ le$^{0}$ tsʰiəu$^{53}_{44}$xe$^{53}_{44}$ʂʅ$^{53}_{44}$lo$^{13}$pʰek$^{5}$ iɔŋ$^{35}$.｜窠子肚里箇只肉啊，箇只箇只爱爱……会会会成飞蛾子个箇只东西啊，安做么个唠？～窠子肚里，安做么个？kʰo$^{35}$tsɿ$^{0}$ təu$^{21}$li$^{0}$ kai$^{53}$tʂak$^{3}$ ɲiəuk$^{3}$ a$^{0}$ ,kai$^{53}_{21}$tʂak$^{3}$ kai$^{53}_{44}$tʂak$^{3}$ ɔi$^{53}_{44}$ɔi$^{53}$…uɔi$^{53}$uɔi$^{53}$uɔi$^{53}$ʂaŋ$^{13}_{21}$ fei$^{35}$ŋo$^{13}_{21}$tsɿ$^{0}$ ke$^{53}_{44}$kai$^{53}_{44}$tʂak$^{3}$ təŋ$^{35}_{44}$si$^{0}$ a$^{0}$ ,ɔn$^{35}_{44}$tso$^{53}_{44}$mak$^{3}$ ke$^{53}_{44}$lau$^{0}$?çi$^{53}$xa$^{53}_{21}$kʰo$^{35}$tsɿ$^{0}$ təu$^{21}$li$^{0}$ ,ɔn$^{35}_{44}$tso$^{53}_{44}$mak$^{3}$(k)e$^{53}_{44}$? ②后面不接表处所的词或短语，而是接动词及动词短语，或不带其他成分，相当于"在这里、在此"：还～搞箇只东西唠。xai$^{13}_{21}$çi$^{53}_{44}$(x)a$^{53}$kau$^{21}$kai$^{53}$iak$^{3}$(←tʂak$^{3}$)təŋ$^{35}_{44}$si$^{0}$ lau$^{0}$.

【去下$_{2}$】çi$^{53}$xa$^{53}$ 副放在动词或动词短语前，表示动作、行为正在进行中：我映子～录音咯。ŋai$^{13}_{21}$iaŋ$^{53}_{44}$tsɿ$^{0}$ çi$^{53}_{44}$xa$^{53}_{44}$luk$^{5}$ in$^{35}$ko$^{0}$.｜呃，发癫呶，我是～发癫呶。ə$_{21}$,fait$^{3}$ tien$^{35}$nau$^{0}$,ŋai$^{13}$ʂʅ$^{53}_{44}$çi$^{53}$xa$^{53}$fait$^{3}$ tien$^{35}$nau$^{0}$.

【去下子$_{1}$】çi$^{53}$xa$^{53}$tsɿ$^{0}$ 动后面不接表处所的词、短语或其他成分，表示"在这里、在此"：还～。今晡看下搞得正吗。xai$^{13}$çi$^{53}$xa$^{53}$tsɿ$^{0}$.cin$^{35}$pu$^{35}$kʰɔn$^{53}_{44}$na$_{44}$(←xa$^{53}$)kau$^{21}$tek$^{3}$ tʂaŋ$^{53}$ma$^{0}$.

【去下子$_{2}$】çi$^{53}$xa$^{53}$tsɿ$^{0}$ 副放在动词或动词短语前，表示动作、行为正在进行中：我映子～做事咯。ŋai$^{13}_{21}$iaŋ$^{53}_{44}$tsɿ$^{0}$ çi$^{53}_{44}$xa$^{53}_{44}$tsɿ$^{0}$ tso$^{53}$sɿ$^{53}$ko$^{0}$.

【圈$_{1}$】cʰien$^{35}$ 名环形的东西。也称"圈子"：（子竹篾）萦成一只只个～，放下石灰肚里去浸。iaŋ$^{35}$ʂaŋ$_{44}$iet$^{3}$ tʂak$^{3}$ tʂak$^{3}$ ke$^{53}_{44}$cʰien$^{35}$,fɔŋ$^{53}_{44}$ŋa$_{44}$(←xa$^{53}$)ʂak$^{5}$ fɔi$^{35}_{44}$təu$^{21}$li$^{0}$ çi$^{53}_{44}$tsin$^{53}$.｜箇只安做么啊～子啊？喊么个～？kai$^{53}_{44}$tʂak$^{3}$ ɔn$^{35}_{44}$tso$^{53}_{44}$mak$^{3}$ a$^{0}$ cʰien$^{35}$tsɿ$^{0}$ a$^{0}$?xan$^{53}$mak$^{3}$ ke$^{53}$cʰien$^{35}$?

【圈$_{2}$】cʰien$^{35}$ 动形成一个圆环；绕圈：一圈一圈咁子去～。iet$^{3}$ cʰien$^{35}$iet$^{3}$ cʰien$^{35}$kan$^{21}$tsɿ$^{0}$ çi$^{53}_{44}$ cʰien$^{35}$.

【圈$_{3}$】cʰien$^{35}$ 量用于环状的事物或行为：铜钱癣有。我都得过铜钱癣。一块一块嘞咁个嘞。欸，一～～呶。tʰəŋ$^{13}$tsʰien$^{13}$sien$^{21}$iəu$^{35}_{44}$.ŋai$^{13}$təu$^{35}_{53}$tek$^{3}$ ko$^{53}$tʰəŋ$^{13}$tsʰien$^{13}$sien$^{21}$.iet$^{3}$ kʰuai$^{53}$iet$^{3}$ kʰuai$^{53}$lei$^{0}$

kan$^{21}_{35}$cie$^{53}$lei$^{0}$.e$_{21}$,iet$^{3}$ c$^{h}$ien$^{35}$c$^{h}$ien$^{35}$nau$^{0}$.｜一～一～舞起来，做只鞋面。iet$^{3}$ c$^{h}$ien$^{35}$iet$^{3}$ c$^{h}$ien$^{35}$u$^{21}$çi$^{21}$ lɔi$^{13}_{21}$,tso$^{53}$tʂak$^{3}$ xai$^{13}_{21}$mien$^{53}_{44}$.｜走一～ tsei$^{21}$iet$^{3}$ c$^{h}$ien$^{35}$

【圈圈】c$^{h}$ien$^{35}$c$^{h}$ien$^{35}_{44}$ 名环；外圆而中空的东西或形状。也称“圈圈子”：头发上，卷起～个，安做旋。t$^{h}$ei$^{13}$fait$^{3}$ xɔŋ$^{53}$,cien$^{21}$çi$^{21}$c$^{h}$ien$^{35}$c$^{h}$ien$^{35}_{44}$ke$^{53}$,ɔn$^{35}_{44}$tso$^{53}_{44}$ts$^{h}$iɔn$^{53}$.｜（碗帽子）就系一只子～子个。ts$^{h}$iəu$^{53}$xei$^{53}$iet$^{3}$ tʂak$^{3}$ tsɿ$^{0}$ c$^{h}$ien$^{35}$c$^{h}$ien$^{35}_{44}$tsɿ$^{0}$ ke$^{53}$.

【全部】ts$^{h}$ien$^{13}$p$^{h}$u$^{53}$ 名事物的全体；各个部分的综合：如今是渠等用机子打，～成哩化灰。i$^{13}_{21}$ cin$^{35}$ʂʅ$^{53}_{21}$ci$^{13}$tien$^{0}$ iəŋ$^{53}$ci$^{35}$tsɿ$^{0}$ ta$^{21}$,ts$^{h}$ien$^{13}$pu$^{53}$ʂaŋ$^{13}_{21}$li$^{0}$ fa$^{53}$fɔi$^{35}$.｜～写客家话吧，系呀？欸，～要讲客家话，我就尽讲客家话。ts$^{h}$ien$^{13}$p$^{h}$u$^{53}$sia$^{21}$k$^{h}$ak$^{3}$ ka$^{35}$fa$^{53}$pa$^{0}$ ,xei$^{53}_{44}$ia$^{0}$ ?e$_{44}$,ts$^{h}$ien$^{13}$p$^{h}$u$^{53}$iau$^{53}_{44}$kɔŋ$^{21}$k$^{h}$ak$^{3}$ ka$^{35}$ fa$^{53}_{44}$,ŋai$^{13}$ts$^{h}$iəu$^{53}_{44}$ts$^{h}$in$^{53}$kɔŋ$^{21}$k$^{h}$ak$^{3}$ka$^{35}$fa$^{53}_{44}$.

【全红帖子】ts$^{h}$ien$^{13}$fəŋ$^{13}$t$^{h}$iait$^{3}$ tsɿ$^{0}$ 名用整张长（中间不能接）的红纸折叠并书写的礼帖或请帖：～啊。一般就系八柬全书。ts$^{h}$ien$^{13}$fəŋ$^{13}$t$^{h}$iait$^{3}$ tsa$^{0}$ .iet$^{3}$ pɔn$^{35}$ts$^{h}$iəu$^{53}$xe$^{53}_{44}$pait$^{3}$ kan$^{21}$ts$^{h}$ien$^{13}_{21}$ʂəu$^{35}_{44}$.

【全身香荽】ts$^{h}$ien$^{13}$ʂən$^{35}$siɔŋ$^{35}$si$^{35}_{44}$ 名紫苏蔸制作的茶饮，有安胎功效：香荽蔸茶还安胎哟。/安胎，欸。/～哟。～哟还爱，欸，夫娘子渠摞哩人就爱食～哟。会供$_{生；分娩}$了就食香荽蔸，安胎。çiɔŋ$^{35}$si$^{35}_{44}$təu$^{35}$ts$^{h}$a$^{13}_{21}$xa$^{13}_{21}$ŋɔn$^{35}$t$^{h}$ɔi$^{35}$io$^{0}$./ɔn$^{35}$t$^{h}$ɔi$^{35}$,e$_{21}$./ts$^{h}$ien$^{13}$ʂən$^{35}_{44}$çiɔŋ$^{35}_{44}$si$^{35}_{44}$io$^{0}$ .ts$^{h}$ien$^{13}$ʂən$^{35}_{44}$çiɔŋ$^{35}_{44}$si$^{35}_{44}$io$^{0}$ xa$^{13}_{21}$ ɔi$^{53}_{44}$,e$_{44}$,pu$^{35}$ɲiɔŋ$^{13}_{44}$tsɿ$^{0}$ ci$^{13}_{21}$k$^{h}$uan$^{53}_{44}$li$^{0}$ ɲin$^{13}$ts$^{h}$iəu$^{53}_{44}$ɔi$^{53}_{44}$ʂət$^{5}$ ts$^{h}$ien$^{13}$ʂən$^{35}_{44}$çiɔŋ$^{35}_{44}$si$^{35}_{44}$io$^{0}$ .uɔi$^{53}_{44}$ciəŋ$^{53}$liau$^{0}$ ts$^{h}$iəu$^{53}_{44}$ʂət$^{5}$ çiɔŋ$^{35}_{44}$si$^{35}_{44}$tei$^{35}$,ɔn$^{35}$t$^{h}$ɔi$^{35}$.

【全书】ts$^{h}$ien$^{13}$ʂəu$^{35}$ 名用整张长（中间不能接）的红纸折叠并书写的礼帖或请帖：男家头个礼，用红纸子写倒，几多柬个～，几多柬。打比以张红纸咁大样，系啊？以张红纸咁大样，渠爱咁子折得好好子，红纸是咁子折倒。咁子折倒。咁子折倒。折倒，咁子长长子，折倒。封首写倒。礼帖，写礼字也做得。请帖嘞，然后就写只子请柬。爱折的好好子。渠等爱一张整张红纸，咁长，箇红纸咯，□长，□长箇只红纸，不能驳，不能要驳，整张红纸咁长，爱咁长，但是唔爱咁阔唠。箇红纸是咁阔吵，系啊？你个搞一绺子唠，搞咁阔来，搞咁阔子唠。用整张红纸折做八下子，折做六下子，哎，八柬～，六柬～。lan$^{13}$ka$^{35}_{44}$t$^{h}$ei$^{13}_{21}$ke$^{53}$li$^{21}$,iəŋ$^{53}$fəŋ$^{13}$tʂʅ$^{21}$ tsɿ$^{0}$ sia$^{21}$tau$^{21}$,ci$^{21}$to$^{35}$kan$^{21}$ke$^{53}_{0}$ts$^{h}$ien$^{13}$ʂəu$^{35}$,ci$^{21}$to$^{35}$kan$^{21}$.ta$^{21}$pi$^{21}$i$^{21}$tʂɔŋ$^{35}$fəŋ$^{13}$tʂʅ$^{21}_{44}$kan$^{21}$t$^{h}$ai$^{53}_{44}$iɔŋ$^{53}_{44}$,xei$^{53}$a?i$^{21}$tʂɔŋ$^{35}$ fəŋ$^{13}$tʂʅ$^{21}_{44}$kan$^{21}$t$^{h}$ai$^{53}_{44}$iɔŋ$^{53}_{44}$,ci$^{13}$ɔi$^{53}$kan$^{21}$tsɿ$^{0}$ tʂait$^{3}$ tek$^{3}$ xau$^{21}$xau$^{21}$tsɿ$^{0}$ ,fəŋ$^{13}$tʂʅ$^{21}$ʂʅ$^{53}$kan$^{21}$tsɿ$^{0}$ tʂait$^{3}$ tau$^{21}$.kan$^{21}$tsɿ$^{0}$ tʂait$^{3}$ tau$^{21}$.kan$^{21}$tsɿ$^{0}$ tʂait$^{3}$ tau$^{21}$.tʂait$^{3}$ tau$^{21}_{44}$,kan$^{21}$tsɿ$^{0}$ tʂ$^{h}$ɔŋ$^{13}$tʂ$^{h}$ɔŋ$^{13}$tsɿ$^{0}$ ,tʂait$^{3}$ tau$^{21}$.fəŋ$^{35}$ʂəu$^{21}$sia$^{21}$tau$^{21}$.li$^{35}$ t$^{h}$iait$^{3}$ ,sia$^{21}$li$^{35}$sɿ$^{53}_{44}$a$^{0}$ tso$^{53}$tek$^{3}$ .ts$^{h}$iaŋ$^{21}$t$^{h}$iait$^{3}$ lei$^{0}$ ,ien$^{13}$xei$^{53}_{44}$ts$^{h}$iəu$^{53}_{44}$sia$^{21}$tʂak$^{3}$ tsɿ$^{0}$ ts$^{h}$iaŋ$^{21}$kan$^{21}$.ɔi$^{53}$tʂait$^{3}$ ti$^{0}$ xau$^{21}$ xau$^{21}$tsɿ$^{0}$ .ci$^{13}$tien$^{0}$ ɔi$^{53}$iet$^{3}$ tʂɔŋ$^{35}$tʂən$^{21}$tʂɔŋ$^{35}$fəŋ$^{13}$tʂʅ$^{21}$,kan$^{21}$tʂ$^{h}$ɔŋ$^{13}$,kai$^{53}$fəŋ$^{13}$tʂʅ$^{21}$ko$^{0}$ ,lai$^{35}$tʂ$^{h}$ɔŋ$^{13}_{21}$,lai$^{35}_{44}$tʂ$^{h}$ɔŋ$^{13}_{44}$kai$^{53}_{44}$ tʂak$^{3}$ fəŋ$^{13}$tʂʅ$^{21}_{44}$,pət$^{3}$ lən$^{13}$pɔk$^{3}$ ,pət$^{3}$ lən$^{13}$iau$^{53}$pɔk$^{3}$ ,tʂən$^{21}$tʂɔŋ$^{35}_{44}$fəŋ$^{13}$tʂʅ$^{21}$kan$^{21}$tʂ$^{h}$ɔŋ$^{13}$,ɔi$^{53}$kan$^{21}$tʂ$^{h}$ɔŋ$^{13}$,tan$^{53}$ʂʅ$^{53}$m̩$^{13}_{21}$ mɔi$^{53}$kan$^{21}$k$^{h}$ɔit$^{3}$ lau$^{0}$ .kai$^{53}$fəŋ$^{13}$tʂʅ$^{21}$ʂʅ$^{53}_{44}$kan$^{21}$k$^{h}$ɔit$^{3}$ ʂa$^{0}$ ,xei$^{53}_{44}$a$^{0}$ ?ɲi$^{13}_{21}$ke$^{53}_{44}$kau$^{21}$iet$^{3}$ liəu$^{53}$tsɿ$^{0}$ lau$^{0}$ ,kau$^{21}$kan$^{21}$k$^{h}$ɔit$^{3}$ lɔi$^{13}_{0}$,kau$^{21}$kan$^{21}$k$^{h}$ɔit$^{3}$ tsɿ$^{0}$ lau$^{0}$ .iəŋ$^{53}$tʂən$^{21}$tʂɔŋ$^{35}$fəŋ$^{13}$tʂʅ$^{21}$tʂait$^{3}$ tso$^{53}$pait$^{3}$ xa$^{53}$tsɿ$^{0}$ ,tʂait$^{3}$ tso$^{53}$liəuk$^{3}$ xa$^{53}$ tsɿ$^{0}$,ai$_{21}$,pait$^{3}$ kan$^{21}$ts$^{h}$ien$^{13}$ʂəu$^{35}$,liəuk$^{3}$ kan$^{21}$ts$^{h}$ien$^{13}$ʂəu$^{35}$.

【全套】ts$^{h}$ien$^{13}$t$^{h}$au$^{53}$ 形整组；完整成套的：箇渠是～嫁妆安做。除哩屋冇得，么个都有。kai$^{53}_{44}$ci$^{13}_{21}$ʂʅ$^{53}_{44}$ts$^{h}$ien$^{13}_{21}$t$^{h}$au$^{53}_{44}$ka$^{53}$tsɔŋ$^{35}$ɔn$^{35}_{44}$tso$^{53}_{44}$.tʂ$^{h}$əu$^{13}_{21}$li$^{0}$ uk$^{3}$ mau$^{13}_{44}$tek$^{3}$ ,mak$^{3}$ ke$^{53}_{44}$təu$^{35}_{44}$iəu$^{35}_{44}$.

【泉】ts$^{h}$an$^{13}$ 名从地下流出的水源：欸，山里个田呐全靠～，因为山里冇得河，冇么个水圳，全靠泉水，全靠～，爱润田咯全靠～，或者全靠发～。e$_{21}$,san$^{13}$ni$^{21}$ke$^{53}$t$^{h}$ien$^{13}$na$^{0}$ ts$^{h}$ien$^{13}$k$^{h}$au$^{53}$ ts$^{h}$an$^{13}$,in$^{35}$uei$^{53}_{21}$san$^{35}$ni$^{21}$mau$^{13}$tek$^{3}$ xo$^{13}$,mau$^{13}$mak$^{3}$ ke$^{53}_{44}$ʂei$^{21}$tʂən$^{53}$,ts$^{h}$ien$^{13}$k$^{h}$au$^{53}$ts$^{h}$an$^{13}$ʂei$^{21}$,ts$^{h}$ien$^{13}$k$^{h}$au$^{53}$ ts$^{h}$an$^{13}$,ɔi$^{53}_{44}$in$^{53}$t$^{h}$ien$^{13}$ko$^{0}$ ts$^{h}$ien$^{13}$k$^{h}$au$^{53}$ts$^{h}$an$^{13}$,xɔit$^{5}$ tʂa$^{21}$ts$^{h}$ien$^{13}$k$^{h}$au$^{53}$fait$^{3}$ ts$^{h}$an$^{13}$.

【泉神】ts$^{h}$an$^{13}$ʂən$^{13}$ 名职掌泉水的神：以下我就今晡早晨呢我散步归来，就归倒箇门口就看得箇只老子，会做篾匠，渠同我等做哩项行头。我就问下子渠泉神庙，渠就回答我，渠话红沙箇映子，系么个嘞？系禾苗，箇个田里个禾啊欸正经去下成长个时候子，箇时候子嘞往往嘞就会遭干，就会晴啊，会干旱呐。箇时候子嘞就去到泉神庙里去，去迎～。我昨晡讲个我讲错哩嘞，以个打禾苗龙啊，只有五节话渠等箇映子，只有五节，舞只子划子，顶高插滴香，家家屋下去叮，唔系唔到田塅哩去叮，去家家屋下叮。渠话蛮有味道，有米粿食，欸，有米粿食，有麻糍，有糯饭箇兜食。真好嬲。要打爆竹。然后搞嘿哩嘞就唱戏，～菩萨生日，～生日就唱戏。i$^{21}$xa$^{53}_{44}$ŋai$^{13}$ts$^{h}$iəu$^{53}_{44}$cin$^{35}$pu$^{35}_{53}$tsau$^{21}$ʂən$^{13}$nei$^{0}$ ŋai$^{13}$san$^{53}$p$^{h}$u$^{53}$kuei$^{35}$lɔi$^{13}$,ts$^{h}$iəu$^{53}$kuei$^{35}$tau$^{21}$kai$^{53}$ mən$^{13}$xei$^{21}$ts$^{h}$iəu$^{53}$k$^{h}$ɔn$^{53}$tek$^{3}$ kai$^{53}$tʂak$^{3}$ lau$^{21}$tsɿ$^{0}$ ,uɔi$^{53}_{44}$tso$^{53}_{44}$miet$^{5}$ siɔŋ$^{53}$,ci$^{13}_{21}$t$^{h}$əŋ$^{13}_{21}$ŋai$^{13}$tien$^{0}$ tso$^{53}$li$^{0}$ xɔŋ$^{53}$çin$^{13}$t$^{h}$ei$^{13}_{44}$. ŋai$^{13}$ts$^{h}$iəu$^{53}$uən$^{53}$xa$^{53}_{44}$tsɿ$^{0}$ ci$^{13}_{44}$ts$^{h}$an$^{13}$ʂən$^{13}$miau$^{53}$,ci$^{13}$ts$^{h}$iəu$^{53}$fei$^{13}$tait$^{3}$ ŋai$^{13}_{44}$,ci$^{13}_{44}$(u)a$^{53}_{44}$fəŋ$^{13}$sa$^{35}_{44}$kai$^{53}_{44}$iaŋ$^{53}_{44}$tsɿ$^{0}$ ,xe$^{53}$

mak$^{3}$ ke$^{0}$ lei$^{0}$ ?xe$^{53}$uo$^{13}$miau$^{13}$,kai$^{53}_{44}$ke$^{53}_{44}$tʰien$^{13}$ni$^{0}$ ke$^{53}$uo$^{13}$a$^{0}$ e$_{21}$tʂən$^{53}$cin$^{35}_{44}$çi$^{35}$xa$^{53}$tʂʰən$^{13}$tʂəŋ$^{21}$ke$^{53}$ʂʅ$^{13}$xei$^{53}_{44}$tsʅ$^{0}$,kai$^{53}$ʂʅ$^{13}$xei$^{53}_{44}$tsʅ$^{0}$ lei$^{0}$ uəŋ$^{21}$uəŋ$^{21}$lei$^{0}$ tsʰiəu$^{53}$uəi$^{53}$tsau$^{35}$kən$^{35}$,tsʰiəu$^{53}$uəi$^{53}$tsʰiaŋ$^{13}$ŋa$^{0}$,uəi$^{53}_{44}$kən$^{35}$xən$^{53}$na$^{0}$.kai$^{53}$ʂʅ$^{13}$xei$^{53}$tsʅ$^{0}$ lei$^{0}$ tsʰiəu$^{53}$çi$^{53}$tau$^{53}$tsʰan$^{13}$ʂən$^{13}_{44}$miau$^{53}$li$^{0}$ çi$^{53}$,çi$^{53}$ɲiaŋ$^{13}$tsʰan$^{13}$ʂən$^{13}_{44}$.ŋai$^{13}$tsʰo$^{35}$pu$^{35}_{53}$kəŋ$^{21}$ke$^{0}$ ŋai$^{13}$kəŋ$^{21}$tsʰo$^{53}$li$^{0}$ le$^{0}$,i$^{21}$ke$^{53}$ta$^{21}$uo$^{13}$miau$^{13}$liəŋ$^{13}$ŋa$^{0}$,tʂʅ$^{21}$iəu$^{35}_{53}$ŋ̍$^{21}$tset$^{3}$ua$^{53}$ci$^{13}_{21}$tien$^{0}$ kai$^{53}$iaŋ$^{53}$tsʅ$^{0}$,tʂʅ$^{21}$iəu$^{35}_{53}$ŋ̍$^{21}$tset$^{3}$,ŋ̍$^{21}$tʂak$^{3}$tsʅ$^{0}$ pʰa$^{13}$tsʅ$^{0}$,taŋ$^{21}$kau$^{35}_{44}$tsʰait$^{3}$tiet$^{5}$çiəŋ$^{35}$,ka$^{35}$ka$^{35}_{44}$uk$^{3}$xa$^{53}_{44}$çi$^{53}_{44}$tin$^{35}$,n̩$^{13}$tʰe$^{53}$n̩$^{13}$tau$^{53}$tʰien$^{13}$tʰən$^{53}$ni$^{21}$çi$^{53}$tin$^{35}$,çi$^{53}_{44}$ka$^{35}$ka$^{35}_{44}$uk$^{3}$ xa$^{53}_{44}$tin$^{35}$.ci$^{13}_{44}$ua$^{53}_{44}$man$^{13}$iəu$^{35}_{44}$uei$^{53}$tʰau$^{53}$,iəu$^{35}$mi$^{21}$ko$^{21}$ʂət$^{5}$,ei$_{21}$,iəu$^{35}$mi$^{21}$ko$^{21}$ʂət$^{5}$,iəu$^{35}$ma$^{13}$tsʰi$^{13}$,iəu$^{35}_{44}$lək$^{5}$fan$^{53}_{44}$kai$^{53}_{44}$təu$^{35}_{44}$ʂət$^{5}$.tʂən$^{35}$xau$^{21}$liau$^{53}$.iau$^{53}_{44}$ta$^{21}$pau$^{53}$tʂəuk$^{3}$.vien$^{13}$xei$^{53}_{44}$kau$^{21}$xek$^{3}$li$^{0}$ lei$^{0}$ tsʰiəu$^{53}_{44}$tʂʰəŋ$^{53}_{44}$çi$^{53}$,tsʰan$^{13}$ʂən$^{13}$pʰu$^{13}$sait$^{3}$saŋ$^{35}$ɲiet$^{3}$,tsʰan$^{13}$ʂən$^{13}$saŋ$^{35}$ɲiet$^{3}$tsʰiəu$^{53}_{44}$tʂʰəŋ$^{53}_{44}$çi$^{53}$.

【泉神庙】tsʰan$^{13}$ʂən$^{13}$miau$^{53}$ 名 供奉泉神的庙：昨晡挨夜子嘞我散哩步嘞，就转到我等箇只阿叔箇，就问渠箇只蚕神庙个事。首先我问蚕神，我话渠等畜过蚕䑒，渠话畜过。欸问蚕神，冇得，冇得么个蚕神，取都唔晓得。落尾我话：“箇蚕神庙嘞？”“～晓得啊。”渠话就以箇映哪映子都有只～哇。“哦，箇蛮大么？”冇几大子。同箇箇只子土地老子样。渠话如今呢就系一只子几大子，就系只子咁个怕……比人都还更矮，一只子阁子。肚里嘞装兜子香子。我话：“还寻得倒吗？”“以到修铁路唔知搞嘿哩吗。”渠话。欸，有泉水出个栏场。欸，渠话～就系泉水个泉，不是蚕虫个蚕。tsʰo$^{35}$pu$^{35}_{53}$ai$^{35}$ia$^{53}$tsʅ$^{0}$ lei$^{0}$ ŋai$^{13}$san$^{53}$li$^{0}$ pʰu$^{53}$lei$^{0}$,tsʰiəu$^{53}_{44}$tʂən$^{21}$tau$^{53}$ŋai$^{13}$tien$^{0}$ kai$^{53}$tʂak$^{3}$ a$^{35}$ʂəuk$^{3}$ kai$^{53}_{44}$,tsʰiəu$^{53}_{44}$uən$^{53}$ci$^{13}_{21}$kai$^{53}$tʂak$^{3}$ tsʰan$^{13}$ʂən$^{13}_{44}$miau$^{53}$ke$^{0}$ sʅ$^{53}_{44}$.ʂəu$^{21}$sien$^{35}_{53}$ŋai$^{13}$uən$^{53}$tsʰan$^{13}$ʂən$^{13}$,ŋai$^{13}$ua$^{53}$ci$^{13}$tien$^{0}$ çiəuk$^{3}$ ko$^{53}$tsʰan$^{13}$maŋ$^{13}_{44}$,ci$^{13}_{44}$(u)a$^{53}_{44}$çiəuk$^{3}$ ko$^{53}$.e$^{0}$ uən$^{53}$tsʰan$^{13}$ʂən$^{13}$,mau$^{13}$tek$^{3}$,mau$^{13}$tek$^{3}$ mak$^{3}$ e$^{0}$ tsʰan$^{13}$ʂən$^{13}$,tsʰi$^{21}$təu$^{35}_{53}$n̩$^{13}_{21}$çiau$^{21}$tek$^{3}$.lək$^{5}$ mi$^{35}_{44}$ŋai$^{13}$ua$^{53}$:"kai$^{53}$tsʰan$^{13}$ʂən$^{13}_{44}$miau$^{53}$lei$^{0}$?" "tsʰan$^{13}$ʂən$^{13}_{44}$miau$^{53}$çiau$^{21}$tek$^{3}$ a$^{0}$."ci$^{13}_{21}$(u)a$^{53}_{44}$tsʰiəu$^{53}$i$^{21}$kai$^{53}$iaŋ$^{53}$lai$^{53}$iaŋ$^{53}$tsʅ$^{0}$ təu$^{35}_{44}$iəu$^{35}$tʂak$^{3}$ tsʰan$^{13}$ʂən$^{13}$miau$^{53}$ua$^{0}$."o$_{21}$,kai$^{53}$man$^{13}$tʰai$^{53}$mo$^{0}$?"mau$^{13}_{21}$ci$^{21}$tʰai$^{53}$tsʅ$^{0}$.tʰəŋ$^{13}$kai$^{53}$kai$^{53}$tʂak$^{3}$ tsʅ$^{0}$ tʰəu$^{21}$tʰi$^{21}$lau$^{21}$tsʅ$^{0}$ iəŋ$^{53}$.ci$^{13}$(u)a$^{53}_{44}$i$^{13}_{21}$cin$^{35}_{53}$nei$^{0}$ tsʰiəu$^{53}$xei$^{53}$iet$^{3}$ tʂak$^{3}$ tsʅ$^{0}$ ci$^{21}$tʰai$^{53}$tsʅ$^{0}$,tsʰiəu$^{53}$xei$^{53}_{44}$tʂak$^{3}$ tsʅ$^{0}$ kan$^{21}$ke$^{53}$pʰa…pi$^{21}$ɲin$^{13}$təu$^{35}_{53}$xai$^{13}_{21}$cien$^{53}$ai$^{21}$,iet$^{3}$ tʂak$^{3}$ tsʅ$^{0}$ kək$^{3}$ tsʅ$^{0}$.təu$^{21}$li$^{0}$ lei$^{0}$ tsəŋ$^{35}$təu$^{35}_{53}$tsʅ$^{0}$ çiəŋ$^{35}$tsʅ$^{0}$.ŋai$^{13}$ua$^{53}$:"xai$^{13}$tsʰin$^{13}$tek$^{3}$ tau$^{21}$ma$^{0}$?""i$^{21}$tau$^{53}$siəu$^{35}_{44}$tʰiet$^{3}$ ləu$^{53}$n̩$^{13}$ti$^{35}_{53}$kau$^{21}$(x)ek$^{3}$ li$^{0}$ ma$^{0}$."ci$^{13}_{44}$ua$^{53}_{44}$.e$_{21}$,iəu$^{35}$tsʰan$^{13}$ʂei$^{21}$tʂʰət$^{3}$ ke$^{53}$laŋ$^{13}_{21}$tʂʰəŋ$^{13}$.e$_{21}$,ci$^{13}_{44}$(u)a$^{53}_{44}$tsʰan$^{13}$ʂən$^{13}$miau$^{53}$tsʰiəu$^{53}_{44}$xe$^{53}_{44}$tsʰan$^{13}$ʂei$^{21}$ke$^{53}$tsʰan$^{13}$,pət$^{3}$ ʂʅ$^{53}$tsʰan$^{13}$tʂʰəŋ$^{13}_{21}$ke$^{53}$tsʰan$^{13}$.

【泉水】tsʰan$^{13}$ʂei$^{21}$ 名 从地下涌出的水：如今我等箇映子上新……我等箇只屋上去有只屋，一管～几大呀以前哕，以下箇只屋朽嘿哩唠，有人系里唠，～嘞唔知哪去哩嘞，渠是唔知漏下哪映走嘿哩，箇草一长下起来呀，是箇树一长下起来，边坡一打，冇得哩啰，箇管～冇得哩啦。渠边下来哩啊，壅嘿哩啊。好，有兜都大水冲啊，冲倒哇，冇得哩，唔知哪去哩。i$^{13}_{21}$cin$^{35}_{53}$ŋai$^{13}$tien$^{0}$ kai$^{53}$iaŋ$^{53}$tsʅ$^{0}$ ʂəŋ$^{53}$sin$^{35}_{44}$…ŋai$^{13}$tien$^{0}$ kai$^{53}$tʂak$^{3}$ uk$^{3}$ ʂəŋ$^{35}$çi$^{53}$iəu$^{35}$tʂak$^{3}$ uk$^{3}$,iet$^{3}$ kən$^{21}$tsʰan$^{13}$ʂei$^{21}$ci$^{21}$tʰai$^{53}$ia$^{0}$ i$^{35}_{53}$tsʰien$^{13}$ʂa$^{0}$,i$_{21}$xa$^{53}$kai$^{53}$tʂak$^{3}$ uk$^{3}$ çiəu$^{21}$xek$^{3}$ li$^{0}$ lau$^{0}$,mau$^{13}$ɲin$^{13}_{44}$xei$^{53}$li$^{0}$ lau$^{0}$,tsʰan$^{13}$ʂei$^{21}$le$^{0}$ n̩$^{13}$ti$^{35}_{53}$lai$^{53}_{44}$çi$^{53}$li$^{0}$ le$^{0}$,ci$^{13}_{44}$ʂʅ$^{53}_{44}$n̩$^{13}_{21}$ti$^{35}_{44}$lei$^{53}$ia$^{53}_{44}$la$^{53}$iaŋ$^{53}_{44}$tsei$^{21}$(x)ek$^{3}$ li$^{0}$,kai$^{53}$tsʰau$^{21}$iet$^{3}$ tʂəŋ$^{21}$ŋa$^{53}$çi$^{21}$ləi$^{13}_{44}$ia$^{0}$,ʂʅ$^{53}_{44}$kai$^{53}_{44}$ʂəu$^{53}$iet$^{3}$ tʂəŋ$^{21}$ŋa$^{53}$çi$^{21}$ləi$^{13}_{21}$,pien$^{35}$pʰo$^{35}_{53}$(i)et$^{3}$ ta$^{21}$,mau$^{13}$tek$^{3}$ li$^{0}$ lo$^{0}$,kai$^{53}_{44}$kən$^{21}_{53}$tsʰan$^{13}_{21}$ʂei$^{21}$mau$^{13}$(t)ek$^{3}$ li$^{0}$ la$^{0}$.ci$^{13}$pien$^{35}$xa$^{53}_{44}$ləi$^{13}_{21}$li$^{0}$ a$^{0}$,iəŋ$^{35}$ŋek$^{3}$ li$^{0}$ a$^{0}$.xau$^{21}$,iəu$^{35}$te$^{35}_{53}$təu$^{35}_{44}$tʰai$^{53}$ʂei$^{21}$tʂʰəŋ$^{35}$ŋa$^{0}$,tʂʰəŋ$^{35}$tau$^{21}$ua$^{0}$,mau$^{13}$tek$^{3}$ li$^{0}$,n̩$^{13}_{21}$ti$^{35}_{44}$lai$^{53}$çi$^{53}$li$^{0}$.

【泉水井】tsʰan$^{13}$ʂei$^{21}$tsiaŋ$^{21}$ 名 因有泉水涌出而建的井：山里个山里人客家人系个栏场子个～一般都冇几大。以慢慢子嘞以只解放以后以只几十年呢箇井嘞慢慢子嘞搞倒还更像兜子，还会搞兜子石头箇兜舞倒去，唔系是东一管水，西一管泉，东一管泉水西一管泉水，冇得几大。只爱稍微挖下子就系一管水出来哩，就系井。如果挖倒箇口井周围人又蛮多，蛮多人用箇口井，泉水又大，箇井就越搞越像。欸，如果人又冇得人又蛮少，泉水又缩，箇就箇口井就越搞就越招呼冇得哩。san$^{35}$ni$^{21}$ke$^{0}$ san$^{35}$ni$^{21}$ɲin$^{13}_{21}$kʰak$^{3}$ ka$^{35}_{53}$ɲin$^{13}_{44}$xei$^{53}$ke$^{53}$laŋ$^{13}_{44}$tʂʰəŋ$^{13}_{44}$tsʅ$^{0}$ ke$^{53}$tsʰan$^{13}$ʂei$^{21}$tsiaŋ$^{21}$iet$^{3}$ pən$^{35}$təu$^{35}_{44}$mau$^{13}$ci$^{21}$tʰai$^{53}$.i$^{21}_{44}$man$^{53}$man$^{53}$tsʅ$^{0}$ lei$^{0}$ i$^{21}$tʂak$^{3}$ kai$^{21}$fəŋ$^{53}$i$^{35}$xei$^{53}$i$^{21}$tʂak$^{3}$ ci$^{21}$ʂət$^{5}$ ɲien$^{13}$ne$^{0}$ kai$^{53}$tsiaŋ$^{21}$lei$^{0}$ man$^{53}$man$^{53}$tsʅ$^{21}$lei$^{0}$ kau$^{21}$tau$^{21}$xan$^{13}_{21}$cien$^{53}$tsʰiəŋ$^{53}$te$^{35}_{53}$tsʅ$^{0}$,xai$^{13}$uəi$^{53}_{44}$kau$^{21}$te$^{35}_{53}$tsʅ$^{0}$ ʂak$^{5}$ tʰei$^{13}_{21}$kai$^{53}_{44}$te$^{35}_{44}$u$^{21}$tau$^{21}$çi$^{53}$,m̩$^{13}$pʰei$^{53}$ʂʅ$^{53}_{44}$təŋ$^{35}$iet$^{3}$ kən$^{21}$ʂei$^{21}$,si$^{35}$iet$^{3}$ kən$^{21}$tsʰan$^{13}$,təŋ$^{35}$iet$^{3}$ kən$^{21}$tsʰan$^{13}$ʂei$^{21}$si$^{35}$iet$^{3}$ kən$^{21}$tsʰan$^{13}$ʂei$^{21}$,mau$^{13}_{21}$tek$^{3}$ ci$^{21}$tʰai$^{53}$.tʂʅ$^{21}$əi$^{53}$sau$^{21}$uei$^{13}$uait$^{3}$ xa$^{53}_{44}$tsʅ$^{0}$ tsʰiəu$^{53}$xei$^{53}$iet$^{3}$ kən$^{21}$ʂei$^{21}$tʂʰət$^{3}$ ləi$^{13}_{21}$li$^{0}$,tsʰiəu$^{53}_{44}$xei$^{53}_{44}$tsiaŋ$^{21}$.ʮ$^{13}$ko$^{21}$uait$^{3}$ tau$^{21}$kai$^{53}$xei$^{21}$tsiaŋ$^{21}$tʂəu$^{35}$uei$^{13}_{44}$ɲin$^{13}$iəu$^{53}$man$^{13}$to$^{35}$,man$^{13}$to$^{35}$ɲin$^{13}_{21}$iəŋ$^{53}$kai$^{53}$xei$^{21}$tsiaŋ$^{21}$,tsʰan$^{13}$ʂei$^{21}$iəu$^{53}_{44}$tʰai$^{53}$,kai$^{53}_{44}$tsiaŋ$^{21}$tsʰiəu$^{53}_{44}$viet$^{5}$ kau$^{21}$viet$^{5}$ tsʰiəŋ$^{53}$.e$_{21}$,ʮ$^{13}$ko$^{21}$ɲin$^{13}$iəu$^{53}$mau$^{13}$tek$^{3}$ ɲin$^{13}$iəu$^{53}$man$^{13}$ʂau$^{21}$,tsʰan$^{13}$ʂei$^{21}$iəu$^{53}$sək$^{3}$,kai$^{53}$tsʰiəu$^{53}$kai$^{53}$xei$^{21}$tsiaŋ$^{21}$tsʰiəu$^{53}_{44}$viet$^{5}$ kau$^{21}$tsʰiəu$^{53}_{44}$viet$^{5}$ tʂau$^{35}_{53}$fu$^{35}_{53}$mau$^{13}$tek$^{3}$ li$^{0}$.

【泉水丘】tsʰan$^{13}$ʂei$^{21}$cʰiəu$^{35}$ 名 有泉水的田块，水源四季都冷，所产粮食产量低但味道好：欸，我等箇侧边箇只新屋下就有一只～哇。一年到头都有泉水，一年到头都系秋水田，让门干都干渠唔倒凑，从来𫟱干过箇丘田，～。e$_{21}$,ŋai$^{13}$tien$^{0}$ kai$^{53}$tsek$^{3}$ pien$^{35}$kai$^{53}_{44}$tʂak$^{3}$ sin$^{35}$uk$^{3}$ xa$^{35}$tsʰiəu$^{35}$iəu$^{35}_{53}$ iet$^{3}$ tʂak$^{3}$ tsʰan$^{13}_{21}$ʂei$^{21}$cʰiəu$^{35}$ua$^{0}$.iet$^{3}$ɲien$^{13}$tau$^{53}$tʰei$^{13}_{21}$təu$^{35}_{44}$iəu$^{35}_{53}$tsʰan$^{21}$ʂei$^{21}$,iet$^{3}$ɲien$^{13}$tau$^{53}$tʰei$^{13}_{21}$təu$^{35}_{53}$xe$^{53}$tsʰiəu$^{35}_{44}$ ʂei$^{21}$tʰien$^{13}$, ɲiɔŋ$^{53}$mən$^{13}_{44}$kɔn$^{35}$təu$^{35}_{53}$kɔn$^{35}$ci$^{13}_{21}$n̩$^{13}_{21}$tau$^{21}$tsʰe$^{0}$,tsʰəŋ$^{13}$lɔi$^{13}_{21}$maŋ$^{13}_{21}$kɔn$^{35}_{44}$ko$^{0}$ kai$^{53}_{44}$cʰiəu$^{35}$tʰien$^{13}_{21}$,tsʰan$^{13}$ ʂei$^{21}$cʰiəu$^{35}_{44}$.｜蛮多人是舞倒箇～就挖口塘去。man$^{13}$to$^{35}_{53}$ɲin$^{13}_{44}$ʂɿ$^{53}_{44}$u$^{21}_{44}$tau$^{21}_{44}$kai$^{53}_{44}$tsʰan$^{13}_{21}$ʂei$^{21}$cʰiəu$^{35}_{44}$tsʰiəu$^{53}_{44}$ ua$^{35}$xe$^{21}$tʰɔŋ$^{13}$çi$^{53}$.

【泉水田】tsʰan$^{13}$ʂei$^{21}$tʰien$^{13}$ 名 一年四季有泉水冒出的水田。同“泉水丘”：～肚里就有（薸子）。tsʰan$^{13}$ʂei$^{21}$tʰien$^{13}$təu$^{21}$li$^{0}$ tsʰiəu$^{53}_{44}$iəu$^{35}$.

【拳头】cʰien$^{13}$tʰei$^{13}$ 名 屈指紧握，合拢成团的手：练武个人呢有两只经常练呢，一只嘞，以渠箇练武个人呢有三只唠。一只唠，～更有劲，～有力。第二只渠经过练呢，～出手快。我等是出手慢呢，系啊？𫟱练得个人。lien$^{53}$u$^{35}$ke$^{53}$ɲin$^{13}_{21}$nei$^{0}$ iəu$^{35}$iɔŋ$^{21}$tʂak$^{3}$ cin$^{35}$tʂʰɔŋ$^{13}$lien$^{53}$ne$^{0}$,iet$^{3}$ tʂak$^{3}$ lei$^{0}$,i$^{21}$ci$^{13}$kai$^{53}_{44}$lien$^{53}$u$^{35}$ke$^{53}$ɲin$^{13}_{21}$nei$^{0}$ iəu$^{35}$san$^{35}$tʂak$^{3}$ lau$^{0}$.iet$^{3}$ tʂak$^{3}$ lau$^{0}$,cʰien$^{13}_{21}$tʰei$^{13}_{21}$cien$^{53}_{44}$iəu$^{35}$cin$^{53}$,cʰien$^{13}_{21}$tʰei$^{13}_{21}$ iəu$^{35}$liet$^{5}$.tʰi$^{53}$ɲi$^{53}$tʂak$^{3}$ ci$^{13}_{21}$cin$^{35}$ko$^{53}_{44}$lien$^{53}$ne$^{0}$,cʰien$^{13}$tʰei$^{13}_{44}$tʂʰət$^{3}$ ʂəu$^{21}$kʰuai$^{53}$.ŋai$^{13}$tien$^{0}$ ʂɿ$^{53}_{44}$tʂʰət$^{3}$ ʂəu$^{21}$man$^{53}$ ne$^{0}$,xei$^{53}_{44}$a$^{0}$?maŋ$^{13}$lien$^{53}$tek$^{3}$ ke$^{53}$ɲin$^{13}_{21}$.

【劝酒】tʂʰen$^{53}$tsiəu$^{21}$ 动 劝人喝酒：～就爱讲酒话。哈，箇只东西真累人真苦。好，食唔得酒个人是让门去～啦？呃，首先就搬亲喏，欸，反正系软硬兼施来咁～。欸打感情牌。欸，万一不行呢，箇就系就拼下子身体都爱同渠搞。tʂʰen$^{53}$tsiəu$^{21}$tsʰiəu$^{53}$ɔi$^{53}$kɔŋ$^{21}$tsiəu$^{21}$fa$^{53}$.xa$_{53}$,kai$^{53}$ (tʂ)ak$^{3}$ təŋ$^{35}_{44}$si$^{0}$ tʂən$^{35}$li$^{53}$ɲin$^{13}_{21}$tʂən$^{35}$kʰu$^{21}$.xau$^{21}$,ʂət$^{5}$ n̩$^{13}_{21}$tek$^{3}$ tsiəu$^{21}$ke$^{53}$ɲin$^{13}_{21}$ʂɿ$^{53}_{44}$ɲiɔŋ$^{53}_{44}$mən$^{13}_{44}$çi$^{53}_{44}$tʂʰen$^{53}$tsiəu$^{21}$la$^{0}$?ə$_{21}$, ʂəu$^{21}$sien$^{35}$tsʰiəu$^{35}_{44}$pan$^{35}$tsʰin$^{35}$no$^{0}$,e$_{21}$,fan$^{21}$tʂən$^{53}$xe$^{53}_{44}$ɲiɔn$^{35}$ŋaŋ$^{53}$cien$^{35}$ʂɿ$^{35}$lɔi$^{13}_{21}$kan$^{21}_{44}$tʂʰen$^{53}$tsiəu$^{21}$.e$_{21}$ta$^{21}$kɔn$^{21}$ tsʰin$^{13}$pʰai$^{13}$.e$_{21}$,uan$^{53}$iet$^{3}$ pət$^{3}$ çin$^{13}$ne$^{0}$,kai$^{53}_{44}$tsʰiəu$^{53}_{44}$xe$^{53}_{44}$tsʰiəu$^{53}_{44}$pʰin$^{35}$na$^{53}$tsɿ$^{0}$ ʂən$^{35}$tʰi$^{21}$təu$^{35}_{53}$ɔi$^{53}$tʰəŋ$^{13}_{21}$ci$^{13}_{21}$kau$^{21}$.

【缺】cʰiet$^{3}$ 名 缺口：以外背嘞，就锯只～样个，手就掇嘿箇～上。i$^{21}$ŋɔi$^{53}$pɔi$^{53}_{44}$lei$^{0}$,tsʰiəu$^{53}_{44}$cie$^{53}$ tʂak$^{3}$ cʰiet$^{3}$ iɔŋ$^{53}_{44}$ke$^{53}_{44}$,ʂəu$^{21}$tsʰiəu$^{53}$tɔit$^{3}$ (x)ek$^{3}$ kai$^{53}$cʰiet$^{3}$ xɔŋ$^{53}_{44}$.｜以张刀分你搞几只～啦。搞两只～懑大啦。i$^{21}$tʂɔŋ$^{35}_{44}$tau$^{35}$pən$^{35}$ɲi$^{13}_{21}$kau$^{21}$ci$^{21}$tʂak$^{3}$ cʰiet$^{3}$ la$^{0}$.kau$^{21}$iɔŋ$^{21}$tʂak$^{3}$ cʰiet$^{3}$ mən$^{35}$tʰai$^{53}$la$^{0}$.

【缺德】tʂʰet$^{5}$ tek$^{3}$ 形 不顾道义，没有德行：莫咁～哦！mɔk$^{5}$ kan$^{21}$tʂʰet$^{5}$ tek$^{3}$ o$^{0}$!

【缺牙耙】cʰiet$^{3}$ ŋa$^{13}$pʰa$^{13}$ 名 ①牙齿不齐全的人：呃，蛮多细人子就～，呃，我等就会笑渠呀屋下𫟱畜得猫公啊，𫟱畜得猫公就老鼠真凶嘛，系唔系？老鼠凶就老鼠啮哩牙齿啊，欸就～。ə$_{44}$,man$^{13}$to$^{35}_{44}$sei$^{53}$ɲin$^{13}_{44}$tsɿ$^{0}$ tsʰiəu$^{53}$cʰiet$^{3}$ ŋa$^{13}_{21}$pʰa$^{13}$,ə$_{44}$,ŋai$^{13}$tien$^{0}$ tsʰiəu$^{53}$uɔi$^{53}$siau$^{53}$ci$^{13}_{21}$ia$^{0}$ uk$^{3}$ xa$^{53}$maŋ$^{13}_{21}$çiəuk$^{3}$ tek$^{3}$ miau$^{53}$kəŋ$^{35}$ŋa$^{0}$,maŋ$^{13}$çiəuk$^{3}$ tek$^{3}$ miau$^{53}$kəŋ$^{35}$tsʰiəu$^{53}$lau$^{21}$tʂʰəu$^{21}$tʂən$^{35}$çiəŋ$^{35}$ma$^{0}$,xei$^{53}$me$^{53}$?lau$^{21}$tʂʰəu$^{21}$çiəŋ$^{35}$ tsʰiəu$^{53}$lau$^{21}$tʂʰəu$^{21}$ŋait$^{3}$ li$^{0}$ ŋa$^{13}$tʂʰɿ$^{21}$a$^{0}$,e$_{21}$tsʰiəu$^{53}$cʰiet$^{3}$ ŋa$^{13}_{21}$pʰa$^{13}$. ②没有牙齿的人：啊，你是成～。a$_{21}$, ɲi$^{13}$ʂɿ$^{53}$ʂaŋ$^{13}_{44}$cʰiet$^{3}$ ŋa$^{13}$pʰa$^{13}$.

【缺子】cʰiet$^{3}$ tsɿ$^{0}$ 名 ①缺口：（暖桶）底下以面前就有只～。te$^{21}$xa$^{53}_{44}$i$^{21}$mien$^{53}$tsʰien$^{13}_{21}$tsʰiəu$^{53}_{44}$iəu$^{35}_{44}$ tʂak$^{3}$ cʰiet$^{3}$ tsɿ$^{0}$. ②豁嘴者：我等客姓人呢有只咁个话法嘞，搞么个会有～嘞？就系犯倒哩话嘞。去娭子肚子里呀犯倒哩。我有只老妹子我箇大老妹子也有兜子缺嘞，以映系只～。么个渠让门子会～唠？就么个我以前我等灶下我娭子摞倒我老妹子个时候子箇灶上咯分么人搣嘿一块话嘞，箇灶头呀。灶头个泥分别人家搣嘿块。搣一块就犯倒哩，犯倒哩就成哩一只～。ŋai$^{13}$ tien$^{0}$ kʰak$^{3}$ sin$^{53}$ɲin$^{13}_{21}$ne$^{0}$ iəu$^{35}_{53}$tʂak$^{3}$ kan$^{21}$ke$^{53}_{44}$ua$^{53}$fait$^{3}$ lei$^{0}$,kau$^{21}$mak$^{3}$ ke$^{0}$ uɔi$^{53}$iəu$^{35}$cʰiet$^{3}$ tsɿ$^{0}$ lei$^{0}$?tsʰiəu$^{53}_{44}$xei$^{53}_{44}$ fan$^{53}$tau$^{21}$li$^{0}$ ua$^{53}$lei$^{0}$.çi$^{53}$ɔi$^{35}$tsɿ$^{0}$ təu$^{21}$tsɿ$^{0}$ li$^{21}_{44}$ia$^{0}$ fan$^{53}$tau$^{21}$li$^{0}$.ŋai$^{13}$iəu$^{35}_{53}$tʂak$^{3}$ lau$^{21}$mɔi$^{53}$tsɿ$^{0}$ŋai$^{13}$kai$^{53}_{44}$tʰai$^{53}$lau$^{21}$mɔi$^{53}_{44}$ tsɿ$^{0}$ ia$^{35}$iəu$^{35}_{44}$te$^{35}_{53}$tsɿ$^{0}$ cʰiet$^{3}$ le$^{0}$,i$^{21}$iaŋ$^{53}$(x)e$^{53}_{44}$tʂak$^{3}$ cʰiet$^{3}$ tsɿ$^{0}$.mak$^{3}$ kei$^{53}$ci$^{13}_{21}$ɲiɔŋ$^{53}$mən$^{13}_{44}$tsɿ$^{0}$ uɔi$^{53}$cʰiet$^{3}$ tsɿ$^{0}$ lau$^{0}$? tsʰiəu$^{53}$mak$^{3}$ e$^{0}$ ŋai$^{13}_{21}$i$^{35}_{53}$tsʰien$^{13}_{21}$ŋai$^{13}$tien$^{0}$ tsau$^{53}$xa$^{53}_{44}$ŋai$^{13}_{21}$ɔi$^{35}$tsɿ$^{0}$ kʰuan$^{53}$tau$^{21}$ŋai$^{13}_{21}$lau$^{21}$mɔi$^{53}$tsɿ$^{0}$ ke$^{53}_{44}$ʂɿ$^{13}$xəu$^{53}$tsɿ$^{0}$ kai$^{53}_{44}$tsau$^{53}$xɔŋ$^{53}$ko$^{0}$ pən$^{35}$mak$^{3}$ɲin$^{13}_{21}$met$^{3}$ xek$^{3}$ iet$^{3}$ kʰuai$^{53}$ua$^{53}$lei$^{0}$,kai$^{53}_{44}$tsau$^{53}$tʰei$^{13}_{21}$ia$^{0}$.tsau$^{53}$tʰei$^{13}_{21}$ke$^{53}$lai$^{13}$pən$^{35}_{44}$ pʰiet$^{5}_{3}$ in$^{13}_{44}$ka$^{35}_{44}$miet$^{3}$ xek$^{3}$ kʰuai$^{53}$.miet$^{3}$ iet$^{3}$ kʰuai$^{53}_{44}$tsʰiəu$^{53}_{44}$fan$^{53}$tau$^{21}$li$^{0}$,fan$^{53}$tau$^{21}$li$^{0}$ tsʰiəu$^{53}$ʂaŋ$^{13}_{44}$li$^{0}$ iet$^{3}$ tʂak$^{3}$ cʰiet$^{3}$ tsɿ$^{0}$.

【瘸】kʰue$^{13}$ 形 手或腿脚偏废：你～哩手正得！爱你去搞，～哩手正得！ɲi$^{13}_{44}$kʰue$^{13}$li$^{0}$ ʂəu$^{21}$tʂaŋ$^{53}$ tek$^{3}$!ɔi$^{53}$ɲi$^{13}_{21}$çi$^{53}$kau$^{21}$,kʰue$^{13}$li$^{0}$ ʂəu$^{21}$tʂaŋ$^{53}$tek$^{3}$!对不该做却做，多管闲事的人的责备用语

【瘸脚瞎眼】kʰue$^{13}$ciɔk$^{3}$ xait$^{3}$ ŋan$^{21}$ 脚是瘸的眼是瞎的，形容有严重的残障：我又𫟱～。ŋai$^{13}$iəu$^{53}$ maŋ$^{13}_{44}$kʰue$^{13}$ciɔk$^{3}$ xait$^{3}$ ŋan$^{21}$.｜不是～就要得哩啊，欸，讨老婆莫要求咁高哇。欸，二婚亲也唔爱紧呐，只爱唔系～呐。pət$^{3}$ ʂɿ$^{53}$kʰue$^{13}$ciɔk$^{3}$ xait$^{3}$ ŋan$^{21}$tsʰiəu$^{53}$iau$^{53}$tek$^{3}$ li$^{0}$ a$^{0}$,e$_{21}$,tʰau$^{21}$lau$^{21}$pʰo$^{13}$mɔk$^{5}$ iau$^{35}$cʰiəu$^{13}_{21}$kan$^{21}$kau$^{35}$ua$^{0}$.ei$_{21}$, ɲi$^{53}$fən$^{35}_{44}$tsʰin$^{35}_{44}$na$^{35}_{53}$m̩$^{13}_{21}$mɔi$^{53}$cin$^{13}_{21}$na$^{0}$,tʂɿ$^{21}$ɔi$^{53}$m̩$^{13}_{21}$pʰei$^{53}$kʰue$^{13}$ciɔk$^{3}$ xait$^{3}$ ŋan$^{21}$na$^{0}$.

【瘸脚子】kʰue$^{13}$ciɔk$^{3}$ tsɿ$^{0}$ 名 ①腿残疾的人：～跑下来，瘸手子捉下倒。kʰue$^{13}$ciɔk$^{3}$ tsɿ$^{0}$ pʰau$^{21}$a$^{35}$

lɔi$^{13}$,k$^{h}$ue$^{13}$ʂəu$^{21}$tsɿ$^{0}$ tsɔk$^{3}$ a$^{35}_{53}$tau$^{21}$. ②只有一条腿的人：欸，皇碑树下就有只～嘞。渠只有一只脚，另外一只脚嘞完全萎缩哩。以底下一垫都冇得。欸，箇一只也是徛唔起。你话渠让门子嘞？一只男子人，如今是怕还三四十岁子。渠就买张咁个沙滩摩托嘞咁子去开嘞。箇首先是赠唠，首先就舞块咁个舞倒别人家拖嘞拖渠嘞。以下落尾渠买张子沙滩摩托，完全唔爱脚个，也骑得上好。e$_{21}$,uɔŋ$^{13}$pi$^{35}_{44}$ʂəu$^{53}$xa$^{53}$ts$^{h}$iəu$^{53}_{44}$iəu$^{35}$tʂak$^{3}$ k$^{h}$ue$^{13}$ciɔk$^{3}$ tsɿ$^{0}$ lei$^{0}$ .ci$^{13}$tʂʅ$^{21}$iəu$^{35}_{53}$iet$^{3}$ tʂak$^{3}$ ciɔk$^{3}$ ,lin$^{53}$uai$^{53}$iet$^{3}$ tʂak$^{3}$ ciɔk$^{3}$ lei$^{3}$ xɔn$^{13}$ts$^{h}$ien$^{13}$uei$^{21}$sɔk$^{3}$ li$^{0}$ .i$^{21}$tei$^{21}$xa$^{53}$(i)et$^{3}$ ts$^{h}$o$^{53}$təu$^{35}_{53}$mau$^{13}_{21}$tek$^{3}$ .e$_{21}$,kai$^{53}$iet$^{3}$ tʂak$^{3}$ ia$^{35}_{53}$ʂʅ$^{53}_{44}$c$^{h}$i$^{35}_{53}$n̩$^{13}_{21}$ çi$^{21}$. ɲi$^{13}$ua$^{53}$ci$^{13}$ɲiɔŋ$^{53}$mən$^{13}_{44}$tsɿ$^{0}$ lei$^{0}$ ?iet$^{3}$ tʂak$^{3}$ lan$^{13}$tsɿ$^{21}$ɲin$^{13}_{44}$,i$^{13}_{21}$cin$^{35}_{53}$ʂʅ$^{53}$p$^{h}$a$^{53}$xai$^{13}_{21}$san$^{35}$si$^{53}$ʂət$^{5}$ sɔi$^{53}$tsɿ$^{0}$ .ci$^{13}$ts$^{h}$iəu$^{53}$ mai$^{35}$tʂɔŋ$^{35}_{53}$kan$^{21}$ke$^{53}$sa$^{35}$t$^{h}$an$^{35}_{44}$mo$^{13}$t$^{h}$ɔk$^{3}$ lei$^{0}$ kan$^{21}$tsɿ$^{0}$ çi$^{53}$k$^{h}$ɔi$^{35}_{44}$lei$^{0}$ .kai$^{53}$ʂəu$^{21}$sien$^{35}_{53}$ʂʅ$^{53}$maŋ$^{13}$lau$^{0}$ ,ʂəu$^{21}$sien$^{35}_{53}$ ts$^{h}$iəu$^{53}$u$^{21}$k$^{h}$uai$^{53}$kan$^{21}$kei$^{53}_{44}$u$^{21}$tau$^{21}$p$^{h}$iet$^{5}$ in$^{13}_{21}$ka$^{35}_{53}$t$^{h}$o$^{35}$lei$^{0}$ t$^{h}$o$^{35}$ci$^{13}_{21}$lei$^{0}$ .i$^{21}$xa$^{53}$lɔk$^{5}$ mi$^{35}_{53}$ci$^{13}_{21}$mai$^{35}$tʂɔŋ$^{35}_{44}$tsɿ$^{0}$ sa$^{35}_{44}$t$^{h}$an$^{35}_{44}$ mo$^{13}$t$^{h}$ɔk$^{3}$ ,xɔn$^{13}$ts$^{h}$ien$^{13}_{44}$m̩$^{13}_{21}$mɔi$^{53}$ciɔk$^{3}$ ke$^{0}$ ,ia$^{35}$c$^{h}$i$^{13}_{21}$tek$^{3}$ ʂɔŋ$^{53}$xau$^{21}_{44}$.

【瘸手子】k$^{h}$ue$^{13}$ʂəu$^{21}$tsɿ$^{0}$ 名手残废者，也指独臂人：箇晡我就看倒哩以前我等以映子有只老干部，渠一只右手哇～，右手系～，左手正常，右手～。让门瘸个嘞？渠打鱼炸脱个。打鱼啊，用炮打鱼啊，欸，用炸药去打鱼啊。手就箇只手就剩倒以映只擂槌样啊。kai$^{53}$pu$^{35}_{53}$ŋai$^{13}$ ts$^{h}$iəu$^{53}$k$^{h}$ɔn$^{53}$tau$^{21}$li$^{0}$ i$^{35}_{53}$ts$^{h}$ien$^{13}_{21}$ŋai$^{13}_{21}$tien$^{0}$ i$^{21}$iaŋ$^{53}$tsɿ$^{0}$ iəu$^{35}_{44}$tʂak$^{3}$ lau$^{21}$kɔn$^{53}$p$^{h}$u$^{53}$,ci$^{13}$iet$^{3}$ tʂak$^{3}$ iəu$^{53}$ʂəu$^{21}$ua$^{0}$ k$^{h}$ue$^{13}$ ʂəu$^{21}$tsɿ$^{0}$,iəu$^{53}$ʂəu$^{21}$xe$^{53}$k$^{h}$ue$^{13}$ʂəu$^{21}$tsɿ$^{0}$,tso$^{21}$ʂəu$^{21}$tʂən$^{53}$tʂ$^{h}$ɔŋ$^{13}$,iəu$^{53}$ʂəu$^{21}$k$^{h}$ue$^{13}_{21}$ʂəu$^{21}$tsɿ$^{0}$. ɲiɔŋ$^{53}$mən$^{13}_{44}$k$^{h}$ue$^{13}$kei$^{53}_{44}$ lei$^{0}$ ?ci$^{13}_{21}$ta$^{21}$ŋ̍$^{13}$tsa$^{53}$t$^{h}$ɔit$^{3}$ ke$^{0}$ .ta$^{21}$ŋ̍$^{13}$ŋa$^{0}$ ,iəŋ$^{53}_{44}$p$^{h}$au$^{53}$ta$^{21}$ŋ̍$^{13}$ŋa$^{0}$ ,e$_{21}$,iəŋ$^{53}_{44}$tsa$^{53}$iɔk$^{5}$ çi$^{53}$ta$^{21}$ŋ̍$^{13}$ŋa$^{0}$ .ʂəu$^{21}$ts$^{h}$iəu$^{53}$kai$^{53}$ tʂak$^{3}$ ʂəu$^{21}$ts$^{h}$iəu$^{53}$ʂən$^{53}$tau$^{21}$i$^{21}$iaŋ$^{53}$tʂak$^{3}$ li$^{13}$tʂ$^{h}$ei$^{13}$iɔŋ$^{53}$ŋa$^{0}$ .

【雀】ts$^{h}$iɔk$^{3}$ 形精明；聪明：其实有兜东西，我认为咯，有兜精明唔精明咯，也系看有兜东西。有兜人呐渠系唔多～，但是渠舍得搞，渠认准哩一只路子，系唔系？渠死命搞嘿去。有兜人呢看样子真～，只只事都做唔好，赠搞出一只么个蛮抻车个路子，赠搞出一只么个欸做出一只么个大滴子个事业。你话渠唔～嘛渠真～，你话渠搞得好吗？一般子。c$^{h}$i$^{13}$ʂət$^{5}$ iəu$^{35}$te$^{35}_{53}$ təŋ$^{35}_{44}$si$^{0}$ ,ŋai$^{13}$ɲin$^{53}$uei$^{13}_{21}$ko$^{0}$ ,iəu$^{35}$te$^{35}_{53}$tsin$^{35}$min$^{13}_{21}$n̩$^{13}_{21}$tsin$^{35}$min$^{13}_{21}$ko$^{0}$ ,ia$^{35}$xe$^{53}$k$^{h}$ɔn$^{53}$iəu$^{35}$te$^{35}_{53}$təŋ$^{35}$si$^{0}$ .iəu$^{35}$tei$^{35}_{53}$ɲin$^{13}_{21}$na$^{0}$ ci$^{13}_{21}$xe$^{53}$n̩$^{13}$to$^{35}_{44}$ts$^{h}$iɔk$^{3}$ ,tan$^{53}$ʂʅ$^{53}$ci$^{13}_{44}$ʂa$^{21}$tek$^{3}$ kau$^{21}$,ci$^{13}$ɲin$^{53}$tʂən$^{21}$li$^{0}$ iet$^{3}$ tʂak$^{3}$ ləu$^{53}$tsɿ$^{0}$ ,xei$^{53}$me$^{53}$?ci$^{13}_{21}$si$^{21}$miaŋ$^{53}$kau$^{21}$ uek$^{3}$ c$^{h}$i$^{53}$.iəu$^{35}$tei$^{35}_{53}$ɲin$^{13}_{44}$ne$^{0}$ k$^{h}$ɔn$^{53}$iɔŋ$^{53}$tsɿ$^{0}$ tʂən$^{35}$ts$^{h}$iɔk$^{3}$ ,tʂak$^{3}$ tʂak$^{3}$ sɿ$^{53}$təu$^{35}_{53}$tso$^{53}$n̩$^{13}_{44}$xau$^{21}$,maŋ$^{13}$kau$^{21}$tʂ$^{h}$ət$^{3}$ iet$^{3}$ tʂak$^{3}$ mak$^{3}$ e$^{0}$ man$^{13}_{21}$tʂ$^{h}$ən$^{35}$tʂ$^{h}$a$^{35}$ke$^{53}_{44}$ləu$^{53}$tsɿ$^{0}$ ,maŋ$^{13}$kau$^{21}$tʂ$^{h}$ət$^{3}$ iet$^{3}$ tʂak$^{3}$ mak$^{3}$ ke$^{53}$e$_{21}$tso$^{53}$tʂ$^{h}$ət$^{3}$ iet$^{3}$ tʂak$^{3}$ mak$^{3}$ e$^{0}$ t$^{h}$ai$^{53}$tiet$^{5}$ tsɿ$^{0}$ ke$^{53}_{44}$sɿ$^{53}$ɲiait$^{5}$ . ɲi$^{13}$ua$^{53}$ci$^{13}_{21}$n̩$^{13}_{21}$ts$^{h}$iɔk$^{3}$ ma$^{0}$ ci$^{13}_{21}$tʂən$^{35}$ts$^{h}$iɔk$^{3}$ , ɲi$^{13}$ua$^{53}$ci$^{13}_{21}$kau$^{21}$tek$^{3}$ xau$^{21}$ma$^{0}$ ?iet$^{3}$ pɔn$^{35}$tsɿ$^{0}$.

【裙头裤】c$^{h}$in$^{13}$t$^{h}$ei$^{13}$fu$^{53}$ 名一种裤子款式，多是女性穿的，在裤腰的一侧开衩并安扣子或拉链：还有起～嘞。～你晓得吧？像妹子人只会用以个边上开襟呢。以只纽子去边上嘞，安做～嘞。我等都着过嘞。妹子人都唔着西装裤嘞从前呢。边上开个，边上开丫。两边都着得。可以以只丫开一边，也可以翻转箇向来只丫开箇边。就有事以映膝头拱旧做一边从前是，衫裤十分唔得到。～。xai$^{13}$iəu$^{35}_{44}$çi$^{21}_{44}$c$^{h}$in$^{13}$t$^{h}$ei$^{13}$fu$^{53}$lei$^{0}$ .c$^{h}$in$^{13}$t$^{h}$ei$^{13}$fu$^{53}$ɲi$^{13}_{21}$çiau$^{21}_{44}$tek$^{3}$ pa$^{0}$ ?ts$^{h}$iɔŋ$^{53}_{44}$mɔi$^{53}$tsɿ$^{0}$ ɲin$^{13}$tʂʅ$^{21}$ uɔi$^{53}$iəŋ$^{53}$i$^{21}$ke$^{53}$pien$^{35}$xɔŋ$^{53}$k$^{h}$ɔi$^{35}_{44}$cin$^{35}_{44}$nei$^{0}$ .i$^{21}$tʂak$^{3}$ lei$^{21}$tsɿ$^{0}$ çi$^{53}_{44}$pien$^{35}$xɔŋ$^{53}_{44}$le$^{0}$ ,ɔn$^{35}_{44}$tso$^{53}_{44}$c$^{h}$in$^{13}$t$^{h}$ei$^{13}$fu$^{53}$lei$^{0}$ .ŋai$^{13}_{21}$ tien$^{0}$ təu$^{35}_{44}$tʂɔk$^{3}$ ko$^{53}$le$^{0}$ .mɔi$^{53}$tsɿ$^{0}$ ɲin$^{13}$təu$^{35}_{53}$n̩$^{13}_{21}$tʂɔk$^{3}$ si$^{35}$tsɔŋ$^{35}_{44}$fu$^{53}$le$^{0}$ ts$^{h}$əŋ$^{13}$ts$^{h}$ien$^{13}$ne$^{0}$ .pien$^{35}$xɔŋ$^{53}_{44}$k$^{h}$ɔi$^{35}_{44}$ ke$^{53}_{44}$,pien$^{35}$xɔŋ$^{53}$k$^{h}$ɔi$^{35}_{44}$a$^{35}$ .iɔŋ$^{21}$pien$^{35}$təu$^{35}_{53}$tʂɔk$^{3}$ tek$^{3}$ .k$^{h}$o$^{21}$i$^{35}_{53}$i$^{21}$tʂak$^{3}$ a$^{35}$k$^{h}$ɔi$^{35}$i$^{13}_{21}$pien$^{35}_{44}$,ia$^{35}$k$^{h}$o$^{21}$i$^{35}_{44}$fan$^{35}$tʂɔn$^{21}$kai$^{53}$ çiɔŋ$^{53}_{44}$lɔi$^{13}_{21}$tʂak$^{3}$ a$^{35}_{44}$k$^{h}$ɔi$^{35}$kai$^{53}$pien$^{35}_{44}$.tsiəu$^{53}_{44}$mau$^{13}$sɿ$^{53}$i$^{21}$iaŋ$^{53}$ts$^{h}$iet$^{3}$ t$^{h}$ei$^{13}_{21}$kəŋ$^{21}$c$^{h}$iəu$^{53}$tso$^{53}_{44}$iet$^{3}$ pien$^{35}$ts$^{h}$əŋ$^{13}$ts$^{h}$ien$^{13}$ ʂʅ$^{53}_{44}$,san$^{35}$fu$^{53}_{44}$ʂət$^{5}$ fən$^{35}_{44}$n̩$^{13}_{21}$tek$^{3}_{5}$ tau$^{53}_{44}$.c$^{h}$in$^{13}$t$^{h}$ei$^{13}$fu$^{53}$.

【裙子】c$^{h}$in$^{13}$tsɿ$^{0}$ 名一种围在腰部以下、没有裤腿的服装：妹子人就会着～唠。如今箇细妹子丁啮大子就着条裙，买条～分渠着倒。mɔi$^{53}$tsɿ$^{0}$ ɲin$^{13}_{21}$ts$^{h}$iəu$^{53}$uɔi$^{53}$tʂɔk$^{3}$ c$^{h}$in$^{13}$tsɿ$^{0}$ lau$^{0}$ .i$^{13}_{21}$cin$^{35}_{44}$kai$^{53}_{44}$se$^{53}$ mɔi$^{53}$tsɿ$^{0}$ tin$^{35}_{53}$ŋait$^{5}$ t$^{h}$ai$^{53}$tsɿ$^{0}$ ts$^{h}$iəu$^{53}$tʂɔk$^{3}$ t$^{h}$iau$^{13}_{21}$c$^{h}$in$^{13}$,mai$^{35}$t$^{h}$iau$^{13}_{21}$c$^{h}$in$^{13}$tsɿ$^{0}$ pən$^{35}$ci$^{13}_{21}$tʂɔk$^{3}$ tau$^{21}$.

Q

# R

【染】ɲian$^{53}$ 动把东西放在颜料里使着色：（龙头布）还爱～一到。xa$^{13}_{21}$ɔi$^{53}_{44}$ɲian$^{53}$iet$^{3}$tau$^{53}$.

【瓤】lɔŋ$^{35}$ 名瓜类内部包着种子的部分：箇个啦线瓜也有～啦，丝瓜也有～欸，苦瓜也有～欸，肚里个东西都安做～。kai$^{53}$ke$^{53}$la$^{0}$sen$^{53}$kua$^{35}_{44}$ia$^{35}_{44}$iəu$^{35}_{44}$lɔŋ$^{35}$la$^{0}$,sɿ$^{35}$kua$^{35}_{44}$ia$^{35}_{44}$iəu$^{35}_{44}$lɔŋ$^{35}$ŋe$^{0}$,fu$^{21}$kua$^{35}_{44}$ia$^{35}_{44}$iəu$^{35}_{44}$lɔŋ$^{35}$ŋe$^{0}$,təu$^{21}$li$^{0}$ke$^{53}$təŋ$^{35}_{44}$si$^{0}$təu$^{35}_{53}$ɔn$^{35}_{53}$tso$^{53}$lɔŋ$^{35}$.｜欸，食西瓜就系食西瓜箇兜子～啊。e$_{21}$,ʂət$^{5}$si$^{35}$kua$^{35}_{44}$ts$^{h}$iəu$^{53}$xei$^{53}_{44}$ʂət$^{5}$si$^{35}_{44}$kua$^{35}_{44}$kai$^{53}$te$^{35}_{53}$tsɿ$^{0}$lɔŋ$^{35}$ŋa$^{0}$.

【瓤篾】lɔŋ$^{13}$miet$^{5}$ 名竹子里层取下的篾：好，箇底下就喊～。箇是箇下就喊～。箇个就～了。xau$^{21}$,kai$^{53}_{44}$te$^{21}$xa$^{53}_{44}$ts$^{h}$iəu$^{53}_{44}$xan$^{53}_{44}$lɔŋ$^{13}$miet$^{5}$.kai$^{53}_{21}$ʂɿ$^{53}_{21}$kai$^{53}_{44}$xa$^{53}_{44}$ts$^{h}$iəu$^{53}_{44}$xan$^{53}_{44}$lɔŋ$^{13}$miet$^{5}$.kai$^{53}_{44}$ke$^{53}_{44}$ts$^{h}$iəu$^{53}_{44}$lɔŋ$^{13}$miet$^{5}$ liau$^{0}$.

【攘】iɔŋ$^{53}$ 形形容人多，热闹，熙熙攘攘：今晡街上真～！cin$^{35}$pu$^{35}_{44}$kai$^{35}_{44}$xɔŋ$^{53}_{44}$tʂən$^{35}$iɔŋ$^{53}$!

【攘交流】iɔŋ$^{53}$ciau$^{35}$liəu$^{13}$ 动赶集（张坊、小河一带平时不赶集，只是在国庆节的时候有一次类似活动）：张家坊就安做～。tʂaŋ$^{35}$ka$^{35}_{44}$fɔŋ$^{35}$ts$^{h}$iəu$^{53}_{44}$ɔn$^{35}_{44}$tso$^{53}_{44}$iɔŋ$^{53}$ciau$^{35}$liəu$^{13}_{21}$.

【攘圩】iɔŋ$^{53}$fei$^{35}$ 动赶集：～哟，箇起又安做～哟。赶集个噢。客姓人安做～。欸，去～呀。iɔŋ$^{53}$fei$^{35}$iau$^{0}$,kai$^{53}_{21}$çi$^{21}$iəu$^{53}_{44}$ɔn$^{35}_{44}$tso$^{53}_{44}$iɔŋ$^{53}$fei$^{35}$iau$^{0}$.kan$^{21}$tsi$^{13}$kau$^{0}$.k$^{h}$ak$^{3}$sin$^{53}_{44}$ɲin$^{13}_{21}$ɔn$^{35}_{44}$tso$^{53}_{44}$iɔŋ$^{53}$fei$^{35}$.e$_{21}$,çi$^{53}_{44}$iɔŋ$^{53}$fei$^{35}$ia$^{0}$.

【让$_{1}$】ɲiɔŋ$^{53}$ 动①为表示谦逊或合乎礼节而把机会给予他人：箇就爱～分长辈坐。kai$^{53}$ts$^{h}$iəu$^{53}_{44}$ɔi$^{53}_{44}$ɲiɔŋ$^{53}$mən$^{35}$(←pən$^{35}$)tʂɔŋ$^{21}$pei$^{53}$ts$^{h}$o$^{35}$. ②让步。又称“相让、放让”：你就分个子人～下子吵！ɲi$^{13}_{21}$ts$^{h}$iəu$^{53}_{44}$pən$^{35}$cie$^{53}$tsɿ$^{0}$ɲin$^{13}$ɲiɔŋ$^{53}$ŋa$_{21}$(←xa$^{53}$)tsɿ$^{0}$ʂa$^{0}$! ③听任。又称“听、等、在、在乎”：～渠去嬲哇。ɲiɔŋ$^{53}$ci$^{13}_{21}$çi$^{53}_{44}$liau$^{53}$ua$^{0}$.

【让$_{2}$】ɲiɔŋ$^{53}$ 代疑问代词。怎么，如何：～得了喔？ɲiɔŋ$^{53}$tek$^{3}$liau$^{21}$uo$^{0}$?

【让门】ɲiɔŋ$^{53}$mien$^{35}$/mən$^{0}$ 代疑问代词。怎么，如何：□系～个地方呢？ɲiait$^{3}$xei$^{53}_{44}$ɲiɔŋ$^{53}_{44}$mən$^{0}$ke$^{53}_{44}$t$^{h}$i$^{53}_{44}$fɔŋ$^{35}_{44}$ne$^{0}$?｜七宝山人就～呢？ts$^{h}$iet$^{3}$pau$^{21}$san$^{35}$ɲin$^{13}_{21}$ts$^{h}$iəu$^{53}_{44}$ɲiɔŋ$^{53}_{44}$mən$^{0}$ne$^{0}$?

【让门子】ɲiɔŋ$^{53}$mən$^{0}$tsɿ$^{0}$ 代疑问代词。怎么，如何：现在是反正～箇屋后背箇只墈就都安做花楼墈。çien$^{53}_{44}$ts$^{h}$ai$^{53}_{44}$ʂɿ$^{53}_{21}$fan$^{21}$tʂən$^{53}$ɲiɔŋ$^{53}_{44}$mən$^{0}$tsɿ$^{0}$kai$^{53}_{44}$uk$^{3}$xei$^{53}$pɔi$^{53}_{44}$kai$^{53}_{44}$tʂak$^{3}$k$^{h}$an$^{53}$tsiəu$^{53}_{44}$təu$^{35}$ɔn$^{35}_{44}$tso$^{53}_{44}$fa$^{35}$lei$^{13}_{21}$k$^{h}$an$^{53}$.｜欸，仲又～写唠？e$_{21}$,tʂ$^{h}$əŋ$^{53}$iəu$^{53}_{44}$ɲiɔŋ$^{53}_{44}$mən$^{0}$tsɿ$^{0}$sia$^{21}$lau$^{0}$?

【让子】ɲiɔŋ$^{53}_{44}$tsɿ$^{0}$ 代疑问代词。怎么，如何：话别人家话～个当总管呢。ua$^{53}_{44}$p$^{h}$iet$^{5}_{3}$in$^{13}_{44}$ka$^{35}_{53}$ua$^{53}_{44}$ɲiɔŋ$^{53}_{44}$tsɿ$^{0}$ke$^{53}_{21}$tɔŋ$^{35}$tsəŋ$^{21}$kɔn$^{21}$nei$^{0}$.

【让座】ɲiɔŋ$^{53}$ts$^{h}$o$^{35}$ 动请客人落座：（客佬子来哩）爱～，嗯，爱分凳坐。ɔi$^{53}$ɲiɔŋ$^{53}$ts$^{h}$o$^{35}$,n̩$_{21}$,ɔi$^{53}_{44}$pən$^{35}$tien$^{53}$ts$^{h}$o$^{35}$.

【绕】ɲiau$^{35}$ 动围着转：绕棺呐～几多回呀？～几多只圈呐？ɲiau$^{35}_{44}$kɔn$^{35}$na$^{0}$ɲiau$^{35}_{44}$ci$^{21}$to$^{35}_{44}$fei$^{13}_{21}$ia$^{0}$?ɲiau$^{35}_{44}$ci$^{21}$to$^{35}_{44}$tʂak$^{3}$c$^{h}$ien$^{35}_{44}$na$^{0}$?

【绕棺】ɲiau$^{35}$kɔn$^{35}$ 动出殡前的一种歌拜仪式：爱先～呐，爱～呐，再打起身祭。就系搞七个人呶，九个人呶，箇就唔限定系么人，一般就系就帮忙个人就要得哩。欸，自家屋下，最好就自家屋下个人。唔系别姓人。男个。男子人。就围倒个棺材打叮叮呐。打圈呐。箇棺材是舞出来哩了，𫗦去孝堂下了。𫗦去孝堂下，舞下禾坪下去哩。就围倒个棺材就打叮叮呐。转圈呐。唱一句，每个人拿品香，拿支香，发着来个香，安做红香。点着来哩个香啊。每个人拿支点着来哩个，就安做红香。鲜红个，着个。每个人拿一支，每个人拿一根。念一句呀，会个文公周夫子啊。念一句唱一句，大家齐唱。唱一句，停一下，停下来，转只侧，围倒箇棺材，又拜一下，拿倒箇支香咁子拜一下。（齐唱一句，停下来，）转过身来向倒棺材作只揖，又唱下欸句。唔知转几多只，唔知念几多遍去哩呢。箇几句子呢。几句子话我唔知念几多遍。ɔi$^{53}_{44}$sien$^{35}$ɲiau$^{35}$kɔn$^{35}$na$^{0}$,ɔi$^{53}_{44}$ɲiau$^{35}_{44}$kɔn$^{35}$na$^{0}$,tsai$^{53}$ta$^{21}$çi$^{21}$ʂən$^{35}_{44}$tsi$^{53}$.tsʰiəu$^{53}_{44}$xe$^{53}_{44}$kau$^{21}$tsʰiet$^{3}$cie$^{53}$ɲin$^{13}_{21}$nau$^{0}$,ciəu$^{21}$cie$^{53}$ɲin$^{13}_{21}$nau$^{0}$,kai$^{53}_{44}$tsʰiəu$^{53}$m̩$^{13}$kʰan$^{21}$tʰiaŋ$^{53}$xe$^{53}_{44}$mak$^{3}$ɲin$^{13}$,iet$^{3}$pɔn$^{35}$tsʰiəu$^{53}_{44}$xe$^{53}_{44}$tsʰiəu$^{53}_{44}$pɔŋ$^{35}$mɔŋ$^{13}$ke$^{53}_{44}$ɲin$^{13}_{21}$tsʰiəu$^{53}_{44}$iau$^{53}$tek$^{3}$li$^{0}$.e$_{21}$,tsʰɿ$^{53}_{44}$ka$^{35}_{53}$uk$^{3}$xa$^{53}_{44}$,tsei$^{53}$xau$^{21}$tsʰiəu$^{53}_{44}$tsʰɿ$^{53}_{44}$ka$^{35}_{53}$uk$^{3}$xa$^{53}_{44}$ke$^{53}_{44}$in$^{13}_{21}$.m̩$^{13}_{21}$pʰe$^{53}_{44}$pʰiet$^{5}$siaŋ$^{53}$ɲin$^{13}_{21}$.lan$^{13}$cie$^{53}$.lan$^{13}$tsɿ$^{0}$ɲin$^{13}_{21}$.tsʰiəu$^{53}_{44}$uei$^{13}$tau$^{21}$ke$^{53}$kɔn$^{35}$tsʰɔi$^{13}_{21}$ta$^{21}$tin$^{35}_{44}$tin$^{35}_{44}$na$^{0}$.ta$^{21}$cʰien$^{35}$na$^{0}$.kai$^{53}_{44}$kɔn$^{35}$tsʰɔi$^{13}_{44}$ʂɿ$^{53}_{44}$u$^{21}$tʂʰət$^{3}$lɔi$^{13}_{21}$li$^{0}$liau$^{0}$,maŋ$^{13}$çi$^{53}_{44}$xau$^{53}_{44}$tʰɔŋ$^{13}_{21}$xa$^{35}$liau$^{0}$.maŋ$^{13}$çi$^{53}_{44}$xau$^{53}_{44}$tʰɔŋ$^{13}_{21}$xa$^{35}$,u$^{21}$ua$^{53}$uo$^{13}_{21}$pʰiaŋ$^{13}_{21}$xa$^{35}$çi$^{53}_{44}$li$^{0}$.tsʰiəu$^{53}_{44}$uei$^{13}$tau$^{21}_{44}$ke$^{53}_{44}$kɔn$^{35}$tsʰɔi$^{13}_{21}$tsʰiəu$^{53}_{44}$ta$^{21}$tin$^{35}_{44}$tin$^{35}_{44}$na$^{0}$.tʂɔn$^{21}$cʰien$^{35}$na$^{0}$.tʂʰɔŋ$^{53}$iet$^{3}$ci$^{53}$,mei$^{35}$ke$^{53}_{44}$in$^{13}_{21}$na$^{53}_{44}$pʰin$^{21}$çiɔŋ$^{35}$,na$^{53}$tʂɿ$^{35}_{44}$çiɔŋ$^{35}$,fɔit$^{3}$tʂʰɔk$^{5}$lɔi$^{13}_{44}$ke$^{53}_{44}$çiɔŋ$^{35}$,ɔn$^{35}_{44}$tso$^{53}_{44}$fəŋ$^{13}$çiɔŋ$^{35}_{44}$.tian$^{21}$tʂʰɔk$^{5}$lɔi$^{13}_{21}$li$^{0}$ke$^{53}_{44}$çiɔŋ$^{35}$ŋa$^{0}$.mei$^{35}$cie$^{53}$in$^{13}_{21}$na$^{53}$tʂɿ$^{35}_{44}$tian$^{21}$tʂʰɔk$^{5}$lɔi$^{13}_{21}$li$^{0}$ke$^{53}_{44}$,tsʰiəu$^{53}_{44}$ɔn$^{35}_{44}$tso$^{53}_{44}$fəŋ$^{13}$çiɔŋ$^{35}_{44}$.çien$^{35}$fəŋ$^{13}$ke$^{53}_{44}$,tʂʰɔk$^{5}$ke$^{53}_{21}$.mei$^{35}$cie$^{53}$in$^{13}_{21}$na$^{53}$iet$^{3}$tʂɿ$^{35}$,mei$^{35}$cie$^{53}$in$^{13}_{21}$na$^{53}$iet$^{3}$cien$^{35}$. ɲian$^{53}$iet$^{3}$ci$^{53}$ia$^{0}$,fei$^{53}$ke$^{53}_{44}$uən$^{13}_{21}$kəŋ$^{35}_{44}$tʂəu$^{35}_{44}$fu$^{35}_{44}$tsɿ$^{21}$a$^{0}$. ɲian$^{53}$iet$^{3}$ci$^{53}_{21}$tʂʰɔŋ$^{53}$iet$^{3}$ci$^{53}_{44}$,tʰai$^{53}_{44}$cia$^{35}_{44}$tsʰi$^{13}$tʂʰɔŋ$^{53}$.tʂʰɔŋ$^{53}$iet$^{3}$ci$^{53}_{44}$,tʰin$^{13}$niet$^{3}$xa$^{53}$,tʰin$^{13}_{21}$xa$^{53}_{44}$lɔi$^{13}_{21}$,tʂɔn$^{21}$tʂak$^{3}$tsek$^{3}$,uei$^{13}_{21}$tau$^{21}$kai$^{53}_{44}$kɔn$^{35}$tsʰɔi$^{13}_{21}$,iəu$^{53}$pai$^{53}$iet$^{3}$xa$^{53}$,la$^{53}$tau$^{21}$kai$^{53}$tʂɿ$^{35}_{44}$çiɔŋ$^{35}_{44}$kan$^{21}$tsɿ$^{0}$pai$^{53}$iet$^{3}$xa$^{53}$.tʂɔn$^{21}$ko$^{53}_{44}$ʂən$^{35}$nɔi$^{13}_{21}$çiɔŋ$^{53}$tau$^{21}$kɔn$^{35}$tsʰɔi$^{13}_{21}$tsɔk$^{3}$tʂak$^{3}$iet$^{3}$,iəu$^{53}$tʂʰɔŋ$^{53}$xa$^{35}$e$^{0}$ci$^{53}_{44}$.n̩$^{13}_{21}$ti$^{35}_{44}$tʂɔn$^{21}$ci$^{21}$to$^{35}_{44}$tʂak$^{3}$,n̩$^{13}_{21}$ti$^{35}_{44}$ɲian$^{53}$ci$^{21}$to$^{35}_{44}$pʰien$^{53}$çi$^{53}$li$^{0}$nei$^{0}$.kai$^{53}_{44}$ci$^{21}$ci$^{53}$tsɿ$^{0}$nei$^{0}$.ci$^{21}$ci$^{53}$tsɿ$^{0}$fa$^{53}$ŋai$^{13}_{21}$n̩$^{13}_{21}$ti$^{35}_{44}$ɲian$^{53}$ci$^{21}$to$^{35}_{44}$pʰien$^{53}$.

【惹$_{1}$】ɲia$^{35}$ 动 ①招引：间里就莫分狗进去，会～狗虱啊。kan$^{35}$ni$^{21}$tsʰiəu$^{53}_{44}$mɔk$^{5}$pən$^{35}_{44}$ciei$^{21}$tsin$^{53}_{44}$çi$^{53}_{44}$,uɔi$^{53}_{44}$ɲia$^{35}$ciei$^{21}$sek$^{3}$a$^{0}$.｜又说明箇只人箇个是非嘞都系从箇只人身上～出来个，欸，箇是非个起源。iəu$^{53}$ʂuek$^{3}$min$^{13}$kai$^{53}$tʂak$^{3}$ɲin$^{13}_{21}$kai$^{53}_{44}$ke$^{53}_{44}$ʂɿ$^{53}$fei$^{35}_{44}$le$^{0}$təu$^{35}$xe$^{53}_{44}$tsʰəŋ$^{13}$kai$^{53}_{44}$tʂak$^{3}$ɲin$^{13}_{21}$ʂən$^{35}$xɔŋ$^{53}_{44}$ɲia$^{35}$tʂʰət$^{3}$lɔi$^{13}_{21}$ke$^{53}_{44}$,e$_{21}$,kai$^{53}_{44}$ʂɿ$^{53}$fei$^{35}_{44}$ke$^{53}_{44}$çi$^{21}$vien$^{13}$. ②招致；致使：～舅老子骂尽哩命啊。ɲia$^{35}_{44}$cʰiəu$^{35}$lau$^{21}$tsɿ$^{0}$ma$^{53}_{44}$tsʰin$^{53}_{44}$li$^{0}$miaŋ$^{53}$ŋa$^{0}$.｜～餐打 ɲia$^{35}$tsʰɔn$^{35}_{44}$ta$^{21}$｜箇你用绳子捆，～别人家笑嘞。kai$^{53}_{44}$ɲi$^{13}$iəŋ$^{53}$ʂən$^{13}$tsɿ$^{0}$kʰuən$^{21}$, ɲia$^{35}$pʰiet$^{5}$in$^{13}_{21}$ka$^{35}_{44}$siau$^{53}$lei$^{0}$. ③吸引：猴子箇只东西得人家喜欢，就～细人子看，欸，吸引细人子看，好看。xei$^{13}$tsɿ$^{0}$kai$^{53}$(tʂ)ak$^{3}$təŋ$^{35}_{44}$si$^{0}$tek$^{3}$in$^{13}_{21}$ka$^{35}_{44}$çi$^{21}$fɔn$^{35}_{44}$,tsʰiəu$^{53}_{44}$ɲia$^{35}$sei$^{53}$ɲin$^{13}_{21}$tsɿ$^{0}$kʰɔn$^{53}$,e$_{21}$,cʰiet$^{5}$in$^{21}$sei$^{53}$ɲin$^{13}_{21}$tsɿ$^{0}$kʰɔn$^{53}$,xau$^{21}$kʰɔn$^{53}$. ④因不当言行得罪了鬼神，又称"犯"：～倒哩鬼 ɲia$^{35}$tau$^{21}$li$^{0}$kuei$^{21}$称有病的人是因为有鬼附体

【惹$_{2}$】ɲia$^{35}$ 介引述施事，相当于"被"：茶缸子～渠打烂哩。tsʰa$^{13}$kɔŋ$^{35}$tsɿ$^{0}$ɲia$^{35}$ci$^{13}$ta$^{21}$lan$^{53}$li$^{0}$.｜渠～癫狗啮哩一口。ci$^{13}$ɲia$^{35}$tien$^{35}$kei$^{21}$ŋait$^{3}$li$^{0}$iet$^{3}$xei$^{21}$.

【惹$_{3}$】ɲia$^{53}$ 形矛盾大，不和睦：（渠）又系归本地来，又家家都斗外角，家家都搞～哩。iəu$^{53}_{44}$xei$^{53}$kuei$^{35}_{44}$pən$^{21}$ti$^{53}$lɔi$^{13}_{44}$,iəu$^{53}$ka$^{35}$ka$^{35}_{44}$təu$^{35}_{44}$tei$^{53}$uai$^{53}$kɔk$^{3}$,ka$^{35}$ka$^{35}_{44}$təu$^{35}_{44}$kau$^{21}$ɲia$^{53}$li$^{0}$.

【惹寒】ɲia$^{35}$xɔn$^{13}$ 动招致寒病：因为尽系米酒，食冷个就～，食哩会感冒。in$^{35}$uei$^{53}_{44}$tsʰin$^{53}$ne$_{44}$(←xe$^{53}$)mi$^{21}$tsiəu$^{21}$,ʂət$^{5}$laŋ$^{35}$ke$^{53}_{44}$tsʰiəu$^{53}_{44}$ɲia$^{35}$xɔn$^{13}$,ʂət$^{5}$li$^{0}$uɔi$^{53}_{44}$kɔn$^{21}$mau$^{53}$.｜特别骑摩托车箇兜爱多着兜衫，莫惹哩寒。tʰek$^{5}$pʰiet$^{5}$cʰi$^{13}_{21}$mo$^{13}$tʰɔk$^{3}$tʂʰa$^{35}$kai$^{53}_{44}$te$^{35}_{44}$ɔi$^{53}_{44}$to$^{35}$tʂɔk$^{3}$te$^{35}_{53}$san$^{35}$,mɔk$^{5}$ɲia$^{35}_{44}$li$^{0}$xɔn$^{13}$.

【惹事】ɲia$^{35}$sɿ$^{53}$ 动引起麻烦或祸端：喜欢～，惹起滴事来。çi$^{21}$fɔn$^{35}_{44}$ɲia$^{35}$sɿ$^{53}$, ɲia$^{35}$çi$^{21}$tiet$^{5}_{3}$sɿ$^{53}$lɔi$^{13}$.

【惹唔抻】ɲia$^{35}$n̩$^{13}_{21}$tʂʰən$^{35}$ 难以解决：还有只意思嘞就系嘞～哩，也安做搞唔清场哩。xai$^{13}$iəu$^{35}_{53}$tʂak$^{3}$i$^{53}$sɿ$^{35}_{44}$lei$^{0}$tsʰiəu$^{53}_{44}$xei$^{53}_{44}$lei$^{0}$ɲia$^{35}$n̩$^{13}_{21}$tʂʰən$^{35}$ni$^{0}$,ia$^{35}$ɔn$^{35}_{53}$tso$^{53}$kau$^{21}$n̩$^{13}_{21}$tsʰin$^{35}_{44}$tʂʰɔŋ$^{13}_{21}$li$^{0}$.

【热$_{1}$】ɲiet$^{5}$ 形①气温高：处暑箇只时候嘞气温还蛮高，还蛮～。tʂʰəu$^{53}$tʂʰəu$^{21}$kai$^{53}$tʂak$^{3}$ʂɿ$^{13}$xei$^{53}_{44}$lei$^{0}$çi$^{53}$uən$^{35}_{44}$xai$^{13}_{21}$man$^{13}_{21}$kau$^{35}$,xai$^{13}_{21}$man$^{13}_{21}$ɲiet$^{5}$.｜以咁～子个天咯，就搧扇才更舒服。i$^{21}$kan$^{21}$ɲiet$^{5}$tsɿ$^{0}$ke$^{53}_{44}$tʰien$^{35}$ko$^{0}$,tsiəu$^{53}_{44}$ʂen$^{35}$ʂen$^{53}$tsʰai$^{13}_{21}$cien$^{53}_{44}$ʂʮ$^{35}$fuk$^{5}$. ②食物热性大，让人吃了容易上火：话哩～，天气又咁热，你箇火又咁烈，系唔系？食是好食啰炒倒喔，就系硬蛮～哦。ua$^{53}$li$^{0}$ɲiet$^{5}$,tʰien$^{35}$çi$^{53}$iəu$^{53}_{44}$kan$^{21}$ɲiet$^{5}$, ɲi$^{13}$kai$^{53}$fo$^{21}$iəu$^{53}$kan$^{21}$nait$^{3}$,xei$^{53}$me$^{53}$?ʂət$^{5}$ʂɿ$^{53}_{44}$xau$^{21}$ʂət$^{5}$lo$_{44}$tsʰau$^{21}$tau$^{21}$uo$_{53}$,tsʰiəu$^{53}$xei$^{53}_{44}$ɲiaŋ$^{53}$man$^{13}$ɲiet$^{5}$o$^{0}$.

【热$_{2}$】ɲiet$^{5}$ 名使人容易上火的热气：（炒倒个菜）硬蛮有～。欸想倒都有～，嘿嘿嘿，箇个火都硬。有兜烧起出火啊，系唔系？ɲiaŋ$^{53}$man$^{13}_{21}$iəu$^{35}_{44}$ɲiet$^{5}$.e$_{53}$siɔŋ$^{21}$tau$^{21}$təu$^{35}_{44}$iəu$^{35}_{44}$ɲiet$^{5}$,xe$_{53}$xe$_{44}$

xe$_{44}$,kai$^{53}$ke$^{53}_{44}$fo$^{21}$təu$^{35}_{44}$ɲiaŋ$^{53}$.iəu$^{13}$təu$^{35}_{53}$ʂau$^{35}_{44}$çi$^{21}_{44}$tʂʰət$^{3}$ fo$^{21}$a$^{0}$,xei$^{53}$me$^{53}_{44}$?

【热痱子】ɲiet$^{5}$pi$^{53}$tsɿ$^{0}$ [名]由于暑天出汗过多，引起汗腺发炎，皮肤表面生出来的小红疹，很痒。又称“沙痱子”：欸，有兜人呐真怕热，稍微热下子就起倒一身个～。我就唔多怕热个人呢。我怕是怕热，但是我唔得起～。一般就细人子唠，细人子更多嘞起～嘞。e$_{21}$,iəu$^{35}$tei$^{35}_{53}$ɲin$^{13}_{21}$na$^{0}$tʂən$^{35}$pʰa$^{53}$ɲiet$^{5}$,sau$^{21}$uei$^{13}$ɲiet$^{5}$ia$^{53}_{44}$tsɿ$^{0}$tsʰiəu$^{53}$çi$^{21}$tau$^{21}$(i)et$^{3}$ʂən$^{35}$ke$^{53}_{21}$ɲiet$^{5}$pi$^{53}$tsɿ$^{0}$.ŋai$^{13}$tsʰiəu$^{53}$n̩$^{13}_{21}$to$^{35}_{53}$pʰa$^{53}$ɲiet$^{5}$ke$^{53}$ɲin$^{13}_{21}$ne$^{0}$.ŋai$^{13}$pʰa$^{53}$ʂʅ$^{53}_{21}$pʰa$^{53}$ɲiet$^{5}$,tan$^{53}$ʂʅ$^{53}$ŋai$^{13}_{21}$n̩$^{13}$tek$^{3}$çi$^{21}$ɲiet$^{5}$pi$^{53}$tsɿ$^{0}$.iet$^{3}$pən$^{35}$tsʰiəu$^{53}_{44}$sei$^{53}$ɲin$^{13}_{21}$tsɿ$^{0}$lau$^{0}$,sei$^{53}$ɲin$^{13}_{21}$tsɿ$^{0}$ken$^{53}_{44}$to$^{35}$le$^{0}$çi$^{21}$ɲiet$^{5}$pi$^{53}$tsɿ$^{0}$le$^{0}$.

【热闹】ɲiet$^{5}$lau$^{53}$ [动]使场面活跃、热烈起来：渠请倒乐队来呀，～下子啊安做。ci$^{13}$tsʰiaŋ$^{21}$tau$^{21}$iɔk$^{5}$ti$^{53}$lɔi$^{13}_{21}$ia$^{0}$, ɲiet$^{5}$lau$^{53}$a$^{0}$tsa$^{0}$ɔn$^{35}_{44}$tso$^{53}_{44}$.

【热气】ɲiet$^{5}$çi$^{53}$ [名]中医指因气机不宜、阳气郁积而变化为可导致疾病的邪气：你箇眼珠出眼珠屎啊，有～。ɲi$^{13}$kai$^{53}$ŋan$^{21}$tʂəu$^{35}_{44}$tʂʰət$^{3}$ŋan$^{21}$tʂəu$^{35}$ʂʅ$^{21}$ʐa$^{0}$,iəu$^{35}$ɲiet$^{5}$çi$^{53}$.｜你箇只病啊就系～引起个嘞。ɲi$^{13}$kai$^{53}$tʂak$^{3}$pʰiaŋ$^{53}$ŋa$^{0}$tsʰiəu$^{53}_{44}$xei$^{53}_{44}$ɲiet$^{5}$çi$^{53}$in$^{21}$çi$^{21}$ke$^{53}$lei$^{0}$.

【热热闹闹】ɲiet$^{5}$ɲiet$^{5}$lau$^{53}$lau$^{53}$ 形容很热闹：欸，箇只老子死哩啊渠个赖子同渠搞倒箇只丧事搞倒～。e$_{21}$,kai$^{53}$tʂak$^{3}$lau$^{21}$tsɿ$^{0}$si$^{21}$li$^{0}$a$^{0}$ci$^{13}$ke$^{53}_{44}$lai$^{53}$tsɿ$^{0}$tʰəŋ$^{13}$ci$^{13}_{44}$kau$^{21}$tau$^{21}$kai$^{53}$tʂak$^{3}$sɔŋ$^{35}$sɿ$^{53}$kau$^{21}$tau$^{21}$ɲiet$^{5}$ɲiet$^{5}$lau$^{53}$lau$^{53}$.

【热人】ɲiet$^{5}$ɲin$^{13}$ [形]天气让人感到热：那指帽圈子戴倒冇事咁子～呶。la$^{53}_{44}$tai$^{53}$tau$^{21}$mau$^{13}$sɿ$^{53}$kan$^{21}$tsɿ$^{0}$ɲiet$^{5}$ɲin$^{13}_{21}$nau$^{0}$.｜今晡蛮～它。cin$^{35}$pu$^{35}_{53}$man$^{13}$ɲiet$^{5}$ɲin$^{13}_{21}$tʰa$^{35}_{44}$.

【热天】ɲiet$^{5}$tʰien$^{35}_{44}$ [名]时间词。炎热的日子或季节，指夏天：～个时候子（竹筒）会爆坼。ɲiet$^{5}$tʰien$^{35}_{44}$ke$^{53}_{44}$ʂʅ$^{13}_{21}$xei$^{53}_{44}$tsɿ$^{0}$uɔi$^{53}_{44}$pau$^{53}$tsʰak$^{3}$.

【人】in$^{13}$/ɲin$^{13}$ [名]①由类人猿进化而成的能制造和使用工具进行劳动并能运用语言进行交际的动物：有滴（杉树笋）～咁高了。iəu$^{35}$tet$^{5}$in$^{13}$kan$^{21}$kau$^{35}_{44}$liau$^{0}$. ②别人；他人：渠对～蛮好个。ci$^{13}$ti$^{53}$ɲin$^{13}$man$^{13}$xau$^{21}$ke$^{0}$. ③不定指的某些人，有些人：～去摘倒（茶耳朵子）食。in$^{13}$kʰe$^{53}_{44}$tsak$^{3}$tau$^{21}$ʂət$^{5}$.

【人贩子】ɲin$^{13}$fan$^{53}$tsɿ$^{0}$ [名]贩卖人口的人：箇个呢箇我等箇有只学生呢一只妹子嘞一只学生妹子嘞，你话打工打工呢，就分～拐走哩啰，拐带嘿去哩啰。硬系～是拐带嘿哩。kai$^{53}_{44}$ke$^{53}_{44}$nei$^{0}$kai$^{53}_{44}$ŋai$^{13}$tien$^{0}$kai$^{53}_{44}$iəu$^{35}$tʂak$^{3}$xɔk$^{5}$saŋ$^{35}_{44}$nei$^{0}$iet$^{3}$tʂak$^{3}$mɔi$^{53}$tsɿ$^{0}$lei$^{0}$iet$^{3}$tʂak$^{3}$xɔk$^{5}$saŋ$^{35}_{44}$mɔi$^{53}$tsɿ$^{0}$lei$^{0}$, ɲi$^{13}$ua$^{53}$ta$^{21}$kəŋ$^{35}_{44}$ta$^{21}$kəŋ$^{35}_{44}$nei$^{0}$,tsʰiəu$^{53}_{44}$pən$^{35}_{53}$ɲin$^{13}$fan$^{53}$tsɿ$^{0}$kuai$^{21}$tsei$^{21}$li$^{0}$lo$^{0}$,kuai$^{21}$tai$^{53}$xek$^{3}$çi$^{53}$li$^{0}$lo$^{0}$. ɲiaŋ$^{53}$xei$^{53}$ɲin$^{13}$fan$^{53}$tsɿ$^{0}$ʂʅ$^{53}_{21}$kuai$^{21}$tai$^{53}$(x)ek$^{3}$li$^{0}$.

【人粪】ɲin$^{13}$pən$^{53}$ [名]用作肥料的人的大便：人屙个人屎嘞，但是嘞，你舞下箇个粪凼里去哩以后就喊～。ɲin$^{13}$o$^{35}_{44}$ke$^{53}_{44}$ɲin$^{13}$ʂʅ$^{21}$lei$^{0}$,tan$^{53}$ʂʅ$^{53}_{44}$lei$^{0}$, ɲi$^{13}_{21}$u$^{21}$xa$^{53}_{44}$kai$^{53}_{44}$ke$^{53}_{44}$pən$^{53}$tʰɔŋ$^{53}$li$^{0}$çi$^{53}_{44}$li$^{0}$i$^{35}_{44}$xei$^{53}_{44}$tsʰiəu$^{53}_{44}$xan$^{53}_{44}$ɲin$^{13}$pən$^{53}$.｜～，赠交别么个就。ɲin$^{13}$pən$^{53}$,maŋ$^{13}$ciau$^{35}$piek$^{5}$mak$^{3}$ke$^{53}_{44}$tsiəu$^{53}_{44}$.

【人粪尿】ɲin$^{13}$fən$^{53}$ɲiau$^{53}$ [名]人的屎尿积聚而成的混合物，可用作肥料：舞滴箇个欸～哇，猪粪尿哇，去去和啊，和倒堆倒箇映啊。u$^{21}$tiet$^{5}$kai$^{53}_{44}$kei$^{53}_{44}$e$_{21}$ɲin$^{13}$fən$^{53}$ɲiau$^{53}$ua$^{0}$,tʂəu$^{35}$fən$^{53}_{44}$ɲiau$^{53}$ua$^{0}$,çi$^{53}_{44}$çi$^{53}$xo$^{13}$a$^{0}$,xo$^{13}$tau$^{21}$tei$^{35}$tau$^{21}$kai$^{53}_{44}$iaŋ$^{53}_{44}$ŋa$^{0}$.

【人工$_1$】ɲin$^{13}$kəŋ$^{35}$ [名]①人的工夫、力量或工资：箇指火柜系晓得花一□子～做个。kai$^{53}$xe$^{53}_{44}$çiau$^{21}$tek$^{3}_{5}$fa$^{35}_{44}$iet$^{3}$tsiau$^{35}_{44}$tsɿ$^{0}$ɲin$^{13}_{21}$kəŋ$^{35}_{44}$tso$^{53}$ke$^{53}_{21}$. ②指时间：你平时有滴子～你就去录电脑吧？ɲi$^{13}_{21}$pʰin$^{13}$ʂʅ$^{13}_{44}$iəu$^{35}$tet$^{5}$tsɿ$^{0}$ɲin$^{13}$kəŋ$^{35}_{44}$ɲi$^{13}$tsʰiəu$^{53}$çi$^{53}_{44}$ləuk$^{5}$tʰien$^{53}$nau$^{21}$pa$^{0}$?｜我冇～啊，爱上班呐。ŋai$^{13}$mau$^{13}_{21}$ɲin$^{13}$(k)əŋ$^{35}_{44}$ŋa$^{0}$,ɔi$^{53}_{44}$ʂɔŋ$^{53}_{44}$pan$^{35}$na$^{0}$.

【人工$_2$】ɲin$^{13}$kəŋ$^{35}$ [形]属性词。人为的（区别于“天然、自然”）：箇只圳呢我等以映只讲哪起嘞？～挖箇只。kai$^{53}_{44}$tʂak$^{3}$tʂən$^{53}$nei$^{0}$ŋai$^{13}_{21}$tien$^{0}$i$^{21}_{44}$iaŋ$^{53}_{44}$tʂe$^{21}$kɔŋ$^{21}$lai$^{53}_{44}$çi$^{21}$lei$^{0}$?ɲin$^{13}$kəŋ$^{35}_{44}$uait$^{3}$kai$^{53}_{44}$tʂak$^{3}$.

【人家$_1$】in$^{13}_{21}$cia$^{35}_{44}$ [名]①住户：我等个横巷里有～种（黄麻）。ŋai$^{13}_{21}$tien$^{0}$ke$^{53}_{44}$uaŋ$^{13}$xɔŋ$^{53}$li$^{0}$mau$^{13}_{21}$in$^{13}_{21}$ka$^{35}_{44}$tʂəŋ$^{53}_{44}$. ②家庭：（铜壶）有钱～正有。iəu$^{35}$tsʰien$^{13}_{21}$in$^{13}_{21}$ka$^{35}_{44}$tʂaŋ$^{53}_{44}$iəu$^{35}$.

【人家$_2$】in$^{13}$ka$^{35}$ [代]①指说话人或听话人以外的人，非定指：～搞倒箇毒药，搞倒箇个痨鱼子个痨药去痨哩鱼。in$^{13}$ka$^{35}_{44}$kau$^{21}$tau$^{21}$kai$^{53}_{44}$tʰəuk$^{5}$iɔk$^{5}_{3}$,kau$^{21}$tau$^{21}$kai$^{53}_{44}$ke$^{53}_{44}$lau$^{53}$ŋ̍$^{13}$tsɿ$^{0}$ke$^{53}_{44}$lau$^{53}$iɔk$^{5}_{3}$çi$^{53}_{44}$lau$^{53}$li$^{0}$ŋ̍$^{13}$. ②指某个人或某些人，定指：欸，张瘌瘌呀，箇就只系背倒～讲啊。e$_{21}$,tʂɔŋ$^{35}$lait$^{3}$li$^{35}$ia$^{0}$,kai$^{53}_{44}$tsiəu$^{53}_{44}$tʂʅ$^{21}$(x)e$^{53}_{44}$pei$^{53}$tau$^{21}$ɲin$^{13}$ka$^{35}_{44}$kɔŋ$^{21}$ŋa$^{0}$.

【人家屋下】ɲin$^{13}_{21}$ka$^{35}_{53}$uk$^{3}$xa$^{53}_{44}$ 普通老百姓家里：我等是赠用过，～是赠用过。ŋai$^{13}_{21}$tien$^{0}$ʂʅ$^{53}$maŋ$^{13}_{21}$iəŋ$^{53}_{44}$ko$^{53}_{44}$, ɲin$^{13}_{21}$ka$^{35}_{53}$uk$^{3}$xa$^{53}$ʂʅ$^{53}_{44}$maŋ$^{13}_{21}$iəŋ$^{53}_{44}$ko$^{53}_{44}$.｜用～个欸土机子织个，家机布哇。iəŋ$^{53}$ɲin$^{13}_{21}$ka$^{35}_{53}$uk$^{3}$xa$^{53}_{44}$

R

ke$^{53}_{44}$e$_{21}$t$^{h}$əu$^{21}$ci$^{35}$tsɿ$^{0}$ tʂek$^{3}$ cie$^{53}$,ka$^{35}$ci$^{35}_{44}$pu$^{53}$ua$^{0}$.

【人情】ɲin$^{13}$ts$^{h}$in$^{13}$ 名婚丧庆吊等礼节应酬中馈赠的礼物或礼金：～搭得秋，卖嘿门前猪屎丘。ɲin$^{13}$ts$^{h}$in$^{13}$tait$^{3}$ tek$^{3}$ ts$^{h}$iəu$^{35}$,mai$^{53}$xek$^{3}$ mən$^{13}$ts$^{h}$ien$^{13}$tʂəu$^{35}$ʂʅ$^{21}$c$^{h}$iəu$^{35}$.

【人情打送】ɲin$^{13}$ts$^{h}$in$^{13}$ta$^{21}$səŋ$^{53}$ 指亲戚朋友之间婚丧庆吊等方面的礼节应酬：爱～箇只爱钱咯。ɔi$^{53}$ɲin$^{13}$ts$^{h}$in$^{13}$ta$^{21}$səŋ$^{53}$kai$^{53}_{44}$tʂak$^{3}$ ɔi$^{53}_{44}$ts$^{h}$ien$^{13}_{21}$ko$^{0}$.

【人屎】ɲin$^{13}$ʂʅ$^{21}$ 名人的大便：人屙个～ɲin$^{13}$o$^{35}_{44}$ke$^{53}_{44}$ɲin$^{13}$ʂʅ$^{21}$

【人数】ɲin$^{13}$ʂəu$^{53}$ 名人员的数量：有滴以下是有滴人～又少少子是有滴就也有唔打祭个。iəu$^{35}$ tet$^{5}$ i$^{21}$xa$^{53}_{44}$ʂʅ$^{53}_{44}$iəu$^{35}$tet$^{5}$ ɲin$^{13}_{2}$ɲin$^{13}$ʂəu$^{53}_{44}$iəu$^{53}$ʂau$^{21}$ʂau$^{21}$tsɿ$^{0}$ ʂʅ$^{53}_{44}$iəu$^{35}$tet$^{5}$ ts$^{h}$iəu$^{53}_{44}$ia$^{35}$iəu$^{35}_{44}$n̩$^{13}$ta$^{21}$tsi$^{53}$ke$^{53}_{44}$.

【人熊】ɲin$^{13}$çiəŋ$^{13}$ 名熊：欸，我等细细子就讲下子“箇个岭上啊夜晡就莫去啦，有～啊”。欸，～会食人么？会哟，会攻击人吧？有～。只听讲，marker看过。老虎我等就见过，豹子见过，～是marker见过。以前可能系有啦。欸，唔系冇事咁唔系唔得咁子讲嘞。硬系讲～呢。e$_{21}$, ŋai$^{13}$tien$^{0}$ se$^{53}$se$^{53}$tsɿ$^{0}$ tsiəu$^{53}_{44}$kəŋ$^{21}$(x)a$^{53}$tsɿ$^{0}$ "kai$^{53}_{44}$ke$^{53}_{44}$liaŋ$^{35}$xəŋ$^{53}$a$^{0}$ ia$^{53}$pu$^{35}$ts$^{h}$iəu$^{53}_{21}$mək$^{5}$ çi$^{53}$la$^{0}$,iəu$^{35}_{53}$ɲin$^{13}$çiəŋ$^{13}$ ŋa$^{0}$".e$_{21}$, ɲin$^{13}$çiəŋ$^{13}$uɔi$^{53}$ʂət$^{5}$ ɲin$^{13}_{21}$mo$^{0}$ ?uɔi$^{53}$io$^{0}$ ,uɔi$^{53}$kəŋ$^{35}$ciet$^{3}$ ɲin$^{13}_{44}$p$^{h}$a$^{0}$ ?iəu$^{35}_{44}$ɲin$^{13}$çiəŋ$^{13}$.tʂʅ$^{21}$t$^{h}$aŋ$^{35}$kəŋ$^{21}$, maŋ$^{13}$k$^{h}$ɔn$^{53}$ko$^{53}$.lau$^{21}$fu$^{21}$ŋai$^{13}$tien$^{0}$ ts$^{h}$iəu$^{53}$cien$^{53}$ko$^{53}_{21}$,pau$^{53}$tsɿ$^{0}$ cien$^{53}$ko$^{53}_{21}$, ɲin$^{13}$çiəŋ$^{13}$ʂʅ$^{53}_{44}$maŋ$^{13}$cien$^{53}$ko$^{0}$ .i$^{35}_{53}$ ts$^{h}$ien$^{13}_{21}$k$^{h}$o$^{21}$len$^{13}$xei$^{53}$iəu$^{35}$la$^{0}$ .e$_{53}$,m̩$^{13}$p$^{h}$ei$^{53}$mau$^{13}_{21}$sɿ$^{53}_{44}$kan$^{21}_{44}$m̩$^{13}$p$^{h}$e$^{53}$n̩$^{13}$tek$^{3}$ kan$^{21}$tsɿ$^{0}$ kəŋ$^{21}$le$^{0}$. ɲiaŋ$^{53}_{44}$xei$^{53}_{44}$kəŋ$^{21}$ ɲin$^{13}$çiəŋ$^{13}_{44}$ne$^{0}$.

【人中】ɲin$^{13}$tʂəŋ$^{35}$ 名位于上唇中线的垂直沟，人体穴位之一：热天呢箇人发哩痧嘞就爱死死哩揰稳渠箇只～，鼻公底下箇只～穴。ɲiet$^{5}$ t$^{h}$ien$^{35}_{44}$ne$^{0}$ kai$^{53}$ɲin$^{13}_{21}$fait$^{3}$ li$^{0}$ sa$^{35}$lei$^{0}$ ts$^{h}$iəu$^{53}$ɔi$^{53}$si$^{21}$si$^{21}$li$^{0}$ ts$^{h}$əŋ$^{21}$uən$^{21}$ci$^{13}$kai$^{53}$tʂak$^{3}$ ɲin$^{13}$tʂəŋ$^{35}$,p$^{h}$i$^{53}_{44}$kəŋ$^{35}$tei$^{21}$xa$^{53}_{44}$kai$^{53}_{21}$tʂak$^{3}$ ɲin$^{13}$tʂəŋ$^{35}$çiet$^{5}$.

【人字头】ɲin$^{13}$sɿ$^{53}$/ts$^{h}$ɿ$^{53}$t$^{h}$ei$^{13}$ 名卧人儿，汉字偏旁之一：欸，～个字有蛮多啊有，开会个会啦，欸，全面个全呐，个字嘞，都系人字头嘞。ei$_{21}$, ɲin$^{13}$ts$^{h}$ɿ$^{53}$t$^{h}$ei$^{13}_{21}$ke$^{53}_{44}$sɿ$^{53}$iəu$^{35}_{44}$man$^{13}_{21}$to$^{35}_{44}$a$^{0}$ iəu$^{35}_{44}$,k$^{h}$ɔi$^{35}$ fei$^{53}$ke$^{53}_{21}$fei$^{53}$la$^{0}$,e$_{21}$,ts$^{h}$ien$^{13}$mien$^{53}$ke$^{53}_{44}$ts$^{h}$ien$^{13}$na$^{0}$,ko$^{53}$sɿ$^{53}$le$^{0}$,təu$^{35}$xei$^{53}$ɲin$^{13}$ts$^{h}$ɿ$^{53}_{44}$t$^{h}$ei$^{13}_{21}$le$^{0}$.

【仁】in$^{13}$ 名坚果、核果及类似果实的内果皮里边的部分：毛桐子就一只也有五只～个嘞。mau$^{35}$t$^{h}$əŋ$^{13}_{21}$tsɿ$^{21}$ts$^{h}$iəu$^{53}_{44}$iet$^{3}$ tʂak$^{3}$ ia$^{35}$iəu$^{35}_{44}$ŋ̍$^{21}$tʂak$^{3}$ in$^{13}$ke$^{53}$le$^{0}$. | 有滴嘞就箇酸枣肚里以只～懑大，肚里只～呐懑大，有滴就做成饽饽，欸，有滴就分箇～丢嘿去。iəu$^{35}$tet$^{5}$ le$^{0}$ ts$^{h}$iəu$^{53}$kai$^{53}_{44}$sɔn$^{35}$tsau$^{21}$təu$^{21}$ li$^{0}$ i$^{21}$tʂak$^{3}$ in$^{13}$mən$^{35}$t$^{h}$ai$^{53}$,təu$^{21}$li$^{0}$ tʂak$^{3}$ in$^{13}$na$^{0}$ mən$^{35}$t$^{h}$ai$^{53}$,iəu$^{35}$tet$^{5}$ ts$^{h}$iəu$^{53}_{44}$tso$^{53}$tʂ$^{h}$ən$^{13}_{21}$p$^{h}$ɔk$^{5}$ p$^{h}$ɔk$^{5}$ ,e$_{21}$,iəu$^{35}$tet$^{5}$ ts$^{h}$iəu$^{53}_{44}$pən$^{35}$kai$^{53}$in$^{13}$tiəu$^{35}$(x)ek$^{3}$ çi$^{53}_{44}$.

【仁丹丸子】vən$^{13}$tan$^{35}_{44}$ien$^{13}$tsɿ$^{0}$ 名一种含于口中清暑提神的小药丸：我等细细子就喜欢去买起箇～来食下子食哩。欸，飞飞走嘞。食倒飞飞走哟。ŋai$^{13}$tien$^{0}$ se$^{53}$se$^{53}$tsɿ$^{0}$ ts$^{h}$iəu$^{53}_{44}$çi$^{21}$fɔn$^{35}_{44}$çi$^{53}$mai$^{35}$ çi$^{21}_{44}$kai$^{53}$vən$^{13}$tan$^{35}_{44}$ien$^{13}$tsɿ$^{0}$ lɔi$^{13}_{44}$ʂət$^{5}$ xa$^{53}_{44}$tsɿ$^{0}$ ʂət$^{5}$ li$^{0}$ .e$_{21}$,fei$^{35}$fei$^{35}$tsei$^{21}$lei$^{0}$ .ʂət$^{5}$ tau$^{21}$fei$^{35}$fei$^{35}$tsei$^{21}$io$^{0}$.

【忍】ɲin$^{35}$ 动憋住：～一口气 ɲin$^{35}$ɲiet$^{3}$(←iet$^{3}$)xei$^{21}$çi$^{53}$ | ～稳唔出气 ɲin$^{35}$uən$^{21}$n̩$^{13}$tʂ$^{h}$ət$^{3}$ çi$^{53}$

【认】ɲin$^{53}$ 动①承认某种关系：只～上堂之妻，唔～下堂之母。tʂʅ$^{21}$ɲin$^{53}$ʂɔŋ$^{35}$t$^{h}$ɔŋ$^{13}$tʂʅ$^{35}$ts$^{h}$i$^{35}$,n̩$^{13}$ ɲin$^{53}$xa$^{33}$t$^{h}$ɔŋ$^{13}$tʂʅ$^{35}$mu$^{35}$. ②认识：～字 ɲin$^{53}$sɿ$^{53}$ 识字

【认得】ɲin$^{53}$tek$^{3}$ 动认识；能认出：我等人～蛮多字，但是还蛮多字唔～。么人都话认唔齐，事实，中国字又多。ŋai$^{13}$tien$^{0}$ɲin$^{13}_{44}$ɲin$^{53}$tek$^{3}$ man$^{13}$to$^{35}_{44}$sɿ$^{53}$,tan$^{53}$ʂʅ$^{53}$xai$^{13}_{21}$man$^{13}$to$^{35}_{44}$sɿ$^{53}$n̩$^{13}$ɲin$^{53}$tek$^{3}$ .mak$^{3}$ ɲin$^{13}_{44}$təu$^{35}_{53}$ua$^{53}$ɲin$^{13}_{21}$n̩$^{13}$ts$^{h}$e$^{13}$,sɿ$^{53}$ʂət$^{5}_{3}$,tʂəŋ$^{35}$kɔit$^{3}$ sɿ$^{53}_{44}$iəu$^{53}_{44}$to$^{35}$. | 以只字你～啊唔～？我唔～。i$^{21}$tʂak$^{3}$ sɿ$^{53}$ ɲi$^{13}$ɲin$^{53}$tek$^{3}$ a$^{35}$ŋ̍$^{13}$ɲin$^{53}$tek$^{3}$ ?ŋai$^{13}$ŋ̍$^{13}$ɲin$^{53}$tek$^{3}$.

【韧】ɲin$^{53}$ 形柔软又结实；受外力作用时，虽然变形而不易折断。与“脆”相对：箇个叶啊箇个箇个树枝啊箇个咁个啊唔知几～。kai$^{53}_{44}$kei$^{53}_{44}$iait$^{5}$ a$^{0}$ kai$^{53}_{44}$ke$^{53}_{44}$kai$^{53}_{44}$ke$^{53}_{44}$ʂəu$^{53}$tʂʅ$^{35}$a$^{0}$ kai$^{53}_{44}$ke$^{53}_{44}$kan$^{21}$ke$^{53}_{44}$ a$^{0}$ n̩$^{13}_{21}$ti$^{35}_{44}$ci$^{21}$ɲin$^{53}$.

【韧软子】ɲin$^{53}$ɲiɔn$^{35}$tsɿ$^{0}$ 形又软又有韧劲：（皮篓子）口上嘞用篾，细，点伢大子个篾丝子去缠，缠倒，～。xei$^{53}$xəŋ$^{53}$lei$^{0}$ iəŋ$^{53}$miet$^{5}$ ,se$^{53}$,tian$^{53}$ŋa$^{13}_{44}$t$^{h}$ai$^{53}$tsɿ$^{0}$ ke$^{53}_{44}$miet$^{5}$ sɿ$^{35}_{44}$tsɿ$^{0}$ çi$^{53}_{44}$tʂ$^{h}$en$^{13}$,tʂ$^{h}$en$^{13}$tau$^{21}$, ɲin$^{53}$ɲiɔn$^{35}$tsɿ$^{0}$.

【韧性】ɲin$^{53}$sin$^{53}$ 形材料本身借塑性变形吸收能量的能力比较大：渠个～呢，揪韧。ci$^{13}_{21}$ke$^{53}_{44}$ ɲin$^{53}$sin$^{53}$ne$^{0}$ ,tsiəu$^{35}$ɲin$^{53}$. | 箇皮叶子比较～，分渠捻成绳子。kai$^{53}_{44}$p$^{h}$i$^{13}_{21}$iait$^{5}$ tsɿ$^{0}$ pi$^{21}$ciau$^{53}_{44}$ɲin$^{53}$ sin$^{53}$,pən$^{35}$ci$^{21}$ɲian$^{21}$ʂaŋ$^{13}$ʂən$^{13}$tsɿ$^{0}$.

【仍孙】uən$^{13}$sən$^{35}$ 名从己身算起第八世孙：有滴人写仍旧个仍字，～。iəu$^{35}$tet$^{5}$ ɲin$^{13}_{21}$sia$^{21}$vən$^{13}$ c$^{h}$iəu$^{53}$ke$^{53}_{44}$vən$^{13}$tsɿ$^{53}$,uən$^{13}$sən$^{35}_{44}$.

【日】ɲiet$^{3}$ 名①太阳：当阳晒～tɔŋ$^{35}$iɔŋ$^{13}$sai$^{53}$ɲiet$^{3}$。②白天；从天亮到天黑的一段时间（与“夜”相对）：你话哩，你讲，先讲，做两～三夜，做三～四夜，欸，咁子个，箇你就定。ɲi$^{13}$ua$^{53}$li$^{0}$, ɲi$^{13}$kɔŋ$^{21}$,sien$^{35}$kɔn$^{21}$,tso$^{53}$iɔŋ$^{21}$ɲiet$^{3}$san$^{35}_{44}$ia$^{53}$,tso$^{53}$san$^{35}$ɲiet$^{3}$si$^{53}$ia$^{53}$,e$_{21}$,kan$^{21}_{35}$tsʅ$^{0}$ke$^{53}$,kai$^{53}_{44}$ɲi$^{13}_{21}$tsʰiəu$^{53}_{44}$tʰin$^{53}$. ③地球自转一周的时间；一昼夜；天：你箇客佬子来嘿几多～了哇？ɲi$^{13}$kai$^{53}$kʰak$^{3}$lau$^{21}$tsʅ$^{0}$lɔi$^{13}$xek$^{3}$ci$^{21}$to$^{35}_{53}$ɲiet$^{3}$liau$^{0}$ua$^{0}$？④特指某一天：八字啊。/就系箇年月～时。pait$^{3}$tsʰʅ$^{53}$a$^{0}$./tsʰiəu$^{53}_{44}$xei$^{53}_{21}$kai$^{53}$ɲien$^{13}$ɲiet$^{5}$ɲiet$^{3}$ʂʅ$^{13}$. ⑤生活；生计：过倒哩好～。ko$^{53}$tau$^{21}$li$^{0}$xau$^{21}$ɲiet$^{3}$. ⑥“日”字形的事物：马走～ma$^{35}$tsei$^{21}$ɲiet$^{3}$

【日里】ɲiet$^{3}$li$^{0}$ 名白天：明晡～miaŋ$^{13}_{21}$pu$^{35}_{44}$ɲiet$^{3}$li$^{0}$｜鸭甑是就系～关个。ait$^{3}$tsien$^{53}_{21}$ʂʅ$^{53}_{44}$tsʰiəu$^{53}$xei$^{53}$ɲiet$^{3}$li$^{0}$kuan$^{35}_{44}$kei$^{53}_{44}$.

【日日夜夜】ɲiet$^{3}$ɲiet$^{3}$ia$^{53}$ia$^{53}$ 每天每夜，日以继夜连续不断：～不能离人啵。ɲiet$^{3}$ɲiet$^{3}$ia$^{53}$ia$^{53}$pət$^{3}$lən$^{13}$li$^{13}$ɲin$^{13}$nau$^{0}$.

【日头】ɲiet$^{3}$tʰei$^{13}$/tʰəu$^{13}$老派 名太阳的俗称：晒得～倒个栏场 sai$^{53}$tek$^{3}$ɲiet$^{3}$tʰei$^{13}_{21}$tau$^{21}$ke$^{53}$laŋ$^{13}$tʂʰɔŋ$^{13}$向阳地儿｜（布伞）遮～个，唔遮水。只遮～。tʂa$^{35}$ɲiet$^{3}$tei$^{0}$ke$^{53}$,n̩$^{13}$tʂa$^{35}$ʂei$^{21}$.tʂʅ$^{21}$tʂa$^{35}$ɲiet$^{3}$tei$^{0}$.

【日头水】ɲiet$^{3}$tʰei$^{13}$ʂei$^{21}$ 名出太阳的同时所下的雨：欸，杨梅子结个时候子就会落水，安做潲杨梅。又就系欸会落～安做。又落水又天晴，有咁个日子，有咁个天气。ei$_{21}$,iɔŋ$^{13}$mɔi$^{13}_{44}$tsʅ$^{0}$ciet$^{3}$ke$^{53}$ʂʅ$^{13}$xei$^{53}$tsʅ$^{0}$tsiəu$^{53}_{44}$uɔi$^{53}_{44}$lɔk$^{5}$ʂei$^{21}$,ɔn$^{35}_{53}$tso$^{53}$sau$^{13}$iɔŋ$^{13}$mɔi$^{13}$.iəu$^{53}$tsʰiəu$^{53}$xe$^{53}$e$_{21}$uɔi$^{53}$lɔk$^{5}$ɲiet$^{3}$tʰei$^{13}$ʂei$^{21}$ɔn$^{35}_{44}$tso$^{53}_{44}$.iəu$^{53}$lɔk$^{5}$ʂei$^{21}$iəu$^{53}$tʰien$^{35}_{44}$tsʰiaŋ$^{13}$,iəu$^{35}_{44}$kan$^{21}$ke$^{53}$ɲiet$^{3}$tsʅ$^{0}$,iəu$^{35}_{44}$kan$^{21}$ke$^{53}_{44}$tʰien$^{35}_{44}$çi$^{53}$.

【日头须】ɲiet$^{3}$tʰei$^{13}_{21}$si$^{35}$ 名太阳的光芒：（大活血）切开来个横切面有放射性个同箇个～样个箇起，横切面个纹路咯，切开来咯。tsʰiet$^{3}$kʰɔi$^{35}_{44}$lɔi$^{13}_{21}$ke$^{53}$uaŋ$^{13}$tsʰiet$^{3}$mien$^{53}$iəu$^{35}$fɔŋ$^{53}$ʂa$^{35}$sin$^{53}$ke$^{53}$tʰəŋ$^{13}$kai$^{53}_{44}$ke$^{53}_{44}$ɲiet$^{3}$tʰei$^{13}_{21}$si$^{35}$iɔŋ$^{53}_{44}$ke$^{0}$kai$^{53}_{44}$çi$^{21}$,uaŋ$^{13}$tsʰiet$^{3}$mien$^{53}$ke$^{0}$uən$^{13}$nəu$^{53}$ko$^{0}$,tsʰiet$^{3}$kʰɔi$^{35}_{44}$lɔi$^{13}_{21}$ko$^{0}$.

【日子】ɲiet$^{3}$tsʅ$^{0}$ 名①指特定的日期：拣～kan$^{21}$ɲiet$^{3}$tsʅ$^{0}$｜今晡～好。cin$^{35}$pu$^{35}$ɲiet$^{3}$tsʅ$^{0}$xau$^{21}$. ②指每日生活、生计：箇只人以前从前食够哩苦，以下过倒哩好～。kai$^{53}$tʂak$^{3}$ɲin$^{13}_{21}$i$^{35}$tsʰien$^{13}_{21}$tsʰəŋ$^{13}$tsʰien$^{13}$ʂət$^{5}$kei$^{53}$li$^{0}$kʰu$^{21}$,i$^{21}$xa$^{53}_{44}$ko$^{53}$tau$^{21}$li$^{0}$xau$^{21}$ɲiet$^{3}$tsʅ$^{0}$.

【绒】iəŋ$^{13}$ 名纺织品表面的柔细短毛。也称“绒子”：箇罗布手巾就系几重布，但是冇得箇只～。kai$^{53}$lo$^{13}$pu$^{53}$ʂəu$^{21}$cin$^{35}$tsʰiəu$^{53}_{44}$xei$^{53}_{44}$ci$^{21}$tʂʰəŋ$^{13}$pu$^{53}_{44}$,tan$^{53}$ʂʅ$^{53}_{44}$mau$^{13}_{21}$tek$^{3}$kai$^{53}$tʂak$^{3}$iəŋ$^{13}$.

【绒巾子】iəŋ$^{13}$cin$^{35}$tsʅ$^{0}$ 名洋绒洗脸毛巾：以起咁个面巾子嘞就安做～。有绒子个。就安做～。i$^{21}$çi$^{21}_{44}$kan$^{21}$ke$^{53}_{44}$mien$^{53}$cin$^{35}_{44}$tsʅ$^{0}$lei$^{0}$tsiəu$^{53}_{44}$ɔn$^{35}_{44}$tso$^{53}_{44}$iəŋ$^{13}$cin$^{35}$tsʅ$^{0}$.iəu$^{35}$iəŋ$^{13}$tsʅ$^{0}$ke$^{53}$.tsʰiəu$^{53}_{44}$ɔn$^{35}_{44}$tso$^{53}_{44}$iəŋ$^{13}$cin$^{35}$tsʅ$^{0}$.｜舞倒面巾子，箇就～啊，就用来洗面。u$^{21}$tau$^{21}_{44}$mien$^{53}$cin$^{35}_{44}$tsʅ$^{0}$,kai$^{53}_{44}$tsʰiəu$^{53}_{44}$iəŋ$^{13}$cin$^{35}_{44}$tsʅ$^{0}$a$^{0}$,tsiəu$^{53}_{44}$iəŋ$^{53}$lɔi$^{13}_{21}$se$^{21}$mien$^{53}$.

【容易】iəŋ$^{13}$i$^{53}$ 形①不费什么力或没什么困难；轻松：那（木锁）就最～舞开来。na$^{53}_{21}$tsiəu$^{53}_{44}$tsei$^{53}$iəŋ$^{13}_{21}$i$^{53}$u$^{21}$kʰɔi$^{35}_{44}$lɔi$^{13}_{44}$.｜（烈杯）铁匠打个。咁厚。不～烧得红。tʰiet$^{3}$siɔŋ$^{53}$ta$^{21}$ke$^{53}$.kan$^{21}$xei$^{35}$.pət$^{3}$iəŋ$^{13}$i$^{53}$ʂau$^{35}$tek$^{3}$fəŋ$^{13}$. ②发生某种情况的可能性大：（如今个床）冇得边嘞，所以渠个被窝～跌下来。mau$^{13}$tek$^{3}$pien$^{35}$nei$^{0}$,so$^{21}_{44}$i$^{35}_{44}$ci$^{13}_{44}$ke$^{53}_{44}$pʰi$^{35}$pʰo$^{35}_{44}$iəŋ$^{13}_{21}$i$^{53}_{44}$tet$^{3}$xa$^{53}_{44}$lɔi$^{13}_{21}$.｜麻骷石是挖起来绷硬，但是又真～风化。ma$^{13}$kʰu$^{35}_{44}$ʂak$^{5}$ʂʅ$^{53}_{44}$uait$^{3}$çi$^{21}$lɔi$^{13}$paŋ$^{35}$ŋaŋ$^{53}$,tan$^{53}_{44}$ʂʅ$^{53}_{44}$iəu$^{53}$tʂən$^{35}$iəŋ$^{13}_{21}$i$^{53}_{44}$fəŋ$^{35}$fa$^{53}$.

【熔】iəŋ$^{13}$ 动用高温使金属等固体物质转变为液态：一只牙膏盒子～得咁大子一坨子锡倒。iet$^{3}$tʂak$^{3}$ŋa$^{13}$kau$^{35}_{44}$xait$^{5}$tsʅ$^{0}$iəŋ$^{13}$tek$^{3}$kan$^{21}$tʰai$^{53}$tsʅ$^{0}$iet$^{3}$tʰo$^{13}$tsʅ$^{0}$siak$^{3}$tau$^{21}_{44}$.

【融】iəŋ$^{13}$ 动（冰、雪等）变成水：～凌镜冰哩。iəŋ$^{13}$lin$^{53}$ciaŋ$^{53}$li$^{0}$.｜雪一落地就～嘿哩。siet$^{3}$iet$^{3}$lɔk$^{5}$tʰi$^{53}$tsʰiəu$^{53}$iəŋ$^{13}_{21}$xek$^{3}$li$^{0}$.｜箇糖就加热啊，就～嘿哩吵。kai$^{53}_{44}$tʰɔŋ$^{13}$tsʰiəu$^{53}_{44}$cia$^{35}$ɲiet$^{5}$a$^{0}$,tsʰiəu$^{53}_{44}$iəŋ$^{13}$ŋek$^{3}$(←xek$^{3}$)li$^{0}$ʂa$^{0}$.

【冗苗】iəŋ$^{21}$miau$^{13}$ 动作物徒长：渠个熟土你栽哩辣椒个，下咁多肥个土栽黄豆子冇得，～冗嘿哩，会戗风。ci$^{13}$ke$^{53}_{44}$ʂəuk$^{3}$tʰəu$^{21}$ɲi$^{13}_{21}$tsɔi$^{35}$li$^{0}$lait$^{5}$tsiau$^{35}_{44}$ke$^{0}$,xa$^{35}$kan$^{21}$to$^{35}_{44}$pʰi$^{13}$ke$^{0}$tʰəu$^{21}$tsɔi$^{35}$uɔŋ$^{13}$tʰei$^{53}$tsʅ$^{0}$mau$^{13}$tek$^{3}$,iəŋ$^{21}$miau$^{13}$iəŋ$^{21}$ŋek$^{3}$li$^{0}$,uɔi$^{53}$tsʰiaŋ$^{35}$fəŋ$^{35}$.

【揉】iəu$^{13}$ 动用手来回擦或搓：（烟茶）～冷哩了嘞又放倒去炒下子，又去～。iəu$^{13}$laŋ$^{35}$li$^{0}$liau$^{21}$lei$^{0}$iəu$^{53}$fɔŋ$^{53}_{44}$tau$^{21}$çi$^{53}$tsʰau$^{21}$xa$^{53}_{44}$tsʅ$^{0}$,iəu$^{53}$çi$^{53}_{44}$iəu$^{13}$.

【肉】ɲiəuk$^{3}$ 名①动物体内接近皮的部分的柔韧组织：蛮有～个（鱼）man$^{13}_{21}$iəu$^{35}_{44}$ɲiəuk$^{3}$ke$^{53}_{44}$｜蚕窠子肚里个箇只～就安做蚕蛹。tsʰan$^{13}$kʰo$^{35}$tsʅ$^{0}$təu$^{21}$li$^{0}$ke$^{53}_{44}$kai$^{53}$tʂak$^{3}$ɲiəuk$^{3}$tsʰiəu$^{53}_{44}$ɔn$^{35}_{53}$tso$^{53}_{44}$tsʰan$^{13}$iəŋ$^{21}$. ②指人的肉体：妹子个（寿被）嘞爱盖倒爹～，就系爱爹～。mɔi$^{53}$tsʅ$^{0}$ke$^{53}_{44}$le$^{0}$ɔi$^{53}_{44}$kɔi$^{53}_{44}$tau$^{21}$ɲia$^{13}$ɲiəuk$^{3}$,tsʰiəu$^{53}_{44}$xe$^{53}_{44}$ɔi$^{53}_{44}$ɲia$^{13}$ɲiəuk$^{3}$. ③蔬果等植物除去表皮、外壳、内核外的可食部分：渠指牛角

辣椒～厚呀。ci$^{13}$ɲiəuk$^{3}$xei$^{35}$ia$^{0}$.｜（桂竹）系～唔厚呀。xei$^{53}_{44}$ɲiəuk$^{3}$n̩$^{13}_{21}$xei$^{35}$ia$^{0}$.｜（鸡嫲竹子笋）冇么啊～。mau$^{13}$mak$^{3}$a$^{0}$ɲiəuk$^{3}$.｜角落槠冇么啊～吧？kɔk$^{3}$lɔk$^{3}$tʂei$^{35}$mau$^{13}_{21}$mak$^{3}$a$^{0}$ɲiəuk$^{3}$pa$^{0}$？④包子、饺子等的馅：包饺子是全靠肚里个～好啦，爱斫倒箇新鲜猪肉子腈猪肉，放唔知几多配料放倒，箇包倒个饺子才好食。我等客姓人冇么人话饺子馅，只讲饺子～，欸，同箇话包子样，“包子肚里有～啊冇～？” pau$^{35}$ciau$^{21}$tsɿ$^{0}$ʂʅ$^{53}_{44}$tsʰien$^{13}$kʰau$^{53}$təu$^{21}$li$^{0}$ke$^{53}$ɲiəuk$^{3}$xau$^{21}$la$^{0}$,ɔi$^{53}$tʂɔk$^{3}$tau$^{21}$kai$^{53}$sin$^{35}$sen$^{35}$tʂəu$^{35}$ɲiəuk$^{3}$tsɿ$^{0}$tsiaŋ$^{35}$tʂəu$^{35}$ɲiəuk$^{3}$,fɔŋ$^{53}$n̩$^{13}_{21}$ti$^{35}$ci$^{21}$to$^{35}$pʰei$^{53}$liau$^{53}_{44}$fɔŋ$^{53}$tau$^{21}_{44}$,kai$^{53}$pau$^{35}$tau$^{21}$ke$^{53}_{44}$ciau$^{21}$tsɿ$^{0}$tsʰai$^{13}_{21}$xau$^{21}$ʂət$^{5}$.ŋai$^{13}$tien$^{0}$kʰak$^{3}$sin$^{53}$ɲin$^{13}_{21}$mau$^{13}$mak$^{3}$in$^{13}_{44}$ua$^{53}$ciau$^{21}$tsɿ$^{0}$çien$^{53}$,tʂʅ$^{21}$kɔŋ$^{21}$ciau$^{21}$tsɿ$^{0}$ɲiəuk$^{3}$,e$_{21}$,tʰəŋ$^{13}_{21}$kai$^{53}_{44}$ua$^{53}$pau$^{35}$tsɿ$^{0}$iɔŋ$^{53}_{44}$,"pau$^{35}$tsɿ$^{0}$təu$^{21}$li$^{0}$iəu$^{35}$ɲiəuk$^{3}$a$^{0}$mau$^{13}$ɲiəuk$^{3}$?"

【肉包子】ɲiəuk$^{3}$pau$^{35}$tsɿ$^{0}$ 名 指以肉作为主要馅料的包子：我等箇只孙子就唔食糖包子唔食菜包子，只食～。我外甥女也系，渠等安做渠肉食动物。只食～，唔食糖包子箇兜。ŋai$^{13}$tien$^{0}$kai$^{53}$(tʂ)ak$^{3}$sən$^{35}$tsɿ$^{0}$tsʰiəu$^{53}$n̩$^{13}$ʂət$^{5}$tʰɔŋ$^{13}$pau$^{35}_{44}$tsɿ$^{0}$n̩$^{13}$ʂət$^{5}$tsʰɔi$^{53}$pau$^{35}$tsɿ$^{0}$,tʂʅ$^{21}$ʂət$^{5}$ɲiəuk$^{3}$pau$^{35}$tsɿ$^{0}$.ŋai$^{13}_{21}$ŋɔi$^{53}$saŋ$^{35}_{44}$ŋ̍$^{21}$ia$^{35}$xei$^{53}_{44}$,ci$^{13}_{21}$tien$^{0}$ɔn$^{35}_{44}$tso$^{53}_{44}$ci$^{13}_{21}$ɲiəuk$^{3}$ʂət$^{5}$tʰəŋ$^{53}$uk$^{5}$.tʂʅ$^{21}$ʂət$^{5}$ɲiəuk$^{3}$pau$^{35}$tsɿ$^{0}$,n̩$^{13}$ʂət$^{5}$tʰɔŋ$^{13}$pau$^{35}_{44}$tsɿ$^{0}$kai$^{53}_{44}$te$^{35}_{44}$.

【肉冻】ɲiəuk$^{3}$təŋ$^{53}$ 名 肉汤结冻后去除表层的油而剩下的部分：～冇么个做法嘞，就冬下头是冷哩就系就成哩～嘞。欸，一碗猪肉嘞分箇个你爱想食冻个话，你就分箇个猪肉夹出来，等渠尽汤，一夜过哩，如今是一夜过哩，放下冰箱里一夜过哩就尽成哩冻嘞，就成哩～。ɲiəuk$^{3}$təŋ$^{53}$mau$^{13}$mak$^{3}$e$^{0}$tso$^{53}$fait$^{3}$lei$^{0}$,tsʰiəu$^{53}_{21}$təŋ$^{35}$xa$^{53}_{44}$tʰei$^{13}_{21}$ʂʅ$^{53}_{44}$laŋ$^{35}$li$^{0}$tsʰiəu$^{53}$xei$^{53}_{44}$tsʰiəu$^{53}$ʂaŋ$^{13}_{44}$li$^{0}$ɲiəuk$^{3}$təŋ$^{53}$lei$^{0}$.e$_{21}$,iet$^{3}$uən$^{21}$tʂəu$^{35}$ɲiəuk$^{3}$lei$^{0}$pən$^{35}$kai$^{53}$kei$^{53}_{44}$ɲi$^{13}$ɔi$^{53}$siɔŋ$^{21}$ʂət$^{5}$təŋ$^{53}$kei$^{53}_{44}$fa$^{53}_{44}$, ɲi$^{13}_{21}$tsʰiəu$^{53}_{44}$pən$^{35}$kai$^{53}_{44}$ke$^{53}_{44}$tʂəu$^{35}$ɲiəuk$^{3}$kait$^{3}$tʂʰət$^{3}$lɔi$^{13}$,ten$^{21}$ci$^{13}$tsʰin$^{53}$tʰɔŋ$^{35}$,iet$^{3}$ia$^{53}$ko$^{53}$li$^{0}$,i$^{13}_{21}$cin$^{35}$ʂʅ$^{53}_{44}$iet$^{3}$ia$^{53}$ko$^{53}$li$^{0}$,fɔŋ$^{53}_{44}$xa$^{53}_{44}$pin$^{35}$siɔŋ$^{35}$li$^{21}$iet$^{3}$ia$^{53}$ko$^{53}$li$^{0}$tsʰiəu$^{53}_{44}$tsʰin$^{53}$ʂaŋ$^{13}_{21}$li$^{0}$təŋ$^{53}$lei$^{0}$,tsiəu$^{53}_{44}$ʂaŋ$^{13}_{21}$li$^{0}$ɲiəuk$^{3}$təŋ$^{53}$.｜我等细细子啊冇得猪肉食。箇一餐猪肉嫑食完箇个～是硬爱分开来食啦，硬爱分正来啦。～啊硬分开来，好食啦。ŋai$^{13}$tien$^{0}$sei$^{53}$sei$^{53}$tsɿ$^{0}$a$^{0}$mau$^{13}_{21}$tek$^{3}$tʂəu$^{35}$ɲiəuk$^{3}$ʂət$^{5}$.kai$^{53}$iet$^{3}$tsʰɔn$^{35}$tʂəu$^{35}$ɲiəuk$^{3}$maŋ$^{13}$ʂət$^{5}$ien$^{13}$kai$^{53}$kei$^{53}$ɲiəuk$^{3}$təŋ$^{53}$ʂʅ$^{53}_{21}$ɲiaŋ$^{53}$ɔi$^{53}$fən$^{35}$kʰɔi$^{35}_{44}$lɔi$^{13}_{21}$ʂət$^{5}$la$^{0}$, ɲiaŋ$^{53}$ɔi$^{53}$fən$^{35}$tʂaŋ$^{53}$lɔi$^{13}_{21}$la$^{0}$. ɲiəuk$^{3}$təŋ$^{53}$ŋa$^{0}$ɲiaŋ$^{53}$fən$^{35}$kʰɔi$^{35}_{44}$lɔi$^{13}_{21}$,xau$^{21}$ʂət$^{5}$la$^{0}$.

【肉钩子】ɲiəuk$^{3}$ciei$^{35}$tsɿ$^{0}$ 名 挂肉的钩子：一讲讲起～吵，钩猪肉个吵。iet$^{3}$kɔŋ$^{21}$kɔŋ$^{21}$çi$^{21}$ɲiəuk$^{3}$ciei$^{35}$tsɿ$^{0}$ʂa$^{0}$,ciei$^{35}$tʂəu$^{35}$ɲiəuk$^{3}$ke$^{53}$ʂa$^{0}$.

【肉荚子】ɲiəuk$^{3}$kait$^{3}$tsɿ$^{0}$ 名 荷兰豆。也简称“肉荚”：欸，还有一起肉荚哦。/欸，～。膜壳都食得个。/系系，你讲过，彭眉豆～。欸，箇你你就讲过。/欸欸，有荚子就系专……有荚子就系……也安做细豌子。食过个细豌子。就～。e$_{44}$,xai$^{13}$iəu$^{35}_{44}$iet$^{3}$çi$^{21}$ɲiəuk$^{3}$kait$^{3}$o$^{0}$./e$_{21}$, ɲiəuk$^{3}$kait$^{3}$tsɿ$^{0}$.mɔk$^{5}$kʰɔk$^{3}$təu$^{35}_{44}$ʂət$^{5}$tek$^{3}$ke$^{53}_{44}$./xei$^{53}$xei$^{53}_{44}$, ɲi$^{13}$kɔŋ$^{21}$ko$^{53}$,pʰaŋ$^{13}$mi$^{13}_{44}$tʰei$^{53}$ɲiəuk$^{3}$kait$^{3}$tsɿ$^{0}$.e$_{44}$kai$^{53}$ɲi$^{13}_{21}$ɲi$^{13}_{21}$tsiəu$^{53}_{44}$kɔŋ$^{21}$ko$^{53}$./e$_{44}$e$_{44}$,iəu$^{35}$kait$^{3}$tsɿ$^{0}$tsʰiəu$^{53}_{44}$xe$^{53}_{44}$tʂen$^{35}$⋯iəu$^{35}$kait$^{3}$tsɿ$^{0}$tsʰiəu$^{53}_{44}$xe$^{53}_{44}$⋯ia$^{35}$ɔn$^{35}_{44}$tso$^{53}_{44}$se$^{53}$uan$^{35}$tsɿ$^{0}$.ʂət$^{5}$kʰɔk$^{3}$ke$^{53}_{44}$sei$^{53}$uan$^{35}_{44}$tsɿ$^{0}$.tsʰiəu$^{53}_{44}$ɲiəuk$^{3}$kait$^{3}$tsɿ$^{0}$.

【肉片】ɲiəuk$^{3}$pʰien$^{53}$ 名 切得平而薄的肉：一片片个肉哦，有，～，切成～。iet$^{3}$pʰien$^{53}_{44}$pʰien$^{53}$ke$^{53}_{44}$ɲiəuk$^{3}$o$^{0}$,iəu$^{35}_{44}$, ɲiəuk$^{3}$pʰien$^{53}$,tsʰiet$^{3}$ʂaŋ$^{13}_{44}$ɲiəuk$^{3}$pʰien$^{53}$.

【肉丝】ɲiəuk$^{3}$sɿ$^{35}$ 名 切成细长条的肉：切～ tsʰiet$^{3}$ɲiəuk$^{3}$sɿ$^{35}$

【肉坨子】ɲiəuk$^{3}$tʰo$^{13}$tsɿ$^{0}$ 名 父母对小孩子的爱称。又称“心肝、心肝肉、晚子”：欸，～欸！咁我以只～啊！e$_{21}$, ɲiəuk$^{3}$tʰo$^{13}$tsɿ$^{0}$ei$^{0}$!kan$^{21}_{13}$ŋai$^{13}_{44}$i$^{21}$tʂak$^{3}$ɲiəuk$^{3}$tʰo$^{13}$tsɿ$^{0}$a$^{0}$!

【肉丸】ɲiəuk$^{3}$ien$^{13}$ 名 以切碎了的肉类为主而做成的球形食品：猪肉交么个交箇个茴饼嘞，茴饼捶烂来，交猪肉做成咁个丸子就称～。茴饼啊捶烂来，交猪肉哇。猪肉就剁碎来，茴饼就捶烂来，做成箇～子啊，做成箇丸子就煮倒食嘞，安做～呢。好食，实在好食，蛮肥呀，蛮□腻人凑。欸，也不一定□人喏，渠会也尽用腈肉啊，用腈肉做啊。爱放茴饼，净猪肉渠有兜子么个嘞？渠唔黐做一坨。茴饼是渠就起倒箇只黐个作用吧，黐起来，使渠黐做一坨。一般都会放茴饼。tʂəu$^{35}$ɲiəuk$^{3}$ciau$^{35}$mak$^{3}$ke$^{53}_{44}$ciau$^{35}$kai$^{53}_{44}$ke$^{53}_{44}$fei$^{13}$piaŋ$^{21}$lei$^{0}$,fei$^{13}$piaŋ$^{21}$tʂʰei$^{13}$lan$^{53}$lɔi$^{13}_{21}$,ciau$^{35}$tʂəu$^{35}$ɲiəuk$^{3}$tso$^{53}$ʂaŋ$^{13}_{21}$kan$^{21}$ke$^{53}$ien$^{13}$tsɿ$^{0}$tsiəu$^{53}_{44}$tʂʰən$^{35}$ɲiəuk$^{3}$ien$^{13}$.fei$^{13}$piaŋ$^{21}$ŋa$^{0}$tʂʰei$^{13}$lan$^{53}$lɔi$^{13}_{21}$,ciau$^{35}$tʂəu$^{35}$ɲiəuk$^{3}$ua$^{0}$.tʂəu$^{35}$ɲiəuk$^{3}$tsʰiəu$^{53}_{44}$to$^{53}$si$^{53}$lɔi$^{13}_{21}$,fei$^{13}$piaŋ$^{21}$tsʰiəu$^{53}$tʂʰei$^{13}$lan$^{53}$lɔi$^{13}_{21}$,tso$^{53}$ʂaŋ$^{13}_{21}$kai$^{53}_{44}$ɲiəuk$^{3}$ien$^{13}$tsa$^{0}$,tso$^{53}$ʂaŋ$^{13}_{21}$kai$^{53}$ien$^{13}$tsɿ$^{0}$tsiəu$^{53}_{44}$tʂəu$^{21}$tau$^{21}$ʂət$^{5}$le$^{0}$,ɔn$^{35}_{44}$tso$^{53}_{44}$ɲiəuk$^{3}$ien$^{13}$ne$^{0}$.xau$^{21}$ʂət$^{5}$,ʂət$^{5}$tsʰai$^{53}$xau$^{21}$ʂət$^{5}$,man$^{13}$pʰi$^{13}$ia$^{0}$,man$^{13}_{21}$lɔŋ$^{35}$ɲin$^{13}_{21}$tsʰe$^{0}$.ei$_{21}$,ia$^{35}$pət$^{3}$iet$^{3}$tʰin$^{53}$lɔŋ$^{35}$ɲin$^{13}_{21}$no$^{0}$,ci$^{13}_{21}$uɔi$^{53}$ie$^{21}$tsʰin$^{53}$iəŋ$^{53}$tsiaŋ$^{35}$ɲiəuk$^{3}$a$^{0}$,iəŋ$^{53}_{44}$tsiaŋ$^{35}$ɲiəuk$^{3}$tso$^{53}$a$^{0}$.ɔi$^{53}$fɔŋ$^{53}$fei$^{13}$piaŋ$^{21}$,tsʰiaŋ$^{53}$tʂəu$^{35}$ɲiəuk$^{3}$ci$^{13}$iəu$^{35}$tei$^{35}_{53}$tsɿ$^{0}$mak$^{3}$ke$^{53}$lei$^{0}$?ci$^{13}_{21}$n̩$^{13}$ɲia$^{13}$tso$^{53}$(i)et$^{3}$tʰo$^{13}$.fei$^{13}$piaŋ$^{21}$ʂʅ$^{53}_{44}$ci$^{13}_{21}$tsiəu$^{53}$çi$^{21}$tau$^{21}_{44}$kai$^{53}$tʂak$^{3}$ɲia$^{13}$ke$^{53}$tsɔk$^{3}$iəŋ$^{53}$pa$^{0}$, ɲia$^{13}$çi$^{21}$lɔi$^{13}_{21}$,sɿ$^{21}$ci$^{13}_{44}$ɲia$^{13}$tso$^{53}$(i)et$^{3}$tʰo$^{13}$.iet$^{3}$pɔn$^{35}$təu$^{35}_{44}$fei$^{53}$fɔŋ$^{53}$fei$^{13}$piaŋ$^{21}_{44}$.

【肉扎子】ȵiəuk3 tsait5 tsɿ0 [名]用于钩起肉块的铁钩：系呀系呀，扎嘿倒。～吧？～。安做扎子。扎子。扎嘿去，拖起来，系唔系？系有咁个。xei53-44ia0 xei53-44ia0,tsait5(x)ek3-5 tau21. ȵiəuk3 tsait5 tsɿ0 pa0?ȵiəuk3 tsait5 tsɿ0.ɔn35tso53-44tsait5 tsɿ0.tsait5 tsɿ0.tsait5(x)ek3-5 çi53-21,tʰɔ35-44çi21lɔi13,xei53-44me53-44?xei53-44iəu35-44kan21cie53-21.

【肉砧】ȵiəuk3 tsien35 [名]屠夫用来卖肉的案板。也简称“砧”：安做～，～。又安做砧，欸就简单就就是砧上。～，也可以话系砧。ɔn35-44tso53-44ȵiəuk3 tsien35, ȵiəuk3 tsien35.iəu53ɔn35-44tso53-44tsien35,e44 tsʰiəu53-44kan21tan35tsʰiəu53-44tsʰiəu53-44ʂɿ0 tsien35xɔŋ53. ȵiəuk3 tsien35,ia35kʰo21i35ua53-44xe53-44tsien35.

【肉砧铺】ȵiəuk3 tsen35pʰu53 [名]卖肉的店铺：张家坊街上箇一排十几家～。好像最近生意就唔多好，有蛮多只都停停打打子了。分哪映啊分箇只超市里又卖猪肉哇，又分渠又一搞哇，蛮多人就到箇映买猪肉去哩啊，买渠个猪肉，渠个猪肉更便宜呐。tʂɔŋ35ka35-44fɔŋ35kai35-44xɔŋ53-44kai53iet3 pʰai13ʂət5 ci21ka35ȵiəuk3 tsen35pʰu53.xau21tsʰiɔŋ53-44tsei53cʰin53sen35i35-44tsʰiəu53ŋ̍13to35-53xau21,iəu35man13to35-44tʂak3 təu35-44 tʰin13tʰin13-21ta21ta21tsɿ0 liau0.pən35lai53-44iaŋ53-44a0 pən35kai35-44tʂak3 tʂʰau35ʂɿ35li21iəu35mai53tʂəu35ȵiəuk3 ua0,iəu53pən35 ci13iəu53iet3 kau21ua0,man13to35-44in13-21tsʰiəu53-44tau53-44ka53iaŋ53-44mai35-44tʂəu35ȵiəuk3 çi53li0 a0,mai35ci13ke53tʂəu35ȵiəuk3, ci13(k)e0 tʂəu35ȵiəuk3 cien35pʰien13ȵin13na0.

【肉猪】ȵiəuk3 tʂəu35 [名]可以杀来卖肉的猪，不分公母。又称“壮猪”：如今张坊街上个如今张坊个～价真有价啦，嗯，好像渠等话正六块多钱一斤，～哇，猪生啊正六块多钱一斤。i13-21 cin35tʂɔŋ35-44xɔŋ35-44kai35-44xɔŋ53-44ke53-44i13-21cin35tʂɔŋ35-44xɔŋ53-44ke53ȵiəuk3 tʂəu35cia53tʂən35mau13cia53la0,ŋ̍21,xau21tsʰiɔŋ53ci13 tien0 ua44tʂaŋ53liəuk3 kʰuai53to35-53tsʰien13-21iet3 cin35-53, ȵiəuk3 tʂəu35ua0,tʂəu35saŋ35ŋa0 tʂaŋ53liəuk3 kʰuai53to35-53 tsʰien13-21iet3 cin35.

【如】i13 [动]得到：一二～二 iet3ȵi53i13ȵi53｜二二～四 ȵi53ȵi53i13si53

【如果】ɥ13/vy13ko21 [连]表示假设。相当于“假如”：～以一蔸为单位个，箇就箇就去扯窥兜安做暄蔸。vy13ko21i21iet3 tei35uei13-21tan35uei53ke53-44,kai53-44tsʰiəu53-44,kai53-44tsʰiəu53-44çi53-44tʂʰa21lau53-44təu35-21ɔn35-44tso53-44sien35tei35. ｜你～有有得墙绷个话，今晡箇一扇就垮咁哩。ȵi13-21vy13ko21mau13mau13tek3 tsʰiɔŋ13paŋ35-44ke53-44 fa53-44,cin35pu35-44kai53-44iet3 ʂen53tsʰiəu53-44kʰua21kan21ni0.

【如今】i13-21cin35 [名]时间词。而今；现在。又称“以下”：～就有塑料个了。i13-21cin35tsʰiəu53-44iəu35-44 sɔk3 liau53-44ke53-44liau21.

【如来佛】ɯ13lɔi13fət5 [名]佛的通称，也特指佛祖释迦牟尼：挂滴箇个～箇只咁个像箇只。kua53 tet3 kai53-44ke53-44ɯ13lɔi13fət5 kai53-44tʂak3 kan21kei53-44siɔŋ53kai53-44tʂak3.

【如意】ləu13/ləu13i53 [动]满意，称心：你～啊唔～啊？ȵi13-21ləu13i53a0 ŋ̍13-21ləu13i53a0?｜以只郎子你还蛮～吧？i21tʂak3 lɔŋ13tsɿ0ȵi13xai13-21man13ləu13i53pa0?

【入】ȵiak5 [动]性交。又称“戳”：～渠个娘！ȵiak5 ci13-44ke53-44niɔŋ13-21!

【入殓】ȵiet5 lian53 [动]将死者放入棺材：爱打锣鼓，箇就爱敲锣打鼓啊。箇些唔来分人就去借啊，分人就去借倒来呀。就搞滴人来呀，打爆竹哇，打下子锣鼓哇，欸，搞几个子人呢。就系也就也就系死嘿哩以后你不能再放下间里，房间里啊。也不能放下厅子食饭厅子里，欸，你爱舞倒舞只棺材下来，爱放棺材肚里。怕渠有箇个吵。放下棺材肚里就落哩心吵。你又怕老鼠箇只啮咯，一下赠照顾得箇只系唔系？怕老鼠挖眼珠箇只咯。就只咁个意思，就放下棺材肚里去了。～。你入哩殓你还看得倒咯，还可以见得倒咯，有滴亲人来哩渠也打开棺材盖来见下子咯。ɔi53-44ta21lo13ku21,kai35-44tsʰiəu53-44ɔi53-44kʰau35-44lo13-44ta21ku21a0.kai53-44çie35-44ŋ̍13-21nɔi13pən35ȵin13-21tsʰiəu53-44çi53-44tsia53 a0,pən35ȵin13-21tsʰiəu53-44çi53-44tsia53tau21lɔi13-21ia0.tsʰiəu53-44kau21tet5ȵin13nɔi13-21ia0,ta21pau53tʂəuk3 ua0,ta21xa53-44tsɿ0 lo13ku21 ua0,e21,kau21ci21ke53tsɿ0ȵin13-21ne0.tsʰiəu53-44xei53-44ia35tsʰiəu53-44ia35tsʰiəu53-44xei53-44si21xek3 li0 i35xei53-44ȵi13-21pət3 lən13tsai53fɔŋ53 xa0 kan35ni0,fɔŋ13kan35-44ni21a0.ia35pət3 lən13fɔŋ53xa0 tʰaŋ35tsɿ0 ʂət5 fan53tʰaŋ35tsɿ0 li21,ei21, ȵi21ɔi53u21tau21u21tʂak3 kɔn35tsʰɔi13-21xa53-44lɔi13-21,ɔi53-44fɔŋ53-44kɔn35tsʰɔi13-21təu21li0.pʰa53ci13-21iəu35kai53-44ke53-44ʂa0.fɔŋ53-44xa53-44kɔn35tsʰɔi13-21təu21li0 tsʰiəu53-44 lɔk5 li0 sin35ʂa0. ȵi13iəu53pʰa53-44lau21tʂʰəu21kai53-44tʂak3 ŋait3 ko0,iet3 xa53-44maŋ13-21tʂau53ku53-21tek3 kai53-21tʂak3 xei53-44 me53-44?pʰa53-44lau21tʂʰəu21ua35ŋan21tʂəu35-44kai53-44tʂak3 ko0.tsʰiəu53-21tʂak3 kan21ke53-44i53-44sɿ0,tsʰiəu53-44fɔŋ53-44xa53-44kɔn35tsʰɔi13-21 təu21li0 çi53liau0. ȵiet5 lian53. ȵi13-44ȵiet5 li0 lian53ȵi13-44xai13-21kʰɔn53tek3 tau21ko0,xai13-21kʰo21i35-44cien53tek3 tau21ko0,iəu35 tet5 tsʰin35ȵin13-21lɔi13-21li0 ci13-21a35ta21kʰɔi35kɔn35tsʰɔi13kɔi53lɔi13-21cien53na0 tsɿ0 ko0.

【入神】ȵiet5 ʂən13 [动]对眼前的事物发生浓厚兴趣而注意力集中：听起～了 tʰaŋ35çi21ȵiet5 ʂən13 niau0｜听入哩神 tʰaŋ35ȵiet5 li0 ʂən13

【褥子】iəuk5 tsɿ0 [名]睡觉用的垫被：从前有～。tsʰɔŋ13tsʰien13-21iəu35-44iəuk5 tsɿ0.

R

【软】ɲiɔn$^{35}$ 形柔。与"硬"相对：箇起叶非常～。kai$^{53}_{44}$çi$^{21}$iait$^{5}$ fei$^{35}$ʂɔŋ$^{13}_{21}$ɲiɔn$^{35}$.

【软瘪瘪哩】ɲiɔn$^{35}$pe$^{13}$pe$^{13}$li$^{0}$ 形软绵绵的：欸箇阵子我等箇只孙子呃撞怕爱睡目了，吵醒渠来呀，渠就～。欸，我等笑渠茶软大嫂。e$^{0}$ kai$^{53}$tʂ$^{h}$ən$^{53}$tsʅ$^{0}$ ŋai$^{13}_{21}$tien$^{0}$ kai$^{53}$tʂak$^{3}$ sən$^{35}$tsʅ$^{21}$ə$_{21}$ts$^{h}$ɔŋ$^{21}$p$^{h}$a$^{53}$ɔi$^{53}$ ʂɔi$^{53}$muk$^{3}$ liau$^{0}$ ,ts$^{h}$au$^{21}$siaŋ$^{21}$ci$^{13}_{21}$lɔi$^{13}_{21}$ia$^{0}$ ,ci$^{13}_{21}$ts$^{h}$iəu$^{53}$ɲiɔn$^{35}_{44}$pe$^{13}_{21}$pe$^{13}$li$^{0}$ .e$_{21}$,ŋai$^{13}$tien$^{0}$ siau$^{53}$ci$^{13}$ɲiet$^{5}$ɲiɔn$^{35}$t$^{h}$ai$^{53}$sau$^{21}$.

【软耷耷哩】ɲiɔn$^{35}$tait$^{5}_{3}$tait$^{5}_{3}$ 形①东西被晒而干蔫的样子：晒起～sai$^{53}$çi$^{21}_{44}$ɲiɔn$^{35}$tait$^{5}_{3}$tait$^{5}_{3}$li$^{0}$ 。②浑身乏力，无精打采：今晡硬一身真尯疲乏哈，今晡硬～哈。cin$^{35}$pu$^{35}_{53}$ɲiaŋ$^{53}$iet$^{3}$ ʂən$^{35}$tʂən$^{35}$c$^{h}$iɔi$^{53}$ xa$^{0}$ ,cin$^{35}$pu$^{35}_{53}$ɲiaŋ$^{53}$ɲiɔn$^{35}$tait$^{5}_{3}$ tait$^{5}_{3}$ li$^{0}$ xa$^{0}$ .

【软软子】ɲiɔn$^{35}$ɲiɔn$^{35}$tsʅ$^{0}$ 形不硬；不坚挺：耳朵尾～比喻容易受他人言语影响而不坚持原则唠话别人家唠。ɲi$^{21}$ to$^{21}$mi$^{35}$ɲiɔn$^{35}$ɲiɔn$^{35}$tsʅ$^{0}$ lau$^{0}$ ua$^{53}_{44}$p$^{h}$iet$^{5}$ in$^{13}_{44}$ka$^{35}_{44}$lau$^{0}$ .

【闰】in$^{53}$ 动地球公转一周的时间为365天5时48分46秒。阳历把每年定为365天，所余的时间约每四年积累一天，加在二月里。农历把一年定为354天或355天，所余的时间约每三年积累成一个月，加在某一年里。这样的办法在历法上叫做闰：今年就～六月嘞，～哩一只月。cin$^{35}$ɲien$^{13}_{21}$ts$^{h}$iəu$^{53}_{44}$in$^{53}$liəuk$^{3}$ ɲiet$^{5}$ lei$^{0}$ ,in$^{53}$li$^{0}$ it$^{3}$ tʂak$^{3}$ ɲiet$^{5}$ .

【闰月】in$^{53}$ɲiet$^{5}$ 名农历每逢闰年所加的一个月：今年有～。cin$^{35}$ɲien$^{13}_{21}$iəu$^{35}$in$^{53}$ɲiet$^{5}$.

【润】in$^{53}$ 动浇；沃灌：菜爱～水呀。ts$^{h}$ɔi$^{53}$ɔi$^{53}$in$^{53}$ʂei$^{21}$ia$^{0}$ .｜爱～下子水。ɔi$^{53}$in$^{53}$na$_{44}$(←xa$^{53}$)tsʅ$^{0}$ ʂei$^{21}$.

【润笔费】vən$^{53}$piet$^{3}$ fei$^{53}$ 名字画买家付给书画家的报酬：渠有滴箇个有话安做话同别人家请别人家写字安做放滴子～咯，系啊？润笔个费。就书法作品个价，欸，卖钱呐，系呀？ci$^{13}_{21}$iəu$^{35}$ tet$^{5}_{3}$ kai$^{53}_{44}$ke$^{53}_{44}$iəu$^{35}$ ua$^{53}_{44}$ɔn$^{35}_{44}$tso$^{53}_{44}$ua$^{53}_{44}$t$^{h}$əŋ$^{13}_{21}$p$^{h}$iet$^{5}_{3}$ in$^{13}_{44}$ka$^{35}_{44}$ts$^{h}$iaŋ$^{21}$ p$^{h}$iet$^{5}_{3}$ in$^{13}_{44}$ka$^{35}_{44}$sia$^{21}$ sʅ$^{53}$ɔn$^{35}_{44}$tso$^{53}_{44}$fɔŋ$^{53}_{44}$tet$^{5}_{3}$ tsʅ$^{0}$ vən$^{53}$ piet$^{3}$ fei$^{53}$ko$^{0}$ ,xei$^{53}_{44}$a$^{0}$ ?vən$^{53}$piet$^{3}$ ke$^{53}_{44}$fei$^{53}$.tsiəu$^{53}_{44}$ʂəu$^{35}$fait$^{3}$ tsɔk$^{3}$ p$^{h}$in$^{21}$ke$^{53}_{44}$cia$^{53}$,e$_{21}$,mai$^{53}$ts$^{h}$ien$^{13}$na$^{0}$ ,xei$^{53}_{44}$ia$^{0}$ ?

【润润子】in$^{53}$in$^{53}$tsʅ$^{0}$ 形状态词。不干枯，湿燥适中：（蒲子干）你莫晒倒十分干呢，晒倒还～，揪韧揪韧个时候子，粦兜糖，一搽。ɲi$^{13}$mɔk$^{5}$ sai$^{53}$tau$^{21}$ʂət$^{5}$ fən$^{35}_{44}$kɔn$^{35}_{44}$ne$^{0}$ ,sai$^{53}$tau$^{21}$xai$^{13}$in$^{53}$in$^{53}$tsʅ$^{0}$ , tsiəu$^{35}$ɲin$^{53}$tsiəu$^{35}$ɲin$^{53}$kei$^{53}_{44}$ʂʅ$^{13}_{44}$xei$^{53}_{44}$tsʅ$^{0}$ ,u$^{21}$tei$^{35}_{53}$t$^{h}$ɔŋ$^{13}$,iet$^{3}$ sɔŋ$^{21}$.

【弱】ɲiɔk$^{5}$ 形①身体虚弱：蛮多病噢。体子唔好，蛮～。man$^{13}$to$^{35}_{44}$p$^{h}$iaŋ$^{53}$ŋau$^{0}$ .t$^{h}$i$^{21}$tsʅ$^{0}$ n̩$^{13}$ xau$^{21}$,man$^{13}$ɲiɔk$^{5}$. ②指人品差：箇只细子蛮～，唔好。你嫁分箇只细子有味道哈，蛮～。kai$^{53}$ tʂak$^{3}$ se$^{53}$tsʅ$^{0}$ man$^{13}$ɲiɔk$^{5}$ ,m̩$^{13}_{21}$xau$^{21}$. ɲi$^{13}$ka$^{53}$pən$^{35}$kai$^{53}$tʂak$^{3}$ sei$^{53}$tsʅ$^{0}$ mau$^{13}$uei$^{53}$t$^{h}$au$^{53}_{21}$xa$^{0}$ ,man$^{13}$ɲiɔk$^{5}$ .

【箬谷】ɲiɔk$^{5}$kuk$^{3}$ 名从谷箬中槌打出来的稻谷：好，箇阵子搞集体个时候子，每年都分箇个箬收做一下放倒。欸，以下听晡打完晒完哩谷了嘞，就倒好天分箇箬粦下晒簟肚里一晒，晒倒嘞，挨夜子粦倒收拢来去槌，用扁担去槌，箇肚里还槌的蛮多谷倒嘞。一年下来嘞槌得一担把谷倒嘞，箇个就安做～。箇肚里蛮多瘪瘪子个唠，唔多好个唠，也交倒肚里搞唔出来唠。xau$^{21}$,kai$^{53}$tʂ$^{h}$ən$^{53}$tsʅ$^{0}$ kau$^{21}$ts$^{h}$iet$^{5}$ t$^{h}$i$^{21}$ke$^{53}_{44}$ʂʅ$^{13}_{44}$xəu$^{53}_{44}$tsʅ$^{0}$ ,mei$^{35}$ɲien$^{13}_{21}$təu$^{35}_{44}$pən$^{35}_{44}$kai$^{53}_{21}$ke$^{53}_{21}$ɲiɔk$^{5}$ ʂəu$^{35}$tsɔk$^{3}$ iet$^{3}$ xa$^{53}$ fɔŋ$^{53}$tau$^{21}$.e$_{21}$,i$^{21}$xa$^{53}_{44}$t$^{h}$in$^{35}_{44}$pu$^{35}_{53}$ta$^{21}$ien$^{13}$sai$^{53}$ien$^{13}_{21}$li$^{0}$ kuk$^{3}$ liau$^{0}$ lei$^{0}$ ,ts$^{h}$iəu$^{53}$tau$^{21}$xau$^{21}$t$^{h}$ien$^{35}$pən$^{35}_{44}$kai$^{53}_{44}$ɲiɔk$^{5}$ u$^{21}$ (x)a$^{53}_{44}$sai$^{53}$t$^{h}$ian$^{53}$təu$^{21}$li$^{0}$ iet$^{3}$ sai$^{53}$ ,sai$^{53}$tau$^{21}$lei$^{0}$ ,ai$^{35}_{44}$ia$^{53}$tsʅ$^{0}$ u$^{21}$tau$^{21}$ʂəu$^{35}_{44}$ləŋ$^{21}_{44}$lɔi$^{13}_{21}$çi$^{53}$tʂ$^{h}$ei$^{13}$,iəŋ$^{53}$pien$^{21}$tan$^{35}_{44}$çi$^{53}$ tʂ$^{h}$ei$^{13}$,kai$^{53}_{44}$təu$^{21}_{44}$li$^{0}$ xai$^{13}_{21}$tʂ$^{h}$ei$^{13}$tek$^{3}$ man$^{13}$to$^{35}_{53}$kuk$^{3}$ tau$^{21}$lei$^{0}$ .iet$^{3}$ ɲien$^{13}$xa$^{35}$lɔi$^{13}_{21}$le$^{0}$ tʂ$^{h}$ei$^{13}$tek$^{3}$ iet$^{3}$ tan$^{35}$pa$^{21}$kuk$^{3}$ tau$^{21}_{44}$le$^{0}$ ,kai$^{53}_{44}$ke$^{53}_{44}$ts$^{h}$iəu$^{53}_{44}$ɔn$^{35}_{44}$tso$^{53}_{44}$ɲiɔk$^{5}$ kuk$^{3}$ .kai$^{53}$təu$^{21}$li$^{0}$ man$^{13}$to$^{35}_{53}$iait$^{3}$ iait$^{3}$ tsʅ$^{0}$ ke$^{53}$lau$^{0}$ ,n̩$^{13}$to$^{35}_{53}$xau$^{21}$ke$^{53}_{44}$ lau$^{0}$ ,ia$^{35}$ciau$^{35}$tau$^{21}$təu$^{21}$li$^{0}$ kau$^{21}$n̩$^{13}_{44}$tʂ$^{h}$ət$^{5}_{5}$ lɔi$^{13}$lau$^{0}$.

【箬壳】ɲiɔk$^{3}$k$^{h}$ɔk$^{3}$ 名竹笋的外壳：你箇个竹哇，竹笋呐，外背有条衣吵，系唔系？跌下来个箇只就安做～嘞，我等安做～。ɲi$^{13}$kai$^{53}_{44}$ke$^{53}_{44}$tʂəuk$^{3}$ ua$^{0}$ ,tʂəuk$^{3}$ sən$^{21}$na$^{0}$ ,ŋɔi$^{53}_{44}$pɔi$^{53}_{44}$iəu$^{35}_{44}$t$^{h}$iau$^{13}_{21}$i$^{35}$ʂa$^{0}$ ,xei$^{53}_{44}$ me$^{53}_{44}$?tet$^{3}$ xa$^{53}$lɔi$^{13}_{44}$ke$^{53}_{44}$kai$^{53}_{44}$tʂak$^{3}$ ts$^{h}$iəu$^{53}_{44}$ɔn$^{35}_{44}$tso$^{53}_{44}$ɲiɔk$^{3}$ k$^{h}$ɔk$^{3}$ lei$^{0}$ ,ŋai$^{13}_{21}$tien$^{0}$ ɔn$^{35}_{44}$tso$^{53}_{44}$ɲiɔk$^{3}$ k$^{h}$ɔk$^{3}$ .

【箬壳斑】ɲiɔk$^{3}$k$^{h}$ɔk$^{3}$pan$^{35}$ 名蛇名，皮色如笋壳：还有种安做～。～呢，你箇个竹哇，竹笋呐，外背有条衣吵，系唔系？跌下来个箇只就安做箬壳嘞，我等安做箬壳。有箇个有花纹，咁个像草，像咁个像茅草样个，有花纹，有点点。系箬壳，安做～。箇第一毒。xai$^{13}_{21}$iəu$^{35}_{44}$tʂəŋ$^{21}$ɔn$^{35}_{44}$ tso$^{53}_{44}$ɲiɔk$^{3}$ k$^{h}$ɔk$^{3}$ pan$^{35}$. ɲiɔk$^{3}$ k$^{h}$ɔk$^{3}$ pan$^{35}$ne$^{0}$ , ɲi$^{13}$kai$^{53}_{44}$ke$^{53}_{44}$tʂəuk$^{3}$ ua$^{0}$ ,tʂəuk$^{3}$ sən$^{21}$na$^{0}$ ,ŋɔi$^{53}_{44}$pɔi$^{53}_{44}$iəu$^{35}_{44}$t$^{h}$iau$^{13}_{21}$i$^{35}$ ʂa$^{0}$ ,xei$^{53}_{44}$me$^{53}_{44}$?tet$^{3}$ xa$^{53}$lɔi$^{13}_{44}$ke$^{53}_{44}$kai$^{53}_{44}$tʂak$^{3}$ ts$^{h}$iəu$^{53}_{44}$ɔn$^{35}_{44}$tso$^{53}_{44}$ɲiɔk$^{3}$ k$^{h}$ɔk$^{3}$ lei$^{0}$ ,ŋai$^{13}_{21}$tien$^{0}$ ɔn$^{35}_{44}$tso$^{53}_{44}$ɲiɔk$^{3}$ k$^{h}$ɔk$^{3}$ .iəu$^{35}$ kai$^{53}_{44}$ke$^{53}_{44}$ iəu$^{35}$ fa$^{35}$ uən$^{13}_{21}$ ,kan$^{21}$ ke$^{53}$ ts$^{h}$iɔŋ$^{53}$ ts$^{h}$au$^{21}$ ,ts$^{h}$iɔŋ$^{53}$ kan$^{21}$ ke$^{53}$ ts$^{h}$iɔŋ$^{53}$ mau$^{13}$ ts$^{h}$au$^{21}$ iɔŋ$^{53}_{44}$ ke$^{53}_{44}$ ,iəu$^{35}$ fa$^{35}$ uən$^{13}_{21}$,iəu$^{35}$tian$^{21}$tian$^{21}$.xei$^{53}$ɲiɔk$^{3}$ k$^{h}$ɔk$^{3}$ ,ɔn$^{35}$tso$^{53}$ɲiɔk$^{3}$ k$^{h}$ɔk$^{3}$ pan$^{35}$.kai$^{53}_{44}$t$^{h}$i$^{53}$iet$^{3}$ t$^{h}$əuk$^{5}$ .

【箬竹子】ɲiɔk$^{3}$tʂəuk$^{3}$tsʅ$^{0}$ 名箬叶竹：还有水竹子啊，麻竹子啊，实心竹哇，～啊，鸡嫲竹喔。xai$^{13}$iəu$^{35}_{44}$ʂei$^{21}$tʂəuk$^{3}$ tsʅ$^{0}$ a$^{0}$ ,ma$^{13}$tʂəuk$^{3}$ tsʅ$^{0}$ a$^{0}$ ,ʂət$^{5}$ sin$^{35}_{53}$tʂəuk$^{3}$ ua$^{0}$ , ɲiɔk$^{3}$ tʂəuk$^{3}$ tsʅ$^{0}$ a$^{0}$ ,cie$^{35}$ma$^{13}$tʂəuk$^{3}$ uo$^{0}$ .

R

【箬子】ɲiɔk$^{3}$tsɿ$^{0}$ 名箬竹的叶子：有最多个就系么个，你晓吗？就系箇只包粽子个箬。欸，～做个，最多。⋯⋯笠嫲就系箇东西做嘞。iəu$^{35}_{44}$tsei$^{53}$to$^{35}_{44}$ke$^{53}_{44}$tsʰiəu$^{53}_{44}$xei$^{53}_{44}$mak$^{3}$ke$^{53}$, ɲi$^{13}_{21}$çiau$^{21}$ma$^{0}$?tsʰiəu$^{53}_{44}$xe$^{53}_{44}$kai$^{53}$tʂak$^{3}$pau$^{35}$tsəŋ$^{53}$tsɿ$^{0}$ke$^{53}$ɲiɔk$^{3}$.e$_{44}$, ɲiɔk$^{3}$tsɿ$^{0}$tso$^{53}_{44}$ke$^{53}_{44}$,tsei$^{53}$to$^{35}_{44}$.⋯liet$^{3}$ma$^{13}$tsʰiəu$^{53}$xei$^{53}_{44}$kai$^{53}_{44}$təŋ$^{35}_{44}$si$^{0}$tso$^{53}_{44}$lei$^{0}$.

【箬子米粿】ɲiɔk$^{3}$tsɿ$^{0}$mi$^{21}$ko$^{21}$ 名用箬叶包的米粿：～啊，过年箇时候子就包哇。包～包倒。平时唔做，从前就只过年个时候做。如今系张家坊街上是平时都有卖。有人卖。舞倒箇卖呀，真系赚钱呢有滴。哪天子都做得。同箇粽子样啊，你就如今也卖得啊，系吗？粽子。ɲiɔk$^{3}$tsɿ$^{0}$mi$^{21}$ko$^{21}$a$^{0}$,ko$^{53}$ɲien$^{13}$ke$^{53}$ʂʅ$^{13}$xei$^{53}_{44}$tsɿ$^{0}$tsʰiəu$^{53}_{44}$pau$^{35}$ua$^{0}$.pau$^{35}$ɲiɔk$^{3}$tsɿ$^{0}$mi$^{21}$ko$^{21}$pau$^{35}$tau$^{21}$.pʰin$^{13}$ʂʅ$^{13}$n̩$^{13}_{21}$tso$^{53}$,tsʰəŋ$^{13}$tsʰien$^{13}$tsiəu$^{53}_{44}$tʂʅ$^{21}$ko$^{53}$ɲien$^{13}$ke$^{53}$ʂʅ$^{13}$xei$^{53}_{44}$tso$^{53}_{44}$.i$^{13}_{21}$cin$^{35}$xei$^{53}_{44}$tʂɔŋ$^{35}$ka$^{35}_{44}$fɔŋ$^{35}$kai$^{35}_{44}$xɔŋ$^{53}_{44}$ʂʅ$^{53}_{44}$pʰin$^{13}$ʂʅ$^{13}_{21}$təu$^{35}$iəu$^{35}_{44}$mai$^{53}$.iəu$^{35}$ɲin$^{13}_{21}$mai$^{53}_{44}$.u$^{21}$tau$^{21}$kai$^{53}_{44}$mai$^{53}$ia$^{0}$,tʂən$^{35}_{44}$ne$_{44}$(←xe$^{53}$)tsʰan$^{53}$tsʰien$^{13}$ne$^{0}$iəu$^{35}_{21}$tet$^{5}_{3}$.lai$^{53}$tʰien$^{35}_{44}$tsɿ$^{0}$təu$^{35}_{44}$tso$^{53}$tek$^{3}$.tʰəŋ$^{13}_{21}$kai$^{53}_{44}$tsəŋ$^{53}$tsɿ$^{0}$iɔŋ$^{53}_{44}$ŋa$^{0}$, ɲi$^{13}_{21}$tsʰiəu$^{53}_{44}$i$^{13}_{21}$cin$^{35}$na$_{44}$(←ia$^{35}$)mai$^{53}$tek$^{3}$a$^{0}$,xe$^{53}_{44}$ma$^{0}$?tsəŋ$^{53}$tsɿ$^{0}$.

R

# S

【撒】sai$^{35}$ 动抛出并使之张开：网是渠爱用手～一下个。mɔŋ$^{21}$ʂʅ$^{53}_{44}$ci$^{13}$ɔi$^{53}_{44}$iəŋ$^{53}$ʂəu$^{21}$sai$^{35}$iet$^{3}$ xa$^{53}$ke$^{53}_{44}$.｜还有起箇个打个网，系吗？～个网。xai$^{13}$iəu$^{35}_{44}$çi$^{21}$kai$^{53}_{44}$ke$^{53}_{44}$ta$^{21}$ke$^{53}$mɔŋ$^{21}$,xei$^{53}$ma$^{0}$?sai$^{35}$ke$^{53}$mɔŋ$^{21}$.

【撒手】sa$^{35}$ʂəu$^{21}$ 名指坟前两侧的山：～就系坟前两边个岭岗。左青龙右白虎啊，左手边就系青龙啊，右边就系白虎啊，就白虎啊，箇就都系～哇。sa$^{35}$ʂəu$^{21}$tsʰiəu$^{53}$xe$^{53}$fən$^{13}$tsʰien$^{13}$iɔŋ$^{21}$pien$^{35}$ke$^{53}$liaŋ$^{35}$kɔŋ$^{35}_{44}$.tso$^{21}$tsʰin$^{35}$nəŋ$^{13}$iəu$^{53}$pʰek$^{5}$ fu$^{21}$a$^{0}$,tso$^{21}$ʂəu$^{21}$pien$^{35}_{44}$tsʰiəu$^{53}$xe$^{53}_{21}$tsʰin$^{35}$nəŋ$^{13}_{21}$ŋa$^{0}$,iəu$^{53}$pien$^{35}_{44}$tsʰiəu$^{53}_{44}$xe$^{53}_{44}$pʰek$^{5}$ fu$^{21}$a$^{0}$,tsiəu$^{53}_{44}$pʰak$^{5}$ fu$^{21}$a$^{0}$,kai$^{53}_{44}$tsʰiəu$^{53}_{44}$təu$^{35}$xe$^{53}$sa$^{35}$ʂəu$^{21}$ua$^{0}$.｜我等个屋侧，箇祠堂里屋侧角上就有一坟祖地，呃，两边个～都蛮好，都生得蛮好。ŋai$^{13}$tien$^{0}$ e$^{0}$ uk$^{3}$ tset$^{3}$,kai$^{53}$tsʰʅ$^{13}$tʰɔŋ$^{13}_{44}$li$^{0}$ uk$^{3}$ tset$^{3}$ kɔk$^{3}$ xɔŋ$^{53}$tsʰiəu$^{53}$iəu$^{35}_{53}$iet$^{3}$ pʰən$^{13}$tsʅ$^{21}$tʰi$^{53}$,ə$_{21}$,iɔŋ$^{21}$pien$^{35}_{53}$ke$^{53}$sa$^{35}$ʂəu$^{21}$təu$^{35}_{53}$man$^{13}$xau$^{21}$,təu$^{35}_{44}$saŋ$^{35}_{44}$tek$^{3}$ man$^{13}$xau$^{21}$.

【洒】sai$^{21}$ 动散落：出个是渠都藉边上箇映～样出来哩唠。tʂʰət$^{3}$ ke$^{53}$ʂʅ$^{53}_{44}$ci$^{13}_{21}$təu$^{35}$tʂa$^{53}$pien$^{35}$ʂɔŋ$^{53}$kai$^{53}_{44}$iaŋ$^{53}_{21}$sai$^{21}$iɔŋ$^{53}$tʂʰət$^{3}$ lɔi$^{13}_{21}$li$^{0}$ lau$^{0}$.

【洒洒起】sai$^{21}$sai$^{21}$çi$^{21}$ 动因寒冷而颤抖：打比如今咁热个天呐你走下箇个卖冻货个箇个冰库里啊，你着件子褂子走啦去，你看下子看呐，你会寒毛菇～吗。嗯，六月伏天都会～。ta$^{21}$pi$^{21}$i$^{13}_{21}$cin$^{35}_{44}$kan$^{21}$ɲiet$^{5}$ ke$^{53}_{44}$tʰien$^{35}_{44}$na$^{0}$ɲi$^{13}$tsei$^{21}$(x)a$^{53}_{44}$kai$^{53}_{44}$ke$^{53}_{44}$mai$^{53}$təŋ$^{53}$fo$^{53}_{44}$ke$^{53}_{44}$kai$^{53}_{44}$ke$^{53}_{44}$pin$^{35}$kʰu$^{53}$li$^{0}$ a$^{0}$, ɲi$^{13}_{21}$tʂʰɔk$^{3}$ cʰien$^{53}$tsʅ$^{0}$ kua$^{53}$tsʅ$^{0}$ tsei$^{13}$la$^{0}$ çi$^{53}$, ɲi$^{13}_{21}$kʰɔn$^{53}_{44}$xa$^{53}_{44}$tsʅ$^{0}$ kʰɔn$^{53}_{44}$na$^{0}$, ɲi$^{13}_{21}$uɔi$^{53}_{44}$xɔn$^{13}$mau$^{13}_{44}$ku$^{35}_{44}$sai$^{21}$sai$^{21}$çi$^{21}$ma$^{0}$.n̩$_{21}$, liəuk$^{3}$ ɲiet$^{5}$ fuk$^{5}$ tʰien$^{35}_{44}$təu$^{35}_{53}$uɔi$^{53}$sai$^{21}$sai$^{21}$çi$^{21}$.

【鳃】sɔi$^{35}$ 名鱼类吸取水中氧气的器官：鱼子个～肚里有泥沙唦，系唔系？爱挖嘿去唦，破鱼子个时候子挖嘿去。ŋ̍$^{13}$tsʅ$^{0}$ ke$^{53}$sɔi$^{35}$təu$^{21}$li$^{0}$ iəu$^{35}$lai$^{13}$sa$^{35}_{44}$ʂa$^{0}$,xei$^{53}$me$^{53}$?ɔi$^{53}_{44}$ua$^{35}$xek$^{3}$ çi$^{53}_{44}$ʂa$^{0}$,pʰo$^{53}$ŋ̍$^{13}$tsʅ$^{0}$ ke$^{53}_{44}$ʂʅ$^{13}_{44}$xəu$^{53}_{44}$tsʅ$^{0}$ ua$^{35}$xek$^{3}$ çi$^{53}_{44}$.｜欸，你破鱼子真唔会，～都唔挖嘿去。e$_{21}$, ɲi$^{13}$pʰo$^{53}$ŋ̍$^{13}$tsʅ$^{0}$ tʂən$^{35}$n̩$^{13}$uɔi$^{53}$, sɔi$^{35}$təu$^{35}_{53}$n̩$^{13}_{21}$ua$^{35}$(x)ek$^{3}$ çi$^{53}$.

【腮】sɔi$^{35}$ 名腮帮子：牙齿痛啊，以映子～上就搽兜子箇个清凉油去也会好兜子嘞。ŋa$^{13}$tʂʰʅ$^{21}$ tʰəŋ$^{53}$ŋa$^{0}$,i$^{21}$iaŋ$^{53}_{44}$tsʅ$^{0}$ sɔi$^{35}$xɔŋ$^{53}_{44}$tsʰiəu$^{53}$tsʰa$^{13}$tei$^{35}_{53}$tsʅ$^{0}$ kai$^{53}_{44}$ke$^{53}_{44}$tsʰin$^{35}_{44}$liɔŋ$^{13}_{21}$iəu$^{13}$çi$^{53}$ia$^{35}$uɔi$^{53}$xau$^{21}$te$^{35}_{53}$tsʅ$^{0}$ lei$^{0}$.

【塞】set$^{3}$ 动①填充；放入：舞滴棉花～下子箇只。u$^{21}$tiet$^{5}$ mien$^{13}_{21}$fa$^{35}_{44}$set$^{3}$ xa$^{53}$tsʅ$^{0}$ kai$^{53}_{21}$tʂak$^{3}$. ②装。又称“袋、兜”：你搞么啊～下我袋子里来？ɲi$^{13}$kau$^{21}$mak$^{3}$ a$^{0}$ set$^{3}$ (x)a$^{53}_{44}$ŋai$^{13}$tʰɔi$^{53}$tsʅ$^{0}$ li$^{21}$lɔi$^{13}$?｜你～分我做么个？ɲi$^{13}_{21}$set$^{3}$ pən$^{35}_{44}$ŋai$^{13}$tso$^{53}$mak$^{3}$ ke$^{53}_{44}$? ③堵：耳朵～起来，唔听啊。ɲi$^{21}$to$^{21}$set$^{3}$ çi$^{21}$lɔi$^{13}_{21}$,n̩$^{13}$ tʰaŋ$^{35}$ŋa$^{0}$.比喻不听人说

【噻】se$^{0}$ 助用在陈述句或小句末，用于加强语气：摇水车搒踩水车。两起我都用过，只系好搞子用过～，好搞子用过。iau$^{13}$ʂei$^{21}$tʂʰa$^{35}_{44}$lau$^{35}_{44}$tsʰai$^{21}$ʂei$^{21}$tʂʰa$^{35}$.iɔŋ$^{21}$çi$^{21}$ŋai$^{13}$təu$^{35}_{44}$iəŋ$^{53}$ko$^{53}_{21}$,tʂʅ$^{21}$xei$^{53}$xau$^{21}$ kau$^{21}$tsʅ$^{0}$ iəŋ$^{53}_{44}$ko$^{53}_{44}$se$^{0}$,xau$^{21}$kau$^{21}$tsʅ$^{0}$ iəŋ$^{53}_{44}$ko$^{53}_{44}$.

【三】san$^{35}$ 数①二加一后所得的数目：～万五万 san$^{35}$uan$^{53}$ŋ̍$^{21}$uan$^{53}$三万至五万｜长凳就硬系～四个人坐。tʂʰɔŋ$^{13}$tien$^{53}$tsʰiəu$^{53}_{44}$ŋiaŋ$^{53}$xei$^{53}_{44}$san$^{35}$si$^{53}_{21}$cie$^{53}$ɲin$^{13}_{21}$tsʰo$^{35}$.｜欸有滴人是猪崽子畜起唔知几大唠，出

栏了，～四十斤呶，系唔系？ei$_{21}$iəu$^{35}$tet$^{5}$ɲin$^{13}_{44}$ʂʅ$^{53}_{44}$tʂəu$^{35}$tse$^{21}$tsɿ$^{0}$çiəuk$^{3}$çi$^{21}_{53}$n̩$^{13}$ti$^{35}_{53}$ci$^{21}$tʰai$^{53}$lau$^{0}$,tʂʰət$^{3}$lan$^{13}_{21}$liau$^{0}$,san$^{35}$si$^{53}_{21}$ʂət$^{5}$cin$^{53}_{44}$nau$^{0}$,xe$^{53}_{21}$me$^{53}_{44}$? ②表示序数，次序、排行为第三：最大个箇只年纪个孙子来讲啊，渠就有二叔公，～叔公，四叔公。tsei$^{53}_{44}$tʰai$^{53}$ke$^{53}_{44}$kai$^{53}_{44}$tʂak$^{3}$ɲien$^{13}$ci$^{21}_{44}$(k)e$^{53}_{44}$sən$^{35}$tsɿ$^{0}$ləi$^{13}_{21}$kəŋ$^{21}$ŋa$^{0}$,ci$^{13}$tsʰiəu$^{53}_{44}$iəu$^{35}$ɲi$^{53}$ʂəuk$^{3}$kəŋ$^{35}$,san$^{35}$ʂəuk$^{3}$kəŋ$^{35}$,si$^{53}$ʂəuk$^{3}$kəŋ$^{35}$.｜有大姨姝，细姨姝，二姨姝，～姨姝。iəu$^{35}_{21}$tʰai$^{53}$i$^{13}$ɔi$^{35}$,se$^{53}$i$^{13}$ɔi$^{35}$,ɲi$^{53}$i$^{13}$ɔi$^{35}$,san$^{35}$i$^{13}$ɔi$^{35}$.

【三叉灯】san$^{35}$tsʰa$^{35}$ten$^{35}$ 名有三个灯芯的煤油灯：～以前呃有照煤油个时候子我等箇映就有～呐。三只灯芯，汪光个。一般都挂下灶下，箇个做好事个时候子，夜晡看唔倒，舞只点只～。看过，我也看过，欸。真烧油哇，箇个东西真耗油哇。san$^{35}$tsʰa$^{35}_{44}$ten$^{35}_{44}$i$^{35}$tsʰien$^{13}_{21}$ə$_{21}$iəu$^{35}$tʂau$^{53}$mei$^{13}$iəu$^{13}_{21}$ke$^{53}$ʂʅ$^{13}_{44}$xəu$^{53}_{44}$tsɿ$^{0}$ŋai$^{13}$tien$^{0}$kai$^{53}_{44}$iaŋ$^{53}_{44}$tsʰiəu$^{53}_{44}$iəu$^{35}_{44}$san$^{35}_{44}$tsʰa$^{35}_{44}$ten$^{35}_{44}$na$^{0}$.san$^{35}$tʂak$^{3}$ten$^{35}_{44}$sin$^{35}_{44}$,uaŋ$^{35}$kəŋ$^{35}_{44}$ke$^{0}$.iet$^{3}$pɔn$^{35}$təu$^{35}_{44}$kua$^{53}$(x)a$^{53}_{44}$tsau$^{53}$xa$^{53}_{44}$,kai$^{53}_{44}$ke$^{53}_{44}$tso$^{53}$xau$^{21}$sɿ$^{53}$ke$^{53}$ʂʅ$^{13}_{44}$xəu$^{53}_{44}$tsɿ$^{0}$,ia$^{53}$pu$^{35}$kʰɔn$^{53}$n̩$^{13}_{21}$tau$^{21}$,u$^{21}$tʂak$^{3}$tian$^{21}$tʂak$^{3}$san$^{35}$tsʰa$^{35}_{44}$ten$^{35}_{44}$.kʰɔn$^{53}$ko$^{53}$,ŋai$^{13}$ia$^{53}_{44}$kʰɔn$^{53}$ko$^{0}$,e$_{21}$.tʂən$^{35}$ʂau$^{35}$iəu$^{13}$ua$^{0}$,kai$^{53}_{44}$(k)e$^{53}_{21}$təŋ$^{35}_{44}$si$^{0}$tʂən$^{35}$xau$^{53}$iəu$^{13}$ua$^{0}$.

【三长两短】san$^{35}$tʂʰəŋ$^{13}$iəŋ$^{21}$tən$^{21}$ 意外的灾难、变故，多指人的死亡：人是免唔得有只～嗐，系啊？呃，所以有一天，在世一天，就爱高高兴兴过一天，免得系～，眼珠一眯是么个都冇得哩。脚一伸是，嗨，么个都冇得哩。ɲin$^{13}$ʂʅ$^{53}_{44}$mien$^{35}$n̩$^{13}_{21}$tek$^{3}$iəu$^{35}$tʂak$^{3}$san$^{35}_{44}$tʂʰəŋ$^{13}_{21}$iəŋ$^{21}$tən$^{21}$no$^{0}$,xei$^{53}_{44}$a$^{0}$?ə$_{21}$,so$^{21}$i$^{35}_{44}$iəu$^{35}$iet$^{3}$tʰien$^{35}$,tsʰai$^{53}$ʂʅ$^{53}$iet$^{3}$tʰien$^{35}$,tsʰiəu$^{53}$ɔi$^{53}$kau$^{35}_{44}$kau$^{35}_{44}$çin$^{53}$çin$^{53}$ko$^{53}$(i)et$^{3}$tʰien$^{35}_{44}$,mien$^{35}$tek$^{3}$(x)e$^{53}_{44}$san$^{35}_{44}$tʂʰəŋ$^{13}_{21}$iəŋ$^{21}$tən$^{21}$,ŋan$^{21}$tʂəu$^{35}$iet$^{3}$mi$^{35}$ʂʅ$^{53}_{44}$mak$^{3}$e$^{0}$təu$^{35}_{53}$mau$^{13}_{21}$(t)ek$^{3}$li$^{0}$.ciɔk$^{3}$iet$^{3}$tʂʰən$^{35}$ʂʅ$^{53}_{44}$,xai$_{53}$,mak$^{3}$e$^{0}$təu$^{35}_{53}$mau$^{13}_{21}$(t)ek$^{3}$li$^{0}$.

【三齿耙】san$^{35}$tʂʰʅ$^{21}$pʰa$^{13}$ 名有三个齿的耙子：三只齿个铁扎安做～。我箇冇得～，只有两齿耙。san$^{35}$tʂak$^{3}$tʂʰʅ$^{21}$ke$^{53}$tʰiet$^{3}$tsait$^{3}$ɔn$^{35}_{44}$tso$^{53}_{44}$san$^{35}$tʂʰʅ$^{21}$pʰa$^{13}$.ŋai$^{13}$kai$^{53}$mau$^{13}_{21}$tek$^{3}$san$^{35}$tʂʰʅ$^{21}$pʰa$^{13}$,tʂʅ$^{21}$iəu$^{35}_{53}$iəŋ$^{21}$tʂʰʅ$^{21}$pʰa$^{13}$.

【三当六面】san$^{35}$təŋ$^{35}_{44}$liəuk$^{3}$mien$^{53}$ 指有关各方在证人或中间人在场时，议定有关事宜，各方面对面商谈：～来讲。～来写。san$^{35}$təŋ$^{35}_{44}$liəuk$^{3}$mien$^{53}$ləi$^{13}_{21}$kəŋ$^{21}$.san$^{35}$təŋ$^{35}_{44}$liəuk$^{3}$mien$^{53}$ləi$^{13}_{21}$sia$^{21}$.

【三栋屋】san$^{35}$təŋ$^{53}$uk$^{3}$ 指有三进的房子：箇个陈家桥箇映子就有只栏场安做三栋屋里。渠箇只张家祠堂三进，就安做～。还在，～。唔知做过哩嬲哈。但是以个～个张家祠堂还在。箇侧边开只饭店，欸话～餐馆安做，箇晡看倒哩。kai$^{53}_{44}$ke$^{53}_{44}$tʂʰən$^{13}_{21}$ka$^{35}_{44}$cʰiau$^{13}$kai$^{35}_{44}$iaŋ$^{53}_{44}$tsɿ$^{0}$tsʰiəu$^{53}_{44}$iəu$^{35}$tʂak$^{3}$laŋ$^{13}_{21}$tʂʰəŋ$^{13}_{21}$ɔn$^{35}_{53}$tso$^{53}$san$^{35}$təŋ$^{53}$uk$^{3}$li$^{0}$.ci$^{13}$kai$^{53}$tʂak$^{3}$tʂəŋ$^{35}$ka$^{35}_{44}$tsʰɿ$^{13}$tʰəŋ$^{35}_{44}$san$^{35}$tsin$^{35}$,tsʰiəu$^{53}_{44}$ɔn$^{35}_{44}$tso$^{53}_{44}$san$^{35}$təŋ$^{53}$uk$^{3}$.xan$^{13}_{21}$tsʰɔi$^{35}$,san$^{35}$təŋ$^{53}$uk$^{3}$.n̩$^{13}$ti$^{35}_{53}$tso$^{53}$ko$^{53}_{44}$li$^{0}$maŋ$^{13}_{44}$xa$^{0}$.tan$^{53}_{44}$sʅ$^{53}_{44}$i$^{21}$ke$^{53}_{21}$san$^{35}$təŋ$^{53}$uk$^{3}$ke$^{53}$tʂəŋ$^{35}$ka$^{35}_{53}$tsʰɿ$^{13}$tʰəŋ$^{13}_{21}$xan$^{13}_{21}$tsʰɔi$^{53}$.kai$^{53}_{44}$tset$^{3}$pien$^{35}_{44}$kʰɔi$^{35}_{44}$tʂak$^{3}$fan$^{53}$tian$^{53}$,e$_{21}$ua$^{53}$san$^{35}$təŋ$^{53}$uk$^{3}$tsʰɔn$^{35}$kɔn$^{21}$ɔn$^{35}_{44}$tso$^{53}_{44}$,kai$^{53}_{44}$pu$^{35}_{44}$kʰɔn$^{53}$tau$^{21}$li$^{0}$.

【三番两次】san$^{35}$fan$^{35}$iəŋ$^{21}$tsʰɿ$^{53}$ 屡次，多次：我等箇有只人真啰唆个人，讲只么个事嘞，打比箇到都同我讲只事，爱搞么个啊？爱同我对块岭岗，讲哩我话唔对，～走倒来寻我。硬烦躁。硬真六四。ŋai$^{13}$tien$^{0}$kai$^{53}$iəu$^{35}$tʂak$^{3}$ɲin$^{13}$tʂən$^{35}$lo$^{35}$so$^{35}_{44}$ke$^{53}$ɲin$^{13}_{21}$,kəŋ$^{21}$tʂak$^{3}$mak$^{3}$ke$^{53}_{44}$sɿ$^{53}$lei$^{0}$,ta$^{21}$pi$^{21}$kai$^{53}$tau$^{53}$təu$^{35}_{53}$tʰəŋ$^{13}_{44}$ŋai$^{13}_{44}$kəŋ$^{21}$tʂak$^{3}$sɿ$^{53}$,ɔi$^{53}$kau$^{21}$mak$^{3}$ke$^{53}$a$^{0}$?ɔi$^{53}$tʰəŋ$^{13}_{21}$ŋai$^{13}_{21}$ti$^{53}$kʰuai$^{53}$liaŋ$^{35}$kəŋ$^{35}_{44}$,kəŋ$^{21}$li$^{0}$ŋai$^{13}$ua$^{53}$n̩$^{13}$ti$^{53}$,san$^{35}$fan$^{35}$iəŋ$^{21}$tsʰɿ$^{53}$tsei$^{21}$tau$^{21}$ləi$^{13}_{21}$tsʰin$^{13}$ŋai$^{13}_{21}$.ɲiaŋ$^{53}$fan$^{13}$tsau$^{53}$.ɲiaŋ$^{53}$tʂən$^{35}$liəuk$^{3}$si$^{53}$.

【三番五次】san$^{35}$fan$^{35}$ŋ̍$^{21}$tsʰɿ$^{53}$ 屡次，多次：渠～寻我讲箇几百斤谷个条子个事。～寻我，硬冇哩咁讨嫌个箇只人都，冇哩咁六四个。ci$^{13}$san$^{35}$fan$^{35}$ŋ̍$^{21}$tsʰɿ$^{53}$tsʰin$^{13}$ŋai$^{13}$kəŋ$^{21}$kai$^{53}$ci$^{21}$pak$^{3}$cin$^{35}_{44}$kuk$^{3}$ke$^{53}$tʰiau$^{13}$tsɿ$^{0}$ke$^{53}_{44}$sɿ$^{53}$.san$^{35}$fan$^{35}$ŋ̍$^{21}$tsʰɿ$^{53}$tsʰin$^{13}_{21}$ŋai$^{13}_{21}$,ɲiaŋ$^{53}$mau$^{13}$li$^{0}$kan$^{21}$tʰau$^{21}$çian$^{13}$ke$^{53}$kai$^{53}$tʂak$^{3}$ɲin$^{13}_{44}$təu$^{35}_{44}$,mau$^{13}_{21}$li$^{0}$kan$^{21}$liəuk$^{3}$si$^{53}$ke$^{0}$.

【三伏】san$^{35}$fuk$^{5}$ 名指末伏：欸，我客姓人就话～就会搭秋。ei$_{21}$,ŋai$^{13}$kʰak$^{3}$sin$^{53}$ɲin$^{13}_{21}$tsʰiəu$^{53}_{44}$ua$^{53}_{44}$san$^{35}$fuk$^{5}$tsʰiəu$^{53}$uɔi$^{53}$tait$^{3}$tsʰiəu$^{35}$.

【三伏天】san$^{35}$fuk$^{5}$tʰien$^{35}$ 名从夏至后第三个庚日起，每十日为一伏，分别为初伏、中伏、末伏，这是一年中最炎热的时候：如今就系～呐。～从起伏开始，一直到末伏，箇一段时间都喊～。～是就系热人喏就系哟。旧年个～就嬲热倒哇，嬲热倒几多晡哇。i$^{13}_{21}$cin$^{35}_{44}$tsʰiəu$^{53}_{44}$xe$^{53}_{44}$san$^{35}$fuk$^{5}$tʰien$^{35}_{44}$na$^{0}$.san$^{35}$fuk$^{5}$tʰien$^{35}_{44}$tsʰəŋ$^{13}$çi$^{21}$fuk$^{5}$kʰɔi$^{35}$ʂʅ$^{21}$,iet$^{3}$tʂʰət$^{5}$tau$^{53}$mɔit$^{5}$fuk$^{5}$,kai$^{53}$iet$^{3}$tɔn$^{53}$ʂʅ$^{13}_{21}$kan$^{35}$təu$^{35}$xan$^{53}$san$^{35}$fuk$^{5}$tʰien$^{35}$.san$^{35}$fuk$^{5}$tʰien$^{35}_{44}$ʂʅ$^{53}_{44}$tsʰiəu$^{53}$xei$^{53}_{44}$ɲiet$^{5}$ɲin$^{13}_{21}$no$^{0}$tsʰiəu$^{53}_{44}$xei$^{53}_{44}$io$^{0}$.cʰiəu$^{53}$ɲien$^{13}_{21}$ke$^{53}_{44}$san$^{35}$fuk$^{5}$tʰien$^{35}$tsʰiəu$^{53}_{44}$maŋ$^{13}$ɲiet$^{5}$tau$^{21}$ua$^{0}$,maŋ$^{13}$ɲiet$^{5}$tau$^{21}$ci$^{21}$to$^{35}_{44}$pu$^{35}$ua$^{0}$.

【三更】san$^{35}$kaŋ$^{35}$ 名时间词。指第三更，约在半夜十二时：冇得么人讲四更，冇么人讲四更，只讲～。～半夜。五更天光噢。箇有。mau$^{13}_{21}$tek$^{3}$ mak$^{3}$ in$^{13}_{44}$kɔŋ$^{21}$si$^{53}$kaŋ$^{35}_{44}$,mau$^{13}_{21}$mak$^{3}$ in$^{13}_{44}$kɔŋ$^{21}$si$^{53}$kaŋ$^{35}_{44}$,tʂek$^{3}$kɔŋ$^{21}$san$^{35}_{44}$kaŋ$^{35}_{44}$.san$^{35}$kaŋ$^{35}_{44}$pan$^{53}$ia$^{53}$.ŋ̍$^{21}$kaŋ$^{35}_{44}$tʰien$^{35}_{44}$kɔŋ$^{35}$ŋau$^{0}$.kai$^{53}_{44}$iəu$^{35}$.

【三更半夜】san$^{35}$kaŋ$^{35}$pan$^{53}$ia$^{53}$ 深夜。又称“半夜三更”：都两种话法都有，欸，两种话法都……～，半夜三更，有都有。～更多。təu$^{35}_{44}$iəŋ$^{21}$tʂəŋ$^{21}$ua$^{53}$fait$^{3}$ təu$^{35}_{44}$iəu$^{35}_{44}$,e$_{21}$,iəŋ$^{21}$tʂəŋ$^{21}$ua$^{53}$fait$^{3}$ təu$^{35}_{44}$…san$^{35}$kaŋ$^{35}_{44}$pan$^{53}$ia$^{53}$,pan$^{53}$ia$^{53}$san$^{35}$kaŋ$^{35}$,iəu$^{35}_{21}$təu$^{35}_{21}$iəu$^{35}_{44}$.san$^{35}$kaŋ$^{35}_{44}$pan$^{53}$ia$^{53}$cien$^{53}$to$^{35}$.｜一更火烛二更贼，～五更鸡。iet$^{3}$kaŋ$^{35}$fo$^{21}$tʂəuk$^{3}$ni$^{53}$kaŋ$^{35}$tsʰiet$^{3}$,san$^{35}$kaŋ$^{35}$pan$^{53}$ia$^{53}$ŋ̍$^{21}$kaŋ$^{35}$ke$^{35}$.

【三工四日】san$^{35}$kəŋ$^{35}_{44}$si$^{53}$ɲiet$^{3}$ 形容时日多：嫽你～。liau$^{53}$ɲi$^{13}_{21}$san$^{35}$kəŋ$^{35}_{44}$si$^{53}$ɲiet$^{3}$.｜就时间蛮长就～唠。落你几天个水呀，落起个～啦。总落水呀，总去箇落啊，落你～啦。tsʰiəu$^{53}_{44}$ʂʅ$^{13}_{21}$kan$^{35}_{44}$man$^{13}_{21}$tʂʰəŋ$^{13}$tsʰiəu$^{53}_{44}$san$^{35}$kəŋ$^{35}$si$^{53}$ɲiet$^{3}$lau$^{0}$.lɔk$^{5}$ɲi$^{13}_{44}$ci$^{21}$tʰien$^{35}$ke$^{53}_{44}$ʂei$^{21}$ia$^{0}$,lɔk$^{5}$çi$^{21}$ke$^{53}_{21}$san$^{35}$kəŋ$^{35}_{44}$si$^{53}$ɲiet$^{3}$la$^{0}$.tsəŋ$^{21}$lɔk$^{5}$ʂei$^{21}$ia$^{0}$,tsəŋ$^{21}$çi$^{53}_{44}$kai$^{53}_{44}$lɔk$^{5}$a$^{0}$,lɔk$^{5}$ɲi$^{13}_{21}$san$^{35}$kəŋ$^{35}_{44}$si$^{53}$ɲiet$^{3}$la$^{0}$.

【三化子】san$^{35}$fa$^{53}$tsʅ$^{0}$ 名①指戏曲角色中的小花脸：有起话渠～。iəu$^{35}$çi$^{21}$ua$^{53}_{44}$ci$^{13}_{44}$san$^{35}$fa$^{53}$tsʅ$^{0}$.②俗称专爱逗人笑的人：潘长江箇样专门逗别人家笑箇人呢箇起个人，欸，专门逗别人家笑个咁个人，安做渠～啊。箇人就安做～啊。pʰan$^{35}$tʂʰəŋ$^{13}_{21}$ciəŋ$^{35}$kai$^{53}$iəŋ$^{53}$tʂen$^{35}$mən$^{13}_{21}$tei$^{35}$pʰiet$^{5}$in$^{13}_{44}$ka$^{35}_{44}$siau$^{53}$kai$^{53}_{44}$ɲin$^{13}$ne$^{0}$kai$^{53}_{44}$çi$^{21}$ke$^{53}$ɲin$^{13}_{21}$,e$_{21}$,tʂen$^{35}$mən$^{13}_{21}$tei$^{35}$pʰiet$^{5}$in$^{13}_{44}$ka$^{35}_{44}$siau$^{53}$ke$^{53}_{21}$kan$^{21}$ke$^{53}_{44}$ɲin$^{13}_{21}$,ɔn$^{35}_{44}$tso$^{53}_{44}$ci$^{13}_{21}$san$^{35}$fa$^{53}$tsa$^{0}$.kai$^{53}_{44}$ɲin$^{13}_{21}$tsiəu$^{53}_{44}$ɔn$^{35}_{44}$tso$^{53}_{44}$san$^{35}$fa$^{53}$tsa$^{0}$.

【三话两句】san$^{35}$ua$^{53}$iəŋ$^{21}$ci$^{53}$ 三言两语。指很少的几句话：莫啰唆，～讲啊去下嘛到底以只么个路子。mɔk$^{5}$lo$^{35}$so$^{35}_{44}$,san$^{35}$ua$^{53}$iəŋ$^{21}$ci$^{53}$kɔŋ$^{21}$ŋa$^{0}$çi$^{53}$xa$^{53}$ma$^{0}$tau$^{53}$ti$^{21}$i$^{21}$tʂak$^{3}$mak$^{3}$e$^{0}$ləu$^{53}$tsʅ$^{0}$.

【三家四屋】san$^{35}$ka$^{35}$si$^{53}$uk$^{3}$ 形容很多人家：～欸是上下屋家家去借食饭桌。san$^{35}$ka$^{35}_{44}$si$^{53}$uk$^{3}$e$_{44}$ʂʅ$^{53}_{44}$ʂəŋ$^{53}_{44}$xa$^{53}_{44}$uk$^{3}$ka$^{35}$ka$^{35}_{44}$çi$^{53}$tsia$^{53}$ʂət$^{5}$fan$^{53}$tsɔk$^{3}$.

【三间过套】san$^{35}$kan$^{35}$ko$^{53}$tʰau$^{53}$ 一种传统民居结构，由厅堂加左右各一间屋子组成的房子：过套，安做几多间过套。～，箇就中间只厅，一边一只间，就系～。还有五间过套。一边就两只间。以边两只间，箇边两只间，中间只厅子，五间。五间过套。我等箇只老屋以前就五间过套。ko$^{53}$tʰau$^{53}$,ɔn$^{35}$tso$^{53}_{44}$ci$^{21}$to$^{35}$kan$^{35}$ko$^{53}$tʰau$^{53}$.san$^{35}$kan$^{35}$ko$^{53}$tʰau$^{53}$,kai$^{53}_{44}$tsʰiəu$^{53}_{44}$tʂəŋ$^{35}$kan$^{35}_{44}$tʂak$^{3}$tʰaŋ$^{35}$,iet$^{3}$pien$^{35}$iet$^{3}$tʂak$^{3}$kan$^{35}$,tsʰiəu$^{53}_{44}$xe$^{53}_{44}$san$^{35}$kan$^{35}_{44}$ko$^{53}_{44}$tʰau$^{53}_{44}$.(x)ai$^{13}_{21}$iəu$^{35}_{53}$ŋ̍$^{21}$kan$^{35}$ko$^{53}$tʰau$^{53}$.iet$^{3}$pien$^{35}$tsʰiəu$^{53}_{44}$iəŋ$^{21}$tʂak$^{3}$kan$^{35}_{44}$.i$^{21}$pien$^{35}_{44}$iəŋ$^{21}$tʂak$^{3}$kan$^{35}_{44}$,kai$^{53}$pien$^{35}_{44}$iəŋ$^{21}$tʂak$^{3}$kan$^{35}_{44}$,tʂəŋ$^{35}$kan$^{35}_{44}$tʂak$^{3}$tʰaŋ$^{35}$tsʅ$^{0}$,ŋ̍$^{21}$kan$^{35}_{44}$.ŋ̍$^{21}$kan$^{35}$ko$^{53}$tʰau$^{53}$.ŋai$^{13}$tien$^{0}$kai$^{53}$tʂak$^{3}$lau$^{21}$uk$^{3}$i$^{35}_{44}$tsʰien$^{13}_{21}$tsʰiəu$^{53}_{44}$ŋ̍$^{21}$kan$^{35}_{44}$ko$^{53}$tʰau$^{53}$.

【三间四屋】san$^{35}$kan$^{35}_{44}$si$^{0}$uk$^{3}$ 附近的房间，多借指较大的范围：渠够吵个声音，扯炉个声音，传得几只间呢，～都去欸都听得倒哇。就传得几只间呢，就影响蛮阔个范围呀。～都听得倒。三只间四只屋啊就咁意思啊，就系影响个范围唔知几大。ci$^{13}$kei$^{53}$tsʰau$^{21}$ke$^{0}$ʂaŋ$^{35}$in$^{35}_{53}$,tʂʰa$^{21}$lu$^{13}$ke$^{0}$ʂaŋ$^{35}_{44}$in$^{35}_{44}$,tʂʰɔn$^{13}$tek$^{3}$ci$^{21}$tʂak$^{3}$kan$^{35}$ne$^{0}$,san$^{35}$kan$^{35}_{44}$si$^{53}$uk$^{3}$təu$^{35}_{44}$çi$^{53}_{44}$e$_{21}$təu$^{35}$tʰaŋ$^{35}$tek$^{3}$tau$^{21}$ua$^{0}$.tsʰiəu$^{53}$tʂʰɔn$^{13}$tek$^{3}$ci$^{21}$tʂak$^{3}$kan$^{35}$ne$^{0}$,tsʰiəu$^{53}$in$^{21}$çiəŋ$^{21}$man$^{13}$kʰɔit$^{3}$ke$^{0}$fan$^{53}$uei$^{13}_{21}$ia$^{0}$.san$^{35}$kan$^{35}_{44}$si$^{53}$uk$^{3}$təu$^{35}_{44}$tʰaŋ$^{35}$tek$^{3}$tau$^{21}$.san$^{35}$tʂak$^{3}$kan$^{35}$si$^{53}$tʂak$^{3}$uk$^{3}$a$^{0}$tsiəu$^{53}_{44}$kan$^{21}_{13}$i$^{53}$sʅ$^{0}$a$^{0}$,tsiəu$^{53}_{44}$xei$^{53}_{44}$in$^{21}$çiəŋ$^{21}$ke$^{0}$fan$^{53}$uei$^{13}_{21}$ŋ̍$^{13}$ti$^{35}_{53}$ci$^{21}$tʰai$^{53}$.｜箇个六月伏天死哩人呐，如果你唔采取措施啊，唔想办法呀，箇个臭味呀，系唔系啊？～都闻得倒。kai$^{53}_{44}$ke$^{53}_{44}$liəuk$^{3}$ɲiet$^{5}$fuk$^{5}$tʰien$^{35}_{44}$si$^{21}$li$^{0}$ɲin$^{13}$na$^{0}$,vy$^{13}$ko$^{21}_{44}$ɲi$^{13}_{44}$ŋ̍$^{13}$tsʰai$^{21}$tsʰi$^{21}$tsʰo$^{53}$ʂʅ$^{35}_{44}$a$^{0}$,ŋ̍$^{13}$siəŋ$^{21}$pʰan$^{53}$fait$^{3}$ia$^{0}$,kai$^{53}_{44}$ke$^{0}$tʂʰəu$^{53}$uei$^{53}$ia$^{0}$,xei$^{53}_{44}$me$^{53}_{44}$a$^{0}$?san$^{35}$kan$^{35}_{44}$si$^{53}$uk$^{3}$təu$^{35}_{44}$uən$^{13}_{44}$tek$^{3}$tau$^{21}$.

【三剑】san$^{35}$cian$^{53}$ 名毒蛇名：～就一种蛇，蛮毒，～是还蛮毒。真毒哇箇个蛇，分渠啮倒哩是冇哩治。san$^{35}$cian$^{53}$tsʰiəu$^{53}_{44}$iet$^{3}$tʂəŋ$^{21}$ʂa$^{13}$,man$^{13}$tʰəuk$^{5}$,san$^{35}$cian$^{53}$ʂʅ$^{53}_{44}$xai$^{13}$man$^{13}$tʰəuk$^{5}$.tʂən$^{35}$tʰəuk$^{5}$ua$^{0}$kai$^{53}$(k)e$^{53}$ʂa$^{13}_{21}$,pən$^{35}$ci$^{13}_{21}$ŋait$^{3}$tau$^{21}$li$^{0}$ʂʅ$^{53}_{21}$mau$^{13}$li$^{0}$tsʅ$^{53}$.｜最毒个就咁个么个～，脑壳都勵尖个箇起，～。tsei$^{53}$tʰəuk$^{5}$ke$^{53}_{44}$tsʰiəu$^{53}$kan$^{21}$ke$^{53}$mak$^{3}$e$^{0}$san$^{35}$cian$^{53}$,lau$^{21}$kʰɔk$^{3}$təu$^{35}_{44}$li$^{35}$tsian$^{35}$ke$^{53}$kai$^{53}_{44}$çi$^{21}_{44}$,san$^{35}$cian$^{53}$.

【三角】san$^{35}$kɔk$^{3}$ 名有三边的平面多边形，也指三角形的东西：砌箇只～，箇就安做刷扉。tsʰi$^{53}$kai$^{53}$tʂak$^{3}$san$^{35}$kɔk$^{3}$,kai$^{53}_{44}$tsʰiəu$^{53}_{44}$ɔn$^{35}_{44}$tso$^{53}_{44}$sɔit$^{3}$fei$^{35}$.

【三角灯】san$^{35}$kɔk$^{3}$tien$^{35}$ 名一种灯具，灯罩由三块玻璃做成，内有煤油灯壶：噢～，我看过，～。三块玻璃，系，有有有。欸用用铁做铁皮做个柱子，三块子玻璃，系。au$_{21}$san$^{35}$kɔk$^{3}$ten$^{35}_{44}$,ŋai$^{13}$kʰɔn$^{53}_{44}$ko$^{53}_{44}$,san$^{35}$kɔk$^{3}$ten$^{35}$.san$^{35}$kʰuai$^{53}_{21}$po$^{35}_{44}$li$^{0}$,xe$^{53}_{21}$,iəu$^{35}_{44}$iəu$^{35}_{44}$iəu$^{35}_{44}$.e$_{21}$iəŋ$^{53}_{44}$iəŋ$^{53}$tʰiet$^{3}$tso$^{53}_{44}$tʰiet$^{3}$pʰi$^{13}$tso$^{53}_{44}$ke$^{53}_{44}$tʂəu$^{53}$tsʅ$^{0}$,san$^{35}$kʰuai$^{53}_{21}$tsʅ$^{0}$po$^{35}$li$^{0}$,xe$^{53}_{21}$.

【三角豆腐】san$^{35}$kɔk$^{3}$tʰei$^{53}_{44}$fu$^{53}_{44}$ 名三角形的油炸豆腐：炮豆腐哇？欸，冇得么个情况。只有一种，死哩人嘞用～我等以个栏场。我等客家人，死哩人，食～，切成三只角呢。pʰau$^{13}_{21}$tʰei$^{53}_{44}$fu$^{53}_{44}$ua$^{0}$?e$_{21}$,mau$^{13}$tek$^{3}$mak$^{3}$(k)e$^{53}_{44}$tsʰin$^{13}_{21}$kʰɔŋ$^{53}$.tsʅ$^{21}$iəu$^{35}_{53}$iet$^{3}$tʂəŋ$^{21}$,si$^{21}$li$^{0}$ɲin$^{13}$lei$^{0}$iəŋ$^{53}$san$^{35}$kɔk$^{3}$tʰei$^{53}_{44}$fu$^{53}_{44}$ŋai$^{13}_{21}$

tien$^{0}$ i$^{21}$ke$^{53}$lɔŋ$_{21}$(←lan$^{13}$)tʂʰɔŋ$^{13}_{21}$.ŋai$^{13}_{21}$tien$^{0}$ kʰak$^{3}$ ka$^{35}_{44}$ɲin$^{13}_{21}$,si$^{21}$li$^{0}$ ɲin$^{13}$,ʂɔt$^{5}$ san$^{35}$kɔk$^{3}$ tʰei$^{53}$fu$^{53}_{44}$,tsʰiet$^{3}$ ʂaŋ$^{13}_{44}$san$^{35}$ tʂak$^{3}$ kɔk$^{3}$ nei$^{0}$.｜但是本地人就冇得咁个规矩。官渡箇只下背呀，整么个酒都用～。tan$^{53}$ʂʅ$^{53}$ pɔn$^{21}$tʰi$^{53}$ɲin$^{13}_{21}$tsʰiɔu$^{53}$mau$^{13}_{21}$tek$^{3}$ kan$^{21}$ke$^{53}_{44}$kuei$^{35}$tʂʅ$^{21}$.kɔn$^{35}$tʰɔu$^{53}_{44}$kai$^{53}_{21}$tʂak$^{3}$ xa$^{53}_{44}$pɔi$^{53}_{44}$ia$^{0}$,tʂaŋ$^{21}$mak$^{3}$ ke$^{53}$tsiɔu$^{21}$ tɔu$^{35}$iɔŋ$^{53}_{44}$san$^{35}$kɔk$^{3}$ tʰei$^{53}$fu$^{53}_{21}$.

【三角楼】san$^{35}$kɔk$^{3}$ lei$^{13}$ 名 三角形的楼房或顶部呈三角形的房子：有兜箇个铺子转弯个栏场啊唔系就有～呀？我个对门就有只～呀。iɔu$^{35}$te$^{35}_{53}$kai$^{53}_{44}$kei$^{53}_{44}$pʰu$^{53}$tsʅ$^{0}$ tʂuɔn$^{21}$uan$^{35}$ke$^{53}$laŋ$^{13}_{21}$tʂʰɔŋ$^{13}_{44}$ŋa$^{0}$ m̩$^{13}_{21}$ pʰe$^{53}$tsiɔu$^{53}_{44}$iɔu$^{35}_{44}$san$^{35}$kɔk$^{3}$ lei$^{13}_{21}$ia$^{0}$?ŋai$^{13}$ke$^{53}_{44}$ti$^{53}$mɔn$^{13}_{21}$tsʰiɔu$^{53}_{44}$iɔu$^{35}_{53}$tʂak$^{3}$ san$^{35}_{44}$kɔk$^{3}$ lei$^{13}_{21}$ia$^{0}$.

【三角形】san$^{35}$kɔk$^{3}$ çin$^{13}$ 名 有三边的平面多边形，也指三角形的东西。也称“三角形子”：～个扁章子 san$^{35}$kɔk$^{3}$ çin$^{13}_{21}$ke$^{53}_{44}$pien$^{21}$tʂɔŋ$^{35}$tsʅ$^{0}$ ｜我以只子指上天棋的棋子就系～。ŋai$^{13}$i$^{21}$tʂak$^{3}$ tsʅ$^{21}$tsʰiɔu$^{53}_{44}$xe$^{53}_{44}$ san$^{35}$kɔk$^{3}$çin$^{13}$.｜～子样滴唠？san$^{35}$kɔk$^{3}$ çin$^{13}_{44}$tsʅ$^{0}$ iɔŋ$^{53}_{44}$tiet$^{5}_{3}$ lau$^{0}$?

【三脚杈】san$^{35}$ciɔk$^{3}$ tsʰa$^{35}$ 名 用三条树棍扎起来做成的三脚支架：欸，～就系临时个，爱操只么个架搞只么个东西，舞三条树绨下倒，转做三只方向，系啊？绨下倒，就一只～。有哩只～，你就可以搁条树去，搁条横棍去，可以在箇只～箇映子嘞欸挂么个东西吊么个东西。可以掌起么个东西来。如今蛮多栽树渠都就用～。从三只方向掌稳渠。e$_{21}$,san$^{35}$ciɔk$^{3}$ tsʰa$^{35}$ tsʰiɔu$^{53}$xei$^{53}$lin$^{13}_{21}$ʂʅ$^{13}_{21}$ke$^{0}$,ɔi$^{53}$ciau$^{21}$tʂak$^{3}$ mak$^{3}$ e$^{0}$ ka$^{53}$kau$^{21}$tʂak$^{3}$ mak$^{3}$ e$^{0}$ tɔŋ$^{35}_{44}$si$^{0}$,u$^{21}$san$^{35}$tʰiau$^{13}_{21}$ʂɔu$^{53}$tʰak$^{3}$ (x)a$^{53}$ tau$^{21}$,tʂuɔn$^{21}$tso$^{53}_{21}$san$^{35}$tʂak$^{3}$ fɔŋ$^{35}_{44}$çiɔŋ$^{53}$,xei$^{53}_{44}$a$^{0}$?tʰak$^{3}$ (x)a$^{53}$tau$^{21}$,tsʰiɔu$^{53}_{44}$iet$^{3}$ tʂak$^{3}$ san$^{35}$ciɔk$^{3}$ tsʰa$^{35}$.iɔu$^{35}$li$^{0}$ tʂak$^{3}$ san$^{35}$ciɔk$^{3}$ tsʰa$^{35}$, ɲi$^{13}_{21}$tsiɔu$^{53}$kʰo$^{21}$i$^{21}_{53}$kɔk$^{3}$ tʰiau$^{13}$ʂɔu$^{53}$çi$^{53}_{44}$,kɔk$^{3}$ tʰiau$^{13}_{44}$uaŋ$^{13}$kuɔn$^{53}$çi$^{53}$,kʰo$^{21}$i$^{21}_{44}$tsʰai$^{53}$kai$^{53}$tʂak$^{3}$ san$^{35}$ ciɔk$^{3}$ tsʰa$^{35}$kai$^{53}_{44}$iaŋ$^{53}$tsʅ$^{0}$ lei$^{0}$ e$_{21}$kua$^{53}$mak$^{3}$ e$^{0}$ tɔŋ$^{35}_{44}$si$^{0}$ tiau$^{53}$mak$^{3}$ e$^{0}$ tɔŋ$^{35}_{44}$si$^{0}$.kʰo$^{21}$i$^{21}_{44}$tsʰaŋ$^{53}$çi$^{21}$mak$^{3}$ e$^{0}$ tɔŋ$^{35}_{44}$si$^{0}$ lɔi$^{13}_{21}$. i$^{21}$cin$^{35}_{44}$man$^{13}_{21}$to$^{35}_{44}$tsɔi$^{35}$ʂɔu$^{53}$ci$^{13}_{21}$tɔu$^{35}_{44}$tsʰiɔu$^{53}$iɔŋ$^{53}$san$^{35}$ciɔk$^{3}$ tsʰa$^{35}$.tsʰɔŋ$^{13}_{21}$san$^{35}$tʂak$^{3}$ fɔŋ$^{35}_{44}$çiɔŋ$^{53}$tsʰaŋ$^{53}$uɔn$^{21}$ci$^{13}_{21}$.

【三教牛子】san$^{35}$kau$^{35}$ɲiɔu$^{13}$tsʅ$^{0}$ 名 ①被教干农活的牛条子：发教了个牛子又安做发教牛子。箇起发教牛子嘞就唔知几调皮，欸，想走个时候子就同箇细人子样想走个时候子一跑，系唔系？唔想走个时候子嘞，就睡倒阙，同箇细人子样，箇起安做～，一二三个三。欸，就系爱经过三只阶段来教吧，三天来教吧。经过三次来教哇。爱经过几多蛮多次个教正会个牛子就安做～。fait$^{3}$ kau$^{35}$liau$^{21}$ke$^{0}$ ɲiɔu$^{13}_{21}$tsʅ$^{0}$ iɔu$^{53}$ɔn$^{35}_{53}$tso$^{53}$fait$^{3}$ kau$^{35}_{44}$ɲiɔu$^{13}_{21}$tsʅ$^{0}$.kai$^{53}$çi$^{21}_{44}$fait$^{3}$ kau$^{35}_{44}$ɲiɔu$^{13}_{21}$tsʅ$^{0}$ lei$^{0}$ tsʰiɔu$^{53}$ n̩$^{13}$ti$^{35}_{53}$ci$^{21}$tʰiau$^{53}$pʰi$^{13}$,e$_{21}$,siɔŋ$^{21}$tsei$^{21}$ke$^{53}$ʂʅ$^{13}_{44}$xɔu$^{53}_{44}$tsʅ$^{0}$ tsʰiɔu$^{53}_{44}$tʰɔŋ$^{13}_{21}$kai$^{53}_{44}$sei$^{53}$ɲin$^{13}_{21}$tsʅ$^{0}$ iɔŋ$^{53}$ siɔŋ$^{21}$tsei$^{21}$ke$^{53}$ʂʅ$^{13}_{44}$xɔu$^{53}_{44}$ tsʅ$^{0}$ iet$^{3}$ pʰau$^{21}$,xei$^{53}$me$^{53}$?n̩$^{13}$siɔŋ$^{21}$tsei$^{21}$ke$^{53}$ʂʅ$^{13}$ xɔu$^{53}_{44}$tsʅ$^{0}$ lei$^{0}$,tsʰiɔu$^{53}_{44}$ʂɔi$^{53}$tau$^{21}$liau$^{53}$,tʰɔŋ$^{13}_{21}$kai$^{53}_{44}$sei$^{53}$ɲin$^{13}_{21}$tsʅ$^{0}$ iɔŋ$^{53}$, kai$^{53}$çi$^{21}$ɔn$^{35}_{44}$tso$^{53}_{44}$san$^{35}$kau$^{35}_{44}$ɲiɔu$^{13}$tsʅ$^{0}$,iet$^{3}$ ɲi$^{53}$san$^{35}_{44}$ke$^{53}_{44}$san$^{35}$.e$_{21}$,tsʰiɔu$^{53}$xei$^{53}_{44}$ɔi$^{53}$cin$^{35}$ko$^{53}_{44}$san$^{35}$tʂak$^{3}$ kai$^{35}$tɔn$^{53}$nɔi$^{13}_{21}$ kau$^{35}$pa$^{0}$,san$^{35}$tʰien$^{35}_{44}$nɔi$^{13}_{21}$kau$^{35}_{44}$pa$^{0}$.cin$^{35}$ko$^{53}_{44}$san$^{35}$tsʰʅ$^{53}$lɔi$^{13}_{21}$kau$^{35}$ua$^{0}$.ɔi$^{53}$cin$^{35}$ko$^{53}$ci$^{21}$to$^{35}_{44}$man$^{13}$to$^{35}_{44}$tsʰʅ$^{53}$ke$^{53}_{21}$kau$^{35}$ tʂaŋ$^{53}_{44}$uɔi$^{53}$ke$^{53}$ɲiɔu$^{13}$tsʅ$^{0}$ tsʰiɔu$^{53}_{21}$ɔn$^{35}_{53}$tso$^{53}$san$^{35}$kau$^{35}_{44}$ɲiɔu$^{13}_{21}$tsʅ$^{0}$. ②喻指很调皮、需要教育的小孩子：以下就话细人子，“箇只细人子是就～样”。i$^{21}$xa$^{53}$tsʰiɔu$^{53}$ua$^{53}_{44}$sei$^{53}$ɲin$^{13}_{21}$tsʅ$^{0}$,"kai$^{53}$(tʂ)ak$^{3}$ sei$^{53}$ɲin$^{13}_{21}$tsʅ$^{0}$ ʂʅ$^{53}_{21}$ tsʰiɔu$^{53}$san$^{35}$kau$^{35}_{44}$ɲiɔu$^{13}$tsʅ$^{0}$ iɔŋ$^{53}$".

【三金】san$^{35}_{44}$cin$^{35}$ 名 金项链、金耳环、金戒指的总称：还讲下子～。金项链吧，金耳环吧，金戒指吧，箇只～吧？xai$^{13}_{21}$kɔŋ$^{21}$ŋa$^{53}$(←xa$^{53}$)tsʅ$^{0}$ san$^{35}$cin$^{35}$.cin$^{35}$çiɔŋ$^{53}$lien$^{53}$pa$^{0}$,cin$^{35}$ɲi$^{21}$fan$^{13}$pa$^{0}$,cin$^{35}$ kai$^{53}$tʂʅ$^{21}$pa$^{0}$,kai$^{53}_{44}$tʂak$^{3}$ san$^{35}$cin$^{35}$pa$^{0}$?

【三棱棍】san$^{35}$lin$^{13}$kuɔn$^{53}$ 名 一种野生植物：箇个么个么个～呐爱磨。～，嗯，有起箇东西，三只子脚杈子个。岭上箇欸野生植物。渠个……有兜像么个唠？有兜像花麦样个东西，～，三只掌子掌稳渠。渠有肚里有兜子粉呐，箇籽籽肚里啊。箇籽籽就有兜子像么个，有兜像角菜子样个东西。角菜子样个，渠箇肚里有粉，箇粉食得。也系岭上去捋倒来个，去捋呀。kai$^{53}$ke$^{53}$mak$^{3}$ e$^{0}$ mak$^{3}$ kei$^{53}_{44}$san$^{35}$lin$^{13}_{21}$kuɔn$^{53}$na$^{0}$ ɔi$^{53}_{44}$mo$^{53}$.san$^{35}$lin$^{13}$kuɔn$^{53}$,n̩$_{21}$,iɔu$^{35}$çi$^{21}$kai$^{53}_{44}$tɔŋ$^{35}_{44}$si$^{0}$,san$^{35}$tʂak$^{3}$ tsʅ$^{0}$ ciɔk$^{3}$ tsʰa$^{35}$tsʅ$^{0}$ ke$^{0}$ .liaŋ$^{35}$xɔŋ$^{53}$kei$^{53}_{44}$ei$_{21}$ia$^{35}$sen$^{35}_{44}$tʂʰɔt$^{5}$ uk$^{5}$ .ci$^{13}_{21}$kei$^{53}_{44}$…iɔu$^{35}$te$^{35}_{53}$tsʰiɔŋ$^{53}$mak$^{3}$ e$^{0}$ lau$^{0}$?iɔu$^{35}$te$^{35}_{53}$ tsʰiɔŋ$^{53}$fa$^{35}$mak$^{5}$ iɔŋ$^{53}_{44}$ke$^{53}_{44}$tɔŋ$^{35}_{44}$si$^{0}$,san$^{35}$lin$^{13}$kuɔn$^{53}$,san$^{35}$tʂak$^{3}$ tsʰaŋ$^{53}$tsʅ$^{0}$ tsʰaŋ$^{53}$uɔn$^{21}$ci$^{13}_{44}$.ci$^{13}_{21}$iɔu$^{35}$tɔu$^{21}$li$^{0}$ iɔu$^{35}$te$^{35}_{53}$ tsʅ$^{0}$ fɔn$^{21}$na$^{0}$,kai$^{53}$tsʅ$^{21}$tsʅ$^{21}$tɔu$^{21}$li$^{0}$ a$^{0}$ .kai$^{53}$tsʅ$^{21}$tsʅ$^{21}$tsʰiɔu$^{53}_{44}$iɔu$^{35}$te$^{35}_{53}$tsʅ$^{0}$ tsʰiɔŋ$^{53}$mak$^{3}$ e$^{0}$,iɔu$^{35}$te$^{35}_{53}$tsʰiɔŋ$^{53}$kɔk$^{3}$ tsʰɔi$^{53}$ tsʅ$^{0}$ iɔŋ$^{53}_{44}$ke$^{53}_{44}$tɔŋ$^{35}_{44}$si$^{0}$ .kɔk$^{3}$ tsʰɔi$^{53}$tsʅ$^{0}$ iɔŋ$^{53}_{44}$ke$^{53}_{44}$,ci$^{13}_{21}$kai$^{53}_{44}$tɔu$^{21}$li$^{0}$ iɔu$^{35}_{44}$fɔn$^{21}$,kai$^{53}_{44}$fɔn$^{21}$ʂʅt$^{5}$ tek$^{3}$ .ia$^{35}$xe$^{53}$liaŋ$^{35}$xɔŋ$^{53}$çi$^{53}$ lɔit$^{5}$ tau$^{21}$lɔi$^{13}_{21}$ke$^{0}$,çi$^{53}_{44}$lɔit$^{5}$ ia$^{0}$.

【三门橱】san$^{35}$mɔn$^{13}$tʂʰɔu$^{13}$ 名 并排安有三扇门的木橱：等得到三门橱了是箇是落尾个事了，三皮门个橱哇。ten$^{21}$tek$^{3}$ tau$^{53}$san$^{35}$mɔn$^{13}_{21}$tʂʰɔu$^{13}$liau$^{21}_{44}$ʂʅ$^{53}_{44}$kai$^{53}$ʂʅ$^{53}_{44}$lɔk$^{5}$ mi$^{35}_{44}$ke$^{0}$ sʅ$^{53}$liau$^{0}$,san$^{35}$pʰi$^{13}_{21}$mɔn$^{13}$ke$^{53}$ tʂʰɔu$^{13}$ua$^{0}$.

【三眠】san$^{35}$min$^{13}$ 动 蚕自出生至成蛹，蜕皮三次。蜕皮时，不食不动，呈睡眠状态，称为

S

"三眠"：～过哩以后就箇个吧？箇就会上蔟了吧？san$^{35}$min$^{13}$ko$^{53}_{44}$li$^{0}$ i$^{35}_{44}$xei$^{53}_{44}$ts$^{h}$iəu$^{53}_{44}$kai$^{53}_{44}$ke$^{53}_{44}$pa$^{0}$ ?kai$^{53}_{44}$ ts$^{h}$iəu$^{53}_{44}$uɔi$^{53}_{44}$ʂɔŋ$^{35}$ts$^{h}$əuk$^{5}$ liau$^{0}$ pa$^{0}$ ?

【三年两载】san$^{35}$ɲien$^{13}_{21}$iɔŋ$^{21}$tsai$^{21}$ 三两年：我又学开车看下过哩～看下箇学得下子会嘛学得渠熟兜子嘛哈？ŋai$^{13}$iəu$^{53}_{44}$xɔk$^{5}$ k$^{h}$ɔi$^{35}_{44}$tʂ$^{h}$a$^{35}$k$^{h}$ɔn$^{53}_{44}$na$^{53}_{44}$ko$^{53}$li$^{0}$ san$^{35}$ɲien$^{13}_{21}$iɔŋ$^{21}$tsai$^{21}$k$^{h}$ɔn$^{53}_{44}$na$^{53}_{44}$kai$^{53}$xɔk$^{5}$ tek$^{3}$ (x)a$^{53}_{44}$ tsɿ$^{0}$ uɔi$^{53}$ma$^{0}$ xɔk$^{5}$ tek$^{3}$ ci$^{13}_{21}$ʂəuk$^{5}$ te$^{35}_{44}$tsɿ$^{0}$ ma$^{0}$ xa$_{35}$?

【三年四载】san$^{35}$ɲien$^{13}_{21}$si$^{53}$tsai$^{21}$ 三四年，多年：有渠箇只人家呢讨倒新人舞归呢～都唔生崽个，就咁子去搞指骑龙送子唠。iəu$^{21}$ci$^{13}$kai$^{53}_{44}$tʂak$^{3}$ ɲin$^{13}_{21}$ka$^{35}_{44}$ne$^{0}$ t$^{h}$au$^{21}$tau$^{21}$sin$^{35}_{44}$ɲin$^{13}_{21}$u$^{21}$kuei$^{35}_{44}$ne$^{0}$ san$^{35}$ɲien$^{13}_{21}$si$^{53}$tsai$^{21}$ təu$^{35}_{44}$n̩$^{13}$saŋ$^{35}$tsɔi$^{21}$ke$^{35}_{44}$,tsiəu$^{53}$kan$^{21}$tsɿ$^{0}$ çi$^{53}$kau$^{21}$lau$^{0}$.

【三年五载】san$^{35}$ɲien$^{13}_{21}$ŋ̍$^{21}$tsai$^{21}$ 三五年，数年：过哩～，看下我娭子还蛮健嘛。ko$^{53}$li$^{0}$ san$^{35}$ɲien$^{13}_{21}$ ŋ̍$^{21}$tsai$^{21}$,k$^{h}$ɔn$^{53}$na$^{53}$ŋai$^{13}_{21}$ɔi$^{35}$tsɿ$^{0}$ xai$^{13}_{21}$man$^{13}_{21}$c$^{h}$ien$^{53}$ma$^{0}$.

【三日六夜】san$^{35}$ɲiet$^{3}$ liəuk$^{3}_{5}$ ia$^{53}$ 形容时日多：去人家屋下歇你～。çi$^{53}_{44}$ɲin$^{13}_{21}$ka$^{35}_{44}$uk$^{3}$ xa$^{35}_{44}$çiek$^{3}$ɲi$^{13}_{21}$san$^{35}$ ɲiet$^{3}$ liəuk$^{3}$ ia$^{53}$.

【三沙】san$^{35}$sa$^{35}_{44}$ 名 三合土。一种建筑材料，由石灰、黏土和细砂加水拌成。又称"三沙泥"：～吧？我等也喊～嘞。石灰，黄泥，沙公，我等箇映安做～。三沙一土七成灰，最好箇就。哟，总共十一份呢，嘿。系，系咁子念，三沙一土七成灰，系唔系？六成灰吧？可能系六成灰。六成灰，正系十份咯。哼，唔系会走着十一份哩吧！三沙一土就四份吵，七成灰样唔系就走倒十一呢？六成灰。硬系三沙咯。欸，六成灰。灰就石灰。一土就黄泥。san$^{35}$sa$^{35}_{44}$ pa$^{0}$ ?ŋai$^{13}_{21}$tien$^{0}$ ia$^{35}_{44}$xan$^{53}$san$^{35}$sa$^{35}_{44}$lei$^{0}$ .ʂak$^{5}$ fɔi$^{35}$,uɔŋ$^{13}$lai$^{13}$,sa$^{35}$kəŋ$^{35}$,ŋai$^{13}_{21}$tien$^{0}$ kai$^{53}_{44}$iaŋ$^{53}_{44}$ɔn$^{35}_{44}$tso$^{53}_{44}$san$^{35}$sa$^{35}_{44}$.san$^{35}$ sa$^{35}_{44}$iet$^{3}$ t$^{h}$əu$^{21}$ts$^{h}$iet$^{3}$ tʂ$^{h}$ən$^{13}_{21}$fɔi$^{35}$,tsei$^{53}$xau$^{21}$kai$^{53}_{44}$ts$^{h}$iəu$^{53}_{44}$.iau$_{44}$,tsəŋ$^{21}$k$^{h}$əŋ$^{53}_{21}$ʂət$^{5}$ iet$^{3}$ fən$^{53}_{44}$ne$^{0}$ ,xek$^{3}$ .xei$^{53}$,xei$^{53}$kan$^{21}$ tsɿ$^{0}$ ɲian$^{53}$,san$^{35}$sa$^{35}_{44}$iet$^{3}$ t$^{h}$əu$^{21}$ts$^{h}$iet$^{3}$ tʂ$^{h}$ən$^{13}_{21}$fɔi$^{35}$,xei$^{53}_{44}$me$^{53}_{44}$?liəuk$^{3}$ tʂ$^{h}$ən$^{13}_{21}$fɔi$^{35}$pa$^{0}$ ?k$^{h}$o$^{21}$lien$^{13}$xe$^{53}$liəuk$^{3}$ tʂ$^{h}$ən$^{13}$ fɔi$^{35}$.liəuk$^{3}$ tʂ$^{h}$ən$^{13}$fɔi$^{35}$,tʂaŋ$^{53}_{21}$xe$^{53}_{21}$ʂət$^{5}_{3}$ fən$^{53}$ko$^{0}$ .xən$_{21}$,m̩$^{13}_{21}$p$^{h}$e$^{53}_{44}$uɔi$^{53}_{44}$tsei$^{21}$tʂɔk$^{3}$ ʂət$^{5}$ iet$^{3}$ fən$^{53}_{44}$li$^{0}$ pa$^{0}$ !san$^{35}$sa$^{35}_{44}$iet$^{3}$ t$^{h}$əu$^{21}$ts$^{h}$iəu$^{53}_{44}$si$^{53}$fən$^{53}_{21}$ʂa$^{0}$ ,ts$^{h}$iet$^{3}$ tʂ$^{h}$ən$^{13}_{21}$fɔi$^{35}$iɔm$_{21}$me$^{53}_{35}$tsiəu$^{53}_{44}$tsei$^{21}$tau$^{21}$ʂət$^{5}$ iet$^{3}$ ne$^{0}$ ?liəuk$^{3}$ tʂ$^{h}$ən$^{13}_{21}$fɔi$^{35}_{44}$. ɲiaŋ$^{53}$ xei$^{53}_{21}$san$^{35}$sa$^{35}_{44}$ko$^{0}$ .e$_{53}$,liəuk$^{3}$ tʂ$^{h}$ən$^{13}$fɔi$^{35}$.fɔi$^{35}$ts$^{h}$iəu$^{53}_{44}$ʂak$^{5}$ fɔi$^{35}_{44}$.iet$^{3}$ t$^{h}$əu$^{21}$ts$^{h}$iəu$^{53}_{44}$uɔŋ$^{13}$lai$^{13}$.

【三沙泥】san$^{35}$sa$^{35}$lai$^{13}$ 名 三合土：以前就冇得水泥，尽用～。做屋起草脚啊用～。挖茅司凼啊用三沙泥。i$^{35}_{53}$ts$^{h}$ien$^{13}$ts$^{h}$iəu$^{53}$mau$^{13}$tek$^{3}$ ʂei$^{21}$lai$^{13}$,ts$^{h}$in$^{53}$iəŋ$^{53}_{21}$san$^{35}$sa$^{35}$lai$^{13}_{21}$.tso$^{53}$uk$^{3}$ çi$^{21}$ts$^{h}$au$^{21}$ciɔk$^{3}$ a$^{0}$ iəŋ$^{53}$ san$^{35}$sa$^{35}$lai$^{13}_{21}$.ua$^{35}$mau$^{13}_{21}$sɿ$^{35}_{44}$t$^{h}$əŋ$^{53}$ŋa$^{0}$ iəŋ$^{53}$san$^{35}$sa$^{35}$lai$^{13}_{21}$.

【三牲】san$^{35}$sien$^{35}$ 名 指用作祭品的鸡、鱼、猪肉：我就唔记得是不是还爱带～呢。ŋai$^{13}_{21}$ts$^{h}$iəu$^{53}$ n̩$^{13}$ci$^{53}$tek$^{3}$ ʂɿ$^{53}$pət$^{3}$ ʂɿ$^{53}$xa$^{13}_{21}$ɔi$^{53}_{44}$tai$^{53}$san$^{35}$sien$^{35}_{44}$nei$^{0}$.｜带滴子鸡鱼肉～。tai$^{53}_{44}$tiet$^{5}_{3}$ tsɿ$^{0}$ cie$^{35}$ŋ̍$^{13}_{21}$ɲiəuk$^{3}$ san$^{35}$sien$^{35}_{44}$.

【三十晡】san$^{35}$ʂət$^{5}$ pu$^{35}$ 名 指大年三十：渠等话过年箇晡，～唔知几攘。ci$^{13}_{21}$tien$^{0}$ ua$^{53}_{44}$ko$^{53}$ɲien$^{13}$ kai$^{53}_{44}$pu$^{35}_{44}$,san$^{35}$ʂət$^{5}$ pu$^{35}_{44}$n̩$^{13}_{21}$ti$^{35}_{44}$ci$^{21}$iɔŋ$^{53}_{44}$.

【三十晡夜晡】san$^{35}$ʂət$^{5}$ pu$^{35}$ia$^{53}$pu$^{35}$ 指除夕夜：～，箇一年个最后一天。欸，也讲"同～咁样，咁热闹"。～是本来是一通夜都唔睡目啊，还硬爱守岁，系唔系？嬲到天光呢。san$^{35}$ʂət$^{5}$ pu$^{35}_{44}$ ia$^{53}$pu$^{35}$,kai$^{53}_{44}$iet$^{3}$ ɲien$^{13}$ke$^{53}_{44}$tsei$^{53}$xei$^{53}_{44}$iet$^{3}$ t$^{h}$ien$^{35}_{44}$.ei$_{21}$,ia$^{35}$kəŋ$^{21}$"t$^{h}$əŋ$^{13}_{21}$san$^{35}$ʂət$^{5}$ pu$^{35}_{53}$ia$^{53}$pu$^{35}_{44}$kan$^{21}$iəŋ$^{53}$,kan$^{21}$ɲiet$^{5}$ lau$^{53}$".san$^{35}$ʂət$^{5}$ pu$^{35}_{44}$ia$^{53}$pu$^{35}_{53}$ʂɿ$^{53}_{44}$pən$^{21}$nɔi$^{13}$ʂɿ$^{53}_{44}$iet$^{3}$ t$^{h}$əŋ$^{35}$ia$^{53}$təu$^{35}_{44}$n̩$^{13}$ʂɔi$^{53}$muk$^{3}$ a$^{0}$ ,xai$^{13}_{21}$ɲiaŋ$^{53}_{44}$ɔi$^{53}_{44}$ʂəu$^{21}$sɔi$^{53}$,xei$^{53}_{44}$ me$^{53}_{44}$?liau$^{53}$tau$^{53}_{44}$t$^{h}$ien$^{35}_{44}$kəŋ$^{35}$ne$^{0}$.

【三时】san$^{35}$ʂɿ$^{13}$ 名 时候：嗯，箇～嘞渠也会话，也可能也就会咁子讲，欸。n̩$_{21}$,kai$^{53}$san$^{35}_{44}$ʂɿ$^{13}_{21}$lei$^{0}$ ci$^{13}_{21}$a$^{35}_{53}$uɔi$^{53}_{44}$ua$^{53}_{44}$,ia$^{35}$k$^{h}$o$^{21}$len$^{13}_{21}$ia$^{35}$ts$^{h}$iəu$^{53}$uɔi$^{53}_{44}$kan$^{21}$tsɿ$^{0}$ kəŋ$^{21}$,e$_{21}$.

【三世相】san$^{35}$ʂɿ$^{53}$siɔŋ$^{53}$ 名 相法之一。相传能预测世人之三世因果及吉凶等：箇只人是会看～啊。kai$^{53}$tʂak$^{3}$ɲin$^{13}_{21}$ʂɿ$^{53}_{21}$uɔi$^{53}$k$^{h}$ɔn$^{53}_{44}$san$^{35}$ʂɿ$^{53}_{44}$siɔŋ$^{53}$ŋa$^{0}$.

【三天两头】san$^{35}$t$^{h}$ien$^{35}$iɔŋ$^{21}$t$^{h}$ei$^{13}$ 形容次数频繁：我箇只孙子就有只细细子个欸箇个以前我赖子开只店子就开下箇只朱老板个租倒朱老板个屋。朱老板有只赖子嘞摎我箇只孙子嘞就同年，欸。欸，以下我等多年都赠租渠箇只屋了，但是渠两个人呢～又搞做一坨去哩，去嬲去哩，嬲做一坨去哩。一归来就寻渠，我孙子一归来就寻渠嬲，～嬲做一坨。ŋai$^{13}$kai$^{53}$(tʂ)ak$^{3}$ sən$^{35}$ tsɿ$^{21}$ts$^{h}$iəu$^{53}_{44}$iəu$^{35}$tʂak$^{3}$ sei$^{53}$se$^{53}$tsɿ$^{0}$ kei$^{53}_{44}$e$_{21}$kai$^{53}_{44}$kei$^{53}_{44}$i$^{35}_{53}$ts$^{h}$ien$^{13}_{21}$ŋai$^{13}$lai$^{53}$tsɿ$^{0}$ k$^{h}$ɔi$^{35}$tʂak$^{3}$ tian$^{53}$tsɿ$^{0}$ ts$^{h}$iəu$^{53}_{21}$k$^{h}$ɔi$^{35}_{44}$ia$^{53}_{44}$ kai$^{53}_{44}$tʂak$^{3}$ tʂəu$^{35}$lau$^{21}$pan$^{21}$ke$^{53}_{44}$tsɿ$^{35}$tau$^{21}$tʂəu$^{35}$lau$^{21}$pan$^{21}$ke$^{53}$uk$^{3}$ .tʂəu$^{35}$lau$^{21}$pan$^{21}$iəu$^{35}$tʂak$^{3}$ lai$^{53}$tsɿ$^{0}$ le$^{0}$ lau$^{35}_{53}$ŋai$^{13}$ kai$^{53}$tʂak$^{3}$ sən$^{35}$tsɿ$^{0}$ le$^{0}$ ts$^{h}$iəu$^{53}$t$^{h}$əŋ$^{13}_{21}$ɲien$^{13}$,e$_{21}$.ei$_{21}$,i$^{21}$xa$^{53}_{44}$ŋai$^{13}_{21}$tien$^{0}$ to$^{35}$ɲien$^{13}_{21}$təu$^{35}_{53}$maŋ$^{13}_{21}$tsɿ$^{35}_{44}$ci$^{13}_{21}$kai$^{53}$tʂak$^{3}$ uk$^{3}$ liau$^{0}$,tan$^{53}$ʂɿ$^{53}$ci$^{13}_{21}$iɔŋ$^{21}$ke$^{53}$ɲin$^{13}_{21}$ne$^{0}$ san$^{35}$t$^{h}$ien$^{35}_{44}$iɔŋ$^{21}$t$^{h}$ei$^{13}$iəu$^{53}$kau$^{21}$tso$^{53}$(i)et$^{3}$ t$^{h}$o$^{13}$çi$^{53}$li$^{0}$ ,çi$^{53}_{44}$liau$^{53}$çi$^{53}$li$^{0}$ ,liau$^{53}$ tso$^{53}$iet$^{3}$ t$^{h}$o$^{13}$çi$^{53}$li$^{0}$ .iet$^{3}$ kuei$^{35}$lɔi$^{13}_{21}$ts$^{h}$iəu$^{53}$ts$^{h}$in$^{13}_{21}$ci$^{13}$,ŋai$^{13}_{21}$sən$^{35}$tsɿ$^{0}$ iet$^{3}$ kuei$^{35}$lɔi$^{13}_{21}$tsiəu$^{53}$ts$^{h}$in$^{13}_{21}$ci$^{13}_{21}$liau$^{53}$,san$^{35}$

S

tʰien$^{35}_{44}$iəŋ$^{21}$tʰei$^{13}$liau$^{53}$tso$^{53}$(i)et$^{3}$tʰo$^{13}$.

【三万五万】san$^{35}$uan$^{53}$ŋ̍$^{21}$uan$^{53}$ 介于三万和五万之间的数目：借钱呢借哩几千块钱万把块钱就肯做开张条子，上哩～是转更爱开条子了，钱更多嘛，系啊？tsia$^{53}$tsʰien$^{13}_{21}$ne$^{0}$ tsia$^{53}$li$^{0}$ ci$^{21}$tsʰien$^{35}_{44}$ kʰuai$^{53}$tsʰien$^{35}_{44}$uan$^{53}$pa$^{21}$kʰuai$^{53}$tsʰien$^{13}_{44}$tsʰiəu$^{53}$xen$^{21}$tso$^{53}_{44}$kʰɔi$^{35}_{44}$tʂɔŋ$^{35}_{44}$tʰiau$^{13}$tsʅ$^{0}$,ʂɔŋ$^{35}$li$^{0}$ san$^{35}$uan$^{53}$ŋ̍$^{21}$uan$^{53}$ʂʅ$^{53}_{44}$ tʂuɔn$^{21}$cien$^{53}$ɔi$^{53}$kʰɔi$^{35}$tʰiau$^{13}_{21}$tsʅ$^{0}$ liau$^{0}$,tsʰien$^{13}_{21}$cien$^{53}_{44}$to$^{35}$ma$^{0}$,xei$^{53}_{44}$a$^{0}$?

【三五十个】san$^{35}$ŋ̍$^{21}$ʂət$^{5}$ke$^{53}$ 介于三十和五十之间的数量：一只班呐～同学。～同学还好兜子，上哩六十几个同学欸箇就真苦了教书个人呐。iet$^{3}$tʂak$^{3}$pan$^{35}$na$^{0}$ san$^{35}$ŋ̍$^{21}$ʂət$^{5}$ke$^{53}$tʰəŋ$^{13}$çiɔk$^{5}_{3}$.san$^{35}$ŋ̍$^{21}$ ʂət$^{5}$ke$^{53}$tʰəŋ$^{13}_{21}$çiɔk$^{5}$ xai$^{13}_{21}$xau$^{21}$te$^{35}_{53}$tsʅ$^{0}$,ʂɔŋ$^{35}$li$^{0}$ liəuk$^{3}$ ʂət$^{5}$ ci$^{21}$ke$^{53}_{44}$tʰəŋ$^{13}_{21}$çiɔk$^{5}$ ei$^{0}$ kai$^{53}_{44}$tsʰiəu$^{53}_{44}$tʂən$^{35}$kʰu$^{21}$liau$^{0}$ kau$^{35}_{44}$ ʂəu$^{35}_{44}$ke$^{53}$ɲin$^{13}_{21}$na$^{0}$.

【三心两意】san$^{35}$sin$^{35}$iəŋ$^{21}$i$^{53}$ 形容注意力不集中、意志不坚定：撞怕我坐倒以映子做事都有兜子～，搞唔得，要唔得，爱集中精力。～要唔得。tsʰɔŋ$^{21}$pʰa$^{53}$ŋai$^{35}_{21}$tsʰo$^{35}$tau$^{21}$i$^{21}$iaŋ$^{53}$tsʅ$^{0}$ tso$^{53}$sʅ$^{53}$təu$^{35}_{44}$ iəu$^{35}$te$^{35}_{53}$tsʅ$^{0}$ san$^{35}_{44}$sin$^{35}_{44}$iəŋ$^{21}$i$^{53}$,kau$^{21}$n̍$^{13}$tek$^{3}$,iau$^{53}$n̍$^{13}_{21}$tek$^{3}$,ɔi$^{53}_{44}$tsʰiet$^{5}$ tʂəŋ$^{35}_{44}$tsin$^{35}_{44}$liet$^{5}$ .san$^{35}_{44}$sin$^{35}_{44}$iəŋ$^{21}$i$^{53}$iau$^{53}$n̍$^{13}_{21}$tek$^{3}$.

【三言两语】san$^{35}$ɲien$^{13}$iəŋ$^{21}$ɲi$^{21}$/ɲy$^{21}$ 形容言语简短：搞以只东西就～就搞唔得啊，欸，硬有兜东西客姓话硬爱讲清呐要。kau$^{21}$i$^{21}$(tʂ)ak$^{3}$ təŋ$^{35}_{44}$si$^{0}$ tsʰiəu$^{53}$san$^{35}$ɲien$^{13}_{21}$iəŋ$^{21}$ɲy$^{21}$tsʰiəu$^{53}$kau$^{21}$n̍$^{13}_{44}$tek$^{3}$ a$^{0}$ ,ei$_{21}$, ɲiaŋ$^{53}$iəu$^{35}$te$^{35}_{53}$təŋ$^{35}_{44}$si$^{0}$ kʰak$^{3}$ sin$^{53}$fa$^{53}$ɲiaŋ$^{53}$ɔi$^{53}$kɔŋ$^{21}$tsʰin$^{35}$na$^{0}$ iau$^{53}_{21}$.

【三一三十一】san$^{35}$iet$^{3}$ san$^{35}$ʂət$^{5}$ iet$^{3}$ 形容分得很均匀：～嘞，分得蛮平噢。san$^{35}$iet$^{3}$ san$^{35}$ʂət$^{5}$ iet$^{3}$ le$^{0}$ ,fən$^{35}$tek$^{3}$ man$^{13}$pʰiaŋ$^{13}$ŋau$^{0}$.

【三月藨】san$^{35}$ɲiet$^{5}$ pʰau$^{35}$ 名 山莓。叶子像草莓，叶背有刺：野藨子肚里还有么个～。欸，还有……～最出名唠，也好食唠。～就唔系乌藨子啦，～就鲜红子个啦，蛮好啦。乌藨子嘞硬墨乌个，紫色了。ia$^{35}$pʰau$^{35}_{44}$tsʅ$^{0}$ təu$^{21}$li$^{0}$ xai$^{13}$iəu$^{35}_{44}$mak$^{3}$ e$^{0}$ san$^{35}$ɲiet$^{5}$ pʰau$^{35}_{44}$.e$_{21}$,xai$^{13}$iəu$^{35}_{53}$⋯san$^{35}$ɲiet$^{5}$ pʰau$^{35}_{44}$ tsei$^{53}$tʂʰət$^{3}$ miaŋ$^{13}$lau$^{0}$ ,ia$^{35}_{44}$xau$^{21}$ʂət$^{5}$ lau$^{0}$ .san$^{35}$ɲiet$^{5}$ pʰau$^{35}_{44}$tsʰiəu$^{53}$m̍$^{13}$pʰe$^{53}$u$^{35}$pʰau$^{35}_{44}$tsʅ$^{0}$ la$^{0}$ ,san$^{35}$ɲiet$^{5}$ pʰau$^{35}_{44}$ tsʰiəu$^{53}_{21}$çien$^{35}$fəŋ$^{13}_{44}$tsʅ$^{0}$ ke$^{53}_{44}$la$^{0}$ ,man$^{13}$xau$^{21}$la$^{0}$ .u$^{35}$pʰau$^{35}_{44}$tsʅ$^{0}$ lei$^{0}$ ɲiaŋ$^{53}_{44}$mek$^{5}$ u$^{35}$ke$^{0}$ ,tsʅ$^{21}$sek$^{3}$ liau$^{0}$ .｜真好食，箇～真好食嘞。tʂən$^{35}$xau$^{21}$ʂət$^{5}$ ,kai$^{53}_{44}$san$^{35}_{44}$ɲiet$^{5}_{3}$ pʰau$^{35}_{44}$tʂən$^{35}$xau$^{21}$ʂət$^{5}$ lei$^{0}$.

【三朝】san$^{35}$tʂau$^{35}$ 名 ①结婚后的第三天：今晡个结婚酒样，明晡过一天，后日晡就～。～就回门。cin$^{35}$pu$^{35}_{44}$ke$^{53}$ciet$^{3}$ fən$^{35}_{44}$tsiəu$^{21}$iəŋ$^{53}_{44}$,miaŋ$^{13}$pu$^{35}_{44}$ko$^{53}$iet$^{3}$ tʰien$^{35}_{44}$,xei$^{35}$ɲiet$^{3}$ pu$^{35}_{44}$tsʰiəu$^{53}_{44}$san$^{35}_{21}$tʂau$^{35}_{44}$.san$^{35}_{44}$ tʂau$^{35}_{44}$tsiəu$^{53}_{44}$fei$^{13}_{21}$mən$^{13}_{21}$. ②小孩出生后的第三天，通常要置酒庆祝：～渠指干爷就爱来嘞。san$^{35}$tʂau$^{35}_{44}$ ci$^{13}_{21}$tsʰiəu$^{53}$ɔi$^{53}_{44}$lɔi$^{13}$le$^{0}$.

【三朝酒】san$^{35}$tʂau$^{35}_{44}$tsiəu$^{21}$ 名 新生儿出生后的第三天举行的庆祝酒筵。也简称“三朝”：箇就不一定呶。反正渠箇只细人子出哩世以后嘞爱搞餐酒。你可以做三朝，～。你可以做十朝，十天，十朝酒。欸，可以做半月酒，可以做满月酒，最迟就满月凑。kai$^{53}_{44}$tsʰiəu$^{53}_{44}$pət$^{3}$ iet$^{3}$ tʰin$^{53}$ nau$^{0}$ .fan$^{21}$tʂən$^{53}$ci$^{13}_{44}$kai$^{53}$tʂak$^{3}$ sei$^{53}$ɲin$^{13}_{21}$tsʅ$^{0}$ tʂʰət$^{3}$ li$^{0}$ ʂʅ$^{53}$i$^{35}$xei$^{53}_{44}$lei$^{0}$ ɔi$^{53}_{44}$kau$^{21}$tsʰɔn$^{35}_{44}$tsiəu$^{21}$. ɲi$^{21}$kʰo$^{21}$i$^{35}_{44}$tso$^{53}$san$^{35}$ tʂau$^{35}_{44}$,san$^{35}$tʂau$^{35}_{44}$tsiəu$^{21}$. ɲi$^{21}$kʰo$^{21}$i$^{35}_{44}$tso$^{53}$ʂət$^{5}$ tʂau$^{35}_{44}$,ʂət$^{5}$ tʰien$^{35}_{44}$,ʂət$^{5}$ tʂau$^{35}_{44}$tsiəu$^{21}$.e$_{21}$,kʰo$^{21}$i$^{35}$tso$^{53}_{44}$pan$^{53}$ɲiet$^{5}$ tsiəu$^{21}$,kʰo$^{21}$i$^{35}$tso$^{53}$man$^{35}$ɲiet$^{5}$ tsiəu$^{21}$,tsei$^{53}$tʂʰʅ$^{13}_{44}$tsiəu$^{53}_{44}$man$^{35}$ɲiet$^{5}$ tsʰe$^{0}$.

【伞】san$^{53}$ 名 挡雨或遮太阳的用具，长柄，圆顶，可张可收。又称“遮子”：一把～iet$^{3}$ pa$^{21}$ san$^{53}$

【伞把】san$^{53}$pa$^{53}_{44}$ 名 伞下方供手握的柄：话箇只人真轻啊，飘轻啊，𫠊长身体呀，箇个～都扛得起。ua$^{53}$kai$^{53}$tʂak$^{3}$ ɲin$^{13}_{21}$tʂən$^{35}$cʰiaŋ$^{35}$ŋa$^{0}$ ,pʰiau$^{35}$cʰiaŋ$^{35}$ŋa$^{0}$ ,maŋ$^{13}$tʂɔŋ$^{21}$ʂən$^{35}$tʰi$^{21}$ia$^{0}$ ,kai$^{53}_{21}$ke$^{53}_{21}$san$^{53}$pa$^{53}_{44}$təu$^{35}_{44}$ kʰuai$^{21}$tek$^{3}$ çi$^{21}$.

【伞菌子】san$^{53}$cʰin$^{35}$tsʅ$^{0}$ 名 一种菌子：～，安做～啰。欸把伞样个。其实都系一把伞样欸，但是唔知让门箇起就搞么个安做～。欸，一把伞样。san$^{53}$cʰin$^{35}$tsʅ$^{0}$ ,ɔn$^{35}_{44}$tso$^{53}_{44}$san$^{53}$cʰin$^{35}_{44}$tsʅ$^{0}$ lo$^{0}$ .e$_{44}$pa$^{21}$ san$^{21}$iəŋ$^{53}_{44}$ke$^{53}_{44}$.cʰi$^{13}$ʂət$^{5}$ təu$^{35}$xei$^{53}$iet$^{3}$ pa$^{21}$san$^{21}$iəŋ$^{53}$ŋe$^{0}$ ,tan$^{53}_{44}$ʂʅ$^{53}$n̍$^{13}$ti$^{35}_{44}$ɲiəŋ$^{53}_{44}$mən$^{0}$ kai$^{53}$çi$^{21}$tsʰiəu$^{53}_{44}$kau$^{21}$mak$^{3}$ ke$^{53}_{44}$ ɔn$^{35}_{44}$tso$^{53}_{44}$san$^{53}$cʰin$^{35}_{44}$tsʅ$^{0}$ .e$_{21}$,iet$^{3}$ pa$^{21}$san$^{53}$iəŋ$^{53}_{44}$.

【伞柱】san$^{21}$tʂʰəu$^{35}$ 名 檐下的屋柱：做哩～就安做拔哩伞。tso$^{53}$li$^{0}$ san$^{21}$tʂʰəu$^{35}$tsʰiəu$^{53}$ɔn$^{35}_{44}$tso$^{53}_{44}$pʰait$^{5}$ li$^{0}$ san$^{21}$.｜渠指厢房甚至可以唔爱墙，就四只～上。ci$^{13}$ʂən$^{53}$tʂʅ$^{53}_{44}$kʰo$^{21}$i$^{35}_{44}$m̍$^{13}_{21}$mɔi$^{53}_{35}$tsʰiɔŋ$^{13}_{21}$,tsʰiəu$^{53}$si$^{53}$tʂak$^{3}$ san$^{21}$tʂʰəu$^{35}$ʂɔŋ$^{35}$.

【伞柱不】san$^{21}$tʂʰəu$^{35}$tən$^{21}$ 名 柱顶石；柱础：欸，伞柱就系屋柱。以前个老屋啊，伞柱底下舞只大石头做～，石不。底下，欸，貉地面箇映子，渠就分箇只伞柱垫高哩啊，底下一垄就冇事殊啊，因为树做个啊。圆个，一只鼓子样个，一面鼓子样做倒。就我赖子店门口就有只～

呢，渠舞倒唔知哪映捡倒个～跍倒箇映子承下子东西，承下子唠。箇个多得是，冇人爱。e$_{21}$,san$^{21}$tʂʰəu$^{35}$tsʰiəu$^{53}$xe$^{53}$uk$^{3}$tʂʰəu$^{35}$.i$^{35}_{53}$tsʰien$^{13}_{21}$ke$^{53}$lau$^{21}$uk$^{3}$a$^{0}$,san$^{21}$tʂʰəu$^{35}$tei$^{21}$xa$^{53}$u$^{21}$tʂak$^{3}$tʰai$^{53}$ʂak$^{5}$tʰei$^{13}_{21}$tso$^{53}$ san$^{21}$tʂʰəu$^{35}$tən$^{21}$,ʂak$^{5}$tən$^{21}$.tei$^{21}$xa$^{53}$,e$_{21}$, ɲia$^{35}$tʰi$^{53}$mien$^{53}_{44}$kai$^{53}_{44}$iaŋ$^{53}$tsɿ$^{0}$,ci$^{13}$tsʰiəu$^{53}_{44}$pən$^{35}$kai$^{53}$(tʂ)ak$^{3}$san$^{21}$tʂʰəu$^{35}$ tʰian$^{53}$kau$^{35}$li$^{0}$a$^{0}$,tei$^{21}$xa$^{53}$(i)et$^{3}$tsʰo$^{53}$tsʰiəu$^{53}$mau$^{13}_{21}$sɿ$^{53}$mət$^{3}$a$^{0}$,in$^{35}$uei$^{53}_{44}$ʂəu$^{53}$tso$^{53}_{21}$ke$^{53}_{21}$a$^{0}$.ien$^{13}$ke$^{53}$,iet$^{3}$tʂak$^{3}$ku$^{21}$ tsɿ$^{0}$iɔŋ$^{53}$ŋe$^{0}$,iet$^{3}$mien$^{53}$ku$^{21}$tsɿ$^{0}$iɔŋ$^{53}$tso$^{53}$tau$^{21}$.tsʰiəu$^{53}$ŋai$^{13}$lai$^{53}$tsɿ$^{0}$tian$^{53}$mən$^{13}_{21}$xei$^{21}$tsʰiəu$^{53}_{44}$iəu$^{35}_{53}$tʂak$^{3}$san$^{21}$tʂʰəu$^{35}_{53}$ tən$^{21}$ne$^{0}$,ci$^{13}$u$^{21}$tau$^{21}$n̩$^{13}$ti$^{35}_{53}$la$^{53}$iaŋ$^{53}$cian$^{21}$tau$^{21}$ke$^{53}$san$^{21}$tʂʰəu$^{35}$tən$^{21}$ku$^{35}_{44}$tau$^{21}_{44}$kai$^{53}$iaŋ$^{53}$tsɿ$^{0}$ʂən$^{13}$na$^{53}$tsɿ$^{0}$təŋ$^{35}$si$^{0}$, ʂən$^{13}$na$^{53}_{44}$tsɿ$^{0}$lau$^{0}$.kai$^{53}$kei$^{53}_{44}$to$^{35}_{44}$tek$^{3}$ʂʅ$^{53}$,mau$^{13}_{21}$ɲin$^{13}_{44}$ɔi$^{53}$.

【散金】san$^{21}$cin$^{35}$ [动]埋葬的尸体自然腐坏：养尸地呀，也话总都唔～呐。箇个死尸唔腐烂呢，箇肌肉唔腐烂呢。我等箇映有只老子就系以到，有只箇样老子，渠个娭子死哩。渠娭子死哩以后十几年了，去捡地，哦呵，赠殊唠，赠殊咁呶。捡唔得唠。就只好扬风啊。舞床晒簟遮稳下子啊。等渠去殊呐。又搞嘿几个月年多年把呀再去捡呐。再去捡骨头呀。iɔŋ$^{35}$ʂʅ$^{35}_{44}$tʰi$^{53}$ ia$^{0}$,ia$^{21}$ua$^{53}_{44}$tsəŋ$^{21}$təu$^{35}_{44}$n̩$^{13}$san$^{21}$cin$^{35}$na$^{0}$.kai$^{53}_{44}$ke$^{53}_{44}$si$^{21}$ʂʅ$^{35}_{44}$m̩$^{13}_{21}$fu$^{21}$lan$^{53}$ne$^{0}$,kai$^{53}_{44}$ci$^{35}$ɲiəuk$^{3}$m̩$^{13}_{21}$fu$^{21}$lan$^{53}$ne$^{0}$.ŋai$^{13}_{21}$tien$^{0}$ kai$^{53}_{44}$iaŋ$^{53}_{44}$iəu$^{35}_{44}$tʂak$^{3}$lau$^{21}$tsɿ$^{0}$tsiəu$^{53}_{44}$xei$^{53}_{44}$i$^{21}_{44}$tau$^{0}$,iəu$^{35}$tʂak$^{3}$kai$^{53}_{44}$iɔŋ$^{53}_{44}$lau$^{21}$tsɿ$^{0}$,ci$^{13}_{21}$ke$^{53}_{44}$ɔi$^{35}$tsɿ$^{0}$si$^{21}$li$^{0}$.ci$^{13}_{21}$ɔi$^{35}$tsɿ$^{0}$si$^{21}$ li$^{0}$i$^{35}_{44}$xei$^{53}_{44}$ʂət$^{5}$ci$^{21}$ɲien$^{13}_{21}$niau$^{0}$,çi$^{53}_{44}$cian$^{21}$tʰi$^{53}$,o$_{44}$xo$_{35}$,maŋ$^{13}$mət$^{3}$lau$^{0}$,maŋ$^{13}$mət$^{3}$kan$^{35}_{44}$nau$^{0}$.cian$^{21}$n̩$^{13}_{21}$tek$^{3}$ lau$^{0}$.tsʰiəu$^{53}_{44}$tʂʅ$^{21}$xau$^{21}$iɔŋ$^{13}$fəŋ$^{35}$ŋa$^{0}$.u$^{21}$tsʰɔŋ$^{13}$sai$^{53}$tʰian$^{53}$tʂa$^{35}$uən$^{21}$na$^{53}$tsa$^{0}$.tien$^{21}$ci$^{13}$çi$^{53}$mət$^{3}$na$^{0}$.iəu$^{53}$kau$^{21}$xek$^{3}$ ci$^{21}$cie$^{53}$ɲiet$^{5}$ɲien$^{13}$to$^{35}_{44}$ɲien$^{13}$pa$^{21}$ia$^{0}$tsai$^{53}$çi$^{53}_{44}$cian$^{21}$na$^{0}$.tsai$^{53}$çi$^{53}_{44}$cian$^{21}$kuət$^{3}$tʰei$^{0}$ia$^{0}$.

【散煤】san$^{21}$mi$^{13}$/mei$^{13}$ [名]未加工成型的煤炭：箇煤正拖倒来个就系～。～肚里就有块子。kai$^{53}_{44}$mei$^{13}$tʂaŋ$^{53}$tʰo$^{35}$tau$^{21}$lɔi$^{13}_{21}$ke$^{53}$tsʰiəu$^{53}$xei$^{53}$san$^{21}$mi$^{13}$.san$^{21}$mei$^{13}$təu$^{21}$li$^{0}$tsʰiəu$^{53}_{44}$iəu$^{35}$kʰuai$^{21}$tsɿ$^{0}$.

【散生子】san$^{21}$saŋ$^{35}$tsɿ$^{0}$ [名]指五十以上的非整十岁的生日：以下其余个嘞就安做～，六十二呀七十三呐八十四呀，箇个就～。箇整十个就大生。i$^{21}$xa$^{53}$cʰi$^{13}_{21}$ʮ$^{13}_{21}$ke$^{53}_{44}$lei$^{0}$tsʰiəu$^{53}$ɔn$^{35}_{53}$tso$^{53}$san$^{21}$saŋ$^{35}$tsɿ$^{0}$, liəuk$^{3}$ʂət$^{5}$ɲi$^{53}$ia$^{0}$tsʰiet$^{3}$ʂət$^{5}$san$^{35}$na$^{0}$pait$^{3}$ʂət$^{5}$si$^{53}$ia$^{0}$,kai$^{53}$ke$^{53}_{44}$tsʰiəu$^{53}_{44}$san$^{21}$saŋ$^{35}$tsɿ$^{0}$.kai$^{53}_{44}$tʂən$^{21}$ʂət$^{5}$ke$^{0}$tsʰiəu$^{53}_{44}$ tʰai$^{53}$saŋ$^{35}$.｜有兜人就～都做生日，喜欢仰。箇个大生日是更会做生日了，更会做了。iəu$^{35}$te$^{35}_{53}$ ɲin$^{13}_{44}$tsʰiəu$^{53}_{44}$san$^{21}$saŋ$^{35}$tsɿ$^{0}$təu$^{35}_{44}$tso$^{53}$saŋ$^{35}_{44}$ɲiet$^{3}$,çi$^{21}$fɔn$^{35}$ɲiɔŋ$^{21}$.kai$^{53}_{44}$ke$^{53}_{44}$tʰai$^{53}$saŋ$^{35}$ɲiet$^{3}$ʂʅ$^{53}_{44}$cien$^{53}$uɔi$^{53}_{44}$tso$^{53}$saŋ$^{35}$ ɲiet$^{3}$liau$^{0}$,cien$^{53}$uɔi$^{53}_{44}$tso$^{53}$liau$^{0}$.

【散纸】san$^{21}$tʂʅ$^{21}$ [名]不加包装地烧的纸钱：正落气呀，唔系烧～欸，就烧整箱整箱个纸欸。tʂaŋ$^{53}_{44}$lɔk$^{5}_{3}$çi$^{53}$ia$^{0}$,n̩$^{13}$tʰe$_{44}$(←xe$^{53}$)ʂau$^{35}$san$^{21}$tʂʅ$^{21}$e$^{0}$,tsʰiəu$^{53}_{44}$ʂau$^{35}_{44}$tʂən$^{21}$siɔŋ$^{35}$tʂən$^{21}$siɔŋ$^{35}$ke$^{53}_{44}$tʂʅ$^{21}$e$^{0}$.

【散籽】san$^{21}$tsɿ$^{21}$ [动]谷子变得壮实并分散开来：～渠嘞渠首先出下出来就是出下出来就箇个谷子𥤀拢𥤀拢吵。系唔系啊？渠还然后渠就会打开来去灌浆吵。灌哩浆了，就安做～，系。渠就，渠个箇个箇个一只谷子一只谷子会要会丫开来，会会会隔……箇只距离分开来。叫做～。～以后就勾头。/系呀。/系系咁子个。/系咁子个。/安做～。san$^{21}$tsɿ$^{21}$ci$^{13}_{21}$le$^{0}$ci$^{13}_{44}$ʂəu$^{21}$ sien$^{35}_{44}$tʂət$^{3}$la$_{44}$(←xa$^{53}$)tʂət$^{3}$lɔi$^{13}_{21}$tsʰiəu$^{53}_{44}$ʂʅ$^{53}_{44}$tʂʰət$^{3}$la$^{53}$(←xa$^{53}$)tʂət$^{3}$lɔi$^{13}_{21}$tsʰiəu$^{53}_{21}$kai$^{53}$ke$^{53}$kuk$^{3}$tsɿ$^{0}$ɲia$^{13}_{21}$ləŋ$^{21}_{44}$ɲia$^{13}_{21}$ ləŋ$^{21}_{44}$ʂa$^{0}$.xei$^{53}_{44}$me$^{53}_{44}$a$^{0}$?ci$^{13}_{21}$xa$^{13}_{44}$ven$^{13}$xei$^{53}$ci$^{13}_{21}$tsʰiəu$^{53}_{44}$uɔi$^{53}_{44}$ta$^{21}$kʰɔi$^{35}$lɔi$^{13}$çi$^{53}_{44}$kɔn$^{53}$tsiɔŋ$^{35}$ʂa$^{0}$.kɔn$^{53}$li$^{0}$tsiɔŋ$^{35}$ liau$^{21}$,tsʰiəu$^{53}_{44}$ɔn$^{35}_{44}$tso$^{53}_{44}$san$^{21}$tsɿ$^{21}$,xei$^{53}$.ci$^{13}_{21}$tsʰiəu$_{44}^{53}$,ci$^{13}_{21}$ke$^{53}_{44}$kai$^{53}_{44}$ke$^{53}_{44}$kai$^{53}_{44}$ke$^{53}_{44}$iet$^{3}$tʂak$^{3}$kuk$^{3}$tsɿ$^{0}$iet$^{3}$tʂak$^{3}$kuk$^{3}$tsɿ$^{0}$ uɔi$^{53}_{44}$iau$^{53}_{44}$uɔi$^{53}_{44}$ŋa$^{35}$kʰɔi$^{35}_{44}$lɔi$^{13}_{21}$,uɔi$^{53}_{44}$uɔi$^{53}_{44}$uɔi$^{53}_{44}$kak$^{3}$…kai$^{53}_{44}$tʂak$^{3}$tɕy$^{53}$li$^{13}$fən$^{35}$kʰɔi$^{35}$lɔi$^{13}_{21}$.tɕiau$^{53}$tso$^{53}$san$^{21}$tsɿ$^{21}$.san$^{21}$ tsɿ$^{21}$i$^{35}_{44}$xei$^{53}_{44}$tsʰiəu$^{53}_{44}$kei$^{35}_{44}$tʰei$^{13}$./xei$^{53}$ia$^{0}$./xe$^{53}$xe$^{53}_{35}$kan$^{21}$tsɿ$^{0}$ke$^{53}_{44}$./xe$^{53}_{44}$kan$^{21}$tsɿ$^{0}$ke$^{53}_{44}$./ɔn$^{35}_{44}$tso$^{53}_{44}$san$^{21}$tsɿ$^{21}$.

【散】san$^{53}$ [动]①撒：～牛粪 san$^{53}$ɲiəu$^{13}$pən$^{53}$。②消散：一只疱子，敷滴药去，～嘿哩，安做散药。iet$^{3}$tʂak$^{3}$pa$^{35}$tsɿ$^{0}$,fu$^{35}$tet$^{5}_{3}$iɔk$^{5}$çi$^{53}_{44}$,san$^{53}$nek$^{3}$(←xek$^{3}$)li$^{0}$,ɔn$^{35}_{44}$tso$^{53}_{44}$san$^{53}$iɔk$^{5}$.

【散寒】san$^{53}$xɔn$^{13}$ [动]中医学名词，指散除寒邪的一种治法：去寒气呀，～呶安做。tʂʰʮ$^{53}$xɔn$^{13}$ çi$^{53}$ia$^{0}$,san$^{53}$xɔn$^{13}$nau$^{0}$ɔn$^{35}_{44}$tso$^{53}_{44}$.

【散戏】san$^{53}$çi$^{53}$ [动]演出结束，观众离去：～了 san$^{53}$çi$^{53}$liau$^{21}$

【散学】san$^{53}$xɔk$^{5}$/çiɔk$^{5}$ [动]学校里结束半天或全天的课程后，放学生回家：散哩学归来就做爆竹嘞。san$^{53}$li$^{0}$çiɔk$^{5}$kuei$^{35}$lɔi$^{13}_{44}$tsʰiəu$^{53}_{44}$tso$^{53}$pau$^{53}$tʂəuk$^{3}$lei$^{0}$.

【散药】san$^{53}$iɔk$^{5}$ [名]搽在未破皮的伤处用来活血散瘀的药，如田七等：一只疱子，敷滴药去，散嘿哩，安做～。iet$^{3}$tʂak$^{3}$pa$^{35}$tsɿ$^{0}$,fu$^{35}$tet$^{5}_{3}$iɔk$^{5}$çi$^{53}_{44}$,san$^{53}$nek$^{3}$(←xek$^{3}$)li$^{0}$,ɔn$^{35}_{44}$tso$^{53}_{44}$san$^{53}$iɔk$^{5}$.

【散早】san$^{53}$tsau$^{21}$ [动]丧事结束后设宴招待客人：送倒箇个，埋嘿哩死人你爱，箇棺材送嘿岭上去哩嘞，我等就归来食早饭，安做散早饭。欸，～。箇就搞完哩了哇。死人埋嘿哩滴话。还有客咁多客送渠，还有滴人大家来送渠还山咯，还爱归来食餐饭咯。有滴栏场呢食哩饭来还山，我等就还哩山来食饭。我等客姓人呢就系还哩山归来食早饭。箇餐饭昼滴子。出殡是唔知几早噢，撞怕赠天光啊。客来唔得咁早嘞。客就一般就人越多越好咯，有咁多，又有花圈咯，有锣鼓咯，又有龙咯，箇有滴几百人送噢，送渠还山呢。越人越多就越有面子啊。欸，送下岭上去啊。送倒去箇个，除哩箇起旗，锣鼓带归来，箇个花圈就不要哩吵，不要带归来吵，放下地坟塘里吵，系唔系？sɔŋ53 tau21 kai53 ke53/44, mai13 xek3 li0 si21 ɲin13 ni13/21 ɔi53/44, kai53/44 kɔn35 tsʰɔi13/21 sɔŋ53 xek3 liaŋ35 xɔŋ53/44 çi53 li0 lei0, ŋai13 tien0 tsʰiɔu53/44 kuei35 lɔi13/21 ʂɔt5 tsau21 fan53, ɔn35/44 tso53/44 san53 tsau21 fan53. e21, san53 tsau21. kai53/21 tsʰiɔu53/44 kau21 ien13 li0 liau0 ua0. si21 ɲin13 mai13 ek3 li0 tiet5 ua53/44. xai13/21 iɔu35 kʰak3 kan21 to35/44 kʰak3 sɔŋ53 ci13/44, xai13/21 iɔu35 tet5 ɲin13 tʰai13/44 cia35/44 lɔi13/21 sɔŋ53 ci13/21 fan13/21 san35 ko0, xa13/21 ɔi13/44 kuei35/44 lɔi13/44 ʂɔt5 tsʰɔn35/44 fan35 ko0. iɔu35 tiet5 laŋ13/21 tʂʰɔŋ13/21 nei0 ʂɔt5 li0 fan53 lɔi13/21 fan13/21 san35, ŋai13 tien0 tsʰiɔu53/44 fan13 li0 san35/44 nɔi13/21 ʂɔt5 fan53. ŋai13/21 tien0 kʰak3 sin53 ɲin13/21 nei0 tsʰiɔu53/44 xe53/44 fan13 ni0 san35 kuei35 lɔi13/21 ʂɔt5 tsau21 fan53. kai53/44 tsʰɔn35 fan53 tʂɔu53 tiet5 tsɿ0. tʂʰɔt3 pin53 ʂɿ53/44 n̩13 ti35/44 ci21 tsau21 uau0, tsʰɔŋ21 pʰa53 maŋ13 tʰien35/44 kɔŋ35 ŋa0. kʰak3 lɔi13 n̩13/44 tek3 kan21 tsau21 le0. kʰak3 tsʰiɔu53 iet3 pɔn35 tsʰiɔu53/44 ɲin13 uet5 to35/44 uet5/3 xau21 ko0, iɔu35/44 kan21 to35/44, iɔu53/44 iɔu35/44 fa35 cʰien35 ko0, iɔu35 lo13 ku21 ko0, iɔu53/44 iɔu35/44 liɔŋ13 ko0, kai53/44 iɔu35 tet5 ci21 pak3 ɲin13 sɔŋ53 ŋau0, sɔŋ53 ci13/21 fan13/21 san35 ne0. uet5 ɲin13 uet5 to35/44 tsʰiɔu53/44 uet5/3 iɔu35 mien53 tsa0. e21, sɔŋ53 xa53/44 liaŋ35 xɔŋ53/44 çi53/44 a0. sɔŋ53 tau21 çi53/44 kai53/44 ke53/44, tʂʰɔu13 li0 kai53 çi21 cʰi13, lo13 ku21 tai53 kuei35 lɔi13/21, kai53/44 ke53/44 fa35 cʰien35/44 tsʰiɔu53/44 pɔt3 iau53/44 li0 ʂa0, pɔt3 iau53/44 tai53/44 kuei35 lɔi13/21 ʂa0, fɔŋ53/44 xa53/44 tʰi53 fɔn13/21 tʰɔŋ13/21 li0 ʂa0, xei53/44 me53/44?

【散早饭】san53 tsau21 fan53 [名]丧事结束招待送葬客人的酒席：送倒箇个，埋嘿哩死人你爱，箇棺材送嘿岭上去哩嘞，我等就归来食早饭，安做～。sɔŋ53 tau21 kai53 ke53/44, mai13 xek3 li0 si21 ɲin13 ni13/21 ɔi53/44, kai53/44 kɔn35 tsʰɔi13/21 sɔŋ53 xek3 liaŋ35 xɔŋ53/44 çi53 li0 lei0, ŋai13 tien0 tsʰiɔu53/44 kuei35 lɔi13/21 ʂɔt5 tsau21 fan53, ɔn35/44 tso53/44 san53 tsau21 fan53.

【丧事】sɔŋ35 sɿ53 [名]指人死后殓葬、哀悼等事情。又称“白喜事”：哪晡个日子架势搞～啊？lai53 pu35 ke53/44 ɲiet3 tsɿ0 cia53 ʂɿ53 kau21 sɔŋ35 sɿ53/44 a0?

【桑树】sɔŋ35 ʂɔu53 [名]落叶灌木，叶子可以喂蚕：箇阵子早几年我等以映畜蚕个时候子啊，到处系～，嗯，河坝里呀路边上啊到处系～。以下蚕虫也有人畜哩，蚕也有人畜哩，～也唔爱哩。欸，～蔸都挖嘿哩。kai53 tʂʰən53 tsɿ0 tsau21 ci21 ɲien13/21 ŋai13 tien0 i21 iaŋ53 çiɔuk3 tsʰan13 ke53 ʂɿ13 xɔu53/44 tsɿ0 a0, tau53 tʂʰɔu53/44 xe53/21 sɔŋ35 ʂɔu53, n̩21, xo13 pa53 li0 ia0 lɔu53 pien35/44 xɔŋ53 ŋa0 tau53 tʂʰɔu53/44 xe53/44 sɔŋ35 ʂɔu53. i21 xa53 tsʰan13 tʂʰɔŋ13/21 a35/53 mau13/44 ɲin13/44 çiɔuk3 li0, tsʰan13 na53/53 mau13/21 ɲin13/21 çiɔuk3 li0, sɔŋ35 ʂɔu53/44 ua35/53 m̩13/21 mɔi53 li0. e21, sɔŋ35/44 ʂɔu53 tei35 tɔu35/53 uait3 (x)ek3 li0.

【桑树藨子】sɔŋ35 ʂɔu53 pʰau35 tsɿ0 [名]桑葚：箇晡我去张坊中学，箇只老师提一袋桑葚。我话：“以只东西系桑树上个吧？”渠话：“系，安做桑葚。”我话食只子试下子，渠话你食嘞。我试下子，欸就系桑树上～。kai53 pu35/53 ŋai13/21 çi53 tʂɔŋ35 xɔŋ35/44 tʂɔŋ35/44 çiɔk5, kai53 tʂak3 lau21 sɿ35/44 tʰia35 iet3 tʰɔi53 sɔŋ35 ʂən53. ŋai13 ua53:"i21 tʂak3 tɔŋ35/44 si0 xei53 sɔŋ35 ʂɔu53 xɔŋ53/44 ke53/44 pa0?" ci13/44 (u)a53/44:"xei53, ɔn35/44 tso53/44 sɔŋ35 ʂən53." ŋai13 ua53/44 ʂɔt5 tʂak3 tsɿ0 ʂɿ53 xa53 tsɿ0, ci13/44 ua53/44 ni13 ʂɔt5 lei0. ŋai13 ʂɿ53 xa53/44 tsɿ0, e0 tsʰiɔu53 xe53/44 sɔŋ35 ʂɔu53 xɔŋ53/44 sɔŋ35 ʂɔu53 pʰau35 tsɿ0.

【桑叶】sɔŋ35 iait5 [名]桑树的叶子：桑树上就有～欸，嗯，摘倒去畜蚕虫。sɔŋ35 ʂɔu53 xɔŋ53/44 tsʰiɔu53/44 iɔu35/44 sɔŋ35 iait5/3 e0, n̩21, tsak3 tau21 çi53 çiɔuk3 tsʰan13 tʂʰɔŋ13. | ～还可以做药，嗯，舞倒热天个时候子箇泡凉茶肚里爱放兜子～去，清凉败毒话，主要就凉，退热个是。sɔŋ35 iait5 xai13/21 kʰo21 i35 tso53 iɔk5, n̩44, u21 tau21 ɲiet5 tʰien35/44 ke53 ʂɿ13 xɔu53 tsɿ0 kai53 pʰau53 liɔŋ13 tsʰa13/44 tɔu21 li0 ɔi53 fɔŋ53 te35/53 tsɿ0 sɔŋ35 iait5 çi53/44, tsʰin35 liɔŋ13 pʰai53 tʰɔuk5 ua53/21, tʂɿ21 iau53 tsʰiɔu53 liɔŋ13, tʰi53 ɲiet5 ke53/44 ʂɿ53/44.

【搡】sɔŋ21 [动]撒：欸，晒盐干子嘞都爱咁子晒正哩唔太十分燥个时候子就爱～兜糖去，或者～兜子箇个欸～兜子糖～兜子盐。箇盐就莫多哩，就咁子～。曳倒去就安做～。e21, sai53 ian13 kɔn35 tsɿ0 le0 tɔu35 ɔi53 kan21 tsɿ0 sai53 tʂaŋ53 li0 n̩13 tʰai53 ʂɔt5 fɔn35/44 tsau35 ke53 ʂɿ13 xei53 tsɿ0 tsʰiɔu53/44 ɔi53/44 sɔŋ21 te35/53 tʰɔŋ13 çi53, xɔit5 tʂa21 sɔŋ21 te35/53 tsɿ0 kai53/44 ke53/44 e21 sɔŋ21 te35/53 tsɿ0 tʰɔŋ13 sɔŋ21 te35/53 tsɿ0 ian13. kai53 ian13 tsʰiɔu53/44 mɔk5 to35 li0, tsʰiɔu53 kan21 tsɿ0 sɔŋ21. ie53 tau21 çi53 tsʰiɔu53/21 ɔn35/53 tso53 sɔŋ21.

【嗓子】sɔŋ21 tsɿ0 [名]指嗓音。又称“声气”：也系称～，也就是也话～。ia35 xe53/44 tʂʰən35/44 sɔŋ21 tsɿ0, ia35 tsʰiɔu53/44 ʂɿ53/44 ia35 ua53 sɔŋ21 tsɿ0.

【骚墩】sau35 tən35 [名]①牛背前部上隆起的肉峰：同箇牛子箇样，你晓得箇牛哇，牛子箇拖轭箇栏场箇上兜子箇映就一只～。tʰɔŋ13 kai53 ɲiɔu13 tsɿ0 kai53 iɔŋ53/21, ɲi13/21 çiau21 tek3 kai53 ɲiɔu13 ua0, ɲiɔu13 tsɿ0 kai53 tʰo35/44 ak3 kai53 laŋ13/21 tʂʰɔŋ13/44 kai53 ʂɔŋ35 tei35/53 tsɿ0 kai53/44 iaŋ53/44 tsʰiɔu53/44 iet3 tʂak3 sau35 tən35. ②肩颈凸起的症状：我等以映子有只人以只后颈窝以映子鼓起只咁大个包个。你系箇个你跍下以映跍久兜子挨夜子散步都看得倒。箇只人天天出来散步。欸，安做后背安做一只～。渠就系……本来是我等每

个人都有，～呐每个人都有，就系后背以只后颈呢有兜子鼓起来，系唔系？有兜鼓起来，蹬下去个冇得。但是有兜人呢特别个大，鼓起唔知几高，一种病变吧，箇个就系～。(ŋ)ai$^{13}_{21}$tien$^{0}$ i$^{13}_{21}$iaŋ$^{53}$tsɿ$^{0}$ iəu$^{35}$tʂak$^{3}$ ɲin$^{13}_{44}$i$^{13}_{21}$(tʂ)ak$^{3}$ xei$^{53}$ciaŋ$^{21}$uo$^{35}$i$^{13}_{21}$iaŋ$^{53}$tsɿ$^{0}$ ku$^{21}$çi$^{21}$tʂak$^{3}$ kan$^{21}$t$^{h}$ai$^{53}$ke$^{0}$ pau$^{35}_{44}$ke$^{0}$. ɲi$^{13}_{21}$xei$^{53}_{44}$kai$^{53}$ ke$^{53}_{44}$ɲi$^{13}_{21}$ku$^{35}_{44}$(x)a$^{53}_{44}$i$^{13}_{21}$iaŋ$^{53}_{44}$ku$^{35}$ciəu$^{21}$təu$^{35}_{53}$tsɿ$^{0}$ ai$^{35}_{44}$ia$^{53}$tsɿ$^{0}$ san$^{53}$p$^{h}$u$^{53}$təu$^{35}_{44}$k$^{h}$ɔn$^{53}$tek$^{3}$ tau$^{21}$.kai$^{53}$tʂak$^{3}$ ɲin$^{13}_{21}$t$^{h}$ien$^{35}_{44}$ t$^{h}$ien$^{35}_{44}$tʂ$^{h}$ət$^{3}$ lɔi$^{13}$san$^{53}$p$^{h}$u$^{53}$.e$_{21}$,ɔn$^{35}_{44}$tso$^{53}_{44}$xei$^{53}$pɔi$^{53}$ɔn$^{35}_{44}$tso$^{53}_{44}$iet$^{3}$ tʂak$^{3}$ sau$^{35}$tən$^{35}$.ci$^{13}$ts$^{h}$iəu$^{53}$xei$^{53}$…pən$^{21}$nɔi$^{13}$ʂʅ$^{53}_{44}$ ŋai$^{13}$tien$^{0}$ mei$^{35}$cie$^{53}$in$^{13}_{21}$təu$^{35}_{44}$iəu$^{35}$,sau$^{35}$tən$^{35}_{44}$na$^{0}$ mei$^{35}$ke$^{53}$in$^{13}_{21}$təu$^{35}_{44}$iəu$^{35}$,ts$^{h}$iəu$^{53}_{44}$xe$^{53}_{44}$xei$^{53}$pɔi$^{53}$i$^{21}$tʂak$^{3}$ xei$^{53}$ciaŋ$^{21}$ nei$^{0}$ iəu$^{35}$tei$^{35}_{53}$tsɿ$^{0}$ ku$^{21}$çi$^{21}$lɔi$^{13}$,xei$^{53}$mei$^{53}$?iəu$^{35}$te$^{35}_{53}$ku$^{21}$çi$^{21}$lɔi$^{13}_{21}$,iait$^{3}$ xa$^{53}$çi$^{53}$ke$^{0}$ mau$^{13}$tek$^{3}$ .tan$^{53}_{44}$ʂʅ$^{53}_{44}$iəu$^{35}$tei$^{35}_{53}$ɲin$^{13}_{44}$ nei$^{0}$ t$^{h}$et$^{5}$ p$^{h}$iet$^{5}_{3}$ ke$^{53}_{44}$t$^{h}$ai$^{53}$,ku$^{21}$çi$^{21}_{44}$n̩$^{13}$ti$^{35}_{53}$ci$^{21}$kau$^{35}_{44}$,iet$^{3}$ tʂəŋ$^{21}$p$^{h}$iaŋ$^{53}$pien$^{53}$pa$^{0}$,kai$^{53}_{44}$ke$^{53}_{44}$ts$^{h}$iəu$^{53}_{44}$xei$^{53}_{21}$sau$^{35}$tən$^{35}_{44}$.

【臊】sau$^{35}$ 形 像尿或狐狸的气味：羊肉𫚾食，惹身～。好处𫚾得倒唠，𫚾食得羊肉唠，倒还让门子嘞，倒还惹倒一只唔好个结果唠。羊肉𫚾食惹身～。iɔŋ$^{13}$ɲiəuk$^{3}$ maŋ$^{13}$ʂət$^{5}$ , ɲia$^{35}$ʂən$^{35}$ sau$^{35}$.xau$^{21}$tʂ$^{h}$əu$^{53}$maŋ$^{13}_{44}$tek$^{3}$ tau$^{21}$lau$^{0}$ ,maŋ$^{13}$ʂət$^{5}$ tek$^{3}$ iɔŋ$^{13}$ɲiəuk$^{3}$ lau$^{0}$ ,tau$^{53}$xai$^{13}_{21}$ɲiɔŋ$^{53}_{44}$mən$^{0}$ tsɿ$^{0}$ lei$^{0}$ ,tau$^{53}$xai$^{13}_{21}$ ɲia$^{35}$tau$^{21}$iet$^{3}$ tʂak$^{3}$ n̩$^{13}$xau$^{21}$ke$^{53}_{44}$ciet$^{3}$ ko$^{21}$lau$^{0}$ .iɔŋ$^{13}$ɲiəuk$^{3}$ maŋ$^{13}$ʂət$^{5}$ɲia$^{35}$ʂən$^{35}$sau$^{35}$.

【臊气】sau$^{35}$çi$^{53}$ 名 腥臭的气味：猪尿脬打人，痛就唔痛，～难耐。tʂəu$^{35}$ɲiau$^{53}$p$^{h}$au$^{53}$ta$^{21}$ ɲin$^{13}$,t$^{h}$əŋ$^{53}$ts$^{h}$iəu$^{53}$n̩$^{13}$t$^{h}$əŋ$^{53}$,sau$^{35}$çi$^{53}$lan$^{13}$lai$^{53}$.批评某人虽然没造成直接的经济损害，但是侮辱了他人的人格

【扫】sau$^{21}$ 动 ①用扫帚等除去垃圾、尘土等：～扬尘就有哩。系唔系？过年了，哪晡～扬尘呶？～扬尘唔知唔系二十五呢，唔知唔系小年第二晡呢。sau$^{53}$iɔŋ$^{13}$tʂ$^{h}$ən$^{13}$ts$^{h}$iəu$^{53}_{44}$iəu$^{35}_{44}$li$^{0}$ .xei$^{53}_{44}$me$^{53}_{44}$? ko$^{53}_{44}$ɲien$^{13}_{44}$niau$^{0}$ ,lai$^{53}$pu$^{35}$sau$^{53}$iɔŋ$^{13}$tʂ$^{h}$ən$^{13}_{21}$nau$^{0}$ ?sau$^{53}$iɔŋ$^{13}$tʂ$^{h}$ən$^{13}$n̩$^{13}_{21}$ti$^{35}_{44}$me$^{53}_{44}$ɲi$^{53}$ʂət$^{5}$ ŋ̍$^{21}$nei$^{0}$ ,n̩$^{13}_{21}$ti$^{35}_{44}$me$^{53}_{44}$siau$^{21}$ ɲien$^{13}$t$^{h}$i$^{53}$ɲi$^{53}$pu$^{35}_{44}$nei$^{0}$.｜～地，用芒花扫把最多。sau$^{53}_{44}$t$^{h}$i$^{53}$,iəŋ$^{53}$mɔŋ$^{13}$fa$^{35}_{44}$sau$^{53}$pa$^{21}$tsei$^{53}$to$^{35}$. ②很快地左右移动：箇手咁子～下转来，咁子划嘞。kai$^{53}_{44}$ʂəu$^{21}$kan$^{21}$tsɿ$^{0}$ sau$^{21}_{35}$(x)a$^{53}_{44}$tʂɔn$^{21}$nɔi$^{13}_{44}$,kan$^{21}$tsɿ$^{0}$ fa$^{13}$le$^{0}$.

【扫衣刀】sau$^{21}$i$^{35}_{44}$tau$^{35}$ 名 一种去除禾苗多余老叶的刀具：以只刀我都喊～。渠分以只禾苗嘞以只栽进去个以蔸啦，/怕有滴会撞倒个，/渠撞倒舞倒掌倒，渠去箇肚箇里，因为阳光唔好，所以渠渠就扶转，扶转箇时间箇起叶非常软，所以你去搞个时间好多断嘿哩。然后就拿稳那个刀子，就分箇个断个划嘿，莫分渠勾勾呀瘀下泥肚箇里去哩。iak$^{3}$(←i$^{21}$tʂak$^{3}$)tau$^{35}_{44}$ŋai$^{13}_{21}$təu$^{35}_{44}$ xan$^{53}_{44}$sau$^{21}$i$^{35}_{44}$tau$^{35}$.ci$^{13}$pən$^{35}_{44}$i$^{21}$tʂak$^{3}$ uo$^{13}$miau$^{13}_{44}$le$^{0}$ i$^{21}$tʂak$^{3}$ tsɔi$^{35}$tsin$^{53}_{44}$çi$^{53}_{44}$ke$^{53}_{44}$i$^{21}$tei$^{35}_{44}$la$^{0}$,/p$^{h}$a$^{53}$iəu$^{35}$tiet$^{5}$ uɔi$^{53}_{44}$ts$^{h}$ɔŋ$^{53}$ tau$^{21}$ke$^{53}$,/ci$^{13}$ts$^{h}$ɔŋ$^{53}$tau$^{21}$u$^{21}$tau$^{21}$tʂɔŋ$^{21}$tau$^{21}$,ci$^{13}$çi$^{53}$kai$^{53}_{44}$təu$^{21}$kai$^{53}_{44}$li$^{0}$,in$^{35}_{44}$uei$^{13}_{21}$iɔŋ$^{13}$kɔŋ$^{35}_{44}$m̩$^{13}$xau$^{21}$,so$^{21}$i$^{35}$ci$^{13}_{44}$ci$^{13}_{21}$ ts$^{h}$iəu$^{53}_{44}$p$^{h}$u$^{13}$tʂɔn$^{21}$,p$^{h}$u$^{13}$tʂɔn$^{21}$kai$^{53}_{44}$ʂʅ$^{13}_{21}$kan$^{35}_{44}$kai$^{53}_{44}$çi$^{21}$iait$^{5}$ fei$^{35}$ʂɔŋ$^{13}_{21}$ɲiɔn$^{35}$,so$^{21}$i$^{35}$ɲi$^{13}_{21}$çi$^{53}_{44}$kau$^{21}$ke$^{53}_{44}$ʂʅ$^{13}_{21}$kan$^{35}_{44}$xau$^{21}$to$^{35}_{44}$ t$^{h}$ɔn$^{35}$nek$^{3}$(←xek$^{3}$)li$^{0}$ .vien$^{13}_{21}$xei$^{53}_{44}$ts$^{h}$iəu$^{53}_{44}$la$^{53}_{44}$uən$^{21}$lai$^{53}_{44}$ke$^{53}_{44}$tau$^{35}$tsɿ$^{0}$ ,tsiəu$^{53}$pən$^{35}$kai$^{53}_{44}$ke$^{53}_{44}$t$^{h}$ɔn$^{35}$ke$^{53}_{44}$fa$^{53}$xek$^{3}$, mɔk$^{5}$ pən$^{35}$ci$^{13}_{21}$kei$^{35}$kei$^{35}$ia$^{0}$ ɲia$^{13}$(x)a$^{53}_{44}$lai$^{13}$təu$^{21}$kai$^{53}_{44}$li$^{0}$ çi$^{53}$li$^{0}$.

【嫂子】sau$^{21}$tsɿ$^{0}$ 名 ①嫂嫂；哥哥的妻子：也讲～。二～，三～。a$^{35}$kɔŋ$^{21}$sau$^{21}$tsɿ$^{0}$ .ɲi$^{53}$sau$^{21}$tsɿ$^{0}$, san$^{35}$sau$^{21}$tsɿ$^{0}$. ②对话中指说话对象的妻子：一般来讲嘞就称你老婆唠。欸，你老婆去屋下么？欸，你老婆搞么个去哩啊？你老婆。还有滴就称～唠。～搞么个去哩啊？不论大细，都称～。iet$^{3}$ pɔn$^{35}$nɔi$^{13}_{21}$kɔŋ$^{21}$lei$^{0}$ ts$^{h}$iəu$^{53}_{44}$tʂ$^{h}$ən$^{35}_{21}$ɲi$^{13}$lau$^{21}$p$^{h}$o$^{13}$lau$^{0}$. ei$_{21}$, ɲi$^{13}_{21}$lau$^{21}$p$^{h}$o$^{13}$çi$^{53}$uk$^{3}$ xa$^{53}$mo$^{0}$ ?e$_{21}$. ɲi$^{13}$lau$^{21}$p$^{h}$o$^{13}$ kau$^{21}$mak$^{3}$ ke$^{53}$çi$^{53}$lia$^{0}$ ?ɲi$^{13}_{21}$lau$^{21}$p$^{h}$o$^{13}$.xai$^{13}_{21}$iəu$^{35}$tet$^{5}$ ts$^{h}$iəu$^{53}_{44}$tʂ$^{h}$ən$^{35}_{44}$sau$^{21}$tsɿ$^{0}$ lau$^{0}$ .sau$^{21}$tsɿ$^{0}$ kau$^{21}$mak$^{3}$ (k)e$^{53}_{44}$çi$^{53}$ lia$^{0}$ ?pət$^{3}$ lən$^{53}_{44}$t$^{h}$ai$^{53}$se$^{53}$,təu$^{35}$tʂ$^{h}$ən$^{35}_{44}$sau$^{21}$tsɿ$^{0}$.

【扫把】sau$^{53}$pa$^{21}$ 名 扫帚；扫除尘土、垃圾的工具：观音扫做唔得～。扫把草嘞就系用来做扫……欸，扎～。kɔn$^{35}$in$^{35}_{44}$sau$^{53}$tso$^{53}$n̩$^{13}_{21}$tek$^{3}$ sau$^{53}$pa$^{21}$.sau$^{53}$pa$^{21}$ts$^{h}$au$^{21}$le$^{0}$ ts$^{h}$iəu$^{53}_{44}$xei$^{53}_{44}$iəŋ$^{53}$lɔi$^{13}$tso$^{53}_{44}$sau$^{53}$… e$_{44}$,tsait$^{3}$ sau$^{53}$pa$^{21}$.

【扫把草】sau$^{53}$pa$^{21}$ts$^{h}$au$^{21}$ 名 一种草本植物，学名地肤，可用来制作扫把：系，有起～。唔扎生个，熠哩以后扎扫把。xe$^{53}$,iəu$^{35}$çi$^{21}$sau$^{53}$pa$^{21}$ts$^{h}$au$^{21}$.n̩$^{13}$tsait$^{3}$ saŋ$^{35}_{44}$ke$^{53}_{44}$,tsau$^{35}$li$^{0}$ i$^{35}_{44}$xei$^{53}_{44}$tsait$^{3}$ sau$^{53}$pa$^{21}$.｜最好个么个扫把？最好个扫把就系～个扫把。有种～。渠就冇事脱。tsei$^{53}$xau$^{21}$ke$^{0}$ mak$^{3}$ e$^{0}$ sau$^{53}$ pa$^{21}$?tsei$^{53}$xau$^{21}$ke$^{0}$ sau$^{53}$pa$^{21}$tsiəu$^{53}_{44}$xe$^{53}_{44}$sau$^{53}$pa$^{21}$ts$^{h}$au$^{21}$ke$^{0}$ sau$^{53}$pa$^{21}$.iəu$^{35}$tʂəŋ$^{21}$sau$^{53}$pa$^{21}$ts$^{h}$au$^{21}$.ci$^{13}_{21}$ts$^{h}$iəu$^{53}$mau$^{13}_{21}$ sɿ$^{53}$t$^{h}$ɔit$^{3}$.

【臊子】sau$^{53}$tsɿ$^{0}$ 名 加在盛好的面上的菜，主要是供调味和装饰之用：～都冇得，系光头面。sau$^{53}$tsɿ$^{0}$ təu$^{35}_{44}$mau$^{13}_{21}$tek$^{3}$ ,xe$^{53}_{44}$kɔŋ$^{35}$t$^{h}$ei$^{13}_{21}$mien$^{53}$.｜浇～ ciau$^{35}$sau$^{53}$tsɿ$^{0}$

【臊子面】sau$^{53}$tsɿ$^{0}$ mien$^{53}$ 名 放了浇头的面条：呃，煮面都会放兜子臊子啊。我等渠系食～。～就区别光头面呐，系啊？～就系几条面呐。ə$_{21}$,tʂəu$^{21}$mien$^{53}$təu$^{35}$uɔi$^{53}_{44}$fɔŋ$^{53}_{44}$te$^{35}_{53}$tsɿ$^{0}$ sau$^{53}$tsɿ$^{0}$ a$^{0}$ .ŋai$^{13}$tien$^{0}$ ci$^{13}_{21}$xei$^{53}_{44}$ʂət$^{5}$ sau$^{53}$tsɿ$^{0}$ mien$^{53}$.sau$^{53}$tsɿ$^{0}$ mien$^{53}$ts$^{h}$iəu$^{53}_{44}$tʂ$^{h}$ʮ$^{35}_{44}$p$^{h}$iet$^{5}$ kɔŋ$^{35}$t$^{h}$ei$^{13}_{21}$mien$^{53}$na$^{0}$ ,xei$^{53}$a$^{0}$ ?kɔŋ$^{35}$ t$^{h}$ei$^{13}_{21}$mien$^{53}$ts$^{h}$iəu$^{53}$xe$^{53}$ci$^{21}$t$^{h}$iau$^{13}$mien$^{53}$na$^{0}$.

S

【色布】sek$^{3}$pu$^{53}$ [名]染了和未染颜色的纱间隔开来织成的布：以前我等以映子北乡人就会搞个，箇搞下我等以边来卖嘞，我等都着过箇起～哇，～褂子，～长衫呐。～就系本色布，其实就本色布，欸，有兜也唔系本色布哦，渠就系箇个纱就已经染哩颜色个，欸，染哩颜色个纱间开来去织个箇起布就安做～。i$^{35}_{53}$ts$^{h}$ien$^{13}$ŋai$^{13}$tien$^{0}$i$^{21}_{13}$iaŋ$^{53}$tsɿ$^{0}$pɔit$^{3}$çiɔŋ$^{35}$ɲin$^{13}_{21}$ts$^{h}$iəu$^{53}$uɔi$^{53}$kau$^{21}$ke$^{53}$,kai$^{53}_{44}$kau$^{21}$ua$^{53}_{44}$ŋai$^{13}$tien$^{0}$i$^{21}$pien$^{35}_{44}$lɔi$^{13}_{21}$mai$^{53}$lei$^{0}$,ŋai$^{13}$tien$^{0}$təu$^{35}_{53}$tʂɔk$^{3}$ko$^{53}$kai$^{53}_{44}$çi$^{21}_{44}$sek$^{3}$pu$^{53}$ua$^{0}$,sek$^{3}$pu$^{53}_{44}$kua$^{53}$tsɿ$^{0}$a$^{0}$,sek$^{3}$pu$^{53}$tʂ$^{h}$ɔŋ$^{13}$san$^{35}_{44}$na$^{0}$.sek$^{3}$pu$^{53}$ts$^{h}$iəu$^{53}_{44}$xei$^{53}_{44}$pən$^{21}$sek$^{3}$pu$^{53}$,c$^{h}$i$^{13}_{21}$ʂət$^{5}$ts$^{h}$iəu$^{53}$pən$^{21}$sek$^{3}$pu$^{53}$,e$_{21}$,iəu$^{35}$tei$^{35}_{53}$ia$^{35}$m̩$^{13}_{21}$p$^{h}$ei$^{53}$pən$^{21}$sek$^{3}$pu$^{53}$o$^{0}$,ci$^{13}$ts$^{h}$iəu$^{53}_{44}$xei$^{53}_{44}$kai$^{53}$ke$^{53}_{21}$sa$^{35}$ts$^{h}$iəu$^{53}$i$^{21}$cin$^{35}_{44}$ɲian$^{53}$li$^{0}$ŋan$^{13}$sek$^{3}$ke$^{53}$,e$_{21}$, ɲian$^{53}$li$^{0}$ŋan$^{13}$sek$^{3}$ke$^{53}$sa$^{35}$kan$^{53}$k$^{h}$ɔi$^{35}$lɔi$^{13}_{21}$çi$^{53}_{44}$tʂət$^{3}$cie$^{53}_{44}$kai$^{53}_{44}$çi$^{21}$pu$^{53}$tsiəu$^{53}_{21}$ɔn$^{35}_{53}$tso$^{53}$sek$^{3}$pu$^{53}$.

【啬毛】sek$^{3}$mau$^{35}$ [形]吝啬：话别人家真～。ua$^{53}$p$^{h}$iet$^{5}$in$^{13}_{44}$ka$^{35}_{44}$tʂən$^{35}$sek$^{3}$mau$^{35}$.

【啬毛鬼】sek$^{3}$mau$^{35}$kuei$^{21}$ [名]悭吝者。又称“小气鬼”：你箇个～。ɲi$^{13}$kai$^{53}_{44}$ke$^{53}_{44}$sek$^{3}$mau$^{35}$kuei$^{21}$. | 欸，我认为是箇个欸收入十分低个人不能话渠～，渠硬冇得钱冇办法，系唔系？欸大方也爱搞得来。e$_{21}$,ŋai$^{13}$ɲin$^{53}$uei$^{13}_{44}$ʂɿ$^{53}_{44}$kai$^{53}$kei$^{53}_{21}$e$_{21}$ʂəu$^{35}$ɲiet$^{5}$ʂət$^{5}$fən$^{35}_{44}$te$^{35}$ke$^{53}$ɲin$^{13}_{21}$pət$^{3}$len$^{13}$ua$^{53}$ci$^{13}_{21}$sek$^{3}$mau$^{13}$kuei$^{21}$,ci$^{13}$ɲiaŋ$^{53}$mau$^{13}$tek$^{3}$ts$^{h}$ien$^{13}_{21}$mau$^{13}$p$^{h}$an$^{53}$fait$^{3}$,xei$^{53}$me$^{53}$?e$^{0}$t$^{h}$ai$^{53}$fɔŋ$^{35}_{44}$ia$^{35}$ɔi$^{53}$kau$^{21}$tek$^{3}$lɔi$^{13}$.

【杀】sait$^{3}$ [动]①使人或动物失去生命：猪～死哩以后，箇只猪～死哩以后嘞，就箇脚上啊，割条子皮子，用铤刣去打。tʂəu$^{35}$sait$^{3}$si$^{21}$li$^{0}$i$^{35}$xei$^{53}_{44}$,kai$^{53}_{21}$tʂak$^{3}$tʂəu$^{35}$sait$^{3}$si$^{21}$li$^{0}$i$^{35}$xei$^{53}_{44}$lei$^{0}$,ts$^{h}$iəu$^{53}_{44}$kai$^{53}$ciɔk$^{3}$xɔŋ$^{53}$ŋa$^{0}$,kɔit$^{3}$t$^{h}$iau$^{13}_{53}$tsɿ$^{0}$p$^{h}$i$^{13}$tsɿ$^{0}$,iəŋ$^{53}$t$^{h}$in$^{21}$t$^{h}$ɔŋ$_{21}$çi$^{53}$ta$^{21}$. ②战斗，博斗：从前就拿倒箇起梭镖一起～下子。ts$^{h}$əŋ$^{13}$ts$^{h}$ien$^{13}$ts$^{h}$iəu$^{53}$la$^{53}$tau$^{21}$kai$^{53}$çi$^{21}_{44}$so$^{35}$piau$^{35}$iet$^{3}$çi$^{21}_{44}$sait$^{3}$(x)a$^{53}$tsɿ$^{0}$. ③压低价格：～下价钱来 sait$^{3}$xa$^{35}$cia$^{53}$ts$^{h}$ien$^{13}_{21}$nɔi$^{13}_{21}$

【杀刀】sait$^{3}$tau$^{35}$ [名]屠夫用来杀猪、剖猪的尖刀。又称“叶子”：欸，欸欸，欸，问你唠，欸你等剮猪哇，欸箇张箇张欸捅下去个箇张刀子啊，第一下杀猪个一张刀子啊，欸系唔系安做叶子？欸，安做么个刀？剮猪刀吧就系吧？～，安做～。欸。ei$_{53}$,ei$_{21}$ei$_{21}$,ei$_{21}$,uən$^{53}$ɲi$^{13}_{21}$lau$^{0}$,e$_{44}$ɲi$^{13}_{21}$tien$^{0}$tʂ$^{h}$ʅ$^{13}_{44}$tʂəu$^{35}$ua$^{0}$,ei$_{21}$kai$^{53}_{44}$tʂɔŋ$^{35}_{44}$kai$^{53}_{44}$tʂɔŋ$^{35}_{44}$e$_{21}$t$^{h}$əŋ$^{21}$ŋa$_{44}$(←xa$^{53}$)çi$^{53}_{44}$ke$^{53}_{44}$kai$^{53}_{44}$tʂɔŋ$^{35}_{44}$tau$^{35}$tsa$^{0}$,t$^{h}$i$^{53}$iet$^{3}$xa$^{53}_{44}$sait$^{3}$tʂəu$^{35}$cie$^{53}_{44}$iet$^{3}$tʂɔŋ$^{35}_{44}$tau$^{35}_{44}$tsɿ$^{0}$a$^{0}$,e$_{44}$xe$^{53}$me$^{53}_{44}$ɔn$^{35}_{44}$tso$^{53}_{44}$iait$^{5}$tsɿ$^{0}$?e$_{21}$,ɔn$^{35}$tso$^{53}$mak$^{3}$(k)e$^{53}_{44}$tau$^{35}$?tʂ$^{h}$ʅ$^{13}$tʂəu$^{35}_{44}$tau$^{35}$p$^{h}$a$^{0}$ts$^{h}$iəu$^{53}$xei$^{53}$p$^{h}$a$^{0}$?sait$^{3}$tau$^{35}$,ɔn$^{35}_{44}$tso$^{53}_{44}$sait$^{3}$tau$^{35}_{44}$.e$_{21}$. | 欸，破猪个时候子嘞？破开来，破开肚子来时候子用么个刀哇？就就系用～。系啊？e$_{21}$,p$^{h}$o$^{53}$tʂəu$^{35}_{44}$ke$^{53}_{44}$ʂʅ$^{13}$xei$^{53}_{44}$tsɿ$^{0}$le$^{0}$?p$^{h}$o$^{53}$k$^{h}$ɔi$^{35}_{44}$lɔi$^{13}_{21}$,p$^{h}$o$^{53}$k$^{h}$ɔi$^{35}_{44}$təu$^{21}$tsɿ$^{0}$lɔi$^{13}_{21}$ʂʅ$^{13}$xei$^{53}_{44}$tsɿ$^{0}$iəŋ$^{53}$mak$^{3}$(k)e$^{53}_{44}$tau$^{35}$ua$^{0}$?ts$^{h}$iəu$^{53}_{44}$ts$^{h}$iəu$^{53}$xei$^{53}_{44}$iəŋ$^{53}_{44}$sait$^{3}$tau$^{35}$.xei$^{53}_{44}$a$^{0}$?

【杀价】sait$^{3}$cia$^{53}$ [动]买方因嫌货价高而说出愿付的价格。又称“还价”：只有去买货个人就会～。tʂʅ$^{21}$iəu$^{35}_{44}$çi$^{53}_{44}$mai$^{35}$fo$^{53}$ke$^{53}_{44}$in$^{13}_{21}$ts$^{h}$iəu$^{53}_{44}$uɔi$^{53}_{44}$sait$^{3}$cia$^{53}$. | 你让门咁会～唠？ɲi$^{13}$ɲiɔŋ$^{53}_{44}$mən$^{0}$kan$^{21}$uɔi$^{53}_{44}$sait$^{3}$cia$^{53}$lau$^{0}$?

【杀青】sait$^{3}$ts$^{h}$iaŋ$^{35}$ [动]采集绿肥。又称“割青”：么个噢？/割青啊。分箇个芒头箇只啦□青个东西割得来舞下舞下哪映子沤倒啊。沤倒去做肥呀。/～。/系～么？/欸。/还系喊～。/～做肥料箇是。mak$^{3}$ke$^{53}_{44}$au$^{0}$?/kɔit$^{3}$ts$^{h}$iaŋ$^{35}$ŋa$^{0}$.p$^{h}$ən$^{35}$kai$^{53}_{44}$ke$^{53}_{44}$mɔŋ$^{13}_{21}$t$^{h}$ei$^{0}$kai$^{53}_{44}$tʂak$^{3}_{5}$la$^{0}$kue$^{35}$ts$^{h}$iaŋ$^{35}$ke$^{53}_{44}$təŋ$^{35}_{44}$si$^{0}$kɔit$^{3}$tek$^{3}_{5}$lɔi$^{13}_{21}$u$^{21}$xa$^{53}_{44}$u$^{21}$xa$^{53}_{44}$lai$^{53}_{44}$iaŋ$^{53}_{44}$tsɿ$^{0}$ei$^{53}$tau$^{21}$a$^{0}$.ei$^{53}_{44}$tau$^{21}$çi$^{53}_{44}$tso$^{53}$p$^{h}$i$^{13}$ia$^{0}$./sait$^{3}$ts$^{h}$iaŋ$^{35}$./xei$^{53}_{44}$sait$^{3}$ts$^{h}$iaŋ$^{35}$mo$^{0}$?/e$_{21}$./xai$^{13}_{21}$xei$^{53}_{44}$xan$^{53}_{44}$sait$^{3}$ts$^{h}$iaŋ$^{35}$./sait$^{3}$ts$^{h}$iaŋ$^{35}$tso$^{53}$fei$^{13}$liau$^{53}$kai$^{53}$ʂʅ$^{53}_{44}$.

【杀头】sait$^{3}$t$^{h}$ei$^{13}$ [名]宰杀的价值，主要指牲畜屠宰后的出肉率：羊嫲子冇人爱嘞，主要就系冇～。四杀都冇得，一百斤羊生四十斤肉都杀唔倒。羊嫲子冇人爱。iɔŋ$^{13}$ma$^{13}$tsɿ$^{0}$mau$^{13}$ɲin$^{13}$ɔi$^{53}$lei$^{0}$,tʂʮ$^{21}$iau$^{53}$ts$^{h}$iəu$^{53}$xei$^{53}$mau$^{13}_{21}$sait$^{3}$t$^{h}$ei$^{13}$.si$^{53}$sait$^{3}$təu$^{35}_{53}$mau$^{13}_{21}$tek$^{3}$,iet$^{3}$pak$^{3}$cin$^{35}_{53}$iɔŋ$^{13}$saŋ$^{35}_{44}$si$^{53}$ʂət$^{5}$cin$^{35}_{53}$ɲiəuk$^{3}$təu$^{35}_{53}$sait$^{3}$n̩$^{13}_{44}$tau$^{21}$.iɔŋ$^{13}_{44}$ma$^{13}_{44}$tsɿ$^{0}$mau$^{13}_{21}$ɲin$^{13}_{44}$ɔi$^{53}$.

【杉饽子】sa$^{35}$pɔk$^{5}$tsɿ$^{0}$ [名]杉树的球果：箇阵子我等欸教小学个时候子就我等就舞倒学生去带倒学生去摘过～嘞。箇只东西真易得倒啦，舞下禾坪下一晒，只系听晡扫下起来，箇底下个就系杉树种子，就系～肚里来个嘞。kai$^{53}$tʂ$^{h}$ən$^{53}$tsɿ$^{0}$ŋai$^{13}$tien$^{0}$e$_{21}$kau$^{35}_{44}$siau$^{21}$çiɔk$^{5}$ke$^{53}$ʂʅ$^{13}_{44}$xəu$^{53}_{44}$tsɿ$^{0}$ts$^{h}$iəu$^{53}_{44}$ŋai$^{13}$tien$^{0}$ts$^{h}$iəu$^{53}$u$^{21}$tau$^{21}$xɔk$^{5}$saŋ$^{35}_{44}$çi$^{53}_{44}$tai$^{53}$tau$^{21}$xɔk$^{5}$saŋ$^{35}_{44}$çi$^{53}_{44}$tsak$^{3}$ko$^{53}$sa$^{35}$pɔk$^{5}$tsɿ$^{0}$lei$^{0}$.kai$^{53}_{44}$(tʂ)ak$^{3}$təŋ$^{35}_{44}$si$^{0}$tʂən$^{35}$i$^{53}$tek$^{3}$tau$^{21}$la$^{0}$,u$^{21}$(x)a$^{53}$uo$^{13}_{21}$p$^{h}$iaŋ$^{13}_{21}$xa$^{53}_{44}$iet$^{3}$sai$^{53}$,tʂʅ$^{21}$xei$^{53}_{44}$t$^{h}$in$^{35}_{44}$pu$^{35}_{44}$sau$^{21}_{13}$ua$^{53}$çi$^{21}$lɔi$^{13}$,kai$^{53}_{44}$tei$^{21}$xa$^{53}_{44}$kei$^{53}$ts$^{h}$iəu$^{53}_{44}$xei$^{53}_{44}$sa$^{35}$ʂəu$^{53}$tʂəŋ$^{21}$tsɿ$^{0}$,ts$^{h}$iəu$^{53}$xei$^{53}$sa$^{35}$pɔk$^{5}$tsɿ$^{0}$təu$^{21}$li$^{0}$lɔi$^{35}$ke$^{53}$lei$^{0}$.

【杉槁】sa$^{35}$k$^{h}$ua$^{21}$ [名]杉树枝：箇起就安做～，欸箇个撒倒树边上个嘞就是～。kai$^{53}$çi$^{21}$ts$^{h}$iəu$^{53}_{44}$ɔn$^{35}_{44}$tso$^{53}_{44}$sa$^{35}$k$^{h}$ua$^{21}$,e$_{44}$kai$^{53}_{44}$ke$^{53}_{44}$sa$^{35}$tau$^{21}$ʂəu$^{53}$pien$^{35}$xɔŋ$^{53}_{44}$ke$^{53}_{44}$lei$^{0}$ts$^{h}$iəu$^{53}_{21}$ʂʅ$^{53}_{21}$sa$^{35}$k$^{h}$ua$^{21}$. | 你怕～劖吗嘞？系啊？～劖你。ɲi$^{13}$p$^{h}$a$^{53}$sa$^{35}$k$^{h}$ua$^{21}$ts$^{h}$an$^{13}$ma$^{0}$le$^{0}$?xe$^{53}_{44}$a$^{0}$?sa$^{35}$k$^{h}$ua$^{21}$ts$^{h}$an$^{13}$ɲi$^{13}$.

【杉壳】sa$^{35}$k$^{h}$ɔk$^{3}$ [名]剥下来的杉树外皮：杉皮，又安做～吧？/是下来哩就～。/～就杉皮。/

S

剥下来哩就～。/还生下箇树上就喊杉皮。sa$^{35}$pʰi$^{13}$,iəu$^{53}_{21}$ɔn$^{35}_{44}$tso$^{53}_{44}$sa$^{35}$kʰɔk$^{3}$pa$^{0}$?/ʂʅ$^{53}_{21}$xa$^{53}$lɔi$^{13}_{44}$li$^{0}$tsʰiəu$^{53}_{44}$sa$^{35}_{44}$kʰɔk$^{3}$./sa$^{35}_{44}$kʰɔk$^{3}$tsʰiəu$^{53}$sa$^{35}$pʰi$^{13}$./pɔk$^{3}$xa$^{53}_{44}$lɔi$^{13}_{44}$li$^{0}$tsiəu$^{53}_{44}$sa$^{35}$kʰɔk$^{3}$./xai$^{13}_{21}$saŋ$^{35}$ŋa$_{44}$(←xa$^{53}$)kai$^{53}_{44}$ʂəu$^{53}$xɔŋ$^{53}_{44}$tsʰiəu$^{53}_{44}$xan$^{53}$sa$^{35}$pʰi$^{13}$.

【杉壳把】sa$^{35}$kʰɔk$^{3}$pa$^{21}$ 名 用杉壳做成的火把：杉壳啊，箇杉树面上剥倒箇杉树皮呀，欸，就系杉壳啊。开头讲哩话斫杉树是爱剥壳沙，系唔系？箇杉壳熷哩以后，槌碎下槌烂下子来，咁长，咁长一条条个杉壳。舞做捆做咁子一只子捆子，捆做咁大子，正好手拿得倒，手拿得稳呐，捆做咁子，爱槌烂下子来，用棕叶子缔倒缔几度，缔几下，就咁子举只火把去走呀，举只火把，箇个唔光了又划两下子，渠又鲜红啊，欸，走夜路哇，箇是火把，～。sa$^{35}$kʰɔk$^{3}$a$^{0}$,kai$^{53}_{44}$sa$^{35}$ʂəu$^{53}$mien$^{53}$xɔŋ$^{53}$pɔk$^{3}$tau$^{21}$kai$^{53}$sa$^{35}$ʂəu$^{53}$pʰi$^{13}$ia$^{0}$,e$_{21}$,tsʰiəu$^{53}_{44}$xei$^{53}_{44}$sa$^{35}$kʰɔk$^{3}$a$^{0}$.kʰɔi$^{35}$tʰei$^{13}_{21}$kɔŋ$^{21}$li$^{0}$ua$^{53}$tʂɔk$^{3}$sa$^{35}$ʂəu$^{53}$ʂʅ$^{53}_{21}$ɔi$^{53}$pɔk$^{3}$kʰɔk$^{3}$ʂa$^{0}$,xei$^{53}$me$^{53}$?kai$^{53}_{44}$sa$^{35}$kʰɔk$^{3}$tsau$^{35}$li$^{0}$i$^{35}_{44}$xei$^{53}$,tʂʰei$^{13}$si$^{53}$(x)a$^{53}_{44}$tʂʰei$^{13}$lan$^{53}$na$^{53}_{44}$tsʅ$^{0}$lɔi$^{13}_{44}$,kan$^{21}$tʂʰɔŋ$^{13}$,kan$^{21}$tʂʰɔŋ$^{13}$iet$^{3}$tʰiau$^{13}$tʰiau$^{13}_{21}$ke$^{0}$sa$^{35}$kʰɔk$^{3}$.u$^{21}$tso$^{53}_{44}$kʰuən$^{21}$tso$^{53}$kan$^{21}_{44}$tsʅ$^{0}$iet$^{3}$tʂak$^{3}$tsʅ$^{0}$kʰuən$^{21}$tsʅ$^{0}$,kʰuən$^{21}$tso$^{53}$kan$^{21}$tʰai$^{53}$tsʅ$^{0}$,tʂən$^{53}$xau$^{21}$ʂəu$^{21}$la$^{53}$tek$^{3}$tau$^{21}_{44}$,ʂəu$^{21}$(l)a$^{53}$tek$^{3}$uən$^{21}$na$^{0}$,kʰuən$^{21}$tso$^{53}_{21}$kan$^{21}$tsʅ$^{0}$,ɔi$^{53}$tʂʰei$^{13}$lan$^{53}$xa$^{53}_{44}$tsʅ$^{0}$lɔi$^{13}_{21}$,iəŋ$^{53}$tsəŋ$^{35}$iait$^{5}$tsʅ$^{0}$tʰak$^{3}$tau$^{21}$tʰak$^{3}$ci$^{21}$tʰəu$^{53}$,tʰak$^{3}$ci$^{21}$xa$^{53}$,tsʰiəu$^{53}$kan$^{21}_{44}$tsʅ$^{0}$tʂʮ$^{21}$tʂak$^{3}$fo$^{21}$pa$^{21}$çi$^{53}$tsei$^{21}$ia$^{0}$,tʂʮ$^{21}$tʂak$^{3}$fo$^{21}$pa$^{21}$,kai$^{53}$ke$^{53}$n̩$^{13}$kɔŋ$^{35}$liau$^{0}$iəu$^{53}$fa$^{53}$iɔŋ$^{21}$xa$^{53}$tsʅ$^{0}$,ci$^{13}$iəu$^{53}$çien$^{35}_{44}$fəŋ$^{13}_{21}$ŋa$^{0}$,e$_{21}$,tsei$^{21}$ia$^{53}$ləu$^{53}_{44}$ua$^{0}$,kai$^{53}$ʂʅ$^{53}_{44}$fo$^{21}$pa$^{21}$,sa$^{35}$kʰɔk$^{3}$pa$^{21}$.

【杉壳苫】sa$^{35}$kʰɔk$^{3}$ʂen$^{35}$ 名 用杉壳扎成的遮盖物：欸，山里嘞，山……塅里就箇秆苫用秆，秆苫，山里嘞有兜用么个？用～。用杉壳，～，爱扎稳呢。e$_{21}$,san$^{35}$ni$^{21}$lei$^{0}$,san…tʰɔn$^{53}$ni$^{21}$tsʰiəu$^{53}_{44}$kai$^{53}$kɔn$^{21}$ʂen$^{35}_{44}$iəŋ$^{53}$kɔn$^{21}$,kɔn$^{21}$ʂen$^{35}_{44}$,san$^{35}$ni$^{21}$lei$^{0}$iəu$^{35}$tei$^{35}_{53}$iəŋ$^{53}$mak$^{3}$ke$^{53}_{44}$?iəŋ$^{53}$sa$^{35}$kʰɔk$^{3}$ʂen$^{35}$.iəŋ$^{53}$sa$^{35}$kʰɔk$^{3}$,sa$^{35}$kʰɔk$^{3}$ʂen$^{35}$,ɔi$^{53}$tsait$^{3}$uən$^{21}$nei$^{0}$.

【杉荮】sa$^{35}$lek$^{3}$ 名 杉树枝叶：渠就碰得是箇个劇手个箇映子安做～。ci$^{13}$tsʰiəu$^{53}_{44}$pʰəŋ$^{53}_{35}$tek$^{3}_{5}$ʂʅ$^{53}_{44}$kai$^{53}_{44}$ke$^{53}_{44}$tsʰan$^{13}$ʂəu$^{21}$ke$^{53}_{44}$kai$^{53}_{44}$iaŋ$^{53}_{44}$tsʅ$^{0}$ɔn$^{35}_{44}$tso$^{53}_{44}$sa$^{35}$lek$^{3}$.｜用～劇你一下。iəŋ$^{53}$sa$^{35}$lek$^{3}$tsʰan$^{13}$ɲi$^{13}_{21}$iet$^{3}$xa$^{53}$.

【杉苗子】sa$^{35}$miau$^{13}$tsʅ$^{0}$ 名 杉树幼苗：用～去栽，材质更好。iəŋ$^{53}$sa$^{35}$miau$^{13}$tsʅ$^{0}$çi$^{53}_{44}$tsɔi$^{35}_{44}$,tsʰai$^{13}$tʂʅt$^{3}$cien$^{53}$xau$^{21}$.

【杉皮】sa$^{35}$pʰi$^{13}$ 名 杉树的外皮：以下嘞斫下来哩个杉树剥嘿箇种皮安做～。i$^{21}$xa$^{53}_{44}$le$^{0}$tʂɔk$^{3}$xa$^{35}$lɔi$^{13}_{21}$li$^{0}$ke$^{53}_{44}$sa$^{35}$ʂəu$^{53}_{44}$pɔk$^{3}$xek$^{3}$kai$^{53}_{44}$tʂəŋ$^{21}_{44}$pʰi$^{13}$ɔn$^{35}_{44}$tso$^{53}_{44}$sa$^{35}$pʰi$^{13}$.｜～是就爱嬗还嬗削箇去，去剥箇个～。sa$^{35}$pʰi$^{13}$ʂʅ$^{53}_{44}$tsiəu$^{53}_{44}$ɔi$^{53}_{44}$maŋ$^{13}$xa$^{13}_{21}$maŋ$^{13}$siɔk$^{3}$kai$^{53}$çi$^{53}$,çi$^{53}$pɔk$^{3}$kai$^{53}$ke$^{53}$sa$^{35}$pʰi$^{13}_{21}$.

【杉皮屋】sa$^{35}$pʰi$^{13}_{21}$uk$^{3}$ 名 用杉树壳覆盖的房子：箇我就唔晓得。嬗看过。我等晓得都都冇得咁个～了。～啊，我等面前到箇个三峡去旅游咯，渠话以个就～。搞么个安做～嘞？冬暖夏凉，哎，一……全部系鬼话箇个就，妁箇个唔晓得个人。从前个人穷啊，从前个人穷。杉壳是都爱去捡嘞，岭上有捡嘞，系呀？箇斫杉树……买箇个买唔起呀，买箇瓦箇只买唔起呀。就只爱捡滴杉壳来，舞几只框框欸，钉下去就成哩只屋啊。系呀？钉下去就成哩只屋。就系省钱。十分穷。么个冬暖夏凉唠？你听信渠个鬼话。欸，真系鬼话。同箇盖草样啊，盖茅草样。么个盖茅草是冬暖夏凉唠，也系咁子话唠我问他都。听信箇鬼话来干么个嘞。从前个人穷，是冇得瓦，冇得钱来买瓦。kai$^{53}$ŋai$^{13}_{21}$tsʰiəu$^{53}$n̩$^{13}$çiau$^{21}$tek$^{3}$.maŋ$^{13}$kʰɔn$^{53}$ko$^{53}_{44}$.ŋai$^{13}$tien$^{0}$çiau$^{21}$tek$^{3}$təu$^{35}_{44}$təu$^{35}_{44}$mau$^{13}$tek$^{3}$kan$^{21}$ke$^{53}_{44}$sa$^{35}$pʰi$^{13}_{21}$uk$^{3}$liau$^{0}$.sa$^{35}$pʰi$^{13}_{21}$uk$^{3}$a$^{0}$,ŋai$^{13}$tien$^{0}$mien$^{53}$tsʰien$^{13}_{21}$tau$^{53}$kai$^{53}_{44}$ke$^{53}_{44}$san$^{35}$çiak$^{3}$çi$^{53}_{44}$li$^{21}$iəu$^{13}$ko$^{0}$,ci$^{13}$ua$^{53}$i$^{21}$ke$^{53}_{44}$tsʰiəu$^{53}_{44}$sa$^{35}$pʰi$^{13}_{21}$uk$^{3}$.kau$^{21}$mak$^{3}$ke$^{53}$ɔn$^{35}_{44}$tso$^{53}_{44}$sa$^{35}$pʰi$^{13}_{21}$uk$^{3}$lei$^{0}$?təŋ$_{44}$luan$^{21}$çia$^{53}$liaŋ$^{13}$,ai$_{53}$,iet$^{3}$…tsʰien$^{13}$pʰu$^{53}$xe$^{53}$kuei$^{21}$fa$^{53}_{44}$kai$^{53}_{44}$ke$^{53}_{44}$tsʰiəu$^{53}_{44}$,ʂo$^{13}$kai$^{53}$ke$^{53}$n̩$^{13}$çiau$^{21}$tek$^{3}$ke$^{53}$ɲin$^{13}_{21}$.tsʰəŋ$^{13}$tsʰien$^{13}_{44}$ke$^{53}$ɲin$^{13}_{44}$cʰiəŋ$^{13}$ŋa$^{0}$,tsʰəŋ$^{13}$tsʰien$^{13}_{44}$ke$^{53}$ɲin$^{13}_{44}$cʰiəŋ$^{13}$.sa$^{35}$kʰɔk$^{3}$ʂʅ$^{53}_{44}$təu$^{35}$ɔi$^{53}$çi$^{53}$cian$^{21}$ne$^{0}$,liaŋ$^{35}$xɔŋ$^{53}_{44}$iəu$^{53}_{44}$cian$^{21}$ne$^{0}$,xei$^{53}_{44}$ia$^{0}$?kai$^{53}_{44}$tʂɔk$^{3}$sa$^{35}$ʂəu$^{53}$…mai$^{35}$kai$^{53}$ke$^{53}_{44}$mai$^{35}$n̩$^{13}_{21}$çi$^{21}$ia$^{0}$,mai$^{35}$kai$^{53}$ŋa$^{21}$kai$^{53}_{44}$tʂak$^{3}$mai$^{35}$n̩$^{13}_{21}$çi$^{21}$ia$^{0}$.tsʰiəu$^{53}$tʂʅ$^{21}$ɔi$^{53}$cian$^{21}$tiet$^{5}$sa$^{35}$kʰɔk$^{3}$lɔi$^{13}_{44}$,u$^{21}$ci$^{21}$tʂak$^{3}$kʰɔŋ$^{35}$kʰɔŋ$^{35}$ŋei$^{0}$,taŋ$^{35}$ŋa$^{53}$(←xa$^{53}$)çi$^{53}$tsʰiəu$^{53}$ʂaŋ$^{13}_{44}$li$^{0}$tʂak$^{3}$uk$^{3}$a$^{0}$.xei$^{53}_{35}$ia$^{0}$?taŋ$^{35}$ŋa$^{53}$(←xa$^{53}$)çi$^{53}$tsʰiəu$^{53}_{44}$ʂaŋ$^{13}_{44}$li$^{0}$tʂak$^{3}_{5}$uk$^{3}$.tsʰiəu$^{53}$xe$^{53}$saŋ$^{21}$tsʰien$^{13}$.ʂət$^{5}$fən$^{35}_{53}$cʰiəŋ$^{13}$.mak$^{3}$ke$^{53}_{44}$təŋ$^{35}$lɔn$^{21}$çia$^{53}$liɔŋ$^{13}$lau$^{0}$?ɲi$^{13}$tʰaŋ$^{35}$sin$^{53}_{44}$ci$^{13}_{44}$kei$^{53}_{44}$kuei$^{21}$fa$^{53}$.e$_{44}$,tʂən$^{35}$ne$_{44}$(←xe$^{53}$)kuei$^{21}$fa$^{53}$.tʰəŋ$^{13}$kai$^{53}_{44}$kɔi$^{53}$tsʰau$^{21}$iɔŋ$^{53}_{44}$ŋa$^{0}$,kɔi$^{53}$mau$^{13}$tsʰau$^{21}$iɔŋ$^{53}_{44}$.mak$^{3}$(k)e$^{53}_{44}$kɔi$^{53}$mau$^{13}$tsʰau$^{21}$ʂʅ$^{53}_{44}$təŋ$^{35}$lɔn$^{21}$çia$^{53}$liɔŋ$^{13}$lau$^{0}$,ia$^{35}$xe$^{53}$kan$^{21}$tsʅ$^{0}$ua$^{53}_{44}$lau$^{0}$ŋai$^{13}$uən$^{53}$tʰa$^{35}_{44}$təu$^{35}_{44}$.tʰaŋ$^{35}$sin$^{53}_{44}$kai$^{53}$kuei$^{21}$fa$^{53}$lai$^{13}_{21}$kan$^{53}$mak$^{3}$(k)e$^{53}_{44}$le$^{0}$.tsʰəŋ$^{13}_{44}$tsʰien$^{13}_{44}$ke$^{53}$in$^{13}_{21}$cʰiəŋ$^{13}$,ʂʅ$^{53}_{44}$mau$^{13}$tek$^{3}$ŋa$^{21}$,mau$^{13}$tek$^{3}$tsʰien$^{13}$nɔi$^{13}_{44}$mai$^{35}$ŋa$^{21}$.

【杉树】sa$^{35}$ʂəu$^{53}$ 名 常绿乔木，叶子长披针形：箇个一嶂岭啊尽～哇。kai$^{53}_{44}$kei$^{53}_{44}$iet$^{3}$tʂɔŋ$^{53}$liaŋ$^{35}$ŋa$^{0}$tsʰin$^{53}$sa$^{35}$ʂəu$^{53}$ua$^{0}$.｜～嘞就好做家具好做屋箇只，系唔系？sa$^{35}$ʂəu$^{53}_{44}$le$^{0}$tsʰiəu$^{53}$xau$^{21}$tso$^{53}$cia$^{35}$tʂʮ$^{53}$xau$^{21}$tso$^{53}$uk$^{3}$kai$^{53}_{44}$tʂak$^{3}$,xei$^{53}_{44}$me$^{53}_{44}$?

【杉树菌】sa$^{35}$ʂəu$^{53}$cʰin$^{35}$ 名 杉树林中生长的菌子：嗯，～唔知食得啊食唔得，杉树生个菌子嘞，白个呢，见过，有，渠就殊殊子箇杉树殊殊子就生菌子嘞。有么人食。n̩$_{21}$,sa$^{35}$ʂəu$^{53}$cʰin$^{35}_{44}$n̩$^{13}_{21}$ti$^{35}_{44}$ʂət$^{5}$ tek$^{3}$ a$^{0}$ ʂət$^{5}$ n̩$^{13}_{21}$tek$^{3}$ ,sa$^{35}$ʂəu$^{53}$saŋ$^{35}$ke$^{53}_{21}$cʰin$^{35}$tsɿ$^{0}$ lei$^{0}$ ,pʰak$^{5}$ ke$^{53}$nei$^{0}$ ,cien$^{53}$ko$^{53}_{44}$,iəu$^{35}$,ci$^{13}$tsiəu$^{53}$mət$^{3}$ mət$^{3}$ tsɿ$^{0}$ kai$^{53}_{44}$sa$^{35}$ʂəu$^{53}_{44}$mət$^{3}$ mət$^{3}$ tsɿ$^{0}$ tsʰiəu$^{53}_{44}$saŋ$^{35}$cʰin$^{35}$tsɿ$^{0}$ lei$^{0}$ .mau$^{13}_{21}$mak$^{3}$ in$^{13}_{44}$ʂət$^{5}$ .

【杉树笋】sa$^{35}$ʂəu$^{53}$sən$^{21}$ 名 杉树砍伐后由树蔸长出的新树：渠话箇笋咯，杉树发个笋咯，也会长大吵。箇笋材质唔好哇。唔好哇。发笋咯，长大个笋咯唔好，箇个质量唔好。我就话过路个我话箇个一嶂岭啊尽杉树哇，咁多～呐箇只啦，箇几易得子大，系唔系？有滴人咁高了。下斫咁，蔸也挖咁。栽过。咁大一条子个，咁高子个，栽过。我话箇搞么啊搞空事？/杉苗子栽。/欸，用杉苗子去栽，材质更好。其实呀好么啊唠？样个哩。/如今以起是以起舞倒箇个杉苗子是还冇得还有……渠渠就大以起硬。/渠不过渠大个嘞就箇个哩渠个肯大。/箇渠肯大以个栽过个，肯大。ci$^{13}_{21}$ua$^{53}_{44}$kai$^{53}_{44}$sən$^{21}$ko$^{0}$ ,sa$^{35}$ʂəu$^{53}$fait$^{3}$ ke$^{53}_{44}$sən$^{21}$ko$^{0}$ ,ia$^{35}$uɔi$^{53}$tʂɔŋ$^{21}$tʰai$^{53}$ʂa$^{0}$ .kai$^{53}$sən$^{21}$tsʰai$^{13}$tʂət$^{3}$ n̩$^{13}_{21}$xau$^{21}$ua$^{0}$ .n̩$^{13}_{21}$xau$^{21}$ua$^{0}$ .fait$^{3}$ sən$^{21}$ko$^{0}$ ,tʂɔŋ$^{21}$tʰai$^{53}$ke$^{53}_{44}$sən$^{21}$ko$^{0}$ n̩$^{13}_{21}$xau$^{21}$ ,kai$^{53}_{44}$ke$^{53}_{44}$tʂət$^{3}$ liɔŋ$^{53}$n̩$^{13}_{21}$xau$^{21}$.ŋai$^{13}$tsʰiəu$^{53}_{44}$ua$^{53}$ko$^{53}_{44}$ləu$^{53}_{21}$ke$^{53}_{44}$ŋai$^{13}$ua$^{53}_{44}$kai$^{53}_{44}$kei$^{53}_{44}$iet$^{3}$ tʂɔŋ$^{53}$liaŋ$^{35}$ŋa$^{0}$ tsʰin$^{53}$sa$^{35}$ʂəu$^{53}$ua$^{0}$ ,kan$^{21}$to$^{35}_{44}$sa$^{35}_{44}$ʂəu$^{53}_{44}$sən$^{21}$na$^{0}$ kai$^{53}_{44}$tʂak$^{3}$ la$^{0}$ ,kai$^{53}_{44}$ci$^{21}$i$^{53}$tek$^{3}$ tsɿ$^{0}$ tʰai$^{53}$ ,xe$^{53}_{44}$me$^{53}_{44}$?iəu$^{35}$tet$^{5}$ in$^{13}$kan$^{21}$kau$^{35}_{44}$liau$^{0}$ .xa$^{53}$tʂɔk$^{3}$ kan$^{21}$,tei$^{35}$ia$^{35}_{53}$uait$^{3}$ kan$^{21}_{44}$.tsɔi$^{35}$ko$^{53}$ .kan$^{21}_{44}$tʰai$^{53}$iet$^{3}$ tʰiau$^{13}_{21}$tsɿ$^{0}$ ke$^{53}$ ,kan$^{21}_{35}$kau$^{35}_{44}$tsɿ$^{0}$ ke$^{53}_{21}$,tsɔi$^{35}$ko$^{53}$ .ŋai$^{13}$ua$^{53}$kai$^{53}$kau$^{21}$mak$^{3}$ a$^{0}$ kau$^{21}$kʰəŋ$^{53}$ʂʅ$^{53}_{44}$?/sa$^{35}$miau$^{13}$tsɿ$^{0}$ tsɔi$^{35}$ ./e$_{53}$,iəŋ$^{53}$sa$^{35}$miau$^{13}$tsɿ$^{0}$ çi$^{53}_{44}$tsɔi$^{35}_{44}$,tsʰai$^{13}$tʂʅt$^{3}$ cien$^{53}$xau$^{21}$ .cʰi$^{13}_{21}$ʂət$^{5}$ ia$^{0}$ xau$^{21}$mak$^{3}$ a$^{0}$ lau$^{0}$ ?iəŋ$^{53}$ke$^{53}_{21}$li$^{0}$ ./i$^{13}_{21}$cin$^{35}_{44}$i$^{21}$çi$^{21}$ʂʅ$^{53}_{44}$i$^{21}$çi$^{21}$u$^{21}$tau$^{21}$kai$^{53}_{44}$ke$^{53}_{44}$sa$^{35}$miau$^{13}$tsɿ$^{0}$ ʂʅ$^{53}_{44}$xai$^{13}$mau$^{13}$tek$^{3}$ xai$^{13}$mau$^{13}$…ci$^{13}$ci$^{13}$tsʰiəu$^{53}_{44}$tʰai$^{53}$i$^{21}$çi$^{21}$ɲiaŋ$^{53}_{21}$./ci$^{13}$puk$^{3}$ ko$^{53}_{44}$ci$^{13}$tʰai$^{53}$ke$^{53}_{44}$lei$^{0}$ tsiəu$^{53}$kai$^{53}_{44}$ke$^{53}_{44}$li$^{0}$ ci$^{13}$ke$^{53}$xen$^{21}$tʰai$^{53}$ ./kai$^{53}_{35}$ci$^{13}_{21}$xen$^{21}$tʰai$^{53}$i$^{21}$ke$^{53}_{21}$tsɔi$^{35}$ko$^{53}_{44}$ke$^{53}_{44}$,xen$^{21}$tʰai$^{53}$ .

【杉树尾】sa$^{35}$ʂəu$^{53}$mi$^{35}$ 名 杉树的梢：一般来讲～是都还有兜子用。两只用，一只用嘞就舞倒做咁个么个掌下子个棍，系啊？～，剔嘿槁去。还有嘞～嘞唔剔槁，和杉槁搞倒去岔鸡，围园呐，也系都系～个作用。iet$^{3}$ pɔn$^{35}$lɔi$^{13}_{21}$kɔŋ$^{21}$sa$^{35}_{44}$ʂəu$^{53}$mi$^{35}$ʂʅ$^{53}_{44}$təu$^{35}_{44}$xai$^{13}_{21}$iəu$^{35}$tei$^{35}_{53}$tsɿ$^{0}$ iəŋ$^{53}$ .iɔŋ$^{21}$tʂak$^{3}$ iəŋ$^{53}$,iet$^{3}$ tʂak$^{3}$ iəŋ$^{53}_{44}$le$^{0}$ tsʰiəu$^{53}$u$^{21}$tau$^{21}$tso$^{53}$kan$^{21}$ke$^{53}$mak$^{3}$ ke$^{53}_{44}$tsʰaŋ$^{53}$xa$^{53}_{44}$tsɿ$^{0}$ ke$^{53}_{44}$kuən$^{53}$ ,xai$^{53}_{44}$a$^{0}$ ?sa$^{35}$ʂəu$^{53}$mi$^{35}$ ,tʰiait$^{5}$ xek$^{3}$ kʰua$^{21}$çi$^{53}$ .xai$^{13}_{21}$iəu$^{35}_{44}$lei$^{0}$ sa$^{35}$ʂəu$^{53}$mi$^{35}$lei$^{0}$ n̩$^{13}$tʰiait$^{5}$ kʰua$^{21}$,uo$^{53}$sa$^{35}$kʰua$^{21}$kau$^{21}$tau$^{21}$çi$^{53}$tsʰa$^{53}$cie$^{35}$,uei$^{13}$ien$^{13}$na$^{0}$ ,ia$^{35}$xe$^{53}$təu$^{35}$xe$^{53}_{44}$sa$^{35}$ʂəu$^{53}_{21}$mi$^{35}$ke$^{53}$tsɔk$^{3}$ iəŋ$^{53}$ .

【杉尾】sa$^{35}$mi$^{35}$ 名 杉树的梢：拖两只～去岔下子鸡。tʰo$^{35}$iɔŋ$^{21}$tʂak$^{3}$ sa$^{35}$mi$^{35}$çi$^{53}_{21}$tsʰa$^{53}$(x)a$^{53}_{21}$tsɿ$^{0}$ cie$^{35}$.

【沙】sa$^{35}$ 名 沙子：烘竹笼是用～炒，系唔系啊？/啊，唔哦，硬去熏哦。欸，箇个安做钉笼个就用～炒。/系呀，生个就～炒哇。fən$^{53}$tʂəuk$^{3}$ sien$^{21}$ʂʅ$^{53}_{44}$iəŋ$^{53}$sa$^{35}$tsʰau$^{21}$ ,xei$^{53}$me$^{53}_{44}$a$^{0}$ ?/a$^{35}$ ,ŋ̍$^{13}_{21}$ŋo$^{0}$ ,ɲiaŋ$^{53}_{44}$çi$^{53}_{44}$çin$^{35}$no$^{0}$ .ei$_{21}$ ,kai$^{53}_{44}$ke$^{53}_{44}$ɔn$^{35}_{44}$tso$^{53}_{44}$taŋ$^{35}$ləŋ$^{13}$ke$^{53}_{44}$tsʰiəu$^{53}_{44}$iəŋ$^{53}_{44}$sa$^{35}$tsʰau$^{21}$ ./xei$^{53}$ia$^{0}$ ,saŋ$^{35}$ke$^{53}_{44}$tsʰiəu$^{53}_{44}$sa$^{35}$tsʰau$^{21}$ua$^{0}$ .

【沙坝】sa$^{35}$pa$^{53}$ 名 河边的沙滩：呃，我等老家箇映箇只～是栽兜箇个竹子呢，如今是硬生倒一～个尽竹子，一条河都剩倒丁啱大子了喔。因为本身渠个河是河就只有咁大呀，水也只有咁大呀。欸，～里尽竹子。ə$_{21}$,ŋai$^{13}$tien$^{0}$ lau$^{21}$cia$^{35}_{44}$kai$^{53}_{44}$iaŋ$^{53}_{44}$kai$^{53}_{44}$tʂak$^{3}$ sa$^{35}$pa$^{53}$ʂʅ$^{53}_{44}$tsɔi$^{35}$te$^{35}_{53}$kai$^{53}_{44}$ke$^{53}_{44}$tʂəuk$^{3}$ tsɿ$^{0}$ nei$^{0}$ ,i$^{13}_{21}$cin$^{35}_{44}$ʂʅ$^{53}_{44}$ɲiaŋ$^{53}$saŋ$^{35}$tau$^{21}$iet$^{3}$ sa$^{35}$pa$^{53}_{44}$ke$^{53}_{44}$tsʰin$^{53}$tʂəuk$^{3}$ tsɿ$^{0}$ ,iet$^{3}$ tʰiau$^{13}_{21}$xo$^{13}$təu$^{35}_{44}$ʂən$^{53}$tau$^{21}$tin$^{53}$ŋait$^{3}$ tʰai$^{53}$tsɿ$^{0}$ liau$^{21}$uo$^{0}$ .in$^{35}$uei$^{53}$pən$^{21}$ʂən$^{35}$ci$^{13}_{44}$ke$^{53}_{44}$xo$^{13}$ʂʅ$^{53}_{21}$xo$^{13}$tsʰiəu$^{53}$tʂʅ$^{21}$iəu$^{35}_{53}$kan$^{21}$tʰai$^{53}$ia$^{0}$ ,ʂei$^{21}$ia$^{35}_{53}$tʂʅ$^{21}$iəu$^{35}_{53}$kan$^{21}$tʰai$^{53}$ia$^{0}$ .e$_{21}$,sa$^{35}$pa$^{53}$li$^{21}$tsʰin$^{53}$tʂəuk$^{3}$ tsɿ$^{0}$ .

【沙钵】sa$^{35}$pait$^{3}$ 名 用陶土和沙烧制的钵头：～掺沙炉哇其实就一只东西，口子更阔，口子更宽，更大滴子。sa$^{35}$pait$^{3}$ lau$^{35}_{44}$sa$^{35}_{44}$ləu$^{13}$ua$^{0}$ cʰi$^{13}$ʂət$^{5}$ tsʰiəu$^{53}$iet$^{3}$ tʂak$^{3}$ təŋ$^{35}$si$^{0}$ ,xei$^{21}$tsɿ$^{0}$ cien$^{53}$kʰɔk$^{3}$ ,xei$^{21}$tsɿ$^{0}$ cien$^{53}$kʰɔn$^{35}$,cien$^{53}_{44}$tʰai$^{53}$tiet$^{5}$ tsɿ$^{0}$ .｜～可以熬药啊，可以熬骨头箇兜嘞，熬汤啊。sa$^{35}$pait$^{3}$ kʰo$^{21}$i$^{35}_{44}$ŋau$^{13}$iɔk$^{5}$ a$^{0}$ ,kʰo$^{21}$i$^{35}_{44}$ŋau$^{13}$kuət$^{3}$ tʰei$^{13}$kai$^{53}_{44}$te$^{35}_{53}$le$^{0}$ ,ŋau$^{13}$tʰɔŋ$^{35}$ŋa$^{0}$ .

【沙炒换茶】sa$^{35}$tsʰau$^{21}$uən$^{53}$tsʰa$^{13}$ 名 用沙子炒制的副食品、茶点：以前还有～啦。/系啊，用沙炒个。i$^{35}_{44}$tsʰien$^{13}_{44}$xa$^{13}_{21}$iəu$^{35}_{44}$sa$^{35}$tsʰau$^{21}$uən$^{53}$tsʰa$^{13}_{21}$la$^{0}$ ./xe$^{53}$a$^{0}$ ,iəŋ$^{53}$sa$^{35}$tsʰau$^{21}$ke$^{53}_{44}$.

【沙堆】sa$^{35}$tɔi$^{35}$ 名 成堆的沙子：以几年呐箇个采沙个船多嘿哩，箇河里都大一只细一只个～，以映子下小河个以条河里啊，大一只细一只个～。i$^{21}$ci$^{21}$ɲien$^{13}$na$^{0}$ kai$^{53}$ke$^{53}$tsʰai$^{21}$sa$^{35}$ke$^{53}$ʂuən$^{13}$to$^{35}$(x)ek$^{3}$ li$^{0}$ ,kai$^{53}$xo$^{13}$li$^{21}$təu$^{35}_{53}$tʰai$^{53}$iet$^{3}$ tʂak$^{3}$ sei$^{53}$iet$^{3}$ tʂak$^{3}$ ke$^{53}_{44}$sa$^{35}$tɔi$^{35}$ ,i$^{21}$iaŋ$^{53}$tsɿ$^{0}$ xa$^{53}_{44}$siau$^{21}$xo$^{13}$ke$^{53}$i$^{21}$tʰiau$^{13}_{21}$xo$^{13}$li$^{0}$ a$^{0}$ ,tʰai$^{53}$iet$^{3}$ tʂak$^{3}$ sei$^{53}$iet$^{3}$ tʂak$^{3}$ ke$^{53}_{21}$sa$^{35}$tɔi$^{35}$.

【沙发】sa$^{35}$fait$^{3}$ 名 装有弹簧或厚垫的靠背椅：欸是以下是家家人家都有～了，欸坐～。e$_{21}$ʂʅ$^{53}_{21}$i$^{21}$xa$^{53}$ʂʅ$^{53}_{44}$ka$^{35}$ka$^{35}_{44}$ɲin$^{13}_{21}$ka$^{35}_{44}$təu$^{35}_{44}$iəu$^{35}_{44}$sa$^{35}$fait$^{3}$ liau$^{0}$ ,e$^{0}$ tsʰo$^{35}$sa$^{35}$fait$^{3}$ .

【沙发凳】sa$^{35}$fait$^{3}$ten$^{53}$ 名 一种长凳，其材料与做沙发的一样：箇张□长个像凳样个就安做～呐。kai$^{53}$tʂɔŋ$^{35}_{53}$lai$^{35}$tʂʰɔŋ$^{13}_{21}$ke$^{53}_{44}$tsʰiɔŋ$^{53}_{44}$ten$^{53}$iɔŋ$^{53}_{44}$ke$^{53}_{44}$tsʰiəu$^{53}_{44}$ɔn$^{35}_{44}$tso$^{53}_{44}$sa$^{35}$fait$^{3}$ten$^{53}$na$^{0}$.

【沙公】sa$^{35}$kəŋ$^{35}$ 名 沙子：石灰，黄泥，～，我等箇映安做三沙。ʂak$^{5}$fɔi$^{35}$,uɔŋ$^{13}$lai$^{13}$,sa$^{35}$kəŋ$^{35}$,ŋai$^{13}_{21}$tien$^{0}$kai$^{53}_{44}$iaŋ$^{53}_{44}$ɔn$^{35}_{44}$tso$^{53}_{44}$san$^{35}$sa$^{35}_{44}$.

【沙罐】sa$^{35}$kɔn$^{53}$ 名 用陶土和沙烧制的罐子：沙钵～沙炉都系箇种沙做个。渠区别又有么个蛮大区别。～高深滴子，更深呐，顶高口子更细呀，就～。～就好炆羹，渠更唔多得潽出来。sa$^{35}$pait$^{3}$sa$^{35}$kɔn$^{53}$sa$^{35}$ləu$^{13}$təu$^{35}$xei$^{53}$kai$^{53}$tʂəŋ$^{21}$sa$^{35}$tso$^{53}$ke$^{53}_{44}$.ci$^{13}$tʂʰʮ$^{35}$pʰiet$^{5}$iəu$^{53}_{44}$mau$^{13}$mak$^{3}$e$^{0}$man$^{13}$tʰai$^{13}_{44}$tʂʰʮ$^{35}_{44}$pʰiet$^{5}$.sa$^{35}$kɔn$^{53}$kau$^{35}$tʂʰən$^{35}$tiet$^{5}$tsɿ$^{0}$,cien$^{35}$tʂʰən$^{35}$na$^{0}$,taŋ$^{21}$kau$^{35}_{53}$xei$^{21}$tsɿ$^{0}$cien$^{53}_{44}$sei$^{53}$ia$^{0}$,tsʰiəu$^{53}_{44}$sa$^{35}$kɔn$^{53}$.sa$^{35}$kɔn$^{53}$tsʰiəu$^{53}_{44}$xau$^{21}$uən$^{13}$kaŋ$^{35}$,ci$^{13}$cien$^{53}$n̩$^{13}$to$^{35}_{53}$tek$^{3}$pʰu$^{13}$tʂʰət$^{3}$lɔi$^{13}$.

【沙炉】sa$^{35}$ləu$^{13}$ 名 沙土做的炊具，用于炖汤或熬中药：有～噢，有噢。～哇，一般就系炆么个东西炆得蛮久，炆羹啊，会炖药啊，用～哇。又安做沙罐子啊。～，硬喊～噢。如今是冇得哩唠。以前有，～。一般都，以前就很少话用火锅，很少用火锅。但是也有咁子用个凑。也有咁子用，搞么个嘞，边炖稳呶，以映……但是唔放下桌上来。iəu$^{35}$sa$^{35}$ləu$^{13}_{21}$uau$^{0}$,iəu$^{35}$uau$^{0}$.sa$^{35}$ləu$^{13}$ua$^{0}$,iet$^{3}$pɔn$^{35}$tsʰiəu$^{53}_{21}$xe$^{53}_{21}$uən$^{13}$mak$^{3}$ke$^{53}_{44}$təŋ$^{35}_{44}$si$^{0}$uən$^{13}$tek$^{3}$man$^{13}$ciəu$^{21}$,uən$^{13}$kaŋ$^{35}$ŋa$^{0}$,uɔi$^{53}_{44}$tən$^{35}$iɔk$^{5}$a$^{0}$,iɔŋ$^{53}_{44}$sa$^{35}$ləu$^{13}_{21}$ua$^{0}$.iəu$^{53}$ɔn$^{35}_{53}$tso$^{53}_{44}$sa$^{35}$kɔn$^{53}$tsa$^{0}$.sa$^{35}$ləu$^{13}$,ɲiaŋ$^{53}$xan$^{53}$sa$^{35}_{44}$ləu$^{13}$uau$^{0}$.i$^{13}_{21}$cin$^{35}_{44}$ʂɿ$^{53}$mau$^{13}_{21}$tek$^{3}$li$^{0}$lau$^{0}$.i$^{35}_{44}$tsʰien$^{13}_{21}$iəu$^{35}_{44}$,sa$^{35}$ləu$^{13}_{21}$.iet$^{3}$pɔn$^{35}$təu$^{35}_{44}$,i$^{35}_{53}$tsʰien$^{13}$tsʰiəu$^{53}_{44}$xen$^{21}$ʂau$^{21}$ua$^{53}$iɔŋ$^{53}$fo$^{21}$ko$^{35}_{44}$,xen$^{21}$ʂau$^{21}$iɔŋ$^{53}$fo$^{21}$ko$^{35}_{44}$.tan$^{53}$ʂɿ$^{53}$ia$^{35}$iəu$^{35}_{44}$kan$^{21}$tsɿ$^{0}$iɔŋ$^{53}$ke$^{53}_{21}$tsʰe$^{0}$.ia$^{35}$iəu$^{35}_{44}$kan$^{21}$tsɿ$^{0}$iɔŋ$^{53}$,kau$^{21}$mak$^{3}$(k)e$^{53}_{44}$lei$^{0}$,pien$^{35}$tən$^{35}$uən$^{21}$nau$^{0}$,i$^{21}$iaŋ$^{53}_{44}$···tan$^{53}$ʂɿ$^{53}$m̩$^{13}$fɔŋ$^{53}_{44}$ŋa$_{44}$(←xa$^{53}$)tsɔk$^{3}$xɔŋ$^{53}$lɔi$^{13}_{44}$.

【沙泥田】sa$^{35}$lai$^{13}$tʰien$^{13}$ 名 在沙壤上耕作的水田：～就会遭干呢，真就装水唔稳呢。～就装水唔稳呢。sa$^{35}$lai$^{13}_{21}$tʰien$^{13}$tsʰiəu$^{53}$uɔi$^{53}$tsau$^{35}$kɔn$^{35}$nei$^{0}$,tʂən$^{35}$tsiəu$^{53}_{44}$tʂɔŋ$^{35}$ʂei$^{21}$n̩$^{13}_{21}$uən$^{21}$nei$^{0}$.sa$^{35}$lai$^{13}_{21}$tʰien$^{13}_{21}$tsʰiəu$^{53}$tʂɔŋ$^{35}$ʂei$^{21}$n̩$^{13}_{21}$uən$^{21}$nei$^{0}$.

【沙盘】sa$^{35}$pʰan$^{13}$ 名 扶乩用具之一，带有细沙的木盘：降乩呀，好像两个人就舞只～，系吗？kɔŋ$^{53}$ci$^{35}$ia$^{0}$,xau$^{21}$siɔŋ$^{53}$iɔŋ$^{21}$ke$^{53}$ɲin$^{13}_{21}$tsʰiəu$^{53}_{44}$u$^{21}$tʂak$^{3}$sa$^{35}$pʰan$^{13}$,xe$^{53}_{44}$ma$^{0}$?

【沙鳅】sa$^{35}$tsʰiəu$^{35}$ 名 野生鱼类。嘴尖，背部有锯齿，体扁，皮黄色，大者长约 30 厘米：呃，～好食嘞，箇个我等买箇个火焙鱼子啊，经常箇肚里有～。欸～蛮好食。ə$^{0}$,sa$^{35}$tsʰiəu$^{35}_{44}$xau$^{21}$ʂət$^{5}$le$^{0}$,kai$^{53}_{44}$kei$^{53}_{44}$ŋai$^{13}$tien$^{0}$mai$^{35}$kai$^{53}$ke$^{53}_{44}$fo$^{21}$pʰɔi$^{53}$ŋ̍$^{13}$tsɿ$^{0}$a$^{0}$,cin$^{35}$tʂʰɔŋ$^{13}_{21}$kai$^{53}$təu$^{21}$li$^{0}$iəu$^{35}_{53}$sa$^{35}$tsʰiəu$^{35}$.e$^{0}$sa$^{35}$tsʰiəu$^{35}_{44}$man$^{13}_{21}$xau$^{21}$ʂət$^{0}$.

【沙滩】sa$^{35}$tʰan$^{35}$ 名 水边的沙地：箇个～呐靠近有水个栏场啊，～擎水相连个栏场，箇阵子我等去搂鱼子，翻开箇石头来，肚里有箇黄丫角子嘞，有箇石坜牯子黄丫角子，箇个细鱼子啊。以下冇得哩，么个都冇得。kai$^{53}_{44}$ke$^{53}_{44}$sa$^{35}$tʰan$^{35}$na$^{0}$kʰau$^{53}$cʰin$^{53}$iəu$^{35}_{44}$ʂei$^{21}$ke$^{53}$laŋ$^{13}_{21}$tʂʰɔŋ$^{13}_{21}$ŋa$^{0}$,sa$^{35}$tʰan$^{35}_{44}$lau$^{35}_{44}$ʂei$^{21}$siɔŋ$^{35}_{53}$lien$^{13}_{21}$ke$^{53}_{21}$laŋ$^{13}_{21}$tʂʰɔŋ$^{13}_{44}$,kai$^{53}$tʂʰən$^{53}$tsɿ$^{0}$ŋai$^{13}$tien$^{0}$çi$^{53}$lei$^{35}$ŋ̍$^{13}$tsɿ$^{0}$,fan$^{35}$kʰɔi$^{35}$kai$^{53}_{44}$ʂak$^{5}$tʰei$^{13}_{21}$lɔi$^{13}_{21}$,təu$^{21}$li$^{0}$iəu$^{35}_{53}$kai$^{53}$uɔŋ$^{13}$a$^{35}_{44}$kɔk$^{3}$tsɿ$^{0}$lei$^{0}$,iəu$^{35}$kai$^{53}_{21}$ʂak$^{5}$lak$^{5}$ku$^{21}$tsɿ$^{0}$uɔŋ$^{13}$a$^{35}_{44}$kɔk$^{3}$tsɿ$^{0}$,kai$^{53}_{21}$ke$^{53}_{21}$sei$^{53}$ŋ̍$^{13}_{21}$tsɿ$^{0}$a$^{0}$.i$^{21}$xa$^{53}$mau$^{13}_{21}$tek$^{3}$li$^{0}$,mak$^{3}$e$^{0}$təu$^{35}_{53}$mau$^{13}_{21}$tek$^{3}$.

【沙土】sa$^{35}$tʰəu$^{21}$ 名 沙壤地：～就好栽花生呢，但是怕干呶～就。栽番薯箇兜就怕干呶。sa$^{35}$tʰəu$^{21}$tsiəu$^{53}$xau$^{21}$tsɔi$^{35}$fa$^{35}$sen$^{35}_{44}$nei$^{0}$,tan$^{53}$ʂɿ$^{53}$pʰa$^{53}$kɔn$^{35}$nau$^{0}$sa$^{35}$tʰu$^{21}$tsʰiəu$^{53}_{21}$.tsɔi$^{35}$fan$^{35}$ʂəu$^{13}_{21}$kai$^{53}_{44}$te$^{35}_{44}$tsiəu$^{53}_{44}$pʰa$^{53}_{44}$kɔn$^{35}$nau$^{0}$.

【沙洲】sa$^{35}$tʂəu$^{35}$ 名 ①沙滩：～就系沙滩呐，欸，又安做坝洲哇。沙坝，系唔系？沙滩呐，沙洲哇，认真分，分是分唔出。唔晓得箇几只咁个东西让门有么个区别嘛。sa$^{35}$tʂəu$^{35}$tsʰiəu$^{53}$xe$^{53}$sa$^{35}$tʰan$^{35}$na$^{0}$,e$_{21}$,iəu$^{53}_{44}$ɔn$^{35}_{44}$tso$^{53}_{44}$pa$^{53}$tʂəu$^{35}$ua$^{0}$.sa$^{35}$pa$^{53}$,xei$^{53}_{44}$me$^{53}_{44}$?sa$^{35}$tʰan$^{35}$na$^{0}$,sa$^{35}$tʂəu$^{35}$ua$^{0}$,ɲin$^{53}$tʂən$^{35}_{44}$fən$^{35}$,fən$^{35}$ʂɿ$^{53}$fən$^{35}$n̩$^{13}_{21}$tʂʰət$^{3}$.n̩$^{13}$çiau$^{21}$tek$^{3}$kai$^{53}$ci$^{21}$tʂak$^{3}$kan$^{21}$ke$^{53}_{21}$təŋ$^{35}$si$^{0}$ɲiɔŋ$^{53}$mən$^{53}_{44}$iəu$^{35}$mak$^{3}$e$^{0}$tʂʰʮ$^{35}$pʰiet$^{5}$ma$^{0}$.
②河里泥沙淤积成的小片陆地：如今欸皇碑树下箇映子如今唔知还有嘛，以前是一只～懑大哟，箇几十亩喔。两向都系水呀。i$^{13}_{21}$cin$^{35}_{53}$e$_{21}$uɔŋ$^{13}$pi$^{53}_{44}$ʂəu$^{53}$xa$^{53}_{44}$kai$^{53}$iaŋ$^{53}$tsɿ$^{0}$i$^{13}_{21}$cin$^{35}_{53}$n̩$^{13}_{21}$ti$^{35}_{53}$xai$^{13}_{21}$iəu$^{35}$ma$^{0}$,i$^{35}_{53}$tsʰien$^{13}$ʂɿ$^{53}$iet$^{3}$tʂak$^{3}$sa$^{35}$tʂəu$^{35}_{44}$mən$^{35}$tʰai$^{53}$io$^{0}$,kai$^{53}$ci$^{21}$ʂət$^{5}$miau$^{35}$uo$^{0}$.iɔŋ$^{21}$çiɔŋ$^{53}$təu$^{35}$xe$^{53}$ʂei$^{21}$ia$^{0}$.

【纱褂子】sa$^{35}$kua$^{53}$tsɿ$^{0}$ 名 棉纱料子的衣服：～有两起，有起圆领子个～，有一起背心子。sa$^{35}$kua$^{53}$tsɿ$^{0}$iəu$^{35}$iɔŋ$^{21}$çi$^{21}$,iəu$^{35}$çi$^{21}$ien$^{13}$liaŋ$^{35}$tsɿ$^{0}$ke$^{53}_{44}$sa$^{35}$kua$^{53}$tsɿ$^{0}$,iəu$^{35}$iet$^{3}$çi$^{21}$pɔi$^{53}$sin$^{35}_{44}$tsɿ$^{0}$.

【刹车$_{1}$】sait$^{3}$tʂʰa$^{35}$ 动 使车子停止前进：我开车跍下路上就看倒唔好过个栏场我就踩刹车，就～。我赖子就："刹么个唠？走走走，加油，走走走。" ŋai$^{13}$kʰɔi$^{35}_{44}$tʂʰa$^{35}$kʰu$^{35}$(x)a$^{53}_{44}$ləu$^{53}$xɔŋ$^{53}_{44}$tsʰiəu$^{53}_{44}$kʰɔn$^{53}$tau$^{21}$n̩$^{13}$xau$^{21}$ko$^{53}$ke$^{53}$laŋ$^{13}_{21}$tʂʰɔŋ$^{13}_{21}$ŋai$^{13}$tsʰiəu$^{53}$tsʰai$^{21}$sait$^{3}$tʂʰa$^{35}$,tsʰiəu$^{53}_{44}$sait$^{3}$tʂʰa$^{35}$.ŋai$^{13}$lai$^{53}$tsɿ$^{0}$

S

tsʰiəu$^{53}$:"sait$^{3}$ mak$^{3}$ e$^{0}$ lau$^{0}$ ?tsei$^{21}$tsei$^{21}$tsei$^{21}$,cia$^{35}$iəu$^{13}_{44}$,tsei$^{21}$tsei$^{21}$tsei$^{21}$."

【刹车$_{2}$】sait$^{3}$ tʂʰa$^{35}$ 名使车子停止行进的装置：我开车跕下路上就看倒唔好过个栏场我就踩～。ŋai$^{13}$kʰɔi$^{35}_{44}$tʂʰa$^{35}$kʰu$^{35}$(x)a$^{53}_{44}$ləu$^{53}$xɔŋ$^{53}_{44}$tsʰiəu$^{53}_{44}$kʰɔn$^{53}$tau$^{21}$ṇ$^{13}$xau$^{21}$ko$^{53}$ke$^{53}$laŋ$^{13}_{21}$tʂʰɔŋ$^{13}_{21}$ŋai$^{13}$tsʰiəu$^{53}$tsʰai$^{21}$ sait$^{3}$ tʂʰa$^{35}$.

【砂布】sa$^{35}$pu$^{53}$ 名在一面用胶黏上砂子或其他磨料的棉布，用于磨光和抛光：有～有砂纸，以下就～慢慢子冇得哩。以下去买都系砂纸了。一块布，箇个布个有一面呢尽砂，尽砂啊，箇砂唔知让门豩倒去个，打比以个东西以个粗糙个东西就可以用渠来打磨啊，去擦呀。跟箇砂纸系一样个作用啊。箇个欸做油漆个人就少唔得箇东西啊，渠爱打磨啊，磨哩以后再漆嘞。iəu$^{35}$sa$^{35}$pu$^{53}$iəu$^{35}$sa$^{35}$tʂʅ$^{21}$,i$^{21}$xa$^{53}_{44}$tsiəu$^{53}_{44}$sa$^{35}$pu$^{53}$man$^{53}$man$^{53}$tsʅ$^{0}$mau$^{13}$tek$^{3}$ li$^{0}$.i$^{21}$xa$^{53}_{44}$çi$^{53}_{44}$mai$^{35}$təu$^{35}$xe$^{53}$sa$^{35}$tʂʅ$^{21}$ liau$^{0}$.iet$^{3}$ kʰuai$^{53}$pu$^{53}$,kai$^{53}_{44}$(k)e$^{0}$ pu$^{53}$ke$^{53}_{21}$iəu$^{35}$iet$^{3}$ mien$^{53}$ne$^{0}$ tsʰin$^{53}$sa$^{35}$,tsʰin$^{53}$sa$^{35}$a$^{0}$,kai$^{53}_{44}$sa$^{35}$ṇ$^{13}$ti$^{35}_{44}$iɔŋ$^{53}_{44}$mən$^{53}_{44}$ ɲia$^{13}$tau$^{21}$çi$^{53}$ke$^{53}_{44}$,ta$^{21}$pi$^{21}$i$^{21}$ke$^{53}_{44}$təŋ$^{35}_{44}$si$^{0}$ i$^{21}$ke$^{53}_{44}$tsʰʅ$^{35}$tsʰau$^{53}_{44}$ke$^{53}_{44}$təŋ$^{35}_{44}$si$^{0}$ tsʰiəu$^{53}$kʰo$^{21}$i$^{35}_{44}$iəŋ$^{53}$ci$^{13}_{21}$lɔi$^{13}_{21}$ta$^{21}$mo$^{13}$a$^{0}$,çi$^{53}$ tsʰait$^{3}$ ia$^{0}$ .ken$^{35}$kai$^{53}$sa$^{35}$tʂʅ$^{21}$xei$^{53}$iet$^{3}$ iɔŋ$^{53}$ke$^{53}_{44}$tsɔk$^{3}$ iəŋ$^{53}$ŋa$^{0}$ .kai$^{53}_{44}$ke$^{53}_{44}$e$_{21}$tso$^{53}$iəu$^{13}$tsʰiet$^{3}$ ke$^{53}$ɲin$^{13}_{21}$tsʰiəu$^{53}_{44}$ʂau$^{21}$ṇ$^{13}$ tek$^{3}$ kai$^{53}_{44}$təŋ$^{35}_{44}$si$^{0}$ a$^{0}$ ,ci$^{13}_{21}$ɔi$^{53}$ta$^{21}$mo$^{13}$a$^{0}$ ,mo$^{13}$li$^{0}$ i$^{35}_{44}$xei$^{53}$tsai$^{53}$tsʰiet$^{3}$ le$^{0}$.

【砂浆】sa$^{35}$tsiɔŋ$^{35}$ 名砌砖石用的黏结物质，由沙子加水泥、石灰膏或黏土，再加水合成：我等箇只阿叔哇同我同年箇个人呐，早几年子嘞，还有人请倒渠去做小工。专门和～啊，就来和下子～啊，荷下子～啊。ŋai$^{13}$tien$^{0}$ kai$^{53}$tʂak$^{3}$ a$^{35}$ʂəuk$^{3}$ ua$^{0}$ tʰəŋ$^{13}_{21}$ŋai$^{13}_{21}$tʰəŋ$^{13}_{21}$ɲien$^{13}_{21}$kai$^{53}$(k)e$^{53}_{21}$ɲin$^{13}_{21}$na$^{0}$, tsau$^{21}$ci$^{21}$ɲien$^{13}_{21}$tsʅ$^{0}$ lei$^{0}$ ,xai$^{13}_{21}$iəu$^{35}$ɲin$^{13}_{21}$tsʰiaŋ$^{21}$tau$^{21}$ci$^{13}_{21}$çi$^{53}$tso$^{53}$siau$^{21}$kəŋ$^{35}_{44}$.tʂen$^{35}_{44}$mən$^{13}_{21}$xo$^{13}$sa$^{35}$tsiɔŋ$^{35}$ŋa$^{0}$ ,tsiəu$^{53}$ lɔi$^{13}_{21}$xo$^{13}$(x)a$^{53}$tsʅ$^{0}$ sa$^{35}$tsiɔŋ$^{35}_{44}$ŋa$^{0}$ ,kʰai$^{35}$(x)a$^{53}$tsʅ$^{0}$ sa$^{35}$tsiɔŋ$^{35}_{44}$ŋo$^{0}$ .

【砂糖】sa$^{35}$tʰɔŋ$^{13}$ 名红砂糖的旧称：最早是冇得箇红字嘞。最早尽系红糖嘞。就安做～啊。红糖就安做～。tsei$^{53}$tsau$^{21}$ʂʅ$^{53}_{44}$mau$^{13}$tek$^{3}$ kai$^{53}_{44}$fəŋ$^{35}$tsʰʅ$^{53}$lei$^{0}$ .tsei$^{53}$tsau$^{21}$tsʰin$^{53}$xe$^{53}_{44}$fəŋ$^{13}$tʰɔŋ$^{13}_{44}$le$^{0}$ .tsʰiəu$^{53}_{44}$ɔn$^{35}_{44}$tso$^{53}_{44}$ sa$^{35}$tʰɔŋ$^{13}_{21}$ŋa$^{0}$ .fəŋ$^{13}$tʰɔŋ$^{13}_{21}$tsʰiəu$^{53}_{44}$ɔn$^{35}_{44}$tso$^{53}_{44}$sa$^{35}$tʰɔŋ$^{13}_{21}$.

【砂盐】sa$^{35}$ian$^{13}$ 名大颗粒的盐：安做～。憑大一只只啰，还爱炒一到，炒一到去磨一到喔，我等喊磨盐呶。ɔn$^{35}_{44}$tso$^{53}_{44}$sa$^{35}$ian$^{13}$.mən$^{35}$tʰai$^{53}$iet$^{3}$ tʂak$^{3}$ tʂak$^{3}$ lo$^{0}$ ,xai$^{13}_{21}$ɔi$^{53}$tsʰau$^{21}$iet$^{3}$ tau$^{53}$,tsʰau$^{21}$iet$^{3}$ tau$^{53}$çi$^{53}_{44}$ mo$^{53}$iet$^{3}$ tau$^{53}$uo$^{0}$ ,ŋai$^{13}_{21}$tien$^{0}$ xan$^{53}_{44}$mo$^{53}$ian$^{13}$nau$^{0}$ .◇《元典章・户部八・禁治砂盐》：“全凭日色晒曝成盐，色与净砂无异，名曰砂盐。”

【砂纸】sa$^{35}$tʂʅ$^{21}$ 名在一面用胶黏上砂子或其他磨料的纸，用于磨光和抛光：如今箇街上有卖呀箇起咁个欸～啊，用来打磨下子么个东西个箇～。i$^{13}_{21}$cin$^{35}_{44}$kai$^{35}_{44}$kai$^{35}_{44}$xɔŋ$^{53}_{44}$iəu$^{35}$mai$^{13}$ia$^{0}$ kai$^{53}_{44}$çi$^{21}_{44}$ kan$^{21}$kei$^{53}$e$_{21}$sa$^{35}$tʂʅ$^{21}$za$^{0}$ ,iəŋ$^{53}$lɔi$^{13}_{21}$ta$^{21}$mo$^{13}$(x)a$^{53}$tsʅ$^{0}$ mak$^{3}$ e$^{0}$ təŋ$^{35}_{44}$si$^{0}$ ke$^{0}$ kai$^{53}_{44}$sa$^{35}$tʂʅ$^{21}$.

【痧虫】sa$^{35}$tʂʰəŋ$^{13}$ 名①孑孓；蚊子的幼虫：箇个河里个水凼子啊，水凼子肚里箇起咁个就会变成蚊家个箇孑孓吧就系～嘞，一般我等就喊～。kai$^{53}$ke$^{53}_{44}$xo$^{13}$li$^{21}$ke$^{53}$ʂei$^{21}$tʰɔŋ$^{53}$tsʅ$^{0}$ a$^{0}$ ,ʂei$^{21}$tʰɔŋ$^{53}$tsʅ$^{0}$ təu$^{21}$li$^{0}$ kai$^{53}$çi$^{21}$kan$^{21}$ke$^{53}$tsʰiəu$^{53}_{44}$uɔi$^{53}$pien$^{53}$ʂaŋ$^{13}_{21}$mən$^{35}$ka$^{35}_{44}$ke$^{53}_{44}$kai$^{53}_{44}$tʂʅ$^{35}$tʂei$^{35}_{44}$pa$^{0}$ tsʰiəu$^{53}$xei$^{53}$sa$^{35}$tʂʰəŋ$^{13}_{21}$lei$^{0}$ ,iet$^{3}$ pɔn$^{35}$ŋai$^{13}$tien$^{0}$ tsʰiəu$^{53}$xan$^{53}$sa$^{35}$tʂʰəŋ$^{13}_{21}$. ②脚气：洗哩身以后呀，箇脚趾丫里爱舞倒么个擦爑来，唔擦爑来就会发～。就系脱皮呀，箇个脱皮一重重个皮脱呀，就系脚气呀，会痒啊，会脱皮呀。se$^{21}$li$^{0}$ ʂən$^{35}$i$^{35}_{44}$xei$^{53}$ia$^{0}$ ,kai$^{53}$ciɔk$^{3}$ tʂʅ$^{21}$a$^{35}$li$^{0}$ ɔi$^{53}$u$^{21}$tau$^{21}$mak$^{3}$ ke$^{53}$tsʰat$^{5}$ tsau$^{35}_{44}$lɔi$^{13}_{21}$,ṇ$^{13}_{21}$tsʰat$^{5}$ tsau$^{35}_{44}$lɔi$^{13}_{21}$tsʰiəu$^{53}$ uɔi$^{53}$fait$^{3}$ sa$^{35}$tʂʰəŋ$^{13}_{21}$.tsʰiəu$^{53}$xei$^{53}$tʰɔit$^{3}$ pʰi$^{13}$ia$^{0}$ ,kai$^{53}$ke$^{53}$tʰɔit$^{3}$ pʰi$^{13}$iet$^{3}$ tʂʰəŋ$^{13}$tʂʰəŋ$^{13}$ke$^{53}$pʰi$^{13}$tʰɔit$^{3}$ ia$^{0}$ ,tsʰiəu$^{53}_{44}$ xei$^{53}_{44}$ciɔk$^{3}$ çi$^{53}$ia$^{0}$ ,uɔi$^{53}$iɔŋ$^{35}$ŋa$^{0}$ ,uɔi$^{53}$tʰɔit$^{3}$ pʰi$^{13}$ia$^{0}$ .

【痧痱子】sa$^{35}$pi$^{53}$tsʅ$^{0}$ 名由于暑天出汗过多，引起汗腺发炎，皮肤表面生出来的小红疹，很痒。又称“热痱子”：～就系热痱子啊，就系因为天气热起倒身上个子子。只爱搽兜痱子粉去呀就好哩。sa$^{35}$pi$^{53}$tsʅ$^{0}$ tsʰiəu$^{53}_{44}$xe$^{53}_{44}$ɲiet$^{5}$ pi$^{53}$tsʅ$^{0}$ a$^{0}$ ,tsʰiəu$^{53}$xei$^{53}_{44}$in$^{35}$uei$^{53}_{21}$tʰien$^{35}$çi$^{53}_{21}$ɲiet$^{5}$ çi$^{21}$tau$^{21}$ʂən$^{35}$xɔŋ$^{53}_{44}$ke$^{53}$tsʅ$^{21}$ tsʅ$^{21}$.tʂʅ$^{21}$ɔi$^{53}$tsʰa$^{13}_{21}$te$^{35}_{53}$fei$^{35}$tsʅ$^{0}$ fən$^{21}$çi$^{53}$ia$^{0}$ tsʰiəu$^{53}$xau$^{21}$li$^{0}$.

【煞$_{1}$】sait$^{3}$/sek$^{3}$ 形①（东西）好；质优；功能强：草烟肚箇里有三种。/最～个就系铁梗烟。tsʰau$^{21}$ien$^{35}$təu$^{21}$kai$^{53}_{21}$li$^{0}$ iəu$^{35}_{44}$san$^{35}$tʂəŋ$^{21}$./tsei$^{53}$sait$^{3}$ ke$^{53}$tsʰiəu$^{53}_{44}$xe$^{53}_{44}$tʰiet$^{3}$ kuaŋ$^{21}$ien$^{35}$.｜（磨子个齿）箇就唔利吵，唔～个吵。kai$^{53}_{44}$tsʰiəu$^{53}_{44}$m$^{13}$li$^{53}$ʂa$^{0}$ ,ṇ$^{13}$sait$^{3}$ ke$^{53}_{44}$ʂa$^{0}$ . ②（人、力畜）能干；优胜：（渠）理财真～呀。li$^{21}$tsʰɔi$^{13}$tʂən$^{35}_{44}$sait$^{3}$ia$^{0}$ .｜有滴人踩水蛮～哟。iəu$^{35}$tet$^{5}$ɲin$^{13}_{21}$tsʰai$^{21}$ʂei$^{21}$man$^{13}$sait$^{3}$ iau$^{0}$ .｜箇水牛就～多哩啦做起事来就。kai$^{53}$ʂei$^{21}$ɲiəu$^{13}$tsʰiəu$^{53}_{44}$sait$^{5}$ to$^{35}$li$^{0}$ la$^{0}$ tso$^{53}$çi$^{21}$sʅ$^{53}$lɔi$^{13}_{21}$tsiəu$^{53}_{44}$. ③（事情做得）效果好：有滴以箇个烂泥田里个你就用箇个挖机你都做唔～。iəu$^{35}$tet$^{5}$ i$^{21}$kai$^{53}_{44}$ke$^{53}_{44}$lan$^{53}$lai$^{13}_{21}$tʰien$^{13}_{21}$ li$^{35}_{44}$ke$^{53}_{44}$ɲi$^{13}_{21}$tsʰiəu$^{53}_{44}$iəŋ$^{53}$kai$^{53}_{21}$ke$^{53}_{21}$ua$^{35}$ci$^{35}$ɲi$^{13}_{21}$təu$^{35}_{44}$tso$^{53}_{44}$ṇ$^{13}_{44}$sek$^{3}$. ④（嗅觉）灵敏：鼻公蛮～。pʰi$^{53}$kəŋ$^{35}$ man$^{13}$sait$^{3}$. ⑤严实：分以只咁个椽皮头呀封～哩。pən$^{35}$i$^{21}$tʂak$^{3}$ kan$^{21}_{44}$ke$^{53}_{44}$ʂɔn$^{13}$pʰi$^{13}$tʰei$^{13}$ia$^{0}$ fəŋ$^{35}$sait$^{3}$

S

li$^{0}$.

【煞$_{2}$】sait$^{3}$ 副加在谓词性成分后，表示程度高：渠食箇个安乃近呐，硬吓～人。ci$^{13}$ʂət$^{5}$kai$^{53}_{44}$ ke$^{53}_{44}$ŋɔn$^{35}$nai$^{21}$c$^{h}$in$^{53}$na$^{0}$, ɲiaŋ$^{53}$xak$^{3}$sait$^{3}$ɲin$^{13}$.｜胸脯前板憋闷～哩。çiɔŋ$^{35}$p$^{h}$u$^{13}_{21}$ts$^{h}$ien$^{13}_{21}$pan$^{21}$sait$^{3}$li$^{0}$.

【煞达】sait$^{3}$t$^{h}$ait$^{5}$ 形胆子大；没有顾忌：渠真～，么个好就食么个。ci$^{13}$tʂən$^{35}$sait$^{3}$t$^{h}$ait$^{5}$,mak$^{3}$ ke$^{53}$xau$^{21}$ts$^{h}$iəu$^{53}_{44}$ʂət$^{5}$mak$^{3}$ke$^{53}_{44}$.

【煞㞘$_{1}$】sait$^{3}$təuk$^{3}$ 动结束；终结；结尾：以只会么个时候子～喔。i$^{21}$tʂak$^{3}$fei$^{53}$mak$^{3}$e$^{0}$ʂʅ$^{13}_{44}$xei$^{53}_{44}$ tsʅ$^{0}$sait$^{3}$təuk$^{3}$uo$^{0}$?｜欸，搞装修～了么？你箇只屋啊搞装修哇，去下搞装修吧？欸，搞正哩么？～哩么？e$_{21}$,kau$^{21}$tsɔŋ$^{35}$siəu$^{35}_{44}$sait$^{3}$təuk$^{3}$liau$^{0}$mo$^{0}$?ɲi$^{13}_{21}$kai$^{53}$tʂak$^{3}$uk$^{3}$a$^{0}$kau$^{21}$tsɔŋ$^{35}$siəu$^{35}_{44}$ua$^{0}$,çi$^{53}$xa$^{53}$ kau$^{21}$tsɔŋ$^{35}$siəu$^{35}_{44}$pa$^{0}$?e$_{21}$,kau$^{21}$tʂaŋ$^{53}$li$^{0}$mo$^{0}$?sait$^{3}$təuk$^{3}$li$^{0}$mo$^{0}$?｜欸，我摎我箇只梁叔公讲事，我硬即即哩同渠煞嘿㞘去。e$_{21}$,ŋai$^{13}$lau$^{35}$ŋai$^{13}_{44}$kai$^{53}$tʂak$^{3}$liɔŋ$^{13}$ʂəuk$^{3}$kəŋ$^{35}$kɔŋ$^{21}$sʅ$^{53}$,ŋai$^{13}$ɲiaŋ$^{53}$tset$^{5}$tset$^{5}$li$^{0}$t$^{h}$əŋ$^{13}_{21}$ci$^{13}_{44}$ sait$^{3}$(x)ek$^{3}$təuk$^{3}$çi$^{53}$.｜以篇文章让门～哇？i$^{21}$p$^{h}$ien$^{35}_{53}$uən$^{13}$tʂɔŋ$^{35}_{44}$ɲiɔŋ$^{53}$mən$^{13}_{44}$sait$^{3}$təuk$^{3}$ua$^{0}$?

【煞㞘$_{2}$】sait$^{3}$təuk$^{3}$ 名时间词。最后；结束的阶段：～还蛮多人么？sait$^{3}$təuk$^{3}$xai$^{13}_{21}$man$^{13}_{21}$to$^{35}$ ɲin$^{13}$mo$^{0}$?｜做只事啊有只开头，有只～。tso$^{53}_{44}$tʂak$^{3}$sʅ$^{53}$a$^{0}$iəu$^{35}_{44}$tʂak$^{3}$k$^{h}$ɔi$^{35}$t$^{h}$ei$^{13}$,iəu$^{35}$tʂak$^{3}$sait$^{3}$təuk$^{3}$.

【煞脚$_{1}$】sait$^{3}$ciɔk$^{3}$ 动结束；了结：今晡箇场事啊让门子～个哦？cin$^{35}_{44}$pu$^{35}_{44}$kai$^{53}_{44}$tʂ$^{h}$ɔŋ$^{13}$sʅ$^{53}$a$^{0}$ɲiɔŋ$^{53}$ mən$^{13}_{44}$tsʅ$^{0}$sait$^{3}$ciɔk$^{3}$ke$^{53}$o$^{0}$?

【煞脚$_{2}$】sait$^{3}$ciɔk$^{3}$ 名时间词。最后。又称“背尾”：蛮多箇个欸箇电视剧啦欸中国个电视剧啦大团圆个～，系唔系？大团圆个～。大结局讲个就系～，～个事。man$^{13}$to$^{35}_{53}$kai$^{53}_{44}$ke$^{53}_{44}$e$_{21}$kai$^{53}_{44}$ t$^{h}$ien$^{53}$ʂʅ$^{53}_{53}$tʂət$^{3}$la$^{0}$e$_{21}$tʂəŋ$^{35}$kɔit$^{3}$ke$^{53}_{44}$t$^{h}$ien$^{53}$ʂʅ$^{53}_{53}$tʂət$^{3}$la$^{0}$t$^{h}$ai$^{53}$t$^{h}$ɔn$^{13}$vien$^{13}$ke$^{53}$sait$^{3}$ciɔk$^{3}$,xei$^{53}$me$^{53}$?t$^{h}$ai$^{53}$t$^{h}$ɔn$^{13}_{21}$ vien$^{13}_{21}$ke$^{53}$sait$^{3}$ciɔk$^{3}$.t$^{h}$ai$^{53}$ciet$^{3}$tʂət$^{3}$kɔŋ$^{21}$ke$^{53}$ts$^{h}$iəu$^{53}$xei$^{53}$sait$^{3}$ciɔk$^{3}$,sait$^{3}$ciɔk$^{3}$ke$^{53}_{44}$sʅ$^{53}$.｜大家在一起食餐酒，系唔系？跍倒来呃会餐。～啊总共食嘿几多瓶呶，食嘿几多瓶子唠？t$^{h}$ai$^{53}$cia$^{35}_{44}$ts$^{h}$ai$^{53}$iet$^{3}$ çi$^{21}$ʂət$^{5}$ts$^{h}$ɔn$^{35}_{44}$tsiəu$^{21}$,xei$^{53}$me$^{53}$?ku$^{35}_{44}$tau$^{21}$lɔi$^{13}$ə$_{21}$fei$^{53}$ts$^{h}$ɔn$^{35}$.sait$^{3}$ciɔk$^{3}$a$^{0}$tsəŋ$^{21}$k$^{h}$əŋ$^{53}$ʂət$^{3}$(x)ek$^{3}$ci$^{21}$(t)o$^{35}$p$^{h}$in$^{13}_{21}$ nau$^{0}$,ʂət$^{3}$(x)ek$^{3}$ci$^{21}$(t)o$^{35}$p$^{h}$in$^{13}_{21}$tsʅ$^{0}$lau$^{0}$?

【煞劲】sait$^{3}$cin$^{53}$ 动把力量尽力使出来；下大力气来做：欸，一个人只爱～做，年把两年就爬起来哩。ei$_{21}$,iet$^{3}$ke$^{53}$ɲin$^{13}_{21}$tsʅ$^{21}$ɔi$^{53}_{44}$sait$^{3}$cin$^{53}_{44}$tso$^{53}$, ɲien$^{13}$pa$^{21}$iɔŋ$^{21}$ɲien$^{13}$ts$^{h}$iəu$^{53}$p$^{h}$a$^{13}_{21}$çi$^{21}$lɔi$^{13}$li$^{0}$.｜还几十页，今晡还爱～呶。xa$^{13}$ci$^{21}$ʂət$^{5}$iait$^{5}$,cin$^{35}_{53}$pi$^{35}_{53}$xa$^{13}_{21}$ɔi$^{53}_{44}$sait$^{3}$cin$^{53}$nau$^{0}$.

【煞辣】sait$^{3}$lait$^{5}$ 形①高强，有本事：真～嘞。tʂən$^{35}$sait$^{3}$lait$^{5}$le$^{0}$.②泼辣；厉害：箇只夫娘子蛮～。kai$^{53}_{44}$(tʂ)ak$^{3}$pu$^{35}$ɲiɔŋ$^{13}_{21}$tsʅ$^{0}$man$^{13}$sait$^{3}$lait$^{5}$.｜箇只人蛮～。kai$^{53}$tʂak$^{3}$in$^{13}_{21}$man$^{13}$sait$^{3}$lait$^{5}$.

【煞泼】sait$^{3}$p$^{h}$ait$^{3}$ 动率性行事，无所顾忌：第二只嘞，渠爱讨老婆了嘞，渠就自家到处去跑。渠首先都唔讲讨老婆嘞，看倒老弟子讨哩老婆了，渠归来只讲爱讨老婆。到处去跑。箇阵渠当兵咯，当兵个人食香咯。渠就走下哪映子就问：“你等以映欸有咁个爱找对象个妹子么？”渠硬咁子问呢。尽兜都话渠真～呀，真撒得泼呀。好，以下就碰倒……渠落尾找哩一只，系唔系？找哩只知识青年。碰倒箇知识青年就问下子渠：“你屋下么个成分喏？”箇阵子讲成分吵。□下子一身军装，渠着一身都。“有以只东西就可以哩嘛。”欸，渠咯，“有以只东西就可以哩嘛，唔爱问成分呐，我系当兵个，有以只解放军就可以哩。”t$^{h}$i$^{53}_{44}$ɲi$^{53}$tʂak$^{3}$lei$^{0}$,ci$^{13}_{21}$ɔi$^{53}$ t$^{h}$au$^{21}$lau$^{21}$p$^{h}$o$^{13}_{21}$liau$^{21}$lei$^{0}$,ci$^{13}_{21}$ts$^{h}$iəu$^{53}$ts$^{h}$ʅ$^{35}$ka$^{35}_{44}$tau$^{53}$tʂ$^{h}$əu$^{53}_{44}$çi$^{53}$p$^{h}$au$^{21}$.ci$^{13}$ʂəu$^{21}$sien$^{35}_{53}$təu$^{35}_{53}$n̩$^{13}$kɔŋ$^{21}$t$^{h}$au$^{21}$lau$^{21}$p$^{h}$o$^{13}_{44}$ lei$^{0}$,k$^{h}$ɔn$^{53}$tau$^{21}$lau$^{21}$t$^{h}$e$^{53}$tsʅ$^{0}$t$^{h}$au$^{21}$li$^{0}$lau$^{21}$p$^{h}$o$^{13}$liau$^{0}$,ci$^{13}_{21}$kuei$^{35}_{44}$lɔi$^{13}_{44}$tʂʅ$^{21}$kɔŋ$^{21}$ɔi$^{53}$t$^{h}$au$^{21}$lau$^{21}$p$^{h}$o$^{13}_{44}$.tau$^{53}_{44}$tʂ$^{h}$əu$^{53}_{44}$çi$^{53}$ p$^{h}$au$^{21}$.kai$^{53}$tʂ$^{h}$ən$^{53}$ci$^{13}_{21}$tɔŋ$^{35}_{44}$pin$^{35}$ko$^{0}$,tɔŋ$^{35}$pin$^{35}$ke$^{53}$ɲin$^{13}_{21}$ʂət$^{5}$çiɔŋ$^{35}$ŋa$^{0}$.ci$^{13}$ts$^{h}$iəu$^{53}$tsei$^{21}$xa$^{53}_{44}$la$^{53}$iaŋ$^{53}$tsʅ$^{0}$ts$^{h}$iəu$^{53}$ uən$^{53}$:"ɲi$^{13}$tien$^{0}$i$^{21}$iaŋ$^{53}$ŋei$^{0}$iəu$^{35}$kan$^{21}$ke$^{53}$ɔi$^{53}_{44}$tsau$^{21}$ti$^{53}$siɔŋ$^{53}_{44}$ke$^{53}_{44}$mɔi$^{53}$tsʅ$^{0}$mo$^{0}$?"ci$^{13}$ɲiaŋ$^{53}$kan$^{21}$tsʅ$^{0}$uən$^{53}$nei$^{0}$. ts$^{h}$in$^{53}$te$^{35}_{44}$təu$^{35}_{44}$ua$^{53}$ci$^{13}_{21}$tʂən$^{35}$sait$^{3}$p$^{h}$ait$^{3}$ia$^{0}$,tʂən$^{35}$sait$^{3}$tek$^{3}$p$^{h}$ait$^{3}$ia$^{0}$.xau$^{21}$,i$^{21}$xa$^{53}_{44}$ts$^{h}$iəu$^{53}$p$^{h}$əŋ$^{53}$tau$^{21}$…ci$^{13}_{44}$lɔk$^{5}$ mi$^{35}_{53}$tsau$^{21}$li$^{0}$iet$^{3}$tʂak$^{3}$,xei$^{53}$me$^{53}$?tsau$^{21}$li$^{0}$tʂak$^{3}$tʂʅ$^{35}_{44}$ʂʅt$^{5}$ts$^{h}$in$^{35}$ɲien$^{13}$.p$^{h}$əŋ$^{53}$tau$^{21}$kai$^{53}$tʂʅ$^{35}_{44}$ʂʅt$^{5}$ts$^{h}$in$^{35}_{44}$ɲien$^{13}_{21}$ts$^{h}$iəu$^{53}_{44}$ uən$^{53}$na$^{53}_{21}$tsʅ$^{0}$ci$^{13}_{44}$:"ɲi$^{13}_{21}$uk$^{3}$xa$^{53}$mak$^{3}$e$^{0}$tʂ$^{h}$ən$^{13}$fən$^{53}$no$^{0}$?"kai$^{53}$tʂ$^{h}$ən$^{53}$tsʅ$^{0}$kɔŋ$^{21}$tʂ$^{h}$ən$^{13}$fən$^{53}$ʂa$^{0}$.xo$^{35}_{21}$(x)a$^{53}$tsʅ$^{0}$iet$^{3}$ ʂən$^{35}_{44}$tʂən$^{35}$tsɔŋ$^{35}$,ci$^{13}_{21}$tʂɔk$^{3}$(i)et$^{3}$ʂən$^{35}_{44}$təu$^{35}_{44}$."iəu$^{35}$i$^{21}$iak$^{3}$(t)əŋ$^{35}_{44}$si$^{0}$ts$^{h}$iəu$^{53}$k$^{h}$o$^{21}$i$^{35}_{53}$li$^{0}$ma$^{0}$."e$_{21}$,ci$^{13}_{44}$ko$^{0}$,"iəu$^{35}$i$^{21}$ tʂak$^{3}$təŋ$^{35}_{44}$si$^{0}$ts$^{h}$iəu$^{53}$k$^{h}$o$^{21}$i$^{35}_{53}$li$^{0}$ma$^{0}$,m̩$^{13}_{21}$mɔi$^{53}$uən$^{53}$tʂ$^{h}$ən$^{13}$fən$^{53}$na$^{0}$,ŋai$^{13}_{21}$xei$^{53}$tɔŋ$^{35}$pin$^{35}$ke$^{53}$,iəu$^{35}$i$^{21}$tʂak$^{3}$kai$^{21}$fɔŋ$^{53}$ tʂən$^{35}$tsiəu$^{53}$k$^{h}$o$^{21}$i$^{35}_{44}$li$^{0}$."

【煞气】sait$^{3}$çi$^{53}$ 动隔绝空气：舞只爱～个盖啦，盖下去，箇放下箇（石灰缸）肚里个东西冇事回润，挎糟子。u$^{21}$tʂak$^{3}$ɔi$^{53}$sait$^{3}$çi$^{53}$ke$^{0}$kɔi$^{53}$la$^{0}$,kɔi$^{53}$ia$^{53}_{44}$çi$^{53}_{44}$,kai$^{53}$fɔŋ$^{53}$xa$^{53}$kai$^{53}$təu$^{21}$li$^{0}$ke$^{0}$təŋ$^{35}_{44}$si$^{0}$mau$^{13}$ sʅ$^{53}$fei$^{13}$in$^{53}$,k$^{h}$ua$^{53}$tsau$^{35}_{44}$tsʅ$^{0}$.

【煞煞子】sait$^{3}$sait$^{3}$tsʅ$^{0}$ 形①很紧，密闭貌：冷天冷起来啊，分四边个门关得～啊。laŋ$^{35}$t$^{h}$ien$^{35}_{21}$

laŋ35çi21ləi13_44a0,pən35si53pien35_44ke53_44mən13kuan35tek3sait3sait3tsa0. ②非常隐蔽：个指裤脚盆是爱屏得～啦！kai53_44ʂʅ53_44ɔi53_44piaŋ53tek3sait3sait3tsʅ0la0!

【煞尾1】sait3mi35 动结束：煞哩尾了么？sait3li0mi35liau21mo0?

【煞尾2】sait3mi35 名时间词。最后：今晡开会呀，～讲兜么个？cin35pu35_44khɔi35fei53ia0,sait3mi35kɔŋ21tei35_53mak3ke53_44?

【箑1】sak3 动锯开：～板子 sak3pan21tsʅ0

【箑2】sak3 量①用于竹片、木板等：毋只咁大个竹呢，咁大个竹，劈嘿一～子去嘞。上背劈嘿一～子嘞。劈嘿～子。u21(tʂ)ak3kan21thai53ke53tʂəuk3nei0,kan21thai53_44ke53_44tʂəuk3,phiak3xek3iet3sak3tsʅ0çi53lei0.ʂɔŋ53pɔi53phiak3xek3iet3sak3tsʅ0lei0.phiak3xek3sak3tsʅ0.｜以下你爱放鸡了嘞，就打开一～板子来。i21xa53ɲi13ɔi53fɔŋ53cie35liau0lei0,tshiəu53_44ta21khɔi35iet3sak3pan21tsʅ0ləi13. ②指切分出来的条状部分：剪渠一刀以后剪做两～。tsien21ci13_21iet3tau35i35_44xei53_44tsien21tso53iɔŋ21sak3. ③指长条形的一片地方：个一～，个一边呢，个斤下个个一边就一张凳就放嘿了。kai53iet3sak3,kai53iet3pien35ne0,kai53_44thaŋ35xa53_44kai53_44kai53_44iet3pien35tshiəu53_44iet3tʂɔŋ35tien53_44tshiəu53_44fɔŋ53ŋek3(←xek3)liau0. ④指从整体分离出来的小块：边哩牙齿唠，也就边哩一～唠，就安做边嘿一～唠，话就唠。pien35ni0ŋa13tʂhʅ21lau0,a35tshiəu53_44pien35ni0iet3sak3lau0,tshiəu53_44ɔn53_44tso53_44pien35xek3iet3sak3lau0,ua53_44tshiəu53_44lau0.

【箑饭】sak3fan53 名半生不熟的饭：煮倒个～放兜子盐就整牛饭呶。～只有整牛饭呐，就分牛子食嘞，冇得别么个作用嘞～呢。tʂəu21tau21ke53sak3fan53fɔŋ53təu35_53tsʅ0ian13tsiəu53tʂən21ɲiəu13fan53nau0.sak3fan53tʂʅ21iəu35_53tʂən21ɲiəu13fan53na0,tshiəu53_44pən35ɲiəu13tsʅ0ʂət5le0,mau13tek3phiet5mak3e0tsɔk3iɔŋ53le0sak3fan53ne0.

【箑锯】sak3ke53/cie53 名锯板子、椽子等用的锯子，有三行锯齿：～哦拶裁锯并列啊，三路齿啊，箑板子个锯子啊。～就有平箑锯有陡箑锯。平箑锯就两个人扯。陡箑锯嘞就一个人也扯得。唔系话箑椽皮欸箑楼板个个□长个箑个□长个树就爱用平箑锯，欸，～，箑开来。真累人喏扯锯，扯个个～就真累人呐，三路齿，硬偷滴子懒都偷唔得，你少用滴子劲渠都就拖唔过来。sak3cie53o0lau35tshai13cie53pin53liet5a0,san35ləu53tʂhʅ21ʐa0,sak3pan21tsʅ0ke53_44cie53tsʅ0a0.sak3cie53tshiəu53_44iəu35phiaŋ13sak3cie53iəu35tei21sak3cie53.phiaŋ13sak3cie53tshiəu53iɔŋ21ke53in13_21tʂha21.tei21sak3cie53_44lei0tshiəu53iet3ke53ɲin13_21na35_53tʂha21tek3.m̩13phei53ua53sak3ʂuon13phi13_44e21sak3lei13pan21kai53ke53lai35tʂhɔŋ21ke53sak3kai53lai35tʂhɔŋ21ke53_44ʂəu53tshiəu53_44ɔi53iɔŋ53phiaŋ13sak3cie53,e35,sak3cie53_44,sak3khɔi35_44ləi13_44.tʂən35li53ɲin13_21no0tʂha21cie53,tʂha21kai53_44ke53_44sak3cie53tshiəu53_44tʂən35li53ɲin13_21na0,san35ləu53tʂhʅ21,ɲiaŋ44thɔi35tiet5tsʅ0lan35təu35_44thɔi35_44n̩13_21tek3,ɲi13_21ʂau21iɔŋ53_44tiet5tsʅ0cin53ci13_21təu35_53tshiəu53thɔ35n̩13_21ko53ləi13_21.

【翣扇子】sak3ʂen53tsʅ0 名纸扇子：纸扇子，欸，客姓人又安做～呢。翣，个个是，一毋啊去就翣声一下，安做～。tʂʅ21ʂen53tsʅ0,e44,khak3sin53ɲin13_21iəu53ɔn35_53tso53sak3ʂen53tsʅ0nei0.sak5,kai53_44ke53_44ʂʅ53_44,iet3u21a0çi53tshiəu53_44sak5ʂaŋ35_53iet3xa53,ɔn35_44tso53_44sak3ʂen53tsʅ0.

【翣须子】sak3si35tsʅ0 名刘海：～啊，一阵子安做～。留滴子～，就留滴子刘海嘞。客姓人话个～。sak3si35tsa0,iet3tʂhən53tsʅ0ɔn35_44tso53_44sak3si35tsʅ0.liəu13tiet5tsʅ0sak3si35tsʅ0,tshiəu53liəu13tiet5tsʅ0liəu13xɔi21le0.khak3sin53ɲin13_21ua53_44ke53_44sak3si35tsʅ0.

【唦】ʂa0 助①可用于句中，表停顿并希望对方注意后文内容：分渠个只人喊～麻糍团子。pən35ci13_21kai53_44tʂak3ɲin13xan53ʂa0ma13tshi13_21thɔn13tsʅ0.｜擂钵嘞渠就欸个肚里～，就唔系光滑个，□粗个。li13pait3lei0ci13_21tshiəu53_44e21kai53təu21li0ʂa0,tshiəu53m̩13phe44(←xe53)kɔŋ35uait5_3ke53,chia53tshʅ35ke53_21. ②用在疑问句末，表示对对方询问意图的求证：放下火上去□焖个～？蛮少。fɔŋ53_44xa53_44fo21xɔŋ53_44çi53ŋɔit3cie53_44ʂa0?man13ʂau21. ③用在陈述句末，表示确认事实，对方不必置疑：围巾安做掸巾～。uei13cin35_44ɔn35_44tso53_44tan21cin35ʂa0. ④用于反义疑问句陈述部分的句末，表示对陈述部分内容的确认：个掇是一个人掇呀，掇远哩又累人～，系啊？kai53_44tɔit3ʂʅ53_44iet3cie53ɲin13_21tɔit3ia0,tɔit3ien21ni0iəu53_44li53ɲin13_21ʂa0,xe53_44a0? ⑤用在祈使句末，加强祈使语气：你就分个子人让下子～！ɲi13_21tshiəu53_44pən35cie53tsʅ0ɲin13ɲiɔŋ53ŋa21(←xa53)tsʅ0ʂa0!

【筛1】sai35 名用竹条、铁丝等编成的有许多小孔的器具，可以把细碎的东西漏下去，较粗的成块的留在上面，以达到分选的目的：吊条绳下来，吊只钩，毋只～咁大，咁子去筛米。tiau53thiau13_21ʂən13xa35ləi13_21,tiau53tʂak3kei35,u21tʂak3sai35kan21thai53,kan21tsʅ0çi53_44sai35mi21.

【筛2】si35/sai35 动①用筛子过东西：米筛～米，嫁分酒篓。mi21si35si35mi21,ka53pən35tsiəu21li21.

丨就～茶籽，分箇茶籽末～咖去。tsʰiəu$^{53}_{44}$sai$^{35}_{44}$tsʰa$^{13}$tsʅ$^{21}$,pən$^{35}$kai$^{53}_{44}$tsʰa$^{13}$tsʅ$^{21}$mait$^{5}$ sai$^{35}_{44}$ka$^{53}_{44}$çi$^{53}_{44}$. ②敲（锣）：欸，锣是爱让门子啊，打锣咯，又安做筛锣。晓知让门子个安做筛锣。欸，就以前话铜鼓哇，铜鼓箇映有渡桥，话铜鼓县是真冇几大啦如今个铜鼓县呐，只有两十万子人口铜鼓县，还当唔得我等一只大瑶镇都当唔得。箇都系唠人可能渠蛮多子唠，欸财政收入是硬真冇几多，还当唔得我等大瑶镇。铜鼓让门会立县呢？就系一只么个秀才，写篇状纸，搞下皇帝老子箇映子。欸，以前我讲过吧？渠话：箇让门子写？铜鼓石桥就十五里，桥上系一万家人，七十几人就甬火灶，八十几人斫柴烧，两只洋船就装盐归，大天心就三十六只，细天心七十二只，～锣食饭，镬头都一片上。呀，箇皇帝老子看倒……唔知么个朝代肚里个嘞，箇是也唔知系唔系真事就唔知，也唔知系唔系笑话。箇皇帝老子看倒，呀，一只石桥都十五里呀，输嘿哩，咁大个规模啊，系啊？桥上都系得一万家人呐，箇输嘿，咁像，箇系爱立只县，就立只铜鼓县。其实嘞就系箇系唔系铜鼓县城里到箇渡石桥有十五里，铜鼓石桥十五里。系一万家人就是一只姓万个人，系倒箇。箇只姓万个人两公婆，老子就七十几岁，唔系噢，婆婆子七十几岁，七十几岁个箇婆婆子就煮饭食，甬火灶哇，安做甬火灶。八十几人就斫柴烧，箇八十几岁个老子嘞就斫柴烧。两只洋船就装盐归，就系畜两只鸭子，生兜子饽饽就对盐食。哎两只洋船装盐归。欸大天心三十六只，系只咁个茅屋啊，大大细细个箇个漏水呀，大个就大眼呐，大眼冲天呐，细个就细眼子啊，等一落水了是到处盆盆钵钵都装倒，大天心三十六只，细天心子七十二只，嘿嘿，箇就安做大天心细天心。欸。以下就让门子啊？～锣食饭，么个安做～锣食饭呢，就渠就舞只簸箕，冇得食饭桌啊，唔知几穷啊，舞只簸箕，平时就挂啊壁上，食饭了嘞箇簸箕就放啊箩上，拿啊下来唠，就整桌唠，整食饭桌，～锣谐音“箩”食饭。～锣食饭是就系打锣了，就喊大家食饭呢，通知大家食饭呢。镬头一片上，就镬头只有一箧子，一箧子镬头去煮饭食。咁苦。渠安做镬头一片上，你话还像吗？箇个就出哩名个。唔知还有么个话法吗。我记得就是咁个话法子。所以～锣，打锣又安做～锣。～锣食饭。e$_{44}$,lo$^{13}$ʂʅ$^{53}_{44}$ɔi$^{53}$ɲiɔŋ$^{53}$mən$^{0}$tsa$^{0}$,ta$^{21}$lo$^{13}$ko$^{0}$,iəu$^{53}$ɔn$^{35}_{44}$tso$^{53}_{44}$sai$^{35}$lo$^{13}$.çiau$^{21}$ti$^{35}_{44}$ɲiɔŋ$^{53}$mən$^{0}$tsʅ$^{0}$ke$^{0}$ɔn$^{35}_{44}$tso$^{53}_{44}$sai$^{35}$lo$^{13}$.e$_{21}$,tsʰiəu$^{53}_{44}$i$^{35}$tsʰien$^{13}$ua$^{53}_{44}$tʰəŋ$^{13}$ku$^{21}$ua$^{0}$,tʰəŋ$^{13}$ku$^{21}$kai$^{53}_{44}$iaŋ$^{53}_{44}$iəu$^{35}_{44}$tʰu$^{53}$cʰiau$^{13}$,ua$^{53}_{44}$tʰəŋ$^{13}$ku$^{21}$çien$^{53}$ʂʅ$^{53}_{44}$tʂən$^{35}$mau$^{13}_{44}$ci$^{21}$tʰai$^{53}$la$^{0}$i$^{13}_{21}$cin$^{35}_{53}$ke$^{0}$tʰəŋ$^{13}$ku$^{21}$çien$^{53}$na$^{0}$,tʂʅ$^{21}$iəu$^{35}_{53}$iɔŋ$^{21}$ʂət$^{5}$uan$^{53}$tsʅ$^{0}$ɲin$^{13}$kʰei$^{21}$tʰəŋ$^{13}$ku$^{21}$çien$^{53}$,xai$^{13}$tɔŋ$^{53}$n̩$^{13}_{44}$tek$^{3}$ŋai$^{13}$tien$^{0}$iet$^{3}$tʂak$^{3}$tʰai$^{53}$iau$^{13}$tʂən$^{53}$təu$^{35}_{44}$tɔŋ$^{53}$n̩$^{13}$tek$^{3}$.kai$^{53}$təu$^{35}$xei$^{53}_{44}$lau$^{0}$ɲin$^{13}$kʰo$^{21}$len$^{13}$ci$^{13}_{44}$man$^{13}_{44}$to$^{35}$tsʅ$^{0}$lau$^{0}$,e$^{0}$tsʰɔi$^{13}$tʂən$^{53}$ʂəu$^{35}_{44}$ɲiet$^{5}$ʂʅ$^{53}_{44}$ɲiaŋ$^{53}$tʂən$^{35}$mau$^{13}_{44}$ci$^{21}$to$^{35}$,xai$^{13}$tɔŋ$^{53}$n̩$^{13}_{21}$tek$^{3}$ŋai$^{13}$tien$^{0}$tʰai$^{53}$iau$^{13}$tʂən$^{53}$.tʰəŋ$^{13}$ku$^{21}$ɲiɔŋ$^{53}$mən$^{0}$uɔi$^{53}$liet$^{5}$çien$^{53}$nei$^{0}$?tsʰiəu$^{53}$xei$^{53}$iet$^{3}$tʂak$^{3}$mak$^{3}$e$^{0}$siəu$^{53}$tsʰɔi$^{13}_{21}$,sia$^{21}$pʰien$^{35}_{44}$tsʰɔŋ$^{53}$tʂʅ$^{21}$,kau$^{21}$ua$^{53}$fɔŋ$^{13}$ti$^{53}$lau$^{21}$tsʅ$^{0}$kai$^{53}$iaŋ$^{53}$tsʅ$^{0}$.ei$_{21}$,i$^{35}$tsʰien$^{13}_{21}$ŋai$^{13}_{44}$kɔŋ$^{21}$ko$^{53}_{44}$pa$^{0}$?ci$^{13}_{21}$ua$^{53}_{44}$:kai$^{53}_{44}$ɲiɔŋ$^{53}$mən$^{0}$tsʅ$^{0}$sia$^{21}$?tʰəŋ$^{13}$ku$^{21}$ʂak$^{3}$cʰiau$^{13}$tsʰiəu$^{53}$ʂət$^{5}$ŋ̍$^{21}$li$^{35}$,cʰiau$^{13}$xɔŋ$^{53}$xei$^{53}$iet$^{3}$uan$^{53}$ka$^{35}_{44}$ɲin$^{13}$,tsʰiet$^{3}$ʂət$^{5}$ci$^{21}$ɲin$^{13}$tsʰiəu$^{53}$pʰu$^{13}$fo$^{21}$tsau$^{53}$,pait$^{3}$ʂət$^{5}$ci$^{21}$ɲin$^{13}$tʂɔk$^{3}$tsʰai$^{13}$ʂau$^{35}$,iɔŋ$^{21}$tʂak$^{3}$iɔŋ$^{13}$ʂɔn$^{13}$tsʰiəu$^{53}_{44}$tsɔŋ$^{35}$ian$^{13}$kuei$^{35}$,tʰai$^{53}$tʰien$^{35}_{44}$sin$^{35}_{44}$tsʰiəu$^{53}$san$^{35}_{44}$ʂət$^{5}$liəuk$^{3}$tʂak$^{3}$,se$^{53}$tʰien$^{35}_{44}$sin$^{35}_{44}$tsʰiet$^{3}$ʂət$^{5}$ɲi$^{53}$tʂak$^{3}$,sai$^{35}$lo$^{13}$ʂət$^{5}$fan$^{53}$,uɔk$^{5}$tʰci$^{13}$təu$^{35}_{53}$iet$^{3}$pʰien$^{21}$ʂɔŋ$^{35}$.ia$_{53}$,kai$^{53}$fɔŋ$^{13}$tʰi$^{53}$lau$^{21}$tsʅ$^{0}$kʰɔn$^{53}$tau$^{21}$…n̩$^{13}$ti$^{35}_{53}$mak$^{3}$e$^{0}$tʂʰau$^{13}$tʰɔi$^{53}$təu$^{21}$li$^{0}$ke$^{53}$le$^{0}$,kai$^{53}_{44}$ʂʅ$^{53}_{44}$ia$^{35}$n̩$^{13}$ti$^{35}_{53}$xei$^{53}$mei$^{53}_{44}$tʂən$^{35}$sʅ$^{53}$tsʰiəu$^{53}_{44}$n̩$^{13}$ti$^{35}_{53}$,ia$^{35}$n̩$^{13}$ti$^{35}_{44}$xei$^{53}_{44}$mei$^{53}_{44}$siau$^{53}$fa$^{53}_{44}$.kai$^{53}$fɔŋ$^{13}$tʰi$^{53}$lau$^{21}$tsʅ$^{0}$kʰɔn$^{53}_{44}$tau$^{21}_{44}$,ia$_{13}$,iet$^{3}$tʂak$^{3}$ʂak$^{5}$cʰiau$^{13}_{21}$təu$^{35}_{44}$ʂət$^{5}$ŋ̍$^{21}$li$^{35}$ia$^{0}$,ʂəu$^{35}$xek$^{3}$li$^{0}$,kan$^{21}$tʰai$^{53}_{44}$ke$^{53}_{44}$kuei$^{35}_{44}$mu$^{13}_{21}$a$^{0}$,xei$^{53}_{44}$a$^{0}$?cʰiau$^{13}$xɔŋ$^{53}$təu$^{35}_{44}$xei$^{53}$tek$^{3}$iet$^{3}$uan$^{53}$ka$^{35}$ɲin$^{13}_{21}$na$^{0}$,kai$^{53}_{44}$ʂəu$^{35}$xek$^{3}$,kan$^{21}$tsʰiɔŋ$^{53}$,kai$^{53}_{44}$xei$^{53}$ɔi$^{53}_{44}$liet$^{5}$tʂak$^{3}$çien$^{53}$,tsʰiəu$^{53}_{44}$liet$^{5}$tʂak$^{3}$tʰəŋ$^{13}_{21}$ku$^{21}$çien$^{53}$.cʰi$^{13}$ʂət$^{5}$lei$^{0}$tsʰiəu$^{53}$xei$^{53}$kai$^{53}_{44}$xei$^{53}_{44}$me$^{53}_{44}$tʰəŋ$^{13}$ku$^{21}$çien$^{53}$tʂʰən$^{13}$ni$^{0}$tau$^{53}$kai$^{53}$tʰu$^{53}$ʂak$^{5}$cʰiau$^{13}_{21}$iəu$^{35}_{44}$ʂət$^{5}$ŋ̍$^{21}$li$^{35}$,tʰəŋ$^{13}$ku$^{21}$ʂak$^{5}$cʰiau$^{13}$ʂət$^{5}$ŋ̍$^{21}$li$^{35}$.xei$^{53}$iet$^{3}$uan$^{53}$ka$^{35}_{44}$ɲin$^{13}$tsʰiəu$^{53}_{44}$ʂʅ$^{53}_{44}$iet$^{3}$tʂak$^{3}$siaŋ$^{53}$uan$^{53}$cie$^{53}_{44}$ɲin$^{13}_{21}$,xe$^{53}$tau$^{21}$kai$^{53}_{44}$.kai$^{53}$(tʂ)ak$^{3}$siaŋ$^{53}$uan$^{53}$ke$^{0}$ɲin$^{13}_{44}$iɔŋ$^{21}$kəŋ$^{35}_{44}$pʰo$^{13}$,lau$^{21}$tsʅ$^{0}$tsʰiəu$^{53}$tsʰiet$^{3}$ʂət$^{5}$ci$^{21}$sɔi$^{53}$,m̩$^{13}_{21}$pʰei$^{53}$au$^{0}$,pʰo$^{13}$pʰo$^{13}_{44}$tsʅ$^{0}$tsʰiet$^{3}$ʂət$^{5}$ci$^{21}$sɔi$^{53}$,tsʰiet$^{3}$ʂət$^{5}$ci$^{21}$sɔi$^{53}$ke$^{0}$kai$^{53}$pʰo$^{13}$pʰo$^{13}_{44}$tsʅ$^{0}$tsʰiəu$^{53}$tʂu$^{21}$fan$^{53}$ʂət$^{5}$,pʰu$^{13}$fo$^{21}$tsau$^{53}$ua$^{0}$,ɔn$^{35}_{44}$tso$^{53}_{44}$pʰu$^{13}$fo$^{21}$tsau$^{53}$.pait$^{3}$ʂət$^{5}$ci$^{21}$ɲin$^{13}$tsʰiəu$^{0}$tʂɔk$^{3}$tsʰai$^{13}$ʂau$^{35}$,kai$^{53}$pait$^{3}$ʂət$^{5}$ci$^{21}$sɔi$^{53}$ke$^{0}$lau$^{21}$tsʅ$^{0}$lei$^{0}$tsʰiəu$^{53}_{44}$tʂɔk$^{3}$tsʰai$^{13}$ʂau$^{35}_{44}$.iɔŋ$^{21}$tʂak$^{3}$iɔŋ$^{13}$ʂɔn$^{13}$tsʰiəu$^{53}_{44}$tsɔŋ$^{35}$ian$^{13}$kuei$^{35}$,tsʰiəu$^{53}$xei$^{53}$çiəuk$^{3}$iɔŋ$^{21}$tʂak$^{3}$ait$^{3}$tsʅ$^{0}$,saŋ$^{35}$təu$^{35}_{53}$tsʅ$^{0}$pɔk$^{5}$pɔk$^{0}$tsʰiəu$^{53}_{44}$ti$^{35}$ian$^{13}$ʂət$^{5}$.ai$_{53}$,iɔŋ$^{21}$tʂak$^{3}$iɔŋ$^{13}$ʂɔn$^{13}$tsɔŋ$^{35}$ian$^{13}$kuei$^{35}_{44}$.e$_{21}$tʰai$^{53}$tʰien$^{35}_{44}$sin$^{35}_{44}$san$^{35}_{44}$ʂət$^{5}$liəuk$^{3}$tʂak$^{3}$,xei$^{53}$tʂak$^{3}$kan$^{21}$kei$^{53}_{44}$mau$^{13}$uk$^{3}$a$^{0}$,tʰai$^{53}$tʰai$^{53}_{44}$se$^{53}_{44}$se$^{53}_{44}$ke$^{53}_{44}$kai$^{53}_{44}$ke$^{53}_{44}$lei$^{53}$ʂei$^{21}$ia$^{0}$,tʰai$^{53}$ke$^{53}_{44}$tsʰiəu$^{53}_{44}$tʰai$^{53}$ŋan$^{21}$na$^{0}$,tʰai$^{53}$ŋan$^{21}$tʂʰəŋ$^{35}_{44}$tʰien$^{35}_{44}$na$^{0}$,se$^{53}$ke$^{53}_{44}$tsʰiəu$^{53}_{44}$se$^{53}$ŋan$^{21}$tsʅ$^{0}$a$^{0}$,tən$^{21}$iet$^{3}$lɔk$^{5}$ʂei$^{21}$liau$^{0}$ʂʅ$^{53}_{44}$tau$^{53}$tʂʰəu$^{53}_{44}$pʰən$^{13}$pʰən$^{13}_{44}$pait$^{3}$pait$^{3}$təu$^{35}_{44}$tʂɔŋ$^{35}$tau$^{21}$,tʰai$^{53}$tʰien$^{35}_{44}$sin$^{35}_{44}$san$^{35}_{44}$ʂət$^{5}$liəuk$^{3}$tʂak$^{3}$,se$^{53}$tʰien$^{35}_{44}$sin$^{35}_{44}$tsʅ$^{0}$tsʰiet$^{3}$ʂət$^{5}$ɲi$^{53}$tʂak$^{3}$,xe$_{53}$xe$_{53}$,kai$^{53}$tsiəu$^{53}_{44}$ɔn$^{35}_{44}$tso$^{53}_{44}$tʰai$^{53}$tʰien$^{35}_{44}$sin$^{35}_{44}$se$^{53}$tʰien$^{35}_{44}$sin$^{35}_{44}$.e$_{21}$.i$^{21}$xa$^{53}_{44}$tsʰiəu$^{53}_{44}$ɲiɔŋ$^{53}$mən$^{0}$tsʅ$^{0}$a$^{0}$?sai$^{35}$lo$^{13}$ʂət$^{5}$fan$^{53}$,mak$^{3}$ke$^{0}$ɔn$^{35}_{44}$tso$^{53}_{44}$sai$^{35}$lo$^{13}$ʂət$^{5}$fan$^{53}$nei$^{0}$,tsʰiəu$^{53}_{44}$ci$^{13}_{21}$tsʰiəu$^{53}$u$^{21}$tʂak$^{3}$pɔi$^{53}$ci$^{35}$,mau$^{13}$tek$^{3}$ʂət$^{5}$fan$^{53}$tsɔk$^{3}$a$^{0}$,n̩$^{13}$ti$^{35}_{53}$ci$^{21}$cʰiɔŋ$^{13}$ŋa$^{0}$,u$^{21}$tʂak$^{3}$pɔi$^{53}$ci$^{35}_{44}$,pʰin$^{13}$ʂʅ$^{13}_{44}$tsʰiəu$^{53}_{44}$kua$^{53}_{44}$

S

a0 piak3 xɔŋ53,ʂət53 fan53 liau0 lei0 kai53_44 pɔi53 ci35_44 tsʰiəu53_44 fɔŋ53 ŋa0 lo13 xɔŋ53,la53 a0 xa35_44 lɔi13_21 lau0,tsʰiəu53_44 tʂən21 tsɔk3 lau0,tʂən21 ʂət5 fan53 tsɔk3,sai35 lo13 ʂət5 fan53.sai35 lo13 ʂət5 fan53 ʂʅ53_44 tsʰiəu53_44 xe53_44 ta21 lo13 liau0,tsʰiəu53_44 xan53 tʰai53 cia35_44 ʂət5 fan53 ne0,tʰəŋ35 tʂʅ35_44 tʰai53 cia35_44 ʂət5 fan53 ne0.uɔk5 tʰei13_21 iet3 pʰien21 ʂɔŋ35,tsʰiəu53_44 uɔk5 tʰei13_44 tʂʅ21 iəu35_53 iet3 sak3 tsʅ0,iet3 sak3 tsʅ0 uɔk5 tʰei13 çi53_44 tʂəu21 fan53_44 ʂət5.kan21 kʰu21.ci13_21 ɔn35 tso53_44 uɔk5 tʰei13_21 iet3 pʰien21 ʂɔŋ35,ɲi13_44 ua53_44 xan13_21 tsʰiɔŋ53 ma0?kai53_44 ke53_44 tsʰiəu53_44 tʂʰət3 li0 miaŋ13 ke0.n̩13 ti35_44 xai13 iəu53 mak3 e0 ua53 fait3 ma0.ŋai13 ci53 tek3 tsʰiəu53 ʂʅ53_44 kan21_13 ke53_44 ua53 fait3 tsʅ0.so21 i35_44 sai35 lo13,ta21 lo13 iəu53 ɔn35_44 tso53_44 sai35 lo13.sai35 lo13 ʂət5 fan53.

【筛筋】sai35_44 cin35 动炫耀：～呢渠就系呃分自家屋下唔好个就唔讲，欸，自家屋下有滴子么个好东西就放势筛，～，放势来讲。“我妹子几会读书吵。”欸。“我妹子个字写得几好子，老师几喜欢子渠呀！”系啊？我等箇只老弟就系喜欢筛渠妹子个筋。“哇哟，只妹子真好哇硬，真听话，真懂事啊，老师真喜欢，成绩唔知几好哇！一定考得一只唔知几好个学堂倒。”结果同时有三只，我都系喊老弟，今年一下三只毕业个，三只大学毕业个，欸高中毕业个，一只去三中读个，一只去一中读个，一只去四中读个。四中个箇只是本来是成绩就系最屷考倒去个，四中是学堂就欸录取线比较低啊。箇两只都考倒一本，以只喜欢～个嘞二本只多三分。唔系话有下来哟，录取都有下来哟。二本都只多三分。箇就喜欢～。欸就真喜欢～。sai35 cin35 ne0 ci13 tsʰiəu53 xe53 ə0 pən35 tsʰʅ35 ka35_44 uk3 xa53 n̩13 xau21 ke53 tsʰiəu53 n̩13 kɔŋ21,e_21,tsʰʅ35 ka35_53 uk3 xa53_44 iəu35 tiet5 tsʅ0 mak3 e0 xau21 təŋ35_44 si0 tsʰiəu53 xɔŋ53 ʂʅ53_44 sai35,sai35 cin35,xɔŋ53 ʂʅ53_44 lɔi13_21 kɔŋ21."ŋai13 mɔi53 tsʅ0 ci21 uɔi53 tʰəuk5 ʂəu35 sa0."e_21."ŋai13 mɔi53 tsʅ0 ke0 sʅ53 sia21 tek3 ci21 xau21 tsʅ0,lau21 sʅ35_44 ci21 çi21 fɔn35 tsʅ0 ci13_44 ia0!"xei53_44 a0?ŋai13 tien0 kai53 tʂak3 lau21 tʰe35 tsʰiəu53 xe53 çi21 fɔn35_44 sai35_44 ci13_21 mɔi53 tsʅ0 ke0 cin35."ua_53 iau_13,tʂak3 mɔi53 tsʅ0 tʂən35 xau21 ua0 ɲiaŋ53,tʂən35 tʰaŋ35_44 ua53,tʂən35 təŋ21 sʅ53 a0,lau21 sʅ35_44 tʂən35 çi21 fɔn35_44,tʂʰən13 tsiet3 n̩13 ti35_53 ci21 xau21 ua0!iet3 tʰin53 kʰau21 tek3 iet3 tʂak3 n̩13 ti35_53 ci21 xau21 ke0 xɔk5 tʰɔŋ13_44 tau21."ciet3 ko21 tʰəŋ13_21 ʂʅ13_44 iəu35_44 san35 tʂak3,ŋai13 təu35 xe53 xan53 lau21 tʰe35,cin35 ɲien13_44 iet3 xa53 san35 tʂak3 pit3 ɲiet5 ke53,san35 tʂak3 tʰai53 çiɔk5 pit3 ɲiet5 ke0,e_21 kau35 tʂəŋ35_53 pit3 ɲiet5 ke0,iet3 tʂak3 çi53 san35 tʂəŋ35_44 tʰuk5 ke0,iet3 tʂak3 çi53 iet3 tʂəŋ35_44 tʰuk5 ke0,iet3 tʂak3 çi53 si53 tʂəŋ35_44 tʰuk5 ke0.si53 tʂəŋ35_44 ke0 kai53 tʂak3 ʂʅ53_44 pən21 nɔi13 ʂʅ53_44 tʂʰən13 tsiet3 tsʰiəu53 xei53 tsei53 ʂo13 kʰau21 tau21 çi53 ke53,si53 tʂəŋ35_44 ʂʅ53_44 xɔk5 tʰɔŋ13 tsʰiəu53 e0 luk5 tsʰi21 sien53 pi21 ciau35_44 te35 a0.kai53 iɔŋ21 tʂak3 təu35_53 kʰau21 tau21 iet3 pən21_44,i21 tʂak3 çi21 fɔn35 sai35_44 cin35 ke53_44 le0 ɲi53 pən21 tʂʅ21 to35 san35 fən35_44.n̩13 xei53 ua53 iəu35 xa53_44 lɔi13 io0,luk5 tsʰi21 təu35_44 iəu35_44 xa53 lɔi13_21 io0.ɲi53 pən21 təu35_44 tʂʅ21 to35_44 san35_44 fən35_44.kai53_44 tsʰiəu53_44 çi21 fɔn35 sai35_44 cin35.e_21 tsʰiəu53 tʂən35 çi21 fɔn35_44 sai35_44 cin35_44.

【筛子】sai35 tsʅ0 名用竹条、铁丝等编成的有许多小孔的过滤器具，可以把细碎的东西漏下去，较粗成块的留在上面，以达到分选的目的：筛沙子个～ sai35 sa35 tsʅ0 ke53 sai35 tsʅ0

【酾】sai35 动斟；往杯盏里倒茶、酒等：～茶 sai35_44 tsʰa13｜都～满来，欸，～满来我就食，食酒。təu35_44 sai35_44 man35_53 lɔi13,e_21,sai35 man35_53 nɔi13 ŋai13_21 tsʰiəu53_44 ʂət5,ʂət5 tsiəu21.

【酾壶】sai35 fu13 名（浇花用的）喷壶：以前是就只有铁个呢，以下就真好了箇个塑料个～，啊，唔爱哩，烂嘿哩，又丢嘿去，搞过一只凑，又便宜又轻快，真好。i35_53 tsʰien13 ʂʅ53_44 tsʰiəu53 tʂʅ21 iəu35_53 tʰiet3 ke53 nei0,i21 xa53 tsʰiəu53 tʂən35 xau21 liau0 kai53_44 ke53_44 sɔk3 liau53 ke53 sai35 fu13_21,a_53,m̩13_21 mɔi53 li0,lan53 (x)ek3 li0,iəu53 tiəu35 (x)ek3 çi53_44,kau21 ko53 (i)et3 tʂak3 tsʰe0,iəu53 pʰien13 ɲin13 iəu53 cʰiaŋ35 kʰuai53,tʂən35 xau21.

【晒】sai53 动①把东西放在太阳光下使它干燥：我等天天早晨就～衫。ŋai13 tien0 tʰien35_44 tʰien35_44 tsau21 ʂən13 tsiəu53_44 sai53 san35.｜打倒箇湿谷啊，就舞倒去舞下晒簟里去～，欸，以下晒簟有多么人舞了嘞，就搞兜么个嘞？搞兜水泥坪，到水泥坪去～，呃，～谷。ta21 tau21 kai53 ʂət3 kuk3 a0,tsʰiəu53 u21 tau21 çi53 u21 xa53_44 sai53 tʰian53 ni21 çi53_44 sai53,e_21,i21 xa53_44 sai53 tʰian53_44 mau13_21 to53_53 mak3 ɲin13_44 u21 liau0 lei0,tsʰiəu53_44 kau21 te35_53 mak3 e0 lei0?kau21 te35_53 ʂei21 lai13 pʰiaŋ13,tau53_44 ʂei21 lai13 pʰiaŋ13 çi53 sai53,e_21,sai53 kuk3.②阳光照射：日头蛮烈，～死人。ɲiet3 tʰei13 man13 lait3,sai53 si21 ɲin13.｜欸讲人呢，赠～太阳啊，畜得白狐狐哩。e_21 kɔŋ21 ɲin13 ne0,maŋ13 sai53 tʰai53 iɔŋ13_21 ŋa0,çiəuk3 tek3 pʰak5 fu13 fu13 li0.

【晒簟】sai53 tʰian53 名农户用于晾晒农产品等的竹席：舞床～呐，箇谷就晒下～肚里。u21 tsʰɔŋ13 sai53 tʰian53_44 na0,kai53_44 kuk3 tsʰiəu53_44 sai53_44 xa35_35 sai53 tʰian53_44 təu21 li0.｜还爱摊床～来钉被窝咯。xai13_21 ɔi53_44 tʰan35 tsʰɔŋ13_21 sai53 tʰian53_44 lɔi13_21 tin53 pʰi53 pʰo53_44 ko0.

【晒楼】sai53 lei13 名阳台的旧称：欸，安做～嘞。要晒衫裤个晒。晒东西呀。～。e_21,ɔn35 tso53_44 sai53 lei13_21 le0.iau53_44 sai53_44 san35 fu53_44 ke53_21 sai53.sai53 təŋ35 si0 ia0.sai53 lei13_21.

【晒日头】sai53 ɲiet3 tʰəu13/tʰei13 ①指夏天在太阳下劳作：热天～嘞就系一只苦差事，唔想～。ɲiet5 tʰien35_44 sai53 ɲiet3 tʰei13 le0 tsʰiəu53 xei53_44 iet3 tʂak3 kʰu21 tsʰai35 sʅ53,n̩13 siɔŋ21 sai53 ɲiet3 tʰei13. ②将湿的衣物等

放到太阳下晾晒：舞倒箇衫裤嘞舞倒去晒下子日头。唔～是沤起箇喷馊。欸，春天就冇日头哟，长日都箇衫裤都冇得燥哇。u$^{21}$tau$^{21}$kai$^{53}$san$^{35}$fu$^{53}$le$^{0}$ u$^{21}$tau$^{21}$çi$^{53}_{44}$sai$^{53}$xa$^{53}_{21}$tʂʅ$^{0}$ ɲiet$^{3}$ t$^{h}$ei$^{13}$.n̩$^{13}$sai$^{53}$ɲiet$^{3}$ t$^{h}$ei$^{13}$ʂʅ$^{53}_{44}$ei$^{53}$çi$^{21}_{44}$kai$^{53}_{44}$p$^{h}$əŋ$^{35}$sei$^{35}$.e$_{21}$,tʂ$^{h}$ən$^{35}$t$^{h}$ien$^{35}_{44}$ts$^{h}$iəu$^{53}$mau$^{13}$ɲiet$^{3}$ t$^{h}$ei$^{13}_{44}$io$^{0}$,tʂ$^{h}$əŋ$^{13}_{21}$ɲiet$^{3}$ təu$^{35}_{53}$kai$^{53}_{44}$san$^{35}_{44}$fu$^{53}_{44}$təu$^{35}_{53}$mau$^{13}_{21}$tek$^{3}$ tsau$^{35}_{44}$ua$^{0}$. ③指为了体罚等目的将皮肤置于太阳下的行为：（罚学生）～唔得。箇是晒太阳冇得，箇唔得。sai$^{53}$ɲiet$^{3}$ t$^{h}$ei$^{13}$n̩$^{13}$tek$^{3}$.kai$^{53}$ʂʅ$^{53}_{44}$sai$^{53}_{44}$t$^{h}$ai$^{53}$iəŋ$^{13}_{21}$mau$^{13}_{21}$tek$^{3}_{5}$,kai$^{53}$n̩$^{13}_{21}$tek$^{3}$.

【晒水】sai$^{53}$ʂei$^{21}$ 动 水稻栽培中的一项技术措施，即通过排水和曝晒田块，增加土壤的含氧量，抑制无效分蘖和基部节间伸长，达到增强抗倒伏能力以及提高结实率和粒重的目的。也称“晒田”：你舞滴水去渠总发蔸。爱～，莫分渠发蔸了。ɲi$^{13}$u$^{21}$tet$^{5}$ ʂei$^{21}$çi$^{53}$ci$^{13}$tsəŋ$^{21}$fait$^{3}$ tei$^{35}$.ɔi$^{53}_{44}$sai$^{53}$ʂei$^{21}$,mɔk$^{5}$ pən$^{35}_{44}$ci$^{13}_{44}$fait$^{3}$ tei$^{35}$liau$^{0}$.

【晒田】sai$^{53}$t$^{h}$ien$^{13}$ 动 晒水：～是爱晒倒渠爱开坼。sai$^{53}$t$^{h}$ien$^{13}_{21}$ʂʅ$^{53}_{44}$ɔi$^{53}_{44}$sai$^{53}$tau$^{21}$ci$^{13}_{21}$ɔi$^{53}_{21}$k$^{h}$ɔi$^{35}$ts$^{h}$ak$^{3}$.

【山】san$^{35}$ 名 ①地面由土、石形成的高耸的部分：我等就系箇客姓人就今天系啊岭上吵，系箇～里吵。ŋai$^{13}_{21}$tien$^{0}$ ts$^{h}$iəu$^{53}_{44}$xe$^{53}_{44}$kai$^{53}_{44}$k$^{h}$ak$^{3}$ sin$^{53}$ɲin$^{13}_{21}$ts$^{h}$iəu$^{53}_{44}$cin$^{35}_{44}$t$^{h}$ien$^{35}_{44}$xei$^{53}_{44}$a$^{0}$ liaŋ$^{35}$xɔŋ$^{53}_{44}$ʂa$^{0}$,xei$^{53}_{44}$ka$^{53}_{44}$san$^{35}$ ni$^{21}$ʂa$^{0}$. ②在某些地名中用作通名：乌龟～u$^{35}_{44}$kuei$^{35}_{44}$san$^{35}$｜大围～t$^{h}$ai$^{53}$uei$^{13}_{21}$san$^{35}$

【山茶】san$^{35}$ts$^{h}$a$^{13}$ 名 山茶属灌木或乔木，花红色或白色，是名贵的观赏植物：么个茶？～。mak$^{3}$ ke$^{53}$ts$^{h}$a$^{13}$,san$^{35}$ts$^{h}$a$^{13}$.童谣｜～坑地名 san$^{35}$ts$^{h}$a$^{13}_{21}$xaŋ$^{35}$

【山冲角落】san$^{35}$tʂ$^{h}$əŋ$^{35}$kɔk$^{3}$ lɔk$^{3}$ 指偏僻的山区：我唔系话～里写倒个讣告错哩就都只有咁多人看，街头市岸个是么人都看咯，尽兜都看咯。ŋai$^{13}_{21}$m̩$^{13}$p$^{h}$ei$^{53}$ua$^{53}$san$^{35}$tʂ$^{h}$əŋ$^{35}$kɔk$^{3}$ lɔk$^{3}$ li$^{0}$ sia$^{21}$tau$^{21}$ ke$^{0}$ fu$^{53}$kau$^{53}$ts$^{h}$o$^{53}$li$^{0}$ ts$^{h}$iəu$^{53}_{44}$təu$^{53}_{44}$tʂʅ$^{21}$iəu$^{35}_{53}$kan$^{21}$to$^{35}$ɲin$^{13}$k$^{h}$ɔn$^{53}$,kai$^{35}$t$^{h}$ei$^{13}_{21}$ʂʅ$^{53}$ŋɔn$^{53}$ke$^{53}_{44}$ʂʅ$^{53}_{44}$mak$^{3}$ɲin$^{13}_{44}$təu$^{35}_{44}$k$^{h}$ɔn$^{53}$ ko$^{0}$,ts$^{h}$in$^{53}$təu$^{35}_{44}$təu$^{35}_{44}$k$^{h}$ɔn$^{53}$ko$^{0}$.

【山货铺】san$^{35}$fo$^{53}$p$^{h}$u$^{53}$ 名 收购出售山区物产的店铺：以下更冇得哩，～以下更冇得哩，以前就有。欸，箇个七十年代八十年代呀，岭岗上个东西也更多，也有人去舞。欸，你同箇个黄老鼠皮子样，你同箇个么个笋干样，欸，如今呢价钱又咁贵，又冇人买，欸，黄老鼠皮子嘞冇么人去舞了，舞倒也系舞倒箇滴子钱子也空个，冇么人冇以下更～都冇得哩。以前就有。i$^{21}$xa$^{53}$cien$^{53}$mau$^{13}_{21}$tek$^{3}$ li$^{0}$,san$^{35}$fo$^{53}$p$^{h}$u$^{53}$i$^{21}$xa$^{53}$cien$^{53}$mau$^{13}_{21}$tek$^{3}$ li$^{0}$,i$^{21}_{53}$ts$^{h}$ien$^{13}$ts$^{h}$iəu$^{53}_{44}$iəu$^{35}$.e$_{21}$,kai$^{53}$kei$^{53}_{44}$ts$^{h}$iet$^{3}$ ʂət$^{5}$ ɲien$^{13}_{21}$t$^{h}$ɔi$^{53}_{44}$pait$^{3}$ ʂət$^{5}$ ɲien$^{13}_{21}$t$^{h}$ɔi$^{53}_{44}$ia$^{0}$,liaŋ$^{35}$kɔŋ$^{35}_{44}$xɔŋ$^{53}_{44}$ke$^{53}_{44}$təŋ$^{35}$si$^{0}$ ia$^{35}_{44}$cien$^{53}$to$^{35}$,ia$^{35}$iəu$^{35}$ɲin$^{13}_{21}$çi$^{53}$u$^{21}$.e$_{21}$, ɲi$^{13}$t$^{h}$əŋ$^{13}_{21}$ kai$^{53}$ke$^{53}$uɔŋ$^{13}$lau$^{53}$tʂ$^{h}$əu$^{21}$p$^{h}$i$^{13}$tsʅ$^{0}$ iɔŋ$^{53}$, ɲi$^{13}$t$^{h}$əŋ$^{13}$kai$^{53}$ke$^{53}$mak$^{3}$ ke$^{53}_{44}$sən$^{21}$kɔn$^{35}$iɔŋ$^{53}_{44}$,e$_{21}$,i$^{13}_{21}$cin$^{35}_{44}$nei$^{0}$ cia$^{53}$ts$^{h}$ien$^{13}_{44}$ iəu$^{53}$kan$^{21}$kuei$^{53}$,iəu$^{53}$mau$^{13}$ɲin$^{13}_{21}$mai$^{35}$,e$_{21}$,uɔŋ$^{13}$lau$^{53}_{44}$tʂ$^{h}$əu$^{21}$p$^{h}$i$^{13}$tsʅ$^{0}$ lei$^{0}$ mau$^{13}$mak$^{3}$ in$^{13}_{44}$çi$^{53}$u$^{21}$liau$^{0}$,u$^{21}$tau$^{21}$ia$^{35}$ xei$^{53}$u$^{21}$tau$^{21}$kai$^{53}_{44}$tiet$^{5}$ tsʅ$^{0}$ ts$^{h}$ien$^{13}_{21}$tsʅ$^{0}$ ia$^{35}$k$^{h}$əŋ$^{35}$ke$^{53}_{44}$,mau$^{13}$mak$^{3}$ in$^{13}_{44}$mau$^{13}_{21}$i$^{21}$xa$^{53}$cien$^{53}_{44}$san$^{35}_{44}$fo$^{53}_{44}$p$^{h}$u$^{53}$təu$^{35}_{53}$mau$^{13}_{21}$ tek$^{3}$ li$^{0}$.i$^{21}_{53}$ts$^{h}$ien$^{13}_{21}$tsiəu$^{53}_{44}$iəu$^{35}$.

【山角落】san$^{35}$kɔk$^{3}$ lɔk$^{3}$ 名 僻远的山沟：我话以个就挂下箇个街头市岸个嘞，唔比得我等～里个，系唔系？～里是有几多个人看。ŋai$^{13}$ua$^{53}$i$^{21}$ke$^{53}$ts$^{h}$iəu$^{53}$kua$^{53}$(x)a$^{53}_{44}$kai$^{53}_{44}$ke$^{53}_{44}$kai$^{35}$t$^{h}$ei$^{13}_{21}$ʂʅ$^{53}$ŋan$^{53}$ke$^{53}_{44}$ le$^{0}$,m̩$^{13}$pi$^{21}$tek$^{3}$ ŋai$^{13}$tien$^{0}$ san$^{35}$kɔk$^{3}$ lɔk$^{3}$ li$^{0}$ ke$^{0}$,xei$^{53}_{44}$me$^{53}_{44}$?san$^{35}$kɔk$^{3}$ lɔk$^{3}$ li$^{0}$ ʂʅ$^{53}_{44}$mau$^{13}$ci$^{21}$(t)o$^{35}$ke$^{53}$ɲin$^{13}$k$^{h}$ɔn$^{53}$.

【山脚下】san$^{35}$ciɔk$^{3}$ xa$^{35}$ 名 山麓；山靠近平地的地方：欸，系屋是硬最好是系下～，后背有嶂子岭岗就好。欸，有靠山呐，嘿。e$_{21}$,xei$^{53}$uk$^{3}$ ʂʅ$^{53}_{44}$ŋiaŋ$^{53}_{44}$tsei$^{53}$xau$^{21}$ʂʅ$^{53}_{44}$xei$^{53}$(x)a$^{53}$san$^{35}$ciɔk$^{3}$ xa$^{35}$,xei$^{53}$pɔi$^{53}$ iəu$^{35}$tʂɔŋ$^{35}_{44}$tsʅ$^{0}$ liaŋ$^{35}$kɔŋ$^{35}_{44}$ts$^{h}$iəu$^{53}$xau$^{21}$.e$_{21}$,iəu$^{35}$k$^{h}$au$^{53}$san$^{35}$na$^{0}$,xe$_{53}$.

【山姐婆】san$^{35}$tsia$^{21}$p$^{h}$o$^{13}$ 名 喻指山岭：打比系下箇岭上，系下箇山里，“我是来去擐～打下子伴”。ta$^{21}$pi$^{21}$xei$^{53}$(x)a$^{53}$kai$^{53}$liaŋ$^{35}$xɔŋ$^{53}_{44}$,xei$^{53}_{44}$(x)a$^{53}_{44}$kai$^{53}_{44}$san$^{35}$ni$^{21}$,"ŋai$^{13}$ʂʅ$^{53}_{44}$lɔi$^{13}$çi$^{53}_{44}$lau$^{35}_{44}$san$^{35}$tsia$^{21}$p$^{h}$o$^{13}$ta$^{21}$xa$^{53}_{21}$ tsʅ$^{0}$ p$^{h}$ɔn$^{53}$".｜我只屋系去山里，我就来归来去擐～打下子伴呢。ŋai$^{13}_{21}$tʂak$^{3}$ uk$^{3}$ (x)e$^{53}$çi$^{53}$san$^{35}$ni$^{21}$, ŋai$^{13}$tsiəu$^{53}$lɔi$^{13}_{21}$kuei$^{35}$lɔi$^{13}_{21}$çi$^{53}_{44}$lau$^{35}_{44}$san$^{35}_{44}$tsia$^{21}$p$^{h}$o$^{13}$ta$^{21}$xa$^{53}_{44}$tsʅ$^{0}$ p$^{h}$ɔn$^{53}$ne$^{0}$.

【山苦瓜】san$^{35}$fu$^{21}$kua$^{35}$ 名 中药名：系，有起～，～做药啦。xe$^{53}$,iəu$^{35}$çi$^{21}$san$^{35}_{44}$fu$^{21}$kua$^{35}$,san$^{35}$fu$^{21}$ kua$^{35}_{44}$tso$^{53}$iɔk$^{5}$ la$^{0}$.

【山里人】san$^{35}_{44}$li$^{0}$ɲin$^{13}$ 名 居住在山区的人：我食哩别人家送倒来个箇起，别人家送倒来个箇个，也～搞个，几蒸几晒哟。ŋai$^{13}$ʂət$^{5}$ li$^{0}$ p$^{h}$iet$^{5}$ in$^{13}_{44}$ka$^{35}_{44}$səŋ$^{53}$tau$^{21}$lɔi$^{13}$ke$^{53}_{44}$kai$^{53}_{44}$çi$^{21}$,p$^{h}$iet$^{5}$ in$^{13}_{44}$ka$^{35}_{44}$səŋ$^{53}$tau$^{21}$ lɔi$^{13}$ke$^{53}_{44}$kai$^{53}$ke$^{53}_{44}$,ia$^{35}_{44}$san$^{35}_{44}$li$^{0}$ ɲin$^{13}$kau$^{21}$ke$^{53}$,ci$^{21}$tʂən$^{35}$ci$^{21}$sai$^{53}$iau$^{0}$.

【山路】san$^{35}$ləu$^{53}$ 名 山中的道路：有滴栏场是～唔好走呀。iəu$^{35}$tet$^{5}$ lan$^{13}_{21}$tʂ$^{h}$ɔŋ$^{13}_{21}$ʂʅ$^{53}_{44}$san$^{35}$nəu$^{53}$n̩$^{13}$ xau$^{21}$tsei$^{21}$ia$^{0}$.

【山神老爷】san$^{35}$ʂən$^{13}$lau$^{21}$ia$^{13}$ 名 执掌山岳的神：架势埋之前，分人先送火把，通知～。cia$^{53}$ ʂʅ$^{53}$mai$^{13}$tʂʅ$^{35}_{44}$ts$^{h}$ien$^{13}$,pən$^{35}$ɲin$^{13}_{21}$sien$^{35}_{44}$səŋ$^{53}$fo$^{21}$pa$^{21}$,t$^{h}$əŋ$^{35}_{44}$tʂʅ$^{35}_{44}$san$^{35}$ʂən$^{13}_{21}$nau$^{21}$ia$^{13}_{21}$.

【山神菩萨】san$^{35}$ʂən$^{13}$pʰu$^{13}$sait$^{3}$ 名 掌管山岳的神的像：有兜庙里有咁个～。iəu$^{35}$te$^{35}_{53}$miau$^{53}$li$^{0}$ iəu$^{35}$ kan$^{21}$ke$^{0}$ san$^{35}_{44}$ʂən$^{13}_{21}$pʰu$^{13}$sait$^{3}$.

【山神土地】san$^{35}$ʂən$^{13}$tʰəu$^{21}$tʰi$^{53}$ 名 掌管山岳的神：客姓人个老话讲是箇个啦，欸，岭上个动物啊不能随便个去打啦，呃，爱畜倒，因为箇个系～畜个。嗯，你打比样只鹿子你冇滴事你去打渠，～唔肯呐。箇土地老子屋下畜个头牲箇个是。～畜个头牲，你不能随便打。kʰak$^{3}$sin$^{53}$ ɲin$^{13}_{44}$ke$^{53}_{44}$lau$^{21}$fa$^{53}$kɔŋ$^{21}$ʂʅ$^{53}_{21}$kai$^{53}$ke$^{53}_{44}$la$^{0}$,e$_{44}$,liaŋ$^{35}$xɔŋ$^{53}$ke$^{53}_{44}$tʰəŋ$^{53}$uk$^{5}$a$^{0}$pət$^{3}$lien$^{13}_{21}$sei$^{13}$pʰien$^{53}$ke$^{53}_{44}$çi$^{53}_{44}$ta$^{21}$la$^{0}$,ə$_{44}$,ɔi$^{53}$ çiəuk$^{3}$tau$^{21}$,in$^{35}$uei$^{53}_{44}$kai$^{53}_{44}$ke$^{53}_{44}$xe$^{53}_{44}$san$^{35}$ʂən$^{13}_{21}$tʰəu$^{21}$tʰi$^{13}$çiəuk$^{3}$ke$_{44}$.n̩$_{21}$, ɲi$^{13}$ta$^{21}$pi$^{21}$iɔŋ$^{53}$tʂak$^{3}$ci$^{21}$tsʅ$^{0}$ɲi$^{13}$mau$^{13}$tiet$^{5}$ sʅ$^{53}$ɲi$^{13}_{21}$çi$^{53}$ta$^{21}$ci$_{44}$,san$^{35}$ʂən$^{13}_{21}$tʰəu$^{21}$tʰi$^{13}$n̩$^{13}_{21}$xen$^{21}$na$^{0}$.kai$^{53}_{44}$tʰəu$^{21}$tʰi$^{53}$lau$^{21}$tsʅ$^{0}$uk$^{3}$xa$^{53}$çiəuk$^{3}$ke$^{53}_{21}$tʰei$^{13}_{21}$saŋ$^{35}_{44}$kai$^{53}$ke$^{53}_{44}$ ʂʅ$_{44}$.san$^{35}$ʂən$^{13}_{21}$tʰəu$^{21}$tʰi$^{53}$çiəuk$^{3}$ke$^{53}_{44}$tʰei$^{13}_{21}$saŋ$^{35}_{53}$, ɲi$^{13}_{21}$pət$^{3}$len$^{13}_{21}$sei$^{13}$pʰien$^{53}$ta$^{21}$.

【山塘】san$^{35}$tʰɔŋ$^{13}$ 名 山中蓄水的池塘：分倒分我个责任田个顶高就有口～嘞。箇口～有几大子，但是一管泉水蛮大。以前作田个时候子嘞箇～里个水就唔够，灌倒我箇丘我的箇几亩子田。箇管水真大，一管泉水。畜鱼就畜唔大啦，冇得大啦箇畜个鱼啊，冰冷个水呀，泉水呀。fən$^{35}$tau$^{21}$pən$^{35}$ŋai$^{13}_{21}$ke$^{53}_{44}$tset$^{3}$uən$^{35}$tʰien$^{13}$ke$^{53}$taŋ$^{21}$kau$^{35}_{44}$tsʰiəu$^{53}_{44}$iəu$^{35}_{44}$xei$^{21}_{44}$san$^{35}$tʰɔŋ$^{13}_{21}$lei$^{0}$.kai$^{53}$xei$^{21}$san$^{35}_{44}$tʰɔŋ$^{13}_{21}$ mau$^{13}$ci$^{21}$tʰai$^{53}$tsʅ$^{0}$,tan$^{53}$ʂʅ$^{53}$iet$^{3}$kɔn$^{21}$tsʰan$^{13}$ʂei$^{21}$man$^{13}$tʰai$^{53}$.i$^{35}_{53}$tsʰien$^{13}_{44}$tsɔk$^{3}$tʰien$^{13}$ke$^{53}$ʂʅ$^{13}_{44}$xəu$^{53}_{44}$tsʅ$^{0}$lei$^{0}$kai$^{53}_{44}$san$^{35}$ tʰɔŋ$^{13}_{21}$li$^{21}$ke$^{53}$ʂei$^{21}$tsiəu$^{53}_{44}$n̩$^{13}_{21}$kei$^{53}$,kɔn$^{53}$tau$^{21}$ŋai$^{13}$kai$^{53}_{44}$cʰiəu$^{35}_{44}$ŋai$^{13}$tet$^{3}$kai$^{53}$ci$^{21}$miau$^{35}$tsʅ$^{0}$tʰien$^{13}_{21}$.kai$^{53}$kɔn$^{21}$ʂei$^{21}$ tʂən$^{35}$tʰai$^{53}$,iet$^{3}$kɔn$^{21}$tsʰan$^{13}$ʂei$^{21}$.çiəuk$^{3}$ŋ̍$^{13}$tsʰiəu$^{53}$çiəuk$^{3}$n̩$^{13}_{21}$tʰai$^{53}$la$^{0}$,mau$^{13}$tek$^{3}$tʰai$^{53}$la$^{0}$kai$^{53}$çiəuk$^{3}$ke$^{53}$ŋ̍$^{13}$ŋa$^{0}$, pin$^{35}$naŋ$^{35}$ke$^{53}$ʂei$^{21}$ia$^{0}$,tsʰan$^{13}$ʂei$^{21}$ia$^{0}$.

【山塘水圳】san$^{35}$tʰɔŋ$^{13}$ʂei$^{21}$tʂən$^{53}$ 泛指包括塘、圳在内的山区农村各种水利工程：箇阵子搞集体是硬年年冬下爱修嘞，修～呢。kai$^{53}_{44}$tʂʰən$^{53}_{44}$tsʅ$^{0}$kau$^{21}$tsʰiet$^{5}$tʰi$^{21}$ʂʅ$^{53}_{44}$ɲiaŋ$^{53}$ɲien$^{13}$ɲien$^{13}_{21}$təŋ$^{35}_{44}$xa$^{53}_{44}$ɔi$^{53}_{44}$ siəu$^{35}$le$^{0}$,siəu$^{35}_{44}$san$^{35}$tʰɔŋ$^{13}_{21}$ʂei$^{21}$tʂən$^{53}$ne$^{0}$.

【山桃花】san$^{35}$tʰau$^{13}_{21}$fa$^{35}$ 名 一种观赏植物，果实可食，种子、根、茎、皮、叶、花、桃树胶均可药用。俗称"铳箍子树"：就是铳箍子树，～又喊。tsʰiəu$^{53}$ʂʅ$^{53}_{44}$tʂʰəŋ$^{53}$ku$^{35}$tsʅ$^{0}$ʂəu$^{53}$,san$^{35}$tʰau$^{13}_{21}$fa$^{35}$ iəu$^{53}$xan$^{53}_{44}$.

【山田子】san$^{35}$tʰien$^{13}$tsʅ$^{0}$ 名 山间的水田：一般个田，～，只爱后背有只墈个话，～个壁下就更高。iet$^{3}$pɔn$^{35}$ke$^{53}$tʰien$^{13}$,san$^{35}$tʰien$^{13}_{21}$tsʅ$^{0}$,tʂʅ$^{21}$ɔi$^{53}_{44}$xei$^{53}$pɔi$^{53}_{44}$iəu$^{35}$tʂak$^{3}$kʰan$^{53}$ke$^{53}_{44}$fa$^{53}_{44}$,san$^{35}$tʰien$^{13}_{44}$tsʅ$^{0}$ke$^{53}_{44}$piak$^{3}$ xa$_{44}$tsʰiəu$^{53}_{44}$cien$^{53}_{21}$kau$^{35}$.

【山蚊子】san$^{35}$mən$^{35}_{44}$tsʅ$^{0}$ 名 懵懂无知的人，对山里人的贬称：话渠等唔懂，～啊。以个～啊。～啊，箇个～啊，么个都唔懂啊。～，么个都唔懂。ua$^{53}$ci$^{13}$tien$^{0}$n̩$^{13}_{44}$təŋ$^{21}$,san$^{35}$mən$^{35}_{44}$tsa$^{0}$.i$^{21}$ke$^{53}$san$^{35}$ mən$^{35}$tsa$^{0}$.san$^{35}$mən$^{35}$tsa$^{0}$,kai$^{53}$ke$^{53}_{44}$san$^{35}$mən$^{35}$tsa$^{0}$,mak$^{3}$ke$^{53}$təu$^{35}_{53}$n̩$^{13}$təŋ$^{21}$ŋa$^{0}$.san$^{35}$mən$^{35}$tsʅ$^{0}$,mak$^{3}$(k)e$^{53}$təu$^{35}_{53}$ n̩$^{13}_{21}$təŋ$^{21}$.

【山鸦鹊】san$^{35}$a$^{35}$siak$^{3}$ 名 喜鹊：欸，到哩冬下呃架势打霜凌了哇，箇就看得～倒，平时看唔倒，欸，以个热天箇兜有东西食啦，～看唔倒，也𫠛也听渠唔多多来叫。只有冬下头就有。e$_{21}$,tau$^{53}$li$^{0}$təŋ$^{35}$xa$^{53}_{44}$ə$_{21}$cia$^{53}$ʂʅ$^{53}$ta$^{21}$sɔŋ$^{35}$lin$^{13}$liau$^{21}$ua$^{0}$,kai$^{53}_{44}$tsʰiəu$^{53}_{44}$kʰɔn$^{53}$tek$^{3}$san$^{35}_{44}$a$^{35}_{44}$siak$^{3}$tau$^{21}$,pʰin$^{13}$ʂʅ$^{13}$kʰɔn$^{53}$ n̩$^{13}_{21}$tau$^{21}$,e$_{21}$,i$^{21}$ke$^{53}_{44}$ɲiet$^{5}$tʰien$^{35}_{44}$kai$^{53}_{44}$te$^{35}_{44}$iəu$^{35}$təŋ$^{35}_{44}$si$^{0}$ʂət$^{5}$la$^{0}$,san$^{35}_{44}$a$^{35}_{44}$siak$^{3}$kʰɔn$^{53}$n̩$^{13}$tau$^{21}$,ia$^{35}$maŋ$^{13}$ia$^{35}_{44}$tʰaŋ$^{35}_{44}$ci$^{13}_{21}$n̩$^{13}_{21}$ to$^{35}_{21}$to$^{35}_{44}$lɔi$^{13}_{44}$ciau$^{53}$.tʂʅ$^{21}$iəu$^{35}_{53}$təŋ$^{35}$xa$^{53}_{35}$tʰei$^{13}_{21}$tsʰiəu$^{53}_{44}$iəu$^{35}_{44}$.

【山羊】san$^{35}$iɔŋ$^{13}$ 名 羊的一种，喜登高，好采食短草、灌木和树叶等：欸，我等以个黑山羊就系～。e$_{21}$,ŋai$^{13}_{21}$tien$^{0}$i$^{21}$kei$^{53}_{44}$xek$^{3}$san$^{35}$iɔŋ$^{13}_{21}$tsʰiəu$^{53}_{44}$xe$^{53}_{44}$san$^{35}$iɔŋ$^{13}_{21}$. | 以前有野～嘞。i$^{35}_{53}$tsʰien$^{13}_{21}$iəu$^{35}_{44}$ia$^{35}$ san$^{35}_{44}$iɔŋ$^{13}_{21}$le$^{0}$.

【山楂梨】san$^{35}$tsa$^{35}$li$^{13}$ 名 山楂。又称"山楂子"：～就系山楂子。san$^{35}$tsa$^{35}$li$^{13}$tsʰiəu$^{53}$xe$^{53}_{44}$san$^{35}_{44}$tsa$^{35}_{44}$ tsʅ$^{21}$.

【山楂树】san$^{35}$tsa$^{35}$ʂəu$^{53}$ 名 一种落叶小乔木：有～，冇得𫠛形成么个几多子。/箇个树上系有刺，劖人个。iəu$^{35}$san$^{35}_{44}$tsa$^{35}_{44}$ʂəu$^{53}$,mau$^{13}$tek$^{3}$maŋ$^{13}$çin$^{13}$tʂʰən$^{13}_{44}$mak$^{3}$ke$^{53}$ci$^{21}$to$^{35}$tsʅ$^{0}$./kai$^{53}_{44}$ke$^{53}_{44}$ʂəu$^{53}$ʂɔŋ$^{53}_{44}$xe$^{53}_{44}$ iəu$^{35}$tsʰʅ$^{53}$,tsʰan$^{13}$ɲin$^{13}$ke$^{53}$.

【山楂子】san$^{35}$tsa$^{35}$tsʅ$^{21}$ 名 山楂树的果实：箇还有一起～啊。～也系……如今个卖个～是蛮好食滴个好。kai$^{53}_{44}$xai$^{13}_{21}$iəu$^{35}$iet$^{3}$çi$^{21}$san$^{35}$tsa$^{35}$tsʅ$^{21}$za$^{0}$.san$^{35}$tsa$^{35}$tsʅ$^{21}$ia$^{35}$(x)e$^{53}$…i$^{13}_{21}$cin$^{35}$ke$^{53}_{44}$mai$^{53}$ke$^{53}_{21}$san$^{35}$tsa$^{35}_{44}$tsʅ$^{21}$ ʂʅ$^{53}_{44}$man$^{13}$xau$^{21}$ʂət$^{3}$tet$^{3}$ke$^{53}$xau$^{21}_{44}$.

【衫】san$^{35}$ 名 上衣，泛指衣服：冷稳哩啊，加件子～呐。laŋ$^{35}$uən$^{21}$lia$^{0}$,cia$^{35}$cʰien$^{53}$tsʅ$^{0}$san$^{35}$na$^{0}$. | 麻溜收～，打水点去哩！ma$^{13}_{21}$liəu$^{53}_{44}$ʂəu$^{35}$san$^{35}$,ta$^{21}$ʂei$^{21}$tian$^{21}$çi$^{53}$li$^{0}$!

【衫篙】san$^{35}_{44}$kau$^{35}$ 名 晾衣服的竹竿：有起箇个七八寸子个有话箇南竹子哇，七八寸子箇个，有细滴子个，箇只做做做衫～个都系哩。iəu$^{35}$çi$^{21}$kai$^{53}$ke$^{53}$tsʰiet$^{3}$pait$^{3}$tsʰən$^{53}$tsɿ$^{0}$ke$^{53}_{44}$iəu$^{35}_{44}$ua$^{35}_{44}$kai$^{53}_{44}$lan$^{13}$ tʂəuk$^{3}$tsɿ$^{0}$ua$^{0}$,tsʰiet$^{3}$pait$^{3}$tsʰən$^{53}$tsɿ$^{0}$kai$^{53}_{44}$ke$^{53}_{44}$,iəu$^{35}$se$^{53}$tiet$^{5}$tsɿ$^{0}$ke$^{53}_{44}$,kai$^{53}_{44}$tʂak$^{3}$tso$^{53}$tso$^{53}$tso$^{53}$san$^{35}_{44}$san$^{35}_{44}$kau$^{35}$ke$^{53}_{44}$ təu$^{35}_{44}$xe$^{53}$li$^{0}$.

【衫架子】san$^{35}$ka$^{53}$tsɿ$^{0}$ 名 衣架：我等屋下个～是总买总多，长日都唔够用。ŋai$^{13}$tien$^{0}$uk$^{3}$xa$^{53}$ke$^{0}$ san$^{35}$ka$^{53}_{44}$tsɿ$^{0}$ʂɿ$^{53}_{44}$tsəŋ$^{21}$mai$^{35}$tsəŋ$^{21}$to$^{35}$,tʂʰəŋ$^{13}_{21}$ɲiet$^{3}$təu$^{35}_{53}$n̩$^{13}_{21}$kei$^{53}_{44}$iəŋ$^{53}$.

【衫裤】san$^{35}$fu$^{53}$ 名 衣服。旧称"衣衫"：冇～着啊！mau$^{13}$san$^{35}$fu$^{53}$tʂək$^{3}$a$^{0}$！| 从前我着个～，细人子着个～啊，冇得皮带，从前冇得咁多皮带。tsʰəŋ$^{13}$tsʰien$^{13}_{44}$ŋai$^{13}$tʂək$^{3}$ke$^{53}_{44}$san$^{35}$fu$^{53}_{44}$,sei$^{53}$ɲin$^{13}_{21}$tsɿ$^{0}$ tʂək$^{3}$ke$^{53}$san$^{35}$fu$^{53}_{44}$a$^{0}$,mau$^{13}$tek$^{3}$pʰi$^{13}$tai$^{53}$,tsʰəŋ$^{13}$tsʰien$^{13}_{21}$mau$^{13}$tek$^{3}$kan$^{21}_{44}$to$^{35}_{44}$pʰi$^{13}$tai$^{53}$.

【衫帕】san$^{35}$pʰa$^{53}$ 名 大襟衫的衣襟：～就系以只面前个摆呢就安做～呢。欸，从前个着团胸衫呐，箇个摘菜箇兜箇夫娘子摘菜，我看我婖子等人摘菜呀，分～搂起来，以映子就放辣椒放箇兜么个，欸，用～。箇团胸衫，如今个一开纽子个就冇兜用啊。san$^{35}$pʰa$^{53}$tsʰiəu$^{53}_{44}$xei$^{53}_{44}$i$^{21}$ tʂak$^{3}$mien$^{53}$tsʰien$^{13}_{21}$ke$^{53}$pai$^{21}$nei$^{0}$tsʰiəu$^{53}$ən$^{35}_{53}$tso$^{53}$san$^{35}$pʰa$^{53}$nei$^{0}$.e$_{21}$,tsʰəŋ$^{13}$tsʰien$^{13}$ke$^{0}$tʂək$^{3}$tʰən$^{13}$çiəŋ$^{35}_{44}$san$^{35}_{44}$ na$^{0}$,kai$^{53}_{44}$ke$^{53}_{44}$tsak$^{3}$tsʰəi$^{53}$kai$^{53}_{44}$te$^{35}_{44}$kai$^{53}_{44}$pu$^{35}$ɲiəŋ$^{13}_{21}$tsɿ$^{0}$tsak$^{3}$tsʰəi$^{53}$,ŋai$^{13}$kʰən$^{53}$ŋai$^{13}_{21}$əi$^{35}$tsɿ$^{0}$ten$^{35}_{44}$in$^{13}_{21}$tsak$^{3}$tsʰəi$^{53}$ia$^{0}$, pən$^{35}$san$^{35}$pʰa$^{53}$ləu$^{13}$çi$^{21}$ləi$^{13}_{44}$,i$^{21}$iaŋ$^{53}_{44}$tsɿ$^{0}$tsʰiəu$^{53}_{44}$fəŋ$^{53}$lait$^{5}$tsiau$^{35}_{44}$fəŋ$^{53}_{44}$kai$^{53}_{44}$te$^{35}_{44}$mak$^{3}$ke$^{0}$,e$_{21}$,iəŋ$^{53}$san$^{35}$pʰa$^{53}$.kai$^{53}_{44}$ tʰən$^{13}$çiəŋ$^{35}_{44}$san$^{35}_{44}$,i$^{13}_{21}$cin$^{35}_{44}$kei$^{53}_{44}$iet$^{3}$kʰəi$^{35}$lei$^{21}$tsɿ$^{0}$ke$^{0}$tsʰiəu$^{53}$mau$^{13}$te$^{35}_{53}$iəŋ$^{53}_{44}$ŋa$^{0}$.

【衫袖】san$^{35}$tsʰiəu$^{53}$ 名 袖子：欸，～就有……有冇得～个嘞，有长袖短袖哇，欸，箇都系指～。e$_{21}$,san$^{35}$tsʰiəu$^{53}$tsʰiəu$^{53}_{44}$iəu$^{35}$…iəu$^{35}$mau$^{13}$tek$^{3}$san$^{35}$tsʰiəu$^{53}$ke$^{53}_{44}$le$^{0}$,iəu$^{35}_{53}$tʂʰəŋ$^{13}$tsʰiəu$^{53}$tən$^{21}$tsʰiəu$^{53}$ ua$^{0}$,e$_{21}$,kai$^{53}_{44}$təu$^{35}$xei$^{53}$tʂɿ$^{21}$san$^{35}$tsʰiəu$^{53}$.

【衫袖筒】名 袖套：我等人欸做事喜欢戴～。如今箇个妹子人呐，渠分～当做一只装饰品，咁长子，看啵，咁长子个～，一皮一只子荷叶边子带只，欸，箇妹子人分渠作为也作为一只装饰品。ŋai$^{13}$tien$^{0}$ɲin$^{13}_{44}$e$_{21}$tso$^{53}$sɿ$^{53}$çi$^{21}$fən$^{35}_{44}$tai$^{53}$san$^{35}_{44}$tsʰiəu$^{53}$tʰəŋ$^{13}$.i$^{13}_{21}$cin$^{35}_{44}$kai$^{53}_{44}$ke$^{53}_{44}$məi$^{53}$tsɿ$^{0}$ɲin$^{13}$na$^{0}$,ci$^{13}_{21}$pən$^{35}_{44}$ san$^{35}_{44}$tsʰiəu$^{53}$tʰəŋ$^{13}_{21}$təŋ$^{35}_{44}$tso$^{53}$(i)et$^{3}$tʂak$^{3}$tsəŋ$^{35}$ʂət$^{5}$pʰin$^{21}$,kan$^{21}_{13}$tʂʰəŋ$^{13}_{21}$tsɿ$^{0}$,kʰən$^{53}_{44}$nau$^{0}$,kan$^{21}_{13}$tʂʰəŋ$^{13}_{21}$tsɿ$^{0}$ke$^{53}_{44}$san$^{35}_{44}$ tsʰiəu$^{53}$tʰəŋ$^{13}_{21}$,iet$^{3}$pʰi$^{13}_{21}$iet$^{3}$tʂak$^{3}$tsɿ$^{0}$xo$^{13}$iait$^{5}$pien$^{35}$tsɿ$^{0}$tai$^{53}$tʂak$^{3}$,e$_{21}$,kai$^{53}$məi$^{53}$tsɿ$^{0}$ɲin$^{13}_{21}$pən$^{35}_{44}$ci$^{13}_{44}$tsək$^{3}$uei$^{13}_{21}$ia$^{35}$ tsək$^{3}$uei$^{13}$iet$^{3}$tʂak$^{3}$tsəŋ$^{35}$ʂət$^{5}$pʰin$^{21}$.

【衫袖嘴】san$^{35}$tsʰiəu$^{53}$tʂəi$^{53}$ 名 袖口：～易得累赘，有紧袖子有敞袖子，箇个都系～。san$^{35}$ tsʰiəu$^{53}$tʂəi$^{53}$i$^{53}$tek$^{3}$le$^{53}$tʂe$^{53}_{44}$,iəu$^{35}$cin$^{21}$tsʰiəu$^{53}$tsɿ$^{0}$iəu$^{35}_{53}$tʂʰo$^{21}$tsʰiəu$^{53}$tsɿ$^{0}$,kai$^{53}_{44}$ke$^{53}_{44}$təu$^{35}$xe$^{53}$san$^{35}$tsʰiəu$^{53}_{44}$tʂəi$^{53}$.

【搧】ʂen$^{35}$ 动 ①摇动扇子或其他东西，使空气加速流动成风：就你话个以个比先有把扇呐～下子舒服多哩。以咁热子个天咯，就～扇才更舒服。开空调嘞唔系就冷人。tsʰiəu$^{53}_{44}$ɲi$^{13}_{21}$ua$^{53}_{44}$ke$^{53}_{44}$ i$^{21}$ke$^{53}$pi$^{21}$sien$^{35}_{44}$iəu$^{35}$pa$^{21}$ʂen$^{53}$na$^{0}$ʂen$^{35}$na$_{21}$(←xa$^{53}$)tsɿ$^{0}$ʂɥ$^{35}$fuk$^{5}$to$^{35}$li$^{0}$.i$^{21}$kan$^{21}$ɲiet$^{5}$tsɿ$^{0}$ke$^{53}_{44}$tʰien$^{35}$ko$^{0}$,tsiəu$^{53}_{44}$ ʂen$^{35}$ʂen$^{53}$tsʰai$^{13}_{21}$cien$^{53}_{44}$ʂɥ$^{35}$fuk$^{5}$.kʰəi$^{35}_{44}$kʰəŋ$^{35}$tʰiau$^{13}_{21}$le$^{0}$m̩$^{13}_{21}$pʰe$^{53}_{44}$tsʰiəu$^{53}_{44}$laŋ$^{35}$ɲin$_{21}$. ②用手掌或巴掌状的工具击打：我～你两耳巴子。ŋai$^{13}_{11}$ʂen$^{35}$ɲi$^{13}_{21}$iəŋ$^{21}$ɲi$^{21}$pa$^{35}_{44}$tsɿ$^{0}$. | 人徛倒墙上，咁子往底下去箇子去～。ɲin$^{13}$cʰi$^{35}$tau$^{21}$tsʰiəŋ$^{13}$xəŋ$^{53}$,kan$^{21}$tsɿ$^{0}$uəŋ$^{21}$te$^{21}$xa$^{53}$çi$^{53}$kai$^{53}_{44}$tsɿ$^{0}$çi$^{53}_{44}$ʂen$^{35}$. ③扇形泼洒：从前欸以前个秧田里啊爱下肥，最好个嘞就系～兜粪去，荷担粪荷下田角头，欸，用勺舀倒去～。tsʰəŋ$^{13}$tsʰien$^{13}$ ei$_{21}$i$^{21}_{53}$tsʰien$^{13}_{21}$kei$^{53}_{44}$iəŋ$^{35}$tʰien$^{13}_{21}$li$^{21}$a$^{0}$əi$^{53}$xa$^{53}_{44}$pʰi$^{13}$,tsei$^{53}$xau$^{21}$ke$^{53}_{44}$lei$^{0}$tsʰiəu$^{53}_{44}$xe$^{53}_{44}$ʂen$^{35}$te$^{35}_{44}$pən$^{53}$çi$^{53}_{21}$,kʰai$^{35}$tan$^{35}_{44}$pən$^{53}$ kʰai$^{35}_{44}$(x)a$^{53}_{44}$tʰien$^{13}_{21}$kək$^{3}$tʰei$^{13}$,ei$_{21}$,iəŋ$^{53}_{44}$ʂək$^{5}$iau$^{21}$tau$^{21}$çi$^{53}_{44}$ʂen$^{35}$. | 箇田里啊，咁子拿倒勺嫲去～一到（茶粘水）。kai$^{53}$tʰien$^{13}$ni$^{21}_{44}$a$^{0}$,kan$^{21}$tsɿ$^{0}$la$^{53}$tau$^{21}$ʂək$^{5}$ma$^{13}$çi$^{53}$ʂuen$^{35}$iet$^{3}$tau$^{53}$.

【搧杯】ʂen$^{35}$pai$^{35}_{44}$ 名 整墙或拍墙时用的长拍子：好，以下就爱长搧，～呀。爱系箇筑倒个是唔唔光滑唔箇个唔好看嘞，有墩箇只嘞，系唔系？欸，有滴罾筑得好个，爱整墙欸。爱整。整就爱拍紧，欸。xau$^{21}$,i$^{21}$xa$^{53}_{44}$tsʰiəu$^{53}$əi$^{53}$tʂʰəŋ$^{13}$ʂen$^{35}$,ʂen$^{35}$pai$^{35}$ia$^{0}$.əi$^{53}_{44}$xe$^{53}_{44}$kai$^{53}_{44}$tʂəuk$^{3}$tau$^{21}$ke$^{53}$ʂɿ$^{53}_{44}$m̩$^{13}$n̩$^{13}$ kəŋ$^{35}$uait$^{3}$n̩$^{13}$kai$^{53}_{44}$ke$^{53}_{44}$n̩$^{13}$xau$^{21}$kʰən$^{53}$le$^{0}$,iəu$^{35}$tən$^{53}$kai$^{53}_{44}$tʂak$^{3}$le$^{0}$,xe$^{53}_{44}$me$^{53}_{44}$?e$_{21}$,iəu$^{35}$tiet$^{5}$maŋ$^{13}_{21}$tʂəuk$^{3}$tek$^{3}$xau$^{21}$ ke$^{53}_{44}$,əi$^{53}$tʂaŋ$^{21}$tsʰiəŋ$^{13}$ŋe$^{0}$.əi$^{53}_{44}$tʂaŋ$^{21}$.tʂaŋ$^{21}$tsʰiəu$^{53}_{21}$əi$^{53}_{44}$pʰai$^{35}_{44}$cin$^{21}$,e$_{53}$.

【搧风】ʂen$^{53}$fəŋ$^{35}$ 动 摇动扇子之类的器物以产生风：（炉子脚底下）有眼，还可以～，还可以搧得风。iəu$^{35}$ŋan$^{21}$,xai$^{13}_{21}$kʰo$^{21}$i$^{35}$ʂen$^{53}$fəŋ$^{35}$,xai$^{13}_{21}$kʰo$^{21}$i$^{35}$ʂen$^{53}_{44}$tek$^{3}$fəŋ$^{35}$.

【膻味】ʂen$^{35}$uei$^{53}$ 名 像牛羊肉的气味：牛肉就有只～唠。ɲiəu$^{13}$ɲiəuk$^{3}$tsʰiəu$^{53}_{44}$iəu$^{35}_{44}$tʂak$^{3}$ʂen$^{35}$uei$^{53}$ lau$^{0}$.

【潸】san$^{21}$ 名 猪潲，七宝山一带的说法：系，有人讲炆～呢，有人讲～呢。有也很少。冇多么人讲。好像七宝山个四路子有人讲～。有个别个我听过。～。xei$^{53}$,iəu$^{35}$ɲin$^{13}_{21}$kəŋ$^{21}$uən$^{13}$san$^{21}$

nei$^{0}$,iəu$^{35}$ɲin$^{13}_{21}$kɔŋ$^{21}$san$^{21}$nei$^{0}$.iəu$^{35}$ie$^{21}_{44}$xen$^{21}$ʂau$^{21}$.mau$^{13}$to$^{35}_{44}$mak$^{3}$ɲin$^{13}$kɔŋ$^{21}$.xau$^{21}$tsʰiɔŋ$^{53}$tsʰiet$^{3}$pau$^{21}$san$^{35}$ke$^{53}$sɿ$^{53}$ləu$^{53}$tsɿ$^{0}$iəu$^{35}_{44}$in$^{13}_{21}$kɔŋ$^{21}$san$^{21}$.iəu$^{35}$ko$^{53}$pʰiek$^{5}$ke$^{53}_{21}$ŋai$^{13}_{21}$tʰaŋ$^{35}$ko$^{53}_{21}$.san$^{21}$.

【闪子狗嫲】ʂan$^{21}$tsɿ$^{21}$kei$^{21}$ma$^{13}$ 名①躲避狗崽子不给其喂奶的母狗：狗嫲是还有只话法啦，箇狗嫲咯，箇是如今是还好兜子，狗嫲嘞有东西食，硬食都唔完，系唔系？只爱渠会到垃圾桶里去捡东西食。以前是狗嫲是又冇么个食，人都冇饭食啦，狗嫲还食得饱吗，系唔系？狗也食得么个饱？箇个狗呀狗嫲啊下倒一窠狗崽子，有兜是五六只，狗崽子就爱食嫐吧？爱捋嫐。欸，狗嫲又冇么个食，就捋一阵嫐呢箇狗嫲就冇分渠食，冇分狗崽子食。狗崽子是跑唔得几远，渠就唔见狗崽子，到处跑稳走，箇狗嫲就到处走。渠冇办法呀，狗崽子爱食嫐，爱捋嫐呐，捋起渠唔知几苦啊，又冇食啦，系唔系？箇狗嫲嘞就到处走，就系避开渠自家个狗崽子，渠自家下个狗崽子渠虽然唔知几喜欢渠，但是渠也搞唔住哩，系啊？箇起狗嫲就安做～。kei$^{21}$ma$^{13}$ʂʅ$^{53}_{44}$xai$^{13}$iəu$^{35}_{53}$tʂak$^{3}$ua$^{53}$fait$^{3}$la$^{0}$,kai$^{53}$kei$^{21}$ma$^{13}$ko$^{0}$,kai$^{53}$ʂʅ$^{53}_{44}$i$^{13}_{21}$cin$^{35}$ʂʅ$^{53}_{44}$xai$^{13}_{44}$xau$^{21}$tei$^{35}_{53}$tsɿ$^{0}$,kei$^{21}$ma$^{13}$lei$^{0}$iəu$^{35}$təŋ$^{35}_{44}$si$^{0}$ʂət$^{5}$,ɲiaŋ$^{53}_{44}$ʂət$^{5}$təu$^{35}_{53}$n̩$^{13}_{21}$ien$^{13}$,xei$^{53}$me$^{53}$?tʂʅ$^{21}$ɔi$^{53}$ci$^{13}_{21}$uɔi$^{53}$tau$^{53}$la$^{35}$ci$^{35}_{44}$tʰəŋ$^{21}$li$^{0}$çi$^{53}$cian$^{21}$təŋ$^{35}_{44}$si$^{0}$ʂət$^{5}$.i$^{35}_{53}$tsʰien$^{13}$ʂʅ$^{53}_{44}$kei$^{21}$ma$^{13}$ʂʅ$^{53}_{44}$iəu$^{53}$mau$^{13}$mak$^{3}$e$^{0}$ʂət$^{5}$,ɲin$^{13}$təu$^{35}_{53}$mau$^{13}$fan$^{53}$ʂət$^{5}$la$^{0}$,kei$^{21}$ma$^{13}$xai$^{13}_{21}$ʂət$^{5}$tek$^{3}$pau$^{21}$ma$^{0}$,xei$^{53}_{44}$me$^{53}_{44}$?kei$^{21}$a$^{35}_{44}$ʂət$^{5}$tek$^{3}$mak$^{3}$(k)e$^{53}$pau$^{21}_{44}$?kai$^{53}$ke$^{53}$kei$^{21}$ia$^{0}$kei$^{21}$ma$^{13}$a$^{0}$xa$^{53}$tau$^{21}$iet$^{3}$kʰo$^{35}$kei$^{21}$tse$^{21}$tsɿ$^{0}$,iəu$^{35}$tei$^{35}_{53}$ʂʅ$^{53}$ŋ̍$^{21}$liəuk$^{3}$tʂak$^{3}$,kei$^{21}$tse$^{21}$tsɿ$^{0}$tsʰiəu$^{53}$ɔi$^{53}$ʂət$^{5}$lien$^{53}$pa$^{0}$?ɔi$^{53}$lɔit$^{3}$lien$^{53}$.e$_{21}$,kei$^{21}$ma$^{13}$iəu$^{53}$mau$^{13}$mak$^{3}$e$^{0}$ʂət$^{5}$,tsʰiəu$^{53}$lɔit$^{3}$iet$^{3}$tʂʰən$^{53}$lien$^{53}$ne$^{0}$kai$^{53}$kei$^{21}$ma$^{13}$tsʰiəu$^{53}$mau$^{13}$pən$^{35}$ci$^{13}_{21}$ʂət$^{5}$,mau$^{13}$pən$^{35}$kei$^{21}$tse$^{21}$tsɿ$^{0}$ʂət$^{5}$.kei$^{21}$tse$^{21}$tsɿ$^{0}$ʂʅ$^{53}$pʰau$^{21}$n̩$^{13}_{44}$tek$^{3}$ci$^{21}$ien$^{21}$,ci$^{13}$tsʰiəu$^{53}$m̩$^{13}$cien$^{53}$kei$^{21}$tse$^{21}$tsɿ$^{0}$,tau$^{53}$tʂʰəu$^{53}_{44}$pʰau$^{21}$uən$^{21}$tsei$^{21}$,kai$^{53}_{44}$kei$^{21}$ma$^{13}$tsʰiəu$^{53}_{44}$tau$^{53}$tʂʰəu$^{53}_{44}$tsei$^{21}$.ci$^{13}_{21}$mau$^{13}$pʰan$^{53}$fait$^{3}$ia$^{0}$,kei$^{21}$tse$^{21}$tsɿ$^{0}$ɔi$^{53}_{44}$ʂət$^{5}$lien$^{53}$,ɔi$^{53}$lɔit$^{3}$lien$^{53}$na$^{0}$,lɔit$^{3}$çi$^{21}_{44}$ci$^{13}_{21}$n̩$^{13}$ti$^{35}_{53}$ci$^{21}$kʰu$^{21}$a$^{0}$,iəu$^{53}$mau$^{13}$ʂət$^{5}$la$^{0}$,xei$^{53}$me$^{53}$?kai$^{53}$kei$^{21}$ma$^{13}$lei$^{0}$tsʰiəu$^{53}$tau$^{53}$tʂʰəu$^{53}$tsei$^{21}$,tsʰiəu$^{53}_{44}$xe$^{53}_{44}$pʰei$^{53}$kʰɔi$^{35}$ci$^{13}_{21}$tsʰɿ$^{35}$ka$^{35}_{44}$ke$^{53}$kei$^{21}$tse$^{21}$tsɿ$^{0}$,ci$^{13}_{21}$tsʰɿ$^{35}$ka$^{35}_{44}$xa$^{53}$ke$^{0}$kei$^{21}$tse$^{21}$tsɿ$^{0}$ci$^{13}$sei$^{35}$vien$^{13}_{44}$n̩$^{13}$ti$^{35}_{53}$ci$^{21}$çi$^{21}$fɔn$^{35}$ci$^{13}_{44}$,tan$^{53}_{44}$ʂʅ$^{53}_{44}$ci$^{13}_{21}$ia$^{35}$kau$^{21}$n̩$^{13}$tʂʰəu$^{53}$li$^{0}$,xei$^{53}_{44}$a$^{0}$?kai$^{53}$çi$^{21}$kei$^{21}$ma$^{13}$tsʰiəu$^{53}_{44}$ɔn$^{35}_{44}$tso$^{53}_{44}$ʂan$^{21}$tsɿ$^{21}$kei$^{21}$ma$^{13}$. ②喻指只图自己轻松，不关心照顾子女的母亲：我讲只事唠。早几年子我老妹子教书个时候子咯，我就欸箇阵子咯我有一回我话：“你搞么个星期天呐就到学堂里去？星期一上学咯，你个星期天就到学堂里去？”渠话：“我等爱去哟，唔去哟，箇学生子来哩会打架，跍倒学堂里爱打架。”“欸，”我话，“今晡星期天呐，渠学生子去屋下咯。”“嗬，”渠话，“有兜家长哦，星期天就分只赖子，分只细人子学生子就送下学堂里来。”我话：“箇搞么个？”“去屋下是做事唔成啊，大人做事唔成，爱招呼渠呀。送下学堂里是分只老师去招呼啊。”我话箇个就系～样啊。嗯，以下落尾教育局宣布，学生子，我等以映个学生子啊星期天不准转学堂里，不准到学堂里去。有兜星期天到学堂里食夜饭，有兜学生让门子啊？食嘿昼饭就到就去哩，跍倒街上来嬲，跍下街上来打叮叮，学堂里管唔倒，屋下也管唔倒，就出事啊，唔系就伤亡啊，唔系就去洗冷水身箇兜啦，会出事啊。好，你话来食昼饭，渠等就早晨食嘿早饭就来哩，搞你一昼边，系吗？你话来食夜饭，渠就食嘿昼饭就来哩，唔系甚至一天都跍倒街上嬲。以下就必须星期一个早晨送倒去，咁个。～，箇有兜家长就系～，只想分只细人子送下学堂里去，自家就自家好落心做事。我话以个就系～。ŋai$^{13}$kɔŋ$^{21}$tʂak$^{3}$sɿ$^{53}$lau$^{0}$.tsau$^{21}$ci$^{21}$ɲien$^{13}$tsɿ$^{0}$ŋai$^{13}$lau$^{21}$mɔi$^{53}$tsɿ$^{0}$kau$^{35}_{44}$ʂəu$^{35}_{44}$kei$^{53}$ʂʅ$^{13}_{44}$xəu$^{53}_{44}$tsɿ$^{0}$ko$^{0}$,ŋai$^{13}$tsʰiəu$^{53}$ei$_{21}$kai$^{53}$tʂʰən$^{53}$tsɿ$^{0}$ko$^{0}$ŋai$^{13}$iəu$^{35}$iet$^{3}$fei$^{13}$ŋai$^{13}$ua$^{53}$:"ɲi$^{13}_{21}$kau$^{21}$mak$^{3}$e$^{0}$sin$^{35}_{44}$cʰi$^{13}_{21}$tʰien$^{35}$na$^{0}$tsʰiəu$^{53}$tau$^{53}_{44}$xɔk$^{5}$tʰɔŋ$^{13}_{21}$li$^{0}$çi$^{53}$?sin$^{35}$cʰi$^{13}_{21}$iet$^{3}$ʂɔŋ$^{35}$xɔk$^{5}$ko$^{0}$, ɲi$^{13}$ke$^{0}$sin$^{35}$cʰi$^{13}_{21}$tʰien$^{35}$tsʰiəu$^{53}$tau$^{53}$xɔk$^{5}$tʰɔŋ$^{13}_{21}$li$^{0}$çi$^{53}_{44}$?"ci$^{13}_{21}$ua$^{53}_{44}$:"ŋai$^{13}_{21}$tien$^{0}$ɔi$^{53}$çi$^{53}_{44}$io$^{0}$,n̩$^{13}$çi$^{53}$io$^{0}$,kai$^{53}_{44}$xɔk$^{5}$saŋ$^{35}_{44}$tsɿ$^{0}$lɔi$^{13}_{21}$li$^{0}$uɔi$^{53}_{44}$ta$^{21}$cia$^{53}$,ku$^{35}_{44}$tau$^{21}_{44}$xɔk$^{5}$tʰɔŋ$^{13}_{21}$li$^{0}$ɔi$^{53}_{21}$ta$^{21}$cia$^{53}$.""ei$_{53}$,"ŋai$^{13}$ua$^{53}$,"cin$^{35}_{44}$pu$^{35}_{44}$sin$^{35}_{44}$cʰi$^{13}_{21}$tʰien$^{35}$na$^{0}$,ci$^{13}$xɔk$^{5}$saŋ$^{35}$tsɿ$^{0}$çi$^{53}$uk$^{3}$xa$^{53}$ko$^{0}$.""xo$_{53}$,"ci$^{13}$ua$^{53}$,"iəu$^{35}$tei$^{35}_{53}$cia$^{35}_{44}$tʂɔŋ$^{21}$ŋo$^{0}$,sin$^{35}$cʰi$^{13}_{21}$tʰien$^{35}$tsʰiəu$^{53}_{44}$pən$^{35}_{44}$tʂak$^{3}$lai$^{53}$tsɿ$^{0}$,pən$^{35}$tʂak$^{3}$sei$^{53}$ɲin$^{13}_{21}$tsɿ$^{0}$xɔk$^{5}$saŋ$^{35}$tsɿ$^{0}$tsiəu$^{53}_{44}$səŋ$^{53}$ŋa$^{53}_{44}$xɔk$^{5}$tʰɔŋ$^{13}_{21}$li$^{0}$lɔi$^{13}_{21}$."ŋai$^{13}$ua$^{53}$:"kai$^{53}_{44}$kau$^{21}$mak$^{3}$kei$^{53}$?""çi$^{53}$uk$^{3}$xa$^{53}$ʂʅ$^{53}_{44}$tso$^{53}$sɿ$^{53}$n̩$^{13}_{21}$ʂaŋ$^{13}_{21}$ŋa$^{0}$,tʰai$^{53}$ɲin$^{13}_{21}$tso$^{53}$sɿ$^{53}$n̩$^{13}_{21}$ʂaŋ$^{13}_{21}$,ɔi$^{53}$tʂau$^{35}$fu$^{35}_{44}$ci$^{13}_{21}$ia$^{0}$.səŋ$^{53}$ŋa$^{53}_{44}$xɔk$^{5}$tʰɔŋ$^{13}_{44}$li$^{0}$ʂʅ$^{53}_{44}$pən$^{35}_{44}$tʂak$^{3}$lau$^{21}$sɿ$^{35}$çi$^{53}$tʂau$^{35}$fu$^{35}_{44}$a$^{0}$."ŋai$^{13}$ua$^{53}$kai$^{53}$ke$^{53}$tsʰiəu$^{53}$xei$^{53}$ʂan$^{21}$tsɿ$^{21}$kei$^{21}$ma$^{13}$iɔŋ$^{53}$ŋa$^{0}$.n̩$_{21}$,i$^{13}_{21}$xa$^{53}_{44}$lɔk$^{5}$mi$^{35}_{44}$ciau$^{53}$iəuk$^{3}$tʂət$^{3}$sien$^{35}$pu$^{53}$,xɔk$^{5}$saŋ$^{35}_{44}$tsɿ$^{0}$,ŋai$^{13}$tien$^{0}$i$^{21}$iaŋ$^{53}_{44}$ke$^{0}$xɔk$^{5}$saŋ$^{35}_{44}$tsɿ$^{0}$a$^{0}$sin$^{35}$cʰi$^{13}_{21}$tʰien$^{35}$pət$^{21}$tʂən$^{21}$tʂuɔn$^{21}$xɔk$^{5}$tʰɔŋ$^{13}_{44}$li$^{0}$,pət$^{3}$tʂən$^{21}$tau$^{53}$xɔk$^{5}_{3}$tʰɔŋ$^{13}_{21}$li$^{0}$çi$^{53}$.iəu$^{35}$tei$^{35}_{53}$sin$^{35}$cʰi$^{13}_{21}$tʰien$^{35}$tau$^{53}$xɔk$^{5}$tʰɔŋ$^{13}_{44}$li$^{0}$ʂət$^{5}$ia$^{53}$fan$^{53}_{44}$,iəu$^{35}$tei$^{35}_{53}$xɔk$^{5}$saŋ$^{35}$ɲiɔŋ$^{53}_{44}$mən$^{13}_{44}$tsɿ$^{0}$a$^{0}$?ʂət$^{5}$xek$^{3}$tʂəu$^{53}$fan$^{53}_{44}$tsʰiəu$^{53}_{44}$tau$^{53}$tsʰiəu$^{53}_{44}$çi$^{53}$li$^{0}$,ku$^{35}$tau$^{21}$kai$^{35}_{44}$xɔŋ$^{53}_{44}$lɔi$^{13}_{21}$liau$^{53}$,ku$^{35}$(x)a$^{53}_{21}$kai$^{35}_{44}$xɔŋ$^{53}_{44}$lɔi$^{13}_{21}$ta$^{21}$tin$^{35}_{44}$tin$^{35}$,xɔk$^{5}$tʰɔŋ$^{13}_{21}$li$^{0}$kɔn$^{21}$n̩$^{13}$tau$^{21}$,uk$^{3}$xa$^{53}_{44}$ia$^{35}_{44}$kɔn$^{21}$n̩$^{13}$tau$^{21}$,tsʰiəu$^{53}_{44}$tʂʰət$^{3}$sɿ$^{53}$a$^{0}$,m̩$^{13}$pʰe$^{53}_{44}$tsʰiəu$^{53}_{44}$ʂɔŋ$^{35}$uɔŋ$^{13}_{21}$a$^{0}$,m̩$^{13}$pʰe$^{53}_{44}$tsiəu$^{53}_{44}$çi$^{53}_{44}$se$^{21}$laŋ$^{35}$ʂei$^{21}$ʂən$^{35}$kai$^{35}_{44}$tei$^{35}_{44}$la$^{0}$,uɔi$^{53}_{44}$tʂʰət$^{3}$sɿ$^{53}$a$^{0}$.xau$^{21}$, ɲi$^{13}$ua$^{53}$lɔi$^{13}$ʂət$^{5}$tʂəu$^{53}$fan$^{53}$,ci$^{13}$tien$^{0}$tsʰiəu$^{53}$tsau$^{21}$ʂən$^{13}_{44}$ʂət$^{5}$xek$^{3}$tsau$^{21}$fan$^{53}$tsʰiəu$^{53}$lɔi$^{13}_{21}$li$^{0}$,kau$^{21}$ɲi$^{13}$iet$^{3}$tʂəu$^{53}$pien$^{35}$,xei$^{53}_{44}$ma$^{0}$?ɲi$^{13}$ua$^{53}$lɔi$^{13}_{21}$ʂət$^{5}$ia$^{53}$fan$^{53}$,ci$^{13}_{21}$tsʰiəu$^{53}_{44}$ʂət$^{5}$xek$^{3}$tʂəu$^{53}$

fan$^{53}_{44}$tsʰiəu$^{53}_{44}$ləi$^{13}_{21}$li$^{0}$,m̩$^{13}_{21}$pʰe$^{53}_{44}$ʂən$^{53}$tʂʅ$^{53}$iet$^{3}$ tʰien$^{35}$təu$^{35}_{44}$ku$^{35}$tau$^{21}$kai$^{53}_{44}$xɔŋ$^{53}_{21}$liau$^{53}$.i$^{21}$xa$^{53}_{44}$tsʰiəu$^{53}$piet$^{3}$ si$^{53}_{53}$sin$^{35}$cʰi$^{13}_{21}$ iet$^{3}$ cie$^{53}$tsau$^{21}$ʂən$^{13}$səŋ$^{53}$tau$^{21}$çi$^{53}$,kan$^{21}_{13}$cie$^{53}$.ʂan$^{21}$tʂʅ$^{21}$kei$^{21}$ma$^{13}$,kai$^{53}_{21}$iəu$^{35}$tei$^{53}_{53}$cia$^{35}_{44}$tʂɔŋ$^{21}$tsʰiəu$^{53}$xei$^{53}_{44}$ʂan$^{21}$tʂʅ$^{21}$ kei$^{21}$ma$^{13}$,tʂʅ$^{21}$siɔŋ$^{21}$pən$^{35}_{44}$tʂak$^{3}$ sei$^{53}$ɲin$^{13}_{21}$tsʅ$^{0}$ səŋ$^{53}$ŋa$^{53}_{44}$xɔk$^{5}$ tʰɔŋ$^{13}_{21}$li$^{0}$ çi$^{53}$,tsʰʅ$^{35}$ka$^{35}_{44}$tsiəu$^{53}_{21}$tsʰʅ$^{35}$ka$^{35}_{53}$xau$^{21}$lɔk$^{5}$ sin$^{35}_{44}$ tso$^{53}$sʅ$^{53}$.ŋai$^{13}$ua$^{53}$i$^{21}_{13}$ke$^{53}_{44}$tsʰiəu$^{53}$xei$^{53}$ʂan$^{21}$tʂʅ$^{21}$kei$^{21}$ma$^{13}_{21}$.

【陕壁子】ʂan$^{21}$piak$^{3}$ tsʅ$^{0}$ 名峡谷的两侧。也简称“陕壁”：渠箇个以只～上嘞渠就系唔几高，渠就系唔几高～上。系，系，两边壁上就安做陕壁上，不一定是蛮陡，也不一定爱几高，渠唔爱咁高。硬呢系咁高个栏场渠就喊陕壁上啊，就硬话左边右边了。ci$^{13}$kai$^{53}_{44}$ke$^{53}_{44}$i$^{21}$tʂak$^{3}$ ʂan$^{21}$ piak$^{3}$ tsʅ$^{0}$ xɔŋ$^{53}$lei$^{0}$ ci$^{13}_{44}$tsiəu$^{53}_{44}$xei$^{53}$n̩$^{13}$ci$^{21}$kau$^{35}$,ci$^{13}_{44}$tsiəu$^{53}_{44}$xei$^{53}$n̩$^{13}$ci$^{21}$kau$^{35}$ʂan$^{21}$piak$^{3}$ tsʅ$^{0}$ xɔŋ$^{53}_{44}$.xei$^{53}_{21}$,xei$^{53}_{21}$,iɔŋ$^{21}$ pien$^{35}$piak$^{3}$ xɔŋ$^{53}_{44}$tsʰiəu$^{53}_{44}$ɔn$^{35}_{44}$tso$^{53}_{44}$ʂan$^{21}$piak$^{3}$ xɔŋ$^{53}_{44}$,pət$^{3}$ iet$^{3}$ tʰin$^{53}$sʅ$^{53}_{44}$man$^{13}_{44}$tei$^{21}$,ia$^{35}$pət$^{3}$ iet$^{3}$ tʰin$^{53}_{44}$ɔi$^{53}$ci$^{21}$kau$^{35}$,ci$^{13}_{21}$ n̩$^{13}_{21}$mɔi$^{53}_{44}$kan$^{21}$kau$^{35}$. ɲin$^{53}$nei$^{0}$ xei$^{53}$kan$^{21}$kau$^{35}$ke$^{53}$laŋ$^{13}_{21}$tʂʰɔŋ$^{13}_{44}$ci$^{13}_{21}$tsʰiəu$^{53}$xan$^{53}$ʂan$^{21}$piak$^{3}$ xɔŋ$^{53}$ŋa$^{0}$,tsʰiəu$^{53}_{44}$ɲiaŋ$^{53}$ ua$^{53}_{44}$tso$^{21}$pien$^{35}$iəu$^{53}$pien$^{35}$niau$^{0}$.

【扇$_{1}$】ʂen$^{53}$ 名扇子，摇动生风的用具：你系总咁子搧～嘞，搞滴明火去总咁子烧嘞，就会成灰，就会化咁。ɲi$^{13}$xe$^{53}$tsəŋ$^{21}$kan$^{21}_{44}$tsʅ$^{0}$ ʂen$^{35}$ʂen$^{53}$ne$^{0}$,kau$^{21}$tet$^{5}$ min$^{13}$fo$^{21}$çi$^{53}$tsəŋ$^{21}$kan$^{21}$tsʅ$^{0}$ çi$^{53}_{44}$ʂau$^{35}_{44}$ lei$^{0}$,tsʰiəu$^{53}$uɔi$^{53}_{44}$ʂaŋ$^{13}_{21}$fɔi$^{35}$,tsʰiəu$^{53}_{44}$uɔi$^{53}_{44}$fa$^{53}$kan$^{21}$.

【扇$_{2}$】ʂen$^{53}$ 量①用于墙，相当于“面”：只有以～墙，揫以边以～墙，就系承受哩压力。tʂʅ$^{21}$iəu$^{35}_{44}$i$^{21}$ʂen$^{53}$tsʰiɔŋ$^{13}$,lau$^{35}$i$^{21}$pien$^{35}_{44}$i$^{21}$ʂen$^{53}$tsʰiɔŋ$^{13}_{21}$,tsʰiəu$^{53}_{44}$xei$^{53}_{44}$tʂʰən$^{13}$ʂəu$^{53}$li$^{0}$ iak$^{3}$ liet$^{5}$. ②用于靠墙放置的东西：我老弟子是渠等是还渠一只唔系话有只九十六岁个婆婆，系唔系？渠是还嘞留正几～柴哟。斫正柴呀，劈柴呀。死呀下来就爱做办丧事啊，办丧事爱煮饭食爱烧柴呀，箇渠是硬欸箇十多年了喔，以前箇婆婆子留正个啊，渠自家留正个啊防老个柴呀。ŋai$^{13}$lau$^{21}$tʰe$^{53}$tsʅ$^{21}_{44}$sʅ$^{53}_{44}$ ci$^{13}$tien$^{0}$ sʅ$^{53}_{44}$xai$^{13}_{44}$ci$^{13}_{21}$iet$^{3}$ tʂak$^{3}$ m̩$^{13}$pʰei$^{53}_{44}$ua$^{53}_{44}$iəu$^{35}$tʂak$^{3}$ ciəu$^{21}$ʂət$^{5}$ liəuk$^{3}$ sɔi$^{53}$ke$^{0}$ pʰo$^{13}$pʰo$^{13}_{21}$,xei$^{53}_{44}$me$^{53}_{44}$?ci$^{13}$sʅ$^{53}_{44}$xai$^{13}_{44}$ lei$^{0}$ liəu$^{13}$tʂaŋ$^{53}$ci$^{21}$ʂen$^{53}$tsʰai$^{13}$iau$^{0}$ .tʂɔk$^{3}$ tʂaŋ$^{53}$tsʰai$^{13}$ia$^{0}$,pʰiak$^{3}$ tsʰai$^{13}$ia$^{0}$ .si$^{21}$ia$^{0}$ xa$^{53}_{44}$lɔi$^{13}_{44}$tsʰiəu$^{53}_{44}$ɔi$^{53}_{44}$tso$^{53}$pʰan$^{53}$ səŋ$^{35}$sʅ$^{53}_{44}$a$^{0}$,pʰan$^{53}$səŋ$^{35}$sʅ$^{53}_{44}$ɔi$^{53}$tʂəu$^{21}$fan$^{53}$ʂət$^{5}$ ɔi$^{53}$ʂau$^{35}_{44}$tsʰai$^{13}$ia$^{0}$,kai$^{53}$ci$^{13}$sʅ$^{53}_{44}$ɲiaŋ$^{53}_{44}$e$^{44}$kai$^{53}_{44}$ʂət$^{5}$ to$^{35}$ɲien$^{13}$liau$^{21}$ uo$^{0}$,i$^{35}_{44}$tsʰien$^{13}_{21}$kai$^{53}_{44}$pʰo$^{13}$pʰo$^{13}_{21}$tsʅ$^{0}$ liəu$^{13}_{21}$tʂaŋ$^{53}$ke$^{53}$a$^{0}$,ci$^{13}_{21}$tsʰʅ$^{35}$ka$^{35}_{53}$liəu$^{13}_{21}$tʂaŋ$^{53}_{44}$cie$^{53}$a$^{0}$ fɔŋ$^{13}$lau$^{21}$ke$^{53}$tsʰai$^{13}$ia$^{0}$.

【扇扁】ʂan$^{53}$pien$^{21}$ 形状态词。很扁：我袋只饼袋下袋子里，唔记得呃，坐起～个唠。一只饼啊放下裤袋子里坐起～呶。ŋai$^{13}$tʰɔi$^{53}$tʂak$^{3}$ piaŋ$^{21}$tʰɔi$^{53}_{44}$(x)a$^{53}_{44}$tʰɔi$^{53}$tsʅ$^{0}$ li$^{0}$ ,n̩$^{13}$ci$^{53}$tek$^{3}$ ə$_{44}$,tsʰo$^{35}$çi$^{21}$ʂan$^{53}$pien$^{21}$ ke$^{53}$lau$^{0}$ .iet$^{3}$ tʂak$^{3}$ piaŋ$^{21}$ŋa$^{0}$ fɔŋ$^{53}$xa$^{53}$fu$^{53}$tʰɔi$^{53}$tsʅ$^{0}$ li$^{0}$ tsʰo$^{35}$çi$^{21}_{44}$ʂan$^{53}$pien$^{21}$nau$^{0}$.

【扇子】ʂen$^{53}$tsʅ$^{0}$ 名摇动生风的用具：扇风个东西，～就用来扇风个东西。有纸扇子，有蒲扇，欸，还有棕叶扇子。箇晡有只人拿把棕叶扇子坐公交车，一只人问渠：“你箇把～哪映买个？”欸，渠话哪映哪映买个。“几多钱买要？”“三十块。”吔欸，我想下子我也唔想买咁个，棕叶扇子，芥软呢，软搭软搭，也蛮有味道凑箇～。ʂen$^{53}$fəŋ$^{35}$ke$^{53}$təŋ$^{35}_{44}$si$^{0}$ ,ʂen$^{53}$tsʅ$^{0}$ tsiəu$^{53}$iəŋ$^{53}$ ləi$^{13}_{21}$ʂen$^{53}$fəŋ$^{35}$ke$^{53}$təŋ$^{35}_{44}$si$^{0}$ .iəu$^{35}$tʂʅ$^{21}$ʂen$^{53}$tsʅ$^{0}$ ,iəu$^{35}$pʰu$^{13}$ʂen$^{53}$,e$_{21}$,xai$^{13}$iəu$^{35}_{44}$tsəŋ$^{35}$iait$^{5}$ ʂen$^{53}$tsʅ$^{0}$ .kai$^{53}_{44}$pu$^{35}_{53}$iəu$^{35}_{44}$tʂak$^{3}$ ɲin$^{13}_{21}$la$^{53}$pa$^{21}$tsəŋ$^{35}$iait$^{5}$ ʂen$^{53}$tsʅ$^{0}$ tsʰo$^{35}$kəŋ$^{35}_{44}$ciau$^{35}_{44}$tʂʰa$^{35}$,iet$^{3}$ tʂak$^{3}$ ɲin$^{13}$uən$^{35}$ci$^{13}_{44}$:"ɲi$^{13}$kai$^{53}$pa$^{21}$ʂen$^{53}$tsʅ$^{0}$ lai$^{53}$iaŋ$^{53}_{44}$ mai$^{33}_{44}$kei$^{53}$?"e$_{21}$,ci$^{13}_{21}$ua$^{53}_{44}$lai$^{53}$iaŋ$^{53}_{44}$lai$^{53}_{44}$iaŋ$^{53}_{44}$mai$^{35}_{44}$kei$^{53}$."ci$^{13}$(t)o$^{35}$tsʰien$^{13}_{21}$mai$^{35}$iau$^{53}$?""san$^{35}$ʂət$^{5}$ kʰuai$^{53}$."ie$_{53}$e$_{44}$, ŋai$^{13}$siɔŋ$^{21}$xa$^{53}$tsʅ$^{0}$ ŋai$^{13}$ia$^{35}_{53}$n̩$^{13}$siɔŋ$^{21}$mai$^{35}$kan$^{21}$kei$^{53}$,tsəŋ$^{35}$iait$^{5}$ ʂen$^{53}$tsʅ$^{0}$, ɲiet$^{5}$ ɲiɔn$^{35}_{44}$ne$^{0}$, ɲiɔn$^{35}$tait$^{3}$ ɲiɔn$^{35}$ tait$^{3}$,ia$^{35}_{44}$man$^{13}_{21}$iəu$^{35}_{44}$uei$^{53}$tʰau$^{53}_{44}$tsʰe$^{0}$ kai$^{53}$ʂen$^{53}_{44}$tsʅ$^{0}$.

【善】ʂen$^{53}$ 形好：打比肚子痛，欸，冇咁痛了就更～哩。ta$^{21}$pi$^{21}_{44}$təu$^{21}$tsʅ$^{0}$ tʰəŋ$^{53}$,e$_{21}$,mau$^{13}$kan$^{21}$tʰəŋ$^{53}$ liau$^{0}$ tsʰiəu$^{53}_{44}$cien$^{53}$ʂen$^{53}$ni$^{0}$.丨嗯，昨晡肚子痛，呃，食几只丸子就更～哩。或者食滴子药，欸打只唧筒，就更～哩。n̩$_{44}$,tsʰo$^{35}$pu$^{35}_{53}$təu$^{21}$tsʅ$^{0}$ tʰəŋ$^{53}$,ə$_{44}$,ʂət$^{5}$ ci$^{21}$tʂak$^{3}$ ien$^{13}$tsʅ$^{0}$ tsʰiəu$^{53}$cien$^{53}$ʂen$^{53}$ni$^{0}$ .xɔit$^{5}_{3}$ tʂa$^{21}$ ʂət$^{5}$ tiet$^{5}$ tsʅ$^{0}$ iɔk$^{5}$ ,e$^{0}$ ta$^{21}$tʂak$^{3}$ tsɔit$^{5}$ tʰəŋ$^{13}$,tsʰiəu$^{53}_{44}$ken$^{53}_{44}$ʂen$^{53}$ni$^{0}$.

【善良】ʂen$^{53}$liɔŋ$^{13}$ 形心地好：箇阵子我有只姑姑，一只姑姑就卖下升平箇映子，硬就系咁苦子，长日都冇饭食啰。长日都冇饭食，就系咁苦子。渠老公做唔得，尽病。以下一只赖子一只妹子，我姑姑来哩我等屋下是硬，箇是我姨子箇人是真系～啦，尽管自家都冇饭食，哪到来都番薯丝都捱一大饽分渠，欸，分我姑姑，捱一袋呀，捱一袋分我姑姑啦。箇我姨子就真系蛮～个人呐。自家都冇得啦，自家都冇得。我等是姊妹多吵，五六姊妹，渠吵只有两只……一只赖子，一只妹子，渠只有四个人食茶饭。kai$^{53}$tʂʰən$^{53}$tsʅ$^{0}$ ŋai$^{13}$iəu$^{35}_{44}$tʂak$^{3}$ ku$^{35}$ku$^{35}_{44}$,iet$^{3}$ tʂak$^{3}$ ku$^{35}$ku$^{35}_{44}$tsʰiəu$^{53}_{44}$mai$^{53}$ia$^{53}_{44}$ʂən$^{35}$pʰin$^{13}$kai$^{53}$iaŋ$^{53}$tsʅ$^{0}$, ɲiaŋ$^{53}_{44}$tsʰiəu$^{53}$xe$^{53}_{44}$kan$^{21}$kʰu$^{21}$tsʅ$^{0}$ ,tʂʰɔŋ$^{13}$ɲiet$^{3}$ təu$^{35}_{53}$mau$^{13}_{21}$ fan$^{53}$ʂət$^{5}$ lo$^{0}$ .tʂʰɔŋ$^{13}$ɲiet$^{3}$ təu$^{35}_{53}$mau$^{13}_{21}$fan$^{53}$ʂət$^{5}$ ,tsʰiəu$^{53}$xe$^{53}_{44}$kan$^{21}$kʰu$^{21}$tsʅ$^{0}$ .ci$^{13}$lau$^{21}$kəŋ$^{35}_{44}$tso$^{53}$n̩$^{13}_{21}$tek$^{3}$ ,tsʰin$^{53}$pʰiaŋ$^{53}$. i$^{21}$xa$^{53}_{44}$iet$^{3}$ tʂak$^{3}$ lai$^{53}$tsʅ$^{0}$ iet$^{3}$ tʂak$^{3}$ mɔi$^{53}$tsʅ$^{0}$ ,ŋai$^{13}_{44}$ku$^{35}$ku$^{35}_{44}$lɔi$^{13}_{21}$li$^{0}$ ŋai$^{13}_{21}$tien$^{0}$ uk$^{3}$ xa$^{53}_{44}$sʅ$^{53}_{44}$ɲiaŋ$^{53}$,kai$^{53}$sʅ$^{53}_{44}$ŋai$^{13}_{21}$ɔi$^{35}$tsʅ$^{0}$

kai$^{53}$ɲin$^{13}_{44}$ʂʅ$^{53}_{44}$tʂən$^{35}$xe$^{53}_{44}$ʂen$^{53}$liɔŋ$^{13}_{21}$la$^{0}$,tsʰin$^{53}$kɔn$^{21}$tsʰʅ$^{35}$ka$^{35}_{44}$tɔu$^{35}_{44}$mau$^{13}_{21}$fan$^{53}$ʂət$^{5}$,lai$^{53}$tau$^{53}$lɔi$^{13}$tɔu$^{35}_{53}$fan$^{35}$ʂəu$^{13}_{21}$sʅ$^{35}$ tɔu$^{35}_{53}$ia$^{21}$iet$^{3}$tʰai$^{53}$pʰɔk$^{5}$pən$^{35}$ci$^{13}_{44}$,e$_{21}$,pən$^{35}$ŋai$^{13}_{44}$ku$^{35}_{44}$ku$^{35}_{44}$,ia$^{21}$iet$^{3}$tʰɔi$^{53}$ia$^{0}$,ia$^{21}$iet$^{3}$tʰɔi$^{53}$pən$^{35}$ŋai$^{13}_{44}$ku$^{35}_{44}$ku$^{35}_{44}$la$^{0}$.kai$^{53}$ ŋai$^{13}_{21}$ɔi$^{35}$tsʅ$^{0}$tsʰiəu$^{53}_{44}$tʂən$^{35}$xe$^{53}_{44}$man$^{13}$ʂen$^{53}$liɔŋ$^{13}$ke$^{0}$ɲin$^{13}$na$^{0}$.tsʰʅ$^{35}$ka$^{35}_{44}$tɔu$^{35}_{53}$mau$^{13}_{21}$tek$^{3}$la$^{0}$,tsʰʅ$^{35}$ka$^{35}_{44}$tɔu$^{35}_{53}$mau$^{13}_{21}$tek$^{3}$. ŋai$^{13}$tien$^{0}$ʂʅ$^{53}_{44}$tsi$^{21}$mɔi$^{53}$to$^{35}$ʂa$^{0}$,ŋ̍$^{21}$liəuk$^{3}$tsi$^{21}$mɔi$^{53}$,ci$^{13}$ʂa$^{0}$tʂʅ$^{21}$iəu$^{35}_{53}$iɔŋ$^{21}$tʂak$^{3}$…iet$^{3}$tʂak$^{3}$lai$^{53}$tsʅ$^{0}$,iet$^{3}$tʂak$^{3}$mɔi$^{53}$ tsʅ$^{0}$,ci$^{13}_{21}$tʂʅ$^{21}$iəu$^{35}_{44}$si$^{53}$ke$^{53}_{44}$ɲin$^{13}$ʂət$^{5}$tsʰa$^{13}_{21}$fan$^{53}$.

【蟺公】çien$^{21}$kəŋ$^{35}$ 名蚯蚓：龠滴～，捶烂来吧？u$^{21}$tiet$^{5}$çien$^{21}$kəŋ$^{35}_{44}$,tʂʰei$^{13}_{21}$lan$^{53}_{44}$lɔi$^{13}_{21}$pa$^{0}$?◇《广韵》常演切：“蜑蟺，蚯蚓。”

【伤】ʂɔŋ$^{35}$ 名创伤；人体等受到的损害：我等浏阳社港真出名嘞，社港整～就真出名嘞。硬唔知几远子都去嘞，福建箇个栏场都去话嘞，到社港，到浏阳社港。箇晡只人骑摩托车，慢慢子骑嘞，渠骑嘿几十年个摩托车，一只妹子人，五十岁子。欸，渠江西人，箇晡渠等去下讲江西人。好，就一转呐下来，摩托车转呐下来，限倒只手，好啦，箇手就痛得硬啦，系唔系？渠是万载人吵，第二晡就拖下万载。头晡夜晡痛尽哩命，第二晡就拖下万载，万载个中医院同渠搞，包得熨事八帖。用嘿六百多块钱嗯箇晡。龠滴纸壳箇只欸龠滴杉壳箇只扎稳。归去是唔得了哩，系唔系啊？洗身都唔好洗。搞下箇七八天，又去转单子。又到万载去，又搞嘿四百多块。欸照片箇都搞你一天。归来还不行。别人家都话收拾哩，你总共搞咁十多天了，还系咁个样子，系唔系？箇你爱到社港去。对渠江西人来讲是社港也好像真远样。其实我张家坊以映子上高速是一个小时都唔爱就到哩社港。总共搞嘿一十四天呐一十五天正去社港。箇手是还系咁个。走啊社港啊，几只医师同渠两下一捻，照只片凑，十分攘，上昼照个片，下昼正同渠动手术。三只医师话捉正来几下一捻，拍下子，欸，搞做上兜子药子，渠话你过几天子来，过两三天子来。渠归去一夜睡哩，第二晡就痛得哩话。硬……一夜睡哩就痛得哩。你等人南京箇边都如果系有滴～箇兜个都可以到咁来，确实系蛮厉害。社港个箇个渠硬成哩一只产业啦。整个社港镇个人都食倒箇碗饭。渠话以下我是再我都唔得跕倒本地方整了。硬输哩命筋。ŋai$^{13}$tien$^{0}$liəu$^{13}$iɔŋ$^{13}_{44}$ʂa$^{53}$kɔŋ$^{21}$tʂən$^{35}$tʂʰət$^{3}$miaŋ$^{13}$le$^{0}$,ʂa$^{53}$kɔŋ$^{21}$tʂaŋ$^{21}$ʂɔŋ$^{35}$tsʰiəu$^{53}_{44}$tʂən$^{35}_{44}$ tʂʰət$^{3}$miaŋ$^{13}$le$^{0}$. ɲiaŋ$^{13}$n̩$^{13}$ti$^{35}_{53}$ci$^{21}$ien$^{21}$tsʅ$^{0}$tɔu$^{35}_{44}$çi$^{35}$le$^{0}$,fuk$^{3}$cien$^{53}$kai$^{53}_{44}$(k)e$^{53}$laŋ$^{13}_{21}$tʂʰɔŋ$^{13}_{44}$tɔu$^{35}_{44}$çi$^{53}$ua$^{53}$le$^{0}$,tau$^{53}_{44}$ʂa$^{53}$ kɔŋ$^{21}$,tau$^{53}$liəu$^{13}$iɔŋ$^{13}_{44}$ʂa$^{53}$kɔŋ$^{21}$.kai$^{53}_{44}$pu$^{35}_{53}$tʂak$^{3}$ɲin$^{13}_{21}$cʰi$^{13}_{21}$mo$^{13}$tʰɔk$^{3}$tʂʰa$^{35}$,man$^{53}$man$^{53}$tsʅ$^{0}$cʰi$^{13}_{21}$lei$^{0}$,ci$^{13}$cʰi$^{13}$xek$^{3}$ci$^{21}$ ʂʅt$^{5}$ɲien$^{13}$ke$^{0}$mo$^{13}$tʰɔk$^{3}$tʂʰa$^{35}$,iet$^{3}$tʂak$^{3}$mɔi$^{53}$tsʅ$^{0}$ɲin$^{13}_{21}$,ŋ̍$^{21}$ʂʅt$^{5}$sɔi$^{53}$tsʅ$^{0}$.e$_{21}$,ci$^{13}_{21}$kɔŋ$^{35}$si$^{35}_{44}$ɲin$^{13}_{21}$,kai$^{53}_{44}$pu$^{35}$ci$^{13}_{21}$tien$^{0}$çi$^{53}$ xa$^{53}$kɔŋ$^{21}$kɔŋ$^{35}$si$^{35}_{44}$ɲin$^{13}_{21}$.xau$^{21}$,tsʰiəu$^{53}$iet$^{3}$tʂuɔn$^{53}$na$^{0}$xa$^{53}_{44}$lɔi$^{13}_{21}$,mo$^{13}_{21}$tʰɔk$^{3}$tʂʰa$^{35}$tʂuɔn$^{53}$na$^{53}_{44}$xa$^{53}_{44}$lɔi$^{13}_{21}$,kʰan$^{21}$tau$^{21}$ tʂak$^{3}$ʂəu$^{21}$,xau$^{21}$la$^{0}$,kai$^{53}_{44}$ʂəu$^{21}$tsʰiəu$^{53}_{44}$tʰəŋ$^{53}$tek$^{3}$ɲiaŋ$^{53}$la$^{0}$,xei$^{53}$me$^{53}$?ci$^{13}_{21}$ʂʅ$^{53}_{44}$uan$^{53}$tsai$^{21}$ɲin$^{13}$ʂa$^{0}$,tʰi$^{53}$ɲi$^{53}$pu$^{35}_{44}$ tsʰiəu$^{53}$tʰo$^{35}$xa$^{53}_{44}$uan$^{53}$tsai$^{21}$.tʰei$^{13}_{21}$pu$^{35}_{44}$ia$^{35}_{44}$pu$^{35}_{44}$tʰəŋ$^{53}$tsʰin$^{53}_{44}$li$^{0}$miaŋ$^{53}$,tʰi$^{53}$ɲi$^{53}$pu$^{35}_{44}$tsʰiəu$^{53}_{44}$tʰo$^{35}$xa$^{53}_{44}$uan$^{53}$tsai$^{21}$,uan$^{53}$ tsai$^{21}$ke$^{0}$tʂəŋ$^{35}_{44}$i$^{35}_{44}$vien$^{53}$tʰəŋ$^{13}$ci$^{13}_{44}$kau$^{21}$,pau$^{35}$tek$^{3}$iet$^{3}$sʅ$^{53}$pait$^{3}$tʰiait$^{3}$.iəŋ$^{53}$xek$^{3}$liəuk$^{3}$pak$^{3}$to$^{35}_{44}$kʰuai$^{53}$tsʰien$^{13}_{44}$n̩$_{21}$ kai$^{53}_{44}$pu$^{35}_{53}$.u$^{21}$tiet$^{5}$tʂʅ$^{21}$kʰɔk$^{3}$kai$^{53}_{44}$tʂak$^{3}$e$_{44}$u$^{21}$tiet$^{5}$sa$^{35}$kʰɔk$^{3}$kai$^{53}_{44}$tʂak$^{3}$tsait$^{3}$uən$^{21}$.kuei$^{35}$cʰi$^{53}_{44}$ʂʅ$^{53}_{44}$n̩$^{13}$tek$^{3}$liau$^{21}$ li$^{0}$,(x)ei$^{53}_{44}$mei$^{53}$a$^{0}$?se$^{21}$ʂən$^{35}$tɔu$^{35}_{53}$m̩$^{13}_{21}$xau$^{21}$se$^{21}$.kau$^{21}$ua$^{53}_{44}$kai$^{53}$tsʰiet$^{3}$pait$^{3}$tʰien$^{35}$,iəu$^{53}$çi$^{53}$tʂuɔn$^{21}$tan$^{35}$tsʅ$^{0}$.iəu$^{53}$ tau$^{53}$uan$^{53}$tsai$^{21}$çi$^{53}$,iəu$^{53}$kau$^{21}$uek$^{3}$si$^{53}$pak$^{3}$to$^{35}_{44}$kʰuai$^{53}$.e$_{44}$tʂau$^{53}$pʰien$^{53}$kai$^{53}_{44}$tɔu$^{35}_{44}$kau$^{21}$ɲi$^{13}_{44}$iet$^{3}$tʰien$^{35}_{53}$.kuei$^{35}$lɔi$^{13}$ xai$^{13}$pət$^{3}$çin$^{13}$.pʰiet$^{5}_{3}$in$^{13}_{44}$ka$^{35}_{44}$tɔu$^{35}_{44}$ua$^{53}_{44}$ʂəu$^{35}$ʂət$^{5}$li$^{0}$, ɲi$^{13}$tsəŋ$^{21}$kʰəŋ$^{53}$kau$^{21}$kan$^{21}_{44}$ʂʅt$^{5}$to$^{35}_{53}$tʰien$^{35}$niau$^{0}$,xai$^{13}$xe$^{53}_{44}$kan$^{21}$ ke$^{0}$iɔŋ$^{53}$tsʅ$^{0}$,xei$^{53}_{44}$me$^{53}_{44}$?kai$^{53}$ɲi$^{13}_{21}$ɔi$^{53}_{44}$tau$^{53}_{44}$ʂa$^{53}$kɔŋ$^{21}$çi$^{53}_{44}$.tei$^{53}$ci$^{13}_{21}$kɔŋ$^{35}$si$^{35}_{53}$ɲin$^{13}_{21}$lɔi$^{13}_{44}$kɔŋ$^{21}$ʂʅ$^{53}_{44}$ʂa$^{53}$kɔŋ$^{21}$ia$^{35}_{53}$xau$^{21}$siɔŋ$^{53}_{44}$ tʂən$^{35}$ien$^{21}$iɔŋ$^{53}$.cʰi$^{13}$ʂʅt$^{5}$ŋai$^{13}_{44}$tʂɔŋ$^{35}_{44}$ka$^{35}_{44}$fɔŋ$^{35}$i$^{21}$iaŋ$^{35}$tsʅ$^{0}$ʂɔŋ$^{35}$kau$^{35}$səuk$^{3}$ʂʅ$^{53}_{44}$iet$^{3}$ke$^{53}$siau$^{21}$ʂʅ$^{13}$tɔu$^{35}_{44}$m̩$^{13}_{21}$mɔi$^{53}$tsʰiəu$^{53}$ tau$^{53}$li$^{0}$ʂa$^{53}$kɔŋ$^{21}$.tsəŋ$^{21}$kʰəŋ$^{53}$kau$^{21}$xek$^{3}$iet$^{3}$ʂət$^{5}$si$^{53}$tʰien$^{35}_{44}$na$^{0}$iet$^{3}$ʂət$^{5}$ŋ̍$^{21}$tʰien$^{35}$tʂaŋ$^{53}$çi$^{53}$ʂa$^{53}$kɔŋ$^{21}$.kai$^{53}$ʂəu$^{21}$ʂʅ$^{53}$ xai$^{13}$(x)e$^{53}$kan$^{21}$cie$^{53}$.tsei$^{21}$a$^{0}$ʂa$^{53}$kɔŋ$^{21}$ŋa$^{0}$,ci$^{21}$tʂak$^{3}$i$^{35}_{44}$sʅ$^{35}_{44}$tʰəŋ$^{13}_{21}$ci$^{13}_{21}$iɔŋ$^{21}$xa$^{53}$(i)et$^{3}$ɲien$^{21}$,tʂau$^{53}$tʂak$^{3}$pʰien$^{53}$tsʰe$^{0}$, ʂət$^{5}$fən$^{35}_{44}$iɔŋ$^{53}$,ʂɔŋ$^{53}$tʂəu$^{53}_{44}$tʂau$^{53}$ke$^{0}$pʰien$^{53}$,xa$^{35}$tʂəu$^{53}_{44}$tʂaŋ$^{53}$tʰəŋ$^{13}_{21}$ci$^{13}_{21}$tʰəŋ$^{53}$ʂəu$^{21}$ʂət$^{5}$.san$^{35}$tʂak$^{3}$i$^{35}_{44}$sʅ$^{35}_{44}$ua$^{35}_{21}$tsɔk$^{3}$ tʂaŋ$^{53}$lɔi$^{13}_{21}$ci$^{21}$xa$^{53}$iet$^{3}$ɲien$^{21}$,pʰak$^{3}$(x)a$^{53}$tsʅ$^{0}$,e$_{44}$,kau$^{21}$tso$^{53}_{44}$ʂɔŋ$^{35}$tɔu$^{35}_{53}$tsʅ$^{0}$iɔk$^{5}$tsʅ$^{0}$,ci$^{13}_{44}$(u)a$^{53}_{44}$ɲi$^{13}$ko$^{53}$ci$^{21}$tʰien$^{35}$tsʅ$^{0}$ lɔi$^{13}_{21}$,ko$^{53}$iɔŋ$^{21}$san$^{35}_{44}$tʰien$^{35}_{44}$tsʅ$^{0}$lɔi$^{13}_{21}$.ci$^{13}_{21}$kuei$^{35}$çi$^{53}$iet$^{3}$ia$^{53}$ʂɔi$^{53}$li$^{0}$,tʰi$^{53}_{44}$ɲi$^{53}_{44}$pu$^{35}_{44}$tsʰiəu$^{53}_{44}$tʰəŋ$^{53}_{44}$tek$^{3}$li$^{0}$ua$^{53}_{21}$. ɲiaŋ$^{53}$…iet$^{3}$ ia$^{53}$ʂɔi$^{53}$li$^{0}$tsʰiəu$^{53}_{44}$tʰəŋ$^{53}_{44}$tek$^{3}$le$^{0}$. ɲi$^{13}$tien$^{0}$in$^{13}_{21}$lan$^{13}$cin$^{35}_{44}$kai$^{53}_{21}$pien$^{35}_{44}$tɔu$^{35}_{44}$ɥ$^{13}$ko$^{21}$xei$^{53}_{44}$iəu$^{35}_{44}$tet$^{3}$ʂɔŋ$^{35}$kai$^{53}_{44}$tɔu$^{35}_{44}$ke$^{0}$ tɔu$^{35}_{44}$kʰo$^{21}$i$^{35}_{44}$tau$^{53}_{44}$kan$^{21}_{44}$lɔi$^{13}_{21}$,kʰɔk$^{3}$ʂət$^{5}$xei$^{53}$man$^{13}$li$^{53}$xɔi$^{53}_{21}$.ʂa$^{53}$kɔŋ$^{21}$kei$^{53}$kai$^{53}_{44}$kei$^{53}_{44}$ci$^{13}_{21}$ɲiaŋ$^{53}$ʂaŋ$^{13}_{44}$li$^{0}$iet$^{3}$tʂak$^{3}$ tsʰan$^{21}$ɲiait$^{5}$la$^{0}$.tʂən$^{21}$ko$^{53}_{44}$ʂa$^{53}$kɔŋ$^{21}$tʂən$^{53}$ke$^{0}$ɲin$^{13}_{21}$tɔu$^{35}$ʂʅt$^{5}$tau$^{21}_{44}$kai$^{53}_{44}$uən$^{21}$fan$^{53}$.ci$^{13}$ua$^{53}$i$^{21}$xa$^{53}$ŋai$^{13}_{21}$ʂʅ$^{0}$tsai$^{53}$ŋai$^{13}_{21}$ tɔu$^{35}$n̩$^{13}$tek$^{3}$ku$^{35}$tau$^{21}_{44}$pən$^{21}$tʰi$^{53}$fɔŋ$^{35}_{44}$tʂaŋ$^{21}$liau$^{0}$. ɲiaŋ$^{35}_{44}$ʂəu$^{35}_{44}$li$^{0}$miaŋ$^{53}$cin$^{35}_{44}$.

【伤风感冒子】ʂɔŋ$^{35}$fəŋ$^{35}$kɔn$^{21}$mau$^{53}$tsʅ$^{0}$ 指感冒之类的小病：龠倒箇（燕蜂子）窠子来，欸，泡水食，是整细人子个嗯箇个么个欸～。u$^{21}$tau$^{21}$kai$^{53}_{44}$kʰo$^{35}$tsʅ$^{0}$lɔi$^{13}_{21}$,e$_{21}$,pʰau$^{53}$ʂei$^{21}$ʂət$^{5}$,ʂʅ$^{53}_{44}$tʂaŋ$^{21}$sei$^{53}$ɲin$^{13}_{21}$ tsʅ$^{0}$ke$^{53}_{44}$n̩$_{21}$kai$^{53}_{44}$ke$^{53}_{44}$mak$^{3}$ke$^{53}_{44}$e$_{21}$ʂɔŋ$^{35}$fəŋ$^{35}$kɔn$^{21}$mau$^{53}$tsʅ$^{0}$.

【伤脑筋】ʂɔŋ$^{35}$lau$^{21}$cin$^{35}$ 形容事情难办，费心思：呃岭顶上倒又还更唔爱紧呢，只爱有条路呢，欸，岭壁上更～。ə$_{21}$,liaŋ$^{35}$taŋ$^{21}$xɔŋ$^{53}$tau$^{53}$iəu$^{53}$xai$^{13}_{21}$cien$^{53}$m̩$^{13}_{21}$mɔi$^{53}$cin$^{21}$nei$^{0}$,tʂʅ$^{21}$ɔi$^{53}_{44}$iəu$^{35}_{53}$tʰiau$^{13}_{21}$ləu$^{53}$nei$^{0}$,e$_{21}$,liaŋ$^{35}$piak$^{3}$xɔŋ$^{53}_{44}$cien$^{53}_{44}$ʂɔŋ$^{35}$lau$^{21}$cin$^{35}_{44}$.

【商号】ʂɔŋ$^{35}$xau$^{53}$ [名]商人在营业上所使用的名称。又称“字号”：呃，浏阳个～唔准用阿拉伯数字，唔准用数字，～个名字咯唔准用数字，么个三幺九酒店，通通唔准。ə$_{21}$,liəu$^{13}$iɔŋ$^{13}_{21}$ke$^{53}$ʂɔŋ$^{35}$xau$^{53}$n̩$^{13}$tʂən$^{21}$iəŋ$^{53}$a$^{35}_{44}$la$^{35}_{44}$pɔit$^{3}$səu$^{53}$tsɿ$^{53}$,n̩$^{13}$tʂən$^{21}$iəŋ$^{53}_{44}$səu$^{53}$tsʰɿ$^{53}_{21}$,ʂɔŋ$^{35}$xau$^{53}_{44}$ke$^{0}$miaŋ$^{13}$tsʰɿ$^{53}$ko$^{0}$n̩$^{13}$tʂən$^{21}$iəŋ$^{53}_{44}$səu$^{53}$tsʰɿ$^{53}_{44}$,mak$^{3}$ke$^{53}_{44}$san$^{35}$iau$^{35}_{44}$ciəu$^{21}$tsiəu$^{21}$tian$^{53}$,tʰəŋ$^{35}_{44}$tʰəŋ$^{35}_{44}$n̩$^{13}_{21}$tʂən$^{21}$.

【商量】ʂɔŋ$^{35}$liɔŋ$^{13}$ [动]商讨；交换意见：嗯，好得有你～下子，我欸也有哪映问。ŋ̍$_{53}$,xau$^{21}$tek$^{3}$iəu$^{35}_{44}$ɲi$^{13}$ʂɔŋ$^{35}$liɔŋ$^{13}$xa$^{53}$tsɿ$^{0}$,ŋai$^{13}$e$_{44}$ia$^{35}_{53}$mau$^{13}$lai$^{53}_{44}$iaŋ$^{53}_{44}$uən$^{53}$.｜箇东西都首先就～正来就箇晡就公布一下。kai$^{53}_{44}$təŋ$^{35}_{44}$si$^{0}$təu$^{35}$ʂəu$^{21}$sien$^{35}$tsʰiəu$^{53}_{44}$ʂɔŋ$^{35}$liɔŋ$^{13}_{21}$tʂaŋ$^{53}$lɔi$^{13}_{21}$tsʰiəu$^{53}_{44}$kai$^{53}$pu$^{35}$tsʰiəu$^{53}_{44}$kəŋ$^{35}$pu$^{53}_{44}$iet$^{3}$xa$^{53}$.

【赏封】ʂɔŋ$^{21}$fəŋ$^{35}_{44}$ [名]用来增加喜庆气氛的小红包。又称“欢喜钱子”：有滴唔安做～，～是就客姓人讲呢就欢喜钱子啊。因为系只好事唦，因为系结婚系只好事，所以哪样都用得欢喜钱子，□～。打比方我个去到女方去接亲，欸，正先讲个，拿只大包封，拿一千块钱或者一万块钱，箇离娘钱，系唔系？拿分渠娭子个，拿分新娘个娭子个，爷娭个，箇个就唔喊～啊。箇个就包封啊。箇个就不是～啊，箇就不是么啊欢喜钱子啊。箇个就硬正正当当个必须爱拿个钱呢。打比要拿五万块钱定金，欸，拿五万块钱聘金，就系礼金呐，欸，聘礼呀，系唔系啊？箇个就不是～啊，箇个就唔说～了。～就欢喜钱子。也□讲得来嘞可有可无，可大可小个钱。iəu$^{35}$tet$^{5}$n̩$^{13}_{21}$ɔn$^{35}_{44}$tso$^{53}_{44}$ʂɔŋ$^{21}$fəŋ$^{35}$,ʂɔŋ$^{21}$fəŋ$^{35}$ʂʅ$^{53}_{44}$tsʰiəu$^{53}$kʰak$^{3}$sin$^{53}$ɲin$^{13}_{21}$kɔŋ$^{21}$nei$^{0}$tsʰiəu$^{53}$fɔn$^{35}$çi$^{21}$tsʰien$^{13}$tsa$^{0}$.in$^{35}$uei$^{53}_{44}$xei$^{53}$tʂak$^{3}$xau$^{21}$sɿ$^{53}$ʂa$^{0}$,in$^{35}_{44}$uei$^{53}_{44}$xei$^{53}$ciet$^{3}$fɔn$^{35}$xei$^{53}_{44}$tʂak$^{3}$xau$^{21}$sɿ$^{53}$,so$^{21}$i$^{35}_{44}$la$^{53}$iɔŋ$^{53}_{44}$təu$^{35}_{44}$iəŋ$^{53}$tek$^{3}$fɔŋ$^{35}$çi$^{21}$tsʰien$^{13}_{21}$tsɿ$^{0}$,tse$^{21}$ʂɔŋ$^{21}$fəŋ$^{35}$.ta$^{21}$pi$^{21}$xɔŋ$^{35}_{44}$ŋai$^{13}_{21}$ke$^{53}_{44}$çi$^{53}_{44}$tau$^{53}$ɲy$^{21}$fɔŋ$^{35}_{44}$çi$^{53}_{44}$tsiet$^{3}$tsʰin$^{35}$,e$_{21}$,tʂaŋ$^{53}$sien$^{35}_{44}$kɔŋ$^{21}$ke$^{53}_{44}$,la$^{53}$tʂak$^{3}$tʰai$^{53}$pau$^{35}_{44}$fəŋ$^{35}_{44}$,la$^{53}$iet$^{3}$tsʰien$^{35}$kʰuai$^{53}$tsʰien$^{13}$xɔit$^{5}$tʂa$^{21}$iet$^{3}$uan$^{53}$kʰuai$^{53}$tsʰien$^{13}$,kai$^{53}_{44}$li$^{13}$ɲiɔŋ$^{13}$tsʰien$^{13}$,xei$^{53}$me$^{53}$?la$^{53}$pən$^{35}_{44}$ci$^{13}_{44}$ɔi$^{35}$tsɿ$^{0}$ke$^{53}$,la$^{53}$pən$^{35}_{44}$sin$^{35}$ɲiɔŋ$^{13}$ke$^{53}_{44}$ɔi$^{35}$tsɿ$^{0}$ke$^{53}$,ia$^{13}$ɔi$^{35}$ke$^{53}$,kai$^{53}$ke$^{53}$tsʰiəu$^{53}$m̩$^{13}_{21}$xan$^{53}$ʂɔŋ$^{21}$fəŋ$^{35}$ŋa$^{0}$.kai$^{53}$ke$^{53}_{44}$tsʰiəu$^{53}_{44}$pau$^{35}$fəŋ$^{35}$ŋa$^{0}$.kai$^{53}_{44}$ke$^{53}_{44}$tsʰiəu$^{53}_{44}$pət$^{3}$ʂʅ$^{53}$ʂɔŋ$^{21}$fəŋ$^{35}$ŋa$^{0}$,kai$^{53}_{44}$tsʰiəu$^{53}_{44}$pət$^{3}$ʂʅ$^{53}$mak$^{3}$a$^{0}$fɔn$^{35}$çi$^{21}$tsʰien$^{13}$tsa$^{0}$.kai$^{53}_{44}$ke$^{53}_{44}$tsʰiəu$^{53}_{44}$ɲiaŋ$^{53}_{44}$tʂən$^{53}$tʂən$^{53}$tɔŋ$^{53}_{44}$tɔŋ$^{53}_{44}$ke$^{53}_{44}$piet$^{3}$si$^{35}_{44}$ɔi$^{53}$la$^{53}_{44}$ke$^{53}_{44}$tsʰien$^{13}_{21}$ne$^{0}$.ta$^{21}$pi$^{21}$iau$^{53}_{44}$la$^{53}$ŋ̍$^{21}$uan$^{53}$kʰuai$^{53}$tsʰien$^{13}_{21}$tʰin$^{53}$cin$^{35}_{44}$,e$_{53}$,la$^{53}$ŋ̍$^{21}$uan$^{53}$kʰuai$^{53}$tsʰien$^{13}_{21}$pʰin$^{21}$cin$^{35}_{44}$,tsʰiəu$^{53}_{44}$xe$^{53}_{44}$li$^{21}$cin$^{35}_{44}$na$^{0}$,e$_{21}$,pʰin$^{53}$li$^{21}$ia$^{0}$,xei$^{53}$mei$^{53}$a$^{0}$?kai$^{53}$ke$^{53}$tsʰiəu$^{53}$pət$^{3}$ʂʅ$^{53}_{44}$ʂɔŋ$^{21}$fəŋ$^{35}$ŋa$^{0}$,kai$^{53}$ke$^{53}$tsʰiəu$^{53}$n̩$^{13}$ʂɔk$^{5}$ʂɔŋ$^{21}$fəŋ$^{35}$liau$^{0}$.ʂɔŋ$^{21}$fəŋ$^{35}_{44}$tsʰiəu$^{53}_{44}$fɔn$^{35}$çi$^{21}$tsʰien$^{13}$tsɿ$^{0}$.ia$^{35}$mai$^{53}$kɔŋ$^{21}$tek$^{3}$lɔi$^{13}_{21}$lei$^{0}$kʰo$^{21}$iəu$^{35}$kʰo$^{21}$u$^{13}$,kʰo$^{21}$tʰai$^{53}$kʰo$^{21}$siau$^{21}$ke$^{53}$tsʰien$^{13}_{21}$.

【上$_1$】ʂɔŋ$^{35}$/ʂɔŋ$^{53}$ [名]方位词。①在高处的位置（与“下”相对）；上方：翻下转来嘞，箇面凳脚向～啊。fan$^{35}$na$^{53}$tʂɔn$^{21}$nɔi$^{13}$le$^{0}$,kai$^{53}_{44}$mien$^{53}_{44}$ten$^{53}$ciɔk$^{3}$çiɔŋ$^{53}_{44}$ʂɔŋ$^{35}$ŋa$^{0}$.｜以映～栋，以向下栋。i$^{21}$iaŋ$^{53}_{44}$ʂɔŋ$^{53}$təŋ$^{53}_{44}$,i$^{21}$çiɔŋ$^{53}$xa$^{35}$təŋ$^{53}$. ②在前的次序或时间：～半年 ʂɔŋ$^{53}$pan$^{53}$ɲien$^{13}$一年的前六个月｜～半夜 ʂɔŋ$^{53}$pan$^{53}$ia$^{53}$一夜的前半部分｜我～回来你箇子。ŋai$^{13}$ʂɔŋ$^{53}$fei$^{13}$lɔi$^{13}$ɲi$^{13}_{21}$kai$^{53}$tsɿ$^{0}$.｜欸，陈老师你～次来是系两年前呐。e$_{21}$,tʂʰən$^{13}$nau$^{21}$sɿ$^{35}_{53}$ɲi$^{13}_{21}$ʂɔŋ$^{53}$tsʰɿ$^{53}$lɔi$^{13}_{21}$ʂʅ$^{53}_{44}$xe$^{53}$iɔŋ$^{21}$ɲicn$^{13}_{21}$tsʰien$^{13}_{21}$na$^{0}$.｜欸，箇个嘞，从前有句老话，看大气呀要让门看呢？～半个月看初三，下半个月看十六。初三晡晴哩，箇～半个月嘞就基本上都会晴；十六晡晴哩，下半个月就基本上也会晴。e$_{21}$,kai$^{53}$ke$^{53}$lei$^{0}$,tsʰəŋ$^{13}_{21}$tsʰien$^{13}_{21}$iəu$^{35}_{44}$tʂʮ$^{53}_{44}$lau$^{21}$fa$^{53}$,kʰɔn$^{53}$tʰien$^{35}$çi$^{53}$ia$^{0}$iau$^{53}_{21}$ɲiɔŋ$^{53}$mən$^{13}_{44}$kʰɔn$^{53}$ne$^{0}$?ʂɔŋ$^{53}$pan$^{53}_{44}$cie$^{53}_{44}$ɲiet$^{5}$kʰɔn$^{53}$tsʰɿ$^{35}_{44}$san$^{35}$,xa$^{53}$pan$^{53}_{44}$cie$^{53}_{44}$ɲiet$^{5}$kʰɔn$^{53}$ʂət$^{5}$liəuk$^{3}$.tsʰɿ$^{35}_{44}$san$^{35}$pu$^{35}_{53}$tsʰiaŋ$^{13}_{21}$li$^{0}$,kai$^{53}_{44}$ʂɔŋ$^{53}$pan$^{53}_{44}$ke$^{53}_{44}$ɲiet$^{5}$lei$^{0}$tsʰiəu$^{53}_{21}$ci$^{35}$pən$^{21}$xɔŋ$^{53}$təu$^{35}$uɔi$^{53}$tsʰiaŋ$^{13}_{21}$;ʂət$^{5}$liəuk$^{3}$pu$^{35}_{53}$tsʰiaŋ$^{13}$li$^{0}$,xa$^{53}$pan$^{53}_{44}$ke$^{53}_{44}$ɲiet$^{5}$tsʰiəu$^{53}_{44}$ci$^{35}$pən$^{21}$xɔŋ$^{53}_{44}$ia$^{35}$uɔi$^{53}$tsʰiaŋ$^{13}$.

【上$_2$】xɔŋ$^{53}$ [名]方位词。用在处所名词之后。①表示在物体的上方：天～tʰien$^{35}$xɔŋ$^{53}$｜放下火～去□焖个唦？fɔŋ$^{53}_{44}$xa$^{53}_{44}$fo$^{21}$xɔŋ$^{53}_{44}$çi$^{53}$ŋɔit$^{3}$cie$^{53}_{44}$ʂa$^{0}$? ②表示在物体的表面：凳～tien$^{53}$xɔŋ$^{53}_{44}$｜壁～piak$^{3}$xɔŋ$^{53}$｜岭～个东西 liaŋ$^{35}$xɔŋ$^{53}_{44}$ke$^{53}_{44}$təŋ$^{35}_{44}$si$^{0}$。③表示在某种事物的范围之内：火烘楼～fo$^{21}$fən$^{53}$lei$^{13}$xɔŋ$^{53}_{44}$｜渠单位～，渠医院里个领导箇只嘞只系来讲下子话，致下子辞。ci$^{13}_{21}$tan$^{35}$uei$^{53}$xɔŋ$^{53}_{44}$,ci$^{13}_{21}$i$^{35}$vien$^{53}$li$^{21}$cie$^{53}_{44}$lin$^{35}$tʰau$^{53}$kai$^{53}_{44}$tʂak$^{3}$lei$^{0}$tʂe$^{21}$xe$^{53}_{44}$lɔi$^{13}_{21}$kɔŋ$^{21}$ŋa$^{53}_{44}$tsɿ$^{0}$fa$^{53}$,tʂʅ$^{53}$a$^{53}_{44}$tsɿ$^{0}$tsʰɿ$^{13}$.｜张府～个上亲大人请坐！tʂɔŋ$^{35}$fu$^{21}$xɔŋ$^{53}_{44}$ke$^{53}_{44}$ʂɔŋ$^{53}$tsʰin$^{35}_{44}$tʰai$^{53}_{44}$ɲin$^{13}_{21}$tsʰiaŋ$^{21}$tsʰo$^{35}$! ④表示某一方面：欸，箇字数～爱注意。欸，你不能加多加。e$_{21}$,ka$^{53}_{44}$sɿ$^{53}$səu$^{53}_{44}$xɔŋ$^{53}_{44}$ɔi$^{53}_{44}$tʂʮ$^{53}_{44}$i$^{53}_{44}$.e$_{21}$,ɲi$^{13}$pət$^{3}$nen$^{13}$cia$^{35}_{44}$to$^{35}$cia$^{35}_{44}$.

【上$_3$】ʂɔŋ$^{35}$ [动]①由低处到高处：一种（草鞋）就着倒～岭岗个。iet$^{3}$tʂəŋ$^{21}$tsʰiəu$^{53}$tʂɔk$^{3}$tau$^{21}$ʂɔŋ$^{35}_{44}$liaŋ$^{35}$kɔŋ$^{35}_{44}$ke$^{53}_{44}$.｜以前是～轿唠爱换双鞋唠。i$^{35}$tsʰien$^{13}_{21}$ʂʅ$^{53}_{44}$ʂɔŋ$^{35}$cʰiau$^{53}$lau$^{0}$ɔi$^{53}_{44}$uɔn$^{53}$səŋ$^{35}_{44}$xai$^{13}$lau$^{0}$. ②安放到高处：一条一条～个完条个杉树，就安做桁子。iet$^{3}$tʰiau$^{13}_{21}$iet$^{3}$tʰiau$^{13}_{21}$ʂɔŋ$^{35}_{44}$ke$^{53}_{44}$uɔn$^{13}$tʰiau$^{13}_{21}$ke$^{53}_{44}$sa$^{35}$ʂəu$^{53}_{21}$,tsʰiəu$^{53}_{44}$ɔn$^{35}_{44}$tso$^{53}_{44}$xaŋ$^{13}$tsɿ$^{0}$. ③达到一定的程度或数量：欸，只爱～哩咁大子个正话箇映有

只塅哈。e$_{21}$,tʂɿ$^{21}$ɔi$^{53}_{44}$ʂoŋ$^{35}$li$^{0}$ kan$^{21}$t$^{h}$ai$^{53}$tsɿ$^{0}$ke$^{53}_{44}$tʂaŋ$^{53}_{44}$ua$^{53}_{44}$kai$^{53}_{21}$iaŋ$^{53}_{44}$iəu$^{35}_{44}$tʂak$^{3}$ t$^{h}$ɔn$^{53}$xa$^{0}$.｜～哩几桌人 ʂoŋ$^{35}$li$^{0}$ ci$^{21}$tsɔk$^{3}$ɲin$^{13}$。④去往：火咁子就火咁子通过烧个烟就走面前排出来了，就～烟囱吵，系啊？fo$^{21}$kan$^{21}_{44}$tsɿ$^{0}$ ts$^{h}$iəu$^{53}_{44}$fo$^{21}$kan$^{21}_{44}$tsɿ$^{0}$ t$^{h}$əŋ$^{35}$ko$^{53}_{44}$ʂau$^{35}$ke$^{53}_{44}$ien$^{35}$ts$^{h}$iəu$^{53}_{44}$tsei$^{21}$mien$^{53}$ts$^{h}$ien$^{13}_{21}$p$^{h}$ai$^{13}$tʂ$^{h}$ət$^{3}$lɔi$^{13}_{21}$liau$^{0}$,ts$^{h}$iəu$^{53}_{44}$ʂoŋ$^{35}_{44}$ien$^{35}$ts$^{h}$əŋ$^{35}_{44}$ʂa$^{0}$,xe$^{53}_{44}$a$^{0}$?⑤把饭菜等端上桌子：～菜咯，就走以映子去。ʂoŋ$^{35}_{44}$ts$^{h}$ɔi$^{53}$ko$^{0}$,tsiəu$^{53}$tsei$^{21}$i$^{21}$iaŋ$^{53}_{44}$tsɿ$^{0}$ çi$^{53}_{44}$.⑥趋向动词。用在动词后，表示由低处向高处：（七姊妹辣椒）一饽丛一饽生下～。iet$^{3}$p$^{h}$ɔk$^{5}$iet$^{3}$p$^{h}$ɔk$^{5}$saŋ$^{35}$ŋa$_{44}$(←xa$^{53}$)ʂoŋ$^{35}_{44}$.⑦趋向动词。用在动词后，表示有了结果或达到目的，符合某种标准或称号：然后镬里放～水，用调羹子舀倒去煮。vien$^{13}_{21}$xei$^{53}_{44}$uɔk$^{5}$li$^{0}$fɔŋ$^{53}$ʂoŋ$^{35}_{44}$ʂei$^{21}$,iəŋ$^{53}$t$^{h}$iau$^{13}_{21}$kaŋ$^{35}_{44}$tsɿ$^{0}$ iau$^{21}$tau$^{21}$çi$^{53}$tʂəu$^{21}$.｜就系蛮时髦，蛮跟得形势～，欸，就安做西式。tsiəu$^{53}$xe$^{53}$man$^{13}$ʂɿ$^{13}$mau$^{13}$,man$^{13}$cien$^{35}$tek$^{3}$çin$^{13}$ʂɿ$^{53}_{44}$ʂoŋ$^{35}$,e$_{21}$,ts$^{h}$iəu$^{53}_{44}$ɔn$^{35}_{44}$tso$^{53}_{21}$si$^{35}$ʂɿ$^{53}_{44}$.

【上$_{4}$】ʂoŋ$^{21}$/ʂoŋ$^{35}$ 动①安装；装上：箇下就屏风就一块一块子～倒去了。kai$^{53}_{44}$xa$^{53}_{44}$ts$^{h}$iəu$^{53}_{44}$p$^{h}$in$^{13}$fəŋ$^{35}$ts$^{h}$iəu$^{53}$iet$^{3}$k$^{h}$uai$^{53}$iet$^{3}$k$^{h}$uai$^{53}$tsɿ$^{0}$ ʂoŋ$^{21}$tau$^{21}$çi$^{53}$liau$^{0}$.｜从前个铺子是冇得卷闸门，用箇门板，用箇铺板，欸，夜了嘞关门了就爱～板子。ts$^{h}$əŋ$^{13}$ts$^{h}$ien$^{13}_{21}$ke$^{53}_{44}$p$^{h}$u$^{53}$tsɿ$^{0}$ ʂɿ$^{53}_{44}$mau$^{13}$tek$^{3}$tʂen$^{21}$tsait$^{3}$mən$^{13}$,iəŋ$^{53}$kai$^{53}_{44}$mən$^{13}$pan$^{21}$,iəŋ$^{53}_{44}$kai$^{53}_{44}$p$^{h}$u$^{53}$pan$^{21}$,ei$_{21}$,ia$^{53}$liau$^{21}$lei$^{0}$ kuan$^{35}$mən$^{13}$niau$^{0}$ts$^{h}$iəu$^{53}$ɔi$^{53}$ʂoŋ$^{35}$pan$^{21}$tsɿ$^{0}$.②给钢笔灌墨水：如今就箇个碳素墨水就用来～钢笔水呀，欸，～钢笔嘞。i$^{13}_{21}$cin$^{35}_{44}$tsiəu$^{53}$kai$^{53}_{44}$ke$^{53}_{44}$t$^{h}$an$^{53}$səu$^{53}$mek$^{5}$ʂei$^{21}$ts$^{h}$iəu$^{53}_{44}$iəŋ$^{53}$lɔi$^{13}_{21}$ʂoŋ$^{21}$kɔŋ$^{35}$piet$^{3}$ʂei$^{21}$ia$^{0}$,e$_{21}$,ʂoŋ$^{21}$kɔŋ$^{35}$piet$^{3}$le$^{0}$.

【上$_{5}$】ʂoŋ$^{53}$ 形高：（马脑）分只头发梳得唔知几～呢。pən$^{35}$tʂak$^{3}$t$^{h}$ei$^{13}$fait$^{3}$sɿ$^{35}$tek$^{3}$n̩$^{13}_{21}$ti$^{35}_{53}$ci$^{21}_{44}$ʂoŋ$^{53}_{44}$nei$^{0}$.

【上背】ʂoŋ$^{53}$/xɔŋ$^{53}$pɔi$^{53}$ 名方位词。①指物体的表面：□扔下岗～去 fiet$^{3}$a$^{0}$kɔŋ$^{35}$xɔŋ$^{53}_{44}$pɔi$^{53}$çi$^{53}_{44}$｜～留只缺。ʂoŋ$^{53}$pɔi$^{53}$liəu$^{13}$tʂak$^{3}$c$^{h}$iek$^{3}$.②指物体的上方：金罂～个泥，就安做暖土。cin$^{35}$aŋ$^{35}_{44}$ʂoŋ$^{53}$pɔi$^{53}$cie$^{53}_{44}$lai$^{13}$,ts$^{h}$iəu$^{53}_{44}$ɔn$^{35}_{44}$tso$^{53}_{44}$lɔn$^{35}$t$^{h}$əu$^{21}$.③指物体的某一部分：舞只咁大个竹呢……～劈嘿一篾子嘞。u$^{21}$(tʂ)ak$^{3}$kan$^{21}$t$^{h}$ai$^{53}$ke$^{53}$tʂəuk$^{3}$nei$^{0}$…ʂoŋ$^{53}$pɔi$^{53}$p$^{h}$iak$^{3}$xek$^{3}$iet$^{3}$sak$^{3}$tsɿ$^{0}$lei$^{0}$.④指物体靠高处的那部分；（磨或砻）～箇块就喊上槛。ʂoŋ$^{53}$pɔi$^{53}$kai$^{53}_{44}$k$^{h}$uai$^{53}_{44}$ts$^{h}$iəu$^{53}_{44}$xan$^{53}_{35}$ʂoŋ$^{53}$k$^{h}$an$^{21}$.⑤指位置较高的地方：你脑高还有么？/我等～呀？/欸。/冇得哩。ɲi$^{13}$lau$^{21}$kau$^{35}_{44}$xai$^{13}_{21}$iəu$^{35}$mo$^{0}$?/ŋai$^{13}_{21}$tien$^{0}$ ʂoŋ$^{53}$pɔi$^{53}_{44}$ia$^{0}$?/e$_{53}$./mau$^{13}$tek$^{3}$li$^{0}$.⑥指客家居住的浏阳东部山区，地势较高，故称“上背”：一般以～就只讲箇只黄菊花，白菊花。iet$^{3}$pan$^{35}$i$^{21}$ʂoŋ$^{53}$pɔi$^{53}$ts$^{h}$iəu$^{53}_{44}$tʂɿ$^{21}$kɔŋ$^{21}$kai$^{53}$tʂak$^{3}$uɔŋ$^{13}$c$^{h}$iəuk$^{3}$fa$^{35}_{44}$,p$^{h}$ak$^{5}$c$^{h}$iəuk$^{3}$fa$^{35}_{44}$.⑦指上向，即尊贵的方位：欸，以映子爱写只祖位来嘞。以映就～嘞，系啊？ei$_{21}$,i$^{21}$iaŋ$^{53}_{44}$tsɿ$^{0}$ɔi$^{53}_{44}$sia$^{21}$tʂak$^{3}$tsəu$^{21}$uei$^{53}$lai$^{13}_{21}$le$^{0}$.i$^{21}$iaŋ$^{53}_{44}$ts$^{h}$iəu$^{53}_{44}$ʂoŋ$^{53}$pɔi$^{53}$le$^{0}$,xei$^{53}_{44}$a$^{0}$?

【上本子】ʂoŋ$^{35}$pən$^{21}$tsɿ$^{0}$ 动誊正：打比写作文样，先打草稿，然后就～。ta$^{21}$pi$^{21}$sia$^{21}$tsɔk$^{3}$uən$^{13}$iəŋ$^{53}$,sien$^{35}$sia$^{21}$ts$^{h}$au$^{21}$kau$^{21}$,vien$^{13}$xei$^{53}_{44}$ts$^{h}$iəu$^{53}_{44}$ʂoŋ$^{35}$pən$^{21}$tsɿ$^{0}$.

【上菜】ʂoŋ$^{53}$ts$^{h}$ɔi$^{53}$ 动把做好的菜送到餐桌上：掇菜个人咯，～咯，就走以映子去，走以只栏场去。tɔit$^{3}$ts$^{h}$ɔi$^{53}$ke$^{53}_{44}$ɲin$^{13}_{21}$ko$^{0}$,ʂoŋ$^{53}_{44}$ts$^{h}$ɔi$^{53}$ko$^{0}$,tsiəu$^{53}$tsei$^{21}$i$^{21}$iaŋ$^{53}_{44}$tsɿ$^{0}$ çi$^{53}_{44}$,tsei$^{21}$i$^{21}$tʂak$^{3}$laŋ$^{13}_{44}$tʂ$^{h}$ɔŋ$^{13}_{44}$çi$^{53}$.

【上蔟】ʂoŋ$^{35}$ts$^{h}$əuk$^{5}$ 动蚕发育到成熟的后期，停止吃东西，于是将其移至蔟上，使之吐丝做茧：畜蚕过嘿三眠以后嘞就箇蚕虫就爱捉倒去……箇蚕虫个浑身就通明了，咁子晟倒去都通明了，欸，箇就爱～了，渠就会结窠子了。çiəuk$^{3}$ts$^{h}$an$^{13}$ko$^{53}$xek$^{3}$li$^{0}$ san$^{35}$min$^{13}$i$^{13}_{35}$xei$^{53}$lei$^{0}$ts$^{h}$iəu$^{53}_{44}$kai$^{53}_{44}$ts$^{h}$an$^{13}_{21}$tʂ$^{h}$əŋ$^{13}_{21}$ts$^{h}$iəu$^{53}_{44}$ɔi$^{53}_{44}$tsɔk$^{3}$tau$^{21}$çi$^{53}$…kai$^{53}_{44}$ts$^{h}$an$^{13}$tʂ$^{h}$əŋ$^{13}_{44}$ke$^{53}$uən$^{13}$ʂən$^{35}_{44}$ts$^{h}$iəu$^{53}_{44}$t$^{h}$əŋ$^{35}$min$^{13}$liau$^{0}$,kan$^{21}$tsɿ$^{0}$tʂ$^{h}$aŋ$^{13}$tau$^{21}_{44}$çi$^{53}_{44}$təu$^{35}_{44}$t$^{h}$əŋ$^{35}$min$^{13}$niau$^{0}$,e$_{21}$,kai$^{53}_{44}$ts$^{h}$iəu$^{53}_{44}$ɔi$^{53}_{44}$ʂoŋ$^{35}_{44}$ts$^{h}$əuk$^{5}$liau$^{0}$,ci$^{13}_{21}$ts$^{h}$iəu$^{53}$uɔi$^{53}$ciet$^{3}$k$^{h}$o$^{35}$tsɿ$^{0}$liau$^{0}$.

【上好】ʂoŋ$^{53}$xau$^{21}$ 形状态词。很好：以下落尾渠指一个瘸脚子买张子沙滩摩托，完全唔爱脚个，也骑得～。i$^{21}$xa$^{53}$lɔk$^{5}$mi$^{35}_{53}$ci$^{13}_{21}$mai$^{35}$tʂɔŋ$^{35}_{44}$tsɿ$^{0}$ sa$^{35}_{44}$t$^{h}$an$^{35}_{44}$mo$^{13}$t$^{h}$ɔk$^{3}$,xɔn$^{13}$ts$^{h}$ien$^{13}_{44}$m̩$^{13}_{21}$mɔi$^{53}$ciɔk$^{3}$ke$^{0}$,ia$^{35}$c$^{h}$i$^{13}_{21}$tek$^{3}$ʂoŋ$^{53}$xau$^{21}_{44}$.｜～嘞以只人呢，耳朵聋。ʂoŋ$^{53}$xau$^{21}$le$^{0}$ i$^{21}$tʂak$^{3}$ɲin$^{13}_{44}$ne$^{0}$,ɲi$^{21}$to$^{21}$ləŋ$^{35}_{44}$.

【上火】ʂoŋ$^{35}$fo$^{21}$ 动中医指大便干燥或鼻腔黏膜、口腔黏膜等发炎：上哩火 ʂoŋ$^{35}$li$^{0}$fo$^{21}$

【上街】ʂoŋ$^{53}$kai$^{35}$ 动到街上去：你到哪映去？我～去。ɲi$^{13}$tau$^{53}$lai$^{53}$iaŋ$^{53}_{35}$çi$^{53}$?ŋai$^{13}$ʂoŋ$^{53}$kai$^{35}$çi$^{53}$.

【上紧】ʂoŋ$^{35}$cin$^{21}$ 动重视并及时采取对策：发烧就爱～呐。fait$^{3}$ʂau$^{35}$ts$^{h}$iəu$^{53}$ɔi$^{53}_{44}$ʂoŋ$^{35}$cin$^{21}$na$^{0}$.｜有病就爱～整嘞，系啊？读书也爱～呢。特别有病爱～，莫憕。iəu$^{35}$p$^{h}$iaŋ$^{53}$ts$^{h}$iəu$^{53}$ɔi$^{53}$ʂoŋ$^{35}$cin$^{21}$tʂaŋ$^{21}$le$^{0}$,xe$^{53}$a$^{0}$?t$^{h}$əuk$^{5}$ʂəu$^{35}$ia$^{35}$ɔi$^{53}$ʂoŋ$^{35}$cin$^{21}$ne$^{0}$.t$^{h}$et$^{5}$p$^{h}$iet$^{5}$iəu$^{35}$p$^{h}$iaŋ$^{53}$ɔi$^{53}_{44}$ʂoŋ$^{35}$cin$^{21}$,mɔk$^{5}_{3}$t$^{h}$ien$^{53}$.

【上槛】ʂoŋ$^{53}$k$^{h}$an$^{21}$ 名磨子或砻的上面一块：上背箇块就喊～。ʂoŋ$^{53}$pɔi$^{53}$kai$^{53}_{44}$k$^{h}$uai$^{53}_{44}$ts$^{h}$iəu$^{53}_{44}$xan$^{53}_{35}$ʂoŋ$^{53}$k$^{h}$an$^{21}$.

【上槛磨子】ʂoŋ$^{53}$k$^{h}$an$^{21}$mo$^{53}$tsɿ$^{0}$ 名指磨子的上扇：磨子是上槛下槛，欸俗话讲下槛磨子，系唔系？～下槛磨子。mo$^{53}$tsɿ$^{0}$ ʂɿ$^{53}_{21}$ʂoŋ$^{53}$k$^{h}$an$^{21}$xa$^{53}$k$^{h}$an$^{21}$,e$^{0}$ səuk$^{3}$fa$^{53}$kɔŋ$^{21}$xa$^{35}$k$^{h}$an$^{21}$mo$^{53}$tsɿ$^{0}$,xei$^{53}$me$^{53}$?ʂoŋ$^{53}$

kʰan$^{21}$mo$^{53}$tsɿ$^{0}$ xa$^{35}$kʰan$^{21}$mo$^{53}$tsɿ$^{0}$.

【上来】ʂɔŋ$^{35}$lɔi$^{13}_{21}$ 动①从低处来到高处：你～哟！ɲi$^{13}_{21}$ʂɔŋ$^{35}$lɔi$^{13}_{21}$iau$^{0}$！②趋向动词。用在动词后，表示从低处到高处：分水提下箇欸在河里提～个，箇筒车。pɔn$^{35}$ʂei$^{21}$tʰia$^{35}_{44}$xa$^{53}_{44}$kai$^{53}_{44}$e$_{21}$tsai$^{53}_{44}$xo$^{13}$li$^{35}_{44}$ tʰia$^{35}$ʂɔŋ$^{35}_{44}$lɔi$^{13}_{21}$ke$^{53}$,kai$^{53}_{44}$tʰəŋ$^{13}$tʂʰa$^{35}$.｜然后照倒箇线呢隔咁远子，又挑一针～，挑一针上，安做绗。vien$^{13}_{21}$xei$^{53}_{44}$tʂau$^{53}$tau$^{21}$kai$^{53}_{44}$sien$^{53}$nei$^{0}$ kak$^{3}$ kan$^{21}$ien$^{21}$tsɿ$^{0}$,iəu$^{53}$tʰiau$^{35}$iet$^{3}$ tʂən$^{35}_{44}$ʂɔŋ$^{35}_{44}$lɔi$^{13}_{44}$,tʰiau$^{35}$iet$^{3}$ tʂən$^{35}_{44}$ ʂɔŋ$^{35}_{44}$,ɔn$^{35}_{44}$tso$^{53}_{44}$xɔŋ$^{13}$.

【上梁】ʂɔŋ$^{21}$liɔŋ$^{13}$ 动建房时安放栋梁：一般个人做屋嘞就系只有……放栋梁系非常庄重个一只活动。还爱拣日子。～安做。分箇梁树放上去啊爱～。iet$^{3}$pɔn$^{35}$ɲie$_{44}$(←ke$^{53}$)ɲin$^{13}_{21}$tso$^{53}$uk$^{3}$lei$^{0}$ tsiəu$^{53}_{44}$xe$^{53}_{21}$tʂɿ$^{21}$iəu$^{35}_{44}$ʂ…fɔŋ$^{53}$təŋ$^{53}$liɔŋ$^{13}_{21}$xe$^{53}_{44}$fei$^{35}$tʂʰɔŋ$^{13}_{21}$tsɔŋ$^{35}$tʂʰəŋ$^{53}_{21}$ke$^{53}$iet$^{3}$ tʂak$^{3}$ xɔit$^{5}$ tʰəŋ$^{53}_{44}$.xa$^{13}_{21}$ɔi$^{53}$kan$^{21}$ɲiet$^{3}$ tsɿ$^{0}$.ʂɔŋ$^{21}$liɔŋ$^{13}$ɔn$^{35}$tso$^{53}_{21}$.pɔn$^{35}$kai$^{53}_{21}$liɔŋ$^{13}$ʂəu$^{53}$fɔŋ$^{53}$ʂɔŋ$^{35}$cʰi$^{53}_{44}$a$^{0}$ ɔi$^{53}_{44}$ʂɔŋ$^{21}$liɔŋ$^{13}$.

【上岭】ʂɔŋ$^{35}$liaŋ$^{35}$ 动归山；人死后埋葬到山上：欸，箇婆婆子今晡早晨～，真莫落水哈。爱送渠～啊。e$_{44}$,kai$^{53}$pʰo$^{13}$pʰo$^{13}_{44}$tsɿ$^{0}$ cin$^{35}_{44}$pu$^{35}_{53}$tsau$^{21}$ʂən$^{13}$ʂɔŋ$^{35}$liaŋ$^{35}$,tʂən$^{35}$mɔk$^{5}$ lɔk$^{5}$ ʂei$^{21}$xa$^{0}$ .ɔi$^{53}$səŋ$^{53}$ci$^{13}_{21}$ʂɔŋ$^{35}_{44}$ liaŋ$^{35}$ŋa$^{0}$.

【上岭下印】ʂɔŋ$^{35}_{44}$liaŋ$^{35}_{53}$xa$^{53}_{44}$in$^{53}$ 翻山越岭：欸，人矮哩呀……（扛棺材）～就搞唔成。ei$_{21}$, ɲin$^{13}$ ai$^{21}$li$^{0}$ ia$^{0}$…ʂɔŋ$^{35}_{44}$liaŋ$^{35}_{53}$xa$^{53}_{44}$in$^{53}$ts$^{h}$iəu$^{53}_{44}$kau$^{21}$n$^{13}_{21}$ʂaŋ$^{13}_{21}$.

【上楼】ʂɔŋ$^{35}$lei$^{13}$ 动从楼下去往楼上：～个楼门 ʂɔŋ$^{35}$lei$^{13}$ke$^{53}_{44}$lei$^{13}$mən$^{13}$｜请～！tsʰiaŋ$^{21}$ʂɔŋ$^{35}$lei$^{13}$！

【上亲】ʂɔŋ$^{53}$tsʰin$^{35}$ 名女方送亲的人（送新娘到夫家的亲属）。又称"高亲"：～来哩是就爱用最隆重个礼节去接待渠等人。欸，食饭个时候子还爱请坐："请～大人坐上！"ʂɔŋ$^{53}$tsʰin$^{35}_{44}$nɔi$^{13}$ li$^{0}$ ʂɿ$^{53}_{21}$tsʰiəu$^{53}_{44}$ɔi$^{53}_{44}$iəŋ$^{53}$tsei$^{53}$ləŋ$^{13}$tʂʰəŋ$^{53}_{44}$ke$^{53}_{44}$li$^{35}$tsiet$^{3}$ çi$^{53}$tsiait$^{3}$ tʰɔi$^{53}$ci$^{13}_{21}$tien$^{0}$ ɲin$^{13}_{21}$.e$_{21}$,ʂət$^{5}$ fan$^{53}$ke$^{53}_{44}$ʂɿ$^{13}_{44}$xei$^{53}_{44}$tsɿ$^{0}$ xa$^{13}_{21}$ ɔi$^{53}_{44}$tsʰiaŋ$^{21}$tsʰo$^{35}$:"tsʰiaŋ$^{21}$ʂɔŋ$^{53}$tsʰin$^{35}$tʰai$^{53}$ɲin$^{13}$tsʰo$^{35}_{44}$ʂɔŋ$^{35}$!"

【上亲大人】ʂɔŋ$^{53}$tsʰin$^{35}_{44}$tʰai$^{53}$ɲin$^{13}_{21}$ 对高亲尤其是主高亲的敬称：欸，打比样啊，张府上个～请坐！唔爱称张府上，只讲～请坐。e$_{21}$,ta$^{21}$pi$^{21}$iəŋ$^{53}$ŋa$^{0}$ ,tʂɔŋ$^{35}$fu$^{21}$xɔŋ$^{53}_{44}$ke$^{53}_{44}$ʂɔŋ$^{53}$tsʰin$^{35}_{44}$tʰai$^{53}_{44}$ɲin$^{13}_{21}$tsʰiaŋ$^{21}$ tsʰo$^{35}$!m$^{13}_{21}$mɔi$^{53}_{44}$tʂʰən$^{35}_{44}$tʂɔŋ$^{35}$fu$^{21}$xɔŋ$^{53}_{44}$,tʂɿ$^{21}$kɔŋ$^{21}$ʂɔŋ$^{53}$tsʰin$^{35}_{44}$tʰai$^{53}$ɲin$^{13}_{21}$tsʰiaŋ$^{21}$tsʰo$^{35}$.

【上请下请】ʂɔŋ$^{53}$tsʰiaŋ$^{21}$xa$^{35}_{44}$tsʰiaŋ$^{21}$ 到处受到邀请：箇个四五十岁个箇婆婆子箇只是～噢，箇是噢，请倒渠去做爆竹噢。kai$^{53}_{44}$ke$^{53}_{44}$si$^{53}$ŋ$^{21}$ʂət$^{5}$ sɔi$^{53}_{44}$ke$^{53}_{44}$kai$^{53}_{44}$pʰo$^{13}$pʰo$^{13}_{44}$tsɿ$^{0}$ kai$^{53}_{44}$tʂak$^{3}$ ʂɿ$^{53}_{44}$ʂɔŋ$^{53}$tsʰiaŋ$^{21}$xa$^{35}_{44}$ tsʰiaŋ$^{21}$ŋau$^{0}$ ,kai$^{53}_{44}$ʂɿ$^{53}_{44}$au$^{0}$ ,tsʰiaŋ$^{21}$tau$^{21}$ci$^{13}$çi$^{53}_{44}$tso$^{53}$pau$^{53}$tʂəuk$^{3}$ au$^{0}$.

【上去】ʂɔŋ$^{35}$çi$^{53}_{44}$/cʰi$^{53}_{44}$ 动趋向动词，用在动词后。①表示由低处向高处：分箇梁树放～啊爱上梁。pɔn$^{35}$kai$^{53}_{21}$liɔŋ$^{13}$ʂəu$^{53}$fɔŋ$^{53}$ʂɔŋ$^{35}$cʰi$^{53}_{44}$a$^{0}$ ɔi$^{53}_{44}$ʂɔŋ$^{21}$liɔŋ$^{13}$.｜最中间箇条伸～个吧？嗯，箇个蒜弓啊。tsei$^{53}$tʂəŋ$^{35}$kan$^{35}_{44}$kai$^{53}_{44}$tʰiau$^{13}_{21}$tʂʰən$^{35}$ʂɔŋ$^{35}_{44}$çi$^{53}_{44}$ke$^{53}_{44}$pa$^{0}$?ŋ$_{21}$,ŋai$_{44}$(←kai$^{53}$)ke$^{53}_{44}$sɔn$^{53}$ciəŋ$^{35}$ŋa$^{0}$. ②表示动作的方向：分箇只袜底绱～。pɔn$^{35}$kai$^{53}$tʂak$^{3}$ mait$^{3}$ te$^{21}$ʂɔŋ$^{21}$ʂɔŋ$^{35}_{44}$çi$^{53}_{44}$. ③表示动作的发生或结果：火缸也应该算～嘞。fo$^{21}$kɔŋ$^{35}$ŋa$_{44}$(←ia$^{35}$)in$^{53}$kɔi$^{35}_{44}$sɔn$^{53}$ʂɔŋ$^{35}_{44}$çi$^{53}_{44}$lei$^{0}$.｜你通知渠，你箇𫟼通知～你就话我知唠，好吗？ɲi$^{13}$tʰəŋ$^{35}$tʂɿ$^{35}_{44}$ci$^{13}_{21}$, ɲi$^{13}$kai$^{53}$maŋ$^{13}$tʰəŋ$^{35}$tʂɿ$^{35}$ʂɔŋ$^{35}$çi$^{53}_{44}$ɲi$^{13}$tsʰiəu$^{53}_{44}$ua$^{53}$ŋai$^{13}$ti$^{35}$lau$^{0}$,xau$^{21}$ma$^{0}$?

【上人】ʂɔŋ$^{35}$ɲin$^{13}_{21}$ 动乘客登上车辆：是不有开关个，～下人个？车门子。ʂɿ$^{53}_{44}$pət$^{3}$ iəu$^{35}_{44}$kʰɔi$^{35}$ kuan$^{35}$cie$^{53}_{44}$,ʂɔŋ$^{35}$ɲin$^{13}_{21}$xa$^{35}$ɲin$^{13}_{21}$cie$^{53}_{44}$?tʂʰa$^{35}$mən$^{13}$tsɿ$^{0}$.

【上箧】ʂɔŋ$^{53}$sak$^{3}$ 名方位词。上面部分：分只冬瓜劈做两箧嘞，～就分我新舅等人食，下箧就我自家食倒。pɔn$^{35}_{44}$tʂak$^{3}$ təŋ$^{35}_{44}$kua$^{35}_{44}$pʰiak$^{3}$ tso$^{53}$iɔŋ$^{21}$sak$^{3}$ le$^{0}$,ʂɔŋ$^{53}$sak$^{3}$ tsʰiəu$^{53}_{44}$pɔn$^{35}$ŋai$^{13}_{21}$sin$^{35}$cʰiəu$^{35}$ten$^{21}_{44}$in$^{13}_{21}$ ʂət$^{5}$,xa$^{35}$sak$^{3}$ tsʰiəu$^{53}$ŋai$^{13}_{44}$tsʰɿ$^{53}$ka$^{35}_{44}$ʂət$^{5}$ tau$^{21}$.

【上树】ʂɔŋ$^{35}$ʂəu$^{53}$ 动爬树：～哇。箇～是系硬系，欸，爬树是最多个唠。长日爬。爬倒树上来嬲噢。上课了，人都𫟼看倒，人都是冇得哩。ʂɔŋ$^{35}$ʂəu$^{53}$ua$^{0}$ .kai$^{53}_{44}$ʂɔŋ$^{35}$ʂəu$^{53}$ʂɿ$^{53}_{21}$xei$^{53}_{35}$ɲiaŋ$^{53}_{44}$ xe$^{53}_{44}$,e$_{21}$,pʰa$^{13}$ʂəu$^{53}$ʂɿ$^{53}_{21}$tsei$^{53}$to$^{35}_{44}$ke$^{53}_{44}$lau$^{0}$ .tʂʰɔŋ$^{13}$ɲiet$^{3}$ pʰa$^{13}_{44}$.pʰa$^{13}$tau$^{21}_{44}$ʂəu$^{53}$xɔŋ$^{53}_{44}$lɔi$^{13}_{21}$liau$^{53}$uau$^{0}$ .ʂɔŋ$^{35}$kʰo$^{53}$liau$^{21}$, ɲin$^{13}$təu$^{35}_{44}$maŋ$^{13}_{21}$kʰɔn$^{53}$tau$^{21}$, ɲin$^{13}$təu$^{35}_{44}$ʂɿ$^{0}$ mau$^{13}_{21}$tek$^{3}$ li$^{0}$.

【上水】ʂɔŋ$^{21}$ʂei$^{21}$ 动给自来水笔灌墨水：钢笔爱～了，冇哩水。kɔŋ$^{35}$piet$^{3}$ ɔi$^{53}$ʂɔŋ$^{21}$ʂei$^{21}$liau$^{0}$,mau$^{13}$ li$^{0}$ ʂei$^{21}$.

【上天棋】ʂɔŋ$^{35}$tʰien$^{35}_{44}$cʰi$^{13}$ 名一种三人竞进的版图游戏：还～。以映就天，以映就欸是天。咁子吧，～。以映就一四七，二五八，三六九。一个人手里拿三只。三个人作。一个人手里拿三只。一个人有三只子。我以只子，打比我以只子就系三角形，系啊？我以只子，欸，你以只子就圆个，欸，渠只就欸方个，打比样，系啊？好，三个人，来做加法呀。听你自家拿，你拿几噢只，拿，手里出来，拿出来。加起来，打比系加起来五只样，你走一步哇，你就走倒以映来了，系啊？你就走倒，加，你个手□去以映哕，系唔系？就走一步就你是走倒以映来了。加起来呀，三个人啦，三个人出数唔系同数字□，我就系一四七，一四七就归我走，你就二五八，或者渠就三六九。欸，一个，都，每个，三个人都拿出子来，手里一套符就三只。听你拿几多只。你或者唔只都唔拿，零。三个人，我一，我，打比我拿一只，你拿两只，渠拿三只样，系唔系？就加起来就六只，箇就渠走，三六九个人走，走一脚。欸，三六九个人走一脚。加，做加法呀，就三人，三个人手里拿个子就来做加法，看下么人先走。唔系出个数字大，三个人都只有三只子，手里只有三只子。就看你拿几多只出来。随便拿几多只。你拿一只也做得，你拿两只也做得，你拿三只，下拿出来也做得，你唔拿也做得。嗯。就他三个人拿来，伸出手来呀，打开来，我一只，你嘞冇得，你𫠛拿，系啊？渠拿一只，让门就……三个人加起来就两只，两只就以中间以只人，二五八个人走一脚。就咁子个。有几多只子就轮倒么人走。好，打比你二五八你走哩一步，走到以映子来哩，系唔系？好，箇以一步就走嘿哩吧？三个人又来。又来划子，安做划子。三个人拿出来。嗯，三个人三只手拿出来。加起来，系一只，只有一只，系唔系啊？箇我一四七个人走。欸，我走到你有一只去箇，我又来哩，你箇只爱转去，你箇只转去，打转去。分我打下去哩。箇一只位置只能够去一个。一般是箇个，我唔多记得哩，一般是就以咁子舞下来个。就咁子个。噢，有滴总，总走下子又分别人家打嘿哩。就接倒箇。噢，慢呢又又……三个人来过。唔去边上吧？我唔记得。上天，欸，就上哩天呢。么人……看下么人上天呶。～哟。以个最简单呐。～呀，安做～呀，又教细人子做哩加法呀，系唔系？ xai$^{13}_{21}$ʂɔŋ$^{35}$tʰien$^{35}_{44}$cʰi$^{13}$.i$^{21}$iaŋ$^{53}_{44}$tsʰiəu$^{53}_{44}$tʰien$^{35}$,i$^{21}$iaŋ$^{53}_{44}$tsʰiəu$^{53}_{44}$e$_{21}$ʂʅ$^{53}_{21}$tʰien$^{35}$.kan$^{21}_{35}$tsɿ$^{0}$ pa$^{0}$,ʂɔŋ$^{53}$tʰien$^{35}_{44}$cʰi$^{13}_{21}$.i$^{21}$iaŋ$^{53}_{44}$tsʰiəu$^{53}_{44}$iet$^{3}$ si$^{53}$tsʰiet$^{3}$, ɲi$^{53}$ŋ̍$^{21}$pait$^{3}$,san$^{35}$liəuk$^{3}$ ciəu$^{21}$.iet$^{3}$ cie$^{53}$in$^{13}_{44}$ʂəu$^{21}$li$^{35}$la$^{53}$san$^{35}$tʂak$^{3}$.san$^{35}$cie$^{53}$in$^{13}_{21}$tsɔk$^{3}$.iet$^{3}$ cie$^{53}$in$^{13}_{44}$ʂəu$^{21}$li$^{35}$la$^{53}_{44}$san$^{35}$tʂak$^{3}$.iet$^{3}$ cie$^{53}$in$^{13}_{44}$iəu$^{35}_{44}$san$^{35}$tʂak$^{3}$tsɿ$^{21}$.ŋai$^{13}$i$^{21}$tʂak$^{3}$ tsɿ$^{21}$,ta$^{21}$pi$^{21}$ŋai$^{13}$i$^{21}$tʂak$^{3}$ tsɿ$^{21}$tsʰiəu$^{53}_{44}$xe$^{53}_{44}$san$^{35}$kɔk$^{3}$ çin$^{13}$,xei$^{53}_{44}$a$^{0}$?ŋai$^{13}$i$^{21}$tʂak$^{3}$ tsɿ$^{21}$,ei$_{21}$, ɲi$^{13}$i$^{21}_{44}$tʂak$^{3}$ tsɿ$^{21}$tsʰiəu$^{53}_{44}$ien$^{13}$ke$^{53}_{44}$,e$_{21}$,ci$^{13}$tʂak$^{3}$ tsʰiəu$^{53}_{44}$e$_{21}$fɔŋ$^{35}$ke$^{53}_{44}$,ta$^{21}$pi$^{21}$iaŋ$^{53}_{44}$,xe$^{53}_{44}$a$^{0}$?xau$^{21}$,san$^{35}$ke$^{53}$ɲin$^{13}_{21}$,lɔi$^{13}_{21}$tso$^{53}$cia$^{35}$fait$^{3}$ ia$^{0}$.tʰin$^{53}$ɲi$^{13}_{21}$tsʰʅ$^{35}_{21}$ka$^{35}_{44}$la$^{53}_{44}$, ɲi$^{13}$la$^{53}$ciau$^{35}$tʂak$^{3}$,la$^{53}$,ʂəu$^{21}$li$^{35}$tʂʰət$^{3}$ lɔi$^{13}$,la$^{53}$tʂʰət$^{3}$ lɔi$^{13}$.cia$^{35}$çi$^{21}$lɔi$^{13}_{21}$,ta$^{21}$pi$^{21}$xe$^{53}_{44}$cia$^{35}$çi$^{21}$lɔi$^{13}_{21}$ŋ̍$^{21}$tʂak$^{3}$ iɔŋ$^{53}$, ɲi$^{13}$tsei$^{21}$iet$^{3}$ pʰu$^{53}$ua$^{0}$,ɲi$^{13}$tsʰiəu$^{53}$tsei$^{21}$tau$^{21}$i$^{21}$iaŋ$^{53}$lɔi$^{13}_{21}$liau$^{0}$,xe$^{53}_{44}$a$^{0}$?ɲi$^{13}_{21}$tsʰiəu$^{53}_{21}$tsei$^{21}$tau$^{21}$,cia$^{35}$, ɲi$^{13}_{21}$ke$^{53}$ʂəu$^{21}$tsʰi$^{53}$çi$^{53}$i$^{21}$iaŋ$^{53}$ʂa$^{0}$,xe$^{53}_{44}$me$^{53}_{44}$?tsʰiəu$^{53}_{44}$tsei$^{21}$iet$^{3}$ pʰu$^{53}$tsʰiəu$^{53}_{44}$ɲi$^{13}_{21}$sɿ$^{53}$tsei$^{21}$tau$^{21}_{44}$i$^{21}$iaŋ$^{53}_{44}$lɔi$^{13}_{21}$liau$^{0}$.cia$^{35}$cʰi$^{21}$lɔi$^{13}_{21}$ia$^{0}$,san$^{35}$ke$^{53}$ɲin$^{13}_{44}$la$^{0}$,san$^{35}$ke$^{53}$in$^{13}_{44}$tʂʰət$^{3}$ səu$^{53}$m̩$^{13}_{21}$pʰe$^{53}$tʰəŋ$^{0}$ su$^{53}_{44}$tsʰʅ$^{53}_{44}$tʰe$_{44}$,ŋai$^{13}$tsʰiəu$^{53}_{44}$xe$^{53}_{44}$iet$^{3}$si$^{53}$tsʰiet$^{3}$,iet$^{3}$ si$^{53}$tsʰiet$^{3}$ tsʰiəu$^{53}_{44}$kuei$^{35}_{44}$ŋai$^{13}_{21}$tsei$^{21}$, ɲi$^{13}$tsʰiəu$^{53}_{44}$ɲi$^{53}$ŋ̍$^{21}$pait$^{3}$,xɔit$^{5}_{3}$ tʂa$^{21}$ci$^{13}$tsʰiəu$^{53}_{44}$san$^{35}$liəuk$^{3}$ciəu$^{21}$.e$_{21}$,iet$^{3}$ cie$^{53}$,təu$^{35}_{21}$,mei$^{35}$ke$^{53}_{44}$,san$^{35}$ke$^{53}_{44}$in$^{13}_{44}$təu$^{35}_{44}$la$^{53}$tʂʰət$^{3}$ tsɿ$^{21}$lai$^{13}$,ʂəu$^{21}$li$^{21}$iet$^{3}$ tʰau$^{53}$fu$^{13}$tsʰiəu$^{53}_{44}$san$^{35}$tʂak$^{3}$.tʰin$^{53}$ɲi$^{13}$la$^{53}$ciəu$^{35}$(←ci$^{21}$to$^{35}$)tʂak$^{3}$. ɲi$^{13}$xɔit$^{5}$ tʂa$^{21}$m̩$^{13}_{21}$tʂak$^{3}$ təu$^{35}_{44}$n̩$^{13}_{21}$na$^{53}$,lin$^{13}$.san$^{35}$ke$^{53}_{44}$in$^{13}$,ŋai$^{13}$iet$^{3}$,ŋai$^{13}$,ta$^{21}$pi$^{21}$ŋai$^{13}$la$^{53}$iet$^{3}$ tʂak$^{3}$, ɲi$^{13}$la$^{53}$iɔŋ$^{21}$tʂak$^{3}$,ci$^{13}$la$^{53}_{44}$san$^{35}$tʂak$^{3}$ iɔŋ$^{53}_{44}$,xe$^{53}_{44}$me$^{53}_{44}$?tsʰiəu$^{53}_{44}$cia$^{35}_{44}$çi$^{21}_{44}$lɔi$^{13}_{21}$tsʰiəu$^{53}$liəuk$^{3}$ tʂak$^{3}$,kai$^{53}_{44}$tsʰiəu$^{53}_{44}$ci$^{13}$tsei$^{21}$,san$^{35}$liəuk$^{3}$ ciəu$^{21}$ke$^{53}$ɲin$^{13}_{21}$tsei$^{21}$,tsei$^{21}$iet$^{3}$ ciɔk$^{3}$.e$_{21}$,san$^{35}$liəuk$^{3}$ ciəu$^{21}$ke$^{53}$ɲin$^{13}_{21}$tsei$^{21}$iet$^{3}$ ciɔk$^{3}$.cia$^{35}$,tso$^{53}_{44}$cia$^{35}$fait$^{3}$ ia$^{0}$,tsʰiəu$^{53}_{44}$san$^{35}$ɲin$^{13}_{21}$,san$^{35}$ke$^{53}$in$^{13}_{21}$ʂəu$^{21}$li$^{0}$ la$^{53}$ke$^{53}_{44}$tsɿ$^{21}$tsʰiəu$^{53}_{44}$lɔi$^{13}$tso$^{53}$cia$^{35}$fait$^{3}$,kʰɔn$^{53}$na$^{53}_{44}$mak$^{3}$ɲin$^{13}_{44}$sien$^{35}$tsei$^{21}$.m̩$^{13}$pʰe$^{53}_{44}$tʂʰət$^{3}$ ke$^{53}_{21}$səu$^{53}_{44}$sʅ$^{53}_{44}$tʰai$^{53}$,san$^{35}$ke$^{53}$ɲin$^{13}_{21}$təu$^{35}$tʂʅ$^{21}$iəu$^{35}$san$^{35}$tʂak$^{3}$ tsɿ$^{21}$,ʂəu$^{21}$li$^{35}$tʂek$^{3}$ iəu$^{35}$san$^{35}$tʂak$^{3}$ tsɿ$^{21}$.tsʰiəu$^{53}_{44}$kʰɔn$^{53}$ɲi$^{13}$la$^{53}$ciau$^{35}$(←ci$^{21}$to$^{35}$)tʂak$^{3}$ tʂʰət$^{3}$ lɔi$^{13}$.sei$^{13}$pʰien$^{53}_{44}$la$^{53}$ciau$^{35}$(←ci$^{21}$to$^{35}$)tʂak$^{3}$. ɲi$^{13}$la$^{53}$iet$^{3}$ tʂak$^{3}$ a$^{35}$tso$^{53}$tek$^{3}$, ɲi$^{13}$la$^{53}$iɔŋ$^{21}$tʂak$^{3}$ a$^{35}$tso$^{53}$tek$^{3}$, ɲi$^{13}$la$^{53}$san$^{35}$tʂak$^{3}$,xa$^{53}$la$^{53}_{35}$tʂʰət$^{3}$ lɔi$^{13}$a$^{35}$tso$^{53}$tek$^{3}$, ɲi$^{13}_{21}$n̩$^{13}_{21}$na$^{53}_{44}$a$^{35}_{44}$tso$^{53}$tek$^{3}$.n̩$_{21}$.tsʰiəu$^{53}_{44}$tʰa$^{35}_{21}$san$^{35}$ke$^{53}_{44}$ɲin$^{13}_{21}$na$^{53}_{44}$lɔi$^{13}_{21}$,tʂʰən$^{35}$tʂʰət$^{3}$ ʂəu$^{21}$lɔi$^{13}$ia$^{0}$,ta$^{21}_{35}$kʰɔi$^{35}_{44}$lɔi$^{13}_{44}$,ŋai$^{13}$iet$^{3}$ tʂak$^{3}$, ɲi$^{13}$lei$^{0}$ mau$^{13}$tek$^{3}$, ɲi$^{13}$maŋ$^{13}$na$^{53}$,xe$^{53}_{44}$a$^{0}$?ci$^{13}$la$^{53}$iet$^{3}$ tʂak$^{3}$,iɔŋ$^{53}_{44}$mən$^{0}$ tsʰiəu$^{53}_{44}$s…san$^{35}$ke$^{53}$in$^{13}_{44}$cia$^{35}_{44}$çi$^{21}$lɔi$^{13}$tsʰiəu$^{53}_{44}$iɔŋ$^{21}$tʂak$^{3}$,iɔŋ$^{21}$tʂak$^{3}$ tsʰiəu$^{53}_{44}$i$^{21}$tʂəŋ$^{35}$kan$^{35}_{44}$i$^{21}$tʂak$^{3}$ɲin$^{13}_{21}$, ɲi$^{53}$ŋ̍$^{21}$pait$^{3}$ke$^{53}$ɲin$^{13}_{44}$tsei$^{21}$iet$^{3}$ciɔk$^{3}$.tsʰiəu$^{53}_{44}$kan$^{21}$tsɿ$^{0}$ ke$^{53}_{44}$.iəu$^{35}$ci$^{21}$to$^{35}$tʂak$^{3}$ tsɿ$^{21}$tsʰiəu$^{53}$lən$^{13}$tau$^{21}$mak$^{3}$ɲin$^{13}$tsei$^{21}$.xau$^{21}$,ta$^{21}$pi$^{21}$ɲi$^{13}$ɲi$^{53}$ŋ̍$^{21}$pait$^{3}$ɲi$^{13}$tsei$^{21}$li$^{0}$ iet$^{3}$ pʰu$^{53}$,tsei$^{21}$tau$^{53}_{44}$i$^{21}$iaŋ$^{53}$tsɿ$^{0}$ lɔi$^{13}_{21}$li$^{0}$,xei$^{53}_{44}$me$^{53}_{44}$?xau$^{21}$,kai$^{53}_{44}$i$^{21}$iet$^{3}$ pʰu$^{53}_{44}$tsʰiəu$^{53}_{44}$tsei$^{21}$xek$^{3}$ li$^{0}$ pa$^{0}$?san$^{35}$ke$^{53}_{44}$in$^{13}_{21}$iəu$^{53}$lɔi$^{13}$.iəu$^{53}$lɔi$^{13}_{21}$fa$^{13}$tsɿ$^{21}$,ɔn$^{35}_{44}$tso$^{53}_{44}$fa$^{13}$tsɿ$^{21}$.san$^{35}$ke$^{53}_{44}$in$^{13}_{21}$la$^{53}$tʂʰət$^{3}$ lɔi$^{13}$.ən$_{21}$,san$^{35}$ke$^{53}_{44}$in$^{13}_{21}$san$^{35}$tʂak$^{3}$ ʂəu$^{21}$la$^{53}$tʂʰət$^{3}$ lɔi$^{13}$.cia$^{35}$çi$^{21}$lɔi$^{13}$,xei$^{53}$iet$^{3}$ tʂak$^{3}$,tʂek$^{3}$ iəu$^{35}_{53}$iet$^{3}$ tʂak$^{3}$,xe$^{53}_{44}$me$^{53}$a$^{0}$?kai$^{53}_{44}$ŋai$^{13}_{21}$iet$^{3}$ si$^{53}$tsʰiet$^{3}$ cie$^{53}$ɲin$^{13}_{21}$tsei$^{21}$.e$_{21}$,ŋai$^{13}$tsei$^{21}$tau$^{53}$ɲi$^{13}$iəu$^{35}$iet$^{3}$ tʂak$^{3}$ çi$^{53}_{44}$kai$^{53}_{44}$,ŋai$^{13}$iəu$^{53}$lɔi$^{13}_{44}$li$^{0}$,ɲi$^{13}$kai$^{53}$tʂak$^{3}$ ɔi$^{53}_{44}$tʂɔn$^{21}$çi$^{53}_{44}$, ɲi$^{13}$kai$^{53}$tʂak$^{3}$tʂɔn$^{21}$çi$^{53}$,ta$^{21}$tʂɔn$^{21}$çi$^{53}$.pən$^{35}$ŋai$^{13}$ta$^{21}$xa$^{53}_{44}$çi$^{53}$li$^{0}$.kai$^{53}$iet$^{3}$ tʂak$^{3}$ uei$^{53}$tʂʅ$^{53}_{44}$tʂʅ$^{21}$len$^{13}_{44}$ciau$^{53}_{44}$çi$^{53}$iet$^{3}$ cie$^{53}$.iet$^{3}$ pən$^{35}$ʂʅ$^{53}_{44}$kai$^{53}_{44}$ke$^{53}_{44}$,ŋai$^{13}_{21}$n̩$^{13}_{21}$to$^{35}$ci$^{53}$tek$^{3}$ li$^{0}$,iet$^{3}$ pən$^{35}$ʂʅ$^{53}_{44}$tsʰiəu$^{53}$i$^{21}$kan$^{21}$tsɿ$^{0}$ u$^{21}$a$^{53}$lai$^{13}_{44}$ke$^{53}_{44}$.tsʰiəu$^{53}$kan$^{21}$tsɿ$^{0}$ ke$^{53}$.au$_{21}$,iəu$^{35}$tet$^{5}$tsəŋ$^{21}$,tsəŋ$^{21}$tsei$^{21}$xa$^{53}_{44}$tsɿ$^{0}$ iəu$^{53}_{44}$pən$^{35}_{44}$pʰiet$^{5}$ in$^{13}_{44}$ka$^{35}_{44}$ta$^{21}$xek$^{3}$ li$^{0}$.tsiəu$^{53}_{44}$tsiet$^{3}$ tau$^{21}$kai$^{53}_{44}$.au$_{13}$,man$^{53}_{44}$ne$^{0}$ iəu$^{53}_{44}$iəu$^{53}$l…san$^{35}$ke$^{53}$in$^{13}_{21}$lɔi$^{13}_{21}$ko$^{53}_{44}$.ŋ̍$^{13}$çi$^{53}$pien$^{35}$xɔŋ$^{53}$pa$^{0}$?ŋai$^{13}_{21}$ŋ̍$^{13}$ci$^{53}$tek$^{3}$.ʂɔŋ$^{35}_{44}$tʰien$^{35}$,e$_{21}$,tsʰiəu$^{53}_{44}$ʂɔŋ$^{35}_{44}$li$^{0}$ tʰien$^{35}$ne$^{0}$.mak$^{3}$in$^{13}_{44}$…kʰɔn$^{53}_{44}$xa$^{53}_{44}$mak$^{3}$ɲin$^{13}_{44}$sien$^{35}_{44}$ʂɔŋ$^{35}_{44}$tʰien$^{35}$nau$^{0}$.ʂɔŋ$^{35}$tʰien$^{35}_{44}$cʰi$^{13}$iau$^{0}$.i$^{21}$ke$^{53}_{44}$tsei$^{53}$kan$^{21}$tan$^{35}_{44}$na$^{0}$.ʂɔŋ$^{35}_{44}$tʰien$^{35}_{44}$

cʰi$^{13}$ia$^{0}$,ɔn$^{35}_{21}$tso$^{53}_{21}$ʂɔŋ$^{35}_{44}$tʰien$^{35}_{44}$cʰi$^{13}$ia$^{0}$,iəu$^{53}_{44}$kau$^{35}$sei$^{53}$ɲin$^{13}_{21}$tsɿ$^{0}$tso$^{53}$li$^{0}$cia$^{35}$fait$^{3}$ia$^{0}$,xei$^{53}_{44}$me$^{53}_{44}$?

【上厅】ʂɔŋ$^{53}$tʰaŋ$^{35}$ 名 上堂屋，指宅子最后一进的堂屋，作客厅使用：一般都系～更高哇。iet$^{3}$pɔn$^{35}$təu$^{35}_{44}$xe$^{53}_{44}$ʂɔŋ$^{53}$tʰaŋ$^{35}$cien$^{53}_{44}$kau$^{35}$ua$^{0}$.｜中间一只～，放祖宗牌位个。tʂɔŋ$^{35}_{44}$kan$^{35}_{44}$iet$^{3}$tʂak$^{3}$ʂɔŋ$^{53}$tʰaŋ$^{35}$,fɔŋ$^{53}$tsɿ$^{21}$tsɔŋ$^{35}_{44}$pʰai$^{13}$uei$^{53}_{44}$ke$^{53}_{44}$.

【上席】ʂɔŋ$^{53}$siet$^{3}$ 名 上座的别称。座位分尊卑时，最尊贵的座位：（如今请坐上个）请四只子位子嘞。……以个都系～。tsʰiaŋ$^{21}$si$^{53}$tʂak$^{3}$tsɿ$^{0}$uei$^{53}$tsɿ$^{0}$le$^{0}$.…i$^{21}$ke$^{53}_{44}$təu$^{35}$xe$^{53}_{44}$ʂɔŋ$^{53}_{44}$siet$^{3}$.

【上下】ʂɔŋ$^{53}$xa$^{35}$/çia$^{53}$ 名 ①上面和下面，高处和低处：以皮门，你冇哪映子……～冇哪映安……安筋咯？i$^{21}$pʰi$^{13}_{44}$mən$^{13}$,ɲi$^{13}_{21}$mau$^{13}$la$^{53}_{44}$iaŋ$^{53}_{44}$tsɿ$^{0}$…ʂɔŋ$^{53}$çia$^{53}$mau$^{13}$la$^{53}_{44}$iaŋ$^{53}_{44}$ŋɔn$^{35}$…ɔn$^{35}$cin$^{35}$ko$^{0}$？②纵向：摇椅是～摇，欸，前后摇，系唔系？iau$^{13}$i$^{21}$ʂɿ$^{53}_{44}$ʂɔŋ$^{53}$xa$^{53}_{44}$iau$^{13}$,ei$_{21}$,tsʰien$^{13}$xei$^{53}$iau$^{13}$,xei$^{53}_{44}$me$^{53}_{44}$?

【上下昼】ʂɔŋ$^{53}$xa$^{35}$tʂəu$^{53}$ 一个白天（包括上午和下午）：箇是还有只，～，上昼摎下昼，一天唔系上昼摎下昼哇？也差唔多就一天了哇，系唔系？kai$^{53}$ʂɿ$^{53}$xai$^{13}_{21}$iəu$^{35}_{53}$tʂak$^{3}$,ʂɔŋ$^{53}$xa$^{35}_{44}$tʂəu$^{53}$,ʂɔŋ$^{53}$tʂəu$^{53}_{44}$lau$^{35}$xa$^{35}$tʂəu$^{53}$,iet$^{3}$tʰien$^{35}_{53}$m$^{13}_{21}$pʰei$^{53}_{44}$ʂɔŋ$^{53}$tʂəu$^{53}_{44}$lau$^{35}_{44}$xa$^{35}$tʂəu$^{53}$ua$^{0}$?ia$^{35}$tsa$^{35}_{44}$n$^{13}_{21}$to$^{35}_{44}$tsʰiəu$^{53}$iet$^{3}$tʰien$^{35}$niau$^{21}$ua$^{0}$,xei$^{53}_{44}$me$^{53}$?｜今晡你～都赠看倒人呢。cin$^{35}_{44}$pu$^{35}_{53}$ɲi$^{13}_{44}$ʂɔŋ$^{53}$xa$^{35}_{44}$tʂəu$^{53}$təu$^{35}_{53}$maŋ$^{13}_{21}$kʰɔn$^{53}$tau$^{21}$ɲin$^{13}$ne$^{0}$.

【上向】ʂɔŋ$^{53}$çiɔŋ$^{53}$ 名 比较尊贵的方位，多指与门正对的墙壁的方位：（如今请坐上个）请四只子位子嘞，就系大厅下，正厅，最～，两张桌。tsʰiaŋ$^{21}$si$^{53}$tʂak$^{3}$tsɿ$^{0}$uei$^{53}$tsɿ$^{0}$le$^{0}$,tsʰiəu$^{53}_{44}$xei$^{53}_{44}$tʰai$^{53}$tʰaŋ$^{35}_{44}$xa$^{35}$,tʂən$^{53}$tʰaŋ$^{35}$,tsei$^{53}$ʂɔŋ$^{53}$çiɔŋ$^{53}$,iɔŋ$^{21}$tʂɔŋ$^{35}_{44}$tsɔk$^{3}$.

【上学】ʂɔŋ$^{35}$xɔk$^{5}$ 动 ①学生到学校学习：细人子～去哩噢。sei$^{53}$ɲin$^{13}_{21}$tsɿ$^{0}$ʂɔŋ$^{35}$xɔk$^{5}$çi$^{53}$li$^{0}$au$^{0}$. ②入学：我箇只细个孙子都爱～了喔，读一年级了喔，～了喔。ŋai$^{13}$kai$^{53}$tʂak$^{3}$se$^{53}$ke$^{53}_{44}$sən$^{35}$tsɿ$^{0}$təu$^{35}_{44}$ɔi$^{53}_{44}$ʂɔŋ$^{35}$xɔk$^{5}$liau$^{0}$uo$^{0}$,tʰəuk$^{5}$iet$^{3}$ɲien$^{13}_{21}$ciet$^{3}$liau$^{0}$uo$^{0}$,ʂɔŋ$^{35}$xɔk$^{5}$liau$^{0}$uo$^{0}$.

【上药】ʂɔŋ$^{35}$iɔk$^{5}$ 动 敷药；涂抹药品（如消炎药等）：手上撞一下，今晡又爱来去医院里上兜子药。ʂəu$^{21}$xɔŋ$^{53}$tsʰɔŋ$^{53}$iet$^{3}$xa$^{53}$,cin$^{35}_{44}$pu$^{35}_{44}$iəu$^{53}$ɔi$^{53}$lɔi$^{13}_{21}$çi$^{53}$i$^{35}$vien$^{53}$li$^{0}$ʂɔŋ$^{35}$te$^{35}_{53}$tsɿ$^{0}$iɔk$^{5}$.

【上一王】ʂɔŋ$^{35}$iet$^{3}$uɔŋ$^{13}$ 下象棋时向上出老将：箇要将稳哩啦，麻溜～。唔～是唔系就会分渠将死呀。kai$^{53}_{44}$iau$^{53}_{44}$tsiɔŋ$^{35}$uən$^{21}$li$^{0}$la$^{0}$,ma$^{13}_{21}$liəu$^{53}_{44}$ʂɔŋ$^{35}$iet$^{3}$uɔŋ$^{13}$.n$^{13}$ʂɔŋ$^{35}$iet$^{3}$uɔŋ$^{13}_{44}$ʂɿ$^{53}_{44}$m$^{13}$pʰe$^{53}_{44}$tsʰiəu$^{53}_{44}$uɔi$^{53}_{44}$pən$^{35}_{44}$ci$^{13}_{21}$tsiɔŋ$^{35}$si$^{21}$ia$^{0}$.

【上正间】ʂɔŋ$^{53}$tʂən$^{53}$kan$^{35}$ 名 上厅两侧的屋子。多称“后正间”：后背个就～，也安做后正间，也安做～。前正间也安做下正间。一般都系上厅更高哇，系唔系？后背箇一栋爱高滴子更好看呢。不可能平倒，更不可能低，都系比前栋爱高滴子。所以渠又分，后背箇只正间又安做～。欸，下正间。前正间，后正间。前正间，后正间个多，咁子话个更多。xei$^{53}$pɔi$^{53}_{44}$ke$^{53}_{44}$tsʰiəu$^{53}_{44}$ʂɔŋ$^{53}$tʂəŋ$^{53}$kan$^{35}$,ia$^{35}$ɔn$^{35}_{44}$tso$^{53}_{44}$xei$^{53}$tʂəŋ$^{53}$kan$^{35}$.ia$^{35}$ɔn$^{35}_{44}$tso$^{53}_{44}$ʂɔŋ$^{53}$tʂəŋ$^{53}$kan$^{35}$.tsʰien$^{13}$tʂəŋ$^{53}$kan$^{35}$ia$^{35}$ɔn$^{35}_{44}$tso$^{53}_{44}$xa$^{35}$tʂəŋ$^{53}$kan$^{35}$.iet$^{3}$pɔn$^{35}$təu$^{35}_{44}$xe$^{53}_{44}$ʂɔŋ$^{53}$tʰaŋ$^{35}$cien$^{53}_{44}$kau$^{35}$ua$^{0}$,xei$^{53}_{44}$me$^{53}_{44}$?xei$^{53}$pɔi$^{53}_{44}$kai$^{53}_{44}$iet$^{3}$təŋ$^{53}_{44}$ɔi$^{53}_{44}$kau$^{35}$tiet$^{5}$tsɿ$^{0}$cien$^{53}_{44}$xau$^{21}$kʰɔn$^{53}$ne$^{0}$.puk$^{3}$kʰo$^{21}$len$^{13}_{44}$pʰiaŋ$^{13}$tau$^{21}$,cien$^{53}$pət$^{3}$kʰo$^{21}$len$^{13}$te$^{35}$,təu$^{35}$xe$^{53}_{44}$pi$^{21}$tsʰien$^{13}$təŋ$^{53}_{44}$ɔi$^{53}_{44}$kau$^{35}$tiet$^{5}$tsɿ$^{0}$.so$^{21}$i$^{35}$ci$^{13}$iəu$^{53}$fən$^{35}$,xei$^{53}$pɔi$^{53}_{44}$kai$^{53}_{44}$tʂak$^{3}$tʂəŋ$^{53}$kan$^{35}_{44}$iəu$^{53}_{44}$ɔn$^{35}_{44}$tso$^{53}_{44}$ʂɔŋ$^{53}$tʂəŋ$^{53}$kan$^{35}_{44}$.e$_{21}$,xa$^{35}$tʂəŋ$^{53}$kan$^{35}_{44}$.tsʰien$^{13}$tʂəŋ$^{53}$kan$^{35}_{44}$,xei$^{53}$tʂəŋ$^{53}$kan$^{35}_{44}$.tsʰien$^{13}$tʂəŋ$^{53}_{44}$kan$^{35}$,xei$^{53}$tʂəŋ$^{53}_{44}$kan$^{35}$ke$^{53}_{44}$to$^{35}_{44}$,kan$^{21}$tsɿ$^{0}$ua$^{53}$ke$^{53}_{44}$cien$^{53}$to$^{35}$.

【上正月子】ʂɔŋ$^{53}$tʂaŋ$^{35}$ɲiet$^{5}$tsɿ$^{0}$ 名 去年正月：～死嘿哩。ʂɔŋ$^{53}$tʂaŋ$^{35}$ɲiet$^{5}$tsɿ$^{0}$si$^{21}$xek$^{3}$li$^{0}$.

【上昼】ʂɔŋ$^{53}$tʂəu$^{53}$ 名 上午：三十晡～san$^{35}$ʂət$^{5}$pu$^{35}$ʂɔŋ$^{53}$tʂəu$^{53}_{21}$｜欸半昼子，～个半昼子，摎半下昼，就安做打点。e$^{0}$pan$^{53}$tʂəu$^{53}$tsɿ$^{0}$,ʂɔŋ$^{53}$tʂəu$^{53}_{44}$ke$^{53}_{44}$pan$^{53}$tʂəu$^{53}$tsɿ$^{0}$,lau$^{35}$pan$^{53}$xa$^{35}$tʂəu$^{53}_{44}$,tsʰiəu$^{53}_{44}$ɔn$^{35}_{44}$tso$^{53}_{44}$ta$^{21}$tian$^{21}$.

【上座】ʂɔŋ$^{53}$tsʰo$^{53}$ 名 座位分尊卑时，最尊贵的座位：以上向，以映就～，以向就是～。i$^{21}$ʂɔŋ$^{53}$çiɔŋ$^{53}$,i$^{21}$iaŋ$^{53}_{44}$tsʰiəu$^{53}_{44}$ʂɔŋ$^{53}$tsʰo$^{53}$,i$^{21}$çiɔŋ$^{53}$tsʰiəu$^{53}$ʂɿ$^{53}_{44}$ʂɔŋ$^{53}$tsʰo$^{53}$.

【绱】ʂɔŋ$^{21}$ 动 将鞋帮与鞋底，或是袜底与袜筒缝合在一起：欸，买倒来个袜子嘞，爱底下剪个唠，安做，分箇只袜底～上去，安做～袜底。ei$_{44}$,mai$^{35}$tau$^{21}$lɔi$^{13}_{21}$ke$^{53}$mait$^{3}$tsɿ$^{0}$le$^{0}$,ɔi$^{53}_{44}$te$^{21}$xa$^{53}$tsien$^{21}$cie$^{53}_{44}$lau$^{0}$,ɔn$^{35}$tso$^{53}_{21}$,pən$^{35}$kai$^{53}$tʂak$^{3}$mait$^{3}$te$^{21}$ʂɔŋ$^{21}$ʂɔŋ$^{53}_{44}$çi$^{53}_{44}$,ɔn$^{35}_{44}$tso$^{53}_{44}$ʂɔŋ$^{21}$mait$^{3}$te$^{21}$.

【绱钻】ʂɔŋ$^{21}$tsɔn$^{53}$ 名 绱鞋时所用钻子的统称：同打钻相对个嘞有～。绱鞋个。箇～又系么让门子个～呢？看呶，打只比方，以只系鞋面，系唔系？以只系鞋底。以只鞋面呢爱绱下以只鞋底上去。系咁子绱。好，你就你如果用打钻去嘞，以映子钻，钻只眼，系唔系？钻只眼。你爱穿条绳子去。好，等得你钻正眼来，一扯下出来嘞箇只眼满嘿哩。箇只眼就满嘿哩啊，就合拢去哩啊，收回原来个样子啊。你箇你箇个绳子真就穿唔过。箇就爱用～呶，欸。～让门子嘞？～呢渠就有两起。一起嘞箇钻头上嘞有条子钩子，你一钻下去，走箇条钩子肚里嘞

S

分以条绳子穿过去。还有起嘞，箇就一条槽哇，欸，就以只钻头上一条槽哇。还有一起嘞就系以头上有只钩钩，你分箇只绳尾子嘞摞下以钩钩上，一拖，和绳尾子拖过来哩。就安做～，绱鞋个钻子。tʰəŋ$^{13}$ta$^{21}$tsɔn$^{53}$siɔŋ$^{35}$tei$^{53}$ke$^{0}$lei$^{0}$iəu$^{35}$ʂɔŋ$^{21}$tsɔn$^{53}$.ʂɔŋ$^{21}$xai$^{13}$ke$^{0}$.kai$^{53}_{44}$ʂɔŋ$^{21}$tsɔn$^{53}$iəu$^{53}$xei$^{53}$mak$^{3}$ɲiɔŋ$^{53}$mən$^{0}$tsɿ$^{0}$ke$^{0}$ʂɔŋ$^{21}$tsɔn$^{53}_{44}$nei$^{0}$?kʰɔn$^{53}_{44}$nau$^{0}$,ta$^{21}$tʂak$^{3}$pi$^{21}$fɔŋ$^{35}_{53}$,i$^{21}$tʂak$^{3}$xe$^{53}$xai$^{13}$mien$^{53}$,xei$^{53}_{44}$me$^{53}_{44}$?i$^{21}$tʂak$^{3}$xe$^{53}$xai$^{13}$te$^{21}$.i$^{21}$tʂak$^{3}$xai$^{13}$mien$^{53}$ne$^{0}$ɔi$^{53}$ʂɔŋ$^{21}$ŋa$^{53}$i$^{21}$tʂak$^{3}$xai$^{13}$te$^{21}$xɔŋ$^{53}$çi$^{53}$.xei$^{53}$kan$^{21}$tsɿ$^{0}$ʂɔŋ$^{21}$.xau$^{21}$, ɲi$^{13}$tsʰiəu$^{53}$ɲi$^{13}$vy$^{13}$ko$^{21}$iəŋ$^{53}$ta$^{21}$tsɔn$^{53}$cʰi$^{53}_{44}$lei$^{0}$,i$^{21}$iaŋ$^{53}$tsɿ$^{0}$tsɔn$^{53}$,tsɔn$^{53}$tʂak$^{3}$ŋan$^{21}$,xei$^{53}_{44}$me$^{53}_{44}$?tsɔn$^{53}$tʂak$^{3}$ŋan$^{21}$. ɲi$^{13}$ɔi$^{53}_{44}$tʂʰɔn$^{53}$tʰiau$^{13}_{21}$ʂən$^{13}$tsɿ$^{0}$çi$^{53}_{44}$.xau$^{21}$,ten$^{21}$tek$^{3}$ɲi$^{13}$tsɔn$^{53}$tʂaŋ$^{53}$ŋan$^{21}$nɔi$^{13}$,iet$^{3}$tʂʰa$^{21}$(x)a$^{53}$tʂʰət$^{3}$lɔi$^{13}$lei$^{0}$kai$^{53}$tʂak$^{3}$ŋan$^{21}$mən$^{53}$nek$^{3}$li$^{0}$.kai$^{53}_{44}$tʂak$^{3}$ŋan$^{21}$tsʰiəu$^{53}_{44}$mən$^{53}$nek$^{3}$li$^{0}$a$^{0}$,tsʰiəu$^{53}_{44}$xɔit$^{5}$ləŋ$^{35}$çi$^{53}$li$^{0}$a$^{0}$,ʂəu$^{35}$fei$^{13}_{44}$vien$^{13}$lai$^{13}_{44}$ke$^{0}$iɔŋ$^{53}$tsɿ$^{0}$a$^{0}$.ɲi$^{13}$kai$^{53}$ɲi$^{13}$kai$^{53}$kei$^{53}$ʂən$^{13}$tsɿ$^{0}$tʂən$^{35}$tsʰiəu$^{53}_{44}$tʂʰɔn$^{53}$n̩$^{13}$ko$^{53}$.kai$^{53}_{44}$tsʰiəu$^{53}$ɔi$^{53}_{44}$iəŋ$^{53}_{44}$ʂɔŋ$^{21}$tsɔn$^{53}$nau$^{0}$,e$_{21}$.ʂɔŋ$^{21}$tsɔn$^{53}$ɲiɔŋ$^{53}_{44}$mən$^{0}$tsɿ$^{0}$lei$^{0}$?ʂɔŋ$^{21}$tsɔn$^{53}$nei$^{0}$ci$^{13}$tsʰiəu$^{53}$iəu$^{35}$iɔŋ$^{21}$çi$^{21}$.iet$^{3}$çi$^{21}$lei$^{0}$kai$^{53}_{44}$tsɔn$^{53}$tʰei$^{13}$xɔŋ$^{53}_{44}$lei$^{0}$iəu$^{35}$tʰiau$^{13}_{21}$tsɿ$^{0}$kei$^{35}$tsɿ$^{0}$, ɲi$^{13}$iet$^{3}$tsɔn$^{53}$na$^{53}_{44}$çi$^{53}$,tsei$^{21}$kai$^{53}$tʰiau$^{13}_{21}$kei$^{35}$tsɿ$^{0}$təu$^{21}$li$^{0}$lei$^{0}$pən$^{35}_{44}$i$^{21}$tʰiau$^{13}_{21}$ʂən$^{13}$tsɿ$^{0}$tʂʰɔn$^{53}$ko$^{53}_{44}$çi$^{53}_{44}$.xai$^{13}_{21}$iəu$^{35}$çi$^{21}$lei$^{0}$,kai$^{53}$tsʰiəu$^{53}$iet$^{3}$tʰiau$^{13}_{21}$tsʰau$^{13}$ua$^{0}$,e$_{44}$,tsʰiəu$^{53}$i$^{21}$tʂak$^{3}$tsɔn$^{53}$tʰei$^{13}$xɔŋ$^{53}$(i)et$^{3}$tʰiau$^{13}$tsʰau$^{13}$ua$^{0}$.xai$^{13}$iəu$^{35}_{53}$iet$^{3}$çi$^{21}$lei$^{0}$tsʰiəu$^{53}$xe$^{53}$i$^{21}$tʰei$^{13}$xɔŋ$^{53}$(i)əu$^{35}_{44}$tʂak$^{3}$kei$^{35}$kei$^{35}_{44}$, ɲi$^{13}_{21}$pən$^{35}$kai$^{53}$tʂak$^{3}$ʂən$^{13}$mi$^{35}$tsɿ$^{0}$lei$^{0}$kʰuan$^{53}$na$^{53}_{44}$i$^{21}$kei$^{35}$kei$^{35}_{44}$xɔŋ$^{53}_{44}$,iet$^{3}$tʰo$^{35}$,uo$^{53}$ʂən$^{13}$mi$^{35}$tsɿ$^{0}$tʰo$^{35}$ko$^{53}_{44}$lɔi$^{13}_{44}$li$^{0}$.tsʰiəu$^{53}_{44}$ɔn$^{35}_{44}$tso$^{53}$ʂɔŋ$^{21}$tsɔn$^{53}$,ʂɔŋ$^{21}$xai$^{13}$ke$^{0}$tsɔn$^{53}$tsɿ$^{0}$.

【烧】ʂau$^{35}$ 动①以……作为燃料；使东西着火燃烧：以前箇打火机是～汽油格嘞。i$^{21}$tsʰien$^{13}_{21}$ke$^{53}$ta$^{21}$fo$^{21}$ci$^{35}$ʂʅ$^{53}_{44}$ʂau$^{35}_{44}$çi$^{53}$iəu$^{13}_{21}$ke$^{53}$le$^{0}$.｜～就唔好～啦，夜挂树就。ʂau$^{35}$tsʰiəu$^{53}$m̩$^{13}_{21}$xau$^{21}$ʂau$^{35}$la$^{0}$,ia$^{53}$kua$^{53}$ʂəu$^{53}$tsʰiəu$^{53}_{21}$. ②用火或发热的东西使物品受热起变化：以前做屋就硬爱硬爱～瓦唠。i$^{35}$tsʰien$^{13}_{21}$tso$^{53}_{44}$uk$^{3}$tsʰiəu$^{53}_{44}$ɲiaŋ$^{53}_{44}$ɔi$^{53}_{44}$ɲiaŋ$^{53}_{44}$ɔi$^{53}_{44}$ʂau$^{35}$ŋa$^{21}$lau$^{0}$.｜饭～嘿哩哈，～哩癞哈。fan$^{53}$ʂau$^{35}$(x)ek$^{3}$li$^{0}$xa$^{0}$,ʂau$^{35}$li$^{0}$lait$^{3}$xa$^{0}$. ③怂恿：打比我就～你：“啊，你不要放松渠呀，你去摎渠打一架！”系唔系？你就信得我～。ta$^{21}$pi$^{21}$ŋai$^{13}$tsʰiəu$^{53}$ʂau$^{35}$ɲi$^{13}_{21}$:"a$_{13}$, ɲi$^{13}_{21}$pət$^{3}$iau$^{53}_{44}$fɔŋ$^{53}$səŋ$^{35}$ci$^{13}_{21}$ia$^{0}$ ,ɲi$^{13}$çi$^{53}_{44}$lau$^{35}$ci$^{13}_{21}$ta$^{21}$iet$^{3}$cia$^{53}$!"xei$^{53}_{44}$me$^{53}_{44}$?ɲi$^{13}$tsʰiəu$^{53}_{44}$sin$^{53}$tek$^{3}$ŋai$^{13}_{21}$ʂau$^{35}$.｜你自家想倒让门子就让门子，莫信别人家～喔！ɲi$^{13}$tsʰʅ$^{35}$ka$^{35}_{44}$siɔŋ$^{21}$tau$^{21}$ɲiɔŋ$^{53}$mən$^{0}$tsɿ$^{0}$tsʰiəu$^{53}_{44}$ɲiɔŋ$^{53}_{44}$mən$^{0}$tsɿ$^{0}$,mɔk$^{53}$sin$^{53}$pʰiet$^{5}$in$^{13}_{21}$ka$^{35}_{44}$ʂau$^{35}$uo$^{0}$!

【烧拜香】ʂau$^{35}$pai$^{53}$çiɔŋ$^{35}$ 民间烧香习俗中一种比较特殊的做法，其人向着某一宫观神庙一步或几步一拜：我头到就看哩呢箇庙里～嘞。一伴个人，欸，箇晡落大水哟，擎把遮子，膝头都溧湿唠，一只一只膝头都溧湿唠，着双筒子套鞋哟，～。～让门烧啊？走几多步又跪一拜，走几多步又跪一拜，箇到箇是走四步跪一拜呀走三步跪一拜呀？～。就系～嘞就系保佑媄子，只有媄子正受得拜香，爷子受唔得。欸，爱神明保佑媄子健康长寿欸就～。ŋai$^{13}_{21}$tʰei$^{13}_{21}$tau$^{53}_{44}$tsʰiəu$^{53}$kʰɔn$^{53}$ni$^{0}$nei$^{0}$kai$^{53}_{44}$miau$^{53}$li$^{0}$ʂau$^{35}_{44}$pai$^{53}$çiɔŋ$^{35}_{44}$lei$^{0}$.iet$^{3}$pʰɔn$^{53}$ke$^{53}$ɲin$^{13}$,e$_{53}$,kai$^{53}_{44}$pu$^{35}$lɔk$^{5}$tʰai$^{53}$ʂei$^{21}$io$^{0}$,cʰiaŋ$^{13}_{21}$pa$^{21}$tʂa$^{35}$tsɿ$^{0}$,tsʰiet$^{3}$tʰei$^{13}_{21}$təu$^{35}_{44}$tsiet$^{5}$ʂət$^{3}$lau$^{0}$,iet$^{3}$tʂak$^{3}$iet$^{3}$tʂak$^{3}$tsʰiet$^{3}$tʰei$^{13}$təu$^{35}_{44}$tsiet$^{5}$ʂət$^{3}$lau$^{0}$,tʂɔk$^{3}$səŋ$^{35}$tʰəŋ$^{13}_{21}$tsɿ$^{0}$tʰau$^{53}$xai$^{13}_{21}$iau$^{0}$,ʂau$^{35}$pai$^{53}$çiɔŋ$^{35}$.ʂau$^{35}_{44}$pai$^{53}$çiɔŋ$^{35}_{44}$ɲiɔŋ$^{53}_{44}$mən$^{13}_{44}$ʂau$^{35}_{44}$a$^{0}$?tsei$^{21}$ci$^{21}$to$^{35}$pʰu$^{53}$iəu$^{53}$kʰuei$^{21}$iet$^{3}$pai$^{53}$,tsei$^{21}$ci$^{21}$to$^{35}$pʰu$^{53}$iəu$^{53}$kʰuei$^{21}$iet$^{3}$pai$^{53}$,kai$^{53}$tau$^{53}$kai$^{53}$ʂʅ$^{53}_{44}$tsei$^{21}$si$^{53}$pʰu$^{53}$kʰuei$^{21}$iet$^{3}$pai$^{53}$ia$^{0}$tsei$^{21}$san$^{35}$pʰu$^{53}$kʰuei$^{21}$iet$^{3}$pai$^{53}$ia$^{0}$?ʂau$^{35}_{44}$pai$^{53}$çiɔŋ$^{35}_{44}$.tsʰiəu$^{53}$xe$^{53}$ʂau$^{35}$pai$^{53}$çiɔŋ$^{35}_{44}$lei$^{0}$tsʰiəu$^{53}$xe$^{53}$pau$^{21}$iəu$^{53}$ɔi$^{35}$tsɿ$^{0}$,tʂʅ$^{21}$iəu$^{35}_{53}$ɔi$^{35}$tsɿ$^{0}$tʂaŋ$^{53}$ʂəu$^{53}$tek$^{3}$pai$^{53}$çiɔŋ$^{35}_{44}$,ia$^{13}$tsɿ$^{0}$ʂəu$^{53}$n̩$^{13}_{21}$tek$^{3}$.e$_{21}$,ɔi$^{53}$ʂən$^{13}$min$^{13}$pau$^{21}$iəu$^{53}$ɔi$^{35}$tsɿ$^{0}$cʰien$^{53}$kʰɔŋ$^{35}_{44}$tʂʰɔŋ$^{13}$ʂəu$^{53}$e$_{21}$tsiəu$^{53}_{21}$ʂau$^{35}_{44}$pai$^{53}$çiɔŋ$^{35}_{44}$.

【烧包】ʂau$^{35}$pau$^{35}$ 名旧时祭鬼神，焚烧封成包的纸钱：真正呢欸（七月半）最大个活动嘞就系搞么个？就系～，烧倒包分箇个欸亡人。tʂən$^{35}$tʂən$^{53}_{44}$nei$^{0}$e$_{21}$tsei$^{53}$tʰai$^{53}_{44}$ke$^{53}_{44}$xɔit$^{5}$tʰəŋ$^{53}_{44}$lei$^{0}$tsʰiəu$^{53}$xei$^{53}$kau$^{21}$mak$^{3}$e$^{0}$?tsʰiəu$^{53}_{44}$xei$^{53}_{44}$ʂau$^{35}$pau$^{35}$,ʂau$^{35}_{44}$tau$^{21}$pau$^{35}$ʂau$^{35}_{44}$pən$^{35}_{44}$kai$^{53}_{21}$ke$^{53}_{21}$e$_{21}$mɔŋ$^{13}$ɲin$^{13}$.

【烧饼】ʂau$^{35}$piaŋ$^{21}$ 名①烤熟的小面饼，表面多有芝麻：有起饼安做～。正经哪起～欸？我箇长日都看得倒箇一般子个饼就安做～。iəu$^{35}$çi$^{21}$piaŋ$^{21}$ɔn$^{35}_{44}$tso$^{53}_{44}$ʂau$^{35}$piaŋ$^{21}$.tʂən$^{53}_{44}$cin$^{35}_{44}$lai$^{53}$çi$^{21}$ʂau$^{35}$piaŋ$^{21}$ŋe$^{0}$?ŋai$^{13}$kai$^{53}$tʂʰɔŋ$^{13}$ɲiet$^{3}$təu$^{35}_{44}$kʰɔn$^{53}$tek$^{3}$tau$^{21}$kai$^{53}$iet$^{3}$pɔn$^{35}$tsɿ$^{0}$ke$^{53}$piaŋ$^{21}$tsiəu$^{53}_{44}$ɔn$^{35}_{44}$tso$^{53}_{44}$ʂau$^{35}$piaŋ$^{21}$. ②喻指很差的成绩：考试嬒考得好，食只～。也唔系么个零分～咯，就系成绩蛮妁。kʰau$^{21}$ʂʅ$^{53}$maŋ$^{13}_{21}$kʰau$^{21}$tek$^{3}$xau$^{21}$,ʂət$^{5}$(tʂ)ak$^{3}$ʂau$^{35}$piaŋ$^{21}$.ia$^{35}$m̩$^{13}_{21}$pʰei$^{53}$mak$^{3}$e$^{0}$lin$^{13}$fən$^{35}$ʂau$^{35}$piaŋ$^{21}$ko$^{0}$,tsʰiəu$^{53}$xei$^{53}$tʂʰən$^{13}$tsiet$^{3}$man$^{13}$ʂɔk$^{3}$.

【烧床秆】ʂau$^{35}$tsʰɔŋ$^{13}$kɔn$^{21}$ 葬俗之一，出殡前的晚上为死者焚烧生前床上垫的稻草及其他生前用品。又称“熰床秆”：箇年我等一只喊叔婆过哩身，哈，欸，～箇晡嘞么个都扐出来哩。渠箇只赖子话：“以床席你等么人扐倒去么？我媄子是真系两年都嬒用了，嬒睡以床席了。”么人爱？咁个话听倒也怕唠，反正渠媄子睡哩个。冇人爱。以下就唔比得以前。以前冇得是也好喔，以下就冇人爱了。kai$^{53}$ɲien$^{13}_{21}$ŋai$^{13}$tien$^{0}$iet$^{3}$tʂak$^{3}$xan$^{53}$ʂəuk$^{3}$pʰo$^{13}_{44}$ko$^{53}$li$^{0}$ʂən$^{35}$,xa$_{53}$,e$_{21}$,ʂau$^{35}$

tsʰɔŋ$^{13}_{21}$kɔn$^{21}$kai$^{53}_{44}$pu$^{35}_{44}$le$^{0}$ mak$^{3}$ ke$^{53}_{44}$təu$^{35}_{44}$let$^{5}$ tʂʰət$^{3}$ lɔi$^{13}_{21}$li$^{0}$ .ci$^{13}_{21}$kai$^{53}$(tʂ)ak$^{3}$ lai$^{53}$tsɿ$^{0}$ ua$^{53}$:"i$^{21}$tsʰɔŋ$^{13}$tsʰiak$^{5}$ ɲi$^{13}_{21}$tien$^{0}$ mak$^{3}$ ɲin$^{13}_{44}$let$^{5}$ tau$^{21}$çi$^{53}$mo$^{0}$ ?ŋai$^{13}_{21}$ɔi$^{35}_{44}$tsɿ$^{0}$ ʂʅ$^{53}_{21}$tʂən$^{35}$nei$^{53}_{44}$iɔŋ$^{21}$ɲien$^{13}$təu$^{35}_{53}$maŋ$^{13}$iɔŋ$^{53}$liau$^{0}$,maŋ$^{13}$ʂɔi$^{53}$i$^{13}_{21}$tsʰɔŋ$^{13}$ tsʰiak$^{5}$ liau$^{0}$."mak$^{3}$ ɲin$^{13}_{44}$ɔi$^{53}$?kan$^{21}$kei$^{53}_{44}$fa$^{53}$tʰaŋ$^{35}$tau$^{21}$a$^{35}_{44}$pʰa$^{53}$lau$^{0}$,fan$^{21}$tʂən$^{53}_{44}$ci$^{13}_{21}$ɔi$^{35}_{44}$tsɿ$^{0}$ ʂɔi$^{53}$li$^{0}$ ke$^{53}_{44}$.mau$^{13}$ɲin$^{13}_{44}$ ɔi$^{53}$.i$^{21}$xa$^{53}$tsʰiəu$^{53}$m̩$^{13}$pi$^{21}$tek$^{3}$ i$^{35}_{53}$tsʰien$^{13}$.i$^{35}_{53}$tsʰien$^{13}_{21}$mau$^{13}$tek$^{3}$ ʂʅ$^{53}_{44}$ia$^{35}$xau$^{21}$uo$^{0}$,i$^{13}_{21}$xa$^{53}$tsʰiəu$^{53}$mau$^{13}_{21}$ɲin$^{13}_{21}$ɔi$^{53}$liau$^{0}$.

【烧倒头香】ʂau$^{35}$tau$^{21}$tʰei$^{13}_{21}$çiɔŋ$^{35}$ 吊孝：我等客家人更得滴子，就爱渠等人外背有滴是蛮重视以点，欸，人死哩，亲戚朋友硬爱去～。ŋai$^{13}_{21}$tien$^{0}$ kʰak$^{3}$ ka$^{35}_{44}$ɲin$^{13}_{21}$cien$^{53}$tek$^{3}$ tiet$^{5}$ tsɿ$^{0}$,tsʰiəu$^{53}_{44}$ɔi$^{53}$ci$^{13}_{21}$ tien$^{0}$ ɲin$^{13}_{21}$ŋɔi$^{53}$pɔi$^{53}_{44}$iəu$^{35}$tet$^{5}$ ʂʅ$^{53}_{44}$man$^{13}$tʂʰəŋ$^{53}$ʂʅ$^{53}$ie$^{21}$(←i$^{21}$)tian$^{21}$,e$_{21}$, ɲin$^{13}$si$^{21}$li$^{0}$ ,tsʰin$^{35}$tsʰiet$^{3}$ pʰəŋ$^{13}_{21}$iəu$^{35}_{44}$ɲiaŋ$^{53}$ ɔi$^{53}_{44}$çi$^{53}_{44}$ʂau$^{35}$tau$^{21}$tʰei$^{13}_{21}$çiɔŋ$^{35}$.

【烧火】ʂau$^{35}$fo$^{21}$ 动①使柴、煤等燃料燃烧；生火：砻谷□□，～做夜。ləŋ$^{13}$kuk$^{3}$ tsʰi$^{53}$ tsʰa$^{53}$,ʂau$^{35}$fo$^{21}$tso$^{53}$ia$^{53}$.｜（炕床）底下可以～个啊。te$^{21}$xa$^{53}_{44}$kʰo$^{21}$i$^{35}$ʂau$^{35}$fo$^{21}$ke$^{53}$a$^{0}$. ②怂恿他人：喜欢～çi$^{21}$fɔn$^{35}_{44}$ʂau$^{35}$fo$^{21}$。③指艾灸：欸带倒我老妹子去～，么个去～啊，烧起我老妹子挖天挖地。e$^{0}$ tai$^{53}$tau$^{21}_{44}$ŋai$^{13}_{44}$lau$^{21}$mɔi$^{53}$tsɿ$^{0}$ cʰi$^{53}_{44}$ʂau$^{35}$fo$^{21}$,mak$^{3}$ kei$^{53}$çi$^{53}_{44}$ʂau$^{35}_{44}$fo$^{21}$a$^{0}$ ,ʂau$^{35}$çi$^{21}$ŋai$^{13}_{44}$lau$^{21}_{44}$mɔi$^{53}$tsɿ$^{0}$ uait$^{3}$ tʰien$^{35}_{44}$ uait$^{3}$ tʰi$^{53}$.

【烧瘌】ʂau$^{35}$lait$^{3}$ 动焖饭底部烧出了锅巴：烧瘌饭就系烧哩巴欸箇个欸以个烧瘌饭是系咁子个～，渠就焖个饭，用镬头去焖个饭，渠就会～，你真正你话欸你话用甑蒸呐，用机器炉子啊，用电饭煲，都唔多得～。ʂau$^{35}$lait$^{3}$ fan$^{53}$tsʰiəu$^{53}_{44}$xe$^{53}_{44}$ʂau$^{35}$li$^{0}$ pa$^{35}$e$_{21}$kai$^{53}_{44}$ke$^{53}_{44}$e$_{21}$i$^{21}$ke$^{53}$ʂau$^{35}$lait$^{3}$ fan$^{53}$ʂʅ$^{53}_{44}$ xei$^{53}$kan$^{21}_{13}$tsɿ$^{0}$ ke$^{53}$ʂau$^{35}$lait$^{3}$ ,ci$^{13}_{21}$tsʰiəu$^{53}$mən$^{35}$ke$^{53}$fan$^{53}$,iəŋ$^{53}$uɔk$^{5}$ tʰei$^{13}_{21}$çi$^{53}_{44}$mən$^{35}$ke$^{53}_{44}$fan$^{53}$,ci$^{13}_{21}$tsʰiəu$^{53}$uɔi$^{53}$ʂau$^{35}$ lait$^{3}$ , ɲi$^{13}_{21}$tʂən$^{35}$tʂən$^{53}$ɲi$^{13}_{21}$ua$^{53}_{44}$ei$_{21}$ɲi$^{13}$ua$^{53}_{44}$iəŋ$^{53}_{44}$tsen$^{53}$tʂən$^{35}$na$^{0}$ ,iəŋ$^{53}_{44}$ci$^{35}$çi$^{53}$ləu$^{13}$tsɿ$^{0}$ a$^{0}$ ,iəŋ$^{53}$tʰien$^{53}$fan$^{53}$pau$^{21}$,təu$^{35}$ n̩$^{13}_{21}$to$^{35}$tek$^{3}$ ʂau$^{35}_{44}$lait$^{3}$.

【烧瘌饭】ʂau$^{35}$lait$^{3}$ fan$^{53}$ 名底部有锅巴的饭：～个瘌呀其实是蛮香，只系话有热，系。嗯，焖饭嫱焖得好就会有～，箇瘌呀蛮好食，喷香个。ʂau$^{35}$lait$^{3}$ fan$^{53}$ke$^{53}$lait$^{3}$ ia$^{0}$ cʰi$^{13}_{21}$ʂət$^{5}$ ʂʅ$^{53}_{44}$man$^{13}$çiɔŋ$^{35}$, tʂʅ$^{21}$xei$^{53}_{44}$ua$^{53}_{44}$iəu$^{35}$ɲiet$^{5}$ ,xe$^{53}_{44}$.n̩$_{21}$,mən$^{35}$fan$^{53}$maŋ$^{13}_{21}$mən$^{35}$tek$^{3}$ xau$^{21}$tsiəu$^{53}$uɔi$^{53}_{44}$iəu$^{35}_{44}$ʂau$^{35}$lait$^{3}$ fan$^{53}$,kai$^{53}$lait$^{3}$ ia$^{0}$ man$^{13}_{21}$xau$^{21}$ʂət$^{5}$ ,pʰən$^{35}$çiɔŋ$^{35}_{44}$ke$^{0}$.

【烧哩镬】ʂau$^{35}$li$^{0}$ uɔk$^{5}$ （饭）糊了。又称"烧哩瘌、烧哩巴"：瘌嘿哩，欸，～啊，安做～。lait$^{3}$ liet$^{3}$ li$^{0}$ ,e$_{21}$,ʂau$^{35}$li$^{0}$ uɔk$^{5}$ a$^{0}$ ,ɔn$^{35}$tso$^{53}_{44}$ʂau$^{35}$li$^{0}$ uɔk$^{5}$.

【烧手】ʂau$^{35}$ʂəu$^{21}$ 动事情办砸了，以至于吃亏，受损失：以只事搞烧哩手。i$^{21}$tʂak$^{3}$ sɿ$^{53}$kau$^{21}$ʂau$^{35}_{44}$ li$^{0}$ ʂəu$^{21}$.｜真烧哩手以只事。tʂən$^{35}$ʂau$^{35}$li$^{0}$ ʂəu$^{21}$iak$^{3}$(←i$^{21}$tʂak$^{3}$)sɿ$^{53}_{44}$.

【烧手燫脚】ʂau$^{35}$ʂəu$^{21}$ləuk$^{5}$ ciɔk$^{3}$ ①形容火很烫：渠等细人子去搞火，搞火□，舞倒我等人，欸，我话怕烧倒么个东西，搞倒我等去舞个时候子是搞起～。ci$^{13}_{21}$tien$^{0}$ sei$^{53}$ɲin$^{13}_{21}$tsɿ$^{0}$ çi$^{53}$kau$^{21}$ fo$^{21}$,kau$^{21}$fo$^{21}$tsiau$^{35}_{44}$,u$^{21}$tau$^{21}$ŋai$^{13}_{21}$tien$^{0}$ ɲin$^{13}_{21}$,ei$_{21}$,ŋai$^{13}$ua$^{53}$pʰa$^{53}$ʂau$^{35}$tau$^{21}$mak$^{3}$ e$^{0}$ təŋ$^{35}_{44}$si$^{0}$ ,kau$^{21}$tau$^{21}$ŋai$^{13}$tien$^{0}$ çi$^{53}$ u$^{21}$ke$^{53}$ʂʅ$^{13}$xəu$^{53}$tsɿ$^{0}$ ʂʅ$^{53}_{44}$kau$^{21}$çi$^{21}_{44}$ʂau$^{35}$ʂəu$^{21}$ləuk$^{5}$ ciɔk$^{3}$. ②形容很忙碌：我以发呀搞起箇硬～，嗯，真多事。ŋai$^{13}$i$^{21}$fait$^{3}$ ia$^{0}$ kau$^{21}$çi$^{21}_{44}$kai$^{53}_{44}$ɲiaŋ$^{53}$ʂau$^{35}$ʂəu$^{21}$ləuk$^{5}$ ciɔk$^{3}$ ,n̩$_{21}$,tʂən$^{35}$to$^{35}$sɿ$^{33}$.

【烧香】ʂau$^{35}$çiɔŋ$^{35}$ 动①亲友燃香吊念死者：我等以映子还更得滴子，官渡下背就硬有只咁个规矩，南乡啊都有咁个规矩，渠箇只丧事咯渠可以拖你半个月来做，但是嘞箇只人死哩以后嘞，一死呀下来渠等就爱去烧只香，就爱去烧只香箇亲戚朋友箇兜，欸照渠等话安做去赌只咒哇，唔系我打死个，哼哼，去赌只咒。箇就箇一只～。箇只～让门子烧嘞？欸，点着几品香来，到箇映装正香，装……加……加几品香啰，嗯，然后退下来，磕几只头，嗯，拜下子磕几只头，渠系安正哩箇个么个安正哩箇个菜饭箇兜嘞，你就上下子香，上下子，渠掇碗菜分你，你咁子比下子，箇个就安做～。ŋai$^{13}$tien$^{0}$ i$^{21}$iaŋ$^{53}$tsɿ$^{0}$ xai$^{13}_{21}$ken$^{53}$tek$^{3}$ tiet$^{5}$ tsɿ$^{0}$ ,kɔn$^{35}$tʰəu$^{53}$xa$^{53}_{44}$pɔi$^{53}_{44}$ tsʰiəu$^{53}_{44}$ɲiaŋ$^{53}$iəu$^{35}$tʂak$^{3}$ kan$^{21}$(k)e$^{0}$ kuei$^{35}$tʂʅ$^{21}$,lan$^{13}$çiɔŋ$^{35}_{44}$ŋa$^{0}$ təu$^{35}$iəu$^{35}_{53}$kan$^{21}_{44}$(k)e$^{0}$ kuei$^{35}$tʂʅ$^{21}$,ci$^{13}$kai$^{53}$tʂak$^{3}$ sɔŋ$^{35}$ sɿ$^{53}_{44}$ko$^{0}$ ci$^{13}_{44}$kʰo$^{21}$i$^{21}_{44}$tʰo$^{35}$ɲi$^{13}_{21}$pan$^{53}$cie$^{53}_{44}$ɲiet$^{5}$ lɔi$^{13}_{21}$tso$^{53}$,tan$^{53}_{44}$sɿ$^{53}_{44}$lei$^{0}$ kai$^{53}$tʂak$^{3}$ ɲin$^{13}$si$^{21}$li$^{0}$ i$^{35}_{44}$xei$^{53}_{44}$lei$^{0}$ ,iet$^{3}$ si$^{21}$ia$^{53}$xa$^{53}$ lɔi$^{13}_{21}$ci$^{13}_{21}$tien$^{0}$ tsʰiəu$^{53}$ɔi$^{53}_{44}$çi$^{53}_{44}$ʂau$^{35}_{44}$(tʂ)ak$^{3}$ çiɔŋ$^{35}$,tsʰiəu$^{53}$ɔi$^{53}_{44}$çi$^{53}_{44}$ʂau$^{35}_{44}$tʂak$^{3}$ çiɔŋ$^{35}$kai$^{53}$tsʰin$^{35}_{44}$tsʰiet$^{3}$ pʰəŋ$^{13}_{21}$iəu$^{35}_{44}$kai$^{53}_{44}$ te$^{35}_{44}$,e$_{21}$tsau$^{53}_{44}$ci$^{13}_{44}$tien$^{0}$ ua$^{53}_{44}$ɔn$^{35}_{44}$tso$^{53}_{44}$çi$^{53}$təu$^{21}$tʂak$^{3}$ tʂəu$^{53}$ua$^{0}$ ,m̩$^{13}$pʰei$^{53}$ŋai$^{13}_{21}$ta$^{21}$si$^{21}$cie$^{53}$,xŋ̍$_{21}$xŋ̍$_{53}$,çi$^{53}$təu$^{21}$(tʂ)ak$^{3}$ tʂəu$^{53}$.kai$^{53}_{44}$tsʰiəu$^{53}_{44}$kai$^{53}$iet$^{3}$ tʂak$^{3}$ ʂau$^{35}_{44}$çiɔŋ$^{35}_{44}$.kai$^{53}$tʂak$^{3}$ ʂau$^{35}_{44}$çiɔŋ$^{35}_{44}$ɲiɔŋ$^{53}$mən$^{13}_{44}$tsɿ$^{0}$ ʂau$^{35}$lei$^{0}$ ?e$_{21}$,tian$^{21}$tʂʰɔk$^{5}$ ci$^{21}$ pʰin$^{21}$çiɔŋ$^{35}$lɔi$^{13}_{21}$,tau$^{53}$kai$^{53}_{44}$iaŋ$^{53}_{44}$tsɔŋ$^{35}$tʂaŋ$^{53}$çiɔŋ$^{35}$,tsɔŋ$^{35}$⋯cia$^{35}$⋯cia$^{35}$ci$^{21}$pʰin$^{21}$çiɔŋ$^{35}$lo$^{0}$ ,n̩$_{21}$,vien$^{53}$xei$^{53}_{44}$tʰi$^{53}$xa$^{53}_{44}$ lɔi$^{13}_{21}$,kʰɔk$^{3}$ ci$^{21}$tʂak$^{3}$ tʰei$^{13}$,n̩$_{21}$,pai$^{53}$ia$^{53}$tsɿ$^{0}$ kʰɔk$^{3}$ ci$^{21}$(tʂ)ak$^{3}$ tʰei$^{13}$,ci$^{13}_{21}$xei$^{53}$ɔn$^{35}$tʂaŋ$^{53}_{44}$li$^{0}$ kai$^{53}_{44}$kei$^{53}_{44}$mak$^{3}$ kei$^{53}_{44}$ɔn$^{35}$ tʂaŋ$^{53}_{44}$li$^{0}$ kai$^{53}_{44}$ke$^{53}_{44}$tsʰɔi$^{53}$fan$^{53}_{44}$kai$^{53}_{44}$te$^{35}_{44}$lei$^{0}$ , ɲi$^{13}$tsʰiəu$^{53}$ʂɔŋ$^{21}$ŋa$^{53}$tsɿ$^{0}$ çiɔŋ$^{35}$,ʂɔŋ$^{21}$ŋa$^{53}$tsɿ$^{0}$,ci$^{13}_{21}$tɔit$^{3}$ uɔn$^{21}$tsʰɔi$^{53}$pən$^{35}_{44}$ ɲi$^{13}_{21}$,ɲi$^{13}_{21}$kan$^{21}$tsɿ$^{0}$ pi$^{21}$ia$^{53}$tsɿ$^{0}$ ,kai$^{53}_{44}$ke$^{53}_{44}$tsʰiəu$^{53}_{44}$ɔn$^{35}_{44}$tso$^{53}_{44}$ʂau$^{35}$çiɔŋ$^{35}$. ②拜神佛时点着香插入香炉：庙里是

S

就系装着香来呀，就敨下子箇跪下子敨下子箇兜就安做～。miau$^{53}$li$^{21}$ʂʅ$^{53}_{44}$tsʰiəu$^{53}$xe$^{53}$tsɔŋ$^{35}$tʂʰɔk$^{5}$ çiɔŋ$^{35}$lɔi$^{13}_{44}$ia$^{0}$,tsʰiəu$^{53}_{44}$cin$^{53}$na$^{53}_{44}$tsʅ$^{0}$kai$^{53}_{44}$kʰuei$^{21}$ia$^{53}_{44}$tsʅ$^{0}$cin$^{53}$na$^{53}_{44}$tsʅ$^{0}$kai$^{53}_{44}$te$^{53}_{44}$tsʰiəu$^{53}_{44}$ɔn$^{35}_{53}$tso$^{53}$ʂau$^{35}_{44}$çiɔŋ$^{35}_{44}$.

【烧窑】ʂau$^{35}$iau$^{13}$ 动 泛指在一个人工搭建的建筑物里，通过生火加热产生高温，烧制砖、瓦、炭等：要～系渠等就系烧砖，硬系烧砖，烧瓦，烧炭。统称就安做～。iau$^{53}_{44}$ʂau$^{35}$iau$^{13}$(x)e$^{53}_{44}$ci$^{13}_{21}$ tien$^{0}$ tsʰiəu$^{53}_{44}$xe$^{53}_{44}$ʂau$^{35}$tʂɔn$^{35}$, ɲiaŋ$^{53}$xe$^{53}_{44}$ʂau$^{35}$tʂɔn$^{35}$,ʂau$^{35}$ŋa$^{21}$,ʂau$^{35}_{44}$tʰan$^{53}$.tʰəŋ$^{21}$tʂʰən$^{35}$tsiəu$^{53}$ɔn$^{35}_{44}$tso$^{53}_{44}$ʂau$^{35}_{44}$iau$^{13}$. ｜渠箇个～吵，渠箇瓦是尽系咁子密密哩系啊咁子弯弯子个，一块一块个，一□咁高。ci$^{13}$ kai$^{53}_{44}$kei$^{53}_{44}$ʂau$^{35}$iau$^{13}$ʂa$^{0}$,ci$^{13}$kai$^{53}_{44}$ŋa$^{21}$ʂʅ$^{53}_{44}$tsʰin$^{53}$nei$_{44}$(←xei$^{53}$)kan$^{21}$tsʅ$^{0}$ miet$^{5}$ miet$^{5}$ li$^{0}$ xei$^{53}_{44}$a$^{0}$ kan$^{21}$tsʅ$^{0}$ uan$^{35}$uan$^{35}_{44}$ tsʅ$^{0}$ kei$^{53}_{44}$,iet$^{3}$ kʰuai$^{53}$iet$^{3}$ kʰuai$^{53}$kei$^{53}_{44}$,iet$^{3}$ tsiau$^{35}$kan$^{21}$kau$^{35}$.

【烧纸】ʂau$^{35}$tʂʅ$^{21}$ 动 迷信的人烧钱纸等，认为可供死者在阴间使用：我侄女子嘞都同渠许哩一头纸啊。许一头。转呀过晡子还爱归来去～。ŋai$^{13}$tʂʰət$^{5}$ ŋ̍$^{21}$tsʅ$^{0}$ le$^{0}$ təu$^{35}_{44}$tʰəŋ$^{13}_{21}$ci$^{13}_{21}$çi$^{21}$li$^{0}$ iet$^{3}$ tʰei$^{13}$tʂʅ$^{21}$ a$^{0}$.çi$^{21}$iet$^{3}$ tʰei$^{13}$.tʂɔn$^{21}$ia$^{0}$ ko$^{53}_{44}$pu$^{35}_{44}$tsʅ$^{0}$ xa$^{13}_{21}$ɔi$^{53}_{44}$kuei$^{35}_{44}$lɔi$^{13}_{44}$çi$^{53}_{44}$ʂau$^{35}_{44}$tʂʅ$^{21}$.｜箇要～，要烧笼，箇就有滴就烧你几担纸啦。kai$^{53}_{44}$iau$^{53}_{44}$ʂau$^{35}$tʂʅ$^{21}$,iau$^{53}_{44}$ʂau$^{35}_{44}$ləŋ$^{21}$,kai$^{53}_{44}$tsʰiəu$^{53}_{44}$iəu$^{35}$tet$^{5}$ tsʰiəu$^{53}_{44}$ʂau$^{35}_{44}$ɲi$^{13}_{21}$ci$^{21}$tan$^{35}$tʂʅ$^{21}$la$^{0}$.

【梢$_{1}$】sau$^{35}$ 动 捆扎：头发往后背～。tʰei$^{13}$fait$^{3}$ uəŋ$^{21}$xei$^{53}$pɔi$^{53}_{44}$sau$^{35}$.｜～嫁妆个箇个绳不是喊喊么个？手索。sau$^{35}$ka$^{53}$tsɔŋ$^{35}$ke$^{53}_{44}$kai$^{53}_{44}$ke$^{53}_{44}$ʂən$^{13}$pət$^{3}$ ʂʅ$^{53}_{44}$xan$^{53}_{44}$xan$^{53}$mak$^{3}$ ke$^{53}_{44}$?ʂəu$^{21}$sɔk$^{3}$.

【梢$_{2}$】sau$^{35}$ 名 抬棺时位于最后方的人：走最后背箇只人就安做～。tsei$^{21}$tsei$^{53}$xei$^{53}_{44}$pɔi$^{53}_{44}$kai$^{53}$tʂak$^{3}$ ɲin$^{13}$tsʰiəu$^{53}_{44}$ɔn$^{35}_{44}$tso$^{53}_{44}$sau$^{35}$.

【稍】sau$^{21}$ 副 略微：底下箇只就是更～收细滴子。te$^{21}$xa$^{35}_{44}$kai$^{53}_{44}$tʂak$^{3}$ tsiəu$^{53}_{44}$ʂʅ$^{53}_{44}$ken$^{53}_{44}$sau$^{21}$ʂəu$^{35}_{44}$se$^{53}$tiet$^{5}$ tsʅ$^{0}$.

【稍微】sau$^{21}$uei$^{13}_{21}$ 副 略微，表示数量少或程度低：火笼项高还～高丁子嘞。fo$^{35}$ləŋ$^{35}$taŋ$^{21}$kau$^{35}_{44}$ xai$^{13}_{21}$sau$^{21}$uei$^{13}_{21}$kau$^{35}$tin$^{35}$tsʅ$^{0}$ lei$^{0}$.｜就～放滴子水哦就安做嫪滴子水。tsʰiəu$^{53}_{21}$sau$^{35}$uei$^{35}_{44}$fɔŋ$^{53}$tiet$^{5}$ tsʅ$^{0}$ ʂei$^{21}$ o$^{0}$ tsʰiəu$^{53}_{44}$ɔn$^{35}_{44}$tso$^{53}_{44}$tʂʰa$^{53}$tiet$^{3}$ tsʅ$^{0}$ ʂei$^{21}$.

【勺$_{1}$】ʂɔk$^{5}$ 名 舀东西的器具，有柄，略作半球形：冬瓜做瓯就做瓯，蒲子挖～就挖～。təŋ$^{35}$ kua$^{35}$tsuo$^{53}$tsien$^{53}$tsʰiəu$^{53}$tsuo$^{53}$tsien$^{53}$,pʰu$^{13}$tsʅ$^{0}$ ua$^{35}$ʂɔk$^{5}$ tsʰiəu$^{53}$ua$^{35}$ʂɔk$^{5}$.

【勺$_{2}$】ʂɔk$^{5}$ 量 表示用勺一次舀取的量：右手就舞只勺，搲一～搲□荡子肚里就揩。iəu$^{53}$ʂəu$^{21}$ tsʰiəu$^{53}_{44}$u$^{21}$tʂak$^{3}$ ʂɔk$^{5}$,uət$^{3}$ iet$^{3}$ ʂɔk$^{5}$ uət$^{3}$ lait$^{5}$ tʰɔŋ$^{53}$tsʅ$^{0}$ tau$^{21}$li$^{0}$ tsʰiəu$^{53}_{44}$kʰai$^{35}$.｜搲一～米。uət$^{3}$ iet$^{3}$ ʂɔk$^{5}$ mi$^{21}$.

【勺$_{3}$】ʂɔk$^{5}$ 动 支起（耳朵）：～起耳朵 ʂɔk$^{5}$ çi$^{21}$ɲi$^{21}$to$^{21}$｜作古认真听稳呢就安做耳朵～起来。箇就认真听。耳朵认真听也就耳朵～起来。tsɔk$^{3}$ ku$^{21}$ɲin$^{53}_{44}$tʂən$^{35}_{44}$tʰaŋ$^{35}$uən$^{21}$ne$^{0}$ tsʰiəu$^{53}_{44}$ɔn$^{35}_{44}$tso$^{53}_{44}$ɲi$^{21}$to$^{21}$ ʂɔk$^{5}$ çi$^{21}$lɔi$^{13}$.kai$^{53}_{21}$tsʰiəu$^{53}_{44}$ɲin$^{53}$tʂən$^{35}_{44}$tʰaŋ$^{35}$.ɲi$^{21}$to$^{21}$ɲin$^{53}$tʂən$^{35}_{44}$tʰaŋ$^{35}$ie$^{35}$tsʰiəu$^{53}_{44}$ɲi$^{21}$to$^{21}$ʂɔk$^{5}$ çi$^{21}$lɔi$^{13}_{21}$.

【勺碓子】ʂɔk$^{5}$ tɔi$^{53}$tsʅ$^{0}$ 名 一种碓：～就我箇晡讲个箇只吓野猪个箇只东西咁子个形式就安做～。渠就舞管子细水子，渠就一乘碓呀，一乘碓是你晓得唠，你看过，系唔系？一乘碓。如今以一般个碓是有辆车，系唔系？有辆水车。渠箇～就冇得水车，渠就箇只箇碓头箇向嘞，渠本来一般是碓头箇向，就爱挖米箇向就更重吵？系啊？挖下去哩吵，一般个状态都系挖下去哩吵。爱让门子正能舞起来？舞起来就系以头爱加力渠正会舞起来，系唔系？以头让门子加力嘞？舞只储装水个箱箱嘞，欸，以映舞管子细水子探倒去嘞，探倒去探下箇箱子里嘞。探没哩了嘞，以头就更重啊，箇头就更轻啊，探没哩了，以头就更重了就一舵嘿下嘞，水就放跑咁哩，箇头就欸一舵嘿下，箇头唔系碓头就尧起来哩？嗯，水放下咁，箇个又挖下去哩，又挖一下。箇就箇唔系有一下冒一下子来挖嘿，箇个就安做～。我等箇映冇得，但是……箇个一呃踏一碓米欸要一天也唔知踏一到吗。欸，爱几分钟正挖一下哦。ʂɔk$^{5}$ tɔi$^{53}$tsʅ$^{0}$ tsʰiəu$^{53}$ŋai$^{13}$ kai$^{53}_{44}$pu$^{35}_{44}$kɔŋ$^{21}$ke$^{53}$kai$^{53}$tʂak$^{3}$ xak$^{3}$ ia$^{35}$tʂəu$^{35}_{53}$ke$^{53}$kai$^{53}$tʂak$^{3}$ təŋ$^{35}_{44}$si$^{0}$ kan$^{21}$tsʅ$^{0}$ kei$^{53}$çin$^{13}$ʂʅ$^{53}$tsiəu$^{53}_{21}$ɔn$^{35}_{44}$tso$^{53}_{44}$ʂɔk$^{5}$ tɔi$^{53}$ tsʅ$^{0}$.ci$^{13}_{21}$tsʰiəu$^{53}$u$^{21}$kɔn$^{21}$tsʅ$^{0}$ se$^{53}$ʂei$^{21}$tsʅ$^{0}$,ci$^{13}_{21}$tsʰiəu$^{53}$iet$^{3}$ ʂən$^{13}$tɔi$^{53}$ia$^{0}$,iet$^{3}$ ʂən$^{13}$tɔi$^{53}$ʂʅ$^{53}_{21}$ɲi$^{13}$çiau$^{21}$tek$^{3}$ lau$^{0}$, ɲi$^{13}$ kʰɔn$^{53}$ko$^{53}_{44}$,xei$^{53}_{44}$me$^{53}_{44}$?iet$^{3}$ ʂən$^{13}$tɔi$^{53}$.i$^{13}_{21}$cin$^{35}_{53}$i$^{21}$iet$^{3}$ pɔn$^{35}$ke$^{53}_{44}$tɔi$^{53}$ʂʅ$^{53}_{44}$iəu$^{35}$liɔŋ$^{21}$tʂʰa$^{35}$,xei$^{53}$me$^{53}$?iəu$^{35}$liɔŋ$^{21}_{44}$ʂei$^{21}$ tʂʰa$^{35}_{44}$.ci$^{13}_{21}$kai$^{53}_{44}$ʂɔk$^{5}$ tɔi$^{53}$tsʅ$^{0}$ tsʰiəu$^{53}$mau$^{13}$tek$^{3}$ ʂei$^{21}$tʂʰa$^{35}_{44}$,ci$^{13}_{21}$tsʰiəu$^{53}$kai$^{53}$tʂak$^{3}$ kai$^{53}_{44}$tɔi$^{53}$tʰei$^{13}$kai$^{53}_{44}$çiɔŋ$^{53}_{44}$lei$^{0}$,ci$^{13}$ pən$^{21}$nɔi$^{13}_{21}$iet$^{3}$ pɔn$^{35}_{44}$ʂʅ$^{53}$tɔi$^{53}$tʰei$^{13}$kai$^{53}_{44}$çiɔŋ$^{53}_{44}$,tsʰiəu$^{53}$ɔi$^{53}$uait$^{3}$ mi$^{21}$kai$^{53}$çiɔŋ$^{53}$tsʰiəu$^{53}_{44}$cien$^{53}$tʂʰəŋ$^{35}$ʂa$^{0}$?xei$^{53}_{44}$ a$^{0}$?uait$^{3}$ xa$^{53}$çi$^{53}$li$^{0}$ ʂa$^{0}$,iet$^{3}$ pɔn$^{35}$ke$^{53}_{44}$tsʰɔŋ$^{53}$tʰai$^{53}$təu$^{35}$xe$^{53}_{44}$uait$^{3}$ xa$^{53}_{44}$çi$^{53}$li$^{0}$ ʂa$^{0}$.ɔi$^{53}_{44}$ɲiɔŋ$^{53}$mən$^{53}_{44}$tsʅ$^{13}$tʂaŋ$^{53}$len$^{13}$u$^{21}$çi$^{21}$ lɔi$^{35}$?u$^{21}$çi$^{21}$lɔi$^{13}$tsʰiəu$^{53}_{44}$xei$^{53}_{44}$i$^{13}_{21}$tʰei$^{13}$ɔi$^{53}_{44}$cia$^{35}_{44}$liet$^{5}$ ci$^{13}_{21}$tʂaŋ$^{53}_{44}$uɔi$^{53}$u$^{21}$çi$^{21}$lɔi$^{13}$,xei$^{53}$me$^{53}$?i$^{21}$tʰei$^{13}$ɲiɔŋ$^{53}$mən$^{53}_{44}$tsʅ$^{13}_{44}$cia$^{35}_{44}$liet$^{5}$ lei$^{0}$?u$^{21}$tʂak$^{3}$ tʂʰəu$^{13}$tʂɔŋ$^{35}$ʂei$^{21}$ke$^{53}$siɔŋ$^{35}$siɔŋ$^{35}_{44}$lei$^{0}$,e$_{21}$,i$^{21}$iaŋ$^{53}$u$^{21}$kɔn$^{21}$tsʅ$^{0}$ se$^{53}$ʂei$^{21}$tsʅ$^{0}$ tʰan$^{53}$tau$^{21}$çi$^{53}_{44}$lei$^{0}$,tʰan$^{53}$ tau$^{21}$çi$^{21}$tʰan$^{53}$xa$^{53}_{44}$kai$^{53}_{44}$siɔŋ$^{35}$tsʅ$^{0}$ li$^{0}$ lei$^{0}$.tʰan$^{53}_{44}$mət$^{5}$ li$^{0}$ liau$^{21}$lei$^{0}$,i$^{13}_{21}$tʰei$^{13}_{21}$tsʰiəu$^{53}_{44}$cien$^{53}_{44}$tʂʰəŋ$^{35}$ŋa$^{0}$,kai$^{53}_{44}$tʰei$^{13}_{21}$tsʰiəu$^{53}_{44}$ cien$^{53}_{44}$cʰiaŋ$^{35}$ŋa$^{0}$,tʰan$^{53}_{44}$mət$^{5}$ li$^{0}$ liau$^{21}_{44}$,i$^{13}_{21}$tʰei$^{13}$tsʰiəu$^{53}$cien$^{53}$tʂʰəŋ$^{35}$liau$^{21}$tsʰiəu$^{53}_{44}$iet$^{3}$ tʰo$^{53}$(x)ek$^{3}$ xa$^{53}_{44}$lei$^{0}$,ʂei$^{21}$

S

tsʰiəu$^{53}_{44}$fɔŋ$^{53}$pʰau$^{21}_{44}$kan$^{21}$ni$^{0}$,kai$^{53}_{44}$tʰei$^{13}_{21}$tsʰiəu$^{53}$e$_{21}$iet$^{3}$tʰo$^{53}$(x)ek$^{3}$xa$^{53}_{44}$,kai$^{53}$tʰei$^{13}_{21}$m̩$^{13}_{21}$pʰe$^{53}$tɔi$^{53}$tʰei$^{13}_{21}$tsʰiəu$^{53}_{44}$ɲiau$^{35}$ɕi$^{21}$lɔi$^{13}_{21}$li$^{0}$?n̩$_{21}$,ʂei$^{21}$fɔŋ$^{53}$xa$^{53}$kan$^{21}_{44}$,kai$^{53}_{44}$(k)e$^{0}$iəu$^{53}$uait$^{3}$xa$^{53}_{44}$ɕi$^{53}$li$^{0}$,iəu$^{53}$uait$^{3}$iet$^{3}$xa$^{53}$.kai$^{53}$tsʰiəu$^{53}$kai$^{53}_{21}$m̩$^{13}$pʰei$^{53}_{44}$iəu$^{35}$iet$^{3}$xa$^{53}$mau$^{13}_{21}$iet$^{3}$xa$^{53}$tsɿ$^{0}$lɔi$^{13}$uait$^{3}$xek$^{3}$,kai$^{53}_{44}$e$^{0}$tsʰiəu$^{53}_{44}$ɔn$^{35}_{44}$tso$^{53}_{44}$ʂɔk$^{5}$tɔi$^{53}$tsɿ$^{0}$.ŋai$^{13}$tien$^{0}$kai$^{53}$iaŋ$^{53}$mau$^{13}$tek$^{3}$,tan$^{53}$ʂʅ$^{53}$…kai$^{53}$ke$^{53}$iet$^{3}$ə$_{21}$tʰait$^{3}$iet$^{3}$tɔi$^{53}$mi$^{21}$ei$_{44}$iau$^{53}_{44}$iet$^{3}$tʰien$^{35}$na$^{35}_{53}$n̩$^{13}_{21}$ti$^{35}_{44}$tʰait$^{5}$iet$^{3}$tau$^{53}$ma$^{0}$.e$_{21}$,ɔi$^{53}$ci$^{21}$fən$^{35}$tʂɔŋ$^{35}_{44}$tʂaŋ$^{53}_{44}$uait$^{3}$iet$^{3}$xa$^{53}$o$^{0}$.

【勺嫲】ʂɔk$^{5}$ma$^{13}$ 名 勺子，瓢：～就系木勺哇，呃，瓜勺啊箇起咁个统称～，用来舀水。ʂɔk$^{5}$ma$^{13}$tsʰiəu$^{53}$xei$^{53}$muk$^{3}$ʂɔk$^{5}$ua$^{0}$,ə$_{21}$,kua$^{35}$ʂɔk$^{5}$a$^{0}$kai$^{53}_{44}$ɕi$^{21}$kan$^{21}$kei$^{53}_{44}$tʰəŋ$^{21}$tʂən$^{35}_{44}$ʂɔk$^{5}$ma$^{13}$,iəŋ$^{13}$lɔi$^{13}_{21}$iau$^{21}$ʂei$^{21}$.

【勺嫲子】ʂɔk$^{5}$ma$^{13}$tsɿ$^{0}$ 名 莙达菜：箇起有起呀箇起安做么个东西？安做～。烹出来香个啊。/箇叶子痞厚唠。/叶子痞厚，系啊，叶子痞厚个。/皮蛮厚，欸。/渠箇只叶子箇只生倒箇……/渠就箇就梗梗毁毁哇，弯下转来。/欸，叶子生得咁个窝窝里。kai$^{53}_{44}$ɕi$^{21}$iəu$^{35}$ɕi$^{21}$ia$^{0}$kai$^{53}_{44}$ɕi$^{21}$ɔn$^{35}_{44}$tso$^{53}_{44}$mak$^{3}$ke$^{53}_{44}$təŋ$^{35}_{44}$si$^{0}$?ɔn$^{35}_{44}$tso$^{53}_{44}$ʂɔk$^{5}$ma$^{13}_{21}$tsɿ$^{0}$.pʰən$^{35}$tʂət$^{3}$lai$^{13}_{21}$ɕiɔŋ$^{35}_{44}$ke$^{53}_{44}$a$^{0}$./kai$^{53}_{44}$iait$^{5}$tsɿ$^{0}$tiet$^{5}$xəu$^{35}$lo$^{0}$./iait$^{5}$tsɿ$^{0}$tet$^{5}$xei$^{35}$,xe$^{53}_{44}$a$^{0}$,iait$^{5}$tsɿ$^{0}$tet$^{5}$xei$^{53}_{44}$ke$^{53}_{44}$./pʰi$^{13}$man$^{13}_{21}$xei$^{35}$,ei$_{21}$./ci$^{13}$kai$^{53}_{44}$tʂak$^{3}$iait$^{5}$tsɿ$^{0}$kai$^{53}_{44}$tʂak$^{3}_{5}$saŋ$^{35}$tau$^{21}$kai$^{53}_{44}$…/ci$^{13}_{21}$tsʰiəu$^{53}_{44}$kai$^{53}_{44}$tsiəu$^{53}_{44}$cien$^{21}$cien$^{21}$tsiəu$^{53}_{21}$tsiəu$^{53}$ua$^{0}$,uan$^{35}_{21}$a$^{53}$tʂɔn$^{21}$nɔi$^{13}$./ei$_{13}$,iait$^{5}$tsɿ$^{0}$saŋ$^{35}_{44}$tek$^{3}$kan$^{21}$ke$^{53}_{44}$o$^{35}$o$^{35}$li$^{0}$.

【勺蒲】ʂɔk$^{5}$pʰu$^{13}$ 名 瓢瓜：欸，以前我等家家户户都会栽～呢。栽倒箇～就老哩以后就箇个啊就可以锯开来做瓜勺啊。ei$_{21}$,i$^{35}_{53}$tsʰien$^{13}$ŋai$^{13}$tien$^{0}$ka$^{35}$ka$^{35}$fu$^{53}$fu$^{53}$təu$^{35}_{44}$uɔi$^{53}$tsɔi$^{35}_{44}$ʂɔk$^{5}$pʰu$^{13}_{21}$nei$^{0}$.tsɔi$^{35}$tau$^{21}$kai$^{53}_{44}$ʂɔk$^{5}$pʰu$^{13}_{21}$tsʰiəu$^{53}_{44}$lau$^{21}$li$^{0}$i$^{35}_{44}$xei$^{53}_{44}$tsʰiəu$^{53}_{44}$kai$^{53}_{44}$ke$^{53}_{44}$a$^{0}$tsʰiəu$^{53}_{44}$kʰo$^{21}$i$^{35}_{44}$cie$^{53}$kʰɔi$^{35}$lɔi$^{13}_{21}$tso$^{53}$kua$^{35}$ʂɔk$^{5}$a$^{0}$.

【勺圈】ʂɔk$^{5}$cʰien$^{35}$ 名 用来放置瓜勺的圈儿：安做～。瓜勺，欸，铁勺，都放只圈圈，省子择……正放得稳呢，系呀？放唔稳呢，灶头放唔稳呢。ɔn$^{35}$tso$^{53}_{44}$ʂɔk$^{5}$cʰien$^{35}_{44}$.kua$^{35}$ʂɔk$^{5}$,e$_{21}$,tʰiet$^{3}$ʂɔk$^{5}$,təu$^{35}$fɔŋ$^{53}$tʂak$^{3}$cʰien$^{35}$cʰien$^{35}_{44}$,saŋ$^{21}$tsɿ$^{0}$tʰɔk$^{5}$…tʂaŋ$^{53}_{44}$fɔŋ$^{53}$tek$^{3}$uən$^{21}$ne$^{0}$,xei$^{53}_{44}$ia$^{0}$?fɔŋ$^{13}$m̩$^{13}_{21}$uən$^{21}$ne$^{0}$,tsau$^{53}$tʰei$^{13}$fɔŋ$^{13}$m̩$^{13}_{21}$uən$^{21}$ne$^{0}$.

【少】ʂau$^{21}$ 形 ①数量小：吊兰以滴栏子～。tiau$^{53}$lan$^{13}_{44}$i$^{21}$tiet$^{5}$laŋ$^{13}_{44}$tsɿ$^{0}$ʂau$^{21}$. ②不够原有或应有的数目：箇是多一条～一条，都安做椅桄子。kai$^{53}_{44}$ʂʅ$^{53}_{21}$to$^{35}$iet$^{3}$tʰiau$^{13}_{21}$ʂau$^{21}$iet$^{3}$tʰiau$^{13}_{21}$,təu$^{35}$ɔn$^{35}_{44}$tso$^{53}_{44}$i$^{21}$kuaŋ$^{35}$tsɿ$^{0}$.

【少秤】ʂau$^{21}$tʂʰən$^{53}$ 动 斤两不足：少哩秤 ʂau$^{21}$li$^{0}$tʂʰən$^{53}$｜少唔得别人家秤呐。ʂau$^{21}$n̩$^{13}_{21}$tek$^{3}$pʰiet$^{5}_{3}$in$^{13}_{44}$ka$^{35}_{44}$tʂʰən$^{53}$na$^{0}$.

【少话】ʂau$^{21}$ua$^{53}$ 动 说少一点：箇河墈～都有两百年了。kai$^{53}$xo$^{13}$kʰan$^{53}$ʂau$^{21}$ua$^{53}_{44}$təu$^{35}_{44}$iəu$^{35}_{53}$iɔŋ$^{21}$pak$^{3}$ɲien$^{13}_{44}$liau$^{0}$.

【少见】ʂau$^{21}$cien$^{53}$ 形 稀有，不多见到：马子倒还～都还见哩下子。ma$^{35}$tsɿ$^{0}$tau$^{53}_{44}$xai$^{13}_{21}$ʂau$^{21}$cien$^{53}$təu$^{35}_{44}$xai$^{13}_{21}$cien$^{53}$li$^{0}$(x)a$^{53}_{44}$tsɿ$^{0}$.

【少少子】ʂau$^{21}$ʂau$^{21}$tsɿ$^{0}$ 形 比较少，稍微有点少：人数又～。ɲin$^{13}$ʂəu$^{53}_{44}$iəu$^{53}$ʂau$^{21}$ʂau$^{21}$tsɿ$^{0}$.｜欸送礼呀，～啊，莫嫌少啊！e$_{44}$səŋ$^{53}$li$^{21}$ia$^{0}$,ʂau$^{21}$ʂau$^{21}$tsa$^{0}$,mɔk$^{5}$ɕian$^{13}$ʂau$^{21}$a$^{0}$!

【少唔得】ʂau$^{21}$n̩$^{13}_{21}$tek$^{3}$ 动 少不了；不可缺少；不可避免：欸，比方送细人子去读书样啊，你就爱拿学费呀，欸，打屁爱屎交，～个。e$_{21}$,pi$^{21}$fɔŋ$^{35}_{44}$səŋ$^{53}$sei$^{53}$ɲin$^{13}_{21}$tsɿ$^{0}$ɕi$^{53}_{44}$tʰəuk$^{5}$ʂəu$^{35}$iɔŋ$^{53}_{44}$ŋa$^{0}$, ɲi$^{13}_{21}$tsʰiəu$^{53}_{44}$ɔi$^{53}_{44}$la$^{35}_{44}$ɕiɔk$^{5}$fei$^{53}$ia$^{0}$,e$_{44}$,ta$^{21}$pʰi$^{53}$ɔi$^{53}_{44}$ʂʅ$^{21}$ciau$^{35}_{44}$,ʂau$^{21}$n̩$^{13}_{21}$tek$^{3}$ke$^{53}_{21}$.

【少白头】ʂau$^{53}$pʰak$^{5}$tʰei$^{13}$ 动 人未年老，头发却已苍白：别家冇年纪就白头发哟，系啊？冇年纪就白头发，就系～。也有话～个，有也也可以咁也也会咁子讲。～。pʰiet$^{5}_{3}$ka$^{35}_{44}$mau$^{13}$ɲien$^{13}$ci$^{21}_{53}$tsiəu$^{53}$pʰak$^{5}$tʰei$^{13}$fait$^{3}$iau$^{0}$,xei$^{53}_{44}$a$^{0}$?mau$^{13}$ɲien$^{13}$ci$^{21}$tsiəu$^{53}_{44}$pʰak$^{5}$tʰei$^{13}$fait$^{3}$,tsiəu$^{53}_{44}$xe$^{53}_{44}$ʂau$^{53}$pʰak$^{5}$tʰei$^{13}$.ia$^{35}$iəu$^{35}_{44}$ua$^{53}$ʂau$^{53}$pʰak$^{5}$tʰei$^{13}_{21}$ke$^{53}_{21}$,iəu$^{35}$ia$^{35}$ia$^{35}$kʰo$^{21}$i$^{35}$kan$^{21}$ia$^{35}$ia$^{35}$uɔi$^{53}$kan$^{21}$tsɿ$^{0}$kɔŋ$^{21}$.ʂau$^{53}$pʰak$^{5}$tʰei$^{13}_{21}$.

【少爷】ʂau$^{53}$ia$^{13}$ 名 ①旧时指官宦富贵人家的儿子：从前个公子啊～，系唔系？tsʰəŋ$^{13}$tsʰien$^{13}_{21}$ke$^{53}$kəŋ$^{35}$tsɿ$^{0}$a$^{0}$ʂau$^{53}$ia$^{13}$,xei$^{53}_{44}$me$^{53}_{44}$? ②对对方儿子的戏称：箇个都好搞子样讲下子，"你个～"。"你屋下个～嘞？"系唔系？有人咁子讲，欸。唔讲相公，箇唔讲相公，讲下子～个有。"你个～嘞？"kai$^{53}_{44}$ke$^{53}_{44}$təu$^{35}_{44}$xau$^{21}$kau$^{21}$tsɿ$^{0}$iɔŋ$^{53}_{44}$kɔŋ$^{21}$xa$^{53}_{44}$tsɿ$^{0}$,"ɲi$^{13}$(k)e$^{53}_{44}$ʂau$^{53}$ia$^{13}$"."ɲi$^{13}$uk$^{3}$xa$^{53}_{44}$ke$^{53}_{44}$ʂau$^{53}$ia$^{13}$lei?"xei$^{53}_{44}$me$^{53}_{44}$?iəu$^{35}$ɲin$^{13}_{21}$kan$^{21}$tsɿ$^{0}$kɔŋ$^{21}$,e$_{21}$.ŋ̍$^{13}$kɔŋ$^{21}$siɔŋ$^{53}$kəŋ$^{35}$,kai$^{53}$n̩$^{13}$kɔŋ$^{21}$siɔŋ$^{53}$kəŋ$^{35}$,kɔŋ$^{21}$xa$^{53}_{44}$tsɿ$^{0}$ʂau$^{53}$ia$^{13}_{21}$ke$^{53}_{44}$iəu$^{35}_{44}$."ɲi$^{13}_{21}$ke$^{53}_{44}$ʂau$^{53}$ia$^{13}_{21}$lei$^{0}$?"

【潲$_{1}$】sau$^{53}$ 名 一种猪饲料，用泔水、米糠、野菜、剩饭等煮成：煮～tʂəu$^{21}$sau$^{53}$ = 炆～uən$^{13}$sau$^{53}$｜箇阵子冬下头猪子冇得～食。kai$^{53}_{44}$tʂʰən$^{53}_{44}$tsɿ$^{0}$təŋ$^{35}$xa$^{53}_{44}$tʰei$^{13}_{21}$tʂəu$^{35}$tsɿ$^{0}$mau$^{13}_{21}$tek$^{3}$sau$^{53}$ʂət$^{5}_{3}$.

【潲$_{2}$】sau$^{13}$ 动 焯：炒箇个么个狗肉箇只～下子啦。tsʰau$^{21}$kai$^{53}_{44}$ke$^{53}_{44}$mak$^{3}$kei$^{53}_{44}$kei$^{21}$ɲiəuk$^{3}$kai$^{53}_{44}$tʂak$^{3}$

S

sau$^{13}$(x)a$^{53}$tsɿ$^{0}$ la$^{0}$.

【潲缸】sau$^{53}$kɔŋ$^{35}$ 名 用来存放猪食的缸子：趸潲个箇缸子安做～。tən$^{21}$sau$^{53}$ke$^{53}_{44}$kai$^{53}_{44}$kɔŋ$^{35}$tsɿ$^{0}$ ɔn$^{35}_{44}$tso$^{53}_{44}$sau$^{53}$kɔŋ$^{35}$.｜用陶器个缸子，～噢。系有，有～。iɔŋ$^{53}$t$^{h}$au$^{13}$çi$^{53}$ke$^{53}_{44}$kɔŋ$^{35}$tsɿ$^{0}$,sau$^{53}$kɔŋ$^{35}$ŋau$^{0}$.xei$^{53}$iəu$^{35}_{44}$,iəu$^{35}$sau$^{53}$kɔŋ$^{35}$.

【潲镬】sau$^{53}$uɔk$^{5}$ 名 煮猪食的锅子：炆潲个箇只镬安做～。uən$^{13}$sau$^{53}$ke$^{53}_{44}$kai$^{53}_{44}$tʂak$^{3}$ uɔk$^{5}$ ɔn$^{35}_{44}$tso$^{53}_{44}$sau$^{53}$uɔk$^{5}$.

【潲水】sau$^{53}$ʂei$^{21}$ 名 泔水：洗碗水箇只么个就安做～。sei$^{21}$uɔn$^{21}$ʂei$^{21}$kai$^{53}$tʂak$^{3}$ mak$^{3}$ ke$^{53}_{44}$ts$^{h}$iəu$^{53}_{44}$ɔn$^{35}_{44}$tso$^{53}_{44}$sau$^{53}$ʂei$^{21}$.

【潲桶】sau$^{53}$t$^{h}$əŋ$^{21}$ 名 ①装潲水的桶子：装潲水吧？噢～噢。从前只有木桶。tʂɔŋ$^{35}$sau$^{53}$ʂei$^{21}$pa$^{0}$ ?au$_{21}$sau$^{53}$t$^{h}$əŋ$^{21}$ŋau$^{0}$.ts$^{h}$əŋ$^{13}$ts$^{h}$ien$^{13}$tʂɿ$^{21}$iəu$^{35}_{53}$muk$^{3}$ t$^{h}$əŋ$^{21}$. ②用来提或挑猪食的桶子：猪潲哇，用～提，或者荷。提倒去，或者猪子多哩就系荷。荷两桶去。tʂəu$^{35}_{44}$sau$^{53}$ua$^{0}$ ,iəŋ$^{53}_{44}$sau$^{53}$t$^{h}$əŋ$^{21}$t$^{h}$ia$^{35}$,xɔit$^{5}$ tʂa$^{21}$k$^{h}$ai$^{35}$.t$^{h}$ia$^{35}$tau$^{21}$çi$^{53}_{44}$,xɔit$^{5}$ tʂa$^{21}$tʂəu$^{35}$tsɿ$^{0}$ to$^{35}$li$^{0}$ ts$^{h}$iəu$^{53}_{44}$xei$^{53}_{44}$k$^{h}$ai$^{35}$.k$^{h}$ai$^{35}$iɔŋ$^{21}$t$^{h}$əŋ$^{21}$çi$^{53}_{44}$.

【潲杨梅】sau$^{13}$iɔŋ$^{13}$mɔi$^{13}$ 指杨梅成熟的季节晴雨不定的天气现象：杨梅子成熟个时候呀，就又会落水又会天晴，落日头水呀，安做～。iɔŋ$^{13}$mɔi$^{13}_{44}$tsɿ$^{0}$ tʂ$^{h}$ən$^{13}$ʂəuk$^{5}$ ke$^{53}$ʂɿ$^{13}_{21}$xei$^{53}_{44}$ia$^{0}$ ,ts$^{h}$iəu$^{53}_{44}$iəu$^{53}$uɔi$^{53}$lɔk$^{5}$ ʂei$^{21}$iəu$^{53}$uɔi$^{53}$t$^{h}$ien$^{35}$ts$^{h}$iaŋ$^{13}$,lɔk$^{5}$ ɲiet$^{3}$ t$^{h}$ei$^{13}_{44}$ʂei$^{21}$ia$^{0}$ ,ɔn$^{35}_{53}$tso$^{53}$sau$^{13}$iɔŋ$^{13}$mɔi$^{13}$.

【赊】ʂa$^{35}$ 动 买卖货物时延期付款或收款：如今～出去哩是几十万喏，两十万啵有，到过年就拿得倒，都爱过年。我等是咁个，欸，我赖子就咁个唠，你箇爱赊账，我年头唔系～倒年尾，欸，～倒过年，正月一上班就架势～，～到十二月二十几正有钱拿。渠话："箇我个电脑是我就同你还同你搞兜箇个，你就莫讲价了凑啦。欸，莫讲价，打印机也系冇得价讲个嘞，价都唔讲嘞。"我年头～到年尾咯。欸，利息总爱啰。你有兜一下就几万呢。有兜就一下就～人三四万呢。学校里就唔嘞，只半年呢。学校里也～啦，～半年，因为一只学期结束渠就爱同你结下账，箇就钱就到哩。欸政府里箇是～你一年到头，年头到年尾都有得。i$^{13}_{21}$cin$^{35}_{44}$ʂa$^{35}$tʂ$^{h}$ət$^{3}$ çi$^{53}$li$^{0}$ ʂɿ$^{53}_{44}$ci$^{21}$ʂət$^{5}$ uan$^{53}$no$^{0}$ ,iɔŋ$^{21}$ʂət$^{5}$ uan$^{53}$nau$^{0}$ iəu$^{21}$,tau$^{53}$ko$^{53}$ɲien$^{13}$ts$^{h}$iəu$^{53}$la$^{53}$tek$^{3}$ tau$^{21}$,təu$^{35}$ɔi$^{53}$ko$^{53}$ɲien$^{13}$. ŋai$^{13}$tien$^{0}$ ʂɿ$^{53}_{44}$kan$^{21}$cie$^{53}$,e$_{21}$,ŋai$^{13}$lai$^{53}$tsɿ$^{0}$ tsiəu$^{53}_{44}$kan$^{21}$cie$^{53}$lau$^{0}$, ɲi$^{13}$kai$^{53}_{44}$ɔi$^{53}_{44}$ʂa$^{35}$tʂɔŋ$^{53}$,ŋai$^{13}$ɲien$^{13}$t$^{h}$ei$^{13}_{21}$mei$_{44}$(←m̩$^{13}$xei$^{53}$)ʂa$^{35}$tau$^{21}$ɲien$^{13}_{21}$mi$^{35}$,e$_{21}$,ʂa$^{35}$tau$^{21}$ko$^{53}$ɲien$^{13}$,tʂaŋ$^{35}$ɲiet$^{5}$ iet$^{3}$ ʂɔŋ$^{35}$pan$^{35}_{44}$ts$^{h}$iəu$^{53}$cia$^{53}$ʂɿ$^{53}_{21}$ʂa$^{35}$,ʂa$^{35}$tau$^{53}_{44}$ʂət$^{5}$ ɲi$^{53}$ɲiet$^{5}_{3}$ɲi$^{53}$ʂət$^{5}$ ci$^{21}$tʂaŋ$^{53}$iəu$^{35}_{44}$ts$^{h}$ien$^{13}$na$^{53}$.ci$^{13}_{21}$ua$^{53}_{44}$:"kai$^{53}$ŋai$^{13}$ke$^{0}$ t$^{h}$ien$^{53}$nau$^{21}$ʂɿ$^{53}_{44}$ŋai$^{13}$ts$^{h}$iəu$^{53}$t$^{h}$əŋ$^{13}_{21}$ɲi$^{13}_{21}$xai$^{13}$t$^{h}$əŋ$^{13}_{44}$ɲi$^{13}$kau$^{21}$təu$^{35}_{44}$kai$^{53}$ke$^{53}_{44}$, ɲi$^{13}_{21}$ts$^{h}$iəu$^{53}_{44}$mɔk$^{5}$ kɔŋ$^{21}$cia$^{53}$liau$^{21}$ts$^{h}$e$^{0}$ la$^{0}$ .e$_{21}$,mɔk$^{5}$ kɔŋ$^{21}$cia$^{53}$,ta$^{21}$in$^{53}_{44}$ci$^{35}_{44}$a$^{35}_{44}$xe$^{53}$mau$^{13}_{21}$tek$^{3}$ cia$^{53}$kɔŋ$^{21}$ke$^{0}$ le$^{0}$ ,cia$^{53}$tsiəu$^{53}_{44}$n̩$^{13}_{21}$kɔŋ$^{21}$le$^{0}$ ."ŋai$^{13}_{21}$ɲien$^{13}$t$^{h}$ei$^{13}_{21}$ʂa$^{35}_{44}$tau$^{53}_{44}$ɲien$^{13}$mi$^{35}$ko$^{0}$ .e$_{44}$,li$^{53}$siet$^{3}$ tsəŋ$^{21}$ɔi$^{53}$lo$^{0}$ .ɲi$^{13}_{21}$iəu$^{35}$tei$^{35}_{53}$iet$^{3}$ xa$^{53}$ts$^{h}$iəu$^{53}_{44}$ci$^{21}$uan$^{53}$nei$^{0}$ .iəu$^{35}$təu$^{35}_{53}$tsiəu$^{53}_{44}$iet$^{3}$ xa$^{53}$ts$^{h}$iəu$^{53}_{44}$ʂa$^{35}_{44}$ɲin$^{13}_{21}$san$^{35}_{44}$si$^{53}$uan$^{53}$nei$^{0}$ .çiɔk$^{5}$ ciau$^{53}$li$^{0}$ ts$^{h}$iəu$^{53}$m̩$^{13}_{44}$lei$^{0}$ ,tʂɿ$^{21}$pan$^{53}$ɲien$^{13}_{21}$nei$^{0}$ .çiɔk$^{5}$ ciau$^{53}$li$^{0}$ ia$^{35}$ʂa$^{35}_{44}$la$^{0}$ ,ʂa$^{35}$pan$^{53}$ɲien$^{13}_{21}$,in$^{35}$uei$^{53}_{44}$iet$^{3}$ tʂak$^{3}$ çiɔk$^{5}$ c$^{h}$i$^{13}_{21}$ciet$^{3}$ tʂ$^{h}$əuk$^{5}$ ci$^{13}_{21}$ts$^{h}$iəu$^{53}$ɔi$^{53}_{44}$t$^{h}$əŋ$^{13}_{21}$ɲi$^{13}_{21}$ciet$^{3}$ (x)a$^{53}$tʂɔŋ$^{53}$,kai$^{53}_{44}$ts$^{h}$iəu$^{53}_{44}$ts$^{h}$ien$^{13}_{21}$ts$^{h}$iəu$^{53}_{44}$tau$^{53}_{44}$li$^{0}$ .ei$_{44}$tʂən$^{53}$fu$^{21}$li$^{0}$ kai$^{53}$ʂɿ$^{53}_{44}$ʂa$^{35}$ɲi$^{13}_{21}$iet$^{3}$ɲien$^{13}$tau$^{53}$t$^{h}$ei$^{13}$, ɲien$^{13}_{21}$t$^{h}$ei$^{13}_{21}$tau$^{53}$ɲien$^{13}_{21}$mi$^{35}$təu$^{35}_{53}$mau$^{13}$tek$^{3}$.

【赊账】ʂa$^{35}$tʂɔŋ$^{53}$ 动 把货款记在账上延期收付，赊欠：以下我赖子箇店里唔系长日～？欸，买台电脑，买么个东西，一只电话打来，嗯。"我等村上爱搞两三台电脑喔，爱几台打印机哟。总共你报呃价钱来看下几多钱。"啊钱是爱年脚下正有。咁个尽～，赊你几十万出去。i$^{21}$çia$^{53}$ŋai$^{13}_{21}$lai$^{53}$tsɿ$^{0}$ kai$^{53}_{44}$tian$^{53}$ni$^{0}$ m̩$^{13}_{44}$p$^{h}$ei$^{53}_{44}$tʂ$^{h}$ɔŋ$^{13}$ɲiet$^{3}$ ʂa$^{35}$tʂɔŋ$^{53}$?ei$_{44}$,mai$^{35}$t$^{h}$ɔi$^{13}_{21}$t$^{h}$ien$^{53}$nau$^{21}$,mai$^{35}$mak$^{3}$ e$^{0}$ təŋ$^{35}_{44}$si$^{0}$ ,iet$^{3}$ tʂak$^{3}$ t$^{h}$ien$^{53}$fa$^{53}_{44}$ta$^{21}_{44}$lɔi$^{13}_{44}$,n̩$_{53}$."ŋai$^{13}$tien$^{0}$ ts$^{h}$ən$^{35}$xɔŋ$^{53}$ɔi$^{53}$kau$^{21}$iɔŋ$^{21}$san$^{35}_{44}$t$^{h}$ɔi$^{13}_{21}$t$^{h}$ien$^{53}$nau$^{21}$uo$^{0}$ ,ɔi$^{53}$ci$^{21}$t$^{h}$ɔi$^{13}_{44}$ta$^{21}$in$^{53}$ci$^{35}$io$^{0}$ .tsəŋ$^{21}$k$^{h}$əŋ$^{53}$ɲi$^{13}_{44}$pau$^{53}$ə$_{21}$cia$^{53}$ts$^{h}$ien$^{13}_{44}$nɔi$^{13}_{44}$k$^{h}$ɔn$^{53}_{44}$na$^{53}_{44}$ci$^{21}_{44}$(t)o$^{35}_{44}$ts$^{h}$ien$^{13}_{21}$."a$^{0}$ ts$^{h}$ien$^{13}$ʂɿ$^{53}$ɔi$^{53}$ɲien$^{13}_{21}$ciɔk$^{3}$ xa$^{35}$tʂaŋ$^{53}_{44}$iəu$^{35}_{53}$.kan$^{21}$ke$^{53}_{44}$ts$^{h}$in$^{53}$ʂa$^{35}$tʂɔŋ$^{53}_{21}$,ʂa$^{35}$ɲi$^{13}_{21}$ci$^{21}$ʂət$^{5}$ uan$^{53}$tʂ$^{h}$ət$^{3}$ c$^{h}$i$^{53}$.

【畲畲】sa$^{13}$sa$^{13}_{21}$ 代 表遍指。人人，每个人：～都同你咁子是，～都同你咁子搞是，让得了喔？sa$^{13}$sa$^{13}_{21}$təu$^{35}_{53}$t$^{h}$əŋ$^{35}_{44}$ɲi$^{13}_{44}$kan$^{21}_{44}$tsɿ$^{0}$ ʂɿ$^{53}_{44}$,sa$^{13}$sa$^{13}_{21}$təu$^{35}_{53}$t$^{h}$əŋ$^{35}_{44}$ɲi$^{13}_{44}$kan$^{21}_{44}$tsɿ$^{0}$ kau$^{21}_{44}$ʂɿ$^{53}_{44}$, ɲiɔŋ$^{53}$tek$^{3}$ liau$^{21}$uo$^{0}$?

【舌】ʂət$^{5}$ 动 同一件事情反反复复地提起：一件事总咁子～。iet$^{3}$ c$^{h}$ien$^{53}$sɿ$^{53}_{44}$tsəŋ$^{21}$kan$^{21}_{44}$tsɿ$^{0}$ ʂət$^{5}$.

【舌根下】ʂət$^{5}$ cien$^{35}$xa$^{35}$ 名 舌根：～痛就可以用箇土方子整好来，整得好。ʂət$^{5}$ cien$^{35}_{44}$xa$^{35}$t$^{h}$əŋ$^{53}$ts$^{h}$iəu$^{53}_{44}$k$^{h}$o$^{21}$i$^{35}_{44}$iəŋ$^{53}$kai$^{53}_{44}$t$^{h}$əu$^{21}$fɔŋ$^{35}$tsɿ$^{0}$ tʂaŋ$^{21}$xau$^{21}$lɔi$^{13}_{21}$,tʂaŋ$^{21}$tek$^{3}$ xau$^{21}$.

【舌嫲】ʂət$^{5}$ma$^{13}$ 名 舌头：呃，箇个嘞，箇有一到哇我箇只～根下真痛哩，你话落尾让门子搞个啦落尾啊？就舞倒箇个咁个木梳子呢，烌滚来，又咁子去擦，就擦好哩嘞。ə$_{21}$,kai$^{53}$ke$^{53}$lei$^{0}$ ,kai$^{53}$iəu$^{35}$iet$^{3}$ tau$^{53}_{44}$ua$^{0}$ ŋai$^{13}_{21}$kai$^{53}$tʂak$^{3}$ ʂət$^{5}$ ma$^{13}$cien$^{35}$xa$^{35}_{44}$tʂən$^{35}$t$^{h}$əŋ$^{53}$li$^{0}$ , ɲi$^{13}$ua$^{53}_{44}$lɔk$^{5}$ mi$^{35}_{44}$iɔŋ$^{53}$mən$^{13}_{44}$tsɿ$^{0}$ kau$^{21}$ke$^{53}$la$^{0}$ lɔk$^{5}$ mi$^{35}_{44}$a$^{0}$ ?ts$^{h}$iəu$^{53}$u$^{21}$tau$^{21}$kai$^{53}$ke$^{53}$kan$^{21}$ke$^{53}$muk$^{3}$ sɿ$^{35}$tsɿ$^{0}$ nei$^{0}$ ,xɔk$^{3}$ kuən$^{21}$nɔi$^{13}$,iəu$^{53}_{44}$kan$^{21}$tsɿ$^{0}$ çi$^{53}$ts$^{h}$ait$^{3}$, tsʰiəu$^{53}$tsʰait$^{3}$ xau$^{21}$li$^{0}$ lei$^{0}$.｜猪～就讲招财呢。牛～唔知讲招财吗它。tʂəu$^{35}$ʂət$^{5}$ma$^{13}$tsʰiəu$^{53}_{44}$kəŋ$^{21}$ tʂau$^{35}$tsʰɔi$^{13}_{44}$nei$^{0}$.ɲiəu$^{13}$ʂət$^{5}$ma$^{13}_{21}$n̩$^{13}_{21}$ti$^{35}$kəŋ$^{21}$tʂau$^{35}$tsʰɔi$^{13}_{21}$ma$^{0}$ tʰa$^{35}_{44}$.

【舌嫲嘴】ʂət$^{5}$ma$^{13}$tsi$^{21}$ 名舌尖：食哩么个东西嘞箇～会痛，嗯，有兜。ʂət$^{5}$li$^{0}$mak$^{3}$e$^{0}$təŋ$^{35}_{44}$si$^{0}$lei$^{0}$ kai$^{53}_{44}$ʂət$^{5}$ma$^{13}_{21}$tsi$^{21}$uɔi$^{53}$tʰəŋ$^{53}$,n̩$_{21}$,iəu$^{35}$tei$^{35}_{53}$.

【舌舌】ʂait$^{5}$ʂait$^{5}$ 名像舌头的东西：欸，有起咁个学生帽，有只～个东西就帽舌。e$_{21}$,iəu$^{35}$çi$^{21}$ kan$^{21}$ke$^{53}_{44}$çiɔk$^{5}$sen$^{35}_{44}$mau$^{53}_{44}$,iəu$^{35}_{44}$tʂak$^{3}$ ʂait$^{5}$ ʂait$^{5}$ ke$^{53}_{21}$təŋ$^{35}_{44}$si$^{0}$ tsʰiəu$^{53}_{21}$mau$^{53}$ʂait$^{5}$.

【舌舌帽】ʂait$^{5}$ ʂait$^{5}$ mau$^{53}$ 名有月牙形帽檐的帽子：鸭舌帽吧？～，安做～。ait$^{3}$ ʂət$^{5}$ mau$^{53}$ pa$^{0}$?ʂait$^{5}$ ʂait$^{5}$ mau$^{53}$,ɔn$^{35}_{44}$tso$^{53}_{44}$ʂait$^{5}$ ʂait$^{5}$ mau$^{53}$.

【舌子】ʂait$^{5}$tsɿ$^{0}$ 名像舌头的东西：啊读～嘞，帽～。a$^{0}$ tʰəuk$^{5}_{3}$ʂait$^{5}$tsɿ$^{0}$ lei$^{0}$,mau$^{53}$ʂait$^{5}$tsɿ$^{0}$.

【蛇】ʂa$^{13}$ 名爬行动物，身体细长，体上有鳞，没有四肢。也称"蛇子"：～□我听讲过么个乌梢蛇，呣，菜花蛇，百节蛇，欸。眼镜蛇，三剑。蟒蛇，系。ʂa$^{13}$tsai$_{44}$ŋai$^{13}_{21}$tʰaŋ$^{35}$kəŋ$^{21}$ko$^{53}_{44}$ mak$^{3}$ ke$^{53}_{44}$u$^{35}$sau$^{35}_{44}$ʂa$^{13}$,m̩$_{21}$,tsʰɔi$^{53}$fa$^{35}_{44}$ʂa$^{13}$,pak$^{3}$ tset$^{3}$ ʂa$^{13}$,e$_{21}$.ŋan$^{21}$ciaŋ$^{53}$ʂa$^{13}$,san$^{35}$cian$^{53}$.məŋ$^{21}$ʂa$^{13}_{44}$,xe$^{53}_{21}$.｜橛倒哩～骨就会做祸。tsio$^{35}$tau$^{21}$li$^{0}$ ʂa$^{13}$kuət$^{3}$ tsʰiəu$^{53}_{44}$uɔi$^{53}_{44}$tso$^{53}$xo$^{53}$.｜烙铁头箇～子蛮毒。lɔk$^{5}$ tʰiet$^{3}$ tʰei$^{13}$ kai$^{53}$ʂa$^{13}_{21}$tsɿ$^{0}$ man$^{13}$tʰəuk$^{5}_{3}$.

【蛇精】ʂa$^{13}$tsin$^{35}$ 名传说中蛇化成的精怪：箇个欸安做白蛇传肚里箇两只就～呐，系啊？kai$^{53}_{44}$ kei$^{53}_{44}$e$_{21}$ɔn$^{35}_{44}$tso$^{53}_{44}$pʰak$^{5}$ ʂa$^{13}$tʂʰuən$^{53}$təu$^{21}$li$^{0}$ kai$^{53}$iɔŋ$^{21}$tʂak$^{3}$ tsʰiəu$^{53}_{44}$ʂa$^{13}$tsin$^{35}$na$^{0}$,xei$^{53}$a$^{0}$?

【蛇酒】ʂa$^{13}$tsiəu$^{21}$ 名用蛇浸泡的酒：还有蛇浸个酒，～。xai$^{13}_{21}$iəu$^{35}_{53}$ʂa$^{13}$tsin$^{53}$ke$^{53}_{44}$tsiəu$^{21}$,ʂa$^{13}$tsiəu$^{21}$.

【蛇菌】ʂa$^{13}$cʰin$^{35}$ 名一种血红色毒菌：～听讲过。唔敢食。唔敢食。ʂa$^{13}$cʰin$^{35}_{44}$tʰaŋ$^{35}_{44}$kəŋ$^{21}$ko$^{53}_{44}$.n̩$^{13}$ kan$^{21}$ʂət$^{5}$.n̩$^{13}$kan$^{21}$ʂət$^{5}$.

【蛇皮】ʂa$^{13}$pʰi$^{13}$ 名蛇蜕，即蛇蜕下的皮：蛇也会蜕皮嘞，欸。蛇蜕哩皮安做～哟。就安做～。ʂa$^{13}$ia$^{35}_{44}$uɔi$^{53}_{44}$tʰei$^{53}$pʰi$^{13}$le$^{0}$,e$_{21}$.ʂa$^{13}$tʰei$^{53}$li$^{0}$ pʰi$^{13}$ɔn$^{35}_{44}$tso$^{53}_{44}$ʂa$^{13}$pʰi$^{13}$io$^{0}$.tsʰiəu$^{53}_{44}$ɔn$^{35}_{44}$tso$^{53}$ʂa$^{13}_{21}$pʰi$^{13}_{44}$.

【蛇皮袋】ʂa$^{13}$pʰi$^{13}$tʰɔi$^{53}$ 名塑料编织袋的俗称：渠等有滴人舞倒箇个～哟，去，～去滤，有用，忒粗哩。豆腐渣都出唠。ci$^{13}_{21}$tien$^{0}$ iəu$^{35}$tet$^{5}$ ɲin$^{13}_{21}$u$^{21}$tau$^{21}$kai$^{53}_{44}$ke$^{53}_{44}$ʂa$^{13}$pʰi$^{13}$tʰɔi$^{53}$io$^{0}$,çi$^{53}_{44}$,ʂa$^{13}$pʰi$^{13}_{21}$tʰɔi$^{53}$çi$^{53}_{21}$ li$^{53}$,mau$^{13}$iəŋ$^{53}$,tʰet$^{3}$ tsʰɿ$^{35}$li$^{0}$ .tʰei$^{53}_{44}$fu$^{53}_{44}$tsa$^{35}$təu$^{35}_{44}$tʂʰət$^{3}$ lau$^{0}$.

【蛇声鬼叫】ʂa$^{13}$ʂaŋ$^{35}$kuei$^{21}$ciau$^{53}$ 形容语言怪异，令人难懂：如今呐如今箇个箇个婚姻呐，因为有打工个啊，箇个婚姻呐，外来个婚姻真多。嗯，讨倒箇个远方个妹子个真多，卖下外背个也真多。一下到哩过年了，就听得箇个讲普通话子个妹子啊以下都箇个。箇咁子都还见得，国内个都见得。我等箇映有只讨倒箇越南个妹子，箇就真难懂，箇真系～啦箇就。i$^{13}_{21}$cin$^{35}_{53}$na$^{0}$ i$^{13}_{21}$cin$^{35}_{53}$kai$^{53}$ke$^{53}_{21}$kai$^{53}_{44}$ke$^{53}_{44}$fən$^{35}$in$^{35}$na$^{0}$,in$^{35}$uei$^{53}_{44}$iəu$^{35}_{44}$ta$^{21}$kəŋ$^{35}$ke$^{53}$a$^{0}$ ,kai$^{53}_{44}$ke$^{53}_{44}$fən$^{35}$in$^{35}_{44}$na$^{0}$ ,uai$^{53}$lɔi$^{13}_{21}$ke$^{0}$ fən$^{35}$in$^{35}_{44}$ tʂən$^{35}$to$^{35}$.n̩$_{21}$,tʰau$^{21}$tau$^{21}$kai$^{53}_{44}$ke$^{53}_{44}$ien$^{21}$fɔŋ$^{35}_{44}$ke$^{53}_{44}$mɔi$^{53}$tsɿ$^{0}$ ke$^{53}$tʂən$^{35}$to$^{35}$,mai$^{53}$ia$^{53}_{44}$ŋɔi$^{53}$pɔi$^{53}_{44}$ke$^{53}_{44}$ia$^{35}_{44}$tʂən$^{35}$to$^{35}$.iet$^{3}$ xa$^{53}$tau$^{53}$li$^{0}$ ko$^{53}$ɲien$^{13}$niau$^{0}$,tsʰiəu$^{53}_{44}$tʰaŋ$^{35}$tek$^{3}$ kai$^{53}_{44}$ke$^{53}_{44}$kəŋ$^{21}$pʰu$^{21}$tʰəŋ$^{35}_{44}$fa$^{53}$tsɿ$^{0}$ ke$^{53}_{44}$mɔi$^{53}$tsɿ$^{0}$ a$^{0}$ i$^{21}_{44}$xa$^{21}_{44}$təu$^{35}_{44}$kai$^{53}_{44}$ ke$^{53}_{44}$.kai$^{53}$kan$^{21}$tsɿ$^{0}$ təu$^{35}_{53}$xan$^{13}$cien$^{53}$tek$^{3}$ ,kɔk$^{3}$ lei$^{53}_{44}$ke$^{53}_{44}$təu$^{35}_{44}$cien$^{53}$tek$^{3}$ .ŋai$^{13}$tien$^{0}$ kai$^{53}_{44}$iaŋ$^{53}_{44}$iəu$^{35}$tʂak$^{3}$ tʰau$^{21}$tau$^{21}$ kai$^{53}_{44}$viet$^{5}$ lan$^{13}_{21}$ke$^{53}_{44}$mɔi$^{53}$tsɿ$^{0}$ ,kai$^{53}$tsʰiəu$^{53}_{21}$tʂən$^{35}_{44}$nan$^{13}$təŋ$^{21}$,kai$^{53}$tʂən$^{35}_{44}$ne$^{53}_{44}$ʂa$^{13}_{21}$ʂaŋ$^{35}_{44}$kuei$^{21}$ciau$^{53}$la$^{0}$ kai$^{53}_{44}$tsʰiəu$^{53}_{21}$.

【舍】ʂa$^{21}$/ʂa$^{53}$ 动①倒掉：归到半路～嘿半斤硝。kuei$^{35}$tau$^{53}$pan$^{53}$ləu$^{53}$ʂa$^{21}$xek$^{3}$ pan$^{53}$cin$^{35}$siau$^{35}$. ②愿意付出：我箇到我走倒去整（痔疮），我话："爱几多钱呶？"渠话："箇爱住半个子月个院，爱四千块子钱。"我唔～出箇四千块钱，我慢慢子来咯，你话慢慢子好哩呢。如今我冇得哩痔疮了嘞。ŋai$^{13}$kai$^{53}$tau$^{53}$ŋai$^{13}_{44}$tsei$^{21}$tau$^{21}$çi$^{53}$tʂaŋ$^{21}$,ŋai$^{13}$ua$^{53}_{44}$:"ɔi$^{53}$ci$^{13}_{44}$(t)o$^{35}_{53}$tsʰien$^{13}_{21}$nau$^{0}$?"ci$^{13}_{21}$ua$^{53}_{44}$:"kai$^{53}_{44}$ɔi$^{53}_{44}$ tʂʰʮ$^{53}_{44}$pan$^{53}$ke$^{53}$tsɿ$^{0}$ ɲiet$^{5}$ ke$^{53}_{21}$vien$^{53}$,ɔi$^{53}_{44}$si$^{53}$tsʰien$^{35}_{44}$kʰuai$^{53}$tsɿ$^{0}$ tsʰien$^{13}_{21}$."ŋai$^{13}$n̩$^{13}$ʂa$^{53}$tʂʰət$^{3}$ kai$^{53}_{44}$si$^{53}$tsʰien$^{35}_{44}$kʰuai$^{53}$ tsʰien$^{13}_{21}$,ŋai$^{13}$man$^{53}$man$^{53}$tsɿ$^{0}$ lɔi$^{13}$ko$^{0}$, ɲi$^{13}$ua$^{53}_{44}$man$^{53}$man$^{53}$tsɿ$^{0}$ xau$^{21}$li$^{0}$ nei$^{0}$ .i$^{13}_{21}$cin$^{35}_{53}$ŋai$^{13}_{44}$mau$^{13}$tek$^{3}$ li$^{0}$ tʂʰʅ$^{53}$tsʰɔŋ$^{35}_{53}$ liau$^{0}$le$^{0}$.

【舍得】ʂa$^{21}$tek$^{3}$ 动有强烈的意愿，愿意付出努力，不吝惜：我等横巷里有兜人是唔～送子女读书哇。ŋai$^{13}$tien$^{0}$uaŋ$^{13}$xɔŋ$^{53}$li$^{0}$ iəu$^{35}$tei$^{35}_{53}$ɲin$^{13}_{44}$ʂʮ$^{53}_{44}$n̩$^{13}$ʂa$^{21}$tek$^{3}$ səŋ$^{53}$tsɿ$^{21}$ŋ̍$^{21}$tʰəuk$^{5}$ ʂəu$^{35}$ua$^{0}$.

【舍高】ʂa$^{21}$kau$^{35}$ 形①勤快：我箇只新舅蛮～，做事蛮～。ŋai$^{13}$kai$^{53}$tʂak$^{3}$ sin$^{35}$cʰiəu$^{35}_{44}$man$^{13}_{21}$ʂa$^{21}$ kau$^{35}_{44}$,tso$^{53}$sɿ$^{53}$man$^{13}_{21}$ʂa$^{21}$kau$^{35}_{44}$. ②用于表达对客人光临的谢意：让门你咁～嗯来我屋下嬲？ɲiɔŋ$^{53}$ mən$^{13}_{44}$ɲi$^{13}_{21}$kan$^{21}$ʂa$^{21}$kau$^{35}$n̩$_{21}$lɔi$^{13}_{21}$ŋai$^{13}_{21}$uk$^{3}$ xa$^{53}_{44}$liau$^{53}$?

【舍命王】ʂa$^{21}$miaŋ$^{53}$uɔŋ$^{13}$ 名一种蚊虫：箇真啮人呐，箇只东西啮起来真煞呀～啊。渠～是指箇只东西拼命个啮你，渠啮哩你以后嘞吔自家就死咁哩。欸，渠就啮哩以后就食饱一肚个血嘞就跌嘿地泥下嘞，欸～嘞，渠就食饱哩渠就真騃嘞，一巴掌打嘿去就一手个血呢。kai$^{53}$

tʂən$^{35}$ŋait$^{3}$ɲin$^{13}$na$^{0}$,kai$^{53}$tʂak$^{3}$tɔŋ$^{35}_{44}$si$^{0}$ŋait$^{3}$çi$^{21}$lɔi$^{13}_{21}$tʂən$^{35}$sait$^{3}$ia$^{0}$ʂa$^{21}$miaŋ$^{53}$uɔŋ$^{13}$ŋa$^{0}$.ci$^{13}$ʂa$^{21}$miaŋ$^{53}$uɔŋ$^{13}$ʂʅ$^{53}_{44}$tʂʅ$^{21}$ kai$^{53}$(tʂ)ak$^{3}$tɔŋ$^{35}_{44}$si$^{0}$p$^{h}$in$^{35}$miaŋ$^{53}$ke$^{53}_{44}$ŋiat$^{3}$ɲi$^{13}_{44}$,ci$^{13}$ŋait$^{3}$li$^{0}$ɲi$^{13}$i$^{35}_{53}$xei$^{53}_{44}$lei$^{0}$iei$_{21}$ts$^{h}$ʅ$^{35}$ka$^{35}_{44}$ts$^{h}$iəu$^{53}$si$^{21}$kan$^{21}$li$^{0}$.e$_{21}$,ci$^{13}$ ts$^{h}$iəu$^{53}$ŋait$^{3}$li$^{0}$i$^{35}_{53}$xei$^{53}_{44}$ts$^{h}$iəu$^{53}_{44}$ʂət$^{5}$pau$^{21}$iet$^{3}$təu$^{21}$ke$^{53}$çiet$^{3}$lei$^{0}$ts$^{h}$iəu$^{53}$tet$^{3}$(x)ek$^{3}$t$^{h}$i$^{53}$lai$^{13}_{21}$xa$^{35}$lei$^{0}$,e$^{0}$ʂa$^{21}$miaŋ$^{53}$ uɔŋ$^{13}_{44}$lei$^{0}$,ci$^{13}$ts$^{h}$iəu$^{53}_{44}$ʂət$^{5}$pau$^{21}$li$^{0}$ci$^{13}$ts$^{h}$iəu$^{53}$tʂən$^{35}$ŋɔi$^{13}$lei$^{0}$,iet$^{3}$pa$^{35}$tʂɔŋ$^{21}$ta$^{21}$xek$^{3}$çi$^{53}_{44}$ts$^{h}$iəu$^{53}_{44}$iet$^{3}$ʂəu$^{21}$ke$^{53}$çiet$^{3}$ nei$^{0}$.

【舍唔得】ʂa$^{21}$ŋ̍$^{13}$tek$^{3}$ 动心疼：～用钱 ʂa$^{21}$ŋ̍$^{13}$tek$^{3}$iəŋ$^{53}$ts$^{h}$ien$^{13}$

【设】ʂet$^{3}$ 动①设置：我等箇映冇得专门个～只咁个哟。ŋai$^{13}$tien$^{0}$kai$^{53}$iaŋ$^{53}$mau$^{13}$tek$^{3}$tʂen$^{35}$mən$^{13}_{21}$ kei$^{53}_{44}$ʂet$^{3}$tʂak$^{3}$kan$^{21}$ke$^{53}$iau$^{0}$. ②置办，安排：箇餐酒指陪媒酒就专门为渠指媒人，为渠～个。kai$^{53}_{44}$ts$^{h}$ɔn$^{35}$ tsiəu$^{21}$ts$^{h}$iəu$^{53}_{44}$tʂen$^{35}$mən$^{13}_{21}$uei$^{53}$ci$^{13}$,uei$^{53}$ci$^{13}$ʂet$^{3}$ke$^{53}$.

【社公庙】ʂa$^{35}$kəŋ$^{35}_{44}$miau$^{53}$ 名敬奉社公（土地神）的庙：箇个不是土地庙，～不是土地庙。渠等话社公就社，元朝个时候子，蒙……元朝是蒙古族人吵，系唔系啊？元朝统治中国个时候子嘞，箇个蒙古族人呢，渠就分以个地方□□□□么个社。社令。我等人老家箇映子咯，我等小河啊，小河，我等凤溪吵，系唔系？小河凤溪，爱，都有只社令个名字，呣，我等安做新安社令。我等箇个箇个庙欸箇个做道士个人吵，渠就唔写哟湖南省浏阳县呐欸浏阳市啊张坊镇呐，欸么啊小河乡啊皇碑村呐，渠就唔咁子写。渠就写，长沙府，呣，浏阳县，东乡第一都，新安社令。渠照老个写。我等箇只社令安做新安社令。大概以……大概以只社嘞就同以前个箇阵子个么啊公社差唔多吧。我也好像发……蛮远都安做新安社令。一只社样啊，新安社样啊。安做东乡第一都，新安社令。新安……新安～唔知去哪映子我讲得。～到处都有嘞。kai$^{53}$ke$^{53}$pət$^{3}$ʂʅ$^{53}_{44}$t$^{h}$əu$^{21}$t$^{h}$i$^{53}$miau$^{53}$,ʂa$^{35}$kəŋ$^{35}_{44}$miau$^{53}$pət$^{3}$ʂʅ$^{53}_{44}$t$^{h}$əu$^{21}$t$^{h}$i$^{53}$miau$^{53}$.ci$^{13}$tien$^{0}$ua$^{53}$ʂa$^{35}$kəŋ$^{35}_{44}$tsiəu$^{53}_{44}$ ʂa$^{35}$,vien$^{13}$tʂ$^{h}$au$^{13}_{21}$ke$^{53}$ʂʅ$^{13}$xei$^{53}$tsʅ$^{0}$,məŋ$^{13}$…vien$^{13}$tʂ$^{h}$au$^{13}_{21}$ʂʅ$^{53}_{44}$məŋ$^{13}$ku$^{21}$ts$^{h}$əuk$^{5}$ɲin$^{13}_{21}$ʂa$^{0}$,xei$^{53}_{44}$me$^{53}_{44}$a$^{0}$?vien$^{13}$tʂ$^{h}$au$^{13}_{44}$ t$^{h}$əŋ$^{21}$tʂ$^{h}$ʅ$^{53}$tʂəŋ$^{35}$kuɔk$^{3}$ke$^{53}$ʂʅ$^{13}$xəu$^{53}_{44}$tsʅ$^{0}$lei$^{0}$,kai$^{53}_{44}$kei$^{53}_{21}$məŋ$^{13}$ku$^{21}$ts$^{h}$əuk$^{5}$ɲin$^{13}_{21}$nei$^{0}$,ci$^{13}_{21}$ts$^{h}$iəu$^{53}_{44}$pən$^{35}$i$^{21}$ke$^{53}_{44}$t$^{h}$i$^{53}_{44}$ fɔŋ$^{35}_{44}$vən$^{35}_{44}$tʂəu$^{0}$vən$^{35}_{44}$tʂəu$^{0}$mak$^{3}$ke$^{53}_{44}$ʂa$^{35}$.ʂa$^{35}$lin$^{53}$.ŋai$^{13}$tien$^{0}$ɲin$^{13}_{21}$lau$^{21}$cia$^{35}_{44}$kai$^{53}$iaŋ$^{53}$tsʅ$^{0}$ko$^{0}$,ŋai$^{13}$tien$^{0}$siau$^{21}$xo$^{13}$ a$^{0}$,siau$^{21}$xo$^{13}$,ŋai$^{13}$tien$^{0}$fəŋ$^{53}$çi$^{35}_{44}$ʂa$^{0}$,xei$^{53}_{44}$me$^{53}_{44}$?siau$^{21}$xo$^{13}$fəŋ$^{53}$çi$^{35}_{44}$,ɔi$^{53}$,təu$^{35}_{44}$iəu$^{35}_{44}$tʂak$^{3}$ʂa$^{35}$lin$^{53}$ke$^{53}_{44}$miaŋ$^{13}$ sʅ$^{53}$,m̩$_{21}$,ŋai$^{13}$tien$^{0}$ɔn$^{35}_{44}$tso$^{53}_{44}$sin$^{35}$ŋɔn$^{35}_{44}$ʂa$^{35}$lin$^{53}$.ŋai$^{13}$tien$^{0}$kai$^{53}$ke$^{53}_{44}$kai$^{53}_{44}$ke$^{53}_{44}$miau$^{53}$ei$_{21}$kai$^{53}_{44}$ke$^{53}_{44}$tso$^{53}_{44}$t$^{h}$au$^{53}$sʅ$^{53}_{44}$ke$^{53}_{44}$ ɲin$^{13}_{21}$ʂa$^{0}$,ci$^{13}_{21}$ts$^{h}$iəu$^{53}$n̩$^{13}_{21}$sia$^{21}$iau$^{0}$fu$^{13}$lan$^{13}$sen$^{21}$liəu$^{13}$iəŋ$^{13}$çien$^{53}$na$^{0}$e$_{21}$liəu$^{13}$iəŋ$^{13}$ʂʅ$^{53}$a$^{0}$tʂɔŋ$^{35}_{44}$fɔŋ$^{35}_{44}$tʂən$^{53}$na$^{0}$,e$_{21}$ mak$^{3}$a$^{0}$siau$^{21}$xo$^{13}$çiɔŋ$^{35}$ŋa$^{0}$uɔŋ$^{13}$pi$^{35}_{44}$ts$^{h}$ən$^{35}$na$^{0}$,ci$^{13}_{21}$ts$^{h}$iəu$^{53}$n̩$^{13}$kan$^{21}$tsʅ$^{0}$sia$^{21}$.ci$^{13}_{21}$ts$^{h}$iəu$^{53}$sia$^{21}$,tʂ$^{h}$ɔŋ$^{13}$sa$^{35}_{44}$ fu$^{21}$,m̩$_{21}$,liəu$^{13}$iəŋ$^{13}$çien$^{53}$,təŋ$^{35}$çiɔŋ$^{35}_{44}$t$^{h}$i$^{53}$iet$^{3}$təu$^{35}$,sin$^{35}$ŋɔn$^{35}_{44}$ʂa$^{35}$lin$^{53}$.ci$^{13}$tʂau$^{53}$lau$^{21}$ke$^{53}$sia$^{21}$.ŋai$^{13}$tien$^{0}$kai$^{53}$tʂak$^{3}$ ʂa$^{35}$lin$^{53}$ɔn$^{35}_{44}$tso$^{53}_{44}$sin$^{35}$ŋɔn$^{35}_{44}$ʂa$^{35}_{44}$lin$^{53}_{44}$.t$^{h}$ai$^{53}_{44}$k$^{h}$ai$^{53}_{44}$i$^{21}_{44}$…t$^{h}$ai$^{53}$k$^{h}$ai$^{53}_{44}$i$^{21}$tʂak$^{3}$ʂa$^{35}$lei$_{44}$ts$^{h}$iəu$^{53}$t$^{h}$əŋ$^{13}_{21}$i$^{35}$ts$^{h}$ien$^{13}_{44}$ke$^{0}$kai$^{53}_{44}$ tʂ$^{h}$ən$^{53}$tsʅ$^{0}$ke$^{53}_{44}$mak$^{3}$a$^{0}$kəŋ$^{35}$ʂa$^{35}$tsa$^{35}$n̩$^{13}_{21}$to$^{35}$p$^{h}$a$^{0}$.ŋai$^{13}$ia$^{35}_{44}$xau$^{21}$ts$^{h}$iəŋ$^{53}$fait$^{3}$…man$^{13}$ien$^{21}$təu$^{35}_{44}$ɔn$^{35}_{44}$tso$^{35}_{44}$sin$^{35}$ŋɔn$^{35}_{44}$ ʂa$^{35}_{44}$lin$^{53}_{44}$.iet$^{3}$tʂak$^{3}$ʂa$^{53}$iɔŋ$^{53}$a$^{0}$,sin$^{35}$ŋɔn$^{35}_{44}$ʂa$^{53}$iɔŋ$^{53}_{21}$ŋa$^{0}$.ɔn$^{35}_{44}$tso$^{53}_{44}$təŋ$^{35}$çiɔŋ$^{35}_{44}$t$^{h}$i$^{53}$iet$^{3}$təu$^{35}$,sin$^{35}$ŋɔn$^{35}_{44}$ʂa$^{35}$lin$^{53}$.sin$^{35}$ ŋɔn$^{35}_{44}$…sin$^{35}$ŋɔn$^{35}_{44}$ʂa$^{35}$kəŋ$^{35}_{44}$miau$^{53}_{44}$n̩$^{13}_{21}$ti$^{35}_{44}$çi$^{53}$lai$^{53}$iaŋ$^{53}$tsʅ$^{0}$ŋai$^{13}$kɔŋ$^{21}$tek$^{3}_{5}$.ʂa$^{35}$kəŋ$^{35}_{44}$miau$^{53}$tau$^{53}$tʂ$^{h}$əu$^{21}$təu$^{35}_{44}$iəu$^{35}_{44}$lei$^{0}$.

【社公子】ʂa$^{35}$kəŋ$^{35}_{44}$tsʅ$^{0}$ 名①土地神，也指其神像。又称“土地菩萨”：欸，～有惹唔起个意思，对。因为～是动唔得，你只好去敬渠，你动唔得，你话拆渠一口砖呐，你话去斫一条树哇，斫榻子斫条树榻斫，箇真搞唔得，会惹倒～。ei$_{21}$,ʂa$^{35}$kəŋ$^{35}_{44}$tsʅ$^{0}$iəu$^{35}$ɲia$^{35}$n̩$^{13}_{21}$çi$^{21}$ke$^{53}_{44}$i$^{53}$sʅ$^{0}$,tei$^{53}_{21}$.in$^{35}$uei$^{53}_{44}$ ʂa$^{35}$kəŋ$^{35}_{44}$tsʅ$^{0}$ʂʅ$^{53}_{21}$t$^{h}$əŋ$^{35}$n̩$^{13}_{21}$tek$^{3}$,ɲi$^{13}$tsʅ$^{21}$xau$^{21}$çi$^{53}_{44}$cin$^{53}$ci$^{13}$,ɲi$^{13}_{21}$t$^{h}$əŋ$^{35}$n̩$^{13}_{44}$tek$^{3}$,ɲi$^{13}$ua$^{53}$ts$^{h}$ak$^{3}$ci$^{13}_{21}$iet$^{3}$xei$^{21}$tʂuən$^{35}$na$^{0}$, ɲi$^{13}$ua$^{53}_{44}$çi$^{53}_{44}$tʂɔk$^{3}$iet$^{3}$t$^{h}$iau$^{13}$ʂəu$^{53}$ua$^{0}$,tʂɔk$^{3}$k$^{h}$ua$^{21}_{44}$tsʅ$^{0}$tʂɔk$^{3}$t$^{h}$iau$^{13}_{44}$ʂəu$^{53}$k$^{h}$ua$^{21}$tʂɔk$^{3}$,kai$^{53}$tʂən$^{35}$kau$^{21}$n̩$^{13}$tek$^{3}$,uɔi$^{53}$ ɲia$^{35}$tau$^{21}$ʂa$^{35}$kəŋ$^{35}_{44}$tsʅ$^{0}$.｜社公庙有只～噢。有几大子。ʂa$^{35}$kəŋ$^{35}_{44}$miau$^{53}$iəu$^{35}_{44}$tʂak$^{3}$ʂa$^{35}$kəŋ$^{35}_{44}$tsʅ$^{0}$au$^{0}$.mau$^{13}_{21}$ ci$^{21}_{44}$t$^{h}$ai$^{53}$tsʅ$^{0}$. ②喻指爱管闲事者：我等箇映以前我等队上有只箇人咯尽探空事。一只男个尽探空事，尽兜喊渠～。真惹唔得啊。还有只就渠惹唔得，惹唔得渠，渠讨死嫌，一个人个人，又有子女，欸。以只～嘞就系两只讨嫌，一只嘞就系惹唔得渠，讲唔得渠，讲哩呼呼趱来。还有只嘞就喜欢探空事。ŋai$^{13}$tien$^{0}$kai$^{53}$iaŋ$^{53}$i$^{35}$ts$^{h}$ien$^{13}_{21}$ŋai$^{13}$tien$^{0}$ti$^{53}$xɔŋ$^{53}$iəu$^{35}$tʂak$^{3}$kai$^{53}_{44}$ɲin$^{13}$ko$^{0}$ts$^{h}$in$^{53}$ t$^{h}$an$^{53}$k$^{h}$əŋ$^{53}$sʅ$^{53}$.iet$^{3}$tʂak$^{3}$lan$^{13}$cie$^{53}$ts$^{h}$in$^{53}$t$^{h}$an$^{53}$k$^{h}$əŋ$^{53}$sʅ$^{53}$,ts$^{h}$in$^{53}$te$^{35}_{35}$xan$^{53}$ci$^{13}_{21}$ʂa$^{35}$kəŋ$^{35}_{53}$tsʅ$^{0}$.tʂən$^{35}$ɲia$^{35}$n̩$^{13}_{21}$tek$^{3}$ a$^{0}$.xai$^{13}$iəu$^{35}_{53}$tʂak$^{3}$ts$^{h}$iəu$^{53}_{44}$ci$^{13}_{2}$ɲia$^{35}$n̩$^{13}_{44}$tek$^{3}$,ɲia$^{35}$n̩$^{13}_{44}$tek$^{3}$ci$^{13}_{44}$,ci$^{13}$t$^{h}$au$^{21}$si$^{21}$çian$^{13}$,iet$^{3}$ke$^{53}$ɲin$^{13}_{44}$ke$^{53}$ɲin$^{13}_{21}$,iəu$^{53}$mau$^{13}$ tsʅ$^{21}$ŋ̍$^{21}$,e$_{21}$.i$^{21}$tʂak$^{3}$ʂa$^{35}$kəŋ$^{35}_{44}$tsʅ$^{0}$lei$^{0}$tsiəu$^{53}$xe$^{53}_{44}$iɔŋ$^{21}$tʂak$^{3}$t$^{h}$au$^{21}$çian$^{13}$,iet$^{3}$tʂak$^{3}$lei$^{0}$ts$^{h}$iəu$^{53}$xe$^{53}$ɲia$^{35}$n̩$^{13}_{21}$tek$^{3}$ci$^{13}_{44}$, kɔŋ$^{21}$n̩$^{13}$tek$^{3}$ci$^{13}_{44}$,kɔŋ$^{21}$li$^{0}$fu$^{53}$fu$^{53}_{44}$tsan$^{53}$lɔi$^{13}_{21}$.xai$^{13}$iəu$^{35}_{53}$tʂak$^{3}$lei$^{0}$ts$^{h}$iəu$^{53}_{44}$çi$^{21}$fɔn$^{35}_{44}$t$^{h}$an$^{53}$k$^{h}$əŋ$^{53}$sʅ$^{53}$. ③喻指惹不起的人：箇只咁个人是你莫去箇个啦，你自愿让下子渠啦，一只～样嘞。kai$^{53}$tʂak$^{3}$kan$^{21}$ke$^{53}$ɲin$^{13}_{44}$ ʂʅ$^{53}_{44}$ɲi$^{13}$mɔk$^{5}$çi$^{53}$kai$^{53}_{44}$ke$^{53}_{44}$la$^{0}$,ɲi$^{13}$tsʅ$^{53}$ɲien$^{53}_{44}$ɲiɔŋ$^{53}$xa$^{53}_{44}$tsʅ$^{0}$ci$^{13}_{44}$la$^{0}$,iet$^{3}$tʂak$^{3}$ʂa$^{35}$kəŋ$^{35}_{44}$tsʅ$^{0}$iɔŋ$^{53}$le$^{0}$.

【社令】ʂa$^{35}$lin$^{53}$ 名道士往往沿袭旧的地域概念，所谓“社令”是最基层的行政区域名。有人认为这与元代的村社制度有关。例见“社公庙”条。

【社日】ʂa$^{35}$ɲiet$^{3}$ 名春社和秋社的统称：欸，立春五戊是春社，我只晓得春社，就系～。～就可以呃箇个嘞～就可以去蒖滴子菜种嘞蒖兜子菜秧欸。箇阵我娭子等人话～来哩啦，哪晡个社。～就你去蒖滴子菜秧，早兜子个。也有只秋社，欸，秋社冇多么人讲箇只，就系春社。e$_{21}$,liet$^{5}$ tʂʰən$^{35}$ŋ̍$^{21}$u$^{53}$ʂʅ$^{53}$tʂʰən$^{35}$ʂa$^{35}$,ŋai$^{13}_{21}$tʂʅ$^{21}$çiau$^{21}$(t)ek$^{3}$ tʂʰən$^{35}$ʂa$^{35}$,tsʰiəu$^{53}_{44}$xei$^{53}_{44}$ʂa$^{35}$ɲiet$^{3}$.ʂa$^{35}$ɲiet$^{3}$ tsʰiəu$^{53}$kʰo$^{21}$i$^{35}_{44}$ə$_{21}$kai$^{53}$ke$^{53}$lei$^{0}$ ʂa$^{35}$ɲiet$^{3}$ tsiəu$^{53}$kʰo$^{21}$i$^{35}_{44}$cʰi$^{53}_{44}$tian$^{53}$tiet$^{5}$ tsʅ$^{0}$ tsʰɔi$^{53}$tʂəŋ$^{21}$lei$^{0}$ tian$^{53}$te$^{35}_{53}$tsʅ$^{0}$ tsʰɔi$^{53}$iɔŋ$^{35}$ŋei$^{0}$.kai$^{53}$ tʂʰən$^{53}$ŋai$^{13}_{21}$ɔi$^{35}$tsʅ$^{0}$ ten$^{21}_{44}$ɲin$^{13}_{21}$ua$^{53}_{44}$ʂa$^{35}$ɲiet$^{3}$ lɔi$^{13}_{21}$li$^{0}$ la$^{0}$,lai$^{53}$pu$^{35}_{44}$ke$^{53}_{44}$ʂa$^{35}$.ʂa$^{35}$ɲiet$^{3}$ tsʰiəu$^{53}$ɲi$^{13}_{21}$çi$^{53}_{44}$tian$^{53}$tiet$^{5}$ tsʅ$^{0}$ tsʰɔi$^{53}$ iɔŋ$^{35}_{44}$,tsau$^{21}$te$^{35}_{53}$tsʅ$^{0}$ ke$^{0}$.ia$^{35}$iəu$^{35}_{53}$tʂak$^{3}$ tsʰiəu$^{35}$ʂa$^{35}_{44}$,e$_{21}$,tsʰiəu$^{35}$ʂa$^{35}$mau$^{13}_{21}$to$^{35}_{53}$mak$^{3}$ɲin$^{13}_{21}$kɔŋ$^{21}$kai$^{53}$tʂak$^{3}$,tsʰiəu$^{53}$xe$^{53}$ tʂʰən$^{35}$ʂa$^{35}$.

【舍弟】ʂa$^{53}$tʰi$^{53}$ 名雅称。指自己的弟弟：你有几乾舅呐？你有几昆玉啊？/啊，我就三兄弟，以只就系我～。ɲi$^{13}_{21}$iəu$^{35}_{53}$ci$^{21}$cʰien$^{13}_{21}$kʰuən$^{35}$na$^{0}$?ɲi$^{13}_{21}$iəu$^{35}_{53}$ci$^{21}$kʰuən$^{35}$ɲiəuk$^{3}$ ua$^{0}$?/a$_{21}$,ŋai$^{13}$tsʰiəu$^{53}_{44}$san$^{35}$çiəŋ$^{35}$ tʰi$^{53}$,i$^{21}$tʂak$^{3}$ tsʰiəu$^{53}$xei$^{53}$ŋai$^{13}$ʂa$^{53}$tʰi$^{53}$.

【舍妹】ʂa$^{53}$mɔi$^{53}$ 名雅称。指自己的妹妹：我有三只老妹子，以只是我最细个～。ŋai$^{13}$iəu$^{35}_{53}$ san$^{35}$tʂak$^{3}$ lau$^{21}$mɔi$^{53}$tsʅ$^{0}$,i$^{21}$tʂak$^{3}$ ʂʅ$^{53}$ŋai$^{13}$tsei$^{53}$se$^{53}$ke$^{53}_{21}$ʂa$^{53}$mɔi$^{53}$.

【射$_1$】ʂa$^{53}$ 动①飞溅：渠会爆，会炸啷啷炸叭叭濽，～得你一身个油。ci$^{13}_{21}$uɔi$^{53}_{44}$pau$^{53}$,uɔi$^{53}_{44}$tsa$^{53}_{44}$ paŋ$_{53}$paŋ$_{21}$tsa$^{53}$pa$_{53}$pa$_{21}$tsan$^{53}$,ʂa$^{53}$tek$^{3}$ɲi$^{13}_{21}$iet$^{3}$ ʂən$^{35}$ke$^{53}$iəu$^{13}$. ②迷信的人称月经、死人骨头等散发邪气，造成儿童过家病：过家病个原因很多，有兜就消化不良，有兜就话么个嘞？渠娭子个月经～倒哩嘞，有射。ko$^{53}$ka$^{35}_{44}$pʰiaŋ$^{53}$ke$^{53}$vien$^{13}$in$^{35}_{44}$xen$^{21}$to$^{35}$,iəu$^{35}$tei$^{35}_{53}$tsʰiəu$^{53}_{44}$siau$^{35}_{44}$fa$^{53}$pət$^{3}$ liɔŋ$^{13}$,iəu$^{35}$te$^{35}_{53}$tsʰiəu$^{53}$ ua$^{53}$mak$^{3}$ ke$^{53}_{44}$le$^{0}$?ci$^{13}_{21}$ɔi$^{35}$tsʅ$^{0}$ ke$^{53}_{44}$ɲiet$^{5}$ cin$^{35}$ʂa$^{53}$tau$^{21}$li$^{0}$ le$^{0}$,iəu$^{35}$ʂa$^{53}$.｜硬会～倒人，烧骨头箇兜会～倒人呐。ɲiaŋ$^{53}_{44}$uɔi$^{53}_{44}$ʂa$^{53}$tau$^{21}$ɲin$^{13}$,ʂau$^{35}$kuət$^{3}$ tʰei$^{13}$kai$^{53}_{44}$te$^{35}_{44}$uɔi$^{53}_{44}$ʂa$^{53}$tau$^{21}$ɲin$^{13}$na$^{0}$.

【射$_2$】ʂa$^{53}$ 名迷信的人称月经、死人骨头等散发的邪气，据说会造成儿童过家病：箇只～我就真解释唔清楚么个东西安做有～。渠就好像系好像我等讲箇么个手机个辐射样吧？系咁个吧？渠一只个来源呢就系正讲个娭子个月经，血，经血有～。还有只有～嘞么个嘞？就话么～嘞？呣，就系讲箇个呢我面前讲哩个箇个老哩人呢捡骨头呢，个骨头有～，赠注意得。如今箇个捡骨头个时候子啊，打比我等呃我爷子个地十几年了，爱捡了吵，系唔系？捡骨头个时候子，必须爱舞只火笼，舞只火笼，烧块茶鮕，烧兜子柏木，烧茶鮕烧柏木，就避～，避箇只～。唔系别么个话，箇打比样箇个箇坟地隔屋啊隔天远，系唔系？隔几里路，甚至隔十几里，欸，去横巷里捡地，我张家坊爱告只火笼。搞么个嘞？唔系么个箇映子个东西会射下以映来，箇唔系咁个。关键就系我等箇起人去参与哩个，说大人唔爱紧，身上会带倒箇～归来，或者箇行头，牙业，镢头牙业箇兜，会带倒～归来，欸，有～。爱避吵。系啊，一种邪气。箇个也会射。还有只就惹倒哩么个嘞，渠等安做惹倒哩邪气呢，欸，箇个话过家病咯。主要箇现状就系营养不良。～一般就只讲我晓得箇就只有两只，一只～就系就箇滑月经个吵，就系以只，死哩人捡骨头个～。kai$^{53}_{44}$tʂak$^{3}$ ʂa$^{53}$ŋai$^{13}_{21}$tsʰiəu$^{53}_{44}$tʂən$^{35}$kai$^{21}$ʂət$^{5}$ n̩$^{13}$tsʰin$^{35}$tsʰəu$^{21}$mak$^{3}$ e$^{0}$ təŋ$^{35}_{44}$si$^{0}$ ɔn$^{35}_{44}$tso$^{53}_{44}$iəu$^{35}$ʂa$^{53}$.ci$^{13}$tsʰiəu$^{53}$xau$^{21}$tsʰiɔŋ$^{53}$xe$^{53}$xau$^{21}$tsʰiɔŋ$^{53}$ŋai$^{13}$tien$^{0}$ kɔŋ$^{21}$kai$^{53}_{44}$mak$^{3}$ ke$^{53}$ʂəu$^{21}$ci$^{35}_{44}$ke$^{0}$ fuk$^{3}$ ʂa$^{53}$ iɔŋ$^{53}$pa$^{0}$?xei$^{53}$kan$^{21}$cie$^{53}_{44}$pa$^{0}$?ci$^{13}$iet$^{3}$ tʂa$^{53}$kei$^{0}$ lɔi$^{13}$vien$^{13}_{21}$nei$^{0}$ tsʰiəu$^{53}$xei$^{53}$tʂaŋ$^{53}$kɔŋ$^{21}$ke$^{0}$ ɔi$^{35}$tsʅ$^{0}$ kei$^{53}_{44}$ɲiet$^{5}$ cin$^{35}$,çiet$^{3}$,cin$^{35}$çiet$^{3}$ iəu$^{35}$ʂa$^{53}$.xai$^{13}_{21}$iəu$^{35}$tʂak$^{3}$ iəu$^{35}$ʂa$^{53}$lei$^{0}$ mak$^{3}$ e$^{0}$ lei$^{0}$?tsʰiəu$^{53}$ua$^{53}$mak$^{3}$ ʂa$^{53}$lei$^{0}$?m̩$_{21}$,tsʰiəu$^{53}$ xe$^{53}$kɔŋ$^{21}$kai$^{53}$ke$^{53}$nei$^{0}$ ŋai$^{13}$mien$^{53}$tsʰien$^{13}_{44}$kɔŋ$^{21}$li$^{0}$ ke$^{0}$ kai$^{53}_{44}$ke$^{53}_{44}$lau$^{21}$li$^{0}$ɲin$^{13}$ne$^{0}$ cian$^{21}$kuət$^{3}$ tʰei$^{13}_{21}$nei$^{0}$,cie$^{53}_{44}$kuət$^{3}$ tʰei$^{13}_{21}$iəu$^{35}$ʂa$^{53}$,maŋ$^{13}$tʂɥ$^{53}$i$^{53}$tek$^{3}$.i$^{13}_{21}$cin$^{35}_{44}$kai$^{53}$ke$^{0}$ cian$^{21}$kuət$^{3}$ tʰei$^{13}_{21}$ke$^{0}$ ʂʅ$^{13}$xei$^{53}_{44}$tsa$^{0}$,ta$^{21}$pi$^{21}$ŋai$^{13}$tien$^{0}$ ə$_{21}$ŋai$^{13}_{21}$ia$^{13}$tsʅ$^{0}$ ke$^{53}_{44}$tʰi$^{53}$ʂət$^{5}$ ci$^{21}$ɲien$^{13}$niau$^{0}$,ɔi$^{53}$cian$^{21}$niau$^{21}$ʂa$^{0}$,xei$^{53}$me$^{53}$?cian$^{21}$kuət$^{3}$ tʰei$^{13}_{21}$ke$^{0}$ ʂʅ$^{13}_{44}$xəu$^{53}_{44}$tsʅ$^{0}$,piet$^{3}$ si$^{35}_{53}$ɔi$^{53}$u$^{21}$tʂak$^{3}$ fo$^{21}$ləŋ$^{35}$,u$^{21}$(tʂ)ak$^{3}$ fo$^{21}$ləŋ$^{35}$,ʂau$^{35}$kʰuai$^{53}$tsʰa$^{13}$kʰu$^{35}_{44}$,ʂau$^{35}$tei$^{35}_{53}$tsʅ$^{0}$ pak$^{3}$ muk$^{3}$,ʂau$^{35}$tsʰa$^{13}$kʰu$^{35}_{44}$ʂau$^{35}$pak$^{3}$ muk$^{3}$, tsʰiəu$^{53}_{44}$pʰiet$^{3}$ ʂa$^{53}$,pʰiet$^{3}$ kai$^{53}_{44}$tʂak$^{3}$ ʂa$^{53}$.m̩$^{13}$pʰei$^{53}_{44}$pʰiet$^{5}$ mak$^{3}$ (k)ei$^{53}_{44}$ua$^{53}$,kai$^{53}_{21}$ta$^{21}$pi$^{21}$iɔŋ$^{53}_{44}$kai$^{53}$ke$^{0}$ kai$^{53}$pʰən$^{13}$tʰi$^{53}$ kak$^{3}$ uk$^{3}$ a$^{0}$ kak$^{3}$ tʰien$^{35}$ien$^{21}$,xei$^{53}$me$^{53}$?kak$^{3}$ ci$^{21}$li$^{35}$ləu$^{53}$,ʂən$^{53}_{44}$tʂʅ$^{53}_{44}$kak$^{3}$ ʂət$^{5}$ ci$^{21}$li$^{35}$,e$_{21}$,çi$^{53}$uaŋ$^{13}$xɔŋ$^{53}$li$^{0}$ cian$^{21}$tʰi$^{53}$, ŋai$^{13}_{21}$tʂaŋ$^{35}$ka$^{35}_{53}$fɔŋ$^{35}$ɔi$^{53}$kau$^{53}$tʂak$^{3}$ fo$^{21}$ləŋ$^{35}$.kau$^{21}$mak$^{3}$ e$^{0}$ lei$^{0}$?m̩$^{13}$pʰei$^{53}$mak$^{3}$ e$^{0}$ kai$^{53}$iaŋ$^{53}_{44}$tsʅ$^{0}$ ke$^{53}_{44}$təŋ$^{35}_{44}$si$^{0}$ uɔi$^{53}$ʂa$^{53}$ (x)a$^{53}$i$^{21}$iaŋ$^{53}$lɔi$^{13}_{21}$,kai$^{53}$m̩$^{13}$pʰei$^{53}$kan$^{21}$cie$^{53}$.kuan$^{35}$cien$^{53}_{44}$tsʰiəu$^{53}$xei$^{53}$ŋai$^{13}$tien$^{0}$ kai$^{53}$çi$^{21}$ɲin$^{13}$çi$^{53}$tsʰan$^{35}$ɥ$^{21}$li$^{0}$ ke$^{0}$, ʂet$^{3}$ tʰai$^{53}$ɲin$^{13}_{21}$m̩$^{13}_{21}$mɔi$^{53}$cin$^{21}$,ʂən$^{35}$xɔŋ$^{53}$uɔi$^{53}$tai$^{53}$tau$^{21}$kai$^{53}_{44}$ʂa$^{53}$kuei$^{35}$lɔi$^{13}_{21}$,xɔit$^{5}$ tʂa$^{21}$kai$^{53}$çin$^{13}$tʰei$^{13}$,ŋa$^{13}$ɲiait$^{5}$, ciɔk$^{3}$ tʰei$^{13}_{44}$ŋa$^{13}$ɲiait$^{5}$ kai$^{53}_{44}$təu$^{35}_{44}$,uɔi$^{53}$tai$^{53}$tau$^{21}$ʂa$^{53}$kuei$^{35}$lɔi$^{13}_{21}$,e$_{21}$,iəu$^{35}$ʂa$^{53}$.ɔi$^{53}$pʰiet$^{3}$ ʂa$^{53}$.xei$^{53}_{44}$a$^{0}$,iet$^{3}$ tʂəŋ$^{21}$sia$^{13}$ cʰi$^{53}$.kai$^{53}_{44}$ke$^{53}_{44}$ia$^{35}$uɔi$^{53}$ʂa$^{53}$.xai$^{13}_{21}$iəu$^{35}_{53}$tʂak$^{3}$ tsʰiəu$^{53}$ɲia$^{35}$tau$^{21}$li$^{0}$ mak$^{3}$ ke$^{53}$lei$^{0}$,ci$^{13}_{21}$tien$^{0}$ ɔn$^{35}_{44}$tso$^{53}_{44}$ɲia$^{35}$tau$^{21}$li$^{0}$ sia$^{13}$ cʰi$^{53}$nei$^{0}$,e$_{21}$,kai$^{53}_{44}$ke$^{53}_{44}$ua$^{53}_{44}$ko$^{53}$ka$^{35}_{44}$pʰiaŋ$^{53}$ko$^{0}$.tʂɥ$^{21}$iau$^{53}$kai$^{53}_{44}$çien$^{53}$tsʰɔŋ$^{53}$tsʰiəu$^{53}_{44}$xe$^{53}_{44}$in$^{13}_{21}$iɔŋ$^{35}_{44}$pət$^{3}$ liɔŋ$^{13}$.ʂa$^{53}$iet$^{3}$

S

pən35tsʰiəu53tʂʅ21kɔŋ21ŋai13-21çiau21tek3kai53tsʰiəu53tʂʅ21iəu35-53iɔŋ21tʂak3,iet3tʂak3ʂa53tsʰiəu53-44xei53-44tsiəu53-44kai53-44uait3ɲiet5cin35-44ke0ʂa0,tsʰiəu53-44xei53i13-21tʂak3,si21li0ɲin13cie53kuət3tʰei13-21ke0ʂa53.｜嗯，铲地个时候子爱走开下子，爱烧兜子鲇箇兜，烧兜子香箇兜，怕有～。n̩21,tsʰan21tʰi53ke53-44ʂʅ13xəu53-44tsʅ0ɔi53tsei21kʰɔi35xa53tsʅ0,ɔi53ʂau35te35-53tsʅ0kʰu35kai53-44te35-44,ʂau35te35-53tsʅ0çiɔŋ35kai53-44te35-44,pʰa53-44iəu35ʂa53.

【射花】ʂa53fa35 名焰火，也特指冲天炮：打～ ta21ʂa53fa35

【伸】tʂʰən35/ʂən35 动①延伸：一条一条个桁子咁子～出来。iet3tʰiau13-21iet3tʰiau13-21ke53xaŋ13tsʅ0kan21tsʅ0ʂən35tʂʰət3lɔi13. ②伸直，伸展，舒展开：分只鸡就脑壳～出下子来咯。pən35tʂak3cie35tsʰiəu53-44lau21kʰɔk3tʂʰən35tʂʰət3(x)a53-44tsʅ0lɔi13ko0.｜坐火车卧铺个上铺就腰都～唔得哩啊，莫讲腰～唔得啊，硬动都动唔得，歇倒箇映子。tsʰo35fo21tʂʰa35ŋo53pʰu35-44ke53-44ʂɔŋ53pʰu35-44tsʰiəu53-44iau35təu35-44tʂʰən35-44n̩13-21tek3li0a0,mɔk5kɔŋ21iau35tʂʰən35-53n̩13-21tek3a0,ɲiaŋ53tʰəŋ35təu35-53tʰəŋ35-53n̩13-21tek3,çiet5tau21-44kai53iaŋ53tsʅ0.｜坐倒凳上坐久哩，～只子懒腰蛮舒服。tsʰo35tau21ten53xɔŋ53tsʰo35ciəu21li0,tʂʰən35tʂak3tsʅ0lan35iau35-44man13-21ʂʅ35-44fuk5.

【伸手】tʂʰən35ʂəu21 动①参与：欸，话别人家咁懒呢，“唔～，么个事都唔～”。e21,ua53pʰiet5in13-44ka35-44kan21lan35nei0,"n̩13tʂʰən35ʂəu21,mak3ke53-44sʅ53təu35-53n̩13tʂʰən35ʂəu21". ②比喻向别人要钱物等：～就爱钱。tʂʰən35ʂəu21tsʰiəu53ɔi53tsʰien13.

【身胚】ʂən35pʰɔi35 名指人或动物的身材：箇渠确实渠拖张子犁呀，拖张子耙啊，箇硬好搞样，嗯，～大呀。kai53ci13-44kʰɔk3ʂət5ci13-21tʰo35tʂɔŋ35-44tsʅ0lai13ia0,tʰo35tʂɔŋ35tsʅ0pʰa13a0,kai53ɲiaŋ53-44xau21kau21iɔŋ53,n̩21,ʂən35pʰɔi35-44tʰai53ia0.｜我等就～蛮大啦，忒大哩，胚只大哩。ŋai13tien0tsʰiəu53ʂən35-44pʰɔi35-44man13tʰai53la0,tʰiet3tʰai53li0,pʰɔi35tʂak3tʰai53li0.

【身上】ʂən35xɔŋ53 名①身体上：哎，我问你呀，箇个人～个脾脏啊，我等客姓人话么个？ai21,ŋai13uən53ɲi13-44ia0,kai53-44ke53-44ɲin13ʂən35-44xɔŋ53-44ke53-44pʰi13tsʰɔŋ53ŋa0,ŋai13tien0kʰak3sin53ɲin13-21ua53mak3ke53-44?｜以映就有只咁东西搭下牛～来。i21iaŋ53-44tsiəu53-44iəu35-44tʂan21(←tʂak3kan21)təŋ35-44si0tait3(x)a53-21ɲiəu13ʂən35-21xɔŋ53-44lɔi13-21. ②随身可以携带钱物的地方：我～冇得钱。ŋai13-21ʂən35-44xɔŋ53-44mau13tek3tsʰien13.｜细镜子就咁大子个面子个就安做……袋倒～个箇起细镜子嘞。se53ciaŋ53tsʅ0tsʰiəu53-21kan21-13tʰai53-44tsʅ0(k)e53-44mien53tsʅ0ke53-44tsʰiəu53-44ɔn35-44tso53-44…tʰɔi53tau21ʂən35nɔŋ44(←xɔŋ53)ke53-44kai53-44çi53-44sei53ciaŋ53tsʅ0lei0. ③指某人本身；自身：又说明箇只人箇个是非嘞都系从箇只人～惹出来个，欸，箇是非个起源。iəu53ʂuek3min13kai53tʂak3ɲin13-21kai53-44ke53-44ʂʅ53fei53-44le0təu35xe53-44tsʰəŋ13kai53-44tʂak3ɲin13-21ʂən35xɔŋ53-44ɲia35tʂʰət3lɔi13-21ke53-44,e21,kai53-44ʂʅ53fei53-44ke53-44çi21vien13.

【身子】ʂən35tsʅ0 名动物的生理组织的整体：用秆把，扎倒个龙，扎倒子个秆把子就系一些龙，就箇龙～样。iəŋ53kɔn21pa21,tsait3tau21ke53liəŋ13,tsait3tau21tsʅ0ke53kɔn21pa21tsʅ0tsʰiəu53xe53-21iet3sie35-44liəŋ13,tsʰiəu53-44kai53-44liəŋ13ʂən35tsʅ0iɔŋ53-44.｜阳钧一种野生小鱼，好像系～长长子，白色，有滴子带白色。iɔŋ13kei35,xau21tsʰiɔŋ53xe53ʂən35tsʅ0tʂʰɔŋ13tʂʰɔŋ13tsʅ0,pʰak5sek3,iəu35tet5tsʅ0tai53-44pʰak5sek3.

【深】tʂʰən35 形①从上到下或从外到里的距离大：箇条河蛮～。kai53tʰiau13-44xo13-21man13-21tʂʰən35.｜唔知几～个镬吧？系有起镬头更～嘞。n̩13-21ti35-53ci21tʂʰən35cie53-44uɔk5pa0?xei53iəu35çi21uɔk5tʰei0cien53-44tʂʰən35nei0. ②颜色浓：（红糖）呀鲜红噢颜色唔知几～呶，系啊？ia13çien35fəŋ13-21ŋau0ŋan13sek3n̩13-21ti35-44ci21tʂʰən35nau0,xei53-44a0？③内容深奥：箇本书蛮～。kai53pən21ʂəu35man13-21tʂʰən35.｜箇道理蛮～。kai53-44tʰau53li35man13-21tʂʰən35.

【深红】ʂən35fəŋ13 形明度较低的红色：箇起么个乌蔗子系～色。kai53-44çi21mak3ke53-44u35pʰau35tsʅ0xe53ʂən35fəŋ13sek3.

【深脚田】tʂʰən35ciɔk3tʰien13 名泥层较深的水田：欸，～就又还不是湖洋田呢，湖洋田就硬去牛都去唔得，欸，去人都会没下去，～呢只系比浅脚田深兜子凑，去得牛。e21,tʂʰən35ciɔk3tʰien13-21tsʰiəu53iəu53xai13-21pət3ʂʅ53fu13iɔŋ13-21tʰien13-44nei0,fu13iɔŋ13-44tʰien13-21tsʰiəu53ɲiaŋ53çi53ɲiəu13təu35-53çi53n̩13-21tek3,e21,çi53ɲin13təu35-53uɔi53mət5xa53çi53,tʂʰən35ciɔk3tʰien13ne0tʂʅ21xei53pi21tsʰien21ciɔk3tʰien13tʂʰən35te35-53tsʅ0tsʰe0,çi53tek3ɲiəu13.

【深浅】tʂʰən35tsʰien21 名深度：唔晓得～。n̩13çiau21tek3tʂʰən35tsʰien21.

【深田】tʂʰən35/ʂən35tʰien13 名土壤较深的水田：还有一只嘞就～。xai13-21iəu35-44iet3tʂak3lei0tsʰiəu53-44tʂʰən35tʰien13.｜～去牛唔得。ʂən35tʰien13-21çi53ɲiəu13n̩13-21tek3。

【神1】ʂən13 名宗教指天地万物的创造者或主宰者，迷信者指称神仙或能力、德行高超的人物死后的精灵。又称“神明”：请哩一通，请哩滴么啊～呶，做哩滴么啊法事噢，都爱出神榜啊。tsʰiaŋ$^{21}$li$^{0}$ iet$^{3}$ tʰəŋ$^{35}_{44}$,tsʰiaŋ$^{21}$li$^{0}$ tiet$^{5}$ mak$^{3}$ a$^{0}$ ʂən$^{13}$nau$^{0}$,tso$^{53}$li$^{0}$ tiet$^{5}$ mak$^{3}$ a$^{0}$ fait$^{3}$ sɿ$^{53}$au$^{0}$,təu$^{35}$ɔi$^{53}_{44}$tʂʰət$^{3}$ ʂən$^{13}$pəŋ$^{21}$ŋa$^{0}$.

【神$_2$】ʂən$^{13}$ 形 不可思议；特别希奇；神异：箇还有人更～啵，箇万□□老师一只赖子咯，最细个赖子，以映子咯，以个下嘴巴皮咯一坨咯鲜红个嘞。就以只转弯屎啊一坨鲜红个。渠等讲得咁～呢，么个万□□老师渠老婆摞倒一只细子个时候子啊，摞倒箇细子个时候子请哩漆匠，箇漆匠食哩饭冇事嘞拿倒漆刷走箇间里出个时候子就刮你一下，刮下箇壁头上箇子，箇只万□□睡个箇只间里刮一下。结果就留下一只咁个红嘴巴呀。晓知天晓得咁个。kai$^{53}_{44}$ xai$^{13}_{21}$iəu$^{35}_{53}$ɲin$^{13}_{21}$cien$^{53}$ʂən$^{13}$nau$^{0}$,kai$^{53}$uan$^{53}$fuk$^{5}$ tsʰɿ$^{35}$lau$^{21}$sɿ$^{35}_{44}$iet$^{3}$ tʂak$^{3}$ lai$^{53}$tsɿ$^{0}$ ko$^{0}$,tsei$^{53}$se$^{53}$ke$^{53}_{44}$lai$^{53}$tsɿ$^{0}$,i$^{21}$iaŋ$^{53}$ tsɿ$^{0}$ ko$^{0}$,i$^{21}$ke$^{53}$xa$^{35}$tsi$^{21}$pa$^{35}_{44}$pʰi$^{13}$ko$^{0}$ iet$^{3}$ tʰo$^{13}$ko$^{0}$ çien$^{35}$fəŋ$^{13}$ke$^{53}$lei$^{0}$.tsiəu$^{53}$i$^{21}$tʂak$^{3}$ tʂuon$^{53}$uan$^{35}$təuk$^{3}$ a$^{0}$ iet$^{3}$ tʰo$^{13}$ çien$^{35}$fəŋ$^{13}_{21}$ke$^{53}$.ci$^{13}_{21}$tien$^{0}$ kəŋ$^{21}$tek$^{3}$ kan$^{21}$ʂən$^{13}$nei$^{0}$,mak$^{3}$ ke$^{53}_{44}$uan$^{53}_{44}$fuk$^{5}$ tsʰɿ$^{35}$lau$^{21}$sɿ$^{35}_{44}$ci$^{13}_{21}$lau$^{21}$pʰo$^{13}$kʰuan$^{53}$tau$^{21}$i$^{21}$ tʂak$^{3}$ se$^{53}$tsɿ$^{0}$ ke$^{53}_{21}$ʂʅ$^{13}_{44}$xəu$^{53}_{44}$tsɿ$^{0}$ a$^{0}$,kʰuan$^{53}$tau$^{21}$kai$^{53}$sei$^{53}$tsɿ$^{0}$ ke$^{53}_{21}$ʂʅ$^{13}_{44}$xəu$^{53}_{44}$tsɿ$^{0}$ tsʰiaŋ$^{21}$li$^{0}$ tsʰiet$^{3}$ siəŋ$^{53}$,kai$^{53}_{44}$tsʰiet$^{3}$ siəŋ$^{53}_{44}$ʂət$^{5}$ li$^{0}$ fan$^{53}$mau$^{13}_{21}$sɿ$^{53}$lei$^{0}$ la$^{53}$tau$^{21}$tsʰiet$^{3}$ sɔit$^{3}$ tsei$^{21}$kai$^{53}_{44}$kan$^{35}$ni$^{21}$tʂʰət$^{3}$ ke$^{53}$ʂʅ$^{13}_{44}$xəu$^{53}_{44}$tsɿ$^{0}$ tsʰiəu$^{53}_{44}$kuait$^{3}$ ɲi$^{13}_{21}$ iet$^{3}$ xa$^{53}$,kuait$^{3}$ (x)a$^{53}$kai$^{53}$piak$^{3}$ tʰei$^{13}_{44}$xəŋ$^{53}_{44}$kai$^{53}$tsɿ$^{0}$,kai$^{53}$tʂak$^{3}$ uan$^{53}_{44}$fuk$^{5}$ tsʰəu$^{35}$ʂɔi$^{35}$ke$^{53}_{44}$kai$^{53}_{44}$(tʂ)ak$^{3}$ kan$^{35}$ni$^{0}$ kuait$^{3}$ iet$^{3}$ xa$^{53}$.ciet$^{3}$ ko$^{21}_{44}$tsʰiəu$^{53}$liəu$^{13}$çia$^{53}$iet$^{3}$ tʂak$^{3}$ kan$^{21}$ke$^{53}$fəŋ$^{13}$tsi$^{21}$pa$^{35}$ia$^{0}$.çiau$^{21}$ti$^{35}_{44}$tʰien$^{35}$çiau$^{21}$tek$^{3}$ kan$^{21}$ke$^{53}_{44}$.

【神案】ʂən$^{13}$ŋən$^{53}$ 名 用来供奉神位、摆放香烛祭品的案桌：进馔，就系分箇个菜饭呐送下箇个～上去。tsin$^{53}_{44}$tsʰən$^{53}$,tsʰiəu$^{53}_{44}$xei$^{53}_{44}$pəŋ$^{35}$kai$^{53}_{21}$ke$^{53}_{21}$tsʰɔi$^{53}$fan$^{53}$na$^{0}$ səŋ$^{53}$ŋa$^{53}_{44}$kai$^{53}_{44}$ke$^{53}_{44}$ʂən$^{13}$ŋən$^{53}$xəŋ$^{53}_{44}$çi$^{53}$.

【神榜】ʂən$^{13}$pəŋ$^{21}$ 名 道士做醮时写有所请神明的名号并悬挂起来的白纸：有写～个，出榜咯，每次做道场都爱做醮都爱出榜啊。挂倒箇映噢，挂倒箇地方，有滴……请哩一通，请哩滴么啊神啵，做哩滴么啊法事噢，都爱出～啊。做醮都爱出榜啊。专门渠是要打比样几个人来，专门有箇人就跍倒箇映子，法事都唔爱做，放肆写噢，彝滴白纸，写倒又挂起来呀。每次都爱写噢。用墨笔写，抄滴箇安做么个，嗯，出～啊。蛮多内容噢，我都唔多记得咁多。iəu$^{35}$ sia$^{21}$ʂən$^{13}$pəŋ$^{21}$ke$^{53}_{44}$,tʂʰət$^{3}$ pəŋ$^{21}$ko$^{0}$,mei$^{35}$tsʰɿ$^{53}$tso$^{53}$tʰau$^{53}$tʂʰəŋ$^{13}_{21}$təu$^{35}_{44}$ɔi$^{53}_{44}$tso$^{53}$tsiau$^{53}$təu$^{35}_{44}$ɔi$^{53}_{44}$tʂʰət$^{3}$ pəŋ$^{21}$ŋa$^{0}$ .kua$^{53}$ tau$^{21}$kai$^{53}_{44}$iaŋ$^{53}_{44}$ŋau$^{0}$ ,kua$^{53}$tau$^{21}$kai$^{53}_{44}$tʰi$^{53}_{44}$fəŋ$^{0}$ ,iəu$^{21}$tiet$^{5}$ ⋯ tsʰiaŋ$^{21}$li$^{0}$ iet$^{3}$ tʰəŋ$^{35}_{44}$,tsʰiaŋ$^{21}$li$^{0}$ tiet$^{5}$ mak$^{3}$ a$^{0}$ ʂən$^{13}$ nau$^{0}$ ,tso$^{53}$li$^{0}$ tiet$^{5}$ mak$^{3}$ a$^{0}$ fait$^{3}$ sɿ$^{53}$au$^{0}$ ,təu$^{35}$ɔi$^{53}_{44}$tʂʰət$^{3}$ ʂən$^{13}$pəŋ$^{21}$ŋa$^{0}$ .tso$^{53}_{44}$tsiau$^{53}$təu$^{35}_{44}$ɔi$^{53}_{44}$tʂʰət$^{3}$ pəŋ$^{21}$ŋa$^{0}$ .tʂen$^{35}$ mən$^{13}_{21}$ci$^{13}_{21}$ʂʅ$^{53}_{44}$iau$^{53}_{44}$ta$^{21}$pi$^{21}$iəŋ$^{53}_{44}$ci$^{21}$ke$^{53}$ɲin$^{13}_{21}$lɔi$^{13}_{21}$,tʂen$^{35}$mən$^{13}_{21}$iəu$^{35}$kai$^{53}_{44}$ɲin$^{13}_{21}$tsʰiəu$^{53}_{44}$kʰu$^{35}$tau$^{21}$kai$^{53}_{44}$iaŋ$^{53}_{44}$tsɿ$^{0}$ ,fait$^{3}$ sɿ$^{53}_{44}$ təu$^{35}_{44}$m$^{13}_{21}$mɔi$^{53}_{44}$tso$^{53}$ ,xəŋ$^{53}$ʂʅ$^{53}_{44}$sia$^{21}$au$^{0}$ ,u$^{21}$tet$^{5}$ pʰak$^{5}$ tʂɿ$^{21}$ ,sia$^{21}$tau$^{21}$iəu$^{53}_{44}$kua$^{53}$çi$^{21}$lɔi$^{13}_{21}$ia$^{0}$ .mei$^{35}$tsʰɿ$^{53}$təu$^{35}_{44}$ɔi$^{53}_{44}$sia$^{21}$ au$^{0}$ .iəŋ$^{53}_{44}$miet$^{5}$ piet$^{3}$ sia$^{21}$ ,tsʰau$^{35}$tet$^{5}$ kai$^{53}_{44}$ɔn$^{35}_{44}$tso$^{53}_{44}$mak$^{3}$ ke$^{53}_{44}$,n̩$_{21}$,tʂʰət$^{3}$ ʂən$^{13}$pəŋ$^{21}$ŋa$^{0}$ .man$^{13}_{21}$to$^{35}_{44}$lei$^{53}$iəŋ$^{13}$ ŋau$^{0}$ ,ŋai$^{13}_{21}$təu$^{35}_{44}$n̩$^{13}_{21}$to$^{35}_{44}$ci$^{53}$tek$^{3}$ kan$^{21}$to$^{35}_{21}$.

【神灯】ʂən$^{13}$tien$^{35}$ 名 神龛上的油灯：神龛上个，神龛上背个就系箇盏咁个灯呢，就系……～，也有人咁子话，～。欸，菩萨面前个灯，欸，～。菩萨面前个灯，欸，安做～。ʂən$^{13}$kʰan$^{35}_{44}$ xəŋ$^{53}_{44}$kei$^{53}_{44}$,ʂən$^{13}$kʰan$^{35}_{44}$ʂəŋ$^{53}_{44}$pɔi$^{53}_{44}$ke$^{53}$tsʰiəu$^{53}$xei$^{53}_{44}$kai$^{53}$tsan$^{21}$kan$^{21}$ke$^{53}_{44}$ten$^{35}_{44}$nei$^{0}$ ,tsʰiəu$^{53}_{44}$xei$^{53}_{44}$⋯ʂən$^{13}$ten$^{35}$,ia$^{35}$iəu$^{35}_{44}$ ɲin$^{13}_{21}$kan$^{21}$tsɿ$^{0}$ ua$^{53}$,ʂən$^{13}$ten$^{35}$.e$_{21}$,pʰu$^{13}$sait$^{3}$ mien$^{53}$tsʰien$^{13}_{21}$ke$^{53}_{44}$tien$^{35}$,e$_{21}$,ʂən$^{13}$ten$^{35}$.pʰu$^{13}$sait$^{3}$ mien$^{53}$tsʰien$^{13}_{21}$ke$^{53}_{44}$ tien$^{35}$,e$_{21}$,ɔn$^{35}_{44}$tso$^{53}_{44}$ʂən$^{13}$ten$^{35}_{44}$.

【神福肉】ʂən$^{13}$fuk$^{3}$ɲiəuk$^{3}$ 名 用来敬奉神明或祖宗的肉：箇是我等人用来做～个猪肉是讲起来是蛮有讲究啦，欸，敬神个猪肉是蛮有讲究啦。欸，欸，又爱有肥有腈子，嗯，爱□熟来，生肉就要唔得嘞，嗯，神明爱箇啦。爱伶伶俐俐子，嗯，爱洗净碗箇兜，用碟或者用碟子或者用碗装倒，爱伶伶俐俐子，爱伶俐，敬神个东西是不能马虎啦。做个时候子啊，箇都唔爱几多么个做，就一坨猪肉，□熟来就要得哩，蒸熟来也做得，□熟来也做得。唔爱切，欸唔爱，唔爱切成一片片呐，就一坨啦，完坨子个猪肉啦。祭完哩神呐，箇听你让门食唠，欸听你让门食，你自家去彝倒食凑，听你让门食，冇得么个讲究了。kai$^{53}_{44}$ʂʅ$^{53}_{44}$ŋai$^{13}$tien$^{0}$ɲin$^{13}_{44}$iəŋ$^{53}$lɔi$^{13}_{21}$ tso$^{53}$ʂən$^{13}$fuk$^{3}$ ɲiəuk$^{3}$ ke$^{53}$tʂəu$^{35}$ɲiəuk$^{3}$ ʂʅ$^{53}_{44}$kəŋ$^{21}$çi$^{21}$lɔi$^{13}_{21}$ʂʅ$^{53}_{21}$man$^{13}_{21}$iəu$^{35}_{44}$kəŋ$^{21}$ciəu$^{53}$la$^{0}$ ,e$_{21}$,cin$^{53}$ʂən$^{13}$ke$^{53}_{44}$tʂəu$^{35}$ ɲiəuk$^{3}$ ʂʅ$^{13}_{21}$man$^{13}_{21}$iəu$^{35}_{53}$kəŋ$^{21}$ciəu$^{53}$la$^{0}$ .e$_{21}$,e$_{44}$,iəu$^{53}$ɔi$^{53}_{44}$iəu$^{35}$pʰi$^{13}_{21}$iəu$^{35}$tsiaŋ$^{35}$tsɿ$^{21}$ ,n̩$_{21}$,ɔi$^{53}$sait$^{5}$ ʂəuk$^{5}$ lɔi$^{13}_{21}$,saŋ$^{35}$ɲiəuk$^{3}$ tsʰiəu$^{53}$iau$^{53}$n̩$^{13}_{21}$tek$^{3}$ le$^{0}$ ,n̩$_{21}$,ʂən$^{13}$min$^{13}$ɔi$^{53}_{44}$kai$^{53}$la$^{0}$ .ɔi$^{53}$lin$^{13}$lin$^{13}$li$^{53}$li$^{53}$tsɿ$^{0}$ ,n̩$_{21}$,ɔi$^{53}$sei$^{21}$tsʰiaŋ$^{53}$uən$^{21}$kai$^{53}_{44}$te$^{35}_{44}$,iəŋ$^{53}_{44}$ tʰet$^{5}$ xɔit$^{5}$ tʂa$^{21}$iəŋ$^{53}_{44}$tʰet$^{5}$ tsɿ$^{0}$ xɔit$^{5}$ tʂa$^{21}$iəŋ$^{53}$uən$^{21}$tʂəŋ$^{35}$tau$^{21}$ ,ɔi$^{53}_{44}$lin$^{13}$lin$^{13}$li$^{53}$li$^{53}$tsɿ$^{0}$ ,ɔi$^{53}$lin$^{13}$li$^{53}$,ciəŋ$^{53}$ʂən$^{13}$ke$^{53}_{44}$təŋ$^{35}_{44}$ si$^{0}$ ʂʅ$^{53}_{44}$pət$^{3}$ len$^{13}_{44}$ma$^{13}$fu$^{21}_{44}$la$^{0}$ .tso$^{53}$ke$^{53}_{44}$ʂʅ$^{13}_{44}$xei$^{53}_{44}$tsa$^{0}$ ,kai$^{53}$təu$^{35}_{53}$m̩$^{13}_{21}$mɔi$^{53}$ci$^{21}$to$^{35}$mak$^{3}$ e$^{0}$ tso$^{53}$,tsʰiəu$^{53}$iet$^{3}$ tʰo$^{13}$tʂəu$^{35}$ ɲiəuk$^{3}$ ,sait$^{5}$ ʂəuk$^{5}$ lɔi$^{13}_{21}$tsʰiəu$^{53}_{44}$iau$^{53}$tek$^{3}$ li$^{0}$ ,tʂən$^{35}$ʂəuk$^{5}$ lɔi$^{13}_{21}$ia$^{35}_{44}$tso$^{53}$tek$^{3}$ ,sait$^{5}$ ʂəuk$^{5}$ lɔi$^{13}_{21}$ia$^{35}_{44}$tso$^{53}$tek$^{3}$ .m̩$^{13}_{21}$mɔi$^{53}$ tsʰiet$^{3}$ ,e$_{21}$m̩$^{13}_{21}$mɔi$^{53}$,m̩$^{13}_{21}$mɔi$^{53}$tsʰiet$^{3}$ ʂaŋ$^{13}$(i)et$^{3}$ pʰien$^{53}$pʰien$^{53}$na$^{0}$ ,tsʰiəu$^{53}$iet$^{3}$ tʰo$^{13}$la$^{0}$ ,uən$^{13}$tʰo$^{13}$tsɿ$^{0}$ ke$^{53}_{44}$tʂəu$^{35}$ ɲiəuk$^{3}$ la$^{0}$ .tsi$^{53}$ien$^{13}_{44}$li$^{0}$ ʂən$^{13}$na$^{0}$ ,kai$^{53}$tʰin$^{53}$ɲi$^{13}_{44}$ɲiəŋ$^{53}_{44}$mən$^{13}_{44}$ʂət$^{5}$ lau$^{0}$ ,e$_{21}$tʰin$^{53}$ɲi$^{13}_{21}$ɲiəŋ$^{53}_{21}$mən$^{13}_{21}$ʂət$^{5}$ , ɲi$^{13}_{21}$tsʰɿ$^{35}_{44}$ka$^{35}_{53}$çi$^{53}$

u$^{21}$tau$^{21}$ʂət$^{5}_{3}$tsʰe$^{0}$,tʰin$^{53}$ɲi$^{13}$ɲiəŋ$^{53}_{21}$mən$^{13}_{21}$ʂət$^{5}$,mau$^{13}_{21}$tek$^{3}$ mak$^{3}$ e$^{0}$ kɔŋ$^{21}$ciəu$^{53}$liau$^{0}$.

【神龛】ʂən$^{13}$kʰan$^{35}_{44}$ 名 安置神像、佛像或祖先牌位的小阁子：箇～上个灯唔爱防风做得嘞。kai$^{53}_{44}$ʂən$^{13}$kʰan$^{35}_{44}$xɔŋ$^{53}_{44}$ke$^{53}_{44}$tien$^{35}_{44}$m̩$^{13}_{21}$mɔi$^{53}_{35}$fɔŋ$^{13}$fəŋ$^{35}$tso$^{53}$tek$^{3}$ lei$^{0}$.

【神明】ʂən$^{13}$min$^{13}$ 名 神灵，神祇。又称“神”：还有就拜哪只～做干爷唠。xai$^{13}$iəu$^{35}_{44}$tsʰiəu$^{53}_{44}$pai$^{53}$ lai$^{53}$tʂak$^{3}$ ʂən$^{13}$min$^{13}$tso$^{53}$kɔn$^{35}$ia$^{13}_{21}$lau$^{0}$.

【神婆】ʂən$^{13}$pʰo$^{13}$ 名 巫婆：以张家坊箇映子有只江西人跍倒箇映当～，也有人信，哼哼。i$^{21}$ tʂɔŋ$^{35}_{44}$ka$^{35}_{44}$fɔŋ$^{35}$kai$^{53}_{44}$iaŋ$^{53}_{44}$tsɿ$^{0}$ iəu$^{35}_{44}$tʂak$^{3}$ kɔŋ$^{35}$si$^{35}_{44}$ɲin$^{13}_{21}$ku$^{35}_{44}$tau$^{21}_{44}$kai$^{53}_{44}$iaŋ$^{53}_{44}$tɔŋ$^{35}$ʂən$^{13}$pʰo$^{13}_{44}$,ia$^{35}$iəu$^{35}_{44}$ɲin$^{13}_{21}$sin$^{53}$,xŋ̍$_{44}$xŋ̍$_{21}$.

【神仙】ʂən$^{13}$sien$^{35}$ 名 道家称得道而神通变化莫测的人：世上有不有～喏？天晓得，欸。专门就冇得～，但是有兜人宁愿相信有～。ʂɿ$^{53}$xɔŋ$^{53}$iəu$^{53}$pət$^{3}$ iəu$^{35}_{53}$ʂən$^{13}$sien$^{35}_{44}$no$^{0}$ ?tʰien$^{35}$çiau$^{21}$tek$^{3}$,e$_{21}$. tʂen$^{35}$mən$^{13}_{21}$tsʰiəu$^{53}$mau$^{13}$tek$^{3}$ ʂən$^{13}$sien$^{35}_{44}$,tan$^{53}_{44}$ʂɿ$^{53}_{44}$iəu$^{35}$tei$^{35}_{53}$ɲin$^{13}_{21}$lin$^{13}$vien$^{53}_{44}$siɔŋ$^{35}$sin$^{53}$iəu$^{35}$ʂən$^{13}_{21}$sien$^{35}_{44}$.

【神仙土】ʂən$^{13}$sien$^{35}_{44}$tʰəu$^{21}$ 名 高岭土：安做～。渠话可以食个是。有人食过个。但是话可以食。有人食哩屙屎……冇事死人呶。临时冇事死人，食多哩就……有胀死哩个唠。屙屎唔出唠。ɔn$^{35}_{44}$tso$^{53}_{44}$ʂən$^{13}$sien$^{35}_{44}$tʰəu$^{21}$.ci$^{13}_{21}$ua$^{53}_{44}$kʰo$^{21}$i$^{35}_{44}$ʂek$^{5}$ ke$^{53}_{21}$ʂɿ$^{53}_{21}$.iəu$^{35}$ɲin$^{13}_{21}$ʂek$^{5}$ ko$^{53}_{21}$ke$^{53}_{44}$.tan$^{53}_{44}$ʂɿ$^{53}_{44}$ua$^{53}_{44}$kʰo$^{21}$i$^{35}_{44}$ʂət$^{5}$.iəu$^{35}_{21}$ɲin$^{13}$ ʂət$^{5}$ li$^{0}$ o$^{35}$sɿ$^{21}_{44}$…mau$^{13}$sɿ$^{53}$si$^{21}$ɲin$^{13}$nau$^{0}$.lin$^{13}$ʂɿ$^{13}_{44}$mau$^{13}_{44}$sɿ$^{53}$si$^{21}$ɲin$^{13}$,ʂət$^{5}$ to$^{35}$li$^{0}$ tsʰiəu$^{53}_{44}$…iəu$^{35}$tʂɔŋ$^{53}$si$^{21}$li$^{0}$ ke$^{53}_{44}$ lau$^{0}$.o$^{35}$ʂɿ$^{21}$n̩$^{13}_{21}$tʂʰət$^{3}$ lau$^{0}$.

【神像】ʂən$^{13}$siɔŋ$^{53}$ 名 神仙或佛祖的图像、塑像：箇道吾山顶高箇只庙里个～就蛮像，又高又大又像。kai$^{53}_{44}$tʰau$^{53}$ŋu$^{21}$san$^{35}$taŋ$^{21}$kau$^{35}_{44}$kai$^{53}_{44}$tʂak$^{3}$ miau$^{53}$li$^{0}$ ke$^{53}_{21}$ʂən$^{13}$siɔŋ$^{53}$tsʰiəu$^{53}_{44}$man$^{13}$tsʰiɔŋ$^{53}$,iəu$^{53}$kau$^{35}$iəu$^{53}_{44}$ tʰai$^{53}_{44}$iəu$^{53}_{44}$tsʰiɔŋ$^{53}$.

【哂】ʂen$^{21}$ 动 辱骂：～渠一餐 ʂen$^{21}$ci$^{13}_{21}$iet$^{3}$ tsʰɔn$^{35}$ | 大架势～ tʰai$^{53}$cia$^{53}_{44}$ʂɿ$^{53}_{44}$ʂen$^{21}$ 破口大骂

【甚至】ʂən$^{53}$tʂɿ$^{53}$ 连 表示所提出的是突出的事例，有更进一步的意思：渠指厢房～可以唔爱墙，就四只伞柱上。ci$^{13}$ʂən$^{53}$tʂɿ$^{53}_{44}$kʰo$^{21}$i$^{35}_{44}$m̩$^{13}_{21}$mɔi$^{53}_{35}$tsʰiɔŋ$^{13}_{21}$,tsʰiəu$^{53}$si$^{53}$tʂak$^{3}$ san$^{21}$tʂʰəu$^{53}$ʂɔŋ$^{35}$.| 箇时还加滴么啊糯米粉呐，加滴喷香个东西啊，～可以加滴辣椒，加糖啊，加滴么啊东西。kai$^{53}$ʂɿ$^{13}_{21}$xai$^{13}_{44}$cia$^{35}$ tet$^{5}$ mak$^{3}$ a$^{0}$ lo$^{53}$mi$^{21}$fən$^{21}$na$^{0}$,cia$^{35}$tet$^{5}_{3}$ pʰən$^{35}$çiɔŋ$^{35}$ke$^{53}_{21}$təŋ$^{35}_{44}$si$^{0}$ a$^{0}$ ,ʂən$^{53}$tʂɿ$^{53}$kʰo$^{21}$i$^{35}_{44}$cia$^{35}$tet$^{5}_{3}$ lait$^{5}$ tsiau$^{35}_{44}$,cia$^{35}_{44}$tʰɔŋ$^{13}$ ŋa$^{0}$,cia$^{35}$tiet$^{5}_{3}$mak$^{3}$ a$^{0}$ təŋ$^{35}_{44}$si$^{0}$.

【升】ʂən$^{35}$ 量 容量单位，十合为一升，十升为一斗：量两～米煮哩啊。liɔŋ$^{13}$iɔŋ$^{21}$ʂən$^{35}_{53}$mi$^{21}$tʂəu$^{21}$ lia$^{0}$.| 麻雀子，背驼驼，驮～米，送姐婆。ma$^{13}$tsʰiɔk$^{3}$ tsɿ$^{0}$ ,pɔi$^{53}$tʰo$^{13}$tʰo$^{13}$,tʰo$^{13}$ʂən$^{35}$mi$^{21}$,səŋ$^{53}$tsia$^{21}$ pʰo$^{13}$.

【升筒】ʂən$^{35}$tʰəŋ$^{13}_{21}$ 名 用竹筒做成的量粮食的器具，分为管斗升、八合升、九合升等：～有两起升呐。一起安做管斗升我等是，装米个话嘞装得一斤半。管斗升。我等屋下用个嘞就八合升。八合。八合升。管斗升就一斤半。八合升，一斤三两。还有九合升。九合升就一斤四两啊。ʂən$^{35}$tʰəŋ$^{13}_{21}$iəu$^{35}$iɔŋ$^{21}$çi$^{21}$ʂən$^{35}$na$^{0}$ .iet$^{3}$ çi$^{21}$ɔn$^{35}_{44}$tso$^{53}_{44}$kɔn$^{21}$tei$^{21}$ʂən$^{35}$ŋai$^{13}_{21}$tien$^{0}$ ʂɿ$^{53}_{44}$,tʂɔŋ$^{35}$mi$^{21}$ke$^{53}$fa$^{53}_{44}$le$^{0}$ tʂɔŋ$^{35}_{44}$ tek$^{3}$ iet$^{3}$ cin$^{35}$pan$^{53}$.kɔn$^{21}$tei$^{21}$ʂən$^{35}_{44}$.ŋai$^{13}_{21}$tien$^{0}$ uk$^{3}$ xa$^{53}_{44}$iəŋ$^{53}$ke$^{53}_{44}$le$^{0}$ tsʰiəu$^{53}_{44}$pait$^{3}$ kait$^{3}$ ʂən$^{35}_{44}$.pait$^{3}$ kait$^{3}$ .pait$^{3}$ kait$^{3}$ ʂən$^{35}_{44}$.kɔn$^{21}$tei$^{21}$ʂən$^{35}_{44}$tsʰiəu$^{53}_{44}$iet$^{3}$ cin$^{35}_{44}$pan$^{53}$.pait$^{3}$ kait$^{3}$ ʂən$^{35}_{44}$,iet$^{3}$ cin$^{35}_{44}$san$^{35}$liɔŋ$^{35}_{44}$.xai$^{13}_{21}$iəu$^{35}_{44}$ciəu$^{21}$kait$^{3}$ ʂən$^{35}_{44}$.ciəu$^{21}$ kait$^{3}$ ʂən$^{35}_{44}$tsʰiəu$^{53}_{44}$iet$^{3}$ cin$^{35}_{44}$si$^{53}$liɔŋ$^{35}_{44}$ŋa$^{0}$.

【生$_1$】saŋ$^{35}$ 动 ①种子萌发：只爱食哩桃子个骨头丢倒箇岭上，就会～。tʂɿ$^{21}$ɔi$^{53}_{44}$ʂət$^{5}$ li$^{0}$ tʰau$^{13}_{21}$tsɿ$^{0}$ ke$^{53}_{44}$kuət$^{3}$ tʰei$^{13}$tiəu$^{35}$tau$^{21}$kai$^{53}_{44}$liaŋ$^{35}$xɔŋ$^{53}_{44}$,tsʰiəu$^{53}_{44}$uɔi$^{53}_{44}$saŋ$^{35}$. ②滋生，繁育：箇米～哩蟓子。kai$^{53}_{44}$mi$^{21}$ saŋ$^{35}$li$^{0}$ siɔŋ$^{53}$tsɿ$^{0}$.| 苦竹子只能～苦笋呐。fu$^{21}$tʂəuk$^{3}$ tsɿ$^{0}$ tsɿ$^{21}$len$^{13}$saŋ$^{35}$fu$^{21}$sən$^{21}$na$^{0}$. ③成长，长大：倒下来，～下水肚里，渠都又会长起来。tau$^{53}$xa$^{35}$lɔi$^{13}$,saŋ$^{35}$ŋa$_{44}$(←xa$^{53}$)ʂei$^{21}$təu$^{21}$li$^{0}$ ,ci$^{13}_{21}$təu$^{35}_{44}$iəu$^{53}$uɔi$^{53}_{44}$ tʂɔŋ$^{21}$çi$^{21}$lɔi$^{13}_{21}$. ④作为有机体的一部分而存在：还～下箇树上就喊杉皮。xai$^{13}_{21}$saŋ$^{35}$ŋa$_{44}$(←xa$^{53}$)kai$^{53}_{44}$ ʂəu$^{53}$xɔŋ$^{53}_{44}$tsʰiəu$^{53}_{44}$xan$^{53}$sa$^{35}$pʰi$^{13}$. ⑤妇女娩出幼儿；生育：～哩细人子啊。saŋ$^{35}$li$^{0}$ sei$^{53}$ɲin$^{13}_{21}$tsa$^{0}$. ⑥禽类产卵：鸡健子，赠～饽饽个。cie$^{35}$lən$^{53}$tsɿ$^{0}$,maŋ$^{13}$saŋ$^{35}_{44}$pɔk$^{5}$ pɔk$^{5}_{3}$ke$^{53}_{44}$.

【生$_2$】saŋ$^{35}$ 形 ①未经烧煮或未烧煮熟的：～个（豆子）磨唔成粉。saŋ$^{35}$ke$^{53}_{44}$mo$^{53}$n̩$^{13}_{21}$ʂaŋ$^{13}$fən$^{21}$. ②新鲜的；未脱水的：～杉铁秤砣。真重，～个杉树哇铁秤砣。十分重，～杉树舞唔归去。saŋ$^{35}$sa$^{35}_{44}$tʰiet$^{3}$ tʂʰən$^{53}$tʰo$^{13}$.tʂən$^{35}$tʂʰəŋ$^{35}$,saŋ$^{35}$ke$^{53}$sa$^{35}$ʂəu$^{53}$ua$^{0}$ tʰiet$^{3}$ tʂʰən$^{53}$tʰo$^{13}$.ʂət$^{5}$ fən$^{35}_{44}$tʂʰəŋ$^{35}$,saŋ$^{35}$sa$^{35}_{44}$ʂəu$^{53}$u$^{21}$ n̩$^{13}_{21}$kuei$^{35}_{44}$çi$^{53}$.|（墙绷）用～个竹掺树，爱生个。iəŋ$^{53}$saŋ$^{35}$ke$^{53}_{44}$tʂəuk$^{3}$ lau$^{35}$ʂəu$^{53}$,ɔi$^{53}$saŋ$^{35}$ke$^{53}_{44}$. ③生疏，不熟悉：～垱 saŋ$^{35}$tɔŋ$^{53}$

【生布】sen$^{35}$/sien$^{35}$pu$^{53}$ 名 以苎麻为原料编织而成的未染色的白色麻布，常用于夏季衣着，凉爽适人，故又称“夏布”：以映啊只种苎麻，苎麻就有。苎麻织个布就系～啦。箇就系做～

帐子个啦。i$^{21}$iaŋ$^{53}$ŋa$^{0}$tʂʅ$^{21}$tʂəŋ$^{53}$tʂʰəu$^{35}$ma$^{13}_{21}$,tʂʰəu$^{35}$ma$^{13}_{21}$tsʰiəu$^{53}_{44}$iəu$^{35}_{44}$.tʂʰəu$^{35}$ma$^{13}_{21}$tʂət$^{3}$ke$^{53}_{44}$pu$^{53}$tsʰiəu$^{53}_{44}$xei$^{53}_{44}$sen$^{35}$pu$^{53}$la$^{0}$.kai$^{53}_{44}$tsʰiəu$^{53}_{44}$xei$^{53}_{44}$tso$^{53}$sen$^{35}$pu$^{53}_{44}$tʂəŋ$^{53}$tsʅ$^{0}$ke$^{53}$la$^{0}$.

【生布帐子】sien$^{35}$pu$^{53}$tʂəŋ$^{53}$tsʅ$^{0}$ [名]用夏布做的帐子：帐子有起啊，有起～。tʂəŋ$^{53}$tsʅ$^{0}$iəu$^{35}_{21}$çi$^{21}$ia$^{0}$,iəu$^{35}_{21}$çi$^{21}$sien$^{35}$pu$^{53}_{44}$tʂəŋ$^{53}$tsʅ$^{0}$.

【生蛋鸡嫲】saŋ$^{35}$tʰan$^{53}$cie$^{35}$ma$^{13}$ [名]正在下蛋的母鸡。可用来比喻人的脸色很健康：箇个～啊，有饽饽生个，正在生饽饽个鸡嫲，渠就渠箇个鸡冠呐，箇个髻呀，鸡公髻呀，摎箇毛色啊都分外个光滑，闪光，髻嘞鲜红，爱红个东西就鲜红子。渠就系渠个箇个身体最佳状态。kai$^{53}_{44}$ke$^{53}_{44}$saŋ$^{35}$tʰan$^{53}$cie$^{35}$ma$^{13}_{21}$a$^{0}$,iəu$^{35}$pɔk$^{5}$pɔk$^{5}$saŋ$^{35}$ke$^{0}$,tʂən$^{53}$tsʰai$^{53}_{44}$saŋ$^{35}$pɔk$^{5}$pɔk$^{5}$ke$^{0}$cie$^{35}$ma$^{13}_{21}$,ci$^{13}_{21}$tsʰiəu$^{53}$ci$^{13}_{21}$kai$^{53}_{44}$ke$^{53}_{44}$ci$^{53}$kɔn$^{35}$na$^{0}$,kai$^{53}_{44}$ke$^{53}_{44}$ci$^{53}$ia$^{0}$,cie$^{35}_{44}$kəŋ$^{35}_{44}$ci$^{53}$ia$^{0}$,lau$^{35}_{44}$kai$^{53}_{44}$mau$^{35}$sek$^{3}$a$^{0}$təu$^{35}_{44}$fən$^{53}$uai$^{53}_{21}$ke$^{0}$kɔŋ$^{35}$uait$^{5}$,ʂan$^{21}$kɔŋ$^{35}$,ci$^{53}$lei$^{0}$çien$^{35}$fəŋ$^{13}$,ɔi$^{53}$fəŋ$^{13}$ke$^{0}$təŋ$^{35}_{44}$si$^{0}$tsʰiəu$^{53}_{21}$çien$^{35}$fəŋ$^{13}$tsʅ$^{0}$.ci$^{13}_{21}$tsʰiəu$^{53}$xei$^{53}$ci$^{13}_{21}$ke$^{53}_{44}$kai$^{53}_{44}$ke$^{53}_{44}$ʂən$^{35}$tʰi$^{21}$tsei$^{53}$cia$^{35}_{44}$tsʰɔŋ$^{53}$tʰai$^{53}$.｜箇只夫娘子啊卖倒来呀一只面都红朵朵哩，～样。～样，红朵朵哩。kai$^{53}$tʂak$^{3}$pu$^{35}$ɲiɔŋ$^{13}_{21}$tsʅ$^{0}$a$^{0}$mai$^{53}$tau$^{21}$lɔi$^{13}$ia$^{0}$iet$^{3}$tʂak$^{3}$mien$^{53}$təu$^{35}_{44}$fəŋ$^{13}$to$^{21}_{13}$to$^{21}_{13}$li$^{0}$,saŋ$^{35}$tʰan$^{53}$cie$^{35}$ma$^{13}$iɔŋ$^{53}$.saŋ$^{35}$tʰan$^{53}$cie$^{35}$ma$^{13}$iɔŋ$^{53}$,fəŋ$^{13}$to$^{21}_{13}$to$^{21}_{13}$li$^{0}$.

【生垱人】saŋ$^{35}$tɔŋ$^{53}$ɲin$^{13}_{21}$ [名]不熟悉的外地人：第一只来屋下个～tʰi$^{53}$iet$^{3}$tʂak$^{3}$lɔi$^{13}$uk$^{3}$xa$^{53}$ke$^{53}$saŋ$^{35}$tɔŋ$^{53}$ɲin$^{13}_{21}$｜怕生是就系怕见箇～。pʰa$^{53}$saŋ$^{35}$ʂʅ$^{53}_{21}$tsiəu$^{53}_{44}$xei$^{53}_{44}$pʰa$^{53}$cien$^{53}_{44}$kai$^{53}_{44}$saŋ$^{35}$tɔŋ$^{35}$ɲin$^{13}_{21}$.

【生膏豆腐】saŋ$^{35}$kau$^{35}$tʰei$^{53}$fu$^{53}_{44}$ [名]用生石膏作为添加剂制作出来的豆腐：一般作炮豆腐就爱作～。生个石膏，唔用熟石膏。搞么个嘞？渠炮出来个豆腐嘞更松，更唔食油，更省油。iet$^{3}$pɔn$^{35}$tsɔk$^{3}$pʰau$^{13}$tʰei$^{53}$fu$^{53}_{44}$tsʰiəu$^{53}$ɔi$^{53}$tsɔk$^{3}$saŋ$^{35}$kau$^{35}$tʰei$^{53}$fu$^{53}_{44}$.saŋ$^{35}$ke$^{53}_{44}$ʂak$^{5}$kau$^{35}_{44}$,ŋ̍$^{13}$ɲiəŋ$_{44}$(←iəŋ$^{53}$)ʂəuk$^{5}$ʂak$^{5}$kau$^{35}_{44}$.kau$^{21}$mak$^{3}$ke$^{53}_{44}$lei$^{0}$?ci$^{13}_{21}$pʰau$^{13}$tʂʰət$^{3}$lɔi$^{13}_{21}$ke$^{53}_{44}$tʰei$^{53}$fu$^{53}_{44}$lei$^{0}$cien$^{53}$səŋ$^{35}$,cien$^{53}$ŋ̍$^{13}$ʂət$^{5}$iəu$^{13}$,cien$^{53}$saŋ$^{21}$iəu$^{13}$.

【生庚】sen$^{35}$cien$^{35}_{44}$ [名]生辰八字。又称"时生月日"：问～uən$^{53}$sen$^{35}$cien$^{35}_{44}$｜来看下渠个～合得么啊。lɔi$^{13}_{21}$kʰɔn$^{53}_{44}$na$_{44}$(←xa$^{53}$)ci$^{13}_{21}$ke$^{53}_{44}$sen$^{35}$cien$^{35}_{44}$xɔit$^{5}$tek$^{3}$mo$^{0}$a$^{0}$.

【生活钱子】sən$^{35}$xuɔit$^{5}$tsʰien$^{13}_{21}$tsʅ$^{0}$ [名]日常生活所需的费用：渠就搞滴子箇……赚滴子咁个豥死人个～啊。ci$^{13}_{21}$tsʰiəu$^{53}$kau$^{21}$tet$^{5}$tsʅ$^{0}$kai$^{53}_{44}$…tsʰan$^{53}_{44}$tet$^{5}$tsʅ$^{0}$kan$^{21}$ke$^{53}_{44}$ɲia$^{13}$si$^{21}$ɲin$^{13}$ke$^{53}_{44}$sən$^{35}$xuɔit$^{5}$tsʰien$^{13}_{21}$tsa$^{0}$.

【生客】saŋ$^{35}$kʰak$^{3}$ [名]①生疏的客人：以是～，𫟛多来过个。i$^{21}_{44}$ʂʅ$^{53}_{44}$saŋ$^{35}$kʰak$^{3}$,maŋ$^{13}_{21}$to$^{35}_{44}$lɔi$^{13}$ko$^{53}_{44}$ke$^{53}_{44}$.②新结婚的客人：以前我等老家是欸箇个正月头是就爱接～啊。欸新姐夫哇。接新姐夫哇，箇个就～。i$^{35}_{53}$tsʰien$^{13}_{21}$ŋai$^{13}$tien$^{0}$lau$^{21}$cia$^{35}$ʂʅ$^{53}_{44}$e$_{21}$kai$^{53}_{44}$kei$^{53}_{44}$tʂaŋ$^{35}$ɲiet$^{5}$tʰei$^{13}_{21}$ʂʅ$^{53}_{21}$tsʰiəu$^{53}$ɔi$^{53}$tsiait$^{3}$saŋ$^{35}$kʰak$^{3}$a$^{0}$.e$^{0}$sin$^{35}$tsia$^{21}$fu$^{35}$va$^{0}$.tsiait$^{3}$sin$^{35}$tsia$^{21}$fu$^{35}$va$^{0}$,kai$^{53}$ke$^{53}_{44}$tsʰiəu$^{53}_{44}$saŋ$^{35}$kʰak$^{3}$.｜今年正月是我屋下有两起子～，都系新客。cin$^{35}$ɲien$^{13}_{21}$tʂaŋ$^{35}_{44}$ɲiet$^{5}$ʂʅ$^{53}_{44}$ŋai$^{13}_{21}$uk$^{3}$xa$^{53}_{44}$iəu$^{35}_{53}$iɔŋ$^{21}$çi$^{21}$tsʅ$^{0}$saŋ$^{35}$kʰak$^{3}$,təu$^{35}$xei$^{53}$sin$^{35}$kʰak$^{3}$.

【生摎摎哩】saŋ$^{35}$lau$^{35}$lau$^{35}$li$^{0}$ [形]很生疏：欸讲人嘛……～呀，也话～。就系唔热情，唔接近，～。e$_{21}$kɔŋ$^{21}$ɲin$^{13}$ma$^{0}$s…saŋ$^{35}$lau$^{35}$lau$^{35}$li$^{0}$ia$^{0}$,ia$^{35}$ua$^{53}_{44}$saŋ$^{35}$lau$^{35}$lau$^{35}$li$^{0}$.tsʰiəu$^{53}$xe$^{53}$n̍$^{13}$viet$^{5}$tsʰin$^{13}$,n̍$^{13}$tsiet$^{3}$cʰin$^{53}$,saŋ$^{35}$lau$^{35}$lau$^{35}$li$^{0}$.

【生料纸】saŋ$^{35}$liau$^{53}$tʂʅ$^{21}$ [名]直接将生料碾烂而不经过蒸制所造出来的草纸：做草纸嘞，箇迷信纸，草纸嘞，就～就唔爱蒸，就咁子踩烂来，打烂来，用箇碾子去碾烂来，就咁子放倒和倒去做。tso$^{53}$tsʰau$^{21}$tʂʅ$^{21}$lei$^{0}$,kai$^{53}_{44}$mei$^{13}$sin$^{53}$tʂʅ$^{21}$,tsʰau$^{21}$tʂʅ$^{21}$lei$^{0}$,tsʰiəu$^{53}_{44}$saŋ$^{35}$liau$^{53}_{44}$tʂʅ$^{21}$tsʰiəu$^{53}_{44}$m̩$^{13}_{21}$mɔi$^{53}_{35}$tʂən$^{35}$,tsʰiəu$^{53}$kan$^{21}_{44}$tsʅ$^{0}$tsʰai$^{21}$lan$^{53}$lɔi$^{13}_{21}$,ta$^{21}$lan$^{53}$lɔi$^{13}_{21}$,iəŋ$^{53}_{44}$kai$^{53}_{44}$ŋan$^{35}$tsʅ$^{0}$çi$^{53}_{44}$ŋan$^{35}$lan$^{53}$lɔi$^{13}_{21}$,tsʰiəu$^{53}$kan$^{21}$tsʅ$^{0}$fɔŋ$^{53}$tau$^{21}$fo$^{13}_{21}$tau$^{21}$çi$^{53}_{44}$tso$^{53}$.

【生米】saŋ$^{35}$mi$^{21}$ [名]未煮熟的米：粥就硬系～，就米，多放水，欸，多放滴水去，去炆，就炆成哩粥。tʂəuk$^{3}$tsʰiəu$^{53}_{44}$ɲiaŋ$^{53}_{44}$xe$^{53}_{44}$saŋ$^{35}$mi$^{21}$,tsʰiəu$^{53}$mi$^{21}$,to$^{35}$fɔŋ$^{53}$ʂei$^{21}$,e$_{21}$,to$^{35}$fɔŋ$^{53}$tiet$^{5}$ʂei$^{21}$çi$^{53}$,çi$^{53}$uən$^{13}$,tsiəu$^{53}$uən$^{13}_{21}$ʂaŋ$^{13}_{44}$li$^{0}$tʂəuk$^{3}$.

【生怕】saŋ$^{35}$pʰa$^{53}$ [动]很怕；唯恐：～吃亏呀。saŋ$^{35}$pʰa$^{53}_{44}$cʰiak$^{3}$kʰuei$^{35}$ia$^{0}$.｜嗨，一下子想唔倒话哩。系呀，撞怕咁硬想起脑壳都硬痛噢硬痛，想都想唔出那就，嘿嘿，又～讲错哩。xai$_{21}$,iet$^{3}$xa$^{53}$tsʅ$^{0}$siɔŋ$^{21}$n̍$^{13}$tau$^{21}$ua$^{53}$li$^{0}$.xei$^{53}$ia$^{0}$,tsʰɔŋ$^{21}$pʰa$^{53}_{44}$kan$^{21}_{44}$ɲiaŋ$^{53}$siɔŋ$^{21}$çi$^{21}_{44}$lau$^{21}$kʰɔk$^{3}$təu$^{35}_{44}$ɲiaŋ$^{53}_{44}$tʰəŋ$^{53}$ŋau$_{44}$ɲiaŋ$^{53}_{44}$tʰəŋ$^{53}_{44}$,siɔŋ$^{21}$təu$^{35}_{44}$siɔŋ$^{21}$n̍$^{13}_{21}$tʂʰət$^{3}$la$^{53}$tsiəu$^{53}_{44}$,xe$_{53}$xe$_{21}$,iəu$^{53}$saŋ$^{35}$pʰa$^{53}_{44}$kɔŋ$^{21}$tsʰo$^{53}$li$^{0}$.

【生前】sien$^{35}$tsʰien$^{13}_{21}$ [名]指死者还活着的时候：包括渠～用过个箇咁个行头呀，尤其系衫裤唔留哩。pau$^{35}$kuak$^{3}$ci$^{13}_{21}$sien$^{35}$tsʰien$^{13}_{21}$iəŋ$^{53}$ko$^{53}_{44}$ke$^{53}_{44}$kai$^{53}$kan$^{21}$ke$^{53}_{21}$çin$^{13}_{21}$tʰei$^{13}_{21}$ia$^{0}$,iəu$^{13}_{21}$cʰi$^{13}$xe$^{53}_{44}$san$^{35}_{44}$fu$^{53}_{44}$m̩$^{13}_{21}$liəu$^{13}$li$^{0}$.

【生人】saŋ$^{35}$ɲin$^{13}$ [动]生育孩子：渠本人，自家本人冇得生育，𫟛供人，𫟛～。ci$^{13}_{21}$pən$^{21}$ɲin$^{13}$,tsʰʅ$^{35}$ka$^{35}_{44}$pən$^{21}$ɲin$^{13}$mau$^{13}_{21}$tek$^{3}$sən$^{35}$iəuk$^{3}$,maŋ$^{13}$ciəŋ$^{53}_{44}$ɲin$^{13}$,maŋ$^{13}$saŋ$^{35}_{44}$ɲin$^{13}_{21}$.｜摎老公以外个人生哩人。

lau$^{35}$lau$^{21}$kəŋ$^{35}_{44}$i$^{35}$uai$^{53}$ke$^{53}_{44}$ɲin$^{13}_{21}$saŋ$^{35}$li$^{0}$ɲin$^{13}$.

【生日】saŋ$^{35}$ɲiet$^{3}$ [名]人出生的那一天，以及每年满周岁的那一天：如今个～只有细人子就喜欢过。i$^{13}_{21}$cin$^{35}_{44}$ke$^{53}_{44}$saŋ$^{35}$ɲiet$^{3}$tʂʅ$^{21}$iəu$^{35}_{44}$sei$^{53}$ɲin$^{13}_{21}$tsʅ$^{0}$tsiəu$^{53}$çi$^{21}$fən$^{35}_{44}$ko$^{53}$.｜还有药米粿啦。七月七，仙姑娘娘～就做药米粿。xai$^{13}_{21}$iəu$^{35}_{44}$iɔk$^{5}$mi$^{21}$ko$^{21}$la$^{0}$.tsʰiet$^{3}$ɲiet$^{5}$tsʰiet$^{3}$,sien$^{35}$ku$^{35}_{44}$ɲiɔŋ$^{13}_{21}$ɲiɔŋ$^{13}_{21}$saŋ$^{35}$ɲiet$^{3}$tsʰiəu$^{53}_{44}$tso$^{53}_{44}$iɔk$^{5}$mi$^{21}$ko$^{21}$.

【生日酒】saŋ$^{35}$ɲiet$^{3}$tsiəu$^{21}$ [名]庆祝生日的宴席：食～ ʂət$^{5}$saŋ$^{35}$ɲiet$^{3}$tsiəu$^{21}$

【生箜饭】saŋ$^{35}$sak$^{3}$fan$^{53}$ [名]煮后未蒸的饭，可用来捏饭团：有滴嬗蒸熟是还系～。iəu$^{35}$tiet$^{5}$maŋ$^{13}$tʂən$^{35}_{44}$ʂouk$^{5}$ʂʅ$^{53}_{44}$xa$^{13}_{21}$xe$^{53}_{44}$saŋ$^{35}$sak$^{3}$fan$^{53}$.｜～就做饭饽唠，掐饭饽哦。saŋ$^{35}$sak$^{3}$fan$^{53}$tsʰiəu$^{53}_{44}$tso$^{53}$fan$^{53}$pʰɔk$^{5}$lau$^{0}$,kʰak$^{5}$fan$^{53}$pʰɔk$^{5}$o$^{0}$.

【生生子】saŋ$^{35}$saŋ$^{35}$tsʅ$^{0}$ 在生（不熟）的情况下：（火焙鱼子爱）～就放倒去烌啊。saŋ$^{35}$saŋ$^{35}$tsʅ$^{0}$tsiəu$^{53}_{44}$fɔŋ$^{53}$tau$^{21}$çi$^{53}$xɔk$^{3}$a$^{0}$.

【生石膏】saŋ$^{35}$ʂak$^{5}$kau$^{35}_{44}$ [名]未经焙烧的石膏：以前是硬系舞倒～嘞，一坨坨箇石头样个～哇，放下镬下去烧。i$^{35}_{44}$tsʰien$^{13}_{21}$ʂʅ$^{53}_{44}$ɲiaŋ$^{53}$xei$^{53}$u$^{21}$tau$^{21}$saŋ$^{35}$ʂak$^{5}$kau$^{35}_{44}$le$^{0}$,iet$^{3}$tʰo$^{13}_{21}$tʰo$^{13}_{21}$ke$^{53}_{44}$ʂak$^{5}$tʰei$^{13}_{21}$iɔŋ$^{53}_{44}$ke$^{53}_{44}$saŋ$^{35}$ʂak$^{5}$kau$^{35}_{44}$ua$^{0}$,fɔŋ$^{53}_{44}$ŋa$_{44}$(←xa$^{53}$)uɔk$^{5}$xa$^{53}_{44}$çi$^{53}_{44}$ʂau$^{35}$.

【生石灰】saŋ$^{35}$ʂak$^{5}$fɔi$^{35}$ [名]由石灰岩加热而成的白色固体。又称"坨子灰"：本来是箇烧哩个石灰就一坨坨个就系～，系唔系？其实是渠还烧哩嘞。pən$^{21}$nɔi$^{13}_{44}$ʂʅ$^{53}_{44}$kai$^{53}_{44}$ʂau$^{35}$li$^{0}$ke$^{0}$ʂak$^{5}$fɔi$^{35}_{44}$tsʰiəu$^{53}$iet$^{3}$tʰo$^{13}_{21}$tʰo$^{13}_{21}$ke$^{53}$tsʰiəu$^{53}_{44}$xe$^{53}_{44}$saŋ$^{35}$ʂak$^{5}$fɔi$^{35}_{44}$,xei$^{53}$me$^{53}$?cʰi$^{13}_{21}$ʂət$^{5}$ʂʅ$^{53}_{44}$ci$^{13}_{21}$xai$^{13}_{21}$ʂau$^{35}$li$^{0}$le$^{0}$.｜我等箇阵子就捡倒箇～呀，捡倒箇～来做石灰缸嘞。ŋai$^{13}$tien$^{0}$kai$^{53}_{44}$tʂʰən$^{53}$tsʅ$^{0}$tsʰiəu$^{53}_{44}$cian$^{21}$tau$^{21}$kai$^{53}_{44}$saŋ$^{35}$ʂak$^{5}$fɔi$^{35}$ia$^{0}$,cian$^{21}$tau$^{21}$kai$^{53}_{44}$saŋ$^{35}$ʂak$^{5}$fɔi$^{35}$lɔi$^{13}_{21}$tso$^{53}$ʂak$^{5}$fɔi$^{35}_{44}$kɔŋ$^{35}$lei$^{0}$.

【生食】saŋ$^{35}$ʂət$^{5}$ [动]吃未煮过的食物：箇种番薯指苹果番薯～蛮好食。kai$^{53}$tʂəŋ$^{21}$fan$^{35}$ʂəu$^{13}_{21}$saŋ$^{35}$ʂət$^{5}$man$^{13}_{21}$xau$^{21}$ʂət$^{5}$.

【生死簿】sien$^{35}$si$^{21}$pʰu$^{35}$ [名]阴间记载生者生卒年月日时辰的簿本：据说阎王箇映就有～。欸，阎王嬗勾簿嘞你就唔得死。阎王勾哩簿嘞让门都空个。tʂʅ$^{53}$ʂet$^{3}$ɲian$^{13}$uɔŋ$^{13}_{21}$kai$^{53}$iaŋ$^{53}$tsʰiəu$^{53}_{44}$iəu$^{35}_{44}$sien$^{35}_{44}$si$^{21}$pʰu$^{35}$.ei$_{21}$, ɲian$^{13}$uɔŋ$^{13}$maŋ$^{13}$kʰei$^{35}_{44}$pʰu$^{35}$lei$^{0}$ɲi$^{13}_{21}$tsʰiəu$^{53}$n̩$^{13}$tek$^{3}$si$^{21}$. ɲian$^{13}$uɔŋ$^{13}_{44}$kʰei$^{35}$li$^{0}$pʰu$^{35}$lei$^{0}$ɲiɔŋ$^{53}$mən$^{13}_{44}$təu$^{35}_{44}$kʰəŋ$^{35}$ke$^{0}$.

【生烟】saŋ$^{35}$ien$^{35}$ [名]旱烟。又称"草烟"：欸～肚箇里分做有三种。～就草烟。草烟肚箇里有三种。/品种啊。/一只安做铁梗烟，大湖丝，小湖丝。/三种，最煞个就系铁梗烟。产量高个就湖丝烟。大湖丝小湖丝产量更高啦。欸冇咁煞，系呀？e$_{21}$saŋ$^{35}$ien$^{35}_{44}$təu$^{21}$kai$^{53}_{21}$li$^{0}$fən$^{35}$tso$^{53}_{44}$iəu$^{35}_{21}$san$^{35}$tʂəŋ$^{21}$.saŋ$^{35}$ien$^{35}_{44}$tsiəu$^{53}_{44}$tsʰau$^{21}$ien$^{35}$.tsʰau$^{21}$ien$^{35}$təu$^{21}$kai$^{53}_{21}$li$^{0}$iəu$^{35}_{44}$san$^{35}$tʂəŋ$^{21}$./pʰin$^{21}$tʂəŋ$^{21}$ŋa$^{0}$./iet$^{3}$tʂak$^{3}$ɔn$^{35}_{44}$tso$^{53}_{44}$tʰiet$^{3}$kuaŋ$^{21}$ien$^{35}$,tʰai$^{53}$fu$^{13}$sʅ$^{35}$,siau$^{21}$fu$^{13}$sʅ$^{35}$./san$^{35}$tʂəŋ$^{21}$,tsei$^{53}$sait$^{3}$ke$^{53}$tsʰiəu$^{53}_{44}$xe$^{53}_{44}$tʰiet$^{3}$kuaŋ$^{21}$ien$^{35}$.tsʰan$^{21}$liɔŋ$^{53}$kau$^{35}$ke$^{53}_{44}$tsʰiəu$^{53}_{44}$fu$^{13}$sʅ$^{35}_{44}$ien$^{35}_{44}$.tʰai$^{53}$fu$^{13}$sʅ$^{35}_{44}$siau$^{21}$fu$^{13}$sʅ$^{35}_{44}$tsʰan$^{21}$liɔŋ$^{53}_{44}$ken$^{53}$kau$^{35}_{44}$la$^{0}$.e$_{53}$mau$^{13}_{21}$kan$^{21}$sait$^{3}$,xei$^{53}_{44}$a$^{0}$?

【生烟筒】saŋ$^{35}$ien$^{35}$tʰəŋ$^{13}$ [名]旱烟筒。又称"草烟筒"：用～去食生烟就真箇就真煞辣。我等是食唔得啦，箇阵子我等我会食烟个时候子都食唔得。我拿倒我爷子个～啊我硬一口都嗍哩一口都硬醉尽哩命啊硬啊，酷晕尽哩命啊。iəŋ$^{53}_{44}$saŋ$^{35}$ien$^{35}_{44}$tʰəŋ$^{13}_{21}$çi$^{53}_{44}$ʂət$^{5}$saŋ$^{35}$ien$^{35}_{44}$tsiəu$^{53}_{21}$tʂən$^{35}$kai$^{53}$tsʰiəu$^{53}_{21}$tʂən$^{35}$sait$^{3}$la$^{0}$.ŋai$^{13}$tien$^{0}$ʂʅ$^{53}_{44}$ʂət$^{5}$n̩$^{13}_{21}$tek$^{3}$la$^{0}$,kai$^{53}$tʂʰən$^{53}_{21}$tsʅ$^{0}$ŋai$^{13}$tien$^{0}$ŋai$^{13}$uɔi$^{53}$ʂət$^{5}$ien$^{35}_{44}$ke$^{53}_{44}$ʂʅ$^{13}_{44}$xei$^{53}_{44}$tsʅ$^{0}$təu$^{35}_{44}$ʂət$^{5}$n̩$^{13}_{21}$tek$^{3}$.ŋai$^{13}$la$^{53}$tau$^{21}$ŋai$^{13}_{44}$ia$^{13}$tsʅ$^{0}$ke$^{53}_{44}$saŋ$^{35}_{44}$ien$^{35}_{44}$tʰəŋ$^{13}_{21}$ŋa$^{0}$ŋai$^{13}$ɲiaŋ$^{53}$iet$^{3}$xei$^{21}$təu$^{35}_{53}$so$^{35}$li$^{0}$iet$^{3}$xei$^{21}$təu$^{35}_{53}$ɲiaŋ$^{53}_{44}$tsi$^{53}$tsʰin$^{53}_{44}$li$^{0}$miaŋ$^{53}$ŋa$^{0}$ɲiaŋ$^{53}$a$^{0}$,kʰuk$^{5}$tsʰin$^{53}$li$^{0}$miaŋ$^{53}$ŋa$^{0}$.

【生颜】sien$^{35}$ŋai$^{13}$ [名]庄稼：你等打架子搞就莫损倒哩别人家～呀。ɲi$^{13}$tien$^{0}$ta$^{21}$cia$^{53}$tsʅ$^{0}$kau$^{21}$tsiəu$^{53}_{21}$mɔk$^{5}$sən$^{21}$tau$^{21}$li$^{0}$pʰiet$^{5}$in$^{13}_{44}$ka$^{35}_{44}$sien$^{35}$ŋai$^{13}$ia$^{0}$.

【生意】sen$^{35}$i$^{53}$ [名]买卖；商业经营：街上～蛮好。kai$^{35}_{44}$xɔŋ$^{53}$sien$^{35}_{44}$i$^{53}$man$^{13}_{21}$xau$^{21}$.｜以只～冇得搞场。i$^{21}$tʂak$^{3}$sien$^{35}_{44}$i$^{53}$mau$^{13}$tek$^{3}$kau$^{21}$tʂʰɔŋ$^{13}$.

【生崽】saŋ$^{35}$tsɔi$^{21}$ [动]生育孩子，也特指生育儿子：有渠箇只人家呢讨倒新人舞归呢三年四载都唔～个，就咁子去搞指骑龙送子唠。iəu$^{21}$ci$^{13}$kai$^{53}_{44}$tʂak$^{3}$ɲin$^{13}_{21}$ka$^{35}_{44}$ne$^{0}$tʰau$^{21}$tau$^{21}$sin$^{35}_{44}$ɲin$^{13}_{21}$u$^{21}$kuei$^{35}_{44}$ne$^{0}$san$^{35}$ɲien$^{13}_{21}$si$^{53}$tsai$^{21}$təu$^{35}_{44}$n̩$^{13}$saŋ$^{35}$tsɔi$^{21}$ke$^{53}_{44}$,tsiəu$^{53}$kan$^{21}$tsʅ$^{0}$çi$^{53}$kau$^{21}$lau$^{0}$.

【生资铺】sien$^{35}$tsʅ$^{35}_{44}$pʰu$^{53}$ [名]生资店，多指售卖农业生产所需的农药、化肥、地膜、农用工具等生产资料的商店：你到～里去买只水子挽。ɲi$^{13}_{21}$tau$^{53}_{44}$sien$^{35}$tsʅ$^{35}_{44}$pʰu$^{53}$li$^{0}$çi$^{53}_{44}$mai$^{35}$tʂak$^{3}$ʂei$^{21}$tsʅ$^{0}$uan$^{21}$.

【声$_1$】ʂaŋ$^{35}$ [名]①指声音：（猫公蛇）唔知喊脑壳像猫公啊还系会叫，箇猫公个～。n̩$^{13}$ti$^{35}_{53}$xan$^{53}$

S

lau$^{21}$kʰɔk$^{3}$ tsʰiɔŋ$^{53}_{44}$miau$^{53}$kəŋ$^{35}_{44}$ŋa$^{0}$ xai$^{13}_{21}$xe$^{53}_{44}$uɔi$^{53}_{44}$ciau$^{53}$,kai$^{53}_{44}$miau$^{53}$kəŋ$^{35}_{44}$ke$^{53}_{44}$ʂaŋ$^{35}$. ②嗓音：去练下子～。çi$^{53}_{44}$lien$^{53}$na$_{21}$(←xa$^{53}$)tsɿ$^{0}$ ʂaŋ$^{35}$.

【声$_2$】ʂaŋ$^{35}$ 动①发出声响：吧，～下。pa$_{53}$,ʂaŋ$^{35}_{44}$xa$^{53}_{21}$. ②开口说话；告诉：箇晡一只人渠话么个渠一天爱食三包烟，几十年了，从来𫍣少于三包烟渠话。我就唔好～得，渠老婆得哩肺癌。kai$^{53}_{44}$pu$^{35}_{53}$iet$^{3}$ tʂak$^{3}$ ɲin$^{13}$ci$^{13}_{21}$ua$^{53}_{44}$mak$^{3}$ kei$^{53}_{44}$ci$^{13}_{21}$iet$^{3}$ tʰien$^{35}_{44}$ɔi$^{53}_{44}$ʂət$^{5}$ san$^{35}_{44}$pau$^{35}_{44}$ien$^{35}_{44}$,ci$^{21}$ ʂət$^{5}$ ɲien$^{13}$niau$^{0}$,tsʰəŋ$^{13}$lɔi$^{13}_{44}$maŋ$^{13}$ʂau$^{21}$ɥ$^{13}$san$^{35}_{44}$pau$^{35}_{44}$ien$^{35}_{44}$ci$^{13}_{44}$ua$^{53}_{44}$.ŋai$^{13}$tsʰiəu$^{53}$m̩$^{13}$xau$^{21}$ʂaŋ$^{35}$tek$^{3}$,ci$^{13}_{21}$lau$^{21}$pʰo$^{13}$tek$^{3}$ li$^{0}$ fei$^{53}$ŋai$^{13}_{21}$.

【声$_3$】ʂən$^{35}$ 量①表示声响发出的次数：放炮三～fɔŋ$^{53}$pʰau$^{53}$san$^{35}$ʂən$^{35}$。②表示说话的次数：别人家欸一～，打比欸一～欸我呀。pʰiet$^{5}_{3}$ in$^{13}_{21}$ka$^{35}_{44}$ei$^{53}$iet$^{3}$ ʂaŋ$^{35}_{44}$,ta$^{21}$pi$^{21}$ei$^{53}$iet$^{3}$ ʂaŋ$^{35}_{44}$ei$^{53}$ŋai$^{13}$ia$^{0}$.

【声气】ʂaŋ$^{35}$çi$^{53}$ 名指嗓音。又称"嗓子"，有时也称"声气子"：也系称嗓子，也就是也话嗓子。～也会……会话，欸，有声有气，欸，～子蛮好。ia$^{35}$xe$^{53}_{44}$tʂʰən$^{35}_{44}$sɔŋ$^{21}$tsɿ$^{0}$,ia$^{35}$tsʰiəu$^{53}_{44}$ʂɿ$^{53}_{44}$ia$^{35}$ua$^{53}$sɔŋ$^{21}$tsɿ$^{0}$.ʂaŋ$^{35}$çi$^{53}$ia$^{35}_{44}$uɔi$^{53}_{44}$k…uɔi$^{53}$ua$^{53}_{44}$,e$_{21}$,mau$^{13}$ʂaŋ$^{35}$mau$^{13}$çi$^{53}$,e$_{21}$,ʂaŋ$^{35}$çi$^{53}$tsɿ$^{0}$man$^{35}$xau$^{21}$.

【声音】ʂaŋ$^{35}$in$^{35}_{44}$ 名物体振动或说话时所发出的声响：牙笛子就～更尖呶。ŋa$^{13}$tʰak$^{5}$ tsɿ$^{0}$ tsʰiəu$^{53}_{44}$ʂaŋ$^{35}$in$^{35}_{44}$cien$^{53}$tsien$^{35}$nau$^{0}$.｜徛倒门口，～大滴子。"请坐！"箇就安做唱单子。cʰi$^{35}$tau$^{21}$mən$^{13}$xei$^{21}$,ʂaŋ$^{35}$in$^{35}_{44}$tʰai$^{53}$tiet$^{5}$ tsɿ$^{0}$."tsʰiaŋ$^{21}$tsʰo$^{35}$!"kai$^{53}_{44}$tsʰiəu$^{53}_{44}$ɔn$^{35}_{44}$tso$^{53}_{44}$tʂʰɔŋ$^{53}$tan$^{35}$tsɿ$^{0}$.

【绳】ʂən$^{13}$ 名用两股以上的棉麻纤维或棕草等拧成的条状物。也称"绳子"：箇个顶高咯吊条～。kai$^{53}_{44}$kei$^{0}$ taŋ$^{21}$kau$^{35}_{44}$ko$^{0}$ tiau$^{53}$tʰiau$^{13}_{21}$ʂən$^{13}$.｜绷子床嘞，就渠个底下个底下嘞唔系弹簧，用箇～子，用～子。pəŋ$^{35}$tsɿ$^{0}$ tsʰɔŋ$^{13}_{21}$lei$^{0}$,tsʰiəu$^{53}_{44}$ci$^{13}$kei$^{53}_{44}$te$^{21}$xa$^{53}_{44}$kei$^{53}_{44}$te$^{21}$xa$^{53}_{44}$lei$^{0}$ m̩$^{13}$pʰe$_{44}$(←xe$^{53}$)tʰan$^{13}$fɔŋ$^{13}_{44}$,iəŋ$^{53}$kai$^{53}$ʂən$^{13}$tsɿ$^{0}$,iəŋ$^{53}$ʂən$^{13}$tsɿ$^{0}$.

【绳绞子】ʂən$^{13}$kau$^{21}$tsɿ$^{0}$ 名用来缠各种绳子的轴状物，也指缠在轴上的一团绳子：～就分绳子萦下箇个一只筒筒上就安做～箇兜。包括箇个绳子萦上去哩，都安做……萦倒有绳子个箇只东西就安做～。箇只工具也系～，呃，萦倒有绳子个也安做～。ʂən$^{13}$kau$^{21}$tsɿ$^{0}$ tsʰiəu$^{53}$pən$^{35}_{53}$ʂən$^{13}$tsɿ$^{0}$ iaŋ$^{35}$ŋa$^{53}$kai$^{53}$kei$^{53}_{44}$iet$^{3}$ tʂak$^{3}$ tʰəŋ$^{13}$tʰəŋ$^{13}_{21}$xɔŋ$^{53}$tsʰiəu$^{53}_{21}$ɔn$^{35}_{53}$tso$^{53}$ʂən$^{13}$kau$^{21}$tsɿ$^{0}$ kai$^{53}$te$^{35}_{44}$.pau$^{35}$kuait$^{3}$ kai$^{53}$ke$^{53}$ʂən$^{13}$tsɿ$^{0}$ iaŋ$^{35}$ʂɔŋ$^{35}$çi$^{53}$li$^{0}$,təu$^{35}$ɔn$^{35}_{44}$tso$^{53}$…iaŋ$^{35}$tau$^{21}$iəu$^{35}_{53}$ʂən$^{13}$tsɿ$^{0}$ ke$^{53}_{44}$kai$^{53}$tʂak$^{3}$ təŋ$^{35}_{44}$si$^{0}$ tsʰiəu$^{53}$ɔn$^{35}_{44}$tso$^{53}_{44}$ʂən$^{13}$kau$^{21}$tsɿ$^{0}$.kai$^{53}$tʂak$^{3}$ kəŋ$^{35}$tʂɥ$^{53}$ia$^{35}_{44}$xei$^{53}_{44}$ʂən$^{13}$kau$^{21}$tsɿ$^{0}$,ə$_{21}$,iaŋ$^{35}$tau$^{21}$iəu$^{35}$ʂən$^{13}$tsɿ$^{0}$kei$^{53}$ia$^{35}$ɔn$^{35}_{53}$tso$^{53}$ʂən$^{13}$kau$^{21}$tsɿ$^{0}$.

【绳子裤】ʂən$^{13}$tsɿ$^{0}$ fu$^{53}$ 名毛线裤：欸，我取都唔爱～，我纵冷我都唔着～。e$_{21}$,ŋai$^{13}$tsʰi$^{21}$təu$^{35}_{53}$m̩$^{13}_{21}$mɔi$^{53}$ʂən$^{13}$tsɿ$^{0}$ fu$^{53}$,ŋai$^{13}$tsəŋ$^{53}$laŋ$^{35}$ŋai$^{13}_{21}$təu$^{35}_{53}$n̩$^{13}_{21}$tʂɔk$^{3}$ ʂən$^{13}$tsɿ$^{0}$ fu$^{53}$.

【绳子帽】ʂən$^{13}$tsɿ$^{0}$mau$^{53}$ 名用毛线勾成或织成的帽子：我娭子就有几顶～子，渠个就唔系用毛绳子勾出来个，渠个就买个，也系～。ŋai$^{13}_{21}$ɔi$^{35}$tsɿ$^{0}$ tsʰiəu$^{53}_{44}$iəu$^{35}_{53}$ci$^{21}$taŋ$^{21}$ʂən$^{13}$tsɿ$^{0}$ mau$^{53}$tsɿ$^{0}$,ci$^{13}_{21}$ke$^{53}$tsʰiəu$^{53}$m̩$^{13}_{21}$pʰei$^{53}_{44}$iəŋ$^{53}$mau$^{35}$ʂən$^{13}_{21}$tsɿ$^{0}$ ciei$^{35}$tʂʰət$^{3}$ lɔi$^{13}$ke$^{53}$,ci$^{13}$ke$^{53}$tsʰiəu$^{53}_{44}$mai$^{35}$ke$^{53}$,ia$^{35}$xei$^{53}$ʂən$^{13}$tsɿ$^{0}$ mau$^{53}$.

【绳子衫】ʂən$^{13}$tsɿ$^{0}$ san$^{35}$ 名毛线衣：毛线衣就安做～。mau$^{13}$sien$^{53}$i$^{35}_{44}$tsʰiəu$^{53}_{44}$ɔn$^{35}_{44}$tso$^{53}_{44}$ʂən$^{13}$tsɿ$^{0}$ san$^{35}$.

【省】saŋ$^{21}$ 动①减少；省略：多哩字渠就爱～嘿只去嘞。to$^{35}$li$^{0}$ sɿ$^{53}$ci$^{13}_{21}$tsʰiəu$^{53}_{44}$ɔi$^{53}_{44}$saŋ$^{21}$xek$^{3}$ tʂak$^{3}$ çi$^{53}$lei$^{0}$. ②节省；少耗费；节俭：渠~指生膏豆腐~炮出来个豆腐嘞更松，更唔食油，更～油。ci$^{13}_{21}$pʰau$^{13}$tʂʰət$^{3}$ lɔi$^{13}_{21}$ke$^{53}_{44}$tʰei$^{53}$fu$^{53}_{44}$lei$^{0}$ cien$^{53}$səŋ$^{35}$,cien$^{53}$n̩$^{13}$ʂət$^{5}$ iəu$^{13}$,cien$^{53}$saŋ$^{21}$iəu$^{13}$.｜莫咁～！mɔk$^{5}$ kan$^{21}$saŋ$^{21}$!

【省得】saŋ$^{21}$tek$^{3}$ 连免得；以免：你今晡有空同我去搞一下箇只路子哦，～我又走一转喏。ɲi$^{13}_{21}$cin$^{35}$pu$^{35}_{44}$iəu$^{35}$kʰəŋ$^{53}$tʰəŋ$^{13}_{21}$ŋai$^{13}_{21}$çi$^{53}$kau$^{21}$iet$^{3}$ xa$^{53}$kai$^{53}$(tʂ)ak$^{3}$ ləu$^{53}$tsɿ$^{0}$ o$^{0}$,saŋ$^{21}$tek$^{3}$ ŋai$^{13}$iəu$^{53}$tsei$^{21}$iet$^{3}$ tʂuɔn$^{21}$no$^{0}$.

【省钱】saŋ$^{21}$/ʂən$^{21}$tsʰien$^{13}$ 动减少或避免钱财开支：（绷子床）用棕绳个，用包装带个，就～呶。iəŋ$^{53}_{44}$tsəŋ$^{35}$ʂən$^{13}_{21}$cie$^{53}_{44}$,iəŋ$^{53}_{44}$pau$^{35}_{44}$tsɔŋ$^{35}_{44}$tai$^{53}$cie$^{53}_{44}$,tsʰiəu$^{53}$ʂən$^{21}$tsʰien$^{13}$nau$^{0}$.｜我等细细子啊剃只光头，剃头都剃头上都只讲让门～。ŋai$^{13}$tien$^{0}$ sei$^{53}$sei$^{53}$tsɿ$^{0}$ a$^{0}$ tʰe$^{53}$tʂak$^{3}$ kɔŋ$^{35}$tʰei$^{13}_{21}$,tʰei$^{53}$tʰei$^{13}$təu$^{35}_{53}$tʰei$^{53}$tʰei$^{13}$xɔŋ$^{53}$təu$^{35}_{53}$tʂɿ$^{21}$kɔŋ$^{21}$ɲiɔŋ$^{53}$mən$^{13}_{44}$saŋ$^{21}$tsʰien$^{13}$.

【省磬】saŋ$^{21}$cʰiaŋ$^{53}$ 形节俭：我老弟子箇只婆婆啊唔知几～又发狠呐。ŋai$^{13}_{44}$lau$^{21}$tʰe$^{35}_{53}$tsɿ$^{0}$kai$^{53}$tʂak$^{3}$ pʰo$^{13}$pʰo$^{13}$a$^{0}$ n̩$^{13}$ti$^{35}_{53}$ci$^{21}$saŋ$^{21}$cʰiaŋ$^{53}_{44}$iəu$^{53}$fait$^{3}$ xen$^{21}$na$^{0}$.｜箇只人真～，食又唔舍得食，着又唔舍得着。kai$^{53}$tʂak$^{3}$ ɲin$^{13}_{21}$tʂən$^{35}$saŋ$^{21}$cʰiaŋ$^{53}$,ʂət$^{5}$ tsʰiəu$^{53}$n̩$^{13}$ʂa$^{21}$(t)ek$^{3}$ ʂət$^{5}$,tʂɔk$^{3}$ iəu$^{53}$n̩$^{13}_{21}$ʂa$^{21}$(t)ek$^{3}$ tʂɔk$^{3}$.

【省事】saŋ$^{21}$sɿ$^{53}$ 形方便；不麻烦：（薄膜）忒轻快呀，又～啊。tʰiet$^{3}$ cʰiaŋ$^{35}$kʰuai$^{53}$ia$^{0}$,iəu$^{53}$saŋ$^{21}$sɿ$^{53}$a$^{0}$.｜如果系女家头到男家头去达嫁场，箇就唔爱讲了，女家头你只爱去人凑，听渠大方了。箇就～。y$^{13}$ko$^{21}$xei$^{53}$ɲy$^{21}$ka$^{35}_{44}$tʰei$^{13}_{21}$tau$^{53}$lan$^{13}$ka$^{35}_{44}$tʰei$^{13}_{21}$çi$^{53}_{44}$tʰait$^{5}$ ka$^{53}$tʂʰɔŋ$^{13}$,kai$^{53}_{44}$tsʰiəu$^{53}_{44}$m̩$^{13}_{21}$mɔi$^{53}$kɔŋ$^{21}$liau$^{0}$,ɲi$^{21}$ka$^{35}_{44}$tʰei$^{13}_{21}$ɲi$^{13}_{44}$tʂɿ$^{21}$ɔi$^{53}_{44}$çi$^{53}$ɲin$^{13}_{21}$tsʰe$^{0}$,tʰin$^{53}$ci$^{13}$tʰai$^{53}$fɔŋ$^{35}$liau$^{0}$.e$_{21}$,kai$^{53}_{44}$tsʰiəu$^{53}_{44}$saŋ$^{21}$sɿ$^{53}$.

【省子$_1$】saŋ$^{21}$tsɿ$^{0}$ 动避免：镬圈个作用就系～出烟呶。uɔk$^{5}$ cʰien$^{35}_{44}$ke$^{53}_{44}$tsɔk$^{3}$ iəŋ$^{53}$tsʰiəu$^{53}_{44}$xe$^{53}_{44}$saŋ$^{21}$tsɿ$^{0}$

tʂʰət$^{3}$ ien$^{35}$nau$^{0}$.｜渠指照壁～去外背禾坪下一眼就看得肚里倒。ci$^{13}$saŋ$^{21}$tsɿ$^{0}$çi$^{53}$ŋɔi$^{53}$pɔi$^{53}_{44}$uo$^{13}$pʰiaŋ$^{13}_{21}$xa$^{35}$ iet$^{3}$ŋan$^{21}$tsʰiəu$^{53}_{44}$kʰɔn$^{53}$tek$^{3}$təu$^{21}$li$^{0}$tau$^{21}$.

【省子$_{2}$】saŋ$^{21}$tsɿ$^{0}$ 连免得；以免。多用在后一分句开头：床面前放鞋嘞，～放下地泥下。tsʰɔŋ$^{13}$mien$^{53}$tsʰien$^{13}_{21}$fɔŋ$^{53}$xai$^{13}$le$^{0}$,saŋ$^{21}$tsɿ$^{0}$ fɔŋ$^{53}_{44}$ŋa$_{44}$(←xa$^{53}$)tʰi$^{53}$lai$^{13}_{21}$xa$^{35}$.｜分棺材搁下凳上，欸，～放下地泥下嘞就要起肩就蛮累人。pən$^{35}$kɔn$^{35}_{44}$tsʰɔi$^{13}_{21}$kɔk$^{3}$a$^{0}$ tien$^{53}$xɔŋ$^{53}_{44}$,e$_{21}$,saŋ$^{21}$tsɿ$^{0}$ fɔŋ$^{53}$ŋa$^{53}_{44}$tʰi$^{53}$lai$^{13}_{21}$xa$^{35}$lei$^{0}$ tsʰiəu$^{53}_{44}$iau$^{53}_{44}$çi$^{21}$cien$^{35}$tsʰiəu$^{53}_{44}$man$^{13}_{21}$li$^{53}$ɲin$^{13}$.

【圣公】ʂaŋ$^{53}$kəŋ$^{35}$ 名巫医，尤指男巫：我就跟倒箇一只～啊，箇阵子我等一只朋友耳朵聋，么个惹哩鬼话，硬系搞哩神明话，爱同渠做圣，我如今我都记得。咁个都去信？系唔系？我等箇朋友睡正床上来，渠就分帐子放下来，渠就跍倒帐子外背作法。欸，我也去哩，去帮啊帮忙啊。欸，又还爱煮饭食箇兜啦要去解决啊。做圣欸，咁个都去信呐，我也话可惜哩钱。做圣，也还蛮多人来看呢。照渠等话个呢"久哩冇戏看是做圣都好看"呢。ŋai$^{13}$tsʰiəu$^{53}$cien$^{35}$ tau$^{21}$kai$^{53}$iet$^{3}$tʂak$^{3}$ʂaŋ$^{53}$kəŋ$^{35}$ŋa$^{0}$,kai$^{53}$tʂʰən$^{53}$tsɿ$^{0}$ŋai$^{13}$tien$^{0}$ iet$^{3}$tʂak$^{3}$pʰəŋ$^{13}_{21}$iəu$^{35}_{44}$ɲi$^{21}$to$^{21}$ləŋ$^{35}$,mak$^{3}$ke$^{53}$ɲia$^{35}$li$^{0}$ kuei$^{21}$ua$^{53}$, ɲiaŋ$^{53}_{44}$(x)e$^{53}_{44}$kau$^{21}$li$^{0}$ʂən$^{13}$min$^{13}$ua$^{53}$,ɔi$^{53}$tʰəŋ$^{13}_{21}$ci$^{13}_{21}$tso$^{53}$ʂaŋ$^{53}$,ŋai$^{13}_{21}$i$^{13}_{21}$cin$^{35}_{53}$ŋai$^{13}_{21}$təu$^{35}_{44}$ci$^{53}$tek$^{3}$.kan$^{21}$ke$_{44}$ təu$^{35}_{44}$çi$^{53}$sin$^{53}$?xei$^{53}$me$^{53}$?ŋai$^{13}_{21}$tien$^{0}$kai$^{53}$pʰəŋ$^{13}_{21}$iəu$^{35}_{44}$ʂɔi$^{53}$tʂaŋ$^{53}_{21}$tsʰɔŋ$^{13}_{21}$xɔŋ$^{53}$lɔi$^{13}_{44}$,ci$^{13}_{21}$tsiəu$^{53}_{44}$pən$^{35}$tʂɔŋ$^{53}$tsɿ$^{0}$fɔŋ$^{53}$xa$^{35}$ lɔi$^{13}_{21}$,ci$^{13}_{21}$tsiəu$^{53}_{44}$ku$^{35}$tau$^{21}$tʂɔŋ$^{53}$tsɿ$^{0}$ŋɔi$^{53}$pɔi$^{53}$tsɔk$^{3}$fait$^{3}$.e$_{21}$,ŋai$^{13}$ia$^{53}_{44}$çi$^{53}$li$^{0}$,çi$^{53}_{44}$pɔŋ$^{35}$ŋa$^{0}$pɔŋ$^{35}$mɔŋ$^{13}$ŋa$^{0}$.ei$_{21}$,iəu$_{44}$ xai$^{13}$ɔi$^{53}$tʂəu$^{21}$fan$^{53}$ʂət$^{5}$kai$^{53}_{44}$te$^{35}_{44}$la$^{0}$iau$^{53}_{44}$çi$^{53}_{44}$kai$^{21}_{44}$ciet$^{3}$a$^{0}$.tso$^{53}_{44}$ʂaŋ$^{53}$ŋe$^{0}$,kan$^{21}$ke$^{53}_{44}$təu$^{35}_{44}$çi$^{53}_{44}$sin$^{53}$na$^{0}$,ŋai$^{13}$ia$^{35}_{44}$ua$^{53}$ kʰo$^{21}$set$^{3}$li$^{0}$tsʰien$^{13}$.tso$^{53}_{44}$ʂaŋ$^{53}$,ia$^{35}_{44}$xai$^{13}_{21}$man$^{13}_{21}$to$^{35}_{53}$ɲin$^{13}_{21}$nɔi$^{13}_{44}$kʰɔn$^{53}$ne$^{0}$.tsau$^{53}_{44}$ci$^{13}_{21}$tien$^{0}$ua$^{53}_{44}$kei$^{53}_{44}$ə$_{21}$"ciəu$^{21}$li$^{0}$mau$^{13}$ çi$^{53}$kʰɔn$^{53}$sɿ$^{53}_{44}$tso$^{53}$ʂaŋ$^{53}$təu$^{35}_{53}$xau$^{21}$kʰɔn$^{53}$"nei$^{0}$.

【圣卦】ʂən$^{53}$kua$^{53}$ 名卜卦时占具一平一凸，表示神明认同，或行事会顺利。但如祈求之事相当慎重，多以连三次圣杯才做数：一只覆个一只张个唠，安做～。iet$^{3}$tʂak$^{3}$pʰuk$^{3}$ke$^{53}$iet$^{3}$tʂak$^{3}$ tʂɔŋ$^{35}$ke$^{53}_{44}$lau$^{0}$,ɔn$^{35}_{44}$tso$^{53}_{44}$ʂən$^{53}$kua$^{53}$.

【盛】ʂən$^{53}$ 形①多：清哩塘脚，欸，换兜子新鲜水，箇口塘个鱼嘞就越畜越好，越畜越～。tsʰin$^{35}$ni$^{0}$ tʰɔŋ$^{13}$ciɔk$^{3}$,e$_{21}$,uɔn$^{53}$te$^{35}_{53}$tsɿ$^{0}$ sin$^{35}$sien$^{35}_{44}$ʂei$^{21}$,kai$^{53}$xei$^{21}$tʰɔŋ$^{13}$ke$^{53}$ŋ̍$^{13}$lei$^{0}$ tsʰiəu$^{53}_{21}$uet$^{5}$ çiəuk$^{3}$ uet$^{5}$ xau$^{21}$,uet$^{5}$ çiəuk$^{3}$ uet$^{5}$ ʂən$^{53}$. ②植物茂盛：箇个田里田塍上个草蛮～了。kai$^{53}_{44}$ke$^{53}_{44}$tʰien$^{13}$ni$^{21}$tʰien$^{13}$ kʰan$^{53}$xɔŋ$^{53}_{44}$ke$^{53}_{44}$tsʰau$^{21}$man$^{13}$ʂən$^{53}$niau$^{21}$.

【剩】ʂən$^{53}$ 动余留下来：渠其实渠都一双糜烂个袜子，～一只筒筒。ci$^{13}$cʰi$^{13}$ʂət$^{5}$ci$^{13}$təu$^{35}_{44}$iet$^{3}$sɔŋ$^{35}_{44}$ mei$^{35}$lan$^{53}$ke$^{53}$mait$^{3}$tsɿ$^{0}$,ʂən$^{53}$tau$^{21}$iet$^{3}$tʂak$^{3}$tʰəŋ$^{13}$tʰəŋ$^{13}_{44}$.｜然后以下～倒箇起不能够破了，箇个就安做篾骨。ien$^{13}_{21}$xəu$^{53}_{44}$i$^{21}$(x)a$^{53}_{35}$ʂən$^{53}$tau$^{21}$kai$^{53}$çi$^{21}$pət$^{3}$len$^{13}$ciau$^{53}_{44}$pʰo$^{53}$liau$^{0}$,kai$^{53}_{44}$ke$^{53}_{44}$tsʰiəu$^{53}_{44}$ɔn$^{35}_{44}$tso$^{53}_{44}$miet$^{5}$kuət$^{3}$.

【剩下】ʂən$^{53}$çia$^{53}$ 动剩余；余下：渠就分四个子人就做道场，～滴分四个子人呢就专门同你吹吹打打。ci$^{13}_{21}$tsʰiəu$^{53}_{44}$pən$^{35}$si$^{53}$ke$^{53}$tsɿ$^{0}$ɲin$^{13}$tsʰiəu$^{53}_{44}$tso$^{53}$tʰau$^{53}$tʂʰɔŋ$^{13}$,ʂən$^{53}$çia$^{53}$tet$^{3}$pən$^{35}$si$^{53}$ke$^{53}$tsɿ$^{0}$ɲin$^{13}$ne$^{0}$ tsʰiəu$^{53}_{44}$tʂen$^{35}$mən$^{13}_{21}$tʰəŋ$^{13}_{21}$ɲi$^{13}_{21}$tʂʰei$^{35}$tʂʰei$^{35}_{44}$ta$^{21}$ta$^{21}$.

【剩下个】ʂən$^{53}$çia$^{53}$ke$^{53}_{44}$ 其余的：只有一块板子更长个，～就咁子咁长子。tʂɿ$^{21}$iəu$^{35}_{53}$iet$^{3}$kʰuai$^{53}$ pan$^{21}$tsɿ$^{0}$ken$^{53}$tʂʰɔŋ$^{13}$ke$^{53}$,ʂən$^{53}$çia$^{53}$ke$^{53}_{44}$tsʰiəu$^{53}_{44}$kan$^{21}$tsɿ$^{0}$kan$^{21}$tʂʰɔŋ$^{13}$tsɿ$^{0}$.

【賸】iaŋ$^{53}$ 动剩；余留：我以到袋一千块钱到浏阳去，～倒百多块子钱。ŋai$^{13}_{21}$i$^{21}$tau$^{53}$tʰɔi$^{53}$iet$^{3}$ tsʰien$^{35}$kʰuai$^{53}$tsʰien$^{13}_{44}$tau$^{53}$liəu$^{13}$iɔŋ$^{13}$çi$^{53}$,iaŋ$^{53}$tau$^{21}$pak$^{3}$to$^{35}_{53}$kʰuai$^{53}$tsɿ$^{0}$tsʰien$^{13}_{21}$.｜以到我袋咁多钱去，滴都赠～倒，下用嘿哩。i$^{21}$tau$^{53}$ŋai$^{13}_{44}$tʰɔi$^{53}$kan$^{21}$to$^{35}_{44}$tsʰien$^{13}_{21}$çi$^{53}$,tiet$^{5}$təu$^{35}_{35}$maŋ$^{13}$iaŋ$^{53}$tau$^{21}$,xa$^{53}$iɔŋ$^{53}$ŋek$^{3}$li$^{0}$.｜你食得洁净！箇碗东西你食得洁净，你～滴子分我食。ɲi$^{13}$ʂət$^{5}$tek$^{3}$ciet$^{5}$tsʰiaŋ$^{53}_{44}$!kai$^{53}$uɔn$^{21}$təŋ$^{35}_{44}$si$^{0}$ɲi$^{13}$ ʂət$^{3}$(t)ek$^{3}$ciet$^{5}$tsʰiaŋ$^{53}_{44}$, ɲi$^{13}$iaŋ$^{53}$tiet$^{5}$tsɿ$^{0}$pən$^{35}$ŋai$^{13}$ʂət$^{5}$.

【失】ʂet$^{5}$ 动丢失：～嘿哩要赔分别人家。ʂet$^{5}$xek$^{3}$li$^{0}$iau$^{53}_{44}$pʰi$^{13}$pən$^{35}_{44}$pʰiet$^{3}$in$^{13}_{21}$ka$^{35}_{44}$.

【失魂】ʂet$^{5}$fən$^{13}$ 迷信者认为人患的某些疾病或某些不正常的行为表现是灵魂离体引起的：（细人子着哩吓爱喊归来）就失哩魂呐，意思就系失哩魂。tsʰiəu$^{53}_{44}$ʂet$^{5}$li$^{0}$fən$^{13}$na$^{0}$,i$^{53}$sɿ$^{0}$ tsʰiəu$^{53}$ue$_{44}$ (←xe$^{53}$)ʂet$^{5}$li$^{0}$fən$^{13}_{21}$.

【失面子】ʂət$^{3}$mien$^{53}$tsɿ$^{0}$ 丢脸，出丑。又称"丢面子"：真～个事，啊，以只事咁子做就～，丢面子。tʂən$^{35}$ʂət$^{3}$mien$^{53}$tsɿ$^{0}$ke$^{53}_{21}$sɿ$^{53}$,a$_{53}$,i$^{21}$tʂak$^{3}$sɿ$^{53}$kan$^{21}$tsɿ$^{0}$tso$^{53}$tsəu$^{53}_{21}$ʂət$^{3}$mien$^{53}$tsɿ$^{0}$,tiəu$^{35}$mien$^{53}$tsɿ$^{0}$.

【师弟】sɿ$^{35}$tʰi$^{53}$ 名同一师门比自己年纪小或受业晚的男子。例见"师哥"条。

【师傅】sɿ$^{35}$fu$^{53}_{44}$ 名①传授技艺的人：～带出来个就师兄弟呀。sɿ$^{35}$fu$^{53}_{44}$tai$^{53}$tʂʰət$^{3}$lɔi$^{13}_{21}$ke$^{53}_{44}$tsʰiəu$^{53}_{44}$sɿ$^{35}$ çiəŋ$^{35}$tʰi$^{53}$ia$^{0}$. ②对有技艺的人的尊称：箇～嘞扎哩蛮多头。kai$^{53}_{44}$sɿ$^{35}_{44}$fu$^{53}_{44}$lei$^{0}$tsait$^{3}$li$^{0}$man$^{13}_{21}$to$^{35}_{44}$tʰei$^{13}$. ③特指行业的师祖：做屋，起屋。……请鲁班，请～哇，请起～来呀。tso$^{53}$uk$^{3}$,çi$^{21}$uk$^{3}$.…

tsʰiaŋ$^{21}$ləu$^{35}$pan$^{35}_{44}$,tsʰiaŋ$^{21}$sɿ$^{35}_{44}$fu$^{53}$ua$^{0}$,tsʰiaŋ$^{21}$çi$^{21}$sɿ$^{35}$fu$^{53}$ləi$^{13}_{21}$ia$^{0}$. ④对庙中住持的俗称，又称“庙主”：有只管事个人，渠等是喊渠～呢。就系以渠为首个人呐，为首个人。渠等喊渠～呢。iəu$^{35}$ tʂak$^{3}$ kən$^{21}$sɿ$^{53}$ke$^{53}_{44}$ɲin$^{13}_{21}$,ci$^{13}_{21}$tien$^{0}$ ʂɿ$^{53}_{44}$xan$^{53}$ci$^{13}_{44}$sɿ$^{35}$fu$^{53}$nei$^{0}$.tsʰiəu$^{53}_{44}$xe$^{53}$i$^{21}$ci$^{13}_{21}$uei$^{13}_{21}$ʂəu$^{21}$cie$^{53}$ɲin$^{13}_{21}$na$^{0}$,uei$^{13}_{21}$ʂəu$^{21}$cie$^{53}$ɲin$^{13}_{21}$.ci$^{13}_{21}$tien$^{0}$ xan$^{53}$ci$^{13}_{21}$sɿ$^{35}$fu$^{53}$nei$^{0}$.

【师哥】sɿ$^{35}$ko$^{35}$ 名师兄：都系一只师傅手下学师个人，年纪大滴子个就渠等就喊～，箇年纪细滴子个就称师弟。还有嘞，一只师傅出来个，赠在一起学，箇只后去个称箇先去个，先出师个，后进师称箇个先出师个，都称～，师兄，箇就唔论年纪了嘞。təu$^{35}$xe$^{53}$iet$^{3}$ tʂak$^{3}$ sɿ$^{35}_{44}$fu$^{53}$ ʂəu$^{21}$xa$^{53}_{44}$xɔk$^{5}$ sɿ$^{35}_{44}$ke$^{53}$ɲin$^{13}_{21}$, ɲien$^{13}$ci$^{21}$tʰai$^{53}$tiet$^{5}$ tsɿ$^{0}$ ke$^{53}$tsʰiəu$^{53}$ci$^{13}_{21}$tien$^{0}$ tsʰiəu$^{53}$xan$^{53}$sɿ$^{35}$ko$^{35}$,kai$^{53}$ɲien$^{13}$ci$^{21}$se$^{53}$ tiet$^{5}$ tsɿ$^{0}$ ke$^{53}$tsʰiəu$^{53}_{44}$tʂʰən$^{35}$sɿ$^{35}$tʰi$^{53}$.xai$^{13}$iəu$^{35}_{44}$lei$^{0}$,iet$^{3}$ tʂak$^{3}$ sɿ$^{35}_{44}$fu$^{53}$tʂʰət$^{3}$ ləi$^{13}$ke$^{53}$,maŋ$^{13}$tsʰai$^{53}$iet$^{3}$ çi$^{21}$xɔk$^{5}$,kai$^{53}_{44}$ tʂak$^{3}$ xei$^{53}$çi$^{53}_{44}$ke$^{53}_{44}$tʂʰən$^{35}$kai$^{53}$sen$^{35}$çi$^{53}$ke$^{0}$,sen$^{35}$tʂʰət$^{3}$ sɿ$^{35}_{44}$ke$^{0}$,xei$^{53}$tsin$^{53}$sɿ$^{35}_{44}$tʂʰən$^{35}$kai$^{53}_{44}$ke$^{53}_{44}$sen$^{35}$tʂʰət$^{3}$ sɿ$^{35}_{44}$ke$^{0}$, təu$^{35}$tʂʰən$^{35}_{44}$sɿ$^{35}_{44}$ko$^{35}$,sɿ$^{35}$çiaŋ$^{35}$,kai$^{53}$tsʰiəu$^{53}$n̩$^{13}$nen$^{35}$ɲien$^{13}$ci$^{21}$liau$^{21}_{44}$lei$^{0}$.

【师姐】sɿ$^{35}$tsia$^{21}$ 名称比自己年龄大的同门女子：你～去哪去哩哦？ɲi$^{13}_{21}$sɿ$^{35}$tsia$^{21}$çi$^{53}$lai$^{53}$çi$^{53}$li$^{0}$ o$^{0}$? | 你～结哩婚了么？ɲi$^{13}_{21}$sɿ$^{35}$tsia$^{21}$ciet$^{3}$ li$^{0}$ fən$^{35}$niau$^{0}$mo$^{0}$?

【师妹】sɿ$^{35}$mɔi$^{53}$ 名同一师门比自己年龄小或受业晚的女子：～，到我箇来嫐下子啊。sɿ$^{35}_{44}$mɔi$^{53}$, tau$^{53}$ŋai$^{13}_{21}$kai$^{53}_{44}$ləi$^{13}$liau$^{53}$xa$^{53}_{44}$tsɿ$^{0}$ a$^{0}$. | ～，你要找人家了哇。sɿ$^{35}_{44}$mɔi$^{53}$,ɲi$^{13}$iau$^{53}_{44}$tsau$^{21}$ɲin$^{13}$ka$^{35}_{44}$liau$^{21}$ua$^{0}$.

【师兄】sɿ$^{35}$çiaŋ$^{35}$/çiəŋ$^{35}$ 名比自己早受业于同师门的人。例见“师哥”条。

【师兄弟】sɿ$^{35}$çiəŋ$^{35}$tʰi$^{53}$ 名同门兄弟：～哟，师傅带出来个就～呀。sɿ$^{35}$çiəŋ$^{35}$tʰi$^{53}$iau$^{0}$,sɿ$^{35}$fu$^{53}_{44}$tai$^{53}$ tʂʰət$^{3}$ ləi$^{13}_{21}$ke$^{53}_{44}$tsʰiəu$^{53}_{44}$sɿ$^{35}$çiəŋ$^{35}$tʰi$^{53}$ia$^{0}$.

【诗章】ʂɿ$^{35}$tʂəŋ$^{35}$ 名诗篇。多指祭祀时所读唱：读～tʰəuk$^{5}$ ʂɿ$^{35}_{44}$tʂəŋ$^{35}_{44}$ | 歌～，歌八句。ko$^{35}$ʂɿ$^{35}_{44}$ tʂəŋ$^{35}_{44}$,ko$^{35}$pait$^{3}$ tʂɿ$^{53}$. | 欸，打祭个时候子爱巡所，打家蘸个时候子爱巡所。欸，巡所嘞就爱歌诗。箇诗，～啊一般子都系八句。就系系八句凑。八句为一首。箇～系八句子为一首。但是安做安做～，欸歌诗。系打祭个时候子巡所唱个。打祭也唱呢。欸，除哩巡所，巡所系一只子首先个欸打祭个第一只阶段。渠分做两只部分。诶。e$_{21}$,ta$^{21}$tsi$^{53}$ke$^{0}$ʂɿ$^{13}$xei$^{53}$tsɿ$^{0}$ ɔi$^{53}$sən$^{13}$so$^{21}$,ta$^{21}$ cia$^{35}$tʰien$^{53}$ke$^{0}$ʂɿ$^{13}$xei$^{53}$tsɿ$^{0}$ ɔi$^{53}$sən$^{13}$so$^{21}$.e$_{21}$,sən$^{13}$so$^{21}$le$^{0}$tsʰiəu$^{53}$ɔi$^{53}$ko$^{35}$ʂɿ$^{35}$.kai$^{53}_{44}$ʂɿ$^{35}$,ʂɿ$^{35}$tʂəŋ$^{35}_{44}$ŋa$^{0}$ iet$^{3}$ pən$^{35}$tsɿ$^{0}$ təu$^{35}_{44}$ xe$^{53}_{44}$pait$^{3}$ ci$^{53}$.tsʰiəu$^{53}_{44}$xe$^{53}_{44}$xe$^{53}$pait$^{3}$ ci$^{53}$tsʰe$^{0}$.pait$^{3}$ ci$^{53}$uei$^{13}_{21}$iet$^{3}$ ʂəu$^{21}$.kai$^{53}_{44}$ʂɿ$^{35}$tʂəŋ$^{35}_{44}$xe$^{53}_{44}$pait$^{3}$ ci$^{53}$tsɿ$^{0}$ uei$^{13}_{21}$iet$^{3}$ ʂəu$^{21}$. tan$^{35}_{44}$ʂɿ$^{53}_{44}$ɔn$^{35}_{44}$tso$^{53}_{44}$ɔn$^{35}_{44}$tso$^{53}_{44}$ʂɿ$^{35}$tʂəŋ$^{35}$,e$_{21}$ko$^{35}_{44}$ʂɿ$^{35}$.xe$^{53}$ta$^{21}$tsi$^{53}$ke$^{53}_{44}$ʂɿ$^{13}$xei$^{53}_{44}$tsɿ$^{0}$ sən$^{13}$so$^{21}$tʂʰəŋ$^{53}$ke$^{0}$.ta$^{21}$tsi$^{53}$ia$^{35}$tʂʰəŋ$^{53}$ ne$^{0}$.e$_{21}$,tʂʰəu$^{13}$li$^{0}$ sən$^{13}$so$^{21}$,sən$^{13}$so$^{21}$xe$^{53}$iet$^{3}$ tʂak$^{3}$ tsɿ$^{0}$ ʂəu$^{21}$sen$^{35}$ke$^{0}$ e$_{21}$ta$^{21}$tsi$^{53}$ke$^{0}$ tʰi$^{53}$iet$^{3}$ tʂak$^{3}$ kai$^{35}$tən$^{53}$.ci$^{13}_{21}$fən$^{35}$ tso$^{53}$iəŋ$^{21}$tʂak$^{3}$ pʰu$^{53}$fən$^{53}$.e$_{21}$.

【虱】siet$^{3}$/set$^{3}$ 名①一种常寄生在人或牲畜身体上的小昆虫。吸食血液，是传染病的病媒：身上有虱嫲啦会发～啊。ʂən$^{35}$xəŋ$^{35}_{44}$iəu$^{53}$set$^{3}$ ma$^{13}$la$^{0}$ uɔi$^{53}$fait$^{3}$ set$^{3}$ a$^{0}$. ②蔬菜等植物嫩叶上聚生的白色或黑色小虫：发～唠安做，～唠。箇与豆角，豆类植物，豆角啊，欸，一般来讲嘞，落水天莫去摘豆角。一次摘哩豆角就会发～。尽点伢大子个点点子。又系种虫子。就安做～。发～。系虫子嘞。落水天莫去摘豆角，摘哩豆角会发～。会发～，欸，就箇种～。就系点伢大子个。比芝麻都更细个箇起点点子个虫子，乌个，系啊？fait$^{3}$ siet$^{3}$ lau$^{0}$ ɔn$^{35}_{44}$tso$^{53}_{44}$,siet$^{3}$ lau$^{0}$.kai$^{53}_{44}$ vy$^{21}$tʰei$^{53}$kɔk$^{3}$,tʰei$^{53}$ləi$^{13}_{44}$tʂʰət$^{5}_{3}$uk$^{3}$,tʰei$^{53}$kɔk$^{3}$ a$^{0}$,e$_{21}$,iet$^{3}$ pən$^{35}$ləi$^{13}_{44}$kəŋ$^{21}$lei$^{0}$,lɔk$^{5}$ ʂei$^{21}$tʰien$^{35}$mɔk$^{5}$ çi$^{53}_{44}$tsak$^{3}$ tʰei$^{53}$ kɔk$^{3}$.iet$^{3}$ tsʰɿ$^{53}_{44}$tsak$^{3}$ li$^{0}$ tʰei$^{53}$kɔk$^{3}$ tsiəu$^{53}_{44}$uɔi$^{53}_{44}$fait$^{3}$ siet$^{3}$.tsʰin$^{53}$tian$^{53}$ŋa$^{35}_{44}$tʰai$^{53}$tsɿ$^{0}$ ke$^{53}$tian$^{21}$tian$^{21}$tsɿ$^{0}$.iəu$^{53}$xe$^{53}$ tʂəŋ$^{21}$tʂʰəŋ$^{13}$tsɿ$^{0}$.tsʰiəu$^{53}_{21}$ɔn$^{35}_{44}$tso$^{53}_{44}$siet$^{3}$.fait$^{3}$ siet$^{3}$.xei$^{53}$tʂʰəŋ$^{13}$tsɿ$^{0}$ lei$^{0}$.lɔk$^{5}$ ʂei$^{21}$tʰien$^{35}$mɔk$^{5}$ çi$^{53}_{44}$tsak$^{3}$ tʰei$^{53}$ kɔk$^{3}$,tsak$^{3}$ li$^{0}$ tʰei$^{53}$kɔk$^{3}$ uɔi$^{53}$fait$^{3}$ siet$^{3}$.uɔi$^{53}$fait$^{3}$ siet$^{3}$,e$_{21}$,tsʰiəu$^{53}$kai$^{53}$tʂəŋ$^{21}$siet$^{3}$.tsʰiəu$^{53}_{44}$ue$_{44}$(←xe$^{53}$)tian$^{35}$ŋa$^{13}_{44}$ tʰai$^{53}$tsɿ$^{0}$ ke$^{53}_{44}$.pi$^{21}$tʂɿ$^{35}$ma$^{13}_{21}$təu$^{35}_{44}$ken$^{53}_{44}$se$^{53}$ke$^{53}_{44}$kai$^{53}_{21}$çi$^{21}$tian$^{21}$tian$^{21}$tsɿ$^{0}$ ke$^{53}$tʂʰəŋ$^{13}_{21}$tsɿ$^{0}$,u$^{35}$ke$^{53}$,xe$^{53}_{44}$a$^{0}$?

【虱嫲】set$^{3}$ma$^{13}$ 名一种常寄生在人或牲畜身体上的小昆虫。吸食血液，是传染病的病媒：会发～啦，唔湿嘿身是啦。uɔi$^{53}$fait$^{3}$ set$^{3}$ ma$^{13}$la$^{0}$,n̩$^{13}$ʂət$^{3}$ xek$^{3}$ ʂən$^{35}$ʂɿ$^{53}$la$^{0}$. | 箇狗身上就蛮多～。kai$^{53}_{44}$ kei$^{21}$ʂən$^{35}$xəŋ$^{53}_{44}$tsʰiəu$^{53}_{44}$man$^{13}_{21}$to$^{35}_{53}$set$^{3}$ ma$^{13}$.

【虱嫲草】set$^{3}$ma$^{13}$tsʰau$^{21}$ 名苍耳子：～就箇个啦，呃惹倒哩真难摵啊，～吵，到岭上去做事你爱注意下子，莫惹倒哩～。set$^{3}$ ma$^{13}_{44}$tsʰau$^{21}$tsʰiəu$^{53}$kai$^{53}_{44}$ke$^{53}_{44}$la$^{0}$,ə$_{44}$ɲia$^{35}$tau$^{21}$li$^{0}$ tʂən$^{35}$lan$^{13}_{21}$miet$^{3}$ a$^{0}$,set$^{3}$ ma$^{13}$tsʰau$^{21}$ʂa$^{0}$,tau$^{53}_{44}$liaŋ$^{35}$xəŋ$^{53}_{44}$çi$^{53}_{44}$tso$^{53}$sɿ$^{53}$ɲi$^{13}$ɔi$^{53}_{44}$tʂɿ$^{53}_{44}$i$^{53}$(x)a$^{53}_{44}$tsɿ$^{0}$,mɔk$^{5}$ ɲia$^{35}_{44}$tau$^{21}$set$^{3}$ ma$^{13}_{21}$tsʰau$^{21}$.

【虱子】set$^{3}$tsɿ$^{0}$ 名指曾孙：赖子孙子虱子，如今我嫔子称我箇孙子就称～啊。lai$^{53}$tsɿ$^{0}$ sən$^{35}$tsɿ$^{0}$ set$^{3}$ tsɿ$^{0}$,i$^{13}_{21}$cin$^{35}_{53}$ŋai$^{13}_{21}$ɔi$^{35}$tsɿ$^{0}$ tʂʰən$^{35}$ŋai$^{13}_{21}$kai$^{53}_{44}$sən$^{35}$tsɿ$^{0}$ tsʰiəu$^{53}_{44}$tʂʰən$^{35}$set$^{3}$ tsɿ$^{0}$ a$^{0}$.

【狮毛狗】sɿ$^{35}$mau$^{35}$kei$^{21}$ 名一种宠物犬：～就欸箇起咁个钩子啊欸箇毛长得真好看个，欸，像

S

狮子样，箇系蛮得人家喜欢箇狗子。sɿ$^{35}$mau$^{35}$kei$^{21}$tsʰiəu$^{53}_{44}$e$_{21}$kai$^{53}$çi$^{21}$kan$^{21}$ke$^{53}$kei$^{21}$tsɿ$^{0}$a$^{0}$e$^{0}$kai$^{53}_{44}$mau$^{35}$ tʂəŋ$^{21}$tek$^{3}$tʂən$^{35}$xau$^{21}$kʰən$^{53}_{44}$ke$^{0}$,e$_{21}$,tsʰiəŋ$^{53}_{44}$sɿ$^{35}$tsɿ$^{0}$iəŋ$^{53}$,kai$^{53}$xei$^{53}$man$^{13}_{21}$tek$^{3}$in$^{13}_{21}$ka$^{35}_{53}$çi$^{21}$fən$^{35}_{44}$kai$^{53}$kei$^{21}$tsɿ$^{0}$.

【狮头】sɿ$^{35}$tʰei$^{13}$ 名①耍狮子时扎的形如狮子头部的道具：出狮灯就欸爱扎只～呀。～后背就搞床狮披呀。～就莫扎重哩啊，扎重哩就箇只人真累人呐。～扎正哩以后，中间要有一条爱舞条横杠。嗯，箇条横杠就用来扼手，扼手个横杠，因为渠只有一只手，系啊？一只手捉倒箇～。tʂʰət$^{3}$sɿ$^{35}$ten$^{35}_{44}$tsʰiəu$^{53}$e$_{21}$əi$^{53}$tsait$^{3}$tʂak$^{3}$sɿ$^{35}$tʰei$^{13}_{21}$ia$^{0}$.sɿ$^{35}$tʰei$^{13}_{21}$xei$^{53}$pəi$^{53}$tsʰiəu$^{53}$kau$^{21}$tsʰəŋ$^{13}$sɿ$^{35}$pʰi$^{35}$ia$^{0}$.sɿ$^{35}$ tʰei$^{13}_{21}$tsʰiəu$^{53}$mək$^{5}$tsait$^{3}$tʂʰəŋ$^{35}$li$^{0}$a$^{0}$,tsait$^{3}$tʂʰəŋ$^{35}$li$^{0}$tsʰiəu$^{53}$kai$^{53}$tʂak$^{3}$ɲin$^{13}_{21}$tʂən$^{35}$li$^{53}$ɲin$^{13}_{21}$na$^{0}$.sɿ$^{35}$tʰei$^{13}_{21}$tsait$^{3}$tʂaŋ$^{53}$ li$^{0}$i$^{35}$xei$^{53}_{44}$,tʂəŋ$^{35}_{44}$kan$^{35}_{44}$iau$^{53}$iəu$^{35}$iet$^{3}$tʰiau$^{13}_{21}$əi$^{53}$u$^{21}$tʰiau$^{13}_{21}$uaŋ$^{13}$kəŋ$^{53}$.n̩$_{21}$,kai$^{53}$tʰiau$^{13}_{44}$uaŋ$^{13}$kəŋ$^{53}_{44}$tsʰiəu$^{53}$iəŋ$^{53}$ləi$^{13}_{21}$ia$^{21}$ ʂəu$^{21}$,ia$^{21}$ʂəu$^{21}$ke$^{53}$uaŋ$^{13}$kəŋ$^{53}$,in$^{35}_{44}$uei$^{53}_{44}$ci$^{13}_{21}$tʂɿ$^{21}$iəu$^{35}_{44}$iet$^{3}$tʂak$^{3}$ʂəu$^{21}$,xei$^{53}$a$^{0}$?iet$^{3}$tʂak$^{3}$ʂəu$^{21}$tsək$^{3}$tau$^{21}$kai$^{53}$sɿ$^{35}$tʰei$^{13}_{21}$. ②指墙板有横板的那一头：箇个筑墙个墙板箇个有只横档个箇一头就安做～。一头就冇得横档吵，一头就有只横档板吵，挡板呐。嗯，有挡板箇头就安做～。“你只～唔正哈！欸，你爱搞正下子哈。”唔正是筑个墙就会斜个。kai$^{53}_{44}$ke$^{53}_{44}$tʂəuk$^{3}$tsʰiəŋ$^{13}$ke$^{53}$tsʰiəŋ$^{13}$pan$^{21}$kai$^{53}_{44}$ke$^{53}_{44}$iəu$^{35}$tʂak$^{3}$ uaŋ$^{13}$təŋ$^{53}$ke$^{53}_{44}$kai$^{53}$iet$^{3}$tʰei$^{13}$tsʰiəu$^{53}$ən$^{35}_{53}$tso$^{53}$sɿ$^{35}$tʰei$^{13}_{21}$.iet$^{3}$tʰei$^{13}$tsʰiəu$^{53}$mau$^{13}$tek$^{3}$uaŋ$^{13}$təŋ$^{53}$ʂa$^{0}$,iet$^{3}$tʰei$^{13}$tsʰiəu$^{53}$ iəu$^{35}_{53}$tʂak$^{3}$uaŋ$^{13}$təŋ$^{53}$pan$^{21}$ʂa$^{0}$,təŋ$^{21}$pan$^{21}$na$^{0}$.n̩$_{21}$,iəu$^{35}$təŋ$^{21}$pan$^{21}$kai$^{53}$tʰei$^{13}_{21}$tsʰiəu$^{53}$ən$^{35}_{53}$tso$^{53}$sɿ$^{35}$tʰei$^{13}_{21}$."ɲi$^{13}_{44}$(tʂ)ak$^{3}$ sɿ$^{35}$tʰei$^{13}_{21}$n̩$^{13}$tʂən$^{53}$xa$^{0}$!e$_{21}$,ɲi$^{13}_{44}$əi$^{53}_{44}$kau$^{21}$tʂən$^{53}$na$^{53}_{21}$tsɿ$^{0}$xa$^{0}$."n̩$^{13}$tʂən$^{53}$ʂɿ$^{53}_{44}$tʂəuk$^{3}$ke$^{0}$tsʰiəŋ$^{13}$tsʰiəu$^{53}$uəi$^{53}$tʂʰa$^{13}$ke$^{53}$.

【狮头帽】sɿ$^{35}$tʰei$^{13}$mau$^{53}$ 名一种童帽，有狮头形装饰：～嘞就同狗头帽差唔多，箇细人子戴个帽子，一只嘞遮稳以只脑壳，遮稳半篓面。所谓个狮头嘞只系顶高搞兜子咁个像狮子样个东西。sɿ$^{35}$tʰei$^{13}_{21}$mau$^{53}$lei$^{0}$tsʰiəu$^{53}$tʰəŋ$^{13}_{21}$kei$^{21}$tʰei$^{13}$mau$^{53}$tsa$^{35}$n̩$^{13}_{21}$to$^{35}$,kai$^{53}_{44}$sei$^{53}$ɲin$^{13}_{21}$tsɿ$^{0}$tai$^{53}$ke$^{53}$mau$^{53}$tsɿ$^{0}$,iet$^{3}$tʂak$^{3}$ lei$^{0}$tʂa$^{35}$uən$^{21}$i$^{21}$tʂak$^{3}$lau$^{21}$kʰək$^{3}$,tʂa$^{35}$uən$^{21}$pan$^{53}$sak$^{3}$mien$^{53}$.so$^{21}$uei$^{53}$ke$^{0}$sɿ$^{35}$tʰei$^{13}_{21}$lei$^{0}$tʂɿ$^{21}$xe$^{53}$taŋ$^{21}$kau$^{35}_{44}$kau$^{21}$te$^{35}_{53}$ tsɿ$^{0}$kan$^{21}$ke$^{53}_{44}$tsʰiəŋ$^{53}$sɿ$^{35}$tsɿ$^{0}$iəŋ$^{53}_{21}$ke$^{53}_{21}$təŋ$^{35}_{44}$si$^{0}$.

【湿】ʂət$^{3}$ 形沾了水的或是含水分多的。与“干”相对。有“AA 子”重叠式：（一杆新笔）舞滴子水呀，欸，舞～下，然后正蘸得墨上啊，箇就发笔唠。u$^{21}$tet$^{5}$tsɿ$^{0}$ʂei$^{21}$ia$^{0}$,ei$_{21}$,u$^{21}$ʂət$^{3}$ (x)a$^{53}$,vien$^{13}$xei$^{53}$tʂaŋ$^{53}$tsian$^{21}$tek$^{3}$mek$^{5}$ʂəŋ$^{35}$ŋa$^{0}$,kai$^{53}_{44}$tsʰiəu$^{53}_{44}$fait$^{3}$piet$^{3}$lau$^{0}$.｜顶高一层就放衫裤啊，放～衫裤啊。taŋ$^{21}$kau$^{35}_{44}$iet$^{3}$tsʰien$^{13}_{21}$tsiəu$^{53}_{44}$fəŋ$^{53}$san$^{35}$fu$^{53}$a$^{0}$,fəŋ$^{53}$ʂət$^{3}$san$^{35}$fu$^{53}$a$^{0}$.｜（萝卜条）～～子个。ʂət$^{3}$ʂət$^{3}$tsɿ$^{0}$ke$^{53}$.

【湿气】ʂət$^{3}$çi$^{53}$ 名①因水分多而蒸发的气息：箇细人子啊，你不要坐地泥下啦，地泥下～真重啊。kai$^{53}$sei$^{53}$ɲin$^{13}_{21}$tsɿ$^{0}$a$^{0}$,ɲi$^{13}_{21}$pət$^{3}$iau$^{53}_{44}$tsʰo$^{35}$tʰi$^{53}$lai$^{13}_{21}$xa$^{35}$la$^{0}$,tʰi$^{53}$lai$^{13}_{21}$xa$^{35}$ʂət$^{3}$çi$^{5}$tʂən$^{35}$tʂʰəŋ$^{53}$ŋa$^{0}$. ②中医所谓致病的“六淫邪气”之一：我箇有一回咯你话屙尿唔出嘞，硬唔知几胀嘿哩啊硬欸就痛哦，好，落尾嘞就发展到么个嘞？屙个尿同箇个饭汤水样嘞，□泍嘞。医师走嘿去医师箇映看，湿热呀，湿热闭倒哩，又有～又有热气。也就系以咁子个时候子，箇咁热个时候子。湿热，渠话，医师话，嗯，湿热闭倒哩，食几只丸子就好哩嘞。ŋai$^{13}$kai$^{53}$iəu$^{35}$(i)et$^{3}$fei$^{13}_{21}$ko$^{0}$ɲi$^{13}_{21}$ua$^{53}$o$^{35}$ ɲiau$^{53}$n̩$^{13}_{21}$tʂʰət$^{3}$lei$^{0}$,ɲiaŋ$^{53}$n̩$^{13}$ti$^{35}$ci$^{21}$tʂəŋ$^{53}$ŋek$^{3}$li$^{0}$a$^{0}$ɲiaŋ$^{53}$e$^{0}$tsʰiəu$^{53}_{21}$tʰəŋ$^{53}$ŋo$^{0}$,xau$^{21}$,lək$^{5}$mi$^{35}_{44}$lei$^{0}$tsʰiəu$^{53}_{44}$fait$^{3}$ tʂen$^{21}$tau$^{53}$mak$^{3}$e$^{0}$lei$^{0}$?o$^{35}_{44}$kei$^{53}_{44}$ɲiau$^{53}$tʰəŋ$^{13}_{21}$kai$^{53}_{44}$kei$^{53}_{44}$fan$^{53}$tʰəŋ$^{35}$ʂei$^{21}$iəŋ$^{53}$lei$^{0}$,kuət$^{3}$lei$^{13}_{21}$lei$^{0}$.i$^{35}$sɿ$^{35}$tsei$^{21}$xek$^{3}$çi$^{53}$ i$^{35}$sɿ$^{35}$kai$^{53}_{44}$iaŋ$^{53}_{44}$kʰən$^{53}$,ʂət$^{3}$ɲiet$^{5}$ia$^{0}$,ʂət$^{3}$ɲiet$^{5}$pi$^{53}$tau$^{21}$li$^{0}$,iəu$^{53}$iəu$^{35}$ʂət$^{3}$çi$^{53}$iəu$^{53}_{44}$iəu$^{35}$ɲiet$^{5}$çi$^{53}$.ia$^{35}$tsʰiəu$^{53}$xei$^{53}$i$^{21}$ kan$^{21}_{13}$tsɿ$^{0}$kei$^{53}$ʂɿ$^{13}_{21}$xei$^{53}$tsɿ$^{0}$,kai$^{53}_{44}$kan$^{21}$ɲiet$^{5}$ke$^{53}$ʂɿ$^{13}$xei$^{53}$tsɿ$^{0}$.ʂət$^{3}$ɲiet$^{5}$,ci$^{13}$ua$^{53}$,i$^{35}_{44}$sɿ$^{35}_{44}$ua$^{53}$,n̩$_{21}$,ʂət$^{3}$ɲiet$^{5}$pi$^{53}$tau$^{21}$li$^{0}$, ʂət$^{5}$ci$^{21}$(tʂ)ak$^{3}$ien$^{13}$tsɿ$^{0}$tsʰiəu$^{53}$xau$^{21}$li$^{0}$le$^{0}$.

【十】ʂət$^{5}$ ①数名，九加一后所得的数目：～斤米ʂət$^{5}$cin$^{35}$mi$^{21}$｜欸，我比你大～个零月。e$_{21}$, ŋai$^{13}$pi$^{21}$ɲi$^{13}_{44}$tʰai$^{53}$ʂət$^{5}$ke$^{53}_{44}$laŋ$^{13}$ɲiet$^{5}$. ②位数词，前后可加个数词：二十一ɲi$^{53}$ʂət$^{5}$iet$^{3}$｜以到我～多晡都赠去屋下食饭呢。i$^{21}$tau$^{53}$ŋai$^{13}_{21}$ʂət$^{5}$to$^{35}_{44}$pu$^{35}$tau$^{35}_{53}$maŋ$^{13}_{21}$çi$^{53}$uk$^{3}$xa$^{53}_{44}$ʂət$^{5}$fan$^{53}$ne$^{0}$.｜～几年前我就退嘿哩休。ʂət$^{5}$ci$^{21}$ɲien$^{13}$tsʰien$^{13}_{21}$ŋai$^{13}$tsʰiəu$^{53}$tʰi$^{53}$(x)ek$^{3}$li$^{0}$çiəu$^{35}$.｜箇只祠堂做倒正～零年子。kai$^{53}$tʂak$^{3}$ tsʰɿ$^{13}$tʰəŋ$^{13}_{21}$tso$^{53}$tau$^{21}$tʂaŋ$^{53}_{44}$ʂət$^{5}$laŋ$^{13}_{21}$ɲien$^{13}_{21}$tsɿ$^{0}$.

【十八罗汉】ʂət$^{5}$pait$^{3}$lo$^{13}$xən$^{53}$ 佛教称如来佛的十六弟子和降龙、伏虎两罗汉为十八罗汉：箇个道吾山箇庙里啊，除箇两只大菩萨，两边摆没哩个～。箇～都比真人都更大。欸箇道吾山庙里蛮像嘞。kai$^{53}_{44}$ke$^{53}_{21}$tʰau$^{53}$ŋu$^{21}$san$^{35}_{44}$kai$^{53}_{44}$miau$^{53}$li$^{0}$a$^{0}$,tʂʰəu$^{13}$kai$^{53}$iəŋ$^{21}$tʂak$^{3}$tʰai$^{53}$pʰu$^{13}$sait$^{3}$,iəŋ$^{21}$pien$^{35}_{44}$pai$^{21}$ mət$^{5}$li$^{0}$ke$^{53}_{44}$ʂət$^{5}$pait$^{3}$lo$^{13}$xən$^{53}$.kai$^{53}_{21}$ʂət$^{5}$pait$^{3}$lo$^{13}$xən$^{53}_{44}$təu$^{35}_{53}$pi$^{21}$tʂən$^{35}$ɲin$^{13}$təu$^{35}_{44}$cien$^{53}_{44}$tʰai$^{53}$.e$_{21}$kai$^{53}$tʰau$^{53}$ŋu$^{21}$san$^{35}_{44}$ miau$^{53}$li$^{0}$man$^{13}$tsʰiəŋ$^{53}$le$^{0}$.

【十滴水】ʂət$^{5}$tiet$^{3}$ʂei$^{21}$ 名一种含有樟脑、薄荷油等芳香性物质的液体药剂，有兴奋作用，可治疗消化不良、轻度肠胃炎、中暑等常见的暑天疾病：热倒哩就食～呀。ɲiet$^{5}$tau$^{21}$li$^{0}$tsʰiəu$^{53}_{44}$

S

ʂət5ʂət5tiet3ʂei21ia0.｜～食过，唔多好食，冲人。ʂət5tiet3ʂei21ʂət5ko0,ŋ13to35-53xau21ʂət5,tʂhəŋ35ɲin13.

【十二月】ʂət5ɲi53ɲiet5 名 指一年十二个月中的最后一个月：腊梅是渠就到哩冬下～开个哦。lait5mɔi13ʂɿ53-44ci13-21tshiəu53-44tau53li0təŋ35xa53-44ʂət5ɲi53-44ɲiet5-3khɔi35ke53-44o0.

【十分】ʂət5fən35 副 程度副词。很，非常：兰花～种数多。lan13fa35-44ʂət5fən35tʂəŋ21sɿ53to35.｜也可能箇阵子冇得钱呐，～穷啊。ia35kho21lən13kai53-44tʂhən53tsɿ0mau13tek3tshien13na0,ʂət5fən35-44chiəŋ13ŋa0.

【十日八夜】ʂət5ɲiet3pait3ia53 形容持续时间长：以到个水真落黟哩，～总落稳去。i21-53tau53ke53ʂei21tʂən35lɔk5ɲia13li0,ʂət5ɲiet3pait3ia53tsəŋ21lɔk5uən21çi53.

【十天半个月】ʂət5thien35-44pan53-44cie53-44ɲiet5 十至十五天的时间：箇经过欸～，箇爱～，箇酒就度数就高嘿哩。kai53-44cin35ko53-21e21ʂət5thien35-44pan53-44cie53-44ɲiet5,ka53-44ɔi53-44ʂət5thien35-44pan53-44cie53-44ɲiet5,kai53-44tsiəu21tshiəu53-44thəu53səu53-44tshiəu53-44kau35(x)ek3li0.

【十万八万】ʂət5uan53pait3uan53 指八到十万之间的某个数目：如今讨只新舅哇～都还唔好做么个，真爱钱呐。i13-21cin35-53thau21tʂak3sin35chiəu35ua0ʂət5uan53pait3uan53-44təu35-44xai13-21ŋ13xau21tso53-44mak3kei53,tʂən35ɔi53tshien13-21na0.

【十有八九】ʂət5iəu35pait3ciəu21 形容大致不差，差不离：以场婚事是～搞唔成哩啊。i21tʂhɔŋ13fən35sɿ53ʂɿ53-44ʂət5iəu35-53pait3ciəu21kau21ŋ13ʂaŋ13li0a0.

【十朝】ʂət5tʂau35 名 小孩出生后的第十天。有时会设宴庆祝：欸，我等箇只阿叔个老婆供哩，可能就会做～。e21,ŋai13tien0kai53tʂak3a35ʂəuk3ke53lau21pho13ciəŋ53li0,kho21len13tshiəu53uɔi53tso53-44ʂət5tʂau35-44.

【十朝酒】ʂət5tʂau35-44tsiəu21 名 小孩出生第十天举行的庆祝酒筵：你可以做十朝，十天，～。ɲi21kho21i35-44tso53ʂət5tʂau35-44,ʂət5thien35-44,ʂət5tʂau35-44tsiəu21.

【十只手指顿唔齐】ʂət5tʂak3ʂəu21tʂɿ21tən53ŋ13tshe13/tshei13 比喻事物之间原本有差异，不要强求一律：箇学生子你想渠都考上去是做唔到哇，～啊。kai53-44xɔk5saŋ35-44tsɿ21ɲi13siɔŋ21ci13-21təu35khau21ʂɔŋ53-44çi53-44ʂɿ53-21tso53ŋ13tau53ua0,ʂət5tʂak3ʂəu21tʂɿ21-44tən53ŋ13-21tshei13a0.｜十只手指哪顿得齐？ʂət5(tʂ)ak3ʂəu21tʂɿ21lai53tən53tek3tshe13?

【石斑鱼】ʂak5pan35-44ŋ̍13-21 名 鱼名，不大，身上有红色或绿色条纹，多藏于河中石下：～有，但是蛮少。ʂak5pan35-44ŋ̍13-21iəu35-44,tan53ʂɿ53man13ʂau21.

【石板】ʂak5pan21 名 ①页岩；片状的石头：箇嶂岭啊，你看下一块一块个～喏。kai53tʂɔŋ53liaŋ35ŋa0,ɲi13-21khɔn53-44xa53-44iet3khuai53iet3khuai53ke53-44ʂak5pan21no0.②一种文具。以石笔在上面写字，多为儿童习字之用：我等细细子就用～写字，以下是冇得哩。ŋai13tien0sei53sei53tsɿ0tsiəu53-44iəŋ53-44ʂak5pan21sia21sɿ53,i21xa53ʂɿ53-44mau13-21tek3li0.

【石笔】ʂak5piet3 名 用软石或皂石制成、在石板上写字的笔：～就我等细细子去石板上写字个箇起～，真好哦，只爱你莫奔坏哩是硬写得唔知几久，莫奔断哩，一滴子都写得唔知几久，只话滴子是捻唔稳。ʂak5piet3tshiəu53-44ŋai13-21tien0sei53sei53tsɿ0çi53ʂak5pan21xɔŋ53sia21sɿ53ke53-44kai53-44çi21ʂak5piet3,tʂən35xau21o0,tʂɿ21ɔi53ɲi13-21mɔk5tait5fai53li0ʂɿ53-21ɲiaŋ53sia21tek3ŋ13ti35-53ci21ciəu21,mɔk5tait5thɔn35-44ni0,iet3tiet5tsɿ0təu35-53sia21tek3ŋ13ti35-53ci21ciəu21,tʂɿ21ua53-44tiet5tsɿ0ʂɿ53-21ɲien21ŋ13uən21.

【石壁】ʂak5piak3 名 陡峭直立的岩石：箇映爱修条路哇，一只咁大个～你打得渠么个开？～你都打得开是？kai53-44iaŋ53-44ɔi53-44siəu53-44thiau13ləu53ua0,iet3tʂak3kan21thai53-44ke53-44ʂak5piak3ɲi13ta21tek3ci13-21mak3e0khɔi35?ʂak5piak3ɲi13təu35-53ta21tek3khɔi35-44ʂɿ53-21?

【石菖蒲】ʂak5tʂhɔŋ35phu13 名 天南星科石菖属常绿性多年生草本植物。全株具特异的香气。可供观赏及入药。民间习俗于端午节时，束其叶插于檐前，以为避邪：～咁个河子里就有呢。嗯，香香子子嘞，有兜香香子子嘞，过端阳个时候子就加兜子蕲艾箇兜都舞倒缩下箇门口。ʂak5tʂhɔŋ35-53phu13-21kan21-44ke53xo13tsɿ0li0tshiəu53-44iəu53-53nei0.n̩21,çiɔŋ35çiɔŋ35tsɿ0tsɿ0le0,iəu35te35-53çiɔŋ35çiɔŋ35tsɿ0tsɿ0le0,ko53tɔn35iɔŋ13-44ke53-44ʂɿ13-44xei53-44tsɿ0tsiəu53cia35te35-53tsɿ0chi13ɲie53-44kai53-44te35-44təu35-44u21tau21uan21na53kai53mən13-21xei21.

【石锤】ʂak5tʂhei13 名 用于打石头的铁锤，以两条竹片做把：打石头个，欸，把就软个啊，爱用篾箩斗个啊，打石头用嘛。/～吧？/欸。/就安做～吧？/～。/打石用个锤子啊就安做～。噢，箇有蛮多斤呶，系啊？～嘛。/嗯，软个，篾箩斗个。/它篾箩个正系更软呐。/渠正唔顿手。/顶高是铁。ta21ʂak5thəu13-21ke53-44,e44,pa53tshiəu53-44ɲiɔn35ke53-44a0,ɔi53iəŋ53-44miet5sak3təu53ke53-44a0,ta21ʂak5thəu0iəŋ53-44ma0./ʂak5tʂhei13-21pa0?/e21./tshiəu53-44ɔn35-44tso53-44ʂak5tʂhei13-21pa0?/ʂak5tʂhei13-21./ta21ʂak5iəŋ53ke53-44tʂhei13-21tsa0tshiəu53-44ɔn35-44tso53-44ʂak5tʂhei13-21.au21,kai53-44iəu35-44man13-21to53-44cin35nau0,xei53-44a0?ʂak5tʂhei13ma0./n̩21,ɲiɔn35ke53-44,miet5 sak$^{3}$ təu$^{53}_{44}$ke$^{53}_{44}$./tʰa$^{35}$miet$^{5}$ sak$^{3}$ ke$^{53}_{21}$tʂaŋ$^{53}_{44}$xe$^{53}_{44}$ken$^{53}$ɲiən$^{35}$na$^{0}$./ci$^{13}_{21}$tʂaŋ$^{53}$n̩$^{13}_{21}$tən$^{53}_{44}$ʂəu$^{21}$./taŋ$^{21}$kau$^{35}_{44}$ʂʅ$^{53}_{44}$tʰiet$^{3}$.

【石磴】ʂak$^{5}$ tən$^{53}$ 名石阶。也称“石磴子”：（我们老家）就好多啊～呐！以只东西就我学嘿讲。我等唔知几心酸个回忆呀。一百七十九只。tsʰiəu$^{53}$xau$^{21}$to$^{35}_{44}$a$^{0}$ ʂak$^{5}$ tən$^{53}$na$^{0}$ !i$^{21}$tʂak$^{3}$ təŋ$^{35}_{44}$si$^{0}$ tsiəu$^{53}_{44}$ŋai$^{13}_{44}$xɔk$^{3}_{5}$ ŋek$^{3}$(←xek$^{3}$)kəŋ$^{21}_{44}$.ŋai$^{13}_{21}$tien$^{0}$ n̩$^{13}_{21}$ti$^{35}_{44}$ci$^{21}$sin$^{35}$sən$^{35}_{44}$ke$^{53}_{44}$fei$^{13}_{21}$i$^{53}$ia$^{0}$ .iet$^{5}$ pak$^{3}$ tsʰiet$^{3}$ ʂət$^{5}$ ciəu$^{21}$tʂak$^{3}$.

【石碓】ʂak$^{5}$ tɔi$^{53}$ 名石头做成的捣米器具。也称“石碓头”：石碓头是渠箇个打料理个是有～他有唠。欸，唔爱碓嘴箇只。有起是专门用石头做个，就一只石头，打只咁个碓头。渠就系只一只石头，石头上凿只眼，斗只个，箇个就安做～。ʂak$^{5}$ tɔi$^{53}$tʰəu$^{13}_{21}$ʂʅ$^{53}_{44}$ci$^{13}_{21}$kai$^{53}_{44}$ke$^{53}_{44}$ta$^{21}$liau$^{53}$li$^{21}$ ke$^{53}_{44}$ʂʅ$^{53}_{44}$iəu$^{35}$ʂak$^{5}$ tɔi$^{53}$tʰa$^{35}_{21}$iəu$^{35}$lau$^{0}$ .e$_{53}$,m̩$^{13}_{21}$mɔi$^{53}_{44}$tɔi$^{53}$tsi$^{21}$kai$^{53}$tʂak$^{3}$ .iəu$^{35}$çi$^{21}$ʂʅ$^{53}_{44}$tʂen$^{35}$mən$^{0}$ iəŋ$^{53}_{44}$ʂak$^{5}$ tʰei$^{0}$ tso$^{53}_{44}$ ke$^{53}_{44}$,tsʰiəu$^{53}$iet$^{3}$ tʂak$^{3}$ ʂak$^{5}$ tʰei$^{0}$ ,ta$^{21}$tʂak$^{3}$ kan$^{21}$ke$^{53}_{44}$tɔi$^{53}$tʰei$^{13}$ .ci$^{13}_{21}$tsʰiəu$^{53}$xei$^{53}_{21}$tʂak$^{3}$ iet$^{3}$ tʂak$^{3}$ ʂak$^{5}$ tʰei$^{0}$ ,ʂak$^{5}$ tʰei$^{0}$ xɔŋ$^{53}_{44}$tsʰɔk$^{5}$ tʂak$^{3}$ ŋan$^{21}$,tei$^{53}$tʂak$^{3}$ ke$^{53}$,kai$^{53}_{44}$ke$^{53}_{44}$tsiəu$^{53}_{44}$ɔn$^{35}_{44}$tso$^{53}_{44}$ʂak$^{5}$ tɔi$^{53}$.

【石碓臼】ʂak$^{5}$ tɔi$^{53}$cʰiəu$^{35}$ 名石臼：我等人箇阵子我等横巷里就有只～。掆倒走得个，有几重子，掆倒走得。ŋai$^{13}$tien$^{0}$ ɲin$^{13}_{44}$kai$^{53}$tʂʰən$^{53}$tsʅ$^{0}$ ŋai$^{13}_{21}$tien$^{0}$ uaŋ$^{13}$xɔŋ$^{53}$li$^{0}$ tsiəu$^{53}_{44}$iəu$^{35}_{53}$tʂak$^{3}$ ʂak$^{5}$ tɔi$^{53}_{44}$cʰiəu$^{35}$.kəŋ$^{35}$ tau$^{21}$tsei$^{21}$tek$^{3}$ ke$^{53}$,mau$^{13}$ci$^{21}$tʂʰəŋ$^{35}$tsʅ$^{0}$ ,kəŋ$^{35}$tau$^{21}$tsei$^{21}$tek$^{3}$.

【石不】ʂak$^{5}$ tən$^{21}$ 名石墩子：以前个老屋啊，伞柱底下舞只大石头做伞柱不，～。i$^{35}_{53}$tsʰien$^{13}_{21}$ke$^{53}$ lau$^{21}$uk$^{3}$ a$^{0}$ ,san$^{21}$tʂʰəu$^{35}$tei$^{21}$xa$^{53}$u$^{21}$tʂak$^{3}$ tʰai$^{53}$ʂak$^{5}$ tʰei$^{13}_{21}$tso$^{53}$san$^{21}$tʂʰəu$^{35}$tən$^{21}$,ʂak$^{5}$ tən$^{21}$.

【石耳朵子】ʂak$^{5}$ɲi$^{21}$to$^{21}$tsʅ$^{0}$ 名学名石耳。形似耳，生长在悬崖峭壁阴湿石缝中：石耳，～啊，安做～，系有哇。ʂak$^{5}$ɲi$^{21}$,ʂak$^{5}$ɲi$^{21}$to$^{21}$tsʅ$^{0}$ a$^{0}$ ,ɔn$^{35}_{44}$tso$^{53}_{44}$ʂak$^{5}$ɲi$^{21}_{21}$to$^{21}$tsʅ$^{0}$ ,xei$^{53}_{44}$iəu$^{35}$ua$^{0}$.

【石膏】ʂak$^{5}$ kau$^{35}$ 名一种矿物，由含水的硫酸钙组成，可用来制作豆腐，也用于塑造、建筑、医药：～就有限定个嘞。一升豆子就……一斤豆子就放几多子～啦。ʂak$^{5}$ kau$^{35}_{44}$tsʰiəu$^{53}_{44}$iəu$^{35}$xan$^{53}$ tʰin$^{53}_{44}$cie$^{53}_{44}$le$^{0}$ .iet$^{3}$ ʂən$^{35}$tʰei$^{53}$tsʅ$^{0}$ tsʰiəu$^{53}_{44}$⋯iet$^{3}$ cin$^{35}$tʰei$^{53}$tsʅ$^{0}$ tsʰiəu$^{53}_{44}$fɔŋ$^{53}$ci$^{21}$to$^{35}$tsʅ$^{0}$ ʂak$^{5}$ kau$^{35}_{44}$la$^{0}$.

【石膏粉】ʂak$^{5}$ kau$^{35}_{44}$fən$^{21}$ 名石膏加工成的粉末：如今就街上有箇个卖唠，～呶，安做～呶。i$^{13}_{21}$ cin$^{35}$tsʰiəu$^{53}_{44}$kai$^{35}$xɔŋ$^{53}_{44}$iəu$^{35}_{44}$kai$^{53}_{44}$ke$^{53}_{44}$mai$^{53}$lau$^{0}$ ,ʂak$^{5}$ kau$^{35}_{44}$fən$^{21}$nau$^{0}$ ,ɔn$^{35}_{44}$tso$^{53}_{44}$ʂak$^{5}$ kau$^{35}_{44}$fən$^{21}$nau$^{0}$.

【石膏浆子】ʂak$^{5}$ kau$^{35}$tsiɔŋ$^{35}$tsʅ$^{0}$ 名做豆腐时用石膏粉加温豆浆调成的浆液：欸～肚里个石膏就爱算的确来啦，箇个石膏唔算的确是就会唔系就忒老哩唔系忒嫩哩。e$_{21}$ʂak$^{5}$ kau$^{35}_{44}$tsiɔŋ$^{35}$tsʅ$^{0}$ təu$^{21}$ li$^{0}$ ke$^{0}$ ʂak$^{5}$ kau$^{35}$tsʰiəu$^{53}$ɔi$^{53}$sɔn$^{53}$tiet$^{3}$ kʰɔk$^{3}$ lɔi$^{13}_{21}$la$^{0}$ ,kai$^{53}_{44}$ke$^{53}_{44}$ʂak$^{5}$ kau$^{35}_{44}$n̩$^{13}$sɔn$^{53}$tiet$^{3}$ kʰɔk$^{3}$ ʂʅ$^{53}_{21}$tsʰiəu$^{53}$uɔi$^{53}$m̩$^{13}$ pʰei$^{53}$tsʰiəu$^{53}$tʰet$^{3}$ lau$^{21}$li$^{0}$ m̩$^{13}$pʰei$^{53}$tʰet$^{3}$ lən$^{53}$li$^{0}$.

【石牯大王】ʂak$^{5}$ ku$^{53}$tʰai$^{53}$uɔŋ$^{13}$ 名①指令人生畏的巨石：～就系只大石头，吓煞人个大石头。“箇只～啊！”ʂak$^{5}$ ku$^{53}$tʰai$^{53}$uɔŋ$^{13}_{21}$tsʰiəu$^{53}$xe$^{53}_{44}$tʂʅ$^{21}$tʰai$^{53}$ʂak$^{5}$ tʰei$^{13}_{21}$,xak$^{3}$ sait$^{3}$ɲin$^{13}$ke$^{0}$ tʰai$^{53}$ʂak$^{5}$ tʰei$^{13}_{21}$."kai$^{53}$ tʂak$^{3}$ ʂak$^{5}$ ku$^{21}$tʰai$^{53}$uɔŋ$^{13}$ŋa$^{0}$!" ②地名：我等箇映有只地名也～，箇个都莫去讲，箇个是小地方。ŋai$^{13}$tien$^{0}$ kai$^{53}_{44}$iaŋ$^{53}_{44}$iəu$^{35}_{44}$tʂak$^{3}$ tʰi$^{53}$miaŋ$^{13}$ia$^{35}$ʂak$^{5}$ ku$^{21}$tʰai$^{53}$uɔŋ$^{13}$,kai$^{53}$ke$^{53}_{21}$təu$^{35}_{44}$mɔk$^{5}$ çi$^{53}$kɔŋ$^{21}$,kai$^{53}_{44}$ke$^{53}_{44}$ʂʅ$^{53}_{44}$siau$^{21}$ tʰi$^{53}_{44}$fɔŋ$^{35}_{44}$.

【石拐】ʂak$^{5}$ kuai$^{21}$ 名石蛙。一种生长于山沟小溪旁的蛙类，声如敲击木棒：～就一种拐子，捉唔倒哩啊。以前是黄石洞箇上背是出哩名个有～啦，一夜晡就捉得蛮多斤倒话嘞。又好食啦，～就真系好食啦，比以个畜个拐子硬甜多哩。冇得，冇得欸捉唔倒哩。渠长唔赢来捉啊。ʂak$^{5}$ kuai$^{21}$tsiəu$^{53}$iet$^{3}$ tʂəŋ$^{21}$kuai$^{21}$tsʅ$^{0}$ ,tsɔk$^{3}$ n̩$^{13}_{44}$tau$^{21}$li$^{0}$ a$^{0}$ .i$^{35}_{53}$tsʰien$^{13}_{21}$ʂʅ$^{53}_{44}$uɔŋ$^{13}$ʂak$^{5}$ tʰəŋ$^{53}$kai$^{53}_{44}$ʂɔŋ$^{53}$pɔi$^{53}_{44}$ʂʅ$^{53}_{44}$tʂʰət$^{3}$ li$^{0}$ miaŋ$^{13}$ke$^{53}_{44}$iəu$^{35}$ʂak$^{5}$ kuai$^{21}$la$^{0}$ ,iet$^{3}$ ia$^{53}$pu$^{35}_{53}$tsʰiəu$^{53}$tsɔk$^{3}$ tek$^{3}$ man$^{13}$to$^{35}_{44}$cin$^{35}$tau$^{21}$ua$^{53}$le$^{0}$ .iəu$^{53}$xau$^{21}$ʂət$^{5}$ la$^{0}$ ,ʂak$^{5}$ kuai$^{21}$tsʰiəu$^{53}_{44}$tʂən$^{35}_{44}$ne$^{53}_{44}$xau$^{21}$ʂət$^{5}$ la$^{0}$ ,pi$^{21}$i$^{21}$kei$^{53}$çiəuk$^{3}$ kei$^{53}$kuai$^{21}$tsʅ$^{0}$ɲiaŋ$^{53}$tʰian$^{13}_{21}$to$^{35}$li$^{0}$ .mau$^{13}$tek$^{3}$ ,mau$^{13}$tek$^{3}$ e$^{0}$ tsɔk$^{3}$ n̩$^{13}_{44}$tau$^{21}$li$^{0}$ .ci$^{13}_{44}$tʂɔŋ$^{21}$n̩$^{13}$iaŋ$^{13}$lɔi$^{13}$tsɔk$^{3}$ a$^{0}$.

【石灰】ʂak$^{5}$ fɔi$^{35}$ 名一种以氧化钙为主要成分的无机化合物：～是有坨子灰，有化灰啦。如今是渠等用机子打，全部成哩化灰。ʂak$^{5}$ fɔi$^{35}$ʂʅ$^{53}_{44}$iəu$^{35}_{44}$tʰo$^{13}$tsʅ$^{0}$ fɔi$^{35}$,iəu$^{35}_{44}$fa$^{53}$fɔi$^{35}$la$^{0}$ .i$^{13}_{21}$cin$^{35}$ʂʅ$^{53}_{21}$ci$^{13}$tien$^{0}$ iəŋ$^{53}$ ci$^{35}$tsʅ$^{0}$ ta$^{21}$,tsʰien$^{13}$pu$^{53}$ʂaŋ$^{13}_{21}$li$^{0}$ fa$^{53}$fɔi$^{35}$.

【石灰凼】ʂak$^{5}$ fɔi$^{35}$tʰɔŋ$^{53}$ 名用来熟化石灰的池子：～是硬爱硬有石灰。做屋个时候子为了爱用石灰呀，爱和沙啊，爱和砂浆箇兜啦，就先洗正石灰来，舞只凼先洗正石灰来。箇生石灰运倒来呀，爱掺水呀。ʂak$^{5}$ fɔi$^{35}_{44}$tʰɔŋ$^{53}$ʂʅ$^{53}_{44}$ɲiaŋ$^{53}$ɔi$^{53}_{44}$ɲiaŋ$^{53}_{44}$iəu$^{35}$ʂak$^{5}$ fɔi$^{35}$.tso$^{53}$uk$^{3}$ ke$^{53}$ʂʅ$^{13}$xei$^{53}$tsʅ$^{0}$ uei$^{53}$liau$^{21}$ɔi$^{53}$ iəŋ$^{53}$ʂak$^{5}$ fɔi$^{35}_{44}$ia$^{0}$ ,ɔi$^{53}$xo$^{13}$sa$^{35}$a$^{0}$ ,ɔi$^{53}$xo$^{13}_{21}$sa$^{35}$tsiɔŋ$^{35}_{44}$kai$^{53}_{44}$te$^{35}_{53}$la$^{0}$ ,tsʰiəu$^{53}$sen$^{35}$sei$^{21}$tʂaŋ$^{53}$ʂak$^{5}$ fɔi$^{35}_{44}$lɔi$^{13}_{21}$,u$^{21}$tʂak$^{3}$ tʰɔŋ$^{53}$ sen$^{35}$sei$^{21}$tʂaŋ$^{53}$ʂak$^{5}$ fɔi$^{35}_{44}$lɔi$^{13}_{21}$.kai$^{53}_{44}$saŋ$^{35}$ʂak$^{5}$ fɔi$^{35}_{44}$vən$^{53}$tau$^{21}$lɔi$^{13}$ia$^{0}$ ,ɔi$^{53}$tsʰan$^{35}_{44}$ʂei$^{21}$ia$^{0}$.

【石灰缸】ʂak$^{5}$ fɔi$^{35}$kɔŋ$^{35}$ 名底部铺有生石灰作为干燥剂，用来存放东西的缸瓮：～就搞么个嘞？就保证渠冇事回潮个东西嘞。欸，底下就铺一层箇个生石灰呀，烧哩个唠，唔系石头唠。底下就放一层生石灰，面上就隔开来。顶高就放换茶，过年放换茶真好嘞，冇事回润呐。干燥剂呀就系底下放干燥剂。箇真好喔！箇真系蛮好啦！么个东西放下箇肚里都，你只爱……又好进出吵，好拿吵，系唔系？口大是你就放蛮深我也拿得倒。欸，也舞只盖盖下去，舞只爱煞气个盖啦，盖下去，箇放下箇肚里个东西冇事回润，挎懵子。有兜人棉衫都放啦箇肚里噢，放倒箇肚里，渠冇事回润呐～啊，安做～呢。以前家……我等系下老家家家都有嘞，家家都有只子～嘞。ʂak$^{5}$ fɔi$^{35}_{44}$kɔŋ$^{35}$tsʰiəu$^{53}$kau$^{21}$mak$^{3}$ e$^{0}$ lei?tsiəu$^{53}_{44}$pau$^{21}$tʂən$^{53}$ci$^{13}_{21}$mau$^{13}$sɿ$^{53}$fei$^{13}_{21}$tʂʰau$^{13}$ke$^{53}_{44}$təŋ$^{35}_{44}$si$^{0}$ lei$^{0}$.ei$_{44}$,tei$^{21}$xa$^{53}$tsʰiəu$^{53}$pʰu$^{35}$iet$^{3}$ tsʰien$^{13}$kai$^{53}$ke$^{53}_{44}$saŋ$^{35}$ʂak$^{5}$ fɔi$^{35}$ia$^{0}$,ʂau$^{35}$li$^{0}$ ke$^{53}$lau$^{0}$,m̩$^{13}$pʰe$^{53}$ʂak$^{5}$ tʰei$^{13}_{21}$lau$^{0}$.tei$^{21}$ xa$^{53}_{44}$tsʰiəu$^{53}_{44}$fɔŋ$^{53}$iet$^{3}$ tsʰen$^{13}_{21}$saŋ$^{35}$ʂak$^{5}$ fɔi$^{35}$,mien$^{53}$xɔŋ$^{53}$tsʰiəu$^{53}_{44}$kak$^{3}$ kʰɔi$^{35}$lɔi$^{13}_{21}$.taŋ$^{21}$kau$^{35}_{44}$tsʰiəu$^{53}_{44}$fɔŋ$^{53}$uɔn$^{53}$tsʰa$^{13}_{21}$, kɔ$^{53}$ɲien$^{13}$fɔŋ$^{53}$uɔn$^{53}$tsʰa$^{13}_{21}$tʂən$^{35}$xau$^{21}$le$^{0}$,mau$^{13}_{21}$sɿ$^{53}$fei$^{13}$in$^{53}$na$^{0}$.kɔn$^{35}$tsau$^{53}_{44}$tsi$^{53}$ia$^{0}$ tsʰiəu$^{53}$xe$^{53}$tei$^{21}$xa$^{53}$fɔŋ$^{53}$kɔn$^{35}$ tsau$^{53}_{44}$tsi$^{53}$.kai$^{53}$tʂən$^{35}$xau$^{21}$uo$^{0}$!kai$^{53}_{44}$tʂən$^{35}$xe$^{53}$man$^{13}_{21}$xau$^{21}$la$^{0}$!mak$^{3}$ ke$^{0}$ təŋ$^{35}_{44}$si$^{0}$ fɔŋ$^{53}$xa$^{53}$kai$^{53}$təu$^{21}$li$^{0}$ təu$^{35}_{44}$, ɲi$^{13}_{21}$tʂʅ$^{21}$ ɔi$^{53}$…iəu$^{53}$xau$^{21}$tsin$^{53}$tʂʰət$^{3}$ ʂa$^{0}$,xau$^{21}$la$^{53}$ʂa$^{0}$,xei$^{53}_{44}$me$^{53}_{44}$?xei$^{21}$tʰai$^{53}$ʂʅ$^{53}_{44}$ɲi$^{13}$tsʰiəu$^{53}$fɔŋ$^{53}$man$^{13}_{21}$tʂʰən$^{35}$ŋai$^{13}$ia$^{35}$la$^{53}$ tek$^{3}$ tau$^{21}$.e$_{21}$,ia$^{35}$u$^{21}$tʂak$^{3}$ kɔi$^{53}$kɔi$^{53}$ia$^{53}_{44}$çi$^{53}$,u$^{21}$tʂak$^{3}$ ɔi$^{53}$sait$^{3}$ çi$^{53}$ke$^{0}$ kɔi$^{53}$la$^{0}$,kɔi$^{53}$ia$^{53}_{44}$çi$^{53}_{44}$,kai$^{53}$fɔŋ$^{53}$xa$^{53}$kai$^{53}$təu$^{21}$li$^{0}$ ke$^{0}$ təŋ$^{35}_{44}$si$^{0}$ mau$^{13}$sɿ$^{53}$fei$^{13}$in$^{53}$,kʰua$^{53}$tsau$^{35}_{44}$tsɿ$^{0}$.iəu$^{35}$təu$^{35}_{53}$in$^{13}_{44}$mien$^{13}$san$^{35}_{44}$təu$^{35}_{44}$fɔŋ$^{53}$la$^{0}$ kai$^{53}$təu$^{21}$li$^{0}$ au$^{0}$,fɔŋ$^{53}$tau$^{21}_{44}$ kai$^{53}$təu$^{21}$li$^{0}$,ci$^{13}_{21}$mau$^{13}$sɿ$^{53}$fei$^{13}$in$^{53}$na$^{0}$ ʂak$^{5}$ fɔi$^{35}_{44}$kɔŋ$^{35}$ŋa$^{0}$,ɔn$^{35}_{44}$tso$^{53}_{44}$ʂak$^{5}$ fɔŋ$^{35}_{44}$kɔŋ$^{35}_{44}$ne$^{0}$.i$^{35}_{53}$tsʰien$^{13}_{21}$ka$^{35}$…ŋai$^{13}$tien$^{0}$ xei$^{53}$(x)a$^{53}$lau$^{21}$cia$^{35}_{44}$ka$^{35}$ka$^{35}_{44}$təu$^{35}_{44}$iəu$^{35}_{44}$lei$^{0}$,ka$^{35}$ka$^{35}_{44}$təu$^{35}_{44}$iəu$^{35}_{44}$tʂak$^{3}$ tsɿ$^{0}$ ʂak$^{5}_{3}$ fɔi$^{35}_{44}$kɔŋ$^{35}_{44}$le$^{0}$.

【石灰碱】ʂak$^{5}$ fɔi$^{35}$kan$^{21}$ 名 澄清去渣的石灰溶液：欸，还有～。石灰呀。石灰，舞倒箇石灰一熝以后，系啊？石灰也系碱呢其实嘞。停鲜来，分底下个，分面上个镜鲜子个水，肚里就揪结，就有碱。e$_{53}$,xai$^{13}_{21}$iəu$^{35}_{44}$ʂak$^{5}$ fɔi$^{35}_{44}$kan$^{21}$.ʂak$^{5}$ fɔi$^{35}$ia$^{0}$.ʂak$^{5}$ fɔi$^{35}_{44}$,u$^{21}$tau$^{21}$kai$^{53}_{44}$ʂak$^{5}$ fɔi$^{35}_{44}$iet$^{3}$ ləuk$^{5}_{3}$ i$^{35}$xei$^{53}_{21}$,xei$^{53}_{44}$ a$^{0}$ ?ʂak$^{5}$ fɔi$^{35}_{44}$ia$^{35}_{44}$xei$^{53}_{44}$kan$^{21}$nei$^{0}$ cʰi$^{13}_{21}$ʂət$^{5}$ lei$^{0}$ .tʰin$^{13}$sien$^{35}$nɔi$^{13}_{21}$,pən$^{35}$tei$^{21}$xa$^{53}_{44}$ke$^{53}_{44}$,pən$^{35}$mien$^{53}$xɔŋ$^{53}_{44}$kei$^{53}_{44}$ciaŋ$^{53}$ sien$^{35}_{44}$tsɿ$^{0}$ ke$^{53}_{44}$ʂei$^{21}$,təu$^{21}$li$^{0}$ tsʰiəu$^{53}_{44}$tsiəu$^{35}_{44}$ciait$^{3}$,tsʰiəu$^{53}_{44}$iəu$^{35}$kan$^{21}$.

【石灰浆】ʂak$^{5}$ fɔi$^{35}$tsiɔŋ$^{35}$ 名 用水稀释后的混浊石灰乳加入过量的水(约为石灰质量的 2.5～3 倍)后得到的浆体：箇和三沙个时候子都爱放兜子～嘞，都放兜～去。kai$^{53}$xo$^{13}$san$^{35}$sa$^{35}_{44}$ke$^{53}$ʂʅ$^{13}_{44}$xei$^{53}_{44}$ tsɿ$^{0}$ təu$^{35}$ɔi$^{53}$fɔŋ$^{53}$te$^{53}$tsɿ$^{0}$ ʂak$^{5}$ fɔi$^{35}_{44}$tsiɔŋ$^{35}$le$^{0}$,təu$^{35}$fɔŋ$^{53}$te$^{35}_{53}$ʂak$^{5}$ fɔi$^{35}_{53}$tsiɔŋ$^{35}$çi$^{53}_{44}$.

【石灰脚】ʂak$^{5}$ fɔi$^{35}$ciɔk$^{3}$ 名 烧石灰时去除的杂质：箇～就冇么个用，渠尽系石头，烧唔化个石头，渣渣，杂质。kai$^{53}_{21}$ʂak$^{5}$ fɔi$^{35}_{53}$ciɔk$^{3}$ tsʰiəu$^{53}$mau$^{13}_{21}$mak$^{3}$ e$^{0}$ iəŋ$^{53}$,ci$^{13}_{21}$tsʰin$^{53}$ne$^{53}_{44}$ʂak$^{5}$ tʰei$^{13}_{21}$,ʂau$^{35}$n̩$^{13}_{21}$fa$^{53}$ke$^{53}_{44}$ ʂak$^{5}$ tʰei$^{13}_{21}$,tsa$^{35}$tsa$^{35}$,tsʰait$^{5}$ tʂət$^{3}$.

【石灰菌子】ʂak$^{5}$ fɔi$^{35}$cʰin$^{35}$tsɿ$^{0}$ 名 一种野生菌菇：一种白白子个～，好像食得嘞，唔好食凑嘞，唔多好食嘞。iet$^{3}$ tʂəŋ$^{21}$pʰak$^{5}$ pʰak$^{5}$ tsɿ$^{0}$ ke$^{0}$ ʂak$^{5}$ fɔi$^{35}_{44}$cʰin$^{35}_{44}$tsɿ$^{0}$,xau$^{21}$siɔŋ$^{53}_{44}$ʂət$^{5}$ tek$^{3}$ lei$^{0}$,m̩$^{13}$xau$^{21}$ʂət$^{5}$ tsʰei$^{53}$ lei$^{0}$,n̩$^{13}$to$^{35}_{44}$xau$^{21}$ʂət$^{5}$ lei$^{0}$.

【石灰李】ʂak$^{5}$ fɔi$^{35}$li$^{21}$ 名 一种李子，表面有一层白霜：～箇个面上咁子看下去，渠个面上一层……/雪白雪白。/一层箇个哦有层皮皮样个嘞。/白，雪白。就安做～唠。/喷滴子石灰样嘞。表皮像有石灰样嘞。/真像喷哩层石灰嘞。渠就安做～。ʂak$^{5}_{3}$ fɔi$^{35}_{53}$li$^{21}$kai$^{53}_{21}$ke$^{53}_{44}$mien$^{53}_{44}$xɔŋ$^{53}_{44}$kan$^{21}$ tsɿ$^{0}$ kʰɔn$^{53}_{44}$na$_{44}$(←xa$^{53}$)çi$^{53}_{44}$,ci$^{13}$kei$^{53}_{44}$mien$^{53}$xɔŋ$^{53}_{44}$iet$^{3}$ tsʰien$^{13}$…/siet$^{3}$ pʰak$^{5}_{3}$ siet$^{3}$ pʰak$^{5}$ ./iet$^{3}$ tsʰien$^{13}$kai$^{53}_{44}$ke$^{53}_{44}$o$^{0}$ iəu$^{35}_{53}$tsʰien$^{13}_{21}$pʰi$^{13}$pʰi$^{13}$iɔŋ$^{53}_{44}$ke$^{53}_{44}$lei$^{0}$ ./pʰak$^{5}$ ,siet$^{3}$ pʰak$^{5}$ .tsʰiəu$^{53}_{44}$ɔn$^{35}_{44}$tso$^{53}_{44}$ʂak$^{5}$ fɔi$^{35}_{44}$li$^{21}$lau$^{0}$ ./pʰən$^{35}_{44}$tiet$^{5}_{3}$ tsɿ$^{0}$ ʂak$^{5}$ fɔi$^{35}_{44}$ iɔŋ$^{53}_{44}$lei$^{0}$ .piau$^{21}$pʰi$^{13}$tsʰiɔŋ$^{53}_{21}$iəu$^{35}$ʂak$^{5}$ fɔi$^{35}_{44}$iɔŋ$^{53}_{44}$lei$^{0}$ ./tʂən$^{35}$tsʰiɔŋ$^{53}$pʰən$^{35}_{21}$li$^{0}$ tsʰien$^{13}_{21}$ʂak$^{5}$ fɔi$^{35}$lei$^{0}$ .ci$^{13}_{21}$tsʰiəu$^{53}_{21}$ɔn$^{35}_{44}$ tso$^{53}_{44}$ʂak$^{5}$ fɔi$^{35}$li$^{21}$. | ～唔好食，绷硬。/好结。/揪结。/结。结。ʂak$^{5}$ fɔi$^{35}$li$^{21}$m̩$^{21}$xau$^{21}$ʂət$^{5}$ ,paŋ$^{35}$ ŋaŋ$^{53}$./xau$^{21}$ciait$^{3}$ ./tsiəu$^{35}$ciet$^{3}$ ./ciait$^{3}$ .ciait$^{3}$ .

【石灰石】ʂak$^{5}$ fɔi$^{35}$ʂak$^{5}$ 名 构成石灰岩的岩石，是烧石灰的原料：箇个欸蛤蟆塘箇映子就真多～。箇个～嗯咁多个～，蛤蟆塘个～唔多好，烧个石灰也唔多好。如今箇映子唔烧哩石灰，蛤蟆塘箇映子。箇～尽搞么个嘞？尽搞倒做石料嘞。做石料又蛮好嘞，打石头，打做细石子。kai$^{53}$ke$^{53}_{44}$e$_{53}$xa$^{13}_{21}$ma$^{13}_{44}$tʰɔŋ$^{13}$kai$^{53}$iaŋ$^{53}$tsɿ$^{0}$ tsʰiəu$^{53}_{44}$tʂən$^{35}$to$^{35}$ʂak$^{5}$ fɔi$^{35}$ʂak$^{5}$ .kai$^{53}_{44}$kei$^{53}_{44}$ʂak$^{5}$ fɔi$^{35}_{44}$ʂak$^{5}$ n̩$_{44}$kan$^{21}$to$^{35}_{44}$ke$^{0}$ ʂak$^{5}$ fɔi$^{35}_{44}$ʂak$^{5}$ ʂa$^{0}$ ,xa$^{13}$ma$^{13}_{44}$tʰɔŋ$^{13}$ke$^{53}$ʂak$^{5}$ fɔi$^{35}_{44}$ʂak$^{5}$ n̩$^{13}_{21}$to$^{35}_{53}$xau$^{21}$,ʂau$^{35}$ke$^{53}_{44}$ʂak$^{5}$ fɔi$^{35}_{44}$ia$^{35}_{53}$n̩$^{13}_{21}$to$^{35}_{53}$xau$^{21}$ .i$^{13}_{21}$cin$^{35}_{53}$kai$^{53}$ iaŋ$^{53}$tsɿ$^{0}$ n̩$^{13}$ʂau$^{35}_{44}$li$^{0}$ ʂak$^{5}$ fɔi$^{35}_{44}$,xai$^{13}_{21}$ma$^{13}_{21}$tʰɔŋ$^{13}_{21}$kai$^{53}$iaŋ$^{53}$tsɿ$^{0}$ .kai$^{53}$ʂak$^{5}$ fɔi$^{35}_{44}$ʂak$^{5}$ tsʰin$^{53}$kau$^{21}$mak$^{3}$ e$^{0}$ lei$^{0}$ ?tsʰin$^{53}$ kau$^{21}$tau$^{21}$tso$^{53}$ʂak$^{5}$ liau$^{53}$le$^{0}$ .tso$^{53}_{44}$ʂak$^{5}$ liau$^{53}$iəu$^{53}$man$^{13}_{21}$xau$^{21}$lei$^{0}$ ,ta$^{21}$ʂak$^{5}$ tʰei$^{13}_{21}$,ta$^{21}$tso$^{53}_{44}$sei$^{53}$ʂak$^{5}$ tsɿ$^{0}$ .

【石灰水】ʂak$^{5}$ fɔi$^{35}$ʂei$^{21}$ 名 石灰的澄清水溶液：～也要得，真真是，石灰水要得，都系有碱。ʂak$^{5}$ fɔi$^{35}_{44}$ʂei$^{21}$a$^{35}$iau$^{53}$tek$^{3}$ ,tʂən$^{35}_{44}$tʂən$^{35}_{44}$ʂʅ$^{53}_{21}$,ʂak$^{5}$ fɔi$^{35}_{44}$ʂei$^{21}$iau$^{53}_{44}$tek$^{3}$ ,təu$^{35}$xei$^{53}$iəu$^{35}$kan$^{21}$.

【石匠】ʂak$^{5}$ siɔŋ$^{53}$ 名 以切割、雕刻或修整石头为职业的工匠：以个～是指个就系么个嘞？就系箇起打石个人就～。专门同石头打交道个，砌石墈个啦，欸，打石头个啦，箇个都安做～。

我等万家里有～。i$^{21}$ke$^{53}$ʂak$^{5}$ siɔŋ$^{53}$ʂʅ$^{53}_{44}$tʂʅ$^{21}$ke$^{53}_{44}$tsʰiəu$^{53}$xei$^{53}$mak$^{3}$ e$^{0}$ lei$^{0}$ ?tsʰiəu$^{53}$xei$^{53}$kai$^{53}$çi$^{21}$ta$^{21}$ʂak$^{5}$ ke$^{53}$ ɲin$^{13}_{21}$tsʰiəu$^{21}$ʂak$^{5}$ siɔŋ$^{53}$.tʂen$^{35}$mən$^{13}_{21}$tʰəŋ$^{13}_{21}$ʂak$^{5}$ tʰei$^{13}_{21}$ta$^{21}$ciau$^{35}$tʰau$^{53}_{44}$ke$^{0}$ ,tsʰi$^{53}$ʂak$^{5}$ kʰan$^{53}_{44}$cie$^{0}$ la$^{0}$ ,e$_{21}$,ta$^{21}$ʂak$^{5}$ tʰei$^{13}_{21}$ ke$^{53}$la$^{0}$ ,kai$^{53}_{44}$ke$^{53}_{44}$təu$^{35}$ɔn$^{35}_{44}$tso$^{53}_{44}$ʂak$^{5}$ siɔŋ$^{53}$.ŋai$^{13}_{21}$tien$^{0}$ uan$^{53}$ka$^{35}_{44}$li$^{0}$ mau$^{13}$ʂak$^{5}$ siɔŋ$^{53}$.

【石蕌】ʂak$^{5}$ cʰiau$^{35}$ 名 一种野生的薤，球大，不可食，可用作消肿的药。也称“石蕌子”：～另外，我等以映个～另外。/系，有起～。/另外一种。/箇只石蕌子做药个。/唔好食吧？/食唔得。欸，箇箇只东西你爱我可以去去扯来分你。/石蕌子。/箇只蕌子蛮大，大个咁大一只。食唔得。/要我讲得也整……/整发么啊呢呢呢呢，同箇个……/发么啊个，发痂个。/无名肿毒哇，有人找倒箇只东西。/欸，舞倒野蕌子，捶倒去，捶倒去敷。/同箇发□差唔多个作用吗？系唔系？/我等发□我等有嘞。以只东西箇就是别人家寻草药箇是讲。ʂak$^{5}$ cʰiau$^{35}$ lin$^{53}$uai$^{53}_{44}$,ŋai$^{13}_{21}$tien$^{0}$ i$^{21}_{44}$iaŋ$^{53}_{44}$ke$^{53}_{44}$ʂak$^{5}$ cʰiau$^{35}$lin$^{53}$uai$^{53}_{44}$./xe$^{53}$,iəu$^{35}_{44}$çi$^{21}$ʂak$^{5}$ cʰiau$^{35}_{44}$./lin$^{53}$uai$^{53}_{44}$iet$^{3}$ tʂəŋ$^{21}$./kai$^{53}_{44}$tʂak$^{3}$ ʂak$^{5}$ cʰiau$^{35}_{44}$tsɿ$^{0}$ tso$^{53}$iɔk$^{5}$ ke$^{53}_{44}$./n̩$^{13}_{21}$xau$^{21}$ʂət$^{5}$ pa$^{0}$ ?/ʂət$^{5}$ n̩$^{13}_{44}$tek$^{3}$ .e$_{21}$,kai$^{53}$kai$^{53}$tʂak$^{3}$ təŋ$^{35}_{44}$si$^{0}$ ɲi$^{13}_{21}$ɔi$^{53}$ŋai$^{13}_{21}$kʰo$^{21}$i$^{35}_{44}$çi$^{53}_{44}$çi$^{53}_{44}$ tʂʰa$^{21}$lɔi$^{13}_{21}$pən$^{35}_{44}$ɲi$^{13}_{44}$./ʂak$^{5}_{3}$ cʰiau$^{35}_{44}$tsɿ$^{0}$ ./kai$^{53}_{44}$tʂak$^{3}$ cʰiau$^{35}$tsɿ$^{0}$ man$^{13}_{21}$tʰai$^{13}_{44}$,tʰai$^{53}_{44}$ke$^{53}_{44}$kan$^{21}$tʰai$^{53}$iet$^{3}$ tʂak$^{3}$ .ʂət$^{5}$ n̩$^{13}_{44}$ tek$^{3}$ ./iau$^{53}$ŋai$^{13}$kɔŋ$^{21}$tek$^{3}$ ia$^{35}_{44}$tʂaŋ$^{21}$⋯/tʂaŋ$^{21}$fait$^{3}$ mak$^{3}$ a$^{0}$ nei$^{0}$ nei$^{0}$ nei$^{0}$ nei$^{0}$ ,tʰəŋ$^{13}_{21}$kai$^{53}_{44}$ke$^{53}_{44}$⋯/fait$^{3}$ mak$^{3}$ a$^{0}$ ke$^{53}_{44}$,fait$^{3}$ cia$^{35}$ke$^{53}_{44}$./u$^{13}$min$^{13}_{44}$tʂəŋ$^{21}$tʰəuk$^{5}$ ua$^{0}$ ,iəu$^{53}_{21}$in$^{13}_{44}$tsau$^{21}$tau$^{21}$kai$^{53}_{44}$tʂak$^{3}$ təŋ$^{35}_{44}$si$^{0}$ ./e$_{44}$,u$^{21}$tau$^{21}$ia$^{35}$cʰiau$^{35}_{44}$ tsɿ$^{0}$ ,tʂʰei$^{13}_{21}$tau$^{21}$çi$^{53}_{44}$,tʂʰei$^{13}_{21}$tau$^{21}$çi$^{53}_{44}$fu$^{35}$./tʰəŋ$^{13}$kai$^{53}$fait$^{3}$ çia$_{44}$tsa$^{35}$n̩$^{13}_{21}$to$^{35}_{44}$ke$^{53}_{44}$tsɔk$^{3}$ iəŋ$^{53}$ma$^{0}$ ?xe$^{53}_{44}$me$^{53}_{44}$?/ŋai$^{13}$tien$^{0}$ fait$^{3}$ çia$_{44}$ŋai$^{13}$tien$^{0}$ iəu$^{35}_{44}$le$^{0}$ .i$^{21}$tʂak$^{3}$ təŋ$^{35}_{44}$si$^{0}$ kai$^{53}_{21}$tsʰiəu$^{53}_{44}$ʂʅ$^{53}_{44}$pʰiet$^{5}$ in$^{13}_{44}$ka$^{35}_{44}$tsʰin$^{13}$tsʰau$^{21}$iɔk$^{5}$ kai$^{53}_{44}$ʂʅ$^{53}_{44}$kɔŋ$^{21}_{44}$.

【石墈】ʂak$^{5}$ kʰan$^{53}$ 名 ①陡峭直立的岩石：取都有么人敢去（燕子岩）探险。么人敢去咁个栏场？渠箇只～顶高咯，长倒几只咁个树，箇石岩肚里，石头缝里，长倒几只有咁大个树了。箇树吓人呐，一悬悬下下来呀，尽兜话箇个箇以前箇映有只社公子话，箇还敢去动是硬，就墨暗箇只栏场咯，罩倒过个，包括箇～咯墨暗个。tsʰi$^{21}$təu$^{35}_{53}$mau$^{13}$mak$^{3}$ in$^{13}_{44}$kan$^{21}$çi$^{53}$tʰan$^{53}$ çien$^{21}$.mak$^{3}$ ɲin$^{13}_{44}$kan$^{21}$çi$^{53}$kan$^{21}$ke$^{53}_{44}$laŋ$^{13}_{44}$tʂʰɔŋ$^{13}$?ci$^{13}$kai$^{53}$tʂak$^{3}$ ʂak$^{5}$ kʰan$^{53}$taŋ$^{21}$kau$^{35}_{44}$ko$^{0}$ ,tʂɔŋ$^{21}$tau$^{21}_{44}$ci$^{21}$tʂak$^{3}$ kan$^{21}$ke$^{53}_{44}$ʂəu$^{53}$,kai$^{53}_{44}$ʂak$^{5}$ ŋan$^{13}$təu$^{21}$li$^{0}$ ,ʂak$^{5}$ tʰei$^{13}_{44}$pʰəŋ$^{53}$li$^{0}$ ,tʂɔŋ$^{21}$tau$^{21}_{44}$ci$^{21}$tʂak$^{3}$ iəu$^{35}$kan$^{21}$tʰai$^{53}$ke$^{0}$ ʂəu$^{53}$liau$^{0}$ .kai$^{53}$ ʂəu$^{53}$xak$^{3}$ ɲin$^{13}$na$^{0}$ ,iet$^{3}$ sen$^{13}$sen$^{13}$na$^{53}_{44}$xa$^{53}_{44}$lɔi$^{13}_{21}$ia$^{0}$ ,tsʰin$^{53}$təu$^{35}_{53}$ua$^{53}$kai$^{53}_{44}$kei$^{0}$ kai$^{53}_{44}$i$^{35}$tsʰien$^{13}$kai$^{53}_{44}$iaŋ$^{53}$iəu$^{35}_{53}$iəu$^{35}_{53}$tʂak$^{3}$ ʂa$^{35}$kəŋ$^{35}_{44}$tsɿ$^{0}$ ua$^{53}_{44}$,kai$^{53}$xai$^{13}_{21}$kɔn$^{21}$çi$^{53}$tʰəŋ$^{35}$ʂʅ$^{53}_{21}$ɲiaŋ$^{53}$,tsʰiəu$^{53}_{44}$miet$^{5}$ an$^{53}$kai$^{53}$(tʂ)ak$^{3}$ laŋ$^{13}_{44}$tʂʰɔŋ$^{13}_{44}$ko$^{0}$ ,tsau$^{53}$tau$^{21}$ko$^{53}_{44}$ ke$^{53}_{44}$,pau$^{35}$kʰɔk$^{3}$ kai$^{53}_{44}$ʂak$^{53}$kʰan$^{53}$ko$^{0}$ met$^{5}$ an$^{53}$cie$^{53}$. ②用石头垒砌的护坡：我等老家箇个栏场啊真多箇个～。ŋai$^{13}$tien$^{0}$ lau$^{21}$cia$^{35}_{44}$kai$^{53}$ke$^{53}_{21}$laŋ$^{13}_{44}$tʂʰɔŋ$^{13}_{44}$ŋa$^{0}$ tʂən$^{35}$to$^{35}_{44}$kai$^{53}$ke$^{53}_{21}$ʂak$^{5}$ kʰan$^{53}$.

【石兰】ʂak$^{5}$ lan$^{13}$ 名 兰科羽蝶兰属多年生草本，生于岩石上：我只晓得～。ŋai$^{13}$tʂʅ$^{21}$çiau$^{21}$tek$^{3}$ ʂak$^{5}$ lan$^{13}$.

【石坜牯】ʂak$^{5}$ lak$^{5}$ ku$^{21}$ 名 野生鱼名。也称“石坜牯子”：～蛮好食啦。ʂak$^{5}$ lak$^{5}$ ku$^{21}$man$^{13}$xau$^{21}$ ʂət$^{5}$ la$^{0}$. | 箇阵子我等去搂鱼子，翻开箇石头来，肚里有箇黄丫角子嘞，有箇～子黄丫角子。kai$^{53}$tʂʰən$^{53}$tsɿ$^{0}$ ŋai$^{13}$tien$^{0}$ çi$^{53}$lei$^{35}$ŋ̍$^{13}$tsɿ$^{0}$ ,fan$^{35}$kʰɔi$^{35}$kai$^{53}_{44}$ʂak$^{5}$ tʰei$^{13}_{21}$lɔi$^{13}_{21}$,təu$^{21}$li$^{0}$ iəu$^{35}_{53}$kai$^{53}$uɔŋ$^{13}$a$^{35}_{53}$kɔk$^{3}$ tsɿ$^{0}$ lei$^{0}$, iəu$^{35}$kai$^{53}_{21}$ʂak$^{5}$ lak$^{5}$ ku$^{21}$tsɿ$^{0}$ uɔŋ$^{13}$a$^{35}_{53}$kɔk$^{3}$ tsɿ$^{0}$ .

【石榴】ʂak$^{5}$ liəu$^{13}$ 名 植物名；其果实也称“石榴”，球形，种子多浆，可食：箇个～树咯真有味道呢，栽倒箇～树咯。第一只嘞渠就箇花开得真久。硬开得两个月～花。～花开哩两个月以后嘞，就一只花苞子都爱搞你个把月，然后正结～。结倒箇～一只一只子罂子样，真好看。所以欸房屋个绿化栽滴子～系蛮好。虽然花唔系几好看子，但是鲜红子，开得久。kai$^{53}_{44}$ke$^{53}_{44}$ ʂak$^{5}$ liəu$^{13}_{21}$ʂəu$^{53}$ko$^{0}$ tʂən$^{35}$iəu$^{35}_{44}$uei$^{53}$tʰau$^{53}$nei$^{0}$ ,tsɔi$^{35}$tau$^{21}$kai$^{53}_{44}$ʂak$^{5}$ liəu$^{13}$ʂəu$^{53}$ko$^{0}$ .tʰi$^{53}$iet$^{3}$ tʂak$^{3}$ lei$^{0}$ ci$^{13}_{21}$tsiəu$^{53}_{44}$kai$^{53}_{44}$ fa$^{35}$kʰɔi$^{35}_{44}$tek$^{3}$ tʂən$^{35}$ciəu$^{21}$. ɲiaŋ$^{53}_{44}$kʰɔi$^{35}$tek$^{3}$ iɔŋ$^{21}$ke$^{53}$ɲiet$^{5}$ ʂak$^{5}$ liəu$^{13}_{21}$fa$^{35}$.ʂak$^{5}$ liəu$^{13}_{21}$fa$^{35}_{44}$kʰɔi$^{35}_{44}$li$^{0}$ iɔŋ$^{21}$ke$^{53}$ɲiet$^{5}_{3}$ i$^{35}_{44}$ xei$^{53}_{44}$lei$^{0}$ ,tsʰiəu$^{53}$iet$^{3}$ tʂak$^{3}$ fa$^{35}$pau$^{35}$tsɿ$^{0}$ təu$^{35}_{44}$ɔi$^{53}$kau$^{21}$ɲi$^{13}_{21}$cie$^{53}$pa$^{21}$ɲiet$^{5}$ ,vien$^{13}$xei$^{53}_{44}$tʂaŋ$^{53}$ciet$^{3}$ ʂak$^{5}$ liəu$^{13}$.ciet$^{3}$ tau$^{21}$kai$^{53}_{44}$ʂak$^{5}$ liəu$^{13}_{44}$iet$^{3}$ tʂak$^{3}$ iet$^{3}$ tʂak$^{3}$ tsɿ$^{0}$ aŋ$^{35}$tsɿ$^{0}$ iɔŋ$^{53}$,tʂən$^{35}$xau$^{21}$kʰɔn$^{53}$.so$^{21}$i$^{35}_{53}$e$_{21}$fɔŋ$^{13}$uk$^{3}$ ke$^{53}_{44}$liəuk$^{5}$ fa$^{53}$tsɔi$^{35}$ tiet$^{5}$ tsɿ$^{0}$ ʂak$^{5}$ liəu$^{13}_{21}$xei$^{53}$man$^{13}$xau$^{21}$.sei$^{35}$vien$^{13}_{21}$fa$^{35}$n̩$^{13}_{21}$pʰei$^{53}$ci$^{21}$xau$^{21}$kʰɔn$^{53}$tsɿ$^{0}$ ,tan$^{53}_{44}$ʂʅ$^{53}_{44}$çien$^{35}$fəŋ$^{13}_{21}$tsɿ$^{0}$ ,kʰɔi$^{35}$tek$^{3}$ ciəu$^{21}$.

【石螺子】ʂak$^{5}$ lo$^{13}$tsɿ$^{0}$ 名 螺名，个小而长，生长于小溪边石缝中：～就一种细田螺子安做～。唔系田里生个，欸，就系河子里个，有几大子，味道蛮好。ʂak$^{5}$ lo$^{13}$tsɿ$^{0}$ tsʰiəu$^{53}$iet$^{3}$ tʂəŋ$^{21}$se$^{53}$tʰien$^{13}$ no$^{13}$tsɿ$^{0}$ ɔn$^{35}_{44}$tso$^{53}_{44}$ʂak$^{5}$ lo$^{13}_{21}$tsɿ$^{0}$ .m̩$^{13}$pʰe$^{53}$tʰien$^{13}$ni$^{21}$saŋ$^{35}$ke$^{53}_{44}$,e$_{21}$,tsiəu$^{53}$xei$^{53}$xo$^{13}$tsɿ$^{0}$ li$^{21}$ke$^{53}$,mau$^{13}$ci$^{21}$tʰai$^{53}$tsɿ$^{0}$ ,uei$^{53}$ tʰau$^{53}$man$^{13}_{21}$xau$^{21}$.

【石墁】ʂak$^{5}$ man$^{53}$ 名 石头上滋生的苔藓：～，我就想话唠有种～。你箇肚里有～吗唠？溜苔溜苔箇个种一种溜苔。因为箇阵子我等替生产队上啊栽禾。栽禾，因为栽早禾啊，爱栽得早。

下种个时候子嘞怕霜打，就盖滴～去，盖滴溜苔去，～去。箇就我等发动群众去。欸，我等箇来只长沙人，第一次走倒来舞倒去搞～，一跌跌下番薯窖肚里，人都磕懵，人到后面死嘿哩，讲话浸死哩。就系石头上个，欸，～。也唔限定系石头上个。箇个嗅箇个比较光滑个地方个箇上背个也安做～。就系青苔样个，欸，就系有滴像青苔样。ʂak5 man53,ŋai13/21 tsiəu53 siɔŋ21 ua53/21 lau0 iəu35/44 tʂən21 ʂak5 man53. ɲi13/21 kai53 təu21 li0 iəu35 ʂak5 man53/44 ma0 lau0 ?liəu35 tʰɔi13/44 liəu35 tʰɔi13/44 kai53/44 ke53/44 tʂən21 iet3 tʂən21 liəu35 tʰɔi13/21.in35 uei53/44 kai53 tʂʰən53/44 tsʅ0 ŋai13 tien0 tʰi13/44 sen35 tsʰan21 ti53 xɔŋ53/44 ŋa0 tsɔi35 uo13.tsɔi35 uo13,in35 uei53/44 tsɔi35 tsau21 uo13 a0,ɔi53/44 tsɔi35 tek3 tsau21.xa53 tʂən21 ke53 ʂʅ13 xei53/44 tsʅ0 lei0 pʰa53/44 sɔŋ35 ta21,tsʰiəu53/44 kɔi53/44 tiet5 ʂak5 man53 cʰi53,kɔi53/44 tiet5 liəu35 tʰɔi13/21 çi53,ʂak5 man53 çi53/44.kai53/44 tsʰiəu53/44 ŋai13/21 tien0 fait3 tʰəŋ53/44 tʂʰən13 tʂəŋ53/44 çi53/44.e21,ŋai13 tien0 kai53 lɔi13 tʂak3 tʂʰɔŋ13 sa35/44 ɲin13,tʰi13 iet3 tsʰʅ53 tsei21 tau21 lɔi13 u21 tau21 çi53/44 kau21 ʂak5 man53/44,iet3 tet3 tet3 (x)a53/44 fan35 ʂəu13/21 kau53 təu21 li0,ɲin13 təu35/44 kʰɔk5 mən35/21, ɲin13 tau53/44 xəu53 mien53/44 si21 xek3 li0,kɔŋ21 ua53/21 tsin53 si21 li0.tsʰiəu53/44 xei53/44 ʂak5 tʰei13/21 xɔŋ53/44 ke53/44,e21,ʂak5 man53.ia35 n̩13 kʰan53/21 tʰin53/44 xei53/44 ʂak5 tʰei13/44 xɔŋ53/44 ke53/44.kai53/44 ke53 au0 kai53/44 ke53/44 pi21 ciau53/44 kɔŋ35 uait5/3 ke53/44 tʰi53/44 fɔŋ35/44 kei53 kai53/44 ʂɔŋ53 pɔi53/44 kei53/44 ia35 ɔn53/44 tso53/44 ʂak5 man53.tsʰiəu53 xei53 tsʰiaŋ35 tʰɔi13/21 iɔŋ53/44 ke53/44,e21,tsʰiəu53 xei53 iəu35/44 tet5 tsʰiɔŋ53/44 tsʰiaŋ35 tʰɔi13/21 iɔŋ53/44.

【石磨子】ʂak5 mo53 tsʅ0 名 把粮食去皮或研磨成粉末的石制工具：箇磨子，～吵，磨一阵吵，磨阵会，箇个齿就会平啊。kai53/44 mo53 tsʅ0,ʂak5 mo53 tsʅ0 ʂa0,mo53 et3 (←iet3) tʂʰən53 ʂa0,mo53 tʂʰən53/21 uɔi53/44,kai53/44 ke53/44 tʂʰʅ21 tsʰiəu53/44 uɔi53/44 pʰiaŋ13 ŋa0.

【石山】ʂak5 san35 名 岩石积成的山：欸，我到哩哪映子嘞，我去哪只栏场子嗅？文家市过去，箇十几里硬尽～，吓死人。e21,ŋai13 tau53 li0 la53 iaŋ53/44 tsʅ0 le0,ŋai13 çi53 lai53 tʂak3 laŋ53/44 tʂʰɔŋ13/44 tsʅ0 au0 ?uən13 cia35/44 ʂʅ53 ko53 çi53,kai53/44 ʂət5 ci21 li35 ɲiaŋ53 tsʰin53 ʂak5 san35/44,xak3 sait3 ɲin13/21.

【石头】ʂak5 tʰəu13/tʰei13 名 岩石，由矿物质集合而成的坚硬块状物质：一只～iet3 tʂak3 ʂak5 tʰei13/21｜挖好哩（草脚沟）以后，就用砖或者用水泥，用～，就下草脚安做。uait3 xau21 li0 i35/44 xei53/44,tsʰiəu53/44 iɔŋ53/44 tʂən35 xɔit5 tʂa21 iɔŋ53/44 ʂei21 lai13,iɔŋ53/44 ʂak5 tʰei13/21,tsʰiəu53/44 xa35 tsʰau21 ciɔk3 ɔn35 tso53/44.

【石头子】ʂak5 tʰei13/21 tsʅ0 名 小石块，石头子儿：舞只子～么啊打下去，梆声，还好响。u21 tʂak3 tsʅ0 ʂak5 tʰei13/21 tsʅ0 mak3 a0 ta21 (x)a53 çi53,paŋ35 ʂaŋ35/44,xa13/21 xau21/44 çiɔŋ21.｜以映子吊只子箇样嘞～啊么个东西。i21 iaŋ53/44 tsʅ0 tiau53 tʂak3 tsʅ0 kai53/44 iɔŋ53/44 le0 ʂak5 tʰei13/21 tsʅ0 a0 mak3 (k)e53/44 təŋ35/44 si0.

【石岩】ʂak5 ŋan13 名 岩石：箇～肚里，石头缝里，长倒几只有咁大个树了。kai53/44 ʂak5 ŋan13 təu21 li0,ʂak5 tʰei13/44 pʰəŋ53 li0,tʂɔŋ21 tau21/44 ci21 tʂak3 iəu35 kan21 tʰai53 ke0 ʂəu53 liau0.

【石硬】ʂak5 ŋaŋ53 形 状态词。硬得像石头，形容很硬：箇个包粟喔～个，食唔得，食唔进。kai53 ke53/44 pau35 siəuk3 uo0 ʂak5 ŋaŋ53/44 ke0,ʂət5 n̩13/21 tek3,ʂət5 n̩13/21 tsin53.

【石猪篼】ʂak5 tʂəu35 tei35 名 石制的猪食槽，较浅：猪篼就有几种呢。有滴就有铁做……欸，唔系，用石头做个呢。就昨晡讲嘿哩话畜马子个有欸。用石头做个猪篼呢，～嘞。用石头打成咁个一只箇个槽样个嘞。但是渠比马槽更浅，比马槽哇更浅。马子你晓得渠个脑壳长长子个吵。渠就食水食得倒。猪子是脑壳更短，系啊？你深哩渠就食唔倒。猪篼是更浅。箇就以只～。tʂəu35 tei35 tsʰiəu53/44 iəu35 ci21 tʂən21 nei0.iəu35 tet5/3 tsʰiəu53/44 iəu35 tʰiet3 tso53/44…e21,m̩13/21 pʰe44(←xe53),iɔŋ53/44 ʂak5 tʰei13 tso53/44 ke53/44 nei0.tsʰiəu35 tsʰo35 pu53/53 kɔŋ21 ŋek3 (←xek3) li0 ua53 çiəuk3 ma35 tsʅ0 ke53/44 iəu35/44 uei0.iɔŋ53/44 ʂak5 tʰei13/21 tso53/44 ke53/44 tʂəu35/44 tei35/44 nei0,ʂak5 tʂəu35/44 tei35/44 nei0.iɔŋ53/44 ʂak5 tʰei13 ta21 ʂaŋ13 kan21/35 kei53 iet3 tʂak3 kai53/44 ke53/44 tsʰau13 iɔŋ53/44 ke53/44 nei0.tan53/44 ʂʅ53/44 ci21 pi21 ma35 tsʰau13/21 cien53 tsʰien21,pi21 ma35 tsʰau13/21 ua0 cien53 tsʰien21.ma35 tsʅ0 ɲi13/21 çiau21 tek3 ci13/44 ke53/44 lau21 kʰɔk3 tʂʰɔŋ13 tʂʰɔŋ13 tsʅ0 ke53/44 ʂa0.ci13/21 tsʰiəu53/44 ʂət5 ʂei21 ʂət5/3 tek3 tau21.tʂəu35 tsʅ0 ʂʅ53/44 lau21 kʰɔk3 cien53 tən21,xei53/44 a0?ɲi13/21 tʂʰən35 ni0 ci13 tsʰiəu53/44 ʂət5 n̩13/21 tau21.tʂəu35 tei35/44 ʂʅ53/44 ken53 tsʰien21.kai53/35 tsʰiəu53/21 i21 tʂak3 ʂak5 tʂəu35 tei35.

【石柱】ʂak5 tʂʰəu35 名 石头做的柱子：一边一只～欸。iet3 pien35 iet3 tʂak3 ʂak5 tʂʰəu35 e0.

【石桌子】ʂak5 tsɔk3 tsʅ0 名 石头做的桌子，放在坟前用来摆放祭品：爱搞咁个么啊～啊。ɔi53 kau21 kan21 ke53/44 mak3 a0 ʂak5 tsɔk3 tsʅ0 a0.

【石子土】ʂak5 tsʅ0 tʰəu21 名 含有较多石头子儿的泥土：箇～唔好栽么个东西。以映唔多。以箇栏场是么个唠？箇个人口比较来讲嘞稀少，挖倒一块～我就唔要哩啊，有么人去栽呀，我何必栽下～，我有得是箇好土栽哟，就冇么人栽呀。～本身来讲还系有啦，只系冇人栽呀。(k)ai53/44 ʂak5 tsʅ0 tʰəu21 m̩13/21 xau21 tsɔi35/44 mak3 e0 təŋ35/44 si0.i13/21 iaŋ53 n̩13/21 to35/53.i13/21 kai53 laŋ13/21 tʂʰɔŋ13/21 ʂʅ53/44 mak3 ke53 lau0 ?kai53/44 kei53/44 ɲin13 kʰei21 pi21 ciau53 lɔi13/21 kɔŋ21 lei0 çi35 ʂau21,uait3 tau21 iet3 kʰuai53 ʂak5 tsʅ0 tʰəu21 ŋai13/21 tsʰiəu53 n̩13/21 iau53 li0 a0,mau13/21 mak3 in13/44 çi53 tsɔi35 ia0,ŋai13 xo13/21 piet3 tsɔi35/44 ia53/44 ʂak5 tsʅ0 tʰəu21,ŋai13 iəu35/44 tek3 ʂʅ53 kai53/44 xau21 tʰəu21 tsɔi35/44 io0,tsiəu53 mau13/21mak3 in13/21tsɔi35ia0.ʂak5tsɿ0tʰəu21pən21ʂən35/44nɔi13/21kɔŋ21xai13/21xe53/44iəu35la0,tʂʅ21(x)e53mau13/21ɲin13/21tsɔi35ia0.

【石嘴】ʂak5tsi21 名突出如嘴形的山石：伸出来个～，岭岗嘴上（黄沙泡）更多吧？tʂʰən35/44tʂʰət3lɔi13/21ke53/44ʂak5tsi21,liaŋ35kɔŋ35/44tsi21xɔŋ53ken53/44to35/44pa0?

【时辰】ʂʅ13ʂən13 名将一天按照十二地支的顺序，分为子、丑、寅、卯、辰、巳、午、未、申、酉、戌、亥等十二个时段，两小时为一时段，称为"时辰"：渠有～。按照箇～出柩。ci13/21iəu35/44ʂʅ13ʂən13.ŋən53/44tʂau53/44kai53/44ʂʅ13ʂən13/44tʂʰət3ciəu53.

【时候】ʂʅ13xəu53/44 名时间里的某个点或某一段。也称"时候子"：（旬糖）熬倒绷硬，熬倒挎燶绷硬个～，就安做谷麻糖。ŋau13tau21paŋ35ŋaŋ35,ŋau13tau21kʰua53tsau35paŋ35ŋaŋ53ke53/44ʂʅ13xei53/44,tsʰiəu53/44ɔn53/44tso53/44kuk3ma13tʰɔŋ13.｜当渠熬到还系黏稠个～子，还系水状个～子，还系还比较还会融个～子啊，会流动个～子啊，箇就安做旬糖。tɔŋ35ci13/21ŋau13tau53/44xai13xei53/44ɲien13tʂʰəu13ke53ʂʅ13xei53tsɿ0,xai13xei53ʂei21tsʰɔŋ53ke53/44ʂʅ13xei53tsɿ0,xai13xe53xai13pi21ciau53/44xai13uɔi53iəŋ13ke53ʂʅ13xei53tsa0,uɔi53liəu13tʰəŋ53ke53ʂʅ13xei53tsa0,kai53/44tsʰiəu53ɔn35/44tso53/44sən13tʰɔŋ13.

【时间】ʂʅ13kan35 名事物（如某些行动、过程或情况）存在或继续的期间。也称"时间子"：十个月～ ʂət5ke53/21ɲiet5/3ʂʅ13/21kan35/44｜做屋个～ tso53uk3ke53/44ʂʅ13/21kan35｜你洗米个～子嘞用笊篱更快。ɲi13/21sei21mi21ke53/44ʂʅ13/21kan35/44tsɿ0lei0iəŋ53/44tsau53li0ken53kʰuai53.

【时节】ʂʅ13tsiet3 名季节，时令：农忙～ ləŋ13məŋ13ʂʅ13/44tsiet3

【时生月日】ʂʅ13saŋ35/44ɲiet5ɲiet3 指人出生的年月日时。又称"生庚"：问～，问对方个～。……箇就系问八字了唠。uən53ʂʅ13saŋ35/44ɲiet5ɲiet3,uən53tei53fɔŋ35/44ke53/44ʂʅ13saŋ35/44ɲiet5ɲiet3.…kai53/44tsʰiəu53xei53/44uən53pait3tsʰʅ53liau0lau0.

【时香】ʂʅ13çiɔŋ35 名根香：如今你到庙里去啊你就一定爱买兜子～，欸，爱买～，你不能打空手去，否则嘞你就系对神明个大不敬了。i13/21cin35/53ɲi13/21tau53/44miau53li0çi53a0ɲi13/21tsʰiəu53/44iet3tʰin53ɔi53mai35tei53/53tsɿ0ʂʅ13çiɔŋ35/44,e21,ɔi53mai53ʂʅ13çiɔŋ35,ɲi13/21pət3lien53/44ta21kʰəŋ35ʂəu21çi53,fei21tset3le0ɲi13tsʰiəu53xe53tei53ʂən13min13/21ke53/44tʰai53pət3cin53niau0.

【时子】ʂʅ13tsɿ0 名时候：放倒去烧个～箇底下嘞，爱进火。fɔŋ53tau21çi53/44ʂau35(k)e53/44ʂʅ13/21tsɿ0kai53/44te21xa53/44lei0,ɔi53tsin53fo21.

【识】ʂek5/ʂət3 动认识；知晓：我旧年做祠堂嘞就做哩吵，就～哩嘞。ŋai13cʰiəu53ɲien13tso53tsʰʅ13tʰɔŋ13/44le0tsʰiəu53/44tso53li0ʂa0,tsʰiəu53/44ʂek5li0le0.｜瞎字不～ xait3sʅ53/tsʰʅ53pət3ʂət3

【识得】ʂek5tek3 动认识：唔～字个 ŋ̍13ʂek5tek3sʅ53ke0 指文盲

【识算】ʂət5sɔn53 会算术：一只就学算盘，就爱～，爱算得快。iet3tʂak3tsʰiəu53/44xɔk5sɔn53pʰan13,tsʰiəu53/44ɔi53/44ʂət5sɔn53,ɔi53sɔn53tek3kʰuai53.

【实实在在】ʂət5ʂət5tsʰai53tsʰai53 形确实存在而不虚假：欸讲只故事你听哩嘞箇就好像唔系生活当中～个事。e21kɔŋ21tʂak3ku53sʅ53ɲi13/21tʰaŋ35li0le0kai53/44tsʰiəu53/44xau21tsʰiəŋ53/44m̩13/21pʰe53sien35xɔit5tɔŋ35tʂəŋ35ʂət5ʂət5tsʰai53tsʰai53ke53/21sʅ53.

【实物账】ʂət5uət5/uk5tʂəŋ53 名记录物料实际库存的手工台账：箇阵子生产队上嘞实物就只有谷，除嘿谷么个都有得哩。别么个是唔记。打比有打倒个茶油样，箇也系实物吵，系唔系？唔留，打倒一百斤茶油就咁子临时分嘿去，就唔记～啦。kai53/44tʂʰən53/44tsɿ0sen35tsʰan21ti53xɔŋ53/44lei0ʂət5uk5tsʰiəu53tʂʅ21iəu53/53kuk3,tʂʰəu13xek3kuk3mak3e0təu35/53mau13/21tek3li0.pʰiet5mak3e0ʂʅ53/44n̩13ci53.ta21pi21iəu35/44ta21tau21ke53tsʰa13iəu13iəŋ53,kai53/44ia35xei53/44ʂət5uk5ʂa0,xei53me53?n̩13liəu13,ta21tau21iet3pak3cin35/53tsʰa13/44iəu13/44tsʰiəu53kan21tsɿ0lin13ʂʅ13fən35nek3çi53/44,tsiəu53/21n̩13ci53ʂət5uk5tʂəŋ53la0.

【实心】ʂət5sin35 形属性词。物体内部无空隙：钻把竹子啊。～呐。tsɔn53pa53tʂəuk3tsa0.ʂət5sin35na0.

【实心竹】ʂət5sin35tʂəuk3 名一种竹子：你讲竹子就有几起竹啦。有起～。欸，有起乌竹子。ɲi13kɔŋ21tʂəuk3tsɿ0tsʰiəu53iəu35ci21çi21tʂəuk3la0.iəu35çi21ʂət5sin35tʂəuk3.e21,iəu35çi21u35tʂəuk3tsɿ0.

【实在1】ʂət5tsʰai53 形为人诚实，办事扎实，不虚假：做事蛮浮呀，唔～哟箇人呶。tso53sʅ53man13/21fei13ia0,n̩13/21ʂət5tsʰai53iau0kai53ɲin13/21nau0.

【实在2】ʂət5tsʰai53/tsʰɔi53/44 副的确；确实：～是搪瓷缸子搪瓷碗箇只都越来越少了。ʂət5tsʰɔi53/44ʂʅ53/44tʰɔŋ13tsʰʅ13/44kɔŋ35tsɿ0tʰɔŋ13tsʰʅ13/44uən21kai53/44tʂak3təu35/44vet53lɔi13/21vet5ʂau21liau0.｜以只人～好，唔系我奉承渠。i21tʂak3ɲin13ʂət5tsʰai53xau21,ŋ̍13pʰe53ŋai13fəŋ53ʂən13ci13.

【食】ʂek$^{5}$/ʂət$^{5}$ 动①泛指饮食行为：～夜饭 ʂek$^{5}$ia$^{53}$fan$^{53}$吃晚饭｜～饱哩 ʂət$^{5}$pau$^{21}$li$^{0}$。②吃（固体的东西）：～饭 ʂət$^{5}$fan$^{53}$｜牛～个草吧？一般是～秆呶。冬下头就～秆。热天来个春天来哩有芒头就～芒头唠。ɲiəu$^{13}$ʂek$^{5}$ke$^{53}$tsʰau$^{21}$pa$^{0}$?iet$^{3}$pɔn$^{35}$ʂʅ$^{53}_{44}$ʂek$^{5}$kɔn$^{21}$nau$^{0}$.təŋ$^{35}$xa$^{53}_{44}$tʰei$^{13}_{21}$tsʰiəu$^{53}_{21}$ʂek$^{5}$kɔn$^{21}$.ɲiet$^{5}$tʰien$^{35}_{44}$lɔi$^{13}_{44}$ke$^{0}$tʂʰən$^{35}$tʰien$^{35}$lɔi$^{13}_{21}$li$^{0}$iəu$^{35}$mɔŋ$^{13}$tʰei$^{0}$tsʰiəu$^{53}_{44}$ʂət$^{5}$mɔŋ$^{13}$tʰei$^{0}$lau$^{0}$. ③喝（流质的东西）：～碗茶正。ʂət$^{5}$uɔn$^{21}$tsʰa$^{13}$tʂaŋ$^{53}$.｜从前个酒就硬爱坐滚来～嘞。tsʰəŋ$^{13}$tsʰien$^{13}_{21}$ke$^{53}$tsiəu$^{21}$tsʰiəu$^{53}_{44}$ɲiaŋ$^{53}$ɔi$^{53}_{44}$tsʰo$^{53}$kuən$^{21}$nɔi$^{13}$ʂət$^{5}$le$^{0}$. ④抽，吸（气态的东西）：～草烟 ʂət$^{5}$tsʰau$^{21}$ien$^{35}$｜我舅爷箇映子是渠尽～水烟筒啊。ŋai$^{13}$cʰiəu$^{35}$ia$^{13}_{21}$kai$^{53}$iaŋ$^{53}$tsʅ$^{0}$ʂʅ$^{53}_{44}$ci$^{13}_{21}$tsʰin$^{53}$ʂət$^{5}$ʂei$^{21}$ien$^{35}_{44}$tʰəŋ$^{13}_{21}$ŋa$^{0}$. ⑤棋牌类术语。在双方博弈过程中，按照既定规则一方把另一方的棋子或牌吃掉并占据其位置：～张牌 ʂət$^{5}$tʂɔŋ$^{35}_{44}$pʰai$^{13}$｜～卒 ʂət$^{5}$tsət$^{3}$。⑥供……食用：一镬饭～十个人。iet$^{3}$uɔk$^{5}$fan$^{53}$ʂek$^{5}$ʂek$^{5}$ke$^{53}$ɲin$^{13}$. ⑦贪污，侵吞：也不一定系就系～公款就食筒。ia$^{35}$pət$^{3}$iet$^{3}$tʰin$^{53}$xe$^{53}_{44}$tsʰiəu$^{53}_{44}$xe$^{53}_{44}$ʂət$^{5}$kəŋ$^{35}$kʰɔn$^{21}$tsiəu$^{53}_{44}$ʂət$^{5}$tʰəŋ$^{13}_{21}$. ⑧借指因遮挡了阳光而使庄稼难以成长或结实：如果唔顿下箇只草去，唔搞嘿箇只草去嘞，箇个壁下个箇一行个禾都会分草～咁。vy$^{13}$ko$^{21}$n̩$^{13}$tən$^{53}$na$^{0}$kai$^{53}_{44}$tʂak$^{3}$tsʰau$^{21}$çi$^{53}_{44}$,n̩$^{13}$kau$^{21}$xek$^{3}$kai$^{53}_{44}$tʂak$^{3}$tsʰau$^{21}$çi$^{53}_{44}$lei$^{0}$,kai$^{53}_{44}$ke$^{53}_{44}$piak$^{3}$xa$^{53}$ke$^{53}_{21}$kai$^{53}_{44}$iet$^{3}$xɔŋ$^{13}$ke$^{53}$uo$^{13}$təu$^{35}$uɔi$^{53}_{44}$pən$^{35}$tsʰau$^{21}$ʂek$^{5}$kan$^{21}$. ⑨指享受某种待遇：正先开头箇只人打电话来个，我等个喊阿叔哇，比我大两岁，大三岁。渠就一只～低保呢，～稳低保嘞今年以到同渠取消哩呢。渠话爱我摎渠去脚浏阳，欸，去脚浏阳箇么个啊？欸，安做民政办，民政局。爱我帮渠讲，讲倒嘞～转箇只低保去。有一百五十多块钱一个月吵。落尾我就同我唔系就我就同渠讲以只事情我话唔到，我话你肯做唔爱去讲哩，欸，话唔到。我话你两只，三只妹子都嫁嘿哩，都晓得你招哩只郎。你箇只郎子跍倒浏阳还买哩屋，系唔系？我话你哪映有资格来～低保唠？么人唔晓得你招哩郎？还整起箇酒，尽兜都晓得。我话你担心粪哩，你经唔得调查，一来调查，你就搞唔成哩。欸以个是可能你面前～嘿咁多年了嘞，～哩咁多年个低保了嘞，如今呢有人呢比你更需要，有人挤，有人挤你，一挤嘞你就系讲起来嘞你系有么个条件～低保。就咁子同渠讲个，我话唔到。你最好不要去讲，你最好唔爱去讲。渠箇只婿郎啊招哩郎啊，只系户口蹭迁过来呀。招郎招进来呀，又咁会寻钱，跍倒浏阳城里还买起箇商品房啊，欸，你话～么个低保凑？tʂaŋ$^{53}$sien$^{35}_{44}$kʰɔi$^{35}$tʰei$^{13}_{21}$kai$^{53}$tʂak$^{3}$ɲin$^{13}_{21}$ta$^{21}$tʰien$^{53}$fa$^{53}$lɔi$^{13}_{21}$ke$^{0}$,ŋai$^{13}$tien$^{0}$ke$^{0}$xan$^{53}$a$^{35}$ʂəuk$^{3}$ua$^{0}$,pi$^{21}$ŋai$^{13}_{21}$tʰai$^{53}$iɔŋ$^{21}$sɔi$^{53}$,tʰai$^{53}$san$^{35}$sɔi$^{53}$.ci$^{13}$tsʰiəu$^{53}$iet$^{3}$tʂak$^{3}$ʂət$^{5}$te$^{35}$pau$^{21}$nei$^{0}$,ʂət$^{5}$uən$^{21}$te$^{35}$pau$^{21}$lei$^{0}$cin$^{35}$ɲien$^{13}_{44}$i$^{21}$tau$^{53}$tʰəŋ$^{13}_{44}$ci$^{13}_{44}$tsʰi$^{21}$siau$^{35}$li$^{0}$nei$^{0}$.ci$^{53}$ua$^{53}$ɔi$^{53}$ŋai$^{13}$lau$^{35}$ci$^{13}_{21}$çi$^{53}$ciɔk$^{3}$liəu$^{13}$iɔŋ$^{13}$,e$_{21}$,çi$^{53}$ciɔk$^{3}$liəu$^{13}$iɔŋ$^{13}_{44}$kai$^{53}$mak$^{3}$ke$^{53}_{44}$a$^{0}$?e$_{21}$,ɔn$^{35}_{44}$tso$^{53}_{44}$min$^{13}$tʂən$^{53}$pʰan$^{53}$,min$^{13}$tʂən$^{53}$tʂət$^{3}$.ɔi$^{53}$ŋai$^{13}$pɔŋ$^{35}$ci$^{21}$kɔŋ$^{21}$,kɔŋ$^{21}$tau$^{21}$le$^{0}$ʂət$^{5}$tʂuɔn$^{21}$kai$^{53}$tʂak$^{3}$te$^{35}$pau$^{21}$çi$^{53}$.iəu$^{35}$iet$^{3}$pak$^{3}$ŋ̍$^{21}$ʂət$^{5}$to$^{35}_{44}$kʰuai$^{53}$tsʰien$^{13}$iet$^{3}$cie$^{53}$ɲiet$^{5}$ʂa$^{0}$.lɔk$^{5}$mi$^{35}_{53}$ŋai$^{13}$tsʰiəu$^{53}$tʰəŋ$^{13}_{21}$ŋai$^{13}$m̩$^{13}$pʰe$^{53}$tsʰiəu$^{53}_{44}$ŋai$^{13}$tsʰiəu$^{53}$tʰəŋ$^{13}_{44}$ci$^{13}_{44}$kɔŋ$^{21}$i$^{21}$tʂak$^{3}$sʅ$^{53}$tsʰin$^{13}_{21}$ŋai$^{13}$ua$^{53}_{44}$n̩$^{13}_{21}$tau$^{53}$,ŋai$^{13}$ua$^{53}$ɲi$^{13}_{44}$xen$^{21}$tso$^{53}_{44}$m̩$^{13}_{21}$mɔi$^{53}$çi$^{53}$kɔŋ$^{21}$li$^{0}$,e$_{21}$,ua$^{53}$n̩$^{13}$tau$^{53}$.ŋai$^{13}$ua$^{53}$ɲi$^{13}_{44}$iɔŋ$^{21}$tʂak$^{3}$,san$^{35}$tʂak$^{3}$mɔi$^{53}$tsʅ$^{0}$təu$^{35}_{44}$ka$^{53}$xek$^{3}$li$^{0}$,təu$^{35}$çiau$^{21}$tek$^{3}$ɲi$^{13}_{21}$tʂau$^{35}_{44}$li$^{0}$tʂak$^{3}$lɔŋ$^{13}$. ɲi$^{13}$kai$^{53}$tʂak$^{3}$lɔŋ$^{13}$tsʅ$^{0}$ku$^{35}$tau$^{21}$liəu$^{13}$iɔŋ$^{13}_{21}$xai$^{13}_{21}$mai$^{35}$li$^{0}$uk$^{3}$,xei$^{53}_{44}$me$^{53}_{21}$?ŋai$^{13}$ua$^{53}_{44}$ɲi$^{13}$la$^{53}$iaŋ$^{53}_{44}$iəu$^{35}$tsʅ$^{35}$kek$^{3}$lɔi$^{13}_{21}$ʂət$^{5}$te$^{35}$pau$^{21}$lau$^{0}$?mak$^{3}$ɲin$^{13}_{44}$n̩$^{13}_{44}$çiau$^{21}$tek$^{3}$ɲi$^{13}_{21}$tʂau$^{35}_{44}$li$^{0}$lɔŋ$^{13}_{21}$?xai$^{13}_{21}$tʂaŋ$^{21}$çi$^{21}$kai$^{53}$tsiəu$^{21}$,tsʰin$^{53}$təu$^{35}_{44}$təu$^{35}_{53}$çiau$^{21}$tek$^{3}$.ŋai$^{13}$ua$^{53}_{44}$ɲi$^{13}_{21}$tan$^{35}_{44}$sin$^{35}_{44}$u$^{21}$li$^{0}$,ɲi$^{13}_{21}$cin$^{35}$n̩$^{13}_{21}$tek$^{3}$tiau$^{53}$tsʰa$^{13}_{21}$,iet$^{3}$lɔi$^{13}$tiau$^{53}$tsʰa$^{13}$, ɲi$^{13}_{21}$tsʰiəu$^{53}$kau$^{21}$n̩$^{13}_{21}$ʂaŋ$^{13}_{21}$li$^{0}$.e$_{44}$i$^{21}$ke$^{53}_{44}$ʂʅ$^{53}_{44}$kʰo$^{21}$len$^{13}$ɲi$^{13}$mien$^{53}$tsʰien$^{13}_{21}$ʂət$^{5}$lek$^{3}$kan$^{21}$to$^{35}_{53}$ɲien$^{13}_{21}$liau$^{21}$lei$^{0}$,ʂət$^{5}$li$^{0}$kan$^{21}$to$^{35}$ɲien$^{13}_{21}$ke$^{0}$te$^{35}$pau$^{21}$liau$^{0}$lei$^{0}$,i$^{13}_{21}$cin$^{35}_{44}$nei$^{0}$iəu$^{35}$ɲin$^{13}_{21}$nei$^{0}$pi$^{21}$ɲi$^{13}$ken$^{53}$si$^{35}_{44}$iau$^{53}$,iəu$^{35}$ɲin$^{13}_{21}$tsi$^{21}$,iəu$^{35}$ɲin$^{13}_{21}$tsi$^{21}$ɲi$^{13}_{44}$,iet$^{3}$tsi$^{21}$lei$^{0}$ɲi$^{13}$tsʰiəu$^{53}$xe$^{53}$kɔŋ$^{21}$çi$^{21}$lɔi$^{13}$lei$^{0}$ɲi$^{13}$xei$^{53}$mau$^{13}_{21}$mak$^{3}$e$^{0}$tʰiau$^{13}$cʰien$^{53}$ʂət$^{5}$te$^{35}$pau$^{21}$.tsiəu$^{53}$kan$^{21}$tsʅ$^{0}$tʰəŋ$^{13}_{21}$ci$^{13}_{21}$kɔŋ$^{21}$ke$^{0}$,ŋai$^{13}$ua$^{53}_{44}$n̩$^{13}_{21}$tau$^{53}$. ɲi$^{13}$tsei$^{53}$xau$^{21}$pət$^{3}$iau$^{53}$çi$^{53}$kɔŋ$^{21}$, ɲi$^{13}_{21}$tsei$^{53}$xau$^{21}$m̩$^{13}_{21}$mɔi$^{53}$çi$^{53}$kɔŋ$^{21}$.ci$^{13}_{21}$kai$^{53}$tʂak$^{3}$sei$^{53}$lɔŋ$^{13}_{44}$ŋa$^{0}$tʂau$^{35}_{44}$li$^{0}$lɔŋ$^{13}$ŋa$^{0}$,tʂʅ$^{21}$xei$^{53}_{44}$fu$^{53}$kʰei$^{21}$maŋ$^{13}_{21}$tsʰien$^{35}_{44}$ko$^{53}$lɔi$^{13}_{21}$ia$^{0}$.tʂau$^{35}$lɔŋ$^{13}$tʂau$^{35}$tsin$^{53}$nɔi$^{13}_{44}$ia$^{0}$,iəu$^{53}$kan$^{21}$uɔi$^{53}$tsʰin$^{13}_{21}$tsʰien$^{13}$,ku$^{35}$tau$^{21}$liəu$^{13}$iɔŋ$^{13}_{44}$tʂʰən$^{13}_{21}$ni$^{0}$xai$^{13}_{21}$mai$^{35}$çi$^{21}$kai$^{53}_{44}$ʂɔŋ$^{35}_{44}$pʰin$^{21}$fɔŋ$^{13}$ŋa$^{0}$,e$_{21}$, ɲi$^{13}_{21}$ua$^{53}_{44}$ʂət$^{5}$mak$^{3}$e$^{0}$te$^{35}_{44}$pau$^{21}$tsʰe$^{0}$?

【食案】ʂət$^{5}$ŋɔn$^{53}$ 名神案；放置供品、饭菜的长几案：欸，老哩人呢有两只案，一只香案，一只～。放箇个供品，放箇个菜饭个栏场就安做～，放香烛个栏场就安做香案。e$_{21}$,lau$^{21}$li$^{0}$ɲin$^{13}$nei$^{0}$iəu$^{35}_{44}$iɔŋ$^{21}$tʂak$^{3}$ŋɔn$^{53}$,iet$^{3}$tʂak$^{3}$çiɔŋ$^{35}$ŋɔn$^{53}$,iet$^{3}$tʂak$^{3}$ʂət$^{5}$ŋɔn$^{53}$.fɔŋ$^{53}$kai$^{53}_{44}$ke$^{53}_{44}$kəŋ$^{53}$pʰin$^{21}$,fɔŋ$^{53}$kai$^{53}_{44}$ke$^{53}_{44}$tsʰɔi$^{53}$fan$^{53}$ke$^{53}$laŋ$^{13}_{21}$tʂʰɔŋ$^{13}_{21}$tsʰiəu$^{53}_{44}$ɔn$^{35}_{44}$tso$^{53}_{44}$ʂət$^{5}$ŋɔn$^{53}_{44}$,fɔŋ$^{53}$çiɔŋ$^{35}$tʂəuk$^{3}$ke$^{0}$lan$^{13}_{21}$tʂʰɔŋ$^{13}_{21}$tsʰiəu$^{53}_{44}$ɔn$^{35}_{44}$tso$^{53}_{44}$çiɔŋ$^{35}$ŋɔn$^{53}$.｜打餐祭个时候子就去～箇映子献酒菜箇兜。ta$^{21}$tsʰɔn$^{35}$tsi$^{53}$kei$^{53}_{44}$ʂʅ$^{13}$xəu$^{53}_{44}$tsʅ$^{0}$tsʰiəu$^{53}_{44}$çi$^{53}_{44}$ʂət$^{5}$ŋɔn$^{53}$kai$^{53}$iaŋ$^{53}$tsʅ$^{0}$çien$^{53}$tsiəu$^{21}$tsʰɔi$^{53}_{44}$kai$^{53}_{44}$te$^{35}_{44}$.｜跪正箇～边欸跪正箇时候，孝子跪正咁来，就分人读文，读祭文。kʰuei$^{21}$tʂaŋ$^{53}_{44}$kai$^{53}_{44}$ʂət$^{5}$ŋɔn$^{53}$pien$^{35}$ei$_{44}$kʰuei$^{21}$tʂaŋ$^{53}_{44}$kai$^{53}_{44}$ʂʅ$^{13}_{44}$xəu$^{0}$,xau$^{53}$tsʅ$^{21}$kʰuei$^{21}$tʂaŋ$^{53}_{44}$kan$^{21}_{44}$nɔi$^{13}_{21}$,tsʰiəu$^{53}_{44}$pən$^{35}_{44}$ɲin$^{13}_{21}$tʰəuk$^{5}$uən$^{13}$,tʰəuk$^{5}$tsi$^{53}$uən$^{13}_{21}$.

S

【食饽饽】ʂət$^{5}$pɔk$^{5}$pɔk$^{5}$ ①吃鸡蛋之类：过生日爱～。ko$^{53}$saŋ$^{35}$ɲiet$^{3}$ɔi$^{53}$ʂət$^{5}$pɔk$^{5}$pɔk$^{5}$. ②喻指考试得零分：你放心呶，以到冇事～唠。ɲi$^{13}$fɔŋ$^{53}$sin$^{35}$nau$^{0}$,i$^{21}$tau$^{53}$mau$^{13}$sɿ$^{53}$ʂət$^{5}$pɔk$^{5}$pɔk$^{5}$lau$^{0}$.｜你攒劲读书哈，慢呢食哩饽饽是唔好意思哈，羞人呐。ɲi$^{13}$tsan$^{21}$cin$^{53}$tʰəuk$^{5}$ʂəu$^{35}$xa$^{0}$,man$^{53}_{21}$ne$^{0}$ʂət$^{5}$li$^{0}$pɔk$^{5}$pɔk$^{5}$ʂʅ$^{53}_{21}$n̩$^{13}_{21}$xau$^{21}$i$^{53}$sɿ$^{35}_{44}$xa$^{0}$,siəu$^{35}$ɲin$^{13}_{21}$na$^{0}$.

【食茶树】ʂət$^{5}$tsʰa$^{13}$ʂəu$^{53}$ 名 茶叶树的俗称，一种灌木或小乔木，叶子可制茶：区别起来就箇起油茶树，以个～。/～。/欸，搞摘叶子食个箇起就。/就是泡以个茶。tʂʰʅ$^{35}$pʰiek$^{5}$çi$^{21}$lɔi$^{13}$tsʰiəu$^{53}_{44}$kai$^{53}$çi$^{21}$iəu$^{13}$tsʰa$^{13}$ʂəu$^{53}$,i$^{21}$ke$^{53}_{44}$ʂət$^{5}$tsʰa$^{13}$ʂəu$^{53}_{44}$./ʂət$^{5}$tsʰa$^{13}$ʂəu$^{53}$./e$_{21}$,kau$^{21}$tsak$^{3}$iait$^{5}$tsɿ$^{0}$ʂət$^{5}$ke$^{53}_{44}$kai$^{53}$çi$^{21}$tsʰiəu$^{53}_{44}$./tsʰiəu$^{53}$ʂʅ$^{53}_{44}$pʰau$^{53}$i$^{21}$ke$^{53}$tsʰa$^{13}$.

【食长斋】ʂət$^{5}$tʂʰɔŋ$^{13}$tsai$^{35}$ 长年吃素：还有嘞，但是嘞箇食斋嘞又有讲究。有兜人呢安做～，就一年到头都唔食荤，系啊？xai$^{13}_{21}$iəu$^{35}_{53}$lei$^{0}$,tan$^{53}$ʂʅ$^{53}$lei$^{0}$kai$^{53}_{44}$ʂət$^{5}$tsai$^{35}$lei$^{0}$iəu$^{35}_{44}$iəu$^{35}_{44}$kɔŋ$^{21}$ciəu$^{53}$.iəu$^{35}$tei$^{35}_{53}$ɲin$^{13}_{21}$nei$^{0}$ɔn$^{35}_{44}$tso$^{53}_{44}$ʂət$^{5}$tʂʰɔŋ$^{13}$tsai$^{35}$,tsʰiəu$^{53}$iet$^{3}$ɲien$^{13}$tau$^{53}$tʰei$^{13}_{21}$təu$^{35}_{53}$n̩$^{13}_{21}$ʂət$^{5}$fən$^{35}_{44}$,xei$^{53}_{44}$a$^{0}$?

【食场】ʂət$^{5}$tʂʰɔŋ$^{13}$ 名 吃的价值；味道。又称“食首”：箇起咁东西冇么个～啊，食哩又长唔得几两肉，而且贵又咁贵，系唔系？冇么个～。kai$^{53}$çi$^{21}$kan$^{21}$tɔŋ$^{35}_{44}$si$^{0}$mau$^{13}_{21}$mak$^{3}$e$^{0}$ʂət$^{5}$tʂʰɔŋ$^{13}_{21}$a$^{0}$,ʂət$^{5}$li$^{0}$iəu$^{53}$tʂɔŋ$^{21}$n̩$^{13}_{21}$tek$^{3}$ci$^{21}$liɔŋ$^{35}$ɲiəuk$^{3}$,e$^{13}_{21}$tsʰie$^{21}$kuei$^{53}$iəu$^{53}_{44}$kan$^{21}$kuei$^{53}$,xei$^{53}_{44}$me$^{53}_{44}$?mau$^{13}$mak$^{3}$e$^{0}$ʂət$^{5}$tʂʰɔŋ$^{13}_{21}$.

【食得】ʂət$^{5}$tek$^{3}$ ①能吃，适合吃：爱如今个良种油菜正～。ɔi$^{53}$i$^{13}_{21}$cin$^{35}_{44}$ke$^{53}_{44}$liɔŋ$^{13}$tʂɔŋ$^{21}$iəu$^{13}$tsʰɔi$^{53}_{44}$tʂaŋ$^{53}_{44}$ʂət$^{5}$tek$^{3}$. ②好吃：箇东西(指椿烟)煎饽饽～噢。kai$^{53}_{44}$tɔŋ$^{35}_{21}$si$^{0}$tsien$^{35}$pɔk$^{5}$pɔk$^{5}$ʂət$^{5}$tek$^{3}$au$^{0}$.

【食得消】ʂət$^{5}$tek$^{3}$siau$^{35}$ 经受得住；受得了：～么咁子啊搞下子啊？/咁个冇么啊问题嘞。ʂət$^{5}$tek$^{3}$siau$^{35}$mo$^{0}$kan$^{21}$tsɿ$^{0}$a$^{0}$kau$^{21}$xa$^{53}_{44}$tsɿ$^{0}$a$^{0}$?/kan$^{21}$ke$^{53}_{44}$mau$^{13}_{21}$mak$^{3}$a$^{0}$uən$^{53}$tʰi$^{13}_{44}$le$^{0}$.

【食豆腐】ʂət$^{5}$tʰei$^{53}$fu$^{53}_{21}$ 吃丧酒。又称“食死老”：我等以映死哩人就安做～咯。ŋai$^{13}$tien$^{0}$i$^{21}$iaŋ$^{53}$si$^{21}$li$^{0}$ɲin$^{13}$tsʰiəu$^{53}_{44}$ɔn$^{35}$tso$^{53}_{44}$ʂət$^{5}$tʰei$^{53}$fu$^{53}_{44}$ko$^{0}$.｜嗯，箇只么个欸自家屋下老哩人，要来去食几天豆腐。n̩$_{44}$,kai$^{53}$tʂak$^{3}$mak$^{3}$kei$^{53}$ei$_{21}$tsʰɿ$^{35}$ka$^{35}_{53}$uk$^{3}$xa$^{53}$lau$^{21}$li$^{0}$ɲin$^{13}$,iau$^{53}_{44}$lɔi$^{13}_{21}$çi$^{53}_{44}$ʂət$^{5}$ci$^{21}$tʰien$^{35}_{44}$tʰei$^{53}$fu$^{53}$.

【食毒】ʂət$^{5}$tʰəuk$^{5}$ 动 吸毒：箇只老公是又～，又赌钱，又嫖货。kai$^{53}$tʂak$^{3}$lau$^{21}$kəŋ$^{35}_{53}$ʂʅ$^{53}_{44}$iəu$^{53}$ʂət$^{5}$tʰəuk$^{5}$,iəu$^{53}$təu$^{21}$tsʰien$^{13}$,iəu$^{53}$pʰiau$^{13}$fo$^{53}$.

【食法】ʂət$^{5}$fait$^{3}$ 名 烹饪或食用的方法：欸，箇有蛮多种～哟，豆腐渣就蛮多种～哟。e$_{21}$,kai$^{53}$iəu$^{35}$man$^{13}_{21}$to$^{35}_{44}$tʂəŋ$^{21}$ʂət$^{5}$fait$^{3}$io$^{0}$,tʰəu$^{53}$fu$^{53}_{44}$tsa$^{35}$tsʰiəu$^{53}$man$^{13}_{21}$to$^{35}$tʂəŋ$^{21}$ʂət$^{5}$fait$^{3}$io$^{0}$.

【食饭】ʂət$^{5}$fan$^{53}$ 动 ①指一般的吃饭行为：牙齿就～个牙业啊。ŋa$^{13}$tʂʰʅ$^{21}$tsʰiəu$^{53}_{44}$ʂət$^{5}$fan$^{53}$ke$^{53}_{44}$ŋa$^{13}$ɲiait$^{5}$a$^{0}$.｜莫总走了哈，有饭食了哈，～了哈！mɔk$^{5}$tsəŋ$^{21}$tsei$^{21}$liau$^{0}$xa$^{0}$,iəu$^{35}$fan$^{53}$ʂət$^{5}$liau$^{0}$xa$^{0}$,ʂət$^{5}$fan$^{53}$liau$^{21}$xa$^{0}$! ②指生活或谋生：欸，箇个工具安做牙业。木匠个牙业。篾匠个牙业。/渠等人个箇只～个牙业咯。e$_{21}$,kai$^{53}_{44}$ke$^{53}_{44}$kəŋ$^{35}$tʂʅ$^{53}_{44}$ɔn$^{35}_{44}$tso$^{53}_{44}$ŋa$^{13}$ɲiait$^{5}$.muk$^{3}$siɔŋ$^{53}$ke$^{53}$ŋa$^{13}$ɲiait$^{5}$.miet$^{5}$siɔŋ$^{53}_{44}$ke$^{53}$ŋa$^{13}$ɲiait$^{5}$./ci$^{13}$tien$^{0}$in$^{13}_{44}$ke$^{53}_{44}$kai$^{53}_{21}$tʂak$^{3}$ʂət$^{5}$fan$^{53}$ke$^{53}_{44}$ŋa$^{13}$ɲiait$^{5}$ko$^{0}$.

【食饭厅子】ʂət$^{5}$fan$^{53}$tʰaŋ$^{35}$tsɿ$^{0}$ 用餐的堂屋：横厅子嘞就做～。uaŋ$^{13}$tʰaŋ$^{35}_{44}$tsɿ$^{0}$lei$^{0}$tsʰiəu$^{53}_{44}$tso$^{53}_{21}$ʂət$^{5}$fan$^{53}$tʰaŋ$^{35}$tsɿ$^{0}$.｜箇～里，哦，安做饭桌子。kai$^{53}_{44}$ʂət$^{5}$fan$^{53}$tʰaŋ$^{35}$tsɿ$^{0}$li$^{0}$,o$_{21}$,ɔn$^{35}_{44}$tso$^{53}_{44}$fan$^{53}$tsɔk$^{3}$tsɿ$^{0}$.

【食饭桌】ʂət$^{5}$fan$^{53}$tsɔk$^{3}$ 名 餐桌的别称：箇张～上就莫放兜杂七杂八个东西啦，欸，开席了。kai$^{53}$tʂɔŋ$^{35}_{53}$ʂət$^{5}$fan$^{53}$tsɔk$^{3}$xɔŋ$^{53}_{44}$tsʰiəu$^{53}_{44}$mɔk$^{5}$fɔŋ$^{53}$te$^{35}_{53}$tsʰait$^{5}$tsʰiet$^{3}$tsʰait$^{5}$pait$^{3}$ke$^{0}$tɔŋ$^{35}_{44}$si$^{0}$la$^{0}$,e$_{21}$,kʰɔi$^{35}$siet$^{5}$liau$^{0}$le$^{0}$.

【食符子】ʂət$^{5}$pʰu$^{13}$tsɿ$^{0}$ 术士画符箓，烧成灰后泡水给人喝，称能祛病消灾：欸信下子迷信个人呢为了保平安，就请别人家画只子符子，画只符子嘞就点着来，放下茶缸子肚里，烧成哩灰以后嘞，放兜子茶叶子，搞兜开水子，和茶叶食咁去，～，整病。唔知整得了么个病。e$_{21}$sin$^{53}$xa$^{53}_{21}$tsɿ$^{0}$mi$^{13}$sin$^{53}$ke$^{53}_{44}$ɲin$^{13}_{21}$nei$^{0}$uei$^{53}$liau$^{0}$pau$^{21}$pʰin$^{13}$ŋɔn$^{35}$,tsʰiəu$^{53}_{44}$tsʰiaŋ$^{21}$pʰiet$^{5}$in$^{13}_{21}$ka$^{35}_{44}$fa$^{53}$tʂak$^{3}$tsɿ$^{0}$fu$^{13}$tsɿ$^{0}$,fa$^{53}$(tʂ)ak$^{3}$fu$^{13}$tsɿ$^{0}$lei$^{0}$tsʰiəu$^{53}_{44}$tian$^{21}$tʂʰɔk$^{5}$lɔi$^{13}_{21}$,fɔŋ$^{53}$xa$^{53}$tsʰa$^{13}$kɔŋ$^{35}_{44}$tsɿ$^{0}$təu$^{21}$li$^{0}$,ʂau$^{35}$ʂaŋ$^{13}_{21}$li$^{0}$fɔi$^{35}$i$^{21}_{53}$xei$^{53}_{44}$lei$^{0}$,fɔŋ$^{53}$tei$^{35}_{53}$tsɿ$^{0}$tsʰa$^{13}$iait$^{5}$tsɿ$^{0}$,kau$^{21}$te$^{35}_{53}$kʰɔi$^{35}$ʂei$^{21}$tsɿ$^{0}$,uo$^{53}$tsʰa$^{13}$iait$^{5}$ʂət$^{5}$kan$^{21}$çi$^{53}$,ʂət$^{5}$pʰu$^{13}$tsɿ$^{0}$,tʂaŋ$^{21}$pʰiaŋ$^{53}$.n̩$^{13}$ti$^{35}_{53}$tʂaŋ$^{21}$tek$^{3}$liau$^{21}$mak$^{3}$e$^{0}$pʰiaŋ$^{53}_{44}$.

【食光饭】ʂət$^{5}$kɔŋ$^{35}$fan$^{53}$ 不吃菜而只是吃饭：请食菜，莫～。tsʰiaŋ$^{21}$ʂət$^{5}$tsʰɔi$^{53}$,mɔk$^{5}$ʂət$^{5}$kɔŋ$^{35}$fan$^{53}$。

【食横】ʂət$^{5}$uaŋ$^{13}$ 动 强迫他人做某事；强人所难：你莫咁～哦，你把做你系只土匪吧？ɲi$^{13}$mɔk$^{5}$kan$^{21}$ʂət$^{5}$uaŋ$^{13}$ŋo$^{0}$, ɲi$^{13}$pa$^{21}$tso$^{53}$ɲi$^{13}$xei$^{53}$tʂak$^{3}$tʰəu$^{21}$fei$^{21}$pa$^{0}$?

【食花酒】ʂət$^{5}$fa$^{35}$tsiəu$^{21}$ 由妓女陪着饮酒作乐：～呢。舞倒箇个妓女陪倒食酒哇，就～呢。ʂət$^{3}$fa$^{35}$tsiəu$^{21}$nei$^{0}$.u$^{21}$tau$^{21}$kai$^{53}_{44}$ke$^{53}_{44}$çi$^{53}$ɲy$^{21}$pʰei$^{13}$tau$^{21}$ʂət$^{5}$tsiəu$^{21}$ua$^{0}$,tsʰiəu$^{53}_{44}$ʂət$^{5}$fa$^{35}$tsiəu$^{21}$nei$^{0}$.

【食花生肉】ʂət$^{5}$ fa$^{35}$sen$^{35}$ɲiəuk$^{3}$ 喻指被枪决：～，哦，箇就系惹枪毙呀，惹炮子打。做哩坏事是你默神呶，爱默正神喏，爱～喔。ʂət$^{5}$ fa$^{35}$sen$^{35}$ɲiəuk$^{3}$,o$_{21}$,kai$^{53}_{44}$tsʰiəu$^{53}_{21}$xei$^{53}_{21}$ɲia$^{35}$tsʰiəŋ$^{35}$pi$^{53}_{44}$ia$^{0}$, ɲia$^{35}$ pʰau$^{53}$tsɿ$^{0}$ ta$^{21}$.tso$^{53}$li$^{0}$ fai$^{53}$ sɿ$^{53}$ ʂɿ$^{53}_{44}$ɲi$^{13}_{21}$mek$^{3}$ ʂən$^{13}$nau$^{0}$,ɔi$^{53}$mek$^{3}$ tʂaŋ$^{53}$ʂən$^{13}$no$^{0}$,ɔi$^{53}$ʂət$^{5}$ fa$^{35}$sen$^{35}_{44}$ɲiəuk$^{3}$uo$^{0}$.

【食花斋】ʂət$^{5}$ fa$^{35}$tsai$^{35}$ 不是终年吃素食，而只在规定的日子里吃素：箇只梁斋公就系～个人，渠自家是话食长斋，但是渠其实大家都晓得渠系～个人。kai$^{53}$tʂak$^{3}$ liəŋ$^{13}_{21}$tsai$^{35}_{44}$kəŋ$^{35}$tsʰiəu$^{53}$xei$^{53}_{44}$ʂət$^{5}$ fa$^{35}$tsai$^{35}_{44}$ke$^{53}$ɲin$^{13}_{21}$,ci$^{13}_{21}$tsʰɿ$^{35}$ka$^{35}_{44}$ʂɿ$^{53}_{44}$ua$^{53}_{44}$ʂət$^{5}$ tʂʰəŋ$^{13}$tsai$^{35}$,tan$^{53}_{44}$ʂɿ$^{53}_{44}$ci$^{13}_{21}$cʰi$^{13}$ʂət$^{5}$ tʰai$^{53}$cia$^{35}_{44}$təu$^{35}_{44}$çiau$^{21}$tek$^{3}$ ci$^{13}_{21}$xe$^{53}$ʂət$^{5}$ fa$^{35}$tsai$^{35}_{44}$ke$^{53}$ɲin$^{13}_{21}$.｜～个人一般情况下唔食斋，但是欸观音娘娘生日箇兜嘞箇节气上啊食斋。ʂət$^{5}$ fa$^{35}$tsai$^{35}_{44}$ke$^{53}$ɲin$^{13}_{21}$iet$^{3}$ pən$^{35}$tsʰin$^{13}_{21}$kʰəŋ$^{53}$çia$^{53}$n̩$^{13}_{21}$ʂət$^{5}$ tsai$^{35}_{44}$,tan$^{53}$ʂɿ$^{53}$e$_{21}$kən$^{35}$in$^{35}_{53}$ɲiəŋ$^{13}_{21}$ɲiəŋ$^{13}_{44}$saŋ$^{35}$ɲiet$^{3}$ kai$^{53}_{44}$te$^{35}_{53}$ le$^{0}$ kai$^{53}_{44}$tset$^{3}$ çi$^{53}$xəŋ$^{53}$ŋa$^{0}$ ʂət$^{5}$ tsai$^{35}_{44}$.

【食酒】ʂət$^{5}$ tsiəu$^{21}$ 动①饮酒：唔食烟唔～，就走下子亲戚。n̩$^{13}$ʂət$^{5}$ ien$^{35}_{44}$n̩$^{13}$ʂət$^{5}$ tsiəu$^{21}$,tsiəu$^{53}$tsei$^{21}$ xa$^{53}$tsɿ$^{0}$ tsʰin$^{35}$tsʰiet$^{3}$.｜都酾满来，欸，酾满来我就食，～。təu$^{35}_{44}$sai$^{35}_{44}$man$^{35}_{53}$lɔi$^{13}$,e$_{21}$,sai$^{35}$man$^{35}_{53}$nɔi$^{13}$ŋai$^{13}_{21}$ tsʰiəu$^{53}_{44}$ʂət$^{5}$,ʂət$^{5}$ tsiəu$^{21}$. ②参加婚丧嫁娶等筵席：有只去女家头～个包封。iəu$^{35}$tʂak$^{3}$ çi$^{53}$ɲi$^{21}$ka$^{35}_{44}$tʰei$^{13}_{21}$ ʂət$^{5}$ tsiəu$^{21}$ke$^{53}_{44}$pau$^{35}$fəŋ$^{35}_{44}$.｜我去食过嘞，食过一餐酒嘞。我个姑姑卖妹子。ŋai$^{13}$çi$^{53}_{44}$ʂət$^{5}$ ko$^{53}$le$^{0}$ ,ʂət$^{5}$ ko$^{53}$iet$^{3}$ tsʰən$^{35}$tsiəu$^{21}$le$^{0}$.ŋai$^{13}$ke$^{53}_{44}$ku$^{35}$ku$^{35}$mai$^{53}$mɔi$^{53}$tsɿ$^{0}$.

【食苦】ʂət$^{5}$ kʰu$^{21}$ 动吃苦，遭受痛苦，经历困苦：箇只人以前从前食够哩苦。kai$^{53}$tʂak$^{3}$ɲin$^{13}_{21}$i$^{35}$ tsʰien$^{13}_{21}$tsʰəŋ$^{13}$tsʰien$^{13}$ʂət$^{5}$ kei$^{53}$li$^{0}$ kʰu$^{21}$.

【食瘌镬】ʂət$^{5}$ lait$^{3}$ uɔk$^{5}$ 动炒菜时放的油很少甚至没放油：冇得油个，炒菜呀，唔放油哇，就安做～，以前冇油食嘞我是。mau$^{13}$tek$^{3}$ iəu$^{13}$ke$^{53}$,tsʰau$^{21}$tsʰɔi$^{53}$ia$^{0}$ ,m̩$^{13}$fəŋ$^{53}$iəu$^{13}$ua$^{0}$ ,tsʰiəu$^{53}_{44}$ɔn$^{35}_{44}$tso$^{53}_{44}$ʂət$^{5}$ lait$^{3}$ uɔk$^{5}$ ,i$^{35}_{44}$tsʰien$^{13}_{21}$mau$^{13}_{21}$iəu$^{13}$ʂət$^{5}$ le$^{0}$ ŋai$^{13}$ʂɿ$^{53}$.

【食力】ʂət$^{5}$ liet$^{5}$ 动靠干体力劳动生活：出元宵，定主意，或食智，或～。tʂʰət$^{3}$ ɲien$^{13}$ siau$^{35}$,tʰin$^{53}$tʂəu$^{21}$i$^{53}$,fət$^{5}$ ʂət$^{5}$ tʂɿ$^{53}$,fət$^{5}$ ʂət$^{5}$ liet$^{5}$.

【食燃】ʂət$^{5}$ lien$^{53}$ 动吃奶：摸摸子出哩世最好有燃食就～就更好嘞。欸有办法呀正来食牛奶嘞。食娭子个燃是硬欸抵抗力都更强。mo$^{35}$mo$^{35}_{44}$tsɿ$^{0}$ tʂʰət$^{3}$ li$^{0}$ ʂɿ$^{53}$tsei$^{53}$xau$^{21}$iəu$^{35}$lien$^{53}$ʂət$^{5}$ tsiəu$^{53}_{44}$ʂət$^{5}$ lien$^{53}$tsiəu$^{53}_{44}$cien$^{53}$xau$^{21}$lei$^{0}$ .e$^{0}$ mau$^{13}$pʰan$^{53}$fait$^{3}$ ia$^{0}$ tʂaŋ$^{53}$lɔi$^{13}_{21}$ʂət$^{5}$ɲiəu$^{13}$lai$^{13}_{21}$le$^{0}$ .ʂət$^{5}$ ɔi$^{35}$tsɿ$^{0}$ ke$^{53}_{44}$lien$^{53}$ʂɿ$^{53}_{44}$ɲiaŋ$^{53}_{44}$e$_{21}$ ti$^{21}$kʰəŋ$^{53}$liet$^{5}$ təu$^{35}_{53}$cien$^{53}$cʰiəŋ$^{13}_{21}$.

【食首】ʂət$^{5}$ ʂəu$^{21}$ 名吃头。又称“食场”：以个汤有么啊～。唔爱去食。～用得更多。i$^{21}$ke$^{53}_{44}$ tʰəŋ$^{35}_{44}$mau$^{13}$mak$^{3}$ a$^{0}$ ʂət$^{5}$ ʂəu$^{21}$.m̩$^{13}_{21}$mɔi$^{53}_{35}$çi$^{53}_{44}$ʂət$^{5}$ .ʂət$^{5}$ ʂəu$^{21}$iəŋ$^{53}_{44}$tek$^{3}$ cien$^{53}_{21}$to$^{35}$.

【食死老】ʂət$^{5}$ si$^{21}$lau$^{21}$ 吃丧饭：以到是啊下只屋老哩人喏，我等又爱来去～喔。i$^{21}$tau$^{53}$ʂɿ$^{53}_{44}$a$_{44}$xa$^{35}$ tʂak$^{3}$ uk$^{3}$ lau$^{21}$li$^{0}$ɲin$^{13}_{21}$no$_{53}$,ŋai$^{13}_{21}$tien$^{0}$ iəu$^{53}$ɔi$^{53}$lɔi$^{13}_{21}$çi$^{53}$ʂət$^{5}$ si$^{21}$lau$^{21}$uo$^{0}$.

【食筒】ʂət$^{5}$ tʰəŋ$^{13}$ 动侵吞部分钱款：食一截啊就安做～啊。食哩筒啊。也不一定系就系食公款就～。别么个钱得渠过哩手，钱走渠过哩手，渠食一截贪污一截，也安做～。到哩渠手上，渠就侵吞一部分呐，就安做～。箇系，打比样，尽滴斗倒钱来，搞只么个路子，系唔系？做只公益事业，做只屋，做只做只祠堂，欸，渠拿倒箇钱呢，搞一截，系啊？自家用嘿滴。就安做食哩筒，侵吞哩公款，侵吞哩别人家个钱，不是渠本不是渠自家个钱。ʂət$^{5}$ iet$^{3}$ tsiet$^{3}$ a$^{0}$ tsʰiəu$^{53}_{44}$ɔn$^{35}_{44}$tso$^{53}_{44}$ʂət$^{5}$ tʰəŋ$^{13}$ŋa$^{0}$ .ʂət$^{5}$ li$^{0}$ tʰəŋ$^{13}$ŋa$^{0}$ .ia$^{35}$pət$^{3}$ iet$^{3}$ tʰin$^{53}$xe$^{53}_{44}$tsʰiəu$^{53}_{44}$xe$^{53}_{44}$ʂət$^{5}$ kəŋ$^{35}$kʰən$^{21}$tsiəu$^{53}_{44}$ʂət$^{5}$ tʰəŋ$^{13}_{21}$.pʰiet$^{5}$ mak$^{3}$ ke$^{53}$tsʰien$^{13}_{21}$tek$^{3}$ ci$^{13}$ko$^{53}$li$^{0}$ ʂəu$^{21}$,tsʰien$^{13}$tsei$^{21}$ci$^{13}$ko$^{53}$li$^{0}$ ʂəu$^{21}$,ci$^{13}$ʂət$^{5}$ iet$^{3}$ tsiet$^{3}$ tʰan$^{35}$u$^{35}_{44}$iet$^{3}$ tsiet$^{3}$ ,ia$^{35}$ɔn$^{35}_{44}$tso$^{53}_{44}$ʂət$^{5}$ tʰəŋ$^{13}_{21}$.tau$^{53}$li$^{0}$ ci$^{13}_{21}$ʂəu$^{21}$xəŋ$^{53}$,ci$^{13}_{21}$tsʰiəu$^{53}_{44}$tsin$^{35}$tʰən$^{35}_{44}$iet$^{3}$ pʰu$^{53}$fən$^{53}$na$^{0}$ ,tsʰiəu$^{53}_{44}$ɔn$^{35}_{44}$tso$^{53}_{44}$ʂət$^{5}$ tʰəŋ$^{13}$.kai$^{53}_{44}$xe$^{53}_{44}$,ta$^{21}$pi$^{21}$iəŋ$^{53}$,tsʰin$^{53}$tet$^{5}_{3}$ tei$^{53}$tau$^{21}$tsʰien$^{13}$lɔi$^{13}_{44}$,kau$^{21}$tʂak$^{3}$ mak$^{3}$ ke$^{53}_{44}$ləu$^{53}$tsɿ$^{0}$ ,xei$^{53}_{44}$me$^{53}_{44}$?tso$^{53}_{44}$tʂak$^{3}$ kəŋ$^{35}$iet$^{3}$ sɿ$^{53}$ɲiet$^{3}$ ,tso$^{53}$tʂak$^{3}$ uk$^{3}$ ,tso$^{53}$tʂak$^{3}$ tso$^{53}$tʂak$^{3}$ tsʰɿ$^{13}$tʰəŋ$^{13}_{44}$,e$_{21}$,ci$^{13}$la$^{53}$tau$^{21}$kai$^{53}_{44}$tsʰien$^{13}_{21}$ne$^{0}$ ,kau$^{21}$iet$^{3}$ tset$^{3}$ ,xe$^{53}_{44}$a$^{0}$ ?tsʰɿ$^{35}_{21}$ka$^{35}_{44}$iəŋ$^{53}$xek$^{3}$ tet$^{5}$ .tsʰiəu$^{53}_{44}$ɔn$^{35}$tso$^{53}_{44}$ʂət$^{5}$ li$^{0}$ tʰəŋ$^{13}$,tsin$^{35}_{44}$tʰən$^{35}_{44}$li$^{0}$ kəŋ$^{35}$kʰən$^{21}$,tsin$^{35}$tʰən$^{35}_{44}$ni$^{0}$ pʰiet$^{5}$ n̩$_{21}$(←ɲin$^{13}$)ka$^{35}_{44}$ke$^{53}_{44}$tsʰien$^{13}_{21}$,pət$^{3}$ ʂɿ$^{53}$ci$^{13}_{21}$pən$^{21}$pət$^{3}$ ʂɿ$^{53}$ci$^{13}_{21}$tsʰɿ$^{35}_{44}$ka$^{35}_{53}$(k)e$^{53}_{0}$tsʰien$^{13}_{21}$.

【食唔得】ʂət$^{5}$ n̩$^{13}_{21}$tek$^{3}$ 不能吃，不适合食用，极不好吃：以前个老个（油菜）揪苦，～。i$^{35}$ tsʰien$^{13}_{21}$ke$^{53}$lau$^{21}$ke$^{53}$tsiəu$^{35}_{21}$fu$^{21}$,ʂət$^{5}$ n̩$^{13}_{21}$tek$^{3}$.｜箇个硇叽红是硬～哦。kai$^{53}_{44}$ke$^{53}_{44}$ləu$^{35}$ci$^{35}_{44}$fəŋ$^{13}$ʂɿ$^{53}_{44}$ɲiaŋ$^{53}_{44}$ʂət$^{5}$ n̩$^{13}_{21}$ tek$^{3}$ o$^{0}$.

【食香】ʂət$^{5}$ çiəŋ$^{35}$ 形受重视，受欢迎；非常热门：你等学堂里箇招生办就蛮有权利哈？哈？蛮～啊。ɲi$^{13}_{21}$tien$^{0}$ xɔk$^{5}$ tʰəŋ$^{13}_{21}$li$^{0}$ kai$^{53}_{44}$tʂau$^{35}_{44}$sien$^{35}_{44}$pʰan$^{53}$tsiəu$^{53}_{21}$man$^{13}_{21}$iəu$^{35}$tʂʰen$^{13}$li$^{53}_{44}$xa$^{0}$ ?xa$^{0}$ ?man$^{13}$ʂət$^{5}_{3}$ çiəŋ$^{35}$ ŋa$^{0}$.｜箇阵子是食国家粮个是就蛮～啦，系找只老公系食国家粮个是真好欸。kai$^{53}$tʂʰən$^{53}$tsɿ$^{0}$ ʂɿ$^{53}_{44}$ʂət$^{5}$ kɔit$^{3}$ cia$^{35}_{53}$liəŋ$^{13}$ke$^{53}$ʂɿ$^{53}_{44}$tsʰiəu$^{53}$man$^{13}_{21}$ʂət$^{5}$ çiəŋ$^{35}$la$^{0}$ ,xe$^{53}$tsau$^{21}$tʂak$^{3}$ lau$^{21}$kəŋ$^{35}_{44}$xe$^{53}$ʂət$^{5}$ kɔit$^{3}$ cia$^{35}_{53}$liəŋ$^{13}$ke$^{53}$

ʂɿ$^{53}_{44}$tʂən$^{35}_{44}$xau$^{21}$e$^{0}$.

【食烟】ʂət$^{5}$ien$^{35}$ 动抽烟：唔～唔食酒，就走下子亲戚。n̩$^{13}$ʂət$^{5}$ien$^{35}_{44}$n̩$^{13}$ʂət$^{5}$tsiəu$^{21}$,tsiəu$^{53}$tsei$^{21}$xa$^{53}$tsɿ$^{0}$ tsʰin$^{35}$tsʰiet$^{3}$.｜你等食下子烟么？ɲi$^{13}$tien$^{0}$ʂət$^{5}$(x)a$^{53}_{44}$tsɿ$^{0}$ien$^{35}$mo$^{0}$?

【食羊】ʂət$^{5}$iɔŋ$^{13}$ 动抓人游戏：还有就舞几条长短不同个树棍子唠，揈下手里唠，顶高就（一）样子唠。你抽中箇条短个子你就爱追哟，或者你就，追追跑个时候子，就～啊，安做～啊。分滴人就追哟，分滴人就跑噢。分滴人就捉……我就，追个人就做豺狼啊。箇跑个人就做羊啊。就去禾坪下来跑哇，去操场里跑哇。箇么人跑嘞，么人追嘞？么人追么人跑嘞就先……先舞正几条棍子唠，长长短短，长短个棍子唠。四个人就搞四条棍子噢。你抽倒长个子就做羊噢，就跑嘿做羊欸；抽倒短个子就做豺狼噢，就～啊。安做～啊。xai$^{13}_{21}$iəu$^{35}_{44}$tsʰiəu$^{53}_{44}$u$^{21}$ci$^{21}$ tʰiau$^{13}$tʂʰɔŋ$^{13}$tɔn$^{21}$pət$^{3}$tʰəŋ$^{13}$ke$^{53}_{44}$ʂəu$^{53}$kuən$^{53}$tsɿ$^{0}$lau$^{0}$,ia$^{21}$(x)a$^{53}_{44}$ʂəu$^{21}$li$^{0}$lau$^{0}$,taŋ$^{21}$kau$^{35}_{44}$tsʰiəu$^{53}_{44}$iɔŋ$^{53}$tsɿ$^{0}$lau$^{0}$.ɲi$^{13}_{21}$ tʂʰəu$^{35}$tʂəŋ$^{53}_{44}$kai$^{53}$tʰiau$^{13}_{21}$tɔn$^{21}$cie$^{53}$tsɿ$^{0}$ɲi$^{13}_{21}$tsʰiəu$^{53}_{44}$ɔi$^{53}_{44}$tʂei$^{35}$iau$^{0}$,xɔit$^{5}$tʂa$^{21}$ɲi$^{13}$tsʰiəu$^{53}_{44}$,tʂei$^{35}$tʂei$^{35}_{44}$pʰau$^{21}$ue$^{53}$ (←ke$^{53}$)ʂe$_{44}$(←ʂɿ$^{13}$xe$^{53}$)tsɿ$^{0}$,tsʰiəu$^{53}_{21}$ʂət$^{5}$iɔŋ$^{13}$ŋa$^{0}$,ɔn$^{35}_{44}$tso$^{53}_{44}$ʂət$^{5}$iɔŋ$^{13}$ŋa$^{0}$.pən$^{35}$tet$^{5}$ɲin$^{21}$tsʰiəu$^{53}_{44}$tʂei$^{35}$iau$^{0}$,pən$^{35}$tet$^{5}$ ɲin$^{21}$tsʰiəu$^{53}_{44}$pʰau$^{21}$uau$^{0}$.pən$^{35}$tet$^{5}$ɲin$^{21}$tsʰiəu$^{53}_{44}$tsɔk$^{3}$…ŋai$^{13}$tsʰiəu$^{53}$,tʂei$^{35}$ke$^{53}$ɲin$^{13}_{44}$tsʰiəu$^{53}_{44}$tso$^{53}$sai$^{13}$lɔŋ$^{13}_{44}$ŋa$^{0}$.kai$^{53}_{44}$ pʰau$^{21}$ke$^{53}$ɲin$^{13}_{21}$tsʰiəu$^{53}_{44}$tso$^{53}$iɔŋ$^{13}$ŋa$^{0}$.tsʰiəu$^{53}_{44}$çi$^{53}_{44}$uo$^{13}_{21}$pʰiaŋ$^{13}_{21}$xa$^{35}$lɔi$^{13}_{21}$pʰau$^{21}$ua$^{0}$,çi$^{53}_{44}$tsʰau$^{35}$tʂʰɔŋ$^{13}_{21}$li$^{21}$pʰau$^{21}$ ua$^{0}$.kai$^{53}_{44}$mak$^{3}$ɲin$^{13}_{44}$pʰau$^{21}$lei$^{0}$,mak$^{3}$ɲin$^{13}_{44}$tʂei$^{35}$lei$^{0}$?mak$^{3}$ɲin$^{13}_{44}$tʂei$^{35}$mak$^{3}$ɲin$^{13}_{44}$pʰau$^{21}$lei$^{0}$tsiəu$^{53}_{44}$sien$^{35}_{44}$…sien$^{35}$ u$^{21}$tʂaŋ$^{53}$ci$^{21}$tʰiau$^{13}$kuən$^{53}$tsɿ$^{0}$lau$^{0}$,tʂʰɔŋ$^{13}$tʂʰɔŋ$^{13}_{44}$tɔn$^{21}$tɔn$^{21}$,tʂʰɔŋ$^{13}$tɔn$^{21}$ke$^{53}_{44}$kuən$^{53}$tsɿ$^{0}$lau$^{0}$.si$^{53}$ke$^{53}_{44}$ɲin$^{13}_{21}$tsʰiəu$^{53}_{44}$ kau$^{21}$si$^{53}$tʰiau$^{13}_{21}$kuən$^{53}$tsɿ$^{0}$au$^{0}$.ɲi$^{13}_{21}$tʂʰəu$^{35}$tau$^{21}$tʂʰɔŋ$^{13}$ke$^{53}_{44}$tsɿ$^{0}$tsʰiəu$^{53}_{44}$tso$^{53}$iɔŋ$^{13}$ŋau$^{0}$,tsʰiəu$^{53}_{44}$pʰau$^{21}$xek$^{3}$tso$^{53}$iɔŋ$^{13}$ ŋe$^{0}$;tʂʰəu$^{35}$tau$^{21}$tɔn$^{21}$ke$^{53}_{44}$tsɿ$^{0}$tsʰiəu$^{53}_{44}$tso$^{53}$sai$^{13}$lɔŋ$^{13}$ŋau$^{0}$,tsʰiəu$^{53}_{21}$ʂət$^{5}$iɔŋ$^{13}$ŋa$^{0}$.ɔn$^{35}_{44}$tso$^{53}_{44}$ʂət$^{5}$iɔŋ$^{13}$ŋa$^{0}$.

【食药】ʂət$^{5}$iɔk$^{5}$ 动服药：打针～ta$^{21}$tʂən$^{35}$ʂət$^{5}$iɔk$^{5}$｜欸落尾～正整好嘞。e$_{13}$lɔk$^{5}$mi$^{35}_{44}$ʂət$^{5}_{3}$iɔk$^{5}$tʂaŋ$^{53}$ tʂaŋ$^{21}$xau$^{21}$le$^{0}$.

【食夜】ʂət$^{5}$ia$^{53}$ 动吃晚饭：你食哩夜了么？到我屋下～！ɲi$^{13}_{21}$ʂət$^{5}$li$^{0}$ia$^{53}$liau$^{0}$mo$^{0}$?tau$^{53}$ŋai$^{13}$uk$^{3}$xa$^{53}_{44}$ ʂət$^{5}$ia$^{53}$!

【食油】ʂət$^{5}$iəu$^{13}$ 动食物吸附油脂：渠指生膏豆腐炮出来个豆腐嘞更松，更唔～，更省油。ci$^{13}_{21}$pʰau$^{13}$ tʂʰət$^{3}$lɔi$^{13}_{21}$ke$^{53}_{44}$tʰei$^{53}$fu$^{53}_{44}$lei$^{0}$cien$^{53}$sən$^{35}$,cien$^{53}$ŋ̍$^{13}$ʂət$^{5}$iəu$^{13}$,cien$^{53}$saŋ$^{21}$iəu$^{13}$.

【食冤枉】ʂət$^{5}$ien$^{35}$uɔŋ$^{21}$ 指不劳而获：渠等话箇村上当村干部哇，让门咁多人想当村干部？工资又唔高，系唔系？事又咁多做。渠等有人话嘞就系嘞当村干部食得蛮多冤枉倒。ci$^{13}$tien$^{0}$ ua$^{53}$kai$^{53}_{44}$tsʰən$^{35}$xɔŋ$^{53}$tɔŋ$^{35}$tsʰən$^{35}$kɔn$^{35}$pʰu$^{53}_{44}$ua$^{0}$,ɲiɔŋ$^{53}$mən$^{0}$kan$^{21}$to$^{35}$ɲin$^{13}_{21}$siɔŋ$^{21}$tɔŋ$^{35}_{44}$tsʰən$^{35}$kɔn$^{35}_{21}$pʰu$^{53}_{44}$?kəŋ$^{35}$tsɿ$^{35}_{44}$ iəu$^{53}$n̩$^{13}_{21}$kau$^{35}$,xei$^{53}_{44}$me$^{53}_{44}$?sɿ$^{53}$iəu$^{53}_{44}$kan$^{21}$to$^{35}$tso$^{53}$.ci$^{13}$tien$^{0}$iəu$^{35}_{44}$ɲin$^{13}$ua$^{53}$lei$^{0}$tsʰiəu$^{53}_{44}$xe$^{53}_{44}$le$^{0}$tɔŋ$^{35}$tsʰən$^{35}$kɔn$^{35}_{44}$pʰu$^{53}_{44}$ ʂət$^{5}$tek$^{3}$man$^{13}_{21}$to$^{35}_{44}$ien$^{35}$uɔŋ$^{21}$tau$^{21}$.

【食斋】ʂət$^{5}$tsai$^{35}$ 动吃素食，不吃肉、鱼等食物：箇有以前是还有是箇个噢，欸，正斋箇晡就硬系～哟。正斋箇晡哇～。冇得荤。冇得荤呐。尽～。十碗菜，或者十二碗菜，尽斋。箇晡，就客佬子都～啦。箇有咁个。以下唔搞了唠，以下冇多么人搞。我去食过。正斋箇晡就一……尽系斋菜，食十碗。尽斋菜。还有糯米丸呐，有斋鱼啊。十碗嘛。kai$^{53}$iəu$^{35}$i$^{35}$tsʰien$^{13}_{21}$ʂɿ$^{53}_{44}$ xai$^{13}_{21}$iəu$^{35}_{44}$ʂɿ$^{53}_{44}$kai$^{53}_{44}$ke$^{53}_{44}$au$^{0}$,e$_{21}$,tʂən$^{53}$tsai$^{35}_{44}$kai$^{53}_{44}$pu$^{35}_{44}$tsʰiəu$^{53}_{44}$ɲiaŋ$^{53}_{44}$xei$^{53}_{44}$ʂət$^{5}$tsai$^{35}$iau$^{0}$.tʂən$^{53}$tsai$^{35}_{44}$kai$^{53}_{44}$pu$^{35}_{44}$ua$^{0}$ʂət$^{5}$ tsai$^{35}$.mau$^{13}_{21}$tek$^{3}$fən$^{35}$.mau$^{13}_{21}$tek$^{3}$fən$^{35}$na$^{0}$.tsʰin$^{53}$ʂət$^{5}$tsai$^{35}$.ʂət$^{5}$uon$^{21}$tsʰɔi$^{53}$,xɔit$^{3}$tʂa$^{21}$ʂət$^{5}$ɲi$^{53}$uon$^{21}$tsʰɔi$^{53}$,tsʰin$^{53}$ tsai$^{35}$.kai$^{53}_{44}$pu$^{35}$,tsʰiəu$^{53}$kʰak$^{3}$lau$^{21}$tsɿ$^{0}$təu$^{35}_{44}$ʂət$^{5}$tsai$^{35}_{44}$la$^{0}$.kai$^{53}_{44}$iəu$^{35}$kan$^{21}$cie$^{53}$.i$^{21}$xa$^{53}$n̩$^{13}_{21}$kau$^{21}$liau$^{21}$lau$^{0}$,i$^{21}$xa$^{53}$mau$^{13}_{21}$ to$^{35}_{44}$mak$^{3}$in$^{13}_{21}$kau$^{21}$.ŋai$^{13}_{21}$cʰi$^{53}_{44}$ʂət$^{5}$ko$^{53}$.tʂən$^{53}$tsai$^{35}_{44}$kai$^{53}_{44}$pu$^{35}_{44}$tsʰiəu$^{53}_{44}$iet$^{3}$…tsʰin$^{53}$xe$^{53}_{44}$tsai$^{35}$tsʰɔi$^{53}$,ʂət$^{5}_{3}$ʂət$^{5}$ uon$^{21}$.tsʰin$^{53}$tsai$^{35}$tsʰɔi$^{53}$.xai$^{13}_{21}$iəu$^{35}$lo$^{53}$mi$^{21}$ien$^{13}$na$^{0}$,iəu$^{35}$tsai$^{35}$ŋ̍$^{13}$ŋa$^{0}$.ʂət$^{5}$uon$^{21}$ma$^{0}$.｜渠自家安做斋公，安做长日～。ci$^{13}_{21}$tsʰɿ$^{35}$ka$^{35}_{53}$ɔn$^{35}_{53}$tso$^{53}$tsai$^{35}$kəŋ$^{35}_{44}$,ɔn$^{35}_{44}$tso$^{53}_{44}$tʂʰɔŋ$^{13}$ɲiet$^{3}$ʂət$^{5}$tsai$^{35}$.

【食朝】ʂət$^{5}$/ʂɿt$^{5}$tʂau$^{35}$ 动吃早饭：～嘞，还有只～嘞，食早饭也是。"你食哩朝了么？"以下唔多讲凑。嗯，老人家子讲："你食哩朝了么？"以下都讲食哩早饭了么。ʂɿt$^{5}$tʂau$^{35}$lei$^{0}$,xai$^{13}_{21}$ iəu$^{35}_{53}$tʂak$^{3}$ʂɿt$^{5}$tʂau$^{35}$lei$^{0}$,ʂɿt$^{5}$tsau$^{21}$fan$^{53}_{44}$na$^{35}_{44}$ʂɿ$^{53}$."ɲi$^{13}$ʂət$^{5}$li$^{0}$tʂau$^{35}$liau$^{0}$mo$^{0}$?"i$^{21}$xa$^{53}$n̩$^{13}$to$^{35}_{53}$kəŋ$^{21}$tsʰe$^{0}$.n̩$_{21}$,lau$^{21}$ ɲin$^{13}$ka$^{35}_{53}$tsɿ$^{0}$kəŋ$^{21}_{21}$:"ɲi$^{13}$ʂət$^{5}$li$^{0}$tʂau$^{35}$liau$^{0}$mo$^{0}$?"i$^{21}$xa$^{53}_{44}$təu$^{35}$kəŋ$^{21}$ʂət$^{5}$li$^{0}$tsau$^{21}$fan$^{53}$liau$^{21}$mo$^{0}$.｜～就硬冇多么人讲了，嗯，但是食昼食夜嘞箇就还长日讲。ʂət$^{5}$tʂau$^{35}$tsʰiəu$^{53}$ɲiaŋ$^{53}$mau$^{13}$to$^{35}_{53}$mak$^{3}$ɲin$^{13}_{44}$kəŋ$^{21}$ liau$^{0}$,n̩$_{53}$,tan$^{53}_{44}$ʂɿ$^{53}_{44}$ʂət$^{5}$tʂəu$^{53}$ʂət$^{5}$ia$^{53}$lei$^{0}$kai$^{53}$tsʰiəu$^{53}$xai$^{13}_{21}$tʂʰɔŋ$^{13}$ɲiet$^{3}$kəŋ$^{21}$.

【食智】ʂət$^{5}$tʂɿ$^{53}$ 动依靠脑力劳动来生活：出元宵，定主意，或～，或食力。tʂʰət$^{3}$ɲien$^{13}$ siau$^{35}$,tʰin$^{53}$tʂəu$^{21}$i$^{53}$,fət$^{5}$ʂət$^{5}$tʂɿ$^{53}$,fət$^{5}$ʂət$^{5}$liet$^{5}$.

【食昼】ʂət$^{5}$tʂəu$^{53}$ 动吃午饭：到我箇～！tau$^{53}$ŋai$^{13}_{21}$kai$^{53}_{44}$ʂət$^{5}$tʂəu$^{53}$!｜我唔归来～，我去饭店里～。

S

ŋai$^{13}_{21}$n̩$^{13}$kuei$^{35}_{44}$lɔi$^{13}_{44}$ʂət$^{5}$tʂəu$^{53}$,ŋai$^{13}$çi$^{53}$fan$^{53}$tian$^{53}$li$^{0}$ʂət$^{5}$tʂəu$^{53}$.

【蚀】ʂət$^{5}$ 动①丢失；损失：吓尽哩命，啊魂魄都～嘿哩样。xak$^{3}$ts$^{h}$in$^{53}$ni$^{0}$miaŋ$^{53}$,a$^{0}$fən$^{13}$p$^{h}$ak$^{3}$təu$^{35}_{44}$ʂet$^{5}$(x)ek$^{3}$li$^{0}$iɔŋ$^{53}_{44}$. ②缺，短少：总数都少一丘。落尾搞懒哩正晓得，～嘿丘哪映去嘞？tsəŋ$^{21}$səu$^{21}$təu$^{35}_{44}$ʂau$^{21}$iet$^{3}$c$^{h}$iəu$^{35}$.lɔk$^{5}_{3}$mi$^{35}_{44}$kau$^{21}$lan$^{35}$ni$^{0}$tʂaŋ$^{53}_{44}$çiau$^{21}$tek$^{3}$,ʂət$^{5}$(x)ek$^{3}$c$^{h}$iəu$^{35}_{44}$lai$^{53}_{44}$iaŋ$^{53}_{44}$çi$^{53}_{44}$lei$^{0}$?｜我两十斤茶籽就只称倒十八斤子，就爱～嘿两斤。ŋai$^{13}$iɔŋ$^{21}$ʂət$^{5}$cin$^{35}_{53}$ts$^{h}$a$^{13}$tsɿ$^{21}$ts$^{h}$iəu$^{53}$tʂʅ$^{21}$tʂ$^{h}$ən$^{53}$tau$^{21}$ʂət$^{5}$pait$^{3}$cin$^{35}_{44}$tsɿ$^{0}$,ts$^{h}$iəu$^{53}$ɔi$^{53}$ʂət$^{5}$(x)ek$^{3}$iɔŋ$^{21}$cin$^{35}_{44}$.

【蚀溻】ʂət$^{5}$t$^{h}$ait$^{3}$ 动遭受重大损失：欸，客家人话有滴东西就讲得蛮箇个啦。有滴人带细人子，系唔系？带下河边去嬲，好啦，箇细人子浸死哩，“～哩哦”，安做～哩。ei$_{44}$,k$^{h}$ak$^{3}$ka$^{35}_{44}$ɲin$^{13}_{21}$ua$^{53}_{44}$iəu$^{35}$tet$^{5}$təŋ$^{35}_{44}$si$^{0}$ts$^{h}$iəu$^{53}_{44}$kɔŋ$^{21}$tek$^{3}$man$^{13}$kai$^{53}_{44}$ke$^{53}_{44}$la$^{0}$.iəu$^{35}$tet$^{5}$ɲin$^{13}_{44}$tai$^{53}_{44}$se$^{53}$ɲin$^{13}_{21}$tsɿ$^{0}$,xei$^{53}_{44}$me$^{53}_{44}$?tai$^{53}_{44}$(x)a$^{53}_{44}$xo$^{13}$pien$^{35}_{44}$çi$^{53}_{44}$liau$^{53}$,xau$^{21}$la$^{0}$,kai$^{53}_{44}$se$^{53}$ɲin$^{13}_{21}$tsɿ$^{0}$tsin$^{53}$si$^{21}$li$^{0}$,"ʂət$^{3}$t$^{h}$ait$^{3}$li$^{0}$o$^{0}$",ɔn$^{35}_{44}$tso$^{53}_{44}$ʂət$^{3}$t$^{h}$ait$^{3}$li$^{0}$.

【屎】ʂʅ$^{21}$ 名粪便：渠指蜣螂专门食～。ci$^{13}$tʂen$^{35}$mən$^{13}_{21}$ʂət$^{5}$ʂʅ$^{21}$.

【屎缸】ʂʅ$^{21}$kɔŋ$^{35}$ 名粪缸：～啊，茅司里个屎啊，屙屎个屎啊。ʂʅ$^{21}$kɔŋ$^{35}$ŋa$^{0}$,mau$^{13}$sɿ$^{35}_{53}$li$^{0}$ke$^{53}_{44}$ʂʅ$^{21}$ʐa$^{0}$,o$^{35}_{44}$ʂʅ$^{21}$ke$^{53}$ʂʅ$^{21}$ʐa$^{0}$.

【屎缸凼】ʂʅ$^{21}$kɔŋ$^{35}$t$^{h}$ɔŋ$^{53}$ 名厕所里的粪坑：我等箇映去老家系倒，我等箇茅司屋起码就有一百五十米远。欸嘿，一百五十米远凑。唔知我爷子等人箇阵子六七十岁了让门过个。我等想哩呀，箇个间后背我等想哩做只茅司啊，就话远呐，系唔系啊？想做下间后背啊做一只，呃，砌几口砖呐，舞只箇个啊，舞只茅司就，舞只～凑啊。但是想来想去都还系唔爱。喷臭哇，箇会臭得尽命啊。箇阵有么人会去冲个？箇茅司里个箇屙倒个屎是爱留起来咯，爱淋菜咯。搞集体个时候子是卖家肥咯。ŋai$^{13}$tien$^{0}$kai$^{53}$iaŋ$^{53}$çi$^{53}$lau$^{21}$cia$^{35}_{44}$xei$^{53}$tau$^{21}$,ŋai$^{13}$tien$^{0}$kai$^{53}$mau$^{13}$sɿ$^{35}_{53}$uk$^{3}$çi$^{21}$ma$^{35}_{44}$ts$^{h}$iəu$^{53}$iəu$^{35}$iet$^{3}$pak$^{3}$ŋ̍$^{21}$ʂət$^{5}$mi$^{21}$ien$^{21}$.e$_{44}$xe$_{53}$,iet$^{3}$pak$^{3}$ŋ̍$^{21}$ʂət$^{5}$mi$^{21}$ien$^{21}$ts$^{h}$e$^{0}$.n̩$^{13}$ti$^{35}_{53}$ŋai$^{13}_{21}$ia$^{13}$tsɿ$^{0}$ten$^{21}_{44}$in$^{13}_{44}$kai$^{53}$tʂ$^{h}$ən$^{53}$tsɿ$^{0}$liəuk$^{3}$ts$^{h}$iet$^{3}$ʂət$^{5}$sɔi$^{53}$liau$^{0}$ɲiɔŋ$^{53}_{44}$mən$^{13}_{44}$ko$^{53}$ke$^{53}$.ŋai$^{13}$tien$^{0}$siɔŋ$^{21}$li$^{0}$ia$^{0}$,kai$^{53}_{44}$kei$^{53}_{44}$kan$^{35}$xei$^{53}$pɔi$^{53}_{44}$ŋai$^{13}$tien$^{0}$siɔŋ$^{21}$li$^{0}$tso$^{53}$tʂak$^{3}$mau$^{13}$sɿ$^{35}_{53}$a$^{0}$,ts$^{h}$iəu$^{53}$ua$^{53}$ien$^{21}$na$^{0}$,xei$^{53}$mei$^{53}$a$^{0}$?siɔŋ$^{21}$tso$^{53}_{44}$(x)a$^{53}_{44}$kan$^{35}$xei$^{53}$pɔi$^{53}$tsɿ$^{0}$a$^{0}$tso$^{53}$iet$^{3}$tʂak$^{3}$,ə$_{35}$,ts$^{h}$i$^{53}$ci$^{21}$xei$^{21}$tʂuən$^{35}$na$^{0}$,u$^{21}$tʂak$^{3}$kai$^{53}$ke$^{53}$a$^{0}$,u$^{21}$tʂak$^{3}$mau$^{13}$sɿ$^{35}_{53}$ts$^{h}$iəu$^{53}_{44}$,u$^{21}$tʂak$^{3}$ʂʅ$^{21}$kɔŋ$^{35}_{44}$t$^{h}$ɔŋ$^{53}$ts$^{h}$e$^{0}$a$^{0}$.tan$^{53}$ʂʅ$^{53}$siɔŋ$^{21}$lɔi$^{13}$siɔŋ$^{21}$c$^{h}$i$^{53}$təu$^{35}_{53}$xai$^{13}_{21}$xe$^{53}$m̩$^{13}_{21}$mɔi$^{53}$.p$^{h}$əŋ$^{35}$tʂ$^{h}$əu$^{53}$ua$^{0}$,kai$^{53}_{44}$uɔi$^{53}_{44}$tʂ$^{h}$əu$^{53}$tek$^{3}$ts$^{h}$in$^{53}_{44}$miaŋ$^{53}$ŋa$^{0}$.kai$^{53}$tʂ$^{h}$ən$^{53}$iəu$^{35}_{53}$mak$^{3}$ɲin$^{13}_{44}$uɔi$^{53}$çi$^{53}$tʂ$^{h}$əŋ$^{35}$kei$^{53}_{44}$?kai$^{53}$mau$^{13}$sɿ$^{35}_{53}$li$^{21}$kei$^{53}$kai$^{53}_{44}$o$^{35}$tau$^{21}$ke$^{53}$ʂʅ$^{21}$ʂʅ$^{53}_{44}$ɔi$^{53}$liəu$^{13}$çi$^{21}$lɔi$^{13}_{44}$ko$^{0}$,ɔi$^{53}_{44}$lin$^{13}$ts$^{h}$ɔi$^{53}$ko$^{0}$.kau$^{21}$ts$^{h}$iet$^{5}$t$^{h}$i$^{21}$ke$^{53}$ʂʅ$^{13}$xei$^{53}$tsɿ$^{0}$ʂʅ$^{53}_{44}$mai$^{53}$cia$^{35}$fei$^{13}_{21}$ko$^{0}$.

【屎缸鸟】ʂʅ$^{21}$kɔŋ$^{35}$tiau$^{35}$ 名偷屎雀儿：开头箇树蓬里几只～咯。k$^{h}$ɔi$^{35}$t$^{h}$ei$^{13}_{21}$kai$^{53}_{44}$ʂəu$^{53}$p$^{h}$əŋ$^{13}_{21}$li$^{0}$ci$^{21}$tʂak$^{3}$ʂʅ$^{21}$kɔŋ$^{35}_{44}$tiau$^{35}$ko$^{0}$.

【屎军师】ʂʅ$^{21}$tʂən$^{35}$sɿ$^{35}$ 名替人出馊主意的人：军师就欸军队肚里谋事个，系唔系？欸出主意个，如今呢还有讲欸出主意个。你莫当欸莫当么个军师啊？就系出屎主意个，莫当～。“你主意就出中来啦，你莫当只～嘞。”出馊主意个。tʂən$^{35}$sɿ$^{35}$ts$^{h}$iəu$^{53}_{44}$e$_{21}$tʂən$^{35}$ti$^{53}$təu$^{21}$li$^{0}$miau$^{13}$sɿ$^{53}$ke$^{53}_{44}$,xei$^{53}_{44}$me$^{53}_{44}$?e$^{0}$tʂ$^{h}$ət$^{3}$tʂəu$^{21}$i$^{53}$ke$^{53}$,i$^{21}$cin$^{35}_{53}$nei$^{0}$xai$^{13}_{21}$iəu$^{35}_{53}$kɔŋ$^{21}$ŋei$^{0}$tʂ$^{h}$ət$^{3}$tʂəu$^{21}$i$^{53}$ke$^{53}$. ɲi$^{13}_{21}$mɔk$^{5}$tɔŋ$^{35}$e$_{21}$mɔk$^{5}$tɔŋ$^{35}$mak$^{3}$e$^{0}$tʂən$^{35}_{44}$sɿ$^{35}_{44}$a$^{0}$?ts$^{h}$iəu$^{53}_{44}$xe$^{53}_{44}$tʂ$^{h}$ət$^{3}$ʂʅ$^{21}$tʂəu$^{21}$i$^{53}$ke$^{53}$,mɔk$^{5}$tɔŋ$^{35}_{44}$ʂʅ$^{21}$tʂən$^{35}_{44}$sɿ$^{35}_{44}$."ɲi$^{13}$tʂəu$^{21}$i$^{53}$ts$^{h}$iəu$^{53}$tʂ$^{h}$ət$^{3}$tʂəŋ$^{53}$lɔi$^{13}_{21}$la$^{0}$, ɲi$^{13}_{21}$mɔk$^{5}$tɔŋ$^{35}_{44}$tʂak$^{3}$ʂʅ$^{21}$tʂən$^{35}_{44}$sɿ$^{35}_{44}$le$^{0}$."tʂ$^{h}$ət$^{3}$sei$^{35}$tʂəu$^{21}$i$^{53}$ke$^{53}$.

【屎米馃子】ʂʅ$^{21}$mi$^{21}$ko$^{21}$tsɿ$^{0}$ 名神志不清者将大便捏成的米馃状物：我等以映就有咁个啦，箇个神志不清个老人家屙哩屎都唔晓得呀，一搭搭倒去做～到处丢哇。系有咁个啦，硬真系有哇，硬输哩命哦硬哦。一家有一只都唔得了哩哦。ŋai$^{13}_{21}$tien$^{0}$i$^{21}$iaŋ$^{53}$ts$^{h}$iəu$^{53}_{44}$iəu$^{35}$kan$^{21}$ke$^{53}$la$^{0}$,kai$^{53}_{44}$ke$^{53}_{44}$ʂən$^{13}$tʂʅ$^{53}$pət$^{3}$ts$^{h}$in$^{35}$ke$^{53}$lau$^{21}$ɲin$^{13}$ka$^{35}_{44}$o$^{35}$li$^{0}$ʂʅ$^{21}$təu$^{35}_{53}$n̩$^{13}_{21}$çiau$^{21}$tek$^{3}$ia$^{0}$,iet$^{3}$k$^{h}$ak$^{5}$k$^{h}$ak$^{5}$tau$^{21}$çi$^{53}_{44}$tso$^{53}$ʂʅ$^{21}$mi$^{21}$ko$^{21}$tsɿ$^{0}$tau$^{53}$tʂ$^{h}$əu$^{53}$tiəu$^{35}_{44}$ua$^{0}$.xei$^{53}$iəu$^{35}$kan$^{21}$cie$^{53}$la$^{0}$, ɲiaŋ$^{53}$tʂən$^{35}$xei$^{53}_{44}$iəu$^{35}$ua$^{0}$, ɲiaŋ$^{53}$ʂəu$^{35}_{44}$li$^{0}$miaŋ$^{53}$ŋo$^{0}$ɲiaŋ$^{53}_{44}$ŋo$^{0}$.iet$^{3}$ka$^{35}$iəu$^{35}_{53}$iet$^{3}$tʂak$^{3}$təu$^{35}_{53}$n̩$^{13}_{21}$tek$^{3}$liau$^{21}$li$^{0}$o$^{0}$.｜我细细子都只有咁雀啊，年轻个时候子我都只有咁聪明呐，以下还有越老越聪明吗嘞？只有越老越□傻。我只爱听晡莫成哩嘞我箇屎尿都搞下床上做～，莫咁□就莫搞成咁个样子就要得哩。ŋai$^{13}$se$^{53}$se$^{53}$tsɿ$^{0}$təu$^{35}_{53}$tʂʅ$^{21}$iəu$^{35}_{53}$kan$^{21}$ts$^{h}$iɔk$^{3}$a$^{0}$, ɲien$^{13}$c$^{h}$in$^{35}$ke$^{53}$ʂʅ$^{13}_{21}$xəu$^{53}$tsɿ$^{0}$ŋai$^{13}_{21}$təu$^{35}_{53}$tʂʅ$^{21}$iəu$^{35}_{53}$kan$^{21}$ts$^{h}$əŋ$^{35}$min$^{13}_{21}$na$^{0}$,i$^{21}$xa$^{53}$xai$^{13}_{21}$iəu$^{35}_{44}$uet$^{5}$lau$^{21}$uet$^{5}$ts$^{h}$əŋ$^{35}$min$^{13}_{21}$ma$^{0}$lei$^{0}$?tʂʅ$^{21}$iəu$^{35}_{53}$uet$^{5}$lau$^{21}$uet$^{5}$ʂe$^{13}$.ŋai$^{13}$tʂʅ$^{21}$ɔi$^{53}$t$^{h}$in$^{35}_{44}$pu$^{35}_{44}$mɔk$^{5}$ʂaŋ$^{13}_{21}$li$^{0}$le$^{0}$ŋai$^{13}$kai$^{53}$ʂʅ$^{21}$ɲiau$^{53}_{44}$təu$^{35}_{53}$kau$^{21}$ua$^{53}_{44}$ts$^{h}$ɔŋ$^{13}_{21}$xɔŋ$^{53}_{44}$tso$^{53}$ʂʅ$^{21}$mi$^{21}$ko$^{21}$tsɿ$^{0}$,mɔk$^{5}$kan$^{21}$ʂe$^{13}$tsiəu$^{53}$mɔk$^{5}$kau$^{21}$ʂaŋ$^{13}$kan$^{21}_{13}$ke$^{53}_{44}$iɔŋ$^{53}$tsɿ$^{0}$ts$^{h}$iəu$^{53}$iau$^{53}$tek$^{3}$li$^{0}$.

【屎耙骨】ʂʅ$^{21}$p$^{h}$a$^{13}$kuət$^{3}$ 名骶骨：就系箇个肛门侧边个箇只骨头就安做～吧？ts$^{h}$iəu$^{53}$xe$^{53}_{44}$kai$^{53}$ke$^{53}_{44}$kɔŋ$^{35}$mən$^{13}$tsek$^{3}$pien$^{35}$ke$^{53}_{44}$kai$^{53}_{44}$iak$^{3}$(←tʂak$^{3}$)kuət$^{3}$t$^{h}$ei$^{13}$tsiəu$^{53}_{44}$ɔn$^{35}_{44}$tso$^{53}_{44}$ʂʅ$^{21}$p$^{h}$a$^{13}$kuət$^{3}$pa$^{0}$?

【屎棋】ʂʅ$^{21}$c$^{h}$i$^{13}$ 名不高明的棋术或着数：～就臭棋呀。ʂʅ$^{21}$c$^{h}$i$^{13}$ts$^{h}$iəu$^{53}_{44}$tʂ$^{h}$əu$^{53}$c$^{h}$i$^{13}$ia$^{0}$.

【屎蛆】ʂʅ$^{21}$tsʰi$^{35}$ [名]专指粪坑里的蛆：欸，茅厕里个，粪凼里个箇起就安做～。再还有其他地方个，就叫做蛆。e$_{53}$,mau$^{13}$sɿ$^{35}_{53}$li$^{0}$ke$^{53}$,pən$^{53}$tʰɔŋ$^{53}_{44}$li$^{0}$ke$^{53}_{44}$kai$^{53}$çi$^{21}$tsʰiəu$^{53}_{44}$ɔn$^{35}_{44}$tso$^{53}_{44}$ʂʅ$^{21}$tsʰi$^{35}$.tsai$^{53}$xai$^{13}_{21}$iəu$^{35}_{44}$cʰi$^{13}$tʰa$^{35}_{44}$tʰi$^{53}_{44}$fɔŋ$^{35}_{44}$ke$^{53}_{44}$,tsʰiəu$^{53}$ciau$^{53}_{44}$tso$^{53}_{44}$tsʰi$^{35}_{44}$.

【屎勺】ʂʅ$^{21}$ʂɔk$^{5}$ [名]喻指飞来之祸、无妄之灾：箇到我问渠，我话："搞清哩冇你箇只～哦？"我等是安做惹只～啊。我话："你箇～搞清哩么？""莫去讲！还爱十万正了得箇只清噢硬噢。正唔得寻哩我哟。" kai$^{53}$tau$^{53}_{44}$ŋai$^{13}$uən$^{53}_{44}$ci$^{13}_{44}$,ŋai$^{13}$(u)a$^{53}_{44}$:"kau$^{21}$tsʰin$^{35}$ni$^{0}$mau$^{13}_{44}$ɲi$^{13}$kai$^{53}_{44}$tʂak$^{3}$ʂʅ$^{21}$ʂɔk$^{5}$o$^{0}$?" ŋai$^{13}$tien$^{0}$ʂʅ$^{53}_{44}$ɔn$^{35}_{44}$tso$^{53}_{44}$ɲia$^{35}$tʂak$^{3}$ʂʅ$^{21}$ʂɔk$^{5}$a$^{0}$.ŋai$^{13}$ua$^{53}_{44}$:"ɲi$^{13}_{44}$kai$^{53}$ʂʅ$^{21}$ʂɔk$^{5}$kau$^{21}$tsʰin$^{35}$ni$^{0}$mo$^{0}$?""mɔk$^{5}$çi$^{53}$kɔŋ$^{21}$!xa$^{13}_{21}$ɔi$^{53}_{44}$ʂət$^{5}$uan$^{53}$tʂaŋ$^{53}$liau$^{21}$tek$^{3}$kai$^{53}$tʂak$^{3}$tsʰin$^{35}$au$^{0}$ɲiaŋ$^{53}$au$^{0}$.tʂaŋ$^{53}$n̩$^{13}$tek$^{3}$tsʰin$^{13}$ni$^{0}$ŋai$^{13}_{21}$iau$^{0}$."

【屎帖布】ʂʅ$^{21}$tʰiait$^{3}$pu$^{53}$ [名]尿布。又称"屎帖子"：带摸摸子是硬爱勤快滴子哦。肯做勤快滴子兜屎兜尿喔，莫放莫用惯莫用咁多么个尿不湿嘞～喔。tai$^{53}$mo$^{35}$mo$^{35}_{44}$tsɿ$^{0}$ʂʅ$^{53}_{44}$ɲiaŋ$^{53}$ɔi$^{53}_{44}$cʰin$^{13}$kʰuai$^{53}_{44}$tiet$^{5}$tsɿ$^{0}$o$^{0}$.xen$^{21}$tso$^{53}$cʰin$^{13}$kʰuai$^{53}$tiet$^{5}$tsɿ$^{0}$tei$^{35}$ʂʅ$^{21}$tei$^{35}$ɲiau$^{53}$uo$^{0}$,mɔk$^{5}$fɔŋ$^{53}$mɔk$^{5}$iəŋ$^{53}$kuan$^{53}$mɔk$^{5}$iəŋ$^{53}$kan$^{21}$to$^{35}_{44}$mak$^{3}$kei$^{53}_{44}$ɲiau$^{53}$pət$^{3}$ʂət$^{3}$le$^{0}$ʂʅ$^{21}$tʰiait$^{3}$pu$^{53}$uo$^{0}$.

【屎帖子】ʂʅ$^{21}$tʰiait$^{3}$tsɿ$^{0}$ [名]尿布：～用是用得啊，还系爱多兜，爱多兜下子屎尿。ʂʅ$^{21}$tʰiait$^{3}$tsɿ$^{0}$iəŋ$^{53}$ʂʅ$^{53}_{44}$iəŋ$^{53}$tek$^{3}$a$^{0}$,xai$^{13}$xe$^{53}$ɔi$^{53}$to$^{35}$tei$^{35}$,ɔi$^{53}_{44}$to$^{35}$tei$^{35}$ia$^{53}$tsɿ$^{0}$ʂʅ$^{21}$ɲiau$^{53}$.

【屎乌蝇】ʂʅ$^{21}$u$^{35}$in$^{13}$ [名]绿头苍蝇：呃，箇碗菜莫去食哩，有～去踪哩了。ə$_{44}$,kai$^{53}$uɔn$^{21}$tsʰɔi$^{53}$mɔk$^{5}$çi$^{53}_{44}$ʂət$^{5}$li$^{0}$,iəu$^{35}$ʂʅ$^{21}$u$^{35}$in$^{13}$çi$^{53}_{44}$tsəŋ$^{35}$li$^{0}$liau$^{0}$.

【士】sɿ$^{53}$ [动]下中国象棋时拿士去消灭对方的棋子：～嘿去 sɿ$^{53}$xek$^{3}$çi$^{53}$

【士林】sɿ$^{53}$lin$^{13}_{21}$ [名]一种细棉布，纱较精：～布是做红领巾个就红～呶。sɿ$^{53}$lin$^{13}_{21}$pu$^{53}$ʂʅ$^{53}_{44}$tso$^{53}$fəŋ$^{13}$lin$^{21}$cin$^{35}$ke$^{53}_{44}$tsʰiəu$^{53}_{44}$fəŋ$^{13}$sɿ$^{53}$lin$^{13}$nau$^{0}$.｜蓝～ lan$^{13}$sɿ$^{53}$lin$^{13}_{21}$蓝色的士林布

【氏】ʂʅ$^{53}$ [名]①一家成员所共同采用的姓：还有祖牌。就系打比样讨新人呢，卖妹子啊，爱写块祖牌。欸，打比我姓万个人噢，万～宗祖神位，六只字。万～宗祖神位，也爱合黄道。第六只字就爱落下生字上啦。欸，箇字数上爱注意。欸，你不能加多加。箇只姓个万字，要求冇得么啊几多要求，只爱唔……一般都写繁体字，唔写简化字。我等姓万个人咯，我等唔写简化字，唔写箇三笔个，写箇草头个萬字。好，底下个～，宗，祖，神，位，箇几只字个写法有规定。～字，四笔，一撇，竖钩，横，斜钩，系啊？箇四笔，必须黪稳，安做～不脱笔。不……不脱笔，一定爱莫脱。一笔一笔爱黪稳，～不脱笔。宗字，顶高一只宝盖头，底下一只请示个示，系唔系啊？表示个示。箇宗字个盖头不能比底下个示字更阔。宗不盖示。一般写嘞，箇示字个第二横，写长滴，宝盖头写狭滴子。宗不盖示。祖嘞，祖宗个祖，祖字左边冇得要求，右边，系只且字。且字箇上背有只口，好像目字样。欸口不能封，安做祖不闭目，唔眯啦眼珠去，不闭目。欸，神呢，就右边箇申字，以只申字嘞可以看作一只口字。就必须要，必须要接稳呐，一笔一笔必须需要接稳去。神不开口，不开口，箇就不能像祖字样呢，丫开滴子来。箇就一定爱黪稳去。位嘞，左边一只单人旁，右边一只立字。立正个立。箇立字个最后一笔爱摎以只单人旁黪稳。位不离人。单人旁就系人字。欸，位字嘞，箇只单人旁摎箇立字个箇横不能够脱，位不离人。欸，箇就……箇就规定呐。欸，蛮多人唔晓得。xai$^{13}_{21}$iəu$^{35}_{44}$tsəu$^{21}$pʰai$^{13}$.tsʰiəu$^{53}_{44}$xei$^{53}_{44}$ta$^{21}$pi$^{21}$iɔŋ$^{53}_{44}$tʰau$^{21}$sin$^{35}$ɲin$^{13}_{21}$ne$^{0}$,mai$^{53}$mɔi$^{53}$tsɿ$^{0}$a$^{0}$,ɔi$^{53}_{44}$sia$^{21}$kʰuai$^{53}$tsəu$^{21}$pʰai$^{13}$.e$_{21}$,ta$^{21}$pi$^{21}$ŋai$^{13}$siaŋ$^{53}$uan$^{53}$ke$^{53}_{44}$ɲin$^{13}_{21}$au$^{0}$,uan$^{53}$ʂʅ$^{53}$tsəŋ$^{35}$tsəu$^{21}$ʂən$^{13}$uei$^{53}$,liəuk$^{3}$tʂak$^{3}$tsʰɿ$^{53}$.uan$^{53}$ʂʅ$^{53}$tsəŋ$^{35}$tsəu$^{21}$ʂən$^{13}$uei$^{53}$,ia$^{35}$ɔi$^{53}_{44}$xɔit$^{5}$uɔŋ$^{13}$tʰau$^{53}$.tʰi$^{53}$liəuk$^{3}$tʂak$^{3}$tsʰɿ$^{53}_{44}$tsʰiəu$^{53}_{44}$ɔi$^{53}_{44}$lɔk$^{5}$a$^{0}$sien$^{35}$tsʰɿ$^{53}_{44}$xɔŋ$^{53}_{44}$la$^{0}$.e$_{21}$,ka$^{53}_{44}$sɿ$^{53}$səu$^{53}_{44}$xɔŋ$^{53}_{44}$ɔi$^{53}_{44}$tʂʅ$^{53}_{44}$i$^{53}_{44}$.e$_{21}$,ɲi$^{13}$pət$^{3}$nen$^{13}$cia$^{35}_{44}$to$^{35}$cia$^{35}_{44}$.kai$^{53}_{44}$tʂak$^{3}$siaŋ$^{53}$ke$^{53}_{44}$uan$^{53}$tsʰɿ$^{53}$,iau$^{35}$cʰiəu$^{13}_{21}$mau$^{13}_{21}$tek$^{3}$mak$^{3}$a$^{0}$ci$^{21}$to$^{35}_{44}$iau$^{35}_{44}$cʰiəu$^{13}_{21}$,tʂʅ$^{21}$ɔi$^{53}_{44}$m̩$^{13}_{44}$…iet$^{3}$pɔn$^{35}_{44}$təu$^{35}_{44}$sia$^{21}$fan$^{13}$tʰi$^{21}$tsʰɿ$^{53}$,n̩$^{13}$sia$^{21}$kan$^{21}$fa$^{53}$tsʰɿ$^{53}$.ŋai$^{13}$tien$^{0}$siaŋ$^{53}$uan$^{53}$cie$^{53}_{44}$ɲin$^{13}_{21}$ko$^{0}$,ŋai$^{13}_{21}$tien$^{0}$n̩$^{13}$sia$^{21}$kan$^{21}$fa$^{53}$tsʰɿ$^{53}$,n̩$^{13}$sia$^{21}$kai$^{53}_{44}$san$^{35}$piet$^{3}$cie$^{53}$,sia$^{21}$kai$^{53}_{44}$tsʰau$^{21}$tʰei$^{13}_{21}$ke$^{53}_{44}$uan$^{53}$tsɿ$^{53}_{44}$.xau$^{21}$,tei$^{21}$xa$^{53}_{44}$ke$^{53}_{44}$ʂʅ$^{53}$,tsəŋ$^{35}$,tsəu$^{21}$,ʂən$^{13}$,uei$^{53}$,kai$^{53}$ci$^{13}_{21}$(tʂ)ak$^{3}$tsʰɿ$^{53}$ke$^{53}_{44}$sia$^{21}$fait$^{3}$iəu$^{35}_{44}$kuei$^{35}_{44}$tʰin$^{53}$.ʂʅ$^{53}$tsʰɿ$^{53}$,si$^{53}$piet$^{3}$,iet$^{3}$pʰet$^{3}$,ʂəu$^{53}$kəu$^{35}_{44}$,xəŋ$^{13}$,sie$^{13}$kəu$^{35}_{44}$,xei$^{53}_{44}$a$^{0}$?kai$^{35}_{44}$si$^{53}$piet$^{3}$,piet$^{3}$si$^{35}_{44}$ɲia$^{13}$uən$^{21}$,ɔn$^{35}_{44}$tso$^{53}_{44}$ʂʅ$^{53}$pət$^{3}$tʰɔit$^{3}$piet$^{3}$.pət$^{3}$…pət$^{3}$tʰɔit$^{3}$piet$^{3}$,iet$^{3}$tʰin$^{53}_{44}$ɔi$^{53}_{44}$mɔk$^{5}$tʰɔit$^{3}$.iet$^{3}$piet$^{3}$iet$^{3}$piet$^{3}$ɔi$^{53}$ɲia$^{13}$uən$^{21}$,ʂʅ$^{53}$pət$^{3}$tʰɔit$^{3}$piet$^{3}$.tsəŋ$^{35}$tsʰɿ$^{53}$,taŋ$^{21}$kau$^{35}_{44}$iet$^{3}$tʂak$^{3}$pau$^{21}$kɔi$^{53}$tʰei$^{13}$,tei$^{21}$xa$^{53}$iet$^{3}$tʂak$^{3}$tsʰin$^{21}$ʂʅ$^{53}_{44}$ke$^{53}_{44}$ʂʅ$^{53}$,xei$^{53}_{44}$me$^{53}_{44}$a$^{0}$?piau$^{21}$ʂʅ$^{53}_{44}$ke$^{53}_{44}$ʂʅ$^{53}$.kai$^{53}_{44}$tsəŋ$^{35}$tsʰɿ$^{53}$ke$^{53}_{44}$kɔi$^{53}$tʰei$^{13}$pət$^{3}$nen$^{13}$pi$^{21}$tei$^{21}$xa$^{53}_{44}$ke$^{53}_{44}$ʂʅ$^{53}$tsɿ$^{53}$cien$^{53}$kʰɔit$^{3}$.tsəŋ$^{35}$pət$^{3}$kɔi$^{53}_{44}$ʂʅ$^{53}$.iet$^{3}$pɔn$^{35}$sia$^{21}$lei$^{0}$,kai$^{53}_{44}$ʂʅ$^{53}$tsʰɿ$^{53}_{44}$ke$^{53}_{44}$tʰi$^{53}_{44}$ɲi$^{53}$uaŋ$^{13}$,sia$^{21}$tʂʰɔŋ$^{13}$tet$^{5}$,pau$^{21}$kɔi$^{53}$tʰei$^{13}$sia$^{21}$cʰiait$^{5}$tiet$^{5}$tsɿ$^{0}$.tsəŋ$^{35}$pət$^{3}$kɔi$^{53}_{44}$ʂʅ$^{53}$.tsəu$^{21}$lei$^{0}$,tsəu$^{21}$tsəŋ$^{35}_{44}$ke$^{53}_{44}$tsəu$^{21}$,tsəu$^{21}$tsʰɿ$^{53}$tso$^{21}$pien$^{35}_{44}$mau$^{13}_{21}$tek$^{3}$iau$^{35}_{44}$cʰiəu$^{13}_{21}$,iəu$^{53}$pien$^{35}$,xei$^{53}$tʂak$^{3}$tsʰie$^{21}$tsʰɿ$^{53}$.tsʰie$^{21}$tsʰɿ$^{53}$kai$^{53}_{44}$ʂɔŋ$^{53}_{44}$pɔi$^{53}_{44}$iəu$^{35}$tʂak$^{3}$kʰei$^{21}$,xau$^{21}$tsʰiɔŋ$^{53}$muk$^{3}$tsʰɿ$^{53}_{44}$iɔŋ$^{53}_{44}$.e$_{44}$kʰei$^{21}$pət$^{3}$nen$^{13}_{21}$fəŋ$^{35}$,ɔn$^{35}_{44}$tso$^{53}_{44}$tsəu$^{21}$pət$^{3}$pi$^{53}$muk$^{3}$,m̩$^{13}$mi$^{35}_{44}$

la$^{0}$ ŋan$^{21}$tʂəu$^{35}_{44}$çi$^{53}$,pət$^{3}$ pi$^{53}$muk$^{3}$.e$_{21}$,ʂən$^{13}$nei$^{0}$,tsʰiəu$^{53}_{44}$iəu$^{53}$pien$^{35}_{44}$kai$^{53}_{44}$ʂən$^{35}$tsʰʅ$^{53}_{44}$,iak$^{3}$(←i$^{21}$tʂak$^{3}$)ʂən$^{35}$tsʰʅ$^{53}_{44}$lei$^{0}$ kʰo$^{21}$i$^{35}_{44}$kʰɔn$^{53}$tsɔk$^{3}$ iet$^{3}$ tʂak$^{3}$ kʰei$^{21}$tsʰʅ$^{53}$.tsʰiəu$^{53}_{44}$piet$^{3}$ si$^{35}$iau$^{53}$,piet$^{3}$ si$^{35}$iau$^{53}$tsiet$^{3}$ uən$^{21}$na$^{0}$,iet$^{3}$ pʰet$^{3}$ iet$^{3}$ pʰet$^{3}$ piet$^{3}$ si$^{35}$iau$^{53}$tsiet$^{3}$ uən$^{21}$çi$^{53}$.ʂən$^{13}$pət$^{3}$ kʰɔi$^{35}$kʰei$^{21}$,pət$^{3}$ kʰɔi$^{35}$kʰei$^{21}$,kai$^{53}_{44}$tsʰiəu$^{53}_{44}$pət$^{3}$ nen$^{13}$tsʰiɔŋ$^{53}$tsəu$^{21}$sʅ$^{53}$iɔŋ$^{53}_{44}$ nei$^{0}$,ŋa$^{35}$kʰɔi$^{35}_{44}$tiet$^{5}$ tsʅ$^{0}$ lɔi$^{13}_{21}$.kai$^{53}_{44}$tsʰiəu$^{53}_{44}$iet$^{3}$ tʰin$^{53}_{44}$ɔi$^{53}$ɲia$^{13}$uən$^{21}$çi$^{53}$.uei$^{53}$lei$^{0}$,tso$^{21}$pien$^{35}$iet$^{3}$ tʂak$^{3}$ tan$^{35}$ɲin$^{13}_{21}$pʰɔŋ$^{13}_{21}$,iəu$^{53}_{44}$pien$^{35}_{44}$iet$^{3}$ tʂak$^{3}$ liet$^{5}$ tsʰʅ$^{53}_{44}$.liet$^{5}$ tʂən$^{53}$ke$^{53}_{44}$liet$^{5}$.kai$^{53}_{44}$liet$^{5}$ tsʰʅ$^{53}_{44}$ke$^{53}_{44}$tsei$^{53}$xei$^{53}$iet$^{3}$ piet$^{3}$ ɔi$^{53}_{44}$lau$^{35}_{44}$i$^{21}$tʂak$^{3}$ tan$^{35}$ɲin$^{13}_{21}$pʰɔŋ$^{13}$ɲia$^{13}$uən$^{21}$.uei$^{53}$pət$^{3}$ li$^{13}$ɲin$^{13}$.tan$^{35}$ɲin$^{13}_{21}$pʰɔŋ$^{13}$tsʰiəu$^{53}_{44}$xe$^{53}_{44}$ɲin$^{13}$tsʰʅ$^{53}_{44}$.e$_{21}$,uei$^{53}$tsʰʅ$^{53}_{44}$lei$^{0}$,kai$^{53}_{44}$tʂak$^{3}$ tan$^{35}$ɲin$^{13}_{21}$pʰɔŋ$^{13}$lau$^{35}$kai$^{53}_{44}$liet$^{5}$ tsʰʅ$^{53}_{44}$ke$^{53}_{44}$kai$^{53}$uaŋ$^{13}$pət$^{3}$ nen$^{13}_{21}$ciei$^{53}_{44}$tʰɔit$^{3}$,uei$^{53}$pət$^{3}$ li$^{13}$ɲin$^{13}$.e$_{21}$,kai$^{53}_{44}$tsʰiəu$^{53}_{44}$…kai$^{53}_{44}$ tsʰiəu$^{53}_{44}$kuei$^{35}$tʰin$^{53}_{44}$na$^{0}$.e$_{21}$,man$^{13}_{21}$to$^{35}_{44}$ɲin$^{13}_{21}$n̩$^{13}$çiau$^{21}$tek$^{3}$. ②旧时放在已婚妇女的姓后，今主要见于牌位和墓碑：如果系箇只夫娘子箇只婆婆子本身姓李或者姓张，你就万母李～啊。ɥ$^{13}$ko$^{21}$xei$^{53}_{44}$kai$^{53}_{44}$ tʂak$^{3}$ pu$^{35}$ɲiɔŋ$^{13}_{21}$tsʅ$^{0}$ kai$^{53}_{44}$tʂak$^{3}$ pʰo$^{13}$pʰo$^{13}_{44}$tsʅ$^{0}$ pən$^{21}$ʂən$^{35}_{44}$siaŋ$^{53}$li$^{21}$xɔit$^{5}$ tʂa$^{21}$siaŋ$^{53}$tʂɔŋ$^{35}$, ɲi$^{13}_{21}$tsʰiəu$^{53}_{44}$uan$^{53}$mu$^{35}$li$^{21}$ ʂʅ$^{53}$a$^{0}$.

【事】sʅ$^{53}$ 名①人类生活中的活动或现象：欸讲只故事你听哩嘞箇就好像唔系生活当中实实在在个～。e$_{21}$kɔŋ$^{21}$tʂak$^{3}$ ku$^{53}$sʅ$^{53}$ɲi$^{13}_{21}$tʰaŋ$^{35}$li$^{0}$ le$^{0}$ kai$^{53}_{44}$tsʰiəu$^{53}_{44}$xau$^{21}$tsʰiɔŋ$^{53}_{44}$m̩$^{13}_{21}$pʰe$^{53}$sien$^{35}$xɔit$^{5}$ tɔŋ$^{35}$tʂəŋ$^{35}$ʂət$^{5}$ ʂət$^{5}$ tsʰai$^{53}$tsʰai$^{53}$ke$^{53}_{21}$sʅ$^{53}$.｜欸，我问你只～噢。ei$_{53}$,ŋai$^{13}$uən$^{53}$ɲi$^{21}$tʂak$^{3}$ sʅ$^{53}$au$^{0}$. ②职业；工作：寻滴子～做。tsʰin$^{13}$tet$^{5}$ tsʅ$^{0}$ sʅ$^{53}$tso$^{53}$.

【事情】sʅ$^{53}$tsʰin$^{13}_{21}$ 名人类生活中的活动或现象：请祖宗菩萨来见证以只～。tsʰiaŋ$^{21}$tsəu$^{21}$tsəŋ$^{35}_{44}$ pʰu$^{13}_{21}$sait$^{3}$ lɔi$^{13}_{21}$cien$^{53}$tʂən$^{53}$i$^{21}$(tʂ)ak$^{3}$ sʅ$^{53}$tsʰin$^{13}_{21}$.

【事头】sʅ$^{53}$tʰei$^{13}$ 名需要做的事情：新正年头，冇得～。sin$^{35}$tʂaŋ$^{35}$ɲien$^{13}$tʰei$^{13}$,mau$^{13}$tek$^{3}$ sʅ$^{53}$tʰei$^{13}$.

【事主】ʂʅ$^{53}$tʂəu$^{21}$ 名买主；顾客：箇只东西冇～哇。kai$^{53}$tʂak$^{3}$ tɔŋ$^{35}_{44}$si$^{0}$ mau$^{13}$ʂʅ$^{53}$tʂəu$^{21}$ua$^{0}$.｜以兜辣椒烂稳哩，冇～。i$^{21}$te$^{35}_{44}$lait$^{5}$ tsiau$^{35}_{44}$lan$^{53}$uən$^{21}$ni$^{0}$,mau$^{13}$ʂʅ$^{53}$tʂəu$^{21}$.

【事主家里】ʂʅ$^{53}$tʂəu$^{21}$ka$^{35}$li$^{0}$ 名老主顾；经常来买东西者：箇个是老事主，～，唔爱催。kai$^{53}$ ke$^{53}_{44}$ʂʅ$^{53}_{44}$lau$^{21}$ʂʅ$^{53}$tʂəu$^{21}$,ʂʅ$^{53}$tʂəu$^{21}$ka$^{35}$li$^{0}$,m̩$^{13}_{21}$mɔi$^{53}$tsʰei$^{35}$.｜我以滴子猪肉唔愁冇人爱，～会舞倒去。ŋai$^{13}_{21}$ i$^{21}$tiet$^{5}$ tsʅ$^{0}$ tʂəu$^{35}$ɲiəuk$^{3}$ n̩$^{13}_{44}$tsʰei$^{13}$mau$^{13}_{21}$ɲin$^{13}_{21}$ɔi$^{53}$,ʂʅ$^{53}$tʂəu$^{21}$ka$^{35}$li$^{0}$ uɔi$^{53}$u$^{21}$tau$^{21}$çi$^{53}$.

【侍脾土】tsʰʅ$^{53}$pʰi$^{13}$tʰəu$^{21}$ 补脾健胃：只有扁豆药豆子，箇就系食哩～个。tʂʅ$^{21}$iəu$^{35}_{53}$pien$^{21}$tʰei$^{53}_{44}$iɔk$^{5}$ tʰei$^{53}$tsʅ$^{0}$,kai$^{53}_{44}$tsʰiəu$^{53}_{44}$xe$^{53}_{44}$ʂət$^{5}$ li$^{0}$ tsʰʅ$^{53}$pʰi$^{13}$tʰəu$^{21}$ke$^{0}$.

【柿子饼】tsʰʅ$^{53}$tsʅ$^{0}$piaŋ$^{21}$ 名柿饼，把柿子压扁晒干后制成的饼状食品：渠饼就做成圆只个，箇就～。干就切正。/切开来。/切哩，切做一只唠，一就一般嘞一只切做四块六块，八块个。/箇个是沏……都食得个啰。渠柿子干就切个箇，～就赠切个。就咁个。ci$^{13}$piaŋ$^{21}$tsʰiəu$^{53}$tso$^{53}$ ʂaŋ$^{13}_{21}$ien$^{13}$tʂak$^{3}$ ke$^{53}_{44}$,kai$^{53}_{44}$tsʰiəu$^{53}_{44}$tsʰʅ$^{53}$tsʅ$^{0}$ piaŋ$^{21}$.kɔn$^{35}$tsʰiəu$^{53}$tsʰet$^{3}$ tʂaŋ$^{53}_{44}$./tsʰiet$^{3}$ kʰɔi$^{35}$lɔi$^{13}_{21}$./tsʰet$^{3}$ li$^{0}$,tsʰiet$^{3}$ tso$^{53}_{21}$ iet$^{3}$ tʂak$^{3}$ lau$^{0}$,iet$^{3}$ tsiəu$^{53}_{44}$iet$^{3}$ pan$^{35}$lei$^{0}$ iet$^{3}$ tʂak$^{3}$ tsʰiet$^{3}$ tso$^{53}_{44}$si$^{53}$kʰuai$^{53}_{44}$liəuk$^{3}$ kʰuai$^{53}_{44}$,pait$^{3}$ kʰuai$^{53}_{44}$ke$^{53}_{44}$./kai$^{53}_{44}$ke$^{53}_{44}$ ʂʅ$^{53}_{21}$tsʰi$^{53}$…təu$^{35}$ʂət$^{5}$ tek$^{3}$ ke$^{53}_{21}$lo$^{0}$.ci$^{13}$tsʰʅ$^{53}$tsʅ$^{0}$ kɔn$^{35}$tsʰiəu$^{53}_{44}$tsʰiet$^{3}$ kei$^{53}_{21}$kai$^{53}$,tsʰʅ$^{53}$tsʅ$^{0}$ piaŋ$^{21}$tsiəu$^{53}$maŋ$^{13}$tsʰiet$^{3}$ ke$^{53}$.tsʰiəu$^{53}_{44}$kan$^{21}$ke$^{53}$.

【柿子干】tsʰʅ$^{53}$tsʅ$^{0}$kɔn$^{35}$ 名把柿子切块晒干后制成的食品：也会做。/我等以映只喊～。ia$^{35}$uɔi$^{53}$ tso$^{53}$./ŋai$^{13}$tien$^{0}$ i$^{21}$iaŋ$^{53}_{44}$tʂʅ$^{21}$xan$^{53}_{44}$tsʰʅ$^{53}$tsʅ$^{0}$kɔn$^{35}$.

【柿子树】tsʰʅ$^{53}$tsʅ$^{0}$ ʂəu$^{53}$ 名落叶乔木，果实为扁圆形或圆椎形浆果，黄或橙红色，可食：～就爱小心呐，刮斩个东西啦，莫去□攀爬啊。蛮大个树桍都□下上去就断嘿哩啊。tsʰʅ$^{53}$tsʅ$^{0}$ ʂəu$^{53}$ tsʰiəu$^{53}$ɔi$^{53}$siau$^{21}$sin$^{35}_{44}$na$^{0}$,kuait$^{5}$ tsan$^{21}$ke$^{0}$ tɔŋ$^{35}_{44}$si$^{0}$ la$^{0}$,mɔk$^{5}$ çi$^{53}$cʰiet$^{5}$ a$^{0}$.man$^{13}$tʰai$^{53}$ke$^{0}$ ʂəu$^{53}$kʰua$^{21}$təu$^{35}_{53}$cʰiet$^{5}$ (x)a$^{53}_{44}$ʂɔŋ$^{53}_{44}$çi$^{53}_{44}$tsʰiəu$^{53}_{44}$tʰɔn$^{35}$nek$^{3}$ li$^{0}$ a$^{0}$.

【是$_{1}$】ʂʅ$^{53}$/sʅ$^{53}$ 动判断动词：（垛栗）也～一只名堂啊。ia$^{35}$sʅ$^{53}$iet$^{3}$ tʂak$^{3}$ min$^{13}$tʰɔŋ$^{13}_{21}$ŋa$^{0}$.｜箇就不～嘞！kai$^{53}$tsʰiəu$^{53}_{44}$puk$^{3}$ ʂʅ$^{53}_{44}$le$^{0}$!

【是$_{2}$】ʂʅ$^{53}$/sʅ$^{53}$ 副用于加强语气，有“正是”、“的确”、“实在”的意思：欸嘿，我～用客姓讲法。e$_{21}$xe$_{21}$,ŋai$^{13}$ʂʅ$^{53}_{44}$iəŋ$^{53}_{44}$kʰak$^{3}$ sin$^{53}$kɔŋ$^{21}$fait$^{3}$.｜麂子～多。ci$^{21}$tsʅ$^{0}$ sʅ$^{53}_{44}$to$^{35}$.

【是$_{3}$】ʂʅ$^{53}$/ʂʅ$^{0}$/sʅ$^{53}$/sʅ$^{0}$ 助①表示承认或确认所说的，往往再转折进入正意：我买个时候子想～想哩下子嘞。ŋai$^{13}$mai$^{35}$ke$^{53}_{44}$ʂʅ$^{13}_{21}$xei$^{53}$tsʅ$^{0}$ siɔŋ$^{21}$ʂʅ$^{53}_{44}$siɔŋ$^{21}$li$^{0}$ a$^{53}$tsʅ$^{0}$ lei$^{0}$.｜眼～冇得眼，一只凼。ŋan$^{21}$ʂʅ$^{53}_{44}$ mau$^{13}_{44}$tek$^{3}$ ŋan$^{21}$,iet$^{3}$ tʂak$^{3}$ tʰɔŋ$^{53}$.｜（红菊花）有～也有哇？/有～有，渠蛮……很少。iəu$^{35}$ʂʅ$^{53}_{44}$ia$^{35}$ iəu$^{35}_{44}$ua$^{0}$?/iəu$^{35}$ʂʅ$^{53}_{44}$iəu$^{35}_{44}$,ci$^{13}_{44}$man$^{13}$…xen$^{21}_{53}$ʂau$^{21}$. ②用在紧缩复句的分句之间，具有对比的意味：渠是安做欸妹子轻～姐婆重啊。ci$^{13}_{21}$ʂʅ$^{53}_{44}$ɔn$^{35}_{44}$tso$^{53}_{44}$e$_{21}$mɔi$^{53}$tsʅ$^{0}$ cʰiaŋ$^{35}$sʅ$^{0}$ tsia$^{21}$pʰo$^{13}$tʂʰəŋ$^{35}$ŋa$^{0}$. ③表停顿，有舒缓语气，提请注意，引出表达重点即事实真相的作用，有强调意味：如今了尾～也有六寸个

了。i$^{13}_{21}$cin$^{35}_{44}$liau$^{21}$mi$^{35}$ʂʅ$^{53}_{44}$ia$^{35}$iəu$^{35}_{44}$liəuk$^{3}$ tsʰən$^{53}$ke$^{53}_{44}$liau$^{0}$.｜嗨，如今～一到指标田都唔会搞。xai$^{53}$,i$^{13}_{21}$cin$^{35}$ ʂʅ$^{53}_{44}$iet$^{3}$ tau$^{53}$təu$^{35}_{44}$n̩$^{13}_{21}$uɔi$^{53}$kau$^{21}$. ④用在假设复句的两个分句之间，表示假设的语气，相当于“的话”：今晡搞得正～我就不论哪晡去哩。cin$^{35}$pu$^{35}_{53}$kau$^{21}$tek$^{3}$ tʂaŋ$^{53}$ʂʅ$^{53}_{44}$ŋai$^{13}_{21}$tsʰiəu$^{53}$pət$^{3}$ len$^{53}_{44}$lai$^{53}_{44}$pu$^{35}_{44}$çi$^{53}$ li$^{0}$.｜箇如果你系讨新人箇只你箇炮豆腐系三只角～别人家就唔高兴呐。欸，用唔得三只角啦。kai$^{53}$vy$^{13}$ko$^{21}$ɲi$^{13}$xei$^{53}$tʰau$^{21}$sin$^{35}$ɲin$^{13}$kai$^{53}_{44}$tʂak$^{3}$ɲi$^{13}$kai$^{53}$pʰau$^{13}$tʰei$^{53}_{44}$fu$^{53}_{44}$xei$^{53}_{44}$san$^{35}$tʂak$^{3}$ kɔk$^{3}$ ʂʅ$^{0}$ pʰiet$^{5}$ in$^{13}_{44}$ka$^{35}_{44}$ tsʰiəu$^{53}$ŋ̍$^{13}$kau$^{35}_{44}$çin$^{53}$na$^{0}$.e$_{21}$,iəŋ$^{53}$ŋ̍$^{13}_{44}$tek$^{3}$ san$^{35}$tʂak$^{3}$ kɔk$^{3}$ la$^{0}$. ⑤放在反问句末，加强反问语气：我等还有钱买手锁～？ŋai$^{13}_{21}$tien$^{0}$xai$^{13}_{44}$iəu$^{35}$tsʰien$^{13}_{21}$mai$^{35}$ʂəu$^{21}$so$^{21}$ʂʅ$^{53}$?｜有得啊，还有书橱～？还有钱来买书橱～？mau$^{13}$tek$^{3}$ a$^{0}$,xai$^{13}_{21}$iəu$^{35}_{44}$ʂəu$^{35}$tʂʰəu$^{13}_{44}$ʂʅ$^{0}$?xai$^{13}_{21}$iəu$^{35}_{53}$tsʰien$^{13}_{21}$nɔi$^{13}_{21}$mai$^{35}_{44}$ʂəu$^{35}$tʂʰəu$^{13}_{44}$ʂʅ$^{0}$?

【是不】ʂʅ$^{53}$pət$^{3}$ 是不是，是否。用于询问确切的答案：～有开关个，上人下人个？车门子。ʂʅ$^{53}_{44}$pət$^{3}$ iəu$^{35}_{44}$kʰɔi$^{35}$kuan$^{35}$cie$^{53}_{44}$,ʂɔŋ$^{35}$ɲin$^{13}_{21}$xa$^{35}$ɲin$^{13}_{21}$cie$^{53}_{44}$?tʂʰa$^{35}$mən$^{13}$tsʅ$^{0}$.

【是不是】ʂʅ$^{53}$pət$^{3}$ʂʅ$^{53}$ 是或不是，用于询问确切的答案：你话～就是五步蛇，我唔就搞唔多清。ɲi$^{13}$ua$^{53}_{44}$ʂʅ$^{53}$pət$^{3}$ ʂʅ$^{53}$tsʰiəu$^{53}$ʂʅ$^{53}$ŋ̍$^{21}$ pʰu$^{53}$ʂa$^{13}_{21}$,ŋai$^{13}$n̩$^{13}_{21}$tsʰiəu$^{53}$kau$^{21}$n̩$^{13}$to$^{35}_{44}$tsʰin$^{35}_{44}$.

【是非】ʂʅ$^{53}$fei$^{35}_{44}$ 名口舌，纠纷：又说明箇只人箇个～嘞都系从箇只人身上惹出来个，欸，箇～个起源。iəu$^{53}$ʂuek$^{3}$ min$^{13}$kai$^{53}$tʂak$^{3}$ɲin$^{13}_{21}$kai$^{53}_{44}$ke$^{53}_{44}$ʂʅ$^{53}$fei$^{35}_{44}$le$^{0}$ təu$^{35}$xe$^{53}_{44}$tsʰəŋ$^{13}$kai$^{53}_{44}$tʂak$^{3}$ɲin$^{13}_{21}$ʂən$^{35}$xɔŋ$^{53}_{44}$ ɲia$^{35}$tʂʰət$^{3}$ lɔi$^{13}_{21}$ke$^{53}_{44}$,e$_{21}$,kai$^{53}_{44}$ʂʅ$^{53}$fei$^{35}_{44}$ke$^{53}_{44}$çi$^{21}$vien$^{13}$.

【是非蔸】ʂʅ$^{53}$fei$^{35}_{44}$tei$^{35}$ 名指爱搬弄是非的人：箇起人呢就安做渠～。又说明箇只人箇个是非嘞都系从箇只人身上惹出来个，欸，箇是非个起源，欸，是一只蔸。系只蔸蔸。别滴人讨嫌渠。kai$^{53}$çi$^{21}$ɲin$^{13}$nei$^{0}$ tsʰiəu$^{53}_{44}$ɔn$^{35}_{44}$tso$^{53}_{44}$ci$^{13}_{44}$ʂʅ$^{53}$fei$^{35}_{44}$tei$^{35}$.iəu$^{53}$ʂuek$^{3}$ min$^{13}$kai$^{53}$tʂak$^{3}$ɲin$^{13}_{21}$kai$^{53}_{44}$ke$^{53}_{44}$ʂʅ$^{53}$fei$^{35}_{44}$le$^{0}$ təu$^{35}$xe$^{53}_{44}$ tsʰəŋ$^{13}$kai$^{53}_{44}$tʂak$^{3}$ɲin$^{13}_{21}$ʂən$^{35}$xɔŋ$^{53}_{44}$ɲia$^{35}$tʂʰət$^{3}$ lɔi$^{13}_{21}$ke$^{53}_{44}$,e$_{21}$,kai$^{53}_{44}$ʂʅ$^{53}$fei$^{35}_{44}$ke$^{53}_{44}$çi$^{21}$vien$^{13}$,e$_{21}$,ʂʅ$^{53}_{21}$iet$^{3}$tʂak$^{3}$ tei$^{35}$.xei$^{53}$tʂak$^{3}$ tei$^{35}$tei$^{35}_{44}$.pʰiet$^{5}$ tet$^{5}$ɲin$^{13}_{21}$tʰau$^{21}$çian$^{13}$ci$^{13}_{44}$.

【收】ʂəu$^{35}$ 动①收割，收获：在以只～之前，就先分箇只晚稻个秧育正，就先栽这以只禾肚箇里去。tsʰai$^{53}$i$^{21}$tʂak$^{3}$ʂəu$^{35}$tʂʅ$^{35}$tsʰien$^{13}$,tsʰiəu$^{53}_{44}$sien$^{35}$pən$^{35}_{44}$kai$^{53}$tʂak$^{3}$ uan$^{21}$tʰau$^{53}$ke$^{53}_{44}$iɔŋ$^{35}$iəuk$^{3}$ tʂaŋ$^{53}_{44}$,tsʰiəu$^{53}_{44}$ sien$^{35}$tsɔi$^{35}$tʂei$^{53}$i$^{21}$tʂak$^{3}$ uo$^{13}$təu$^{21}$kai$^{53}_{21}$li$^{0}$ çi$^{53}_{44}$. ②聚集、收藏或放置妥当：～拢来 ʂəu$^{35}$ləŋ$^{35}_{44}$lɔi$^{13}_{21}$｜食哩饭呢欸我有事哈，你等爱～碗筷呀。ʂət$^{5}$ li$^{0}$ fan$^{53}$ne$^{0}$ e$_{21}$ŋai$^{13}$iəu$^{35}$sʅ$^{53}$xa$^{0}$, ɲi$^{13}$tien$^{0}$ ɔi$^{53}_{44}$ʂəu$^{35}$uɔn$^{21}$kʰuai$^{53}$ia$^{0}$. ③取回：麻溜～衫，打水点去哩！ma$^{13}_{21}$liəu$^{53}_{44}$ʂəu$^{35}$san$^{35}$,ta$^{21}$ʂei$^{21}$tian$^{21}$çi$^{53}$li$^{0}$!｜欸，昨晡去放哩箇貉网子，今晡来去～网。今晡早早哩去～网。e$_{21}$,tsʰo$^{35}$pu$^{35}_{53}$çi$^{53}$fɔŋ$^{53}$li$^{0}$ kai$^{53}$ɲia$^{13}$mɔŋ$^{21}$tsʅ$^{0}$,cin$^{35}_{44}$pu$^{35}_{53}$lɔi$^{13}_{21}$ çi$^{53}_{44}$ʂəu$^{35}$mɔŋ$^{21}$.cin$^{35}_{44}$pu$^{35}_{53}$tsau$^{21}$tsau$^{21}$li$^{0}$ çi$^{53}_{44}$ʂəu$^{35}_{44}$mɔŋ$^{21}$. ④将野外的蜜蜂（蜂王）收拢放入备用的蜂桶让其筑巢酿蜜：到岭上去～欸。～倒一桶蜂子。tau$^{53}_{44}$lian$^{35}$xɔŋ$^{53}_{44}$çi$^{53}_{44}$ʂəu$^{35}$ue$^{0}$.ʂəu$^{35}$tau$^{21}_{44}$iet$^{3}$ tʰəŋ$^{21}$fəŋ$^{35}$ tsʅ$^{0}$. ⑤收缩变小：底下箇只就是更稍～细滴子。te$^{21}$xa$^{35}_{44}$kai$^{53}_{44}$tʂak$^{3}$ tsiəu$^{53}_{44}$ʂʅ$^{53}_{44}$ken$^{53}_{44}$sau$^{21}$ʂəu$^{35}_{44}$se$^{53}$tiet$^{5}$ tsʅ$^{0}$. ⑥消散：早晨咁大个雾，昼兜子就～嘿哩雾。tsau$^{21}$ʂən$^{13}$kan$^{21}$tʰai$^{53}_{44}$ke$^{53}_{44}$u$^{53}$,tʂəu$^{53}$te$^{35}_{53}$tsʅ$^{0}$ tsiəu$^{53}_{44}$ ʂəu$^{35}$xek$^{3}$ li$^{0}$ u$^{53}$.

【收场】ʂəu$^{35}$tʂʰɔŋ$^{13}$ 动结束；了结：看下渠添晡让门～啊。kʰɔn$^{53}_{44}$na$^{0}$ ci$^{13}$tʰian$^{35}_{44}$pu$^{35}$ɲiɔŋ$^{53}_{44}$mən$^{0}$ ʂəu$^{35}_{44}$ tʂʰɔŋ$^{13}$ŋa$^{0}$.｜以只事啊你有得几千块钱～唔得。i$^{21}$tʂak$^{3}$ sʅ$^{53}$a$^{0}$ ɲi$^{13}_{21}$mau$^{13}$tek$^{3}$ ci$^{21}$tsʰien$^{35}_{44}$kʰuai$^{53}$tsʰien$^{13}_{21}$ ʂəu$^{35}$tʂʰɔŋ$^{13}_{21}$n̩$^{13}_{44}$tek$^{3}$.

【收工】ʂəu$^{35}$kəŋ$^{35}$ 动停止劳作：上昼子早兜子～啊，下昼子夜兜子～嘞，咁热个天呐，系啊？ʂɔŋ$^{53}$tʂəu$^{53}_{44}$tsʅ$^{0}$ tsau$^{21}$te$^{35}_{53}$tsʅ$^{0}$ ʂəu$^{35}_{44}$kəŋ$^{35}_{44}$ŋa$^{0}$,xa$^{35}$tʂəu$^{53}_{44}$tsʅ$^{0}$ ia$^{35}$tei$^{35}_{44}$tsʅ$^{0}$ ʂəu$^{35}_{44}$kəŋ$^{35}_{44}$le$^{0}$,kan$^{21}$ɲiet$^{5}$ ke$^{0}$ tʰien$^{35}_{44}$na$^{0}$,xei$^{53}$ a$^{0}$?｜收哩工就到我箇食夜饭呐。ʂəu$^{35}$li$^{0}$ kəŋ$^{35}$tsʰiəu$^{53}_{44}$tau$^{53}$ŋai$^{13}_{21}$kai$^{53}_{44}$ʂət$^{5}$ ia$^{53}$fan$^{53}$na$^{0}$.

【收捡】ʂəu$^{35}$cian$^{21}$ 动收集整理：打比我唔租以只间一样啊，分箇行头～起来，系啊？我爱走了。我唔睡下以只间里了，我爱走了，我～行头。ta$^{21}$pi$^{21}$ŋai$^{13}$n̩$^{13}$tsəu$^{35}$i$^{21}$tʂak$^{3}$ kan$^{35}_{44}$iet$^{3}$ iɔŋ$^{53}$ ŋa$^{0}$,pən$^{35}_{44}$kai$^{53}_{44}$çin$^{13}_{21}$tʰei$^{0}$ ʂəu$^{35}$cian$^{21}$çi$^{21}$lɔi$^{13}$,xei$^{53}_{44}$a$^{0}$?ŋai$^{13}_{21}$ɔi$^{53}_{44}$tsei$^{21}$liau$^{0}$.ŋai$^{13}_{21}$n̩$^{13}$ʂɔi$^{53}_{44}$ia$_{44}$(←xa$^{53}$)i$^{21}$tʂak$^{3}$ kan$^{35}$ni$^{21}$ liau$^{21}$,ŋai$^{13}_{21}$ɔi$^{53}_{44}$tsei$^{21}$liau$^{0}$,ŋai$^{13}_{21}$ʂəu$^{35}$cian$^{21}$çin$^{13}$tʰei$^{13}_{21}$.

【收惊子】ʂəu$^{35}$ciaŋ$^{35}$tsʅ$^{0}$ 动民间针对被意外惊吓之后出现发冷发热、胡言乱语等病症的小孩子采用的一种疗法仪式。也简称“收惊”：安做～。搞滴子布哇，搞滴子米呀，～啊，收惊啊。欸细人子病哩啊，打伤风啊，系啊？～啊。欸着哩吓啊，有些细人子夜晡总咁子叫哇。着哩吓啊，给～。ɔn$^{35}$tso$^{53}_{44}$ʂəu$^{35}$ciaŋ$^{35}$tsʅ$^{0}$.kau$^{21}$tet$^{5}$ tsʅ$^{0}$ pu$^{53}$ua$^{0}$,kau$^{21}$tet$^{5}$ tsʅ$^{0}$ mi$^{21}$ia$^{0}$,ʂəu$^{35}$ciaŋ$^{35}$tsʅ$^{0}$ a$^{0}$,ʂəu$^{35}$ciaŋ$^{35}$ ŋa$^{0}$.e$_{21}$sei$^{53}$ɲin$^{13}_{21}$tsʅ$^{0}$ pʰiaŋ$^{53}$li$^{0}$ a$^{0}$,ta$^{21}$ʂɔŋ$^{35}$fəŋ$^{35}_{44}$ŋa$^{0}$,xei$^{53}_{44}$a$^{0}$?ʂəu$^{35}_{44}$ciaŋ$^{35}$tsʅ$^{0}$ a$^{0}$.e$_{44}$tʂʰɔk$^{5}$ li$^{0}$ xak$^{3}$ a$^{0}$,iəu$^{35}$sie$^{35}_{44}$sei$^{53}$ ɲin$^{13}_{21}$tsʅ$^{0}$ ia$^{53}$pu$^{35}$tsəŋ$^{21}$kan$^{21}$tsʅ$^{0}$ ciau$^{53}$ua$^{0}$.tʂʰɔk$^{5}$ li$^{0}$ xak$^{3}$ a$^{0}$,ke$^{21}$ʂəu$^{35}_{21}$ciaŋ$^{35}$tsʅ$^{0}$.

【收亲】ʂəu$^{35}$tsʰin$^{35}$ 动娶媳妇：你今年冬下会～么？ɲi$^{13}_{21}$cin$^{35}_{44}$ɲien$^{13}_{21}$təŋ$^{35}_{44}$xa$^{53}_{44}$uɔi$^{53}$ʂəu$^{35}_{44}$tsʰin$^{35}$mo$^{0}$?

【收亲酒】ʂəu$^{35}$tsʰin$^{35}_{44}$tsiəu$^{21}$ 名指结婚时男方办的婚宴：定倒今晡日子，早晨就女方个卖妹子个酒，昼边就男方个～，系唔系？安做～嘞。收亲呐。tʰin$^{53}$tau$^{21}$cin$^{35}_{44}$pu$^{35}_{44}$ȵiet$^{3}$tsɿ$^{0}$,tsau$^{21}$ʂən$^{13}_{44}$tsʰiəu$^{53}_{44}$ȵy$^{21}$fəŋ$^{35}_{44}$ke$^{53}_{44}$mai$^{53}$mɔi$^{53}$tsɿ$^{0}$ke$^{53}_{44}$tsiəu$^{21}$,tʂəu$^{53}$pien$^{35}_{44}$tsʰiəu$^{53}_{44}$lan$^{13}_{21}$fəŋ$^{35}_{44}$ke$^{53}_{44}$ʂəu$^{35}_{44}$tsʰin$^{35}_{44}$tsiəu$^{21}$,xei$^{53}_{44}$me$^{35}_{44}$?ɔn$^{35}_{44}$tso$^{53}_{44}$ʂəu$^{35}$tsʰin$^{35}_{44}$tsiəu$^{21}$le$^{0}$.ʂəu$^{35}_{44}$tsʰin$^{35}$na$^{0}$.｜今年冬下渠就会整～哇。cin$^{35}$ȵien$^{13}_{21}$təŋ$^{35}_{44}$xa$^{53}_{44}$ci$^{13}_{21}$tsʰiəu$^{53}$uɔi$^{53}$tʂaŋ$^{21}$ʂəu$^{35}_{44}$tsʰin$^{35}_{44}$tsiəu$^{21}$ua$^{0}$.

【收拾哩】ʂəu$^{35}$ʂət$^{5}$li$^{0}$ 让人感到糟糕而无奈：头发也雪白，反正咁高子，反正几岁子，白化病。欸真～，我一只子，叫我一只孙子。tʰei$^{13}$fait$^{3}$ia$^{35}_{53}$siet$^{5}$pʰak$^{5}$,fan$^{21}$tʂən$^{53}$kan$^{21}_{35}$kau$^{35}_{44}$tsɿ$^{0}$,fan$^{21}$tʂən$^{53}$ci$^{21}$sɔi$^{53}$tsɿ$^{0}$,pʰak$^{5}$fa$^{53}_{44}$pʰiaŋ$^{53}$.e$_{21}$tʂən$^{35}$ʂəu$^{35}$ʂət$^{5}$li$^{0}$,ŋai$^{13}$iet$^{3}$tʂak$^{3}$tsɿ$^{0}$,ciau$^{53}_{44}$ŋai$^{13}$iet$^{3}$tʂak$^{3}$sən$^{35}$tsɿ$^{0}$.

【收士】ʂəu$^{35}$sɿ$^{53}$ 动象棋术语。把士往回撤：撑上去哩收一士啊。～啊。要归来就～啊。tsʰaŋ$^{35}$ʂɔŋ$^{53}_{44}$çi$^{53}_{44}$li$^{0}$ʂəu$^{35}$iet$^{3}$sɿ$^{53}$a$^{0}$.ʂəu$^{35}$sɿ$^{53}$a$^{0}$.iau$^{53}_{44}$kuei$^{35}$lɔi$^{13}_{21}$tsʰiəu$^{53}_{44}$ʂəu$^{35}$sɿ$^{53}_{44}$a$^{0}$.

【收相】ʂəu$^{35}$siɔŋ$^{53}$ 动象棋术语。指下相：箇边会将稳来哩了哈，么个～，肯做～。kai$^{53}_{44}$pien$^{35}_{44}$uɔi$^{53}_{44}$tsiɔŋ$^{35}$uən$^{21}$lɔi$^{13}$li$^{0}$liau$^{21}$xa$^{0}$,mak$^{3}$e$^{0}$ʂəu$^{35}$siɔŋ$^{53}$,xen$^{21}$tso$^{53}_{44}$ʂəu$^{35}$siɔŋ$^{53}$.

【收腰带】ʂəu$^{35}$iau$^{35}$tai$^{53}$ 名妇女产后用来束腰的带子：欸，欸，你供哩安牯头以后呀，绵哩肚子么？箇肚子上羁哩带么？啊？欸，渠等话供哩人个人会去羁条带，箇条带安做么啊带？就……系啊，收腰，怕渠肚子大起来吵，系唔系？欸，安做腰……就系安做腰带吧？安做腰带。好好。～。嗯。系啊，系啊，收缩个收。收肚子个。嗯。好好好。ei$_{21}$,e$_{44}$, ȵi$^{13}$ciəŋ$^{53}$li$^{0}$ɔn$^{35}$ku$^{21}$tʰei$^{13}$i$^{35}$xei$^{53}$ia$^{0}$,tʰak$^{3}$li$^{0}$təu$^{21}$tsɿ$^{0}$mo$^{0}$?kai$^{53}_{44}$təu$^{21}$tsɿ$^{0}$xɔŋ$^{53}_{44}$cie$^{35}$li$^{0}$tai$^{53}$mo$^{0}$?a$_{35}$?e$_{35}$,ci$^{13}$tien$^{0}$ua$^{53}$ciəŋ$^{53}$li$^{0}$ȵin$^{13}$ke$^{53}$ȵin$^{13}$uɔi$^{53}$çi$^{53}$cie$^{35}$tʰiau$^{13}_{21}$tai$^{53}$,kai$^{53}_{44}$tʰiau$^{13}$tai$^{53}$ɔn$^{35}_{44}$tso$^{53}_{44}$mak$^{3}$a$^{0}$tai$^{53}$?tsʰiəu$^{53}$…xei$^{53}_{44}$a$^{0}$,ʂəu$^{35}$iau$^{35}$,pʰa$^{53}$ci$^{13}$təu$^{21}$tsɿ$^{0}$tʰai$^{53}$çi$^{21}$lɔi$^{13}$ʂa$^{0}$,xei$^{53}_{44}$me$^{53}_{44}$?e$_{21}$,ɔn$^{35}$tso$^{53}_{44}$iau$^{35}_{21}$…tsʰiəu$^{53}$(x)e$^{53}_{44}$ɔn$^{35}_{44}$tso$^{53}_{44}$iau$^{35}$tai$^{53}$pa$^{0}$?ɔn$^{35}_{44}$tso$^{53}_{44}$iau$^{35}$tai$^{53}$.xau$^{21}$xau$^{21}$.ʂəu$^{35}$iau$^{35}$tai$^{53}$.n̩$_{21}$.xei$^{53}_{44}$a$^{0}$,xei$^{53}$a$^{0}$,ʂəu$^{35}$sɔk$^{3}$ke$^{53}_{44}$ʂəu$^{35}$.ʂəu$^{35}$təu$^{21}$tsɿ$^{0}$ke$^{53}$.ən$_{21}$.xau$^{21}$xau$^{21}$xau$^{21}$.

【手】ʂəu$^{21}$ 名①上肢：瘸手子嘞箇就硬系箇只～残废哩。kʰue$^{13}$ʂəu$^{21}$tsɿ$^{0}$lei$^{0}$kai$^{53}_{44}$tsʰiəu$^{53}_{44}$ȵiaŋ$^{53}$xe$^{53}$kai$^{53}$tʂak$^{3}$ʂəu$^{21}$tsʰan$^{13}$fei$^{53}$li$^{0}$. ②上肢腕以下的部分：我以个～哇岔皮都冇得哩。ŋai$^{13}$i$^{21}$ke$^{53}$ʂəu$^{21}$ua$^{0}$tsʰa$^{53}$pʰi$^{13}$təu$^{35}_{53}$mau$^{13}_{44}$tek$^{3}$li$^{0}$.

【手把子】ʂəu$^{21}$pa$^{53}$tsɿ$^{0}$ 名手臂：以映就安做安做箇个嘞，安做～嘞。i$^{21}$iaŋ$^{53}$tsʰiəu$^{53}$ɔn$^{35}_{44}$tso$^{53}_{44}$ɔn$^{35}_{44}$tso$^{53}_{44}$kai$^{53}$ke$^{53}$lei$^{0}$,ɔn$^{35}_{44}$tso$^{53}_{44}$ʂəu$^{21}$pa$^{53}$tsɿ$^{0}$lei$^{0}$.

【手背】ʂəu$^{21}$pɔi$^{53}$ 名手掌的反面：手板～都系肉。ʂəu$^{21}$pan$^{21}$ʂəu$^{21}$pɔi$^{53}$təu$^{35}$xe$^{53}_{44}$ȵiəuk$^{3}$.

【手表】ʂəu$^{21}$piau$^{21}$ 名戴在手腕上的表：以两只袋子就以只就放手欸放钢笔个，放～个表袋子嘞。i$^{21}$iɔŋ$^{21}$tʂak$^{3}$tʰɔi$^{53}$tsɿ$^{0}$tsʰiəu$^{53}$i$^{21}$tʂak$^{3}$tsʰiəu$^{53}$fɔŋ$^{53}$ʂəu$^{21}$e$_{44}$fɔŋ$^{53}$kɔŋ$^{35}$piet$^{3}$ke$^{53}$,fɔŋ$^{53}$ʂəu$^{21}$piau$^{21}$ke$^{53}$piau$^{21}$tʰɔi$^{53}$tsɿ$^{0}$lei$^{0}$.

【手锤子】ʂəu$^{21}$tʂʰei$^{13}$tsɿ$^{0}$ 名指单手操作的锤子：箇只东西有几重欸，就用～锤下子就要得哩。kai$^{53}$(tʂ)ak$^{3}$təŋ$^{35}_{44}$si$^{0}$mau$^{13}_{21}$ci$^{21}$tʂʰəŋ$^{35}$ŋe$^{0}$,tsʰiəu$^{53}$iəŋ$^{53}$ʂəu$^{21}$tʂʰei$^{13}$tsɿ$^{0}$tʂʰei$^{13}$xa$^{53}_{44}$tsɿ$^{0}$tsʰiəu$^{53}_{44}$iau$^{53}$tek$^{3}$li$^{0}$.

【手段】ʂəu$^{21}$tʰɔn$^{53}$ 名待人处世的不正当方法：箇人蛮恶，忒恶哩，～也恶，心肝也恶。kai$^{53}$ȵin$^{13}_{21}$man$^{13}$ɔk$^{3}$,tʰet$^{3}$ɔk$^{3}$li$^{0}$,ʂəu$^{21}$tʰɔn$^{53}$ia$^{35}$ɔk$^{3}$,sin$^{35}$kɔn$^{35}_{44}$na$_{44}$(←ia$^{35}$)ɔk$^{3}$.

【手碓子】ʂəu$^{21}$tɔi$^{53}$tsɿ$^{0}$ 名用手持杵舂捣的碓：有～咁子挖个，～。iəu$^{35}$ʂəu$^{21}$tɔi$^{53}$tsɿ$^{0}$kan$^{21}_{44}$tsɿ$^{0}$uait$^{3}$ke$^{53}_{44}$,ʂəu$^{21}$tɔi$^{53}$tsɿ$^{0}$.

【手斧子】ʂəu$^{21}$pu$^{21}$tsɿ$^{0}$ 名泥水师傅用的小斧头：噢，箇个人也有斧子啦，箇泥水师傅也有斧子啦。渠爱削正下子，爱槌下子，以也有张斧子，渠个就像斧子样，像斧头样个，但是渠冇几大子。欸，～，欸，冇几大子个。au$_{21}$,kai$^{53}$ke$^{53}_{21}$ȵin$^{13}$na$^{35}_{44}$iəu$^{35}$pu$^{21}$tsɿ$^{0}$la$^{0}$,kai$^{53}$lai$^{13}$ʂei$^{21}$sɿ$^{35}_{53}$fu$^{53}$a$^{35}_{44}$iəu$^{35}_{44}$pu$^{21}$tsɿ$^{0}$la$^{0}$.ci$^{13}_{21}$ɔi$^{53}$siɔk$^{3}$tʂaŋ$^{53}$ŋa$^{53}$tsɿ$^{0}$,ɔi$^{53}$tʂʰei$^{13}$ia$^{53}$tsɿ$^{0}$,i$^{21}$ia$^{35}_{53}$iəu$^{35}_{44}$tʂɔŋ$^{35}_{44}$pu$^{21}$tsɿ$^{0}$,ci$^{13}$ke$^{53}$tsʰiəu$^{53}_{44}$tsʰiɔŋ$^{53}$pu$^{21}$tsɿ$^{0}$iɔŋ$^{53}$,tsʰiɔŋ$^{53}$pu$^{21}$tʰei$^{13}$iɔŋ$^{53}_{44}$ke$^{0}$,tan$^{53}$ʂɿ$^{53}$ci$^{13}_{21}$mau$^{13}$ci$^{21}$tʰai$^{53}$tsɿ$^{0}$.e$_{21}$,ʂəu$^{21}$pu$^{21}$tsɿ$^{0}$,e$_{44}$,mau$^{13}$ci$^{21}$tʰai$^{53}$tsɿ$^{0}$ke$^{0}$.

【手梗】ʂəu$^{21}$kuaŋ$^{21}$ 名手腕至肘的部位。也称“手梗子”：以只细子个～蛮大子了喔。i$^{21}$tʂak$^{3}$se$^{53}$tsɿ$^{0}$ke$^{53}$ʂəu$^{21}$kuaŋ$^{21}$man$^{13}$tʰai$^{53}$tsɿ$^{0}$liau$^{21}_{13}$uo$^{0}$.｜我只孙子个～子尽肉喔。ŋai$^{13}$tʂak$^{3}$sən$^{35}$tsɿ$^{0}$kei$^{53}$ʂəu$^{21}$kuaŋ$^{21}$tsɿ$^{0}$tsʰin$^{53}$ȵiəuk$^{3}$uo$^{0}$.

【手梗窝里】ʂəu$^{21}$kuaŋ$^{21}$uo$^{35}$li$^{0}$ 名胳膊肘儿背面的凹处：手踭角个肚里就系～。ʂəu$^{21}$tsaŋ$^{35}_{53}$kɔk$^{3}$ke$^{53}$təu$^{21}$li$^{0}$tsʰiəu$^{53}$xe$^{53}$ʂəu$^{21}$kuaŋ$^{21}$uo$^{35}$li$^{0}$.｜你就用～夹稳下子来。ȵi$^{13}$tsʰiəu$^{53}$iəŋ$^{53}$ʂəu$^{21}$kuaŋ$^{21}$uo$^{35}$li$^{0}$kait$^{3}$uən$^{21}$na$^{53}$tsɿ$^{0}$lɔi$^{13}_{21}$.

【手骨】ʂəu$^{21}$kuət$^{3}$ 名手部的骨头：先放脚下个骨头，然后放以个大腿骨箇只，然后放胸骨，欸，然后放～。sien$^{35}$fɔŋ$^{53}$ciɔk$^{3}$xa$^{53}$ke$^{53}$kuət$^{3}$tʰei$^{0}$,vien$^{13}$xei$^{53}_{44}$fɔŋ$^{53}$i$^{21}$ke$^{53}_{44}$tʰai$^{53}$tʰei$^{21}$kuət$^{3}$kai$^{53}_{21}$tʂak$^{3}$,vien$^{13}_{21}$

xei$^{53}_{44}$fɔŋ$^{53}$çiəŋ$^{35}$kuət$^{3}$,ei$_{21}$,vien$^{13}$xei$^{53}_{44}$fɔŋ$^{53}$ʂəu$^{21}$kuət$^{3}$.

【手脚】ʂəu$^{21}$ciɔk$^{3}$ 名举止，动作：～真活弄。ʂəu$^{21}$ciɔk$^{3}$tʂən$^{35}$uɔit$^{5}$ləŋ$^{53}_{44}$.｜（细人子）～灵活，寻得钱倒哇。ʂəu$^{21}$ciɔk$^{3}$lin$^{13}$xuɔit$^{5}$,ts$^{h}$in$^{13}$tek$^{3}$ts$^{h}$ien$^{13}$tau$^{21}$ua$^{0}$.

【手节骨子】ʂəu$^{21}$tsiet$^{3}$kuət$^{3}$tsɿ$^{0}$ 名手部的指骨：箇个有滴手指骨子啊，～，咁大子。kai$^{53}_{44}$ke$^{53}_{44}$iəu$^{35}$tet$^{5}$ʂəu$^{21}$tʂʅ$^{21}$kuət$^{3}$tsa$^{0}$,ʂəu$^{21}$tsiet$^{3}$kuət$^{3}$tsɿ$^{0}$,kan$^{21}_{35}$t$^{h}$ai$^{53}_{44}$tsɿ$^{0}$.

【手巾】ʂəu$^{21}$cin$^{35}$ 名毛巾。也称“手巾子”：分皮～呢一缔缔下箇个顿铲把个顶高。pən$^{35}$p$^{h}$i$^{13}_{21}$ʂəu$^{21}$cin$^{35}_{44}$nei$^{0}$iet$^{3}$t$^{h}$ak$^{3}$t$^{h}$ak$^{3}$(x)a$^{53}$kai$^{53}$kei$^{53}_{44}$tən$^{53}$ts$^{h}$an$^{21}$pa$^{53}$ke$^{53}_{44}$taŋ$^{21}$kau$^{35}_{44}$.｜一皮～子塞稳下子。iet$^{3}$p$^{h}$i$^{13}$ʂəu$^{21}$cin$^{35}$tsɿ$^{0}$sek$^{3}$uən$^{21}$na$_{44}$(←xa$^{53}$)tsɿ$^{0}$.

【手里】ʂəu$^{21}$li$^{0}$ 名手中，借指个人所掌握的东西：渠都买哩屋唠，买箇只门面唠，又走我～拿哩一次钱呶。ci$^{13}_{21}$təu$^{35}_{44}$mai$^{35}$li$^{0}$uk$^{3}$lau$^{0}$,mai$^{35}$kai$^{53}_{44}$tʂak$^{3}$mən$^{13}$mien$^{53}$nau$^{0}$,iəu$^{53}$tsei$^{21}$ŋai$^{13}_{44}$ʂəu$^{21}$li$^{0}$la$^{53}$li$^{0}$iet$^{3}$ts$^{h}$ɿ$^{53}$ts$^{h}$ien$^{13}$nau$^{0}$.

【手脉门】ʂəu$^{21}$mak$^{3}$mən$^{13}$ 名虎口：～上打只膏药去啊。ʂəu$^{21}$mak$^{3}$mən$^{13}$xɔŋ$^{53}$ta$^{21}$tʂak$^{3}$kau$^{35}$iɔk$^{5}$çi$^{53}$a$^{0}$.

【手忙脚乱】ʂəu$^{21}$mɔŋ$^{13}$ciɔk$^{3}$lɔn$^{53}$ 指做事忙乱，失了条理：客多哩啊就会～，客忒多哩啊。k$^{h}$ak$^{3}$to$^{35}_{44}$li$^{0}$a$^{0}$ts$^{h}$iəu$^{53}_{44}$uɔi$^{53}_{44}$ʂəu$^{21}$mɔŋ$^{13}$ciɔk$^{3}$lɔn$^{53}$,k$^{h}$ak$^{3}$t$^{h}$et$^{3}$to$^{35}$li$^{0}$a$^{0}$.

【手面子】ʂəu$^{21}$mien$^{53}$tsɿ$^{0}$ 名手工技艺的水平：箇只木匠师傅啊～蛮好。kai$^{53}$tʂak$^{3}$muk$^{3}$siɔŋ$^{53}_{44}$sɿ$^{35}_{44}$fu$^{53}$a$^{0}$ʂəu$^{21}$mien$^{53}$tsɿ$^{0}$man$^{13}$xau$^{21}$.｜～还好，有技术啦。ʂəu$^{21}$mien$^{53}$tsɿ$^{0}$xan$^{13}_{21}$xau$^{21}$,iəu$^{35}$çi$^{53}$ʂət$^{3}$la$^{0}$.

【手圈】ʂəu$^{21}$c$^{h}$ien$^{35}$ 名手镯：手上戴个就是手镯子啦～吧，系唔系？～。唔喊手箍子。安做～呶，手镯子，镯子。ʂəu$^{21}$xɔŋ$^{53}$tai$^{53}$ke$^{53}_{44}$ts$^{h}$iəu$^{53}_{44}$ʂʅ$^{53}_{44}$ʂəu$^{21}$tʂɔk$^{3}$tsɿ$^{0}$la$^{0}$ʂəu$^{21}$c$^{h}$ien$^{35}$pa$^{0}$,xei$^{53}_{44}$me$^{53}_{44}$?ʂəu$^{21}$c$^{h}$ien$^{35}$.n̩$^{13}$xan$^{53}_{44}$ʂəu$^{21}$k$^{h}$u$^{35}$tsɿ$^{0}$.ɔn$^{35}$tso$^{53}_{44}$ʂəu$^{21}$c$^{h}$ien$^{35}$nau$^{0}$,ʂəu$^{21}$tʂɔk$^{3}$tsɿ$^{0}$,tʂɔk$^{3}$tsɿ$^{0}$.

【手筛子】ʂəu$^{21}$sai$^{35}$tsɿ$^{0}$ 名一种用手端着使用的筛子：～就系筛米筛糠啊欸或者筛茶籽箇兜做倒箇咁大子个，手里掇倒个。～。ʂəu$^{21}$sai$^{35}$tsɿ$^{0}$ts$^{h}$iəu$^{53}_{44}$xe$^{53}_{44}$sai$^{35}$mi$^{21}$sai$^{35}$xɔŋ$^{35}$ŋa$^{0}$e$_{21}$xɔit$^{5}$tʂa$^{21}$sai$^{35}$ts$^{h}$a$^{13}$tsɿ$^{0}$kai$^{53}_{44}$te$^{35}_{44}$tso$^{53}$tau$^{21}_{44}$kai$^{53}_{44}$kan$^{21}_{13}$t$^{h}$ai$^{53}$tsɿ$^{0}$ke$^{0}$,ʂəu$^{21}$li$^{0}$tɔit$^{3}$tau$^{21}$ke$^{53}$.ʂəu$^{21}$sai$^{35}_{44}$tsɿ$^{0}$.｜～就只好少少子个。人家屋下筛下子咁个么个茶壳，筛下子嗯少少子个筛，就可以～。搻渠相对个就吊筛，㨃大个筛。ʂəu$^{21}$sai$^{35}_{44}$tsɿ$^{0}$ts$^{h}$iəu$^{53}$tʂʅ$^{21}$xau$^{21}$ʂau$^{21}$ʂau$^{21}$tsɿ$^{0}$ke$^{53}$. ɲin$^{13}$ka$^{35}_{53}$uk$^{3}$xa$^{53}$sai$^{35}_{44}$xa$^{53}_{44}$tsɿ$^{0}$kan$^{21}$ke$^{53}$mak$^{3}$e$^{0}$ts$^{h}$a$^{13}$k$^{h}$ɔk$^{3}$,sai$^{35}$xa$^{53}$tsɿ$^{0}$n̩$_{21}$ʂau$^{21}$ʂau$^{21}$tsɿ$^{0}$ke$^{53}_{44}$sai$^{35}$,tsiəu$^{53}_{44}$k$^{h}$o$^{21}$i$^{35}_{44}$ʂəu$^{21}$sai$^{35}_{44}$tsɿ$^{0}$.lau$^{35}$ci$^{13}_{21}$siɔŋ$^{35}$tei$^{53}$ke$^{53}_{44}$ts$^{h}$iəu$^{53}_{44}$tiau$^{53}$sai$^{35}$,mən$^{35}$t$^{h}$ai$^{53}_{44}$ke$^{53}_{44}$sai$^{35}_{44}$.

【手势】ʂəu$^{21}$ʂʅ$^{53}$ 名手部的动作：箇细人子～又激，点伢大子个细人子啊，～又激。手势激你晓得么？唔系好，快呀，手脚灵活呀。kai$^{53}_{44}$se$^{53}$ɲin$^{13}_{21}$tsɿ$^{0}$ʂəu$^{21}$ʂʅ$^{53}$iəu$^{53}_{44}$ciak$^{3}$,tian$^{53}$ŋa$^{13}_{44}$t$^{h}$ai$^{53}_{44}$tsɿ$^{0}$ke$^{53}_{44}$sei$^{53}_{44}$ɲin$^{13}_{44}$tsɿ$^{0}$a$^{0}$,ʂəu$^{21}$ʂʅ$^{53}$iəu$^{53}_{44}$ciak$^{3}$.ʂəu$^{21}$ʂʅ$^{53}$ciak$^{3}$ɲi$^{13}_{21}$çiau$^{21}$tek$^{3}$mo$^{0}$?m̩$^{13}_{21}$p$^{h}$e$^{53}_{44}$xau$^{21}$,kuai$^{53}$ia$^{0}$,ʂəu$^{21}$ciɔk$^{3}$lin$^{13}$xuɔit$^{5}$ia$^{0}$.

【手索】ʂəu$^{21}$sɔk$^{3}$ 名抬嫁妆时用的绳子：欸，有是有只咁个话法哈。梢嫁妆个箇个绳不是喊喊么个？～。如今箇起捆死尸箇只就系绦绳。系唔系啊？/～，哎，安做～。捆嫁妆个。/捆嫁妆个就～。/办红喜事令溜～。/唔系话嘞你也话拿条绳来呀，箇就真唔咁个啦！/真唔咁个。拿～来。/寻副～来，还少一副～。/箇就讲唔得绳呢，系唔系啊？/嗯。ei$_{21}$,iəu$^{35}$ʂʅ$^{53}_{44}$iəu$^{35}$tʂak$^{3}$kan$^{21}$ke$^{53}_{44}$ua$^{53}$fait$^{3}$xa$^{0}$.sau$^{35}$ka$^{53}$tsɔŋ$^{35}$ke$^{53}_{44}$kai$^{53}_{44}$ke$^{53}_{44}$ʂən$^{13}$pət$^{3}$ʂʅ$^{53}_{44}$xan$^{53}_{44}$xan$^{53}$mak$^{3}$ke$^{53}_{44}$?ʂəu$^{21}$sɔk$^{3}$.i$^{13}_{21}$cin$^{35}$kai$^{53}$çi$^{21}$kɔŋ$^{35}$si$^{21}$ʂʅ$^{35}$kai$^{53}_{44}$tʂak$^{3}$ts$^{h}$iəu$^{53}_{44}$xe$^{53}_{44}$t$^{h}$au$^{35}$ʂən$^{13}$.xe$^{53}_{44}$me$^{53}_{44}$a$^{0}$?/ʂəu$^{21}$sɔk$^{3}$,ai$_{21}$,ɔn$^{35}_{44}$tso$^{53}_{44}$ʂəu$^{21}$sɔk$^{3}$.kɔŋ$^{35}$ka$^{53}$tsɔŋ$^{35}$ke$^{53}_{21}$./kɔŋ$^{35}$ka$^{53}$tsɔŋ$^{35}_{44}$ke$^{53}_{44}$ts$^{h}$iəu$^{53}_{44}$ʂəu$^{21}$sɔk$^{3}$./p$^{h}$an$^{53}$fəŋ$^{13}$çi$^{21}$sɿ$^{53}_{44}$laŋ$^{53}$liəu$^{53}$ʂəu$^{21}$sɔk$^{3}$./m̩$^{13}_{21}$p$^{h}$e$^{53}_{44}$ua$^{53}_{44}$lei$^{0}$ɲi$^{13}_{44}$a$^{35}$ua$^{53}_{44}$la$^{53}$t$^{h}$iau$^{13}_{21}$ʂən$^{13}$nɔi$^{13}_{44}$ia$^{0}$,kai$^{53}_{44}$tsiəu$^{53}$tʂən$^{35}$n̩$^{13}_{21}$kan$^{21}_{35}$ke$^{53}$la$^{0}$!/tʂən$^{35}$n̩$^{13}_{21}$kan$^{21}_{35}$ke$^{53}$.la$^{53}$ʂəu$^{21}$sɔk$^{3}$lɔi$^{13}$./ts$^{h}$in$^{13}$fu$^{53}$ʂəu$^{21}$sɔk$^{3}$lɔi$^{13}$,xai$^{13}$ʂau$^{21}$iet$^{3}$fu$^{53}$ʂəu$^{21}$sɔk$^{3}$./kai$^{53}$ts$^{h}$iəu$^{53}$kɔŋ$^{21}$ŋ̍$^{13}_{21}$tek$^{3}$ʂən$^{13}$ne$^{0}$,xei$^{53}_{44}$me$^{53}$a$^{0}$?/ŋ̍$_{44}$.

【手锁】ʂəu$^{21}$so$^{21}$ 名儿童手上戴的一种饰品：～有。我赠戴过。我等还有钱买～是？哼，饭都冇食。饭都冇食嘞我等细细子。ʂəu$^{21}$so$^{21}$iəu$^{35}$.ŋai$^{13}_{21}$maŋ$^{13}$tai$^{53}$ko$^{53}_{21}$.ŋai$^{13}_{21}$tien$^{0}$xai$^{13}_{44}$iəu$^{35}$ts$^{h}$ien$^{13}_{21}$mai$^{35}$ʂəu$^{21}$so$^{21}$ʂʅ$^{53}$?xɔ̃$_{53}$,fan$^{53}$təu$^{35}_{44}$mau$^{13}_{21}$ʂət$^{5}$.fan$^{53}$təu$^{35}_{44}$mau$^{13}_{21}$ʂət$^{5}$le$^{0}$ŋai$^{13}_{21}$tien$^{0}$se$^{53}$se$^{53}$tsɿ$^{0}$.

【手套】ʂəu$^{21}$t$^{h}$au$^{53}$ 名套在手上，用以保护手部及御寒之物。也称“手套子”：渠爱靠咁子用……戴倒～哇，用手去扒嘞。ci$^{13}_{21}$ɔi$^{53}_{44}$k$^{h}$au$^{53}_{44}$kan$^{21}$tsɿ$^{0}$iəŋ$^{53}$…tai$^{53}$tau$^{21}$ʂəu$^{21}$t$^{h}$au$^{53}$ua$^{0}$,iəŋ$^{53}$ʂəu$^{21}$çi$^{53}$p$^{h}$a$^{13}$lei$^{0}$.

【手腕子】ʂəu$^{21}$uɔn$^{21}$tsɿ$^{0}$ 名手和臂相接的部分：～以只栏场最容易走腕子嘞。ʂəu$^{21}$uɔn$^{21}$tsɿ$^{0}$i$^{21}$tʂak$^{3}$laŋ$^{13}_{21}$tʂ$^{h}$ɔŋ$^{13}_{21}$tsei$^{53}$iəŋ$^{13}_{21}$i$^{53}$tsei$^{21}$uɔn$^{21}$tsɿ$^{0}$lei$^{0}$.

【手相】ʂəu$^{21}$siɔŋ$^{53}$ 名手的形状及手上的纹理，迷信的人根据它来推测命运好坏：看～k$^h$ɔn$^{53}$ ʂəu$^{21}$siɔŋ$^{53}$

【手胁下】ʂəu$^{21}$c$^h$iet$^3$/c$^h$iait$^5$ xa$^{35}$ 名腋下：欸，但是以颈根～摞稳呢。ei$_{35}$,tan$^{53}$ʂʅ$^{53}$i$^{21}$ciaŋ$^{21}$cien$^{35}_{44}$ʂəu$^{21}$c$^h$iet$^3$ xa$^{35}$k$^h$uan$^{53}$uən$^{21}$ne$^0$.｜欸，有力个人是一条树或者一只摸摸子一只细人子～一胁就走嘿哩。e$_{21}$,iəu$^{35}$liet$^5$ cie$^{53}$ɲin$^{13}_{44}$ʂʅ$^{53}_{44}$iet$^3$ t$^h$iau$^{13}$ʂəu$^{53}$xɔit$^5$ tʂa$^{21}$iet$^3$ tʂak$^3$ mo$^{35}$mo$^{35}$tsʅ$^0$ iet$^3$ tʂak$^3$ sei$^{53}$ɲin$^{13}_{21}$tsʅ$^0$ ʂəu$^{21}$c$^h$iait$^5$ xa$^{53}_{44}$ iet$^3$ c$^h$iait$^5$ ts$^h$iəu$^{53}$tsei$^{21}$(x)ek$^3$ li$^0$.

【手心】ʂəu$^{21}$sin$^{35}$ 名掌心。又称“巴掌心”：～手背都系肉意思是要一视同仁，不要分彼此。ʂəu$^{21}$sin$^{35}$ʂəu$^{21}$pɔi$^{53}$ təu$^{35}$xei$^{53}_{44}$ɲiəuk$^3$.

【手艺】ʂəu$^{21}$ɲi$^{53}$ 名手工技艺：如今几多子～冇哩搞个啊。水桶脚盆冇么人打哩，箇木匠，冇么人请木匠打水桶脚盆了。欸，冇么人请木匠做衣橱箇兜了。尽买，系唔系？划唔来呀，你请人划唔来呀。欸，箩篓晒簟冇么人请人做了，冇么人请篾匠做了。箩唔爱哩，搞两只蛇皮袋，唔岔事。晒簟唔爱哩，唔系就水泥坪，唔系就买一块箇个彩条布，冇百块钱彩条布是硬晒得一下。就系只人工贵嘿哩。i$^{13}_{21}$cin$^{35}_{53}$ci$^{21}$to$^{35}$tsʅ$^0$ ʂəu$^{21}$ɲi$^{53}$mau$^{13}$li$^0$ kau$^{21}$ke$^{53}_{44}$a$^0$.ʂei$^{21}$t$^h$əŋ$^{21}$ciɔk$^3$ p$^h$ən$^{13}_{21}$ mau$^{13}_{21}$mak$^3$ in$^{13}_{44}$ta$^{21}$li$^0$,kai$^{53}$muk$^3$ siɔŋ$^{53}$,mau$^{13}$mak$^3$ in$^{13}_{44}$ts$^h$iaŋ$^{21}$muk$^3$ siɔŋ$^{53}$ta$^{21}$ʂei$^{21}$t$^h$əŋ$^{21}$ciɔk$^3$ p$^h$ən$^{13}$ niau$^0$.e$_{21}$,mau$^{13}$mak$^3$ɲin$^{13}_{44}$ts$^h$iaŋ$^{21}$muk$^3$ siɔŋ$^{53}$tso$^{53}$i$^{35}$tʂ$^h$əu$^{13}_{21}$kai$^{53}_{44}$te$^{35}_{53}$liau$^0$.ts$^h$in$^{53}$mai$^{35}$,xei$^{53}_{44}$me$^{53}_{44}$?fa$^{13}$n̩$^{13}_{44}$nɔi$^{13}$ia$^0$, ɲi$^{13}_{44}$ts$^h$iaŋ$^{21}$ɲin$^{13}$fa$^{13}$n̩$^{13}_{21}$lɔi$^{13}$ia$^0$.e$_{21}$,lo$^{13}$lei$^{21}$sai$^{53}$t$^h$ian$^{53}$mau$^{13}$mak$^3$ in$^{13}_{44}$ts$^h$iaŋ$^{21}$ɲin$^{13}$tso$^{53}$liau$^0$,mau$^{13}$mak$^3$ in$^{13}_{44}$ ts$^h$iaŋ$^{21}$miet$^5$ siɔŋ$^{53}$tso$^{53}$liau$^0$.lo$^{13}$m̩$^{13}_{21}$mɔi$^{53}$li$^0$,kau$^{21}$iɔŋ$^{21}$tʂak$^3$ ʂa$^{13}$p$^h$i$^{13}_{21}$t$^h$ɔi$^{53}$,n̩$^{13}_{21}$ts$^h$a$^{53}_{44}$ʂʅ$^{53}_{44}$.sai$^{53}$t$^h$ian$^{53}$m̩$^{13}_{21}$mɔi$^{53}$ li$^0$,m̩$^{13}$p$^h$ei$^{53}$ts$^h$iəu$^{53}$ʂei$^{21}$lai$^{13}$p$^h$iaŋ$^{13}$,m̩$^{13}$p$^h$ei$^{53}$ts$^h$iəu$^{53}$mai$^{35}$iet$^3$ k$^h$uai$^{53}$kai$^{53}_{44}$kei$^{53}_{44}$ts$^h$ai$^{21}$t$^h$iau$^{13}$pu$^{53}$,iəu$^{35}_{53}$pak$^3$ k$^h$uai$^{53}$ts$^h$ien$^{13}_{44}$ts$^h$ai$^{21}$t$^h$iau$^{13}$pu$^{53}$ʂʅ$^{53}_{44}$ɲian$^{53}$sai$^{53}$tek$^3$ iet$^3$ xa$^{53}_{21}$.ts$^h$iəu$^{53}$xei$^{53}_{44}$tʂak$^3$ ɲin$^{13}$kəŋ$^{35}_{44}$kuei$^{53}$(x)ek$^3$ li$^0$.

【手印】ʂəu$^{21}$in$^{53}$ 名打在纸上的手纹：打只～ta$^{21}$tʂak$^3$ ʂəu$^{21}$in$^{53}$｜我看倒别人家盖哩～。ŋai$^{13}$k$^h$ɔn$^{53}$ tau$^{21}$p$^h$iet$^5$ in$^{13}_{44}$ka$^{35}_{44}$kɔi$^{53}$li$^0$ ʂəu$^{21}$in$^{53}$.

【手踭角】ʂəu$^{21}$tsaŋ$^{35}$kɔk$^3$ 名①肘部向外突起的部位：～就以映。ʂəu$^{21}$tsaŋ$^{35}_{53}$kɔk$^3$ ts$^h$iəu$^{53}$i$^{21}$iaŋ$^{53}$. ②道路转弯角度很大的地方；死弯：去中塘箇条路上就蛮多转～个栏场。çi$^{53}_{44}$tʂəŋ$^{35}$t$^h$ɔŋ$^{13}_{21}$kai$^{53}$ t$^h$iau$^{13}_{21}$ləu$^{53}$xɔŋ$^{53}$ts$^h$iəu$^{53}$man$^{13}$to$^{35}_{53}$tʂuon$^{21}$ʂəu$^{21}$tsaŋ$^{35}$kɔk$^3$ ke$^{53}$laŋ$^{13}_{21}$tʂ$^h$ɔŋ$_{21}$.

【手指】ʂəu$^{21}$tʂʅ$^{21}$ 名手掌末端的分支，左、右手各五根：每只～都有手指节咯。mei$^{35}$tʂak$^3$ ʂəu$^{21}$ tʂʅ$^{21}$təu$^{35}_{44}$iəu$^{35}$ʂəu$^{21}$tʂʅ$^{21}$tset$^3$ ko$^0$.｜人个～啊，有脶啊，箕。n̩$^{13}$ke$^{53}$ʂəu$^{21}$tʂʅ$^{21}$ʐa$^0$,iəu$^{35}_{44}$lo$^{13}$a$^0$,ci$^{35}$.

【手指肚】ʂəu$^{21}$tʂʅ$^{21}$təu$^{21}$ 名手指最末一节与指甲相背的那一面。也称“手指肚子”：用～抡下子箇条线，就更好穿针。iəŋ$^{53}$ʂəu$^{21}$tʂʅ$^{21}$təu$^{21}$lən$^{21}$na$^{53}$tsʅ$^0$ kai$^{53}_{44}$t$^h$iau$^{13}_{21}$sien$^{53}$,ts$^h$iəu$^{53}_{44}$cien$^{53}_{44}$xau$^{21}$tʂ$^h$uon$^{53}$ tʂən$^{35}$.｜以只～子咁大子。i$^{21}$tʂak$^3$ ʂəu$^{21}$tʂʅ$^{21}$təu$^{21}$tsʅ$^0$ kan$^{21}_{13}$t$^h$ai$^{53}$tsʅ$^0$

【手指公】ʂəu$^{21}$tʂʅ$^{21}$kəŋ$^{35}$ 名大拇指：弹下去，有滴用～，用大手指，系唔系？t$^h$an$^{53}$na$^{53}_{44}$çi$^{53}_{44}$,iəu$^{35}$ tet$^5$ iəŋ$^{53}_{44}$ʂəu$^{21}$tʂʅ$^{21}$kəŋ$^{35}$,iəŋ$^{53}_{44}$t$^h$ai$^{53}$ʂəu$^{21}$tʂʅ$^{21}$,xe$^{53}$me$^{53}$?

【手指骨子】ʂəu$^{21}$tʂʅ$^{21}$kuət$^3$ tsʅ$^0$ 名手部的指骨：箇个有滴～啊，手节骨子，咁大子。kai$^{53}_{44}$ke$^{53}_{44}$ iəu$^{35}$tet$^5$ ʂəu$^{21}$tʂʅ$^{21}$kuət$^3$ tsa$^0$,ʂəu$^{21}$tsiet$^3$ kuət$^3$ tsʅ$^0$,kan$^{21}_{35}$t$^h$ai$^{53}_{44}$tsʅ$^0$.

【手指甲】ʂəu$^{21}$tʂʅ$^{21}$kait$^3$ 名指甲。又称“指甲盖”：箇～底下……箇个脱个箇滴子皮呀，分做几多……两三块个箇只系唔系安做是岔皮呀？kai$^{53}$ʂəu$^{21}$tʂʅ$^{21}$kait$^3$ te$^{21}$xa$^{53}_{44}$ç…kai$^{53}_{44}$ke$^{53}_{44}$t$^h$ɔit$^3$ ke$^{53}$kai$^{53}_{44}$ tiet$^5$ tsʅ$^0$ p$^h$i$^{13}$ia$^0$,fən$^{35}$tso$^{53}_{44}$ci$^{21}$to$^{35}_{21}$…iɔŋ$^{21}$san$^{35}$k$^h$uai$^{53}$ke$^{53}_{44}$kai$^{53}_{44}$tʂak$^3$ xei$^{53}$mei$^{53}$ɔn$^{35}_{44}$tso$^{53}_{44}$ʂʅ$^{53}_{21}$ts$^h$a$^{53}$p$^h$i$^{13}$ia$^0$?

【手指节】ʂəu$^{21}$tʂʅ$^{21}$tset$^3$ 名手指关节：每只手指都有～咯，三节吧，应该是三节吧。mei$^{35}$tʂak$^3$ ʂəu$^{21}$tʂʅ$^{21}$təu$^{35}_{44}$iəu$^{35}$ʂəu$^{21}$tʂʅ$^{21}$tset$^3$ ko$^0$,san$^{35}$tset$^3$ pa$^0$,in$^{35}_{44}$kai$^{35}_{53}$ʂʅ$^{53}_{44}$san$^{35}$tset$^3$ pa$^0$.

【手指坜】ʂəu$^{21}$tʂʅ$^{21}$lak$^5$ 名手指之间的间隙：～里 ʂəu$^{21}$tʂʅ$^{21}$lak$^5$ li$^0$

【手指脶】ʂəu$^{21}$tʂʅ$^{21}$lo$^{13}$ 名指纹：欸，我个～我记得有三只箕七只脶。e$_{21}$,ŋai$^{13}$ke$^{53}$ʂəu$^{21}$tʂʅ$^{21}$lo$^{13}_{21}$ŋai$^{13}$ ci$^{53}$tek$^3$ iəu$^{35}_{53}$san$^{35}$tʂak$^3$ ci$^{35}$ts$^h$iet$^3$ tʂak$^3$ lo$^{13}$.

【手指尾】ʂəu$^{21}$tʂʅ$^{21}$mi$^{35}$ 名①小拇指：最细个以只手指就安做～。tsei$^{53}$se$^{53}$ke$^{53}$i$^{21}$tʂak$^3$ ʂəu$^{21}$tʂʅ$^{21}$ ts$^h$iəu$^{53}_{44}$ɔn$^{35}_{53}$tso$^{53}$ʂəu$^{21}$tʂʅ$^{21}$mi$^{35}$. ②喻指不起眼的小角色，多加“子”：我算么个？我只系～子。我系～子，我算么个？ŋai$^{13}$sɔn$^{53}$mak$^3$ ke$^{53}_{44}$?ŋai$^{13}_{21}$tʂʅ$^{21}$xe$^{53}$ʂəu$^{21}$tʂʅ$^{21}$mi$^{35}$tsʅ$^0$.ŋai$^{13}$(x)e$^{53}_{44}$ʂəu$^{21}$tʂʅ$^{21}$mi$^{35}$tsʅ$^0$,ŋai$^{13}$ sɔn$^{53}$mak$^3$ ke$^0$?

【手指映】ʂəu$^{21}$tʂʅ$^{21}$iaŋ$^{53}$ 名用手指摁压在物体表面留下的痕迹：箇……（煤饼）渫湿个时候子就分……分渠舞滴～去。舞滴子～。kai$^{53}_{44}$m…tsek$^5$ ʂət$^3$ ke$^{53}_{44}$ʂʅ$^{13}_{21}$xei$^{53}_{44}$tsʅ$^0$ ts$^h$iəu$^{53}_{44}$pən$^{35}_{44}$…pən$^{35}$ci$^{13}_{21}$u$^{21}$tet$^5$ ʂəu$^{21}$tʂʅ$^{21}$iaŋ$^{53}$çi$^{53}_{21}$.u$^{21}$tet$^5$ tsʅ$^0$ ʂəu$^{21}$tʂʅ$^{21}$iaŋ$^{53}$.

S

【手指崽】ʂəu$^{21}$tʂʅ$^{21}$tse$^{21}$ [名]食指、中指、无名指的统称：哦，箇三只吧？就同手指样有三只吧？～吧？o$_{21}$,kai$^{53}$san$^{35}_{44}$tʂak$^{3}$pa$^{0}$?tsʰiəu$^{53}$tʰəŋ$^{13}_{21}$ʂəu$^{21}$tʂʅ$^{21}$iɔŋ$^{53}$iəu$^{35}_{21}$san$^{35}_{44}$tʂak$^{3}$pʰa$^{0}$?ʂəu$^{21}$tʂʅ$^{21}$tse$^{21}$pa$^{0}$?

【手镯子】ʂəu$^{21}$tʂɔk$^{3}$tsʅ$^{0}$ [名]用金、银、玉等制的戴在手腕上的环形装饰品：安做手圈呶，～，镯子。ɔn$^{35}$tso$^{53}_{44}$ʂəu$^{21}$cʰien$^{35}$nau$^{0}$,ʂəu$^{21}$tʂɔk$^{3}$tsʅ$^{0}$,tʂɔk$^{3}$tsʅ$^{0}$.

【守】ʂəu$^{21}$ [动]①守候；看护：孝子箇只就赖子箇只就爱去孝堂下～稳呶。çiau$^{53}$tsʅ$^{21}$kai$^{53}_{44}$tʂak$^{3}$tsʰiəu$^{53}_{44}$lai$^{53}$tsʅ$^{0}$kai$^{53}_{44}$tʂak$^{3}$tsʰiəu$^{53}_{44}$ɔi$^{53}_{44}$çi$^{53}$xau$^{53}$tʰɔŋ$^{13}_{21}$xa$^{35}$ʂəu$^{21}$uən$^{21}$nau$^{0}$. ②遵守：～秩序。ʂəu$^{21}$tʂʰət$^{5}$si$^{53}_{44}$.

【守寡】ʂəu$^{21}$kua$^{21}$ [动]妇女死了丈夫以后不再结婚：箇～个夫娘子人讲起来是蛮可怜呐。我等宗族上啊，我等有只老公太呀就蛮可怜呐，十八岁就死嘿哩。渠讨只老婆嘞比渠大两岁，两十岁渠老婆啊，渠……箇个还赠老婆还赠供，老公就死嘿哩，结果嘞供下来供只赖子，渠也就赠卖人家箇兜，一世人，七十几岁正死。渠留下一条苗来哩。如今呐箇映子箇一蔸姜嘞人就唔多啊，只有两家人，欸，看下几多个人呐，一二三四欸七……九个人，系，箇一蔸剩倒九个人。人就冇么个人了，嗯，两家人九个人。kai$^{53}$ʂəu$^{21}$kua$^{21}$ke$^{53}_{44}$pu$^{35}_{44}$ɲiɔŋ$^{13}_{21}$tsʅ$^{0}$ɲin$^{13}$kɔŋ$^{21}$çi$^{21}$lɔi$^{13}_{44}$ʂʅ$^{53}_{44}$man$^{13}$kʰo$^{21}$lien$^{13}$na$^{0}$.ŋai$^{13}$tien$^{0}$tsəŋ$^{35}_{44}$tsʰəuk$^{5}$xɔŋ$^{53}$ŋa$^{0}$,ŋai$^{13}$tien$^{0}$iəu$^{35}_{53}$tʂak$^{3}$lau$^{21}$kəŋ$^{35}$tʰai$^{53}$ia$^{0}$tsiəu$^{53}$man$^{13}$kʰo$^{21}$lien$^{13}$na$^{0}$,ʂət$^{5}$pait$^{3}$sei$^{53}$tsʰiəu$^{53}$si$^{21}$xek$^{3}$li$^{0}$.ci$^{13}_{21}$tʰau$^{21}$(tʂ)ak$^{3}$lau$^{21}$pʰo$^{13}$lei$^{0}$pi$^{21}$ci$^{13}_{44}$tʰai$^{53}$iɔŋ$^{21}$sɔi$^{53}$,iɔŋ$^{21}$ʂət$^{5}$sɔi$^{53}$ci$^{13}_{21}$lau$^{21}$pʰo$^{13}$a$^{0}$,ci$^{13}$⋯kai$^{53}_{44}$kei$^{53}_{44}$xa$^{13}_{21}$maŋ$^{13}_{21}$lau$^{21}$pʰo$^{13}$xa$^{13}_{21}$maŋ$^{13}$ciəŋ$^{53}$,lau$^{21}$kəŋ$^{35}_{44}$tsʰiəu$^{53}$si$^{21}$xek$^{3}$li$^{0}$,ciet$^{3}$ko$^{21}$lei$^{0}$ciəŋ$^{53}$xa$^{53}$lɔi$^{13}_{21}$ciəŋ$^{53}$tʂak$^{3}$lai$^{53}$tsʅ$^{0}$,ci$^{13}_{21}$ia$^{35}_{44}$tsʰiəu$^{53}_{44}$maŋ$^{13}$mai$^{53}$ɲin$^{13}$ka$^{35}_{44}$kai$^{53}$te$^{35}_{44}$,iet$^{3}$ʂʅ$^{53}$ɲin$^{13}_{21}$,tsʰiet$^{3}$ʂʅt$^{5}$ci$^{21}$sɔi$^{53}_{44}$tʂaŋ$^{53}_{44}$si$^{21}$.ci$^{13}_{21}$liəu$^{13}_{21}$xa$^{53}$(i)et$^{3}$tʰiau$^{13}_{21}$miau$^{13}$lɔi$^{13}_{21}$li$^{0}$.i$^{13}_{21}$cin$^{35}_{44}$na$^{0}$kai$^{53}$iaŋ$^{53}$tsʅ$^{0}$kai$^{53}$iet$^{3}$tei$^{35}_{44}$ciɔŋ$^{35}_{44}$le$^{0}$ɲin$^{13}$tsʰiəu$^{53}$n̩$^{13}_{21}$to$^{35}_{44}$a$^{0}$,tʂʅ$^{21}$iəu$^{35}_{53}$iɔŋ$^{21}$ka$^{35}$ɲin$^{13}_{21}$,e$_{21}$,kʰɔn$^{53}_{44}$(x)a$^{53}_{44}$ci$^{21}$(t)o$^{35}$ke$^{53}$ɲin$^{13}_{21}$na$^{0}$,iet$^{3}$ɲi$^{53}$san$^{35}$si$^{53}$e$_{21}$tsʰiet$^{3}$⋯ciəu$^{21}$kei$^{53}$ɲin$^{13}_{44}$,xe$^{53}_{44}$,kai$^{53}$iet$^{3}$tei$^{35}$ʂən$^{53}$tau$^{21}$ciəu$^{21}$ke$^{53}$ɲin$^{13}_{21}$. ɲin$^{13}$tsʰiəu$^{53}$mau$^{13}_{21}$mak$^{3}$e$^{0}$ɲin$^{13}_{21}$liau$^{0}$,n̩$_{21}$,iɔŋ$^{21}$ka$^{35}_{44}$ɲin$^{13}_{21}$ciəu$^{21}$ke$^{53}$ɲin$^{13}_{44}$.

【守灵】ʂəu$^{21}$lin$^{13}$ [动]守在灵床、灵柩或灵位旁边：屋下个，渠个赖子，欸，孝子箇只就赖子箇只就爱去孝堂下守稳呶。赖子，妹子啊，老婆箇只嘞，爱守欸孝堂下。守稳个里背，守稳个副棺材呀。日日夜夜不能离人呶。～呢。uk$^{3}$xa$^{35}_{44}$kei$^{53}_{44}$,ci$^{13}_{21}$kei$^{53}_{44}$lai$^{53}$tsʅ$^{0}$,e$_{21}$,çiau$^{53}$tsʅ$^{21}$kai$^{53}_{44}$tʂak$^{3}$tsʰiəu$^{53}_{44}$lai$^{53}$tsʅ$^{0}$kai$^{53}_{44}$tʂak$^{3}$tsʰiəu$^{53}_{44}$ɔi$^{53}_{44}$çi$^{53}$xau$^{53}$tʰɔŋ$^{13}_{21}$xa$^{35}$ʂəu$^{21}$uən$^{21}$nau$^{0}$.lai$^{53}$tsʅ$^{0}$,mɔi$^{53}$tsʅ$^{0}$a$^{0}$,lau$^{21}$pʰo$^{13}$kai$^{53}_{44}$tʂak$^{3}$le$^{0}$,ɔi$^{53}_{44}$ʂəu$^{21}$e$_{21}$xau$^{53}$tʰɔŋ$^{13}_{21}$xa$^{35}$.ʂəu$^{21}$uən$^{21}$ke$^{53}_{44}$ti$^{35}$pɔi$^{53}_{44}$,ʂəu$^{21}$uən$^{21}$ke$^{53}$fu$^{53}_{44}$kɔn$^{35}$tsʰɔi$^{13}_{21}$ia$^{0}$.ɲiet$^{3}$ɲiet$^{3}$ia$^{53}$ia$^{53}$pət$^{3}$lən$^{13}$li$^{13}$ɲin$^{13}$nau$^{0}$.ʂəu$^{21}$lin$^{13}$ne$^{0}$.

【守岁】ʂəu$^{21}$sɔi$^{53}$ [动]农历除夕夜不睡觉，送旧迎新：客姓人也有咁个规矩，过年箇晡，除夕箇晡，爱夜晡爱～，莫几早就睡咁哩，爱欸坐倒打下子讲啊，食下子茶烟箇兜啦，系唔系？一家人呐嗯～守倒子时。我等是空个，我等屋下就空个。欸，一只嘞我赖子新舅嘞就渠等就年年都到广东过年去哩，救倒我三只老家伙，跍倒屋下，十点钟都冇得就睡咁哩。看么个咁个春节晚会，看起箇哈音熝天，只想睡目，么个～都空个，么个都唔爱哩。kʰak$^{3}$sin$^{53}$ɲin$^{13}_{21}$ia$^{35}$iəu$^{35}_{44}$kan$^{21}$ke$^{53}_{44}$kuei$^{35}$tʂʮ$^{21}$,ko$^{53}$ɲien$^{13}$kai$^{53}_{44}$pu$^{35}_{44}$,tʂʰəu$^{13}$siet$^{3}$kai$^{53}_{44}$pu$^{35}_{44}$,ɔi$^{53}_{44}$ia$^{53}$pu$^{35}_{44}$ɔi$^{53}_{44}$ʂəu$^{21}$sɔi$^{53}$,mɔk$^{5}$ci$^{21}$tsau$^{21}$tsʰiəu$^{53}_{44}$ʂɔi$^{53}$kan$^{21}$li$^{0}$,ɔi$^{53}_{44}$e$_{21}$tsʰo$^{35}$tau$^{21}$ta$^{21}$xa$^{53}$tsʅ$^{0}$kɔŋ$^{21}$ŋa$^{0}$,ʂət$^{5}$xa$^{53}_{44}$tsʅ$^{0}$tsʰa$^{13}$ien$^{35}_{44}$kai$^{53}_{44}$te$^{35}_{53}$la$^{0}$,xei$^{53}_{44}$me$^{53}_{44}$?iet$^{3}$ka$^{35}_{44}$ɲin$^{13}_{21}$na$^{0}$n̩$_{21}$ʂəu$^{21}$sɔi$^{53}$ʂəu$^{21}$tau$^{21}$tsʅ$^{21}$ʂʅ$^{13}$.ŋai$^{13}$tien$^{0}$ʂʅ$^{53}_{44}$kʰəŋ$^{53}$ke$^{53}$,ŋai$^{13}$tien$^{0}$uk$^{3}$xa$^{53}_{44}$tsiəu$^{53}_{44}$kʰəŋ$^{53}$ke$^{53}$.ei$_{21}$,iet$^{3}$tʂak$^{3}$lei$^{0}$ŋai$^{13}_{21}$lai$^{53}$tsʅ$^{0}$sin$^{35}_{44}$cʰiəu$^{35}_{44}$lei$^{0}$tsʰiəu$^{53}_{44}$ci$^{13}_{21}$tien$^{0}$tsʰiəu$^{53}_{44}$ɲien$^{13}$ɲien$^{13}_{21}$təu$^{35}_{53}$tau$^{53}$kɔŋ$^{21}$təŋ$^{35}_{44}$ko$^{53}$ɲien$^{13}_{21}$çi$^{53}$li$^{0}$,ciəu$^{53}$tau$^{21}$ŋai$^{13}_{21}$san$^{35}_{44}$tʂak$^{3}$lau$^{21}$cia$^{35}_{44}$xo$^{21}_{44}$,ku$^{35}$tau$^{21}$uk$^{3}$xa$^{53}_{44}$,ʂət$^{5}$tian$^{21}$tʂəŋ$^{35}_{44}$təu$^{35}_{53}$mau$^{13}_{21}$tek$^{3}$tsʰiəu$^{53}_{44}$ʂɔi$^{53}$kan$^{21}$ni$^{0}$.kʰɔn$^{53}$mak$^{3}$kei$^{53}_{44}$kan$^{21}$ke$^{53}_{44}$tʂʰən$^{35}$tsiet$^{3}$uan$^{21}$fei$^{53}$,kʰɔn$^{53}$çi$^{21}_{44}$kai$^{53}_{44}$xa$^{35}$in$^{35}_{44}$ləuk$^{3}$tʰien$^{35}_{44}$,tʂʅ$^{21}$siɔŋ$^{21}$ʂɔi$^{53}$muk$^{3}$,mak$^{3}$e$^{0}$ʂəu$^{21}$sɔi$^{53}_{44}$təu$^{35}_{44}$kʰəŋ$^{53}$ke$^{0}$,mak$^{3}$e$^{0}$təu$^{35}_{53}$m̩$^{13}_{21}$mɔi$^{53}$li$^{0}$.

【首】ʂəu$^{21}$ 后缀，附在某些动词后面，构成名词，表示行为的价值：食～ʂət$^{5}$ʂəu$^{21}$｜看～kʰɔn$^{53}$ʂəu$^{21}$｜作～tsɔk$^{3}$ʂəu$^{21}$｜搞～kau$^{21}$ʂəu$^{21}$

【首尾】ʂəu$^{21}$mi$^{35}$ [名]死者的遗产遗物：～就么个嘞？嗯，人死哩以后留下来个贴身个财产子。贴身之物就安做～。欸，也唔系么个贴身之物，留下来个东西渠就爱分～嘞，分分箇个后代嘞，分分渠个子孙箇兜嘞。留下来分分后代个东西就安做～。我妹子个家爷老子过哩身，渠就还有十几万块钱呐，唔知几省啊，钱又赠用啊，一只赖子分几多万呐，欸孙子分几多万，欸，孙女分几多万，咁子分嘿哩。ʂəu$^{21}$mi$^{35}$tsʰiəu$^{53}$mak$^{3}$e$^{0}$lei$^{0}$?n̩$_{21}$, ɲin$^{13}$si$^{21}$li$^{0}$i$^{35}$xei$^{53}$liəu$^{13}$çia$^{53}$lɔi$^{13}_{21}$ke$^{53}$tʰiait$^{3}$ʂən$^{35}$ke$^{53}$tsʰɔi$^{13}$tsʰan$^{21}$tsʅ$^{0}$.tʰiait$^{3}$ʂən$^{35}$tʂʅ$^{35}_{44}$uk$^{5}$tsʰiəu$^{53}_{21}$ɔn$^{35}_{44}$tso$^{53}_{44}$ʂəu$^{21}$mi$^{35}$.ei$_{21}$,ia$^{35}$m̩$^{13}_{21}$pʰei$^{53}$mak$^{3}$e$^{0}$tʰiait$^{3}$ʂən$^{35}_{44}$tʂʅ$^{35}_{44}$uk$^{5}$,liəu$^{13}$xa$^{53}_{44}$lɔi$^{13}_{21}$ke$^{53}_{44}$təŋ$^{35}_{44}$si$^{0}$ci$^{13}_{21}$tsʰiəu$^{53}$ɔi$^{53}$fən$^{35}$ʂəu$^{21}$mi$^{35}$lei$^{0}$,fən$^{35}$pən$^{35}_{44}$kai$^{53}$ke$^{53}_{44}$xei$^{53}$tʰɔi$^{53}$lei$^{0}$,fən$^{35}$pən$^{35}_{44}$ci$^{13}$ke$^{53}_{44}$tsʅ$^{21}$sən$^{35}$kai$^{53}_{44}$te$^{35}_{44}$lei$^{0}$.liəu$^{13}$xa$^{53}_{44}$lɔi$^{13}_{21}$fən$^{35}$pən$^{35}$xei$^{53}$tʰɔi$^{53}$ke$^{53}_{44}$təŋ$^{35}_{44}$si$^{0}$tsʰiəu$^{53}_{44}$ɔn$^{35}_{44}$tso$^{53}_{44}$ʂəu$^{21}$mi$^{35}$.ŋai$^{13}$

S

mɔi$^{53}$tsɿ$^{0}$ke$^{53}_{44}$ka$^{35}$ia$^{13}_{21}$lau$^{21}$tsɿ$^{0}$ko$^{53}$li$^{0}$ʂən$^{35}_{44}$,ci$^{13}_{21}$tsʰiəu$^{53}$xai$^{13}_{21}$iəu$^{35}_{44}$ʂət$^{5}$ci$^{21}$uan$^{53}$kʰuai$^{53}$tsʰien$^{13}$na$^{0}$,n̩$^{13}_{21}$ti$^{35}_{53}$ci$^{21}_{44}$saŋ$^{21}$ŋa$^{0}$,tsʰien$^{13}$iəu$^{53}_{44}$maŋ$^{13}$iəŋ$^{53}$ŋa$^{0}$,iet$^{3}$tʂak$^{3}$lai$^{53}$tsɿ$^{0}$fən$^{35}$ci$^{21}$to$^{35}$uan$^{53}$na$^{0}$,e$_{21}$sən$^{35}$tsɿ$^{0}$fən$^{35}_{44}$ci$^{21}$to$^{35}_{44}$uan$^{53}$,e$_{21}$,sən$^{35}$ŋ̍$^{21}$fən$^{35}$ci$^{21}$to$^{35}_{44}$uan$^{53}$,kan$^{21}$tsɿ$^{0}$fən$^{35}$nek$^{3}$li$^{0}$.

【首先】ʂəu$^{21}$sien$^{35}_{44}$ 副 ①起初：搞么个走月将？我～都唔懂。kau$^{21}$mak$^{3}$(k)e$^{53}_{44}$tsei$^{21}$ɲiet$^{3}_{5}$tsiɔŋ$^{53}_{44}$?ŋai$^{13}_{44}$ʂəu$^{21}$sien$^{35}_{44}$təu$^{35}_{44}$n̩$^{13}$təŋ$^{21}$.｜渠指茶筒～是有蛮厚，有咁厚个肉哇。ci$^{13}_{21}$ʂəu$^{21}$sien$^{35}_{44}$ʂɿ$^{53}_{44}$iəu$^{35}$man$^{13}_{21}$xei$^{35}$,iəu$^{35}$kan$^{21}$xei$^{35}$ke$^{53}$ɲiəuk$^{3}$ua$^{0}$. ②最先，程序上最早：爱～就舞倒箇个牛骨头呀，暗一下。ɔi$^{53}$ʂəu$^{21}$sien$^{35}_{44}$tsʰiəu$^{53}$u$^{21}$tau$^{21}$kai$^{53}_{44}$ke$^{53}_{44}$ɲiəu$^{13}$kuət$^{3}$tʰei$^{13}$ia$^{0}$,an$^{53}$iet$^{3}$xa$^{53}_{44}$.｜～就安做打盘子唠。ʂəu$^{21}$sien$^{35}_{53}$tsʰiəu$^{53}_{44}$ɔn$^{35}_{44}$tso$^{53}_{44}$ta$^{21}$pʰan$^{13}$tsɿ$^{0}$lau$^{0}$.

【寿被】ʂəu$^{53}$pʰi$^{35}$ 名 装殓后盖在逝者身上的被子：分死人放倒去嘞面上爱盖床～，被窝啊。箇～是系男红女绿，男个就爱红个，女个就绿个。你只爱有一床子就有哩。忙得就爱冇得正了，搞唔赢呢，你就也可以唔爱盖，随便盖滴子么个。箇就唔限定盖～呀。但是一定要～。你可以嘞第二晡么啊时候子打开来再放。最后嘞，渠有滴是，欸，有几只细人子，有几只赖子妹子箇只系唔系？每只赖子都爱有～，妹子也爱一床。还有滴亲人，渠话男双女单，打比样你有五只妹子样，系唔系？五只妹子。欸，打比系男个来讲就五床～。女个来讲呢就爱……男双噢，男个就爱成双噢，爱六床～或者用四床～。妹子个嘞爱盖倒爹肉，就系爱爹肉。第一层就爱盖妹子个，盖子女个。其他还有滴别人也有送呢。反正子女个就要爹稳。你有滴是渠有么个舅爷箇滴也送床～来呀，侄子箇只啦，也送床～来哩啊，箇有滴就盖七八十几床个都有哇。唔爱紧呢，都系重子布嘞。一重子布个嘞。掀薄嘞。唔系么啊咁多被窝嘞。渠就箇样东西安做～。得一重子布也系，两重子布也系。pən$^{35}_{21}$si$^{21}$ɲin$^{13}$fəŋ$^{53}$tau$^{21}$çie$^{53}$lei$^{0}$mien$^{53}$xɔŋ$^{53}$ɔi$^{53}$kɔi$^{35}$tsʰɔŋ$^{13}_{21}$ʂəu$^{53}$pʰi$^{35}_{44}$,pʰi$^{35}$pʰo$^{53}_{44}$a$^{0}$.kai$^{53}_{44}$ʂəu$^{53}$pʰi$^{35}_{44}$ʂɿ$^{53}_{44}$xei$^{53}_{44}$lan$^{13}$fəŋ$^{13}$ɲy$^{21}$liəuk$^{5}$,lan$^{13}$ke$^{53}_{44}$tsʰiəu$^{53}_{44}$ɔi$^{53}_{44}$fəŋ$^{13}$ke$^{53}_{44}$, ɲy$^{21}$ke$^{53}_{44}$tsʰiəu$^{53}_{44}$liəuk$^{5}$ke$^{53}_{44}$. ɲi$^{13}$tʂɿ$^{21}$ɔi$^{53}$iəu$^{35}$iet$^{5}$tsʰɔŋ$^{13}_{44}$tsɿ$^{0}$tsʰiəu$^{53}_{44}$iəu$^{35}$li$^{0}$.mɔŋ$^{13}$tek$^{3}$tsʰiəu$^{53}$ɔi$^{53}$mau$^{13}$tek$^{3}$tʂaŋ$^{53}$liau$^{0}$,kau$^{21}$m̩$^{13}_{21}$iaŋ$^{13}$nei$^{0}$,ɲi$^{13}_{21}$tsʰiəu$^{53}_{44}$ia$^{35}$kʰo$^{21}$i$^{35}_{44}$m̩$^{13}_{21}$mɔi$^{53}_{44}$kɔi$^{53}$,sei$^{21}$pʰien$^{53}_{44}$kɔi$^{53}$tiet$^{5}$tsɿ$^{0}$mak$^{3}$ke$^{53}$.kai$^{53}_{44}$tsʰiəu$^{53}_{44}$m̩$^{13}$kʰan$^{21}$tʰin$^{53}_{44}$kɔi$^{53}$ʂəu$^{53}$pʰi$^{35}_{44}$ia$^{0}$.tan$^{53}_{44}$ʂɿ$^{53}_{44}$iet$^{3}$tʰin$^{53}_{44}$iau$^{53}_{44}$kɔi$^{53}_{44}$ʂəu$^{53}$pʰi$^{35}$. ɲi$^{13}_{21}$kʰo$^{21}$i$^{35}_{44}$lei$^{0}$tʰi$^{53}_{44}$ɲi$^{53}$pu$^{35}_{44}$mak$^{3}$a$^{0}$ʂɿ$^{13}_{44}$xəu$^{53}_{44}$tsɿ$^{0}$ta$^{21}$kʰɔi$^{35}$lɔi$^{13}_{21}$tsai$^{53}$fəŋ$^{53}$.tsei$^{53}$xei$^{53}_{44}$lei$^{0}$,ci$^{13}_{21}$iəu$^{35}$tet$^{5}$ʂɿ$^{53}_{44}$,ei$_{21}$,iəu$^{35}$ci$^{21}$tʂak$^{3}$sei$^{53}$ɲin$^{13}_{21}$tsɿ$^{0}$,iəu$^{35}$ci$^{21}$tʂak$^{3}$lai$^{53}$tsɿ$^{0}$mɔi$^{53}$tsɿ$^{0}$kai$^{53}_{44}$tʂak$^{3}$xei$^{53}_{44}$me$^{53}_{44}$?mei$^{53}$tʂak$^{3}$lai$^{53}$tsɿ$^{0}$təu$^{35}_{44}$ɔi$^{53}_{44}$iəu$^{35}_{44}$ʂəu$^{53}$pʰi$^{35}_{44}$,mɔi$^{53}$tsɿ$^{0}$ia$^{35}$ɔi$^{53}_{44}$iet$^{3}$tsʰɔŋ$^{13}$.xai$^{13}_{21}$iəu$^{35}$tiet$^{3}$tsʰin$^{35}$ɲin$^{13}_{21}$,ci$^{13}_{21}$ua$^{53}$lan$^{13}$sɔŋ$^{35}_{44}$ɲy$^{21}$tan$^{35}$,ta$^{21}$pi$^{21}$iɔŋ$^{53}_{44}$ɲi$^{13}$iəu$^{35}_{44}$ŋ̍$^{21}$tʂak$^{3}$mɔi$^{53}$tsɿ$^{0}$iɔŋ$^{53}$,xei$^{53}_{44}$me$^{53}_{44}$?ŋ̍$^{21}$tʂak$^{3}$mɔi$^{53}$tsɿ$^{0}$.e$_{21}$,ta$^{21}$pi$^{21}$xei$^{53}_{44}$lan$^{13}_{21}$cie$^{53}$lɔi$^{13}_{21}$kɔŋ$^{21}$tsʰiəu$^{53}_{44}$ŋ̍$^{21}$tsʰɔŋ$^{13}$ʂəu$^{53}$pʰi$^{35}_{44}$. ɲy$^{21}$ke$^{53}$lɔi$^{13}_{21}$kɔŋ$^{21}$nei$^{0}$tsʰiəu$^{53}$ɔi$^{53}_{44}$…lan$^{13}_{21}$sɔŋ$^{35}$ŋau$^{0}$,lan$^{13}$ke$^{53}_{44}$tsʰiəu$^{53}_{44}$ɔi$^{53}_{44}$tʂʰən$^{13}_{21}$sɔŋ$^{35}$ŋau$^{0}$,ɔi$^{53}_{44}$liəuk$^{3}$tsʰɔŋ$^{13}_{21}$ʂəu$^{53}$pʰi$^{35}_{44}$xɔit$^{5}$tʂa$^{21}$iɔŋ$^{53}_{44}$si$^{53}$tsʰɔŋ$^{13}_{21}$ʂəu$^{53}$pʰi$^{35}_{44}$.mɔi$^{53}$tsɿ$^{0}$ke$^{53}_{44}$le$^{0}$ɔi$^{53}_{44}$kɔi$^{53}$tau$^{21}$ɲia$^{13}$ɲiəuk$^{3}$,tsʰiəu$^{53}_{44}$xe$^{53}_{44}$ɔi$^{53}_{44}$ɲia$^{13}$ɲiəuk$^{3}$.tʰi$^{21}$iet$^{3}$tsʰien$^{13}$tsʰiəu$^{53}_{44}$ɔi$^{53}_{44}$kɔi$^{53}$mɔi$^{53}$tsɿ$^{0}$ke$^{53}_{44}$,kɔi$^{53}$tsɿ$^{21}$ŋ̍$^{21}$ke$^{53}$.cʰi$^{13}_{21}$tʰa$^{35}_{44}$xai$^{13}_{21}$iəu$^{35}_{44}$tet$^{5}$pʰiet$^{5}$ɲin$^{13}_{21}$na$^{0}$iəu$^{35}_{44}$sɔŋ$^{53}$ne$^{0}$.fan$^{21}$tʂən$^{53}$tsɿ$^{21}$ŋ̍$^{21}$ke$^{53}$tsʰiəu$^{53}$iau$^{53}$ɲia$^{13}$uən$^{21}$. ɲi$^{13}$iəu$^{35}$tet$^{5}$ʂɿ$^{53}_{44}$ci$^{13}_{21}$iəu$^{35}$mak$^{3}$ke$^{53}_{44}$cʰiəu$^{35}$ia$^{13}_{21}$kai$^{53}_{44}$tet$^{5}$ia$^{35}$sɔŋ$^{53}$tsʰɔŋ$^{13}_{21}$ʂəu$^{53}$pʰi$^{35}_{44}$lɔi$^{13}_{21}$ia$^{0}$,tʂʰət$^{5}$tsɿ$^{0}$kai$^{53}_{44}$tʂak$^{3}$la$^{0}$,ia$^{35}$sɔŋ$^{53}$tsʰɔŋ$^{13}_{21}$ʂəu$^{53}$pʰi$^{35}_{44}$lɔi$^{13}_{21}$lia$^{0}$,kai$^{53}$iəu$^{35}$tet$^{5}$tsʰiəu$^{53}_{44}$kɔi$^{53}$tsʰiet$^{3}$pait$^{3}$ʂət$^{5}$ci$^{21}$tsʰɔŋ$^{13}$ke$^{53}_{44}$təu$^{35}_{44}$iəu$^{35}_{44}$ua$^{0}$.m̩$^{13}_{21}$mɔi$^{53}$cin$^{21}$nei$^{0}$,təu$^{35}$xe$^{53}_{44}$tʂʰəŋ$^{13}_{21}$tsɿ$^{0}$pu$^{53}$le$^{0}$.iet$^{3}$tʂʰəŋ$^{13}_{21}$tsɿ$^{0}$pu$^{53}$ke$^{53}_{44}$le$^{0}$.ʂen$^{35}$pʰɔk$^{5}$le$^{0}$.m̩$^{13}_{21}$pʰe$^{53}_{44}$mak$^{3}$a$^{0}$kan$^{21}$to$^{35}_{44}$pʰi$^{35}$pʰo$^{53}_{44}$le$^{0}$.ci$^{13}_{21}$tsʰiəu$^{53}_{44}$ka$^{53}$iɔŋ$^{53}$təŋ$^{53}_{44}$si$^{0}$ɔn$^{35}_{44}$tso$^{53}_{44}$ʂəu$^{53}$pʰi$^{35}_{44}$.tek$^{3}_{5}$iet$^{3}_{5}$tʂʰəŋ$^{13}$tsɿ$^{0}$pu$^{53}_{44}$ia$^{35}_{44}$xei$^{53}_{44}$,iɔŋ$^{21}$tʂʰəŋ$^{13}$tsɿ$^{0}$pu$^{53}_{44}$ia$^{35}_{44}$xei$^{53}_{44}$.

【寿帽】ʂəu$^{53}$mau$^{53}$ 名 人过世后戴的帽子：欸，买装死衫个时候子硬爱……买箇个装死个东西个时候子欸～不能少。硬爱买～。爱戴倒帽子去。如今呢蛮多是就系去火化了也戴倒去嘞。e$_{21}$,mai$^{35}$tsɔŋ$^{35}$si$^{21}$san$^{35}$ke$^{53}$ʂɿ$^{13}_{44}$xəu$^{53}_{44}$tsɿ$^{0}$ɲiaŋ$^{53}$ɔi$^{53}_{44}$…mai$^{35}$kai$^{53}$ke$^{53}_{44}$tsɔŋ$^{35}$si$^{21}$ke$^{53}_{44}$təŋ$^{53}_{44}$si$^{0}$ke$^{53}$ʂɿ$^{13}_{21}$xəu$^{53}_{44}$tsɿ$^{0}$e$_{21}$ʂəu$^{53}$mau$^{53}$pət$^{3}$len$^{13}_{44}$ʂau$^{21}$. ɲiaŋ$^{53}$ɔi$^{53}$mai$^{35}$ʂəu$^{53}$mau$^{53}$.ɔi$^{53}_{44}$tai$^{53}$tau$^{21}$mau$^{53}$tsɿ$^{0}$çi$^{53}$.i$^{13}_{21}$cin$^{35}_{44}$ne$^{0}$man$^{13}_{21}$to$^{35}_{44}$ʂɿ$^{53}_{44}$tsʰiəu$^{53}_{44}$xei$^{53}_{44}$çi$^{53}$fo$^{21}$fa$^{53}$liau$^{21}$ia$^{35}$tai$^{53}$tau$^{21}$çi$^{53}$lei$^{0}$.

【寿面】ʂəu$^{53}$mien$^{53}$ 名 祝寿时吃的象征长寿的面条：煮碗～ tʂəu$^{21}$uən$^{21}$ʂəu$^{53}$mien$^{53}$

【寿袜】ʂəu$^{53}$mait$^{3}$ 名 装殓死者的袜子：着袜子，也着袜子，～呀，箇唔打赤脚噢。袜子爱用袜带子，裤爱用裤带子，用线。所以有滴人笑人家你不要羁皮带，肯就用线呐。死嘿哩就用线沙，就系笑别家。tʂɔk$^{3}$mait$^{3}$tsɿ$^{0}$,ia$^{35}$tʂɔk$^{3}$mait$^{3}$tsɿ$^{0}$,ʂəu$^{53}$mait$^{3}$ia$^{0}$,kai$^{53}$n̩$^{13}_{21}$ta$^{21}$tʂʰak$^{3}$ciɔk$^{3}$au$^{0}$.mait$^{3}$tsɿ$^{0}$ɔi$^{53}_{44}$iɔŋ$^{53}_{44}$mait$^{3}$tai$^{53}$tsɿ$^{0}$,fu$^{53}$ɔi$^{53}_{44}$iɔŋ$^{53}_{44}$fu$^{53}$tai$^{53}$tsɿ$^{0}$,iɔŋ$^{53}_{44}$sien$^{53}$.so$^{21}$i$^{35}_{44}$iəu$^{35}$tet$^{5}$ɲin$^{13}_{21}$siau$^{53}_{35}$ɲin$^{13}_{21}$ka$^{0}$ɲi$^{13}_{21}$pət$^{3}$iau$^{53}_{44}$cie$^{35}$pʰi$^{13}_{21}$tai$^{35}$,xen$^{21}$tsiəu$^{53}_{44}$iɔŋ$^{53}_{44}$sien$^{53}$na$^{0}$.si$^{21}$ek$^{3}$li$^{0}$tsʰiəu$^{53}_{44}$iɔŋ$^{53}_{44}$sien$^{53}$ʂa$^{0}$,tsʰiəu$^{53}$xei$^{53}$siau$^{53}_{35}$pʰiet$^{5}$ka$^{0}$.

【寿鞋】ʂəu$^{53}$xai$^{13}$ 名 装殓死者的鞋子：脚下着～呀，一重子布个，也系一重子布个，样子像鞋呀。ciɔk$^{3}$xa$^{53}_{44}$tʂɔk$^{3}$ʂəu$^{53}$xai$^{13}_{21}$ia$^{0}$,iet$^{3}$tʂʰəŋ$^{13}$tsɿ$^{0}$pu$^{53}$ke$^{53}$,ia$^{35}$xe$^{53}_{44}$iet$^{3}$tʂʰəŋ$^{13}$tsɿ$^{0}$pu$^{53}$ke$^{53}$,iɔŋ$^{53}$tsɿ$^{0}$tsʰiɔŋ$^{53}_{44}$

S

xai$^{13}$ia$^{0}$.

【寿星公】ʂəu$^{53}$sin$^{35}$kəŋ$^{35}$ 名被祝寿的人；泛指过生日的人：我等以映规矩就系～就硬爱食碗饽饽。正你到酒店里做寿都爱食碗饽饽。ŋai$^{13}$tien$^{0}$i$^{21}_{44}$iaŋ$^{53}_{44}$kuei$^{35}$tʂʅ$^{21}$ts$^{h}$iəu$^{53}_{44}$xe$^{53}_{44}$ʂəu$^{53}$sin$^{35}_{44}$kəŋ$^{35}$ts$^{h}$iəu$^{53}_{21}$ ɲiaŋ$^{53}$ɔi$^{53}$ʂət$^{5}$uən$^{21}$pɔk$^{5}$pɔk$^{5}$.tʂaŋ$^{53}$ɲi$^{13}$tau$^{53}$tsiəu$^{21}$tian$^{53}$li$^{0}$tso$^{53}$ʂəu$^{53}$təu$^{35}_{44}$ɔi$^{53}_{44}$ʂət$^{5}$uən$^{21}$pɔk$^{5}$pɔk$^{5}$.

【寿衣】ʂəu$^{53}$i$^{35}$ 名装殓死者的衣服。又称“装死衫”：人到哩七八十岁了就爱准备正～啊。渠准备正～嘞渠就……渠搞么个爱咁爱准备正嘞？现在你看，以个我等系下以个街上，假设哪家人家老哩人样，系唔系？渠还系爱准备正，尽管街上咁近都爱准备正。搞么个嘞？渠撞怕夜晡死倒，渠爱一死呀下来一落气就爱准备同渠着，欸，就倒渠身上还赠硬。渠一身上一硬哩，你箇衫是着唔进哩，就只好撕烂来着了，就着唔进哩。欸，硬哩尸了就唔好着哩。所以渠就硬爱准备正啊。ɲin$^{13}$tau$^{53}$li$^{0}$ts$^{h}$iet$^{3}$pait$^{3}$ʂət$^{5}$sɔi$^{53}$liau$^{0}$ts$^{h}$iəu$^{53}_{44}$ɔi$^{53}_{44}$tʂən$^{21}$p$^{h}$ei$^{53}_{44}$tʂaŋ$^{53}_{44}$ʂəu$^{53}$i$^{35}$a$^{0}$.ci$^{13}$tʂən$^{21}$ p$^{h}$ei$^{53}_{44}$tʂaŋ$^{53}_{44}$ʂəu$^{53}$i$^{35}_{44}$lei$^{0}$ci$^{13}_{21}$ts$^{h}$iəu$^{53}$…ci$^{13}_{21}$kau$^{21}$mak$^{3}$ke$^{53}$ɔi$^{53}$kan$^{21}$ɔi$^{53}$tʂən$^{21}$p$^{h}$ei$^{53}$tʂaŋ$^{53}_{44}$lei$^{0}$?çien$^{53}$ts$^{h}$ai$^{53}$ɲi$^{13}$k$^{h}$ɔn$^{53}$, i$^{21}$kei$^{53}$ŋai$^{13}$tien$^{0}$xei$^{53}$(x)a$^{53}$i$^{21}$ke$^{53}_{44}$kai$^{35}$xɔŋ$^{53}$,cia$^{21}$ʂet$^{3}$lai$^{53}$ka$^{35}_{44}$ɲin$^{13}_{21}$ka$^{35}_{53}$lau$^{21}$li$^{0}$ɲin$^{13}$iɔŋ$^{53}$,xei$^{53}_{44}$me$^{53}_{44}$?ci$^{13}_{21}$xan$^{13}_{21}$xei$^{53}$ ɔi$^{53}$tʂən$^{21}$p$^{h}$ei$^{53}_{44}$tʂaŋ$^{53}_{44}$,ts$^{h}$in$^{53}$kɔn$^{21}$kai$^{35}$xɔŋ$^{53}$kan$^{21}$c$^{h}$in$^{35}$təu$^{35}_{44}$ɔi$^{53}$tʂən$^{21}$p$^{h}$ei$^{53}$tʂaŋ$^{53}$.kau$^{21}$mak$^{3}$e$^{0}$lei$^{0}$?ci$^{13}_{21}$ts$^{h}$ɔŋ$^{21}$ p$^{h}$a$^{53}_{44}$ia$^{53}$pu$^{35}_{44}$si$^{21}$tau$^{21}$,ci$^{13}_{21}$ɔi$^{53}$iet$^{3}$si$^{21}$ia$^{0}$xa$^{53}$lɔi$^{13}_{21}$iet$^{3}$lɔk$^{5}$çi$^{53}$ts$^{h}$iəu$^{53}$ɔi$^{53}_{44}$tʂ$^{h}$ən$^{21}$p$^{h}$i$^{53}$t$^{h}$əŋ$^{13}_{44}$ci$^{13}_{44}$tʂɔk$^{3}$,e$_{21}$,ts$^{h}$iəu$^{53}$tau$^{21}$ ci$^{13}_{21}$ʂən$^{35}$xɔŋ$^{53}$xai$^{13}_{21}$maŋ$^{13}_{21}$ŋaŋ$^{53}$.ci$^{13}$iet$^{3}$ʂən$^{35}$xɔŋ$^{53}_{44}$iet$^{3}$ŋaŋ$^{53}$li$^{0}$, ɲi$^{13}_{21}$kai$^{53}_{44}$san$^{35}_{44}$ʂʅ$^{53}_{44}$tʂɔk$^{3}$ṇ$^{13}$tsin$^{53}$ni$^{0}$,ts$^{h}$iəu$^{53}$tʂʅ$^{21}$ (x)au$^{21}$si$^{35}$lan$^{53}_{44}$lɔi$^{13}_{44}$tʂɔk$^{3}$liau$^{0}$,ts$^{h}$iəu$^{53}$tʂɔk$^{3}$ṇ$^{13}$tsin$^{53}$ni$^{0}$.e$_{21}$,ŋaŋ$^{53}$li$^{0}$ʂʅ$^{35}$liau$^{0}$ts$^{h}$iəu$^{53}$ṃ$^{13}_{44}$xau$^{21}_{44}$tʂɔk$^{3}$li$^{0}$.so$^{21}$i$^{35}_{44}$ci$^{13}_{44}$ ts$^{h}$iəu$^{53}_{44}$ɲiaŋ$^{53}$ɔi$^{53}$tʂən$^{21}$p$^{h}$i$^{53}_{44}$tʂaŋ$^{53}$ŋa$^{0}$.

【受】ʂəu$^{53}$ 动①接受；得到：箇有滴子～本地人个影响。kai$^{53}_{44}$iəu$^{35}$tet$^{5}$tsʅ$^{0}$ʂəu$^{53}$pən$^{21}$t$^{h}$i$^{53}$ɲin$^{13}_{21}$ke$^{53}$ in$^{21}$çiɔŋ$^{21}$. ②忍受；禁受：红个（辣椒）食……～唔了。fəŋ$^{13}$ke$^{53}_{44}$ʂət$^{5}$…ʂəu$^{53}$ṇ$^{13}_{21}$liau$^{21}$.｜总□$_{爬}$总尾呀，箇尾巴就～唔了哩啊，就驼下来吵。tsəŋ$^{21}$c$^{h}$iet$^{5}$tsəŋ$^{21}$mi$^{35}$ia$^{0}$,kai$^{53}_{44}$mi$^{35}$pa$^{35}_{44}$ts$^{h}$iəu$^{53}_{44}$ʂəu$^{53}$ṇ$^{13}_{21}$liau$^{21}$li$^{0}$ a$^{0}$,ts$^{h}$iəu$^{53}_{44}$t$^{h}$o$^{13}$xa$^{53}_{44}$lɔi$^{13}_{21}$ʂa$^{0}$.

【受寒】ʂəu$^{53}$xɔn$^{13}$ 动遭受风寒的侵害而生病：呃冬下头呀硬爱多着兜子衫，爱提防长日提防自家莫～，受哩寒就硬爱食兜药去。ə$^{0}$təŋ$^{35}$xa$^{53}_{44}$t$^{h}$ei$^{13}_{21}$ia$^{0}$ɲiaŋ$^{53}$ɔi$^{53}_{44}$to$^{35}$tʂɔk$^{3}$tei$^{35}_{53}$tsʅ$^{0}$san$^{35}$,ɔi$^{53}$t$^{h}$i$^{13}$fɔŋ$^{13}_{21}$ tʂ$^{h}$ɔŋ$^{13}$ɲiet$^{3}$t$^{h}$i$^{13}$fɔŋ$^{13}$ts$^{h}$ʅ$^{35}$ka$^{35}_{53}$mɔk$^{5}$ʂəu$^{53}$xɔn$^{13}$,ʂəu$^{53}$li$^{0}$xɔn$^{13}$ts$^{h}$iəu$^{53}_{44}$ɲiaŋ$^{53}_{44}$ɔi$^{53}_{44}$ʂət$^{5}$te$^{35}_{44}$iɔk$^{5}$çi$^{53}$.

【受教】ʂəu$^{53}$kau$^{35}$ 动接受教育；听话：你箇只细子啊唔～。ɲi$^{13}$kai$^{53}$tʂak$^{3}$sei$^{53}$tsʅ$^{0}$a$^{0}$ṇ$^{13}$ʂəu$^{53}$kau$^{35}$. ｜欸，如今我等箇只孙子还系蛮～，我等话哩渠还系会听，冇事抵触，冇事逆反心理。e$_{44}$,i$^{13}_{21}$ cin$^{35}_{53}$ŋai$^{13}$tien$^{0}$kai$^{53}$(tʂ)ak$^{3}$sən$^{35}$tsʅ$^{0}$xai$^{13}_{21}$xe$^{53}$man$^{13}$ʂəu$^{53}$kau$^{35}_{44}$,ŋai$^{13}$tien$^{0}$ua$^{53}$li$^{0}$ci$^{13}_{44}$xai$^{13}_{44}$xe$^{53}_{44}$uɔi$^{53}$t$^{h}$aŋ$^{35}$,mau$^{13}$sʅ$^{53}$ ti$^{21}$tʂ$^{h}$əuk$^{5}$,mau$^{13}$sʅ$^{53}_{44}$ɲiet$^{5}$fan$^{21}$sin$^{35}_{44}$ni$^{35}_{44}$.

【瘦】sei$^{53}$ 形①指人或动物体内含脂肪少，肌肉不丰满：～成哩一把骨 sei$^{53}$ʂaŋ$^{13}_{21}$li$^{0}$iet$^{3}$pa$^{21}$kuət$^{3}$ ｜～起钻子都挑肉唔起。sei$^{53}$çi$^{21}$tsɔn$^{53}$tsʅ$^{0}$təu$^{35}_{44}$t$^{h}$iau$^{35}$ɲiəuk$^{3}$ŋ̍$^{13}$çi$^{21}$. ②（土地）贫瘠：～田就生马嘴葱。sei$^{53}$t$^{h}$ien$^{13}$ts$^{h}$iəu$^{53}_{44}$saŋ$^{35}$ma$^{35}$tsi$^{21}$ts$^{h}$əŋ$^{35}$.

【瘦猪嫲屙硬屎】sei$^{53}$tʂəu$^{35}_{44}$ma$^{13}_{21}$o$^{35}_{44}$ŋaŋ$^{53}$ʂʅ$^{21}$ 形容死要面子：～，就系攒劲挣啊。欸，屙都屙唔出嘞本来是，屙硬屎就爱有劲吵，系唔系？欸。死命子挣啊。sei$^{53}$tʂəu$^{35}_{44}$ma$^{13}_{21}$o$^{35}_{44}$ŋaŋ$^{53}$ʂʅ$^{21}$,ts$^{h}$iəu$^{53}_{44}$xei$^{53}_{44}$ tsan$^{21}$cin$^{53}_{44}$tsaŋ$^{53}$ŋa$^{0}$.e$_{21}$,o$^{35}$təu$^{35}_{44}$o$^{35}_{44}$ṇ$^{13}_{21}$tʂ$^{h}$ət$^{3}$le$^{0}$pən$^{21}$nai$^{13}$ʂʅ$^{53}_{44}$,o$^{35}_{44}$ŋaŋ$^{53}$ʂʅ$^{21}$ts$^{h}$iəu$^{53}_{44}$ɔi$^{53}_{44}$iəu$^{35}$cin$^{53}$ʂa$^{0}$,xei$^{53}_{44}$ me$^{53}_{44}$?e$_{21}$.si$^{21}$miaŋ$^{53}$tsʅ$^{0}$tsaŋ$^{53}$ŋa$^{0}$.

【瘦子】sei$^{53}$tsʅ$^{0}$ 名很瘦的人：以只～ i$^{21}$tʂak$^{3}$sei$^{53}$tsʅ$^{0}$

【书】ʂəu$^{35}$ 名①书籍；装订成册的著作；有时特指课本、教材：同渠借一本～。t$^{h}$əŋ$^{13}$ci$^{13}$tsia$^{53}$ iet$^{3}$pən$^{21}$ʂəu$^{35}$.｜箇本～蛮深。kai$^{53}$pən$^{21}$ʂəu$^{35}$man$^{13}_{21}$tʂ$^{h}$ən$^{35}$.｜开学了就会发～，发分学生子。k$^{h}$ɔi$^{35}$ çiɔk$^{5}$liau$^{0}$ts$^{h}$iəu$^{53}_{44}$ɔi$^{53}_{44}$fait$^{3}$ʂəu$^{35}$,fait$^{3}$pən$^{35}_{44}$xɔk$^{5}$saŋ$^{35}$tsʅ$^{0}$. ②借指知识、学问：渠肚子里有～哇。ci$^{13}$ təu$^{21}$tsʅ$^{0}$li$^{0}$iəu$^{35}_{44}$ʂəu$^{35}$ua$^{0}$.

【书包】ʂəu$^{35}$pau$^{35}$ 名学生用来携带课本、文具的袋子或背包：欸，我等细细子是～都冇得哦，舞只袋。e$_{21}$,ŋai$^{13}$tien$^{0}$sei$^{53}$sei$^{53}$tsʅ$^{0}$ʂʅ$^{53}_{44}$ʂəu$^{35}$pau$^{35}$təu$^{35}_{53}$mau$^{13}_{44}$tek$^{3}$o$^{0}$,u$^{21}$tʂak$^{3}$t$^{h}$ɔi$^{53}$.

【书橱】ʂəu$^{35}$tʂ$^{h}$əu$^{13}$ 名放书的橱柜。也称“书橱子”：箇个放衫裤个嘞就安做衣橱，专门用来放书个～，但现在一般都赠分得咁子细，～搇衣橱，我就冇哪映放了是衣橱肚里也放兜书去。kai$^{53}_{44}$ke$^{53}_{44}$fɔŋ$^{53}$san$^{35}$fu$^{53}$ke$^{53}_{44}$lei$^{0}$ts$^{h}$iəu$^{53}_{44}$ɔn$^{35}_{44}$tso$^{53}_{44}$i$^{35}$tʂ$^{h}$əu$^{13}_{21}$,tʂen$^{35}$mən$^{13}_{21}$iəŋ$^{53}$lɔi$^{13}_{21}$fɔŋ$^{53}$ʂəu$^{35}_{44}$kei$^{53}$ʂəu$^{35}$tʂəu$^{13}$,tan$^{53}$ çien$^{53}$ts$^{h}$ai$^{53}$iet$^{3}$pɔn$^{35}$təu$^{35}_{53}$maŋ$^{13}$fən$^{35}$tek$^{3}$kan$^{21}$tsʅ$^{21}$se$^{53}$,ʂəu$^{35}$tʂ$^{h}$əu$^{13}_{21}$lau$^{35}_{44}$i$^{35}$tʂ$^{h}$əu$^{13}_{21}$,ŋai$^{13}$ts$^{h}$iəu$^{53}_{44}$mau$^{13}_{21}$lai$^{53}$iaŋ$^{53}$ fɔŋ$^{53}$liau$^{0}$ʂʅ$^{53}_{44}$i$^{35}$tʂ$^{h}$əu$^{13}_{21}$təu$^{21}$li$^{0}$a$^{35}_{44}$fɔŋ$^{53}_{44}$te$^{35}_{44}$ʂəu$^{35}$çi$^{53}$.｜我以下是我硬来买只～子。ŋai$^{13}_{21}$i$^{21}$xa$^{53}$ʂʅ$^{53}_{44}$ŋai$^{13}_{44}$ɲiaŋ$^{53}$ lɔi$^{13}_{21}$mai$^{35}$tʂak$^{3}$ʂəu$^{35}$tʂ$^{h}$əu$^{13}_{44}$tsʅ$^{0}$.

【书盒】ʂəu35xait5 名办红喜事时用来装请帖的盒子。又称“帖盒”：红喜事用个是还有～帖盒哟。还赠写。/做红喜事啊，讨新人呢，欸，就爱写请帖欸，从前爱请高亲食酒哇。箇帖写好哩以后要舞只子唔知几精致个盒子装倒。蛮精致个盒子装倒，箇就安做～，帖盒。就帖盒，又安做～。fəŋ13çi21sʅ53iəŋ53ke53sʅ53/44xai13/21iəu35/44ʂəu35xait5 thiait3 xait5 iau0.xai13maŋ13sia21./tso53fəŋ13çi21sʅ53 a0,thau21sin35ɲin13/21ne0,e21,tshiəu53ɔi53sia21tshiaŋ21thiait3 e21,tshəŋ13/21tshien13/44ɔi53/44tshiaŋ21kau35tshin35/44ʂət5 tsiəu21 ua0.kai53/44thiait3 sia21xau21li0 i35xei53/44iau53/44u21tʂak3 tsʅ0 n13/21ti13/53ci21tsin35tʂʅ53/44ke53/44xait5 tsʅ0 tʂəŋ53tau21.man13tsin35tʂʅ53/44 ke53/44xait5 tsʅ0 tʂəŋ35/44tau21,kai53/44tshiəu53/44ɔn35/44tso53/44ʂəu35xait5,thiait3 xait5.tsəu53/44thiait3 xait5,iəu53/44ɔn35/44tso53/44ʂəu35xait5/3.

【书名】ʂəu35miaŋ13 名书上的名字；学名：但是～嘞渠安做毛竹嘞。tan53/44sʅ53/44ʂəu35miaŋ13lei0 ci13/21 ɔn35/44tso53/44mau35tʂəuk3 lei0.｜哦，安做么个斗它指哦啊斗～？o21,ɔn35/44tso53/44mak3 (k)e53/44tei21tha35/21ʂəu35/44miaŋ13/21?

【书桌】ʂəu35tsɔk3 名供书写或阅读用的桌子，通常配有抽屉、分格和文件架：箇指梳妆台就一张～样了。kai53tshiəu53/44iet3 tʂəŋ35ʂəu35tsɔk3 iəŋ53liau0.

【叔伯】ʂəuk3 pak3 形属性词。同祖父的：～阿哥 ʂəuk3 pak3 a35ko35堂兄｜～老妹子 ʂəuk3 pak3 lau21 mɔi53tsʅ0堂妹妹｜欸，还有就冇咁亲个姨子，搁下子个～个。e21,xai13/21iəu35/53tshiəu53mau13kan21tshin35/44ke53 i13tsʅ0,kɔk3 (x)a53/44tsʅ0 ke0 ʂəuk3 pak3 ke0.

【叔公】ʂəuk3 kəŋ35 名祖父的弟弟：一般都唔多讲。你莫写箇大～。冇可能冇得大～。只有二～。最大就二～噢。最大个箇只年纪个孙子来讲啊，渠就有二～，三～，四～。箇就唔称大～了，冇得大～了。就有细～。iet3 pən35təu35/53n13/21to35/53kəŋ21. ɲi13/21mɔk5 sia21kai53/44thai53ʂəuk3 kəŋ35/44.mau13/21 kho21len13mau13tek3 thai53ʂəuk3 kəŋ35/44.tʂʅ21iəu35/44ɲi53ʂəuk3 kəŋ35.tsei53thai53tshiəu53/44ɲi53ʂəuk3 kəŋ35ŋau0.tsei53/44thai53 ke53/44kai53/44tʂak3 ɲien13ci21/44(k)e53/44sən35tsʅ0 lɔi13/21kəŋ21ŋa0,ci13tshiəu53/44iəu35ɲi53ʂəuk3 kəŋ35,san35ʂəuk3 kəŋ35,si53ʂəuk3 kəŋ35.kai53/44tshiəu53/44n13tʂhən35/44thai53ʂəuk3 kəŋ35/44liau0,mau13tek3 thai53ʂəuk3 kəŋ35/44liau0.tshiəu53/44iəu35se53ʂəuk3 kəŋ35.

【叔婆】ʂəuk3 pho13 名祖父弟弟的妻子：冇得大～。有二～，三～。mau13tek3 thai53ʂəuk3 pho13.iəu35ɲi53ʂəuk3 pho13,san35ʂəuk3 pho13.

【叔叔】ʂəuk3 ʂəuk3 名父亲的弟弟。又称“阿叔”：我等～就得过一回（拦腰蛇）哟。ŋai13 tien0 ʂəuk3 ʂəuk3 tshiəu53tek3 ko53iet3 fei13iau0.

【梳】sʅ35 动用梳子整理头发：～髻子 sʅ35ci53tsʅ0绾头｜～下子头 sʅ35xa53tsʅ0 thei13｜（马脑）分只头发～得唔知几上呢。pən35tʂak3 thei13fait3 sʅ35tek3 n13/21ti13/53ci21/44ʂəŋ53/44nei0.

【梳子】sʅ35tsʅ0 名整理头发等用的、有很多均匀排列的长齿的用具：头发～thei13fait3 sʅ35tsʅ0｜（银梳子）短短子个～样。tɔn21tɔn21tsʅ0 ke53/44sʅ35/44tsʅ0 iəŋ53.

【舒服】ʂəu35/ʂʮ35fuk5 形舒适，身心感到轻松愉快。又称“好过、安乐”：～死哩 ʂəu35fuk5 si21 li0｜唔～ŋ13ʂəu35fuk5难受｜（弹簧床）有弹性，睡倒上背比较～。iəu35than13sin53,ʂɔi53tau21ʂəŋ53/44pɔi53/44 pi21ciau53/44ʂʮ35fuk5/44.

【输】ʂəu35 动在较量时失败：（作棋）作～哩 tsɔk3 ʂəu35li0｜赌钱赌～哩，屋都写嘿哩。təu21 tshien13təu21ʂəu35/44li0,uk3 təu35/44sia21xek3 li0.｜（赌钱）～起卵毛屄光。ʂəu35çi21lən21mau35piet3 kəŋ35.

【输哩命】ʂəu35li0 miaŋ53 真要命。形容程度、后果非常严重，让人极其痛苦难受，几乎使沮丧或苦恼达到近于绝望：分渠指草鞋搭搞一下你～。pən35/44ci13kau21iet3 xa53/44ɲi13ʂəu35/44li0 miaŋ53.｜我箇只老弟嫂去澄潭江箇映子教过书哇。硬～啊，渠话，（学生）唔读书哇。ŋai13/21kai53/44tʂak3 lau21thai53/44sau21 çi53/44tʂhən13/21than13/44ciəŋ35kai53/44iaŋ53/44tsʅ0 kau35/44ko53/44ʂəu35ua0. ɲiaŋ53ʂəu35/44li0 miaŋ53ŋa0,ci13/21ua53/21,n13/21thəuk5/3ʂəu35ua0.

【输命筋】ʂəu35miaŋ53cin35 比喻极为艰难困苦：我等人箇只么人呐有只么个亲戚渠就真系系下箇岭岗壁上啊。硬路都冇得一条路哇，硬～呐。一只妹子嘞，卖下咁个栏场嘞，硬尽兜都话你收拾哩。好，以下是也好嘿哩，渠跍倒街子上做哩屋，两公婆唔知几舍得搞。ŋai13tien0 ɲin13/44kai53tʂak3 mak3 ɲin13/44na0 iəu35tʂak3 mak3 e0 tshin35/44tshiet3 ci13/21tshiəu53tʂən35/44nei53/44xei53(x)a53/21kai53liaŋ35kəŋ35 piak3 xəŋ53/44ŋa0. ɲiaŋ53ləu53təu35/44mau13/21tek3 iet3 thiau13/21ləu53ua0,ɲiaŋ53/44ʂəu35/44miaŋ53cin35na0.iet3 tʂak3 mɔi53tsʅ0 lei0,mai53ia53/44kan21ke53laŋ13/21tʂhəŋ13/21lei0, ɲiaŋ53/44tshin53te53/44təu35/44ua53/44ɲi13/44ʂəu35/44ʂət5 li0.xau21,i21xa53sʅ53ia35xau21xek3 li0,ci13ku35tau21/44kai53/44tsʅ0 xəŋ53/44tso53li0 uk3,iəŋ21kəŋ35pho13/21n13ti13/53ci21ʂa21tek3 kau21.

【赎】ʂəuk5 动用财物换回抵押品：～归来 ʂəuk5 kuei35/44lɔi13/21

【熟】ʂəuk5 形①植物的果实或种子长成，又特指庄稼成熟，可收割或有收成：（禾）落尾就～哩。lɔk3 mi53/44tshiəu53/44ʂəuk5 li0.②食物烧煮到可吃的程度：～菜 ʂəuk5 tshɔi53｜用箇个米粉呐，炒～来。iəŋ53kai53/44ke53/44mi21fən21na0,tshau21ʂəuk5 lɔi13.③精（指米已去皮），不糙：米十分整～哩个唔好，十分～哩个米唔好。mi$^{21}$ʂət$^{5}$ fən$^{35}_{44}$tʂaŋ$^{21}$ʂəuk$^{5}$ li$^{0}$ ke$^{53}$ṇ$^{13}$xau$^{21}$,ʂət$^{5}$ fən$^{35}_{44}$ʂəuk$^{5}$ li$^{0}$ ke$^{53}$mi$^{21}$ṇ$^{13}$xau$^{21}$. ④熟悉；因常见或常用而知道得清楚：渠跟渠等箇箇阵子个箇学校里个老师尽系摎我唔知几～啊。ci$^{13}_{21}$kən$^{35}_{44}$ci$^{13}_{21}$tien$^{0}$ kai$^{53}_{44}$kai$^{53}$tʂ$^{h}$ən$^{53}_{44}$tsɿ$^{0}$ ke$^{53}_{44}$kai$^{53}_{44}$çiɔk$^{5}$ çiau$^{53}_{44}$li$^{0}$ ke$^{53}_{44}$lau$^{21}$sɿ$^{35}_{44}$ts$^{h}$in$^{53}$xe$^{53}_{44}$lau$^{35}$ŋai$^{13}_{21}$ṃ$^{13}_{21}$ti$^{35}_{44}$ ci$^{21}$ʂəuk$^{5}_{3}$a$^{0}$. ⑤熟练，指做某种工作时间长了，精通而有经验：你～咁哩欸。ɲi$^{13}_{21}$ʂəuk$^{5}_{35}$kan$^{21}$ni$^{0}$e$^{0}$. ⑥加工过的：～石膏 ʂəuk$^{5}$ʂak$^{5}$kau$^{35}$

【熟膏豆腐】ʂəuk$^{5}$kau$^{35}_{44}$t$^{h}$ei$^{53}$fu$^{53}_{44}$ 名 用熟石膏作为添加剂制作出来的豆腐：欸，你如今是如个～嘞，更食油，又更硬炮出来个欸。e$_{21}$, ɲi$^{13}$i$^{13}_{21}$cin$^{35}_{44}$ʂɿ$^{53}$i$^{21}$ke$^{53}_{44}$ʂəuk$^{5}$ kau$^{35}_{44}$t$^{h}$ei$^{53}$fu$^{53}_{44}$lei$^{0}$ ,cien$^{53}$ʂət$^{5}$ iəu$^{13}$,iəu$^{53}_{44}$ cien$^{53}_{44}$ŋaŋ$^{53}$p$^{h}$au$^{13}$tʂ$^{h}$ət$^{3}$ lɔi$^{13}_{21}$ke$^{53}$e$^{21}$.

【熟客】ʂəuk$^{5}$ k$^{h}$ak$^{3}$ 名 常来的客人，来往多年的客人，与“生客”相对：往年是～也有五六桌。uɔŋ$^{35}$ɲien$^{13}_{21}$ʂɿ$^{53}_{44}$ʂəuk$^{5}$ k$^{h}$ak$^{3}$ ia$^{35}$iəu$^{35}_{53}$ŋ̍$^{21}$liəuk$^{3}$ tsɔk$^{3}$.

【熟摎摎哩】ʂəuk$^{5}$ lau$^{35}$lau$^{35}$li$^{0}$ 形 很熟悉：箇只妹子啊走下你……走我屋下～。到处都跑倒去嫽。kai$^{53}$tʂak$^{3}$ mɔi$^{53}$tsɿ$^{0}$ a$^{0}$ tsei$^{21}$xa$^{53}$ɲi$^{13}_{21}$…tsei$^{21}_{35}$ŋai$^{13}_{21}$uk$^{3}$ xa$^{35}_{44}$ʂəuk$^{5}$ lau$^{35}$lau$^{35}$li$^{0}$ .tau$^{53}$tʂ$^{h}$əu$^{53}_{44}$təu$^{35}_{44}$p$^{h}$au$^{21}$tau$^{21}$çi$^{53}_{21}$ liau$^{53}_{44}$.

【熟料】ʂəuk$^{5}$ liau$^{53}$ 名 预先加工熟的原料：麻花，也系咁子做嘞，也系我正讲个咁子做嘞。就舞滴子～哇。你冇得黄蒲，冇得么个番薯哇，冇得箇起么个做～，你就舞滴子米粉呐，舞滴子羹啊，□碗羹啊。舞滴米粉就放下镬里搞滴子搞熟来呀。□成羹啊。箇就熟哩吵，箇阵子熟哩吵。你再加下箇个生米粉肚里去，一和，一搋，搋倒再去炮。ma$^{13}$fa$^{35}_{44}$,ia$^{35}$xei$^{53}$kan$^{21}$tsɿ$^{0}$ tso$^{53}$ lei$^{0}$ ,ia$^{35}$xei$^{53}$ŋai$^{13}$tʂaŋ$^{53}$kɔŋ$^{21}$ke$^{53}$kan$^{21}$tsɿ$^{0}$ tso$^{53}$lei$^{0}$ .ts$^{h}$iəu$^{53}$u$^{21}$tiet$^{5}$ tsɿ$^{0}$ ʂəuk$^{5}$ liau$^{53}$ua$^{0}$ .ɲi$^{13}$mau$^{13}$tek$^{3}$ uɔŋ$^{13}$ p$^{h}$u$^{13}$,mau$^{13}$tek$^{3}$ mak$^{3}$ ke$^{53}$fan$^{35}$ʂəu$^{13}_{21}$ua$^{0}$ ,mau$^{13}$tek$^{3}$ kai$^{53}_{44}$çi$^{21}_{44}$mak$^{3}$ (k)e$^{53}_{44}$tso$^{53}$ʂəuk$^{5}$ liau$^{53}$, ɲi$^{13}$ts$^{h}$iəu$^{53}$u$^{21}$tiet$^{5}$ tsɿ$^{0}$ mi$^{21}$fən$^{21}$na$^{0}$ ,u$^{21}$tiet$^{5}$ tsɿ$^{0}$ kaŋ$^{35}$ŋa$^{0}$ ,c$^{h}$iet$^{5}_{3}$ uɔn$^{21}$kaŋ$^{35}$ŋa$^{0}$ .u$^{21}$tet$^{5}$ mi$^{21}$fən$^{21}$ts$^{h}$iəu$^{53}$fɔŋ$^{53}_{44}$xa$^{53}_{44}$uɔk$^{5}$ li$^{0}$ kau$^{21}$tet$^{5}$ tsɿ$^{0}$ kau$^{21}$ʂəuk$^{5}$ lɔi$^{13}_{21}$ia$^{0}$ .c$^{h}$iet$^{5}$ ʂaŋ$^{13}_{21}$kaŋ$^{35}$ŋa$^{0}$ .kai$^{53}_{44}$ts$^{h}$iəu$^{53}_{44}$ʂəuk$^{5}$ li$^{0}$ ʂa$^{0}$ ,kai$^{53}$tʂ$^{h}$ən$^{53}$tsɿ$^{0}$ ʂəuk$^{5}$ li$^{0}$ ʂa$^{0}$ .ɲi$^{13}$tsai$^{53}$cia$^{35}_{44}$xa$^{53}_{44}$ kai$^{53}_{21}$ke$^{53}_{21}$saŋ$^{35}$mi$^{21}$fən$^{21}$təu$^{21}$li$^{0}$ çi$^{53}$,iet$^{3}$ xo$^{13}$,iet$^{3}$ ts$^{h}$ei$^{21}$,ts$^{h}$ei$^{21}$tau$^{21}$tsai$^{53}$çi$^{53}_{44}$p$^{h}$au$^{13}_{44}$.

【熟料纸】ʂəuk$^{5}$ liau$^{53}$tʂʅ$^{21}$ 名 以去掉竹黄与竹节，加土碱水蒸制的竹料为原料造出来的白纸：安做～。白纸啊，从前做以个白纸啊。用王镬蒸一到。竹麻丝啊，爱去蒸熟来。ɔn$^{35}$tso$^{53}_{44}$ʂəuk$^{5}$ liau$^{53}$tʂʅ$^{21}$.p$^{h}$ak$^{5}$ tʂʅ$^{21}$ʐa$^{0}$ ,ts$^{h}$əŋ$^{13}$ts$^{h}$ien$^{13}$tso$^{53}$i$^{21}_{44}$ke$^{53}_{44}$p$^{h}$ak$^{5}$ tʂʅ$^{21}$ʐa$^{0}$ .iəŋ$^{53}$uɔŋ$^{13}$uɔk$^{5}$ tʂən$^{35}$iet$^{3}$ tau$^{53}_{44}$.tʂəuk$^{3}$ ma$^{13}$sɿ$^{35}$ za$^{0}$ ,ɔi$^{53}_{44}$çi$^{53}_{44}$tʂən$^{35}$ʂəuk$^{5}$ lɔi$^{13}_{21}$.

【熟米】ʂəuk$^{5}$mi$^{21}$ 名 精磨后的精白大米：我等如今食个米都系食～呀，有么人食糙米了。箇糙米难食，据说糙米就欸箇个糯米个糙米蒸酒就更好话呢。蒸酒就莫用～蒸酒，爱用糙米，糯米肚里个糙米，莫用～，～蒸个酒更泦，糙米蒸个酒更鲜。ŋai$^{13}$tien$^{0}$ i$^{21}$cin$^{35}_{44}$ʂət$^{5}$ ke$^{53}$mi$^{21}$təu$^{35}$ xe$^{53}_{44}$ʂət$^{5}$ ʂəuk$^{5}$ mi$^{21}$ia$^{0}$ ,mau$^{13}$mak$^{3}$ in$^{13}_{44}$ʂət$^{5}$ ts$^{h}$au$^{53}$mi$^{21}$liau$^{0}$ .kai$^{53}_{44}$ts$^{h}$au$^{53}$mi$^{21}$lan$^{13}$ʂət$^{5}$ ,tʂʮ$^{53}$ʂət$^{3}$ ts$^{h}$au$^{53}$mi$^{21}$ts$^{h}$iəu$^{53}$ e$_{21}$kai$^{53}_{44}$kei$^{53}_{44}$lo$^{53}$mi$^{21}$ke$^{53}_{44}$ts$^{h}$au$^{53}$mi$^{21}$tʂən$^{35}$tsiəu$^{21}$ts$^{h}$iəu$^{53}$cien$^{53}$xau$^{21}$ua$^{53}$nei$^{0}$ .tʂən$^{35}$tsiəu$^{21}$ts$^{h}$iəu$^{53}$mɔk$^{5}$ iəŋ$^{53}$ʂəuk$^{5}$ mi$^{21}$tʂən$^{35}$tsiəu$^{21}$,ɔi$^{53}_{44}$iəŋ$^{53}_{44}$ts$^{h}$au$^{53}$mi$^{21}$,lo$^{53}$mi$^{21}$təu$^{21}$li$^{0}$ ke$^{53}_{44}$ts$^{h}$au$^{53}$mi$^{21}$,mɔk$^{5}$ iəŋ$^{53}$ʂəuk$^{5}$ mi$^{21}$,ʂəuk$^{5}$ mi$^{21}$tʂən$^{35}$ke$^{53}$ tsiəu$^{21}$cien$^{53}$lei$^{13}$.ts$^{h}$au$^{53}$mi$^{21}$tʂən$^{35}$ke$^{53}$tsiəu$^{21}$ken$^{53}$sen$^{35}$.

【熟人】ʂəuk$^{5}$ɲin$^{13}_{21}$ 名 熟识的人：一个人呢系～呢。iet$^{3}$ ke$^{53}_{44}$ɲin$^{13}$ne$^{0}$ xe$^{53}_{44}$ʂəuk$^{5}$ɲin$^{13}_{21}$ne$^{0}$.

【熟肉】ʂəuk$^{5}$ɲiəuk$^{3}$ 名 煮熟来售卖的零碎牛肉：牛肉，煮熟哩个，安做～哇。我等煮熟哩个肉去卖呀，系唔系？比方说箇骨头上削下来个箇肉，系唔系？舞倒去卖，我等安做卖～。安做～。就煮熟来就系～哇。喊它喊～。我等就都凡属箇起东西唔系整块整块个生猪[当为牛]肉哇，搞熟哩个，通通安做～。猪肉就冇得了，只有牛肉就有～卖。猪肉唔称～。打比猪肉，猪身上个箇起骨头肉箇只吵，渠都唔搞熟来卖，都系卖生个。欸，唔得搞熟来卖。只有牛肉就会搞熟来卖。ɲiəu$^{13}$ɲiəuk$^{3}$ ,tʂəu$^{21}$ʂəuk$^{5}$ li$^{0}$ ke$^{53}_{44}$,ɔn$^{35}_{44}$tso$^{53}_{44}$ʂəuk$^{5}$ɲiəuk$^{3}$ ua$^{0}$ .ŋai$^{13}_{21}$tien$^{0}$ tʂəu$^{21}$ʂəuk$^{5}$ li$^{0}$ ke$^{53}$ɲiəuk$^{3}$ çi$^{53}$mai$^{53}$ia$^{0}$ ,xei$^{53}_{44}$me$^{53}_{44}$?pi$^{21}$fɔŋ$_{44}$ʂuo$_{44}$kai$^{53}_{44}$kuət$^{3}$ t$^{h}$ei$^{13}_{21}$xɔŋ$^{53}$siɔk$^{3}$ xa$^{53}$lɔi$^{13}_{44}$ke$^{53}_{44}$kai$^{53}_{44}$ɲiəuk$^{3}$ ,xei$^{53}_{44}$me$^{53}_{44}$?u$^{21}$tau$^{21}$çie$^{53}_{44}$ mai$^{53}$,ŋai$^{13}_{21}$tien$^{0}$ ɔn$^{35}_{44}$tso$^{53}_{44}$mai$^{53}_{44}$ʂəuk$^{5}$ ɲiəuk$^{3}$ .ɔn$^{35}_{44}$tso$^{53}_{44}$ʂəuk$^{5}$ ɲiəuk$^{3}$ .ts$^{h}$iəu$^{53}_{44}$tʂəu$^{21}$ ʂəuk$^{5}$ lɔi$^{13}_{44}$ts$^{h}$iəu$^{53}_{44}$xe$^{53}_{44}$ʂəuk$^{5}$ ɲiəuk$^{3}$ ua$^{0}$ .xan$^{53}$ t$^{h}$a$^{35}_{44}$ xan$^{53}_{44}$ ʂəuk$^{5}$ ɲiəuk$^{3}$ .ŋai$^{13}$ tien$^{0}$ ts$^{h}$iəu$^{53}$ təu$^{35}_{44}$ fan$^{13}$ ʂəuk$^{5}$ kai$^{53}$ çi$^{21}$ təŋ$^{35}_{44}$ si$^{0}$ ṃ$^{13}$ p$^{h}$e$^{53}$ (←xe$^{53}$)tʂən$^{21}$k$^{h}$uai$^{53}$tʂən$^{21}$k$^{h}$uai$^{53}_{44}$ke$^{53}_{44}$saŋ$^{35}$tʂəu$^{35}$ɲiəuk$^{3}$ ua$^{0}$ ,kau$^{21}$ʂəuk$^{5}$ li$^{0}$ ke$^{53}_{44}$,t$^{h}$əŋ$^{35}$t$^{h}$əŋ$^{35}_{44}$ɔn$^{35}_{44}$tso$^{53}_{44}$ʂəuk$^{5}$ ɲiəuk$^{3}$ .tʂəu$^{35}$ɲiəuk$^{3}$ ts$^{h}$iəu$^{53}$mau$^{13}_{44}$tek$^{3}$ liau$^{0}$ ,tʂʅ$^{21}$iəu$^{35}_{53}$ɲiəu$^{13}$ɲiəuk$^{3}$ ts$^{h}$iəu$^{53}_{44}$iəu$^{35}$ʂəuk$^{5}$ɲiəuk$^{3}$ mai$^{53}$.tʂəu$^{35}$ɲiəuk$^{3}$ ṇ$^{13}$tʂ$^{h}$ən$^{35}$ʂəuk$^{5}$ɲiəuk$^{3}$ .ta$^{21}$pi$^{21}$tʂəu$^{35}$ɲiəuk$^{3}$ ,tʂəu$^{35}$ʂən$^{35}_{44}$xɔŋ$^{53}_{44}$ke$^{53}_{44}$kai$^{53}$çi$^{21}$kuət$^{3}$ t$^{h}$ei$^{13}_{21}$ɲiəuk$^{3}$ kai$^{53}_{21}$tʂak$^{3}$ ʂa$^{0}$ ,ci$^{13}_{21}$ təu$^{35}_{53}$ṃ$^{13}$kau$^{21}$ʂəuk$^{5}$ lɔi$^{13}_{21}$mai$^{53}$,təu$^{35}$xe$^{53}_{44}$mai$^{53}_{44}$saŋ$^{35}_{44}$ke$^{53}$.e$_{21}$,ṇ$^{13}$tek$^{3}$ kau$^{21}$ʂəuk$^{5}$ lɔi$^{13}_{21}$mai$^{53}_{44}$.tʂʅ$^{21}$iəu$^{35}_{53}$ɲiəu$^{13}$ɲiəuk$^{3}$ ts$^{h}$iəu$^{53}_{44}$uɔi$^{53}_{44}$kau$^{21}$ʂəuk$^{5}_{3}$lɔi$^{13}_{21}$mai$^{53}_{44}$.

S

【熟石膏】ʂəuk$^{5}$ ʂak$^{5}$ kau$^{35}$ [名]经过焙烧的石膏：放下镬下去烧。烧成粉，烧成～。fɔŋ$^{53}_{44}$ŋa$_{44}$(←xa$^{53}$)uɔk$^{5}$ xa$^{53}_{44}$çi$^{53}_{44}$ʂau$^{35}$.ʂau$^{35}$ʂaŋ$^{13}$fən$^{21}$,ʂau$^{35}$ʂaŋ$^{13}$ʂəuk$^{5}$ʂak$^{5}$kau$^{35}$.

【属】ʂəuk$^{5}$ [动]用十二属相记生年：未年出世个人～羊。uei$^{53}$ɲien$^{13}$tʂʰət$^{3}$ ʂɿ$^{53}$ke$^{53}$ɲin$^{13}_{44}$ʂəuk$^{5}$ iɔŋ$^{13}$.｜我就系五二年出世个唠，五二年就寅辰年呶，辰就～龙啊，所以我就～龙。ŋai$^{13}$tsʰiəu$^{53}$xe$^{53}$ ŋ̍$^{21}$ɲi$^{53}$ɲien$^{13}_{44}$tʂʰət$^{3}$ ʂɿ$^{53}$ke$^{53}$lau$^{0}$,ŋ̍$^{21}$ɲi$^{53}$ɲien$^{13}_{21}$tsʰiəu$^{53}$in$^{13}$ʂən$^{13}$ɲien$^{13}_{44}$nau$^{0}$,ʂən$^{13}$tsʰiəu$^{53}_{44}$ʂəuk$^{5}$ liɔŋ$^{13}$ŋa$^{0}$,so$^{21}$i$^{35}_{44}$ŋai$^{13}_{21}$ tsʰiəu$^{53}_{44}$ʂəuk$^{5}$ liɔŋ$^{13}$.

【属相】ʂəuk$^{5}$ siɔŋ$^{53}$ [名]生肖；用十二地支与十二种动物(鼠、牛、虎、兔、龙、蛇、马、羊、猴、鸡、狗、猪)相配合来记人出生年份，如子年出生则属鼠，称“属相”：我个～就系龙。ŋai$^{13}$ke$^{0}$ ʂəuk$^{5}$ siɔŋ$^{53}$tsʰiəu$^{53}_{44}$xe$^{53}_{44}$liɔŋ$^{13}$.

【蜀布】tʂəuk$^{3}$pu$^{53}$ [名]一种洁白的麻织物：欸，我等细细子就看过欸话么个欸～长衫，嗯，～，白～，欸，晓得白～长衫是系唔知欸系蛮名贵个衫呐，蛮高档个衫呐，白～长衫。～唔知系唔系十分凉快呀？着倒凉快～哇？e$_{21}$,ŋai$^{13}$tien$^{0}$ se$^{53}$se$^{53}$tsɿ$^{0}$ tsʰiəu$^{53}_{44}$kʰɔn$^{53}$ko$^{53}$ei$_{44}$ua$^{53}_{44}$mak$^{3}$ ke$^{53}_{44}$e$_{21}$tʂəuk$^{3}$ pu$^{53}$tʂʰɔŋ$^{13}$san$^{35}$,n̍$_{21}$,tʂəuk$^{3}$ pu$^{53}$,pʰak$^{5}$ tʂəuk$^{3}$ pu$^{53}$,e$_{21}$,çiau$^{21}$tek$^{3}$ pʰak$^{5}$ tʂəuk$^{3}$ pu$^{53}$tʂʰɔŋ$^{13}$san$^{35}_{44}$ʂɿ$^{53}_{44}$xe$^{53}$n̍$^{13}$ti$^{35}_{53}$e$_{44}$ xei$^{53}$man$^{13}_{21}$min$^{13}$kuei$^{53}$ke$^{53}_{44}$san$^{35}$na$^{0}$,man$^{13}_{21}$kau$^{35}$tɔŋ$^{35}$ke$^{53}_{44}$san$^{35}$na$^{0}$,pʰak$^{5}$ tʂəuk$^{3}$ pu$^{53}_{21}$tʂʰɔŋ$^{13}_{21}$san$^{35}_{44}$.tʂəuk$^{3}$ pu$^{53}$n̍$^{13}$ti$^{35}_{53}$ xei$^{53}$mei$^{53}_{44}$ʂət$^{5}$ fən$^{35}_{44}$liɔŋ$^{13}$kʰuai$^{53}_{44}$ia$^{0}$?tʂɔk$^{3}$ tau$^{21}$liɔŋ$^{13}$kʰuai$^{53}$tʂəuk$^{3}$ pu$^{53}_{44}$ua$^{0}$?

【数$_{1}$】səu$^{21}$ [动]查点（数目）；逐个说出（数目）：比方～票子啊，就抡下子。pi$^{21}$fɔŋ$^{35}_{44}$səu$^{21}$ pʰiau$^{53}$tsa$^{0}$,tsʰiəu$^{53}_{44}$lən$^{21}$na$^{53}$(←xa$^{53}$)tsɿ$^{0}$.｜总～都少一丘。tsəŋ$^{21}$səu$^{21}$təu$^{35}_{44}$ʂau$^{21}$iet$^{3}$ cʰiəu$^{35}$.

【薯粉】ʂəu$^{13}$fən$^{21}$ [名]红薯淀粉：我等个（玉兰片）是用～，用红薯粉做嘞。ŋai$^{13}$tien$^{0}$ ke$^{53}$ʂɿ$^{53}_{44}$ iəŋ$^{53}$ʂəu$^{13}$fən$^{21}$,iəŋ$^{53}$fəŋ$^{13}$ʂəu$^{13}_{21}$fən$^{21}$tso$^{53}$le$^{0}$.

【薯糕】ʂəu$^{13}$kau$^{35}_{44}$ [名]将脚板薯去皮后用擂钵磨成浆，搀入少量糯米粉，加入韭菜、辣椒末、瘦肉末、盐等，拌匀后以左手从虎口处挤成丸子，以右手用调羹将丸子舀入油中炸制食用：安做～。以个唔系番薯糕，安做～。ɔn$^{35}_{44}$tso$^{53}_{44}$ʂəu$^{13}$kau$^{35}$.i$^{21}$ke$^{53}$n̍$^{13}_{21}$tʰe$^{53}$fan$^{35}$ʂəu$^{13}_{21}$kau$^{35}$,ɔn$^{35}_{44}$tso$^{53}_{44}$ʂəu$^{13}$kau$^{35}$.

【薯子饭】ʂəu$^{13}$tsɿ$^{0}$ fan$^{53}$ 掺有脚板薯的米饭：冇饭食个时候子就箇个饭肚里掺兜箇个杂粮去，～就系掺滴薯子去。我等细细子～也食过，但是食得最多个就番薯丝饭，就番薯晒做丝交倒去个饭。～呢，薯子就唔晒做丝，薯子就切成丁啱大子一坨坨子，欸，切成咁个丁子，丁啱大子，交下饭肚里去蒸，爱蒸熟来。mau$^{13}$fan$^{53}$ʂət$^{5}$ kei$^{53}_{44}$ʂɿ$^{13}$xei$^{53}$tsɿ$^{0}$ tsʰiəu$^{53}_{44}$kai$^{53}_{44}$ke$^{53}_{44}$fan$^{53}$təu$^{21}$li$^{0}$ tsʰan$^{35}$tei$^{35}_{53}$kai$^{53}_{44}$ke$^{53}_{44}$tsʰait$^{5}$ liɔŋ$^{13}_{21}$çi$^{53}$,ʂəu$^{13}$tsɿ$^{0}$ fan$^{53}$tsʰiəu$^{53}_{44}$xe$^{53}_{44}$tsʰan$^{35}$tiet$^{5}$ ʂəu$^{13}$tsɿ$^{0}$ çi$^{53}$.ŋai$^{13}$tien$^{0}$ sei$^{53}$sei$^{53}$tsɿ$^{0}$ ʂəu$^{13}$ tsɿ$^{0}$ fan$^{53}$ia$^{35}$ʂət$^{5}$ ko$^{0}$,tan$^{53}_{44}$ʂɿ$^{53}_{44}$ʂət$^{5}$ tek$^{3}$ tsei$^{53}$to$^{35}_{44}$ke$^{0}$ tsʰiəu$^{53}_{21}$fan$^{35}_{44}$ʂəu$^{13}_{21}$sɿ$^{35}$fan$^{53}$,tsiəu$^{53}_{21}$fan$^{35}$ʂəu$^{13}_{21}$sai$^{53}$tso$^{53}$sɿ$^{35}$ciau$^{35}$ tau$^{21}$çi$^{53}_{44}$ke$^{53}_{44}$fan$^{53}$.ʂəu$^{13}$tsɿ$^{0}$ fan$^{53}$ne$^{0}$,ʂəu$^{13}$tsɿ$^{0}$ tsʰiəu$^{53}$n̍$^{13}$sai$^{53}$tso$^{53}_{21}$sɿ$^{35}$,ʂəu$^{13}$tsɿ$^{0}$ tsʰiəu$^{53}$tsʰiet$^{3}$ ʂaŋ$^{13}_{21}$tin$^{53}$ŋait$^{3}$ tʰai$^{53}$ tsɿ$^{0}$ iet$^{3}$ tʰo$^{13}$tʰo$^{13}$tsɿ$^{0}$,e$_{21}$,tsʰiet$^{3}$ ʂaŋ$^{13}_{44}$kan$^{21}_{44}$ke$^{53}_{44}$tin$^{35}$tsɿ$^{0}$,tin$^{53}$ŋait$^{3}$ tʰai$^{53}$tsɿ$^{0}$,ciau$^{35}_{44}$ua$^{53}_{44}$fan$^{53}$təu$^{21}$li$^{0}$ çi$^{53}_{44}$tʂən$^{35}$,ɔi$^{53}_{44}$ tʂən$^{35}$ʂəuk$^{5}$ lɔi$^{13}_{21}$.

【树】ʂəu$^{53}$ [名]①木本植物的通称：柞～tsʰɔk$^{5}$ ʂəu$^{53}$。②木头：～做个槌子。ʂəu$^{53}$tso$^{53}_{44}$ke$^{53}_{44}$tʂʰei$^{13}$ tsɿ$^{0}$.｜我等箇只屋都留唔下来呀。尽系～做个。会腐烂啦。ŋai$^{13}$tien$^{0}$ kai$^{53}$tʂak$^{3}$ uk$^{3}$ təu$^{0}$ liəu$^{13}_{21}$n̍$^{13}_{44}$xa$^{35}$ lɔi$^{13}_{21}$ia$^{0}$.tsʰin$^{53}$xei$^{53}$ʂəu$^{53}$tso$^{53}_{44}$ke$^{53}_{44}$.uɔi$^{53}$fu$^{21}$lan$^{53}$la$^{0}$.

【树板子】ʂəu$^{53}$pan$^{21}$tsɿ$^{0}$ [名]木板：箇个～钉个安做火漏子呢。kai$^{53}_{44}$ke$^{53}_{44}$ʂəu$^{53}$pan$^{21}$tsɿ$^{0}$ taŋ$^{35}_{44}$ke$^{53}_{44}$ɔn$^{35}_{44}$tso$^{53}_{44}$ fo$^{21}$lei$^{53}$tsɿ$^{0}$ nei$^{0}$.｜渠指火柜就～做个。ci$^{13}$tsʰiəu$^{53}_{44}$ʂəu$^{53}$pan$^{21}$tsɿ$^{0}$ tso$^{53}_{44}$ke$^{53}_{44}$.

【树碑】ʂəu$^{53}$pi$^{35}$ [动]立碑：如果爱～个就～呀。一般就大金就唔～，棺材就唔～。ɥ$^{13}$ko$^{21}$ɔi$^{53}_{44}$ ʂəu$^{53}$pi$^{35}$ke$^{53}_{44}$tsʰiəu$^{53}_{44}$ʂəu$^{53}$pi$^{35}$ia$^{0}$.iet$^{3}$ pɔn$^{35}$tsʰiəu$^{53}_{44}$tʰai$^{53}$cin$^{35}$tsʰiəu$^{53}_{44}$n̍$^{13}_{21}$ʂəu$^{53}$pi$^{35}$,kɔn$^{35}$tsʰɔi$^{13}_{21}$tsʰiəu$^{53}_{44}$n̍$^{13}_{21}$ʂəu$^{53}$pi$^{35}$.

【树扁担】ʂəu$^{53}$pien$^{21}$tan$^{53}$ [名]木质的扁担：一般个扁担是系竹做个，竹扁担，但～也多，也有，欸做～做扁担个树硬爱硬兜子个树，一般用椆树呢，椆树做扁担。其实～唔好嘞。～让门子唔好嘞？一只就硬，绷硬，冇回复，冇得回复，唔比得竹扁担。第二只就狭，～不可能唔知几阔。欸，第三只是重，扁担唔知几重。你做阔哩，你背都背唔起，系唔系？欸～，又懑大个树。所以扁担最好个还系竹扁担。iet$^{3}$ pɔn$^{35}$ke$^{53}$pien$^{21}$tan$^{53}$ʂɿ$^{53}_{44}$xe$^{53}_{44}$tʂəuk$^{3}$ tso$^{53}$ke$^{53}$,tʂəuk$^{3}$ pien$^{21}$ tan$^{53}$,tan$^{53}_{44}$ʂəu$^{53}$pien$^{21}$tan$^{53}$ia$^{35}$to$^{35}_{44}$,ia$^{35}$iəu$^{35}_{44}$,e$_{44}$tso$^{53}$ʂəu$^{53}$pien$^{21}$tan$^{53}$tso$^{53}$pien$^{21}$tan$^{53}_{44}$ke$^{53}_{44}$ʂəu$^{53}$ɲiaŋ$^{53}$ɔi$^{53}_{44}$ŋaŋ$^{53}$te$^{35}_{44}$tsɿ$^{0}$ ke$^{53}_{44}$ʂəu$^{53}$,iet$^{3}$ pɔn$^{35}$iəŋ$^{53}$tʂʰəu$^{13}$ʂəu$^{53}$nei$^{0}$,tʂʰəu$^{13}$ʂəu$^{53}$tso$^{53}$pien$^{21}$tan$^{53}$.cʰi$^{13}$ʂət$^{5}$ ʂəu$^{53}$pien$^{21}$tan$^{53}$n̍$^{13}$xau$^{21}$le$^{0}$.ʂəu$^{53}$ pien$^{21}$tan$^{53}$ɲiɔŋ$^{53}$mən$^{13}_{44}$tsɿ$^{0}$ n̍$^{13}_{21}$xau$^{21}$le$^{0}$?iet$^{3}$ tʂak$^{3}$ tsʰiəu$^{53}_{44}$ŋaŋ$^{53}$,paŋ$^{35}$ŋaŋ$^{53}$,mau$^{13}$fei$^{13}$fuk$^{5}$,mau$^{13}_{21}$tek$^{3}$ fei$^{13}$fuk$^{5}$,n̍$^{13}$ pi$^{21}$tek$^{3}$ tʂəuk$^{3}$ pien$^{21}$tan$^{53}$.tʰi$^{53}$ɲi$^{53}$tʂak$^{3}$ tsʰiəu$^{53}_{21}$cʰiait$^{5}$,ʂəu$^{53}$pien$^{21}$tan$^{53}$pət$^{3}$ kʰo$^{21}$len$^{13}$n̍$^{13}$ti$^{35}_{53}$ci$^{21}$kʰɔit$^{3}$ .e$_{21}$,tʰi$^{53}$ san$^{35}$ʂak$^{3}$ ʂɿ$^{53}_{21}$tʂʰəŋ$^{35}$,pien$^{21}$tan$^{53}$n̍$^{13}$ti$^{35}_{53}$ci$^{21}$tʂʰəŋ$^{35}$. ɲi$^{13}$tso$^{53}$kʰɔit$^{3}$ li$^{0}$, ɲi$^{13}$pi$^{53}$təu$^{35}_{53}$pi$^{53}$n̍$^{13}_{44}$çi$^{21}$,xei$^{53}$me$^{53}$?e$^{0}$ ʂəu$^{53}$

pien21tan53,iəu53mən35tʰai53ke53/44ʂəu53/44.so21i35/53pien21tan53/44tsei53xau21ke53xai13/21xe53tʂəuk3 pien21tan53.

【树杈杈】ʂəu53tsʰa35/44tsʰa35 [名]分岔的树枝：一只～ iet3 tʂak3 ʂəu53tsʰa35/44tsʰa35

【树蔸】ʂəu53tei35 树的下端，根须由此伸出：箇阵子生产队上欸搞茶山呢，开茶山，箇我硬足足挖嘿有个多两个月个～。挖箇茶山肚里个箇起杂树子吧，和树和蔸都挖嘿去，箇就挖～。欸，留茶树，挖嘿杂树蔸去，挖嘿个多两个月。kai53tʂʰən53tsɿ0 sen35/44tsʰan21ti53xɔŋ53/44e21kau21tsʰa13san35 nei0,kʰɔi35tsʰa13san35/44,kai53ŋai13/21ɲiaŋ53tsɔk3 tsɔk3 uait3 (x)ek3 iəu35/44cie53to35/44iɔŋ21ke53ɲiet5 ke53/21ʂəu53tei35.uait3 kai53 tsʰa13san35/44təu21li0 ke53/44kai53çi21tsʰait5 ʂəu53tsɿ0 pa0 ,uo53ʂəu53uo53tei35təu35/53uait3 (x)ek3 çi53,kai53/44tsiəu53/44uait3 ʂəu53 tei35.e21,liəu13tsʰa13ʂəu53,uait3 (x)ek3 tsʰait5 ʂəu53tei35çi53,uait3 (x)ek3 cie53/44to35/44iɔŋ21ke53ɲiet5 .

【树枋子】ʂəu53fɔŋ35tsɿ0 [名]根据实际需要将树木加工成的长方形或正方形条木：两边墙上就斗正只咁个一边子个一块子～下。iɔŋ21pien35tsʰiɔŋ13/21xɔŋ53/44tsʰiəu53/44tei53tʂaŋ53tʂak3 kan21kei53iet3 pien35tsɿ0 ke53iet3 kʰuai53tsɿ0 ʂəu53fɔŋ35tsɿ0 xa35.

【树干】ʂəu53kɔn53/44 [名]树的主茎：箇～上就有咁个蜡呀。kai53/44ʂəu53kɔn53/44xɔŋ53/44tsʰiəu53/44iəu35/44kan21ke53/44 lait5 ia0.

【树篙】ʂəu53kau35/44 [名]晾衣服的木杆：欸，也有滴用树做嘞，用～嘞。因为箇细杉树子啊，唔知几通梢个。ei21,ia35iəu35/44tet5/3 iɔŋ53/44ʂəu53tso53lei0,iɔŋ53/44ʂəu53kau35/44lei0.in35/44uei53/44kai53/44se53sa35/44ʂəu53tsɿ0 a0,n̩13/21ti35/53ci21 tʰəŋ35sau35ke53/44.

【树梗】ʂəu53kuaŋ21 [名]树茎，树干。也称“树梗子”：底下～摎蔸下起到尾上都尽势。tei21xa53/44 ʂəu53kuaŋ21lau35təu35xa35/44çi21tau53/44mi35xɔŋ53/44təu35tsʰin35nek3.

【树棍】ʂəu53kuən53 [名]树干：箇～上嘞，又缠，缠一路上，缠上去。kai53/44ʂəu53kuən53xɔŋ53/44lei0,iəu53 tʂʰen13,tʂʰen13iet3 ləu53ʂɔŋ53,tʂʰen13ʂɔŋ53/44çi53/44.

【树棍子】ʂəu53kuən53tsɿ0 [名]木棒：还有就舞几条长短不同个～唠，扼下手里唠。xai13/21iəu35/44 tsʰiəu53/44u21ci21tʰiau13tʂʰɔŋ13tɔn21pət3 tʰəŋ13ke53/44ʂəu53kuən53tsɿ0 lau0,ia21(x)a53/44ʂəu21li0 lau0.

【树筋】ʂəu53cin35 [名]树的根部：～有各种各样，欸，有兜～插远，肥面；有兜～唔知几深，钻下地泥下。ʂəu53cin35iəu35/44kɔk3 tʂəŋ21kɔk3 iɔŋ53,e21,iəu35tei35/44ʂəu53cin35tsʰait3 ien21,fei13mien53;iəu35te35/44ʂəu53 cin35n̩13/21ti35/53ci21tʂʰən35,tsɔn53na53/44tʰi13lai13/21xa35.｜我等唔系话挖箇个茶山就爱挖嘿～呢，箇就挖嘿几个月个～。ŋai13tien0 m̩13pʰei53ua53/44uait3 kai53ke53tsʰa13san35/44tsʰiəu53ɔi53uait3 (x)ek3 ʂəu53cin35/44nei0,kai53/44tsiəu53/44 uait3 xek3 ci21cie53ɲiet5 ke0 ʂəu53cin35/44.

【树精】ʂəu53tsin35 [名]对古树、大树、怪树的敬畏之称。人们认为它们已化成精怪：树是系有得精个，但是～系让门来个嘞？就系有兜树长得十分大，有兜树又长倒咁个欸古里古怪，欸，唔系就一条戁大个欸寄生个藤藤缠倒渠身上，欸，呃唔系就面上身上生箇树蔸下箇个树箇蔸下箇一部分呐生倒尽溜苔，欸，唔系就箇树嘞矮矮子，唔知几大，箇种有兜子奇形怪状又比较大个树，有兜人就安做渠～。我等箇映子有个社公树，蛮多人就安做～。箇只树成哩精呐。有兜是分箇雷公打嘿打一条坼，欸，火烧烧一下，箇个更吓死人，尽兜看倒都认为渠系～。ʂəu53ʂɿ53/44xei53mau13/21tek3 tsin35cie53,tan53/44ʂɿ53/44ʂəu53tsin35xei53/44ɲiɔŋ53/44mən13lɔi13/21ke53/44lei0?tsʰiəu53/21xei53/21iəu35te35/44ʂəu53 tʂəŋ21tek3 ʂət5 fən35/44tʰai53,iəu35te35/53ʂəu53iəu53tʂəŋ21tau21kan21kei53e21ku21li0 ku21kuai53,e21,m̩13pʰe53/44tsʰiəu53iet3 tʰiau13/21mən35tʰai53ke53e21ci53saŋ35/44ke53/44tʰien13tʰien13/44tʂʰuen13tau21ci13/21ʂən35xɔŋ53,e21,ə21m̩13pʰe53/44tsʰiəu53/44mien53xɔŋ53/44 ʂən35xɔŋ53/44saŋ35kai53/44ʂəu53tei35xa53/44kai53/21(k)e53/21ʂəu53kai53tei21xa53/44kai53/44iet3 pʰu53fən53na0 saŋ35tau21tsʰin53liəu35tʰɔi13, e21,m̩13pʰei53/44tsʰiəu53/44kai53/44ʂəu53lei0 ai21/13ai21tsɿ0,n̩13ti35/53ci21tʰai53,kai53tʂəŋ21iəu35te35/53tsɿ0 cʰi13i0çin13kuai53tsʰɔŋ53iəu53pi21 ciau53/44tʰai53ke53/21ʂəu53,iəu35tei35/53ɲin13/21tsʰiəu53/44ɔn35/44tso53/44ci13/21ʂəu53tsin35.ŋai13tien0 kai53iaŋ53tsɿ0 iəu35kei53ʂa35kɔŋ35/44ʂəu53, man13/21to35/53ɲin13/21tsʰiəu53/21ɔn35/44tso53/44ʂəu53tsin35.kai53tʂak3 ʂəu53tʂʰən13/21ni0 tsin35na0 .iəu35te35/44ʂɿ53/44pən35kai53li13kɔŋ35ta21 xek3 ta21(i)et3 tʰiau13/44tsʰak3 ,e21,fo21ʂau35/44ʂau35iet3 xa53,kai53/44ke53/44cien53xak3 si21ɲin13,tsʰin35te35/53kʰɔn53tau21təu35/44in53 uei13/21ci13xe53/44ʂəu53tsin35.

【树椏】ʂəu53kʰua21 [名]树枝：茶椏，杉椏，松椏，欸，荷树椏，尖栗树椏，箇就根据么个，都安做～凑。tsʰa13kʰua21,sa35kʰua21,tsʰəŋ13kʰua21,e21,xo13ʂəu53kʰua21,tsian35niet3 ʂəu53kʰua21,kai53/21tsʰiəu53/21 cien35tʂʮ53/44mak3 (k)e53/44,təu0 ɔn35/44tso53/44ʂəu53kʰua21tsʰe0.｜箇～哩，～，欸，剁砍（用于小树或树枝之类）嘿去呢。kai53/44ʂəu53kʰua21li0 ,ʂəu53kʰua21,e21,tʰiait5 xek3 çi53nei0 .

【树蓬】ʂəu53pʰəŋ13 [名]丛生的树木：箇个呃我等箇老家箇映就有蛮多咁个～啊。因为，搞么个嘞？一只嘞就有兜有社公个栏场尽兜唔敢去动，箇个树就总长总高，总长总大，欸，就蓬煞哩，大家就话箇个就～。底下么欸看日头都看唔倒，日头都一天到夜都冇日头去。kai$^{53}_{44}$kei$^{53}_{44}$ ə$_{21}$ŋai$^{13}$tien$^{0}$kai$^{53}$lau$^{21}$cia$^{35}_{44}$kai$^{53}_{44}$iaŋ$^{53}_{44}$tsʰiəu$^{53}_{44}$iəu$^{35}_{44}$man$^{13}$to$^{35}_{53}$kan$^{21}$ke$^{53}_{44}$ʂəu$^{53}$pʰəŋ$^{13}_{21}$ŋa$^{0}$.in$^{35}_{44}$uei$^{53}_{44}$,kau$^{21}$mak$^{3}$ke$^{53}_{44}$ lei$^{0}$?iet$^{3}$tʂak$^{3}$lei$^{0}$tsʰiəu$^{53}$iəu$^{35}$tei$^{35}_{44}$iəu$^{35}$ʂa$^{35}$kəŋ$^{35}_{53}$ke$^{53}$laŋ$^{13}_{21}$tʂʰɔŋ$^{13}_{21}$tsʰin$^{53}$te$^{35}_{53}$n̩$^{13}_{21}$kan$^{21}$çi$^{53}_{44}$tʰəŋ$^{35}$,kai$^{53}_{44}$ke$^{53}_{44}$ʂəu$^{53}$ tsʰiəu$^{53}_{44}$tsəŋ$^{21}$tʂɔŋ$^{21}$tsəŋ$^{21}$kau$^{35}_{44}$,tsəŋ$^{21}$tʂɔŋ$^{21}$tsəŋ$^{21}$tʰai$^{53}$,ei$_{21}$,tsʰiəu$^{53}_{44}$pʰəŋ$^{13}$sait$^{3}$li$^{0}$,tʰai$^{53}$cia$^{35}_{53}$tsʰiəu$^{53}_{44}$ua$^{53}_{44}$kai$^{53}_{44}$ke$^{53}_{44}$ tsʰiəu$^{53}_{44}$ʂəu$^{53}$pʰəŋ$^{13}$.tei$^{21}$xa$^{53}$me$^{0}$e$_{21}$kʰɔn$^{53}$ɲiet$^{3}$tʰei$^{13}_{21}$təu$^{35}_{44}$kʰɔn$^{53}$n̩$^{13}_{21}$tau$^{21}$, ɲiet$^{3}$tʰei$^{13}$təu$^{35}_{53}$iet$^{3}$tʰien$^{35}$tau$^{53}$ia$^{53}_{44}$təu$^{35}_{53}$ mau$^{13}_{21}$ɲiet$^{3}$tʰei$^{13}$çi$^{53}$.｜一伴人去打猎，硬明明箇个～里啊一只野猪，一铳打嘿去嘞，捉倒一只侄子打得殴死。iet$^{3}$pʰɔn$^{53}$ɲin$^{13}_{21}$cʰi$^{53}_{44}$ta$^{21}$liait$^{5}$, ɲiaŋ$^{53}$min$^{13}$min$^{13}_{21}$kai$^{53}_{44}$ke$^{53}_{44}$ʂəu$^{53}$pʰəŋ$^{13}_{21}$li$^{0}$a$^{0}$iet$^{3}$tʂak$^{3}$ia$^{35}$tʂəu$^{35}_{53}$, iet$^{3}$tʂʰəŋ$^{53}$ta$^{21}$(x)ek$^{3}$çi$^{53}_{44}$lei$^{0}$,tsɔk$^{3}$tau$^{21}$iet$^{3}$tʂak$^{3}$tʂʰət$^{5}$tsɿ$^{21}$ta$^{21}$tek$^{3}$tsiəu$^{53}$si$^{21}$.

【树皮】ʂəu$^{53}$pʰi$^{13}$ [名]树的表皮：有兜树嘞动下子渠就死嘿哩个，欸，有兜～蛮娇个。iəu$^{35}$te$^{35}_{44}$ ʂəu$^{53}$le$^{0}$tʰəŋ$^{35}$xa$^{53}_{21}$tsɿ$^{0}$ci$^{13}$tsʰiəu$^{53}$si$^{21}$xek$^{3}$li$^{0}$ke$^{0}$,e$_{21}$,iəu$^{35}$te$^{35}_{44}$ʂəu$^{53}$pʰi$^{13}_{21}$man$^{13}$ciau$^{35}$ke$^{53}$.

【树筒】ʂəu$^{53}$tʰəŋ$^{13}$ [名]树木砍伐后锯成段的树干：树干锯成一筒一筒做用，箇个就安做～。树个完身呐锯成一筒一筒，箇就安做～。松树筒杉树筒，系啊？箇个就～。～就可以做材料用啊。ʂəu$^{53}$kɔn$^{53}$cie$^{53}$ʂaŋ$^{13}_{44}$iet$^{3}$tʰəŋ$^{13}$iet$^{3}$tʰəŋ$^{13}$tso$^{53}$iəŋ$^{53}$,kai$^{53}_{44}$ke$^{53}_{44}$tsʰiəu$^{53}_{44}$ɔn$^{35}_{44}$tso$^{53}_{44}$ʂəu$^{53}$tʰəŋ$^{13}$.ʂəu$^{53}$ke$^{53}_{44}$uɔn$^{13}$ʂən$^{35}_{44}$ na$^{0}$cie$^{53}$ʂaŋ$^{13}_{21}$iet$^{3}$tʰəŋ$^{13}_{21}$iet$^{3}$tʰəŋ$^{13}$,kai$^{53}_{44}$tsʰiəu$^{53}_{44}$ɔn$^{35}_{44}$tso$^{53}_{44}$ʂəu$^{53}$tʰəŋ$^{13}$.tsʰəŋ$^{13}$ʂəu$^{53}$tʰəŋ$^{13}$sa$^{35}$ʂəu$^{53}$tʰəŋ$^{13}$,xei$^{53}_{44}$a$^{0}$?kai$^{53}_{44}$ ke$^{53}_{44}$tsʰiəu$^{53}_{44}$ʂəu$^{53}$tʰəŋ$^{13}_{21}$.ʂəu$^{53}$tʰəŋ$^{13}$tsʰiəu$^{53}$kʰo$^{21}$i$^{35}_{44}$tso$^{53}$tsʰɔi$^{13}_{21}$liau$^{53}_{44}$iəŋ$^{53}$ŋa$^{0}$.

【树碗子】ʂəu$^{53}$uɔn$^{21}$tsɿ$^{0}$ [名]木制的碗：～唠。一般用细人子用啊，系呀？箇个比箇瓷碗都还更贵呀。ʂəu$^{53}$uɔn$^{21}$tsɿ$^{0}$lau$^{0}$.iet$^{3}$pɔn$^{35}$iəŋ$^{53}_{44}$sei$^{53}$ɲin$^{13}_{21}$tsɿ$^{0}$iəŋ$^{53}$ŋa$^{0}$,xei$^{53}_{44}$ia$^{0}$?kai$^{53}$ke$^{53}_{44}$pi$^{21}$kai$^{53}$tsʰɿ$^{13}$uɔn$^{21}$təu$^{35}_{53}$xai$^{13}_{21}$ cien$^{53}_{44}$kuei$^{53}$ia$^{0}$.

【树尾巴】ʂəu$^{53}$mi$^{35}$pa$^{35}$ [名]树梢：我等人欸箇个嘞我等人箇老家咯嗯箇个经常箇以前呐长日会落大雪，又会打凌，一落大雪一打凌呢，箇起岭上个箇个松树尾巴啊，欸，松树哇咁个欸咁个么个杉树哇，箇～就会砣下来，砣下来就一打凌呢，欸，箇树就死嘿欸～就断嘿哩。年年都只爱去捡箇个松树尾巴烧凑。欸，挎懵，又唔爱斫。ŋai$^{13}$tien$^{0}$in$^{13}_{44}$ei$^{0}$kai$^{53}$ke$^{53}$lei$^{0}$ŋai$^{13}$tien$^{0}$in$^{13}_{44}$ kai$^{53}$lau$^{21}$cia$^{35}_{44}$ko$^{0}$n̩$_{21}$kai$^{53}$kei$^{53}_{44}$cin$^{35}$tʂʰɔŋ$^{13}_{21}$kai$^{53}_{44}$i$^{35}$tsʰien$^{13}$na$^{0}$tʂʰɔŋ$^{13}$ɲiet$^{3}$uɔi$^{53}_{44}$lɔk$^{5}$tʰai$^{53}$siet$^{3}$,iəu$^{53}_{44}$uɔi$^{53}_{44}$ta$^{21}$ lin$^{53}$,iet$^{3}$lɔk$^{5}$tʰai$^{53}$set$^{3}$iet$^{3}$ta$^{21}$lin$^{53}$ne$^{0}$,kai$^{53}_{44}$çi$^{21}_{44}$liaŋ$^{35}$xɔŋ$^{53}_{44}$cie$^{53}_{44}$kai$^{53}_{44}$ke$^{53}_{44}$tsʰəŋ$^{13}$ʂəu$^{53}$mi$^{35}$pa$^{35}$a$^{0}$,e$_{21}$,tsʰəŋ$^{13}$ʂəu$^{53}$ua$^{0}$ kan$^{21}$ke$^{53}$e$_{21}$kan$^{21}$ke$^{53}$mak$^{3}$ke$^{53}$sa$^{35}$ʂəu$^{53}$ua$^{0}$,kai$^{53}_{44}$ʂəu$^{53}_{44}$mi$^{35}_{44}$pa$^{35}$tsʰiəu$^{53}$uɔi$^{53}$tʰo$^{13}$xa$^{53}$lɔi$^{13}_{44}$,tʰo$^{13}$xa$^{53}$lɔi$^{13}_{44}$tsʰiəu$^{53}$iet$^{3}$ ta$^{21}$lin$^{53}$ne$^{0}$,e$_{44}$,kai$^{53}_{44}$ʂəu$^{53}$tsʰiəu$^{53}_{44}$si$^{21}$(x)ek$^{3}$e$^{0}$ʂəu$^{53}$mi$^{35}_{44}$pa$^{35}_{44}$tsʰiəu$^{53}_{44}$tʰɔn$^{35}$nek$^{3}$li$^{0}$. ɲien$^{13}$ɲien$^{13}_{44}$təu$^{35}_{53}$tʂɿ$^{21}$ɔi$^{53}$çi$^{53}$ cian$^{21}$kai$^{53}$ke$^{53}$tsʰəŋ$^{13}$ʂəu$^{53}$mi$^{35}_{44}$pa$^{35}_{44}$ʂau$^{35}_{44}$tsʰe$^{0}$.e$_{21}$,kʰua$^{53}$tsau$^{35}_{44}$,iəu$^{53}_{44}$m̩$^{13}_{21}$mɔi$^{53}$tʂɔk$^{3}$.

【树桠】ʂəu$^{53}$a$^{35}$ [名]树杈：杈柴就系～，竹桠。tsʰa$^{53}$tsʰai$^{13}_{21}$tsʰiəu$^{53}$xe$^{53}$ʂəu$^{53}$a$^{35}$,tʂəuk$^{3}$a$^{35}$.

【树秧】ʂəu$^{53}$iɔŋ$^{35}$ [名]树苗。也称“树秧子”：～有两只栏场有，一只就岭上有野生个，第二只嘞就有兜人去发～子。ʂəu$^{53}$iɔŋ$^{35}$iəu$^{35}$iɔŋ$^{21}$tʂak$^{3}$laŋ$^{13}_{21}$tʂʰɔŋ$^{13}_{21}$iəu$^{35}_{44}$,iet$^{3}$tʂak$^{3}$tsʰiəu$^{53}$liaŋ$^{35}$xɔŋ$^{53}_{44}$iəu$^{35}$ia$^{35}$saŋ$^{35}_{44}$ ke$^{0}$,tʰi$^{53}$ɲi$^{53}$tʂak$^{3}$lei$^{0}$tsʰiəu$^{53}_{44}$iəu$^{35}$te$^{35}_{44}$ɲin$^{13}_{21}$çi$^{53}_{44}$fait$^{5}$ʂəu$^{53}$iɔŋ$^{35}$tsɿ$^{0}$.

【树杨柳】ʂəu$^{53}$iɔŋ$^{13}$liɔu$^{35}$ [动]倒立：蛮多细人子就喜欢搞～，我箇阵子会，以下是几十年也唔敢哩。man$^{13}$to$^{35}_{44}$sei$^{53}$ɲin$^{13}_{21}$tsɿ$^{0}$tsʰiəu$^{53}_{44}$çi$^{21}$fɔn$^{35}_{44}$kau$^{21}$ʂəu$^{53}$iɔŋ$^{13}_{21}$liəu$^{35}_{44}$,ŋai$^{13}$kai$^{53}$tʂʰən$^{53}_{44}$tsɿ$^{0}$uɔi$^{53}$,i$^{21}$xa$^{53}$ʂɿ$^{53}_{21}$ci$^{21}$ʂət$^{5}$ ɲien$^{13}$a$^{35}_{53}$n̩$^{13}_{21}$kan$^{21}$ni$^{0}$.

【树叶】ʂəu$^{53}$iait$^{5}$ [名]树木的叶子：欸，如今箇个城市里个欸箇街道上个行道树哇，欸呀，又爱～嘞，又～又蛮讨嫌，系唔系？扫地个人喊舍，天天有～，～天天有扫。e$_{21}$,i$^{13}_{21}$cin$^{35}_{53}$kai$^{53}_{44}$kei$^{53}_{44}$ tʂʰən$^{13}$ʂɿ$^{53}$li$^{21}$kei$^{53}$e$^{0}$kai$^{53}_{44}$kai$^{35}$tʰau$^{53}_{44}$xɔŋ$^{53}_{44}$kei$^{53}_{44}$çin$^{13}$tʰau$^{53}_{44}$ʂəu$^{53}$ua$^{0}$,ei$_{53}$ia$_{21}$,iəu$^{53}$ɔi$^{53}$ʂəu$^{53}$iait$^{5}$lei$^{0}$,iəu$^{53}$ʂəu$^{53}$iait$^{5}$ iəu$^{53}$man$^{13}$tʰau$^{21}$çian$^{13}$,xei$^{53}$me$^{53}$?sau$^{53}$tʰi$^{53}$ke$^{53}$ɲin$^{13}_{44}$xan$^{53}$ʂa$^{21}$,tʰien$^{35}$tʰien$^{35}_{44}$iəu$^{35}_{53}$ʂəu$^{53}$iait$^{5}$,ʂəu$^{53}$iait$^{5}$tʰien$^{35}$ tʰien$^{35}_{44}$iəu$^{35}_{44}$sau$^{53}$.

【树椅】ʂəu$^{53}$i$^{21}$ [名]用木材做成的椅子。也称“树椅子”：～子就系树……细松树子拐个椅子。你等箇边也有吧？也有咁个，系啊？我等以映家家户户都有箇个～子。硬家家户户都有，冇哪家冇得个。ʂəu$^{53}$i$^{21}$tsɿ$^{0}$tsʰiəu$^{53}_{44}$xe$^{53}_{44}$ʂəu$^{53}$…se$^{53}$tsʰəŋ$^{13}$ʂəu$^{53}$tsɿ$^{0}$uət$^{3}$cie$^{53}$i$^{21}$tsɿ$^{0}$. ɲi$^{13}_{21}$tien$^{0}$kai$^{53}_{44}$pien$^{35}_{44}$ia$^{35}_{44}$iəu$^{35}_{44}$ pa$^{0}$?ia$^{35}$iəu$^{35}_{44}$kan$^{21}_{44}$cie$^{53}_{44}$,xei$^{53}_{44}$a$^{0}$?ŋai$^{13}$tien$^{0}$i$^{21}$iaŋ$^{53}_{44}$ka$^{35}$ka$^{35}_{44}$fu$^{53}_{44}$fu$^{53}_{44}$təu$^{35}_{44}$iəu$^{35}$kai$^{53}_{44}$ke$^{53}_{44}$ʂəu$^{53}$i$^{21}$tsɿ$^{0}$. ɲiaŋ$^{53}$ka$^{35}$ka$^{35}_{44}$fu$^{53}$ fu$^{53}_{44}$təu$^{35}_{44}$iəu$^{35}_{53}$,mau$^{13}$lai$^{53}_{44}$ka$^{35}_{53}$mau$^{13}_{21}$tek$^{3}$ke$^{0}$.｜欸箇个农村里人呢家家户户都有～，有～子。竹椅子搞么个更唔时兴呢？竹椅子冬下头坐倒冰冷，又更冇咁经，所以～子蛮时兴，有兜人家厅子里渠放得两十张～子。我等箇阵子也有喔，也有十几张嘞。e$_{21}$kai$^{53}$ke$^{53}_{44}$ləŋ$^{13}$tsʰən$^{35}_{44}$li$^{0}$ɲin$^{13}$nei$^{0}$ka$^{35}$ ka$^{35}_{44}$fu$^{53}_{44}$fu$^{53}_{44}$təu$^{35}_{44}$iəu$^{35}_{44}$ʂəu$^{53}$i$^{21}$,iəu$^{35}$ʂəu$^{53}$i$^{21}$tsɿ$^{0}$.tʂəuk$^{3}$i$^{21}$tsɿ$^{0}$kau$^{21}$mak$^{3}$ke$^{53}$cien$^{53}$n̩$^{13}$ʂɿ$^{13}$çin$^{35}$nei$^{0}$?tʂəuk$^{3}$i$^{21}$tsɿ$^{0}$ təŋ$^{35}_{44}$xa$^{53}_{44}$tʰei$^{13}_{21}$tsʰo$^{35}$tau$^{21}$pin$^{35}$laŋ$^{35}$,iəu$^{53}$cien$^{53}$mau$^{13}_{21}$kan$^{21}$cin$^{35}$,so$^{21}$i$^{35}_{44}$ʂəu$^{53}$i$^{21}$tsɿ$^{0}$man$^{13}_{21}$ʂɿ$^{13}_{21}$çin$^{35}_{44}$,iəu$^{35}$tei$^{35}_{53}$ɲin$^{13}_{21}$ka$^{35}_{44}$

tʰaŋ35tsɿ0 li21ci13-21fəŋ53tek3 iəŋ21ʂət5 tʂəŋ35ʂəu53i21tsɿ0.ŋai13tien0 kai53tʂʰən53tsɿ0 ia35iəu35-44uo0,ia35iəu35-44ʂət5 ci21tʂəŋ35 le0.

【树子】ʂəu53tsɿ0 名树：用～做只方框框。iəŋ53-44ʂəu53tsɿ0 tso53tʂak3 fəŋ35kʰəŋ35kʰəŋ35.

【竖】ʂəu53 动直立：渠是就是～起来，钉起来。cʰi13-21ʂɿ13-44tsʰiəu53-44ʂɿ53-44ʂəu53çi21ləi13,taŋ35çi21ləi13.

【竖门楼】ʂəu53mən13lei13 拱腿仰睡：欸，冷天睡目啊，你莫哇你就莫一个人～呀。你一个人去下～，别人家让门睡嘞？欸，冷人呢。系唔系？分被窝拱得唔知几高哇，箇唔系冷人？ei21,laŋ35tʰien35-44ʂoi53muk3 a0, ɲi13mɔk5 ua0 ɲi13tsʰiəu53-44mɔk5 iet3 cie53ɲin13-21ʂəu53mən13lei13ia0. ɲi13iet3 ke53ɲin13-44çi53 xa53ʂəu53mən13lei13-44,pʰiet5 in13-21ka35-44ɲiɔŋ53-44mən13-44ʂoi53le0 ?e21,laŋ35ɲin13ne0 .xei53-44me53-44?pən35pʰi35-44pʰo35-44kəŋ21tek3 n̩13 ti35-53ci21kau35-44ua0,kai53-44m̩13-44pʰei53-21laŋ35ɲin13-21?

【数2】sɿ53 助放在两个相同的百及以上的单位数词之间，表示数量达到甚至超过，蕴含数量多的意思，相当于“上……”：万～个 uan53sɿ53ke53｜一夜晡搞得千～千块钱呢！iet3 ia53pu35-44 kau21tek3 tsʰien35sɿ53tsʰien35kʰuai21tsʰien13ne0！｜箇阵子牛唔贵呀，箇阵子还牛系四五千块钱呐，如今是万～万块钱了。kai53tʂʰən53tsɿ0 ɲiəu13n̩13kuei53ia0,kai53tʂʰən53tsɿ0 xai13-21ɲiəu13xe53-44si53ŋ̍21tsʰien35-44kʰuai53 tsʰien13-21na0,i13-21cin35-44ʂɿ53-44uan53sɿ53-44uan53kʰuai53tsʰien13-21niau0.

【数3】sɿ53/səu53/su53/ʂəu53 ①加在某些量词性成分后构成表以量词为单位计量的数量、数目：兰花十分种～多。lan13fa35-44ʂət5 fən35tʂəŋ21sɿ53to35.｜以个东西指香蕉就欸都系引进来都年～唔多。i21 ke53-44təŋ35-44si0 tsiəu53-44e0 təu35xe53in21tsin53ləi13-21təu35-44ɲien13səu53n̩13-21to35-44.｜草秆子嘞箇就论条～卖。tsʰau21kən21 tsɿ0 lei0 kai53-44tsʰiəu53-44lən53tʰiau53su53-44mai53.｜掌酒就比较熬，度～比较高。tsʰaŋ53tsiəu21tsʰiəu53pi21ciau53 sait3,tʰəu53səu53pi21ciau53kau35. ②加在某些名词性成分后面，构成表示名词性成分所指事物的数量的名词：人～又少少子。ɲin13ʂəu53-44iəu53ʂau21ʂau21tsɿ0.｜箇字～有规定。kai53-44tsʰɿ53səu53iəu35kuei35-44 tʰin53.

【数字】su53tsʰɿ53 名表示数目的文字或符号，也指数目：三个人出数唔系同～凑。san35ke53in13-44 tʂʰət3 səu53m̩13-21pʰe53tʰəŋ13-21su53-44tsʰɿ53-44tsʰe44.

【刷1】soit3 名刷子，将刚毛、棕丝等栽于背上、柄上或滚子上而制成的由人工或机械操纵的工具或设备，用作扫、刷、油漆或粉刷以及磨光：还有～呀渠指棕匠都做了就。xai13iəu35-44soit3 ia0 ci13-21təu35-44tso53le0 tsəu53-44.

【刷2】soit3 动涂抹，刷抹：白水泥一般就～下子壁头嘞。pʰak5 ʂei21lai13iet3 pon35tsʰiəu53-44soit3 a53 tsɿ0 piak3 tʰei13lei0.｜～牙就早夜爱～牙齿。soit3 ŋa13tsʰiəu53-44tsau21ia53oi53soit3 ŋa13tʂʰɿ21.

【刷扉】soit3 fei35 动平盘后在扉墙上往上砌出三角形：但是以两扇墙，因为有桁子，桁子担来，桁子，箇顶高盖瓦个椽皮是顶高高底下低，系唔系？过嗯间有只坡度。所以箇……箇映子就承承承一只咁个以只砌以只东西，砌以只箇三角形，安做～。安做～。你箇只屋刷哩扉了么？系唔系？问别人家：你箇只屋刷哩扉了吗？tan53-44ʂɿ53-44i21iəŋ21ʂen53tsʰiəŋ13,in35-44uei53-44iəu35-44xaŋ13tsɿ0,xaŋ13 tsɿ0 tan35-44ləi13,xaŋ13tsɿ0,kai53-44taŋ21kau35-44koi53ŋa21ke53ʂon13pʰi13-44ʂɿ53-44taŋ21kau35-44kau35-44te21xa53-44te35,xe53-44me53-44?ko53-44n̩13-21kan35 iəu35tʂak3 pʰo35tʰəu53-44.so21i35kai35i…kai53-44iaŋ53tsɿ0 tsiəu53ʂən13-21ʂən13-21tʂʰən13-44iet3 tʂak3 kan21ke53i21tʂak3 tsʰi53i21tʂak3 təŋ35-44si0,tsʰi53i21tʂak3 kai53-44san35-44kɔk5-3 çin13-21,ən35-44tso53-44soit3 fei35.ən35tso53soit3 fei35. ɲi13kai53tʂak3 uk3 soit3 li0 fei35 liau0 mo0 ?xei53me53-44?uən53pʰiet5 in13-44ka35-44:ɲi13kai53tʂak3 uk3 soit3 li0 fei35liau0 ma0 ?



【耍】sa21 动舞弄，表演：～霸王鞭 sa21pa53uəŋ13-21pien35｜～猴把戏 sa21xei13pa21çi53｜出花灯呐。话呀～花灯呐。tʂʰət3 fa35tien35-44na0 .ua53-44ia0 sa21fa35ten35-44na0.

【耍把戏】sa21pa21çi53 表演杂技、魔术、马戏等技艺：我记得箇个～个嘞，欸，拿张刀哇对倒箇颈筋下箇映子舞倒去□嘞，箇刀都弯个，舞得我吓尽哩命。ŋai13ci53tek3 kai53ke53sa21pa21çi53ke53 lei0 ,e21,la53tʂəŋ35tau35ua0 ti53tau21kai53-44ciaŋ21cin35-44xa35kai53iaŋ53tsɿ0 u21tau21çi53-44tsio35lei0 ,kai53-44tau35təu35-53uan35 ciei53,u21(t)ek3 ŋai13xak3 tsʰin53-44ni0 miaŋ53.

【耍本子】sa21pən21tsɿ0 名玩具，又称“搞本子”：（搞本子）落尾又讲～。lɔk5-3 mi35iəu53kəŋ21sa21 pən21tsɿ0.

【耍棍】sa21kuən53 表演棍术：～就系打棍，拿条棍去下表演。还有对打个，还有两个人对打个。欸箇条棍就蛮扎实啦，蛮重啊，咁大，咁大一条，有箇个啊有两米长啊。打起嘿嘿攒呐，嘿嘿嘿，以咁子嘞。边打就边吼叫啦，欸底下个人就喝彩呀。嗯，鼓掌啊，打个打爆竹哇。箇个同时也还有锣鼓啦，锣鼓助阵呐，锣鼓系打得紧张个时候子就箇锣鼓就要箇节奏都更快呀。sa$^{21}$kuən$^{53}$tsʰiəu$^{53}$xei$^{53}$ta$^{21}$kuən$^{53}$,la$^{53}_{44}$tʰiau$^{13}_{21}$kuən$^{53}$çi$^{53}$xa$^{53}$piau$^{21}$ien$^{21}$.xai$^{13}_{21}$iəu$^{35}_{44}$ti$^{53}$ta$^{21}$ke$^{53}$,xai$^{13}_{21}$iəu$^{35}_{53}$iəŋ$^{21}$ke$^{53}$in$^{13}_{44}$ti$^{53}$ta$^{21}$ke$^{53}$.e$^{0}$kai$^{53}_{44}$tʰiau$^{13}_{21}$kuən$^{53}$tsʰiəu$^{53}$man$^{13}_{21}$tsait$^{3}$ʂət$^{5}$la$^{0}$,man$^{13}$tʂʰəŋ$^{35}$ŋa$^{0}$,kan$^{21}$tʰai$^{53}$,kan$^{53}$tʰai$^{53}$iet$^{3}$tʰiau$^{13}_{44}$,iəu$^{35}_{44}$kai$^{53}_{44}$ke$^{53}_{44}$a$^{0}$iəu$^{35}_{44}$iəŋ$^{21}$mi$^{21}$tʂʰəŋ$^{13}_{21}$ŋa$^{0}$.ta$^{21}$çi$^{21}_{44}$xei$^{53}$xei$^{53}$tsan$^{21}$na$^{0}$,xei$_{53}$xei$_{53}$xei$_{53}$,i$^{21}$kan$^{21}$tsʅ$^{0}$le$^{0}$.pien$^{35}$ta$^{21}$tsiəu$^{35}_{44}$pien$^{35}$xəu$^{21}$ciau$^{53}$la$^{0}$,e$^{0}$tei$^{21}$xa$^{53}$ke$^{53}$ɲin$^{13}_{21}$tsiəu$^{35}_{44}$xoit$^{5}$tsʰai$^{21}$ia$^{0}$.n̩$_{21}$,ku$^{21}$tʂəŋ$^{21}$ŋa$^{0}$,ta$^{21}$ke$^{53}_{44}$ta$^{21}$pau$^{53}$tʂəuk$^{3}$ua$^{0}$.kai$^{53}$kei$^{53}_{44}$tʰəŋ$^{13}_{21}$ʂʅ$^{13}_{21}$ia$^{35}_{53}$xai$^{13}_{21}$iəu$^{35}_{53}$lo$^{13}$ku$^{21}$la$^{0}$,lo$^{13}$ku$^{21}$tsʰəu$^{53}$tʂʰən$^{13}$na$^{0}$,lo$^{13}$ku$^{21}$(x)e$^{53}_{44}$ta$^{21}$tek$^{3}$cin$^{21}$tʂəŋ$^{35}_{44}$ke$^{53}$ʂʅ$^{13}_{44}$xei$^{53}_{44}$tsʅ$^{0}$tsiəu$^{53}_{44}$kai$^{53}_{44}$lo$^{13}$ku$^{21}$tsiəu$^{53}$iau$^{53}_{44}$kai$^{53}_{44}$tset$^{3}$tsei$^{53}_{44}$təu$^{35}_{44}$cien$^{53}_{44}$kʰuai$^{53}$ia$^{0}$.

【衰】sɔi$^{35}$ 形 背时，倒霉：但是又会话别人家真～。唔讲衰鬼。tan$^{53}$ʂʅ$^{53}$iəu$^{53}_{44}$uɔi$^{53}$ua$^{53}_{44}$pʰiet$^{5}$in$^{13}_{44}$ka$^{35}_{44}$tʂən$^{35}$sɔi$^{35}$.ŋ̍$^{13}_{21}$kɔŋ$^{21}$sɔi$^{35}$kuei$^{21}$.

【甩】ʂai$^{21}$ 动 眨：（以前我们那老家有个人呢）箇眼珠即即哩～，即即即即哩～。比我都还更大，比我大两十岁。即即哩～，即即哩～凑。他咁样去看。kai$^{53}_{44}$ŋan$^{21}$tʂəu$^{35}$tset$^{5}$tset$^{5}$li$^{0}$ʂai$^{21}$, tset$^{5}$tset$^{5}_{3}$tset$^{5}$tset$^{5}_{3}$li$^{0}$ʂai$^{21}_{53}$.pi$^{21}$ŋai$^{13}_{21}$təu$^{35}_{53}$xai$^{13}_{21}$ken$^{53}_{44}$tʰai$^{53}$,pi$^{21}$ŋai$^{13}$tʰai$^{53}$liɔŋ$^{21}$ʂət$^{5}$sɔi$^{53}$.tset$^{5}$tset$^{5}$li$^{0}$ʂai$^{21}$, tset$^{5}$tset$^{5}$li$^{0}$ʂai$^{21}$tsʰe$^{0}$.tʰa$^{35}_{44}$kan$^{21}$iɔŋ$^{53}_{44}$çi$^{53}$kʰɔn$^{53}$.

【闩$_{1}$】tsʰɔn$^{35}$ 名 门上的横插：以映子就舞只～闩下稳。i$^{21}$iaŋ$^{53}$tsʅ$^{0}$tsʰiəu$^{53}$u$^{21}$tʂak$^{3}$tsʰɔn$^{35}$tsʰɔn$^{35}$na$^{53}$(←xa$^{53}$)uən$^{21}$.

【闩$_{2}$】tsʰɔn$^{35}$ 动 插上门闩：以映子就舞只闩～下稳。i$^{21}$iaŋ$^{53}$tsʅ$^{0}$tsʰiəu$^{53}$u$^{21}$tʂak$^{3}$tsʰɔn$^{35}$tsʰɔn$^{35}$na$^{53}$(←xa$^{53}$)uən$^{21}$.｜怕咁子～倒还唔好。pʰa$^{53}$kan$^{21}$tsʅ$^{0}$tsʰɔn$^{35}$tau$^{21}$xai$^{13}$n̩$^{13}$xau$^{21}$.

【闩子】tsʰɔn$^{35}$tsʅ$^{0}$ 名 ①门上的横插：渠肚里又还有～啊，又还有榫子啊。ci$^{13}_{21}$təu$^{21}$li$^{0}$iəu$^{53}_{44}$xai$^{13}_{21}$iəu$^{35}_{44}$tsʰɔn$^{35}$tsʅ$^{0}$a$^{0}$,iəu$^{53}_{44}$xai$^{13}_{21}$iəu$^{35}_{44}$sien$^{21}$tsʅ$^{0}$a$^{0}$. ②风车上调节风刀角度的三角形木质部件：风车上有只～，爱大滴子嘞就～箇映子扳过兜子去，就放大兜子，爱细兜子嘞捶转下子来，就放细兜子。fɔŋ$^{35}$tʂʰa$^{35}_{44}$xɔŋ$^{53}$iəu$^{35}$tʂak$^{3}$tsʰɔn$^{35}$tsʅ$^{0}$,ɔi$^{53}$tʰai$^{53}$tiet$^{5}$tsʅ$^{0}$lei$^{0}$tsʰiəu$^{53}_{44}$tsʰɔn$^{35}$tsʅ$^{0}$kai$^{53}_{44}$iaŋ$^{53}_{44}$tsʅ$^{0}$pan$^{35}$ko$^{53}$te$^{35}_{53}$tsʅ$^{0}$çi$^{53}$,tsʰiəu$^{53}_{44}$fɔŋ$^{53}_{44}$tʰai$^{53}$te$^{35}_{53}$tsʅ$^{0}$,ɔi$^{53}_{44}$se$^{53}$te$^{35}_{53}$tsʅ$^{0}$le$^{0}$tsʰəŋ$^{21}$tʂuon$^{21}$na$^{53}$tsʅ$^{0}$lɔi$^{13}_{21}$,tsʰiəu$^{53}_{21}$fɔŋ$^{53}$se$^{53}$te$^{35}_{53}$tsʅ$^{0}$.

【涮口】san$^{53}$cʰiəu$^{21}$/kʰei$^{21}$ 动 漱口：早晨跣来涮下子口呀。夜晡也爱～，欸，也爱涮下子口。tsau$^{21}$ʂən$^{13}_{44}$xɔŋ$^{53}$lɔi$^{13}_{21}$san$^{53}$(x)a$^{53}_{44}$tsʅ$^{0}$kʰei$^{21}$ia$^{0}$.ia$^{53}$pu$^{35}_{44}$ia$^{35}_{44}$ɔi$^{53}_{44}$san$^{53}$kʰei$^{21}$,e$_{21}$,ia$^{35}$ɔi$^{53}$san$^{53}$na$^{53}_{44}$tsʅ$^{0}$kʰei$^{21}$.｜食哩饭都爱涮下子口。ʂət$^{5}$li$^{0}$fan$^{53}$təu$^{35}_{44}$ɔi$^{53}_{44}$san$^{53}$na$^{53}_{44}$tsʅ$^{0}$kʰei$^{21}$.

【双$_{1}$】sɔŋ$^{35}$/səŋ$^{35}$ 形 属性词。跟“单”相对。①两个：箇只是要～手拿，大锤子。kai$^{53}$tʂak$^{3}$ʂʅ$^{53}_{44}$iau$^{53}_{44}$səŋ$^{35}$ʂəu$^{21}$la$^{53}$,tʰai$^{53}$tʂʰei$^{13}$tsʅ$^{0}$.｜欸，有滴情况下嘞，有滴人家打只～镬个，打～镬。ei$_{35}$,iəu$^{35}$tiet$^{5}$tsʰin$^{13}$kʰɔŋ$^{53}_{44}$çia$^{53}$lei$^{0}$,iəu$^{35}$tet$^{5}$ɲin$^{13}_{21}$ka$^{35}$ta$^{21}$tʂak$^{3}$sɔŋ$^{35}$uɔk$^{5}$ke$^{53}$,ta$^{21}$sɔŋ$^{35}$uɔk$^{5}$. ②偶数：男～女单，嘸，男子人就系应二七，四七，六七。女……妹子人就单，逢单，三七，四……五七，死个夫娘子就成单。lan$^{13}_{21}$sɔŋ$^{35}_{44}$ɲy$^{21}$tan$^{35}$,m̩$_{21}$,lan$^{13}$tsʅ$^{0}$ɲin$^{13}$tsʰiəu$^{53}$xe$^{53}_{44}$in$^{53}$ɲi$^{53}$tsʰiet$^{3}$,si$^{53}$tsʰiet$^{3}$,liəuk$^{3}$tsʰiet$^{3}$. ɲy$^{21}$…mɔi$^{53}$tsʅ$^{0}$ɲin$^{13}_{21}$tsʰiəu$^{53}_{44}$tan$^{35}$,fəŋ$^{13}_{21}$tan$^{35}$,san$^{35}$tsʰiet$^{3}$,si$^{53}$…ŋ̍$^{21}$tsʰiet$^{3}$,si$^{21}$ke$^{53}_{44}$pu$^{35}$ɲiɔŋ$^{13}_{21}$tsʅ$^{0}$tsiəu$^{53}_{44}$tʂʰən$^{13}$tan$^{35}$. ③两层的：（背褡）有得～个。mau$^{13}_{21}$tek$^{3}$sɔŋ$^{35}$ke$^{53}_{21}$.

【双$_{2}$】sɔŋ$^{35}$ 量 用于成对的东西：一～手 iet$^{3}$sɔŋ$^{35}$ʂəu$^{21}$｜一～筷子 iet$^{3}$sɔŋ$^{35}_{44}$kʰuai$^{53}$tsʅ$^{0}$｜箇～鞋就蛮扎滑呢！kai$^{53}_{44}$sɔŋ$^{35}_{44}$xai$^{13}_{21}$tsʰiəu$^{53}_{44}$man$^{13}_{21}$tsait$^{3}$uait$^{5}$nei$^{0}$!｜渠其实渠都一～糜烂个袜子。ci$^{13}$cʰi$^{13}$ʂət$^{5}$ci$^{13}$təu$^{35}_{44}$iet$^{3}$sɔŋ$^{35}_{44}$mei$^{35}$lan$^{53}$ke$^{53}$mait$^{3}$tsʅ$^{0}$.

【双抱耳】sɔŋ$^{35}$pʰau$^{53}$ɲi$^{21}$ 名 双耳刀儿，汉字偏旁“阝”：～就陈字就～啦。嗯，～个字，生产队个队字啦。阶级个阶字。sɔŋ$^{35}$pʰau$^{53}$ɲi$^{21}$tsʰiəu$^{53}_{44}$tʂʰən$^{13}$tsʰʅ$^{53}$tsʰiəu$^{53}$sɔŋ$^{35}_{44}$pʰau$^{53}$ɲi$^{21}$la$^{0}$.n̩$_{21}$,sɔŋ$^{35}$pʰau$^{53}$ɲi$^{21}$ke$^{53}$tsʰʅ$^{53}_{44}$,sen$^{35}_{44}$tsʰan$^{21}$ti$^{53}$ke$^{53}_{44}$ti$^{53}$tsʰʅ$^{53}_{21}$la$^{0}$.kai$^{35}$ciet$^{3}$ke$^{53}_{21}$kai$^{35}$tsʰʅ$^{53}_{44}$.

【双耳旁】sɔŋ$^{35}$ɲi$^{21}$pʰɔŋ$^{13}$ 名 指汉字偏旁“阝”：姓郑个郑字啦，姓邓个邓字啦，箇就～去右边呐。～去左边个就欸就系箇个阶级个阶字箇兜呢。siaŋ$^{53}$tʂʰaŋ$^{53}$ke$^{53}_{44}$tʂʰaŋ$^{53}$tsʰʅ$^{53}_{21}$la$^{0}$,siaŋ$^{53}$tʰien$^{53}$ke$^{53}_{21}$tʰien$^{53}$tsʰʅ$^{53}_{21}$la$^{0}$,kai$^{53}_{44}$tsiəu$^{53}_{44}$sɔŋ$^{35}$ɲi$^{21}$pʰɔŋ$^{13}$çi$^{53}$iəu$^{53}$pien$^{35}_{44}$na$^{0}$.sɔŋ$^{35}$ɲi$^{21}$pʰɔŋ$^{13}_{21}$çi$^{53}$tso$^{21}$pien$^{35}_{44}$ke$^{53}$tsʰiəu$^{53}_{44}$e$^{0}$tsiəu$^{53}_{44}$xei$^{53}_{44}$kai$^{53}_{44}$ke$^{53}_{44}$kai$^{35}$ciet$^{3}$ke$^{53}_{21}$kai$^{35}$tsʰʅ$^{53}_{44}$kai$^{53}_{44}$tei$^{53}_{44}$ne$^{0}$.

【双方】sɔŋ$^{35}$fɔŋ$^{35}$ 名 在某一事件上相对的两个人或集体：～都爱大人从场。sɔŋ$^{35}$fɔŋ$^{35}_{44}$təu$^{35}_{44}$ɔi$^{53}_{44}$tʰai$^{53}$ɲin$^{13}_{21}$tsʰəŋ$^{13}$tʂʰɔŋ$^{13}$.｜但是箇就～就箇箇个做介绍个人，做媒人呢，渠就讲正来，还系到男家头达嫁场，还系到女家头欸过定。tan$^{53}_{44}$ʂʅ$^{53}_{44}$kai$^{53}_{44}$tsʰiəu$^{53}_{44}$sɔŋ$^{35}_{44}$fɔŋ$^{35}_{44}$tsʰiəu$^{53}_{44}$kai$^{53}_{44}$kai$^{53}_{44}$ke$^{53}_{44}$tso$^{53}$kai$^{53}$ʂau$^{53}$ke$^{53}_{44}$ɲin$^{13}$,tso$^{53}$mɔi$^{13}$ɲin$^{13}$nei$^{0}$,ci$^{13}_{21}$tsʰiəu$^{53}$kɔŋ$^{21}$tʂaŋ$^{53}$lɔi$^{13}_{21}$,xai$^{13}$xe$^{53}_{44}$tau$^{53}$lan$^{13}$ka$^{35}_{44}$tʰei$^{13}_{21}$tʰait$^{5}$ka$^{53}$tʂʰɔŋ$^{13}$,xai$^{13}$xe$^{53}_{44}$tau$^{53}$ɲi$^{21}$ka$^{35}_{44}$tʰei$^{13}_{21}$e$_{21}$ko$^{53}_{44}$tʰin$^{53}$.

【双合门】sɔŋ$^{35}$xoit$^{5}$mɔn$^{13}$ 名 有两块门板的门：有两块门板。一般个大滴子阔滴子个门都两块门板。安做～。～呐，一双啊。～。讲准确滴子。～。喂本来是要话 xait$^{5}$ 呢。～呢。客家人

S

话。合拢去呀。东西合拢。～。讲标准滴子个硬要～。就系就系～呢。嗯，现在就话了如今个客姓变嘿哩唠。iəu$^{35}$iɔŋ$^{21}$kʰuai$^{53}$mən$^{13}$pan$^{21}$.iet$^{3}$pən$^{35}$ke$^{53}_{44}$tʰai$^{53}$tiet$^{5}_{3}$tsɿ$^{0}$kʰɔit$^{3}$tiet$^{5}$tsɿ$^{0}$ke$^{53}$mən$^{13}$təu$^{35}$iɔŋ$^{21}$kʰuai$^{53}$mən$^{13}$pan$^{21}$.ən$^{35}_{44}$tso$^{53}_{44}$səŋ$^{35}$xɔit$^{5}$mən$^{13}_{21}$.səŋ$^{35}$xɔit$^{5}$mən$^{13}_{21}$na$^{0}$,iet$^{3}$səŋ$^{35}$ŋa$^{0}$.səŋ$^{35}$xɔit$^{5}$mən$^{13}_{21}$.kɔŋ$^{21}$tʂəŋ$^{21}$kʰɔk$^{3}$tiet$^{5}$tsɿ$^{0}$.səŋ$^{35}$xɔit$^{5}$mən$^{13}_{21}$.uei$_{44}$pən$^{21}$nɔi$^{13}$ʂɿ$^{53}_{44}$iau$^{53}_{21}$ua$^{53}_{44}$xait$^{5}$nei$^{0}$.səŋ$^{35}$xait$^{5}$mən$^{13}_{21}$nei$^{0}$.kʰak$^{3}$ka$^{35}_{44}$ɲin$^{13}_{21}$ua$^{53}_{44}$.xait$^{5}$ləŋ$^{35}$çi$^{53}_{21}$ia$^{0}$.təŋ$^{35}$si$^{0}$xait$^{5}$ləŋ$^{35}_{44}$.səŋ$^{35}$xɔit$^{5}$mən$^{13}_{21}$.kɔŋ$^{21}$piau$^{35}$tʂəŋ$^{21}$tiet$^{5}$tsɿ$^{0}$ke$^{53}_{21}$ɲiaŋ$^{53}_{44}$iau$^{53}_{44}$səŋ$^{35}$xait$^{5}$mən$^{13}_{21}$.tsʰiəu$^{53}_{21}$xe$^{53}_{21}$tsʰiəu$^{53}_{44}$xe$^{53}_{44}$səŋ$^{35}$xait$^{5}$mən$^{13}_{21}$ne$^{0}$.n̩$_{21}$,çien$^{35}$tsʰai$^{53}$tsʰiəu$^{53}$ua$^{53}$liau$^{0}$ i$^{13}_{21}$cin$^{35}_{44}$ke$^{53}_{44}$kʰak$^{3}$ sin$^{35}_{44}$pien$^{53}$ nek$^{3}$(←xek$^{3}$)li$^{0}$lau$^{0}$.

【双耙子】səŋ$^{35}$pʰa$^{13}$tsɿ$^{0}$ 名 有两个齿的耙子（较小，用来松土）：欸，如今箇起只有两只（齿）个喊～。e$_{21}$,i$^{13}_{21}$cin$^{35}_{44}$kai$^{53}$çi$^{21}$tʂɿ$^{21}$iəu$^{35}_{44}$iɔŋ$^{21}$tʂak$^{3}$ke$^{53}_{44}$xan$^{53}$səŋ$^{35}$pʰa$^{13}$tsɿ$^{0}$.

【双抢】səŋ$^{35}$tsʰiɔŋ$^{21}$ 动 指抢收、抢插：搞～kau$^{21}$səŋ$^{35}$tsʰiɔŋ$^{21}$ | 集体就咁个唠，□$_{拔}$正禾秧来，就即即哩，/即即哩分箇禾苗就栽哩，/哦噢喊～唠。欸，又抢早禾，又爱栽□二禾去。/抢收抢插唠箇个就。抢收抢栽哟。tsʰiet$^{5}$tʰi$^{21}$tsʰiəu$^{53}_{44}$kan$^{21}$ke$^{53}$lau$^{0}$,uek$^{5}$tʂaŋ$^{53}$uo$^{13}$iɔŋ$^{35}$lɔi$^{13}_{44}$,tsʰiəu$^{53}_{44}$tsiet$^{5}$tsiet$^{5}$li$^{0}$,/tsiet$^{5}$tsiet$^{5}$li$^{0}$pən$^{35}$kai$^{53}_{44}$xo$^{13}$miau$^{13}_{21}$tsiəu$^{53}$tsɔi$^{35}_{21}$li$^{0}$,/o$_{35}$ŋau$_{44}$xan$^{53}$səŋ$^{35}_{21}$tsʰiɔŋ$^{21}$lau$^{0}$.e$_{44}$,iəu$^{53}$tsʰiɔŋ$^{21}$tsau$^{21}$uo$^{13}_{44}$,iəu$^{53}$ɔi$^{53}_{44}$tsɔi$^{35}$tɔi$_{44}$ɲi$^{53}$uo$^{13}$çi$^{53}_{44}$./tsʰiɔŋ$^{21}$ʂəu$^{35}$tsʰiɔŋ$^{21}$tsʰait$^{3}$lau$^{0}$kai$^{53}_{44}$(k)e$^{53}_{44}$tsiəu$^{53}_{44}$.tsʰiɔŋ$^{21}$ʂəu$^{35}$tsʰiɔŋ$^{21}$tsɔi$^{35}$iau$^{0}$.

【双人枕头】səŋ$^{35}$ɲin$^{13}$tʂən$^{21}$tʰei$^{13}$ 名 可供二人共用的长枕头。又称“鸳鸯枕”：～嗯就系□长个枕头，两个人睡做一头个。欸，我等间里有得～。欸，一个一只枕头，好多哩。səŋ$^{35}$ɲin$^{13}_{21}$tʂən$^{21}$tʰei$^{13}$n̩$_{21}$tsʰiəu$^{53}$xe$^{53}$lai$^{35}$tʂʰɔŋ$^{13}_{21}$ke$^{53}$tʂən$^{21}$tʰei$^{13}$,iɔŋ$^{21}$ke$^{53}$in$^{13}_{21}$ʂɔi$^{53}$tso$^{53}$(i)et$^{3}$tʰei$^{13}$ke$^{53}$.e$_{21}$,ŋai$^{13}$tien$^{0}$kan$^{35}_{44}$ni$^{21}_{44}$mau$^{13}$tek$^{3}$səŋ$^{35}_{44}$ɲin$^{13}_{21}$tʂən$^{21}$tʰei$^{13}_{44}$.e$_{21}$,iet$^{3}$ke$^{53}$iet$^{3}$tʂak$^{3}$tʂən$^{21}$tʰei$^{13}$,xau$^{21}$to$^{35}_{44}$li$^{0}$.

【双身人】səŋ$^{35}$ʂən$^{35}$ɲin$^{13}$ 名 孕妇。又称“大肚嫲”：擐哩人个人我等就安做渠～呶。以两年呐擐人个人多，生二胎个多，欸，街上箇～真多。kʰuan$^{53}$li$^{0}$ɲin$^{13}_{21}$ke$^{53}$ɲin$^{13}_{44}$ŋai$^{13}$tien$^{0}$tsʰiəu$^{53}_{44}$ən$^{35}_{44}$tso$^{53}_{44}$ci$^{13}_{21}$səŋ$^{35}$ʂən$^{35}$ɲin$^{13}$nau$^{0}$.i$^{21}$iɔŋ$^{21}$ɲien$^{13}$na$^{0}$kʰuan$^{53}$ɲin$^{13}_{21}$ke$^{53}$ɲin$^{13}_{21}$to$^{35}$,saŋ$^{35}$ɲi$^{53}$tʰɔi$^{35}_{44}$ke$^{53}_{21}$to$^{35}$,e$_{21}$,kai$^{35}$xɔŋ$^{53}$kai$^{53}_{44}$səŋ$^{35}$ʂən$^{35}$ɲin$^{13}_{21}$tʂən$^{35}$to$^{35}_{44}$.

【双生】səŋ$^{35}$saŋ$^{35}$ 名 孪生的一对。多称“双生子”：本来三只唠，又供对～唠，五只。pən$^{21}$nɔi$^{13}$san$^{35}$tʂak$^{3}$lau$^{0}$,iəu$^{53}$ciəŋ$^{35}_{44}$ti$^{53}_{21}$səŋ$^{35}$saŋ$^{35}_{44}$lau$^{0}$,ŋ̍$^{21}$tʂak$^{3}$. | 呃，～子也真多嘞如今呢。一胎生两只个就安做～子啊。我箇只晚姨子就供对～子啊，～赖子啊，三十几岁。ə$_{21}$,səŋ$^{35}$saŋ$^{35}_{44}$tsɿ$^{0}$a$^{35}_{44}$tʂən$^{35}_{44}$to$^{35}_{44}$le$^{0}$i$^{13}_{21}$cin$^{35}_{44}$ne$^{0}$.iet$^{3}$tʰɔi$^{35}_{44}$saŋ$^{35}_{44}$iɔŋ$^{21}$tʂak$^{3}$ke$^{53}$tsiəu$^{53}_{21}$ən$^{35}_{44}$tso$^{53}_{44}$səŋ$^{35}$saŋ$^{35}$tsɿ$^{0}$a$^{0}$.ŋai$^{13}$kai$^{53}$tʂak$^{3}$man$^{35}$i$^{13}_{21}$tsɿ$^{0}$tsʰiəu$^{53}$ciəŋ$^{53}$ti$^{53}$səŋ$^{35}$saŋ$^{35}$tsɿ$^{0}$a$^{0}$,səŋ$^{35}$saŋ$^{35}_{44}$lai$^{53}$tsɿ$^{0}$a$^{0}$,san$^{35}$ʂət$^{3}$ci$^{21}$sɔi$^{53}$.

【双下巴】səŋ$^{35}$xa$^{35}$pʰa$^{0}$ 名 肥胖者呈现两层的下巴：～唠，两只下巴唠。欸。～。下巴肉唠，哈，我等安做下巴。səŋ$^{35}$xa$^{35}$pʰa$^{0}$lau$^{0}$,iɔŋ$^{21}$tʂak$^{3}$xa$^{35}$pʰa$^{0}$lau$^{0}$.e$_{44}$.səŋ$^{35}$xa$^{35}$pʰa$^{0}$.xa$^{35}$pʰa$^{0}$ɲiəuk$^{3}$lau$^{0}$,xa$_{35}$,(ŋ)ai$^{13}_{21}$tien$^{0}$ən$^{35}_{44}$tso$^{53}_{44}$xa$^{35}$pʰa$^{0}$.

【双眼皮】səŋ$^{35}$/səŋ$^{35}$ŋan$^{21}$pʰi$^{13}$ 名 指上眼皮有褶纹：人唔系～唔好看咯。欸，我箇个孙子细细子，“吔欸，”我话，“以只单眼皮呀？”好得大兜子嘞就～就出来哩。ɲin$^{13}$n̩$^{13}$tʰe$^{53}$səŋ$^{35}$ŋan$^{21}$pʰi$^{13}$n̩$^{13}_{21}$xau$^{21}$kʰɔn$^{53}$ko$^{0}$.e$_{21}$,ŋai$^{13}_{21}$kai$^{53}_{21}$(k)e$^{53}_{44}$sən$^{35}$tsɿ$^{0}$se$^{53}$se$^{53}$tsɿ$^{0}$,"ie$_{53}$e$_{13}$,"ŋai$^{13}$ua$^{53}$,"i$^{21}$tʂak$^{3}$tan$^{35}$ŋan$^{21}$pʰi$^{13}$ia$_{44}$?"xau$^{21}$tek$^{3}$tʰai$^{53}$te$^{35}_{53}$tsɿ$^{0}$lei$^{0}$tsʰiəu$^{53}_{44}$səŋ$^{35}$ŋan$^{21}$pʰi$^{13}$tsiəu$^{53}$tʂʰət$^{3}$lɔi$^{13}$li$^{0}$.

【霜】səŋ$^{35}$ 名 在气温降到摄氏零度以下时，近地面空气中所含的水汽在地面物体上凝结成的白色冰晶：下种个时候子嘞怕～打。xa$^{53}$tʂəŋ$^{21}$ke$^{53}$ʂɿ$^{13}$xei$^{53}_{44}$tsɿ$^{0}$lei$^{0}$pʰa$^{53}_{44}$səŋ$^{35}$ta$^{21}$.

【霜降】səŋ$^{35}$kɔŋ$^{53}$ 名 二十四节气之一：～了就凉快了哇，就冇咁热了。səŋ$^{35}$kɔŋ$^{53}$liau$^{0}$tsʰiəu$^{53}$liɔŋ$^{13}$kʰuai$^{53}$liau$^{21}$ua$^{0}$,tsiəu$^{53}$mau$^{13}_{21}$kan$^{21}$ɲiet$^{5}$liau$^{0}$.

【霜降籽】səŋ$^{35}$kɔŋ$^{53}$tsɿ$^{21}$ 名 霜降节气里采摘的油茶籽：寒露过哩就霜降吵。有兜地方畜起箇～。～油头好多哩。渠真古怪嘞，真系蛮古怪。xɔn$^{13}$nəu$^{53}_{44}$ko$^{53}$li$^{0}$tsʰiəu$^{53}_{44}$səŋ$^{35}$kɔŋ$^{53}_{44}$ʂa$^{0}$.iəu$^{35}$te$^{35}_{53}$tʰi$^{53}_{44}$fɔŋ$^{35}_{44}$çiəuk$^{3}$çi$^{21}$kai$^{53}_{44}$səŋ$^{35}$kɔŋ$^{53}$tsɿ$^{21}$.səŋ$^{35}$kɔŋ$^{53}$tsɿ$^{21}$iəu$^{13}$tʰei$^{13}$xau$^{21}$to$^{35}$li$^{0}$.ci$^{21}$tʂən$^{35}$ku$^{21}$kuai$^{53}$lei$^{0}$,tʂən$^{35}$nei$^{53}$man$^{13}$ku$^{21}$kuai$^{53}$.

【瓤$_{1}$】siɔŋ$^{21}$ 名 竹节之间的部分：箇个两只节之间个距离就安做～。竹～。kai$^{53}_{44}$ke$^{53}_{44}$iɔŋ$^{21}$tʂak$^{3}$tsiet$^{3}$tʂɿ$^{35}_{44}$kan$^{35}_{44}$ke$^{53}_{44}$tʂʮ$^{53}$li$^{13}$tsiəu$^{53}_{44}$ən$^{35}_{44}$tso$^{53}_{44}$siɔŋ$^{21}$.tʂəuk$^{3}$siɔŋ$^{21}$. | （鸡嫲竹）～真长。siɔŋ$^{21}$tʂən$^{35}$tʂʰɔŋ$^{13}_{21}$.

【瓤$_{2}$】siɔŋ$^{21}$/saŋ$^{21}$ 量 段；截。也称“瓤子”：一～竹，唔讲一节，咁子咁长子一<u>蔸子啊</u>，咁子个断来，一～。iet$^{3}$siɔŋ$^{21}$tʂəuk$^{3}$,ŋ̍$^{13}$kɔŋ$^{21}$iet$^{3}$tset$^{3}$,kan$^{21}$tsɿ$^{0}$kan$^{21}$tʂʰɔŋ$^{13}$tsɿ$^{0}$iet$^{3}$tsʰo$^{53}$tsa$^{0}$,kan$^{21}$tsɿ$^{0}$cie$^{53}$tʰɔn$^{35}$nɔi$^{13}_{21}$,iet$^{3}$siɔŋ$^{21}$. | 墙角上钉块板。就钉～咁个。tsʰiɔŋ$^{13}$kɔk$^{3}$xɔŋ$^{53}_{44}$taŋ$^{35}$kʰuai$^{53}_{44}$pan$^{21}$.tsʰiəu$^{53}_{44}$taŋ$^{35}_{44}$

S

saŋ$^{21}$kan$^{21}$ke$^{53}_{44}$. | 一～子路 iet$^{3}$ sioŋ$^{21}$tsɿ$^{0}$ ləu$^{53}$

【水$_{1}$】ʂei$^{21}$ 名①雨；从云层中降向地面的水：～停哩。ʂei$^{21}$tʰin$^{13}$li$^{0}$. | 唔管风也好～也好，沕头沕睬做。ŋ̍$^{13}$kɔn$^{21}$fəŋ$^{35}$ia$^{35}$xau$^{21}$ʂei$^{21}$a$^{35}$xau$^{21}$,mi$^{53}$tʰei$^{13}$mi$^{53}$tsʰi$^{53}$tso$^{53}$. ②最简单的氢氧化合物；也泛指各种流水、水域：～肚里也有老鼠，在～里划着过欸。ʂei$^{21}$təu$^{21}$li$^{0}$ ia$^{35}_{44}$iəu$^{35}_{44}$lau$^{21}_{53}$tʂʰəu$^{21}$,tsai$^{53}_{44}$ʂei$^{21}$ li$^{0}$ fa$^{13}$tʂɔk$^{3}$ ko$^{53}$ŋe$^{0}$. | 干鸭子唔多喜欢去～肚。kɔn$^{35}$nait$^{3}$(←ait$^{3}$)tsɿ$^{0}$ n̩$^{13}$to$^{35}_{44}$çi$^{21}$fɔn$^{35}$çi$^{53}$ʂei$^{21}$təu$^{21}$. ③汁、液的通称：压榨个目的就榨干～。iak$^{3}$ tsa$^{53}_{44}$ke$^{53}_{44}$muk$^{3}$ tiet$^{3}$ tsʰiəu$^{53}_{44}$tsa$^{53}$kɔn$^{35}$ʂei$^{21}$.④指打火机用的燃料：充滴～进去，冇得水了哇，你啊打火机冇得～了啊。tʂʰəŋ$^{35}$tiet$^{5}$ ʂei$^{21}$tsin$^{53}_{44}$çi$^{53}_{44}$,mau$^{13}$tiek$^{3}$ ʂei$^{21}$ liau$^{0}$ ua$^{0}$ ,ȵi$^{13}$a$^{0}$ ta$^{21}$fo$^{21}$ci$^{35}_{44}$mau$^{13}$tiek$^{0}$ ʂei$^{21}$liau$^{0}$ a$^{0}$.

【水$_{2}$】ʂei$^{21}$ 动辱骂：～人 ʂei$^{21}$ȵin$^{13}$

【水甏子】ʂei$^{21}$pʰaŋ$^{53}$tsɿ$^{0}$ 名用来储水的甏子：～嘞比水缸更细，但是比水缸更高，口冇咁大又，箇个就安做～。ʂei$^{21}$pʰaŋ$^{53}$tsɿ$^{0}$ lei$^{0}$ pi$^{21}$ʂei$^{21}$kɔŋ$^{35}$ken$^{53}_{44}$se$^{53}$,tan$^{53}$ʂʅ$^{53}$pi$^{21}$ʂei$^{21}$kɔŋ$^{35}$ken$^{53}$kau$^{35}$,xei$^{21}$mau$^{13}$kan$^{21}$ tʰai$^{53}$iəu$^{53}$,kai$^{53}_{44}$ke$^{53}_{44}$tsiəu$^{53}_{44}$ɔn$^{35}_{53}$tso$^{53}$ʂei$^{21}$pʰaŋ$^{53}$tsɿ$^{0}$. | 以前我等系下欸横巷里个时候子啊，蛮多人家都有～，搞么个要箇～嘞，唔用水缸嘞？～嘞其实就系放行头，放东西，放食物东西，箇阵子冇冰箱啊。蛮多人家都有嘞，我等屋下咁穷都有～，有甏子，用来装水就～。i$^{35}_{53}$tsʰien$^{13}_{21}$ŋai$^{13}_{21}$ tien$^{0}$ xei$^{53}$(x)a$^{53}$e$_{21}$uaŋ$^{13}$xɔŋ$^{53}_{44}$li$^{0}$ ke$^{53}$ʂʅ$^{13}_{44}$xei$^{53}_{44}$tsɿ$^{0}$ a$^{0}$ ,man$^{13}$to$^{35}_{53}$ȵin$^{13}$ka$^{35}_{44}$təu$^{35}_{44}$iəu$^{35}_{44}$ʂei$^{21}$pʰaŋ$^{53}$tsɿ$^{0}$ ,kau$^{21}$mak$^{3}$ e$^{0}$ iau$^{53}_{44}$ kai$^{53}_{44}$ʂei$^{21}$pʰaŋ$^{53}$tsɿ$^{0}$ lei$^{0}$ ,n̩$^{13}_{21}$iəŋ$^{53}$ʂei$^{21}$kɔŋ$^{35}$le$^{0}$ ?ʂei$^{21}$pʰaŋ$^{53}$tsɿ$^{0}$ lei$^{0}$ cʰi$^{13}_{21}$ʂət$^{5}$ tsiəu$^{53}$xei$^{53}_{44}$fɔŋ$^{53}$çin$^{13}$tʰei$^{13}_{21}$,fɔŋ$^{53}$təŋ$^{35}$ si$^{0}$ ,fɔŋ$^{53}$ʂət$^{5}$ uət$^{5}$ təŋ$^{35}_{44}$si$^{0}$ ,kai$^{53}$tʂʰən$^{53}$tsɿ$^{0}$ mau$^{13}_{21}$pin$^{35}$siɔŋ$^{35}_{44}$a$^{0}$ .man$^{13}$to$^{35}_{53}$ȵin$^{13}_{21}$ka$^{35}_{44}$təu$^{35}_{44}$iəu$^{35}_{44}$le$^{0}$ ,ŋai$^{13}$tien$^{0}$ uk$^{3}$ xa$^{53}$ kan$^{21}$cʰiəŋ$^{13}$təu$^{35}_{53}$iəu$^{35}$ʂei$^{21}$pʰaŋ$^{53}$tsɿ$^{0}$ ,iəu$^{35}$pʰaŋ$^{53}$tsɿ$^{0}$ ,iəŋ$^{53}$lɔi$^{13}_{21}$tʂɔŋ$^{35}$ʂei$^{21}$tsiəu$^{53}_{44}$ʂei$^{21}$pʰaŋ$^{53}$tsɿ$^{0}$ .

【水笔】ʂei$^{21}$piet$^{3}$ 名自来水笔，笔杆内有储存墨水装置的钢笔：我等人呐欸以前是用个尽系～，欸，钢笔就～，爱上水个。上水个箇～个杆子就安做钢笔杆子。ŋai$^{13}$tien$^{0}$ ȵin$^{13}_{44}$na$^{0}$ e$_{44}$i$^{35}$ tsʰien$^{13}$ʂʅ$^{53}_{44}$iəŋ$^{53}$ke$^{53}_{44}$tsʰin$^{53}$xei$^{53}_{44}$ʂei$^{21}$piet$^{3}$ ,e$_{21}$,kɔŋ$^{35}$piet$^{3}$ tsʰiəu$^{53}$ʂei$^{21}$piet$^{3}$ ,ɔi$^{53}$ʂɔŋ$^{21}$ʂei$^{21}$ke$^{53}$.ʂɔŋ$^{21}$ʂei$^{21}$ke$^{53}$kai$^{53}_{44}$ʂei$^{21}$ piet$^{3}$ ke$^{53}$kɔn$^{21}$tsɿ$^{0}$ tsʰiəu$^{53}_{44}$ɔn$^{35}_{44}$tso$^{53}_{44}$kɔŋ$^{35}$piet$^{3}$ kɔŋ$^{21}$tsɿ$^{0}$.

【水车】ʂei$^{21}$tʂʰa$^{35}$ 名使用人力或畜力的旧式提水灌溉工具，也指以水流作为动力的旧式动力机械装置，可以带动石磨、碓子、碾子等：一起～是就系用来整米个，打碓子个，嗯，碾茶籽箇只个。箇起能够产生一动力个，动力个～。还一起就提水个～，提水个，就分水，分箇个河里个水引上来个，提水个～。一起动力～。两种～唔同。提水个～就筒车。iet$^{3}$ çi$^{21}_{44}$ʂei$^{21}$ tʂʰa$^{35}$ʂʅ$^{53}_{44}$tsʰiəu$^{53}_{44}$xe$^{53}_{44}$iəŋ$^{53}$lɔi$^{13}_{21}$tʂaŋ$^{21}$mi$^{21}$ke$^{53}$,ta$^{21}$tɔi$^{53}$tsɿ$^{0}$ ke$^{53}$,n̩$_{21}$,ŋan$^{35}$tsʰa$^{13}$tsɿ$^{21}$kai$^{53}_{44}$tʂak$^{3}$ ke$^{53}_{44}$.kai$^{53}_{44}$çi$^{21}_{44}$len$^{13}_{21}$ciau$^{53}_{44}$ tsʰan$^{21}$sien$^{35}_{44}$iet$^{3}$ tʰəŋ$^{53}$liet$^{3}$ ke$^{53}_{44}$,tʰəŋ$^{53}$liet$^{3}$ ke$^{53}_{44}$ʂei$^{21}$tʂʰa$^{35}_{44}$.xai$^{13}_{21}$iet$^{3}$ çi$^{21}$ tsʰiəu$^{53}_{44}$tʰi$^{13}$ʂei$^{21}$ke$^{53}$ʂei$^{21}$tʂʰa$^{35}_{44}$,tʰia$^{35}$ʂei$^{21}$ ke$^{53}_{44}$,tsiəu$^{53}_{44}$pən$^{35}$ʂei$^{21}$,pən$^{35}$kai$^{53}_{44}$ke$^{53}_{44}$xo$^{13}$li$^{21}$ke$^{53}$ʂei$^{21}$in$^{21}$ʂɔŋ$^{35}$lɔi$^{13}_{21}$ke$^{53}_{44}$,tʰia$^{35}$ʂei$^{21}$ke$^{53}_{44}$ʂei$^{21}$tʂʰa$^{35}$.iet$^{3}$ çi$^{21}$tʰəŋ$^{53}$liet$^{3}$ ʂei$^{21}$tʂʰa$^{35}$.iɔŋ$^{21}$tʂəŋ$^{21}$ʂei$^{21}$tʂʰa$^{35}_{44}$n̩$^{13}_{21}$tʰəŋ$^{13}$.tʰia$^{35}$ʂei$^{21}$ke$^{53}_{44}$ʂei$^{21}$tʂʰa$^{35}$tsʰiəu$^{53}_{44}$tʰəŋ$^{13}$tʂʰa$^{35}$.

【水凼】ʂei$^{21}$tʰɔŋ$^{53}$ 名积水的洼地。也称"水凼子"：一只子～子，壁背有只～。箇～肚里嘞就有拐蟆念子。iet$^{3}$ tʂak$^{3}$ tsɿ$^{0}$ ʂei$^{21}$tʰɔŋ$^{53}$tsɿ$^{0}$ ,piak$^{3}$ pɔi$^{53}_{44}$iəu$^{35}_{44}$tʂak$^{3}$ ʂei$^{21}$tʰɔŋ$^{53}$.kai$^{53}_{44}$ʂei$^{21}$tʰɔŋ$^{53}$təu$^{21}$li$^{0}$ lei$^{0}$ tsʰiəu$^{53}_{44}$ iəu$^{35}_{53}$kuai$^{21}$ma$^{13}$ȵian$^{53}$tsɿ$^{0}$. | ～子肚里就有痧虫啊。箇痧虫就会变成蚊子嘞。ʂei$^{21}$tʰɔŋ$^{53}$tsɿ$^{0}$ təu$^{21}$li$^{0}$ tsʰiəu$^{53}_{44}$iəu$^{35}_{44}$sa$^{35}$tʂʰəŋ$^{13}_{21}$ŋa$^{0}$ .kai$^{53}$sa$^{35}$tʂʰəŋ$^{13}_{21}$tsʰiəu$^{53}_{44}$uɔi$^{53}_{44}$pien$^{53}$ʂaŋ$^{13}_{21}$mən$^{35}$tsɿ$^{0}$ lei$^{0}$.

【水点】ʂei$^{21}$tian$^{21}$ 名雨点；形成雨的小水滴。也称"水点子"：麻溜收衫，打～去哩！ma$^{13}_{21}$ liəu$^{53}_{44}$ʂəu$^{35}$san$^{35}$,ta$^{21}$ʂei$^{21}$tian$^{21}$çi$^{53}$li$^{0}$! | 打～子ta$^{21}$ʂei$^{21}$tian$^{21}$tsɿ$^{0}$ ＝ 落～子lɔk$^{5}$ ʂei$^{21}$tian$^{21}$tsɿ$^{0}$

【水豆腐】ʂei$^{21}$tʰei$^{53}$fu$^{53}$ 名嫩豆腐（区别于豆腐干）：～，渠就区别箇种……就安做豆腐，但是你爱搿箇豆腐干区别开来，以种就安做～。客姓人讲啊，客姓人讲就系豆腐。爱搿箇豆腐干区别开来，以就安做～。欸，相对而言，渠就安做～。还咁多水哟。ʂei$^{21}$tʰei$^{53}_{44}$fu$^{53}_{44}$,ci$^{13}$tsʰiəu$^{53}$ tʂʰʮ$^{35}$pʰiek$^{5}_{3}$ kai$^{53}$tʂəŋ$^{21}$…tsʰiəu$^{53}$ɔn$^{35}_{44}$tso$^{53}_{44}$tʰei$^{53}$fu$^{53}_{44}$,tan$^{53}$ʂʅ$^{53}$ȵi$^{13}_{21}$ɔi$^{53}_{44}$lau$^{35}_{44}$kai$^{53}_{44}$tʰei$^{53}$fu$^{53}_{44}$kɔn$^{35}$tʂʰʮ$^{35}_{44}$pʰiek$^{5}_{3}$ kʰɔi$^{35}$ lɔi$^{13}_{21}$,i$^{21}$tʂəŋ$^{21}$tsʰiəu$^{53}$ɔn$^{35}_{44}$tso$^{53}_{44}$ʂei$^{21}$tʰei$^{53}_{44}$fu$^{53}_{44}$.kʰak$^{3}$ sin$^{53}$ȵin$^{13}_{21}$kɔŋ$^{21}$ŋa$^{0}$ ,kʰak$^{3}$ sin$^{53}$ȵin$^{13}_{21}$kɔŋ$^{21}$tsʰiəu$^{53}_{44}$xe$^{53}_{44}$tʰei$^{53}$ fu$^{53}_{44}$.ɔi$^{53}_{44}$lau$^{35}$kai$^{53}_{44}$tʰei$^{53}$fu$^{53}_{44}$kɔn$^{35}$tʂʰʮ$^{35}_{44}$pʰiek$^{5}_{3}$ kʰɔi$^{35}$lɔi$^{13}_{21}$,i$^{21}$tsʰiəu$^{53}_{44}$ɔn$^{35}_{44}$tso$^{53}_{44}$ʂei$^{21}$tʰei$^{53}_{44}$fu$^{53}_{44}$.e$_{21}$,siɔŋ$^{35}$tei$^{53}$y$^{13}$ ȵien$^{13}$,ci$^{13}_{21}$tsʰiəu$^{53}_{44}$ɔn$^{35}_{44}$tso$^{53}_{44}$ʂei$^{21}$tʰei$^{53}_{44}$fu$^{53}_{44}$.xai$^{13}_{21}$kan$^{21}_{44}$to$^{35}$ʂei$^{21}$io$^{0}$.

【水痘子】ʂei$^{21}$tʰei$^{53}$tsɿ$^{0}$ 名由滤过性病毒引发的急性传染病：出痘子是～是以几年都有啦。tʂʰət$^{3}$ tʰei$^{53}$tsɿ$^{0}$ ʂʅ$^{53}_{21}$ʂei$^{21}$tʰei$^{53}$tsɿ$^{0}$ ʂʅ$^{53}_{44}$i$^{21}$ci$^{21}$ȵien$^{13}$təu$^{35}_{44}$iəu$^{35}_{44}$la$^{0}$.

【水碓】ʂei$^{21}$tɔi$^{53}$ 名以水作为动力的碓。又称"水碓子、车碓"：我等整个我等横巷里一条冲，只有谭坑就系底下下背个谭坑嘞箇管水更大，箇映就有辆～子。我等整米都爱荷下谭坑去用～整，整米。ŋai$^{13}$tien$^{0}$ tʂəŋ$^{21}$ko$^{53}$ŋai$^{13}_{21}$tien$^{0}$ uaŋ$^{13}$xɔŋ$^{53}$li$^{0}$ iet$^{3}$ tʰiau$^{13}$tʂʰəŋ$^{35}$,tʂʅ$^{21}$iəu$^{35}_{53}$tʰan$^{13}$xaŋ$^{35}$tsiəu$^{53}_{44}$xei$^{53}_{44}$

tei$^{21}$xa$^{53}_{44}$xa$^{35}$pɔi$^{53}$ke$^{53}$t$^{h}$an$^{13}$xaŋ$^{35}_{44}$lei$^{0}$ kai$^{53}$kɔn$^{21}$ʂei$^{21}$cien$^{53}_{44}$t$^{h}$ai$^{35}$,kai$^{53}$iaŋ$^{53}_{44}$ts$^{h}$iəu$^{53}_{44}$iəu$^{35}_{53}$liɔŋ$^{21}$ʂei$^{21}$tɔi$^{53}$tsɿ$^{0}$.ŋai$^{13}$tien$^{0}$ tʂaŋ$^{21}$mi$^{21}$təu$^{35}_{44}$ɔi$^{53}$k$^{h}$ai$^{35}_{44}$ia$^{35}_{44}$t$^{h}$an$^{13}$xaŋ$^{35}_{44}$çi$^{53}$iəŋ$^{53}_{44}$ʂei$^{21}$tɔi$^{53}$tʂaŋ$^{21}$,tʂaŋ$^{21}$mi$^{21}$.

【水粉】ʂei$^{21}$fən$^{21}$ 名 一种化妆用的粉状物：箇我等箇大队上唱咁个么个革命样板戏红灯欸唔系《红灯记》，我等唱个么个《白毛女》呀，就用过胭脂～。kai$^{53}$ŋai$^{13}$tien$^{0}$ kai$^{53}_{44}$t$^{h}$ai$^{53}$ti$^{53}_{44}$xɔŋ$^{53}_{44}$tʂ$^{h}$ɔŋ$^{53}$ kan$^{21}$kei$^{53}$mak$^{3}$ kei$^{53}$kek$^{3}$ min$^{53}_{44}$iəŋ$^{53}$pan$^{21}$çi$^{53}$fəŋ$^{13}$ten$^{35}_{44}$e$_{21}$m$^{13}_{21}$p$^{h}$e$^{53}$fəŋ$^{13}_{21}$ten$^{35}_{44}$ci$^{53}$,ŋai$^{13}$tien$^{0}$ tʂ$^{h}$ɔŋ$^{53}$ke$^{53}_{44}$mak$^{3}$ ke$^{53}_{44}$ p$^{h}$ak$^{5}$ mau$^{13}$ɲy$^{21}$ia$^{0}$,ts$^{h}$iəu$^{53}_{44}$iəŋ$^{53}_{44}$ko$^{53}$ien$^{35}$tʂɿ$^{35}_{44}$ʂei$^{21}$fən$^{21}$.

【水缸】ʂei$^{21}$kɔŋ$^{35}$ 名 装水的大缸：懑大个～ mən$^{35}$t$^{h}$ai$^{53}$ke$^{53}_{44}$ʂei$^{21}$kɔŋ$^{35}$

【水缸㞘】ʂei$^{21}$kɔŋ$^{35}$təuk$^{3}$ 名 水缸底部（从缸内看）：～嘞一般指肚里，水缸脚嘞指外背。ʂei$^{21}$ kɔŋ$^{35}$təuk$^{3}$ lei$^{0}$ iet$^{3}$ pɔn$^{35}$tʂɿ$^{21}$təu$^{21}$li$^{0}$,ʂei$^{21}$kɔŋ$^{35}_{53}$ciɔk$^{3}$ lei$^{0}$ tʂɿ$^{21}$ŋɔi$^{53}$pɔi$^{53}$.｜～下有泥，有箇个愁死人个东西，爱汤净来，爱洗净来箇水缸。ʂei$^{21}$kɔŋ$^{35}$təuk$^{3}$ xa$^{53}$iəu$^{35}$lai$^{13}$,iəu$^{35}$kai$^{53}_{44}$ke$^{53}_{44}$ts$^{h}$ei$^{13}_{21}$si$^{21}$ɲin$^{13}$ke$^{53}_{44}$təŋ$^{35}_{44}$si$^{0}$,ɔi$^{53}$ t$^{h}$ɔŋ$^{35}$ts$^{h}$iaŋ$^{53}$lɔi$^{13}_{21}$,ɔi$^{53}$se$^{21}$ts$^{h}$iaŋ$^{53}$lɔi$^{13}_{21}$kai$^{53}_{44}$ʂei$^{21}$kɔŋ$^{35}_{53}$.

【水沟】ʂei$^{21}$ciei$^{35}$ 名 流水道：一条～ iet$^{3}$ t$^{h}$iau$^{13}$ʂei$^{21}$ciei$^{35}$

【水果糖】ʂei$^{21}$ko$^{21}$t$^{h}$ɔŋ$^{13}$ 名 有水果味的糖果：～好食啦，欸，我等就喜欢买～食啦。ʂei$^{21}$ko$^{21}$ t$^{h}$ɔŋ$^{13}$xau$^{21}$ʂət$^{5}$ la$^{0}$,e$_{21}$,ŋai$^{13}_{21}$tien$^{0}$ ts$^{h}$iəu$^{53}$çi$^{21}$fɔn$^{35}_{44}$mai$^{35}$ʂei$^{21}$ko$^{21}$t$^{h}$ɔŋ$^{13}_{21}$ʂət$^{5}$ la$^{0}$.

【水红】ʂei$^{21}$fəŋ$^{13}$ 形 比粉红稍深而较鲜艳的颜色：欸搞箇个搞选举个啊选票哇就用～纸嘞。用～纸去印，印选票。e$_{44}$kau$^{21}$kai$^{53}$ke$^{53}_{44}$kau$^{21}$sen$^{21}$tʂɿ$^{21}$ke$^{53}$a$^{0}$ sien$^{21}$p$^{h}$iau$^{53}$ua$^{0}$ tsiəu$^{53}$iəŋ$^{53}$ʂei$^{21}$fəŋ$^{13}$tʂɿ$^{21}$le$^{0}$. iəŋ$^{53}$ʂei$^{21}$fəŋ$^{13}$tʂɿ$^{21}$çi$^{53}$in$^{53}$,in$^{53}$sien$^{21}$p$^{h}$iau$^{53}$.｜～子个花 ʂei$^{21}$fəŋ$^{13}$tsɿ$^{0}$ ke$^{53}_{44}$fa$^{35}_{44}$

【水壶】ʂei$^{21}$fu$^{13}$ 名 多指军用水壶：从前是喊冇得咁个嘞，～嘞。ts$^{h}$əŋ$^{13}$ts$^{h}$ien$^{13}_{21}$ʂɿ$^{53}_{44}$xan$^{53}$mau$^{13}$tek$^{3}$ kan$^{21}$cie$^{53}$le$^{0}$,ʂei$^{21}$fu$^{13}$le$^{0}$.

【水花溅天】ʂei$^{21}$fa$^{35}$ts$^{h}$an$^{53}$t$^{h}$ien$^{35}$ 水花四溅：跑到岭岗顶上，～。p$^{h}$au$^{21}$tsau$^{53}$liaŋ$^{35}$kɔŋ$^{35}$taŋ$^{21}$ xɔŋ$^{53}$,ʂei$^{21}$fa$^{35}$ts$^{h}$an$^{53}$t$^{h}$ien$^{35}$.

【水黄蚻】ʂei$^{21}$uɔŋ$^{13}$ts$^{h}$ait$^{5}$ 名 一种水中昆虫，黑色，椭圆形，形如蟑螂：～哟，系有。ʂei$^{21}$uɔŋ$^{13}$ ts$^{h}$ait$^{5}$ io$^{0}$,xei$^{53}_{44}$iəu$^{35}$.

【水夹雪】ʂei$^{21}$kait$^{3}$ set$^{3}$ 名 雨夹雪：箇个天～个天都就蛮冷人呢。kai$^{53}_{44}$ke$^{53}_{44}$t$^{h}$ien$^{35}_{44}$ʂei$^{21}$kait$^{3}$ set$^{3}$ ke$^{53}$ t$^{h}$ien$^{35}_{44}$təu$^{35}_{44}$ts$^{h}$iəu$^{53}$man$^{13}_{21}$laŋ$^{35}$ɲin$^{13}_{21}$ne$^{0}$.｜落～箇天都蛮冷人。就系旧年都落嘿几回，两三回，就系冇得雪花来，嬒铺起来呀。lɔk$^{5}$ ʂei$^{21}$kait$^{3}$ set$^{3}$ kai$^{53}_{44}$t$^{h}$ien$^{35}$təu$^{35}_{53}$man$^{13}_{21}$laŋ$^{35}$ɲin$^{13}_{21}$.ts$^{h}$iəu$^{53}$xe$^{53}$c$^{h}$iəu$^{53}$ɲien$^{13}_{21}$ təu$^{35}_{44}$lɔk$^{5}$ (x)ek$^{3}$ ci$^{21}$fei$^{13}$,iɔŋ$^{21}$san$^{35}_{44}$fei$^{13}$,ts$^{h}$iəu$^{53}$xei$^{53}$mau$^{13}$tek$^{3}$ set$^{3}$ fa$^{35}$lɔi$^{13}_{21}$,maŋ$^{13}$p$^{h}$u$^{35}$çi$^{21}$lɔi$^{13}_{44}$ia$^{0}$.

【水角】ʂei$^{21}$kɔk$^{3}$ 名 舀水用的竹筒，在一节竹筒外壁上安上柄做成的舀水器具：～，安做～，客姓人安做～。<u>舞下</u>竹筒，系啊？<u>舞下</u>竹筒，安只把，安做～。本地人就安做端筒。我等唔话端筒。～。ʂei$^{21}$kɔk$^{3}$,ɔn$^{35}_{44}$tso$^{53}_{44}$ʂei$^{21}$kɔk$^{3}$,k$^{h}$ak$^{3}$ sin$^{53}$ɲin$^{13}_{21}$ɔn$^{35}_{44}$tso$^{53}_{44}$ʂei$^{21}$kɔk$^{3}$.ua$_{21}$(←u$^{21}$xa$^{53}$)tʂəuk$^{3}$ t$^{h}$əŋ$^{13}$,xe$^{53}_{44}$ a$^{0}$ ?ua$_{21}$(←u$^{21}$xa$^{53}$)tʂəuk$^{3}$ t$^{h}$əŋ$^{13}$,ɔn$^{35}_{44}$tʂak$^{3}$ pa$^{53}$,ɔn$^{35}_{44}$tso$^{53}$ʂei$^{21}$kɔk$^{3}$ .pən$^{21}$t$^{h}$i$^{53}$ɲin$^{13}_{44}$tsəu$^{53}_{44}$ɔn$^{35}_{44}$tso$^{53}_{44}$tɔn$^{35}$t$^{h}$əŋ$^{13}$.ŋai$^{13}$ tien$^{0}$ ŋ̍$^{13}$ua$^{53}_{44}$tɔn$^{35}$t$^{h}$əŋ$^{13}_{21}$.ʂei$^{21}$kɔk$^{3}$.

【水疖子】ʂei$^{21}$tsiet$^{3}$ tsɿ$^{0}$ 名 手接触脏物后生出的疱疹：箇就系安做～。嬒几大子唠，点伢大子个，系啊？手上，手上会起～。kai$^{53}_{44}$ts$^{h}$iəu$^{53}_{44}$xei$^{53}$ɔn$^{35}_{44}$tso$^{53}_{44}$ʂei$^{21}$tsiet$^{3}$ tsɿ$^{0}$ .maŋ$^{13}_{21}$ci$^{21}_{44}$t$^{h}$ai$^{53}$tsɿ$^{0}$ lau$^{0}$,tian$^{53}$ŋa$^{13}_{44}$ t$^{h}$ai$^{53}$tsɿ$^{0}$ ke$^{53}_{21}$,xei$^{53}_{44}$a$^{0}$ ?ʂəu$^{21}$ʂɔŋ$^{53}_{44}$,ʂəu$^{21}$xɔŋ$^{53}_{44}$uɔi$^{53}$çi$^{21}$ʂei$^{21}$tsiet$^{3}$ tsɿ$^{0}$.

【水浸鬼】ʂei$^{21}$tsin$^{53}$kuei$^{21}$ 名 迷信的人称溺水的人死后变成的鬼：有～，水肚里浸死个鬼。iəu$^{35}$ʂei$^{21}$tsin$^{53}$kuei$^{21}$,ʂei$^{21}$təu$^{21}$li$^{0}$ tsin$^{53}$si$^{21}$ke$^{53}$kuei$^{21}$.

【水酒】ʂei$^{21}$tsiəu$^{21}$ 名 用糯米酿造的甜酒：～，我等喊～，唔喊甜酒。只系以几年就学倒箇本地人喊倒讲下子甜酒。我等讲～。ʂei$^{21}$tsiəu$^{21}$,ŋai$^{13}$tien$^{0}$ xan$^{53}$ʂei$^{21}$tsiəu$^{21}$,m̩$^{13}$xan$^{53}$t$^{h}$ian$^{13}$tsiəu$^{21}$.tʂɿ$^{21}$xe$^{53}$ i$^{21}$ci$^{21}$ɲien$^{13}$ts$^{h}$iəu$^{53}_{44}$xɔk$^{5}$ tau$^{21}$kai$^{53}_{44}$pən$^{21}$t$^{h}$i$^{53}$ɲin$^{13}_{21}$xan$^{53}$tau$^{21}$kɔŋ$^{21}$xa$^{53}$tsɿ$^{0}$ t$^{h}$ian$^{13}$tsiəu$^{21}$.ŋai$^{13}_{21}$tien$^{0}$ kɔŋ$^{21}$ʂei$^{21}$tsiəu$^{21}$.

【水坑子】ʂei$^{21}$xaŋ$^{35}$tsɿ$^{0}$ 名 溪水，溪流（比较深）：～就深滴子，一般欸水大滴子。ʂei$^{21}$xaŋ$^{35}$ tsɿ$^{0}$ ts$^{h}$iəu$^{53}_{44}$tʂ$^{h}$ən$^{35}$tet$^{5}$ tsɿ$^{0}$,iet$^{3}$pan$^{35}_{44}$ei$^{0}$ ʂei$^{21}$t$^{h}$ai$^{53}$tiet$^{5}$ tsɿ$^{0}$.

【水狼蜂】ʂei$^{21}$lɔŋ$^{13}_{21}$fəŋ$^{35}$ 名 水田中的一种昆虫，两头尖，长寸许，蜇人：～，有，有，～会叼人呢。会叼人呶箇个会！我等箇阵子去耘田呢就晓得。分～叼哩人真痛噢。ʂei$^{21}$lɔŋ$^{13}_{21}$ fəŋ$^{35}$,iəu$^{35}$,iəu$^{35}$,ʂei$^{21}$lɔŋ$^{13}_{21}$fəŋ$^{35}$uɔi$^{53}_{44}$tiau$^{35}_{44}$ɲin$^{13}$nei$^{0}$ .uɔi$^{53}_{44}$tiau$^{35}$ɲin$^{13}$nau$^{0}$ kai$^{53}_{21}$kei$^{53}_{21}$xuɔi$^{53}_{44}$!ŋai$^{13}_{21}$tien$^{0}$ kai$^{53}$tʂ$^{h}$ən$^{53}_{44}$ tsɿ$^{0}$ çi$^{53}$in$^{13}_{21}$t$^{h}$ien$^{13}$ne$^{0}$ ts$^{h}$iəu$^{53}$çiau$^{21}$tek$^{3}$.pən$^{35}$ʂei$^{21}$lɔŋ$^{13}$fəŋ$^{35}$tiau$^{35}$li$^{0}$ ɲin$^{13}_{44}$tʂən$^{35}$t$^{h}$əŋ$^{53}$ŋau$^{0}$.

【水老鼠】ʂei$^{21}$lau$^{21}_{53}$tʂ$^{h}$əu$^{21}$ 名 一种近水栖息，具有一定潜水能力的老鼠：～，系，水肚里也有老鼠，在水里划着过欸。ʂei$^{21}$lau$^{21}_{53}$tʂ$^{h}$əu$^{21}$,xe$^{53}_{44}$,ʂei$^{21}$təu$^{21}$li$^{0}$ ia$^{35}_{44}$iəu$^{35}_{44}$lau$^{21}_{53}$tʂ$^{h}$əu$^{21}$,tsai$^{53}_{44}$ʂei$^{21}$li$^{0}$ fa$^{13}$tʂɔk$^{3}$

S

ko$^{53}$ŋe$^{0}$.

【水淋水涿】ʂei$^{21}$lin$^{13}$ʂei$^{21}$təuk$^{3}$ 指淋雨：你买哩张子车也好，听晡我等去帮忙啊，省子～啊冷天呐。ɲi$^{13}$mai$^{35}$li$^{0}$tʂɔŋ$^{35}$tsɿ$^{0}$tʂ$^{h}$a$^{35}$ia$^{35}$xau$^{21}$,t$^{h}$in$^{35}_{53}$pu$^{35}_{53}$ŋai$^{13}$tien$^{0}$çi$^{53}_{44}$pɔŋ$^{35}_{44}$mɔŋ$^{13}$ŋa$^{0}$,saŋ$^{21}$tsɿ$^{21}$ʂei$^{21}$lin$^{13}_{21}$ʂei$^{21}$təuk$^{3}$a$^{0}$laŋ$^{35}$t$^{h}$ien$^{35}_{44}$na$^{0}$.

【水溜苔】ʂei$^{21}$liəu$^{35}$t$^{h}$ɔi$^{13}$ [名]水里的苔藓：以如今箇河里啊箇个河石子上啊，河里啊箇石头上大石细石上都有～。欸，你打双赤脚是根本冇办法去河里走。你只有着双凉鞋欸就走得。i$^{21}_{13}$i$^{13}_{21}$cin$^{35}_{44}$kai$^{53}$xo$^{13}$li$^{0}$a$^{0}$kai$^{53}$ke$^{53}$xo$^{13}$ʂak$^{5}$tsɿ$^{0}$xɔŋ$^{53}$ŋa$^{0}$,xo$^{13}$li$^{0}$a$^{0}$kai$^{53}$ʂak$^{5}$t$^{h}$ei$^{13}_{44}$xɔŋ$^{53}_{44}$t$^{h}$ai$^{53}$ʂak$^{5}$sei$^{53}$ʂak$^{5}_{3}$xɔŋ$^{53}$təu$^{35}$iəu$^{35}_{44}$ʂei$^{21}$liəu$^{35}$t$^{h}$ɔi$^{13}_{21}$.e$_{21}$, ɲi$^{13}$ta$^{21}$səŋ$^{35}_{53}$tʂ$^{h}$ak$^{3}$ciɔk$^{3}$ʂʅ$^{53}_{44}$cien$^{35}$pən$^{21}$mau$^{13}$p$^{h}$an$^{53}$fait$^{3}$çi$^{53}$xo$^{13}$li$^{0}$tsei$^{21}$. ɲi$^{13}_{21}$tʂʅ$^{21}$iəu$^{35}_{53}$tʂɔk$^{3}$səŋ$^{35}_{44}$liɔŋ$^{13}$xai$^{13}_{21}$e$_{44}$tsiəu$^{53}$tsei$^{21}$tek$^{3}$.

【水萝松】ʂei$^{21}$lo$^{13}$ts$^{h}$əŋ$^{13}$ [名]一种松树：箇就不一定长在水边呢。岭上有呢，潮湿兜子个地方呢有，岭上有，我箇屋背都有条～㵘大。叶子个颜色唔知几深，欸，但是春天呢真好看，硬晛绿子。kai$^{53}$ts$^{h}$iəu$^{53}$pət$^{3}$iet$^{3}$t$^{h}$in$^{53}$tʂɔŋ$^{21}$ts$^{h}$ai$^{53}$ʂei$^{21}$pien$^{35}$nei$^{0}$.liaŋ$^{35}$xɔŋ$^{53}$iəu$^{35}_{44}$nei$^{0}$,tʂ$^{h}$au$^{13}_{21}$ʂət$^{5}$te$^{35}_{53}$tsɿ$^{0}$ke$^{0}$t$^{h}$i$^{53}$fɔŋ$^{35}_{53}$ne$^{0}$iəu$^{35}_{44}$,liaŋ$^{35}$xɔŋ$^{53}$iəu$^{35}_{44}$,ŋai$^{13}$kai$^{53}$uk$^{3}$pɔi$^{53}$təu$^{35}_{53}$iəu$^{35}_{53}$t$^{h}$iau$^{13}_{21}$ʂei$^{21}$lo$^{13}$ts$^{h}$əŋ$^{13}$mən$^{35}$t$^{h}$ai$^{53}$.iait$^{5}$tsɿ$^{0}$ke$^{53}$ŋan$^{13}$sek$^{3}$n̩$^{13}_{21}$ti$^{35}_{53}$ci$^{21}$tʂ$^{h}$ən$^{35}_{53}$,e$_{21}$,tan$^{53}_{44}$ʂʅ$^{53}_{44}$tʂ$^{h}$ən$^{35}$t$^{h}$ien$^{35}_{44}$nei$^{0}$tʂən$^{35}$xau$^{21}$k$^{h}$ɔn$^{53}$, ɲiaŋ$^{53}$kuaŋ$^{53}$liəuk$^{5}$tsɿ$^{0}$.

【水逻癞】ʂei$^{21}$la$^{13}$c$^{h}$ia$^{13}$ [名]水龟的俗称：飞得子去，～，唔知几快。fei$^{35}$tek$^{3}$tsɿ$^{0}$çi$^{53}$,ʂei$^{21}$la$^{13}$c$^{h}$ia$^{13}$,n̩$^{13}_{21}$ti$^{35}_{44}$ci$^{21}$k$^{h}$uai$^{53}$.

【水螺】ʂei$^{21}$lo$^{13}$ [名]生长在河水里的螺蛳：～有啊，欸欸，～，也安做～。河里个螺。ʂei$^{21}$lo$^{13}$iəu$^{35}_{44}$a$^{0}$,e$_{44}$e$_{44}$,ʂei$^{21}$lo$^{13}$,ia$^{35}$ɔn$^{35}_{44}$tso$^{53}_{44}$ʂei$^{21}$lo$^{13}$.xo$^{13}$li$^{21}$ke$^{53}$lo$^{13}$.

【水牛】ʂei$^{21}$ɲiəu$^{13}$ [名]一种牛，角很大，作新月形，喜欢浸在水中，是耕水田的主要力畜：但是我等还有条冲就尽系湖洋田吵，系啊？尽系就系大田丘，到落尾嘞还系买条～。买条～嘞，畜大来嘞，落尾就作箇边个大麻大丘嘞。箇～就煞多哩啦做起事来就。扫扫哩去啦，渠拖张子犁拖张子耙是硬唔爱箇个啦，硬唔费吹灰之力啦。～食也食得多滴唠，那是唠，欸。箇一般子个人莳田都呷唔消喔。我都正架势是我都呷唔消箇～哇。你系话舞倒箇细田丘子是，转横都转唔来啦，人都会退下墈……会分渠揰下墈下凑系。tan$^{53}$ʂʅ$^{53}$ŋai$^{13}$tien$^{0}$xai$^{13}_{21}$iəu$^{35}_{53}$t$^{h}$iau$^{13}_{21}$tʂ$^{h}$əŋ$^{35}$ts$^{h}$iəu$^{53}_{44}$ts$^{h}$in$^{53}$ne$^{53}_{44}$fu$^{13}$iɔŋ$^{13}_{44}$t$^{h}$ien$^{13}_{44}$ʂa$^{0}$,xei$^{53}_{44}$a$^{0}$?ts$^{h}$in$^{53}_{44}$nei$^{53}$ts$^{h}$iəu$^{53}_{44}$xei$^{53}_{44}$t$^{h}$ai$^{53}$t$^{h}$ien$^{13}_{21}$c$^{h}$iəu$^{35}$,tau$^{53}_{44}$lɔk$^{5}$mi$^{35}_{44}$le$^{0}$xan$^{13}$xei$^{53}$mai$^{35}$t$^{h}$iau$^{13}_{21}$ʂei$^{21}$ɲiəu$^{13}$.mai$^{35}$t$^{h}$iau$^{13}_{21}$ʂei$^{21}$ɲiəu$^{13}$lei$^{0}$,çiəuk$^{3}$t$^{h}$ai$^{53}$lɔi$^{13}_{44}$lei$^{0}$,lɔk$^{5}$mi$^{35}_{44}$tsiəu$^{53}$tsɔk$^{3}$kai$^{53}$pien$^{35}$kei$^{53}_{44}$t$^{h}$ai$^{53}$ma$^{13}$t$^{h}$ai$^{53}$c$^{h}$iəu$^{35}_{44}$lei$^{0}$.kai$^{53}$ʂei$^{21}$ɲiəu$^{13}$ts$^{h}$iəu$^{53}_{44}$sait$^{5}$to$^{35}$li$^{0}$la$^{0}$tso$^{53}$çi$^{21}$sɿ$^{53}$lɔi$^{13}_{21}$tsiəu$^{53}_{44}$.sau$^{53}$sau$^{53}$li$^{0}$çi$^{53}$la$^{0}$,ci$^{13}_{21}$t$^{h}$o$^{35}_{44}$tʂɔŋ$^{35}_{44}$tsɿ$^{0}$lai$^{13}$t$^{h}$o$^{35}_{44}$tʂɔŋ$^{35}_{44}$tsɿ$^{0}$p$^{h}$a$^{13}$ʂʅ$^{53}_{44}$ɲiaŋ$^{53}$m̩$^{13}_{21}$mɔi$^{53}$kai$^{53}$cie$^{53}$la$^{0}$, ɲiaŋ$^{53}$m̩$^{13}_{21}$fei$^{53}$tʂ$^{h}$ei$^{35}_{44}$fei$^{35}_{44}$tʂʅ$^{35}_{44}$liet$^{5}$la$^{0}$.ʂei$^{21}$ɲiəu$^{13}$ʂət$^{5}$la$^{35}_{44}$ʂət$^{5}$tek$^{3}$to$^{35}$tiet$^{5}$lau$^{0}$,la$^{53}_{44}$ʂʅ$^{53}_{44}$lau$^{0}$,e$_{21}$.kai$^{53}$iet$^{3}$pɔn$^{35}$tsɿ$^{0}$ke$^{53}_{44}$ɲin$^{13}_{44}$sɿ$^{13}_{21}$t$^{h}$ien$^{13}$təu$^{35}_{44}$çiak$^{5}$n̩$^{13}_{21}$siau$^{35}$uo$^{0}$.ŋai$^{13}$təu$^{35}_{44}$tʂaŋ$^{53}$cia$^{53}$ʂʅ$^{53}$ʂʅ$^{53}_{44}$ŋai$^{13}$təu$^{35}_{44}$çiak$^{5}$n̩$^{13}_{21}$siau$^{35}$kai$^{53}_{44}$ʂei$^{21}$ɲiəu$^{13}_{21}$ua$^{0}$. ɲi$^{13}$xei$^{53}$ua$^{53}$u$^{21}$tau$^{21}$kai$^{53}_{44}$se$^{53}$t$^{h}$ien$^{13}_{21}$c$^{h}$iəu$^{35}$tsɿ$^{0}$ʂʅ$^{53}_{44}$,tʂuɔn$^{21}$uɔŋ$^{13}$təu$^{35}_{53}$tʂuɔn$^{21}$n̩$^{13}_{21}$nɔi$^{13}$ia$^{0}$, ɲin$^{13}$təu$^{35}_{44}$uɔi$^{53}_{44}$t$^{h}$i$^{53}$ia$^{53}_{44}$k$^{h}$an$^{53}$…uɔi$^{53}_{44}$pən$^{35}_{53}$ci$^{13}_{21}$ts$^{h}$əŋ$^{21}$xa$^{53}_{44}$k$^{h}$an$^{53}$xa$^{53}_{44}$ts$^{h}$e$^{0}$xei$^{53}_{44}$.

【水牛牯】ʂei$^{21}$ɲiəu$^{13}$ku$^{21}$ [名]雄性水牛。也称“水牛牯子”：～是系欸在我等人箇欸客家人系个栏场子力气最大个动物就～哇。嗯，～子个力气就最大。ʂei$^{21}$ɲiəu$^{13}$ku$^{21}$ʂʅ$^{53}_{21}$xei$^{53}$e$_{21}$ts$^{h}$ai$^{53}$ŋai$^{13}_{21}$tien$^{0}$ɲin$^{13}_{44}$kai$^{53}$e$_{21}$k$^{h}$ak$^{3}$ka$^{35}_{44}$ɲin$^{13}_{21}$xei$^{53}$ke$^{53}$laŋ$^{13}_{21}$tʂ$^{h}$ɔŋ$^{13}_{21}$tsɿ$^{0}$liet$^{5}$çi$^{53}$tsei$^{53}$t$^{h}$ai$^{53}_{44}$ke$^{53}_{44}$t$^{h}$əŋ$^{53}$uk$^{5}$ts$^{h}$iəu$^{53}$ʂei$^{21}$ɲiəu$^{13}$ku$^{21}$ua$^{0}$.n̩$_{21}$,ʂei$^{21}$ɲiəu$^{13}$ku$^{21}$tsɿ$^{0}$ke$^{53}_{44}$liet$^{5}$çi$^{53}_{44}$tsiəu$^{53}_{44}$tsei$^{53}$t$^{h}$ai$^{53}_{44}$.

【水疱】ʂei$^{21}$p$^{h}$iau$^{53}$ [名]由于烫伤或炎症反应等原因而形成的高出皮肤的疱疹，内含水液：一般就系皮肤感染哩了或者惹倒哩寒沿虫啊么个东西起～。舞兜子药搽下子啊，到药店里去搞兜子药搽下子欸就要得哩，箇个冇事几厉害子起兜子疱是。iet$^{3}$pɔn$^{35}$ts$^{h}$iəu$^{53}$xe$^{53}_{44}$p$^{h}$i$^{13}$fu$^{35}_{44}$kɔn$^{21}$vien$^{21}$li$^{0}$liau$^{0}$xɔit$^{5}$tʂa$^{21}$ɲia$^{35}$tau$^{21}$li$^{0}$xɔn$^{13}$ien$^{13}_{21}$tʂ$^{h}$əŋ$^{13}_{21}$ŋa$^{0}$mak$^{3}$e$^{0}$təŋ$^{35}_{44}$si$^{0}$çi$^{21}$ʂei$^{53}$p$^{h}$iau$^{53}$.u$^{21}$te$^{35}_{53}$tsɿ$^{0}$iɔk$^{5}$ts$^{h}$a$^{13}$xa$^{53}_{44}$tsɿ$^{0}$a$^{0}$,tau$^{53}$iɔk$^{5}$tian$^{53}$li$^{0}$çi$^{53}_{44}$kau$^{21}$te$^{35}_{53}$tsɿ$^{0}$iɔk$^{5}$ts$^{h}$a$^{13}_{21}$xa$^{53}_{44}$tsɿ$^{0}$e$_{21}$ts$^{h}$iəu$^{53}$iau$^{53}$tek$^{3}$li$^{0}$,kai$^{53}$ke$^{53}$mau$^{13}_{21}$sɿ$^{53}$ci$^{21}$li$^{53}$xɔi$^{53}$tsɿ$^{0}$çi$^{21}$tei$^{53}$tsɿ$^{0}$p$^{h}$iau$^{53}$ʂʅ$^{53}_{21}$.

【水杉】ʂei$^{21}$sa$^{35}$ [名]杉科水杉属落叶乔木：欸，我等上背都有蛮多～树，真肯大，硬真唔爱几多年就又高又大硬，只要几年子嘞。上哩七八年是硬就两层楼咁高嘞。我等箇个有成十……十多年个了吧？箇个看稳箇只我看稳箇只我等箇只阿叔栽个，零二年栽个嘞，零二年栽个，咁大一条如今箇～树。箇个有三四层楼咁高，硬吓人。渠系好搞子样嘞就跍倒箇马路边上栽几条，栽一路上。e$_{21}$,ŋai$^{13}$tien$^{0}$ʂɔŋ$^{53}$pɔi$^{53}_{44}$təu$^{35}_{44}$iəu$^{35}_{44}$man$^{13}_{21}$to$^{35}_{44}$ʂei$^{21}$sa$^{35}$ʂəu$^{53}$,tʂən$^{35}$xen$^{21}$t$^{h}$ai$^{53}$, ɲiaŋ$^{53}$tʂən$^{35}$m̩$^{13}_{21}$mɔi$^{53}$ci$^{21}$to$^{35}$ɲien$^{13}$ts$^{h}$iəu$^{53}_{21}$iəu$^{53}$kau$^{35}$iəu$^{53}$t$^{h}$ai$^{53}$ɲiaŋ$^{53}$,tʂʅ$^{21}$iau$^{53}$ci$^{21}$ɲien$^{13}$tsɿ$^{0}$le$^{0}$.ʂɔŋ$^{35}$li$^{0}$ts$^{h}$iet$^{3}$pait$^{3}$ɲien$^{13}$ʂʅ$^{53}_{44}$

ȵiaŋ$^{53}$ts$^{h}$iəu$^{53}$iɔŋ$^{21}$ts$^{h}$en$^{13}$lei$^{13}$kan$^{21}$kau$^{35}_{44}$lei$^{0}$.ŋai$^{13}$tien$^{0}$kai$^{53}$ke$^{53}$iəu$^{35}$ʂaŋ$^{13}_{21}$ʂət$^{5}$…ʂət$^{5}$to$^{35}$ȵien$^{13}$ke$^{53}_{44}$liau$^{0}$ pa$^{0}$?kai$^{53}_{44}$ke$^{53}_{44}$k$^{h}$ɔn$^{53}$uən$^{21}$kai$^{53}$tʂak$^{3}$ŋai$^{13}$k$^{h}$ɔn$^{53}$uən$^{21}$kai$^{53}$tʂak$^{3}$ŋai$^{13}$tien$^{0}$kai$^{53}$tʂak$^{3}$a$^{35}$ʂəuk$^{3}$tsɔi$^{35}$ke$^{53}$,lin$^{13}$ȵi$^{53}$ ȵien$^{13}_{21}$tsɔi$^{35}$ke$^{53}$lei$^{0}$,lin$^{13}$ȵi$^{53}$ȵien$^{13}_{21}$tsɔi$^{35}$ke$^{53}$,ka:n$^{21}$t$^{h}$ai$^{53}$iet$^{3}$t$^{h}$iau$^{35}_{44}$i$^{13}_{21}$cin$^{35}_{53}$kai$^{53}_{44}$ʂei$^{21}$sa$^{35}$ʂəu$^{53}$.kai$^{53}_{44}$ke$^{53}_{44}$iəu$^{35}_{44}$san$^{35}_{44}$si$^{53}$ ts$^{h}$ien$^{13}$lei$^{13}_{21}$kan$^{21}$kau$^{35}_{44}$, ȵiaŋ$^{53}$xak$^{3}$ȵin$^{13}$.ci$^{13}$xei$^{53}$xau$^{21}$kau$^{21}$tsɿ$^{0}$iɔŋ$^{53}_{44}$lei$^{0}$ts$^{h}$iəu$^{53}$ku$^{35}$tau$^{21}_{44}$kai$^{53}_{44}$ma$^{35}$ləu$^{53}_{44}$pien$^{35}$ xɔŋ$^{53}_{44}$tsɔi$^{35}$ci$^{21}$t$^{h}$iau$^{13}$,tsɔi$^{35}$iet$^{3}$ləu$^{53}$ʂɔŋ$^{35}$.

【水蛇子】ʂei$^{21}$ʂa$^{13}$tsɿ$^{0}$ 名生活于水中的蛇：～样个会啮人呐，唔知几毒啦。欸，经常有哇。箇晡我带倒我箇只孙子就去洞溪完小，洞溪学校里箇映子我孙子就放势指啊，箇河里啊一条～放势去曳啦，去下子□摆动呐。箇晡就一条～啊。ʂei$^{21}$ʂa$^{13}$tsɿ$^{0}$iɔŋ$^{53}$ke$^{53}_{44}$uɔi$^{53}$ŋait$^{3}$ȵin$^{13}$na$^{0}$,n̩$^{13}$ti$^{35}_{53}$ci$^{21}$ t$^{h}$əuk$^{5}$la$^{0}$.e$_{53}$,cin$^{35}$tʂ$^{h}$ɔŋ$^{13}_{21}$iəu$^{35}_{44}$ua$^{0}$.kai$^{53}$pu$^{35}_{53}$ŋai$^{13}$tai$^{53}$tau$^{21}$ŋai$^{13}$kai$^{53}$(tʂ)ak$^{3}$sən$^{35}$tsɿ$^{0}$tsiəu$^{53}$çi$^{53}$t$^{h}$əŋ$^{53}$çi$^{35}_{44}$xɔn$^{13}$ siau$^{21}$,t$^{h}$əŋ$^{53}_{44}$çi$^{35}_{44}$çiɔk$^{5}$çiau$^{53}_{44}$li$^{0}$kai$^{53}_{44}$iaŋ$^{53}$tsɿ$^{0}$ŋai$^{13}$sən$^{35}$tsɿ$^{0}$ts$^{h}$iəu$^{53}_{44}$fɔŋ$^{53}$ʂʅ$^{53}$tʂʅ$^{21}$za$^{0}$,kai$^{53}_{44}$xo$^{13}$li$^{0}$a$^{0}$iet$^{3}$t$^{h}$iau$^{13}_{21}$ʂei$^{21}$ ʂa$^{13}$tsɿ$^{0}$xɔŋ$^{53}$ʂʅ$^{53}_{44}$çi$^{53}_{44}$ie$^{53}$la$^{0}$,çi$^{53}$xa$^{53}_{44}$tsɿ$^{0}$pin$^{21}$na$^{0}$.kai$^{53}_{44}$pu$^{35}$ts$^{h}$iəu$^{53}$iet$^{3}$t$^{h}$iau$^{13}$ʂei$^{21}$ʂa$^{13}$tsɿ$^{0}$a$^{0}$.

【水蛇腰】ʂei$^{21}$ʂa$^{13}$iau$^{35}$ 名细长的腰（多指女性的）：箇有只妹子啊欸人也蛮高子，身材也长得还好，欸，特别嘞就系一只～。kai$^{53}$iəu$^{35}$tʂak$^{3}$mɔi$^{53}$tsɿ$^{0}$a$^{0}$e$_{21}$ȵin$^{13}$na$^{35}_{53}$man$^{13}_{21}$kau$^{35}$tsɿ$^{0}$,ʂən$^{35}$ts$^{h}$ɔi$^{13}_{21}$ia$^{35}_{53}$ tʂɔŋ$^{21}$tek$^{3}$xai$^{13}_{44}$xau$^{21}$,e$_{21}$,t$^{h}$ek$^{5}$p$^{h}$iet$^{5}$lei$^{0}$ts$^{h}$iəu$^{53}$xei$^{53}$iet$^{3}$tʂak$^{3}$ʂei$^{21}$ʂa$^{13}_{21}$iau$^{35}$.｜箇只妹子个～哇同箇有兜子妖精样个味道，蛮妖艳。kai$^{53}$tʂak$^{3}$mɔi$^{53}$tsɿ$^{0}$ke$^{53}_{44}$ʂei$^{21}$ʂa$^{13}_{21}$iau$^{35}$ua$^{0}$t$^{h}$əŋ$^{13}_{21}$kai$^{53}_{44}$iəu$^{35}$tei$^{35}_{53}$tsɿ$^{0}$iau$^{35}$tsin$^{35}$iɔŋ$^{53}_{44}$ke$^{53}$ uei$^{53}_{44}$t$^{h}$au$^{53}_{44}$,man$^{13}_{21}$iau$^{35}$ien$^{53}$.

【水湿】ʂei$^{21}$ʂət$^{3}$ 名因经常坐卧湿地，汗出沾衣或涉水淋雨等引起的湿邪：利～li$^{53}$ʂei$^{21}$ʂət$^{3}_{5}$｜以前我等去屋下做工夫个时候子啊，喜欢挖箇个过路黄荆呢。放滴黄豆子，放滴饽饽，去炆汤食。落水天呢，冇么个搞，就分箇过路黄荆洗净来，剁倒哇，炆碗汤食哩。除～。过路黄荆凑除～。爱就爱路边荆啦。硬系爱路边上舞个啦。欸，箇个樀樀叶叶唔爱。只爱底下个蔸，底下个雪白个蔸，剁做咁长子筒筒子。搞一大饽，炆做一镬，放滴黄豆子，放两只饽饽，嗯。以下嘞，一家人都食得，箇是除～嘞，去屋下做工夫是有～嘞。箇阵子欸，系好滴子个情况下就是一个人舞只饽饽，欸嘿，□只饽饽。饽饽也食咁去。箇个过路黄荆个汤一个人一碗公。唔多好食，也唔系几多难食。也唔系几难食唠。i$^{35}_{53}$ts$^{h}$ien$^{13}_{21}$ŋai$^{13}$tien$^{0}$çi$^{53}$uk$^{3}$xa$^{53}_{44}$tso$^{53}$kəŋ$^{35}$fu$^{35}_{44}$ke$^{0}$ʂʅ$^{13}$ xəu$^{53}_{44}$tsɿ$^{0}$a$^{0}$,çi$^{21}$fɔn$^{35}_{44}$uait$^{3}$kai$^{53}$ke$^{53}_{44}$ko$^{53}$ləu$^{53}$uɔŋ$^{13}$ciaŋ$^{35}$nei$^{0}$.fɔŋ$^{53}_{44}$tet$^{5}$uɔŋ$^{13}$t$^{h}$ei$^{53}_{44}$tsɿ$^{0}$,fɔŋ$^{53}_{44}$tet$^{5}$pɔk$^{5}$pɔk$^{5}$,çi$^{53}$uən$^{13}$ t$^{h}$ɔŋ$^{35}$ʂət$^{5}$.lɔk$^{5}$ʂei$^{21}$t$^{h}$ien$^{35}$ne$^{0}$,mau$^{13}_{21}$mak$^{3}$e$^{0}$kau$^{21}$,ts$^{h}$iəu$^{53}_{44}$pən$^{35}$kai$^{53}_{44}$ko$^{53}$ləu$^{53}_{44}$uɔŋ$^{13}$ciaŋ$^{35}_{44}$sei$^{21}$ts$^{h}$iaŋ$^{53}$lɔi$^{13}_{21}$,to$^{53}$ tau$^{21}$ua$^{0}$,uən$^{13}$uɔn$^{21}$t$^{h}$ɔŋ$^{35}$ʂət$^{5}$li$^{0}$.tʂ$^{h}$əu$^{13}$ʂei$^{21}$ʂət$^{3}$.ko$^{53}$ləu$^{53}_{44}$uɔŋ$^{13}$ciaŋ$^{35}_{44}$ts$^{h}$e$^{0}$tʂ$^{h}$əu$^{13}$ʂei$^{21}$ʂət$^{3}$.ɔi$^{53}_{44}$ts$^{h}$iəu$^{53}_{44}$ɔi$^{53}_{44}$ləu$^{53}$ pien$^{35}_{44}$ciaŋ$^{35}$la$^{0}$. ȵiaŋ$^{53}_{44}$xe$^{53}_{44}$ɔi$^{53}_{44}$ləu$^{53}$pien$^{35}_{44}$xɔŋ$^{53}_{44}$u$^{21}$ke$^{53}$la$^{0}$.ei$_{21}$,kai$^{53}$kei$^{53}_{44}$k$^{h}$ua$^{21}$k$^{h}$ua$^{21}$iait$^{5}$iait$^{5}$m̩$^{13}_{21}$mɔi$^{53}_{44}$.tʂʅ$^{21}$ɔi$^{53}$ te$^{21}$xa$^{53}_{44}$ke$^{0}$tei$^{35}$,te$^{21}$xa$^{53}_{44}$ke$^{0}$siet$^{5}$p$^{h}$ak$^{5}$ke$^{0}$tei$^{35}$,to$^{53}$tso$^{53}_{44}$kan$^{21}$tʂ$^{h}$ɔŋ$^{13}_{44}$tsɿ$^{0}$t$^{h}$əŋ$^{13}$t$^{h}$əŋ$^{13}$tsɿ$^{0}$.kau$^{21}$iet$^{3}$t$^{h}$ai$^{53}$p$^{h}$ɔk$^{5}$,uən$^{13}$ tso$^{53}_{44}$iet$^{3}$uɔk$^{5}$,fɔŋ$^{53}_{44}$tet$^{5}$uɔŋ$^{13}$t$^{h}$ei$^{53}_{44}$tsɿ$^{0}$,fɔŋ$^{53}$iɔŋ$^{21}$tʂak$^{3}$pɔk$^{5}$pɔk$^{5}$,n̩$_{21}$.i$^{21}$xa$^{53}_{44}$lei$^{0}$,iet$^{3}$ka$^{35}$ȵin$^{13}$təu$^{35}$ʂət$^{5}$tek$^{3}$,kai$^{53}$ʂʅ$^{53}$ tʂ$^{h}$əu$^{13}_{21}$ʂei$^{21}$ʂət$^{3}$le$^{0}$,çi$^{53}$uk$^{3}$xa$^{53}_{44}$tso$^{53}$kəŋ$^{53}_{44}$fu$^{35}_{44}$ʂʅ$^{53}$iəu$^{35}$ʂei$^{21}$ʂət$^{3}$le$^{0}$.kai$^{53}$tʂ$^{h}$ən$^{53}$tsɿ$^{0}$ei$_{21}$xei$^{53}$xau$^{21}$tiet$^{5}$tsɿ$^{0}$ke$^{0}$ts$^{h}$in$^{13}_{21}$ k$^{h}$uɔŋ$^{53}_{44}$çia$^{53}_{44}$ts$^{h}$iəu$^{53}_{44}$ʂʅ$^{53}_{44}$iet$^{3}$cie$^{53}$ȵin$^{13}_{44}$u$^{21}$tʂak$^{3}$pɔk$^{5}$pɔk$^{5}$,e$_{44}$xe$_{44}$,sait$^{5}$tʂak$^{3}$pɔk$^{5}$pɔk$^{5}$.pɔk$^{5}$pɔk$^{5}$a$^{35}_{44}$ʂət$^{5}$kan$^{21}$ çi$^{53}$.kai$^{53}_{44}$ke$^{53}_{44}$ko$^{53}$ləu$^{53}_{44}$uɔŋ$^{13}_{21}$ciaŋ$^{35}_{44}$ke$^{0}$t$^{h}$ɔŋ$^{35}$iet$^{3}$ke$^{53}$ȵin$^{13}_{44}$iet$^{3}$uɔn$^{21}$kəŋ$^{35}$.n̩$^{13}$to$^{35}_{53}$xau$^{21}$ʂət$^{5}$,ia$^{35}$m̩$^{13}_{21}$p$^{h}$ei$^{53}$ci$^{21}$to$^{35}_{44}$lan$^{13}$ ʂət$^{5}$.ia$^{35}$m̩$^{13}_{21}$p$^{h}$ei$^{53}$ci$^{21}$lan$^{13}$ʂət$^{5}$lau$^{0}$.

【水塘】ʂei$^{21}$t$^{h}$ɔŋ$^{13}$ 名池塘：我等老家箇映子就蛮多～，但是都系山塘，嗯，岭角里个塘。如今都蓄咁哩，都冇得哩，蓄嘿哩，冇哩水呀，塘里就长倒尽竹哇。ŋai$^{13}_{21}$tien$^{0}$lau$^{21}$cia$^{35}_{44}$kai$^{53}$iaŋ$^{53}$ tsɿ$^{0}$ts$^{h}$iəu$^{53}_{44}$man$^{13}_{21}$to$^{35}_{44}$ʂei$^{21}$t$^{h}$ɔŋ$^{13}_{21}$,tan$^{53}$ʂʅ$^{53}$təu$^{35}_{44}$xe$^{53}_{44}$san$^{35}$t$^{h}$ɔŋ$^{13}_{21}$,n̩$_{21}$,liaŋ$^{35}$kɔk$^{3}$li$^{0}$ke$^{53}_{44}$t$^{h}$ɔŋ$^{13}_{21}$.i$^{13}_{21}$cin$^{35}_{44}$təu$^{35}_{44}$çiəuk$^{3}$kan$^{21}$ ni$^{0}$,təu$^{35}_{44}$mau$^{13}$tek$^{3}$li$^{0}$,çiəuk$^{3}$uek$^{3}$li$^{0}$,mau$^{13}$li$^{0}$ʂei$^{21}$ia$^{0}$,t$^{h}$ɔŋ$^{13}$li$^{0}$ts$^{h}$iəu$^{53}$tʂɔŋ$^{21}$tau$^{21}$ts$^{h}$in$^{53}$tʂəuk$^{3}$ua$^{0}$.

S

【水田】ʂei$^{21}$t$^{h}$ien$^{13}$ 名有田埂、能蓄水种植水稻的田地：箇是也去水肚里栽倒，～里。唔系去土里栽倒个。kai$^{53}_{44}$ʂʅ$^{53}_{21}$ia$^{35}$çi$^{53}_{21}$ʂei$^{21}$təu$^{21}$li$^{0}$tsɔi$^{35}$tau$^{21}_{44}$,ʂei$^{21}$t$^{h}$ien$^{13}_{21}$ni$^{0}$.me$_{44}$(←m̩$^{13}$xe$^{53}$)çi$^{53}$t$^{h}$əu$^{21}$li$^{0}$tsɔi$^{35}$tau$^{21}$ke$^{53}$.

【水桶】ʂei$^{21}$t$^{h}$əŋ$^{21}$ 名挑水、盛水用的容器，一般是长圆形，有提梁。分大桶、细桶：～脚盆都有。ʂei$^{21}$t$^{h}$əŋ$^{21}$ciɔk$^{3}$p$^{h}$ən$^{13}_{21}$təu$^{35}_{44}$iəu$^{35}$.

【水蚊子】ʂei$^{21}$mən$^{35}_{44}$tsɿ$^{0}$ 名一种蚊虫，喜水，比蚊子大：～，水面上个。ʂei$^{21}$mən$^{35}_{44}$tsɿ$^{0}$,ʂei$^{21}$ mien$^{53}_{44}$xɔŋ$^{53}_{44}$ke$^{53}_{44}$.

【水仙花】ʂei$^{21}$sien$^{35}$fa$^{35}$ 名花名：～渠有果实咯，欸渠有箇个蔸下有箇个同箇藠子样个东西咯，系唔系？咁大一只个咯，嗯，藠子样咯。有兜人栽下钵头肚里，有兜人就舞只子硬系都系要舞只钵子上栽倒哇。绝像藠子样，蛮好看呶，长大哩是蛮好看呶。箇有只夫娘子么个渠栽嘿十几年了哇，渠箇～蛮大一蔸蔸，就以映下去箇往箇边走兜子箇曾家里箇映就几蔸～嗯呶。

ʂei$^{21}$sien$^{35}_{44}$fa$^{35}_{44}$ci$^{13}_{21}$iəu$^{35}_{53}$ko$^{21}$ʂət$^{5}$ko$^{0}$,ei$^{0}$ci$^{13}_{21}$iəu$^{35}_{53}$kai$^{53}$ke$^{53}_{44}$tei$^{21}$xa$^{53}_{44}$iəu$^{35}_{53}$kai$^{53}$ke$^{53}_{44}$tʰəŋ$^{13}_{21}$kai$^{53}$cʰiau$^{35}$tsɿ$^{0}$iɔŋ$^{53}_{44}$ke$^{53}_{44}$təŋ$^{35}_{44}$si$^{0}$ko$^{0}$,xei$^{53}_{44}$me$^{53}_{44}$?kan$^{21}$tʰai$^{53}$iet$^{3}$tʂak$^{3}$ke$^{53}$ko$^{0}$,n̩$_{21}$,cʰiau$^{35}$tsɿ$^{0}$iɔŋ$^{53}$ko$^{0}$.iəu$^{35}$tei$^{35}_{53}$ɲin$^{13}_{44}$tsɔi$^{35}_{44}$xa$^{53}$pait$^{3}$tʰei$^{13}$təu$^{21}$li$^{0}$,iəu$^{35}$tei$^{35}_{53}$ɲin$^{13}_{21}$tsʰiəu$^{53}$u$^{21}$tʂak$^{3}$tsɿ$^{0}$ɲiaŋ$^{53}$xei$^{53}$təu$^{35}$xei$^{53}$iau$^{53}$u$^{21}$tʂak$^{3}$pait$^{3}$tsɿ$^{0}$xɔŋ$^{53}$tsɔi$^{35}$tau$^{21}$ua$^{0}$.tsʰiet$^{5}$tsʰiɔŋ$^{53}$cʰiau$^{35}$tsɿ$^{0}$iɔŋ$^{53}_{44}$,man$^{13}_{21}$xau$^{21}$kʰɔn$^{53}$nau$^{0}$,tʂɔŋ$^{21}$tʰai$^{53}$li$^{0}$ʂʅ$^{53}_{44}$man$^{13}$xau$^{21}$kʰɔn$^{53}$nau$^{0}$.kai$^{53}$iəu$^{35}$tʂak$^{3}$pu$^{35}$ɲiɔŋ$^{13}_{21}$tsɿ$^{3}$mak$^{3}$e$^{0}$ci$^{13}_{21}$tsɔi$^{35}$(x)ek$^{3}$ʂət$^{5}$ci$^{21}$ɲien$^{13}$niau$^{0}$ua$^{53}$,ci$^{13}_{21}$kai$^{53}_{44}$ʂei$^{21}$sien$^{35}_{44}$fa$^{35}_{44}$man$^{13}_{21}$tʰai$^{53}$(i)et$^{3}$tei$^{35}$tei$^{35}$,tsʰiəu$^{53}$i$^{13}_{21}$iaŋ$^{53}_{44}$xa$^{35}$çi$^{53}_{44}$kai$^{53}_{44}$uɔŋ$^{21}$kai$^{53}$pien$^{35}$tsei$^{21}$te$^{35}_{44}$tsɿ$^{0}$kai$^{53}_{44}$tsen$^{35}$ka$^{35}_{53}$li$^{0}$kai$^{53}$iaŋ$^{53}$tsiəu$^{53}$ci$^{21}$tei$^{35}_{44}$ʂei$^{21}$sien$^{35}_{44}$fa$^{35}_{44}$n̩$_{21}$nau$^{0}$.

【水线】ʂei$^{21}$sien$^{53}$ 名洪峰：箇头番涨大水呀箇个欸大河背箇映子个～呐，走箇田里搞哇下，箇田里损失蛮大。大水一来呀箇～咯就缯藉河流哩嘞。一走，走箇个田里过嘞箇～呢。kai$^{53}$tʰei$^{13}_{21}$fan$^{35}_{44}$tʂɔŋ$^{21}$tʰai$^{53}$ʂei$^{21}$ia$^{0}$kai$^{53}_{44}$ke$^{53}_{44}$e$_{21}$tʰai$^{53}$xo$^{13}_{21}$pɔi$^{53}$kai$^{53}_{44}$iaŋ$^{53}$tsɿ$^{0}$ke$^{53}_{44}$ʂei$^{21}$sien$^{53}$na$^{0}$,tsei$^{21}$kai$^{53}$tʰien$^{13}$ni$^{21}_{44}$kau$^{21}$ua$^{0}$xa$^{53}_{44}$,kai$^{53}$tʰien$^{13}_{21}$ni$^{0}$sən$^{21}$ʂət$^{5}$man$^{13}$tʰai$^{53}$.tʰai$^{53}$ʂei$^{21}$iet$^{3}$lɔi$^{13}$ia$^{0}$kai$^{53}_{44}$ʂei$^{21}$sien$^{53}$ko$^{0}$tsʰiəu$^{53}$maŋ$^{13}$tʂa$^{53}$xo$^{13}$liəu$^{13}$li$^{0}$le$^{0}$.iet$^{3}$tsei$^{21}$,tsei$^{21}$kai$^{53}$ke$^{53}$tʰien$^{13}$ni$^{21}$ko$^{53}$lei$^{0}$kai$^{53}_{44}$ʂei$^{21}$sien$^{53}$nei$^{0}$.

【水鸭子】ʂei$^{21}$ait$^{3}$tsɿ$^{0}$ 名鸭子品种名，体型较小，毛灰白，颈长，似鹅，喜欢待在水中，区别于干鸭子：箇个长日跕下水肚里个嘞就安做～。也更细，毛嘞也唔同。干鸭嘞蛮多就系乌毛，乌个。欸，～嘞就白毛。干鸭嘞又有人呢又喊喊渠系番鸭。干鸭肉更好食，水鸭肉唔好食。但是～如今也有兜卖起蛮贵个，么个～是让门子吗～是降血压，食哩晓知我就还是唔喜欢食，箇～有么个蛮好食。kai$^{53}$ke$^{0}$tʂʰɔŋ$^{13}$ɲiet$^{3}$kʰu$^{35}$xa$^{53}_{44}$ʂei$^{21}$təu$^{21}$li$^{0}$ke$^{0}$lei$^{0}$tsʰiəu$^{53}_{44}$ɔn$^{35}_{53}$tso$^{53}$ʂei$^{21}$ait$^{3}$tsɿ$^{0}$.ia$^{35}$ken$^{53}_{44}$se$^{53}$,mau$^{35}$lei$^{0}$ia$^{35}$n̩$^{13}_{21}$tʰəŋ$^{13}$.kɔn$^{35}$nait$^{3}$lei$^{0}$man$^{13}$to$^{35}_{44}$tsiəu$^{53}$xe$^{53}$u$^{35}$mau$^{35}$,u$^{35}$ke$^{53}$.e$_{44}$,ʂei$^{21}$ait$^{3}$tsɿ$^{0}$lei$^{0}$tsʰiəu$^{53}_{44}$pʰak$^{5}$mau$^{35}$.kɔn$^{35}$nait$^{3}$le$^{0}$iəu$^{53}$iəu$^{35}_{53}$ɲin$^{13}_{21}$nei$^{0}$iəu$^{53}_{44}$xan$^{53}_{44}$xan$^{53}$ci$^{13}_{21}$xe$^{53}$fan$^{35}$ait$^{3}$.kɔn$^{35}$nait$^{3}$ɲiəuk$^{3}$cien$^{53}_{44}$xau$^{21}$ʂət$^{5}$,ʂei$^{21}$ait$^{3}$ɲiəuk$^{3}$m̩$^{13}_{21}$xau$^{21}$ʂət$^{5}$.tan$^{53}_{44}$ʂʅ$^{53}$ʂei$^{21}$ait$^{3}$tsɿ$^{0}$i$^{13}_{21}$cin$^{35}_{44}$ia$^{35}$iəu$^{35}_{44}$təu$^{35}_{44}$mai$^{53}$çi$^{21}$man$^{13}$kuei$^{53}$ke$^{53}_{44}$,mak$^{3}$ke$^{0}$ʂei$^{21}$ait$^{3}$tsɿ$^{0}$ʂʅ$^{53}_{44}$ɲiɔŋ$^{53}$mən$^{0}$tsɿ$^{0}$ma$^{0}$ʂei$^{21}$ait$^{3}$tsɿ$^{0}$ʂʅ$^{53}_{44}$ciɔŋ$^{53}$çiet$^{3}$iak$^{3}$,ʂət$^{5}$li$^{0}$çiau$^{21}$ti$^{35}_{53}$ŋai$^{13}_{21}$tsʰiəu$^{53}_{21}$xai$^{13}_{21}$ʂʅ$^{53}$n̩$^{13}$çi$^{21}$fɔn$^{35}_{44}$ʂət$^{5}$,kai$^{53}$ʂei$^{21}$ait$^{3}$tsɿ$^{0}$mau$^{13}$mak$^{3}$e$^{0}$man$^{13}$xau$^{21}$ʂət$^{5}$.

【水烟筒】ʂei$^{21}$ien$^{35}$tʰəŋ$^{13}$ 名中国传统的吸烟用具之一。筒里放清水，吸时使里面产生负压，而使烟气通过水吸入口中，据说这样能减少有害成分：我就食唔得。我嗍下去，嗍口水嗍下嘴里去哩。我爷子就尽食～啊，食箇个食箇旱烟筒啊，草烟筒啊。旱烟筒又安做草烟筒嘞。ŋai$^{13}$tsʰiəu$^{53}_{44}$ʂət$^{5}$n̩$^{13}_{21}$tek$^{3}$.ŋai$^{13}$so$^{35}$xa$^{53}_{44}$çi$^{53}_{44}$,so$^{35}$xei$^{21}$ʂei$^{21}$so$^{35}$a$_{44}$tʂɔi$^{53}$li$^{0}$çi$^{53}_{44}$li$^{0}$.ŋai$^{13}_{21}$ia$^{13}$tsɿ$^{0}$tsʰiəu$^{53}_{44}$tsʰin$^{53}$ʂət$^{5}$ʂei$^{21}$ien$^{35}_{44}$tʰəŋ$^{13}_{21}$ŋa$^{0}$,ʂət$^{5}$kai$^{53}_{44}$ke$^{53}_{44}$ʂət$^{5}$kai$^{53}_{44}$xɔn$^{53}$ien$^{35}_{44}$tʰəŋ$^{13}_{21}$ŋa$^{0}$,tsʰau$^{21}$ien$^{35}_{44}$tʰəŋ$^{13}_{21}$ŋa$^{0}$.xɔn$^{53}$ien$^{35}_{44}$tʰəŋ$^{13}_{21}$iəu$^{53}_{44}$ɔn$^{35}_{44}$tso$^{53}_{44}$tsʰau$^{21}$ien$^{35}_{44}$tʰəŋ$^{13}_{21}$le$^{0}$.

【水眼】ʂei$^{21}$ŋan$^{21}$ 名围墙根或护坡上开的出水孔：箇个石墈上啊，箇个石墈呐砌个啊，也有～呶，也爱开～呶。渠个唔系石墈肚里个水会有哪映出啦，就会挤爆石墈呐。箇晡我等去中塘看个箇几多子～呐，系啊？kai$^{53}_{44}$ke$^{53}_{44}$ʂak$^{5}$kʰan$^{53}$xɔŋ$^{53}$ŋa$^{0}$,kai$^{53}_{44}$ke$^{53}_{44}$ʂak$^{5}$kʰan$^{53}$na$^{0}$tsʰi$^{53}$ke$^{53}$a$^{0}$,ia$^{35}$iəu$^{35}_{44}$ʂei$^{21}$ŋan$^{21}$nau$^{0}$,ia$^{35}$ɔi$^{53}$kʰɔi$^{35}$ʂei$^{21}$ŋan$^{21}$nau$^{0}$.ci$^{13}_{21}$ke$^{53}$m̩$^{13}$pʰei$^{53}_{44}$ʂak$^{5}$kʰan$^{53}$təu$^{21}$li$^{0}$ke$^{53}$ʂei$^{21}$uɔi$^{53}_{44}$mau$^{13}$lai$^{53}$iaŋ$^{53}$tʂʰət$^{3}$la$^{0}$,tsʰiəu$^{53}_{44}$uɔi$^{53}_{44}$tsi$^{21}$pau$^{53}$ʂak$^{5}$kʰan$^{53}$na$^{0}$.kai$^{53}_{44}$pu$^{35}_{53}$ŋai$^{13}$tien$^{0}$çi$^{53}$tʂəŋ$^{35}$tʰɔŋ$^{13}_{21}$kʰɔn$^{53}_{44}$ke$^{0}$kai$^{53}$ci$^{21}$(t)o$^{35}$tsɿ$^{0}$ʂei$^{21}$ŋan$^{21}$na$^{0}$,xei$^{53}$a$^{0}$?

【水衣】ʂei$^{21}$i$^{35}$ 名雨衣：～呀唔想着，唔想着～。搞么个嘞？搞么个咁多人会舞把伞喏箇骑摩托啰？箇～真着唔得个东西啊。一只就热人，欸，箇就除哩冷天呢箇着倒～嘞箇还暖暖子，系唔系啊？唔冷人。最有味道个路子着～。箇水落水天呐水一打下来，打倒箇面，系冷天是箇面上真唔好过哦硬哦。欸，怪唔得会买小车箇兜人呐想买小车咯。我也骑摩托，着～真唔想着啊。ʂei$^{21}$i$^{35}$ia$^{0}$n̩$^{13}$siɔŋ$^{21}$tʂɔk$^{3}$,n̩$^{13}$siɔŋ$^{21}$tʂɔk$^{3}$ʂei$^{21}$i$^{35}$.kau$^{21}$mak$^{3}$e$^{0}$lei$^{0}$?kau$^{21}$mak$^{3}$ke$^{53}$kan$^{21}$to$^{35}$ɲin$^{13}_{21}$uɔi$^{53}$u$^{21}$pa$^{21}$san$^{53}$no$^{0}$kai$^{53}$cʰi$^{13}_{21}$mo$^{13}_{21}$tʰɔk$^{3}$lo$^{0}$?kai$^{53}$ʂei$^{21}$i$^{35}$tʂən$^{35}$tʂɔk$^{3}$n̩$^{13}_{21}$tek$^{3}$ke$^{53}_{21}$təŋ$^{35}_{44}$si$^{0}$a$^{0}$.iet$^{3}$tʂak$^{3}$tsʰiəu$^{53}$ɲiet$^{5}$ɲin$^{13}_{44}$,e$_{21}$,kai$^{53}$tsʰiəu$^{53}$tʂʰəu$^{13}_{21}$li$^{0}$laŋ$^{35}$tʰien$^{35}_{44}$nei$^{0}$kai$^{53}$tʂɔk$^{3}$tau$^{21}$ʂei$^{21}$i$^{35}$lei$^{0}$kai$^{53}$xai$^{13}_{44}$lɔn$^{35}$lɔn$^{35}$tsɿ$^{0}$,xei$^{53}$mei$^{53}$a$^{0}$?n̩$^{13}_{21}$naŋ$^{35}$ɲin$^{13}_{21}$.tsei$^{53}$mau$^{13}$uei$^{53}$tʰau$^{53}$ke$^{53}$ləu$^{53}$tsɿ$^{0}$tʂɔk$^{3}$ʂei$^{21}$i$^{35}$.kai$^{53}$ʂei$^{21}$lɔk$^{5}$ʂei$^{21}$tʰien$^{35}_{44}$na$^{0}$ʂei$^{21}$iet$^{3}$ta$^{21}$(x)a$^{53}$lɔi$^{13}_{21}$,ta$^{21}$tau$^{21}$kai$^{53}_{44}$mien$^{53}$,xei$^{53}$laŋ$^{35}$tʰien$^{35}_{44}$ʂʅ$^{53}_{44}$kai$^{53}_{44}$mien$^{53}$xɔŋ$^{53}_{44}$tʂən$^{35}$n̩$^{13}_{21}$xau$^{21}$ko$^{53}$o$^{0}$ɲiaŋ$^{53}_{44}$o$^{0}$.e$_{21}$,kuai$^{53}$n̩$^{13}$tek$^{3}$uɔi$^{53}$mai$^{35}$siau$^{21}$tʂʰa$^{35}$kai$^{53}$tei$^{35}_{44}$ɲin$^{13}_{21}$na$^{0}$siɔŋ$^{21}$mai$^{35}$siau$^{21}$tʂʰa$^{35}$ko$^{0}$.ŋai$^{13}$ia$^{35}_{53}$cʰi$^{13}_{44}$mo$^{13}$tʰɔk$^{3}$,tʂɔk$^{3}$ʂei$^{21}$i$^{35}$tʂən$^{35}$n̩$^{13}_{21}$siɔŋ$^{21}$tʂɔk$^{3}$a$^{0}$.

【水饮瓜】ʂei$^{21}$in$^{21}$kua$^{35}_{44}$ 名黄瓜的一种，个儿大，皮青色：甜瓜都以前都冇得，以前只有～。tʰien$^{13}_{21}$kua$^{35}_{44}$təu$^{35}_{44}$i$^{35}$tsʰien$^{13}$təu$^{35}_{44}$mau$^{13}$tek$^{3}$,i$^{35}$tsʰien$^{13}_{44}$tʂʅ$^{21}$iəu$^{35}_{53}$ʂei$^{21}$in$^{21}$kua$^{35}$.｜～，有滴像黄瓜样懑大一只。ʂei$^{21}$in$^{21}_{13}$kua$^{35}$,iəu$^{35}$tet$^{5}_{}$tsʰiɔŋ$^{53}$uɔŋ$^{13}$kua$^{35}_{44}$iɔŋ$^{53}_{44}$mən$^{35}$tʰai$^{53}$iet$^{3}$tʂak$^{3}$.

【水圳】ʂei$^{21}$tʂən$^{53}$ 名人工挖的水道，水沟。也称“水圳子”：欸箇个咯年年冬下我等以前作田是年年冬下都爱修爱搞么个？爱搞冬修水利咯。搞冬修水利箇～是就系一只重大个项目。你等得到春天了作田了来搞～呐搞唔赢哩。如今以个栏场个～呐就因为栽烤烟，栽烤烟呢政府拨兜钱来分箇～全部硬化，搞成水泥个，箇泼令子个～啵箇是哦。欸。也爱有人管，有兜就咁子边嘿。边个边咁哩。e$_{21}$kai$^{53}_{44}$ke$^{53}_{44}$ko$^{0}$ ɲien$^{13}$ɲien$^{13}_{21}$təŋ$^{35}$xa$^{53}_{44}$ŋai$^{13}$tien$^{0}$ i$^{35}_{53}$tsʰien$^{13}_{44}$tsɔk$^{3}$ tʰien$^{13}$ʂʅ$^{53}_{44}$ɲien$^{13}$ ɲien$^{13}_{44}$təŋ$^{35}_{44}$xa$^{53}_{44}$təu$^{35}_{44}$ɔi$^{53}_{44}$siəu$^{35}_{44}$ɔi$^{53}$kau$^{21}$mak$^{3}$ kei$^{53}$?ɔi$^{53}$kau$^{21}$təŋ$^{35}$siəu$^{35}$ʂei$^{21}$li$^{53}$ko$^{0}$.kau$^{21}$təŋ$^{35}$siəu$^{35}$ʂei$^{21}$li$^{53}$kai$^{53}_{44}$ ʂei$^{21}$tʂən$^{53}$ʂʅ$^{53}_{44}$tsʰiəu$^{53}$xei$^{53}$iet$^{3}$ tʂak$^{3}$ tʂʰəŋ$^{53}$tʰai$^{53}_{44}$ke$^{53}_{21}$xɔŋ$^{53}$muk$^{5}$. ɲi$^{13}$tien$^{21}$tek$^{3}$ tau$^{53}$tʂʰən$^{35}$tʰien$^{35}$liau$^{0}$ tsɔk$^{3}$ tʰien$^{13}$liau$^{0}$ lɔi$^{13}$kau$^{21}$ʂei$^{21}$tʂən$^{53}$na$^{0}$ kau$^{21}$n̩$^{13}_{21}$iaŋ$^{13}$li$^{0}$.i$^{13}_{21}$cin$^{35}_{53}$i$^{21}$kei$^{53}$laŋ$^{13}_{21}$tʂʰɔŋ$^{13}_{21}$ke$^{53}$ʂei$^{21}$tʂən$^{53}$na$^{0}$ tsʰiəu$^{53}$in$^{35}$uei$^{53}_{44}$ tsɔi$^{35}$kʰau$^{21}$ien$^{35}_{44}$,tsɔi$^{35}$kʰau$^{21}$ien$^{35}_{44}$ne$^{0}$ tʂən$^{53}$fu$^{21}$pɔit$^{3}$ te$^{35}_{53}$tsʰien$^{13}_{44}$nɔi$^{13}_{44}$pən$^{35}_{44}$kai$^{53}_{44}$ʂei$^{21}$tʂən$^{53}$tsʰien$^{13}$pʰu$^{53}_{44}$ŋaŋ$^{53}$ fa$^{53}$,kau$^{21}$ʂaŋ$^{13}$ʂei$^{21}$lai$^{13}$ke$^{53}_{44}$,kai$^{53}$pʰait$^{5}$ laŋ$^{53}$tsʅ$^{0}$ ke$^{53}_{21}$ʂei$^{21}$tʂən$^{53}$nau$^{0}$ kai$^{53}_{21}$ʂʅ$^{53}_{21}$o$^{0}$.e$_{21}$.ia$^{35}$ɔi$^{53}_{44}$iəu$^{35}_{53}$ɲin$^{13}_{21}$kɔn$^{21}_{13}$,iəu$^{35}$te$^{35}_{44}$ tsʰiəu$^{53}$kan$^{21}$tsʅ$^{0}$ pien$^{35}$xek$^{3}$.pien$^{35}$ke$^{0}$ pien$^{35}$kan$^{21}$li$^{0}$.｜渠就同我跍倒箇个门口箇～子里呢，捡只碗箸。ci$^{13}$tsʰiəu$^{53}$tʰəŋ$^{13}_{21}$ŋai$^{13}_{21}$ku$^{35}$tau$^{21}$kai$^{53}_{44}$ke$^{53}_{44}$mən$^{13}$xei$^{21}$kai$^{53}$ʂei$^{21}$tʂən$^{53}$tsʅ$^{0}$ li$^{21}$nei$^{0}$,cian$^{21}$tʂak$^{3}$ uən$^{21}$sak$^{3}$.

【水肿】ʂei$^{21}$tʂəŋ$^{21}$ 名细胞间因液体积聚而引发的局部或全身性的肿胀：得～病 tek$^{3}$ ʂei$^{21}$tʂəŋ$^{21}$ pʰiaŋ$^{53}$

【水竹子】ʂei$^{21}$tʂəuk$^{3}$tsʅ$^{0}$ 名一种竹子：还有～啊，麻竹子啊，实心竹哇，箬竹子啊，鸡嫲竹喔。xai$^{13}$iəu$^{35}_{44}$ʂei$^{21}$tʂəuk$^{3}$tsʅ$^{0}$a$^{0}$,ma$^{13}$tʂəuk$^{3}$tsʅ$^{0}$a$^{0}$,ʂət$^{5}$sin$^{35}_{53}$tʂəuk$^{3}$ua$^{0}$,ɲiɔk$^{3}$tʂəuk$^{3}$tsʅ$^{0}$a$^{0}$,cie$^{35}$ma$^{13}$tʂəuk$^{3}$uo$^{0}$.

【水子挽】ʂei$^{21}$tsʅ$^{0}$uan$^{21}$ 名犁弯刀上用来挂住犁辕的铁钩，有时也包括连接犁藤索和犁辕的横木：以只，以，以映子，分以映，以，以，牛是去以面前，欸，也有两条绳，揠稳个，欸，以映就有只咁东西搭下牛身上来。以只东西，以映子，拶以映连接个，以只钩钩，就安做～。唠，渠分以条横棍棍，搭……以只东西搭做下也喊～。欸，就系以映那条横棍，以条横棍，搭以只东西也喊～。如今你到生资铺里去买，也喊买只～，箇样箇就指买以只东西。只有以坨铁个。欸，渠就箇只到去买个时间买～就指买以只东西啊。欸，归来就还爱请倒木匠去做条以个东西啊。做只横棍正。欸，斗正去啊。斗正哩以后也喊～。i$^{21}$tʂak$^{3}$,i$^{21}$,i$^{21}$iaŋ$^{53}$tsʅ$^{0}$,pən$^{35}$i$^{21}$ iaŋ$^{53}$,i$^{21}$,i$^{21}$, ɲiəu$^{13}$ʂʅ$^{53}_{44}$çi$^{53}_{44}$i$^{21}$mien$^{53}$tsʰien$^{13}$,ei$_{21}$,ia$^{35}$iəu$^{35}_{44}$iɔŋ$^{21}$tʰiau$^{13}_{21}$ʂən$^{13}$,kuan$^{35}$uən$^{21}$ke$^{53}_{44}$,ei$_{21}$,i$^{21}$iaŋ$^{53}_{44}$tsiəu$^{53}_{44}$iəu$^{35}_{44}$ tʂan$^{21}$(←tʂak$^{3}$kan$^{21}$)təŋ$^{35}_{44}$si$^{0}$ tait$^{3}$(x)a$^{53}_{21}$ɲiəu$^{13}$ʂən$^{35}_{21}$xɔŋ$^{53}_{44}$lɔi$^{13}_{21}$.i$^{21}$tʂak$^{3}$ təŋ$^{35}_{44}$si$^{0}$,i$^{21}$iaŋ$^{53}$tsʅ$^{0}$,lau$^{35}$i$^{21}$iaŋ$^{53}$lien$^{13}$tsiet$^{3}$ ke$^{53}_{44}$,i$^{21}$tʂak$^{3}$kei$^{35}$kei$^{35}_{44}$,tsiəu$^{53}$ɔn$^{35}_{44}$tso$^{53}_{44}$ʂei$^{21}$tsʅ$^{0}$uan$^{21}$.lau$_{44}$,ci$^{13}_{21}$pən$^{35}_{44}$i$^{21}$tʰiau$^{13}_{21}$uaŋ$^{13}$kuən$^{53}$kuən$^{53}$,tait$^{3}$⋯i$^{21}$tʂak$^{3}$ təŋ$^{35}_{44}$si$^{0}$ tait$^{3}$ tso$^{53}$xa$^{53}$ia$^{35}$xan$^{53}$ʂei$^{21}$tsʅ$^{0}$uan$^{21}$.e$_{53}$,tsʰiəu$^{53}$xe$^{53}$i$^{21}$iaŋ$^{53}$lai$^{53}$tʰiau$^{13}_{21}$uaŋ$^{13}$kuən$^{53}$,i$^{21}$tʰiau$^{13}_{21}$uaŋ$^{13}$ kuən$^{53}$,tait$^{3}$i$^{21}$tʂak$^{3}$təŋ$^{35}_{44}$si$^{0}$ia$^{35}$xan$^{53}$ʂei$^{21}$tsʅ$^{0}$uan$^{21}$.i$^{13}_{21}$cin$^{35}_{44}$ɲi$^{13}_{21}$tau$^{53}_{44}$sien$^{35}$tsʅ$^{35}_{44}$pʰu$^{53}$li$^{0}$ çi$^{53}_{44}$mai$^{35}$,ia$^{35}$xan$^{53}$mai$^{35}$tʂak$^{3}$ ʂei$^{21}$tsʅ$^{0}$uan$^{21}$,kai$^{53}_{44}$iɔŋ$^{53}_{44}$kai$^{53}_{44}$tsʰiəu$^{53}_{44}$tʂʅ$^{21}$mai$^{35}$i$^{21}$tʂak$^{3}$təŋ$^{35}_{44}$si$^{0}$.tʂʅ$^{21}$iəu$^{35}_{53}$i$^{21}$tʰo$^{13}_{21}$tʰiet$^{3}$ke$^{53}_{44}$.e$_{35}$,ci$^{13}$tsʰiəu$^{53}$kai$^{53}_{21}$tʂak$^{3}$ tau$^{53}$çi$^{53}_{44}$mai$^{35}$ke$^{53}_{44}$ʂʅ$^{13}_{21}$kan$^{35}_{44}$mai$^{35}$ʂei$^{21}$tsʅ$^{0}$uan$^{21}$tsʰiəu$^{53}$tʂʅ$^{21}$mai$^{35}$i$^{21}$tʂak$^{3}$təŋ$^{35}_{44}$si$^{0}$a$^{0}$.e$_{21}$,kuei$^{35}$lɔi$^{13}_{21}$tsiəu$^{53}_{44}$xai$^{13}_{21}$ɔi$^{53}_{44}$ tsʰiaŋ$^{21}$tau$^{21}$muk$^{3}$siɔŋ$^{53}$çi$^{53}_{21}$tso$^{53}$tʰiau$^{13}_{21}$i$^{21}$ke$^{53}_{44}$təŋ$^{35}_{44}$si$^{0}$a$^{0}$.tso$^{53}$tʂak$^{3}$uaŋ$^{13}$kuən$^{53}$tʂaŋ$^{53}_{35}$.e$_{21}$,tei$^{53}$tʂaŋ$^{53}_{21}$çi$^{53}_{44}$a$^{0}$.tei$^{53}$ tʂaŋ$^{53}_{21}$li$^{0}$i$^{35}$xei$^{53}_{44}$ia$^{35}$xan$^{53}$ʂei$^{21}$tsʅ$^{0}$uan$^{21}$.

【税客子】ʂei$^{53}$kʰak$^{3}$tsʅ$^{0}$ 名旧时称税收管理人员（有不尊重的意味）：欸收税个人呐就安做～。如今有咁，如今很少人称渠等为～了。解放前就系称～啊。e$^{0}$ʂəu$^{35}_{44}$ʂei$^{53}$ke$^{53}$ɲin$^{13}_{21}$na$^{0}$tsiəu$^{53}_{44}$ɔn$^{35}_{44}$tso$^{53}_{44}$ ʂei$^{53}$kʰak$^{3}$tsʅ$^{0}$.i$^{13}_{21}$cin$^{35}_{53}$mau$^{13}_{21}$kan$^{21}_{53}$,i$^{13}_{21}$cin$^{35}_{53}$xen$^{21}$ʂau$^{21}$ɲin$^{13}$tʂʰən$^{35}$ci$^{13}_{21}$tien$^{0}$uei$^{13}$ʂei$^{53}$kʰak$^{3}$tsʅ$^{0}$liau$^{0}$.kai$^{21}$xɔŋ$^{53}$ tsʰien$^{13}$tsʰiəu$^{53}_{44}$xe$^{53}_{44}$tʂʰən$^{35}$ʂei$^{53}$kʰak$^{3}$tsʅ$^{0}$a$^{0}$.

【睡】ʂɔi$^{53}$/ʂuɔi$^{53}$ 动①闭目安息，大脑皮质处于休息状态：～着哩 ʂɔi$^{53}$tʂʰɔk$^{5}$li$^{0}$ ｜昨晡夜晡赠～好。tsʰo$^{35}$pu$^{35}_{44}$ia$^{53}_{44}$pu$^{35}_{44}$maŋ$^{13}$ʂɔi$^{53}$xau$^{21}$.｜渠～咁哩吧？ci$^{13}$ʂɔi$^{53}$kan$^{21}$li$^{0}$pa$^{0}$? ②躺：脸朝下咯，覆覆哩～倒嘞。lien$^{21}$tʂʰau$^{13}$çia$^{53}$ko$^{0}$,pʰuk$^{3}$pʰuk$^{3}$li$^{0}$ʂɔi$^{53}$tau$^{21}$le$^{0}$.｜我～也～过（猪宪床）。ŋai$^{13}_{21}$ʂuɔi$^{53}$ia$^{35}_{44}$ ʂuɔi$^{53}$ko$^{53}_{21}$.

【睡当昼】ʂɔi$^{53}$tɔŋ$^{53}$tʂəu$^{53}$ 睡午觉。又称"睡当昼目"：我是天天都爱～喔。我十二月天我都～，只系话睡得久唔久凑。ŋai$^{13}$ʂʅ$^{53}_{44}$tʰien$^{35}$tʰien$^{35}_{44}$təu$^{35}_{44}$ɔi$^{53}_{44}$ʂɔi$^{53}$tɔŋ$^{35}$tʂəu$^{53}$uo$^{0}$.ŋai$^{13}$ʂət$^{5}$ɲi$^{53}$ɲiet$^{5}$tʰien$^{35}_{44}$ŋai$^{13}$təu$^{35}_{44}$ ʂɔi$^{53}$tɔŋ$^{35}$tʂəu$^{53}_{44}$,tʂʅ$^{21}$(x)ei$^{53}_{44}$ua$^{53}_{44}$ʂɔi$^{53}$tek$^{3}$ciəu$^{21}$n̩$^{13}$ciəu$^{21}$tsʰe$^{0}$.

【睡当昼目】ʂɔi$^{53}$tɔŋ$^{35}$tʂəu$^{53}$muk$^{3}$ 睡午觉：一个人呐最好硬爱睡下子当昼目话呢。嗯，有条件个话，睡下子当昼目，欸，精神更好。我就坚持哩天天～。我退哩休以后呀我就想下子我也退哩休了，我又唔爱搞么个了，系唔系？我硬箇只当昼目我硬雷打不动，硬爱睡。iet$^{3}$ke$^{53}$ ɲin$^{13}$na$^{0}$tsei$^{53}$xau$^{21}$ɲiaŋ$^{53}$ɔi$^{53}$ʂɔi$^{53}$xa$^{53}_{21}$tsʅ$^{0}$tɔŋ$^{35}$tʂəu$^{53}$muk$^{3}$ua$^{53}$nei$^{0}$.n̩$_{21}$,iəu$^{35}$tʰiau$^{13}$cʰien$^{53}$ke$^{53}_{44}$fa$^{53}$,ʂɔi$^{53}$xa$^{53}_{44}$tsʅ$^{0}$ tɔŋ$^{35}$tʂəu$^{53}$muk$^{3}$,e$_{21}$,tsin$^{35}$ʂən$^{13}_{21}$cien$^{53}$xau$^{21}$.ŋai$^{13}$tsʰiəu$^{53}$cien$^{35}$tʂʰʅ$^{13}_{21}$li$^{0}$tʰien$^{35}_{44}$tʰien$^{35}_{44}$ʂɔi$^{53}$tɔŋ$^{35}$tʂəu$^{53}$muk$^{3}$.ŋai$^{13}$ tʰei$^{53}$li$^{0}$çiəu$^{35}$i$^{35}_{44}$xei$^{53}$ia$^{0}$ŋai$^{13}$tsʰiəu$^{53}$siɔŋ$^{21}$xa$^{53}$tsʅ$^{0}$ŋai$^{13}_{21}$ia$^{35}$tʰei$^{53}$li$^{0}$çiəu$^{35}$liau$^{0}$,ŋai$^{13}$iəu$^{53}$m̩$^{13}_{21}$mɔi$^{53}$kau$^{21}$mak$^{3}$e$^{0}$ liau$^{0}$,xei$^{53}$me$^{53}$?ŋai$^{13}$ɲiaŋ$^{53}$kai$^{53}$tʂak$^{3}$tɔŋ$^{35}$tʂəu$^{53}$muk$^{3}$ŋai$^{13}$ɲiaŋ$^{53}$lei$^{13}$ta$^{21}$pət$^{3}$tʰəŋ$^{53}$, ɲiaŋ$^{53}$ɔi$^{53}_{44}$ʂɔi$^{53}$.

S

【睡懒觉】ʂɔi$^{53}$lan$^{35}$kau$^{53}$ 白天里睡觉或早晨晚起赖床：我孙子等人就喜欢～哇。我等有睡都睡唔着啊，空个，我等是空个了，有睡都睡唔着。一天光就醒哩，就跔来，爱跔来，屎也来尿也来。ŋai$^{13}$sən$^{35}$tsɿ$^{0}$ ten$^{21}_{44}$in$^{13}_{44}$ts$^{h}$iəu$^{53}$çi$^{21}$fən$^{35}$ʂɔi$^{53}$lan$^{35}$kau$^{53}_{44}$ua$^{0}$.ŋai$^{13}$tien$^{0}$ iəu$^{35}$ʂɔi$^{53}$təu$^{35}_{44}$ʂɔi$^{53}$n̩$^{13}$tʂ$^{h}$ɔk$^{5}$ a$^{0}$,k$^{h}$əŋ$^{53}$ kei$^{53}$,ŋai$^{13}$tien$^{0}$ ʂʅ$^{53}$k$^{h}$əŋ$^{53}$ke$^{53}$liau$^{0}$,iəu$^{35}$ʂɔi$^{53}$təu$^{35}_{44}$ʂɔi$^{53}$n̩$^{13}$tʂ$^{h}$ɔk$^{5}$ .iet$^{3}$ t$^{h}$ien$^{35}$kɔŋ$^{35}_{44}$ts$^{h}$iəu$^{53}$siaŋ$^{21}$li$^{0}$,tsiəu$^{53}_{44}$xɔŋ$^{53}$lɔi$^{13}_{21}$, ɔi$^{53}_{44}$xɔŋ$^{53}$lɔi$^{13}_{21}$,ʂʅ$^{21}$a$^{35}_{44}$lɔi$^{13}_{21}$ȵiau$^{53}$ua$^{35}_{53}$lɔi$^{13}_{21}$.

【睡目】ʂɔi$^{53}$muk$^{3}$ [动]睡觉；打瞌睡：～个箇只间呢，正间呶。ʂɔi$^{53}$muk$^{3}$ ke$^{53}$kai$^{53}$tʂak$^{3}$ kan$^{35}_{44}$ ne$^{0}$,tʂən$^{53}$kan$^{35}_{44}$nau$^{0}$.｜一昼边关正机来～。iet$^{3}$ tʂəu$^{53}_{44}$pien$^{35}_{44}$kuan$^{35}$tʂaŋ$^{53}_{21}$ci$^{35}_{44}$lɔi$^{13}_{21}$ʂɔi$^{53}$muk$^{3}$.

【睡张水】ʂɔi$^{53}$tʂɔŋ$^{35}$ʂei$^{21}$ [动]仰泳：欸，张水嘞，咁子唔系脑壳向上啊，张水。欸，～。往起脑壳来呀。仰泳，就～。e$_{21}$,tʂɔŋ$^{35}$ʂei$^{21}$le$^{0}$,kan$^{21}$tsɿ$^{0}$ me$_{44}$lau$^{21}$k$^{h}$ɔk$^{3}$ çiɔŋ$^{53}_{44}$ʂɔŋ$^{35}$ŋa$^{0}$,tʂɔŋ$^{35}$ʂei$^{21}$.e$_{21}$,ʂɔi$^{53}$tʂɔŋ$^{35}$ ʂei$^{21}$.uɔŋ$^{35}$çi$^{21}$lau$^{21}$k$^{h}$ɔk$^{3}$ lɔi$^{13}$ia$^{0}$.iaŋ$^{35}$iəŋ$^{21}$,ts$^{h}$iəu$^{53}_{44}$ʂɔi$^{53}$tʂɔŋ$^{35}$ʂei$^{21}$.

【顺$_1$】ʂən$^{53}$ [动]向着同一方向：～风 ʂən$^{53}$fəŋ$^{35}$

【顺$_2$】ʂən$^{53}$ [形]顺遂，合乎心意：箇只舅婆屋下嘞畜兜子头牲，长日都畜唔～。kai$^{53}$tʂak$^{3}$ c$^{h}$iəu$^{35}$me$^{35}_{44}$uk$^{3}$ xa$^{53}$lei$^{0}$ çiəuk$^{3}$ təu$^{35}_{53}$tsɿ$^{0}$ t$^{h}$ei$^{13}$saŋ$^{35}$,tʂ$^{h}$ɔŋ$^{13}$ȵiet$^{3}$ təu$^{35}_{53}$çiəuk$^{3}$ n̩$^{13}$ʂən$^{53}$.

【顺$_3$】ʂən$^{53}$ [名]榨枋子中的一种，外头窄小里头宽大：有箇边更大，肚里更大外背更狭个，箇个安做～。iəu$^{35}$kai$^{53}$pien$^{35}_{44}$cien$^{53}_{44}$t$^{h}$ai$^{53}_{44}$,təu$^{21}$li$^{0}$ cien$^{53}$t$^{h}$ai$^{53}$ŋɔi$^{53}$pɔi$^{53}_{44}$cien$^{53}_{44}$c$^{h}$iait$^{5}$ ke$^{0}$,kai$^{53}_{44}$kei$^{53}_{44}$ɔn$^{35}_{44}$tso$^{53}_{44}$ ʂən$^{53}$.｜欸，油榨下箇只～非常重要。榨油榨到一定个程度就爱放只～去。也就系最后一波唠，最后一波个时候子就爱放只～去。箇～个作用就系好松榨。～一敲下去，就箇个枋子就退出来哩。但是平时你打油个时候子就敲唔得箇只～呐。欸，一敲就下松嘿哩，哈。e$_{21}$,iəu$^{13}$tsa$^{53}$ xa$^{35}$kai$^{53}_{44}$tʂak$^{3}$ ʂən$^{53}$fei$^{35}$tʂ$^{h}$ɔŋ$^{13}_{21}$tʂ$^{h}$əŋ$^{53}$iau$^{53}_{21}$.tsa$^{53}$iəu$^{13}$tsa$^{53}$tau$^{53}_{44}$iet$^{3}$ t$^{h}$in$^{53}$ke$^{53}_{44}$tʂ$^{h}$ən$^{13}$t$^{h}$əu$^{53}$ts$^{h}$iəu$^{53}_{44}$ɔi$^{53}_{44}$fɔŋ$^{53}$tʂak$^{3}$ ʂən$^{53}$çi$^{53}_{21}$.ia$^{35}$ts$^{h}$iəu$^{53}_{44}$xei$^{53}_{44}$tsei$^{53}$xei$^{53}$iet$^{3}$ po$^{35}$lau$^{0}$,tsei$^{53}$xei$^{53}$iet$^{3}$ po$^{35}$ke$^{53}$ʂʅ$^{13}_{44}$xei$^{53}_{44}$tsɿ$^{0}$ ts$^{h}$iəu$^{53}_{44}$ɔi$^{53}_{44}$fɔŋ$^{53}$tʂak$^{3}$ ʂən$^{53}$ çi$^{53}$.kai$^{53}_{44}$ʂən$^{53}$ke$^{53}_{44}$tsɔk$^{3}$ iəŋ$^{53}$ts$^{h}$iəu$^{53}$xei$^{53}$xau$^{21}$səŋ$^{35}$tsa$^{53}$.ʂən$^{53}$iet$^{3}$ k$^{h}$au$^{35}$ua$^{53}$çi$^{53}$,ts$^{h}$iəu$^{53}$kai$^{53}_{44}$ke$^{53}_{44}$fɔŋ$^{35}$tsɿ$^{0}$ ts$^{h}$iəu$^{53}_{44}$ t$^{h}$i$^{53}$tʂ$^{h}$ət$^{3}$ lɔi$^{13}_{21}$li$^{0}$ .tan$^{53}$ʂʅ$^{53}$p$^{h}$in$^{13}$ʂʅ$^{13}_{44}$ȵi$^{13}_{21}$ta$^{21}$iəu$^{13}$ke$^{53}$ʂʅ$^{13}_{44}$xei$^{53}_{44}$tsɿ$^{0}$ ts$^{h}$iəu$^{53}_{44}$k$^{h}$au$^{35}$n̩$^{13}_{21}$tek$^{3}$ kai$^{53}$tʂak$^{3}$ ʂən$^{53}$na$^{0}$ .e$_{21}$,iet$^{3}$ k$^{h}$au$^{35}$ts$^{h}$iəu$^{53}_{44}$xa$^{53}$səŋ$^{35}$ŋek$^{3}$ li$^{0}$ ,xa$_{53}$.

【顺带】ʂən$^{53}$tai$^{53}$ [副]顺便；趁做某事的方便（做另一事）：请渠～同我买本书。ts$^{h}$iaŋ$^{21}$ci$^{13}$ʂən$^{53}$ tai$^{53}$t$^{h}$əŋ$^{13}$ŋai$^{13}$mai$^{35}$pən$^{21}$ʂəu$^{35}$.

【顺风顺水】ʂən$^{53}$fəŋ$^{35}$ʂən$^{53}$ʂei$^{21}$ 比喻运气好，做事顺利，没有波折：以到我呃做只事啊～嘞，硬人也轻松嘞就事也做得好，真好。i$^{21}$tau$^{53}$ŋai$^{13}_{44}$ə$_{21}$tso$^{53}$tʂak$^{3}$ sɿ$^{53}$a$^{0}$ ʂən$^{53}$fəŋ$^{35}$ʂən$^{53}$ʂei$^{21}$lei$^{0}$, ȵiaŋ$^{53}$ȵin$^{13}$ na$^{35}_{53}$c$^{h}$iaŋ$^{35}$səŋ$^{35}_{44}$le$^{0}$ ts$^{h}$iəu$^{53}_{44}$sɿ$^{53}$a$^{35}_{44}$tso$^{53}$tek$^{3}$ xau$^{21}$,tʂən$^{35}$xau$^{21}$.

【顺遂】ʂən$^{53}$si$^{53}$ [形]事情进行顺利，合乎人心：姜太公到哩，你箇个头牲就会～，冇事发病。ciɔŋ$^{35}$t$^{h}$ai$^{53}$kəŋ$^{35}$tau$^{53}$li$^{0}$ ,ȵi$^{13}$kai$^{53}_{44}$ke$^{53}_{44}$t$^{h}$ei$^{13}$saŋ$^{35}_{44}$ts$^{h}$iəu$^{53}$uɔi$^{53}$ʂən$^{53}$si$^{53}$,mau$^{13}$sɿ$^{53}_{44}$fait$^{3}$ p$^{h}$iaŋ$^{53}$.｜结果渠买倒箇只屋，滴都唔～系倒，冇兜味道，滴都唔～。如今都还系贫困户唠，你想下看呶～啊唔～唠。ciet$^{3}$ ko$^{21}$ci$^{13}$mai$^{35}$tau$^{21}$kai$^{53}$tʂak$^{3}$ uk$^{3}$ ,tiet$^{5}$ təu$^{35}_{53}$n̩$^{13}_{21}$ʂən$^{53}$si$^{53}$xe$^{53}$tau$^{21}$,mau$^{13}$te$^{35}_{53}$uei$^{53}$t$^{h}$au$^{53}$,tiet$^{5}$ təu$^{35}_{53}$n̩$^{13}_{21}$ʂən$^{53}$si$^{53}$.i$^{13}_{21}$ cin$^{35}_{53}$təu$^{35}_{53}$xai$^{13}_{21}$xe$^{53}$p$^{h}$in$^{13}$k$^{h}$uən$^{53}$fu$^{53}$lau$^{0}$ , ȵi$^{13}_{21}$siɔŋ$^{21}$xa$^{53}$k$^{h}$ɔn$^{53}_{44}$nau$^{0}$ ʂən$^{53}$si$^{53}$a$^{0}$ n̩$^{13}_{21}$ʂən$^{53}$si$^{53}_{44}$lau$^{0}$ .

【顺序】ʂən$^{53}$si$^{53}$ [名]次序：上岭个队伍箇个～ʂɔŋ$^{35}$liaŋ$^{35}$ke$^{53}_{44}$tei$^{53}$u$^{21}$kai$^{53}_{21}$ke$^{53}_{21}$ʂən$^{53}$si$^{53}$｜只有照～，照大细～咁子写。tʂʅ$^{21}$iəu$^{35}_{44}$tʂau$^{53}$ʂən$^{53}$si$^{53}$,tʂau$^{53}_{44}$t$^{h}$ai$^{53}$se$^{53}_{44}$ʂən$^{53}$si$^{53}$kan$^{21}$tsɿ$^{0}$ sia$^{21}$.

【顺嘴】ʂən$^{53}$tʂɔi$^{53}$ [动]不加思索，脱口说出：～就话嘿哩，唔爱“就”字也可。ʂən$^{53}$tʂɔi$^{53}_{44}$tsiəu$^{53}_{44}$ ua$^{53}_{44}$xek$^{3}$ li$^{0}$ ,m$^{13}_{21}$mɔi$^{53}_{44}$ts$^{h}$iəu$^{53}$sɿ$^{53}_{44}$a$^{35}_{53}$k$^{h}$o$^{21}$.

【妁$_1$】ʂo$^{13}$ [动]蒙骗：全部系鬼话箇个就，～箇个唔晓得个人。ts$^{h}$ien$^{13}$p$^{h}$u$^{53}$xe$^{53}$kuei$^{21}$fa$^{53}_{44}$kai$^{53}_{44}$ke$^{53}_{44}$ ts$^{h}$iəu$^{53}_{44}$,ʂo$^{13}$kai$^{53}$ke$^{53}$n̩$^{13}$çiau$^{21}$tek$^{3}$ ke$^{53}$ȵin$^{13}_{21}$.

【妁$_2$】ʂo$^{13}$ [形]①长得丑：真～tʂən$^{35}$ʂo$^{13}$ = 蛮～man$^{13}$ʂo$^{13}$｜～到哩顶 ʂo$^{13}$tau$^{53}$li$^{0}$ taŋ$^{21}$丑极了。②东西差，不好：越靠倒中间䅟骨头个栏场就越～。vet$^{5}$ kau$^{53}_{21}$tau$^{21}_{44}$tʂəŋ$^{35}$kan$^{35}_{44}$ȵia$^{13}_{21}$kuət$^{3}$ t$^{h}$ei$^{13}$ke$^{53}_{44}$laŋ$^{13}$ tʂ$^{h}$ɔŋ$^{13}_{44}$ts$^{h}$iəu$^{53}_{44}$vet$^{5}$ ʂo$^{13}$.

【司仪$_1$】sɿ$^{35}$ȵi$^{13}$ [动]主持：分只人～哟。我等姓万个就决定舞倒我～。我喊下子唠。pən$^{35}$tʂak$^{3}$ ȵin$^{13}_{21}$sɿ$^{35}$ȵi$^{13}$iau$^{0}$.ŋai$^{13}$tien$^{0}$ siaŋ$^{53}$uan$^{53}$ke$^{53}_{44}$ts$^{h}$iəu$^{53}_{44}$ciet$^{3}$ t$^{h}$in$^{53}$u$^{21}$tau$^{21}$ŋai$^{13}_{21}$sɿ$^{35}$ȵi$^{13}$.ŋai$^{13}$xan$^{53}$na$^{53}_{44}$tsɿ$^{0}$ lau$^{0}$.｜渠个追悼会也爱箇个嘞，也爱本家组织，本家分个人～组织。ci$^{13}_{21}$ke$^{53}_{44}$tʂei$^{35}$tiau$^{53}_{44}$fei$^{53}$ia$^{35}$ɔi$^{53}_{44}$kai$^{53}_{44}$ke$^{53}_{44}$ lei$^{0}$,ia$^{35}$ɔi$^{53}$pən$^{21}$cia$^{35}_{44}$tsəu$^{21}$tʂət$^{3}$,pən$^{21}$cia$^{35}_{44}$pən$^{35}$cie$^{53}$ȵin$^{13}_{21}$sɿ$^{35}$ȵi$^{13}$tsəu$^{21}$tʂət$^{3}$.

【司仪$_2$】sɿ$^{35}$ȵi$^{13}$ [名]主持人：头到我等一只欸老弟结婚就跍倒以只宾馆里搞个，划嘿千块钱请只～，箇搞还搞得蛮好。但是有兜人呢就话忒搞久哩，总坐正来搞咁个，总搞兜咁个东西。

S

也唔知几多百块钱呐一千块钱我唔晓得，我赠问。请只～凑。tʰei$^{13}$tau$^{53}$ŋai$^{13}$tien$^{0}$ iet$^{3}$ tʂak$^{3}$ e$_{21}$lau$^{21}$ tʰe$^{35}$ciet$^{3}$ fən$^{35}$tsʰiəu$^{53}$kʰu$^{35}_{44}$tau$^{53}$i$^{21}$tʂak$^{3}$ pin$^{35}$kən$^{21}$ni$^{21}_{44}$kau$^{21}$ke$^{53}$,fa$^{13}$(x)ek$^{3}$ tsʰien$^{35}$kʰuai$^{53}$tsʰien$^{13}_{21}$tsʰiaŋ$^{21}$tʂak$^{3}$ sɿ$^{35}$ ɲi$^{13}$,kai$^{53}$kau$^{21}$xai$^{13}$kau$^{21}$tek$^{3}$ man$^{13}$xau$^{21}$.tan$^{53}_{44}$ʂʅ$^{53}_{44}$iəu$^{35}$tei$^{35}_{53}$ɲin$^{13}_{21}$nei$^{0}$ tsʰiəu$^{53}$ua$^{53}_{21}$tʰiet$^{3}$ kau$^{21}$ciəu$^{21}$li$^{0}$ ,tsəŋ$^{21}$tsʰo$^{35}_{44}$ tʂaŋ$^{53}$lɔi$^{13}_{21}$kau$^{21}$kan$^{21}_{13}$cie$^{53}$,tsəŋ$^{21}$kau$^{21}$te$^{35}_{53}$kan$^{21}$ke$^{53}_{44}$təŋ$^{35}_{44}$si$^{0}$ .ia$^{35}$n̩$^{13}_{21}$ti$^{35}_{53}$ci$^{21}$(t)o$^{35}$pak$^{3}$ kʰuai$^{53}_{44}$tsʰien$^{13}$na$^{0}$ (i)et$^{3}$ tsʰien$^{35}$ kʰuai$^{53}$tsʰien$^{13}_{21}$ŋai$^{13}_{21}$n̩$^{13}$çiau$^{21}$tek$^{3}$ ,ŋai$^{13}_{21}$maŋ$^{13}$uən$^{53}$.tsʰiaŋ$^{21}$tʂak$^{3}$ sɿ$^{35}_{44}$ɲi$^{13}_{21}$tsʰe$^{0}$ .

【丝瓜】sɿ$^{35}$kua$^{35}$ 名 葫芦科丝瓜属，一年生草本植物。果实亦称为“丝瓜”，是常见蔬菜：刨～pʰau$^{13}$sɿ$^{35}_{44}$kua$^{35}_{44}$

【丝瓜布】sɿ$^{35}$kua$^{35}$pu$^{53}$ 名 丝瓜瓤，即丝瓜变老后去皮去籽剩下的纤维，可以像布一样来洗碗等：有用来洗碗筷箇只唠，洗碗箇只唠。本来就……如今嘞安做～唠，渠等是安做～。丝瓜瓤呢，本来是安做丝瓜瓤。～喔，一讲就晓得系～。箇只蛮好洗碗呶，系唔系？iəu$^{35}_{44}$iəŋ$^{53}$lɔi$^{13}_{21}$ se$^{21}$uən$^{21}$kʰuai$^{53}_{44}$kai$^{53}_{44}$tʂak$^{3}$ lau$^{0}$ ,se$^{21}$uən$^{21}$kai$^{53}_{44}$tʂak$^{3}$ lau$^{0}$ .pən$^{21}$nɔi$^{13}$tsʰiəu$^{53}_{44}$…i$^{13}_{21}$cin$^{35}_{53}$ne$^{0}$ ɔn$^{35}_{44}$tso$^{53}_{44}$sɿ$^{35}_{44}$kua$^{35}_{44}$pu$^{53}$ lau$^{0}$ ,ci$^{13}_{21}$tien$^{0}$ ʂʅ$^{53}_{44}$ɔn$^{35}_{44}$tso$^{53}_{44}$sɿ$^{35}_{44}$kua$^{35}_{44}$pu$^{53}$ .sɿ$^{35}_{44}$kua$^{35}_{44}$ləŋ$^{35}$nei$^{0}$ ,pən$^{21}$nai$^{13}$ʂʅ$^{53}_{44}$ɔn$^{35}_{44}$tso$^{53}_{44}$sɿ$^{35}_{44}$kua$^{35}_{44}$ləŋ$^{35}$ .sɿ$^{35}_{44}$kua$^{35}_{44}$pu$^{53}$ uo$^{0}$ ,iet$^{3}$ kɔŋ$^{21}$tsʰiəu$^{53}$çiau$^{21}$tek$^{3}$ xe$^{53}_{44}$sɿ$^{35}_{44}$kua$^{35}_{44}$pu$^{53}$.kai$^{53}$iak$^{3}$ (←tʂak$^{3}$ )man$^{13}$xau$^{21}$se$^{21}$uən$^{21}$nau$^{0}$ ,xei$^{53}_{44}$me$^{53}_{44}$?

【丝绞旁】sɿ$^{35}$kau$^{21}$pʰɔŋ$^{13}$ 名 指汉字偏旁“纟”：～个字嘞有蛮多字唠，欸，红红绿绿个红字啦，裁缝师傅个缝字啦，系唔系？箇个都～。sɿ$^{35}$kau$^{21}$pʰɔŋ$^{13}$ke$^{53}_{44}$sɿ$^{53}$lei$^{0}$ iəu$^{35}_{44}$man$^{13}_{21}$to$^{35}_{44}$sɿ$^{53}$lau$^{0}$ ,e$_{53}$,fəŋ$^{13}$fəŋ$^{13}$ liəuk$^{5}$ liəuk$^{5}$ ke$^{53}$fəŋ$^{13}$tsʰɿ$^{53}$la$^{0}$ ,tsʰai$^{13}$fəŋ$^{13}_{21}$sɿ$^{35}_{53}$fu$^{53}$ke$^{53}_{44}$fəŋ$^{13}$tsʰɿ$^{53}$la$^{0}$ ,xei$^{53}$me$^{53}$?kai$^{53}_{44}$ke$^{53}_{44}$təu$^{35}_{44}$sɿ$^{35}_{44}$kau$^{21}$pʰɔŋ$^{13}_{21}$.

【丝芒】sɿ$^{35}$mɔŋ$^{13}$ 名 丝茅：春天呐～正长起来个时候尖尖子个。tʂʰən$^{35}$tʰien$^{35}_{44}$na$^{0}$ sɿ$^{35}$mɔŋ$^{13}_{21}$tʂaŋ$^{53}$ tʂɔŋ$^{21}$çi$^{21}$lɔi$^{13}$ke$^{53}_{44}$ʂʅ$^{13}_{44}$xei$^{53}_{44}$tsian$^{35}$tsian$^{35}$tsɿ$^{0}$ ke$^{53}$.

【丝芒锉】sɿ$^{35}$mɔŋ$^{13}$tsʰo$^{53}$ 名 一种锉，宽而薄，用来磨砺细小的锯条：有箇个么个～，揿薄子，阔滴，～。锉箇起咁个馥嫩子个锯子，用～。iəu$^{35}$kai$^{53}_{44}$ke$^{53}_{44}$mak$^{3}$ ke$^{53}_{44}$sɿ$^{35}$mɔŋ$^{13}$tsʰo$^{53}$,ʂen$^{35}$pʰɔk$^{5}$ tsɿ$^{0}$, kʰɔit$^{3}$ tiet$^{5}$ ,sɿ$^{35}$mɔŋ$^{13}$tsʰo$^{53}$.tsʰo$^{53}$kai$^{53}$çi$^{21}$kan$^{21}$ke$^{53}_{44}$fət$^{5}$ lən$^{53}$tsɿ$^{0}$ ke$^{53}_{44}$cie$^{53}$tsɿ$^{0}$ ,iəŋ$^{53}_{44}$sɿ$^{35}$mɔŋ$^{13}$tsʰo$^{53}$.

【丝芒筋】sɿ$^{35}$mɔŋ$^{13}$cin$^{35}$ 名 丝芒的长根状茎，白而甜，旧时有人冬天挖来熬糖：我是还熬过箇个糖啦，我熬过么个糖啊？箇个安做～个糖啦。硬冇滴味道，舞下熬尽哩命啊硬啊。欸柴是烧嘿不□个柴呀。～呐，也有滴甜甜子嘞。但是一过一到春天一发芽就冇得哩甜了。ŋai$^{13}$ ʂʅ$^{53}_{44}$xai$^{13}$ŋau$^{13}$ko$^{53}$kai$^{53}$ke$^{0}$ tʰɔŋ$^{13}_{21}$la$^{0}$ ,ŋai$^{13}$ŋau$^{13}$ko$^{53}$mak$^{3}$ e$^{0}$ tʰɔŋ$^{13}_{21}$ŋa$^{0}$ ?kai$^{53}$ke$^{0}$ ɔn$^{35}_{44}$tso$^{53}_{44}$sɿ$^{35}_{44}$mɔŋ$^{13}_{21}$cin$^{35}$cie$^{53}$tʰɔŋ$^{13}_{21}$la$^{0}$ . ɲiaŋ$^{53}$mau$^{13}$tiet$^{5}$ uei$^{53}$tʰau$^{53}_{44}$,u$^{21}$xa$^{53}$ŋau$^{13}$tsʰin$^{53}$li$^{0}$ miaŋ$^{53}$ŋa$^{0}$ ɲiaŋ$^{53}$a$^{0}$ .e$^{0}$ tsʰai$^{13}$ʂʅ$^{53}_{44}$ʂau$^{35}_{44}$xek$^{3}$ pət$^{3}$ ʂen$^{53}$ke$^{0}$ tsʰai$^{13}_{21}$ ia$^{0}$ .sɿ$^{35}$mɔŋ$^{13}_{21}$cin$^{35}$na$^{0}$ ,ia$^{35}$iəu$^{35}$tet$^{5}$ tʰian$^{13}_{21}$tʰian$^{13}_{21}$tsɿ$^{0}$ le$^{0}$ .tan$^{53}_{44}$ʂʅ$^{53}_{44}$iet$^{3}$ ko$^{53}$iet$^{3}$ tau$^{53}$tʂʰən$^{35}$tʰien$^{35}$iet$^{3}$ fait$^{3}$ ŋa$^{13}$ tsʰiəu$^{53}$mau$^{13}_{21}$tek$^{3}$ li$^{0}$ tʰian$^{13}_{21}$liau$^{0}$ .

【丝芒菌】sɿ$^{35}$mɔŋ$^{13}$cʰin$^{35}$ 名 一种长在丝茅草中的食用菌：～我觉得食得哦，但是冇多么人食。因为毕竟箇丝芒嘞渠爱殊了，殊倒够死人，放倒箇映子去正有菌子长。就同箇牛屎菌样，怕食有兜人。唔知到底食得啊食唔得，冇么人食。sɿ$^{35}$mɔŋ$^{13}_{21}$cʰin$^{35}_{53}$ŋai$^{13}_{21}$kɔk$^{3}$ tek$^{3}$ ʂət$^{5}$ tek$^{3}$ o$^{0}$ ,tan$^{53}$ʂʅ$^{53}$ mau$^{13}_{21}$to$^{35}_{44}$mak$^{3}$ in$^{13}_{44}$ʂət$^{5}$ .in$^{35}_{44}$uei$^{53}_{44}$piet$^{3}$ cin$^{53}$kai$^{53}$sɿ$^{35}$mɔŋ$^{13}_{21}$lei$^{0}$ ci$^{13}_{21}$ɔi$^{53}$mət$^{3}$ liau$^{0}$ ,mət$^{3}$ tau$^{21}$ɲia$^{13}$si$^{21}$ɲin$^{13}$,fɔŋ$^{53}$tau$^{21}$ kai$^{53}$iaŋ$^{53}$tsɿ$^{0}$ ci$^{13}_{21}$tʂaŋ$^{53}$iəu$^{35}_{53}$cʰin$^{35}$tsɿ$^{0}$ tʂɔŋ$^{21}$.tsʰiəu$^{53}$tʰəŋ$^{13}$kai$^{53}$ɲiəu$^{13}$ʂʅ$^{21}$cʰin$^{35}$iɔŋ$^{53}$,pʰa$^{53}$ʂət$^{5}$ iəu$^{35}$tei$^{35}_{53}$ɲin$^{13}_{21}$.n̩$^{13}$ti$^{35}_{53}$ tau$^{53}$ti$^{21}_{44}$ʂət$^{5}$ tek$^{3}$ a$^{0}$ ʂət$^{5}$ n̩$^{13}_{21}$tek$^{3}$ ,mau$^{13}_{21}$mak$^{3}$ in$^{13}_{44}$ʂət$^{5}$ .

【丝芒枯】sɿ$^{35}$mɔŋ$^{13}$kʰu$^{35}$ 名 春天丝茅刚长出的芽，踩上去刺脚：丝芒嘞箇地泥下长起来个时候子嘞春天呐丝芒正长起来个时候尖尖子个，勚尖，踩倒脚……打赤脚，踩倒去都痛，安做～。剧脚。箇只东西剧脚。就丝芒正发芽个，正发芽翘出土面上来个。sɿ$^{35}$mɔŋ$^{13}$lei$^{0}$ kai$^{53}_{44}$tʰi$^{53}$lai$^{13}_{21}$xa$^{35}$ tʂɔŋ$^{21}$çi$^{21}$lɔi$^{13}$ke$^{53}$ʂʅ$^{13}$xəu$^{53}$tsɿ$^{0}$ lei$^{0}$ tʂʰən$^{35}$tʰien$^{35}_{44}$na$^{0}$ sɿ$^{35}$mɔŋ$^{13}_{21}$tʂaŋ$^{53}$tʂɔŋ$^{21}$çi$^{21}$lɔi$^{13}$ke$^{53}_{44}$ʂʅ$^{13}_{44}$xei$^{53}_{44}$tsian$^{35}$tsian$^{35}$tsɿ$^{0}$ ke$^{53}$,li$^{35}$tsian$^{35}_{44}$,tsʰai$^{21}$tau$^{21}$ciɔk$^{3}_{5}$…ta$^{21}$tʂʰak$^{3}$ ciɔk$^{3}$ ,tsʰai$^{21}$tau$^{21}$çi$^{53}_{44}$təu$^{35}_{44}$tʰəŋ$^{53}$,ɔn$^{35}_{44}$tso$^{53}_{44}$sɿ$^{35}_{44}$mɔŋ$^{13}_{21}$kʰu$^{35}$.tsʰan$^{13}$ ciɔk$^{3}$ .kai$^{53}_{44}$tʂak$^{3}$ təŋ$^{35}_{44}$si$^{0}$ tsʰan$^{13}$ciɔk$^{3}$ .tsʰiəu$^{53}_{44}$sɿ$^{35}$mɔŋ$^{13}_{44}$tʂaŋ$^{53}$fait$^{3}$ ŋa$^{13}$ke$^{53}$,tʂaŋ$^{53}$fait$^{3}$ ŋa$^{13}$kəŋ$^{53}$tʂʰət$^{3}$ tʰəu$^{21}$mien$^{53}_{44}$ xɔŋ$^{53}_{44}$lɔi$^{13}_{21}$ke$^{53}$.

【丝刨子】sɿ$^{35}$pʰau$^{13}$tsɿ$^{0}$ 名 将菜刨成丝的小工具：搞成丝个就～。kau$^{21}$tʂʰən$^{13}$sɿ$^{35}$ke$^{53}$tsʰiəu$^{53}_{44}$sɿ$^{35}$ pʰau$^{13}_{21}$tsɿ$^{0}$ .

【丝席子】sɿ$^{35}$tsʰiak$^{5}$ tsɿ$^{0}$ 名 机织的草席：以下落尾就有外背来个……欸，箇机子打个席，～。也系草席。就安做～。如今我我等床上睡个都还系～嘞。箇晡我同我娭子买床不……还系～。好嘞，箇草草嘞。ia$_{44}$(←i$^{21}$xa$^{53}$)lɔk$^{5}_{3}$mi$^{35}_{44}$tsʰiəu$^{53}_{44}$iəu$^{35}_{44}$ŋɔi$^{53}$pɔi$^{53}_{44}$lɔi$^{13}_{21}$ke$^{53}$s…e$_{21}$,kai$^{53}_{44}$ci$^{35}$tsɿ$^{0}$ ta$^{21}$ke$^{53}_{44}$tsʰiak$^{5}$ ,sɿ$^{35}$ tsʰiak$^{5}$ tsɿ$^{0}$ .ia$^{35}$xei$^{53}$tsʰau$^{21}$tsʰiak$^{5}_{3}$.tsʰiəu$^{53}_{21}$ɔn$^{35}_{44}$tso$^{53}_{44}$sɿ$^{35}$tsʰiak$^{5}$ tsɿ$^{0}$ .i$^{13}_{21}$cin$^{35}_{44}$ŋai$^{13}$ŋai$^{13}$tien$^{0}$ tsʰɔŋ$^{13}_{21}$xɔŋ$^{53}_{44}$ʂɔi$^{53}_{44}$ke$^{53}_{44}$təu$^{35}_{44}$ xai$^{13}_{21}$xe$^{53}_{44}$sɿ$^{35}$tsʰiak$^{5}$ tsɿ$^{0}$ lei$^{0}$ .kai$^{53}_{44}$pu$^{35}_{44}$ŋai$^{13}_{21}$tʰəŋ$^{13}$ŋai$^{13}_{21}$ɔi$^{35}$tsɿ$^{0}$ mai$^{35}_{44}$tsʰɔŋ$^{13}_{21}$puk$^{3}_{5}$…xai$^{13}_{21}$xe$^{53}_{44}$sɿ$^{35}$tsʰiak$^{5}$ tsɿ$^{0}$ .xau$^{21}$

lei$^{0}$,kai$^{53}_{44}$tsʰau$^{21}$tsʰau$^{21}$lei$^{0}$.

【丝线吊葫芦】sɿ$^{35}_{44}$sien$^{53}$tiau$^{53}$fu$^{13}$ləu$^{13}_{21}$ [名]中药名：～有哇。听讲过啊。也安做～。也系一种药。sɿ$^{35}_{44}$sien$^{53}$tiau$^{53}$fu$^{13}$ləu$^{13}_{21}$iəu$^{35}$ua$^{0}$.tʰaŋ$^{35}_{44}$kəŋ$^{21}$ko$^{53}_{44}$a$^{0}$.ia$^{35}$ɔn$^{35}_{44}$tso$^{53}_{44}$sɿ$^{35}_{44}$sien$^{53}$tiau$^{53}$fu$^{13}_{21}$ləu$^{13}_{21}$.ia$^{35}$xe$^{53}$iet$^{3}$tʂəŋ$^{21}$iɔk$^{5}$.

【私地】sɿ$^{35}$tʰi$^{53}$ [名]家族分支各自独有的祖坟：～嘞，我等箇私地就我嫪我叔叔个箇个呢嫪我叔叔个几只细人子，欸，我等箇几欸兄弟呢，我等几兄弟打伙铲，铲～呀，嗯，打伙去铲。sɿ$^{35}$tʰi$^{53}$lei$^{0}$,ŋai$^{13}$tien$^{0}$kai$^{53}$sɿ$^{35}$tʰi$^{53}_{44}$tsʰiəu$^{53}_{44}$ŋai$^{13}$lau$^{35}_{53}$ŋai$^{13}_{21}$ʂəuk$^{3}$ʂəuk$^{3}$ke$^{53}$kai$^{53}$ke$^{53}$nei$^{0}$lau$^{35}_{53}$ŋai$^{13}_{21}$ʂəuk$^{3}$ʂəuk$^{3}$ke$^{53}$ci$^{21}$tʂak$^{3}$sei$^{53}$ɲin$^{13}_{21}$tsɿ$^{0}$,e$_{21}$,ŋai$^{13}$tien$^{0}$kai$^{53}$ci$^{21}$ei$_{21}$çiəŋ$^{35}$tʰi$^{53}$nei$^{0}$,ŋai$^{13}$tien$^{0}$ci$^{21}$çiəŋ$^{35}$tʰi$^{53}$ta$^{21}$fo$^{21}$tsʰan$^{21}$,tsʰan$^{21}$sɿ$^{35}$tʰi$^{53}$ia$^{0}$,n̩$_{21}$,ta$^{21}$fo$^{21}$çi$^{53}$tsʰan$^{21}$.

【私人】sɿ$^{35}$uən$^{13}$ [名]个人，与“公家”相对：渠买电脑咁个东西咯，～个电脑蛮少，～买电脑个唔多了，个人咯。ci$^{13}$mai$^{35}_{44}$tʰien$^{53}$nau$^{21}$kan$^{21}$cie$^{53}_{44}$təŋ$^{35}_{44}$si$^{0}$ko$^{0}$,sɿ$^{35}$uən$^{13}_{21}$ke$^{53}_{44}$tʰien$^{53}$nau$^{21}$man$^{13}$ʂau$^{21}$,sɿ$^{35}$uən$^{13}_{21}$mai$^{35}_{44}$tʰien$^{53}$nau$^{21}$ke$^{0}$n̩$^{13}$to$^{35}_{44}$liau$^{0}$,ko$^{53}$uən$^{13}$ko$^{0}$.

【私塾】sɿ$^{35}$ʂəuk$^{5}$ [名]旧时私人设立的教学场所。一般只有一个教师，实行个别教学，没有一定的教材和学习年限：我等箇只屋啊以前也就办过～。我箇只公太呀老哩以后呀，蛮多人还想来读书，来接受渠个教育。渠就又还带兜子学生，教～。ŋai$^{13}$tien$^{0}$kai$^{53}$tʂak$^{3}$uk$^{3}$a$^{0}$i$^{35}_{53}$tsʰien$^{13}_{21}$ia$^{35}$tsʰiəu$^{53}$pʰan$^{53}$ko$^{53}_{44}$sɿ$^{35}_{44}$ʂəuk$^{5}$.ŋai$^{13}$kai$^{53}$tʂak$^{3}$kəŋ$^{35}$tʰai$^{53}$ia$^{0}$lau$^{21}$li$^{0}$i$^{35}_{44}$xei$^{53}$ia$^{0}$,man$^{13}$to$^{35}_{53}$ɲin$^{13}_{21}$xai$^{13}$siəŋ$^{21}$ləi$^{13}$tʰəuk$^{5}$ʂəu$^{35}_{44}$,ləi$^{13}$tsiait$^{3}$ʂəu$^{53}$ci$^{13}$ke$^{53}_{44}$ciau$^{53}$iəuk$^{3}$.ci$^{13}_{21}$tsiəu$^{53}$iəu$^{53}$xai$^{13}_{21}$tai$^{53}$tei$^{35}_{53}$tsɿ$^{0}$xɔk$^{5}$saŋ$^{35}_{44}$,kau$^{35}_{44}$sɿ$^{35}_{44}$ʂəuk$^{5}$.

【私席】sɿ$^{35}$siet$^{5}$ [名]婚宴上为高亲（主高亲除外）专设的席位。摆放私席的堂屋称为“私席厅”或“私席厅子”：～厅。～，专席啦。～厅子。专席啦就系。欸，以个就外氏专席。sɿ$^{35}$siet$^{5}$tʰaŋ$^{35}$.sɿ$^{35}$siet$^{5}$,tʂen$^{35}$siet$^{5}$la$^{0}$.sɿ$^{35}$siet$^{5}$tʰaŋ$^{35}_{44}$tsɿ$^{0}$.tʂen$^{35}$siet$^{5}$la$^{0}$tsʰiəu$^{53}_{44}$xe$^{53}_{44}$.e$_{21}$,i$^{21}$ke$^{53}_{44}$tsʰiəu$^{53}_{44}$ŋɔi$^{53}$ʂɿ$^{53}_{44}$tʂen$^{35}$siet$^{5}$.

【私章】sɿ$^{35}$tʂəŋ$^{35}$ [名]私人的印章。又称“私章子”：盖只～kɔi$^{53}$tʂak$^{3}$sɿ$^{35}$tʂəŋ$^{35}$｜你到箇个雕章子个栏场去雕只～子啊。ɲi$^{13}$tau$^{53}$kai$^{53}_{44}$ke$^{53}_{44}$tiau$^{35}$tʂəŋ$^{35}$tsɿ$^{0}$ke$^{53}_{44}$laŋ$^{13}_{21}$tʂʰəŋ$^{13}_{21}$çi$^{53}_{44}$tiau$^{35}$tʂak$^{3}$sɿ$^{35}_{44}$tʂəŋ$^{35}_{44}$tsɿ$^{0}$a$^{0}$.

【思春】sɿ$^{35}$tʂʰən$^{35}$ [动]春天母猫通过叫声求偶：箇只时候子猫嫲爱寻猫牯个时候子放势叫嘞就安做猫子～，安做～，就同箇话少女怀春样，欸。猫嫲～。kai$^{53}$tʂak$^{3}$ʂɿ$^{13}$xei$^{53}_{44}$tsɿ$^{0}$miau$^{53}$ma$^{13}$ɔi$^{53}$tsʰin$^{13}$miau$^{53}$ku$^{21}$ke$^{53}_{44}$ʂɿ$^{13}$xei$^{53}$tsɿ$^{0}$xɔŋ$^{53}$ʂɿ$^{53}_{44}$ciau$^{53}$lei$^{0}$tsʰiəu$^{53}_{44}$ɔn$^{35}_{44}$tso$^{53}_{44}$miau$^{53}$tsɿ$^{0}$sɿ$^{35}_{44}$tʂʰən$^{35}$,ɔn$^{35}_{44}$tso$^{53}_{44}$sɿ$^{35}_{44}$tʂʰən$^{35}$,tsʰiəu$^{53}$tʰəŋ$^{13}_{44}$kai$^{53}_{44}$ua$^{53}_{44}$ʂau$^{53}$ɲy$^{21}$fai$^{13}$tʂʰən$^{35}$iəŋ$^{53}$,e$_{21}$.miau$^{53}$ma$^{13}$sɿ$^{35}$tʂʰən$^{35}$.

【撕】si$^{35}$ [动]用手指将东西扯裂或使它离开附着处：欸，（萝卜蕻）～嘿皮去，掐嘿花去，嗯，就同白菜蕻样咁子炒。e$_{21}$,si$^{35}$(x)ek$^{3}$pʰi$^{13}$çi$^{53}$,kʰait$^{3}$(x)ek$^{3}$fa$^{35}$çi$^{53}$,n̩$_{21}$,tsʰiəu$^{53}$tʰəŋ$^{13}_{21}$pʰak$^{5}$tsʰɔi$^{53}$fəŋ$^{53}$iəŋ$^{53}_{44}$kan$^{21}$tsɿ$^{0}$tsʰau$^{21}$.

【燍】sɿ$^{35}$ [动]加少量的油用文火煎：（白辣椒）舞倒舞滴子油子一～啊，食淡干鱼子样噢箇就，喷香噢。u$^{21}$tau$^{21}$u$^{21}$tet$^{5}$tsɿ$^{0}$iəu$^{13}$tsɿ$^{0}$iet$^{3}$sɿ$^{35}$a$^{0}$,ʂət$^{5}$tʰan$^{35}_{44}$kɔn$^{35}_{44}$ŋ̍$^{13}$tsɿ$^{0}$iəŋ$^{53}_{44}$ŋau$^{0}$kai$^{53}_{44}$tsʰiəu$^{53}_{44}$,pʰəŋ$^{35}$çiəŋ$^{35}_{44}$ŋau$^{0}$.

【死$_{1}$】si$^{21}$ [动]①丧失生命，与“活”相对：猪杀～哩以后 tʂəu$^{35}$sait$^{3}$si$^{21}$li$^{0}$i$^{35}$xei$^{53}_{44}$｜以前我等箇映有只箇老子，九十几岁哩正～。i$^{35}_{53}$tsʰien$^{13}_{21}$ŋai$^{13}_{21}$tien$^{0}$kai$^{53}_{44}$iaŋ$^{53}_{44}$iəu$^{35}_{53}$tʂak$^{3}$kai$^{53}_{44}$lau$^{21}$tsɿ$^{0}$,ciəu$^{21}$ʂət$^{5}$ci$^{21}$sɔi$^{53}_{44}$li$^{0}$tʂaŋ$^{53}$si$^{21}$.｜～哩人个路子最多，最复杂。si$^{21}$li$^{0}$ɲin$^{13}_{21}$ke$^{53}_{44}$ləu$^{53}$tsɿ$^{0}$tsei$^{53}$to$^{35}_{44}$,tsei$^{53}$fuk$^{3}$tsʰait$^{3}$.

【死$_{2}$】si$^{21}$ [副]①表示程度达到极点，做状语或补语：吵得～tsʰau$^{21}$tek$^{3}$si$^{21}$｜打肿面来称胖子，～爱面子。ta$^{21}$tʂəŋ$^{21}$mien$^{53}$nɔi$^{13}_{21}$tʂʰən$^{35}_{44}$pʰəŋ$^{53}$tsɿ$^{0}$,si$^{21}$ɔi$^{53}_{44}$mien$^{53}$tsɿ$^{0}$.｜以下领哩几千块钱工资了渠就晓得，箇阵子是硬怪～哩我等呐。i$^{21}$xa$^{53}_{44}$lin$^{35}$ni$^{0}$ci$^{21}$tsʰien$^{35}_{44}$kʰuai$^{53}$tsʰien$^{13}_{21}$kəŋ$^{35}$tsɿ$^{35}_{44}$liau$^{21}$ci$^{13}_{21}$tsʰiəu$^{53}$çiau$^{21}$tek$^{3}$,kai$^{53}$tʂʰən$^{53}$tsɿ$^{0}$ʂɿ$^{53}_{44}$ɲiaŋ$^{53}$kuai$^{53}$si$^{21}$li$^{0}$ŋai$^{13}$tien$^{0}$na$^{0}$.｜箇一般个海参都爱渠等话爱四百多块钱一斤个正系好个话呢。系唔系？你话七十块钱一斤个系么个好海参呀？假～哩啊。kai$^{53}$iet$^{3}$pɔn$^{35}$ke$^{53}$xɔi$^{21}$sen$^{35}_{44}$təu$^{35}_{44}$ɔi$^{53}_{44}$ci$^{13}_{21}$tien$^{0}$ua$^{53}_{44}$ɔi$^{53}_{44}$si$^{53}$pak$^{3}$to$^{35}_{44}$kʰuai$^{53}_{44}$tsʰien$^{13}_{21}$iet$^{3}$cin$^{35}$cie$^{0}$tʂaŋ$^{53}$xei$^{53}$xau$^{21}$ke$^{53}$ua$^{53}$ne$^{0}$.xei$^{53}_{44}$me$^{53}_{44}$?ɲi$^{13}_{21}$ua$^{53}$tsʰiet$^{3}$ʂət$^{5}$kʰuai$^{53}_{44}$tsʰien$^{13}_{21}$iet$^{3}$cin$^{35}$ke$^{53}_{44}$xei$^{53}$mak$^{3}$e$^{0}$xau$^{21}$xɔi$^{21}$sen$^{35}_{53}$ia$^{0}$?cia$^{21}$si$^{21}$li$^{0}$a$^{0}$.
②牢牢固定的：用棺材钉分渠钉～来呀，分箇盖钉～来，就唔再开了。iəŋ$^{53}$kɔn$^{35}$tsʰɔi$^{13}_{21}$taŋ$^{35}$pən$^{35}_{44}$ci$^{13}_{21}$taŋ$^{35}$si$^{21}$ləi$^{13}_{21}$ia$^{0}$,pən$^{35}_{44}$kai$^{53}_{44}$kɔi$^{53}$taŋ$^{35}$si$^{21}$ləi$^{13}_{21}$,tsʰiəu$^{53}_{44}$m̩$^{13}$tsai$^{53}$kʰɔi$^{35}_{44}$liau$^{0}$.

【死草】si$^{21}$tsʰau$^{21}$ [名]指冬季干枯焦黄的草：但是冬下头个顿田墈就唔话青草墈，因为冬下个系～。tan$^{53}$ʂɿ$^{53}_{44}$təŋ$^{35}$xa$^{35}_{44}$tʰei$^{13}_{21}$ke$^{53}_{44}$tən$^{53}$tʰien$^{13}$kʰan$^{53}$tsʰiəu$^{53}$n̩$^{13}$ua$^{53}$tsʰiaŋ$^{35}$tsʰau$^{21}$kʰan$^{53}$,in$^{35}$uei$^{13}_{21}$təŋ$^{35}$xa$^{35}_{44}$ke$^{53}_{44}$xe$^{53}$si$^{21}$tsʰau$^{21}$.

【死蠢】si$^{21}$tʂʰən$^{21}$ [形]状态词。很蠢：欸箇个张坊街上就经常有只咁个细子嘞，有两三只哦咁个哦张坊街上哦～哩个噢。欸就真系蛮蠢呢，么个都唔晓得嘞，归夜都唔晓得。归去屋下食夜饭箇兜，归去屋下洗身脚，夜里归都唔晓归了，爱爷娭来寻喏。箇你不可……关唔系咯，跍倒屋下关唔系咯，一只伢子咯，两十多岁呀，两三十多岁呀，你关唔系咯你，除哩缔稳渠哦，渠会出倒街上来嬲喔。徛倒箇马路中间呶，看倒以只人就撄以只人打招呼唠，看倒箇只人又撄箇只人去下惹唠。e$_{21}$kai$^{53}_{44}$ke$^{53}_{44}$tʂɔŋ$^{35}_{44}$fɔŋ$^{35}_{44}$kai$^{35}_{44}$xɔŋ$^{53}_{44}$tsʰiəu$^{53}_{44}$cin$^{35}$tʂʰɔŋ$^{13}_{21}$iəu$^{35}_{44}$tʂak$^{3}$kan$^{21}$ke$^{53}_{44}$se$^{53}$tsɿ$^{0}$lei$^{0}$,iəu$^{35}$iɔŋ$^{21}$san$^{35}_{44}$tʂak$^{3}$o$_{53}$kan$^{21}$ke$^{53}$o$^{0}$tʂɔŋ$^{35}_{44}$fɔŋ$^{35}_{44}$kai$^{35}_{44}$xɔŋ$^{53}_{44}$ŋo$^{0}$si$^{21}$tʂʰən$^{21}$ni$^{0}$ke$^{53}$au$^{0}$.e$_{44}$tsiəu$^{53}_{44}$tʂən$^{35}$ne$^{53}$man$^{13}_{21}$tʂʰən$^{21}$ne$^{0}$,mak$^{3}$e$^{0}$təu$^{35}_{53}$n̩$^{13}_{44}$çiau$^{21}_{44}$tek$^{3}$le$^{0}$,kuei$^{35}_{44}$ia$^{53}$təu$^{35}_{53}$n̩$^{13}_{44}$çiau$^{21}_{44}$tek$^{3}$.kuei$^{35}$çi$^{53}$uk$^{3}$xa$^{53}_{44}$ʂət$^{5}$ia$^{53}$fan$^{53}_{44}$kai$^{53}_{44}$te$^{35}_{44}$,kuei$^{35}$çi$^{53}$uk$^{3}$xa$^{53}_{44}$sei$^{21}$ʂən$^{35}$ciɔk$^{3}$,ia$^{53}$li$^{0}$kuei$^{35}$təu$^{35}_{53}$n̩$^{13}_{21}$çiau$^{21}$kuei$^{35}_{44}$liau$^{0}$,ɔi$^{53}$ia$^{13}_{21}$ɔi$^{35}_{53}$lɔi$^{13}_{21}$tsʰin$^{13}$no$^{0}$.kai$^{53}_{44}$ɲi$^{13}_{21}$pət$^{3}$kʰo$^{21}_{44}$…kuan$^{35}$n̩$^{13}_{21}$xe$^{53}$ko$^{0}$,ku$^{35}_{44}$tau$^{21}$uk$^{3}$xa$^{53}_{44}$kuan$^{35}$n̩$^{13}_{21}$xe$^{53}$ko$^{0}$,iet$^{3}$tʂak$^{3}$ŋa$^{13}$tsɿ$^{0}$ko$^{0}$,iɔŋ$^{21}$ʂət$^{5}$to$^{35}_{44}$sɔi$^{53}$ia$^{0}$,iɔŋ$^{21}$san$^{35}_{44}$ʂət$^{5}$to$^{35}_{44}$sɔi$^{53}$ia$^{0}$, ɲi$^{13}_{21}$kuan$^{35}$n̩$^{13}_{21}$xe$^{53}$ko$^{0}$ɲi$^{13}_{44}$,tʂʰəu$^{13}$li$^{0}$tʰak$^{3}$uən$^{21}$ci$^{13}_{21}$o$^{0}$,ci$^{13}_{21}$uɔi$^{53}$tʂʰət$^{3}$tau$^{21}$kai$^{35}_{44}$xɔŋ$^{35}_{44}$lɔi$^{13}$liau$^{53}$uo$^{0}$.cʰi$^{35}$tau$^{21}_{44}$kai$^{53}_{44}$ma$^{35}$ləu$^{53}$tʂɔŋ$^{35}$kan$^{35}$nau$^{0}$,kʰɔn$^{53}$tau$^{21}_{44}$i$^{21}$tʂak$^{3}$ɲin$^{13}$tsʰiəu$^{53}$lau$^{35}$i$^{21}$tʂak$^{3}$ɲin$^{13}_{44}$ta$^{21}$tʂau$^{35}$fu$^{35}_{44}$lau$^{0}$,kʰɔn$^{53}$tau$^{21}$kai$^{53}$tʂak$^{3}$ɲin$^{13}$iəu$^{53}_{44}$lau$^{35}$kai$^{53}$tʂak$^{3}$ɲin$^{13}_{21}$çi$^{53}$xa$^{53}_{44}$ɲia$^{35}$lau$^{0}$.

【死当】si$^{21}$tɔŋ$^{53}$ 动当在当铺里的东西超过赎取期限，不能再赎取：欸，从前个当铺里就经常有～个东西呀。我有一回我话来去看下箇当铺里看下有～个车买嘛唠，冇得，箇倒冇得。e$_{21}$, tsʰɔŋ$^{13}_{21}$tsʰien$^{13}_{21}$ke$^{53}_{44}$tɔŋ$^{53}$pʰu$^{53}_{44}$li$^{0}$tsʰiəu$^{53}_{44}$cin$^{35}$tʂʰɔŋ$^{13}_{21}$iəu$^{35}_{44}$si$^{21}$tɔŋ$^{53}$ke$^{0}$tɔŋ$^{35}_{44}$si$^{0}$ia$^{0}$.ŋai$^{13}$iəu$^{35}$iet$^{3}$fei$^{13}$ŋai$^{13}_{21}$ua$^{53}$lɔi$^{13}_{21}$çi$^{53}$kʰɔn$^{53}_{44}$na$^{53}_{44}$kai$^{53}_{44}$tɔŋ$^{53}$pʰu$^{53}_{44}$li$^{0}$kʰɔn$^{53}_{44}$na$^{53}_{44}$iəu$^{35}_{44}$si$^{21}$tɔŋ$^{53}$ke$^{53}_{21}$tʂʰa$^{35}$mai$^{35}$ma$^{0}$lau$^{0}$,mau$^{13}$tek$^{3}$,kai$^{53}$tau$^{53}$mau$^{13}$tek$^{3}$.｜有钱去赎哇，死哩当。mau$^{13}$tsʰien$^{13}$çi$^{53}_{44}$ʂəuk$^{5}$ua$^{0}$,si$^{21}$li$^{0}$tɔŋ$^{53}$.

【死对头】si$^{21}$ti$^{53}$tʰei$^{13}$ 名指难以和解的仇敌：欸，如今个社会好嘿哩，真正有矛盾个人有还系有，但是箇起～还系很少了。e$_{44}$,i$^{13}_{21}$cin$^{35}_{44}$ke$^{53}_{44}$ʂa$^{53}$fei$^{53}$xau$^{21}$xek$^{3}$li$^{0}$,tʂən$^{35}$tʂən$^{53}_{44}$iəu$^{35}$mau$^{13}$tən$^{53}$ke$^{53}$ɲin$^{13}_{21}$iəu$^{35}$xai$^{13}_{21}$xe$^{53}_{21}$iəu$^{35}$,tan$^{53}$ʂɿ$^{53}$kai$^{53}$çi$^{21}$si$^{21}$ti$^{53}$tʰei$^{13}_{21}$xai$^{13}$xe$^{53}$xen$^{21}$ʂau$^{21}$liau$^{0}$.

【死角】si$^{21}$kɔk$^{3}$ 名①不易到达或无法回转的角落：转到……转到箇映子转～个栏场啊，走之字个栏场啊（就爱回龙）。tʂɔn$^{21}$tau$^{53}_{44}$k…tʂɔn$^{21}$tau$^{53}_{44}$kai$^{53}_{44}$iaŋ$^{53}_{44}$tsɿ$^{0}$tʂɔn$^{21}$si$^{21}$kɔk$^{3}$ke$^{53}$laŋ$^{13}_{21}$tʂʰɔŋ$^{13}_{21}$ŋa$^{0}$,tsei$^{21}$tʂɿ$^{35}$tsʰɿ$^{53}_{44}$ke$^{53}_{44}$laŋ$^{13}_{21}$tʂʰɔŋ$^{13}_{21}$ŋa$^{0}$. ②指不美观的角落或其他处所：箇箇个照枋就起倒箇只作用。遮嘿箇只～去。kai$^{53}_{44}$kai$^{53}$kei$^{53}_{44}$tʂau$^{53}$fɔŋ$^{35}$tsiəu$^{53}$çi$^{21}$tau$^{21}_{44}$kai$^{53}_{44}$tʂak$^{3}$tsɔk$^{3}$iəŋ$^{53}$.tʂa$^{35}$(x)ek$^{3}$kai$^{53}$tʂak$^{3}$si$^{21}$kɔk$^{3}$çi$^{53}_{44}$.

【死结坨】si$^{21}$ciet$^{3}$tʰo$^{13}$ 名死结；不是一拉就解开的结子：打只～ta$^{21}$(tʂ)ak$^{3}$si$^{21}$ciet$^{3}$tʰo$^{13}$｜解唔开箇只～cie$^{21}$ŋ̍$^{13}$kʰɔi$^{35}$kai$^{53}_{44}$tʂak$^{3}$si$^{21}$ciet$^{3}$tʰo$^{13}$

【死毁毁哩】si$^{21}$tsiəu$^{21}$tsiəu$^{21}$li$^{0}$ 形状态词。①植物失去水分枯萎的样子：以到咁大个日头哟，箇个辣椒箇兜都～啊。i$^{21}$tau$^{53}_{44}$kan$^{21}$tʰai$^{53}_{44}$ke$^{53}_{44}$ɲiet$^{3}$tʰei$^{13}_{21}$io$^{0}$,kai$^{53}_{44}$ke$^{53}_{44}$lait$^{5}$tsiau$^{35}_{44}$kai$^{53}_{44}$te$^{35}_{44}$təu$^{35}_{53}$si$^{21}$tsiəu$^{21}$tsiəu$^{21}$li$^{0}$a$^{0}$. ②人死气沉沉、无精打采的样子：你让门箇～样？ɲi$^{13}$ɲiɔŋ$^{53}$mən$^{13}_{53}$kai$^{53}$si$^{21}$tsiəu$^{21}$tsiəu$^{21}$li$^{0}$iɔŋ$^{53}$?｜昨晡夜晡一夜都缯睡得目啊，今晡硬人都有兜～样哈。tsʰo$^{35}$pu$^{35}_{53}$ia$^{53}$pu$^{35}_{44}$iet$^{3}$ia$^{53}$təu$^{35}_{53}$maŋ$^{13}$ʂɔi$^{53}$tek$^{3}$muk$^{3}$a$^{0}$,cin$^{35}_{44}$pu$^{35}_{44}$ɲiaŋ$^{53}$ɲin$^{13}_{21}$təu$^{35}_{44}$iəu$^{35}_{53}$te$^{35}_{44}$si$^{21}$tsiəu$^{21}$tsiəu$^{21}$li$^{0}$iɔŋ$^{53}$xa$^{0}$.

【死老姐子】si$^{21}$lau$^{21}$tsia$^{21}$tsɿ$^{0}$ 对老年妇女的贬称，多用于当面相骂或是背后指摘时。又称“老姐壳、死婆婆子”：你箇～！ɲi$^{13}_{21}$kai$^{53}$si$^{21}$lau$^{21}$tsia$^{21}$tsɿ$^{0}$!｜箇只～死又唔死。kai$^{53}$tʂak$^{3}$si$^{21}$lau$^{21}$tsia$^{21}$tsɿ$^{0}$si$^{21}$iəu$^{53}$n̩$^{13}_{21}$si$^{21}$.｜箇只～真讨嫌。kai$^{53}$tʂak$^{3}$si$^{21}$lau$^{21}$tsia$^{21}$tsɿ$^{0}$tʂən$^{35}$tʰau$^{21}$çian$^{13}_{21}$.

【死老贼】si$^{21}$lau$^{21}$tsʰiet$^{5}$ 名①对老年男子的鄙称：箇只老子真系只～，咁老了还跑倒去嫖货！kai$^{53}$tʂak$^{3}$lau$^{21}$tsɿ$^{0}$tʂən$^{35}$xei$^{53}$tʂak$^{3}$si$^{21}$lau$^{21}$tsʰet$^{5}$,kan$^{21}$lau$^{21}$liau$^{0}$xai$^{13}_{21}$pʰau$^{21}$tau$^{21}$çi$^{53}$pʰiau$^{13}$fo$^{53}$! ②对老公的嗔骂：我屋下箇只～ŋai$^{13}$uk$^{3}$xa$^{53}$kai$^{53}$(tʂ)ak$^{3}$si$^{21}$lau$^{21}$tsʰet$^{5}$｜我等箇只～啊！就咁子走咁哩咯，硬唔来帮下子我咯。ŋai$^{13}$tien$^{0}$kai$^{53}$tʂak$^{3}$si$^{21}$lau$^{21}$tsʰet$^{5}$a$^{0}$! tsʰiəu$^{53}$kan$^{21}$tsɿ$^{0}$tsei$^{21}$kan$^{21}$ni$^{0}$ko$^{0}$, ɲiaŋ$^{53}$n̩$^{13}_{21}$nɔi$^{13}_{21}$pɔŋ$^{35}$ŋa$^{53}_{21}$tsɿ$^{0}$ŋai$^{13}_{21}$ko$^{0}$.

【死老子】si$^{21}$lau$^{21}$tsɿ$^{0}$ 名对老年男子的贬称，又称“死老贼”：箇只箇～讨死嫌。一般就系话别人家唠。骂人个样啊。kai$^{53}$tʂak$^{3}$kai$^{53}_{44}$si$^{21}$lau$^{21}$tsɿ$^{0}$tʰau$^{21}$si$^{21}$çian$^{13}$.iet$^{3}$pɔn$^{35}$tsʰiəu$^{53}_{44}$xei$^{53}_{44}$ua$^{53}_{44}$pʰiet$^{5}_{3}$in$^{13}_{21}$ka$^{35}_{44}$lau$^{0}$.ma$^{53}$ɲin$^{13}_{21}$cie$^{53}_{44}$iɔŋ$^{53}_{44}$a$^{0}$.

【死命】si$^{21}$miaŋ$^{53}$ 副拼命；极力：有兜人呐渠系唔多准，但是渠舍得搞，渠认准哩一只路子，系唔系？渠～搞嘿去。iəu$^{35}$tei$^{35}_{53}$ɲin$^{13}_{21}$na$^{0}$ci$^{13}_{21}$xe$^{53}$n̩$^{13}$to$^{35}_{44}$tsʰiɔk$^{3}$,tan$^{53}$ʂɿ$^{53}$ci$^{13}_{44}$ʂa$^{21}$tek$^{3}$kau$^{21}$,ci$^{13}$ɲin$^{53}$tʂən$^{21}$li$^{0}$iet$^{3}$tʂak$^{3}$ləu$^{53}$tsɿ$^{0}$,xei$^{53}$me$^{53}$?ci$^{13}_{21}$si$^{21}$miaŋ$^{53}$kau$^{21}$uek$^{3}$cʰi$^{53}$.｜屙硬屎就爱有劲吵，系唔系？欸。～子挣啊。o$^{35}_{44}$ŋaŋ$^{53}$ʂɿ$^{21}$tsʰiəu$^{53}_{44}$ɔi$^{53}_{44}$iəu$^{35}$cin$^{53}$ʂa$^{0}$,xei$^{53}_{44}$me$^{53}_{44}$?e$_{21}$.si$^{21}$miaŋ$^{53}$tsɿ$^{0}$tsaŋ$^{53}$ŋa$^{0}$.

【死泥骨】si$^{21}$lai$^{13}$/le$^{13}$kuət$^{3}$ 名刨去上层肥土后露出的无肥力的泥土：～就系分面上个箇一层肥泥舞嘿哩嘞，底下个就～唠。就冇得滴肥。本来是老班子是还读 le$^{13}$，死 le$^{13}$，le$^{13}$。si$^{21}$lai$^{13}$kuət$^{3}$tsʰiəu$^{53}$xe$^{53}_{44}$pən$^{35}$mien$^{53}$xɔŋ$^{53}_{44}$ke$^{53}_{44}$kai$^{53}$iet$^{3}$tsʰien$^{13}$fei$^{13}$lai$^{13}$u$^{21}$(x)ek$^{3}$li$^{0}$le$^{0}$,tei$^{21}$xa$^{35}$ke$^{53}$tsʰiəu$^{53}_{44}$si$^{21}$lai$^{13}$kuət$^{3}$lau$^{0}$.tsiəu$^{53}_{21}$mau$^{13}$tek$^{3}$tet$^{5}$fei$^{13}$.pən$^{21}$nɔi$^{13}$ʂɿ$^{53}_{44}$lau$^{21}$pan$^{35}$tsɿ$^{0}$ʂɿ$^{53}_{44}$xai$^{13}_{21}$tʰəuk$^{5}$le$^{13}$,si$^{21}$lei$^{13}$,le$^{13}$.

【死婆婆子】si21pho13pho13tsɿ0 名对老年妇女的贬称，又称“老姐壳、死老姐子”：箇只欸～啊。kai53_44tʂak3 e53si21pho13_21pho13_21tsɿ0 a0.

【死雀】si21tshiɔk3 形状态词。极精明：以下搞起药店里人～哩，渠也有紫苏粉卖了。i21xa53 kau21çi53_44iɔk5 tian53ni0 ɲin13_44si21tshiɔk3 li0,ci13_21a35_44iəu35tsɿ21sɿ35fən21mai53liau0.

【死人1】si21ɲin13 名已死的人：唔怕～个人 m13pha53si21ɲin13_21cie53ɲin13_21

【死人2】si21ɲin13 动①致人死亡：冇事～呶。临时冇事～，食多哩就……有胀死哩个噃。mau13sɿ53si21ɲin13nau0.lin13ʂʅ13_44mau13_44sɿ53si21ɲin13,ʂət5 to35li0 tshiəu53_44…iəu35tʂəŋ53si21li0 ke53_44lau0.②放在形容词后，表示程度极高：草鞋搭是痒～个是。tshau21xai13tait3 ʂʅ53_44iɔŋ35si21ɲin13ke53ʂʅ53_21.｜喷臭～phəŋ35 tʂhəu53si21ɲin13

【死尸】si21ʂʅ35 名人死后的骸体：如今箇起㧐～箇只就系绛绳。i13_21cin35kai53çi21kɔŋ35si21ʂʅ35kai53_44 tʂak3tshiəu53_44xe53_44thau35ʂən13.

【死死哩】si21si21li0 副拼死；坚决：我如今～管倒箇只～舞倒箇只饮水工程呶。ŋai13i13_21cin35_53si21 si21li0 kɔn21tau21kai53tʂak3 si21si21li0 u21tau21kai53tʂak3 in21ʂei21kɔŋ35tʂhən13_21nau0.

【死心踏地】si21sin35thait5 thi53 形容打定了主意，决不改变：以只妹子就～爱卖分渠。i21tʂak3 mɔi53tsɿ0 tsiəu53_44si21sin35_44thait5 thi53_44ɔi53_44mai53pən35ci13_21.

【死者】si21tʂa21 名已死的人：箇个～个家属个旗，冥旌呢。kai53_44ke53_44si21tʂa21ke53_44cia35ʂəuk3 ke53_44 chi13,min13tsin35_44ne0.

【死猪子肉】si21tʂəu35tsɿ0ɲiəuk3 名因疾病等原因死亡的猪的肉：么个～箇只么个东西渠只爱系肥膘肉箇只都可以榨出油来。mak3 ke53si21tʂəu35tsɿ0ɲiəuk3 kai53_21tʂak3_5 mak3 (k)e53_44təŋ35_44si0 ci13_21tʂʅ21ɔi53_44xei53 fei13piau35ɲiəuk3 kai53_44tʂak3 təu35_44kho21i35tsa53tʂhət3 iəu13lɔi13_21.

【巳时】sɿ53ʂʅ13 名上午九点到十一点的时间：辰时日头～风。ʂən13ʂʅ13ɲiet3 thei13sɿ53ʂʅ13fəŋ35.

【四】si53 数①三加一后所得的数目：一个人有两只子细人子也有哩吧？搞得～五个是也冇必要。iet3 ke53ɲin13_44iəu35iɔŋ21tʂak3 tsɿ0 sei53ɲin13_21tsɿ0 a35_44iəu35li0 pa44?kau21tek3 si53ŋ̍21ke53ʂʅ53_21ia35mau13piet3 iau53.｜～五十斤子到百把斤子都喊猪条。si53ŋ̍13_21ʂət5 cin35tsɿ0 tau53pak3 pa21cin35tsɿ0 təu35xan53tʂəu35thiau13_21.②表示次序上为第四：～伯娭si53pak3 me35四伯的妻子

【四点底】si53tian21te21 名指汉字偏旁“灬”。又称“四点水”：打比照字啊，照耀个照字啊是～啊，欸，康熙字典个熙字啦系～呀。ta21pi21tʂau53tshɿ53a0,tʂau53iau53_44ke53_44tʂau53tshɿ53_44a0 ʂʅ53_44si53tian21tei21 a0,e21,khɔŋ35çi35sɿ53tian21ke0 çi35tshɿ53la0 xei53_44si53tian21tei21ia0.

【四垫】si53thien53 形体态匀称：渠个完身蛮～。ci13kai53uɔn13ʂən35_44man13si53thien53.

【四方1】si53fɔŋ35 名东、南、西、北。泛指四处各地：食～ʂət5 si53fɔŋ35｜走～tsei21si53fɔŋ35

【四方2】si53fɔŋ35 形属性词。正方形或正方体的。有“AABB”重叠式：渠指斗方蛇个花纹呈～个格子啊。ci13ke53fa35uən13_21tʂhən13si53fɔŋ35ke53kak3 tsɿ0 a0.｜（饭桌子）也系～。ia35xei53si53fɔŋ35.｜渠指糯米圆就切成咁个～坨子。ci13tshiəu53tshiet3 ʂaŋ13kan21ke53_44si53fɔŋ35tho13tsɿ0.｜打只四四方方个眼 ta21 tʂak3 si53si53fɔŋ35_44fɔŋ35_44ke53ŋan21｜一块子个四四方方个树 iet3 khuai53tsɿ0 kei53_44si53si53_21fɔŋ35_44fɔŋ35_44ke53_44ʂəu53｜欸，（皮篓子）四四方方，方个，一直都系方个舞下上。e21,si53 si53fɔŋ35fɔŋ35,fɔŋ35ke53_44,iet3 tʂhət5 təu35_44xe53_44fɔŋ35ke53_44u21(x)a53_44ʂɔŋ35.

【四方桌】si53fɔŋ35tsɔk3 名桌面是四方形的桌子：就矮桌子也系～嘞。tshiəu53ai21tsɔk3 tsɿ0 ia35xei53 si53fɔŋ35_53tsɔk3 nei0.

【四季葱】si53ci53tshəŋ35 名葱的一种，四季青绿：有蛮多人就系栽～了。又唔爱栽，箇～咯，箇葱子咯，渠只爱边呢。iəu35man13to35_53ɲin13_21tshiəu53xe53_44tsɔi35si53ci53tshəŋ35_44liau0.iəu53m̩13_21mɔi53tsɔi35,kai53_44 si53ci53tshəŋ35_44ko0,kai53_21tshəŋ35tsɿ0 ko0,ci13_21tʂʅ21ɔi53pien35nei0.｜～冇得火葱子咁香，但是渠四季都有。si53ci53tshəŋ35mau13_21tek3 fo21tshəŋ35_44tsɿ0 kan21çiɔŋ35,tan53_44ʂʅ53_44ci13_21si53ci53_44təu35_44iəu35.

【四邻八舍】si53lin13pait3 ʂa53 指左右邻居：到哩一只地方就爱搀～搞好关系。tau53li0 iet3 tʂak3 thi53_44 fɔŋ35_44tshiəu53ɔi53_21lau35si53lin13_21pait3 ʂa53kau21xau21kuan35_44çi53.

【四路】sɿ53ləu53 名指某处和附近与它相连属的地方；到处。也称“四路子”：张家坊以～个庙里冇得尼姑。tʂɔŋ35ka35_44fɔŋ35i21sɿ53ləu53ke53miau53li0 mau13_21tek3 ɲi13_21ku35_53.｜好像七宝山个～子有人讲潸猪潲。xau21tshiɔŋ53tshiet3 pau21san35ke53sɿ53ləu53tsɿ0 iəu35_44in13_21kɔŋ21san21.

【四面八方】si53mien53pait3 fɔŋ35 周围各处：箇个超市里开业呀，有箇个便宜东西卖呀，硬～个

人都来哩，挤人都挤唔开。kai$^{53}_{44}$ke$^{53}_{44}$tʂʰau$^{35}$ʂʅ$^{53}$li$^{0}$ kʰɔi$^{35}$ɲiait$^{5}$ ia$^{0}$ ,iəu$^{35}$kai$^{53}_{44}$ke$^{53}_{44}$pʰien$^{13}$ɲin$^{13}_{21}$təŋ$^{35}_{44}$si$^{0}$ mai$^{53}$ ia$^{0}$ , ɲiaŋ$^{53}_{44}$si$^{53}$mien$^{53}_{21}$pait$^{3}$ fəŋ$^{35}$ke$^{53}$ɲin$^{13}_{21}$təu$^{35}$lɔi$^{13}_{21}$li$^{0}$ ,tsi$^{21}$ɲin$^{13}$təu$^{35}_{53}$tsi$^{21}$ŋ̍$^{13}_{44}$kʰɔi$^{35}_{44}$.

【四平八稳】si$^{53}$pʰin$^{13}_{21}$pait$^{3}$ uən$^{21}$ 形容做事非常稳妥，但在一定程度上缺乏进取精神：欸，我等人欸老百姓做事啊，就爱～，因为我等经唔起风浪。爱～子，欸，稳稳重重子过稳去，日子就更好。e$_{21}$ŋai$^{13}$tien$^{0}$ ɲin$^{13}_{21}$e$_{21}$lau$^{21}$pɔit$^{3}$ sin$^{53}_{44}$tso$^{53}$ʂʅ$^{53}$za$^{0}$ ,tsʰiəu$^{53}_{44}$ɔi$^{53}_{44}$si$^{53}$pʰin$^{13}_{21}$pait$^{3}$ uən$^{21}_{44}$,in$^{35}$uei$^{53}_{44}$ŋai$^{13}_{21}$tien$^{0}$ cin$^{35}$ ŋ̍$^{13}_{21}$çi$^{21}$fəŋ$^{35}$ləŋ$^{53}$.ɔi$^{53}_{44}$si$^{53}$pʰin$^{13}_{21}$pait$^{3}$ uən$^{21}$tsʅ$^{0}$ ,e$_{21}$,uən$^{21}$uən$^{21}$tʂʰəŋ$^{53}$tʂʰəŋ$^{53}$tsʅ$^{0}$ ko$^{53}$uən$^{21}$çi$^{53}$, ɲiet$^{3}$ tsʅ$^{0}$ tsʰiəu$^{53}_{44}$cien$^{53}$ xau$^{21}$.

【四时八节】si$^{53}$ʂʅ$^{13}$pait$^{3}$tsiet$^{3}$ 本指春、夏、秋、冬四季和立春、立夏、立秋、立冬、春分、秋分、夏至、冬至八个节气，泛指一年四季各节气：我以下退哩休了有么个事，你～都可以来嫐。ŋai$^{13}_{21}$i$^{21}$xa$^{53}$tʰi$^{53}$li$^{0}$ çiəu$^{35}$liau$^{0}$ mau$^{13}_{21}$mak$^{3}$ e$^{0}$ sʅ$^{53}$, ɲi$^{13}$si$^{53}$ʂʅ$^{13}_{21}$pait$^{3}$ tset$^{3}$ təu$^{35}_{53}$kʰo$^{21}$i$^{35}_{44}$lɔi$^{13}_{21}$liau$^{53}$.

【四通八达】si$^{53}$tʰəŋ$^{35}$pait$^{3}$ tʰait$^{5}$ 有路通向各个方向，形容交通非常方便：如今个高铁呀～，我是真想多去旅游嫐下子。i$^{13}_{21}$cin$^{35}_{44}$ke$^{53}$kau$^{35}$tʰet$^{3}$ ia$^{0}$ si$^{53}$tʰəŋ$^{35}_{44}$pait$^{3}$ tʰait$^{5}$ ,ŋai$^{13}_{21}$ʂʅ$^{53}_{44}$tʂən$^{35}_{44}$siɔŋ$^{21}$to$^{35}$çi$^{53}_{44}$li$^{35}$iəu$^{13}$ liau$^{53}$xa$^{53}$tsʅ$^{0}$.

【四向】si$^{53}$çiɔŋ$^{53}$ 名 四面；四周：架架个两边，～噢，都做眼。ka$^{53}$ka$^{53}_{44}$ke$^{53}_{44}$iɔŋ$^{21}$pien$^{35}$,si$^{53}$çiɔŋ$^{53}_{44}$ ŋau$^{0}$,təu$^{35}$tso$^{53}$ŋan$^{21}$.｜～留倒，挖深来呀。si$^{53}$çiɔŋ$^{53}_{44}$liəu$^{13}$tau$^{21}$,ua$^{35}$tʂʰən$^{35}$nɔi$^{13}_{21}$ia$^{0}$.

【四月】si$^{53}$ɲiet$^{5}$ 名 一年的第四个月：～八，牛生日。si$^{53}$ɲiet$^{5}$ pait$^{3}$, ɲiəu$^{13}$saŋ$^{35}$ɲiet$^{3}$.

【四月豆】si$^{53}$ɲiet$^{5}$ tʰei$^{53}$ 名 四季豆：～又安做观音豆。欸，所谓安做～嘞就系四月子成熟个。～欸我等都喜欢食。～欸箇个唠，唔知几早就有食唠箇个菜，虽然唔系么个几好食唠，但是其他菜还冇得食嘞～就有食了。si$^{53}$ɲiet$^{5}$ tʰei$^{53}$iəu$^{53}_{44}$ɔn$^{35}_{44}$tso$^{53}_{44}$kɔn$^{35}$in$^{35}$tʰei$^{53}$.e$_{21}$,so$^{21}$uei$^{53}_{44}$ɔn$^{35}_{44}$tso$^{53}_{44}$si$^{53}$ ɲiet$^{5}$ tʰei$^{53}$lei$^{0}$ tsʰiəu$^{53}_{44}$xei$^{53}_{44}$si$^{53}$ɲiet$^{5}$ tsʅ$^{0}$ tʂʰən$^{13}$ʂəuk$^{5}$ ke$^{0}$ .si$^{53}$ɲiet$^{5}$ tʰei$^{53}_{44}$e$_{21}$ŋai$^{13}$tien$^{0}$ təu$^{35}$çi$^{21}$fɔn$^{35}$ʂət$^{5}$ .si$^{53}$ɲiet$^{5}$ tʰei$^{53}$e$_{21}$kai$^{53}$ke$^{53}$lau$^{0}$ ,ŋ̍$^{13}$ti$^{35}_{53}$ci$^{21}$tsau$^{21}$tsʰiəu$^{53}_{44}$iəu$^{35}$ʂət$^{5}$ lau$^{0}$ kai$^{53}_{21}$ke$^{53}_{21}$tsʰɔi$^{53}$,sei$^{35}$vien$^{13}_{21}$m̍$^{13}$pʰei$^{53}$mak$^{3}$ e$^{0}$ ci$^{21}$xau$^{21}$ ʂət$^{5}$ lau$^{0}$ ,tan$^{53}_{21}$ʂʅ$^{53}_{21}$cʰi$^{13}_{21}$tʰa$^{35}_{53}$tsʰɔi$^{53}$xai$^{13}_{21}$mau$^{13}$tek$^{3}$ ʂət$^{5}$ le$^{0}$ si$^{53}$ɲiet$^{5}$ tʰei$^{53}$tsʰiəu$^{53}_{44}$iəu$^{35}$ʂət$^{5}$ liau$^{21}$.

【寺】sʅ$^{53}$ 名 寺庙。又称"庙、寺庙"：唐兴～ tʰɔŋ$^{13}$çiŋ$^{35}$sʅ$^{53}$

【松$_{1}$】səŋ$^{35}$ 形 ①松散：渠就震～哩，震～哩就倒得出来。ci$^{13}$tsʰiəu$^{53}_{44}$tʂən$^{53}$səŋ$^{35}$li$^{0}$ ,tʂən$^{53}$səŋ$^{35}$li$^{0}$ tsʰiəu$^{53}_{44}$tau$^{53}$tek$^{3}$ tʂʰət$^{3}$ lɔi$^{13}$. ②（质地）不坚实；不致密：麻鲇石就最～个，用镢头都挖得开呀。ma$^{13}$kʰu$^{35}$ʂak$^{5}$ tsʰiəu$^{53}$tsei$^{53}$səŋ$^{35}$ke$^{53}_{21}$,iəŋ$^{53}$ciɔk$^{3}$ tʰei$^{13}$təu$^{35}_{53}$uait$^{3}$ tek$^{3}$ kʰɔi$^{35}$ia$^{0}$. ③（食物）酥脆；爽脆：渠炮出来个豆腐嘞更～，更唔食油，更省油。ci$^{13}_{21}$pʰau$^{13}$tʂʰət$^{3}$ lɔi$^{13}_{21}$ke$^{53}_{44}$tʰei$^{53}$fu$^{53}_{44}$lei$^{0}$ cien$^{53}$səŋ$^{35}$,cien$^{53}$ŋ̍$^{13}$ ʂət$^{5}$ iəu$^{13}$,cien$^{53}$saŋ$^{21}$iəu$^{13}$.｜秋白子（比麻梨子）更细，更～，更甜。tsʰiəu$^{35}$pʰek$^{5}$ tsʅ$^{0}$ ken$^{53}_{44}$se$^{53}$,ken$^{53}$ səŋ$^{35}$,ken$^{53}$tʰian$^{13}$.

【松$_{2}$】səŋ$^{35}$ 动 ①使变得不紧：去～土 çi$^{53}_{44}$səŋ$^{35}$tʰəu$^{21}$。②使松动并取下：箇个欸墙板一～，就爱整（墙）。kai$^{53}_{44}$ke$^{53}_{44}$e$_{21}$tsʰiɔŋ$^{13}$pan$^{21}$iet$^{3}$ səŋ$^{35}$,tsʰiəu$^{53}_{44}$ɔi$^{53}_{44}$tʂaŋ$^{21}$.｜箇就分屏风板呢下～下来。kai$^{53}_{44}$ tsʰiəu$^{53}_{44}$pən$^{35}_{44}$pʰin$^{13}$fəŋ$^{35}$pan$^{21}$ne$^{0}$ xa$^{53}$səŋ$^{35}$xa$^{53}_{44}$lɔi$^{13}_{44}$. ③解开：分箇个梢正箇个杠子箇只就～嘿去啊。pən$^{35}$kai$^{53}$ke$^{53}_{44}$sau$^{35}$tʂaŋ$^{53}$kai$^{53}_{44}$ke$^{53}_{44}$kɔŋ$^{53}$tsʅ$^{0}$ kai$^{53}_{44}$tʂak$^{3}$ tsʰiəu$^{53}_{44}$səŋ$^{35}$(x)ek$^{3}$ çi$^{53}_{44}$a$^{0}$. ④放开：脚一～啊，分箇条竹尾巴就吊下来呀。ciɔk$^{3}$ iet$^{3}$ səŋ$^{35}$ŋa$^{0}$ ,pəŋ$^{35}$(←pən$^{35}$)kai$^{53}_{44}$tʰiau$^{13}_{21}$tʂəuk$^{3}$ mi$^{35}_{44}$pa$^{35}$tsʰiəu$^{53}_{44}$tiau$^{53}$xa$^{53}_{44}$lɔi$^{13}_{21}$ ia$^{0}$.

【松敨】səŋ$^{35}$tʰei$^{21}$ 形 轻松。又称"松爽"：真～ tʂən$^{35}$səŋ$^{35}$tʰei$^{21}$

【松苞子】tsʰəŋ$^{13}$pau$^{35}$tsʅ$^{0}$ 名 松球，松树的球果：箇阵子是揪个摘爱都系摘杉苞子，欸，摘～。欸，摘倒去往钟$_{捣}$。kai$^{53}_{44}$tʂʰən$^{53}_{44}$tsʅ$^{0}$ ʂʅ$^{53}_{44}$tsiəu$^{35}$ke$^{35}_{44}$tsak$^{3}$ ɔi$^{53}_{44}$təu$^{35}$xe$^{53}_{44}$tsak$^{3}$ sa$^{35}$pau$^{35}$tsʅ$^{0}$ ,ei$_{21}$,tsak$^{3}$ tsʰəŋ$^{13}$pau$^{35}$ tsʅ$^{0}$ .e$_{21}$,tsak$^{3}$ tau$^{21}$çi$^{53}$uɔŋ$^{21}$tʂəŋ$^{35}$.

【松饽子】tsʰəŋ$^{13}$pɔk$^{5}$ tsʅ$^{0}$ 名 松球：松树也结咁个～。像饽饽一样个。tsʰəŋ$^{13}$ʂəu$^{53}$ia$^{35}$ciait$^{3}$ kan$^{21}$ke$^{53}_{44}$ tsʰəŋ$^{13}$pɔk$^{5}$ tsʅ$^{0}$ .tsʰiɔŋ$^{53}$pɔk$^{5}_{3}$pɔk$^{5}$ iet$^{3}$ iɔŋ$^{53}_{44}$ke$^{53}_{44}$.

【松梗糖】səŋ$^{35}$kuaŋ$^{21}$tʰɔŋ$^{13}$ 名 糖名：～，哎呀，几十年我硬唔记得哩哦，～哦，唔知让门子个，只记得箇只名字。～。有～，唔记得哩。让门子个我都唔记得哩。～，细细子个听讲过。么个几十年个记忆都分你翻出来哩噢。səŋ$^{35}$kuaŋ$^{21}$tʰɔŋ$^{13}$,ai$_{21}$ia$_{13}$,ci$^{21}$ʂət$^{5}$ ɲien$^{13}$ŋai$^{13}$ɲiaŋ$^{53}$m̍$^{13}$ci$^{53}$tek$^{3}$ lio$^{0}$ ,səŋ$^{35}$kuaŋ$^{21}$tʰɔŋ$^{13}$ŋo$^{0}$ ,ŋ̍$^{13}$ti$^{35}_{44}$ɲiɔŋ$^{53}_{44}$mən$^{13}_{44}$tsʅ$^{0}$ ke$^{53}$, tʂʅ$^{21}$ci$^{53}$tek$^{3}$ kai$^{53}$tʂak$^{3}$ miaŋ$^{13}$tsʰʅ$^{53}$.səŋ$^{35}$kuaŋ$^{21}$tʰɔŋ$^{13}$.iəu$^{35}$ səŋ$^{35}$kuaŋ$^{21}$tʰɔŋ$^{13}$,ŋ̍$^{13}$ci$^{53}$tek$^{3}$ li$^{0}$ .ɲiɔŋ$^{53}_{44}$mən$^{13}_{44}$tsʅ$^{0}$ ke$^{53}$ŋai$^{13}$təu$^{35}_{44}$ŋ̍$^{13}$ci$^{53}$tek$^{3}$ li$^{0}$ .səŋ$^{35}$kuaŋ$^{21}$tʰɔŋ$^{13}$,se$^{53}$se$^{53}$tsʅ$^{0}$ ke$^{53}_{44}$ tʰaŋ$^{35}$kɔŋ$^{21}$ko$^{53}$.mak$^{3}$ ke$^{53}_{44}$ci$^{21}$ʂət$^{5}$ ɲien$^{13}$ke$^{53}_{44}$ci$^{53}$i$^{35}_{44}$təu$^{35}_{44}$pən$^{35}_{44}$ɲi$^{13}_{21}$fan$^{35}$tʂʰət$^{3}$ lɔi$^{13}_{21}$li$^{0}$ au$^{0}$.

【松光】tsʰəŋ$^{13}$kɔŋ$^{35}$ 名 松明，即油松劈成的细条或其枝条，因含油脂，可燃烧用以代替烛火照明：箇是有一起～哦，系唔系？松树肚里个箇种松光（油）多个箇个箇一块，就安做～，用来点灯，用来照湖鳅，欸，用来走夜路。kai53/21 ʂʅ53/21 iəu35 iet3 çi21 tsʰəŋ13 kɔŋ35 ŋo0 ,xei53/44 me53/44 ?tsʰəŋ13 ʂəu53 təu21 li0 ke53/44 kai53 tʂəŋ21 tsʰəŋ13 kɔŋ35/44 to35 ke53 kai53/44 ke53/44 kai53/44 iet3 kʰuai53 ,tsʰiəu53/21 ɔn35/53 tso53 tsʰəŋ13 kɔŋ35 ,iəŋ53 lɔi13/21 tian21 tien35 ,iəŋ53 lɔi13/21 tʂau53 fu13 tsʰiəu35/44 ,e21 ,iəŋ53 lɔi13/21 tsei21 ia53 ləu53 .

【松光络】tsʰəŋ13/tsʰiəŋ13 kɔŋ35 lɔk5 名用来装松明的铁络子，形如笊篱，带长铁把，抓泥鳅时常用来照明。又称“火络子”：我等只有～。你只爱去照……要舞只络子呢，舞只络铁络子呢。铁络子嘞面上嘞一条子铁丝。一只子铁把子，斗只子把子□长个，咁子咁子斗倒。去照湖鳅，安做～。箇个还爱去寻松光咯。ŋai13/21 tien0 tʂʅ21 iəu35/44 tsʰəŋ13/21 kɔŋ35/44 lɔk5 . ɲi13/21 tʂʅ21 ɔi53/21 çi53/44 tʂau53 …iau53/44 u21 (tʂ)ak3 lɔk5 tsʅ0 nei0 ,u21 tʂak3 lɔk5 tʰiet3 lɔk5 tsʅ0 nei0 .tʰiet3 lɔk5 tsʅ0 lei0 mien53 xɔŋ53/44 lei0 iet3 tʰiau13 tsʅ0 tʰiet3 sʅ35/44 .iet3 tʂak3 tsʅ0 tʰiet3 pa53 tsʅ0 ,tei53 tʂak3 tʰiet3 pa53 tsʅ0 lai35 tʂʰəŋ13/21 ke53/44 ,kan21 tsʅ0 kan21 tsʅ0 tei53/44 tau21 .çi53 tʂau53 fu13 tsʰiəu35/44 ,ɔn35/44 tso53/44 tsʰəŋ13/21 kɔŋ35/44 lɔk5 .kai53/44 ke53/44 xa13/21 ɔi53/44 çi53/44 tsʰin13 tsʰəŋ13 kɔŋ35 ko0 .

【松光油】tsʰəŋ13 kɔŋ35 iəu13 名松脂：箇阵我等箇映子有只细子，渠娭子一只机器炉子烂嘿哩，渠话：“姆娭，我同我舞我来补哇。”然后跑下岭上搞兜～嘿嘿去补机器炉子。箇有么个用啊，箇细人子。硬……七八岁了嘞。欸笑死人。kai53 tʂʰən53 ŋai13 tien0 kai53/44 iaŋ53/44 tsʅ0 iəu35 tʂak3 se53 tsʅ0 ,ci13/21 ɔi35 tsʅ0 iet3 tʂak3 ci35/44 çi53 ləu13 tsʅ0 lan53 nek3 li0 ,ci13/44 (u)a53/44 :"m̩13 mei35/44 ,ŋai13 tʰəŋ13 ŋai13 u21 ŋai13 lɔi13/44 pu21 ua0 ."ien13 xei53/44 pʰau21 (x)a53/44 liaŋ35 xɔŋ53/44 kau21 te35/53 tsʰəŋ13/21 kɔŋ35/44 iəu13/21 xe44 xe53 çi53 pu21 ci35/44 çi53 ləu13 tsʅ0 .kai53/44 iəu53 mak3 e0 iəŋ53/44 ŋa0 ,kai53/44 sei53 ɲin13/21 tsʅ0 . ɲiaŋ53 …tsʰiet3 pait3 sɔi53 liau21 lei0 .ei0 siau53 si21 ɲin13 .｜我晓得个是只有晓得箇扯琴子放下箇上背嘞。放下琴子箇二胡个上背呀。扯琴子用嘞，就爱用～嘞。松香嘞，系啊？～就系制松香个嘞。ŋai13 çiau21 tek3 ke53 ʂʅ53/44 tʂʅ21 iəu35/53 çiau21 tek3 kai53 tʂʰa21 cʰin13 tsʅ0 fɔŋ53 xa53 kai53 ʂɔŋ53 pɔi53 lei0 .fɔŋ53 xa53 cʰin13 tsʅ0 kai53 ɲi53 fu13/21 ke53/44 ʂɔŋ53 pɔi53 ia0 .tʂʰa21 cʰin13 tsʅ0 iəŋ53 lei0 ,tsʰiəu53 ɔi53 iəŋ53 tsʰəŋ13/21 kɔŋ35/53 iəu13/21 lei0 .səŋ35 çiɔŋ35 lei0 ,xei53/44 a0 ?tsʰəŋ13/21 kɔŋ35/53 iəu13/44 tsʰiəu53/44 xe53/44 tʂʅ53/44 səŋ35 çiɔŋ35 ke53 lei0 .

【松槁】tsʰəŋ13 kʰua21 名用作柴火的松树枝：欸，～就真多松毛。e21 ,tsʰəŋ13 kʰua21 tsiəu53 tʂən35 to35 tsʰəŋ13 mau35 .

【松火】səŋ35 fo21 动去除部分煤渣，使炉膛更通风，火更旺：就到炉肚里去～个，系有把铲子。tsʰiəu53/44 tau53 ləu13 təu21 li0 çi53/44 səŋ35 fo21 ke53 ,xei53/44 iəu35 pa21 tsʰan21 tsʅ0 .

【松肩】səŋ35 cien35 动指负担减轻：我赖子大哩，我就松哩下子肩呢。ŋai13 lai53 tsʅ0 tʰai53 li0 ,ŋai13 tsʰiəu53/44 səŋ35 li0 xa53/21 tsʅ0 cien35 nei0 .｜以下我就松哩肩呐，系啊？我赖子大哩啊，渠寻得钱倒了哇。i21 xa53 ŋai13 tsʰiəu53 səŋ13 li0 cien35 na0 ,xei53/44 a0 ?ŋai13/21 lai53 tsʅ0 tʰai53 li0 a0 ,ci13/21 tsʰin13 tek3 tsʰien13 tau21 liau0 ua0 .

【松紧鞋】səŋ35 cin21 xai13 名鞋面有松紧带的鞋子：～就系鞋面子上安哩松紧带个箇起鞋，着起来唔爱弯腰拔踭，唔爱绨带子啊，系唔系？脚一捅下去就要得哩。səŋ35 cin21 xai13 tsʰiəu53 xe53 xai13 mien53 tsʅ0 xɔŋ53 ɔn35 ni0 səŋ35 cin21 tai53 ke53/21 kai53/44 çi21/44 xai13 ,tʂɔk3 çi21 lɔi13/21 m̩13/21 mɔi53/44 uan35 iau35 pʰait5 tsaŋ35 ,m̩13/21 mɔi53 tʰak3 tai53 tsʅ0 a0 ,xei53 me53 ?ciɔk3 iet3 tʰəŋ21 xa53 çi53 tsʰiəu53/44 iau53 tek3 li0 .

【松毛】tsʰəŋ13 mau35 名松针：箇引火柴就系硇叽呀，～喔。kai53/44 tsʰiəu53/44 xe53/44 ləu35 ci35 ia0 ,tsʰəŋ13 mau35 uo0 .｜装～个栏场安做□柴篓。tʂɔŋ35 tsʰəŋ13 mau35/44 ke53/44 laŋ13/21 tʂʰɔŋ13/21 ɔn35/44 tso53/44 lak5 tsʰai13 lei21 .

【松毛耙子】tsʰəŋ13 mau35 pʰa13 tsʅ0 名柴耙子：食哩早饭我等背只～来去岭上耙兜松毛归来哟。ʂət5 li0 tsau21 fan53/44 ŋai13/21 tien0 pi53 tʂak3 tsʰəŋ13/21 mau35/44 pʰa13 tsʅ0 lɔi13/21 çi53 liaŋ35 xɔŋ53 pʰa13 te35/53 tsʰəŋ13 mau35/44 kuei35 lɔi13/21 iau0 .｜欸拿倒箇～去晒谷场里打下子箬哦。e21 la53 tau21 kai53 tsʰəŋ13/21 mau35/44 pʰa13/21 tsʅ0 çi53 sai53 kuk3 tʂʰɔŋ13 li0 ta21 (x)a53/44 tsʅ0 ɲiɔk5 o0 .

【松毛虫】tsʰəŋ13 mau35 tʂʰəŋ13 名昆虫名。幼虫长条形，红褐色，杂有花斑，身体两侧有长毛，以松叶为食：真多～。tʂən35 to35 tsʰəŋ13 mau35 tʂʰəŋ13 .

【松气】səŋ35 çi53 动①降低紧张用力的程度；松劲：松一口气呀。səŋ35 iet3 xei21 çi53 ia0 .②用调羹或铜钱、毫子蘸水或油刮身：用调羹松下子气，欸，以到真唔好过，系唔系，爱松下子气。iəŋ53 tʰiau13 kaŋ35/44 səŋ35 ŋa53/21 tsʅ0 çi53 ,e44 ,i21 tau53 tʂən35 ŋ̍13/21 xau21 ko53 ,xei53 me53 ,ɔi53/44 səŋ35 ŋa53/21 tsʅ0 çi53 .

【松手】səŋ35 ʂəu21 动把手松开，即放开手：你～喔，欸莫总搲稳以只东西啊。你松嘿手去啊，～哇。ɲi13/21 səŋ35 ʂəu21 uo0 ,e21 mɔk5 tsəŋ21 ia21 uən21 i21 tʂak3 təŋ35/44 si0 a0 . ɲi13/21 səŋ35 ŋek3 ʂəu21 çi53 a0 ,səŋ35 ʂəu21 ua0 .

【松树】tsʰəŋ13 ʂəu53 名松属植物的通称：我等都喊成～。/只有一种～以个栏场。只有～吧？ŋai13 (t)ien0 təu35 xan53 ʂaŋ13/21 tsʰəŋ13 ʂəu53 ./tʂʅ21 iəu35/53 iet3 tʂəŋ21 tsʰəŋ13 ʂəu53 i21 ke53 laŋ13/21 tʂʰɔŋ13/21 .tʂʅ21 iəu35/53 tsʰəŋ13 ʂəu53/44

S

pa0？

【松树菌】tsʰəŋ13ʂəu53cʰin35 [名]一种食用菌，生长在松树下：松树底下个～tsʰəŋ13ʂəu53tei35_44xa53_44ke53_44 tsʰəŋ13ʂəu53cʰin35

【松树球】tsʰəŋ13ʂəu53cʰiəu13 [名]松球：～又安做松饽子。同杉饽子样个，你摘归来，晒燶来，渠就箇个～吵渠就丫开来哩。丫开来肚里个种子就出来哩。欸，第一好箇个种子，只爱晒凑。晒爆来，晒爆来渠就箇松树种子就出来哩。欸，你就分那个松树种子曳下田里，但是爱打只棚凑嘞，渠就生秧子，生松树秧子。系第一烂贱个东西。tsʰəŋ13ʂəu53cʰiəu13iəu53ɔn35_53tso53tsʰəŋ13pɔk5tsɿ0.tʰəŋ13sa35pɔk5tsɿ0iɔŋ53ke53, ɲi13tsak3kuei35_44lɔi13_44,sai53tsau35lɔi13_21,ci13tsʰiəu53kai53_44kei53_44tsʰəŋ13_21ʂəu53cʰiəu13ʂa0ci13_21tsʰiəu53ŋa35kʰɔi35_53lɔi13_21li0.ŋa35kʰɔi35_53lɔi13_21təu21li0ke53tʂəŋ21tsɿ0tsʰiəu53tʂʰət3lɔi13_21li0.e21,tʰi53iet3xau21kai53ke53tʂəŋ21tsɿ0,tʂʅ21ɔi53sai53tsʰe0.sai53pau53lɔi13_44,sai53pau53lɔi13_44ci13_44tsʰiəu53_44kai53tsʰəŋ13ʂəu53tʂəŋ21tsɿ0tsiəu53tʂʰət3lɔi13_21li0.e21, ɲi13_44tsʰiəu53_44pən35nai53ke53_44tsʰəŋ13ʂəu53tʂəŋ21tsɿ0ue53xa53tʰien13_21ni0,tan53ʂʅ53ɔi53ta21tʂak3pʰəŋ13tsʰe53le0,ci13_21tsʰiəu53saŋ35_44iɔŋ35tsɿ0,saŋ35_44tsʰəŋ13_21ʂəu53iɔŋ35tsɿ0.xe53_44tʰi53iet3lan53tsʰien53ke53_44təŋ35si0.

【松爽】səŋ35sɔŋ21 [形]轻松。又称“松　”：以个工夫就真～，得来做。i21ke53_44kəŋ35fu35tsʰiəu53_44tʂən35səŋ35sɔŋ21,tek3lɔi13tso53.｜冇一样工夫～个瓦匠师傅是。mau13iet3iɔŋ53kəŋ35fu35_44səŋ35sɔŋ21ke0ŋa21siɔŋ53sɿ35_44fu53_44ʂʅ53_21.

【耸】səŋ21 [动]向上动：～肩膊 səŋ21cien35pɔk3

【讼棍】səŋ53kuən53 [名]讼师；旧时以替打官司的人出主意、写状纸为职业的人：～就系欸以前靠打官司食饭箇起人。səŋ53kuən53tsʰiəu53xe53e21i35tsʰien13_44kʰau53ta21kɔn35sɿ35_44ʂət5fan53kai53çi21ɲin13.

【送】səŋ53 [动]①把东西运去或拿去给人：就爱结婚酒个半个月之前就架势～嫁妆。～呐，～嫁妆，女方～倒来。tsʰiəu53_44uɔi53_44ciet3fən35tsiəu21ke53_44pan53cie53ɲiet5tʂʅ35_44tsʰien13_21tsʰiəu53_44cia53ʂʅ53səŋ53ka53tsɔŋ35.səŋ53na0,səŋ53ka53_44tsɔŋ35_21, ɲi21fɔŋ35_44səŋ53tau21lɔi13_21.｜爱分气送进去个。ɔi53_44pən35çi53səŋ53tsin53cʰi53_44ke53_44.②馈赠：箇只病人嘞～滴子礼事，～滴子东西分渠。kai53_44tʂak3pʰiaŋ53ɲin13le0səŋ53tiet5_3tsɿ0li35sɿ53_44,səŋ53tet5tsɿ0təŋ35si0pən35ci13_21. ③发送（信号）：因为信号唔多好，我把做𫆏～出去。in35uei53_44sin53xau53ṇ13_21to35_44xau21,ŋai13pa21tso53maŋ13səŋ53tʂʰət3çi53. ④送行，送别，陪伴人到某一地点：～客 səŋ53kʰak3｜莫～了！mɔk5səŋ53liau21！｜唔爱～了！ m̩13mɔi35(←ɔi53)səŋ53liau21！｜～细人子去读书 səŋ53sei53ɲin13_21tsɿ0çi53_44tʰəuk5ʂəu35

【送茶】səŋ53tsʰa13 安葬逝者过程中孝家派人给葬坟的人送茶水、点心、香烟等：葬地个时候子嘞，屋下还爱分人去～，分箇起人食。欸，～，搞滴子换茶箇只，提滴茶箇只。渠个葬地有七八个人去呀葬地呀。就分滴人～。茶壶也带一把嘞就点茶换茶箇只也食个东西呀也带滴子啊。不光系茶水。一个人一包子烟呐。欸，就请渠等人箇个呀，系唔系啊？请渠等人着累呀，葬地呀，葬好下子啊。tsɔŋ53tʰi53ke53_44ʂʅ13_21xei53tsɿ0lei0,uk3xa53_44xa13_21ɔi53_44pən35ɲin13_21çi53_44səŋ53tsʰa13,pəŋ35kai53çie21ɲin13_21ʂət5.e21,səŋ53tsʰa13,kau21tet5tsɿ0uɔn53tsʰa13_21kai53_44tʂak3_5,tʰia35tiet5tsʰa13kai53_44tʂak3_5.ci13_21ke53_44tsɔŋ53_44tʰi53iəu35_44tsʰiet3pait3ke53ɲin13_21çi53_44ia0tsɔŋ53_44tʰi53ia0.tsʰiəu53_44pən35tet5ɲin13_21səŋ53tsʰa13.tsʰa13fu13ia35tai53iet3pa21le0tsʰiəu53_44tian21tsʰa13uɔn53tsʰa13_21kai53_44tʂak3ia35_44ʂət5ke53_44təŋ35_44si0ia0a35_44tai53tiet5tsa0.pət3kɔŋ35xe53_44tsʰa13ʂei21.iet3cie53ɲin13_21iet3pau35_44tsɿ0ien35na0.e21,tsʰiəu53_44tsʰiaŋ21ci13_21tien0ɲin13_21kai53_44cie53_44ia0,xei53_44me53_44a0?tsʰiaŋ21ci13_21tien0ɲin13_21tʂʰɔk5li53ia0,tsɔŋ53tʰi53ia0,tsɔŋ53xau21ua53_44tsa0.

【送火把】səŋ53fo21pa21 出殡在即，选家中三个不同姓氏的女子，每人持一支香或点燃的火把，先到坟地去通知山神：～就爱人死哩以后嘞欸埋箇个棺材架势埋，还山，架势埋之前，分人先～，通知山神老爷。爱三只夫娘子，三姓人，我等客姓人个规矩就，三只夫娘子，三姓人。一个人拿品香，点着来个红香，一个人拿品香，送下岭上去，送下地坟塘里去。箇个香上嘞还有讲究啦。箇个香是灰……香是白白个吵。爱用墨笔咁子去画，画条圈圈，画圈圈，爱画几多子圈圈呢？箇只人六十岁就画六十只圈，每一根香上背都爱画。欸，欸一个人只爱一根香啰，一个人只爱一品香啦，三个人就三品香啊，三品香上背都爱画箇个痕，也可以三品香放正来咁子，咁子去画。话是咁子话，五十岁就画五十条杠，欸一百岁就画一百条痕。箇个就安做～。还山之前，欸，抐出去了，准备走了，棺材抐出去哩或者箇骨灰舞出去哩了，准备走了，箇三个人，选三只夫娘子，爱三姓人，欸一般是选只子妹子唠，欸，选只子新舅唠，或者选两只新舅唠，或者选只子么个亲戚唠，三只妹子，系啊？都爱系孝子肚里个呢。就一个人拿品香啊，拿倒点着来呀，点着来就架势送，就走呀，先走呀，渠等三个人就先走呀，

S

唔跟大部队呀。səŋ$^{53}$fo$^{21}$pa$^{21}$tsʰiəu$^{53}$ɔi$^{53}$ɲin$^{13}$si$^{21}$li$^{0}$ i$^{35}_{44}$xei$^{53}$lei$^{0}$ e$_{44}$mai$^{13}$kai$^{13}_{44}$ke$^{53}_{44}$kɔn$^{35}$tsʰɔi$^{13}_{44}$cia$^{53}$ʂʅ$^{53}$mai$^{13}$,fan$^{13}$ san$^{35}$,cia$^{53}$ʂʅ$^{53}$mai$^{13}$tʂʅ$^{35}_{44}$tsʰien$^{13}$,pɔn$^{35}$ɲin$^{13}_{21}$sien$^{35}_{44}$səŋ$^{53}$fo$^{21}$pa$^{21}$,tʰəŋ$^{35}_{44}$tʂʅ$^{35}_{44}$san$^{35}$ʂən$^{13}_{21}$nau$^{21}$ia$^{13}_{21}$.ɔi$^{53}_{44}$san$^{35}$tʂak$^{3}$pu$^{35}$ ɲiɔŋ$^{13}_{21}$tsʅ$^{0}$,san$^{35}$siaŋ$^{53}$ɲin$^{13}$,ŋai$^{13}$tien$^{0}$kʰak$^{3}$sin$^{35}$ɲin$^{13}_{21}$ke$^{0}$kuei$^{35}$tʂʅ$^{21}$tsiəu$^{53}$,san$^{35}$tʂak$^{3}$pu$^{35}$ɲiɔŋ$^{13}_{21}$tsʅ$^{0}$,san$^{35}$siaŋ$^{53}$ ɲin$^{13}$.iet$^{3}$ke$^{53}$ɲin$^{13}_{21}$la$^{53}$pʰin$^{21}$çiɔŋ$^{35}$,tian$^{21}$tʂʰɔk$^{5}$lɔi$^{13}_{44}$ke$^{53}_{44}$fəŋ$^{13}$çiɔŋ$^{35}$,iet$^{3}$ke$^{53}$ɲin$^{13}_{21}$la$^{53}$pʰin$^{21}$çiɔŋ$^{35}$,səŋ$^{53}_{44}$xa$^{53}_{44}$liaŋ$^{35}$ xɔŋ$^{53}_{44}$çi$^{53}_{44}$,səŋ$^{53}$ŋa$^{53}$tʰi$^{53}$fən$^{13}_{21}$tʰɔŋ$^{13}$li$^{0}$çi$^{53}$.kai$^{53}$ke$^{53}_{44}$çiɔŋ$^{35}$xɔŋ$^{53}_{44}$le$^{0}$xai$^{13}_{21}$iəu$^{35}$kɔŋ$^{21}$ciəu$^{53}$la$^{0}$.kai$^{53}$ke$^{53}_{44}$çiɔŋ$^{35}$ʂʅ$^{53}_{44}$fɔi$^{35}$… çiɔŋ$^{35}$ʂʅ$^{53}_{44}$pʰak$^{5}$pʰak$^{5}$ke$^{53}_{44}$ʂa$^{0}$.ɔi$^{53}_{44}$iəŋ$^{53}_{44}$mek$^{5}$piet$^{3}$kan$^{21}$tsʅ$^{0}$çi$^{53}_{21}$fa$^{53}$,fa$^{53}$tʰiau$^{13}_{21}$cʰien$^{35}$cʰien$^{35}_{44}$,fa$^{53}$cʰien$^{35}$cʰien$^{35}_{44}$,ɔi$^{53}$ fa$^{53}$ci$^{21}$(t)o$^{35}$tsʅ$^{0}$cʰien$^{35}_{44}$cʰien$^{35}_{44}$nei$^{0}$?kai$^{53}$tʂak$^{3}$ɲin$^{13}_{21}$liəuk$^{3}$ʂət$^{5}$sɔi$^{53}$tsʰiəu$^{53}_{44}$fa$^{53}$liəuk$^{3}$ʂət$^{5}$tʂak$^{3}$cʰien$^{35}$,mei$^{35}$iet$^{3}$ cien$^{35}$çiɔŋ$^{35}$ʂəŋ$^{53}$pɔi$^{53}$təu$^{35}$ɔi$^{53}_{44}$fa$^{53}$.e$_{21}$,ei$_{44}$iet$^{3}$ke$^{53}$ɲin$^{13}_{44}$tʂʅ$^{21}$ɔi$^{53}$iet$^{3}$cien$^{35}$çiɔŋ$^{35}$lo$^{0}$,iet$^{3}$ke$^{53}$ɲin$^{13}_{21}$tʂʅ$^{21}$ɔi$^{53}$iet$^{3}$pʰin$^{21}$ çiɔŋ$^{35}$la$^{0}$,san$^{35}$ke$^{53}$ɲin$^{13}_{44}$tsʰiəu$^{53}_{44}$san$^{35}$pʰin$^{21}$çiɔŋ$^{35}$a$^{0}$,san$^{35}$pʰin$^{21}$çiɔŋ$^{35}$ʂəŋ$^{53}$pɔi$^{53}$təu$^{35}$ɔi$^{53}_{44}$fa$^{53}$kai$^{53}$kei$^{53}_{44}$çin$^{13}$,ia$^{35}$ kʰo$^{21}$i$^{35}_{53}$san$^{35}$pʰin$^{21}$çiɔŋ$^{35}_{44}$fəŋ$^{53}$tʂaŋ$^{53}$lɔi$^{13}_{21}$kan$^{21}$tsʅ$^{0}$,kan$^{21}$tsʅ$^{0}$çi$^{53}_{44}$fa$^{53}$.ua$^{53}$ʂʅ$^{53}_{21}$kan$^{21}$tsʅ$^{0}$ua$^{53}$,ŋ̍$^{21}$ʂət$^{5}$sɔi$^{53}$tsʰiəu$^{53}$fa$^{53}$ŋ̍$^{21}$ ʂət$^{5}$tʰiau$^{13}_{21}$kɔŋ$^{53}$,e$_{21}$iet$^{3}$pak$^{3}$sɔi$^{53}$tsʰiəu$^{53}$fa$^{53}$iet$^{3}$pak$^{3}$tʰiau$^{13}_{21}$çin$^{13}$.kai$^{53}_{44}$ke$^{53}_{44}$tsiəu$^{53}_{44}$ɔn$^{35}_{44}$tso$^{53}_{44}$səŋ$^{53}$fo$^{21}$pa$^{21}$.fan$^{13}$san$^{35}$ tʂʅ$^{35}_{44}$tsʰien$^{13}$,e$_{21}$,kɔŋ$^{35}$tʂʰət$^{3}$çi$^{53}$liau$^{21}$,tʂən$^{21}$pʰi$^{53}$tsei$^{21}$liau$^{21}_{44}$,kɔn$^{35}$tsʰɔi$^{13}_{21}$kɔŋ$^{35}$tʂʰət$^{3}$çi$^{53}$li$^{0}$xɔit$^{5}$tʂa$^{21}$kai$^{53}_{44}$kuət$^{3}$fɔi$^{35}$ u$^{21}$tʂʰət$^{3}$çi$^{53}$li$^{0}$liau$^{21}$,tʂən$^{21}$pʰi$^{53}$tsei$^{21}$liau$^{21}_{13}$,kai$^{53}$san$^{35}_{44}$ke$^{53}$ɲin$^{13}_{21}$,sien$^{21}$san$^{35}$tʂak$^{3}$pu$^{35}$ɲiɔŋ$^{13}_{21}$tsʅ$^{0}$,ɔi$^{53}$san$^{35}$siaŋ$^{53}$ ɲin$^{13}$,ei$_{21}$iet$^{3}$pɔn$^{35}$ʂʅ$^{53}_{44}$sien$^{21}$tʂak$^{3}$tsʅ$^{0}$mɔi$^{53}$tsʅ$^{0}$lau$^{0}$,e$_{21}$,sien$^{21}$tʂak$^{3}$tsʅ$^{0}$sin$^{35}$cʰiəu$^{35}_{44}$lau$^{0}$,xɔit$^{5}$tʂa$^{21}$sien$^{21}$iɔŋ$^{21}$tʂak$^{3}$ sin$^{35}_{44}$cʰiəu$^{35}_{44}$lau$^{0}$,xɔit$^{5}$tʂa$^{21}$sien$^{21}$tʂak$^{3}$tsʅ$^{0}$mak$^{3}$e$^{0}$tsʰin$^{35}$tsʰiet$^{3}$lau$^{0}$,san$^{35}$tʂak$^{3}$mɔi$^{53}$tsʅ$^{0}$,xei$^{53}$a$^{0}$?təu$^{35}_{44}$ɔi$^{53}_{44}$xei$^{53}_{44}$ xau$^{53}$tsʅ$^{0}$təu$^{21}$li$^{0}$ke$^{53}$nei$^{0}$.tsʰiəu$^{53}$iet$^{3}$ke$^{53}_{44}$in$^{13}_{44}$la$^{53}$pʰin$^{21}$çiɔŋ$^{35}$ŋa$^{0}$,la$^{53}$tau$^{21}_{44}$tian$^{21}$tʂʰɔk$^{5}$lɔi$^{13}_{21}$ia$^{0}$,tian$^{21}$tʂʰɔk$^{5}$lɔi$^{13}_{21}$ tsiəu$^{53}_{44}$cia$^{53}_{44}$ʂʅ$^{53}_{44}$səŋ$^{53}$,tsʰiəu$^{53}$tsei$^{21}$ia$^{0}$,sien$^{35}$tsei$^{21}$ia$^{0}$,ci$^{13}_{21}$tien$^{0}$san$^{35}$ke$^{53}$in$^{13}_{21}$tsʰiəu$^{53}_{44}$sien$^{35}$tsei$^{21}$ia$^{0}$,n̩$^{13}$cien$^{35}_{44}$tʰai$^{53}$ pʰu$^{53}_{44}$tei$^{53}$ia$^{0}$.

【送嫁】səŋ$^{53}$ka$^{53}$ 动 送亲；女方亲友代表陪同新娘去夫家成婚：一般是客姓人是欸爷娭唔～啦。父母唔～。iet$^{3}$pɔn$^{35}$ʂʅ$^{53}_{44}$kʰak$^{3}$sin$^{35}$ɲin$^{13}_{21}$ʂʅ$^{53}_{44}$e$_{21}$ia$^{13}$ɔi$^{35}_{44}$n̩$^{35}$səŋ$^{53}$ka$^{53}$la$^{0}$.fu$^{35}$mu$^{35}$n̩$^{35}$səŋ$^{53}$ka$^{53}$.｜欸，高亲不一定都系本家嘞，不一定都本家本姓呢。如今是么个舅爷箇只都去～啦，老表哇，姨娭呀，欸都去～。箇渠就不是箇个了吵，不是本家了吵，系唔系？e$_{21}$,kau$^{35}$tsʰin$^{35}_{44}$pət$^{3}$iet$^{3}$tʰin$^{35}$təu$^{35}$xe$^{53}_{44}$pɔn$^{21}$ka$^{35}_{44}$le$^{0}$,pət$^{3}$iet$^{3}$tʰin$^{53}$təu$^{35}_{44}$pɔn$^{21}$ka$^{35}_{44}$pɔn$^{21}$siaŋ$^{53}$nei$^{0}$.i$^{13}_{21}$cin$^{35}_{44}$ʂʅ$^{53}_{44}$mak$^{3}$e$^{0}$cʰiəu$^{35}$ia$^{13}_{21}$kai$^{53}_{44}$tʂak$^{3}$təu$^{35}_{44}$çi$^{53}_{44}$səŋ$^{53}$ka$^{53}$la$^{0}$,lau$^{21}$piau$^{21}$ua$^{0}$,i$^{13}$ɔi$^{35}$ia$^{0}$,e$_{21}$təu$^{35}_{44}$çi$^{53}$səŋ$^{53}$ka$^{53}$.kai$^{53}$ci$^{13}$tsʰiəu$^{53}$pət$^{3}$ʂʅ$^{53}$kai$^{53}_{44}$ke$^{53}_{44}$liau$^{0}$ʂa$^{0}$,pət$^{3}$ʂʅ$^{53}$pɔn$^{21}$ka$^{35}$liau$^{0}$ʂa$^{0}$,xei$^{53}$me$^{53}$?

【送姜酒】səŋ$^{53}$ciɔŋ$^{35}$tsiəu$^{21}$ 孩子出生后送酒菜到外家报喜：～就系一般呢就系么个嘞欸正结婚，生头只子，爱话起姐公姐婆知，姐公姐婆舅爷，就送分渠等人食，～。箇是硬讲到讲出来是规矩是硬爱一壶酒，一壶水酒，好像箇壶水酒嘞就姐公姐婆嘞彝倒食咁去，欸，分转一壶糯米分渠，蒸酒个糯米，用茶壶哇，水酒是茶壶装啊，爱放转茶壶肚里去。还爱放几十只饽饽，欸，有兜就有兜渠就唔放糯米嘞，就放一茶壶饽饽，欸鸡饽饽，系唔系？分妹子食个。～就是送分姐公姐婆啊。səŋ$^{35}$ciɔŋ$^{35}$tsiəu$^{21}$tsiəu$^{53}_{44}$xe$^{53}_{44}$iet$^{3}$pɔn$^{35}$nei$^{0}$tsʰiəu$^{53}$xei$^{53}_{44}$mak$^{3}$ke$^{53}_{44}$lei$^{0}$e$_{21}$tʂaŋ$^{53}$ciet$^{3}$fən$^{35}$,saŋ$^{35}$tʰei$^{13}$tʂak$^{3}$tsʅ$^{0}$,ɔi$^{53}_{44}$ua$^{53}$çi$^{21}$tsia$^{21}$kəŋ$^{35}$tsia$^{21}$pʰo$^{13}$ti$^{35}_{44}$,tsia$^{21}$kəŋ$^{35}$tsia$^{21}$pʰo$^{13}$cʰiəu$^{35}$ia$^{13}$,tsiəu$^{53}_{44}$səŋ$^{53}$pən$^{35}_{44}$ci$^{13}_{21}$tien$^{0}$in$^{13}_{21}$ʂət$^{5}$,səŋ$^{53}$ciɔŋ$^{35}$tsiəu$^{21}$.kai$^{53}_{44}$ʂʅ$^{53}_{44}$ɲiaŋ$^{53}$kɔŋ$^{21}$tau$^{53}$kɔŋ$^{21}$tʂʰət$^{3}$lɔi$^{13}$ʂʅ$^{53}_{44}$kuei$^{35}$tʂʅ$^{21}$ʂʅ$^{53}_{21}$ɲiaŋ$^{53}$ɔi$^{53}$iet$^{3}$fu$^{13}$tsiəu$^{21}$,iet$^{3}$fu$^{13}$ʂei$^{21}$tsiəu$^{21}$,xau$^{21}$tsʰiɔŋ$^{53}_{44}$kai$^{53}$fu$^{13}_{21}$ʂei$^{21}$tsiəu$^{21}$le$^{0}$tsʰiəu$^{53}$tsia$^{21}$kəŋ$^{35}_{21}$tsia$^{21}$pʰo$^{13}$le$^{0}$u$^{21}$tau$^{21}$ʂət$^{5}$kan$^{21}$çi$^{53}$,e$_{21}$,pən$^{35}$tʂuon$^{21}$iet$^{3}$fu$^{13}$lo$^{53}$mi$^{21}$pən$^{35}$ci$^{13}_{21}$,tʂən$^{35}$tsiəu$^{21}$ke$^{53}_{44}$lo$^{53}$mi$^{21}$,iəŋ$^{53}$tsʰa$^{13}$fu$^{13}$va$^{0}$,ʂei$^{21}$tsiəu$^{21}$ʂʅ$^{53}_{21}$iəŋ$^{53}$tsʰa$^{13}$fu$^{13}$tʂɔŋ$^{35}_{44}$ŋa$^{0}$,ɔi$^{53}$fəŋ$^{53}$tʂuon$^{21}$tsʰa$^{13}$fu$^{13}$təu$^{21}$li$^{0}$çi$^{53}$.xa$^{13}_{21}$ɔi$^{53}$fəŋ$^{53}$ci$^{21}$ʂət$^{5}$tʂak$^{3}$pɔk$^{5}$pɔk$^{5}$,e$_{21}$,iəu$^{35}$te$^{35}_{53}$tsʰiəu$^{53}$iəu$^{35}$te$^{35}_{53}$ci$^{13}_{44}$tsʰiəu$^{53}_{44}$m̩$^{13}$fəŋ$^{53}$lo$^{53}$mi$^{21}$le$^{0}$,tsʰiəu$^{53}_{44}$fəŋ$^{53}$iet$^{3}$tsʰa$^{13}$fu$^{13}$pɔk$^{5}$pɔk$^{5}$,e$_{21}$cie$^{35}$pɔk$^{5}$pɔk$^{5}$,xei$^{53}_{44}$me$^{53}_{44}$?pən$^{35}$mɔi$^{53}$tsʅ$^{0}$ʂət$^{5}$ke$^{0}$. səŋ$^{53}$ciɔŋ$^{35}$tsiəu$^{21}$ʂʅ$^{53}_{21}$səŋ$^{53}$pən$^{35}$tsia$^{21}$kəŋ$^{35}_{53}$tsia$^{21}$pʰo$^{13}$a$^{0}$.｜～个时候子爱斫兜猪肉啊，欸，彝兜子猪肉箇兜啦。就咁个啦。就系你莫打莫净箇兜子姜酒哇，还拿兜子礼事去呀去丈人爷箇呀。箇你还可以买兜子水果啊，系唔系？就咁子去呀。səŋ$^{53}$ciɔŋ$^{35}$tsiəu$^{21}$ke$^{53}$ʂʅ$^{13}$xei$^{53}$tsʅ$^{0}$ɔi$^{53}_{44}$tʂɔk$^{3}$tei$^{35}_{53}$tʂəu$^{35}$ɲiəuk$^{3}$a$^{0}$,e$_{21}$,u$^{21}$tei$^{35}$tsʅ$^{0}$tʂəu$^{35}$ɲiəuk$^{3}$kai$^{53}_{44}$te$^{35}_{44}$la$^{0}$.tsʰiəu$^{53}_{44}$kan$^{21}$ke$^{53}_{44}$la$^{0}$.tsʰiəu$^{53}$xei$^{53}$ɲi$^{13}_{21}$mɔk$^{5}$ta$^{21}$mɔk$^{5}$tsʰiaŋ$^{53}$kai$^{53}_{44}$te$^{35}_{53}$tsʅ$^{0}$ciɔŋ$^{35}$tsiəu$^{21}$ua$^{0}$,xai$^{13}$la$^{13}$te$^{35}_{53}$tsʅ$^{0}$li$^{35}$sʅ$^{53}_{44}$çi$^{53}$ia$^{0}$çi$^{53}$tʂʰɔŋ$^{53}_{44}$in$^{13}_{44}$ia$^{13}$kai$^{53}$ia$^{0}$.kai$^{53}_{44}$ɲi$^{13}$xai$^{13}_{21}$kʰo$^{21}$i$^{35}_{44}$mai$^{35}$te$^{35}_{53}$tsʅ$^{0}$ʂei$^{21}$ko$^{21}$a$^{0}$,xei$^{53}$me$^{53}$?tsiəu$^{53}$kan$^{21}_{13}$tsʅ$^{0}$çi$^{53}$ia$^{0}$.

【送礼】səŋ$^{53}$li$^{21}$ 动 馈赠礼物：欸～呀，少少子啊，莫嫌少啊！e$_{44}$səŋ$^{53}$li$^{21}$ia$^{0}$,ʂau$^{21}$ʂau$^{21}$tsa$^{0}$,mɔk$^{5}$çian$^{13}$ʂau$^{21}$a$^{0}$!

【送年】səŋ$^{53}$ɲien$^{13}$ 动 新婚夫妇结婚当年冬下在新娘父亲的陪同下给娘家亲友送礼：以前是人家多，爱走个人家多，凡属丈人爷屋下爱去个人家你都爱去，新亲戚嘞。欸，箇个安做新姐夫哇，都爱去，凡属丈人爷屋下爱去个人家你都爱去。打比我妹子结婚哩样，系唔系？箇就

S

我往到我去哩个箇起人家我妹子都爱去。渠就有箇个规矩欸，就头年冬下就分礼事送过去啊。以前是要猪肉啊，欸，箇个么个酒箇兜唠，咁子个唠，送东西唠。以下就冇么人送了唠以下就。就爱送安做～呶。嗯，东西多哩啊，头年冬下就送嘿去。送倒去嘞爱丈人爷陪倒去送，爱带路，唔系渠唔晓得啊，系唔系？ i^35_53ts^hien^13_21ʂʅ^53_21ɲin^13ka^35_44to^35,ɔi^53tsei^21ke^53ɲin^13ka^35_44to^35,fan^13ʂəuk^5 tʂ^hɔŋ^53in^13_21ia^13uk^3 xa^53_44ɔi^53çi^53ke^53_44ɲin^13ka^35_44ɲi^13_21təu^35ɔi^53çi^53,sin^35ts^hin^35ts^hiet^3 le^0 .e_21,kai^53_44ke^53_44ɔn^35_44tso^53_44sin^35tsia^21fu^35 va^0,təu^35ɔi^53çi^53,fan^13ʂəuk^5 tʂ^hɔŋ^53in^13_21ia^13uk^3 xa^53_44ɔi^53çi^53ke^53_44ɲin^13ka^35_44ɲi^13_21təu^35ɔi^53çi^53.ta^21pi^21ŋai^13mɔi^53tsɿ^0 ciet^3 fən^35ni^0 iɔŋ^53_44,xei^53me^53?kai^53_44ts^hiəu^53_44ŋai^13uɔŋ^35tau^53ŋai^13çi^53li^0 ke^53_44kai^53çi^21ɲin^13ka^35_44ŋai^13mɔi^53tsɿ^0 təu^35ɔi^53çi^53.ci^13 ts^hiəu^53iəu^35kai^53_21(k)e^0 kuei^35tʂʮ^21ei^0,ts^hiəu^53_44t^hei^13_21ɲien^13_44təŋ^35xa^53_44ts^hiəu^53pən^35li^35sɿ^53_44səŋ^53ko^53_44çi^53_44a^0 .i^35_53ts^hien^13ʂʅ^53_44 iau^53_44tʂəu^35ɲiəuk^3 a^0,e_21,kai^53kei^53mak^3 kei^53_44tsiəu^21kai^53_44te^35_53lau^0,kan^21tsɿ^0 ke^53lau^0,səŋ^53təŋ^35si^0 lau^0 .i^21xa^53 ts^hiəu^53mau^13_21mak^3 in^13_44səŋ^53liau^21lau^0 i^21xa^53ts^hiəu^53_44.ts^hiəu^53_21ɔi^53səŋ^53_44ɔn^35_44tso^53_44səŋ^53ɲien^13nau^0 .n̩_21,təŋ^35_44si^0 to^35li^0 a^0,t^hei^13ɲien^13_21təŋ^35xa^53_44ts^hiəu^53_44səŋ^53ŋek^3 çi^53.səŋ^53tau^21çi^53_44lei^0 ɔi^53_44tʂ^hɔŋ^53_44in^13_44ia^13p^hi^13tau^21çi^53_44səŋ^53,ɔi^53_44tai^53_44ləu^53, m̩^13p^hei^53ci^13_21n̩^13çiau^21tek^3 a^0,xei^53me^53?

【送耙子】səŋ^53p^ha^13tsɿ^0 [动]亲友恶搞新娘丈夫的父亲的一种方式：以下是还有咁个习惯呐，我等以映个栏场子啦。安做箇个啦，家爷老子是还爱～嘞。呣。噢，扒灰佬噢。家爷就扒灰佬噢，送只耙子分渠啦。送只耙子分家爷老子啦。箇就食哩昼饭个事了。大客走咁哩，高亲送走哩了，高亲呐走嘿哩了哇，更空滴子了吵，箇就来劣箇条路子了，就来～啦。箇个都系客姓人搞滴咁个，我等以个栏场有啊。有咁个，想搞个就有人咁子搞哇。送只耙子啊。安做箇扒灰佬喔。耙子就一般呐就系一只咁个欸象征性个，一只咁树做个东西啊，渠有几只齿啊。有个齿个耙子啊。也有箇个噢，有滴人是专门锯正来哟。舞滴钢筋去焊呶。百多斤咯，喊渠去背哟，反正就是取笑嘞。箇时爱只大包封噢，箇就爱大包封啊，拿箇只耙子是爱大包封呐，起码是五六百啦。拿一千块都要得啦。也就系摎渠公公，摎渠个家爷老子嬲得好个人，欸，箇个朋友子啊。渠等送啊。还有舞倒去游街个噢。舞倒去游街哟。背只耙子噢，敲锣打鼓呢。箇就敲锣打鼓呢。游街呢。到箇街子上去打叮叮呢。游街。听倒来取笑哇，来笑哇。以只个家爷老子，以只扒灰佬哇。有滴人本身渠自家喜欢逗霸，喜欢搞哇。比方你，我摎你系朋友，你讨新舅，欸，我就来送哩耙子，系唔系啊？我系只积极分子，呃，～。等得轮到我讨新舅，你唔会搞转我去啊？几好笑嘞。欸，就咁个。只送一只。只送一副。箇首先讲正下子来唠。首先讲好下子嘞。面前就讲好下子嘞。“我等是会来～啦。”欸，你，你系话你唔想搞咁呢，“箇些不要去搞啦，我唔搞咁些路子嘞”，系呀？或者你话：“要得嘞，你送下来嘞，我就会爱嘞。”欸，讲好哩。就可以送啊。箇是所有个渠嬲得好个，都可以来，打个打锣鼓，打个打爆竹，系啊？就搞咁个。i^21xa^53ʂʅ^53_44xai^13_21iəu^35kan^21ke^53_44siet^5 kuan^53_44na^0,ŋai^13_21tien^0 i^21iaŋ^53_44ke^53_44lan^13_21tʂ^hɔŋ^13_21 tsɿ^0 la^0 .ɔn^35_44tso^53_44kai^53_44ke^53_44la^0,ka^35ia^13_44lau^21tsɿ^0 ʂʅ^53_44xa^13_21ɔi^53_44səŋ^53p^ha^13tsɿ^0 le^0 .m̩_21.au_21,p^ha^13fɔi^35_44lau^21uau^0 .ka^13ia^13_44 tsiəu^53_44p^ha^13fɔi^35_44lau^21uau^0,səŋ^53tʂak^3 p^ha^13tsɿ^0 pən^35ci^13_21la^0 .səŋ^53tʂak^3 p^ha^13tsɿ^0 pən^35ka^35ia^13_21lau^21tsɿ^0 la^0 .kai^53_44 ts^hiəu^53_44ʂət^5 li^0 tʂəu^53fan^53_44ke^53_44sɿ^53liau^0 .t^hai^53k^hak^3 tsei^21kan^21ni^0,kau^35ts^hin^35_44səŋ^53tsei^21li^0 liau^0,kau^35ts^hin^35_44na^0 tsei^21(x)ek^3 li^0 liau^0 ua^0,cien^53_44k^həŋ^53tet^5_3 tsɿ^0 liau^21ʂa^0,kai^53_44ts^hiəu^53lɔi^13_21liak^3 kai^53t^hiau^13_21ləu^53tsɿ^0 liau^0,ts^hiəu^53 lɔi^13_21səŋ^53p^ha^13tsɿ^0 la^0 .kai^53_44ke^53_44təu^35xe^53_21k^hak^3 sin^53ɲin^13_21kau^21tet^5 kan^21ke^53_44,ŋai^13_21tien^0 i^21ke^53laŋ^13_21tʂ^hɔŋ^13_44iəu^35 a^0 .iəu^35kan^21ke^53_44,siɔŋ^21kau^21ke^53_44ts^hiəu^53_44iəu^35_44ɲin^13_21kan^21tsɿ^0 kau^21ua^0 .səŋ^53tʂak^3 p^ha^13tsɿ^0 a^0 .ɔn^35tso^53_44kai^53_44p^ha^13_21 fɔi^35lau^21uo^0 .p^ha^13tsɿ^0 ts^hiəu^53_44iet^3 pɔn^35na^0 ts^hiəu^53xei^53iet^3 tʂak^3 kan^21kei^53e_21 siɔŋ^53tʂən^35_44sin^53ke^53_44,iet^3 tʂak^3 kan^21ʂəu^53tso^53ke^53_44təŋ^35_44si^0 a^0,ciəu^35(←ci^13iəu^35)ci^21tʂak^3 tʂ^hʅ^21a^0 .iəu^35cie^53_44tʂ^hʅ^21ke^53p^ha^13tsɿ^0 a^0 .ia^35iəu^35_44kai^53_44ke^53_44 au^0,iəu^35tet^3 ɲin^13_21ʂʅ^53_44tʂen^35mən^13_21tʂʮ^53tʂaŋ^53_44lɔi^13_21iau^0 .u^21tet^5 kɔŋ^35cin^35_44çi^53_44xɔn^53nau^0 .pak^3 to^35_44cin^35ko^0,xan^53_44ci^21 çi^53_44pi^53iau^0,fan^21tʂən^53tsiəu^53_44ʂʅ^53_44ts^hi^21siau^53lei^0 .kai^53ʂʅ^13_21ai^13(←ɔi^53)tʂak^3 t^hai^53pau^35_44fəŋ^35_44ŋau^0,kai^53ts^hiəu^53_44ɔi^53_0 t^hai^53pau^35_44fəŋ^35_44ŋa^0,la^53kai^53tʂak^3 p^ha^13tsɿ^0 ʂʅ^53_44ɔi^53_0t^hai^53pau^35_44fəŋ^35_44na^0,çi^21ma^35_44ʂʅ^53_44ŋ̍^21liəuk^3 pak^3 la^0 .la^53iet^3 ts^hien^35k^huai^53_44təu^35_44iau^53tek^3 la^0 .ia^35ts^hiəu^53xe^53_0lau^35ci^13_21kəŋ^35kəŋ^35_44,lau^35ci^21ke^53_0ka^35ia^13_21lau^21tsɿ^0 liau^53tek^3 xau^21 ke^53ɲin^13_21,e_21,kai^53_44ke^53_44p^həŋ^13iəu^35tsa^0 .ci^13_21tien^0 səŋ^53ŋa^0 .xai^13iəu^35_44u^21tau^21_44çi^53iəu^13kai^35ke^53au^0 .u^21tau^21çi^53iəu^13 kai^35iau^0 .pi^53tʂak^3 p^ha^13tsɿ^0 au^0,k^hau^35lo^13_21ta^21ku^21nei^0 .kai^53ts^hiəu^53_44k^hau^35_44lo^13_21ta^21ku^21nei^0 .iəu^13_21kai^35nei^0 .tau^53 kai^53kai^35tsɿ^0 xɔŋ^53_44çi^53_44ta^21tin^35_44tin^35_44nei^0 .iəu^13_21kai^35.t^hin^35_44tau^53_44lə_21(←lɔi^13)ts^hi^21siau^53ua^0,lɔi^13_21siau^53ua^0 .i^21tʂak^3 ke^53_44ka^35ia^13_21lau^21tsɿ^0,i^21tʂak^3 p^ha^13fɔi^35_44lau^21ua^0 .iəu^35tet^5 ɲin^13pən^21ʂən^35_44ci^21ts^hɿ^35ka^35_44çi^21fɔn^35tei^53pa^53,çi^21fɔn^35_44 kau^21ua^0 .pi^21fɔŋ^35_44ɲi^13,ŋai^13lau^35_44ɲi^13xe^53_44p^həŋ^13iəu^35_44, ɲi^13t^hau^21sin^35_44c^hiəu^35_44,e_21,ŋai^13ts^hiəu^53lɔi^13_21səŋ^53li^0 p^ha^13 tsɿ^0,xei^53mei^53a^0 ?ŋai^13xei^53tʂak^3 tsiet^3 c^hiet^5 fən^53tsɿ^0,ə_21,səŋ^53p^ha^13tsɿ^0 .tien^21_44tek^3 lən^13tau^53_44ŋai^13t^hau^21sin^35_44 cʰiəu$^{35}_{44}$, ɲi$^{13}$m̩$^{13}_{21}$mɔi$_{44}$(←ɔi$^{53}$)kau$^{21}$tʂɔn$^{21}$ŋai$^{13}$çi$^{53}$a$^{0}$?ci$^{21}$xau$^{21}$siau$^{53}_{44}$le$^{0}$.e$_{21}$,tsʰiəu$^{53}$kan$^{21}$ke$^{53}$.tʂʅ$^{21}$sɔŋ$^{53}$iet$^{3}$tʂak$^{3}$.tʂʅ$^{21}$sɔŋ$^{53}$iet$^{3}$fu$^{53}$.kai$^{53}_{44}$ʂəu$^{21}$sien$^{35}_{44}$kɔŋ$^{21}$tʂaŋ$^{53}$(x)a$^{53}$tsʅ$^{0}$lɔi$^{13}_{21}$lau$^{0}$.ʂəu$^{21}$sien$^{35}_{44}$kɔŋ$^{21}$xau$^{21}$(x)a$^{53}$tsʅ$^{0}$le$^{0}$.mien$^{53}$tsʰien$^{13}_{21}$tsʰiəu$^{53}_{44}$kɔŋ$^{21}$xau$^{21}$(x)a$^{53}$tsʅ$^{0}$le$^{0}$."ŋai$^{13}_{21}$tien$^{0}$ʂʅ$^{53}_{44}$uɔi$^{53}_{44}$lɔi$^{13}_{21}$sɔŋ$^{53}$pʰa$^{13}$tsʅ$^{0}$la$^{0}$."e$_{21}$, ɲi$^{13}$, ɲi$^{13}$xei$^{53}_{44}$ua$^{53}$ɲi$^{13}_{21}$n̩$^{13}$siɔŋ$^{21}$kau$^{21}$kan$^{21}$nei$^{0}$,"kai$^{53}$sie$^{35}_{44}$pət$^{3}$iau$^{53}_{44}$çie$^{53}$kau$^{21}$la$^{0}$,ŋai$^{13}$ŋ̍$^{13}_{44}$kau$^{21}$kan$^{21}$sie$^{35}_{44}$ləu$^{53}$tsʅ$^{0}$le$^{0}$",xei$^{53}_{44}$ia$^{0}$?xɔit$^{5}$tʂa$^{21}$ɲi$^{13}$ua$^{53}_{44}$:"iau$^{53}$tek$^{3}$lei$^{0}$,ɲi$^{13}$sɔŋ$^{53}$xa$^{53}_{44}$lɔi$^{13}$lei$^{0}$,ŋai$^{13}$tsʰiəu$^{53}_{44}$uɔi$^{53}_{44}$ɔi$^{53}$le$^{0}$."e$_{21}$,kɔŋ$^{21}$xau$^{21}$li$^{0}$.tsʰiəu$^{53}_{44}$kʰo$^{21}$i$^{35}_{44}$sɔŋ$^{53}$ŋa$^{0}$.kai$^{53}_{44}$ʂʅ$^{53}_{44}$so$^{21}$iəu$^{35}$ke$^{53}_{44}$ci$^{13}_{21}$liau$^{53}$tek$^{3}$xau$^{21}$ke$^{53}$,təu$^{35}$kʰo$^{21}$i$^{35}_{44}$lɔi$^{13}_{21}$,ta$^{21}$ke$^{53}_{44}$ta$^{21}$lo$^{13}$ku$^{21}$,ta$^{21}$ke$^{53}_{44}$ta$^{21}$pau$^{53}$tʂəuk$^{3}$,xe$^{53}_{44}$a$^{0}$?tsiəu$^{53}$kau$^{21}$kan$^{21}_{35}$cie$^{53}$.

【送亲】sɔŋ$^{53}$tsʰin$^{35}$ [动]男女双方举行婚礼，女方亲属把新娘送到男家：碰倒～个，一般呢渠箇边会回避。pʰaŋ$^{53}$tau$^{21}$sɔŋ$^{53}$tsʰin$^{35}$ke$^{53}_{44}$,iet$^{3}$pɔn$^{35}$ne$^{0}$ci$^{13}_{21}$kai$^{53}_{44}$pien$^{35}_{44}$uɔi$^{53}$fei$^{13}$pʰei$^{53}$.

【送穷鬼】sɔŋ$^{53}$cʰiəŋ$^{13}$kuei$^{21}$ 正月初三将头两天的垃圾等烧掉，烧前点香：正月初几～唠？我唔记得哩呢。系有只咁个规矩，～。系初二呀初三呶？唔记得哩哪晡～嘞。分箇个唔爱哩个东西分箇扫地个垃圾箇兜么个都彝倒箇晡彝出去，丢嘿去，就安做～。还爱装香箇兜啦，作为一只咁个仪式子样啊～呀。tʂaŋ$^{35}$ɲiet$^{5}$tsʰʅ$^{35}$ci$^{21}$sɔŋ$^{53}$cʰiəŋ$^{13}$kuei$^{21}$lau$^{0}$?ŋai$^{13}$n̩$^{13}_{21}$ci$^{53}$tek$^{3}$li$^{0}$nei$^{0}$.xei$^{53}$iəu$^{35}$tʂak$^{3}$kan$^{21}$ke$^{53}$kuei$^{35}$tʂʅ$^{21}$,sɔŋ$^{53}$cʰiəŋ$^{13}$kuei$^{21}$.xei$^{53}_{44}$tsʰʅ$^{35}$ɲi$^{53}$ia$^{0}$tsʰʅ$^{35}_{44}$san$^{35}$nau$^{0}$?n̩$^{13}$ci$^{53}$tek$^{3}$li$^{0}$lai$^{53}$pu$^{35}$sɔŋ$^{53}$cʰiəŋ$^{13}$kuei$^{21}$lei$^{0}$.pɔn$^{35}$kai$^{53}_{44}$ke$^{53}_{44}$m̩$^{13}_{21}$mɔi$^{53}$li$^{0}$ke$^{53}_{21}$təŋ$^{35}_{44}$si$^{0}$pɔn$^{35}$kai$^{53}_{44}$sau$^{53}$tʰi$^{53}$ke$^{53}_{21}$la$^{35}$ci$^{35}_{44}$kai$^{53}_{44}$te$^{35}_{44}$mak$^{3}$e$^{0}$təu$^{35}_{44}$u$^{21}$tau$^{21}$kai$^{53}_{44}$pu$^{35}$u$^{21}$tʂʰət$^{3}$çi$^{53}$,tiəu$^{35}$uek$^{3}$çi$^{53}_{44}$,tsʰiəu$^{53}_{44}$ɔn$^{35}_{44}$tso$^{53}_{44}$sɔŋ$^{53}$cʰiəŋ$^{13}$kuei$^{21}$.xa$^{13}_{21}$ɔi$^{53}_{44}$tsɔŋ$^{35}$çiɔŋ$^{35}$kai$^{53}_{44}$te$^{35}_{53}$la$^{0}$,tsɔk$^{3}$uei$^{13}_{44}$iet$^{3}$tʂak$^{3}$kan$^{21}$kei$^{53}$ɲi$^{13}$ʂʅ$^{53}$tsʅ$^{0}$iəŋ$^{53}$ŋa$^{0}$sɔŋ$^{53}$cʰiəŋ$^{13}$kuei$^{21}$ia$^{0}$.

【送新客】sɔŋ$^{35}$sin$^{35}$kʰak$^{3}$ 春节回门后娘家亲戚送新郎新娘回家（一般为正月初九或初十）：～就系头年结婚箇个新姐夫，系唔系？两公婆第二年正月就去丈人姨箇丈人爷箇，就安做新回门。新回门两公婆就安做新客。欸，新亲戚，箇就新亲戚。以下正月头去哩，家家都走齐哩，送渠新回门送渠归，七不去八不归，初七晡去哩要唔得，初八晡归也要唔得，一般就系初九晡归。忒早哩是就人家又㫘走得唠，系啊？人家又多吵箇个是。sɔŋ$^{53}$sin$^{35}$kʰak$^{3}$tsʰiəu$^{53}$xe$^{53}$tʰei$^{13}$ɲien$^{13}_{21}$ciet$^{3}$fən$^{35}$kai$^{53}$ke$^{53}_{21}$sin$^{35}$tsia$^{21}$fu$^{35}$,xei$^{53}_{44}$me$^{53}_{44}$?iɔŋ$^{21}$kəŋ$^{35}$pʰo$^{13}_{21}$tʰi$^{53}_{44}$ɲi$^{53}$ɲien$^{13}_{21}$tʂaŋ$^{35}$ɲiet$^{5}$tsʰiəu$^{53}$çi$^{53}$tʂʰɔŋ$^{35}_{44}$in$^{13}_{21}$ɔi$^{35}$kai$^{53}$tʂʰɔŋ$^{35}_{44}$in$^{13}_{44}$ia$^{13}$kai$^{53}$,tsʰiəu$^{53}_{44}$ɔn$^{35}_{44}$tso$^{53}_{44}$sin$^{35}$fei$^{13}_{21}$mən$^{13}$.sin$^{35}$fei$^{13}_{21}$mən$^{13}$iɔŋ$^{21}$kəŋ$^{35}$pʰo$^{13}_{44}$tsʰiəu$^{53}_{44}$ɔn$^{35}_{44}$tso$^{53}_{44}$sin$^{35}$kʰak$^{3}$.e$_{21}$,sin$^{35}$tsʰin$^{35}$tsʰiet$^{3}$,kai$^{53}_{21}$tsʰiəu$^{53}_{21}$sin$^{35}$tsʰin$^{35}$tsʰiet$^{3}$.i$^{21}$xa$^{53}_{44}$tʂaŋ$^{35}$ɲiet$^{5}$tʰei$^{13}$çi$^{53}$li$^{0}$,ka$^{35}$ka$^{35}_{44}$təu$^{35}_{53}$tsei$^{21}$tsʰe$^{13}$li$^{0}$,sɔŋ$^{53}$ci$^{13}_{21}$sin$^{35}$fei$^{13}_{21}$mən$^{13}$sɔŋ$^{53}$ci$^{13}_{21}$kuei$^{35}$,tsʰiet$^{3}$pət$^{3}$çi$^{53}$pait$^{3}$pət$^{3}$kuei$^{35}$,tsʰʅ$^{35}$tsʰiet$^{3}$pu$^{35}$çi$^{53}$li$^{0}$iau$^{53}$n̩$^{13}_{21}$tek$^{3}$,tsʰʅ$^{35}$pait$^{3}$pu$^{35}_{44}$kuei$^{35}$ia$^{35}$iau$^{53}$n̩$^{13}_{21}$tek$^{3}$,iet$^{3}$pɔn$^{35}$tsʰiəu$^{53}$xe$^{53}$tsʰʅ$^{35}$ciəu$^{21}$pu$^{35}_{44}$kuei$^{35}_{44}$.tʰet$^{3}$tsau$^{21}$li$^{0}$ʂʅ$^{53}_{44}$tsʰiəu$^{53}$ɲin$^{13}$ka$^{35}_{44}$iəu$^{53}$maŋ$^{13}_{21}$tsei$^{21}$tek$^{3}$lau$^{0}$,xei$^{53}_{44}$a$^{0}$?ɲin$^{13}_{21}$ka$^{35}_{44}$iəu$^{53}_{44}$to$^{35}$ʂa$^{0}$kai$^{53}$ke$^{53}$ʂʅ$^{53}_{21}$.

【送信个】sɔŋ$^{53}$sin$^{53}$ke$^{53}_{21}$ 邮递员。旧时又称“邮差”：～来哩么？sɔŋ$^{53}$sin$^{53}$ke$^{53}_{21}$lɔi$^{13}_{21}$li$^{0}$mo$^{0}$?

【送葬】sɔŋ$^{53}$tsɔŋ$^{53}$ [动]跟着丧家的行列，把灵柩送到埋葬地：～么人走面前，么人走后背，搞张表贴出来。sɔŋ$^{53}$tsɔŋ$^{53}$mak$^{3}$ɲin$^{13}_{44}$tsei$^{21}$mien$^{53}$tsʰien$^{13}_{21}$,mak$^{3}$ɲin$^{13}_{44}$tsei$^{21}$xei$^{53}$pɔi$^{53}_{21}$,kau$^{21}$tʂɔŋ$^{35}_{44}$piau$^{21}$tiet$^{3}$tʂʰət$^{3}$lɔi$^{13}$.

【送子娘娘】sɔŋ$^{53}$tsʅ$^{21}$ɲiɔŋ$^{13}$ɲiɔŋ$^{13}_{44}$ [名]本指中国民间宗教信仰中掌管生子的神。也用以戏称反复改嫁并先后在多个家庭留下子女的女子：箇还有噢，话别人家送子娘娘样啊。欸，卖你唔知几多嫁。卖嘿一嫁又一嫁。欸，以映也供只人箇映也供两只人呐。哎，搞起箇到处系～样啊。我等有只同学，渠讨只老婆，姓张，渠话：“我硬输哩命哦，四起子外氏。”我话：“让门来个么个四起子外氏？”渠话：“我丈人姨就嫁嘿四嫁。嫁一嫁又跍倒箇映留一留留下一只。”让门子啊？首先就嫁高家里。渠话：“我丈人姨嘞渠跍倒箇供只妹子。”唔系，渠就渠丈人姨就供倒渠老婆。高家里。供倒渠老婆。咁唔系……欸落尾又，渠话：“我丈人爷又落尾嘞渠又讨哩老婆，又供哩又有细人子。又掺我老婆系共爷子个。中间又一起吧，系唔系？姓高个。好，落尾我丈人姨嘞箇个……”渠话：“我丈人姨嘞又卖下施家里，供两只赖子。”咁个第二起爱去个吧，系唔系？好，第三起嘞又让门子嘞？施家里离嘿婚以后又嫁嘿一嫁。就嫁嘿唔知李家里啊么个，姓么个我就唔记得哩。又箇映又供一只，一只妹子。欸箇映又一起外氏。“以只最后嘞我……”渠话：“我老婆嘞又分姐公子带倒，姓张，渠话我四起子外氏。就系其实就系我丈人姨同箇～样，到处供哦。” kai$^{53}_{44}$xai$^{13}$iəu$^{35}_{44}$au$^{0}$,ua$^{53}$pʰiet$^{5}$in$^{13}_{21}$ka$^{35}_{44}$sɔŋ$^{53}$tsʅ$^{21}$ɲiɔŋ$^{13}$ɲiɔŋ$^{13}_{44}$iɔŋ$^{53}$ŋa$^{0}$.e$_{21}$,mai$^{53}$ɲi$^{13}_{21}$n̩$^{13}$ti$^{35}_{53}$ci$^{21}$to$^{35}$ka$^{53}$.mai$^{53}$xek$^{3}$iet$^{3}$ka$^{53}$iəu$^{53}$iet$^{3}$ka$^{53}$.ei$_{21}$,i$^{21}$iaŋ$^{53}_{44}$ŋa$^{53}_{44}$ciəŋ$^{53}$tʂak$^{3}$ɲin$^{13}$kai$^{53}$iaŋ$^{53}_{44}$ŋa$^{35}_{44}$ciəŋ$^{53}$iɔŋ$^{21}$tʂak$^{3}$ɲin$^{13}$na$^{0}$.ai$_{21}$,kau$^{21}$çi$^{21}_{44}$kai$^{53}_{44}$tau$^{53}$tʂʰəu$^{21}$xe$^{53}$sɔŋ$^{53}$tsʅ$^{0}$ɲiɔŋ$^{13}$ɲiɔŋ$^{13}_{44}$iɔŋ$^{53}_{44}$ŋa$^{0}$.ŋai$^{13}$tien$^{0}$iəu$^{35}_{44}$tʂak$^{3}$tʰəŋ$^{13}$çiɔk$^{5}$,ci$^{13}_{21}$tʰau$^{21}$ak$^{3}$lau$^{21}$pʰo$^{13}$,siaŋ$^{53}_{44}$tʂɔŋ$^{35}$,ci$^{13}$ua$^{53}$:"ŋai$^{13}_{2}$ɲiaŋ$^{53}$ʂəu$^{35}_{44}$li$^{0}$miaŋ$^{53}$ŋo$^{0}$,si$^{53}$çi$^{21}$tsʅ$^{0}$ŋɔi$^{53}$ʂʅ$^{0}$."ŋai$^{13}$

S

ua$^{53}_{44}$:"ɲiəŋ$^{53}$mən$^{0}$ lɔi$^{13}_{21}$ke$^{0}$ mak$^{3}$ a$^{0}$ si$^{53}$çi$^{21}$tsɿ$^{0}$ ŋɔi$^{53}$ʂʅ$^{53}$?"ci$^{13}_{44}$ua$^{53}_{44}$:"ŋai$^{13}_{21}$tʂ$^{h}$ɔŋ$^{53}_{44}$in$^{13}_{44}$ɔi$^{35}$ts$^{h}$iəu$^{53}_{44}$ka$^{53}_{44}$xek$^{3}$ si$^{53}$ka$^{53}_{21}$.ka$^{53}$ iet$^{3}$ ka$^{53}$iəu$^{53}_{44}$ku$^{35}_{44}$tau$^{21}_{44}$kai$^{53}_{44}$iaŋ$^{53}_{44}$liəu$^{13}$iet$^{3}$ liəu$^{13}$liəu$^{13}_{21}$çia$^{53}$iet$^{3}$ tʂak$^{3}_{35}$."ɲiəŋ$^{53}_{44}$mən$^{0}$ tsɿ$^{0}$ a$^{0}$ ?ʂəu$^{21}$sen$^{35}$ts$^{h}$iəu$^{53}_{44}$ka$^{53}_{44}$ kau$^{35}$ka$^{35}_{44}$li$^{0}$ .ci$^{13}_{44}$ua$^{53}_{44}$:"ŋai$^{13}_{21}$tʂ$^{h}$ɔŋ$^{53}_{44}$in$^{13}_{44}$ɔi$^{35}$lei$^{0}$ ci$^{13}_{44}$ku$^{35}$tau$^{21}$kai$^{53}_{44}$ciəŋ$^{53}$tʂak$^{3}$ mɔi$^{53}$tsɿ$^{0}$ ."n̩$^{13}$t$^{h}$e$^{53}_{44}$,ci$^{13}$ts$^{h}$iəu$^{53}_{44}$ci$^{13}_{21}$tʂ$^{h}$ɔŋ$^{53}_{44}$ in$^{13}_{44}$ɔi$^{35}_{44}$ts$^{h}$iəu$^{53}_{44}$ciəŋ$^{53}$tau$^{21}$ci$^{13}_{21}$lau$^{21}$p$^{h}$o$^{13}$.kau$^{35}$ka$^{35}_{53}$li$^{0}$ .ciəŋ$^{53}$tau$^{21}$ci$^{13}_{21}$lau$^{21}$p$^{h}$o$^{13}$.kan$^{21}_{44}$m̩$^{13}_{44}$p$^{h}$ei$^{53}_{44}$…e$_{21}$lɔk$^{5}$ mi$^{35}_{44}$iəu$^{53}_{44}$, ci$^{13}_{21}$ua$^{53}$:"ŋai$^{13}_{44}$tʂ$^{h}$ɔŋ$^{53}$in$^{13}_{44}$ia$^{13}$iəu$^{53}_{44}$lɔk$^{5}$ mi$^{35}_{44}$lei$^{0}$ ci$^{13}$iəu$^{53}$t$^{h}$au$^{21}$li$^{35}$lau$^{21}$p$^{h}$o$^{13}$,iəu$^{53}$ciəŋ$^{53}$li$^{0}$ iəu$^{53}_{44}$iəu$^{35}$sei$^{53}$ɲin$^{13}_{21}$tsɿ$^{0}$. iəu$^{53}_{44}$lau$^{35}$ŋai$^{13}_{44}$lau$^{21}$p$^{h}$o$^{13}$xei$^{53}$c$^{h}$iəŋ$^{53}$ia$^{13}$tsɿ$^{0}$ke$^{53}$.tʂəŋ$^{35}_{44}$kan$^{35}_{44}$iəu$^{53}_{44}$iet$^{3}$ çi$^{21}$pa$^{0}$ ,xei$^{53}_{44}$me$^{53}_{44}$?siaŋ$^{53}$kau$^{35}$ke$^{53}$.xau$^{21}$,lɔk$^{5}$ mi$^{35}_{44}$ŋai$^{13}_{21}$tʂ$^{h}$ɔŋ$^{53}_{44}$in$^{13}_{21}$ɔi$^{35}_{44}$le$^{0}$ kai$^{53}_{44}$kei$^{0}$ …"ci$^{13}$ua$^{53}_{44}$:"ŋai$^{13}_{21}$tʂ$^{h}$ɔŋ$^{53}_{44}$in$^{13}_{44}$ɔi$^{35}_{44}$lei$^{0}$ iəu$^{53}_{44}$mai$^{53}_{44}$ia$^{53}_{44}$ʂʅ$^{35}$ka$^{35}_{44}$li$^{0}$ ,ciəŋ$^{53}$iɔŋ$^{21}$tʂak$^{3}$ lai$^{53}$tsɿ$^{0}$ ."kan$^{21}_{44}$ke$^{53}_{44}$t$^{h}$i$^{53}$ɲi$^{53}$çi$^{21}$ɔi$^{53}$çi$^{53}$ke$^{0}$pa$^{0}$ ,xei$^{53}_{44}$me$^{53}_{44}$?xau$^{21}$ ,t$^{h}$i$^{53}$san$^{35}$çi$^{21}$lei$^{0}$ iəu$^{53}_{44}$ɲiəŋ$^{53}_{44}$mən$^{0}$ tsɿ$^{0}$ lei$^{0}$ ?ʂʅ$^{35}$ka$^{35}_{44}$li$^{0}$ li$^{13}$ek$^{3}$ fən$^{35}_{44}$i$^{35}_{44}$xei$^{53}_{44}$iəu$^{53}$ka$^{53}$xek$^{3}$ iet$^{3}$ ka$^{53}$.tsiəu$^{53}_{44}$ka$^{53}$ek$^{3}$ n̩$^{13}$ti$^{35}_{44}$li$^{21}$ka$^{35}_{44}$li$^{0}$ a$^{0}$ mak$^{3}$ e$^{0}$ ,siaŋ$^{53}$mak$^{3}$ e$^{0}$ ŋai$^{13}_{21}$ts$^{h}$iəu$^{53}$n̩$^{13}$ ci$^{53}$ek$^{3}$ li$^{0}$ .iəu$^{53}_{21}$kai$^{53}_{44}$iaŋ$^{53}_{44}$iəu$^{53}$ciəŋ$^{53}$iet$^{3}$ tʂak$^{3}$ ,iet$^{3}$ tʂak$^{3}$ mɔi$^{53}$tsɿ$^{0}$ .e$^{0}$ kai$^{53}_{44}$iaŋ$^{53}_{44}$iəu$^{53}$iet$^{3}$ çi$^{21}$ŋɔi$^{53}$ʂʅ$^{53}$."iak$^{3}$ (←i$^{21}$ tʂak$^{3}$ )tsei$^{53}$xei$^{53}_{44}$lei$^{0}$ ŋai$^{13}_{21}$…"ci$^{13}_{21}$ua$^{53}$:"ŋai$^{13}_{21}$lau$^{21}$p$^{h}$o$^{13}$le$^{0}$ iəu$^{53}_{44}$pən$^{35}$tsia$^{21}$kəŋ$^{35}$tsɿ$^{0}$ tai$^{53}$tau$^{21}$,siaŋ$^{53}$tʂɔŋ$^{35}$,cia$_{44}$ (←ci$^{13}$ua$^{53}$)ŋai$^{13}$si$^{53}$çi$^{21}$tsɿ$^{0}$ ŋɔi$^{53}$ʂʅ$^{53}_{21}$.ts$^{h}$iəu$^{53}$xei$^{53}$c$^{h}$i$^{13}_{21}$ʂət$^{53}$tsiəu$^{53}$xei$^{53}$ŋai$^{13}_{21}$tʂ$^{h}$ɔŋ$^{53}_{44}$in$^{13}_{44}$ɔi$^{35}$t$^{h}$əŋ$^{13}_{21}$kai$^{53}_{44}$səŋ$^{53}$tsɿ$^{0}$ɲiəŋ$^{13}_{21}$ ɲiəŋ$^{13}$iəŋ$^{53}$,tau$^{53}$tʂ$^{h}$əu$^{21}$ciəŋ$^{53}$ŋau$^{0}$."

【搜肠挖肚】sei$^{35}$tʂ$^{h}$ɔŋ$^{13}$uet$^{3}$ təu$^{21}$ 形容苦思苦想：讲都唔苦，就系想唔倒，撞怕硬～都搜唔出来。kɔŋ$^{21}$təu$^{35}_{53}$n̩$^{13}$k$^{h}$u$^{21}$,ts$^{h}$iəu$^{53}$xe$^{53}$siɔŋ$^{21}$n̩$^{13}$tau$^{21}$,ts$^{h}$ɔŋ$^{21}$p$^{h}$a$^{53}$ɲiaŋ$^{53}$sei$^{35}$tʂ$^{h}$ɔŋ$^{13}$uet$^{3}$ təu$^{21}$təu$^{35}_{53}$sei$^{35}$n̩$^{13}_{21}$tʂ$^{h}$ət$^{3}$ lɔi$^{13}$.

【馊】sei$^{35}$ 形 饭、菜等因变质而发出酸臭味：饭～嘿哩。fan$^{53}$sei$^{35}$(x)ek$^{3}$ li$^{0}$.｜欸，从前冇得冰箱，饭又唔舍得，～饭都箇个是炒倒食嘿哩。e$_{21}$,ts$^{h}$əŋ$^{13}$ts$^{h}$ien$^{13}_{21}$mau$^{13}$tek$^{3}$ pin$^{35}$siɔŋ$^{35}_{44}$,fan$^{53}$iəu$^{53}$n̩$^{13}_{21}$ʂa$^{21}$ tek$^{3}$ ,sei$^{35}$fan$^{53}$təu$^{35}_{53}$kai$^{53}_{44}$ke$^{53}_{44}$ʂʅ$^{53}$ts$^{h}$au$^{21}$tau$^{21}$ʂət$^{5}$ xek$^{3}$ li$^{0}$.

【酥豆子】sɿ$^{35}$t$^{h}$ei$^{53}$tsɿ$^{0}$ 名 油酥豆，用作茶点：～嗯一般就系黄豆子，黄豆子浸正来，去炒，炒倒泡松，箇个就安做～。～啊，以只就整换茶。箇同如今样你话泡面都放兜～是冇么人放。冇得，冇咁好，冇得咁好。～就做换茶食。sɿ$^{35}$t$^{h}$ei$^{53}$tsɿ$^{0}$ n̩$_{21}$iet$^{3}$ pɔn$^{35}$ts$^{h}$iəu$^{53}$xei$^{53}$uɔŋ$^{13}$t$^{h}$ei$^{53}$tsɿ$^{0}$,uɔŋ$^{13}$ t$^{h}$ei$^{53}$tsɿ$^{0}$ tsin$^{53}$tʂaŋ$^{53}$lɔi$^{13}_{44}$,çi$^{53}$ts$^{h}$au$^{21}$,ts$^{h}$au$^{21}$tau$^{21}$p$^{h}$au$^{35}$səŋ$^{35}_{44}$,kai$^{53}$ke$^{53}_{44}$ts$^{h}$iəu$^{53}_{44}$ɔn$^{35}_{44}$tso$^{53}_{44}$sɿ$^{35}$t$^{h}$ei$^{53}$tsɿ$^{0}$ .sɿ$^{35}$t$^{h}$ei$^{53}$tsɿ$^{0}$ a$^{0}$ ,i$^{21}$tʂak$^{3}$ ts$^{h}$iəu$^{53}$tʂən$^{21}$uɔn$^{53}$ts$^{h}$a$^{13}_{21}$.kai$^{53}$t$^{h}$əŋ$^{13}_{21}$i$^{13}_{21}$cin$^{35}_{44}$iɔŋ$^{53}$ɲi$^{13}$ua$^{53}_{44}$p$^{h}$au$^{53}$mien$^{53}$təu$^{35}_{44}$fɔŋ$^{53}$te$^{35}_{44}$sɿ$^{35}_{44}$t$^{h}$ei$^{53}$tsɿ$^{0}$ ʂʅ$^{53}_{21}$ mau$^{13}_{21}$mak$^{3}$ in$^{13}_{44}$fɔŋ$^{53}$.mau$^{13}$tek$^{3}$ ,mau$^{13}$kan$^{21}$xau$^{21}$,mau$^{13}$tek$^{3}$ kan$^{21}$xau$^{21}$.sɿ$^{35}$t$^{h}$ei$^{53}$tsɿ$^{0}$ ts$^{h}$iəu$^{53}$tso$^{53}$uɔn$^{53}$ts$^{h}$a$^{13}_{21}$ʂət$^{5}$.

【酥馃子】sɿ$^{35}$ko$^{21}$tsɿ$^{0}$ 名 将糯米粉等加鸭屎瓜藤汁液发酵后，经油炸而成的副食品：爱发酵吧？～箇只吧？就安做～吧？箇个就系讲～。也做啊。箇还爱交箇个，爱加箇起东西欸。爱加箇鸭屎瓜藤呐，鸭屎瓜藤个水呀。欸，爱加配料，爱等渠发酵哇。渠正会庞大咯，正会大咯，正会泡松咯。就～啊。～就糯米粉做个嘞。爱发酵，然后就炮哇，炮起懑大一坨啊。ɔi$^{53}_{44}$ fait$^{3}$ çiau$^{53}$pa$^{0}$ ?sɿ$^{35}$ko$^{21}$tsɿ$^{0}$ kai$^{53}_{44}$tʂak$^{3}$ pa$^{0}$ ?ts$^{h}$iəu$^{53}_{44}$ɔn$^{35}_{44}$tso$^{53}_{44}$sɿ$^{35}$ko$^{21}$tsɿ$^{0}$ pa$^{0}$ ?kai$^{53}_{44}$ke$^{53}_{44}$ts$^{h}$iəu$^{53}$ue$^{53}$(←xe$^{53}$)kɔŋ$^{21}$sɿ$^{35}$ ko$^{21}$tsɿ$^{0}$ .ia$^{35}$tso$^{53}$a$^{0}$ .kai$^{53}$xa$^{13}_{21}$ɔi$^{53}_{44}$ciau$^{35}$kai$^{53}$cie$^{53}_{44}$,ɔi$^{53}_{44}$cia$^{35}$kai$^{53}$çi$^{21}$təŋ$^{35}_{44}$si$^{0}$ e$^{0}$ .ɔi$^{53}_{44}$cia$^{35}$kai$^{53}$ait$^{3}$ ʂʅ$^{21}$kua$^{35}$t$^{h}$ien$^{13}$ na$^{0}$ ,ait$^{3}$ ʂʅ$^{21}$kua$^{35}$t$^{h}$ien$^{13}$ke$^{53}$ʂei$^{21}$ia$^{0}$ .e$_{21}$,ɔi$^{53}_{44}$cia$^{35}$p$^{h}$ei$^{53}$liau$^{53}_{21}$,ɔi$^{53}$ten$^{21}$ci$^{13}_{44}$fait$^{3}$ çiau$^{53}$ua$^{0}$ .ci$^{13}$tʂaŋ$^{53}_{44}$uɔi$^{53}_{44}$p$^{h}$ɔŋ$^{13}$t$^{h}$ai$^{53}$ ko$^{0}$ ,tʂaŋ$^{53}_{44}$uɔi$^{53}_{44}$t$^{h}$ai$^{53}$ko$^{0}$ ,tʂaŋ$^{53}_{44}$uɔi$^{53}_{44}$p$^{h}$au$^{35}$səŋ$^{35}$ko$^{0}$ .ts$^{h}$iəu$^{53}_{44}$sɿ$^{35}$ko$^{21}$tsɿ$^{0}$ a$^{0}$ .sɿ$^{35}$ko$^{21}$tsɿ$^{0}$ ts$^{h}$iəu$^{53}$lo$^{53}$mi$^{21}$fən$^{21}$tso$^{53}$ ke$^{53}_{44}$lei$^{0}$ .ɔi$^{53}_{44}$fait$^{3}$ çiau$^{53}$,vien$^{13}$xei$^{53}_{44}$ts$^{h}$iəu$^{53}_{44}$p$^{h}$au$^{13}$ua$^{0}$ ,p$^{h}$au$^{13}$çi$^{21}_{44}$mən$^{35}$t$^{h}$ai$^{53}$iet$^{3}$ t$^{h}$o$^{21}_{44}$a$^{0}$ .｜就懑大一坨个吧？咁大子。面上就麻脂个吧？箇～唠。就安做～唠。就系米粉发酵喔，系呀。ts$^{h}$iəu$^{53}_{44}$mən$^{35}$t$^{h}$ai$^{53}$ iet$^{3}$ t$^{h}$o$^{13}$ke$^{53}$pa$^{0}$ ?kan$^{21}$t$^{h}$ai$^{53}_{44}$tsɿ$^{0}$ .mien$^{53}_{44}$xɔŋ$^{53}_{44}$ts$^{h}$iəu$^{53}_{44}$ma$^{13}$tsɿ$^{21}_{44}$ke$^{53}_{44}$pa$^{0}$ ?kai$^{53}_{44}$sɿ$^{35}$ko$^{21}$tsɿ$^{0}$ lau$^{0}$ .ts$^{h}$iəu$^{53}_{21}$ɔn$^{35}_{53}$tso$^{53}$sɿ$^{35}$ ko$^{21}$tsɿ$^{0}$ lau$^{0}$ .ts$^{h}$iəu$^{53}_{44}$xe$^{53}_{44}$mi$^{21}$fən$^{21}$fait$^{3}$ çiau$^{53}$uo$^{0}$ ,xei$^{53}_{44}$ia$^{0}$ .

【俗话】səuk$^{3}$ fa$^{53}$ 名 通俗并广泛流行的定型的语句：～讲嘞收花麦样。səuk$^{3}$ fa$^{53}$kɔŋ$^{21}$lei$^{0}$ ʂəu$^{35}_{44}$fa$^{35}$ mak$^{5}$ iɔŋ$^{53}_{44}$.

【酸$_{1}$】sɔn$^{35}$ 形 像醋的气味或味道：～起打□□$_{发颤}$ sɔn$^{35}$çi$^{21}$ta$^{21}$min$^{53}$ts$^{h}$in$^{35}$ ｜湖藤菜就唔～呐。fu$^{13}$t$^{h}$ien$^{13}$ts$^{h}$ɔi$^{53}$ts$^{h}$iəu$^{53}_{44}$n̩$^{13}$sɔn$^{35}$na$^{0}$.

【酸$_{2}$】sɔn$^{35}$ 动 变酸：过段子时间就箇个就～嘿哩。ko$^{53}$tɔn$^{53}$tsɿ$^{0}$ ʂʅ$^{13}_{21}$kan$^{35}_{44}$ts$^{h}$iəu$^{53}_{44}$kai$^{53}_{44}$ke$^{53}_{44}$ts$^{h}$iəu$^{53}_{44}$ sɔn$^{35}$nek$^{3}$ (←xek$^{3}$ )li$^{0}$.

【酸菜】sɔn$^{35}$ts$^{h}$ɔi$^{53}$ 名 将青菜洗净后晒至半干，加盐，在簸箕或木桶中揉搓，再放入坛子中腌制而成的菜，也可不晒而直接将青菜切碎后入罐压紧密封制作而成。旧称“擦菜”：～箇东西渠会坏。sɔn$^{35}$ts$^{h}$ɔi$^{53}$kai$^{53}_{44}$təŋ$^{35}_{44}$si$^{0}$ ci$^{13}_{21}$uɔi$^{53}_{44}$fai$^{53}$.｜～就系咁子擦出来个噢。sɔn$^{35}$ts$^{h}$ɔi$^{53}$ts$^{h}$iəu$^{53}_{44}$xei$^{53}_{44}$ kan$^{21}$tsɿ$^{0}$ ts$^{h}$ait$^{3}$ tʂ$^{h}$ət$^{3}$ lɔi$^{13}_{21}$cie$^{53}$au$^{0}$.

【酸菜罂】sɔn$^{35}$ts$^{h}$ɔi$^{53}$aŋ$^{35}$ 名 用来腌制酸菜的坛子。旧称“擦菜罂”：～，擦菜罂，也有人话擦菜罂。sɔn$^{35}$ts$^{h}$ɔi$^{53}$aŋ$^{35}$,ts$^{h}$ait$^{3}$ ts$^{h}$ɔi$^{53}$aŋ$^{35}$,ia$^{35}$iəu$^{35}_{53}$ɲin$^{13}_{21}$ua$^{53}_{44}$ts$^{h}$ait$^{3}$ ts$^{h}$ɔi$^{53}_{44}$aŋ$^{35}$.

S

【酸豆角】sɔn35thei53kɔk3 名腌制或泡制后变酸的豆角：分豆角欸焯熟来以后，筑下罂头里隔绝空气就成哩～。还有一种嘞就豆角放下箇个欸箇个浸哩萝卜呀浸哩辣椒个揪酸个水肚里，筑紧来，也会成～。都唔切呢，临时来切呢箇起东西都呢。pən35/44thei53kɔk3 e21tʂhɔk3 ʂəuk5 lɔi13/21i35 xei53,tʂəuk3 (x)a53/44aŋ35thei13/21li0 kak3 tshiet5 khəŋ35çi53tsiəu53ʂaŋ13/21li0 sɔn35thei53kɔk3 .xai13/21iəu35/53(i)et3 tʂəŋ21le0 tshiəu53/44thei53kɔk3 fɔŋ53/44xa53/44kai53/44kei53/44e21kai53ke53tsin53ni0 lo13phiet5 ia0 tsin53ni0 lait5 tsiau35/44kei53tsiəu35sɔn35ke53 ʂei21təu21li0,tʂəuk3 cin21nɔi13/44,ia35uɔi53ʂaŋ13/21sɔn35thei53kɔk3 .təu35/53n̩13/21tshet3 nei0,lin13ʂʅ13/21lɔi13/44tshet3 nei0 kai53çi21təŋ35/44 si0 təu35/53nei0 .

【酸辣汤】sɔn35lait5 thɔŋ35 名用酸菜和辣椒等做成的汤：欸，舞兜酸菜舞兜辣椒，唔知辣椒干呐还系红辣椒凑，舞倒炒熟来，炒香来以后，□加兜水去，舞兜水一煮，就成哩～。e21,u21te35/53 sɔn35tshɔi53/44u21te35/44lait5 tsiau35/44,n̩13/21ti35/44lait5 tsiau35/44kɔn35na0 xai13/44xe53/44fəŋ13lait5 tsiau35/44tshe0 ,u21tau21tshau21ʂəuk5 lɔi13/21, tshau21çiɔŋ35lɔi13/21i35/44xei53,tʂha53te35/53ʂei21çi53,u21te35/53ʂei21iet3 tʂəu21,tshiəu53ʂaŋ13/21li0 sɔn35lait5 thɔŋ35/44.

【酸萝卜】sɔn35no13phiek5 名用酸水泡制的萝卜：～是浸个～嘞。sɔn35no13phiek5 ʂʅ53/44tsin53cie53/44sɔn35 no13phiek5 le0 .

【酸酸子】sɔn35sɔn35tsʅ0 形味酸貌：箇就有滴～哩。就系～个萝卜。kai53/21tshiəu53/21iəu35/44tiet5/3 sɔn35sɔn35 tsʅ0 li0 .tshiəu53/44xe53/44sɔn35sɔn35tsʅ0 ke53/44lo13phek5 .｜还有滴就呣等渠放倒等渠去发酵啦，变成～啊。xai13/21iəu35tet5/3 tshiəu53m̩21ten21ci13fɔŋ53tau21ten21ci13çi53fait3 çiau53la0 ,pien53tʂhən13/21sɔn35sɔn35tsa0 .

【酸味子】sɔn35uei53tsʅ0 名酸酸的味道：渠指麻梨子是带一个有～。ci13/21ʂʅ53tai53iet3 ke53/21iəu35/44sɔn35uei53tsʅ0 .

【酸枣】sɔn35tsau21 名酸枣树或其果实：有种野生植物安做～。～哇。箇个箇野生植物个肉，箇～肉啊，黪性蛮好。iəu35tʂəŋ21ia35sen35/44tʂhət5 uk3 ɔn35/44tso53/44sɔn35tsau21.sɔn35tsau21ua0 .kai53ke53/44kai53/44ia35 sien35/44tʂhət5 uk3 ke53ɲiəuk3 ,kai53/44sɔn35tsau21ɲiəuk3 a0 ,ɲia13sin53man13/21xau21/44.

【酸枣糕】sɔn35tsau21kau35 名以南酸枣肉为主要原料制作的特色小食：哦，讲到开头个糕是，如今有种客姓人有种～哇。～。有种野生植物安做酸枣。酸枣哇。箇个箇野生植物个肉，箇酸枣肉啊，黪性蛮好。就交滴东西去做，放糯米呀，欸，放么个，放面粉呐，欸，放辣椒粉呐，噢，放滴子甘草粉呐，放滴么个东西去，好食个，加得去，做成听你做成么个形状。有滴嘞就箇酸枣肚里以只仁懑大，肚里只仁呐懑大，有滴就做成饽饽，欸，有滴就分箇仁丢嘿去。交倒箇个番薯，交番薯，交南瓜啊，交箇只么个东……糯米粉箇滴，做倒做成咁个欸米皮样个东西，做成咁个掀薄个东西，呃，番薯片……片样个唠，安做～。听你做做么个形状。有卖，爱去寻下子凑，寻下子凑。如今不……欸，土办法加工出来个还……箇就冇得哩，如今冇得。如今只有箇加哩包装个，有只咁个盒子装倒。盒子装倒。～，硬系～。超市里都有卖。箇酸枣渠个作用就系起黏性个作用。o53,kɔŋ21tau53khɔi35thei13ke53/44kau35ʂʅ53/21,i13/21cin35/44iəu35tʂəŋ21khak3 sin53ɲin13/21iəu35tʂəŋ21sɔn35tsau21kau35ua0 .sɔn35tsau21kau35.iəu35tʂəŋ21ia35sen35/44tʂhət5 uk3 ɔn35/44tso53/44sɔn35tsau21.sɔn35 tsau21ua0 .kai53ke53/44kai53/44ia35sien35/44tʂhɔt5 uk3 ke53ɲiəuk3 ,kai53/44sɔn35tsau21ɲiəuk3 a0 ,ɲia13sin53man13/21xau21/44.tshiəu53/44 ciau35tet5 təŋ35/44si0 çi53/44tso53,fɔŋ53lo53mi21ia21,e21,fɔŋ53mak3 ke53,fɔŋ53/44mien53fən21na0 ,ei21,fɔŋ53/44lait5 tsiau35/44fən21 na0 ,au21,fɔŋ53tet5 tsʅ0 kan35tshau21fən21na0 ,fɔŋ53tet5 mak3 kei53/44təŋ35/44si0 çi53/44,xau21ʂət5 ke53,cia35tek3 çi53,tso53tʂhən13/21 thin53ɲi13/21tso53tʂhən13/21mak3 (k)e53/44çin13/21tshɔŋ53/44.iəu35tet5 le0 tshiəu53kai53/44sɔn35tsau21təu21li0 i21tʂak3 in13mən35 thai53,təu21li0 tʂak3 in13na0 mən35thai53,iəu35tet5 tshiəu53/44tso53tʂhən13/21phɔk5 phɔk5 ,e21,iəu35tet5 tshiəu53/44pən35kai53in13 tiəu35(x)ek3 çi53/44.ciau35tau21kai53/44ke53/44fan35ʂəu13/21,ciau35fan35ʂəu13/21,ciau35/44lan13kua35/44a0 ,ciau35/44kai53/44tʂak3 mak3 (k)e53/44 təŋ35/44⋯lo53mi21fən21kai53/44tet5 ,tso53tau21tso53ʂaŋ13/21kan21ke53ei21mi21phi13iɔŋ53/44ke53/44təŋ35/44si0 ,tso53ʂaŋ13/21kan21ke53ʂen35 phɔk5 ke53/44təŋ35/44si0 ,e21,fan35ʂəu13/21phien21⋯phien21iɔŋ53/44ke53/44lau0 ,ɔn35/44tso53/44sɔn35tsau21kau35.thin53ɲi13/21tso53/44tso53/44mak3 (k)e53/44çin13/21tshɔŋ53.iəu35mai53,ɔi53çi53tshin13na53（←xa53)tsʅ0 tshe0 ,tshin13na53（←xa53)tsʅ0 tshe0 .i13/21cin35/44pət3 ʂ⋯ e21,thəu21phan53fait3 cia35kəŋ35/44tʂhət3 lɔi13/21ke53xai13⋯kai53tshiəu53/21mau13tek3 li0 ,i13/21cin35/44mau13/21tek3 .i13/21cin35/44tʂʅ21iəu35 kai53/44cia35/44li0 pau35tsɔŋ35ke53,iəu35tʂak3 kan21ke53/44xait5 tsʅ0 tʂɔŋ35/44tau21.xait5 tsʅ0 tʂɔŋ35tau21.sɔn35tsau21kau35/44, ɲiaŋ53/44 xei53/44sɔn35tsau21kau35/44.tʂhau35ʂʅ53/44li0 təu35/44iəu35/44mai53.kai53/44sɔn35tsau21ci13ke53tsɔk3 iəŋ53/44tshiəu53xei53çi21ɲien13sin53 ke53tsɔk3 iəŋ53.

【蒜鼻】sɔn53phiet3 名蒜头鼻：～就系箇鼻公唔知几扁，唔高，我觉得唔系几高，～嘞。sɔn53 phiet3 tshiəu53/44xei53/44kai53/44phi53kəŋ53/44n̩13ti35/53ci21pien21,n̩13kau35,ŋai13kɔk3 tek3 n̩13thei53ci21kau35,sɔn53phiet3 le0 .

【蒜弓】sɔn53ciɔŋ35 名蒜苔。也称“蒜弓子”：最中间箇条吧？最中间箇条伸上去个吧？嗯，箇个～啊。渠会躬起来哟。就有只咁个会，着只咁个咁个咁个弯弯子咁个安做～子啊。tsei53 tʂəŋ$^{35}$kan$^{35}_{44}$kai$^{53}_{44}$t$^{h}$iau$^{13}$pa$^{0}$?tsei$^{53}$tʂəŋ$^{35}$kan$^{35}_{44}$kai$^{53}_{44}$t$^{h}$iau$^{13}_{21}$tʂ$^{h}$ən$^{35}$ʂɔŋ$^{53}_{44}$çi$^{53}_{44}$ke$^{53}_{44}$pa$^{0}$?ŋ̍$_{21}$,ŋai$_{44}$(←kai$^{53}$)ke$^{53}_{44}$sɔn$^{53}$ciəŋ$^{35}$ŋa$^{0}$.ci$^{13}$uɔi$^{53}$ciəŋ$^{35}$çi$^{21}$lɔi$^{13}_{44}$iau$^{0}$.tsiəu$^{53}_{44}$iəu$^{35}$tʂak$^{3}$(k)an$^{21}$ke$^{53}_{44}$uɔi$^{53}$,tʂɔk$^{3}$tʂak$^{3}$(k)an$^{21}$ke$^{53}_{44}$(k)an$^{21}$ke$^{53}_{44}$kan$^{21}$ke$^{53}_{44}$uan$^{35}$uan$^{35}_{44}$tsɿ$^{0}$kan$^{21}$ke$^{53}$ɔn$^{35}_{44}$tso$^{53}_{44}$sɔn$^{53}$ciəŋ$^{35}$tsɿ$^{0}$a$^{0}$.

【蒜苗】sɔn$^{53}$miau$^{13}$ 名青蒜；嫩的蒜梗和蒜叶，做菜用：冬下头有～，如今唔知让门来个～。你看渠箇饭店里炒菜唠一蒲一蒲～丢进去。təŋ$^{35}$xa$^{53}$t$^{h}$ei$^{13}_{21}$iəu$^{35}$sɔn$^{53}$miau$^{13}_{21}$,i$^{13}_{21}$cin$^{35}_{53}$n̩$^{13}$ti$^{35}_{44}$ɲiɔŋ$^{53}$mən$^{13}_{44}$lɔi$^{13}$ke$^{53}_{44}$sɔn$^{53}$miau$^{13}_{21}$. ɲi$^{13}$k$^{h}$ɔn$^{53}$ci$^{13}$kai$^{53}$fan$^{53}$tian$^{53}$ni$^{0}$ts$^{h}$au$^{21}$ts$^{h}$ɔi$^{53}$lau$^{0}$iet$^{3}$p$^{h}$u$^{13}$iet$^{3}$p$^{h}$u$^{13}$sɔn$^{53}$miau$^{13}_{21}$tiəu$^{35}$tsin$^{53}_{44}$çi$^{53}_{44}$.｜欸，如今炒菜呀蛮多菜都爱放～更好食。比放大蒜子更好食。e$_{21}$,i$^{13}_{21}$cin$^{35}_{53}$ts$^{h}$au$^{21}$ts$^{h}$ɔi$^{53}$ia$^{0}$man$^{13}$to$^{35}_{44}$ts$^{h}$ɔi$^{53}$təu$^{35}_{44}$ɔi$^{53}$fɔŋ$^{53}$sɔn$^{53}$miau$^{13}_{21}$cien$^{53}_{44}$xau$^{21}$ʂət$^{5}$.pi$^{21}$fɔŋ$^{53}$t$^{h}$ai$^{53}$sɔn$^{53}$tsɿ$^{21}$cien$^{53}_{44}$xau$^{21}$ʂət$^{5}$.

【蒜球】sɔn$^{53}$c$^{h}$iəu$^{13}$ 名蒜头；由蒜瓣构成的蒜的鳞茎，略呈球形：我等人𫟦食大蒜苗个时候子嘞就会去买～。欸，～搣嘿箇个壳炒倒个菜硬系好食。渠喷香，但是我等唔得放几多子凑，欸，～唔放几多凑。ŋai$^{13}$tien$^{0}$ɲin$^{13}_{21}$maŋ$^{13}$ʂət$^{5}$t$^{h}$ai$^{53}$sɔn$^{53}$miau$^{13}$ke$^{53}$ʂɿ$^{13}$xei$^{53}$tsɿ$^{0}$lei$^{0}$ts$^{h}$iəu$^{53}$uɔi$^{53}$çi$^{53}$mai$^{35}$sɔn$^{53}$c$^{h}$iəu$^{13}$.e$_{21}$,sɔn$^{53}$c$^{h}$iəu$^{13}_{44}$met$^{3}$xek$^{3}$kai$^{53}$(k)e$^{0}$k$^{h}$ɔk$^{3}$ts$^{h}$au$^{21}$tau$^{21}$ke$^{53}_{44}$ts$^{h}$ɔi$^{53}$ɲiaŋ$^{53}$xei$^{53}_{44}$xau$^{21}$ʂət$^{5}$.ci$^{13}_{21}$p$^{h}$əŋ$^{35}$çiɔŋ$^{35}_{44}$,tan$^{53}$ʂɿ$^{53}$ŋai$^{13}$tien$^{0}$n̩$^{13}_{21}$tek$^{3}$fɔŋ$^{53}$ci$^{21}$to$^{35}$tsɿ$^{0}$ts$^{h}$e$^{0}$,e$_{21}$,sɔn$^{53}$c$^{h}$iəu$^{13}_{21}$n̩$^{13}_{21}$fɔŋ$^{53}$ci$^{21}$to$^{35}$ts$^{h}$e$^{0}$.

【蒜子板】sɔn$^{53}$tsɿ$^{0}$pan$^{21}$ 名用木条串连在一起的厚板或圆木：还有起嘞，打比样畜猪，从前畜猪是用猪栏，做猪栏呢，系啊？做门也有咁个做法。做猪栏，打比样以三筒树做猪栏，渠就爱扎实吵，猪栏你就不能用鼓皮桌嘞，你系中间个㧾薄子个板都唔系大猪两下踩唔系会踩嘿脚底下去？渠就所有个板都一样厚，欸，甚至用几筒树，以映也中间打缲，系啊？分渠连在一起，系啊？以个安做么个嘞？安做～。哪块都一样个。xai$^{13}_{21}$iəu$^{35}_{53}$çi$^{21}$lei$^{0}$,ta$^{21}$pi$^{21}$iɔŋ$^{53}$çiəuk$^{3}$tʂəu$^{35}$,ts$^{h}$əŋ$^{13}_{21}$ts$^{h}$ien$^{13}_{44}$çiəuk$^{3}$tʂəu$^{35}$ʂɿ$^{53}_{44}$iəŋ$^{53}_{44}$tʂəu$^{35}$lan$^{13}_{44}$,tso$^{53}$tʂəu$^{35}$lan$^{13}_{21}$nei$^{0}$,xei$^{53}_{44}$a$^{0}$?tso$^{53}$mən$^{13}$na$^{35}_{44}$iəu$^{35}_{53}$kan$^{21}$cie$^{53}_{44}$tso$^{53}$fait$^{3}$.tso$^{53}$tʂəu$^{35}$lan$^{13}_{44}$,ta$^{21}$pi$^{21}$iɔŋ$^{53}$i$^{21}$san$^{35}$t$^{h}$əŋ$^{13}_{21}$ʂəu$^{53}$tso$^{53}$tʂəu$^{35}_{44}$lan$^{13}_{21}$,ci$^{13}_{21}$ts$^{h}$iəu$^{53}$ɔi$^{53}$tsait$^{3}$ʂət$^{5}$ʂa$^{0}$,tʂəu$^{35}$lan$^{13}_{21}$ɲi$^{13}$ts$^{h}$iəu$^{53}$pət$^{3}$len$^{13}$iəŋ$^{53}$ku$^{21}$p$^{h}$i$^{13}$tsɔk$^{3}$le$^{0}$, ɲi$^{13}$xe$^{53}_{44}$tʂəŋ$^{35}$kan$^{35}_{53}$ke$^{0}$ʂen$^{35}_{44}$p$^{h}$ɔk$^{5}$tsɿ$^{0}$ke$^{0}$pan$^{21}$təu$^{35}_{44}$m̩$^{13}$p$^{h}$e$^{53}_{44}$t$^{h}$ai$^{53}$tʂəu$^{35}$iɔŋ$^{21}$xa$^{53}$ts$^{h}$ai$^{21}$m̩$^{13}$p$^{h}$e$^{53}$uɔi$^{53}$ts$^{h}$ai$^{21}$xek$^{3}$ciɔk$^{3}$tei$^{21}$xa$^{53}_{44}$çi$^{53}$?ci$^{13}_{21}$ts$^{h}$iəu$^{53}$so$^{21}$iəu$^{35}_{53}$ke$^{0}$pan$^{21}$təu$^{35}_{44}$iet$^{3}$iɔŋ$^{53}$xei$^{35}$,e$_{21}$,ʂən$^{53}$tʂɿ$^{53}$iəŋ$^{53}$ci$^{21}$t$^{h}$əŋ$^{13}$ʂəu$^{53}$,i$^{21}$iaŋ$^{53}$a$^{35}_{44}$tʂəŋ$^{35}_{44}$kan$^{35}_{53}$ta$^{21}$ts$^{h}$iau$^{35}$,xei$^{53}_{44}$a$^{0}$?pən$^{35}_{44}$ci$^{13}_{44}$lien$^{13}$ts$^{h}$ai$^{53}$iet$^{3}$çi$^{21}$,xei$^{53}_{44}$a$^{0}$?i$^{13}_{21}$ke$^{53}_{44}$ɔn$^{35}_{44}$tso$^{53}$mak$^{3}$e$^{0}$lei$^{0}$?ɔn$^{35}_{44}$tso$^{53}_{44}$sɔn$^{53}$tsɿ$^{0}$pan$^{21}$.lai$^{53}$k$^{h}$uai$^{53}$təu$^{35}_{53}$iet$^{3}$iɔŋ$^{53}$ke$^{0}$.

【蒜子门】sɔn$^{53}$tsɿ$^{0}$mən$^{13}$ 名周围和中间的材料一样厚薄的门扇：如果箇映子三四条树一下做成以皮门，都系一样厚个树，更扎实吵，系啊？箇就安做～。ʮ$^{13}$ko$^{21}$kai$^{53}_{44}$iaŋ$^{53}$tsɿ$^{0}$san$^{35}_{44}$si$^{53}$t$^{h}$iau$^{13}$ʂəu$^{53}$iet$^{3}$xa$^{53}$tso$^{53}$ʂaŋ$^{13}$i$^{21}$p$^{h}$i$^{13}_{21}$mən$^{13}$,təu$^{35}$xei$^{53}$iet$^{3}$iɔŋ$^{53}$xei$^{35}_{44}$ke$^{0}$ʂəu$^{53}$,cien$^{53}$tsait$^{3}$ʂət$^{5}$ʂa$^{0}$,xei$^{53}_{44}$me$^{53}_{44}$a$^{0}$?kai$^{53}_{44}$ts$^{h}$iəu$^{53}_{44}$ɔn$^{35}_{44}$tso$^{53}_{44}$sɔn$^{53}$tsɿ$^{0}$mən$^{13}$.

【算】sɔn$^{53}$ 动①计算数目：扳手指～pan$^{35}$ʂəu$^{21}$tʂɿ$^{21}$sɔn$^{53}$｜上十个月嘞箇就系～起来有十个月时间。ʂaŋ$^{35}$ʂət$^{5}$ke$^{53}$ɲiet$^{5}_{3}$lei$^{0}$kai$^{53}_{44}$ts$^{h}$iəu$^{53}_{44}$xei$^{53}_{44}$sɔn$^{53}$çi$^{21}$lɔi$^{13}_{21}$iəu$^{35}$ʂət$^{5}$kei$^{53}_{44}$ɲiet$^{5}$ʂɿ$^{13}_{21}$kan$^{35}_{44}$. ②计算进去：底下有有萝卜了，就脑高舞出来个，就萝卜苗。有滴子都还唔～呐。te$^{21}$xa$^{53}_{44}$iəu$^{35}_{44}$iəu$^{35}$lo$^{13}$p$^{h}$ek$^{5}$liau$^{0}$,tsiəu$^{53}_{44}$lau$^{21}$kau$^{35}_{44}$u$^{21}$tʂ$^{h}$ət$^{3}$lɔi$^{13}_{21}$ke$^{53}_{44}$,tsiəu$^{53}_{44}$lo$^{13}$p$^{h}$ek$^{5}$miau$^{13}$.iəu$^{35}$tiet$^{5}$tsɿ$^{0}$təu$^{35}_{44}$xai$^{13}_{21}$n̩$^{13}$sɔn$^{53}$na$^{0}$. ③推测：你𫟦作箇个作古认真个箇起么个～子个箇起棋呀𫟦作过。ɲi$^{13}$maŋ$^{13}_{44}$tsɔk$^{3}$kai$^{53}_{44}$ke$^{53}_{44}$tsɔk$^{3}$ku$^{21}$ɲin$^{53}_{44}$tʂən$^{35}_{44}$ke$^{53}_{44}$kai$^{53}$çi$^{21}$mak$^{3}$ke$^{53}_{44}$sɔn$^{53}$tsɿ$^{21}$ke$^{53}$kai$^{53}$çi$^{21}$c$^{h}$i$^{13}_{21}$ia$^{0}$maŋ$^{13}$tsɔk$^{3}$ko$^{53}$. ④设计；计划：细笠嫲系咁大子。就～正遮倒只子脑壳嘞。se$^{53}$liet$^{3}$ma$^{13}_{21}$xe$^{53}_{21}$kan$^{21}_{35}$t$^{h}$ai$^{53}$tsɿ$^{0}$.ts$^{h}$iəu$^{53}$sɔn$^{53}$tʂaŋ$^{53}_{21}$tʂa$^{35}$tau$^{21}$tʂak$^{3}$tsɿ$^{0}$lau$^{21}$k$^{h}$ɔk$^{3}$lei$^{0}$. ⑤作罢：有滴人（作揖）就咁子，有滴挖一下，～哩，安做挖土哇。iəu$^{35}$tet$^{5}$ɲin$^{13}_{44}$ts$^{h}$iəu$^{53}$kan$^{21}$tsɿ$^{0}$,iəu$^{35}_{44}$tet$^{5}_{3}$uait$^{3}$iet$^{3}$xa$^{53}$,sɔn$^{53}$ni$^{0}$,ɔn$^{35}_{44}$tso$^{53}$uait$^{3}$t$^{h}$əu$^{21}$ua$^{0}$. ⑥认作；可以说是：到哩广东我就～唔得地道个（客家）了啦。tau$^{53}$li$^{0}$kɔŋ$^{21}$təŋ$^{35}$ŋai$^{13}$ts$^{h}$iəu$^{53}_{44}$sɔn$^{53}$n̩$^{13}_{21}$tek$^{3}$t$^{h}$i$^{53}$t$^{h}$au$^{53}_{44}$ke$^{53}_{44}$liau$^{0}$la$^{0}$.｜冬下以个地方还～比较气温比较高。təŋ$^{35}_{44}$xa$^{53}_{44}$i$^{21}$ke$^{53}_{44}$t$^{h}$i$^{53}$xɔŋ$^{35}_{44}$xai$^{13}_{21}$sɔn$^{53}$pi$^{21}$ciau$^{53}_{44}$çi$^{53}$uən$^{35}_{44}$pi$^{21}$ciau$^{53}$kau$^{35}_{44}$.

【算八字】sɔn$^{53}$pait$^{3}$sɿ$^{53}$/ts$^{h}$ɿ$^{53}$ 动用人出生的年、月、日、时，按天干、地支依次排列成八个字，再用本干支所属五行生克推算人的命运，断定人的吉凶祸福：我去寻下子箇个～个人。ŋai$^{13}$çi$^{53}$ts$^{h}$in$^{13}$na$_{44}$(←xa$^{53}$)tsɿ$^{0}$kai$^{53}$ke$^{53}_{44}$sɔn$^{53}$pait$^{3}$ts$^{h}$ɿ$^{53}$ke$^{53}_{44}$ɲin$^{13}_{44}$.

【算定】sɔn$^{53}$t$^{h}$iaŋ$^{53}$ 动经过计算而确定或断定：镬里放正水，放正水嘞～嘞比你爱煮个东西多滴子。uɔk$^{5}$li$^{21}$fɔŋ$^{53}$tʂaŋ$^{53}$ʂei$^{21}$,fɔŋ$^{53}$tʂaŋ$^{53}$ʂei$^{21}$lei$^{0}$sɔn$^{53}$t$^{h}$iaŋ$^{53}_{44}$lei$^{0}$pi$^{21}$ɲi$^{13}$ɔi$^{53}$tʂəu$^{21}$ke$^{53}_{44}$təŋ$^{35}_{44}$si$^{0}$to$^{35}$tiet$^{5}$tsɿ$^{0}$.

【算哩】sɔn$^{53}$li$^{0}$ 动表示了结，不再计较：𢹾抬，扛哩几只子（花圈）就～。ɲiaŋ$^{13}$li$^{0}$ci$^{21}$tʂak$^{3}$tsɿ$^{0}$ts$^{h}$iəu$^{53}_{44}$sɔn$^{53}$ni$^{0}$.

【算盘梨】sɔn$^{53}$p$^{h}$an$^{13}$li$^{13}$ 名一种野生的小梨子：有种梨子，话哩我晚姨子箇就有，咁大子一只子，同箇算盘子样，就安做～。唔好食一下箇个梨子，野生个。iəu$^{35}$tʂəŋ$^{21}$li$^{13}$tsɿ$^{21}_{13}$,ua$^{53}$li$^{0}$ŋai$^{13}_{21}$

man$^{35}$i$^{13}_{21}$tsɿ$^{0}$ kai$^{53}_{44}$tsʰiəu$^{53}_{44}$iəu$^{35}$,kan$^{21}_{13}$tʰai$^{53}$tsɿ$^{0}$ iet$^{3}$ tʂak$^{3}$ tsɿ$^{0}$,tʰəŋ$^{13}$kai$^{53}_{44}$sən$^{53}$pʰan$^{13}_{44}$tsɿ$^{21}$iəŋ$^{53}$,tsʰiəu$^{53}_{21}$ən$^{35}_{53}$tso$^{53}$sən$^{53}$ pʰan$^{13}_{21}$li$^{13}_{21}$.m̩$^{13}_{21}$mau$_{53}$(←xau$^{21}$)ʂət$^{5}$ iet$^{3}$ xa$^{53}$kai$^{53}_{44}$ke$^{53}_{21}$li$^{13}_{21}$tsɿ$^{0}$,ia$^{35}$saŋ$^{35}_{44}$ke$^{0}$.

【算唔定】sən$^{53}$n̩$^{13}_{21}$tʰiaŋ$^{53}$ 说不定；难以准确预料：呃，今晡昼边到底有几多子人来食饭是～哈。欸，也许有两桌，也许有三桌。ə$_{21}$,cin$^{35}$pu$^{35}_{44}$tʂəu$^{53}$pien$^{35}_{44}$tau$^{53}$ti$^{21}$iəu$^{35}$ci$^{21}$to$^{35}$tsɿ$^{0}$ ɲin$^{13}_{44}$nɔi$^{13}_{44}$ʂət$^{5}$ fan$^{53}$ʂɿ$^{53}_{44}$ sən$^{53}$n̩$^{13}$tʰiaŋ$^{53}$xa$^{0}$.e$_{21}$,ia$^{35}$çy$^{21}$iəu$^{35}$iəŋ$^{21}$tsɔk$^{3}$,ia$^{35}$çy$^{21}$iəu$^{35}$san$^{35}$tsɔk$^{3}$.｜箇只摸摸子生日嘞～渠姐公会去呀唔得去。kai$^{53}$tʂak$^{3}$ mo$^{35}$mo$^{35}$tsɿ$^{21}$saŋ$^{35}$ɲiet$^{3}$ le$^{0}$ sən$^{53}$n̩$^{13}$tʰiaŋ$^{53}$ci$^{13}_{21}$tsia$^{21}$kəŋ$^{35}_{44}$uɔi$^{53}$çi$^{53}$ia$^{0}$ n̩$^{13}_{21}$tek$^{3}$ çi$^{53}$.

【随$_1$】tsʰi$^{13}$/tsʰei$^{13}$ 动 任凭：冇得么人继承呢，就～渠等（处理）。mau$^{13}_{21}$tek$^{3}_{5}$ mak$^{3}$ in$^{13}_{44}$ci$^{53}$tʂʰən$^{13}$ ne$^{0}$,tsiəu$^{53}$tsʰei$^{13}_{21}$ci$^{13}_{21}$tien$^{0}$.

【随$_2$】tsʰi$^{13}$ 连 无论：随你哪只庙，好像我所发现个哪只庙肚里都有（观音菩萨个像）。tsʰi$^{13}$ ɲi$^{13}_{21}$lai$^{53}$tʂak$^{3}$ miau$^{53}$,xau$^{21}$tsʰiəŋ$^{53}$ŋai$^{13}$so$^{21}$fait$^{3}$ çien$^{53}$ke$^{53}$lai$^{53}$tʂak$^{3}$ miau$^{53}$təu$^{21}$li$^{0}$ təu$^{35}_{44}$iəu$^{35}_{44}$.｜（硇叽红）～你让门子整，欸，让门子去踏，都有得白。tsʰi$^{13}$ɲi$^{13}_{44}$ɲiəŋ$^{53}$mən$^{0}$ tsɿ$^{0}$ tʂaŋ$^{21}$,e$_{21}$, ɲiəŋ$^{53}$mən$^{0}$ tsɿ$^{0}$ çi$^{53}_{44}$ tʰait$^{5}$,təu$^{35}_{44}$mau$^{13}_{21}$tek$^{3}$ pʰak$^{5}$.

【随便$_1$】sei$^{13}$pʰien$^{53}$ 动 按照某人的方便：箇就随便呢，随意呀。就系只过程。kai$^{53}_{44}$tsʰiəu$^{53}_{44}$sei$^{13}$ pʰien$^{53}$ne$^{0}$,sei$^{13}$i$^{53}$ia$^{0}$.tsʰiəu$^{53}_{44}$xei$^{53}_{21}$tʂak$^{3}$ ko$^{53}$tʂʰən$^{13}$.

【随便$_2$】sei$^{13}$pʰien$^{53}$ 形 ①不加限制；没有明确的目的；任意：搞唔赢呢，你就也可以唔爱盖，～盖滴子么个。kau$^{21}$m̩$^{13}_{21}$iaŋ$^{13}$nei$^{0}$,ɲi$^{13}_{21}$tsʰiəu$^{53}_{44}$ia$^{35}$kʰo$^{21}$i$^{35}_{44}$m̩$^{13}_{21}$mɔi$^{53}_{44}$kɔi$^{53}$,sei$^{13}_{21}$pʰien$^{53}_{44}$kɔi$^{53}$tiet$^{5}$ tsɿ$^{0}$ mak$^{3}$ ke$^{53}$. ②做事随意，不多加斟酌，怎么方便就怎么做，不守规矩。多用“AABB”重叠式：真乱弹呐，箇人，随随便便呐。tʂən$^{35}$lən$^{21}$tʰan$^{13}$na$^{0}$,kai$^{53}_{44}$ɲin$^{13}_{21}$,sei$^{13}$sei$^{13}_{44}$pʰien$^{53}$pʰien$^{53}$na$^{0}$.｜爱揮下肩膊上，莫咁子随随便便啊揮下手上啊。ɔi$^{53}_{44}$tan$^{21}$na$^{53}_{44}$cien$^{35}_{44}$pɔk$^{3}$ xɔŋ$^{53}$,mɔk$^{5}$ kan$^{21}$tsɿ$^{0}$ sei$^{13}$sei$^{13}_{44}$pʰien$^{53}$pʰien$^{53}$ a$^{0}$ tʰak$^{3}$ a$^{53}$ʂəu$^{21}$xɔŋ$^{53}$ŋa$^{0}$.

【随便饭】sei$^{13}$/tsʰi$^{13}$pʰien$^{53}$fan$^{53}$ 名 接待客人时，未做准备的普通膳食。谦称：我等一般唔讲便饭，～。“欸，到我屋下去食餐子～。”箇是落尾慢慢子学倒就也有讲食餐子便饭。欸，首先是安做～。就系讲自家个饭唔体面呐，欸，唔丰盛呐。“去我屋下食餐子～。”或者食餐子便饭。欸。就也咁子讲，食餐子便饭。ŋai$^{13}$tien$^{0}$ iet$^{3}$ pɔn$^{35}$n̩$^{13}$kɔŋ$^{21}$pʰien$^{53}$fan$^{53}$,sei$^{13}$pʰien$^{53}$fan$^{53}$."e$_{21}$,tau$^{53}$ ŋai$^{13}_{21}$uk$^{3}$ xa$^{53}$çi$^{53}$ʂət$^{5}$ tsʰɔn$^{35}_{53}$tsɿ$^{0}$ sei$^{13}$pʰien$^{53}$fan$^{53}$."kai$^{53}_{44}$ʂɿ$^{53}_{35}$lɔk$^{5}$ mi$^{35}$man$^{53}$man$^{53}$tsɿ$^{0}$ xɔk$^{5}$ tau$^{21}$tsiəu$^{53}_{44}$ia$^{35}$iəu$^{35}_{44}$kɔŋ$^{21}$ ʂət$^{5}$ tsʰɔn$^{35}_{44}$tsɿ$^{0}$ pʰien$^{53}$fan$^{53}$.e$_{21}$,ʂəu$^{21}$sen$^{35}_{44}$ʂɿ$^{53}_{44}$ɔn$^{35}_{44}$tso$^{53}_{44}$tsʰi$^{13}$pʰien$^{53}$fan$^{53}$.tsʰiəu$^{53}_{44}$xei$^{53}$kɔŋ$^{21}$tsʰɿ$^{35}$ka$^{35}_{44}$ke$^{53}_{44}$fan$^{53}$n̩$^{13}$tʰi$^{21}$ mien$^{53}$na$^{0}$,e$_{21}$,n̩$^{13}$fəŋ$^{35}$ʂən$^{53}$na$^{0}$."çi$^{53}$ŋai$^{13}$uk$^{3}$ xa$^{53}$ʂət$^{5}$ tsʰɔn$^{35}_{53}$tsɿ$^{0}$ tsʰi$^{13}$pʰien$^{53}$fan$^{53}$." xoit$^{5}$ tʂa$^{21}$ʂət$^{5}$ tsʰɔn$^{35}_{44}$tsɿ$^{0}$ pʰien$^{53}$fan$^{53}$.e$_{21}$.tsʰiəu$^{53}$ia$^{35}$kan$^{21}$tsɿ$^{0}$ kɔŋ$^{21}$,ʂət$^{5}$ tsʰɔn$^{35}_{44}$tsɿ$^{0}$ pʰien$^{53}$fan$^{53}$.

【随手】sei$^{13}$ʂəu$^{21}$ 副 顺手：一般是我等就空手做唠，信手做，～做，系唔系？做成箇样米馃。iet$^{3}$ pɔn$^{35}$ʂɿ$^{53}_{44}$ŋai$^{13}_{21}$tien$^{0}$ tsʰiəu$^{53}_{44}$xəŋ$^{35}$ʂəu$^{21}$tso$^{53}$lau$^{0}$,sin$^{53}$ʂəu$^{21}$tso$^{53}$,sei$^{13}$ʂəu$^{21}$tso$^{53}$,xei$^{53}_{44}$me$^{53}_{44}$?tso$^{53}$tʂʰən$^{13}_{21}$kai$^{53}_{44}$iəŋ$^{53}_{44}$ mi$^{21}$ko$^{21}$.

【随意】sei$^{13}$i$^{53}$ 形 任意，不受拘束：冇得别么个，食下子换茶到夜晡，就比较～了。mau$^{13}_{21}$tek$^{3}$ pʰiet$^{5}$ mak$^{3}$ ke$^{53}_{44}$,ʂət$^{5}$ (x)a$^{53}_{44}$tsɿ$^{0}$ uɔn$^{53}$tsʰa$^{13}_{21}$tau$^{53}_{44}$ia$^{53}$pu$^{35}_{44}$,tsiəu$^{53}_{44}$pi$^{21}$ciau$^{53}$sei$^{13}$i$^{53}$liau$^{0}$.

【岁】sɔi$^{53}$ 量 表示年龄的单位：我今年六十～。ŋai$^{13}_{21}$cin$^{35}$ɲien$^{13}_{21}$liəuk$^{3}$ ʂət$^{5}$ sɔi$^{53}$.｜渠今年么个年纪了？也只系三十几～子吧。ci$^{13}$cin$^{35}$ɲien$^{13}$mak$^{3}$ ke$^{53}$ɲien$^{13}$ci$^{21}$liau$^{21}$?ia$^{35}$tʂək$^{3}$ xe$^{53}$sau$^{35}$ʂət$^{5}$ ci$^{21}$sɔi$^{53}$tsɿ$^{0}$ pa$^{0}$.

【岁数】sɔi$^{53}$su$^{53}$ 名 指年龄：呃，箇只老人家～蛮大了，八十几了。ə$_{21}$,kai$^{53}$tʂak$^{3}$ lau$^{21}$ɲin$^{13}$ka$^{35}_{44}$sɔi$^{53}$ su$^{53}_{21}$man$^{13}_{21}$tʰai$^{53}$liau$^{21}$,pait$^{3}$ ʂət$^{5}$ ci$^{21}$liau$^{0}$.

【碎】si$^{53}$/sei$^{53}$ 形 ①分散不结块：箇起冷饭，舞～来。kai$^{53}_{44}$çi$^{21}$laŋ$^{35}$fan$^{53}$,u$^{21}$si$^{53}$lɔi$^{13}_{21}$. ②细小的：～糠 si$^{53}$xɔŋ$^{35}$｜～斧头 si$^{53}$pu$^{21}$tʰəu$^{13}$｜箇～猪肉还爱箇猪肉子还爱放香料唠。kai$^{53}_{44}$sei$^{53}$tʂəu$^{35}$ɲiəuk$^{3}$ xa$^{13}_{21}$ɔi$^{53}_{44}$kai$^{53}_{44}$tʂəu$^{35}$ɲiəuk$^{3}$ tsɿ$^{0}$ xa$^{13}_{21}$ɔi$^{53}_{44}$fɔŋ$^{53}$çiɔŋ$^{35}$liau$^{53}_{44}$lau$^{0}$.｜马子吵分箇草吵还剁～来分渠食。ma$^{35}$tsɿ$^{0}$ ʂa$^{0}$ pən$^{35}_{44}$kai$^{53}_{44}$tsʰau$^{21}$ʂa$^{0}$ xai$^{13}_{21}$to$^{53}$si$^{53}$lɔi$^{13}_{21}$pən$^{35}_{44}$ci$^{13}_{44}$ʂət$^{5}_{3}$. ③详尽，细致：我就如今搞唔清搞么个爱分得咁～吧，唔知么啊意义欸。ŋai$^{13}$tsʰiəu$^{53}_{44}$i$^{13}_{21}$cin$^{35}_{44}$kau$^{21}$n̩$^{13}$tsʰin$^{35}$kau$^{21}$mak$^{3}$ ke$^{53}$ɔi$^{53}_{44}$fən$^{35}$tek$^{3}$ kan$^{21}_{35}$si$^{53}$pa$^{0}$,n̩$^{13}_{21}$ ti$^{35}_{44}$mak$^{3}$ a$^{0}$ i$^{53}$ɲi$^{53}_{44}$ei$^{0}$.

【碎个子】si$^{53}$ke$^{53}$tsɿ$^{0}$ 名 细小的东西：～这里指小树就要用剐砍。si$^{53}$ke$^{53}$tsɿ$^{0}$ tsiəu$^{53}_{44}$iau$^{53}$iəŋ$^{53}_{44}$tʰiait$^{5}$.

【碎嘸慢吞】si$^{53}$tsʰiau$^{53}$man$^{53}$tʰən$^{35}$ 慢慢地吃东西：食东西硬爱～。食急哩唔好哇，特别我等年纪大个人是肠胃又唔好哇。食急哩真系凑，食急哩筑筑哩呢筑倒箇胸脯前呢。我等是硬爱慢慢子食了。ʂət$^{5}$ təŋ$^{35}$si$^{0}$ ɲiaŋ$^{53}$ɔi$^{53}$si$^{53}$tsʰiau$^{53}$man$^{53}$tʰən$^{35}$.ʂət$^{5}$ ciak$^{3}$ li$^{0}$ n̩$^{13}$xau$^{21}$ua$^{0}$,tʰek$^{5}$ pʰiet$^{5}$ ŋai$^{13}_{21}$tien$^{0}$ ɲien$^{13}$

ci$^{21}$tʰai$^{53}$ke$^{53}_{44}$ɲin$^{13}_{44}$ʂɿ$^{53}_{44}$tʂʰɔŋ$^{13}$uei$^{53}$iəu$^{53}$n̩$^{13}_{44}$xau$^{21}_{44}$ua$^{0}$.ʂʅt$^{5}$ ciak$^{3}$ li$^{0}$ tʂən$^{35}$xe$^{53}$tsʰe$^{0}$,ʂʅt$^{5}$ ciak$^{3}$ li$^{0}$ tʂəuk$^{3}$ tʂəuk$^{3}$ li$^{0}$ nei$^{0}$ tʂəuk$^{3}$ tau$^{21}$kai$^{53}_{44}$çiəŋ$^{35}$pʰu$^{13}_{44}$tsʰien$^{13}_{44}$nei$^{0}$.ŋai$^{13}$tien$^{0}$ ʂɿ$^{53}_{44}$ɲiaŋ$^{53}_{44}$ɔi$^{53}_{44}$man$^{35}$man$^{35}_{21}$tsɿ$^{0}$ ʂət$^{5}$ liau$^{0}$.

【碎糠】si$^{53}$xɔŋ$^{35}_{44}$ 名 米皮糠。又称“匀糠、细糠”：我阿舅子等畜个猪子就唔食饲料，尽食～。渠个猪子比市场上个猪子都贵蛮多。唔系话如今个猪牲正六七块钱，系唔系？渠个过年了卖个猪牲一十三一十四，猪牲。欸，年年都卖嘿哩哦。渠卖只猪都四五千块钱呐，嘿，卖只猪啊。ŋai$^{13}_{44}$a$^{35}$cʰiəu$^{35}_{44}$tsɿ$^{0}$ ten$^{21}_{44}$çiəuk$^{3}$ ke$^{53}_{44}$tʂəu$^{35}$tsɿ$^{0}$ tsʰiəu$^{53}_{44}$n̩$^{13}_{21}$ʂət$^{5}$ sɿ$^{53}$liau$^{53}$,tsʰin$^{53}$ʂət$^{5}$ si$^{53}$xɔŋ$^{35}_{44}$.ci$^{13}_{21}$ke$^{53}$tʂəu$^{35}$tsɿ$^{0}$ pi$^{21}$ʂɿ$^{53}$tʂʰɔŋ$^{13}_{21}$xɔŋ$^{53}_{44}$ke$^{53}_{44}$tʂəu$^{35}$tsɿ$^{0}$ təu$^{35}$kuei$^{53}$man$^{13}_{21}$to$^{35}$.m̩$^{13}$pʰei$^{53}$ua$^{53}_{44}$i$^{13}_{21}$cin$^{35}$ke$^{53}_{44}$tʂəu$^{35}$saŋ$^{35}_{44}$tʂaŋ$^{53}$liəuk$^{3}$ tsʰiet$^{3}$ kʰuai$^{53}$tsʰien$^{13}_{21}$,xei$^{53}$me$^{53}$?ci$^{13}$ke$^{53}_{44}$ko$^{53}$ɲien$^{13}_{44}$niau$^{0}$ mai$^{53}$ke$^{53}$tʂəu$^{35}$saŋ$^{35}$iet$^{3}$ ʂət$^{5}$ san$^{35}$iet$^{3}$ ʂət$^{5}$ si$^{53}$,tʂəu$^{35}$saŋ$^{35}$.e$_{21}$,ɲien$^{13}_{21}$ɲien$^{13}_{44}$təu$^{35}_{44}$mai$^{53}$(x)ek$^{3}$ li$^{0}$ o$^{0}$.ci$^{13}$mai$^{53}$tʂak$^{3}$ tʂəu$^{35}$təu$^{35}_{44}$si$^{53}$ŋ̍$^{21}$tsʰien$^{35}$kʰuai$^{53}$tsʰien$^{13}_{44}$na$^{0}$,xe$_{53}$,mai$^{53}$tʂak$^{3}$ tʂəu$^{35}$a$^{0}$.

【碎米】si$^{53}$mi$^{21}$ 名 谷子碾后筛剩的碎米。又称“米节子”：买兜子～呀。mai$^{35}$te$^{35}_{53}$tsɿ$^{0}$ si$^{53}$mi$^{21}$ia$^{0}$.

【孙】sən$^{35}$ 名 指孙子：也有阿公阿婆是爱以得哩～呐，嗯。ie$^{21}$iəu$^{35}$a$^{35}$kɔŋ$^{35}_{44}$a$^{35}_{44}$pʰo$^{13}_{21}$ʂɿ$^{0}$ ɔi$^{53}_{44}$i$^{35}$tek$^{3}$ li$^{0}$ sən$^{35}$na$^{0}$,n̩$_{44}$.｜欸，（箇碑石上）孙子就写～。～么啊名字。e$_{21}$,sən$^{35}$tsɿ$^{0}$ tsʰiəu$^{53}$sia$^{21}$sən$^{35}$.sən$^{35}$mak$^{3}$ a$^{0}$ miaŋ$^{13}_{21}$tsʰɿ$^{53}_{44}$.

【孙郎】sən$^{35}$lɔŋ$^{13}$ 名 孙女婿；孙女的丈夫：箇只老子个～啊欸蛮会寻钱呢。kai$^{53}$tʂak$^{3}$ lau$^{21}$tsɿ$^{0}$ ke$^{0}$ sən$^{35}$nɔŋ$^{13}_{21}$ŋa$^{0}$ e$_{21}$man$^{13}$uɔi$^{53}$tsʰin$^{13}_{44}$tsʰien$^{13}$nei$^{0}$.

【孙女】sən$^{35}$ŋ̍$^{21}$ 名 儿子的女儿：我冇得～噢，我就两只孙子啊，两只都孙子啊。对我爷子来讲就有几只～啵。欸，我有一只唠，我大老弟子有两只妹子唠，我细老弟子有一只妹子唠，箇唔系渠有四只～？对我崽子来讲有四只～。我箇只妹子最大呀，四十几岁了哇，箇唔系箇只就大～？ŋai$^{13}_{21}$mau$^{13}$tek$^{3}$ sən$^{35}$ŋ̍$^{21}$ŋau$^{0}$,ŋai$^{13}$tsʰiəu$^{53}$iɔŋ$^{21}$tʂak$^{3}$ sən$^{35}$tsɿ$^{0}$ a$^{0}$,iɔŋ$^{21}$tʂak$^{3}$ təu$^{35}_{53}$sən$^{35}_{44}$tsɿ$^{0}$ a$^{0}$.tei$^{53}$ŋai$^{13}_{21}$ia$^{13}$tsɿ$^{0}$ lɔi$^{13}$kɔŋ$^{21}$tsʰiəu$^{53}_{44}$iəu$^{35}_{44}$ci$^{21}$tʂak$^{3}$ sən$^{35}$ŋ̍$^{21}$nau$^{0}$.e$_{44}$,ŋai$^{13}$iəu$^{35}$iet$^{3}$ tʂak$^{3}$ lau$^{0}$,ŋai$^{13}$tʰai$^{53}$lau$^{21}$tʰe$^{35}_{44}$tsɿ$^{0}$ iəu$^{35}$iɔŋ$^{21}$ tʂak$^{3}$ mɔi$^{53}$tsɿ$^{0}$ lau$^{0}$,ŋai$^{13}$se$^{53}$lau$^{21}$tʰe$^{35}_{44}$tsɿ$^{0}$ iəu$^{35}$iet$^{3}$ tʂak$^{3}$ mɔi$^{53}$tsɿ$^{0}$ lau$^{0}$,kam$_{21}$pʰei$_{44}$(←kai$^{53}$m̩$^{13}$xei$^{53}$)ci$^{13}$iəu$^{35}_{44}$si$^{53}$ tʂak$^{3}$ sən$^{35}_{44}$ŋ̍$^{21}$?tei$^{53}$ŋai$^{13}_{44}$ɔi$^{35}$tsɿ$^{0}$ lɔi$^{13}_{21}$kɔŋ$^{21}$iəu$^{35}$si$^{53}$(tʂ)ak$^{3}$ sən$^{35}_{44}$ŋ̍$^{21}$.ŋai$^{13}$kai$^{53}$tʂak$^{3}$ mɔi$^{53}$tsɿ$^{0}$ tsei$^{53}$tʰai$^{53}$ia$^{0}$,si$^{53}$ʂət$^{5}$ ci$^{21}$ sɔi$^{53}$liau$^{0}$ua$^{0}$,kam$_{21}$pʰei$_{44}$(←kai$^{53}$m̩$^{13}$xei$^{53}$)kai$^{53}$(tʂ)ak$^{3}$ tsʰiəu$^{53}_{44}$tʰai$^{53}$sən$^{35}_{44}$ŋ̍$^{21}$?

【孙嫂】sən$^{35}$sau$^{21}$ 名 孙媳妇；孙子的妻子：我崽子是长日会摎～打下子讲嘞，摎我箇只新舅啊欸～哇打下子讲。ŋai$^{13}_{21}$ɔi$^{35}$tsɿ$^{0}$ ʂɿ$^{53}_{44}$tʂʰɔŋ$^{13}$ɲiet$^{3}$ uɔi$^{53}_{44}$lau$^{35}_{44}$sən$^{35}$sau$^{21}$ta$^{21}$xa$^{53}$tsɿ$^{0}$ kɔŋ$^{21}$lei$^{0}$,lau$^{35}_{44}$ŋai$^{13}_{21}$kai$^{53}$(tʂ)ak$^{3}$ sin$^{35}_{44}$cʰiəu$^{35}_{44}$a$^{0}$ e$_{21}$sən$^{35}_{44}$sau$^{21}$ua$^{0}$ ta$^{21}$xa$^{53}$tsɿ$^{0}$ kɔŋ$^{21}$.

【孙子】sən$^{35}$tsɿ$^{0}$ 名 儿子的儿子：分我～食 pən$^{35}$ŋai$^{13}_{21}$sən$^{35}$tsɿ$^{0}$ ʂət$^{5}_{3}$ ｜同别人家介绍，“以只以只我第三个～”。tʰəŋ$^{13}_{21}$pʰiet$_{5}$ɲin$^{13}_{44}$ka$^{35}_{44}$kai$^{53}$ʂau$^{53}$,"i$^{21}$tʂak$^{3}$ i$^{21}$tʂak$^{3}$ ŋai$^{13}$tʰi$^{53}$san$^{35}$cie$^{53}$sən$^{35}$tsɿ$^{0}$".

【笋】sən$^{21}$ 名 ①竹笋：大竹南竹～可以食啦。毛竹～可以食啦。/系系，细竹子～也可以食啦。/只有箇只嘞鸡嫲竹子～食唔得。/鸡嫲竹子～唔好食。/硬冇得啊箇个就箇个。/冇么啊有。冇么啊肉。/慢点渠又生唠。渠是总咁子生得去得哩。/基本上都能够食。箬竹子～也食唔得嘞。也冇么人舞啊。/黄竹～我等赠看过嘛，黄竹～有几大子个？tʰai$^{53}$tʂəuk$^{3}$ lan$^{13}$tʂəuk$^{3}$ sən$^{21}$kʰo$^{21}$i$^{35}$ʂət$^{5}$ la$^{0}$.mau$^{35}$tʂəuk$^{3}$ sən$^{21}$kʰo$^{21}$i$^{35}$ʂət$^{5}$ la$^{0}$./xe$^{53}_{21}$xe$^{53}_{21}$,se$^{53}$tʂəuk$^{3}$ tsɿ$^{0}$ sən$^{21}$na$_{44}$(←ia$^{35}$)kʰo$^{21}$i$^{35}$ʂət$^{5}$ la$^{0}$./tsɿ$^{21}$ iəu$^{35}$kai$^{53}_{44}$tʂak$^{3}$ lei$^{0}$ kei$^{35}$ma$^{13}_{21}$tʂəuk$^{3}$ tsɿ$^{0}$ sən$^{21}$ʂət$^{5}$ n̩$^{13}_{21}$tek$^{3}$./cie$^{35}$ma$^{13}_{21}$tʂəuk$^{3}$ tsɿ$^{0}$ sən$^{21}$n̩$^{13}$nau$^{21}$(←xau$^{21}$)ʂət$^{5}$./ɲiaŋ$^{53}$ mau$^{13}$tek$^{3}$ a$^{0}$ kai$^{35}_{35}$ke$^{53}$tsʰiəu$^{53}_{44}$kai$^{35}_{35}$ke$^{53}$./mau$^{13}$mak$^{3}$ a$^{0}$ iəu$^{35}$.mau$^{13}$mak$^{3}$ a$^{0}$ ɲiəuk$^{3}$./man$^{53}_{44}$tian$^{21}_{44}$ci$^{13}$iəu$^{53}_{44}$saŋ$^{35}$ lau$^{0}$.ci$^{13}$sɿ$^{53}$tsəŋ$^{21}$kan$^{21}$tsɿ$^{0}$ saŋ$^{35}$tek$^{3}$ çi$^{53}$tek$^{3}$ li$^{0}$./ci$^{35}$pən$^{21}$xɔŋ$^{53}$təu$^{35}$len$^{13}_{21}$ciəu$^{53}_{44}$ʂət$^{5}$. ɲiok$^{3}$ tʂəuk$^{3}$ tsɿ$^{0}$ sən$^{21}$e$_{44}$(←a$^{35}$)ʂət$^{5}$ n̩$^{13}_{21}$tek$^{3}$ le$^{0}$.ia$^{35}$mau$^{13}_{21}$mak$^{3}$ in$^{13}_{44}$u$^{21}$a$^{0}$./uɔŋ$^{13}$tʂəuk$^{3}$ sən$^{21}$ŋai$^{13}_{21}$tien$^{0}$ maŋ$^{13}$kʰɔn$^{53}$ko$^{53}$ma$^{0}$,uɔŋ$^{13}$tʂəuk$^{3}$ sən$^{21}$iəu$^{35}_{44}$ci$^{21}$tʰai$^{53}_{44}$tsɿ$^{0}$ ke$^{53}$? ②植物发出的嫩芽：箇个冬芒啊，冬下头嘞也会发滴子～。kai$^{53}_{44}$ke$^{53}_{44}$ təŋ$^{35}$mɔŋ$^{13}_{44}$ŋa$^{0}$,təŋ$^{35}$xa$^{53}_{44}$tʰei$^{13}_{21}$lei$^{0}$ ia$^{35}$uɔi$^{53}$fait$^{3}$ tiet$^{5}$ tsɿ$^{0}$ sən$^{21}$. ③树木砍伐后由树蔸长出的新树：渠话箇～咯，杉树发个～咯，也会长大吵。ci$^{13}_{21}$ua$^{53}_{44}$kai$^{53}_{44}$sən$^{21}$ko$^{0}$,sa$^{35}$ʂəu$^{53}$fait$^{3}$ ke$^{53}_{44}$sən$^{21}$ko$^{0}$,ia$^{35}$uɔi$^{53}$tʂɔŋ$^{21}$ tʰai$^{53}$ʂa$^{0}$. ④禾茬上长出的嫩茎：莫分渠指禾茬绽～。mɔk$^{5}$ pən$^{35}_{44}$ci$^{13}_{21}$tsʰan$^{53}$sən$^{21}$.

【笋干】sən$^{21}$kɔn$^{35}$ 名 晒干了的竹笋：买滴子～。mai$^{35}$tiet$^{5}$ tsɿ$^{0}$sən$^{21}$kɔn$^{35}_{44}$.｜我等箇映子只喊～。/哦，～喏。笋子加工个办法。/有只尖嘴子。ŋai$^{13}_{21}$tien$^{0}$ kai$^{53}_{44}$iaŋ$^{35}_{44}$tsɿ$^{0}$ tsɿ$^{21}$xan$^{53}$sən$^{21}$kɔn$^{35}$./o$_{21}$,sən$^{21}$kɔn$^{35}$no$^{0}$.sən$^{21}$tsɿ$^{0}$ cia$^{35}$kəŋ$^{35}$ke$^{53}_{44}$pʰan$^{53}$fait$^{3}$./iəu$^{35}$tʂak$^{3}$ tsian$^{35}$tsi$^{21}$tsɿ$^{0}$.

【笋壳】sən$^{21}$kʰɔk$^{3}$ 名 竹笋外层包裹的表皮：拗倒一篓公细笋子，搣～都搣嘿半昼边。拗倒几袋哟，拗倒两蛇皮袋细笋子，咁多人搣～都搣嘿半昼边。～都一箩担呐。au$^{21}$tau$^{21}$iet$^{3}$ li$^{0}$kɔŋ$^{35}$ se$^{53}$sən$^{21}$tsɿ$^{0}$,miet$^{3}$ sən$^{21}$kʰɔk$^{3}$ təu$^{35}_{53}$met$^{3}$ (x)ek$^{3}$ pan$^{53}$tʂəu$^{53}$pien$^{35}$.au$^{21}$tau$^{21}$ci$^{21}$tʰɔi$^{53}$io$^{0}$,au$^{21}$tau$^{21}$iɔŋ$^{21}$ʂa$^{13}$pʰi$^{13}_{44}$

tʰɔi$^{53}$se$^{53}$sən$^{21}$tsɿ$^{0}$,kan$^{21}$to$^{35}_{53}$ɲin$^{13}_{21}$met$^{3}$ sən$^{21}$kʰɔk$^{3}$ təu$^{35}_{53}$met$^{3}$ (x)ek$^{3}$ pan$^{53}$tʂəu$^{53}$pien$^{35}$.sən$^{21}$kʰɔk$^{3}$ təu$^{35}_{53}$iet$^{3}$ lo$^{13}$tan$^{35}$ na$^{0}$.｜～有用。如今我等以映子是也赠让门子去用咯，欸我听讲话可以做么个东西啊，渠等讲过，唔记得哩。我等以映子是～就搞么个？以前是做鞋底呢，做鞋肚里嘞剪成箇～嘞剪成箇个荡底样呢。箇只东西蛮透气哟，蛮好喔。还有嘞就舞倒箇撕做一条条子缔秧呢，缔禾秧嘞。sən$^{21}$kʰɔk$^{3}$ iəu$^{35}$iəŋ$^{53}$.i$^{13}_{21}$cin$^{35}_{53}$ŋai$^{13}$tien$^{0}$ i$^{21}$iaŋ$^{53}$tsɿ$^{0}$ ʂʅ$^{53}_{21}$ia$^{35}$maŋ$^{13}$ɲiɔŋ$^{53}$mən$^{13}_{44}$tsɿ$^{0}$ çi$^{53}$iəŋ$^{53}$ko$^{0}$,ei$_{44}$ŋai$^{13}_{21}$tʰaŋ$^{35}$ kɔŋ$^{21}$ua$^{53}_{44}$kʰo$^{21}$i$^{35}_{44}$tso$^{53}$mak$^{3}$ e$^{0}$ tɔŋ$^{35}_{44}$si$^{0}$ a$^{0}$,ci$^{13}_{44}$tien$^{0}$ kɔŋ$^{21}$ko$^{53}$,n̩$^{13}$ci$^{53}$tek$^{3}$ li$^{0}$.ŋai$^{13}$tien$^{0}$ i$^{21}_{13}$iaŋ$^{53}$tsɿ$^{0}$ ʂʅ$^{53}_{44}$sən$^{21}$kʰɔk$^{3}$ tsʰiəu$^{53}$kau$^{21}$mak$^{3}$ ke$^{53}_{44}$?i$^{35}_{53}$tsʰien$^{13}_{21}$ʂʅ$^{53}_{44}$tso$^{53}$xai$^{13}$te$^{21}$nei$^{0}$,tso$^{53}$xai$^{13}$təu$^{21}$li$^{0}$ lei$^{0}$ tsien$^{21}$ʂaŋ$^{13}_{21}$kai$^{53}$sən$^{21}$kʰɔk$^{3}$ lei$^{0}$ tsien$^{21}$ʂaŋ$^{13}$kai$^{53}$ke$^{53}_{44}$tʰɔŋ$^{53}$tei$^{21}$iɔŋ$^{53}$nei$^{0}$.kai$^{53}_{44}$(tʂ)ak$^{3}$ (t)əŋ$^{35}_{44}$si$^{0}$ man$^{13}_{21}$tʰəu$^{53}_{44}$çi$^{53}$io$^{0}$,man$^{13}_{44}$xau$^{21}$uo$^{0}$.xai$^{13}$iəu$^{35}_{44}$lei$^{0}$ tsʰiəu$^{53}$u$^{21}$tau$^{21}$kai$^{53}$si$^{35}$tso$^{53}$(i)et$^{3}$ tʰiau$^{13}$tʰiau$^{13}$tsɿ$^{0}$ tʰak$^{3}$ iɔŋ$^{35}$nei$^{0}$,tʰak$^{3}$ uo$^{13}$iɔŋ$^{35}$lei$^{0}$.

【笋子】sən$^{21}$tsɿ$^{0}$ [名]竹子初从土里长出的嫩茎、芽，可以做菜吃：我箇年去学生家府下家访啊，搞滴～归去食哩。ŋai$^{13}$kai$^{53}$ɲien$^{13}$çi$^{53}_{44}$xɔk$^{5}$ saŋ$^{35}$cia$^{35}$fu$^{21}$xa$^{53}_{44}$cia$^{35}$fɔŋ$^{21}$ŋa$^{0}$,kau$^{21}$tiet$^{5}$ sən$^{21}$tsɿ$^{0}$ kuei$^{35}$çi$^{53}_{44}$ʂət$^{5}$ li$^{0}$.

【榫$_{1}$】sien$^{21}$ [动]用烘竹榫将两块板子连接起来：～稳 sien$^{21}$uən$^{21}$

【榫$_{2}$】sən$^{21}$ [名]竹、木、石制器物或构件上利用凹凸方式相接处凸出的部分。也称“榫子”：以个凳系摇摇荡荡欸个话，箇角上箇个～箇只唔好。i$^{21}$ke$^{53}_{44}$tien$^{53}$xe$^{53}_{44}$iau$^{13}$iau$^{13}$tɔŋ$^{53}$tɔŋ$^{53}$e$_{21}$ke$^{53}_{21}$ fa$^{53}$,kai$^{53}_{44}$kɔk$^{3}$ xɔŋ$^{53}_{44}$kai$^{53}_{44}$ke$^{53}_{44}$sən$^{21}$kai$^{53}$tʂak$^{3}$ n̩$^{13}_{21}$xau$^{21}_{44}$.｜渠肚里又还有闩子啊，又还有～子啊。ci$^{13}_{21}$təu$^{21}$ li$^{0}$ iəu$^{53}_{44}$xai$^{13}_{21}$iəu$^{35}_{44}$tsʰɔn$^{35}$tsɿ$^{0}$ a$^{0}$,iəu$^{53}_{44}$xai$^{13}_{21}$iəu$^{35}_{44}$sien$^{21}$tsɿ$^{0}$ a$^{0}$.

【梭】so$^{35}$ [动]极为迅速地移动：～嘿转来，又一流星打嘿去。so$^{35}$(x)ek$^{3}$ tʂuɔn$^{21}$nɔi$^{13}$,iəu$^{53}$iet$^{3}$ liəu$^{13}$ sin$^{35}_{53}$ta$^{21}$(x)ek$^{3}$ çi$^{53}$.

【梭镖】so$^{35}$piau$^{35}_{44}$ [名]装上长柄的两边有刃的尖刀（旧时艺人表演时用到梭镖）：～是本来是我等人出世是解放后了哈，六几年哈，五几年吵。只有搞么个看过～嘞？就系箇个出狮灯个人，欸，有有有，出狮灯呐，出箇大狮子啊，表演呐，狮子个时候子啊，要打刀打凳，欸，打箇个么个，欸我看过，箇有～。咁子勵下勵哩去，勵下勵哩去。从前就拿倒箇起～一起杀下子。我看过，我就系箇映子看呢。so$^{35}$piau$^{35}_{44}$ʂʅ$^{53}_{21}$pən$^{21}$lɔi$^{13}$ʂʅ$^{53}$ŋai$^{13}$tien$^{0}$ ɲin$^{13}_{21}$tʂʰət$^{3}$ ʂʅ$^{53}$ʂʅ$^{53}_{44}$kai$^{21}$fɔŋ$^{53}_{44}$xei$^{53}$liau$^{0}$ xa$^{0}$,liəuk$^{3}$ ci$^{21}$ɲien$^{13}$xa$^{0}$,ŋ̍$^{21}$ci$^{21}$ɲien$^{13}$ʂa$^{0}$.tʂʅ$^{21}$ iəu$^{35}_{53}$kau$^{21}$mak$^{3}$ ke$^{53}_{44}$kʰɔn$^{53}$ko$^{53}_{44}$so$^{35}_{44}$piau$^{35}_{44}$lei$^{0}$ ?tsʰiəu$^{53}$ue$^{53}$ (←xe$^{53}$)kai$^{53}_{44}$kei$^{53}_{44}$tʂʰət$^{3}$ sɿ$^{35}$ten$^{35}_{44}$ke$^{53}_{44}$ɲin$^{13}$,e$_{21}$,iəu$^{35}$iəu$^{35}$iəu$^{35}$,tʂʰət$^{3}$ sɿ$^{35}$tien$^{35}_{44}$na$^{0}$,tʂʰət$^{3}$ kai$^{53}_{44}$tʰai$^{53}$sɿ$^{35}_{44}$tsa$^{0}$,piau$^{21}$ ien$^{21}$na$^{0}$,sɿ$^{35}$tsɿ$^{0}$ ke$^{53}$ʂʅ$^{13}$xei$^{53}$tsa$^{0}$,iau$^{53}_{44}$ta$^{21}$tau$^{35}$ta$^{21}$tien$^{53}$,e$_{21}$,ta$^{21}$kai$^{53}$ke$^{53}$mak$^{3}$ ke$^{53}$,e$^{0}$ ŋai$^{13}$kʰɔn$^{53}_{44}$ko$^{53}_{44}$,kai$^{53}$iəu$^{35}_{44}$ so$^{35}$piau$^{35}_{44}$.kan$^{21}$tsɿ$^{0}$ li$^{35}$xa$^{53}_{44}$li$^{35}$li$^{0}$ çi$^{53}_{21}$,li$^{35}$xa$^{53}_{44}$li$^{35}$li$^{0}$ çi$^{53}$.tsʰəŋ$^{13}$tsʰien$^{13}$tsʰiəu$^{53}$la$^{53}$tau$^{21}$kai$^{53}$çi$^{21}_{44}$so$^{35}$piau$^{35}$iet$^{3}$ çi$^{21}_{44}$sait$^{3}$ (x)a$^{53}$tsɿ$^{0}$.ŋai$^{13}_{21}$kʰɔn$^{53}_{44}$ko$^{53}_{44}$,ŋai$^{13}_{21}$tsʰiəu$^{53}_{44}$ue$^{53}$(←xe$^{53}$)kai$^{53}$iaŋ$^{53}_{44}$tsɿ$^{0}$ kʰɔn$^{53}_{44}$nei$^{0}$.

【梭凳】so$^{35}$ten$^{53}$ [名]长条形的双人凳：箇个八仙桌配倒来个箇起箇高个啊，又□长个，高个，坐得两个人个，箇起安做～。有一箇个咯有一欸箇个武术表演呢，用～去表演个咯。欸，打凳呐。kai$^{53}$ke$^{53}_{44}$pak$^{3}$ sien$^{35}$tsɔk$^{3}$ pʰei$^{53}$tau$^{21}_{44}$lɔi$^{13}$ke$^{0}$ kai$^{53}_{44}$çi$^{21}$kai$^{53}_{44}$kau$^{35}$ke$^{53}$a$^{0}$,iəu$^{53}$lai$^{35}$tʂʰɔŋ$^{13}$ke$^{53}$,kau$^{35}$ke$^{0}$,tsʰo$^{35}$ tek$^{3}$ iɔŋ$^{21}$ke$^{53}$ɲin$^{13}_{44}$ke$^{0}$,kai$^{53}_{44}$çi$^{21}_{44}$ɔn$^{35}_{44}$tso$^{53}_{44}$so$^{35}$ten$^{53}$.iəu$^{35}$iet$^{3}$ kai$^{53}$ke$^{53}$ko$^{0}$ iəu$^{35}$iet$^{3}$ e$_{21}$kai$^{53}_{44}$ke$^{53}_{44}$u$^{35}$ʂət$^{5}$ piau$^{21}$ien$^{21}$ne$^{0}$, iəŋ$^{53}$so$^{35}$ten$^{53}$çi$^{53}_{44}$piau$^{21}$ien$^{21}$ke$^{53}$ko$^{0}$.e$_{21}$,ta$^{21}$ten$^{53}$na$^{0}$.

【梭子】so$^{35}$tsɿ$^{0}$ [名]织布机上牵引纬线的工具。两头尖，中间粗，丝束置于中空部分：箇只人拿倒箇～丢去丢转，丢一下又撞一下丢一下撞一下，咁子。kai$^{53}$tʂak$^{3}$ ɲin$^{13}_{44}$la$^{53}$tau$^{21}$kai$^{53}_{44}$so$^{35}$tsɿ$^{0}$ tiəu$^{35}$çi$^{53}_{44}$tiəu$^{35}$tʂuɔn$^{21}$,tiəu$^{35}$iet$^{3}$ xa$^{53}$iəu$^{53}$tsʰɔŋ$^{21}$iet$^{3}$ xa$^{53}$tiəu$^{35}$iet$^{3}$ xa$^{53}$tsʰɔŋ$^{21}$iet$^{3}$ xa$^{53}$,kan$^{21}$tsɿ$^{0}$.

【蓑衣】so$^{35}$i$^{35}$ [名]用棕榈皮编成的雨衣：一翻～iet$^{3}$ fɔn$^{35}$so$^{35}$i$^{35}_{44}$｜（蓑衣菌）～样个嘞。so$^{35}$i$^{35}$iɔŋ$^{53}_{21}$ ke$^{53}_{21}$lei$^{0}$.｜～都系只遮后背嘞。so$^{35}$i$^{35}_{44}$təu$^{35}_{44}$xei$^{53}_{44}$tʂʅ$^{21}$tʂa$^{35}_{21}$xei$^{53}$pɔi$^{53}_{21}$le$^{0}$.

【蓑衣鲅】so$^{35}$i$^{35}$pait$^{5}$ [名]一种野生小鱼，又称“蓑衣鲅子”：～就是如今箇河里个一种咁个细鱼子，乌乌子，完身扁扁子，唔好食，箇种～喷腥喷腥。有几大子。so$^{35}$i$^{35}$pait$^{5}$ tsʰiəu$^{53}_{44}$ʂʅ$^{53}_{44}$i$^{13}_{21}$ cin$^{35}_{44}$kai$^{53}$xo$^{13}$li$^{21}$ke$^{53}$iet$^{3}$ tʂəŋ$^{21}$kan$^{21}$ke$^{53}_{44}$sei$^{53}$ŋ̍$^{13}_{21}$tsɿ$^{0}$,u$^{35}$u$^{35}$tsɿ$^{0}$,uɔn$^{13}$ʂən$^{35}_{44}$pien$^{21}$pien$^{21}$tsɿ$^{0}$,m̩$^{13}$xau$^{21}$ʂət$^{5}$,kai$^{53}_{44}$tʂəŋ$^{21}$ so$^{35}$i$^{35}$pait$^{5}$ pʰəŋ$^{35}$siaŋ$^{35}_{44}$pʰəŋ$^{35}$siaŋ$^{35}$.mau$^{13}$ci$^{21}$tʰai$^{53}$tsɿ$^{0}$.｜箇个水肚里还有起咁长子箇，肚□□哩个，濹大个箇有墨乌子个，我等就喊么个嘞？我等就喊～子，就墨乌子个，有起墨乌子个大滴子个鱼安做～我等喊。墨乌子就同着番蓑衣样哦。kai$^{53}$ke$^{53}$ʂei$^{21}$təu$^{21}$li$^{0}$ xai$^{13}_{21}$iəu$^{35}$çi$^{21}$kan$^{21}$tʂʰɔŋ$^{13}$tsɿ$^{0}$ kai$^{53}$,təu$^{21}$kuet$^{5}$ kuet$^{5}$ li$^{0}$ ke$^{0}$,mən$^{35}$tʰai$^{53}$ke$^{0}$ kai$^{53}_{44}$iəu$^{35}$mek$^{5}$ u$^{35}$tsɿ$^{0}$ ke$^{53}$,ŋai$^{13}$tien$^{0}$ tsiəu$^{53}_{44}$xan$^{53}$mak$^{3}$ ke$^{53}_{44}$le$^{0}$ ?ŋai$^{13}$ tien$^{0}$ tsʰiəu$^{53}_{44}$xan$^{53}_{44}$so$^{35}$i$^{35}$pait$^{5}$ tsɿ$^{0}$,tsʰiəu$^{53}_{44}$mek$^{5}$ u$^{35}$tsɿ$^{0}$ ke$^{0}$,iəu$^{35}_{44}$çi$^{21}_{44}$mek$^{5}$ u$^{35}$tsɿ$^{0}$ ke$^{0}$ tʰai$^{53}$tiet$^{5}$ tsɿ$^{0}$ ke$^{0}$ ŋ̍$^{13}$ɔn$^{35}_{44}$tso$^{53}_{44}$ so$^{35}$i$^{35}$pait$^{5}$ ŋai$^{13}$tien$^{0}$ xan$^{53}_{44}$.mek$^{5}$ u$^{35}$tsɿ$^{0}$ tsʰiəu$^{53}_{44}$tʰəŋ$^{13}_{21}$tʂɔk$^{3}$ fɔn$^{35}_{44}$so$^{35}$i$^{35}_{44}$iɔŋ$^{53}$ŋo$^{0}$.

【蓑衣地】so$^{35}$i$^{35}$t$^{h}$i$^{53}$ [名]没有罗围的坟墓（浏阳客家人的一般都有罗围）：欸，箇是箇个箇公墓，公墓箇个栏场啊，蛮多就～嘞，冇得箇个冇罗围，渠只有咁阔子，只有箇个一只子平方，一张子小方桌咁大子分你。箇个就冇得落尾啦，～。e$_{21}$,kai$^{53}$ʂʅ$^{53}_{21}$kai$^{53}$kei$^{53}_{44}$kai$^{53}_{44}$kəŋ$^{35}$mu$^{53}$,kəŋ$^{35}$mu$^{53}$ kai$^{53}$kei$^{53}_{44}$laŋ$^{13}_{44}$tʂ$^{h}$əŋ$^{13}_{44}$ŋa$^{0}$,man$^{13}$to$^{35}_{53}$ts$^{h}$iəu$^{53}_{44}$so$^{35}_{44}$i$^{35}_{44}$t$^{h}$i$^{53}$le$^{0}$,mau$^{13}$tek$^{3}$ kai$^{53}$ke$^{53}$mau$^{13}$lo$^{13}_{44}$uei$^{13}_{44}$,ci$^{13}_{21}$tʂʅ$^{21}$iəu$^{35}_{53}$kan$^{21}_{13}$ k$^{h}$ɔit$^{3}$ tsʅ$^{0}$,tʂʅ$^{21}$iəu$^{35}_{53}$kai$^{53}$kei$^{53}_{21}$iet$^{3}$ tʂak$^{3}$ tsʅ$^{0}$ p$^{h}$in$^{13}$fəŋ$^{35}_{44}$,iet$^{3}$ tʂəŋ$^{35}$tsʅ$^{0}$ siau$^{21}$fəŋ$^{35}_{53}$tsɔk$^{3}$ kan$^{21}$t$^{h}$ai$^{53}_{44}$tsʅ$^{0}$ pən$^{35}_{44}$ni$^{13}_{44}$.kai$^{53}_{44}$ kei$^{53}_{44}$ts$^{h}$iəu$^{53}$mau$^{13}$tek$^{3}$ lo$^{13}$uei$^{13}$la$^{0}$,so$^{35}$i$^{35}_{44}$t$^{h}$i$^{53}$.

【蓑衣鹤】so$^{35}$i$^{35}$xɔk$^{5}$ [名]鸟名：～一种鹤子，系一种白鹤，但是有乌毛，安做～，着番蓑衣样箇只箇乌毛咯。so$^{35}$i$^{35}_{44}$xɔk$^{5}$ iet$^{3}$ tʂəŋ$^{21}$xɔk$^{5}$ tsʅ$^{0}$,xei$^{53}$iet$^{3}$ tʂəŋ$^{21}$p$^{h}$ak$^{5}$ xɔk$^{5}$,tan$^{53}$ʂʅ$^{53}$iəu$^{35}_{44}$u$^{35}$mau$^{35}$,ɔn$^{35}_{44}$tso$^{53}_{44}$so$^{35}$ i$^{35}_{44}$xɔk$^{5}$,tʂɔk$^{3}$ fɔn$^{35}_{44}$so$^{35}$i$^{35}_{44}$iɔŋ$^{53}$kai$^{53}$tʂak$^{3}$ kai$^{53}_{21}$u$^{35}$mau$^{35}_{44}$ko$^{0}$.｜红沙李家大屋里箇映就真多～呢。硬一片呐硬雪白个，白哩啊。屎底下看呐去箇底下看下去咯雪白个，但是顶高看下去嘞就墨乌个。fəŋ$^{13}$sa$^{35}_{44}$li$^{21}$ka$^{35}$t$^{h}$ai$^{53}$uk$^{3}$ li$^{0}$ kai$^{53}_{44}$iaŋ$^{53}_{44}$ts$^{h}$iəu$^{53}_{44}$tʂən$^{35}$to$^{35}_{44}$so$^{35}_{44}$i$^{35}_{44}$xɔk$^{5}$ nei$^{0}$. ɲiaŋ$^{53}$iet$^{3}$ p$^{h}$ien$^{21}$na$^{0}$ ɲiaŋ$^{53}_{44}$siet$^{5}$ p$^{h}$ak$^{5}$ ke$^{53}_{44}$,p$^{h}$ak$^{5}$ li$^{0}$ a$^{0}$ .təuk$^{3}$ te$^{21}$xa$^{35}$k$^{h}$ɔn$^{53}$na$^{53}_{44}$çi$^{53}_{44}$kai$^{53}_{44}$tei$^{21}$xa$^{35}$k$^{h}$ɔn$^{53}$na$^{53}_{44}$çi$^{53}_{44}$ko$^{0}$ siet$^{5}$ p$^{h}$ak$^{5}_{3}$ ke$^{0}$,tan$^{53}_{44}$ʂʅ$^{53}_{44}$taŋ$^{21}$kau$^{35}$ k$^{h}$ɔn$^{53}_{44}$na$^{53}_{44}$çi$^{53}_{44}$le$^{0}$ ts$^{h}$iəu$^{53}_{44}$mek$^{5}_{3}$ u$^{35}$ke$^{0}$.

【蓑衣菌】so$^{35}$i$^{35}_{44}$c$^{h}$in$^{35}$ [名]一种野生食用菌，灰色，面上比较粗糙，形如蓑衣：～有，箇有呢，蓑衣样个嘞。箇渠就主要是灰灰色子。比较粗糙面上。so$^{35}$i$^{35}_{44}$c$^{h}$in$^{35}$iəu$^{35}_{44}$,kai$^{53}_{44}$iəu$^{35}_{44}$nei$^{0}$,so$^{35}$i$^{35}$iɔŋ$^{53}_{21}$ ke$^{53}_{21}$lei$^{0}$.kai$^{35}_{44}$ci$^{13}$ts$^{h}$iəu$^{53}_{44}$tʂʮ$^{21}$iau$^{53}_{44}$ʂʮ$^{53}_{44}$fɔi$^{35}$fɔi$^{35}$sek$^{3}$ tsʅ$^{0}$ .pi$^{21}$ciau$^{53}_{44}$ts$^{h}$əu$^{35}$ts$^{h}$au$^{35}_{44}$mien$^{53}$xɔŋ$^{53}_{44}$.

【蓑衣丘】so$^{35}$i$^{35}$c$^{h}$iəu$^{35}$ [名]小块的水田：～又安做蓑衣笠嫲丘，也就系箇丘田箇个田丘丁啮大子，一番蓑衣一脱就遮嘿一丘田。欸，也安做一顶笠嫲一取呀下来，一盖一顶笠嫲盖下去以遮嘿一丘田。比喻箇田丘真冇几大子，蓑衣笠嫲丘，就安做～。so$^{35}$i$^{35}_{44}$c$^{h}$iəu$^{35}$iəu$^{53}$ɔn$^{35}_{44}$tso$^{53}_{44}$so$^{35}$i$^{35}$ liet$^{3}$ ma$^{13}_{21}$c$^{h}$iəu$^{35}_{44}$,ia$^{35}$ts$^{h}$iəu$^{53}_{44}$xei$^{53}_{44}$kai$^{53}_{44}$c$^{h}$iəu$^{35}_{44}$t$^{h}$ien$^{13}_{21}$kai$^{53}$ke$^{53}$t$^{h}$ien$^{13}_{21}$c$^{h}$iəu$^{35}_{44}$tin$^{35}$ŋait$^{3}$ t$^{h}$ai$^{53}$tsʅ$^{0}$ ,iet$^{3}$ fɔn$^{35}$so$^{35}$i$^{35}_{44}$iet$^{3}$ t$^{h}$ɔit$^{3}$ ts$^{h}$iəu$^{53}$tʂa$^{35}_{44}$xek$^{3}$ iet$^{3}$ c$^{h}$iəu$^{35}_{44}$t$^{h}$ien$^{13}$.e$_{21}$,ia$^{35}$ɔn$^{35}_{44}$tso$^{53}_{44}$iet$^{3}$ taŋ$^{21}$liet$^{3}$ ma$^{13}$iet$^{3}$ ts$^{h}$i$^{21}$ia$^{0}$ xa$^{53}_{44}$lɔi$^{13}_{21}$,iet$^{3}$ kɔi$^{53}$iet$^{3}$ taŋ$^{21}$ liet$^{3}$ ma$^{13}_{44}$kɔi$^{53}$ia$^{53}_{44}$çi$^{53}_{44}$i$^{21}$tʂa$^{35}_{44}$xek$^{3}$ iet$^{3}$ c$^{h}$iəu$^{35}_{44}$t$^{h}$ien$^{13}_{21}$.pi$^{21}$y$^{53}$kai$^{53}$t$^{h}$ien$^{13}$c$^{h}$iəu$^{35}$tʂən$^{35}$mau$^{13}_{21}$ci$^{21}$t$^{h}$ai$^{53}$tsʅ$^{0}$ ,so$^{35}$i$^{35}_{44}$liet$^{3}$ ma$^{13}_{21}$c$^{h}$iəu$^{35}_{44}$,tsiəu$^{53}_{21}$ɔn$^{35}_{53}$tso$^{53}$so$^{35}$i$^{35}_{44}$c$^{h}$iəu$^{35}_{44}$.

【嗍】so$^{35}$ [动]用嘴吸吮：（水烟筒）我就食唔得。我～下去，～口水～下嘴里去哩。ŋai$^{13}$ts$^{h}$iəu$^{53}_{44}$ ʂɔt$^{5}$ n̩$^{13}_{21}$tek$^{3}$ .ŋai$^{13}$so$^{35}$xa$^{53}_{44}$çi$^{53}_{44}$,so$^{35}$xei$^{21}$ʂei$^{21}$so$^{35}$a$_{44}$tʂɔi$^{53}$li$^{0}$ çi$^{53}_{44}$li$^{0}$.｜分箇烟油舞出来哩，箇下～起来嘞，吧起来嘞箇就唔知几顺畅了，首先是欸搞久哩是吧都吧唔上哦。pən$^{35}$kai$^{53}_{44}$ien$^{35}$iəu$^{13}_{21}$u$^{21}$tʂ$^{h}$ət$^{3}$ lɔi$^{13}$ li$^{0}$ ,kai$^{53}_{44}$xa$^{53}_{44}$so$^{35}$çi$^{21}$lɔi$^{13}$lei$^{0}$ ,pa$^{53}$çi$^{21}$lɔi$^{13}$lei$^{0}$ kai$^{53}_{44}$ts$^{h}$iəu$^{53}$n̩$^{13}$ti$^{35}_{53}$ci$^{21}_{44}$ʂən$^{53}$tʂ$^{h}$ɔŋ$^{53}_{44}$liau$^{0}$ ,ʂəu$^{21}$sien$^{35}_{44}$ʂʅ$^{53}_{44}$e$_{21}$kau$^{21}$ciəu$^{21}$ li$^{0}$ ʂʅ$^{53}_{44}$pa$^{53}$təu$^{35}_{44}$pa$^{53}$n̩$^{13}_{21}$ʂɔŋ$^{35}$ŋo$^{0}$.

【缩】sɔk$^{3}$ [动]①由长变短：颈筋就～唠，肩膊一扛起来颈筋就～唠。ciaŋ$^{21}$cin$^{35}$ts$^{h}$iəu$^{53}$sɔk$^{3}$ lau$^{0}$ ,cien$^{35}$pɔk$^{3}$ iet$^{3}$ k$^{h}$ɔŋ$^{13}$çi$^{21}$lɔi$^{13}$ciaŋ$^{21}$cin$^{35}$ts$^{h}$iəu$^{53}$sɔk$^{3}$ lau$^{0}$ . ②长期待在室内：莫总～下屋肚里哦。到箇楼底下去嬲下子啊。去跑下子，去打下子球喔。mɔk$^{5}$ tsəŋ$^{21}$sɔk$^{3}$ (x)a$^{0}$ uk$^{3}$ təu$^{21}$li$^{0}$ o$^{0}$ .tau$^{53}$kai$^{53}$ lei$^{13}$tei$^{21}$xa$^{53}_{44}$çi$^{53}_{44}$liau$^{53}$xa$^{53}_{44}$tsʅ$^{0}$ a$^{0}$ .çi$^{53}$p$^{h}$au$^{21}$xa$^{53}$tsʅ$^{0}$ ,çi$^{53}$ta$^{21}$(x)a$^{53}$tsʅ$^{0}$ c$^{h}$iəu$^{13}$uo$^{0}$.

【缩水】sɔk$^{3}$ ʂei$^{21}$ [动]衣料入水后变小、变短：八十年代啦，我等浏阳还有箇个手工织个布。我都还做过一条欸家织布家机布个裤。箇个纺……欸舞倒箇棉花去纺纱，纺倒箇纱么箇手工去纺啊，纺起箇□粗一条，以下欸织倒个布嘞痞厚，嗯，～唔知几重，系，～就唔知几重嘞，欸。以下嘞暖就暖，冬下头着倒暖就暖箇起咁个裤咯欸箇布咯，我都以前着过一条。pait$^{3}$ ʂət$^{5}$ ɲien$^{13}$t$^{h}$ɔi$^{53}$la$^{0}$ ,ŋai$^{13}_{21}$tien$^{0}$ liəu$^{13}_{21}$iɔŋ$^{13}_{44}$təu$^{35}_{53}$xai$^{13}_{21}$iəu$^{35}$kai$^{53}_{44}$ke$^{53}_{44}$ʂəu$^{21}$kəŋ$^{35}$tʂət$^{3}$ cie$^{0}$ pu$^{53}$.ŋai$^{13}$təu$^{35}_{53}$xai$^{13}_{21}$tso$^{53}$ko$^{53}$ iet$^{3}$ t$^{h}$iau$^{13}$ei$_{44}$cia$^{35}$tʂət$^{3}$ pu$^{53}$cia$^{35}$ci$^{35}$pu$^{53}$ke$^{53}_{44}$fu$^{53}$.kai$^{53}_{44}$ke$^{53}_{44}$fɔŋ$^{21}$s⋯ei$_{44}$u$^{21}$tau$^{21}$kai$^{53}$mien$^{13}$fa$^{35}_{44}$çi$^{53}$fɔŋ$^{21}$sa$^{35}$,fɔŋ$^{21}$ tau$^{21}$kai$^{53}$sa$^{35}$mei$^{0}$ kai$^{53}_{44}$ʂəu$^{21}$kəŋ$^{35}_{44}$çi$^{53}$fɔŋ$^{21}$ŋa$^{0}$ ,fɔŋ$^{21}$çi$^{21}_{44}$kai$^{53}_{44}$c$^{h}$ia$^{35}$ts$^{h}$ʅ$^{35}$iet$^{3}$ t$^{h}$iau$^{13}_{21}$,i$^{21}$xa$^{53}_{44}$e$^{0}$ tʂət$^{3}$ tau$^{21}$kei$^{53}_{44}$pu$^{53}$lei$^{0}$ tek$^{5}$ xei$^{35}$,n̩$_{21}$,sɔk$^{3}$ ʂei$^{21}$n̩$^{13}$ti$^{35}_{53}$ci$^{21}$tʂ$^{h}$əŋ$^{35}$,xe$^{53}_{44}$,sɔk$^{3}$ ʂei$^{21}$tsiəu$^{53}$n̩$^{13}$ti$^{35}_{53}$ci$^{21}$tʂ$^{h}$əŋ$^{35}$le$^{0}$ ,e$_{21}$.i$^{21}$xa$^{53}_{44}$lei$^{0}$ lɔn$^{35}$ts$^{h}$iəu$^{53}$lɔn$^{35}$, təŋ$^{35}$xa$^{53}_{44}$t$^{h}$ei$^{13}_{21}$tʂɔk$^{3}$ tau$^{21}$lɔn$^{35}$ts$^{h}$iəu$^{53}$lɔn$^{35}$kai$^{53}$çi$^{21}_{44}$kan$^{21}$ke$^{53}_{44}$fu$^{53}$ko$^{0}$ e$_{44}$kai$^{53}_{44}$pu$^{53}$ko$^{0}$ ,ŋai$^{13}$təu$^{35}_{53}$i$^{35}_{53}$ts$^{h}$ien$^{13}_{21}$tʂɔk$^{3}$ ko$^{53}$ (i)et$^{3}$ t$^{h}$iau$^{13}_{21}$.

【缩头带子】sɔk$^{3}$ t$^{h}$ei$^{13}$tai$^{53}$tsʅ$^{0}$ [名]松紧带。旧称"蚂蟥带子"：系呀，也有安做～。～。系，最早个又安做缩头带子嘞。xei$^{53}_{44}$ia$^{0}$ ,ia$^{35}$iəu$^{35}_{44}$ɔn$^{35}_{44}$tso$^{53}_{44}$sɔk$^{3}$ t$^{h}$ei$^{13}$tai$^{53}$tsʅ$^{0}$ .sɔk$^{3}$ t$^{h}$ei$^{13}$tai$^{53}$tsʅ$^{0}$ .xe$^{53}_{44}$,tsei$^{53}$tsau$^{21}$ke$^{53}$ iəu$^{53}_{44}$ɔn$^{35}_{44}$tso$^{53}_{44}$sɔk$^{3}$ t$^{h}$ei$^{13}$tai$^{53}$tsʅ$^{0}$ le$^{0}$.

【缩头裤】sɔk$^{3}$ t$^{h}$ei$^{13}$fu$^{53}$ [名]裤头上安松紧带的裤子：还有～。细人子就着～。以映舞条松紧带哟，又安做缩头带子，安做缩头带子唠。舞条松紧带，安做～细人子就。上背有松紧带个，就安做～。xai$^{13}$iəu$^{35}_{44}$sɔk$^{3}$ t$^{h}$ei$^{13}$fu$^{53}$.sei$^{53}$ɲin$^{13}_{21}$tsʅ$^{0}$ ts$^{h}$iəu$^{53}$tʂɔk$^{3}$ sɔk$^{3}$ t$^{h}$ei$^{13}$fu$^{53}$.i$^{21}$iaŋ$^{53}$u$^{21}$t$^{h}$iau$^{13}_{44}$səŋ$^{35}$cin$^{21}$tai$^{53}$

iau$^{0}$,iəu$^{53}_{44}$ɔn$^{35}_{44}$tso$^{53}_{44}$sɔk$^{3}$ t$^{h}$ei$^{13}$tai$^{53}$tsʅ$^{0}$,ɔn$^{35}_{44}$tso$^{53}_{44}$sɔk$^{3}$ t$^{h}$ei$^{13}$tai$^{53}$tsʅ$^{0}$ lau$^{0}$.u$^{21}$t$^{h}$iau$^{13}_{21}$səŋ$^{35}$cin$^{21}$tai$^{53}_{44}$,ɔn$^{35}_{44}$tso$^{53}_{44}$sɔk$^{3}$ t$^{h}$ei$^{13}$ fu$^{53}$sei$^{53}$ɲin$^{13}_{21}$tsʅ$^{0}$ ts$^{h}$iəu$^{53}$.ʂɔŋ$^{53}_{44}$pɔi$^{53}_{44}$iəu$^{35}_{44}$səŋ$^{35}$cin$^{21}$tai$^{53}$ke$^{53}_{21}$,ts$^{h}$iəu$^{53}_{44}$ɔn$^{35}_{44}$tso$^{53}_{44}$sɔk$^{3}$ t$^{h}$ei$^{13}$fu$^{53}$.

【索】sɔk$^{3}$ 名①绳索：以到去捫嫁妆欸多带副子～去啊。i$^{21}$tau$^{53}_{44}$çi$^{53}_{44}$kɔŋ$^{35}$ka$^{53}$tsɔŋ$^{35}$e$_{21}$to$^{35}$tai$^{53}$fu$^{53}$tsʅ$^{0}$ sɔk$^{3}$çi$^{53}$a$^{0}$. ②指麻将牌中的条形符号：箇打麻将个人就长日念下子啊系嗯打只八～，系唔系？打只六～。kai$^{53}$ta$^{21}$ma$^{13}$tsiɔŋ$^{13}_{44}$ke$^{0}$ɲin$^{13}_{21}$ts$^{h}$iəu$^{53}$tʂ$^{h}$ɔŋ$^{13}$ɲiet$^{3}$ɲian$^{53}$na$^{53}_{44}$tsʅ$^{0}$ a$^{0}$ xe$^{53}_{44}$n̩$_{21}$ta$^{21}$tʂak$^{3}$ pait$^{3}$ sɔk$^{3}$,xei$^{53}_{44}$ me$^{53}_{44}$?ta$^{21}$tʂak$^{3}$ liəuk$^{3}$ sɔk$^{3}$.

【索利】sɔk$^{3}$li$^{53}$ 形①麻利，办事干脆，赶快：～滴子唠！sɔk$^{3}$li$^{53}_{44}$tiet$^{5}$tsʅ$^{0}$lau$^{0}$！②不拘礼节，不客套，好接待：箇只客佬子真～呀。kai$^{53}$tʂak$^{3}$k$^{h}$ak$^{3}$lau$^{21}$tsʅ$^{0}$tʂən$^{35}$sɔk$^{3}$li$^{53}$ia$^{0}$. ③方便又快捷：松紧鞋嗯着倒都冇得么个唔同，就系唔爱弯腰缔鞋带子，欸，～，冇事话鞋带子𫟼缔好。səŋ$^{35}$ cin$^{21}$xai$^{13}$n̩$_{44}$tʂɔk$^{3}$ tau$^{21}$təu$^{35}_{53}$mau$^{13}_{21}$tek$^{3}$ mak$^{3}$ ke$^{53}$n̩$^{13}$t$^{h}$əŋ$^{13}$,ts$^{h}$iəu$^{53}$xei$^{53}$m̩$^{13}_{21}$mɔi$^{53}_{44}$uan$^{35}$iau$^{35}$t$^{h}$ak$^{3}$ xai$^{13}$tai$^{53}$tsʅ$^{0}$,e$_{21}$, sɔk$^{3}$ li$^{53}$,mau$^{13}$sʅ$^{53}$ua$^{53}$xai$^{13}$tai$^{53}$tsʅ$^{0}$ maŋ$^{13}$t$^{h}$ak$^{3}$ xau$^{21}$.

【锁$_{1}$】so$^{21}$ 名加在门窗、器物等开合处或连接处，必须用钥匙等才能打开的装置：我等用过箇起～。安做牛尾……欸，安做安做么个～？箇老式个～啊。安做么个～？虾公锁啊？系是系像只虾公样啊，长长子。虾公锁。牛尾锁，我还用过牛尾锁。欸，牛尾锁，我等硬话牛尾锁。欸，只圆圈圈，箇锁膛肚里就系圆圈圈。渠就呣有只咁个套套子，咁子套下出来。欸，套下出来。就以映就形成一只箇圈圈样吵，系呀？欸，形成只圈圈样。呣，箇只箇只机关，就去以只……以只……以只圆……圆……～肚子里，机关就去箇肚子里。哎机关呢就系咁个么啊嘞？就系一条……两条咁个只铁片，铁片，会尧起来个，会尧起来。渠正因为揰下进去，揰下进去个时候子，以只口上细滴子，就夹稳渠，使渠箇块咁子尧起下子来个东西嘞，就夹拢下子来，夹拢下子。就揰稳进，系啊，揰进箇肚里去。但是一揰去以映子，过嘿哩箇只段，渠就放下起来，渠就弹起来哩。但是你扯就扯唔出哩啊。就以只东西就顶稳箇只头上啊。顶稳个。箇一般个～都系咁个原理。欸你开～个时候子嘞就让门子开嘞？就拿倒锁匙，窒下进去，窒下进去以后嘞，扳一下，分以只东西揰下去，箇锁匙咯，一只子工字子样个锁匙，咁子一扳下去，就以只翘起来个东西就回哩原原位，就转去哩，就平嘿哩。箇就拿得出了。欸，都系原理都系咁子个，这个牛尾锁也好，老式箇箇箇起咁个，安做么啊～唠？老式……原先个。ŋai$^{13}$tien$^{0}$iəŋ$^{53}$ko$^{53}_{44}$kai$^{53}$çi$^{21}$so$^{21}$.ɔn$^{35}$tso$^{53}_{2}$ɲiəu$^{13}$mi$^{35}$…ei$_{21}$,ɔn$^{35}_{44}$tso$^{53}_{44}$ɔn$^{35}_{44}$tso$^{53}_{44}$mak$^{3}$ e$^{0}$ so$^{21}$?kai$^{53}$lau$^{21}$ʂʅ$^{53}_{21}$ke$^{53}$ so$^{21}$a$^{0}$.ɔn$^{35}$tso$^{53}$mak$^{3}$ e$^{0}$ so$^{21}$?xa$^{13}$kəŋ$^{35}$so$^{21}$a$^{0}$?xei$^{53}$ʂʅ$^{53}_{44}$xei$^{53}_{44}$ts$^{h}$iəŋ$^{53}$tʂak$^{3}$ xa$^{13}_{21}$kəŋ$^{35}_{44}$iəŋ$^{53}_{44}$ŋa$^{0}$,tʂ$^{h}$əŋ$^{13}$tʂ$^{h}$əŋ$^{13}$tsʅ$^{0}$.xa$^{13}_{21}$ kəŋ$^{35}$so$^{21}$. ɲiəu$^{13}$mi$^{35}_{44}$so$^{21}$,ŋai$^{13}_{21}$xai$^{13}$iəŋ$^{53}$ko$^{53}_{44}$ɲiəu$^{13}$mi$^{35}$so$^{21}$.e$_{21}$, ɲiəu$^{13}$mi$^{35}$so$^{21}$,ŋai$^{13}_{21}$tien$^{0}$ɲiaŋ$^{53}$ua$^{53}$ɲiəu$^{13}$mi$^{35}$ so$^{21}$.e$_{21}$,tʂak$^{3}$ ien$^{13}$c$^{h}$ien$^{35}_{44}$c$^{h}$ien$^{35}$,kai$^{53}_{44}$so$^{21}$t$^{h}$ɔŋ$^{13}$təu$^{21}$li$^{0}$ ts$^{h}$iəu$^{53}$xe$^{53}_{21}$ien$^{13}_{21}$c$^{h}$ien$^{35}_{44}$c$^{h}$ien$^{35}$.ci$^{13}_{21}$ts$^{h}$iəu$^{53}$m̩$_{21}$iəu$^{35}$tʂak$^{3}$ kan$^{21}$ke$^{53}_{44}$t$^{h}$au$^{53}$t$^{h}$au$^{53}$tsʅ$^{0}$,kan$^{21}$tsʅ$^{0}$ t$^{h}$au$^{53}$xa$^{53}_{44}$tʂ$^{h}$ət$^{3}$ lɔi$^{13}_{21}$.e$_{21}$,t$^{h}$au$^{53}$ua$_{44}$(←xa$^{53}$)tʂ$^{h}$ət$^{3}$ lɔi$^{13}_{21}$.ts$^{h}$iəu$^{53}_{44}$i$^{21}$iaŋ$^{53}$ts$^{h}$iəu$^{53}_{44}$ çin$^{13}$tʂ$^{h}$ən$^{13}$iet$^{3}$tʂak$^{3}$ kai$^{53}_{44}$c$^{h}$ien$^{35}$c$^{h}$ien$^{35}_{44}$iaŋ$^{53}_{44}$ʂa$^{0}$,xei$^{53}_{44}$ia$^{0}$?e$_{21}$,çin$^{13}$tʂ$^{h}$ən$^{13}_{21}$tʂak$^{3}$ c$^{h}$ien$^{35}$c$^{h}$ien$^{35}_{44}$iɔŋ$^{53}$.m̩$_{21}$,kai$^{53}$tʂak$^{3}$ kai$^{53}$tʂak$^{3}$ ci$^{35}$kuan$^{35}$,ts$^{h}$iəu$^{53}$çi$^{53}$i$^{21}$tʂak$^{3}$…i$^{21}$tʂak$^{3}$…i$^{21}$tʂak$^{3}$ ien$^{13}$…ien$^{13}$…so$^{21}$təu$^{21}$tsʅ$^{0}$li$^{0}$,ci$^{35}$kuan$^{35}$ts$^{h}$iəu$^{53}_{44}$çi$^{53}_{44}$ kai$^{53}_{44}$təu$^{21}$tsʅ$^{0}$ li$^{0}$.ai$_{44}$ci$^{35}$kuan$^{35}_{44}$nei$^{0}$ ts$^{h}$iəu$^{53}_{44}$xe$^{53}_{44}$kan$^{21}$cie$_{44}$mak$^{3}$ a$^{0}$ lei$^{0}$?ts$^{h}$iəu$^{53}$xe$^{53}$iet$^{3}$ t$^{h}$iau$^{13}$…iɔŋ$^{21}$t$^{h}$iau$^{13}$kan$^{21}$ ke$^{53}_{44}$tʂak$^{3}$ t$^{h}$iet$^{3}$ p$^{h}$ien$^{53}$,t$^{h}$iet$^{3}$ p$^{h}$ien$^{53}$,uɔi$^{53}$ɲiau$^{35}$çi$^{21}$lɔi$^{13}_{21}$ke$^{53}$,uɔi$^{53}$ɲiau$^{35}$çi$^{21}$lɔi$^{13}_{21}$.ci$^{13}$tʂən$^{53}$in$^{35}$uei$^{13}_{21}$ts$^{h}$əŋ$^{21}$ŋa$_{35}$ (←xa$^{53}$)tsin$^{53}$çi$^{53}$,ts$^{h}$əŋ$^{21}$ŋa$_{35}$(←xa$^{53}$)tsin$^{53}$c$^{h}$i$^{13}$ke$^{53}_{44}$ʂʅ$^{13}$xei$^{53}$tsʅ$^{0}$,i$^{21}$tʂak$^{3}$ xei$^{21}$xɔŋ$^{53}_{44}$se$^{53}$tiet$^{5}$ tsʅ$^{0}$,ts$^{h}$iəu$^{53}_{44}$kait$^{3}$ uən$^{21}$ ci$^{13}_{44}$,ʂʅ$^{21}$ci$^{13}$kai$^{53}_{44}$k$^{h}$uai$^{53}_{44}$kan$^{21}$tsʅ$^{0}$ɲiau$^{35}$çi$^{21}$(x)a$^{53}_{44}$tsʅ$^{0}$ lɔi$^{13}_{21}$ke$^{53}_{44}$təŋ$^{35}_{44}$si$^{0}$ lei$^{0}$,ts$^{h}$iəu$^{53}_{44}$kait$^{3}$ ləŋ$^{35}$ŋa$^{53}$(←xa$^{53}$)tsʅ$^{0}$ lɔi$^{13}_{21}$,kait$^{3}$ ləŋ$^{35}$ŋa$^{53}$(←xa$^{53}$)tsʅ$^{0}$.ts$^{h}$iəu$^{53}_{44}$ts$^{h}$əŋ$^{21}$uən$^{21}$tsin$^{53}$,xe$^{53}_{44}$a$^{0}$,ts$^{h}$əŋ$^{21}$tsin$^{53}$kai$^{53}_{44}$təu$^{21}$li$^{0}$ çi$^{53}_{44}$.tan$^{53}$ʂʅ$^{53}$iet$^{3}$ ts$^{h}$əŋ$^{21}_{53}$ c$^{h}$i$^{53}_{44}$i$^{21}$iaŋ$^{53}$tsʅ$^{0}$,ko$^{53}$(x)ek$^{3}$ li$^{0}$ kai$^{53}_{44}$tʂak$^{3}$ tɔn$^{53}$,ci$^{13}$ts$^{h}$iəu$^{53}$faŋ$^{53}$ŋa$_{44}$(←xa$^{53}$)çi$^{21}$lɔi$^{13}_{21}$,ci$^{13}$ts$^{h}$iəu$^{53}$t$^{h}$an$^{13}$c$^{h}$i$^{21}$lɔi$^{13}$ li$^{0}$.tan$^{53}$ʂʅ$^{53}$ɲi$^{13}$tʂ$^{h}$a$^{21}$ts$^{h}$iəu$^{53}$tʂ$^{h}$a$^{21}$n̩$^{13}_{21}$tʂ$^{h}$ət$^{3}$ lia$^{0}$.ts$^{h}$iəu$^{53}_{44}$i$^{21}$tʂak$^{3}$ təŋ$^{35}_{44}$si$^{0}$ ts$^{h}$iəu$^{53}_{44}$tin$^{21}$uən$^{21}$kai$^{53}$tʂak$^{3}$ t$^{h}$ei$^{13}_{21}$iɔŋ$^{53}$ (←xɔŋ$^{53}$)ŋa$^{0}$.tin$^{21}$uən$^{21}$ke$^{53}$.kai$^{53}$iet$^{3}$ pɔn$^{35}$ke$^{53}$so$^{21}$təu$^{35}$xei$^{53}$kan$^{21}$ke$^{53}_{44}$vien$^{13}$ni$^{35}_{44}$.e$_{44}$ɲi$^{13}_{21}$k$^{h}$ɔi$^{35}$so$^{21}$ke$^{53}_{44}$ʂʅ$^{13}$xei$^{53}$tsʅ$^{0}$ lei$^{0}$ ts$^{h}$iəu$^{53}_{44}$ɲiɔŋ$^{53}_{44}$mən$^{0}$ tsʅ$^{0}$ k$^{h}$ɔi$^{35}$lei$^{0}$?ts$^{h}$iəu$^{53}_{44}$la$^{53}$tau$^{21}$so$^{21}$ʂʅ$^{0}$,tset$^{3}$ la$_{44}$(←xa$^{53}$)tsin$^{53}$c$^{h}$i$^{53}_{44}$,tset$^{3}$ la$_{44}$(←xa$^{53}$)tsin$^{53}_{44}$ c$^{h}$i$^{53}_{44}$i$^{35}_{44}$xei$^{53}_{44}$lei$^{0}$,pan$^{35}$iet$^{3}$ xa$^{53}$,pən$^{35}$i$^{21}$tʂak$^{3}$ təŋ$^{35}_{44}$si$^{0}$ ts$^{h}$əŋ$^{21}$xa$^{53}_{44}$çi$^{53}_{44}$,kai$^{53}_{44}$so$^{21}$ʂʅ$^{0}$ ko$^{0}$,iet$^{3}$ tʂak$^{3}$ tsʅ$^{0}$ kəŋ$^{35}$ts$^{h}$ʅ$^{53}$tsʅ$^{0}$ iɔŋ$^{53}_{44}$ke$^{53}_{44}$so$^{21}$ʂʅ$^{0}$,kan$^{21}_{13}$tsʅ$^{0}$ iet$^{3}$ pan$^{35}$na$_{44}$(←xa$^{53}$)çi$^{53}_{44}$,ts$^{h}$iəu$^{53}$i$^{21}$tʂak$^{3}$ c$^{h}$iau$^{53}$çi$^{21}$lɔi$^{13}$ke$^{53}_{44}$təŋ$^{35}$si$^{0}$ ts$^{h}$iəu$^{53}_{44}$fei$^{13}_{21}$li$^{0}$ ien$^{13}$ vien$^{13}$uei$^{53}$,ts$^{h}$iəu$^{53}_{44}$tʂɔn$^{21}$çi$^{53}$li$^{0}$,ts$^{h}$iəu$^{53}_{44}$p$^{h}$iaŋ$^{13}$ŋek$^{3}$(←xek$^{3}$)li$^{0}$.kai$^{53}_{44}$ts$^{h}$iəu$^{53}_{21}$la$^{35}$tek$^{3}$ tʂ$^{h}$ət$^{3}$ liau$^{0}$.e$_{44}$təu$^{35}$xe$^{53}_{21}$ vien$^{13}_{21}$li$^{35}$təu$^{35}$xe$^{53}_{44}$kan$^{21}$tsʅ$^{0}$ ke$^{53}$,tʂe$^{53}_{44}$ke$^{53}_{44}$ɲiəu$^{13}$mi$^{35}$so$^{21}$a$^{35}_{44}$xau$^{21}$,lau$^{21}$ʂʅ$^{53}_{21}$kai$^{53}_{44}$kai$^{53}_{44}$kai$^{53}$çi$^{21}$kan$^{21}$ke$^{53}_{44}$,ɔn$^{35}_{44}$tso$^{53}_{44}$ mak$^{3}$a$^{0}$ so$^{21}$lau$^{0}$?lau$^{21}$ʂ…ien$^{13}_{21}$sien$^{35}_{44}$ke$^{53}_{44}$.

【锁$_{2}$】so$^{21}$ 动①用锁把门窗、器物等的开合处关住或拴住：～咁个唔多重要个东西，～农具呀，欸，箇就用箇木锁啊。so$^{21}$kan$^{21}$ke$^{53}$n̩$^{13}$to$^{35}_{44}$tʂ$^{h}$əŋ$^{53}$iau$^{53}_{44}$ke$^{53}_{44}$təŋ$^{35}_{44}$si$^{0}$,so$^{21}$ləŋ$^{13}$tʂʅ$^{53}$ia$^{0}$,e$_{21}$,kai$^{53}_{44}$ts$^{h}$iəu$^{53}$

S

iəŋ$^{53}$kai$^{53}_{44}$muk$^{3}$so$^{21}$a$^{0}$. ②紧缩：（锁头袋子）头上可以～拢来。tʰei$^{13}$xɔŋ$^{53}$kʰo$^{21}_{44}$i$^{35}_{44}$so$^{21}$ləŋ$^{35}$lɔi$^{13}_{21}$.

【锁骨】so$^{21}$kuət$^{3}$ 名位于胸腔上部、颈下两旁与肩胛相联的骨骼。左右各一：夫娘子个～更现，欸，男子人个～冇咁现。pu$^{35}$ɲiɔŋ$^{13}_{44}$tsɿ$^{0}$ke$^{53}_{44}$so$^{21}$kuət$^{3}$cien$^{53}_{44}$çien$^{53}$,e$_{21}$,lan$^{13}$tsɿ$^{0}$ɲin$^{13}$ke$^{53}$so$^{21}$kuət$^{3}$mau$^{13}$kan$^{21}$çien$^{53}$.

【锁喉蛇】so$^{21}$xei$^{13}$ʂa$^{13}$ 名白喉的俗称：～就系白喉。so$^{21}$xei$^{13}$ʂa$^{13}$tsʰiəu$^{53}_{44}$xe$^{53}_{44}$pʰak$^{5}$xei$^{13}$.

【锁匙】so$^{21}$ʂʅ$^{0}$ 名钥匙，开锁的器物：就拿倒～，室下进去。tsʰiəu$^{53}_{44}$la$^{53}$tau$^{21}$so$^{21}$ʂʅ$^{0}$,tset$^{3}$la$_{44}$(←xa$^{53}$)tsin$^{53}$cʰi$^{53}_{44}$.

【锁头袋子】so$^{21}$tʰei$^{13}$tʰɔi$^{53}$tsɿ$^{0}$ 名可以收口的布袋子：安做～，头上可以锁拢来。ɔn$^{35}$tso$^{53}_{44}$so$^{21}$tʰei$^{13}$tʰɔi$^{53}$tsɿ$^{0}$,tʰei$^{13}$xɔŋ$^{53}$kʰo$^{21}_{44}$i$^{35}_{44}$so$^{21}$ləŋ$^{35}$lɔi$^{13}_{21}$.

【锁头裤】so$^{21}$tʰei$^{13}$fu$^{53}$ 名裤头可以收口的裤子：从前我着个衫裤，细人子着个衫裤啊，冇得皮带，从前冇得咁多皮带。肚里以映就打只打只咁个打只圈圈呢，系啊？肚里就穿条绳子，安做～，安做～。tsʰəŋ$^{13}$tsʰien$^{13}_{44}$ŋai$^{13}$tʂɔk$^{3}$ke$^{53}_{44}$san$^{35}$fu$^{53}_{44}$,sei$^{53}$ɲin$^{13}_{21}$tsɿ$^{0}$tʂɔk$^{3}$ke$^{53}$san$^{35}$fu$^{53}_{44}$a$^{0}$,mau$^{13}$tek$^{3}$pʰi$^{13}$tai$^{53}$,tsʰəŋ$^{13}$tsʰien$^{13}_{21}$mau$^{13}$tek$^{3}$kan$^{21}_{44}$to$^{35}_{44}$pʰi$^{13}$tai$^{53}$.təu$^{21}$li$^{0}$i$^{21}$iaŋ$^{53}_{44}$tsʰiəu$^{53}$ta$^{21}$tʂak$^{3}$ta$^{21}$tʂak$^{3}$kan$^{21}_{44}$ke$^{53}_{44}$ta$^{21}$tʂak$^{3}$cʰien$^{35}$cʰien$^{35}_{44}$ne$^{0}$,xei$^{53}_{44}$a$^{0}$?təu$^{21}$li$^{0}$tsʰiəu$^{53}_{44}$tʂʰɔn$^{53}$tʰiau$^{13}_{21}$ʂən$^{13}$tsɿ$^{0}$,ɔn$^{35}$tso$^{53}_{44}$so$^{21}$tʰei$^{13}$fu$^{53}$,ɔn$^{35}_{44}$tso$^{53}_{44}$so$^{21}$tʰei$^{13}$fu$^{53}$.

【锁须】so$^{21}$si$^{35}$ 名锁簧，旧式锁插入锁身的部分：有锁……箇只东西安做～。锁须就以只东西。iəu$^{35}$so$^{21}$…kai$^{53}$tʂak$^{3}$təŋ$^{35}_{44}$si$^{0}$ɔn$^{35}_{44}$tso$^{53}_{44}$so$^{21}$si$^{35}$.so$^{21}$si$^{35}$tsʰiəu$^{53}_{44}$i$^{21}$tʂak$^{3}$təŋ$^{35}_{44}$si$^{0}$.

【锁嘴】so$^{21}$tʂɔi$^{53}$ 形涩口：欸，揪苦也会～，食个系揪酸个东西，特别系揪酸个东西食起～。箇个柿子啊，□生个啊，唔知几涩啊，系唔系？～，食起～。还食唔得，还赠浸倒，箇柿子啊，还～。ei$_{21}$,tsiəu$^{35}$fu$^{21}$ia$^{35}$uɔi$^{53}$so$^{21}$tʂɔi$^{53}$,ʂət$^{5}$ke$^{53}_{44}$xei$^{53}_{44}$tsiəu$^{35}$sɔn$^{35}$ke$^{53}$təŋ$^{35}_{44}$si$^{0}$,tʰek$^{5}$pʰiet$^{5}$xei$^{53}$tsiəu$^{35}$sɔn$^{35}$ke$^{53}$təŋ$^{35}_{44}$si$^{0}$ʂət$^{5}$çi$^{21}$so$^{21}$tʂɔi$^{53}$.kai$^{53}_{44}$ke$^{53}_{44}$tsʰʅ$^{53}$tsɿ$^{0}$a$^{0}$,kue$^{35}$saŋ$^{35}$ke$^{53}$a$^{0}$,n̩$^{13}$ti$^{35}_{53}$ci$^{21}$sek$^{3}$a$^{0}$,xei$^{53}$me$^{53}$?so$^{21}$tʂɔi$^{53}$,ʂət$^{5}$çi$^{21}_{44}$so$^{21}$tʂɔi$^{53}$.xai$^{13}$ʂət$^{5}$n̩$^{13}_{21}$tek$^{3}$,xai$^{13}$maŋ$^{13}$tsin$^{53}$tau$^{21}$,kai$^{53}_{44}$tsʰʅ$^{53}$tsɿ$^{0}$a$^{0}$,xai$^{13}_{44}$so$^{21}$tʂɔi$^{53}$.

# T

【塌】t$^{h}$et$^{5}$ [动]坍，沉降：渠箇只屋个禾坪角上～嘿哩唠，～嘿一块懑大哟。ci$^{13}$kai$^{53}$tʂak$^{3}$uk$^{3}$ke$^{53}_{44}$uo$^{13}$p$^{h}$iaŋ$^{13}$kɔk$^{3}$xɔŋ$^{53}_{44}$t$^{h}$et$^{5}$(x)ek$^{3}$li$^{0}$lau$^{0}$,t$^{h}$et$^{5}$xek$^{3}$iet$^{3}$k$^{h}$uai$^{53}$mən$^{35}$t$^{h}$ai$^{53}$io$^{0}$.｜箇只围墙～嘿哩哦，围墙脚下～嘿哩哦。kai$^{53}_{44}$tʂak$^{3}$uei$^{13}$ts$^{h}$iɔŋ$^{13}$t$^{h}$et$^{5}_{3}$(x)ek$^{3}$li$^{0}$o$^{0}$,uei$^{13}$ts$^{h}$iɔŋ$^{13}_{44}$ciɔk$^{3}$xa$^{53}_{44}$t$^{h}$et$^{5}$(x)ek$^{3}$li$^{0}$o$^{0}$.

【溻场】t$^{h}$ait$^{3}$tʂ$^{h}$ɔŋ$^{13}$ [动]失败并蒙受损失：～啊，溻哩场啊。晓得吗，～系么个意思么晓？就是受损失啊。t$^{h}$ait$^{3}$tʂ$^{h}$ɔŋ$^{13}$ŋa$^{0}$,t$^{h}$ait$^{3}$li$^{0}$tʂ$^{h}$ɔŋ$^{13}$ŋa$^{0}$.çiau$^{21}$tek$^{3}$ma$^{0}$,t$^{h}$ait$^{3}$tʂ$^{h}$ɔŋ$^{13}$xei$^{53}$mak$^{3}$(k)e$^{53}$i$^{53}_{44}$sɿ$^{0}$mo$^{0}$çiau$^{21}$?ts$^{h}$iəu$^{53}_{44}$ʂʅ$^{53}_{44}$ʂəu$^{53}$sən$^{21}$ʂʅ$_{44}$a$^{0}$.

【塔】t$^{h}$ait$^{3}$ [名]佛教特有的高耸尖顶的多层建筑物，也泛指塔形的建筑物：浏阳箇西湖山上就有只～啦，我等去西湖山就喜欢爬箇～顶高去啊。箇夜晡都看得倒，汪光哦。liəu$^{13}$iɔŋ$^{13}$kai$^{53}_{44}$si$^{35}_{44}$fu$^{13}_{21}$san$^{35}_{44}$xɔŋ$^{53}_{44}$ts$^{h}$iəu$^{53}_{44}$iəu$^{35}_{44}$tʂak$^{3}$t$^{h}$ait$^{3}$la$^{0}$,ŋai$^{13}$tien$^{0}$çi$^{53}$si$^{35}_{44}$fu$^{13}_{21}$san$^{35}_{44}$ts$^{h}$iəu$^{53}_{44}$çi$^{21}$fɔn$^{35}_{44}$p$^{h}$a$^{13}$kai$^{53}$t$^{h}$ait$^{3}$taŋ$^{21}$kau$^{35}_{44}$çi$^{53}_{44}$a$^{0}$.kai$^{53}_{44}$ia$^{53}$pu$^{35}_{44}$təu$^{35}_{44}$k$^{h}$ɔn$^{53}$tek$^{3}$tau$^{21}$,uaŋ$^{35}$kɔŋ$^{35}_{44}$ŋo$^{0}$.

【拓】t$^{h}$ɔit$^{3}$ [动]依脚的样子制作鞋样：你拿只脚来试下子看呐，～只样。～只样下来看呐。ɲi$^{13}$la$^{53}$(tʂ)ak$^{3}$ciɔk$^{3}$lɔi$^{13}$ʂʅ$^{53}$xa$^{53}_{21}$tsɿ$^{0}$k$^{h}$ɔn$^{53}$na$^{0}$,t$^{h}$ɔit$^{3}$tʂak$^{3}$iɔŋ$^{53}$.t$^{h}$ɔit$^{3}$tʂak$^{3}$iɔŋ$^{53}$xa$^{35}_{44}$lɔi$^{13}_{44}$k$^{h}$ɔn$^{53}$na$^{0}$.

【踏】t$^{h}$ait$^{5}$ [动]舂（指用脚碓或水碓）：～脚碓是踩个。t$^{h}$ait$^{5}$ciɔk$^{3}$tɔi$^{53}$ʂʅ$^{53}_{44}$ts$^{h}$ai$^{21}$ke$^{53}$.｜（硇其红）随你让门子整，欸，让门子去～，都冇得白。ts$^{h}$i$^{13}$ɲi$^{13}_{44}$ɲiɔŋ$^{53}$mən$^{0}$tsɿ$^{0}$tʂaŋ$^{21}$,e$_{21}$, ɲiɔŋ$^{53}$mən$^{0}$tsɿ$^{0}$çi$^{53}_{44}$t$^{h}$ait$^{5}$,təu$^{35}_{44}$mau$^{13}_{21}$tek$^{3}$p$^{h}$ak$^{5}$.

【踏凳子】t$^{h}$ait$^{5}$tien$^{53}$tsɿ$^{0}$ [名]旧时床前用来放鞋子、方便上下床的矮而长的凳子：从前个还有只东西缯搞嘞，讲床箇映子咯，从前从前个，以系就床刀吵，系唔系？欸，面上是讲哩欸坐板吵，加块坐板。床面前呢有只子桌子。矮矮子个。有咁高。欸，咁高子。用来放鞋个。安做～。我等以映个欸有只咁个规矩嘞，做媒人公个人，做媒人，做媒人呢，做媒呀，做媒人公个人，你箇晡爱跪～，安做爱跪～。欸就一只话法咯。爱渠跪～。箇就系，箇是当年系一种笑话唠。今晡是你跪～啦。今晡是你……箇做媒人公个人爱跪～。欸，比较长，就系用来放鞋个嘞。床面前放鞋嘞，省子放下地泥下。欸～，现在冇么人用了唠。ts$^{h}$əŋ$^{13}$ts$^{h}$ien$^{13}$ke$^{53}$xai$^{13}$iəu$^{35}$tʂak$^{3}$təŋ$^{35}_{44}$si$^{0}$maŋ$^{13}$kau$^{21}$le$^{0}$,kɔŋ$^{21}$ts$^{h}$ɔŋ$^{13}$kai$^{53}_{44}$iaŋ$^{53}_{44}$tsɿ$^{0}$ko$^{0}$,ts$^{h}$əŋ$^{13}$ts$^{h}$ien$^{13}$ts$^{h}$əŋ$^{13}$ts$^{h}$ien$^{13}$ke$^{53}_{44}$,i$^{21}$xe$^{53}$tsiəu$^{53}$ts$^{h}$ɔŋ$^{13}$tau$^{35}_{44}$ʂa$^{0}$,xei$^{53}_{44}$me$^{53}_{44}$?ei$_{21}$,mien$^{53}$xɔŋ$^{53}$ʂʅ$^{53}_{44}$kɔŋ$^{21}$li$^{0}$e$^{0}$ts$^{h}$o$^{35}$pan$^{21}$ʂa$^{0}$,cia$^{35}$k$^{h}$uai$^{53}_{44}$ts$^{h}$o$^{35}$pan$^{21}$.ts$^{h}$ɔŋ$^{13}$mien$^{53}$ts$^{h}$ien$^{13}$nei$^{0}$iəu$^{35}$tʂak$^{3}_{5}$tsɿ$^{0}$tsɔk$^{3}$tsɿ$^{0}$.ai$^{21}_{35}$ai$^{21}$tsɿ$^{0}$ke$^{53}_{21}$.iəu$^{35}_{44}$kan$^{21}_{35}$kau$^{35}_{44}$.e$_{21}$,kan$^{21}_{35}$kau$^{35}_{44}$tsɿ$^{0}$.iəŋ$^{53}$lɔi$^{13}_{21}$fɔŋ$^{53}$xai$^{13}$ke$^{53}$.ɔn$^{35}_{44}$tso$^{53}_{44}$t$^{h}$ait$^{5}$tien$^{53}$tsɿ$^{0}$.ŋai$^{13}$tien$^{0}$i$^{21}$iaŋ$^{53}$ke$^{53}_{21}$e$_{21}$iəu$^{35}$tʂak$^{3}$kan$^{21}$cie$^{53}_{44}$kuei$^{35}$tʂʮ$^{21}$le$^{0}$,tso$^{53}$mɔi$^{13}$ɲin$^{13}_{44}$kəŋ$^{35}$ke$^{53}$ɲin$^{13}_{21}$,tso$^{53}$mɔi$^{13}$ɲin$^{13}_{21}$,tso$^{53}$mɔi$^{13}$ɲin$^{13}_{21}$ne$^{0}$,tso$^{53}$mei$^{13}$ia$^{0}$,tso$^{53}$mɔi$^{13}$ɲin$^{13}_{44}$kəŋ$^{35}$ke$^{53}$ɲin$^{21}$, ɲi$^{13}$kai$^{53}_{44}$pu$^{35}_{44}$ɔi$^{53}_{44}$k$^{h}$uei$^{21}$t$^{h}$ait$^{5}$tien$^{53}$tsɿ$^{0}$,ɔn$^{35}_{44}$tso$^{53}_{44}$ɔi$^{53}$k$^{h}$uei$^{21}$t$^{h}$ait$^{5}$tien$^{53}$tsɿ$^{0}$.e$_{21}$tsiəu$^{53}$iet$^{3}$tʂak$^{3}$ua$^{53}$fait$^{3}$ko$^{0}$.ɔi$^{53}$ci$^{13}_{21}$k$^{h}$uei$^{21}$t$^{h}$ait$^{5}$tien$^{53}$tsɿ$^{0}$.kai$^{53}_{44}$ts$^{h}$iəu$^{53}_{44}$xei$^{53}_{44}$,kai$^{53}_{44}$ʂʅ$^{53}_{44}$tɔŋ$^{35}$ɲien$^{13}_{21}$xei$^{53}$iet$^{3}$tʂəŋ$^{21}$siau$^{53}$fa$^{53}_{21}$lau$^{0}$.cin$^{35}$pu$^{35}_{53}$ʂʅ$^{53}_{44}$ɲi$^{13}_{21}$k$^{h}$uei$^{21}$t$^{h}$ait$^{5}$tien$^{53}$tsɿ$^{0}$la$^{0}$.cin$^{35}$pu$^{35}_{53}$ʂʅ$^{53}_{44}$ɲi$^{13}_{21}$⋯kai$^{53}_{44}$tso$^{53}$mɔi$^{13}_{21}$ɲin$^{13}_{44}$kəŋ$^{35}$ke$^{53}$ɲin$^{13}_{21}$ɔi$^{53}_{44}$k$^{h}$uei$^{21}$t$^{h}$ait$^{5}$tien$^{53}$tsɿ$^{0}$.ei$_{53}$,pi$^{21}$ciau$^{53}$tʂ$^{h}$ɔŋ$^{13}$,ts$^{h}$iəu$^{53}$ue$_{44}$(←xe$^{53}$)iəŋ$^{53}$lɔi$^{13}_{21}$fɔŋ$^{53}$xai$^{13}$ke$^{53}$lei$^{0}$.ts$^{h}$ɔŋ$^{13}$mien$^{53}$ts$^{h}$ien$^{13}_{21}$fɔŋ$^{53}$xai$^{13}$le$^{0}$,saŋ$^{21}$tsɿ$^{0}$fɔŋ$^{53}_{44}$ŋa$_{44}$(←xa$^{53}$)t$^{h}$i$^{53}$lai$^{13}_{21}$

xa35.e21tʰait5 ten53tsɿ0,çien53tsʰai53mau13-21mak3 in13-44iəŋ53liau21lau0.

【踏脚板】tʰait5 ciɔk3 pan21 [名]蒲滚、缝纫机、打谷机等上的踏板：打谷机上个～呐，箇阵子我等队上有只老子，总都唔会踩，踩下去又踩只绷硬个，冇哩转。渠唔晓得提起下子脚来呀。总是飳死个踩下去，踩下去又冇哩动。ta21kuk3 ci35xɔŋ53-44ke53-44tʰait5 ciɔk3 pan21na0,kai53-44tʂʰən53tsɿ0 ŋai13-21 tien0 ti53xɔŋ53-44iəu35tʂak3 lau21tsɿ0,tsəŋ21təu35-53m̩13uɔi53tsʰai21,tsʰai21ia53-44çi53-44iəu53tsʰai21tʂak3 paŋ35ŋaŋ53ke53,mau13-21li0 tʂuɔn21.ci13-21n̩13çiau21tek3 tʰia35çi21-44xa53-44tsɿ0 ciɔk3 lɔi13-21ia0.tsəŋ21-53ʂɿ53-44tsiəu53-44si21ke53tsʰai21xa53çi53,tsʰai21xa53çi53iəu53 mau13-21li0 tʰəŋ53.

【踏乱哩】tʰait5 lɔn53li0 [形]状态词。很乱：欸，大风一吹，（禾）也会簦稿。就系～，就唔知几乱了哇，交……搞做一饽一饽了哇。e21,tʰai53fəŋ35-44iet3 tʂʰei35,ia35uɔi53ləŋ13kau21.tsʰiəu53-44xei53tʰait5 lɔn53 li0,tsʰiəu53-44n̩13ti35-53ci21lɔn53liau21ua0,ciau35ts⋯kau21tso53iet3 pʰɔk5 iet3 pʰɔk5 liau21ua0.

【踏盆】tʰait5 pʰən13 [名]炭盆。又称“火盆”：～就系炙火个火盆呢，因为渠有只架子，好放脚，好搁脚，所以渠安做～，箇阵子我等屋下就有只～，欸，铁个，箇系好炙火，唔爱脱鞋，就咁子一双脚杵下去。tʰait5 pʰən13-44tsʰiəu53xei53tʂak3 fo21ke53fo21pʰən13nei0,in35uei53-44ci13-21iəu35tʂak3 ka53tsɿ0, xau21fɔŋ53ciɔk3,xau21kɔk3 ciɔk3,so21i35-53ci13-21ɔn35-44tso53-44tʰait5 pʰən13,kai53tʂʰən53tsɿ0 ŋai13tien0uk3 xa53-44tsʰiəu53-44iəu35 tʂak3 tʰait5 pʰən13,e21,tʰiet3 ke53,kai53xei53xau21tʂak3 fo21,m̩13-21mɔi53tʰɔit3 xai13,tsʰiəu53kan21tsɿ0 iet3 səŋ35ciɔk3 tʂʰʮ21(x)a53çi53.

【踏盆架子】tʰait5 pʰən13ka53tsɿ0 [名]支承炭盆的架子：我等屋下个踏盆就底下就硬就有只咁个～啊。欸，箇～放倒箇映子，面上放只踏盆去，铲兜火去炙，就叮叮转坐得七八个人。欸，箇是蛮大哟。箇起码都有比你箇只纸壳箱更大哟。叮叮转坐倒箇人去炙。渠就唔脱鞋，唔爱脱鞋，也不能放床被子。甚至嘞箇只踏盆它肚里嘞还可以放兜子放置树棍子烧兜子火，又同箇火炉样了。ŋai13tien0uk3 xa53ke0 tʰait5 pʰən13-44tsiəu53-44tei21xa53-44tsiəu53-44ɲiaŋ53tsʰiəu53iəu35tʂak3 kan21ke0 tʰait5 pʰən13-21ka53tsa0.e21,kai53-44tʰait53pʰən13-21ka53tsɿ0 fɔŋ53tau21kai53-44iaŋ53-44tsɿ0,mien53xɔŋ53-44fɔŋ53-44tʂak3 tʰait5 pʰən13çi53,tsʰan21 tei35-53fo21çi53tʂak3,tsʰiəu53-44tin35tin35-44tʂuɔn21tsʰo35tek3 tsʰiet3 pait3 ke53ɲin13-21.e21,kai53ʂɿ53-44man13tʰai53iau0.kai53çi21 ma35təu35-44iəu35-44pi21ɲi13kai53tʂak3 tʂɿ21kʰɔk3 siɔŋ35cien53tʰai53iau0.tin35tin35-44tʂuɔn21tsʰo35-44tau21kai53-44ɲin13-21çi53tʂak3. ci13-21tsʰiəu53m̩13-21tʰɔit3 xai13,m̩13-21mɔi53tʰɔit3 xai13,ia35pət3 len13-44fɔŋ53tsʰɔŋ13-21pʰi35tsɿ0.ʂən53tʂɿ53-44lei0 kai53-44tʂak3 tʰait5 pʰən13-21tʰa35-44təu21li0 lei0 xai13-21kʰo21i35-44fɔŋ53tei35-53tsɿ0 fɔŋ53tʂɿ53ʂəu53kuən53tsɿ0 ʂau35te35-53tsɿ0 fo21,iəu53tʰəŋ13-21kai53fo21ləu13 iɔŋ53liau0.

【踏青】tʰait5 tsʰiaŋ35 [动]妇女出嫁后的次年春天回娘家省亲：以前呐，早年间子，妹子卖出去哩以后，卖嘿哩妹子以后，到哩春天会归去～呢。箇妹子归去娘家去啊。三天就系归去回门吵。到哩春天呢，欸，一般是冬下天结婚，欸，今年冬下十二月么啊日子，欸，讨倒箇只妹子归来哩。到哩明年春天，安做归去娘家～。爱做滴子米馃子箇只呢送倒渠归呢。爱归去嬲一回。i35-44tsʰien13-21na0,tsau21ɲien13kan35-44tsɿ0,mɔi53tsɿ0 mai53tʂʰət3 çi53li0 i35-44xei53-44,mai53ek3 li0 mɔi53tsɿ0 i35-44xei53-44,tau53 li0 tʂʰən35tʰien35-44uɔi53kuei35çi53-44tʰait5 tsʰiaŋ35nei0.kai53-44mɔi53tsɿ0 kuei35çi53-44ɲiɔŋ13cia35-44çi53-44a0.san35tʰien35-44tsʰiəu53xe53 kuei35çi53fei13mən13ʂa0.tau53li0 tʂʰən35tʰien35-44ne0,ei21,iet3 pɔn35ʂɿ53-44təŋ35xa35-44tʰien35-44ciet3 fən35,e21,cin35ɲien13-21təŋ35-44 xa35-44ʂət5 ɲi53ɲiet5 mak3 a0 ɲiet3 tsɿ0,e21,tʰau21tau21kai53tʂak3 mɔi53tsɿ0 kuei35lɔi13-21li0.tau53li0 ɲiaŋ13(←miaŋ13) ɲien13-21tʂʰən35tʰien35-44,ɔn35-44tso53-44kuei35çi53-21ɲiɔŋ13cia35-44tʰait5 tsʰiaŋ35.ɔi53-44tso53-44tet5 tsɿ0 mi21ko21tsɿ0 kai53-44tʂak3 nei0 səŋ53 tau21ci13-21kuei35-44nei0.ɔi53-44kuei35-44çi53-44liau53iet3 fei13-21.

【踏实】tʰait5 ʂət5 [形]切实认真，不浮躁：做事爱～滴子啦，莫咁𣨼。tso53sɿ53ɔi53-44tʰait5 ʂət5 tiet5 tsɿ0 la0,mɔk5 kan21pʰaŋ53.

【胎毛】tʰɔi35mau35 [名]胎发；初生婴儿未剃过的头发：剃～tʰe53tʰɔi35mau35

【胎神】tʰɔi35ʂən13 [名]专管胎儿的神灵：咁个不可信呢，但是尽兜都唔敢惹，安做有～。占哩～，你等箇有老家有咁个话法么？占哩～。嗯。一家人家有只人，系话擐哩人，打比我箇只细孙子话擐下肚子里个时候子啊爱搞只么个路子嘞？分我新舅一讲，唔敢搞哩啰。哦，我爱斢张床啊么个嘞。爱斢张床啊斢只柜。唔敢搞哩。搣撇动开渠间里箇只柜来呀，磕嘿去啊，箇只柜唔好哇。买只新柜放倒去下。箇都敢动？渠箇只间里就唔敢动哩啦！欸，箇怕犯倒啦。～就系指母亲怀孕个时候子欸系一种神在保佑渠，不能乱动，～占哩。渠箇箇只胎神是今晡去以映，明晡去箇映，欸，箇传说是，今晡去间里，明晡去厅子里，后日晡去灶下，反正去渠屋下凑。欸，～。你就爱算，今晡是～占厅子，今晡是～占间里，明晡是～占床，后日晡是～又占食饭桌，欸就动唔得，欸占灶，或者又占灶。咁子个。相信有只～。～箇晡到哩灶下，你就灶下动唔得。渠有种算法，有种箇个阴阳先生，有兜箇个农村里个人呐渠会算，嗯，今晡是～占灶，嗯，明晡是～占床，占床箇晡你就摊被窝都莫……爱好生，摊被窝是摊得唠，你就不能够话床上啊我翻起来啊，我加床被窝凑哩。kan$^{21}$ke$^{53}$pət$^{3}$ kʰo$^{21}$sin$^{53}$ne$^{0}$,tan$^{53}_{21}$ʂʅ$^{53}$ tsʰin$^{53}$te$^{35}_{53}$təu$^{35}_{53}$n̩$^{13}_{21}$kan$^{21}$ɲia$^{35}_{44}$,ɔn$^{35}_{44}$tso$^{53}$iəu$^{35}_{44}$tʰɔi$^{35}$ʂən$^{13}$.tʂan$^{53}$li$^{0}$ tʰɔi$^{35}$ʂən$^{13}_{21}$, ɲi$^{13}$tien$^{0}$kai$^{53}_{44}$iəu$^{35}_{53}$lau$^{21}$cia$^{35}_{44}$iəu$^{35}_{53}$kan$^{21}$ ke$^{53}_{44}$ua$^{53}$fait$^{3}$ mo$^{0}$?tʂan$^{53}$tʰɔi$^{35}$ʂən$^{13}$.n̩$_{21}$.iet$^{3}$ ka$^{35}_{53}$ɲin$^{13}_{21}$ka$^{35}_{44}$iəu$^{35}_{53}$tʂak$^{3}$ ɲin$^{13}$,xei$^{53}$ua$^{53}$kʰuan$^{53}$li$^{0}$ɲin$^{13}$,ta$^{21}$pi$^{21}$ŋai$^{13}$ kai$^{53}_{44}$tʂak$^{3}$ se$^{53}$sən$^{35}$tsɿ$^{0}$ua$^{53}_{44}$kʰuan$^{53}$(x)a$^{53}$təu$^{21}$tsɿ$^{0}$li$^{21}$ke$^{53}$ʂʅ$^{13}$xei$^{53}$tsɿ$^{0}$ a$^{0}$ ɔi$^{53}$kau$^{21}$tʂak$^{3}$ mak$^{3}$ ke$^{53}_{44}$ləu$^{53}$tsɿ$^{0}$ le$^{0}$ ?pən$^{35}$ ŋai$^{13}_{21}$sin$^{35}_{44}$cʰiəu$^{35}_{53}$iet$^{3}$ kɔŋ$^{21}$,n̩$^{13}$kan$^{21}$kau$^{21}$li$^{0}$ lo$^{0}$ .o$_{21}$,ŋai$^{13}_{21}$ɔi$^{53}$tʰiau$^{21}$tʂɔŋ$^{35}_{53}$tsʰɔŋ$^{13}$ŋa$^{0}$ mak$^{3}$ ke$^{53}$lei$^{0}$ .ɔi$^{53}$tʰiau$^{21}$tʂɔŋ$^{35}_{53}$ tsʰɔŋ$^{13}$ŋa$^{0}$ tʰiau$^{21}$tʂak$^{3}$ kʰuei$^{53}$.n̩$^{13}$kan$^{21}$kau$^{21}$li$^{0}$ .mən$^{35}$kʰɔi$^{35}$ci$^{13}_{21}$kan$^{35}$ni$^{21}$kai$^{53}_{21}$tʂak$^{3}$ kʰuei$^{53}$lɔi$^{13}_{21}$ia$^{0}$ ,kʰɔk$^{5}$ (x)ek$^{3}$ çi$^{53}$a$^{0}$ ,kai$^{53}$tʂak$^{3}$ kʰuei$^{53}$n̩$^{13}$xau$^{21}$ua$^{0}$ .mai$^{35}$tʂak$^{3}$ sin$^{35}$kʰuei$^{53}$fɔŋ$^{53}$tau$^{21}$çi$^{53}$xa$^{53}_{21}$.kai$^{53}$təu$^{35}_{53}$kan$^{21}$tʰəŋ$^{35}$?ci$^{13}_{21}$kai$^{53}_{44}$tʂak$^{3}$ kan$^{35}$ni$^{21}$tsʰiəu$^{53}$n̩$^{13}$kan$^{21}$tʰəŋ$^{35}$li$^{0}$ la$^{0}$ !ei$_{21}$,kai$^{53}$pʰa$^{53}$fan$^{53}$tau$^{21}$la$^{0}$ .tʰɔi$^{35}$ʂən$^{13}_{21}$tsʰiəu$^{53}$xe$^{53}$tʂʅ$^{21}$mu$^{21}$tsʰin$^{35}_{44}$fai$^{13}$uən$^{53}$ ke$^{53}_{21}$ʂʅ$^{13}$xei$^{53}$tsɿ$^{0}$ e$_{21}$xei$^{53}$iet$^{3}$ tʂəŋ$^{21}$ʂən$^{13}$tsʰai$^{53}$pau$^{21}$iəu$^{53}$ci$^{13}_{21}$,pət$^{3}$ len$^{13}_{21}$lɔn$^{53}$tʰəŋ$^{35}$,tʰɔi$^{35}$ʂən$^{13}_{21}$tʂan$^{53}$ni$^{21}$.ci$^{13}_{21}$kai$^{53}_{44}$kai$^{53}$ (tʂ)ak$^{3}$ tʰɔi$^{35}$ʂən$^{13}_{21}$ʂʅ$^{53}_{44}$cin$^{35}$pu$^{35}_{44}$çi$^{53}$i$^{21}$iaŋ$^{53}$,miaŋ$^{13}$pu$^{35}_{44}$çi$^{53}$kai$^{53}$iaŋ$^{53}_{44}$,e$_{21}$,kai$^{53}$tʂʰen$^{13}$ʂet$^{3}$ ʂʅ$^{53}_{44}$,cin$^{35}$pu$^{35}_{44}$çi$^{53}$kan$^{35}$ ni$^{21}$,miaŋ$^{13}$pu$^{35}_{53}$çi$^{53}$tʰaŋ$^{35}$tsɿ$^{0}$ li$^{0}$ ,xei$^{35}$ɲiet$^{3}$ pu$^{35}_{44}$çi$^{53}_{44}$tsau$^{53}$xa$^{53}_{44}$,fan$^{21}$tʂən$^{53}_{44}$çi$^{53}_{44}$ci$^{13}_{21}$uk$^{3}$ xa$^{53}$tsʰe$^{0}$ .e$_{21}$,tʰɔi$^{35}$ʂən$^{13}_{21}$. ɲi$^{13}_{21}$ tsʰiəu$^{53}_{44}$ɔi$^{53}_{44}$sɔn$^{53}$,cin$^{35}$pu$^{35}_{53}$ʂʅ$^{53}_{44}$tʰɔi$^{35}$ʂən$^{13}_{21}$tʂan$^{53}$tʰaŋ$^{35}$tsɿ$^{21}$,cin$^{35}$pu$^{35}_{53}$ʂʅ$^{53}_{44}$tʰɔi$^{35}$ʂən$^{13}_{21}$tʂan$^{53}$kan$^{35}$ni$^{21}$,miaŋ$^{13}$pu$^{35}$ʂʅ$^{53}_{44}$ tʰɔi$^{35}$ʂən$^{13}_{21}$tʂan$^{53}$tsʰɔŋ$^{13}$,xei$^{35}$ɲiet$^{3}$ pu$^{35}_{53}$ʂʅ$^{53}_{44}$tʰɔi$^{35}$ʂən$^{13}_{21}$iəu$^{53}$tʂan$^{53}$ʂət$^{5}$ fan$^{53}$tsɔk$^{3}$ ,e$^{0}$ tsʰiəu$^{53}_{44}$tʰəŋ$^{35}$n̩$^{13}_{21}$tek$^{3}$ ,e$^{0}$ tʂan$^{53}_{44}$ tsau$^{53}$,xɔit$^{5}_{3}$ tʂa$^{21}$iəu$^{53}_{44}$tʂan$^{53}_{44}$tsau$^{53}$.kan$^{21}_{13}$tsɿ$^{0}$ ke$^{53}$.siɔŋ$^{35}$sin$^{53}_{44}$iəu$^{35}$tʂak$^{3}$ tʰɔi$^{35}$ʂən$^{13}$.tʰɔi$^{35}$ʂən$^{13}_{21}$kai$^{53}_{44}$pu$^{35}$tau$^{53}$li$^{0}$ tsau$^{53}$ xa$^{53}_{44}$, ɲi$^{13}_{21}$tsʰiəu$^{53}_{44}$tsau$^{53}$xa$^{53}_{44}$tʰəŋ$^{35}_{44}$n̩$^{13}_{21}$tek$^{3}$ .ci$^{13}_{21}$iəu$^{35}_{44}$tʂəŋ$^{21}$sɔn$^{53}$fait$^{3}$ ,iəu$^{35}_{53}$tʂəŋ$^{21}$kai$^{53}_{44}$ke$^{53}_{44}$in$^{35}$iɔŋ$^{13}_{21}$sien$^{35}_{44}$saŋ$^{35}_{44}$,iəu$^{35}$te$^{35}_{53}$ kai$^{53}_{44}$ke$^{53}_{44}$ləŋ$^{13}_{21}$tsʰən$^{35}_{44}$li$^{21}$ke$^{53}$ɲin$^{13}_{21}$na$^{0}$ ci$^{13}_{21}$uɔi$^{53}_{44}$sɔn$^{53}$,n̩$_{21}$,cin$^{35}$pu$^{35}_{44}$ʂʅ$^{53}_{44}$tʰɔi$^{35}$ʂən$^{13}_{21}$tʂan$^{53}$tsau$^{53}$,n̩$_{21}$,miaŋ$^{13}$pu$^{35}_{44}$ʂʅ$^{53}_{44}$tʰɔi$^{35}$ ʂən$^{13}_{21}$tʂan$^{53}$tsʰɔŋ$^{13}$,tʂan$^{53}$tsʰɔŋ$^{13}$kai$^{53}_{44}$pu$^{35}_{44}$ɲi$^{13}_{21}$tsʰiəu$^{53}_{44}$tʰan$^{35}_{44}$pʰi$^{35}$pʰo$^{35}_{44}$təu$^{35}_{44}$mɔk$^{5}$ …ɔi$^{53}_{44}$xau$^{21}$sen$^{35}$,tʰan$^{35}_{44}$pʰi$^{35}$pʰo$^{35}_{53}$ ʂʅ$^{53}_{44}$tʰan$^{35}$tek$^{3}$ lau$^{0}$, ɲi$^{13}$tsʰiəu$^{53}$pət$^{3}$ len$^{13}$ciau$^{53}$ua$^{53}$tsʰɔŋ$^{13}$xɔŋ$^{53}$ŋa$^{0}$ ŋai$^{13}_{21}$fan$^{35}$çi$^{21}$lɔi$^{13}_{21}$a$^{0}$ ,ŋai$^{13}_{21}$cia$^{35}_{44}$tsʰɔŋ$^{13}_{21}$pʰi$^{35}$pʰo$^{35}_{44}$ tsʰei$^{53}$li$^{0}$ .

【台$_{1}$】tʰɔi$^{13}$ 名①便于观众观看的高出地面的设备：只有箇道士打只～唔知几高，欸，放几张高桌啊，跍倒上背作法呀。tʂʅ$^{21}$iəu$^{35}_{44}$kai$^{53}_{44}$tʰau$^{53}$sʅ$^{53}_{44}$ta$^{21}$tʂak$^{3}$ tʰɔi$^{13}$n̩$^{13}_{21}$ti$^{35}_{44}$ci$^{21}$kau$^{35}_{44}$,e$_{21}$,fɔŋ$^{53}$ci$^{21}$tʂɔŋ$^{35}_{44}$kau$^{35}$ tsɔk$^{3}$ a$^{0}$ ,kʰu$^{35}_{44}$tau$^{21}_{44}$ʂɔŋ$^{53}$pɔi$^{53}_{44}$tsɔk$^{3}$ fait$^{3}$ ia$^{0}$ . ②在地名中用作通名：曾家～ tsien$^{35}_{44}$ka$^{35}_{44}$tʰɔi$^{13}$

【台$_{2}$】tʰɔi$^{35}$ 量①用于某些机器：一～机器 iet$^{3}$ tʰɔi$^{35}$ci$^{35}$çi$^{53}$。②舞台上一次完整的演出：唱一～戏 tʂʰɔŋ$^{53}$iet$^{3}$ tʰɔi$^{35}$çi$^{53}$

【台秤子】tʰɔi$^{13}$tʂʰən$^{53}$tsɿ$^{0}$ 名一种带有平台的称重机械，物体置于其平台上称重：店铺里也冇么人用天平，只有咁个～。tien$^{53}$pʰu$^{53}$li$^{21}$ia$^{35}_{53}$mau$^{13}_{21}$mak$^{3}$ in$^{13}_{44}$iəŋ$^{53}$tʰien$^{35}_{44}$pʰin$^{13}_{21}$,tʂʅ$^{21}$iəu$^{35}_{53}$kan$^{21}$ke$^{53}$tʰɔi$^{13}$ tʂʰən$^{53}$tsɿ$^{0}$.

【抬步】tʰai$^{13}$pʰu$^{53}$ 动挪动脚步。用作敬辞：以只事嘞我是结婚了，请媒人公啊～，请媒人公着累。～，就系到我屋下来啊。i$^{21}$tʂak$^{3}$ sɿ$^{53}$lei$^{0}$ ŋai$^{13}$ʂʅ$^{53}_{44}$ciet$^{3}$ fən$^{35}$liau$^{0}$ ,tsʰiaŋ$^{21}$mɔi$^{13}$ɲin$^{13}$kəŋ$^{35}$ŋa$^{0}$ tʰai$^{13}_{44}$ pʰu$^{53}$,tsʰiaŋ$^{21}$mɔi$^{13}$ɲin$^{13}$kəŋ$^{35}$tʂʰɔk$^{5}$ li$^{53}$.tʰai$^{13}_{44}$pʰu$^{53}$,tsʰiəu$^{53}_{44}$xe$^{53}_{44}$tau$^{53}$ŋai$^{13}_{44}$uk$^{3}$ xa$^{53}$lɔi$^{13}_{44}$a$^{0}$ .

【太】tʰai$^{53}$ 副①过于。表示程度过分：你冇得箇只东西慢点箇就装得～多。ɲi$^{13}$mau$^{13}$tek$^{3}$ kai$^{53}_{44}$ tʂak$^{3}$ təŋ$^{35}_{44}$si$^{0}$ man$^{53}_{44}$tian$^{21}_{44}$kai$^{53}_{44}$tsiəu$^{53}_{44}$tʂɔŋ$^{35}$tek$^{3}$ tʰai$^{53}$to$^{35}_{44}$. ②很。表示程度极高：～怀疑渠指豆豉油个卫生。tʰai$^{53}$fai$^{13}$ɲi$^{13}$ci$^{13}_{21}$ke$^{53}_{44}$uei$^{53}$sien$^{35}$.

【太师椅】tʰai$^{53}$sʅ$^{35}_{44}$i$^{21}$ 名老式宽大、带靠背、扶手的木制椅子（旧时放置于上席或厅堂中供贵客坐）：有起安做～嘞。iəu$^{35}$çi$^{21}$ɔn$^{35}_{44}$tso$^{53}_{44}$tʰai$^{53}$sʅ$^{35}_{44}$i$^{21}$lei$^{0}$.

【太太】tʰai$^{53}$tʰai$^{53}$ 名①对曾祖母的称谓。又称“老老”或“婆太、老婆婆”：同我箇只孙子样，渠正架势喊婆太喊唔出，就喊～，欸，婆太摎～都系一只意思。tʰəŋ$^{13}_{21}$ŋai$^{13}_{21}$kai$^{53}$(tʂ)ak$^{3}$ sən$^{35}$tsɿ$^{0}$ iɔŋ$^{53}_{44}$,ci$^{13}$tʂaŋ$^{53}$cia$^{53}$ʂʅ$^{53}$xan$^{53}$pʰo$^{13}$tʰai$^{53}$xan$^{53}$n̩$^{13}_{21}$tʂʰət$^{3}$ ,tsiəu$^{53}_{44}$xan$^{53}_{21}$tʰai$^{53}$tʰai$^{53}$,e$^{0}$ ,pʰo$^{13}$tʰai$^{53}$lau$^{35}_{44}$tʰai$^{53}$tʰai$^{53}$təu$^{35}$ xei$^{53}$iet$^{3}$ tʂak$^{3}$ i$^{53}$sɿ$^{0}$. ②也可用做对曾祖父的称谓：嗯，我等箇只孙子我教渠喊我叔叔啊就喊～，欸，喊我㜷㜷也喊～。n̩$_{21}$,ŋai$^{13}$tien$^{0}$ kai$^{53}$(tʂ)ak$^{3}$ sən$^{35}$tsɿ$^{0}$ ŋai$^{13}_{21}$kau$^{35}$ci$^{13}_{44}$xan$^{53}$ŋai$^{13}_{21}$ʂəuk$^{3}$ ʂəuk$^{3}$ a$^{0}$ tsʰiəu$^{53}_{44}$ xan$^{53}_{21}$tʰai$^{53}$tʰai$^{53}_{44}$,e$_{21}$,xan$^{53}$ŋai$^{13}_{21}$mei$^{35}$mei$^{35}_{44}$ia$^{35}$xan$^{53}_{44}$tʰai$^{53}$tʰai$^{53}_{44}$. ③引申用做对老年人的称谓：反正就系年纪蛮大子个人你就喊渠～凑。以下渠晓得看倒箇蛮老个人呢渠就喊～。fan$^{21}$tʂən$^{53}$tsʰiəu$^{53}$xei$^{53}$ ɲien$^{13}$ci$^{21}$man$^{13}$tʰai$^{53}$tsɿ$^{0}$ ke$^{53}$ɲin$^{13}_{21}$ɲi$^{13}$tsʰiəu$^{53}_{44}$xan$^{53}$ci$^{13}_{21}$tʰai$^{53}$tʰai$^{53}_{44}$tsʰe$^{0}$ .i$^{21}$xa$^{53}$ci$^{13}_{44}$çiau$^{21}$tek$^{3}$ kʰɔn$^{53}$tau$^{21}$kai$^{53}$man$^{13}$ lau$^{21}$ke$^{53}$ɲin$^{13}$nei$^{0}$ ci$^{13}_{21}$tsʰiəu$^{53}_{44}$xan$^{53}_{44}$tʰai$^{53}$tʰai$^{53}$.

【贪】tʰan$^{35}$ 动贪图：箇阵子嘞～倒箇只师傅唔知几便宜，箇阵子最早个篾席子咯两块钱一床。

kai$^{53}$tʂ$^{h}$ən$^{53}$tsɿ$^{0}$ lei$^{0}$ t$^{h}$an$^{35}$tau$^{21}$kai$^{53}$tʂak$^{3}$ sɿ$^{35}$fu$^{53}$n̩$^{13}$ti$^{35}_{53}$ci$^{21}$p$^{h}$ien$^{13}$ɲin$^{13}_{44}$,kai$^{53}_{44}$tʂ$^{h}$ən$^{53}_{44}$tsɿ$^{0}$ tsei$^{53}$tsau$^{21}$ke$^{0}$ miet$^{5}$ ts$^{h}$iak$^{5}$ tsɿ$^{0}$ ko$^{0}$ iɔŋ$^{21}$k$^{h}$uai$^{53}$ts$^{h}$ien$^{13}_{21}$iet$^{3}$ ts$^{h}$ɔŋ$^{13}_{21}$.

【摊】t$^{h}$an$^{35}$ [动]摆开；铺平：还爱～床晒箪来钉被窝咯。xai$^{13}_{21}$ɔi$^{53}_{44}$t$^{h}$an$^{35}$ts$^{h}$ɔŋ$^{13}_{21}$sai$^{53}$t$^{h}$ian$^{53}_{44}$lɔi$^{13}_{21}$tin$^{53}$p$^{h}$i$^{35}$ p$^{h}$o$^{35}_{44}$ko$^{0}$.

【摊床】t$^{h}$an$^{35}$ts$^{h}$ɔŋ$^{13}$ ①铺设卧具：客来哩啊重新摊张子床，欸，渠好睡呀，系唔系？好，唔系客来哩嘞，我等年年箇欸箇个以前呐年年都爱摊一到子床，分箇个老床秆搂倒烧咁去，放欸摊过床秆。一般都系秋天来摊呢，因为打哩禾了就有新秆呢。箇新秆摊倒箇个床真系好睡凑。k$^{h}$ak$^{3}$ lɔi$^{13}_{44}$li$^{0}$ a$^{0}$ tʂ$^{h}$əŋ$^{13}$sin$^{35}_{44}$t$^{h}$an$^{35}_{44}$tʂɔŋ$^{35}_{44}$tsɿ$^{0}$ ts$^{h}$ɔŋ$^{13}$,e$_{21}$,ci$^{13}_{44}$xau$^{21}$ʂɔi$^{53}$ia$^{0}$,xei$^{53}$me$^{53}$?xau$^{21}$,m̩$^{13}$p$^{h}$ei$^{53}$k$^{h}$ak$^{3}$ lɔi$^{13}_{21}$ li$^{0}$ lei$^{0}$,ŋai$^{13}$tien$^{0}$ɲien$^{13}$ɲien$^{13}_{44}$kai$^{53}$e$_{21}$kai$^{53}_{44}$ke$^{53}_{44}$i$^{35}_{53}$ts$^{h}$ien$^{13}$na$^{0}$ɲien$^{13}$ɲien$^{13}_{21}$təu$^{35}_{53}$ɔi$^{53}$t$^{h}$an$^{35}$iet$^{3}$ tau$^{53}$tsɿ$^{0}$ ts$^{h}$ɔŋ$^{13}$,pən$^{35}$ kai$^{53}$kei$^{53}_{44}$lau$^{21}$ts$^{h}$ɔŋ$^{13}$kɔn$^{21}$lei$^{13}$tau$^{21}$ʂau$^{35}$kan$^{21}$çi$^{53}$,fɔŋ$^{53}$e$_{21}$t$^{h}$an$^{35}_{44}$ko$^{53}$ts$^{h}$ɔŋ$^{13}$kɔn$^{21}$.iet$^{3}$ pɔn$^{35}$təu$^{35}_{44}$xei$^{53}_{44}$ts$^{h}$iəu$^{35}$t$^{h}$ien$^{35}_{44}$ nɔi$^{13}_{21}$t$^{h}$an$^{35}$nei$^{0}$,in$^{35}$uei$^{53}_{44}$ta$^{21}$li$^{0}$ uo$^{13}$liau$^{21}_{44}$ts$^{h}$iəu$^{53}_{44}$iəu$^{35}_{53}$sin$^{35}$kɔn$^{21}$nei$^{0}$.kai$^{53}_{44}$sin$^{35}$kɔn$^{21}$t$^{h}$an$^{35}_{44}$tau$^{21}_{44}$kai$^{53}_{44}$ke$^{53}_{44}$ts$^{h}$ɔŋ$^{13}_{21}$ tʂən$^{35}$ne$^{53}$xau$^{21}$ʂɔi$^{53}$ts$^{h}$e$^{0}$. ②睡觉起来整理好床铺：欸，平时也～，早晨爬跣来呀，爱摊被窝箇兜，爱～。莫搞倒箇个狗箇映就咁子一跑凑。欸，教细人子啊，我教如今教我箇只外甥都咁个噢，箇你掺我睡做一只间是你天天早晨上来爱～哦。你莫就咁子爬倒跑倒走嘿哩嘞。e$_{44}$, p$^{h}$in$^{13}$ʂʅ$^{13}_{44}$ia$^{35}$t$^{h}$an$^{35}$ts$^{h}$ɔŋ$^{13}$,tsau$^{21}$ʂən$^{13}_{21}$p$^{h}$a$^{13}$xɔŋ$^{53}$lɔi$^{13}_{44}$ia$^{0}$,ɔi$^{53}_{44}$t$^{h}$an$^{35}$p$^{h}$i$^{35}$p$^{h}$o$^{35}_{44}$kai$^{53}_{44}$te$^{35}_{44}$,ɔi$^{53}_{21}$t$^{h}$an$^{35}$ts$^{h}$ɔŋ$^{13}$.mɔk$^{5}$ kau$^{21}$ tau$^{21}$kai$^{53}_{44}$ke$^{53}_{44}$ciei$^{21}$kai$^{53}_{44}$iɔŋ$^{53}_{44}$ts$^{h}$iəu$^{53}$kan$^{21}$tsɿ$^{0}$ iet$^{3}$ p$^{h}$au$^{21}$ts$^{h}$e$^{0}$.e$_{21}$,kau$^{53}_{44}$sei$^{53}$ɲin$^{13}_{21}$tsɿ$^{0}$ a$^{0}$,ŋai$^{13}_{21}$kau$^{35}_{44}$i$^{13}_{21}$cin$^{35}_{44}$kau$^{35}_{44}$ŋai$^{13}_{21}$ kai$^{53}_{44}$tʂak$^{3}$ ŋɔi$^{53}$saŋ$^{35}_{44}$təu$^{35}_{44}$kan$^{21}$cie$^{53}$au$^{0}$,kai$^{53}$ɲi$^{13}_{21}$lau$^{35}_{44}$ŋai$^{13}_{21}$ʂɔi$^{53}$tso$^{53}$iet$^{3}$ tʂak$^{3}$ kan$^{35}_{44}$ʂʅ$^{53}$ɲi$^{13}_{21}$t$^{h}$ien$^{35}$t$^{h}$ien$^{35}_{53}$tsau$^{21}$ʂən$^{35}_{44}$ xɔŋ$^{53}$lɔi$^{13}_{21}$ɔi$^{53}$t$^{h}$an$^{35}_{44}$ts$^{h}$ɔŋ$^{13}_{21}$ŋo$^{0}$. ɲi$^{13}$mɔk$^{5}$ ts$^{h}$iəu$^{53}$kan$^{21}$tsɿ$^{0}$ p$^{h}$a$^{13}_{21}$tau$^{21}$p$^{h}$au$^{21}$tau$^{21}$tsei$^{21}$(x)ek$^{3}$ li$^{0}$ le$^{0}$.

【坛子$_{1}$】t$^{h}$an$^{13}$tsɿ$^{0}$ [名]腹大口小的陶器：箇个辣椒放下～里。kai$^{53}_{44}$ke$^{53}_{44}$lait$^{5}$ tsiau$^{35}_{44}$fɔŋ$^{53}$ŋa$_{44}$(←xa$^{53}$) t$^{h}$an$^{13}$tsɿ$^{0}$ li$^{0}$.

【坛子$_{2}$】t$^{h}$an$^{13}$tsɿ$^{0}$ [量]用于坛子装的东西：一～酒 iet$^{3}$ t$^{h}$an$^{13}$tsɿ$^{0}$ tsiəu$^{21}$ | 一～醋 iet$^{3}$ t$^{h}$an$^{13}$tsɿ$^{0}$ ts$^{h}$əu$^{53}$

【谈】t$^{h}$an$^{13}$ [动]指谈恋爱：渠两个人～正哩。ci$^{13}_{21}$iɔŋ$^{21}$ke$^{53}$in$^{13}_{21}$t$^{h}$an$^{13}$tʂaŋ$^{53}$li$^{0}$.

【谈朋友】t$^{h}$an$^{13}$p$^{h}$əŋ$^{13}$iəu$^{35}$ 找对象：我等箇只外甥二十六了，还赠～。真多年纪大个伢子妹子赠～个。ŋai$^{13}$tien$^{0}$ kai$^{53}_{44}$(tʂ)ak$^{3}$ ŋɔi$^{53}$saŋ$^{35}$ɲi$^{53}$ʂət$^{5}$ liəuk$^{3}$ liau$^{0}$,xai$^{13}_{21}$maŋ$^{13}_{21}$t$^{h}$an$^{13}_{21}$p$^{h}$əŋ$^{13}_{21}$iəu$^{35}_{44}$.tʂən$^{35}$to$^{35}_{44}$ɲien$^{13}$ci$^{21}$ t$^{h}$ai$^{53}$ke$^{53}_{44}$ŋa$^{13}$tsɿ$^{0}$ mɔi$^{53}$tsɿ$^{0}$ maŋ$^{13}$t$^{h}$an$^{13}_{21}$p$^{h}$əŋ$^{13}_{21}$iəu$^{35}_{44}$ke$^{0}$.

【弹$_{1}$】t$^{h}$an$^{13}$ [动]①用手指拨弄使物体振动：放下映子，～一下，就～条线。fɔŋ$^{53}_{44}$la$^{53}_{44}$iaŋ$^{53}_{44}$ tsɿ$^{0}$,t$^{h}$an$^{13}$iet$^{3}$ xa$^{53}$,ts$^{h}$iəu$^{53}_{44}$t$^{h}$an$^{13}_{21}$t$^{h}$iau$^{13}_{44}$sien$^{53}$. ②有弹性的物体在除去作用力后恢复原来形状：渠就～起来哩。ci$^{13}$ts$^{h}$iəu$^{53}$t$^{h}$an$^{13}$c$^{h}$i$^{21}$lɔi$^{13}$li$^{0}$. ③利用机械，或用弹花锤击打弓弦，使棉花纤维变得蓬松：安做～棉絮。或者～棉花。渠唔……搞成被窝个就安做～棉絮。唔搞成被窝，有滴时间只爱箇滴子棉花就欸去做棉衣，欸做袄婆，箇个就安做～棉花箇就。欸，搞成被窝个就安做～棉絮。ɔn$^{35}$tso$^{53}$t$^{h}$an$^{13}$mien$^{13}$si$^{53}$.xɔit$^{5}_{3}$tʂa$^{21}$t$^{h}$an$^{13}_{21}$mien$^{13}$fa$^{35}_{44}$.ci$^{13}_{21}$n̩$^{13}$…kau$^{21}$ʂaŋ$^{13}$p$^{h}$i$^{35}$p$^{h}$o$^{35}_{44}$ke$^{53}_{44}$ts$^{h}$iəu$^{53}_{44}$ɔn$^{35}_{44}$ tso$^{53}_{44}$t$^{h}$an$^{13}$mien$^{13}$si$^{53}$.n̩$^{13}$kau$^{21}$ʂaŋ$^{13}$p$^{h}$i$^{35}$p$^{h}$o$^{35}_{44}$,iəu$^{35}$tiet$^{5}$ ʂʅ$^{13}_{21}$kan$^{35}_{21}$tʂʅ$^{21}$ ɔi$^{53}_{44}$kai$^{53}_{44}$tiet$^{5}$ tsɿ$^{0}$ mien$^{13}$fa$^{35}$ts$^{h}$iəu$^{53}_{44}$ei$_{44}$c$^{h}$i$^{53}_{44}$ tso$^{53}$mien$^{13}$i$^{35}$,e$^{0}$ tso$^{53}$au$^{21}$p$^{h}$o$^{13}$,kai$^{53}_{44}$ke$^{53}_{44}$ts$^{h}$iəu$^{53}_{44}$ɔn$^{35}_{44}$tso$^{53}_{44}$t$^{h}$an$^{13}$mien$^{13}$fa$^{35}$kai$^{53}_{21}$ts$^{h}$iəu$^{53}_{44}$.ei$_{21}$,kau$^{21}$ʂaŋ$^{13}$p$^{h}$i$^{35}$p$^{h}$o$^{35}_{44}$ ke$^{53}_{44}$ts$^{h}$iəu$^{53}_{44}$ɔn$^{35}_{44}$tso$^{53}_{44}$t$^{h}$an$^{13}$mien$^{13}$si$^{53}$.

【弹$_{2}$】t$^{h}$an$^{53}$ [动]一个指头被另一个指头（一般为拇指）压住，然后用力挣开，借这个力量碰击物体：～手指头 t$^{h}$an$^{53}$ʂəu$^{21}$tʂʅ$^{21}$t$^{h}$əu$^{13}$手指尖从大拇指肚上弹出 | ～下去，有滴用手指公，用大手指，系唔系？咁子，舞下去。～。～下去。t$^{h}$an$^{53}$na$_{44}$çi$^{53}_{44}$,iəu$^{35}$tet$^{5}$ iəŋ$^{53}_{44}$ʂəu$^{21}$tʂʅ$^{21}$kəŋ$^{35}$,iəŋ$^{53}_{44}$t$^{h}$ai$^{53}$ʂəu$^{21}$tʂʅ$^{21}$,xe$^{53}$ me$^{53}$?kan$^{21}$tsɿ$^{0}$,u$^{21}$a$^{53}_{21}$çi$^{53}_{44}$.t$^{h}$an$^{53}$.t$^{h}$an$^{53}$na$^{53}_{44}$çi$^{53}_{44}$.

【弹花槌】t$^{h}$an$^{13}$fa$^{35}$tʂ$^{h}$ei$^{13}$ [名]弹棉花时用的槌：欸，弹匠师傅拿倒箇～嗯渠就咁子弹箇只咁个箇只箇弓子上个箇条弦，弹起来欸唔知几好听。e$_{44}$,t$^{h}$an$^{13}$siɔŋ$^{53}$sɿ$^{35}_{44}$fu$^{53}_{44}$la$^{53}$tau$^{21}$kai$^{53}$t$^{h}$an$^{13}$fa$^{35}_{44}$tʂ$^{h}$ei$^{13}$n̩$_{21}$ ci$^{13}$ts$^{h}$iəu$^{53}$kan$^{21}$tsɿ$^{0}$ t$^{h}$an$^{13}$kai$^{53}$tʂak$^{3}$ kan$^{21}_{13}$kei$^{53}$kai$^{53}$tʂak$^{3}$ kai$^{53}_{44}$ciəŋ$^{35}$tsɿ$^{0}$ xɔŋ$^{53}_{44}$ke$^{53}_{44}$kai$^{53}$t$^{h}$iau$^{13}$çien$^{13}$,t$^{h}$an$^{13}$c$^{h}$i$^{21}$lɔi$^{13}_{44}$ e$_{21}$n̩$^{13}$ti$^{35}_{53}$ci$^{21}$xau$^{21}$t$^{h}$aŋ$^{35}$.

【弹花弓】t$^{h}$an$^{13}$fa$^{35}$ciəŋ$^{35}$ [名]手工弹棉花时用的弓形工具：箇～蛮长啊，欸，用咁个飘轻子个树做个。欸，有一条牛筋，箇条牛筋就用来弹……弹就用弹花槌弹系弹箇条牛筋。牛筋一弹呢，就分箇棉花搞松哩。渠分箇条咁个弦呐箇条牛筋呐就放呃用分箇只框框子舞倒就欸弓子舞倒就放下箇个棉花肚里去，系唔系？以映子就弹，箇棉花就舞得泡松。kai$^{53}$t$^{h}$an$^{13}$fa$^{35}_{44}$ciəŋ$^{35}$ man$^{13}$tʂ$^{h}$ɔŋ$^{13}$ŋa$^{0}$,e$_{21}$,iəŋ$^{53}$kan$^{21}$ke$^{53}$p$^{h}$iau$^{35}$c$^{h}$iaŋ$^{35}$tsɿ$^{0}$ ke$^{53}_{44}$ʂəu$^{53}$tso$^{53}$ke$^{53}$.e$_{21}$,iəu$^{35}$iet$^{3}$ t$^{h}$iau$^{13}$ɲiəu$^{13}$cin$^{35}$,kai$^{53}$t$^{h}$iau$^{13}_{44}$ ɲiəu$^{13}$cin$^{35}$ts$^{h}$iəu$^{53}$iəŋ$^{53}$lɔi$^{13}_{21}$t$^{h}$an$^{13}$…t$^{h}$an$^{13}$ts$^{h}$iəu$^{53}$iəŋ$^{53}$t$^{h}$an$^{13}$fa$^{35}_{53}$tʂ$^{h}$ei$^{13}$t$^{h}$an$^{13}$ne$^{53}$t$^{h}$an$^{13}$kai$^{53}$t$^{h}$iau$^{13}_{44}$ɲiəu$^{13}$cin$^{35}_{44}$.

ȵiəu$^{13}$cin$^{35}_{44}$iet$^{3}$ tʰan$^{13}$ne$^{0}$,tsʰiəu$^{53}$pən$^{35}$kai$^{53}_{44}$mien$^{13}$fa$^{35}_{44}$kau$^{21}$səŋ$^{35}$li$^{0}$.ci$^{13}_{21}$pən$^{35}$kai$^{53}_{44}$kai$^{53}$tʰiau$^{13}_{21}$kan$^{21}$kei$^{53}$çien$^{13}$na$^{0}$ kai$^{53}$tʰiau$^{13}_{21}$ȵiəu$^{13}$cin$^{35}$na$^{0}$ tsʰiəu$^{53}_{21}$fəŋ$^{53}$ə$_{21}$iəŋ$^{53}$pən$^{35}$kai$^{53}_{21}$tʂak$^{3}$ kʰəŋ$^{35}$kʰəŋ$^{35}$tsɿ$^{0}$ u$^{21}$tau$^{21}$tsʰiəu$^{53}$ei$^{0}$ ciəŋ$^{35}$tsɿ$^{0}$ u$^{21}$ tau$^{21}$tsʰiəu$^{53}_{44}$fəŋ$^{53}$xa$^{53}_{44}$kai$^{53}$ke$^{53}$mien$^{13}$fa$^{35}_{44}$təu$^{21}$li$^{0}$ çi$^{53}$,xei$^{53}$me$^{53}$?i$^{21}$iaŋ$^{53}$tsɿ$^{0}$ tsʰiəu$^{53}$tʰan$^{13}$,kai$^{53}_{44}$mien$^{13}$fa$^{35}_{44}$tsʰiəu$^{53}$u$^{21}$ tek$^{3}$ pʰau$^{35}$səŋ$_{44}$. | ～子是㖠大就有么个几大，但是蛮长，真岔事。一看箇只东西就晓得箇系弹棉絮个来哩。tʰan$^{13}$fa$^{35}_{44}$ciəŋ$^{35}$tsɿ$^{0}$ ʂʅ$^{53}_{44}$m̩$_{21}$tʰai$^{53}$tsʰiəu$^{53}_{44}$mau$^{13}_{21}$mak$^{3}$ e$^{0}$ ci$^{21}$tʰai$^{53}$,tan$^{53}$ʂʅ$^{53}$man$^{13}_{21}$tʂʰəŋ$^{13}$,tʂən$^{35}$tsʰa$^{53}_{44}$ sɿ$^{53}$.iet$^{3}$ kʰən$^{53}$kai$^{53}$(tʂ)ak$^{3}$ təŋ$^{35}_{44}$si$^{0}$ tsʰiəu$^{53}$çiau$^{21}$tek$^{3}$ kai$^{53}_{44}$xei$^{53}$tʰan$^{13}_{21}$mien$^{13}_{21}$si$^{53}$ke$^{53}$ləi$^{13}_{21}$li$^{0}$.

【弹簧床】tʰan$^{13}$fəŋ$^{13}$tsʰəŋ$^{13}$ 名弹簧钢丝床：～嘞底下就底下箇个底下箇开头讲个欸安做么个，安做床板呢。渠个床板就用弹簧。有弹性，睡倒上背比较舒服。tʰan$^{13}$fəŋ$^{13}_{21}$tsʰəŋ$^{13}$lei$^{0}$ te$^{21}$xa$^{53}$ tsʰiəu$^{53}$te$^{21}$xa$^{53}_{44}$kai$^{53}$kei$^{53}_{44}$te$^{21}$xa$^{53}_{44}$kai$^{53}$kʰəi$^{35}$tʰei$^{13}_{44}$kəŋ$^{21}$ke$^{53}_{44}$e$_{21}$ən$^{35}_{44}$tso$^{53}_{44}$mak$^{3}$ ke$^{53}_{44}$,ən$^{35}$tso$^{53}$tsʰəŋ$^{13}$pan$^{21}$ne$^{0}$.ci$^{13}$ke$^{53}$ tsʰəŋ$^{13}$pan$^{21}$tsʰiəu$^{53}_{44}$iəŋ$^{53}$tʰan$^{13}$fəŋ$^{13}_{44}$.iəu$^{35}$tʰan$^{13}$sin$^{53}$,ʂəi$^{53}$tau$^{21}$ʂəŋ$^{53}_{44}$pəi$^{53}_{44}$pi$^{21}$ciau$^{53}_{44}$ʂʅ$^{35}$fuk$^{5}_{44}$.

【弹簧椅】tʰan$^{13}$fəŋ$^{13}$i$^{21}$ 名沙发椅子：～吧？就系～。有得话沙发个吧？只有沙发垫。～呀，只有话～个。tʰan$^{13}$fəŋ$^{13}_{44}$i$^{21}$pa$^{0}$ ?tsiəu$^{53}_{44}$xe$^{53}_{44}$tʰan$^{13}$fəŋ$^{13}_{44}$i$^{21}$.mau$^{13}_{21}$tek$^{3}$ ua$^{53}_{44}$sa$^{35}$fait$^{3}$ ke$^{53}$pʰa$^{0}$ ?tʂʅ$^{21}$iəu$^{35}_{44}$sa$^{35}$fait$^{3}$ tien$^{53}$.tʰan$^{13}$fəŋ$^{13}_{44}$i$^{21}$ia$^{0}$,tʂʅ$^{21}$iəu$^{35}_{44}$ua$^{53}$tʰan$^{13}$fəŋ$^{13}_{44}$i$^{21}$ke$^{53}_{21}$.

【弹匠师傅】tʰan$^{13}$siəŋ$^{53}$sɿ$^{35}$fu$^{53}$ 弹制棉絮的民间工匠：欸，～拿倒箇弹花槌嗯渠就咁子弹箇只咁个箇只箇弓子上个箇条弦，弹起来欸唔知几好听。e$_{44}$,tʰan$^{13}$siəŋ$^{53}$sɿ$^{35}_{44}$fu$^{53}_{44}$la$^{53}$tau$^{21}$kai$^{53}$tʰan$^{13}$fa$^{35}_{44}$ tʂʰei$^{13}$n̩$_{21}$ci$^{13}$tsʰiəu$^{53}$kan$^{21}$tsɿ$^{0}$ tʰan$^{13}$kai$^{53}$tʂak$^{3}$ kan$^{21}_{13}$kei$^{53}$kai$^{53}$tʂak$^{3}$ kai$^{53}_{44}$ciəŋ$^{35}$tsɿ$^{0}$ xəŋ$^{53}_{44}$ke$^{53}_{44}$kai$^{53}$tʰiau$^{13}$çien$^{13}$, tʰan$^{13}$cʰi$^{21}$ləi$^{13}_{44}$e$_{21}$n̩$^{13}$ti$^{35}_{53}$ci$^{21}$xau$^{21}$tʰaŋ$^{35}$.

【弹棉】tʰan$^{13}$mien$^{13}$ 动弹棉花：卖倒两个钱，就去学～。～弹不烂，学做伞。(童谣) mai$^{53}$tau$^{21}$ iəŋ$^{21}$ke$^{53}$tsʰien$^{13}$,tsʰiəu$^{53}$çi$^{53}$xək$^{5}$ tʰan$^{13}$mien$^{13}$.tʰan$^{13}$mien$^{13}$tʰan$^{13}$pət$^{3}$ lan$^{53}$,xək$^{5}$ tso$^{53}$san$^{53}$.

【弹墨】tʰan$^{13}$mek$^{5}$/miek$^{5}$ 动工匠以墨线规划形状尺寸等：同咁木匠师傅弹～样啊，墨斗～样啊。tʰəŋ$^{13}_{21}$kan$^{21}_{35}$muk$^{3}$ siəŋ$^{53}_{44}$sɿ$^{35}_{53}$fu$^{53}_{44}$tʰan$^{13}_{21}$tʰan$^{13}$miek$^{5}$ iəŋ$^{53}_{44}$ŋa$^{0}$ ,miek$^{5}$ tei$^{21}$tʰan$^{13}$mek$^{5}$ iəŋ$^{53}_{44}$ŋa$^{0}$. | 弹正墨来 tʰan$^{13}_{21}$tʂaŋ$^{53}_{44}$mek$^{5}$ ləi$^{13}_{21}$

【痰】tʰan$^{13}$ 名气管、支气管或肺泡黏膜分泌出来的黏液：搞倒有血啊有～箇只个衫裤啊换下去。kau$^{21}$tau$^{21}$iəu$^{35}$çiet$^{3}$ a$^{0}$ iəu$^{35}$tʰan$^{13}_{21}$kai$^{53}_{44}$tʂak$^{3}$ ke$^{53}_{44}$san$^{35}_{21}$fu$^{53}_{44}$a$^{0}$ uən$^{53}$na$^{0}$ çi$^{53}$.

【潭】tʰan$^{13}$ 名水深之处。常在地名中用做通名：欸，以前我等老家箇映就有只安做竹排里有只～，落尾箇只～呢就顶高打只边坡懑大，箇只～有好渠等话箇只～有两丈多深，欸，还浸死过人，落尾箇个映子打只边坡，唔知几大，以下是箇～里去得人了，填没哩，填满哩。e$_{21}$,i$^{35}_{53}$tsʰien$^{13}_{21}$ŋai$^{13}$tien$^{0}$ lau$^{21}$cia$^{35}_{44}$kai$^{53}_{44}$iaŋ$^{53}$tsʰiəu$^{53}_{44}$iəu$^{35}_{53}$tʂak$^{3}$ ən$^{35}_{44}$tso$^{53}_{44}$tʂəuk$^{3}$ pʰai$^{13}_{21}$li$^{0}$ iəu$^{35}$tʂak$^{3}$ tʰan$^{13}$,lək$^{5}$ mi$^{35}_{53}$ kai$^{53}$(tʂ)ak$^{3}$ tʰan$^{13}$ne$^{0}$ tsʰiəu$^{53}_{44}$taŋ$^{21}$kau$^{35}_{53}$ta$^{21}$tʂak$^{3}$ pien$^{35}$pʰo$^{35}_{53}$mən$^{35}$tʰai$^{53}$,kai$^{53}_{21}$(tʂ)ak$^{3}$ tʰan$^{13}_{21}$iəu$^{35}_{44}$xau$^{21}$ci$^{13}$tien$^{0}$ ua$^{53}$ kai$^{53}$(tʂ)ak$^{3}$ tʰan$^{13}_{21}$iəu$^{35}_{53}$iəŋ$^{21}$tʂʰəŋ$^{53}$to$^{35}$tʂʰən$^{35}$,e$_{21}$,xai$^{13}$tsin$^{53}$si$^{21}$ko$^{53}$ȵin$^{13}$,lək$^{5}$ mi$^{35}_{44}$kai$^{53}_{44}$ke$^{53}_{44}$iaŋ$^{53}$tsɿ$^{0}$ ta$^{21}$tʂak$^{3}$ pien$^{35}$ pʰo$^{35}_{53}$,n̩$^{13}$ti$^{35}_{53}$ci$^{21}$tʰai$^{53}$,i$^{21}$xa$^{53}$ʂʅ$^{53}$kai$^{53}$tʰan$^{13}$ni$^{0}$ çi$^{53}$tek$^{3}$ ȵin$^{13}$niau$^{0}$,tʰien$^{13}$mət$^{5}$ li$^{0}$,tʰien$^{13}_{21}$man$^{35}$ni$^{0}$. | 米西～mi$^{21}$ si$^{35}_{44}$tʰan$^{13}$

【燂】tʰan$^{13}$ 动烤；灼烧：箇个剐狗个时候子啊，剐狗呀，剐死哩以后，就剐毛，就剐嘿毛哇，系唔系？随你哪只狗，剐哩毛以后，爱放下火上去～。渠箇个狗吵，你唔烤，唔用火去烤，渠就狗就刮瘦。一烤就壮嘿哩。箇肉就唔知系唔系又出油哇，又勵壮子箇肉就。火～狗，安做火～狗。剐狗个时候子一定爱～，爱用火去～，就系用火烤哇，但是能够稍微烤下子嘞，你不能烤起喷香，食得，烤熟来烤唔得啦，只能够面上稍微烤下子，烤倒渠有兜子出油了啊有兜子箇个欸箇个皮呀架势绷紧子了，就要得哩，火～狗。箴箑也系，唔爱烧久哩，只爱～下子。一般就系火～狗就～得更普遍，用得更久。狗就硬爱～，羊子就唔爱～呢。欸，羊子啊，欸，箇个么个牛子箇只都唔～呢。只有狗就～。kai$^{53}$ke$^{53}$tʂʰʅ$^{13}$kei$^{21}$ke$^{53}$ʂʅ$^{13}$xəu$^{53}_{44}$tsa$^{0}$,tʂʰʅ$^{13}$kei$^{21}$ ia$^{0}$,tʂʰʅ$^{13}$si$^{21}$li$^{0}$ i$^{35}_{44}$xei$^{53}$,tsʰiəu$^{53}$kua$^{21}$mau$^{35}$,tsʰiəu$^{53}$kua$^{21}$xek$^{3}$ mau$^{35}$ua$^{0}$,xei$^{53}$me$^{53}$?tsʰi$^{13}$ȵi$^{13}_{44}$lai$^{53}$tʂak$^{3}$ kei$^{21}$,kua$^{21}$ li$^{0}$ mau$^{35}$i$^{35}_{44}$xei$^{53}$,əi$^{53}_{44}$fəŋ$^{53}$ŋa$^{53}_{44}$fo$^{21}$xəŋ$^{53}$çi$^{53}$tʰan$^{13}$.ci$^{13}$kai$^{53}$ke$^{53}$ciei$^{21}$ʂa$^{0}$, ȵi$^{13}$n̩$^{13}$kʰau$^{21}$,n̩$^{13}$iəŋ$^{53}$fo$^{21}$çi$^{53}$kʰau$^{21}$,ci$^{13}$ tsʰiəu$^{53}$kei$^{21}$tsʰiəu$^{53}_{44}$kuait$^{5}$ sei$^{53}$.iet$^{3}$ kʰau$^{21}$tsʰiəu$^{53}$tsəŋ$^{53}$ŋek$^{3}$ li$^{0}$.(k)ai$^{53}_{44}$ȵiəuk$^{3}$ tsʰiəu$^{53}$n̩$^{13}$ti$^{35}_{44}$xei$^{53}_{44}$mei$^{53}_{44}$iəu$^{53}$tʂʰət$^{3}$ iəu$^{13}$ua$^{0}$,iəu$^{53}$li$^{35}$tsəŋ$^{53}$tsɿ$^{0}$ kai$^{53}$ȵiəuk$^{3}$ tsʰiəu$^{53}_{44}$.fo$^{21}$tʰan$^{13}$kei$^{21}$,ən$^{53}$tso$^{53}$fo$^{21}$tʰan$^{13}$kei$^{21}$.tʂʰʅ$^{13}$kei$^{21}$ke$^{0}$ ʂʅ$^{13}$xəu$^{53}$tsɿ$^{0}$ iet$^{3}$ tʰin$^{53}$əi$^{53}$tʰan$^{13}$,əi$^{53}$iəŋ$^{53}$fo$^{21}$çi$^{53}$tʰan$^{13}$,tsʰiəu$^{53}$xei$^{53}$iəŋ$^{53}$fo$^{21}$kʰau$^{21}$ua$^{0}$,tan$^{53}_{44}$ʂʅ$^{53}_{44}$tʂʅ$^{21}$len$^{13}_{21}$ciau$^{53}_{44}$sau$^{21}$uei$^{13}$kʰau$^{21}$ ua$^{53}$tsɿ$^{0}$ le$^{0}$, ȵi$^{13}_{44}$pət$^{3}$ len$^{13}_{21}$kʰau$^{21}$çi$^{21}_{44}$pʰən$^{35}$çiəŋ$^{35}$,ʂət$^{5}$ tek$^{3}$ ,kʰau$^{21}$ʂəuk$^{5}$ ləi$^{13}_{44}$kʰau$^{21}$n̩$^{13}_{44}$tek$^{3}$ la$^{0}$ ,tʂʅ$^{21}$len$^{13}$ciau$^{53}_{44}$ mien$^{53}$xəŋ$^{53}$sau$^{21}$uei$^{13}$kʰau$^{21}$xa$^{53}$tsɿ$^{0}$ ,kʰau$^{21}$tau$^{21}$ci$^{13}_{21}$iəu$^{35}$tei$^{35}_{53}$tsɿ$^{0}$ tʂʰət$^{3}$ iəu$^{13}$liau$^{21}_{44}$a$^{0}$ iəu$^{35}$tei$^{35}_{53}$tsɿ$^{0}$ kai$^{53}_{44}$kei$^{53}_{44}$ei$_{21}$ kai$^{53}$ke$^{53}$pʰi$^{13}$ia$^{0}$ cia$^{53}$ʂʅ$^{53}$paŋ$^{35}$cin$^{21}$tsɿ$^{0}$ liau$^{0}$ ,tsʰiəu$^{53}$iau$^{53}$tek$^{3}$ li$^{0}$ ,fo$^{21}$tʰan$^{13}$kei$^{21}$.miet$^{5}$ sak$^{3}$ ia$^{35}_{44}$xei$^{53}$,m̩$^{13}_{21}$məi$^{53}_{44}$

ʂau$^{35}_{44}$ciəu$^{21}$li$^{0}$,tʂʅ$^{21}$ɔi$^{53}$tʰan$^{13}$xa$^{53}$tsɿ$^{0}$.iet$^{3}$pən$^{35}$tsʰiəu$^{53}$xei$^{53}_{21}$fo$^{21}$tʰan$^{13}$kei$^{21}$tsʰiəu$^{53}$tʰan$^{13}$tek$^{3}$cien$^{53}$pʰu$^{21}$pʰien$^{53}$,iəŋ$^{53}$tek$^{3}$ken$^{53}$ciəu$^{21}$.kei$^{21}$tsʰiəu$^{53}_{44}$ɲiaŋ$^{53}$ɔi$^{53}_{44}$tʰan$^{13}$,iɔŋ$^{13}$tsɿ$^{0}$tsʰiəu$^{53}$m̩$^{13}_{21}$mɔi$^{53}$tʰan$^{13}_{44}$nei$^{0}$.ei$_{21}$,iɔŋ$^{13}$tsɿ$^{0}$a$^{0}$,ei$_{21}$,kai$^{53}$ke$^{53}$mak$^{3}$e$^{0}$ɲiəu$^{13}$tsɿ$^{0}$kai$^{53}$tʂak$^{3}$təu$^{35}_{53}$n̩$^{13}_{44}$tʰan$^{13}_{44}$nei$^{0}$.tʂʅ$^{21}$iəu$^{35}_{53}$kei$^{21}$tsiəu$^{53}$tʰan$^{13}_{44}$.◇《说文》：“燂，火热也。”《广韵》徒含切：“火爇也。”《集韵》徒南切：“燂，火热物。”

【檀香】tʰan$^{13}$çiɔŋ$^{35}$ 名一般指檀香科檀香属的半寄生性常绿小乔木，主干和根部含有黄色芳香油：死哩人个栏场因为有箇个死尸，有箇个箇灵柩哇，系唔系？灵柩肚里欸怕箇死尸臭出来，所以一入殓就爱烧～。si$^{21}$li$^{0}$ɲin$^{13}$ke$^{53}$laŋ$^{13}_{21}$tʂʰɔŋ$^{13}_{44}$in$^{35}$uei$^{53}_{21}$iəu$^{35}_{44}$kai$^{53}_{21}$ke$^{53}_{21}$si$^{21}$ʂʅ$^{35}$,iəu$^{35}$kai$^{53}_{44}$ke$^{53}_{44}$kai$^{53}_{44}$lin$^{13}$ciəu$^{53}$ua$^{0}$,xei$^{53}$me$^{53}$?lin$^{13}$ciəu$^{53}$təu$^{21}$li$^{0}$e$_{44}$pʰa$^{53}$kai$^{53}$si$^{21}$ʂʅ$^{35}_{44}$tʂʰəu$^{53}$tʂʰət$^{3}$lɔi$^{13}_{21}$,so$^{21}$i$^{35}_{44}$iet$^{3}$ɲiet$^{5}$lian$^{53}$tsʰiəu$^{53}$ɔi$^{53}$ʂau$^{35}$tʰan$^{13}_{21}$çiɔŋ$^{35}_{44}$.

【毯子】tʰan$^{21}$tsɿ$^{0}$ 名较厚的棉、毛织品，一般用来铺盖：有滴人，有钱，用床～啊，蒙稳（棺材）呢。iəu$^{35}$tet$^{5}$ɲin$^{13}_{21}$,iəu$^{35}_{44}$tsʰien$^{13}_{21}$,iəŋ$^{53}$tsʰɔŋ$^{13}_{21}$tʰan$^{21}$tsɿ$^{0}$a$^{0}$,maŋ$^{35}$uən$^{21}$ne$^{0}$.

【炭子】tʰan$^{53}$tsɿ$^{0}$ 名指木炭：欸，我等箇阵子去……七十年代我等去生产队上烧过～。舞倒我一个人跍下岭上过一夜，我真怕哦，我硬真冇把握了。e$_{21}$,ŋai$^{13}$tien$^{0}$kai$^{53}$tʂʰən$^{53}$tsɿ$^{0}$çi$^{53}$…tsʰiet$^{3}$ʂət$^{5}$ɲien$^{13}_{21}$tʰɔi$^{53}$ŋai$^{13}$tien$^{0}$çi$^{53}$sen$^{35}$tsʰan$^{21}$ti$^{53}$xɔŋ$^{53}$ʂau$^{35}_{44}$ko$^{53}_{44}$tʰan$^{53}$tsɿ$^{0}$.u$^{21}$tau$^{21}$ŋai$^{13}$iet$^{3}$cie$^{53}$ɲin$^{13}_{21}$ku$^{35}_{44}$(x)a$^{53}_{44}$liaŋ$^{35}$xɔŋ$^{53}_{44}$ko$^{53}$iet$^{3}$ia$^{53}$,ŋai$^{13}_{21}$tʂən$^{35}$pʰa$^{53}$o$^{0}$,ŋai$^{13}_{21}$ɲiaŋ$^{53}$tʂən$^{35}$mau$^{13}_{44}$pa$^{21}$uɔk$^{3}$liau$^{0}$.

【探】tʰan$^{53}$ 动①过问：～空事 tʰan$^{53}_{44}$kʰəŋ$^{53}$sɿ$^{53}_{44}$管闲事｜你～么个闲事啊？你箇只人是三只鼻公眼——闲管。ɲi$^{13}_{21}$tʰan$^{53}$mak$^{3}$kai$^{53}$xan$^{13}$sɿ$^{53}$a$^{0}$?ɲi$^{13}$kai$^{53}$tʂak$^{3}$ɲin$^{13}_{44}$ʂʅ$^{53}_{44}$san$^{35}$tʂak$^{3}$pʰi$^{53}$kəŋ$^{35}_{53}$ŋan$^{21}$—xan$^{13}$kɔn$^{21}$.②利用山区落差，以竹筒引下泉水：～水 tʰan$^{53}$ʂei$^{21}$

【汤$_{1}$】tʰɔŋ$^{35}$ 名①烹调后汁特别多的食物：炆一碗～ uən$^{13}$iet$^{3}_{5}$uən$^{21}$tʰɔŋ$^{35}$｜跍下～肚……箇□滚个～肚里，舀～个箇就欸就长把勺子。ku$^{35}_{44}$(x)a$^{53}_{44}$tʰɔŋ$^{35}$təu$^{21}$…kai$^{53}_{44}$pʰaŋ$^{53}$kuən$^{21}$ke$^{53}$tʰɔŋ$^{35}$təu$^{21}$li$^{0}$,iau$^{21}$tʰɔŋ$^{35}$ke$^{53}$ka$^{53}_{44}$tsʰiəu$^{53}_{44}$e$_{21}$tsʰiəu$^{53}$tʂʰɔŋ$^{13}$pa$^{53}$ʂɔk$^{5}$tsɿ$^{0}$. ②把草药放在水里熬制的热水：箇个箇个么个脚痛箇只啦个个啊，舞倒（过路黄荆）去炆，炆～。kai$^{53}_{44}$ke$^{53}_{44}$kai$^{53}_{44}$ke$^{53}_{44}$mak$^{3}$ke$^{53}_{44}$ciɔk$^{3}$tʰəŋ$^{53}$kai$^{53}_{44}$tʂak$^{3}$la$^{21}$ke$^{53}_{44}$ke$^{53}$a$^{0}$,u$^{21}$tau$^{21}$çi$^{53}_{44}$uən$^{13}$,uən$^{13}$tʰɔŋ$^{35}$.

【汤$_{2}$】tʰɔŋ$^{35}$ 动漂洗：哦，安做～，去～，欸，～一到。有，首先是还有有洗衣粉箇只嘞，有碱吵，系唔系？爱分箇咁箇只去碱吵，就安做～衫。安做～，去～一到，多～两到。o$_{21}$,ɔn$^{35}$tso$^{53}_{44}$tʰɔŋ$^{35}$,çi$^{53}_{44}$tʰɔŋ$^{35}$,e$_{21}$,tʰɔŋ$^{35}$ŋet$^{3}$(←iet$^{3}$)tau$^{53}$. iəu$^{35}$,ʂəu$^{21}$sien$^{35}_{44}$ʂʅ$^{53}_{44}$xai$^{13}_{21}$iəu$^{35}_{44}$iəu$^{35}$sei$^{21}$i$^{35}$fən$^{21}$kai$^{53}_{44}$tʂak$^{3}$le$^{0}$,iəu$^{35}$kan$^{21}$ʂa$^{0}$,xei$^{53}_{44}$me$^{53}_{44}$?ɔi$^{53}_{44}$pən$^{35}$kai$^{53}_{44}$kan$^{21}$kai$^{53}_{44}$tʂak$^{3}$tʂʰʮ$^{53}$kan$^{21}$ʂa$^{0}$,tsʰiəu$^{53}_{44}$ɔn$^{35}_{44}$tso$^{53}_{44}$tʰɔŋ$^{35}$san$^{35}$.ɔn$^{35}_{44}$tso$^{53}_{44}$tʰɔŋ$^{35}$,çi$^{53}_{44}$tʰɔŋ$^{35}$iet$^{3}$tau$^{53}$,to$^{35}$tʰɔŋ$^{35}$liɔŋ$^{21}$tau$^{53}$.

【汤钵】tʰɔŋ$^{35}$pait$^{3}$ 名装汤的钵子：～嘞就一般来讲都比较大兜子，欸，装得蛮多子汤。tʰɔŋ$^{35}$pait$^{3}$lei$^{0}$tsʰiəu$^{53}$iet$^{3}$pən$^{35}$lɔi$^{13}_{21}$kɔŋ$^{21}$təu$^{35}_{53}$pi$^{21}$ciau$^{53}_{44}$tʰai$^{53}$te$^{35}_{53}$tsɿ$^{0}$,e$_{21}$,tʂɔŋ$^{35}$tek$^{3}$man$^{13}$to$^{35}$tsɿ$^{0}$tʰɔŋ$^{35}$.

【汤面】tʰɔŋ$^{35}$mien$^{53}$ 名有汤的面条：我一般食面都食～，我唔喜欢食炒面。ŋai$^{13}$iet$^{3}$pən$^{35}$ʂət$^{5}$mien$^{53}$təu$^{35}_{44}$ʂət$^{5}$tʰɔŋ$^{35}$mien$^{53}$,ŋai$^{13}_{21}$n̩$^{13}$çi$^{21}$fɔn$^{35}_{44}$ʂət$^{5}$tsʰau$^{21}$mien$^{53}$.

【汤盆子】tʰɔŋ$^{35}$pʰən$^{13}$tsɿ$^{0}$ 名装汤的盆子：汤钵吧？安做～就冇么人话。汤钵。～，也也还有～，系，也就～。饭盆子，菜盆子，～。tʰɔŋ$^{35}$pait$^{3}$pa$^{0}$?ɔn$^{35}_{44}$tso$^{53}_{44}$tʰɔŋ$^{35}$pʰən$^{13}$tsɿ$^{0}$tsiəu$^{53}_{44}$mau$^{13}$mak$^{3}$in$^{13}_{44}$ua$^{53}_{44}$.tʰɔŋ$^{35}$pait$^{3}$.tʰɔŋ$^{35}$pʰən$^{13}$tsɿ$^{0}$,ia$^{35}$ie$^{21}$xai$^{13}$iəu$^{35}_{53}$tʰɔŋ$^{35}_{44}$pʰən$^{13}_{21}$tsɿ$^{0}$,xe$^{53}_{21}$,ia$^{35}$tsiəu$^{53}$tʰɔŋ$^{35}_{44}$pʰən$^{13}_{21}$tsɿ$^{0}$.fan$^{53}$pʰən$^{13}_{21}$tsɿ$^{0}$,tsʰɔi$^{53}$pʰən$^{13}_{21}$tsɿ$^{0}$,tʰɔŋ$^{35}$pʰən$^{13}$tsɿ$^{0}$.

【汤勺子】tʰɔŋ$^{35}$ʂɔk$^{5}$tsɿ$^{0}$ 名盛汤用的勺子：碗肚里舀起来个就～唠。碗肚里舀出来个就安做～唠。uən$^{21}$təu$^{21}$li$^{0}$iau$^{21}$çi$^{21}$lɔi$^{13}$ke$^{53}$tsʰiəu$^{53}_{44}$tʰɔŋ$^{35}$ʂɔk$^{5}$tsɿ$^{0}$lau$^{0}$.uən$^{21}$təu$^{21}$li$^{0}$iau$^{21}$tʂʰət$^{3}$lɔi$^{13}_{21}$ke$^{53}_{44}$tsʰiəu$^{53}_{44}$ɔn$^{35}_{44}$tso$^{53}_{44}$tʰɔŋ$^{35}$ʂɔk$^{5}$tsɿ$^{0}$lau$^{0}$.

【堂】tʰɔŋ$^{13}$ 量指一件事情起讫的经过，相当于“场”：一～祭都唔打。iet$^{3}$tʰɔŋ$^{13}$tsi$^{53}$təu$^{35}_{44}$n̩$^{13}_{21}$ta$^{21}$.

【塘】tʰɔŋ$^{13}$ 名①水塘，池塘：～里都暴坼丫天去哩。tʰɔŋ$^{13}$li$^{0}$təu$^{35}_{44}$pau$^{53}$tsʰak$^{3}$ŋa$^{35}_{44}$tʰien$^{35}_{44}$çi$^{53}_{44}$li$^{0}$.｜欸，我等上背欸三斗呀就有三口～嘞。渠有三条子冲子，每条冲都有口子～。有三口～渠硬。箇～里个嘞尽系泉水，畜鱼就冇得大，畜箇鱼就冇得大。欸，有一口～最大个箇口～连箇只窝都安做山塘窝。e$_{21}$,ŋai$^{13}_{21}$tien$^{0}$ʂɔŋ$^{53}$pɔi$^{53}$e$_{44}$san$^{35}$tei$^{21}$ia$^{0}$tsʰiəu$^{53}_{44}$iəu$^{35}_{44}$san$^{35}$xei$^{21}$tʰɔŋ$^{13}_{44}$lei$^{0}$.ci$^{13}_{21}$iəu$^{35}$san$^{35}$tʰiau$^{13}_{21}$tsɿ$^{0}$tʂʰəŋ$^{35}$tsɿ$^{0}$,mei$^{35}$tʰiau$^{13}_{21}$tʂʰəŋ$^{35}$təu$^{35}_{44}$iəu$^{35}_{44}$xei$^{21}$tsɿ$^{0}$tʰɔŋ$^{13}$.iəu$^{35}$san$^{35}$xei$^{21}$tʰɔŋ$^{13}$ci$^{13}_{21}$ɲiaŋ$^{53}$.kai$^{53}$tʰɔŋ$^{13}$li$^{0}$ke$^{0}$lei$^{0}$tsʰin$^{53}$xe$^{53}_{44}$tsʰan$^{13}$ʂei$^{21}$,çiəuk$^{3}$ŋ̍$^{13}$tsʰiəu$^{53}$mau$^{13}_{21}$tek$^{3}$tʰai$^{53}_{21}$,çiəuk$^{3}$kai$^{53}$ŋ̍$^{13}$tsiəu$^{53}$mau$^{13}_{21}$tek$^{3}$tʰai$^{53}_{21}$.e$_{21}$,iəu$^{35}$iet$^{3}$xei$^{21}$tʰɔŋ$^{13}$tsei$^{53}$tʰai$^{53}$ke$^{0}$kai$^{53}$xei$^{21}$tʰɔŋ$^{13}$lien$^{13}$kai$^{53}$tʂak$^{3}$uo$^{35}$təu$^{35}_{53}$ɔn$^{35}_{44}$tso$^{53}_{44}$san$^{35}_{44}$tʰɔŋ$^{13}_{21}$uo$^{35}$. ②在地名中用作通名：古～ ku$^{21}$tʰɔŋ$^{13}$

【塘脚】tʰɔŋ$^{13}$ciɔk$^{3}$ 名沉淀在水塘底部的淤泥杂物：箇个山塘啊箇塘里呀唔知让门箇～嘞就会总搞总深，总搞总多杂绊东西，所以年年呢过年旱哩塘以后嘞就爱清下子～。kai$^{53}_{44}$ke$^{53}_{44}$san$^{35}$ tʰɔŋ$^{13}_{21}$ŋa$^{0}$ kai$^{53}$tʰɔŋ$^{13}$li$^{21}$ia$^{0}$ n̩$^{13}$ti$^{35}_{53}$ɲiɔŋ$^{53}$mən$^{13}_{44}$kai$^{53}$tʰɔŋ$^{13}$ciɔk$^{3}$ lei$^{0}$ tsiəu$^{53}$uɔi$^{53}$tsəŋ$^{21}$kau$^{21}$tsəŋ$^{21}$tʂʰən$^{35}$,tsəŋ$^{21}$kau$^{21}$ tsəŋ$^{21}$to$^{35}_{44}$tsʰait$^{5}$ pʰan$^{53}$təŋ$^{35}_{44}$si$^{0}$,so$^{21}$i$^{35}_{44}$ɲien$^{13}$ɲien$^{13}_{21}$ne$^{0}$ ko$^{53}$ɲien$^{13}$xɔn$^{35}$ni$^{0}$ tʰɔŋ$^{13}$i$^{35}_{44}$xei$^{53}$lei$^{0}$ tsʰiəu$^{53}$ɔi$^{53}$tsʰin$^{35}$na$^{53}$tsɿ$^{0}$ tʰɔŋ$^{13}$ciɔk$^{3}$.

【塘码子】tʰɔŋ$^{13}$ma$^{35}$tsɿ$^{0}$ 名插于水塘出水口的竹筒，上面锯有不同高度的缺口，各缺口均有堵水的木方子，通过搕去不同的木方子来调控塘中水位的高低：还系有只～。唔系话旱～就箇个。xai$^{13}_{21}$xe$^{53}$iəu$^{35}$tʂak$^{3}$ tʰɔŋ$^{13}$ma$^{35}$tsɿ$^{0}$.m̩$^{13}_{21}$pʰe$^{53}_{44}$ua$^{53}_{44}$xɔn$^{35}$tʰɔŋ$^{13}$ma$^{35}$tsɿ$^{0}$ tsʰiəu$^{53}_{44}$kai$^{53}_{44}$kei$^{53}_{44}$.

【搪瓷】tʰɔŋ$^{13}$tsʰɿ$^{13}$ 名涂料名，即珐琅：实在是～缸子～碗箇只都越来越少了。ʂət$^{5}$ tsʰɔi$^{53}_{44}$ʂʅ$^{53}_{44}$ tʰɔŋ$^{13}$tsʰɿ$^{13}_{44}$kɔŋ$^{35}$tsɿ$^{0}$ tʰɔŋ$^{13}$tsʰɿ$^{13}_{44}$uɔn$^{21}$kai$^{53}_{44}$tʂak$^{3}$ təu$^{35}_{44}$vet$^{53}$lɔi$^{13}_{21}$vet$^{5}$ ʂau$^{21}$liau$^{0}$.

【糖】tʰɔŋ$^{13}$ 名从甘蔗、麦芽等提制出来的甜的物质：冇滴～，冇滴盐去咬腌渍。u$^{21}$tet$^{5}$ tʰɔŋ$^{13}$,u$^{21}$ tet$^{5}$ ian$^{13}$çi$^{53}$ŋau$^{21}$.

【糖包子】tʰɔŋ$^{13}$pau$^{35}_{44}$tsɿ$^{0}$ 名以糖作为馅儿做成的包子：我崽子就喜欢食～，渠就唔食肉包子。ŋai$^{13}_{21}$ɔi$^{35}$tsɿ$^{0}$ tsʰiəu$^{53}$çi$^{21}$fɔn$^{35}_{44}$ʂət$^{5}$ tʰɔŋ$^{13}$pau$^{35}_{44}$tsɿ$^{0}$,ci$^{13}_{21}$tsʰiəu$^{53}$n̩$^{13}$ʂət$^{5}$ ɲiəuk$^{3}$ pau$^{35}_{44}$tsɿ$^{0}$.

【糖番薯】tʰɔŋ$^{13}$fan$^{35}_{44}$ʂəu$^{13}_{21}$ 名放入焯过红薯片的水中煮熟的小红薯：特别就系……我等是以个栏场是晒番薯片呐。晒番薯片就箇生番薯啰切成片，系呀？切成片，放下镬里去焯一到，去炆一到，焯一到。焯一到就搂起来。搂起来就去晒。摊开来呀，一块一块子摆开来，去晒，晒番薯片。欸留倒镬里个水，多炆哩几镬番薯，箇水津甜个。总炆总少。落尾炆倒是有几多子了以后嘞，有两种做法：一种嘞舍得去搞个话嘞，就去熬番薯糖，爱熬起扯丝嘞箇番薯糖嘞。总有啊箇放滴子箇麦芽去有滴还更好唠。交滴子糯米放滴子麦芽去就还更好哇。好，唔交唔放麦芽嘞，欸，有滴人就懒去搞得就又搞滴子番薯去炆，炆下箇肚里，安做～。冇滴子细番薯子去炆倒，～。箇是欸一家人家晒番薯是尽滴都来帮忙。欸，来帮晒，“今晡我晒番薯，番薯片，我晒番薯片。你等都来帮忙”。红薯放下个番薯糖肚里去，又熬，又煮熟来，煮熟来。箇系蛮甜呢，津甜，蛮好食。就咁子食，唔爱加工了。炆熟哩就要得哩。也唔留，也唔爱留，欸，一天两天就食咁去。tʰek$^{5}$ pʰiet$^{5}_{3}$tsʰiəu$^{53}$xei$^{53}_{44}$…ŋai$^{13}$tien$^{0}$ ʂʅ$^{53}_{44}$i$^{21}$ke$^{53}$lɔŋ$_{21}$(←lan$^{13}$)tʂʰɔŋ$^{13}_{21}$ ʂʅ$^{53}_{44}$sai$^{53}$fan$^{35}$ʂəu$^{13}_{21}$pʰien$^{21}$na$^{0}$ .sai$^{53}$fan$^{35}_{44}$ʂəu$^{13}_{21}$pʰien$^{21}$tsʰiəu$^{53}_{44}$kai$^{53}_{44}$saŋ$^{35}$fan$^{35}_{44}$ʂəu$^{13}_{21}$ʂa$^{0}$ tsʰiet$^{3}$ ʂaŋ$^{13}_{44}$pʰien$^{21}$,xei$^{53}_{44}$ ia$^{0}$ ?tsʰiet$^{3}$ ʂaŋ$^{13}_{44}$pʰien$^{21}$,fɔŋ$^{53}_{44}$ŋa$_{44}$(←xa$^{53}$)uɔk$^{5}$ li$^{0}$ çi$^{53}$tʂʰɔk$^{3}$ iet$^{3}$ tau$^{53}$,çi$^{53}$uən$^{13}$iet$^{3}$ tau$^{53}$,tʂʰɔk$^{3}$ iet$^{3}$ tau$^{53}$.tʂʰɔk$^{3}$ iet$^{3}$ tau$^{53}_{44}$tsʰiəu$^{53}_{44}$lei$^{13}$çi$^{21}$lɔi$^{13}$.lei$^{13}$çi$^{21}$lɔi$^{13}_{21}$tsiəu$^{53}_{44}$çi$^{53}_{44}$sai$^{53}$.tʰan$^{35}$kʰɔi$^{35}$lɔi$^{13}_{21}$ia$^{0}$ ,iet$^{3}$ kʰuai$^{53}$iet$^{3}$ kʰuai$^{53}$tsɿ$^{0}$ pai$^{21}$kʰɔ$^{35}_{44}$ lɔi$^{13}_{21}$,çi$^{53}_{44}$sai$^{53}$,sai$^{53}$fan$^{35}_{44}$ʂəu$^{13}_{21}$pʰien$^{21}$.e$^{0}$ liəu$^{13}$tau$^{21}_{44}$uɔk$^{5}$ li$^{0}$ ke$^{0}$ ʂei$^{21}$,to$^{35}$uən$^{13}$ni$^{0}$ ci$^{21}$uɔk$^{5}$ fan$^{35}$ʂəu$^{13}_{21}$,kai$^{53}$ʂei$^{21}$tsin$^{35}$ tʰian$^{13}_{21}$cie$^{53}_{44}$.tsəŋ$^{21}$uən$^{13}$tsəŋ$^{21}$ʂau$^{21}$.lɔk$^{5}$ mi$^{35}_{44}$uən$^{13}$tau$^{21}$ʂʅ$^{53}$mau$^{13}$ci$^{21}$to$^{35}$tsɿ$^{0}$ liau$^{0}$ i$^{35}$xei$^{53}_{44}$lei$^{0}$ ,iəu$^{35}$iɔŋ$^{21}$tʂəŋ$^{21}$tso$^{53}$ fait$^{3}$ :iet$^{3}$ tʂəŋ$^{21}$lei$^{0}$ ʂa$^{21}$tek$^{3}$ çi$^{53}$kau$^{21}$ke$^{53}$fa$^{53}_{44}$lei$^{0}$ ,tsʰiəu$^{53}_{44}$çi$^{53}_{44}$ŋau$^{13}$fan$^{35}$ʂəu$^{13}_{21}$tʰɔŋ$^{13}$,ɔi$^{53}_{21}$ŋau$^{13}$çi$^{21}_{53}$tʂʰa$^{21}$sɿ$^{35}$lei$^{0}$ kai$^{53}_{44}$ fan$^{35}$ʂəu$^{13}_{21}$tʰɔŋ$^{13}$lei$^{0}$ .tsoŋ$_{44}$iəu$^{35}$a$^{0}$ kai$^{53}_{44}$fɔŋ$^{53}$tet$^{5}$ tsɿ$^{0}$ kai$^{53}_{44}$mak$^{5}$ ŋa$^{13}_{21}$cʰi$^{33}$iəu$^{35}_{44}$tet$^{5}_{3}$xai$^{13}$cien$^{53}$xau$^{21}$lau$^{0}$ .ciau$^{35}$tet$^{5}$ tsɿ$^{0}$ lo$^{53}$mi$^{21}$fɔŋ$^{53}$tet$^{5}_{3}$tsɿ$^{0}$ mak$^{5}$ ŋa$^{13}$çi$^{53}$tsiəu$^{53}_{44}$xai$^{13}$cien$^{53}$xau$^{21}$uo$^{0}$ .xau$^{21}$,m̩$^{13}$ciau$^{35}_{44}$m̩$^{13}$fɔŋ$^{53}_{44}$mak$^{5}$ ŋa$^{13}$lei$^{0}$ ,ei$_{21}$,iəu$^{35}$tet$^{5}$ ɲin$^{13}_{44}$tsʰiəu$^{53}_{44}$lan$^{35}$çi$^{53}$kau$^{21}$tek$^{3}$ tsʰiəu$^{53}$iəu$^{53}$kau$^{21}$tet$^{5}$ tsɿ$^{0}$ fan$^{35}_{44}$ʂəu$^{13}_{21}$çi$^{53}$uən$^{13}$,uən$^{13}$na$^{53}$(←xa$^{53}$)kai$^{53}$təu$^{21}$li$^{0}$ ,ɔn$^{35}_{44}$ tso$^{53}_{44}$tʰɔŋ$^{13}$fan$^{35}_{44}$ʂəu$^{13}_{21}$.u$^{21}$tet$^{5}_{3}$tsɿ$^{0}$ se$^{53}$fan$^{35}_{44}$ʂəu$^{13}_{21}$tsɿ$^{0}$ çi$^{53}$uən$^{13}$tau$^{21}$,tʰɔŋ$^{13}$fan$^{35}_{44}$ʂəu$^{13}_{21}$.kai$^{53}$ʂʅ$^{53}_{44}$ei$_{21}$iet$^{3}$ ka$^{35}$ɲin$^{13}_{21}$ka$^{35}$sai$^{53}$ fan$^{35}$ʂəu$^{13}_{21}$ʂʅ$^{53}_{44}$tsʰin$^{53}$tet$^{5}_{3}$ təu$^{35}_{44}$lɔi$^{13}_{21}$pɔŋ$^{35}_{44}$mɔŋ$^{13}$.e$_{21}$,lɔi$^{13}_{21}$pɔŋ$^{35}$sai$^{53}$,"cin$^{35}$pu$^{35}_{44}$ŋai$^{13}$sai$^{53}$fan$^{35}$ʂəu$^{13}_{21}$,fan$^{35}$ʂəu$^{13}_{21}$ pʰien$^{21}$,ŋai$^{13}_{21}$sai$^{53}_{44}$fan$^{35}_{44}$ʂəu$^{13}_{21}$pʰien$^{21}$. ɲi$^{13}$tien$^{0}$ təu$^{35}$lɔi$^{13}_{21}$pɔŋ$^{35}_{44}$mɔŋ$^{13}$".fəŋ$^{13}$ʂəu$^{13}_{21}$fɔŋ$^{53}$ŋa$_{44}$(←xa$^{53}$)kai$^{53}$fan$^{35}_{44}$ʂəu$^{13}_{21}$ tʰɔŋ$^{13}$təu$^{21}$li$^{0}$ çi$^{53}$,iəu$^{53}$ŋau$^{13}$,iəu$^{53}$tʂəu$^{21}$ʂəuk$^{5}$ lɔi$^{13}_{44}$,tʂəu$^{21}$ʂəuk$^{5}$ lɔi$^{13}_{44}$.kai$^{53}$xei$^{53}$man$^{13}$tʰian$^{13}$ne$^{0}$ ,tsin$^{35}$tʰian$^{13}_{21}$,man$^{13}_{21}$ xau$^{21}$ʂət$^{5}$ .tsʰiəu$^{53}$kan$^{21}$tsɿ$^{0}$ ʂət$^{5}$ ,m̩$^{13}_{21}$mɔi$^{53}_{35}$cia$^{35}_{44}$kəŋ$^{35}_{44}$liau$^{0}$ .uən$^{13}$ʂəuk$^{5}$ li$^{0}$ tsiəu$^{53}_{44}$iau$^{53}$tek$^{3}$ li$^{0}$ .ia$^{35}$n̩$^{13}_{44}$liəu$^{13}$,ia$^{35}$m̩$^{13}_{21}$ mɔi$^{53}$liəu$^{13}$,e$_{21}$,iet$^{3}$ tʰien$^{35}$iɔŋ$^{21}$tʰien$^{35}_{44}$tsʰiəu$^{53}_{44}$ʂət$^{5}$ kan$^{21}$çi$^{53}$.

【糖食换茶】tʰɔŋ$^{13}$ʂət$^{5}$ uɔn$^{53}$tsʰa$^{13}_{21}$ 名各种糕点小吃的统称：欸过年了哇，箇个年年过年了都有专门卖～个。渠就搞兜箇个麻糕来卖呀。欸，一般是卖么个糕嘞更多嘞？安做麻糖嘞，唔安做麻糕了冇倒来卖咯。安做麻糖。欸，欸，用米用箇个冻米做个就冻米糖。欸，用小米做个就小米糖，用花生做个就花生糖，渠就只话糖，其实就系一种糕。做倒，用糖一和以后就，用糖就做凝胶凝同箇黪稳样啊，欸，咁子个。e$^{0}$ ko$^{53}$ɲien$^{13}$niau$^{0}$ ua$^{0}$ ,kai$^{53}_{44}$ke$^{53}_{44}$ɲien$^{13}$ɲien$^{13}_{44}$ko$^{53}$ɲien$^{13}_{21}$ liau$^{0}$ təu$^{35}_{53}$iəu$^{35}$tʂen$^{35}$mən$^{13}_{21}$mai$^{53}$tʰɔŋ$^{13}$ʂət$^{5}$ uɔn$^{53}$tsʰa$^{13}_{21}$ke$^{0}$ .ci$^{13}_{21}$tsʰiəu$^{53}$kau$^{21}$te$^{35}_{44}$kai$^{53}_{21}$kei$^{53}_{21}$ma$^{13}$kau$^{35}_{44}$lɔi$^{13}_{21}$mai$^{53}$ ia$^{0}$ .ei$_{21}$,iet$^{3}$ pɔn$^{35}$ʂʅ$^{53}_{44}$mai$^{53}$mak$^{3}$ (k)e$^{53}_{44}$kau$^{35}$lei$^{0}$ cien$^{53}$to$^{35}_{44}$lei$^{0}$ ?ɔn$^{35}_{53}$tso$^{53}$ma$^{13}$tʰɔŋ$^{13}$lei$^{0}$ ,n̩$^{13}_{21}$ɔn$^{35}_{53}$tso$^{53}$ma$^{13}$kau$^{35}_{44}$liau$^{0}$ u$^{21}$tau$^{21}$lɔi$^{13}_{21}$mai$^{53}$ko$^{0}$ .ɔn$^{35}_{53}$tso$^{53}$ma$^{13}$tʰɔŋ$^{13}$.e$_{21}$,ei$_{44}$,iəŋ$^{53}$mi$^{21}$iəŋ$^{53}_{44}$kai$^{53}_{44}$ke$^{53}_{44}$təŋ$^{53}$mi$^{21}$tso$^{53}_{44}$ke$^{0}$ tsʰiəu$^{53}_{21}$təŋ$^{53}$mi$^{21}$tʰɔŋ$^{13}$.

T

e21,iəŋ53siau21mi21tso53ke53tshiəu5344siau21mi21thɔŋ13,iəŋ53fa35sen3544tso53ke53tshiəu5344fa35sen3544thɔŋ13,ci13tshiəu5344tʂʅ2144 ua53thɔŋ13,chi13ʂət5tshiəu53uei53iet3tʂəŋ21kau35.tso53tau21,iəŋ53thɔŋ13iet3xo13i35xei5344tshiəu5344,iəŋ53thɔŋ13tshiəu53 tso53ɲin1321ciau35ɲin1321thəŋ13kai53ɲia13uən21iəŋ53ŋa0,e21,kan21tsʅ0ke0.

【糖罂子】thɔŋ13aŋ35tsʅ0 名金樱子：哦，安做～。～我等安做。赠去熬过。渠等话□□系熬得糖。我赠看倒渠等熬过。嘀，蛮多。有势呢，系唔系？有势。系甜甜子。o13,ɔn35tso53thɔŋ13aŋ35 tsʅ0.thɔŋ13aŋ35tsʅ0ŋai13tien0ɔn3544tso5344.maŋ13çi53ŋau13ko53.ci13tien0ua53iaŋ13se44xe53ŋau5321tek3thɔŋ13.ŋai13maŋ13 khɔn53tau21ci1344tien0ŋau13ko5344.xo53,man13to35.iəu35lek3nei0,xei5344me5344?iəu35lek3.xe53thian13thian13tsʅ0.

【糖子】thɔŋ13tsʅ21 名糖果：安做～。箇个岭背个江西人咯，渠就安做糖饽子。ɔn3544tso5344thɔŋ13 tsʅ21.kai5344ke5344lian35pɔi53ke5344kɔŋ35si3544ɲin1321ko0,ci1321tshiəu5344ɔn3544tso5344thɔŋ13phɔk5tsʅ21.

【烫】thɔŋ53 动①被火或高温灼痛或灼伤：面上都～，～起痛啊。mien53xɔŋ5344təu5344thɔŋ53,thɔŋ53çi21 thɔŋ53ŋa0. ②用烙铁、熨斗等使衣服变得平整：（烙铁）～衫裤个。thɔŋ53san3544fu5321ke5344.

【绦绳】thau35ʂən13 名粗棕绳，如办丧事时用以绑棺材用的，也指用来拔河的：安做么啊绳呐？滟大个？/滟大个，安做～。用棕打个啦。/欸，棕打个。/哦～。/箇是蛮大个～啵。/我唔晓得我唔晓安做～。我只晓得细人子拔河哇，用来拔河个。拔河绳。捆棺材用个。/系啊，就箇起啊。/就～吧？/欸欸，哦～。ɔn3544tso5344mak3a0ʂən13na0?mən35thai5344ke5344?/mən35thai5344ke5344,ɔn3544 tso5344thau35ʂən13.iəŋ5344tsəŋ35ta21ke5344la0./e21,tsəŋ35ta21ke5344./xan5344thau35ʂən13./kai53ʂʅ5344man13thai53ke5344thau35ʂən13 nau0./ŋai1321n̩1321çiau21tek3ŋai1321n̩1321çiau21ɔn3544tso5344thau35ʂən1321.ŋai1321tʂʅ21çiau21tek3sei53ɲin1321tsʅ0phait5xo13ua0,iəŋ53 lɔi1344phait5xo13ke5344.phait5xo13ʂən13.kɔŋ35kɔn35tshɔi1321iəŋ5344ke5344./xei5344a0,tshiəu53kai53çi21a0./tshiəu5344thau35ʂən5344 pa0?/e21e21,xan53thau35ʂən1321.

【掏】thau13 动挖：唔知系唔系箇砌河墈底下还放兜枕树去，可能系～脚唔倒，～箇底唔倒，就彝兜枕树。n̩13ti3553xei53mei53kai53tshi53xo13khan53tei21xa53xai1321fəŋ53te3553tʂən21ʂəu53çi53,kho21len13xe53thau13 ciɔk3n̩13tau21,thau13kai53tei21n̩13tau2144,tsiəu53u21tei5353tʂən21ʂəu53.

【桃红】thau13fəŋ13 形像桃花一样的粉红颜色：～色子 thau13fəŋ13sek3tsʅ0 | 讲一只妹子人个面呐，～花色。kɔŋ21iet3tʂak3mɔi53tsʅ0ɲin13ke5344mien53na0,thau13fəŋ1344fa35sek3.

【桃花】thau13fa35 名桃树开的花：（铳艋子树）花就系蛮像～哩。fa35tshiəu5344xe53man13siɔŋ53thau13 fa35li0.

【桃子】thau13tsʅ0 名桃树结的果实：只爱食哩～个骨头丢倒箇岭上，就会生。tʂʅ21ɔi5344ʂət5li0 thau1321tsʅ0ke5344kuət3thei13tiəu35tau21kai5344liaŋ35xɔŋ5344,tshiəu5344uɔi5344saŋ35.

【桃子骨】thau13tsʅ0kuət3 名桃核：欸，我等以个栏场啊，因为毛桃子树系野欸呀系～跌嘿地泥下生出来个树，毛桃子树到处都系。e21,ŋai13tien0i21ke53laŋ1321tʂhɔŋ44ŋa21,in35uei53mau35thau1321tsʅ0ʂəu53 xei5344ia35ei21ia0xei53thau13tsʅ0kuət3tet3(x)ek3thi53lai1321xa35saŋ35tʂhət3lɔi1321ke5344ʂəu53,mau35thau1321tsʅ0ʂəu53tau53 tʂhəu5344təu5344xe5344.

【桃子树】thau13tsʅ0ʂəu53 名果树名。又称"桃树"：欸，我等以映个～真多，就系毛桃子树多，赠嫁接个。嫁接哩个～就箇桃子真肯结，真快，三四年就有结嘞。但是结也结得快就老也老得快。箇早几年子箇映子个箇桃树就有得哩结唠。e21,ŋai13tien0i21iaŋ53ke53thau13tsʅ0ʂəu53tʂən35to35, tshiəu53xei53mau35thau1321tsʅ0ʂəu53to3553,maŋ13cia53tsiait3ke53.cia53tsiait3li0ke5344thau1321tsʅ0ʂəu53tshiəu5344kai53thau13tsʅ0 tʂən35xen21ciet3,tʂən35khuai53,san35si53ɲien1321tshiəu53iəu35ciet3le0.tan53ʂʅ53ciet3a3553ciet3tek3khuai53tshiəu5344lau21 a3553lau21tek3khuai53.kai53tsau21ci21ɲien13tsʅ0kai53iaŋ53tsʅ0ke53kai53thau1321ʂəu5344tshiəu53mau1321tek3li0ciet3lau0.

【鋾锉】thau13tsho53 名一种锉，大而粗糙：～，箇起～，箇就滟大个，欸，滟大个～。有滴话你："欸呀，箇只细子冬下头呀箇个当风刷哩，收拾哩，你个面上都系～样，□粗个，绷老个，□粗个。"又话别人："收拾哩，以箇箇只细子个面呐欸～样，磨钵样。磨钵咁粗糙。" thau13tsho53,kai5344çi2144thau13tsho53,kai5344tshiəu5344mən35thai53ke0,e21,mən35thai53ke0thau13tsho53.iəu35tet5ua53ɲi1344:"ei53 ia21,kai5344tʂak3sei53tsʅ0təŋ3544xa5344thei1344ia0kai5344ke5344taŋ35fəŋ35sɔit3li0,ʂəu3544ʂət5li0, ɲi1344ke0mien53xɔŋ53təu3553xei53 thau13tsho0iɔŋ5344,chia53tshʅ3544ke0,paŋ35lau21ke0,chia53tshʅ3544ke0."iəu53ua5344phiet5in1344:"ʂəu35ʂət5li0,i21kai53kai53tʂak3 sei53tsʅ0ke5344mien53na0ei21thau13tsho0iɔŋ53,mo35pait3iɔŋ53.mo35pait3kan21tshʅ35tshau53."

【讨】tau21 动①索取；请求：箇个街上走上走下箇欸安做送下子么个财神个人其实就系～钱。kai53kei5344kai53xɔŋ53tsei21ʂɔŋ53tsei21xa5344kai53e21ɔn3544tso53səŋ53xa5344tsʅ0mak3ke53tshɔi13ʂən1321ke53ɲin1344chi13ʂət5 tshiəu53xei53thau21tshien13. ②娶（妻子）；迎娶（儿媳）：话别人家欸～只老婆，生哩细人子就细

人子就爱，老婆就离嘿去欸，唔爱呀，安做话别人家“搕嘿麻子不要哩麻稿”。ua$^{53}$pʰiet$^{5}$ ɲin$^{13}_{21}$ka$^{35}_{44}$e$_{21}$tʰau$^{21}$tʂak$^{3}$ lau$^{21}$pʰo$^{13}$,saŋ$^{35}$li$^{0}$ se$^{53}$ɲin$^{13}_{21}$tsɿ$^{0}$ tsʰiəu$^{53}_{44}$se$^{53}$ɲin$^{13}_{21}$tsɿ$^{0}$ tsʰiəu$^{53}_{44}$ɔi$^{53}$,lau$^{21}$pʰo$^{13}$tsʰiəu$^{53}$li$^{13}$(x)ek$^{3}$ çi$^{53}$e$^{0}$,m̩$^{13}_{21}$mɔi$^{53}_{35}$ia$^{0}$,ɔn$^{35}_{44}$tso$^{53}_{44}$ua$^{53}$pʰiet$^{5}$ɲin$^{13}_{21}$ka$^{35}_{44}$"kʰɔk$^{3}$(x)ek$^{3}$ ma$^{13}$tsɿ$^{0}$ pət$^{3}$ iau$^{53}$li$^{0}$ ma$^{13}$kau$^{21}$". | 今年冬下十二月么啊日子，欸，～倒箇只妹子归来哩。cin$^{35}$ɲien$^{13}_{21}$təŋ$^{35}_{44}$xa$^{35}_{44}$ʂət$^{5}$ɲi$^{53}$ɲiet$^{5}$mak$^{3}$ a$^{0}$ɲiet$^{3}$ tsɿ$^{0}$,e$_{21}$,tʰau$^{21}$ tau$^{21}$kai$^{53}$tʂak$^{3}$ mɔi$^{53}$tsɿ$^{0}$ kuei$^{35}$lɔi$^{13}_{21}$li$^{0}$.

【讨饭食】tʰau$^{21}$fan$^{53}$ʂət$^{5}$ 动行乞；乞讨：我也同你咁子样是，我真系会去～嘞。ŋai$^{13}$ia$^{35}_{53}$tʰəŋ$^{13}$ ɲi$^{13}$kan$^{21}$tsɿ$^{0}$ iɔŋ$^{53}$ʂʅ$^{53}_{44}$,ŋai$^{13}_{21}$tʂən$^{35}$nei$^{53}_{44}$uɔi$^{53}$çi$^{53}$tʰau$^{21}$fan$^{53}$ʂət$^{5}$ le$^{0}$.

【讨饭食个】tʰau$^{21}$fan$^{53}$ʂət$^{5}$ke$^{53}$ 指乞丐：靠箇兜子钱是，我会成～。kʰau$^{53}$kai$^{53}$te$^{35}_{53}$tsɿ$^{0}$ tsʰien$^{13}_{21}$ʂʅ$^{53}_{44}$, ŋai$^{13}_{44}$uɔi$^{53}_{44}$ʂaŋ$^{13}_{21}$tʰau$^{21}$fan$^{53}$ʂət$^{5}$ ke$^{53}_{21}$.

【讨好】tʰau$^{21}$xau$^{21}$ 动迎合人意，以博得他人欢心：你不要总讲兜咁个好话去～别人呐。ɲi$^{13}$ pət$^{3}$ iau$^{53}$tsəŋ$^{21}$kɔŋ$^{21}$te$^{35}_{53}$kan$^{21}$ke$^{53}$xau$^{21}$fa$^{53}$çi$^{53}$tʰau$^{21}$xau$^{21}$pʰiet$^{5}$ɲin$^{13}_{21}$na$^{0}$.

【讨米个】tʰau$^{21}$mi$^{21}$ke$^{53}$ 指乞丐：如今～都唔着得糜烂了喔。着得熨熨帖帖哦，～都喔。i$^{13}_{21}$cin$^{35}_{53}$tʰau$^{21}$mi$^{21}$ke$^{53}$təu$^{35}_{53}$n̩$^{13}_{21}$tʂɔk$^{3}$ tek$^{3}$ mei$^{35}$lan$^{53}$liau$^{0}$ uo$^{0}$.tʂɔk$^{3}$ tek$^{3}$ iait$^{3}$ iait$^{3}$ tʰiait$^{3}$ tʰiait$^{3}$ o$^{0}$,tʰau$^{21}$mi$^{21}$ke$^{53}$ təu$^{35}_{53}$uo$^{0}$.

【讨亲】tʰau$^{21}$tsʰin$^{35}$ 动迎娶新媳妇：箇家人家呃整酒是就系～呢。整讨亲酒哇。kai$^{53}_{44}$ka$^{35}_{53}$ɲin$^{13}_{21}$ ka$^{35}_{44}$ə$_{21}$tʂaŋ$^{21}$tsiəu$^{21}$ʂʅ$^{53}_{21}$tsʰiəu$^{53}$xe$^{53}$tʰau$^{21}$tsʰin$^{35}$ne$^{0}$.tʂaŋ$^{21}$tʰau$^{21}$tsʰin$^{35}_{44}$tsiəu$^{21}$ua$^{0}$.

【讨亲酒】tʰau$^{21}$tsʰin$^{35}$tsiəu$^{21}$ 名为迎娶儿媳妇而置办的喜宴：箇家人家整～。kai$^{53}_{44}$ka$^{35}_{53}$ɲin$^{13}_{21}$ka$^{35}_{53}$ tʂaŋ$^{21}$tʰau$^{21}$tsʰin$^{35}$tsiəu$^{21}$. | 食～ʂet$^{5}$ tʰau$^{21}$tsʰin$^{35}$tsiəu$^{21}$

【讨食】tʰau$^{21}$ʂət$^{5}$ 动行乞；乞讨：我跟倒你是会～啦。ŋai$^{13}_{21}$cien$^{35}$tau$^{21}$ɲi$^{13}$ʂʅ$^{53}_{44}$uɔi$^{53}$tʰau$^{21}$ʂət$^{5}$ la$^{0}$.

【讨死嫌】tʰau$^{21}$si$^{21}$çian$^{13}$ 非常令人讨厌：箇只箇死老子～。kai$^{53}$tʂak$^{3}$ kai$^{53}_{44}$si$^{21}$lau$^{21}$tsɿ$^{0}$ tʰau$^{21}$si$^{21}$çian$^{13}$.

【讨嫌$_1$】tʰau$^{21}$çian$^{13}$ 动讨厌：别滴人～渠。pʰiet$^{5}$ tet$^{5}$ ɲin$^{13}_{21}$tʰau$^{21}$çian$^{13}$ci$^{13}_{44}$.

【讨嫌$_2$】tʰau$^{21}$çian$^{13}$ 形令人讨厌；惹人厌烦：还有么个黄叶一枝花唠，还有水葫芦噢，浏阳都有几项东西真～呀！xai$^{13}$iəu$^{35}_{44}$mak$^{3}$ ke$^{53}_{44}$uɔŋ$^{13}$iait$^{5}$ iet$^{3}$ tʂʅ$^{35}$fa$^{35}$lau$^{0}$,xai$^{13}$iəu$^{35}_{44}$ʂei$^{21}$fu$^{13}$ləu$^{13}$uau$^{0}$,liəu$^{13}$iɔŋ$^{13}_{44}$ təu$^{35}_{44}$iəu$^{35}_{44}$ci$^{21}$xɔŋ$^{53}$təŋ$^{35}$si$^{0}$ tʂən$^{35}$tʰau$^{21}$çian$^{13}$ia$^{0}$!

【讨新舅】tʰau$^{21}$sin$^{35}$cʰiəu$^{35}$ （男方父母）迎娶儿媳妇：一般系就最讲究个就系么啊嘞？就系～，接新人呢。iet$^{3}$ pɔn$^{35}$nei$^{53}_{44}$tsʰiəu$^{53}_{44}$tsei$^{53}$kɔŋ$^{21}$ciəu$^{53}_{44}$ke$^{53}_{44}$tsʰiəu$^{53}$xei$^{53}_{44}$mak$^{3}$ a$^{0}$ le$^{0}$?tsʰiəu$^{53}_{44}$xei$^{53}_{44}$tʰau$^{21}$sin$^{35}$ cʰiəu$^{35}_{44}$,tsiet$^{3}$ sin$^{35}$ɲin$^{13}_{21}$ne$^{0}$.

【讨新人】tʰau$^{21}$sin$^{35}$ɲin$^{13}_{21}$ （男方父母）迎娶儿媳妇：欸，以前我等以映子～箇只嘞，欸，爱荷滴子箇个零哩八碎子送倒女家头去嘞，就用皮篓子。ei$_{21}$,i$^{35}$tsʰien$^{13}_{21}$ŋai$^{13}$tien$^{0}$ i$^{21}$iaŋ$^{53}_{44}$tsɿ$^{0}$ tʰau$^{21}$sin$^{35}$ ɲin$^{13}_{21}$kai$^{53}_{44}$tʂak$^{3}$ le$^{0}$,e$_{21}$,ɔi$^{53}_{44}$kʰai$^{35}$tiet$^{5}$ tsɿ$^{0}$ kai$^{53}_{44}$ke$^{53}_{44}$laŋ$^{13}$li$^{0}$ pait$^{3}$ si$^{53}$tsɿ$^{0}$ səŋ$^{53}$tau$^{21}$ɲi$^{21}$ka$^{35}$tʰei$^{13}_{21}$çi$^{53}_{44}$lei$^{0}$,tsiəu$^{53}$iəŋ$^{53}_{44}$ pʰi$^{13}$lei$^{21}$tsɿ$^{0}$.

【讨账】tʰau$^{21}$tʂɔŋ$^{53}$ 动讨债：我是到哩十二月就硬尽～哦。欸，到处去～。开店子个人，一般到哩年脚下都爱～。ŋai$^{13}$ʂʅ$^{53}_{44}$tau$^{53}$li$^{0}$ ʂət$^{5}$ɲi$^{53}$ɲiet$^{5}$ tsʰiəu$^{53}_{21}$ɲiaŋ$^{53}$tsʰin$^{53}$tʰau$^{21}$tʂɔŋ$^{53}$ŋo$^{0}$.e$_{21}$,tau$^{53}$tʂʰəu$^{53}_{44}$çi$^{53}_{44}$ tʰau$^{21}$tʂɔŋ$^{53}$.kʰɔi$^{53}$tian$^{53}$tsɿ$^{0}$ kei$^{53}$ɲin$^{13}_{21}$,iet$^{3}$ pɔn$^{35}$tau$^{53}$li$^{0}$ɲien$^{13}$ciɔk$^{3}$ xa$^{53}_{44}$təu$^{35}$ɔi$^{53}$tʰau$^{21}$tʂɔŋ$^{53}$.

【套$_1$】tʰau$^{53}$ 动①罩在外面：渠就呣有只咁个套套子，咁子～下出来。ci$^{13}_{21}$tsʰiəu$^{53}$m̩$_{21}$iəu$^{35}$tʂak$^{3}$ kan$^{21}$ke$^{53}_{44}$tʰau$^{53}$tʰau$^{53}$tsɿ$^{0}$,kan$^{21}$tsɿ$^{0}$ tʰau$^{53}$xa$^{53}_{44}$tʂʰət$^{3}$ lɔi$^{13}_{21}$. ②互相接合：正正～下箇眼肚箇里。tʂən$^{53}$tʂən$^{53}_{44}$ tʰau$^{53}$xa$^{53}_{44}$kai$^{53}_{44}$ŋan$^{21}$təu$^{21}$kai$^{53}_{21}$li$^{0}$.

【套$_2$】tʰau$^{53}$ 量用于搭配成组的事物：一～铺盖 iet$^{3}$ tʰau$^{53}_{44}$pʰu$^{35}$kɔi$^{53}_{21}$ | 桌呀掺凳都加起来讲，几多～哇？一～课桌椅呀。tsɔk$^{3}$ ia$^{0}$ lau$^{35}$tien$^{53}$təu$^{35}$cia$^{35}$çi$^{21}$lɔi$^{13}$kɔŋ$^{21}$,ci$^{21}$to$^{35}_{44}$tʰau$^{53}$ua$^{0}$?iet$^{3}$ tʰau$^{53}$kʰo$^{53}$tsɔk$^{3}$ i$^{21}$ ia$^{0}$. | 渠有地方个话可以以边做～横屋，以边也做横屋。ci$^{13}_{21}$iəu$^{35}$tʰi$^{53}$fɔŋ$^{35}_{44}$ke$^{53}_{44}$fa$^{53}_{44}$kʰo$^{21}$i$^{35}_{44}$i$^{21}$pien$^{35}_{44}$tso$^{53}$ tʰau$^{53}_{44}$uaŋ$^{13}$uk$^{3}$,i$^{21}$pien$^{35}_{44}$na$_{44}$(←ia$^{35}$)tso$^{53}$uaŋ$^{13}$uk$^{3}$.

【套间门】tʰau$^{53}$kan$^{35}$mən$^{13}$ 名房中房的门：外背箇皮间门打开来对倒去个对倒个就系～。ŋɔi$^{53}$ pɔi$^{53}$kai$^{53}$pʰi$^{13}_{21}$kan$^{35}$mən$^{13}_{21}$ta$^{21}$kʰɔi$^{35}$lɔi$^{13}_{21}$ti$^{53}$tau$^{21}$çi$^{53}$ke$^{53}$ti$^{53}$tau$^{21}$ke$^{53}$tsʰiəu$^{53}_{44}$xe$^{53}_{44}$tʰau$^{53}$kan$^{35}_{44}$mən$^{13}$.

【套笼】tʰau$^{53}$ləŋ$^{21}$/ləŋ$^{35}$ 名挑箱：挑箱就～。～嘞木做个多唠。有篾～噢，木～。tʰiau$^{35}_{44}$siɔŋ$^{35}_{44}$ tsʰiəu$^{53}_{44}$tʰau$^{53}$ləŋ$^{21}$.tʰau$^{53}$ləŋ$^{21}$le$^{0}$ muk$^{3}$ tso$^{53}$ke$^{53}_{44}$to$^{35}_{44}$lau$^{0}$.iəu$^{35}_{44}$miet$^{5}$ tʰau$^{53}_{44}$ləŋ$^{21}$ŋau$^{0}$,muk$^{3}$ tʰau$^{53}$ləŋ$^{21}$. | ～就比较大。箇个东西，装书个东西你装你去做起个～咁大嘞你荷唔起。tʰau$^{53}$ləŋ$^{21}$tsʰiəu$^{53}_{44}$pi$^{21}$ciau$^{53}_{44}$ tʰai$^{53}$.kai$^{53}_{44}$ke$^{53}_{44}$təŋ$^{35}_{44}$si$^{0}$,tʂɔŋ$^{35}$ʂəu$^{35}$ke$^{53}$təŋ$^{35}_{44}$si$^{0}$ɲi$^{13}_{21}$tʂɔŋ$^{35}$ɲi$^{13}$çi$^{53}_{21}$tso$^{53}$çi$^{21}_{44}$ke$^{53}_{44}$tʰau$^{53}$ləŋ$^{21}$kan$^{21}$tʰai$^{53}$lei$^{0}$ɲi$^{13}_{44}$kʰai$^{35}$ n̩$^{13}_{44}$çi$^{21}$.

【套套子】tʰau$^{53}$tʰau$^{53}$tsɿ$^{0}$ 名做成一定形状、套在物体外面的东西：渠就呣有只咁个～。ci$^{13}_{21}$tsʰiəu$^{53}$m̩$_{21}$iəu$^{35}$tʂak$^{3}$kan$^{21}$ke$^{53}_{44}$tʰau$^{53}$tʰau$^{53}$tsɿ$^{0}$.

【套鞋】tʰau$^{53}$xai$^{13}$ 名雨鞋：以前冇得～，（屐鞋）就起～个作用。i$^{35}_{44}$tsʰien$^{13}_{21}$mau$^{13}_{21}$tek$^{3}$tʰau$^{53}$xai$^{13}_{21}$,tsʰiəu$^{53}_{44}$çi$^{21}$tʰau$^{53}$xai$^{13}_{21}$ke$^{53}_{44}$tsɔk$^{3}$iəŋ$^{53}_{44}$.

【特】tʰiek$^{5}$ 副极其；非常：你放只木坨坨，你箇板子钉下去，用洋钉子钉下箇木坨坨上，钉得～稳。ɲi$^{13}_{21}$fɔŋ$^{53}$tʂak$^{3}$muk$^{3}$tʰo$^{13}_{44}$tʰo$^{13}_{44}$, ɲi$^{13}$kai$^{53}_{44}$pan$^{21}$tsɿ$^{0}$taŋ$^{35}$ŋa$^{53}$(←xa$^{53}$)çi$^{53}$,iəŋ$^{53}$iaŋ$^{13}$taŋ$^{35}$tsɿ$^{0}$taŋ$^{35}$ŋa$^{53}$(←xa$^{53}$)kai$^{53}_{21}$muk$^{3}$tʰo$^{13}$tʰo$^{13}_{44}$xɔŋ$^{53}$,tʰaŋ$^{35}$tek$^{3}$tʰiek$^{5}$uən$^{21}$.

【特别$_{1}$】tʰiek$^{5}$pʰiet$^{5}$ 形特殊；与众不同：也有得～个名称，只有介绍个时候子就会讲出来。ia$^{35}_{44}$mau$^{13}$tek$^{3}$tʰiek$^{5}$pʰiet$^{5}$ke$^{53}$min$^{13}_{21}$tʂʰən$^{35}_{53}$,tʂɿ$^{21}$iəu$^{35}_{44}$kai$^{53}$ʂau$^{53}$ke$^{53}_{21}$ʂɿ$^{13}$xei$^{53}$tsɿ$^{0}$tsiəu$^{53}_{44}$uɔi$^{53}_{44}$kɔŋ$^{21}$tʂʰət$^{3}$lɔi$^{13}$.

【特别$_{2}$】tʰiek$^{5}$pʰiet$^{5}$ 副尤其：～不能够又分只碗覆转来。安做覆三坟。tʰiek$^{5}$pʰiet$^{5}$pət$^{3}$len$^{13}$ciəu$^{53}_{44}$iəu$^{53}_{44}$pən$^{35}$tʂak$^{3}$uən$^{21}$pʰuk$^{3}$tʂən$^{21}$nɔi$^{13}$.ɔn$^{35}_{44}$tso$^{53}_{44}$pʰuk$^{3}$san$^{35}$fən$^{13}_{21}$.

【特事】tʰek$^{5}$/tʰiek$^{5}$sɿ$^{53}$ 副特地，特意：～去做 tʰiek$^{5}_{3}$sɿ$^{53}_{44}$çi$^{53}_{44}$tso$^{53}$｜底下进火就让门子？就～做滴子砖嘞。te$^{21}$xa$^{53}_{44}$tsin$^{53}$fo$^{21}$tsʰiəu$^{53}_{44}$ɲiɔŋ$^{53}$mən$^{0}$tsɿ$^{0}$?tsʰiəu$^{53}_{44}$tʰek$^{5}$sɿ$^{53}_{44}$tso$^{53}_{44}$tet$^{5}$tsɿ$^{0}$tʂon$^{35}$nei$^{0}$.｜也唔爱～去送呢。ia$^{35}$m̩$^{13}_{21}$mɔi$_{44}$(←ɔi$^{53}$)tʰek$^{5}$sɿ$^{53}$çi$^{53}_{44}$səŋ$^{53}$ne$^{0}$.

【特事子】tʰek$^{5}$sɿ$^{53}$tsɿ$^{0}$ 副①特地，特意：镬子外背还有一只部分，～打阔滴子，放砧板。uɔk$^{5}$tsɿ$^{0}$ŋɔi$^{53}$pɔi$^{53}_{44}$xai$^{13}_{21}$iəu$^{35}_{53}$iet$^{3}$tʂak$^{3}$pʰu$^{53}_{44}$fən$^{53}_{44}$,tʰek$^{5}$sɿ$^{53}$tsɿ$^{0}$ta$^{21}$kʰɔit$^{3}$tiet$^{5}$tsɿ$^{0}$,fɔŋ$^{53}$tsien$^{35}$pan$^{21}$. ②故意，有意：～乱搞。tʰek$^{5}$sɿ$^{53}$tsɿ$^{0}$lɔn$^{53}$kau$^{21}$.｜～磨刁难我。tʰek$^{5}$sɿ$^{53}$tsɿ$^{0}$mo$^{13}$ŋai$^{13}$.

【特殊】tʰek$^{5}$çy$^{35}$/ʂʮ$^{13}$ 形特别；不同于一般：箇我等以映子有～个灯笼辣椒喔。kai$^{53}$ŋai$^{13}$tien$^{0}$i$^{21}$iaŋ$^{53}_{44}$tsɿ$^{0}$iəu$^{35}$tʰek$^{5}$ʂʮ$^{13}_{21}$ke$^{53}_{44}$ten$^{35}$ləŋ$^{13}_{21}$lait$^{5}$tsiau$^{35}_{44}$uo$^{0}$.｜（布荆子叶子）有只～个香味。iəu$^{35}$tʂak$^{3}$tʰek$^{5}$çy$^{35}_{44}$ke$^{53}_{44}$çiɔŋ$^{35}$uei$^{53}_{44}$.

【特有】tʰiek$^{5}$iəu$^{35}$ 形属性词。特别具有的；独特的：张家坊～个指灯笼辣椒。tʂɔŋ$^{35}$ka$^{35}_{44}$fɔŋ$^{35}$tʰiek$^{5}$iəu$^{35}_{44}$ke$^{53}_{44}$.｜客姓人～个一只话法。kʰak$^{3}$sin$^{53}$ɲin$^{13}_{21}$tʰek$^{5}$iəu$^{35}$kei$^{53}_{21}$iet$^{3}$tʂak$^{3}$ua$^{53}$fait$^{3}$.

【藤】tʰien$^{13}$ 名泛指匍匐茎或攀援茎。有"AA"重叠式：我等以也唔喊～，喊黄蒲苗。ŋai$^{13}$tien$^{0}$i$^{21}$ia$^{35}_{44}$n̩$^{13}$xan$^{53}$tʰien$^{13}$,xan$^{53}$uaŋ$^{13}$pʰu$^{13}_{21}$miau$^{13}$.｜关刀藤呐，硬有～～呢。kuan$^{35}$tau$^{35}$tʰien$^{13}$na$^{0}$,in$^{53}_{44}$iəu$^{35}_{44}$tʰien$^{13}$tʰien$^{13}_{44}$ne$^{0}$.

【藤菜】tʰien$^{13}$tsʰɔi$^{53}$ 名蕹菜的俗称。又称"空心菜"：空心菜有，欸，安做～哟。kʰəŋ$^{35}_{44}$sin$^{35}_{44}$tsʰɔi$^{53}$iəu$^{35}_{44}$,e$_{21}$,ɔn$^{35}_{44}$tso$^{53}_{44}$tʰien$^{13}$tsʰɔi$^{53}_{44}$io$^{0}$.

【藤黄】tʰien$^{13}$uɔŋ$^{13}$ 名中药名。为藤黄树的树脂，有消肿、攻毒、祛腐敛疮、止血、杀虫之功效：我如今食个箇丸子都就安做～丸子啊。欸，我如今都去下食唠，食箇～丸子哦。渠会补下子肾话嘞。我箇药吵我箇个降压个丸子吵欸医师话降压个丸子有兜子伤肾，你就搭滴子～丸子食。ŋai$^{13}$i$^{13}_{21}$cin$^{35}_{44}$ʂət$^{5}$ke$^{53}$kai$^{53}$ien$^{13}$tsɿ$^{0}$təu$^{35}_{53}$tsʰiəu$^{53}$ɔn$^{35}_{53}$tso$^{53}$tʰien$^{13}$uɔŋ$^{13}$ien$^{13}$tsɿ$^{0}$a$^{0}$.e$_{21}$,ŋai$^{13}$i$^{13}_{21}$cin$^{35}_{44}$təu$^{35}_{44}$çi$^{53}$xa$^{53}$ʂət$^{5}$lau$^{0}$,ʂət$^{5}$kai$^{53}$tʰien$^{13}$uɔŋ$^{13}$ien$^{13}$tsɿ$^{0}$o$^{0}$.ci$^{13}_{21}$uɔi$^{53}$pu$^{21}$ua$^{53}$tsɿ$^{0}$ʂən$^{53}$ua$^{53}$lei$^{0}$.ŋai$^{13}$kai$^{53}_{44}$iɔk$^{5}$ʂa$^{0}$ŋai$^{13}$kai$^{53}_{44}$ke$^{53}_{44}$ciɔŋ$^{53}$iak$^{3}$ke$^{53}$ien$^{13}$tsɿ$^{0}$ʂa$^{0}$ei$_{21}$i$^{35}$sɿ$^{35}$ua$^{53}$ciɔŋ$^{53}$iak$^{3}$kei$^{53}$ien$^{13}$tsɿ$^{0}$iəu$^{35}$te$^{35}_{53}$tsɿ$^{0}$ʂɔŋ$^{35}$ʂən$^{53}$, ɲi$^{13}$tsʰiəu$^{53}$tait$^{3}$tiet$^{5}$tsɿ$^{0}$tʰien$^{13}$uɔŋ$^{13}$ien$^{13}$tsɿ$^{0}$ʂət$^{5}$.

【藤精】tʰien$^{13}$tsin$^{35}$ 名神话传说中藤化成的妖怪：有滴箇藤呐，树上个生倒箇个藤呐，唔知几大呀，吓死人呐，～呐。iəu$^{35}$tet$^{5}$kai$^{53}_{44}$tʰien$^{13}$na$^{0}$,ʂəu$^{53}$xɔŋ$^{53}$ke$^{53}_{21}$saŋ$^{35}$tau$^{21}$kai$^{53}_{44}$ke$^{53}_{44}$tʰien$^{13}$na$^{0}$,n̩$^{13}_{21}$ti$^{35}_{44}$ci$^{21}$tʰai$^{53}$ia$^{0}$,xak$^{3}$si$^{21}$ɲin$^{13}$na$^{0}$,tʰien$^{13}$tsin$^{35}$na$^{0}$.

【藤藤莽莽】tʰien$^{13}$tʰien$^{13}_{44}$mɔŋ$^{21}$mɔŋ$^{21}$ 形形容藤蔓很多很长的样子：～啊。你等渠长长起□长个藤呢。tʰien$^{13}$tʰien$^{13}_{44}$mɔŋ$^{21}$mɔŋ$^{21}$ŋa$^{0}$. ɲi$^{13}$ten$^{21}$ci$^{13}_{44}$tʂɔŋ$^{21}$tʂɔŋ$^{21}$çi$^{21}_{44}$lai$^{35}$tʂʰɔŋ$^{13}_{44}$ke$^{53}_{44}$tʰien$^{13}$ne$^{0}$.

【藤椅】tʰien$^{13}$i$^{21}$ 名用藤条编织成的椅子：～还舒服，热天坐倒唔得煉屁股，唔得喷滚。冷天也唔冰冷。tʰien$^{13}$i$^{21}$xan$^{13}_{21}$ʂʮ$^{35}_{44}$fuk$^{5}$, ɲiet$^{5}$tʰien$^{35}_{44}$tsʰo$^{35}$tau$^{21}$n̩$^{13}$tek$^{3}$ləuk$^{5}$pʰi$^{53}$ku$^{21}$,n̩$^{13}$tek$^{3}$pʰaŋ$^{53}$kuən$^{21}$.laŋ$^{35}$tʰien$^{35}_{44}$ia$^{35}_{53}$m̩$^{13}$pin$^{35}_{44}$laŋ$^{35}$.

【剔】tʰiait$^{5}$/tʰiet$^{5}$ 动用刀除去：割下箇早禾以后，箇丫禾就舞张禾衣刀子去～。kɔit$^{3}$(x)a$^{53}$kai$^{53}_{44}$tsau$^{21}$uo$^{13}$i$^{35}$xei$^{53}_{21}$,kai$^{53}_{44}$a$^{35}$uo$^{13}_{44}$tsʰiəu$^{53}_{44}$u$^{21}$tʂɔŋ$^{35}$uo$^{13}_{21}$i$^{35}_{44}$tau$^{35}$tsɿ$^{0}$çi$^{53}_{44}$tʰiait$^{5}$.｜还有只动作呢，安做～呢。系唔系？～呀。～是～柴。不是割草，系～柴。打比有一条树跍倒箇子我箇我唔话～嘿箇条树去嘞，要话斫树嘞。～嘿尾巴去哩。箇树樀哩，树樀，欸，～嘿去呢。/欸，碎个子就要用～。碎个子用～。箇只树懑大个就斫。xai$^{13}_{21}$iəu$^{35}_{21}$tʂak$^{3}$tʰəŋ$^{53}$tsɔk$^{3}$nei$^{0}$,ɔn$^{35}_{44}$tso$^{53}_{44}$tʰiait$^{5}$nei$^{0}$.xei$^{53}_{44}$me$^{53}_{44}$?tʰiait$^{5}$ia$^{0}$.tʰiait$^{5}$ʂʮ$^{53}_{44}$tʰiait$^{5}$tsʰai$^{13}$.pət$^{3}$ʂɿ$^{53}$kɔit$^{3}$tsʰau$^{21}$,xe$^{53}_{44}$tʰiait$^{5}$tsʰai$^{13}$.ta$^{21}$pi$^{21}$iəu$^{35}_{44}$iet$^{3}$tʰiau$^{13}$ʂəu$^{53}$ku$^{35}$

tau$^{21}$kai$^{53}$tsɿ$^{0}$ ŋai$^{13}_{44}$kai$^{53}_{44}$ŋai$^{13}$n̩$^{13}_{21}$ua$^{53}_{44}$t$^{h}$iait$^{5}$ iek$^{3}$(←xek$^{3}$)kai$^{53}_{44}$t$^{h}$iau$^{13}$ʂəu$^{53}$çi$^{53}_{44}$lei$^{0}$,iau$^{53}_{44}$ua$^{53}_{44}$tʂək$^{3}$ ʂəu$^{53}$lei$^{0}$.t$^{h}$iait$^{5}$ iek$^{3}$(←xek$^{3}$)mi$^{35}$pa$^{0}$ çi$^{53}_{44}$li$^{0}$.kai$^{53}_{44}$ʂəu$^{53}$k$^{h}$ua$^{21}$li$^{0}$,ʂəu$^{53}$k$^{h}$ua$^{21}$,e$_{21}$,t$^{h}$iait$^{5}$ xek$^{3}$ çi$^{53}$nei$^{0}$./e$_{21}$,si$^{53}$ke$^{53}$tsɿ$^{0}$ tsiəu$^{53}_{44}$iau$^{53}$ iəŋ$^{53}_{44}$t$^{h}$iait$^{5}$.si$^{53}$ke$^{53}$tsɿ$^{0}$ iəŋ$^{53}_{44}$t$^{h}$iait$^{5}$.kai$^{53}_{44}$tʂak$^{3}$ ʂəu$^{53}$mən$^{35}$t$^{h}$ai$^{53}_{44}$ke$^{53}_{44}$tsiəu$^{53}_{44}$tʂək$^{3}$.｜猪肉皮呀？～嘿去啊，～下来。tʂəu$^{35}$ɲiəuk$^{3}$p$^{h}$i$^{13}$ia$^{0}$?t$^{h}$iet$^{5}$(x)ek$^{3}$ çi$^{53}$a$^{0}$,t$^{h}$iet$^{5}$xa$^{53}_{44}$lɔi$^{13}_{21}$.

【剔绾钩】t$^{h}$i$^{53}$uan$^{21}$ciei$^{35}$ 名 屠夫用来将猪肉挂在楼梯上以便破开的铁钩子：箇只哎，挂起来个时候子，破个时候子挂起来，一头就绾倒箇只脚，一头就绾倒楼梯上，箇张箇只钩安做么个钩呀？哈？就安做就安做么个钩吧？就安做……哈？安做……你莫讲慢点子看啵。安做么个钩呀？地板钩呀？～，哦，哦哦哦，剔绾，绾猪肉个，系啊？好，好好好，要得哩。kai$^{53}_{21}$ tʂak$^{3}$ai$_{53}$,kua$^{53}$çi$^{21}$lɔi$^{13}$ke$^{53}_{44}$ʂɿ$^{13}$xei$^{53}_{44}$tsɿ$^{0}$,p$^{h}$o$^{53}$ke$^{53}_{44}$ʂɿ$^{13}$xei$^{53}_{44}$tsɿ$^{0}$ kua$^{53}$çi$^{21}$lɔi$^{13}_{21}$,iet$^{3}$ t$^{h}$ei$^{13}$ts$^{h}$iəu$^{53}$uan$^{21}$tau$^{21}$kai$^{53}$tʂak$^{3}$ ciɔk$^{3}$,iet$^{3}$ t$^{h}$ei$^{13}$ts$^{h}$iəu$^{53}$uan$^{21}$ tau$^{21}$ lei$^{13}$ t$^{h}$ai$^{35}_{44}$xɔŋ$^{53}_{44}$,kai$^{53}_{44}$tʂɔŋ$^{35}_{44}$(k)ai$^{53}_{44}$tʂak$^{3}$ ciei$^{35}$ ɔn$^{35}_{44}$tso$^{53}_{44}$mak$^{3}$ (k)e$^{53}_{44}$ciei$^{35}$ ia$^{0}$?xa$_{35}$?ts$^{h}$iəu$^{53}_{44}$ɔn$^{35}_{44}$tso$^{53}_{44}$ts$^{h}$iəu$^{53}$ɔn$^{35}_{44}$tso$^{53}_{44}$mak$^{3}$(k)e$^{53}_{44}$ciei$^{35}$pa$^{0}$?ts$^{h}$iəu$^{53}_{44}$ɔn$^{35}_{53}$tso$^{53}_{44}$…xa$_{35}$?ɔn$^{35}$tso$^{53}$…ɲi$^{13}$mɔk$^{5}$ kɔŋ$^{21}$man$^{53}$tian$^{21}_{44}$tsɿ$^{0}$ k$^{h}$ɔn$^{53}_{44}$nau$^{0}$.ɔn$^{53}_{44}$tso$^{53}_{44}$mak$^{3}$(k)e$^{53}_{44}$ciei$^{35}_{44}$ia$^{0}$?t$^{h}$i$^{53}$pan$^{21}$ciei$^{35}$ia$^{0}$?t$^{h}$i$^{53}$uan$^{21}$ciei$^{35}$,o$_{21}$,o$_{44}$o$_{44}$ o$_{21}$,t$^{h}$i$^{53}$uan$^{21}$,uan$^{21}$tʂəu$^{35}$ɲiəuk$^{3}$ke$^{53}_{44}$,xei$^{53}_{44}$a$^{0}$?xau$^{21}$,xau$^{21}$xau$^{21}$xau$^{21}$,iau$^{53}$tek$^{3}$li$^{0}$.

【踢】t$^{h}$et$^{3}$/t$^{h}$iet$^{3}$ 动 用脚尤其是足尖触击：～渠一脚啊。t$^{h}$et$^{3}$ ci$^{13}_{44}$iet$^{3}$ ciɔk$^{3}$ a$^{0}$.｜～下去 t$^{h}$iet$^{3}$ (x)a$^{53}_{44}$çi$^{53}_{44}$

【提$_1$】t$^{h}$ia$^{35}$/t$^{h}$i$^{13}$ 动 ①垂手拿着有环、柄或绳套的东西：以下顶高嘞有只～个东西。i$^{21}$xa$^{53}_{44}$taŋ$^{21}$ kau$^{35}_{44}$lei$^{0}$ iəu$^{53}_{44}$tʂak$^{3}$ t$^{h}$ia$^{35}$ke$^{53}$təŋ$^{35}_{44}$si$^{0}$.｜你去～兜水归来。ɲi$^{13}_{21}$çi$^{53}$t$^{h}$ia$^{35}$te$^{35}_{53}$ʂei$^{21}$kuei$^{35}_{44}$lɔi$^{13}_{44}$. ②指利用人力、畜力、水力、风力、机电动力等拖动机具将水输送到高处：分水～下箇欸在河里～上来个，箇筒车。pən$^{35}$ʂei$^{21}$t$^{h}$ia$^{35}_{44}$xa$^{53}_{44}$kai$^{53}_{44}$e$_{21}$tsai$^{53}_{44}$xo$^{13}$li$^{35}_{44}$t$^{h}$ia$^{35}$ʂɔŋ$^{35}_{44}$lɔi$^{13}_{21}$ke$^{53}$,kai$^{53}_{44}$t$^{h}$əŋ$^{13}$tʂ$^{h}$a$^{35}$.｜还一起就～水个水车，～水个，就分水，分箇个河里个水引上来个，～水个水车。xai$^{13}_{21}$iet$^{3}$çi$^{21}$ts$^{h}$iəu$^{53}_{44}$t$^{h}$i$^{13}$ʂei$^{21}$ke$^{53}$ ʂei$^{21}$tʂ$^{h}$a$^{35}_{44}$,t$^{h}$ia$^{35}$ʂei$^{21}$ke$^{53}_{44}$,tsiəu$^{53}_{44}$pən$^{35}$ʂei$^{21}$,pən$^{35}$kai$^{53}_{44}$ke$^{53}_{44}$xo$^{13}$li$^{21}$ke$^{53}$ʂei$^{21}$in$^{21}$ʂɔŋ$^{35}$lɔi$^{13}_{21}$ke$^{53}_{44}$,t$^{h}$ia$^{35}$ʂei$^{21}$ke$^{53}_{44}$ʂei$^{21}$tʂ$^{h}$a$^{35}$. ③提审：～出去 t$^{h}$i$^{13}$tʂ$^{h}$ət$^{3}$ çi$^{53}$。④说出：昨晡你～箇问题 ts$^{h}$o$^{35}_{21}$pu$^{35}_{44}$ɲi$^{13}_{21}$t$^{h}$i$^{13}$kai$^{53}_{44}$uən$^{53}_{44}$t$^{h}$i$^{13}_{21}$。⑤提议：家长去就提亲，～起箇场婚事。cia$^{35}$tʂɔŋ$^{21}$çi$^{53}_{44}$ts$^{h}$iəu$^{53}_{44}$t$^{h}$i$^{13}$ts$^{h}$in$^{35}$,t$^{h}$i$^{13}$çi$^{21}$kai$^{53}_{44}$tʂ$^{h}$ɔŋ$^{13}_{21}$fən$^{35}$sɿ$^{53}$. ⑥用提子舀酒、油等：你打两两子酒就箇用箇一两个提子～两下。ɲi$^{13}$ta$^{21}$iɔŋ$^{21}$liɔŋ$^{35}$tsɿ$^{0}$ tsiəu$^{21}$ts$^{h}$iəu$^{53}$kai$^{53}_{44}$ iəŋ$^{53}$kai$^{53}$iet$^{3}$ liɔŋ$^{35}$ke$^{53}$t$^{h}$i$^{13}_{21}$tsɿ$^{0}$ t$^{h}$ia$^{35}$iɔŋ$^{21}$xa$^{53}_{21}$.

【提$_2$】t$^{h}$ia$^{35}$ 量 串：一～葡萄 iet$^{3}$t$^{h}$ia$^{35}$p$^{h}$u$^{13}_{21}$t$^{h}$au$^{13}_{21}$

【提郎夫子】t$^{h}$ia$^{35}$lɔŋ$^{13}_{21}$fu$^{35}_{44}$tsɿ$^{0}$ 名 结婚头天代表男方陪同媒人去女方家送礼、议事的人：食哩昼饭就到女家头去哩啊。欸，我是来接亲了啦，系啊？我带滴东西来哩啦。好，你带倒去个东西少哩吗？齐哩吗？爱女家头检查。系唔系咁多子？少哩，就爱箇只～想办法。欸，箇包封忒系唔系轻哩？打比我爱一百块你只来六十块，箇你还爱重包封，爱重，爱重起下子来。ʂət$^{5}$ li$^{0}$ tʂəu$^{53}$fan$^{53}_{44}$ts$^{h}$iəu$^{53}_{44}$tau$^{53}$ɲi$^{21}$ka$^{35}_{44}$t$^{h}$ei$^{13}_{21}$çi$^{53}$lia$^{0}$.e$_{21}$,ŋai$^{13}$ʂɿ$^{53}_{44}$lɔi$^{13}_{44}$tsiet$^{3}$ ts$^{h}$in$^{35}$liau$^{21}$la$^{0}$,xei$^{53}_{44}$a$^{0}$?ŋai$^{13}$tai$^{53}$tiet$^{3}$ təŋ$^{35}$si$^{0}$ lɔi$^{13}_{21}$li$^{0}$ la$^{0}$.xau$^{21}$, ɲi$^{13}$tai$^{53}$tau$^{21}$çi$^{53}$ke$^{53}_{0}$təŋ$^{35}$si$^{0}$ ʂau$^{21}$li$^{0}$ ma$^{0}$?ts$^{h}$e$^{13}$li$^{0}$ ma$^{0}$?ɔi$^{53}$ɲy$^{21}$ka$^{35}_{44}$t$^{h}$ei$^{13}_{21}$cian$^{21}$ts$^{h}$a$^{13}$.xe$^{53}$ me$^{53}_{44}$kan$^{21}$to$^{35}$tsɿ$^{0}$?ʂau$^{21}$li$^{0}$,ts$^{h}$iəu$^{53}$ɔi$^{53}$kai$^{53}$tʂak$^{3}$ t$^{h}$ia$^{35}$lɔŋ$^{13}_{21}$fu$^{35}_{44}$tsɿ$^{0}$ siɔŋ$^{21}$p$^{h}$an$^{53}$fait$^{3}$.e$_{21}$,kai$^{53}_{44}$pau$^{35}$fəŋ$^{35}_{44}$t$^{h}$et$^{3}$ xe$^{53}$ me$^{53}_{44}$c$^{h}$iaŋ$^{35}$li$^{0}$?ta$^{21}$pi$^{21}$ŋai$^{13}_{21}$ɔi$^{53}$iet$^{3}$ pak$^{3}$ k$^{h}$uai$^{53}$ɲi$^{13}$tʂɿ$^{21}$lɔi$^{13}$liəuk$^{3}$ ʂət$^{5}$ k$^{h}$uai$^{53}$,kai$^{53}_{44}$ɲi$^{13}$xai$^{13}$ɔi$^{53}_{44}$tʂ$^{h}$əŋ$^{35}$pau$^{35}$ fəŋ$^{35}$,ɔi$^{53}_{44}$tʂ$^{h}$əŋ$^{35}$,ɔi$^{53}_{44}$tʂ$^{h}$əŋ$^{35}$çi$^{21}$xa$^{53}_{44}$tsɿ$^{0}$ lɔi$^{13}_{21}$.

【提盘】t$^{h}$i$^{13}$p$^{h}$an$^{13}$ 动 用条盘将菜从厨房端到桌边：欸，掇只条盘去送菜个人呢都分工。有兜人就呃掇只条盘。箇掇条盘个人安做打盘。欸，有兜人呢就徛倒桌边，你掇倒菜来哩，渠一碗一碗掇倒放下桌上，安做下菜。打盘呢又称又安做～，～下菜，箇起人咯箇起为开桌开席服务个人安做～下菜。e$_{44}$,tɔit$^{3}$ tʂak$^{3}$ t$^{h}$iau$^{13}$p$^{h}$an$^{13}_{44}$çi$^{53}$səŋ$^{53}_{44}$ts$^{h}$ɔi$^{53}$ke$^{53}_{44}$ɲin$^{13}$nei$^{0}$ təu$^{35}$fən$^{35}$kəŋ$^{35}$.iəu$^{35}$tei$^{35}_{44}$ɲin$^{13}_{21}$ tsiəu$^{53}_{44}$ə$^{0}$ tɔit$^{3}$ tʂak$^{3}$ t$^{h}$iau$^{13}$p$^{h}$an$^{13}_{44}$.kai$^{53}$tɔit$^{3}$ t$^{h}$iau$^{13}$p$^{h}$an$^{13}_{21}$ke$^{53}$ɲin$^{13}_{21}$ɔn$^{35}_{53}$tso$^{53}$ta$^{21}$p$^{h}$an$^{13}$.e$_{21}$,iəu$^{35}$tei$^{35}_{44}$ɲin$^{13}_{21}$nei$^{0}$ ts$^{h}$iəu$^{53}_{44}$ c$^{h}$i$^{35}$tau$^{21}$tsɔk$^{3}$ pien$^{35}$, ɲi$^{13}$tɔit$^{3}$ tau$^{21}$ts$^{h}$ɔi$^{53}$lɔi$^{13}_{21}$li$^{0}$,ci$^{13}$iet$^{3}$ uɔn$^{21}$iet$^{3}$ uɔn$^{21}$tɔit$^{3}$ tau$^{21}$fɔŋ$^{53}$xa$^{53}$tsɔk$^{3}$ xɔŋ$^{53}$,ɔn$^{35}_{44}$tso$^{53}_{44}$xa$^{53}$ ts$^{h}$ɔi$^{53}$.ta$^{21}$p$^{h}$an$^{13}$ne$^{0}$ iəu$^{53}$tʂ$^{h}$ən$^{35}$iəu$^{53}$ɔn$^{35}_{44}$tso$^{53}_{44}$t$^{h}$i$^{13}$p$^{h}$an$^{13}$,t$^{h}$i$^{13}$p$^{h}$an$^{13}$xa$^{53}_{44}$ts$^{h}$ɔi$^{53}$,kai$^{53}$çi$^{21}$ɲin$^{13}$ko$^{0}$ kai$^{53}_{44}$çi$^{21}_{44}$uei$^{53}$ k$^{h}$ɔi$^{35}$tsɔk$^{3}$ k$^{h}$ɔi$^{35}$siet$^{5}$ fuk$^{5}$ u$^{53}$ke$^{53}$ɲin$^{13}_{21}$ɔn$^{35}_{44}$tso$^{53}_{44}$t$^{h}$i$^{13}$p$^{h}$an$^{13}$xa$^{53}$ts$^{h}$ɔi$^{53}$.

【提亲】t$^{h}$i$^{13}$ts$^{h}$in$^{35}$ 动 男家或女家向对方提议结亲：欸，打比样我赖子爱讨老婆，系唔系？我看中哪只妹子，或者渠两个人谈正哩，欸，如果媒人去箇就系做媒，如果家长去，系啊？箇就系～。家长去就～，提起箇场婚事。因为唔系介绍去，唔系讲媒人去，系唔系？欸。e$_{21}$,ta$^{21}$pi$^{21}$iɔŋ$^{53}$ŋai$^{13}$lai$^{53}$tsɿ$^{0}$ ɔi$^{53}$t$^{h}$au$^{21}$lau$^{21}$p$^{h}$o$^{13}$,xei$^{53}_{44}$me$^{53}_{44}$?ŋai$^{13}$k$^{h}$ɔn$^{53}$tʂəŋ$^{53}_{44}$lai$^{53}_{44}$tʂak$^{3}$ mɔi$^{53}$tsɿ$^{0}$,xɔit$^{5}$ tʂa$^{21}$ci$^{13}_{21}$iɔŋ$^{21}$ ke$^{53}$in$^{13}_{21}$t$^{h}$an$^{13}$tʂaŋ$^{53}$li$^{0}$,ei$_{21}$,vy$^{13}$ko$^{21}$mɔi$^{13}$ɲin$^{13}$çi$^{53}$kai$^{53}_{44}$ts$^{h}$iəu$^{53}_{44}$xei$^{53}_{44}$tso$^{53}$mɔi$^{13}$,vy$^{13}$ko$^{21}$cia$^{35}$tʂɔŋ$^{21}$çi$^{53}_{44}$,xei$^{53}_{44}$a$^{0}$?kai$^{53}_{44}$

tsʰiəu53 xei53_44 tʰi13 tsʰin35 .cia35 tʂəŋ21 çi53_44 tsʰiəu53_44 tʰi13 tsʰin35 ,tʰi13 çi21 kai53_44 tʂʰəŋ13_21 fən35 sɿ53 .in35 uei53_44 m̩13_21 pʰe_44 (←xe53)kai53 ʂau53_44 çi53_44,m̩13 pʰe53(←xe53)kəŋ21 məi13 ɲin13 çi53,xei53_44 me53_44?ei_21.

【提手】tʰia35 ʂəu21 动 用手悬空拎着：（篮子）有只弯弯子个扼……～个东西。iəu35_44 tʂak3 uan35_44 uan35_44 tsɿ0 ke53_44 ia21 ʂ…tʰia35 ʂəu21 ke53_44 təŋ35_44 si0.｜渠指猪食盆个有一块板子嘞就比较长嘞，长出来，～，用来～。ci13_21 ke53_44 iəu35 iet3 kʰuai53 pan21 tsɿ0 lei0 tsʰiəu53_44 pi21 ciau53_44 tʂʰəŋ13 lei0 ,tʂʰəŋ13 tʂʰət3 lɔi13_21,tʰia35 ʂəu21 ,iəŋ53 lɔi13_21 tʰia35 ʂəu21.

【提夜壶】tʰia35 ia53 fu13 比喻替人做极下贱的事情：欸，～，就系为别人家做下贱个事。箇～咁个东西是你只自家去提嘞，系唔系？欸，箇个东西。如果爱别人家提，箇就箇只人第一冇身份，最下贱。同别人家～，箇就系做最下贱个事。e_21,tʰia35 ia53 fu13 ,tsʰiəu53_44 xe53 uei53 pʰiet5 ɲin13_21 ka35_44 tso53 çia35 tsʰien53_44 ke53_44 sɿ53 .kai53_44 tʰia35 ia53 fu13 kan21(k)e53_44 təŋ35_44 si0 ʂɿ53_21 ɲi13 tʂɿ21 tsʰɿ35 ka35_53 çi53_44 tʰia35 lei0 ,xei53 me53?e_21,kai53_44 e0 təŋ35_44 si0 .ɥ13 ko21 ɔi53 pʰiet5 in13_21 ka35_44 tʰia35 ,kai53_44 tsʰiəu53_44 kai53 tʂak3 ɲin13_21 tʰi53 iet3 mau13 ʂən35 fən53 ,tsei53 çia53 tsʰien53_44.tʰəŋ13 pʰiet5 in13_44 ka35_44 tʰia35 ia53 fu13_44,kai53_44 tsʰiəu53 xe53_44 tso53 tsei53 çia53 tsʰien53_44 ke0 sɿ53_44.

【提子】tʰi13 tsɿ0 名 ①用来舀酒、油等的提筒：～有一斤个，半斤个，一两个，有两三起重子。半斤个一两个，就系一般就系箇两起。因为你打一斤酒渠就提两下，系唔系？你打半斤酒渠就提一下。你打半斤酒渠就提一下。你打两两子酒就箇用箇一两个～提两下。tʰi13 tsɿ0 iəu35_44 iet3 cin35 cie_44,pan53 cin35 cie_44,iet3 liəŋ35 ke53 ,iəu35_44 iəŋ21 san35_44 çi21 tʂʰəŋ35 tsɿ0 .pan53 cin35_44 ke53 iet3 liəŋ35 ke53 ,tsʰiəu53_44 xei53 iet3 pən35 tsʰiəu53_44 xei53 kai53 iəŋ21 çi21 .in35_44 uei53_44 ɲi13_21 ta21 iet3 cin35 tsiəu21 ci13_21 tsʰiəu53_44 tʰia35 iəŋ21 xa53 ,xei53 me53?ɲi13 ta21 pan53 cin35_44 tsiəu21 ci13_21 tsʰiəu53_44 tʰia35 iet3 xa53. ɲi13 ta21 pan53 cin35_44 tsiəu21 ci13_21 tsʰiəu53_44 tʰia35 iet3 xa53. ɲi13 ta21 iəŋ21 liəŋ35 tsɿ0 tsiəu21 tsʰiəu53 kai53_44 iəŋ53 kai53 iet3 liəŋ35 ke53 tʰi13_21 tsɿ0 tʰia35 iəŋ21 xa53_21. ②葡萄的一类品种：如今还有只～是箇个水果肚里有起～安做～嘞，像葡萄样个啊，安做～啊。i13_21 cin35_53 xai13_21 iəu35 tʂak3 tʰi13_44 tsɿ0 ʂɿ53_44 kai53_44 kei53_44 ʂei21 ko21 təu21 li0 iəu35_53 çi21 tʰi13_21 tsɿ0 ən35_44 tso53_44 tʰi13 tsɿ0 le0 ,tsʰiəŋ53 pʰu13 tʰau13_21 iəŋ53 ke53 a0 ,ən35_44 tso53_44 tʰi13 tsɿ0 a0.

【啼】tʰai13 动（公鸡）鸣叫：还唔会～个半大个鸡公子 xai13 m̩13 uɔi53_44 tʰai13 ke53_44 pan53 tʰai53 ke53_21 cie35 kəŋ35 tsɿ0｜鸡～哩就跻床。cie35 tʰai13 li0 tsʰiəu53 xəŋ53 tsʰəŋ13.

【蹄筋】tʰi13 cin35 名 供食用的猪等牲畜四肢上的筋：唔知让门哪映有咁多～。n̩13 ti35_53 ɲiəŋ53 mən13_44 lai53 iaŋ53_44 iəu35_44 kan21 to35_44 tʰi13 cin35_44.

【蹄筋席】tʰi13 cin35 siet5 名 以蹄筋作为主料做成的成桌的菜肴：欸，我等客姓人有种席面安做～。唔知让门子彝倒食凑箇只蹄筋。欸，还好食。渠箇个蹄筋呐还好食。渠唔知几脆，冇事揪古奔韧，又唔油腻，又唔得么个几油腻。e_21,ŋai13 tien0 kʰak3 sin53 ɲin13_21 iəu35 tʂəŋ21 siet5 mien53_44 ən35_44 tso53_44 tʰi13 cin35 siet5 .n̩13 ti35_53 ɲiəŋ53 mən13_44 tsɿ0 u21 tau21 ʂət5 tsʰe0 kai53 tʂak3 tʰi13 cin35 .e_44,xai13_44 xau21 ʂət5 .ci13_21 kai53_44 ke53_44 tʰi13 cin35 na0 xai13_44 xau21 ʂət5 .ci13_21 n̩13 ti35_53 ci21 tsʰei53 ,mau13_21 sɿ53_44 tsiəu35 ku21 tait5_3 ɲin53 ,iəu53 n̩13_21 iəu13 ɲi53 ,iəu53_21 n̩13_21 tek3 mak3 (k)e53 ci21 iəu13 ɲi53.

【体面₁】tʰi21 mien53 形 ①光彩荣耀，有面子：箇阵子是提哩只苦竹篮走人家噢是就蛮蛮客气个嘞。/蛮～呶。kai53_44 tʂʰən53_44 tsɿ0 ʂɿ53_44 tʰia35 li0 tʂak3 fu21 tʂəuk3 lan13 tsei21 ɲin13 ka35_44 au0 ʂɿ53_44 tsʰiəu53 man13_44 man13_44 kʰek3 cʰi53_21 ke53_44 lei0./man13 tʰi21 mien53 nau0. ②酒菜丰盛：酒席蛮～。tsiəu21 siet5 man13_21 tʰi21 mien53.｜讲客气滴子嘞，欸食哩～酒，安做，今晡话我等食哩一餐～酒。kəŋ21 kʰek3 çi53 tiet5 tsɿ0 lei0 ,e_21 ʂət5 li0 tʰi21 mien53 tsiəu21 ,ən35_21 tso_44,cin35_44 pu35_44 ua53_44 ŋai13 tien0 ʂət5 li0 iet3 tsʰən35_44 tʰi21 mien53 tsiəu21.

【体面₂】tʰi21 mien53 名 面子；身份；体统：彝两只子鸡髀分外甥食。欸，就有～，就看得渠重样。u21 iəŋ21 tʂak3 tsɿ0 cie35 pi21 pən35 ŋɔi53 saŋ35 ʂət5 .e_21,tsʰiəu53_44 iəu35_44 tʰi21 mien53_44,tsʰiəu53_44 kʰɔn53 tek3 ci13_21 tʂʰəŋ53 iəŋ53_44.

【体子】tʰi21 tsɿ0 名 身体；健康状况。又称"完身"：～唔好，蛮弱。tʰi21 tsɿ0 n̩13 xau21 ,man13 ɲiok5.

【剃】tʰe53 动 ①用刀刮去毛发：～和尚头 tʰe53 uo13 ʂəŋ53 tʰei13｜～胡子 tʰe53 u13 tsɿ0。②剪；理：～平头 tʰe53 pʰin13 tʰei13

【剃头】tʰe53 tʰei13 动 理发：我每个月都欸箇个嘞每个月都系嗯阳历几号子～，呣，就一般都系咁子。唔系就欸月底，三十号，二十八九号～，唔系就欸几号子～。以个热天了，可能爱早兜子～。ŋai13_21 mei35 ke53_44 ɲiet5 təu35_44 e_21 kai53 ke53 lei0 mei35 ke53_44 ɲiet5 təu35 xe53_44 n̩_21 iəŋ13 liet5 ci21 xau53 tsɿ0 tʰe53 tʰei13_21,m̩_21 tsʰiəu53 iet3 pən35 təu35_44 xei53_44 kan21 tsɿ0 .m̩13 pʰe53 tsʰiəu53 e_21 ɲiet5 te21 ,san35 ʂət5 xau53 , ɲi53 ʂət5 pait3 ciəu21 xau53 tʰe53 tʰei13_21,m̩13_21 pʰe53 tsʰiəu53 e_21 ci21 xau53 tsɿ0 tʰe53 tʰei13_44.i21 ke53 ɲiet5 tʰien35_44 niau0 ,kʰo21 len13 ɔi53 tsau21 te35_53 tsɿ0 tʰe53_44 tʰei13_21.

【剃头刀子】tʰe53 tʰei13 tau35 tsɿ0 名 一种刀刃锋利，刀片和刀柄连成一体的直柄剃刀，今有时也指刀片插在刀架内的保安剃刀：以前个～是爱拿倒箇䟦刀布上去刮。以下嘞以下个～我看下子箇个剃头个人，渠个～哦，就系刀片，嗯，半篾子刀片，渠箇只箇刀子嘞就有只子咁个卡子卡倒箇卡稳夹稳箇半篾子刀片，就咁子刮。用久哩了嘞，箇刀片丢嘿去，唔爱哩，磨都唔爱磨哩。欸，磨刀子都唔爱磨哩。i$^{35}_{53}$tsʰien$^{13}$ke$^{53}$tʰe$^{53}$tʰei$^{13}_{21}$tau$^{35}$tsɿ$^{0}$ ʂɿ$^{53}_{21}$ɔi$^{53}_{44}$la$^{53}_{44}$tau$^{21}$kai$^{53}$pɔŋ$^{35}$tau$^{35}_{44}$pu$^{53}$ xɔŋ$^{53}$çi$^{53}$kuait$^{3}$.i$^{21}$xa$^{53}_{44}$lei$^{0}$ i$^{21}$xa$^{53}$ke$^{53}$tʰe$^{53}$tʰei$^{13}_{21}$tau$^{35}$tsɿ$^{0}$ ŋai$^{13}$kʰɔn$^{53}$xa$^{53}_{44}$tsɿ$^{0}$ kai$^{53}_{44}$ke$^{53}_{44}$tʰe$^{53}$tʰei$^{13}_{21}$ke$^{53}$ɲin$^{13}_{21}$,ci$^{13}$ke$^{53}$tʰe$^{53}$tʰei$^{13}_{44}$tau$^{35}_{44}$tsɿ$^{0}$ o$^{0}$,tsʰiəu$^{53}$xe$^{53}_{44}$tau$^{35}$pʰien$^{53}$,n̩$_{21}$,pan$^{53}$sak$^{3}$ tsɿ$^{0}$ tau$^{35}$pʰien$^{53}$,ci$^{13}_{21}$kai$^{53}_{44}$tʂak$^{3}$ kai$^{53}_{44}$tau$^{35}$tsɿ$^{0}$ lei$^{0}$ tsʰiəu$^{53}$ iəu$^{35}_{44}$tʂak$^{3}$ tsɿ$^{0}$ kan$^{21}_{13}$(k)e$^{0}$ kʰa$^{21}_{13}$tsɿ$^{0}$ kʰa$^{21}_{13}$tau$^{21}$kai$^{53}$kʰa$^{21}$uən$^{21}$kait$^{3}$ uən$^{21}$kai$^{53}_{44}$pan$^{53}$sak$^{3}$ tsɿ$^{0}$ tau$^{35}$pʰien$^{53}$,tsʰiəu$^{53}$ kan$^{21}$tsɿ$^{0}$ kuait$^{3}$ .iəŋ$^{53}$ cʰiəu$^{35}$li$^{0}$ liau$^{21}$lei$^{0}$ ,kai$^{53}_{44}$tau$^{35}_{44}$pʰien$^{53}_{44}$tiəu$^{35}$xek$^{3}$ çi$_{44}$,m̩$^{13}_{21}$mɔi$^{53}$li$^{0}$ ,mo$^{13}$təu$^{35}_{53}$m̩$^{13}_{21}$mɔi$^{53}$mo$^{13}$ li$^{0}$ .e$_{21}$,mo$^{13}_{21}$tau$^{35}$tsɿ$^{0}$ təu$^{35}_{53}$m̩$^{13}_{21}$mɔi$^{53}$mo$^{13}_{44}$li$^{0}$ .

【剃头铺】tʰe$^{53}$tʰei$^{13}$pʰu$^{53}$ 名 理发店：我去浏阳唔喜欢到箇个欸蛮豪华蛮大个～剃头。我喜欢找箇个细细子个传统个呀老方法个老老子个人箇～剃头。ŋai$^{13}_{21}$çi$^{53}$liəu$^{13}$iəŋ$^{13}_{44}$n̩$^{13}$çi$^{21}$fɔn$^{35}_{44}$tau$^{53}$kai$^{53}$ ke$^{53}_{44}$e$_{21}$man$^{13}$xau$^{13}$fa$^{13}_{44}$man$^{13}$tʰai$^{53}$ke$^{53}_{44}$tʰe$^{53}$tʰei$^{13}_{21}$pʰu$^{53}$tʰe$^{53}$tʰei$^{13}_{21}$.ŋai$^{13}$çi$^{21}$fɔn$^{53}$tsau$^{21}$kai$^{53}_{44}$kei$^{53}_{44}$se$^{53}$se$^{53}$tsɿ$^{0}$ ke$^{53}$ tʂʰuən$^{13}$tʰəŋ$^{21}$ke$^{53}$ia$^{0}$ lau$^{21}$fɔŋ$^{35}_{53}$fait$^{3}$ ke$^{0}$ lau$^{21}$lau$^{21}$tsɿ$^{0}$ ke$^{53}$ɲin$^{13}_{44}$kai$^{53}_{44}$tʰe$^{53}$tʰei$^{13}_{21}$pʰu$^{53}$tʰe$^{53}$tʰei$^{13}_{44}$.

【剃头箱子】tʰe$^{53}$tʰei$^{13}$siɔŋ$^{35}$tsɿ$^{0}$ 名 过去理发师用来装理发用具的箱子：～一只子细箱子，木箱子，细箱子。以下我看下子箇个下……出门剃头个人呶，渠一只箇个袋，欸，一只箇个旅行袋，渠觉得箇箱子蛮丑样。𫧟看倒有么人用箱子了。tʰe$^{53}$tʰei$^{13}_{21}$siɔŋ$^{35}$tsɿ$^{0}$ iet$^{3}$ tʂak$^{3}$ tsɿ$^{0}$ se$^{53}$siɔŋ$^{35}_{44}$tsɿ$^{0}$, muk$^{3}$ siɔŋ$^{35}_{44}$tsɿ$^{0}$ ,se$^{53}$siɔŋ$^{35}$tsɿ$^{0}$ .i$^{21}$xa$^{53}_{44}$ŋai$^{13}$kʰɔn$^{53}$xa$^{53}_{44}$tsɿ$^{0}$ kai$^{53}$ke$^{53}$xa$^{53}_{44}$…tʂʰət$^{3}$ mən$^{13}$tʰe$^{53}$tʰei$^{13}_{21}$ke$^{53}$ɲin$^{13}_{44}$nau$^{0}$ ,ci$^{13}_{44}$ iet$^{3}$ tʂak$^{3}$ kai$^{53}_{44}$ke$^{53}_{44}$tʰɔi$^{53}$,e$_{21}$,iet$^{3}$ tʂak$^{3}$ kai$^{53}_{44}$ke$^{53}_{44}$li$^{35}$çin$^{13}$tʰɔi$^{53}$,ci$^{13}_{21}$kɔk$^{3}$ tek$^{3}$ kai$^{53}_{44}$siɔŋ$^{35}$tsɿ$^{0}$ man$^{13}_{21}$tʂʰəu$^{21}$iɔŋ$^{53}$.maŋ$^{13}$ kʰɔn$^{53}$tau$^{21}$iəu$^{35}_{53}$mak$^{3}$ ɲin$^{13}_{44}$iɔŋ$^{53}$siɔŋ$^{35}$tsɿ$^{0}$ liau$^{0}$ .

【天】tʰien$^{35}$ 名 ①天空：（落气笼）就当～烧咁烧哇。tsʰiəu$^{53}_{44}$tɔŋ$^{35}$tʰien$^{35}_{44}$ʂau$^{35}_{44}$kan$^{0}$ ʂau$^{35}$ua$^{0}$. ②日，一昼夜：我以到只爱走～把两～子就会归。ŋai$^{13}_{21}$i$^{21}$tau$^{53}$tʂɿ$^{21}$ɔi$^{53}$tsei$^{21}$tʰien$^{35}$pa$^{21}$iɔŋ$^{21}$tʰien$^{35}_{44}$tsɿ$^{0}$ tsʰiəu$^{53}_{44}$ uɔi$^{53}_{44}$kuei$^{35}$. ③气象状态；天气：～干也是年序唔好。tʰien$^{35}$kɔn$^{35}$na$_{44}$(←ia$^{35}$)ʂɿ$^{53}_{21}$ɲien$^{13}$si$^{53}$n̩$^{13}_{21}$xau$^{21}$. ｜认真是以个咁烈个～吵，咁大晴个～吵，不要烦躁，应该高兴。搞么个？因为我等是箇是只系话因为我等是𫧟作田咯。作田个人是全靠以只时候子。越系晴得好，箇田里只爱𫧟干倒个话，箇就田里个禾好喔，禾啊，系唔系？以个～就大禾啦，以个～就田里的禾就好哇。就系爱晴。你系话今晡也渠一醮水明晡一醮水，箇田里渠𫧟晒倒日头箇兜是哦嗬听晡是打起禾来是胖胖𦞦𦞦子啦。欸，如今是～好咯。ɲin$^{53}$tʂən$^{35}_{44}$ʂɿ$^{53}$i$^{21}$ke$^{53}$kan$^{21}$lait$^{3}$ ke$^{53}_{44}$tʰien$^{35}_{44}$ʂa$^{0}$ ,kan$^{21}$tʰai$^{53}$ tsʰiaŋ$^{13}$ke$^{53}_{44}$tʰien$^{35}_{44}$ʂa$^{0}$ ,pət$^{3}$ iau$^{53}$fan$^{13}$tsau$^{53}$,in$^{53}$kɔi$^{35}_{44}$kau$^{35}$çin$^{53}$.kau$^{21}$mak$^{3}$ ke$^{53}$?in$^{35}$uei$^{53}_{44}$ŋai$^{13}$tien$^{0}$ ʂɿ$^{53}$kai$^{53}_{44}$ʂɿ$^{53}_{44}$tʂɿ$^{21}$ xei$^{53}$ua$^{53}$in$^{35}$uei$^{53}_{44}$ŋai$^{13}$tien$^{0}$ ʂɿ$^{53}$maŋ$^{13}$tsɔk$^{3}$ tʰien$^{13}$ko$^{0}$ .tsɔk$^{3}$ tʰien$^{13}$ke$^{53}$ɲin$^{13}_{44}$ʂɿ$^{53}_{44}$tsʰien$^{13}$kʰau$^{53}$i$^{21}_{21}$tʂak$^{3}$ ʂɿ$^{13}$xei$^{53}$ tsɿ$^{0}$ .viet$^{5}$ xe$^{53}$tsʰiaŋ$^{13}$tek$^{3}$ xau$^{21}$,kai$^{53}$tʰien$^{13}$ni$^{21}_{44}$tʂɿ$^{21}$ɔi$^{53}$maŋ$^{13}$kɔn$^{35}$tau$^{21}$ke$^{53}_{44}$fa$^{53}$,kai$^{53}$tsiəu$^{53}_{21}$tʰien$^{13}$ni$^{21}$ke$^{53}$uo$^{13}$ xau$^{21}$uo$^{0}$,uo$^{13}$a$^{0}$,xei$^{53}$me$^{53}$?i$^{21}$ke$^{53}$tʰien$^{35}$tsʰiəu$^{53}_{44}$tʰai$^{53}$uo$^{13}$la$^{0}$,i$^{21}$ke$^{53}$tʰien$^{35}$tsʰiəu$^{53}$tʰien$^{13}$li$^{21}$tet$^{3}$ uo$^{13}$tsʰiəu$^{53}$xau$^{21}$ ua$^{0}$ .tsʰiəu$^{53}$xe$^{53}_{44}$ɔi$^{53}$tsʰiaŋ$^{13}$. ɲi$^{13}$xei$^{53}$ua$^{53}$cin$^{35}$pu$^{35}_{44}$a$^{35}_{44}$ci$^{13}_{21}$iet$^{3}$ tsiau$^{53}$ʂei$^{21}$miaŋ$^{13}$pu$^{35}_{44}$(i)et$^{3}$ tsiau$^{53}$ʂei$^{21}$,kai$^{53}$tʰien$^{13}$ ni$^{21}_{44}$ci$^{13}_{21}$maŋ$^{13}$sai$^{53}$tau$^{21}$ɲiet$^{3}$ tʰei$^{13}$kai$^{53}_{44}$te$^{35}_{53}$ʂɿ$^{53}_{44}$o$_{53}$xo$_{35}$tʰin$^{35}_{44}$pu$^{35}_{53}$ʂɿ$^{53}_{44}$ta$^{21}$çi$^{21}$uo$^{13}$lɔi$^{13}_{44}$ʂɿ$^{53}_{44}$pʰaŋ$^{53}$pʰaŋ$^{53}$iait$^{3}$ iait$^{3}$ tsɿ$^{0}$ la$^{0}$ .e$_{21}$,i$^{13}_{21}$cin$^{35}_{53}$ʂɿ$^{53}$tʰien$^{35}$xau$^{21}$ko$^{0}$ .

【天白】tʰien$^{35}$pʰak$^{5}$ 名 犹"天日"，指天空和阳光：箇个推土机呀搞基建个时候子啊搞箇欸推土机挖土个时候子啊，推出推你唔知几深呐，推下箇岭岗一只唔知几深个箇起泥呀，推出唔知几深个箇起泥箇个从来𫧟见过～个箇起泥呀安做死泥骨。kai$^{53}_{44}$ke$^{53}_{44}$tʰi$^{35}$tʰəu$^{21}$ci$^{35}$ia$^{0}$ kau$^{21}$ci$^{35}$cien$^{53}$ ke$^{53}_{44}$ʂɿ$^{13}_{44}$xəu$^{53}_{44}$tsa$^{0}$ kau$^{21}$kai$^{53}_{44}$e$_{21}$tʰi$^{35}$tʰəu$^{21}$ci$^{35}$ua$^{35}$tʰəu$^{21}$ke$^{0}$ ʂɿ$^{13}_{44}$xəu$^{53}_{44}$tsa$^{0}$,tʰei$^{35}$tʂʰət$^{3}$ tʰei$^{35}$ɲi$^{13}_{21}$n̩$^{13}$ti$^{35}_{53}$ci$^{21}$tʂʰən$^{35}$na$^{0}$, tʰei$^{35}$xa$^{53}_{44}$kai$^{53}_{44}$liaŋ$^{35}$kɔŋ$^{35}$iet$^{3}$ tʂak$^{3}$ n̩$^{13}$ti$^{35}_{53}$ci$^{21}$tʂʰən$^{35}$ke$^{0}$ kai$^{53}_{44}$çi$^{21}$lai$^{13}$ia$^{0}$ ,tʰei$^{35}$tʂʰət$^{3}$ n̩$^{13}$ti$^{35}_{53}$ci$^{21}$ʂən$^{35}$ke$^{0}$ kai$^{53}$çi$^{21}$lai$^{13}$ kai$^{53}_{44}$ke$^{53}_{44}$tsʰəŋ$^{13}$lɔi$^{13}_{44}$maŋ$^{13}$cien$^{53}$ko$^{53}$tʰien$^{35}_{44}$pʰak$^{5}$ ke$^{0}$ kai$^{53}$çi$^{21}$lai$^{13}_{21}$ia$^{0}$ ɔn$^{35}_{44}$tso$^{53}_{44}$si$^{21}$lai$^{13}$kuət$^{3}$ .

【天盖地】tʰien$^{35}$kɔi$^{53}_{35}$tʰi$^{53}$ 名 货郎挑的一种盛器：还有一只箇起箩，～。做生意用个。/做生意个～个箩。/肚下箇只，底下箇只就是更稍收细滴子。渠箇只本本有咁有有咁长箇……箇只顶高箇只盖都。以个皮篓子箇个盖子总系六寸子搞不好了，渠箇只就硬盖到底。xai$^{13}_{21}$iəu$^{35}_{53}$iet$^{3}$ tʂak$^{3}$ kai$^{53}$çi$^{21}$lo$^{13}$,tʰien$^{35}$kɔi$^{53}_{35}$tʰi$^{53}$.tso$^{53}$sien$^{35}$i$^{53}_{44}$iəŋ$^{53}_{44}$ke$^{53}_{44}$./tso$^{53}$sien$^{35}$i$^{53}_{44}$ke$^{53}_{44}$tʰien$^{35}$kɔi$^{53}_{44}$tʰi$^{53}$ke$^{53}_{44}$lo$^{13}$./təu$^{21}$çia$^{53}_{44}$kai$^{53}_{44}$ tʂak$^{3}$ ,te$^{21}$xa$^{35}_{44}$kai$^{53}_{44}$tʂak$^{3}$ tsiəu$^{53}_{44}$ʂɿ$^{53}_{44}$ken$^{53}_{44}$sau$^{21}$ʂəu$^{35}_{44}$se$^{53}$tiet$^{5}$ tsɿ$^{0}$ .ci$^{13}$kai$^{53}$tʂak$^{3}$ pən$^{21}$pən$^{21}$iəu$^{35}$kan$^{21}$iəu$^{35}$iəu$^{35}_{44}$kan$^{21}$ tʂʰɔŋ$^{13}$kai$^{53}_{44}$…kai$^{53}_{44}$tʂak$^{3}$ taŋ$^{21}$kau$^{35}_{44}$kai$^{53}_{44}$tʂak$^{3}$ kɔi$^{53}$təu$^{35}$.i$^{21}$ke$^{53}$pʰi$^{13}$lei$^{21}$tsɿ$^{0}$ kai$^{53}_{44}$ke$^{53}_{44}$kɔi$^{53}$tsɿ$^{0}$ tsəŋ$^{21}$xe$^{53}_{44}$liəuk$^{3}$ tsʰən$^{53}$tsɿ$^{0}$ kau$^{21}$puk$^{3}$ xau$^{21}$liau$^{0}$ ,ci$^{13}$kai$^{53}$tʂak$^{3}$ tsʰiəu$^{53}_{44}$ɲiaŋ$^{53}$kɔi$^{53}$tau$^{35}_{44}$te$^{21}$. ｜渠就顶高咁盖子唔知几深，翻下转来又装得蛮多东西。走家串户个，～个篓子。ci$^{13}_{21}$tsʰiəu$^{53}$taŋ$^{21}$kau$^{35}_{44}$kan$^{21}$kɔi$^{53}$tsɿ$^{0}$ n̩$^{13}_{21}$ti$^{35}_{44}$ci$^{13}_{21}$

T

tʂʰən$^{35}$,fan$^{35}$na$^{53}$(←xa$^{53}$)tʂɔn$^{21}$nɔi$^{13}$iəu$^{53}$tʂɔŋ$^{35}$tek$^{3}$ man$^{13}$to$^{35}_{44}$təŋ$^{35}_{44}$si$^{0}$ .tsei$^{21}$cia$^{35}_{44}$tʂʰen$^{53}$fu$^{53}$ke$^{53}_{44}$,tʰien$^{35}$kɔi$^{53}_{44}$tʰi$^{53}$ ke$^{53}_{44}$lei$^{21}$tsɿ$^{0}$.

【天高地高】tʰien$^{35}$kau$^{35}_{44}$tʰi$^{53}$kau$^{35}_{44}$ 形容很高：欸。我等讲个蔗梗就不是甘蔗嘞，不是如今箇卖个箇□……～个嘞。e$_{21}$.ŋai$^{13}$tien$^{0}$ kɔŋ$^{21}$ke$^{53}_{44}$tʂa$^{53}$kuaŋ$^{21}$tsʰiəu$^{53}_{44}$pət$^{3}$ ʂʅ$^{53}_{44}$kɔn$^{35}$tʂa$^{53}$le$^{0}$ ,pət$^{3}$ ʂʅ$^{53}$i$^{13}_{21}$cin$^{35}_{44}$kai$^{53}_{44}$ mai$^{53}$ke$^{53}_{44}$kai$^{53}_{44}$lai$^{35}$…tʰien$^{35}$kau$^{35}_{44}$tʰi$^{53}$kau$^{35}_{44}$ke$^{53}$le$^{0}$.

【天弓】tʰien$^{35}$ciəŋ$^{35}$ [名]虹：落哩水以后呀出日头就会出～。我等箇阵子打喷雾器，欸去打农药哎打喷雾器咁子背对倒日头咁子去舞，也有～。lɔk$^{5}$ li$^{0}$ ʂei$^{21}$i$^{35}$xei$^{53}$ia$^{0}$ tʂʰət$^{3}$ ɲiet$^{3}$ tʰei$^{13}$tsʰiəu$^{53}$uɔi$^{53}$ tʂʰət$^{3}$ tʰien$^{35}$ciəŋ$^{35}$.ŋai$^{13}$tien$^{0}$ kai$^{53}$tʂʰən$^{53}$tsɿ$^{0}$ ta$^{21}$fən$^{53}_{44}$u$^{53}_{44}$çi$^{53}$,ei$^{0}$ çi$^{53}$ta$^{21}$ləŋ$^{13}$iɔk$^{5}$ ai$_{44}$ta$^{21}$fən$^{53}_{44}$u$^{53}_{44}$çi$^{53}$kan$^{21}_{44}$tsɿ$^{0}$ pɔi$^{53}$ ti$^{53}$tau$^{21}$ɲiet$^{3}$ tʰei$^{13}_{21}$kan$^{21}$tsɿ$^{0}$ çi$^{53}$u$^{21}$,ia$^{35}$iəu$^{35}_{44}$tʰien$^{35}$ciəŋ$^{35}$.

【天狗食日】tʰien$^{35}$ciəu$^{21}$/kei$^{21}$ʂət$^{5}$ɲiet$^{3}$ 指日食：我看过～，箇有年，哈，电视肚里也咁子放，箇个二零零几年啵？唔知系唔系零四零五子啊么个嘞？零几年，欸，嗬，箇个电视台也去下子转播，呃，我等看倒箇日头呀就暗稳哩。电视肚里也看呢就欸现实当中也看，箇年就看日食，安做～啦。ŋai$^{13}$kʰɔn$^{53}$ko$^{53}$tʰien$^{35}$kei$^{21}$ʂət$^{5}$ɲiet$^{3}$,kai$^{53}$iəu$^{35}_{44}$ɲien$^{13}_{21}$,xa$_{53}$,tʰien$^{53}$ʂʅ$^{53}$təu$^{21}$li$^{0}$ a$^{35}_{44}$kan$^{21}$tsɿ$^{0}$ fɔŋ$^{53}$, kai$^{53}_{21}$ke$^{53}_{21}$ɲi$^{53}$lin$^{13}_{21}$lin$^{13}_{21}$ci$^{21}$ɲien$^{21}$nau$^{0}$?ŋ̍$^{13}$ti$^{35}_{53}$xei$^{53}$mei$^{53}$lin$^{13}$si$^{53}$lin$^{13}$ŋ̍$^{21}$tsɿ$^{0}$ a$^{0}$ mak$^{3}$ e$^{0}$ lei$^{0}$?lin$^{13}$ci$^{21}$ɲien$^{13}_{44}$,e$_{53}$,xo$_{53}$, kai$^{53}$ke$^{53}_{44}$tʰien$^{53}$ʂʅ$^{53}$tʰɔi$^{13}$ia$^{35}_{44}$çi$^{53}$xa$^{53}$tsɿ$^{0}$ tʂuɔn$^{21}$po$^{53}$,ə$_{21}$,ŋai$^{13}$tien$^{0}$ kʰɔn$^{53}$tau$^{21}$kai$^{53}$ɲiet$^{3}$ tʰei$^{13}$ia$^{0}$ tsʰiəu$^{53}$an$^{53}$uən$^{21}$ ni$^{0}$ .tʰien$^{53}$ʂʅ$^{53}$təu$^{21}$li$^{0}$ a$^{35}_{44}$kʰɔn$^{53}$ne$^{0}$ tsiəu$^{53}$e$_{21}$çien$^{53}$ʂət$^{5}$ tɔŋ$^{35}_{44}$tʂəŋ$^{35}_{44}$ia$^{35}$kʰɔn$^{53}$,kai$^{53}$ɲien$^{13}_{21}$tsiəu$^{53}$kʰɔn$^{53}$ɲiet$^{3}$ ʂət$^{5}$ ,ɔn$^{35}_{44}$ tso$^{53}_{44}$tʰien$^{35}$kei$^{21}$ʂət$^{5}$ɲiet$^{3}$ la$^{0}$.

【天狗食月】tʰien$^{35}$ciəu$^{21}$/kei$^{21}$ʂət$^{5}$ɲiet$^{5}$ 指月食：～也看过，冇得印象咁深。tʰien$^{35}$kei$^{21}$ʂət$^{5}$ɲiet$^{5}$ a$^{35}_{44}$ kʰɔn$^{53}_{44}$ko$^{53}_{44}$,mau$^{13}$tek$^{3}$ in$^{53}$siɔŋ$^{53}$kan$^{21}$ʂən$^{35}_{53}$.

【天光】tʰien$^{35}_{44}$kɔŋ$^{35}_{44}$ [动]天亮：落一夜到～ lɔk$^{5}$ iet$^{3}$ ia$^{53}_{44}$tau$^{53}_{44}$tʰien$^{35}_{44}$kɔŋ$^{35}_{44}$

【天光访到夜】tʰien$^{35}$kɔŋ$^{35}$fɔŋ$^{21}$tau$^{53}$ia$^{53}$ 无论如何：你话我箇只朋友样，渠系耳朵聋，去做圣，请倒箇圣公去做圣。舞倒渠睡正床上来啦，欸，睡上床上就分帐子放下来呀，欸圣公就跍倒箇床上前就跍倒去下子，又咁子唱又咁子表演箇兜嘞。你话咁子会整得渠耳朵哇，我硬～我都唔得信，系唔系唠？我就系唔信。结果也缯整好啰，白白哩出个钱啵。ɲi$^{13}_{44}$(u)a$^{53}$ŋai$^{13}$kai$^{53}$ tʂak$^{3}$ pʰəŋ$^{13}_{21}$iəu$^{35}_{44}$iɔŋ$^{53}$,ci$^{13}_{44}$xei$^{53}_{44}$ɲi$^{21}$to$^{21}$ləŋ$^{35}$,çi$^{53}_{44}$tso$^{53}_{44}$ʂaŋ$^{53}$,tsʰiaŋ$^{21}$tau$^{21}$kai$^{53}_{44}$ʂaŋ$^{53}$kəŋ$^{35}$çi$^{53}_{44}$tso$^{53}_{44}$ʂaŋ$^{53}$.u$^{21}$tau$^{21}$ci$^{13}_{44}$ʂɔi$^{53}$ tʂaŋ$^{53}_{21}$tsʰɔŋ$^{13}_{21}$xɔŋ$^{53}$lɔi$^{13}_{44}$la$^{0}$,e$_{21}$,ʂɔi$^{53}$xɔŋ$^{53}_{44}$tsʰɔŋ$^{13}_{21}$xɔŋ$^{53}$tsʰiəu$^{53}_{44}$pən$^{35}$tʂɔŋ$^{53}$tsɿ$^{0}$ fɔŋ$^{53}$xa$^{35}$lɔi$^{13}_{21}$ia$^{0}$,e$^{0}$ ʂaŋ$^{53}$kəŋ$^{35}$tsʰiəu$^{53}_{44}$ ku$^{35}$tau$^{21}$kai$^{53}$tsʰɔŋ$^{13}_{21}$xɔŋ$^{53}_{44}$tsʰien$^{13}$tsʰiəu$^{53}_{44}$ku$^{35}$tau$^{21}$çi$^{53}_{44}$xa$^{53}_{44}$tsɿ$^{0}$,iəu$^{53}$kan$^{21}$tsɿ$^{0}$ tʂʰɔŋ$^{53}$iəu$^{53}$kan$^{21}$tsɿ$^{0}$ piau$^{21}$ien$^{21}$kai$^{53}_{44}$ te$^{35}_{44}$le$^{0}$. ɲi$^{13}$ua$^{53}$kan$^{21}$tsɿ$^{0}$ uɔi$^{53}$tʂaŋ$^{21}$tek$^{3}$ ci$^{13}_{44}$ɲi$^{21}$to$^{21}$ua$^{0}$ ,ŋai$^{13}$ɲiaŋ$^{53}$tʰien$^{35}_{44}$kɔŋ$^{35}_{53}$fɔŋ$^{21}$tau$^{53}_{44}$ia$^{53}$ŋai$^{13}_{21}$təu$^{35}_{53}$ŋ̍$^{13}_{21}$tek$^{3}$ sin$^{53}$,xei$^{53}$mei$^{53}_{44}$lau$^{0}$?ŋai$^{13}$tsʰiəu$^{53}$xe$^{53}$ŋ̍$^{13}$sin$^{53}$.ciet$^{3}$ ko$^{21}$a$^{35}_{53}$maŋ$^{13}_{44}$tʂaŋ$^{21}_{44}$xau$^{21}_{44}$lo$^{0}$ ,pʰak$^{5}$ pʰak$^{5}$ li$^{0}$ tʂʰət$^{3}$ ke$^{53}$ tsʰien$^{13}_{44}$nau$^{0}$.

【天河】tʰien$^{35}$xo$^{13}$ [名]银河：欸，天上个～啊就热天就最好看呢，箇天上划一线过，系唔系？一线过尽系星子啊。欸，热天呐就好看，好看箇～。其实就系星子嘞。e$_{21}$,tʰien$^{35}$xɔŋ$^{53}_{44}$ke$^{0}$ tʰien$^{35}$ xo$^{13}_{44}$a$^{0}$ tsʰiəu$^{53}_{44}$ɲiet$^{5}$ tʰien$^{35}_{44}$tsʰiəu$^{53}_{44}$tsei$^{53}$xau$^{21}$kʰɔn$^{53}$nei$^{0}$ ,kai$^{53}_{44}$tʰien$^{35}$xɔŋ$^{53}_{44}$fa$^{53}$iet$^{3}$ sien$^{53}_{44}$ko$^{53}_{44}$,xei$^{53}$me$^{53}$?iet$^{3}$ sien$^{53}$ ko$^{53}_{44}$tsʰin$^{53}$xe$^{53}_{44}$sin$^{35}$tsɿ$^{0}$ a$^{0}$.e$_{21}$, ɲiet$^{5}$ tʰien$^{35}_{44}$na$^{0}$ tsʰiəu$^{53}_{44}$xau$^{21}$kʰɔn$^{53}$,xau$^{21}$kʰɔn$^{53}$kai$^{53}$tʰien$^{35}$xo$^{13}_{21}$.cʰi$^{13}_{21}$ʂət$^{5}$ tsʰiəu$^{53}$ xe$^{53}$sin$^{35}$tsɿ$^{0}$ le$^{0}$.

【天井】tʰien$^{35}$tsiaŋ$^{21}$ [名]宅院中房子和房子或房子和围墙所围成的露天空地。多称“天心”：我等箇只老屋个～啊就系欸就系因为箇屋进深长哩，欸，用来采光，所以就咁多～。ŋai$^{13}$tien$^{0}$ kai$^{53}$tʂak$^{3}$ lau$^{21}$uk$^{3}$ ke$^{53}_{44}$tʰien$^{35}$tsiaŋ$^{21}$ŋa$^{0}$ tsʰiəu$^{53}$xe$^{53}$e$_{21}$tsʰiəu$^{53}$xei$^{53}$in$^{35}$uei$^{53}_{21}$kai$^{53}$uk$^{3}$ tsin$^{53}$ʂən$^{35}_{44}$tʂʰɔŋ$^{13}$li$^{0}$,ei$_{21}$,iəŋ$^{53}$ lɔi$^{13}_{21}$tsʰai$^{21}$kɔŋ$^{35}$,so$^{21}$i$^{35}$tsʰiəu$^{53}$kan$^{21}$to$^{35}$tʰien$^{35}$tsiaŋ$^{21}$.

【天九】tʰien$^{35}$ciəu$^{21}$ [名]骨牌：打～就系打骨牌，欸，又安做大字牌。欸，我细细子看过渠等打过。ta$^{21}$tʰien$^{35}$ciəu$^{21}$tsʰiəu$^{53}$xe$^{53}$ta$^{21}$kuət$^{3}$ pʰai$^{13}$,e$_{21}$,iəu$^{53}$ɔn$^{35}_{44}$tso$^{53}_{44}$tʰai$^{53}$tsʰɿ$^{53}_{44}$pʰai$^{13}_{21}$.e$_{21}$,ŋai$^{13}$se$^{53}$se$^{53}$tsɿ$^{0}$ kʰɔn$^{53}$ ko$^{53}_{44}$ci$^{13}_{21}$tien$^{0}$ ta$^{21}$ko$^{53}_{21}$.

【天蓝色子】tʰien$^{35}$nan$^{13}_{21}$sek$^{3}$ tsɿ$^{0}$ [形]像蔚蓝天空的颜色；淡淡的蓝色：或者做做～个漆倒。xɔit$^{5}$ tʂa$^{21}$tso$^{53}$tso$^{53}_{44}$tʰien$^{35}$nan$^{13}_{21}$sek$^{3}$ tsɿ$^{0}$ ke$^{53}_{44}$tsʰiet$^{3}$ tau$^{21}_{53}$.

【天老爷】tʰien$^{35}$lau$^{21}$ia$^{13}$ [名]迷信人尊称天上主宰一切的神：欸我等细细子是长日话，如今都有兜人话，欸。“～，莫落水了哈！”“以个～让门总晴稳去！” e$_{21}$ŋai$^{13}$tien$^{0}$ se$^{53}$se$^{53}$tsɿ$^{0}$ ʂʅ$^{53}_{44}$tʂʰɔŋ$^{13}$ɲiet$^{3}$ ua$^{53}$,i$^{13}_{21}$cin$^{35}_{53}$təu$^{35}_{53}$iəu$^{35}$tei$^{35}_{53}$ɲin$^{13}_{21}$ua$^{53}$,e$_{21}$."tʰien$^{35}$nau$^{21}$ia$^{13}_{44}$,mɔk$^{5}$ lɔk$^{5}$ ʂei$^{21}$liau$^{0}$ xa$^{0}$!""i$^{21}$ke$^{53}_{44}$tʰien$^{35}$nau$^{21}$ia$^{13}$ɲiɔŋ$^{53}_{44}$ mən$^{13}_{53}$tsəŋ$^{21}$tsʰiaŋ$^{13}$uən$^{21}$çi$^{53}$!"

【天气】t$^{h}$ien$^{35}$çi$^{53}$ [名]在较短时间内特定地区的大气状况；气象情况：～好唔好嘞，爱看各只时候，有兜时候爱落水，落水系好。t$^{h}$ien$^{35}$çi$^{53}$xau$^{53}$m̩$^{13}$xau$^{21}$lei$^{0}$,ɔi$^{53}$k$^{h}$ɔn$^{53}$kɔk$^{3}$tʂak$^{3}$ʂʅ$^{13}$xei$^{53}$,iəu$^{35}$te$^{35}_{53}$ʂʅ$^{13}_{21}$xei$^{53}$ɔi$^{53}$lɔk$^{5}$ʂei$^{53}$,lɔk$^{5}$ʂei$^{21}$xei$^{53}$xau$^{21}$.

【天晴】t$^{h}$ien$^{35}$ts$^{h}$iaŋ$^{13}$ [动]天气晴朗：但是晒哩一段时间，～，你总晒稳渠，渠就会干倒。tan$^{53}_{44}$ʂʅ$^{53}_{44}$sai$^{53}$li$^{0}$iet$^{3}$tɔn$^{53}$ʂʅ$^{13}_{21}$kan$^{35}_{44}$,t$^{h}$ien$^{35}$ts$^{h}$iaŋ$^{13}$,ɲi$^{13}$tsəŋ$^{21}$sai$^{53}$uən$^{21}_{44}$ci$^{13}_{44}$,ci$^{13}_{44}$ts$^{h}$iəu$^{53}_{44}$uɔi$^{53}_{44}$kɔn$^{35}$tau$^{21}$.

【天天】t$^{h}$ien$^{35}$t$^{h}$ien$^{35}_{44}$ 每天：再讲嘞渠箇只，我等箇老弟个老婆，老弟嫂哇，～要食……～食烧酒嘞，～夜晡箇个一次性个杯子爱食半杯子嘞，两两子食得。～夜晡食两两子酒。一只箇后生妹子。系啊？真煞哟，硬蛮多人都搞渠唔赢哦食酒喔。tsai$^{53}_{44}$kɔŋ$^{21}$lei$^{0}$ci$^{13}_{21}$kai$^{53}$tʂak$^{3}$,ŋai$^{13}$tien$^{0}$kai$^{53}$lau$^{21}$t$^{h}$e$^{35}$ke$^{53}_{44}$lau$^{21}$p$^{h}$o$^{13}$,lau$^{21}$t$^{h}$e$^{35}_{53}$sau$^{21}$ua$^{0}$,t$^{h}$ien$^{35}$t$^{h}$ien$^{35}_{44}$iau$^{53}_{44}$ʂ…t$^{h}$ien$^{35}$t$^{h}$ien$^{35}_{44}$ʂət$^{5}$ʂau$^{35}_{44}$tsiəu$^{21}$le$^{0}$,t$^{h}$ien$^{35}$t$^{h}$ien$^{35}_{44}$ia$^{53}$pu$^{35}$kai$^{53}_{44}$kei$^{53}_{44}$iet$^{3}$ts$^{h}$ɿ$^{53}$sin$^{53}_{44}$ke$^{53}_{44}$pei$^{35}$tsɿ$^{0}$ɔi$^{53}_{44}$ʂət$^{5}$pan$^{53}$pi$^{35}_{44}$tsɿ$^{0}$le$^{0}$,iɔŋ$^{21}$liɔŋ$^{35}$tsɿ$^{0}$ʂət$^{5}$tek$^{3}$.t$^{h}$ien$^{35}$t$^{h}$ien$^{35}_{44}$ia$^{53}$pu$^{35}_{44}$ʂət$^{5}$iɔŋ$^{21}$liɔŋ$^{35}$tsɿ$^{0}$tsiəu$^{21}$.iet$^{3}$tʂak$^{3}$kai$^{53}_{21}$xei$^{53}$saŋ$^{35}_{44}$mɔi$^{53}$tsɿ$^{0}$.xe$^{53}$a$^{0}$?tʂən$^{35}$sait$^{3}$io$^{0}$,ɲiaŋ$^{53}$man$^{13}$to$^{35}_{44}$ɲin$^{13}_{21}$təu$^{35}_{53}$kau$^{21}$ci$^{13}_{21}$n̩$^{13}_{21}$iaŋ$^{13}$ŋo$^{0}$ʂət$^{5}$tsiəu$^{21}$uo$^{0}$.

【天心】t$^{h}$ien$^{35}$sin$^{35}$ [名]天井：以前我等箇老屋里就大大细细有七八上十只～。看下，一只，两只，三只，四只，五只，六只，一边都有五六只，欸，一只，两只，三只，看呐，四只，五只，六只，我等箇一边六只。箇边有……有十多只～呐我等箇只屋。i$^{35}_{53}$ts$^{h}$ien$^{13}_{21}$ŋai$^{13}$tien$^{0}$kai$^{53}$lau$^{21}$uk$^{3}$li$^{0}$ts$^{h}$iəu$^{53}$t$^{h}$ai$^{53}$t$^{h}$ai$^{53}_{44}$se$^{53}$se$^{53}_{44}$iəu$^{35}$ts$^{h}$iet$^{3}$pait$^{3}$ʂaŋ$^{13}_{21}$ʂət$^{5}$tʂak$^{3}$t$^{h}$ien$^{35}_{44}$sin$^{35}_{44}$.k$^{h}$ɔn$^{53}$na$^{53}$,iet$^{3}$tʂak$^{3}$,iɔŋ$^{21}$tʂak$^{3}$,san$^{35}$tʂak$^{3}$,si$^{53}$tʂak$^{3}$,ŋ̍$^{21}$tʂak$^{3}$,liəuk$^{3}_{5}$tʂak$^{3}$,iet$^{3}$pien$^{35}$təu$^{35}_{44}$iəu$^{35}_{44}$ŋ̍$^{21}$liəuk$^{3}$tʂak$^{3}$,e$_{21}$,iet$^{3}$tʂak$^{3}$,iɔŋ$^{21}$tʂak$^{3}$,san$^{35}$tʂak$^{3}$,k$^{h}$ɔn$^{53}$na$^{53}$,si$^{53}$tʂak$^{3}$,ŋ̍$^{21}$tʂak$^{3}$,liəuk$^{3}_{5}$tʂak$^{3}$,ŋai$^{13}$tien$^{0}$kai$^{53}$(i)et$^{3}$pien$^{35}_{44}$liəuk$^{3}$tʂak$^{3}$.kai$^{53}$pien$^{35}_{44}$iəu$^{35}$…iəu$^{35}$ʂət$^{5}$to$^{35}_{44}$tʂak$^{3}$t$^{h}$ien$^{35}$sin$^{35}_{44}$na$^{0}$ŋai$^{13}$tien$^{0}$kai$^{53}$tʂak$^{3}$uk$^{3}$.

【天心窿】t$^{h}$ien$^{35}$sin$^{35}$nəŋ$^{13}$ [名]天井中的下水涵洞：涵窿，我等箇映子指天井箇咯箇只咯就安做～。xan$^{13}$nəŋ$^{13}_{44}$,ŋai$^{13}$tien$^{0}$kai$^{53}$iaŋ$^{53}$tsɿ$^{0}$kai$^{53}_{44}$ko$^{0}$kai$^{53}_{44}$tʂak$^{3}$ko$^{0}$ts$^{h}$iəu$^{53}_{44}$ɔn$^{35}_{44}$tso$^{53}_{44}$t$^{h}$ien$^{35}$sin$^{35}_{44}$nəŋ$^{13}_{21}$.

【天远】t$^{h}$ien$^{35}$ien$^{21}$ [形]状态词。很远：油菜窿哩稿也唔得了哩啦，也产量就差～呐。iəu$^{13}$ts$^{h}$ɔi$^{53}$ləŋ$^{13}$li$^{0}$kau$^{21}$a$^{35}_{53}$n̩$^{13}_{21}$tek$^{3}$liau$^{21}$li$^{0}$la$^{0}$,ia$^{35}$ts$^{h}$an$^{21}$liɔŋ$^{53}_{44}$ts$^{h}$iəu$^{53}_{44}$tsa$^{35}_{44}$t$^{h}$ien$^{35}$ien$^{21}$na$^{0}$.

【天中地间】t$^{h}$ien$^{35}$tʂəŋ$^{35}$t$^{h}$i$^{53}$kan$^{35}$ 指开阔场地的中间位置：有兜人啦做只独立个一只屋，～做只独立个一只屋，四倒水哟，渠个顶高嘞就有只□角，只有□角，以映一倒水，以映一倒水，以映倒水，以映倒水，四倒水。iəu$^{35}$tei$^{35}_{44}$ɲin$^{13}_{44}$la$^{0}$tso$^{53}$tʂak$^{3}$t$^{h}$əuk$^{5}$liet$^{5}$ke$^{53}$iet$^{3}$tʂak$^{3}$uk$^{3}$,t$^{h}$ien$^{35}$tʂəŋ$^{35}_{44}$t$^{h}$i$^{53}_{44}$kan$^{35}_{44}$tso$^{53}$tʂak$^{3}$t$^{h}$əuk$^{5}$liet$^{5}$ke$^{53}$iet$^{3}$tʂak$^{3}$uk$^{3}$,si$^{53}$tau$^{21}$ʂei$^{21}$io$^{0}$,ci$^{13}$ke$^{53}$taŋ$^{21}$kau$^{35}_{44}$lei$^{0}$ts$^{h}$iəu$^{53}$iəu$^{35}_{44}$tʂak$^{3}$mɔk$^{5}$kɔk$^{3}$,tʂʅ$^{21}$iəu$^{35}_{44}$mɔk$^{5}$kɔk$^{3}$,i$^{21}$iaŋ$^{53}$(i)et$^{3}$tau$^{21}$ʂei$^{21}$,i$^{21}$iaŋ$^{53}$(i)et$^{3}$tau$^{21}$ʂei$^{21}$,i$^{21}$iaŋ$^{53}$tau$^{21}$ʂei$^{21}$,i$^{21}$iaŋ$^{53}$tau$^{21}$ʂei$^{21}$,si$^{53}$tau$^{21}$ʂei$^{21}$.

【天子壁】t$^{h}$ien$^{35}$tsɿ$^{0}$piak$^{3}$ [名]堂屋内正对大门、安放神龛的墙：箇块壁嘞就安做～。kai$^{53}$k$^{h}$uai$^{53}_{44}$piak$^{3}$lei$^{0}$ts$^{h}$iəu$^{53}_{21}$ɔn$^{35}_{44}$tso$^{53}_{44}$t$^{h}$ien$^{35}$tsɿ$^{0}$piak$^{3}$.

【添晡】t$^{h}$ian$^{35}_{44}$pu$^{35}$ [名]明天，引申指将来：看下渠～让门收场啊。k$^{h}$ɔn$^{53}_{44}$na$^{0}$ci$^{13}$t$^{h}$ian$^{35}_{44}$pu$^{35}$ɲiɔŋ$^{53}_{44}$mən$^{0}$ʂəu$^{35}_{44}$tʂ$^{h}$ɔŋ$^{13}$ŋa$^{0}$.

【添灯进粮】t$^{h}$ian$^{35}$ten$^{35}$tsin$^{53}$liɔŋ$^{13}$ 要灯时遇到灯油不足，请主家添油的时候所说的吉利话：呃咁个，欸默神有么个油了就箇以前就就有煤油吵，家家户户都系点煤油灯吵。“欸，老板，请你～。”呣。添灯呐。听下讲添灯是渠又高兴呐。上哩你个煤油你还唔知几高兴。搞么个嘞？添灯呶！你屋下要会你新舅又会多供赖子箇只唠，系唔系？添灯呶！“老板，请你～。”箇我记得有一回一只人唔晓得。“老板，～啊。”“哦哦，就要～。”欸讲几到渠都唔晓得，唔晓得系爱渠提只煤油来。ə$_{21}$kan$^{21}_{13}$ke$^{0}$,ei$^{0}$met$^{3}$ʂən$^{13}$mau$^{13}$mak$^{3}$e$^{53}$iəu$^{13}$liau$^{0}$ts$^{h}$iəu$^{53}_{44}$kai$^{53}$i$^{35}$ts$^{h}$ien$^{13}$ts$^{h}$iəu$^{53}_{44}$ts$^{h}$iəu$^{53}$iəu$^{35}$mi$^{13}$iəu$^{13}_{44}$ʂa$^{0}$,ka$^{35}$ka$^{35}_{44}$fu$^{53}_{44}$fu$^{53}_{44}$təu$^{35}_{44}$xe$^{53}_{44}$tian$^{21}$mei$^{13}$iəu$^{13}_{44}$ten$^{35}$ʂa$^{0}$."e$_{44}$,lau$^{21}$pan$^{21}$,ts$^{h}$iaŋ$^{21}$ɲi$^{13}$t$^{h}$ian$^{35}$ten$^{35}$tsin$^{53}$liɔŋ$^{13}$."m̩$_{21}$.t$^{h}$ian$^{35}$tien$^{35}$na$^{0}$.t$^{h}$in$^{53}$xa$^{53}$kɔŋ$^{21}$t$^{h}$ian$^{35}_{44}$tien$^{35}$ʂʅ$^{53}_{44}$ci$^{13}_{21}$iəu$^{53}_{44}$kau$^{35}$çin$^{53}$na$^{0}$.ʂɔŋ$^{21}$li$^{0}$ɲi$^{13}_{53}$e$^{0}$mei$^{13}$iəu$^{13}$ɲi$^{13}_{44}$xai$^{13}_{21}$n̩$^{13}$ti$^{35}_{53}$ci$^{21}$kau$^{35}_{44}$çin$^{53}$.kau$^{21}$mak$^{3}$e$^{0}$le$^{0}$?t$^{h}$ian$^{35}_{44}$tien$^{35}$nau$^{0}$!ɲi$^{13}_{21}$uk$^{3}$xa$^{53}_{44}$iau$^{53}_{44}$uɔi$^{53}_{44}$ɲi$^{13}_{21}$sin$^{35}$c$^{h}$iəu$^{35}_{44}$iəu$^{53}$uɔi$^{53}$to$^{35}$ciəŋ$^{53}_{44}$lai$^{53}$tsɿ$^{0}$kai$^{53}_{44}$tʂak$^{3}$lau$^{0}$,xei$^{53}$me$^{53}$?t$^{h}$ian$^{35}_{44}$tien$^{35}$nau$^{0}$!"lau$^{21}$pan$^{21}$,ts$^{h}$iaŋ$^{21}$ɲi$^{13}$t$^{h}$ian$^{35}$ten$^{35}$tsin$^{53}$liɔŋ$^{13}$."kai$^{53}$ŋai$^{13}$ci$^{53}$tek$^{3}$iəu$^{35}$iet$^{3}$fei$^{13}_{44}$iet$^{3}$tʂak$^{3}$ɲin$^{13}$n̩$^{13}$çiau$^{21}$tek$^{3}$."lau$^{21}$pan$^{21}$,t$^{h}$ian$^{35}$ten$^{35}$tsin$^{53}$liɔŋ$^{13}$ŋa$^{0}$.""o$_{53}$o$_{53}$,ts$^{h}$iəu$^{53}_{44}$iau$^{53}_{44}$t$^{h}$ian$^{35}_{44}$ten$^{35}_{44}$tsin$^{53}$liɔŋ$^{13}$."ei$^{0}$kɔŋ$^{21}$ci$^{21}$tau$^{53}$ci$^{13}$təu$^{35}_{53}$n̩$^{13}_{44}$çiau$^{21}$tek$^{3}$,n̩$^{13}$çiau$^{21}$tek$^{3}$xe$^{53}$ɔi$^{53}$ci$^{13}_{21}$t$^{h}$ia$^{35}$tʂak$^{3}$mei$^{13}$iəu$^{13}$lɔi$^{13}_{44}$.

【田】t$^{h}$ien$^{13}$ [名]农田；水田；稻田：刮瘦个～ kuait$^{5}$sei$^{53}$ke$^{53}_{44}$t$^{h}$ien$^{13}$

【田伯公】t$^{h}$ien$^{13}$pak$^{3}$kəŋ$^{35}$ [名]田神；掌管田土的土地神：～就系土地。哎，～有你食就食啦，～冇你食凑你就莫想啊。t$^{h}$ien$^{13}$pak$^{3}$kəŋ$^{35}$ts$^{h}$iəu$^{53}$xei$^{53}$t$^{h}$əu$^{21}$t$^{h}$i$^{53}$.ai$_{44}$,t$^{h}$ien$^{13}$pak$^{3}$kəŋ$^{35}$iəu$^{35}$ɲi$^{13}_{21}$ʂət$^{5}$ts$^{h}$iəu$^{53}_{44}$ʂət$^{5}$la$^{0}$,t$^{h}$ien$^{13}$pak$^{3}$kəŋ$^{35}_{53}$mau$^{13}_{21}$ɲi$^{13}_{21}$ʂət$^{5}$ts$^{h}$e$^{0}$ɲi$^{13}_{21}$ts$^{h}$iəu$^{53}$mɔk$^{5}$siɔŋ$^{21}$ŋa$^{0}$.

【田塍】tʰien$^{13}$ʂən$^{13}$ 名 田埂：～是爱过人。系唔系？箇一只作用。第二只作用爱蓄水。所以年年呢爱分箇～修整一下。修整嘞就爱舞滴烂泥糊下上去，欸，舞滴烂泥糊上去，安做糊……分用烂泥糊下箇～上去，使箇～能够达到蓄水过下子人箇目的。箇就安做搭～。欸，搭～个第一步就系提泥。用只四齿耙分箇豥～边子……～去以映样，豥～边子个箇烂泥……爱整一到嘞，箇田爱犁一爱耙一到嘞，爱整一到嘞。分箇烂泥耙起来，放下箇～上，安做……安做起泥，欸。安做提泥。提正哩泥，然后嘞到下转，打比以映提一路去，咁子即即哩下，箇只东西第一爱腰劲呐。欸，第一爱腰劲。就系咁子咁子去提。第一爱腰劲。好，提正哩泥嘞，就整，整～。分箇铁扎嘞咁子去梳一到。嗯。有滴堕下去哩个嘞分渠舞上去。欸，有滴忒高哩个嘞就去分渠舞正下子来。有滴舞下箇～背去哩个嘞分渠舞转下子来。分～……终言之分箇只～呢作倒咁个圆圆子。以向就一只墈。以映就咁子圆圆子。箇就安做整～。整正哩嘞，还爱拿倒镰铲，镰刨哇，蘸滴子水子分渠荡成三路子，荡得泼令子。搭正哩～起码都爱过一夜两夜正过得人。我等以前我等老家箇映子啊欸有一横水圳，箇横水圳呐长到么个长……有几长子嘞？弯呢弯就弯去弯转就，渠等话有半里路长箇丘田。欸，箇横水圳呐。整个横巷里，我等箇横巷里，只有我个阿公……我阿公是个子唔知几高，我个阿公咯，大概大概有米有米七一米七啊一米八啦，系啊？只有渠就一口气从以头提泥提得到头。渠就有咁好劲吧还。其他个人都提唔得，都爱休息，爱停下来。渠就一口气提嘿哩话。安做樰大人。我个阿公安做万瑞樰。木字旁个樰。边疆个疆字是就系一只弓字子渠啦，系唔系？箇头就系三横，中间箇两只田字。系啊？渠个就木字旁个樰。欸，安做樰大人，我个阿公是安做樰大人。高高大大。嗯。渠系只系渠就一口气提得过去话，渠等老班子讲咯。我个阿公就系樰大人。tʰien$^{13}$ʂən$^{13}$ ʂʅ$^{53}_{44}$ɔi$^{53}$ko$^{53}$ɲin$^{13}$.xei$^{53}$me$^{53}$?kai$^{53}_{44}$iet$^{3}$tʂak$^{3}$tsɔk$^{3}$iəŋ$^{53}$.tʰi$^{53}$ɲi$^{53}$tʂak$^{3}$tsɔk$^{3}$iəŋ$^{53}$ɔi$^{53}$çiəuk$^{3}$ʂei$^{21}$.so$^{21}$i$^{35}_{53}$ɲien$^{13}$ɲien$^{13}_{44}$ne$^{0}$ ɔi$^{53}_{44}$pən$^{35}_{44}$kai$^{53}_{44}$tʰien$^{13}$ʂən$^{13}$siəu$^{35}$tʂaŋ$^{21}$iet$^{3}$xa$^{53}$.siəu$^{35}$tʂaŋ$^{21}$lei$^{0}$tsʰiəu$^{53}$ɔi$^{53}$u$^{21}$tiet$^{5}$lan$^{53}$nai$^{13}$fu$^{13}$ua$^{53}_{44}$ʂɔŋ$^{53}_{44}$çi$^{53}$,e$_{21}$,u$^{21}$ tiet$^{5}_{3}$lan$^{53}$nai$^{13}_{21}$fu$^{13}_{21}$ʂɔŋ$^{53}_{44}$çi$^{53}_{44}$,ɔn$^{35}_{44}$tso$^{53}_{44}$fu$^{13}_{21}$…pən$^{35}_{44}$iəŋ$^{53}_{44}$lan$^{53}$nai$^{13}_{44}$fu$^{13}_{21}$ua$^{53}$kai$^{53}$tʰien$^{13}$ʂən$^{13}_{44}$xɔŋ$^{53}$çi$^{53}$,ʂʅ$^{21}$kai$^{53}$tʰien$^{13}_{21}$ ʂən$^{13}_{44}$lien$^{13}_{21}$ciau$^{53}_{44}$tʰait$^{3}$tau$^{53}_{44}$çiəuk$^{3}$ʂei$^{21}$ko$^{53}$xa$^{53}_{44}$tsɿ$^{0}$ɲin$^{13}$kai$^{53}$muk$^{3}$tiet$^{3}$.kai$^{53}_{44}$tsʰiəu$^{53}$ɔn$^{35}_{44}$tso$^{53}_{44}$tait$^{3}$tʰien$^{13}$ʂən$^{13}$. e$_{21}$,tait$^{3}$tʰien$^{13}$ʂən$^{13}$ke$^{0}$tʰi$^{53}$iet$^{3}$pʰu$^{53}$tsʰiəu$^{53}_{44}$xe$^{53}_{44}$tʰia$^{35}$lai$^{13}$.iəŋ$^{53}$tʂak$^{3}$si$^{53}$tʂʰʅ$^{21}$pʰa$^{13}$pən$^{35}$kai$^{53}_{44}$ɲia$^{13}$tʰien$^{13}$ʂən$^{13}$ pien$^{35}$tsɿ$^{0}$…tʰien$^{13}$ʂən$^{13}_{44}$çi$^{53}$i$^{21}$iaŋ$^{53}_{44}$iɔŋ$^{53}_{44}$, ɲia$^{13}$tʰien$^{13}$ʂən$^{13}$pien$^{35}$tsɿ$^{0}$ke$^{53}_{44}$kai$^{53}_{44}$lan$^{53}$lai$^{13}$…ɔi$^{53}$tʂaŋ$^{21}$iet$^{3}$tau$^{53}$ le$^{0}$,kai$^{53}_{44}$tʰien$^{13}$ɔi$^{53}$lai$^{13}$iet$^{3}$ɔi$^{53}_{44}$pʰa$^{13}$iet$^{3}$tau$^{53}$le$^{0}$,ɔi$^{53}$tʂaŋ$^{21}$iet$^{3}$tau$^{53}$le$^{0}$.pən$^{35}_{44}$kai$^{53}_{44}$lan$^{53}$lai$^{13}_{21}$pʰa$^{13}$çi$^{21}$lɔi$^{13}_{44}$,fɔŋ$^{53}$xa$^{53}_{44}$ kai$^{53}$tʰien$^{13}$ʂən$^{13}_{21}$xɔŋ$^{53}$,ɔn$^{35}_{44}$tso$^{53}_{44}$ç…ɔn$^{35}_{44}$tso$^{53}_{44}$çi$^{21}$lai$^{13}$,e$_{53}$.ɔn$^{35}_{44}$tso$^{53}_{44}$tʰia$^{35}$lai$^{13}$.tʰia$^{35}$tʂaŋ$^{53}$li$^{0}$lai$^{13}$,vien$^{13}$xei$^{53}_{44}$lei$^{0}$tau$^{53}$ ua$^{53}$tʂuɔn$^{21}$,ta$^{21}$pi$^{21}$i$^{21}$iaŋ$^{53}_{44}$tʰia$^{35}$iet$^{3}$ləu$^{53}_{44}$çi$^{53}$,kan$^{21}$tsɿ$^{0}$tset$^{5}$tset$^{5}$li$^{0}$xa$^{53}$,kai$^{53}_{44}$tʂak$^{3}$(t)əŋ$^{35}_{44}$si$^{0}$tʰi$^{53}$iet$^{3}$ɔi$^{53}$iau$^{35}$cin$^{53}$ na$^{0}$.e$_{21}$,tʰi$^{53}$iet$^{3}$ɔi$^{53}_{44}$iau$^{35}$cin$^{53}$.tsʰiəu$^{53}$xei$^{53}$kan$^{21}_{44}$tsɿ$^{0}$kan$^{21}$tsɿ$^{0}$çi$^{53}$tʰia$^{35}$.tʰi$^{53}$iet$^{3}$ɔi$^{53}$iau$^{35}$cin$^{53}$.xau$^{21}$,tʰia$^{35}$tʂaŋ$^{53}$li$^{0}$ lai$^{13}$lei$^{0}$,tsʰiəu$^{53}$tʂaŋ$^{21}$,tʂaŋ$^{21}$tʰien$^{13}$ʂən$^{13}$.pən$^{35}$kai$^{53}_{44}$tʰiet$^{3}$tsait$^{3}$lei$^{0}$kan$^{21}$tsɿ$^{0}$çi$^{53}$sɿ$^{35}$iet$^{3}$tau$^{53}$.n̩$_{21}$.iəu$^{35}$tiet$^{5}$tʰɔk$^{5}$ xa$^{53}_{44}$çi$^{53}_{44}$li$^{0}$ke$^{53}_{44}$lei$^{0}$pən$^{35}_{44}$ci$^{13}_{44}$u$^{21}$ʂɔŋ$^{53}_{44}$çi$^{53}_{44}$.ei$_{21}$,iəu$^{35}$tet$^{5}$tʰiet$^{3}$kau$^{35}$li$^{0}$ke$^{53}_{44}$lei$^{0}$tsʰiəu$^{53}$cʰi$^{53}_{44}$pən$^{35}_{44}$ci$^{13}_{44}$u$^{21}$tʂaŋ$^{53}$(x)a$^{53}_{44}$tsɿ$^{0}$ lɔi$^{13}$.iəu$^{35}$tet$^{5}$u$^{21}$(x)a$^{53}_{44}$kai$^{53}_{44}$tʰien$^{13}_{21}$ʂən$^{13}_{21}$pɔi$^{53}$çi$^{53}_{44}$li$^{0}$ke$^{53}_{44}$lei$^{0}$pən$^{35}_{44}$ci$^{13}_{44}$u$^{21}$tʂuɔn$^{21}$xa$^{53}$tsɿ$^{0}$lɔi$^{13}_{44}$.pən$^{35}$tʰien$^{13}_{21}$ʂən$^{13}_{44}$… tʂəŋ$^{35}$ien$^{13}_{21}$tʂʅ$^{35}_{44}$pən$^{35}_{44}$kai$^{53}$tʂak$^{3}$tʰien$^{13}_{21}$ʂən$^{13}_{44}$ne$^{0}$tsɔk$^{3}$tau$^{21}_{44}$kan$^{21}$ke$^{53}$ien$^{13}$ien$^{13}$tsɿ$^{0}$.i$^{21}$çiɔŋ$^{53}$tsʰiəu$^{53}$iet$^{3}$tʂak$^{3}$ kʰan$^{53}$.i$^{21}$iaŋ$^{53}$tsʰiəu$^{53}$kan$^{21}$tsɿ$^{0}$ien$^{13}$ien$^{13}$tsɿ$^{0}$.kai$^{53}_{44}$tsʰiəu$^{53}$ɔn$^{35}_{44}$tso$^{53}$tʂaŋ$^{21}$tʰien$^{13}$ʂən$^{13}$.tʂaŋ$^{21}$tʂaŋ$^{53}$li$^{0}$lei$^{0}$,xai$^{13}_{21}$ɔi$^{53}$ la$^{53}$tau$^{21}$lien$^{13}$tsʰan$^{21}$,lien$^{13}$pʰau$^{13}_{44}$ua$^{0}$,tsian$^{21}$tiet$^{5}$tsɿ$^{0}$ʂei$^{21}$tsɿ$^{0}$pən$^{35}_{44}$ci$^{13}_{44}$tʰɔŋ$^{53}$ʂaŋ$^{13}$san$^{53}$ləu$^{53}$tsɿ$^{0}$,tʰɔŋ$^{53}$tek$^{3}$pʰait$^{5}$ laŋ$^{53}$tsɿ$^{0}$.tait$^{3}$tʂaŋ$^{53}$li$^{0}$tʰien$^{13}_{44}$ʂən$^{13}_{44}$çi$^{21}$ma$^{35}$təu$^{35}_{53}$ɔi$^{53}_{44}$ko$^{53}$iet$^{3}$ia$^{53}$liɔŋ$^{21}$ia$^{53}$tʂaŋ$^{53}$ko$^{53}$tek$^{3}$ɲin$^{13}$.ŋai$^{13}$tien$^{0}$i$^{35}$tsʰien$^{13}_{21}$ ŋai$^{13}$tien$^{0}$lau$^{21}$cia$^{35}$kai$^{53}_{44}$iaŋ$^{53}$tsɿ$^{0}$a$^{0}$e$_{21}$iəu$^{35}$iet$^{3}$uaŋ$^{53}$ʂei$^{21}$tʂən$^{53}$,kai$^{53}$uaŋ$^{53}$ʂei$^{21}$tʂən$^{53}$na$^{0}$tʂʰɔŋ$^{13}$tau$^{53}$mak$^{3}$e$^{0}$ tʂʰɔŋ…iəu$^{35}$ci$^{21}$tʂʰɔŋ$^{13}$tsɿ$^{0}$le$^{0}$?uan$^{35}$ne$^{0}$uan$^{35}$tsʰiəu$^{53}_{44}$uan$^{35}$çi$^{53}$uan$^{35}$tʂuɔn$^{21}$tsʰiəu$^{53}_{44}$,ci$^{13}$tien$^{0}$ua$^{53}_{44}$iəu$^{35}_{44}$pan$^{53}$li$^{35}$lu$^{53}$ tʂʰɔŋ$^{13}_{21}$kai$^{53}_{44}$cʰiəu$^{35}$tʰien$^{13}_{21}$.e$_{21}$,kai$^{53}_{44}$uaŋ$^{53}_{44}$ʂei$^{21}$tʂən$^{53}$na$^{0}$.tʂən$^{21}$ko$^{53}$uaŋ$^{13}$xɔŋ$^{53}$li$^{0}$,ŋai$^{13}$tien$^{0}$kai$^{53}$uaŋ$^{13}$xɔŋ$^{53}$li$^{0}$,tʂʅ$^{21}$ iəu$^{35}_{53}$ŋai$^{13}$ke$^{0}$a$^{35}$kəŋ$^{35}$…ŋai$^{13}$a$^{35}_{44}$kəŋ$^{35}_{44}$ʂʅ$^{53}_{44}$ko$^{53}$tsɿ$^{0}$n̩$^{13}$ti$^{35}_{53}$ci$^{21}$kau$^{35}$,ŋai$^{13}$cie$^{53}$a$^{35}_{44}$kəŋ$^{35}_{53}$ko$^{0}$,tʰai$^{53}_{44}$kʰai$^{53}_{44}$tʰai$^{53}$kʰai$^{53}_{44}$iəu$^{35}$ mi$^{21}$iəu$^{35}$mi$^{21}$tsʰiet$^{3}$iet$^{3}$mi$^{21}_{53}$tsʰiet$^{3}$a$^{0}$iet$^{3}$mi$^{21}$pait$^{3}$la$^{0}$,xei$^{53}$a$^{0}$?tʂʅ$^{21}$iəu$^{35}_{53}$ci$^{13}$tsʰiəu$^{53}$iet$^{3}$xei$^{21}$çi$^{53}$tsʰəŋ$^{13}$i$^{21}$tʰei$^{13}$ tʰia$^{35}$lai$^{13}$tʰia$^{35}$tek$^{3}$tau$^{53}$tʰei$^{13}$.ci$^{13}$tsʰiəu$^{53}_{44}$iəu$^{35}_{44}$kan$^{21}$xau$^{21}$cin$^{53}$pa$^{0}$xai$^{13}_{44}$.cʰi$^{13}$tʰa$^{35}_{44}$ke$^{0}$ɲin$^{13}$təu$^{35}$tʰia$^{35}$n̩$^{13}_{21}$tek$^{3}$,təu$^{35}$ ɔi$^{53}$çiəu$^{35}$siet$^{3}$,ɔi$^{53}$tʰin$^{13}$xa$^{53}_{44}$lɔi$^{13}_{44}$.ci$^{13}$tsʰiəu$^{53}$iet$^{3}$xei$^{21}$çi$^{53}$tʰia$^{35}$xek$^{3}$li$^{0}$ua$^{53}$.ɔn$^{35}_{44}$tso$^{53}_{44}$ciɔŋ$^{35}$tʰai$^{53}$ɲin$^{13}$.ŋai$^{13}$cie$^{0}$a$^{35}_{44}$ kəŋ$^{35}$ɔn$^{35}_{44}$tso$^{53}_{44}$uan$^{53}$ʂei$^{53}$ciɔŋ$^{35}$.muk$^{3}$tsʰɿ$^{53}$pʰɔŋ$^{13}_{21}$ke$^{0}$ciɔŋ$^{35}$.pien$^{35}$ciɔŋ$^{35}$ke$^{0}$ciɔŋ$^{35}$tsʰɿ$^{53}_{44}$ʂʅ$^{53}_{44}$tsiəu$^{53}$xei$^{53}_{44}$iet$^{3}$tʂak$^{3}$ kəŋ$^{35}$tsʰɿ$^{53}$tsɿ$^{0}$ci$^{13}_{44}$la$^{0}$,xei$^{53}$me$^{53}$?kai$^{53}$tʰei$^{13}_{21}$tsʰiəu$^{53}_{44}$xei$^{53}_{44}$san$^{35}$uaŋ$^{13}$,tʂəŋ$^{35}$kan$^{35}_{44}$kai$^{53}$iɔŋ$^{21}$tʂak$^{3}$tʰien$^{13}$tsʰɿ$^{53}$.xei$^{53}_{44}$ a$^{0}$?ci$^{13}$ke$^{53}$tsʰiəu$^{53}_{44}$muk$^{3}$tsʰɿ$^{53}$pʰɔŋ$^{13}_{21}$ke$^{0}$ciɔŋ$^{35}$.e$_{21}$,ɔn$^{35}_{44}$tso$^{53}_{44}$ciɔŋ$^{35}$tʰai$^{53}$ɲin$^{13}_{21}$,ŋai$^{13}$cie$^{0}$a$^{35}_{44}$kəŋ$^{35}$ʂʅ$^{53}_{44}$ɔn$^{35}_{44}$tso$^{53}_{44}$ciɔŋ$^{35}$ tʰai$^{53}$ɲin$^{13}_{21}$.kau$^{35}$kau$^{35}_{44}$tʰai$^{53}$tʰai$^{53}$.n̩$_{53}$.ci$^{13}$(x)ei$^{53}$tʂʅ$^{21}_{44}$(x)ei$^{53}$ci$^{13}$tsʰiəu$^{53}$iet$^{3}$xei$^{21}$çi$^{53}$tʰia$^{35}$tek$^{3}$ko$^{53}$çi$^{53}_{44}$ua$^{53}_{44}$,ci$^{13}$tien$^{0}$ lau$^{21}$pan$^{35}$tsɿ$^{0}$kɔŋ$^{21}$ko$^{0}$.ŋai$^{13}$cie$^{53}$a$^{35}$kəŋ$^{35}_{44}$tsʰiəu$^{53}_{44}$xe$^{53}_{44}$ciɔŋ$^{53}$tʰai$^{53}$ɲin$^{13}_{44}$.

【田塅】tʰien$^{13}$tʰɔn$^{53}$ 名开垦有水田的山区小平原：欸，田垅就比～又更细。e$_{21}$,tʰien$^{13}$ləŋ$^{13}$tsʰiəu$^{53}$pi$^{21}$tʰien$^{13}$tʰɔn$^{53}$iəu$^{53}_{44}$cien$^{53}_{44}$se$^{53}$.

【田鸡】tʰien$^{13}$cie$^{35}$ 名指青蛙。有时也称“田鸡子”：以下箇个嘞我等以映子分箇个青蛙欸箇个舞倒畜倒食个箇起啊安做～呢。～肉呢。撞怕也会加“子”。就所以～子嘞也指青蛙。i$^{21}$xa$^{53}$kai$^{53}$ke$^{53}$lei$^{0}$ ŋai$^{13}$tien$^{0}$ i$^{21}$iaŋ$^{53}$tsɿ$^{0}$ pən$^{35}_{44}$kai$^{53}_{44}$ke$^{53}_{44}$tsʰin$^{35}$ua$^{35}_{44}$e$_{21}$kai$^{53}$ke$^{53}$u$^{21}$tau$^{21}$çiəuk$^{3}$ tau$^{21}$ʂət$^{5}$ ke$^{53}_{44}$kai$^{53}_{44}$çi$^{21}_{44}$a$^{0}$ ɔn$^{35}_{44}$tso$^{53}_{44}$tʰien$^{13}$cie$^{35}_{44}$nei$^{0}$.tʰien$^{13}$cie$^{35}_{44}$ɲiəuk$^{3}$ nei$^{0}$.tsʰɔŋ$^{21}$pʰa$^{53}$ia$^{35}$uɔi$^{53}$cia$^{35}$tsɿ$^{21}$.tsʰiəu$^{53}_{44}$so$^{21}$i$^{35}_{53}$tʰien$^{13}$cie$^{35}$tsɿ$^{0}$ lei$^{0}$ ia$^{35}$tʂʅ$^{21}$tsʰin$^{35}$ua$^{35}$.

【田鸡子】tʰien$^{13}$cie$^{35}$tsɿ$^{0}$ 名禾鸡；一种生活在稻田里的野禽：～真唔怕人呶，箇个嗯去田边子上就看得～倒。tʰien$^{13}$cie$^{35}_{44}$tsɿ$^{0}$ tʂən$^{35}$m̩$^{13}_{21}$pʰa$^{53}$ɲin$^{13}$nau$^{0}$,kai$^{53}_{44}$ke$^{53}_{44}$n̩$_{21}$çi$^{53}$tʰien$^{13}$pien$^{35}$tsɿ$^{0}$ xɔŋ$^{53}$tsiəu$^{53}_{44}$kʰɔn$^{53}$tek$^{3}$ tʰien$^{13}$cie$^{35}$tsɿ$^{0}$ tau$^{21}$.

【田角头】tʰien$^{13}$kɔk$^{3}$ tʰei$^{13}$ 名稻田的角落里：箇个～呀，～犁唔倒。kai$^{53}$ke$^{53}$tʰien$^{13}$kɔk$^{3}$ tʰei$^{13}$ia$^{0}$,tʰien$^{13}$kɔk$^{3}$ tʰei$^{13}$lai$^{13}$n̩$^{13}_{44}$tau$^{21}$.

【田墈】tʰien$^{13}$kʰan$^{53}$ 名稻田靠山一侧又高又陡的坡崖：～上个草除嘿哩以后嘞，就冇得咁多老鼠。tʰien$^{13}$kʰan$^{53}$xɔŋ$^{53}_{44}$ke$^{53}_{44}$tsʰau$^{21}$tʂʰəu$^{13}$xek$^{3}$ li$^{0}$ i$^{35}$xei$^{53}_{44}$lei$^{0}$,tsiəu$^{53}$mau$^{13}_{21}$tek$^{3}$ kan$^{21}$to$^{35}$lau$^{21}$tʂʰəu$^{21}$.

【田老鼠】tʰien$^{13}$lau$^{21}$tʂʰəu$^{21}$ 名鼠的一类。主要吃草本植物的茎、叶、种子等：如今岭上箇老鼠～真多啊如今呐，你到岭上去看下是硬到处系窿，嗯，～真多。i$^{13}_{21}$cin$^{35}_{44}$liaŋ$^{35}$xɔŋ$^{53}_{44}$kai$^{53}$lau$^{21}$tʂʰəu$^{21}$tʰien$^{13}$nau$^{21}$tʂʰəu$^{21}$tʂən$^{35}$to$^{35}$a$^{0}$ i$^{13}_{21}$cin$^{35}_{44}$na$^{0}$, ɲi$^{13}$tau$^{53}$liaŋ$^{35}$xɔŋ$^{53}$çi$^{53}_{44}$kʰɔn$^{53}$na$^{53}_{44}$ʂʅ$^{53}_{44}$ɲiaŋ$^{53}_{44}$tau$^{53}$tʂʰəu$^{53}_{44}$xei$^{53}$ləŋ$^{13}$,n̩$_{21}$,tʰien$^{13}$nau$^{21}$tʂʰəu$^{21}$tʂən$^{35}$to$^{35}$.

【田里工夫】tʰien$^{13}$ni$^{21}$kəŋ$^{35}$fu$^{35}$ 指农活：我姑爷渠就三只赖子，四个人做～，作田呐。ŋai$^{13}_{21}$ku$^{35}$ia$^{13}_{21}$ci$^{13}$tsʰiəu$^{53}$san$^{35}$tʂak$^{3}$ lai$^{53}$tsɿ$^{0}$,si$^{53}$ke$^{53}$ɲin$^{13}_{44}$tso$^{53}$tʰien$^{13}_{21}$ni$^{21}$kəŋ$^{35}_{44}$fu$^{35}_{44}$,tsɔk$^{3}$ tʰien$^{13}$na$^{0}$.

【田垅】tʰien$^{13}$ləŋ$^{13}$ 名开垦有水田的山间平地：欸，～就比田塅又更细。两向或者三向起码爱两向有岭岗正安做～，正安做垅。一向个岭岗唔安做垅，箇就系塅。e$_{21}$,tʰien$^{13}$ləŋ$^{13}$tsʰiəu$^{53}$pi$^{21}$tʰien$^{13}$tʰɔn$^{53}$iəu$^{53}_{44}$cien$^{53}_{44}$se$^{53}$.iɔŋ$^{21}$çiɔŋ$^{53}$xɔit$^{5}$ tʂak$^{3}$ san$^{35}$çiɔŋ$^{53}$çi$^{21}$ma$^{35}$ɔi$^{53}$iɔŋ$^{21}$çiɔŋ$^{53}$iəu$^{35}_{44}$liaŋ$^{35}$kɔŋ$^{35}_{44}$tʂaŋ$^{53}$ɔn$^{35}_{53}$tso$^{53}$tʰien$^{13}$ləŋ$^{13}$,tʂaŋ$^{53}_{44}$ɔn$^{35}_{53}$tso$^{53}$ləŋ$^{13}$.iet$^{3}$ çiɔŋ$^{53}$ke$^{53}_{44}$liaŋ$^{35}$kɔŋ$^{35}_{44}$n̩$^{13}$ɔn$^{35}_{44}$tso$^{53}_{44}$ləŋ$^{13}$,kai$^{53}_{44}$tsʰiəu$^{53}_{44}$xe$^{53}_{44}$tʰɔn$^{53}$.｜门口系一只～子。mən$^{13}$xei$^{21}_{44}$iet$^{3}$ tʂak$^{3}$ tʰien$^{13}$ləŋ$^{13}_{21}$tsɿ$^{0}$.

【田螺】tʰien$^{13}$lo$^{13}$ 名田螺属或田螺科的软体动物，壳呈圆锥形个，产于水中：螺蛳灯就就系扮成～吧？lo$^{13}$sɿ$^{35}_{44}$tien$^{35}_{44}$tsʰiəu$^{53}_{44}$tsʰiəu$^{53}_{44}$xe$^{53}_{44}$pan$^{53}$ʂaŋ$^{13}_{21}$tʰien$^{13}$lo$^{13}_{21}$pa$^{0}$?｜酒篓背驼，嫁分～。～尾餖，嫁分李秀。童谣 tsiəu$^{21}$li$^{21}$pɔi$^{53}$tʰo$^{13}$,ka$^{53}$pən$^{35}$tʰien$^{13}$lo$^{13}$.tʰien$^{13}$lo$^{13}$mi$^{35}$tsiəu$^{53}$,ka$^{53}$pən$^{35}$li$^{21}$siəu$^{53}$.

【田契】tʰien$^{13}$kʰe$^{53}$/cʰie$^{53}$ 名旧时买卖田地的契约：以前我等个谱上还写哩，有一届修个谱还写哩箇～。我看倒蛮多箇个蛮多姓氏个谱咯渠都登记哩箇～。渠有田就是非上个田，有兜就葬地嘞箇个岭嘞系买倒来个岭，买个岭买个田，写哩契，都印上谱上去哩嘞，都上哩谱，省子争绷啊。i$^{35}_{53}$tsʰien$^{13}_{21}$ŋai$^{13}$tien$^{0}$ ke$^{53}$pʰu$^{21}$xɔŋ$^{53}$xai$^{13}$sia$^{21}$li$^{0}$,iəu$^{35}$iet$^{3}$ kai$^{53}$siəu$^{35}_{44}$ke$^{53}$pʰu$^{21}$ua$^{0}$ xai$^{13}$sia$^{21}$li$^{0}$ kai$^{53}$tʰien$^{13}$cʰie$^{53}$.ŋai$^{13}$kʰɔn$^{53}$tau$^{21}$man$^{13}$to$^{35}$kai$^{53}$ke$^{53}_{44}$man$^{13}$to$^{35}$siaŋ$^{53}$ʂʅ$^{53}$ke$^{0}$ pʰu$^{21}$ko$^{0}$ ci$^{13}$təu$^{35}_{53}$ten$^{35}$ci$^{53}$li$^{0}$ kai$^{53}_{44}$tʰien$^{13}$cʰie$^{53}$.ci$^{13}_{21}$iəu$^{35}$tʰien$^{13}$tsʰiəu$^{53}_{44}$sɿ$^{53}$fei$^{35}_{44}$xɔŋ$^{53}$ke$^{53}$tʰien$^{13}$,iəu$^{35}$te$^{35}_{53}$tsʰiəu$^{53}_{44}$tsɔŋ$^{53}_{44}$tʰi$^{53}$lei$^{0}$ kai$^{53}_{44}$ke$^{53}_{44}$liaŋ$^{35}$lei$^{0}$ xei$^{53}_{44}$mai$^{35}$tau$^{21}$lɔi$^{13}_{21}$ke$^{53}_{44}$liaŋ$^{35}$,mai$^{35}$ke$^{53}$liaŋ$^{35}$mai$^{35}$ke$^{53}$tʰien$^{13}$,sia$^{21}$li$^{0}$ kʰe$^{53}$,təu$^{35}$in$^{53}$ʂɔŋ$^{53}_{44}$pʰu$^{21}$xɔŋ$^{53}$çi$^{53}$li$^{0}$ le$^{0}$,təu$^{35}$ʂɔŋ$^{53}_{44}$li$^{0}$ pʰu$^{21}$,saŋ$^{21}$tsɿ$^{0}$ tsaŋ$^{35}$paŋ$^{35}$ŋa$^{0}$.

【田丘】tʰien$^{13}$cʰiəu$^{35}$ 名水田的通称：大麻大丘，就讲～比较大个，就安做大麻大丘。tʰai$^{53}$ma$^{13}_{21}$tʰai$^{53}$cʰiəu$^{35}$,tsʰiəu$^{53}$kɔŋ$^{21}$tʰien$^{13}$cʰiəu$^{35}_{44}$pi$^{21}$ciau$^{53}_{44}$tʰai$^{53}$ke$^{0}$,tsʰiəu$^{53}_{44}$ɔn$^{35}_{44}$tso$^{53}_{44}$tʰai$^{53}$ma$^{13}$tʰai$^{53}$cʰiəu$^{35}_{44}$.

【田字草】tʰien$^{13}$sɿ$^{53}$tsʰau$^{21}$ 名一种太阳下山时将叶子合拢的草，学名十字珍珠草。又称“夜合草”：（夜合草）又喊～。iəu$^{53}$xan$^{53}_{44}$tʰien$^{13}$sɿ$^{53}$tsʰau$^{21}$.

【田子】tʰien$^{13}$tsɿ$^{0}$ 名农田；水田；稻田。多指面积小的：就一丘～，冇几大子嘞。一丘～。拖滴秆呶，拖下箇田里噢。tsʰiəu$^{53}$iet$^{3}$ cʰiəu$^{35}_{44}$tʰien$^{13}$tsɿ$^{0}$,mau$^{13}$ci$^{13}_{44}$tʰai$^{53}$tsɿ$^{0}$ lei$^{0}$.iet$^{3}$ cʰiəu$^{35}_{44}$tʰien$^{13}$tsɿ$^{0}$.tʰo$^{35}$tet$^{5}$ kɔn$^{21}$nau$^{0}$,tʰo$^{35}$xa$^{53}_{44}$kai$^{53}_{44}$tʰien$^{13}$li$^{21}$au$^{0}$.

【田租】tʰien$^{13}$tsɿ$^{35}$ 名旧时佃农向地主缴纳的土地租金：箇阵子我等屋下只有只有一丘田系吗呢。只有一丘三担谷田，箇就我等自家个田。所以我等屋下也系贫农吵。年年都爱租别人家田作。请倒长工来租别人家田作。爱交～。箇系真苦，饭都冇食。我唔箇我还唔多懂呢，箇阵子我还唔懂。我懂事个就系过苦日子我就懂事了。kai$^{53}$tʂʰən$^{53}$tsɿ$^{0}$ ŋai$^{13}$tien$^{0}$ uk$^{3}$ xa$^{53}_{44}$tʂʅ$^{21}$iəu$^{35}_{44}$tʂʅ$^{21}$iəu$^{35}_{53}$iet$^{3}$ cʰiəu$^{35}$tʰien$^{13}_{44}$xe$^{53}_{44}$ma$^{0}$ nei$^{0}$.tʂʅ$^{21}$iəu$^{35}_{53}$iet$^{3}$ cʰiəu$^{35}$san$^{35}_{44}$tan$^{35}_{44}$kuk$^{3}$ tʰien$^{13}_{44}$,kai$^{53}$tsʰiəu$^{53}$ŋai$^{13}_{21}$tien$^{0}$ tsʰɿ$^{35}$ka$^{35}_{44}$ke$^{0}$

tʰien$^{13}_{21}$.so$^{21}$i$^{35}_{53}$ŋai$^{13}$tien$^{0}$uk$^{3}$xa$^{53}$a$^{35}_{44}$xe$^{35}_{44}$pʰin$^{13}$nəŋ$^{13}$ʂa$^{0}$. ɲien$^{13}$ɲien$^{13}_{21}$təu$^{35}_{53}$ɔi$^{53}$tsɿ$^{35}$pʰiet$^{5}$in$^{13}_{44}$ka$^{35}_{44}$tʰien$^{13}$tsɔk$^{3}$.tsʰiaŋ$^{21}$tau$^{21}$tʂʰɔŋ$^{13}$kəŋ$^{35}$lɔi$^{13}_{21}$tsɿ$^{35}$pʰiet$^{5}$in$^{13}_{44}$ka$^{35}_{44}$tʰien$^{13}$tsɔk$^{3}$.ɔi$^{53}_{21}$ciau$^{35}_{44}$tʰien$^{13}$tsɿ$^{35}_{44}$.kai$^{53}_{21}$xe$^{53}_{21}$tʂən$^{35}$kʰu$^{21}$,fan$^{53}_{44}$təu$^{35}_{44}$mau$^{13}_{21}$ʂət$^{5}$. ŋai$^{13}$n̩$^{13}_{21}$kai$^{53}$ŋai$^{13}_{21}$xai$^{13}_{21}$n̩$^{13}$to$^{35}_{44}$təŋ$^{21}$ne$^{0}$,kai$^{53}$tʂʰən$^{53}$tsɿ$^{0}$ŋai$^{13}_{21}$xai$^{13}$n̩$^{13}$təŋ$^{21}$.ŋai$^{13}$təŋ$^{21}$sɿ$^{53}$ke$^{0}$tsʰiəu$^{53}_{44}$xe$^{53}_{44}$ko$^{35}$kʰu$^{21}$ɲiet$^{3}$tsɿ$^{0}$ŋai$^{13}$tsʰiəu$^{53}$təŋ$^{21}$sɿ$^{53}$liau$^{0}$.

【甜】tʰian$^{13}$ 形 像糖或蜜的滋味：又～又香哦。iəu$^{53}$tʰian$^{13}_{21}$iəu$^{53}$çiɔŋ$^{35}$ŋo$^{0}$.｜～做苦个子～tʰien$^{13}$tso$^{53}$fu$^{21}$kai$^{53}$tsɿ$^{0}$tʰien$^{13}$甜极了

【甜茶树】tʰian$^{13}$tsʰa$^{13}$ 名 树名。也简称“甜茶”：甜茶又不是茶叶嘞。渠有种树安做甜茶，～，不是茶叶树。tʰian$^{13}$tsʰa$^{13}$iəu$^{53}$pət$^{3}$ʂɿ$^{53}$tsʰa$^{13}$iait$^{5}$le$^{0}$.ci$^{13}_{21}$iəu$^{35}$tʂəŋ$^{21}$ʂəu$^{53}$ɔn$^{35}_{44}$tso$^{53}_{44}$tʰian$^{13}$tsʰa$^{13}$,tʰian$^{13}$tsʰa$^{13}$ʂəu$^{53}$,pət$^{3}$ʂɿ$^{53}$tsʰa$^{13}$iait$^{5}$ʂəu$^{53}$.｜欸，有起～吧？欸，～，系唔系？～个芯也食得唠，也可以泡茶食唠。ei$_{44}$,iəu$^{35}$çi$^{21}$tʰian$^{13}$tsʰa$^{13}$ʂəu$^{53}$pa$^{0}$?e$_{21}$,tʰian$^{13}$tsʰa$^{13}$ʂəu$^{53}$,xe$^{53}_{44}$me$^{53}_{44}$?tʰian$^{13}$tsʰa$^{13}$ʂəu$^{53}$kei$^{53}_{44}$sin$^{35}$ia$^{35}$ʂət$^{5}$tek$^{3}$lau$^{0}$,ia$^{35}$kʰo$^{21}$i$^{35}$pʰau$^{53}$tsʰa$^{13}$ʂət$^{5}$lau$^{0}$.

【甜花酸子】tʰian$^{35}$fa$^{35}$sɔn$^{35}$tsɿ$^{0}$ 形 酸酸甜甜的味道：打比样啊箇个海带呀，你就放滴子……海带呀，你分渠海带焯一到，炆一到哇，硬炆一到，炆一到放兜子姜嫲，放兜子醋哇，凉拌呐，就～，更好食。箇比煮倒好食多哩箇海带就。ta$^{21}$pi$^{21}$iɔŋ$^{53}$ŋa$^{0}$kai$^{53}_{44}$kei$^{53}_{44}$xɔi$^{21}$tai$^{53}$ia$^{0}$, ɲi$^{13}_{21}$tsiəu$^{53}_{44}$fɔŋ$^{53}$tiet$^{5}$tsɿ$^{0}$…xɔi$^{21}$tai$^{53}$ia$^{0}$, ɲi$^{13}_{21}$pən$^{35}$ci$^{13}_{21}$xɔi$^{21}$tai$^{53}$tʂʰɔk$^{3}$iet$^{3}$tau$^{53}$,uən$^{13}$iet$^{3}$tau$^{53}$ua$^{0}$, ɲiaŋ$^{53}$uən$^{13}$iet$^{3}$tau$^{53}$,uən$^{13}$iet$^{3}$tau$^{53}$fɔŋ$^{53}$te$^{35}_{53}$tsɿ$^{0}$ciɔŋ$^{35}$ma$^{13}_{21}$,fɔŋ$^{53}$te$^{35}_{53}$tsɿ$^{0}$tsʰu$^{53}$ua$^{0}$,liɔŋ$^{13}$pʰɔn$^{53}$na$^{0}$,tsʰiəu$^{53}$tʰian$^{13}_{21}$fa$^{35}_{44}$sɔn$^{35}_{44}$tsɿ$^{0}$,ken$^{53}_{44}$xau$^{21}$ʂət$^{5}$. kai$^{53}$pi$^{21}$tʂəu$^{21}$tau$^{21}$xau$^{21}$ʂət$^{5}$to$^{35}_{44}$li$^{0}$kai$^{53}$xɔi$^{21}$tai$^{53}$tsiəu$^{53}_{21}$.｜呃咬瓜子个时候子咯放兜子糖啊，又放几只子杨梅，箇个瓜子就～，好食嘞。ə$_{44}$ŋau$^{21}$kua$^{35}$tsɿ$^{0}$ke$^{0}$ʂɿ$^{13}_{44}$xei$^{53}_{44}$tsɿ$^{0}$ko$^{0}$fɔŋ$^{53}$te$^{35}_{53}$tsɿ$^{0}$tʰɔŋ$^{13}$ŋa$^{0}$,iəu$^{53}$fɔŋ$^{53}$ci$^{21}$(tʂ)ak$^{3}$tsɿ$^{0}$iɔŋ$^{13}$mɔi$^{13}$,kai$^{53}_{44}$kei$^{53}_{44}$kua$^{35}$tsɿ$^{0}$tsʰiəu$^{53}_{44}$tʰian$^{13}_{21}$fa$^{35}_{44}$sɔn$^{35}_{44}$tsɿ$^{0}$,xau$^{21}$ʂət$^{5}$le$^{0}$.

【甜酸】tʰian$^{13}$sɔn$^{35}$ 形 又甜又酸。有“ABAB”重叠式：～我等个箇箇指水饮瓜好食。tʰian$^{13}$sɔn$^{35}_{44}$ŋai$^{13}$tien$^{0}$ke$^{53}_{44}$kai$^{53}_{44}$kai$^{53}_{44}$xau$^{21}$ʂət$^{5}$.｜渠指水饮瓜就咁子食嘞，你系向老哩个是还有滴～～。ci$^{13}$tsiəu$^{53}$kan$^{21}$tsɿ$^{0}$ʂət$^{5}$lei$^{0}$, ɲi$^{13}$xe$^{53}$çiɔŋ$^{53}$lau$^{21}$li$^{0}$ke$^{53}$ʂɿ$^{53}_{44}$xai$^{13}_{21}$iəu$^{35}$tiet$^{5}$tʰian$^{13}$sɔn$^{35}$tʰian$^{13}$sɔn$^{35}$.

【甜甜子】tʰian$^{13}$tʰian$^{13}$tsɿ$^{0}$ 形 甜甜的感觉：箇茶耳朵子嘞，有兜子～，么个蛮好食都冇得，细细子会摘倒去食，有兜子～。kai$^{53}$tsʰa$^{13}$ɲi$^{21}$to$^{21}$tsɿ$^{0}$lei$^{0}$,iəu$^{35}$te$^{35}_{53}$tsɿ$^{0}$tʰian$^{13}$tʰian$^{13}$tsɿ$^{0}$,mak$^{3}$ke$^{53}$man$^{13}_{21}$xau$^{21}$ʂət$^{5}$təu$^{35}_{53}$mau$^{13}$tek$^{3}$,se$^{53}$se$^{53}$tsɿ$^{0}$uɔi$^{53}$tsak$^{3}$tau$^{21}$çi$^{53}_{44}$ʂət$^{5}$,iəu$^{35}$te$^{35}_{53}$tsɿ$^{0}$tʰian$^{13}$tʰian$^{13}_{44}$tsɿ$^{0}$｜其实箇茶花肚里箇个水呀也有兜子～。cʰi$^{13}$ʂət$^{5}$kai$^{53}$tsʰa$^{13}$fa$^{35}$təu$^{21}$li$^{0}$kai$^{53}$ke$^{53}$ʂei$^{21}$ia$^{0}$ia$^{35}$iəu$^{35}$te$^{35}_{53}$tsɿ$^{0}$tʰian$^{13}$tʰian$^{13}$tsɿ$^{0}$.

【甜头】tʰian$^{13}$tʰei$^{13}_{21}$ 名 比喻好处或利益：搞以只路子渠尝倒哩～。kau$^{21}$i$^{21}$tʂak$^{3}$ləu$^{53}$tsɿ$^{0}$ci$^{13}_{44}$ʂɔŋ$^{13}$tau$^{21}$li$^{0}$tʰian$^{13}$tʰei$^{13}_{21}$.

【甜香荽】tʰian$^{13}$çiɔŋ$^{35}_{44}$si$^{35}$ 名 香荽中的一种，叶小，味甜：～个叶子更细。/细叶子，甜个。/更甜。/又甜又香哦。tʰian$^{13}$çiɔŋ$^{35}_{44}$si$^{35}_{44}$ke$^{53}_{44}$iait$^{5}$tsɿ$^{0}$ken$^{53}_{44}$se$^{53}$./se$^{53}$iait$^{5}$tsɿ$^{0}$,tʰian$^{13}$ke$^{53}_{44}$./cien$^{53}$tʰian$^{13}$./iəu$^{53}$tʰian$^{13}_{21}$iəu$^{53}$çiɔŋ$^{35}$ŋo$^{0}$.｜箇只～就专门系晒下子干个嘞。kai$^{53}$tʂak$^{3}$tʰian$^{13}$çiɔŋ$^{35}_{44}$si$^{35}_{44}$tsʰiəu$^{53}_{44}$tʂen$^{35}$mən$^{13}$xe$^{53}$sai$^{53}$xa$^{53}$tsɿ$^{0}$kɔn$^{35}$ke$^{53}$lei$^{0}$.

【甜谢】tʰien$^{13}$tsʰia$^{53}$ 动 感激；致谢：话别人家恩将仇报哇，系唔系？唔单是唔报恩呐，欸，就系缯得～，还得尿轡。欸，我帮你去搞哩只么个路子啊，缯得你～，还得哩尿轡。你唔单唔感激我，你还害我。ua$^{53}$pʰiet$^{5}$in$^{13}_{21}$ka$^{35}_{44}$ən$_{44}$tsiaŋ$_{44}$tʂʰəu$^{13}$pau$^{53}$ua$^{0}$,xei$^{53}$me$^{53}$?n̩$^{13}$tan$^{35}_{44}$ʂɿ$^{53}$n̩$^{13}$pau$^{53}$ŋen$^{35}$na$^{0}$,e$_{21}$,tsʰiəu$^{53}$xe$^{53}_{44}$maŋ$^{13}$tek$^{3}$tʰien$^{13}$tsʰia$^{53}$,xai$^{13}$tek$^{3}$ɲiau$^{53}$tʂʰa$^{53}$.e$_{21}$,ŋai$^{13}_{21}$pɔŋ$^{35}$ɲi$^{13}_{21}$çi$^{53}$kau$^{21}$li$^{0}$tʂak$^{3}$mak$^{3}$e$^{0}$ləu$^{53}$tsɿ$^{0}$a$^{0}$,maŋ$^{13}$tek$^{3}$ɲi$^{13}_{21}$tʰien$^{13}$tsʰia$^{53}$,xai$^{13}$tek$^{3}$li$^{0}$ɲiau$^{53}$tʂʰa$^{53}$. ɲi$^{13}_{21}$n̩$^{13}$tan$^{35}_{53}$n̩$^{13}_{44}$kɔn$^{21}$ciet$^{3}$ŋai$^{13}_{44}$, ɲi$^{13}_{21}$xai$^{13}_{44}$xɔi$^{53}$ŋai$^{13}_{44}$.

【填房】tʰien$^{13}$fɔŋ$^{13}$ 名 嫁给曾经娶妻的人：欸我箇角上就有只人就老婆死嘿哩嘞，渠如今讨过一只老婆，以只～个夫娘子唔知几好喔。欸，以只夫娘子又年轻又漂亮哦，又真会当家。e$_{21}$ŋai$^{13}$kai$^{53}$kɔk$^{3}$xɔŋ$^{53}$tsʰiəu$^{53}_{44}$iəu$^{35}$tʂak$^{3}$ɲin$^{13}_{21}$tsʰiəu$^{53}$lau$^{21}$pʰo$^{13}$si$^{21}$xek$^{3}$li$^{0}$lei$^{0}$,ci$^{13}_{21}$i$^{13}_{21}$cin$^{35}_{53}$tʰau$^{21}$ko$^{53}$(i)et$^{3}$tʂak$^{3}$lau$^{21}$pʰo$^{13}$,i$^{21}$tʂak$^{3}$tʰien$^{13}$fɔŋ$^{13}$ke$^{53}_{44}$pu$^{35}$ɲiɔŋ$^{13}_{44}$tsɿ$^{0}$n̩$^{13}$ti$^{35}_{53}$ci$^{21}_{44}$xau$^{21}$uo$^{0}$.e$_{21}$,i$^{21}$(tʂ)ak$^{3}$pu$^{35}$ɲiɔŋ$^{13}_{44}$tsɿ$^{0}$iəu$^{53}$ɲien$^{13}$cʰin$^{35}_{44}$iəu$^{53}$pʰiau$^{53}$liɔŋ$^{53}_{44}$ŋo$^{0}$,iəu$^{53}_{44}$tʂən$^{35}$uɔi$^{53}_{44}$tɔŋ$^{35}$ka$^{35}$.

【掭】tʰian$^{53}$ 动 用毛笔蘸墨汁在砚台上弄均匀：～墨 tʰian$^{53}$mek$^{5}$

【挑积】tʰiau$^{35}$tsiet$^{3}$ 动 通过点刺四缝穴来治疗小儿疳积症：箇晡讲哩啊，唔系话有烧火个，有～个，挑以只手指子个。kai$^{53}$pu$^{35}_{44}$kɔŋ$^{21}$li$^{0}$a$^{0}$,m̩$^{13}$pʰei$^{53}_{44}$ua$^{53}_{44}$iəu$^{35}_{44}$ʂau$^{35}_{44}$fo$^{21}$ke$^{53}$,iəu$^{35}$tʰiau$^{35}$tsiet$^{3}$ke$^{53}$,tʰiau$^{35}$i$^{21}$tʂak$^{3}$ʂəu$^{21}$tʂɿ$^{21}$tsɿ$^{0}$ke$^{53}$.

【条$_{1}$】tʰiau$^{13}$ 名 长条形的物体：有条子肉嘞，欸就切成长～。iəu$^{35}$tʰiau$^{13}$tsɿ$^{0}$ɲiəuk$^{3}$le$^{0}$,e$_{44}$tsʰiəu$^{53}_{44}$tsʰiet$^{3}$tʂʰən$^{13}$tʂʰɔŋ$^{13}$tʰiau$^{13}$.

【条$_2$】tʰiau$^{13}$ 量①用于长条状事物，相当于“根”：你底下放～火柴呀。ȵi$^{13}$te$^{21}$xa$^{53}$fɔŋ$^{53}$tʰiau$^{13}_{21}$fo$^{21}$tsʰai$^{13}$ia$^{0}$.｜就系～咁个棍棍子 tsʰiəu$^{53}$uei$_{44}$(←xei$^{53}$)tʰiau$^{13}_{21}$kan$^{21}$ke$^{53}_{44}$kuən$^{53}$kuən$^{53}_{44}$tsɿ$^{0}$｜箇个项高咯吊～绳。kai$^{53}_{44}$kei$^{0}$taŋ$^{21}$kau$^{35}_{44}$ko$^{0}$tiau$^{53}$tʰiau$^{13}_{21}$ʂən$^{13}$.｜一～藤 iet$^{3}$tʰiau$^{13}_{21}$tien$^{13}_{21}$｜一～子灯芯样个 iet$^{3}$tʰiau$^{13}_{21}$tsɿ$^{0}$tien$^{35}$sin$^{35}_{44}$iɔŋ$^{53}_{44}$ke$^{53}_{44}$｜渠指麻花就会一～子手指咁大子也炮得咁大倒哇。ci$^{13}_{21}$tsʰiəu$^{53}_{44}$uɔi$^{53}_{44}$iet$^{3}$tʰiau$^{13}_{44}$tsɿ$^{0}$ʂəu$^{21}$tʂɿ$^{21}$kan$^{21}$tʰai$^{53}$tsɿ$^{0}$ie$^{53}_{21}$pʰau$^{13}$tek$^{3}$kan$^{21}$tʰai$^{53}$tau$^{21}_{44}$ua$^{0}$.｜多放几～子面。to$^{35}$fɔŋ$^{53}$ci$^{21}$tʰiau$^{13}_{21}$tsɿ$^{0}$mien$^{53}$. ②用于长条状事物，相当于“条”：一～裤 iet$^{3}$tʰiau$^{13}$fu$^{53}$｜修～路 siəu$^{35}_{44}$tʰiau$^{13}_{21}$ləu$^{53}$｜一～鱼 iet$^{3}$tʰiau$^{13}$ŋ̍$^{13}$｜米虫更大一～～。mi$^{21}$tʂʰəŋ$^{13}$ken$^{53}_{44}$tʰai$^{53}$iet$^{3}$tʰiau$^{13}$tʰiau$^{13}_{44}$. ③指茎干相对比较长的植物，相当于“棵、株”：如今还在么箇～树哇？i$^{13}_{21}$cin$^{35}_{44}$xai$^{13}_{44}$tsʰɔi$^{35}$mo$^{0}$kai$^{53}_{44}$tʰiau$^{13}$ʂəu$^{53}$ua$^{0}$?｜箇里蛮多～苗。kai$^{53}$li$^{0}$man$^{13}$to$^{35}_{44}$tʰiau$^{13}_{21}$miau$^{13}$.｜我栽哩一年个大蒜，咁大一～，真有味道。ŋai$^{13}$tsɔi$^{35}_{44}$li$^{0}$iet$^{3}$ȵien$^{13}$ke$^{53}_{44}$tʰai$^{53}$sɔn$^{53}_{21}$,kan$^{21}$tʰai$^{53}_{44}$iet$^{3}$tʰiau$^{13}$,tʂən$^{35}$iəu$^{35}_{44}$uei$^{53}$tʰau$^{53}$. ④用于牲畜，相当于“头”：架势打隧道了，买～牛，几千块钱上万块钱买～牛来祭。cia$^{53}$ʂɿ$^{53}$ta$^{21}$sei$^{53}$tʰau$^{53}_{44}$liau$^{21}$,mai$^{35}$tʰiau$^{13}_{21}$ȵiəu$^{13}$,ci$^{21}$tsʰien$^{35}$kʰuai$^{53}_{44}$tsʰien$^{13}_{21}$ʂɔŋ$^{53}$uan$^{53}$kʰuai$^{53}_{44}$tsʰien$^{13}_{21}$mai$^{35}$tʰiau$^{13}_{21}$ȵiəu$^{13}$lɔi$^{13}_{21}$tsi$^{53}$. ⑤用于长的凹槽或印迹，相当于“条、道儿”：一～河 iet$^{3}$tʰiau$^{13}$xo$^{13}$｜一～沟 iet$^{3}$tʰiau$^{13}$kei$^{35}$｜一～兴印痕 iet$^{3}$tʰiau$^{13}$çin$^{35}$。⑥指长方形的东西，相当于“块”：一～墨 iet$^{3}$tʰiau$^{13}$mek$^{5}$｜如今呐箇老哩人就发～子手巾，发～子白啊。i$^{13}_{21}$cin$^{35}$na$^{0}$kai$^{53}$lau$^{21}$li$^{0}$ȵin$^{13}$tsʰiəu$^{53}$fait$^{3}$tʰiau$^{13}_{21}$tsɿ$^{0}$ʂəu$^{21}$cin$^{35}_{44}$,fait$^{3}$tʰiau$^{13}_{21}$tsɿ$^{0}$pʰak$^{3}$a$^{0}$. ⑦用于船：一～船 iet$^{3}$tʰiau$^{13}$ʂɔn$^{13}$

【条铲子】tʰiau$^{13}$tsʰan$^{21}$tsɿ$^{0}$ 名一种用来锄地的轻便锄头：～嘞就一张铲，狭狭子个，飘轻子，狭狭子短短子个箇个铲，欸，渠就用来铲箇草，以更轻快。样子像镢头，但是冇得镢头咁长冇得镢头咁重。轻轻子，掀薄子个，就用来铲草。tʰiau$^{13}$tsʰan$^{21}$tsɿ$^{0}$le$^{0}$tsʰiəu$^{53}_{44}$iet$^{3}$tʂɔŋ$^{35}_{44}$tsʰan$^{21}$,cʰiait$^{5}$cʰiait$^{5}$tsɿ$^{0}$ke$^{0}$,pʰiau$^{35}$cʰiaŋ$^{35}$tsɿ$^{0}$,cʰiait$^{5}$cʰiait$^{5}$tsɿ$^{0}$tɔn$^{21}$tɔn$^{21}$tsɿ$^{0}$ke$^{53}$kai$^{53}_{44}$(k)e$^{0}$tsʰan$^{21}$,e$_{21}$,ci$^{13}_{21}$tsʰiəu$^{53}_{44}$iɔŋ$^{53}$lɔi$^{13}_{21}$tsʰan$^{21}$kai$^{53}$tsʰau$^{21}$,i$^{21}$cien$^{53}_{44}$cʰiaŋ$^{35}$kʰuai$^{53}$.iɔŋ$^{53}$tsɿ$^{0}$tsʰiɔŋ$^{53}$ciɔk$^{3}$tʰei$^{13}$,tan$^{53}$ʂɿ$^{53}$mau$^{13}$tek$^{3}$ciɔk$^{3}$tʰei$^{13}$kan$^{21}$tʂʰɔŋ$^{13}$mau$^{13}$tek$^{3}$ciɔk$^{3}$tʰei$^{13}$kan$^{21}$tʂʰəŋ$^{35}$.cʰiaŋ$^{35}$cʰiaŋ$^{35}$tsɿ$^{0}$,sien$^{35}$pʰɔk$^{5}$tsɿ$^{0}$ke$^{53}$,tsʰiəu$^{53}_{44}$iɔŋ$^{53}$lɔi$^{13}_{21}$tsʰan$^{21}$tsʰau$^{21}$.｜箇个瘪辣椒个时候子啊，我等就都舞张箇个就舞张～去铲一到嘞。铲番薯也用～去铲嘞。kai$^{53}_{44}$kei$^{53}_{44}$iɔŋ$^{35}$lait$^{5}$tsiau$^{35}_{44}$ke$^{53}_{44}$ʂɿ$^{13}_{44}$xəu$^{53}_{44}$tsɿ$^{0}$a$^{0}$,ŋai$^{13}$tien$^{0}$tsʰiəu$^{53}_{44}$təu$^{35}$u$^{21}$tʂɔŋ$^{35}_{44}$kai$^{53}$kei$^{53}_{44}$tsʰiəu$^{53}$u$^{21}$tʂɔŋ$^{35}_{53}$tʰiau$^{13}$tsʰan$^{21}$tsɿ$^{0}$çi$^{53}$tsʰan$^{21}$iet$^{3}$tau$^{53}$lei$^{0}$.tsʰan$^{21}$fan$^{35}$ʂəu$^{13}_{21}$a$^{35}_{53}$iɔŋ$^{53}$tʰiau$^{13}$tsʰan$^{21}$tsɿ$^{0}$çi$^{53}$tsʰan$^{21}$lei$^{0}$.

【条凳子】tʰiau$^{13}$tien$^{53}$tsɿ$^{0}$ 名双人板凳。又简称“条凳”：所以你箇映讲长凳咯我就唔好话得哩唠。一般个凳就……箇样个长滴噢那个条凳，就系长凳。～，唔系有只～啊？就两个人坐个就～。so$^{21}$i$^{13}_{44}$ȵi$^{13}_{21}$kai$^{53}_{44}$iaŋ$^{53}_{44}$kɔŋ$^{21}$tʂʰɔŋ$^{13}$tien$^{53}_{44}$ko$^{0}$ŋai$^{13}_{21}$tsʰiəu$^{53}$m̩$^{13}_{21}$xau$^{21}$ua$^{53}$tek$^{3}$li$^{0}$lau$^{0}$.iet$^{3}$pɔn$^{35}$ke$^{53}_{44}$tien$^{53}$tsʰiəu$^{53}_{44}$…kai$^{53}$iɔŋ$^{53}$ke$^{53}$tʂʰɔŋ$^{13}$tiet$^{5}_{3}$au$^{0}$la$^{53}$ke$^{53}_{44}$tʰiau$^{13}$tien$^{53}$,tsʰiəu$^{53}_{44}$ue$_{44}$(←xe$^{53}$)tʂʰɔŋ$^{13}$tien$^{53}_{44}$.tʰiau$^{13}$tien$^{53}$tsɿ$^{0}$,m̩$^{13}_{21}$pʰe$_{44}$(←xe$^{53}$)iəu$^{35}_{53}$tʂak$^{3}$tʰiau$^{13}$tien$^{53}$tsɿ$^{0}$a$^{0}$?tsʰiəu$^{53}_{44}$iɔŋ$^{21}$ke$^{53}$in$^{13}_{21}$tsʰo$^{35}_{44}$ke$^{53}_{44}$tsʰiəu$^{53}_{44}$tʰiau$^{13}$tien$^{53}$tsɿ$^{0}$.

【条盘】tʰiau$^{13}$pʰan$^{13}$ 名长方形的木盘子，多用来上菜：箇个做好事个时候子出菜呀就爱用～。kai$^{53}_{44}$ke$^{53}_{44}$tso$^{53}$xau$^{21}$sɿ$^{53}$ke$^{53}$ʂɿ$^{13}$xei$^{53}_{44}$tsɿ$^{0}$tʂʰət$^{3}$tsʰɔi$^{53}$ia$^{0}$tsʰiəu$^{53}$ɔi$^{53}$iɔŋ$^{53}$tʰiau$^{13}$pʰan$^{13}_{44}$.

【条数】tʰiau$^{13}$su$^{53}$ 名按条计算的数量：草杆子嘞箇就论～卖。tsʰau$^{21}$kɔn$^{21}$tsɿ$^{0}$lei$^{0}$kai$^{53}_{44}$tsʰiəu$^{53}_{44}$lən$^{53}$tʰiau$^{13}$su$^{53}_{44}$mai$^{53}$.

【条条】tʰiau$^{13}$tʰiau$^{13}$ 名长条形的东西：□长～指须草。lai$^{35}$tʂʰɔŋ$^{13}$tʰiau$^{13}_{21}$tʰiau$^{13}_{21}$.｜渠指萝卜子唔成～箇。ci$^{13}$n̩$^{13}_{44}$ʂaŋ$^{13}_{44}$tʰiau$^{13}$tʰiau$^{13}$kai$^{53}_{44}$.

【条桌】tʰiau$^{13}$tsɔk$^{3}$ 名长条形的桌子；条案。也称“条桌子”：箇个祖宗牌位个面前呢就有张～。箇张～上就可以放兜箇个敬祖宗个东西，放兜三牲呢。箇就系～。kai$^{53}_{44}$ke$^{53}_{44}$tsɿ$^{21}$tsəŋ$^{35}$pʰai$^{13}$uei$^{53}$ke$^{53}_{44}$mien$^{53}$tsʰien$^{13}$ne$^{0}$tsʰiəu$^{53}_{44}$iəu$^{35}$tʂɔŋ$^{35}_{44}$tʰiau$^{13}$tsɔk$^{3}$.kai$^{53}$tʂɔŋ$^{35}_{53}$tʰiau$^{13}$tsɔk$^{3}$xɔŋ$^{53}$tsʰiəu$^{53}_{44}$kʰo$^{21}$i$^{35}_{44}$fɔŋ$^{53}$te$^{35}_{53}$kai$^{53}_{21}$kei$^{53}_{21}$cin$^{53}$tsɿ$^{21}$tsəŋ$^{35}$ke$^{53}$təŋ$^{35}_{44}$si$^{0}$,fɔŋ$^{53}_{44}$te$^{35}_{53}$san$^{35}$sen$^{35}_{44}$ne$^{0}$.kai$^{53}$tsʰiəu$^{53}$xei$^{53}$tʰiau$^{13}$tsɔk$^{3}$.｜箇个人家屋下就有～子啊，呣，长长子个桌子啊，箇个香几桌子就系～子嘞。欸，就系祖宗牌位门口个就有蛮多人就用～子，唔用方桌，方桌忒伸出哩。kai$^{53}$kei$^{53}_{44}$ȵin$^{13}_{21}$ka$^{35}_{53}$uk$^{3}$xa$^{53}$tsʰiəu$^{53}_{44}$iəu$^{35}$tʰiau$^{13}$tsɔk$^{3}$tsɿ$^{0}$a$^{0}$,m̩$_{21}$,tʂʰɔŋ$^{13}$tʂʰɔŋ$^{13}$tsɿ$^{0}$ke$^{53}$tsɔk$^{3}$tsɿ$^{0}$a$^{0}$,kai$^{53}_{44}$kei$^{53}_{44}$çiɔŋ$^{35}$ci$^{35}$tsɔk$^{3}$tsɿ$^{0}$tsʰiəu$^{53}$xei$^{53}$tʰiau$^{13}_{44}$tsɔk$^{3}$tsɿ$^{0}$lei$^{0}$.e$_{21}$,tsʰiəu$^{53}$xei$^{53}_{44}$tsɿ$^{21}$tsəŋ$^{35}_{53}$pʰai$^{13}$uei$^{53}$mən$^{13}$xei$^{21}$ke$^{53}_{44}$tsʰiəu$^{53}_{44}$iəu$^{35}_{44}$man$^{13}$to$^{35}_{53}$ȵin$^{13}_{21}$tsʰiəu$^{53}$iɔŋ$^{53}$tʰiau$^{13}$tsɔk$^{3}$tsɿ$^{0}$,n̩$^{13}$iɔŋ$^{53}_{44}$fɔŋ$^{35}$tsɔk$^{3}$,fɔŋ$^{35}$tsɔk$^{3}$tʰet$^{3}$tʂʰən$^{35}$tʂʰət$^{3}$li$^{0}$.

【条子】tʰiau$^{13}$tsɿ$^{0}$ 名①细长的树枝：还有起苎麻～，有滴子像苎麻呀，苎麻树样。苎麻～。茶树～也可以。茶树上有滴长起□长个箇个枝条哇也可以。xai$^{13}_{21}$iəu$^{35}_{53}$çi$^{21}$tʂʰəu$^{35}$ma$^{13}_{21}$tʰiau$^{13}$tsɿ$^{0}$,iəu$^{35}$tiet$^{5}$tsɿ$^{0}$tsʰiɔŋ$^{53}$tʂʰəu$^{35}$ma$^{13}_{21}$ia$^{0}$,tʂʰəu$^{35}$ma$^{13}_{21}$ʂəu$^{53}$iɔŋ$^{53}_{44}$.tʂʰəu$^{35}$ma$^{13}_{21}$tʰiau$^{13}$tsɿ$^{0}$.tsʰa$^{13}$ʂəu$^{53}$tʰiau$^{13}_{21}$tsɿ$^{0}$a$^{35}_{44}$

kʰo21 i35.tsʰa13 ʂəu53 xoŋ53/44 iəu35 tiet5 tʂoŋ21 çi21 lai35 tʂʰoŋ13/21 ke53/44 kai53/44 ke53/44 tʂʅ35/44 tʰiau13/21 ua0 ia35 kʰo21 i35. ②记有事情的纸条：我等还搞过，走倒去是人欸粮站里门都𫠰开哟硬恼哩瘾呶硬噢。欸，担谷放下哪映啊？粮站里门都𫠰开哟。你想荷担谷荷咁远荷倒下去，我又不能一丢，公家个，队上个，一丢是队上个吃哩亏嘛，我自家又白荷个嘛，工分又冇得嘛，欸。好，到哩箇映子嘞又还爱荷下箇顶高，两三层楼上箇上背过咁个上咁个桥子啦，欸，荷上去呀。荷上去啊等倒渠称呢，称倒来要等倒开倒～来啦。渠爱称嘿箇一伴个人个谷嘞渠正开～分你嘞，开张简单～分你，落尾拿下去结账个吵，收据吵。ŋai13 tien0 xai13/21 kau21 ko53,tsei21 tau21 çi53 ʂʅ53 ɲin13 e21 lioŋ13 tsan53 li0 mən13 təu35 maŋ13/21 kʰɔi35/44 io0 ɲiaŋ53 lau21 li0 in21 nau0 ɲiaŋ53/44 ŋau0 .ei21,tan35 kuk3 fɔŋ53/44 xa53/44 lai53 iaŋ53 ŋa0 ?lioŋ13 tsan53 li0 mən13 təu35/53 maŋ13/21 kʰɔi35/44 io0 . ɲi13/21 sioŋ21/44 kʰai35 tan35 kuk3 kʰai35 kan21 ien21 kʰai35 tau21 xa35 çi53,ŋai13 iəu53 pət3 len13/21 iet3 tiəu35,kəŋ35 cia35/44 ke53,ti53 xoŋ53/44 kei53,iet3 tiəu35 ʂʅ53/44 ti53 xoŋ53/44 ke53/44 cʰiak3 li0 kʰuei35 ma0,ŋai13/21 tsʰʅ35 ka35/53 iəu53 pʰak5 kʰai35 ke35/44 ma0, kəŋ35 fən35/44 iəu53 mau13/44 tek3 ma0,e21.xau21,tau53 li0 kai53/44 iaŋ53/44 tsʅ0 lei0 iəu53 xa13/21 ɔi35/44 kʰai35/44 ia35/44 kai53/44 ta:ŋ21 kau35/44,iɔŋ21 san35 tsʰen13/21 lei13/21 xoŋ53/44 kai53/44 ʂɔŋ53/44 pɔi53/44 ko53 kan53/44 ke0 ʂɔŋ35 kan21/44 e0 cʰiau13 tsʅ0 la0,e21,kʰai35/44 ʂɔŋ53/44 çi53 ia0 .kʰai35/44 ʂɔŋ53/44 çi53 a0 ten21 tau21 ci13/21 tʂʰən53 ne0,tʂʰən53 tau21 lɔi13 iau53 tien21 tau21 kʰɔi35 tau21 tʰiau13 tsʅ0 lɔi13/21 la0 .ci13 ɔi53 tʂʰən53 nek3 kai53 iet3 pʰən53 ke53/44 ɲin13/21 kei53/44 kuk3 lei0 ci13/21 tʂaŋ53 kʰɔi35 tʰiau13 tsʅ0 pən35 ɲi13/21 le0,kʰɔi35/44 tʂɔŋ35/44 kan21 tan35/44 tʰiau13 tsʅ0 pən35 ɲi21, lɔk5 mi35/44 la53 (x)a53/44 çi53/44 ciet3 tʂɔŋ53 ke53/44 ʂa0,ʂəu35 tʂʅ53 ʂa0. ③指身材：箇只人～蛮好。kai53 tʂak3 ɲin13/21 tʰiau13 tsʅ0 man13/21 xau21.

【条子肉】tʰiau13 tsʅ0 ɲiəuk3 名切成长条状的肉：有～嘞，欸就切成长条。渠就是相对箇起方坨子肉来讲啊。iəu35 tʰiau13 tsʅ0 ɲiəuk3 le0,e44 tsʰiəu53/44 tsʰiet3 tʂʰən13 tʂʰɔŋ13 tʰiau13.ci13 tsʰiəu53 ʂʅ53/44 siɔŋ35 tei53/44 kai53 çi21 fɔŋ35 tʰo13/21 tsʅ0 ɲiəuk3 lɔi13/44 kɔŋ21 ŋa0.

【调】tʰiau13 动搅拌使之混合：羹，系米粉，分箇米粉碎哩以后，～出来个。kaŋ35,xei53 mi21 fən21,pən35 kai53 mi21 fən21 sei53 li0 i35 xei53,tʰiau13 tʂʰət3 lɔi13/21 ke53.

【调羹1】tʰiau13 kaŋ35 名羹匙：献～ çien53 tʰiau13/21 kaŋ35/44

【调羹2】tʰiau13 kaŋ35 量指用调羹舀取一次的东西：一～油 iet3 tʰiau13 kaŋ35/44 iəu13 | 一～一～子舀倒去嘞。iet3 tʰiau13 kaŋ35/44 iet3 tʰiau13 kaŋ35/44 tsʅ0 iau21 tau21 çi53/44 lei0. | 一升豆子放一～子（石膏粉）。iet3 ʂən35 tʰei53 tsʅ0 fɔŋ53 iet3 tʰiau13 kaŋ35 tsʅ0.

【调羹白】tʰiau13 kaŋ35 pʰak5 名白菜品种，其帮子形如大调羹：欸，还有只么个～。e21,xai13/21 iəu35/53 tʂak3 mak3 ke53/44 tʰiau13/21 kaŋ35/44 pʰak5.

【调羹花】tʰiau13/21 kaŋ35/44 fa35 名将面糊儿、米糊儿用调羹舀入开水里煮出来的疙瘩：糊糊放倒去煮吧？～嘞，我等安做～嘞。欸，用面粉，用米粉也可以，调成糊，调嘿碗里，系唔系？调嘿容器肚里装倒，调成调成糊。然后镬里放上水，用调羹子舀倒去煮。我等就安做～。煮～。爱烧泡水嘞！烧泡水，镬里烧泡水来。用调羹子舀倒去煮。xu13/21 xu13/44 fɔŋ53 tau21 çi53 tʂəu21 pa0 ?tʰiau13/21 kaŋ35/44 fa35 lei0 ,ŋai13/21 tien0 ɔn35/44 tso53/44 tʰiau13/21 kaŋ35/44 fa35 lei0 .e21,iɔŋ53 mien53 fən21,iɔŋ53 mi21 fən21 na44(←ia35)kʰo21 i35/44,tʰiau13/21 ʂaŋ13/44 fu13,tʰiau13/21 uek5(←xek3)uɔn21 ni0,xei53/44 me53/44 ?tʰiau13/21 uek3(←xek3)iɔŋ13 çi53/44 təu21 li0 tʂɔŋ35 tau21,tʰiau13 ʂaŋ13/21 tʰiau13/21 ʂaŋ13/21 fu13.vien13/21 xei53/44 uɔk5 li0 fɔŋ53 ʂɔŋ53/44 ʂei21,iɔŋ53 tʰiau13/21 kaŋ35/44 tsʅ0 iau21 tau21 çi53 tʂəu21.ŋai13/21 tien0 tsʰiəu53/44 ɔn35/44 tso53/44 tʰiau13 kaŋ35/44 fa35.tʂəu21 tʰiau13 kaŋ35/44 fa35.ɔi53/21 ʂau35 pʰau35/44 ʂei21 le0 !ʂau35 pʰau35/44 ʂei21,uɔk5 li0 ʂau35 pʰau35/44 ʂei21 lɔi13.iɔŋ53 tʰiau13 kaŋ35/44 tsʅ0 iau21 tau21 çi53 tʂəu21.

【调羹勺子】tʰiau13 kaŋ35 ʂɔk5 tsʅ0 名指梧桐果实五个分果成熟前开裂成的舟形果瓣：（梧桐）尽～嘞。tsʰin53 tʰiau13 kaŋ35/44 ʂɔk5 tsʅ0 le0.

【调羹子】tʰiau13 kaŋ35 tsʅ0 名①羹匙：然后镬里放上水，用～舀倒去煮。vien13/21 xei53/44 uɔk5 li0 fɔŋ53 ʂɔŋ53/44 ʂei21,iɔŋ53 tʰiau13/21 kaŋ35/44 tsʅ0 iau21 tau21 çi53 tʂəu21. ②形似羹匙的东西：渠指梧桐打又打只～唠。ci13 ta21 iəu53 ta21 tʂak3 tʰiau13 kaŋ35 tsʅ0 lau0.

【挑】tʰiau35 动①用条状物或尖的东西拨开或弄出来：瘦起钻子都～肉唔起。sei53 çi21 tsɔn53 tsʅ0 təu35/44 tʰiau35 ɲiəuk3 ŋ13 çi21. | 用牙签去～牙齿。iɔŋ53 ŋa13 tsʰian35 çi53 tʰiau35 ŋa13 tʂʰʅ21. ②用针尖等刺或戳：然后照倒箇线呢隔咁远子，又～一针上来，～一针上，安做绗。vien13/21 xei53/44 tʂau53 tau21 kai53/44 sien53 nei0 kak3 kan21 ien21 tsʅ0,iəu53 tʰiau35 iet3 tʂən35/44 ʂɔŋ53/44 lɔi13/44,tʰiau35 iet3 tʂən35/44 ʂɔŋ53/44,ɔn35/44 tso53/44 xɔŋ13. ③用刀雕刻：雕花用箇挑刀是箇就蛮多种数啦。一掐啦，一掐个刀子，各种各样个用途哇，各种各样个形状，但是目的都系一只，就系～箇花。都安做挑刀。tiau35 fa35 iɔŋ53 kai53 tʰiau35 tau35 ʂʅ53 kai53 tsʰiəu53 man13/21 to35 tʂəŋ21 sʅ53 la0.iet3 kʰa35 la0,iet3 kʰa35 ke53 tau35/44 tsʅ0,kɔk3 təŋ21 kɔk3 iɔŋ53 kei53 iɔŋ53 tʰəu13/44 ua0,kɔk3 təŋ21 kɔk3 iɔŋ53 ke53 çin13 tsʰɔŋ53,tan53 ʂɿ53 muk3 tiet3 təu35 xei53 iet3 tʂak3,tsʰiəu53 xe53 tʰiau35 kai53-44 fa35.təu35 ɔn35-53 tso53 tʰiau35-44 tau35-44.

【挑刀】tʰiau35 tau35 名 木工雕花用的刀具：欸，箇年我等请倒一只木匠师傅做哩张花板床。我等结婚用个床啊，花板床啊。欸，箇木匠师傅嘞箇就有一掐个～。e21,kai53 ɲien13-21 ŋai13-21 tien0 tsʰiaŋ21 tau21 iet3 tʂak3 muk3 siɔŋ53 sɿ35-44 fu35-44 tso53 li0 tʂɔŋ35-44 fa35 pan21 tsʰɔŋ13.ŋai13 tien0 ciet3 fən35 iəŋ53 ke53 tsʰɔŋ13-44 a0,fa35 pan21 tsʰɔŋ13 ŋa0.e21,kai53 muk3 tsʰiɔŋ53 sɿ35-44 fu35-44 lei0 kai53-44 tsʰiəu53-21 iəu35 iet3 kʰa35 ke53 tʰiau35 tau35.

【挑是进非】tʰiau35 ʂɿ53 pəŋ53 fei35 挑拨离间：有兜人食哩饭冇事啊长日～。iəu35 tei35-53 ɲin13-21 ʂət5 li0 fan53 mau13 sɿ53 a0 tʂʰɔŋ13 ɲiet3 tʰiau35 ʂɿ53 pəŋ53 fei35.

【挑手旁】tʰiau35 ʂəu21 pʰɔŋ13 名 提手旁，指汉字偏旁“扌”：～个字一般都摎动作有关。欸，“打”啦就～啦。欸，箇个“提”字啦“提”也系～个字。tʰiau35 ʂəu21 pʰɔŋ13 ke53-44 sɿ53 iet3 pən35 təu35-44 lau35 tʰəŋ53 tsɔk3 iəu35-44 kuan35.e21,"ta21"la0 tsʰiəu53 tʰiau35 ʂəu21 pʰɔŋ13-21 la0.ei21,kai53-44 ke53-44"tʰia35""tsʰɿ53 la0"tʰia35"ia35 xei53 tʰiau35 ʂəu21 pʰɔŋ13 ke53-44 tsʰɿ44.

【挑针】tʰiau35 tʂən35-44 名 麦粒肿：～，有，欸，晓……晓得。～你眼珠让门子唠，让门子，有～，系，有起～。tʰiau35 tʂən35-44,iəu35,e21,çiau21…çiau21 tek3.tʰiau35 tʂən35-44 ni13-21 ŋan21 tʂəu35 ɲiɔŋ53-44 mən13-44 tsɿ0 lau0,ɲiɔŋ53-44 mən13-44 tsɿ0,iəu35-44 tʰiau35-44 tʂən35-53,xe53-21,iəu35-44 çi21 tʰiau35 tʂən35-44.

【斢】tʰiau21 动 ①改换：噢，还有只东西嘞，有滴栏场是山路唔好走呀，渠就爱分面前～做后背，后背～做面前。au21,xai13-21 iəu35 tʂak3 təŋ53-44 si0 lei0,iəu35 tet5 lan13-21 tʂʰɔŋ13-21 ʂɿ53-44 san35 nəu53 n̩13 xau21 tsei21 ia0,ci13-21 tsʰiəu53-44 ɔi53-44 pən35-44 mien53 tsʰien13-21 tʰiau21 tso53-44 xei53 pɔi53-44,xei53 pɔi53-44 tʰiau21 tso53-44 mien53 tsʰien13. ②交换，给人东西同时从对方处取得别的东西。又称“对”：箇到我头到我老妹子就走下张坊街上，买只么个东西去哩嘞？八十块钱，买把壶，买把壶烧水话。我话箇有么个买得唠？我硬天天烧煤，硬箇水都又多得是。渠么个买倒分我娭子烧水洗身话唠，舞把壶唠。我话唔爱买，咁个唔爱买。箇买又买嘿哩了。我拿转去～。结果首先就我就话准备～么个？落尾结果嘞，我看下子我娭子箇食饭个栏场冇得一把电风扇，又放兜冇哪放，只有咁阔子。我就去同渠～做一把壁扇。唔知几好。插下箇壁上，爱搧了嘞，就拿倒箇只咁个嘞东西插下箇个壁上箇个插座上，就电风扇就来哩，唔得更好。电风扇贵滴子，我补哩渠十块钱，补哩十块钱分渠。kai53 tau53 ŋai13-21 tʰei13 tau53 ŋai13-44 lau21 mɔi53 tsɿ0 tsʰiəu53 tsei21(x)a35-44 tʂɔŋ35-44 xɔŋ35-44 kai35-44 xɔŋ53,mai35 tʂak3 mak3 e0 təŋ53-44 si0 çi53-44 li0 lei0 ?pait3 ʂət5 kʰuai53-44 tsʰien13-44,mai35 pa21 fu13,mai35 pa21 fu13 ʂau35 ʂei21 ua53-44.ŋai13 ua53-44 kai53-44 iəu35-44 mak3 ke53-44 mai35-44 tek3 lau0 ?ŋai13-21 ɲiaŋ53 tʰien35 tʰien35-44 ʂau35-44 mei13,ɲiaŋ53 kai53 ʂei21 təu35-44 iəu35-44 to35 tek3 ʂɿ53.ci13-21 mak3 e0 mai35 tau21 pən35 ŋai13-21 ɔi35 tsɿ0 ʂau35 ʂei21 se21 ʂən35 ua53-44 lau0,u21 pa21 fu13 lau0.ŋai13 ua53-44 m̩13-21 mɔi53-44 mai35-44,kan21 cie53 m̩13-21 mɔi53-44 mai35-44.kai53-44 mai35 iəu53-21 mai35 (x)ek3 li0 liau0.ŋai13 la13 tʂuɔn21 çi53 tʰiau21.ciet3 ko21 ʂəu21 sien35-53 tsʰiəu53 ŋai13-21 tsʰiəu53-44 ua53-44 tʂən21 pʰei53 tʰiau21 mak3 ke0 ?lɔk5 mi35-53 ciet3 ko21 lei0,ŋai13-21 kʰɔn53 xa53 tsɿ0 ŋai13-21 ɔi35 tsɿ0 kai53-21 ʂət5 fan53 ke0 laŋ13-21 tʂʰɔŋ13-21 mau13 tek3 iet3 pa21 tʰien53-44 fəŋ35-44 ʂen53,iəu53-44 fəŋ53 təu35-44 mau35-21 lai53-44 fəŋ53,tʂɿ21 iəu35-53 kan21 kʰɔit3 tsɿ0.ŋai13 tsʰiəu53-44 çi53-44 tʰəŋ13 ci13-21 tʰiau21 tso53 iet3 pa21 piak3 ʂen53.n̩13-21 ti35-53 ci21-44 xau21-44.tsʰait3 (x)a53 kai53-21 piak3 xɔŋ53,ɔi53 ʂen35 niau21 lei0,tsiəu53-21 la53 tau21 kai53 tʂak3 kan21 ke53-44 le0 təŋ35-44 si0 tsʰait3 (x)a53 kai53-44 ke53-44 piak3 xɔŋ53-44 kai53 ke53-21 tsʰait3 tsʰo53 xɔŋ53-44,tsʰiəu53 tʰien53-44 fəŋ35-44 ʂen53 tsʰiəu53 lɔi13-21 li0,n̩13-21 tek3 cien53 xau21.tʰien53 fəŋ35-44 ʂen53 kuei53 tiet3 tsɿ0,ŋai13 pu21 li0 ci13-44 ʂət5 kʰuai53 tsʰien13,pu21 li0 ʂət5 kʰuai53 tsʰien13 pən35-44 ci13-44.

【斢肩】tʰiau21 cien35 动 换另一个肩膀或换另一个人挑、扛物品：换下子肩呐，斢下子肩呐。uɔn53 na44(←xa53)tsɿ0 cien35 na0,tʰiau21 (x)a53-44 tsɿ0 cien35 na0.

【跳1】tʰiau53 动 两脚离地，全身向上、向下或向前的动作：（猋）就～下去啊，～下箇秆上去啊。tsʰiəu53-44 tʰiau53 çia53-44 tʂʰʮ53-44 a0,tʰiau53 (x)a53-44 kai53-44 kɔn21 xɔŋ53-44 çi53-44 a0.

【跳2】tʰiau53 名 挑梁、挑檐木，指从房屋扉墙延伸出来，一端由屋柱支撑或没有支承的水平受力构件，用于承载屋檐上的桁子：又唔喊挑梁嘞。爱喊～。但是～嘞渠也有滴又唔完全系以皮～唠。以皮就更长个～唠。……（比方说那个屋后，那后面，一扇墙吵，那屋后啊，这是前门，是吧？这个前门，这屋后呢，这里这里有那个屋檐呐，因为从前是土砖房吵，土屋子吵，它那个屋檐就伸长一点，不像现在的是一点点就够了，呵呵，从前呢伸长一点，伸长一点这个地方就还要放一根）放一根放条桁子啊，爱放条桁子。箇只桁子搁下哪映搁稳嘞？就以映还爱舞条梁。以映还爱舞条梁。舞舞舞条舞条唔系梁，安做舞皮～。以皮～嘞，以皮～哇，就砌嘿墙肚里去。以外背三尺，你打比以皮个以只檐头你爱搞三尺，以皮～嘞，就起码爱两尺多子唠，系唔系？爱伸滴子唠。两尺多子。以映以……规矩系几多子嘞？以映两尺嘞，以里背就爱四尺。（就这样才压得住，欸。）因为渠下压嘿以墙上，你如果以外背两尺，以里也只有两尺，唔系以只墙角都会转嘿。箇皮就～。只有如今后背讲嘞就讲挑梁啊。就系～。iəu$^{53}$m̩$^{13}$xan$^{53}_{44}$t$^{h}$iau$^{35}$liɔŋ$^{13}_{21}$lei$^{0}$.ɔi$^{53}_{44}$xan$^{53}_{44}$t$^{h}$iau$^{53}$.tan$^{53}_{44}$ʂʅ$^{53}_{44}$t$^{h}$iau$^{53}$lei$^{0}$ ci$^{13}_{21}$ia$^{35}$iəu$^{35}$tet$^{5}$ iəu$^{53}$m̩$^{13}$xɔn$^{13}$ts$^{h}$ien$^{13}_{21}$xe$^{53}$i$^{21}$p$^{h}$i$^{13}$t$^{h}$iau$^{53}$lau$^{0}$.i$^{21}$p$^{h}$i$^{13}$ts$^{h}$iəu$^{53}$cien$^{53}$tʂ$^{h}$ɔŋ$^{13}$ke$^{53}_{44}$t$^{h}$iau$^{53}$lau$^{0}$.…fɔŋ$^{53}$iet$^{3}$ cien$^{35}_{44}$fɔŋ$^{53}$t$^{h}$iau$^{13}_{21}$xaŋ$^{13}$tsa$^{0}$,ɔi$^{53}_{44}$fɔŋ$^{53}$t$^{h}$iau$^{13}_{21}$xaŋ$^{13}$tsɿ$^{0}$.kai$^{53}_{44}$tʂak$^{3}$ xaŋ$^{13}$tsɿ$^{0}$ kɔk$^{3}$ a$^{0}$ la$^{53}_{44}$iaŋ$^{53}_{44}$kɔk$^{3}$ uən$^{21}$nei$^{0}$ ?ts$^{h}$iəu$^{53}_{44}$i$^{21}$ iaŋ$^{53}$xa$^{13}_{21}$ɔi$^{53}$u$^{21}$t$^{h}$iau$^{13}_{21}$liɔŋ$^{13}$.i$^{21}$iaŋ$^{53}$xai$^{13}_{21}$ɔi$^{53}$u$^{21}$t$^{h}$iau$^{13}$liɔŋ$^{13}$.u$^{21}$u$^{21}$u$^{21}$t$^{h}$iau$^{13}_{44}$u$^{21}$t$^{h}$iau$^{13}$m̩$^{13}$p$^{h}$e$^{53}$(←xe$^{53}$)liɔŋ$^{13}$,ɔn$^{35}_{44}$tso$^{53}_{44}$u$^{21}$p$^{h}$i$^{13}$t$^{h}$iau$^{53}$.i$^{21}$p$^{h}$i$^{13}$t$^{h}$iau$^{53}$le$^{0}$,i$^{21}$p$^{h}$i$^{13}$t$^{h}$iau$^{53}$ua$^{0}$,ts$^{h}$iəu$^{53}_{44}$ts$^{h}$i$^{53}$xek$^{3}$ ts$^{h}$iɔŋ$^{13}$təu$^{21}$li$^{0}$ çi$^{53}_{44}$.i$^{21}$ŋɔi$^{53}$pɔi$^{53}$san$^{35}$tʂ$^{h}$ak$^{3}$, ɲi$^{13}$ta$^{21}$pi$^{21}$i$^{21}$p$^{h}$i$^{13}$ke$^{53}_{44}$i$^{21}$tʂak$^{3}$ ian$^{13}$t$^{h}$ei$^{0}$ɲi$^{13}_{21}$ɔi$^{53}$kau$^{21}$san$^{35}$tʂ$^{h}$ak$^{3}$,i$^{21}$p$^{h}$i$^{13}$t$^{h}$iau$^{53}$lei$^{0}$,ts$^{h}$iəu$^{53}_{44}$çi$^{21}$ma$^{35}$ɔi$^{53}$iɔŋ$^{21}$tʂ$^{h}$ak$^{3}$ to$^{35}$tsɿ$^{0}$ lau$^{0}$,xe$^{53}_{44}$me$^{53}_{44}$?ɔi$^{53}_{44}$ʂən$^{35}$tiet$^{5}$ tsɿ$^{0}$ lau$^{0}$.iɔŋ$^{21}$tʂ$^{h}$ak$^{3}$ to$^{35}$tsɿ$^{0}$.i$^{21}$iaŋ$^{53}$i$^{21}$…kuei$^{35}$tʂʮ$^{21}$xei$^{53}$ci$^{21}$to$^{35}$tsɿ$^{0}$ lei$^{0}$ ?i$^{21}$iaŋ$^{53}$iɔŋ$^{21}$tʂ$^{h}$ak$^{3}$ lei$^{0}$,i$^{21}$ti$^{35}$pɔi$^{53}_{44}$ts$^{h}$iəu$^{53}_{44}$ɔi$^{53}_{44}$si$^{53}$tʂ$^{h}$ak$^{3}$.in$^{35}$uei$^{53}_{44}$ci$^{13}$xa$^{53}$iak$^{3}$(x)ek$^{3}_{5}$ i$^{21}$ts$^{h}$iɔŋ$^{13}$xɔŋ$^{53}_{44}$, ɲi$^{13}$vy$^{13}$ko$^{21}$i$^{21}$ŋɔi$^{53}$pɔi$^{53}$iɔŋ$^{21}$tʂ$^{h}$ak$^{3}$,i$^{21}$ti$^{35}$ia$^{35}_{44}$tʂʅ$^{21}$iəu$^{35}_{53}$iɔŋ$^{21}$tʂ$^{h}$ak$^{3}$,m̩$^{13}$p$^{h}$e$^{53}$(←xe$^{53}$)i$^{21}_{44}$tʂak$^{3}$ ts$^{h}$iɔŋ$^{13}$kɔk$^{3}$ təu$^{35}_{44}$uɔi$^{53}_{44}$tʂɔn$^{53}$nek$^{3}$(←xek$^{3}$).kai$^{53}_{44}$p$^{h}$i$^{13}_{21}$ts$^{h}$iəu$^{53}_{44}$t$^{h}$iau$^{53}$.tʂʅ$^{21}$iəu$^{35}_{53}$i$^{13}_{21}$cin$^{35}_{44}$xei$^{53}$pɔi$^{53}_{44}$kɔŋ$^{21}$lei$^{0}$ ts$^{h}$iəu$^{53}_{44}$kɔŋ$^{21}$t$^{h}$iau$^{35}$liɔŋ$^{13}$ŋa$^{0}$.ts$^{h}$iəu$^{53}$xe$^{53}_{44}$t$^{h}$iau$^{53}$.

【跳房子】t$^{h}$iau$^{53}$xɔŋ$^{13}$tsɿ$^{0}$ 儿童游戏。踢子（单脚将石子从七个左右的格子中依次踢过）：细人子个一种游戏方法。～。地泥下画正格子来，拿只咁个蛮多是拿兜舞几只子算盘子嘞，欸，用条子绳子缔倒咁子去跳嘞。箇只东西蛮好，可以培养细人子箇活动能力，欸，唔系噢，是细人子冇事长日呃騃躲躲哩，系唔系？活，灵活。我等伢子人唔跳，伢子人唔～。sei$^{53}$ɲin$^{13}_{44}$tsɿ$^{0}$kei$^{53}$iet$^{3}$ tʂəŋ$^{21}$iəu$^{13}$çi$^{53}$fɔŋ$^{35}$fait$^{3}$.t$^{h}$iau$^{53}$xɔŋ$^{13}$tsɿ$^{0}$.t$^{h}$i$^{53}$lai$^{13}_{21}$xa$^{35}$fa$^{53}$tʂaŋ$^{53}$kak$^{3}$ tsɿ$^{0}$ lɔi$^{13}_{44}$,la$^{53}$tʂak$^{3}$ kan$^{21}$kei$^{53}_{44}$man$^{13}$to$^{35}_{44}$ʂʅ$^{53}_{44}$la$^{53}$tei$^{35}_{44}$u$^{21}$ci$^{21}_{44}$tʂak$^{3}$ tsɿ$^{0}$ sɔn$^{53}$p$^{h}$an$^{13}_{21}$tsɿ$^{21}$lei$^{0}$,e$_{53}$,iɔŋ$^{53}$t$^{h}$iau$^{13}_{44}$tsɿ$^{0}$ ʂən$^{13}$tsɿ$^{0}$ t$^{h}$ak$^{3}$ tau$^{21}$kan$^{21}$tsɿ$^{0}$ çi$^{53}_{44}$t$^{h}$iau$^{53}$lei$^{0}$.kai$^{53}_{44}$(tʂ)ak$^{3}$ təŋ$^{35}_{44}$si$^{0}$ man$^{13}_{21}$xau$^{21}$,k$^{h}$o$^{21}$i$^{35}_{44}$p$^{h}$ei$^{13}_{21}$iɔŋ$^{35}$sei$^{53}$ɲin$^{13}_{21}$tsɿ$^{0}$ ke$^{53}_{44}$xɔit$^{5}$ t$^{h}$əŋ$^{53}$len$^{13}$liet$^{5}$,e$_{21}$,m̩$^{13}_{21}$p$^{h}$ei$^{53}$au$^{0}$,ʂʅ$^{21}$sei$^{53}$ɲin$^{13}_{21}$tsɿ$^{0}$ mau$^{13}$sɿ$^{53}$tʂ$^{h}$ɔŋ$^{13}$ɲiet$^{3}$ ə$_{21}$ŋɔi$^{13}$to$^{21}$to$^{21}$li$^{0}$,xei$^{53}$me$^{53}$?xɔit$^{5}$,lin$^{13}$xɔit$^{5}$.ŋai$^{13}$tien$^{0}$ ŋa$^{13}$tsɿ$^{0}$ ɲin$^{13}_{44}$n̩$^{13}$t$^{h}$iau$^{53}$,ŋa$^{13}$tsɿ$^{0}$ ɲin$^{13}_{44}$n̩$^{13}$t$^{h}$iau$^{53}$xɔŋ$^{13}$tsɿ$^{0}$.

【跳皮】t$^{h}$iau$^{53}$p$^{h}$i$^{13}$ [形]①顽皮：箇只细子唔知几～。kai$^{53}$tʂak$^{3}$ se$^{53}$tsɿ$^{0}$ n̩$^{13}$ti$^{35}_{53}$ci$^{21}$t$^{h}$iau$^{53}$p$^{h}$i$^{13}$. ②脑子灵活，能说会道（无贬义）：箇只妹子啊对只郎子蛮～呀。kai$^{53}$tʂak$^{3}$ mɔi$^{53}$tsɿ$^{0}$ a$^{0}$ ti$^{53}$tʂak$^{3}$ lɔŋ$^{13}$tsɿ$^{0}$ man$^{13}$t$^{h}$iau$^{53}$p$^{h}$i$^{13}_{21}$ia$^{0}$.

【跳皮筋】t$^{h}$iau$^{53}$p$^{h}$i$^{13}$cin$^{35}$ 一种经典儿童游戏。又称“跳橡皮筋”：～也系细人子箇个一种呃娱乐方法。一般更妹子人跳，伢子人唔多跳。t$^{h}$iau$^{53}$p$^{h}$i$^{13}$cin$^{35}$ia$^{35}$xei$^{53}$sei$^{53}$ɲin$^{13}_{21}$tsɿ$^{0}$ kai$^{53}$kei$^{53}_{44}$iet$^{3}$ tʂəŋ$^{21}$ə$_{21}$ɲy$^{13}$lɔk$^{5}$ fɔŋ$^{35}$fait$^{3}$.iet$^{3}$ pɔn$^{35}$cien$^{53}_{44}$mɔi$^{53}$tsɿ$^{0}$ɲin$^{13}$t$^{h}$iau$^{53}$,ŋa$^{13}$tsɿ$^{0}$ɲin$^{13}_{44}$n̩$^{13}_{21}$to$^{35}_{44}$t$^{h}$iau$^{53}$.

【跳神】t$^{h}$iau$^{53}$ʂən$^{13}$ [动]民间迷信活动，女巫或巫师做鬼神附体的样子，给人驱鬼治病：有箇边有一只话，江西人来跍倒去啊～呢。如今冇多么人搞以个。江西人过来搞。有滴人渠就会去信呐。拿几十块钱，百把块钱分渠呀。也蛮寻钱呶。我是请都冇去请。唔知哪家。本地冇得。iəu$^{35}$kai$^{53}_{44}$pien$^{35}_{44}$iəu$^{35}_{44}$iet$^{3}$ tʂak$^{3}$ ua$^{53}_{21}$,kɔŋ$^{35}$si$^{35}_{44}$ɲin$^{13}_{21}$nɔi$^{13}_{21}$ku$^{35}_{44}$tau$^{53}_{44}$çi$^{53}_{44}$a$^{0}$ t$^{h}$iau$^{53}$ʂən$^{13}_{21}$nei$^{0}$.i$^{13}_{21}$cin$^{35}_{44}$mau$^{13}_{21}$to$^{35}_{53}$mak$^{3}$ɲin$^{13}_{21}$kau$^{21}$i$^{21}$ke$^{53}$.kɔŋ$^{35}$si$^{35}_{44}$ɲin$^{13}_{21}$ko$^{53}$lɔi$^{13}_{21}$kau$^{21}$.iəu$^{35}$tet$^{5}$ ɲin$^{13}_{21}$ci$^{13}_{21}$ts$^{h}$iəu$^{53}_{44}$uɔi$^{53}_{44}$çi$^{53}_{44}$sin$^{53}$na$^{0}$.la$^{53}$ci$^{21}$ʂət$^{5}$ k$^{h}$uai$^{53}_{44}$ts$^{h}$ien$^{13}$,pak$^{3}$ pa$^{21}$k$^{h}$uai$^{53}$ts$^{h}$ien$^{13}$pən$^{35}$ci$^{13}_{21}$ia$^{0}$.ia$^{35}_{53}$man$^{13}$ts$^{h}$in$^{13}$ts$^{h}$ien$^{13}$nau$^{0}$.ŋai$^{13}$ʂʅ$^{53}$ts$^{h}$in$^{21}$təu$^{35}_{44}$mau$^{13}_{44}$çi$^{53}_{21}$ts$^{h}$in$^{21}$.n̩$^{13}_{21}$ti$^{35}_{44}$lai$^{53}$ka$^{35}$.pən$^{21}$t$^{h}$i$^{53}$mau$^{13}_{21}$tek$^{3}$.

【跳绳】t$^{h}$iau$^{53}$ʂən$^{13}$ [动]一项民间体育活动，由跳绳者自己或由另外两个人持绳子的两头，围绕跳绳者从头到脚转圈摇绳或在跳绳者脚下左右两边摇绳来连续跳过绳子：最好个时候子就么个？就箇冷天，冷得尽命个时候子，跍倒屋下啊，跍倒屋下出又出去唔得，系唔系？事又冇么个事做，就搞么个？就跍倒箇楼上啊，系倒箇楼上吵，系唔系？就来～呐。只有～就唯一就可以使自家活动起来个事情。tsei$^{53}$xau$^{21}$kei$^{53}$ʂʅ$^{13}_{44}$xəu$^{53}_{44}$tsɿ$^{0}$ ts$^{h}$iəu$^{53}$mak$^{3}$ e$^{0}$ ?ts$^{h}$iəu$^{53}$kai$^{53}_{44}$laŋ$^{35}$t$^{h}$ien$^{35}_{44}$,laŋ$^{35}$tek$^{3}$ ts$^{h}$in$^{53}$miaŋ$^{53}$ke$^{53}_{44}$ʂʅ$^{13}$xei$^{53}_{44}$tsɿ$^{0}$,ku$^{35}$tau$^{21}$uk$^{3}$ xa$^{53}_{44}$a$^{0}$,ku$^{35}$tau$^{21}$uk$^{3}$ xa$^{53}_{44}$tʂ$^{h}$ət$^{3}$ iəu$^{53}$tʂ$^{h}$ət$^{3}$ çi$^{53}$n̩$^{13}_{21}$tek$^{3}$,xei$^{53}_{44}$me$^{53}_{44}$?sɿ$^{53}$iəu$^{53}$mau$^{13}_{21}$mak$^{3}$ e$^{0}$ sɿ$^{53}$tso$^{53}$,ts$^{h}$iəu$^{53}$kau$^{21}$mak$^{3}$ ke$^{53}$?ts$^{h}$iəu$^{53}$ku$^{35}_{44}$tau$^{21}$kai$^{53}$lei$^{13}$xɔŋ$^{53}$ŋa$^{0}$,xei$^{53}$tau$^{21}_{44}$kai$^{53}_{44}$lei$^{13}$xɔŋ$^{53}$ʂa$^{0}$,xei$^{53}$me$^{53}$?ts$^{h}$iəu$^{53}$lɔi$^{13}_{44}$t$^{h}$iau$^{53}$ʂən$^{13}$na$^{0}$.tʂʅ$^{21}$iəu$^{35}_{44}$t$^{h}$iau$^{53}$ʂən$^{13}$ts$^{h}$iəu$^{53}$uei$^{13}$iet$^{3}$ ts$^{h}$iəu$^{53}$k$^{h}$o$^{21}$i$^{35}_{44}$ʂʅ$^{21}$ts$^{h}$ʅ$^{35}_{44}$ka$^{35}_{44}$xɔit$^{5}$t$^{h}$əŋ$^{53}_{44}$çi$^{21}$lɔi$^{13}$ke$^{53}$sɿ$^{53}$ts$^{h}$in$^{13}_{44}$.

【跳赞】t$^{h}$iau$^{53}$tsan$^{53}$ [形]漂亮；长相好：箇只妹子蛮～。kai$^{53}$tʂak$^{3}$ mɔi$^{53}$tsɿ$^{0}$ man$^{13}$t$^{h}$iau$^{53}$tsan$^{53}$.｜箇只伢子蛮～。kai$^{53}$tʂak$^{3}$ ŋa$^{13}$tsɿ$^{0}$ man$^{13}$t$^{h}$iau$^{53}$tsan$^{53}$.

【贴】t$^{h}$iait$^{3}$/tiet$^{3}$/t$^{h}$iet$^{3}$ [动]①黏贴，把一种东西粘在另一种东西上：就系写倒以后嘞～嘿哪映嘞？贴嘿箇个畜头牲个栏场。ts$^{h}$iəu$^{53}$xe$^{53}_{44}$sia$^{21}$tau$^{21}_{44}$i$^{35}_{44}$xei$^{53}_{44}$lei$^{0}$ t$^{h}$iait$^{3}$(x)ek$^{3}$ lai$^{53}$iaŋ$^{53}_{44}$lei$^{0}$ ?t$^{h}$iait$^{3}$(x)ek$^{3}$ kai$^{53}_{44}$ke$^{53}_{44}$çiəuk$^{3}$ t$^{h}$ei$^{13}$saŋ$^{35}_{44}$ke$^{53}_{44}$laŋ$^{13}$tʂ$^{h}$ɔŋ$^{13}$.｜（孝堂帐）面上再～纸箇只，～对子箇只嘞。mien$^{53}$

xɔŋ$^{53}_{44}$tsai$^{53}$tiet$^{3}$tʂʅ$^{21}$kai$^{53}_{44}$tʂak$^{3}$,tiet$^{3}$ti$^{53}$tsɿ$^{0}$kai$^{53}_{44}$tʂak$^{3}$le$^{0}$. ②补衬：渠指篾套笼肚里还有～薄板子咯。ci$^{13}$təu$^{21}$li$^{35}$xai$^{13}$iəu$^{35}_{53}$t$^{h}$iet$^{3}$p$^{h}$ɔk$^{5}$pan$^{21}$tsɿ$^{0}$ko$^{0}$.

【帖盒】t$^{h}$iait$^{3}$xait$^{5}$ 名结婚前一天男家送去女家的装有礼帖和请帖的盒子。又称“书盒”：噢，箇哺去是还有箇个嘞，男家头还爱，有滴是，一般来讲男家头是渠还爱，还爱写请帖嘞，请高亲呢。分箇个请高亲个帖子撵箇个去个礼单，嗯，我以到是有滴么个礼，打哩滴么啊礼来哩，猪肉几多子，鱼子几多子，系唔系?聘金几多子，有滴么啊包封。箇红包蛮多啦。渠有滴讲究个是二十几只包封呐。箇爱讲是够讲哩啦。二十几只包封呐。欸。有只去女家头食酒个包封，男家头箇只荷担子个人。还有只盒子，安做～。一只盒子，唔知几漂亮个，安做～。肚里有两本帖，一本礼帖，一本请帖。礼帖，就系礼物个清单呐，礼帖咯噢，就礼物个清单。我送滴么啊礼来哩，我有只清单。请你看下子，鉴下子。欸。男家头个礼，用红纸子写倒，几多柬个全书，几多柬。打比以张红纸咁大样，系啊？以张红纸咁大样，渠爱咁子折得好好子，红纸是咁子折倒。咁子折倒。咁子折倒。折倒，咁子长长子，折倒。封首写倒。礼帖，写礼字也做得。请帖嘞，然后就写只子请柬。爱折的好好子。渠等爱一张整张红纸，咁长，箇红纸咯，□长，□长箇只红纸，不能驳，不能要驳，整张红纸咁长，爱咁长，但是唔爱咁阔唠。箇红纸咁阔吵，系啊？你个搞一绺子唠，搞咁阔来，搞咁阔子唠。用整张红纸折做八下子，折做六下子，哎，八柬全书，六柬全书。全红帖子啊。一般就系八柬全书。礼帖就可以简单滴子。请帖就箇就噢非常箇个嘞。你冇么啊写你就唔爱写咁多。也还有滴唔用礼单呐。渠就会非常简单呐。我就会讲两万块钱，或者讲十万块钱，就咁子，就十万块钱，就咁个。么啊都唔搞。au$_{21}$,kai$^{53}_{44}$pu$^{35}_{44}$çi$^{53}$ʂʅ$^{0}$xai$^{13}$iəu$^{35}_{44}$kai$^{53}$ke$^{53}_{44}$le$^{0}$,lan$^{13}$ka$^{35}_{44}$t$^{h}$ei$^{13}_{21}$xai$^{13}_{21}$ɔi$^{53}_{44}$,iəu$^{35}$tet$^{3}$ʂʅ$^{53}_{44}$,iet$^{3}$pən$^{35}$nɔi$^{13}_{21}$kɔŋ$^{21}$lan$^{13}_{21}$ka$^{35}_{44}$t$^{h}$ei$^{13}_{21}$ʂʅ$^{53}_{0}$ci$^{13}_{21}$xai$^{13}_{21}$ɔi$^{53}_{44}$,xai$^{13}_{21}$ɔi$^{53}_{44}$sia$^{21}$ts$^{h}$iaŋ$^{21}$t$^{h}$iait$^{3}$le$^{0}$,ts$^{h}$iaŋ$^{21}$kau$^{35}$ts$^{h}$in$^{35}$ne$^{0}$.pən$^{35}$kai$^{53}_{44}$ke$^{53}_{44}$ts$^{h}$iaŋ$^{21}$kau$^{35}$ts$^{h}$in$^{35}$ke$^{53}_{44}$t$^{h}$iait$^{3}$tsɿ$^{0}$lau$^{35}$kai$^{53}$ke$^{53}_{44}$çi$^{53}$ke$^{53}_{44}$li$^{35}$tan$^{35}_{44}$,ŋ̍$_{21}$,ŋai$^{13}$i$^{21}_{13}$tau$^{53}$ʂʅ$^{53}_{44}$iəu$^{35}$tet$^{5}$mak$^{3}$ke$^{53}_{44}$li$^{35}$,ta$^{21}$li$^{0}$tiet$^{5}$mak$^{3}$a$^{0}$li$^{35}$lɔi$^{13}_{21}$li$^{0}$,tʂəu$^{35}$ɲiəuk$^{3}$ci$^{21}$to$^{35}_{44}$tsɿ$^{0}$,ŋ̍$^{13}$tsɿ$^{0}$ci$^{21}$to$^{35}_{44}$tsɿ$^{0}$,xei$^{53}$me$^{53}$? p$^{h}$in$^{21}$cin$^{35}$ci$^{21}$to$^{35}_{44}$tsɿ$^{0}$,iəu$^{35}$tet$^{5}$mak$^{3}$a$^{0}$pau$^{35}$fəŋ$^{35}_{44}$.kai$^{53}_{44}$fəŋ$^{13}$pau$^{35}_{44}$man$^{13}_{21}$to$^{35}$la$^{0}$.ci$^{13}_{21}$iəu$^{35}$tet$^{5}$kɔŋ$^{21}$ciəu$^{53}$ke$^{53}_{44}$ʂʅ$^{53}_{44}$ɲi$^{53}$ʂət$^{5}$ci$^{21}$tʂak$^{3}$pau$^{35}_{44}$fəŋ$^{35}_{44}$na$^{0}$.kai$^{53}_{44}$ɔi$^{53}$kɔŋ$^{21}$ʂʅ$^{53}_{44}$ciei$^{53}$kɔŋ$^{21}$li$^{0}$la$^{0}$.ɲi$^{53}$ʂət$^{5}$ci$^{21}$tʂak$^{3}$pau$^{35}_{44}$fəŋ$^{35}_{44}$na$^{0}$.e$_{21}$.iəu$^{35}$tʂak$^{3}$çi$^{53}$ɲi$^{21}$ka$^{35}_{44}$t$^{h}$ei$^{13}_{21}$ʂət$^{5}$tsiəu$^{21}$ke$^{53}_{44}$pau$^{35}$fəŋ$^{35}_{44}$,lan$^{13}$ka$^{35}_{44}$t$^{h}$ei$^{13}_{21}$kai$^{53}_{44}$tʂak$^{3}$k$^{h}$ai$^{35}_{44}$tan$^{35}$tsɿ$^{0}$ke$^{53}_{44}$in$^{13}_{21}$.xai$^{13}_{21}$iəu$^{35}$tʂak$^{3}$xait$^{5}$tsɿ$^{0}$,ɔn$^{35}_{44}$tso$^{53}_{44}$t$^{h}$iait$^{3}$xait$^{5}$.iet$^{3}$tʂak$^{3}$xait$^{5}$tsɿ$^{0}$,n̩$^{13}_{21}$ti$^{35}_{44}$ci$^{21}$p$^{h}$iau$^{53}$liɔŋ$^{53}_{44}$ke$^{53}_{0}$,ɔn$^{35}_{44}$tso$^{53}_{44}$t$^{h}$iait$^{3}$xait$^{5}$.təu$^{21}$li$^{0}$iəu$^{35}_{44}$iɔŋ$^{21}$pən$^{21}$t$^{h}$iait$^{3}$,iet$^{3}$pən$^{21}$li$^{35}$t$^{h}$iait$^{3}$,iet$^{3}$pən$^{21}$ts$^{h}$iaŋ$^{21}$t$^{h}$iait$^{3}$.li$^{35}$t$^{h}$iait$^{3}$,ts$^{h}$iəu$^{53}$xei$^{53}$li$^{35}$uk$^{5}$ke$^{53}_{44}$ts$^{h}$in$^{35}$tan$^{35}_{44}$na$^{0}$,li$^{35}$t$^{h}$iait$^{3}$kau$^{0}$,ts$^{h}$iəu$^{53}$li$^{35}$uk$^{5}$ke$^{53}_{44}$ts$^{h}$in$^{35}$tan$^{35}_{44}$.ŋai$^{13}$səŋ$^{53}$tet$^{5}$mak$^{3}$a$^{0}$li$^{35}$lɔi$^{13}_{21}$li$^{0}$,ŋai$^{13}$iəu$^{35}$tʂak$^{3}$ts$^{h}$in$^{35}$tan$^{35}_{44}$.ts$^{h}$iaŋ$^{21}$ɲi$^{13}_{44}$k$^{h}$ɔn$^{53}$na$^{0}$(←xa$^{53}$)tsɿ$^{0}$,kan$^{53}$na$^{0}$(←xa$^{53}$)tsɿ$^{0}$.e$_{21}$.lan$^{13}$ka$^{35}_{44}$t$^{h}$ei$^{13}_{21}$ke$^{53}$li$^{21}$,iəŋ$^{53}$fəŋ$^{13}$tʂʅ$^{21}$tsɿ$^{0}$sia$^{21}$tau$^{21}$,ci$^{21}$to$^{35}$kan$^{21}$ke$^{53}_{0}$ts$^{h}$ien$^{13}$ʂəu$^{35}$,ci$^{21}$to$^{35}$kan$^{21}$.ta$^{21}$pi$^{21}$i$^{21}$tʂɔŋ$^{35}$fəŋ$^{13}$tʂʅ$^{21}_{44}$kan$^{21}$t$^{h}$ai$^{53}_{44}$iɔŋ$^{53}_{44}$,xei$^{53}$a?i$^{21}$tʂɔŋ$^{35}$fəŋ$^{13}$tʂʅ$^{21}_{44}$kan$^{21}$t$^{h}$ai$^{53}_{44}$iɔŋ$^{53}_{44}$,ci$^{13}$ɔi$^{53}$kan$^{21}$tsɿ$^{0}$tʂait$^{3}$tek$^{3}$xau$^{21}$xau$^{21}$tsɿ$^{0}$,fəŋ$^{13}$tʂʅ$^{21}$ʂʅ$^{53}$kan$^{21}$tsɿ$^{0}$tʂait$^{3}$tau$^{21}$.kan$^{21}$tsɿ$^{0}$tʂait$^{3}$tau$^{21}$.kan$^{21}$tsɿ$^{0}$tʂait$^{3}$tau$^{21}$.tʂait$^{3}$tau$^{21}_{44}$,kan$^{21}$tsɿ$^{0}$tʂ$^{h}$ɔŋ$^{13}$tʂ$^{h}$ɔŋ$^{13}$tsɿ$^{0}$,tʂait$^{3}$tau$^{21}$.fəŋ$^{35}$ʂəu$^{21}$sia$^{21}$tau$^{21}$.li$^{35}$t$^{h}$iait$^{3}$,sia$^{21}$li$^{35}$sɿ$^{53}_{44}$a$^{0}$tso$^{53}$tek$^{3}$.ts$^{h}$iaŋ$^{21}$t$^{h}$iait$^{3}$lei$^{0}$,ien$^{13}$xei$^{53}_{44}$ts$^{h}$iəu$^{53}_{44}$sia$^{21}$tʂak$^{3}$tsɿ$^{0}$ts$^{h}$iaŋ$^{21}$kan$^{21}$.ɔi$^{53}$tʂait$^{3}$ti$^{0}$xau$^{21}$xau$^{21}$tsɿ$^{0}$.ci$^{13}$tien$^{0}$ɔi$^{53}$iet$^{3}$tʂɔŋ$^{35}$tʂən$^{21}$tʂɔŋ$^{35}$fəŋ$^{13}$tʂʅ$^{21}$,kan$^{21}$tʂ$^{h}$ɔŋ$^{13}$,kai$^{53}$fəŋ$^{13}$tʂʅ$^{21}$ko$^{0}$,lai$^{35}$tʂ$^{h}$ɔŋ$^{13}_{21}$,lai$^{35}_{44}$tʂ$^{h}$ɔŋ$^{13}_{44}$kai$^{53}_{44}$tʂak$^{3}$fəŋ$^{13}$tʂʅ$^{21}_{44}$,pət$^{3}$lən$^{13}$pɔk$^{3}$,pət$^{3}$lən$^{13}$iau$^{53}$pɔk$^{3}$,tʂən$^{21}$tʂɔŋ$^{35}_{44}$fəŋ$^{13}$tʂʅ$^{21}$kan$^{21}$tʂ$^{h}$ɔŋ$^{13}$,ɔi$^{53}$kan$^{21}$tʂ$^{h}$ɔŋ$^{13}$,tan$^{53}$ʂʅ$^{53}$m̩$^{13}_{21}$mɔi$^{53}$kan$^{21}$k$^{h}$ɔit$^{3}$lau$^{0}$.kai$^{53}$fəŋ$^{13}$tʂʅ$^{21}$ʂʅ$^{53}_{44}$kan$^{21}$k$^{h}$ɔit$^{3}$ʂa$^{0}$,xei$^{53}_{44}$a$^{0}$?ɲi$^{13}_{21}$ke$^{53}_{44}$kau$^{21}$iet$^{3}$liəu$^{53}$tsɿ$^{0}$lau$^{0}$,kau$^{21}$kan$^{21}$k$^{h}$ɔit$^{3}$lɔi$^{13}_{0}$,kau$^{21}$kan$^{21}$k$^{h}$ɔit$^{3}$tsɿ$^{0}$lau$^{0}$.iəŋ$^{53}$tʂən$^{21}$tʂɔŋ$^{35}$fəŋ$^{13}$tʂʅ$^{21}$tʂait$^{3}$tso$^{53}$pait$^{3}$xa$^{53}$tsɿ$^{0}$,tʂait$^{3}$tso$^{53}$liəuk$^{3}$xa$^{53}$tsɿ$^{0}$,ai$_{21}$,pait$^{3}$kan$^{21}$ts$^{h}$ien$^{13}$ʂəu$^{35}$,liəuk$^{3}$kan$^{21}$ts$^{h}$ien$^{13}$ʂəu$^{35}$.ts$^{h}$ien$^{13}$fəŋ$^{13}$t$^{h}$iait$^{3}$tsa$^{0}$.iet$^{3}$pən$^{35}$ts$^{h}$iəu$^{53}$xe$^{53}_{44}$pait$^{3}$kan$^{21}$ts$^{h}$ien$^{13}_{21}$ʂəu$^{35}_{44}$.li$^{35}$t$^{h}$iait$^{3}$ts$^{h}$iəu$^{53}$k$^{h}$o$^{21}$i$^{35}$kan$^{21}$tan$^{35}_{44}$tiet$^{5}$tsɿ$^{0}$.ts$^{h}$iaŋ$^{21}$t$^{h}$iait$^{3}$ts$^{h}$iəu$^{53}$kai$^{53}$ts$^{h}$iəu$^{53}$au$_{53}$fei$^{35}$ʂɔŋ$^{13}$kai$^{53}$ke$^{53}_{44}$le$^{0}$. ɲi$^{13}$mau$^{13}$mak$^{3}$a$^{0}$sia$^{21}$ɲi$^{13}$ts$^{h}$iəu$^{53}$m̩$^{13}$mɔi$^{53}$sia$^{21}$kan$^{21}$to$^{35}_{21}$.ia$^{35}$xai$^{13}_{44}$iəu$^{35}$tiet$^{5}$ŋ̍$^{13}$iəŋ$^{53}$li$^{35}$tan$^{35}_{44}$na$^{0}$.ci$^{13}$ts$^{h}$iəu$^{53}$uɔi$^{53}$fei$^{35}$ʂɔŋ$^{13}_{21}$kan$^{21}$tan$^{35}_{44}$na$^{0}$.ŋai$^{13}$ts$^{h}$iəu$^{53}$uɔi$^{53}$kɔŋ$^{21}$iɔŋ$^{21}$uan$^{53}$k$^{h}$uai$^{53}$ts$^{h}$ien$^{13}$,xɔit$^{5}_{3}$tʂa$^{21}$kɔŋ$^{21}$ʂət$^{5}$uan$^{53}_{44}$k$^{h}$uai$^{53}_{44}$ts$^{h}$ien$^{13}$,ts$^{h}$iəu$^{53}$kan$^{21}$tsɿ$^{0}$,ts$^{h}$iəu$^{53}$ʂət$^{5}$uan$^{53}_{44}$k$^{h}$uai$^{53}_{44}$ts$^{h}$ien$^{13}_{21}$,tsiəu$^{53}$kan$^{21}$cie$^{53}$.mak$^{3}$a$^{0}$təu$^{35}_{44}$ŋ̍$^{13}_{21}$kau$^{21}_{44}$.

【帖子】t$^{h}$iait$^{3}$tsɿ$^{0}$ 名①请帖：箇个请高亲个～ kai$^{53}_{44}$ke$^{53}_{44}$ts$^{h}$iaŋ$^{21}$kau$^{35}$ts$^{h}$in$^{35}$ke$^{53}_{44}$t$^{h}$iait$^{3}$tsɿ$^{0}$。②名帖：送～ səŋ$^{53}$t$^{h}$iait$^{3}$tsɿ$^{0}$

【铁】t$^{h}$iet$^{3}$ 名金属名，元素符号为 Fe：黄鳝剪是可以唔爱～个嘞。uɔŋ$^{13}$ʂen$^{53}_{44}$tsien$^{21}$ʂʅ$^{53}_{44}$k$^{h}$o$^{21}$i$^{35}$m̩$^{13}_{21}$mɔi$^{53}_{44}$t$^{h}$iet$^{3}$ke$^{53}$le$^{0}$.

【铁板】t$^{h}$iet$^{3}$pan$^{21}$ 名铁质的板：渠等钉块～呢。ci$^{13}$ten$^{0}$taŋ$^{35}$k$^{h}$uai$^{53}_{44}$t$^{h}$iet$^{3}$pan$^{21}$ne$^{0}$.

【铁笔】t$^{h}$iet$^{3}$piet$^{3}$ 名在钢板上刻写蜡纸用的笔，由笔杆与可更换的铁笔尖组成：箇只东西又系过哩时了啦～就嘞，系啊？欸，以前刻蜡纸个就用～。欸，一只子塑料把子，欸，箇个笔嘴子嘞就铁个，就一只一枚针样个。分箇蜡纸刻烂刻……蜡纸上刻兜字去，然后用油印机去印。我等箇阵子就长日用～刻蜡纸啊，刻考试卷子箇兜啦，刻资料哇。kai$^{53}$(tʂ)ak$^{3}$ təŋ$^{35}_{44}$si$^{0}$ iəu$^{53}$ xei$^{53}_{44}$ko$^{53}$li$^{0}$ ʂʅ$^{13}_{21}$liau$^{21}$la$^{0}$ tʰiet$^{3}$ piet$^{3}$ tsʰiəu$^{53}$le$^{0}$,xei$^{53}$a$^{0}$?e$_{21}$,i$^{35}_{53}$tsʰien$^{13}_{21}$kʰek$^{3}$ lait$^{5}$ tʂʅ$^{21}$ke$^{0}$ tsʰiəu$^{53}_{44}$iəŋ$^{53}_{44}$tʰiet$^{3}$ piet$^{3}$.e$_{21}$,iet$^{3}$ tʂak$^{3}$ tsɿ$^{0}$ sɔk$^{3}$ liau$^{53}_{44}$pa$^{53}$tsɿ$^{0}$,e$_{21}$,kai$^{53}$kei$^{53}_{44}$piet$^{3}$ tsi$^{21}$tsɿ$^{0}$ lei$^{0}$ tsiəu$^{53}$tʰiet$^{3}$ ke$^{53}$,tsʰiəu$^{53}$iet$^{3}$ tʂak$^{3}$ iet$^{3}$ mɔi$^{13}_{21}$tʂən$^{35}$iɔŋ$^{53}_{44}$ke$^{0}$.pən$^{35}$kai$^{53}_{44}$lait$^{5}$ tʂʅ$^{21}$kʰek$^{3}$ lan$^{53}$kʰek$^{3}$ …lait$^{5}$ tʂʅ$^{21}$xɔŋ$^{53}$kʰek$^{3}$ te$^{35}_{44}$tsʰɿ$^{53}$çi$^{53}$,vien$^{13}$xei$^{53}_{44}$iəŋ$^{53}$iəu$^{13}$ in$^{53}_{44}$ci$^{35}_{44}$çi$^{53}$in$^{53}$.ŋai$^{13}$tien$^{0}$ kai$^{53}$tʂʰən$^{53}$tsɿ$^{0}$ tsʰiəu$^{53}_{44}$tʂʰɔŋ$^{13}$ɲiet$^{3}$ iəŋ$^{53}$tʰiet$^{3}$ piet$^{3}$ kʰek$^{3}$ lait$^{5}$ tʂʅ$^{21}$a$^{0}$,kʰek$^{3}$ kʰau$^{21}$ʂʅ$^{53}_{44}$ tʂen$^{53}$tsɿ$^{0}$ kai$^{53}_{44}$te$^{35}_{53}$la$^{0}$,kʰek$^{3}$ tsɿ$^{35}$liau$^{53}$ua$^{0}$.

【铁尺】tʰiet$^{3}$ tʂʰak$^{3}$ [名]用来镇布的尺子：噢，轧下子布个，轧抻下子个，～，系，～，系有，～。au$_{53}$,tsak$^{3}$ (x)a$^{53}_{44}$tsɿ$^{0}$ pu$^{53}$ke$^{53}_{44}$,tsak$^{3}$ tʂʰən$^{35}$na$_{44}$(←xa$^{53}$)tsɿ$^{0}$ ke$^{53}$,tʰiet$^{3}$ tʂʰak$^{3}$,xei$^{53}_{21}$,tʰiet$^{3}$ tʂʰak$^{3}$,xei$^{53}_{44}$ iəu$^{35}_{44}$,tʰiet$^{3}$ tʂʰak$^{3}$.

【铁锤】tʰiet$^{3}$ tʂʰei$^{13}$ [名]木匠用来敲打东西的工具，头部为平口无锋的斧头形：锤子箇你就搞得出，有么啊锤子？/锤呀？/嗯。锤子又有么啊锤子？/锤子是正话讲个箇只哈？/嗯呶。渠话用铁做箇起啊。就系你做木匠用个箇么啊锤子啊。/只有只锤哟，一张斧头噢。欸，喊～。tʂʰei$^{13}$tsɿ$^{0}$ kai$^{53}_{44}$ɲi$^{13}$tsʰiəu$^{53}_{44}$kau$^{21}$tek$^{3}$ tʂʰət$^{3}_{5}$,iəu$^{35}$mak$^{3}$ a$^{0}$ tʂʰei$^{13}_{44}$tsɿ$^{0}$?/tʂʰei$^{13}$ia$^{0}$?/ŋ̍$_{21}$.tʂʰei$^{13}$tsɿ$^{0}$ iəu$^{53}_{44}$iəu$^{35}$mak$^{3}$ a$^{0}$ tʂʰei$^{13}$tsɿ$^{0}$?/tʂʰei$^{13}$tsɿ$^{0}$ ʂʅ$^{53}_{44}$tʂaŋ$^{53}_{44}$ua$^{53}_{44}$kɔŋ$^{21}$ke$^{53}_{44}$kai$^{53}$tʂak$^{3}$ xa$^{0}$?/ŋ̍$^{13}$nau$^{0}$.ci$^{13}_{21}$ua$^{53}_{44}$iəŋ$^{53}_{44}$tʰiet$^{3}$ tso$^{53}_{44}$kai$^{53}_{35}$çi$^{21}$a$^{0}$.tsʰiəu$^{53}_{44}$ xei$^{53}_{44}$ɲi$^{13}$tso$^{53}_{44}$muk$^{3}$ siɔŋ$^{53}_{44}$iəŋ$^{53}_{44}$ke$^{53}_{44}$kai$^{53}$mak$^{3}$ a$^{0}$ tʂʰei$^{13}$tsɿ$^{0}$ a$^{0}$./tʂʅ$^{21}$iəu$^{35}_{44}$tʂak$^{3}$ tʂʰei$^{13}$iau$^{0}$,iet$^{3}$ tʂɔŋ$^{35}$pu$^{21}$tʰəu$^{13}$ uau$^{0}$.e$_{21}$,xan$^{53}$tʰiet$^{3}$ tʂʰei$^{13}$.

【铁荡子】tʰiet$^{3}$ tʰɔŋ$^{53}$tsɿ$^{0}$ [名]铁制的荡子，用于修平抹光：第二到就绣花样唠，搞得光滑嘞，就用～。tʰi$^{53}_{44}$ɲi$^{53}$tau$^{53}_{44}$tsʰiəu$^{53}_{44}$siəu$^{53}$fa$^{35}$iɔŋ$^{53}_{44}$lau$^{0}$,kau$^{21}$tek$^{3}$ kɔŋ$^{35}$uait$^{5}$ lei$^{0}$,tsʰiəu$^{53}_{44}$iəŋ$^{53}_{44}$tʰiet$^{3}$ tʰɔŋ$^{53}$tsɿ$^{0}$.

【铁斗子】tʰiet$^{3}$ tei$^{21}$tsɿ$^{0}$ [名]不讲价的买卖，一口价：我等客姓人又安做～嘞。箇个人做生意啊～，冇价讲。ŋai$^{13}$tien$^{0}$ kʰak$^{3}$ sin$^{53}$ɲin$^{13}_{21}$iəu$^{53}$ɔn$^{35}_{53}$tso$^{53}$tʰiet$^{3}$ tei$^{21}$tsɿ$^{0}$ lei$^{0}$.kai$^{53}$(k)e$^{53}$ɲin$^{13}_{21}$tso$^{53}$sen$^{35}_{44}$i$^{53}_{44}$a$^{0}$ tʰiet$^{3}$ tei$^{21}$tsɿ$^{0}$,mau$^{13}$cia$^{53}$kɔŋ$^{21}$.

【铁梗烟】tʰiet$^{3}$ kuaŋ$^{21}$ien$^{35}$ [名]旱烟的品种之一：草烟肚箇里有三种。/最煞个就系～。tsʰau$^{21}$ ien$^{35}$təu$^{21}$kai$^{53}_{21}$li$^{0}$ iəu$^{35}_{44}$san$^{35}$tʂəŋ$^{21}$./tsei$^{53}$sait$^{3}$ ke$^{53}$tsʰiəu$^{53}_{44}$xe$^{53}_{44}$tʰiet$^{3}$ kuaŋ$^{21}$ien$^{35}$.

【铁拐子】tʰiet$^{3}$ kuai$^{21}$tsɿ$^{0}$ [名]蛙名，小，常用作钓青蛙的诱饵：～有哇。点伢大子个拐子，系有有有，～。tʰiet$^{3}$ kuai$^{21}$tsɿ$^{0}$ iəu$^{35}$ua$^{0}$.tian$^{53}$ŋa$^{13}_{44}$tʰai$^{53}$tsɿ$^{0}$ ke$^{53}_{21}$kuai$^{21}$tsɿ$^{0}$,xe$^{53}_{44}$iəu$^{35}_{44}$iəu$^{35}_{44}$iəu$^{35}$,tʰiet$^{3}$ kuai$^{21}$tsɿ$^{0}$.

【铁匠】tʰiet$^{3}$ siɔŋ$^{53}$ [名]打铁或锻造、修理铁器的工匠。又称“打铁个”：我记得我等箇映子以前箇～打打只“才二”哩。ŋai$^{13}$ci$^{53}$tek$^{3}$ ŋai$^{13}_{21}$tien$^{0}$ kai$^{53}_{44}$iaŋ$^{53}_{44}$tsɿ$^{0}$ i$^{35}_{44}$tsʰien$^{13}_{21}$kai$^{53}_{44}$tʰiet$^{3}$ siɔŋ$^{53}_{44}$ta$^{21}_{44}$ta$^{21}$tʂak$^{3}$ "tsʰɔi$^{13}$ɲi$^{53}$"li$^{0}$.

【铁匠铺】tʰet$^{3}$ siɔŋ$^{53}$pʰu$^{53}$ [名]打铁或锻造、修理铁器的作坊：以张坊街上有几家～喔。i$^{21}$tʂɔŋ$^{35}_{44}$ fɔŋ$^{35}_{44}$kai$^{35}_{44}$xɔŋ$^{53}_{44}$iəu$^{35}$ci$^{21}$ka$^{35}$tʰiet$^{3}$ siɔŋ$^{53}$pʰu$^{53}$uo$^{0}$.｜你张家坊白果树下有只～哇。还去下打铁呀。唔多打，冇么个生意呀。春天就生意更好哩，春上就呢。欸，春耕之前呢，欸。上春就生意更好滴子，以下到哩下半年是冇么个生意。蛮多东西都系外背舞倒来卖个嘞。ɲi$^{13}_{21}$tʂɔŋ$^{35}_{44}$ka$^{35}_{44}$fɔŋ$^{35}$ pʰak$^{5}$ ko$^{21}$ʂu$^{53}$xa$^{53}_{44}$iəu$^{35}_{44}$tʂak$^{3}$ tʰiet$^{3}$ tsʰiɔŋ$^{53}_{44}$pʰu$^{53}$ua$^{0}$.xai$^{13}$çi$^{53}$xa$^{53}$ta$^{21}$tʰiet$^{3}$ ia$^{0}$.n̩$^{13}_{44}$to$^{35}_{44}$ta$^{21}$,mau$^{13}$mak$^{3}$ e$^{0}$ sen$^{35}$i$^{53}$ia$^{0}$. tʂʰən$^{35}$tʰien$^{35}_{44}$tsʰiəu$^{53}_{44}$sen$^{35}_{44}$i$^{53}$cien$^{53}$xau$^{21}$li$^{0}$,tʂʰən$^{35}$xɔŋ$^{53}$tsʰiəu$^{53}_{44}$nei$^{0}$.e$_{21}$,tʂʰən$^{35}$cien$^{35}_{44}$tʂʅ$^{35}_{44}$tsʰien$^{13}$nei$^{0}$,e$_{21}$.ʂɔŋ$^{53}$ tʂʰən$^{35}_{44}$tsʰiəu$^{53}$sen$^{35}_{44}$i$^{53}_{44}$cien$^{53}_{44}$xau$^{21}$tiet$^{5}$ tsɿ$^{0}$,i$^{13}$ia$_{44}$(←xa$^{53}$)tau$^{53}$li$^{0}$ xa$^{53}$pan$^{53}$ɲien$^{13}_{44}$ʂʅ$^{53}_{44}$mau$^{13}$mak$^{3}$ e$^{0}$ sen$^{35}_{44}$i$^{53}$.man$^{13}$ to$^{35}_{44}$təŋ$^{35}_{44}$si$^{35}_{44}$təu$^{35}_{44}$xei$^{53}_{44}$ŋɔi$^{53}$pɔi$^{53}_{44}$u$^{21}$tau$^{21}$lɔi$^{13}$mai$^{53}$ke$^{0}$ lei$^{0}$.

【铁脚板】tʰet$^{3}$ ciɔk$^{3}$ pan$^{21}$ [名]马掌上钉的马蹄铁：箇个马子嘞，渠马子渠就爱钉只马蹄去吵，就马钉只～去嘞，箇马子啊。kai$^{53}$ke$^{53}$ma$^{35}$tsɿ$^{0}$ lei$^{0}$,ci$^{13}_{21}$ma$^{35}$tsɿ$^{0}$ ci$^{13}_{21}$tsʰiəu$^{53}$ɔi$^{53}_{44}$taŋ$^{35}$tʂak$^{3}$ ma$^{35}$tʰi$^{13}_{21}$çi$^{53}_{44}$ʂa$^{0}$, tsʰiəu$^{53}$ma$^{35}$taŋ$^{35}$tʂak$^{3}$ tʰiet$^{3}$ ciɔk$^{3}$ pan$^{21}$cʰi$^{53}$lei$^{0}$,kai$^{53}_{44}$ma$^{35}$tsɿ$^{0}$ a$^{0}$.

【铁紧】tʰet$^{5}$ cin$^{21}$ [形]状态词。很紧：筑墙爱筑得～。tʂəuk$^{3}$ tsʰiɔŋ$^{13}$ɔi$^{53}$tʂəuk$^{3}$ tek$^{3}$ tʰet$^{5}$ cin$^{21}$.｜箇个出门旅游个时候子啊分箇个行头呀筑倒一袋筑得～，箇衫裤箇兜，带倒箇衫裤箇兜筑倒一袋，筑倒～。kai$^{53}$ke$^{53}$tʂʰət$^{3}$ mən$^{13}$li$^{35}$iəu$^{13}$kei$^{53}$ʂʅ$^{13}_{44}$xei$^{53}_{44}$tsɿ$^{0}$ a$^{0}$ pən$^{35}$kai$^{53}_{44}$ke$^{53}_{44}$çin$^{13}$tʰei$^{13}_{44}$ia$^{0}$ tʂəuk$^{3}$ tau$^{21}$iet$^{3}$ tʰɔi$^{53}$ tʂəuk$^{3}$ tek$^{3}$ tʰet$^{5}$ cin$^{21}$,kai$^{53}_{44}$san$^{35}$fu$^{53}$kai$^{53}_{44}$te$^{35}_{44}$,tai$^{53}$tau$^{21}$kai$^{53}$san$^{35}$fu$^{53}$kai$^{53}_{44}$te$^{35}_{44}$tʂəuk$^{3}$ tau$^{21}$iet$^{3}$ tʰɔi$^{53}$,tʂəuk$^{3}$ tau$^{21}$ tʰet$^{5}$ cin$^{21}$.

【铁篱笆】tʰiet$^{3}$ li$^{13}_{21}$pa$^{35}$ [名]枸橘的俗称。树上多刺。果极酸，可药用：药柑箇子就系以只～嘞。欸，就系～嘞。/欸药店里那枳壳啊，系吧？/唔。欸，就药柑呢。iɔk$^{5}_{3}$kan$^{35}$kai$^{53}_{44}$tsɿ$^{0}$ tsʰiəu$^{53}$xei$^{53}$

i$^{21}_{44}$tʂak$^{3}$ tʰiet$^{3}$ li$^{13}_{21}$pa$^{35}$lei$^{0}$.e$_{21}$,tsʰiəu$^{53}$xei$^{53}$tʰiet$^{3}$ li$^{13}_{21}$pa$^{35}$lei$^{0}$./ei$_{21}$iɔk$^{5}$tian$^{53}$li$^{0}$ lai$^{53}_{44}$tʂət$^{3}$ kʰɔk$^{3}$a$^{0}$,xei$^{53}_{44}$pa$^{0}_{4}$?/ŋ̍$_{21}$.e$_{44}$,tsiəu$^{53}$iɔk$^{5}$kan$^{35}_{44}$nei$^{0}$.

【铁面无私】tʰet$^{3}$mien$^{53}$u$^{13}$sɿ$^{35}$ 公正严明而不偏私：箇只人就系好哇，～个人就好哇。kai$^{53}$tʂak$^{3}$ɲin$^{13}$tsʰiəu$^{53}$xei$^{53}_{44}$xau$^{21}$ua$^{0}$,tʰet$^{3}$mien$^{53}$u$^{13}$sɿ$^{35}_{44}$ke$^{53}$ɲin$^{13}_{44}$tsʰiəu$^{53}$xau$^{21}$ua$^{0}$.

【铁耙】tʰiet$^{3}$pʰa$^{13}_{21}$ 名 铁制的耙子：～是十二只齿。tʰiet$^{3}$pʰa$^{13}_{21}$ʂʅ$^{53}_{44}$ʂət$^{5}$ɲi$^{53}$tʂak$^{3}$tʂʰʅ$^{21}$.｜～就更重唠。tʰiet$^{3}$pʰa$^{13}_{21}$tsʰiəu$^{53}_{44}$ken$^{53}$tʂʰəŋ$^{35}$lau$^{0}$.

【铁盘子】tʰiet$^{3}$pʰan$^{13}$tsɿ$^{0}$ 名 不讲价的买卖，一口价：箇只人做生意啊～。价钱冇滴灵活。kai$^{53}$tʂak$^{3}$ɲin$^{13}$tso$^{53}_{44}$sen$^{35}_{44}$i$^{53}$a$^{0}$ tʰiet$^{3}$pʰan$^{13}$tsɿ$^{0}$.cia$^{53}$tsʰien$^{13}_{21}$mau$^{13}$tiet$^{5}$lin$^{13}$xɔit$^{5}$.

【铁皮】tʰiet$^{3}$/tʰet$^{3}$pʰi$^{13}$ 名 铁压成的薄片。也称“铁皮子”：专门个刨子，～做个。tʂen$^{35}$mən$^{13}_{44}$ke$^{53}_{44}$pʰau$^{13}$tsɿ$^{0}$,tʰiet$^{3}$pʰi$^{13}$tso$^{53}_{44}$ke$^{53}_{44}$.｜～子个，雪白子，～子。tʰet$^{3}$pʰi$^{13}$tsɿ$^{0}$ke$^{53}$,siet$^{5}$pʰak$^{5}$tsɿ$^{0}$,tʰiet$^{3}$pʰi$^{13}$tsɿ$^{0}$.

【铁片】tʰiet$^{3}$pʰien$^{53}$ 名 平薄而呈片状的铁：哎机关呢就系咁个么啊嘞？就系一条……两条咁个只～。ai$_{44}$ci$^{35}$kuan$^{35}_{44}$nei$^{0}$ tsʰiəu$^{53}_{44}$xe$^{53}_{44}$kan$^{21}$cie$^{53}_{44}$mak$^{3}$a$^{0}$lei$^{0}$?tsʰiəu$^{53}$xe$^{53}$iet$^{3}$tʰiau$^{13}$…iɔŋ$^{21}$tʰiau$^{13}$kan$^{21}$ke$^{53}_{44}$tʂak$^{3}$tʰiet$^{3}$pʰien$^{53}$.

【铁器】tʰiet$^{3}$çi$^{53}$ 名 铁制的器物：～东西上打印个就錾子嘞安做嘞。tʰiet$^{3}$çi$^{53}_{44}$təŋ$^{35}_{44}$si$^{35}_{44}$xɔŋ$^{53}$ta$^{21}$in$^{53}$ke$^{53}_{44}$tsiəu$^{53}_{44}$tsʰan$^{53}$tsɿ$^{0}$lei$^{0}$ɔn$^{35}_{44}$tso$^{53}_{44}$lei$^{0}$.

【铁器铺】tʰiet$^{3}$çi$^{53}$pʰu$^{53}$ 名 经营铁器生意的店铺：箇晡挨夜子我等看个箇只栏场就……去看个嘞，渠屋下就系一只铁匠铺，欸，渠街上有只店子嘞就冇几大子，就系～。街上就卖牙业。kai$^{53}$pu$^{35}_{44}$ai$^{35}_{44}$ia$^{53}$tsɿ$^{0}$ŋai$^{13}_{21}$tien$^{0}$kʰɔn$^{53}$ke$^{53}$kai$^{53}$tʂak$^{3}$laŋ$^{13}_{21}$tʂʰɔŋ$^{13}_{21}$tsʰiəu$^{53}$…cʰi$^{53}$kʰɔn$^{53}$ke$^{53}_{44}$lei$^{0}$,ci$^{13}_{21}$uk$^{3}$xa$^{53}$tsʰiəu$^{53}$xei$^{53}$iet$^{3}$tʂak$^{3}$tʰet$^{3}$siɔŋ$^{53}$pʰu$^{53}$,e$_{21}$,ci$^{13}_{21}$kai$^{35}$xɔŋ$^{53}_{44}$iəu$^{35}$tʂak$^{3}$tian$^{53}$tsɿ$^{0}$lei$^{0}$tsʰiəu$^{53}$mau$^{13}$ci$^{21}$tʰai$^{53}$tsɿ$^{0}$,tsʰiəu$^{53}_{44}$xe$^{53}_{44}$tʰiet$^{3}$çi$^{53}$pʰu$^{53}$.kai$^{35}$xɔŋ$^{53}_{44}$tsʰiəu$^{53}_{44}$mai$^{53}$ŋa$^{13}$ɲiait$^{5}$.

【铁钳】tʰiet$^{3}$cʰian$^{13}$ 名 铁质的钳子。也称“铁钳子”：欸我等烧煤个人呐，我等屋下烧煤呀，箇少唔得一只～。e$_{44}$ŋai$^{13}$tien$^{0}$ʂau$^{35}_{44}$mei$^{13}$ke$^{53}$ɲin$^{13}_{44}$na$^{0}$,ŋai$^{13}$tien$^{0}$uk$^{3}$xa$^{53}$ʂau$^{35}_{44}$mei$^{13}$ia$^{0}$,kai$^{53}$ʂau$^{21}$ŋ̍$^{13}$tek$^{3}$iet$^{3}$tʂak$^{3}$tʰiet$^{3}$cʰian$^{13}_{44}$.｜有大～子细～子。iəu$^{35}$tʰai$^{53}$tʰiet$^{3}$cʰian$^{13}$tsɿ$^{0}$se$^{53}$tʰiet$^{3}$cʰian$^{13}$tsɿ$^{0}$.

【铁锹】tʰiet$^{3}$tsʰiau$^{35}$ 名 一种扁平长方形半圆尖头的适于用脚踩入地中翻土的铁制构形工具：以前我等以个栏场冇得～，其实欸落尾欸以只几十年就有哩～。箇～嘞，确实系好用，～哇，箇阵子我等系下横巷里个时候子都欸我都买过～。又整得镢头，又整得铲子，又整得地屑盆，～蛮好用。i$^{35}_{53}$tsʰien$^{13}$ŋai$^{13}$tien$^{0}$i$^{21}$ke$^{53}$laŋ$^{13}_{21}$tʂʰɔŋ$^{13}_{44}$mau$^{13}$tek$^{3}$tʰiet$^{3}$tsʰiau$^{35}$,cʰi$^{13}$ʂət$^{5}$e$^{0}$lɔk$^{5}$mi$^{35}_{44}$ei$_{21}$i$^{21}$tʂak$^{3}$ci$^{21}$ʂət$^{5}$ɲien$^{13}_{21}$tsʰiəu$^{53}_{44}$iəu$^{35}_{44}$li$^{0}$tʰiet$^{3}$tsʰiau$^{35}$.kai$^{53}$tʰiet$^{3}$tsʰiau$^{35}$lei$^{0}$,kʰɔk$^{3}$ʂət$^{5}$xei$^{53}$xau$^{21}$iəŋ$^{53}$,tʰiet$^{3}$tsʰiau$^{35}$ua$^{0}$,kai$^{53}$tʂʰən$^{53}$tsɿ$^{0}$ŋai$^{13}_{21}$tien$^{0}$xei$^{53}$(x)a$^{53}$uaŋ$^{13}$xɔŋ$^{53}_{44}$li$^{35}$ke$^{53}$ʂʅ$^{13}_{21}$xei$^{53}$tsɿ$^{0}$təu$^{35}_{44}$ei$_{21}$ŋai$^{13}_{21}$təu$^{35}_{53}$mai$^{35}$ko$^{53}_{44}$tʰiet$^{3}$tsʰiau$^{35}_{44}$.iəu$^{53}$tʂən$^{21}$tek$^{3}$çiɔk$^{3}$tʰei$^{13}$,iəu$^{53}$tʂən$^{21}$tek$^{3}$tsʰan$^{21}$tsɿ$^{0}$,iəu$^{53}$tʂən$^{21}$tek$^{3}$tʰi$^{53}$sɔit$^{3}$pʰən$^{13}$,tʰiet$^{3}$tsʰiau$^{35}_{53}$man$^{13}_{21}$xau$^{21}$iəŋ$^{53}$.

【铁勺】tʰiet$^{3}$ʂɔk$^{5}$ 名 一种铁制的舀水器具：～，舀水用箇个。舀水个～。～有几种嘞。一起嘞把短短子个，懑大个，～。安做～。tʰiet$^{3}$ʂɔk$^{5}$,iau$^{21}$ʂei$^{21}$iəŋ$^{53}_{44}$kai$^{53}_{44}$ke$^{53}_{44}$.iau$^{21}$ʂei$^{21}$ke$^{53}_{21}$tʰiet$^{3}$ʂɔk$^{5}$.tʰiet$^{3}$ʂɔk$^{5}$iəu$^{35}_{53}$ci$^{21}$tʂəŋ$^{21}$le$^{0}$.iet$^{3}$çi$^{21}$lei$^{0}$pa$^{53}$tɔn$^{21}$tɔn$^{21}$tsɿ$^{0}$ke$^{53}$,mən$^{35}$tʰai$^{53}$ke$^{53}$,tʰiet$^{3}$ʂɔk$^{5}$.ɔn$^{35}_{44}$tso$^{53}_{44}$tʰiet$^{3}$ʂɔk$^{5}$.

【铁树】tʰiet$^{3}$ʂəu$^{53}$ 名 指苏铁：～是如今蛮多了，我都蛮多。/蛮多了，到处都系了。tʰiet$^{3}$ʂəu$^{53}$ʂʅ$^{53}_{44}$i$^{13}_{21}$cin$^{35}_{44}$man$^{13}$to$^{35}$liau$^{0}$,ŋai$^{13}$təu$^{35}_{44}$man$^{13}_{21}$to$^{35}$./man$^{13}$to$^{35}$liau$^{0}$,tau$^{53}$tʂʰəu$^{53}_{44}$təu$^{35}_{44}$xe$^{53}_{21}$liau$^{0}$.

【铁丝】tʰiet$^{3}$sɿ$^{35}_{44}$ 名 用铁拉制成的线状成品：楼栿上就吊只箇个么个，舞只～吊只钩钩呀。lei$^{13}$fuk$^{5}$xɔŋ$^{53}_{44}$tsʰiəu$^{53}_{44}$tiau$^{53}$tʂak$^{3}$kai$^{53}_{44}$kei$^{53}_{44}$mak$^{3}$kei$^{53}_{44}$,u$^{21}$tʂak$^{3}$tʰiet$^{3}$sɿ$^{35}_{44}$tiau$^{53}$tʂak$^{3}$ciei$^{35}$ciei$^{35}_{44}$ia$^{0}$.

【铁丝镜子】tʰiet$^{3}$sɿ$^{35}_{44}$ciaŋ$^{53}$tsɿ$^{0}$ 名 带有铁丝制成的座子的大镜子，有方的有圆的，多放在桌上：～，舞只铁丝子舞个镜子，掌起来个。tʰiet$^{3}$sɿ$^{35}_{44}$ciaŋ$^{53}$tsɿ$^{0}$,u$^{21}$tʂak$^{3}$tʰiet$^{3}$sɿ$^{35}_{44}$tsɿ$^{0}$u$^{21}$ke$^{53}_{44}$ciaŋ$^{53}$tsɿ$^{0}$,tsʰaŋ$^{53}$çi$^{21}$lɔi$^{13}_{21}$ke$^{53}_{44}$.

【铁丝搂】tʰiet$^{3}$sɿ$^{35}$lei$^{13}$ 名 铁丝编的漏勺：我等炮换茶个时候子，呃，炮玉兰片就硬爱铁……少唔得～呢。玉兰片呢下镬个时候子冇几大，一炮就硬唔知几大了。体积大唔知几多，箇只时候子如果你一块块子去夹嘞就会烧咁，就夹唔赢。就爱用～，甚至箇个玉兰片放正～肚里，和～放下油肚里，一好就一提下起来，和～提下起来，箇你还如果你系倾下箇油肚里去，倾下油肚里，你甚至你箇一下子你都搂唔搂唔赢哩。ŋai$^{13}$tien$^{0}$pʰau$^{13}$uɔn$^{53}$tsʰa$^{13}$ke$^{53}$ʂʅ$^{13}$xei$^{53}_{44}$tsɿ$^{0}$,ə$_{21}$,pʰau$^{13}$i$^{13}$lan$^{13}_{21}$pʰien$^{21}$tsʰiəu$^{53}_{44}$ɲiaŋ$^{53}$ɔi$^{53}$tʰiet$^{3}$…ʂau$^{21}$ŋ̍$^{13}_{44}$tek$^{3}$tʰiet$^{3}$sɿ$^{35}_{44}$lei$^{13}$nei$^{0}$.i$^{53}$lan$^{13}_{21}$pʰien$^{21}$ne$^{0}$xa$^{35}$uɔk$^{5}$ke$^{53}_{44}$ʂʅ$^{13}$xəu$^{53}_{44}$tsɿ$^{0}$mau$^{13}$ci$^{21}$tʰai$^{53}$,iet$^{3}$pʰau$^{13}$tsʰiəu$^{53}$ɲiaŋ$^{53}_{44}$ŋ̍$^{13}$ti$^{35}_{53}$ci$^{21}$tʰai$^{53}$liau$^{0}$.tʰi$^{21}$tsiet$^{3}$tʰai$^{53}$ŋ̍$^{13}$ti$^{35}_{44}$ci$^{21}$to$^{35}$,kai$^{53}$(tʂ)ak$^{3}$ʂʅ$^{13}$

xei53tsɿ0vy13ko21ȵi13/21iet3khuai53khuai53tsɿ0çi53kait3lei0tsiəu53/44uɔi53/44ʂau35kan21,tsiəu53kait3ȵ13/21iaŋ13.tshiəu53/21ɔi53/21iəŋ53 thiet3sɿ35/53lei13,ʂən53tsɿ53kai53ke53i53lan13/21phien21fəŋ53tʂaŋ53thiet3sɿ35/53lei13təu21li0,uo53thiet3sɿ35/53lei13fəŋ53xa53iəu13 təu21li0,iet3xau21tshiəu53iet3thia35(x)a53çi21lɔi13/21,uo53thiet3sɿ35/53lei13/21thia35(x)a53çi21lɔi13/21,kai53ȵi13xai13/21vy13ko21ȵi13 xei53khuaŋ35ŋa53kai53iəu13təu21li0 çi53,khuaŋ35ŋa53iəu13təu21li0,ȵi13ʂən53/44tʂɿ53/44ȵi13kai53/44iet3xa53tsɿ0ȵi13təu53/53ləu13/21ȵ13 lei13/21ȵ13iaŋ13li0.

【铁锁】thiet3so21 名铁质的锁：从前个锁有铜锁，～。tshəŋ13tshien13ke53/44so21iəu35thəŋ13so21,thiet3so21.

【铁扎】thiet3tshait3(←tsait3) 名有四个长齿的耙子：系短滴子个咁长子个就是～。有咁长个。/箇我等也唔搞统称。硬爱分开来。短齿子个，就耙，就耙子。长滴子个，就～。我等箇……箇个～嘞就唔宽，就只有咁宽子，只有咁宽子。/四只齿，四只。xe53/44tɔn21tiet5tsɿ0ke53/44 kan21tʂhɔŋ13tsɿ0ke53/44tsiəu53/44ʂɿ53/44thiet3tsait3.iəu35/44kan21tʂhɔŋ13ke53/44./kai53/44ŋai13tien0ia53/53ȵ13kau21thəŋ21tʂhən35. ȵiaŋ53 ɔi53/44fən35khɔi35lɔi13/21.tɔn21tʂhɿ21tsɿ0kei53/44,tshiəu53/44pha13,tshiəu53pha13tsɿ0.tʂhɔŋ13tet5tsɿ0kei53/44,tshiəu53/44thiet3 tshait3.ŋai13/21tien0kai53/44…kai53/44ke53/44thiet3tshait3lei0tshiəu53/44ȵ13khɔn35,tshiəu53/44tʂɿ21iəu35/44kan21khuan35tsɿ0,tʂɿ21iəu35/44 kan21khɔn35tsɿ0./si53tʂak3tʂhɿ21,si53tʂak3.

【铁砧】thiet3tsen35 名①锻捶金属用的垫座：只有铁匠铺里正系～，一般个人家冇么人有～，欸，冇么个用。tʂɿ21iəu35/53thiet3siɔŋ53phu53li0tʂaŋ53xe53thiet3tsen35,iet3pɔn35ke0ȵin13/21ka35/44mau13/21mak3ȵin13/21 iəu35/44thiet3tsen35,e21,mau13/21mak3e0iəŋ53. ②喻指任人欺负的人：你把做我系只～呶？ȵi13pa21tso53ŋai13 xei53tʂak3thiet3tsen35nau0?

【厅】thaŋ35 名厅堂；堂屋。也称"厅子"：箇就中间只～，一边一只间。kai53/44tshiəu53/44tʂəŋ35kan35/44 tʂak3thaŋ35,iet3pien35iet3tʂak3kan35.｜箇只～就成哩事实上嘞就就成哩只过路个～子了。kai53iak3 (←tʂak3)thaŋ35tsɿ0tshiəu53/44ʂaŋ13/21li0sɿ53ʂət5/3xɔŋ53/44lei0tshiəu53/44tshiəu53/44ʂaŋ13/21li0tʂak3ko53ləu53ke53/44thaŋ35tsɿ0liau0.

【厅下】thaŋ35xa53/44 名堂屋：箇～就蛮多名堂嘞，～就嘞。kai53/21thaŋ35xa53/44tshiəu53/44man13/21to35/44min13/21thɔŋ13/21 le0,thaŋ35xa53/44tshiəu53/44le0.

【厅子门】thaŋ35tsɿ0mən13 名堂屋的门：如今个～是就系大门呐。系啊？唔知只箇阵子我等人欸系下横巷里个时候子一只大门，我系下中间，欸～就系肚里个门。以下是～就打开～出来就系禾坪下了，箇大门。欸，我等以映人蛮讲究～，欸，有兜人划万数万块钱买皮门做～个，做大门呢。我叔叔箇只赖子渠等箇皮门都好像话嗯少兜子一万块了话，嘿，真舍得嘞。渠个箇只～吵系只么个？系只牌门呐，系只招牌样啊。别人家走下你箇屋下就是你皮门十分的是唔好看是就冇面子啊。i13/21cin35/53ke53thaŋ35tsɿ0mən13/44ʂɿ53/44tshiəu53/44xe53/44thai53mən13/21na0.xei53/44a0?ȵ13/21ti53/44tʂak3kai53 tʂhən53tsɿ0ŋai13tien0in13/21e21xei53(x)a53/44uaŋ13xɔŋ13li0ke53ʂɿ53/44xei53/44tsɿ0iet3tʂak3thai13mən13/21,ŋai13xei53(x)a53tʂəŋ35 kan35/44,e0thaŋ35tsɿ0mən13/21tshiəu53xei53təu21li0ke53mən13/21.i21ia53ʂɿ53/44thaŋ35/44tsɿ0mən13/21tshiəu53ta21khɔi53/44thaŋ35/44tsɿ0mən13/21 tʂhət3lɔi13/21tshiəu53xei53uo13/21phiaŋ13/21xa53liau0,kai53/44thai53mən13/21.ei21,ŋai13tien0i21iaŋ35ȵin13/44man13kɔŋ21ciəu53thaŋ35 tsɿ0mən13,e21,iəu35tei35/53ȵin13/44fa13uan53/44ʂɿ53/44uan53khuai53/44tshien13/21mai35phi13/21mən13tso53thaŋ35tsɿ0mən13ke53,tso53/44thai53 mən13/21ne0.ŋai13ʂəuk3ʂəuk3kai53(tʂ)ak3lai53tsɿ0ci13tien0kai53phi13/21mən13/21təu53/53xau21tshiɔŋ53/44ua53/44ȵ21/21ʂau21te35/53tsɿ0iet3 uan53khuai53/44liau0ua53/44,xe53/53,tʂən35ʂa21tek3le0.ci13kei53kai53tʂak3thaŋ35tsɿ0mən13ʂa0xei53tʂak3mak3ke53?xei53 tʂak3phai13mən13na0,xei53tʂak3tʂau35phai13iɔŋ53ŋa0.phiet5in13/53ka35/53tsei21ia53ȵi13/21kai53uk3xa53tshiəu53ʂɿ53/44ȵi13phi13/44 mən13ʂət5fən35/53so53ʂɿ53/44ȵ13xau21khɔn53ʂɿ53/44tshiəu53/44mau13mien53tsɿ0a0.

【听1】thaŋ35 动用耳朵接受声音：渠～得懂，～得懂，渠唔会讲就，～得懂。ci13/21thaŋ35tek3 təŋ21,thaŋ35tek3təŋ21,ci13/44m13/21uɔi13/44kɔŋ21tshiəu53/44,thaŋ35tek3təŋ21.

【听倒1】thaŋ35tau21 动听见：𫠠～讲过。maŋ13thaŋ35tau21kɔŋ21ko53/44.

【听得】thin35/44tek3 动听说：我等～都一下子打五十担皮箩。ŋai13tien0thin35/44tek3təu53/44iet3xa53tsɿ0ta21 ŋ21ʂət5tan53/44phi13lo13/21.

【听得话】thaŋ35tek3ua53 动听说：只～武汉大学个樱花是出哩名啊。tʂɿ21thaŋ35ŋek3(←tek3)ua53u35 xɔn53thai53çiɔk5ke53in35fa35/44ʂɿ53/44tʂhət3li0miaŋ13ŋa0.

【听话】thaŋ35ua53 形听从上级或长辈的话；能服从长辈或领导的意志：祠堂里欸打箇起唔～个人。tshɿ13thɔŋ13/21li0e21ta21kai53çi21ȵ13thaŋ35/44ua53ke53/21ȵin13/21.

【听讲】thaŋ35kɔŋ21 动听说：皮箩嘞以前冇得，我等细细子𫠠～。phi13lo13lei0i35tshien13mau13 tek3,ŋai13tien0se53se53tsɿ0maŋ13thaŋ35kɔŋ21.｜你话是不是就是五步蛇，我唔就搞唔多清。因为箇蛇只系～过，我也𫠠见过。ȵi13ua53/44ʂɿ53pət3ʂɿ53tshiəu53ʂɿ53ŋ21phu53ʂa13/21,ŋai13ȵ13/21tshiəu53kau21ȵ13to35/44tshin35/44.in35 uei$^{53}_{44}$kai$^{53}$ʂa$^{13}$tʂʅ$^{21}$(x)e$^{53}_{44}$tʰaŋ$^{35}$kɔŋ$^{21}$ko$^{53}_{44}$,ŋai$^{13}_{21}$ia$^{35}_{44}$maŋ$^{13}$cien$^{53}$ko$^{53}_{44}$.

【听讲话】tʰaŋ$^{35}$kɔŋ$^{21}$ua$^{53}$ 动听说：𫠛～水白菜哟！maŋ$^{13}$tʰaŋ$^{35}_{44}$kɔŋ$^{21}$ua$^{53}_{44}$ʂei$^{21}$pʰak$^{5}$tsʰɔi$^{53}$io$^{0}$.｜𫠛～手囊肚过。maŋ$^{13}$tʰaŋ$^{35}$kɔŋ$^{21}$ua$^{53}_{44}$ʂəu$^{21}$laŋ$^{13}$təu$^{21}$ko$^{0}$.

【听信】tʰaŋ$^{35}$sin$^{53}$ 动听到而相信（多指不正确的话或消息）：你～渠个鬼话。ɲi$^{13}$tʰaŋ$^{35}$sin$^{53}_{44}$ci$^{13}_{44}$kei$^{53}_{44}$kuei$^{21}$fa$^{53}$.｜还有么个栽藏红花个唠，硬～渠等人呢硬。xai$^{13}$iəu$^{35}_{44}$mak$^{3}$e$^{0}$tsɔi$^{35}$tsʰɔŋ$^{53}$fəŋ$^{13}$fa$^{35}$ke$^{53}$lau$^{0}$,ɲiaŋ$^{53}$tʰaŋ$^{35}$sin$^{53}$ci$^{13}_{21}$tien$^{0}$ɲin$^{13}_{21}$ne$^{0}$ɲiaŋ$^{53}$.

【亭子】tʰin$^{13}$tsʅ$^{0}$ 名供人休息的建筑物，常由柱子支承屋顶，有顶无墙：箇～嘞又唔做墙，也冇得墙。kai$^{53}_{44}$tʰin$^{13}$tsʅ$^{0}$lei$^{0}$iəu$^{53}$n̩$^{13}$tso$^{53}$tsʰiɔŋ$^{13}$,ia$^{35}$mau$^{13}_{44}$tek$^{3}$tsʰiɔŋ$^{13}$.

【亭子厅】tʰin$^{13}$tsʅ$^{0}$tʰaŋ$^{35}$ 动厢房背后的亭子，平时安有屏风，有祭祀、酒宴等大型活动时可撤除屏风：箇～呢，箇就（拆嘿）蛮多年了。kai$^{53}$tʰin$^{13}$tsʅ$^{0}$tʰaŋ$^{35}$nei$^{0}$,kai$^{53}_{44}$tsʰiəu$^{53}_{44}$man$^{13}_{21}$to$^{35}_{44}$ɲien$^{13}_{21}$niau$^{0}$.

【停】tʰin$^{13}$ 动①放置：欸箇开水～冷哩了哇，欸呀，温温滚子了，食得了。ei$_{44}$kai$^{53}_{44}$kʰɔi$^{35}$ʂei$^{21}$tʰin$^{13}_{21}$naŋ$^{35}$li$^{0}$liau$^{21}_{44}$ua$^{0}$,ei$_{21}$ia$^{0}$,uən$^{35}$uən$^{35}_{44}$kuən$^{21}$tsʅ$^{0}$liau$^{0}$,ʂət$^{5}$tek$^{3}$liau$^{0}$. ②沉淀：～鲜清澈来 tʰin$^{13}$sien$^{35}$lɔi$^{13}$。③止住：风～哩。fəŋ$^{35}$tʰin$^{13}$li$^{0}$.

【停停打打】tʰin$^{13}$tʰin$^{13}$ta$^{21}$ta$^{21}$ 指店铺时开时关，生意不景气：箇肉砧铺咯开下子又关下子，～子唠。kai$^{53}_{44}$ɲiəuk$^{3}$tsen$^{35}_{44}$pʰu$^{53}$ko$^{0}$kʰɔi$^{35}$ia$^{53}$tsʅ$^{0}$iəu$^{53}_{44}$kuan$^{35}$na$^{53}$tsʅ$^{0}$,tʰin$^{13}$tʰin$^{13}$ta$^{21}$ta$^{21}$tsʅ$^{0}$lau$^{0}$.

【挺】tʰin$^{21}$ 动伸直或凸出（身体或身体的一部分）：～起胸脯 tʰin$^{21}$çi$^{21}$çiɔŋ$^{35}$pʰu$^{13}$挺胸

【挺直】tʰin$^{21}$tʂʰət$^{5}$ 动直立不弯曲：个孝子你不能够话胸口～啦。ke$^{53}_{44}$xau$^{53}$tsʅ$^{0}$ɲi$^{13}$pət$^{3}$lən$^{13}_{21}$kei$^{53}_{44}$ua$^{53}_{44}$çiɔŋ$^{35}$kʰəu$^{21}$tʰin$^{21}$tʂʰət$^{5}$la$^{0}$.

【铤㓥】tʰin$^{21}$tʰɔŋ$^{21}$ 名屠夫用的一种工具，一根长铁棍，一头做成圆圈形，用于杀猪后，从猪的一只后脚皮上所开口子进入，在皮下捅出空隙，吹气使猪身膨胀以便去毛：屠户个工具就还有～啊。欸，有么？有吗箇肚里，～吗？做屠户个人个工具啊。㓥字大概一只金字旁一只当字吧。～搞么个用个嘞？猪杀死哩以后，箇只猪杀死哩以后嘞，就箇脚上啊，割条子皮子，用～去打。打打打，打倒搞么个嘞？就去吹气个。爱分气送进去个。箇就安做～。□长一条铁棍。箇头上圆圆子。看过吧？tʰəu$^{13}$fu$^{53}$ke$^{53}_{44}$kəŋ$^{35}$tʂɥ$^{53}_{44}$tsiəu$^{53}_{44}$xai$^{13}_{21}$iəu$^{35}$tʰin$^{21}$tʰɔŋ$^{21}$ŋa$^{0}$.e$_{21}$,iəu$^{35}_{44}$mo$^{0}$?iəu$^{35}$ma$^{0}$kai$^{53}_{44}$təu$^{21}_{44}$li$^{0}$,tʰin$^{21}$tʰɔŋ$^{21}$ma$^{0}$?tso$^{53}$tʰəu$^{13}$fu$^{53}_{44}$ke$^{53}_{44}$ɲin$^{13}_{21}$ke$^{53}_{44}$kəŋ$^{35}_{44}$tʂɥ$^{53}$a$^{0}$.tʰɔŋ$^{21}$tsʰʅ$^{53}_{44}$tʰai$^{53}_{44}$kai$^{53}_{44}$iet$^{3}$tʂak$^{3}$cin$^{35}$tsʰʅ$^{53}_{44}$pʰɔŋ$^{13}_{21}$iet$^{3}$tʂak$^{3}$tɔŋ$^{35}$tsʰʅ$^{53}_{44}$pa$^{0}$.tʰin$^{21}$tʰɔŋ$^{21}$kau$^{21}$mak$^{3}$(k)e$^{53}_{44}$iəŋ$^{53}_{44}$ke$^{53}_{44}$lei$^{0}$?tʂəu$^{35}$sait$^{3}$si$^{21}$li$^{0}$i$^{35}$xei$^{53}_{44}$,kai$^{53}_{21}$tʂak$^{3}$tʂəu$^{35}$sait$^{3}$si$^{21}$li$^{0}$i$^{35}$xei$^{53}_{44}$lei$^{0}$,tsʰiəu$^{53}_{44}$kai$^{53}$ciɔk$^{3}$xɔŋ$^{53}$ŋa$^{0}$,kɔit$^{3}$tʰiau$^{13}_{53}$tsʅ$^{0}$pʰi$^{13}$tsʅ$^{0}$,iəŋ$^{53}$tʰin$^{21}$tʰɔŋ$^{21}$çi$^{53}$ta$^{21}$.ta$^{21}$ta$^{21}$ta$^{21}_{44}$,ta$^{21}$tau$^{21}$kau$^{21}$mak$^{3}$(k)e$^{53}_{44}$lei$^{0}$?tsʰiəu$^{53}_{44}$çi$^{53}_{44}$tʂʰei$^{35}$çi$^{53}$ke$^{53}_{44}$.ɔi$^{53}_{44}$pən$^{35}$çi$^{53}$səŋ$^{53}$tsin$^{53}$cʰi$^{53}_{44}$ke$^{53}_{44}$.kai$^{53}_{44}$tsʰiəu$^{53}_{44}$ɔn$^{35}_{44}$tso$^{53}_{44}$tʰin$^{21}$tʰɔŋ$^{21}$.lai$^{35}$tʂʰɔŋ$^{13}_{21}$iet$^{3}$tʰiau$^{13}_{21}$tʰiet$^{3}$kuən$^{53}$.kai$^{53}$tʰei$^{13}_{21}$xɔŋ$^{53}$ien$^{13}$ien$^{13}$tsʅ$^{0}$.kʰɔn$^{53}$ko$^{53}_{44}$pa$^{0}$?

【听$_2$】tʰin$^{53}$ 动①听任，任凭去做，又称“等、在、在乎、让”：箇就～你唠。kai$^{53}$tsʰiəu$^{53}_{44}$tʰin$^{53}$ɲi$^{13}$lau$^{0}$,那就你说了算啊。｜别滴位子就唔讲了，箇～你坐了。pʰiet$^{5}$tet$^{5}_{3}$uei$^{53}_{44}$tsʅ$^{0}$tsʰiəu$^{53}$ŋ̍$^{13}_{21}$kɔn$^{21}$liau$^{0}$,kai$^{53}_{44}$tʰin$^{53}$ɲi$^{13}_{21}$tsʰo$^{35}$liau$^{0}$.｜～渠去嬲哇。tʰin$^{53}$ci$^{13}_{21}$çi$^{53}_{44}$liau$^{53}$ua$^{0}$. ②听候，听从：铙钹～鼓响。ɲiau$^{13}$pʰait$^{5}$tʰin$^{53}$ku$^{21}$çiɔŋ$^{21}$.

【听$_3$】tʰin$^{53}$ 连表示在任何条件或情况下结果都不会改变：～你去唔去，横直我是爱个。tʰin$^{53}$ɲi$^{13}$çi$^{53}$ŋ̍$^{13}$çi$^{53}$,uaŋ$^{13}$tʂʰət$^{5}$ŋai$^{13}$ʂʅ$^{53}$ɔi$^{53}$ke$^{0}$.

【听晡】tʰin$^{53}$pu$^{35}$ 名①改天，指以后不太久的某一天：～又来呀！tin$^{53}$pu$^{35}_{44}$iəu$^{53}_{44}$lɔi$^{13}_{21}$ia$^{0}$！②头天，此前一天：～又喊少哩肥，第二日就唔爱咁多肥了。tʰin$^{53}$pu$^{35}_{44}$iəu$^{53}$xan$^{53}_{21}$ʂau$^{21}$li$^{0}$pʰi$^{13}$,tʰi$^{53}$ɲi$^{53}$ɲiet$^{3}$tsiəu$^{53}_{44}$m̩$^{13}_{21}$mɔi$^{53}_{35}$kan$^{21}$to$^{35}$pʰi$^{13}$liau$^{0}$.

【听乎$_1$】tʰin$^{53}$fu$^{13}$ 动任凭：我睡楼下我几好子嘞，你两公婆～你等箇个嘞。ŋai$^{13}$ʂɔi$^{53}$lei$^{13}_{21}$xa$^{53}$ŋai$^{13}_{21}$ci$^{21}$xau$^{21}$tsʅ$^{0}$lei$^{0}$,ɲi$^{13}$iɔŋ$^{21}$kəŋ$^{35}_{44}$pʰo$^{13}_{21}$tʰin$^{53}$fu$^{13}_{44}$ɲi$^{13}_{21}$tien$^{0}$kai$^{53}_{44}$ke$^{53}_{44}$lei$^{0}$.

【听乎$_2$】tʰin$^{53}$fu$^{13}$ 连犹言不管或任凭怎么样：我开车我坐倒箇肚里熨事八帖子，我熨事八帖子坐倒箇肚里，～你外背搞兜么个，嗯，～你外背糊里马架。ŋai$^{13}$kʰɔi$^{35}$tʂʰa$^{35}$ŋai$^{13}_{21}$tsʰo$^{35}$tau$^{21}$kai$^{53}_{21}$təu$^{21}$li$^{0}$iet$^{3}$sʅ$^{53}$pait$^{3}$tʰiait$^{3}$tsʅ$^{0}$,ŋai$^{13}_{21}$iet$^{3}$sʅ$^{53}$pait$^{3}$tʰiait$^{3}$tsʅ$^{0}$tsʰo$^{35}$tau$^{21}$kai$^{53}$təu$^{21}$li$^{0}$,tʰin$^{53}$fu$^{13}_{2}$ɲi$^{13}_{21}$ŋɔi$^{35}$pɔi$^{53}$kau$^{21}$te$^{35}_{53}$mak$^{3}$ke$^{53}$,n̩$_{21}$,tʰin$^{53}$fu$^{13}_{2}$ɲi$^{13}_{21}$ŋɔi$^{35}$pɔi$^{53}_{44}$u$^{13}$li$^{0}$ma$^{21}$cia$^{53}$.

【听倒$_2$】tʰin$^{53}$tau$^{21}$ 副尽情地：～来取笑哇，来笑哇。以只个家爷老子，以只扒灰佬哇。tʰin$^{53}_{44}$tau$^{21}_{44}$lɔ$_{21}$(←lɔi$^{13}$)tsʰi$^{21}$siau$^{53}$ua$^{0}$,lɔi$^{13}_{21}$siau$^{53}$ua$^{0}$.i$^{21}$tʂak$^{3}$ke$^{53}_{44}$ka$^{35}$ia$^{13}_{21}$lau$^{21}$tsʅ$^{0}$,i$^{21}$tʂak$^{3}$pʰa$^{13}$fɔi$^{35}_{44}$lau$^{21}$ua$^{0}$.

【通$_1$】tʰəŋ$^{35}$ 动没有堵塞，可以穿过：爱去走。渠就唔怕去走呀。爱去𨃰～来呀。唔𨃰～来产量唔高。ɔi$^{53}$çi$^{53}_{44}$tsei$^{21}$.ci$^{13}_{21}$tsʰiəu$^{53}$m̩$^{13}$pʰa$^{53}$çi$^{53}$tsei$^{21}$ia$^{0}$.ɔi$^{53}$çi$^{53}_{44}$kaŋ$^{53}$tʰəŋ$^{35}_{44}$lɔi$^{13}_{21}$ia$^{0}$.n̩$^{13}$kaŋ$^{53}$tʰəŋ$^{35}_{44}$lɔi$^{13}_{21}$tsʰan$^{21}$

liɔŋ$^{53}$n̩$^{13}_{21}$kau$^{35}_{44}$.

【通$_2$】tʰəŋ$^{53}$ 动疏通；清除堵塞物：欸，烟囱啊塞咁哩啊，爱舞倒竹篙去～。ei$^{0}$,ien$^{35}$tsʰəŋ$^{35}$ŋa$^{0}$set$^{3}$kan$^{21}_{44}$ni$^{0}$a$^{0}$,ɔi$^{53}$u$^{21}$tau$^{21}$tʂəuk$^{3}$kau$^{35}_{44}$çi$^{53}_{44}$tʰəŋ$^{53}$.｜我等我箇老屋里有天心呐，天心就有天心窿啊，系啊？我等舞倒竹篙去舞倒竹子去～，～天心窿欸。ŋai$^{13}$tien$^{0}$ŋai$^{13}$kai$^{53}$lau$^{21}$uk$^{3}$li$^{0}$iəu$^{35}_{53}$tʰien$^{35}$sin$^{35}_{44}$na$^{0}$,tʰien$^{35}$sin$^{35}_{44}$tsʰiəu$^{53}_{44}$iəu$^{35}$tʰien$^{35}_{44}$sin$^{35}_{44}$nəŋ$^{13}$ŋa$^{0}$,xei$^{53}$a$^{0}$?ŋai$^{13}$tien$^{0}$u$^{21}$tau$^{21}$tʂəuk$^{3}$kau$^{35}_{44}$çi$^{53}$u$^{21}$tau$^{21}$tʂəuk$^{3}$tsɿ$^{0}$çi$^{53}$tʰəŋ$^{53}$,tʰəŋ$^{53}$tʰien$^{35}_{44}$sin$^{35}_{44}$nəŋ$^{13}$ŋei$^{0}$.

【通$_3$】tʰəŋ$^{35}$ 形整个的，全：～身都湿嘿哩。tʰəŋ$^{35}$ʂən$^{35}_{44}$təu$^{35}_{53}$ʂət$^{3}$(x)ek$^{3}$li$^{0}$.｜～夜都𫥊睡。tʰəŋ$^{35}$ia$^{53}$təu$^{35}_{44}$maŋ$^{13}$ʂɔi$^{53}$.

【通$_4$】tʰəŋ$^{35}$ 量遍，次。用于击鼓：击鼓三～ ciet$^{3}$ku$^{21}$san$^{35}$tʰəŋ$^{35}_{44}$

【通唱】tʰəŋ$^{35}$tʂʰɔŋ$^{53}$ 名司仪，尤指祭祀时礼生的司仪行为；主持（传统仪式）：以下就～啊。～就站倒上背哼呶。两个人呐徛倒箇桌子边上来喊呐。～就司仪个味道啦。i$^{21}$xa$^{53}_{44}$tsʰiəu$^{53}_{44}$tʰəŋ$^{35}$tʂʰɔŋ$^{53}$ŋa$^{0}$.tʰəŋ$^{35}$tʂʰɔŋ$^{53}$tsʰiəu$^{53}_{44}$tsan$^{53}$tau$^{21}$ʂɔŋ$^{53}$pɔi$^{53}$xen$^{35}$nau$^{0}$.iɔŋ$^{21}$ke$^{53}$ɲin$^{13}_{21}$na$^{0}$cʰi$^{35}$tau$^{21}$kai$^{53}_{44}$tsɔk$^{3}$tsɿ$^{0}$pien$^{35}$xɔŋ$^{53}_{44}$lɔi$^{13}_{21}$xan$^{53}$na$^{0}$.tʰəŋ$^{35}$tʂʰɔŋ$^{53}$tsʰiəu$^{53}_{44}$sɿ$^{35}_{44}$ɲi$^{13}$ke$^{53}$uei$^{53}_{44}$tʰau$^{53}_{44}$la$^{0}$.

【通钩】tʰəŋ$^{35}$kei$^{35}$ 名用以悬挂鼎锅于灶前的铁钩：挂钩唠，欸就挂钩哟。～呀？欸，有咁子话法，有～个话法。系。你讲起～就有。～更地道。kua$^{53}$ciei$^{35}_{44}$lau$^{0}$,e$^{0}$tsiəu$^{53}_{21}$kua$^{53}$ciei$^{35}_{44}$iau$^{0}$.tʰəŋ$^{35}$ciei$^{35}_{44}$ia$^{0}$?ei$_{21}$,iəu$^{35}$kan$^{21}$tsɿ$^{0}$ua$^{53}$fait$^{3}$,iəu$^{35}$tʰəŋ$^{35}$ciei$^{35}_{44}$cie$^{53}_{44}$ua$^{53}$fait$^{3}$.xe$^{53}_{21}$. ɲi$^{13}$kɔŋ$^{21}$çi$^{21}_{44}$tʰəŋ$^{35}$ciei$^{35}_{44}$tsʰiəu$^{53}_{44}$iəu$^{35}$.tʰəŋ$^{35}$ciei$^{35}_{44}$ken$^{53}_{21}$ti$^{53}$tau$^{53}_{21}$.

【通梢】tʰəŋ$^{35}$sau$^{35}_{33}$ 形又细又长：因为箇细杉树子啊，唔知几～个。in$^{35}_{44}$uei$^{53}_{44}$kai$^{53}_{44}$se$^{53}$sa$^{35}_{44}$ʂəu$^{53}$tsɿ$^{0}$a$^{0}$,n̩$^{13}_{21}$ti$^{35}_{53}$ci$^{21}$tʰəŋ$^{35}$sau$^{35}$ke$^{53}_{44}$.｜箇竹蛮～。kai$^{53}_{44}$tʂəuk$^{3}$man$^{13}$tʰəŋ$^{35}_{44}$sau$^{35}_{44}$.

【通书】tʰəŋ$^{35}$ʂəu$^{35}$ 名民间通行的历书。也称"通书子"：～同挂历又唔同咯。tʰəŋ$^{35}$ʂəu$^{35}_{44}$tʰəŋ$^{13}_{44}$kua$^{53}$liet$^{5}$iəu$^{53}$n̩$^{13}_{21}$tʰəŋ$^{13}_{21}$ko$^{0}$.｜以前我等也喊～子。i$^{21}$tsʰien$^{13}$ŋai$^{13}_{21}$tien$^{0}$ia$^{35}_{21}$xan$^{53}$tʰəŋ$^{35}$ʂəu$^{35}_{44}$tsɿ$^{0}$.

【通条】tʰəŋ$^{35}$tʰiau$^{13}$ 名通火用的铁条：～欸搋火用个铁棍。一般呢～是箇个嘞铁匠铺里嘞，铁匠铺里渠烧煤，箇个煤容易么个容易结做一坨，渠就爱舞只～。一般我等烧灶个唔用～，就用么个？就用火铲呢。tʰəŋ$^{35}$tʰiau$^{13}_{21}$e$_{44}$ləuk$^{3}$fo$^{21}$iəŋ$^{53}$ke$^{53}$tʰiet$^{3}$kuən$^{53}$.iet$^{3}$pən$^{35}$ne$^{0}$tʰəŋ$^{35}$tʰiau$^{13}_{21}$ʂɿ$^{53}_{21}$kai$^{53}$ke$^{53}_{44}$lei$^{0}$tʰiet$^{3}$siɔŋ$^{53}$pʰu$^{53}$li$^{0}$lei$^{0}$,tʰiet$^{3}$siɔŋ$^{53}$pʰu$^{53}$li$^{0}$ci$^{13}_{21}$ʂau$^{35}_{44}$mi$^{13}$,kai$^{53}$ke$^{53}$mi$^{13}$iəŋ$^{13}$i$^{53}$mak$^{3}$kei$^{53}$iəŋ$^{13}$i$^{53}$ciet$^{3}$tso$^{53}$(i)et$^{3}$tʰo$^{13}$,ci$^{13}_{21}$tsʰiəu$^{53}$ɔi$^{53}$u$^{21}$tʂak$^{3}$kʰəŋ$^{35}$tʰiau$^{13}_{21}$.iet$^{3}$pən$^{35}_{53}$ŋai$^{13}_{21}$tien$^{0}$ʂau$^{35}$tsau$^{53}$ke$^{53}$n̩$^{13}$iəŋ$^{53}$tʰəŋ$^{35}$tʰiau$^{13}_{21}$,tsʰiəu$^{53}$iəŋ$^{53}$mak$^{3}$ke$^{53}_{44}$?tsʰiəu$^{53}$iəŋ$^{53}$fo$^{21}$tsʰan$^{21}$nei$^{0}$.

【通通】tʰəŋ$^{35}$tʰəŋ$^{35}$ 副全部；一律。也称"通通子"：打屋盘子啊，分箇屋……箇只所爱用个栏场～都清开来呀。ta$^{21}$uk$^{3}$pʰan$^{13}$tsa$^{0}$,pən$^{35}$kai$^{53}_{44}$uk$^{3}$…kai$^{53}$tʂak$^{3}$so$^{21}$ɔi$^{53}_{44}$iəŋ$^{53}$ke$^{53}_{44}$lɔŋ$^{13}$tʂʰɔŋ$^{13}$tʰəŋ$^{35}$tʰəŋ$^{35}$təu$^{35}_{21}$tsʰin$^{35}$kʰɔi$^{35}$lɔi$^{13}_{21}$ia$^{0}$.｜死个系男子人，你就捭下左边肩膊上，嗯，～子捭下左边肩膊上。si$^{21}$ke$^{53}$xe$^{53}$lan$^{13}$tsɿ$^{21}$ɲin$^{13}$, ɲi$^{13}$tsʰiəu$^{53}$tan$^{21}$na$^{53}$(←xa$^{53}$)tso$^{21}$pien$^{35}_{44}$cien$^{35}$pɔk$^{3}$xɔŋ$^{53}$,ŋ̍$_{21}$,tʰəŋ$^{35}$tʰəŋ$^{35}_{44}$tsɿ$^{0}$tan$^{21}$na$_{35}$(←xa$^{53}$)tso$^{21}$pien$^{35}_{44}$cien$^{35}$pɔk$^{3}$xɔŋ$^{53}$.

【通宵】tʰəŋ$^{35}$siau$^{35}$ 名通夜，整个夜晚：箇个死哩人呐，还山个头晡夜晡爱闹～嘞。kai$^{53}$ke$^{53}$si$^{21}$li$^{0}$ɲin$^{13}$na$^{0}$,fan$^{13}$san$^{35}$ke$^{53}$tʰei$^{13}$pu$^{35}_{44}$ia$^{53}$pu$^{35}_{53}$ɔi$^{53}$lau$^{53}$tʰəŋ$^{35}$siau$^{35}_{44}$lei$^{0}$.

【通信员】tʰəŋ$^{35}$sin$^{53}$ien$^{13}$/vien$^{13}$ 名机构内部或向外递交信件、通报情事者：以前就好像话部队里就有～，系唔系？乡下是……也有～呢。以前个乡政府哇，箇阵子交通箇个电话箇兜唔太发达个时候子啊，有～，专门跑脚，到各只大队呀到处去送通知箇兜个，～。i$^{35}_{53}$tsʰien$^{13}$tsʰiəu$^{53}$xau$^{21}$tsʰiɔŋ$^{53}_{44}$ua$^{53}_{44}$pʰu$^{53}$tei$^{53}$li$^{0}$tsiəu$^{53}_{44}$iəu$^{35}$tʰəŋ$^{35}_{44}$sin$^{53}$vien$^{13}$,xei$^{53}$me$^{53}$?çiɔŋ$^{35}$xa$^{53}$ʂɿ$^{53}_{21}$…ia$^{35}$iəu$^{35}_{44}$tʰəŋ$^{35}_{44}$sin$^{53}$vien$^{13}_{21}$ne$^{0}$.i$^{35}_{53}$tsʰien$^{13}_{21}$kei$^{53}$çiɔŋ$^{35}$tʂən$^{53}$fu$^{21}$va$^{0}$,kai$^{53}$tʂʰən$^{53}$tsɿ$^{0}$ciau$^{35}$tʰəŋ$^{35}_{44}$kai$^{53}_{44}$ke$^{53}_{44}$tʰien$^{53}$fa$^{53}_{44}$kai$^{53}_{44}$te$^{35}_{44}$n̩$^{13}$tʰai$^{53}_{44}$fait$^{3}$tʰait$^{5}$ke$^{53}$ʂɿ$^{13}$xəu$^{53}_{44}$tsɿ$^{0}$a$^{0}$,iəu$^{35}_{44}$tʰəŋ$^{35}_{44}$sin$^{53}$vien$^{13}$,tʂen$^{35}$mən$^{13}_{21}$pʰau$^{21}$ciɔk$^{3}$,tau$^{53}$kɔk$^{3}$tʂak$^{3}$tʰai$^{53}$ti$^{53}$ia$^{0}$tau$^{53}$tʂʰəu$^{53}$çi$^{53}$səŋ$^{53}$tʰəŋ$^{35}$tʂɿ$^{35}_{44}$kai$^{53}_{44}$tei$^{35}_{44}$ke$^{0}$,tʰəŋ$^{35}_{44}$sin$^{53}$vien$^{13}$.

【通学生】tʰəŋ$^{35}$xɔk$^{5}$/çiɔk$^{5}$saŋ$^{35}$ 名走读生，与"寄宿生"相对：放学了，分箇～留下来就安做关夜学。fɔŋ$^{53}$xɔk$^{5}$liau$^{0}$,pən$^{35}_{44}$kai$^{53}$tʰəŋ$^{35}_{44}$çiɔk$^{5}$sen$^{35}_{44}$liəu$^{13}_{21}$xa$^{53}_{44}$lɔi$^{13}_{21}$tsʰiəu$^{53}_{44}$ɔn$^{35}_{44}$tso$^{53}_{44}$kuan$^{35}_{44}$ia$^{53}$xɔk$^{5}$.

【通夜】tʰəŋ$^{35}$ia$^{53}$ 名通宵；整夜：有兜人呢话渠去外背打牌，打麻将，打～。iəu$^{35}$tei$^{35}_{53}$ɲin$^{13}_{21}$nei$^{0}$ua$^{53}$ci$^{13}_{21}$çi$^{53}$ŋɔi$^{53}$pɔi$^{53}$ta$^{21}$pʰai$^{13}$,ta$^{21}$ma$^{13}$tsiɔŋ$^{53}$,ta$^{21}$tʰəŋ$^{35}$ia$^{53}$.

【同$_1$】tʰəŋ$^{13}$ 形相同；一样：上十个月摎上十月唔～。ʂaŋ$^{35}$ʂət$^{5}$ke$^{53}$ɲiet$^{5}_{3}$lau$^{35}$ʂaŋ$^{35}$ʂət$^{5}$ɲiet$^{5}$n̩$^{13}_{21}$tʰəŋ$^{13}$.｜麻鮕石摎麻石又唔～我等以映子。ma$^{13}$kʰu$^{35}$ʂak$^{5}$lau$^{35}_{44}$ma$^{13}$ʂak$^{5}$iəu$^{53}_{44}$n̩$^{13}_{21}$tʰəŋ$^{13}$ŋai$^{13}$tien$^{0}$i$^{21}$iaŋ$^{53}_{21}$tsɿ$^{0}$.

【同$_2$】tʰəŋ$^{13}$ 连表示并列关系，相当于"和"：鸭崽～鸡崽差唔多。ait$^{3}$tsi$^{53}$tʰəŋ$^{13}_{21}$cie$^{35}$tsi$^{53}$tsa$^{35}$

ŋ̍$^{13}_{21}$to$^{35}$.

【同$_3$】tʰəŋ$^{13}$ 介①引出代理、帮助的对象，相当于“替、给、为”：～大自家办事。tʰəŋ$^{13}$ tʰai$^{53}_{13}$tsʰɿ$^{35}$ka$^{35}$pʰan$^{53}$sɿ$^{53}$.｜你～我写封信。ɲi$^{13}$tʰəŋ$^{13}$ŋai$^{13}$sia$^{21}$fəŋ$^{35}$sin$^{53}$.｜你箇张纸我～你轧稳下子。ɲi$^{13}$kai$^{53}_{44}$tʂəŋ$^{35}_{44}$tʂɿ$^{21}$ŋai$^{13}$tʰəŋ$^{13}_{21}$ɲi$^{13}_{44}$tsak$^{3}$uən$^{21}$na$^{53}$(←xa$^{53}$)tsɿ$^{0}$. ②引出行为面向的对象，相当于“向”：～你兼问下子。tʰəŋ$^{35}$ɲi$^{13}$cien$^{35}$mən$^{53}$xa$^{53}$tsɿ$^{0}$.｜～渠借一本书。tʰəŋ$^{13}$ci$^{13}$tsia$^{53}$iet$^{3}$pən$^{21}$ʂəu$^{35}$.｜～别人家介绍，“以只以只我第三个孙子”。tʰəŋ$^{13}_{21}$pʰiet$^{5}_{3}$ɲin$^{13}_{44}$ka$^{35}_{44}$kai$^{53}$ʂau$^{53}$,i$^{21}$tʂak$^{3}$ i$^{21}$tʂak$^{3}$ ŋai$^{13}$ tʰi$^{53}$san$^{35}$cie$^{53}$sən$^{35}$tsɿ$^{0}$. ③引出比较或比况的对象，相当于“和、与、像”：我等是～你等差蛮远得。ŋai$^{13}$tien$^{0}$ ʂɿ$^{53}_{44}$tʰəŋ$^{13}_{21}$ɲi$^{13}_{21}$tien$^{0}$tsa$^{35}$man$^{13}$ien$^{21}_{13}$tek$^{3}$.｜～二流子样个。tʰəŋ$^{13}$ɲi$^{53}$liəu$^{13}$tsɿ$^{0}$ iəŋ$^{53}_{44}$ke$^{53}_{44}$.｜箇个汤肚里放滴子番薯粉去吧，就～箇个北方人个芡粉样啊？kai$^{53}$ke$^{53}$tʰəŋ$^{35}$təu$^{21}$li$^{0}$ fəŋ$^{53}$tet$^{5}$ tsɿ$^{0}$ fan$^{35}$ʂəu$^{13}_{21}$fən$^{21}$çi$^{53}$pa$^{0}$,tsʰiəu$^{53}$tʰəŋ$^{13}_{21}$kai$^{53}_{44}$ke$^{53}_{44}$pɔit$^{3}$ xɔŋ$^{35}_{44}$ɲin$^{13}_{21}$ke$^{53}_{44}$cʰian$^{53}$fən$^{21}$iɔŋ$^{53}$ŋa$^{0}$? ④引出言说的对象，相当于“对、跟”：只有～细人子讲就讲下子鱼尾鳑。tʂɿ$^{21}$iəu$^{35}_{44}$tʰəŋ$^{13}_{21}$se$^{53}$ɲin$^{13}_{44}$tsɿ$^{0}$ kɔŋ$^{21}$ tsʰiəu$^{53}_{44}$kɔŋ$^{21}$ŋa$^{53}$(←xa$^{53}$)tsɿ$^{0}$ ŋ̍$^{13}$mi$^{35}_{44}$pait$^{5}$.

【同分】tʰəŋ$^{13}_{21}$pən$^{35}_{0}$ 介引出比较或比况的对象，相当于“和、与”：～粽子样啊，你就哪天子都做得。tʰəŋ$^{13}_{21}$pən$^{35}_{0}$tsəŋ$^{53}$tsɿ$^{0}$ iɔŋ$^{53}$ŋa$^{0}$, ɲi$^{13}_{21}$tsʰiəu$^{53}$lai$^{53}$tʰien$^{35}_{44}$tsɿ$^{0}$ təu$^{35}_{44}$tso$^{53}$tek$^{3}$.

【同谋】tʰəŋ$^{13}$miau$^{13}$ 名共同谋划做坏事的人：欸，我等箇映子有只人咯就偷别人家牛，捉倒哩。捉倒哩嘞，渠硬唔承认还有～，欸，但是尽兜分析嘞，渠一个人硬呷唔消，欸，因为渠通夜又还剧倒箇条牛，又㑚倒去卖。你话一个人让门做得到，剧条牛，系唔系？硬啱倒唔做声。落尾欸唔知想只么个办法正分箇只～捉倒。e$_{44}$,ŋai$^{13}$tien$^{0}$ kai$^{53}$iaŋ$^{35}$tsɿ$^{0}$ iəu$^{35}$tʂak$^{3}$ ɲin$^{13}$ko$^{0}$ tsʰiəu$^{53}_{44}$ tʰei$^{35}$pʰiet$^{5}$ in$^{13}_{44}$ka$^{35}_{53}$ɲiəu$^{13}$,tsɔk$^{3}$ tau$^{21}$li$^{0}$.tsɔk$^{3}$ tau$^{21}$li$^{0}$ lei$^{0}$,ci$^{13}$ɲiaŋ$^{53}$ŋ̍$^{13}_{21}$tʂʰən$^{13}$ɲin$^{53}$xai$^{13}_{21}$iəu$^{35}_{53}$tʰəŋ$^{13}$miau$^{13}$,e$_{21}$,tan$^{53}_{44}$ ʂɿ$^{53}_{44}$tsʰin$^{35}$te$^{35}_{53}$fən$^{35}$siet$^{3}$ lei$^{0}$,ci$^{13}_{21}$iet$^{3}$ ke$^{53}$ɲin$^{13}_{21}$ɲiaŋ$^{53}$çiak$^{5}$ ŋ̍$^{13}_{21}$siau$^{35}_{44}$,ei$_{44}$,in$^{35}$uei$^{53}$ci$^{13}_{21}$tʰəŋ$^{35}$ia$^{35}$iəu$^{53}$xai$^{13}_{21}$tʂʰɿ$^{13}$tau$^{21}$ kai$^{53}$tʰiau$^{13}_{21}$ɲiəu$^{13}_{21}$,iəu$^{53}$u$^{21}$tau$^{21}$çi$^{53}_{44}$mai$^{53}$. ɲi$^{13}$ua$^{53}$iet$^{3}$ ke$^{53}$ɲin$^{13}_{21}$ɲiɔŋ$^{13}$mən$^{13}_{44}$tso$^{53}$tek$^{3}$ tau$^{53}$,tʂʰɿ$^{13}$tʰiau$^{13}_{44}$ɲiəu$^{13}$,xei$^{53}$ me$^{53}$?ɲiaŋ$^{53}$ŋait$^{3}$ tau$^{21}$ŋ̍$^{13}$tso$^{53}_{44}$ʂaŋ$^{35}$.lɔk$^{5}$ mi$^{35}_{44}$e$_{21}$ŋ̍$^{13}$ti$^{35}_{53}$siɔŋ$^{21}$tʂak$^{3}$ mak$^{3}$ e$^{0}$ pʰan$^{53}$fait$^{3}$ tʂaŋ$^{53}_{44}$pən$^{35}$kai$^{53}_{21}$tʂak$^{3}$ tʰəŋ$^{13}$ miau$^{13}$tsɔk$^{3}$ tau$^{21}_{44}$.

【同年$_1$】tʰəŋ$^{13}$ɲien$^{13}$ 形同岁；年岁相同：我摎箇只喊阿叔个人～。ŋai$^{13}$lau$^{35}_{44}$kai$^{53}$tʂak$^{3}$ xan$^{53}$a$^{35}$ ʂəuk$^{3}$ ke$^{53}$ɲin$^{13}_{44}$tʰəŋ$^{13}_{21}$ɲien$^{13}$.

【同年$_2$】tʰəŋ$^{13}$ɲien$^{13}$ 名同岁的人：我摎你两～呐，两老庚呐。ŋai$^{13}$lau$^{35}_{53}$ɲi$^{13}_{44}$iɔŋ$^{21}$tʰəŋ$^{13}$ɲien$^{13}$na$^{0}$, iɔŋ$^{21}$lau$^{21}$cien$^{35}$na$^{0}$.

【同年娭】tʰəŋ$^{13}$ɲien$^{13}$ɔi$^{35}$ 名母亲的老庚：我有只～。就摎我娭子同年个嘞。ŋai$^{13}$iəu$^{35}_{53}$tʂak$^{3}$ tʰəŋ$^{13}_{44}$ ɲien$^{13}_{44}$ɔi$^{35}$.tsʰiəu$^{53}_{44}$lau$^{35}$ŋai$^{13}_{21}$ɔi$^{35}$tsɿ$^{0}$ tʰəŋ$^{35}$ɲien$^{13}$ke$^{53}$lei$^{0}$.｜我就喊渠伯娑呀。渠就话：“你搞么个唔喊我～？”我话：“就唔喊你～。”“你就喊下子我～呀。”ŋai$^{13}_{21}$tsʰiəu$^{53}_{44}$xan$^{53}$ci$^{13}_{21}$pak$^{3}$ me$^{35}$ia$^{0}$.ci$^{13}$ tsʰiəu$^{53}$ua$^{53}$:"ɲi$^{13}$kau$^{21}$mak$^{3}$(k)e$^{53}$ŋ̍$^{13}$xan$^{53}$ŋai$^{13}_{21}$tʰəŋ$^{13}_{21}$ɲien$^{13}_{21}$ɔi$^{35}$?"ŋai$^{13}$ua$^{53}$: "tsʰiəu$^{53}$ŋ̍$^{13}$xan$^{53}$ɲi$^{13}_{21}$tʰəŋ$^{13}_{21}$ɲien$^{13}_{21}$ɔi$^{35}$." "ɲi$^{13}$tsʰiəu$^{53}$xan$^{53}$xa$^{53}_{44}$tsɿ$^{0}$ ŋai$^{13}$tʰəŋ$^{13}_{21}$ɲien$^{13}_{21}$ɔi$^{35}$ia$^{0}$."

【同年哥】tʰəŋ$^{13}$ɲien$^{13}$ko$^{35}$ 名①同岁人中略长的人：欸，箇阵我学堂门口就有只～，渠喊我～，因为我正月出世，渠系四月出世，渠喊我～。e$_{21}$,kai$^{53}$tʂʰən$^{53}$ŋai$^{13}$xɔk$^{5}$ tʰəŋ$^{13}_{21}$mən$^{13}$xei$^{21}$tsʰiəu$^{53}_{44}$iəu$^{35}_{53}$ tʂak$^{3}$ tʰəŋ$^{13}_{21}$ɲien$^{13}_{21}$ko$^{35}$,ci$^{13}_{21}$xan$^{53}$ŋai$^{13}$tʰəŋ$^{13}_{21}$ɲien$^{13}_{21}$ko$^{35}_{53}$,in$^{35}_{44}$uei$^{53}_{44}$ŋai$^{13}_{21}$tʂaŋ$^{35}$ɲiet$^{5}$ tʂʰət$^{3}$ ʂɿ$^{53}$,ci$^{13}$xe$^{53}$si$^{53}$ɲiet$^{5}$ tʂʰət$^{3}$ ʂɿ$^{53}$, ci$^{13}_{44}$xan$^{53}$ŋai$^{13}$tʰəŋ$^{13}_{21}$ɲien$^{13}_{21}$ko$^{35}$. ②称呼老庚嫂之夫：老庚嫂，我摎～去嬲下子，你肯么？/欸，你等早……索利兜子归啦。lau$^{21}$cien$^{35}_{53}$sau$^{21}$,ŋai$^{13}$lau$^{35}_{53}$tʰəŋ$^{13}_{21}$ɲien$^{13}_{21}$ko$^{35}$çi$^{53}_{44}$liau$^{53}$xa$^{53}_{21}$tsɿ$^{0}$, ɲi$^{13}$xen$^{21}$mo$^{0}$?/ei$_{21}$, ɲi$^{13}$tien$^{0}$ tsau$^{21}$…sɔk$^{3}$ li$^{53}_{44}$te$^{35}_{53}$tsɿ$^{0}$ kuei$^{35}$la$^{0}$. ③称呼丈夫的同年：欸，～，我老公摎你去欸去做只生意。e$_{21}$,tʰəŋ$^{13}_{21}$ɲien$^{13}_{21}$ko$^{35}$,ŋai$^{13}$lau$^{21}$kəŋ$^{35}_{53}$lau$^{35}_{44}$ɲi$^{13}_{21}$çi$^{53}$e$_{21}$çi$^{53}$tso$^{53}$tʂak$^{3}$ sen$^{35}$i$^{53}_{44}$.

【同年爷】tʰəŋ$^{13}$ɲien$^{13}$ia$^{13}$ 名称父亲的老庚：我就有只～嘞，我～如今都还在哟，九十岁了，九十零岁了。我箇只～真古怪嘞，渠屋下唔知几苦嘞，冇得嬒去来往咯。哦，还有只～就也系唔在哩，渠就同我做哩介绍嘞。我两公婆结婚就渠就……就渠做介绍个嘞，姓彭个嘞。我取都喊渠～。ŋai$^{13}$tsʰiəu$^{53}$iəu$^{35}_{53}$tʂak$^{3}$ tʰəŋ$^{13}_{44}$ɲien$^{13}_{44}$ia$^{13}$lei$^{0}$,ŋai$^{13}$tʰəŋ$^{13}_{44}$ɲien$^{13}_{44}$ia$^{13}$i$^{13}_{21}$cin$^{35}_{53}$təu$^{35}_{53}$xan$^{13}_{21}$tsʰɔi$^{35}$io$^{0}$,ciəu$^{21}$ ʂət$^{5}$ sɔi$^{53}$liau$^{0}$,ciəu$^{21}$ʂət$^{5}$ laŋ$^{13}$sɔi$^{53}$liau$^{0}$.ŋai$^{13}$kai$^{53}$(tʂ)ak$^{3}$ tʰəŋ$^{13}_{44}$ɲien$^{13}_{44}$ia$^{13}$tʂən$^{35}$ku$^{21}$kuai$^{53}$lei$^{0}$,ci$^{13}$uk$^{3}$ xa$^{53}$ŋ̍$^{13}$ti$^{35}_{53}$ ci$^{21}$kʰu$^{21}$lei$^{0}$,mau$^{13}$tek$^{3}$ maŋ$^{13}$çi$^{53}$lɔi$^{13}$uɔŋ$^{35}$ko$^{0}$ .o$_{21}$,xai$^{13}$iəu$^{35}$tʂak$^{3}$ tʰəŋ$^{13}_{44}$ɲien$^{13}_{44}$ia$^{13}$tsʰiəu$^{53}$ia$^{35}$xe$^{53}$ŋ̍$^{13}$tsʰɔi$^{35}_{44}$li$^{0}$,ci$^{13}_{21}$ tsʰiəu$^{53}$tʰəŋ$^{13}_{21}$ŋai$^{13}_{21}$tso$^{53}$li$^{0}$ kai$^{53}$ʂau$^{53}$lei$^{0}$.ŋai$^{13}_{21}$iɔŋ$^{21}$kəŋ$^{35}_{53}$pʰo$^{13}_{21}$ciet$^{3}$ fən$^{35}$tsiəu$^{53}_{44}$ci$^{13}_{21}$tsʰiəu$^{53}$…tsʰiəu$^{53}_{44}$ci$^{13}_{21}$tso$^{53}$kai$^{53}$ ʂau$^{53}$ke$^{53}$lei$^{0}$,siaŋ$^{53}$pʰaŋ$^{13}$ke$^{53}$lei$^{0}$.ŋai$^{13}_{21}$tsʰi$^{21}$təu$^{35}_{53}$xan$^{53}$ci$^{13}_{44}$tʰəŋ$^{13}_{44}$ɲien$^{13}_{44}$ia$^{13}$.

【同时$_1$】tʰəŋ$^{13}$ʂɿ$^{13}$ 连表示并列关系，常含有进一层的意味，相当于“并且”：～嘞，皮篓子还有只盖。tʰəŋ$^{13}$ʂʅ$^{13}$lei$^{0}$,pʰi$^{13}$lei$^{21}$tsʅ$^{0}$xai$^{13}$iəu$^{35}$tʂak$^{3}$kɔi$^{53}$.

【同时$_{2}$】tʰəŋ$^{13}$ʂʅ$^{13}$ 副 指在相同时间：（我老妹子）摎我老婆两子嫂～摞只大肚。lau$^{35}$ŋai$^{13}_{21}$lau$^{21}$pʰo$^{13}_{44}$iəŋ$^{21}$tsʅ$^{21}$sau$^{21}$tʰəŋ$^{13}$ʂʅ$^{13}_{44}$kʰuan$^{53}$tʂak$^{3}$tʰai$^{53}$təu$^{21}$.

【同稳】tʰəŋ$^{13}$uən$^{21}$ 连 表示并列关系，常含有进一层的意味：横向做大兜子箇屋就显得大。～呐还爱做高滴子唠。做高滴子就更好唠。uaŋ$^{13}$çiɔŋ$^{53}_{44}$tso$^{53}_{44}$tʰai$^{53}$tei$^{35}_{44}$tsʅ$^{0}$kai$^{53}$uk$^{3}$tsʰiəu$^{53}$çien$^{21}$tek$^{3}$tʰai$^{53}$.tʰəŋ$^{13}$uən$^{21}$na$^{0}$xa$^{13}_{21}$ɔi$^{53}_{44}$tso$^{53}_{44}$kau$^{35}$tiet$^{5}$tsʅ$^{0}$lau$^{0}$.tso$^{53}_{44}$kau$^{35}$tiet$^{5}$tsʅ$^{0}$tsʰiəu$^{53}_{44}$cien$^{53}_{44}$xau$^{21}$lau$^{0}$.

【同我】tʰəŋ$^{13}$ŋai$^{13}$ 助 用在某些动词前面，用以加强语气：你～食嘿以碗饭去。ɲi$^{13}$tʰəŋ$^{13}$ŋai$^{13}$ʂek$^{5}$xe$^{21}$i$^{21}$uan$^{21}$fan$^{53}$çi$^{53}_{0}$.｜你～走。ɲi$^{13}$tʰəŋ$^{13}$ŋai$^{13}$tsei$^{21}$.

【同学】tʰəŋ$^{13}$xɔk$^{5}$ 名 于同一时间在一起学习的人：欸，我等个～冇么个几多冇几多个有来往个了。死个死咁哩，成哩几十年个了，有兜是蛮多是唔知哪去哩，在唔在都唔晓得。e$_{44}$,ŋai$^{13}$tien$^{0}$ke$^{53}$tʰəŋ$^{13}$xɔk$^{5}$mau$^{13}$mak$^{3}$e$^{0}$ci$^{21}$to$^{35}$mau$^{13}$ci$^{21}$to$^{35}$ke$^{53}$iəu$^{35}_{53}$lɔi$^{13}$uɔŋ$^{35}$ke$^{53}$liau$^{0}$.si$^{21}$ke$^{53}_{44}$si$^{21}$kan$^{21}$ni$^{0}$,ʂaŋ$^{13}_{21}$li$^{0}$ci$^{21}$ʂət$^{5}$ɲien$^{13}$ke$^{53}$liau$^{0}$,iəu$^{35}$tei$^{35}_{53}$ʂʅ$^{53}_{44}$man$^{13}$to$^{35}_{44}$ʂʅ$^{53}_{44}$n̩$^{13}$ti$^{35}_{53}$lai$^{53}$çi$^{53}$li$^{0}$,tsʰɔi$^{53}_{44}$n̩$^{13}_{44}$tsʰɔi$^{35}$təu$^{35}_{53}$n̩$^{13}_{21}$çiau$^{21}$tek$^{3}$.

【同样】tʰəŋ$^{13}$iɔŋ$^{53}$ 形 相同：～个两个人 tʰəŋ$^{13}$iɔŋ$^{53}$kei$^{53}$iɔŋ$^{21}$kei$^{53}$ɲin$^{13}$

【同意】tʰəŋ$^{13}$i$^{53}$ 动 赞成：如果我系唔～，我唔合适箇只妹子，茶都唔食就走。y$^{13}$ko$^{21}$ŋai$^{13}$xe$^{53}$n̩$^{13}$tʰəŋ$^{13}$i$^{53}$,ŋai$^{13}_{21}$m̩$^{13}$xɔit$^{5}$ʂʅ$^{53}$kai$^{53}_{44}$tʂak$^{3}$mɔi$^{53}$tsʅ$^{0}$,tsʰa$^{13}$təu$^{35}_{44}$n̩$^{13}_{21}$ʂət$^{5}$tsʰiəu$^{53}$tsei$^{21}$.

【茼蒿】tʰəŋ$^{13}$xau$^{35}$ 名 蓬蒿，茎叶嫩时可食用：我喜欢食～嘞，～好食啦。我老婆就唔多喜欢食～。渠就会食箇个嘞会食冬苋呢。我就冬苋我又唔多喜欢食哩。ŋai$^{13}$çi$^{21}$fɔn$^{35}_{44}$ʂət$^{5}$tʰəŋ$^{13}_{21}$xau$^{35}_{44}$lei$^{0}$,tʰəŋ$^{13}$xau$^{35}_{44}$xau$^{21}$ʂət$^{5}$la$^{0}$.ŋai$^{13}_{21}$lau$^{21}$pʰo$^{13}$tsʰiəu$^{53}$n̩$^{13}_{21}$to$^{35}_{53}$çi$^{21}$fɔn$^{35}_{44}$ʂət$^{5}$tʰəŋ$^{13}$xau$^{35}_{44}$.ci$^{13}_{21}$tsʰiəu$^{53}$uɔi$^{53}$ʂət$^{5}$kai$^{53}$ke$^{53}_{44}$lei$^{0}$uɔi$^{53}$ʂət$^{5}$təŋ$^{35}$xan$^{53}$nei$^{0}$.ŋai$^{13}_{21}$tsʰiəu$^{53}$təŋ$^{35}$xan$^{53}$ŋai$^{13}_{21}$iəu$^{53}$n̩$^{13}_{21}$to$^{35}_{53}$çi$^{21}$fɔn$^{35}$ʂət$^{5}$li$^{0}$.

【桐粘】tʰəŋ$^{13}$kʰu$^{35}_{44}$ 名 油桐籽榨油后剩下的渣饼：～就～也可以做肥料。tʰəŋ$^{13}$kʰu$^{35}$tsʰiəu$^{53}$tsʰəŋ$^{13}$kʰu$^{35}$a$^{35}_{53}$kʰo$^{21}$i$^{35}_{44}$tso$^{53}$fei$^{13}$liau$^{53}$.｜菜粘就惹虫。～就又唔惹虫。tsʰɔi$^{53}$kʰu$^{35}_{44}$tsʰiəu$^{53}$ɲia$^{35}$tʂʰəŋ$^{13}_{21}$.tʰəŋ$^{13}$kʰu$^{35}_{44}$tsʰiəu$^{53}$iəu$^{53}$n̩$^{13}_{21}$ɲia$^{35}_{44}$tʂʰəŋ$^{13}$.

【桐油】tʰəŋ$^{13}$iəu$^{13}$ 名 油桐籽榨出的油，可用来制造油漆、油布等，涂饰房屋和器具，并可用作防水、防腐剂等：从前（箴套笼）是用～油一到啦。tsʰəŋ$^{13}$tsʰien$^{13}$ʂʅ$^{53}_{44}$iəŋ$^{53}$tʰəŋ$^{13}$iəu$^{13}$iəu$^{13}$iet$^{3}$tau$^{53}_{44}$la$^{0}$.｜～灯盏，有。点～个比较多嘞。tʰəŋ$^{13}$iəu$^{13}_{44}$tien$^{35}_{44}$tsan$^{21}$,iəu$^{35}$.tian$^{21}$tʰəŋ$^{13}$iəu$^{13}_{44}$ke$^{53}$pi$^{21}$ciau$^{53}_{44}$to$^{35}$lei$^{0}$.

【桐子】tʰəŋ$^{13}$tsʅ$^{21}$ 名 ①油桐树的果实：筛茶籽个时间一般个把那个欸漏下去。箇个～个也系咁子个。sai$^{35}$tsʰa$^{13}$tsʅ$^{21}$ke$^{53}_{44}$ʂʅ$^{13}_{21}$kan$^{35}_{44}$iet$^{3}$pan$^{35}$kei$^{53}$pa$^{21}$nei$^{53}$kei$^{53}$ei$_{21}$lei$^{53}$xa$^{35}$çi$^{53}$.kai$^{53}_{21}$ke$^{53}_{44}$tʰəŋ$^{13}$tsʅ$^{21}$ke$^{53}_{44}$ia$^{35}$xe$^{53}_{44}$kan$^{21}$tsʅ$^{0}$ke$^{53}$. ②代指油桐树：～是有两种。一种安做毛桐子，还有一种安做千年桐。/两种～个区别嘞就系毛桐子嘞就系面上个壳溜……车令子，系唔系啊？溜圆子。/如下箇个球，球，系圆个。/箇球溜圆子。千年桐嘞渠就有棱角，系唔系？欸嘿，有棱角。有筋筋。脉腕箇样子样。/欸，毛桐子个树更矮，千年桐个树更高。千年桐就欸渠唔得早来结，但是结得时间更长，所以安做千年桐。毛桐子嘞就……/毛桐子就一只也有五只仁个嘞。有五只籽个。/千年桐一般就四只。/欸，四只个三只个。一般三只子。tʰəŋ$^{13}$tsʅ$^{21}$ʂʅ$^{53}$iəu$^{21}$liaŋ$^{35}$tʂəŋ$^{21}$.iet$^{3}$tʂəŋ$^{21}$ɔn$^{35}_{44}$tso$^{53}_{44}$mau$^{35}$tʰəŋ$^{13}$tsʅ$^{21}$,xai$^{13}$iəu$^{35}_{44}$iet$^{3}$tʂəŋ$^{21}$ɔn$^{35}_{44}$tso$^{53}_{44}$tsʰien$^{35}$ɲien$^{13}$tʰəŋ$^{13}$./iɔŋ$^{21}$tʂəŋ$^{21}$tʰəŋ$^{13}$tsʅ$^{21}$ke$^{53}_{44}$tʂʰʮ$^{35}_{44}$pʰiek$^{5}_{3}$le$^{0}$tsʰiəu$^{53}_{44}$xe$^{53}_{44}$mau$^{35}$tʰəŋ$^{13}_{21}$tsʅ$^{21}$le$^{0}$tsʰiəu$^{53}_{44}$xe$^{53}_{44}$mien$^{53}$xɔŋ$^{53}_{44}$ke$^{53}_{44}$kʰɔk$^{3}$liəu$^{35}$…tʂʰe$^{35}_{44}$laŋ$^{53}$tsʅ$^{0}$,xe$^{53}_{44}$me$^{53}_{44}$a$^{0}$?liəu$^{35}$ien$^{13}$tsʅ$^{0}$./ia$_{35}$(←i$^{21}$xa$^{53}$)kai$^{53}_{44}$ke$^{53}_{44}$cʰiəu$^{13}$,cʰiəu$^{13}$,xe$^{53}$vien$^{13}$ke$^{53}_{44}$./kai$^{53}$cʰiəu$^{13}$liəu$^{35}$ien$^{13}$tsʅ$^{0}$.tsʰien$^{35}$ɲien$^{13}_{21}$tʰəŋ$^{13}$lei$^{0}$ci$^{13}_{21}$tsʰiəu$^{53}_{44}$iəu$^{35}_{44}$lin$^{13}$kɔk$^{3}$,xe$^{53}_{44}$me$^{53}_{44}$?/e$_{21}$xe$_{21}$,iəu$^{35}_{44}$lin$^{13}$kɔk$^{3}$.iəu$^{35}_{44}$cin$^{35}$cin$^{35}$.mak$^{5}$uən$^{21}$kai$^{53}_{44}$iɔŋ$^{53}_{44}$tsʅ$^{0}$iɔŋ$^{53}$./e$_{53}$.mau$^{35}$tʰəŋ$^{13}_{21}$tsʅ$^{21}$ke$^{53}_{21}$ʂəu$^{53}$ken$^{53}$ai$^{21}$,tsʰien$^{35}$ɲien$^{13}_{21}$tʰəŋ$^{13}$ke$^{53}_{44}$ʂəu$^{53}$ken$^{53}_{44}$kau$^{35}$.tsʰien$^{35}$ɲien$^{13}_{21}$tʰəŋ$^{13}_{21}$tsʰiəu$^{53}_{44}$ei$_{21}$ci$^{13}_{44}$n̩$^{13}$tek$^{3}$tsau$^{21}$lɔi$^{13}$ciet$^{3}$,tan$^{53}_{44}$ʂʅ$^{53}_{44}$ciet$^{3}$tek$^{3}$ʂʅ$^{13}_{21}$kan$^{35}_{44}$ken$^{53}$tʂʰɔŋ$^{13}$,so$^{21}$i$^{35}$ɔn$^{35}_{44}$tso$^{53}_{44}$tsʰien$^{35}$ɲien$^{13}_{21}$tʰəŋ$^{13}_{21}$.mau$^{35}$tʰəŋ$^{13}_{21}$tsʅ$^{21}$lei$^{0}$tsʰiəu$^{53}_{44}$…/mau$^{35}$tʰəŋ$^{13}_{21}$tsʅ$^{21}$tsʰiəu$^{53}_{44}$iet$^{3}$tʂak$^{3}$ia$^{35}$iəu$^{35}_{44}$ŋ̍$^{21}$tʂak$^{3}$in$^{13}$ke$^{53}$le$^{0}$.iəu$^{35}_{44}$ŋ̍$^{21}$tʂak$^{3}$tsʅ$^{21}$ke$^{53}$./tsʰien$^{35}$ɲien$^{13}_{21}$tʰəŋ$^{13}_{21}$iet$^{3}$pan$^{35}_{44}$tsʰiəu$^{53}_{44}$si$^{53}$tʂak$^{3}$./e$_{44}$,si$^{53}$tʂak$^{3}$ke$^{53}_{44}$san$^{35}$tʂak$^{3}$ke$^{53}$.iet$^{3}$pɔn$^{35}$san$^{35}$tʂak$^{3}$tsʅ$^{0}$.

【桐子仁】tʰəŋ$^{13}$tsʅ$^{21}$in$^{13}$ 名 油桐树果实中的仁儿：肚箇里箇只果实就～。/箇只就榨油用来榨油个箇只部分，系唔系？/就系～。təu$^{21}$kai$^{53}_{21}$li$^{0}$kai$^{53}$tʂak$^{3}$ko$^{21}$ʂət$^{5}$tsiəu$^{53}_{44}$tʰəŋ$^{13}$tsʅ$^{21}$in$^{13}$./kai$^{53}_{44}$tʂak$^{3}$tsʰiəu$^{53}_{44}$tsa$^{53}$iəu$^{13}_{21}$iəŋ$^{53}$lɔi$^{13}$tsa$^{53}$iəu$^{13}$ke$^{53}_{44}$kai$^{53}_{44}$tʂak$^{3}$pʰu$^{53}_{44}$fən$^{53}_{44}$,xei$^{53}_{44}$me$^{53}_{44}$?/e$_{53}$.tsʰiəu$^{53}$xe$^{53}$tʰəŋ$^{13}$tsʅ$^{21}$in$^{13}$.

【桐子树】tʰəŋ$^{13}$tsʅ$^{21}$ʂəu$^{53}$ 名 油桐树：如今你唔晓得啦，箇岭上个～哇硬铺天盖地凑，硬就系咁多子～，如今岭上咯。以前冇得咁多嘞。两只原因，我去分析两只原因。第一只原因，桐子有人爱哩，冇人去捡哩桐子。有人去捡哩桐子，箇唔系桐子下跌下地泥下去哩，系唔系？欸，加上嘞第二只原因呢，桐子嘞容易茼个桐子秧桐子确实会烂贱，易得生秧，几年就长起来哩，就一条瀌大个～。话哩我等茼老屋里茼后背呀，茼硬只有只总系五六年子哦，茼～就咁大一条咯，又高又咁高咯，渠茼个老屋后背茼只墈咯，欸，上背个树有咁大，欸人……和呃长起来唔知几快。我有一回坐车归凤溪，归屋下，归凤溪，落尾又转，哈，春天呐，让门两边个岭岗上咁多白花？就系～哇，～。以前是有人捡桐子嘞，如今有人捡哩桐子。桐油系好东西哦，有多么人捡呢。i$^{13}_{21}$cin$^{35}_{53}$ɲi$^{13}$ɳ$^{13}_{44}$çiau$^{21}$tek$^{3}$ la$^{0}$,kai$^{53}$liaŋ$^{35}$xɔŋ$^{35}_{44}$ke$^{53}_{44}$tʰəŋ$^{13}$tsɿ$^{21}$ʂəu$^{53}$ua$^{0}$ɲiaŋ$^{53}$pʰu$^{35}$tʰien$^{35}_{44}$ kɔi$^{53}$tʰi$^{53}_{44}$tsʰe$^{0}$, ɲiaŋ$^{53}$tsʰiəu$^{53}$xe$^{53}$kan$^{21}$to$^{35}$tsɿ$^{0}$ tʰəŋ$^{13}_{44}$tsɿ$^{21}$ʂəu$^{53}$ ,i$^{13}_{21}$cin$^{35}_{53}$liaŋ$^{35}$xɔŋ$^{53}_{44}$ko$^{0}$ .i$^{35}_{53}$tsʰien$^{13}_{21}$mau$^{13}_{21}$tek$^{3}$ kan$^{21}$to$^{35}_{53}$ lei$^{0}$.iɔŋ$^{21}$tʂak$^{3}$ vien$^{13}$in$^{35}$,ŋai$^{13}$çi$^{53}$fən$^{35}$siet$^{3}$ iɔŋ$^{21}$tʂak$^{3}$ vien$^{13}$in$^{35}_{44}$.tʰi$^{53}$iet$^{3}$ tʂak$^{3}$ vien$^{13}$in$^{35}_{53}$,tʰəŋ$^{13}$tsɿ$^{21}$mau$^{13}$ɲin$^{13}_{44}$ɔi$^{53}$ li$^{0}$,mau$^{13}$ɲin$^{13}_{44}$çi$^{53}$cian$^{21}$li$^{0}$ tʰəŋ$^{35}$tsɿ$^{0}$ .mau$^{13}$ɲin$^{13}_{44}$çi$^{53}$cian$^{21}$li$^{0}$ tʰəŋ$^{35}$tsɿ$^{21}_{44}$,kai$^{53}$m̩$^{13}_{44}$pʰei$^{53}_{44}$tʰəŋ$^{13}$tsɿ$^{21}_{44}$xa$^{53}$tet$^{3}$ (x)a$^{53}_{44}$tʰi$^{53}$ lai$^{13}_{21}$xa$^{35}$çi$^{53}$li$^{0}$ ,xei$^{53}_{44}$me$^{53}_{44}$?ei$_{21}$,cia$^{35}$ʂɔŋ$^{53}_{44}$lei$^{0}$ tʰi$^{53}$ɲi$^{53}$tʂak$^{3}$ vien$^{13}$in$^{35}_{44}$nei$^{0}$ ,tʰəŋ$^{13}$tsɿ$^{21}$lei$^{0}$ iəŋ$^{13}$i$^{53}$kai$^{53}_{44}$ke$^{53}_{44}$tʰəŋ$^{13}$tsɿ$^{21}$ iɔŋ$^{35}$tʰəŋ$^{13}$tsɿ$^{21}$kʰɔk$^{3}$ ʂət$^{5}$ uɔi$^{53}_{44}$lan$^{35}$tsʰien$^{53}$,i$^{53}$tek$^{3}$ saŋ$^{35}$iɔŋ$^{35}$,ci$^{21}$ɲien$^{13}$tsʰiəu$^{53}$tʂɔŋ$^{21}$çi$^{21}$lɔi$^{13}$li$^{0}$ ,tsʰiəu$^{53}$iet$^{3}$ tʰiau$^{53}_{21}$ mən$^{35}$tʰai$^{53}$ke$^{0}$ tʰəŋ$^{13}_{21}$tsɿ$^{21}$ʂəu$^{53}$.ua$^{53}$li$^{0}$ ŋai$^{13}$tien$^{0}$ kai$^{53}$lau$^{21}$uk$^{3}$ li$^{0}$ kai$^{53}_{44}$xei$^{53}$pɔi$^{53}$ia$^{0}$ ,kai$^{53}$ɲiaŋ$^{53}$tʂɿ$^{21}$iəu$^{35}_{53}$tʂɿ$^{21}$tsəŋ$^{21}$ xei$^{53}$ŋ̍$^{21}$liəuk$^{3}$ ɲien$^{13}$tsɿ$^{0}$ o$^{0}$ ,kai$^{53}_{44}$tʰəŋ$^{13}_{21}$tsɿ$^{21}$ʂəu$^{53}$tsʰiəu$^{53}$kan$^{21}$tʰai$^{53}$iet$^{3}$ tʰiau$^{13}$ko$_{35}$,iəu$^{35}_{44}$kau$^{35}$iəu$^{53}$kan$^{21}$kau$^{35}$ ko$^{0}$ ,ci$^{13}$kai$^{53}_{44}$ke$^{53}_{44}$lau$^{21}$uk$^{3}$ xei$^{53}$pɔi$^{53}$kai$^{53}_{21}$tʂak$^{3}$ kʰan$^{53}$ko$^{0}$ ,e$_{21}$,ʂɔŋ$^{53}$pɔi$^{53}_{44}$ke$^{53}_{44}$ʂəu$^{53}$iəu$^{53}_{44}$kan$^{21}$tʰai$^{53}$ ,e$_{21}$ɲin$^{13}$⋯uo$^{53}$ə$_{44}$ tʂɔŋ$^{21}$çi$^{21}_{44}$lɔi$^{13}_{44}$ɳ$^{13}$ti$^{35}_{53}$ci$^{21}$kʰuai$^{53}$.ŋai$^{13}$iəu$^{35}$iet$^{3}$ fei$^{35}_{44}$tsʰo$^{35}$tʂʰa$^{35}$kuei$^{35}$fəŋ$^{53}$çi$^{35}_{44}$,kuei$^{35}$uk$^{3}$ xa$^{53}_{44}$,kuei$^{35}$fəŋ$^{53}$çi$^{35}_{44}$,lɔk$^{5}$ mi$^{35}_{53}$ iəu$^{53}$tʂuɔn$^{21}$,xa$_{53}$,tʂʰən$^{35}$tʰien$^{35}_{44}$na$^{0}$ , ɲiɔŋ$^{53}$mən$^{13}$iɔŋ$^{21}$pien$^{35}_{44}$ke$^{53}$liaŋ$^{35}$kɔŋ$^{35}_{44}$xɔŋ$^{53}_{44}$kan$^{21}$to$^{35}$pʰak$^{5}$ fa$^{35}_{44}$?tsʰiəu$^{53}$xei$^{53}$ tʰəŋ$^{13}$tsɿ$^{21}$ʂəu$^{53}$ua$^{0}$ ,tʰəŋ$^{13}$tsɿ$^{21}$ʂəu$^{53}$ .i$^{35}_{53}$tsʰien$^{13}$ʂɿ$^{53}_{44}$iəu$^{35}$ɲin$^{13}_{21}$cian$^{21}$tʰəŋ$^{13}$tsɿ$^{21}$lei$^{0}$ ,i$^{13}_{21}$cin$^{35}_{53}$mau$^{13}_{21}$ɲin$^{13}_{44}$cian$^{21}$li$^{0}$ tʰəŋ$^{13}$ tsɿ$^{21}$.tʰəŋ$^{13}$iəu$^{13}$xei$^{53}$xau$^{21}$təŋ$^{35}_{44}$si$^{0}$ o$^{0}$ ,mau$^{13}$to$^{35}_{53}$mak$^{3}$ in$^{13}_{44}$cian$^{21}$ne$^{0}$ .

【桐子树菌】tʰəŋ$^{13}$tsɿ$^{0}$ ʂəu$^{53}$cʰin$^{35}$ 名一种生长在油桐树下的菌子：～是多嘞。tʰəŋ$^{13}$tsɿ$^{0}$ ʂəu$^{53}$cʰin$^{35}_{44}$ ʂɿ$^{53}_{44}$to$^{35}_{44}$le$^{0}$.

【铜】tʰəŋ$^{13}$ 名金属名，元素符号为 Cu ：～做个就～面盆呶。tʰəŋ$^{13}$tso$^{53}_{44}$ke$^{53}_{44}$tsʰiəu$^{53}_{44}$tʰəŋ$^{13}$mien$^{53}$ pʰən$^{13}$nau$^{0}$. | 欸，茼收废品个人呐，以前～个价钱真好，嗯，收废品个人呃收倒……我晓得浏阳都蛮多只店里都收倒真多～。欸，总放倒茼映子唔卖唔卖。落尾一下跌啰，嗬声一跌价唠，茼有只老板硬叫起来呀。跌欸跌，渠亏下十几万呐。e$_{44}$,kai$^{53}_{44}$ʂəu$^{35}_{44}$fei$^{35}$pʰin$^{21}$ke$^{53}$ɲin$^{13}_{21}$na$^{0}$ ,i$^{35}_{53}$ tsʰien$^{13}_{44}$tʰəŋ$^{13}$kei$^{53}_{44}$cia$^{53}$tsʰien$^{13}_{21}$tʂən$^{35}$xau$^{21}$,ɳ$_{44}$,ʂəu$^{35}$fei$^{53}$pʰin$^{21}$ke$^{53}$ɲin$^{13}_{44}$ne$^{0}$ ʂəu$^{35}$tau$^{21}_{44}$⋯ŋai$^{13}$çiau$^{21}$tek$^{3}$ liəu$^{13}$iɔŋ$^{13}_{21}$ təu$^{35}_{53}$man$^{13}_{21}$to$^{35}_{53}$tʂak$^{3}$ tian$^{53}$ni$^{0}$ təu$^{35}_{44}$ʂəu$^{35}$tau$^{21}$tʂən$^{35}$to$^{35}$tʰəŋ$^{13}_{21}$.e$_{21}$,tsəŋ$^{21}$fɔŋ$^{53}$tau$^{21}$kai$^{53}$iaŋ$^{53}$tsɿ$^{0}$ m̩$^{13}$mai$^{53}$m̩$^{13}$mai$^{53}$. lɔk$^{5}$ mi$^{35}_{44}$iet$^{3}$ xaː$^{53}$tet$^{3}$ lo$^{0}$ ,xo$_{53}$ʂaŋ$^{35}$(i)et$^{3}$ tet$^{3}$ cia$^{53}$lau$^{0}$ ,kai$^{53}$iəu$^{35}_{53}$tʂak$^{3}$ lau$^{21}$pan$^{21}$ɲiaŋ$^{53}_{44}$ciau$^{53}$çi$^{21}$lɔi$^{13}$ia$^{0}$ .tet$^{3}$ e$_{44}$ tet$^{3}$ ,ci$^{13}_{21}$kʰuei$^{35}$ia$^{53}$ʂət$^{5}$ ci$^{21}$uan$^{53}$na$^{0}$ .

【铜壶】tʰəŋ$^{13}$fu$^{13}$ 名铜制装茶、酒的壶：～，有，欸有钱人家正有。tʰəŋ$^{13}$fu$^{13}_{44}$,iəu$^{35}_{44}$,e$^{0}$ iəu$^{35}$tsʰien$^{13}_{21}$ in$^{13}_{21}$ka$^{35}_{44}$tʂaŋ$^{53}_{44}$iəu$^{35}$.

【铜匠】tʰəŋ$^{13}$siɔŋ$^{53}$ 名制造或修理铜器的工匠：打铜个欸师傅系～。ta$^{21}$tʰəŋ$^{13}$ke$^{53}_{44}$e$_{21}$sɿ$^{35}_{44}$fu$^{53}$xe$^{53}_{44}$ tʰəŋ$^{13}$siɔŋ$^{53}$.

【铜匠铺】tʰəŋ$^{13}$siɔŋ$^{53}_{44}$pʰu$^{53}$ 名铜匠加工制作、出售铜器的店铺：～蛮少了，茼～蛮少了。以前都难得见。tʰəŋ$^{13}$siɔŋ$^{53}_{44}$pʰu$^{53}$man$^{13}$ʂau$^{21}$liau$^{0}$ ,kai$^{35}_{44}$tʰəŋ$^{13}$siɔŋ$^{53}$pʰu$^{53}$man$^{13}$ʂau$^{21}$liau$^{0}$ .i$^{35}_{44}$tsʰien$^{13}$təu$^{35}_{44}$lan$^{13}$tek$^{3}$ cien$^{53}$.

【铜角子】tʰəŋ$^{13}$kɔk$^{3}$ tsɿ$^{0}$ 名铜圆（民国时发行的，无孔）：十只～就一吊钱呐。ʂət$^{5}$ tʂak$^{3}$ tʰəŋ$^{13}$ kɔk$^{3}$ tsɿ$^{0}$ tsʰiəu$^{53}_{44}$iet$^{3}$ tiau$^{53}$tsʰien$^{13}_{21}$na$^{0}$ .

【铜镜】tʰəŋ$^{13}$ciaŋ$^{53}$ 名铜制的镜子：～茼只有有，有老古董个正有。有茼个老古董个～，有。茼就也系嵌下茼上背个。但是真正拿倒铜镜来来做以个是做做梳妆用啊，拿以个咁个嘞，茼我就赠看倒有了。tʰəŋ$^{13}$ciaŋ$^{53}_{44}$kai$^{53}_{44}$tʂak$^{3}$ iəu$^{35}_{44}$iəu$^{35}$ ,iəu$^{35}$lau$^{21}$ku$^{21}$təŋ$^{21}$ke$^{53}_{44}$tʂaŋ$^{53}_{44}$iəu$^{35}$ .iəu$^{35}$kai$^{53}$ke$^{53}_{21}$lau$^{21}$ku$^{21}$ təŋ$^{21}$ke$^{53}_{44}$tʰəŋ$^{13}$ciaŋ$^{53}_{44}$,iəu$^{35}$.kai$^{53}_{21}$tsʰiəu$^{53}_{44}$ia$^{35}$xe$^{53}$xan$^{53}$na$_{44}$(←xa$^{53}$)kai$^{53}_{44}$ʂɔŋ$^{53}$pɔi$^{53}$ke$^{53}_{44}$.tan$^{53}_{44}$ʂɿ$^{53}_{44}$tʂən$^{35}$tʂən$^{53}_{44}$la$^{35}$tau$^{0}$ tʰəŋ$^{13}$ciaŋ$^{53}$lɔi$^{13}_{44}$lɔi$^{13}$tso$^{53}$i$^{21}$ke$^{53}_{44}$ʂɿ$^{53}_{44}$tso$^{53}_{44}$tso$^{53}_{44}$səu$^{35}$tsɔŋ$^{35}$iəŋ$^{53}$ŋa$^{0}$ ,la$^{53}$i$^{21}$cie$^{53}$kan$^{21}_{13}$cie$^{53}_{44}$le$^{0}$ ,kai$^{53}$ŋai$^{13}$tsʰiəu$^{53}_{44}$maŋ$^{13}$ kʰɔn$^{53}$tau$^{21}$iəu$^{35}$liau$^{0}$.

【铜纽子】tʰəŋ$^{13}$lei$^{21}$tsɿ$^{0}$ 名铜扣子：黄黄子个纽子就系～。茼有起军装啊就系搞兜茼～。我觉得不是铜个嘛，只系一种黄黄子个颜色嘛。uɔŋ$^{13}$uɔŋ$^{13}$tsɿ$^{0}$ ke$^{53}$lei$^{21}$tsɿ$^{0}$ tsʰiəu$^{53}$xe$^{53}$tʰəŋ$^{13}$lei$^{21}$tsɿ$^{0}$ .kai$^{53}$ iəu$^{35}_{53}$çi$^{21}$tʂən$^{35}$tsɔŋ$^{35}$ŋa$^{0}$ tsʰiəu$^{53}$xei$^{53}$kau$^{21}$tei$^{35}_{53}$kai$^{53}$tʰəŋ$^{13}$lei$^{21}$tsɿ$^{0}$ .ŋai$^{13}$kɔk$^{3}$ tek$^{3}$ pət$^{3}$ ʂɿ$^{53}$tʰəŋ$^{13}$kei$^{53}$ma$^{0}$ ,tʂɿ$^{21}$xei$^{53}$ iet$^{3}$ tʂəŋ$^{21}$uɔŋ$^{13}$uɔŋ$^{13}$tsɿ$^{0}$ ke$^{53}$ŋan$^{13}$sek$^{3}$ ma$^{0}$.

【铜皮】tʰəŋ$^{13}$pʰi$^{13}$ 名铜轧制成的板材：我记得渠茼壶个完身咯就一块～咁长嘞，咁阔子嘞，剪下正，我看稳渠打个。ŋai$^{13}$ci$^{53}$tek$^{3}$ci$^{13}$kai$^{53}$fu$^{13}$ke$^{53}_{44}$uən$^{13}$ʂən$^{35}_{44}$ko$^{0}$tsiəu$^{53}$iet$^{3}$kʰuai$^{53}$tʰəŋ$^{13}$pʰi$^{13}$kan$^{21}$tʂʰɔŋ$^{13}$lei$^{0}$,kan$^{21}$kʰɔit$^{3}$tsɿ$^{0}$lei$^{0}$,tsien$^{21}$na$^{53}$tʂaŋ$^{53}$,ŋai$^{13}$kʰən$^{53}$uən$^{21}$ci$^{13}_{44}$ta$^{21}$ke$^{53}$.

【铜铺】tʰəŋ$^{13}$pʰu$^{53}$ [名]铜匠铺的简称：以下打铜个冇得哩，欸铜匠铺也就冇得哩。我整个浏阳我跑哩蛮阔子，我都𫘝看倒一家子～了。以前有哇。i$^{21}$xa$^{53}$ta$^{21}$tʰəŋ$^{13}$ke$^{53}$mau$^{13}$tek$^{3}$li$^{0}$,e$_{44}$tʰəŋ$^{13}$siɔŋ$^{53}_{44}$pʰu$^{53}$ua$^{35}_{53}$tsʰiəu$^{53}$mau$^{13}$tek$^{3}$li$^{0}$.ŋai$^{13}$tʂən$^{21}$ko$^{53}$liəu$^{13}$iɔŋ$^{13}_{44}$ŋai$^{13}$pʰau$^{21}$li$^{0}$man$^{13}$kʰɔit$^{3}$tsɿ$^{0}$,ŋai$^{13}$təu$^{35}_{53}$maŋ$^{13}$kʰən$^{53}$tau$^{21}$iet$^{3}$ka$^{35}$tsɿ$^{0}$tʰəŋ$^{13}$pʰu$^{53}$liau$^{0}$.i$^{35}_{53}$tsʰien$^{13}_{21}$iəu$^{35}$ua$^{0}$.

【铜钱癣】tʰəŋ$^{13}$tsʰien$^{13}$sien$^{21}$ [名]一种慢性皮炎，患处呈圆币形，有水泡，结痂，鳞屑，通常伴有皮肤瘙痒等特征：～有。我都得过～。一块一块嘞咁个嘞。欸，一圈圈呶。tʰəŋ$^{13}$tsʰien$^{13}$sien$^{21}$iəu$^{35}_{44}$.ŋai$^{13}$təu$^{35}_{53}$tek$^{3}$ko$^{53}$tʰəŋ$^{13}$tsʰien$^{13}$sien$^{21}$.iet$^{3}$kʰuai$^{53}$iet$^{3}$kʰuai$^{53}$lei$^{0}$kan$^{21}_{35}$cie$^{53}$lei$^{0}$.e$_{21}$,iet$^{3}$cʰien$^{35}$cʰien$^{35}$nau$^{0}$.

【铜锁】tʰəŋ$^{13}$so$^{21}$ [名]铜质的锁：从前个锁有～，铁锁。有铜做个，铁做个。渠就利用铜摎铁个弹性嘞。tsʰəŋ$^{13}$tsʰien$^{13}$ke$^{53}_{44}$so$^{21}$iəu$^{35}$tʰəŋ$^{13}$so$^{21}$,tʰiet$^{3}$so$^{21}$.iəu$^{35}$tʰəŋ$^{13}$tso$^{53}$ke$^{53}_{44}$,tʰiet$^{3}$tso$^{53}$ke$^{53}_{44}$.ci$^{13}$tsʰiəu$^{53}_{44}$li$^{53}$iəŋ$^{53}$tʰəŋ$^{13}$lau$^{35}_{44}$tʰiet$^{3}$ke$^{53}_{44}$tʰan$^{13}$sin$^{53}$ne$^{0}$.

【铜烟筒】tʰəŋ$^{13}$ien$^{35}$tʰəŋ$^{13}$ [名]铜质的烟筒：我爷子是箇个哦一直都食～哦。水烟筒啊，铜做个水烟筒啊。嗯，～。渠话箇～欸用水烟筒更好喔，又方便，出门箇兜又更方便，临时灌滴子水去凑，欸食哩还更好，冇热。还有箇个旱烟个，也有旱烟个～，箇只有只烟筒脑，烟筒斗呀，摎烟筒嘴子。烟筒杆子嘞蛮多都唔用铜个，用竹子个，有钱人渠就用嘞，用铜个啦。ŋai$^{13}_{21}$ia$^{13}$tsɿ$^{0}$ʂʅ$^{53}_{44}$kai$^{53}$ke$^{53}$o$^{0}$iet$^{3}$tʂʰət$^{5}$təu$^{35}_{44}$ʂət$^{5}$tʰəŋ$^{13}$ien$^{35}_{44}$tʰəŋ$^{13}$ŋo$^{0}$.ʂei$^{21}$ien$^{35}_{44}$tʰəŋ$^{13}_{21}$ŋa$^{0}$,tʰəŋ$^{13}$tso$^{53}$ke$^{53}$ʂei$^{21}$ien$^{35}$tʰəŋ$^{13}$ŋa$^{0}$.n̩$_{21}$,tʰəŋ$^{13}$ien$^{35}_{44}$tʰəŋ$^{13}_{21}$.ci$^{13}_{21}$ua$^{53}$kai$^{53}$tʰəŋ$^{13}_{21}$ien$^{35}_{44}$tʰəŋ$^{13}_{21}$ei$_{44}$iəŋ$^{53}$ʂei$^{21}$ien$^{35}$tʰəŋ$^{13}_{21}$cien$^{53}$xau$^{21}$uo$^{0}$,iəu$^{53}$fɔŋ$^{35}$pʰien$^{53}$,tʂʰət$^{3}$mən$^{13}$kai$^{53}_{44}$te$^{35}_{44}$iəu$^{53}_{44}$ken$^{53}$fɔŋ$^{35}$pʰien$^{53}$,lin$^{13}_{21}$ʂʅ$^{13}_{44}$kɔn$^{53}$tiet$^{5}$tsɿ$^{0}$ʂei$^{21}$çi$^{53}_{44}$tsʰe$^{0}$,e$^{0}$ʂət$^{5}$li$^{0}$xai$^{13}_{44}$cien$^{53}$xau$^{21}$,mau$^{13}$ɲiet$^{5}$.xai$^{13}_{21}$iəu$^{35}_{53}$kai$^{53}_{44}$ke$^{53}_{44}$xɔn$^{53}$ien$^{35}_{44}$ke$^{0}$,ia$^{35}$iəu$^{35}_{44}$xɔn$^{53}$ien$^{35}_{44}$ke$^{53}_{44}$tʰəŋ$^{13}_{21}$ien$^{35}_{44}$tʰəŋ$^{13}_{21}$,kai$^{53}$tʂʅ$^{21}$iəu$^{35}_{53}$tʂak$^{3}$ien$^{35}_{44}$tʰəŋ$^{13}_{21}$lau$^{21}$,ien$^{35}_{53}$tʰəŋ$^{13}_{21}$tei$^{21}$ia$^{0}$,lau$^{35}$ien$^{35}_{53}$tʰəŋ$^{13}_{21}$tsi$^{21}$tsɿ$^{0}$.ien$^{35}_{44}$tʰəŋ$^{13}_{21}$kɔn$^{35}$tsɿ$^{0}$lei$^{0}$man$^{13}$to$^{35}_{53}$təu$^{35}_{53}$n̩$^{13}$iəŋ$^{53}_{44}$tʰəŋ$^{13}_{21}$ke$^{53}$,iəŋ$^{53}$tʂəuk$^{3}$tsɿ$^{0}$ke$^{53}$,iəu$^{35}$tsʰien$^{13}_{44}$ɲin$^{13}_{44}$ci$^{13}_{21}$tsʰiəu$^{53}_{44}$iəŋ$^{53}$le$^{0}$,iəŋ$^{53}$tʰəŋ$^{13}_{21}$ke$^{53}_{44}$la$^{0}$.

【童养媳】tʰəŋ$^{13}$iɔŋ$^{35}$siet$^{3}$ 未成年即被领养以备将来做儿媳妇的女孩：欸，以前我等箇映有只夫娘子就系～啦。欸，几岁子卖倒去个啦。我等凤溪中学箇侧边咯有只邻舍，只婆婆子，欸，渠从八岁子卖下箇映子话，呣，渠跍倒箇只间里睡嘿八十年，箇也蛮少吧？跍倒箇只间里，渠睡嘿八十年，落尾老公死嘿哩渠就欸学堂里嘞爱占用渠箇只咁个屋，渠一个人呐，五保婆婆子啊，渠老公姓付，渠就系下箇映子。欸，落尾学堂里爱箇只屋了嘞，就分箇只婆婆子送下敬老院里去。渠走个时候子我等还送哩渠。箇婆婆子安潘婆子，唔知几好。箇婆婆子咯，八十八岁走个。渠去箇只间里睡嘿八十年话，也蛮少吧？八十年𫘝走，落尾就分……舞送下渠送倒渠送下敬老院里去哩是，落尾就分箇只屋拆嘿哩啊，就学堂里征收哩啊，学堂里就好做屋了哇，就咁个。箇就～，八岁子卖倒来个。八十八岁，渠冇得赖子嘞，只有只妹子嫁嘿哩。八十八岁哩正系稳走。e$_{21}$,i$^{35}_{53}$tsʰien$^{13}_{21}$ŋai$^{13}$tien$^{0}$kai$^{53}_{44}$iaŋ$^{53}_{44}$iəu$^{35}$tʂak$^{3}$pu$^{35}$ɲiɔŋ$^{13}_{21}$tsɿ$^{0}$tsʰiəu$^{53}_{44}$xe$^{53}_{44}$tʰəŋ$^{13}$iɔŋ$^{35}_{44}$siet$^{3}$la$^{0}$.e$_{21}$,ci$^{21}$sɔi$^{53}$tsɿ$^{0}$mai$^{53}$tau$^{21}$çi$^{53}_{44}$ke$^{53}$la$^{0}$.ŋai$^{13}$tien$^{0}$fəŋ$^{53}$çi$^{35}_{44}$tʂəŋ$^{35}_{44}$çiɔk$^{5}$kai$^{53}_{44}$tset$^{3}$pien$^{35}_{44}$ko$^{0}$iəu$^{35}_{44}$tʂak$^{3}$lin$^{13}$ʂa$^{53}$,tʂak$^{3}$pʰo$^{13}$pʰo$^{13}_{44}$tsɿ$^{0}$,e$_{44}$,ci$^{13}$tsʰəŋ$^{13}$pait$^{3}$sɔi$^{53}$tsɿ$^{0}$mai$^{53}$ia$^{53}_{44}$kai$^{53}$iaŋ$^{53}$tsɿ$^{0}$ua$^{53}$,m̩$_{21}$,ci$^{13}_{21}$ku$^{35}$tau$^{21}$kai$^{53}$tʂak$^{3}$kan$^{35}$ni$^{21}$ʂɔi$^{53}$xek$^{3}$pait$^{3}$ʂət$^{5}$ɲien$^{13}_{21}$,kai$^{53}$ia$^{35}$man$^{13}_{21}$ʂau$^{21}$pa$^{0}$?ku$^{35}$tau$^{21}$kai$^{53}$tʂak$^{3}$kan$^{35}$ni$^{21}$,ci$^{13}_{21}$ʂɔi$^{53}$xek$^{3}$pait$^{3}$ʂət$^{5}$ɲien$^{13}_{21}$,lɔk$^{5}$mi$^{35}_{53}$lau$^{21}$kəŋ$^{35}_{53}$si$^{21}$xek$^{3}$li$^{0}$ci$^{13}_{21}$tsʰiəu$^{53}$e$_{21}$xɔk$^{5}$tʰɔŋ$^{13}_{21}$li$^{21}$le$^{0}$ɔi$^{53}$tʂen$^{53}$iəŋ$^{53}$ci$^{13}_{21}$kai$^{53}$tʂak$^{3}$kan$^{21}$ke$^{53}$uk$^{3}$,ci$^{13}$iet$^{3}$cie$^{53}$ɲin$^{13}$na$^{0}$,ŋ̍$^{21}$pau$^{21}$pʰo$^{13}$pʰo$^{13}_{44}$tsɿ$^{0}$a$^{0}$,ci$^{13}_{21}$lau$^{21}$kəŋ$^{35}_{44}$siaŋ$^{53}_{44}$fu$^{53}$,ci$^{13}_{21}$tsʰiəu$^{53}_{44}$xei$^{53}$(x)a$^{53}$kai$^{53}$iaŋ$^{53}$tsɿ$^{0}$.ei$_{21}$,lɔk$^{5}$mi$^{35}_{53}$xɔk$^{5}$tʰɔŋ$^{13}_{21}$li$^{21}$ɔi$^{53}$kai$^{53}$tʂak$^{3}$uk$^{3}$liau$^{0}$lei$^{0}$,tsʰiəu$^{53}_{44}$pən$^{35}$kai$^{53}$tʂak$^{3}$pʰo$^{13}$pʰo$^{13}_{21}$tsɿ$^{0}$səŋ$^{53}$ŋa$^{53}_{44}$cin$^{53}$nau$^{21}$vien$^{53}$ni$^{21}$çi$^{53}$.ci$^{13}$tsei$^{21}$ke$^{53}$ʂʅ$^{13}$xəu$^{53}$tsɿ$^{0}$ŋai$^{13}$tien$^{0}$xai$^{13}_{21}$səŋ$^{53}$li$^{0}$ci$^{13}_{21}$.kai$^{53}$pʰo$^{13}_{21}$pʰo$^{13}_{21}$tsɿ$^{0}$ɔn$^{35}_{44}$pʰan$^{35}$pʰo$^{13}_{21}$tsɿ$^{0}$,n̩$^{13}$ti$^{35}_{53}$ci$^{21}$xau$^{21}$.kai$^{53}$pʰo$^{13}_{21}$pʰo$^{13}_{21}$tsɿ$^{0}$ko$^{0}$,pait$^{3}$ʂət$^{5}$pait$^{3}$sɔi$^{53}$tsei$^{21}$ke$^{0}$.ci$^{13}_{21}$çi$^{53}$kai$^{53}$tʂak$^{3}$kan$^{35}$ni$^{21}$ʂɔi$^{53}$xek$^{3}$pait$^{3}$ʂət$^{5}$ɲien$^{13}_{21}$ua$^{53}_{44}$,ia$^{35}$man$^{13}_{21}$ʂau$^{21}$pa$^{0}$?pait$^{3}$ʂət$^{5}$ɲien$^{13}_{21}$maŋ$^{13}$tsei$^{21}$,lɔk$^{5}$mi$^{35}_{44}$tsʰiəu$^{53}_{44}$pən$^{35}$…u$^{21}$səŋ$^{53}$ŋa$^{53}$ci$^{13}$səŋ$^{53}$tau$^{21}$ci$^{13}_{21}$səŋ$^{53}$ŋa$^{53}$cin$^{53}$nau$^{21}$vien$^{53}$ni$^{21}$çi$^{53}$li$^{0}$ʂʅ$^{53}_{44}$,lɔk$^{5}$mi$^{35}_{44}$tsʰiəu$^{53}$pən$^{35}$kai$^{53}$tʂak$^{3}$uk$^{3}$tsʰak$^{3}$xek$^{3}$li$^{0}$a$^{0}$,tsiəu$^{53}_{44}$xɔk$^{5}$tʰɔŋ$^{13}_{21}$li$^{21}$tʂən$^{35}$ʂəu$^{35}_{44}$li$^{0}$a$^{0}$,xɔk$^{5}$tʰɔŋ$^{13}_{44}$li$^{0}$tsʰiəu$^{53}_{44}$xau$^{21}$tso$^{53}$uk$^{3}$liau$^{21}$ua$^{0}$,tsiəu$^{21}$kan$^{21}_{13}$cie$^{53}$.kai$^{53}$tsʰiəu$^{53}_{44}$tʰəŋ$^{13}_{21}$iɔŋ$^{35}_{53}$siet$^{3}$,pait$^{3}$sɔi$^{53}$tsɿ$^{0}$mai$^{53}$tau$^{21}$lɔi$^{13}$ke$^{53}$.pait$^{3}$ʂət$^{5}$pait$^{3}$sɔi$^{53}$,ci$^{13}_{21}$mau$^{13}$tek$^{3}$lai$^{53}$tsɿ$^{0}$lei$^{0}$,tʂʅ$^{21}$iəu$^{35}_{53}$tʂak$^{3}$mɔi$^{53}$tsɿ$^{0}$ka$^{53}$(x)ek$^{3}$li$^{0}$.pait$^{3}$ʂət$^{5}$pait$^{3}$sɔi$^{53}$li$^{0}$tʂaŋ$^{53}$xei$^{53}$uən$^{21}$tsei$^{21}$.

【童子】tʰəŋ$^{13}$tsɿ$^{0}$ [名]未成年的小孩子：～捧烛 tʰəŋ$^{13}$tsɿ$^{0}$pʰəŋ$^{21}$tʂəuk$^{3}$ ｜～婚姻有，如今就冇得哩。tʰəŋ$^{13}$tsɿ$^{21}$fən$^{35}_{44}$in$^{35}_{44}$iəu$^{35}$,i$^{13}_{21}$cin$^{35}_{44}$tsʰiəu$^{53}$mau$^{13}_{21}$tek$^{3}$li$^{0}$.

【捅】tʰəŋ$^{21}$ [动]用棍、棒、刀、枪等戳刺：还有只捅铲呶。/捅铲，欸，打节个。/还有只打节个唠。/捅铲。/篾匠师傅个捅铲。/破开来以后，爱分中间个节除嘿去，咁长个把，咁去他～，分箇节巴～出来。xai$^{13}_{21}$iəu$^{35}_{44}$tʂak$^{3}$ tʰəŋ$^{21}$tsʰan$^{21}$nau$^{0}$./tʰəŋ$^{21}$tsʰan$^{21}$,e$_{21}$,ta$^{21}$tsiet$^{3}$ke$^{53}$./xai$^{13}_{21}$iəu$^{35}_{44}$tʂak$^{3}$ ta$^{21}$tsiet$^{3}$ke$^{53}$lau$^{0}$./tʰəŋ$^{21}$tsʰan$^{21}$./miet$^{5}$ siɔŋ$^{53}$sɿ$^{35}_{44}$fu$^{35}$ke$^{53}_{44}$tʰəŋ$^{21}$tsʰan$^{21}$./pʰo$^{53}$kʰɔi$^{35}$lɔi$^{13}$i$^{35}$xei$^{53}$,ɔi$^{53}_{44}$pən$^{35}_{44}$tʂəŋ$^{35}_{44}$kan$^{35}_{44}$ke$^{53}_{44}$tset$^{3}$tʂʰʮ$^{53}$xek$^{3}$çi$^{53}$,kan$^{21}$tʂʰɔŋ$^{13}$ke$^{53}_{44}$pa$^{53}$,kan$^{21}$çi$^{53}$tʰa$^{35}_{21}$tʰəŋ$^{21}_{53}$,pən$^{35}_{44}$kai$^{53}_{44}$tsiet$^{3}$pa$^{0}$tʰəŋ$^{21}$tʂʰət$^{3}$lɔi$^{13}_{21}$.

【捅铲】tʰəŋ$^{21}$tsʰan$^{21}$ [名]用于去除竹节的工具：篾匠师傅个铲还有只去节个～唠。miet$^{5}$ siɔŋ$^{53}_{44}$sɿ$^{35}_{44}$fu$^{53}_{44}$ke$^{53}_{44}$tsʰan$^{21}$xai$^{13}_{21}$iəu$^{35}_{44}$tʂak$^{3}$ tʂʰʮ$^{53}$tsiet$^{3}$ke$^{53}$tʰəŋ$^{21}$tsʰan$^{21}$lau$^{0}$.

【桶$_{1}$】tʰəŋ$^{21}$ [名]盛水或其他东西的圆柱形容器，有提梁：欸，话如今个人就有箇个唠有箇条件呶，～都分出来哟。我娭子是唔记得啦，我娭子渠就硬𫞼搞惯。渠硬唔记得，硬系只𫞼搞得，搞到如今呢，以下是晓得下子了。欸，我箇个装水个～嘞箇面前咯就爱提一下水嘞，到灶下咯，灶下冇得自来水，𫞼接进去嘞。欸，我就爱提一下，走箇巷子里提进间里去。就以映提倒箇门边就咁远子唠，提两脚子唠。我就㑚只铁桶啊去提啊，箇只铁桶就专门用来提水个啊。渠哟渠就唔记得啦，铁桶也去洗脚箇兜洗身箇兜，渠唔记得，搞唔清。以下就好兜了，我分箇铁桶提起，我㑚正哩接嘿灶下去哩了哇，我分铁桶提起。就唔爱提了咯，唔爱提水了咯。渠就用箇个塑料桶了洗身就，欸买两只子红个，鲜红子个塑料桶分渠洗身个。渠又唔又𫞼用惯箇个么个嘞？么个喷淋个喷水个，欸，热水器。渠爱到箇瓮罈里，煤灶，渠爱烧煤，烧煤呀，煤灶箇瓮罈里舀兜子水，舀下～里，掺兜子冷水，咁子去戽。渠硬唔用箇起。e$_{21}$,ua$^{53}$i$^{13}_{21}$cin$^{35}_{53}$ke$^{53}$ɲin$^{13}_{44}$tsʰiəu$^{53}$iəu$^{35}$kai$^{53}$ke$^{53}$lau$^{0}$iəu$^{35}$kai$^{53}$tʰiau$^{13}$cʰien$^{35}$nau$^{0}$,tʰəŋ$^{21}$təu$^{35}_{53}$fən$^{35}$tʂʰət$^{3}$lɔi$^{13}_{21}$io$^{0}$.ŋai$^{13}_{21}$ɔi$^{35}$tsɿ$^{0}$ʂɿ$^{53}_{21}$n̩$^{13}$ci$^{53}$tek$^{3}$la$^{0}$,ŋai$^{13}_{21}$ɔi$^{35}$tsɿ$^{0}$ci$^{13}_{21}$tsʰiəu$^{53}_{44}$ɲiaŋ$^{53}$maŋ$^{13}$kau$^{21}$kuan$^{53}$.ci$^{13}_{21}$ɲiaŋ$^{53}$n̩$^{13}$ci$^{53}$tek$^{3}$, ɲiaŋ$^{53}$(x)e$^{53}$tʂət$^{3}$maŋ$^{13}_{21}$kau$^{21}$tek$^{3}$,kau$^{21}$tau$^{53}$i$^{13}_{21}$cin$^{35}_{53}$nei$^{0}$,i$^{21}$xa$^{53}$ʂɿ$^{53}$çiau$^{21}$tek$^{3}$(x)a$^{53}$tsɿ$^{0}$liau$^{0}$.e$_{21}$,ŋai$^{13}$kai$^{53}$kei$^{53}_{44}$tʂɔŋ$^{35}$ʂei$^{21}$ke$^{53}$tʰəŋ$^{21}$lei$^{0}$kai$^{53}_{44}$mien$^{53}$tsʰien$^{13}_{21}$ko$^{0}$tsʰiəu$^{53}$ɔi$^{53}$tʰia$^{35}$iet$^{3}$xa$^{53}$ʂei$^{21}$lei$^{0}$,tau$^{53}_{44}$tsau$^{53}$xa$^{53}_{44}$ko$^{0}$,tsau$^{53}$xa$^{53}_{44}$mau$^{13}_{21}$tek$^{3}$tsʰɿ$^{53}$lɔi$^{13}_{21}$ʂei$^{21}$,maŋ$^{13}$tsiait$^{3}$tsin$^{53}$çi$^{53}$lei$^{0}$.e$_{21}$,ŋai$^{13}$tsʰiəu$^{53}$ɔi$^{53}$tʰia$^{35}$iet$^{3}$xa$^{53}$,tsei$^{21}$kai$^{53}$xɔŋ$^{53}$tsɿ$^{0}$li$^{21}$tʰia$^{35}$tsin$^{53}$kan$^{35}$ni$^{21}$çi$^{53}$.tsʰiəu$^{53}$i$^{21}$iaŋ$^{53}$tʰia$^{35}$tau$^{21}$kai$^{53}$mən$^{13}$pien$^{53}$tsʰiəu$^{53}$kan$^{21}$ien$^{21}$tsɿ$^{0}$lau$^{0}$,tʰia$^{35}$iɔŋ$^{21}$ciɔk$^{3}$tsɿ$^{0}$lau$^{0}$.ŋai$^{13}$tsʰiəu$^{53}$u$^{21}$tʂak$^{3}$tʰiet$^{3}$tʰəŋ$^{21}$ŋa$^{0}$çi$^{53}_{44}$tʰia$^{35}$a$^{0}$,kai$^{53}$(tʂ)ak$^{3}$tʰiet$^{3}$tʰəŋ$^{21}$tsʰiəu$^{53}$tʂen$^{35}$mən$^{13}_{21}$iəŋ$^{53}$lɔi$^{13}_{21}$tʰia$^{35}$ʂei$^{21}$ke$^{53}$a$^{0}$.ci$^{13}$io$^{0}$ci$^{13}$tsʰiəu$^{53}$n̩$^{13}$ci$^{53}$tek$^{3}$la$^{0}$,tʰiet$^{3}$tʰəŋ$^{21}$ŋa$^{35}_{53}$çi$^{53}$sei$^{21}$ciɔk$^{3}$kai$^{53}$te$^{35}_{53}$sei$^{21}$ʂən$^{35}$kai$^{53}_{44}$te$^{35}_{53}$,ci$^{13}_{21}$n̩$^{13}$ci$^{53}$tek$^{3}$,kau$^{21}$n̩$^{13}$tsʰin$^{35}$.i$^{21}$xa$^{53}$tsʰiəu$^{53}$xau$^{21}$te$^{35}_{53}$liau$^{0}$,ŋai$^{13}_{21}$pən$^{35}_{53}$kai$^{53}$tʰiet$^{3}$tʰəŋ$^{21}$tʰia$^{35}$çi$^{21}_{44}$,ŋai$^{13}$u$^{21}$tʂaŋ$^{53}$li$^{0}$tsiait$^{3}$(x)ek$^{3}$tsau$^{53}$xa$^{53}_{44}$çi$^{53}$li$^{0}$liau$^{21}_{44}$ua$^{0}$,ŋai$^{13}_{21}$pən$^{35}_{53}$tʰiet$^{3}$tʰəŋ$^{21}$tʰia$^{35}$çi$^{21}$.tsʰiəu$^{53}$m̩$^{13}_{21}$mɔi$^{53}$tʰia$^{35}$liau$^{21}$ko$^{0}$,m̩$^{13}_{21}$mɔi$^{53}_{44}$tʰia$^{35}_{44}$ʂei$^{21}$liau$^{21}$ko$^{0}$.ci$^{13}_{21}$tsʰiəu$^{53}$iəŋ$^{53}$kai$^{53}_{44}$ke$^{53}_{44}$sɔk$^{3}$liau$^{53}$tʰəŋ$^{21}$liau$^{0}$sei$^{21}$ʂən$^{35}$tsʰiəu$^{53}$,e$_{21}$mai$^{35}$iɔŋ$^{21}$tʂak$^{3}$tsɿ$^{0}$fəŋ$^{13}$kei$^{53}$,çien$^{35}$fəŋ$^{13}_{21}$tsɿ$^{0}$ke$^{53}_{44}$sɔk$^{3}$liau$^{53}$tʰəŋ$^{21}$pən$^{35}_{44}$ci$^{13}_{44}$se$^{21}$ʂən$^{35}$cie$^{53}$.ci$^{13}_{21}$iəu$^{53}$n̩$^{13}$iəu$^{53}$maŋ$^{13}$iəŋ$^{53}$kuan$^{53}$kai$^{53}_{44}$ke$^{53}_{44}$mak$^{3}$e$^{0}$lei$^{0}$?mak$^{3}$ke$^{53}_{44}$pʰən$^{53}$lin$^{13}$cie$^{53}$pʰən$^{53}$ʂei$^{21}$ke$^{53}$,e$_{21}$, ɲiet$^{5}$ʂei$^{21}$çi$^{53}$.ci$^{13}$ɔi$^{53}$tau$^{53}$kai$^{53}_{44}$uəŋ$^{53}$tʰan$^{13}_{44}$li$^{0}$,mei$^{13}$tsau$^{53}$,ci$^{13}_{21}$ɔi$^{53}_{44}$ʂau$^{35}_{44}$mi$^{13}$,ʂau$^{35}_{44}$mi$^{13}$ia$^{0}$,mi$^{13}$tsau$^{53}_{44}$kai$^{53}_{44}$uəŋ$^{53}$tʰan$^{13}_{44}$li$^{0}$iau$^{21}$te$^{35}_{53}$tsɿ$^{0}$ʂei$^{21}$,iau$^{21}$(x)a$^{53}_{44}$tʰəŋ$^{21}$li$^{0}$,tsʰan$^{35}_{44}$te$^{35}_{53}$tsɿ$^{0}$laŋ$^{35}$ʂei$^{21}$,kan$^{21}$tsɿ$^{0}$çi$^{53}_{44}$fu$^{53}$.ci$^{13}$ɲiaŋ$^{53}$n̩$^{13}$iəŋ$^{53}$kai$^{53}$çi$^{21}_{44}$.

【桶$_{2}$】tʰəŋ$^{21}$ [量]用于用桶状容器装的东西：一～水 iet$^{3}$tʰəŋ$^{21}$ʂei$^{21}$｜烧一～茶。ʂau$^{35}$iet$^{3}$tʰəŋ$^{21}$tsʰa$^{13}$.｜一～鱼子也讲，用桶子装。iet$^{3}$tʰəŋ$^{21}$ŋ̍$^{13}$tsɿ$^{0}$ia$^{35}$kɔŋ$^{21}$,iəŋ$^{53}_{44}$tʰəŋ$^{21}$tsɿ$^{0}$tʂɔŋ$^{35}$.｜一～蜂子，但是唔话一箱蜂子。渠就话一～蜂子。唔是讲一箱蜂子。欸，收倒一～蜂子。到岭上去收欸。收倒一～蜂子，唔……就唔话一箱蜂子凑。iet$^{3}$tʰəŋ$^{21}$fəŋ$^{35}$tsɿ$^{0}$,tan$^{53}$ʂɿ$^{53}$n̩$^{13}$ua$^{53}_{44}$iet$^{3}$siɔŋ$^{35}$fəŋ$^{35}$tsɿ$^{0}$.ci$^{13}$tsʰiəu$^{53}_{44}$ua$^{53}_{44}$iet$^{3}$tʰəŋ$^{21}$fəŋ$^{35}$tsɿ$^{0}$.n̩$^{13}$ʂɿ$^{53}_{44}$kɔŋ$^{21}$iet$^{3}$siɔŋ$^{35}$fəŋ$^{35}$tsɿ$^{0}$.e$_{21}$,ʂəu$^{35}$tau$^{21}_{44}$iet$^{3}$tʰəŋ$^{21}$fəŋ$^{35}$tsɿ$^{0}$.tau$^{53}_{44}$liaŋ$^{35}$xɔŋ$^{53}_{44}$çi$^{53}_{44}$ʂəu$^{35}$ue$^{0}$.ʂəu$^{35}$tau$^{21}_{44}$iet$^{3}$tʰəŋ$^{21}$fəŋ$^{35}$tsɿ$^{0}$,m̩$^{13}$tsʰ…tsʰiəu$^{53}$m̩$^{13}$ua$^{53}$iet$^{3}$siɔŋ$^{35}$fəŋ$^{35}$tsɿ$^{0}$tsʰe$^{53}$.

【桶碓】tʰəŋ$^{21}$tɔi$^{53}$ [名]用来加工竹麻的碓：箇个石头……箇碓头是打竹麻个咯，～箇只。/～，系呀。～。打竹麻个，底下是装三只子牙铁，牙齿。有三排子牙齿个，系唔系？做三只牙齿，挖竹麻个。/打竹麻个也系。欸，它也是只碓嘴个。/碓嘴上有三只牙齿。kai$^{53}$ke$^{53}_{44}$ʂak$^{5}$tʰəu$^{13}$ts…kai$^{53}_{44}$tɔi$^{53}$tʰəu$^{13}_{44}$ʂɿ$^{53}_{44}$ta$^{21}$tʂəuk$^{3}$ma$^{13}_{21}$ke$^{53}$ko$^{0}$,tʰəŋ$^{21}$tɔi$^{53}$kai$^{53}$tʂak$^{3}$./tʰəŋ$^{21}$tɔi$^{53}$,xei$^{53}_{44}$ia$^{0}$.tʰəŋ$^{21}$tɔi$^{53}$.ta$^{21}$tʂəuk$^{3}$ma$^{13}_{21}$ke$^{53}$,tei$^{21}$xa$^{53}$ʂɿ$^{53}_{44}$tsɔŋ$^{35}$san$^{35}$tʂak$^{3}$tsɿ$^{0}$ŋa$^{13}_{21}$tʰiet$^{3}$,ŋa$^{13}$tʂʰɿ$^{21}$.iəu$^{35}_{44}$san$^{35}$pʰai$^{13}_{21}$tsɿ$^{0}$ŋa$^{13}$tʂʰɿ$^{21}_{44}$ke$^{53}_{44}$,xei$^{53}_{44}$me$^{53}_{44}$?tso$^{53}_{44}$san$^{35}_{44}$tʂak$^{3}$ŋa$^{13}$tʂʰɿ$^{21}_{44}$,uait$^{3}$tʂəuk$^{3}$ma$^{13}$ke$^{53}_{44}$./ta$^{21}$tʂəuk$^{3}$ma$^{13}_{21}$ke$^{53}$ia$^{35}$xe$^{53}$.e$_{21}$,tʰa$^{35}_{53}$ie$^{21}$ʂɿ$^{53}_{44}$tʂak$^{3}$tɔi$^{53}$tsi$^{21}$ke$^{53}$./tɔi$^{53}$tsi$^{21}$xɔŋ$^{53}_{44}$iəu$^{35}_{44}$san$^{35}_{44}$tʂak$^{3}$ŋa$^{13}$tʂʰɿ$^{21}$.

【筒$_{1}$】tʰəŋ$^{13}$ [名]泛指管筒状物体：滚只～ kuən$^{21}$tʂak$^{3}$tʰəŋ$^{13}$

【筒$_{2}$】tʰəŋ$^{13}$ [量]①用于圆筒状的东西：一～纸 iet$^{3}$tʰəŋ$^{13}$tʂɿ$^{21}$｜一～竹 iet$^{3}$tʰəŋ$^{13}$tʂəuk$^{3}$。②用于圆柱形的东西：（箇树）裁作渠两～。tsʰɔi$^{13}$tsɔk$^{3}_{5}$ci$^{13}_{21}$iɔŋ$^{21}$tʰəŋ$^{13}$.｜㑚～松树，㑚～咁长子个松树哇。

T

u$^{21}$tʰəŋ$^{13}_{21}$tsʰəŋ$^{13}$ʂəu$^{53}$,u$^{21}$tʰəŋ$^{13}$kan$^{21}$tʂʰɔŋ$^{13}$tsɿ$^{0}$ke$^{53}_{44}$tsʰəŋ$^{13}$ʂəu$^{53}$ua$^{0}$. | 以前走人家是爱拿～子面去嘞。i$^{35}_{53}$tsʰien$^{13}$tsei$^{21}$ɲin$^{13}$ka$^{35}_{44}$ʂʅ$^{53}_{44}$ɔi$^{53}_{44}$la$^{53}$tʰəŋ$^{13}_{21}$tsɿ$^{0}$mien$^{53}$cʰi$^{53}_{21}$le$^{0}$. ③用于表示吸烟的量：唔系话光～烟渠食哩！me$_{44}$(←m̩$^{13}$xe$^{53}$)ua$^{53}_{44}$kɔŋ$^{35}$tʰəŋ$^{13}_{21}$ien$^{35}$ci$^{13}_{21}$ʂət$^{5}$li$^{0}$! | 以前是首先就发一～子烟呶，以下是发一包烟呶。i$^{35}$tsʰien$^{13}_{21}$ʂʅ$^{53}_{44}$ʂəu$^{21}$sien$^{35}_{44}$tsʰiəu$^{53}_{44}$fait$^{3}$iet$^{3}$tʰəŋ$^{13}$tsɿ$^{0}$ien$^{35}_{44}$nau$^{0}$,i$^{21}$xa$^{53}_{44}$ʂʅ$^{53}_{44}$fait$^{3}$iet$^{3}$pau$^{35}$ien$^{35}$nau$^{0}$. ④指叠放并用草绳扎成筒状的碗：我今晡来去扎～碗。ŋai$^{13}_{21}$cin$^{35}_{44}$pu$^{35}_{53}$lɔi$^{13}_{21}$çi$^{53}$tsait$^{3}$tʰəŋ$^{13}$uɔn$^{21}$.

【筒单】tʰəŋ$^{13}_{21}$tan$^{35}_{44}$ [名]被套，也指将棉絮装在被套中做成的被子：还有起打正一只筒筒个，就安做～。xai$^{13}_{21}$iəu$^{35}_{44}$çi$^{21}_{44}$ta$^{21}$tʂaŋ$^{53}$iet$^{3}$tʂak$^{3}$tʰəŋ$^{13}$tʰəŋ$^{13}_{21}$ke$^{53}$,tsʰiəu$^{53}_{44}$ɔn$^{35}_{44}$tso$^{53}_{44}$tʰəŋ$^{13}_{21}$tan$^{35}_{44}$. | 现在以个就～嘞。做正啊，留一面呐，系，留一边就放被窝进去，放棉絮进去个，箇就安做～。çien$^{53}$tsʰai$^{53}_{44}$i$^{21}$ke$^{53}_{44}$tsʰiəu$^{53}$tʰəŋ$^{13}_{21}$tan$^{35}_{44}$ne$^{0}$.tso$^{53}$tʂaŋ$^{53}$ŋa$^{0}$,liəu$^{13}$iet$^{3}$mien$^{53}$na$^{0}$,xe$^{53}_{44}$,liəu$^{13}$iet$^{3}$pien$^{35}$tsʰiəu$^{53}_{44}$fɔŋ$^{53}$pʰi$^{35}$pʰo$^{35}_{44}$tsin$^{53}$cʰi$^{53}_{44}$,fɔŋ$^{53}$mien$^{13}$si$^{53}_{44}$tsin$^{53}_{44}$çi$^{53}_{44}$ke$^{53}_{44}$,kai$^{53}_{21}$tsʰiəu$^{53}_{44}$ɔn$^{35}_{44}$tso$^{53}_{44}$tʰəŋ$^{13}_{21}$tan$^{35}_{44}$.

【筒车】tʰəŋ$^{13}$tʂʰa$^{35}$ [名]一种传统提水机具，它利用湍急的水流转动车轮，使装在车轮上的水筒自动戽水，提上岸来进行灌溉：箇只河……欸，田边个吵？田边个喊～。/～应该系箇只箇只箇个竹字头个。因为渠尽系安个竹筒，所以就有只竹字头。kai$^{53}_{44}$tʂak$^{3}$xo$^{13}$…ei$_{21}$,tʰien$^{13}$pien$^{35}_{44}$ke$^{53}_{44}$ʂa$^{0}$?tʰien$^{13}$pien$^{35}_{44}$ke$^{53}_{44}$xan$^{53}_{44}$tʰəŋ$^{13}$tʂʰa$^{35}$./tʰəŋ$^{13}$tʂʰa$^{35}$in$^{53}$kɔi$^{35}_{44}$xei$^{53}_{44}$kai$^{53}$tʂak$^{3}$kai$^{53}$tʂak$^{3}$kai$^{53}_{44}$ke$^{53}_{44}$tʂəuk$^{3}$sɿ$^{53}$tʰei$^{13}_{21}$ke$^{53}_{44}$.in$^{35}$uei$^{53}_{44}$ci$^{13}_{21}$tsʰin$^{53}$xei$^{53}_{44}$ɔn$^{35}$ke$^{53}_{44}$tʂəuk$^{3}$tʰəŋ$^{13}$,so$^{21}$i$^{35}$tsʰiəu$^{53}_{44}$iəu$^{35}$tʂak$^{3}$tʂəuk$^{3}$sɿ$^{53}_{44}$tʰei$^{13}$.

【筒车脚】tʰəŋ$^{13}$tʂʰa$^{35}$ciɔk$^{3}$ [名]筒车的基座：～爱蛮扎实啦，因为箇筒车渠箇只半径十分大，系唔系？～是尽用么个树做个？尽用松树做个。tʰəŋ$^{13}$tʂʰa$^{35}_{44}$ciɔk$^{3}$ɔi$^{53}$man$^{13}_{21}$tsait$^{3}$ʂət$^{5}$la$^{0}$,in$^{35}_{44}$uei$^{53}$kai$^{53}_{21}$tʰəŋ$^{13}$tʂʰa$^{35}$ci$^{13}$kai$^{53}$tʂak$^{3}$pan$^{53}$cin$^{53}_{44}$ʂət$^{5}$fən$^{35}_{44}$tʰai$^{53}$,xei$^{53}$me$^{53}$?tʰəŋ$^{13}$tʂʰa$^{35}$ciɔk$^{3}$ʂʅ$^{53}_{44}$tsʰin$^{53}$iəŋ$^{53}$mak$^{3}$e$^{0}$ʂəu$^{53}$tso$^{53}$ke$^{53}_{44}$?tsʰin$^{53}$iəŋ$^{53}$tsʰəŋ$^{13}$ʂəu$^{53}$tso$^{53}_{44}$ke$^{53}_{44}$.

【筒车心】tʰəŋ$^{13}$tʂʰa$^{35}$sin$^{35}$ [名]筒车的轴：～就一只铁心，㵘大个一只铁心呐。tʰəŋ$^{13}$tʂʰa$^{35}_{44}$sin$^{35}$tsʰiəu$^{53}$iet$^{3}$tʂak$^{3}$tʰiet$^{3}$sin$^{35}$,mən$^{35}$tʰai$^{53}$ke$^{53}_{44}$iet$^{3}$tʂak$^{3}$tʰiet$^{3}$sin$^{35}_{44}$na$^{0}$.

【筒车叶子】tʰəŋ$^{13}$tʂʰa$^{35}$iait$^{5}$tsɿ$^{0}$ [名]便于筒车从水中获得更多的能量（动能）的篾席：～是箇块篾笪子。tʰəŋ$^{13}$tʂʰa$^{35}$iait$^{5}$tsɿ$^{0}$ʂʅ$^{53}_{44}$kai$^{53}_{44}$kʰuai$^{53}_{44}$miet$^{5}$tait$^{3}$tsɿ$^{0}$.

【筒筒】tʰəŋ$^{13}$tʰəŋ$^{13}_{21}$ [名]①竹筒：粪角指竹子做个，一只～个。pən$^{53}$kɔk$^{3}$tʂʅ$^{21}$tʂəuk$^{3}$tsɿ$^{0}$tso$^{53}_{44}$ke$^{53}_{44}$,iet$^{3}$tʂak$^{3}$tʰəŋ$^{13}$tʰəŋ$^{13}_{44}$ke$^{53}_{44}$. ②泛指管筒状物体：滚～ kuən$^{21}$tʰəŋ$^{13}$tʰəŋ$^{13}_{21}$。③圆柱形物体：跳顶高嘞，渠做只咁个～。tʰiau$^{53}$taŋ$^{21}$kau$^{35}$lei$^{0}$,ci$^{13}$tso$^{53}$tʂak$^{3}$kan$^{21}$cie$^{53}$tʰəŋ$^{13}$tʰəŋ$^{13}_{44}$.

【筒筒子】tʰəŋ$^{13}$tʰəŋ$^{13}_{44}$tsɿ$^{0}$ [名]竹筒，也泛指管筒状器物：粪勺就系用木做只箇圆～，中间舞条棍。pən$^{53}$ʂɔk$^{5}$tsʰiəu$^{53}_{44}$(x)e$^{53}_{44}$iəŋ$^{53}$muk$^{3}$tso$^{53}$tʂak$^{3}$kai$^{53}$ien$^{13}$tʰəŋ$^{13}_{21}$tʰəŋ$^{13}_{21}$tsɿ$^{0}$,tʂəŋ$^{35}$kan$^{35}_{44}$u$^{21}$tʰiau$^{13}$kuən$^{53}$.

【筩瓦】tʰəŋ$^{21}$ŋa$^{21}$ [名]制作时为筒状，成坯时分为几块，经烧制而成的青瓦：～比较大呀，又更长又更大呀，更划得来呀，又更唔得漏水呀，又更厚呀。一般就系放下屋上啊，普通个，普普通通个屋上啊，箇起就～。渠只系比箇起小青瓦如今箇比箇起细瓦子吵只系比渠尺寸更大凑，更厚，更大，更有事爆。也爱烧一到嘞，样个爱烧一到嘞。tʰəŋ$^{21}$ŋa$^{21}$pi$^{21}$ciau$^{53}_{44}$tʰai$^{53}$ia$^{0}$,iəu$^{53}$cien$^{53}$tʂʰɔŋ$^{13}$iəu$^{53}_{44}$cien$^{53}_{44}$tʰai$^{53}$ia$^{0}$,cien$^{53}$fa$^{13}$tek$^{3}$lɔi$^{13}$ia$^{0}$,iəu$^{53}$cien$^{53}$n̩$^{13}_{21}$tek$^{3}$lei$^{53}$ʂei$^{21}$ia$^{0}$,iəu$^{53}$cien$^{53}$xei$^{35}$ia$^{0}$.iet$^{3}$pɔn$^{35}$tsʰiəu$^{53}$xei$^{53}$fɔŋ$^{53}$ŋa$^{53}$uk$^{3}$xɔŋ$^{53}$ŋa$^{0}$,pʰu$^{21}$tʰəŋ$^{35}_{44}$ke$^{53}$,pʰu$^{21}$pʰu$^{21}$tʰəŋ$^{35}_{44}$tʰəŋ$^{35}_{44}$ke$^{53}$uk$^{3}$xɔŋ$^{53}$ŋa$^{0}$,kai$^{53}$çi$^{21}$tsʰiəu$^{53}$tʰəŋ$^{21}$ŋa$^{21}$.ci$^{13}$tʂʅ$^{21}$xe$^{53}$pi$^{21}$kai$^{53}$çi$^{21}_{44}$siau$^{21}$tsʰin$^{35}_{53}$ŋa$^{21}$i$^{13}_{21}$cin$^{35}_{44}$kai$^{53}$pi$^{21}$kai$^{53}_{44}$çi$^{21}$sei$^{53}$ŋa$^{21}$tsɿ$^{0}$ʂa$^{0}$tʂʅ$^{21}$(x)e$^{53}$pi$^{21}$ci$^{13}_{44}$tʂʰak$^{3}$tsʰən$^{53}$ken$^{53}_{44}$tʰai$^{53}$tsʰe$^{0}$,ken$^{53}$xei$^{35}$,ken$^{53}_{44}$tʰai$^{53}$,ken$^{53}$mau$^{13}_{21}$sɿ$^{53}_{44}$pau$^{53}$.ia$^{35}$ɔi$^{53}$ʂau$^{35}$iet$^{3}$tau$^{53}$lei$^{0}$,iɔŋ$^{53}$ke$^{53}_{44}$ɔi$^{53}_{44}$ʂau$^{35}$iet$^{3}$tau$^{53}$lei$^{0}$.

【筩子瓦】tʰəŋ$^{21}$tsɿ$^{0}$ŋa$^{21}$ [名]筩瓦的别称：箇是做筩瓦，做筩瓦个时候子，渠就有兜像以只咁东西样，像以盏灯盏样个东西，就放下箇个箇只咁个做瓦个欢欢转个上背。好，以下就到箇映舞正一块箇个渠又有只咁个做以个胚子箇样嘞箇个嘞，渠就舞倒一大饽泥一夯嘿去，就咁大一块，长长个，然后嘞就包下以上背，舞只咁个东西嘞放势刮，欢欢转，放势刮，刮令来。刮正哩，搞正熨事八帖，就箇兜里一捻，以只东西就靥嘿哩，就分箇坨分箇兜子瓦嘞分箇筩子嘞放下地泥下，放倒一坪个筩子，嗯。熸哩，然后嘛挨夜子了嘞，一口一口子瓦一摵下去就一口，摵下去一口，就咁子舞成一□堆。箇～还系蛮快嘞。kai$^{53}$ʂʅ$^{53}$tso$^{53}$tʰəŋ$^{21}$ŋa$^{21}$,tso$^{53}$tʰəŋ$^{21}$ŋa$^{21}$ke$^{53}_{44}$ʂʅ$^{13}$xei$^{53}$tsɿ$^{0}$,ci$^{13}_{21}$tsʰiəu$^{53}_{44}$iəu$^{35}$te$^{35}_{53}$tsʰiɔŋ$^{53}$i$^{21}$tʂak$^{3}$kan$^{21}_{13}$təŋ$^{35}_{44}$si$^{0}$iɔŋ$^{53}$,tsʰiɔŋ$^{53}$i$^{21}$tsan$^{21}$tien$^{35}$tsan$^{21}$iɔŋ$^{53}_{44}$ke$^{53}_{44}$təŋ$^{35}$si$^{0}$,tsʰiəu$^{53}$fɔŋ$^{53}$xa$^{53}_{44}$kai$^{53}_{44}$kei$^{53}_{44}$kai$^{53}$tʂak$^{3}$kan$^{21}$kei$^{53}$tso$^{53}$ŋa$^{21}$ke$^{0}$kʰuan$^{35}$kʰuan$^{35}_{53}$tʂuɔn$^{21}$ke$^{0}$ʂɔŋ$^{53}_{44}$pɔi$^{53}_{44}$.xau$^{21}$,i$^{21}$xa$^{53}_{44}$tsʰiəu$^{53}_{44}$tau$^{53}$kai$^{53}_{44}$iaŋ$^{53}_{44}$u$^{21}$tʂaŋ$^{53}$iet$^{3}$kʰuai$^{53}$kai$^{53}_{44}$ke$^{53}_{44}$ci$^{13}_{21}$iəu$^{53}_{44}$iəu$^{35}$tʂak$^{3}$kan$^{21}$kei$^{53}$tso$^{53}$i$^{21}$kei$^{53}$pʰɔi$^{35}$tsɿ$^{0}$kai$^{53}_{44}$iɔŋ$^{53}_{44}$lei$^{0}$kai$^{53}$ke$^{53}$lei$^{0}$,ci$^{13}_{21}$tsʰiəu$^{53}$u$^{21}$tau$^{21}$iet$^{3}$tʰai$^{53}$pʰɔk$^{5}$lai$^{13}_{21}$iet$^{3}$tait$^{5}$(x)ek$^{3}$çi$^{53}_{44}$,tsʰiəu$^{53}$kan$^{21}$tʰai$^{53}$iet$^{3}$kʰuai$^{53}$,tʂʰɔŋ$^{13}_{21}$

tʂʰəŋ13-21cie53,vien13-21xei53-44lei0 tsiəu53-44pau35ua53i21 ʂəŋ53pɔi53,u21tʂak3 kan21ke53-44təŋ35-44si0 lei0 xəŋ53ʂʅ53-44kuait3,kʰuan35 kʰuan35tʂuən21,xəŋ53ʂʅ53kuait3,kuait3 laŋ53lɔi13-44.kuait3 tʂaŋ53li0,kau21tʂaŋ53iet3 sʅ53pait3 tʰiait3,tsʰiəu53kai53təu21 li0 iet3ɲien21,i21tʂak3 təŋ35-44si0 tsʰiəu53-44iait3 (x)ek3 li0,tsiəu53-44pən35kai53-44tʰo13pən35kai53-44te35-44tsʅ0 ŋa21lei0 pən35-44kai53-44 tʰəŋ21tsʅ0 lei0 fəŋ53ŋa53-44tʰi53lai13-21xa35,fəŋ53tau21iet3 pʰiaŋ13-21ke53tʰəŋ21tsʅ0,n̩21.tsau35li0,vien13xei53-44ma0 ai35ia35tsʅ0 liau21lei0,iet3 xei21iet3 xei21tsʅ0 ŋa21iet3 miet3 (x)a53çi35tsʰiəu53iet3 xei21,miet3 (x)a53çi35iet3 xei21,tsʰiəu53kan21tsʅ0 u21ʂaŋ13iet3 tsiau35.kai53tʰəŋ21tsʅ0 ŋa21xai13xei53man13kʰuai53lei0.

【痛】tʰəŋ53 [形]疾病、创伤等引起的难受的感觉：分水狼蜂叮哩人真～噢。pən35ʂei21ləŋ13fəŋ35 tiau35li0ɲin13-44tʂən35tʰəŋ53ŋau0.｜一身骨头～。iet3ʂən35kuət3 tʰei13tʰəŋ53.

【痛痒】tʰəŋ53iəŋ35 [名]疾病：你身上有么个病嘞就安做有么个～。ɲin13ʂən35xəŋ53-21iəu35mak3 e0 pʰiaŋ53lei0 tsʰiəu53-44ən35-44tso53-44iəu35mak3 e0 tʰəŋ53iəŋ35.｜冇么个～就好。mau13mak3 ke53-44tʰəŋ53iəŋ35-44tsʰiəu53 xau21.

【偷】tʰei35 [动]①私下里拿走别人的东西，据为己有：三十夜晡大月光，瞎子看得贼～秧。san35ʂek5 ia53pu35tʰai53ɲiet5 kəŋ35,xait3 tsʅ0 kʰən53tek3 tsʰiet5 tʰei35iəŋ35. ②暗地里勾搭异性：开头讲个箇只偷人精呐箇只咁个么个公共汽车啊硬唔知～嘿几多子野老公凑，渠等话渠唔知～嘿几多子野老公。kʰɔi35tʰei13-21kəŋ21ke53kai53tʂak3 tʰei35ɲin13-21tsin35na0 kai53tʂak3 kan21ke53-44mak3 e0 kəŋ35-44kʰəŋ53-44cʰi53tʂʰa35a0 ŋiaŋ53n̩13-21ti13-44tʰei35xek3 ci21(t)o35tsʅ0 ia35lau21kəŋ35tsʰe0,ci13-21tien0 ua53ci13-21n̩13-21ti13-44tʰei35-44(x)ek3 ci21(t)o35tsʅ0 ia35lau21 kəŋ35-53.｜开头讲箇以只人就系天天夜晡走，有兜人就话渠去外背～夫娘子，～野老婆。kʰɔi35 tʰei13-21kəŋ21kai53i21tʂak3 ɲin13-21tsʰiəu53-44xe53tʰien35tʰien35-44ia53pu35-44tsei21,iəu35tei35-53ɲin13-21tsʰiəu53ua53ci13-21çi53ŋɔi53pɔi53-21tʰei35-44 pu35ɲiəŋ13-21tsʅ0,tʰei35-44ia35-44lau21pʰo13.

【偷倒】tʰəu35tau21 [副]偷偷地：瓜子蹭黄，孙子～尝。kua35tsʅ0 maŋ13uəŋ13,sən35tsʅ0 tʰəu35tau21ʂəŋ13.

【偷懒】tʰɔi35lan35 [动]贪图安逸或省事，不肯勤力做事：欸，打比样我箇大孙子渠就会～呐，噢，规定哩渠爱渠洗碗筷，轮倒爱渠洗碗筷，渠就慢呢都食哩饭唔知信就冇唔知哪映去哩啊，碗筷就冇人洗呀，就～呐。e21,ta21pi21iəŋ53ŋai13kai53-44tʰai53sən35-44tsʅ0 ci13-21tsʰiəu53uɔi53tʰɔi35lan35na0,əu35,kuei35 tʰin53ni0 ci13-44ɔi53ci13-44sei21uən21kʰuai53,lən13tau21ɔi53ci13-44sei21uən21kʰuai53,ci13tsʰiəu53man53-44ne0 təu35-44ʂət5 li0 fan53n̩13 ti35-44sin53tsiəu53-44mau13n̩13-21ti35-44lai53-44iaŋ53-44çi53li0 a0,uən21kʰuai53tsiəu53mau13-21ɲin13-44sei21ia0,tsiəu53-21tʰɔi35-44lan35na0.｜俗话讲就细人子唔～呶。等得细人子都唔想动了，唔乱了，箇就病得蛮厉害了。细人子唔～。səuk5 fa53-44kəŋ21tsʰiəu53-44sei53ɲin13-21tsʅ0 n̩13tʰɔi35-44lan35nau0.ten21tek3 sei53ɲin13-21tsʅ0 təu35-53n̩13siəŋ21tʰəŋ35liau21,n̩13lən53 liau21,kai53-44tsʰiəu53-44pʰiaŋ53tek3 man13li53xɔi53-44liau0.sei53ɲin13-21tsʅ0 n̩13tʰɔi35-44lan35.

【偷人】tʰei35ɲin13 [动]暗地里勾搭异性：箇阵子我等箇映有只咁个人，嗯，比我大几岁子，欸，渠跍下生产队上还当下子会计。我让门认得渠嘞？箇大队会计喊倒我去帮渠做账，一窍不通，渠一滴都搞唔清。但渠～呢渠同我渠去我面上筛下子经，系啊？渠还十三岁就～。kai53tʂʰən53 tsʅ0 ŋai13tien0 kai53iaŋ53iəu35tʂak3 kan21-44(k)e53-44ɲin13,n̩21,pi21ŋai13-21tʰai53ci21sɔi53tsʅ0,e21,ci13-21ku35-44(x)a53-44sen35-44tsʰan21ti53 xəŋ53xai13-21təŋ35ŋa53tsʅ0 kʰuai53ci53.ŋai13ɲiəŋ53mən13-44ɲin13tek3 ci13-21lei0?kai53-44tʰai53ti13-21kʰuai53ci13-44xan53tau21ŋai13-21çi53 pəŋ35-44ci13-21tso53-44tʂəŋ53,iet3 cʰiau53pət3 tʰəŋ35-44,ci13iet3 tiet5 təu35-44kau21n̩13-21tsʰin35-44.tan53ci13-44tʰei35ɲin13nei0 ci13tʰəŋ13-21ŋai13-21 ci13-21çi53ŋai13-21mien53xəŋ53sai35xa53-21tsʅ0 cin35,xei53-44a0?ci13-21xai13-21ʂət5 san35sɔi53tsʰiəu53-44tʰei35-44ɲin13.

【偷人精】tʰei35ɲin13tsin35 [名]好淫的妇女（詈语）：以前我等箇映有只咁个夫娘子就～呢。渠等喊渠么个嘞？我等是冇几大子还唔懂哦，欸首先么个安做偷人都唔晓得。渠喊渠公共汽车，尽兜都上得，系唔系？喊渠全国粮票，欸，喊渠过路尿缸。箇真看唔起呀。箇只夫娘子渠又唔爱紧。渠系远方人，系永和下背人，讲本地话子嘞，渠唔知卖下以映子老公死嘿哩嘞，渠就长日乱搞嘞。i35-53tsʰien13-21ŋai13tien0 kai53iaŋ53iəu35-53tʂak3 kan21-44(k)e0 pu35ɲiəŋ13-21tsʅ0 tsʰiəu53-44tʰei35-44ɲin13-21tsin35 nei0.ci13-21tien0 xan53ci13-44mak3 ke53-44lei0?ŋai13tien0 ʂʅ53mau13-21ci21tʰai53tsʅ0 xai13n̩13tən21ŋo0,e44-53əu21sien35-53mak3 ke53-44 ən35-44tso53-44tʰei35ɲin13təu35-53n̩13-44çiau21tek3.ci13xan53ci13-44kəŋ35-44kʰəŋ53-44cʰi53-44tʂʰa35-44,tsʰin35te35-44təu35-44ʂəŋ53-44tek3,xei53-21me53-21?xan53 ci13-44tsʰien13kɔit3 liəŋ13pʰiau53,e21,xan53ci13-44ko53ləu53ɲiau53kəŋ35-44.kai53tʂən35kʰən53n̩13-21çi21ia0.kai53-44(tʂ)ak3 pu35ɲiəŋ13-21 tsʅ0 ci13iəu53-44m̩13-21mɔi53cin21.ci13-21xei53ien21fəŋ35ɲin13-21,xe53uən21xo13xa53-44pɔi53ɲin13-21,kəŋ21pən21tʰi53fa53tsʅ0 lei0,ci13-21n̩13-21 ti35-44mai53ia53-44i21iaŋ53tsʅ0 lau21kəŋ35si21xek3 li0 lei0,ci13-21tsʰiəu53tʂʰəŋ13ɲiet3 lən53kau21lei0.

【头₁】tʰei13/tʰəu13 [名]①人身体的最上部分或动物身体的最前部分：髻就系箇（鸡子）～上个箇滴子呢。ci53tsʰiəu53-44xe53-44kai53-44tʰei13xəŋ53-44ke53-44kai53-44tiet5 tsʅ0 nei0. ②物的两端或末梢、顶端：（流水杠）一～就搁下以墙上，一～搁下伞柱上。iet3 tʰei13-21tsʰiəu53kɔk3 (x)a53i21tsʰiəŋ13xəŋ53,iet3 tʰei13kɔk3 (x)a53 san$^{21}$tʂʰəu$^{35}_{53}$xɔŋ$^{53}$. ｜（狗爪豆）两～弯弯子。iɔŋ$^{21}$tʰəu$^{13}_{21}$uan$^{35}$uan$^{35}$tsɿ$^{0}$. ｜以只桁子～也唔好看。i$^{21}$tʂak$^{3}$xaŋ$^{13}$tsɿ$^{0}$tʰei$^{13}$ia$^{35}$ṇ$^{13}_{21}$xau$^{21}$kʰɔn$^{53}$. ③事情的开端：新正年～sin$^{35}$tʂaŋ$^{35}$ɲien$^{13}$tʰei$^{13}$。④方位词。次序或时间在前或最前的：欸，我等箇只老弟嫂哇供三只细人子，～一个妹子嘞因为出世个时候子嗯缺氧，成哩只脑瘫，冇得用。e$_{44}$,ŋai$^{13}$tien$^{0}$kai$^{53}$tʂak$^{3}$lau$^{21}$tʰe$^{35}_{44}$sau$^{21}$ua$^{0}$ciəŋ$^{53}_{44}$san$^{35}$tʂak$^{3}$sei$^{53}$ɲin$^{13}_{44}$tsɿ$^{0}$,tʰei$^{13}$iet$^{3}$kei$^{53}$məi$^{53}$tsɿ$^{0}$lei$^{0}$in$^{35}$uei$^{53}_{44}$tʂʰət$^{3}$ʂɿ$^{53}$ke$^{0}$ʂɿ$^{13}$xei$^{53}$tsɿ$^{0}$ṇ$_{21}$tʂʰet$^{5}$iɔŋ$^{35}$,ʂaŋ$^{13}$li$^{0}$tʂak$^{3}$lau$^{21}$tʰan$^{35}_{44}$,mau$^{13}$te$^{35}_{53}$iəŋ$^{53}$. ｜～只月 tʰəu$^{13}$tʂak$^{3}$ɲiet$^{5}$ 上个月｜（炖药）～汤，二汤，～水，二水，都话。tʰei$^{13}$tʰɔŋ$^{35}$,ɲi$^{53}$tʰɔŋ$^{35}$,tʰei$^{13}$ʂei$^{21}$,ɲi$^{53}$ʂei$^{21}$,təu$^{35}$ua$^{53}$.

【头$_{2}$】tʰei$^{13}$/tʰəu$^{13}$ 量①指布满头上的东西：一～汗 iet$^{3}$tʰəu$^{13}$xɔn$^{53}$。②指一副担子的一半：我侄女子嘞都同渠许哩一～纸啊。许一～。转呀过晡子还爱归来去烧纸。ŋai$^{13}$tʂʰət$^{5}$ŋ̍$^{21}$tsɿ$^{0}$le$^{0}$təu$^{35}_{44}$tʰəŋ$^{13}_{21}$ci$^{13}_{21}$çi$^{21}$li$^{0}$iet$^{3}$tʰei$^{13}$tʂɿ$^{21}$a$^{0}$.çi$^{21}$iet$^{3}$tʰei$^{13}$.tʂɔn$^{21}$ia$^{0}$ko$^{53}_{44}$pu$^{35}_{44}$tsɿ$^{0}$xa$^{13}_{21}$ɔi$^{53}_{44}$kuei$^{35}_{44}$lɔi$^{13}_{44}$çi$^{53}_{44}$ʂau$^{35}_{44}$tsɿ$^{21}$. ③指鞭炮的个数：欸，渠都唔讲只，都只讲～。一百～，五百～，一千～，一万～。鞭炮都唔讲只，唔讲一百只，只讲～。e$_{44}$,ci$^{13}_{21}$təu$^{35}_{53}$ṇ$^{13}$kɔŋ$^{21}$tʂak$^{3}$,təu$^{35}$tʂɿ$^{21}$kɔŋ$^{21}$tʰei$^{13}$.iet$^{3}$pak$^{3}$tʰei$^{13}$,ŋ̍$^{21}$pak$^{3}$tʰei$^{13}$,iet$^{3}$tsʰien$^{35}$tʰei$^{13}$,iet$^{3}$uan$^{53}$tʰei$^{13}$.pien$^{35}$pʰau$^{53}$təu$^{35}_{53}$ṇ$^{13}$kɔŋ$^{21}$tʂak$^{3}$,ṇ$^{13}$kɔŋ$^{21}$iet$^{3}$pak$^{3}$tʂak$^{3}$,tʂɿ$^{21}$kɔŋ$^{21}$tʰei$^{13}$.

【头$_{3}$】tʰei$^{13}$ 名词后缀：新正年头，冇得事～，坐下禾坪～，掹张凳子遮日～。想阵冇门～，拿张斧～，走下岭～，斫担柴～，荷下街～，买做猪头、狗头、羊头并猫头，炆做三碗公四钵～，食嘿三碗公四钵～，还有一钵～。你坐上横～，我坐下横～，膝～对$_{抵}$膝～，食起有兴～。sin$^{35}$tʂaŋ$^{35}$ɲien$^{13}$tʰei$^{13}$,mau$^{13}$tek$^{3}$sɿ$^{53}$tʰei$^{13}$,tsʰo$^{35}$a$^{35}$uo$^{13}$pʰiaŋ$^{13}$tʰei$^{13}$,mən$^{35}$tʂaŋ$^{35}$tien$^{53}$tsɿ$^{21}$tʂak$^{3}$ɲiet$^{3}$tʰei$^{13}$.siɔŋ$^{21}$tʂʰən$^{53}$mau$^{13}$mən$^{13}$tʰei$^{13}$,la$^{35}$tʂɔŋ$^{35}$pu$^{21}$tʰei$^{13}$,tsei$^{21}$ia$^{35}$liaŋ$^{35}$tʰei$^{13}$,tʂɔk$^{3}$tan$^{35}$tsʰai$^{13}$tʰei$^{13}$,kʰai$^{35}$ia$^{35}$kai$^{35}$tʰei$^{13}$,mai$^{35}$tso$^{53}$tʂəu$^{35}$tʰei$^{13}$,kei$^{21}$tʰei$^{13}$,iɔŋ$^{13}$tʰei$^{13}$pin$^{53}$miau$^{53}$tʰei$^{13}$,uən$^{13}$tso$^{53}$san$^{35}$uən$^{21}$kəŋ$^{35}$si$^{53}$pait$^{3}$tʰei$^{13}$,ʂet$^{5}$xek$^{3}$san$^{35}$uən$^{21}$kəŋ$^{35}$si$^{53}$pait$^{3}$tʰei$^{13}$,xai$^{13}$iəu$^{35}$iet$^{3}$pait$^{3}$tʰei$^{13}$.ɲi$^{13}$tsʰo$^{35}$ʂɔŋ$^{35}$uaŋ$^{13}$tʰei$^{13}$,ŋai$^{13}$tsʰo$^{35}$xa$^{35}$uaŋ$^{13}$tʰei$^{13}$,tsʰiet$^{3}$tʰei$^{13}$ti$^{53}$tsʰiet$^{3}$tʰei$^{13}$,ʂet$^{5}$çi$^{21}$iəu$^{35}$çin$^{53}$tʰei$^{13}$.

【头掩尾凿】tʰei$^{13}$/tʰəu$^{13}$ŋan$^{21}$mi$^{35}_{53}$tsʰɔk$^{5}$ ①形容说话时眉飞色舞的样子：箇只人讲起～，系唔系？两个人讲起～。kai$^{53}$tʂak$^{3}$ɲin$^{13}_{44}$kɔŋ$^{21}$çi$^{21}_{44}$tʰei$^{13}$ŋan$^{21}$mi$^{35}$tsʰɔk$^{5}$,xei$^{53}$me$^{53}$?iɔŋ$^{21}$ke$^{53}$in$^{13}_{21}$kɔŋ$^{21}$çi$^{21}_{44}$tʰei$^{13}$ŋan$^{21}$mi$^{35}$tsʰɔk$^{5}$. ②形容巴结奉承的样子：渠看倒书记来哩啊，硬～。ci$^{13}$kʰɔn$^{53}$tau$^{21}$ʂəu$^{35}$ci$^{53}$lɔi$^{13}_{21}$li$^{0}$a$^{0}$, ɲiaŋ$^{53}$tʰei$^{13}$ŋan$^{21}$mi$^{35}$tsʰɔk$^{5}$.

【头晡】tʰei$^{13}$pu$^{35}$ 名之前一天：就出嫁个～夜晡，讲规矩是爱过嘿子时来，爱过嘿十二点钟来，拜祖。tsʰiəu$^{53}$tʂʰət$^{3}$ka$^{53}$ke$^{53}$tʰei$^{13}$pu$^{35}_{44}$ia$^{53}$pu$^{35}_{44}$,kɔŋ$^{21}$kuei$^{35}$tʂɿ$^{21}$ʂɿ$^{53}_{44}$ɔi$^{53}$ko$^{53}$(x)ek$^{3}$tsɿ$^{21}$ʂɿ$^{13}$lɔi$^{13}_{21}$,ɔi$^{53}_{44}$ko$^{53}_{44}$(x)ek$^{3}$ʂət$^{5}$ɲi$^{53}$tian$^{21}$tʂəŋ$^{35}$lɔi$^{13}_{21}$,pai$^{53}$tsɿ$^{21}$.

【头茶】tʰei$^{13}$tsʰa$^{13}$ 名第一次摘取的春茶：～二茶就有嘞。tʰei$^{13}$tsʰa$^{13}$ɲi$^{53}$tsʰa$^{13}$tsʰiəu$^{53}_{44}$iəu$^{35}$lei$^{0}$.

【头到$_{1}$】tʰei$^{13}$tau$^{53}$ ①第一次；第一遍：我还系～来。ŋai$^{13}$xai$^{13}$xe$^{53}_{44}$tʰei$^{13}$tau$^{53}$lɔi$^{13}_{21}$. ｜炖药个～水 tən$^{35}$iɔk$^{5}$ke$^{0}$tʰei$^{13}$tau$^{53}$ʂei$^{21}$。②指双季稻的第一季，即早禾：～都赠收得，我还系收么个二到？tʰei$^{13}$tau$^{53}_{44}$təu$^{35}_{44}$maŋ$^{13}_{21}$ʂəu$^{35}$tek$^{3}$,ŋai$^{13}_{21}$xai$^{13}$xe$^{53}_{44}$ʂəu$^{35}$mak$^{3}$e$^{0}$ɲi$^{53}$tau$^{53}_{44}$? ③指往下第一代人，即子女：有兜人咯，唔想带孙子孙女啊，系啊？渠就话："我～都赠靠倒啊，我还靠么个二到？" iəu$^{35}$təu$^{35}$ɲin$^{13}$ko$^{0}$,ṇ$^{13}$siɔŋ$^{53}$tai$^{53}$sən$^{35}$tsɿ$^{0}$sən$^{35}$ŋ̍$^{21}$ŋa$^{0}$,xei$^{53}_{44}$a$^{0}$?ci$^{13}_{21}$tsʰiəu$^{53}_{44}$(u)a$^{53}_{44}$:"ŋai$^{13}_{21}$tʰei$^{13}_{21}$tau$^{53}_{44}$təu$^{35}_{53}$maŋ$^{13}$kʰau$^{53}$tau$^{21}$a$^{0}$, ŋai$^{13}_{21}$xai$^{13}$kʰau$^{53}$mak$^{3}$e$^{0}$ɲi$^{53}$tau$^{53}_{44}$?" ④上一次：～我去哩上海市啊。tʰei$^{13}$tau$^{53}$ŋai$^{13}$çi$^{53}$li$^{0}$ʂɔŋ$^{53}$liet$^{3}$ʂɿ$^{53}$a$^{0}$. ｜～系么人请个客？/系我请个。tʰei$^{13}$tau$^{53}$xe$^{53}$man$^{13}$ɲin$^{13}$tsʰiaŋ$^{21}$ke$^{53}$kʰak$^{3}$?/xe$^{53}$ŋai$^{13}$tsʰiaŋ$^{21}$ke$^{53}$.

【头到$_{2}$】tʰei$^{13}$tau$^{53}$ 副时间副词。不久之前：我～去上海嬲来。ŋai$^{13}_{21}$tʰei$^{13}_{21}$tau$^{53}_{44}$çi$^{53}_{44}$ʂɔŋ$^{53}$xɔi$^{21}$liau$^{53}$lɔi$^{13}_{21}$.

【头发】tʰei$^{13}$fait$^{3}$ 名人头上长的毛：欸妹子人就用～夹子啊。夹～呀，夹稳箇～呀。e$_{44}$məi$^{53}$tsɿ$^{0}$ɲin$^{13}$tsʰiəu$^{53}$iəŋ$^{53}$tʰei$^{13}$fait$^{3}$kait$^{3}$tsɿ$^{0}$a$^{0}$.kait$^{3}$tʰei$^{13}$fait$^{3}$ia$^{0}$,kait$^{3}$uən$^{21}$kai$^{53}$tʰei$^{13}$fait$^{3}$ia$^{0}$.

【头番子】tʰei$^{13}$fan$^{35}_{44}$tsɿ$^{0}$ 名时间词。不久前，早一段时间：～箇映炸死一只。～啊，早一段时间呐。tʰei$^{13}_{21}$fan$^{35}_{44}$tsɿ$^{0}$kai$^{53}_{44}$iaŋ$^{53}_{44}$tsa$^{53}$sɿ$^{21}$iet$^{3}$tʂak$^{3}$.tʰei$^{13}$fan$^{35}_{44}$tsɿ$^{0}$a$^{0}$,tsau$^{21}$iet$^{3}$tɔn$^{53}$ʂɿ$^{13}_{21}$kan$^{35}$na$^{0}$.

【头伏】tʰei$^{13}$fuk$^{5}$ 名三伏中的初伏：从起伏箇晡到二伏个头晡都就安做～，十天。tsʰəŋ$^{13}$çi$^{21}$fuk$^{5}$kai$^{53}_{44}$pu$^{35}$tau$^{53}_{44}$ɲi$^{53}$fuk$^{5}$ke$^{0}$tʰei$^{13}$pu$^{35}_{44}$təu$^{35}_{44}$tsiəu$^{53}$ɔn$^{35}_{53}$tso$^{53}_{44}$tʰei$^{13}$fuk$^{5}$,ʂət$^{5}$tʰien$^{35}_{44}$.

【头箍】tʰei$^{13}$kʰu$^{35}$ 名妇女戴在头上的一种束发用具，也用来装饰或避免汗流到眼睛里等：～，缔下脑壳上个？tʰei$^{13}$kʰu$^{35}_{53}$,tʰak$^{3}$a$^{35}_{44}$lau$^{21}$kʰɔk$^{3}$xɔŋ$^{53}_{44}$ke$^{53}_{44}$?

【头荷】tʰei$^{13}$xo$^{13}$ 名靠近秤头的提绳：～就更大呀。秤头上箇边个就～啊。系哟，我等系咁子话噢。我等就咁子话。打比一把秤，有一……打得一百斤个，系唔系？有十斤滴么个。有二荷就一斤一斤个。～就十斤十斤。欸，靠粗个箇一头个就～。靠近钩子，钩子箇向个，秤盘子箇向个，就～。靠近秤尾个，就二荷。～就看中间，～个刻度看中间，二荷刻度看边上。～称得更重啊。欸，～更打得更重啊。tʰei$^{13}$xo$^{13}$tsʰiəu$^{53}_{44}$ken$^{53}_{44}$tʰai$^{53}$ia$^{0}$.tʂʰən$^{53}$tʰei$^{13}$xoŋ$^{53}_{44}$kai$^{53}_{44}$pien$^{35}_{44}$ke$^{53}_{44}$tsiəu$^{53}_{44}$tʰei$^{13}$xo$^{13}$a$^{0}$.xei$^{53}_{44}$iau$^{0}$,ŋai$^{13}_{21}$tien$^{0}$ xei$^{53}$kan$^{21}$tsɿ$^{0}$ ua$^{53}_{44}$au$^{0}$.ŋai$^{13}_{21}$tien$^{0}$ tsʰiəu$^{53}$kan$^{21}_{44}$tsɿ$^{0}$ ua$^{53}_{44}$.ta$^{21}$pi$^{21}$iet$^{3}$pa$^{21}$tʂʰən$^{53}$,iəu$^{35}$iet$^{3}$…ta$^{21}$tek$^{3}$iet$^{3}$pak$^{3}$cin$^{35}$ke$^{53}_{44}$,xei$^{53}_{44}$me$^{53}_{44}$?iəu$^{35}$ʂət$^{5}$cin$^{35}_{44}$tet$^{5}_{3}$mak$^{3}$ke$^{53}_{44}$.iəu$^{35}_{44}$ɲi$^{53}$xo$^{13}_{21}$tsʰiəu$^{53}_{44}$iet$^{3}$cin$^{35}$iet$^{3}$cin$^{35}$ke$^{53}_{44}$.tʰei$^{13}$xo$^{13}$tsʰiəu$^{53}_{44}$ʂət$^{5}$cin$^{35}_{44}$ʂət$^{5}$cin$^{35}$.e$_{21}$,kʰau$^{53}$tsʰəu$^{35}$ke$^{53}$kai$^{53}$iet$^{3}$tʰei$^{13}$ke$^{53}$tsʰiəu$^{53}$tʰei$^{13}$xo$^{13}$.kʰau$^{53}$cʰin$^{53}$kei$^{35}$tsɿ$^{0}$,ciei$^{35}$tsɿ$^{0}$kai$^{53}_{44}$çiɔŋ$^{53}_{44}$ke$^{53}_{44}$,tʂʰən$^{53}$pʰan$^{13}_{21}$tsɿ$^{0}$kai$^{53}_{44}$çiɔŋ$^{53}_{44}$ke$^{53}_{44}$,tsʰiəu$^{53}$tʰei$^{13}_{21}$xo$^{13}_{21}$.kʰau$^{53}_{44}$cʰin$^{53}_{44}$tʂʰən$^{53}$mi$^{35}$ke$^{53}_{44}$,tsiəu$^{53}_{44}$ɲi$^{53}$xo$^{13}_{21}$.tʰei$^{13}$xo$^{13}$tsʰiəu$^{53}_{44}$kʰən$^{53}$tʂən$^{35}$kan$^{35}_{44}$,tʰei$^{13}$xo$^{13}$ke$^{53}_{44}$kʰek$^{3}$tʰu$^{53}_{44}$kʰən$^{53}$tʂən$^{35}$kan$^{35}_{44}$, ɲi$^{53}$xo$^{13}$kʰek$^{3}$tʰu$^{53}_{44}$kʰən$^{53}$pien$^{35}$xoŋ$^{53}_{21}$.tʰei$^{13}$xo$^{13}$tʂʰən$^{35}$tek$^{3}$cien$^{53}_{21}$tʂʰəŋ$^{53}$ŋa$^{0}$.e$_{21}$,tʰei$^{13}$xo$^{13}$cien$^{53}$ta$^{21}$tek$^{3}$cien$^{53}$tʂʰəŋ$^{35}$ŋa$^{0}$.

【头回】tʰei$^{13}$fei$^{13}$ 第一次。又称“第一到、头到”：我还系～来你屋下。ŋai$^{13}_{44}$xai$^{13}_{44}$xe$^{53}_{44}$tʰei$^{13}$fei$^{13}$lɔi$^{13}_{44}$ɲi$^{13}_{44}$uk$^{3}$xa$^{53}$.｜我系～坐飞机。ŋai$^{13}$xe$^{53}$tʰei$^{13}$fei$^{13}_{21}$tsʰo$^{35}_{44}$fei$^{35}_{44}$ci$^{35}_{44}$.

【头镬水】tʰei$^{13}$uɔk$^{5}$ʂei$^{21}$ 名指蒸酒时，蒸馏而得的酒汽经第一次放入锅内的凉水冷却而流出的“酒头”：同箇蒸酒样，～冇咁好。tʰəŋ$^{13}$kai$^{53}_{44}$tʂən$^{35}_{44}$tsiəu$^{21}$iɔŋ$^{53}_{44}$,tʰei$^{13}$uɔk$^{5}$ʂei$^{21}$mau$^{13}$kan$^{21}$xau$^{21}$.

【头几晡】tʰei$^{13}$ci$^{21}$pu$^{35}$ 之前几天：～就是起媒嘞。tʰei$^{13}_{21}$ci$^{21}$pu$^{35}_{44}$tsʰiəu$^{53}_{44}$sɿ$^{53}_{44}$çi$^{21}$mɔi$^{13}$lei$^{0}$.

【头眠】tʰei$^{13}$mien$^{13}$ 名蚕在生长过程中，第一次蜕皮前不食不动的现象：蚕虫个～爱几多天呐？也系三天子吧？tsʰan$^{13}$tʂʰəŋ$^{13}_{21}$ke$^{53}$tʰei$^{13}$mien$^{13}$ɔi$^{53}$ci$^{21}$to$^{35}$tʰien$^{35}_{44}$na$^{0}$?ia$^{35}$xei$^{53}$san$^{35}$tʰien$^{35}$tsɿ$^{0}$pa$^{0}$?

【头名】tʰei$^{13}$miaŋ$^{13}$ 名第一名：欸，我等箇孙子考过欸读初中两年呢考过两到～。e$_{44}$,ŋai$^{13}$tien$^{0}$ kai$^{53}$sən$^{35}$tsɿ$^{0}$kʰau$^{21}$ko$^{53}$e$^{0}$ tʰəuk$^{5}$tsʰəu$^{35}$tʂəŋ$^{35}_{44}$iɔŋ$^{21}$ɲien$^{13}$ne$^{0}$ kʰau$^{21}$ko$^{53}$iɔŋ$^{21}$tau$^{53}$tʰei$^{13}_{21}$miaŋ$^{13}_{21}$.

【头年】tʰei$^{13}$ɲien$^{13}$ 名时间词。上一年：就买以到我等买屋个～吧，就花嘿一十五万呐买倒箇辆车，斢一辆车。tsʰiəu$^{53}$mai$^{35}$i$^{21}$tau$^{53}$ŋai$^{13}$tien$^{0}$ mai$^{35}$uk$^{3}$ke$^{53}$tʰei$^{13}$ɲien$^{13}_{21}$pa$^{0}$,tsʰiəu$^{53}$fa$^{35}_{44}$xek$^{3}$iet$^{3}$ʂət$^{5}$ŋ̍$^{21}$uan$^{53}$na$^{0}$ mai$^{35}$tau$^{21}$kai$^{53}_{44}$liɔŋ$^{21}$tʂʰa$^{35}$,tiau$^{21}$iet$^{3}$liɔŋ$^{21}$tʂʰa$^{35}$.

【头帕】tʰei$^{13}$/tʰəu$^{13}$pʰa$^{53}$ 名妇女用的头巾：如今夫娘子人有多么人拼～了。i$^{13}_{21}$cin$^{35}_{53}$pu$^{35}$ɲiɔŋ$^{13}_{21}$tsɿ$^{0}$ɲin$^{13}$mau$^{13}$to$^{35}_{53}$mak$^{3}$ɲin$^{13}_{44}$təŋ$^{35}$tʰei$^{13}$pʰa$^{53}$liau$^{0}$.

【头七】tʰei$^{13}$tsʰiet$^{3}$ 名人死后的第一个七天，亲人不上坟祭奠：第一只七天唔搞，呣，～，箇样子话撞～。～唔搞。tʰi$^{53}$iet$^{3}$tʂak$^{3}$tsʰiet$^{3}$tʰien$^{35}_{44}$n̩$^{13}$kau$^{21}$,m̩$_{21}$,tʰei$^{13}$tsʰiet$^{3}$,kai$^{53}_{44}$iɔŋ$^{53}_{44}$tsɿ$^{0}$ ua$^{53}_{44}$tsʰɔŋ$^{53}$tʰei$^{13}$tsʰiet$^{3}$.tʰei$^{13}$tsʰiet$^{3}$n̩$^{13}$kau$^{21}$.

【头青】tʰei$^{13}$tsʰiaŋ$^{35}$ 名第一层青篾。也称“头青篾”：就系一只竹篓肚里欸一篓竹篓，第一层就～欸。也还好，但是冇得咁好。同箇蒸酒样，头镬水冇咁好，有滴苦糙系唔系？最好个就二镬头。二镬头就最好。第二层篾篓最好。第二层呐，最好。/第三层四层个又冇咁好了。/第三层也蛮好。越靠倒中间篸骨头个栏场就越妁，硬度摎柔软度。tsʰiəu$^{53}$uei$^{53}$(←xei$^{53}$)iet$^{3}$tʂak$^{3}$tʂəuk$^{3}$sak$^{3}$təu$^{21}$li$^{0}$ e$_{21}$iet$^{3}$sak$^{3}$tʂəuk$^{3}$sak$^{3}$,tʰi$^{53}$iet$^{3}$tsʰien$^{13}$tsʰiəu$^{53}_{44}$tʰei$^{13}$tsʰiaŋ$^{35}_{44}$ŋei$^{0}$.ia$^{35}$xai$^{13}_{21}$xau$^{21}$,tan$^{53}$ʂɿ$^{53}$mau$^{13}_{21}$tek$^{3}$kan$^{21}$xau$^{21}$.tʰəŋ$^{13}$kai$^{53}_{44}$tʂən$^{35}_{44}$tsiəu$^{21}$iɔŋ$^{53}_{44}$,tʰei$^{13}$uɔk$^{5}$ʂei$^{21}$mau$^{13}$kan$^{21}$xau$^{21}$,iəu$^{35}_{44}$tet$^{5}$fu$^{21}$tsʰau$^{53}$xei$^{53}_{44}$me$^{53}_{44}$?tsei$^{53}$xau$^{21}$ke$^{53}_{44}$tsʰiəu$^{53}_{44}$ɲi$^{53}$uɔk$^{5}$tʰei$^{13}$. ɲi$^{53}$uɔk$^{5}$tʰei$^{13}$tsʰiəu$^{53}_{44}$tsei$^{53}$xau$^{21}$.tʰi$^{53}_{44}$ɲi$^{53}$tsʰien$^{13}_{21}$miet$^{5}$sak$^{3}$tsei$^{53}$xau$^{21}$.tʰi$^{53}_{44}$ɲi$^{53}$tsʰien$^{13}$na$^{0}$,tsei$^{53}$xau$^{21}$./tʰi$^{53}_{44}$san$^{35}$tsʰien$^{13}_{21}$si$^{53}$tsʰien$^{13}_{44}$ke$^{53}_{44}$iəu$^{53}_{44}$mau$^{13}_{44}$kan$^{21}$xau$^{21}$liau$^{0}$./tʰi$^{53}_{44}$san$^{35}$tsʰien$^{13}_{21}$ia$^{35}_{44}$man$^{13}_{21}$xau$^{21}$.vet$^{5}$kau$^{53}_{21}$tau$^{21}_{44}$tʂəŋ$^{35}$kan$^{35}_{44}$ɲia$^{13}_{21}$kuət$^{3}$tʰei$^{13}$ke$^{53}_{44}$laŋ$^{13}$tʂʰɔŋ$^{13}_{44}$tsʰiəu$^{53}_{44}$vet$^{5}$ʂo$^{13}$,ŋaŋ$^{53}$tʰəu$^{53}$lau$^{35}$iəu$^{13}$uən$^{21}_{53}$tʰəu$^{53}$.

【头上】tʰei$^{13}$xɔŋ$^{53}$ ①头的上方，头顶：髻就系箇～个箇滴子呢。ci$^{53}$tsʰiəu$^{53}_{44}$xe$^{53}_{44}$kai$^{53}_{44}$tʰei$^{13}$xɔŋ$^{53}_{44}$ke$^{53}_{44}$kai$^{53}_{44}$tiet$^{5}$tsɿ$^{0}$nei$^{0}$. ②名方位词。顶端：渠指彩糖就钉下橡皮～。ci$^{13}$tsʰiəu$^{53}_{44}$taŋ$^{35}_{44}$(x)a$^{53}_{44}$ʂon$^{13}$pʰi$^{13}$tʰei$^{13}$xɔŋ$^{53}$. ③名方位词。边上：大路～其实就系大路边上。一般呢就指去箇大路边上做只么个事，或者搞只么个路子，就话跍倒箇大路～。tʰai$^{53}$ləu$^{53}$tʰei$^{13}$xɔŋ$^{53}$cʰi$^{13}$ʂət$^{5}$tsʰiəu$^{53}$xe$^{53}_{44}$tʰai$^{53}$ləu$^{53}_{44}$pien$^{35}$xɔŋ$^{53}$. iet$^{3}$pɔn$^{35}$ne$^{0}$tsʰiəu$^{53}$tsɿ$^{21}$çi$^{53}$kai$^{53}$tʰai$^{53}$ləu$^{53}$pien$^{35}$xɔŋ$^{53}_{44}$tso$^{53}$tʂak$^{3}$mak$^{3}$e$^{0}$sɿ$^{53}$,xɔit$^{5}$tʂa$^{21}$kau$^{21}$tʂak$^{3}$mak$^{3}$e$^{0}$ləu$^{53}$tsɿ$^{0}$,tsiəu$^{53}_{44}$ua$^{53}_{44}$ku$^{35}$tau$^{21}$kai$^{53}_{44}$tʰai$^{53}_{44}$ləu$^{53}_{44}$tʰei$^{13}$xɔŋ$^{53}$.

【头牲】tʰei$^{13}$saŋ$^{35}$ 名家畜：贴嘿箇个畜～个栏场。打比猪栏下，牛栏下，羊栏下，猪栏，牛栏，羊栏，欸。tʰiait$^{3}$(x)ek$^{3}$kai$^{53}_{44}$ke$^{53}_{44}$çiəuk$^{3}$tʰei$^{13}$saŋ$^{35}_{44}$ke$^{53}_{44}$laŋ$^{13}$tʂʰɔŋ$^{13}$.ta$^{21}$pi$^{21}_{44}$tʂəu$^{35}$lan$^{13}_{21}$xa$^{35}$, ɲiəu$^{13}$lan$^{13}_{21}$xa$^{35}$,iɔŋ$^{13}$lan$^{13}_{21}$xa$^{35}$,tʂəu$^{35}$lan$^{13}$, ɲiəu$^{13}$lan$^{13}$,iɔŋ$^{13}$lan$^{13}$,e$_{21}$.

【头一】tʰei$^{13}$iet$^{3}$ 副表强调：～啰，今晡真热哦！tʰei$^{13}$iet$^{3}$lo$^{0}$,cin$^{35}$pu$^{35}$tʂən$^{35}$ɲiet$^{5}$o$^{0}$！

【头只】tʰei$^{13}$tʂak$^{3}$ ①第一个：我老妹子～（细子）𫠛带倒，去肚子里就坏咁哩。ŋai$^{13}$lau$^{21}$mɔi$^{53}$

tsɿ0 tʰei13 tʂak3 maŋ13 tai53 tau21,çi53 təu21 tsɿ0 li0 tsiəu53-44 fai53 kan21 ni0. ②前一个：个男子人～老婆死嘿哩。kai53 lan13 tsɿ0 ɲin13-21 tʰei13 tʂak3 lau21 pʰo13 si21(x)ek3 li0. | 欸，如今是系七月啊，欸，～月六月个就滴都唔热人呢，天天落水嘞，欸，落你咁多水嘞。ei21,i13-21 cin35-53 ʂɿ53-44 xe53-44 tsʰiet3 ɲiet5 a0,e21,tʰei13 tʂak3 ɲiet5 liəuk3 ɲiet5 kai53-44 tsʰiəu53-44 tiet5 təu35-44 n̩13 ɲiet5 ɲin13-21 nei0,tʰien35 tʰien35-44 lɔk5 ʂei21 lei0,e21,lɔk5 ɲi13-44 kan21 to35-53 ʂei21 lei0.

【敨凉】tʰei21 liɔŋ13 动 乘凉：如今咁热了哇，夜晡哇硬爱～，爱～敨到个成十点钟来睡目就更好睡。i13-21 cin35-44 kan21 ɲiet5 liau21 ua0,ia53 pu35-44 ua0 ɲiaŋ53 ɔi53 tʰei21 liɔŋ13,ɔi53 tʰei21 liɔŋ13 tʰei21 tau53 kai53-44 ʂaŋ13-21 ʂət5 tian21 tʂəŋ35-44 lɔi13-21 ʂɔi53 muk3 tsʰiəu53-44 cien53-44 xau21 ʂɔi53.

【敨气】tʰei21 çi53 动 ①出气；呼吸：默稳嘴巴唔～ mət3 uən21 tsi21 pa35-0 n̩13 tʰei21 çi53 | 歇倒个肚里，～唔出。çiet3 tau21 kai53 təu21 li0,tʰei21 çi53 n̩13-21 tʂʰət3. ②空气流通：以个都有眼，以个栏场都有眼……欸，～。i21 ke53-44 təu35 iəu35-44 ŋan21,i21 ke53 lɔŋ13-21 tʂʰɔŋ13-44 təu35 iəu35-44 ŋan21…e21,tʰəu21 çi53.

【透夜】tʰei53 ia53 副 连夜；当天夜里（就做）。又称"透夜子"：～赶到浏阳 tʰei53 ia53 kɔn21 tau53 liəu13 iɔŋ13-44 | 头番有只人病嘿哩，唔知几厉害，爱送下浏阳去整，系唔系？送下浏阳去整嘞，进哩医院，还赠下药，哦嗬，唔像哩，～就拖归来哩。～都拖归来哩。夜晡拖倒去个，医院里接哩，但是嘞赠下药，就会变就会死嘿了，～子拖归来哩，唔死下医院里。tʰei13-21 fan35-44 iəu35 tʂak3 ɲin13-21 pʰiaŋ53 xek3 li0,n̩13-21 ti13-44 ci13-44 li53 xɔi53,ɔi53 səŋ53-44 ŋa53-44 liəu13 iɔŋ13-21 çi53 tʂaŋ21,xei53 me53?səŋ53 ŋa53 liəu13 iɔŋ13-21 çi53 tʂaŋ21 lei0,tsin53 ni0 i35 vien53,xai13-21 maŋ13-21 xa53-44 iɔk5,o44 xo44,n̩13 tsʰiɔŋ53 li0,tʰei53 ia53-44 tsʰiəu53-44 tʰo35-44 kuei35-44 lɔi13-21 li0.tʰei53 ia53-44 təu35-44 tʰo35 kuei35-44 lɔi13-21 li0.ia53 pu35-44 tʰo35 tau21 çi53 ke53-44,i35 vien53-44 li0 tsiait3 li0,tan53-44 ʂɿ53-44 lei0 maŋ13 xa53-44 iɔk5,tsʰiəu53 uɔi53 pien53-44 tsʰiəu53 uɔi53 si21 xek3 liau0,tʰei53 ia53-44 tsɿ0 tʰo35-44 kuei35-44 lɔi13-21 li0,n̩13 si21 ia53-44 i35-44 vien53 ni0.

【凸】tʰət5 动 ①高出周围。又称"鼓"：个只我等个映有只地方安做圆墩背，四向都更低，渠就～出来。一只圆墩样，我等安做渠圆墩。欸，圆墩呐，墩一样。欸安圆墩背，渠就～出来。kai53 tʂak3 ŋai13 tien0 kai53-44 iaŋ53-44 iəu35-44 tʂak3 tʰi53 fəŋ35-44 ɔn35-44 tso53-44 ien13 tən35-44 pɔi53,si53 çiɔŋ53-44 təu35-44 ken53-21 te35,ci13-21 tsʰiəu53-44 tʰət5 tʂʰət3 lɔi13.iet3 tʂak3 ien13 tən35 iɔŋ53,ŋai13 tien0 ɔn35-53 tso53 ci13-21 ien13 tən35.e21,ien13 tən35 na0,tən35 iet3 iɔŋ53.e21 ɔn35-21 ien13 tən35 pɔi53,ci13-21 tsiəu53-44 tʰət5 tʂʰət3 lɔi13. ②向一旁伸展：呃，我等屋门口有丘田咯嗯三向都圆圆子嘞，个一向就～出一块来嘞，～出一坨来。ə44,ŋai13 tien0 uk3 mən13-21 xei21 iəu35 cʰiəu35 tʰien13 ko0 n̩21 san35 çiɔŋ53 təu35 ien13 ien13 tsɿ0 lei0,kai53 iet3 çiɔŋ53-44 tsiəu53-44 tʰət5 tʂʰət3 iet3 kʰuai53 lɔi13-44 lei0,tʰət5 tʂʰət3 iet3 tʰo13 lɔi13-44.

【徒弟】tʰəu13 tʰi53 名 学徒：嗯，学徒个人呢就安做～，～伢子～妹子。欸，如今是～妹子也蛮多啦，学理发个兜啦，学么个嘞。n̩21,xɔk5 tʰəu13 ke53 ɲin13 nei0 tsʰiəu53-44 ɔn35-44 tso53-44 tʰəu13 tʰi53,tʰəu13 tʰi53 ŋa13 tsɿ0 tʰəu13 tʰi53 mɔi53 tsɿ0.e21,i13-21 cin35-44 ʂɿ53 tʰəu13 tʰi53-44 mɔi53 tsɿ0 a53 man13-21 to35-44 la0,xɔk5 li35-44 fait3 kai53-44 te35-44 la0,xɔk5 mak3 e0 le0.

【涂】tʰəu13 动 擦掉：写错哩个东西～咁去。细人子如今就个个嘞，渠等就写下错就一～，赠话先改正下子。我孙子等写字，写错哩兜子就一～，写过只。sia21 tsʰo53 li0 ke53-44 təŋ35-44 si0 tʰəu13 kan21 cʰi53.sei53 ɲi13-44 tsɿ0 i13-21 cin35-53 tsʰiəu53-44 kai53-44 ke53-44 lei0,ci13-21 tien0 tsʰiəu53-44 sia21 xa53 tsʰo53 tsʰiəu53 iet3 tʰəu13,maŋ13 ua53 sien35 kɔi21 tʂaŋ53 ŋa53 tsɿ0.ŋai13-21 sən35 tsɿ0 tien21-44 sia21 sɿ53,sia21 tsʰo53 li0 te35-53 tsɿ0 tsʰiəu53 iet3 tʰəu13,sia21 ko53 tʂak3.

【屠刀】tʰəu13 tau35-44 名 屠夫用来切肉的刀，刀面宽而薄：用来切猪肉个嘞？安做么个刀？哈？切猪肉个噢。用来割猪肉个。安做～。iɔŋ53 lɔi13 tsʰiet3 tʂəu35 ɲiəuk3 ke53-44 lei0 ?ɔn35 tso53-44 mak3 (k)e53-44 tau35?xa35?tsʰiet3 tʂəu35 ɲiəuk3 ke53 au0.iɔŋ53-44 lɔi13-21 kɔit3 tʂəu35 ɲiəuk3 ke53.ɔn35 tso53 tʰəu13 tau35-44.

【屠户】tʰəu13 fu53 名 从事屠宰牲畜卖肉的人：～个工具就还有铤刬啊。tʰəu13 fu53 ke53-44 kəŋ35 tʂɥ53-44 tsiəu53-44 xai13-21 iəu35 tʰin21 tʰəŋ21 ŋa0.

【土1】tʰəu21 名 ①泥土，土壤：拿镢头挖～ la53 ciɔk3 tʰei13 uait3 tʰəu21。②旱土；旱田：个块～唔平。kai53 kʰuai53 tʰəu21 m̩13-44 pʰiaŋ13.

【土2】tʰəu21 形 民间的；民间流传沿用的；非现代化的：烂哩镬头嘞，最先呢就用～办法。lan53 li0 uɔk5 tʰei0 lei0,tsei53 sien35-44 ne0 tsʰiəu53-44 iəŋ53-44 tʰəu21 pʰan53 fait3.

【土包子】tʰu21 pau35 tsɿ0 名 犹言"乡下人、乡巴佬"：乡下人呢确实有兜东西更冇得咁灵泛，但是也不至于系一只～。çiɔŋ35 xa53 ɲin13-21 nei0 kʰɔk3 ʂət5 iəu35 te35-53 təŋ35-44 si0 cien53 mau13 tek3 kan21 lin13 fan53-44,tan53 ʂɿ53 ia35 pət3 tʂɿ53 ɥ13 xei53 iet3 tʂak3 tʰəu21 pau35 tsɿ0.

【土鳖子】tʰəu21 pʰiet5 tsɿ0 名 昆虫名。身体扁，棕黑色，雄的有翅，雌的无翅。常在住宅墙根的土内活动：～系唔系就个起墙脚下个个起咁个～？系吧？欸。～是还做得药啦。欸，系味好药啦。欸，我觉得就个个呢嗯受哩伤个兜啦舞倒呃我看电视啊看电视看个么个《黄河绝恋》呐，箇只人，嘿，箇只箇美国人受哩伤啊，箇只细子就搞兜箇个～爱去就咁子去嚼呢，就咁子食呢。食哩系硬有用嘞箇个嘞。t$^{h}$əu$^{21}$p$^{h}$iet$^{5}$tsɿ$^{0}$ xei$^{53}_{44}$mei$^{53}_{44}$ts$^{h}$iəu$^{53}$kai$^{53}$çi$^{21}_{44}$ts$^{h}$iəŋ$^{13}$ciək$^{3}$ xa$^{35}$ke$^{53}$kai$^{53}$çi$^{21}_{44}$kan$^{21}$ ke$^{53}$t$^{h}$əu$^{21}$p$^{h}$iet$^{5}$tsɿ$^{0}$?xei$^{53}$pa$^{0}$?e$_{21}$.t$^{h}$əu$^{21}$p$^{h}$iet$^{5}$tsɿ$^{0}$ʂʅ$^{53}_{44}$xai$^{13}$tso$^{53}$tek$^{3}$iək$^{5}$la$^{0}$.e$_{21}$,xei$^{53}$uei$^{53}$xau$^{21}$iək$^{5}$la$^{0}$.e$_{21}$,ŋai$^{13}$ kək$^{3}$tek$^{3}$ts$^{h}$iəu$^{53}$kai$^{53}$ke$^{53}$nei$^{0}$n̩$_{21}$ʂəu$^{53}$li$^{0}$ʂəŋ$^{35}$kai$^{53}_{44}$te$^{35}_{53}$la$^{0}$u$^{21}$tau$^{21}$ə$^{0}$ŋai$^{13}$k$^{h}$ən$^{53}$t$^{h}$ien$^{53}$ʂʅ$^{53}$a$^{0}$k$^{h}$ən$^{53}_{44}$t$^{h}$ien$^{53}$ʂʅ$^{53}_{44}$ k$^{h}$ən$^{53}_{44}$kai$^{53}_{44}$mak$^{3}$ke$^{53}_{44}$fəŋ$^{13}$xo$^{35}_{21}$ts$^{h}$iet$^{5}$lien$^{53}$na$^{0}$,kai$^{53}$tʂak$^{3}$ɲin$^{13}_{21}$,xe$_{53}$,kai$^{53}$tʂak$^{3}$kai$^{53}_{44}$mei$^{35}$kəit$^{3}$ɲin$^{13}_{44}$ʂəu$^{53}$li$^{0}$ʂəŋ$^{35}$ ŋa$^{0}$,kai$^{53}_{44}$tʂak$^{3}$sei$^{53}$tsɿ$^{0}$ts$^{h}$iəu$^{53}$kau$^{21}$te$^{35}_{53}$kai$^{53}_{44}$ke$^{53}_{44}$t$^{h}$əu$^{21}$p$^{h}$iet$^{5}$tsɿ$^{0}$əi$^{53}_{44}$ci$^{13}_{44}$ts$^{h}$iəu$^{53}$kan$^{21}$tsɿ$^{0}$çi$^{53}_{44}$ts$^{h}$iau$^{53}$nei$^{0}$,tsiəu$^{53}_{44}$ kan$^{21}$tsɿ$^{0}$ʂət$^{5}$nei$^{0}$.ʂət$^{5}$li$^{0}$xei$^{53}_{44}$ɲiaŋ$^{35}_{44}$iəu$^{35}$iəŋ$^{53}$le$^{0}$kai$^{53}$ke$^{53}$le$^{0}$.

【土车】t$^{h}$əu$^{21}$tʂ$^{h}$a$^{35}$ 名 手推车：冇得马车，用～。mau$^{13}_{21}$tek$^{3}$ma$^{35}$tʂ$^{h}$a$^{35}_{44}$,iəŋ$^{53}$t$^{h}$əu$^{21}$tʂ$^{h}$a$^{35}$.

【土铳】t$^{h}$əu$^{21}$tʂ$^{h}$əŋ$^{53}$ 名 用火药发射铁弹丸的管形土造火器：箇铳是～哕。kai$^{53}_{44}$tʂ$^{h}$əŋ$^{53}$ʂʅ$^{53}_{44}$t$^{h}$əu$^{21}$ tʂ$^{h}$əŋ$^{53}$ʂa$^{0}$.

【土地】t$^{h}$əu$^{21}$t$^{h}$i$^{53}$ 名 土地菩萨的简称：蛮多是渠等咁个箇只庙里嘞，以一只神为主。其他个是么啊财神呐，么个观音呐，欸，～呀，都逮倒去箇子。man$^{13}$to$^{35}_{44}$ʂʅ$^{53}_{44}$ci$^{13}_{21}$tien$^{0}$kan$^{21}$ke$^{53}_{44}$kai$^{53}_{44}$tʂak$^{3}$ miau$^{53}$li$^{21}$lei$^{0}$,i$^{35}$iet$^{3}$tʂak$^{3}$ʂən$^{13}$uei$^{13}$tʂʅ$^{21}$.c$^{h}$i$^{13}$t$^{h}$a$^{35}_{44}$ke$^{53}_{44}$ʂʅ$^{53}_{44}$mak$^{3}$a$^{0}$ts$^{h}$əi$^{13}$ʂən$^{13}_{44}$na$^{0}$,mak$^{3}$ke$^{53}$kən$^{35}$in$^{35}_{44}$ na$^{0}$,e$_{21}$,t$^{h}$əu$^{21}$t$^{h}$i$^{53}$ia$^{0}$,təu$^{35}$tai$^{21}$tau$^{21}$çi$^{53}$kai$^{53}_{21}$tsɿ$^{0}$.

【土地庙】t$^{h}$əu$^{21}$t$^{h}$i$^{53}$miau$^{53}$ 名 供奉土地神的庙宇：冇得～。土地，□□讲～嘞。你话冇得又有，但是冇一只规模大个。欸土地，就安只子箇个，街上安只子箇，一平方米都冇得一只子咁个～。就是社公庙箇只，就系土地菩萨子箇只安倒箇子，冇人去……有也有人去装下子香，冇么人去□呶，冇么人更□。mau$^{13}$tek$^{3}$t$^{h}$əu$^{21}$t$^{h}$i$^{53}$miau$^{53}$.t$^{h}$əu$^{21}$t$^{h}$i$^{53}$,mek$^{5}$nen$^{53}_{44}$kəŋ$^{21}$t$^{h}$əu$^{21}$t$^{h}$i$^{53}$miau$^{53}$lei$^{0}$. ɲi$^{13}$ua$^{53}$mau$^{13}$tek$^{3}$iəu$^{53}$iəu$^{35}$,tan$^{53}$ʂʅ$^{53}$mau$^{13}$iet$^{3}$tʂak$^{3}$kuei$^{35}_{44}$mo$^{13}_{21}$t$^{h}$ai$^{53}$ke$^{53}_{44}$.e$_{21}$t$^{h}$əu$^{21}$t$^{h}$i$^{53}_{44}$,tsiəu$^{53}_{44}$ən$^{35}$tʂak$^{3}$tsɿ$^{0}$kai$^{53}_{44}$ ke$^{53}_{44}$,kai$^{35}_{44}$xəŋ$^{53}_{44}$ən$^{35}_{44}$tʂak$^{3}$tsɿ$^{0}$kai$^{53}_{44}$,iet$^{3}$p$^{h}$in$^{13}$fəŋ$^{35}_{44}$mi$^{21}$təu$^{35}_{44}$mau$^{13}_{21}$tek$^{3}$iet$^{3}$tʂak$^{3}$tsɿ$^{0}$kan$^{21}_{44}$ke$^{53}_{44}$t$^{h}$əu$^{21}$t$^{h}$i$^{53}_{44}$ miau$^{53}_{44}$.tsiəu$^{53}_{44}$ʂʅ$^{53}_{44}$ʂa$^{35}$kəŋ$^{35}_{44}$miau$^{53}$kai$^{53}_{44}$tʂak$^{3}$,tsiəu$^{53}_{44}$xe$^{53}_{44}$t$^{h}$əu$^{21}$t$^{h}$i$^{53}$p$^{h}$u$^{13}$sait$^{3}$tsɿ$^{0}$kai$^{53}_{44}$tʂak$^{3}$ən$^{35}$tau$^{21}$kai$^{53}_{44}$ tsɿ$^{0}$,mau$^{13}$ɲin$^{13}_{21}$çi$^{53}$…iəu$^{35}$ia$^{35}$iəu$^{35}_{44}$ɲin$^{13}_{21}$çi$^{53}_{44}$tsəŋ$^{35}$xa$^{53}_{44}$tsɿ$^{0}$çiəŋ$^{35}$,mau$^{13}$mak$^{3}$in$^{13}_{44}$çi$^{53}$c$^{h}$iəŋ$^{13}$nau$^{0}$,mau$^{13}$mak$^{3}$in$^{13}_{44}$ cien$^{53}$tʂ$^{h}$ən$^{35}$.

【土地菩萨】t$^{h}$əu$^{21}$t$^{h}$i$^{53}$p$^{h}$u$^{13}_{21}$sait$^{3}$ 名 土地神。即掌管、守护某个地方的社神。又称"社公子"：我等以映子冇得咁土地庙，专门个土地庙冇得。只系庙里都有～。ŋai$^{13}_{21}$tien$^{0}$i$^{21}$iaŋ$^{53}$tsɿ$^{0}$mau$^{13}_{21}$tek$^{3}$ kan$^{21}_{35}$t$^{h}$əu$^{21}$t$^{h}$i$^{53}$miau$^{53}_{44}$,tʂen$^{35}$mən$^{13}_{44}$ke$^{53}_{44}$t$^{h}$əu$^{21}$t$^{h}$i$^{53}_{44}$miau$^{53}$mau$^{13}_{21}$tek$^{3}$.tʂʅ$^{21}$e$^{53}_{44}$miau$^{53}$li$^{21}$təu$^{35}_{44}$iəu$^{35}_{44}$t$^{h}$əu$^{21}$t$^{h}$i$^{53}$p$^{h}$u$^{13}_{21}$ sait$^{3}$.

【土地菩萨子】t$^{h}$əu$^{21}$t$^{h}$i$^{53}$p$^{h}$u$^{13}_{21}$sait$^{3}$tsɿ$^{0}$ 名 土地神的神像：就是社公庙箇只，就系～箇只安倒箇子。tsiəu$^{53}_{44}$ʂʅ$^{53}_{44}$ʂa$^{35}$kəŋ$^{35}_{44}$miau$^{53}$kai$^{53}_{44}$tʂak$^{3}$,tsiəu$^{53}_{44}$xe$^{53}_{44}$t$^{h}$əu$^{21}$t$^{h}$i$^{53}$p$^{h}$u$^{13}$sait$^{3}$tsɿ$^{0}$kai$^{53}_{44}$tʂak$^{3}$ən$^{35}$tau$^{21}$kai$^{53}_{44}$tsɿ$^{0}$.

【土匪】t$^{h}$əu$^{21}$fei$^{21}$ 名 本指以打家劫舍为生的地方武装团伙或其成员，今多用于责骂强迫他人做某事的人：湖南剿匪是出哩名个解放个时候子，湘西剿匪记呀系唔系啊掐嘿几到个电视？但是现在来讲嘞箇～就冇得哩了。呃～有得哩嘞但是有骂人个话嘞，箇只话别人家横食啊，食横啊。"你箇～！" fu$^{13}$lan$^{35}_{44}$tsiau$^{21}$fei$^{21}$ʂʅ$^{53}_{44}$tʂ$^{h}$ət$^{3}$li$^{0}$miaŋ$^{13}$ke$^{53}$kai$^{21}$fəŋ$^{53}$ke$^{53}_{44}$ʂʅ$^{13}$xei$^{53}_{44}$tsɿ$^{0}$,siəŋ$^{35}$si$^{35}$tsiau$^{21}$ fei$^{21}$ci$^{53}$ia$^{0}$xei$^{53}$mei$^{53}$a$^{0}$p$^{h}$ak$^{3}$(x)ek$^{3}$ci$^{21}$tau$^{53}$ke$^{53}_{21}$t$^{h}$ien$^{53}_{44}$ʂʅ$^{53}_{44}$?tan$^{53}_{44}$ʂʅ$^{53}_{44}$çien$^{53}$ts$^{h}$ai$^{53}$ləi$^{13}_{21}$kəŋ$^{21}$lei$^{0}$kai$^{53}$t$^{h}$əu$^{21}$fei$^{21}$ ts$^{h}$iəu$^{53}$mau$^{13}$tek$^{3}$li$^{0}$liau$^{0}$.ə$_{44}$t$^{h}$əu$^{21}$fei$^{21}$mau$^{13}$tek$^{3}$li$^{0}$le$^{0}$tan$^{53}_{44}$ʂʅ$^{53}_{44}$iəu$^{35}$ma$^{35}$ɲin$^{13}$cie$^{53}$fa$^{53}$lei$^{0}$,kai$^{53}$tʂak$^{3}$ua$^{53}_{44}$p$^{h}$iet$^{5}$ in$^{13}_{44}$ka$^{35}_{44}$uaŋ$^{13}$ʂət$^{5}$a$^{0}$,ʂət$^{5}$uaŋ$^{13}$ŋa$^{0}$."ɲi$^{13}$kai$^{53}$t$^{h}$əu$^{21}$fei$^{21}$!"

【土蜂子】t$^{h}$əu$^{21}$fəŋ$^{35}$tsɿ$^{0}$ 名 金环胡蜂，常在土中营巢：～，欸，～。会做泥个噢，有滴还去地泥下打洞个唠。t$^{h}$əu$^{21}$fəŋ$^{35}_{44}$tsɿ$^{0}$,e$_{21}$,t$^{h}$əu$^{21}$fəŋ$^{35}$tsɿ$^{0}$.uəi$^{53}$tso$^{53}$lai$^{13}$ke$^{53}_{44}$au$^{0}$,iəu$^{35}$tet$^{5}$xai$^{13}$çi$^{53}_{44}$t$^{h}$i$^{53}_{44}$lai$^{13}_{21}$xa$^{35}$ta$^{21}$t$^{h}$əŋ$^{53}$ ke$^{53}_{44}$lau$^{0}$.

【土狗牯子】t$^{h}$əu$^{21}$kei$^{21}$ku$^{21}$tsɿ$^{0}$ 名 毒蛇名：欸，还有种蛇嘞安做～。有几长子。欸，咁个乌乌子个蛇，也蛮毒。e$_{21}$,xai$^{13}$iəu$^{35}$tʂəŋ$^{21}$ʂa$^{13}$le$^{0}$ən$^{35}_{53}$tso$^{53}$t$^{h}$əu$^{21}$kei$^{21}$ku$^{21}$tsɿ$^{0}$.mau$^{13}$ci$^{21}$tʂ$^{h}$əŋ$^{13}$tsɿ$^{0}$.e$_{21}$,kan$^{21}$ke$^{53}$u$^{35}$ u$^{35}$tsɿ$^{0}$ke$^{53}_{44}$sa$^{13}_{21}$,ia$^{35}$man$^{13}$t$^{h}$əuk$^{5}$.｜～就一种细蛇子，但是唔知几毒。欸，如今到欸热天了是箇个草肚里嗯草肚里就免唔得有～啦，分渠啮一牙齿箇就会做祸啦。t$^{h}$əu$^{21}$kei$^{21}$ku$^{21}$tsɿ$^{0}$ts$^{h}$iəu$^{53}$iet$^{3}$ tʂəŋ$^{21}$se$^{53}$ʂa$^{13}$tsɿ$^{0}$,tan$^{53}_{44}$ʂʅ$^{53}_{44}$n̩$^{13}_{21}$ti$^{35}_{44}$ci$^{21}$t$^{h}$əuk$^{5}$.e$_{21}$,i$^{13}_{21}$cin$^{35}_{53}$tau$^{53}_{44}$e$_{21}$ɲiet$^{5}$t$^{h}$ien$^{35}_{44}$niau$^{21}$ʂʅ$^{53}_{21}$kai$^{53}$ke$^{53}$ts$^{h}$au$^{21}$təu$^{21}$li$^{0}$en$_{44}$ ts$^{h}$au$^{21}$təu$^{21}$li$^{0}$ts$^{h}$iəu$^{53}_{44}$mien$^{35}$n̩$^{13}_{21}$tek$^{3}$iəu$^{35}_{53}$t$^{h}$əu$^{21}$kei$^{21}$ku$^{21}$tsɿ$^{0}$la$^{0}$,pən$^{35}_{53}$ci$^{13}_{44}$ŋait$^{3}$iet$^{3}$ŋa$^{13}_{44}$tʂ$^{h}$ʅ$^{21}_{44}$kai$^{53}_{44}$ts$^{h}$iəu$^{53}_{44}$uəi$^{53}_{44}$tso$^{53}_{44}$ fo$^{53}$la$^{0}$.

【土狗子】t$^{h}$əu$^{21}$ke$^{21}$tsɿ$^{0}$ 名 蝼蛄：箇～走下屋肚里来哟。欸，～也会走下屋肚里来哟。真吓人啱。好得也唔得让门子箇个唔得让门子危害人呐。我等屋下箇映子我睡楼下，欸经常看得～

T

倒。冇得么个危害，渠搞渠个，渠唔得惹你。田里就渠就唔知系唔系～就唔知系唔系会食禾嘞，会啮箇禾线呢。kai$^{53}$tʰəu$^{21}$kei$^{21}$tsɿ$^{0}$ tsei$^{21}$xa$^{53}$uk$^{3}$ təu$^{21}$li$^{0}$ lɔi$^{13}$io$^{0}$ .e$_{21}$,tʰəu$^{21}$kei$^{21}$tsɿ$^{0}$ a$^{35}$uɔi$^{53}$tsei$^{21}_{44}$(x)a$^{53}$uk$^{3}$ təu$^{21}$li$^{0}$ lɔi$^{13}$io$^{0}$ .tʂən$^{35}$xak$^{3}$ ɲin$^{13}_{21}$no$^{0}$ .xau$^{21}$tek$^{3}$ a$^{35}_{53}$n̩$^{13}_{21}$tek$^{3}$ ɲiɔŋ$^{53}$mən$^{13}_{44}$tsɿ$^{0}$ kai$^{53}_{44}$ke$^{53}_{44}$n̩$^{13}$tek$^{3}$ ɲiɔŋ$^{53}$mən$^{13}_{44}$tsɿ$^{0}$ uei$^{13}$ xɔi$^{53}$ɲin$^{13}$na$^{0}$ .ŋai$^{13}$tien$^{0}$ uk$^{3}$ xa$^{53}_{44}$kai$^{53}$iaŋ$^{53}$tsɿ$^{0}$ ŋai$^{13}$ʂɔi$^{53}$lei$^{13}$xa$^{53}_{44}$,e$^{0}$ cin$^{35}$tʂʰɔŋ$^{13}_{21}$kʰɔn$^{53}$tek$^{3}$ tʰəu$^{21}$kei$^{21}$tsɿ$^{0}$ tau$^{21}$.mau$^{13}$tek$^{3}$ mak$^{3}$ e$^{0}$ uei$^{13}_{44}$xɔi$^{53}$,ci$^{13}$kau$^{21}$ci$^{13}$ke$^{53}$,ci$^{13}_{21}$n̩$^{13}$tek$^{3}$ ɲia$^{35}$ɲi$^{13}_{21}$.tʰien$^{13}$ni$^{0}$ tsʰiəu$^{53}$ci$^{13}_{21}$tsʰiəu$^{53}$n̩$^{13}$ti$^{35}_{44}$xei$^{53}$ mei$^{53}$tʰəu$^{21}$kei$^{21}$tsɿ$^{0}$ tsʰiəu$^{53}$n̩$^{13}$ti$^{35}_{44}$xei$^{53}$mei$^{53}$uɔi$^{53}$ʂət$^{5}$ uo$^{13}$lei$^{0}$ ,uɔi$^{53}$ŋait$^{3}$ kai$^{53}$uo$^{13}$sien$^{53}$nei$^{0}$ .

【土蝈】tʰəu$^{21}$kɔk$^{3}$ 名蛙名，体型大，叫声大，栖息于土中。也称“土拐子”：土拐子有，姆，安做又安做～嘞。话～个多。就土拐子，～。我等以前有只亲戚，渠个绰号就安做～。别人家喊渠个绰号哇。tʰəu$^{21}$kuai$^{21}$tsɿ$^{0}$ iəu$^{35}_{44}$,m̩$_{21}$,ɔn$^{35}_{44}$tso$^{53}_{44}$iəu$^{53}$ɔn$^{35}_{53}$tso$^{53}$tʰəu$^{21}$kɔk$^{3}$ lei$^{0}$ .ua$^{53}$tʰəu$^{21}$kɔk$^{3}$ ke$^{53}_{44}$ to$^{35}$.tsʰiəu$^{53}$tʰəu$^{21}$kuai$^{21}$tsɿ$^{0}$ ,tʰəu$^{21}$kɔk$^{3}$ .ŋai$^{13}_{21}$tien$^{0}$ i$^{35}$tsʰien$^{13}_{21}$iəu$^{35}$tʂak$^{3}$ tsʰin$^{35}$tsʰiet$^{3}$ ,ci$^{13}$ke$^{53}_{44}$tʂʰɔk$^{3}$ xau$^{53}_{44}$tsəu$^{53}_{44}$ɔn$^{35}_{44}$ tso$^{53}_{44}$tʰəu$^{21}$kɔk$^{3}$ .pʰiet$^{5}$ in$^{13}_{21}$ka$^{35}_{44}$xan$^{53}$ci$^{13}_{44}$ke$^{53}_{44}$tʂʰɔk$^{3}$ xau$^{53}$ua$^{0}$ .

【土鸡】tʰəu$^{21}$cie$^{35}$ 名家禽的一种，区别于笼养的肉鸡：欸，如今是只讲欸重视箇～饽饽。～啊，～饽饽。张家坊个～饽饽卖到两块钱一只，又还假个多。所以我就唔多买～饽饽了，除哩一兜亲戚朋友会送兜子分我等人，我自家是唔去买，一块八也好，两块钱也好，慢呀我钱又出哩嘞，买兜假个鸡饽饽，假个～饽饽。e$_{21}$,i$^{13}_{21}$cin$^{35}_{53}$ʂɿ$^{53}$tʂɿ$^{21}$kɔŋ$^{21}$e$_{21}$tʂʰəŋ$^{53}$ʂɿ$^{53}_{44}$kai$^{53}_{44}$tʰəu$^{21}$cie$^{35}$pɔk$^{5}$ pɔk$^{5}$ .tʰəu$^{21}$cie$^{35}$a$^{0}$ ,tʰəu$^{21}$cie$^{35}_{44}$pɔk$^{5}$ pɔk$^{5}$ .tʂɔŋ$^{35}_{44}$ka$^{35}_{44}$fɔŋ$^{35}$ke$^{0}$ tʰəu$^{21}$cie$^{35}_{44}$pɔk$^{5}$ pɔk$^{5}$ mai$^{53}$tau$^{53}_{44}$iɔŋ$^{21}$kʰuai$^{53}$tsʰien$^{13}_{44}$ iet$^{3}$ tʂak$^{3}$ ,iəu$^{53}$xai$^{13}_{21}$cia$^{21}$ke$^{53}_{44}$to$^{35}$.so$^{21}$i$^{35}_{53}$ŋai$^{13}_{21}$tsʰiəu$^{53}_{44}$n̩$^{13}_{21}$to$^{35}_{44}$mai$^{35}_{44}$tʰəu$^{21}$cie$^{35}_{44}$pɔk$^{5}$ pɔk$^{5}$ liau$^{0}$ ,tʂʰəu$^{13}_{21}$li$^{0}$ iet$^{3}$ tei$^{35}_{53}$ tsʰin$^{35}$tsʰiet$^{3}$ pʰən$^{13}_{21}$iəu$^{35}$uɔi$^{53}$səŋ$^{53}$tei$^{35}_{53}$tsɿ$^{0}$ pən$^{35}_{44}$ŋai$^{13}_{21}$tien$^{0}$ ɲin$^{13}_{21}$,ŋai$^{13}$tsʰɿ$^{35}$ka$^{35}_{44}$ʂɿ$^{53}$n̩$^{13}_{21}$cʰi$^{53}_{44}$mai$^{35}$,iet$^{3}$ kʰuai$^{53}$pait$^{3}$ ia$^{35}_{53}$ xau$^{21}$,iɔŋ$^{21}$kʰuai$^{53}$tsʰien$^{13}_{44}$ia$^{35}_{53}$xau$^{21}$,man$^{53}$ia$^{0}$ ŋai$^{13}_{21}$tsʰien$^{13}_{21}$iəu$^{53}_{44}$tʂʰət$^{3}$ li$^{0}$ le$^{0}$ ,mai$^{35}$tei$^{35}_{53}$cia$^{21}$kei$^{35}_{44}$cie$^{35}$pɔk$^{5}$ pɔk$^{5}$ ,cia$^{21}$ kei$^{53}$tʰəu$^{21}$cie$^{35}_{44}$pɔk$^{5}$ pɔk$^{5}$ .

【土机子】tʰəu$^{21}$ci$^{35}$tsɿ$^{0}$ 名传统的织机：用人家屋下个欸～织个，家机布哇。iəŋ$^{53}$ɲin$^{13}_{21}$ka$^{35}_{53}$uk$^{3}$ xa$^{53}_{44}$ ke$^{53}_{44}$e$_{21}$tʰəu$^{21}$ci$^{35}$tsɿ$^{0}$ tʂek$^{3}$ cie$^{53}$,ka$^{35}$ci$^{35}_{44}$pu$^{53}$ua$^{0}$ .

【土辣椒】tʰəu$^{21}$lait$^{5}$ tsiau$^{35}$ 名本地出产的一种辣椒：～嘞绷韧的。就系当地个品种。/冇几大子噢。/渠箇只品种唔同。就系栽嘿出来，渠冇咁长。二只嘞，晒成个干个时间渠都现纵个，有一段段子咁个折转来咁个。箇起就～。晒下出来溜直一只个箇个皮，整只辣椒舞个箇个溜抻子箇个就良种辣椒。/溜抻子箇个系是外背来个良种辣椒。/同箇箇个线椒样，就系良种辣椒。/皮绷硬，良种辣椒咯。你去浸就晓得，浸辣椒啊，系唔系？皮舞嘿绷硬。/安做么个，渠肚箇里要舞下去就看得出箇是。/渠舞嘿绷硬。tʰəu$^{21}$lait$^{5}$ tsiau$^{35}_{44}$lei$^{0}$ paŋ$^{35}_{44}$ɲin$^{53}$tet$^{3}$ .tsʰiəuʰ$^{53}_{44}$xei$^{53}_{44}$ tɔŋ$^{35}$tʰi$^{53}$ke$^{53}$pʰin$^{21}$tʂəŋ$^{21}$./mau$^{13}_{21}$ci$^{21}_{44}$tʰai$^{53}$tsɿ$^{0}$ au$^{0}$ ./ci$^{13}$kai$^{53}$tʂak$^{3}$ pʰin$^{21}$tʂəŋ$^{21}$n̩$^{13}$tʰəŋ$^{13}$.tsʰiəu$^{53}_{44}$xe$^{53}_{44}$tsɔi$^{35}$xek$^{3}$ tʂʰət$^{3}$ lɔi$^{13}$,ci$^{13}_{21}$mau$^{13}$kan$^{21}$tʂʰɔŋ$^{13}$. ɲi$^{53}$tʂak$^{3}$ lei$^{0}$ ,sai$^{53}$ʂaŋ$^{13}$ke$^{53}_{44}$kɔn$^{35}$ke$^{53}$ʂɿ$^{13}_{21}$kan$^{35}_{44}$ci$^{13}_{21}$təu$^{35}$çien$^{53}$tsəŋ$^{53}$ke$^{53}_{44}$,iəu$^{35}$iet$^{3}$ tɔn$^{53}$ tɔn$^{53}$tsɿ$^{0}$ kan$^{21}_{35}$ke$^{53}_{44}$tʂait$^{3}$ tʂɔn$^{21}$nɔi$^{13}$kan$^{21}_{35}$ke$^{53}_{44}$.kai$^{53}_{44}$çi$^{21}$tsiəu$^{53}_{44}$tʰəu$^{21}$lait$^{5}_{3}$ tsiau$^{35}_{53}$.sai$^{53}_{44}$ia$_{44}$(←xa$^{53}$)tʂʰət$^{3}$ lɔi$^{13}$liəu$^{35}$ tʂʰət$^{5}$ iet$^{3}$ tʂak$^{3}$ ke$^{53}$kai$^{53}$ke$^{53}$pʰi$^{13}$,tʂən$^{21}$tʂak$^{3}$ lait$^{5}$ tsiau$^{35}_{44}$u$^{21}$ke$^{53}_{44}$kai$^{53}_{44}$ke$^{53}_{44}$liəu$^{35}$tʂʰən$^{35}$tsɿ$^{0}$ kai$^{53}_{44}$ke$^{53}_{44}$tsʰiəu$^{53}_{44}$liɔŋ$^{13}$ tʂəŋ$^{21}$lait$^{5}$ tsiau$^{35}_{44}$./liəu$^{35}$tʂʰən$^{35}$tsɿ$^{0}$ kai$^{53}_{44}$ke$^{53}_{44}$xe$^{53}_{44}$ʂɿ$^{53}_{44}$ŋɔi$^{53}$pɔi$^{53}$lɔi$^{13}_{44}$ke$^{53}_{44}$liɔŋ$^{13}$tʂəŋ$^{21}$lait$^{5}$ tsiau$^{35}_{44}$./tʰəŋ$^{13}$kai$^{53}_{44}$kai$^{53}_{44}$ke$^{53}_{44}$ sien$^{53}$tsiau$^{35}_{44}$iɔŋ$^{53}_{44}$,tsʰiəu$^{53}_{44}$xe$^{53}_{44}$liɔŋ$^{13}$tʂəŋ$^{21}$lait$^{5}$ tsiau$^{35}_{44}$./pʰi$^{13}$paŋ$^{35}$ŋaŋ$^{53}$,liɔŋ$^{13}$tʂəŋ$^{21}$lait$^{5}$ tsiau$^{35}_{44}$ko$^{0}$ . ɲi$^{13}_{21}$çi$^{53}_{44}$tsin$^{53}$ tsʰiəu$^{53}_{44}$çiau$^{21}$tek$^{3}$ ,tsin$^{53}$nait$^{5}$ tsiau$^{35}_{44}$a$^{0}$ ,xei$^{53}_{44}$me$^{53}_{44}$?pʰi$^{13}$u$^{21}$xek$^{3}$ paŋ$^{35}$ŋaŋ$^{53}$./ɔn$^{35}_{44}$tso$^{53}_{44}$mak$^{3}$ ke$^{53}$,ci$^{13}$təu$^{21}_{44}$kai$^{53}_{44}$li$^{0}$ iau$^{53}_{21}$u$^{21}$xa$^{53}$çi$^{53}$tsʰiəu$^{53}_{44}$kʰɔn$^{53}$tek$^{3}$ tʂʰət$^{3}$ kai$^{53}_{44}$ʂɿ$^{53}_{44}$./ci$^{13}_{21}$u$^{21}_{44}$xek$^{3}$ paŋ$^{35}$ŋaŋ$^{53}$.

【土楼】tʰəu$^{21}$lei$^{13}$ 名在楼栿上铺上竹篾，然后在上面铺泥拍实而成，充当楼板：只有搞～嘞就爱用竹篾。tʂɿ$^{21}$iəu$^{21}_{44}$kau$^{21}$tʰəu$^{21}$lei$^{13}$lei$^{0}$ tsʰiəu$^{53}_{44}$ɔi$^{53}_{44}$iəŋ$^{53}$tʂəuk$^{3}$ sak$^{3}$ .

【土墙】tʰəu$^{21}$tsʰiɔŋ$^{13}$ 名用黏土等夯实而成的墙：筑～ tʂəuk$^{3}$ tʰəu$^{21}$tsʰiɔŋ$^{13}$

【土墙屋】tʰəu$^{21}$tsʰiɔŋ$^{13}$uk$^{3}$ 名墙是夯土而成的房子：一般子个～，土砖屋擸～，都只做两层子，做三层个蛮少。iet$^{3}$ pɔn$^{35}$tsɿ$^{0}$ ke$^{53}_{44}$tʰəu$^{21}$tsʰiɔŋ$^{13}$uk$^{3}$ ,tʰəu$^{21}$tʂɔn$^{35}$uk$^{3}$ lau$^{35}_{44}$tʰəu$^{21}$tsʰiɔŋ$^{13}$uk$^{3}$ ,təu$^{35}$tʂɿ$^{21}$tso$^{53}$iɔŋ$^{21}$ tsʰien$^{13}$tsɿ$^{0}$ ,tso$^{53}_{44}$san$^{35}$tsʰien$^{13}_{21}$ke$^{53}_{44}$man$^{13}$ʂau$^{21}$.

【土埘】tʰəu$^{21}$tsi$^{53}$ 名在地上挖一长方形坑，覆以木框，木框上钉有木板，用来关鸡。其中有一块木板较宽，鸡进出时可打开。掏鸡粪时可将整个木框揭开：～……就地泥下个鸡埘。挖只凼，长长子，都系长长子挖只凼，欸，顶高嘞，挖只凼箇顶高嘞就用么嘞？舞只木……木……用树子做只方框框。框框哎。框框面上嘞就㭎板子，放箇板子去。欸，渠鸡就冇事出，跑出来呀，欸。以下你爱放鸡了嘞，就打开一篾板子来。打开一一一块有一块就比较大点子个板子。打开板子鸡就出来哩。渠自家会进去呀，渠会进去呀。舞鸡屎个时候子分箇个板子下翻开来，就分箇鸡屎舞出来。tʰəu$^{21}$tsi$^{53}$…tsʰiəu$^{53}_{44}$tʰi$^{53}$lai$^{13}_{21}$xa$^{35}$ke$^{53}$cie$^{35}$tsi$^{53}$.ua$^{35}$tʂak$^{3}$tʰɔŋ$^{53}$,tʂʰɔŋ$^{13}$tʂʰɔŋ$^{13}$tsɿ$^{0}$,təu$^{35}$xe$^{53}$tʂʰɔŋ$^{13}_{21}$tʂʰɔŋ$^{13}_{21}$tsɿ$^{0}$ua$^{35}$tʂak$^{3}$tʰɔŋ$^{53}$,e$_{21}$,taŋ$^{21}$kau$^{35}_{44}$lei$^{0}$,ua$^{35}$tʂak$^{3}$tʰɔŋ$^{53}$kai$^{53}_{44}$taŋ$^{21}$kau$^{35}_{44}$lei$^{0}$tsʰiəu$^{53}$iəŋ$^{53}$mak$^{3}$lei$^{0}$?u$^{21}$tʂak$^{3}$muk$^{3}$…muk$^{3}$…iəŋ$^{53}_{44}$ʂəu$^{53}$tsɿ$^{0}$tso$^{53}$tʂak$^{3}$fɔŋ$^{35}$kʰɔŋ$^{35}$kʰɔŋ$^{35}$.kʰɔŋ$^{35}$kʰɔŋ$^{35}$ŋai$^{0}$.kʰɔŋ$^{35}$kʰɔŋ$^{35}$mien$^{53}$xɔŋ$^{53}_{44}$lei$^{0}$tsʰiəu$^{53}_{44}$pʰaŋ$^{13}$pan$^{21}$tsɿ$^{0}$,fɔŋ$^{53}_{44}$kai$^{53}_{44}$pan$^{21}$tsɿ$^{0}$çi$^{53}_{44}$.e$_{21}$,ci$^{13}_{21}$cie$^{35}$tsʰiəu$^{53}$mau$^{13}$sɿ$^{53}$tʂʰət$^{3}$,pʰau$^{21}$tʂʰət$^{3}$lɔi$^{13}_{44}$ia$^{0}$,e$_{21}$.i$^{21}$xa$^{53}$ɲi$^{13}$ɔi$^{53}$fɔŋ$^{53}$cie$^{35}$liau$^{0}$lei$^{0}$,tsʰiəu$^{53}_{44}$ta$^{21}$kʰɔi$^{35}$iet$^{3}$sak$^{3}$pan$^{21}$tsɿ$^{0}$lɔi$^{13}$.ta$^{21}$kʰɔi$^{35}$iet$^{3}$iet$^{3}$iet$^{3}$kʰuai$^{53}$iəu$^{35}$iet$^{3}$kʰuai$^{53}$tsʰiəu$^{53}_{44}$pi$^{21}$ciau$^{53}_{44}$tʰai$^{53}$tian$^{21}_{44}$tsɿ$^{0}$ke$^{53}_{44}$pan$^{21}$tsɿ$^{0}$.ta$^{21}$kʰɔi$^{35}$pan$^{21}$tsɿ$^{0}$cie$^{35}_{44}$tsʰəu$^{53}_{44}$tʂʰət$^{3}$lɔi$^{13}$li$^{0}$.ci$^{13}_{21}$tsʰɿ$^{35}$ka$^{35}_{44}$uɔi$^{53}_{44}$tsin$^{53}$çi$^{53}_{44}$ia$^{0}$,ci$^{13}_{21}$uɔi$^{53}_{44}$tsin$^{53}$çi$^{53}_{44}$ia$^{0}$.u$^{21}$cie$^{35}$ʂʅ$^{21}$ke$^{53}$ʂʅ$^{13}$xei$^{53}_{44}$tsɿ$^{0}$pən$^{35}$kai$^{53}_{44}$kei$^{53}_{21}$pan$^{21}$tsɿ$^{0}$xa$^{53}$fan$^{35}$kʰɔi$^{35}$lɔi$^{13}_{21}$,tsʰiəu$^{53}_{21}$pən$^{35}_{44}$kai$^{53}_{44}$cie$^{35}$ʂʅ$^{21}$u$^{21}$tʂʰət$^{3}$lɔi$^{13}$.

【土谈】tʰəu$^{21}$tʰau$^{13}$ 名 不地道的方言土语或不标准的普通话：打～就唔系么个完全就说方言土语嘞。用……就系讲不标准个方言，不标准个就安做打～。唔标准个方言。欸，箇阵子我也去凤溪中学教书。爱我就管下子箇个总务方面个东西啊。箇有只老师就本地人，欸，渠爱学我个客姓话，就打～呐。“万老师”，箇都𠲎打～，系唔系？“箇只学生子”，本来是“箇只学生子”，渠就渠箇本地人呢，“学生唧”，箇本地人咯，学生子渠就安做“学生唧”，渠嘞渠就打～啦，“箇只学生子冇得床笪篾”，床笪篾啊，篾篷个篾，我客姓人就话篾篷，箇床上咯噢，床上就爱篾篷，系唔系？冇得床笪篾，渠安做“冇得床笪篾”，本地人就安做篾篷，我等客姓人安做篾篷，渠本地人安做“篾篷”，箇句话肚里有两只～，打哩两只～，“学生子”，呣，“床笪篾”。欸，就蛮多人笑渠，我几十年了嘞还记得，欸。就系客家人讲本地打～，本地人讲客家也打～，也有打～个，就系不标准个方言，讲不标准个方言。箇普通话实在也有～呢。箇阵子箇只学堂唔系有只老师去下子讲笑话，渠话箇学生子讲普通话打～呐，就渠话欸“老师老师，那个同学把我一搡，搡到我壁上去啦”。欸搡是一推吵，欸，搡是系欸箇个客姓人个话才欸搡吵，欸，本地人啵。欸，本地人讲墙上吵“壁上”，“搡到我壁上去哒”，嗯。“搡到我壁上去啦”。箇个就打～呐，又……讲普通话打～。也不可能话不标准个方言呢，就讲不标准个方言或者普通话，欸。一般是讲方言，不标准个方言。就会引人发笑。ta$^{21}$tʰəu$^{21}$tʰan$^{13}$tsʰiəu$^{53}$m̩$^{13}$pʰe$^{53}$mak$^{3}$e$^{0}$xɔn$^{13}$tsʰien$^{13}_{44}$tsʰiəu$^{53}$ʂet$^{3}$fɔŋ$^{35}$ɲien$^{13}$tʰəu$^{21}$ɲy$^{21}$le$^{0}$.iəŋ$^{53}$…tsʰiəu$^{53}$xe$^{53}$kɔŋ$^{21}$pət$^{3}$piau$^{35}$tʂən$^{21}$ke$^{53}$fɔŋ$^{35}$ɲien$^{13}_{21}$,pət$^{3}$piau$^{35}$tʂən$^{21}$ke$^{53}$tsʰiəu$^{53}$ɔn$^{35}_{53}$tso$^{53}$ta$^{21}$tʰəu$^{21}$tʰan$^{13}_{44}$.m̩$^{13}$piau$^{35}$tʂən$^{21}$ke$^{53}_{44}$fɔŋ$^{35}$ɲien$^{13}_{21}$.e$_{21}$,kai$^{53}$tʂʰən$^{53}$tsɿ$^{0}$ŋai$^{13}$ia$^{35}_{44}$çi$^{53}$fɔŋ$^{53}$çi$^{35}_{44}$tʂəŋ$^{35}_{44}$çiɔk$^{5}$kau$^{35}_{44}$ʂəu$^{35}$.ɔi$^{53}$ŋai$^{13}$tsʰiəu$^{53}$kɔn$^{21}$na$^{53}$tsɿ$^{0}$kai$^{53}_{44}$ke$^{53}_{44}$tsəŋ$^{21}$u$^{53}$fɔŋ$^{35}_{44}$mien$^{53}_{21}$ke$^{0}$təŋ$^{35}_{44}$si$^{0}$a$^{0}$.kai$^{53}_{44}$iəu$^{35}_{44}$tʂak$^{3}$lau$^{21}$sɿ$^{35}_{44}$tsʰiəu$^{53}$pən$^{21}$tʰi$^{53}$ɲin$^{13}$,e$_{21}$,ci$^{13}$ɔi$^{53}_{44}$xɔk$^{5}$ŋai$^{13}_{21}$ke$^{0}$kʰak$^{3}$sin$^{53}$fa$^{53}$,tsʰiəu$^{53}$ta$^{21}$tʰəu$^{21}$tʰan$^{13}_{21}$na$^{0}$."uan$^{53}$nau$^{21}$sɿ$^{35}_{44}$",kai$^{53}_{44}$təu$^{35}_{53}$maŋ$^{13}_{21}$ta$^{21}$tʰəu$^{21}$tʰan$^{13}$,xei$^{53}_{44}$me$^{53}_{44}$?"kai$^{53}$tʂak$^{3}$xɔk$^{3}$saŋ$^{35}$tsɿ$^{0}$",pən$^{21}$nɔi$^{13}$ʂʅ$^{53}_{44}$"kai$^{53}$tʂak$^{3}$xɔk$^{5}$saŋ$^{35}$tsɿ$^{0}$",ci$^{13}$tsʰiəu$^{53}$ci$^{13}$kai$^{53}$pən$^{21}$tʰi$^{53}$ɲin$^{13}$ne$^{0}$,"xɔk$^{3}$saŋ$^{31}$tsi$^{0}$",kai$^{53}_{44}$pən$^{21}$tʰi$^{53}$ɲin$^{13}$ko$^{0}$,xɔk$^{5}$saŋ$^{35}$tsɿ$^{0}$ci$^{13}_{21}$tsʰiəu$^{53}_{44}$ɔn$^{35}_{44}$tso$^{53}_{44}$"xɔk$^{3}$saŋ$^{31}$tsi$^{0}$",ci$^{13}$lei$^{0}$ci$^{13}$tsʰiəu$^{53}$ta$^{21}$tʰəu$^{21}$tʰan$^{13}_{44}$la$^{0}$,"kai$^{53}$tʂak$^{3}$xɔk$^{5}_{3}$saŋ$^{35}$tsɿ$^{0}$mau$^{13}$tek$^{3}$tsʰɔŋ$^{13}$tait$^{3}$miet$^{3}$",tsʰɔŋ$^{13}$tait$^{3}$miet$^{5}$a$^{0}$,miet$^{5}$sak$^{3}$ke$^{0}$miet$^{5}$,ŋai$^{13}$kʰak$^{3}$sin$^{53}$ɲin$^{13}_{21}$tsʰiəu$^{53}_{44}$ua$^{53}_{44}$miet$^{5}$sak$^{3}$,kai$^{53}$tsʰɔŋ$^{13}_{21}$xɔŋ$^{53}_{44}$kau$^{0}$,tsʰɔŋ$^{13}_{21}$xɔŋ$^{53}_{44}$tsʰiəu$^{53}_{44}$ɔi$^{53}_{44}$miet$^{5}$sak$^{3}$,xei$^{53}$me$^{53}$?mau$^{13}$tek$^{3}$tsʰɔŋ$^{13}$tait$^{3}$miet$^{5}$,ci$^{13}$ɔn$^{35}_{53}$tso$^{53}$"mau$^{13}$tek$^{3}$tsʰɔŋ$^{13}$tait$^{3}$miet$^{3}$",pən$^{21}$tʰi$^{53}$ɲin$^{13}_{21}$tsʰiəu$^{53}_{44}$ɔn$^{35}_{44}$tso$^{53}_{44}$"miet$^{3}$sak$^{3}$",ŋai$^{13}$tien$^{0}$kʰak$^{3}$sin$^{53}$ɲin$^{13}_{21}$ɔn$^{35}_{44}$tso$^{53}_{44}$miet$^{5}$sak$^{3}$,ci$^{13}$pən$^{21}$tʰi$^{53}$ɲin$^{13}_{44}$ɔn$^{35}_{53}$tso$^{53}$"miet$^{3}$sak$^{3}$",kai$^{53}$tʂʮ$^{53}$fa$^{53}$təu$^{21}$li$^{0}$iəu$^{35}$iɔŋ$^{21}$tʂak$^{3}$tʰəu$^{21}$tʰan$^{13}$,ta$^{21}$li$^{0}$iɔŋ$^{21}$tʂak$^{3}$tʰəu$^{21}$tʰan$^{13}_{44}$,"xɔk$^{3}$saŋ$^{35}$tsɿ$^{0}$",m̩$_{21}$,"tsʰɔŋ$^{13}$tait$^{3}$miet$^{3}$".e$_{21}$tsʰiəu$^{53}$man$^{13}_{21}$to$^{35}_{53}$in$^{13}_{21}$siau$^{53}$ci$^{13}_{21}$,ŋai$^{13}$ci$^{21}$ʂət$^{5}$ɲien$^{13}_{21}$liau$^{0}$le$^{0}$xai$^{13}$ci$^{53}$tek$^{3}$,e$_{21}$.tsʰiəu$^{53}$xe$^{53}$kʰak$^{3}$ka$^{35}$ɲin$^{13}_{44}$kɔŋ$^{21}$pən$^{21}$tʰi$^{53}$ta$^{21}$tʰəu$^{21}$tʰan$^{13}$,pən$^{21}$tʰi$^{53}$ɲin$^{13}_{44}$kɔŋ$^{21}$kʰak$^{3}$ka$^{35}_{44}$ia$^{35}$ta$^{21}$tʰəu$^{21}$tʰan$^{13}$,ia$^{35}$iəu$^{35}_{53}$ta$^{21}$tʰəu$^{21}$tʰan$^{13}$cie$^{0}$,tsʰiəu$^{53}$xe$^{53}_{44}$pət$^{3}$piau$^{35}$tʂən$^{21}$ke$^{53}$fɔŋ$^{35}$ɲien$^{13}_{21}$,kɔŋ$^{21}$pət$^{3}$piau$^{35}$tʂən$^{21}$ke$^{53}$fɔŋ$^{35}$ɲien$^{13}_{21}$.kai$^{53}$pʰu$^{21}$tʰəŋ$^{35}$fa$^{53}$ʂət$^{5}$tsʰai$^{53}_{44}$ia$^{35}$iəu$^{35}_{53}$tʰəu$^{21}$tʰan$^{13}$ne$^{0}$.kai$^{53}_{44}$tʂʰən$^{53}$tsɿ$^{0}$kai$^{53}$tʂak$^{3}$xɔk$^{5}$tʰɔŋ$^{13}_{44}$m̩$^{13}_{21}$pʰei$^{53}_{44}$iəu$^{35}_{44}$tʂak$^{3}$lau$^{21}$sɿ$^{35}_{44}$çi$^{53}$xa$^{53}_{44}$tsɿ$^{0}$kɔŋ$^{21}$siau$^{53}$fa$^{53}$,ci$^{13}$ua$^{53}$kai$^{53}_{44}$xɔk$^{5}$saŋ$^{35}$tsɿ$^{0}$kɔŋ$^{21}$pʰu$^{21}$tʰəŋ$^{35}$fa$^{53}$ta$^{21}$tʰəu$^{21}$tʰan$^{13}$na$^{0}$,tsʰiəu$^{53}_{44}$ci$^{13}_{21}$ua$^{53}$e$_{44}$"lau$_{21}$ʂʅ$_{44}$lau$_{21}$ʂʅ$_{44}$,la$_{53}$ko$_{53}$tʰuŋ$_{13}$ɕye$_{44}$pa$_{21}$ŋo$_{21}$i$_{53}$tsʰəŋ$_{21}$,tsʰəŋ$_{21}$tau$_{53}$ŋo$_{21}$pia$_{35}$ʂaŋ$_{53}$tʂʰʮ$_{53}$la$^{0}$".e$_{21}$tsʰəŋ$^{21}$ʂʅ$^{53}_{44}$it$^{5}$tʰei$^{35}_{44}$ʂa$^{0}$,ei$_{44}$,tsʰəŋ$^{21}$ʂʅ$^{53}_{44}$xei$^{53}$e$_{44}$kai$^{53}$ke$^{53}$kʰak$^{3}$sin$^{53}$ɲin$^{13}$ke$^{0}$fa$^{53}$tsʰai$^{13}_{44}$e$_{53}$tsʰəŋ$^{21}$ʂa$^{0}$,e$_{44}$,pən$^{21}$tʰi$^{53}$ɲin$^{13}$nau$^{0}$.e$_{44}$,pən$^{21}$tʰi$^{53}$ɲin$^{13}_{44}$kɔŋ$^{21}$tsʰiaŋ$^{13}$ʂaŋ$^{53}$ʂa$^{0}$"piak$^{5}$ʂɔŋ$^{53}$","tsʰəŋ$_{35}$tau$_{53}$ŋo$_{21}$piak$^{5}$ʂɔŋ$_{21}$çi$_{44}$ta$^{0}$",n̩$_{53}$."tsʰəŋ$_{21}$tau$_{53}$ŋo$_{21}$pia$_{35}$ʂaŋ$_{53}$tʂʰʮ$_{53}$la$^{0}$".kai$^{53}_{44}$ke$^{53}$tsʰiəu$^{53}_{44}$ta$^{21}$tʰəu$^{21}$tʰan$^{13}$na$^{0}$,iəu$^{53}$…kɔŋ$^{21}$pʰu$^{21}$tʰəŋ$^{35}$fa$^{53}$ta$^{21}$tʰəu$^{21}$tʰan$^{13}_{44}$.ia$^{35}$puk$^{3}$kʰo$^{21}$len$^{13}$ua$^{53}$pət$^{3}$piau$^{35}$tʂən$^{21}$kei$^{53}$fɔŋ$^{35}$ɲien$^{13}$ne$^{0}$,tsʰiəu$^{53}$kɔŋ$^{21}$pət$^{3}$piau$^{35}$tʂən$^{21}$kei$^{53}$fɔŋ$^{35}$ɲien$^{13}$xɔit$^{5}$tʂa$^{21}$pʰu$^{21}$tʰəŋ$^{35}_{44}$fa$^{53}$,e$_{21}$.iet$^{3}$pɔn$^{35}$ʂʅ$^{53}_{44}$kɔŋ$^{21}$fɔŋ$^{35}$ɲien$^{13}_{21}$,pət$^{3}$piau$^{35}$tʂən$^{21}$ke$^{53}_{44}$fɔŋ$^{35}$ɲien$^{13}_{21}$.tsʰiəu$^{53}$fei$^{53}$in$^{21}$ɲin$^{13}$fait$^{3}$siau$^{53}$.

【土药】tʰəu$^{21}$iɔk$^{5}$ 名 土法配制的中草药：（拦腰蛇）爱用～去整。ɔi$^{53}_{44}$iəŋ$^{53}_{44}$tʰəu$^{21}$iɔk$^{5}$çi$^{53}_{44}$tʂaŋ$^{21}$.

【土砖】tʰu$^{21}$tʂɔn$^{35}$ 名 土坯砖。也称“土砖子”：从前嘞，就冇得红砖嘞，用～或者筑泥吵。

tsʰəŋ$^{13}$tsʰien$^{13}_{21}$nei$^{0}$,tsʰiəu$^{53}$mau$^{13}$tek$^{3}$ fəŋ$^{13}$tʂɔn$^{35}_{44}$ne$^{0}$,iəŋ$^{53}$tʰəu$^{21}$tʂɔn$^{35}_{44}$xɔit$^{5}$ tʂa$^{21}$tʂəuk$^{3}$ lai$^{13}$ʂa$^{0}$.｜还有他用砖砌（鸡埘）。用只～子砌倒。xai$^{13}_{21}$iəu$^{35}_{44}$tʰa$^{35}_{44}$iəŋ$^{53}_{44}$tʂɔn$^{35}$tsʰi$^{53}$.iəŋ$^{13}_{21}$tʂak$^{3}$ tʰəu$^{21}$tʂɔn$^{35}$tsɿ$^{0}$ tsʰi$^{53}$tau$^{21}$.

【土砖屋】tʰəu$^{21}$tʂuɔn$^{35}$uk$^{3}$ 名用土坯建的房子：箇阵子只有～，欸，好像最后一只～，我箇只江西箇只姑姑九几年做个啊？九六年呐九七年做个。最后一只～。渠做哩～以后，我硬赠发现哪映子有人做～哩了。欸渠做～个时候子我都话渠："让门你还去下做～？欸，尽兜都做窑砖屋了咯。"结果渠箇只屋最后一只～。如今是多时拆嘿哩。kai$^{53}$tʂʰən$^{53}$tsɿ$^{0}$ tʂɿ$^{21}$iəu$^{35}_{53}$tʰəu$^{21}$tʂuɔn$^{35}$uk$^{3}$,e$_{21}$.xau$^{21}$tsʰiəŋ$^{53}$tsei$^{53}$xei$^{53}$iet$^{3}$ tʂak$^{3}$ tʰəu$^{21}$tʂuɔn$^{35}_{53}$uk$^{3}$,ŋai$^{13}_{21}$kai$^{53}$tʂak$^{3}$ kɔŋ$^{35}$si$^{35}_{44}$kai$^{53}$tʂak$^{3}$ ku$^{35}_{44}$ku$^{35}_{53}$ ciəu$^{21}$ci$^{21}$ɲien$^{13}$tso$^{53}$ke$^{53}_{44}$a$^{0}$?ciəu$^{21}$liəuk$^{3}$ɲien$^{13}$na$^{0}$ ciəu$^{21}$tsʰiet$^{3}$ɲien$^{13}$tso$^{53}_{44}$ke$^{53}$.tsei$^{53}$xei$^{53}$iet$^{3}$ tʂak$^{3}$ tʰəu$^{21}$tʂuɔn$^{35}_{53}$ uk$^{3}$.ci$^{13}$tso$^{53}$li$^{0}$ tʰəu$^{21}$tʂuɔn$^{35}$uk$^{3}$ i$^{35}_{44}$xei$^{53}$,ŋai$^{13}$ɲiaŋ$^{53}$maŋ$^{13}$fait$^{3}$ çien$^{53}$la$^{53}_{44}$iaŋ$^{53}_{44}$tsɿ$^{0}$ iəu$^{35}$ɲin$^{13}_{21}$tso$^{53}$tʰəu$^{21}$tʂuɔn$^{35}$uk$^{3}$ li$^{0}$ liau$^{0}$.ei$_{44}$ci$^{13}$tso$^{53}$tʰəu$^{21}$tʂuɔn$^{35}_{53}$uk$^{3}$ kei$^{53}$ʂɿ$^{13}_{44}$xei$^{53}_{44}$tsɿ$^{0}$ ŋai$^{13}_{21}$təu$^{35}_{44}$ua$^{53}$ci$^{13}_{44}$:"ɲiɔŋ$^{53}$mən$^{13}_{53}$ɲi$^{13}_{21}$xai$^{13}$çi$^{53}_{44}$xa$^{53}_{44}$tso$^{53}$tʰəu$^{21}$ tʂuɔn$^{35}$uk$^{3}$?e$_{21}$,tsʰin$^{53}$te$^{35}_{44}$təu$^{35}_{44}$tso$^{53}$iau$^{13}_{21}$tʂuɔn$^{35}_{53}$uk$^{3}$ liau$^{0}$ ko$^{0}$."ciet$^{3}$ ko$^{21}$ci$^{13}_{21}$kai$^{53}$tʂak$^{3}$ uk$^{3}$ tsei$^{53}$xei$^{53}$iet$^{3}$ tʂak$^{3}$ tʰəu$^{21}$tʂuɔn$^{35}_{53}$uk$^{3}$.i$^{13}_{21}$cin$^{35}_{53}$ʂɿ$^{53}$to$^{35}$ʂɿ$^{13}_{21}$tsʰak$^{3}$ xek$^{3}$ li$^{0}$.

【吐】tʰəu$^{21}$ 动（消化道或呼吸道里的东西）不自主地从嘴里涌出：～哩血箇只爱同渠搞净来身上。tʰəu$^{21}$li$^{0}$ çiet$^{3}$ kai$^{53}_{44}$tʂak$^{3}$ ɔi$^{53}_{44}$tʰəŋ$^{13}_{21}$ci$^{13}_{21}$kau$^{21}$tsʰiaŋ$^{53}$lɔi$^{13}_{21}$ʂən$^{35}_{44}$xɔŋ$^{53}_{44}$.

【吐丝】tʰəu$^{21}$sɿ$^{35}$ 动蚕吸收所吃桑叶中的蛋白质和糖类，造成绢丝蛋白质，绢丝蛋白质再形成绢丝液，绢丝液被蚕吐出形成丝，并凝固成茧：蚕虫就会～。tsʰan$^{13}$tʂʰəŋ$^{13}_{21}$tsʰiəu$^{53}$uɔi$^{53}$tʰəu$^{21}$sɿ$^{35}$.

【兔子】tʰəu$^{53}$tsɿ$^{0}$ 名兔形目兔科哺乳类动物的总称：～喜欢食（擦草）。tʰəu$^{53}$tsɿ$^{0}$ çi$^{21}$fɔn$^{35}_{44}$ʂət$^{5}$.

【兔子帽】tʰəu$^{53}$tsɿ$^{0}$mau$^{53}$ 名一种童帽，与狗头帽相类，但帽顶两旁的饰件形似兔子耳朵：渠其实～㨃狗头帽都系箇一只作用，就系冷天戴个帽子保暖。～嘞渠就做成做两只耳朵子顿起来，兔子样，可爱，系啊？狗头帽嘞就做只子狗耳朵子样，欸，狗耳朵子样，狗头帽。ci$^{13}_{21}$ cʰi$^{13}$ʂət$^{5}$ tʰəu$^{53}$tsɿ$^{0}$ mau$^{53}_{44}$lau$^{35}$kei$^{21}$tʰei$^{13}$mau$^{53}$təu$^{35}$xei$^{53}$kai$^{53}$iet$^{3}$ tʂak$^{3}$ tsɔk$^{3}$ iəŋ$^{53}$,tsʰiəu$^{53}$ue$^{53}$(←xe$^{53}$)laŋ$^{35}$tʰien$^{35}_{44}$ tai$^{53}$ke$^{53}_{44}$mau$^{53}$tsɿ$^{0}$ pau$^{21}$lɔn$^{35}$.tʰəu$^{53}$tsɿ$^{0}$ mau$^{53}_{44}$lei$^{0}$ ci$^{13}_{21}$tsʰiəu$^{53}_{44}$tso$^{53}$tʂʰən$^{13}$tso$^{53}$iɔŋ$^{21}$tʂak$^{3}$ ɲi$^{21}$to$^{21}$tsɿ$^{0}$ tən$^{53}$cʰi$^{21}$ lɔi$^{13}_{21}$,tʰəu$^{53}$tsɿ$^{0}$ iɔŋ$^{53}$,kʰo$^{21}$ŋai$^{53}$,xei$^{53}$a$^{0}$?ciei$^{21}$tʰei$^{13}$mau$^{53}$lei$^{0}$ tsʰiəu$^{53}_{44}$tso$^{53}$tʂak$^{3}$ tsɿ$^{0}$ kei$^{21}$ɲi$^{21}$to$^{21}$tsɿ$^{0}$ iɔŋ$^{53}$,e$_{21}$,kei$^{21}$ ɲi$^{21}$to$^{21}$tsɿ$^{0}$ iɔŋ$^{53}$,ciei$^{21}$tʰei$^{13}$mau$^{53}$.

【团】tʰɔn$^{13}$ 量用于成团的东西：（鸡嫲竹）生作一～呢。saŋ$^{35}$tsɔk$^{3}$ iet$^{3}$ tʰɔn$^{13}$ne$^{0}$.｜一～火 iet$^{3}$ tʰɔn$^{13}$fo$^{21}$

【团胸衫】tʰɔn$^{13}$çiɔŋ$^{35}$san$^{35}$ 名大襟衣纽扣偏在一侧的中式上衣或袍子：箇安做～。大襟衫就咁子包下转去吵，系啊？以咁子走以映子，系以映子，箇安做～。老人家以前就有。kai$^{53}_{44}$ɔn$^{35}_{44}$ tso$^{53}_{44}$tʰɔn$^{13}$çiɔŋ$^{35}_{44}$san$^{35}_{44}$.tʰai$^{53}$cin$^{35}_{44}$san$^{35}_{44}$tsʰiəu$^{53}$kan$^{21}$tsɿ$^{0}$ pau$^{35}$ua$_{44}$(←xa$^{53}$)tʂɔn$^{21}$cʰie$^{53}_{44}$ʂa$^{0}$,xei$^{53}_{44}$a$^{0}$?i$^{21}$kan$^{21}_{44}$tsɿ$^{0}$ tsei$^{21}$ i$^{21}$iaŋ$^{53}$tsɿ$^{0}$,xe$^{53}_{44}$i$^{21}$iaŋ$^{53}_{44}$tsɿ$^{0}$,kai$^{53}_{44}$ɔn$^{35}_{44}$tso$^{53}_{44}$tʰɔn$^{13}$çiɔŋ$^{35}_{44}$san$^{35}_{44}$.lau$^{21}$ɲin$^{13}$ka$^{35}_{44}$i$^{35}$tsʰien$^{13}$tsʰiəu$^{53}_{44}$iəu$^{35}$.

【团圆饭】tʰɔn$^{13}$ien$^{13}$fan$^{53}$ 名指节日时家人团聚，共同进餐：食～ ʂət$^{5}$ tʰɔn$^{13}$ien$^{13}$fan$^{53}$

【忒】tʰiet$^{3}$/tʰet$^{3}$ 副①特别，非常：（薄膜）～轻快呀。tʰiet$^{3}$ cʰiaŋ$^{35}$kʰuai$^{53}$ia$^{0}$. ②过于：～多哩，唔爱咁多，只爱咁多子就够哩。tʰet$^{3}$ to$^{35}$li$^{0}$,m̩$^{13}$mɔi$^{35}$kan$^{21}$to$^{35}$,tʂət$^{3}$ ɔi$^{53}$kan$^{21}$to$^{35}$tsɿ$^{0}$ tsʰiəu$^{53}$kei$^{53}$li$^{0}$.｜早栽哩嘞就～热哩。tsau$^{21}$tsɔi$^{35}$li$^{0}$ lei$^{0}$ tsʰiəu$^{53}_{44}$tʰiet$^{3}$ɲiet$^{5}$ li$^{0}$.

【推缝】tʰi$^{35}$pʰəŋ$^{53}_{44}$ 名企口缝；木板料邻边裁成凸凹咬合或以公母榫咬合而形成的缝：还有起～。～它让门子嘞？譬如以块样，以边以边一块样，渠不有咁厚？中间挑条槽，中间挖条槽。两边呢都伸出来。中间挖条沟呀。以中间一条，以滴子白个就好像挖进去样。以向嘞就安做公嫲榫。欸，以向嘞，就上下挖嘿滴子去，正好以咁子嘞啱嘿箇肚里。以个就安做～。推下过。箇是最精致个，就最难做啊，系唔系？最难做，箇就安做～。xai$^{13}$iəu$^{35}_{44}$çi$^{21}$tʰi$^{35}$ pʰəŋ$^{53}_{44}$.tʰi$^{35}$pʰəŋ$^{53}_{44}$tʰa$^{35}_{44}$ɲiɔŋ$^{53}_{44}$mən$^{13}_{44}$tsɿ$^{0}$ lei$^{0}$?pʰei$^{53}$vi$^{13}_{44}$i$^{21}$kʰuai$^{53}$iɔŋ$^{53}_{44}$,i$^{21}$pien$^{35}_{44}$i$^{21}$pien$^{35}_{44}$iet$^{3}$ kʰuai$^{53}$iɔŋ$^{53}_{44}$,ci$^{13}_{44}$puk$^{3}$ iəu$^{35}$kan$^{21}$xei$^{35}$?tʂəŋ$^{35}$kan$^{35}_{44}$tʰiau$^{35}$tʰiau$^{13}_{21}$tsʰau$^{13}$,tʂəŋ$^{35}$kan$^{35}_{44}$ua$^{35}_{44}$tʰiau$^{13}_{21}$tsʰau$^{13}$.iɔŋ$^{21}$pien$^{35}$nei$^{0}$ təu$^{35}_{44}$tʂʰən$^{35}$tʂʰət$^{3}$ lɔi$^{13}$.tʂəŋ$^{35}$kan$^{35}_{44}$ua$^{35}_{44}$tʰiau$^{13}_{21}$ciei$^{35}$ia$^{0}$.i$^{21}$tʂəŋ$^{35}$kan$^{35}_{53}$iet$^{3}$ tʰiau$^{13}_{21}$,i$^{21}$tiet$^{5}$ tsɿ$^{0}$ pʰak$^{5}$ cie$^{53}_{44}$tsʰiəu$^{53}_{44}$xau$^{21}$siɔŋ$^{53}_{44}$ua$^{35}$tsin$^{53}_{44}$çi$^{53}_{44}$ iɔŋ$^{53}_{44}$.i$^{21}$çiɔŋ$^{53}_{44}$lei$^{0}$ tsʰiəu$^{53}_{44}$ɔn$^{35}$tso$^{53}_{44}$tso$^{53}_{44}$kəŋ$^{35}$ma$^{13}_{21}$sən$^{21}$.e$_{21}$,i$^{21}$çiɔŋ$^{53}_{44}$lei$^{0}$,tsʰiəu$^{53}_{44}$ʂɔŋ$^{53}$xa$^{35}$ua$^{35}$xek$^{3}$ tiet$^{5}$ tsɿ$^{0}$ çi$^{53}_{44}$,tʂən$^{53}$xau$^{21}$i$^{21}$kan$^{21}$tsɿ$^{0}$ lei$^{0}$ ŋait$^{5}$ (x)ek$^{3}$ kai$^{53}$təu$^{21}$li$^{0}$.i$^{21}$ke$^{53}_{44}$tsʰiəu$^{53}_{44}$ɔn$^{35}_{44}$tso$^{53}_{44}$tʰi$^{35}$pʰəŋ$^{53}_{44}$.tʰi$^{35}_{21}$ia$_{44}$ (←xa$^{53}$)ko$^{53}_{44}$.kai$^{53}_{44}$ʂɿ$^{53}_{21}$tsei$^{53}$tsin$^{35}$tʂɿ$^{53}_{44}$ke$^{53}_{44}$,tsʰiəu$^{53}_{44}$tsei$^{53}$lan$^{13}_{21}$tso$^{53}$a$^{0}$,xei$^{53}_{44}$me$^{53}_{44}$?tsei$^{53}_{44}$lan$^{13}_{21}$tso$^{53}$,kai$^{53}_{44}$tsʰiəu$^{53}_{44}$ɔn$^{35}_{44}$tso$^{53}_{44}$ tʰi$^{35}$pʰəŋ$^{53}_{44}$.

【推进人出】tʰi$^{35}$tsin$^{53}$ɲin$^{13}_{21}$tʂʰət$^{3}$ 形容很多人进出：箇映箇只超市开业个时候子硬～个人。～个人呐，就系咁多子人。kai$^{53}$iaŋ$^{53}$kai$^{53}$tʂak$^{3}$ tʂʰau$^{35}$ʂɿ$^{53}$kʰɔi$^{35}$ɲiait$^{5}$ ke$^{53}_{44}$ʂɿ$^{13}_{44}$xei$^{53}$tsɿ$^{0}$ ɲiaŋ$^{35}$tʰi$^{35}$tsin$^{53}$ɲin$^{13}_{21}$tʂʰət$^{3}$

ke$^{53}$ɲin$^{13}_{21}$.tʰi$^{35}$tsin$^{53}$ɲin$^{13}_{21}$tʂʰət$^{3}$ ke$^{53}$ɲin$^{13}_{21}$na$^{0}$,tsʰiəu$^{53}$xe$^{53}$kan$^{21}$to$^{35}_{44}$tsɿ$^{0}$ɲin$^{13}_{21}$.

【推进涌出】tʰi$^{35}$tsin$^{53}$iəŋ$^{21}$tʂʰət$^{3}$ 形容进出的人数量很多：箇超市里开业个箇晡哇，～个人，去买东西，～。kai$^{53}_{44}$tʂʰau$^{35}$ʂʅ$^{53}$li$^{0}$kʰɔi$^{35}$ɲiait$^{5}$ke$^{0}$kai$^{53}_{44}$pu$^{35}_{44}$ua$^{0}$,tʰi$^{35}$tsin$^{53}$iəŋ$^{21}$tʂʰət$^{3}$ke$^{53}_{44}$ɲin$^{13}$,çi$^{53}_{44}$mai$^{35}$təŋ$^{35}_{44}$si$^{0}$,tʰi$^{35}$tsin$^{53}$iəŋ$^{21}$tʂʰət$^{3}$.

【推门子】tʰi$^{35}$mən$^{13}$tsɿ$^{0}$ 名推拉门：我等屋下个箇个衣橱哇就系～。箇衣橱面前就一张床，只待得一个子人，渠就只能用～。ŋai$^{13}$tien$^{0}$uk$^{3}$xa$^{53}$ke$^{53}$kai$^{53}_{44}$ke$^{53}_{44}$i$^{35}$tʂʰəu$^{13}$ua$^{0}$tsʰiəu$^{53}_{44}$xe$^{53}$tʰi$^{35}$mən$^{13}_{21}$tsɿ$^{0}$.kai$^{53}_{44}$i$^{35}$tʂʰəu$^{13}_{21}$mien$^{53}$tsʰien$^{13}_{21}$tsʰiəu$^{53}$iet$^{3}$tʂəŋ$^{35}_{44}$tsʰəŋ$^{13}$,tʂʅ$^{21}$cʰi$^{35}$tek$^{3}$ iet$^{3}$ ke$^{53}$tsɿ$^{0}$ɲin$^{13}$,ci$^{13}_{21}$tsʰiəu$^{53}$tʂʅ$^{21}$len$^{13}$iəŋ$^{53}$tʰi$^{35}$mən$^{13}_{21}$tsɿ$^{0}$.

【推子】tʰi$^{35}$tsɿ$^{0}$ 名推剪：箇个是剃头用个是安做～嘞。kai$^{53}$ke$^{53}$ʂʅ$^{53}_{44}$tʰe$^{53}$tʰei$^{13}$iəŋ$^{53}$ke$^{53}$ʂʅ$^{53}_{44}$ɔn$^{35}_{44}$tso$^{53}_{44}$tʰi$^{35}$tsɿ$^{0}$le$^{0}$.

【退】tʰi$^{53}$/tʰei$^{53}$ 动①送还，不接受：～嘿去。tʰi$^{53}$xek$^{3}$çi$^{53}$. ②退休：～嘿哩，～下来哩。tʰei$^{53}$ek$^{3}$li$^{0}$,tʰei$^{53}$xa$^{35}$lɔi$^{13}_{21}$li$^{0}$.

【退财】tʰi$^{53}$tsʰɔi$^{13}$ 动破财；意外地或命定地遭受财物损失：今晡早晨呐欸我出去走路个时候子啊，出去买菜个时候子啊，归来算下子，跌嘿一百块钱，唔知系唔系该当背时了？该当～，安做该当～。cin$^{35}_{44}$pu$^{35}_{53}$tsau$^{21}$ʂən$^{13}_{44}$na$^{0}$ e$_{21}$ŋai$^{13}_{21}$tʂʰət$^{3}$çi$^{53}_{44}$tsei$^{21}$ləu$^{53}$ke$^{53}_{44}$ʂʅ$^{13}$xəu$^{53}_{44}$tsɿ$^{0}$ a$^{0}$,tʂʰət$^{3}$çi$^{53}_{44}$mai$^{35}$tsʰɔi$^{53}$ke$^{53}_{44}$ʂʅ$^{13}$xəu$^{53}_{44}$tsɿ$^{0}$ a$^{0}$,kuei$^{35}$lɔi$^{13}_{21}$sɔn$^{53}$na$^{53}_{44}$tsɿ$^{0}$,tet$^{3}$ xek$^{3}$ iet$^{3}$ pak$^{3}$ kʰuai$^{53}$tsʰien$^{13}_{21}$,n̩$^{13}_{44}$ti$^{35}_{44}$xei$^{53}_{44}$mei$^{53}_{44}$kɔi$^{35}$təŋ$^{35}$pʰi$^{53}$ʂʅ$^{13}$liau$^{0}$?kɔi$^{35}$təŋ$^{35}$tʰi$^{53}$tsʰɔi$^{13}$,ɔn$^{35}_{44}$tso$^{53}$kɔi$^{35}$təŋ$^{35}$tʰi$^{53}$tsʰɔi$^{13}$.｜但是又有只话法嘞，～人安乐。退哩财人就安乐。也系有兜人也咁子安慰别人家嘞，嗯，有兜人呐，呃，打比意外个事故啊使渠用嘿一大笔钱呐，别人家就会安置渠："唔爱紧呐，～人安乐啊。"tan$^{53}_{21}$ʂʅ$^{53}_{21}$iəu$^{53}_{44}$iəu$^{35}$tʂak$^{3}$ua$^{53}$fait$^{3}$lei$^{0}$,tʰi$^{53}$tsʰɔi$^{13}$ɲin$^{13}$ɔn$^{35}_{44}$lɔk$^{5}$.tʰi$^{53}$li$^{0}$tsʰɔi$^{13}$ɲin$^{13}$tsʰiəu$^{53}_{44}$ɔn$^{35}$nɔk$^{5}$.ia$^{35}$xei$^{53}$iəu$^{35}$tei$^{35}_{53}$ɲin$^{13}_{44}$ia$^{35}$kan$^{21}$tsɿ$^{0}$ŋɔn$^{35}$uei$^{53}$pʰiet$^{5}$in$^{13}_{44}$ka$^{35}_{44}$lei$^{0}$,n̩$_{21}$,iəu$^{35}$tei$^{35}_{53}$ɲin$^{13}_{21}$na$^{0}$,ə$_{44}$,ta$^{21}$pi$^{21}_{44}$i$^{53}$uai$^{53}$ke$^{0}$sɿ$^{53}$ku$^{53}$a$^{0}$ʂʅ$^{21}$ci$^{13}_{44}$iəŋ$^{53}$xek$^{3}$ iet$^{3}$ tʰai$^{53}$piet$^{3}$ tsʰien$^{13}$na$^{0}$,pʰiet$^{5}$in$^{13}_{44}$ka$^{35}_{44}$tsʰiəu$^{53}$uɔi$^{53}_{44}$ŋɔn$^{35}$tʂʅ$^{53}$ci$^{13}_{21}$:"m̩$^{13}_{21}$mɔi$^{53}$cin$^{21}$na$^{0}$,tʰi$^{53}$tsʰɔi$^{13}_{21}$ɲin$^{13}$ɔn$^{35}$nɔk$^{5}$a$^{0}$."

【退出】tʰi$^{53}$tʂʰət$^{3}$ 动使松出来：敲两下子，～箇只刨头来。kʰau$^{35}$iəŋ$^{21}$xa$^{53}_{44}$tsɿ$^{0}$,tʰi$^{53}$tʂʰət$^{3}$kai$^{53}$tʂak$^{3}$pʰau$^{13}$tʰei$^{13}_{21}$lɔi$^{13}_{44}$.

【退冬】tʰi$^{53}$təŋ$^{35}$ 动（部分植物）冬季树叶枯黄凋落：荷树就一种咁个过冬个植物呢，欸，唔～个呢。xo$^{13}$ʂəu$^{53}$tsʰiəu$^{53}$iet$^{3}$tʂəŋ$^{21}$kan$^{21}$kei$^{53}$ko$^{53}$təŋ$^{35}$ke$^{0}$tʂʰət$^{5}$uk$^{5}$nei$^{0}$,e$_{21}$,n̩$^{13}$tʰi$^{53}$təŋ$^{35}$ke$^{0}$nei$^{0}$.

【退火】tʰi$^{53}$fo$^{21}$ 动关火或减小火的烈度：退嘿火去，把火关或者扯嘿柴去。tʰi$^{53}$xek$^{3}$fo$^{21}$çi$^{53}$,pa$^{21}$xo$^{21}$kuan$^{35}$xɔit$^{5}$tʂa$^{21}$tʂʰa$^{21}$xek$^{3}$tsʰai$^{13}_{21}$çi$^{53}$.

【退旺子】tʰi$^{53}$uɔŋ$^{53}$tsɿ$^{0}$ 动放血。指以针刺某些穴位或体表小静脉，放出少量血液的治疗方法：欸，有兜人得哩病啊，退血呀，～，安做～。ei$_{21}$,iəu$^{35}$tei$^{35}_{53}$ɲin$^{13}_{21}$tek$^{3}$li$^{0}$pʰiaŋ$^{53}$ŋa$^{0}$,tʰi$^{53}$çiet$^{3}$ia$^{0}$,tʰi$^{53}$uɔŋ$^{53}$tsɿ$^{0}$,ɔn$^{35}$tso$^{53}_{44}$tʰi$^{53}$uɔŋ$^{53}$tsɿ$^{0}$.

【蜕皮】tʰei$^{53}$pʰi$^{13}$ 动节肢动物及部分爬虫类在生长过程中，一次或多次脱去外皮的现象：蛇也会～嘞，欸。蛇蜕哩皮安做蛇皮哟。ʂa$^{13}$ia$^{35}_{44}$uɔi$^{53}_{44}$tʰei$^{53}$pʰi$^{13}$le$^{0}$,e$_{21}$.ʂa$^{13}$tʰei$^{53}$li$^{0}$pʰi$^{13}$ɔn$^{35}_{44}$tso$^{53}_{44}$ʂa$^{13}$pʰi$^{13}$io$^{0}$.

【托$_{1}$】tʰɔk$^{3}$ 动平摊双手向上托：一双手～只盘子来，分箇个东西掇上去。iet$^{3}$səŋ$^{35}$ʂəu$^{21}$tʰɔk$^{3}$çi$^{21}_{44}$tʂak$^{3}$pʰan$^{13}$tsɿ$^{0}$lɔi$^{13}_{44}$,pən$^{35}$kai$^{53}_{44}$kei$^{53}_{44}$təŋ$^{35}_{44}$si$^{0}$tɔit$^{3}$ʂəŋ$^{53}_{44}$çi$^{53}_{44}$.

【托$_{2}$】tʰɔk$^{3}$ 名安装枪筒和其他装置的木头制作的供端起来瞄准射击的部件：（土铳）底下一只木～，木～啊，树做个铳～啊。te$^{21}$xa$^{53}$iet$^{3}$tʂak$^{3}$muk$^{3}$tʰɔk$^{3}$,muk$^{3}$tʰɔk$^{3}$a$^{0}$,ʂəu$^{53}$tso$^{53}$ke$^{53}_{44}$tʂʰəŋ$^{53}$tʰɔk$^{3}$a$^{0}$.

【托$_{3}$】tʰɔk$^{3}$ 量指用托子托起的东西：新郎新娘就捆一～茶啦。sin$^{35}$nɔŋ$^{13}_{21}$sin$^{35}$ɲiɔŋ$^{13}_{21}$tsiəu$^{53}$kɔŋ$^{35}$iet$^{3}$tʰɔk$^{3}$tsʰa$^{13}$la$^{0}$.

【托肩】tʰɔk$^{3}$cien$^{35}$ 名垫肩：～就箇欸做西服个时候子吧，欸西服箇肚里为了使箇个西服哦笔挺子，好看呐，系啊？肚里放只～去，泡沫做个。tʰɔk$^{3}$cien$^{35}$tsʰiəu$^{53}$kai$^{53}$e$_{21}$tso$^{53}_{44}$si$^{35}$fuk$^{5}$ke$^{53}$ʂʅ$^{13}$xei$^{53}_{44}$tsɿ$^{0}$pa$^{0}$,e$_{21}$si$^{35}$fuk$^{5}$kai$^{53}$təu$^{21}$li$^{0}$uei$^{53}$liau$^{0}$ʂʅ$^{21}$kai$^{53}_{44}$ke$^{53}_{44}$si$^{35}$fuk$^{5}$o$_{53}$piet$^{3}$tʰin$^{21}$tsɿ$^{0}$,xau$^{21}$kʰɔn$^{53}$na$^{0}$,xei$^{53}$a$^{0}$?təu$^{21}$li$^{0}$fəŋ$^{53}$tʂak$^{3}$tʰɔk$^{3}$cien$^{35}_{44}$çi$^{53}$,pʰau$^{53}$mɔit$^{5}$tso$^{53}$ke$^{0}$.

【托盘】tʰɔk$^{3}$pʰan$^{13}$ 名一种长方形木盘，用于端菜或端茶。也称"托盘子"：～子就系掇菜用个～。欸，树做个，方形，长长子，长方形个，树做个～。箇就掇菜个，就系长方形。tʰɔk$^{3}$pʰan$^{13}$tsɿ$^{0}$tsʰiəu$^{53}_{44}$xe$^{53}_{44}$tɔit$^{3}$tsʰɔi$^{53}$iəŋ$^{53}$ke$^{0}$tʰɔk$^{3}$pʰan$^{13}$.e$_{21}$,ʂəu$^{53}$tso$^{53}_{44}$ke$^{0}$,fəŋ$^{35}$çin$^{13}$,tʂʰəŋ$^{13}$tʂʰəŋ$^{13}$tsɿ$^{0}$,tʂʰəŋ$^{13}$fəŋ$^{35}_{53}$çin$^{13}_{21}$kei$^{53}$,ʂəu$^{53}$tso$^{53}_{44}$ke$^{53}_{44}$tʰɔk$^{3}$pʰan$^{13}_{44}$.kai$^{53}_{44}$tsʰiəu$^{53}_{44}$tɔit$^{3}$tsʰɔi$^{53}$ke$^{0}$,tsʰiəu$^{53}$xei$^{53}$tʂʰəŋ$^{13}_{21}$fəŋ$^{35}_{53}$çin$^{13}_{44}$.｜箇是我等一

般个人家屋下都有～，欸都有～子。欸客来哩掇茶分渠等食个。kai$^{53}$ʂʅ$^{53}_{44}$ŋai$^{13}$tien$^{0}$ iet$^{3}$ pən$^{35}$ke$^{53}$ ɲin$^{13}_{21}$ka$^{35}_{53}$uk$^{3}$ xa$^{53}_{44}$təu$^{35}_{44}$iəu$^{35}_{44}$t$^{h}$ɔk$^{3}$ p$^{h}$an$^{13}$,e$^{0}$ təu$^{35}_{44}$iəu$^{35}_{44}$t$^{h}$ɔk$^{3}$ p$^{h}$an$^{13}$tsʅ$^{0}$.e$^{0}$ k$^{h}$ak$^{3}$ lɔi$^{13}_{21}$li$^{0}$ tɔit$^{3}$ ts$^{h}$a$^{13}$pən$^{35}_{44}$ci$^{13}_{21}$tien$^{0}$ ʂət$^{5}$ cie$^{53}$.

【托须】t$^{h}$ɔk$^{3}$si$^{35}$ 名过砖两侧超出便砖之外的部分：以映还有只东西安做～。～。以只过砖呢，只箇箇指大门，小门子冇得。小门子冇得～。以只过砖两头长出滴子来。以以以映子以映子咁子顿倒箇以个便砖，系啊？顶高过砖唔系么啊正好咁子，长出滴子来。长出滴子来，以滴子安做～。i$^{21}$iaŋ$^{53}$xai$^{13}_{21}$iəu$^{35}$tʂak$^{3}$təŋ$^{35}_{44}$si$^{0}$ ɔn$^{35}_{44}$tso$^{53}_{44}$t$^{h}$ɔk$^{3}$ si$^{35}$.t$^{h}$ɔk$^{3}$ si$^{35}$.i$^{21}$tʂak$^{3}$ ko$^{53}$tʂən$^{35}_{44}$nei$^{0}$,tʂʅ$^{21}$kai$^{53}_{44}$kai$^{53}_{44}$tʂʅ$^{21}$ t$^{h}$ai$^{53}$mən$^{13}$,siau$^{21}$mən$^{13}$tsʅ$^{0}$ mau$^{13}$tek$^{3}$.siau$^{21}$mən$^{13}$tsʅ$^{0}$ mau$^{13}$tek$^{3}$ t$^{h}$ɔk$^{3}$ si$^{35}$.i$^{21}$tʂak$^{3}$ ko$^{53}$tʂən$^{35}$iɔŋ$^{21}$t$^{h}$ei$^{13}$tʂ$^{h}$ɔŋ$^{13}$ tʂ$^{h}$ət$^{3}$ tiet$^{5}$ tsʅ$^{0}$ lɔi$^{13}_{21}$.i$^{21}$i$^{21}$i$^{21}$iaŋ$^{53}$tsʅ$^{0}$ i$^{21}$iaŋ$^{53}$tsʅ$^{0}$ kan$^{21}$tsʅ$^{0}$ tən$^{53}$tau$^{21}$kai$^{53}_{44}$i$^{21}$ke$^{53}_{44}$p$^{h}$ien$^{53}$tʂən$^{35}_{44}$,xei$^{53}_{44}$a$^{0}$?taŋ$^{21}$kau$^{35}_{44}$ko$^{53}_{44}$ tʂən$^{35}_{44}$m̩$_{21}$p$^{h}$e$_{44}$(←m̩$^{13}$xe$^{53}$)mak$^{3}$ a$^{0}$ tʂən$^{53}$xau$^{21}$kan$^{21}$tsʅ$^{0}$,tʂ$^{h}$ɔŋ$^{13}$tʂ$^{h}$ət$^{3}$ tiet$^{5}$ tsʅ$^{0}$ lɔi$^{13}_{44}$.tʂ$^{h}$ɔŋ$^{13}$tʂ$^{h}$ət$^{3}$ tiet$^{5}$ tsʅ$^{0}$ lɔi$^{13}_{44}$,i$^{21}$ tiet$^{5}$tsʅ$^{0}$ ɔn$^{35}_{44}$tso$^{53}_{44}$t$^{h}$ɔk$^{3}$ si$^{35}$.

【托子】t$^{h}$ɔk$^{3}$tsʅ$^{0}$ 名盘子：两个人捫倒茶，用～。iɔŋ$^{21}$ke$^{53}$in$^{13}_{21}$kɔŋ$^{35}$tau$^{21}$ts$^{h}$a$^{13}$,iəŋ$^{53}$t$^{h}$ɔk$^{3}$ tsʅ$^{0}$.

【拖】t$^{h}$o$^{35}$ 动①拉；拽：～起来 t$^{h}$o$^{35}_{44}$çi$^{21}$lɔi$^{13}$｜～东西 t$^{h}$o$^{35}$təŋ$^{35}$si$^{0}$。②趿拉；把鞋后帮踩在脚后跟下：～一双鞋 t$^{h}$o$^{35}$iet$^{3}$ səŋ$^{35}_{44}$xai$^{13}_{21}$。③指杂屋的屋面与正屋的后侧屋面连在一起：～下去啊，就系面前个正屋就更高哇，正屋后背箇倒水就倒转后背吵，系唔系？就倒箇倒水就一～下过去呀。加……箇杂屋个屋面咯就同正屋个后背箇只屋面呐～下过去个，接下过去啊。t$^{h}$o$^{35}$xa$^{53}_{44}$ çi$^{53}$a$^{0}$,ts$^{h}$iəu$^{53}_{44}$xei$^{53}_{44}$mien$^{53}$ts$^{h}$ien$^{13}_{21}$ke$^{0}$ tʂən$^{53}$uk$^{3}$ ts$^{h}$iəu$^{53}$cien$^{53}_{44}$kau$^{35}$ua$^{0}$,tʂən$^{53}$uk$^{3}$ xei$^{53}$pɔi$^{53}_{44}$kai$^{53}$tau$^{21}$ʂei$^{21}$ts$^{h}$iəu$^{53}$ tau$^{21}$tʂuən$^{21}$xei$^{53}$pɔi$^{53}_{44}$ʂa$^{0}$,xei$^{53}$me$^{53}$?ts$^{h}$iəu$^{53}$tau$^{21}_{44}$kai$^{53}$tau$^{21}$ʂei$^{21}$ts$^{h}$iəu$^{53}$iet$^{3}$ t$^{h}$o$^{35}$ua$^{53}_{44}$ko$^{53}$çi$^{53}$ia$^{0}$.cia$^{35}$…kai$^{53}_{44}$ts$^{h}$ait$^{5}$ uk$^{3}$ kei$^{53}$uk$^{3}$ mien$^{53}$ko$^{0}$ ts$^{h}$iəu$^{53}$t$^{h}$əŋ$^{13}$tʂən$^{53}$uk$^{3}$ ke$^{53}_{44}$xei$^{53}$pɔi$^{53}_{44}$kai$^{53}$tʂak$^{3}$ uk$^{3}$ mien$^{53}$na$^{0}$ t$^{h}$o$^{35}$(x)a$^{53}$ko$^{53}$çi$^{53}$ke$^{0}$, tsiait$^{3}$ ia$^{53}$ko$^{53}$çi$^{53}$a$^{0}$.

【拖把】t$^{h}$o$^{35}$pa$^{21}$ 名带长把的擦地器具：～，拖地泥个～，欸，以前是自家做嘞。嗯，舞兜烂布哇，舞倒绨稳呢，以下就冇么人做了，尽兜都买了。买兜买箇好个哦，买箇个有泡沫个噢，水也拖得洁净子。t$^{h}$o$^{13}$pa$^{21}$,t$^{h}$o$^{35}$t$^{h}$i$^{53}$lai$^{13}_{21}$ke$^{53}$t$^{h}$o$^{35}$pa$^{21}$,e$_{21}$,i$^{35}_{53}$ts$^{h}$ien$^{13}_{21}$ʂʅ$^{53}_{44}$ts$^{h}$ʅ$^{35}$ka$^{35}_{44}$tso$^{53}$le$^{0}$.n̩$_{44}$,u$^{21}$te$^{35}_{44}$lan$^{53}$pu$^{53}$ ua$^{0}$,u$^{21}$tau$^{21}$t$^{h}$ak$^{3}$ uən$^{21}$ne$^{0}$,i$^{21}$xa$^{53}$ts$^{h}$iəu$^{53}_{44}$mau$^{13}_{21}$mak$^{3}$ in$^{13}_{44}$tso$^{53}$liau$^{0}$,ts$^{h}$in$^{21}_{44}$te$^{35}_{44}$təu$^{35}_{44}$mai$^{35}$liau$^{0}$.mai$^{35}$təu$^{35}_{44}$mai$^{35}$ kai$^{53}_{44}$xau$^{21}$ke$^{53}_{44}$o$^{0}$,mai$^{35}$kai$^{53}_{44}$ke$^{53}_{44}$iəu$^{35}$p$^{h}$au$^{53}$mɔit$^{5}$ ke$^{53}_{44}$au$^{0}$,ʂei$^{21}$ia$^{35}_{44}$t$^{h}$o$^{35}$tek$^{3}$ ciet$^{5}$ ts$^{h}$iaŋ$^{53}$tsʅ$^{0}$.

【拖板】t$^{h}$o$^{35}$pan$^{21}$ 名自制木屐：我记得我等细细子啊，舞倒箇个树板子，锯成箇鞋样个，锯成一双鞋样个，以下就钉块子咁个皮子去钉倒，着就唔好着啦，鳑鳑跌啦，会跌死人呐。细人子冇年纪个时候子是有味道哇，还会怕跌是？箇就喊～。ŋai$^{13}$ci$^{53}$tek$^{3}$ ŋai$^{13}$tien$^{0}$ sei$^{53}$sei$^{53}$tsʅ$^{0}$ a$^{0}$, u$^{21}$tau$^{21}$kai$^{53}_{44}$ke$^{53}_{44}$ʂəu$^{53}$pan$^{21}$tsʅ$^{0}$,cie$^{53}$ʂaŋ$^{13}_{44}$kai$^{53}_{44}$xai$^{13}$iɔŋ$^{53}_{44}$ke$^{53}_{44}$,cie$^{53}$ʂaŋ$^{13}_{44}$iet$^{3}$ səŋ$^{35}_{44}$xai$^{13}$iɔŋ$^{53}_{44}$ke$^{53}_{44}$,i$^{21}$xa$^{53}_{21}$ts$^{h}$iəu$^{53}_{44}$taŋ$^{35}$ k$^{h}$uai$^{53}$tsʅ$^{0}$ kan$^{21}$ke$^{53}$p$^{h}$i$^{13}$tsʅ$^{0}$ çi$^{53}$taŋ$^{35}$tau$^{21}$,tʂɔk$^{3}$ ts$^{h}$iəu$^{53}$m̩$^{13}_{21}$xau$^{21}$tʂɔk$^{3}$ la$^{0}$,pait$^{5}$ pait$^{5}$ tet$^{3}$ la$^{0}$,uɔi$^{53}$tet$^{3}$ si$^{21}$ɲin$^{13}$ na$^{0}$.sei$^{53}$ɲin$^{13}_{21}$tsʅ$^{0}$ mau$^{13}$ɲien$^{13}$ci$^{21}_{44}$(k)e$^{53}_{44}$ʂʅ$^{13}$xəu$^{53}_{44}$tsʅ$^{0}$ ʂʅ$^{53}_{44}$iəu$^{35}$uei$^{53}$t$^{h}$au$^{53}$ua$^{0}$,xai$^{13}_{21}$uɔi$^{53}_{44}$p$^{h}$a$^{53}$tet$^{3}$ ʂʅ$^{53}$?kai$^{53}_{44}$ts$^{h}$iəu$^{53}_{44}$ xan$^{53}_{44}$t$^{h}$o$^{35}$pan$^{21}$.

【拖斗】t$^{h}$o$^{35}$tei$^{21}$/təu$^{21}$ 老派 名农具名，用于将田中高处的泥拖到低处，或用来拖稻草：我等以映滴～渠就只去哪映用嘞？就箇个田里箇只地方，泥忒多哩，用耙都揰唔出去，或者田深哩，牛去唔得，以下就舞正箇盆盆，箇只盆盆做倒蛮西式唠，跟……同船底差唔多。跟船个底呀这样差唔多滴。然后分泥装嘿来，拖嘿去以映子舞欸，以映以映子，最后个就以映有事多欸。/以今高磊磊哩，挖机，/以下是用挖机了。/还系爱～呀，有的以箇个烂泥田里个你就用箇个挖机你都做唔熬，舞唔起呀。要舞下去溜溜哩下溜嘿去哩。ŋai$^{13}_{21}$tien$^{0}$ i$^{21}$iaŋ$^{53}_{44}$tet$^{5}_{3}$ t$^{h}$o$^{35}$tei$^{21}$ci$^{13}_{21}$ tsiəu$^{53}$tʂʅ$^{21}$çi$^{53}$lai$^{53}_{44}$iaŋ$^{53}_{44}$iəŋ$^{53}_{44}$lei$^{0}$?tsiəu$^{53}_{44}$kai$^{53}_{44}$ke$^{53}_{44}$t$^{h}$ien$^{13}$ni$^{35}_{44}$kai$^{53}$tʂak$^{3}$ t$^{h}$i$^{53}_{44}$fɔŋ$^{35}_{44}$,lai$^{13}$t$^{h}$iet$^{3}$ to$^{35}$li$^{0}$,iəŋ$^{53}$p$^{h}$a$^{13}$təu$^{35}_{44}$ ts$^{h}$əŋ$^{21}$n̩$^{13}$tʂ$^{h}$ət$^{3}$ k$^{h}$e$^{53}_{44}$,xɔit$^{5}$ tʂa$^{21}$t$^{h}$ien$^{13}$tʂ$^{h}$ən$^{35}$ni$^{0}$, ɲiəu$^{13}$çi$^{53}$n̩$^{13}_{21}$tek$^{3}$ ,i$^{21}$ia$_{21}$(←xa$^{53}$)ts$^{h}$iəu$^{53}_{44}$u$^{21}$tʂaŋ$^{21}$kai$^{53}$p$^{h}$ən$^{13}$ p$^{h}$ən$^{13}_{44}$,kai$^{53}$tʂak$^{3}$ p$^{h}$ən$^{13}_{21}$p$^{h}$ən$^{13}_{44}$tso$^{53}$tau$^{21}$man$^{13}$si$^{35}_{53}$ʂʅ$^{53}$lau$^{0}$,kən$^{35}$…t$^{h}$əŋ$^{13}$ʂən$^{13}$te$^{21}$tsa$^{35}$n̩$^{13}_{21}$to$^{35}$.kən$^{35}$ʂən$^{13}$ke$^{53}_{44}$te$^{21}$ia$^{0}$ tʂe$^{53}$iɔŋ$^{53}_{44}$tsa$^{35}_{44}$n̩$^{13}_{44}$to$^{35}_{44}$tet$^{5}_{3}$.ien$^{13}_{21}$xei$^{53}_{44}$pən$^{35}$lai$^{13}$tʂɔŋ$^{35}$xek$^{3}$ lɔi$^{13}_{21}$,t$^{h}$o$^{35}$xek$^{3}$ çi$^{53}_{44}$i$^{21}$iaŋ$^{53}_{44}$tsʅ$^{0}$ u$^{21}$ŋei$^{0}$ ,i$^{21}$iaŋ$^{53}_{44}$i$^{21}$iaŋ$^{53}_{44}$ tsʅ$^{0}$ ,tsei$^{53}_{21}$xei$^{53}_{44}$ke$^{53}_{44}$ts$^{h}$iəu$^{53}_{44}$i$^{21}$iaŋ$^{53}_{44}$mau$^{13}_{21}$sʅ$^{53}$to$^{35}_{21}$ei$^{0}$./i$^{13}_{21}$cin$^{35}_{44}$kau$^{35}$lei$^{35}_{21}$lei$^{35}$li$^{0}$ ,ua$^{35}$ci$^{35}$,/i$^{21}$ia$_{44}$(←xa$^{53}$)ʂʅ$^{53}_{44}$iəŋ$^{53}$ua$^{35}$ci$^{35}$ liau$^{0}$./xai$^{13}_{21}$xe$^{53}_{44}$ɔi$^{53}_{44}$t$^{h}$o$^{35}$tei$^{21}$ia$^{0}$ ,iəu$^{35}$tet$^{5}$ i$^{21}$kai$^{53}_{44}$ke$^{53}_{44}$lan$^{53}$lai$^{13}_{21}$t$^{h}$ien$^{13}_{21}$li$^{35}_{44}$ke$^{53}_{44}$ɲi$^{13}_{21}$ts$^{h}$iəu$^{53}_{44}$iəŋ$^{53}$kai$^{53}_{21}$ke$^{53}_{21}$ua$^{35}$ci$^{35}$ɲi$^{13}_{44}$ təu$^{35}_{44}$ts$^{h}$o$^{35}_{44}$n̩$^{13}_{44}$sek$^{3}$ ,u$^{21}$n̩$^{13}$çi$^{21}$ia$^{0}$.iau$^{53}_{44}$u$^{21}$xa$^{53}_{44}$çi$^{53}_{44}$liəu$^{35}_{44}$liəu$^{35}_{44}$li$^{0}$ xa$^{53}$liəu$^{35}_{44}$xek$^{3}$ çi$^{53}_{21}$li$^{0}$.｜欸，一只～，就系跕倒田里拖东西。打比样箇个有滴秋水田呐唔知几深，湖洋田，欸，下人都唔好下。去栽禾个时候子嘞箇个禾秧嘞打唔到，箇时候子嘞就舞只～。e$_{21}$,iet$^{3}$ tʂak$^{3}$ t$^{h}$o$^{35}$tei$^{21}$,ts$^{h}$iəu$^{53}_{44}$xe$^{53}_{44}$k$^{h}$u$^{35}$tau$^{21}$t$^{h}$ien$^{13}$ ni$^{21}$t$^{h}$o$^{35}$təŋ$^{35}$si$^{0}$.ta$^{21}$pi$^{21}$iɔŋ$^{53}_{44}$kai$^{53}_{44}$ke$^{53}_{44}$iəu$^{35}$tet$^{5}_{3}$ts$^{h}$iəu$^{35}$ʂei$^{21}$t$^{h}$ien$^{13}$na$^{0}$ n̩$^{13}_{21}$ti$^{35}_{44}$ci$^{21}$tʂ$^{h}$ən$^{35}$,fu$^{13}$iɔŋ$^{13}_{21}$t$^{h}$ien$^{13}_{44}$,e$_{21}$,xa$^{35}$ɲin$^{13}$

təu$^{35}_{44}$n̩$^{13}_{21}$xau$^{21}$xa$^{35}$.çi$^{53}$tsɔi$^{35}$uo$^{13}$ke$^{53}_{44}$ʂʅ$^{13}$xei$^{53}_{44}$tsʅ$^{0}$ lei$^{0}$ kai$^{53}_{44}$ke$^{53}_{44}$uo$^{13}$iɔŋ$^{35}_{44}$lei$^{0}$ ta$^{21}$n̩$^{13}$tau$^{53}$,kai$^{53}_{44}$ʂʅ$^{13}_{44}$xei$^{53}_{44}$tsʅ$^{0}$ lei$^{0}$ tsʰiəu$^{53}_{44}$ u$^{21}$tʂak$^{3}$ tʰo$^{35}$tei$^{21}$.

【拖楼梯】tʰo$^{35}$ləu$^{13}$tʰɔi$^{35}$ 耙田后在水田中拖动楼梯以平田：平田吵还要～哟。pʰiaŋ$^{13}$tʰien$^{13}$ʂa$^{0}$ xai$^{13}$iau$^{53}$tʰo$^{35}$ləu$^{13}$tʰɔi$^{35}$iau$^{0}$.

【拖拖揰揰】tʰo$^{35}$tʰo$^{35}$tsʰəŋ$^{21}$tsʰəŋ$^{21}$ 形容相互拉拉扯扯、推推搡搡：箇个细人子啊细人子走路哇，就一般人走路个时候子啊，箇个细人子啊～，嗯，就喜欢～啊。大人就除哩有纠纷，闹纠纷，就会～。kai$^{53}_{44}$ke$^{53}_{44}$sei$^{53}$ɲin$^{13}_{21}$tsʅ$^{0}$ a$^{0}$ sei$^{53}$ɲin$^{13}_{21}$tsʅ$^{0}$ tsei$^{21}$ləu$^{53}$ua$^{0}$,tsʰiəu$^{53}_{44}$iet$^{3}$ pʰən$^{35}$ɲin$^{13}_{21}$tsei$^{21}$ləu$^{53}$ke$^{53}_{44}$ʂʅ$^{13}$xei$^{53}_{44}$tsʅ$^{0}$ a$^{0}$,kai$^{53}_{44}$ke$^{53}_{44}$sei$^{53}$ɲin$^{13}_{21}$tsʅ$^{0}$ a$^{0}$ tʰo$^{35}$tʰo$^{35}$tsʰəŋ$^{21}$tsʰəŋ$^{21}$,n̩$_{21}$,tsʰiəu$^{53}_{44}$çi$^{21}$fɔn$^{35}$tʰo$^{35}$tʰo$^{35}$tsʰəŋ$^{21}$tsʰəŋ$^{21}$ŋa$^{0}$.tʰai$^{53}$ɲin$^{13}_{21}$ tsʰiəu$^{53}$tʂʰəu$^{13}_{21}$li$^{0}$ iəu$^{35}$ciəu$^{35}$fɔn$^{35}$,lau$^{53}$ciəu$^{35}$fɔn$^{35}$,tsʰiəu$^{53}_{44}$uɔi$^{53}_{44}$tʰo$^{35}$tʰo$^{35}_{44}$tsʰəŋ$^{21}$tsʰəŋ$^{21}$.｜渠箇家人呐真唔和气。嗯，长日摎别人家斗外角，长日摎别人家斗呀。欸，你看呐，又～又搞下村上去哩。ci$^{13}$ kai$^{53}$ka$^{35}_{44}$ɲin$^{13}_{21}$na$^{0}$ tʂən$^{35}$n̩$^{13}_{21}$fo$^{13}$çi$^{53}$.n̩$_{21}$,tʂʰɔŋ$^{13}$ɲiet$^{3}$ lau$^{35}$pʰiet$^{5}$ in$^{13}_{21}$ka$^{35}_{44}$tei$^{53}$uai$^{53}$kɔk$^{3}$,tʂʰɔŋ$^{13}$ɲiet$^{3}$ lau$^{35}$pʰiet$^{5}$ in$^{13}_{44}$ ka$^{35}_{44}$tei$^{53}$ia$^{0}$.e$_{21}$, ɲi$^{13}$kʰɔn$^{53}_{44}$na$^{0}$,iəu$^{53}$tʰo$^{35}$tʰo$^{35}_{44}$tsʰəŋ$^{21}$tsʰəŋ$^{21}$iəu$^{53}$kau$^{21}$ua$^{53}_{44}$tsʰən$^{35}$xɔŋ$^{53}_{44}$çi$^{53}$li$^{0}$.

【拖拖耷耷】tʰo$^{35}$tʰo$^{35}$tait$^{5}$tait$^{5}$ 趿拉着鞋子的样子：你箇着鞋着好下子哦，莫咁个～呀，懒蛇蛇哩个样子哦。ɲi$^{13}$kai$^{53}$tʂɔk$^{3}$ xai$^{13}$tʂɔk$^{3}$ xau$^{21}$ua$^{53}$tsʅ$^{0}$ o$^{0}$,mɔk$^{5}$ kan$^{21}$ke$^{53}_{44}$tʰo$^{35}$tʰo$^{35}$tait$^{5}_{3}$tait$^{5}_{3}$ia$^{0}$,lan$^{35}$ʂa$^{13}_{21}$ʂa$^{13}$ li$^{0}$ke$^{53}$iɔŋ$^{53}_{44}$tsʅ$^{0}$ o$^{0}$.｜呃拔起鞋踭来哟，哦莫～呀。ə$^{0}$ pʰait$^{5}$ çi$^{21}$xai$^{13}$tsaŋ$^{35}_{44}$lɔi$^{13}_{21}$io$^{0}$,o$^{0}$ mɔk$^{5}$ tʰo$^{35}$tʰo$^{35}$tait$^{5}$ tait$^{5}$ia$^{0}$.

【拖箱】tʰo$^{35}$siɔŋ$^{35}$ 名抽屉：（炕床）也有有两只～。ia$^{35}$iəu$^{35}_{44}$iəu$^{35}$iɔŋ$^{21}$tʂak$^{3}$ tʰo$^{35}$siɔŋ$^{35}_{44}$.

【拖箱板子】tʰo$^{35}$siɔŋ$^{35}_{44}$pan$^{21}$tsʅ$^{0}$ 名家具上所装置可以拉出或推入的上面可放置东西的板子：（炕床）也有有两只拖箱。或者有有～。ia$^{35}$iəu$^{35}_{44}$iəu$^{35}$iɔŋ$^{21}$tʂak$^{3}$ tʰo$^{35}$siɔŋ$^{35}_{44}$.xɔit$^{5}$ tʂa$^{21}$iəu$^{35}_{44}$iəu$^{35}_{44}$tʰo$^{35}$siɔŋ$^{35}_{44}$ pan$^{21}$tsʅ$^{0}$.

【拖箱桌】tʰo$^{35}$siɔŋ$^{35}_{33}$tsɔk$^{3}$ 名带有抽屉的桌子：抽屉桌，就安做，拖……唔系唔系要抽屉桌，抽屉桌就系浏浏阳本地话。～。拖箱。～，箇就系客姓客家话。tʂʰəu$^{35}$tʰi$^{53}_{44}$tsɔk$^{3}$,tsʰiəu$^{53}_{44}$ɔn$^{35}_{44}$ tso$^{53}_{44}$,tʰo…m̩$^{13}_{21}$pʰe$^{53}$(←xe$^{53}$)m̩$^{13}_{21}$pʰe$_{44}$(←xe$^{53}$)iau$^{53}_{44}$tʂʰəu$^{35}$tʰi$^{53}_{44}$tsɔk$^{3}$,tʂʰəu$^{35}$tʰi$^{53}_{44}$tsɔk$^{3}$ tsəu$^{53}_{44}$xei$^{53}_{44}$liəu$^{13}_{21}$liəu$^{13}$iɔŋ$^{13}_{21}$ pən$^{21}$tʰi$^{53}_{44}$fa$^{53}_{44}$.tʰo$^{35}$siɔŋ$^{35}_{44}$tsɔk$^{3}$.tʰo$^{35}$siɔŋ$^{35}$.tʰo$^{35}$siɔŋ$^{35}_{44}$tsɔk$^{3}$,kai$^{53}_{44}$tsʰiəu$^{53}_{44}$xe$^{53}_{44}$kʰak$^{3}$ sin$^{53}$kʰak$^{3}$ ka$^{35}_{44}$fa$^{53}_{21}$.

【拖鞋】tʰo$^{35}$xai$^{13}$ 名后半部没有帮的鞋子，一般不用系带子或其他东西，多在室内穿用。又称“褡鞋、半截鞋”：着～ tʂɔk$^{3}$tʰo$^{35}$xai$^{13}$｜拖双～ tʰo$^{35}$səŋ$^{35}_{44}$tʰo$^{35}_{44}$xai$^{13}_{21}$

【拖踭】tʰo$^{35}$tsaŋ$^{35}$ 动踩鞋后跟：欸有兜人喜欢～，拖哩一到就箇鞋就唔好着哩。欸，莫去～。ei$_{21}$iəu$^{35}$tei$^{35}_{53}$ɲin$^{13}_{21}$çi$^{21}$fɔn$^{35}_{44}$tʰo$^{35}$tsaŋ$^{35}$,tʰo$^{35}$li$^{0}$ iet$^{3}$ tau$^{53}$tsʰiəu$^{53}$kai$^{53}$xai$^{13}$tsʰiəu$^{53}$n̩$^{13}_{21}$xau$^{21}$tʂɔk$^{3}$ li$^{0}$.e$_{21}$,mɔk$^{5}$ çi$^{53}$tʰo$^{35}_{44}$ tsaŋ$^{35}_{44}$.

【拖踭鞋】tʰo$^{35}$tsaŋ$^{35}$xai$^{13}_{21}$ 名将鞋后跟踩在脚下的穿鞋方式：渠是有滴人呢着鞋嘞喜欢拖踭。欸，就唔分箇只踭啊扯起来。你莫长日拖稳箇拖踭噢，着～哟。爱分箇踭拔起下了来呀。拔起下子踭来。拔起下子鞋踭来。莫长日着稳～哟。～就分箇后背箇映踩下去，踩下脚下，箇就安做着～。ci$^{13}$ʂʅ$^{53}_{44}$iəu$^{35}$tiet$^{5}$ɲin$^{13}$ne$^{0}$ tʂɔk$^{3}$ xai$^{13}$lei$^{0}$ çi$^{21}$fɔn$^{35}_{44}$tʰo$^{35}$tsaŋ$^{35}$.e$_{21}$,tsiəu$^{53}$m̩$^{13}$pən$^{35}$kai$^{53}$tʂak$^{3}$ tsaŋ$^{35}$ŋa$^{0}$ tʂʰa$^{21}$ çi$^{21}$lɔi$^{13}$. ɲi$^{13}$mɔk$^{5}$ tʂʰɔŋ$^{13}$ɲiet$^{3}$ tʰo$^{35}$uən$^{21}$kai$^{53}$tʰo$^{35}$tsaŋ$^{35}$ŋau$^{0}$,tʂɔk$^{3}$ tʰo$^{35}$tsaŋ$^{35}$xai$^{13}$io$^{0}$.ɔi$^{53}_{44}$pən$^{35}_{44}$kai$^{53}_{44}$tsaŋ$^{35}$pʰait$^{5}$ çi$^{21}$xa$^{53}_{44}$tsʅ$^{0}$ lɔi$^{13}$ia$^{0}$.pʰait$^{5}$ çi$^{21}$xa$^{53}_{44}$tsʅ$^{0}$ tsaŋ$^{35}$lɔi$^{13}_{21}$.pʰait$^{5}$ çi$^{21}$xa$^{53}_{44}$tsʅ$^{0}$ xai$^{13}$tsaŋ$^{35}_{44}$lɔi$^{13}_{21}$.mɔk$^{5}$ tʂʰɔŋ$^{13}$ɲiet$^{3}$ tʂɔk$^{3}$ uən$^{21}$tʰo$^{35}$ tsaŋ$^{35}$xai$^{13}_{21}$iau$^{0}$.tʰo$^{35}$tsaŋ$^{35}$xai$^{13}_{21}$tsʰiəu$^{53}_{44}$pən$^{35}_{44}$kai$^{53}_{44}$xei$^{53}$pɔi$^{53}_{44}$kai$^{53}_{44}$iaŋ$^{53}_{44}$tsʰai$^{21}$xa$^{53}_{44}$çi$^{53}_{44}$,tsʰai$^{21}$ia$^{53}$ciɔk$^{3}$ xa$^{53}_{44}$,kai$^{53}_{44}$ tsʰiəu$^{53}$ɔn$^{35}_{44}$tso$^{53}_{44}$tʂɔk$^{3}$ tʰo$^{35}$tsaŋ$^{35}$xai$^{13}_{21}$.

【脱$_1$】tʰɔit$^{3}$/tʰɔk$^{3}$ 动①除去，取下：热稳哩啊，～一件衫去啊。ɲiet$^{5}$ uən$^{21}$lia$^{0}$,tʰɔit$^{3}$ iet$^{3}$ cʰien$^{53}$ san$^{35}$çi$^{53}$a$^{0}$.｜渠分鞋一～，就咁子过（河）。ci$^{13}$pən$^{35}_{44}$xai$^{13}$iet$^{3}$ tʰɔit$^{3}$,tsʰiəu$^{53}$kan$^{21}$tsʅ$^{0}$ ko$^{53}$. ②脱落：（芋子）毛就～得□光。mau$^{35}$tsiəu$^{53}_{44}$tʰɔk$^{3}$ tek$^{3}_{5}$lin$^{35}$kɔŋ$^{35}_{44}$.｜爊哩正扯得毛～吵。ləuk$^{5}$ li$^{0}$ tʂaŋ$^{53}_{44}$tʂʰa$^{21}$ tek$^{3}$ mau$^{13}$tʰɔit$^{3}$ʂa$^{0}$. ③分离，不相连：呀，箇有有滴（骨头）是就还本本叉叉哩嘞，本本艚～嘞，有滴嘞。欸，金艚散净呢。ia$_{44}$,kai$^{53}_{44}$iəu$^{35}$iəu$^{35}$tet$^{5}$ ʂʅ$^{53}_{44}$tsʰiəu$^{53}$xai$^{13}_{21}$pən$^{21}$pən$^{21}$tsʰa$^{35}$tsʰa$^{35}$li$^{0}$ lei$^{0}$,pən$^{21}$ pən$^{21}$maŋ$^{13}$tʰɔit$^{3}$ lei$^{0}$,iəu$^{35}$tet$^{5}$ lei$^{0}$.e$_{21}$,cin$^{35}$maŋ$^{13}$san$^{21}$tsʰiaŋ$^{53}$nei$^{0}$. ④趋向动词，做补语，表示动作完成或目的实现：跑唔～哩。pʰau$^{21}$ŋ̍$^{13}$tʰɔit$^{3}$ li$^{0}$.｜（手机闹钟）天天箇八点半跍倒去下子吵，退也退唔～。tʰien$^{35}$tʰien$^{35}_{44}$kai$^{53}_{44}$pait$^{3}$ tian$^{21}$pan$^{53}$ku$^{35}_{44}$tau$^{21}_{44}$çi$^{53}$xa$^{53}_{44}$tsʅ$^{0}$ tsʰau$^{21}$,tʰi$^{53}$ia$^{35}_{44}$tʰi$^{53}$n̩$^{13}_{21}$tʰɔit$^{3}$.

【脱$_2$】tʰɔit$^{3}$ 量轮；次：欸，如今食酒尽兜都唔想食二～。搞么个唔想食二～嘞？因为欸够等哩，箇是一只，难等，唔想等。欸，第二只嘞，呃，有撞怕就二～冇么个菜嘞。欸，头～开嘿哩呢，临时搞唔赢哩呢，就冇么个菜呢。e$_{21}$,i$^{13}_{21}$cin$^{35}_{53}$ʂət$^{5}$ tsiəu$^{21}$tsʰin$^{53}$te$^{35}_{44}$təu$^{35}_{44}$n̩$^{13}$siɔŋ$^{21}$ʂət$^{5}$ ɲi$^{53}$

tʰɔit3 .kau21mak3 ke53ŋ̍13-21siɔŋ21 ʂət5 ɲi53 tʰɔit3 lei0 ?in35uei53-44e-21kei53ten21ni0 ,kai53-44ʂʅ53-44iet3 tʂak3 ,lan13ten21 ,ŋ̍13siɔŋ21 ten21 .e-21 ,tʰi53ɲi53 tʂak3 lei0 ,ə-21 ,iəu35tsʰɔŋ21 pʰa53-44tsʰiəu53-44ɲi53 tʰɔit3 mau13mak3 e0 tsʰɔi53lei0 .e-21 ,tʰei13 tʰɔit3 kʰɔi35 xek3 li0 nei0 ,lin13 ʂʅ13-44kau21 ŋ̍13iaŋ13li0 nei0 ,tsʰiəu53mau13mak3 ke53-44tsʰɔi53nei0 .

【脱笔】tʰɔit3piet3 动 指书写时某些笔画之间相互脱离，不相连接：（氏）不……不～，一定爱莫脱。一笔一笔爱翏稳，氏不～。pət3…pət3 tʰɔit3 piet3 ,iet3 tʰin53-44ɔi53-44mɔk5 tʰɔit3 .iet3 piet3 iet3 piet3 ɔi53 ɲia13uən21 ,ʂʅ53 pət3 tʰɔit3 piet3 .

【脱镬】tʰɔit3uɔk5 动 不黏锅子，容易从锅里取出：烌米馃是放下镬里去烌，放兜子油，唔放兜子油唔～，渠就会翏镬。xɔk3 mi21ko21 ʂʅ53-21fɔŋ53-44ŋa53-44uɔk5 li0 çi53 xɔk3 ,fɔŋ53 tei35-53tsʅ0 iəu13 ,ŋ̍13 fɔŋ53 tei35-53tsʅ0 iəu13-21ŋ̍13 tʰɔit3 uɔk5 ,ci13 tsʰiəu53 uɔi53 ɲia13 uɔk5 .

【脱襻】tʰɔit3pʰan53 动 指（未婚同居者或婚外恋者）分手；（已订婚者）解除婚约：欸，我晓得有一对夫妇啊，也𫗦扯结婚证呶，箇在一起嘞搞嘿蛮多年，细人子都有哩。落尾箇细人子嘞𫗦带倒，以下以只夫娘子嘞又有哩新个相好，系啊？两个人就脱哩襻呶。渠关键箇映子搞么个～嘞？就箇细人子𫗦带倒，就箇一下，最大个问题。如果有只细人子两个人就会就难就唔得～呢，箇就还就会有兜子矛盾都还会在一起呀。ei-21 ,ŋai13 çiau21 tek3 iəu35 iet3 ti53 fu35 fu53 va0 ,ia35 maŋ13-21tʂʰa21 ciet3 fən35 tʂən53 nau0 ,kau21 tsʰai53 iet3 çi21 lei0 kau21 xek3 man13 to35 ɲien13 ,sei53 ɲin13-21tsʅ0 təu53-44iəu35 li0 . lɔk5-3 mi35-44kai53-44sei53 ɲin13-21tsʅ0 lei0 maŋ13 tai53 tau21 ,i21 xa53 i21 tʂak3 pu35 ɲiɔŋ13-21tsʅ0 lei0 iəu35 iəu35-53li0 sin35 cie53 siɔŋ35 xau21 ,xei53-44a0 ?iɔŋ21 ke53-44in13-44tsʰiəu53-44tʰɔit3 li0 pʰan53 nau0 .ci13-21kuan35 cien35-21kai53 iaŋ53 tsʅ0 kau21 mak3 e0 tʰɔit3 pʰan53-44 lei0 ?tsʰiəu53-44kai53-44sei53 ɲin13-21tsʅ0 maŋ13 tai53 tau21 ,tsiəu53-44kai53 iet3 xa53 ,tsei53 tʰai53 ke53-44uən53 tʰi13-21.ʮ13-44ko21 iəu35-44tʂak3 sei53 ɲin13-21tsʅ0 iɔŋ21 kei53 ɲin13-21tsiəu53 uɔi53 tsʰiəu53 lan13 tsʰiəu53 ŋ̍13 tek3 tʰɔit3 pʰan53 ne0 ,kai53-44tsʰiəu53 xai13 tsʰiəu53 uɔi53 iəu35 te35-53tsʅ0 mau13 tən53 təu35-53xai13-21uɔi53-44tsʰai53 iet3 çi21 ia0 .｜渠等两只脱哩襻吗唠？ci13 tien0 iɔŋ21 tʂak3 tʰɔit3 li0 pʰan53 ma0 lau0 ?

【脱皮】tʰɔit3pʰi13 动 皮肤脱离掉落：有欸打比箇脚上～，也系就脚气嘞，系唔系？iəu35-44e-44ta21 pi21 kai53 ciɔk3 xɔŋ53 tʰɔit3 pʰi13 ,ia35 xei53 tsʰiəu53 ciɔk3 çi53 le0 ,xei53-44me53-44?

【脱头发】tʰɔit3tʰei13fait3 因皮肤病、衰老等原因造成的头发大量脱落现象。少数人说“跌头发”：我也有一段子时间呐欸真～。唔知么个原因～。落尾嘞过哩一发子又好哩。ŋai13 a35-44iəu35 iet3 tən53 tsʅ0 ʂʅ13-21kan35-44na0 e-21tʂən35 tʰɔit3 tʰei13 fait3 .ŋ̍13 ti35-53mak3 e0 vien13-21in35 tʰɔit3 tʰei13 fait3 .lɔk5 mi35 lei0 ko53 li35 iet3 fait3 tsʅ0 iəu53 xau21 li0 .

【脱隙】tʰɔit3cʰiak3 动 ①被空位隔开：当你在一只直排上，在一只直行上，我有两只（棋子），你一只，又中间𫗦～，𫗦间，箇就我就分你箇只食嘿哩。tɔŋ35 ɲi13 tsʰai53 iet3 tʂak3 tʂʰət5 pʰai13-21 xɔŋ53-44 ,tsʰɔi53 iet3 tʂak3 tʂʰət5 xɔŋ13-21ʂɔŋ53-44 ,ŋai13 iəu35 iɔŋ21 tʂak3 , ɲi13 iet3 tʂak3 ,iəu53-44tʂəŋ35 kan35-44maŋ13 tʰɔit3 cʰiak3 ,maŋ13 kan53 ,kai53-21tsʰiəu53-44ŋai13-21tsʰiəu53-44pən35-44ɲi13-21kai53-21tʂak3 ʂət5 lek3 (←xek3 )li0 . ②（皮肉）脱离，分开：我箇晡拿倒啊箇个尖嘴钳喏，我有块板，板上尽钉子，尽系咁个钉子咯，扯唔脱。我拿尖嘴钳咁子扯也扯唔脱。拿尖嘴钳𣪠一下，𣪠一下再撬一下，唔知系唔系只撬倒两十枚子钉子，我手上就有只么个感觉，你话么个感觉，好像箇重皮𢫫肚里脱哩隙样，脱哩隙样个感觉，脱嘿哩样个感觉了。我硬麻溜丢嘿哩，箇只东西我话以呃真搞唔得。ŋai13 kai53 pu35-53la53 tau21 a0 kai53-44ke53-44tsian35 tsi21 cʰian13 no0 ,ŋai13 iəu35 kʰuai53 pan21 ,pan21 xɔŋ53-44tsʰin53 taŋ35 tsʅ0 ,tsʰin53 nei53-21kan21 ke53 taŋ35 tsʅ0 ko0 ,tʂʰa21 ŋ̍13 tʰɔit3 .ŋai13 la53 tsian35 tsi21 cʰian13 kan21-13tsʅ tʂʰa21 ia35-44tʂʰa21 ŋ̍13 tʰɔit3 .la53 tsian35 tsi21 cʰian13-44tsiəu53-21iet3 xa53 , tsiəu53-21iet3 xa53 tsai53 cʰiau53 iet3 xa53 ,ŋ̍13 ti35-53xei53 mei53 tʂʅ21 cʰiau53 tau21 iɔŋ21 ʂət5 mɔi13-21tsʅ0 taŋ35 tsʅ0 ,ŋai13-21ʂəu21 xɔŋ53 tsʰiəu53-44iəu35-53tʂak3 mak3 e0 kən21 cʰiɔk3 , ɲi13 ua53-44mak3 e0 kən21 cʰiɔk3 ,xau21 tsʰiɔŋ53 kai53 tʂʰəŋ13-21pʰi13 lau35 təu21 li0 tʰɔit3 li0 cʰiak3 iɔŋ53 ,tʰɔit3 li0 cʰiak3 iɔŋ53 ke53 kən21 cʰiɔk3 ,tʰɔit3 xek3 li0 iɔŋ53 ke53 kən21 cʰiɔk3 liau0 .ŋai13 ɲiaŋ53 ma13 liəu35-44tiəu35 uek3 li0 ,kai53-44(tʂ)ak3 (t)əŋ35-44si0 ŋai13-21ua53-44i53/21-44ə0 tʂən35 kau21 ŋ̍13-44tek3 . ③引申指（未婚同居者或婚外恋者）分手；（已订婚者）解除婚约：有兜人两公婆嘞婚又𫗦结，两个人搞在一起，因为一只么个事，搞发哩火，系唔系啊？唔在一起了，脱哩隙，嗯，安做脱哩隙，不再来往啊，就安做渠等关系又脱哩隙。iəu35 tei35-53ɲin13-21iɔŋ21 kɔŋ35-53pʰo13 lei0 fən35 iəu53 maŋ13 ciet3 ,iɔŋ21 ke53 ɲin13-21kau21 tsʰai53 iet3 çi21 ,in35 uei53 iet3 tʂak3 mak3 e0 sʅ53 ,kau21 fait3 li0 xo21 ,xei53 mei53 a0 ?ŋ̍13 tsʰai53 iet3 çi21 liau0 ,tʰɔit3 li0 cʰiak3 ,ŋ̍-21 ,ɔn35-44tso53 tʰɔit3 li0 cʰiak3 ,pət3 tsai53 lɔi13 uɔŋ35 ŋa0 ,tsʰiəu53-44ɔn35-44tso53-44ci13-44tien0 kuan35-44çi53-44iəu53 tʰɔit3 li0 cʰiak3 .｜有兜是箇个谈欸箇个定婚呐定哩婚呐定哩以后呀定哩以后有一方发生哩变故哇，另一方渠就会话肯就脱嘿隙去，肯就～，莫箇扯扯绷绷了，脱嘿隙去。iəu35 te35-53ʂʅ53-44kai53-44ke53-44tʰan13 ei$_{21}$kai$^{53}_{44}$ke$^{53}_{44}$tʰin$^{53}$fən$^{35}$na$^{0}$ tʰin$^{53}$ni$^{0}$ fən$^{35}$na$^{0}$ tʰin$^{53}$ni$^{0}$ i$^{35}_{44}$xei$^{53}$ia$^{0}$ tʰin$^{53}$ni$^{0}$ i$^{35}_{44}$xei$^{53}_{44}$iəu$^{35}$iet$^{3}$ fɔŋ$^{35}$fait$^{3}$ sen$^{35}_{44}$li$^{0}$ pien$^{53}$ ku$^{53}$ua$^{0}$,lin$^{53}$iet$^{3}$ fɔŋ$^{35}$ci$^{13}_{21}$tsiəu$^{53}_{44}$uɔi$^{53}_{44}$ua$^{53}_{21}$xen$^{21}$tsʰiəu$^{53}$tʰɔit$^{3}$ (x)ek$^{3}$ cʰiak$^{3}$ çi$^{53}$,xen$^{21}$tsʰiəu$^{53}$tʰɔit$^{3}$ cʰiak$^{3}$,mɔk$^{53}$ kai$^{53}$tʂʰa$^{21}$tʂʰa$^{21}$paŋ$^{35}_{53}$paŋ$^{35}_{53}$liau$^{0}$,tʰɔit$^{3}$ (x)ek$^{3}$ cʰiak$^{3}$ çi$^{53}$.

【驮】tʰo$^{13}$ 动用背负载：麻雀子，背驼驼，～升米，送姐婆。ma$^{13}$tsʰiɔk$^{3}$ tsɿ$^{0}$,pɔi$^{53}$tʰo$^{13}$tʰo$^{13}$,tʰo$^{13}$ ʂən$^{35}$mi$^{21}$,sɔŋ$^{53}$tsia$^{21}$pʰo$^{13}$.

【坨$_{1}$】tʰo$^{13}$ 名①身上长的疙瘩；肿块：我曾经搞过一回，唔知以只手哇是哪只手去哩。你话去岭上做事个时候子嘞棚一条箇个篾篷进去哩，又唔痛，总都箇样子啦，墨乌墨乌，箇肚里咯墨乌墨乌，就起只～，一只～。箇只～嘞冇么个几大，看得就同箇螺蛳饽咁大子，就是咁大子唠，还稍微高兜子。也唔痛唔痒。蛮多年以后呀，有一晡突然箇肚里嘞齿齿哩一条篾篷，我正扯嘿箇条篾篷，落尾箇映就泼令了，就冇得哩箇～了。箇硬几年呢，去我身上过嘿几只年呢，箇只篾篷。ŋai$^{13}$tsʰən$^{13}_{21}$cin$^{35}_{53}$kau$^{21}$ko$^{53}$(i)et$^{3}$ fei$^{13}_{21}$,n̩$^{13}$ti$^{35}_{53}$i$^{21}$tʂak$^{3}$ ʂəu$^{21}$ua$^{0}$ ʂʅ$^{53}_{44}$lai$^{53}$tʂak$^{3}$ ʂəu$^{21}$çi$^{53}$li$^{0}$. ɲi$^{13}$ ua$^{53}_{44}$çi$^{53}$liaŋ$^{35}$xɔŋ$^{53}_{44}$tso$^{53}$sɿ$^{53}$ke$^{53}_{44}$ʂʅ$^{13}_{44}$xəu$^{53}_{44}$tsɿ$^{0}$ lei$^{0}$ tsio$^{35}$iet$^{3}$ tʰiau$^{13}$kai$^{53}_{44}$ke$^{53}_{44}$miet$^{5}$ sak$^{3}$ tsin$^{53}$çi$^{53}_{21}$li$^{0}$,iəu$^{53}$n̩$^{13}$tʰəŋ$^{53}$, tsəŋ$^{21}$təu$^{35}_{44}$kai$^{53}$iɔŋ$^{53}$tsɿ$^{0}$ la$^{0}$,mek$^{5}$ u$^{35}$mek$^{5}$ u$^{35}$,kai$^{53}$təu$^{21}$li$^{0}$ ko$^{0}$ mek$^{5}$ u$^{35}$mek$^{5}$ u$^{35}$,tsʰiəu$^{53}$çi$^{21}$tʂak$^{3}$ tʰo$^{13}$,iet$^{3}$ tʂak$^{3}$ tʰo$^{13}$.kai$^{53}$tʂak$^{3}$ tʰo$^{13}$lei$^{0}$ mau$^{13}$mak$^{3}$ e$^{0}$ ci$^{21}$tʰai$^{53}$,kʰɔn$^{53}$tek$^{3}$ tsʰiəu$^{53}_{44}$tʰəŋ$^{13}_{21}$kai$^{53}$lo$^{13}$sɿ$^{35}_{44}$pʰɔk$^{5}$ kan$^{21}$tʰai$^{53}$tsɿ$^{0}$,tsʰiəu$^{53}_{44}$ ʂʅ$^{53}_{44}$kan$^{21}$tʰai$^{53}$tsɿ$^{0}$ lau$^{0}$,xan$^{13}_{21}$sau$^{21}$uei$^{35}_{44}$kau$^{35}$te$^{35}_{53}$tsɿ$^{0}$.ia$^{35}$n̩$^{13}$tʰəŋ$^{53}$n̩$^{13}_{21}$iɔŋ$^{35}$.man$^{13}$to$^{35}_{53}$ɲien$^{13}$i$^{35}_{44}$xei$^{53}$ia$^{0}$,iəu$^{35}$iet$^{3}$ pu$^{35}_{44}$ tʰəuk$^{5}$ vien$^{13}_{21}$kai$^{53}$təu$^{21}$li$^{0}$ lei$^{0}$ tʂʰʅ$^{21}$tʂʰʅ$^{21}$li$^{0}$ iet$^{3}$ tʰiau$^{13}$miet$^{5}$ sak$^{3}$,ŋai$^{13}$tʂaŋ$^{53}$tʂʰa$^{21}$xek$^{3}$ kai$^{53}_{44}$tʰiau$^{13}_{44}$miet$^{5}$ sak$^{3}$,lɔk$^{5}$ mi$^{35}_{44}$kai$^{53}_{44}$iaŋ$^{53}_{44}$tsʰiəu$^{53}_{44}$pʰait$^{5}$ laŋ$^{53}_{44}$liau$^{0}$,tsʰiəu$^{53}$mau$^{13}$tek$^{3}$ li$^{0}$ kai$^{53}$tʰo$^{13}$liau$^{0}$.kai$^{53}$ɲiaŋ$^{53}$ci$^{21}$ɲien$^{13}$ne$^{0}$,çi$^{53}$ŋai$^{13}_{21}$ʂən$^{35}_{44}$ xɔŋ$^{53}_{44}$ko$^{53}$xek$^{3}$ ci$^{21}$tʂak$^{3}$ɲien$^{13}$ne$^{0}$,kai$^{53}_{44}$tʂak$^{3}$ miet$^{5}$ sak$^{3}$. ②麻将牌中的饼形符号：八～ pait$^{3}$ tʰo$^{13}$｜六～ liəuk$^{3}$ tʰo$^{13}$

【坨$_{2}$】tʰo$^{13}$ 量①用于成块的东西：以～铁 i$^{21}$tʰo$^{13}_{21}$tʰiet$^{3}$｜放块树，放一～树去。fɔŋ$^{53}$kʰuai$^{53}_{44}$ ʂəu$^{53}$,fɔŋ$^{53}$iet$^{3}$ tʰo$^{13}$ʂəu$^{53}$çi$^{53}_{44}$.｜箇个厨官师傅嘞分猪肉切起懑大一～～。kai$^{53}_{44}$kei$^{53}_{21}$tʂʰəu$^{13}$kɔn$^{35}_{44}$sɿ$^{35}_{44}$fu$^{53}_{44}$ lei$^{0}$ pən$^{35}$tʂəu$^{35}$ɲiəuk$^{3}$ tsʰiet$^{3}$ çi$^{21}_{44}$mən$^{35}$tʰai$^{53}$iet$^{3}$ tʰo$^{13}$tʰo$^{13}$.｜我老婆嘞就喜欢箇个舞倒箇冬瓜切成大～大～嘞去炖排骨食。ŋai$^{13}_{21}$lau$^{21}$pʰo$^{13}_{21}$lei$^{0}$ tsʰiəu$^{53}$çi$^{21}$fɔn$^{35}_{44}$kai$^{53}_{44}$ke$^{53}_{44}$u$^{21}$tau$^{21}$kai$^{53}_{44}$təŋ$^{35}$kua$^{35}$tsʰiet$^{3}$ ʂaŋ$^{13}_{44}$tʰai$^{53}$tʰo$^{13}_{21}$ tʰai$^{53}$tʰo$^{13}$lei$^{0}$ çi$^{53}$tən$^{53}$pai$^{13}$kuət$^{3}$ ʂət$^{5}$. ②用于片状的东西：懑大一～个鳞 mən$^{35}$tʰai$^{53}$iet$^{3}$ tʰo$^{13}$ke$^{53}_{44}$lin$^{13}$。③用于成团、近乎球形的东西：一～线 iet$^{3}$ tʰo$^{13}$sien$^{53}$｜一～屎 iet$^{3}$ tʰo$^{13}$ʂʅ$^{21}$

【坨坨】tʰo$^{13}$tʰo$^{13}_{21}$ 名成团或成块的东西：绩箇个呀萦做一只～喊掖子。tsiak$^{3}$ ka$^{53}_{44}$ke$^{53}_{44}$ia$^{0}$ iaŋ$^{35}$tso$^{53}$ iet$^{3}$ tʂak$^{3}$ tʰo$^{13}$tʰo$^{13}_{21}$xan$^{53}_{44}$ie$^{53}$tsɿ$^{0}$.｜以映嘞就有只～。i$^{21}$iaŋ$^{53}_{44}$lei$^{0}$ tsʰiəu$^{53}_{44}$iəu$^{35}_{44}$tʂak$^{3}$ tʰo$^{13}$tʰo$^{13}$.

【坨坨子】tʰo$^{13}$tʰo$^{13}$tsɿ$^{0}$ 名①块状的东西：（番薯）切做～。tsʰiet$^{3}$ tso$^{53}$tʰo$^{13}$tʰo$^{13}_{44}$tsɿ$^{0}$. ②凸起的小团块：（打火机）底下有只子咁个圆圆子铁个～，灌汽油。te$^{21}$xa$^{53}_{44}$iəu$^{35}$tʂak$^{3}$ tsɿ$^{0}$ kan$^{21}$ke$^{53}$ien$^{13}$ien$^{13}$tsɿ$^{0}$ tet$^{3}$ ke$^{53}$tʰo$^{13}$tʰo$^{13}$tsɿ$^{0}$,kɔn$^{53}_{44}$çi$^{53}$iəu$^{13}_{21}$.

【坨子$_{1}$】tʰo$^{13}$tsɿ$^{0}$ 名成团或成块的东西：箇～喊么个？挽得有砻钩耙个箇～。kai$^{53}_{44}$tʰo$^{13}$tsɿ$^{0}$ xan$^{53}_{44}$ mak$^{3}$ ke$^{53}_{44}$?uan$^{21}$nek$^{3}$ (←tek$^{3}$ )iəu$^{35}_{44}$ləŋ$^{13}$kei$^{35}_{53}$pʰa$^{13}$ke$^{53}$kai$^{53}_{44}$tʰo$^{13}$tsɿ$^{0}$.｜以～安做烟坠子。i$^{21}$tʰo$^{13}$tsɿ$^{0}$ ɔn$^{35}$tso$^{53}_{44}$ ien$^{35}$tʂei$^{53}$tsɿ$^{0}$.

【坨子$_{2}$】tʰo$^{13}$tsɿ$^{0}$ 量用于区域：箇一～地方安做屋场。kai$^{53}$iet$^{3}$ tʰo$^{13}$tsɿ$^{0}$ tʰi$^{53}$fɔŋ$^{35}$ɔn$^{35}_{44}$tso$^{53}_{44}$uk$^{3}$ tʂʰɔŋ$^{13}$.｜以～肉哇。唔安做耳珠。耳垂。i$^{21}$tʰo$^{13}$tsɿ$^{0}$ɲiəuk$^{3}$ ua$^{0}$.n̩$^{13}$ɔn$^{35}_{44}$tso$^{53}_{44}$ɲi$^{21}$tʂəu$^{35}$. ɲi$^{21}$tʂʰei$^{13}$.

【坨子灰】tʰo$^{13}$tsɿ$^{0}$ fɔi$^{35}$ 名石灰块。又称“生石灰”：～就指石灰肚里个箇个生石灰肚里个大坨坨，安做～，就系还蹭化个箇个石灰。分化成熟石灰个，箇个就生石灰，就安做～。tʰo$^{13}$tsɿ$^{0}$ fɔi$^{35}$tsʰiəu$^{53}_{44}$tʂʅ$^{21}$ʂak$^{5}$ fɔi$^{35}_{44}$təu$^{21}$li$^{0}$ ke$^{53}$kai$^{53}$ke$^{53}_{44}$saŋ$^{35}$ʂak$^{5}$ fɔi$^{35}$təu$^{21}$li$^{0}$ ke$^{53}$tʰai$^{53}$tʰo$^{13}$tʰo$^{13}$,ɔn$^{35}_{44}$tso$^{53}_{44}$tʰo$^{13}$tsɿ$^{0}$ fɔi$^{35}_{44}$, tsiəu$^{53}$xe$^{53}$xai$^{13}_{21}$maŋ$^{13}_{21}$fa$^{53}$ke$^{53}_{44}$kai$^{53}_{44}$ke$^{53}_{44}$ʂak$^{5}$ fɔi$^{35}_{44}$.maŋ$^{13}$fa$^{53}$tʂʰən$^{13}_{21}$ʂəuk$^{5}$ ʂak$^{5}$ fɔi$^{35}_{44}$ke$^{53}_{44}$,kai$^{53}_{44}$ke$^{53}_{44}$tsiəu$^{53}_{21}$saŋ$^{35}$ʂak$^{5}$ fɔi$^{35}_{44}$,tsʰiəu$^{53}_{44}$ɔn$^{35}_{44}$tso$^{53}_{44}$tʰo$^{13}$tsɿ$^{0}$ fɔi$^{35}_{53}$.

【驼】tʰo$^{13}$ 动①身体前曲，背脊突起像驼峰：麻雀子，背～～，驮升米，送姐婆。ma$^{13}$tsʰiɔk$^{3}$ tsɿ$^{0}$,pɔi$^{53}$tʰo$^{13}$tʰo$^{13}$,tʰo$^{13}$ʂən$^{35}$mi$^{21}$,sɔŋ$^{53}$tsia$^{21}$pʰo$^{13}$. ②长的东西末梢弯曲下垂：箇（竹）尾巴就受唔了哩啊，就～下来吵。kai$^{53}_{44}$mi$^{35}$pa$^{35}_{44}$tsʰiəu$^{53}_{44}$ʂəu$^{53}$n̩$^{13}_{21}$liau$^{21}$li$^{0}$ a$^{0}$,tsʰiəu$^{53}_{44}$tʰo$^{13}$xa$^{53}_{44}$lɔi$^{13}_{21}$ʂa$^{0}$.

【驼子】tʰo$^{13}$tsɿ$^{0}$ 名驼背的人：箇阵子我去篁田教书个时候子有只学生个娭子就系～。但是箇～人蛮好，长日下来欸渠系下箇岭顶头，到哩学堂里嘞会转来我学转来学堂里嬲下子。欸，渠还送兜子饽饽子分我食。渠欸人真好箇只～。真好个人，如今都还在嘞箇～。七十零了哇。kai$^{53}$tʂʰən$^{53}$tsɿ$^{0}$ ŋai$^{13}$çi$^{53}$sak$^{3}$ tʰien$^{13}$kau$^{35}_{44}$ʂəu$^{35}_{44}$ke$^{53}$ʂʅ$^{13}$xəu$^{53}$tsɿ$^{0}$ iəu$^{35}_{44}$tʂak$^{3}$ xɔk$^{5}$ saŋ$^{35}_{44}$ke$^{53}_{44}$ɔi$^{35}$tsɿ$^{0}$ tsʰiəu$^{53}$xei$^{53}_{21}$tʰo$^{13}$ tsɿ$^{0}$.tan$^{53}$ʂʅ$^{53}$kai$^{53}$tʰo$^{13}$tsɿ$^{0}$ɲin$^{13}$man$^{13}_{44}$xau$^{21}_{44}$,tʂʰɔŋ$^{13}$ɲiet$^{3}$ xa$^{35}$lɔi$^{13}_{21}$e$_{21}$ci$^{13}_{21}$xei$^{53}$(x)a$^{53}$kai$^{53}_{44}$liaŋ$^{35}$taŋ$^{21}$tʰei$^{13}$,tau$^{53}$li$^{0}$ xɔk$^{5}$

t$^{h}$ɔŋ$^{13}_{44}$li$^{0}$ lei$^{0}$ uɔi$^{53}$tʂuɔn$^{21}$nɔi$^{13}$ŋai$^{13}$xɔk$^{5}$ tʂuɔn$^{21}$nɔi$^{13}$xɔk$^{5}$ t$^{h}$ɔŋ$^{13}_{44}$li$^{0}$ liau$^{53}$xa$^{53}_{21}$tsɿ$^{0}$ .e$_{21}$,ci$^{13}_{21}$xai$^{13}_{21}$səŋ$^{53}$te$^{35}_{44}$tsɿ$^{0}$ pɔk$^{5}$ pɔk$^{5}$ tsɿ$^{0}$ pən$^{35}$ŋai$^{13}_{21}$ʂət$^{5}$ .ci$^{13}_{44}$e$^{0}$ ɲin$^{13}$tʂən$^{35}$xau$^{21}$kai$^{53}$(tʂ)ak$^{3}$ t$^{h}$o$^{13}$tsɿ$^{0}$ .tʂən$^{35}$xau$^{21}$ke$^{53}$ɲin$^{13}_{44}$,i$^{13}_{21}$cin$^{35}_{53}$təu$^{35}_{53}$xai$^{13}_{21}$ts$^{h}$ɔi$^{35}_{44}$lei$^{0}$ kai$^{53}$t$^{h}$o$^{13}_{21}$tsɿ$^{0}$ .ts$^{h}$iet$^{3}$ ʂət$^{5}$ laŋ$^{13}_{21}$liau$^{0}$ ua$^{0}$ .

【砣】t$^{h}$o$^{13}$ 动（秤尾等）往下倾斜：秤尾都～下去唠。tʂ$^{h}$ən$^{53}$mi$^{35}$təu$^{35}_{44}$t$^{h}$o$^{13}$xa$^{53}_{44}$çi$^{53}$lau$^{0}$ .｜～下去就还冇得咁多唠，系啊？t$^{h}$o$^{13}$xa$^{53}_{44}$çi$^{53}$ts$^{h}$iəu$^{53}_{44}$xai$^{13}_{21}$mau$^{13}$tek$^{3}$kan$^{21}$to$^{35}$lau$^{0}$,xei$^{53}_{44}$a$^{0}$?

【庹$_{1}$】t$^{h}$ɔk$^{3}$ 动两臂平伸来丈量：你～下子看呐以只间有几长子。ɲi$^{13}$t$^{h}$ɔk$^{3}$(x)a$^{53}_{44}$tsɿ$^{0}$ k$^{h}$ɔn$^{53}$na$^{0}$ i$^{13}_{21}$tʂak$^{3}$ kan$^{35}_{44}$iəu$^{35}_{53}$ci$^{21}$tʂ$^{h}$ɔŋ$^{13}$tsɿ$^{0}$ .｜我～下子以只间呢有两丈，进深有两丈。ŋai$^{13}_{21}$t$^{h}$ɔk$^{3}$(x)a$^{53}_{44}$tsɿ$^{0}$ i$^{13}_{21}$tʂak$^{3}$ kan$^{35}_{44}$ne$^{0}$ iəu$^{35}_{44}$iɔŋ$^{21}$tʂ$^{h}$ɔŋ$^{53}$,tsin$^{53}$ʂən$^{35}_{44}$iəu$^{35}_{44}$iɔŋ$^{21}$tʂ$^{h}$ɔŋ$^{53}$.

【庹$_{2}$】t$^{h}$ɔk$^{3}$ 量两臂平伸、两手伸直的长度：箇个番薯苗哇有兜真长个。有一～长个，番薯苗哇，嗯，有～数～长个番薯苗。kai$^{53}_{44}$ke$^{53}_{44}$fan$^{35}$ʂəu$^{13}_{21}$miau$^{13}$ua$^{0}$ iəu$^{35}$te$^{35}_{53}$tʂən$^{35}$tʂ$^{h}$ɔŋ$^{13}$ke$^{53}$.iəu$^{35}$iet$^{3}$ t$^{h}$ɔk$^{3}$ tʂ$^{h}$ɔŋ$^{13}$ke$^{53}$,fan$^{35}$ʂəu$^{13}_{21}$miau$^{13}$ua$^{0}$,n̩$_{44}$,iəu$^{35}$t$^{h}$ɔk$^{3}$ sɿ$^{53}$t$^{h}$ɔk$^{3}$ tʂ$^{h}$ɔŋ$^{13}$ke$^{53}$fan$^{35}$ʂəu$^{13}_{21}$miau$^{13}$.｜一～就五尺子样嘞。iet$^{3}$ t$^{h}$ɔk$^{3}$ ts$^{h}$iəu$^{53}$ŋ̍$^{21}$tʂ$^{h}$ak$^{3}$ tsɿ$^{0}$ iɔŋ$^{53}$lei$^{0}$.

# W

【挖】uait$^{3}$/ua$^{35}$ [动]①掘：～只墩 uait$^{3}$ tʂak$^{3}$ t$^{h}$ɔn$^{53}$ | ～出一条沟来 uait$^{3}$ tʂ$^{h}$ət$^{3}$ iet$^{3}$ t$^{h}$iau$^{13}_{21}$kei$^{35}$lɔi$^{13}_{21}$ | 南乡就蛮多～煤炭个啊。欸，箇个欸我等东乡人就听倒～煤炭就怕啊，唔敢去呀，箇个是安做埋哩缯死呀。lan$^{13}$çiɔŋ$^{35}_{44}$ts$^{h}$iəu$^{53}$man$^{13}_{21}$to$^{35}_{53}$uait$^{3}$ mi$^{13}_{21}$t$^{h}$an$^{53}_{44}$cie$^{53}_{44}$a$^{0}$ .e$_{21}$,kai$^{53}$ke$^{53}_{44}$e$_{21}$ŋai$^{13}$tien$^{0}$ təŋ$^{35}_{44}$çiɔŋ$^{35}_{44}$ɲin$^{13}_{21}$ ts$^{h}$iəu$^{53}_{21}$t$^{h}$aŋ$^{35}$tau$^{21}$uait$^{3}$ mi$^{13}$t$^{h}$an$^{53}_{44}$ts$^{h}$iəu$^{53}_{44}$p$^{h}$a$^{53}$a$^{0}$ ,n̩$^{13}$kan$^{21}$çi$^{53}$ia$^{0}$ ,kai$^{53}_{44}$ke$^{53}_{44}$ʂʅ$^{53}_{44}$ɔn$^{35}_{44}$tso$^{53}_{44}$mai$^{13}$li$^{0}$ maŋ$^{13}$si$^{21}$ia$^{0}$. ②掏，镂：～耳朵唔好。莫去～。唔系话我等有只喊老妹子个，我箇只叔叔细细子真喜欢渠，长日睡正来～耳朵，～成哩一只聋子，硬蛮聋呢硬嘞。ua$^{35}$ɲi$^{21}$to$^{21}$m̩$^{13}$xau$^{21}$.mɔk$^{5}$ çi$^{53}$ua$^{35}$.m̩$^{13}_{21}$p$^{h}$ei$^{53}$ua$^{53}$ ŋai$^{13}_{21}$tien$^{0}$ iəu$^{35}_{53}$tʂak$^{3}$ xan$^{53}$lau$^{21}$mɔi$^{53}_{44}$tsɿ$^{0}$ ke$^{53}_{44}$,ŋai$^{13}$kai$^{53}$tʂak$^{3}$ ʂəuk$^{3}$ ʂəuk se$^{53}$se$^{53}$tsɿ$^{0}$ tʂən$^{35}$çi$^{21}$fɔn$^{35}_{44}$ci$^{13}_{21}$,tʂ$^{h}$ɔŋ$^{13}$ ɲiet$^{3}$ ʂɔi$^{53}$tʂaŋ$^{53}$lɔi$^{13}_{21}$ua$^{35}$ɲi$^{21}$to$^{21}$,ua$^{35}$ʂaŋ$^{13}_{21}$li$^{0}$ iet$^{3}$ tʂak$^{3}$ ləŋ$^{35}$tsɿ$^{0}$, ɲiaŋ$^{53}$man$^{13}$ləŋ$^{35}$ne$^{0}$ɲiaŋ$^{53}$le$^{0}$. | ～箫子就（用）鸡嫲竹。ua$^{35}$siau$^{35}$tsɿ$^{0}$ ts$^{h}$iəu$^{53}$ke$^{35}$ma$^{13}$tʂəuk$^{3}$. ③（用手碓）舂、捣：～竹麻 uait$^{3}$ tʂəuk$^{3}$ma$^{13}$ | 用手碓子～噢。箇是手碓子去～。噢，踏哟，唔系安做～哟，安做踏。系吧？系唔系踏哟？用手就爱安做手去～。用脚碓，用车碓，箇个就安做踏。/用手箇，用手咁子舞下去就～。以下渠箇只东西咁个自然咁子舞下背底，箇个碓头望倒底下也就安做踏。手碓子就用～，安做～下去。多～几下。iəŋ$^{53}_{44}$ʂəu$^{21}$tɔi$^{53}$tsɿ$^{0}$ uait$^{3}$ au$^{0}$ .kai$^{53}_{44}$ʂʅ$^{53}_{44}$ʂəu$^{21}$tɔi$^{53}$tsɿ$^{0}$ çi$^{53}$uait$^{3}$ .au$_{44}$,t$^{h}$ait$^{5}$ iau$^{0}$ ,m̩$^{13}$p$^{h}$e$^{53}$ɔn$^{35}_{44}$tso$^{53}_{44}$ uait$^{3}$ iau$^{0}$ ,ɔn$^{35}_{44}$tso$^{53}_{44}$t$^{h}$ait$^{5}$ .xei$^{53}$pa$^{0}$ ?xe$^{53}_{44}$me$^{53}_{44}$t$^{h}$ait$^{5}$ iau$^{0}$ ?iəŋ$^{53}$ʂəu$^{21}$ts$^{h}$iəu$^{53}_{44}$ɔi$^{53}_{44}$ɔn$^{35}_{44}$tso$^{53}_{44}$ʂəu$^{21}$çi$^{53}$uait$^{3}$ .iəŋ$^{53}$ciɔk$^{3}$ tɔi$^{53}_{44}$,iəŋ$^{53}_{44}$tʂ$^{h}$a$^{35}$tɔi$^{53}_{44}$,kai$^{53}_{44}$ke$^{53}_{44}$tsiəu$^{53}_{44}$ɔn$^{35}_{44}$tso$^{53}_{44}$t$^{h}$ait$^{5}$ ./iəŋ$^{53}$ʂəu$^{21}$kai$^{53}$,iəŋ$^{53}$ʂəu$^{21}$kan$^{21}_{35}$tsɿ$^{0}$ u$^{21}$(x)a$^{53}_{21}$çi$^{53}$ts$^{h}$iəu$^{53}$uait$^{3}$ .i$^{21}$ ia$^{53}$(←xa$^{53}$)ci$^{13}_{21}$kai$^{53}$tʂak$^{3}$ təŋ$^{35}_{44}$si$^{0}$ kan$^{21}$ke$^{53}_{44}$ts$^{h}$ʅ$^{53}$vien$^{13}$kan$^{21}$tsɿ$^{0}$ u$^{21}$xa$^{53}_{44}$pɔi$^{53}$te$^{21}$,kai$^{53}_{44}$ke$^{53}_{44}$tɔi$^{53}$t$^{h}$ei$^{13}$uɔŋ$^{53}_{44}$tau$^{21}$tei$^{21}$ xa$^{53}_{44}$ie$^{21}$tsiəu$^{53}_{21}$ɔn$^{35}_{44}$tso$^{53}_{44}$t$^{h}$ait$^{5}$ .ʂəu$^{21}$tɔi$^{53}$tsɿ$^{0}$ ts$^{h}$iəu$^{53}_{44}$iəŋ$^{53}$uait$^{3}$ ,ɔn$^{35}_{44}$tso$^{53}_{44}$uait$^{3}$ xa$^{53}_{44}$çi$^{53}_{44}$.to$^{35}$uait$^{3}$ ci$^{21}$xa$^{53}_{44}$.

【挖湖洋】uait$^{3}$ fu$^{13}$iɔŋ$^{13}$ 用锄头翻耕湖洋田：欸，我等箇山里就有湖洋田，湖洋田就系秋水田，底下出泉水，踩底唔倒。呃，牛子根本不能去，牛子根本去唔得啊。但是欸就让门搞嘞？就放兜枕树去，放兜生松树去，爱生松树。放下箇田里，渠就冇事殊。水浸千年松啊，搁起万年枫。放生松树，人就踩倒生松树去做事，去栽禾啊，去挖田呐。欸，箇个田就去牛唔得啦，不能用牛啦，爱用镢头去挖啦，～，安做～啊。e$_{21}$,ŋai$^{13}$tien$^{0}$ kai$^{53}$san$^{35}_{44}$ni$^{0}$ tsiəu$^{53}_{44}$iəu$^{35}$fu$^{13}$iɔŋ$^{13}$t$^{h}$ien$^{13}_{21}$, fu$^{13}$iɔŋ$^{13}_{21}$t$^{h}$ien$^{13}_{21}$tsiəu$^{53}$xe$^{53}$ts$^{h}$iəu$^{35}$ʂei$^{21}$t$^{h}$ien$^{13}_{21}$,te$^{21}$xa$^{53}$tʂ$^{h}$ət$^{3}$ ts$^{h}$an$^{13}$ʂei$^{21}$,ts$^{h}$ai$^{21}$te$^{21}$n̩$^{13}_{44}$tau$^{21}$.ə$_{44}$, ɲiəu$^{13}$tsɿ$^{0}$ cien$^{35}$ pən$^{21}$pət$^{3}$ len$^{13}$çi$^{53}$, ɲiəu$^{13}$tsɿ$^{0}$ cien$^{35}$pən$^{21}$çi$^{53}$n̩$^{13}_{44}$tek$^{3}$ a$^{0}$ .tan$^{53}_{44}$ʂʅ$^{53}_{44}$ei$_{21}$ts$^{h}$iəu$^{53}_{44}$ɲiɔŋ$^{53}$mən$^{0}$ kau$^{21}$lei$^{0}$ ?tsiəu$^{53}$fɔŋ$^{53}$tei$^{35}_{53}$ tʂən$^{21}$ʂəu$^{53}$çi$^{53}$,fɔŋ$^{53}$tei$^{35}_{53}$saŋ$^{35}$ts$^{h}$əŋ$^{13}$ʂəu$^{53}$çi$^{53}_{44}$,ɔi$^{53}_{44}$saŋ$^{35}$ts$^{h}$əŋ$^{13}_{21}$ʂəu$^{53}$.fɔŋ$^{53}$xa$^{53}$kai$^{53}$t$^{h}$ien$^{13}_{21}$ni$^{0}$ ,ci$^{13}_{21}$ts$^{h}$iəu$^{53}$mau$^{13}_{21}$sɿ$^{53}$ mət$^{3}$ .ʂei$^{21}$tsin$^{53}$ts$^{h}$ien$^{35}$ɲien$^{13}$ts$^{h}$əŋ$^{13}$ŋa$^{0}$ ,kɔk$^{3}$ çi$^{21}$uan$^{53}$ɲien$^{13}_{21}$fəŋ$^{35}$.fɔŋ$^{53}$saŋ$^{35}$ts$^{h}$əŋ$^{13}_{21}$ʂəu$^{53}$, ɲin$^{13}$ts$^{h}$iəu$^{53}$ts$^{h}$ai$^{21}$tau$^{21}$ saŋ$^{35}$ts$^{h}$əŋ$^{13}_{21}$ʂəu$^{53}_{44}$çi$^{53}_{44}$tso$^{53}$sɿ$^{53}$,çi$^{53}$tsɔi$^{35}$uo$^{13}$a$^{0}$ ,çi$^{53}$uait$^{3}$ t$^{h}$ien$^{13}$na$^{0}$ .e$_{21}$,kai$^{53}$ke$^{53}$t$^{h}$ien$^{13}_{21}$ts$^{h}$iəu$^{53}_{44}$çi$^{53}$ɲiəu$^{13}$n̩$^{13}_{44}$tek$^{3}$ la$^{0}$, pət$^{3}$ len$^{13}$iəŋ$^{53}$ɲiəu$^{13}$la$^{0}$ ,ɔi$^{53}$iəŋ$^{53}$ciɔk$^{3}$ t$^{h}$ei$^{13}$çi$^{53}$uait$^{3}$ la$^{0}$ ,uait$^{3}$ fu$^{13}$iɔŋ$^{13}_{44}$,ɔn$^{35}_{53}$tso$^{53}$uait$^{3}$ fu$^{13}$iɔŋ$^{13}$ŋa$^{0}$.

【挖机】ua$^{35}$ci$^{35}$ [名]挖掘机：以下是用～了。i$^{21}$ia$_{44}$(←xa$^{53}$)ʂʅ$^{53}_{44}$iəŋ$^{53}$ua$^{35}$ci$^{35}$liau$^{0}$.

【娃娃菜】ua$^{13}$ua$^{13}_{44}$ts$^{h}$ɔi$^{53}$ [名]抱子芥。又称“儿菜”：～是就系等箇只更大吧侧边就产子吧？/系呀系呀。哎。/哎，就～。/有滴像榨菜。又叫做儿菜。也系学倒个了，学倒个普通话儿菜了。

W

ua$^{13}$ua$^{13}$tsʰɔi$^{53}$ʂʅ$^{53}_{44}$tsʰiəu$^{53}$xe$^{53}$ten$^{35}$kai$^{53}$tʂak$^{3}$ken$^{53}_{44}$tʰai$^{53}$pa$^{0}$tsek$^{3}$pien$^{35}$tsiəu$^{53}_{44}$tsʰan$^{21}_{53}$tsʅ$^{21}$pa$^{0}$?/xei$^{53}$ia$^{0}$xei$^{53}$ia$^{0}$.ai$_{21}$./ai$_{44}$,tsiəu$^{53}$ua$^{13}$ua$^{13}$tsʰɔi$^{53}$./iəu$^{35}$tet$^{5}$tsʰiəŋ$^{53}$tsa$^{53}$tsʰɔi$^{53}_{44}$.iəu$^{53}$ciau$^{53}_{44}$tso$^{53}_{44}$ʮ$^{13}$tsʰɔi$^{53}$.ia$^{35}$xe$^{53}_{44}$xɔk$^{5}$tau$^{21}$ke$^{53}_{44}$liau$^{0}$,xɔk$^{5}$tau$^{21}$ke$^{53}_{44}$pʰu$^{21}$tʰəŋ$^{53}_{44}$fa$^{53}$ʮ$^{13}$tsʰɔi$^{53}_{44}$liau$^{0}$.

【娃娃鱼】ua$^{13}$ua$^{13}_{44}$ŋ̍$^{13}_{21}$ 名 大鲵：～，如今大家如今都安做渠～。因为渠叫起来同箇唛伢子叫样。系啊？都晓得，但是以前唔知安做么啊名字。ua$^{13}$ua$^{13}_{44}$ŋ̍$^{13}_{21}$,i$^{13}_{21}$cin$^{35}_{44}$tʰai$^{53}_{44}$cia$^{35}_{44}$i$^{13}_{21}$cin$^{35}_{44}$təu$^{35}$ɔn$^{35}_{44}$tso$^{53}_{44}$ci$^{13}_{21}$ua$^{13}$ua$^{13}_{44}$ŋ̍$^{13}_{21}$.in$^{35}$uei$^{53}_{44}$ci$^{13}_{21}$ciau$^{53}$çi$^{21}$lɔi$^{13}$tʰəŋ$^{13}_{21}$kai$^{53}_{44}$ɔn$^{35}$ŋa$^{13}_{21}$tsʅ$^{0}$ciau$^{53}$iəŋ$^{53}_{21}$.xei$^{53}_{44}$a$^{0}$?təu$^{35}$çiau$^{21}$tek$^{3}$,tan$^{53}$ʂʅ$^{53}_{53}$i$^{35}_{53}$tsʰien$^{13}$n̩$^{13}_{21}$ti$^{35}_{53}$ɔn$^{35}_{44}$tso$^{53}_{44}$mak$^{3}$a$^{0}$miaŋ$^{13}$tsʅ$^{53}$.

【瓦$_{1}$】ŋa$^{21}$ 名 ①用陶土烧成的覆盖房顶的建筑材料：椽皮面上就盖～。ʂɔn$^{13}$pʰi$^{13}_{44}$mien$^{53}$xɔŋ$^{53}_{44}$tsʰiəu$^{53}_{44}$kɔi$^{53}$ŋa$^{21}$. ②指陶土：（火缸系）～做个。ŋa$^{21}$tso$^{53}$ke$^{53}_{44}$.

【瓦$_{2}$】ŋa$^{21}$ 形 用陶土烧成的：咁大一只个炖钵呀。～个。kan$^{21}$tʰai$^{53}$iet$^{3}$tʂak$^{3}$ke$^{53}$tən$^{35}$pait$^{3}$ia$^{0}$.ŋa$^{21}$ke$^{53}$.

【瓦钵子】ŋa$^{21}$pait$^{3}$tsʅ$^{0}$ 名 黑色陶钵，用来蒸饭。又称"饭钵子"：～就箇就只系箇一种哦。就系陶瓷做个唠，～唠。ŋa$^{21}$pait$^{3}$tsʅ$^{0}$tsʰiəu$^{53}_{44}$kai$^{53}_{44}$tsʰiəu$^{53}_{44}$tʂʅ$^{21}$xei$^{53}$kai$^{53}$iet$^{3}$tʂəŋ$^{21}$ŋau$^{0}$.tsʰiəu$^{53}$xei$^{53}$tʰau$^{13}$tsʰʅ$^{13}$tso$^{53}$ke$^{53}$lau$^{0}$,ŋa$^{21}$pait$^{3}$tsʅ$^{0}$lau$^{0}$.

【瓦壶】ŋa$^{21}$fu$^{13}$ 名 装茶、酒的陶瓷壶：欸～哇，安做～。箇最多唠，陶瓷个。e$_{44}$ŋa$^{21}$fu$^{13}$ua$^{0}$,ɔn$^{35}$tso$^{53}$ŋa$^{21}$fu$^{13}$.kai$^{53}_{44}$tsei$^{53}$to$^{35}_{44}$lau$^{0}$,tʰau$^{13}$tsʰʅ$^{13}_{21}$ke$^{53}_{44}$.

【瓦匠】ŋa$^{21}$siɔŋ$^{53}$ 名 制瓦的匠人：做砖做瓦个，箇起就～。tso$^{53}$tʂuɔn$^{35}$tso$^{53}$ŋa$^{21}$ke$^{53}$,kai$^{53}$çi$^{21}_{44}$tsʰiəu$^{53}$ŋa$^{21}$siɔŋ$^{53}$.｜～师傅是蛮累人呐，蛮辛苦啊，欸，渠个哪项工作都咁累人。渠首先挖泥，挖哩泥就和，去和啊，爱和得解，用脚去□，有兜是牿绷头牛去撻，绷头牛哇，用牛脚去踩。欸，撻正哩以后嘞，又爱一饽一饽去搋。好，扐一饽泥去牵一下，箇一下都几十斤。有一样工夫松爽个～师傅是。ŋa$^{21}$siɔŋ$^{53}$sʅ$^{35}_{44}$fu$^{53}$ʂʅ$^{53}_{21}$man$^{13}$li$^{53}$ɲin$^{13}_{21}$na$^{0}$,man$^{13}$sin$^{35}$kʰu$^{21}$a$^{0}$,e$_{21}$,ci$^{13}$kei$^{53}_{44}$lai$^{53}$xɔŋ$^{53}_{44}$kəŋ$^{35}$tsɔk$^{3}$təu$^{35}_{44}$kan$^{21}$li$^{53}$ɲin$^{13}_{21}$.ci$^{13}_{21}$ʂəu$^{21}$sien$^{35}_{53}$uait$^{3}$lai$^{13}$,uait$^{3}$li$^{0}$lai$^{13}$tsiəu$^{53}$xo$^{13}$,çi$^{53}$xo$^{13}$a$^{0}$,ɔi$^{53}$xo$^{13}$tek$^{3}$kai$^{21}$,iəŋ$^{53}$ciɔk$^{3}$çi$^{53}_{44}$tʂʰo$^{53}$,iəu$^{35}$tei$^{35}_{53}$ʂʅ$^{53}_{44}$u$^{21}$paŋ$^{35}$tʰei$^{13}_{21}$ɲiəu$^{13}$çi$^{53}_{44}$lien$^{53}$,paŋ$^{35}$tʰəu$^{13}_{21}$ɲiəu$^{13}$ua$^{0}$,iəŋ$^{53}$ɲiəu$^{13}$ciɔk$^{3}$çi$^{53}_{44}$tsʰai$^{21}$.e$_{21}$,lien$^{53}$tʂaŋ$^{53}_{21}$li$^{0}$i$^{35}$xei$^{53}_{44}$lei$^{0}$,iəu$^{53}$ɔi$^{53}$iet$^{3}$pʰɔk$^{5}$iet$^{3}$pʰɔk$^{5}$çi$^{53}$tsʰei$^{21}$.xau$^{21}$,let$^{5}$iet$^{3}$pʰɔk$^{5}$lai$^{13}_{21}$çi$^{53}_{44}$tait$^{5}$iet$^{3}$xa$^{53}$,kai$^{53}$iet$^{3}$xa$^{53}$təu$^{35}_{53}$ci$^{21}$ʂət$^{5}$cin$^{35}$.mau$^{13}$iet$^{3}$iəŋ$^{53}$kəŋ$^{35}$fu$^{35}_{44}$səŋ$^{35}$sɔŋ$^{21}$ke$^{0}$ŋa$^{21}$siɔŋ$^{53}$sʅ$^{35}_{44}$fu$^{53}_{44}$ʂʅ$^{53}_{21}$.

【瓦坯子】ŋa$^{21}$pʰɔi$^{35}$tsʅ$^{0}$ 名 未烧的瓦片：渠做正哩个～，正先我讲个就做～，系啊？做正哩个～，每做一轮，拿只咁个筛子，一只咁个络子咯，肚里放兜沙公，咁子去敹一到，渠就第二口瓦放下去，中间，两口瓦中间嘞欸就用箇个沙子隔开来，渠一烧以后正能够摵得脱。ci$^{13}$tso$^{53}$tʂaŋ$^{53}$li$^{0}$ke$^{53}$ŋa$^{21}$pʰɔi$^{35}$tsʅ$^{0}$,tʂaŋ$^{53}_{44}$sien$^{53}_{44}$ŋai$^{13}_{21}$kɔŋ$^{21}$ke$^{53}_{44}$tsʰiəu$^{53}$tso$^{53}$ŋa$^{21}$pʰɔi$^{35}$tsʅ$^{0}$,xei$^{53}_{44}$a$^{0}$?tso$^{53}$tʂaŋ$^{53}$li$^{0}$ke$^{53}$ŋa$^{21}$pʰɔi$^{35}$tsʅ$^{0}$,mei$^{35}$tso$^{53}$iet$^{3}$lən$^{13}$,la$^{53}$tʂak$^{3}$kan$^{21}$ke$^{53}_{44}$sai$^{35}$tsʅ$^{0}$,iet$^{3}$tʂak$^{3}$kan$^{21}$(k)e$^{0}$lɔk$^{5}$tsʅ$^{0}$ko$^{0}$,tau$^{21}$li$^{0}$fɔŋ$^{53}$te$^{35}_{53}$sa$^{35}$kəŋ$^{35}_{44}$,kan$^{21}$tsʅ$^{0}$çi$^{53}_{44}$ian$^{53}$iet$^{3}$tau$^{53}$,ci$^{13}_{21}$tsʰiəu$^{53}_{44}$tʰi$^{53}_{44}$ɲi$^{53}$xei$^{21}$ŋa$^{21}$fɔŋ$^{53}_{44}$xa$^{53}_{44}$çi$^{53}_{44}$,tʂəŋ$^{35}$kan$^{35}_{44}$,iɔŋ$^{21}$xei$^{21}$ŋa$^{21}$tʂəŋ$^{35}_{44}$kan$^{35}_{44}$lei$^{0}$e$_{21}$tsʰiəu$^{53}$iəŋ$^{53}$kai$^{53}_{44}$ke$^{53}_{44}$sa$^{35}$tsʅ$^{0}$kak$^{3}$kʰɔi$^{35}_{44}$lɔi$^{13}_{21}$,ci$^{13}_{21}$iet$^{3}$ʂau$^{35}$i$^{35}_{53}$xei$^{53}_{44}$tʂaŋ$^{53}$len$^{13}_{21}$ciau$^{53}$miet$^{3}$tek$^{3}$tʰɔit$^{3}$.

【瓦屋】ŋa$^{21}$uk$^{3}$ 名 以瓦片覆盖屋顶的房屋：欸，从前个人是系～个人都还系算生活还好个人呐。蛮多是～都冇得啦，系茅屋啦，解放前是系噢，蛮多是～都冇得。e$_{21}$,tsʰəŋ$^{13}$tsʰien$^{13}$ke$^{53}$ɲin$^{13}_{44}$ʂʅ$^{53}_{44}$xe$^{53}$ŋa$^{21}$uk$^{3}$ke$^{53}$ɲin$^{13}_{21}$təu$^{35}_{53}$xai$^{13}_{21}$xe$^{53}_{44}$sɔn$^{53}$sen$^{35}$xɔit$^{5}$xai$^{13}_{21}$xau$^{21}$ke$^{53}_{44}$ɲin$^{13}_{21}$na$^{0}$.man$^{13}$to$^{35}_{44}$ʂʅ$^{53}$ŋa$^{21}$uk$^{3}$təu$^{35}_{53}$mau$^{13}_{21}$tek$^{3}$la$^{0}$,xe$^{53}$mau$^{13}$uk$^{3}$la$^{0}$,kai$^{21}$fɔŋ$^{53}$tsʰien$^{13}_{21}$ʂʅ$^{53}_{44}$xei$^{53}$au$^{0}$,man$^{13}_{21}$to$^{35}_{44}$ʂʅ$^{53}$ŋa$^{21}$uk$^{3}$təu$^{35}_{53}$mau$^{13}_{21}$tek$^{3}$.

【瓦窑】ŋa$^{21}$iau$^{13}$ 名 用来烧砖瓦的土窑：就安做窑，～，～，唔安做砖窑，安做～。但是～也烧砖，也爱搭滴子砖。渠箇个烧窑吵，渠箇瓦是尽系咁子密密哩系啊咁子弯弯子个，一块一块个，一□咁高。一□放倒去烧。放倒去烧个时子箇底下嘞，爱进火。底下爱进火啊。底下进火就让门子？就特事做滴子砖呢。做滴子砖，箇砖就咁子，箇一论一论子个，留滴空欸，箇火正进得啊。又烧哩砖，又烧哩瓦。欸，砖瓦窑，砖窑，我等唔喊砖窑，喊～。欸我去我去烧过。我等箇以前做屋，以前做屋就硬爱硬爱烧瓦唠。尽自家烧瓦。tsʰiəu$^{53}_{44}$ɔn$^{35}_{44}$tso$^{53}_{44}$iau$^{13}$,ŋa$^{21}$iau$^{13}$,ŋa$^{21}$iau$^{13}$,n̩$^{13}$ɔn$^{35}_{44}$tso$^{53}_{44}$tʂɔn$^{35}$iau$^{13}$,ɔn$^{35}_{44}$tso$^{53}_{44}$ŋa$^{21}$iau$^{13}$.tan$^{53}$ʂʅ$^{53}$ŋa$^{21}$iau$^{13}$ia$^{35}$ʂau$^{35}_{44}$tʂɔn$^{35}$,ia$^{35}$ɔi$^{53}$tait$^{3}$tiet$^{5}$tsʅ$^{0}$tʂɔn$^{35}$.ci$^{13}$kai$^{53}_{44}$kei$^{53}_{44}$ʂau$^{35}_{44}$iau$^{13}$ʂa$^{0}$,ci$^{13}$kai$^{53}_{44}$ŋa$^{21}$ʂʅ$^{53}_{44}$tsʰin$^{53}$nei$_{44}$(←xei$^{53}$)kan$^{21}$tsʅ$^{0}$miet$^{5}$miet$^{5}$li$^{0}$xei$^{53}_{44}$a$^{0}$kan$^{21}$tsʅ$^{0}$uan$^{35}$uan$^{35}_{44}$tsʅ$^{0}$kei$^{53}_{44}$,iet$^{3}$kʰuai$^{53}$iet$^{3}$kʰuai$^{53}$kei$^{53}_{44}$,iet$^{3}$tsiau$^{35}$kan$^{21}$kau$^{35}$.iet$^{3}$tsiau$^{35}$fɔŋ$^{53}$tau$^{21}$çi$^{53}_{44}$ʂau$^{35}$.fɔŋ$^{53}$tau$^{21}$çi$^{53}_{44}$ʂau$^{35}$(k)e$^{53}_{44}$ʂʅ$^{13}_{21}$tsʅ$^{0}$kai$^{53}_{44}$te$^{21}$xa$^{53}_{44}$lei$^{0}$,ɔi$^{53}$tsin$^{53}$fo$^{21}$.te$^{21}$xa$^{53}_{44}$ɔi$^{53}$tsin$^{53}$fo$^{21}$a$^{0}$.te$^{21}$xa$^{53}_{44}$tsin$^{53}$fo$^{21}$tsʰiəu$^{53}_{44}$ɲiɔŋ$^{53}$mən$^{0}$tsʅ$^{0}$?tsʰiəu$^{53}_{44}$tʰek$^{5}$sʅ$^{53}_{44}$tso$^{53}_{44}$tet$^{5}$tsʅ$^{0}$tʂɔn$^{35}$nei$^{0}$.tso$^{53}_{44}$tet$^{5}$tsʅ$^{0}$tʂɔn$^{35}$,kai$^{53}_{44}$tʂɔn$^{35}$tsʰiəu$^{53}$kan$^{21}$tsʅ$^{0}$,kai$^{53}_{44}$iet$^{3}$lən$^{53}$net$^{3}$(←iet$^{3}$)lən$^{53}$tsʅ$^{0}$ke$^{53}_{21}$,liəu$^{13}$tet$^{5}_{3}$kʰəŋ$^{35}$ŋe$^{0}$,kai$^{53}_{44}$fo$^{21}$tʂaŋ$^{53}_{44}$tsin$^{53}$tek$^{3}$a$^{0}$.iəu$^{53}$ʂau$^{35}$li$^{0}$tʂɔn$^{35}$,iəu$^{53}$ʂau$^{35}_{44}$li$^{0}$

ŋa$^{21}$.e$_{21}$,tʂən$^{35}$ŋa$^{21}$iau$^{13}$,tʂən$^{35}$iau$^{13}$,ŋai$^{13}_{21}$tien$^{0}$n̩$^{13}_{21}$xan$^{53}$tʂən$^{35}$iau$^{13}_{21}$,xan$^{53}$ŋa$^{21}$iau$^{13}$.e$_{21}$ŋai$^{13}$çi$^{53}$ŋai$^{13}$çi$^{53}_{44}$ʂau$^{35}$ko$^{53}_{21}$.ŋai$^{13}$ tien$^{0}$kai$^{53}$i$^{35}$tsʰien$^{13}_{21}$tso$^{53}$uk$^{3}$,i$^{35}$tsʰien$^{13}_{21}$tso$^{53}_{44}$uk$^{3}$tsʰiəu$^{53}_{44}$ɲiaŋ$^{53}_{44}$ɔi$^{53}_{44}$ɲiaŋ$^{53}_{44}$ɔi$^{53}_{44}$ʂau$^{35}$ŋa$^{21}$lau$^{0}$.tsʰin$^{53}_{44}$tsʰɿ$^{35}$ka$^{35}_{44}$ʂau$^{35}_{44}$ŋa$^{21}$.

【掜$_{1}$】ue$^{21}$ 动 抓：舞下手下～，绿个，蓝个。u$^{21}$xa$^{53}$ʂəu$^{21}$xa$^{53}$ue$^{21}$,liəuk$^{5}$ke$^{53}_{44}$,lan$^{13}$ke$^{53}_{44}$.

【掜$_{2}$】uət$^{3}$ 动 舀取：打比箇米桶肚里啊，我爱煮饭了，箇唔安做舀米，安做～呢，～两勺米嘞。～欸，安做～，～一勺。～一勺米。ta$^{21}_{44}$pi$^{21}_{44}$kai$^{53}_{44}$mi$^{21}$tʰəŋ$^{21}$təu$^{21}$li$^{0}$ a$^{0}$,ŋai$^{13}_{21}$ɔi$^{53}_{44}$tʂəu$^{21}$fan$^{53}$ niau$^{21}$,kai$^{53}_{44}$n̩$^{13}_{21}$ɔn$^{35}_{44}$tso$^{53}_{44}$iau$^{21}$mi$^{21}$,ɔn$^{35}_{44}$tso$^{53}_{44}$uət$^{3}$nei$^{0}$,uət$^{3}$iɔŋ$^{21}$ʂɔk$^{5}$mi$^{21}$lei$^{0}$.uət$^{3}$e$_{21}$,ɔn$^{35}_{44}$tso$^{53}_{44}$uət$^{3}$,uət$^{3}$iet$^{3}$ʂɔk$^{5}$.uət$^{3}$ iet$^{3}$ʂɔk$^{5}$mi$^{21}$.

【袜】mait$^{3}$ 名 可穿在脚上，用以保护或保暖的东西。也称“袜子”：还爱脱鞋脱～吵。xai$^{13}$ ɔi$^{53}$tʰɔit$^{3}$xai$^{13}$tʰɔit$^{3}$mait$^{3}$ʂa$^{0}$.｜如今个～子是着倒箇底下滴子嘞。i$^{13}_{21}$cin$^{35}_{53}$ke$^{53}$mait$^{3}$tsɿ$^{0}$ʂɿ$^{53}_{44}$tʂɔk$^{3}$tau$^{21}_{44}$ kai$^{53}_{44}$te$^{21}$xa$^{53}_{44}$tiet$^{5}$tsɿ$^{0}$le$^{0}$.

【袜带子】mait$^{3}$tai$^{53}$tsɿ$^{0}$ 名 系袜子所用的带子：袜箍子就是松紧个。～就系唔系松紧个。mait$^{3}$ kʰu$^{35}$tsɿ$^{0}$tsʰiəu$^{53}_{44}$ʂɿ$^{53}_{44}$səŋ$^{35}$cin$^{21}$cie$^{0}$.mait$^{3}$tai$^{53}$tsɿ$^{0}$tsʰiəu$^{53}$xe$^{53}$m̩$^{13}$pʰe$^{53}$səŋ$^{35}$cin$^{21}$ke$^{0}$.｜我等箇阵子剪只烂袜子就做～呢。有橡皮箍子个人吵还蛮好喔。ŋai$^{13}$tien$^{0}$kai$^{53}$tʂʰən$^{53}$tsɿ$^{0}$tsien$^{21}$tʂak$^{3}$lan$^{53}$mait$^{3}$tsɿ$^{0}$tsʰiəu$^{53}$ tso$^{53}$mait$^{3}$tai$^{53}$tsɿ$^{0}$nei$^{0}$.iəu$^{35}_{53}$siɔŋ$^{53}$pʰi$^{13}_{21}$kʰu$^{35}$tsɿ$^{0}$ke$^{53}$ɲin$^{13}_{21}$ʂa$^{0}$xai$^{13}_{21}$man$^{13}_{21}$xau$^{21}$uo$^{0}$.

【袜底】mait$^{3}$te$^{21}$ 名 旧时缝在袜子底部的衬底：开～ kɔi$^{35}$mait$^{3}$te$^{21}$ 将袜子的底部剪开，以便与袜筒缝合在一起｜缲～ tsʰiau$^{35}_{44}$mait$^{3}$te$^{21}$ 纳袜底｜绱～ ʂɔŋ$^{21}$mait$^{3}$te$^{21}$ 将袜底与袜筒缝合在一起

【袜箍子】mait$^{3}$kʰu$^{35}$tsɿ$^{0}$ 名 袜子上的松紧带：有兜就去下袜带子呢，欸舞条带子绨下去嘞，欸。以只～是箇就系用橡皮箍子嘞箍稳呢。iəu$^{35}$te$^{35}_{53}$tsʰiəu$^{53}_{44}$çi$^{53}$xa$^{53}$mait$^{3}$tai$^{53}$tsɿ$^{0}$nei$^{0}$,e$^{0}$u$^{21}$tʰiau$^{13}$tai$^{53}$tsɿ$^{0}$ tʰak$^{3}$(x)a$^{53}$çi$^{53}$lei$^{0}$,ei$_{21}$.i$^{21}$tʂak$^{3}$mait$^{3}$kʰu$^{35}$tsɿ$^{0}$ʂɿ$^{53}_{44}$kai$^{53}_{44}$tsʰiəu$^{53}_{44}$xei$^{53}_{44}$iɔŋ$^{53}_{44}$siɔŋ$^{53}$pʰi$^{13}_{21}$kʰu$^{35}$tsɿ$^{0}$lei$^{0}$kʰu$^{35}$uən$^{21}$nei$^{0}$.

【袜筒子】mait$^{3}$tʰəŋ$^{13}$tsɿ$^{0}$ 名 袜子穿在脚腕以上的部分：渠个袜子嘞箇底下箇莖冇哩用，烂到冇哩用了，剩倒一只～。ci$^{13}$ke$^{53}$mait$^{3}$tsɿ$^{0}$lei$^{0}$kai$^{53}$te$^{21}$xa$^{53}$kai$^{53}$tsʰo$^{53}$mau$^{13}$li$^{0}$iəŋ$^{53}$,lan$^{53}$tau$^{53}_{44}$mau$^{13}$li$^{0}$iəŋ$^{53}$ liau$^{21}$,ʂən$^{53}$tau$^{21}_{44}$iet$^{3}$tʂak$^{3}$mait$^{3}$tʰəŋ$^{13}$tsɿ$^{0}$.

【哇】ua$^{0}$ 助 “啊”在前一音节尾音为-u 时的变体。放在祈使句末，用于加强期待语气：你又来嘅～！ɲi$^{13}$iəu$^{53}$lɔi$^{13}_{21}$liau$^{53}$ua$^{0}$！

【歪】uai$^{35}$ 形 ①不正；斜；偏：放～哩 fɔŋ$^{53}$uai$^{35}$li$^{0}$。②不正当的；不正派的：一肚子个～主意 iet$^{3}$təu$^{21}$tsɿ$^{0}$ke$^{53}_{44}$uai$^{35}$tʂəu$^{21}$i$^{53}$

【外八字】ŋɔi$^{53}$pait$^{3}$tsʰɿ$^{53}$ 名 走路时两个脚尖向外成“八”字形的步子：箇走～个人多啦，咁子个人，咁子个人多啦。咁子走，咁子人多啦。内八字咁子人就更少。kai$^{53}_{44}$tsei$^{21}$ŋɔi$^{53}$pait$^{3}$tsʰɿ$^{53}$ ke$^{53}$ɲin$^{13}_{21}$to$^{35}$la$^{0}$,kan$^{21}_{13}$tsɿ$^{0}$ke$^{53}$ɲin$^{13}_{21}$,kan$^{21}_{13}$tsɿ$^{0}$ke$^{53}$ɲin$^{13}_{21}$to$^{35}$la$^{0}$.kan$^{21}$tsɿ$^{0}$tse$^{21}$,kan$^{21}_{13}$tsɿ$^{0}$ɲin$^{13}_{21}$to$^{35}$la$^{0}$.lei$^{53}$pait$^{3}$tsʰɿ$^{53}$ kan$^{21}_{13}$tsɿ$^{0}$ɲin$^{13}$tsʰiəu$^{53}_{44}$cien$^{53}$ʂau$^{21}$.

【外背】ŋɔi$^{53}$pɔi$^{53}$ 名 方位词。①外面。又称“外前”：～有只人去下喊你哟。ŋɔi$^{53}$pɔi$^{53}_{44}$iəu$^{35}$tʂak$^{3}$ ɲin$^{13}$çi$^{53}_{44}$xa$^{53}_{44}$xan$^{53}$ɲi$^{13}$io$^{0}$.②家以外的地方：我啊，我就去～啦，我，我去～，我，欸，蛮远呐。ŋai$^{13}$a$^{0}$,ŋai$^{13}$tsʰiəu$^{53}_{44}$çi$^{53}_{44}$ŋɔi$^{53}$pɔi$^{53}_{44}$la$^{0}$,ŋai$^{13}$,ŋai$^{13}$çi$^{53}$ŋɔi$^{53}$pɔi$^{53}_{44}$,ŋai$^{13}$,e$_{53}$,man$^{13}$ien$^{21}$na$^{0}$.③表面：你箇个竹哇，竹笋呐，～有条衣吵。ɲi$^{13}$kai$^{53}_{44}$ke$^{53}_{44}$tʂəuk$^{3}$ua$^{0}$,tʂəuk$^{3}$sən$^{21}$na$^{0}$,ŋɔi$^{53}_{44}$pɔi$^{53}_{44}$iəu$^{35}_{44}$tʰiau$^{13}_{21}$i$^{35}$ʂa$^{0}$.④外地：～来个客子 ŋɔi$^{53}$pɔi$^{53}_{44}$lɔi$^{13}_{21}$ke$^{53}_{44}$kʰak$^{3}$tsɿ$^{0}$｜（水葫芦）～来个，本地方冇得。ŋɔi$^{53}$pɔi$^{53}_{44}$lɔi$^{13}_{21}$ke$^{53}_{44}$,pən$^{21}$tʰi$^{53}_{44}$ fɔŋ$^{35}_{44}$mau$^{13}_{21}$tek$^{5}$.

【外背人】ŋɔi$^{53}$pɔi$^{53}_{44}$ɲin$^{13}_{21}$ 名 外地人：外地人我等是喊～。uai$^{53}$tʰi$^{53}$ɲin$^{13}_{21}$ŋai$^{13}_{21}$tien$^{0}$ʂɿ$^{53}_{44}$xan$^{53}_{21}$ŋɔi$^{53}$pɔi$^{53}_{35}$ ɲin$^{13}_{21}$.

【外边】ŋɔi$^{53}$pien$^{35}_{44}$ 名 方位词。表面：～个叶子就喊禾衣。ŋɔi$^{53}$pien$^{35}_{44}$ke$^{53}_{44}$iait$^{5}$tsɿ$^{0}$tsʰiəu$^{53}_{44}$xan$^{53}$uo$^{13}$i$^{35}$.

【外地人】ŋɔi$^{53}$tʰi$^{53}$ɲin$^{13}$ 名 外来人：隔哩几十里就喊～。打比欸我等张家坊镇呢，官渡人就喊～了。欸，箇就再远个就都系～了。kak$^{3}$li$^{0}$ci$^{21}$ʂət$^{5}$li$^{35}$tsʰiəu$^{53}_{44}$xan$^{53}$ŋɔi$^{53}$tʰi$^{53}$ɲin$^{13}_{21}$.ta$^{21}$pi$^{21}$e$_{21}$ŋai$^{13}$tien$^{0}$ tʂɔŋ$^{35}$ka$^{35}_{53}$fɔŋ$^{35}$tʂən$^{53}$nei$^{0}$,kɔn$^{35}$tʰəu$^{53}$ɲin$^{13}_{44}$tsʰiəu$^{53}_{44}$xan$^{53}_{44}$ŋɔi$^{53}$tʰi$^{53}$ɲin$^{13}_{21}$niau$^{0}$.e$_{21}$,kai$^{53}_{44}$tsʰiəu$^{53}_{44}$tsai$^{53}$ien$^{21}$ke$^{53}$tsʰiəu$^{53}_{44}$ təu$^{35}$xe$^{53}_{44}$ŋɔi$^{53}$tʰi$^{53}$ɲin$^{13}_{21}$niau$^{0}$.

【外国人】ŋɔi$^{53}$kɔit$^{3}$ɲin$^{13}$ 名 他国人：以前是～都真箇个啦真系蛮稀罕呐。i$^{35}$tsʰien$^{13}$ʂɿ$^{53}_{44}$ŋɔi$^{53}$kɔit$^{3}$ ɲin$^{13}_{21}$təu$^{35}_{53}$tʂən$^{35}$kai$^{53}_{44}$ke$^{53}_{44}$la$^{0}$tʂən$^{35}$xe$^{53}$man$^{13}$çi$^{35}$xan$^{53}$na$^{0}$.

【外行$_{1}$】ŋɔi$^{53}$xɔŋ$^{13}$ 名 对某种技能、业务不熟悉、没经验的人：～就不能领导内行。ŋɔi$^{53}$xɔŋ$^{13}_{21}$ tsʰiəu$^{53}$pət$^{3}$len$^{13}_{21}$lin$^{35}$tʰau$^{53}_{44}$lei$^{53}$xɔŋ$^{13}_{21}$.｜内行看门道，～看热闹。～就看热闹，反正渠唔懂。li$^{53}$xɔŋ$^{13}$ kʰɔn$^{53}$mən$^{13}$tʰau$^{53}$,ŋɔi$^{53}$xɔŋ$^{13}$kʰɔn$^{53}$ɲiet$^{5}$lau$^{53}$.ŋɔi$^{53}$xɔŋ$^{13}_{21}$tsʰiəu$^{53}$kʰɔn$^{53}_{44}$ɲiet$^{5}$lau$^{53}_{44}$,fan$^{21}$tʂən$^{53}$ci$^{13}_{44}$n̩$^{13}_{44}$təŋ$^{21}$.

W

【外行$_2$】ŋɔi$^{53}$xɔŋ$^{13}$ 形 对某种技能、业务不熟悉，没经验：欸，打比我等教书个人呢，箇就也系唠，箇个～人呐渠就搞唔清，只讲爱考头名，嗯，只讲爱欸考倒好分子来。其实学生子有成就冇成就，教书个人内行个人就晓得，欸。欸，箇老师教书教得教唔得，其实内行个人就晓得，关键就系箇只老师嘞又不有责任心，唔系么个箇只老师几高子个学历就好，系唔系？唔在于学历，唔完全在于学历唠。e$_{21}$,ta$^{21}$pi$^{21}$ŋai$^{13}$tien$^{0}$ kau$^{35}_{44}$ʂəu$^{35}$ke$^{53}$ɲin$^{13}_{21}$ne$^{0}$,kai$^{53}_{44}$ts$^{h}$iəu$^{53}_{44}$ia$^{35}$xe$^{53}_{44}$ lau$^{0}$,kai$^{53}_{44}$ke$^{53}_{44}$ŋɔi$^{53}$xɔŋ$^{13}_{21}$ɲin$^{13}_{21}$na$^{0}$ ci$^{13}_{44}$ts$^{h}$iəu$^{53}_{44}$kau$^{21}$n̩$^{13}$ts$^{h}$in$^{35}_{44}$,tʂʅ$^{21}$kɔŋ$^{21}$ɔi$^{53}$k$^{h}$au$^{21}$t$^{h}$ei$^{13}$miaŋ$^{13}_{44}$,n̩$_{21}$,tʂʅ$^{21}$kɔŋ$^{21}$ɔi$^{53}$e$_{21}$ k$^{h}$au$^{21}$tau$^{21}$xau$^{21}$fən$^{35}$tsʅ$^{0}$ lɔi$^{13}_{44}$.c$^{h}$i$^{13}$ʂət$^{5}$ xɔk$^{5}$ saŋ$^{35}_{44}$tsʅ$^{0}$ iəu$^{35}$tʂ$^{h}$ən$^{13}_{21}$ts$^{h}$iəu$^{53}$mau$^{13}_{21}$tʂ$^{h}$ən$^{13}_{21}$ts$^{h}$iəu$^{53}$,kau$^{35}$ʂəu$^{35}$ke$^{53}$ɲin$^{13}_{21}$ lei$^{53}$xɔŋ$^{13}_{21}$ke$^{53}$ɲin$^{13}_{44}$tsiəu$^{53}$çiau$^{21}$tek$^{3}$,e$_{21}$.e$_{21}$,kai$^{53}$lau$^{21}$sʅ$^{35}_{53}$kau$^{35}_{44}$ʂəu$^{35}_{44}$kau$^{35}$tek$^{3}$ kau$^{35}$n̩$^{13}_{21}$tek$^{3}$,c$^{h}$i$^{13}_{21}$ʂət$^{5}$ lei$^{53}$xɔŋ$^{13}_{21}$ke$^{53}$ ɲin$^{13}_{44}$tsiəu$^{53}_{44}$çiau$^{21}$tek$^{3}$,kuan$^{35}$cien$^{53}_{44}$ts$^{h}$iəu$^{53}$xe$^{53}$kai$^{53}$(tʂ)ak$^{3}$ lau$^{21}$sʅ$^{35}_{44}$lei$^{0}$ iəu$^{35}$pət$^{3}$ iəu$^{35}_{44}$tset$^{3}$ uən$^{53}$sin$^{35}$,m̩$^{13}$p$^{h}$ei$^{53}$ mak$^{3}$ e$^{0}$ kai$^{53}$(tʂ)ak$^{3}$ lau$^{21}$sʅ$^{35}_{44}$ci$^{21}$kau$^{35}_{44}$tsʅ$^{0}$ ke$^{0}$ çiɔk$^{5}$ liet$^{5}$ ts$^{h}$iəu$^{53}$xau$^{21}$,xei$^{53}$me$^{53}$?n̩$^{13}$ts$^{h}$ai$^{35}$vy$^{13}_{44}$çiɔk$^{5}$ liet$^{5}$,n̩$^{13}$xɔn$^{13}$ ts$^{h}$ien$^{13}_{44}$ts$^{h}$ai$^{35}$vy$^{13}$çiɔk$^{5}$ liet$^{5}$ lau$^{0}$.

【外家】ŋɔi$^{53}$ka$^{35}$ 名①妇女的娘家：我老婆个～ ŋai$^{13}_{21}$lau$^{21}$p$^{h}$o$^{13}$ke$^{53}_{44}$ŋɔi$^{53}$ka$^{35}_{44}$。②孩子的外公家：一只就～，爱～分你人来，就系舅爷，正讲个舅爷姐公啊。iet$^{3}$ tʂak$^{3}$ ts$^{h}$iəu$^{53}_{44}$ŋɔi$^{53}$ka$^{35}_{44}$,ɔi$^{53}_{44}$ŋɔi$^{53}$ka$^{35}_{44}$ pən$^{35}$ɲi$^{13}_{21}$ɲin$^{13}_{21}$nɔi$^{13}_{21}$,ts$^{h}$iəu$^{53}_{44}$xei$^{53}_{44}$c$^{h}$iəu$^{35}$ia$^{13}_{44}$,tʂaŋ$^{53}_{44}$kɔŋ$^{21}$ke$^{53}_{44}$c$^{h}$iəu$^{35}$ia$^{13}_{44}$tsia$^{21}$kəŋ$^{35}_{44}$ŋa$^{0}$.

【外家侄】ŋɔi$^{53}$ka$^{35}$tʂ$^{h}$ət$^{5}$ 名也称“外家侄子”。①妇女娘家兄弟的儿子：打比我老婆样就几只欸有五六只～子。欸～子嘞如今都系三四十岁了。渠等蛮舍得做事，但是就𫟼读得么个书。渠等～子唔读书。ta$^{21}$pi$^{21}$ŋai$^{13}$lau$^{21}$p$^{h}$o$^{13}$iɔŋ$^{53}$ts$^{h}$iəu$^{53}$ci$^{21}$tʂak$^{3}$ e$_{44}$iəu$^{35}$ŋ̍$^{21}$liəuk$^{3}$ tʂak$^{3}$ ŋɔi$^{53}$ka$^{35}_{44}$tʂ$^{h}$ət$^{5}$ tsʅ$^{0}$.ei$_{44}$ ŋɔi$^{53}$ka$^{35}_{44}$tʂ$^{h}$ət$^{5}$ tsʅ$^{0}$ lei$^{0}$ i$^{13}_{21}$cin$^{35}_{44}$təu$^{35}$xe$^{53}$san$^{35}_{44}$si$^{53}$ʂət$^{5}$ sɔi$^{53}$liau$^{0}$.ci$^{13}$tien$^{0}$ man$^{13}_{21}$ʂa$^{21}$tek$^{3}$ tso$^{53}$sʅ$^{53}$,tan$^{53}$ʂʅ$^{53}$ts$^{h}$iəu$^{53}$ maŋ$^{13}_{21}$t$^{h}$əuk$^{5}$ tek$^{3}$ mak$^{3}$ e$^{0}$ ʂəu$^{35}$.ci$^{13}_{21}$tien$^{0}$ ŋɔi$^{53}$ka$^{35}_{44}$tʂ$^{h}$ət$^{5}$ tsʅ$^{0}$ n̩$^{13}_{21}$t$^{h}$əuk$^{5}$ ʂəu$^{35}$. ②指妻子的兄弟的儿子：我箇只～嘞，阿舅子个赖子啊，渠讨只老婆嘞黄茅个，江西个。ŋai$^{13}$kai$^{53}_{44}$tʂak$^{3}$ ŋɔi$^{53}$ka$^{35}_{44}$tʂ$^{h}$ət$^{5}$ le$^{0}$,a$^{35}$ c$^{h}$iəu$^{35}_{44}$tsʅ$^{0}$ ke$^{53}_{21}$lai$^{53}$tsʅ$^{0}$ a$^{0}$,ci$^{13}_{21}$t$^{h}$au$^{21}$(tʂ)ak$^{3}$ lau$^{21}$p$^{h}$o$^{13}_{21}$le$^{0}$ uɔŋ$^{13}$mau$^{13}_{21}$ke$^{53}$,kɔŋ$^{35}$si$^{35}_{44}$ke$^{53}_{44}$.

【外家侄女】ŋɔi$^{53}$ka$^{35}$tʂ$^{h}$ət$^{5}$ ŋ̍$^{21}$ 名妇女娘家兄弟的女儿：我等～也有几只。看下两只箇，三只，欸，四只，五只，有五只～，都结哩婚了。ŋai$^{13}$tien$^{0}$ ŋɔi$^{53}$ka$^{35}_{44}$tʂ$^{h}$ət$^{5}$ ŋ̍$^{21}$ia$^{35}$iəu$^{35}_{53}$ci$^{21}$tʂak$^{3}$.k$^{h}$ɔn$^{53}_{44}$na$^{53}_{44}$ iɔŋ$^{21}$tʂak$^{3}$ kai$^{53}$,san$^{35}$tʂak$^{3}$,e$_{21}$,si$^{53}$tʂak$^{3}$,ŋ̍$^{21}$tʂak$^{3}$,iəu$^{35}$ŋ̍$^{21}$tʂak$^{3}$ ŋɔi$^{53}$ka$^{35}_{44}$tʂ$^{h}$ət$^{5}$ ŋ̍$^{21}$,təu$^{35}$ciet$^{3}$ li$^{0}$ fən$^{35}$niau$^{0}$.

【外路客】ŋɔi$^{53}$ləu$^{53}$k$^{h}$ak$^{3}$ 名外地人：以前是还有讲～个意思吧？外背来个人呐。i$^{35}_{44}$ts$^{h}$ien$^{13}_{21}$ʂʅ$^{53}_{44}$ xai$^{13}_{44}$iəu$^{35}_{44}$kɔŋ$^{21}$ŋɔi$^{53}$ləu$^{53}_{21}$k$^{h}$ak$^{3}$ ke$^{53}_{44}$i$^{53}$sʅ$^{0}$ pa$^{0}$?ŋɔi$^{53}$pɔi$^{53}_{21}$lɔi$^{13}_{21}$ke$^{53}_{44}$ɲin$^{13}_{21}$na$^{0}$.

【外前】ŋɔi$^{53}$ts$^{h}$ien$^{13}$ 名方位词。外面，又称“外背”：～来哩箇个卖菜个嘞。～来辆车去下卖菜嘞。ŋɔi$^{53}$ts$^{h}$ien$^{13}_{21}$lɔi$^{13}_{21}$li$^{0}$ kai$^{53}$ke$^{53}_{44}$mai$^{53}$ts$^{h}$ɔi$^{53}$ke$^{53}_{44}$lei$^{0}$.ŋɔi$^{53}$ts$^{h}$ien$^{13}_{21}$lɔi$^{13}_{21}$liɔŋ$^{21}$tʂ$^{h}$a$^{35}$çi$^{53}_{44}$xa$^{53}_{44}$mai$^{53}$ts$^{h}$ɔi$^{53}$lei$^{0}$.

【外人】ŋɔi$^{53}$ɲin$^{13}$ 名指没有亲友关系的人，也指某个范围或组织以外的人：～讲个东西莫听咁多啊。ŋɔi$^{53}$ɲin$^{13}_{21}$kɔŋ$^{21}$ke$^{53}_{44}$tɔŋ$^{35}_{44}$si$^{0}$ mɔk$^{5}$ t$^{h}$aŋ$^{35}_{44}$kan$^{21}$to$^{35}$a$^{0}$.｜别人家个屋下个事，我等做～个莫去插嘴。p$^{h}$iet$^{5}$ in$^{13}_{21}$ka$^{35}_{44}$ke$^{0}$ uk$^{3}$ xa$^{53}$ke$^{53}$sʅ$^{53}$,ŋai$^{13}$tien$^{0}$ tso$^{53}$ŋɔi$^{53}$ɲin$^{13}_{21}$ke$^{53}_{44}$mɔk$^{5}$ çi$^{53}$ts$^{h}$ait$^{3}$ tsi$^{21}$.

【外甥】ŋɔi$^{53}$saŋ$^{35}$ 名姐妹的儿子，也指外孙：正月头，正月，欸，～来哩，～，喊舅爷个喊姐公个来哩。tʂaŋ$^{35}$ɲiet$^{5}$ t$^{h}$ei$^{13}_{21}$,tʂaŋ$^{35}$ɲiet$^{5}$,e$_{21}$,ŋɔi$^{53}$saŋ$^{35}_{44}$lɔi$^{13}_{21}$li$^{0}$,ŋɔi$^{53}$saŋ$^{35}$,xan$^{53}$c$^{h}$iəu$^{35}$ia$^{13}_{21}$ke$^{53}_{44}$xan$^{53}$tsia$^{21}$kəŋ$^{35}$ ke$^{53}$lɔi$^{13}_{21}$li$^{0}$.｜～是就系老妹子阿姐老妹个细人子就喊～。妹子个细人子就喊外孙。系唔系？但是我客姓人个口语肚里都成哩～。打比我只妹子系我～，我老妹子箇也系喊～。只系话用笔写就区别开来哩。我等客姓人箇孙摎箇只甥啊分唔多出来。ŋɔi$^{53}$saŋ$^{35}$ʂʅ$^{53}_{44}$tsiəu$^{53}_{44}$xe$^{53}_{44}$lau$^{21}$mɔi$^{53}$tsʅ$^{0}$ a$^{35}$tsia$^{21}$lau$^{21}$mɔi$^{53}$ke$^{0}$ sei$^{53}$ɲin$^{13}$tsʅ$^{0}$ ts$^{h}$iəu$^{53}_{44}$xan$^{53}_{44}$ŋɔi$^{53}$saŋ$^{35}$.mɔi$^{53}$tsʅ$^{0}$ ke$^{0}$ sei$^{53}$ɲin$^{13}_{21}$tsʅ$^{0}$ ts$^{h}$iəu$^{53}_{44}$xan$^{53}$ŋɔi$^{53}$sən$^{35}$.xie$^{53}_{44}$ me$^{53}_{44}$?tan$^{53}_{44}$ʂʅ$^{53}_{44}$ŋai$^{13}$k$^{h}$ak$^{3}$ sin$^{53}$ɲin$^{13}_{44}$kei$^{0}$ k$^{h}$ei$^{21}$ɲy$^{21}$təu$^{21}$li$^{0}$ təu$^{35}$ʂaŋ$^{13}_{21}$li$^{0}$ ŋɔi$^{53}$saŋ$^{35}$.ta$^{21}$pi$^{21}$ŋai$^{13}$(tʂ)ak$^{3}$ mɔi$^{53}$tsʅ$^{0}$ xe$^{53}_{44}$ ŋai$^{13}$ŋɔi$^{53}$saŋ$^{35}$,ŋai$^{13}$lau$^{21}$mɔi$^{53}$tsʅ$^{0}$ kai$^{53}_{44}$ia$^{35}$xe$^{53}_{44}$xan$^{53}_{44}$ŋɔi$^{53}_{44}$saŋ$^{35}$.tʂʅ$^{21}$xei$^{53}$ua$^{53}$iəŋ$^{53}$piet$^{3}$ sia$^{21}$ts$^{h}$iəu$^{53}_{44}$tʂ$^{h}$ʮ$^{35}$p$^{h}$iet$^{5}$ k$^{h}$ɔi$^{35}_{44}$lɔi$^{13}_{21}$li$^{0}$.ŋai$^{13}$tien$^{0}$k$^{h}$ak$^{3}$ sin$^{53}$ɲin$^{13}_{44}$kai$^{53}_{44}$sən$^{35}$lau$^{35}_{44}$kai$^{53}$tʂak$^{3}$ saŋ$^{35}$ŋa$^{0}$ fən$^{35}$n̩$^{13}_{21}$to$^{35}$tʂ$^{h}$ət$^{3}$ lɔi$^{13}_{21}$.



【外甥郎】ŋɔi$^{53}$saŋ$^{35}$lɔŋ$^{13}$ 名外甥女婿：我三只老妹子都冇得妹子，我就冇得～啊。只有侄郎。ŋai$^{13}_{21}$san$^{35}$tʂak$^{3}$ lau$^{21}$mɔi$^{53}$tsʅ$^{0}$ təu$^{35}_{44}$mau$^{13}_{21}$tek$^{3}$ mɔi$^{53}$tsʅ$^{0}$,ŋai$^{13}_{44}$ts$^{h}$iəu$^{53}$mau$^{13}$tek$^{3}$ ŋɔi$^{53}$saŋ$^{35}_{44}$lɔŋ$^{13}$ŋa$^{0}$.tʂʅ$^{21}$iəu$^{35}_{44}$tʂ$^{h}$ət$^{5}$ lɔŋ$^{13}_{21}$.

【外甥女】ŋɔi$^{53}$saŋ$^{35}$ŋ̍$^{21}$ 名①外甥女：有滴舅爷打发～啊。iəu$^{35}$tiet$^{5}$ c$^{h}$iəu$^{35}$ia$^{13}_{21}$ta$^{21}$fait$^{3}$ ŋɔi$^{53}$saŋ$^{35}_{44}$ŋ̍$^{21}$ ŋa$^{0}$. ②外孙女；围棋我摎我～作作。uei$^{13}$c$^{h}$i$^{13}_{44}$ŋai$^{13}$lau$^{35}$ŋai$^{13}_{21}$ŋɔi$^{53}$saŋ$^{35}_{44}$ŋ̍$^{21}$tsɔk$^{3}$ tsɔk$^{3}$.

【外甥嫂】ŋɔi$^{53}$saŋ$^{35}$sau$^{21}$ 名外甥媳妇儿：我等箇有只大个～嘞就我做介绍个嘞。我认得渠嘞，落尾就分渠介绍是分我做～嘞。ŋai$^{13}$tien$^{0}$ kai$^{53}$iəu$^{35}$tʂak$^{3}$ t$^{h}$ai$^{53}$ke$^{53}_{44}$ŋɔi$^{53}$saŋ$^{35}$sau$^{21}$lei$^{0}$ ts$^{h}$iəu$^{53}$ŋai$^{13}$tso$^{53}$ kai$^{53}$ʂau$^{53}$ke$^{53}$lei$^{0}$.ŋai$^{13}$ɲin$^{53}$tek$^{3}$ ci$^{13}_{44}$lei$^{0}$,lɔk$^{5}$ mi$^{35}_{53}$ts$^{h}$iəu$^{53}$pən$^{35}_{53}$ci$^{13}_{21}$kai$^{53}$ʂau$^{53}$ʂʅ$^{53}_{44}$pən$^{35}$ŋai$^{13}_{44}$tso$^{53}$ŋɔi$^{53}$saŋ$^{35}$sau$^{21}$lei$^{0}$.

【外甥子】ŋɔi$^{53}$saŋ$^{35}_{44}$tsɿ$^{0}$ 名外甥或外孙：渠只～啊，得哩恶病唠。ci$^{13}_{21}$tʂak$^{3}$ŋɔi$^{53}$saŋ$^{35}_{44}$tsɿ$^{0}$a$^{0}$,tek$^{3}$li$^{0}$ɔk$^{3}$p$^{h}$iaŋ$^{53}_{44}$lau$^{0}$.

【外氏】ŋɔi$^{53}$ʂʅ$^{53}$ 名①指妇女的娘家：还有滴就夫娘子死哩，渠～会来人呢。～晓得么人吧？～，娘家个。xai$^{13}_{21}$iəu$^{35}_{44}$tet$^{5}$ts$^{h}$iəu$^{53}_{44}$pu$^{35}$ɲiɔŋ$^{13}_{21}$tsɿ$^{0}$si$^{21}$li$^{0}$,ci$^{13}_{21}$ŋɔi$^{53}$ʂʅ$^{53}$uɔi$^{53}$lɔi$^{13}_{21}$ɲin$^{13}_{21}$ne$^{0}$.ŋɔi$^{53}$ʂʅ$^{53}$çiau$^{21}$tek$^{3}$mak$^{3}$ɲin$^{13}_{44}$pa$^{0}$?ŋɔi$^{53}$ʂʅ$^{53}$,ɲiɔŋ$^{13}$cia$^{35}_{44}$ke$^{53}_{44}$. ②外姓的俗称：请～（发烛）。ts$^{h}$iaŋ$^{53}$ŋɔi$^{53}$ʂʅ$^{53}_{44}$.

【外氏旗】ŋɔi$^{53}$ʂʅ$^{53}$c$^{h}$i$^{13}$ 名标有女性死者娘家姓氏的旗子，多用于送葬活动：欸，箇个死哩人还山个时候子啊，欸族旗就走面前，～就䝻稳去。欸，䝻稳就系外氏个旗。e$_{21}$,kai$^{53}$ke$^{53}_{44}$si$^{21}$li$^{0}$ɲin$^{13}$fan$^{13}_{21}$san$^{35}$ke$^{53}$ʂʅ$^{13}$xei$^{53}$tsɿ$^{0}$a$^{0}$,e$_{21}$ts$^{h}$əuk$^{5}$c$^{h}$i$^{13}$ts$^{h}$iəu$^{53}$tsei$^{21}$mien$^{53}$ts$^{h}$ien$^{13}$,ŋɔi$^{53}$ʂʅ$^{53}$c$^{h}$i$^{13}$ts$^{h}$iəu$^{53}$ɲia$^{13}$uən$^{21}$çi$^{53}$.e$_{21}$, ɲia$^{13}$uən$^{21}$ts$^{h}$iəu$^{53}_{44}$xe$^{53}_{44}$ŋɔi$^{53}$ʂʅ$^{53}$ke$^{53}$c$^{h}$i$^{13}_{21}$.

【外孙】ŋɔi$^{53}$sən$^{35}$ 名女儿的儿子：我媄子就有六只～，我有六只外甥啊。ŋai$^{13}_{21}$ɔi$^{35}$tsɿ$^{0}$ts$^{h}$iəu$^{53}_{44}$iəu$^{35}$liəuk$^{3}$tʂak$^{3}$ŋɔi$^{53}$sən$^{35}_{44}$,ŋai$^{13}$iəu$^{35}_{53}$liəuk$^{3}$tʂak$^{3}$ŋɔi$^{53}$saŋ$^{35}$ŋa$^{0}$.

【外孙郎】ŋɔi$^{53}$sən$^{35}$lɔŋ$^{13}$ 名外孙女婿：我媄子冇得外孙女，所以就一只～都冇得。ŋai$^{13}_{21}$ɔi$^{35}$tsɿ$^{0}$mau$^{13}$tek$^{3}$ŋɔi$^{53}$sən$^{35}$ŋ̍$^{21}$,so$^{21}$i$^{35}_{53}$ts$^{h}$iəu$^{53}_{44}$iet$^{3}$tʂak$^{3}$ŋɔi$^{53}$sən$^{35}_{44}$lɔŋ$^{13}_{21}$təu$^{35}_{53}$mau$^{13}_{21}$tek$^{3}$.

【外孙女】ŋɔi$^{53}$sən$^{35}$ŋ̍$^{21}$ 名女儿的女儿：我就我三只老妹子冇得一只妹子，尽赖子。对我爷媄来讲对我媄子来讲，渠冇得一只子～，冇得～，只有外孙。ŋai$^{13}$ts$^{h}$iəu$^{53}$ŋai$^{13}$san$^{35}$tʂak$^{3}$lau$^{21}$mɔi$^{53}$tsɿ$^{0}$mau$^{13}$tek$^{3}$iet$^{3}$tʂak$^{3}$mɔi$^{53}$tsɿ$^{0}$,ts$^{h}$in$^{53}$lai$^{53}$tsɿ$^{0}$.tei$^{53}$ŋai$^{13}_{44}$ia$^{13}$ɔi$^{35}$lɔi$^{13}_{21}$kɔŋ$^{21}$tei$^{53}$ŋai$^{13}_{21}$ɔi$^{35}$tsɿ$^{0}$lɔi$^{13}_{44}$kɔŋ$^{21}$,ci$^{13}_{21}$mau$^{13}$tek$^{3}$iet$^{3}$tʂak$^{3}$tsɿ$^{0}$ŋɔi$^{53}$sən$^{35}$ŋ̍$^{21}$,mau$^{13}$tek$^{3}$ŋɔi$^{53}$sən$^{35}$ŋ̍$^{21}$,tʂʅ$^{21}$iəu$^{35}_{44}$ŋɔi$^{53}$sən$^{35}$. | 我就有一只～，同我箇只孙子同年。ŋai$^{13}$ts$^{h}$iəu$^{53}$iəu$^{35}$iet$^{3}$tʂak$^{3}$ŋɔi$^{53}$sən$^{35}_{44}$ŋ̍$_{21}$,t$^{h}$əŋ$^{13}$ŋai$^{13}$kai$^{53}$(tʂ)ak$^{3}$sən$^{35}$tsɿ$^{0}$t$^{h}$əŋ$^{13}_{21}$ɲien$^{13}_{21}$.

【外孙嫂】ŋɔi$^{53}$sən$^{35}$sau$^{21}$ 名外孙媳妇儿：我媄子就有四只外～了啊。六只外孙讨嘿四个了哇，有四只～。ŋai$^{13}_{21}$ɔi$^{35}$tsɿ$^{0}$ts$^{h}$iəu$^{53}_{21}$iəu$^{35}$si$^{53}$tʂak$^{3}$ŋɔi$^{53}$sən$^{35}$sau$^{21}$liau$^{21}$a$^{0}$.liəuk$^{3}$tʂak$^{3}$ŋɔi$^{53}$sən$^{35}_{44}$t$^{h}$au$^{21}$xek$^{3}$si$^{53}$cie$^{53}$liau$^{0}$ua$^{0}$,iəu$^{35}$si$^{53}$tʂak$^{3}$ŋɔi$^{53}$sən$^{35}$sau$^{21}$.

【外姓】uai$^{53}$siaŋ$^{53}$ 名本宗族以外的姓氏：箇就各姓个吵，～个吵，系唔系啊？kai$^{53}_{44}$ts$^{h}$iəu$^{53}_{44}$kɔk$^{3}$siaŋ$^{53}_{44}$ke$^{53}_{44}$ʂa$^{0}$,uai$^{53}$siaŋ$^{53}$ke$^{53}_{44}$ʂa$^{0}$,xei$^{53}_{44}$mei$_{44}$(←m̩$^{13}$xei$^{53}$)a$^{0}$?

【弯$_{1}$】uan$^{35}$ 形弯曲：砉钩耙是箇只箇个～个。lən$^{13}_{21}$kei$^{35}_{44}$p$^{h}$a$^{13}$ʂʅ$^{53}_{44}$kai$^{53}$tʂak$^{3}$kai$^{53}_{44}$ke$^{53}_{44}$uan$^{35}$ke$^{53}_{44}$,.

【弯$_{2}$】uan$^{35}$ 动使弯曲：～起脚 uan$^{35}$çi$^{21}$ciɔk$^{3}$ 蜷腿 | ～转来 uan$^{35}$tʂɔn$^{21}$nɔi$^{13}_{44}$ | ～腰，然后再咁子。再咁子舞下去。uan$^{35}_{44}$iau$^{35}_{44}$,vien$^{13}_{21}$xei$^{53}_{44}$tsai$^{53}$kan$^{21}$tsɿ$^{0}$.tsai$^{53}$kan$^{21}$tsɿ$^{0}$u$^{21}$(x)a$^{53}_{44}$çi$^{53}$. | （铁丝镜子）底下还～只子箇样脚子。te$^{21}$xa$^{53}$xa$^{13}_{21}$uan$^{35}$tʂak$^{3}$tsɿ$^{0}$kai$^{53}_{44}$iɔŋ$^{53}_{44}$ciɔk$^{3}$tsɿ$^{0}$.

【弯$_{3}$】uan$^{35}$ 名弯子：箇就转哩两下～了。kai$^{53}_{44}$ts$^{h}$iəu$^{53}_{44}$tʂɔn$^{21}$ni$^{0}$iɔŋ$^{21}$xa$^{53}$uan$^{35}$niau$^{0}$.

【弯路$_{1}$】uan$^{35}$ləu$^{53}$ 名本指不直的道路，比喻因不得法或失误而花费冤枉工夫的方法：我等做事啊经常走～，䁅注意得。ŋai$^{13}$tien$^{0}$tso$^{53}$sɿ$^{53}$a$^{0}$cin$^{35}$tʂ$^{h}$ɔŋ$^{13}_{44}$tsei$^{21}$uan$^{35}$ləu$^{53}$,maŋ$^{13}_{21}$tʂʮ$^{53}$i$^{53}$tek$^{3}$.

【弯路$_{2}$】uan$^{35}$ləu$^{53}$ 动拐弯；不按止常路线走：～就到脚我屋下去嫐下子啊。uan$^{35}$ləu$^{53}$ts$^{h}$iəu$^{53}_{44}$tau$^{53}$ciɔk$^{3}$ŋai$^{13}$uk$^{3}$xa$^{53}_{44}$çi$^{53}_{44}$liau$^{53}$xa$^{53}_{21}$tsɿ$^{0}$a$^{0}$.

【弯弯毂毂】uan$^{35}$uan$^{35}$tsiəu$^{53}$tsiəu$^{53}$ 弯弯扭扭的样子：箇个岭上个树哇尽系～，冇得用。kai$^{53}$(k)e$^{53}_{44}$liaŋ$^{35}$xɔŋ$^{53}_{44}$ke$^{53}_{44}$ʂəu$^{53}$ua$^{0}$ts$^{h}$in$^{53}$xe$^{53}_{21}$uan$^{35}$uan$^{35}$tsiəu$^{53}$tsiəu$^{53}$,mau$^{13}_{21}$te$^{35}_{53}$iəŋ$^{53}$.

【弯弯子】uan$^{35}$uan$^{35}$tsɿ$^{0}$ 形弯曲貌：（篮子）有只～个揠……提手个东西。iəu$^{35}_{44}$tʂak$^{3}$uan$^{35}_{44}$uan$^{35}_{44}$tsɿ$^{0}$ke$^{53}_{44}$ia$^{21}$ʂ…t$^{h}$ia$^{35}$ʂəu$^{21}$ke$^{53}_{44}$təŋ$^{35}_{44}$si$^{0}$. | （狗爪豆）两头～。iɔŋ$^{21}$t$^{h}$əu$^{13}_{21}$uan$^{35}$uan$^{35}$tsɿ$^{0}$.

【弯腰驼背】uan$^{35}$iau$^{35}$t$^{h}$o$^{13}$pɔi$^{53}$ 指弯着腰驼着背做事，形容非常费力：欸箇到我赖子渠搞做只么个，去张坊中学做只咁个么个电子屏，系啊？电子屏呢每一只箇个电子屏个板呢爱点电焊呐，爱接头啦，爱舞几到，每一只咁个都爱搞咁多。好，以下嘞，整个箇只电子屏呢有四百多块板。渠开头咯放正地泥下来，我话你是硬真系唔得了。箇几苦子凑，放正地泥下来～来去下子搞。四百多块，系话几块子成十块子就。我话你放下光窗窗台上来搞吵，光窗个窗台上啊。渠只有咁大子一块板呢，比以本书大滴子嘞。我话你放下箇窗台上来做吵，踮腰踮势子几好子嘞？硬放下地泥下。e$_{21}$kai$^{53}$tau$^{53}$ŋai$^{13}$lai$^{53}$tsɿ$^{0}$ci$^{13}_{21}$kau$^{21}$tso$^{53}$tʂak$^{3}$mak$^{3}$ke$^{53}$,çi$^{53}$tʂɔŋ$^{35}_{44}$fɔŋ$^{35}_{44}$tʂəŋ$^{35}_{44}$çiɔk$^{5}$tso$^{53}$tʂak$^{3}$kan$^{21}_{44}$kei$^{53}_{44}$mak$^{3}$ke$^{53}_{44}$t$^{h}$ien$^{53}$tsɿ$^{0}$p$^{h}$in$^{13}$,xei$^{53}$a$^{0}$?t$^{h}$ien$^{53}$tsɿ$^{0}$p$^{h}$in$^{13}$ne$^{0}$mei$^{35}$iet$^{3}$tʂak$^{3}$kai$^{53}$kei$^{53}_{44}$t$^{h}$ien$^{53}$tsɿ$^{0}$p$^{h}$in$^{13}$ke$^{53}$pan$^{21}$nei$^{0}$ɔi$^{53}$tian$^{21}$t$^{h}$ien$^{53}$xɔn$^{53}$na$^{0}$,ɔi$^{53}$tsiait$^{3}$t$^{h}$ei$^{13}$la$^{0}$,ɔi$^{53}$u$^{21}$ci$^{21}_{13}$tau$^{53}$,mei$^{35}$iet$^{3}$tʂak$^{3}$kan$^{21}$ke$^{53}$təu$^{35}$ɔi$^{53}$kau$^{21}$kan$^{21}_{13}$to$^{35}_{53}$.xau$^{21}$,i$^{21}$xa$^{53}$lei$^{0}$,tʂən$^{21}$ko$^{53}$kai$^{53}$tʂak$^{3}$t$^{h}$ien$^{53}$tsɿ$^{0}$p$^{h}$in$^{13}$nei$^{0}$iəu$^{35}$si$^{53}$pak$^{3}$to$^{35}_{44}$k$^{h}$uai$^{53}$pan$^{21}$.ci$^{13}_{21}$k$^{h}$ɔi$^{35}$t$^{h}$ei$^{13}_{21}$ko$^{0}$fɔŋ$^{53}_{44}$tʂaŋ$^{53}_{44}$t$^{h}$i$^{53}$lai$^{13}_{21}$xa$^{35}$lɔi$^{13}_{21}$,ŋai$^{13}$ua$^{53}$ɲi$^{13}_{21}$ʂʅ$^{53}_{44}$ɲiaŋ$^{53}$tʂən$^{35}$xei$^{53}$n̩$^{13}$tek$^{3}$liau$^{21}$.kai$^{53}$ci$^{21}$k$^{h}$u$^{21}$tsɿ$^{0}$ts$^{h}$e$^{0}$,fɔŋ$^{53}$tʂaŋ$^{53}$t$^{h}$i$^{53}$lai$^{13}_{21}$xa$^{35}$lɔi$^{13}_{21}$uan$^{35}$iau$^{35}$t$^{h}$o$^{13}$pɔi$^{53}$lɔi$^{13}$çi$^{53}$xa$^{53}$tsɿ$^{0}$kau$^{21}$.si$^{53}$pak$^{3}$to$^{35}$k$^{h}$uai$^{53}$,xei$^{53}$ua$^{53}$ci$^{21}$k$^{h}$uai$^{53}$tsɿ$^{0}$

ʂaŋ$^{13}$ʂɔt$^{5}$ kʰuai$^{53}$tsɿ$^{0}$ tsʰiəu$^{53}_{21}$.ŋai$^{13}$ua$^{53}$ɲi$^{13}$fɔŋ$^{53}$xa$^{53}$kɔŋ$^{35}$tsʰəŋ$^{35}_{44}$tsʰɔŋ$^{35}$tʰɔi$^{13}_{21}$xɔŋ$^{53}$lai$^{13}_{21}$kau$^{21}$ʂa$^{0}$,kɔŋ$^{35}$tsʰəŋ$^{35}$ke$^{0}$ tsʰəŋ$^{35}$tʰɔi$^{13}_{21}$xɔŋ$^{53}$ŋa$^{0}$.ci$^{13}_{21}$tʂʅ$^{21}$iəu$^{35}_{53}$kan$^{21}$tʰai$^{53}$tsɿ$^{0}$ iet$^{3}$ kʰuai$^{53}$pan$^{21}$ne$^{0}$,pi$^{21}$i$^{21}$pən$^{21}$ʂəu$^{35}$tʰai$^{53}$tiet$^{5}$ tsɿ$^{0}$ lei$^{0}$.ŋai$^{13}_{44}$ (u)a$^{53}_{44}$ɲi$^{13}$fɔŋ$^{53}$xa$^{53}$kai$^{53}_{44}$tsʰɔŋ$^{35}$tʰɔi$^{13}_{21}$xɔŋ$^{53}$lɔi$^{13}_{21}$tso$^{53}_{44}$ʂa$^{0}$,tien$^{35}$iau$^{35}_{44}$tien$^{35}_{44}$ʂʅ$^{53}$tsɿ$^{0}$ ci$^{21}$xau$^{21}$tsɿ$^{0}$ lei$^{0}$ ?ɲiaŋ$^{53}$fɔŋ$^{53}_{44}$ŋa$^{0}$ tʰi$^{53}$ lai$^{13}_{21}$xa$^{35}$.

【湾】uan$^{35}$ 名地理通名。多用于河流、道路等转弯的地方：丁家～ tin$^{35}_{44}$ka$^{35}_{44}$uan$^{35}$ | 青泥～ tsʰiaŋ$^{35}_{44}$ɲi$^{13}_{21}$uan$^{35}$ | 我等凤溪就有只下塘～。ŋai$^{13}_{21}$tien$^{0}$ fəŋ$^{53}$çi$^{35}_{44}$tsʰiəu$^{53}_{21}$iəu$^{35}$tʂak$^{3}$ xa$^{35}$tʰɔŋ$^{13}_{21}$uan$^{35}$. | 以只李家～就箇条路拐哩弯呢。i$^{21}$tʂak$^{3}$ li$^{21}$ka$^{35}_{44}$uan$^{35}_{44}$tsʰiəu$^{53}_{44}$kai$^{53}_{44}$tʰiau$^{13}_{44}$ləu$^{53}$kuai$^{21}$li$^{0}$ uan$^{35}$nei$^{0}$. | 箇皇岗下背有一只沙头～呶，箇沙头～就箇河拐哩弯呢。kai$^{53}$uɔŋ$^{13}$kɔŋ$^{35}_{44}$xa$^{53}_{44}$pɔi$^{53}_{44}$iəu$^{35}$iet$^{3}$ tʂak$^{3}$ sa$^{35}$tʰei$^{13}_{21}$uan$^{35}$ nau$^{0}$,kai$^{53}_{44}$sa$^{35}$tʰei$^{13}_{21}$uan$^{35}_{44}$tsʰiəu$^{53}$kai$^{53}$xo$^{13}$kuai$^{21}$li$^{0}$ uan$^{35}$nei$^{0}$.

【豌豆仁】uan$^{35}$tʰei$^{53}$in$^{13}$ 名去荚的蚕豆：剥开来个就～。pɔk$^{3}$ kʰɔi$^{35}_{44}$lɔi$^{13}_{44}$ke$^{53}_{44}$tsʰiəu$^{53}_{44}$uan$^{35}_{44}$tʰei$^{53}_{44}$in$^{13}$.

【豌豆子】uan$^{35}$tʰəu$^{53}_{44}$tsɿ$^{0}$ 名一年生藤本作物，果实有荚，嫩茎叶、嫩荚和种子可食用：禾田里栽～都栽得啊。uo$^{13}$tʰien$^{13}$li$^{0}$ tsɔi$^{35}$uan$^{35}$tʰəu$^{53}_{44}$tsɿ$^{0}$ təu$^{35}_{44}$tsɔi$^{35}$tek$^{3}$ a$^{0}$.

【丸子】ien$^{13}$tsɿ$^{0}$ 名药片或像药片的东西：安乃近呐箇起～啊！ŋɔn$^{35}$nai$^{21}$cʰin$^{53}$na$^{0}$ kai$^{53}_{44}$çi$^{21}_{44}$ien$^{13}$tsa$^{0}$! | 我等就买倒箇起（火子）箇只一盒一盒一买倒，就同我现在买个嘿嘿嘿～样啊，系唔系啊？ŋai$^{13}$tien$^{0}$ tsʰiəu$^{53}_{44}$mai$^{35}$tau$^{21}$kai$^{53}_{44}$çi$^{21}$kai$^{53}_{44}$iak$^{3}$ (←tʂak$^{3}$ )iet$^{3}$ xak$^{5}$ iet$^{3}$ xak$^{5}$ iet$^{3}$ mai$^{35}$tau$^{21}$,tsʰiəu$^{53}_{44}$tʰəŋ$^{13}_{21}$ŋai$^{13}_{21}$çien$^{53}_{44}$ tsai$^{53}_{44}$mai$^{53}$ke$^{53}_{44}$xei$_{53}$xei$_{21}$xei$_{53}$ien$^{13}$tsɿ$^{0}$ iɔŋ$^{53}_{44}$a$^{0}$,xei$^{53}_{44}$me$^{53}_{44}$a$^{0}$?

【完$_{1}$】uɔn$^{13}$ 形整体的，整只的，完好的：箇个～筒筒样个嘞明笋呢就完只子去榨个。kai$^{53}$ ke$^{53}$uɔn$^{13}$tʰəŋ$^{13}_{44}$tʰəŋ$^{13}$iɔŋ$^{53}_{44}$ke$^{53}_{44}$lei$^{0}$ min$^{13}$sən$^{21}$nei$^{0}$ tsʰiəu$^{53}$uɔn$^{13}$tʂak$^{3}$ tsɿ$^{0}$ çi$^{53}_{44}$tsa$^{53}$ke$^{53}$. | 哦，以前我等婿郎渠等学堂里有兜老师啊退休老师啊真舍得食。渠过年了欸渠买一只～牛，买一条牛哇，～个买倒，剮倒，一家人欸皮箇个就熬膏哇，箇肉箇兜就食咁去啊，一家人食只～牛。过年，买条牛，～个。嗯，蛮舍得。o$_{53}$,i$^{35}_{53}$tsʰien$^{13}_{21}$ŋai$^{13}$tien$^{0}$ sei$^{53}$lɔŋ$^{13}_{21}$ci$^{13}_{21}$tien$^{0}$ xɔk$^{5}$ tʰɔŋ$^{13}_{21}$li$^{0}$ iəu$^{35}_{53}$te$^{35}_{53}$lau$^{21}$sɿ$^{35}_{44}$a$^{0}$ tʰei$^{53}$ çiəu$^{35}_{44}$lau$^{21}$sɿ$^{35}_{44}$a$^{0}$ tʂən$^{35}$ʂa$^{21}$(t)ek$^{3}$ ʂɔt$^{5}$.ci$^{13}_{21}$ko$^{53}$ɲien$^{13}_{21}$liau$^{0}$ ei$^{0}$ ci$^{13}_{21}$mai$^{35}$iet$^{3}_{5}$ tʂak$^{3}$ uɔn$^{13}$ɲiəu$^{13}$,mai$^{35}$iet$^{3}$ tʰiau$^{13}_{21}$ɲiəu$^{13}$ ua$^{0}$,uɔn$^{13}$cie$^{53}_{44}$mai$^{35}$tau$^{21}$,tʂʰʅ$^{13}$tau$^{21}$,iet$^{3}$ ka$^{35}$ɲin$^{13}_{44}$e$_{21}$pʰi$^{13}$kai$^{53}_{44}$tei$^{35}_{53}$tsʰiəu$^{13}_{21}$ŋau$^{21}$kau$^{35}$ua$^{0}$,kai$^{53}_{44}$ɲiəuk$^{3}$ kai$^{53}_{44}$tei$^{35}_{44}$ tsʰiəu$^{53}_{21}$ʂɔt$^{5}$ kan$^{21}$çi$^{53}_{44}$a$^{0}$,iet$^{3}$ ka$^{35}$ɲin$^{13}_{44}$ʂɔt$^{5}$ tʂak$^{3}$ uɔn$^{13}$ɲiəu$^{13}$.ko$^{53}$ɲien$^{13}$,mai$^{35}$tʰiau$^{13}_{21}$ɲiəu$^{13}$,uɔn$^{13}$ke$^{53}$.n̩$_{21}$,man$^{13}$ʂa$^{21}$ tek$^{3}$.

【完$_{2}$】uɔn$^{13}$ 动①全部买下：今晡你扛一袋黄豆子来卖，我同你～倒，下买倒。你箇一袋黄豆子啊，我下买倒，我同你～倒。cin$^{35}$pu$^{35}_{44}$ɲi$^{13}$kʰuai$^{21}$iet$^{3}$ tʰɔi$^{53}$uɔŋ$^{13}$tʰei$^{53}$tsɿ$^{0}$ lɔi$^{13}_{21}$mai$^{53}$,ŋai$^{13}$tʰəŋ$^{13}_{44}$ɲi$^{13}_{44}$ uɔn$^{13}$tau$^{21}$,xa$^{53}$mai$^{35}$tau$^{21}_{44}$. ɲi$^{13}$kai$^{53}$iet$^{3}$ tʰɔi$^{53}$uɔŋ$^{13}$tʰei$^{53}$tsɿ$^{0}$ a$^{0}$,ŋai$^{13}$xa$^{53}$mai$^{35}_{44}$tau$^{21}_{44}$,ŋai$^{13}_{44}$tʰəŋ$^{13}_{44}$ɲi$^{13}_{44}$uɔn$^{13}$tau$^{21}$. ②整体买下；完整买下：欸，打比买条牛，你屋下有条黄牛爱卖，系啊？我唔同你称，我同你～。唔过秤，同你～。就一条牛都买倒，称都唔称哩，系唔系？或者一万块钱或者八千块钱，～倒。e$_{21}$,ta$^{21}$pi$^{21}$mai$^{35}$tʰiau$^{13}_{21}$ɲiəu$^{13}$, ɲi$^{13}_{21}$uk$^{3}$ xa$^{53}_{44}$iəu$^{35}_{53}$tʰiau$^{13}_{21}$uɔŋ$^{13}$ɲiəu$^{13}_{21}$ɔi$^{53}$mai$^{53}$,xei$^{53}$a$^{0}$?ŋai$^{13}_{21}$n̩$^{13}$tʰəŋ$^{13}_{44}$ɲi$^{13}_{44}$tʂʰən$^{53}$, ŋai$^{13}_{44}$tʰəŋ$^{13}_{44}$ɲi$^{13}_{44}$uɔn$^{13}$.n̩$^{13}$ko$^{53}_{44}$tʂʰən$^{53}$,tʰəŋ$^{13}_{44}$ɲi$^{13}_{44}$uɔn$^{13}$.tsʰiəu$^{53}$iet$^{3}$ tʰiau$^{13}$ɲiəu$^{13}_{21}$təu$^{35}_{44}$mai$^{35}$tau$^{21}$,tʂʰən$^{53}$təu$^{35}_{53}$n̩$^{13}$tʂʰən$^{53}$ ni$^{0}$,xei$^{53}_{44}$me$^{53}_{44}$?xɔit$^{5}$ tʂa$^{21}$iet$^{3}$ uan$^{53}$kʰuai$^{53}$tsʰien$^{13}_{21}$xɔit$^{5}$ tʂa$^{21}$pait$^{3}$ tsʰien$^{35}_{44}$kʰuai$^{53}$tsʰien$^{13}_{21}$,uɔn$^{13}$tau$^{21}$.

【完裆裤】uɔn$^{13}$tɔŋ$^{35}$fu$^{53}$ 名连裆裤；裆里不开口的裤子：欸我等箇只孙子还正两岁多子，就唔同渠着开裆裤了，尽着～。欸，漓哩屎尿嘞就放兜尿不湿去。e$^{0}$ ŋai$^{13}$tien$^{0}$ kai$^{53}$tʂak$^{3}$ sən$^{35}$tsɿ$^{0}$ xan$^{13}_{21}$ tʂaŋ$^{53}_{44}$iɔŋ$^{21}$sɔi$^{53}_{44}$to$^{35}$tsɿ$^{0}$,tsʰiəu$^{53}$n̩$^{13}$tʰəŋ$^{13}_{44}$ci$^{13}_{44}$tʂɔk$^{3}$ kʰɔi$^{35}$tɔŋ$^{35}$fu$^{53}$liau$^{0}$,tsʰin$^{53}$tʂɔk$^{3}$ uɔn$^{13}$tɔŋ$^{35}_{44}$fu$^{53}$.e$_{21}$,lai$^{13}$li$^{0}$ ʂʅ$^{21}$ ɲiau$^{53}_{44}$lei$^{0}$ tsʰiəu$^{53}$fɔŋ$^{53}_{44}$tei$^{35}_{44}$ɲiau$^{53}$pət$^{3}$ ʂət$^{3}$ çi$^{53}_{21}$.

【完段】uɔn$^{13}$tɔn$^{53}$ 形完整；没有破损残缺：砻一到谷，就分谷壳剥开来，但是分唔开啦，分就分唔开啦。分谷壳剥开来，咁子去踏，箇米更～。ləŋ$^{13}$iet$^{3}$ tau$^{53}$kuk$^{3}$,tsʰiəu$^{53}_{44}$pən$^{35}_{44}$kuk$^{3}$ kʰɔk$^{3}$ pɔk$^{3}$ kʰɔi$^{35}$lɔi$^{13}_{21}$,tan$^{53}$ʂʅ$^{53}$fən$^{35}$n̩$^{13}_{21}$kʰɔi$^{35}$la$^{0}$,fən$^{35}$tsiəu$^{53}$fən$^{35}_{44}$n̩$^{13}_{21}$kʰɔi$^{35}_{44}$la$^{0}$.pən$^{35}$kuk$^{3}$ kʰɔk$^{3}$ pɔk$^{3}$ kʰɔi$^{35}$lɔi$^{13}_{21}$,kan$^{21}_{13}$tsɿ$^{0}$ çi$^{53}$tʰait$^{5}$,kai$^{53}$mi$^{21}$cien$^{53}$uɔn$^{13}$tɔn$^{53}$.

【完坟】ien$^{13}$fən$^{13}$ 动安葬逝者完毕，孝家带香烛、三牲去坟上祭奠：葬正哩了就～呐。箇又主家又分人去呀，孝家又分人去呀。带滴香烛箇只啦，带滴香烛，呣，带滴子鸡鱼肉三牲。也到箇映去敬下子啊。就安做～呐。完哩坟就冇么啊事了，你就归。就全部都归去哩。箇岭上个活动就结束哩。tsɔŋ$^{53}$tʂaŋ$^{53}$li$^{0}$ liau$^{0}$ tsʰiəu$^{53}$ien$^{13}_{21}$fən$^{13}$na$^{0}$.kai$^{53}_{44}$iəu$^{53}$tʂʮ$^{21}$ka$^{35}_{44}$iəu$^{53}$pən$^{35}_{44}$ɲin$^{13}_{21}$çi$^{53}_{44}$ia$^{0}$,xau$^{53}$ ka$^{35}_{44}$iəu$^{53}$pən$^{35}_{44}$ɲin$^{13}_{21}$çi$^{53}_{44}$ia$^{0}$.tai$^{53}_{44}$tiet$^{5}_{3}$ çiɔŋ$^{35}$tʂəuk$^{3}$ kai$^{53}_{44}$tʂak$^{3}$ la$^{0}$,tai$^{53}_{44}$tiet$^{5}_{3}$ çiɔŋ$^{35}$tʂəuk$^{3}$,m̩$_{21}$,tai$^{53}_{44}$tiet$^{5}_{3}$ tsɿ$^{0}$ cie$^{35}$ŋ̍$^{13}_{21}$ ɲiəuk$^{3}$ san$^{35}$sien$^{35}_{44}$.ie$^{21}_{44}$tau$^{53}_{44}$kai$^{53}_{44}$iaŋ$^{53}_{44}$çi$^{53}_{44}$cin$^{53}$na$^{53}_{44}$tsa$^{0}$.tsʰiəu$^{53}_{44}$ɔn$^{35}_{44}$tso$^{53}_{44}$ien$^{13}$fən$^{13}$na$^{0}$.ien$^{13}$li$^{0}$ fən$^{13}$tsʰiəu$^{53}$mau$^{13}_{21}$ mak$^{3}$ a$^{0}$ sɿ$^{53}_{44}$liau$^{0}$, ɲi$^{13}_{21}$tsʰiəu$^{53}_{44}$kuei$^{35}$.tsʰiəu$^{53}_{44}$tsʰien$^{13}_{21}$pʰu$^{53}_{44}$təu$^{35}_{44}$kuei$^{35}_{44}$çi$^{53}_{44}$li$^{0}$.kai$^{53}_{44}$liaŋ$^{35}$xɔŋ$^{53}_{44}$ke$^{53}_{44}$xɔit$^{5}$ tʰəŋ$^{53}_{44}$tsiəu$^{53}_{44}$

W

ciet3 tʂʰəuk5 li0.

【完工】ien13kəŋ35 动做完一件事：以下是也会易得～了。i21xa53/44ʂʅ53/44ia35uɔi53/44i53/21tek3 ien13kəŋ35liau0.

【完全】xɔn13tsʰien13 副纯粹；全然。有"AAB"重叠式：还㫘～黄嘿。xai13maŋ13xɔn13tsʰien13/44 uəŋ13xek3.｜又过路厅子又不～系指箇只厅子嘞。iəu53ko53ləu53tʰaŋ35/44tsʅ0 iəu53pət3 xɔn13tsʰien13/44xe53tʂʅ21 kai53tʂak3 tʰaŋ35/44tsʅ0 lei0.｜渠又唔完完全论箇大细来舞嘞。ci13iəu53n̩13xɔn13/35xɔn13tsʰien13/44lən53kai53/44tʰai53 se53lɔi13u21lei0.

【完身】uɔn13ʂən35 名身躯；身体：一个人着衫裤只着得咁多，只有一只～呢。iet3 ke53ɲin13tʂɔk3 san35fu53tʂət3 tʂɔk3 tek3 kan21to35/44,tʂət3 iəu35/53iet3 tʂak3 uɔn13ʂən35/44ne0.｜我只～忒胖哩滴子。我个～呐忒胖哩滴子。ŋai13tʂak3 uɔn13ʂən35/44tʰet3 pʰɔŋ53li0 tiet5 tsʅ0.ŋai13ke53uɔn13ʂən35/44na0 tʰet3 pʰɔŋ53li0 tiet5 tsʅ0.｜有兜妹子人呐做又做么个唔得，系唔系？又爱做。做唔得事，但是又生活逼倒渠爱做，身体唔好哇，做唔得事啊，安做"小姐个～丫鬟个命"。iəu35te35/44mɔi53tsʅ0 ɲin13na0 tso53iəu53/44tso53mak3 e0 n̩13/21tek3,xei53 me53?iəu53/44ɔi53tso53.tso53n̩13/21tek3 sʅ53,tan53ʂʅ53iəu53sen35xɔit5 piet3 tau21ci13/21ɔi53tso53,ʂən35tʰi21n̩13xau21ua0,tso53n̩13/21 tek3 sʅ53a0,ɔn35tso53/44"siau21tsia21ke53uɔn13ʂən35a35fan13/21ke53/44miaŋ53".

【完条】uɔn13tʰiau13/21 形整条的：一条一条上个～个杉树，就安做桁子。iet3 tʰiau13/21iet3 tʰiau13/21ʂɔŋ35/44 ke53/44uɔn13tʰiau13/21ke53/44sa35ʂəu53/21,tsʰiəu53/44ɔn35/44tso53/44xaŋ13tsʅ0.

【完筒子树】uɔn13tʰəŋ13tsʅ0ʂəu53 指未用锯和斧加工成方形的木料：箇棺材唔系～来做？系啊？做屋箇滴唔系～来做？kai53/44kɔn35tsʰɔi13/44m̩13/21pʰe53uɔn13tʰəŋ13/44tsʅ0 ʂəu53lɔi13/21tso53?xei53/44a0?tso53uk3 kai53tiet3 m̩13 pʰei53uɔn13tʰəŋ13/44tsʅ0 ʂəu53lɔi13/21tso53?

【完完段段】uɔn13uɔn13tɔn53tɔn53 形状态词。完完整整；没有残缺或损坏。也称"完完段段子"：我等箇有只人去读书哇，系啊？一滴子么个都㫘读，呃读一年书两年书哇，读么个读大学啊读职业学校啊，系唔系？箇个书都～子哦，动都㫘动啊。完完整整个拿归来，我看下子渠个书哇，～呐，动都㫘动噢，字都㫘写一只啊，～。ŋai13tien0 kai53iəu35tʂak3 ɲin13/21çi53/44tʰəuk5 ʂəu35 ua0,xei53/44a0?iet3 tiet5 tsʅ0 mak3 e0 təu35/44maŋ13/21tʰəuk5,ə0 tʰəuk5 iet3 ɲien13/21ʂəu35/21iɔŋ21ɲien13/21ʂəu35/44ua0,tʰəuk5 mak3 e0 tʰəuk5 tʰai53çiɔk3 a0 tʰəuk5 tʂət3 ɲiait3 çiɔk3 ciau53a0,xei53me53/44?kai53/44ke53/44ʂəu35təu35/44uɔn13uɔn13tɔn53tɔn53tsʅ0 o0, tʰəŋ35təu35/53maŋ13/21tʰəŋ35/44ŋa0.uan13uan13/44tʂən21tʂən21ke0 la53kuei35/44lɔi13/21,ŋai13kʰɔn53xa53/44tsʅ0 ci13/44ke0 ʂəu35/44ua0,uɔn13 uɔn13/21tɔn53tɔn53na0,tʰəŋ35təu35/53maŋ13/21tʰəŋ35/44ŋau0,sʅ53təu35/53maŋ13/21sia21iet3 tʂak3 a0,uɔn13uɔn13/21tɔn53tɔn53/44.｜箇阵子我老弟子过哩房啊，系啊？渠箇只过房个婆婆，就如今还在个箇只婆婆，九十几岁个箇只婆婆啊，长日念零碎，嗯，渠长日念零碎，话我老弟子真懒呐，话我老弟子唔好哇，系啊？欸，渠就搞下子又："欸，我是以只人呐～子送转分你。我硬唔爱好哩，我要送……我～子送转分你啊。"只有以下就讲唔成哩，九十几岁了渠就唔讲哩。硬八十岁个时候子都七十几岁八十岁个时候子都还去下子讲，硬我老弟子都四十几岁了都还去下子讲凑。一把嘴巴冇么个讲唔出个，一只咁个人。kai53tʂʰən53tsʅ0 ŋai13/21lau21tʰe53tsʅ0 ko53li0 fɔŋ13ŋa0,xei53/44a0?ci13/21kai53tʂak3 ko53fɔŋ13ke53 pʰo13/21pʰo13/44,tsʰiəu53i13/21cin35/53xan13/21tsʰɔi53/44ke53kai53tʂak3 pʰo13pʰo13/44,ciəu21ʂət5 ci21sɔi53ke0 kai53tʂak3 pʰo13/21pʰo13/21a0, tʂʰɔŋ13ɲiet3 ɲian53laŋ13si53,n̩53,ci13/21tʂʰɔŋ13ɲiet3 ɲian53laŋ13si53,ua53ŋai13/21lau21tʰe53tsʅ0 tʂən35nan35na0,ua53ŋai13/21lau21 tʰe53tsʅ0 n̩13xau21ua0,xei53a0?e21,ci13tsʰiəu53kau21xa53/44tsʅ0 iəu53/35:"e21,ŋai13ʂʅ53i21tʂak3ɲin13na0 uɔn13uɔn13/21tɔn53tɔn53 tsʅ0 səŋ53tʂuɔn21pən35ɲi13/21.ŋai13ɲiaŋ53m̩13/21mɔi53xau21li0,ŋai13/21iau53/44səŋ53…ŋai13/21uɔn13uɔn13/21tɔn53tɔn53tsʅ0 səŋ53tʂuɔn21 pən35ɲi13/21a0."tʂʅ21iəu35/53i21xa53tsʰiəu53kɔŋ21n̩13/44ʂaŋ13li0,ciəu21ʂət5 ci21sɔi53liau0 ci13/21tsʰiəu53n̩13kɔŋ21li0. ɲiaŋ53pait3 ʂət5 sɔi53ke53/44ʂʅ13xəu53/44tsʅ0 təu35/44tsʰiet3 ʂət5 ci21sɔi53pait3 ʂət5 sɔi53ke53/44ʂʅ13xəu53/44tsʅ0 təu35/44xai13çi53xa53tsʅ0 kɔŋ21, ɲiaŋ53 ŋai13/21lau21tʰe53tsʅ0 təu35/44si53ʂət5 ci21sɔi53liau0 təu35/53xai13çi53xa53tsʅ0 kɔŋ21tsʰe0.iet3 pa21tsi21pa35/53mau13mak3 e0 kɔŋ21n̩13 tʂʰət3 ke0,iet3 tʂak3 kan21ke53ɲin13/21.

【完只1】uɔn13tʂak3 形完整无缺的：一只～脚盆。iet3 tʂak3 uɔn13tʂak3 ciɔk3 pʰən13.

【完只2】uɔn13tʂak3 副整个儿地。有"ABAB"重叠式。也称"完只子"：明笋就系箇笋炆熟哩以后，/～～去晒个。min13sən21tsʰiəu53/44xe53/44kai53/44sən21uɔn13ʂəuk5 li0 i35xei53/44,/uɔn13tʂak3 uɔn13tʂak3 çi53 sai53ke53.｜明笋系～子去榨个。min13sən21xe53uɔn13tʂak3 tsʅ0 çi53tsa53ke53.

【玩具】uan13tʂʯ53 名可供游戏玩弄的东西。也称"玩具子"：细人子玩哩～呀，到处丢。sei53 ɲin13/21tsʅ0 uan13ni0 uan13tʂʯ53ia0,tau53tʂʰəu21tiəu35/44.｜枪子是自家做个～手枪啊。tsʰiɔŋ35tsʅ0 ʂʅ53/44tsʰʅ35ka35/44 tso53ke53/44uan13tʂʯ53ʂəu21tsʰiɔŋ35a0.｜搞～子 kau21uan13tʂʯ53/44tsʅ0

【挽联】uan21lien13 名哀悼死者的对联：以下咯老哩人咯更唔多写～了嘞。我等箇映子咯，唔多写～了。箇我等搞箇个搞文案个人轻松多哩。只写下子么个嘞欸送箇有兜人送床被窝，送只么个床单呐做柩，就写下子祭账啊。写下子祭账，箇就轻松多哩。以前尽写挽联话嘞。i21 xa53ko0 lau21li0 ɲin13ko0 cien53ŋ̍13to35-53sia21uan21lien13liau21-44lei0 .ŋai13tien0 kai53iaŋ53tsɿ0 ko0 ,ŋ̍13to35-53sia21uan21lien13 liau0 .kai53ŋai13tien0 kau21kai53kei44kau21uən13ŋən13ke53ɲin13-21chiaŋ35-44səŋ35-44to35li0 .tʂɿ21sia21xa53tsɿ0 mak3 e0 lei0 e21 səŋ53kai53iəu35tei53ɲin13-21səŋ53tshəŋ13-21phi35 pho35-44,səŋ53tʂak3 mak3 kei53-44tshəŋ13tan35na0 tso53-44chiəu53,tsiəu53-44sia21xa53-44 tsɿ0 tsi53tʂəŋ53ŋa0 .sia21xa53-44tsɿ0 tsi53tʂəŋ53,kai53tshiəu53-21chiaŋ35-44səŋ35-44to35li0 .i35tshien13tshin53sia21uan21lien13ua53-44lei0 .

【晚辈】uan21pi53/pei53 名 辈分低的人，后辈：我等人做～个人呐硬爱尊敬老人家，孝敬老人家。ŋai13tien0 ɲin13-44tso53uan21pei53ke53ɲin13-44na0 ɲiaŋ53-44ɔi53-44tsən35cin53lau21ɲin13ka35-44,çiau53cin53lau21ɲin13ka35-44.

【晚姑】man35ku35 名 未出嫁的年轻女子：箇只妹子到底喊～啊大嫂？欸，莫搞错哩。系只～你话渠系大嫂是渠会呸呇你哈。kai53tʂak3 mɔi53tsɿ0 tau53ti21xan53-44man35ku35-44a0 thai53sau21?e21,mɔk5 kau21 tsho53li0 .xei53tʂak3 man35ku35-44ɲi13ua53-44ci21-21xe53-44thai53sau21ʂɿ53-44ci21-21uɔi53phiet5 tshiəu53ɲi13-21xa0 .｜我等箇有只老子，长日都做渠等话个长日都～样，雪白子，呃箇嘴巴边，一条胡子都看唔倒。我所晓得渠嘞，同箇赠长胡子样，长日去夹去扯，扯得洁净。渠冇得事嘞，渠也八十几岁正死。ŋai13tien0 kai53-44iəu35-53tʂak3 lau21tsɿ0 ,tʂhəŋ13ɲiet3 təu35-53tso53ci13tien0 ua53-44kei53-44tʂhəŋ13ɲiet3 təu35-53man35ku35iəŋ53-44,siet5 phak5 tsɿ0 , ə21kai53-44tsi21pa35-44pien35-44,iet3 thiau13u13-21tsɿ0 təu35-44khən53ŋ̍13-21tau21.ŋai13so21çiau21tek3 ci13lei0 ,thəŋ13kai53maŋ13tʂəŋ21fu13 tsɿ0 iəŋ53,tʂhəŋ13ɲiet3 çi53kait3 çi53tʂha21,tʂha21tek3 ciet5 tshiaŋ53.ci13-21mau13te35-53sɿ53lei0 ,ci13-44a35-44pait3 ʂət5 ci21sɔi53-44tʂaŋ53 si21.

【晚姑豆】man35ku35-44thei53 名 一种豆类。又称"白豆子"：还有起安做～嘞，我等映子有～呀。/哎，就白豆子唠，扁扁子唠。/雪白它。xai13-21iəu35-44çi21-44ɔn35-44tso53-44man35ku35-44thei53le0 ,ŋai13-21tien0 iaŋ53tsɿ0 iəu35-21man35ku35-44thei53-44ia0 ./ai21,tshiəu53-44phak5 thəu53tsɿ0 lau0 ,pien21pien21tsɿ0 lau0 ./siet5 phak5 tha35-44.｜还有起像花豆个嘞，同花豆相像个嘞就系～，白豆子啊，～呀，花豆嘞就系有花个。xai13-21iəu35-53çi21tshiəŋ53 fa35thei53ke53-44lei0 ,thəŋ13-21fa35thei53-44siəŋ35tshiəŋ53ke0 lei0 tshiəu53xe53man35ku35thei53,phak5 thei53tsɿ0 a0 ,man35ku35-44 thei53ia0 ,fa35thei53-44lei0 tshiəu53-44xei53-44iəu53-44fa35ke0 .

【晚姑个赖子】man35ku35ke53lai53tsɿ0 ①指未婚女子生的私生子：你箇只～！ɲi13kai53tʂak3 man35 ku35-44ke53-44lai53tsɿ0!｜箇只人听讲系～咯。kai53tʂak3 ɲin13-21thaŋ35kəŋ21xei53man35ku35-44ke53-44lai53tsɿ0 ko0 . ②引申指很聪明的人（无贬义）：你是硬系～，咁雀。ɲi13ʂɿ53-44ɲiaŋ53xei53-44man35ku35-44ke53-21lai53tsɿ0 ,kan21tshiɔk3 .｜你除哩系～，唔系你也冇咁雀。ɲi13-21tʂhəu13li0 xei53man35ku35-44(k)e53-44lai53tsɿ0 ,m̩13phei53ɲi13ia35-53mau13kan21 tshiɔk3 .

【晚姑子】man35ku35tsɿ0 名 丈夫的姐妹：我老婆称我阿姐，姑子唠。大～唠。都安做～。大～，细～。还不是比我细个就安做细～噢。箇唔系咁个噢。打比我只有只～，不论比我大比我细，都称她系～，系唔系？只我只有只老妹子样，系。好，我有两只阿姐，我有两只姐姐，两只阿姐样，欸，我有两只阿姐，渠称我老婆称我个箇两只阿姐都称大～，细～。都称都称～。箇就唔称唔称么个……如果我两两只都系老妹子，打比我样，我三只老妹子。欸，我老婆称渠等就系大～，第二个～，细～。她是分，唔分，分唔出箇个，欸，称，分唔出，欸，只系话，话大个，欸，细个。分唔出，比我更大更细分唔出。唔管比我大细。ŋai13lau21pho13tʂhən35-44 ŋai13-21a35tsia21,kau35tsɿ0 lau0 .thai53man35ku35-44tsɿ0 lau0 .təu35ɔn35-44tso53-44man35ku35-44tsɿ0 .thai53man35ku35-44tsɿ0 ,se53man35 ku35-44tsɿ0 .xa13-21pət3 ʂɿ53pi21ŋai13se53ke53-21tshiəu53-44ɔn35-44tso53-44se53man35ku35-44tsɿ0 au0 .kai53m̩13-21phe53(←xe53)kan21cie53 au0 .ta21pi21ŋai13-44tʂɿ21iəu35-53tʂak3 man35ku35tsɿ0 ,pət3 lən53pi21ŋai13thai53pi21ŋai13se53,təu35tʂhən35-44tha35-44xe53-21man35ku35-44 tsɿ0 ,xe53-44me53-44?tʂɿ21ŋai13tʂɿ21iəu35tʂak3 lau21mɔi53tsɿ0 iəŋ53-44,xe53-44.xau21,ŋai13-21iəu35iəŋ21tʂak3 a35tsia21,ŋai13iəu35-53iəŋ21 tʂak3 tsia21tsia0 ,iəŋ21tʂak3 a35tsia21iəŋ53-44,e21,ŋai13iəu35-53iəŋ21tʂak3 a35tsia21,ci13-21tʂhən35-44ŋai13-21lau21pho13tʂhən35-44ŋai13cie53-44 kai53iəŋ21tʂak3 a35tsia21təu35tʂhən35-44thai53man35-44ku35-44tsɿ0 ,se53man35-44ku35-44tsɿ0 .təu35tʂhən35-44təu35tʂhən35-44man35-44ku35-44 tsɿ0 .kai53-44tsiəu53-44ŋ̍13tʂhən35-44ŋ̍13tʂhən35-44mak3 ke53-44⋯vy13ko21ŋai13iəŋ21iəŋ21tʂak3 təu35xe53lau21mɔi53tsɿ0 ,ta21pi21ŋai13 iəŋ53,ŋai13san35tʂak3 lau21mɔi53tsɿ0 .e21,ŋai13-21lau21pho13tʂhən35ci13-21tien0 tshiəu53-44xe53-44thai53man53-44ku35-44tsɿ0 ,thi53-44ɲi53ke53-44 man35ku35tsɿ0 ,se53man35-44ku35-44tsɿ0 .tha35-21ʂɿ53-44fən35,m̩13fən35,fən35ŋ̍13-21tʂhət3 kai53-44ke53-44,e21,tʂhən35,fən35ŋ̍13-21tʂhət3 ,e21,tʂɿ21 xei53ua53,ua53-21thai53ke53-44,e0 ,se53ke53-21.fən35ŋ̍13-21tʂhət3 ,pi21ŋai13cien53thai53cien53se53fən35ŋ̍13-21tʂhət3 .ŋ̍13kən21pi21ŋai13 thai53se53.

【晚妹子】man35mɔi53tsɿ0 名 最小的女儿。又称"细妹子"：我有三四只妹子，欸，就系～更跳皮。(ŋ)ai13iəu35-53san35si53tʂak3 mɔi53tsɿ0 ,e21,tshiəu53xe53-44man35mɔi53tsɿ0 cien53-44thiau53phi13.

W

【晚叔】man$^{35}$ʂəuk$^{3}$ 名年龄最小的叔叔。多称“细叔”：箇就～呢。就有讲～。kai$^{53}_{44}$tsʰiəu$^{53}_{44}$ man$^{35}$ʂəuk$^{3}$nei$^{0}$.tsʰiəu$^{53}_{44}$iəu$^{35}_{44}$kəŋ$^{21}$man$^{35}$ʂəuk$^{3}$.

【晚叔公】man$^{35}$ʂəuk$^{3}$kəŋ$^{35}$ 名祖父的小弟弟。多称“细叔公”：～也有人喊，～。man$^{35}$ʂəuk$^{3}$ kəŋ$^{35}$ia$^{35}$iəu$^{35}_{44}$ɲin$^{13}_{44}$xan$^{53}_{44}$,man$^{35}$ʂəuk$^{3}$kəŋ$^{35}$.

【晚姨娭】man$^{35}$i$^{13}$ɔi$^{35}$ 名小姨妈。又称“细姨娭”：～也有，有话个，有话～。man$^{35}$i$^{13}_{21}$ɔi$^{35}_{44}$e$_{44}$ (←ia$^{35}$)iəu$^{35}$,iəu$^{35}$ua$^{53}$ke$^{53}_{44}$,iəu$^{35}$ua$^{53}$man$^{35}$i$^{13}_{21}$ɔi$^{35}_{44}$.

【晚姨子】man$^{35}$i$^{13}_{21}$tsɿ$^{0}$ 名①妻子的姐妹中排行最小者：以只姨子更细，就安做晚姨子。i$^{21}$tʂak$^{3}$ i$^{13}$tsɿ$^{0}$ken$^{53}_{44}$se$^{53}$,tsiəu$^{53}_{44}$ɔn$^{35}_{44}$tso$^{53}_{44}$man$^{35}$i$^{13}_{21}$tsɿ$^{0}$. ②指饭勺：欸，我等客姓人有只咁个啦，装饭个东西咯，装饭个饭勺子，安做～。箇～，欸～哪去了？欸，食饭了，～哪去了？就系箇饭勺哪去了。蛮有味道，系唔系？饭勺安做～。唔晓得让门来个。搞唔清，唔知让门子安做～。如今个后生人是搞一阵就会唔晓得了。不过也还箇个唠老人家也还会讲下子唠。欸，寻倒箇～来。拿倒箇～来。～嘞？e$_{44}$,ŋai$^{13}$tien$^{0}$kʰak$^{3}$sin$^{53}$ɲin$^{13}_{44}$iəu$^{35}_{44}$tʂak$^{3}$kan$^{21}$ke$^{53}$la$^{0}$,tʂəŋ$^{35}$fan$^{53}$ke$^{0}$təŋ$^{35}_{44}$si$^{0}$ko$^{0}$,tʂəŋ$^{35}$fan$^{53}$ ke$^{0}$fan$^{53}$ʂɔk$^{5}_{3}$tsɿ$^{0}$,ɔn$^{35}_{44}$tso$^{53}_{44}$man$^{35}$i$^{13}_{21}$tsɿ$^{0}$.kai$^{53}_{44}$man$^{35}$i$^{13}_{21}$tsɿ$^{0}$,e$^{0}$man$^{35}$i$^{13}_{44}$tsɿ$^{0}$lai$^{53}_{44}$çi$^{53}_{44}$liau$^{0}$?e$_{44}$,ʂət$^{5}$fan$^{53}$liau$^{0}$,man$^{35}$i$^{13}_{44}$ tsɿ$^{0}$lai$^{53}_{44}$çi$^{53}_{44}$liau$^{0}$?tsʰiəu$^{53}_{44}$xei$^{53}_{44}$kai$^{53}_{44}$fan$^{53}$ʂɔk$^{5}$lai$^{53}$çi$^{53}$liau$^{0}$.man$^{13}_{21}$iəu$^{35}_{44}$uei$^{53}$tʰau$^{53}_{44}$,xei$^{53}_{44}$mei$^{53}_{44}$?fan$^{53}$ʂɔk$^{5}$ɔn$^{35}_{44}$tso$^{53}_{44}$ man$^{35}$i$^{13}_{21}$tsɿ$^{0}$.n̩$^{13}$çiau$^{21}$tek$^{3}$ɲiɔŋ$^{53}$mən$^{0}$lɔi$^{13}_{21}$ke$^{0}$.kau$^{21}$n̩$^{13}$tsʰin$^{35}_{44}$,n̩$^{13}$ti$^{35}_{44}$ɲiɔŋ$^{53}$mən$^{0}$tsɿ$^{0}$ɔn$^{35}_{44}$tso$^{53}_{44}$man$^{35}$i$^{13}_{21}$tsɿ$^{0}$.i$^{13}_{21}$cin$^{35}_{44}$ ke$^{0}$xei$^{53}$saŋ$^{35}$ɲin$^{13}_{21}$ʂɿ$^{53}_{44}$kau$^{21}$iet$^{3}$tʂʰən$^{53}$tsʰiəu$^{53}$uɔi$^{53}$n̩$^{13}$çiau$^{21}$tek$^{3}$liau$^{0}$.pət$^{3}$ko$^{53}$ia$^{35}$xai$^{13}_{44}$kai$^{53}_{44}$ke$^{53}_{44}$lau$^{0}$lau$^{21}$ɲin$^{13}$ka$^{35}_{53}$ ia$^{35}$xai$^{13}_{21}$uɔi$^{53}_{44}$kəŋ$^{21}$xa$^{53}$tsɿ$^{0}$lau$^{0}$.e$_{21}$,tsʰin$^{13}$tau$^{21}$kai$^{53}$man$^{35}$i$^{13}_{44}$tsɿ$^{0}$lɔi$^{13}_{44}$.lak$^{5}$tau$^{21}_{44}$kai$^{53}_{44}$man$^{35}$i$^{13}_{44}$tsɿ$^{0}$lɔi$^{13}_{44}$.man$^{35}$i$^{13}_{44}$tsɿ$^{0}$ lei$^{0}$?

【绾】uan$^{21}$ 动①勾住：箇只砻钩耙要～下去箇只箇坨。kai$^{53}$tʂak$^{3}$ləŋ$^{13}$kei$^{35}_{44}$pʰa$^{13}$iau$^{53}_{44}$uan$^{21}$na$_{44}$ (←xa$^{53}$)çi$^{53}$kai$^{53}_{44}$tʂak$^{3}$kai$^{53}_{44}$tʰo$^{13}$. ②将物件穿洞悬挂起来：箇屏风一～下去。kai$^{53}_{44}$pʰin$^{13}_{21}$fəŋ$^{35}_{44}$iet$^{3}$uan$^{21}$ na$_{44}$(←xa$^{53}$)çi$^{53}_{44}$.｜破（猪肉）个时候子挂起来，一头就～倒箇只脚，一头就～倒楼梯上。pʰo$^{53}$ ke$^{53}_{44}$ʂɿ$^{13}$xei$^{53}_{44}$tsɿ$^{0}$kua$^{53}$çi$^{21}$lɔi$^{13}_{21}$,iet$^{3}$tʰei$^{13}$tsʰiəu$^{53}$uan$^{21}$tau$^{21}$kai$^{53}$tʂak$^{3}$ciɔk$^{3}$,iet$^{3}$tʰei$^{13}$tsʰiəu$^{53}$uan$^{21}$tau$^{21}$lei$^{13}$tʰai$^{35}_{44}$ xɔŋ$^{53}_{44}$.

【绾哩毫】uan$^{21}$li$^{0}$xau$^{13}$ ①指秤头绳从横担子上绾下去了：如果一条绳走以映子，走以条担子上绾下去哩，箇就成哩～。～就唔准了，欸。y$^{13}$ko$^{21}$iet$^{3}$tʰiau$^{13}_{21}$ʂən$^{13}$tsei$^{21}$i$^{21}$iaŋ$^{53}$tsɿ$^{0}$,tsei$^{21}$i$^{21}$tʰiau$^{13}$ tan$^{53}$tsɿ$^{0}$xɔŋ$^{53}$uan$^{21}$na$^{53}$çi$^{53}$li$^{0}$,kai$^{53}_{44}$tsʰiəu$^{53}$ʂaŋ$^{13}_{44}$li$^{0}$uan$^{21}$li$^{0}$xau$^{13}$.uan$^{21}$li$^{0}$xau$^{13}$tsʰiəu$^{53}$n̩$^{13}$tʂən$^{21}$liau$^{0}$,e$_{21}$. ②比喻吃了亏，受了灾祸：又箇只～嘞又系只词嘞，就系吃哩亏个意思。欸就漏哩场，吃哩亏。以到渠屋下真～哇。系唔系？打比样系屋下着哩火，或者撞倒哩人，有车祸撞倒哩人。渠就话：“箇只人以到真～。” iəu$^{53}$kai$^{53}$tʂak$^{3}$uan$^{21}$li$^{0}$xau$^{13}$lei$^{0}$iəu$^{53}$xei$^{53}$tʂak$^{3}$tsʰɿ$^{13}$lei$^{0}$,tsʰiəu$^{53}$xei$^{53}$cʰiak$^{3}$li$^{0}$kʰuei$^{35}$ ke$^{53}$i$^{53}_{44}$sɿ$^{0}$.e$_{21}$tsiəu$^{53}_{44}$tʰait$^{3}$li$^{0}$tʂʰɔŋ$^{13}$,cʰiak$^{3}$li$^{0}$kʰuei$^{35}$.i$^{21}$tau$^{53}$ci$^{13}_{44}$uk$^{3}$xa$^{53}$tʂən$^{35}$uan$^{21}$li$^{0}$xau$^{13}$ua$^{0}$.xei$^{53}_{44}$me$^{53}_{44}$?ta$^{21}$pi$^{21}$ iɔŋ$^{53}_{44}$xci$^{53}$uk$^{3}$xa$^{53}_{44}$tʂʰɔk$^{5}$li$^{0}$fɔ$^{21}$,xɔit$^{5}$tʂa$^{21}$tsʰɔŋ$^{53}$tau$^{21}$li$^{0}$ɲin$^{13}$,iəu$^{21}$tʂʰa$^{35}$fo$^{53}$tsʰɔŋ$^{53}$tau$^{21}$li$^{0}$ɲin$^{13}$.ci$^{13}$tsiəu$^{53}$ua$^{53}_{44}$: "kai$^{53}$tʂak$^{3}$ɲin$^{13}_{44}$i$^{21}$tau$^{53}_{44}$tʂən$^{35}$uan$^{21}$li$^{0}$xau$^{13}$."

【碗$_1$】uən$^{21}$ 名盛饮食的器皿，上面口大而圆。也称“碗子、碗碗”：洗～个时候子啊，～肚里箇是都唔爱讲，都会洗，～背～底下一定硬爱洗得爱洗一下，爱拿倒箇布爱拿倒布子擦一下，莫□记哩，～底下硬爱洗净来。sei$^{21}$uən$^{21}$ke$^{53}$ʂɿ$^{13}$xəu$^{53}$tsɿ$^{0}$a$^{0}$,uən$^{21}$təu$^{21}$li$^{0}$kai$^{53}_{44}$ʂɿ$^{53}_{21}$təu$^{35}$m̩$^{13}_{21}$mɔi$^{53}$ kəŋ$^{21}$,təu$^{35}$uɔi$^{53}$se$^{21}$,uən$^{21}$pɔi$^{53}$uən$^{21}$tei$^{21}$xa$^{53}_{44}$iet$^{3}$tʰin$^{53}$ɲiaŋ$^{53}$ɔi$^{53}$se$^{21}$tek$^{3}$ɔi$^{53}$sei$^{21}$iet$^{3}$xa$^{53}$,ɔi$^{53}$la$^{53}$tau$^{21}$kai$^{53}_{44}$pu$^{53}$ɔi$^{53}_{44}$ la$^{53}$tau$^{21}$pu$^{53}$tsɿ$^{0}$tsʰait$^{3}$iet$^{3}$xa$^{53}$,mɔk$^{5}$lai$^{13}$ci$^{53}$li$^{0}$,uən$^{21}$tei$^{21}$xa$^{53}$ɲiaŋ$^{53}$ɔi$^{53}$sei$^{21}$tsʰiaŋ$^{53}$lɔi$^{13}_{21}$.｜用～子去舀 iəŋ$^{53}$ uən$^{21}$tsɿ$^{0}$çi$^{53}$iau$^{21}$｜一只箇样碗，～～。iet$^{3}$tʂak$^{3}$kai$^{53}_{44}$iɔŋ$^{53}_{44}$uən$^{21}$,uən$^{21}$uən$^{21}$.

【碗$_2$】uən$^{21}$/uan$^{21}$ 量用于拿碗装的东西：换～茶 uən$^{53}$uan$^{21}$tsʰa$^{13}$｜就系昨晡昼边食哩箇～洋辣椒。tsiəu$^{53}_{44}$xe$^{53}_{44}$tsʰo$^{35}$pu$^{35}_{44}$tʂəu$^{53}$pien$^{35}$ʂət$^{5}$li$^{0}$kai$^{53}_{44}$uən$^{21}$iɔŋ$^{13}$lait$^{5}_{3}$tsiau$^{35}_{44}$.｜分以～饭食嘿去！pən$^{35}$i$^{21}$uən$^{21}$ fan$^{53}$ʂek$^{5}$xek$^{3}$çi$^{53}$!｜一～子油 iet$^{3}$uən$^{21}$tsɿ$^{0}$iəu$^{13}$

【碗笔】uən$^{21}$piet$^{3}$ 名一种特大的笔：欸，我有杆～，箇写起大字来呀，箇写箇个欸老哩人写箇个么个欸莫字啊，硬爱箇杆～正写得咁大。完张子红纸啊写一只字啊，硬爱箇杆～正写得。e$_{44}$,ŋai$^{13}$iəu$^{35}_{53}$kɔn$^{35}_{44}$uən$^{21}$piet$^{3}$,kai$^{53}$sia$^{21}$çi$^{21}_{44}$tʰai$^{53}$sɿ$^{13}_{44}$lɔi$^{13}_{21}$ia$^{0}$,kai$^{53}$sia$^{21}$kai$^{53}$ke$^{53}_{44}$e$_{21}$lau$^{21}$li$^{0}$ɲin$^{13}$sia$^{21}$kai$^{53}$ke$^{53}$mak$^{3}$ ke$^{53}_{44}$e$_{21}$tʰien$^{53}$tsʰɿ$^{53}$a$^{0}$, ɲiaŋ$^{53}$ɔi$^{53}_{44}$kai$^{53}$kɔn$^{21}$uən$^{21}$piet$^{3}$tʂaŋ$^{53}_{44}$sia$^{21}$tek$^{3}$kan$^{21}$tʰai$^{53}$.uən$^{13}$tʂɔŋ$^{35}$tsɿ$^{0}$fəŋ$^{13}$tʂɿ$^{21}$ʐa$^{0}$sia$^{21}$ iet$^{3}$tʂak$^{3}$sɿ$^{53}$a$^{0}$, ɲiaŋ$^{53}$ɔi$^{53}_{44}$kai$^{53}$kɔn$^{21}$uən$^{21}$piet$^{3}$tʂaŋ$^{53}_{44}$sia$^{21}$tek$^{3}$.

【碗厂】uən$^{21}$tʂʰɔŋ$^{21}$ 名制作碗之类的陶瓷作坊：如今呢欸我等峺背箇只做瓦个做碗个栏场是有哩生意，让门……呃～都倒闭哩。瓷……～啊。i$^{13}_{21}$cin$^{35}_{44}$nei$^{0}$e$_{21}$ŋai$^{13}$tien$^{0}$cien$^{53}$pɔi$^{53}$kai$^{53}$tʂak$^{3}$tso$^{53}$ŋa$^{21}$

ke$^{53}$tso$^{53}$uɔn$^{21}$cie$^{53}$laŋ$_{44}^{13}$tʂʰɔŋ$_{44}^{13}$ʂʅ$_{44}^{53}$mau$^{13}$li$^{0}$ sen$_{44}^{35}$i$^{53}$, ɲiaŋ$^{53}$m…ə$_{21}$uɔn$^{21}$tʂʰɔŋ$^{21}$təu$_{53}^{35}$tau$^{21}$pi$^{53}$li$^{0}$.tsʰʅ$_{21}^{13}$…uɔn$^{21}$tʂʰɔŋ$^{21}$a$^{0}$.

【碗橱】uɔn$^{21}$tʂʰəu$^{13}$ 名装餐具的橱柜：～硬爱放下灶下渠更方便呢，好放下子碗筷箇兜嘞。放下厅子里更唔方便。uɔn$^{21}$tʂʰəu$^{13}$ɲiaŋ$^{53}$ɔi$^{53}$fɔŋ$^{53}$xa$_{44}^{53}$tsau$^{53}$xa$_{44}^{53}$ci$_{44}^{13}$cien$_{21}^{53}$fɔŋ$^{35}$pʰien$^{35}$nei$^{0}$,xau$^{21}$fɔŋ$^{53}$xa$_{44}^{53}$tsʅ$^{0}$ uɔn$^{21}$kʰuai$^{53}$kai$_{44}^{53}$te$_{44}^{35}$lei$^{0}$.fɔŋ$_{44}^{53}$xa$_{44}^{53}$tʰaŋ$^{35}$tsʅ$^{0}$ li$^{0}$ cien$^{53}$n̩$^{13}$fɔŋ$^{35}$pʰien$^{53}$.

【碗㞘】uɔn$^{21}$təuk$^{3}$ 名碗底：我等人箇阵子系啊大屋里啊，箇碗咯，你个碗摎我个碗经常交错，箇～下我等就鏨只字去，就冇事交错。我等箇阵子我等一只懑大个屋啊。ŋai$^{13}$tien$^{0}$ in$_{21}^{13}$kai$^{53}$ tʂʰən$^{53}$tsʅ$^{0}$ xei$^{53}$a$^{0}$ tʰai$^{53}$uk$^{3}$ li$^{21}$a$^{0}$,kai$^{53}$uɔn$^{21}$ko$^{0}$, ɲi$^{13}$ke$^{53}$uɔn$^{21}$nau$^{35}$ŋai$^{13}$ke$^{53}$uɔn$^{21}$cin$^{35}$tʂʰɔŋ$_{21}^{13}$ciau$^{35}$tsʰo$^{53}$,kai$^{53}$ uɔn$^{21}$təuk$^{3}$ xa$_{44}^{53}$ŋai$_{21}^{13}$tien$^{0}$ tsʰiəu$_{44}^{53}$tsʰan$^{53}$tʂak$^{3}$ sʅ$^{53}$çi$_{44}^{53}$,tsʰiəu$^{53}$mau$_{21}^{13}$sʅ$^{53}$ciau$^{35}$tsʰo$^{53}$.ŋai$^{13}$tien$^{0}$ kai$^{53}$tʂʰən$^{53}$tsʅ$^{0}$ ŋai$_{21}^{13}$ tien$^{0}$ iet$^{3}$ tʂak$^{3}$ mən$^{35}$tʰai$_{44}^{53}$ke$_{44}^{53}$uk$^{3}$ a$^{0}$.

【碗公】uɔn$^{21}$kəŋ$^{35}$ 名一种用来装汤或菜的大碗。又称“大碗、海碗”：买做猪头、狗头、羊头并猫头，炆做三～四钵头。mai$^{35}$tso$^{53}$tʂəu$^{35}$tʰei$^{13}$,kei$^{21}$tʰei$^{13}$,iɔŋ$^{13}$tʰei$^{13}$pin$^{53}$miau$^{53}$tʰei$^{13}$,uən$^{13}$tso$^{53}$san$^{35}$ uɔn$^{21}$kəŋ$^{35}$si$^{53}$pait$^{3}$ tʰei$^{13}$.童谣

【碗筷】uɔn$^{21}$kʰuai$^{53}$ 名碗和筷子等餐具的统称：我就拿倒以只位子上个～捡正下子。ŋai$^{13}$ tsʰiəu$_{44}^{53}$la$^{53}$tau$^{21}$i$^{21}$tʂak$^{3}$ uei$^{53}$tsʅ$^{0}$ xɔŋ$_{44}^{53}$ke$_{44}^{53}$uɔn$^{21}$kʰuai$^{53}$cian$^{21}$tʂaŋ$^{53}$xa$_{44}^{53}$tsʅ$^{0}$.

【碗帽子】uɔn$^{21}$mau$^{53}$tsʅ$^{0}$ 名一种无帽檐的便帽，形如碗状：哦哦哦，有戴～。就系一只子圈圈子个，最简单一只碗样个，最简单个，一只箇样碗，碗碗。o$_{21}$o$_{21}$o$_{53}$,iəu$^{21}$tai$_{44}^{53}$uɔn$^{21}$mau$^{53}$ tsʅ$^{0}$.tsʰiəu$^{53}$xei$^{53}$iet$^{3}$ tʂak$^{3}$ tsʅ$^{0}$ cʰien$^{35}$cʰien$_{44}^{35}$tsʅ$^{0}$ ke$^{53}$,tsei$^{53}$kan$^{21}$tan$_{44}^{35}$iet$^{3}$ tʂak$^{3}$ uɔn$^{21}$iɔŋ$_{21}^{53}$ke$^{53}$,tsei$^{53}$kan$^{21}$tan$_{44}^{35}$ ke$_{44}^{53}$,iet$^{3}$ tʂak$^{3}$ kai$_{44}^{53}$iɔŋ$_{44}^{53}$uɔn$^{21}$,uɔn$^{21}$uɔn$^{21}$.

【碗泥】uɔn$^{21}$lai$^{13}$ 名用于制作碗等瓷器的纯净黏土：欸我等屋下鹰子尖箇映子就有～。e$_{21}$ŋai$^{13}$ tien$^{0}$ uk$^{3}$ xa$_{44}^{53}$in$^{35}$tsʅ$^{0}$ tsian$^{35}$kai$_{44}^{53}$iaŋ$^{53}$tsʅ$^{0}$ tsʰiəu$_{44}^{53}$iəu$^{35}$uɔn$^{21}$lai$^{13}$.

【碗簉】uɔn$^{21}$sak$^{3}$ 名碗打烂而成的陶瓷片：捡只碗呐，打烂哩个碗呐，又打烂来，箇唔系～就锋利吧？cian$^{21}$tʂak$^{3}$ uɔn$^{21}$na$^{0}$ ,ta$^{21}$lan$^{3}$ li$^{0}$ ke$^{53}$uɔn$^{21}$na$^{0}$ ,iəu$^{53}$ta$^{21}$lan$^{53}$nɔi$_{21}^{13}$,kai$_{44}^{53}$m̩$_{44}^{13}$pʰe$_{44}^{53}$uɔn$^{21}$sak$^{3}$ tsʰiəu$_{44}^{53}$ fəŋ$^{35}$li$^{53}$pa$^{0}$?

【碗碗哩】uɔn$^{21}$uɔn$^{21}$li$^{0}$ 一碗一碗地：食个时候子就简单了唠，～装倒……放兜子么个配料子箇只嘞，就食得啊，蒸倒就食得。ʂət$^{5}$ ke$^{0}$ ʂʅ$_{44}^{13}$xei$^{53}$tsʅ$^{0}$ tsʰiəu$_{44}^{53}$kan$^{21}$tan$_{44}^{35}$niau$^{21}$lau$^{0}$ ,uɔn$^{21}$uɔn$^{21}$ni$^{0}$ tʂɔŋ$^{35}$ tau$^{21}$…fɔŋ$^{53}$tei$_{53}^{35}$tsʅ$^{0}$ mak$^{3}$ ke$_{44}^{53}$pʰei$^{53}$liau$_{44}^{53}$tsʅ$^{0}$ kai$^{53}$tʂak$^{3}$ le$^{0}$ ,tsʰiəu$_{44}^{53}$ʂət$^{5}$ tek$^{3}$ a$^{0}$ ,tʂən$^{35}$tau$_{44}^{21}$tsʰiəu$_{44}^{53}$ʂət$^{5}$ tek$^{3}$.

【碗舷】uɔn$^{21}$çien$^{13}$ 名碗边；碗的口沿：欸，有只箇个顺口溜子，安做：“厨官师傅真唔会，～搭碗背。”表示箇只厨官唔讲究细节。欸，蛮麻乎，箇厨官炒菜咯蛮麻乎，碗肚里装个东西，比方说箇个海带呀咁个面箇兜嘞搭下碗背来哩，唔系话真唔会呀，～搭碗背。e$_{21}$, iəu$^{35}$tʂak$^{3}$ kai$_{44}^{53}$ke$_{44}^{53}$ʂən$^{53}$kʰei$^{21}$liəu$^{35}$tsʅ$^{0}$ ,ɔn$_{44}^{35}$tso$_{44}^{53}$:"tʂʰəu$^{13}$kɔn$_{44}^{35}$sʅ$_{44}^{35}$fu$^{35}$tʂən$^{35}$n̩$^{13}$uɔi$^{53}$,uɔn$^{21}$çien$^{13}$tait$^{3}$ uɔn$^{21}$pɔi$^{53}$." piau$^{21}$ʂʅ$^{53}$kai$^{53}$tʂak$^{3}$ tʂʰəu$^{13}$kɔn$^{35}$n̩$^{13}$kɔŋ$^{21}$ciəu$^{53}$si$^{53}$tsiet$^{3}$ .e$_{44}$,man$^{13}$ma$^{13}$fu$^{13}$,kai$^{53}$tʂʰəu$^{13}$kɔn$_{44}^{35}$tsʰau$^{21}$tsʰɔi$^{53}$ko$^{0}$ man$^{13}$ma$^{13}$fu$^{13}$,uɔn$^{21}$təu$^{21}$li$^{0}$ tʂɔŋ$^{35}$ke$^{0}$ təŋ$_{44}^{35}$si$^{0}$ ,pi$^{21}$fɔŋ$_{53}^{35}$ʂət$^{3}$ kai$^{53}$ke$^{53}$xɔi$^{21}$tai$^{53}$ia$^{0}$ kan$^{21}$ke$_{44}^{53}$mien$^{53}$kai$_{44}^{53}$te$_{44}^{35}$le$^{0}$ tait$^{3}$ ia$^{53}$uɔn$^{21}$pɔi$^{53}$lɔi$_{21}^{13}$li$^{0}$ ,m̩$_{21}^{13}$pʰei$^{53}$ua$^{53}$tʂən$^{35}$m̩$^{13}$uɔi$^{53}$ia$^{0}$ ,uɔn$^{21}$çien$^{13}$tait$^{3}$ uɔn$^{21}$pɔi$^{53}$.

【万$_{1}$】uan$^{53}$ 数数目，十个一千。可做位数词，前后可加个数词。构成的数词后面可加量词。当后面带千位数但百、十、个位数都为零，且不带量词时，“千”可省略：一百乘一百就系一～。iet$^{3}$ pak$^{3}$ ʂən$^{13}$iet$^{3}$ pak$^{3}$ tsʰiəu$_{44}^{53}$xei$_{44}^{53}$iet$^{3}$ uan$^{53}$.｜个十百千～ ko$^{53}$ʂət$^{3}$ pak$^{3}$ tsʰien$^{35}$uan$^{53}$｜一百块个票子一百张就系一～块。iet$^{3}$ pak$^{3}$ kʰuai$^{53}$ke$^{53}$pʰiau$^{53}$tsʅ$^{0}$ iet$^{3}$ pak$^{3}$ tʂɔŋ$^{35}$tsʰiəu$_{44}^{53}$xei$_{44}^{53}$iet$^{3}$ uan$^{53}$kʰuai$_{21}^{53}$.｜三～五千 san$^{35}$uan$^{53}$ŋ̍$^{21}$tsʰien$^{35}$ = 三～五 san$^{35}$uan$^{53}$ŋ̍$^{21}$｜三～五千个 san$^{35}$uan$^{53}$ŋ̍$^{21}$tsʰien$^{35}$ke$^{53}$

【万$_{2}$】uan$^{53}$/met$^{5}$ 名①麻将牌中的万字牌：欸，麻将牌肚里是三起呀，坨，索，～。e$_{21}$,ma$^{13}$ tsiɔŋ$^{53}$pʰai$_{21}^{13}$təu$^{21}$li$^{0}$ ʂʅ$_{44}^{53}$san$^{35}$çi$^{21}$ia$^{0}$ ,tʰo$^{13}$,sɔk$^{3}$ ,uan$^{53}$. ②姓：本来以只～字是以前我等姓～个是系只繁体字，草头个，所以蛮多人都话：“欸，我是草字头。”姓～个人是草字头，草字头个字。如今咁子写个以只～是简化字。pən$^{21}$nɔi$^{13}$i$^{21}$tʂak$^{3}$ uan$^{53}$tsʰʅ$^{53}$ʂʅ$_{44}^{53}$i$_{53}^{35}$tsʰien$_{21}^{13}$ŋai$_{21}^{13}$tien$^{0}$ siaŋ$^{53}$uan$^{53}$ke$_{44}^{53}$ʂʅ$_{44}^{53}$xei$^{53}$ tʂak$^{3}$ fan$^{13}$tʰi$^{21}$tsʰʅ$^{53}$,tsʰau$^{21}$tʰei$^{13}$ke$^{53}$,so$^{21}$i$_{53}^{35}$man$^{13}$to$_{53}^{35}$ɲin$_{21}^{13}$təu$_{44}^{35}$ua$^{53}$:"e$_{44}$,ŋai$^{13}$ʂʅ$_{44}^{53}$tsʰau$^{21}$sʅ$^{53}$tʰei$^{13}$."siaŋ$^{53}$uan$^{53}$ke$_{44}^{53}$ in$_{21}^{13}$ʂʅ$_{44}^{53}$tsʰau$^{21}$sʅ$^{53}$tʰei$_{21}^{13}$,tsʰau$^{21}$sʅ$_{44}^{53}$tʰei$_{21}^{13}$ke$_{44}^{53}$sʅ$^{53}$.i$_{21}^{13}$cin$_{44}^{35}$kan$_{44}^{21}$tsʅ$^{0}$ sia$^{21}$ke$^{53}$i$^{21}$tʂak$^{3}$ uan$^{53}$ʂʅ$_{44}^{53}$kan$^{21}$fa$_{44}^{53}$tsʰʅ$^{53}$. ③万俟，复姓：以只万字以前也有哇，欸，箇个百家姓肚里呀复姓啊，就念做～俟呀。蛮多人唔晓得，读哩《百家姓》正晓得。i$_{21}^{13}$tʂak$^{3}$ uan$^{53}$tsʰʅ$^{53}$i$^{35}$tsʰien$^{13}$ia$^{35}$iəu$_{44}^{35}$ua$^{0}$ ,ei$_{21}$,kai$^{53}$ke$_{44}^{53}$pak$^{3}$ ka$_{44}^{35}$siaŋ$^{53}$təu$^{21}$li$^{0}$ ia$^{0}$ fuk$^{5}$ siaŋ$^{53}$ŋa$^{0}$ ,tsʰiəu$^{53}$ɲian$^{53}$tso$_{44}^{53}$met$^{5}$ cʰi$^{13}$ia$^{0}$ .man$^{13}$to$_{53}^{35}$ɲin$_{21}^{13}$n̩$^{13}$çiau$^{21}$tek$^{3}$ ,tʰəuk$^{5}$ li$^{0}$ pak$^{3}$ ka$_{44}^{35}$siaŋ$^{53}$tʂaŋ$^{53}$çiau$^{21}$

tek$^{3}$.

【万金油】uan$^{53}$cin$^{35}_{44}$iəu$^{13}$ 名清凉油的旧称：清凉油又安做～。老人家子嘞就话～个多，年轻人冇么人话～，都话清凉油。tsʰin$^{35}_{44}$liɔŋ$^{13}_{21}$iəu$^{13}$iəu$^{53}_{44}$ɔn$^{35}_{44}$tso$^{53}_{44}$uan$^{53}$cin$^{35}_{44}$iəu$^{13}$.lau$^{21}$ȵin$^{13}$ka$^{35}_{44}$tsɿ$^{0}$ lei$^{0}$ tsʰiəu$^{53}_{44}$ua$^{53}_{44}$ uan$^{53}$cin$^{35}_{44}$iəu$^{13}_{21}$ke$^{53}_{44}$to$^{35}$,ȵien$^{13}$cʰin$^{35}_{44}$ȵin$^{13}_{21}$mau$^{13}_{21}$mak$^{3}$ in$^{35}_{44}$ua$^{53}$uan$^{53}$cin$^{35}_{44}$iəu$^{13}_{21}$,təu$^{35}$ua$^{53}$tsʰin$^{35}_{44}$liɔŋ$^{13}_{21}$iəu$^{13}_{21}$.

【万万】uan$^{53}$uan$^{53}$ 副绝对；无论如何（用于否定式）：～搞唔得 uan$^{53}$uan$^{53}$kau$^{21}$ŋ̍$^{13}$tek$^{3}$

【汪光】uaŋ$^{35}$kɔŋ$^{35}$ 形（光线）很亮：欸早晨疏来～个。e$_{21}$tsau$^{21}$ʂən$^{0}$ xɔŋ$^{53}$lɔi$^{13}_{21}$uaŋ$^{35}$kɔŋ$^{35}_{44}$ke$^{0}$.

【亡人】mɔŋ$^{13}$ȵin$^{13}$ 名死者：分箇个以只～，以只正死个以只人个香火，送下祠堂里去。pən$^{35}$ kai$^{53}_{44}$ke$^{53}_{44}$i$^{21}$tʂak$^{3}$ mɔŋ$^{13}$ȵin$^{13}$,i$^{21}$tʂak$^{3}$ tʂaŋ$^{53}$si$^{21}$ke$^{53}$i$^{21}$tʂak$^{3}$ȵin$^{13}$ke$^{53}_{44}$çiɔŋ$^{35}$fo$^{21}$,səŋ$^{53}$xa$^{53}_{44}$tsʰɿ$^{13}$tʰɔŋ$^{13}$li$^{0}$ çi$^{53}$.

【亡者】mɔŋ$^{13}$tʂa$^{21}$ 名死者：死者为大哟。～为大呀。si$^{21}$tʂa$^{21}$uei$^{13}$tʰai$^{53}$iau$^{0}$.mɔŋ$^{13}$tʂa$^{21}$uei$^{13}$tʰai$^{53}$ia$^{0}$.

【王】uɔŋ$^{13}$ 名中国象棋中将、帅的俗称：又为了保护以只～啊，我就起一士啊。iəu$^{53}_{44}$uei$^{53}$liau$^{0}$ pau$^{21}$fu$^{53}$i$^{21}$tʂak$^{3}$uɔŋ$^{13}$ŋa$^{0}$,ŋai$^{13}$tsʰiəu$^{53}_{44}$çi$^{21}$iet$^{3}$ sɿ$^{53}$a$^{0}$.

【王镬】uɔŋ$^{13}$uɔk$^{5}$ 名最大的铁锅，用于造纸或办筵席：～啊一般就用来搞么个？做好事，做好事个时候子。镬头唔知几大，爱煮唔知几多东西。uɔŋ$^{13}$uɔk$^{5}$ a$^{0}$ iet$^{3}$ pɔn$^{35}$tsʰiəu$^{53}_{44}$iəŋ$^{53}$lɔi$^{13}_{21}$kau$^{21}$ mak$^{3}$(k)e$^{53}_{44}$?tso$^{53}$xau$^{21}$sɿ$^{53}_{44}$,tso$^{53}$xau$^{21}$sɿ$^{53}$ke$^{53}$ʂɿ$^{13}_{44}$xei$^{53}_{44}$tsɿ$^{0}$.uɔk$^{5}$tʰei$^{13}_{21}$ŋ̍$^{13}$ti$^{35}_{53}$ci$^{21}$tʰai$^{53}$,ɔi$^{53}_{44}$tʂəu$^{21}$ŋ̍$^{13}$ti$^{35}_{53}$ci$^{21}$to$^{35}_{44}$təŋ$^{35}_{44}$si$^{0}$.

【王头】uɔŋ$^{13}$tʰei$^{13}$ 名中国象棋中将、帅两种棋子的通称：象棋肚里个将啊掺帅就安做～。将军将军就系爱食～唠。系唔系？siɔŋ$^{53}$cʰi$^{13}_{44}$təu$^{21}$li$^{0}$ ke$^{53}$tsiɔŋ$^{53}$ŋa$^{0}$ lau$^{35}$sai$^{53}$tsʰiəu$^{53}$ɔn$^{35}_{53}$tso$^{53}$uɔŋ$^{13}$tʰei$^{13}$. tsiɔŋ$^{35}$tʂən$^{35}$tsiɔŋ$^{35}$tʂən$^{35}$tsʰiəu$^{53}_{44}$xe$^{53}_{44}$ɔi$^{53}$ʂət$^{5}$ uɔŋ$^{13}$tʰei$^{13}_{21}$lau$^{0}$.xei$^{53}$me$^{53}$?

【王甑】uɔŋ$^{13}$tsien$^{53}$ 名大甑，上小下大，多用于造纸：欸，用王镬，对，用王镬。舞只～，咁大，去蒸。以顶高细，底下大。一只桶样个，～呐。欸同箇……底下一只王镬，烧火，去蒸，蒸箇个欸蒸箇个安做……爱蒸一到，做纸啊。ei$_{21}$,iəŋ$^{53}_{44}$uɔŋ$^{13}$uɔk$^{5}$,tei$^{53}_{21}$,iəŋ$^{53}_{44}$uɔŋ$^{13}$uɔk$^{5}$.u$^{21}$tʂak$^{3}$uɔŋ$^{13}$ tsien$^{53}$,kan$^{21}$tʰai$^{53}$,çi$^{53}_{44}$tʂən$^{35}$.i$^{21}_{13}$taŋ$^{21}$kau$^{35}$se$^{53}$,te$^{21}$xa$^{53}_{44}$tʰai$^{53}$.iet$^{3}$ tʂak$^{3}$ tʰəŋ$^{21}$iɔŋ$^{53}$ke$^{53}$,uɔŋ$^{13}$tsien$^{53}$na$^{0}$.e$^{0}$ tʰəŋ$^{13}_{21}$ kai$^{53}_{44}$…te$^{21}$xa$^{53}$iet$^{3}$ tʂak$^{3}$ uɔŋ$^{13}$uɔk$^{5}$,ʂau$^{35}$xo$^{21}$,çi$^{53}_{44}$tʂən$^{35}$,tʂən$^{35}$kai$^{53}_{44}$kei$^{53}_{44}$e$_{21}$tʂən$^{35}$kai$^{53}_{44}$kei$^{53}_{44}$ɔn$^{35}_{44}$tso$^{53}_{44}$…ɔi$^{53}_{44}$tʂən$^{35}$iet$^{3}$ tau$^{53}$,tso$^{53}$tʂɿ$^{21}$za$^{0}$.

【网$_1$】mɔŋ$^{21}$ 名鱼网，用绳、线等结成的捕鱼器具。也称“网子”：一片～ iet$^{3}$ pʰien$^{21}_{44}$mɔŋ$^{21}$ ｜㪐下箇～上 ȵia$^{13}$(x)a$^{53}$kai$^{53}$mɔŋ$^{21}$xɔŋ$^{53}$ ｜～是渠爱用手撒一下个，箇就话渠～。mɔŋ$^{21}$ʂɿ$^{53}_{44}$ci$^{13}$ɔi$^{53}_{44}$ iəŋ$^{53}$ʂəu$^{21}$sai$^{35}$iet$^{3}$ xa$^{53}$ke$^{53}_{44}$,kai$^{53}_{44}$tsʰiəu$^{53}_{44}$ua$^{53}$ci$^{13}$mɔŋ$^{21}$.

【网$_2$】mɔŋ$^{21}$ 量表示用网捕鱼的行为的次数，也可表示用网一次所得的渔获：打下一～，一～。ta$^{21}$xa$^{53}_{21}$iet$^{3}$mɔŋ$^{21}$,iet$^{3}$ mɔŋ$^{21}$.

【网坠子】mɔŋ$^{21}$tʂei$^{53}$tsɿ$^{0}$ 名系于鱼网底部，使网迅速下沉之物：一皮网，渠如果渠咁子丢下水肚里渠就会浮起来，系啊？渠就放兜～去，痞重，箇东西铅做个，痞重。iet$^{3}$ pʰi$^{13}_{44}$mɔŋ$^{21}$,ci$^{13}_{21}$vy$^{13}$ ko$^{21}$ci$^{13}_{21}$kan$^{21}$tsɿ$^{0}$ tiəu$^{35}_{44}$ua$^{53}$ʂei$^{21}$təu$^{21}$li$^{0}$ ci$^{13}_{21}$tsʰiəu$^{53}_{44}$uɔi$^{53}$fei$^{13}$çi$^{21}$lɔi$^{13}_{21}$,xei$^{53}$a$^{0}$ ?ci$^{13}_{21}$tsʰiəu$^{53}$fɔŋ$^{53}$te$^{35}_{53}$mɔŋ$^{21}$tʂei$^{53}$tsɿ$^{0}$ çi$^{53}$,tek$^{5}$ tʂʰəŋ$^{35}$,kai$^{53}_{44}$təŋ$^{35}_{44}$si$^{0}$ tsʰien$^{35}$tso$^{53}$ke$^{0}$,tek$^{5}$ tʂʰəŋ$^{35}_{44}$.

【网子油】mɔŋ$^{21}$tsɿ$^{0}$ iəu$^{13}$ 名板油边缘的网状脂肪：欸，箇个肠子上个就～。e$_{21}$,kai$^{53}$ke$^{53}_{44}$tʂʰɔŋ$^{13}$tsɿ$^{0}$ xɔŋ$^{53}$ke$^{53}$tsʰiəu$^{53}_{44}$mɔŋ$^{21}$tsɿ$^{0}$ iəu$^{13}$.

【往】uɔŋ$^{21}$ 介引出方向，相当于“朝、向”：～里背开是有问题。uɔŋ$^{21}$ti$^{35}$pɔi$^{53}_{44}$kʰɔi$^{35}$ʂɿ$^{53}_{44}$mau$^{13}$ uən$^{53}$tʰi$^{13}_{21}$.

【往年】uɔŋ$^{35}$ȵien$^{13}$ 名以往的年头，从前：～是欸到年年到过年就搞清哩，以下就唔知搞得清嘛哈。～是箇个账都搞得清。uɔŋ$^{35}$ȵien$^{13}_{21}$ʂɿ$^{53}_{44}$e$_{21}$tau$^{53}$ȵien$^{13}$ȵien$^{13}_{44}$tau$^{53}$ko$^{53}$ȵien$^{13}$tsʰiəu$^{53}$kau$^{21}$tsʰin$^{35}$ni$^{0}$,i$^{21}$ xa$^{53}$tsʰiəu$^{53}$ŋ̍$^{13}$ti$^{35}_{13}$kau$^{21}$tek$^{3}$ tsʰin$^{35}$ma$^{0}$ xa$^{0}$.uɔŋ$^{35}$ȵien$^{13}_{21}$ʂɿ$^{53}_{44}$kai$^{53}_{44}$ke$^{53}_{44}$tʂɔŋ$^{53}$təu$^{35}_{44}$kau$^{21}$tek$^{3}$ tsʰin$^{35}$.

【往往】uɔŋ$^{21}$uɔŋ$^{21}$ 副常常：岭岗崠上以映子就窝下子箇起地方，又～就箇映就修条路。liaŋ$^{35}$ kɔŋ$^{35}_{44}$cien$^{53}$xɔŋ$^{53}_{44}$i$^{21}$iaŋ$^{53}$tsɿ$^{0}$ iəu$^{53}_{44}$uo$^{35}$xa$^{53}$tsɿ$^{0}$ kai$^{53}_{44}$çi$^{21}_{44}$tʰi$^{53}_{44}$fɔŋ$^{35}_{44}$,iəu$^{53}_{21}$uɔŋ$^{21}$uɔŋ$^{21}$tsʰiəu$^{53}_{44}$kai$^{53}_{44}$iaŋ$^{53}_{44}$tsʰiəu$^{53}_{44}$siəu$^{35}_{44}$ tʰiau$^{13}_{21}$ləu$^{53}$.

【旺子】uɔŋ$^{53}$tsɿ$^{0}$ 名血的讳称：我客姓人讲血嘞爱讲～。ŋai$^{13}$kʰak$^{3}$ sin$^{53}$ȵin$^{13}_{21}$kɔŋ$^{21}$çiet$^{3}$ lei$^{0}$ ɔi$^{53}_{44}$kɔŋ$^{21}$ uɔŋ$^{53}$tsɿ$^{0}$.

【望】uɔŋ$^{53}$ 动①看，多指向远处看：以头～倒箇头。i$^{21}$tʰei$^{13}$uɔŋ$^{53}$tau$^{21}$kai$^{53}$tʰei$^{13}$. ②盼望：长日～ tʂʰɔŋ$^{13}$ȵiet$^{3}$ uɔŋ$^{53}$ ｜眼珠都～穿哩。ŋan$^{21}$tʂəu$^{35}_{44}$təu$^{35}_{44}$uɔŋ$^{53}$tʂʰɔn$^{35}$ni$^{0}$.

【望春】uaŋ$^{53}$tʂʰən$^{35}_{44}$ 名玉兰科望春花属落叶灌木或小乔木（开花早，先开花后长叶）：～花欸横巷里湘明人名，未核实都有他跟前有蔸树有条树啊。/还赠开叶子开花。/～花箇是白花。唔知几早就开哩。箇有年呀正月初二晡去拜年，就开哩。/渠缯开叶，就先开花。/箇是～。/欸，～。/最早哇，开得最最早个。春天来哩开得最早个花。/就渠开，渠箇只花开哩了嘞就春天来了。/箇只～花就系玉兰那类哩。/唔系玉兰唠。唔系噢，叶唔同噢。/玉兰丫倒箇叶子像箇个咯，像枇杷叶咯。uaŋ$^{53}$tʂ$^{h}$ən$^{35}_{44}$fa$^{35}_{44}$ei$_{44}$uaŋ$^{13}$xɔŋ$^{53}_{44}$li$^{0}$ siɔŋ$^{35}$min$^{13}_{21}$təu$^{35}_{44}$iəu$^{35}_{44}$t$^{h}$a$^{35}_{21}$ken$^{35}_{44}$ts$^{h}$ien$^{13}_{21}$iəu$^{35}_{44}$tei$^{35}_{44}$ʂəu$^{53}_{21}$iəu$^{35}_{44}$t$^{h}$iau$^{13}_{21}$ʂəu$^{53}_{44}$a$^{0}$./xa$^{13}_{21}$maŋ$^{13}$k$^{h}$ɔi$^{35}$iait$^{5}$ tsɿ$^{0}$ k$^{h}$ɔi$^{35}$fa$^{35}$./uaŋ$^{53}$tʂ$^{h}$ən$^{35}_{44}$fa$^{35}_{44}$kai$^{53}_{44}$ʂʅ$^{53}_{44}$p$^{h}$ak$^{5}$ fa$^{35}$.n̩$^{13}$ti$^{35}_{53}$ci$^{21}$tsau$^{21}$ts$^{h}$iəu$^{53}_{44}$k$^{h}$ɔi$^{35}$li$^{0}$.kai$^{53}$iəu$^{35}_{53}$ɲien$^{13}_{21}$ia$^{0}$ tʂaŋ$^{35}$ɲiet$^{5}_{3}$ts$^{h}$ɿ$^{35}$ɲi$^{53}$pu$^{35}$çi$^{53}_{44}$pai$^{53}$ɲien$^{13}$,ts$^{h}$iəu$^{53}_{44}$k$^{h}$ɔi$^{35}$li$^{0}$./ci$^{13}_{21}$maŋ$^{13}$k$^{h}$ɔi$^{35}$iait$^{5}$,ts$^{h}$iəu$^{53}_{44}$sien$^{35}$k$^{h}$ɔi$^{35}$fa$^{35}$./kai$^{53}_{21}$ʂʅ$^{53}_{21}$uɔŋ$^{53}$tʂ$^{h}$ən$^{35}$./e$_{21}$,uɔŋ$^{53}$tʂ$^{h}$ən$^{35}$./tsei$^{53}$tsau$^{21}$ua$^{0}$,k$^{h}$ɔi$^{35}$tek$^{3}$ tsei$^{53}$tsei$^{53}$tsau$^{21}$ke$^{53}$.tʂ$^{h}$ən$^{35}$t$^{h}$ien$^{35}$lɔi$^{13}_{21}$li$^{0}$ k$^{h}$ɔi$^{35}$tek$^{3}$ tsei$^{53}$tsau$^{21}$ke$^{53}_{21}$fa$^{35}_{21}$./ts$^{h}$iəu$^{53}_{21}$ci$^{13}_{21}$k$^{h}$ɔi$^{35}$,ci$^{13}$kai$^{53}$tʂak$^{3}$ fa$^{35}$k$^{h}$ɔi$^{35}$li$^{0}$ liau$^{0}$ lei$^{0}$ ts$^{h}$iəu$^{53}_{44}$tʂ$^{h}$ən$^{35}$t$^{h}$ien$^{35}$lɔi$^{13}_{21}$liau$^{0}$./kai$^{53}$tʂak$^{3}$ uaŋ$^{53}$tʂ$^{h}$ən$^{35}_{44}$fa$^{35}_{44}$ts$^{h}$iəu$^{53}$xe$^{53}_{44}$y$^{53}$lan$^{13}$la$^{53}_{35}$lɔi$^{53}$li$^{0}$./m̩$^{13}$p$^{h}$e$_{44}$(←xe$^{53}$)y$^{53}$lan$^{13}$lau$^{0}$.m̩$_{21}$p$^{h}$e$_{44}$(←m̩$^{13}$xe$^{53}$)au$^{0}$,iait$^{5}$ n̩$^{13}_{21}$t$^{h}$əŋ$^{13}_{21}$ŋau$^{0}$./y$^{53}$lan$^{13}_{21}$ŋa$^{35}$tau$^{21}$kai$^{53}_{44}$iait$^{5}$ tsɿ$^{0}$ ts$^{h}$iɔŋ$^{53}_{44}$kai$^{53}_{44}$ke$^{53}_{44}$ko$^{0}$,ts$^{h}$iɔŋ$^{53}_{44}$p$^{h}$i$^{13}$p$^{h}$a$^{0}$ iait$^{5}$ ko$^{0}$.

【望丁】uɔŋ$^{53}$tin$^{35}$ [名]刻碑时尚未出世的人名：～就系还缯出世就安正个名字，安正名字个。箇一般都唔系谱肚里，都系哪映嘞？都系碑石上刻倒箇名字，刻倒箇还缯出世个人个名字，刻碑个时候子加进去个缯出世个人个名字。欸，一到今年上春我等箇只婆太欸箇个竖碑呀，箇就刻哩蛮多只啦，刻哩蛮多只箇个～去哩。渠等人箇个欸讨哩新人了，还缯摞人，欸，还缯摞人还缯出世，箇唔系就……渠话我新舅硬会依论都会箇个系依论都会有细人子。uɔŋ$^{53}$tin$^{35}$ts$^{h}$iəu$^{53}$xe$^{53}$xai$^{13}_{21}$maŋ$^{13}_{21}$tʂ$^{h}$ət$^{3}$ ʂʅ$^{53}$ts$^{h}$iəu$^{53}$ɔn$^{35}$tʂaŋ$^{53}$ke$^{53}_{44}$miaŋ$^{13}$sɿ$^{53}$,ɔn$^{35}$tʂaŋ$^{53}_{44}$miaŋ$^{13}$sɿ$^{53}_{44}$ke$^{0}$.kai$^{53}$iet$^{3}$ pɔn$^{35}$təu$^{35}_{44}$m̩$^{13}_{21}$p$^{h}$e$^{53}$p$^{h}$u$^{21}$təu$^{21}$li$^{0}$,təu$^{35}$xei$^{53}$lai$^{53}$iaŋ$^{53}_{44}$lei$^{0}$?təu$^{35}$xei$^{53}_{44}$pi$^{35}$ʂak$^{5}$ xɔŋ$^{53}_{44}$k$^{h}$ek$^{3}$ tau$^{21}$kai$^{53}$miaŋ$^{13}_{21}$sɿ$^{53}$,k$^{h}$ek$^{3}$ tau$^{21}$kai$^{53}$xai$^{13}_{21}$maŋ$^{13}_{21}$tʂ$^{h}$ət$^{3}$ ʂʅ$^{53}$ke$^{53}$ɲin$^{13}_{21}$ke$^{53}$miaŋ$^{13}$sɿ$^{53}$,k$^{h}$ek$^{3}$ pei$^{35}$ke$^{53}$ʂʅ$^{13}_{21}$xei$^{53}$tsɿ$^{0}$ cia$^{35}$tsin$^{53}$çi$^{53}_{44}$ke$^{53}_{44}$maŋ$^{13}$tʂ$^{h}$ət$^{3}$ ʂʅ$^{53}$ke$^{53}$ɲin$^{13}_{21}$ke$^{53}$miaŋ$^{13}$sɿ$^{53}$.e$_{21}$,i$^{21}$tau$^{53}$cin$^{35}$ɲien$^{13}_{21}$ʂɔŋ$^{53}$tʂ$^{h}$ən$^{35}$ŋai$^{13}$tien$^{0}$ kai$^{53}$tʂak$^{3}$ p$^{h}$o$^{13}$t$^{h}$ai$^{53}_{44}$e$_{21}$kai$^{53}$kei$^{53}_{44}$ʂəu$^{53}$pi$^{35}$ia$^{0}$,kai$^{53}_{44}$ts$^{h}$iəu$^{53}_{44}$k$^{h}$ek$^{3}$ li$^{0}$ man$^{13}$to$^{35}_{44}$tʂak$^{3}$ la$^{0}$,k$^{h}$ek$^{3}$ li$^{0}$ man$^{13}$to$^{35}_{44}$tʂak$^{3}$ kai$^{53}_{44}$ke$^{53}_{44}$uɔŋ$^{53}$tin$^{35}_{44}$çi$^{53}$li$^{0}$.ci$^{13}_{21}$tien$^{0}$ɲin$^{13}_{21}$kai$^{53}$kei$^{53}$e$_{44}$t$^{h}$au$^{21}$li$^{0}$ sin$^{35}$ɲin$^{13}_{21}$liau$^{21}$,xai$^{13}_{21}$maŋ$^{13}$k$^{h}$uan$^{53}$ɲin$^{13}$,e$_{21}$,xai$^{13}_{21}$maŋ$^{13}$k$^{h}$uan$^{53}$ɲin$^{13}$xai$^{13}_{21}$maŋ$^{13}$tʂ$^{h}$ət$^{3}$ ʂʅ$^{53}$,kai$^{53}$m̩$^{13}_{21}$p$^{h}$e$^{53}_{44}$ts$^{h}$iəu$^{53}_{44}$…ci$^{13}_{21}$ua$^{53}$ŋai$^{13}_{21}$sin$^{35}$c$^{h}$iəu$^{35}_{44}$ɲiaŋ$^{53}$uɔi$^{53}$i$^{35}_{44}$lən$^{53}$təu$^{35}_{44}$uɔi$^{53}_{44}$kai$^{53}_{44}$ke$^{53}_{44}$xe$^{53}$i$^{35}_{44}$lən$^{53}$təu$^{35}_{44}$uɔi$^{53}$iəu$^{35}$sei$^{53}$ɲin$^{13}_{21}$tsɿ$^{0}$.

【望眼镜】uɔŋ$^{53}$ŋan$^{21}$ciaŋ$^{53}$ [名]望远镜：欸，我孙子等喜欢搞～啊，拿倒箇～去看，虽然渠看么个唔出，但是渠会去看，我默神渠都看唔么个唔出来，默神渠都缯看倒么个东西，但是渠觉得蛮有味道，咁大子。e$_{44}$,ŋai$^{13}_{21}$sən$^{35}$tsɿ$^{0}$ ten$^{0}$ çi$^{21}$fɔn$^{35}_{53}$kau$^{21}$uɔŋ$^{53}$ŋan$^{21}$ciaŋ$^{53}$ŋa$^{0}$,la$^{53}$tau$^{21}$kai$^{53}_{44}$uɔŋ$^{53}$ŋan$^{21}$ciaŋ$^{53}_{44}$çi$^{53}_{44}$k$^{h}$ɔn$^{53}$,sei$^{35}$vien$^{13}_{21}$ci$^{13}_{21}$k$^{h}$ɔn$^{53}$mak$^{3}$ e$^{0}$ n̩$^{13}_{21}$tʂ$^{h}$ət$^{3}$,tan$^{53}_{44}$ʂʅ$^{53}_{44}$ci$^{13}_{21}$uɔi$^{53}$çi$^{53}_{44}$k$^{h}$ɔn$^{53}$,ŋai$^{13}$mek$^{3}$ ʂən$^{13}_{44}$ci$^{13}_{21}$təu$^{35}_{44}$k$^{h}$ɔn$^{53}$n̩$^{13}_{21}$mak$^{3}$ e$^{0}$ n̩$^{13}_{21}$tʂ$^{h}$ət$^{3}$ lɔi$^{13}_{21}$,mek$^{3}$ ʂən$^{13}_{44}$ci$^{13}$təu$^{35}_{53}$maŋ$^{13}$k$^{h}$ɔn$^{53}$tau$^{21}$mak$^{3}$ e$^{0}$ təŋ$^{35}_{44}$si$^{0}$,tan$^{53}$ʂʅ$^{53}$ci$^{13}_{21}$kɔk$^{3}$ tek$^{3}$ man$^{13}$iəu$^{35}_{44}$uei$^{53}$t$^{h}$au$^{53}$,kan$^{21}_{13}$t$^{h}$ai$^{53}$tsɿ$^{0}$.

【威风】uei$^{35}$fəŋ$^{35}$ [形]有使人敬畏的气势或气派：以前我等箇只尚志叔就真～啊，一米八几高。欸，真威风啊，我细细子都真羡慕渠啊。以下是七十几岁了，老嘿哩，背都驼嘿哩。i$^{35}_{53}$ts$^{h}$ien$^{13}_{21}$ŋai$^{13}$tien$^{0}$ kai$^{53}$tʂak$^{3}$ ʂɔŋ$^{53}$tʂʅ$^{53}$ʂəuk$^{3}$ ts$^{h}$iəu$^{53}_{44}$tʂən$^{35}$uei$^{35}_{44}$fəŋ$^{35}_{44}$ŋa$^{0}$,iet$^{3}$ mi$^{21}$pait$^{3}$ ci$^{21}$kau$^{35}_{44}$.e$_{21}$,tʂən$^{35}$uei$^{35}_{44}$fəŋ$^{35}_{44}$ŋa$^{0}$,ŋai$^{13}$se$^{53}$se$^{53}$tsɿ$^{0}$ təu$^{35}_{44}$tʂən$^{35}$sen$^{53}$mu$^{53}$ci$^{13}_{21}$a$^{0}$.i$^{21}$xa$^{53}$ʂʅ$^{53}_{44}$ts$^{h}$iet$^{3}$ ʂət$^{5}$ ci$^{21}$sɔi$^{53}$liau$^{0}$,lau$^{21}$xek$^{3}$ li$^{0}$,pɔi$^{53}$təu$^{35}_{44}$t$^{h}$o$^{13}_{21}$xek$^{3}$ li$^{0}$.

【威风凛凛】uei$^{35}$fəŋ$^{35}_{44}$lin$^{21}$lin$^{21}$ 形容声势或气派使人敬畏：个孝子你不能够话胸口挺直啦，欸，～哩呀，箇不能。ke$^{53}_{44}$xau$^{53}$tsɿ$^{0}$ɲi$^{13}$pət$^{3}$ lən$^{13}_{21}$kei$^{53}_{44}$ua$^{53}_{44}$çiəŋ$^{35}$k$^{h}$əu$^{21}$t$^{h}$in$^{21}$tʂ$^{h}$ət$^{5}$ la$^{0}$,ei$_{21}$,uei$^{35}$fəŋ$^{35}_{44}$lin$^{21}$lin$^{21}$li$^{0}$ ia$^{0}$,kai$^{53}_{44}$pət$^{3}$ nən$^{13}$.

【威吓】uei$^{35}$xak$^{3}$ [动]指用武力或威风使对方恐惧或产生自卑感：以只事让门个就让门个，系吧？结果让门个就让门个，你莫～我哟。i$^{21}$tʂak$^{3}$ sɿ$^{53}$ɲiɔŋ$^{53}_{44}$mən$^{13}_{44}$ke$^{53}_{44}$ts$^{h}$iəu$^{53}_{44}$ɲiɔŋ$^{53}_{44}$mən$^{13}_{44}$ke$^{53}_{44}$,xe$^{53}_{44}$pa$^{0}$?ciet$^{3}$ ko$^{21}$ɲiɔŋ$^{53}_{44}$mən$^{13}_{44}$ke$^{53}_{44}$ts$^{h}$iəu$^{53}_{44}$ɲiɔŋ$^{53}_{44}$mən$^{13}_{44}$ke$^{53}_{44}$, ɲi$^{13}$mɔk$^{5}$ uei$^{35}$xak$^{3}$ ŋai$^{13}$io$^{0}$.

【威人】uei$^{35}$ɲin$^{13}$ [形]威严而令人心生敬畏甚至恐惧：有兜～，箇祠堂啊，高又咁高个屋，又咁冷清，系啊？有兜子～。iəu$^{35}$te$^{35}_{44}$uei$^{35}$ɲin$^{13}$,kai$^{53}$ts$^{h}$ɿ$^{13}_{21}$t$^{h}$ɔŋ$^{13}_{44}$ŋa$^{0}$,kau$^{35}_{44}$iəu$^{53}$kan$^{21}$kau$^{35}_{44}$ke$^{53}$uk$^{3}$,iəu$^{53}$kan$^{21}$laŋ$^{35}$ts$^{h}$in$^{53}$,xei$^{53}$a$^{0}$?iəu$^{35}$te$^{35}_{53}$tsɿ$^{0}$ uei$^{35}$ɲin$^{13}_{21}$.

【微筋子】mi$^{13}$cin$^{35}$tsɿ$^{0}$ [名]植物细小的根；须根：欸箇个栽桂花树个时候子啊欸除嘿箇几条大筋忒长哩，舞咁去，系唔系？箇～尽量留得倒个爱留倒。e$_{21}$kai$^{53}$kei$^{53}_{44}$tsɔi$^{35}$kuei$^{53}$fa$^{35}_{44}$ʂəu$^{53}$ke$^{53}_{44}$ʂʅ$^{13}$xei$^{53}$tsɿ$^{0}$ a$^{0}$ ei$^{0}$ tʂ$^{h}$əu$^{13}$xek$^{3}$ kai$^{53}_{44}$ci$^{21}$t$^{h}$iau$^{13}$t$^{h}$ai$^{53}$cin$^{35}$t$^{h}$et$^{3}$ tʂ$^{h}$ɔŋ$^{13}$li$^{0}$,u$^{21}$kan$^{21}$çi$^{53}$,xei$^{53}$me$^{53}$?kai$^{53}_{44}$mi$^{13}$cin$^{35}$tsɿ$^{0}$ ts$^{h}$in$^{53}$liɔŋ$^{53}$liəu$^{13}$tek$^{3}$ tau$^{21}$ke$^{53}$ɔi$^{53}$liəu$^{13}$tau$^{21}$.

【微微末末】mi$^{13}$mi$^{13}$mait$^{5}$ mait$^{5}$ 形容很细碎：箇个饼干子吵，除哩一块块个剩下兜还有～个。

kai53ke53piaŋ21kən35tsɿ0 ʂa0,tʂhəu13li0 iet3 khuai53khuai53ke0 ʂən53çia53/44te35/44xai13/21iəu35mi13mi13mait5 mait5 ke0.

【煨】uəi35 [动]焖烧：渠等话所谓个檀香就系箇只东西指柚木，又看唔出。欸，锯倒箇短短子同箇松光样，劈倒，细细子，放倒～倒箇火笼哩，喷香喷香。ci13tien0 ua53so21uei53ke0 than13çiəŋ35/44 tshiəu53xei53/44kai53/44(tʂ)ak3 təŋ35/44si0,iəu53/44khən53n̩13/21tʂhət3.ei/21,cie53tau21kai53/44tən21/13tən21tsɿ0 thəŋ13/21kai53/44tshəŋ13/21kəŋ35/44iəŋ53, phiak3 tau21,sei53sei53tsɿ0,fəŋ53tau21/44uəi35tau21kai53/21fo21ləŋ35li0,phəŋ35/44çiəŋ35/44phəŋ35/44çiəŋ35/44.

【煨一节食一节】uəi35iet3 tsiet3 ʂət5 iet3 tsiet3 比喻勉强度日，过一天是一天：有只人呐做屋啊，欠一屁股个账。嗯，尽兜别人家去讨账都讨唔倒。有么个办法？渠反正冇得钱，系啊？如今渠都欸箇个靠打下子零工，欸，生活都蛮困难，只好～。iəu35tʂak3 ɲin13na0 tso53uk3 a0,chian53iet3 phi53ku21ke53/44tʂəŋ53.n̩/21,tshin35te35/44phiet5 in13/44ka35/44çi53thau21tʂəŋ53/44təu35/44thau21n̩21tau21.iəu35mak3 e0 phan53fait3 ?ci13/21 fan21tʂən53mau13tek3 tshien13/21,xei53/44a0 ?i13/21cin35/53ci13/21təu35/53ei/44kai53kei53/44khau53ta21(x)a53tsɿ0 laŋ13kəŋ35/53,e/21,sen35xəit5 təu35/44man13/21khuən53nan53/44,tʂɿ21xau21uəi35iet3 tsiet3 ʂət5 iet3 tsiet3.

【为1】uei13 [动]是：搞滴高粱，放滴麦子去啊，就统称～杂粮饭呐。kau21tiet5/3kau35liəŋ13/21,fəŋ53/44tet5/3 mak5 tsɿ0 çi53/44a0,tshiəu53/44thəŋ21tʂhən35uei13/44tshait5 liəŋ13fan53na0.

【为首】uei13ʂəu21 [动]领头，承担首要职责：本家～，为主。pən21cia35/44uei13ʂəu21,uei13tʂʮ21.｜么人就～哇？mak3ɲin13/21tshiəu53uei13/21ʂəu21ua0？

【为主】uei13tʂʮ21 [动]处于主要地位：一只庙肚里除哩一只～个神，剩下个就各种各样个神都有。iet3 tʂak3 miau53təu21li0 tʂhəu13li0 iet3 tʂak3 uei13tʂʮ21ke53ʂən13,ʂən53çia53/44kei53/44tshiəu53/44kək3 tʂəŋ21kək3 iəŋ53 ke0 ʂən13təu35/44iəu35/44.

【围】uei13 [动]①环绕：颈筋上～你几下，～几下唠。ciaŋ21cin35xəŋ53uei13ɲi13/44ci21xa53,uei13ci21xa53lau0.②四周拦挡起来，使里外不通：拿倒箇东西～鱼子啊。la53tau21kai53/44təŋ35/44si0 uei13ŋ̍13tsa0.｜（篱笆势）～园呢。用来～菜园呢。uei13ien13ne0.iəŋ53/44ləi13/21uei13tshəi53ien13/21ne0.

【围板】uei13pan21 [名]床上拦挡两头及背后的木板。又称"挡板"：（硬板床）又冇得～。iəu53 mau13/21tek3uei13pan21.

【围绞子】uei13ciau21tsɿ0 [名]打禾时围住禾桶不让谷物飞出的篾簟：围簟子，系唔系啊？/～唠，你，～唠！围簟子是要唔得。你箇个都还唔系真个客家，渠硬爱真客家。你记稳嘞，莫把如今新个东西讲倒去。硬爱作古你啱板。莫搞箇样蛮蛮扮扮个东西。uei13thian53tsɿ0,xei53mei53/44 a0?/uei13ciau21tsɿ0 lau0, ɲi13,uei13ciau21tsɿ0 lau0 !uei13thian53tsɿ0 sɿ53/44iau53n̩13/21tek3. ɲi13kai53/44ke53/44təu35/44xai13/21m̩13/21phe53/44 tʂən35ke53khak3 ka35/44,ci13ɲiaŋ53/44əi53/44tʂən35khak3ka35/44. ɲi13ci53uən21le53,mək5 pa21i13/21cin35/44sin35ke53/44təŋ35/44si0 kəŋ21tau21 çi53. ɲiaŋ53/21əi53tsok3 ku21ɲi13/44ŋan/44pan/44.mək5 kau21kai53/44iəŋ53/44man13man13/44pan53/44pan53/44ke53/44təŋ35/44si0.

【围墙】uei13tshiəŋ13 [名]院墙：～底下 uei13tshiəŋ13te21xa53

【围墙门】uei13tshiəŋ13mən13 [名]围墙上开的门：以前我等老屋里就有～。但是欸箇～呢欸落尾屋啊一转，哦嗬，围墙也就冇得哩。冇哩用，到处都进得了。i35/53tshien13/21ŋai13/21tien0 lau21uk3 li0 tsiəu53iəu35/53uei13/21tshiəŋ13/21mən13/21.tan53ʂɿ53e0 kai53uei13/21tshiəŋ13/21mən13/21ne0 e0 nək5 mi35/44uk3 a0 iet3 tʂuən53,o/53xo/53,uei13 tshiəŋ13/44a35/44tshiəu53mau13tek3 li0.mau13li0 iəŋ53,tau53tʂhəu35/44təu35/44tsin53tek3 liau0.

【围裙】uei13chin13 [名]①操作时围在身前保护衣服或身体的织物：～有两起嘞。一起就系呢羁倒个～来煮饭食个啦。欸，箇我等煮饭食都喜欢羁～，欸冷天咯，热天唔想羁嘞。戴衫袖筒，羁～，我煮饭食啦。大人着个，欸，大人羁个，煮饭个煮饭食个时候子，或者做事，做事也有啊。嗯，唔限定煮饭呐，做事个时候子也着啊。uei13chin13/44iəu35/53iəŋ21çi21le0.iet3 çi21tshiəu53xei53ə/21 cie35tau21ke53uei13chin13nəi13/44tʂəu21fan53ʂət5 cie53/44la0.e/21,kai53ŋai13/21tien0 tʂəu21fan53ʂət5 təu35/53çi21fən35/44cie35uei13 chin13,e0 laŋ35thien35/44ko0, ɲiet5 thien35/44n̩13/21siəŋ21cie35lei0.tai53san35/44tshiəu53thəŋ13,cie35uei13chin13/44,ŋai13tʂəu21fan53 ʂət5 la0.thai53ɲin13/21tʂək3 ke0,e/21,thai53ɲin13/21cie35ke53,tʂəu21fan53ke53/21tʂəu21fan53ʂət5 ke53/44ʂɿ13/44xəu35/44tsɿ0,xəit5 tʂa21tso53/44 sɿ53,tso53/44sɿ53a35/44iəu35/44a0.n̩/21,n̩13khan53/44thiaŋ53/44tʂəu21fan53na0,tso53sɿ53ke53/44ʂɿ13/44xei53/44tsɿ0 ia35tʂək3 a0.②指幼儿系的围身裙：好，欸，箇个欸还有起～呢就细人子羁个围身……又安做围身裙呢。xau21,e/21,kai53ke53/44 e0 xai13/21iəu35/53çi21uei13chin13ne0 tshiəu53/44sei53ɲin13/21tsɿ0 cie35ke53uei13ʂən35…iəu35ən35/53tso53uei13ʂən35chin13nei0.

【围身裙】uei13ʂən35chin13 [名]指幼儿系的围兜：～就系一件衫咁子翻翻哩着嘿箇后背，以只后背绨带子个箇起啊～呐，就细人子着个，uei13ʂən35chin13tshiəu53xei53iet3 chien53san35kan21tsɿ0 fan35 fan35ni0 tʂək3(x)ek3 kai53/44xei53pəi53/21,i21tʂak3 xei53pəi53/44thak3 tai53tsɿ0 ke53/44kai53/21çi21/44a0 uei13ʂən35/44chin13na0,tshiəu53/44sei53 ɲin13/21tsɿ0 tʂək3 ke53.｜热天冇么人着～，也只系冷天。ɲiet5 thien35/44mau13/21mak3 in13/21tʂək3 uei13/21ʂən35/44chin13/21, ia$^{35}_{44}$tʂʅ$^{21}$(x)ei$^{53}$laŋ$^{35}$tʰien$^{13}_{44}$.

【围网】uei$^{13}$mɔŋ$^{21}$ [名]鱼网名：～啊，以前有～啊。uei$^{13}$mɔŋ$^{21}$ŋa$^{0}$,ien$_{13}$(←i$^{35}$tsʰien$^{13}$)iəu$^{35}_{44}$uei$^{13}$mɔŋ$^{21}$ŋa$^{0}$.

【围窑】uei$^{13}$iau$^{13}$ [名]一种砖窑的形制：～就系么个嘞？就系分箇砖呐去野外舞丘田舞只场地，分箇个砖坯子咯就一轮一轮子舞正来，舞正来以后嘞外背用箇个用土砖一围，欸，还爱舞条钢筋，舞条铁丝也做得钢筋也做得唠，做只箍箍稳渠，一轮一轮搞个上。箇是有兜是几万砖是箇个哦比人都更高喔，有丈多高个哦，箇个就安做～。如今烧砖就唔同了，用箇个窑哇。uei$^{13}$iau$^{13}$tsʰiəu$^{53}$xe$^{53}$mak$^{3}$ke$^{53}_{44}$lei$^{0}$?tsʰiəu$^{53}$xei$^{53}$pən$^{35}$kai$^{53}_{44}$tʂuɔn$^{35}$na$^{0}$çi$^{53}$ia$^{35}$uai$^{53}$u$^{21}$cʰiəu$^{35}_{44}$tʰien$^{13}$u$^{21}$tʂak$^{3}$tʂʰɔŋ$^{21}$tʰi$^{53}$,pən$^{35}$kai$^{53}_{21}$ke$^{53}_{21}$tʂuɔn$^{35}$pʰɔi$^{35}_{44}$tsɿ$^{0}$ko$^{0}$tsʰiəu$^{53}_{44}$iet$^{3}$lən$^{13}_{21}$iet$^{3}$lən$^{13}$tsɿ$^{0}$u$^{21}$tʂaŋ$^{53}$lɔi$^{13}_{44}$,u$^{21}$tʂaŋ$^{53}$lɔi$^{13}_{21}$i$^{35}_{44}$xei$^{53}_{44}$lei$^{0}$ŋɔi$^{53}$pɔi$^{53}_{44}$iəŋ$^{53}$kai$^{53}_{44}$kei$^{53}_{44}$iəŋ$^{53}$tʰəu$^{21}$tʂuɔn$^{35}_{44}$iet$^{3}$uei$^{13}$,e$_{44}$,xa$^{13}_{21}$ɔi$^{53}$u$^{21}$tʰiau$^{13}_{21}$kɔŋ$^{35}$cin$^{35}_{44}$,u$^{21}$tʰiau$^{13}_{44}$tʰet$^{3}$sʅ$^{35}_{44}$a$^{35}_{53}$tso$^{53}$tek$^{3}$kɔŋ$^{35}$cin$^{35}_{44}$na$^{35}_{44}$tso$^{53}$tek$^{3}$lau$^{0}$,tso$^{53}$tʂak$^{3}$kʰu$^{35}$kʰu$^{35}$uən$^{21}$ci$^{13}_{44}$,iet$^{3}$lən$^{13}$iet$^{3}$lən$^{13}$kau$^{21}$ke$^{53}_{44}$ʂɔŋ$^{53}_{44}$.kai$^{53}_{44}$ʂʅ$^{53}_{44}$iəu$^{35}$tei$^{35}_{53}$ʂʅ$^{53}_{44}$ci$^{21}$uan$^{53}$tʂuɔn$^{35}_{44}$ʂʅ$^{53}_{21}$kai$^{53}_{44}$ke$^{53}_{44}$o$^{0}$pi$^{21}$ɲin$^{13}$təu$^{35}_{44}$cien$^{53}$kau$^{35}_{44}$uo$^{0}$,iəu$^{35}$tʂʰɔŋ$^{53}$to$^{35}_{44}$kau$^{35}_{44}$ke$^{53}$o$^{0}$,kai$^{53}_{44}$ke$^{53}$tsʰiəu$^{53}$ɔn$^{35}_{53}$tso$^{53}$uei$^{13}$iau$^{13}_{44}$.i$^{13}_{21}$cin$^{35}_{44}$ʂau$^{35}_{44}$tʂuɔn$^{35}_{44}$tsiəu$^{53}$n̩$^{13}_{21}$tʰəŋ$^{13}_{21}$liau$^{0}$,iəŋ$^{53}$kai$^{53}$kei$^{53}_{44}$iau$^{13}_{44}$ua$^{0}$.

【尾$_{1}$】mi$^{35}$ [名]①植物的末端，树梢：底下树梗擦菀下起到～上都尽赘。tei$^{21}$xa$^{53}_{44}$ʂəu$^{53}$kuaŋ$^{21}$lau$^{35}$təu$^{35}$xa$^{35}_{44}$çi$^{21}$tau$^{53}_{44}$mi$^{35}$xɔŋ$^{53}_{44}$təu$^{35}$tsʰin$^{53}$nek$^{3}$. ②油撞的尾部：一个人打～。～就箇只撞个尾巴啊，箇个～上缩倒总缩总缩缩倒咁大子。iet$^{3}$ke$^{53}$in$^{13}_{44}$ta$^{21}$mi$^{35}$.mi$^{35}$tsʰiəu$^{53}$kai$^{53}_{44}$tʂak$^{3}$tsʰɔŋ$^{53}$ke$^{53}$mi$^{35}$pa$^{35}_{44}$a$^{0}$,kai$^{53}_{21}$ke$^{53}_{21}$mi$^{35}$xɔŋ$^{53}$sɔk$^{3}$tau$^{21}_{44}$tsəŋ$^{21}$sɔk$^{3}$tsəŋ$^{21}$sɔk$^{3}$sɔk$^{3}$tau$^{21}$kan$^{21}$tʰai$^{53}$tsɿ$^{0}$.

【尾$_{2}$】mi$^{35}$ [动]接近植物的末端、树梢：□攀爬嘿箇竹尾巴上去。总□总～呀，箇尾巴就受唔了哩啊，就驼下来吵。cʰiet$^{5}_{3}$(x)ek$^{3}$kai$^{53}_{44}$tʂəuk$^{3}$mi$^{35}_{44}$pa$^{35}$xɔŋ$^{53}_{21}$çi$^{53}$.tsəŋ$^{21}$cʰiet$^{5}$tsəŋ$^{21}$mi$^{35}$ia$^{0}$,kai$^{53}_{44}$mi$^{35}$pa$^{35}_{44}$tsʰiəu$^{53}_{44}$ʂəu$^{53}$n̩$^{13}_{21}$liau$^{21}$li$^{0}$a$^{0}$,tsʰiəu$^{53}_{44}$tʰo$^{13}$xa$^{53}_{44}$lɔi$^{13}_{21}$ʂa$^{0}$.

【尾$_{3}$】mi$^{35}$/uei$^{21}$读书音 [量]用于鱼，在礼单中用为雅称：锦鳞，几多～，锦鳞两～呀。cin$^{21}$lin$^{13}$,ci$^{21}$to$^{35}$uei$^{21}$,cin$^{21}$lin$^{13}$iɔŋ$^{21}$mi$^{35}$ia$^{0}$.

【尾巴】mi$^{35}$pa$^{35}_{44}$ [名]①指鸟、兽、虫、鱼等动物身体末端的突出部分：～上 mi$^{35}$pa$^{35}$xɔŋ$^{53}$。②植物的末梢：出杉树了吵，就分箇梢打咁，分箇～唔爱哩个～裁咁。tʂʰət$^{3}$sa$^{35}$ʂəu$^{53}$liau$^{21}$ʂa$^{0}$,tsʰiəu$^{53}_{44}$pən$^{35}$kai$^{53}_{44}$kʰua$^{21}$ta$^{21}$kan$^{21}_{44}$,pən$^{35}_{44}$kai$^{53}_{44}$mi$^{35}$pa$^{35}_{44}$m̩$^{13}_{21}$mɔi$^{53}_{44}$li$^{0}$ke$^{0}$mi$^{35}$pa$^{35}_{44}$tsʰɔi$^{13}$kan$^{21}$.

【尾脊骨】mi$^{35}$tsi$^{35}$kuət$^{3}$ [名]尾骨：箇是～。箇是，那就，箇就系龙骨最底下个唠，系<u>唔系</u>？～啦。脊椎个最底下部分呶。kai$^{53}$ʂʅ$^{53}_{21}$mi$^{35}$tsi$^{35}$kuət$^{3}$.kai$^{53}_{44}$ʂʅ$^{53}_{44}$,la$^{53}_{44}$tsʰiəu$^{53}$,kai$^{53}_{44}$tsʰiəu$^{53}_{44}$xe$^{53}_{21}$liəŋ$^{13}$kuət$^{3}$tsei$^{53}$te$^{21}$xa$^{53}_{44}$ke$^{53}_{44}$lau$^{0}$,xei$^{53}$me$^{53}_{21}$?mi$^{35}$tsi$^{35}$kuət$^{3}$la$^{0}$.tsiet$^{3}$tʂei$^{35}$ke$^{53}_{44}$tsei$^{53}$te$^{21}$xa$^{53}_{44}$pʰu$^{53}$fən$^{53}$nau$^{0}$. | ～痛。mi$^{35}$tsi$^{35}$kuət$^{3}$tʰəŋ$^{53}$.

【尾晚子】mi$^{35}$man$^{35}$tsɿ$^{0}$ [名]最小的孩子。又称"老晚"：婆惜～，公惜后来婆。pʰo$^{13}$siak$^{3}$mi$^{35}$man$^{35}$tsɿ$^{0}$,kəŋ$^{35}$siak$^{3}$xei$^{53}$lɔi$^{13}_{21}$pʰo$^{13}$.

【为$_{2}$】uei$^{53}$ [介]表示行为的对象，相当于"替、给"：箇餐酒指陪媒酒就专门～渠指媒人，～渠设个。kai$^{53}_{44}$tsʰɔn$^{35}$tsiəu$^{21}$tsʰiəu$^{53}_{44}$tʂen$^{35}$mən$^{13}_{21}$uei$^{53}$ci$^{13}$,uei$^{53}$ci$^{13}$ʂek$^{3}$ke$^{53}$.

【为啦】uei$^{53}$la$^{0}$ [介]表示目的：欸，～抢时间呢，就早禾个空里，就栽丫禾。e$_{21}$,uei$^{53}$la$^{0}$tsʰiɔŋ$^{21}$ʂʅ$^{13}$kan$^{35}_{44}$nei$^{0}$,tsʰiəu$^{53}_{44}$tsau$^{21}$uo$^{13}$ke$^{53}_{44}$kʰəŋ$^{53}$li$^{0}$,tsʰiəu$^{53}_{44}$tsɔi$^{35}$a$^{35}$uo$^{13}_{21}$.

【为了】uei$^{53}$liau$^{21}$ [介]表示目的：～使箇丫禾长得更好嘞，在栽丫禾之前，打秧炮子。uei$^{53}$liau$^{0}$ʂʅ$^{21}$kai$^{53}_{44}$a$^{35}$uo$^{13}_{21}$tʂɔŋ$^{21}$tek$^{3}$cien$^{53}$xau$^{21}$lei$^{0}$,tsʰai$^{53}$tsɔi$^{35}$a$^{35}$uo$^{13}_{21}$tʂʅ$^{35}$tsʰien$^{13}$,ta$^{21}$iɔŋ$^{35}$pʰau$^{53}$tsɿ$^{0}$.

【为哩】uei$^{53}$li$^{0}$ [介]表示目的：有滴～拿工资，箇工资高欸。iəu$^{21}$tet$^{5}_{3}$uei$^{53}_{44}$li$^{0}$na$^{53}$kəŋ$^{35}$tsɿ$^{35}_{44}$,kai$^{53}_{21}$kəŋ$^{35}$tsɿ$^{35}_{44}$kau$^{35}$uei$^{0}$.

【位】uei$^{53}$ [量]用于神明等：一～尊神 iet$^{3}$uei$^{53}$tsən$^{35}$ʂən$^{13}$ | 一～菩萨 iet$^{3}$uei$^{53}$pʰu$^{13}$sait$^{3}$

【位子】uei$^{53}$tsɿ$^{0}$ [名]座位：斢只～ tʰiau$^{21}$tʂak$^{3}$uei$^{53}$tsɿ$^{0}$ | （如今请坐上个）请四只子～嘞。tsʰiaŋ$^{21}$si$^{53}$tʂak$^{3}$tsɿ$^{0}$uei$^{53}$tsɿ$^{0}$le$^{0}$.

【味$_{1}$】uei$^{53}$ [名]①气味：蕲艾是用来做箇撇下子～嘞，撇～嘞。cʰi$^{13}$ɲie$^{53}$ʂʅ$^{53}_{44}$iəŋ$^{53}$lai$^{13}_{21}$tso$^{53}_{44}$kai$^{53}_{44}$pʰiet$^{3}$(x)a$^{53}$tsɿ$^{0}$uei$^{53}$lei$^{0}$,pʰiet$^{3}$uei$^{53}$lei$^{0}$. ②趣味，情趣：箇个更有得～啦。kai$^{53}$ke$^{53}$cien$^{53}$mau$^{13}_{21}$tek$^{3}$uei$^{53}$la$^{0}$.

【味$_{2}$】uei$^{53}$ [量]指中草药的一种：苦楝树皮也做得药，苦楝树皮唔知做么个药去哩，系一～中药咯。fu$^{21}$lien$^{53}$ʂəu$^{53}$pʰi$^{13}$ia$^{35}$tso$^{53}$tek$^{3}$iɔk$^{5}$,fu$^{21}$lien$^{53}$ʂəu$^{53}$pʰi$^{13}$n̩$^{13}$ti$^{35}_{44}$tso$^{53}$mak$^{3}$e$^{0}$iɔk$^{5}$çi$^{53}$li$^{0}$,xei$^{53}$iet$^{3}$uei$^{53}$tʂəŋ$^{35}$iɔk$^{5}$ko$^{0}$.

W

【味道】uei$^{53}$t$^h$au$^{53}$ [名]①滋味；舌头尝东西所得的感觉：（苋菜菌）有苋菜个～。iəu$^{35}_{44}$xan$^{53}_{44}$ts$^h$ɔi$^{53}_{44}$ke$^{53}_{44}$uei$^{53}$t$^h$au$^{53}_{44}$.｜渠个舞倒镬瘌用水一煮，渠食起尽～。ci$^{13}_{21}$ke$^{53}_{44}$u$^{21}$tau$^{21}$uɔk$^5$lait$^3$iəŋ$^{53}$ʂei$^{21}$iet$^3$tʂəu$^{21}$,ci$^{13}$ʂət$^5$çi$^{21}$ts$^h$in$^{53}$uei$^{53}_{44}$t$^h$au$^{53}_{44}$. ②趣味；情趣：曾华鲜老师也蛮有～。tsien$^{35}$fa$^{13}_{21}$çien$^{35}$nau$^{21}$sɿ$^{53}_{44}$ia$^{35}_{44}$man$^{13}_{21}$iəu$^{35}_{44}$uei$^{53}_{44}$t$^h$au$^{53}_{44}$. ③好处；利益：你只有去学做圣箇有～哇。ɲi$^{13}$tʂɿ$^{21}$iəu$^{35}_{53}$çi$^{53}_{44}$xɔk$^{5}_{3}$tso$^{53}_{44}$ʂaŋ$^{53}$kai$^{53}_{44}$iəu$^{35}_{44}$uei$^{53}$t$^h$au$^{53}$ua$^0$. ④意思；含义：通唱就司仪个～啦。t$^h$əŋ$^{35}$tʂ$^h$ɔŋ$^{53}$ts$^h$iəu$^{53}_{44}$sɿ$^{35}_{44}$ɲi$^{13}$ke$^{53}$uei$^{53}_{44}$t$^h$au$^{53}$la$^0$.

【胃】uei$^{53}$ [名]人和脊椎动物身体里主管消化食物的器官：箇我箇几年硬～真痛啊，长日～痛。kai$^{53}$ŋai$^{13}$kai$^{53}$ci$^{21}$ɲien$^{13}$ɲiaŋ$^{53}$uei$^{53}$tʂən$^{35}$t$^h$əŋ$^{53}$ŋa$^0$,tʂ$^h$ɔŋ$^{13}$ɲiet$^3$uei$^{53}$t$^h$əŋ$^{53}$.

【胃口】uei$^{53}$k$^h$ei$^{21}$ [名]指对于进食的兴趣：欸，今晡昼边我食饱哩，下昼𫠦做么个东西，肚子也唔饥，冇滴～。e$_{21}$,cin$^{35}_{44}$pu$^{35}_{44}$tʂəu$^{53}$pien$^{35}_{44}$ŋai$^{13}_{21}$ʂət$^5$pau$^{21}$li$^0$,xa$^{35}_{44}$tʂəu$^{53}_{44}$maŋ$^{13}$tso$^{53}$mak$^3$e$^0$təŋ$^{35}_{44}$si$^0$,təu$^{21}$tsɿ$^0$a$^{35}_{44}$n̩$^{13}$ci$^{35}_{53}$,mau$^{13}$tiet$^5$uei$^{53}$k$^h$ei$^{21}$.

【磑皮】ŋai$^{53}$p$^h$i$^{13}$ [动]晚于预产期出生：箇晡我摎你嬲个我阿叔箇映子箇只渠个老弟子就老弟嫂就矮矮子，肚里懑大，多时都话爱供了，硬欸箇个啦硬推迟嘿半个月正供，安做～，真～。磑倒……渠等话～妹，妹子就会～。安做～嘞，总都唔供咯。kai$^{53}$pu$^{35}_{53}$ŋai$^{13}_{21}$lau$^{35}$ɲi$^{13}_{21}$liau$^{53}$ke$^{53}_{44}$ŋai$^{13}_{44}$a$^{35}$ʂuk$^3$kai$^{53}_{44}$iaŋ$^{53}$tsɿ$^0$kai$^{53}$tʂak$^3$ci$^{13}$ke$^{53}$lau$^{21}$t$^h$e$^{53}$tsɿ$^0$ts$^h$iəu$^{53}_{44}$lau$^{21}$t$^h$e$^{53}$sau$^{21}$ts$^h$iəu$^{53}_{44}$ai$^{21}_{13}$ai$^{21}$tsɿ$^0$,təu$^{21}$tsɿ$^0$mən$^{35}$t$^h$ai$^{53}$,to$^{35}$ʂɿ$^{13}_{21}$təu$^{35}_{44}$ua$^{35}_{44}$uɔi$^{53}$ciəŋ$^{53}$liau$^0$,ɲiaŋ$^{53}$e$_{21}$kai$^{53}$cie$^{53}$la$^0$ɲiaŋ$^{53}$t$^h$i$^{35}$tʂ$^h$ɿ$^{13}_{21}$xek$^3$pan$^{53}$cie$^{53}$ɲiet$^5$tʂaŋ$^{53}_{44}$ciəŋ$^{53}$,ɔn$^{35}_{44}$tso$^{53}$ŋai$^{53}$p$^h$i$^{13}$,tʂən$^{35}$ŋai$^{53}$p$^h$i$^{13}$.p$^h$əŋ$^{53}$tau$^{21}_{44}$…ci$^{13}_{21}$tien$^0$ua$^{53}_{44}$ŋai$^{53}$p$^h$i$^{13}_{21}$mɔi$^{53}$,mɔi$^{53}$tsɿ$^0$ts$^h$iəu$^{53}_{44}$uɔi$^{53}_{44}$ŋai$^{53}$p$^h$i$^{13}$.ɔn$^{35}_{44}$tso$^{53}$ŋai$^{53}$p$^h$i$^{13}$le$^0$,tsəŋ$^{21}$təu$^{35}_{53}$n̩$^{13}$ciəŋ$^{53}$ko$^0$.｜我箇只喊娭娭个人以到供只赖子就～磑嘿成十天。ŋai$^{13}$kai$^{53}$tʂak$^3$xan$^{53}$me$^{35}$me$^{35}_{44}$ke$^{53}$ɲin$^{13}_{21}$i$^{21}$tau$^{53}$ciəŋ$^{53}$tʂak$^3$lai$^{53}$tsɿ$^0$ts$^h$iəu$^{53}$ŋai$^{53}$p$^h$i$^{13}$ŋai$^{53}$(x)ek$^3$ʂaŋ$^{13}_{21}$ʂət$^5$t$^h$ien$^{35}$.

【喂】uei$^{53}$ [动]给动物东西吃：～猪箇样个箇起猪食个也就猪篼哟。uei$^{53}$tʂəu$^{35}$kai$^{53}$iəŋ$^{53}_{44}$ke$^{53}_{44}$kai$^{53}_{44}$çi$^{21}_{44}$tʂəu$^{35}$ʂek$^3$kei$^{53}_{44}$ia$^{35}_{44}$ts$^h$iəu$^{53}$tʂəu$^{35}$tei$^{35}$iau$^0$.

【温】uən$^{35}$ [动]复习：我是长日交代我呀箇只孙子有么个事你就～下子书啦。系啊？你就看下子箇个读过个书啦。ŋai$^{13}$ʂɿ$^{53}$tʂ$^h$ɔŋ$^{13}$ɲiet$^3$ciau$^{35}$tai$^{53}_{44}$ŋai$^{13}$ia$^0$kai$^{53}_{44}$(tʂ)ak$^3$sən$^{35}$tsɿ$^0$mau$^{13}$mak$^3$e$^0$sɿ$^{53}$ɲi$^{13}$ts$^h$iəu$^{53}_{44}$uən$^{35}$na$^{53}_{44}$tsɿ$^0$ʂəu$^{35}$la$^0$.xei$^{53}_{44}$a$^0$?ɲi$^{13}_{21}$ts$^h$iəu$^{53}_{44}$k$^h$ɔn$^{53}$na$^{53}_{21}$tsɿ$^0$kai$^{53}_{44}$ke$^{53}_{44}$t$^h$əuk$^5$ko$^{53}_{44}$ke$^{53}_{44}$ʂəu$^{35}$la$^0$.

【温滚水】uen$^{35}$kuən$^{21}$ʂei$^{21}$ [名]温水。又称“温滚水子”：四十度都就唔系～了嘞。三十几度子就系～子。si$^{53}$ʂət$^5$t$^h$əu$^{53}_{44}$təu$^{35}_{44}$ts$^h$iəu$^{53}$m̩$^{13}$p$^h$e$^{53}$uən$^{35}$kuən$^{21}$ʂei$^{21}$liau$^{21}$le$^0$.san$^{35}$ʂət$^5$ci$^{21}$t$^h$əu$^{53}$tsɿ$^0$ts$^h$iəu$^{53}_{44}$xe$^{53}_{44}$uən$^{35}$kuən$^{21}$ʂei$^{21}$tsɿ$^0$.

【温温滚子】uən$^{35}$uən$^{35}$kuən$^{21}$tsɿ$^0$ [形]不冷不热：欸箇开水停冷哩了哇，欸呀，～了，食得了。ei$_{44}$kai$^{53}_{44}$k$^h$ɔi$^{35}$ʂei$^{21}$t$^h$in$^{13}_{21}$naŋ$^{35}$li$^0$liau$^{21}_{44}$ua$^0$,ei$_{21}$ia$^0$,uən$^{35}$uən$^{35}_{44}$kuən$^{21}$tsɿ$^0$liau$^0$,ʂət$^5$tek$^3$liau$^0$.

【瘟鸡】uən$^{35}$cie$^{35}$ 鸡发生急性传染病：我等乡下现在最多瘟病个就么个嘞？就系～。～呀。箇只有～就硬防不胜防。其他冇得么瘟个了，你话瘟猪哇欸瘟牛哇，箇瘟人是更冇得唠，系唔系？只有～就止唔倒，箇只东西真止唔倒。ŋai$^{13}$tien$^0$çiɔŋ$^{35}$xa$^{53}_{44}$çien$^{53}$ts$^h$aɪ$^{53}$tseɪ$^{53}$to$^{35}_{44}$uən$^{35}$p$^h$iaŋ$^{53}$ke$^{53}_{44}$ts$^h$iəu$^{53}_{44}$mak$^3$e$^0$lei$^0$?ts$^h$iəu$^{53}$xe$^{53}$uən$^{35}$cie$^{35}$.uən$^{35}$cie$^{35}$ia$^0$.kai$^{53}$tʂɿ$^{21}$iəu$^{35}_{53}$uən$^{35}$cie$^{35}$ts$^h$iəu$^{53}$ɲiaŋ$^{53}$fɔŋ$^{13}$pət$^3$ʂən$^{53}$fɔŋ$^{13}$.c$^h$i$^{13}$t$^h$a$^{35}_{53}$mau$^{13}$tek$^3$mak$^3$e$^0$uən$^{35}$cie$^{53}$liau$^0$,ɲi$^{13}$ua$^{53}_{44}$uən$^{35}$tʂəu$^{35}$ua$^0$e$_{21}$uən$^{35}$ɲiəu$^{13}$ua$^0$,kai$^{53}_{44}$uən$^{35}$ɲin$^{13}$ʂɿ$^{53}_{44}$cien$^{53}$mau$^{13}_{21}$tek$^3$lau$^0$,xei$^{53}$me$^{53}_{21}$?tʂɿ$^{21}$iəu$^{35}_{53}$uən$^{35}$cie$^{35}$ts$^h$iəu$^{53}$tʂɿ$^{21}$n̩$^{13}_{21}$tau$^{21}$,kai$^{53}_{21}$(tʂ)ak$^3$(t)əŋ$^{35}_{44}$si$^0$tʂən$^{35}$tʂɿ$^{21}$n̩$^{13}_{21}$tau$^{21}$.

【文案】uən$^{13}$ŋɔn$^{53}$ [名]①公文，案卷：箇个乡政府个箇个政府里个箇个欸办公室个人呐长日摎～打交道。kai$^{53}$ke$^{53}_{44}$çiɔŋ$^{35}$tʂən$^{53}$fu$^{21}$ke$^{53}$kai$^{53}_{44}$ke$^{53}_{44}$tʂən$^{53}$fu$^{21}$li$^{21}$ke$^{53}$kai$^{53}$ke$^{53}_{44}$e$_{21}$p$^h$an$^{53}$kəŋ$^{35}$ʂət$^5$ke$^{53}$ɲin$^{13}_{21}$na$^0$tʂ$^h$ɔŋ$^{13}$ɲiet$^3$lau$^{35}_{53}$uən$^{13}$ŋɔn$^{53}_{44}$ta$^{21}$ciau$^{35}$t$^h$au$^{53}$. ②今指办红白喜事时的书写事宜：欸，箇只红白喜事嘞欸我是会又唔会，冇办法，我等姓万个人呢有几多只会搞咁个东西个了，舞倒我一下红白喜事就搞倒我去搞～。写对子箇兜。ei$_{21}$,kai$^{53}$tʂak$^3$fəŋ$^{13}$p$^h$ak$^5$çi$^{21}$sɿ$^{53}$lei$^0$e$_{21}$ŋai$^{13}$ʂɿ$^{53}_{44}$uɔi$^{53}$iəu$^{53}$m̩$^{13}$uɔi$^{53}$,mau$^{13}$p$^h$an$^{53}$fait$^3$,ŋai$^{13}$tien$^0$siaŋ$^{53}$uan$^{53}$ke$^{53}$ɲin$^{13}_{44}$ne$^0$mau$^{13}$ci$^{21}$to$^{35}_{53}$tʂak$^3$uɔi$^{53}$kau$^{21}$kan$^{21}_{13}$ke$^{53}$təŋ$^{35}_{44}$si$^0$ke$^{53}$liau$^0$,u$^{21}$tau$^{21}$ŋai$^{13}$iet$^3$xa$^{53}$fəŋ$^{13}$p$^h$ak$^5$çi$^{21}$sɿ$^{53}_{44}$ts$^h$iəu$^{53}$kau$^{21}$tau$^{21}$ŋai$^{13}$çi$^{53}$kau$^{21}$uən$^{13}$ŋɔn$^{53}$.sia$^{21}$ti$^{53}$tsɿ$^0$kai$^{53}_{21}$tei$^{53}_{53}$.

【文明戏】uən$^{13}$min$^{13}$çi$^{53}$ [名]本指话剧，与古装戏相对而言，今泛指剧场的现场演出：我也蛮多年都𫠦去看～了。我所讲个～是就系箇个剧院里个人去箇演个戏。因为我等看电视剧看电视箇兜嘞欸特别就看电视唠，我看电视，欸坐啊屋下，又唔爱走哪映，又唔爱票，几好看子唠。你话爱我打张票哇跑下长沙啊哪只么个大剧院里去看～呀，呣呣，我就。还𫠦想倒咁奢侈个路子。ŋai$^{13}$ia$^{35}_{53}$man$^{13}$to$^{35}_{53}$ɲien$^{13}_{21}$təu$^{35}_{53}$maŋ$^{13}$çi$^{53}$k$^h$ɔn$^{53}$uən$^{13}_{21}$min$^{13}_{21}$çi$^{53}$liau$^0$.ŋai$^{13}$so$^{21}$kɔŋ$^{21}$ke$^{53}$uən$^{13}$min$^{13}_{44}$çi$^{53}$ʂɿ$^{53}_{21}$ts$^h$iəu$^{53}$xe$^{53}_{44}$kai$^{53}_{44}$ke$^{53}_{44}$tʂət$^3$vien$^{53}$li$^{21}$ke$^{53}$ɲin$^{13}$çi$^{53}$kai$^{53}$ien$^{21}$ke$^{53}_{44}$çi$^{53}$.in$^{35}_{53}$uei$^{53}$ŋai$^{13}$tien$^0$k$^h$ɔn$^{53}$t$^h$ien$^{53}$ʂɿ$^{53}$tʂət$^3$k$^h$ɔn$^{53}$t$^h$ien$^{53}$ʂɿ$^{53}_{44}$kai$^{53}_{44}$te$^{35}_{44}$le$^0$e$_{21}$t$^h$ek$^5$p$^h$iet$^5$ts$^h$iəu$^{53}$k$^h$ɔn$^{53}$t$^h$ien$^{53}$ʂɿ$^{53}$lau$^0$,ŋai$^{13}_{21}$k$^h$ɔn$^{53}$t$^h$ien$^{53}$ʂɿ$^{53}$,e$^0$ts$^h$o$^{35}$a$^0$uk$^3$xa$^{53}_{44}$,iəu$^{53}$

m̩$^{13}_{21}$mɔi$^{53}_{44}$tsei$^{21}$la$^{53}_{44}$iaŋ$^{53}_{44}$,iəu$^{53}$m̩$^{13}_{21}$mɔi$^{53}_{44}$pʰiau$^{53}$,ci$^{21}$xau$^{21}$kʰɔn$^{53}$tsɿ$^{0}$lau$^{0}$.ɲi$^{13}_{21}$ua$^{53}_{44}$ɔi$^{53}$ŋai$^{13}_{21}$ta$^{21}$tʂɔŋ$^{35}_{44}$pʰiau$^{53}$ua$^{0}$pʰau$^{21}$ua$^{53}$tʂʰɔŋ$^{13}$sa$^{35}_{44}$a$^{0}$lai$^{53}$tʂak$^{3}$mak$^{3}$ke$^{53}_{44}$tʰai$^{53}$tʂət$^{3}$vien$^{53}$li$^{21}$çi$^{53}$kʰɔn$^{53}$uən$^{13}$min$^{13}_{21}$çi$^{53}$ia$^{0}$,m̩$_{21}$m̩$_{53}$,ŋai$^{13}_{21}$tsiəu$^{53}_{44}$.xai$^{13}$maŋ$^{13}$siɔŋ$^{21}$tau$^{21}$kan$^{21}$ʂa$^{35}$tʂʰʅ$^{21}$ke$^{53}_{44}$ləu$^{53}$tsɿ$^{0}$.

【文凭】uən$^{13}$pʰin$^{13}$ 名 学校给学生证明其在校毕业的文书，引申指学历：如今时代是讲～个时代啦，系唔系？～高就钦工资也更高嘞。少唔得～呐。i$^{13}_{21}$cin$^{35}_{53}$ʂʅ$^{13}$tʰɔi$^{53}$ʂʅ$^{53}_{44}$kɔŋ$^{21}$uən$^{13}$pʰin$^{13}_{21}$ke$^{53}$ʂʅ$^{13}_{21}$tʰɔi$^{53}$la$^{0}$,xei$^{53}$me$^{53}$?uən$^{13}$pʰin$^{13}_{21}$kau$^{35}$tsʰiəu$^{53}_{44}$e$_{21}$kɔŋ$^{35}$tsɿ$^{35}$a$^{35}_{44}$cien$^{53}_{44}$kau$^{35}$le$^{0}$.ʂau$^{21}$n̩$^{13}_{44}$tek$^{3}$uən$^{13}_{21}$pʰin$^{13}_{21}$na$^{0}$.

【文字】uən$^{13}$tsʰɿ$^{53}$ 名 ①语言的书面形式：除哩～上写出来，写蜂蜜，一般都讲蜂糖。tʂʰəu$^{13}$li$^{0}$uən$^{13}$tsʰɿ$^{53}$xɔŋ$^{53}_{44}$sia$^{21}$tʂʰət$^{3}$lɔi$^{13}_{44}$,sia$^{21}$fəŋ$^{35}_{44}$miet$^{5}$,iet$^{3}$pɔn$^{35}$təu$^{35}_{44}$kɔŋ$^{21}$fəŋ$^{35}$tʰɔŋ$^{13}$. ②特指祭文：成服仪式啊，还打祭呀，还爱读～啊。还爱写篇～读渠唠。tʂʰən$^{13}$fuk$^{5}$ɲi$^{13}$ʂʅ$^{53}$a$^{0}$,xa$^{13}_{21}$ta$^{21}$tsi$^{53}$ia$^{0}$,xa$^{13}_{21}$ɔi$^{53}_{44}$tʰəuk$^{5}$uən$^{13}$tsʰɿ$^{53}_{44}$a$^{0}$.xa$^{13}_{21}$ɔi$^{53}_{44}$sia$^{21}$pʰien$^{35}_{44}$uən$^{13}$tsɿ$^{53}_{44}$tʰəuk$^{5}$ci$^{13}_{21}$lau$^{0}$.

【炆】uən$^{13}$ 动 炖；久煮：一般就系～么个东西～得蛮久，～羹啊，会炖药啊，用砂炉哇。iet$^{3}$pɔn$^{35}$tsʰiəu$^{53}_{21}$xe$^{53}_{21}$uən$^{13}$mak$^{3}$ke$^{53}_{44}$təŋ$^{35}_{44}$si$^{0}$uən$^{13}$tek$^{3}$man$^{13}$ciəu$^{21}$,uən$^{13}$kaŋ$^{35}$ŋa$^{0}$,uɔi$^{53}_{44}$tɔn$^{35}$iɔk$^{5}$a$^{0}$,iəŋ$^{53}_{44}$sa$^{35}$ləu$^{13}_{21}$ua$^{0}$.｜欸，炒倒大坨子个就安做～猪肉嘞，～呢。就炖猪肉哇就安做～猪肉。e$_{44}$,tsʰau$^{21}$tau$^{21}$tʰai$^{53}$tʰo$^{13}$tsɿ$^{0}$ke$^{53}_{44}$tsʰiəu$^{53}_{44}$ɔn$^{35}_{44}$tso$^{53}_{44}$uən$^{13}$tʂəu$^{35}$ɲiəuk$^{3}$lei$^{0}$,uən$^{13}$nei$^{0}$.tsʰiəu$^{53}_{44}$tɔn$^{53}$tʂəu$^{35}_{44}$ɲiəuk$^{3}$ua$^{0}$tsʰiəu$^{53}_{44}$ɔn$^{35}_{44}$tso$^{53}_{44}$uən$^{13}$tʂəu$^{35}$ɲiəuk$^{3}$.

【蚊香】uən$^{13}$çiɔŋ$^{35}$ 名 一种驱蚊物，其中的药物被点燃后所散发的烟可赶走蚊子或熏死蚊子：一饼一饼个同箇～样个安做盘香啊。iet$^{3}$piaŋ$^{21}$iet$^{3}$piaŋ$^{21}$ke$^{0}$tʰəŋ$^{13}_{21}$kai$^{53}_{44}$uən$^{13}$çiɔŋ$^{35}$iɔŋ$^{53}_{44}$ke$^{53}_{44}$ɔn$^{35}_{44}$tso$^{53}_{44}$pʰan$^{13}$çiɔŋ$^{35}_{44}$ŋa$^{0}$.

【蚊烟香】mən$^{35}$ien$^{35}$çiɔŋ$^{35}$ 名 一种长而粗的驱蚊香：热天来哩是少唔得～啦。箇以只路子嘞系高层个人就系好嘞，欸，就你等箇几十层个还爱～是？ɲiet$^{5}$tʰien$^{35}_{53}$lɔi$^{13}_{44}$li$^{0}$ʂʅ$^{53}_{44}$ʂau$^{21}$n̩$^{13}_{44}$tek$^{3}$mən$^{35}$ien$^{35}_{44}$çiɔŋ$^{35}$la$^{0}$.kai$^{53}$i$^{21}$(tʂ)ak$^{3}$ləu$^{53}$tsɿ$^{0}$lei$^{0}$xei$^{53}$kau$^{35}$tsʰien$^{13}_{44}$ke$^{53}$ɲin$^{13}_{21}$tsʰiəu$^{53}_{44}$xei$^{53}_{44}$xau$^{21}$lei$^{0}$,e$_{21}$,tsʰiəu$^{53}$ɲi$^{13}$tien$^{0}$kai$^{53}$ci$^{21}$ʂət$^{5}$tsʰien$^{13}$ke$^{53}$xai$^{13}_{21}$ɔi$^{53}$mən$^{35}$ien$^{35}_{44}$çiɔŋ$^{35}$ʂʅ$^{0}$?｜我俟子间里就爱点～啦，一天到夜都揙稳箇皮门，夜晡坐正间里来嬲箇兜，打讲箇兜，渠箇又唔好安门帘，安箇个隔蚊子个门帘，唔好安。ŋai$^{13}_{21}$ɔi$^{35}$tsɿ$^{0}$kan$^{35}$ni$^{0}$tsʰiəu$^{53}$ɔi$^{53}$tian$^{21}$mən$^{35}$ien$^{35}_{44}$çiɔŋ$^{35}$la$^{0}$,iet$^{3}$tʰien$^{35}_{44}$tau$^{53}$ia$^{53}$təu$^{35}_{53}$ʂen$^{35}$uən$^{21}$kai$^{53}$pʰi$^{13}_{21}$mən$^{13}$,ia$^{53}$pu$^{35}_{44}$tsʰo$^{35}$tʂaŋ$^{53}_{21}$kan$^{35}_{44}$li$^{0}$lɔi$^{13}_{21}$liau$^{53}$kai$^{53}_{44}$te$^{35}_{44}$,ta$^{21}$kɔŋ$^{21}$kai$^{53}_{44}$te$^{35}_{44}$,ci$^{13}_{21}$kai$^{53}_{44}$iəu$^{53}$m̩$^{13}$xau$^{21}$ɔn$^{35}$mən$^{13}$lian$^{13}$,ɔn$^{35}$kai$^{53}$ke$^{53}_{44}$kak$^{3}$mən$^{35}$tsɿ$^{0}$ke$^{53}$mən$^{13}$lian$^{13}_{44}$,n̩$^{13}$xau$^{21}$ɔn$^{35}$.

【蚊帐】mən$^{35}$tʂɔŋ$^{53}$ 名 挂在床架上将床围住把蚊子隔在外面的帐幕：以下都睡席梦思，有么人用～了。哦。我新舅等人渠等有～，箇阵子我箇只孙子还正出世个时候子，箇有只蚊子都唔得了哩，又唔敢点蚊烟香。点蚊烟香咁大子个细人子话还系啊唔好嘛。箇就用哩～，嗯，买哩顶帐子。i$^{21}$xa$^{53}_{44}$təu$^{35}$ʂɔi$^{53}$siet$^{5}$məŋ$^{53}$sɿ$^{35}$,mau$^{13}$mak$^{3}$in$^{13}_{44}$iəŋ$^{53}$mən$^{35}$tʂɔŋ$^{53}_{44}$liau$^{0}$.o$_{21}$,ŋai$^{13}$sin$^{35}$cʰiəu$^{35}_{44}$ten$^{21}_{44}$ɲin$^{13}_{21}$ci$^{13}_{21}$tien$^{0}$iəu$^{35}_{44}$mən$^{35}$tʂɔŋ$^{53}$,kai$^{53}$tʂʰən$^{53}$tsɿ$^{0}$ŋai$^{13}$kai$^{53}$tʂak$^{3}$sən$^{35}$tsɿ$^{0}$xai$^{13}$tʂaŋ$^{53}$tʂʰət$^{3}$ʂʅ$^{53}$ke$^{53}_{44}$ʂʅ$^{13}_{44}$xəu$^{53}_{44}$tsɿ$^{0}$,kai$^{53}$iəu$^{35}$tʂak$^{3}$mən$^{35}$tsɿ$^{0}$təu$^{35}_{53}$n̩$^{13}_{21}$tek$^{3}$liau$^{21}$li$^{0}$,iəu$^{53}$n̩$^{13}$kan$^{21}$tian$^{21}$mən$^{35}$ien$^{35}_{44}$çiɔŋ$^{35}$.tian$^{21}$mən$^{35}$ien$^{35}_{44}$çiɔŋ$^{35}_{53}$kan$^{21}_{13}$tʰai$^{53}$tsɿ$^{0}$ke$^{0}$sei$^{53}$ɲin$^{13}_{21}$tsɿ$^{0}$ua$^{53}_{44}$xai$^{13}$xei$^{53}$a$^{0}$n̩$^{13}$xau$^{21}$ma$^{0}$.kai$^{53}$tsʰiəu$^{53}$iəŋ$^{53}$li$^{0}$mən$^{35}$tʂɔŋ$^{53}$,n̩$_{21}$,mai$^{35}$li$^{0}$taŋ$^{21}$tʂɔŋ$^{53}$tsɿ$^{0}$.

【蚊子】mən$^{35}$tsɿ$^{0}$ 名 双翅目蚊科昆虫的统称：我间里箇个箇门吵我舞皮舞只门帘，欸，门帘子，防～个门帘。ŋai$^{13}_{21}$kan$^{35}$li$^{0}$kai$^{53}$ke$^{53}_{44}$kai$^{53}$mən$^{13}$ʂa$^{0}$ŋai$^{13}$u$^{21}$pʰi$^{13}_{44}$u$^{21}$tʂak$^{3}$mən$^{13}$lian$^{13}$,e$_{21}$,mən$^{13}$lian$^{13}$tsɿ$^{0}$,fɔŋ$^{13}$mən$^{35}$tsɿ$^{0}$ke$^{53}$mən$^{13}$lian$^{13}$.｜我面前系下楼上个时候子，我灯都唔开，嗯，我间里灯都唔开，你一开就～进来哩。唔开灯，所以我睡倒箇楼上～都冇得。ŋai$^{13}$mien$^{53}$tsʰien$^{13}_{44}$xei$^{53}$xa$^{53}$lei$^{13}$xɔŋ$^{53}_{44}$ke$^{53}_{44}$ʂʅ$^{13}$xei$^{53}$tsɿ$^{0}$,ŋai$^{13}_{21}$ten$^{35}$təu$^{35}_{53}$n̩$^{13}_{21}$kʰɔi$^{35}$,n̩$_{21}$,ŋai$^{13}_{21}$kan$^{35}$li$^{0}$ten$^{35}$təu$^{35}_{53}$n̩$^{13}_{21}$kʰɔi$^{35}_{44}$,ɲi$^{13}_{21}$iet$^{3}$kʰɔi$^{35}$tsʰiəu$^{53}$mən$^{35}$tsɿ$^{0}$tsin$^{53}$nɔi$^{13}_{21}$li$^{0}$.n̩$^{13}$kʰɔi$^{35}_{44}$ten$^{35}_{44}$,so$^{21}$i$^{35}_{53}$ŋai$^{13}_{44}$ʂɔi$^{53}$tau$^{21}$kai$^{53}$lei$^{13}$xɔŋ$^{53}_{44}$mən$^{35}$tsɿ$^{0}$təu$^{35}_{53}$mau$^{13}_{21}$tek$^{3}$.

【稳$_1$】uən$^{21}$ 动 安放：（以皮门）系哪里渠～呐？xe$^{53}$la$^{53}$li$^{0}$ci$^{13}$uən$^{21}$na$^{0}$?

【稳$_2$】uən$^{21}$ 形 ①固定的，不松动的：欸坨坨咁子缔下去就正好就～哩。e$_{44}$tʰo$^{13}$tʰo$^{13}_{44}$kan$^{21}$tsɿ$^{0}$tʰak$^{3}$(x)a$^{53}_{44}$çi$^{53}$tsʰiəu$^{53}_{44}$tʂən$^{53}$xau$^{21}_{44}$tsiəu$^{53}_{44}$tʰak$^{3}$uən$^{21}$ni$^{0}$.｜舞只茶缸子轧～下子箇张纸，莫吹嘿哩。u$^{21}$tʂak$^{3}$tsʰa$^{13}$kɔŋ$^{35}_{44}$tsɿ$^{0}$tsak$^{3}$uən$^{21}$na$^{53}$(←xa$^{53}$)tsɿ$^{0}$kai$^{53}_{21}$tʂɔŋ$^{35}_{44}$tʂʅ$^{21}$,mɔk$^{5}$tʂʰei$^{35}$(x)ek$^{3}$li$^{0}$. ②持重，稳健：渠指打出山的人都走～哩，箇后背就更～，更好走。ci$^{13}$təu$^{35}_{44}$tsei$^{21}$uən$^{21}$ni$^{0}$,kai$^{53}_{44}$xei$^{53}$pɔi$^{53}_{44}$tsʰiəu$^{53}_{44}$cien$^{53}$uən$^{21}$,cien$^{53}$xau$^{21}$tsei$^{21}$.

【稳$_3$】uən$^{21}$ 助 用在动词后。①表示动作正在进行或状态持续，相当于“着”：作古认真听～呢就安做耳朵勺起来。tsɔk$^{3}$ku$^{21}$ɲin$^{53}_{44}$tʂən$^{35}_{44}$tʰaŋ$^{35}$uən$^{21}$ne$^{0}$tsʰiəu$^{53}_{44}$ɔn$^{35}_{44}$tso$^{53}_{44}$ɲi$^{21}$to$^{21}$ʂɔk$^{5}$çi$^{21}$lɔi$^{13}$.｜眼珠鼓～渠唔动。ŋan$^{21}$tʂəu$^{35}_{44}$ku$^{21}$uən$^{13}_{21}$ci$^{13}_{21}$n̩$^{13}_{21}$tʰəŋ$^{35}$.｜讲～讲～，笑起来哩。kɔŋ$^{21}$uən$^{21}$kɔŋ$^{21}$uən$^{21}$,siau$^{53}$

çi$^{21}$ləi$^{13}$li$^{0}$. ②表示行为的实现：分门关～。pən$^{35}$mən$^{13}$kuan$^{35}$uən$^{21}$.

【稳稳重重】uən$^{21}$uən$^{21}$tʂʰəŋ$^{53}$tʂʰəŋ$^{53}$ 形容十分安定稳当：一家人也好就一只国家也好，都爱安定，爱～过日子。iet$^{3}$ka$^{35}_{44}$ɲin$^{13}$na$^{35}_{53}$xau$^{21}_{44}$tsʰiəu$^{53}$iet$^{3}$tʂak$^{3}$kɔit$^{3}$cia$^{35}_{44}$a$^{35}_{53}$xau$^{21}$,təu$^{35}$ɔi$^{53}$ŋɔn$^{35}$tʰin$^{53}$,ɔi$^{53}$uən$^{21}$uən$^{21}$tʂʰəŋ$^{53}$tʂʰəŋ$^{53}$ko$^{53}$ɲiet$^{3}$tsɿ$^{0}$.

【问】mən$^{53}$/uən$^{53}$ 动有不知道或不明白的事请人解答；询问；打听：渠到底走哩缯，你爱～清楚。ci$^{13}$tau$^{53}$ti$^{21}$tsei$^{21}$li$^{0}$maŋ$^{53}$, ɲi$^{13}$ɔi$^{53}$mən$^{53}$tsʰin$^{35}$tsʰəu$^{21}$.｜落尾我～倒，今晡我正话你知话。lɔk$^{5}$mi$^{35}$ŋai$^{13}$uən$^{53}$tau$^{21}$,cin$^{35}$pu$^{35}_{44}$ŋai$^{13}$tʂaŋ$^{53}_{44}$ua$^{53}_{44}$ɲi$^{13}$ti$^{53}_{44}$ua$^{53}_{21}$.

【问神】mən$^{53}$ʂən$^{13}$ 动问仙，请求神明给予启示：我取都唔想去～。我唔多信神。我也唔想去～。我也冇么个几多事，嘿，冇么个事。ŋai$^{13}$tsʰi$^{21}$təu$^{35}_{53}$n̩$^{13}_{21}$siɔŋ$^{21}$çi$^{53}$mən$^{53}$ʂən$^{13}_{21}$.ŋai$^{13}$n̩$^{13}$to$^{35}_{44}$sin$^{53}$ʂən$^{13}$.ŋai$^{13}$ia$^{35}_{53}$n̩$^{13}_{21}$siɔŋ$^{21}$çi$^{53}$mən$^{53}$ʂən$^{13}_{21}$.ŋai$^{13}$ia$^{35}_{53}$mau$^{13}_{21}$mak$^{3}$e$^{0}$ci$^{21}$to$^{35}$sɿ$^{53}$,xe$_{53}$,mau$^{13}_{21}$mak$^{3}$e$^{0}$sɿ$^{53}$.｜欸蛮多人就有么个事情就去问下子神。ei$^{0}$man$^{13}$to$^{35}_{53}$ɲin$^{13}_{44}$tsʰiəu$^{53}_{44}$iəu$^{35}$mak$^{3}$e$^{0}$sɿ$^{53}$tsʰin$^{13}_{21}$tsʰiəu$^{53}_{44}$çi$^{53}$mən$^{53}$na$^{53}_{21}$tsɿ$^{0}$ʂən$^{13}$.

【问题】uən$^{53}$tʰi$^{13}$ 名①要求回答或解答的题目：渠有几只～我想请教下子你哩。ci$^{13}_{21}$iəu$^{35}$ci$^{21}$tʂak$^{3}$uən$^{53}$tʰi$^{13}_{21}$ŋai$^{13}_{21}$siɔŋ$^{21}$tsʰin$^{21}$ciau$^{53}$xa$^{0}$tsɿ$^{0}$ɲi$^{13}_{21}$li$^{0}$. ②麻烦的事情：～就系，食多哩水，唔出汗。uən$^{53}$tʰi$^{13}$tsʰiəu$^{53}_{44}$xe$^{53}_{44}$,ʂət$^{5}$to$^{35}_{44}$li$^{0}$ʂei$^{21}$,n̩$^{13}$tʂʰət$^{3}$xɔn$^{53}$.

【瓮】uəŋ$^{53}$ 名小口大腹的大陶器：用～，欸，酒瓮。啊装个百多两百斤个。iəŋ$^{53}_{44}$uəŋ$^{53}$,e$_{21}$,tsiəu$^{21}$uəŋ$^{53}$.a$_{44}$tʂɔŋ$^{35}$ke$^{53}_{44}$pak$^{3}$to$^{35}$iɔŋ$^{21}$pak$^{3}$cin$^{35}_{44}$cie$^{53}_{44}$.｜还有只嘞～（比缸瓮）更高，～啊更高，有兜人咁高个～，大～啊，箇个吊酒厂箇个，我话以个～都唔知几多百块钱啊上千块钱吧？xai$^{13}_{21}$iəu$^{35}_{44}$tʂak$^{3}$lei$^{0}$uəŋ$^{53}$cien$^{53}_{44}$kau$^{35}$,uəŋ$^{53}$ŋa$^{0}$cien$^{53}$kau$^{35}$,iəu$^{35}$təu$^{35}_{53}$ɲin$^{13}$kan$^{21}$kau$^{35}_{44}$ke$^{0}$uəŋ$^{53}_{44}$,tʰai$^{53}$uəŋ$^{53}_{44}$ŋa$^{0}$,kai$^{53}_{44}$ke$^{53}_{44}$tiau$^{53}$tsiəu$^{21}$tʂʰɔŋ$^{21}_{44}$kai$^{53}$e$^{0}$,ŋai$^{13}$ua$^{53}_{44}$i$^{21}$ke$^{53}_{44}$uəŋ$^{53}$təu$^{35}_{44}$n̩$^{13}_{21}$ti$^{35}_{53}$ci$^{21}$to$^{35}_{44}$pak$^{3}$kʰuai$^{53}_{44}$tsʰien$^{13}$a$^{0}$ʂɔŋ$^{53}_{44}$tsʰien$^{35}$kʰuai$^{53}$tsʰien$^{13}_{21}$pa$^{0}$?

【瓮坛】uəŋ$^{53}$tʰan$^{13}$ 名安装在炉内的热水罐：瓮坛眼有几大子咯，只放得只～。uəŋ$^{53}$tʰan$^{13}$ŋan$^{21}$mau$^{13}$ci$^{21}$tʰai$^{53}$tsɿ$^{0}$ko$^{0}$,tʂɿ$^{21}$fɔŋ$^{53}$tek$^{3}$tʂak$^{3}$uəŋ$^{53}$tʰan$^{13}_{21}$.

【瓮坛眼】uəŋ$^{53}$tʰan$^{13}$ŋan$^{21}$ 名灶台上用来安放瓮坛的孔：大镬让门放下～肚里？～冇几大子咯，只放得只瓮坛。tʰai$^{53}_{44}$uɔk$^{5}$ɲiɔŋ$^{53}_{44}$mən$^{13}_{44}$fɔŋ$^{53}_{44}$xa$^{53}_{44}$uəŋ$^{53}$tʰan$^{13}_{21}$ŋan$^{21}$təu$^{21}$li$^{0}$?uəŋ$^{53}$tʰan$^{13}$ŋan$^{21}$mau$^{13}$ci$^{21}$tʰai$^{53}$tsɿ$^{0}$ko$^{0}$,tʂɿ$^{21}$fɔŋ$^{53}$tek$^{3}$tʂak$^{3}$uəŋ$^{53}$tʰan$^{13}_{21}$.

【喔】uo$^{0}$ 助“哦”逢前一音节有-u 韵尾时的变体，用于陈述句末，表示提请注意的语气：蜡虫有～。lait$^{5}$tʂʰəŋ$^{13}_{21}$iəu$^{35}$uo$^{0}$.｜箇我等以映子有特殊个灯笼辣椒～。kai$^{53}$ŋai$^{13}$tien$^{0}$i$^{21}$iaŋ$^{53}_{44}$tsɿ$^{0}$iəu$^{35}$tʰek$^{5}$ʂʮ$^{13}_{21}$ke$^{53}_{44}$ten$^{35}$ləŋ$^{13}_{21}$lait$^{5}$tsiau$^{35}_{44}$uo$^{0}$.

【窝$_{1}$】uo$^{35}$/o$^{35}$ 动凹；下陷：箇个栏场～下去哩。kai$^{53}$(k)e$^{53}$laŋ$^{13}_{21}$tʂʰɔŋ$^{13}_{21}$o$^{35}$xa$^{53}_{44}$çi$^{53}$li$^{0}$.

【窝$_{2}$】uo$^{35}$ 名山间盆地，分“山窝”和“田窝”：埕就小块个平地呢，比窝托子都还更细个平地。～中间个。ɲiait$^{3}$tsʰiəu$^{53}$siau$^{21}$kʰuai$^{53}_{44}$ke$^{53}_{44}$pʰiaŋ$^{13}$tʰi$^{53}$nei$^{0}$,pi$^{21}$uo$^{35}$tʰɔk$^{3}$tsɿ$^{0}$təu$^{35}_{44}$xai$^{13}$ken$^{53}_{44}$se$^{53}$ke$^{53}_{44}$pʰiaŋ$^{13}$tʰi$^{53}$.uo$^{35}$tʂəŋ$^{35}_{44}$kan$^{35}_{44}$ke$^{53}_{44}$.

【窝$_{3}$】uo$^{35}$ 量指同处一窠的动物：一～蜂 iet$^{3}$uo$^{35}$fəŋ$^{35}$

【窝坜】uo$^{35}$lak$^{3}$ 名山中的低洼处：渠只爱柳柳修修个，唔知几长个竹嘞，只有吵箇起～里正有。～里个竹就更通梢，□长个。ci$^{13}$tʂɿ$^{21}$ɔi$^{53}$liəu$^{21}$liəu$^{21}$siəu$^{35}_{21}$siəu$^{35}_{21}$ke$^{53}$,n̩$^{13}$ti$^{35}_{53}$ci$^{21}$tʂʰɔŋ$^{13}$ke$^{53}_{44}$tʂəuk$^{3}$lei$^{0}$,tʂɿ$^{21}$iəu$^{35}_{53}$ʂa$^{0}$kai$^{53}_{44}$çi$^{21}_{44}$uo$^{35}$lak$^{3}$li$^{0}$tʂaŋ$^{53}_{44}$iəu$^{35}_{53}$.uo$^{35}$lak$^{3}$li$^{0}$ke$^{0}$tʂəuk$^{3}$tsʰiəu$^{53}_{44}$ken$^{53}_{44}$tʰəŋ$^{35}$sau$^{35}$,lai$^{35}$tʂʰɔŋ$^{13}_{21}$ke$^{0}$.

【窝埕子】uo$^{35}$ɲiait$^{3}$tsɿ$^{0}$ 名很小的山间平地：～就系一只窝，浅浅子个一只窝。欸，我老弟子箇只屋就做下一只～肚里。uo$^{35}$ɲiait$^{3}$tsɿ$^{0}$tsʰiəu$^{53}$xei$^{53}$iet$^{3}$tʂak$^{3}$uo$^{35}$,tsʰien$^{21}$tsʰien$^{21}$tsɿ$^{0}$kei$^{53}$iet$^{3}$tʂak$^{3}$uo$^{35}$.e$_{53}$,ŋai$^{13}$lau$^{21}$tʰe$^{53}$tsɿ$^{0}$kai$^{53}$tʂak$^{3}$uk$^{3}$tsʰiəu$^{53}$tso$^{53}$xa$^{53}$iet$^{3}$tʂak$^{3}$uo$^{35}$ɲiait$^{3}$tsɿ$^{0}$təu$^{21}$li$^{0}$.

【窝托子】uo$^{35}$tʰɔk$^{3}$tsɿ$^{0}$ 名不大的山间平地：埕就小块个平地呢，比～都还更细个平地。ɲiait$^{3}$tsʰiəu$^{53}$siau$^{21}$kʰuai$^{53}_{44}$ke$^{53}_{44}$pʰiaŋ$^{13}$tʰi$^{53}$nei$^{0}$,pi$^{21}$uo$^{35}$tʰɔk$^{3}$tsɿ$^{0}$təu$^{35}_{44}$xai$^{13}$ken$^{53}_{44}$se$^{53}$ke$^{53}_{44}$pʰiaŋ$^{13}$tʰi$^{53}$.

【窝窝】o$^{35}$o$^{35}$ 名凹处：叶子生得咁个～里。iait$^{5}$tsɿ$^{0}$saŋ$^{35}_{44}$tek$^{3}$kan$^{21}$ke$^{53}_{44}$o$^{35}$o$^{35}$li$^{0}$.

【我】ŋai$^{13}$ 名人称代词。称自己或自己一方：～撂渠八分子熟哇。ŋai$^{13}_{21}$lau$^{35}_{44}$ci$^{13}_{21}$pait$^{3}$fən$^{35}_{44}$tsɿ$^{35}_{44}$ʂəuk$^{5}$ua$^{0}$.｜～阿哥个丈人爷今年八九十岁了，欸，～也跟倒喊下子姐公。ŋai$^{13}_{21}$a$^{35}$ko$^{35}_{44}$ke$^{0}$tʂʰɔŋ$^{53}_{44}$in$^{13}_{44}$ia$^{13}_{21}$cin$^{35}$ɲien$^{13}_{21}$pait$^{3}$ciəu$^{21}$ʂət$^{5}$sɔi$^{53}$liau$^{0}$,e$_{21}$,ŋai$^{13}$ia$^{35}_{44}$cien$^{35}_{44}$tau$^{21}$xan$^{53}$na$^{53}_{44}$tsɿ$^{0}$tsia$^{21}$kəŋ$^{35}$.

【我等箇】ŋai$^{13}$tien$^{0}$kai$^{53}$ 我们那儿：～以前做屋，以前做屋就硬爱硬爱烧瓦唠。ŋai$^{13}$tien$^{0}$kai$^{53}$i$^{35}$tsʰien$^{13}_{21}$tso$^{53}$uk$^{3}$,i$^{35}$tsʰien$^{13}_{21}$tso$^{53}_{44}$uk$^{3}$tsʰiəu$^{53}_{44}$ɲiaŋ$^{53}_{44}$ɔi$^{53}_{44}$ɲiaŋ$^{53}_{44}$ɔi$^{53}_{44}$ʂau$^{35}$ŋa$^{21}$lau$^{0}$.

【我等人】ŋai$^{13}_{21}$tien$^{0}$in$^{13}_{21}$/ɲin$^{13}$ 代我们：～咁柴渠系讲咁劈柴。ŋai$^{13}_{21}$tien$^{0}$in$^{13}_{21}$kʰan$^{21}$tsʰai$^{13}$ci$^{13}_{21}$xe$^{53}$kɔŋ$^{21}$kʰan$^{21}$pʰiak$^{3}$tsʰai$^{13}$.｜你先去吧，～等下子正去。ɲi$^{13}$sien$^{35}$çi$^{53}$pa$^{0}$,ŋai$^{13}$ten$^{35}$ɲin$^{13}$ten$^{21}$xa$^{53}$tsɿ$^{0}$tʂaŋ$^{53}$lɔi$^{13}$.

【我话】ŋai$^{13}$ua$^{53}$ 插入语，强调所述是自己的意见：唔食就再来买过别么啊～肉。n̩$^{13}$ʂət$^{5}$tsʰiəu$^{53}$ tsai$^{53}$lɔi$^{13}_{21}$mai$^{35}$ko$^{53}_{44}$piet$^{5}$mak$^{3}$a$^{0}$ŋai$^{13}$ua$^{53}$ɲiəuk$^{3}$.

【我老人家】ŋai$^{13}$lau$^{21}$ɲin$^{13}$/in$^{13}$/ŋ̍$^{13}$ka$^{35}$ 我（自我戏称）：除非系欸唔太正式个场合，好搞子个，欸，开玩笑咁个。～冇本事啊。欸。～让门子。开玩笑样，舞就会话下子～。一般都唔。只讲你老人家，渠老人家，冇么人讲～。tʂʰəu$^{13}$fei$^{35}_{44}$xe$^{53}$e$_{21}$n̩$^{13}$tʰai$^{53}_{44}$tʂən$^{53}$ʂʅ$^{53}_{21}$ke$^{53}_{21}$tʂʰɔŋ$^{13}$xɔit$^{5}$,xau$^{21}$kau$^{21}$ tsʅ$^{0}$ke$^{53}$,ei$_{21}$,kʰɔi$^{35}$uan$^{13}$siau$^{53}_{44}$kan$^{21}_{44}$ke$^{53}_{44}$.ŋai$^{13}$lau$^{21}$in$^{13}$ka$^{35}_{44}$mau$^{13}$pən$^{21}$sʅ$^{53}_{44}$a$^{0}$.e$_{21}$.ŋai$^{13}$lau$^{21}$in$^{13}$ka$^{35}_{44}$ɲiɔŋ$^{53}_{44}$mən$^{0}$ tsʅ$^{0}$.kʰɔi$^{35}$uan$^{13}$siau$^{53}_{44}$iɔŋ$^{53}_{44}$,u$^{21}$tsiəu$^{53}_{44}$uɔi$^{53}_{44}$ua$^{53}$(x)a$^{21}_{21}$tsʅ$^{0}$ŋai$^{13}$lau$^{21}$ɲin$^{13}$ka$^{35}_{44}$.iet$^{3}$pɔn$^{35}$təu$^{35}_{44}$n̩$^{13}_{21}$.tʂʅ$^{21}$kɔŋ$^{21}$ɲi$^{13}$lau$^{21}$ŋ̍$^{13}$ ka$^{35}_{44}$,ci$^{13}$lau$^{21}$ɲin$^{13}$ka$^{35}_{44}$,mau$^{13}$mak$^{3}$in$^{13}_{44}$kɔŋ$^{21}$ŋai$^{13}$lau$^{13}_{21}$in$^{13}_{21}$ka$^{35}$.

【烷暖】uət$^{5}$/vət$^{5}$lɔn$^{35}$ 形状态词。很暖和：冷天着倒～个，就暖鞋。laŋ$^{35}$tʰien$^{35}_{44}$tʂɔk$^{3}$tau$^{21}$uət$^{5}$lɔn$^{35}$ cie$^{53}_{44}$,tsʰiəu$^{53}_{44}$lɔn$^{35}$xai$^{13}_{21}$.｜箇个有兜鸟子啊，分自家身上脱倒个毛收集起来，絮下箇个窦里去，絮下箇个鸟窦子肚里去，～，箇鸟窦子～。因为我等去舞箇鸟窦子个时候子发现有咁个毛哇。kai$^{53}_{44}$ke$^{53}_{44}$iəu$^{35}$tei$^{35}_{53}$tiau$^{35}$tsʅ$^{0}$a$^{0}$,puən$^{35}_{44}$tsʰʅ$^{35}$ka$^{35}_{53}$ʂən$^{35}_{44}$xɔŋ$^{53}_{44}$tʰɔit$^{3}$tau$^{21}$ke$^{53}$mau$^{35}$ʂəu$^{35}$tsʰiet$^{5}$çi$^{21}$lɔi$^{13}$,si$^{53}$xa$^{53}_{44}$kai$^{53}_{44}$ke$^{53}_{44}$ tei$^{53}$li$^{0}$çi$^{53}$,si$^{53}$xa$^{53}_{44}$kai$^{53}_{44}$ke$^{53}_{44}$tiau$^{35}$tei$^{53}$tsʅ$^{0}$təu$^{21}$li$^{0}$çi$^{53}$,vət$^{5}$lɔn$^{35}$,kai$^{53}_{44}$tiau$^{35}$tei$^{53}$tsʅ$^{0}$tsʰiəu$^{53}_{21}$vət$^{5}$lɔn$^{35}$.in$^{35}$uei$^{53}_{44}$ŋai$^{13}_{21}$ tien$^{0}$çi$^{53}$u$^{21}$kai$^{53}_{44}$tiau$^{35}$tei$^{53}$tsʅ$^{0}$ke$^{53}_{44}$sʅ$^{13}_{44}$xei$^{53}_{44}$tsʅ$^{0}$fait$^{3}$çien$^{53}$iəu$^{35}$kan$^{21}$ke$^{53}_{21}$mau$^{35}$ua$^{0}$.◇烷，《广韵》乌括切："火烟出。"

【乌$_{1}$】u$^{35}$ 形①黑色：～布 u$^{35}$pu$^{53}$｜比芝麻都更细个箇起点点子个虫子，～个，系啊？pi$^{21}$tʂʅ$^{35}$ ma$^{13}_{21}$təu$^{35}_{44}$ken$^{53}_{44}$se$^{53}$ke$^{53}_{44}$kai$^{53}_{21}$çi$^{21}$tian$^{21}$tian$^{21}$tsʅ$^{0}$ke$^{53}$tʂʰəŋ$^{13}_{21}$tsʅ$^{0}$,u$^{35}$ke$^{53}$,xe$^{53}_{44}$a$^{0}$？②（灯）熄灭的：欸，一盏灯盏，唔爱哩，吹～渠去。吹～来。ei$_{44}$,iet$^{3}$tsan$^{21}$tien$^{35}$tsan$^{21}$,m̩$^{13}_{21}$mɔi$^{53}$li$^{0}$,tʂʰei$^{35}$u$^{35}$ci$^{13}_{21}$çi$^{53}$.tʂʰei$^{35}$u$^{35}$lɔi$^{13}_{21}$.

【乌$_{2}$】u$^{35}$ 动变成黑色：系～哩几条子心个嘞。xe$^{53}$u$^{35}$li$^{0}$ci$^{21}$tʰiau$^{13}$tsʅ$^{0}$sin$^{35}$ke$^{53}_{44}$lei$^{0}$.｜～哩蛮多子。u$^{35}$li$^{0}$man$^{13}$to$^{35}_{44}$tsʅ$^{0}$.

【乌豆子】u$^{35}$tʰəu$^{53}$/tʰei$^{53}$tsʅ$^{0}$ 名黑豆：我等以映个欸话法呀，～食哩以后整细人子滴尿话呢。猪肚子炆～嘞。猪肚子炆～食哩整细人子滴尿。ŋai$^{13}$tien$^{0}$i$^{21}$iaŋ$^{53}$ke$^{53}$e$_{21}$ua$^{53}$fait$^{3}$ia$^{0}$,u$^{35}$tʰei$^{53}$tsʅ$^{0}$ʂət$^{5}$ li$^{0}$i$^{35}$xei$^{53}$lei$^{0}$tʂaŋ$^{21}$sei$^{53}$ɲin$^{13}_{21}$tsʅ$^{0}$lai$^{13}$ɲiau$^{53}$ua$^{53}$nei$^{0}$.tʂəu$^{35}$təu$^{21}$tsʅ$^{0}$uən$^{13}$u$^{35}$tʰei$^{53}$tsʅ$^{0}$lei$^{0}$.tʂəu$^{35}$təu$^{21}$tsʅ$^{0}$uən$^{13}$u$^{35}$ tʰei$^{53}$tsʅ$^{0}$ʂət$^{5}$li$^{0}$tʂaŋ$^{21}$sei$^{53}$ɲin$^{13}_{21}$tsʅ$^{0}$lai$^{13}$ɲiau$^{53}$.

【乌笃色】u$^{35}$təuk$^{3}$sek$^{3}$ 形红得发黑的颜色：箇个杨梅红稳哩啊安做红起～。红起乌个。～。kai$^{53}_{44}$ke$^{53}_{44}$iɔŋ$^{13}$mɔi$^{13}_{44}$fəŋ$^{13}$uən$^{21}$li$^{0}$a$^{0}$ɔn$^{35}_{44}$tso$^{53}_{44}$fəŋ$^{13}$çi$^{21}_{44}$u$^{35}$təuk$^{3}$sek$^{3}$.fəŋ$^{13}$çi$^{21}_{44}$u$^{35}$ke$^{0}$.u$^{35}$təuk$^{3}$sek$^{3}$.

【乌牯】u$^{35}$ku$^{21}$ 名黑色的公牛：乌牛牯就～嘞。u$^{35}$ɲiəu$^{13}$ku$^{21}$tsʰiəu$^{53}_{44}$u$^{35}$ku$^{21}$lei$^{0}$.｜我等队上箇只～哇嗯落尾唔知分分么人去哩。落尾搞责任制了分嘿哩啊。ŋai$^{13}$tien$^{0}$ti$^{53}_{44}$xɔŋ$^{53}_{44}$kai$^{53}$tʂak$^{3}$u$^{35}$ku$^{21}$ua$^{0}$ ən$_{21}$lɔk$^{5}$mi$^{35}_{44}$n̩$^{13}$ti$^{35}_{53}$fən$^{35}_{44}$pən$^{35}_{44}$mak$^{3}$ɲin$^{13}_{44}$çi$^{53}$li$^{0}$.lɔk$^{5}$mi$^{35}_{44}$kau$^{21}$tset$^{3}$uən$^{53}_{44}$tʂʅ$^{53}$liau$^{0}$fən$^{35}$nek$^{3}$li$^{0}$a$^{0}$.

【乌龟精】u$^{35}$kuei$^{35}$tsin$^{35}$ 名神话传说中乌龟化成的妖怪，也指大乌龟：乌龟呀。懑大一只个乌龟安做渠～呐，欸乌龟成哩精呐。u$^{35}$kuei$^{35}_{44}$ia$^{0}$.mən$^{35}$tʰai$^{53}$iet$^{3}$tʂak$^{3}$ke$^{53}_{44}$u$^{35}_{44}$kuei$^{35}_{44}$ɔn$^{35}_{44}$tso$^{53}_{44}$ci$^{13}_{21}$u$^{35}$kuei$^{35}_{44}$ tsin$^{35}_{44}$na$^{0}$,e$_{21}$u$^{35}$kuei$^{35}_{44}$tʂʰən$^{13}_{21}$ni$^{0}$tsin$^{35}$na$^{0}$.

【乌焦巴弓】u$^{35}$tsiau$^{35}_{44}$pa$^{35}_{44}$ciəŋ$^{35}_{44}$ 形①又黑又脏的样子：搞起只面～！kau$^{21}_{35}$çi$^{21}$tʂak$^{3}$mien$^{53}$u$^{35}$tsiau$^{35}_{44}$ pa$^{35}_{44}$ciəŋ$^{35}_{44}$！②形容又脏又乱：我箇只孙子啊撞怕食哩箇阵子细细子食哩羹以后是～。ŋai$^{13}$kai$^{53}_{44}$ tʂak$^{3}$sən$^{35}$tsʅ$^{0}$a$^{0}$tsʰɔŋ$^{21}$pʰa$^{53}$ʂət$^{5}$li$^{0}$kai$^{53}_{44}$tʂʰən$^{53}_{44}$tsʅ$^{0}$se$^{53}$se$^{53}$tsʅ$^{0}$ʂət$^{5}$li$^{0}$kaŋ$^{35}$i$^{35}_{44}$xei$^{53}_{21}$ʂʅ$^{53}_{35}$u$^{35}$tsiau$^{35}$pa$^{35}$kəŋ$^{35}$.

【乌梅】u$^{35}$mɔi$^{13}$ 名熏干的青梅果实，黑褐色：做个～渠一般就系就系箇～，欸，通过加工啊，唔酸了，嗯，津甜子，放滴么个，放滴配料箇东西。还系梅子咁个形状。梅子箇形状，舞倒薄膜袋子包倒。本本个形状唔变。tso$^{53}_{44}$ke$^{53}_{44}$u$^{35}$mɔi$^{13}_{21}$ci$^{13}_{21}$iet$^{3}$pɔn$^{35}$tsʰiəu$^{53}$xe$^{53}_{44}$tsʰiəu$^{53}_{44}$xe$^{53}_{44}$kai$^{53}_{44}$u$^{35}$ mɔi$^{13}_{21}$,e$_{21}$,tʰəŋ$^{35}_{44}$ko$^{53}_{44}$cia$^{35}_{44}$kəŋ$^{35}$ŋa$^{0}$,n̩$^{13}$sɔn$^{35}$liau$^{0}$,n̩$_{21}$,tsin$^{35}$tʰian$^{13}$tsʅ$^{0}$,fɔŋ$^{53}_{44}$tet$^{5}_{3}$mak$^{3}$ke$^{53}_{44}$,fɔŋ$^{53}$tet$^{5}_{3}$pʰei$^{53}$liau$^{53}_{44}$kai$^{53}_{44}$ tɔŋ$^{35}_{44}$si$^{0}$.xai$^{13}$xe$^{53}$mɔi$^{13}$tsʅ$^{0}$kan$^{21}$cie$^{53}_{44}$çin$^{13}$tsʰɔŋ$^{53}$.mɔi$^{13}$tsʅ$^{0}$kai$^{53}_{44}$çin$^{13}$tsʰɔŋ$^{53}$,u$^{21}$tau$^{21}$pʰɔk$^{5}$mo$^{13}$tʰɔi$^{53}$tsʅ$^{0}$pau$^{35}$ tau$^{21}$.pɔn$^{21}$pɔn$^{21}$ke$^{53}_{44}$çin$^{13}$tsʰɔŋ$^{53}$m̩$^{13}$pien$^{53}$.

【乌米】u$^{35}$mi$^{21}$ 名黑米：～蛮少，冇得，我等也冇得～。u$^{35}$mi$^{21}$man$^{13}_{21}$ʂau$^{21}$,mau$^{13}$tek$^{3}$,ŋai$^{13}$tien$^{0}$ia$^{35}$ mau$^{13}_{21}$tek$^{3}$u$^{35}$mi$^{21}$.

【乌面】u$^{35}$mien$^{53}$ 名①本为戏剧脚色中黑头所钩的脸谱，借指其所代表的性格、品质或相貌上有特异点的男性人物：《秦香莲》肚里个包公就系～，包公箇只～呢渠是系铁面无私个人。tsʰin$^{13}_{21}$çiɔŋ$^{35}_{44}$lien$^{13}$təu$^{21}$li$^{0}$ke$^{53}_{44}$pau$^{35}$kəŋ$^{35}_{44}$tsʰiəu$^{53}_{44}$xe$^{53}_{44}$u$^{35}_{44}$mien$^{53}$,pau$^{35}$kəŋ$^{35}_{44}$kai$^{53}$tʂak$^{3}$u$^{35}_{44}$mien$^{53}$ne$^{0}$ci$^{13}_{21}$ʂʅ$^{53}_{44}$xe$^{53}$tʰiet$^{3}$ mien$^{53}$u$^{13}$sʅ$^{35}_{44}$ke$^{53}$ɲin$^{13}_{21}$.②比喻刚正不阿或严厉的人：箇个啦，箇阵子教书个时候子就我等就经常讲箇咁个啦，欸，箇学生唔听话，分只老师就唱红面，分只老师就唱～，唱红面嘞就呵哄

下子渠，“你攒劲读书哇”，系唔系？让门子让门子。唱～个嘞就骂下子渠，批评下子渠。一拖一揰子，欸，一拖一揰子，箇细人子嘞爱分人唱红面，又爱分人唱～。kai$^{53}$ke$^{53}$la$^{0}$,kai$^{53}$ tʂʰən$^{53}$tsɿ$^{0}$ kau$^{35}_{44}$ʂəu$^{35}$ke$^{53}$ʂʅ$^{13}$xəu$^{53}$tsɿ$^{0}$ tsʰiəu$^{53}_{44}$ŋai$^{13}$tien$^{0}$ tsʰiəu$^{53}$cin$^{35}$tʂʰɔŋ$^{13}_{21}$kɔŋ$^{21}$kai$^{53}_{44}$kan$^{21}_{13}$cie$^{53}$la$^{0}$,ei$_{21}$,kai$^{53}_{44}$xɔk$^{5}$ saŋ$^{35}_{44}$n̩$^{13}_{21}$tʰaŋ$^{35}_{44}$ua$^{53}$,pən$^{35}$tʂak$^{3}$ lau$^{21}$sɿ$^{35}_{44}$tsʰiəu$^{53}$tʂʰɔŋ$^{53}$fəŋ$^{13}$mien$^{53}$,pən$^{35}$tʂak$^{3}$ lau$^{21}$sɿ$^{35}_{44}$tsʰiəu$^{53}_{44}$tʂʰɔŋ$^{53}$u$^{35}$mien$^{53}$, tʂʰɔŋ$^{53}$fəŋ$^{13}$mien$^{53}_{44}$lei$^{0}$ tsʰiəu$^{53}$xo$^{35}$(x)a$^{53}_{21}$tsɿ$^{0}$ ci$^{13}_{44}$,"ɲi$^{13}$tsan$^{21}$cin$^{53}$tʰəuk$^{5}$ ʂəu$^{35}$ua$^{0}$",xei$^{53}_{44}$me$^{53}_{44}$?ɲiɔŋ$^{53}$mən$^{13}_{44}$tsɿ$^{0}$ ɲiɔŋ$^{53}$mən$^{13}_{44}$tsɿ$^{0}$.tʂʰɔŋ$^{53}$u$^{35}$mien$^{53}$ke$^{53}_{44}$lei$^{0}$ tsʰiəu$^{53}_{44}$ma$^{53}$(x)a$^{53}_{21}$tsɿ$^{0}$ ci$^{13}_{44}$,pʰi$^{35}$pʰin$^{13}_{21}$na$^{53}$tsɿ$^{0}$ ci$^{13}$.iet$^{3}$ tʰo$^{35}$iet$^{3}$ tsʰəŋ$^{21}$tsɿ$^{0}$, e$_{21}$,iet$^{3}$ tʰo$^{35}$iet$^{3}$ tsʰəŋ$^{21}$tsɿ$^{0}$,kai$^{53}_{44}$sei$^{53}$ɲin$^{13}_{21}$tsɿ$^{0}$ lei$^{0}$ ɔi$^{53}$pən$^{35}$ɲin$^{13}_{21}$tʂʰɔŋ$^{53}$fəŋ$^{13}$mien$^{53}$,iəu$^{53}$ɔi$^{53}_{44}$pən$^{35}_{44}$ɲin$^{13}_{21}$tʂʰɔŋ$^{53}$u$^{35}$ mien$^{53}$.

【乌泥田】u$^{35}$lai$^{13}$tʰien$^{13}$ 名在黑壤上耕作的水田：～就更喜禾啦，欸，箇你就莫下多哩肥啦。～就更喜禾，但是也会更会发虫，容易发虫。u$^{35}$lai$^{13}_{21}$tʰien$^{13}_{21}$tsʰiəu$^{53}_{44}$cien$^{53}$çi$^{21}$uo$^{13}_{21}$la$^{0}$,e$_{21}$,kai$^{53}$ɲi$^{13}$ tsʰiəu$^{53}$mɔk$^{5}$ xa$^{53}_{44}$to$^{35}_{44}$li$^{0}$ pʰi$^{13}$la$^{0}$.u$^{35}$lai$^{13}_{21}$tʰien$^{13}_{21}$tsʰiəu$^{53}$cien$^{53}$çi$^{21}$uo$^{13}$,tan$^{53}_{44}$ʂʅ$^{53}_{44}$ia$^{35}$uɔi$^{53}$cien$^{53}$uɔi$^{53}$fait$^{3}$ tʂʰəŋ$^{13}$,iəŋ$^{13}$ i$^{53}$fait$^{3}$ tʂʰəŋ$^{13}$.

【乌牛】u$^{35}$ɲiəu$^{13}$ 名黑牛：～也系黄牛个一种嘞，～咯。箇阵子我等队上就欸有两条～，有条就牛牯，安做乌牯，又安做乌牯哇，乌牛牯哇。u$^{35}$ɲiəu$^{13}_{21}$ia$^{35}$xe$^{53}$uɔŋ$^{13}$ɲiəu$^{13}_{21}$ke$^{53}$iet$^{3}$ tʂəŋ$^{21}$le$^{0}$,u$^{35}$ ɲiəu$^{13}_{21}$ko$^{0}$.kai$^{53}$tʂʰən$^{53}$tsɿ$^{0}$ ŋai$^{13}$tien$^{0}$ ti$^{53}$xɔŋ$^{53}_{44}$tsʰiəu$^{53}$ei$_{21}$iəu$^{35}$iɔŋ$^{21}$tʰiau$^{13}_{21}$u$^{35}$ɲiəu$^{13}_{21}$,iəu$^{35}$tʰiau$^{13}_{21}$tsʰiəu$^{53}$ɲiəu$^{13}$ku$^{21}$, ɔn$^{35}_{44}$tso$^{53}_{44}$u$^{35}$ku$^{21}$,iəu$^{53}_{44}$ɔn$^{35}_{44}$tso$^{53}_{44}$u$^{35}$ku$^{21}$ua$^{0}$,u$^{35}$ɲiəu$^{13}_{21}$ku$^{21}$ua$^{0}$.

【乌牛牯】u$^{35}$ɲiəu$^{13}$ku$^{21}$ 名雄性黑牛：箇～也系黄牛。欸，我等生产队上，箇阵子我等生产队上就有只～。kai$^{53}_{44}$u$^{35}$ɲiəu$^{13}_{21}$ku$^{21}$ia$^{35}$xei$^{53}_{21}$uɔŋ$^{13}$ɲiəu$^{13}_{44}$.e$_{21}$,ŋai$^{13}$tien$^{0}$ sen$^{35}_{44}$tsʰan$^{21}$ti$^{53}$xɔŋ$^{53}$,kai$^{53}$tʂʰən$^{53}$tsɿ$^{0}$ ŋai$^{13}$ tien$^{0}$ sen$^{35}_{44}$tsʰan$^{21}$ti$^{53}$xɔŋ$^{53}_{44}$tsʰiəu$^{53}_{44}$iəu$^{35}$tʂak$^{3}$ u$^{35}$ɲiəu$^{13}_{21}$ku$^{21}$.｜有只映咯，“～，背躬躬，会食水，唔会动”。抽水机，打箇抽水机。iəu$^{35}$tʂak$^{3}$ iaŋ$^{53}$ko$^{0}$,"u$^{35}$ɲiəu$^{13}_{21}$ku$^{21}$,pɔi$^{53}$ciəŋ$^{35}$ciəŋ$^{35}$,uɔi$^{53}$ʂət$^{5}$ ʂei$^{21}$,m̩$^{13}$uɔi$^{53}$ tʰəŋ$^{35}$".tʂʰəu$^{35}$ʂei$^{21}$ci$^{35}$,ta$^{21}$kai$^{53}_{44}$tʂʰəu$^{35}$ʂei$^{21}$ci$^{35}$.

【乌牛嫲】u$^{35}$ɲiəu$^{13}$ma$^{13}$ 名雌性黑牛：呃，我等队上有条～，箇条～落尾也还下哩牛崽子，唔知分分么人去哩箇只～。ə$_{21}$,ŋai$^{13}_{21}$tien$^{0}$ ti$^{53}$xɔŋ$^{53}_{44}$iəu$^{35}$tʰiau$^{13}_{21}$u$^{35}$ɲiəu$^{13}_{21}$ma$^{13}$,kai$^{53}_{44}$tʰiau$^{13}_{44}$u$^{35}$ɲiəu$^{13}_{21}$ma$^{13}$lɔk$^{5}$ mi$^{35}_{44}$ ia$^{35}_{44}$xai$^{13}_{44}$xa$^{53}$li$^{0}$ɲiəu$^{13}$tse$^{21}$tsɿ$^{0}$,n̩$^{13}_{21}$ti$^{35}_{44}$fən$^{35}_{44}$pən$^{35}_{44}$mak$^{3}$ in$^{13}_{44}$çi$^{53}$li$^{0}$ kai$^{53}$tʂak$^{3}$ u$^{35}$ɲiəu$^{13}_{21}$ma$^{13}_{21}$.

【乌藨子】u$^{35}$pʰau$^{35}$tsɿ$^{0}$ 名一种蔷薇科悬钩子属落叶灌木的聚合果，成熟后可食：～渠就紫色个，一种有艻个藤藤上结个呢～呢。黑色个，墨乌个。我箇阵子细细子有么个食，食～，食起一把嘴巴上墨乌个噢，鲜红个噢，血样哦。u$^{35}$pʰau$^{35}_{44}$tsɿ$^{0}$ ci$^{13}_{21}$tsʰiəu$^{53}$tsɿ$^{21}$sek$^{3}$ ke$^{53}$,iet$^{3}$ tʂəŋ$^{21}$iəu$^{35}$let$^{3}$ ke$^{53}$tʰien$^{13}$tʰien$^{13}_{21}$xɔŋ$^{53}$ciet$^{3}$ ke$^{53}$nei$^{0}$ u$^{35}$pʰau$^{35}_{44}$tsɿ$^{0}$ nei$^{0}$.xek$^{3}$ sek$^{3}$ ke$^{53}$,mek$^{5}$ u$^{35}_{44}$ke$^{0}$.ŋai$^{13}$kai$^{53}$tʂʰən$^{53}$tsɿ$^{0}$ sei$^{53}$sei$^{53}$ tsɿ$^{0}$ mau$^{13}$mak$^{3}$ e$^{0}$ ʂət$^{5}$,ʂət$^{5}$ u$^{35}$pʰau$^{35}_{44}$tsɿ$^{0}$,ʂət$^{5}$ çi$^{21}$iet$^{3}$ pa$^{21}$tsi$^{21}$pa$^{35}_{44}$ʂɔŋ$^{53}$me$^{35}$u$^{35}$ke$^{53}$au$^{0}$,çien$^{35}$fəŋ$^{13}_{21}$ke$^{53}$au$^{0}$,çiet$^{3}$ iɔŋ$^{53}$ŋo$^{0}$.

【乌皮荷】u$^{35}$pʰi$^{13}$xo$^{13}$ 名荷树的一种：我等屋背有条～，冇么个几大，以下就怕蛮大了。以下几十年了。ŋai$^{13}_{21}$tien$^{0}$ uk$^{3}$ pɔi$^{53}_{44}$iəu$^{35}$tʰiau$^{13}_{21}$u$^{35}$pʰi$^{13}_{21}$xo$^{13}$,mau$^{13}_{21}$mak$^{3}$ e$^{0}$ ci$^{21}$tʰai$^{53}$,i$^{21}$xa$^{53}$tsʰiəu$^{53}$pʰa$^{53}$man$^{13}$tʰai$^{53}$ liau$^{0}$.i$^{21}$xa$^{53}$ci$^{21}$ʂət$^{5}$ɲien$^{13}$niau$^{0}$.

【乌七八糟】u$^{35}$tsʰiet$^{3}$pait$^{3}$tsau$^{35}$ 形容杂乱无序：我孙子欸箇搞本子啊搞倒一斤子～。天天爱同渠捡一到。ŋai$^{13}_{21}$sən$^{35}$tsɿ$^{0}$ e$_{21}$kai$^{53}$kau$^{21}$pən$^{21}$tsɿ$^{0}$ a$^{0}$ kau$^{21}$tau$^{21}$iet$^{3}$ tʰaŋ$^{35}$tsɿ$^{0}$ u$^{35}$tsʰiet$^{3}$ pait$^{3}$ tsau$^{35}$.tʰien$^{35}_{44}$ tʰien$^{35}_{44}$ɔi$^{53}_{44}$tʰəŋ$^{13}_{44}$ci$^{13}_{21}$cian$^{21}$iet$^{3}$ tau$^{53}$.

【乌勤勤哩】u$^{35}$cʰin$^{13}$cʰin$^{13}$li$^{0}$ 形黑黝黝的样子：欸，你个面色系唔系唔好看？你系唔系有么个病，面上都～哩。ei$_{21}$, ɲi$^{13}$kei$^{53}_{44}$mien$^{53}$sek$^{3}$ (x)ei$^{53}_{44}$mei$^{53}_{44}$n̩$^{13}_{21}$nau$^{21}$kʰɔn$^{53}$?ɲi$^{13}_{21}$xei$^{53}$mei$^{53}_{44}$iəu$^{35}_{53}$mak$^{3}$ e$^{0}$ pʰiaŋ$^{53}$, mien$^{53}$xɔŋ$^{53}_{44}$təu$^{35}_{44}$u$^{35}$cʰin$^{13}_{21}$cʰin$^{13}$ni$^{0}$.

【乌仁子】u$^{35}$in$^{13}$tsɿ$^{0}$ 名黑眼珠儿：你眼珠哇箇～边上有兜子血丝哈，你爱注意啊看呐。有么个痛痒吗？ɲi$^{13}$ŋan$^{21}$tʂəu$^{35}_{44}$ua$^{0}$ kai$^{53}_{44}$u$^{35}$in$^{13}_{21}$tsɿ$^{0}$ pien$^{35}$xɔŋ$^{53}_{21}$iəu$^{35}$te$^{35}_{53}$tsɿ$^{0}$ çiet$^{3}$ sɿ$^{35}_{44}$xa$^{0}$, ɲi$^{13}_{21}$ɔi$^{53}_{44}$tʂʮ$^{53}$i$^{53}$a$^{0}$ kʰɔn$^{53}_{44}$na$^{0}$. iəu$^{35}$mak$^{3}$ e$^{0}$ tʰəŋ$^{53}$iɔŋ$^{35}_{44}$ma$^{0}$?

【乌沙泥】u$^{35}$sa$^{35}$lai$^{13}$ 名黑壤：～嘞就讲指箇个菜土哇指箇个田呐田土哇呃底下个泥底泥脚系一种么个颜色个泥，有兜是黄泥，有兜～。以前我等箇映子有一只窝个泥呀就尽系～。～更喜湔嘞。更喜禾啊，欸，更肯长，禾更大呀。u$^{35}$sa$^{35}_{44}$lai$^{13}$lei$^{0}$ tsʰiəu$^{53}$kɔŋ$^{21}$tʂʅ$^{21}$kai$^{53}_{44}$ke$^{53}_{44}$tsʰɔi$^{53}$tʰəu$^{21}$ua$^{0}$ tʂʅ$^{21}$kai$^{53}$ke$^{53}$tʰien$^{13}$na$^{0}$ tʰien$^{13}$tʰəu$^{21}$ua$^{0}$ ə$_{44}$tei$^{21}$xa$^{53}$ke$^{53}$lai$^{13}$te$^{21}$lai$^{13}$ciɔk$^{3}$ xei$^{53}$iet$^{3}$ tʂəŋ$^{21}$mak$^{3}$ e$^{0}$ ŋan$^{13}$sek$^{3}$ ke$^{53}$ lai$^{13}_{44}$,iəu$^{35}$te$^{35}_{53}$ʂʅ$^{53}_{44}$uɔŋ$^{13}$lai$^{13}$,iəu$^{35}$te$^{35}_{53}$u$^{35}$sa$^{35}_{44}$lai$^{13}_{21}$.i$^{35}_{53}$tsʰien$^{13}_{21}$ŋai$^{13}$tien$^{0}$ kai$^{53}_{44}$iaŋ$^{53}_{44}$tsɿ$^{0}$ iəu$^{35}$iet$^{3}$ tʂak$^{3}$ uo$^{35}$ke$^{53}$lai$^{13}$ia$^{0}$ tsʰiəu$^{53}_{44}$tsʰin$^{53}$xe$^{53}_{44}$u$^{35}$sa$^{35}_{44}$lai$^{13}_{21}$.u$^{35}$sa$^{35}_{44}$lai$^{13}$ken$^{53}$çi$^{21}$sau$^{53}$lei$^{0}$.ken$^{53}$çi$^{21}$uo$^{13}$a$^{0}$,e$_{21}$,ken$^{53}$xen$^{21}$tʂɔŋ$^{21}$,uo$^{13}$ken$^{53}_{44}$tʰai$^{53}$ia$^{0}$.

W

【乌纱】u$^{35}$sa$^{35}$ 名黑纱：欸，我等有只伯伯过身，嗯，渠屋下唔知几苦，箇阵子我记得啊，呃，尽兜都话，根据老规矩是就爱发白嘞，系唔系？渠屋下蛮苦，硬发白算下子爱蛮多钱，亲戚又多，落尾渠箇屋下欸渠箇只伯伯过身咯就发个～嘞。每个人一绺子布嘞戴只子袖章子样啊，系啊？落尾渠等话："咁个钱都去省？" e$_{21}$,ŋai$^{13}$tien$^{0}$ iəu$^{35}$tʂak$^{3}$ pak$^{3}$ pak$^{3}$ ko$^{53}$ʂən$^{35}$,n̩$_{21}$,ci$^{13}_{21}$uk$^{3}$ xa$^{53}$n̩$^{13}$ ti$^{35}_{53}$ci$^{21}$kʰu$^{21}$,kai$^{53}$tʂʰən$^{53}$tsɿ$^{0}$ ŋai$^{13}$ci$^{53}$tek$^{3}$ a$^{0}$,ə$_{21}$,tsʰin$^{53}$te$^{35}_{44}$təu$^{35}_{44}$ua$^{53}$,cien$^{35}$tʂʮ$^{53}$lau$^{21}$kuei$^{35}$ci$^{21}$ʂʅ$^{53}_{44}$tsʰiəu$^{53}_{44}$ɔi$^{53}_{44}$fait$^{3}$ pʰak$^{5}$ lei$^{0}$,xei$^{53}$me$^{53}$?ci$^{13}_{21}$uk$^{3}$ xa$^{53}$man$^{13}_{44}$kʰu$^{21}$, ɲiaŋ$^{53}$fait$^{3}$ pʰak$^{5}$ sɔn$^{53}$na$^{53}_{44}$tsɿ$^{0}$ ɔi$^{53}$man$^{13}$to$^{35}_{44}$tsʰien$^{13}$,tsʰin$^{35}$tsʰiet$^{3}$ iəu$^{53}$to$^{35}$,lɔk$^{5}$ mi$^{35}_{44}$ci$^{13}_{21}$kai$^{53}$uk$^{3}$ xa$^{53}$ei$_{44}$ci$^{13}_{21}$kai$^{53}$tʂak$^{3}$ pak$^{3}$ pak$^{3}$ ko$^{53}$ʂən$^{35}$ko$^{0}$ tsʰiəu$^{53}$fait$^{3}$ kei$^{53}$u$^{35}$sa$^{35}_{44}$lei$^{0}$.mei$^{35}$ke$^{53}$ ɲin$^{13}_{21}$iet$^{3}$ liəu$^{53}$tsɿ$^{0}$ pu$^{53}$le$^{0}$ tai$^{53}$tʂak$^{3}$ tsɿ$^{0}$ tsʰiəu$^{53}$tʂɔŋ$^{35}$tsɿ$^{0}$ iɔŋ$^{53}$a$^{0}$,xei$^{53}_{44}$a$^{0}$?lɔk$^{5}$ mi$^{35}_{53}$ci$^{13}_{21}$tien$^{0}$ ua$^{53}$:"kan$^{21}$ke$^{53}$tsʰien$^{13}$ təu$^{35}_{53}$çi$^{53}$saŋ$^{21}$?"

【乌梢蛇】u$^{35}$sau$^{35}$ʂa$^{13}$ 名一种无毒蛇，背面前半部黄色，后半部黑色，腹面灰黑色：呃，我细细子看过呃打过一条～。渠一沿沿下我等屋上。硬吓死哩硬。箇屋……一沿，跍啊楼上哦，跍下楼上，硬吓死哩凑硬，大又咁大。ə$_{21}$,ŋai$^{13}$se$^{53}$se$^{53}$tsɿ$^{0}$ kʰɔn$^{53}$ko$^{53}$ə$^{0}$ ta$^{21}$ko$^{53}$(i)et$^{3}$ tʰiau$^{13}$u$^{35}$sau$^{35}_{44}$ʂa$^{13}$. ci$^{13}$iet$^{3}$ ien$^{13}$ien$^{13}$na$^{53}$ŋai$^{13}_{21}$tien$^{0}$ uk$^{3}$ xɔŋ$^{53}$. ɲiaŋ$^{53}$xak$^{3}$ si$^{21}$li$^{0}$ ɲiaŋ$^{53}$.kai$^{53}$uk$^{3}$ …iet$^{3}$ ien$^{13}$,ku$^{35}_{44}$a$^{0}$ lei$^{13}$xɔŋ$^{53}$ŋo$^{0}$,ku$^{35}_{44}$ a$^{0}$ lei$^{13}$xɔŋ$^{53}$, ɲiaŋ$^{53}$xak$^{3}$ si$^{21}$li$^{0}$ tsʰe$^{0}$ ɲiaŋ$^{53}$,tʰai$^{53}$iəu$^{53}_{44}$kan$^{21}$tʰai$^{53}$.

【乌天斗暗】u$^{35}$tʰien$^{35}$tei$^{21}$an$^{53}$ 形天色黑沉沉的样子：～你架势落水了。u$^{35}$tʰien$^{35}$tei$^{21}$an$^{53}$ɲi$^{13}$cia$^{53}_{44}$ ʂʅ$^{53}_{44}$lɔk$^{5}$ ʂei$^{21}$liau$^{0}$.

【乌王头】u$^{35}$uɔŋ$^{13}$tʰei$^{13}$ 名中国象棋中黑方的棋子"将"的俗称：～就系将哦。u$^{35}$uɔŋ$^{13}$tʰei$^{13}_{21}$ tsiəu$^{53}$xe$^{53}_{44}$tsiɔŋ$^{53}$ŋo$^{0}$.

【乌蚊子】u$^{35}$mən$^{35}_{44}$tsɿ$^{0}$ 名苍蝇：以个天就以个咁暖个天就～多啊。特别系箇个欸𡟓箇个垃圾桶近哩个栏场哈，～就硬唔得了。i$^{21}$ke$^{53}$tʰien$^{35}$tsʰiəu$^{53}$i$^{21}$ke$^{53}$kan$^{21}$lɔn$^{35}$ke$^{53}$tʰien$^{35}_{44}$tsʰiəu$^{53}$u$^{35}_{44}$mən$^{35}_{44}$tsɿ$^{0}$ to$^{35}$ a$^{0}$.tʰek$^{5}$ pʰiet$^{5}$ xe$^{53}$kai$^{53}_{21}$ke$^{53}_{21}$e$_{21}$ɲia$^{13}$kai$^{53}$ke$^{53}$la$^{35}_{44}$ci$^{35}_{44}$tʰəŋ$^{21}$cʰin$^{35}_{44}$ni$^{0}$ ke$^{53}_{44}$laŋ$^{13}_{21}$tʂʰɔŋ$^{13}_{21}$xa$^{0}$,u$^{35}_{44}$mən$^{35}_{44}$tsɿ$^{0}$ tsʰiəu$^{53}$ɲiaŋ$^{53}$ n̩$^{13}$tek$^{3}$ liau$^{21}$.

【乌乌子】u$^{35}$u$^{35}$tsɿ$^{0}$ 形稍黑的样子：欸，以发咁好咁大个日头是一身都晒起～了嘞。e$_{44}$,i$^{21}$fait$^{3}$ kan$^{21}$xau$^{21}$kan$^{21}$tʰai$^{53}$ke$^{53}_{44}$ɲiet$^{3}$ tʰei$^{13}_{44}$ʂʅ$^{53}_{44}$iet$^{3}$ ʂən$^{35}$təu$^{35}_{44}$sai$^{53}$çi$^{21}_{44}$u$^{35}$u$^{35}$tsɿ$^{0}$ liau$^{0}$ le$^{0}$.｜云也～，就系有水落。in$^{13}$ia$^{35}_{44}$u$^{35}$u$^{35}$tsɿ$^{0}$,tsʰiəu$^{53}$xe$^{53}$mau$^{13}_{21}$ʂei$^{21}$lɔk$^{5}$.

【乌硝】u$^{35}$siau$^{35}$ 名黑火药：从前个爆竹是我等细细子晓得箇阵子箇爆竹是连冇得如今箇爆竹咁响啊，咁长啊，咁个快引呐。以前个爆竹是就系～爆竹嘞，黑硝嘞。舞滴子火屎研做粉，舞放滴子硝，舞滴硝，舞滴子硫磺交倒，一交。箇阵子个爆竹真系卫生爆竹。唔冲人，喷香。唔冲人，响也唔多响。我等有一次，有兜大滴子，胆大滴子个同欸细人子有本事拈倒爆竹打咯。拈倒屁股屎子啊来打咯。tsʰəŋ$^{13}$tsʰien$^{13}$ke$^{0}$ pau$^{53}$tʂəuk$^{3}$ ʂʅ$^{53}_{44}$ŋai$^{13}$tien$^{0}$ se$^{53}$se$^{53}$tsɿ$^{0}$ çiau$^{21}$tek$^{3}$ kai$^{53}_{44}$ tʂʰən$^{53}_{44}$tsɿ$^{0}$ kai$^{53}_{44}$pau$^{53}$tʂəuk$^{3}$ ʂʅ$^{53}_{44}$lien$^{13}$mau$^{13}_{21}$tek$^{3}$ i$^{13}_{21}$cin$^{35}_{53}$kai$^{53}_{44}$pau$^{53}$tʂəuk$^{3}$ kan$^{21}$çiɔŋ$^{21}$ŋa$^{0}$,kan$^{21}$tʂʰɔŋ$^{13}$ŋa$^{0}$,kan$^{21}$ cie$^{53}_{44}$kʰuai$^{53}$in$^{21}$na$^{0}$.i$^{13}$tsʰien$^{13}$ke$^{53}_{44}$pau$^{53}$tʂəuk$^{3}$ ʂʅ$^{53}_{44}$tsʰiəu$^{53}$xe$^{53}$u$^{35}$siau$^{35}$pau$^{53}$tʂəuk$^{3}$ lei$^{0}$,xek$^{3}$ siau$^{35}_{44}$lei$^{0}$.u$^{21}$tiet$^{5}$ tsɿ$^{0}$ fo$^{21}$ʂʅ$^{21}$ŋan$^{35}$tso$^{53}$fən$^{21}$,u$^{21}$fɔŋ$^{53}$tiet$^{5}$ tsɿ$^{0}$ siau$^{35}$,u$^{21}$tiet$^{5}$ siau$^{35}$,u$^{21}$tiet$^{5}$ tsɿ$^{0}$ liəu$^{13}$uɔŋ$^{13}$ciau$^{35}_{44}$tau$^{21}$,iet$^{3}$ ciau$^{35}$.kai$^{53}$ tʂʰən$^{53}$tsɿ$^{0}$ ke$^{0}$ pau$^{53}_{44}$tʂəuk$^{3}$ tʂən$^{35}_{44}$ne$_{44}$(←xe$^{53}$)uei$^{53}$sen$^{35}$pau$^{53}$tʂəuk$^{3}$.n̩$^{13}$tʂʰəŋ$^{35}$ɲin$^{13}$,pʰən$^{35}$çiɔŋ$^{35}$.n̩$^{13}$tʂʰəŋ$^{35}$ɲin$^{13}_{21}$, çiɔŋ$^{21}$ŋa$_{53}$(←ia$^{35}$)n̩$^{13}_{21}$to$^{35}_{53}$çiɔŋ$^{21}$.ŋai$^{13}$tien$^{0}$ iəu$^{35}$uet$_{5}$(←iet$^{3}$)tsʰɿ$^{53}_{44}$,iəu$^{35}$tei$^{35}_{44}$tʰai$^{53}$tiet$^{5}$ tsɿ$^{0}$,tan$^{21}$tʰai$^{53}_{44}$tiet$^{5}$ tsɿ$^{0}$ ke$^{0}$ tʰəŋ$^{13}_{21}$e$_{21}$sei$^{53}$ɲin$^{13}_{44}$tsɿ$^{0}$ iəu$^{35}$pən$^{21}_{44}$sɿ$^{53}_{44}$ɲian$^{35}$tau$^{21}_{44}$pau$^{53}$tʂəuk$^{3}$ ta$^{21}$ko$^{0}$. ɲian$^{35}$tau$^{21}$pʰi$^{53}$ku$^{21}$təuk$^{3}$ tsɿ$^{0}$ a$^{0}$ lɔi$^{13}_{44}$ta$^{21}$ko$^{0}$.

【乌烟】u$^{35}$ien$^{35}$ 名黑烟：箇辆车欸出～去哩，我请只师傅来整下子。kai$^{53}$liɔŋ$^{21}$tʂʰa$^{35}$e$_{53}$tʂʰət$^{3}$ u$^{35}$ ien$^{35}$çi$^{53}$li$^{0}$,ŋai$^{13}$tsʰiaŋ$^{21}$tʂak$^{3}$ sɿ$^{35}_{44}$fu$^{53}$lɔi$^{13}_{21}$tʂaŋ$^{21}$ŋa$^{53}$tsɿ$^{0}$.

【乌眼豆】u$^{35}$ŋan$^{21}$tʰei$^{53}$/tʰəu$^{53}$老派 名黄豆的一种：还有起～哇。/噢，我只晓乌豆子就有。/欸，乌豆子还乌豆子。只乌滴子，安做乌眼。/就～。同箇只眼珠样。/系，欸。xai$^{13}$iəu$^{35}_{53}$çi$^{21}$u$^{35}$ ŋan$^{21}$tʰəu$^{53}_{44}$ua$^{0}$./au$_{21}$,ŋai$^{13}_{21}$tʂʅ$^{21}$çiau$^{21}$u$^{35}$tʰei$^{53}$tsɿ$^{0}$ tsʰiəu$^{53}_{44}$iəu$^{35}_{44}$./e$_{21}$,u$^{35}$tʰəu$^{53}$tsɿ$^{0}$ uan$^{13}$u$^{35}$tʰəu$^{53}$tsɿ$^{0}$.tʂʅ$^{21}$u$^{35}$tiet$^{5}$ tsɿ$^{0}$,ɔn$^{35}_{44}$tso$^{53}$u$^{35}$ŋan$^{21}$./tsiəu$^{53}$u$^{35}$ŋan$^{21}$tʰei$^{53}$.tʰəŋ$^{13}$kai$^{53}$tʂak$^{3}$ ŋan$^{21}$tʂəu$^{35}$iɔŋ$^{53}$./xe$^{53}$,e$_{21}$.

【乌眼镜】u$^{35}$ŋan$^{21}$ciaŋ$^{53}$ 名墨镜的俗称：墨镜就系安做么个镜啊？～。mek$^{5}$ ciaŋ$^{53}$tsʰiəu$^{53}$xe$^{53}_{44}$ɔn$^{35}_{44}$ tso$^{53}_{44}$mak$^{3}$ ke$^{53}_{44}$ciaŋ$^{53}$ŋa$^{0}$?u$^{35}$ŋan$^{21}$ciaŋ$^{53}$.

【乌羊子】u$^{35}$iɔŋ$^{13}$tsɿ$^{0}$ 名指黑山羊：～比白羊子好卖多哩。如今个白羊子更唔好卖，冇人爱。～是因为系黑山羊，嗯，就亨行个。～肉啊炖粉皮系蛮出名个一碗菜。u$^{35}$iɔŋ$^{13}_{21}$tsɿ$^{0}$ pi$^{21}$ pʰak$^{5}$ iɔŋ$^{13}_{21}$tsɿ$^{0}$ xau$^{21}$mai$^{53}$to$^{35}$li$^{0}$.i$^{13}_{21}$cin$^{35}_{44}$ke$^{53}_{44}$pʰak$^{5}$ iɔŋ$^{13}_{21}$tsɿ$^{0}$ cien$^{53}$n̩$^{13}_{21}$xau$^{21}$mai$^{53}$,mau$^{13}_{21}$ɲin$^{13}$ɔi$^{53}$.u$^{35}$iɔŋ$^{13}_{21}$tsɿ$^{0}$ ʂʅ$^{53}_{44}$in$^{35}$ uei$^{53}_{44}$xe$^{53}$xek$^{3}$ san$^{35}_{44}$iɔŋ$^{13}$,n̩$_{21}$,tsiəu$^{53}_{21}$xen$^{35}$çin$^{13}_{21}$ke$^{53}$.u$^{35}$iɔŋ$^{13}_{44}$tsɿ$^{0}$ ɲiəuk$^{3}$ a$^{0}$ tən$^{53}$fən$^{21}$pʰi$^{13}$xei$^{53}$man$^{13}_{21}$tʂʰət$^{3}$ miaŋ$^{13}_{21}$ke$^{53}$

iet3 uon21tsʰoi53.

【乌蝇屎】u35in13ʂʅ21 名皮肤上较小的黑点：我等有只阿叔啊一面个～，真难看。好得渠个赖子妹子雪白令净子，冇得～。ŋai13tien0 iəu35-44tʂak3 a35ʂəuk3 a0 iet3 mien53ke53u35in13-21ʂʅ21,tʂən35nan13kʰon53. xau21tek3 ci13ke53-44lai53tsʅ0 moi53tsʅ0 siet5 pʰak5 laŋ53tsʰiaŋ53tsʅ0 ,mau13-21tek3 u35-53in13-21ʂʅ21.

【乌云】u35in13 名黑云：箇边角上一朵～懑大。kai53pien35-53kok3 xoŋ53iet3 to21u35in13-21mən35tʰai53.

【乌竹子】u35tʂəuk3 tsʅ0 名学名紫竹：～就有呢。/～是有。欸，有起。u35tʂəuk3 tsʅ0 tsʰiəu53-44iəu35 nei0 ./u35tʂəuk3 tsʅ0 ʂʅ53-44iəu35.e21,iəu35çi21.

【呜呼哀哉】u35fu13-21ŋai35-44tsai35-44 完蛋了，表示结局很惨：剩下个赌鬼，赌钱鬼，都系赌起箇～，么个都冇得哩。ʂən53çia53-44ke0 təu21kuei21,təu21tsʰien13kuei21,təu35xe53-44təu21çi21-44kai53-44u35fu13-21ŋai35-44tsai35-44,mak3 e0 təu35-53mau13-21tek3 li0.

【诬赖】u35lai53 动无中生有地说别人做了坏事：讲话嘞爱有根据，不要无中生有箇起～别人家。koŋ21fa53lei0 oi53iəu35cien35tʂʅ53,pət3 iau53u13tʂəŋ35-44sen35-44iəu35-44kai53çi21u35lai53pʰiet5 in13-21ka35-44.

【屋】uk3 名房舍，房子（全所或整套）。也称“屋子”：一般子个农家个～咯，以前箇～，横厅子就做食饭个厅子。iet3 pon35tsʅ0 ke53-44ləŋ13cia35-44ke53uk3 ko0 ,i35-53tsʰien13kai35-44uk3 ,uaŋ13tʰaŋ35tsʅ0 tsʰiəu53-44tso53-44 ʂət5 fan53ke53-44tʰaŋ35tsʅ0. | 渠都买哩～唠，买箇只门面唠，又走我手里拿哩一次钱呶。ci13-21təu35-44mai35 li0 uk3 lau0 ,mai35kai53-44tʂak3 mən13mien53nau0 ,iəu53tsei21ŋai13-44ʂəu21li0 la53li0 iet3 tsʰʅ53tsʰien13nau0. | 一栋～子 iet3 təŋ53uk3 tsʅ0 | 打比以只～子，渠个桁子系咁子放。ta21pi21i21tʂak3 uk3 tsʅ0 ,ci13ke53xaŋ13tsʅ0 xe53kan21-13 tsʅ0 fəŋ53.

【屋背】uk3 poi53 名屋后。又称“屋后背”：我细细子跍倒箇～呀一条咁大个皮槠荚就分我斫斫下咁。ŋai13se53se53tsʅ0 ku35-44tau21kai35-53uk3 poi53ia0 iet3 tʰiau13kan21tʰai53ke53-44pʰi13-21tʂəu35-44kait3 tsʰiəu53-44pən35ŋai13-21 tʂək3 tʂək3 (x)a53kan21.

【屋场】uk3 tʂʰəŋ13 名自然村，村落：箇只～。有滴嘞又～欸有滴又又系一种么个话法嘞？～嘞话……就系一只村子样个，系，就系只村子。箇一坨子地方安做～，箇只～。kai53-44tʂak3 uk3 tʂʰəŋ13-44.iəu35tiet5 lei0 iəu53uk3 tʂʰəŋ13ŋei0 iəu35tet5-3 iəu53-44iəu53xei53iet3 tʂəŋ21mak3 ke53-44ua53fait3 le0 ?uk3 tʂʰəŋ13-21lei0 ua53-44…tsʰiəu53xei53-21iet3 tʂak3 tsʰən35tsʅ0 iəŋ53-44ke53-44,xe53-44,tsʰiəu53xei53-44tʂak3 tsʰən35tsʅ0 .kai53iet3 tʰo13tsʅ0 tʰi53fəŋ35on35-44 tso53-44uk3 tʂʰəŋ13,kai53tʂak3 uk3 tʂʰəŋ13.

【屋栋】uk3 təŋ53 名屋脊：我等祠堂里嘞有条规定，随你么人跍倒祠堂边上做屋，你个～嘞不能超过祠堂凑。你不能比祠堂更高，你系～啊不能比祠堂更高。ŋai13tien0 tsʰʅ13tʰəŋ13li0 lei0 iəu35 tʰiau13-21kuei35-44tʰin53,tsʰi13ɲi13-44mak3 ɲin13-44ku35tau21tsʰʅ13tʰəŋ13-44pien35xoŋ53-44tso53uk3 , ɲi13ke53-44uk3 təŋ53-44lei0 pət3 len13-21 tʂʰau35ko53-44tsʰʅ13tʰəŋ13tsʰe0. ɲi13pət3 len13pi21tsʰʅ13tʰəŋ13cien53kau35, ɲi13-44xei53-44uk3 təŋ53ŋa0 pət3 len13-44pi21tsʰʅ13tʰəŋ13 cien53kau35.

【屋肚里】uk3 təu21li0 屋里，室内：欸，外背唔知几热，以下是～都蛮热哈。以发咁大晴是～都蛮热。今晡早晨跣来啊，箇个外背就凉快多哩，～真热。e44,ŋoi53poi53ŋ13ti35-53ci21ɲiet5 ,i21xa53ʂʅ53-21 uk3 təu21li0 təu35-53man13ɲiet5 xa0 .i21fait3 kan21tʰai53tsʰiaŋ13ʂʅ53-44uk3 təu21li0 təu35-53man13ɲiet5 .cin35pu35-53tsau21ʂən13-44 xoŋ53loi13-44a0 ,kai35-21ke53-44ŋoi53poi53-44tsʰiəu53-44lioŋ13kʰuai53-44to35li0 ,uk3 təu21li5 tʂən35ɲiet5 .

【屋后背】uk3 xəu53/xei53poi53 屋后。又称“屋背”：山里个屋嘞～一般都有嶂岭。都喜欢傍山而居啊，欸，傍山来做只屋。便倒岭岗做只屋，好像就有靠山样，好像更箇个样欸更安定样系倒。san35li21ke53uk3 lei0 uk3 xei53poi53iet3 pon35təu35iəu35-44tʂəŋ53liaŋ35.təu35çi21fon35pʰəŋ53san35ʮ13tʂʮ35ʐa0 ,e21, pʰəŋ53san35loi13-21tso53tʂak3 uk3 .pʰien53tau21liaŋ35kəŋ35-44tso53tʂak3 uk3 ,xau21tsʰiəŋ53-44tsʰiəu53-44iəu35kʰau53san35-44iəŋ53, xau21siəŋ53-44cien53kai53-44ke53-44iəŋ53-44e21cien53ŋon35tʰin53-44iəŋ53-44xe53tau21-44.

【屋家人】uk3 kʰua35(←ka35)ɲin13 名家里人：以下就屋家～哎渠等做鞋个箇只锤子 i21xa35tsʰiəu53-44 uk3 kʰua35(←ka35)uk3 kʰua35(←ka35)ɲin13ai21ci13tien0 tso53xai13kei53-44kai53tʂak3 tʂʰei13tsʅ0

【屋茅虫】uk3 mau35tʂʰəŋ13 名一种生长于腐草中的虫子：～啊就系草肚里箇个腐草肚里腐烂个草肚里容易欸会出现个容易出现个一种咁大一条个虫，懑大一条。大概有几大子啦？有矿泉水盖子咁大一条。唔，咁大一条个，安做～。去下腐草肚里。所以安做～嘞就系以前从前个箇个草屋，箇个盖草个，盖芒，茅屋啊，因为茅屋就尽系盖个草吵，茅屋肚里，箇个草肚里容易欸渠就容易产生个一种咁个虫。吓人，但是也唔得啮人，也唔得让门子。箇种虫就系吓人，懑大。黄黄子，白白子。冇么个毛，起码一条嘞面上看得去看么个毛唔出。颜色就黄白黄白子。uk3 mau35 tʂhəŋ13 ŋa0 tshiəu53 xe53 tshau21 təu21 li0 kai53 ke53 fu21 tshau21 təu21 li0 fu21 lan53 ke0 tshau21 təu21 li0 iəŋ13 i53 e_21 uɔi53 tʂhət3 çien53 ke53 iəŋ13 i3 tʂhət3 çien53 ke0 iet3 tʂəŋ21 ka:n21 thai53 iet3 thiau13 ke53 tʂhəŋ13,mən35 thai53 iet3 thiau13.thai53 khai53 iəu35_53 ci21 thai53 tsɿ0 la0 ?iəu35 khɔŋ53 tshien13_21 ʂei21 kɔi53 tsɿ0 kan21 thai53 iet3 thiau13_21.m̩_21,kan21 thai53 iet3 thiau13 ke0,ɔn35_44 tso53_44 uk3 mau13_21 tʂhəŋ13.çi53(x)a53 fu21 tshau21 təu21 li0.so21 i35 ɔn35_44 tso53_44 uk3 mau13_21 tʂhəŋ13 lei0 tsiəu53_44 xei53_44 i35_53 tshien13_21 tʂhəŋ13 tshien13 ke53 kai53 ke53 tshau21 uk3,kai53_44 ke53_44 kɔi53 tshau21 ke53,kɔi53 mɔŋ13,mau13 uk3 a0,in35 uei53_44 mau13 uk0 tshiəu53 tshin53 nei53_44 kɔi53 ke0 tshau21 ʂa0,mau13 uk3 təu21 li0,kai53 ke53 tshau21 təu21 li0 iəŋ13 i53 e_21 ci13_21 tsiəu53 iəŋ13 i53 tshan21 sen35_44 ke53 iet3 tʂəŋ21 kan21 ke0 tʂhəŋ13.xak3 ɲin13,tan53 ʂɿ53 ia35 n̩13_21 tek3 ŋait3 ɲin13,ia35 n̩13 tek3 ɲiəŋ35 mən35_44 tsɿ0.kai53 tʂəŋ21 tʂhəŋ13 tshiəu53 xe53 xak3 ɲin13_21,mən35 thai53_44.uɔŋ13 uɔŋ13 tsɿ0,phak5 phak5 tsɿ0.mau13 mak3 e0 mau35,çi21 ma35_53 iet3 thiau13 lei0 mien53 xɔŋ53_44 khɔn53 tek3 çi53 khɔn53 mak3 e0 mau35 n̩13_21 tʂhət3.ien13 sek3 tshiəu53_44 uɔŋ13 phak5 uɔŋ13 phak53 tsɿ0.

【屋门屋后子】uk3 mən13_44 uk3 xəu53_44 tsɿ0 房前屋后：系箇近边～栽倒 xe53_44 kai53_44 chin35 pien35_44 uk3 mən13_44 uk3 xəu53_44 tsɿ0 tsɔi35 tau21

【屋面】uk3 mien53 名屋脊与屋檐之间的部分；建筑物屋顶的表面：我等以映做屋嘞～都喜欢盖瓦，欸，唔喜欢搞做平顶。ŋai13 tien0 i21 iaŋ53 tso53 uk3 lei0 uk3 mien53 təu35 çi21 fɔn35_44 kɔi53 ŋa21,e_21,n̩13 çi21 fɔn35_53 kau21 tso53 phiaŋ13 taŋ21.

【屋面前】uk3 mien53 tshien13 屋前：蛮多就～就一只禾坪。欸，栽兜子树。man13 to35_44 tshiəu53 uk3 mien53 tshien13 tshiəu53 iet3 tʂak3 uo13 phiaŋ13.e_21,tsɔi35 tiet5 tsɿ0 ʂəu53.

【屋契】uk3 khe53 名房契；买卖房屋的契约：买卖屋啊，买屋卖屋啊，就爱写～。mai35 mai53 uk3 a0,mai35 uk3 mai53 uk3 a0,tshiəu53 ɔi53 sia21 uk3 khe53.

【屋前屋后】uk3 tshien13 uk3 xei53 房前屋后：箇～是爱扫净下子啊。kai53 uk3 tshien13 uk3 xei53 ʂɿ53 ɔi53_44 sau53 tshiaŋ53_44 ŋa53_44 tsa0.｜～要栽滴子树去呀。uk3 tshien13 uk3 xei53 iau53_44 tsɔi35 tiet5 tsɿ0 ʂəu53 çi53_21 ia0.

【屋下】uk3 xa53 名家，家里：我～后背有一口塘嘞。ŋai13 uk3 xa53 xei53 pɔi53 iəu35_44 iet3 xei21 thɔŋ13 lei0.｜欸，公家欸集体个地方就都系荡耙床，只有～就有架子床啊。e_21,kəŋ35 ka35_21 e_44 tshiet5 thi21 ke53_44 thi53_44 fɔŋ35 tshiəu53_44 təu35 xe53_44 thɔŋ53 pha13_21 tshɔŋ13_21,tʂɿ21 iəu35_53 uk3 xa53_44 tshiəu53_44 iəu35_44 ka53 tsɿ0 tshɔŋ13_21 ŋa0.｜箇就我我我等客姓人哕，我丈人姨～，我丈人爷～。以下丈人爷丈人姨唔在哩嘞就我阿舅子～。阿舅子～。好，又指得详细，我大阿舅子～，我细阿舅子～，我姨夫～。kai53_44 tshiəu53_44 ŋai13_21 ŋai13_21 ŋai13 tien0 khak3 sin53 ɲin13_21 ʂa0,ŋai13 tʂhɔŋ35_44 ɲin13_44 ɔi35 uk3 xa53_44,ŋai13 tʂhɔŋ35_44 ɲin13_44 ia13 uk3 xa53.i21 xa53_44 tʂhɔŋ35_44 ɲin13_21 ia13 tʂhɔŋ35_44 ɲin13_21 ɔi35 n̩13 tshɔi53_44 li0 lei0 tshiəu53_44 ŋai13_21 a35 chiəu35_44 tsɿ0 uk3 xa53_44.a35 chiəu35_44 tsɿ0 uk3 xa53_44.xau21,iəu53 tʂɿ21 tek3 tshiɔŋ13 si53,ŋai13 thai53 a35_44 chiəu35_44 tsɿ0 uk3 xa53_44,ŋai13 se53 a35_44 chiəu35_44 tsɿ0 uk3 xa53_44,ŋai13 i13 fu35 uk3 xa53_44.

【屋下个】uk3 xa53 ke53 指夫妻中的任一方：我～比我大一岁，欸退哩休了。ŋai13 uk3 xa53 kei53 pi21 ŋai13 thai53 iet3 sɔi53,e0 thi53 li0 çiəu35 liau0.｜我～以发忙，欸，以发下浏阳去哩。ŋai13 uk3 xa53 ke53 i21 fait3 mɔŋ13,e_21,i21 fait3 xa35 liəu13 iəŋ13 çi53 li0.

【屋檐】uk3 ian13 名房子顶部的边缘部分，即房檐：我等箇只～够稳邻舍个～。ŋai13 tien0 kai53 tʂak3 uk3 ian13 ɲia13 uən21 lin13 ʂa53 ke53 uk3 ian13.

【无囊无底】u13 lɔŋ13 u13 te21 形容无法测量，没有止境：欸，客姓人话个，人是着衫裤都只着得咁多，就系食个东西～，你个喉咙深似海，喉咙深似海，系，喉咙深似海。一个人就系着衫着个只着得咁多，就系食个东西就冇……～。e_21,khak3 sin53 ɲin13_21 ua53_44 ke53, ɲin13 ʂɿ53_44 tʂɔk3 san35 fu53_44 təu35_53 tʂɿ21 tʂɔk3 tek3 kan21 to35_53,tshiəu53_44 xei53_44 ʂət5 ke0 təŋ35_44 si0 u13 lɔŋ13 u13 te21, ɲi13_44(k)e0 xei13 lɔŋ13_21 thən35(←tʂhən35)sɿ53 xɔi21,xei13 lɔŋ13_21 tʂhən35 sɿ53 xɔi21,xe53_44,xei13 lɔŋ13_21 tʂhən35 sɿ53 xɔi21.iet3 ke53 ɲin13 tshiəu53_44 xe53_44 tʂɔk3 san35 tʂɔk3 ke53 tʂɿ21 tʂɔk3 tek3 kan21 to35,tshiəu53_44 xe53_44 ʂət5 ke53_21 təŋ35_44 si0 tshiəu53_44 mau13…u13 lɔŋ13 u13 te21.｜人个欲望也系～，欸，也系～个嘞，想好又想好。“想好又想好，猪肉都放油炒。” ɲin13 kei53_44 iəuk5 uɔŋ53 ia35 xe53_44 u13 lɔŋ13_21 u13 te21,e_21,ia35 xe53_44 u13 lɔŋ13_21 u13 te21 ke0 le0,siɔŋ21 xau21 iəu53 siɔŋ21 xau21."siɔŋ21 xau21 iəu53 siɔŋ21 xau21,tʂəu35 ɲiəuk3 təu35_53 fɔŋ53 iəu13 tshau21."

【无香不成祭】u13 çiɔŋ35 pət3 tʂhən13 tsi53 俗语，指出殡前一晚要请一位无亲戚关系的邻舍祭奠死者：本来是还有爱安做么啊～。还爱请只子箇个本地方个，冇得亲戚关系个邻舍子，爱打场祭。欸，邻舍，也爱打场祭。香客，就香客。安做～。也有滴人唔咁子搞了如下是。嗯，安做～。有滴人就唔爱唔打箇场祭，也冇办法。pən21 lai13 ʂɿ53_44 xai13_21 iəu35_44 ɔi53_44 ɔn35_44 tso53_44 mak3 a0 u13 çiɔŋ35 pət3 tʂhən13 tsi53.xa13_21 ɔi53 tshiaŋ21 tʂak3 tsɿ0 kai53_44 ke53_44 pən21 thi53 fɔŋ35_44 ke53_44,mau13 tek3 tshin35 tshiet3 kuan35_44 çi53_44 ke53_44 lin13 ʂa53 tsɿ$^{0}$ ,ɔi$^{53}_{44}$ta$^{21}$tʂʰɔŋ$^{13}$tsi$^{53}$.e$_{21}$,lin$^{13}$ʂa$^{53}_{44}$,ia$^{35}$ɔi$^{53}_{44}$ta$^{21}$tʂʰɔŋ$^{13}$tsi$^{53}$.çiɔŋ$^{35}$kʰak$^{3}$ ,tsʰiəu$^{53}_{44}$çiɔŋ$^{35}$kʰak$^{3}$ .ɔn$^{35}_{44}$tso$^{53}_{44}$u$^{13}$çiɔŋ$^{35}$pət$^{3}$ tʂʰən$^{13}$tsi$^{53}$.ia$^{35}$iəu$^{35}$tet$^{5}$ɲin$^{13}_{21}$ŋ̍$^{13}$kan$^{21}$tsɿ$^{0}$kau$^{21}$liau$^{0}$i$^{21}$xa$^{53}$ʂɿ$^{53}$.n̩$_{21}$,ɔn$^{35}_{44}$tso$^{53}_{44}$u$^{13}$çiɔŋ$^{35}$pət$^{3}$tʂʰən$^{13}$tsi$^{53}$.iəu$^{35}$tet$^{5}$ɲin$^{13}_{21}$ tsiəu$^{53}_{44}$m̩$^{13}_{21}$mɔi$^{53}_{21}$n̩$^{13}$ta$^{21}$kai$^{53}$tʂʰɔŋ$^{13}_{21}$tsi$^{53}_{44}$,ia$^{35}$mau$_{21}$pʰan$^{53}$fait$^{3}$.

【无须不成相】u$^{13}$si$^{35}$pət$^{3}$tʂʰəŋ$^{13}$siɔŋ$^{53}$ 意思是男人不能没有胡须：男子人硬爱蓄兜子胡子，硬爱看得胡子倒，不要长日去扯。～欸。lan$^{13}$tsɿ$^{0}$ɲin$^{13}$ɲiaŋ$^{53}$ɔi$^{53}_{44}$çiəuk$^{3}$te$^{35}_{53}$tsɿ$^{0}$u$^{13}$tsɿ$^{0}$, ɲiaŋ$^{53}$ɔi$^{53}$kʰɔn$^{35}$tek$^{3}$u$^{13}$ tsɿ$^{0}$tau$^{21}_{44}$,pət$^{3}$iau$^{53}$tʂʰɔŋ$^{13}$ɲiet$^{3}$çi$^{53}$tʂʰa$^{21}$.u$^{13}$si$^{35}$pət$^{3}$tʂʰəŋ$^{13}$siɔŋ$^{53}$ei$^{0}$.

【唔】n̩$^{13}$/m̩$^{13}$/ŋ̍$^{13}$ [副]表示否定。①相当于“不”：我也～记得哩。ŋai$^{13}$ia$^{35}_{44}$ŋ̍$^{13}$ci$^{53}$tek$^{3}$li$^{0}$.｜箇只～好。kai$^{53}$tʂak$^{3}$ŋ̍$^{13}$xau$^{21}$. ②别，不要：你做事啊，～讲哩啊。ɲi$^{13}_{21}$tso$^{53}$sɿ$^{53}$a$^{0}$,ŋ̍$^{13}_{44}$kɔŋ$^{21}$li$^{0}$a$^{0}$.

【唔爱$_{1}$】m̩$^{13}$mɔi$_{35}$(←ɔi$^{53}$) [动]舍弃不要：箇豆腐泡一般都会舞嘿去。分猪食，～哩。kai$^{53}_{44}$tʰei$^{53}$ fu$^{53}_{44}$pʰau$^{35}$iet$^{3}$pɔn$^{35}$təu$^{35}_{44}$uɔi$^{53}$u$^{21}$(x)ek$^{3}$çi$^{53}$.pɔn$^{35}$tʂəu$^{35}$ʂət$^{5}$,m̩$^{13}_{21}$mɔi$^{53}_{35}$li$^{0}$.｜（煎中药）第三到～哩。tʰi$^{53}$ san$^{35}$tau$^{53}$m̩$^{13}_{21}$mɔi$^{53}_{35}$li$^{0}$.

【唔爱$_{2}$】m̩$^{13}$mɔi$_{35}$(←ɔi$^{53}$) [副]①不必，用不着：～洗 m̩$^{13}$mɔi$^{53}_{35}$se$^{21}$｜么个都～放。mak$^{3}$ke$^{53}$təu$^{35}_{53}$m̩$^{13}_{21}$ mɔi$_{35}$(←ɔi$^{53}$)fɔŋ$^{53}$.｜箇有滴是～写嘮，你像箇个打爆竹个咁个就～写，唔写，打爆竹个呀，打铳个，丢黄钱个。kai$^{53}_{44}$iəu$^{35}$tet$^{5}$ʂɿ$^{53}_{44}$m̩$^{13}_{21}$mɔi$^{53}_{44}$sia$^{21}$lau$^{0}$, ɲi$^{13}_{21}$tsʰiɔŋ$^{53}_{44}$kai$^{53}_{44}$ke$^{53}_{44}$ta$^{21}$pau$^{53}$tʂəuk$^{3}$ke$^{53}_{44}$kan$^{21}$ke$^{53}_{44}$ tsʰiəu$^{53}_{44}$m̩$^{13}_{21}$mɔi$^{53}_{44}$sia$^{21}$,n̩$^{13}$sia$^{21}$,ta$^{21}$pau$^{53}$tʂəuk$^{3}$ke$^{53}$ia$^{0}$,ta$^{21}$tʂʰəŋ$^{53}$cie$^{53}$,tiəu$^{35}$uɔŋ$^{13}$tsʰien$^{13}_{21}$ke$^{53}$. ②别，莫：好生子走，～跑！xau$^{21}$sien$^{35}$tsɿ$^{0}$tsəu$^{21}$,m̩$^{13}$mɔi$_{35}$(←ɔi$^{53}$)pʰau$^{21}$!

【唔爱紧】m̩$^{13}_{21}$mɔi$_{44}$(←ɔi$^{53}$)cin$^{21}$ 不严重，没有妨碍：唔记得～。n̩$^{13}$ci$^{53}$tek$^{3}$m̩$^{13}_{21}$mɔi$^{53}_{44}$cin$^{21}$.｜你莫着愁，～，以只事～！ɲi$^{13}$mɔk$^{3}$tʂʰɔk$^{5}$tsʰei$^{13}$,m̩$^{13}_{21}$mɔi$^{53}$cin$^{21}$,i$^{21}$tʂak$^{3}$sɿ$^{53}$m̩$^{13}_{21}$mɔi$^{53}$cin$^{21}$!

【唔爱脸】m̩$^{13}$mɔi$_{35}$(←ɔi$^{53}$)lien$^{21}$ 不知羞耻（骂人的话）：你硬～！ɲi$^{13}$ɲiaŋ$^{53}$m̩$^{13}_{21}$mɔi$^{53}$lien$^{21}$!｜箇只人搞兜咁个路子硬～硬。kai$^{53}$tʂak$^{3}$ɲin$^{13}$kau$^{21}$te$^{35}_{53}$kan$^{21}$ke$^{53}_{44}$ləu$^{53}$tsɿ$^{0}$ɲiaŋ$^{53}$m̩$^{13}_{21}$mɔi$^{53}$lien$^{21}$ɲiaŋ$^{53}$.

【唔比得】n̩$^{13}$/m̩$^{13}$pi$^{21}$tek$^{3}$ [动]不能与……相比；不同于：～神明面前个灯呢。箇神龛上个灯唔爱防风做得嘞。m̩$^{13}$pi$^{21}$tek$^{3}$ʂən$^{13}$min$^{13}$mien$^{53}$tsʰien$^{13}_{21}$ke$^{53}_{44}$tien$^{35}$nei$^{0}$.kai$^{53}_{44}$ʂən$^{13}$kʰan$^{35}_{44}$xɔŋ$^{53}_{44}$ke$^{53}_{44}$tien$^{35}_{44}$m̩$^{13}_{21}$mɔi$^{53}_{35}$ fɔŋ$^{13}$fɔŋ$^{35}$tso$^{53}$tek$^{3}$lei$^{0}$.｜（从前个床）～如今个床，如今个床渠以映子边上有边。n̩$^{13}$pi$^{21}$tek$^{3}$i$^{13}_{21}$ cin$^{35}_{44}$ke$^{53}$tsʰɔŋ$^{13}_{21}$,i$^{13}_{21}$cin$^{35}_{44}$ke$^{53}$tsʰɔŋ$^{13}_{21}$ci$^{13}_{44}$i$^{21}$iaŋ$^{53}_{44}$tsɿ$^{0}$pien$^{35}_{44}$xɔŋ$^{53}_{44}$mau$^{13}$pien$^{35}$.

【唔错】n̩$^{13}$tsʰo$^{53}$ 不错（颇好）：你咁子话～，定！ɲi$^{13}_{21}$kan$^{21}$tsɿ$^{0}$ua$^{53}$n̩$^{13}$tsʰo$^{53}$,tʰiaŋ$^{53}$.

【唔倒】n̩$^{13}$tau$^{21}$ [动]①放在动词后做补语，表示不能满足所需：以只屋子系$_{居住}$～十个人。i$^{21}$ tʂak$^{3}$uk$^{3}$tsɿ$^{0}$xe$^{53}$n̩$^{13}$tau$^{21}$ʂek$^{5}$ke$^{53}$ɲin$^{13}$. ②放在动词后做补语，表示没有结果、达不到目的：话哩撞怕有滴箇样东西硬脑壳都默得烂都想～噢。ua$^{53}$li$^{0}$tsʰɔŋ$^{21}$pʰa$^{53}_{44}$iəu$^{35}$tet$^{5}$kai$^{53}_{44}$iɔŋ$^{53}_{44}$tɔŋ$^{35}_{44}$si$^{0}$ɲiaŋ$^{53}_{44}$lau$^{21}$ kʰɔk$^{3}$təu$^{35}_{44}$mek$^{3}$tek$^{3}$lan$^{53}$təu$^{35}_{44}$siɔŋ$^{21}$n̩$^{13}$tau$^{21}$uau$^{0}$.

【唔得】n̩$^{13}$/ŋ̍$^{13}$tek$^{3}$ [动]助动词。①放在动词或动词性短语前做状语，表示不会：箇$_{指用油布伞}$就～涿水呀。kai$^{53}_{44}$tsʰiəu$^{53}$n̩$^{13}$tek$^{3}$təuk$^{3}$ʂei$^{21}$ia$^{0}$.｜打比猪肉，猪身上个箇起骨头肉箇只吵，渠都唔搞熟来卖，都系卖生个。欸，～搞熟来卖。ta$^{21}$pi$^{21}$tʂəu$^{35}$ɲiəuk$^{3}$,tʂəu$^{35}$ʂən$^{35}_{44}$xɔŋ$^{53}_{44}$ke$^{53}_{44}$kai$^{53}$çi$^{21}$ kuət$^{3}$tʰei$^{13}_{21}$ɲiəuk$^{3}$kai$^{53}_{21}$tʂak$^{3}$ʂa$^{0}$,ci$^{13}_{21}$təu$^{35}_{53}$m̩$^{13}$kau$^{21}$ʂəuk$^{5}$lɔi$^{13}_{21}$mai$^{53}$,təu$^{35}$xe$^{53}_{44}$mai$^{53}_{44}$saŋ$^{35}_{44}$ke$^{53}$.e$_{21}$,n̩$^{13}$tek$^{3}$kau$^{21}$ ʂəuk$^{5}$lɔi$^{13}_{21}$mai$^{53}_{44}$.｜妹子人系个间呢一般都系靠只肚里，～靠外背。mɔi$^{53}$tsɿ$^{0}$ɲin$^{13}$xei$^{53}$kei$^{53}_{44}$kan$^{35}$nei$^{0}$ iet$^{3}$pɔn$^{35}$təu$^{35}_{53}$xei$^{53}_{44}$kʰau$^{53}_{44}$tʂak$^{3}$təu$^{21}$li$^{0}$,n̩$^{13}$tek$^{3}$kʰau$^{53}_{44}$ŋɔi$^{53}$pɔi$^{53}_{44}$. ②放在某些形容词、动词或动词短语前做状语，表示不容易、难以：细人子～大！sei$^{53}$ɲin$^{13}_{21}$tsɿ$^{0}$n̩$^{13}$tek$^{3}$tʰai$^{53}$! ③放在动词后做补语，表示不能、不可以：（茶叶）箇就晒～哦。kai$^{53}_{44}$tsiəu$^{53}_{44}$sai$^{53}$n̩$^{13}$tek$^{3}$o$^{0}$.｜哎哟，我映子讲事～咯，我映子去下录音咯。ai$_{44}$iau$^{0}$,ŋai$^{13}_{21}$iaŋ$^{53}_{44}$tsɿ$^{0}$kɔŋ$^{21}$sɿ$^{53}$n̩$^{13}_{21}$tek$^{3}$ko$^{0}$,ŋai$^{13}_{21}$iaŋ$^{53}_{44}$tsɿ$^{0}$çi$^{53}_{44}$xa$^{53}_{44}$luk$^{5}$in$^{35}$ ko$^{0}$. ④放在动词后做补语，表示不会成功，难以实现：一辆车装～三千斤麦子。iet$^{3}$liɔŋ$^{21}_{13}$ tʂʰa$^{35}$tʂɔŋ$^{35}$n̩$^{13}$tek$^{3}$san$^{35}$tsʰien$^{35}$cin$^{35}$mak$^{5}$tsɿ$^{0}$. ⑤放在动词后做补语，表示不能满足……所需：以镬饭食～十个人。i$^{21}$uɔk$^{5}$fan$^{53}$ʂek$^{5}$ŋ̍$^{13}$tek$^{3}$ʂek$^{5}$ke$^{53}$ɲin$^{13}$.

【唔得倒】n̩$^{13}$tek$^{3}$tau$^{21}$ [形]少有；不易获得：从前是镬头都～。tsʰəŋ$^{13}$tsʰien$^{13}_{44}$ʂɿ$^{53}_{44}$uɔk$^{5}$tʰei$^{0}$təu$^{35}_{53}$n̩$^{13}_{44}$tek$^{3}$ tau$^{21}$.

【唔得了】n̩$^{13}$/m̩$^{13}$tek$^{3}$liau$^{21}$ [形]不得了。①表示事态严重：箇个就是捱下子出事就～。kai$^{53}_{44}$ke$^{53}_{44}$ tsʰiəu$^{53}_{21}$sɿ$^{53}_{21}$ŋai$^{13}$a$^{53}$tsɿ$^{0}$tʂʰət$^{3}$sɿ$^{53}$tsʰiəu$^{53}_{44}$m̩$^{13}_{21}$tek$^{3}$liau$^{21}$. ②做补语，表示程度很高：气得～ çi$^{53}$tek$^{3}$n̩$^{13}$tek$^{3}$ liau$^{21}$｜好得～ xau$^{21}$tek$^{3}$n̩$^{13}_{21}$tek$^{3}$liau$^{21}$｜某某人坏得～。miau$^{35}$miau$^{35}_{44}$ɲin$^{13}_{21}$fai$^{53}$tek$^{3}$n̩$^{13}$tek$^{3}$liau$^{21}$.

【唔抵】n̩$^{13}$ti$^{21}$ [形]①不值得：我箇晡就真系跍下湘雅医院就真系惹渠话两句呢真～。你话渠箇映箇个我也𫠛看清，箇只巷子肚里咯有只卫生间，系啊？我就爱去上卫生间了，看下去，第一只，女卫生间，系唔系？我就进第二只噢，哦嗬，箇映𫠊晓得箇映冇得男卫生间啵，箇真蛮少咁个事啦，第一只女卫生间，第二只还系女卫生间啵。哦，落尾我正晓得，箇映妇科唠，箇映子看妇科个栏场哦。又冇得男卫生间。箇我只𫠊进去唠，我只徛倒门口眙，箇夫娘子就话："以映都女卫生间咯。"箇我倒下转去眙下子，一眙嘞，哦嗬，箇向也系女卫生间。ŋai$^{13}$ kai$^{53}$pu$^{35}_{44}$tsʰiəu$^{53}_{44}$tʂən$^{35}$nei$^{53}_{44}$ku$^{35}$xa$^{53}_{21}$siɔŋ$^{35}$ia$^{21}$i$^{35}_{44}$vien$^{53}$tsʰiəu$^{53}_{44}$tʂən$^{35}_{44}$nei$^{53}_{44}$ɲia$^{35}$ci$^{13}_{21}$ua$^{53}$iɔŋ$^{21}$ci$^{53}$nei$^{0}$ tʂən$^{35}$n̩$^{13}_{21}$ti$^{21}$. ɲi$^{13}$ ua$^{53}$ci$^{13}_{21}$kai$^{53}$iaŋ$^{53}$kai$^{53}_{44}$kei$^{53}_{44}$ŋai$^{13}$a$^{35}_{53}$maŋ$^{13}$kʰɔn$^{53}$tsʰin$^{35}$,kai$^{53}$tʂak$^{3}$ xɔŋ$^{53}$tsɿ$^{0}$ təu$^{21}$li$^{0}$ ko$^{0}$ iəu$^{35}$tʂak$^{3}$ uei$^{53}$sen$^{35}_{44}$ kan$^{35}_{44}$,xei$^{53}_{44}$a$^{0}$?ŋai$^{13}$tsʰiəu$^{53}$ɔi$^{53}$çi$^{53}$ʂɔŋ$^{53}_{44}$uei$^{53}$sen$^{35}_{44}$kan$^{35}$niau$^{0}$,kʰɔn$^{53}_{44}$xa$^{53}_{44}$çi$^{53}$,tʰi$^{53}$iet$^{3}$ tʂak$^{3}$,ŋ̍$^{21}$uei$^{53}$sen$^{35}_{44}$kan$^{35}_{44}$,xei$^{53}_{44}$ me$^{53}_{44}$?ŋai$^{13}_{21}$tsʰiəu$^{53}$tsin$^{53}$tʰi$^{53}$ɲi$^{53}$tʂak$^{3}$ au$^{0}$,o$_{44}$xo$_{53}$,kai$^{53}$iaŋ$^{53}$maŋ$^{13}$çiau$^{21}$tek$^{3}$ kai$^{53}$iaŋ$^{53}$mau$^{13}$tek$^{3}$ lan$^{13}$uei$^{53}_{44}$sen$^{35}_{44}$ kan$^{35}$nau$^{0}$,kai$^{53}$tʂən$^{35}$man$^{13}_{21}$ʂau$^{21}$kan$^{21}_{13}$kei$^{53}_{44}$sɿ$^{53}$la$^{0}$,tʰi$^{53}$iet$^{3}$ tʂak$^{3}$ɲy$^{21}$uei$^{53}$sen$^{35}_{44}$kan$^{35}_{44}$,tʰi$^{53}$ɲi$^{53}$tʂak$^{3}$ xan$^{13}$xei$^{53}$ɲy$^{21}$ uei$^{53}$sen$^{35}_{44}$kan$^{35}_{44}$nau$^{0}$.o$_{53}$,lɔk$^{5}$ mi$^{35}_{53}$ŋai$^{13}_{21}$tʂaŋ$^{53}$çiau$^{21}$tek$^{3}$,kai$^{53}_{44}$iaŋ$^{53}_{44}$fu$^{53}$kʰo$^{35}_{44}$lau$^{0}$,kai$^{53}$iaŋ$^{53}$tsɿ$^{0}$ kʰɔn$^{53}_{44}$fu$^{53}$kʰo$^{35}_{44}$ke$^{53}$ laŋ$^{13}_{21}$tʂʰɔŋ$^{13}_{21}$ŋo$^{0}$.iəu$^{53}_{44}$mau$^{13}$tek$^{3}$ lan$^{13}$uei$^{53}_{44}$sen$^{35}_{44}$kan$^{35}_{44}$.kai$^{53}$ŋai$^{13}_{21}$tʂʅ$^{21}$maŋ$^{13}$tsin$^{53}$cʰi$^{53}$lau$^{0}$,ŋai$^{13}_{21}$tʂʅ$^{21}$cʰi$^{35}_{44}$tau$^{21}_{44}$mən$^{13}$ xei$^{21}$tʂʰʅ$^{35}$,kai$^{53}$pu$^{35}$ɲiɔŋ$^{13}_{44}$tsɿ$^{0}$ tsʰiəu$^{53}_{44}$ua$^{53}_{44}$:"i$^{21}$iaŋ$^{53}$təu$^{35}_{53}$ɲy$^{21}$uei$^{53}$sen$^{35}_{44}$kan$^{35}_{53}$ko$^{0}$."kai$^{53}_{44}$ŋai$^{13}$tau$^{53}$xa$^{53}$tʂuɔn$^{21}$çi$^{53}$ tʂʰʅ$^{35}$xa$^{53}_{44}$tsɿ$^{0}$,iet$^{3}$ tʂʰʅ$^{35}$lei$^{0}$,o$_{53}$xo$_{21}$,kai$^{53}$çiɔŋ$^{53}_{44}$ia$^{35}$xei$^{53}$ɲy$^{21}$uei$^{53}_{44}$sen$^{35}$kan$^{35}_{53}$. ②价值没有得到体现：系呀渠等就～呀，渠等人就拿倒箇我爷子过身个时候子只拿倒九百多块子钱一个月嘞。xei$^{53}$ia$^{0}$ ci$^{13}$ tien$^{0}$ tsʰiəu$^{53}$n̩$^{13}$ti$^{21}$ia$^{0}$,ci$^{13}$tien$^{0}$ ɲin$^{13}_{21}$tsʰiəu$^{53}_{44}$la$^{53}$tau$^{21}_{44}$kai$^{53}_{44}$ŋai$^{13}_{21}$ia$^{13}$tsɿ$^{0}$ ko$^{53}$ʂən$^{35}$ke$^{53}$ʂʅ$^{13}$xei$^{53}$tsɿ$^{0}$ tʂʅ$^{21}$la$^{53}$tau$^{21}$ciəu$^{21}$ pak$^{3}$ to$^{35}_{44}$kʰuai$^{53}$tsɿ$^{0}$ tsʰien$^{13}_{21}$iet$^{3}$ ke$^{53}$ɲiet$^{5}$ lei$^{0}$.

【唔多】n̩$^{13}$to$^{35}$ 副①用在动词或动词短语前，表示频次少、概率小：我等也～用长手巾。ŋai$^{13}$ tien$^{0}$ ie$^{21}_{44}$n̩$^{13}$to$^{35}$iəŋ$^{53}$tʂʰɔŋ$^{13}$ʂəu$^{21}$cin$^{35}$.｜一般都～留。iet$^{3}$ pɔn$^{35}$təu$^{35}_{53}$n̩$^{13}_{21}$to$^{35}_{44}$liəu$^{13}$. ②用在形容词前，表示程度不高，相当于普通话的“不大”：～雀 n̩$^{13}$to$^{35}_{44}$tsʰiɔk$^{3}$｜箇我等～清清楚。kai$^{53}$ŋa$^{13}_{21}$tien$^{0}$ n̩$^{13}$to$^{35}_{44}$ tsʰin$^{35}_{44}$. ③用在动词前或动词短语中间，表示不完全、不十分：柳条红我～记得哩。liəu$^{35}$tʰiau$^{13}_{21}$ fəŋ$^{13}_{21}$ŋai$^{13}_{21}$n̩$^{13}_{21}$to$^{35}_{44}$ci$^{53}$tek$^{3}$ li$^{0}$.｜我～信。ŋai$^{13}_{21}$n̩$^{13}_{21}$to$^{35}_{44}$sin$^{53}$.｜我等是蜜桔掺广柑分～出。ŋai$^{13}$tien$^{0}$ ʂʅ$^{53}_{44}$ miet$^{5}$ tʂət$^{3}$ lau$^{35}$kɔŋ$^{21}$kan$^{35}$fən$^{35}$n̩$^{13}_{21}$to$^{35}$tʂʰət$^{3}$.｜干鸭子～喜欢去水肚。kɔn$^{35}$nait$^{3}$ (←ait$^{3}$)tsɿ$^{0}$ n̩$^{13}$to$^{35}_{44}$çi$^{21}$fɔn$^{35}$ çi$^{53}$ʂei$^{21}$təu$^{21}$.

【唔该】n̩$^{13}$kɔi$^{35}$ 好就好在。表示赞赏：松树我觉得渠就～有松光油。渠浸水也唔怕。tsʰəŋ$^{13}$ ʂəu$^{53}$ŋai$^{13}_{21}$kɔk$^{3}$ tek$^{3}$ ci$^{13}$tsʰiəu$^{53}$n̩$^{13}_{21}$kɔi$^{35}_{44}$iəu$^{35}_{53}$tsʰəŋ$^{13}_{21}$kɔŋ$^{35}_{53}$iəu$^{13}$.ci$^{13}_{44}$tsin$^{53}$ʂei$^{21}$ie$^{21}$m̩$^{13}_{21}$pʰa$^{53}$.

【唔乖】n̩$^{13}$kuai$^{35}$ 动指小孩生病。又称“变狗”：我箇只细子～，有兜子打伤风。ŋai$^{13}$kai$^{53}_{44}$ (tʂ)ak$^{3}$ sei$^{53}$tsɿ$^{0}$ n̩$^{13}$kuai$^{35}$,iəu$^{35}$te$^{35}_{53}$tsɿ$^{0}$ ta$^{21}$ʂɔŋ$^{35}$fəŋ$^{35}$.

【唔管$_1$】n̩$^{13}$kɔn$^{21}$ 动不讲求；不计较：（晚姑子）分唔出，比我更大更细分唔出。～比我大细。fən$^{35}$n̩$^{13}_{21}$tʂʰət$^{3}$,pi$^{21}$ŋai$^{13}$cien$^{53}$tʰai$^{53}$cien$^{53}$se$^{53}$fən$^{35}$n̩$^{13}_{21}$tʂʰət$^{3}$.n̩$^{13}$kɔn$^{21}$pi$^{21}$ŋai$^{13}$tʰai$^{53}$se$^{53}$.

【唔管$_2$】ŋ̍$^{13}$kɔn$^{21}$ 连表示在任何条件或情况下结果都不会改变，相当于“不论”：～你去唔去，横直我是爱个。ŋ̍$^{13}$kɔn$^{21}$ɲi$^{13}$çi$^{53}$ŋ̍$^{13}$çi$^{53}$,uaŋ$^{13}$tʂʰət$^{5}$ ŋai$^{13}$ʂʅ$^{53}$ɔi$^{53}$ke$^{0}$.

【唔管三七二十一】n̩$^{13}$kɔn$^{21}$san$^{35}$tsʰiet$^{3}$ɲi$^{53}$ʂət$^{5}$ iet$^{3}$ 不问情由或不顾一切：～，我呀我今晡我就欸我就爱渠拿钱来。n̩$^{13}$kɔn$^{21}$san$^{35}_{44}$tsʰiet$^{3}$ ɲi$^{53}$ʂət$^{5}$ iet$^{3}$,ŋai$^{13}$ia$^{0}$ ŋai$^{13}_{21}$cin$^{35}_{44}$pu$^{35}_{53}$ŋai$^{13}_{21}$tsʰiəu$^{53}$e$_{21}$ŋai$^{13}$tsʰiəu$^{53}$ɔi$^{53}$ci$^{13}_{21}$ la$^{53}$tsʰien$^{13}_{21}$nɔi$^{13}_{44}$.

【唔好】n̩$^{13}$/m̩$^{13}$xau$^{21}$ 副不便；不宜：所以你箇映讲长凳咯我就～话得哩唠。so$^{21}$i$^{35}_{44}$ɲi$^{13}_{21}$kai$^{53}_{44}$iaŋ$^{53}_{44}$ kɔŋ$^{21}$tʂʰɔŋ$^{13}$tien$^{53}_{44}$ko$^{0}$ ŋai$^{13}_{21}$tsʰiəu$^{53}$m̩$^{13}_{21}$xau$^{21}$ua$^{53}$tek$^{3}$ li$^{0}$ lau$^{0}$.｜一只事～明说。iet$^{3}$ tʂak$^{3}$ sɿ$^{53}$n̩$^{13}$xau$^{21}$min$^{13}$ʂek$^{3}$.

【唔好意思】n̩$^{13}$/ŋ̍$^{13}$xau$^{21}$i$^{53}$sɿ$^{0}$/si$^{0}$ ①不好意思，感到羞愧、难为情：蛮～。man$^{13}$ŋ̍$^{13}$xau$^{21}$i$^{53}$sɿ$^{0}$. ②表示碍于情面而只能怎样或不便怎样：除哩箇个非常正式个嘞，一般就唔请呢。……～请啊。都一般都谦虚滴子。tʂʰəu$^{13}$li$^{0}$ kai$^{53}$ke$^{53}_{44}$fei$^{35}$tʂʰɔŋ$^{13}_{21}$tʂən$^{53}$ʂʅ$^{53}$ke$^{53}_{44}$le$^{0}$,iet$^{3}$ pɔn$^{35}$tsiəu$^{53}_{44}$m̩$^{13}_{21}$tsʰiaŋ$^{21}$ne$^{0}$.… n̩$^{13}_{21}$xau$^{21}$i$^{53}$si$^{0}$ tsʰiaŋ$^{21}$ŋa$^{0}$.təu$^{35}_{44}$iet$^{3}$ pɔn$^{35}$təu$^{35}_{44}$cʰien$^{35}$çy$^{35}_{44}$tiet$^{5}$ tsɿ$^{0}$.

【唔化籽】n̩$^{13}$fa$^{53}$tsɿ$^{21}$ 比喻理解能力差：箇只人呐有兜子半精仁，～。kai$^{53}$tʂak$^{3}$ɲin$^{13}_{44}$na$^{0}$ iəu$^{35}$te$^{35}_{53}$ tsɿ$^{0}$ pan$^{53}$tsin$^{35}_{44}$in$^{13}$,n̩$^{13}$fa$^{53}$tsɿ$^{21}$.

【唔几高】n̩$^{13}$ci$^{21}$kau$^{35}$ 不太高，不很高：渠箇个以只陕壁子上嘞渠就系～，渠就系～陕壁子上。ci$^{13}$kai$^{53}_{44}$ke$^{53}_{44}$i$^{21}$tʂak$^{3}$ ʂan$^{21}$piak$^{3}$ tsɿ$^{0}$ xɔŋ$^{53}$lei$^{0}$ ci$^{13}_{44}$tsiəu$^{53}_{44}$xei$^{53}$n̩$^{13}$ci$^{21}$kau$^{35}$,ci$^{13}_{44}$tsiəu$^{53}_{44}$xei$^{53}$n̩$^{13}$ci$^{21}$kau$^{35}$ʂan$^{21}$piak$^{3}$ tsɿ$^{0}$ xɔŋ$^{53}_{44}$.

【唔论】n̩$^{13}$lən$^{53}$ 连表示在任何条件下结果都不会改变：箇～么个材料，只爱系红个就要得哩。kai$^{53}$n̩$^{13}$lən$^{53}_{44}$mak$^{3}$ e$^{0}$ tsʰɔi$^{13}_{21}$liau$^{53}$,tʂʅ$^{21}$ɔi$^{53}$xei$^{53}$fəŋ$^{13}_{21}$ke$^{0}$ tsʰiəu$^{53}_{44}$iau$^{53}$tek$^{3}$ li$^{0}$.

【唔让门子】n̩$^{13}$ɲiɔŋ$^{53}$men$^{35}$tsɿ$^{0}$ 不算什么，不怎么样：你咁子搞～好哇。ɲi$^{13}$kan$^{21}_{13}$tsɿ$^{0}$ kau$^{21}$n̩$^{13}$ɲiɔŋ$^{53}$

mən$^{13}_{44}$tsɿ$^{0}$ xau$^{21}$ua$^{0}$.｜以只事你咁子做倒～好哇。i$^{21}$tʂak$^{3}$ sɿ$^{53}$ɲi$^{13}_{21}$kan$^{21}$tsɿ$^{0}$ tso$^{53}$tau$^{21}_{44}$n̩$^{13}$ɲiɔŋ$^{53}$mən$^{13}_{44}$tsɿ$^{0}$ xau$^{21}$ua$^{0}$.

【唔舍得】n̩$^{13}_{21}$ʂak$^{3}$tek$^{3}$ 动①因爱惜而不忍抛弃：馊嘿哩都爱舞倒，还莫倾嘿哩，系，都莫分猪食嘿。硬～分猪食就。sei$^{35}$xek$^{3}$li$^{0}$ təu$^{35}_{53}$ɔi$^{53}$u$^{21}$tau$^{21}$,xai$^{13}_{21}$mɔk$^{5}$kʰuaŋ$^{35}_{44}$xek$^{3}$li$^{0}$,xe$^{53}$,təu$^{35}_{44}$mɔk$^{5}$pən$^{35}_{44}$tʂəu$^{35}_{44}$ʂət$^{5}$(x)ek$^{3}$. ɲiaŋ$^{53}$n̩$^{13}_{21}$ʂak$^{3}$tek$^{3}$pən$^{35}$tʂəu$^{35}$ʂət$^{5}$tsʰiəu$^{53}_{44}$. ②不忍分离：以下是我是明晡爱出嫁了，欸，～你。i$^{21}$xa$^{53}$ʂɿ$^{53}_{44}$ŋai$^{13}_{21}$ʂɿ$^{53}_{44}$miaŋ$^{13}$pu$^{35}_{44}$ɔi$^{53}$tʂʰət$^{3}$ka$^{53}$liau$^{0}$,e$_{21}$,n̩$^{13}$ʂa$^{21}$tek$^{3}$ɲi$^{13}_{44}$.

【唔使】n̩$^{13}$sɿ$^{21}$ 动可以满足需要；不需要更多：你不要拿分我了哇，你不要拿咁多分我啊，～啊，～哩啊。ɲi$^{13}_{21}$pət$^{3}$iau$^{53}_{44}$la$^{53}$pən$^{35}_{44}$ŋai$^{13}_{21}$liau$^{21}$ua$^{0}$, ɲi$^{13}_{21}$pət$^{3}$iau$^{53}_{44}$la$^{53}$kan$^{21}$to$^{35}_{44}$pən$^{35}$ŋai$^{13}_{21}$a$^{0}$,n̩$^{13}$sɿ$^{21}$a$^{0}$,n̩$^{13}$sɿ$^{21}$lia$^{0}$.

【唔算么个】n̩$^{13}$sɔn$^{53}$mak$^{3}$ke$^{53}$ 不算什么；不值一提：以滴子钱～。i$^{21}$tiet$^{5}$tsɿ$^{0}$tsʰien$^{13}_{44}$n̩$^{13}$sɔn$^{53}$mak$^{3}$ke$^{53}$.｜欸，我拿滴子咁个～。e$_{21}$,ŋai$^{13}_{21}$la$^{53}$tiet$^{5}$tsɿ$^{0}$kan$^{21}$ke$^{53}$n̩$^{13}$sɔn$^{53}$mak$^{3}$ke$^{53}$.

【唔系$_{1}$】n̩$^{13}$/m̩$^{13}$xei$^{53}$/xe$^{53}$ ①不是，表示对“系”的否定：～干个噢，～么啊干。渠是生个，全部系生个。m̩$^{13}$pe$^{53}$(←xei$^{53}$)kɔn$^{35}$cie$^{53}$au$^{0}$,m̩$^{13}$pe$^{53}$(←xei$^{53}$)mak$^{3}$a$^{0}$kɔn$^{35}$.ci$^{13}$sɿ$^{53}_{44}$saŋ$^{35}$ke$^{53}$,tsʰien$^{13}$pʰu$^{53}$xe$^{53}_{44}$saŋ$^{35}$ke$^{53}$.｜箇就～啦。kai$^{53}$tsʰiəu$^{53}$n̩$^{13}$tʰe$^{53}$(←xe$^{53}$)la$^{0}$. ②用在反问句中，加强反问语气：严坪湾里～有只油榨？ɲien$^{13}$pʰiaŋ$^{13}_{21}$uan$^{35}$ni$^{0}$m̩$^{13}_{21}$pʰe$^{53}_{44}$iəu$^{35}_{44}$tʂak$^{3}$iəu$^{13}$tsa$^{53}$?

【唔系$_{2}$】m̩$^{13}$xei$^{53}$ 形不正确，错误：就～，搞错哩。tsʰiəu$^{53}$m̩$^{13}$pʰe$^{53}$(←xe$^{53}$),kau$^{21}$tsʰo$^{53}$li$^{0}$.

【唔系$_{3}$】m̩$^{13}$xei$^{53}$ 连①用在假设复句的前句，表示假设，相当于“如果，倘若”：～两只眼冇做得好，以个就……羊角是钉唔稳。m̩$^{13}_{21}$pʰe$^{53}$iɔŋ$^{21}$tʂak$^{3}$ŋan$^{21}$mau$^{13}$tsʰɔk$^{5}$tek$^{3}$xau$^{21}$,i$^{21}_{44}$ke$^{53}_{44}$tsiəu$^{53}_{44}$…iɔŋ$^{13}$kɔk$^{3}$sɿ$^{53}_{44}$taŋ$^{35}_{44}$ŋ̍$^{13}_{44}$uən$^{21}$. ②用在转折复句的后句前，表示转折，相当于“要不然，否则，如果不这样就……”：（鸡甑顶高）开只圆眼呢，也做只咁个圆圆子个笪子，盖下去，～箇鸡会飞出来咯。kʰɔi$^{35}$tʂak$^{3}$ien$^{13}$ŋan$^{21}$nei$^{0}$,ia$^{35}$tso$^{53}$tʂak$^{3}$kan$^{21}_{35}$kei$^{53}$ien$^{13}$ien$^{13}$tsɿ$^{0}$ke$^{53}_{44}$tait$^{3}$tsɿ$^{0}$,kɔi$^{53}$ia$_{44}$(←xa$^{53}$)çi$^{53}_{21}$,m̩$_{21}$pʰe$_{44}$(←m̩$^{13}$xe$^{53}$)kai$^{53}_{44}$cie$^{35}$uɔi$^{53}_{44}$fei$^{35}$tʂʰət$^{3}$lɔi$^{13}_{21}$ko$^{0}$.｜压榨个目的就榨干水。～就冇哩干。iak$^{3}$tsa$^{53}_{44}$ke$^{53}_{44}$muk$^{3}$tiet$^{3}$tsʰiəu$^{53}_{44}$tsa$^{53}$kɔn$^{35}$ʂei$^{21}$.m̩$^{13}$pʰe$^{53}$(←xe$^{53}$)tsʰiəu$^{53}$mau$^{13}$li$^{0}$kɔn$^{35}$. ③表示在互相排斥的两事中进行选择，相当于“要么，要不然”：有滴人（作豆腐）～哦嗬老哩，～就嫩哩。iəu$^{35}$tet$^{5}$ɲin$^{13}_{21}$m̩$^{13}_{21}$pʰe$_{44}$(←xe$^{53}$)o$_{44}$xo$_{44}$lau$^{21}$li$^{0}$,m̩$^{13}_{21}$pʰe$_{44}$(←xe$^{53}$)tsʰiəu$^{53}_{44}$lən$^{53}$ni$^{0}$. ④放在疑问句首，表示经过权衡而提出建议：～话喊倒曾华鲜来？m̩$^{13}_{21}$pʰe$^{53}_{44}$ua$^{53}$xan$^{53}$tau$^{21}$tsien$^{35}$fa$^{13}_{21}$çien$^{35}$nɔi$^{13}_{21}$?

【唔限定】ŋ̍$^{13}$/m̩$^{13}$kʰan$^{53}$tʰiaŋ$^{53}$/tʰin$^{53}$ 副不一定，非硬性规定，不是非得如何：渠男方去接新人吵，渠～两公婆去嘞。ci$^{13}$lan$^{13}$fɔŋ$^{35}_{44}$çi$^{53}_{44}$tsiait$^{3}$sin$^{35}$ɲin$^{13}_{21}$ʂa$^{0}$,ci$^{13}_{21}$ŋ̍$^{13}$kʰan$^{53}_{21}$tʰin$^{53}$iɔŋ$^{21}$kəŋ$^{35}_{44}$pʰo$^{13}$çi$^{53}$lei$^{0}$.｜以只事我做得到，～你去呀。i$^{13}_{21}$tʂak$^{3}$sɿ$^{53}$ŋai$^{13}$tso$^{53}$tek$^{3}$tau$^{53}$m̩$^{13}$kʰan$^{53}_{44}$tʰiaŋ$^{53}_{44}$ɲi$^{13}_{21}$çi$^{53}$ia$^{0}$.

【唔像】n̩$^{13}$tsʰiɔŋ$^{53}$ 形①不像话，不像个样子：我硬爱来做只屋了，窦都冇一只，硬～。ŋai$^{13}$ɲiaŋ$^{53}$ɔi$^{53}$lɔi$^{13}_{21}$tso$^{53}$tʂak$^{3}$uk$^{3}$liau$^{0}$,tei$^{53}$təu$^{35}_{44}$mau$^{13}_{44}$iet$^{3}$tʂak$^{3}$, ɲiaŋ$^{53}_{44}$n̩$^{13}$tsʰiɔŋ$^{53}$. ②指情况很糟糕：送下浏阳去整嘞，进哩医院，还缯下药，哦嗬，～哩，透夜就拖归来哩。səŋ$^{53}$ŋa$^{53}$liəu$^{13}$iɔŋ$^{13}_{21}$çi$^{53}$tʂaŋ$^{21}$lei$^{0}$,tsin$^{53}$ni$^{0}$i$^{35}$vien$^{53}$,xai$^{13}_{21}$maŋ$^{13}_{21}$xa$^{53}_{44}$iɔk$^{5}$,o$_{44}$xo$_{44}$,n̩$^{13}$tsʰiɔŋ$^{53}$li$^{0}$,tʰei$^{53}$ia$^{53}_{44}$tsʰiəu$^{53}_{44}$tʰo$^{35}_{44}$kuei$^{35}_{44}$lɔi$^{13}_{21}$li$^{0}$.

【唔有】n̩$^{13}$iəu$^{35}$ 动没有：～籽籽啊。n̩$^{13}_{21}$iəu$^{35}_{53}$tsɿ$^{21}$tsɿ$^{21}$a$^{0}$.

【唔在哩】n̩$^{13}$tsʰɔi$^{53}_{44}$li$^{0}$ 指去世了：以下丈人爷丈人娭～嘞就我阿舅子屋下。i$^{21}$xa$^{53}_{44}$tʂʰɔŋ$^{53}_{44}$ɲin$^{13}_{21}$ia$^{13}$tʂʰɔŋ$^{53}_{44}$ɲin$^{13}_{21}$ɔi$^{35}$n̩$^{13}$tsʰɔi$^{53}_{44}$li$^{0}$lei$^{0}$tsʰiəu$^{53}_{44}$ŋai$^{13}_{21}$a$^{35}$cʰiəu$^{35}_{44}$tsɿ$^{0}$uk$^{3}$xa$^{53}_{44}$.

【唔知几】n̩$^{13}_{21}$ti$^{53}$ci$^{21}$ 修饰形容词，表示极其、非常：～厉害个 n̩$^{13}$ti$^{35}_{53}$ci$^{21}$li$^{53}$xɔi$^{53}_{44}$ke$^{53}_{44}$｜～远个钱都捞得倒。n̩$^{13}_{21}$ti$^{35}_{53}$ci$^{21}$ien$^{21}$ke$^{53}_{44}$tsʰien$^{13}$təu$^{35}_{44}$lau$^{13}$tek$^{3}$tau$^{21}$.

【唔知信】n̩$^{13}$ti$^{35}$sin$^{53}$ 不知不觉：日子过得真快哟，～呢欸我腰上动哩手术都又几年了喔，又过嘿几年了，又过嘿几下年了。ɲiet$^{3}$tsɿ$^{0}$ko$^{53}$tek$^{3}$tʂən$^{35}$kʰuai$^{53}$io$_{44}$,n̩$^{13}$ti$^{35}$sin$^{53}$nei$^{0}$e$_{21}$ŋai$^{13}$iau$^{35}_{44}$xɔŋ$^{53}_{44}$tʰəŋ$^{53}$li$^{0}$ʂəu$^{21}$ʂət$^{5}$təu$^{35}_{44}$iəu$^{53}$ci$^{21}$ɲien$^{13}_{21}$liau$^{21}$uo$^{0}$,iəu$^{53}$ko$^{53}$xek$^{3}$ci$^{21}$ɲien$^{13}$niau$^{0}$,iəu$^{53}$ko$^{53}$xek$^{3}$ci$^{21}$xa$^{53}$ɲien$^{13}$niau$^{0}$.｜我都～过嘿一只甲子咁多年呢。下一只甲子就唔知甲得几多下啦。ŋai$^{13}_{21}$təu$^{35}_{53}$n̩$^{13}_{21}$ti$^{35}_{44}$sin$^{53}$ko$^{53}$xek$^{3}$iet$^{3}$tʂak$^{3}$kait$^{3}$tsɿ$^{21}$kan$^{21}$to$^{35}_{53}$ɲien$^{13}$nei$^{0}$.xa$^{35}$iet$^{3}$tʂak$^{3}$kait$^{3}$tsɿ$^{0}$tsʰiəu$^{53}$n̩$^{13}_{21}$ti$^{35}_{53}$kait$^{3}$tek$^{3}$ci$^{21}$to$^{35}$xa$^{53}$la$^{0}$.

【梧桐树】ŋ̍$^{13}$tʰəŋ$^{13}$ʂəu$^{53}$ 名指中国梧桐。树皮常用来打牛藤：箇岭上一条～，呃分人剥嘿哩梧桐皮。皮都分人剥嘿哩。kai$^{53}_{44}$liaŋ$^{35}$xɔŋ$^{53}$iet$^{3}$tʰiau$^{13}_{21}$ŋ̍$^{13}$tʰəŋ$^{13}$ʂəu$^{53}$,ə$_{44}$pən$^{35}$ɲin$^{13}_{21}$pɔk$^{3}$(x)ek$^{3}$li$^{0}$ŋ̍$^{13}_{21}$tʰəŋ$^{13}_{21}$pʰi$^{13}$. pʰi$^{13}$təu$^{35}_{44}$pən$^{35}_{53}$ɲin$^{13}_{21}$pɔk$^{3}$(x)ek$^{3}$li$^{0}$.

【梧桐籽】ŋ̍$^{13}$tʰəŋ$^{13}$tsɿ$^{21}$ 名梧桐树的果实，炒熟可食：～啊，冇么啊用，冇么个用。/冇么啊会留，～。唔多渠。/渠打又打只调羹子唠。结嘞哩结只啊结只啊咁个籽，仁子。就安做～。/我是真正缯看过么哎……只晓得梧桐梧桐树嘞易得长。一条棍□长，梧桐啊长系唔系？/欸欸。/剥咖箇皮来打牛藤。/柞树眼地名箇有。/柞树眼里有条，欸。柞树眼箇有条。/欸就脑高上结滴子咁个噢。就结哩籽。/如今还在么箇条树哇？/～是箇个籽籽食得嘞炒倒嘞。尽调羹勺子嘞。ŋ̍13tʰəŋ13tsɿ21a0,mau13mak3a0iəŋ53,mau13mak3ka0iəŋ53./mau13mak3a0uɔi5321liəu13,ŋ̍13tʰəŋ13tsɿ21.ȵ1321to35ci1321./ci13ta21iəu53ta21tʂak3tʰiau13kaŋ35tsɿ0lau0.ciet3le0li0ciet3tʂak3a0ciet3tʂak3a0kan21ke5344tsɿ21,in13tsɿ0.tsʰiəu53an3544tso5344ŋ̍13tʰəŋ1321tsɿ21./ŋai13ʂɿ5344tʂən35tʂən5344maŋ13kʰɔn53ko5344mak3ai0…tʂɿ21çiau2144tek3ŋ̍13tʰəŋ13ŋ̍13tʰəŋ13ʂəu53lei0i53tek3tʂɔŋ21.iet3tʰiau13kuən53nai35tʂʰɔŋ1344,ŋ̍1321tʰəŋ1321ŋa0tʂʰɔŋ13xe5344me5344?/e53e21./pɔk3ka0kai53pʰi13lɔi13ta21ɲiəu13tʰien13./tsʰɔk5ʂəu53ŋan21kai53iəu35./tsʰɔk5ʂəu53ŋan21li0iəu35tʰiau1321,e53.tsʰɔk5ʂəu53ŋai44(←ŋan21kai53)iəu35tʰiau1321./e44tsiəu53lau21kau3544xɔŋ5344ciet3tiet5tsɿ0kan2144ke5344au0.tsiəu5344ciet3li0tsɿ21./i21cin3544xai1344tsʰɔi35mo0kai5344tʰiau13ʂəu53ua0?/ŋu13tʰəŋ1321tsɿ21ʂɿ5344kai53ke5344tsɿ21tsɿ0ʂət5tek3le0tsʰau21tau21le0.tsʰin53tʰiau13kaŋ3544ʂɔk5tsɿ0le0.

【蜈蚣虫】ŋ̍13kəŋ35tʂʰəŋ13 名蜈蚣的俗称：～会啮人，啮哩真痛，但是唔得做祸嘞，痛就真痛。哎呀，真莫分渠啮倒哩哦。ŋ̍1321kəŋ3553tʂʰəŋ1321uɔi53ŋait3ɲin13,ŋait3li0tʂən35tʰəŋ53,tan53ʂɿ53ŋ̍1321tek3tso53fo53lei0,tʰəŋ53tsʰiəu5344tʂən35tʰəŋ53.ai5353ia21,tʂən35mɔk5pəu3553ci1353ŋait3tau21li0o0.

【蜈蚣藨】ŋ̍13kəŋ35pʰiau13 名蜈蚣萍，可做猪食：有～，欸，有起安做～。有些一只蜈蚣样。iəu35ŋ̍13kəŋ35pʰiau13,e21,iəu3544çi2144ɔn3544tso5344ŋ̍13kəŋ3544pʰiau1321.iəu3544sie3544iet3tʂak3ŋ̍13kəŋ3544iɔŋ5344.

【五】ŋ̍21 数①四加一后所得的数目：去以映歇嘿～夜。çi53i21iaŋ53çiet3(x)ek3ŋ̍21ia53.｜我等咁子一庹嘞，大约就系～尺子。ŋai13tien0kan21tsɿ0iet3tʰɔk3lei0,tʰai53iɔk3tsʰiəu53xei53ŋ̍21tʂʰak3tsɿ0.｜猪条子就系渠七八十斤子个～六十斤子个箇猪子就安做猪条子。tʂəu35tʰiau13tsɿ0tsʰiəu53xei53ci1321tsʰiet3pait3ʂət5cin3544tsɿ0ke5344ŋ̍21liəuk3ʂət5cin3544tsɿ0ke5344kai5344tʂəu3544tsɿ0tsʰiəu5344ɔn3544tso5344tʂəu35tʰiau1321tsɿ0. ②次序或排行为第五的：～伯娭 ŋ̍21pak3me35五伯父的妻子

【五步蛇】ŋ̍21pʰu53ʂa1321 名尖吻蝮：～有。据说咬了人以后五步就人只要走五步就死嘿哩。ŋ̍21pʰu53ʂa1321iəu3544.tʂɿ53ʂuek3ŋait3li0ɲin13i1344xei5344ŋ̍21pʰu5344tsʰiəu5344ɲin13tʂɿ21iau5344tsei21ŋ̍21pʰu53tsʰiəu53si21xek3li0.

【五尺】ŋ̍21tʂʰak3 名①泥水师傅用的尺子：泥水个尺就～嘞。“拿把～去哦！”泥水就咁子话嘞。lai13ʂei21ke53tʂʰak3tsʰiəu53ŋ̍21tʂʰak3lei0."la53pa21ŋ̍21tʂʰak3çi53o0!"lai13ʂei21tsʰiəu53kan21tsɿ0ua53lei0. ②指用来抬喜轿的木杠：箇是以个渠箇只抲喜轿个噢箇两条噢，不是喊子杠子啦。/欸系，不喊子杠子。/喊～。/你赶快你拿你拿拿条子杠子来呀，箇就收嘿哩。kai44ʂɿ5344i21ke53ci1321kai5344tʂak3kɔŋ35çi21cʰiau5344ke5344au0kai44iɔŋ21tʰiau13uau0,pət3ʂɿ5344xan53tsɿ21kɔŋ53tsɿ0la0./e21xe53,pət3xan53tsɿ21kɔŋ53tsɿ0./xan53ŋ̍21tʂʰak3./ɲi13kan21kʰuai44ɲi13la53ɲi13la44la53tʰiau13tsɿ21kɔŋ53tsɿ0lɔi13ia0,kai4453tsʰiəu4453ʂəu35(x)ek3li0.

【五分凿】ŋ̍21fən35tsʰɔk5 名宽度为五分的凿子：木匠师傅箇凿子就有～。～也蛮阔子个凿嘞。muk3siɔŋ5344sɿ3553fu53kai5344tsʰɔk5tsɿ0tsʰiəu5344iəu35ŋ̍21fən3544tsʰɔk5.ŋ̍21fən3544tsʰɔk5a3553man1321kʰɔit3tsɿ0ke5344tsʰɔk5lei0.

【五更】ŋ̍21kaŋ35 名指第五更，即天将亮时：～就天光了吧？ŋ̍21kaŋ3544tsiəu5344tʰien3544kɔŋ35liau21pa0?

【五谷】ŋ̍21kuk3 名泛指各种主要的谷物：以前话孔夫子个徒弟呀四体不勤～不分，系唔系？欸，真正如今个细人子都欸嬒看过栽禾打禾个都真多啊。i3553tsʰien1321ua5344kʰəŋ21fu3553tsɿ0ke5344tʰəu13tʰi53ia0si53tʰi21pət3cʰin13ŋ̍21kuk3pət3fən35,xei53me53?ei21,tʂən35tʂən53i1321cin3544ke5344sei53ɲin1321tsɿ0təu4453e44maŋ13kʰɔn53ko53tsɔi35uo13ta21uo13ke5344təu5344tʂən35to35a0.

【五谷丰登】ŋ̍21kuk3fəŋ35tien35 指年成好，粮食丰收：箇个正月头我亲家箇映子咯，就我新舅个外氏箇映咯，我个亲家真喜欢写兜子咁正月头咯过年呐到处写兜子咁个彝张子咁长子个红纸子，写四只字。欸，出入平安。嗯，家和万事兴。欸，～。写兜子咁个字子，写倒，贴倒。红纸子贴倒。贴倒一只屋到处上楼梯个栏场子贴倒下子啊，箇灶角里贴下子箇兜。kai5344ke5344tʂaŋ35ɲiet5tʰei1344ŋai13tsʰin35ka3544kai53iaŋ53tsɿ0ko0,tsʰiəu5344ŋai1321sin35cʰiəu5344ke5344ŋɔi53ʂɿ53kai5344iaŋ5344ko0,ŋai13(k)e0tsʰin35ka3544tʂən35çi21fən5344sia21te3553tsɿ0kan21tʂaŋ35ɲiet5tʰei1321ko0ko53ɲien13na0tau53tʂʰəu5344təu5344sia21tei3553tsɿ0kan21kei53u21tʂɔŋ5335tsɿ0kan2144tʂʰɔŋ1321tsɿ0ke5344fəŋ13tʂɿ21tsɿ0,sia21si53tʂak3tsɿ0sɿ53.e21,tʂʰət3ɲiet5pʰin13ŋɔn35.ȵ53,cia35xo13uan53sɿ53çin35.e44,ŋ̍21kuk3fəŋ35ten35.sia21tei3553tsɿ0kan2113ke5344sɿ53tsɿ0,sia21tau21,tiait3tau21.fəŋ13tʂɿ21tsɿ0tiait3tau21.tiait3tau2144iet3tʂak3uk3tau53tʂʰəu5344ʂɔŋ35lei13tʰɔi3544ke53laŋ1321tʂʰɔŋ1321tsɿ0tiait3(x)a53tsɿ0a0,kai5344tsau53kɔk3li0tiait3(x)a53tsɿ0kai5344te3544.

【五湖四海】ŋ̍21fu13si53xɔi21 泛指各个不同的地区：～表示系一天四只角。我等张家坊以下个人结婚呐讨新人呐～个都有，系唔系？张坊街上都真多讲普通话个嘿嘿讨倒来个新舅哇，～个都有。卖出去个～都卖倒去哩。ŋ̍21fu13si53xɔi21piau21ʂɿ53xei53iet3tʰien35si53tʂak3kɔk3.ŋai13tien0tʂɔŋ3544ka3544fəŋ35i21xa53ke53ɲin1321ciet3fən35na0tʰau21sin35ɲin1321na0ŋ̍21fu13si53xɔi21ke5321təu3544iəu35,xei53me53?tʂɔŋ3544fəŋ3544kai35xɔŋ44 təu$^{35}_{44}$tʂən$^{35}$to$^{35}_{44}$kɔŋ$^{21}$p$^{h}$u$^{21}$t$^{h}$əŋ$^{35}_{44}$fa$^{53}_{44}$ke$^{53}_{44}$xe$_{21}$xe$_{21}$t$^{h}$au$^{21}$tau$^{21}$lɔi$^{13}_{21}$ke$^{53}_{44}$sin$^{35}$c$^{h}$iəu$^{35}$ua$^{0}$,ŋ̍$^{21}$fu$^{13}$si$^{53}$xɔi$^{21}$ke$^{53}_{21}$təu$^{35}_{44}$iəu$^{35}$. mai$^{53}$tʂ$^{h}$ət$^{3}$çi$^{53}$ke$^{53}$ŋ̍$^{21}$fu$^{13}$si$^{53}$xɔi$^{21}$təu$^{35}_{44}$mai$^{53}$tau$^{21}$çi$^{53}$li$^{0}$.

【五花八门】ŋ̍$^{21}$fa$^{35}$pait$^{3}$mən$^{13}$ 比喻花样多端、种类繁多：市场里卖个东西呀硬～，硬么个都有，你缯想倒个都有。ʂʅ$^{53}$tʂ$^{h}$ɔŋ$^{13}_{21}$li$^{0}$ mai$^{53}$ke$^{53}_{21}$təŋ$^{35}$si$^{35}$ia$^{0}$ȵiaŋ$^{53}$ŋ̍$^{21}$fa$^{35}$pait$^{3}$mən$^{13}$, ȵiaŋ$^{53}_{44}$mak$^{3}$ke$^{53}$təu$^{35}_{44}$iəu$^{35}$, ȵi$^{13}$ maŋ$^{13}$siɔŋ$^{21}$tau$^{21}$ke$^{53}_{44}$təu$^{35}_{44}$iəu$^{35}$.

【五荒六月】ŋ̍$^{21}$fɔŋ$^{35}$liəuk$^{3}$ȵiet$^{5}$ 旧时指农历的五六月天气热，农作物青黄不结，旧粮所剩无几，新粮又未成熟：～，箇是讲从前呐，如今就系～啊，青黄不接个意思啊，～啊，新谷又还缯出，欸，陈谷嘞又冇得哩，箇个时候子青黄不接，饭都冇食箇时候子。ŋ̍$^{21}$fɔŋ$^{35}$liəuk$^{3}$ȵiet$^{5}$,kai$^{53}$ ʂʅ$^{53}_{44}$kɔŋ$^{21}$ts$^{h}$əŋ$^{13}$ts$^{h}$ien$^{13}$na$^{0}$,i$^{21}$cin$^{35}_{44}$ts$^{h}$iəu$^{53}$xei$^{53}$ŋ̍$^{21}$fɔŋ$^{35}_{44}$liəuk$^{3}$ȵiet$^{5}$a$^{0}$,ts$^{h}$in$^{35}$fɔŋ$^{13}_{21}$pət$^{3}$tsiait$^{3}$ke$^{53}_{44}$i$^{53}$sʅ$^{0}$a$^{0}$,ŋ̍$^{21}$fɔŋ$^{35}_{44}$ liəuk$^{3}$ȵiet$^{5}$a$^{0}$,sin$^{35}$kuk$^{3}$iəu$^{53}$xai$^{13}_{21}$maŋ$^{13}_{21}$tʂ$^{h}$ət$^{3}$,e$_{44}$,tʂ$^{h}$ən$^{13}$kuk$^{3}$le$^{0}$iəu$^{53}$mau$^{13}$tek$^{3}$li$^{0}$,kai$^{53}$(k)e$^{0}$ʂʅ$^{13}_{44}$xei$^{53}_{44}$tsʅ$^{0}$ ts$^{h}$iaŋ$^{35}$uɔŋ$^{13}_{21}$pət$^{3}$tsiait$^{3}$,fan$^{53}$təu$^{35}_{53}$mau$^{13}_{21}$ʂət$^{5}$kai$^{53}$ʂʅ$^{13}_{21}$xei$^{53}$tsʅ$^{0}$.

【五间过套】ŋ̍$^{21}$kan$^{35}$ko$^{53}$t$^{h}$au$^{53}$ 名 传统民居的一种布局方式，由厅堂加左右各两间屋子组成：还有～。一边就两只间。以边两只间，箇边两只间，中间只厅子，五间。～。我等箇只老屋以前就～。(x)ai$^{13}_{21}$iəu$^{35}_{53}$ŋ̍$^{21}$kan$^{35}$ko$^{53}$t$^{h}$au$^{53}$.iet$^{3}$pien$^{35}$ts$^{h}$iəu$^{35}_{44}$iɔŋ$^{21}$tʂak$^{3}$kan$^{35}_{44}$.i$^{21}$pien$^{35}_{44}$iɔŋ$^{21}$tʂak$^{3}$kan$^{35}_{44}$,kai$^{53}$ pien$^{35}_{44}$iɔŋ$^{21}$tʂak$^{3}$kan$^{35}_{44}$,tʂəŋ$^{35}$kan$^{35}_{44}$tʂak$^{3}$t$^{h}$aŋ$^{35}$tsʅ$^{0}$,ŋ̍$^{21}$kan$^{35}_{44}$.ŋ̍$^{21}$kan$^{35}$ko$^{53}$t$^{h}$au$^{53}$.ŋai$^{13}$tien$^{0}$kai$^{53}$tʂak$^{3}$lau$^{21}$uk$^{3}$i$^{35}_{44}$ ts$^{h}$ien$^{13}_{21}$ts$^{h}$iəu$^{53}_{44}$ŋ̍$^{21}$kan$^{35}_{44}$ko$^{53}$t$^{h}$au$^{53}$.

【五显老爷】ŋ̍$^{21}$çien$^{21}$nau$^{21}$ia$^{13}$ 名 指华光大帝。又称"五显灵官"：唔知滴～系唔系五只，五只老爷？我系搞唔清。我唔记得。我去看过都唔记得。n̩$^{13}$ti$^{35}_{44}$tet$^{5}$ŋ̍$^{21}$çien$^{21}$nau$^{21}$ia$^{13}$xei$^{53}$mei$^{53}$ŋ̍$^{21}$ tʂak$^{3}$,ŋ̍$^{21}$tʂak$^{3}$lau$^{21}$ia$^{35}$?ŋai$^{13}$xei$^{53}_{44}$kau$^{21}$n̩$^{13}_{21}$ts$^{h}$in$^{35}_{44}$.ŋai$^{13}_{21}$ŋ̍$^{13}$ci$^{53}$tek$^{3}$.ŋai$^{13}_{21}$çi$^{53}_{44}$k$^{h}$ɔn$^{53}$ko$^{53}_{44}$təu$^{35}_{44}$ŋ̍$^{13}$ci$^{53}$tek$^{3}$.

【五显灵官】ŋ̍$^{21}$çien$^{21}$lin$^{13}$kɔn$^{35}$ 名 指华光大帝：欸，五显庙里个正中间箇一只菩萨就系～。据说是～是蛮灵呶。e$_{21}$,ŋ̍$^{21}$çien$^{21}$miau$^{53}$li$^{21}$ke$^{53}$tʂən$^{53}$tʂəŋ$^{35}$kan$^{35}$kai$^{53}$iet$^{3}$tʂak$^{3}_{5}$p$^{h}$u$^{13}$sait$^{3}$ts$^{h}$iəu$^{53}$xei$^{53}$ŋ̍$^{21}$çien$^{21}$ lin$^{13}$kɔn$^{35}$.tʂʮ$^{53}$ʂet$^{3}$ʂʅ$^{53}_{44}$ŋ̍$^{21}$çien$^{21}$lin$^{13}$kɔn$^{35}_{44}$ʂʅ$^{53}$man$^{13}$lin$^{13}$nau$^{0}$.

【五显庙】ŋ̍$^{21}$çien$^{21}$miau$^{53}$ 名 供奉五显灵官的庙：你像我欸张家坊是最信个就系箇只～啊。欸可以挈我来去看下子～嘞。ȵi$^{13}_{21}$ts$^{h}$iɔŋ$^{53}$ŋai$^{13}_{44}$ei$_{21}$tʂɔŋ$^{35}_{44}$ka$^{35}_{44}$fɔŋ$^{35}$ʂʅ$^{53}_{44}$tsei$^{53}$sin$^{53}$ke$^{53}_{44}$ts$^{h}$iəu$^{53}_{44}$xei$^{53}_{44}$kai$^{53}_{44}$tʂak$^{3}$ŋ̍$^{21}$ çien$^{21}$miau$^{53}$a$^{0}$.e$_{21}$k$^{h}$o$^{21}$i$^{35}_{44}$lau$^{35}_{44}$ŋai$^{13}_{21}$lɔi$^{13}_{21}$çi$^{53}$k$^{h}$ɔn$^{53}$na$^{0}$tsʅ$^{0}$ŋ̍$^{21}$çien$^{21}$miau$^{53}$lei$^{0}$.｜～有。以映最近个庙就～。ŋ̍$^{21}$çien$^{21}$miau$^{53}$iəu$^{35}_{44}$.i$^{21}$iaŋ$^{53}_{44}$tsei$^{53}$c$^{h}$in$^{35}$ke$^{53}$miau$^{53}$ts$^{h}$iəu$^{53}$ŋ̍$^{21}$çien$^{21}$miau$^{53}$.

【五香】ŋ̍$^{21}$çiɔŋ$^{35}$ 名 以茴香、花椒、八角、桂皮、丁香五种香料混合而成的佐料：安做有只么个东西安做～豆腐，系唔系？八角呢，茴香箇兜嘞，小茴大茴嘞，箇就安做～嘞。ɔn$^{35}_{44}$tso$^{53}_{44}$ iəu$^{35}_{44}$tʂak$^{3}$mak$^{3}$e$^{0}$təŋ$^{35}_{44}$si$^{0}$ɔn$^{35}_{44}$tso$^{53}_{44}$ŋ̍$^{21}$çiɔŋ$^{35}$t$^{h}$ei$^{53}$fu$^{53}$,xei$^{53}$me$^{53}$?pait$^{3}$kɔk$^{3}$nei$^{0}$,fei$^{13}$çiɔŋ$^{35}_{44}$kai$^{53}_{44}$te$^{35}$lei$^{0}$,siau$^{21}$fei$^{13}$ t$^{h}$ai$^{53}$fei$^{13}_{44}$lei$^{0}$,kai$^{53}_{44}$ts$^{h}$iəu$^{53}_{44}$xan$^{53}$ŋ̍$^{21}$çiɔŋ$^{35}_{44}$lei$^{0}$.

【五月黄】ŋ̍$^{21}$ȵiet$^{5}$uɔŋ$^{13}$ 名 五月收获的大豆：渠是依哪阵子收个，系唔系？欸，依哪阵子收，五月收个就～，六月收个六月黄。ci$^{13}_{21}$ʂʅ$^{53}_{44}$i$^{35}_{44}$lai$^{53}$tʂ$^{h}$ən$^{53}$tsʅ$^{0}$ʂəu$^{35}$ke$^{53}_{44}$,xei$^{53}_{44}$me$^{53}_{44}$?e$_{44}$,i$^{35}_{44}$lai$^{53}$tʂ$^{h}$ən$^{53}$tsʅ$^{0}$ ʂəu$^{35}$,ŋ̍$^{21}$ȵiet$^{5}$ʂəu$^{35}$ke$^{53}_{44}$ts$^{h}$iəu$^{53}_{44}$ŋ̍$^{21}$ȵiet$^{5}$uɔŋ$^{13}_{21}$,liəuk$^{3}$ȵiet$^{5}$ʂəu$^{35}$ke$^{53}_{44}$liəuk$^{3}$ȵiet$^{5}$uɔŋ$^{13}_{21}$.

【五子棋】ŋ̍$^{21}$tsʅ$^{21}$c$^{h}$i$^{13}_{44}$ 名 一种棋类游戏。用棋子在纵横格子棋盘上对弈，先把五个棋子连成一条线者获胜：渠作个～咯。系啊，围棋肚里个～咯。ci$^{13}$tsɔk$^{3}$ke$^{53}$ŋ̍$^{21}$tsʅ$^{21}$c$^{h}$i$^{13}_{44}$ko$^{0}$.xei$^{53}_{44}$a$^{0}$,uei$^{13}$c$^{h}$i$^{13}_{44}$ təu$^{21}$li$^{0}$ke$^{53}$ŋ̍$^{21}$tsʅ$^{21}$c$^{h}$i$^{13}_{44}$ko$^{0}$.

【午时】ŋ̍$^{21}$ʂʅ$^{13}$ 名 旧称上午十一点到下午一点的时段：正十二点就系～正。tʂən$^{53}$ʂət$^{5}$ȵi$^{53}$tian$^{21}$ ts$^{h}$iəu$^{53}$xei$^{53}$ŋ̍$^{21}$ʂʅ$^{13}$tʂən$^{53}$.

【舞$_{1}$】u$^{35}$ 名 舞蹈：就搞几搞几只年轻漂亮个妹子啊，欸，拿滴子个灯笼子啊，唱下子歌啊，跳下子～啊。ts$^{h}$iəu$^{53}_{44}$kau$^{21}$ci$^{21}_{44}$kau$^{21}$ci$^{21}$tʂak$^{3}$ȵien$^{13}$c$^{h}$in$^{35}_{44}$p$^{h}$iau$^{53}$liɔŋ$^{35}_{44}$ke$^{53}_{44}$mɔi$^{53}$tsʅ$^{0}$a$^{0}$,e$_{21}$,la$^{53}$tet$^{5}$tsʅ$^{0}$ke$^{53}_{44}$tien$^{35}$ ləŋ$^{13}_{21}$tsa$^{0}$,tʂ$^{h}$ɔŋ$^{53}$ŋa$_{44}$(←xa$^{53}$)tsʅ$^{0}$ko$^{35}$a$^{0}$,t$^{h}$iau$^{53}$xa$^{53}_{44}$tsʅ$^{0}$u$^{35}$a$^{0}$.

【舞$_{2}$】u$^{21}$ 动 通用动词。①挥动：爱有只咁个大概有只咁个过程滴以映子要～下去，～下去，咁子□……弯腰，然后再咁子。再咁子～下去。箇只请正系作揖。比较标准个作揖个方式。ɔi$^{53}_{44}$iəu$^{35}$tʂak$^{3}$kan$^{21}$cie$^{53}_{44}$t$^{h}$ai$^{53}_{44}$k$^{h}$ɔi$^{53}_{44}$iəu$^{35}$tʂak$^{3}$kan$^{21}$cie$^{53}_{44}$ko$^{53}$tʂ$^{h}$ən$^{13}$tet$^{5}$i$^{21}$iaŋ$^{53}_{44}$tsʅ$^{0}$iau$^{53}_{21}$u$^{21}$(x)a$^{53}_{44}$çi$^{53}$,u$^{21}$(x)a$^{53}_{44}$ çi$^{53}_{44}$,kan$^{21}$tsʅ$^{0}$faŋ$^{53}$⋯uan$^{35}_{44}$iau$^{35}_{44}$,vien$^{13}_{21}$xei$^{53}_{44}$tsai$^{53}$kan$^{21}$tsʅ$^{0}$.tsai$^{53}$kan$^{21}$tsʅ$^{0}$u$^{21}$(x)a$^{53}_{44}$çi$^{53}$.kai$^{53}_{44}$tʂak$^{3}$ts$^{h}$iaŋ$^{21}_{44}$tʂaŋ$^{53}$xei$^{53}$ tsɔk$^{3}$iet$^{3}$.pi$^{21}$ciau$^{53}_{44}$piau$^{35}$tʂən$^{21}$ke$^{53}$tsɔk$^{3}$iet$^{3}$ke$^{53}_{44}$fɔŋ$^{35}_{44}$ʂʅ$^{53}_{44}$. ②端：欸，以到你可以同我～起来了嘞。ei$_{21}$,i$^{21}$tau$^{53}$ȵi$^{13}_{21}$k$^{h}$o$^{21}$i$^{35}$t$^{h}$əŋ$^{13}_{44}$ŋai$^{13}_{44}$u$^{21}$çi$^{21}$lɔi$^{13}_{21}$liau$^{21}$lei$^{0}$. ③安放；放入；堆放：一分棺材～好哩就你就筑滴土。iet$^{3}$pən$^{35}$kɔn$^{35}$ts$^{h}$ɔi$^{13}_{21}$u$^{21}$xau$^{21}$li$^{0}$ts$^{h}$iəu$^{53}_{44}$ȵi$^{13}_{21}$ts$^{h}$iəu$^{53}_{44}$tʂəuk$^{3}$tet$^{5}$t$^{h}$əu$^{21}$.｜但是草鱼嘞就爱畜大滴子，

正可以～下箇大田里去畜。tan$^{53}_{44}$ʂʅ$^{53}_{44}$tsʰau$^{21}$ŋ̍$^{13}$lei$^{0}$ tsʰiəu$^{53}$ɔi$^{53}$çiəuk$^{3}$ tʰai$^{53}$tiet$^{5}$ tsʅ$^{0}$,tʂaŋ$^{53}_{44}$kʰo$^{21}$i$^{35}_{44}$u$^{21}$(x)a$^{53}_{44}$ kai$^{53}_{44}$tʰai$^{53}$tʰien$^{13}_{21}$ni$^{21}$çi$^{53}$çiəuk$^{3}$. ④安排；指定某物作某用途；指派、委派人做某事情：（经堂）唔摎灵堂在一起。另外～间房子，或者另外打只棚。n̩$^{13}$nau$^{35}$lin$^{13}$tʰɔŋ$^{13}_{21}$tsʰai$^{53}$iet$^{3}$ çi$^{21}$.lin$^{53}$uai$^{53}$u$^{21}$kan$^{35}_{44}$ fɔŋ$^{13}$tsʅ$^{0}$,xɔit$^{5}$ tʂa$^{21}$lin$^{53}$uai$^{53}_{44}$ta$^{21}$tʂak$^{3}$ pʰɔŋ$^{13}$.｜箇就～几个人，安排几个人去搞（冥旌）滴。kai$^{53}_{44}$ tsʰiəu$^{53}_{44}$u$^{21}$ci$^{21}$cie$^{53}$ɲin$^{13}_{21}$,ŋɔn$^{35}$pʰai$^{13}_{21}$ci$^{21}$cie$^{53}$ɲin$^{13}_{21}$cʰi$^{53}_{44}$kau$^{21}$tet$^{5}$. ⑤缠绕：分渠指冬芒开花后靠近花絮的那片叶子捻成绳子，打成绳子，一圈一圈咁子去圈。一圈一圈～起来，做只鞋面。pən$^{35}$ci$^{13}_{21}$ɲien$^{21}$ʂaŋ$^{13}$ʂən$^{13}$tsʅ$^{0}$, ta$^{21}$ʂaŋ$^{13}$ʂən$^{13}$tsʅ$^{0}$,iet$^{3}$ cʰien$^{35}$iet$^{3}$ cʰien$^{35}$kan$^{21}$tsʅ$^{0}$ çi$^{53}_{44}$cʰien$^{35}$.iet$^{3}$ cʰien$^{35}$iet$^{3}$ cʰien$^{35}$u$^{21}$çi$^{21}$lɔi$^{13}_{21}$,tso$^{53}$tʂak$^{3}$ xai$^{13}_{21}$ mien$^{53}_{44}$. ⑥安装；加装：小滴子个就就加先讲个就就斗只把，哎欸，～只把，箇是就喊芒槌，摎欸擂槌。siau$^{21}$tet$^{5}$ tsʅ$^{0}$ ke$^{53}_{44}$tsʰiəu$^{53}_{44}$tsʰiəu$^{53}_{44}$ka$^{35}$sien$^{35}$kɔŋ$^{21}$ke$^{53}_{44}$tsʰiəu$^{53}_{44}$tsʰiəu$^{53}_{44}$təu$^{53}_{44}$tʂak$^{3}$ pa$^{53}_{44}$,ai$_{44}$ei$_{44}$,u$^{21}$tʂak$^{3}$ pa$^{53}$,kai$^{53}$ʂʅ$^{53}_{21}$tsiəu$^{53}_{44}$xan$^{53}$mɔŋ$^{13}$tʂʰei$^{13}$,lau$^{35}$e$_{21}$li$^{13}$tʂʰei$^{13}$. ⑦按压使变碎或变散：箇起冷饭，～碎来，爱～碎来，放下镬里啊，冷饭就放下镬里，放下镬里嘞，～碎来，用镬铲～碎来，～倒㕣散。kai$^{53}_{44}$çi$^{21}$laŋ$^{35}$fan$^{53}$,u$^{21}$si$^{53}$lɔi$^{13}_{21}$,ɔi$^{53}$u$^{21}$si$^{53}$lɔi$^{13}_{21}$,fɔŋ$^{53}_{44}$xa$^{53}_{44}$uɔk$^{5}$ li$^{0}$ a$^{0}$,laŋ$^{35}$fan$^{53}$tsʰiəu$^{53}_{44}$fɔŋ$^{53}_{44}$xa$^{53}_{44}$uɔk$^{5}$ li$^{0}$,fɔŋ$^{53}_{44}$ŋa$_{44}$ (←xa$^{53}$)uɔk$^{5}$ li$^{0}$ lei$^{0}$,u$^{21}$si$^{53}$lɔi$^{13}_{21}$,iəŋ$^{53}$uɔk$^{5}$ tsʰan$^{21}$u$^{21}$si$^{53}$lɔi$^{13}_{21}$,u$^{21}$tau$^{21}$pʰa$^{35}$san$^{21}$. ⑧拿；取：渠等人呐～倒～块板呐，欸～块薄膜啊，摊下倒（做番薯糕）哇。ci$^{13}_{21}$tien$^{0}$ɲin$^{13}_{21}$na$^{0}$ u$^{21}$tau$^{21}_{44}$u$^{21}$kʰuai$^{53}$pan$^{21}$na$^{0}$,e$_{21}$u$^{21}$ kʰuai$^{53}$pʰɔk$^{5}$ mo$^{13}$a$^{0}$,tʰan$^{35}$na$_{44}$(←xa$^{53}$)tau$^{21}$ua$^{0}$.｜你爱～倒～只棺材下来，爱放棺材肚里。ɲi$^{21}$ɔi$^{53}$u$^{21}$ tau$^{21}$u$^{21}$tʂak$^{3}$ kɔn$^{35}$tsʰɔi$^{13}_{21}$xa$^{53}_{44}$lɔi$^{13}_{21}$,ɔi$^{53}_{44}$fɔŋ$^{53}_{44}$kɔn$^{35}$tsʰɔi$^{13}_{21}$təu$^{21}$li$^{0}$. ⑨获取：（长把搂箕）就系形容箇起唔知几有本事个人，么个都～得倒个人。tsiəu$^{53}_{44}$xei$^{53}_{44}$çin$^{13}$iəŋ$^{53}_{44}$kai$^{53}$çi$^{21}$n̩$^{13}_{21}$ti$^{35}_{44}$ci$^{21}$iəu$^{35}$pən$^{21}$sʅ$^{53}$ke$^{53}_{44}$ɲin$^{13}_{44}$,mak$^{3}$ ke$^{35}_{44}$təu$^{35}_{53}$u$^{21}$tek$^{3}$ tau$^{21}$ke$^{53}_{44}$ɲin$^{13}_{44}$. ⑩背负：～只布包就安做背人呶。～只布包子啊，枕头子咁个布包子就安做背人呶，背细人子唠，背毛毛子唠。u$^{21}$tʂak$^{3}$ pu$^{53}$pau$^{35}_{44}$tsʰiəu$^{53}_{21}$ɔn$^{35}_{44}$tso$^{53}_{44}$pi$^{53}$ɲin$^{13}$nau$^{0}$.u$^{21}$ tʂak$^{3}$ pu$^{53}$pau$^{35}_{44}$tsa$^{0}$,tʂən$^{21}$tʰei$^{13}$tsʅ$^{0}$ kan$^{21}$ke$^{53}_{44}$pu$^{53}$pau$^{35}_{44}$tsʅ$^{0}$ tsʰiəu$^{53}_{44}$ɔn$^{35}_{44}$tso$^{53}_{44}$pi$^{53}$ɲin$^{13}$nau$^{0}$,pi$^{53}_{44}$se$^{53}$ɲin$^{13}_{21}$tsʅ$^{0}$ lau$^{0}$,pi$^{53}$ mau$^{35}$mau$^{35}$tsʅ$^{0}$ lau$^{0}$. ⑪舀：你唔～嘿滴饭汤去就欸你唔～嘿滴饭汤去渠就忒鲜哩嘞。ɲi$^{13}$n̩$^{13}$u$^{21}$ xek$^{3}$ tiet$^{5}$ fan$^{53}$tʰɔŋ$^{35}$çi$^{53}_{44}$tsʰiəu$^{53}_{44}$e$_{21}$ɲi$^{13}$n̩$^{13}$u$^{21}$xek$^{3}$ tiet$^{5}$ fan$^{53}$tʰɔŋ$^{35}$çi$^{53}_{44}$ci$^{13}_{21}$tsʰiəu$^{53}_{44}$tʰiet$^{3}$ sien$^{35}$ni$^{0}$ le$^{0}$. ⑫办理；处理：就～丧事，丧事冷冷蓬蓬，丧事，办丧事冰冷个，就热闹下子。tsʰiəu$^{53}_{44}$u$^{21}$sɔŋ$^{35}_{21}$sʅ$^{53}_{44}$,sɔŋ$^{35}_{21}$ sʅ$^{53}_{44}$laŋ$^{35}$laŋ$^{35}_{44}$pʰaŋ$^{13}_{21}$pʰaŋ$^{13}$,sɔŋ$^{35}_{21}$sʅ$^{53}_{21}$,pʰan$^{53}_{44}$sɔŋ$^{35}_{44}$sʅ$^{53}_{21}$pin$^{35}$naŋ$^{35}$ke$^{53}$,tsʰiəu$^{53}_{44}$ɲiet$^{5}$ lau$^{53}$a$^{0}$ tsʅ$^{0}$. ⑬购买：打比同你等箇只～只手机样，你就晓得让门子用。ta$^{21}$pi$^{21}$tʰəŋ$^{13}$ɲi$^{13}_{21}$tien$^{0}$ kai$^{53}_{44}$tʂak$^{3}$ u$^{21}$tʂak$^{3}$ ʂəu$^{21}$ci$^{53}_{44}$iɔŋ$^{53}_{44}$, ɲi$^{13}$ tsiəu$^{53}_{44}$çiau$^{21}$tek$^{3}$ ɲiɔŋ$^{53}$mən$^{0}$ tsʅ$^{0}$ iəŋ$^{53}_{44}$. ⑭贩运：就系果子这里指香蕉～进来个是年数都唔多。tsʰiəu$^{53}_{44}$xe$^{53}_{44}$ ko$^{21}$tsʅ$^{0}$ u$^{21}$tsin$^{53}$lɔi$^{13}_{21}$ke$^{53}$ʂʅ$^{53}_{44}$ɲien$^{13}$sɔu$^{53}$təu$^{35}_{44}$n̩$^{13}_{21}$to$^{35}$. ⑮采集；采挖；采摘：（蕨子）今年我等～咁大横巷肚里我等食又𣍐食。cin$^{35}$ɲien$^{13}_{21}$ŋai$^{13}_{21}$ten$^{0}$ u$^{21}$kan$^{21}$tʰai$^{53}$uaŋ$^{13}_{21}$xɔŋ$^{53}$təu$^{21}$li$^{0}$ ŋai$^{13}$ten$^{0}$ ʂət$^{5}$ iəu$^{53}$maŋ$^{13}$ʂət$^{5}$.｜箬竹子笋也食唔得嘞。也有么人～啊。ɲiɔk$^{3}$ tʂəuk$^{3}$ tsʅ$^{0}$ sən$^{21}$e$_{44}$(←a$^{35}$)ʂət$^{5}$ n̩$^{13}_{21}$tek$^{3}$ le$^{0}$.ia$^{35}$mau$^{13}$mak$^{3}$ ɲin$^{13}$u$^{21}$a$^{0}$.｜（湖藤菜）结倒箇边乌个，墨乌子个，红红子个籽呢。/～下手下掳，绿个，蓝个。ciet$^{3}$ tau$^{21}$kai$^{53}_{44}$pien$^{35}_{44}$u$^{35}_{44}$ke$^{53}_{44}$,mek$^{5}$ u$^{35}$tsʅ$^{0}$ ke$^{53}_{44}$,fəŋ$^{13}$fəŋ$^{13}$tsʅ$^{0}$ ke$^{53}_{44}$tsʅ$^{21}$nei$^{0}$./u$^{21}$xa$^{53}$ʂəu$^{21}$xa$^{53}$ue$^{21}$,liəuk$^{5}$ ke$^{53}_{44}$,lan$^{13}$ke$^{53}_{44}$. ⑯舂；捣：以下渠箇只东西咁个自然咁子～下背底，箇个碓头望倒底下也就安做踏。i$^{21}$ia$^{53}$(←xa$^{53}$)ci$^{13}_{21}$kai$^{53}$tʂak$^{3}$ təŋ$^{35}_{44}$si$^{0}$ kan$^{21}$ke$^{53}_{44}$tsʰʅ$^{53}$vien$^{13}$kan$^{21}$tsʅ$^{0}$ u$^{21}$xa$^{53}_{44}$pɔi$^{53}$te$^{21}$,kai$^{53}_{44}$ke$^{53}_{44}$tɔi$^{53}$tʰei$^{13}$uɔŋ$^{53}_{44}$ tau$^{21}$tei$^{21}$xa$^{53}_{44}$ie$^{21}$tsiəu$^{53}_{21}$ɔn$^{35}_{44}$tso$^{53}_{44}$tʰait$^{5}$. ⑰穿：以下就～床披子嘞，安做披子。披风啊，就披子。i$^{21}$ xa$^{53}$tsʰiəu$^{53}_{44}$u$^{21}$tsʰɔŋ$^{13}$pʰi$^{35}$tsʅ$^{0}$ lei$^{0}$,ɔn$^{35}_{44}$tso$^{53}_{44}$pʰi$^{35}$tsʅ$^{0}$.pʰi$^{35}$fəŋ$^{35}$ŋa$^{0}$,tsʰiəu$^{53}_{44}$pʰi$^{35}$tsʅ$^{0}$. ⑱指下棋时，按照既定规则一方把另一方的棋子吃掉并占据其位置：（上天棋）一般是就以咁子～下来个。就咁子个。噢，有滴总，总走下子又分别人家打嘿哩。iet$^{3}$ pən$^{35}$ʂʅ$^{53}_{44}$tsʰiəu$^{53}$i$^{21}$kan$^{21}$tsʅ$^{0}$ u$^{21}$a$^{53}$lai$^{13}_{44}$ke$^{53}_{44}$.tsʰiəu$^{53}$ kan$^{21}$tsʅ$^{0}$ ke$^{53}$.au$_{21}$,iəu$^{35}$tet$^{5}$ tsəŋ$^{21}$,tsəŋ$^{21}$tsei$^{21}$xa$^{53}_{44}$tsʅ$^{0}$ iəu$^{53}_{44}$pən$^{35}_{44}$pʰiet$^{5}$ in$^{13}_{44}$ka$^{35}_{44}$ta$^{21}$xek$^{3}$ li$^{0}$. ⑲打开：箇木锁就渠个保密效果就非常差。那就最容易～开来。kai$^{53}$muk$^{3}$ so$^{21}$tsʰiəu$^{53}$ci$^{13}$ke$^{53}_{44}$pau$^{21}$miet$^{5}$ çiau$^{53}$ko$^{21}$ tsʰiəu$^{53}$fei$^{35}$ʂɔŋ$^{13}_{21}$tsʰa$^{53}$.na$^{53}_{21}$tsiəu$^{53}_{44}$tsei$^{53}$iəŋ$^{13}_{21}$i$^{53}_{21}$u$^{21}$kʰɔi$^{35}_{44}$lɔi$^{13}_{44}$. ⑳弹：弹下去，有滴用手指公，用大手指，系唔系？咁子，～下去。弹。弹下去。tʰan$^{53}$na$^{53}_{44}$çi$^{53}_{44}$,iəu$^{35}$tet$^{5}$ iəŋ$^{53}_{44}$ʂəu$^{21}$tʂʅ$^{21}$kəŋ$^{35}$,iəŋ$^{53}_{44}$tʰai$^{53}$ʂəu$^{21}$tʂʅ$^{21}$, xe$^{53}$me$^{53}$?kan$^{21}$tsʅ$^{0}$,u$^{21}$a$^{53}_{21}$çi$^{53}_{44}$.tʰan$^{53}$.tʰan$^{53}$na$^{53}_{44}$çi$^{53}_{44}$. ㉑摁压：箇上背还～滴子眼去吧？……滐湿个时候子就分……分渠～滴手指映去。～滴子手指映。kai$^{53}_{44}$sɔŋ$^{53}$pɔi$^{53}_{44}$xai$^{13}_{21}$u$^{21}$tet$^{5}$ tsʅ$^{0}$ ŋan$^{21}$cʰi$^{53}_{44}$pa$^{0}$?… tsek$^{5}$ ʂət$^{3}$ ke$^{53}_{44}$ʂʅ$^{13}_{21}$xei$^{53}_{44}$tsʅ$^{0}$ tsʰiəu$^{53}_{44}$pən$^{35}_{44}$…pən$^{35}$ci$^{13}_{21}$u$^{21}$tet$^{5}$ ʂəu$^{21}$tʂʅ$^{21}$iaŋ$^{53}$çi$^{53}_{21}$.u$^{21}$tet$^{5}$ tsʅ$^{0}$ ʂəu$^{21}$tʂʅ$^{21}$iaŋ$^{53}$. ㉒翻耕：箇又搞么个又咁大一丘田呐，搞么啊又去～转来嘞？你晓么啊箇去～转来吗？咁大子，只栽七蔸禾个田，搞么个去～转来嘞？就系莫分渠藏老鼠。kai$^{53}_{44}$iəu$^{53}_{44}$kau$^{21}$mak$^{3}$ ke$^{53}_{44}$iəu$^{53}_{44}$kan$^{21}$tʰai$^{53}$iet$^{3}$ cʰiəu$^{35}$tʰien$^{13}$na$^{0}$,kau$^{21}$mak$^{3}$ a$^{0}$ iəu$^{53}_{44}$çi$^{53}_{44}$u$^{21}$tʂɔn$^{21}$nɔi$^{13}_{21}$lei$^{0}$?ɲi$^{13}$çiau$^{21}_{44}$mak$^{3}$ a$^{0}$ kai$^{53}_{44}$çi$^{53}_{44}$u$^{21}$tʂɔn$^{21}$nɔi$^{13}_{21}$ma$^{0}$?kan$^{21}_{35}$ tʰai$^{53}_{44}$tsʅ$^{0}$,tʂʅ$^{21}$tsɔi$^{35}_{44}$tsʰiet$^{3}$ tei$^{35}$uo$^{13}_{21}$ke$^{53}_{44}$tʰien$^{13}_{21}$,kau$^{21}$mak$^{3}$ ke$^{53}$çi$^{53}_{44}$u$^{21}$tʂɔn$^{21}$nɔi$^{13}_{21}$lei$^{0}$?tsiəu$^{53}$ue$_{21}$(←xe$^{53}$)mɔk$^{5}$ pən$^{35}$

ci$^{13}_{21}$tsʰɔŋ$^{13}$lau$^{21}$tʂʰəu$^{21}$. ㉓刮；削：渠以只东西指砻刮子，渠要～么下，走啦下，就系漏下以只砻盘上，黟倒以只砻盘上只系高起滴子。ci$^{13}_{21}$i$^{21}$tʂak$^{3}$ təŋ$^{35}_{44}$si$^{0}$ ,ci$^{13}_{21}$iau$^{53}_{44}$u$^{21}$mak$^{3}$ xa$^{35}$,tsei$^{21}_{44}$la$^{0}$ xa$^{35}$,tsʰiəu$^{53}_{44}$xe$^{53}_{44}$lei$^{53}$ia$_{44}$(←xa$^{53}$)i$^{21}$tʂak$^{3}$ ləŋ$^{13}$pʰan$^{13}$xɔŋ$^{53}_{44}$, ɲia$^{13}$tau$^{21}$i$^{21}$tʂak$^{3}$ ləŋ$^{13}$pʰan$^{13}$xɔŋ$^{53}$tʂʅ$^{21}$xe$^{53}_{44}$kau$^{35}$çi$^{21}$tiet$^{5}$ tsʅ$^{0}$.｜一边一张刀，篾子走只眼过来。篾子～做样宽子。iet$^{3}$ pien$^{35}$iet$^{3}$ tʂɔŋ$^{35}$tau$^{35}$,miet$^{5}$ tsʅ$^{0}$ tsei$^{21}$tʂak$^{3}$ ŋan$^{21}_{44}$ko$^{53}_{44}$lɔi$^{13}_{44}$. miet$^{5}$ tsʅ$^{0}$ u$^{21}$tso$^{53}$iɔŋ$^{53}$kʰɔn$^{35}$tsʅ$^{0}$. ㉔风干：吹干。爱～得蛮潮了，架势转黄色。tʂʰei$^{35}$kɔn$^{35}_{44}$.ɔi$^{53}$u$^{21}$tek$^{3}$ man$^{13}$tʂʰau$^{13}$liau$^{0}$,cia$^{53}$ʂʅ$^{53}$tʂɔn$^{21}$uɔŋ$^{13}$sek$^{3}$. ㉕曝晒：晒下出来溜直一只个箇个皮，整只辣椒～个箇个溜抻子箇个就良种辣椒。sai$^{53}_{44}$ia$_{44}$(←xa$^{53}$)tʂʰət$^{3}$ lɔi$^{13}$liəu$^{35}$tʂʰət$^{5}$ iet$^{3}$ tʂak$^{3}$ ke$^{53}$kai$^{53}$ke$^{53}$pʰi$^{13}$, tʂən$^{21}$tʂak$^{3}$ lait$^{5}$ tsiau$^{35}_{44}$u$^{21}$ke$^{53}_{44}$kai$^{53}_{44}$ke$^{53}_{44}$liəu$^{35}$tʂʰən$^{35}$tsʅ$^{0}$ kai$^{53}_{44}$ke$^{53}_{44}$tsʰiəu$^{53}_{44}$liɔŋ$^{13}$tʂəŋ$^{21}$lait$^{5}$ tsiau$^{35}_{44}$. ㉖浸泡：你去浸就晓得，浸辣椒啊，系唔系？（良种辣椒）皮～嘿绷硬。/安做么个，渠肚箇里要～下去就看得出箇是。/渠～嘿绷硬。ɲi$^{13}_{21}$çi$^{53}_{44}$tsin$^{53}$tsʰiəu$^{53}_{44}$çiau$^{21}$tek$^{3}$,tsin$^{53}$nait$^{5}$ tsiau$^{35}_{44}$a$^{0}$ ,xei$^{53}_{44}$me$^{53}_{44}$?pʰi$^{13}$u$^{21}$xek$^{3}$ paŋ$^{35}$ŋaŋ$^{53}$./ɔn$^{35}_{44}$tso$^{53}_{44}$mak$^{3}$ ke$^{53}$,ci$^{13}$təu$^{21}_{44}$kai$^{53}_{44}$li$^{0}$ iau$^{53}_{21}$u$^{21}$xa$^{53}$çi$^{53}$tsʰiəu$^{53}_{44}$kʰɔn$^{53}$tek$^{3}$ tʂʰət$^{3}$ kai$^{53}_{44}$ʂʅ$^{53}_{44}$./ci$^{13}_{21}$u$^{21}_{44}$xek$^{3}$ paŋ$^{35}$ŋaŋ$^{53}$. ㉗加热使熟：搞滴子黄蒲～熟来。kau$^{21}$tet$^{5}$ tsʅ$^{0}$ uɔŋ$^{13}$pʰu$^{13}_{44}$u$^{21}$ʂəuk$^{5}$ lɔi$^{13}_{44}$. ㉘给予：～滴子搞本子分你。u$^{21}$tiet$^{5}$ tsʅ$^{0}$ kau$^{21}$pən$^{21}$tsʅ$^{0}$ pən$^{35}$ɲi$^{13}_{21}$. ㉙添加：～滴糖，～滴盐去咬。咬倒食。就凉拌呶。u$^{21}$tet$^{5}$ tʰɔŋ$^{13}$,u$^{21}$tet$^{5}$ ian$^{13}$çi$^{53}$ŋau$^{21}$.ŋau$^{21}$tau$^{21}$ʂət$^{5}$ .tsʰiəu$^{53}$liɔŋ$^{13}$pʰan$^{53}$nau$^{0}$. ㉚灌溉：你～滴水去渠指水稻总发蔸。ɲi$^{13}$u$^{21}$tet$^{5}$ ʂei$^{21}$çi$^{53}$ci$^{13}$tsəŋ$^{21}$fait$^{3}$ tei$^{35}$. ㉛叫做；称为：其实渠就安做黄荆。但是搞么个～只过路黄荆嘞？cʰi$^{13}$ʂət$^{5}$ ci$^{13}$tsʰiəu$^{53}_{44}$ɔn$^{35}_{44}$tso$^{53}_{44}$uɔŋ$^{13}$ciaŋ$^{35}$.tan$^{53}_{44}$ʂʅ$^{53}_{44}$kau$^{21}$mak$^{3}$ ke$^{53}$u$^{21}$tʂak$^{3}$ ko$^{53}$ləu$^{53}$uɔŋ$^{13}$ciaŋ$^{35}_{44}$le$^{0}$? ㉜砍；斫：竹子个就细猪子食嘞。～只大竹嘞，～只咁大个竹嘞，咁大个竹，劈嘿一箑子去嘞。tʂəuk$^{3}$ tsʅ$^{0}$ ke$^{53}_{44}$tsʰiəu$^{53}_{44}$se$^{53}$tʂəu$^{35}$tsʅ$^{0}$ ʂət$^{5}$ nei$^{0}$ .u$^{21}$tʂak$^{3}$ tʰai$^{53}$tʂəuk$^{3}$ nei$^{0}$ ,u$^{21}$(tʂ)ak$^{3}$ kan$^{21}$tʰai$^{53}$ke$^{53}$tʂəuk$^{3}$ nei$^{0}$ ,kan$^{21}$tʰai$^{53}_{44}$ke$^{53}_{44}$tʂəuk$^{3}$ ,pʰiak$^{3}$ xek$^{3}$ iet$^{3}$ sak$^{3}$ tsʅ$^{0}$ çi$^{53}$lei$^{0}$. ㉝劈：～劈柴。u$^{21}$pʰiak$^{3}$ tsʰai$^{13}$. ㉞切；铡：你～薄滴子更易得燥唠，更易得干唠。ɲi$^{13}_{21}$u$^{21}$pʰɔk$^{5}$ tet$^{5}_{3}$ tsʅ$^{0}$ ken$^{53}_{44}$i$^{53}$tek$^{3}$ tsau$^{35}$lau$^{0}$,cien$^{53}_{44}$i$^{53}$tek$^{3}$ kɔn$^{35}$lau$^{0}$.｜从前个枕头就肚里就用秆呢。用秆呢，用秆铡，剪做咁长子……～做咁长子渠就有弹性吵，系啊？tsʰəŋ$^{13}$tsʰien$^{13}_{44}$ke$^{53}$tʂən$^{21}$tʰei$^{13}$tsʰiəu$^{53}_{44}$təu$^{21}$li$^{0}$ tsʰiəu$^{53}$iəŋ$^{53}$kɔn$^{21}$ne$^{0}$ .iəŋ$^{53}$kɔn$^{21}$ne$^{0}$ ,iəŋ$^{53}$kɔn$^{21}$tsʰait$^{5}$ ,tsien$^{21}$tso$^{53}$kan$^{21}$tʂʰɔŋ$^{13}$tsʅ$^{0}$ …u$^{21}$tso$^{53}_{44}$kan$^{21}$tʂʰɔŋ$^{13}$tsʅ$^{0}$ ci$^{13}$tsʰiəu$^{53}_{44}$iəu$^{35}_{44}$tʰan$^{13}$sin$^{53}_{44}$ʂa$^{0}$ ,xei$^{53}_{44}$a$^{0}$? ㉟剁；裁：（一筒树）我爱～做两段，三段，四段。ŋai$^{13}$ɔi$^{53}$u$^{21}$tso$^{53}$iɔŋ$^{21}$tɔn$^{53}$,san$^{35}$tɔn$^{53}_{44}$,si$^{53}$tɔn$^{53}$. ㊱咬断：欸，我滴子辣椒苗哇分虫子等嘿哩唠，辣椒苗哇分渠等嘿哩唠，就系横横哩～断哩。ei$_{21}$,ŋai$^{13}$tiet$^{5}$ tsʅ$^{0}$ lait$^{5}$ tsiau$^{35}_{44}$miau$^{13}$ua$^{0}$ pən$^{35}$tʂʰəŋ$^{13}$tsʅ$^{0}$ tən$^{21}$nek$^{3}$ (←xek$^{3}$ )li$^{0}$ lau$^{0}$ ,lait$^{5}$ tsiau$^{35}_{44}$miau$^{13}$ua$^{0}$ pən$^{35}$ci$^{13}_{21}$tən$^{21}$nek$^{3}$ (←xek$^{3}$ )li$^{0}$ lau$^{0}$ ,tsiəu$^{53}$xe$^{53}_{44}$uaŋ$^{13}$uaŋ$^{13}$li$^{0}$ u$^{21}$tʰɔn$^{35}$ni$^{0}$. ㊲拿；持：一只手就拿欸左手就拿荡子唠，右手就～只勺，搲一勺搲□荡子肚里就揩。iet$^{3}$ tʂak$^{3}$ ʂəu$^{21}$tsʰiəu$^{53}_{44}$la$^{53}_{44}$e$_{21}$tso$^{21}$ʂəu$^{21}$tsʰiəu$^{53}_{44}$la$^{53}_{44}$tʰɔŋ$^{53}$tsʅ$^{0}$ lau$^{0}$ ,iəu$^{53}$ʂəu$^{21}$tsʰiəu$^{53}_{44}$u$^{21}$tʂak$^{3}$ ʂɔk$^{5}$ ,uet$^{3}$ iet$^{3}$ ʂɔk$^{5}$ uet$^{3}$ lait$^{5}$ tʰɔŋ$^{53}$tsʅ$^{0}$ təu$^{21}$li$^{0}$ tsʰiəu$^{53}_{44}$kʰai$^{35}$. ㊳留：馊嘿哩都爱～倒，还莫倾嘿哩，系，都莫分猪食嘿。sei$^{35}$xek$^{3}$ li$^{0}$ təu$^{35}_{53}$ɔi$^{53}$u$^{21}$tau$^{21}$,xai$^{13}_{21}$mɔk$^{5}$ kʰuaŋ$^{35}_{44}$xek$^{3}$ li$^{0}$ ,xe$^{53}$,təu$^{35}_{44}$mɔk$^{5}$ pən$^{35}_{44}$tʂəu$^{35}_{44}$ʂət$^{5}$ (x)ek$^{3}$. ㊴使变得：嗯箇壁上啊，分细人子～起墨乌。ŋ̍$_{21}$kai$^{53}$piak$^{3}$ xɔŋ$^{53}$ŋa$^{0}$ ,pən$^{35}$sei$^{53}$in$^{13}_{21}$tsʅ$^{0}$ u$^{21}$çi$^{21}_{44}$mek$^{5}$ u$^{35}$. ㊵黏附：乌皮荷箇个毛～倒哩手上是又唔系痒啊？u$^{35}$pʰi$^{13}$ xo$^{13}$kai$^{53}_{44}$ke$^{53}_{44}$mau$^{35}$u$^{21}$tau$^{21}$li$^{0}$ ʂəu$^{21}$xɔŋ$^{53}$ʂʅ$^{53}_{44}$iəu$^{53}$m̩$_{21}$pʰe$_{44}$(←m̩$^{13}$xe$^{53}$)iɔŋ$^{35}$ŋa$^{0}$? ㊶去除：只系去嘿壳个，系唔系？箇个谷只系～嘿哩壳。/欸，箇个就糙米。tʂe$^{21}$(x)e$^{53}$tʂʰʮ$^{53}$(x)ek$^{3}$ kʰɔk$^{3}$ ke$^{53}_{44}$,xe$^{53}_{44}$me$^{53}_{44}$?kai$^{53}_{44}$ke$^{53}$kuk$^{3}$ tʂe$^{21}$xe$^{53}$u$^{21}$xek$^{3}$ li$^{0}$ kʰɔk$^{3}$ ./e$_{44}$,kai$^{53}_{44}$ke$^{53}_{21}$tsʰiəu$^{53}_{44}$tsʰau$^{53}$mi$^{21}$. ㊷抬：箇棺材是～出来哩了，[冇曾]去孝堂下了。[冇曾]去孝堂下，～下禾坪下去哩。kai$^{53}_{44}$kɔn$^{35}$tsʰɔi$^{13}_{44}$ʂʅ$^{53}_{44}$u$^{21}$tʂʰət$^{3}$ lɔi$^{13}_{21}$li$^{0}$ liau$^{0}$ ,maŋ$^{13}$çi$^{53}_{44}$xau$^{53}_{44}$tʰɔŋ$^{13}_{21}$xa$^{35}$liau$^{0}$.maŋ$^{13}$çi$^{53}_{44}$xau$^{53}_{44}$tʰɔŋ$^{13}_{21}$xa$^{35}$,u$^{21}$ua$^{53}$uo$^{13}_{21}$pʰiaŋ$^{13}_{21}$xa$^{35}$çi$^{53}_{44}$li$^{0}$. ㊸挖：分箇块土整松，整松，～松下子。pən$^{35}$kai$^{53}_{44}$kʰuai$^{53}_{44}$tʰəu$^{21}$tʂən$^{21}_{35}$səŋ$^{35}_{44}$,tʂən$^{21}_{35}$səŋ$^{35}_{44}$,u$^{21}$səŋ$^{35}$ŋa$_{44}$(←xa$^{53}$)tsʅ$^{0}$. ㊹摊开：～床晒簟呐，箇谷就晒下晒簟肚里。u$^{21}$tsʰɔŋ$^{13}$sai$^{53}$tʰian$^{53}_{44}$na$^{0}$ ,kai$^{53}_{44}$kuk$^{3}$ tsʰiəu$^{53}_{44}$sai$^{53}_{44}$xa$^{53}_{35}$sai$^{53}$tʰian$^{53}_{44}$təu$^{21}$li$^{0}$. ㊺区分：渠又唔完完全论箇大细来～嘞。ci$^{13}$iəu$^{53}$n̩$^{13}$xɔn$^{13}_{35}$xɔn$^{13}$tsʰien$^{13}_{44}$lən$^{53}$kai$^{53}_{44}$tʰai$^{53}$se$^{53}$lɔi$^{13}$u$^{21}$lei$^{0}$. ㊻劝导：有滴箇夫娘子，有滴女个啊，箇个妹子箇只嘞，系唔系？渠就唔舍得样啊，哎，就爱分人～归去。iəu$^{35}$tet$^{5}$ kai$^{53}_{44}$pu$^{35}$ɲiɔŋ$^{13}_{21}$tsʅ$^{0}$ ,iəu$^{35}$tet$^{5}$ ɲy$^{21}$ke$^{53}_{44}$a$^{0}$ ,kai$^{53}_{44}$ke$^{53}_{44}$mɔi$^{53}$tsʅ$^{0}$ kai$^{53}_{44}$tʂak$^{3}$ le$^{0}$ ,xei$^{53}_{44}$me$^{53}_{44}$? ci$^{13}_{21}$tsʰiəu$^{53}_{44}$n̩$^{13}$ʂa$^{21}$tek$^{3}$ iɔŋ$^{53}$ŋa$^{0}$ ,ai$_{21}$,tsʰiəu$^{53}_{44}$ɔi$^{53}_{44}$pən$^{35}$ɲin$^{13}_{21}$u$^{21}$kuei$^{35}_{44}$çi$^{53}$. ㊼生长：底下有有萝卜了，就脑高～出来个，就萝卜苗。有滴子都还唔算呐。～嘿咁大子一只子个时间都还喊萝卜菜。te$^{21}$xa$^{53}_{44}$iəu$^{35}_{44}$iəu$^{35}$lo$^{13}$pʰek$^{5}$ liau$^{0}$ ,tsiəu$^{53}_{44}$lau$^{21}$kau$^{35}_{44}$u$^{21}$tʂʰət$^{3}$ lɔi$^{13}_{21}$ke$^{53}_{44}$,tsiəu$^{53}_{44}$lo$^{13}$pʰek$^{5}$ miau$^{13}$.iəu$^{35}$tiet$^{5}$ tsʅ$^{0}$ təu$^{35}_{44}$xai$^{13}_{21}$n̩$^{13}$sɔn$^{53}$na$^{0}$.u$^{21}$xek$^{3}$ kan$^{21}$tʰai$^{53}$tsʅ$^{0}$ iet$^{3}$ tʂak$^{3}$ tsʅ$^{0}$ ke$^{53}_{44}$ʂʅ$^{13}_{21}$kan$^{35}_{44}$təu$^{35}$xai$^{13}_{21}$xan$^{53}$lo$^{13}$pʰek$^{5}$ tsʰɔi$^{53}$. ㊽位于；处在：～山沟里嘞。箇山沟里嘞，我等张坊几只花炮厂都都系咁个山沟里嘞。u$^{21}$san$^{35}$kei$^{35}_{44}$li$^{0}$ lei$^{0}$ .kai$^{53}_{44}$san$^{35}$kei$^{35}_{44}$li$^{0}$ lei$^{0}$ ,ŋai$^{13}$tien$^{0}$ tʂɔŋ$^{35}_{44}$xɔŋ$^{35}_{44}$ci$^{21}$tʂak$^{3}$ fa$^{35}_{44}$pʰau$^{53}_{44}$tʂʰɔŋ$^{21}$təu$^{35}_{44}$təu$^{35}$xe$^{53}$kan$^{21}$ke$^{53}_{44}$san$^{35}$kei$^{35}_{44}$li$^{0}$ lei$^{0}$. ㊾写：哦哦，～

W

副对子啊？o$_{44}$o$_{21}$,u$^{21}$fu$^{53}_{44}$ti$^{53}$tsa$^{0}$？(50)悬挂：唔系话厅下～块布吗，系唔系啊？箇块布个面前放张桌指灵桌哇。m̩$^{13}_{21}$pʰe$^{53}_{44}$ua$^{53}_{44}$tʰaŋ$^{35}$xa$^{35}_{44}$u$^{21}$kʰuai$^{53}_{44}$pu$^{53}$ma$^{0}$,xei$^{53}_{44}$me$^{53}_{44}$a$^{0}$?kai$^{53}_{44}$kʰuai$^{53}_{44}$pu$^{53}$ke$^{53}_{44}$mien$^{53}_{44}$tsʰien$^{13}_{21}$fɔŋ$^{53}_{44}$tʂɔŋ$^{35}_{44}$ tsɔk$^{3}$ua$^{0}$. (51)移动：但是我如果分以只～上来，以映三只，箇就𫠡食，箇食唔得。tan$^{53}_{44}$ʂʅ$^{53}_{44}$ŋai$^{13}_{21}$ ɥ$^{13}$ko$^{13}_{21}$pən$^{35}$i$^{21}$tʂak$^{3}$u$^{21}$ʂɔŋ$^{53}_{44}$lɔi$^{13}_{21}$,i$^{21}$iaŋ$^{53}_{44}$san$^{35}$tʂak$^{3}$,kai$^{53}_{44}$tsʰiəu$^{53}_{44}$maŋ$^{13}_{21}$ʂət$^{5}_{3}$,kai$^{53}_{44}$ʂət$^{5}$n̩$^{13}_{21}$tek$^{3}$. (52)迎娶：有渠箇只人家呢讨倒新人～归呢三年四载都唔生崽个，就咁子去搞指骑龙送子唠。iəu$^{21}$ci$^{13}$kai$^{53}_{44}$tʂak$^{3}$ɲin$^{13}_{21}$ ka$^{35}_{44}$ne$^{0}$tʰau$^{21}$tau$^{21}$sin$^{35}_{44}$ɲin$^{13}_{21}$u$^{21}$kuei$^{35}_{44}$ne$^{0}$san$^{35}$ɲien$^{13}_{21}$si$^{53}$tsai$^{21}$təu$^{35}_{44}$n̩$^{13}$saŋ$^{35}$tsɔi$^{21}$ke$^{53}_{44}$,tsiəu$^{53}$kan$^{21}$tsɿ$^{0}$çi$^{53}$kau$^{21}$ lau$^{0}$. (53)使用：一种系树做个鸡埘。～只咁烂柜也可以嘞。iet$^{3}$tʂəŋ$^{21}$xe$^{53}_{44}$ʂəu$^{53}$tso$^{53}$ke$^{53}_{21}$cie$^{35}$tsi$^{53}$.u$^{21}$ tʂak$^{3}$kan$^{21}_{44}$lan$^{53}$kʰuei$^{53}$ia$^{35}_{44}$kʰo$^{21}$i$^{35}_{44}$lei$^{0}$. (54)运载：一辆车啊，～起啊箇样东西啊，用液化气，唔知安做么东西啊，整铳打噢。iet$^{3}$liɔŋ$^{21}$tʂʰa$^{35}$a$^{0}$,u$^{21}$cʰi$^{21}$a$^{0}$kai$^{53}_{44}$iɔŋ$^{53}_{44}$təŋ$^{35}_{44}$si$^{0}$a$^{0}$,iəŋ$^{53}_{44}$ie$^{53}_{44}$fa$^{53}_{44}$çi$^{53}$,n̩$^{13}_{21}$ti$^{35}_{44}$ɔn$^{35}_{44}$tso$^{53}_{44}$ mak$^{3}$təŋ$^{35}_{44}$sia$^{0}$,tʂən$^{21}$tʂʰəŋ$^{53}$ta$^{21}$au$^{0}$. (55)凿：石头上是哩～只哩有只眼。ʂak$^{5}$tʰei$^{0}$xɔŋ$^{53}_{44}$ʂʅ$^{53}_{44}$li$^{0}$u$^{21}$tʂak$^{3}$li$^{0}$ iəu$^{35}_{44}$tʂak$^{3}$ŋan$^{21}$. (56)找寻：鱼叉子有。用叉子去叉鱼，有也有，唔多。以下～唔倒哩。ŋ̍$^{13}$tsʰa$^{35}$ tsɿ$^{0}$iəu$^{35}_{44}$.iəŋ$^{53}$tsʰa$^{35}$tsɿ$^{0}$çi$^{53}_{44}$tsʰa$^{35}$ŋ̍$^{13}$,iəu$^{35}$e$_{21}$(←a$^{35}$)iəu$^{35}_{44}$,n̩$^{13}_{21}$to$^{35}$.i$^{21}$çia$^{53}_{35}$u$^{21}$n̩$^{13}_{21}$tau$^{21}$li$^{0}$. (57)支撑；撑起：（荡耙床）箇只荡耙个意思就系么个嘞？就系～帐子个东西欸。kai$^{53}_{44}$tʂak$^{3}$tʰɔŋ$^{53}$pʰa$^{13}$ke$^{53}_{44}$i$^{53}$sɿ$^{0}$tsʰiəu$^{53}_{44}$xei$^{53}_{44}$ mak$^{3}$(k)e$^{53}_{44}$lei$^{0}$?tsʰiəu$^{53}_{44}$xei$^{53}_{44}$u$^{21}$tʂɔŋ$^{53}$tsɿ$^{0}$ke$^{53}_{21}$təŋ$^{35}_{44}$si$^{0}$e$_{21}$. (58)建造：唔系是有滴栏场是还～只间呢。m̩$_{21}$ pʰe$_{44}$(←m̩$^{13}$xe$^{53}$)ʂʅ$^{53}_{44}$iəu$^{35}$tiet$^{5}$lɔŋ$^{13}_{21}$tʂʰɔŋ$^{13}_{44}$ʂʅ$^{53}_{44}$xai$^{13}_{21}$u$^{21}$tʂak$^{3}$kan$^{35}$nei$^{0}$. (59)夯筑：（墙）𫠡～得正当个，靠长搧整转下子来。maŋ$^{13}$u$^{21}$tek$^{3}$tʂən$^{53}$tɔŋ$^{53}_{44}$ke$^{53}_{44}$,kʰau$^{53}$tʂʰɔŋ$^{13}$ʂen$^{35}$tʂaŋ$^{21}$tʂɔn$^{21}$na$^{53}$(←xa$^{53}$)tsɿ$^{0}$lɔi$^{13}_{44}$. (60)开挖：爱砌墙个栏场先～正条沟来。ɔi$^{53}$tsʰi$^{53}$tsʰiɔŋ$^{13}$ke$^{53}$lɔŋ$^{13}$tʂʰɔŋ$^{13}$sien$^{35}$u$^{21}$tʂaŋ$^{53}$tʰiau$^{13}_{21}$kei$^{35}$lɔi$^{13}_{21}$. (61)造成（形态）：渠肚里以映子～只缺，～只缺啊，只眼呐。ci$^{13}$təu$^{21}$li$^{0}$i$^{21}$iaŋ$^{53}_{44}$tsɿ$^{0}$u$^{21}$tʂak$^{3}$cʰiek$^{3}$,u$^{21}$tʂak$^{3}$ cʰiek$^{3}$a$^{0}$,tʂak$^{3}$ŋan$^{21}$na$^{0}$. (62)制造，制作：依从前是就箇个唠，就用树做唠，树做个块案板呶。一般就放四只脚唠。捆倒走得。系～张比较高滴子个凳哩嘛。i$^{35}_{53}$tsʰəŋ$^{13}$tsʰien$^{13}$ʂʅ$^{53}_{44}$tsʰiəu$^{53}$kai$^{53}$ke$^{53}$ lau$^{0}$,tsʰiəu$^{53}_{44}$iəŋ$^{53}_{44}$ʂəu$^{53}$tso$^{53}$lau$^{0}$,ʂəu$^{53}$tso$^{53}_{44}$ke$^{53}_{21}$kʰuai$^{53}_{44}$ŋɔn$^{53}$pan$^{21}$nau$^{0}$.iet$^{3}$pɔn$^{35}$tsiəu$^{53}_{44}$fɔŋ$^{53}$si$^{53}$tʂak$^{3}$ciɔk$^{3}$lau$^{0}$. kɔŋ$^{35}$tau$^{21}$tsei$^{3}$tek$^{3}$.xe$^{53}_{44}$u$^{21}$tʂɔŋ$^{35}_{44}$pi$^{21}$ciau$^{53}_{44}$kau$^{35}$tiet$^{5}$tsɿ$^{0}$ke$^{53}_{21}$tien$^{53}$ni$^{0}$ma$^{0}$.｜渠箇个～倒卖个酸菜渠就唔晒呀。渠就唔怕酸呐。欸，渠就留唔得，今晡～个，明晡就酸哩。ci$^{13}$kai$^{53}_{44}$ke$^{53}_{44}$u$^{21}$tau$^{21}$mai$^{53}$ke$^{53}_{44}$ sɔn$^{35}$tsʰɔi$^{53}$ci$^{13}$tsʰiəu$^{53}_{44}$m̩$^{13}$sai$^{53}$ia$^{0}$.ci$^{13}$tsʰiəu$^{53}$m̩$^{13}$pʰa$^{53}_{44}$sɔn$^{35}$na$^{0}$.ei$_{21}$,ci$^{13}$tsʰiəu$^{53}_{44}$liəu$^{13}$n̩$^{13}_{44}$tek$^{3}$,cin$^{35}$pu$^{35}_{44}$u$^{21}$ ke$^{53}$,miaŋ$^{13}$pu$^{35}$tsʰiəu$^{53}_{44}$sɔn$^{35}_{44}$ni$^{0}$. (63)编织；纺织：（皮篓子）一直都系方个～下上。iet$^{3}$tʂʰət$^{5}$təu$^{35}_{44}$xe$^{53}_{44}$ fɔŋ$^{35}$ke$^{53}_{44}$u$^{21}$(x)a$^{53}_{44}$ʂɔŋ$^{35}$.｜还有北乡人就欸～个家机布。用人家屋下个欸土机子织个，家机布哇。xai$^{13}_{21}$iəu$^{35}_{44}$pɔit$^{3}$çiɔŋ$^{35}_{44}$ɲin$^{13}_{21}$tsʰiəu$^{53}_{44}$e$_{21}$u$^{21}$kei$^{53}_{44}$cia$^{35}$ci$^{35}_{44}$pu$^{53}$.iəŋ$^{53}$ɲin$^{13}_{21}$ka$^{35}_{53}$uk$^{3}$xa$^{53}_{44}$ke$^{53}_{44}$e$_{21}$tʰəu$^{21}$ci$^{35}$tsɿ$^{0}$tʂek$^{3}$cie$^{53}$,ka$^{35}$ ci$^{35}_{44}$pu$^{53}$ua$^{0}$. (64)缝制：～件子衫子 u$^{21}$cʰien$^{53}$tsɿ$^{0}$san$^{35}$tsɿ$^{0}$。(65)烹煮：昼边了，爱～昼饭食。tʂəu$^{53}$ pien$^{35}$niau$^{21}$,ɔi$^{53}_{44}$u$^{21}$tʂəu$^{53}$fan$^{53}_{44}$ʂət$^{5}$.｜～饭个人就是咁子搦落几笊篱来。u$^{21}$fan$^{53}$ke$^{53}_{44}$ɲin$^{13}_{44}$tsʰiəu$^{53}_{44}$ʂʅ$^{53}_{44}$kan$^{21}_{44}$ tsɿ$^{0}$tsʰei$^{35}$lɔk$^{5}$ci$^{21}_{44}$tsau$^{53}$lei$^{13}_{44}$lɔi$^{13}_{44}$.｜～碗菌菇菜，～碗菌菇食哩。u$^{21}$uɔn$^{21}$cʰin$^{35}$ku$^{35}$tsʰɔi$^{53}$,u$^{21}$uɔn$^{21}$cʰin$^{35}$ ku$^{35}$ʂət$^{5}$li$^{0}$. (66)种植；栽种：箇叶上都尽势啊。安做么啊树？我～过一条啰。/喊百鸟不徛。kai$^{53}_{44}$iait$^{5}$xɔŋ$^{53}_{44}$təu$^{35}_{44}$tsʰin$^{53}$nek$^{3}$a$^{0}$.ɔn$^{35}_{44}$tso$^{53}_{44}$mak$^{3}$a$^{0}$ʂəu$^{53}$?ŋai$^{13}$u$^{21}$ko$^{53}$iet$^{3}$tʰiau$^{13}_{44}$lo$^{0}$./xan$^{53}$pak$^{3}$ɲiau$^{35}$pət$^{3}$ci$^{35}$.｜栽西瓜个都很少。以爱栽个都是～滴子就栽倒自家食个。tsɔi$^{35}$si$^{35}$kua$^{35}_{44}$ke$^{53}_{44}$təu$^{35}_{44}$xen$^{21}$ʂau$^{21}$.i$^{21}_{13}$ɔi$^{53}$ tsɔi$^{35}$ke$^{53}_{44}$təu$^{35}_{44}$ʂʅ$^{53}_{44}$u$^{21}$tiet$^{5}$tsɿ$^{0}$tsʰiəu$^{53}_{44}$tsɔi$^{35}$tau$^{21}$tsɿ$^{35}_{21}$ka$^{35}_{44}$ʂət$^{5}$ke$^{53}_{44}$. (67)（通过购买、租赁等方式）准备；置办：系唔系今晡个酒哇？哦哦，舞副对子啊，～两只气球哇？xe$^{53}_{44}$me$^{53}_{44}$cin$^{35}$pu$^{35}_{44}$ke$^{53}_{44}$tsiəu$^{21}$ua$^{0}$?o$_{44}$ o$_{21}$,u$^{21}$fu$^{53}_{44}$ti$^{53}$tsa$^{0}$,u$^{21}$iɔŋ$^{21}$tʂak$^{3}$çi$^{53}$cʰiəu$^{13}_{21}$ua$^{0}$?｜打发哟，安做～只打发哟，（客人）离开个时子爱打发呀。ta$^{21}$fait$^{3}$iau$^{0}$,ɔn$^{35}_{44}$tso$^{53}_{44}$u$^{21}$tʂak$^{3}$ta$^{21}$fait$^{3}$iau$^{0}$,li$^{13}$kʰɔi$^{35}_{44}$ke$^{53}_{44}$ʂʅ$^{13}_{44}$tsɿ$^{0}$ɔi$^{53}_{44}$ta$^{21}$fait$^{3}$ia$^{0}$. (68)组织；组建：如今～……如今讲个合作社是就系㖼种菜个，㖼，几家人打伙，来种菜，搞只蔬菜合作社。i$^{13}_{21}$ cin$^{35}$u$^{21}$…i$^{13}_{21}$cin$^{35}$kɔŋ$^{21}$ke$^{53}_{44}$xɔit$^{5}$tsɔk$^{3}$ʂa$^{53}$ʂʅ$^{53}_{44}$tsʰiəu$^{53}$xei$^{53}$m̩$_{21}$tʂəŋ$^{53}_{44}$tsʰɔi$^{53}$ke$^{53}_{44}$,m̩$_{21}$,ci$^{21}$ka$^{35}$ɲin$^{13}_{44}$ta$^{21}$fo$^{21}$,lɔi$^{13}_{21}$tʂəŋ$^{53}_{44}$ tsʰɔi$^{53}$,kau$^{21}$tʂak$^{3}$səu$^{35}$tsʰɔi$^{53}_{44}$xɔit$^{5}$tsɔk$^{3}$ʂa$^{53}$. (69)翻过：～单杠 u$^{21}$tan$^{35}$kɔŋ$^{53}_{21}$

【舞$_{3}$】u$^{21}$ 介 ①表处置，相当于普通话的“把、将”：从前个细人子是～枚子，～条子鼻帕子就挂倒……～枚子镔针呢挂下衫上嘞。tsʰəŋ$^{13}$tsʰien$^{13}_{21}$ke$^{53}_{44}$sei$^{53}$ɲin$^{13}_{44}$tsɿ$^{0}$ʂʅ$^{53}_{44}$u$^{21}$mɔi$^{13}$tsɿ$^{0}$,u$^{21}$tʰiau$^{13}$tsɿ$^{0}$ pʰi$^{53}$pʰa$^{53}_{44}$tsɿ$^{0}$tsʰiəu$^{53}_{44}$kua$^{53}$tau$^{21}$…u$^{21}$mɔi$^{13}$tsɿ$^{0}$pin$^{35}$tʂən$^{35}$ne$^{0}$kua$^{53}$(x)a$^{53}_{44}$san$^{35}$xɔŋ$^{53}_{44}$le$^{0}$. ②表工具，相对于普通话的“用”：箇帖写好哩以后要～只子唔知几精致个盒子装倒。kai$^{53}_{44}$tʰiait$^{3}$sia$^{21}$xau$^{21}$li$^{0}$i$^{35}$xei$^{53}_{44}$ iau$^{53}_{44}$u$^{21}$tʂak$^{3}$tsɿ$^{0}$n̩$^{13}_{21}$ti$^{35}_{53}$ci$^{21}$tsin$^{35}$tʂʅ$^{53}_{44}$ke$^{53}_{44}$xait$^{5}$tsɿ$^{0}$tʂɔŋ$^{35}$tau$^{21}$. ③表材料，相当于普通话的“用”：欸，（白辣椒）更嫩唠，欸。～倒～滴子油子一燍啊，食淡干鱼子样噢箇就，喷香噢。e$_{21}$,ken$^{53}_{44}$ lən$^{53}$lau$^{0}$,e$_{21}$.u$^{21}$tau$^{21}$u$^{21}$tet$^{5}$tsɿ$^{0}$iəu$^{13}$tsɿ$^{0}$iet$^{3}$sɿ$^{35}$a$^{0}$,ʂət$^{5}$tʰan$^{35}_{44}$kɔn$^{35}_{44}$ŋ̍$^{13}$tsɿ$^{0}$iɔŋ$^{53}_{44}$ŋau$^{0}$kai$^{53}_{44}$tsʰiəu$^{53}_{44}$,pʰəŋ$^{35}$çiɔŋ$^{35}_{44}$ŋau$^{0}$.

【舞倒$_{1}$】u$^{21}$tau$^{21}$ 介 ①表处置，相当于普通话的“把、将”：有滴栏场～麦稿整柴烧。iəu$^{35}$

tiet$^{5}$ laŋ$^{13}$tʂʰɔŋ$^{13}$u$^{21}$tau$^{21}$mak$^{3}$ kau$^{21}$tʂən$^{21}$tsʰai$^{13}$ʂau$^{35}$. ②表工具，相对于普通话的“用”：（乌梅）～薄膜袋子包倒。u$^{21}$tau$^{21}$pʰɔk$^{5}$ mo$^{13}$tʰɔi$^{53}$tsɿ$^{0}$ pau$^{35}$tau$^{21}$. ③表材料，相当于普通话的“用”：～丝芒根去熬糖。u$^{21}$tau$^{21}$sɿ$^{35}$mɔŋ$^{13}$cien$^{35}$cʰi$^{53}_{44}$ŋau$^{13}$tʰɔŋ$^{13}$. ④表时间，相当于普通话的“在”：因为十分少，所以就～栽禾个时候子，箇禾秧个禾蔸秧筋上，禾秧筋上蘸滴子骨头粉。in$^{35}$uei$^{53}_{44}$ʂət$^{5}$ fən$^{35}_{44}$ʂau$^{21}$,so$^{21}$i$^{35}$tsʰiəu$^{53}_{44}$u$^{21}$tau$^{21}$tsɔi$^{35}$uo$^{13}$ke$^{53}$ʂʅ$^{13}$xei$^{53}$tsɿ$^{0}$,kai$^{53}$uo$^{13}$iɔŋ$^{35}$ke$^{53}_{44}$uo$^{13}$tei$^{35}$iɔŋ$^{35}$cin$^{35}$ xɔŋ$^{53}$,uo$^{13}$iɔŋ$^{35}_{44}$cin$^{35}$xɔŋ$^{53}_{44}$tsian$^{21}$tiet$^{5}$ tsɿ$^{0}$ kut$^{3}$ tʰei$^{13}$fən$^{21}$.

【舞倒$_{2}$】u$^{21}$tau$^{21}$ [连]表因果关系。用在下半句话的开头，表示下文是上述原因所形成的结果。相当于普通话的“致使，以致”：箇油哇，一爆箇油就四向射。唉，～我面上都射得尽油。kai$^{53}$iəu$^{13}$ua$^{0}$,iet$^{3}$ pau$^{53}$kai$^{53}_{44}$iəu$^{13}$tsʰiəu$^{53}_{44}$si$^{53}$çiɔŋ$^{53}_{44}$ʂa$^{53}$.ai$_{21}$,u$^{21}$tau$^{21}$ŋai$^{13}$mien$^{53}$xɔŋ$^{53}_{44}$təu$^{35}_{44}$ʂa$^{53}$tek$^{3}$ tsʰin$^{53}$iəu$^{13}_{21}$.｜蛮好食。～我生个就……～我⿰勿曾蒸⿰勿曾煮都食哩一坨。man$^{13}$xau$^{21}$ʂət$^{5}$ .u$^{21}$tau$^{21}$ŋai$^{13}_{21}$saŋ$^{35}$ke$^{53}$tsʰiəu$^{53}_{44}$…u$^{21}$tau$^{21}$ŋai$^{13}_{21}$maŋ$^{13}$tʂən$^{35}$maŋ$^{13}$tʂəu$^{21}$təu$^{35}_{44}$ʂət$^{5}$ li$^{0}$ iet$^{3}$ tʰo$^{13}_{21}$.

【舞倒$_{3}$】u$^{21}$tau$^{21}$ 表示注释、补充举例，相当于普通话的“也就是”：（捡骨头的时候）也有么啊仪式，～请起下子来呀，烧滴子香烛子啊。ia$^{35}$mau$^{13}_{21}$mak$^{3}$ a$^{0}$ ɲi$^{13}$ʂʅ$^{53}$,u$^{21}$tau$^{21}_{44}$tsʰiaŋ$^{21}$çi$^{21}$a$^{53}$tsɿ$^{0}$ lɔi$^{13}_{21}$ia$^{0}$,ʂau$^{35}_{44}$tet$^{5}$ tsɿ$^{0}$ çiɔŋ$^{35}$tʂəuk$^{3}$ tsa$^{0}$.

【舞开】u$^{21}$kʰɔi$^{35}$ [动]①打开：那就最容易～来。na$^{53}_{21}$tsiəu$^{53}_{44}$tsei$^{53}$iəŋ$^{13}_{21}$i$^{53}$u$^{21}$kʰɔi$^{35}_{44}$lɔi$^{13}_{44}$. ②拉着让其离开：两只细人子打架去哩，～一只。iɔŋ$^{21}$tʂak$^{3}$ sei$^{53}$ɲin$^{13}_{21}$tsɿ$^{0}$ ta$^{53}$cia$^{53}$çi$^{53}$li$^{0}$,u$^{21}$kʰɔi$^{35}_{44}$iet$^{3}$ tʂak$^{3}$.

【杌子】uət$^{5}$ tsɿ$^{0}$ [名]一种小方桌，做鞋用，有一个抽屉，有时也可当凳子用：以前是少唔得一张～，爱做鞋。以下冇么人放搞箇～了。～冇得哩啊。有兜子像箇个床头柜子样咁子个样就矮矮子个桌子啊，肚里底下可以放只子拖箱子。又坐得人呐，因为矮呀，又整凳坐得，因为做鞋是唔爱拿咁高来做嘞，渠撞怕做眼箇兜爱蛮用劲，渠就……矮呀。有脚，有一只抽屉子，有一只抽屉个矮桌子，矮桌子，还可以做凳子，可以整凳坐。i$^{35}_{53}$tsʰien$^{13}$ʂʅ$^{53}_{44}$ʂau$^{21}$n̩$^{13}$tek$^{3}$ iet$^{3}$ tʂɔŋ$^{35}_{44}$ uət$^{5}$ tsɿ$^{0}$,ɔi$^{53}$tso$^{53}$xai$^{13}$.i$^{21}$xa$^{53}$mau$^{13}_{21}$mak$^{3}$ in$^{13}_{44}$fɔŋ$^{53}$kau$^{21}$kai$^{53}_{44}$uət$^{5}$ tsɿ$^{0}$ liau$^{0}$.uət$^{5}$ tsɿ$^{0}$ mau$^{13}$tek$^{3}$ li$^{0}$ a$^{0}$.iəu$^{35}$təu$^{35}_{53}$tsɿ$^{0}$ tsʰiɔŋ$^{53}$kai$^{53}_{44}$kei$^{53}_{44}$tsʰɔŋ$^{13}$tʰei$^{13}$kʰuei$^{53}$tsɿ$^{0}$ iɔŋ$^{53}$kan$^{21}$tsɿ$^{0}$ ke$^{53}_{44}$iɔŋ$^{53}_{44}$tsʰiəu$^{53}_{44}$ai$^{21}_{13}$ai$^{21}$tsɿ$^{0}$ ke$^{53}$tsɔk$^{3}$ tsɿ$^{0}$ a$^{0}$,təu$^{21}$li$^{0}$ tei$^{21}$xa$^{53}$ kʰo$^{21}$i$^{35}_{44}$fɔŋ$^{53}$tʂak$^{3}$ tsɿ$^{0}$ tʰo$^{35}$siɔŋ$^{35}$tsɿ$^{0}$.iəu$^{53}$tsʰo$^{35}$tek$^{3}$ ɲin$^{13}$na$^{0}$,in$^{35}$uei$^{53}_{44}$ai$^{21}$ia$^{0}$,iəu$^{53}$tʂən$^{21}$ten$^{53}$tsʰo$^{35}_{44}$tek$^{3}$,in$^{35}_{44}$uei$^{53}_{44}$ tso$^{53}$xai$^{13}$ʂʅ$^{53}_{44}$m̩$^{13}$mɔi$^{53}_{44}$la$^{53}$kan$^{21}$kau$^{35}$lɔi$^{13}_{21}$tso$^{53}$lei$^{0}$,ci$^{13}_{21}$tsʰɔŋ$^{21}$pʰa$^{53}_{44}$tso$^{53}$ŋan$^{21}$kai$^{53}$te$^{35}_{53}$ɔi$^{53}$man$^{13}$iəŋ$^{53}_{44}$cin$^{53}$,ci$^{13}_{21}$tsʰiəu$^{53}$ f…ai$^{21}$ia$^{0}$.iəu$^{35}$ciɔk$^{3}$,iəu$^{35}$iet$^{3}$ tʂak$^{3}$ tsɿ$^{0}$ tʂʰəu$^{35}_{53}$tʰi$^{53}_{44}$tsɿ$^{0}$,iəu$^{35}$iet$^{3}$ tʂak$^{3}$ tsɿ$^{0}$ tʂʰəu$^{35}_{53}$tʰi$^{53}_{44}$ke$^{53}_{44}$ai$^{21}$tsɔk$^{3}$ tsɿ$^{0}$,ai$^{21}$tsɔk$^{3}$ tsɿ$^{0}$,xai$^{13}_{21}$kʰo$^{21}$i$^{35}_{44}$tso$^{53}$ten$^{53}$tsɿ$^{0}$,kʰo$^{21}$i$^{35}_{53}$tsən$^{21}$tien$^{53}$tsʰo$^{35}_{44}$.

【雾】u$^{53}$ [名]一种天气现象，是近地面层空气中水汽凝结（或凝华）的产物：早晨起来，上来，懑大个～。tsau$^{21}$ʂən$^{13}$çi$^{21}$lɔi$^{13}$,xɔŋ$^{53}$lɔi$^{13}_{44}$,mən$^{35}$tʰai$^{53}$ke$^{53}_{44}$u$^{53}$.

# X

【西北】si$^{35}$pɔit$^{3}$ 名方位词。介于西和北之间的方位：～方向 si$^{35}$pɔit$^{3}$ fɔŋ$^{35}_{44}$çiɔŋ$^{53}$

【西边】si$^{35}$pien$^{35}$ 名方位词。太阳落下去的一边：走～写起。tsei$^{21}$si$^{35}$pien$^{35}$sia$^{21}$çi$^{21}$.

【西粉】si$^{35}$fən$^{21}$ 名湘粉。又称“南粉、粉丝”：我等人长日会买～，但是如今呢唔多讲～了。欸讲买粉丝，食粉丝，欸，唔多讲～了，但系大家还系晓得么个安做～。ŋai$^{13}$tien$^{0}$ɲin$^{13}_{21}$tʂ$^{h}$ɔŋ$^{13}$ɲiet$^{3}$uɔi$^{53}$mai$^{35}_{44}$si$^{35}$fən$^{21}$,tan$^{53}$ʂʅ$^{53}$i$^{13}_{21}$cin$^{35}_{53}$nei$^{0}$n̩$^{13}$to$^{35}_{53}$kɔŋ$^{21}$si$^{35}$fən$^{21}$niau$^{0}$.e$^{0}$kɔŋ$^{21}$mai$^{35}$fən$^{21}$sɿ$^{35}_{44}$,ʂət$^{5}$fən$^{21}$sɿ$^{35}$,e$_{21}$,n̩$^{13}$to$^{35}_{53}$kɔŋ$^{21}$si$^{35}$fən$^{21}$liau$^{0}$,tan$^{53}$xe$^{53}$t$^{h}$ai$^{53}$cia$^{35}_{53}$xai$^{13}$xe$^{53}_{44}$çiau$^{21}$tek$^{3}$mak$^{3}$ke$^{53}$ɔn$^{35}_{44}$tso$^{53}_{44}$si$^{35}$fən$^{21}$.

【西瓜】si$^{35}$kua$^{35}$ 名一种一年生蔓生藤本植物，果实为夏季常见水果：我等也[勿曾]栽箇。栽～个都很少。以爱栽个都是舞滴子就栽倒自家食个。ŋai$^{13}$tien$^{0}$ia$^{35}_{44}$maŋ$^{13}$tsɔi$^{35}$kai$^{53}$.tsɔi$^{35}$si$^{35}$kua$^{35}_{44}$ke$^{53}_{44}$təu$^{35}_{44}$xen$^{21}$ʂau$^{21}$.i$^{21}_{13}$ɔi$^{53}$tsɔi$^{35}$ke$^{53}_{44}$təu$^{35}_{44}$ʂʅ$^{53}_{44}$u$^{21}$tiet$^{5}$tsɿ$^{0}$ts$^{h}$iəu$^{53}_{44}$tsɔi$^{35}$tau$^{21}$ts$^{h}$ʅ$^{35}_{21}$ka$^{35}_{44}$ʂət$^{5}$ke$^{53}_{44}$.｜以映子卖～个是包红包甜呐。大～啊，包红包甜呐。i$^{21}$iaŋ$^{53}$tsɿ$^{0}$mai$^{53}$si$^{35}_{44}$kua$^{35}_{44}$ke$^{53}$ʂʅ$^{53}_{44}$pau$^{35}$fəŋ$^{13}$pau$^{35}$t$^{h}$ian$^{13}$na$^{0}$.t$^{h}$ai$^{53}$si$^{35}_{44}$kua$^{35}$a$^{0}$,pau$^{35}$fəŋ$^{13}$pau$^{35}$t$^{h}$ian$^{13}$na$^{0}$.

【西瓜籽】si$^{35}$kua$^{35}$tsɿ$^{21}$ 名西瓜的种子。有的经过适当处理，可制成很受欢迎的小食品及零食：～一起就可以舞倒去栽个，系唔系？箇个专门培育个。以个卖个西瓜个～是有用，箇只好丢嘿去。还有一起就系欸整换茶卖个箇～。会买～，香哦，箇剥一阵吵，比葵花籽更好食了，嗯比葵花籽更香～咯。si$^{35}_{44}$kua$^{35}_{44}$tsɿ$^{21}$iet$^{3}$çi$^{21}$ts$^{h}$iəu$^{53}$k$^{h}$o$^{21}$i$^{35}_{53}$u$^{21}$tau$^{21}$çi$^{53}_{21}$tsɔi$^{35}$ke$^{53}$,xei$^{53}_{44}$me$^{53}_{44}$?kai$^{53}_{21}$ke$^{53}_{21}$tʂen$^{35}$mən$^{13}_{21}$p$^{h}$ei$^{13}$iəuk$^{3}$ke$^{53}$.i$^{21}$ke$^{53}$mai$^{53}$ke$^{53}_{44}$si$^{35}_{44}$kua$^{35}_{44}$ke$^{53}$si$^{35}_{44}$kua$^{35}_{44}$tsɿ$^{21}$ʂʅ$^{53}_{21}$mau$^{13}$iəŋ$^{53}$,kai$^{53}$tʂʅ$^{21}$(x)au$^{21}$tiəu$^{35}$(x)ek$^{3}$çi$^{53}$.xai$^{13}_{21}$iəu$^{35}_{53}$iet$^{3}$çi$^{21}$ts$^{h}$iəu$^{53}$xei$^{53}$e$_{21}$tʂən$^{21}$uɔn$^{53}$ts$^{h}$a$^{13}_{44}$mai$^{53}$ke$^{53}_{44}$kai$^{53}$si$^{35}_{44}$kua$^{35}_{44}$tsɿ$^{21}$.uɔi$^{53}_{44}$mai$^{35}$si$^{35}_{44}$kua$^{35}_{44}$tsɿ$^{21}$,çiɔŋ$^{35}$ŋo$^{0}$,kai$^{53}$pɔk$^{3}$iet$^{3}$tʂ$^{h}$ən$^{53}$ʂa$^{0}$,pi$^{21}$k$^{h}$uei$^{13}$fa$^{35}_{44}$tsɿ$^{21}$cien$^{53}_{44}$xau$^{21}$ʂət$^{5}$liau$^{0}$,n̩$^{0}$pi$^{21}$k$^{h}$uei$^{13}$fa$^{35}_{53}$tsɿ$^{21}$cien$^{53}_{44}$çiɔŋ$^{35}$si$^{35}$kua$^{35}_{44}$tsɿ$^{21}$ko$^{0}$.

【西货】si$^{35}$fo$^{53}$ 名指质量不好的牲畜或其他东西，也引申指品行不好的妇女：讲箇人呐摎箇个欸头牲啊，特别有个头牲啊，我等讲会讲话箇只～，东西南北个西箇只音。欸我等欸箇到去北京旅游喔旧年咯，箇只人讲箇个宝石，开下只宝石店里，渠就讲哪只国家，讲泰国吧？讲泰国个宝石，渠话 A 货嘞就最好个，B 货嘞就系中点子个，C 货，ABC 呀，C 货嘞就系质量最奶个，我等尽兜都笑得尽命。箇我等客家人讲中哩，～牯哇，～就系唔好哇。欸，讲哪只欸讲头牲讲箇猪子，箇阵子捉猪子啊，捉猪条哇，“哎呀，你捉只～归来哩”。以下就讲妹子人，讨老婆，欸，讨只～，欸，唔好哇。欸让门来个嘞？我话以……欸，我等都好笑，万伏初老师等“以到我等寻倒哩一只根据”。～，差个，质量蛮奶个。kɔŋ$^{21}$kai$^{53}$ɲin$^{13}$na$^{0}$lau$^{35}$kai$^{53}$kei$^{53}_{44}$e$^{0}$t$^{h}$ei$^{13}$saŋ$^{35}_{44}$ŋa$^{0}$,t$^{h}$ek$^{5}$piet$^{3}$iəu$^{35}$cie$^{53}$t$^{h}$ei$^{13}$saŋ$^{35}_{44}$ŋa$^{0}$,ŋai$^{13}$tien$^{0}$kɔŋ$^{21}$uɔi$^{53}$kɔŋ$^{21}$ua$^{53}$kai$^{53}$tʂak$^{3}$si$^{35}$fo$^{53}$,təŋ$^{35}$si$^{35}_{44}$lan$^{13}_{21}$pɔit$^{3}$ke$^{0}$si$^{35}$kai$^{53}_{44}$tʂak$^{3}$in$^{35}$.ei$_{21}$ŋai$^{13}_{21}$tien$^{0}$ei$_{21}$kai$^{53}_{44}$tau$^{53}_{44}$çi$^{53}$pɔit$^{3}$cin$^{35}_{44}$li$^{35}$iəu$^{13}$uo$^{0}$c$^{h}$iəu$^{53}$ɲien$^{13}$ko$^{0}$,kai$^{53}_{44}$tʂak$^{3}$ɲin$^{13}_{21}$kɔŋ$^{21}$kai$^{53}$kei$^{53}_{44}$pau$^{21}$ʂak$^{5}$,k$^{h}$ɔi$^{35}$(x)a$^{53}$tʂak$^{3}$pau$^{21}$ʂak$^{5}$tian$^{53}$ni$^{0}$,ci$^{13}$ts$^{h}$iəu$^{53}$kɔŋ$^{21}$lai$^{53}$tʂak$^{3}$kɔit$^{3}$cia$^{35}_{44}$,kɔŋ$^{21}$t$^{h}$ai$^{53}$kɔit$^{3}$pa$^{0}$?kɔŋ$^{21}$t$^{h}$ai$^{53}$kɔit$^{3}$ke$^{0}$pau$^{21}$ʂak$^{5}$,ci$^{13}_{21}$ua$^{53}$ei$^{35}$fo$^{53}$lei$^{0}$ts$^{h}$iəu$^{53}_{44}$tsei$^{53}$xau$^{21}$kei$^{53}$,pi$^{35}$fo$^{53}$lei$^{0}$tsiəu$^{53}$xei$^{53}$

tʂəŋ$^{35}$tian$^{21}$tsɿ$^{0}$ kei$^{53}$,si$^{35}$fo$^{53}$,ei$^{35}_{44}$pi$^{35}_{44}$si$^{35}$ia$^{0}$,si$^{35}$fo$^{53}$lei$^{0}$ tsʰiəu$^{53}_{44}$xei$^{53}_{44}$tʂət$^{3}$ liɔŋ$^{53}_{44}$tsei$^{53}$ʂo$^{13}_{21}$ke$^{53}$,ŋai$^{13}$tien$^{0}$ tsʰin$^{53}$te$^{35}_{44}$ təu$^{35}_{44}$siau$^{53}$tek$^{3}$ tsʰin$^{53}$miaŋ$^{53}$.kai$^{53}$ŋai$^{13}_{21}$tien$^{0}$ kʰak$^{3}$ ka$^{35}_{44}$ɲin$^{13}_{21}$kɔŋ$^{21}$tʂəŋ$^{53}$li$^{0}$,si$^{35}$fo$^{53}$ku$^{21}$ua$^{0}$,si$^{35}$fo$^{53}$tsiəu$^{53}$xe$^{53}_{21}$m̩$^{13}_{21}$ xau$^{21}$ua$^{0}$.e$_{21}$,kɔŋ$^{21}$lai$^{53}$tʂak$^{3}$ ei$_{44}$kɔŋ$^{21}$tʰei$^{13}$saŋ$^{35}_{44}$kɔŋ$^{21}$kai$^{53}_{44}$tʂəu$^{35}$tsɿ$^{0}$,kai$^{53}_{44}$tʂʰən$^{53}$tsɿ$^{0}$ tsɔk$^{3}$ tʂəu$^{35}$tsɿ$^{0}$ a$^{0}$,tsɔk$^{3}$ tʂəu$^{35}$ tʰiau$^{13}_{21}$ua$^{0}$,"ai$_{53}$ia$_{44}$, ɲi$^{13}_{21}$tsɔk$^{3}$ tʂak$^{3}$ si$^{35}$fo$^{53}$kuei$^{35}_{44}$lɔi$^{13}_{21}$li$^{0}$".i$^{21}$xa$^{53}_{44}$tsʰiəu$^{53}_{44}$kɔŋ$^{21}$mɔi$^{53}$tsɿ$^{0}$ ɲin$^{13}$,tʰau$^{21}$lau$^{21}$pʰo$^{13}$,e$_{21}$, tʰau$^{21}$tʂak$^{3}$ si$^{35}_{44}$fo$^{53}$,e$_{21}$,m̩$^{13}_{44}$xau$^{21}$ua$^{0}$.e$^{0}$ ɲiɔŋ$^{53}$mən$^{53}_{44}$lɔi$^{13}_{21}$ke$^{53}_{44}$lei$^{0}$?ŋai$^{13}_{21}$ua$^{53}_{44}$i$^{21}$···e$_{21}$,ŋai$^{13}$tien$^{0}$ təu$^{35}_{44}$xau$^{21}$siau$^{53}$,uan$^{53}_{44}$ fuk$^{5}$ tsʰəu$^{35}$lau$^{21}$sɿ$^{35}_{44}$tien$^{0}$ "i$^{21}$tau$^{53}$ŋai$^{13}_{21}$tien$^{0}$ tsʰin$^{13}$tau$^{21}$li$^{0}$ iet$^{3}$ tʂak$^{3}$ cien$^{35}_{44}$tʂʮ$^{53}$".si$^{35}$fo$^{53}$,tsʰa$^{35}$ke$^{53}$,tʂət$^{3}$ liɔŋ$^{53}$ man$^{13}$ʂo$^{13}$ke$^{53}$.

【西角上】si$^{35}$kɔk$^{3}$ xɔŋ$^{53}$ 名①西边：欸，我姨子头到算哩八字，就去唔得～话，欸，输命筋。渠信得渠等渠就。e$_{21}$,ŋai$^{13}_{21}$ɔi$^{35}$tsɿ$^{0}$ tʰei$^{13}$tau$^{53}_{44}$sɔn$^{53}$ni$^{0}$ pait$^{3}$ tsʰɿ$^{53}_{44}$,tsʰiəu$^{53}_{44}$çi$^{53}$n̩$^{13}_{44}$tek$^{3}$ si$^{35}$kɔk$^{3}$ xɔŋ$^{53}$ua$^{53}$,e$_{53}$,ʂəu$^{35}$ miaŋ$^{53}$cin$^{35}$.ci$^{13}_{21}$sin$^{53}$tek$^{3}$ ci$^{13}$tien$^{0}$ ci$^{13}_{44}$tsiəu$^{53}_{21}$. ②西边头上：我箇台店子就去～，以条街个～。ŋai$^{13}$ kai$^{53}$tʰai$^{13}_{44}$tian$^{53}$tsɿ$^{0}$ tsʰiəu$^{53}_{44}$çi$^{53}_{44}$si$^{35}$kɔk$^{3}$ xɔŋ$^{53}$,i$^{21}$tʰiau$^{21}$kai$^{35}_{44}$ke$^{0}$ si$^{35}$kɔk$^{3}$ xɔŋ$^{53}$.

【西街口】si$^{35}$kai$^{35}_{44}$xei$^{21}$ 名街道的西头上：以边就东街口唠，箇边就～唠。i$^{21}$pien$^{35}_{53}$tsʰiəu$^{53}_{44}$təŋ$^{35}$ kai$^{35}_{44}$xei$^{21}$lau$^{0}$,kai$^{53}_{44}$pien$^{35}_{44}$tsʰiəu$^{53}_{44}$si$^{35}$kai$^{35}_{44}$xei$^{21}$lau$^{0}$.

【西南】si$^{35}$lan$^{13}_{21}$ 名方位词。介于西和南之间的方位：～方向 si$^{35}$lan$^{13}_{21}$fɔŋ$^{35}_{44}$çiɔŋ$^{53}$

【西式$_1$】si$^{35}$ʂɿ$^{53}$ 形①时髦：蛮～就系蛮时髦个意思。欸，蛮时髦个意思啊。～，就系东西南北，西方个西。学倒哩西方个式样，也就系蛮时髦。欸，我等以映子有一起头发，有起发型呐，剃头个发型呢，欸，安做西式头。以下就有么人咁子讲啵，西式头。箇就系～个意思。就系蛮时髦，蛮跟得形势上，欸，就安做～。man$^{13}$si$^{35}$ʂɿ$^{53}$tsʰiəu$^{53}_{44}$xe$^{53}_{44}$man$^{13}$ʂɿ$^{13}$mau$^{13}_{21}$ke$^{53}_{44}$i$^{53}_{44}$ sɿ$^{0}$.e$_{21}$,man$^{13}$ʂɿ$^{13}$mau$^{13}_{21}$ke$^{53}_{44}$i$^{53}_{44}$sɿ$^{0}$ a$^{0}$.si$^{35}$ʂɿ$^{53}_{44}$,tsʰiəu$^{53}_{44}$xe$^{53}_{44}$təŋ$^{35}$si$^{35}_{44}$lan$^{13}$pɔit$^{3}$,si$^{35}$fɔŋ$^{35}_{44}$ke$^{53}_{44}$si$^{35}$.xɔk$^{5}$ tau$^{21}$li$^{0}$ si$^{35}$fɔŋ$^{35}_{44}$ke$^{53}_{44}$ ʂɿ$^{53}$iɔŋ$^{53}$,ia$^{35}$tsiəu$^{53}$xe$^{53}$man$^{13}$ʂɿ$^{13}$mau$^{13}$.e$_{21}$,ŋai$^{13}_{21}$tien$^{0}$ i$^{21}$iaŋ$^{53}_{44}$tsɿ$^{0}$ iəu$^{35}$iet$^{3}$ çi$^{21}$tʰei$^{13}$fait$^{3}$,iəu$^{35}$çi$^{21}$fait$^{3}$ çin$^{13}$na$^{0}$,tʰe$^{53}$ tʰei$^{13}$ke$^{53}$fait$^{3}$ çin$^{13}$nei$^{0}$,e$_{21}$,ɔn$^{35}_{44}$tso$^{53}_{44}$si$^{35}$ʂɿ$^{53}_{21}$tʰei$^{13}$.i$^{21}$xa$^{53}$tsʰiəu$^{53}_{44}$mau$^{13}$mak$^{3}$ ɲin$^{13}$kan$^{21}$tsɿ$^{0}$ kɔŋ$^{21}$nau$^{0}$,si$^{35}$ʂɿ$^{53}$ tʰei$^{13}$.kai$^{53}_{44}$tsʰiəu$^{53}_{44}$xe$^{53}_{44}$si$^{35}$ʂɿ$^{53}$ke$^{53}_{21}$i$^{53}_{44}$sɿ$^{0}$.tsiəu$^{53}$xe$^{53}$man$^{13}$ʂɿ$^{13}$mau$^{13}$,man$^{13}$cien$^{35}$tek$^{3}$ çin$^{13}$ʂɿ$^{53}_{44}$ʂɔŋ$^{35}$,e$_{21}$,tsʰiəu$^{53}_{44}$ɔn$^{35}_{44}$ tso$^{53}_{21}$si$^{35}$ʂɿ$^{53}_{44}$. ②科学，精巧：陈老师，箇只我□记哩。～还有一只话法，你讲倒以只事情呢，欸，就系话田里个拖斗做得蛮～，箇就唔系时髦。～个第二只意思嘞就系讲蛮科学，欸，蛮巧妙个意思。箇拖斗做得蛮巧妙，做得蛮科学。欸，蛮巧妙个意思。箇拖斗做得蛮巧妙，做得蛮科学。欸，可能就系以只咁意思。我就看还有别么啊意思吗，～。嗯，做得蛮～。箇个就唔系时髦。tʂʰən$^{13}$nau$^{21}$sɿ$^{35}_{44}$,kai$^{53}$tʂak$^{3}$ ŋai$^{13}_{21}$lai$^{13}$ci$^{53}_{44}$li$^{0}$.si$^{35}$ʂɿ$^{53}$xai$^{13}$iəu$^{35}_{44}$iet$^{3}$ tʂak$^{3}$ ua$^{53}_{44}$fait$^{3}$, ɲi$^{13}_{21}$kɔŋ$^{21}$tau$^{21}$i$^{21}$ tʂak$^{3}$ sɿ$^{53}$tsʰin$^{13}$ne$^{0}$,e$_{21}$,tsʰiəu$^{53}_{44}$xei$^{53}_{44}$ua$^{53}_{44}$tʰien$^{13}_{21}$li$^{13}_{44}$ke$^{53}_{44}$tʰo$^{35}$tei$^{21}$tso$^{53}$tek$^{3}$ man$^{13}$si$^{35}$ʂɿ$^{53}$,kai$^{53}_{44}$tsʰiəu$^{53}_{44}$m̩$^{13}_{21}$pʰe$^{53}_{44}$ʂɿ$^{13}_{21}$ mau$^{13}_{44}$.si$^{35}$ʂɿ$^{53}$ke$^{53}_{21}$tʰi$^{53}$ɲi$^{53}$tʂak$^{3}$ i$^{53}$sɿ$^{0}$ lei$^{0}$ tsʰiəu$^{53}_{44}$xei$^{53}_{44}$kɔŋ$^{21}$man$^{13}$kʰo$^{35}$çiɔk$^{5}$,e$_{21}$,man$^{13}$cʰiau$^{21}$miau$^{53}$ke$^{53}_{44}$i$^{53}$ sɿ$^{0}$.kai$^{53}_{44}$tʰo$^{35}$tei$^{21}$tso$^{53}$tek$^{3}$ man$^{13}$cʰiau$^{21}$miau$^{53}$,tso$^{53}$tek$^{3}$ man$^{13}$kʰo$^{35}$çiɔk$^{5}$.e$_{21}$,kʰo$^{21}$len$^{13}$tsʰiəu$^{53}$xei$^{53}$i$^{21}$tʂak$^{3}$ kan$^{21}_{35}$ i$^{53}$sɿ$^{0}$.ŋai$^{13}_{21}$tsʰiəu$^{53}_{44}$kʰɔn$^{53}$xai$^{13}_{21}$iəu$^{35}_{44}$pʰiek$^{5}$ mak$^{3}$ a$^{0}$ i$^{53}$sɿ$^{0}$ ma$^{0}$,si$^{35}$ʂɿ$^{53}$.n̩$_{21}$,tso$^{53}$tek$^{3}$ man$^{13}$si$^{35}$ʂɿ$^{53}$.kai$^{53}_{44}$ke$^{53}_{44}$tsʰiəu$^{53}_{44}$m̩$^{13}$ pʰe$^{53}_{44}$ʂɿ$^{13}$mau$^{13}$.

【西式$_2$】si$^{35}$ʂɿ$^{53}$ 名一种发型，偏分头，即头发分向两边，一边多，一边少：修～ siəu$^{35}_{21}$si$^{35}$ʂɿ$^{53}$

【西式头】si$^{35}$ʂɿ$^{53}$tʰei$^{13}$ 名一种发型，即分头：我等以映子有起发型呐，剃头个发型呢，欸，安做～。ŋai$^{13}_{21}$tien$^{0}$ i$^{21}$iaŋ$^{53}_{44}$tsɿ$^{0}$ iəu$^{35}$çi$^{21}$fait$^{3}$ çin$^{13}$na$^{0}$,tʰe$^{53}$tʰei$^{13}$ke$^{53}$fait$^{3}$ çin$^{13}$nei$^{0}$,e$_{21}$,ɔn$^{35}_{44}$tso$^{53}_{44}$si$^{35}$ʂɿ$^{53}_{21}$tʰei$^{13}$.

【西乡】si$^{35}$çiɔŋ$^{35}$ 名指境域的西部地区：～欸一只就西边方向箇一坨子，～。我等浏阳人呢就～就蛮箇个啦，浏阳人个～就系特指嘞，就系指哪一坨嘞？指箇个枨冲欸枨冲过去箇个么个镇头、普迹、柏加箇一带就安做～。～人，欸，～话，欸，～出小旦啵～。si$^{35}$çiɔŋ$^{35}$e$_{21}$iet$^{3}$ tʂak$^{3}$ tsʰiəu$^{53}$si$^{35}$pien$^{35}_{44}$fɔŋ$^{35}$çiɔŋ$^{53}$kai$^{53}$iet$^{3}$ tʰo$^{13}$tsɿ$^{0}$,si$^{35}$çiɔŋ$^{35}$.ŋai$^{13}$tien$^{0}$ liəu$^{13}$iɔŋ$^{13}$ɲin$^{13}$ne$^{0}$ tsʰiəu$^{53}_{44}$si$^{35}$çiɔŋ$^{35}$ tsʰiəu$^{53}$man$^{13}$kai$^{53}$cie$^{53}$la$^{0}$,liəu$^{13}$iɔŋ$^{13}_{21}$ɲin$^{13}_{21}$ke$^{53}$si$^{35}$çiɔŋ$^{35}$tsʰiəu$^{53}_{44}$xe$^{53}_{44}$tʰek$^{5}$ tʂɿ$^{21}$le$^{0}$,tsʰiəu$^{53}$xe$^{53}_{44}$tʂɿ$^{21}$lai$^{53}$iet$^{3}$ tʰo$^{13}$ lei$^{0}$?tʂɿ$^{21}$kai$^{53}_{44}$ke$^{53}_{44}$tsʰaŋ$^{13}$tʂʰəŋ$^{35}$e$_{21}$tsʰaŋ$^{13}$tʂʰəŋ$^{35}$ko$^{53}$çi$^{53}_{44}$kai$^{53}_{44}$ke$^{53}_{44}$mak$^{3}$ e$^{0}$ tʂən$^{53}$tʰei$^{13}$,pʰu$^{21}$tsʰiet$^{3}$,pɔit$^{3}$ cia$^{35}_{44}$kai$^{53}_{44}$ iet$^{3}$ tai$^{53}$tsʰiəu$^{53}_{44}$ɔn$^{35}_{44}$tso$^{53}_{44}$si$^{35}$çiɔŋ$^{35}_{53}$.si$^{35}$çiɔŋ$^{35}$ɲin$^{13}$,e$_{21}$,si$^{35}$çiɔŋ$^{35}$fa$^{53}$,e$_{21}$,si$^{35}$çiɔŋ$^{35}$tʂʰət$^{3}$ siau$^{21}$tan$^{53}$nau$^{0}$ si$^{35}_{44}$çiɔŋ$^{35}_{44}$.

【西乡人】si$^{35}$çiɔŋ$^{35}_{44}$ɲin$^{13}_{21}$ 名境域西部地区的居民：～呢渠就讲月将好嘞渠讲走月将。si$^{35}$çiɔŋ$^{35}_{44}$ ɲin$^{13}_{21}$nei$^{0}$ ci$^{13}_{21}$tsʰiəu$^{53}_{44}$kɔŋ$^{21}$ɲiet$^{5}$ tsiɔŋ$^{53}$xau$^{21}$lei$^{0}$ ci$^{13}_{44}$kɔŋ$^{21}$tsei$^{21}$ɲiet$^{5}$ tsiɔŋ$^{53}$.

【西痒】si$^{35}$iɔŋ$^{35}$ 形状态词。很痒：一身～。iet$^{3}$ ʂən$^{35}$si$^{35}$iɔŋ$^{35}$.

【西药】si$^{35}$iɔk$^{5}$ 名西医用的药物。一般用化学合成方法制成或从天然产物提制而成：如今有兜人呢就搞唔清箇个中成药，渠也安做～。系唔系？做成咁个胶囊啊，做成咁个片子啊，渠都安做～。其实箇个是中成药。如今中成药最多，～嘞药店里用得多，一般人买唔多买～。

i$^{13}_{21}$cin$^{35}_{53}$iəu$^{35}$te$^{35}_{53}$ɲin$^{13}_{21}$nei$^{0}$ tsʰiəu$^{53}_{44}$kau$^{21}$n̩$^{13}_{21}$tsʰin$^{35}$kai$^{53}_{44}$ke$^{53}_{44}$tʂəŋ$^{35}$tʂʰən$^{13}$iɔk$^{5}$ ,ci$^{13}_{21}$ia$^{35}$ɔn$^{35}_{44}$tso$^{53}_{44}$si$^{35}$iɔk$^{5}$ .xei$^{53}$me$^{53}$?tso$^{53}$ ʂaŋ$^{13}_{21}$kan$^{21}$ke$^{53}_{44}$ciau$^{35}$lɔŋ$^{13}_{21}$ŋa$^{0}$ ,tso$^{53}$ʂaŋ$^{13}_{21}$kan$^{21}$ke$^{53}_{44}$pʰien$^{35}$tsɿ$^{0}$ a$^{0}$ ,ci$^{13}_{21}$təu$^{35}$ɔn$^{35}_{44}$tso$^{53}_{44}$si$^{35}$iɔk$^{5}$ .cʰi$^{13}$ʂət$^{5}$ kai$^{35}$ke$^{53}_{44}$ʂʅ$^{53}_{44}$ tʂəŋ$^{35}$tʂʰən$^{13}$iɔk$^{5}$ .i$^{13}_{21}$cin$^{35}_{53}$tʂəŋ$^{35}$tʂʰən$^{13}$iɔk$^{5}$ tsei$^{53}$to$^{35}$ ,si$^{35}$iɔk$^{5}$ lei$^{0}$ iɔk$^{5}$ tian$^{53}$li$^{0}$ iəŋ$^{53}$tek$^{3}$ to$^{35}_{44}$ ,iet$^{3}$ pən$^{35}$ɲin$^{13}_{21}$mai$^{35}$n̩$^{13}$ to$^{35}_{44}$mai$^{35}_{44}$si$^{35}$iɔk$^{5}$ .

【西乐】si$^{35}$iɔk$^{5}$ 名①使用西洋乐器演奏的音乐：请只～班子啊。tsʰiaŋ$^{21}$tʂak$^{3}$ si$^{35}$iɔk$^{5}$ pan$^{35}$tsɿ$^{0}$ a$^{0}$ . ②使用西洋乐器演奏音乐的乐队：请只～。tsʰiaŋ$^{21}$pan$^{35}_{44}$si$^{35}$iɔk$^{5}$ .

【西乐队】si$^{35}$iɔk$^{5}$ tei$^{53}$ 名演奏西洋乐器的西式乐队：但是嘞渠箇个乐队来讲嘞如今（办丧事）就请～了。请人来唱歌唠，系唔系？欸，搞滴箇个电子琴箇只唠，欸，喇叭音箱噢，唱起个“今天是个好日子”唠，唱滴咁个唠。tan$^{53}_{44}$ʂʅ$^{53}_{44}$lei$^{0}$ ci$^{13}_{21}$kai$^{53}_{44}$ke$^{53}_{44}$iɔk$^{5}$ tei$^{53}$lɔi$^{13}_{21}$kɔŋ$^{21}$lei$^{0}$ i$^{13}_{21}$cin$^{35}_{44}$tsʰiəu$^{53}_{44}$ tsʰiaŋ$^{21}$si$^{35}_{21}$iɔk$^{5}$ tei$^{53}$liau$^{0}$ .tsʰiaŋ$^{21}$ɲin$^{13}_{21}$lɔi$^{13}_{21}$tʂʰɔŋ$^{53}$ko$^{35}$lau$^{0}$ ,xei$^{53}_{44}$me$^{0}$ ?e$_{21}$ ,kau$^{21}$tet$^{5}$ kai$^{53}_{44}$ke$^{53}_{44}$tʰien$^{53}$tsɿ$^{0}$ cʰin$^{13}$kai$^{53}_{21}$ tʂak$^{5}$ lau$^{0}$ ,ei$_{21}$ ,la$^{21}$pa$^{21}$in$^{35}$siɔŋ$^{35}_{44}$ŋau$^{0}$ ,tʂʰɔŋ$^{53}$çi$^{21}$ke$^{53}_{44}$"cin$^{35}_{44}$tʰien$^{35}_{44}$ʂʅ$^{53}$ko$^{53}$xau$^{21}$ʐʅ$^{5}$tsɿ$^{0}$ "lau$^{0}$ ,tʂʰɔŋ$^{53}_{44}$tet$^{5}_{3}$kan$^{21}$cie$^{53}$ lau$^{0}$ .

【西装】si$^{35}$tsɔŋ$^{35}$ 名西服：我就唔想着～。一只嘞着～嘞，冷天呢……我箇件～啊起码着嘿十年了。我重新，一年只着两晡子，着得两三晡子。冷天呢着倒面前呢胸鸡瘌胛。胸鸡瘌胛都更得兜子啊，还系冷人，嗯，西服着倒面前以个颈筋下箇兜冷人。箇是冷天。热天也着唔得唠，系唔系？不冷不热着下子唠。就箇个唠。ŋai$^{13}$tsiəu$^{53}$n̩$^{13}_{21}$siɔŋ$^{21}$tʂɔk$^{3}$ si$^{35}$tsɔŋ$^{35}_{44}$.iet$^{3}$ tʂak$^{5}$ lei$^{0}$ tʂɔk$^{3}$ si$^{35}$tsɔŋ$^{35}_{44}$lei$^{0}$ ,laŋ$^{35}$tʰien$^{35}_{44}$nei$^{0}$ …ŋai$^{13}$kai$^{53}_{44}$cʰien$^{53}_{44}$si$^{35}_{44}$tsɔŋ$^{35}_{44}$ŋa$^{0}$ çi$^{21}$ma$^{35}_{44}$tʂɔk$^{3}$ (x)ek$^{3}$ ʂət$^{5}$ ɲien$^{13}_{21}$niau$^{0}$ .ŋai$^{13}_{53}$tʂʰəŋ$^{53}$ sin$^{35}_{44}$,iet$^{3}$ ɲien$^{13}$tʂʅ$^{21}$tʂɔk$^{3}$ iɔŋ$^{21}$pu$^{35}$tsɿ$^{0}$ ,tʂɔk$^{3}$ tek$^{3}$ iɔŋ$^{21}$san$^{35}_{44}$pu$^{35}$tsɿ$^{0}$ .laŋ$^{35}$tʰien$^{35}_{44}$ne$^{0}$ tʂɔk$^{3}$ tau$^{21}$mien$^{53}$tsʰien$^{13}$nei$^{0}$ çiəŋ$^{35}$cie$^{35}$lait$^{3}$ kait$^{3}$ .çiəŋ$^{35}$cie$^{35}$lait$^{3}$ kait$^{3}$ təu$^{35}_{53}$cien$^{53}$tek$^{3}$ tei$^{35}_{53}$tsɿ$^{0}$ a$^{0}$ ,xai$^{13}_{21}$xe$^{53}$laŋ$^{35}$ɲin$^{13}_{21}$,n̩$_{21}$,si$^{35}$fuk$^{5}$ tʂɔk$^{3}$ tau$^{21}$ mien$^{53}$tsʰien$^{13}_{44}$i$^{21}$ke$^{53}$ciaŋ$^{21}$cin$^{35}_{44}$xa$^{53}_{44}$kai$^{53}_{44}$te$^{35}_{44}$laŋ$^{35}$ɲin$^{13}_{21}$.kai$^{53}_{44}$ʂʅ$^{53}_{21}$laŋ$^{35}$tʰien$^{35}_{44}$. ɲiet$^{5}$ tʰien$^{35}_{44}$ia$^{35}_{53}$tʂɔk$^{3}$ n̩$^{13}_{21}$tek$^{3}$ lau$^{0}$ ,xei$^{53}$ me$^{53}$?pət$^{3}$ laŋ$^{35}$pət$^{3}$ ɲiet$^{5}$ tʂɔk$^{3}$ (x)a$^{53}$tsɿ$^{0}$ lau$^{0}$ .tsiəu$^{53}$kai$^{35}$ke$^{53}$lau$^{0}$ .

【西装裤】si$^{35}$tsɔŋ$^{35}$fu$^{53}$ 名西裤，与西装上衣配套穿着的裤子：一般以个面前开襟个就～啊。iet$^{3}$ pən$^{35}$i$^{21}$ke$^{53}_{44}$mien$^{53}$tsʰien$^{13}_{21}$kʰɔi$^{35}_{44}$cin$^{35}_{44}$ke$^{53}_{44}$tsʰiəu$^{53}_{44}$si$^{35}$tsɔŋ$^{35}$fu$^{53}$a$^{0}$ .

【息】siet$^{3}$ 名利钱：爱出滴子～噢。ɔi$^{53}_{44}$tʂʰət$^{3}$ tiet$^{5}$ tsɿ$^{0}$ siet$^{3}$ au$^{0}$ .｜几多分个～ ci$^{21}$to$^{35}_{44}$fən$^{35}$ke$^{53}_{44}$siet$^{3}$

【惜】siak$^{3}$ 动怜爱、宠爱（多针对小孩子）：婆～尾晚子，公～后来婆。pʰo$^{13}$siak$^{3}$ mi$^{35}$man$^{35}$ tsɿ$^{0}$ ,kəŋ$^{35}$siak$^{3}$ xei$^{53}$lɔi$^{13}_{21}$pʰo$^{13}$ .｜箇细人子就咁个嘞，细细子，三岁孩儿不知天呐，系啊？三四岁子，嗯，四五岁子，欸三四岁子，箇阵子嘞得人家～。同我箇只孙子样，咁大子得人家～。真有味道。kai$^{53}_{44}$se$^{53}$ɲin$^{13}_{21}$tsɿ$^{0}$ tsʰiəu$^{53}_{44}$kan$^{21}$ke$^{0}$ lei$^{0}$ ,se$^{53}$se$^{53}$tsɿ$^{0}$ ,san$^{35}$sɔi$^{53}$xai$^{13}_{21}$ɥ$^{35}_{44}$pət$^{3}$ ti$^{35}_{44}$tʰien$^{35}$na$^{0}$ ,xei$^{53}_{44}$a$^{0}$ ?san$^{35}$ si$^{53}$sɔi$^{53}$tsɿ$^{0}$ ,n̩$_{21}$,si$^{53}$ŋ̍$^{21}$sɔi$^{53}$tsɿ$^{0}$ ,e$^{0}$ san$^{35}$si$^{53}$sɔi$^{53}$tsɿ$^{0}$ ,kai$^{53}$tʂʰən$^{53}$tsɿ$^{0}$ lei$^{0}$ tek$^{3}$ in$^{13}_{21}$ka$^{35}_{44}$siak$^{3}$ .tʰəŋ$^{13}$ŋai$^{13}$kai$^{53}$tʂak$^{3}_{21}$sən$^{35}$ tsɿ$^{0}$ iɔŋ$^{35}_{44}$,kan$^{21}$tʰai$^{53}$tsɿ$^{0}$ tek$^{3}$ in$^{13}_{21}$ka$^{35}_{44}$siak$^{3}$ .tʂən$^{35}$iəu$^{35}_{44}$uei$^{53}$tʰau$^{53}$.

【稀】çi$^{35}$ 形①稀疏；密度小：密哩个，搞～来。miet$^{5}$ li$^{0}$ ke$^{53}_{44}$,kau$^{21}$çi$^{35}$lɔi$^{13}$. ②少：反正卖来卖去总卖总～。fan$^{21}$tʂən$^{53}_{44}$mai$^{53}$lɔi$^{13}_{21}$mai$^{53}_{44}$çi$^{53}_{44}$tsəŋ$^{21}$mai$^{53}$tsəŋ$^{21}$çi$^{35}$.

【稀客】çi$^{35}$kʰak$^{3}$ 名不常来的客人：你真系～哈，难得来呀。ɲi$^{13}_{21}$tʂən$^{35}_{44}$ne$^{53}_{44}$çi$^{35}$kʰak$^{3}$ xa$^{0}$ ,lan$^{13}$tek$^{3}_{5}$ lɔi$^{13}$ia$^{0}$ .

【锡】siak$^{3}$ 名金属名，银白色，质软，富延展性：我见倒别人家用过，食过～烟筒。ŋai$^{13}$ cien$^{53}$tau$^{21}$pʰiet$^{5}$ in$^{13}_{44}$ka$^{35}_{44}$iəŋ$^{53}$ko$^{0}$ ,ʂət$^{5}$ ko$^{53}$siak$^{3}$ ien$^{35}_{44}$tʰəŋ$^{13}_{21}$.｜从前就都蛮多都渠系铜做个，～做个。tsʰəŋ$^{13}$tsʰien$^{13}$tsʰiəu$^{53}_{44}$təu$^{35}$man$^{13}$to$^{35}_{44}$təu$^{35}_{53}$ci$^{13}_{44}$xe$^{53}_{44}$tʰəŋ$^{13}$tso$^{53}_{44}$ke$^{53}_{44}$,siak$^{3}$ tso$^{53}_{44}$ke$^{53}_{44}$.

【锡壶】siak$^{3}$ fu$^{13}$ 名锡制的壶，可用来装酒、酾酒等：锡做个噢？欸，～噢。又可以装酒，又可以装茶。siak$^{3}$ tso$^{53}_{44}$ke$^{53}_{44}$au$^{0}$ ?e$_{21}$,siak$^{3}$ fu$^{13}$uau$^{0}$ .iəu$^{53}$kʰo$^{21}$i$^{35}$tʂɔŋ$^{35}_{44}$tsiəu$^{21}$,iəu$^{53}_{44}$kʰo$^{21}$i$^{35}_{44}$tʂɔŋ$^{35}_{44}$tsʰa$^{13}$.

【锡匠】siak$^{3}$ siɔŋ$^{53}$ 名专门制作各种锡器的工匠：～呢打锡个，系唔系？欸，以前就有嘞。我细细子都见过。我舅爷箇映子啊请倒箇～来打面盆呐，欸，有兜人就打锡壶哇，请～来打。如今赠看倒了，以几十年都赠看倒了。因为渠手工搞个，冇得价格优势啊，肯做买呀。买把茶壶正两三十块钱，渠箇个几十块钱，四五十块钱，渠箇个～箇都划得来箇都，系唔系？siak$^{3}$ siɔŋ$^{53}$ə$^{0}$ ta$^{21}$siak$^{3}$ ke$^{0}$ ,xei$^{53}$me$^{53}$?e$_{21}$,i$^{35}_{53}$tsʰien$^{13}$tsʰiəu$^{53}_{44}$iəu$^{35}$lei$^{0}$ .ŋai$^{13}$se$^{53}$se$^{53}$tsɿ$^{0}$ təu$^{35}$cien$^{53}$ko$^{0}$ .ŋai$^{13}_{21}$cʰiəu$^{35}$ ia$^{13}_{21}$kai$^{53}$iaŋ$^{53}$tsɿ$^{0}$ a$^{0}$ tsʰiaŋ$^{21}$tau$^{21}$kai$^{53}$siak$^{3}$ siɔŋ$^{53}$lɔi$^{13}_{21}$ta$^{21}$mien$^{53}$pʰən$^{13}$na$^{0}$ ,e$_{21}$,iəu$^{35}$tei$^{35}_{53}$ɲin$^{13}_{44}$tsʰiəu$^{53}_{44}$ta$^{21}$siak$^{3}$ fu$^{13}_{44}$ va$^{0}$ ,tsʰiaŋ$^{21}$siak$^{3}$ siɔŋ$^{53}$lɔi$^{13}_{21}$ta$^{21}$.i$^{13}_{21}$cin$^{35}_{53}$maŋ$^{13}$kʰɔn$^{53}$tau$^{21}$liau$^{0}$ ,i$^{21}$ci$^{21}$ʂət$^{5}$ ɲien$^{13}_{21}$təu$^{35}_{53}$maŋ$^{13}_{21}$kʰɔn$^{53}$tau$^{21}$liau$^{0}$ .in$^{35}_{44}$ uei$^{53}_{44}$ci$^{13}_{21}$ʂəu$^{21}$kəŋ$^{35}$kau$^{21}$kei$^{53}$,mau$^{13}$tek$^{3}$ cia$^{53}$kek$^{3}$ iəu$^{35}_{44}$ʂʅ$^{53}$a$^{0}$ ,xen$^{21}$tso$^{53}$mai$^{35}$ia$^{0}$ .mai$^{35}$pa$^{21}$tsʰa$^{13}$fu$^{13}$tʂaŋ$^{53}$iɔŋ$^{21}$ san$^{35}$ʂət$^{5}$ kʰuai$^{53}$tsʰien$^{13}_{44}$,ci$^{13}_{21}$kai$^{53}$kei$^{53}_{44}$ci$^{21}$ʂət$^{5}$ kʰuai$^{53}$tsʰien$^{13}_{21}$,si$^{53}$ŋ̍$^{21}$ʂət$^{5}$ kʰuai$^{53}$tsʰien$^{13}_{21}$,ci$^{13}_{21}$kai$^{53}$ke$^{53}$siak$^{3}$ siɔŋ$^{53}$

kai$^{53}$təu$^{35}_{53}$fa$^{13}_{21}$tek$^{3}$ lɔi$^{13}$kai$^{53}_{44}$təu$^{35}_{44}$,xei$^{53}_{44}$me$^{53}_{44}$?

【锡铺】siak$^{3}$ pʰu$^{53}$ 名经营锡器生意的店铺：我等以个栏场冇得～，只看过出来打锡器个打锡行头个。浏阳城里就有，见过，欸，也嬒搞倒几久，以下是多时都冇得哩。ŋai$^{13}_{21}$tien$^{0}$ i$^{21}_{13}$ke$^{53}$ laŋ$^{13}_{21}$tʂʰɔŋ$^{13}_{21}$mau$^{13}$tek$^{3}$ siak$^{3}$ pʰu$^{53}$,tʂʅ$^{21}$kʰɔn$^{53}$ko$^{53}$tʂʰət$^{3}$ lɔi$^{13}_{21}$ta$^{21}$siak$^{3}$ çi$^{53}$ke$^{53}$ta$^{21}$siak$^{3}$ çin$^{13}$tʰei$^{13}_{21}$ke$^{53}$.liəu$^{13}$iɔŋ$^{13}_{21}$ tʂʰən$^{13}$ni$^{21}$tsʰiəu$^{53}_{44}$iəu$^{35}_{44}$,cien$^{53}$ko$^{53}_{44}$,e$_{21}$,ia$^{35}$maŋ$^{13}_{44}$kau$^{21}_{44}$tau$^{21}_{44}$ci$^{21}$ciəu$^{21}$,i$^{21}$xa$^{53}$ʂʅ$^{13}$to$^{35}$ʂʅ$^{13}_{21}$təu$^{35}_{53}$mau$^{13}_{21}$tek$^{3}$ li$^{0}$.

【锡勺】siak$^{3}$ ʂɔk$^{5}$ 名①锡制的勺子：～啊见过，我用都用过，去我舅爷箇用过。siak$^{3}$ ʂɔk$^{5}$ a$^{0}$ cien$^{53}$ko$^{53}$,ŋai$^{13}_{21}$iəŋ$^{53}$təu$^{35}_{44}$iəŋ$^{53}$ko$^{53}_{44}$,çi$^{53}_{44}$ŋai$^{13}_{21}$cʰiəu$^{53}$ia$^{13}_{21}$kai$^{53}_{44}$iəŋ$^{53}$ko$^{0}$. ②喻指秃子：箇只人呐一只～。kai$^{53}$ tʂak$^{3}$ ɲin$^{13}_{44}$na$^{0}$ iet$^{3}$ tʂak$^{3}$ siak$^{3}$ ʂɔk$^{5}$.

【溪】çi$^{35}$ 地名中的通名之一：梓木～ tsʅ$^{21}$muk$^{3}$çi$^{35}$ | 洞～ tʰəŋ$^{53}$çi$^{35}$

【熄】siet$^{5}$ 动沤制（火屎等）：夏天，热天～倒火屎到冬下来炙火。çia$^{53}$tʰien$^{35}_{44}$, ɲiet$^{5}$ tʰien$^{35}_{44}$siet$^{5}$ tau$^{21}$fo$^{21}$ʂʅ$^{21}$tau$^{53}$təŋ$^{35}$xa$^{53}$lɔi$^{13}_{21}$tʂak$^{3}$ fo$^{21}$.

【熄灯】siet$^{3}$ ten$^{35}$ 动灭灯：去学堂里就箇只事就爱长日念稳呐，系啊？～。欸，天天夜晡，有寄宿生个时候子，我等轮倒么人管寝室，欸，就爱去管，爱去喊，喊学生～。一只只间爱去检查。嗯，每天都有男老师有女老师值日，系啊？管夜晡。女老师就管女生，男老师管男生以向。欸，一只星期爱轮一夜子嘞我等。çi$^{53}_{44}$xɔk$^{5}$ tʰɔŋ$^{13}_{21}$li$^{0}$ tsʰiəu$^{53}_{44}$kai$^{53}_{44}$tʂak$^{3}$ sʅ$^{53}$tsʰiəu$^{53}$ɔi$^{53}_{44}$tʂʰɔŋ$^{13}$ ɲiet$^{3}$ ɲian$^{53}$uən$^{21}$na$^{0}$,xei$^{53}_{44}$a$^{0}$?siet$^{3}$ ten$^{35}$.e$_{21}$,tʰien$^{35}$tʰien$^{35}_{44}$ia$^{53}$pu$^{35}_{53}$,iəu$^{35}$ci$^{53}$siəuk$^{3}$ sen$^{35}_{44}$ke$^{0}$ ʂʅ$^{13}$xəu$^{53}$tsʅ$^{0}$,ŋai$^{13}$tien$^{0}$ lən$^{13}$tau$^{21}$mak$^{3}$ ɲin$^{13}_{44}$kɔn$^{21}$tsʰin$^{21}$ʂət$^{3}$ ,e$_{21}$,tsʰiəu$^{53}_{44}$ɔi$^{53}_{44}$çi$^{53}$kɔn$^{21}$,ɔi$^{53}_{44}$çi$^{53}_{44}$xan$^{53}$,xan$^{53}$xɔk$^{5}$ saŋ$^{35}_{44}$siet$^{3}$ ten$^{35}$.iet$^{3}$ tʂak$^{3}$ tʂak$^{3}$ kan$^{35}$ɔi$^{53}$çi$^{53}$cian$^{21}$tsʰa$^{13}$.n̩$_{21}$,mei$^{35}$tʰien$^{35}_{44}$təu$^{35}_{44}$iəu$^{35}_{44}$lan$^{13}$lau$^{21}$sʅ$^{35}_{53}$iəu$^{35}_{53}$ɲy$^{21}$lau$^{21}$sʅ$^{35}_{53}$tʂʰət$^{5}$ ɲiet$^{3}$ ,xei$^{53}_{44}$a$^{0}$ ?kɔn$^{21}$ ia$^{53}_{44}$pu$^{35}_{44}$. ɲy$^{21}$lau$^{21}$sʅ$^{35}_{53}$tsʰiəu$^{53}$kɔn$^{21}$ɲy$^{21}$sen$^{35}$,lan$^{13}$lau$^{21}$sʅ$^{35}_{53}$kɔn$^{21}$lan$^{13}$sen$^{35}_{44}$i$^{21}$çiɔŋ$^{53}$.e$_{53}$,iet$^{3}$ tʂak$^{3}$ sin$^{35}$cʰi$^{13}_{21}$ɔi$^{53}$lən$^{13}$ iet$^{3}$ ia$^{53}$tsʅ$^{0}$ lei$^{0}$ ŋai$^{13}$tien$^{0}$.

【膝头】tsʰiet$^{3}$ tʰei$^{13}$ 名膝盖：撞怕唔知几尴疲累个时候子啊，安做～都打跪。tsʰɔŋ$^{21}$pʰa$^{53}$n̩$^{13}_{21}$ti$^{35}_{44}$ci$^{21}_{44}$ cʰiɔi$^{53}$ke$^{53}_{21}$ʂʅ$^{13}_{44}$xəu$^{53}_{44}$tsʅ$^{0}$ a$^{0}$ ,ɔn$^{35}_{44}$tso$^{53}_{44}$tsʰiet$^{3}$ tʰei$^{13}_{21}$təu$^{35}_{53}$ta$^{21}$kʰuei$^{21}$.

【膝头盖】tsʰiet$^{3}$ tʰei$^{13}$kɔi$^{53}$ 名膝盖：欸，箇年我爷子死哩啊，箇系爷子死哩就爱跪呀，嗯，爱下礼呀，系唔系？看倒别人家来哩就下礼呀。～就跪痛哩。箇是还冷天，还着条蛮厚个裤，～都跪痛哩。欸，让门子啊，死哩爷娭是嗯让门子个嘞？就系意思就系有只话法意思就系膝头就爱舍得跪啦，爱舍得跪，看倒人就爱跪。落尾还话我哟，欸开会，落尾渠等有人提欸有讲我哟。么个你蛮多人都嬒跪得话哈，嬒下得礼话哈。撞怕讲稳哩咯，□记哩，系唔系？看倒一只人来哩就爱下只礼，要跪。你话我等人管得记得咁多吗唠，系啊？e$_{21}$,kai$^{53}$ɲien$^{13}_{21}$ŋai$^{13}_{21}$ ia$^{13}$tsʅ$^{0}$ si$^{21}$li$^{0}$ a$^{0}$ ,kai$^{53}$xei$^{53}_{44}$ia$^{13}$tsʅ$^{0}$ si$^{21}$li$^{0}$ tsʰiəu$^{53}$ɔi$^{53}$kʰuei$^{21}$ia$^{0}$ ,n̩$_{21}$,ɔi$^{53}$xa$^{53}$li$^{35}$ia$^{0}$ ,xei$^{53}_{44}$me$^{53}_{44}$?kʰɔn$^{53}$tau$^{21}$pʰiet$^{5}$ in$^{13}_{44}$ ka$^{35}_{53}$lɔi$^{13}$li$^{0}$ tsʰiəu$^{53}_{44}$xa$^{53}$li$^{35}$ia$^{0}$ .tsʰiet$^{3}$ tʰei$^{13}_{21}$kɔi$^{53}$tsiəu$^{53}_{44}$kʰuei$^{21}$tʰəŋ$^{53}$li$^{0}$ .kai$^{53}$ʂʅ$^{53}_{44}$xai$^{13}_{21}$laŋ$^{35}$tʰien$^{35}_{44}$,xai$^{13}_{21}$tʂɔk$^{3}$ tʰiau$^{13}_{44}$ man$^{13}_{21}$xei$^{35}$ke$^{53}_{44}$fu$^{53}$,tsʰiet$^{3}$ tʰei$^{13}_{21}$kɔi$^{53}$təu$^{35}_{44}$kʰuei$^{21}$tʰəŋ$^{53}$li$^{0}$ .e$_{21}$, ɲiɔŋ$^{53}_{44}$mən$^{13}_{44}$tsʅ$^{0}$ a$^{0}$ ,si$^{21}$li$^{0}$ ia$^{13}$ɔi$^{35}_{53}$ʂʅ$^{53}_{21}$n̩$_{21}$ɲiɔŋ$^{53}$mən$^{13}_{44}$ tsʅ$^{0}$ ke$^{53}$lei$^{0}$ ?tsʰiəu$^{53}_{44}$xe$^{53}_{44}$i$^{53}$sʅ$^{0}$ tsʰiəu$^{53}_{44}$xe$^{53}_{44}$iəu$^{35}_{44}$tʂak$^{3}$ ua$^{53}$fait$^{3}$ i$^{53}$sʅ$^{0}$ tsʰiəu$^{53}_{44}$xei$^{53}_{44}$tsʰiet$^{3}$ tʰei$^{13}_{21}$tsʰiəu$^{53}$ɔi$^{53}$ʂa$^{21}$tek$^{3}$ kʰuei$^{21}$la$^{0}$ ,ɔi$^{53}$ʂa$^{21}$tek$^{3}$ kʰuei$^{21}$,kʰɔn$^{53}$tau$^{21}$ɲin$^{13}_{21}$tsʰiəu$^{53}$ɔi$^{53}$kʰuei$^{21}$.lɔk$^{5}$ mi$^{35}_{53}$xai$^{13}$ua$^{53}$ŋai$^{13}$io$^{0}$ ,e$^{0}$ kʰɔi$^{35}$fei$^{53}$,lɔk$^{5}$ mi$^{35}_{53}$ci$^{13}_{21}$tien$^{0}$ iəu$^{35}_{53}$ɲin$^{13}_{21}$tʰi$^{13}$ei$_{53}$,iəu$^{35}$kɔŋ$^{21}$ŋai$^{13}$iau$^{0}$ .mak$^{3}$ e$^{0}$ ɲi$^{13}$man$^{13}_{21}$to$^{35}_{53}$ɲin$^{13}_{21}$təu$^{35}_{53}$maŋ$^{13}$kʰuei$^{21}$tek$^{3}$ ua$^{53}$xa$^{0}$ , maŋ$^{13}$xa$^{53}$tek$^{3}$ li$^{35}$ua$^{53}$xa$^{0}$ .tsʰɔŋ$^{21}$pʰa$^{53}$kɔŋ$^{21}$uən$^{21}$li$^{0}$ ko$^{0}$ ,lai$^{13}$ci$^{53}$li$^{0}$ ,xei$^{53}$me$^{53}$?kʰɔn$^{53}$tau$^{21}$iet$^{3}$ tʂak$^{3}$ ɲin$^{13}$lɔi$^{13}$li$^{0}$ tsʰiəu$^{53}_{44}$ɔi$^{53}_{44}$xa$^{53}$(tʂ)ak$^{3}$ li$^{35}$,iau$^{53}$kʰuei$^{21}$. ɲi$^{13}$(u)a$^{53}$ŋai$^{13}$tien$^{0}$ ɲin$^{13}_{21}$kɔn$^{21}$tek$^{3}$ ci$^{53}$tek$^{3}$ kan$^{21}$to$^{35}$ma$^{0}$ lau$^{0}$ ,xei$^{53}_{44}$a$^{0}$ ?

【习惯】siet$^{5}$kuan$^{53}_{44}$ 名积久养成的生活方式，习俗：我等以映有只咁个～，就系蛮多喜欢照细人子喊。ŋai$^{13}_{21}$tien$^{0}$ i$^{21}$iaŋ$^{53}_{44}$iəu$^{35}$tʂak$^{3}$ kan$^{21}$ke$^{53}_{44}$siet$^{5}$ kuan$^{53}_{44}$,tsʰiəu$^{53}_{44}$xei$^{53}_{44}$man$^{13}_{21}$to$^{35}_{44}$çi$^{21}$fɔn$^{35}_{44}$tʂau$^{53}_{44}$se$^{53}$ɲin$^{13}_{21}$tsʅ$^{0}$ xan$^{53}$.

【习帖】siet$^{5}$tʰiait$^{3}$ 动临帖：我等箇只阿叔个字就嬒习得帖，你看箇起字唠，就系嬒习得帖，唔规范。ŋai$^{13}$tien$^{0}$ kai$^{53}$tʂak$^{3}$ a$^{35}$ʂəuk$^{3}$ ke$^{53}_{44}$sʅ$^{53}$tsʰiəu$^{53}$maŋ$^{13}$siet$^{5}$ tek$^{3}$ tʰiait$^{3}$ , ɲi$^{13}$kʰɔn$^{53}$kai$^{53}$çi$^{21}_{44}$sʅ$^{53}_{44}$lau$^{0}$, tsʰiəu$^{53}$xei$^{53}$maŋ$^{13}$siet$^{5}$ tek$^{3}$ tʰiait$^{3}$ ,n̩$^{13}$kuei$^{35}$fan$^{53}$.

【席】tsʰiak$^{5}$ 名席子。用席草或竹篾等编织成片的东西，常用来铺床等：～嘞有篾席，有草席。有从前就一……就系两起。tsʰiak$^{5}$ lei$^{0}$ iəu$^{35}_{44}$miet$^{5}$ tsʰiak$^{5}_{3}$,iəu$^{35}$tsʰau$^{21}$tsʰiak$^{5}$ .iəu$^{35}_{21}$tsʰəŋ$^{13}_{21}$tsʰien$^{13}_{21}$ tsʰiəu$^{53}$iet$^{3}$ p⋯tsʰiəu$^{53}$(x)e$^{53}$iɔŋ$^{21}$çi$^{21}$.

【席草】tsʰiak$^{5}$tsʰau$^{21}$ 名草名，适于编制席子：有起～，有一起～嘞，以前栽个，以前呢有人栽～。渠个～咯，箇个渠是□长，同箇灯芯草样，三角□呢，三只角嘞～咯，三角□。硬唔知几长，栽得好个是硬栋栋哩人咁高。渠就舞倒来打席啊，安做～哇。箇个我等有一年，唔知我娭子一只么个病，我娭子就系痔疮吧？渠等话～蔸就蛮好，～蔸呀。舞倒我跑归凤溪去呀，箇个山角落里到处去寻，赠寻倒一条子～个，赠寻倒～蔸，硬冇得哩寻。以前是到处都系栽倒箇～嘞。以下就到处都冇得哩。iəu$^{35}$çi$^{21}$tsʰiak$^{5}$ tsʰau$^{21}$,iəu$^{35}$iet$^{3}$ çi$^{21}$tsʰiak$^{5}$ tsʰau$^{21}$le$^{0}$,i$^{35}$tsʰien$^{13}_{21}$tsɔi$^{35}$ke$^{53}$,i$^{35}_{53}$tsʰien$^{13}$ne$^{0}$ iəu$^{35}$ɲin$^{13}_{21}$tsɔi$^{35}$tsʰiak$^{5}$ tsʰau$^{21}$.ci$^{13}$ke$^{53}$tsʰiak$^{5}$ tsʰau$^{21}$ko$^{0}$,kai$^{53}_{44}$ke$^{53}_{44}$ci$^{13}_{21}$ʂʅ$^{53}_{21}$lai$^{35}$tʂʰɔŋ$^{13}_{44}$,tʰəŋ$^{13}$kai$^{53}_{44}$ten$^{35}$sin$^{35}$tsʰau$^{21}$iɔŋ$^{53}$,san$^{35}$kɔk$^{3}$ lian$^{53}$nei$^{0}$,san$^{35}$tʂak$^{3}$ kɔk$^{3}$ lei$^{0}$ tsʰiak$^{5}$ tsʰau$^{21}$ko$^{0}$,san$^{35}$kɔk$^{3}$ lian$^{53}$. ɲiaŋ$^{53}$n̩$^{13}$ti$^{35}_{53}$ci$^{21}_{44}$tʂʰɔŋ$^{13}$,tsɔi$^{35}$tek$^{3}$ xau$^{21}$ke$^{53}$ʂʅ$^{53}_{44}$ɲiaŋ$^{53}$təŋ$^{53}$təŋ$^{53}$li$^{0}$ɲin$^{13}$kan$^{21}$kau$^{35}_{44}$.ci$^{13}_{21}$tsʰiəu$^{53}$u$^{21}$tau$^{21}$lɔi$^{13}$ta$^{21}$tsʰiak$^{5}$ a$^{0}$,ɔn$^{35}_{44}$tso$^{53}_{44}$tsʰiak$^{53}$tsʰau$^{21}$ua$^{0}$.kai$^{53}$ke$^{53}_{44}$ŋai$^{13}$tien$^{0}$ iəu$^{35}$iet$^{3}$ɲien$^{13}$,n̩$^{13}$ti$^{35}_{53}$ŋai$^{13}_{21}$ɔi$^{53}$tsʅ$^{0}$ iet$^{3}$ tʂak$^{3}$ mak$^{3}$ ke$^{53}_{44}$pʰiaŋ$^{53}$,ŋai$^{13}_{21}$ɔi$^{35}$tsʅ$^{0}$ tsʰiəu$^{53}$xe$^{53}$tʂʰʅ$^{53}$tsʰɔŋ$^{35}_{44}$pa$^{0}$?ci$^{13}_{21}$tien$^{0}$ ua$^{53}_{44}$tsʰiak$^{5}$ tsʰau$^{21}$tei$^{35}$tsʰiəu$^{53}$man$^{13}$xau$^{21}$,tsʰiak$^{5}$ tsʰau$^{21}$tei$^{35}$ia$^{0}$.u$^{21}$tau$^{21}$ŋai$^{13}_{44}$pʰau$^{21}$kuei$^{35}_{44}$fəŋ$^{53}$çi$^{35}_{44}$çi$^{53}$ia$^{0}$,kai$^{53}_{44}$ke$^{53}_{44}$san$^{35}$kɔk$^{3}$ lɔk$^{3}$ li$^{0}$ tau$^{53}$tʂʰəu$^{53}_{44}$çi$^{53}$tsʰin$^{13}$,maŋ$^{13}$tsʰin$^{13}_{44}$tau$^{21}$iet$^{3}$ tʰiau$^{13}$tsʅ$^{0}$ tsʰiak$^{5}$ tsʰau$^{21}$ke$^{0}$,maŋ$^{13}$tsʰin$^{13}$tau$^{21}$tsʰiak$^{5}$ tsʰau$^{21}$tei$^{35}$, ɲiaŋ$^{53}$mau$^{13}_{21}$tek$^{3}$ li$^{0}$ tsʰin$^{13}_{21}$.i$^{35}_{53}$tsʰien$^{13}$ʂʅ$^{53}_{44}$tau$^{53}$tʂʰəu$^{53}_{44}$təu$^{35}_{44}$xei$^{53}_{44}$tsɔi$^{35}_{44}$tau$^{21}$kai$^{53}_{44}$tsʰiak$^{5}$ tsʰau$^{21}$lei$^{0}$.i$^{21}$xa$^{53}_{44}$tsʰiəu$^{53}_{44}$tau$^{53}$tʂʰəu$^{53}_{44}$təu$^{35}_{53}$mau$^{13}_{44}$tek$^{3}$ li$^{0}$.

【席口】siet$^{5}$ xei$^{21}$ 名 酒桌上留空以方便上菜的位子：以两向就安做坐前嗷，箇正讲哩唠。以只第三只位子撂以只，以映打比以映系第欸，以前向吵，以只位子撂以只位子，欸，以只，以映被黪稳以映子，黪稳以映子。以映安做～上。～上。去菜呀，菜就去走以映去。掇菜个人咯，上菜咯，就走以映子去，走以只栏场去。渠走中间去吵，走以中间去吵。箇个掇菜来。黪以下，靠中间箇映就安做～上。安做～上。唔坐，箇个都唔请滴。i$^{21}$iɔŋ$^{21}$çiɔŋ$^{53}$tsʰiəu$^{53}_{44}$ɔn$^{35}_{44}$tso$^{53}_{44}$tsʰo$^{35}$tsʰien$^{13}$nau$^{0}$,kai$^{53}_{44}$tʂaŋ$^{53}$kɔŋ$^{21}$li$^{0}$ lau$^{0}$.i$^{21}$tʂak$^{3}$ tʰi$^{53}$san$^{35}$tʂak$^{3}$ uei$^{53}$tsʅ$^{0}$ lau$^{35}_{44}$i$^{21}$tʂak$^{3}$,i$^{21}$iaŋ$^{53}$ta$^{21}$pi$^{21}$i$^{21}$iaŋ$^{53}$xe$^{53}$tʰi$^{53}$e$_{21}$,i$^{21}$tsʰien$^{13}$çiɔŋ$^{53}_{44}$ʂa$^{0}$,i$^{21}$tʂak$^{3}$ uei$^{53}$tsʅ$^{0}$ lau$^{35}_{44}$i$^{21}$tʂak$^{3}$ uei$^{53}$tsʅ$^{0}$,e$_{21}$,i$^{21}$tʂak$^{3}$,i$^{21}$iaŋ$^{53}$pei$^{53}_{44}$ɲia$^{13}$uən$^{21}$i$^{21}$iaŋ$^{53}$tsʅ$^{0}$,ɲia$^{13}$uən$^{21}$i$^{21}$iaŋ$^{53}$tsʅ$^{0}$.i$^{21}$aŋ$^{53}_{44}$ɔn$^{35}_{44}$tso$^{53}_{44}$siet$^{5}$ xei$^{21}$xɔŋ$^{53}_{44}$.siet$^{5}$ xei$^{21}$xɔŋ$^{53}_{44}$.çi$^{53}_{44}$tsʰɔi$^{53}$ia$^{0}$,tsʰɔi$^{53}$tsiəu$^{53}_{44}$çi$^{53}_{44}$tsei$^{21}$i$^{21}$iaŋ$^{53}_{44}$çi$^{53}_{44}$.tɔit$^{3}$ tsʰɔi$^{53}$ke$^{53}_{44}$ɲin$^{13}_{21}$ko$^{0}$,ʂɔŋ$^{53}_{44}$tsʰɔi$^{53}$ko$^{0}$,tsiəu$^{53}$tsei$^{21}$i$^{21}$iaŋ$^{53}_{44}$tsʅ$^{0}$ çi$^{53}_{44}$,tsei$^{21}$i$^{21}$tʂak$^{3}$ laŋ$^{13}_{44}$tʂʰɔŋ$^{13}_{44}$çi$^{53}$.ci$^{13}_{21}$tsei$^{21}$tʂəŋ$^{35}$kan$^{35}_{44}$çi$^{53}_{44}$ʂa$^{0}$,tsei$^{21}$i$^{21}$tʂəŋ$^{35}$kan$^{35}_{44}$çi$^{53}_{44}$ʂa$^{0}$.kai$^{53}_{44}$ke$^{53}_{44}$tɔit$^{3}$ tsʰɔi$^{53}_{44}$lɔi$^{13}_{21}$. ɲia$^{13}_{21}$i$^{21}$xa$^{53}_{44}$,kʰau$^{53}_{44}$tʂəŋ$^{35}_{44}$kan$^{35}_{44}$kai$^{53}_{44}$iaŋ$^{53}_{44}$tsʰiəu$^{53}_{44}$ɔn$^{35}_{44}$tso$^{53}_{44}$siet$^{5}$ xei$^{21}$xɔŋ$^{53}_{44}$.ɔn$^{35}_{44}$tso$^{53}_{44}$siet$^{5}$ xei$^{21}$xɔŋ$^{53}_{44}$.n̩$^{13}_{21}$tsʰo$^{53}_{44}$,kai$^{53}_{44}$ke$^{53}_{44}$təu$^{35}_{44}$n̩$^{13}_{21}$tsʰiaŋ$^{21}$tet$^{5}$.

【席面】siet$^{5}$ mien$^{53}$ 名 ①酒席。也称“席面子”：本本箇晡夜晡这里指新婚之夜还爱办滴子～子啦，还爱办～呐。pən$^{21}$pən$^{21}$kai$^{53}_{44}$pu$^{35}_{44}$ia$^{53}_{44}$pu$^{35}_{44}$xai$^{13}$ɔi$^{53}_{44}$pʰan$^{53}_{44}$tiet$^{5}$ tsʅ$^{0}$ siet$^{5}$ mien$^{53}_{44}$tsʅ$^{0}$ la$^{0}$,xai$^{13}$ɔi$^{53}_{44}$pʰan$^{53}_{44}$siet$^{5}$ mien$^{53}_{44}$na$^{0}$. ②酒席的丰盛程度：箇晡（陪媒酒）个～就爱仅次于正酒。kai$^{53}_{44}$pu$^{35}_{44}$ke$^{53}_{44}$siet$^{5}$ mien$^{53}_{44}$tsʰiəu$^{53}_{44}$ɔi$^{53}$cʰin$^{53}$tsʰʅ$^{53}$vy$^{13}_{44}$tʂən$^{53}$tsiəu$^{21}$.

【洗】se$^{21}$/sei$^{21}$ 动 ①用水涤除污垢：～菜 se$^{21}$tsʰɔi$^{53}$｜～脚 se$^{21}$ciɔk$^{3}$｜但是装香爱～手凑。爱～净手来装香。tan$^{53}_{44}$ʂʅ$^{53}_{44}$tsɔŋ$^{35}$çiɔŋ$^{35}$ɔi$^{53}$se$^{21}$ʂəu$^{21}$tsʰe$^{0}$.ɔi$^{53}_{44}$se$^{21}$tsʰiaŋ$^{53}$ʂəu$^{21}$lɔi$^{13}$tsɔŋ$^{35}_{44}$çiɔŋ$^{35}_{21}$. ②借某种由头搜刮他人钱财：有滴人呢买只子屋，系唔系？也整餐成功酒，其实嘞尽滴都欸买屋啊跍下长沙买只屋。有只么人见过渠箇只屋？嗯，渠安做渠买哩屋。跍啊张家坊来整餐酒。或者系啊云溪个人，系啊小河个人，欸，去长沙买只屋，跑哇张家坊来整餐成功酒，你话箇个系唔系打平伙？有只么个意义？系唔系唠？～别人家包封啊。安做～别人家包封啊。iəu$^{35}$tiet$^{5}$ɲin$^{13}_{44}$ne$^{0}$ mai$^{35}$tʂak$^{3}$ tsʅ$^{0}$ uk$^{3}$,xei$^{53}$me$^{53}_{44}$?ia$^{35}$tʂaŋ$^{21}$tsʰɔn$^{35}_{44}$tʂʰən$^{13}$kəŋ$^{35}_{44}$tsiəu$^{21}$,cʰi$^{13}$ʂət$^{5}_{3}$ lie$^{0}$ tsʰin$^{53}$tet$^{5}_{3}$ təu$^{35}_{44}$e$_{44}$mai$^{35}$uk$^{3}$ a$^{0}$ ku$^{35}_{44}$xa$^{53}_{44}$tʂʰɔŋ$^{13}$sa$^{35}_{44}$mai$^{35}_{44}$tʂak$^{3}$ uk$^{3}$.iəu$^{35}$tʂak$^{3}$ mak$^{3}$ɲin$^{13}_{44}$cien$^{53}$ko$^{53}_{44}$ci$^{13}$kai$^{53}$tʂak$^{3}$ uk$^{3}$?n̩$_{21}$,ci$^{13}_{21}$ɔn$^{35}_{44}$tso$^{53}_{44}$ci$^{13}_{21}$mai$^{35}$li$^{0}$ uk$^{3}$.ku$^{35}$a$^{0}$ tʂɔŋ$^{35}_{44}$ka$^{35}_{44}$fɔŋ$^{35}$lɔi$^{13}_{44}$tʂɔŋ$^{21}$tsʰɔn$^{35}$tsiəu$^{21}$.xɔit$^{5}$ tʂa$^{21}$xei$^{53}$a$^{0}$ uən$^{13}$çi$^{35}_{44}$ke$^{0}$ɲin$^{13}$,xei$^{53}$a$^{0}$ siau$^{21}$xo$^{13}$ke$^{0}$ɲin$^{13}$,e$_{21}$,çi$^{53}$tʂʰɔŋ$^{13}$sa$^{35}_{44}$mai$^{35}_{44}$tʂak$^{3}$ uk$^{3}$,pʰau$^{21}$ua$^{0}$ tʂɔŋ$^{35}_{44}$ka$^{35}_{44}$fɔŋ$^{35}$lɔi$^{13}_{21}$tʂaŋ$^{21}$tsʰɔn$^{35}_{44}$tʂʰən$^{13}$kəŋ$^{35}_{44}$tsiəu$^{21}$, ɲi$^{13}$ua$^{53}$kai$^{53}$ke$^{0}$ xei$^{53}$mei$^{53}$ta$^{21}$pʰiaŋ$^{13}$fo$^{21}$?iəu$^{35}$tʂak$^{3}$ mak$^{3}$ e$^{0}$ i$^{53}$ɲi$^{53}_{44}$?xei$^{53}_{44}$mei$^{53}_{44}$lau$^{0}$?se$^{21}$pʰiet$^{5}$ in$^{13}_{44}$ka$^{35}_{44}$pau$^{35}$fəŋ$^{35}_{44}$ŋa$^{0}$.ɔn$^{35}_{44}$tso$^{53}$se$^{21}$pʰiet$^{5}$ in$^{13}_{44}$ka$^{35}_{44}$pau$^{35}$fəŋ$^{35}_{44}$ŋa$^{0}$.

【洗鳠】sei$^{21}$pait$^{5}$ 动 洗澡（儿语）：洗个鳠 sei$^{21}$ke$^{53}_{44}$pait$^{5}$

【洗货】sei$^{21}$fo$^{53}$ 动 降价甩卖：～嘞有趸个洗，一下搞过分么人，还有兜嘞就零啊零哩来洗。有兜是有兜店子一年到头都～。渠安做～，其实就一种吸引人个方式吧，系唔系？吸引别人家来，一种噱头。sei$^{21}$fo$^{53}$lei$^{0}$ iəu$^{35}$tɔi$^{21}$ke$^{53}$se$^{21}$,iet$^{3}$ xa$^{53}$kau$^{21}$ko$^{53}_{44}$pən$^{35}$mak$^{3}$ɲin$^{13}_{44}$,xai$^{13}_{21}$iəu$^{35}_{44}$te$^{35}_{44}$lei$^{0}$ tsʰiəu$^{53}$laŋ$^{13}$ŋa$^{0}$ laŋ$^{13}$li$^{0}$ lɔi$^{13}_{44}$se$^{21}$.iəu$^{35}$te$^{35}_{53}$ʂʅ$^{53}$iəu$^{35}$te$^{35}_{53}$tian$^{53}$tsʅ$^{0}$ ʂʅ$^{53}_{21}$iet$^{3}$ɲien$^{13}$tau$^{53}_{44}$tʰei$^{13}_{21}$təu$^{35}_{53}$sei$^{21}$fo$^{53}$.ci$^{13}_{21}$ɔn$^{35}_{44}$tso$^{53}_{44}$sei$^{21}$fo$^{53}$,cʰi$^{13}_{21}$ʂət$^{5}$ tsiəu$^{53}$iet$^{3}$ tʂəŋ$^{21}$cʰiet$^{5}$ in$^{21}$in$^{13}$ke$^{53}_{44}$fɔŋ$^{35}$ʂʅ$^{53}$pa$^{0}$,xei$^{53}$me$^{53}$?cʰiet$^{5}$ in$^{21}$pʰiet$^{5}$ in$^{13}_{44}$ka$^{35}_{44}$lɔi$^{13}$,iet$^{3}$ tʂəŋ$^{21}$fei$^{53}$tʰei$^{13}$.

【洗镬把】se$^{21}$uɔk$^{5}$ pa$^{21}$ 名 炊帚：我等家家都有只子劈个篾箦个～。还系篾箦个～更好用样，用惯哩。我等一年都爱用两只～，欸，用篾箦个，就买篾箦个～。ŋai$^{13}$tien$^{0}$ ka$^{35}$ka$^{35}_{44}$təu$^{35}_{44}$iəu$^{35}_{44}$tʂəuk$^{3}$ tsʅ$^{0}$ pʰiak$^{3}$ ke$^{53}$miet$^{5}$ sak$^{3}$ ke$^{53}$sei$^{21}$uɔk$^{5}$ pa$^{21}$.xai$^{13}_{21}$xe$^{53}_{44}$miet$^{5}$ sak$^{3}$ ke$^{53}$sei$^{21}$uɔk$^{5}$ pa$^{21}$ken$^{53}_{44}$xau$^{21}$iəŋ$^{53}$iɔŋ$^{53}_{44}$,iəŋ$^{53}$kuan$^{53}$li$^{0}$.ŋai$^{13}$tien$^{0}$ iet$^{3}$ɲien$^{13}$təu$^{35}_{53}$ɔi$^{53}$iəŋ$^{53}$iɔŋ$^{21}$tʂak$^{3}$ sei$^{21}$uɔk$^{5}$ pa$^{21}$,e$_{21}$,iəŋ$^{53}_{44}$miet$^{5}$ sak$^{3}$ ke$^{53}$,tsʰiəu$^{53}_{44}$mai$^{35}$

X

miet$^{5}$ sak$^{3}$ ke$^{53}$ sei$^{21}$ uɔk$^{5}$ pa$^{21}$.

【洗脚水桶】se$^{21}$ciɔk$^{3}$ ʂei$^{21}$tʰəŋ$^{21}$ 名 专门用来洗脚的桶子：欸，以前呢有专门个桶，专门个～。渠就系唔摎荷水个桶混淆。欸，以下是无所谓了，一个一只都做得唠，嘿，你箇只塑料桶子，系唔系？一个一只都做得。以前就冇得咁好啦。欸，有一只～都就蛮好。唔系是又荷水，又洗身，只有两担子桶。e$_{21}$,i$^{35}_{53}$tsʰien$^{13}_{21}$ne$^{0}$ iəu$^{35}_{44}$tʂen$^{35}$mən$^{13}_{21}$ke$^{53}_{44}$tʰəŋ$^{21}$,tʂuen$^{35}$mən$^{13}_{44}$ke$^{53}$sei$^{21}$ciɔk$^{3}$ ʂei$^{21}$tʰəŋ$^{21}$. ci$^{13}_{21}$tsʰiəu$^{53}$xe$^{53}$n̩$^{13}$lau$^{35}_{44}$kʰai$^{35}$ʂei$^{21}$ke$^{53}$tʰəŋ$^{21}$fəŋ$^{53}$cʰiau$^{35}$.e$_{21}$,i$^{21}$xa$^{53}$ʂʅ$^{53}_{44}$u$^{13}$so$^{21}$uei$^{13}$liau$^{0}$,iet$^{3}$ ke$^{53}$iet$^{3}$ tʂak$^{3}$ təu$^{35}_{44}$tso$^{53}$ tek$^{3}$ lau$^{0}$,xe$_{53}$, ɲi$^{13}_{21}$kai$^{13}$tʂak$^{3}$ sɔk$^{3}$ liau$^{53}$tʰəŋ$^{21}$tsʅ$^{0}$,xei$^{53}$me$^{53}$?iet$^{3}$ ke$^{53}$iet$^{3}$ tʂak$^{3}$ təu$^{35}_{44}$tso$^{53}$tek$^{3}$ .i$^{35}_{53}$tsʰien$^{13}$tsʰiəu$^{53}$ mau$^{13}$tek$^{3}$ kan$^{21}$xau$^{21}$la$^{0}$ .e$_{21}$,iəu$^{35}$iet$^{3}$ tʂak$^{3}$ se$^{21}$ciɔk$^{3}$ ʂei$^{21}$tʰəŋ$^{21}$təu$^{35}_{53}$tsʰiəu$^{53}$man$^{13}$xau$^{21}$.m̩$^{13}_{21}$pʰe$^{53}$ʂʅ$^{53}$iəu$^{53}$kʰai$^{35}$ ʂei$^{21}$,iəu$^{53}$se$^{21}$ʂən$^{35}$,tʂʅ$^{21}$iəu$^{35}_{53}$iɔŋ$^{21}$tan$^{35}_{44}$tsʅ$^{0}$ tʰəŋ$^{21}$.

【洗冷水身】se$^{21}$laŋ$^{35}$ʂei$^{21}$ʂən$^{35}$ 游泳：我是唔会～呢。ŋai$^{13}$ʂʅ$^{53}_{44}$m̩$^{13}$uɔi$^{53}$se$^{21}$laŋ$^{35}$ʂei$^{21}$ʂən$^{35}$ne$^{0}$.

【洗面】se$^{21}$mien$^{53}$ 动 洗脸：（线巾子）就用来～。tsiəu$^{53}_{44}$iəŋ$^{53}$lɔi$^{13}_{21}$se$^{21}$mien$^{53}$.

【洗面帕子】se$^{21}$mien$^{53}$pʰa$^{53}$tsʅ$^{0}$ 名 洗脸毛巾：面帕子，欸，安做～呢又安做呢，～，有老班子就有咁子讲个。mien$^{53}$pʰa$^{53}$tsʅ$^{0}$,ei$_{53}$,ɔn$^{35}$tso$^{53}$sei$^{21}$mien$^{53}$pʰa$^{53}$tsʅ$^{0}$ nei$^{0}$ iəu$^{53}_{44}$ɔn$^{35}_{44}$tso$^{53}$nei$^{0}$,se$^{21}$mien$^{53}$pʰa$^{53}$tsʅ$^{0}$, iəu$^{35}$lau$^{21}$pan$^{35}$tsʅ$^{0}$ tsʰiəu$^{53}_{44}$iəu$^{35}_{53}$kan$^{21}$tsʅ$^{0}$ kəŋ$^{21}$ke$^{53}$.

【洗面水】se$^{21}$mien$^{53}$ʂei$^{21}$ 名 洗脸水：以前是客佬子来哩是爱舀～嘞。爱洗面呐。食哩饭还爱洗手面呐。如今嘞一张餐巾纸。i$^{35}_{53}$tsʰien$^{13}$ʂʅ$^{53}_{44}$kʰak$^{3}$ lau$^{21}$tsʅ$^{0}$ lɔi$^{13}$li$^{0}$ ʂʅ$^{53}_{44}$ɔi$^{53}$iau$^{21}$se$^{21}$mien$^{53}$ʂei$^{21}$le$^{0}$ .ɔi$^{53}_{44}$se$^{21}$ mien$^{53}$na$^{0}$ .ʂət$^{5}$ li$^{0}$ fan$^{53}$xa$^{13}_{21}$ɔi$^{53}$se$^{21}$ʂəu$^{21}$mien$^{53}$na$^{0}$ .i$^{13}_{21}$cin$^{35}_{53}$lei$^{0}$ iet$^{3}$ tʂɔŋ$^{35}_{53}$tsʰɔn$^{35}_{44}$cin$^{35}_{44}$tʂʅ$^{21}$.

【洗摸摸】se$^{21}$mo$^{35}$mo$^{35}$ 婴儿出生后第三天给婴儿洗澡。又称"洗三朝"：细人子出世三朝就爱～。其实是一下世就洗了。天天都洗。以前是爱洗三朝。洗三朝箇晡嘞箇个爱舞只脚盆，舞出外背来洗，尽兜都来看。欸，～个时候子，捧出摸摸来洗，要欸箇个接生娘渠来同你洗。箇晡嘞接生娘来哩嘞，你还爱打只红包分渠，嗯，爱喊渠食餐酒。以下嘞，～个时候子嘞，每个人发饽饽，发红饽饽。呃，莫去讲，发几多只噢？我还食过一篁子个，一篁子饽饽啦，两个人发一只饽饽个啦。冇得啊，箇阵子苦哇，细人子又多啊，苦哇。如今呐四只，发四只饽饽。冇人食，饽饽都冇人爱，唔想爱。洗嘿哩以后就捧倒去，箇就完了。sei$^{53}$ɲin$^{13}_{21}$tsʅ$^{0}$ tʂʰət$^{3}$ ʂʅ$^{53}$san$^{35}$tʂau$^{35}$tsʰiəu$^{53}_{21}$ɔi$^{53}$se$^{21}$mo$^{35}$mo$^{35}_{44}$.cʰi$^{13}$ʂət$^{5}$ ʂʅ$^{53}_{21}$iet$^{3}$ xa$^{35}$ʂʅ$^{53}$tsʰiəu$^{53}_{44}$se$^{21}$liau$^{0}$ .tʰien$^{35}$tʰien$^{35}_{44}$təu$^{35}_{44}$se$^{21}$ .i$^{35}_{53}$tsʰien$^{13}_{21}$ ʂʅ$^{53}_{44}$ɔi$^{53}$se$^{21}$san$^{35}$tʂau$^{35}_{44}$.se$^{21}$san$^{35}$tʂau$^{35}_{44}$kai$^{13}_{44}$pu$^{35}_{44}$le$^{0}$ kai$^{53}$ke$^{53}_{44}$ɔi$^{53}$u$^{21}$tʂak$^{3}$ ciɔk$^{3}$ pʰən$^{13}$,u$^{21}$tʂʰət$^{3}$ ŋɔi$^{53}$pɔi$^{53}$lɔi$^{13}$se$^{21}$, tsʰin$^{53}$te$^{35}_{44}$təu$^{35}_{44}$lɔi$^{13}_{21}$kʰɔn$^{53}$.e$_{21}$,se$^{21}$mo$^{35}$mo$^{35}$ke$^{53}$ʂʅ$^{13}_{21}$xəu$^{53}_{44}$tsʅ$^{0}$ ,pəŋ$^{21}$tʂʰət$^{3}$ mo$^{35}$mo$^{35}_{44}$lɔi$^{13}_{44}$se$^{21}$,iau$^{53}$e$_{21}$kai$^{13}$ke$^{53}$tsiait$^{3}$ saŋ$^{35}_{44}$ɲiɔŋ$^{13}$ci$^{13}$lɔi$^{13}_{44}$tʰəŋ$^{13}$ɲi$^{13}_{44}$se$^{21}$.kai$^{53}$pu$^{35}$le$^{0}$ tsiait$^{3}$ saŋ$^{35}_{44}$ɲiɔŋ$^{13}$lɔi$^{13}$li$^{0}$ lei$^{0}$ , ɲi$^{13}_{21}$xa$^{13}_{21}$ɔi$^{53}$ta$^{21}$tʂak$^{3}$ fəŋ$^{13}$pau$^{35}_{44}$pən$^{35}_{44}$ ci$^{13}_{21}$,n̩$_{21}$,ɔi$^{53}_{44}$xan$^{53}$ci$^{13}_{21}$ʂət$^{5}$ tsʰɔn$^{35}_{44}$tsiəu$^{21}$.i$^{13}_{21}$xa$^{53}_{44}$lei$^{0}$ ,sei$^{21}$mo$^{35}$mo$^{35}$ke$^{53}$ʂʅ$^{13}$xəu$^{53}_{44}$tsʅ$^{0}$ lei$^{0}$ ,mei$^{35}$ke$^{53}$ɲin$^{13}_{21}$fait$^{3}$ pɔk$^{5}$ pɔk$^{5}$ ,fait$^{3}$ fəŋ$^{13}$pɔk$^{5}$ pɔk$^{5}$ .ə$_{53}$,mɔk$^{5}$ çi$^{53}$kəŋ$^{21}$,fait$^{3}$ ci$^{21}$to$^{35}$tʂak$^{3}$ au$^{0}$ ?ŋai$^{13}$xai$^{13}$ʂət$^{5}$ ko$^{53}$iet$^{3}$ sak$^{3}$ tsʅ$^{0}$ kei$^{53}$,iet$^{3}$ sak$^{3}$ tsʅ$^{0}$ pɔk$^{5}$ pɔk$^{5}$ la$^{0}$ ,iɔŋ$^{21}$ke$^{53}$ɲin$^{13}_{44}$fait$^{3}$ iet$^{3}$ tʂak$^{3}$ pɔk$^{5}$ pɔk$^{5}$ ke$^{53}$la$^{0}$ .mau$^{13}$tek$^{3}$ a$^{0}$ ,kai$^{53}$tʂʰən$^{53}$tsʅ$^{0}$ kʰu$^{21}$ua$^{0}$ ,sei$^{53}$ɲin$^{13}_{44}$ tsʅ$^{0}$ iəu$^{53}_{44}$to$^{35}$a$^{0}$ ,kʰu$^{21}$ua$^{0}$ .i$^{13}_{21}$cin$^{35}_{44}$na$^{0}$ si$^{53}$tʂak$^{3}$ ,fait$^{3}$ si$^{53}$tʂak$^{3}$ pɔk$^{5}$ pɔk$^{5}$ .mau$^{13}$ɲin$^{13}$ʂət$^{5}$ ,pɔk$^{5}$ pɔk$^{5}$ təu$^{35}_{53}$mau$^{13}$ɲin$^{13}_{44}$ ɔi$^{53}$,n̩$^{13}$siɔŋ$^{21}$ɔi$^{53}$.se$^{21}$xek$^{3}$ li$^{0}$ i$^{35}_{53}$xei$^{53}$tsʰiəu$^{53}$pəŋ$^{21}$tau$^{21}$çi$^{53}$,kai$^{53}$tsiəu$^{53}$uən$^{13}_{44}$liau$^{0}$.

【洗三朝】se$^{21}$san$^{35}$tʂau$^{35}_{44}$ 婴儿出生后第三天给婴儿洗澡。又称"洗摸摸"：捧出去～ pəŋ$^{21}$tʂʰət$^{3}$ çi$^{53}$se$^{21}$san$^{35}$tʂau$^{35}_{44}$ | 由箇个接生娘来～ iəu$^{13}$kai$^{53}_{44}$ke$^{53}_{44}$tsiait$^{3}$ saŋ$^{35}_{44}$ɲiɔŋ$^{13}$lɔi$^{13}$se$^{21}$san$^{35}$tʂau$^{35}_{44}$

【洗衫板】se$^{21}$san$^{35}$pan$^{21}$ 名 洗衣板：欸，有水泥个有树做个～。～就箇只东西我就蛮留恋呢，真好洗衫呢，好洗衫呢，欸真想有。蛮留恋箇只东西，你冇得嘞，如今我系啊去下子冇得～呐。～是就一只洗衫台。～有树做个有水泥吧，有兜是舞只洗衫台，底下砌兜子红砖子。有衫裤咁长啊，就好放……好徛倒上背踮腰踮势子，踮腰踮势子来洗呀，唔爱弯腰哇。e$_{21}$,iəu$^{35}$ ʂei$^{21}$lai$^{13}$ke$^{53}_{44}$iəu$^{35}$ʂəu$^{53}$tso$^{53}_{44}$ke$^{53}_{44}$se$^{21}$san$^{35}_{44}$pan$^{21}$.se$^{21}$san$^{35}_{44}$pan$^{21}$tsʰiəu$^{53}_{44}$kai$^{53}_{44}$(tʂ)ak$^{3}$ təŋ$^{35}_{44}$si$^{0}$ ŋai$^{13}_{21}$tsʰiəu$^{53}_{44}$man$^{13}$liəu$^{13}$ lien$^{53}$nei$^{0}$ ,tʂən$^{35}$xau$^{21}$se$^{21}$san$^{35}$nei$^{0}$ ,xau$^{21}$se$^{21}$san$^{35}$nei$^{0}$ ,e$_{21}$tʂən$^{35}$siɔŋ$^{21}$iəu$^{35}_{44}$.man$^{13}_{21}$liəu$^{13}_{21}$lien$^{53}_{44}$kai$^{53}_{44}$(tʂ)ak$^{3}$ təŋ$^{35}_{44}$si$^{0}$, ɲi$^{13}_{21}$mau$^{13}$tek$^{3}$ lei$^{0}$ ,i$^{21}$cin$^{35}_{53}$ŋai$^{13}_{21}$xei$^{53}$a$^{0}$ çi$^{53}$xa$^{53}$tsʅ$^{0}$ mau$^{13}$tek$^{3}$ se$^{21}$san$^{35}_{53}$pan$^{21}$na$^{0}$ .se$^{21}$san$^{35}_{44}$pan$^{21}$ʂʅ$^{53}_{44}$tsʰiəu$^{53}$iet$^{3}$ tʂak$^{3}$ se$^{21}$san$^{35}_{53}$tʰɔi$^{13}$.se$^{21}$san$^{35}_{44}$pan$^{21}$iəu$^{35}$ʂəu$^{53}$tso$^{53}_{44}$ke$^{53}_{44}$iəu$^{35}$ʂei$^{21}$lai$^{13}$pa$^{0}$ ,iəu$^{35}$te$^{35}_{53}$ʂʅ$^{53}_{44}$u$^{21}$tʂak$^{3}$ se$^{21}$san$^{35}_{53}$tʰɔi$^{13}$,te$^{21}$xa$^{53}_{44}$tsʰi$^{53}$ te$^{35}_{53}$tsʅ$^{0}$ fəŋ$^{13}$tʂuon$^{35}_{44}$tsʅ$^{0}$ .iəu$^{35}_{44}$san$^{35}$fu$^{53}$kan$^{21}$tʂʰɔŋ$^{13}$ŋa$^{0}$ ,tsʰiəu$^{53}_{44}$xau$^{21}$fəŋ⋯xau$^{21}$cʰi$^{35}$tau$^{21}$ʂɔŋ$^{53}$pɔi$^{53}_{44}$ten$^{35}$iau$^{35}_{44}$ten$^{35}_{44}$ ʂʅ$^{53}$tsʅ$^{0}$ ,ten$^{35}$iau$^{35}_{44}$ten$^{35}_{44}$ʂʅ$^{53}$tsʅ$^{0}$ lɔi$^{13}_{21}$se$^{21}$ia$^{0}$ ,m̩$^{13}_{21}$mɔi$^{53}$uan$^{35}_{44}$iau$^{35}$ua$^{0}$ .

【洗衫槌】sei$^{21}$san$^{35}$tʂʰei$^{13}$ 名 洗衣服用的棒槌：箇是安做……洗衣裤也有噢。有滴到河边去洗呀，洗衫裤呀，舞只～呀。～，系啊？有～。长长子唠。/脑高瘪瘪子。/欸，扁扁子唠。/箇个不是勵圆个。kai$^{53}_{44}$ʂʅ$^{53}_{21}$ɔn$^{35}_{44}$tso$^{53}_{44}$⋯sei$^{21}$i$^{35}_{44}$fu$^{53}_{44}$ia$^{35}_{44}$iəu$^{35}_{44}$au$^{0}$ .iəu$^{35}$tet$^{5}$ tau$^{53}_{44}$xo$^{13}$pien$^{35}$çi$^{53}$sei$^{21}$ia$^{0}$ ,sei$^{21}$san$^{35}_{44}$

fu$^{53}_{44}$a$^{0}$ ,u$^{21}$tʂak$^{3}$ sei$^{21}$san$^{35}_{44}$tʂʰei$^{13}$ia$^{0}$ .se$^{21}$san$^{35}_{44}$tʂʰei$^{13}_{21}$,xe$^{53}_{44}$a$^{0}$ ?iəu$^{35}$se$^{21}$san$^{35}_{44}$tʂʰei$^{13}_{21}$.tʂʰɔŋ$^{13}$tʂʰɔŋ$^{13}$tsɿ$^{0}$ lau$^{0}$ ./lau$^{21}$kau$^{35}_{53}$ pie$^{21}$pie$^{21}$tsɿ$^{0}$ ./e$_{21}$,pien$^{21}$pien$^{21}$tsɿ$^{0}$ lau$^{0}$ ./kai$^{53}_{44}$ke$^{53}_{44}$pət$^{3}$ ʂʅ$^{53}_{44}$li$^{35}$ien$^{13}_{21}$ke$^{53}_{44}$.

【洗衫粉】se$^{21}$san$^{35}$fən$^{21}$ 名洗衣粉：两种。一种就搲兜子～泡一盆水，欸，舞兜子温滚水子，舞兜水，舞兜滚水也要得冷水也要得唠，泡兜子水。舞倒鞋刷子蘸兜水去洗。或者就招兜子水，舞兜子洗衫。安做碱水，箇个就安做碱水。还有兜嘞就让门子嘞？有兜就～放啊边子上，搲丁子，用手里滦湿个手搽滴子，放下箇个衫领上啊，系啊？咁子去挪下子。以下是蛮多人呢唔用～了，渠会伤手箇～呐，系啊？洗哩箇双手唔舒服。渠等就买箇个嘞，买箇个透明皂呢，买箇个肥皂呢，买肥皂啊，安做洋碱呐，买洋碱去洗。iɔŋ$^{21}$tʂəŋ$^{21}$.iet$^{3}$ tʂəŋ$^{21}$tsʰiəu$^{53}$ia$^{21}$te$^{35}_{53}$tsɿ$^{0}$ sei$^{21}$san$^{35}$fən$^{21}$pʰau$^{53}$iet$^{3}$ pʰən$^{13}$ʂei$^{21}$,e$_{44}$,u$^{21}$te$^{35}_{53}$tsɿ$^{0}$ uən$^{35}$kuən$^{21}$ʂei$^{21}$tsɿ$^{0}$ ,u$^{21}$te$^{35}_{53}$ʂei$^{21}$,u$^{21}$te$^{35}_{53}$kuən$^{21}$ʂei$^{21}$ia$^{35}$iau$^{53}$tek$^{3}$ laŋ$^{35}$ʂei$^{21}$ia$^{35}_{53}$iau$^{53}$tek$^{3}$ lau$^{0}$ ,pʰau$^{53}$te$^{35}_{53}$tsɿ$^{0}$ ʂei$^{21}$.u$^{21}$tau$^{21}$xai$^{13}$sɔit$^{3}$ tsɿ$^{0}$ tsian$^{21}$te$^{35}_{53}$ʂei$^{21}$çi$^{35}$se$^{21}$.xɔit$^{5}$ tʂa$^{21}$tsʰiəu$^{53}_{44}$tʂau$^{35}$ te$^{35}_{53}$tsɿ$^{0}$ ʂei$^{21}$,u$^{21}$te$^{35}_{53}$tsɿ$^{0}$ se$^{21}$san$^{35}_{44}$.ɔn$^{35}_{44}$tso$^{53}$kan$^{21}$ʂei$^{21}$,kai$^{53}_{44}$ke$^{53}_{44}$tsʰiəu$^{53}_{44}$ɔn$^{35}_{44}$tso$^{53}_{44}$kan$^{21}$ʂei$^{21}$.xai$^{21}$iəu$^{35}_{53}$te$^{35}_{53}$lei$^{0}$ tsʰiəu$^{53}$ ɲiɔŋ$^{53}_{44}$mən$^{13}_{44}$tsɿ$^{0}$ lei$^{0}$ ?iəu$^{35}$te$^{35}_{53}$tsʰiəu$^{53}_{44}$se$^{21}$san$^{35}_{44}$fən$^{21}$fɔŋ$^{53}$ŋa$^{0}$ pien$^{35}$tsɿ$^{0}$ xɔŋ$^{53}$,ia$^{21}$tin$^{35}$tsɿ$^{0}$ ,iəŋ$^{53}$ʂəu$^{21}$li$^{0}$ tsiet$^{5}_{3}$ ʂət$^{3}$ ke$^{53}$ʂəu$^{21}$lait$^{5}_{3}$ tiet$^{5}$ tsɿ$^{0}$ ,fɔŋ$^{53}$xa$^{53}$kai$^{53}$kei$^{53}$san$^{35}$liaŋ$^{35}$xɔŋ$^{53}$ŋa$^{0}$ ,xei$^{53}$a$^{0}$ ?kan$^{21}$tsɿ$^{0}$ çi$^{53}$lo$^{13}$xa$^{53}$tsɿ$^{0}$ .i$^{21}$xa$^{53}$ʂʅ$^{53}_{44}$man$^{13}_{21}$ to$^{35}_{53}$ɲin$^{13}_{44}$ne$^{0}$ n̩$^{13}$iəŋ$^{53}$se$^{21}$san$^{35}_{53}$fən$^{21}$niau$^{0}$ ,ci$^{13}_{21}$uɔi$^{53}_{44}$ʂɔŋ$^{35}$ʂəu$^{21}$kai$^{53}_{44}$se$^{21}$san$^{35}_{53}$fən$^{21}$na$^{0}$ ,xei$^{53}$a$^{0}$ ?se$^{21}$li$^{0}$ kai$^{53}$səŋ$^{35}_{53}$ʂəu$^{21}$ n̩$^{13}$ʂʅ$^{35}_{44}$fuk$^{5}$ .ci$^{13}_{21}$tien$^{0}$ tsʰiəu$^{53}$mai$^{35}$kai$^{53}$ke$^{53}$lei$^{0}$ ,mai$^{35}$kai$^{53}_{44}$ke$^{53}_{44}$tʰəu$^{53}$min$^{13}$tsʰau$^{53}$nei$^{0}$ ,mai$^{35}$kai$^{53}_{44}$ke$^{53}_{44}$fei$^{13}$tsʰau$^{53}$ nei$^{0}$ ,mai$^{35}$fei$^{13}$tsʰau$^{53}$a$^{0}$ ,ɔn$^{35}_{44}$tso$^{53}$iɔŋ$^{13}$kan$^{21}$na$^{0}$ ,mai$^{35}$iɔŋ$^{13}$kan$^{21}$çi$^{53}$se$^{21}$.

【洗衫石】se$^{21}$san$^{35}$ʂak$^{5}$ 名洗衣服用的砧石：～就去河里洗衫呶。箇河坝里唠，箇个或者水圳边子上唠放只石头哟，方便人呢用洗衫槌去槌哟。箇个就系～。我等以个栏场有哇，箇河边上大河边上就有哇。以下冇得哩。搞么个冇得哩嘞？尽兜都用洗衣机呀，偷懒嘞。唔想洗哩啊，偷懒呢。偷得懒倒哇。se$^{21}$san$^{35}$ʂak$^{5}$tsiəu$^{53}_{44}$çi$^{53}_{44}$xo$^{13}$li$^{0}$ se$^{21}$san$^{35}$nau$^{0}$ .kai$^{53}$xo$^{13}$pa$^{53}$li$^{0}$ lau$^{0}$ ,kai$^{53}_{44}$ke$^{0}$ xɔit$^{5}$ tʂa$^{21}$ʂei$^{21}$tʂən$^{53}$pien$^{35}$tsɿ$^{0}$ xɔŋ$^{53}_{44}$lau$^{0}$ fɔŋ$^{35}$tʂak$^{3}$ ʂak$^{5}$ tʰei$^{13}_{21}$io$^{0}$ ,fɔŋ$^{35}$pʰien$^{53}$ɲin$^{13}$nei$^{0}$ iəŋ$^{53}$se$^{21}$san$^{35}$tʂʰei$^{13}$çi$^{53}$tʂʰei$^{13}$ io$^{0}$ .kai$^{53}_{44}$ke$^{53}_{44}$tsʰiəu$^{53}_{44}$xe$^{53}_{44}$se$^{21}$san$^{35}_{44}$ʂak$^{5}$ .ŋai$^{13}$tien$^{0}$ i$^{21}$ke$^{53}$laŋ$^{13}_{21}$tʂʰɔŋ$^{13}_{44}$iəu$^{35}$ua$^{0}$ ,kai$^{53}$xo$^{13}$pien$^{35}_{44}$xɔŋ$^{53}_{44}$tʰai$^{53}$xo$^{13}$pien$^{35}$ xɔŋ$^{53}_{44}$tsʰiəu$^{53}_{44}$iəu$^{35}$ua$^{0}$ .i$^{21}$xa$^{53}$mau$^{13}$tek$^{3}$ li$^{0}$ .kau$^{21}$mak$^{3}$ e$^{0}$ mau$^{13}_{44}$tek$^{3}$ li$^{0}$ lei$^{0}$ ?tsʰin$^{53}$te$^{35}_{44}$təu$^{35}_{44}$iəŋ$^{53}_{44}$sei$^{21}$i$^{13}_{44}$ci$^{35}$ia$^{0}$ ,tʰɔi$^{35}$ lan$^{35}$le$^{0}$ .n̩$^{13}$siɔŋ$^{21}$se$^{21}$li$^{0}$ a$^{0}$ ,tʰɔi$^{35}$lan$^{35}$ne$^{0}$ .tʰɔi$^{35}$tek$^{3}$ lan$^{35}$tau$^{21}$ua$^{0}$ .

【洗衫台】se$^{21}$san$^{35}_{53}$tʰɔi$^{13}$ 名洗衣服的台子：～是就箇井边都有，如今都还有哇，有一块～呀。箇个唔知么人做个，做倒放倒箇映大家都用。se$^{21}$san$^{35}_{53}$tʰɔi$^{13}$ʂʅ$^{53}_{44}$tsʰiəu$^{53}$kai$^{53}$tsiaŋ$^{21}$pien$^{35}$təu$^{35}_{44}$iəu$^{35}_{44}$,i$^{13}_{21}$ cin$^{35}_{44}$təu$^{35}_{53}$xai$^{13}_{21}$iəu$^{35}$ua$^{0}$ ,iəu$^{35}$iet$^{3}$ kʰuai$^{53}$se$^{21}$san$^{35}_{44}$tʰɔi$^{13}$ia$^{0}$ .kai$^{53}$kei$^{53}$n̩$^{13}$ti$^{35}_{53}$mak$^{3}$ ɲin$^{13}_{44}$tso$^{53}$ke$^{53}_{44}$,tso$^{53}$tau$^{21}$fɔŋ$^{53}$tau$^{21}$ kai$^{53}$iaŋ$^{53}$tʰai$^{53}$cia$^{35}_{44}$təu$^{35}_{44}$iəŋ$^{53}$.

【洗身】se$^{21}$ʂən$^{35}$ 动洗澡：～用罗布手巾。se$^{21}$ʂən$^{35}$iəŋ$^{53}$lo$^{13}$pu$^{53}_{44}$ʂəu$^{21}$cin$^{35}$.｜唔就话有只人欸讨只张家坊个妹子，客家人妹子啊。欸，走倒去嘞，箇只妹子个娭子，丈人娭呀："欸，～呐！"渠徛起来。又喊，欸："欸，～呐！"欸，又徛起来。n̩$^{13}_{21}$tsʰiəu$^{53}_{44}$ua$^{53}_{44}$iəu$^{35}$tʂak$^{3}$ɲin$^{13}_{21}$e$_{21}$tʰau$^{21}$tʂak$^{3}$ tʂɔŋ$^{35}_{44}$ka$^{35}_{44}$fɔŋ$^{35}$ke$^{53}_{44}$mɔi$^{53}$tsɿ$^{0}$ ,kʰak$^{3}$ ka$^{35}_{44}$ɲin$^{13}_{21}$mɔi$^{53}$tsa$^{0}$ .ei$_{21}$ ,tsei$^{21}$tau$^{21}$çi$^{53}$lei$^{0}$ ,kai$^{53}_{44}$tʂak$^{3}$ mɔi$^{53}$tsɿ$^{0}$ ke$^{53}_{44}$ɔi$^{35}$ tsɿ$^{0}$ ,tʂʰɔŋ$^{53}_{44}$in$^{13}_{21}$ɔi$^{35}$ia$^{0}$ :"e$_{44}$,se$^{21}$ʂən$^{35}$na$^{0}$ !"ci$^{13}_{21}$cʰi$^{53}_{44}$çi$^{21}$lɔi$^{13}_{21}$.iəu$^{53}_{21}$xan$^{53}$,e$_{21}$:"e$_{44}$,se$^{21}$ʂən$^{35}$na$^{0}$ !"e$_{44}$,iəu$^{53}$cʰi$^{53}_{44}$çi$^{21}$lɔi$^{13}_{21}$.

【洗身间】se$^{21}$ʂən$^{35}$kan$^{35}$ 名家中的浴室：以前就一间子屋嘞，另事一间屋做～。欸，一家人一只子～。i$^{35}_{53}$tsʰien$^{13}_{21}$tsʰiəu$^{53}$iet$^{3}$ kan$^{35}_{44}$tsɿ$^{0}$ uk$^{3}$ lei$^{0}$ ,laŋ$^{53}$sɿ$^{53}$iet$^{3}$ kan$^{35}$uk$^{3}$ tso$^{53}$se$^{21}$ʂən$^{35}_{44}$kan$^{35}_{44}$.e$_{21}$,iet$^{3}$ ka$^{35}$ɲin$^{13}_{44}$iet$^{3}$ tʂak$^{3}$ tsɿ$^{0}$ sei$^{21}$ʂən$^{35}_{44}$kan$^{35}_{44}$.

【洗身脚】sei$^{21}$ʂən$^{35}$ciɔk$^{3}$ 指洗澡、洗脚之类的个人卫生行为：归去屋下食夜饭箇兜，归去屋下～，夜里归都唔晓归了，爱爷娭来寻喏。kuei$^{35}$çi$^{53}$uk$^{3}$ xa$^{53}_{44}$ʂət$^{5}$ ia$^{53}$fan$^{53}_{44}$kai$^{53}_{44}$te$^{35}_{44}$,kuei$^{35}$çi$^{53}$uk$^{3}$ xa$^{53}_{44}$ sei$^{21}$ʂən$^{35}$ciɔk$^{3}$,ia$^{53}$li$^{0}$ kuei$^{35}$təu$^{35}_{53}$n̩$^{13}_{21}$çiau$^{21}$kuei$^{35}_{44}$liau$^{0}$ ,ɔi$^{53}$ia$^{13}_{21}$ɔi$^{35}_{53}$lɔi$^{13}_{21}$tsʰin$^{13}$no$^{0}$ .

【洗身水】se$^{21}$ʂən$^{35}$ʂei$^{21}$ 名洗澡水：我娭子就天天爱渠洗身就爱同渠舀～。ŋai$^{13}_{21}$ɔi$^{35}$tsɿ$^{0}$ tsʰiəu$^{53}$ tʰien$^{35}_{44}$tʰien$^{35}_{44}$ɔi$^{53}$ci$^{13}_{21}$se$^{21}$ʂən$^{35}$tsʰiəu$^{53}$ɔi$^{53}_{44}$tʰəŋ$^{13}_{44}$ci$^{13}_{44}$iau$^{21}$se$^{21}$ʂən$^{35}_{53}$ʂei$^{21}$.

【洗手唱揖】sei$^{21}$ʂəu$^{21}$tʂʰɔŋ$^{53}$ia$^{35}$ 参与但不承担责任：以前我等屋下，我就讲下子唱揖咯，渠等讲唱揖咯，也系唱揖个一只概念。我阿公嘞就两兄弟。我阿公欸就冇年纪就死嘿哩。我箇只阿公个老弟子唔管事个人呐，我个公大呀，就系渠个爷娭吵，系唔系？我公太死哩，婆太死哩，尽系我爷子等人，我爷子我阿叔两个人来交割。我箇只叔公是，就渠个细赖子啊，渠都，死呀下来以后分只信分渠，归来～。天呐，从来都冇得么个……渠唔承担责任个人。就系唔管事就安做～。只爱～。箇就一种，唔管事啊，就系唔承担呢责任呐。呀实在是我阿公唔在哩是，以只大赖子唔在哩是，细赖子爱承担，系唔系？渠就空个，钱也冇得，欸人就归来哩啊，～，就咁个。箇是一只～个一只话法。就只参与下子，欸，但是唔承担责任，唔负担。尽我爷子两兄弟负担话嘞。我个公太婆太呀过哩身呐，箇是硬系渠个爷崽吵，系唔系？箇是讲～个事。i$^{35}_{53}$tsʰien$^{13}_{21}$ŋai$^{13}$tien$^{0}$uk$^{3}$xa$^{53}$,ŋai$^{13}$tsʰiəu$^{53}_{44}$kɔŋ$^{21}$xa$^{53}_{44}$tsɿ$^{0}$tʂʰɔŋ$^{53}$ia$^{35}$ko$^{0}$,ci$^{13}_{21}$tien$^{0}$kɔŋ$^{21}$tʂʰɔŋ$^{53}$ia$^{35}$ko$^{0}$,ia$^{35}$xe$^{53}$tʂʰɔŋ$^{53}$ia$^{35}$cie$^{53}$iet$^{3}$tʂak$^{3}$kʰai$^{53}$ɲien$^{53}_{44}$.ŋai$^{13}$a$^{35}$kəŋ$^{53}$le$^{0}$tsʰiəu$^{53}$iɔŋ$^{21}$çiəŋ$^{35}_{44}$tʰi$^{53}$.ŋai$^{13}_{21}$a$^{35}$kəŋ$^{35}_{44}$ŋe$^{0}$tsʰiəu$^{53}$mau$^{13}$ɲien$^{13}$ci$^{21}_{44}$tsʰiəu$^{53}$si$^{21}$xek$^{3}$li$^{0}$.ŋai$^{13}$kai$^{53}$tʂak$^{3}$a$^{35}$kəŋ$^{35}_{44}$ke$^{0}$lau$^{21}$tʰe$^{35}$tsɿ$^{0}$n̩$^{13}$kɔn$^{21}$sɿ$^{53}$ke$^{0}$ɲin$^{13}_{21}$na$^{0}$,ŋai$^{13}$ke$^{53}_{44}$a$^{35}$kəŋ$^{35}$tʰai$^{53}_{44}$ia$^{0}$,tsʰiəu$^{53}_{44}$xei$^{53}_{44}$ci$^{13}$ke$^{0}$ia$^{13}$ɔi$^{35}_{44}$ʂa$^{0}$,xei$^{53}_{44}$me$^{53}_{44}$?ŋai$^{13}$kəŋ$^{35}$tʰai$^{53}_{44}$si$^{21}$li$^{0}$,pʰo$^{13}$tʰai$^{53}$si$^{21}$li$^{0}$,tsʰin$^{53}$xei$^{53}$ŋai$^{13}_{21}$ia$^{13}$tsɿ$^{0}$ten$^{0}$ɲin$^{13}_{44}$,ŋai$^{13}$ia$^{13}$tsɿ$^{0}$ŋai$^{13}_{21}$a$^{35}$ʂəuk$^{3}$iɔŋ$^{21}$ke$^{53}$ɲin$^{13}_{44}$nɔi$^{13}_{44}$ciau$^{35}_{44}$kɔk$^{3}$.ŋai$^{13}$kai$^{53}$tʂak$^{3}$ʂəuk$^{3}$kəŋ$^{35}$ʂʅ$^{53}_{44}$,tsʰiəu$^{53}_{44}$ci$^{13}_{21}$ke$^{53}_{44}$se$^{53}$lai$^{53}$tsa$^{0}$,ci$^{13}_{21}$təu$^{35}_{53}$,si$^{21}$ia$^{0}$xa$^{53}_{44}$lɔi$^{13}_{21}$i$^{35}$xei$^{53}_{44}$pən$^{35}$tʂak$^{3}$sin$^{53}$pən$^{35}$ci$^{13}_{21}$,kuei$^{35}$lɔi$^{13}_{21}$se$^{21}$ʂəu$^{21}$tʂʰɔŋ$^{53}$ia$^{35}$.tʰien$^{35}_{44}$na$^{0}$,tsʰəŋ$^{13}$lɔi$^{13}_{21}$təu$^{35}_{53}$mau$^{13}$tek$^{3}$mak$^{3}$e$^{53}$…ci$^{13}_{21}$n̩$^{13}$tʂʰən$^{13}_{21}$tan$^{35}_{44}$tsek$^{3}$uən$^{53}$ke$^{0}$ɲin$^{13}_{21}$.tsʰiəu$^{53}_{44}$xe$^{53}_{44}$n̩$^{13}$kɔn$^{21}$sɿ$^{53}$tsʰiəu$^{53}_{44}$ɔn$^{35}_{44}$tso$^{53}_{44}$se$^{21}$ʂəu$^{21}$tʂʰɔŋ$^{53}$ia$^{35}$.tʂʅ$^{21}$ɔi$^{53}$se$^{21}$ʂəu$^{21}$tʂʰɔŋ$^{53}$ia$^{35}$.kai$^{53}_{44}$tsʰiəu$^{53}$iet$^{3}$tʂəŋ$^{21}$,n̩$^{13}$kɔn$^{21}$sɿ$^{53}$za$^{0}$,tsʰiəu$^{53}$ue$^{53}$n̩$^{13}$tʂʰən$^{13}$tan$^{35}$ne$^{0}$tsek$^{3}$uən$^{53}$na$^{0}$.ia$^{0}$ʂət$^{5}$tsʰai$^{5}$ʂʅ$^{53}_{44}$ŋai$^{13}_{21}$a$^{35}$kəŋ$^{35}$n̩$^{13}$tsʰɔi$^{35}_{44}$li$^{0}$ʂʅ$^{53}_{44}$,i$^{21}$tʂak$^{3}$tʰai$^{53}$lai$^{53}$tsɿ$^{0}$n̩$^{13}$tsʰɔi$^{53}_{44}$li$^{0}$ʂʅ$^{53}_{44}$,sei$^{53}$lai$^{53}_{44}$tsɿ$^{0}$ɔi$^{53}_{44}$tʂʰən$^{13}$tan$^{35}_{44}$,xei$^{53}$me$^{53}$?ci$^{13}$tsʰiəu$^{53}_{44}$kʰəŋ$^{53}$ke$^{0}$,tsʰien$^{13}$na$^{35}_{53}$mau$^{13}$tek$^{3}$,ei$_{21}$ɲin$^{13}$tsʰiəu$^{53}$kuei$^{35}$lɔi$^{13}_{21}$li$^{0}$a$^{0}$,sei$^{21}$ʂəu$^{21}$tʂʰɔŋ$^{53}$ia$^{35}$,tsʰiəu$^{53}$kan$^{21}$ke$^{0}$.kai$^{53}_{44}$ʂʅ$^{53}_{44}$iet$^{3}$tʂak$^{3}$sei$^{21}$ʂəu$^{21}$tʂʰɔŋ$^{53}$ia$^{35}$ke$^{0}$iet$^{3}$tʂak$^{3}$ua$^{53}$fait$^{3}$.tsʰiəu$^{53}_{44}$tʂət$^{3}$tsʰan$^{35}$ɥ$^{21}$a$^{53}$tsɿ$^{0}$,e$_{21}$,tan$^{53}$ʂʅ$^{53}$n̩$^{13}$tʂʰən$^{13}$tan$^{35}_{44}$tsek$^{3}$uən$^{53}_{44}$,n̩$^{13}$fu$^{53}$tan$^{35}$.tsʰin$^{53}$ŋai$^{13}$ia$^{13}$tsɿ$^{0}$iɔŋ$^{21}$çiəŋ$^{35}_{44}$tʰi$^{53}$fu$^{53}$tan$^{35}_{44}$ua$^{53}$lei$^{0}$.ŋai$^{13}$ke$^{0}$kəŋ$^{35}$tʰai$^{53}$pʰo$^{13}$tʰai$^{53}$ia$^{0}$ko$^{53}$li$^{0}$ʂən$^{35}$na$^{0}$,kai$^{53}_{44}$ʂʅ$^{53}_{44}$ɲiaŋ$^{53}_{44}$xei$^{53}_{44}$ci$^{13}$ke$^{53}$ia$^{13}$ɔi$^{35}_{44}$ʂa$^{0}$,xei$^{53}$me$^{53}$?kai$^{53}_{44}$ʂʅ$^{53}_{44}$kəŋ$^{21}$sei$^{21}$ʂəu$^{21}$tʂʰɔŋ$^{53}$ia$^{35}$ke$^{0}$sɿ$^{53}_{44}$.

【洗头】se$^{21}$tʰei$^{13}$ [动]清洗头发：我等以映人～让门洗你晓得吗？箇个妹子人呐，我新舅都咁个噢，尽到箇只店里去洗，理发店里去～。欸热天哩就系咁热嘞，两天三天子洗只头，欸，两三天子洗只头。以下嘞欸自家买正一瓶箇个洗发精箇兜，系唔系？买正来，写只字，就放下箇只剃头铺里，省子提。就我去哩，我去～就用我箇瓶洗发精，我也唔用店里个。欸，渠嘞收兜子钱，好像以前哟就收五块，如今唔知收几多块钱。ŋai$^{13}$tien$^{0}$i$^{21}$iaŋ$^{53}$ɲin$^{13}_{44}$se$^{21}$tʰei$^{13}$ɲiɔŋ$^{53}$mən$^{13}_{44}$se$^{21}$ɲi$^{13}_{21}$çiau$^{21}$tek$^{3}$ma$^{0}$?kai$^{53}_{21}$ke$^{53}_{21}$mɔi$^{53}$tsɿ$^{0}$ɲin$^{13}_{21}$na$^{0}$,ŋai$^{13}$sin$^{35}$cʰiəu$^{35}$təu$^{35}_{53}$kan$^{21}$ke$^{53}$au$^{0}$,tsʰin$^{53}$tau$^{53}_{44}$kai$^{53}_{44}$tʂak$^{3}$tian$^{53}$ni$^{21}$çi$^{53}$se$^{21}$,li$^{35}$fait$^{3}$tian$^{53}$ni$^{21}$çi$^{53}$se$^{21}$tʰei$^{13}$.e$_{21}$ɲiet$^{5}$tʰien$^{35}_{44}$ni$^{0}$tsʰiəu$^{53}$xei$^{53}_{21}$kan$^{21}$ɲiet$^{5}$lei$^{0}$,iɔŋ$^{21}$tʰien$^{35}_{44}$san$^{35}$tʰien$^{35}_{44}$tsɿ$^{0}$se$^{21}$tʂak$^{3}$tʰei$^{13}$,e$_{21}$,iɔŋ$^{21}$san$^{35}_{44}$tʰien$^{35}_{44}$tsɿ$^{0}$se$^{21}$(tʂ)ak$^{3}$tʰei$^{13}_{44}$.i$^{21}$xa$^{53}$lei$^{0}$e$_{21}$tsʰɿ$^{35}$ka$^{35}_{53}$mai$^{35}$tʂaŋ$^{53}$iet$^{3}$pʰin$^{13}$kai$^{53}$ke$^{53}_{44}$sei$^{21}$fait$^{3}$tsin$^{35}_{44}$kai$^{53}_{44}$te$^{35}_{44}$,xei$^{53}$me$^{53}$?mai$^{35}$tʂaŋ$^{53}$lɔi$^{13}_{21}$,sia$^{21}$tʂak$^{3}$sɿ$^{53}$,tsʰiəu$^{53}$fɔŋ$^{53}$ŋa$^{53}_{44}$kai$^{53}$tʂak$^{3}$tʰe$^{53}$tʰei$^{13}_{21}$pʰu$^{53}$li$^{0}$,saŋ$^{21}$tsɿ$^{0}$tʰia$^{35}$.tsʰiəu$^{53}$ŋai$^{13}$çi$^{53}$li$^{0}$,ŋai$^{13}$çi$^{53}$se$^{21}$tʰei$^{13}_{44}$tsʰiəu$^{53}$iəŋ$^{53}$ŋai$^{13}$kai$^{53}$pʰin$^{13}_{44}$se$^{21}$fait$^{3}$tsin$^{35}$,ŋai$^{13}$ia$^{35}_{53}$n̩$^{13}$iəŋ$^{53}$tian$^{53}$ni$^{21}$ke$^{53}$.ei$_{21}$,ci$^{13}$lei$^{0}$ʂəu$^{35}$te$^{35}_{53}$tsɿ$^{0}$tsʰien$^{13}_{44}$,xau$^{21}$tsʰiɔŋ$^{53}$i$^{35}_{53}$tsʰien$^{13}_{21}$io$^{0}$tsiəu$^{53}$ʂəu$^{35}_{53}$ŋ̍$^{21}$kʰuai$^{53}$,i$^{13}_{21}$cin$^{35}_{53}$n̩$^{13}_{21}$ti$^{35}_{53}$ʂəu$^{35}_{44}$ci$^{21}$(t)o$^{35}_{44}$kʰuai$^{53}$tsʰien$^{13}_{21}$.

【洗头水】se$^{21}$tʰei$^{13}$ʂei$^{21}$ [名]用秆灰水、茶麸水、皂角水之类做成，旧时用来洗头发：欸有哇，～呀，欸，有哇。（你们是用哪些材料做的？）嗯，碱灰水。欸，有条件个皂荚水，皮槠荚水。欸，还有滴么个？还可以用滴吗个东西？茶麸，欸，茶麸水。唔用茶麸……欸，唔用咁个茶麸渣，用茶麸水。箇唔加茶油，唔加茶油。会臭油头馊。e$_{44}$iəu$^{35}$ua$^{0}$,se$^{21}$tʰei$^{13}$ʂei$^{21}$ia$^{0}$,e$_{21}$,iəu$^{35}$ua$^{0}$.n̩$_{21}$,kan$^{21}$fɔi$^{35}$ʂei$^{21}$.e$_{21}$,iəu$^{35}$tʰiau$^{13}_{21}$cʰien$^{53}_{44}$ke$^{53}_{44}$tsʰau$^{53}$kait$^{3}$ʂei$^{21}$,pʰi$^{13}$tʂəu$^{35}_{44}$kait$^{3}$ʂei$^{21}$.e$_{21}$,xai$^{13}$iəu$^{35}$tiet$^{5}$mak$^{3}$cie$^{53}_{44}$?xai$^{13}$kʰo$^{21}$i$^{35}$iəŋ$^{53}$tiet$^{5}$mak$^{3}$(k)e$^{53}$təŋ$^{35}_{44}$si$^{0}$?tsʰa$^{13}$kʰu$^{35}_{44}$,e$_{21}$,tsʰa$^{13}$kʰu$^{35}_{44}$ʂei$^{21}$.n̩$^{13}$iəŋ$^{53}$tsʰa$^{13}$kʰu$^{35}_{44}$…e$_{21}$,n̩$^{13}$iəŋ$^{53}$kan$^{21}$ke$^{53}_{44}$tsʰa$^{13}_{21}$kʰu$^{35}_{44}$tsa$^{35}$,iəŋ$^{53}$tsʰa$^{13}_{21}$kʰu$^{35}_{44}$ʂei$^{21}$.kai$^{53}$n̩$^{13}_{21}$cia$^{35}_{44}$tsʰa$^{13}_{21}$iəu$^{13}_{21}$,n̩$^{13}$cia$^{35}_{44}$tsʰa$^{13}_{21}$iəu$^{13}_{21}$.uɔi$^{53}$tʂʰəu$^{53}$iəu$^{13}_{21}$tʰei$^{13}_{44}$man$^{53}$.

【洗碗】sei$^{21}$uɔn$^{21}$ 指饭后洗涤餐具和炊具等行为：你去～呐。ɲi$^{13}$çi$^{53}$sei$^{21}$uɔn$^{21}$na$^{0}$.

【洗碗筷】se$^{21}$uɔn$^{21}$kʰuai$^{53}$ 指饭后洗涤餐具和炊具等行为：食哩饭就爱～呀。欸，我面前是～就我包嘿哩。我唔爱我崽子～。我崽子～呀，渠眼珠矇，看唔真，𫟼洗净一下。就咁子拿下手子舞兜子咁个水子搞两下子，啊，洗都𫟼洗净。ʂət$^{5}$li$^{0}$fan$^{53}$tsiəu$^{53}_{44}$ɔi$^{53}_{44}$se$^{21}$uɔn$^{21}$kʰuai$^{53}$ia$^{0}$.e$_{21}$,ŋai$^{13}$mien$^{53}$tsʰien$^{13}_{44}$ʂʅ$^{53}_{44}$se$^{21}$uɔn$^{21}$kʰuai$^{53}$tsʰiəu$^{53}$ŋai$^{13}_{44}$pau$^{35}$(x)ek$^{3}$li$^{0}$.ŋai$^{13}_{21}$m̩$^{13}_{21}$mɔi$^{53}_{44}$ŋai$^{13}_{21}$ɔi$^{35}_{44}$tsɿ$^{0}$se$^{21}$uɔn$^{21}$kʰuai$^{53}$.ŋai$^{13}_{21}$ɔi$^{35}$tsɿ$^{0}$se$^{21}$uɔn$^{21}$kʰuai$^{53}$ia$^{0}$,ci$^{13}$ŋan$^{21}$tʂəu$^{35}_{44}$məŋ$^{13}$,kʰɔn$^{53}$n̩$^{13}_{21}$tʂən$^{35}$,maŋ$^{13}$se$^{21}$tsʰiaŋ$^{53}$iet$^{3}$xa$^{53}$.tsiəu$^{53}_{44}$kan$^{21}$tsɿ$^{0}$la$^{53}$(x)a$^{53}_{44}$ʂəu$^{21}$tsɿ$^{0}$u$^{21}$te$^{35}_{53}$tsɿ$^{0}$kan$^{21}_{44}$(k)e$^{53}_{44}$ʂei$^{21}$tsɿ$^{0}$kau$^{21}$iɔŋ$^{21}$xa$^{53}$tsɿ$^{0}$,a$_{53}$,se$^{21}$təu$^{35}_{53}$maŋ$^{13}_{21}$se$^{21}$tsʰiaŋ$^{53}$.

【洗碗盆子】se$^{21}$uɔn$^{21}$pʰən$^{13}$tsɿ$^{0}$ [名]用来洗碗的盆子：我等是舞只面盆呶，蛮多都舞只专门个舞只面盆来洗碗。也有兜用～个。以前就系用木盆子，有～，以下冇得卖呀，有卖你也唔想爱。让门子啊？又贵，又痞重，系唔系？又岔事。你还肯做买只几块钱买只塑料面盆，索索利利。ŋai$^{13}$tien$^{0}$ʂʅ$^{53}$u$^{21}$tʂak$^{3}$mien$^{53}$pʰən$^{13}_{21}$nau$^{0}$,man$^{13}$to$^{35}_{53}$təu$^{35}_{53}$u$^{21}$tʂak$^{3}$tʂen$^{35}$mən$^{13}_{21}$ke$^{53}$u$^{21}$tʂak$^{3}$mien$^{53}$pʰən$^{13}_{21}$lɔi$^{13}_{44}$se$^{21}$uɔn$^{21}$.ia$^{35}$iəu$^{35}_{44}$te$^{35}_{44}$iəŋ$^{53}$se$^{21}$uɔn$^{21}$pʰən$^{13}$tsɿ$^{0}$ke$^{53}$.i$^{35}_{53}$tsʰien$^{13}_{21}$tsiəu$^{53}$xei$^{53}$iəŋ$^{53}$muk$^{3}$pʰən$^{13}_{44}$tsɿ$^{0}$,iəu$^{35}_{53}$sei$^{21}$uɔn$^{21}$pʰən$^{13}$

tsɿ$^{0}$,i$^{13}_{21}$xa$^{53}$mau$^{13}$tek$^{3}$ mai$^{53}$ia$^{0}$,iəu$^{35}$mai$^{53}$ɲi$^{13}$ia$^{35}_{53}$n̩$^{13}_{21}$siɔŋ$^{21}$ɔi$^{53}$. ɲiɔŋ$^{53}_{21}$mən$^{13}_{44}$tsɿ$^{0}$ a$^{0}$ ?iəu$^{53}_{44}$kuei$^{53}$,iəu$^{53}_{44}$tek$^{5}$ tʂ$^{h}$əŋ$^{35}$, xei$^{53}$me$^{53}$?iəu$^{53}_{44}$ts$^{h}$a$^{53}_{44}$sɿ$^{53}$. ɲi$^{13}_{21}$xai$^{13}_{44}$xen$^{21}$tso$^{53}$mai$^{35}$tʂak$^{3}$ ci$^{21}$k$^{h}$uai$^{53}$ts$^{h}$ien$^{13}_{21}$mai$^{35}$tʂak$^{3}$ sɔk$^{3}$ liau$^{53}_{44}$mien$^{53}$p$^{h}$ən$^{13}_{21}$, sɔk$^{3}$ sɔk$^{3}$ li$^{53}$li$^{53}$.

【洗碗水】sei$^{21}$uɔn$^{21}$ʂei$^{21}$ 名洗碗的水：～箇只么个就安做潲水。sei$^{21}$uɔn$^{21}$ʂei$^{21}$kai$^{53}$tʂak$^{3}$ mak$^{3}$ ke$^{53}_{44}$ ts$^{h}$iəu$^{53}_{44}$ɔn$^{35}_{44}$tso$^{53}_{44}$sau$^{53}$ʂei$^{21}$.

【铣锯】se$^{21}$cie$^{53}$ 动用锉刀磨砺变钝的锯齿：～个时候子，舞张凳，翻下转来嘞箇个梭凳呶。se$^{21}$cie$^{53}_{44}$ke$^{53}_{44}$ʂʅ$^{13}$xəu$^{53}_{44}$tsɿ$^{0}$,u$^{21}$tʂɔŋ$^{35}_{44}$tien$^{53}$,fan$^{35}$na$^{53}$tʂɔn$^{21}$nɔi$^{13}$le$^{0}$kai$^{53}$ke$^{53}_{44}$so$^{35}$tien$^{53}$nau$^{0}$.

【铣磨】se$^{21}$/sei$^{21}$mo$^{53}$ 动用凿子翻新石磨，也称“铣磨子”：箇磨子，石磨子吵，磨一阵吵，磨阵会，箇个齿就会平啊，系呀？会平啊。就爱……箇就唔利吵，唔煞个吵。磨起来就就效率低啊。爱分箇齿搞尖来。欸，就磨起来更煞。搞……箇只搞尖来有人专门做咁个工作。安做～。铣磨子。欸，～。石匠啊铣磨子。舞只咁个凿，咁子咁子剁剁剁剁剁，咁子去凿，凿深来。分箇个凿深来。你也看过吧？欸，铣磨子。kai$^{53}_{44}$mo$^{53}$tsɿ$^{0}$,ʂak$^{5}$ mo$^{53}$tsɿ$^{0}$ ʂa$^{0}$,mo$^{53}$(i)et$^{3}$ tʂ$^{h}$ən$^{53}$ ʂa$^{0}$,mo$^{53}$tʂ$^{h}$ən$^{53}_{21}$uɔi$^{53}_{44}$,kai$^{53}_{44}$ke$^{53}_{44}$tʂ$^{h}$ʅ$^{21}$ts$^{h}$iəu$^{53}_{44}$uɔi$^{53}_{44}$p$^{h}$iaŋ$^{13}$ŋa$^{0}$,xei$^{53}_{44}$ia$^{0}$ ?uɔi$^{53}$p$^{h}$iaŋ$^{13}$ŋa$^{0}$.ts$^{h}$iəu$^{53}_{44}$ɔi$^{53}_{44}$…kai$^{53}_{44}$ts$^{h}$iəu$^{53}_{44}$ m̩$^{13}$li$^{53}$ ʂa$^{0}$,n̩$^{13}$sait$^{3}$ ke$^{53}_{44}$ʂa$^{0}$.mo$^{53}$çi$^{21}$lɔi$^{13}$ts$^{h}$iəu$^{53}$ts$^{h}$iəu$^{53}_{21}$çiau$^{53}$liet$^{3}$ te$^{35}$a$^{0}$.ɔi$^{53}_{44}$pən$^{35}$kai$^{53}_{44}$tʂ$^{h}$ʅ$^{21}$kau$^{21}$tsian$^{35}$ nɔi$^{13}_{21}$.e$_{21}$,ts$^{h}$iəu$^{53}_{21}$mo$^{53}$çi$^{21}$lɔi$^{13}$ken$^{53}$sait$^{3}$.kau$^{21}$…kai$^{53}$tʂak$^{3}$ kau$^{21}$tsian$^{35}$nɔi$^{13}_{21}$iəu$^{35}$ɲin$^{13}_{21}$tʂen$^{35}$mən$^{13}_{21}$tso$^{53}$kan$^{21}$ke$^{53}_{44}$ kəŋ$^{35}$tsɔk$^{3}$.ɔn$^{35}_{44}$tso$^{53}_{44}$se$^{21}$mo$^{53}$.se$^{21}$mo$^{53}$tsɿ$^{0}$.e$_{21}$,se$^{21}$mo$^{53}$.ʂak$^{5}$ siɔŋ$^{53}$ŋa$^{0}$ se$^{21}$mo$^{53}$tsɿ$^{0}$.u$^{21}$tʂak$^{3}$ kan$^{21}$ke$^{53}_{44}$ts$^{h}$ɔk$^{5}$,kan$^{21}$ tsɿ$^{0}$ kan$^{21}$tsɿ$^{0}$ to$_{53}$to$_{44}$to$_{44}$to$_{44}$to$_{53}$,kan$^{21}$tsɿ$^{0}$ çi$^{53}_{44}$ts$^{h}$ɔk$^{5}$,ts$^{h}$ɔk$^{5}$ tʂ$^{h}$ən$^{35}$nɔi$^{13}_{21}$.pən$^{35}$kai$^{53}_{44}$kei$^{53}$ts$^{h}$ɔk$^{5}$ tʂ$^{h}$ən$^{35}$nɔi$^{13}_{21}$. ɲi$^{13}$ia$^{35}_{44}$ k$^{h}$ɔn$^{53}$ko$^{53}_{44}$pa$^{0}$ ?e$_{21}$,sei$^{21}$mo$^{53}$tsɿ$^{0}$.

【喜禾】çi$^{21}$uo$^{13}$ 形肥沃，能让禾苗长得好：（乌沙泥）更～啊，欸，更肯长，禾更大呀。ken$^{53}$ çi$^{21}$uo$^{13}$a$^{0}$,e$_{21}$,ken$^{53}$xen$^{21}$tʂɔŋ$^{21}$,uo$^{13}$ken$^{53}_{44}$t$^{h}$ai$^{53}$ia$^{0}$.｜我等屋下分个箇几亩田尽系黄泥田，更唔～，就系唔肥呀，禾唔肯长啊。ŋai$^{13}$tien$^{0}$uk$^{3}$ xa$^{53}_{44}$fən$^{35}_{44}$ke$^{0}$kai$^{53}$ci$^{21}$miau$^{35}$t$^{h}$ien$^{13}_{21}$ts$^{h}$in$^{53}$xe$^{53}_{44}$uɔŋ$^{13}$lai$^{13}_{44}$t$^{h}$ien$^{13}_{44}$,cien$^{53}$ n̩$^{13}$çi$^{21}$uo$^{13}$,tsiəu$^{53}_{44}$xe$^{53}_{44}$m̩$^{13}$p$^{h}$i$^{13}$ia$^{0}$,uo$^{13}$n̩$^{13}$xen$^{21}$tʂɔŋ$^{21}$ŋa$^{0}$.

【喜欢】çi$^{21}$fɔn$^{35}$ 动喜爱：～笑 çi$^{21}$fɔn$^{35}$siau$^{53}$｜有棉背褡子，老人家最～着。iəu$^{35}_{44}$mien$^{13}$pɔi$^{53}$tait$^{3}$ tsɿ$^{0}$,lau$^{21}$ɲin$^{13}$ka$^{35}_{44}$tsei$^{53}$çi$^{21}$fɔn$^{35}_{44}$tʂɔk$^{3}$.｜渠指水鸭子～去水肚里。ci$^{13}_{21}$çi$^{21}$fɔn$^{35}_{44}$çi$^{53}$ʂei$^{21}$təu$^{21}$li$^{0}$.

【喜轿】çi$^{21}$c$^{h}$iau$^{53}$ 名结婚时新娘坐的花轿：～哇就系如今箇个画子里画个样，四只角，系唔系？四方个，～都系四方，箇是一只。欸，有两条杠。肚里有张凳，人就坐以张凳上，系唔系？以映有条杠，也系以映有只箇个有条子绳子，有条子棍子，一撬下去，咁子舞倒，一个人掆面前，一个人掆后背，前面一个后一个。唔掆两边箇就。渠后背也系咁子，就咁子，两边唔爱傍杠个，以个就两边唔爱傍杠个。欸，顶高有只顶嘞，顶高有只尖顶，唔知几漂亮，欸。以边就轿门，以边有光窗，嘞，一两向三……两向个光窗吧？唔知几多向个光窗哈唔知三四向都有光窗啊还系只有两向光窗，有光窗。以向就是门，上轿个时候子分以只轿棍放下蘸下地泥下去，人就跨过去，走进去，系唔系？肚里有只门闩子，肚里有闩子，可以闩稳。怕渠跌出来呀。有兜就枭渠呀，箇都后生人吵，掆轿个人枭渠放势敠呐。çi$^{21}$c$^{h}$iau$^{53}$ua$^{0}$ ts$^{h}$iəu$^{53}$ xei$^{53}$i$^{13}_{21}$cin$^{35}_{44}$kai$^{53}_{44}$ke$^{53}_{44}$fa$^{53}$tsɿ$^{0}$ li$^{21}$fa$^{53}_{44}$ke$^{53}_{44}$iɔŋ$^{53}_{44}$,si$^{53}$tʂak$^{3}$ kɔk$^{3}$,xei$^{53}$me$^{53}$?si$^{53}$fɔŋ$^{35}$ke$^{53}$,çi$^{21}$c$^{h}$iau$^{53}_{44}$təu$^{35}$xe$^{53}_{44}$si$^{53}$fɔŋ$^{35}$, kai$^{53}$ʂʅ$^{53}$iet$^{3}$ tʂak$^{3}$.e$_{21}$,iəu$^{35}$iɔŋ$^{21}$t$^{h}$iau$^{13}$kɔŋ$^{53}$.təu$^{21}$li$^{0}$ iəu$^{35}$tʂɔŋ$^{35}$ten$^{53}$, ɲin$^{13}_{21}$ts$^{h}$iəu$^{53}_{44}$ts$^{h}$o$^{35}$i$^{21}$tʂɔŋ$^{35}_{44}$ten$^{53}$xɔŋ$^{53}_{44}$,xei$^{53}_{44}$ me$^{53}_{44}$?i$^{21}$iaŋ$^{53}_{44}$iəu$^{35}_{44}$t$^{h}$iau$^{13}_{21}$kɔŋ$^{53}$,ia$^{35}$xei$^{53}$i$^{21}$iaŋ$^{53}_{44}$iəu$^{35}_{44}$tʂak$^{3}$ kai$^{53}_{44}$ke$^{53}_{44}$iəu$^{35}$t$^{h}$iau$^{13}_{21}$tsɿ$^{0}$ ʂən$^{13}$tsɿ$^{0}$,iəu$^{35}$t$^{h}$iau$^{13}_{21}$tsɿ$^{0}$ kuən$^{53}$ tsɿ$^{0}$,iet$^{3}$ c$^{h}$iau$^{53}$xa$^{53}_{44}$çi$^{53}$,kan$^{21}$tsɿ$^{0}$ u$^{21}$tau$^{21}$,iet$^{3}$ ke$^{53}$ɲin$^{13}_{21}$kɔŋ$^{35}_{44}$mien$^{53}$ts$^{h}$ien$^{13}_{21}$,iet$^{3}$ ke$^{53}$ɲin$^{13}_{21}$kɔŋ$^{35}$xei$^{53}$pɔi$^{53}_{21}$,ts$^{h}$ien$^{13}$ mien$^{53}_{21}$iet$^{3}$ ke$^{53}$xei$^{53}$iet$^{3}$ cie$^{53}$.n̩$^{13}$kɔŋ$^{35}_{44}$iɔŋ$^{21}$pien$^{35}$kai$^{53}_{44}$ts$^{h}$iəu$^{53}_{44}$.ci$^{13}$xei$^{53}$pɔi$^{53}_{44}$ia$^{35}_{44}$xe$^{53}$kan$^{21}$tsɿ$^{0}$,ts$^{h}$iəu$^{53}_{21}$kan$^{21}_{44}$tsɿ$^{0}$,iɔŋ$^{21}$ pien$^{35}$m̩$^{13}_{21}$mɔi$^{53}$p$^{h}$ɔŋ$^{53}$kɔŋ$^{35}_{44}$ke$^{0}$,i$^{21}$ke$^{53}$tsiəu$^{53}$iɔŋ$^{21}$pien$^{35}_{44}$m̩$^{13}_{21}$mɔi$^{53}_{44}$p$^{h}$ɔŋ$^{53}$kɔŋ$^{35}_{44}$ke$^{0}$.e$_{21}$,taŋ$^{35}_{44}$kau$^{35}_{44}$iəu$^{35}_{53}$tʂak$^{3}$ taŋ$^{21}$ lei$^{0}$,taŋ$^{21}$kau$^{35}_{44}$iəu$^{35}_{53}$tʂak$^{3}$ tsian$^{35}$taŋ$^{21}$,n̩$^{13}$ti$^{35}_{53}$ci$^{21}$p$^{h}$iau$^{53}$liɔŋ$^{53}$,e$_{21}$.i$^{21}$pien$^{35}_{53}$ts$^{h}$iəu$^{53}_{44}$c$^{h}$iau$^{53}$mən$^{13}$,i$^{21}$pien$^{35}_{53}$iəu$^{35}_{44}$kɔŋ$^{35}$ ts$^{h}$əŋ$^{35}$,le$_{21}$,i$^{21}$iɔŋ$^{21}$çiɔŋ$^{53}$san$^{35}$…iɔŋ$^{21}$çiɔŋ$^{53}$ke$^{53}_{44}$kɔŋ$^{35}_{44}$ts$^{h}$əŋ$^{35}_{44}$pa$^{0}$ ?n̩$^{13}_{21}$ti$^{35}_{53}$ci$^{21}$to$^{35}$çiɔŋ$^{53}$ke$^{53}_{21}$kɔŋ$^{35}$ts$^{h}$əŋ$^{35}_{44}$xa$^{0}$ n̩$^{13}_{21}$ti$^{35}_{53}$san$^{35}$ si$^{53}$çiɔŋ$^{53}$təu$^{35}_{44}$iəu$^{35}_{44}$kɔŋ$^{35}_{44}$ts$^{h}$əŋ$^{35}_{44}$ŋa$^{0}$ xa$^{13}_{21}$xe$^{53}_{44}$tʂʅ$^{21}$iəu$^{35}_{53}$iɔŋ$^{21}$çiɔŋ$^{53}$kɔŋ$^{35}_{44}$ts$^{h}$əŋ$^{35}_{44}$,iəu$^{35}_{53}$kɔŋ$^{35}$ts$^{h}$əŋ$^{35}$.i$^{21}$çiɔŋ$^{53}$ts$^{h}$iəu$^{53}$ʂʅ$^{53}$ mən$^{13}$,ʂɔŋ$^{35}$c$^{h}$iau$^{53}$ke$^{53}$ʂʅ$^{13}$xei$^{53}_{44}$tsɿ$^{0}$ pən$^{35}$i$^{21}$tʂak$^{3}$ c$^{h}$iau$^{53}$kuən$^{53}$fɔŋ$^{53}$xa$^{35}$tsian$^{21}$na$^{53}_{44}$t$^{h}$i$^{53}$lai$^{13}_{21}$xa$^{35}$çi$^{53}$, ɲin$^{13}$ts$^{h}$iəu$^{53}_{44}$ c$^{h}$ia$^{53}$ko$^{53}_{44}$çi$^{53}_{44}$,tsei$^{21}$tsin$^{53}$çi$^{53}$,xei$^{53}_{44}$me$^{53}_{44}$?təu$^{21}$li$^{0}$ iəu$^{35}_{53}$tʂak$^{3}$ mən$^{13}$ts$^{h}$ɔn$^{35}_{44}$tsɿ$^{0}$,təu$^{21}$li$^{0}$ iəu$^{35}_{53}$ts$^{h}$ɔn$^{35}$tsɿ$^{0}$,k$^{h}$o$^{21}$i$^{35}_{44}$ts$^{h}$ɔn$^{35}$ uən$^{21}$.p$^{h}$a$^{53}$ci$^{13}_{21}$tet$^{3}$ tʂ$^{h}$ət$^{3}$ lɔi$^{13}_{44}$ia$^{0}$.iəu$^{35}$te$^{35}_{53}$ts$^{h}$iəu$^{53}_{44}$çiau$^{35}$ci$^{13}_{21}$ia$^{0}$,kai$^{53}_{44}$təu$^{35}$xei$^{53}$saŋ$^{35}$ɲin$^{13}_{21}$ʂa$^{0}$,kɔŋ$^{35}$c$^{h}$iau$^{53}$ke$^{53}$ɲin$^{13}_{21}$ çiau$^{35}$ci$^{13}_{21}$fɔŋ$^{53}$ʂʅ$^{53}_{44}$ian$^{53}$na$^{0}$.

【喜潲】çi$^{21}$sau$^{53}$ 形（土壤）肥沃，有助于作物生长：呃，乌沙泥个田土哇更～，箇黄泥就箇黄泥呀死泥骨啦死都冇来。ə$_{21}$,u$^{35}$sa$^{35}_{44}$lai$^{13}_{21}$kei$^{53}$t$^{h}$ien$^{13}$t$^{h}$əu$^{21}$ua$^{0}$ ken$^{53}$çi$^{21}$sau$^{53}$,kai$^{53}$uɔŋ$^{13}$lai$^{13}_{21}$ts$^{h}$iəu$^{53}$kai$^{53}$

uəŋ$^{13}$lai$^{13}_{21}$ia$^{0}$ si$^{21}$lai$^{13}$kuət$^{3}$ la$^{0}$ si$^{21}$təu$^{35}_{53}$mau$^{13}_{21}$ləi$^{13}$.

【喜事】çi$^{21}$sɿ$^{53}$ 名喜庆之事，多指婚事：就同箇个办～箇个祖宗牌位一样个。tsʰiəu$^{53}$tʰəŋ$^{13}_{21}$kai$^{53}_{44}$ ke$^{53}_{44}$pʰan$^{53}$çi$^{21}$sɿ$^{53}$kai$^{53}$ke$^{53}_{44}$tsəu$^{21}$tsəŋ$^{35}$pʰai$^{13}_{21}$uei$^{53}_{44}$iet$^{3}$ iəŋ$^{53}_{44}$ke$^{53}_{44}$.

【戏】çi$^{53}$ 名戏剧：只爱～好看，唔怕锣鼓烂。tʂʅ$^{21}$ɔi$^{53}_{44}$çi$^{53}$xau$^{21}$kʰɔn$^{53}$,m̩$^{13}$pʰa$^{53}$lo$^{13}$ku$^{21}$lan$^{53}$.

【戏班子】çi$^{53}$pan$^{35}$tsɿ$^{0}$ 名戏曲剧团的旧称：如今就死哩人会请嘞，欸，死哩人呢，死哩父母啊，有兜有钱人呢渠就搞兜咁个呢，欸，请～嘞。头到旧年嘞欸头两年子箇边有只医师死嘿哩啊，渠当医师啊，比我大唔知大几多岁，大两三岁子，如今就会有七十岁了，死嘿哩。渠蛮有钱呐。好像话留分子女都留百多万呐，借出去都借嘿百多万呐。箇是走下浏阳花鼓剧团请倒～啊唱花鼓戏。i$^{13}_{21}$cin$^{35}_{53}$tsʰiəu$^{53}$si$^{21}$li$^{0}$ɲin$^{13}$uɔi$^{53}$tsʰiaŋ$^{21}$lei$^{0}$,e$_{21}$,si$^{21}$li$^{0}$ɲin$^{13}$nei$^{0}$,si$^{21}$li$^{0}$ fu$^{53}$mu$^{35}$a$^{0}$,iəu$^{35}$te$^{35}_{53}$ iəu$^{35}$tsʰien$^{13}_{21}$ɲin$^{13}$ne$^{0}$ ci$^{13}_{21}$tsʰiəu$^{53}$kau$^{21}$te$^{35}_{53}$kan$^{21}$ke$^{53}$nei$^{0}$,e$_{21}$,tsʰiaŋ$^{21}$çi$^{53}$pan$^{35}$tsɿ$^{0}$ lei$^{0}$.tʰei$^{13}_{21}$tau$^{53}_{44}$cʰiəu$^{53}$ɲien$^{13}_{44}$le$^{0}$ ei$_{44}$ tʰei$^{13}$iɔŋ$^{21}$ɲien$^{13}$tsɿ$^{0}$ kai$^{53}$pien$^{35}_{44}$iəu$^{35}_{53}$tʂak$^{3}$ i$^{35}$sɿ$^{35}_{44}$si$^{21}$xek$^{3}$ li$^{0}$ a$^{0}$, ci$^{13}_{21}$tɔŋ$^{35}_{44}$i$^{35}$sɿ$^{35}$a$^{0}$ ,pi$^{21}$ŋai$^{13}$tʰai$^{53}$n̩$^{13}_{21}$ti$^{35}_{44}$tʰai$^{53}$ci$^{21}$(t)o$^{35}$ sɔi$^{53}$,tʰai$^{53}$iɔŋ$^{21}$san$^{35}_{44}$sɔi$^{53}$tsɿ$^{0}$ ,i$^{13}_{21}$cin$^{35}_{53}$tsʰiəu$^{53}_{44}$uɔi$^{53}_{44}$iəu$^{35}_{53}$tsʰiet$^{3}$ ʂət$^{5}$ sɔi$^{53}$liau$^{0}$ ,si$^{21}$xek$^{3}$ li$^{0}$ .ci$^{13}_{21}$man$^{13}_{21}$iəu$^{35}_{53}$tsʰien$^{13}$ na$^{0}$ .xau$^{21}$tsʰiɔŋ$^{53}$ua$^{53}$liəu$^{13}_{21}$pən$^{35}_{44}$tsɿ$^{21}$ŋ̍$^{21}$tau$^{35}_{53}$liəu$^{13}$pak$^{3}$ to$^{35}_{44}$uan$^{53}$na$^{0}$ ,tsia$^{53}$tʂʰət$^{3}$ çi$^{53}_{44}$tau$^{35}_{44}$tsia$^{53}$xek$^{3}$ pak$^{3}$ to$^{35}_{44}$uan$^{53}$ na$^{0}$ .kai$^{53}$ʂʅ$^{53}_{44}$tsei$^{21}$xa$^{53}$liəu$^{13}$iɔŋ$^{13}_{44}$fa$^{35}$ku$^{21}$tʂət$^{3}$ tʰɔn$^{13}$tsʰiaŋ$^{21}$tau$^{21}$çi$^{53}$pan$^{35}_{44}$tsɿ$^{0}$ a$^{0}$ tʂʰɔŋ$^{53}_{44}$fa$^{35}_{44}$ku$^{21}$çi$^{53}$.

【戏客子】çi$^{53}$kʰak$^{3}$ tsɿ$^{0}$ 名职业戏曲演员的旧称：欸，渠等话～样啊搽起啊，～样，唱戏个人样，化妆咯。ei$_{21}$,ci$^{13}$tien$^{0}$ ua$^{53}_{44}$çi$^{53}$kʰak$^{3}$ tsɿ$^{0}$ iɔŋ$^{53}$ŋa$^{0}$ tsʰa$^{13}_{21}$çi$^{21}_{44}$a$^{0}$ ,çi$^{53}$kʰak$^{3}$ tsɿ$^{0}$ iɔŋ$^{53}_{44}$,tʂʰɔŋ$^{53}_{44}$çi$^{53}$ke$^{0}$ɲin$^{13}$iɔŋ$^{53}_{44}$, fa$^{53}$tsɔŋ$^{35}$ko$^{0}$.

【戏台】çi$^{53}$tʰɔi$^{13}$ 名供戏剧演出的舞台：欸，～如今就有两种唠。有兜是打只～呀，打只台呀。以下是蛮多都打台都唔打了，渠开一辆舞台车来。你只爱分只场地分渠。e$_{21}$,çi$^{53}$tʰɔi$^{13}$i$^{13}_{21}$cin$^{35}_{44}$ tsʰiəu$^{53}$iəu$^{35}_{44}$iɔŋ$^{21}$tʂɔŋ$^{21}$lau$^{0}$.iəu$^{35}$te$^{35}_{53}$ʂʅ$^{53}_{44}$ta$^{21}$tʂak$^{3}$ çi$^{53}$tʰɔi$^{13}_{44}$ia$^{0}$ ,ta$^{21}$tʂak$^{3}$ tʰɔi$^{13}$ia$^{0}$ .i$^{21}$xa$^{53}$ʂʅ$^{53}$man$^{13}$to$^{35}_{44}$təu$^{35}_{53}$ta$^{21}$tʰɔi$^{13}$ təu$^{35}_{53}$n̩$^{13}_{21}$ta$^{21}$liau$^{0}$ ,ci$^{13}_{44}$kʰɔi$^{35}$iet$^{3}$ liɔŋ$^{21}$u$^{35}$tʰɔi$^{13}_{21}$tsʰa$^{35}$lɔi$^{13}_{21}$. ɲi$^{13}$tʂʅ$^{21}$ɔi$^{53}$pən$^{35}_{53}$tʂak$^{3}$ tʂʰɔŋ$^{21}$tʰi$^{53}$pən$^{35}$ci$^{13}_{21}$.

【系$_1$】xei$^{53}$ 动①判断动词，相当于“是”：也可能～箇只“路”，也可能就～以只“走路”个“路”。ia$^{35}$kʰo$^{21}$len$^{13}$xei$^{53}$kai$^{53}$tʂak$^{3}$ ləu$^{53}$,ia$^{35}$kʰo$^{21}$len$^{13}$tsʰiəu$^{53}$xei$^{53}$i$^{21}$tʂak$^{3}$ tsei$^{21}$ləu$^{53}_{44}$ke$^{53}_{44}$ləu$^{53}_{44}$. ②居住：渠尽～下浏阳欸，长日～下浏阳话嘞。ci$^{13}$tsʰin$^{53}$xei$^{53}_{44}$(x)a$^{53}_{44}$liəu$^{13}$iɔŋ$^{13}_{44}$e$^{0}$ ,tʂʰɔŋ$^{13}$ɲiet$^{3}$ xei$^{53}$(x)a$^{53}$liəu$^{13}$ iɔŋ$^{13}$ua$^{53}$lei$^{0}$.｜你～下哪映啊？ɲi$^{13}_{21}$xe$^{53}$(x)a$^{53}_{44}$la$^{53}$iaŋ$^{53}_{44}$ŋa$^{0}$？｜我～倒河边上。ŋai$^{13}$xe$^{53}$tau$^{21}$xo$^{13}$pien$^{35}_{44}$ xɔŋ$^{53}_{44}$. ③留宿；停留下来过夜：规矩就唔去娘家～，爱归去，箇晡回小门箇晡爱归去。kuei$^{35}$ tʂʅ$^{21}$tsʰiəu$^{53}$m̩$^{13}$çi$^{53}$ɲiɔŋ$^{13}$cia$^{35}_{44}$xei$^{53}$,ɔi$^{53}$kuei$^{35}$çi$^{53}$,kai$^{53}$pu$^{35}_{44}$fei$^{13}$siau$^{21}$mən$^{13}$kai$^{53}_{44}$pu$^{35}_{44}$ɔi$^{53}_{44}$kuei$^{35}$çi$^{53}$. ④被放置：渠箇个烧窑吵，渠箇瓦是尽系咁子密密哩～啊咁子弯弯子个，一块一块个，一□咁高。ci$^{13}$ kai$^{53}_{44}$kei$^{53}_{44}$ʂau$^{35}$iau$^{13}$ʂa$^{0}$ ,ci$^{13}$kai$^{53}_{44}$ŋa$^{21}$ʂʅ$^{53}_{44}$tsʰin$^{53}$nei$_{44}$(←xei$^{53}$)kan$^{21}$tsɿ$^{0}$ miet$^{5}$ miet$^{5}$ li$^{0}$ xei$^{53}_{44}$a$^{0}$ kan$^{21}$tsɿ$^{0}$ uan$^{35}$uan$^{35}_{44}$ tsɿ$^{0}$ kei$^{53}_{44}$,iet$^{3}$ kʰuai$^{53}$iet$^{3}$ kʰuai$^{53}$kei$^{53}_{44}$,iet$^{3}$ tsiau$^{35}$kan$^{21}$kau$^{35}$. ⑤做补语，跟否定词“唔”连用，表示不能胜任或够得上：箇你不可……关唔～咯，跍倒屋下关唔～咯，一只伢子咯，两十多岁呀，两三十多岁呀，你关唔～咯你，除哩绵稳渠哦，渠会出倒街上来嬲喔。kai$^{53}_{44}$ɲi$^{13}_{21}$pət$^{3}$ kʰo$^{21}_{44}$… kuan$^{35}$n̩$^{13}_{21}$xe$^{53}$ko$^{0}$ ,ku$^{35}_{44}$tau$^{21}$uk$^{3}$ xa$^{53}_{44}$kuan$^{35}$n̩$^{13}_{21}$xe$^{53}$ko$^{0}$ ,iet$^{3}$ tʂak$^{3}$ ŋa$^{13}$tsɿ$^{0}$ ko$^{0}$ ,iɔŋ$^{21}$ʂət$^{5}$ to$^{35}_{44}$sɔi$^{53}$ia$^{0}$ ,iɔŋ$^{21}$san$^{35}_{44}$ʂət$^{5}$ to$^{35}_{44}$ sɔi$^{53}$ia$^{0}$ , ɲi$^{13}_{21}$kuan$^{35}$n̩$^{13}_{21}$xe$^{53}$ko$^{0}$ ɲi$^{13}_{44}$,tʂʰəu$^{13}$li$^{0}$ tʰak$^{3}$ uən$^{21}$ci$^{13}_{21}$o$^{0}$ ,ci$^{13}_{21}$uɔi$^{53}$tʂʰət$^{3}$ tau$^{21}$kai$^{35}_{44}$xɔŋ$^{53}_{44}$lɔi$^{13}$liau$^{53}$uo$^{0}$.

【系$_2$】xei$^{53}$ 介引述处所，相当于“在”：如今～张家坊街上是平时都有（箬子米馃）卖。i$^{13}_{21}$ cin$^{35}$xei$^{53}_{44}$tʂɔŋ$^{35}$ka$^{35}_{44}$fɔŋ$^{35}$kai$^{35}_{44}$xɔŋ$^{53}_{44}$ʂʅ$^{53}_{44}$pʰin$^{13}$ʂʅ$^{13}_{21}$təu$^{35}$iəu$^{35}_{44}$mai$^{53}$.

【系$_3$】xe$^{53}$ 连表示承认所说的，再转入正意，含有“虽然”的意思：以只东西贵～贵，就系蛮扎实。i$^{21}$tʂak$^{3}$ tɔŋ$^{35}$si$^{35}$kuei$^{53}$xe$^{53}$kuei$^{53}$,tsʰiəu$^{53}$xe$^{53}$man$^{13}$tsait$^{3}$ ʂet$^{5}$.

【系$_4$】xe$^{53}$ 副用于加重语气，有“的确、实在”的意思：真个，渠～去我屋下食个饭。tʂən$^{35}$ ke$^{53}$,ci$^{13}$xe$^{53}$çi$^{53}$ŋai$^{13}$uk$^{3}$ xa$^{53}$ʂek$^{5}$ ke$^{53}$fan$^{53}$.｜正～讲哩包圆。tʂaŋ$^{53}$xe$^{53}$kɔŋ$^{21}$li$^{0}$ pau$^{35}$ien$^{13}_{21}$.

【系唔系】xei$^{53}$m̩$^{13}$xei$^{53}$ “唔系”常合音为 me$^{53}$。①表示不知道答案或有所疑问。相当于“是不是”：唔知（布狗）～豺狼。n̩$^{13}$ti$^{35}_{53}$xe$^{53}_{44}$me$^{53}_{44}$sai$^{13}$lɔŋ$^{13}_{44}$.｜～会合起来唠箇叶子啊？xe$^{53}$mie$^{53}_{44}$uɔi$^{53}_{44}$ xɔit$^{5}$ çi$^{21}$lɔi$^{13}_{21}$lau$^{0}$ kai$^{53}_{44}$iait$^{5}_{3}$ tsa$^{0}$？②加上疑问语调构成附加疑问句，用在陈述句后，要求对方证实所述之事。有时求证意味很淡，甚至类似于口头禅。相当于“对不对”。后两个音节往往会合成一个音节：你箇个竹哇，竹笋呐，外背有条衣吵，～？ɲi$^{13}$kai$^{53}_{44}$ke$^{53}_{44}$tʂəuk$^{3}$ ua$^{0}$ ,tʂəuk$^{3}$ sən$^{21}$ na$^{0}$ ,ŋɔi$^{53}_{44}$pɔi$^{53}_{44}$iəu$^{35}_{44}$tʰiau$^{13}_{21}$i$^{35}$ʂa$^{0}$ ,xei$^{53}_{44}$me$^{53}_{44}$?｜搞正哩了嘞就天晴，～？kau$^{21}$tʂaŋ$^{53}_{44}$li$^{0}$ liau$^{21}$le$^{0}$ tsʰiəu$^{53}_{44}$tʰien$^{35}$ tsʰiaŋ$^{13}$,xei$^{53}_{44}$me$^{53}_{44}$?

【细】se$^{53}$/sei$^{53}$ ①指事物的面积、体积、容量、数量、强度、力量不及一般或不及所比较的对象，与“大”相对：鞋锤子更～哟箇底下。xai13tʂhei13tsɿ0 ken53-44se53iau0 kai53-44te21xa53-44.｜～碗子就用来装饭，做饭碗。se53uən21tsɿ0 tsiəu21-21iəŋ53ləi13-21tʂəŋ35fan53,tso53fan53uən21. ②（人）年龄小；排行最后的：最～个时候子嘞爱摇窠。tsei53se53ke53-44ʂɿ13xei13tsɿ0 lei0 əi53-44iau13kho35.｜～姨子个老公嘞又比我大几岁。sei53i13tsɿ0 ke53-44lau21kəŋ35lei0 iəu53pi21ŋai13thai53ci21səi53.｜我～外孙女还嬗卖人家。ŋai13se53ŋəi53sən35ŋ21xai13-21maŋ13mai53ɲin13ka35-53. ③（动物）幼小的：我屋下箇只狗嫲下五六只狗崽子，一只都嬗卖，如今有五六只～狗子。ŋai13uk3xa53kai53tʂak3kei21ma13xa53ŋ21liəuk3tʂak3kei21tse21tsɿ0,iet3tʂak3təu35-53maŋ13mai53,i13-21cin35-44iəu35-53ŋ21liəuk3tʂak3se53kei21tsɿ0.｜竹子个（猪篼）就～猪子食嘞。tʂəuk3tsɿ0 ke53-44tshiəu53-44se53tʂəu35tsɿ0 ʂət5nei0. ④（植物）嫩的：搞滴子～茶叶子分你啊，～茶食哩。～茶饽饽啊。kau21tet5tsɿ0 se53tsha13iait5tsɿ0 pən35-44ni13-44a0,se53tsha13-21ʂət5li0.se53tsha13-21pək5pək5a0.

【细锤子】se53tʂhei13tsɿ0 名 一种单手用的小铁锤（多由师傅用）：师傅用个～唠。单手拿。箇只是要双手拿，大锤子。sɿ35fu53-44iəŋ53-44ke53-44se53tʂhei13tsɿ0 lau0.tan35ʂəu21la53.kai53tʂak3ʂɿ53-44iau53-44səŋ35ʂəu21la53,thai53tʂhei13tsɿ0.

【细斧子】se53pu21tsɿ0 名 一种用来锤东西的小斧头：还有种斧头嘞，冇几大子个，用来锤下子么东西个，嗯，～，安做～。用来锤下子么个个。欸，比方箇刨子啊，刨子爱磨刨头了哇，敲两下子，退出箇只刨头来。敲下子。搕下子。箇就用～去搕。磨正哩以后，紧箇刨头，也用～去紧。xai13iəu35-53tʂəŋ21pu21thei13lei0,mau13ci21thai53tsɿ0 ke53,iəŋ53ləi13-21tʂhei13ia44(←xa53)tsɿ0 mak3təŋ35-44si0 ke53-44,n21,se53pu21tsɿ0,ən35-44tso53-44se53pu21tsɿ0.iəŋ53ləi13-21tʂhei13ia44(←xa53)tsɿ0 mak3(k)e53-44ke53-44.e21,pi21fəŋ35-44kai53phau13tsɿ0 a0,phau13tsɿ0 əi53mo13phau13the13-44liau0 ua0,khau35iəŋ21xa53-44tsɿ0,thi53tshət3kai53tʂak3phau13thei13-21ləi13-44.khau35ua53(←xa53)tsɿ0.khək3(x)a53tsɿ0.kai53-21tshiəu53-44iəŋ53-44se53pu21tsɿ0 çi53-44khək3-5.mo13tʂaŋ53li0 i35xei53-44,cin21kai53phau13thei13-44,ia35iəŋ53-44sei53pu21tsɿ0 çi53-44cin21.

【细个子】sei53ke53tsɿ0 形 幼小的：（油菜）～时间扯下倒哩就系食得。sei53ke53tsɿ0 ʂɿ13kan35-53tʂha21(x)a53-44tau21li0 tshiəu53-44xe53-44ʂət5tek3.

【细谷子】se53kuk3tsɿ0 名 一种颗粒细长的杂交稻谷：好，如今呢有一种谷嘞更细个，～嘞更长，米更好食。你是咁远咯，唔系是硬我等去买一包分你食下子，箇真系好食，箇个～，我阿舅子箇就有啊，我箇只阿舅子箇我就去买过啊。我一百四十块钱一百斤谷同渠买，划倒两块钱一斤个米，买倒归来自家整，划两块钱一斤个米。箇比箇个超市里个两三块钱一斤个米都更好食唠箇是。xau21,i13-21cin35-44ne0 iəu35iet3tʂəŋ21kuk3le0 cien53-44se53ke0,se53kuk3tsɿ0 lei0 cien53tʂhəŋ13,mi21cien53-44xau21ʂət5.ɲi13ʂɿ53kan21ien21ko0,m13phe53-44ʂɿ53-44ɲiaŋ53-44ŋai13-21tien0 çi53mai35iet3pau35pən35ɲi13-21ʂət5(x)a53-21tsɿ0,kai53-44tʂən35the53xau21ʂət5,kai53-44ke53-44se53kuk3tsɿ0,ŋai13-21a35chiəu53-44tsɿ0 kai53-44tshiəu53-44iəu53-44a0,ŋai13-21kai53-44tʂak3a35chiəu35-44tsɿ0 kai53ŋai13-21tshiəu53çi53-44mai35ko53a0.ŋai13iet3pak3si53ʂət5khuai53tshien13-21iet3pak3cin35kuk3thəŋ13-21ci13-21mai35,fa13tau21-44iəŋ21khuai53tshien13-21iet3cin35ke53mi21,mai35tau21kuei35ləi13-21tshɿ35ka35-53tʂaŋ21,fa13iəŋ21khuai53tshien13-21iet3cin35ke53mi21.kai53pi21kai53-44ke53-44tʂhau35ʂɿ53li21ke53-44iəŋ21san35khuai53tshien13-21iet3cin35ke53mi21təu35-44cien53-44xau21ʂət5lau0 kai53ʂɿ53-21.

【细火子】se53fo21tsɿ0 名 文火。又称“悠悠子火”：镬里唔放汤哦，唔放水哟，～，悠悠子火，放滴子油喔。uək5li0 m13fəŋ53thəŋ35ŋo0,m13fəŋ53-44ʂei21io0,se53fo21tsɿ0,iəu13iəu13tsɿ0 fo21,fəŋ53tet5tsɿ0 iəu13uo0.

【细镬子】se53uək5tsɿ0 名 一种小铁锅（圆锥形，用来烧水）：箇长日提个镬头，～，欸，炒完菜要提上走。kai53tʂhəŋ13ɲiet3thia35ke53-44uək5thei0,se53uək5tsɿ0,e21,tshau21uən13tshəi53iau53-44thia35xəŋ53-21tsei21.

【细镜子】se53ciaŋ53tsɿ0 名 小镜子：～就咁大子个面子个就安做……袋倒身上个箇起～嘞。se53ciaŋ53tsɿ0 tshiəu53-21kan21-13thai53-44tsɿ0 (k)e53-44mien53tsɿ0 ke53-44tshiəu53-44ən35-44tso53-44…thəi53tau21ʂən35nəŋ44(←xəŋ53)ke53-44kai53-44çi53-44sei53ciaŋ53tsɿ0 lei0.

【细糠】se53xəŋ35 名 米皮糠。又称“匀糠、碎糠”：欸，～就我等就箇整米个栏场个馥嫩个糠啊，馥嫩个糠啊，～啊。又喊匀糠啊。e21,se53xəŋ35-44tshiəu53ŋai13tien0 tshiəu53kai53tʂaŋ21mi21ke53-44laŋ13-21tʂhəŋ13-44ke53fət5lən53-44cie53-44xəŋ35-44ŋa0,fət5lən53cie53-44xəŋ35-44ŋa0,se53xəŋ35-44ŋa0.iəu53xan53in13xəŋ35-44ŋa0.

【细笠嫲】se53liet3ma13 名 一种小斗笠（大小形状类似草帽）：～咁大子嘞。～系咁大子。就算正遮倒只子脑壳嘞。～就同箇草帽咁大子样个嘞，遮阳样嘞。也遮得下子水。se53liet3ma13-21kan21-35thai53tsɿ0 lei0.se53liet3ma13-21xe53-21kan21-35thai53tsɿ0.tshiəu53sən53tʂaŋ53-21tʂa35tau21tʂak3tsɿ0 lau21khək3lei0.sei53liet3ma13tshiəu53-44thəŋ13kai53-44tshau21mau53kan21thai53tsɿ0 iəŋ53-44ke53le0,tʂa35iəŋ13iəŋ53-44lei0.ia35tʂa35tek3(x)a53-44tsɿ0 ʂei21.

【细路子】se53ləu53tsɿ0 名 小路：～又安做野鸡路子，野鸡路。欸，野鸡路子，就系唔知几狭个，算正只能够走下子人个～，又安做野鸡路子。se$^{53}$ləu$^{53}$tsɿ$^{0}$iəu$^{53}_{44}$ɔn$^{35}_{44}$tso$^{53}_{44}$ia$^{35}$cie$^{35}$ləu$^{53}$tsɿ$^{0}$,ia$^{35}$cie$^{35}$ləu$^{53}$.ei$_{21}$,ia$^{35}$cie$^{35}$ləu$^{53}$tsɿ$^{0}$,ts$^{h}$iəu$^{53}_{44}$xei$^{53}_{44}$ŋ̍$^{13}$ti$^{53}_{44}$ci$^{21}$c$^{h}$iait$^{5}$ke$^{0}$,sɔn$^{53}$tʂaŋ$^{53}$tʂɿ$^{21}$len$^{13}_{21}$ciau$^{53}$tsei$^{21}$xa$^{53}$tsɿ$^{0}$ɲin$^{13}$kei$^{53}$sei$^{53}$ləu$^{53}$tsɿ$^{0}$,iəu$^{53}_{44}$ɔn$^{35}_{44}$tso$^{53}_{44}$ia$^{35}$cie$^{35}_{44}$ləu$^{53}$tsɿ$^{0}$.

【细妹子】se$^{53}$mɔi$^{53}$tsɿ$^{0}$ 名 ①小姑娘：以只～真得人家喜欢，真得人家惜。i$^{21}$tʂak$^{3}$se$^{53}$mɔi$^{53}$tsɿ$^{0}$tʂən$^{35}$tek$^{3}$in$^{13}_{21}$ka$^{35}_{44}$çi$^{21}$fɔn$^{35}_{44}$,tʂən$^{35}$tek$^{3}$in$^{13}_{21}$ka$^{35}_{53}$siak$^{3}$. ②最小的女儿。又称“晚妹子”：欸，有几只妹子个人就渠有大妹子～。e$_{21}$,iəu$^{35}$ci$^{21}$tʂak$^{3}$mɔi$^{53}$tsɿ$^{0}$ke$^{53}$ɲin$^{13}_{21}$ts$^{h}$iəu$^{53}_{44}$ci$^{13}_{21}$iəu$^{35}_{44}$t$^{h}$ai$^{53}$mɔi$^{53}_{44}$tsɿ$^{0}$se$^{53}$mɔi$^{53}$tsɿ$^{0}$.

【细娎】se$^{53}$me$^{35}$ 名 年龄最小的叔叔的妻子：～，唔讲晚娎，唔讲。se$^{53}$me$^{35}$,ŋ̍$^{13}$kɔŋ$^{21}$man$^{35}$me$^{35}$,ŋ̍$^{13}_{21}$kɔŋ$^{21}$.

【细脑壳】se$^{53}$lau$^{21}$k$^{h}$ɔk$^{3}$ 名 民国初年发行的孙中山开国纪念币：大脑壳就袁世凯，系唔系？～就孙中山吧？出名是欸箇名气更大就大脑壳个更大啦。～就名气有咁大。t$^{h}$ai$^{53}$lau$^{21}$k$^{h}$ɔk$^{3}$ts$^{h}$iəu$^{53}$vien$^{13}$ʂɿ$^{53}$k$^{h}$ai$^{21}$,xei$^{53}$me$^{53}$?se$^{53}$lau$^{21}$k$^{h}$ɔk$^{3}$tsiəu$^{53}_{44}$sən$^{35}_{44}$tʂəŋ$^{35}_{44}$san$^{35}$pa$^{0}$?tʂ$^{h}$ət$^{3}$miaŋ$^{13}$ʂɿ$^{53}$e$_{44}$kai$^{53}_{44}$min$^{13}$çi$^{53}_{44}$cien$^{53}$t$^{h}$ai$^{53}$ts$^{h}$iəu$^{53}_{21}$t$^{h}$ai$^{53}$lau$^{21}$k$^{h}$ɔk$^{3}$ke$^{0}$cien$^{53}_{44}$t$^{h}$ai$^{53}$la$^{0}$.se$^{53}$lau$^{21}$k$^{h}$ɔk$^{3}$ts$^{h}$iəu$^{53}_{44}$min$^{13}$c$^{h}$i$^{53}$mau$^{13}_{21}$kan$^{21}$t$^{h}$ai$^{53}$.

【细人子】se$^{53}$/sei$^{53}$ɲin$^{13}$tsɿ$^{0}$ 名 ①小孩子：生哩～啊。saŋ$^{35}$li$^{0}$sei$^{53}$ɲin$^{13}_{21}$tsa$^{0}$. ②子女：送～去读书 sɔŋ$^{53}$sei$^{53}$ɲin$^{13}_{21}$tsɿ$^{0}$çi$^{53}_{44}$t$^{h}$əuk$^{5}$ʂəu$^{35}$ | 你有几多只～啊？ɲi$^{13}_{21}$iəu$^{35}_{53}$ci$^{21}$to$^{35}$tʂak$^{3}$sei$^{53}$ɲin$^{13}_{44}$tsɿ$^{0}$a$^{0}$?

【细沙】se$^{53}$sa$^{35}$ 名 颗粒细小的沙子：粉壁就爱用～。fən$^{21}$piak$^{3}$ts$^{h}$iəu$^{53}$ɔi$^{53}$iəŋ$^{53}$se$^{53}$sa$^{35}$.

【细声子】se$^{53}$ʂaŋ$^{35}_{44}$tsɿ$^{0}$ 副 小声地：～讲 se$^{53}$ʂaŋ$^{35}_{44}$tsɿ$^{0}$kɔŋ$^{21}$

【细叔】se$^{53}$ʂəuk$^{3}$ 名 年龄最小的叔叔（多），少数称“晚叔”：箇就晚叔呢。就有讲晚叔。～，系呀，～也有讲，讲～个多。kai$^{53}_{44}$ts$^{h}$iəu$^{53}_{44}$man$^{35}$ʂəuk$^{3}$nei$^{0}$.ts$^{h}$iəu$^{53}_{44}$iəu$^{35}_{44}$kɔŋ$^{21}$man$^{35}$ʂəuk$^{3}$.se$^{53}$ʂəuk$^{3}$,xei$^{53}_{44}$ia$^{0}$,se$^{53}$ʂəuk$^{3}$a$^{35}_{44}$iəu$^{35}_{44}$kɔŋ$^{21}$,kɔŋ$^{21}$se$^{53}$ʂəuk$^{3}$ke$^{53}_{44}$to$^{35}$.

【细叔公】se$^{53}$ʂəuk$^{3}$kɔŋ$^{35}$ 名 祖父的小弟弟（多），少数人称“晚叔公”：晚叔公也有人喊，晚叔公。～多，话～多。细叔哇，～啊，话咁子个多。man$^{35}$ʂəuk$^{3}$kɔŋ$^{35}$ia$^{35}$iəu$^{35}_{44}$ɲin$^{13}_{44}$xan$^{53}_{44}$,man$^{35}$ʂəuk$^{3}$kɔŋ$^{35}$.se$^{53}$ʂəuk$^{3}$kɔŋ$^{35}$to$^{35}_{44}$,ua$^{53}_{44}$se$^{53}$ʂəuk$^{3}$kɔŋ$^{35}$to$^{35}_{44}$.se$^{53}$ʂəuk$^{3}$ua$^{0}$,se$^{53}$ʂəuk$^{3}$kɔŋ$^{35}$ŋa$^{0}$,ua$^{53}_{44}$kan$^{21}$tsɿ$^{0}$ke$^{53}$to$^{35}_{21}$.

【细叔婆】se$^{53}$ʂəuk$^{3}$p$^{h}$o$^{13}$ 名 祖父小弟弟的妻子：唔喊晚叔婆，喊～。ŋ̍$^{13}$xan$^{53}$man$^{35}$ʂəuk$^{3}$p$^{h}$o$^{13}$,xan$^{53}_{44}$se$^{53}$ʂəuk$^{3}$p$^{h}$o$^{13}$.

【细水子】se$^{53}$ʂei$^{21}$tsɿ$^{0}$ 名 小雨：落～ lɔk$^{5}_{3}$se$^{53}$ʂei$^{21}$tsɿ$^{0}$

【细田丘子】se$^{53}$t$^{h}$ien$^{13}$c$^{h}$iəu$^{35}$tsɿ$^{0}$ 名 小块的水田：你系话犇倒箇～是，（水牛）转横都转唔来啦，人都会退下塌……会分渠搥下塌下凑系。ɲi$^{13}$xei$^{53}$ua$^{53}$u$^{21}$tau$^{21}$kai$^{53}_{44}$se$^{53}$t$^{h}$ien$^{13}_{21}$c$^{h}$iəu$^{35}$tsɿ$^{0}$ʂɿ$^{53}_{44}$,tʂuon$^{21}$uɔŋ$^{13}$təu$^{35}_{53}$tʂuon$^{21}$n̍$^{13}_{21}$nɔi$^{13}$ia$^{0}$,ɲin$^{13}$təu$^{35}_{44}$uɔi$^{53}_{44}$t$^{h}$i$^{53}$ia$^{53}_{44}$k$^{h}$an$^{53}$…uɔi$^{53}_{44}$pən$^{35}_{53}$ci$^{13}_{21}$ts$^{h}$əŋ$^{21}$xa$^{53}_{44}$k$^{h}$an$^{53}$xa$^{53}_{44}$ts$^{h}$e$^{0}$xei$^{53}_{44}$.

【细豌豆苗】sei$^{53}$uan$^{35}$t$^{h}$ei$^{53}$miau$^{13}$ 名 豌豆发芽长出的嫩苗：渠个细豌子芯有咁多嘞，有兜就犇倒细豌子欸芽，～，有咁个嘞，犇只盘盘，分箇细豌子发芽，等渠长，长起咁高，欸，炒箇个～食。～嘞，渠嫩呐，渠系嫩就好食。ci$^{13}$ke$^{53}_{44}$se$^{53}$uan$^{35}_{44}$tsɿ$^{0}$sin$^{35}$mau$^{13}_{21}$kan$^{21}$to$^{35}_{44}$lei$^{0}$,iəu$^{35}$tei$^{35}_{53}$ts$^{h}$iəu$^{53}$u$^{21}$tau$^{21}$se$^{53}$uan$^{35}_{44}$tsɿ$^{0}$e$^{0}$ŋa$^{13}$,sei$^{53}$uan$^{35}_{44}$t$^{h}$ei$^{53}$miau$^{13}$,iəu$^{35}$kan$^{21}$ke$^{53}$lei$^{0}$,u$^{21}$tʂak$^{3}$p$^{h}$an$^{13}$p$^{h}$an$^{13}_{44}$,pən$^{35}_{44}$kai$^{53}_{44}$sei$^{53}$uan$^{35}_{44}$tsɿ$^{0}$fait$^{3}$ŋa$^{13}$,ten$^{21}$ci$^{13}$tʂɔŋ$^{21}$,tʂɔŋ$^{21}$çi$^{21}_{44}$kan$^{21}$kau$^{35}_{44}$,e$_{21}$,ts$^{h}$au$^{21}$kai$^{53}$kei$^{53}$sei$^{53}$uan$^{35}_{44}$t$^{h}$ei$^{53}$miau$^{13}$ʂət$^{5}$.sei$^{53}$uan$^{35}_{44}$t$^{h}$ei$^{53}$miau$^{13}$le$^{0}$,ci$^{13}$lən$^{53}$na$^{0}$,ci$^{13}$xe$^{53}_{44}$lən$^{53}$ts$^{h}$iəu$^{53}_{44}$xau$^{21}$ʂət$^{5}$.

【细豌豆子】sei$^{53}$uan$^{35}_{44}$t$^{h}$ei$^{53}$tsɿ$^{0}$ 名 豌豆：欸，我等就我等冬下头买菜就喜欢买～食嘞，喜欢买～，因为箇豆子还箇是味道还鲜美，味道还还好。e$_{21}$,ŋai$^{13}$tien$^{0}$ts$^{h}$iəu$^{53}$ŋai$^{13}$tien$^{0}$təŋ$^{35}$xa$^{53}$t$^{h}$ei$^{13}_{21}$mai$^{35}$ts$^{h}$ɔi$^{53}$ts$^{h}$iəu$^{53}_{44}$çi$^{21}$fɔn$^{35}_{44}$mai$^{35}$sei$^{53}$uan$^{35}_{44}$t$^{h}$ei$^{53}$tsɿ$^{0}$ʂət$^{5}$lei$^{0}$,çi$^{21}$fɔn$^{35}_{44}$mai$^{35}$sei$^{53}$uan$^{35}_{44}$t$^{h}$ei$^{53}$tsɿ$^{0}$,in$^{35}_{44}$uei$^{53}_{44}$kai$^{53}_{44}$t$^{h}$ei$^{53}$tsɿ$^{0}$xan$^{13}_{44}$kai$^{53}_{44}$ʂɿ$^{53}_{44}$uei$^{53}$t$^{h}$au$^{53}_{44}$xan$^{13}_{21}$sien$^{35}$mei$^{21}$,uei$^{53}$t$^{h}$au$^{53}$xan$^{13}_{44}$xai$^{13}$xau$^{21}$. | ～只爱唔摵开来，留得蛮久子，但是你摵开来就留唔得哩。sei$^{53}_{44}$uan$^{35}_{44}$t$^{h}$ei$^{53}$tsɿ$^{0}$tʂɿ$^{21}$ɔi$^{53}$n̍$^{13}$miet$^{3}$k$^{h}$ɔi$^{35}$lɔi$^{13}_{21}$,liəu$^{13}$tek$^{3}$man$^{13}$ciəu$^{21}$tsɿ$^{0}$,tan$^{53}$ʂɿ$^{53}$ɲi$^{13}_{21}$miet$^{3}$k$^{h}$ɔi$^{35}$lɔi$^{13}_{21}$ts$^{h}$iəu$^{53}$liəu$^{13}$n̍$^{13}_{21}$tek$^{3}$li$^{0}$.

【细豌荚】se$^{53}$uan$^{35}$kait$^{3}$ 名 豌豆荚，可做蔬菜食用。又称“细豌荚子”：细豌子有两种。一种食荚子个，～安做。se$^{53}$uan$^{35}_{44}$tsɿ$^{0}$iəu$^{35}$iɔŋ$^{21}$tʂəŋ$^{21}$.iet$^{3}$tʂəŋ$^{21}$ʂət$^{5}$kait$^{3}$tsɿ$^{0}$ke$^{53}$,se$^{53}$uan$^{35}$kait$^{3}$ɔn$^{35}_{44}$tso$^{53}_{44}$. | 渠箇市场里卖个～子唔该留久哩，唔好食。ci$^{13}_{21}$kai$^{53}_{44}$ʂɿ$^{53}$tʂ$^{h}$ɔŋ$^{21}$li$^{0}$mai$^{53}_{44}$ke$^{53}_{44}$sei$^{53}$uan$^{35}_{44}$kait$^{3}$tsɿ$^{0}$n̍$^{13}_{21}$kɔi$^{35}_{53}$liəu$^{13}$ciəu$^{21}$li$^{0}$,m̍$^{13}$xau$^{21}$ʂət$^{5}$.

【细豌子】se$^{53}$uan$^{35}$tsɿ$^{0}$ 名 ①豌豆：～产量蛮高，～好焖糯饭食。sei$^{53}$uan$^{35}_{44}$tsɿ$^{0}$ts$^{h}$an$^{21}$liɔŋ$^{53}$man$^{13}_{21}$kau$^{35}_{44}$,sei$^{53}$uan$^{35}_{44}$tsɿ$^{0}$xau$^{21}$mən$^{35}$no$^{53}$fan$^{53}_{44}$ʂət$^{5}$. ②形如荷兰豆。豆荚软且甜，味美。也简称“细豌”：～如今箇个冬下头卖个箇～蛮多安做又安做荷兰豆嘞。se$^{53}$uan$^{35}_{44}$tsɿ$^{0}$i$^{13}_{21}$cin$^{35}_{44}$kai$^{53}_{44}$ke$^{53}_{44}$təŋ$^{35}$xa$^{53}$t$^{h}$ei$^{13}_{44}$mai$^{53}_{44}$ke$^{53}_{44}$kai$^{53}_{44}$se$^{53}$uan$^{35}_{44}$tsɿ$^{0}$man$^{13}$to$^{35}_{44}$ɔn$^{35}_{44}$tso$^{53}_{44}$iəu$^{53}$ɔn$^{35}_{44}$tso$^{53}$xo$^{13}$lan$^{13}$t$^{h}$ei$^{53}$lei$^{0}$.

X

【细豌子芯】se$^{53}$uan$^{35}$tsɿ$^{0}$sin$^{35}$ [名]豌豆藤顶端很嫩的部分：～，欸，以前是冇人食。以下慢慢子食来食去蛮好食。我等也会舞倒食唠。sei$^{53}$uan$^{35}_{44}$tsɿ$^{0}$sin$^{35}$,e$_{53}$,i$^{35}_{53}$tsʰien$^{13}_{21}$ʂʅ$^{53}_{44}$mau$^{13}$ɲin$^{13}_{44}$ʂət$^{5}$.i$^{21}$xa$^{53}_{44}$man$^{53}$man$^{53}_{44}$tsɿ$^{0}$ʂət$^{5}$lɔi$^{13}_{21}$ʂət$^{5}$çi$^{53}$man$^{13}$xau$^{21}$ʂət$^{5}$.ŋai$^{13}$tien$^{0}$ia$^{35}_{44}$uɔi$^{53}$u$^{21}$tau$^{21}$ʂət$^{5}$lau$^{0}$.

【细细子$_{1}$】se$^{53}$se$^{53}$tsɿ$^{0}$ [形]体积小：～一只个，圆圆子一只个，就安做油糍子。se$^{53}$se$^{53}$tsɿ$^{0}$iet$^{3}$tʂak$^{3}$ke$^{53}$,ien$^{13}$ien$^{13}$tsɿ$^{0}$iet$^{3}$tʂak$^{3}$ke$^{53}$,tsʰiəu$^{53}_{44}$ɔn$^{35}_{44}$tso$^{53}_{44}$iəu$^{13}$tsʰi$^{13}$tsɿ$^{0}$.

【细细子$_{2}$】se$^{53}$se$^{53}$tsɿ$^{0}$ [副]①年纪小的时候：皇帝缴洋枪，洋枪打布狗，布狗□鸡，鸡嗒白蚁，白蚁蛀皇帝，我等～就搞咁个东西。fɔŋ$^{13}$ti$^{53}$ciau$^{21}$iɔŋ$^{13}$tsʰiɔŋ$^{35}_{44}$,iɔŋ$^{13}$tsʰiɔŋ$^{35}_{44}$ta$^{21}$pu$^{53}$kei$^{21}$,pu$^{53}$kei$^{21}$lo$^{35}$cie$^{35}$,cie$^{35}$tsan$^{35}_{44}$pʰak$^{5}$le$^{35}_{44}$,pʰak$^{5}$le$^{35}_{44}$tʂəu$^{53}$fɔŋ$^{13}$ti$^{53}$,(ŋ)ai$^{13}$tien$^{0}$se$^{53}$se$^{53}$tsɿ$^{0}$tsʰiəu$^{53}_{44}$kau$^{21}$kan$^{21}$ke$^{53}_{44}$təŋ$^{35}_{44}$si$^{0}$.｜我等～坐下箇个坐箇碾子上去嬲哇。ŋai$^{13}_{21}$tien$^{0}$sei$^{53}$sei$^{53}$tsɿ$^{0}$tsʰo$^{35}$xa$^{53}_{44}$kai$^{53}$ke$^{53}_{44}$tsʰo$^{35}$kai$^{53}$ŋan$^{35}$tsɿ$^{0}$xɔŋ$^{53}_{44}$çi$^{53}_{44}$liau$^{53}$ua$^{0}$. ②从小，自幼年起：渠～就食得苦。ci$^{13}$se$^{53}$se$^{53}$tsɿ$^{0}$tsʰiəu$^{53}$ʂek$^{5}$tek$^{3}$kʰu$^{21}$.

【细新舅子】se$^{53}$sin$^{35}$cʰiəu$^{35}$tsɿ$^{0}$ [名]童养媳：做～样啊，讲事都怕大哩声啊。怕声大哩，讲事都怕声大哩，得罪哩么人。～是冇得地位，童养媳嘞。tso$^{53}$se$^{53}_{44}$sin$^{35}_{44}$cʰiəu$^{35}$tsɿ$^{0}$iɔŋ$^{53}_{44}$ŋa$^{0}$,kɔŋ$^{21}$sɿ$^{53}$təu$^{35}_{44}$pʰa$^{53}_{44}$tʰai$^{53}$li$^{0}$ʂaŋ$^{35}$ŋa$^{0}$.pʰa$^{53}_{44}$ʂaŋ$^{35}$tʰai$^{53}$li$^{0}$,kɔŋ$^{21}$sɿ$^{53}$təu$^{35}_{44}$pʰa$^{53}_{44}$ʂaŋ$^{35}$tʰai$^{53}$li$^{0}$,tek$^{3}$tsʰi$^{53}$li$^{0}$mak$^{3}$ɲin$^{13}_{44}$.se$^{53}$sin$^{35}_{44}$cʰiəu$^{35}$tsɿ$^{0}$ʂʅ$^{53}_{44}$mau$^{13}$te$^{35}_{53}$tʰi$^{53}$uei$^{53}$,tʰəŋ$^{13}$iɔŋ$^{35}_{44}$siet$^{3}$le$^{0}$.

【细叶艾】se$^{53}$iait$^{5}$ɲie$^{53}$ [名]白蒿：（清明时做粑粑）用个箇起～，细叶子个艾，唔用大叶艾。iɔŋ$^{53}_{44}$ke$^{53}_{44}$kai$^{53}_{44}$çi$^{21}$se$^{53}$iait$^{5}$ɲie$^{53}_{44}$,se$^{53}$iait$^{5}$tsɿ$^{0}$ke$^{53}_{44}$ɲie$^{53}$,n̩$^{13}$iɔŋ$^{53}_{44}$tʰai$^{53}$iait$^{5}$ɲie$^{53}$.

【细猪子】se$^{53}$tʂəu$^{35}$tsɿ$^{0}$ [名]小猪：畜～爱蛮小心，欸，欸繒搞得好是白白哩畜个，冇得赚，冇得钱赚。唔系就唔大呀，唔系就会惹病哦。唔系就价唔好喔，嘿，唔系就冇价唠。çiəuk$^{3}$se$^{53}$tʂəu$^{35}_{44}$tsɿ$^{0}$ɔi$^{53}$man$^{13}$siau$^{21}$sin$^{35}$,e$_{21}$,e$_{44}$maŋ$^{13}$kau$^{21}$tek$^{3}$xau$^{21}$ʂʅ$^{53}_{44}$pʰak$^{5}$pʰak$^{5}$li$^{0}$çiəuk$^{3}$ke$^{53}$,mau$^{13}$tek$^{3}$tsʰan$^{53}$,mau$^{13}$tek$^{3}$tsʰien$^{13}$tsʰan$^{53}$.m̩$^{13}$pʰei$^{53}$tsʰiəu$^{53}$n̩$^{13}$tʰai$^{53}$ia$^{0}$,m̩$^{13}$pʰei$^{53}$tsʰiəu$^{53}$uɔi$^{53}$ɲia$^{35}$pʰiaŋ$^{53}$ŋo$^{0}$.m̩$^{13}$pʰei$^{53}$tsʰiəu$^{53}$cia$^{53}$n̩$^{13}_{44}$xau$^{21}$uo$^{0}$,xe$_{53}$,m̩$^{13}$pʰei$^{53}$tsʰiəu$^{53}$mau$^{13}$cia$^{53}$lau$^{0}$.

【细子】se$^{53}$tsɿ$^{0}$ [名]①男孩：箇～真猛啊。kai$^{53}_{44}$se$^{53}$tsɿ$^{0}$tʂən$^{35}_{44}$məŋ$^{53}$ŋa$^{0}$. ②儿子，又称“赖子”：我箇只～真□，真野，一天到夜跍外背嬲，唔落屋。ŋai$^{13}$kai$^{53}_{44}$tʂak$^{3}$se$^{53}$tsɿ$^{0}$tʂən$^{35}$nuən$^{53}$,tʂən$^{35}$ia$^{35}$,iet$^{3}$tʰien$^{35}$tau$^{53}$ia$^{53}$kʰu$^{35}_{44}$ŋɔi$^{53}$pɔi$^{53}_{44}$liau$^{53}$,n̩$^{13}$nɔk$^{5}$uk$^{3}$.

【细字】se$^{53}$sɿ$^{53}$ [名]较小的字体；小楷：写～ sia$^{21}$se$^{53}$sɿ$^{53}$

【呷唔消】çiak$^{5}$n̩$^{13}$siau$^{35}$ 吃不消；做不到：箇一般子个人莳田都～喔。我都正架势是我都～箇水牛哇。kai$^{53}$iet$^{3}$pən$^{35}$tsɿ$^{0}$ke$^{53}_{44}$ɲin$^{13}_{44}$sɿ$^{13}_{21}$tʰien$^{13}$təu$^{35}_{44}$çiak$^{5}$n̩$^{13}_{21}$siau$^{35}$uo$^{0}$.ŋai$^{13}$təu$^{35}_{44}$tʂaŋ$^{53}$cia$^{53}$ʂʅ$^{53}$ʂʅ$^{53}_{44}$ŋai$^{13}$təu$^{35}_{44}$çiak$^{5}$n̩$^{13}_{21}$siau$^{35}$kai$^{53}_{44}$ʂei$^{21}$ɲiəu$^{13}_{21}$ua$^{0}$.｜渠一个人硬～，欸，因为渠通夜又还剷倒箇条牛，又舞倒去卖。ci$^{13}_{21}$iet$^{3}$ke$^{53}$ɲin$^{13}_{21}$ɲiaŋ$^{53}$çiak$^{5}$n̩$^{13}_{21}$siau$^{35}_{44}$,ei$_{44}$,in$^{35}$uei$^{53}$ci$^{13}_{21}$tʰəŋ$^{35}$ia$^{53}$iəu$^{53}$xai$^{13}_{21}$tʂʰʅ$^{13}$tau$^{21}$kai$^{53}$tʰiau$^{13}_{21}$ɲiəu$^{13}_{21}$,iəu$^{53}$u$^{21}$tau$^{21}$çi$^{53}_{44}$mai$^{53}$.

【虾公】xa$^{13}$kəŋ$^{35}$ [名]虾子。一种水生节肢动物，身上有壳，腹部有很多环节：打～ ta$^{21}$xa$^{13}$kəŋ$^{35}$｜懑大一只～啊。mən$^{35}$tʰai$^{53}$iak$^{3}$(←iet$^{3}$tʂak$^{3}$)xa$^{13}_{21}$kəŋ$^{35}_{44}$ŋa$^{0}$.

【虾公脚子】xa$^{13}$kəŋ$^{35}_{44}$ciɔk$^{3}$tsɿ$^{0}$ [名]本指虾子的腿，今喻指很轻的礼物（自谦）。也简称“虾公脚”：虾公有脚吗嘞？虾公啊？有脚吧？嗯。我等以映是有箇故事啦。虾公脚嘞有只箇一借指。欸，讲只故事你听。有只病……有只医师，同箇病人整好哩病。箇只病人嘞送滴子礼事，送滴子东西分渠。渠话你唔爱送。欸，你拿咁多做么个，系唔系？饽饽啊鸡箇只捉倒分渠哈。感谢渠救命之恩呐。救命。渠话：～。～。箇医师就想，嘶，让门箇个饽饽啊鸡呀安做虾公脚，噢系唔系？放肆问。搞么个安做虾公脚唠？客姓人就晓得。就意思就系我个礼物就蛮轻，有几多，唔值么啊钱，像虾公个一只子脚。影指点伢子。箇意思就咁个。～，欸，借指礼事唔重，礼物唔价唔值么个。箇只医师就同我讲唠，渠话：搞么个安做～唠？箇医师就外背来个人呐是。xa$^{13}$kəŋ$^{35}_{44}$iəu$^{35}_{44}$ciɔk$^{3}$ma$^{0}$lei$^{0}$?xa$^{13}_{21}$kəŋ$^{35}_{44}$ŋa$^{0}$?iəu$^{35}$ciɔk$^{3}$pa$^{0}$?n̩$_{21}$.ŋai$^{13}_{21}$tien$^{0}$i$^{21}$iaŋ$^{53}$ʂʅ$^{53}_{44}$iəu$^{35}$kai$^{53}_{44}$ku$^{53}$sɿ$^{53}_{21}$la$^{0}$.xa$^{13}$kəŋ$^{35}_{44}$ciɔk$^{3}$lei$^{0}$iəu$^{35}$tʂak$^{3}$kai$^{53}_{21}$iet$^{3}$tsia$^{53}$tʂʅ$^{21}$.e$_{21}$,kɔŋ$^{21}$tʂak$^{3}$ku$^{53}$sɿ$^{53}_{44}$ɲi$^{13}_{21}$tʰaŋ$^{35}_{44}$.iəu$^{35}$tʂak$^{3}$pʰiaŋ$^{53}$…iəu$^{35}$tʂak$^{3}$i$^{35}$sɿ$^{35}_{44}$,tʰəŋ$^{13}$ka$^{53}_{21}$pʰiaŋ$^{53}$ɲin$^{13}$tʂaŋ$^{21}$xau$^{21}$li$^{0}$pʰiaŋ$^{53}$.kai$^{53}_{44}$tʂak$^{3}$pʰiaŋ$^{53}$ɲin$^{13}$le$^{0}$səŋ$^{53}$tiet$^{5}_{3}$tsɿ$^{0}$li$^{35}$sɿ$^{53}_{44}$,səŋ$^{53}$tet$^{5}$tsɿ$^{0}$təŋ$^{35}$si$^{0}$pən$^{35}$ci$^{13}_{21}$.cia$_{35}$(←ci$^{13}$ua$^{53}$)ɲi$^{13}_{44}$m̩$^{13}$mɔi$^{53}_{35}$səŋ$^{53}$.ei$_{44}$, ɲi$^{13}$lak$^{5}$kan$^{21}$to$^{35}$tso$^{53}_{44}$mak$^{3}$ke$^{53}_{44}$,xei$^{53}_{35}$mei$^{53}_{44}$?pɔk$^{5}$pɔk$^{5}_{3}$a$^{0}$cie$^{35}$kai$^{53}_{44}$tʂak$^{3}$tsɔk$^{3}$tau$^{21}$pən$^{35}$ci$^{13}_{44}$xa$^{0}$.kɔn$^{21}$tsʰia$^{53}_{44}$ci$^{13}$ciəu$^{53}$miaŋ$^{53}$tʂʅ$^{35}_{44}$ɲien$^{35}$na$^{0}$.ciəu$^{53}$miaŋ$^{53}$.ci$^{13}$(u)a$^{53}_{44}$:xa$^{13}_{21}$kəŋ$^{35}_{44}$ciɔk$^{3}$tsɿ$^{0}$.xa$^{13}_{21}$kəŋ$^{35}_{44}$ciɔk$^{3}$tsɿ$^{0}$.kai$^{53}_{44}$i$^{35}$sɿ$^{35}_{44}$tsʰiəu$^{53}_{44}$siɔŋ$^{21}$,s$^{>}$, ɲiɔŋ$^{53}$mən$^{13}$kai$^{53}_{44}$ke$^{53}_{44}$pɔk$^{5}$pɔk$^{5}_{3}$a$^{0}$cie$^{35}$ia$^{0}$ɔn$^{35}_{44}$tso$^{53}_{44}$xa$^{13}_{21}$kəŋ$^{35}$ciɔk$^{3}$,au$_{44}$xei$^{53}_{44}$me$^{53}_{44}$?xɔŋ$^{53}$ʂʅ$^{53}_{21}$uən$^{53}$.kau$^{21}$mak$^{3}$ke$^{53}_{44}$ɔn$^{35}_{44}$tso$^{53}_{44}$xa$^{13}_{21}$kəŋ$^{35}_{44}$ciɔk$^{3}$lau$^{0}$?kʰak$^{3}$sin$^{53}$ɲin$^{13}_{21}$tsʰiəu$^{53}$çiau$^{21}$tek$^{3}$.tsʰiəu$^{53}_{44}$i$^{53}$sɿ$^{35}_{44}$tsʰiəu$^{53}_{44}$xe$^{53}_{44}$ŋai$^{13}$ke$^{53}_{44}$li$^{35}$u$^{53}_{44}$tsʰiəu$^{53}$man$^{13}_{21}$cʰiaŋ$^{35}$,mau$^{13}$ci$^{21}$to$^{35}$,n̩$^{13}$tʂʰət$^{5}$mak$^{3}$

a$^{0}$ tsʰien$^{13}$,tsʰiəŋ$^{35}$xa$^{13}$kəŋ$^{35}$kei$^{53}_{44}$iet$^{3}$ tʂak$^{3}$ tsʅ$^{0}$ ciɔk$^{3}$ .iəŋ$^{21}_{44}$tʂʅ$^{21}$tien$^{53}$ŋai$^{53}_{44}$tsʅ$^{0}$ .kai$^{53}_{44}$i$^{35}$sʅ$^{35}_{44}$tsʰiəu$^{53}_{21}$kan$^{21}$ke$^{53}$ .xa$^{13}_{21}$kəŋ$^{35}_{44}$ciɔk$^{3}$ tsʅ$^{0}$ ,e$_{21}$,tsia$^{35}$tʂʅ$^{21}$li$^{35}$sʅ$^{53}$ɳ$^{13}$tʂʰəŋ$^{35}$,li$^{35}$u$^{53}$ɳ$^{13}$cia$^{53}$ɳ$^{13}$tʂʰət$^{5}$ mak$^{3}$ ke$^{53}$ .kai$^{53}$tʂak$^{3}$ i$^{35}_{35}$sʅ$^{35}_{44}$tsʰiəu$^{53}$tʰəŋ$^{13}$ŋai$^{53}_{44}$kəŋ$^{21}$ lau$^{0}$ ,ci$^{13}_{21}$ua$^{53}_{44}$:kau$^{21}$mak$^{3}$ ke$^{53}_{44}$ɔn$^{35}_{44}$tso$^{53}_{44}$xa$^{13}_{21}$kəŋ$^{35}_{44}$ciɔk$^{3}$ tsʅ$^{0}$ lau$^{0}$ ?kai$^{53}_{44}$i$^{35}$sʅ$^{35}_{44}$tsʰiəu$^{53}_{44}$ŋɔi$^{53}$pɔi$^{53}_{44}$lɔi$^{13}$ke$^{53}$ɲin$^{13}$na$^{0}$ ʂʅ$^{53}_{44}$.

【虾公精】xa$^{13}$kəŋ$^{35}$tsin$^{35}$ 名神话传说中虾子变成的精怪；也用以极言虾子之大：以个栏场是就系箇个唠，吔，打倒一只虾公欸打倒打虾公打倒箇虾公懑十八大，以个就硬系～了嘞。i$^{21}$ke$^{53}$ laŋ$^{13}_{21}$tʂʰɔŋ$^{13}_{44}$ʂʅ$^{53}_{44}$tsʰiəu$^{53}$xei$^{53}_{44}$kai$^{53}$ke$^{53}$lau$^{0}$ ,iei$_{53}$,ta$^{21}$tau$^{21}$iet$^{3}$ tʂak$^{3}$ xa$^{13}$kəŋ$^{35}_{53}$e$_{21}$ta$^{21}$tau$^{21}$ta$^{21}$xa$^{13}$kəŋ$^{35}_{53}$ta$^{21}$tau$^{21}$kai$^{53}$ xa$^{13}$kəŋ$^{35}_{44}$mən$^{35}$ʂət$^{5}$ pait$^{3}$ tʰai$^{53}$,i$^{13}_{21}$ke$^{53}$tsʰiəu$^{53}$ɲiaŋ$^{53}$xei$^{53}$xa$^{13}_{21}$kəŋ$^{35}_{44}$tsin$^{35}$liau$^{0}$ le$^{0}$ .

【虾公梁】xa$^{13}$kəŋ$^{35}$liɔŋ$^{13}$ 名正厅里进大门后的第一根梁：箇厅下就蛮多名堂嘞，厅下就嘞。厅下，欸，正厅，欸，只正厅嘞，以咁子咁子，打比一只正厅，欸，正厅，最外前以映子，打比映系只厅下样，一般呢箇墙嘞比较高，唔得话它以个光窗欸舞倒箇顶高唠，系唔系啊？然后就光窗这……大门只爱去以映唠。大门顶高唠还有一莖唠，以映子有只，大门顶高，有条梁，安做～。进大门，就系进哩大门个，大门顶高个第一条梁安做～。也就系大门顶上，比大门更高啦，欸，箇条梁，安做第一根梁安做～。kai$^{53}_{21}$tʰaŋ$^{35}$xa$^{53}_{44}$tsʰiəu$^{53}_{44}$man$^{13}_{21}$to$^{35}_{44}$min$^{13}_{21}$tʰɔŋ$^{13}_{21}$ le$^{0}$ ,tʰaŋ$^{35}$xa$^{53}_{44}$tsʰiəu$^{53}_{44}$le$^{0}$ .tʰaŋ$^{35}$xa$^{53}_{44}$,e$_{21}$,tʂən$^{53}$tʰaŋ$^{35}$,e$_{21}$,tʂak$^{3}$ tʂən$^{53}$tʰaŋ$^{35}$lei$^{0}$ ,i$^{21}$kan$^{21}$tsʅ$^{0}$ kan$^{21}$tsʅ$^{0}$ ,ta$^{21}$pi$^{21}_{53}$iet$^{3}$ tʂak$^{3}$ tʂən$^{53}_{44}$tʰaŋ$^{35}$,e$_{21}$,tʂən$^{53}$tʰaŋ$^{35}_{44}$,tsei$^{53}$uai$^{53}$tsʰien$^{13}$i$^{21}$iaŋ$^{53}$tsʅ$^{0}$ ,ta$^{21}$pi$^{21}$iaŋ$^{53}_{35}$xei$^{53}$tʂak$^{3}$ tʰaŋ$^{35}_{44}$xa$^{53}_{44}$iɔŋ$^{53}_{44}$,iet$^{3}$ pɔn$^{35}$ne$^{0}$ kai$^{53}_{44}$tsʰiɔŋ$^{13}_{21}$le$^{0}$ pi$^{21}$ciau$^{53}_{44}$kau$^{35}$,ɳ$^{13}$tek$^{3}$ ua$^{53}$tʰa$^{35}_{44}$i$^{21}$cie$^{53}_{44}$kɔŋ$^{35}$tsʰəŋ$^{35}_{44}$ɲe$^{0}$ u$^{21}$tau$^{21}_{44}$kai$^{53}_{44}$taŋ$^{21}$kau$^{35}$lau$^{0}$ ,xei$^{53}_{44}$me$^{53}_{44}$ a$^{0}$ ?ien$^{13}$xei$^{53}_{44}$tsʰiəu$^{53}_{44}$kɔŋ$^{35}$tsʰəŋ$^{35}$tʂe$^{53}_{21}$…tʰai$^{53}$mən$^{13}$tʂʅ$^{21}$ɔi$^{53}$çi$^{53}$i$^{21}$iaŋ$^{53}$lau$^{0}$ .tʰai$^{53}$mən$^{13}$taŋ$^{21}$kau$^{35}_{44}$lau$^{0}$ xai$^{13}_{21}$iəu$^{35}_{53}$ iet$^{3}$ tsʰɔk$^{5}$ lau$^{0}$ ,i$^{21}$iaŋ$^{53}_{35}$tsʅ$^{0}$ iəu$^{35}_{44}$tʂak$^{3}$ ,tʰai$^{53}$mən$^{13}$taŋ$^{21}$kau$^{35}$,iəu$^{35}$tʰiau$^{13}$liɔŋ$^{13}$,ɔn$^{35}_{44}$tso$^{53}_{44}$xa$^{13}$kəŋ$^{35}_{44}$liɔŋ$^{13}$.tsin$^{53}$tʰai$^{53}$ mən$^{13}$,tsʰiəu$^{53}_{44}$xe$^{53}_{44}$tsin$^{53}$ni$^{0}$ tʰai$^{53}$mən$^{13}_{21}$ke$^{53}_{44}$,tʰai$^{53}$mən$^{13}$taŋ$^{21}$kau$^{35}$ke$^{53}_{44}$tʰi$^{53}$iet$^{3}$ tʰiau$^{13}_{21}$liɔŋ$^{13}$ɔn$^{35}_{44}$tso$^{53}_{44}$xa$^{13}_{21}$kəŋ$^{35}_{44}$ liɔŋ$^{13}$.ia$^{35}$tsʰiəu$^{53}_{44}$xe$^{53}_{44}$tʰai$^{53}$mən$^{13}_{21}$taŋ$^{21}$xɔŋ$^{53}$,pi$^{21}$tʰai$^{53}$mən$^{13}_{21}$cien$^{53}$kau$^{35}$la$^{0}$ ,e$_{21}$,kai$^{53}$tʰiau$^{13}_{21}$liɔŋ$^{13}$,ɔn$^{35}_{21}$tso$^{53}_{21}$tʰi$^{53}$iet$^{3}$ cien$^{35}_{44}$liɔŋ$^{13}$ɔn$^{35}_{44}$tso$^{53}_{44}$xa$^{13}_{21}$kəŋ$^{35}_{44}$liɔŋ$^{13}$.

【虾公锁】xa$^{13}$kəŋ$^{35}$so$^{21}$ 名旧式铜锁或铁锁名，形如龙虾：系是系像只虾公样啊，长长子。～。xei$^{53}$ʂʅ$^{53}_{44}$xei$^{53}_{44}$tsʰiɔŋ$^{53}$tʂak$^{3}$ xa$^{13}_{21}$kəŋ$^{35}_{44}$iɔŋ$^{53}_{44}$ŋa$^{0}$ ,tʂʰɔŋ$^{13}$tʂʰɔŋ$^{13}$tsʅ$^{0}$ .xa$^{13}_{21}$kəŋ$^{35}$so$^{21}$.

【虾公须】xa$^{13}$kəŋ$^{35}$si$^{35}$ 名虾子的触须，常用来比况又细又短又少的东西：我栽个豆角真唔好，结倒几条子都～样。又短呐又少哇，嘿，就～样。又短又细啊。ŋai$^{13}_{21}$tsɔi$^{35}$(k)e$^{0}$ tʰei$^{53}$kɔk$^{3}$ tʂən$^{35}$ɳ$^{13}_{21}$ xau$^{21}$,ciet$^{3}$ tau$^{21}$ci$^{21}$tʰiau$^{13}$tsʅ$^{0}$ təu$^{35}_{53}$xa$^{13}_{21}$kəŋ$^{35}_{44}$si$^{35}$iɔŋ$^{53}$.iəu$^{53}$tɔn$^{21}$na$^{0}$ iəu$^{53}$ʂau$^{21}$ua$^{0}$ ,xei$_{53}$,tsʰiəu$^{53}_{21}$xa$^{13}_{21}$kəŋ$^{35}_{44}$si$^{35}$iɔŋ$^{53}_{44}$. iəu$^{53}$tɔn$^{21}$iəu$^{53}_{44}$se$^{53}$a$^{0}$ .

【瞎】xak$^{3}$ 动失明；丧失视觉：眼珠～一只。ŋan$^{21}$tʂəu$^{35}$xak$^{3}$ iet$^{3}$ tʂak$^{3}$.

【瞎眼春】xait$^{3}$ ŋan$^{21}$tʂʰən$^{35}$ 名指立春当日下雨的情况：欸，交春箇晡落水就安做瞎眼春呐。ei$_{21}$,ciau$^{35}$tʂʰən$^{35}$kai$^{53}_{44}$pu$^{35}_{44}$lɔk$^{5}$ ʂei$^{21}$tsʰiəu$^{53}$ɔn$^{35}_{53}$tso$^{53}$xait$^{3}$ ŋan$^{21}$tʂʰən$^{35}_{44}$na$^{0}$ .

【瞎眼鬼】xait$^{3}$ ŋan$^{21}$kuci$^{21}$ 名用于骂忘恩负义、不识好歹的人：莫做兜咁个～个以只路子。硬爱本忠兜子。人爱本忠滴子。莫去做～个路子。mɔk$^{5}$ tso$^{53}$te$^{35}_{53}$kan$^{21}$ke$^{53}$xait$^{3}$ ŋan$^{21}$kuei$^{21}$ke$^{53}$i$^{21}$(tʂ)ak$^{3}$ ləu$^{53}$tsʅ$^{0}$ . ɲiaŋ$^{53}_{44}$ɔi$^{53}_{44}$pən$^{21}$tʂəŋ$^{35}$te$^{35}_{53}$tsʅ$^{0}$ . ɲin$^{13}$ɔi$^{53}$pən$^{21}$tʂəŋ$^{35}$tiet$^{5}$ tsʅ$^{0}$ .mɔk$^{5}$ çi$^{53}$tso$^{53}$xait$^{3}$ ŋan$^{21}$kuei$^{21}$ke$^{53}$ləu$^{53}$tsʅ$^{0}$ .

【瞎子】xait$^{3}$ tsʅ$^{0}$ 名盲人；没有视觉能力的人。又称"摸子"：～嘞又安做摸子。xait$^{3}$ tsʅ$^{0}$ lei$^{0}$ iəu$^{53}_{44}$ɔn$^{35}_{44}$tso$^{53}_{44}$ma$^{35}$tsʅ$^{0}$ .

【瞎字不识】xait$^{3}$ sʅ$^{53}$/tsʰʅ$^{53}$pət$^{3}$ ʂət$^{3}$ 形容完全不识字：我是就系𫠨读得书哇，～啦。ŋai$^{13}_{21}$ʂʅ$^{53}_{44}$ tsʰiəu$^{53}$xei$^{53}$maŋ$^{13}$tʰəuk$^{5}$ tek$^{3}$ ʂəu$^{35}$ua$^{0}$ ,xait$^{3}$ sʅ$^{53}$pət$^{3}$ ʂət$^{3}$ la$^{0}$ .

【狭】cʰiait$^{5}$ 形狭窄，不宽阔：有宽个宽呐，～个～滴子啊。iəu$^{35}_{44}$kʰɔn$^{35}$ke$^{53}_{44}$kʰɔn$^{35}$na$^{0}$ ,cʰiait$^{5}$ ke$^{53}$ cʰiait$^{5}$ tiet$^{5}$ tsʅ$^{0}$ a$^{0}$ .

【狭镢头】cʰiait$^{5}$ ciɔk$^{3}$ tʰei$^{13}$ 名一种窄锄头：～，狭狭子个镢头，用来挖笋呢。咁宽子嘞，两寸子宽呢，咁宽子。cʰiait$^{5}$ ciɔk$^{3}$ tʰei$^{13}$,cʰiait$^{5}$ cʰiait$^{5}$ tsʅ$^{0}$ ke$^{0}$ ciɔk$^{3}$ tʰei$^{13}$,iəŋ$^{53}$lɔi$^{13}_{44}$uait$^{3}$ sən$^{21}$ne$^{0}$ .kan$^{21}$kʰɔn$^{35}$ tsʅ$^{0}$ le$^{0}$ ,iɔŋ$^{21}$tsʰən$^{53}$tsʅ$^{0}$ kʰɔn$^{35}_{44}$ne$^{0}$ ,kan$^{21}$kʰɔn$^{35}_{44}$tsʅ$^{0}$ .

【狭狭子】cʰiait$^{5}$ cʰiait$^{5}$ tsʅ$^{0}$ 形①空间狭窄貌。又称"窄狭子"：我等个坟，事先就挖只凼进去，挖只～个。ŋai$^{13}_{21}$tien$^{0}$ ke$^{53}$fən$^{13}$,sʅ$^{53}$sien$^{35}_{44}$tsʰiəu$^{53}_{44}$uait$^{3}$ tʂak$^{3}$ tʰɔŋ$^{53}$tsin$^{53}$cʰie$^{53}$,uait$^{3}$ tʂak$^{3}$ cʰiait$^{5}$ cʰiait$^{5}$ tsʅ$^{0}$ ke$^{53}_{44}$. ②物体不宽：（斫斧）～，咁阔子。cʰiait$^{5}$ cʰiait$^{5}$ tsʅ$^{0}$ ,kan$^{21}$kʰɔit$^{3}$ tsʅ$^{0}$ .｜箇个安做浏阳箇只么个小区啊渠箇肚里，有兜人买倒箇房子，我等箇欸屋上背有只人买套房子买倒箇肚里，欸，按揭哦几十万喏，硬箇只间里，箇只细间子箇只主卧室稍微好丁子，三只间吧，箇只细间子是硬收拾哩凑硬，摊得一张床来，摊得一张床，还靠壁摊，系唔系？摊张子～个床子，就只过得

一个子人，箇巷子里只过得一个子人凑，硬收拾哩。kai$^{53}$ke$^{53}$ɔn$^{35}_{44}$tso$^{53}_{44}$liəu$^{13}$iɔŋ$^{13}$kai$^{53}$tʂak$^{3}$mak$^{3}$ke$^{53}$siau$^{21}$tʂʰʮ$^{35}_{44}$a$^{0}$ci$^{13}$kai$^{53}$təu$^{21}$li$^{0}$,iəu$^{35}$tei$^{35}_{53}$ɲin$^{35}_{21}$mai$^{35}$tau$^{21}$kai$^{53}$fɔŋ$^{13}$tsɿ$^{0}$,ŋai$^{13}$tien$^{0}$kai$^{53}$e$^{0}$uk$^{3}$ʂɔŋ$^{53}$pɔi$^{53}_{44}$iəu$^{35}$tʂak$^{3}$ɲin$^{13}_{21}$mai$^{35}$tʰau$^{53}$fɔŋ$^{13}$tsɿ$^{0}$mai$^{35}$tau$^{21}$kai$^{53}$təu$^{21}$li$^{0}$,e$_{21}$,ŋɔn$^{53}$ciet$^{3}$o$^{0}$ci$^{21}$ʂət$^{5}$uan$^{35}$no$^{0}$，ɲiaŋ$^{53}$kai$^{53}$tʂak$^{3}$kan$^{35}$ni$^{21}$,kai$^{53}_{44}$tʂak$^{3}$se$^{53}$kan$^{35}$tsɿ$^{0}$kai$^{53}$tʂak$^{3}$tʂʮ$^{21}$uo$^{53}$ʂət$^{5}$sau$^{21}$uei$^{13}_{44}$xau$^{21}$tin$^{35}$tsɿ$^{0}$,san$^{35}$tʂak$^{3}$kan$^{35}$pa$^{0}$,kai$^{53}_{44}$tʂak$^{3}$se$^{53}$kan$^{35}$tsɿ$^{0}$ʂʮ$^{53}_{44}$niaŋ$^{53}$ʂəu$^{35}$ʂət$^{5}$li$^{0}$tsʰe$^{0}$ɲiaŋ$^{53}$,tʰan$^{35}$tek$^{3}$iet$^{3}$tʂɔŋ$^{35}_{44}$tsʰɔŋ$^{13}$lɔi$^{13}_{44}$,tʰan$^{35}$tek$^{3}$iet$^{3}$tʂɔŋ$^{35}_{44}$tsʰɔŋ$^{13}$,xai$^{13}$kʰau$^{53}_{44}$piak$^{3}$tʰan$^{35}$,xei$^{53}_{44}$me$^{53}_{44}$?tʰan$^{35}$tʂɔŋ$^{35}_{44}$tsɿ$^{0}$cʰiait$^{5}$cʰiait$^{5}$tsɿ$^{0}$ke$^{53}_{44}$tsʰɔŋ$^{13}_{44}$tsɿ$^{0}$,tsʰiəu$^{53}$tʂʮ$^{21}$ko$^{53}$tek$^{3}$iet$^{3}$ke$^{53}$tsɿ$^{0}$ɲin$^{13}$,kai$^{53}_{44}$xɔŋ$^{53}$tsɿ$^{0}$li$^{21}$tʂʮ$^{21}$ko$^{53}$tek$^{3}$iet$^{3}$ke$^{53}$tsɿ$^{0}$ɲin$^{13}$tsʰe$^{0}$，ɲiaŋ$^{53}$ʂəu$^{35}$ʂət$^{3}$li$^{0}$.

【狭窄窄哩】cʰiait$^{5}$tset$^{5}$tset$^{5}$li$^{0}$ [形]窄窄的样子：如今系倒箇个城里箇楼房啊真唔宽，～，打屁都转横唔来。i$^{13}_{21}$cin$^{35}_{53}$xei$^{53}$tau$^{21}$kai$^{53}_{44}$ke$^{53}_{44}$tʂʰən$^{13}$ni$^{21}$kai$^{53}$lei$^{13}$fɔŋ$^{13}$ŋa$^{0}$tʂən$^{35}$n̩$^{13}$kuan$^{53}$,cʰiait$^{5}$tset$^{5}$tset$^{5}$li$^{0}$,ta$^{21}$pʰi$^{53}$təu$^{35}_{44}$tʂuon$^{21}$uɔŋ$^{13}$n̩$^{13}_{21}$lɔi$^{13}$.

【下$_1$】xa$^{35}$/xa$^{53}$ [名]方位词，加在体词性词语后。①表示位置在其下：大路～就相对于大路上个，路底下唠，有兜就话"一只屋做啊大路～"，或者"大路～有条树"，欸，"大路～有条河"，要咁子比较而言。tʰai$^{53}_{44}$ləu$^{53}_{44}$xa$^{35}$tsʰiəu$^{53}_{44}$siɔŋ$^{35}$tei$^{53}$ʮ$^{13}$tʰai$^{53}$ləu$^{53}_{44}$xɔŋ$^{53}_{44}$ke$^{0}$,ləu$^{53}$te$^{21}$xa$^{35}$lau$^{0}$,iəu$^{35}$təu$^{35}_{44}$tsʰiəu$^{53}_{44}$ua$^{53}_{44}$"iet$^{3}$tʂak$^{3}$uk$^{3}$tso$^{53}_{44}$a$^{0}$tʰai$^{53}$ləu$^{53}_{21}$xa$^{35}$",xɔit$^{3}$tʂak$^{3}$"tʰai$^{53}$ləu$^{53}_{21}$xa$^{35}$iəu$^{35}_{44}$tʰiau$^{13}_{21}$ʂəu$^{53}$",e$_{21}$,"tʰai$^{53}$ləu$^{53}_{44}$xa$^{35}$iəu$^{35}_{44}$tʰiau$^{13}_{21}$xo$^{13}$",iau$^{53}$kan$^{21}_{13}$tsɿ$^{0}$pi$^{21}$ciau$^{53}$y$^{13}$ɲien$^{13}$. ②表示位置在其里：放下镬～去烧 fɔŋ$^{53}_{44}$ŋa$_{44}$(←xa$^{53}$)uɔk$^{5}$xa$^{53}_{44}$çi$^{53}_{44}$ʂau$^{35}$

【下$_2$】xa$^{35}$/xa$^{53}$ [动]①降下，坠落：～露水xa$^{35}$ləu$^{53}$ʂei$^{21}$。②放入：箇起懑大一只个（瓶子）唠，系啊？～得手个唠。kai$^{53}_{44}$çi$^{21}$mən$^{35}$tʰai$^{53}$iet$^{3}$tʂak$^{3}$ke$^{53}$lau$^{0}$,xe$^{53}_{44}$a$^{0}$?xa$^{35}$tek$^{3}$ʂəu$^{21}$cie$^{53}$lau$^{0}$. ③下来，往下：直筒裤就系以映子一路～一样子大嘿去唠。tʂʰət$^{5}$tʰɔŋ$^{21}$fu$^{53}_{44}$tsʰiəu$^{53}_{44}$xei$^{53}_{44}$i$^{21}$iaŋ$^{53}_{44}$tsɿ$^{0}$iet$^{3}$ləu$^{53}$xa$^{35}_{44}$iet$^{3}$iɔŋ$^{53}$tsɿ$^{0}$tʰai$^{53}$xek$^{3}$çi$^{53}$lau$^{0}$.｜渠筋生下～。ci$^{13}_{44}$cin$^{35}$saŋ$^{35}_{44}$ŋa$_{44}$(←xa$^{35}$)xa$^{35}$. ④取下：～板子是就系打开门面呐，系唔系？打开板子。欸，早晨开门个时候子嘞就爱分板子～下来，挨夜子又上上去。xa$^{35}$pan$^{21}$tsɿ$^{0}$ʂʮ$^{53}_{21}$tsʰiəu$^{53}$xe$^{53}$ta$^{21}$kʰɔi$^{35}_{44}$mən$^{13}$mien$^{53}$na$^{0}$,xei$^{53}$me$^{53}$?ta$^{21}$kʰɔi$^{35}_{44}$pan$^{21}$tsɿ$^{0}$.e$_{21}$,tsau$^{21}$ʂən$^{13}_{44}$kʰɔi$^{35}_{44}$mən$^{13}$ke$^{53}_{44}$ʂʮ$^{13}_{44}$xəu$^{53}_{44}$tsɿ$^{0}$lei$^{0}$tsʰiəu$^{53}$ɔi$^{53}$pən$^{35}$pan$^{21}$tsɿ$^{0}$xa$^{35}$xa$^{53}_{44}$lɔi$^{13}_{21}$,ai$^{35}$ia$^{53}$tsɿ$^{0}$iəu$^{53}_{44}$ʂɔŋ$^{21}$ʂɔŋ$^{35}$çi$^{53}$. ⑤动物产崽：我等以映子畜马子个人呢箇以映子畜马子个人很少又～哩马崽子个呢，难多得见。ŋai$^{13}$tien$^{0}$i$^{21}$iaŋ$^{53}$tsɿ$^{0}$çiəuk$^{3}$ma$^{35}$tsɿ$^{0}$ke$^{53}_{21}$ɲin$^{13}_{21}$ne$^{0}$kai$^{53}$i$^{21}$iaŋ$^{53}$tsɿ$^{0}$çiəuk$^{3}$ma$^{35}$tsɿ$^{0}$ke$^{53}$ɲin$^{13}_{44}$xen$^{35}$ʂau$^{21}$iəu$^{53}$xa$^{53}$li$^{0}$ma$^{35}$tse$^{21}$tsɿ$^{0}$ke$^{53}$nei$^{0}$,lan$^{13}$to$^{35}_{44}$tek$^{3}$cien$^{53}$. ⑥用在动词后，与"得"或"唔"连用，表示可能或不可能：如今爱我来教《诗经》呢我是教唔～哈，空个。i$^{13}_{21}$cin$^{35}_{44}$ɔi$^{53}$ŋai$^{13}_{21}$lɔi$^{13}_{21}$kau$^{35}_{44}$ʂʮ$^{35}_{44}$cin$^{35}_{44}$ne$^{0}$ŋai$^{13}_{21}$ʂʮ$^{53}_{44}$kau$^{35}_{44}$n̩$^{13}_{44}$xa$^{53}_{44}$xa$^{0}$,kʰɔŋ$^{53}_{44}$cie$^{53}_{44}$.

【下$_3$】xa$^{35}$/çia$^{53}$ [形]①次序或时间在后的：又唱～欸句。iəu$^{53}$tʂʰɔŋ$^{53}$xa$^{35}$e$^{0}$ci$_{44}$. ②价钱低：杀～价钱来sait$^{3}$xa$^{35}$cia$^{53}$tsʰien$^{13}_{21}$nɔi$^{13}_{21}$ ③指女人不正经，风骚：真～箇只妹子啊。箇只夫娘子啊真～。tʂən$^{35}$çia$^{53}$kai$^{53}_{21}$tʂak$^{3}$mɔi$^{53}$tsɿ$^{0}$a$^{0}$.kai$^{53}$(tʂ)ak$^{3}$pu$^{35}$ɲiɔŋ$^{13}_{21}$tsɿ$^{0}$a$^{0}$tʂən$^{35}$çia$^{53}$.

【下$_4$】xa$^{53}$ [介]①引述位置、处所，相当于"在"：莫走了，系～我屋下吧！mɔk$^{5}$tsei$^{21}$liau$^{21}_{35}$,xe$^{53}$(x)a$^{53}_{35}$ŋai$^{13}$uk$^{3}$xa$^{53}$pa$^{0}$!｜放～箇树上啊，放～箇蜡树上啊。fɔŋ$^{53}$xa$^{53}_{44}$kai$^{53}_{44}$ʂəu$^{53}$xɔŋ$^{53}_{44}$ŋa$^{0}$,fɔŋ$^{53}_{44}$xa$^{53}_{44}$kai$^{53}_{44}$lait$^{5}$ʂəu$^{53}_{21}$xɔŋ$^{53}_{21}$ŋa$^{0}$.｜羊角就打～碓枕石上。/欸，羊角打啦碓枕上。iɔŋ$^{13}$kɔk$^{3}$tsiəu$^{53}_{44}$ta$^{21}$(x)a$^{53}_{44}$tɔi$^{53}$tʂən$^{21}$ʂak$^{5}$xɔŋ$^{53}_{44}$./e$_{21}$,iɔŋ$^{13}$kɔk$^{3}$ta$^{21}$la$^{0}$tɔi$^{53}$tʂən$^{21}$ʂaŋ$^{53}_{44}$. ②用在动词后，引述终点，相当于"到、入"：跌～地泥下了。tet$^{3}$(x)a$^{53}_{35}$tʰi$^{53}$lai$^{13}$xa$^{35}$liau$^{21}$.｜倾～甑里去蒸。kʰuan$^{35}$ŋa$_{44}$(←xa$^{53}$)tsien$^{53}$ni$^{0}$çi$^{53}_{44}$tʂən$^{35}$.｜洗倒个菜呀，放～箇肚里啊。se$^{21}$tau$^{21}$ke$^{53}_{44}$tsʰɔi$^{53}$ia$^{0}$,fɔŋ$^{53}_{44}$xa$^{53}_{44}$kai$^{53}$təu$^{21}$li$^{0}$a$^{0}$.｜旧年走～大围山呐么啊樱花谷安做。cʰiəu$^{53}$ɲien$^{13}_{21}$tsei$^{21}$xa$^{53}_{44}$tʰai$^{53}$uei$^{13}_{21}$san$^{35}$na$^{0}$mak$^{3}$a$^{0}$in$^{35}$fa$^{35}_{44}$kuk$^{3}$ɔn$^{35}_{44}$tso$^{53}_{44}$.｜人屙个人屎嘞，但是嘞，你舞～箇个粪凼里去哩以后就喊人粪。ɲin$^{13}$o$^{35}_{44}$ke$^{53}_{44}$ɲin$^{13}$ʂʮ$^{21}$lei$^{0}$,tan$^{53}$ʂʮ$^{53}_{44}$lei$^{0}$,ɲi$^{13}_{21}$u$^{21}$xa$^{53}_{44}$kai$^{53}_{44}$ke$^{53}_{44}$pən$^{53}$tʰɔŋ$^{53}$li$^{0}$çi$^{53}_{44}$li$^{0}$i$^{53}_{44}$xei$^{53}_{44}$tsʰiəu$^{53}_{44}$xan$^{53}_{44}$ɲin$^{13}$pən$^{53}$.｜就又舀～房桶肚里去。tsʰiəu$^{53}_{44}$iəu$^{53}$iau$^{21}$xa$^{53}$fɔŋ$^{13}$tʰɔŋ$^{21}$təu$^{21}$li$^{0}$çi$^{53}$.｜拿枚钉子钉～壁上去。la$^{53}$mɔi$^{53}_{21}$taŋ$^{35}$tsɿ$^{0}$taŋ$^{35}$ŋa$^{53}$(←xa$^{53}$)piak$^{3}$xɔŋ$^{53}_{44}$çi$^{53}_{44}$.｜又飞～箇映去哩。iəu$^{53}$fei$^{35}_{44}$ia$_{44}$(←xa$^{53}$)kai$^{53}$iaŋ$^{53}_{44}$çi$^{53}_{44}$li$^{0}$.

【下$_5$】xa$^{53}$ [量]①次，回：以扇墙有丈长欸，爱做三～四～来筑。第一～筑个搭第二～筑个之间，用箇个墙绷。i$^{21}$ʂen$^{53}$tsʰiɔŋ$^{13}_{21}$iəu$^{35}_{44}$tʂʰɔŋ$^{53}$tʂʰɔŋ$^{13}_{21}$ŋe$^{0}$,ɔi$^{53}_{44}$tso$^{53}_{44}$san$^{35}$xa$^{53}_{44}$si$^{53}$xa$^{53}_{44}$lɔi$^{13}$tʂəuk$^{3}$.tʰi$^{53}$iet$^{3}$xa$^{53}$tʂəuk$^{3}$ke$^{53}$lau$^{35}$tʰi$^{53}$ɲi$^{53}$xa$^{53}_{44}$tʂəuk$^{3}$ke$^{53}_{44}$tʂʮ$^{35}_{44}$kan$^{35}_{44}$,iəŋ$^{53}_{21}$kai$^{53}_{44}$ke$^{53}_{44}$tsʰiɔŋ$^{13}$paŋ$^{35}_{44}$.｜还有滴就系欸箇碗菜我等正去倒一～筷子。也咁子话。欸。我去倒一～筷子就冇得哩，就分你等食咁哩。xai$^{13}_{21}$iəu$^{35}_{44}$tet$^{5}_{3}$tsʰiəu$^{53}$xei$^{53}_{44}$e$_{21}$kai$^{53}$uon$^{21}$tsʰɔi$^{53}$ŋai$^{13}_{21}$tien$^{0}$tʂaŋ$^{53}$çi$^{53}$tau$^{21}$iet$^{3}$xa$^{53}$kʰuai$^{53}$tsɿ$^{0}$.ia$^{35}$kan$^{21}$tsɿ$^{0}$ua$^{53}$.e$_{21}$.ŋai$^{13}$çi$^{53}$tau$^{21}$iet$^{3}$xa$^{53}$kʰuai$^{53}$tsɿ$^{0}$tsʰiəu$^{53}$mau$^{13}$tek$^{3}$li$^{0}$,tsʰiəu$^{53}_{44}$pən$^{35}_{44}$ɲi$^{13}_{21}$tien$^{0}$ʂət$^{5}$kan$^{21}$ni$^{0}$. ②项：除嘿箇只聘金以外，渠有

滴还爱讲下子别么个。……渠唔包在箇一～肚里。tʂʰəu$^{13}$xek$^{3}$kai$^{3}$tʂak$^{3}$pʰin$^{53}$cin$^{35}_{44}$i$^{35}$uai$^{53}$,ci$^{13}$iəu$^{35}$ tiet$^{5}_{3}$xa$^{13}_{21}$ɔi$^{53}_{44}$kəŋ$^{21}$ŋa$^{53}$(←xa$^{53}$)tsɿ$^{0}$pʰiek$^{5}$mak$^{3}$ke$^{53}$.…ci$^{13}_{21}$m̩$^{13}$pau$^{35}$tsʰai$^{35}_{44}$kai$^{53}_{44}$iet$^{3}$xa$^{53}$təu$^{21}$li$^{0}$.

【下$_6$】xa$^{53}$ 副①全部；都；毫无例外地：～来哩xa$^{53}$lɔi$^{13}_{21}$li$^{0}$ | 箇就分屏风板嘞～松下来，～扯咁去。kai$^{53}_{44}$tsʰiəu$^{53}_{44}$pən$^{35}_{44}$pʰin$^{13}$fəŋ$^{35}$pan$^{21}$ne$^{0}$xa$^{53}$səŋ$^{35}$xa$^{53}_{44}$lɔi$^{13}_{44}$,xa$^{53}$tʂʰa$^{21}$kan$^{21}$çi$^{53}_{44}$. | 箇阵子到报社里打工我就用倒报社里箇滴子钱呐，敆工资～留倒哇，存倒哇。kai$^{53}_{44}$tʂʰən$^{13}$tsɿ$^{0}$tau$^{53}$pau$^{53}$ʂa$^{53}$li$^{0}$ta$^{21}$kəŋ$^{35}$ ŋai$^{13}_{21}$tsʰiəu$^{53}_{44}$iəŋ$^{53}$tau$^{21}$pau$^{53}$ʂa$^{53}_{44}$li$^{0}$kai$^{53}_{44}$tet$^{5}$tsɿ$^{0}$tsʰien$^{13}$na$^{0}$,e$_{21}$kəŋ$^{35}$tsɿ$^{35}_{44}$xa$^{53}$liəu$^{13}$tau$^{21}$ua$^{0}$,tsʰən$^{13}$tau$^{21}$ua$^{0}$. ②猛然：如果碰倒食物来哩渠指棋盘蛇就也～就唔知几快就去攻击渠。y$^{13}_{21}$ko$^{21}$pʰəŋ$^{53}$tau$^{21}_{44}$ʂət$^{5}$uk$^{5}$lɔi$^{13}_{21}$li$^{0}$ci$^{13}_{21}$ tsʰiəu$^{53}$ia$^{35}$xa$^{53}$tsʰiəu$^{53}_{44}$n̩$^{13}_{21}$ti$^{35}_{53}$ci$^{21}$kʰuai$^{53}_{44}$tsʰiəu$^{53}_{44}$çi$^{53}_{44}$kəŋ$^{35}$ciet$^{3}$ci$^{13}_{21}$.

【下$_7$】xa$^{53}$/xa$^{35}$ 助动态助词。附着在动词后。①表尝试义：看～有么个话法么。kʰɔn$^{53}_{44}$na$_{44}$ (←xa$^{53}$)iəu$^{35}$mak$^{3}$(k)e$^{53}_{44}$ua$^{53}_{44}$fait$^{3}$mo$^{0}$. ②表示渐进义：咁子放下子下，箇手哇。然后嘞收～上。咁子，然后走以映子收～上。kan$^{21}$tsɿ$^{0}$fəŋ$^{53}_{44}$ŋa$_{44}$(←xa$^{53}$)tsɿ$^{0}$xa$^{35}$,kai$^{53}$ʂəu$^{21}$ua$^{0}$.vien$^{13}$xei$^{53}_{44}$lei$^{0}$ʂəu$^{35}$(x)a$^{53}$ çiəŋ$^{35}$.kan$^{21}$tsɿ$^{0}$,vien$^{13}$xei$^{53}_{44}$tsei$^{21}$i$^{21}$iaŋ$^{53}_{44}$tsɿ$^{0}$ʂəu$^{35}$(x)a$^{53}$çiəŋ$^{35}$. ③表示动作的实现、完成，相当于"掉"：密哩个，搞稀来，扯～滴去。miet$^{5}$li$^{0}$ke$^{53}_{44}$,kau$^{21}$çi$^{35}$lɔi$^{13}$,tʂʰa$^{21}$xa$^{35}_{21}$tet$^{5}$çi$^{53}$.

【下巴】xa$^{35}$pʰa$^{0}$ 名脸的最下部分，在两腮和嘴的下面：下巴肉唠，哈，我等安做～。xa$^{35}$pʰa$^{0}$ ɲiəuk$^{3}$lau$^{0}$,xa$_{35}$,(ŋ)ai$^{13}_{21}$tien$^{0}$ɔn$^{35}_{44}$tso$^{53}_{44}$xa$^{35}$pʰa$^{0}$.

【下半年】xa$^{35}$pan$^{53}$ɲien$^{13}_{21}$ 名时间词。指每年的七月至十二月：分一年分做两下唠，七月份起就系就～了。pən$^{35}$iet$^{3}$ɲien$^{13}$fən$^{35}$tso$^{53}$iəŋ$^{21}$xa$^{53}$lau$^{0}$,tsʰiet$^{3}$ɲiet$^{5}$fən$^{53}$çi$^{21}$tsʰiəu$^{53}_{44}$xe$^{53}_{44}$tsʰiəu$^{53}_{44}$xa$^{35}$pan$^{53}$ɲien$^{13}_{21}$ niau$^{0}$.

【下半夜】xa$^{53}$pan$^{53}$ia$^{53}$ 名时间词。夜晚十二点以后至天亮的时间：（空调）～就关嘿去啊，开下子风扇呐。xa$^{53}$pan$^{53}$ia$^{53}$tsʰiəu$^{53}_{44}$kuan$^{35}$nek$^{3}$çi$^{53}_{44}$a$^{0}$,kʰɔi$^{35}$xa$^{53}_{44}$tsɿ$^{0}$fəŋ$^{35}_{44}$ʂen$^{53}$na$^{0}$. | 渠指黎明家祭爱～架势打咯。ci$^{13}_{21}$ɔi$^{53}_{44}$xa$^{53}$pan$^{53}_{44}$ia$^{53}_{44}$cia$^{53}_{44}$ʂɿ$^{53}_{44}$ta$^{21}$ko$^{0}$.

【下背】xa$^{35}$pɔi$^{53}$ 名①方位词。下面；下方；下边。又称"底下"：徛倒顶高来顿，徛倒田塍往～顿（死草）。cʰi$^{35}$tau$^{21}$taŋ$^{21}$kau$^{35}$lɔi$^{13}_{21}$tən$^{53}$,cʰi$^{35}$tau$^{21}$tʰien$^{13}$tʂʰən$^{13}_{44}$uəŋ$^{21}$xa$^{35}$pɔi$^{53}_{21}$tən$^{53}$. ②事物的下部：以边～留只缺。i$^{21}$pien$^{35}$xa$^{35}$pɔi$^{53}$liəu$^{13}_{21}$tʂak$^{3}$cʰiek$^{3}$. ③指山下平原地区：不过渠～像箇做滴箇个做饼个人个唔系□黄个箇起呀，有（黄麻脂）。pət$^{3}$ko$^{53}$ci$^{13}$xa$^{35}$pɔi$^{53}$tsʰiəŋ$^{53}$kai$^{53}_{44}$tso$^{53}_{44}$tet$^{5}$kai$^{3}$ke$^{53}_{44}$tso$^{53}$ piaŋ$^{21}$ke$^{53}$in$^{13}$ke$^{53}$m̩$^{13}$pʰe$^{53}_{44}$(←m̩$^{13}$xe$^{53}$))lin$^{35}$uəŋ$^{13}$ke$^{53}_{44}$kai$^{53}$çi$^{21}$ia$^{0}$,iəu$^{35}$.

【下菜】xa$^{35}$tsʰɔi$^{53}$ 动从条盘中将菜端下来放到桌上：从灶下分箇菜掇倒来，一盘一盘掇倒来，掇下箇个桌边上，渠是一双手冇哪放，系唔系？桌上又放唔得敆，有坐倒有客佬子了，就另外一个人两个人敟帮渠～。tsʰəŋ$^{13}$tsau$^{53}$xa$^{53}_{44}$pən$^{35}$kai$^{53}_{44}$tsʰɔi$^{53}$tɔit$^{3}$tau$^{21}$lɔi$^{13}_{44}$,iet$^{3}$pʰan$^{13}$iet$^{3}$pʰan$^{13}$tɔit$^{3}$tau$^{21}$ lɔi$^{13}$,tɔit$^{3}$ia$^{35}$kai$^{53}_{44}$ke$^{53}_{44}$tsɔk$^{3}$pien$^{35}$xəŋ$^{53}_{44}$,ci$^{13}$ʂɿ$^{53}_{44}$iet$^{3}$səŋ$^{35}$ʂəu$^{21}$mau$^{13}$lai$^{53}_{44}$fəŋ$^{53}$,xei$^{53}_{44}$me$^{53}_{44}$?tsɔk$^{3}$xəŋ$^{53}_{44}$iəu$^{53}_{44}$fəŋ$^{53}$n̩$^{13}_{44}$ tek$^{3}$e$^{0}$,iəu$^{35}_{44}$tsʰo$^{35}$tau$^{21}$iəu$^{35}_{53}$kʰak$^{3}$lau$^{21}$tsɿ$^{0}$liau$^{0}$,tsʰiəu$^{53}_{44}$lin$^{53}$uai$^{53}$iet$^{3}$cie$^{53}$ɲin$^{13}$liəŋ$^{21}$ke$^{53}$ɲin$^{13}_{21}$nau$^{0}$pəŋ$^{35}$ci$^{13}_{21}$xa$^{53}$ tsʰɔi$^{53}$.

【下草脚】xa$^{35}$tsʰau$^{21}$ciɔk$^{3}$ 动用石头等奠定墙基：～就同箇挖草脚沟就相反呐，系呀？首先就挖条沟，挖出一条沟来，箇条就安做草脚沟。挖草脚沟。挖好哩以后，就用砖或者用水泥，用石头，就～安做。xa$^{35}$tsʰau$^{21}$ciɔk$^{3}$tsʰiəu$^{53}$tʰəŋ$^{13}$kai$^{53}$uait$^{3}$tsʰau$^{21}$ciɔk$^{3}$kei$^{35}$tsʰiəu$^{53}$siəŋ$^{35}$fan$^{21}$na$^{0}$,xei$^{53}_{44}$ ia$^{0}$?ʂəu$^{21}$sien$^{35}$tsʰiəu$^{53}_{44}$uait$^{3}$tʰiau$^{13}_{21}$kei$^{35}$,uait$^{3}$tʂʰət$^{3}$iet$^{3}$tʰiau$^{13}_{21}$kei$^{35}$lɔi$^{13}_{21}$,kai$^{53}$tʰiau$^{13}_{44}$tsʰiəu$^{53}_{44}$ɔn$^{35}_{44}$tso$^{53}_{44}$tsʰau$^{21}$ciɔk$^{3}$ kei$^{35}$.uait$^{3}$tsʰau$^{21}$ciɔk$^{3}$kei$^{35}$.uait$^{3}$xau$^{21}$li$^{0}$i$^{35}_{44}$xei$^{53}_{44}$,tsʰiəu$^{53}_{44}$iəŋ$^{53}_{44}$tʂɔn$^{35}$xɔit$^{5}$tʂa$^{21}$iəŋ$^{53}_{44}$ʂei$^{21}$lai$^{13}$,iəŋ$^{53}_{44}$ʂak$^{5}$ tʰei$^{13}_{21}$,tsʰiəu$^{53}_{44}$xa$^{35}$tsʰau$^{21}$ciɔk$^{3}$ɔn$^{35}$tso$^{53}_{44}$.

【下车】xa$^{35}$tʂʰa$^{35}$ 动①从车上下到地面：到哩哈，～了哈。tau$^{53}$li$^{0}$xa$^{0}$,xa$^{35}$tʂʰa$^{35}$liau$^{0}$xa$^{0}$. ②卸车：以车货啊么人去～啊？i$^{21}$tʂʰa$^{35}_{44}$fo$^{53}$a$^{0}$mak$^{3}$ɲin$^{13}_{44}$çi$^{53}$xa$^{35}_{44}$tʂʰa$^{35}$a$^{0}$?

【下床$_1$】xa$^{35}$tsʰɔŋ$^{13}$ 动从床上下到地面：总坐倒床上做么？～哦。莫总坐啊床上哦。tsəŋ$^{21}$ tsʰo$^{35}$tau$^{21}_{44}$tsʰɔŋ$^{13}_{21}$xɔŋ$^{53}_{44}$tso$^{53}_{44}$mak$^{3}$?xa$^{35}_{44}$tsʰɔŋ$^{13}_{21}$ŋo$_{53}$.mɔk$^{5}$tsəŋ$^{21}$tsʰo$^{35}_{44}$a$^{0}$tsʰɔŋ$^{13}_{21}$xɔŋ$^{53}_{44}$ŋo$^{0}$.

【下床$_2$】xa$^{35}$tsʰɔŋ$^{13}$ 名上下铺中的下铺：我睡呀～嘞。ŋai$^{13}$ʂɔi$^{53}$ia$^{0}$xa$^{35}$tsʰɔŋ$^{13}_{44}$lei$^{0}$.

【下地】xa$^{53}$tʰi$^{53}$ 动①用在动词后，表示继续，多用否定式：箇首先呢一只人包倒去箇做，做倒年多子，做唔～，做唔～呀，敆，亏哩呀，亏本呐。kai$^{53}_{44}$ʂəu$^{21}$sien$^{35}_{44}$nei$^{0}$iet$^{3}$tʂak$^{3}$ɲin$^{13}_{44}$pau$^{35}$tau$^{21}$ çi$^{53}_{44}$kai$^{53}_{44}$tso$^{53}$,tso$^{53}$tau$^{21}$ɲien$^{13}$to$^{35}_{44}$tsɿ$^{0}$,tso$^{53}$n̩$^{13}_{21}$xa$^{53}_{44}$tʰi$^{53}$,tso$^{53}$n̩$^{13}_{21}$xa$^{53}_{44}$tʰi$^{53}$ia$^{0}$,e$_{44}$,kʰuei$^{35}$li$^{0}$ia$^{0}$,kʰuei$^{35}$pən$^{21}$na$^{0}$. ②用在动词后做补语，与"得"或"唔"相连，表示事情可以或难以继续进行：我想哩啊，我搞得～就搞下子，搞唔～嘞听睛我就唔开哩。ŋai$^{13}$siəŋ$^{21}$li$^{0}$a$^{0}$,ŋai$^{13}_{44}$kau$^{21}$tek$^{3}$xa$^{53}$tʰi$^{53}$tsʰiəu$^{53}_{44}$kau$^{21}$ua$^{53}$tsɿ$^{0}$,

X

kau$^{21}$n̩$^{13}$xa$^{53}_{44}$t$^{h}$i$^{53}$lei$^{0}$ t$^{h}$in$^{35}_{44}$pu$^{35}_{44}$ŋai$^{13}_{21}$ts$^{h}$iəu$^{53}$n̩$^{13}$k$^{h}$ɔi$^{35}$li$^{0}$.

【下肚子】xa$^{35}$təu$^{21}$tsɿ$^{0}$ 名小腹：欸，以发呀真我～痛。e$_{53}$,i$^{21}$fait$^{3}$ ia$^{0}$ tʂən$^{35}_{21}$ŋai$^{13}$xa$^{35}$təu$^{21}$tsɿ$^{0}$ t$^{h}$əŋ$^{53}$.

【下恶手】xa$^{53}$ɔk$^{3}$ ʂəu$^{21}$ 采取狠毒的手段：箇个颈筋下个箇个箇项链都……一只男子人呢，颈筋下个项链都手指公咁大，嗯，开辆跑车，么个都唔搞。箇起人也只有渠正开得（钱庄）。开钱庄一般个人你就有你就舞得咁多钱倒你都开唔得。搞么个？你箇人爱只烂崽嘞爱系只烂崽爱只恶棍你正开得。渠箇个有兜唔拿钱个啊，唔还账个啊，渠就爱～嘞。“让门子？箇兜钱算哩吧？手也舞一只去吧？我同你舞一只手去吧？欸就钱就算了。”kai$^{53}_{44}$kei$^{53}_{44}$ciaŋ$^{21}$cin$^{35}_{44}$xa$^{35}$ke$^{53}_{44}$kai$^{53}$kei$^{53}_{44}$kai$^{53}_{44}$xɔŋ$^{53}$lien$^{53}$təu$^{35}_{44}$…iet$^{3}$(tʂ)ak$^{3}$ lan$^{13}$tsɿ$^{21}$ɲin$^{13}_{21}$ne$^{0}$,ciaŋ$^{21}$cin$^{35}_{44}$xa$^{35}_{44}$ke$^{53}_{44}$xɔŋ$^{53}$lien$^{53}$təu$^{35}_{44}$ʂəu$^{21}$tsɿ$^{21}$kəŋ$^{35}$kan$^{21}$t$^{h}$ai$^{35}$,n̩$_{21}$,k$^{h}$ɔi$^{35}$liɔŋ$^{21}$p$^{h}$au$^{21}$tʂ$^{h}$a$^{35}_{44}$,mak$^{3}$ e$^{0}$ təu$^{35}_{53}$n̩$^{13}_{21}$kau$^{21}$.kai$^{53}$çi$^{21}$ɲin$^{13}$ia$^{35}$tʂɿ$^{21}$iəu$^{35}_{53}$ci$^{13}$tʂaŋ$^{53}_{44}$k$^{h}$ɔi$^{35}$tek$^{3}$.k$^{h}$ɔi$^{35}$ts$^{h}$ien$^{13}$tsɔŋ$^{35}_{44}$iet$^{3}$ pɔn$^{35}$ke$^{53}$ɲin$^{13}_{21}$ɲi$^{13}$ts$^{h}$iəu$^{53}$iəu$^{35}$ɲi$^{13}$ts$^{h}$iəu$^{53}$u$^{21}$tek$^{3}$ kan$^{21}$to$^{35}_{53}$ts$^{h}$ien$^{13}$tau$^{21}$ɲi$^{13}$təu$^{35}_{53}$k$^{h}$ɔi$^{35}_{44}$n̩$^{13}_{21}$tek$^{3}$.kau$^{21}$mak$^{3}$ e$^{0}$ ?ɲi$^{13}$kai$^{53}$ɲin$^{13}_{44}$ɔi$^{53}_{44}$tʂak$^{3}$ lan$^{53}$tsai$^{53}$le$^{0}$ ɔi$^{53}_{44}$xei$^{53}$tʂak$^{3}$ lan$^{53}$tsai$^{21}$ɔi$^{53}$tʂak$^{3}$ ɔk$^{3}$ kuən$^{53}$ɲi$^{13}$tʂaŋ$^{53}$k$^{h}$ɔi$^{35}$tek$^{3}$.ci$^{13}$kai$^{53}_{44}$ke$^{53}_{44}$iəu$^{35}$te$^{35}_{53}$n̩$^{13}$na$^{53}$ts$^{h}$ien$^{13}$cie$^{53}$a$^{0}$,n̩$^{13}_{21}$uan$^{13}$tʂɔŋ$^{53}$ke$^{53}_{44}$a$^{0}$,ci$^{13}_{44}$ts$^{h}$iəu$^{53}_{44}$ɔi$^{53}_{44}$xa$^{53}$ɔk$^{3}$ ʂəu$^{21}$le$^{0}$."ɲiɔŋ$^{53}_{44}$mən$^{13}_{53}$tsɿ$^{0}$?kai$^{53}_{44}$te$^{35}_{53}$ts$^{h}$ien$^{13}$sɔn$^{53}$ni$^{0}$pa$^{0}$?ʂəu$^{21}$ua$^{35}_{53}$u$^{21}$iet$^{3}$ tʂak$^{3}$ çi$^{53}$pa$^{0}$?ŋai$^{13}_{21}$t$^{h}$əŋ$^{13}_{44}$ɲi$^{13}_{44}$u$^{21}$iet$^{3}$ tʂak$^{3}$ ʂəu$^{21}$çi$^{53}$pa$^{0}$?e$_{21}$ tsiəu$^{53}$ts$^{h}$ien$^{13}_{21}$tsiəu$^{53}_{44}$sɔn$^{53}$niau$^{0}$."

【下肥】xa$^{35}$p$^{h}$i$^{13}$ 动施肥：系呀，禾田里栽豌豆子都栽得啊。要～。听晡又喊少哩肥，第二日就唔爱咁多肥了。xei$^{53}_{44}$ia$^{0}$ ,uo$^{13}$t$^{h}$ien$^{13}$li$^{0}$ tsɔi$^{35}$uan$^{35}$t$^{h}$əu$^{53}_{44}$tsɿ$^{0}$ təu$^{35}_{44}$tsɔi$^{35}$tek$^{3}$ a$^{0}$.iau$^{53}$xa$^{35}$p$^{h}$i$^{13}$.t$^{h}$in$^{53}$pu$^{35}_{44}$iəu$^{53}$xan$^{53}_{21}$ʂau$^{21}$li$^{0}$ p$^{h}$i$^{13}$,t$^{h}$i$^{53}$ɲi$^{53}$ɲiet$^{3}$ tsiəu$^{53}_{44}$m̩$^{13}_{21}$mɔi$^{53}_{35}$kan$^{21}$to$^{35}$p$^{h}$i$^{13}$liau$^{0}$.｜麻溜耘田呐，～呀，分箇丫禾搞起来。ma$^{13}_{21}$liəu$^{53}_{44}$in$^{13}$t$^{h}$ien$^{13}$na$^{0}$ ,xa$^{35}_{44}$p$^{h}$i$^{13}$ia$^{0}$ ,pən$^{35}$kai$^{53}_{44}$a$^{35}$uo$^{13}_{21}$kau$^{21}$çi$^{21}$lɔi$^{13}$.

【下个月】xa$^{35}$ke$^{53}$ɲiet$^{5}$ 后头一个月：我～来去旅游。ŋai$^{13}_{21}$xa$^{35}$ke$^{53}$ɲiet$^{5}$ lɔi$^{13}_{21}$çi$^{53}_{44}$li$^{35}$iəu$^{13}$.｜我～是开学了。ŋai$^{13}_{21}$xa$^{35}$ke$^{53}$ɲiet$^{5}$ sɿ$^{53}_{44}$k$^{h}$ɔi$^{35}$çiɔk$^{5}$ liau$^{0}$.

【下河】xa$^{35}$xo$^{13}$ 动进入或倒入河中：牛血有人食，唔食，有人爱。尽下哩河。ɲiəu$^{13}$çiet$^{3}$ mau$^{13}$ɲin$^{13}_{44}$ʂət$^{5}$,m̩$^{13}$ʂət$^{5}$,mau$^{13}_{21}$ɲin$^{13}_{44}$ɔi$^{53}_{44}$.ts$^{h}$in$^{53}$xa$^{53}_{44}$li$^{0}$ xo$^{13}$.

【下贱】çia$^{53}$ts$^{h}$ien$^{53}$ 形品格卑劣：也话～个人贱骨头。ia$^{35}$ua$^{53}$çia$^{53}$ts$^{h}$ien$^{53}_{44}$ke$^{53}_{44}$in$^{13}$ts$^{h}$ien$^{53}$kuət$^{3}$ t$^{h}$ei$^{13}$.

【下脚料】çia$^{53}$ciɔk$^{3}$ liau$^{53}$ 名在加工过程中作为残余分离的渣滓、废料：竹屎系么个嘞？就系竹子加工厂肚里箇个～，唔爱哩个，包括锯屎，欸，锯屑啊，掺箇起节疤啊，反正箇～通通搞做一下，收起来，欸，送倒搞么个嘞？去做纸。tʂəuk$^{3}$ ʂɿ$^{21}$xei$^{53}$mak$^{3}$ e$^{0}$ lei$^{0}$ ?tsiəu$^{53}$xei$^{53}_{44}$tʂəuk$^{3}$ tsɿ$^{0}$ cia$^{35}$kəŋ$^{35}_{44}$tʂ$^{h}$ɔŋ$^{21}$təu$^{21}$li$^{0}$ kai$^{53}_{44}$ke$^{53}_{21}$çia$^{53}$ciɔk$^{3}$ liau$^{53}$,m̩$^{13}_{21}$mɔi$^{53}$li$^{0}$ ke$^{53}$,pau$^{35}$kuait$^{3}$ cie$^{53}$ʂɿ$^{21}$,e$_{21}$,cie$^{53}$set$^{3}$ a$^{0}$,lau$^{35}$kai$^{53}$çi$^{21}$tset$^{3}$ pa$^{35}$a$^{0}$,fan$^{21}$tʂən$^{53}$kai$^{53}$çia$^{53}$ciɔk$^{3}$ liau$^{53}$t$^{h}$əŋ$^{35}$t$^{h}$əŋ$^{35}_{44}$kau$^{21}$tso$^{53}_{44}$(i)et$^{3}$ xa$^{53}$,ʂəu$^{35}$çi$^{21}$lɔi$^{13}_{44}$,e$_{21}$,sɔŋ$^{53}$tau$^{21}$kau$^{21}$mak$^{3}$ e$^{0}$ lei$^{0}$ ?çi$^{53}$tso$^{53}$tʂɿ$^{21}$.

【下槛】xa$^{35}$k$^{h}$an$^{21}$ 名磨或砻两块盘子中的下面一块：捣下起来是是上槛～。ts$^{h}$əu$^{35}$(x)a$^{53}_{44}$çi$^{21}$lɔi$^{13}$sɿ$^{53}_{21}$sɿ$^{53}_{44}$ʂɔŋ$^{53}$k$^{h}$an$^{21}$xa$^{35}_{44}$k$^{h}$an$^{21}$.

【下槛磨子】xa$^{35}$k$^{h}$an$^{21}$mo$^{53}$tsɿ$^{0}$ 名指磨子的下槛：～掺箇只磨盘系连在一起个箇起磨盘冇得哩，𫌀寻倒。xa$^{35}$k$^{h}$an$^{21}$mo$^{53}$tsɿ$^{0}$ lau$^{35}$kai$^{53}$tʂak$^{3}$ mo$^{53}$p$^{h}$an$^{13}$xei$^{53}$lien$^{13}$ts$^{h}$ai$^{53}$iet$^{3}$ çi$^{21}$ke$^{53}$kai$^{53}$çi$^{21}$mo$^{53}$p$^{h}$an$^{13}$mau$^{13}$tek$^{3}$ li$^{0}$,maŋ$^{13}_{21}$ts$^{h}$in$^{13}$tau$^{21}$.

【下课】xa$^{35}$k$^{h}$o$^{53}$ 动一堂课结束了，学生和老师进行课间休息或放学：欸，以节课是～了。e$_{21}$,i$^{21}$tset$^{3}$ k$^{h}$o$^{53}$ʂɿ$^{53}_{44}$xa$^{35}$k$^{h}$o$^{53}$liau$^{21}$.

【下圹】xa$^{35}$k$^{h}$ɔŋ$^{53}$ 动下葬：箇个棺材松嘿哩杠箇兜了就可以～欸。kai$^{53}_{44}$ke$^{53}_{44}$kɔn$^{35}$ts$^{h}$ɔi$^{13}_{21}$səŋ$^{35}$ŋek$^{3}$ li$^{0}$ kɔŋ$^{53}$kai$^{53}_{44}$te$^{35}_{44}$liau$^{21}$ts$^{h}$iəu$^{53}$k$^{h}$o$^{21}$i$^{35}_{44}$xa$^{35}$k$^{h}$ɔŋ$^{53}$ŋe$^{0}$.

【下来$_1$】xa$^{35}$/xa$^{53}$lɔi$^{13}$ 动趋向动词。从上往下，从高到低：倒～，生下水肚里，渠都又会长起来。tau$^{53}$xa$^{35}$lɔi$^{13}$,saŋ$^{35}$ŋa$_{44}$(←xa$^{53}$)ʂei$^{21}$təu$^{21}$li$^{0}$,ci$^{13}_{21}$təu$^{35}_{44}$iəu$^{53}$uɔi$^{53}_{44}$tʂɔŋ$^{21}$çi$^{21}$lɔi$^{13}_{21}$.｜分箇砻盘里个东西意思就扒～。pən$^{35}$kai$^{53}$ləŋ$^{13}$p$^{h}$an$^{13}_{21}$li$^{0}$ ke$^{53}_{44}$təŋ$^{35}_{44}$si$^{0}$ i$^{53}$sɿ$^{0}$ ts$^{h}$iəu$^{53}_{44}$p$^{h}$a$^{13}_{21}$xa$^{35}_{44}$lɔi$^{13}$.

【下来$_2$】xa$^{35}$/xa$^{53}$lɔi$^{13}_{21}$ 助动态助词。放在动词后，表示动作完成或行为实现：箇个人一死啊～吵，就爱烧落气笼。kai$^{53}_{44}$ke$^{53}_{44}$ɲin$^{13}$iet$^{3}$ si$^{21}$a$^{0}$ xa$^{53}$lɔi$^{13}_{21}$ʂa$^{0}$ ,ts$^{h}$iəu$^{53}_{44}$ɔi$^{53}_{44}$ʂau$^{35}_{44}$lɔk$^{5}$ çi$^{53}_{44}$ləŋ$^{21}$.｜我等箇只屋都留唔～呀。ŋai$^{13}$tien$^{0}$ kai$^{53}$tʂak$^{3}$ uk$^{3}$ təu$^{0}$ liəu$^{13}_{21}$n̩$^{13}_{44}$xa$^{35}$lɔi$^{13}_{21}$ia$^{0}$.

【下礼】xa$^{53}$li$^{35}$ 动谢孝。出葬途中遇到有人家放鞭炮，孝子下跪施礼表示谢意：以下走路走人家屋下过，恐怕又箇打比街上样啊，系倒箇街中间呐，系啊？爱走人家屋下过吵。箇就又爱有滴子咁个下数……有滴子事情来做。欸，两边个铺子，渠就，侧边个人，人家吵，有邻舍样吵，系唔系啊？都系邻舍吵。你就打爆竹，侧边个人都打挂子爆竹。箇箇个棺材走我屋门口过啊，我就打挂子爆竹。箇个孝家嘞，就舞只子孝子，去跪下子。别人家打哩爆竹嘞，你就下只子礼。爱去跪下子，安做～。发包子烟分渠，以前是首先就发一筒子烟呶，以下是发一包烟呶。拿包子烟分渠。i$^{21}$xa$^{53}_{44}$tsei$^{21}$ləu$^{53}$tsei$^{21}$ɲin$^{13}_{21}$ka$^{35}_{44}$uk$^{3}$ xa$^{53}_{44}$ko$^{53}$,kʰəŋ$^{21}$pʰa$^{53}_{44}$iəu$^{53}_{44}$kai$^{53}_{44}$ta$^{21}$pi$^{21}$kai$^{35}$ xɔŋ$^{53}_{44}$iɔŋ$^{53}$ŋa$^{0}$,xei$^{53}$tau$^{53}_{44}$kai$^{53}_{44}$kai$^{35}$tʂəŋ$^{35}_{44}$kan$^{35}$na$^{0}$,xei$^{53}_{44}$a$^{0}$?ɔi$^{53}_{44}$tsei$^{21}$ɲin$^{13}_{21}$ka$^{35}_{44}$uk$^{3}$ xa$^{53}_{44}$ko$^{53}$ʂa$^{0}$.kai$^{53}_{44}$tsʰiəu$^{53}_{44}$iəu$^{53}$ɔi$^{53}$ iəu$^{35}$tet$^{5}$tsɿ$^{0}$kan$^{21}$cie$^{53}_{44}$xa$^{53}$s···iəu$^{35}$tet$^{5}$tsɿ$^{0}$sɿ$^{53}$tsʰin$^{13}_{21}$nɔi$^{13}$tso$^{53}_{44}$.e$_{21}$,iɔŋ$^{21}$pien$^{35}_{44}$ke$^{53}_{44}$pʰu$^{53}$tsɿ$^{0}$,ci$^{13}_{21}$tsʰiəu$^{53}_{44}$,tsek$^{3}$pien$^{35}_{44}$ke$^{53}_{44}$ɲin$^{13}$, ɲin$^{13}$ka$^{35}_{44}$ʂa$^{0}$,iəu$^{35}$lin$^{13}$ʂa$^{53}_{44}$iɔŋ$^{53}_{44}$ʂa$^{0}$,xei$^{53}_{44}$me$^{53}_{44}$a$^{0}$?təu$^{35}_{44}$xe$^{53}_{44}$lin$^{13}$ʂa$^{53}_{44}$ʂa$^{0}$. ɲi$^{13}_{21}$tsʰiəu$^{53}_{44}$ta$^{21}$pau$^{53}$tʂəuk$^{3}$,tsek$^{3}$ pien$^{35}_{44}$ke$^{53}_{44}$in$^{13}_{21}$təu$^{35}$ta$^{21}$kua$^{53}_{44}$tsɿ$^{0}$pau$^{53}$tʂəuk$^{3}$.kai$^{53}_{44}$kai$^{53}_{44}$ke$^{53}_{44}$kɔn$^{35}$tsʰɔi$^{13}_{21}$tsei$^{21}$ŋai$^{13}$uk$^{3}$mən$^{13}_{21}$xei$^{21}$ko$^{53}$a$^{0}$,ŋai$^{13}_{21}$tsʰiəu$^{53}_{44}$ ta$^{21}$kua$^{53}_{44}$tsɿ$^{0}$pau$^{53}$tʂəuk$^{3}$.kai$^{53}_{44}$ke$^{53}_{44}$çiau$^{53}$cia$^{35}_{44}$le$^{0}$,tsʰiəu$^{53}$u$^{21}$tʂak$^{3}$tsɿ$^{0}$xau$^{53}$tsɿ$^{21}$,cʰi$^{53}$kʰuei$^{21}$(x)a$^{53}$tsɿ$^{0}$.pʰiet$^{5}$in$^{13}_{44}$ ka$^{35}_{44}$ta$^{21}$li$^{0}$pau$^{53}$tʂəuk$^{3}$lei$^{0}$, ɲi$^{13}_{21}$tsʰiəu$^{53}_{44}$xa$^{53}$tʂak$^{3}$tsɿ$^{0}$li$^{35}$.ɔi$^{53}_{44}$çi$^{53}_{44}$kʰuei$^{21}$(x)a$^{53}$tsɿ$^{0}$,ɔn$^{35}_{44}$tso$^{53}_{44}$xa$^{53}$li$^{35}$.fait$^{3}$pau$^{35}_{44}$tsɿ$^{0}$ ien$^{35}$pən$^{35}$ci$^{13}_{21}$,i$^{35}$tsʰien$^{13}_{21}$ʂʅ$^{53}_{44}$ʂəu$^{21}$sien$^{35}_{44}$tsʰiəu$^{53}_{44}$fait$^{3}$iet$^{3}$tʰəŋ$^{13}$tsɿ$^{0}$ien$^{35}_{44}$nau$^{0}$,i$^{21}$xa$^{53}_{44}$ʂʅ$^{53}_{44}$fait$^{3}$iet$^{3}$pau$^{35}$ien$^{35}$nau$^{0}$.la$^{53}$ pau$^{35}_{44}$tsɿ$^{0}$ien$^{35}$pən$^{35}_{44}$ci$^{13}_{21}$.

【下面】xa$^{35}$mien$^{53}$ 动将面条放入锅内煮：～个时候子硬爱呃煮泡水来再下。嫑泡个水就～唔好，更会糊喔，就会泈汤哦，更会泈汤哦。xa$^{35}$mien$^{53}$ke$^{53}_{44}$ʂʅ$^{13}$xəu$^{53}$tsɿ$^{0}$ɲiaŋ$^{53}$ɔi$^{53}_{44}$ə$_{21}$tʂəu$^{21}$pʰau$^{35}_{44}$ʂei$^{21}$ lɔi$^{13}$tsai$^{53}$xa$^{35}_{44}$.maŋ$^{13}$pʰau$^{35}$ke$^{53}$ʂei$^{21}$tsiəu$^{53}$xa$^{35}$mien$^{53}$n̩$^{13}_{21}$xau$^{21}$,cien$^{53}$uɔi$^{53}$fu$^{13}$vo$^{0}$,tsʰiəu$^{53}$uɔi$^{53}$lei$^{13}_{21}$tʰɔŋ$^{35}$ŋo$^{0}$,ken$^{53}$ uɔi$^{53}$lei$^{13}_{21}$tʰɔŋ$^{35}$ŋo$^{0}$.

【下青草塅】xa$^{35}$tsʰiaŋ$^{35}$tsʰau$^{21}$kʰan$^{53}$ 夏天时，在第二次耘田前后将田坎上的青草铲下来，踩入田中，用来肥田，同时避免鼠患：箇只安做～，□青个青。欸，草，青草。～。从前作田是欸田里个禾苑下个草嘞就爱除嘿去，就用脚去耘田。第一次耘田就安做耘头到。耘哩头到有蛮久子以后嘞就安做复二到，就又耘一到，有再长哩草个又耘一到，冇得草个就唔去耘了，欸，就唔爱复二到。欸，复哩二到，～。有滴是复二到之前～。欸，～个目的嘞就分箇塅上个草铲嘿来。一只好处嘞就系箇草可以肥田，会殊，因为气温高。第二只好处嘞就系箇个禾，欸，田塅上个草除嘿哩以后嘞，就冇得咁多老鼠。如果唔除箇草，秾嘿起来，跍个老鼠唔知几凶，壁下两行禾都冇得哩。欸，就安做～。kai$^{53}$tʂak$^{3}$ɔn$^{35}_{44}$tso$^{53}_{44}$xa$^{35}$tsʰiaŋ$^{35}$tsʰau$^{21}$kʰan$^{53}$,kue$^{35}$ tsʰiaŋ$^{35}$ke$^{53}_{44}$tsʰiaŋ$^{35}$.e$_{21}$,tsʰau$^{21}$,tsʰiaŋ$^{35}$tsʰau$^{21}$.xa$^{35}_{44}$tsʰiaŋ$^{35}$tsʰau$^{21}$kʰan$^{53}$.tsʰəŋ$^{35}$tsʰien$^{13}$tsɔk$^{3}$tʰien$^{13}$ʂʅ$^{53}_{44}$e$_{21}$tʰien$^{13}$ni$^{21}$ ke$^{53}_{44}$uo$^{13}$tei$^{35}_{44}$xa$^{35}$ke$^{53}_{44}$tsʰau$^{21}$le$^{0}$tsiəu$^{53}$ɔi$^{53}$tʂʰəu$^{13}$xek$^{3}$çi$^{53}$,tsiəu$^{53}$iəŋ$^{53}$ciɔk$^{3}$çi$^{53}_{44}$in$^{13}$tʰien$^{13}$.tʰi$^{53}$iet$^{3}$tsʰɿ$^{53}$in$^{13}$tʰien$^{13}$ tsʰiəu$^{53}_{21}$ɔn$^{35}_{44}$tso$^{53}_{44}$in$^{13}$tʰei$^{13}$tau$^{53}$.in$^{13}$ni$^{0}$tʰei$^{13}$tau$^{53}$iəu$^{35}$man$^{13}_{21}$ciəu$^{21}$tsɿ$^{0}$i$^{35}$xei$^{53}_{44}$lei$^{0}$tsʰiəu$^{53}_{44}$ɔn$^{35}_{44}$tso$^{53}_{44}$fuk$^{5}$ɲi$^{53}$ tau$^{53}$,tsʰiəu$^{53}_{44}$iəu$^{53}$in$^{13}$iet$^{3}$tau$^{53}$,iəu$^{35}$tsai$^{53}$tʂɔŋ$^{21}$li$^{0}$tsʰau$^{21}$ke$^{53}_{44}$iəu$^{53}$in$^{13}$iet$^{3}$tau$^{53}$,mau$^{13}$tek$^{3}$tsʰau$^{21}$ke$^{53}_{44}$tsʰiəu$^{53}_{44}$n̩$^{13}$çi$^{53}_{44}$ in$^{13}$niau$^{0}$,e$_{21}$,tsiəu$^{53}$m̩$^{13}_{21}$mɔi$^{53}_{35}$fuk$^{5}$ɲi$^{53}$tau$^{53}$.e$_{21}$,fuk$^{5}$li$^{0}$ɲi$^{53}$tau$^{53}$,xa$^{35}_{44}$tsʰiaŋ$^{35}$tsʰau$^{21}$kʰan$^{53}$.iəu$^{35}$tet$^{5}$ʂʅ$^{53}_{44}$fuk$^{5}$ɲi$^{53}$tau$^{53}$ tʂʅ$^{35}_{44}$tsʰien$^{13}$xa$^{35}$tsʰiaŋ$^{35}$tsʰau$^{21}$kʰan$^{53}$.e$_{21}$,xa$^{35}_{44}$tsʰiaŋ$^{35}$tsʰau$^{21}$kʰan$^{53}$ke$^{53}_{44}$muk$^{3}$tiet$^{3}$le$^{0}$tsʰiəu$^{53}_{44}$pən$^{35}$kai$^{53}_{44}$kʰan$^{53}$nɔŋ$_{44}$ (←xɔŋ$^{53}$)ke$^{53}_{44}$tsʰau$^{21}$tsʰan$^{21}$nek$^{3}$(←xek$^{3}$)lɔi$^{13}$.iet$^{3}$tʂak$^{3}$xau$^{21}$tʂʰəu$^{53}$le$^{0}$tsiəu$^{53}$xe$^{53}$kai$^{53}$tsʰau$^{21}$kʰo$^{21}$i$^{35}_{44}$pʰi$^{13}$ tʰien$^{13}$,uɔi$^{53}$mət$^{3}$,in$^{13}$uei$^{53}_{44}$çi$^{53}$uən$^{35}$kau$^{35}$.tʰi$^{53}_{44}$ɲi$^{53}$tʂak$^{3}$xau$^{21}$tʂʰəu$^{53}$lei$^{0}$tsiəu$^{53}$xe$^{53}$kai$^{53}$ke$^{53}$uo$^{13}$,e$_{21}$,tʰien$^{13}$kʰan$^{53}$ xɔŋ$^{53}_{44}$ke$^{53}_{44}$tsʰau$^{21}$tʂʰəu$^{13}$xek$^{3}$li$^{0}$i$^{35}$xei$^{53}_{44}$lei$^{0}$,tsiəu$^{53}$mau$^{13}_{21}$tek$^{3}$kan$^{21}$to$^{35}$lau$^{21}$tʂʰəu$^{21}$.y$^{13}$ko$^{21}$n̩$^{13}_{21}$tʂʰəu$^{13}$kai$^{53}$tsʰau$^{21}$, ɲiəŋ$^{13}$(x)ek$^{3}$çi$^{21}$lɔi$^{13}$,ku$^{35}_{44}$ke$^{53}_{44}$lau$^{21}$tʂʰəu$^{21}$n̩$^{13}_{21}$ti$^{35}_{44}$ci$^{21}$çiəŋ$^{35}$,piak$^{3}$xa$^{53}$iɔŋ$^{21}$xɔŋ$^{13}$uo$^{13}_{21}$təu$^{35}_{53}$mau$^{13}_{21}$tek$^{3}$li$^{0}$.e$_{21}$,tsiəu$^{53}_{44}$ ɔn$^{35}_{44}$tso$^{53}_{44}$xa$^{35}$tsʰiaŋ$^{35}$tsʰau$^{21}$kʰan$^{53}$.

【下去】xa$^{35}$/xa$^{53}$çi$^{53}$ 动趋向动词，用在动词后做补语，强调由上向下之意：窝$_{四}$～ uo$^{35}$xa$^{35}$çi$^{53}_{44}$ ｜你会鸡子赶进去哩就要插～。ɲi$^{13}_{21}$uɔi$^{53}_{44}$cie$^{35}$tsɿ$^{0}$kɔn$^{21}$tsin$^{53}$çi$^{53}_{44}$li$^{0}$tsʰiəu$^{53}_{44}$iau$^{53}_{35}$tsʰait$^{3}$(x)a$^{53}_{44}$çi$^{53}$.

【下人】xa$^{35}$ɲin$^{13}$ 动让人走下去；让乘客从车上下来：是不有开关个，上人～个？车门子。ʂʅ$^{53}_{44}$ pət$^{3}$iəu$^{35}_{44}$kʰɔi$^{35}$kuan$^{35}$cie$^{53}_{44}$,ʂɔŋ$^{35}$ɲin$^{13}_{21}$xa$^{35}$ɲin$^{13}_{21}$cie$^{53}_{44}$?tʂʰa$^{35}$mən$^{13}$tsɿ$^{0}$.｜～都唔好下。xa$^{35}$ɲin$^{13}$təu$^{35}_{44}$n̩$^{13}_{21}$xau$^{21}$ xa$^{35}$.

【下任】xa$^{35}$in$^{53}$ 动卸任：欸，箇个村长，我等箇只村长下哩任呐，嫑选倒啦。e$_{21}$,kai$^{53}$ke$^{53}$ tsʰən$^{35}$tʂɔŋ$^{21}$,ŋai$^{13}_{21}$tien$^{0}$kai$^{53}$(tʂ)ak$^{3}$tsʰən$^{35}$tʂɔŋ$^{21}$xa$^{35}_{44}$li$^{0}$in$^{53}$na$^{0}$,maŋ$^{13}$sen$^{21}$tau$^{21}$la$^{0}$.｜以到渠箇书记下哩任啰，嫑搞哩哦欸村上箇只书记。i$^{21}$tau$^{53}_{44}$ci$^{13}_{44}$kai$^{53}_{44}$ʂəu$^{35}$ci$^{53}$xa$^{35}$li$^{0}$in$^{53}$no$^{0}$,maŋ$^{13}$kau$^{21}$li$^{0}$o$^{0}$e$_{21}$tsʰən$^{35}$xɔŋ$^{53}_{44}$ kai$^{53}$(tʂ)ak$^{3}$ʂəu$^{35}$ci$^{53}$.

【下箻】xa$^{35}$sak$^{3}$ 名方位词。下面部分：分只冬瓜劈做两箻嘞，上箻就分我新舅等人食，～就我自家食倒。pən$^{35}_{44}$tʂak$^{3}$təŋ$^{35}_{44}$kua$^{35}_{44}$pʰiak$^{3}$tso$^{53}$iɔŋ$^{21}$sak$^{3}$le$^{0}$,ʂɔŋ$^{53}$sak$^{3}$tsʰiəu$^{53}_{44}$pən$^{35}$ŋai$^{13}_{21}$sin$^{35}$cʰiəu$^{35}$ten$^{21}_{44}$in$^{13}_{21}$ ʂət$^{5}$,xa$^{35}$sak$^{3}$tsʰiəu$^{53}$ŋai$^{13}_{44}$tsʰɿ$^{35}$ka$^{35}_{44}$ʂət$^{5}$tau$^{21}$.

【下身】xa$^{35}$ʂən$^{35}$ 名身体的下半部，有时特指阴部：～唔舒服啊。xa$^{35}$ʂən$^{35}_{44}$n̩$^{13}_{21}$ʂʮ$^{35}_{44}$fuk$^{5}$a$^{0}$.｜硬爱勤快洗下子～呶。ɲiaŋ$^{53}$ɔi$^{53}_{44}$cʰin$^{13}$kʰuai$^{53}$sei$^{21}$(x)a$^{53}$tsɿ$^{0}$xa$^{35}$ʂən$^{35}_{44}$nau$^{0}$.

【下十八等】xa$^{53}$ʂət$^{5}$ pait$^{3}$ ten$^{21}$ ①风骚：箇只夫娘子即即哩斢老公，～。kai$^{53}$tʂak$^{3}$ pu$^{35}$ɲioŋ$^{13}_{21}$tsɿ$^{0}$ tset$^{5}$ tset$^{5}$ li$^{0}$ t$^{h}$iau$^{21}$lau$^{21}$kəŋ$^{35}_{44}$,xa$^{53}$ʂət$^{5}$ pait$^{3}$ ten$^{21}$. ②下流：有兜咁个人呐～，乱搞三天。iəu$^{35}$te$^{35}_{53}$kan$^{21}$ ke$^{53}$ɲin$^{13}_{21}$na$^{0}$ xa$^{53}$ʂət$^{5}$ pait$^{3}$ ten$^{21}$,lən$^{53}$kau$^{21}$san$^{35}$t$^{h}$ien$^{35}_{44}$.｜箇只男子人呢脚踩两条船，～，同时都交几只妹子。kai$^{53}$tʂak$^{3}$ lan$^{13}$tsɿ$^{0}$ɲin$^{13}$nei$^{0}$ ciok$^{3}$ ts$^{h}$ai$^{21}$ioŋ$^{21}$t$^{h}$iau$^{13}$ʂuon$^{13}$,xa$^{53}$ʂət$^{5}$ pait$^{3}$ ten$^{21}$,t$^{h}$əŋ$^{13}$ʂɿ$^{13}_{21}$təu$^{35}_{53}$ciau$^{35}$ci$^{21}$ tʂak$^{3}$ moi$^{53}$tsɿ$^{0}$.

【下世】xa$^{35}$ʂɿ$^{53}$ 动指（小孩子）出生：欸，我赖子出世嘞就接生干娘还跍倒箇映歇嘿一夜。嗯，搞嘿两日正～。e$_{44}$,ŋai$^{13}$lai$^{53}$tsɿ$^{0}$ tʂ$^{h}$ət$^{3}$ ʂɿ$^{53}_{44}$lei$^{0}$ ts$^{h}$iəu$^{53}$tsiait$^{3}$ saŋ$^{35}_{44}$kən$^{35}$ɲioŋ$^{13}_{21}$xai$^{13}_{21}$k$^{h}$u$^{35}$tau$^{21}$kai$^{53}$iaŋ$^{53}$ çiet$^{3}$ xek$^{3}$ iet$^{3}$ ia$^{53}_{44}$.n$_{21}$,kau$^{21}$uek$^{3}$ ioŋ$^{21}$ɲiet$^{3}$ tʂaŋ$^{53}_{44}$xa$^{35}$ʂɿ$^{53}$.

【下堂】xa$^{35}$t$^{h}$əŋ$^{13}_{21}$ 动妇女再嫁。又称“卖二嫁”、“再醮”：跟倒婇子～ cien$^{35}$tau$^{21}$oi$^{35}$tsɿ$^{0}$ xa$^{35}$t$^{h}$əŋ$^{13}$｜有只话法呀。只认上堂之妻，唔认～之母。夫娘子，老公死嘿哩，系唔系？有细人子，你就去再嫁，欸，你去出嫁，欸，你就安做～啊。虽然你系，你系只，你有，你留哩子女去箇映子，但是将来嘞，不认～之母。但是欸，认上堂之妻。iəu$^{35}$tʂak$^{3}$ ua$^{53}$fait$^{3}$ ia$^{0}$.tʂɿ$^{21}$ɲin$^{53}$ʂəŋ$^{35}$t$^{h}$əŋ$^{13}$ tʂɿ$^{35}$ts$^{h}$i$^{35}$,n̩$^{13}$ɲin$^{53}$xa$^{35}$t$^{h}$əŋ$^{13}$tʂɿ$^{35}$mu$^{35}$.pu$^{35}$ɲioŋ$^{13}_{21}$tsɿ$^{0}$,lau$^{21}$kəŋ$^{35}_{44}$si$^{21}$xek$^{3}$ li$^{0}$,xei$^{53}_{44}$me$^{53}_{44}$?iəu$^{35}$sei$^{35}$ɲin$^{13}_{21}$tsɿ$^{0}$, ɲi$^{13}$ ts$^{h}$iəu$^{53}_{21}$çi$^{53}_{44}$tsai$^{53}$ka$^{53}$,e$_{21}$, ɲi$^{13}_{21}$çi$^{53}_{44}$tʂ$^{h}$ət$^{3}$ ka$^{53}$,ei$_{21}$, ɲi$^{13}_{21}$ts$^{h}$iəu$^{53}$on$^{35}_{44}$tso$^{53}_{44}$xa$^{35}$t$^{h}$əŋ$^{13}$ŋa$^{0}$.sei$^{35}$vien$^{13}_{21}$ɲi$^{13}$xe$^{53}$, ɲi$^{13}_{21}$xe$^{53}$ tʂak$^{3}$, ɲi$^{13}$iəu$^{35}_{44}$, ɲi$^{13}$liəu$^{13}$li$^{0}$ tsɿ$^{21}$ɲy$^{21}$çi$^{53}$kai$^{53}_{44}$iaŋ$^{53}$tsɿ$^{0}$,tan$^{53}_{44}$ʂɿ$^{53}_{44}$tsioŋ$^{35}$loi$^{13}_{21}$lei$^{0}$,pət$^{3}$ɲin$^{53}$xa$^{35}$t$^{h}$əŋ$^{13}_{21}$tʂɿ$^{35}_{44}$mu$^{35}$.tan$^{53}_{44}$ ʂɿ$^{53}_{44}$ei$_{21}$, ɲin$^{53}$ʂəŋ$^{35}$t$^{h}$əŋ$^{13}_{21}$tʂɿ$^{35}_{44}$ts$^{h}$i$^{35}$.

【下厅】xa$^{35}$t$^{h}$aŋ$^{35}$ 名下堂屋，即第一进的堂屋，多供放置农具等：～就后背冇得墙，只有以面大门个墙。xa$^{35}$t$^{h}$aŋ$^{35}$ts$^{h}$iəu$^{53}_{44}$xei$^{53}$poi$^{53}$mau$^{13}$tek$^{3}$ ts$^{h}$ioŋ$^{13}$,tʂɿ$^{21}$iəu$^{35}_{44}$i$^{21}$mien$^{53}$t$^{h}$ai$^{53}$mən$^{13}_{44}$ke$^{53}_{44}$ts$^{h}$ioŋ$^{13}$.

【下土】xa$^{35}$t$^{h}$əu$^{21}$ 动播种；下种：（花麦要）大暑～。t$^{h}$ai$^{53}$tʂ$^{h}$əu$^{21}$xa$^{35}$t$^{h}$əu$^{21}$.｜渠等话观音娘娘生日个时候子嘞你就爱～了凑。ci$^{13}$tien$^{0}$ ua$^{53}$kon$^{35}$in$^{35}_{53}$ɲioŋ$^{13}_{21}$ɲioŋ$^{13}_{21}$saŋ$^{35}$ɲiet$^{3}$ ke$^{0}$ ʂɿ$^{13}_{44}$xəu$^{53}_{44}$tsɿ$^{0}$ lei$^{0}$ɲi$^{13}_{21}$ts$^{h}$iəu$^{53}_{44}$ oi$^{53}$xa$^{35}_{44}$t$^{h}$əu$^{21}$liau$^{21}$ts$^{h}$e$^{0}$.

【下下子】xa$^{35}$xa$^{35}_{44}$tsɿ$^{0}$ 形低垂貌：欸，爱爱分脑壳睩得～。e$_{21}$,oi$^{53}_{44}$oi$^{53}_{44}$pən$^{35}_{44}$nau$^{21}$k$^{h}$ək$^{3}$ ts$^{h}$i$^{53}$tek$^{3}$ xa$^{35}$ xa$^{35}_{44}$tsɿ$^{0}$.

【下乡】xa$^{35}$çioŋ$^{35}$ 动到农村去：欸，做生意个如今同我赖子等样，也经常到村上箇兜去啊，也经常～。e$_{44}$,tso$^{53}$sen$^{35}$i$^{53}$ke$^{0}$ i$^{13}_{21}$cin$^{35}_{53}$t$^{h}$əŋ$^{13}_{21}$ŋai$^{13}_{21}$lai$^{53}$tsɿ$^{0}$ ten$^{21}_{44}$ioŋ$^{53}_{44}$,ia$^{35}$cin$^{35}$tʂ$^{h}$əŋ$^{13}_{21}$tau$^{53}_{44}$ts$^{h}$ən$^{35}$xoŋ$^{35}_{44}$kai$^{53}_{44}$te$^{35}_{44}$çi$^{53}_{44}$ a$^{0}$,ia$^{35}$cin$^{35}$ʂəŋ$^{13}_{21}$xa$^{35}_{44}$çioŋ$^{35}$.｜欸，打比浏阳城里个人箇是政府个干部嘞到张坊渠就系～。但是以张坊，张坊镇个干部嘞箇跍下街上做事欸跍下镇政府嘞唔喊～，欸，硬爱到村上去真系～。e$_{21}$,ta$^{21}$pi$^{21}$liəu$^{13}$ioŋ$^{13}$tʂ$^{h}$ən$^{13}$ni$^{21}$ke$^{53}$ɲin$^{13}_{44}$kai$^{53}_{44}$ʂɿ$^{53}$tʂən$^{53}$fu$^{21}$ke$^{53}$kən$^{53}$p$^{h}$u$^{53}_{44}$lei$^{0}$ tau$^{53}$tʂoŋ$^{35}$xoŋ$^{35}_{44}$ci$^{13}_{21}$ts$^{h}$iəu$^{53}$xe$^{53}_{44}$xa$^{35}$ çioŋ$^{35}$.tan$^{53}$ʂɿ$^{53}$i$^{21}$tʂoŋ$^{35}$xoŋ$^{35}_{44}$,tʂoŋ$^{35}$xoŋ$^{35}_{44}$tʂən$^{53}$cie$^{53}$kən$^{53}_{44}$p$^{h}$u$^{53}_{44}$lei$^{0}$ kai$^{53}_{44}$k$^{h}$u$^{35}$xa$^{53}_{44}$kai$^{35}$xoŋ$^{35}_{44}$tso$^{53}_{44}$sɿ$^{53}_{44}$e$_{21}$k$^{h}$u$^{35}_{44}$xa$^{53}_{44}$ tʂən$^{53}$tʂən$^{53}$fu$^{21}$lei$^{0}$ n̩$^{13}$xan$^{21}_{21}$xa$^{35}_{44}$çioŋ$^{35}$,ei$_{21}$, ŋiaŋ$^{53}_{44}$oi$^{53}$tau$^{53}$ts$^{h}$ən$^{35}$xoŋ$^{53}$çi$^{53}_{44}$tʂən$^{35}$(x)ei$^{53}_{44}$xa$^{35}$çioŋ$^{35}$.

【下旬】xa$^{53}$sən$^{13}$ 名每月 21 日到月底的日子：我等一个月个工资爱～正会来，正会到。ŋai$^{13}$tien$^{0}$ i$^{21}$ke$^{53}$ɲiet$^{3}$ ke$^{53}_{44}$kəŋ$^{35}$tsɿ$^{35}_{44}$oi$^{53}_{44}$xa$^{53}$sən$^{13}_{21}$tʂaŋ$^{53}$uoi$^{53}$loi$^{13}$,tʂaŋ$^{53}$uoi$^{53}$tau$^{53}$.

【下秧】xa$^{35}$ioŋ$^{35}$ 动育秧：二禾谷就爱播种，～个。ɲi$^{53}$uo$^{13}$kuk$^{3}$ ts$^{h}$iəu$^{53}_{44}$oi$^{53}_{44}$po$^{53}$tʂəŋ$^{21}$,xa$^{35}$ioŋ$^{35}$ke$^{53}$.

【下仰】xa$^{35}$ŋoŋ$^{35}$ 名下巴：欸，我等箇有只侄子～一只胎记，真难看。～啊，正好以个嘴巴皮下背，鲜红个。e$_{21}$,ŋai$^{13}$tien$^{0}$ kai$^{53}$iəu$^{35}_{44}$tʂak$^{3}$ tʂ$^{h}$ət$^{5}$ tsɿ$^{0}$ xa$^{35}$ŋoŋ$^{35}_{44}$iet$^{3}$ tʂak$^{3}$ t$^{h}$oi$^{35}$ci$^{53}$,tʂən$^{35}$nan$^{13}$k$^{h}$on$^{53}$.xa$^{35}$ ŋoŋ$^{35}$ŋa$^{0}$,tʂən$^{53}$xau$^{21}$i$^{21}$ke$^{53}$tsei$^{21}$pa$^{35}_{44}$p$^{h}$i$^{13}$xa$^{35}$poi$^{53}$,çien$^{35}$fəŋ$^{13}$ke$^{0}$.

【下药】xa$^{53}$iok$^{5}$ 动指医生用药：进哩医院，还嫧～。tsin$^{53}$ni$^{0}$ i$^{35}$vien$^{53}$,xai$^{13}_{21}$maŋ$^{13}_{21}$xa$^{53}_{44}$iok$^{5}$.

【下一王】xa$^{35}$iet$^{3}$ uoŋ$^{13}$ 下中国象棋时向下移动老将：箇个车牯趟稳来哩，～。kai$^{53}_{44}$ke$^{53}_{44}$cie$^{35}$ku$^{21}$ ciouk$^{5}$ uən$^{21}$noi$^{13}$li$^{0}$,xa$^{35}$iet$^{3}$ uoŋ$^{13}$.

【下正间】xa$^{35}$tʂən$^{53}$kan$^{35}$ 名下厅两侧的屋子。多称“前正间”：前正间也安做～。ts$^{h}$ien$^{13}$tʂən$^{53}$ kan$^{35}$ia$^{35}$on$^{35}_{44}$tso$^{53}_{44}$xa$^{35}$tʂən$^{53}$kan$^{35}$.

【下昼】xa$^{35}$tʂəu$^{53}$ 名时间词。下午：三十晡～ san$^{35}$ʂət$^{5}$ pu$^{35}$xa$^{35}$tʂəu$^{53}_{21}$大年三十那天的下午

X

【下子$_{1}$】xa$^{53}$tsɿ$^{0}$ 名时间词。指片刻的时间：箇只爱咁久，只爱～嘞。kai$^{53}$tʂɿ$^{21}$oi$^{53}$kan$^{21}$ciəu$^{21}$, tʂɿ$^{21}$oi$^{53}_{44}$xa$^{53}$tsɿ$^{0}$ lei$^{0}$.

【下子$_{2}$】xa$^{53}$tsɿ$^{0}$ 量①表示动作的次数：去哩两～筷子çi$^{53}$li$^{0}$ ioŋ$^{21}$xa$^{53}$tsɿ$^{0}$k$^{h}$uai$^{53}$tsɿ$^{0}$。②表示较短的时间，相当于“一会儿”：还想～，箇要想～看呐。xai$^{21}_{53}$sioŋ$^{21}$xa$^{53}$tsɿ$^{0}$,kai$^{53}_{44}$iau$^{53}_{44}$sioŋ$^{21}$xa$^{53}$tsɿ$^{0}$ k$^{h}$an$^{53}_{44}$na$^{0}$.｜进来嫽～！tsin$^{53}$noi$^{13}_{21}$liau$^{53}$(x)a$^{53}_{44}$tsɿ$^{0}$！③表示动作涉及的事物量较少，相当于“一点儿”：你等，你等两个就半休息～啦，欸，食～烟，食～茶。ɲi$^{13}_{21}$tien$^{0}$, ɲi$^{13}_{21}$tien$^{0}$ ioŋ$^{21}$ke$^{53}_{44}$ts$^{h}$iəu$^{53}_{44}$

pan$^{53}$siəu$^{35}$siet$^{3}$(x)a$^{53}$tsɿ$^{0}$la$^{0}$, e$_{21}$, ʂət$^{5}$(x)a$^{53}_{44}$tsɿ$^{0}$ien$^{35}$, ʂət$^{5}$(x)a$^{53}_{44}$tsɿ$^{0}$tsha$^{13}$. | 箇就烤烟也有种～，土烟也有种啊，草烟呐也有人种啊。kai$^{53}_{44}$tshiəu$^{53}_{44}$khau$^{21}$ien$^{35}$ia$^{35}$iəu$^{35}$tʂəŋ$^{53}$ŋa$_{44}$(←xa$^{53}$)tsɿ$^{0}$, thəu$^{21}$ien$^{35}_{44}$ia$^{35}_{44}$iəu$^{35}_{44}$tʂəŋ$^{53}_{44}$ŋa$^{0}$, tshau$^{21}$ien$^{35}_{44}$na$^{0}$ia$^{35}$iəu$^{35}_{44}$ɲin$^{13}_{21}$tʂəŋ$^{53}$ŋa$^{0}$. ④指事物的分支：箇提手个东西嘞，中间就一条子过，两头嘞就咁子做，做三～，做两～来。kai$^{53}_{44}$thia$^{35}_{44}$ʂəu$^{21}$ke$^{53}_{21}$təŋ$^{35}_{44}$si$^{0}$lei$^{0}$, tʂəŋ$^{35}$kan$^{35}_{44}$tshiəu$^{53}$iet$^{3}$thiau$^{13}$tsɿ$^{0}$ko$^{53}$, iəŋ$^{13}$thei$^{13}$lei$^{0}$tshiəu$^{53}_{44}$kan$^{21}$tsɿ$^{0}$tso$^{53}$, tso$^{53}$san$^{35}$xa$^{53}_{44}$tsɿ$^{0}$, tso$^{53}$iəŋ$^{21}$xa$^{53}$tsɿ$^{0}$ləi$^{13}_{21}$. ⑤指等分之一：用整张红纸折做八～，折做六～，哎，八束全书，六束全书。iəŋ$^{53}$tʂən$^{21}$tʂəŋ$^{35}$fəŋ$^{13}$tʂʅ$^{21}$tʂait$^{3}$tso$^{53}$pait$^{3}$xa$^{53}$tsɿ$^{0}$, tʂait$^{3}$tso$^{53}$liəuk$^{3}$xa$^{53}$tsɿ$^{0}$, ai$_{21}$, pait$^{3}$kan$^{21}$tshien$^{13}$ʂəu$^{35}$, liəuk$^{3}$kan$^{21}$tshien$^{13}$ʂəu$^{35}$.

【下子$_{3}$】xa$^{53}$tsɿ$^{0}$ 助 动态助词。放在动词和趋向补语之间，表示渐进义：咁子放～下，箇手哇。kan$^{21}$tsɿ$^{0}$fəŋ$^{53}$xa$^{53}$tsɿ$^{0}$xa$^{35}$, kai$^{35}$ʂəu$^{21}$ua$^{0}$.

【吓】xak$^{3}$ 动 受惊吓：欸，箇晡走下田里哟，看倒一条滮大个蛇，～一惊。e$_{35}$, kai$^{53}_{44}$pu$^{35}_{53}$tsei$^{21}$ia$^{53}$thien$^{13}$ni$^{21}_{44}$io$_{44}$, khən$^{35}$tau$^{21}$iet$^{3}$thiau$^{13}_{21}$mən$^{35}$thai$^{53}$ke$^{53}_{44}$ʂa$^{13}_{44}$, xak$^{3}$iet$^{3}$ciaŋ$^{35}_{44}$. | 丢几只大爆竹嘞，渠(指野猪)就～倒哩嘞。tiəu$^{35}$ci$^{21}$tʂak$^{3}$thai$^{53}$pau$^{53}_{44}$tʂəuk$^{3}$lei$^{0}$, ci$^{13}_{21}$tshiəu$^{53}$xak$^{3}$tau$^{21}$li$^{0}$lei$^{0}$.

【吓人】xak$^{3}$ɲin$^{13}$ 形 使人害怕：（打铳）又唔安全呢又～呶。iəu$^{53}$ŋ̍$^{13}$ŋən$^{35}$tshien$^{13}_{21}$nei$^{0}$iəu$^{53}$xak$^{3}$ɲin$^{13}$nau$^{0}$.

【夏布】xa$^{53}$pu$^{53}$ 名 以苎麻为原料编织而成的麻布，常用于夏季衣着，凉爽适人，故俗称夏布，又称“生布”：～就系用苎麻为原料出个布。反正渠箇只原料系苎麻凑。我等以个栏场嘞如今～冇得哩，搞么个嘞？𫠨去发展箇个欸高科技个东西。唔知让门子也浏阳以前就有只呃麻纺厂嘞，用苎麻去织布，箇阵就么也系箇个当干部个人唔知系唔系脑壳发热咯，据说话日本人是对箇～是真重视，系啊？卖得好价钱倒。浏阳就有人办只麻纺厂，就用苎麻作原料，啊，亏死哩啊硬。亏死哩啊麻纺厂是。箇一直都安做～，～长衫。又安做生布，客姓人又安做生布，生布帐子。就系苎麻箩欸苎麻出个，生布帐子箇就苎麻出个。又安做生布，又安做～。渠就唔该手工操作，产量低哩，冇得搞首。xa$^{53}$pu$^{53}$tshiəu$^{53}$xe$^{53}$iəŋ$^{53}$tʂhəu$^{35}$ma$^{13}$uei$^{13}$vien$^{13}$liau$^{53}$tʂət$^{3}$cie$^{53}_{44}$pu$^{53}$. fan$^{21}$tʂən$^{53}$ci$^{13}$kai$^{53}$tʂak$^{3}$vien$^{13}$liau$^{53}_{44}$xei$^{53}_{44}$tʂhəu$^{35}$ma$^{13}_{21}$tshe$^{0}$. ŋai$^{13}$tien$^{0}$i$^{21}$ke$^{53}$laŋ$^{13}_{21}$tʂhəŋ$^{13}_{21}$lei$^{0}$i$^{13}_{21}$cin$^{35}_{53}$xa$^{53}$pu$^{53}$mau$^{13}$tek$^{3}$li$^{0}$, kau$^{21}$mak$^{3}$ke$^{53}$lei$^{0}$? maŋ$^{13}$çi$^{53}$fait$^{3}$tʂen$^{21}$kai$^{53}$ke$^{53}_{44}$e$_{21}$kau$^{35}$kho$^{35}$çi$^{53}$ke$^{53}_{44}$təŋ$^{35}$si$^{0}$. n̩$^{13}$ti$^{35}_{53}$ɲiəŋ$^{53}$mən$^{13}_{44}$tsɿ$^{0}$ia$^{35}$liəu$^{13}$iəŋ$^{13}_{44}$i$^{35}_{53}$tshien$^{13}_{21}$tshiəu$^{53}_{44}$iəu$^{35}$tʂak$^{3}$ə$_{44}$ma$^{13}$fəŋ$^{21}$tʂhəŋ$^{21}$lei$^{0}$, iəŋ$^{53}$tʂhəu$^{35}$ma$^{13}_{44}$çi$^{53}_{44}$tʂət$^{3}$pu$^{53}$, kai$^{53}_{21}$tʂhən$^{53}$tshiəu$^{53}_{44}$me$^{0}$ia$^{35}$xei$^{53}$kai$^{53}_{44}$ke$^{53}_{44}$təŋ$^{35}$kən$^{35}$phu$^{53}$ke$^{53}$ɲin$^{13}_{21}$n̩$^{13}$ti$^{35}_{53}$xei$^{53}$mei$^{53}$lau$^{21}$khək$^{3}$fait$^{3}$ɲiet$^{5}$ko$^{0}$, tʂʅ$^{53}$ʂet$^{3}$ua$^{53}$ɲiet$^{3}$pən$^{21}$ɲin$^{13}$ʂʅ$^{53}_{44}$tei$^{53}$kai$^{53}_{44}$xa$^{53}$pu$^{53}$ʂʅ$^{53}_{44}$tʂən$^{53}$tʂhəŋ$^{53}$ʂʅ$^{53}_{44}$, xei$^{53}_{44}$a$^{0}$? mai$^{53}$tek$^{3}$xau$^{21}$cia$^{53}$tshien$^{13}$tau$^{21}$. liəu$^{13}$iəŋ$^{13}$tshiəu$^{53}$iəu$^{35}$ɲin$^{13}$phan$^{53}$tʂak$^{3}$ma$^{13}$fəŋ$^{21}$tʂhəŋ$^{21}$, tshiəu$^{53}$iəŋ$^{53}_{44}$tʂhəu$^{35}$ma$^{13}_{21}$tso$^{53}$vien$^{13}$liau$^{53}$, a$_{53}$, khuei$^{35}$si$^{21}$li$^{0}$a$^{0}$ɲiaŋ$^{53}$. khuei$^{35}$si$^{21}$li$^{0}$a$^{0}$ma$^{13}$fəŋ$^{21}$tʂhəŋ$^{21}$ʂʅ$_{44}$. kai$^{53}$iet$^{3}$tʂhət$^{5}$tau$^{35}_{44}$ən$^{35}_{53}$tso$^{53}$xa$^{53}$pu$^{53}$, xa$^{53}$pu$^{53}$tʂhəŋ$^{13}$san$^{35}_{44}$. iəu$^{53}$ən$^{35}_{44}$tso$^{53}_{44}$sen$^{35}$pu$^{53}$, khak$^{3}$sin$^{53}$ɲin$^{13}_{21}$iəu$^{53}_{44}$ən$^{35}_{44}$tso$^{53}_{44}$sen$^{35}$pu$^{53}$, sen$^{35}$pu$^{53}$tʂəŋ$^{53}$tsɿ$^{0}$. tshiəu$^{53}$xei$^{53}_{44}$tʂhəu$^{35}$ma$^{13}_{44}$sak$^{3}$e$^{0}$tʂhəu$^{35}$ma$^{13}_{21}$tʂət$^{3}$cie$^{53}$, sen$^{35}$pu$^{53}$tʂəŋ$^{53}$tsɿ$^{0}$kai$^{53}_{44}$tshiəu$^{53}$tʂhəu$^{35}$ma$^{13}_{21}$tʂət$^{3}$ke$^{53}$. iəu$^{53}_{44}$ən$^{35}_{44}$tso$^{53}_{44}$sen$^{35}$pu$^{53}$, iəu$^{53}_{44}$ən$^{35}_{44}$tso$^{53}_{44}$xa$^{53}$pu$^{53}_{44}$. ci$^{13}_{21}$tshiəu$^{53}$n̩$^{13}_{21}$kəi$^{35}_{53}$ʂəu$^{21}$kəŋ$^{35}_{44}$tshau$^{35}_{44}$tso$^{53}_{44}$, tshan$^{21}$liəŋ$^{35}_{44}$te$^{35}$li$^{0}$, mau$^{13}_{21}$tek$^{3}$kau$^{21}$ʂəu$^{21}$.

【夏布墩】xa$^{53}$pu$^{53}$thən$^{53}$ 名 地名：凤溪箇映子还有只栏场哦，以前是箇个夏布尽跍倒箇映子搞哇，欸，安做加工啊，安做～。箇唔知……总有百多两百年个历史了。老班子手里就～。fəŋ$^{53}$çi$^{35}_{44}$kai$^{53}_{44}$iaŋ$^{53}_{44}$tsɿ$^{0}$xai$^{13}_{21}$iəu$^{35}$tʂak$^{3}$laŋ$^{13}_{44}$tʂhəŋ$^{13}_{44}$o$^{0}$, i$^{35}_{53}$tshien$^{13}$ʂʅ$^{53}_{44}$kai$^{53}_{44}$ke$^{53}_{44}$xa$^{53}$pu$^{53}_{44}$tshin$^{13}$khu$^{53}_{44}$tau$^{21}_{44}$kai$^{53}$iaŋ$^{53}$tsɿ$^{0}$kau$^{21}$ua$^{0}$, e$_{21}$, ən$^{35}_{44}$tso$^{53}_{44}$cia$^{35}_{44}$kəŋ$^{35}$ŋa$^{0}$, ən$^{35}$tso$^{53}_{44}$xa$^{53}$pu$^{53}_{44}$thən$^{53}$. kai$^{53}$n̩$^{13}$ti$^{35}_{53}$…tsəŋ$^{21}$iəu$^{35}$pak$^{3}$to$^{35}_{53}$iəŋ$^{21}$pak$^{3}$ɲien$^{13}$ke$^{53}_{44}$liet$^{5}$ʂʅ$^{21}$liau$^{0}$. lau$^{21}$pan$^{35}_{44}$tsɿ$^{0}$ʂəu$^{21}$li$^{0}$tshiəu$^{53}_{44}$xa$^{53}$pu$^{53}$thən$^{53}$.

【夏布庄】xa$^{53}$pu$^{53}_{44}$tsəŋ$^{35}$ 名 经营夏布的店铺：以前张坊就有～啊。i$^{35}_{53}$tshien$^{13}_{21}$tʂəŋ$^{35}_{44}$xəŋ$^{35}_{44}$tshiəu$^{53}_{44}$iəu$^{35}$xa$^{53}_{44}$pu$^{53}_{44}$tsəŋ$^{35}$ŋa$^{0}$.

【夏至】xa$^{53}$tʂʅ$^{53}$ 名 二十四节气之一，这一天北半球白天最长，夜间最短：～到哩啊，以下是最热个时候子来哩啊。xa$^{53}$tʂʅ$^{53}$tau$^{21}$li$^{0}$a$^{0}$, i$^{21}$xa$^{53}_{44}$ʂʅ$^{53}_{44}$tsei$^{53}$ɲiet$^{5}$ke$^{0}$ʂʅ$^{13}_{44}$xəu$^{53}_{44}$tsɿ$^{0}$ləi$^{13}_{21}$li$^{0}$a$^{0}$. | 冬至至短，～至长。～至长，最日子长。冬至至短，就冬至日子最短。təŋ$^{35}$tʂʅ$^{53}$tʂʅ$^{53}$tən$^{21}$, xa$^{53}$tʂʅ$^{53}$tʂʅ$^{53}$tʂhəŋ$^{13}$. xa$^{53}$tʂʅ$^{53}$tʂʅ$^{53}$tʂhəŋ$^{13}$, tsei$^{53}$ɲiet$^{3}$tsɿ$^{0}$tʂhəŋ$^{13}$. təŋ$^{35}$tʂʅ$^{53}$tʂʅ$^{53}$tən$^{21}$, tshiəu$^{53}_{44}$təŋ$^{35}$tʂʅ$^{53}$ɲiet$^{3}$tsɿ$^{0}$tsei$^{53}$tən$^{21}$.

【仙丹】sien$^{35}$tan$^{35}$ 名 灵丹妙药：渠是观音庙肚里会求～，爱求单子啊。ci$^{13}_{21}$ʂʅ$^{53}_{44}$kən$^{35}$in$^{35}$miau$^{53}$təu$^{21}$li$^{0}$uəi$^{53}$chiəu$^{13}_{21}$sien$^{35}$tan$^{35}$, ɔi$^{53}$chiəu$^{13}_{44}$tan$^{35}$tsɿ$^{0}$a$^{0}$.

【仙姑】sien$^{35}$/sen$^{35}$ku$^{35}$ 名 女性的仙人：～是唔该以映子有只仙姑岩。所以～是系只传说，系唔系？欸，以映就仙姑岩箇映子就据说箇映有只仙姑娘娘。有～。关键就系箇映箇嶂岭像只夫娘子，像只一只夫娘子两只燃菇滮大，睡倒箇映子。箇个就安做～。你到李家湾箇映去看，硬绝像一只夫娘子睡倒去下子，两只嬲菇懑大，就两嶂岭欸。sien$^{35}$ku$^{35}_{44}$ʂʅ$^{53}_{21}$ŋ̍$^{13}_{21}$kɔi$^{35}_{53}$i$^{21}$iaŋ$^{53}$tsɿ$^{0}$ iəu$^{35}$ tʂak$^{3}$ sien$^{35}$ku$^{35}_{44}$ŋai$^{13}$.so$^{21}$i$^{35}_{44}$sien$^{35}$ku$^{35}_{44}$ʂʅ$^{53}_{44}$xei$^{53}$tʂak$^{3}$ tʂʰuɔn$^{13}$ʂet$^{3}$,xei$^{53}$me$^{53}$?e$_{21}$,i$^{21}$iaŋ$^{53}_{44}$tsʰiəu$^{53}_{44}$sien$^{35}_{44}$ku$^{35}_{44}$ŋai$^{13}$kai$^{53}$ iaŋ$^{53}$tsɿ$^{0}$ tsʰiəu$^{53}_{44}$tʂʮ$^{53}$ʂet$^{3}$ kai$^{53}_{44}$iaŋ$^{53}_{44}$iəu$^{35}_{53}$tʂak$^{3}$ sien$^{35}_{44}$ku$^{35}_{44}$ɲiɔŋ$^{13}$ɲiɔŋ$^{13}_{44}$.iəu$^{35}$sen$^{35}$ku$^{35}$.kuan$^{35}$cien$^{53}$tsʰiəu$^{53}_{44}$xe$^{53}_{44}$kai$^{53}_{44}$ iaŋ$^{53}_{44}$kai$^{53}$tʂɔŋ$^{53}$liaŋ$^{35}$tsʰiɔŋ$^{53}$tʂak$^{3}$ pu$^{35}$ɲiɔŋ$^{13}_{21}$tsɿ$^{0}$,tsʰiɔŋ$^{53}$tʂak$^{3}$ iet$^{3}$ tʂak$^{3}$ pu$^{35}$ɲiɔŋ$^{13}_{21}$tsɿ$^{0}$ iɔŋ$^{21}$tʂak$^{3}$ lien$^{53}$ku$^{35}_{44}$mən$^{35}$ tʰai$^{53}$,ʂɔi$^{53}$tau$^{21}$kai$^{53}$iaŋ$^{53}$tsɿ$^{0}$.kai$^{53}$ie$^{0}$ tsʰiəu$^{53}_{44}$ɔn$^{35}_{44}$tso$^{53}_{44}$sen$^{35}$ku$^{35}_{44}$. ɲi$^{13}$tau$^{53}$li$^{21}$ka$^{35}_{44}$uan$^{35}$kai$^{53}_{44}$iaŋ$^{53}_{44}$çi$^{53}_{44}$kʰɔn$^{53}$, ɲiaŋ$^{53}$ tsʰiet$^{5}$ tsʰiɔŋ$^{53}$iet$^{3}$ tʂak$^{3}$ pu$^{35}$ɲiɔŋ$^{13}_{21}$tsɿ$^{0}$ ʂɔi$^{53}$tau$^{21}$çi$^{53}$xa$^{53}$tsɿ$^{0}$,iɔŋ$^{21}$tʂak$^{3}$ lien$^{53}$ku$^{35}_{44}$mən$^{35}$tʰai$^{53}$,tsʰiəu$^{53}$iɔŋ$^{21}$tʂɔŋ$^{53}$ liaŋ$^{35}$ŋei$^{0}$.

【仙姑娘娘】sien$^{35}$ku$^{35}_{44}$ɲiɔŋ$^{13}_{21}$ɲiɔŋ$^{13}_{44}$ 名浏阳张坊一带人们信奉的一位女神：～生日，嗯，做药米馃，七月七。sien$^{35}$ku$^{35}_{44}$ɲiɔŋ$^{13}_{21}$ɲiɔŋ$^{13}_{44}$saŋ$^{35}$ɲiet$^{3}$,n̩$_{21}$,tso$^{53}$iɔk$^{5}$ mi$^{21}$ko$^{21}$,tsʰiet$^{3}$ɲiet$^{5}$ tsʰiet$^{3}$.

【仙姑岩】sien$^{35}_{44}$ku$^{35}_{44}$ŋai$^{13}$ 名风景名胜地，位于浏阳张坊：～就箇只地方个一只仙姑欸箇只石箇一嶂岭，一只石壁。欸正讲个，渠箇箇只石壁嘞远看像只夫娘子睡倒去箇。有兜人又安做死尸岭嘞，箇就真膨人了唠，系唔系？～箇就文雅多哩吵。sien$^{35}_{44}$ku$^{35}_{44}$ŋai$^{13}$tsʰiəu$^{53}$kai$^{53}_{44}$tʂak$^{3}$ tʰi$^{53}$fɔŋ$^{35}_{44}$ kei$^{53}_{44}$iet$^{3}$ tʂak$^{3}$ sien$^{35}$ku$^{35}$e$^{0}$ kai$^{53}_{21}$tʂak$^{3}$ ʂak$^{5}$ kai$^{53}$iet$^{3}$ tʂɔŋ$^{53}$liaŋ$^{35}$,iet$^{3}$ tʂak$^{3}$ ʂak$^{5}$ piak$^{3}$.e$^{0}$ tʂaŋ$^{53}$kɔŋ$^{21}$ke$^{0}$,ci$^{13}_{21}$kai$^{53}_{44}$ kai$^{53}_{21}$tʂak$^{3}$ ʂak$^{5}$ piak$^{3}$ lei$^{0}$ ien$^{21}$kʰɔn$^{53}$tsʰiɔŋ$^{53}$tʂak$^{3}$ pu$^{35}$ɲiɔŋ$^{13}_{21}$tsɿ$^{0}$ ʂɔi$^{53}$tau$^{21}$çi$^{53}_{44}$kai$^{53}$.iəu$^{35}$tei$^{35}_{53}$ɲin$^{13}_{44}$iəu$^{53}_{44}$ɔn$^{35}_{44}$tso$^{53}_{44}$si$^{21}$ ʂʅ$^{35}_{44}$liaŋ$^{35}$lei$^{0}$,kai$^{53}_{44}$tsʰiəu$^{53}_{44}$tʂən$^{35}_{44}$ɲia$^{13}_{21}$ɲin$^{13}_{21}$liau$^{0}$ lau$^{0}$,xei$^{53}$me$^{53}$?sien$^{35}$ku$^{35}_{44}$ŋai$^{13}$kai$^{53}_{44}$tsʰiəu$^{53}_{44}$uən$^{13}$ia$^{21}$to$^{35}$li$^{0}$ ʂa$^{0}$.

【先$_{1}$】sien$^{35}$ 名①表示在前的位置：两个人一～一后。iɔŋ$^{53}$ke$^{53}$ɲin$^{13}_{21}$iet$^{3}$ sien$^{35}$iet$^{3}$ xei$^{53}$. ②先前，原来，当初，起先：有滴是冇得～。iəu$^{35}$tet$^{5}$ ʂʅ$^{53}_{44}$mau$^{13}$tek$^{3}$ sien$^{35}$.｜就你话个以个比～有把扇呐搧下子舒服多哩。tsʰiəu$^{53}_{44}$ɲi$^{13}_{21}$ua$^{53}_{44}$ke$^{53}_{44}$i$^{21}$ke$^{53}$pi$^{21}$sien$^{35}_{44}$iəu$^{35}$pa$^{21}$ʂen$^{53}$na$^{0}$ ʂen$^{35}$na$_{21}$(←xa$^{53}$)tsɿ$^{0}$ ʂʮ$^{35}$fuk$^{5}$ to$^{35}$li$^{0}$. ｜（信封）最～系（话）信套子。tsei$^{53}$sien$^{35}_{44}$xe$^{53}_{44}$sin$^{53}$tʰau$^{53}$tsɿ$^{0}$.

【先$_{2}$】sien$^{35}$ 副①表示时间在前，次序在前，与“后”相对：～洗手，后食饭。sien$^{35}$se$^{21}$ ʂəu$^{21}$,xei$^{53}$ʂət$^{5}_{3}$fan$^{53}$.｜渠指望春花𫠛开叶，就～开花。ci$^{13}_{21}$maŋ$^{13}$kʰɔi$^{35}$iait$^{5}$,tsʰiəu$^{53}_{44}$sien$^{35}$kʰɔi$^{35}$fa$^{35}$. ②预先：在以只收之前，就～分箇只晚稻个秧育正，就～栽这以只禾肚箇里去。tsʰai$^{53}$i$^{21}$tʂak$^{3}$ ʂəu$^{35}$tʂʅ$^{35}$ tsʰien$^{13}$,tsʰiəu$^{53}_{44}$sien$^{35}$pən$^{35}_{44}$kai$^{53}$tʂak$^{3}$ uan$^{21}$tʰau$^{53}$ke$^{53}_{44}$iɔŋ$^{35}$iəuk$^{3}$ tʂaŋ$^{53}_{44}$,tsʰiəu$^{53}_{44}$sien$^{35}$tsɔi$^{35}$tʂei$^{53}$i$^{21}$tʂak$^{3}$ uo$^{13}$təu$^{21}$ kai$^{53}_{21}$li$^{0}$ çi$^{53}_{44}$.

【先干为敬】sien$^{35}$kɔn$^{35}_{44}$uei$^{13}_{21}$cin$^{53}$ 俗语，意思是先把杯中的酒喝完来表示敬意：陈老师你咁远来哩，难得，硬啊食两杯，我自家～。tʂʰən$^{13}$lau$^{21}$sɿ$^{35}_{44}$ɲi$^{13}_{21}$kan$^{21}$ien$^{21}$lɔi$^{13}_{21}$li$^{0}$,lan$^{13}$tek$^{3}$, ɲiaŋ$^{53}$a$^{0}$ ʂət$^{5}$ iɔŋ$^{21}$ pi$^{35}_{44}$,ŋai$^{13}$tsʰɿ$^{35}_{21}$ka$^{35}_{44}$sien$^{35}$kɔn$^{35}_{44}$uei$^{13}_{21}$cin$^{53}$.

【先归先发财】sien$^{35}$kuei$^{35}_{44}$sien$^{35}$fait$^{3}$ tsʰɔi$^{13}$ 俗语。棺材抬到墓地后孝子等争先回家，到家门口迎接送葬归来的人：以下到哩山上就岭上就放下来呀。箇个杠子放下，到地坟塘里就放下来呀。分箇个梢正箇个杠子箇只就松嘿去啊。以下你箇孝子你就分麻衣脱嘿去啊，舞倒手里拿倒哇。你就不要跍倒箇逗留哇，你就不要跍倒箇地坟塘里等嘞哇，你就不要跍倒箇等呐，你赶快归呀。赶快归呀，你就归呀。送倒去哩你就归，就赶快归，～。即即哩归。渠有人去箇子管呐，有人去嘿管呐。或者留个把子跍倒箇映子掌稳下子唠，掌稳渠等葬地哟。或者都唔爱留，一般都唔爱留，有人招呼。有交分箇个做八仙个葬地个人，交分箇做八仙个人。箇个地理呀，箇个风水先生啊，渠去掌稳，渠会招呼。箇唔呐，麻衣带归去。渠就唔爱着了。渠有滴是借个呀，借倒用个，箇麻衣借个。有滴也不要哩嘞，也就唔……也不要哩嘞。渠有只咁样话法，安做～。即即哩归，你不要逗留。你不要跍倒箇地坟塘里唔归。有滴箇夫娘子，有滴女个啊，箇个妹子箇只嘞，系唔系？渠就唔舍得样啊，哎，就爱分人舞归去。你不要跍倒箇逗留。一只嘞……搞么个唔逗留嘞？也你会影响渠葬地，渠还蛮多事爱做咯，要分棺材放进去啊，分泥壅嘿咯，系唔系？还几多子事爱做，渠爱葬地呀。第二只嘞，你还爱归去答谢箇起客佬子咯。欸，你即即哩返归，你走，走面前，跑法子归啦，爱跑法子归，跑倒归。跑倒归去，归到箇屋门口，排成一列，跪正来，迎接箇个去送哩葬个人。箇只爱咁久，只爱下子嘞。十多两十分钟就归嘿哩唠。你就有两百人呢系吵也易得归来呀。一伴人归哟。你就跪正来凑。一般系箇子，跪倒归得差唔滴时候要得哩嘞。迎接渠等归来。箇就不要着麻衣了。麻衣就丢倒箇一□者，丢倒箇映子。爱还个就洗净来送转去。唔爱还个就唔爱哩。i$^{21}$xa$^{53}_{44}$tau$^{53}$li$^{0}$ san$^{35}$xɔŋ$^{53}_{44}$ tsʰiəu$^{53}_{44}$liaŋ$^{35}$xɔŋ$^{53}_{44}$tsʰiəu$^{53}_{44}$fɔŋ$^{53}$xa$^{35}$lɔi$^{13}_{21}$ia$^{0}$.pəŋ$^{35}$ke$^{53}_{44}$kɔŋ$^{53}$tsɿ$^{0}$ fɔŋ$^{53}$xa$^{53}_{44}$,tau$^{53}$tʰi$^{53}$fən$^{13}_{21}$tʰɔŋ$^{13}_{21}$li$^{0}$ tsʰiəu$^{53}_{44}$fɔŋ$^{53}$xa$^{35}$ lɔi$^{13}_{21}$ia$^{0}$.pəŋ$^{35}$kai$^{53}$ke$^{53}_{44}$sau$^{35}$tʂaŋ$^{53}$kai$^{53}_{44}$ke$^{53}_{44}$kɔŋ$^{53}$tsɿ$^{0}$ kai$^{53}_{44}$tʂak$^{3}$ tsʰiəu$^{53}_{44}$səŋ$^{35}$(x)ek$^{3}$ çi$^{53}_{44}$a$^{0}$.i$^{21}$xa$^{53}_{44}$ɲi$^{13}_{21}$kai$^{53}_{44}$xau$^{53}$tsɿ$^{21}$ ɲi$^{13}_{21}$tsʰiəu$^{53}_{44}$pən$^{35}$ma$^{13}$i$^{35}_{44}$tʰɔit$^{3}$(x)ek$^{3}$ çi$^{53}_{44}$a$^{0}$,u$^{21}$tau$^{21}$ʂəu$^{21}$li$^{0}$ la$^{53}$tau$^{21}$ua$^{0}$. ɲi$^{13}_{21}$tsʰiəu$^{53}_{44}$pət$^{3}$ iau$^{53}_{44}$ku$^{35}_{44}$tau$^{21}_{44}$kai$^{53}_{44}$tʰəu$^{53}$

liəu$^{13}_{21}$ua$^{0}$，ɲi$^{13}_{21}$tsʰiəu$^{53}_{44}$pət$^{3}$ iau$^{53}_{44}$ku$^{35}_{44}$tau$^{21}_{44}$kai$^{53}_{44}$tʰi$^{53}$fən$^{13}_{21}$tʰəŋ$^{13}$li$^{0}$ tien$^{21}$liau$^{53}$ua$^{0}$，ɲi$^{13}_{21}$tsʰiəu$^{53}_{44}$pət$^{3}$ iau$^{53}_{44}$ku$^{35}_{44}$tau$^{21}_{44}$kai$^{53}_{44}$ tien$^{21}$na$^{0}$，ɲi$^{13}_{21}$kɔn$^{21}$kʰuai$^{53}$kuei$^{35}$ia$^{0}$.kɔn$^{21}$kʰuai$^{53}$kuei$^{35}$ia$^{0}$，ɲi$^{13}_{21}$tsʰiəu$^{53}_{44}$kuei$^{35}$ia$^{0}$.səŋ$^{53}$tau$^{21}$ɕi$^{53}$li$^{0}$ɲi$^{13}_{21}$tsʰiəu$_{44}$ kuei$^{35}_{44}$,tsʰiəu$^{53}_{44}$kɔn$^{21}$kʰuai$^{53}_{44}$kuei$^{35}_{44}$,sien$^{35}$kuei$^{35}_{44}$sien$^{35}$fait$^{3}$ tsʰɔi$^{13}$.tsek$^{5}$ tsek$^{5}$ li$^{0}$ kuei$^{35}$.ci$^{13}_{21}$iəu$^{35}$ɲin$^{13}_{21}$ɕi$^{53}$kai$^{53}$tsɿ$^{0}$ kɔn$^{21}$na$^{0}$,iəu$^{35}$ɲin$^{13}_{21}$ɕi$^{53}$xek$^{3}_{5}$kɔn$^{21}$na$^{0}$.xɔit$^{5}$ tʂa$^{21}$liəu$^{13}$cie$^{53}$pa$^{21}$tsɿ$^{0}$ ku$^{35}_{44}$tau$^{21}_{44}$kai$^{53}_{44}$iaŋ$^{53}_{44}$tsɿ$^{0}$ tʂəŋ$^{21}$uən$^{21}$ na(←xa$^{53}$)tsɿ$^{0}$ lau$^{0}$,tʂəŋ$^{21}$uən$^{21}$ci$^{13}_{21}$tien$^{0}$ tsəŋ$^{53}_{44}$tʰi$^{53}$iau$^{0}$.xɔit$^{5}$ tʂa$^{21}$təu$^{35}$m̩$^{13}_{21}$mɔi$^{53}_{44}$liəu$^{13}_{21}$,iet$^{3}$ pɔn$^{35}$təu$^{35}_{44}$m̩$^{13}_{21}$mɔi$^{53}_{44}$ liəu$^{13}_{21}$,iəu$^{35}$ɲin$^{13}_{21}$tʂau$^{35}_{44}$fu$^{0}$.iəu$^{35}_{44}$ciau$^{35}$pəŋ$^{35}$kai$^{53}_{44}$ke$^{53}_{44}$tso$^{53}_{44}$pait$^{3}$ sien$^{35}_{44}$ke$^{53}_{44}$tsəŋ$^{53}_{44}$tʰi$^{53}$ke$^{53}_{44}$ɲin$^{13}_{21}$,ciau$^{35}$pəŋ$^{35}_{44}$kai$^{53}_{44}$tso$^{53}$ pait$^{3}$ sien$^{35}_{44}$ke$^{53}_{44}$in$^{13}_{21}$.kai$^{53}_{44}$ke$^{53}_{44}$tʰi$^{53}$li$^{35}$ia$^{0}$,kai$^{53}_{44}$ke$^{53}_{44}$fəŋ$^{35}$ʂei$^{21}$sien$^{35}_{44}$saŋ$^{35}_{44}$ŋa$^{0}$,ci$^{13}$ɕie$^{53}_{44}$tʂəŋ$^{21}$uən$^{21}$,ci$^{13}$uɔi$^{53}_{44}$tʂau$^{35}_{44}$ fu$^{0}$.kai$^{53}_{44}$n̩$^{13}_{21}$na$^{0}$,ma$^{13}$i$^{35}_{44}$tai$^{53}$kuei$^{35}_{44}$ɕi$^{53}$.ci$^{13}$tsʰiəu$^{53}_{44}$m̩$^{13}_{21}$mɔi$^{53}_{44}$tʂɔk$^{3}$ liau$^{0}$.ci$^{13}_{21}$iəu$^{35}$tet$^{5}$ ʂɿ$^{53}_{44}$tsia$^{53}$ke$^{53}$ia$^{0}$,tsia$^{53}$tau$^{21}$iəŋ$^{53}$ ke$^{53}_{44}$,ka$^{53}_{44}$ma$^{13}$i$^{35}_{44}$tsia$^{53}$ke$^{53}_{0}$.iəu$^{21}$tet$^{5}$ ia$^{53}_{44}$pət$^{3}$ iau$^{53}$li$^{0}$ lei$^{0}$,ia$^{35}$tsʰiəu$^{53}_{44}$m̩$^{13}_{21}$…ia$^{35}$pət$^{3}$ iau$^{53}$li$^{0}$ lei$^{0}$.ci$^{13}_{21}$iəu$^{35}$tʂak$^{3}$ kan$^{21}$ iəŋ$^{53}_{44}$ua$^{53}$fait$^{3}$,ɔn$^{35}_{44}$tso$^{53}_{44}$sien$^{35}$kuei$^{35}$sien$^{35}_{44}$fait$^{3}$ tsʰɔi$^{13}$.tsek$^{5}$ tsek$^{5}$ li$^{0}$ kuei$^{35}$，ɲi$^{13}_{21}$pət$^{3}$ iau$^{53}_{44}$tʰəu$^{53}$liəu$^{13}_{21}$. ɲi$^{13}_{21}$pət$^{3}$ iau$^{53}_{44}$ ku$^{35}_{44}$tau$^{21}_{44}$kai$^{53}_{44}$tʰi$^{53}$fən$^{13}_{21}$tʰəŋ$^{13}$li$^{0}$ n̩$^{13}_{21}$kuei$^{35}$.iəu$^{35}$tet$^{5}$ kai$^{53}_{44}$pu$^{35}$ɲiəŋ$^{13}_{21}$tsɿ$^{0}$,iəu$^{35}$tet$^{5}$ ɲy$^{21}$ke$^{53}_{44}$a$^{0}$,kai$^{53}_{44}$ke$^{53}_{44}$mɔi$^{53}$tsɿ$^{0}$ kai$^{53}_{44}$ tʂak$^{3}$ le$^{0}$,xei$^{53}_{44}$me$^{53}_{44}$? ci$^{13}_{21}$tsʰiəu$^{53}_{44}$n̩$^{13}$ʂa$^{21}$tek$^{3}$ iəŋ$^{53}$ŋa$^{0}$,ai$_{21}$,tsʰiəu$^{53}_{44}$ɔi$^{53}_{44}$pən$^{35}$ɲin$^{13}_{21}$u$^{21}$kuei$^{35}_{44}$ɕi$^{53}$. ɲi$^{13}_{21}$pət$^{3}$ iau$^{53}_{44}$ku$^{35}_{44}$tau$^{21}_{44}$ kai$^{53}_{44}$tʰəu$^{53}$liəu$^{13}_{21}$.iet$^{3}$ tʂak$^{3}$ lei$^{0}$…kau$^{21}$mak$^{3}$ ke$^{53}_{44}$m̩$^{13}$tʰəu$^{53}$liəu$^{13}_{21}$lei$^{0}$?ia$^{35}$ɲi$^{13}$uɔi$^{53}$in$^{21}$ɕiəŋ$^{21}$ci$^{13}_{21}$tsəŋ$^{53}_{44}$tʰi$^{53}$,ci$^{13}_{21}$xai$^{13}_{21}$ man$^{13}_{21}$to$^{35}_{44}$sɿ$^{53}$ɔi$^{53}_{44}$tso$^{53}$ko$^{0}$,iau$^{53}_{44}$pən$^{35}$kɔn$^{35}$tsʰɔi$^{13}_{21}$fəŋ$^{53}$tsin$^{53}$cʰi$^{53}$a$^{0}$,pən$^{35}$lai$^{13}$iəŋ$^{35}$(x)ek$^{3}$ ko$^{0}$,xe$^{53}_{44}$me$^{53}_{44}$?xai$^{13}_{21}$ci$^{21}$to$^{35}_{44}$ tsɿ$^{0}$ sɿ$^{53}$ɔi$^{53}_{44}$tso$^{53}_{44}$,ci$^{13}_{21}$ɔi$^{53}_{44}$tsəŋ$^{53}$tʰi$^{53}$ia$^{0}$.tʰi$^{53}_{44}$ɲi$^{53}$tʂak$^{3}$ lei$^{0}$，ɲi$^{13}_{21}$xa$^{13}_{21}$ɔi$^{53}_{44}$kuei$^{35}$ɕi$^{53}_{44}$tait$^{3}$ tsʰia$^{53}_{44}$kai$^{53}_{44}$ɕi$^{21}$kʰak$^{3}$ lau$^{21}$tsɿ$^{0}$ ko$^{0}$.e$_{21}$，ɲi$^{13}_{21}$tsek$^{5}$ tsek$^{5}$ li$^{0}$ fan$^{21}$kuei$^{35}$，ɲi$^{13}$tsei$^{21}$,tsei$^{21}$mien$^{53}$tsʰien$^{13}$,pʰau$^{21}$fait$^{3}$ tsɿ$^{0}$ kuei$^{35}_{44}$la$^{0}$,ɔi$^{53}_{44}$pʰau$^{21}$fait$^{3}$ tsɿ$^{0}$ kuei$^{35}_{44}$,pʰau$^{21}$tau$^{21}$kuei$^{35}_{44}$.pʰau$^{21}$tau$^{21}$kuei$^{35}_{44}$ɕi$^{53}$,kuei$^{35}$tau$^{53}$kai$^{53}_{44}$uk$^{3}$ mən$^{13}_{44}$xei$^{21}$,pʰai$^{13}_{21}$tʂʰən$^{13}_{44}$iet$^{3}$ lek$^{5}$,kʰuei$^{21}$tʂaŋ$^{53}$ lɔi$^{13}$，ɲin$^{13}$tsiet$^{3}$ kai$^{53}_{44}$ke$^{53}_{44}$ɕi$^{53}_{44}$səŋ$^{53}$li$^{0}$ tsəŋ$^{53}$ke$^{53}_{44}$ɲin$^{13}_{21}$.kai$^{53}$tʂɿ$^{21}_{44}$ɔi$^{53}$kan$^{21}$ciəu$^{21}$,tʂɿ$^{21}_{44}$ɔi$^{53}_{44}$xa$^{53}$tsɿ$^{0}$ lei$^{0}$.ʂət$^{5}$ to$^{35}_{44}$iəŋ$^{21}$ʂət$^{5}$ fən$^{35}_{44}$tʂəŋ$^{35}_{44}$tsʰiəu$^{53}_{44}$kuei$^{35}$(x)ek$^{3}$ li$^{0}$ lau$^{0}$. ɲi$^{13}_{21}$tsʰiəu$^{53}_{44}$iəu$^{35}$iəŋ$^{21}$pak$^{3}$ɲin$^{13}_{21}$ne$^{0}$ xei$^{53}$ʂa$^{0}$ ia$^{35}$i$^{53}$tek$^{3}$ kuei$^{35}$lɔi$^{13}_{21}$ia$^{0}$.iet$^{3}$ pʰɔn$^{35}$ɲin$^{13}_{21}$kuei$^{35}$iau$^{0}$. ɲi$^{13}_{21}$tsiəu$^{53}_{44}$kʰuei$^{21}$tʂaŋ$^{53}_{44}$lɔi$^{13}_{21}$tsʰe$^{0}$.iet$^{3}$ pɔn$^{35}$xe$^{53}_{44}$ka$^{53}_{44}$tsɿ$^{0}$,kʰuei$^{21}$tau$^{21}$kuei$^{35}$tek$^{3}$ tsa$^{35}$n̩$^{13}_{21}$tiet$_{5}$ ʂɿ$^{13}_{21}$xei$^{53}_{44}$iau$^{53}$tek$^{3}$ li$^{0}$ le$^{0}$. ɲin$^{13}$tsiet$^{3}$ ci$^{13}_{21}$tien$^{0}$ kuei$^{35}$lɔi$^{13}_{21}$.kai$^{53}_{44}$tsiəu$^{53}_{44}$pət$^{3}$ iau$^{53}_{44}$tʂɔk$^{3}$ ma$^{13}_{21}$i$^{35}_{44}$liau$^{0}$.ma$^{13}$i$^{35}_{44}$tsiəu$^{53}_{44}$tiəu$^{35}$ tau$^{21}$kai$^{53}_{44}$iet$^{3}$ tsiau$^{53}_{44}$tʂa$^{0}$,tiəu$^{35}$tau$^{21}$kai$^{53}_{44}$in$^{53}_{44}$tsɿ$^{0}$.ɔi$^{53}_{44}$uan$^{13}$cie$^{53}_{44}$tsʰiəu$^{53}_{44}$se$^{21}$tsʰiaŋ$^{53}$lɔi$^{13}_{21}$səŋ$^{53}$tʂɔn$^{21}$ɕi$^{53}$.m̩$^{13}_{21}$mɔi$^{53}_{44}$ uan$^{13}_{21}$ke$^{53}_{44}$tsʰiəu$^{53}_{44}$m̩$^{13}_{21}$mɔi$^{53}_{44}$li$^{0}$.

【先年】sen$^{35}$ɲien$^{13}$ [名]时间词。指若干年前：老班子啊～就讲过，系唔系？老班子讲过，～。lau$^{21}$pan$^{35}_{44}$tsɿ$^{0}$ a$^{0}$ sien$^{35}$ɲien$^{13}_{21}$tsʰiəu$^{53}_{44}$kɔn$^{21}$ko$^{53}$,xei$^{53}_{44}$me$^{53}_{44}$?lau$^{21}$pan$^{35}_{44}$tsɿ$^{0}$ kɔn$^{21}$ko$^{53}_{44}$,sien$^{35}$ɲien$^{13}_{21}$.｜十多年前就可以称做～。ʂət$^{5}$ to$^{35}_{53}$ɲien$^{13}_{21}$tsʰien$^{13}_{21}$tsʰiəu$^{53}$kʰo$^{21}$i$^{35}_{44}$tʂʰən$^{35}_{44}$tso$^{53}_{44}$sen$^{35}$ɲien$^{13}_{21}$.

【先年间】sien$^{35}$ɲien$^{13}$kan$^{35}$ [名]时间词。指多年前。又称“早先年”：～呐我等横巷里就真热闹啦。sien$^{35}$ɲien$^{13}_{21}$kan$^{35}$na$^{0}$ ŋai$^{13}$tien$^{0}$ uaŋ$^{13}$xəŋ$^{53}_{44}$li$^{0}$ tsʰiəu$^{53}_{44}$tʂən$^{35}$ɲiet$^{5}$ lau$^{53}$la$^{0}$.

【先生】sien$^{35}$saŋ$^{35}_{44}$ [名]①旧时称老师：箇只学堂里又请哩两只～。kai$^{53}$(tʂ)ak$^{3}$ xɔk$^{5}$ tʰəŋ$^{13}_{21}$li$^{0}$ iəu$^{53}$ tsʰiaŋ$^{21}$li$^{0}$ iəŋ$^{21}$tʂak$^{3}$ sien$^{35}$saŋ$^{35}_{44}$. ②旧时称老中医，又称“郎中”：请倒～来看下子病。tsʰiaŋ$^{21}$tau$^{21}$ sien$^{35}$saŋ$^{35}$lɔi$^{13}_{21}$kʰɔn$^{53}$na$^{53}_{21}$tsɿ$^{0}$ pʰiaŋ$^{53}$. ③加在某些特定职业名称后：噢，地理～，系呀，有地理～。有道士～，也称～啦。嗯，郎中～，嗯，教书～。就一滴箇个～吧。au$_{21}$,tʰi$^{53}$li$^{35}$sien$^{35}_{44}$saŋ$^{35}_{44}$,xei$^{53}_{44}$ ia$^{0}$,iəu$^{35}_{44}$tʰi$^{53}$li$^{35}$sien$^{35}_{44}$saŋ$^{35}_{44}$.iəu$^{35}$tʰau$^{53}$sɿ$^{53}_{44}$sien$^{35}$saŋ$^{35}_{44}$,ia$^{35}$tʂʰən$^{35}_{44}$sien$^{35}_{44}$saŋ$^{35}_{44}$la$^{0}$.n̩$_{21}$,lɔŋ$^{13}$tʂəŋ$^{35}_{44}$sien$^{35}_{44}$saŋ$^{35}_{44}$,n̩$_{21}$,kau$^{35}$ ʂəu$^{35}_{44}$sien$^{35}_{44}$saŋ$^{35}_{44}$.tsʰiəu$^{53}_{44}$iet$^{3}$ tiet$^{5}$ kai$^{53}_{44}$e$^{0}$ sien$^{35}_{44}$saŋ$^{35}_{44}$pa$^{0}$. ④加在某些读过书、有文化的人的名字后：有文化个人，一般是讲有文化个人。有文化个人也称～嘞，我等箇阵子箇只安做当族长啊渠哦宝松～，某某么个～。海庭～。嗯。我等一只老公太呀，仪庭～。有兜渠个名字。都系读过书个，有文化个人。iəu$^{35}$uən$^{13}$fa$^{53}$ke$^{53}$ɲin$^{13}_{44}$,iet$^{3}$ pɔn$^{35}$ʂɿ$^{53}$kɔŋ$^{21}$iəu$^{35}$uən$^{13}$fa$^{53}$ke$^{53}$ɲin$^{13}_{21}$.iəu$^{35}$uən$^{13}$fa$^{53}$ke$^{53}$ɲin$^{13}_{21}$ ia$^{35}$tʂʰən$^{35}_{44}$sien$^{35}_{44}$saŋ$^{35}_{44}$le$^{0}$,ŋai$^{13}$tien$^{0}$ kai$^{53}$tʂʰən$^{53}$tsɿ$^{0}$ kai$^{53}_{44}$tʂak$^{3}$ ɔn$^{35}_{44}$tso$^{53}_{44}$təŋ$^{35}$tsʰəuk$^{5}$ tʂəŋ$^{21}$a$^{0}$ ci$^{13}_{21}$o$^{0}$ pau$^{21}$səŋ$^{35}_{44}$sien$^{35}_{44}$saŋ$^{35}_{44}$,miau$^{35}$miau$^{35}_{44}$mak$^{3}$ e$^{0}$ sien$^{35}_{44}$saŋ$^{35}_{44}$.xɔi$^{21}$tʰin$^{13}$sien$^{35}_{44}$saŋ$^{35}_{44}$,n̩$_{21}$.ŋai$^{13}$tien$^{0}$ iet$^{3}$ tʂak$^{3}$ lau$^{21}$kəŋ$^{35}$tʰai$^{53}$ia$^{0}$，ɲi$^{13}$tʰin$^{13}$ sien$^{35}_{44}$saŋ$^{35}_{44}$.iəu$^{35}_{44}$tei$^{35}_{44}$ci$^{13}$(k)e$^{53}$miaŋ$^{13}$tsʰɿ$^{53}$.təu$^{35}$xei$^{53}$tʰəuk$^{5}$ ko$^{53}$ʂəu$^{35}$ke$^{53}$,iəu$^{35}_{44}$uən$^{13}$fa$^{53}$ke$^{53}$ɲin$^{13}_{44}$.

【掀薄】ɕien$^{35}$/ʂen$^{35}$pʰɔk$^{5}$ [形]状态词。很薄。也称“掀薄子”：（寿被）一重子布个嘞。～嘞。iet$^{3}$ tʂʰəŋ$^{13}_{21}$tsɿ$^{0}$ pu$^{53}$ke$^{53}_{44}$le$^{0}$.ʂen$^{35}$pʰɔk$^{5}$ le$^{0}$.｜（淡干鱼子）掀薄欸～子。ɕien$^{35}$pʰɔk$^{5}$ e$_{21}$ɕien$^{35}$pʰɔk$^{5}$ tsɿ$^{0}$.｜（竹筒）劈倒～子。pʰiak$^{3}$ tau$^{21}$ʂen$^{35}$pʰɔk$^{5}$ tsɿ$^{0}$.

【掀开】ʂen$^{35}$kʰɔi$^{35}_{44}$ [动]敞开：～门来 ʂen$^{35}$kʰɔi$^{35}_{44}$mən$^{13}_{21}$nɔi$^{13}_{21}$

【鲜$_{1}$】sien$^{35}$ [形]①流体中水分多；液体稀；不浓稠。又称“淡”：忒～哩。箇就唔单纯墨唠。唔系么啊限定限定墨。有蛮多东西忒～哩。打比样炆羹，米少哩就忒～哩。墨也可以咁子用嘛，忒～哩。一般是讲忒淡哩唠。tʰet$^{3}$ sien$^{35}$ni$^{0}$.kai$^{53}_{44}$tsʰiəu$^{53}_{44}$n̩$^{13}$tan$^{35}_{44}$tʂʰən$^{13}_{44}$mek$^{5}$ lau$^{0}$.m̩$^{13}_{21}$pʰe$^{53}_{44}$mak$^{3}$ a$^{0}$ kʰan$^{53}_{21}$tʰin$^{53}_{44}$kʰan$^{53}_{44}$tʰin$^{53}_{44}$mek$^{5}$.iəu$^{21}$man$^{13}$to$^{35}_{44}$təŋ$^{35}_{44}$si$^{0}$ tʰiet$^{3}$ sien$^{35}$ni$^{0}$.ta$^{21}$pi$^{21}$iəŋ$^{53}_{44}$uən$^{13}$kaŋ$^{35}$,mi$^{21}$ʂau$^{21}$li$^{0}$ tsʰiəu$^{53}_{44}$

tʰiet$^{3}$ sien$^{35}$ni$^{0}$.mek$^{5}$ ia$^{35}$kʰo$^{21}$i$^{35}_{44}$kan$^{21}$tsɿ$^{0}$ iəŋ$^{53}_{44}$ma$^{0}$,tʰet$^{3}$ sien$^{35}$ni$^{0}$.iet$^{3}$ pən$^{35}$ʂɿ$^{53}_{5}$kəŋ$^{21}$tʰet$^{3}$ tʰan$^{35}$ni$^{0}$ lau$^{0}$. ②水不浑，清澈：停沉淀～来 tʰin$^{13}$sien$^{35}$lɔi$^{13}$

【鲜$_2$】sien$^{35}$ 动 大面积地间苗。又称“鲜苗”：～嘿滴去让门子掺分苑一门样欸？打比箇禾密了哇，忒密哩啊，爱～滴去咯，欸，扯下去咯。分苑就唔同啦。渠箇一苑做作两苑啦，箇就安做分苑啦。～就硬爱硬扯下去咯。sien$^{35}$nek$^{3}$(←xek$^{3}$)tet$^{5}_{3}$çi$^{53}_{44}$ɲiɔŋ$^{53}_{44}$mən$^{0}$tsɿ$^{0}$lau$^{35}_{44}$fən$^{35}$tei$^{35}$iet$^{3}$mən$^{0}$ iɔŋ$^{53}_{44}$ŋei$^{0}$?ta$^{21}$pi$^{21}_{44}$kai$^{53}_{44}$uo$^{13}$miet$^{5}$liau$^{21}$ua$^{0}$,tʰiet$^{3}$miet$^{5}_{3}$lia$^{0}$,ɔi$^{53}_{44}$sien$^{35}$tet$^{5}_{3}$çi$^{53}_{44}$ko$^{0}$,e$_{44}$,tʂʰa$^{21}$xa$^{35}_{44}$çi$^{53}$ko$^{0}$.fən$^{35}$tei$^{35}$ tsʰiəu$^{53}$n̩$^{13}_{44}$tʰəŋ$^{13}_{44}$la$^{0}$.ci$^{13}$kai$^{53}$iet$^{3}$ tei$^{35}$tso$^{53}_{44}$tsɔk$^{3}$ iɔŋ$^{21}$tei$^{35}$la$^{0}$,kai$^{53}_{21}$tsʰiəu$^{53}_{21}$ɔn$^{35}_{44}$tso$^{53}_{44}$fən$^{35}_{44}$tei$^{35}_{44}$la$^{0}$.sien$^{35}$tsiəu$^{53}_{44}$ɲiaŋ$^{53}_{21}$ ɔi$^{53}_{44}$ɲiaŋ$^{53}_{44}$tʂʰa$^{21}$(x)a$^{35}_{21}$çi$^{53}$ko$^{0}$.

【鲜苑】sien$^{35}$tei$^{35}$ 动 间苗（以苑为单位）：我等以映，我等，我等箇里是，如果以一苑为单位个，箇就，箇就去扯蘵都安做～。打正来打正箇一只凼子，一只凼子就箇里栽一苑样，就箇里蛮多条苗。箇就安做～，以个就安做～。ŋai$^{13}_{21}$tien$^{0}$ i$^{21}$iaŋ$^{35}_{21}$,ŋai$^{13}_{21}$tien$^{0}$,ŋai$^{13}_{21}$tien$^{0}$ kai$^{53}_{21}$li$^{0}$ ʂɿ$^{53}_{44}$,vy$^{13}$ko$^{21}$ i$^{21}$iet$^{3}$ tei$^{35}$uei$^{13}_{21}$tan$^{35}$uei$^{35}$ke$^{53}_{44}$,kai$^{53}_{44}$tsʰiəu$^{53}_{44}$,kai$^{53}_{44}$tsʰiəu$^{53}_{44}$çi$^{53}_{44}$tʂʰa$^{21}$lau$^{35}_{44}$təu$^{35}_{21}$ɔn$^{35}_{44}$tso$^{53}_{44}$sien$^{35}$tei$^{35}$.ta$^{21}$tʂaŋ$^{53}_{44}$lɔi$^{13}_{21}$ta$^{21}$ tʂaŋ$^{53}_{44}$kai$^{53}_{44}$iet$^{3}$ tʂak$^{3}$ tʰɔŋ$^{53}$tsɿ$^{0}$,iet$^{3}$ tʂak$^{3}$ tʰɔŋ$^{53}$tsɿ$^{0}$ tsəu$^{53}_{21}$kai$^{53}_{21}$li$^{0}$ tsɔi$^{35}$iet$^{3}$ tei$^{35}$iɔŋ$^{53}_{21}$,tsəu$^{53}_{21}$kai$^{53}_{21}$li$^{0}$ man$^{13}$to$^{35}_{44}$tʰiau$^{13}_{21}$ miau$^{13}$.kai$^{53}_{21}$tsʰiəu$^{53}_{44}$ɔn$^{35}_{44}$tso$^{53}_{44}$sien$^{35}$tei$^{35}$,i$^{21}$ke$^{53}_{44}$tsʰiəu$^{53}_{44}$ɔn$^{35}_{44}$tso$^{53}_{44}$sien$^{35}$tei$^{35}$.

【鲜红】çien$^{35}$fəŋ$^{13}$ 形 状态词。形容颜色红而鲜艳。有“ABAB”重叠式：猪血李就肚里箇就系～。tʂəu$^{35}_{44}$çiet$^{3}$ li$^{21}$tsʰiəu$^{53}_{44}$təu$^{21}$li$^{0}$ kai$^{53}_{44}$tsʰiəu$^{53}_{44}$xe$^{53}_{44}$çien$^{35}$fəŋ$^{13}_{21}$.｜渠指杉亮就冇得明火出来，就～～，暗倒箇肚里。ci$^{13}$tsʰiəu$^{53}$mau$^{13}$tek$^{3}$ min$^{13}$fo$^{21}$tʂʰət$^{3}$ lɔi$^{13}_{44}$,tsʰiəu$^{53}_{44}$çien$^{35}$fəŋ$^{13}_{21}$çien$^{35}_{44}$fəŋ$^{13}$,an$^{53}$tau$^{21}$kai$^{53}_{44}$təu$^{21}$li$^{0}$.

【鲜红子】çien$^{35}$fəŋ$^{13}$tsɿ$^{0}$ 形 颜色红而鲜艳的样子。有“AB 子 AB 子”重叠式：（竹菌子）～个，唔知几漂亮。çien$^{35}$fəŋ$^{13}$tsɿ$^{0}$ ke$^{53}$,n̩$^{13}$ti$^{35}_{44}$ci$^{21}$pʰiau$^{53}$liɔŋ$^{53}$.｜结哩咁大一只子个～个子子个，食得个（樱桃）。ciet$^{3}$ li$^{0}$ kan$^{21}_{35}$tʰai$^{53}$iet$^{3}$ tʂak$^{3}$ tsɿ$^{0}$ ke$^{53}_{44}$çien$^{35}_{44}$fəŋ$^{13}_{21}$tsɿ$^{0}$ ke$^{53}_{44}$tsɿ$^{21}$tsɿ$^{21}$ke$^{53}_{44}$,ʂət$^{3}$ tek$^{3}$ ke$^{53}_{44}$.

【鲜苗】sien$^{35}$miau$^{13}$ 动 大面积地间苗。又称“鲜”：以只整块搞下去个，渠就安做～。欸，渠就面积大个。唔讲～嘞就安做鲜蘵来。凼子里，一只凼子一只凼子个就安做鲜苑。系呀，硬分个非常明显个。i$^{21}$tʂak$^{3}$ tʂən$^{21}$kʰuai$^{53}$kau$^{21}$xa$^{35}_{44}$çi$^{53}_{44}$ke$^{53}_{44}$,ci$^{13}_{21}$tsʰiəu$^{53}_{21}$ɔn$^{35}_{44}$tso$^{53}_{44}$sien$^{35}$miau$^{13}$.e$_{53}$,ci$^{13}_{21}$tsʰiəu$^{53}_{44}$ mien$^{53}$tsit$^{3}$ tʰai$^{53}$ke$^{53}_{44}$.ŋ̍$^{13}$kɔŋ$^{21}$sien$^{35}$miau$^{13}$lei$^{0}$ tsʰiəu$^{53}_{44}$ɔn$^{35}_{44}$tso$^{53}_{44}$sien$^{35}$nau$^{53}$lɔi$^{13}$.tʰɔŋ$^{53}$tsɿ$^{0}$ li$^{0}$,iet$^{3}$ tʂak$^{3}$ tʰɔŋ$^{53}$tsɿ$^{0}$ iet$^{3}$ tʂak$^{3}$ tʰɔŋ$^{53}$tsɿ$^{0}$ ke$^{53}_{44}$tsʰiəu$^{53}_{21}$ɔn$^{35}_{44}$tso$^{53}_{44}$sien$^{35}$tei$^{35}$.xei$^{53}_{44}$ia$^{0}$, ɲiaŋ$^{53}$fən$^{35}$ke$^{53}$fei$^{35}$ʂɔŋ$^{13}_{44}$min$^{13}$çien$^{21}$ke$^{53}_{44}$.

【鲜汤寡水】sien$^{35}$tʰɔŋ$^{35}_{44}$kua$^{21}$ʂei$^{21}$ 形容羹很稀或汤里肉、菜和油盐很少，没有味道：箇就唔讲墨啦，～是唔讲墨，～。炆个羹～呀。或者欸炆一镬么个欸炆一碗汤啊。kai$^{53}$tsʰiəu$^{53}_{44}$n̩$^{13}_{21}$kɔŋ$^{21}$ mek$^{5}$ la$^{0}$,sien$^{35}_{44}$tʰɔŋ$^{35}_{44}$kua$^{21}$ʂei$^{21}$ʂɿ$^{53}_{21}$n̩$^{13}_{21}$kɔŋ$^{21}$mek$^{5}$,sien$^{35}_{44}$tʰɔŋ$^{35}_{44}$kua$^{21}$ʂei$^{21}$.uən$^{13}_{21}$cie$^{53}_{44}$kaŋ$^{35}$sien$^{35}_{44}$tʰɔŋ$^{35}_{44}$kua$^{21}$ʂei$^{21}$ ia$^{0}$.xɔit$^{5}$ tʂa$^{21}$e$_{21}$uən$^{13}$iet$^{5}_{3}$uɔk$^{5}_{3}$mak$^{3}$ ke$^{53}_{44}$e$_{21}$uən$^{13}$iet$^{5}_{3}$uən$^{21}$tʰɔŋ$^{35}$ŋa$^{0}$.

【闲】xan$^{13}$ 形 没有事情，没有活动。与“忙”相对：～时物，急时用。东西爱收捡，莫丢嘿哩。xan$^{13}$ʂɿ$^{13}$uət$^{5}$,ciet$^{3}$ ʂɿ$^{13}$iəŋ$^{53}$.təŋ$^{35}$si$^{35}_{44}$ɔi$^{53}$ʂəu$^{35}$cian$^{21}$,mɔk$^{5}$ tiəu$^{35}$(x)ek$^{3}$ li$^{0}$.

【闲了了】xan$^{13}$liau$^{21}$liau$^{21}$ 形 状态词。本指很清闲的样子，引申指人与人之间没什么联系，互不来往：三代四代～哩啊。一代亲二代表，三代四代～。箇就～哩就各搞各个，互不箇个了互不来往了，就～哩。san$^{35}$tʰɔi$^{53}_{44}$si$^{53}$tʰɔi$^{53}$xan$^{13}$liau$^{21}$liau$^{21}$li$^{0}$ a$^{0}$.iet$^{3}$ tʰɔi$^{53}$tsʰin$^{35}$ɲi$^{53}$tʰɔi$^{53}$piau$^{21}$,san$^{35}$tʰɔi$^{53}_{44}$ si$^{53}$tʰɔi$^{53}$xan$^{13}$liau$^{21}$liau$^{21}$.kai$^{53}_{21}$tsʰiəu$^{53}_{21}$xan$^{13}$liau$^{21}$liau$^{21}$li$^{0}$ tsʰiəu$^{53}$kɔk$^{3}$ kau$^{21}$kɔk$^{3}$ ke$^{53}$,fu$^{53}$pət$^{3}$ kai$^{53}$ke$^{53}$liau$^{0}$ fu$^{53}$ pət$^{3}$ lɔi$^{13}_{21}$uɔŋ$^{35}$liau$^{0}$,tsʰiəu$^{53}_{21}$xan$^{13}$liau$^{21}$liau$^{21}$li$^{0}$.

【闲钱】xan$^{13}$tsʰien$^{13}$ 名 指生活必需费用以外的富余钱：我等人一家人是冇么个首饰哈。欸嘿，冇得钱冇得～来补笊篱喻指做可做可不做的事呀。ŋai$^{13}$tien$^{0}$ ɲin$^{13}_{21}$iet$^{3}$ ka$^{35}$ɲin$^{13}_{44}$ʂɿ$^{53}_{44}$mau$^{13}_{21}$mak$^{3}$ e$^{0}$ ʂəu$^{21}$ʂət$^{5}$ xa$^{0}$.e$_{44}$ xe$_{44}$,mau$^{13}$tek$^{3}$ tsʰien$^{13}_{21}$mau$^{13}_{21}$tek$^{3}$ xan$^{13}$tsʰien$^{13}_{21}$nɔi$^{13}_{44}$pu$^{21}_{44}$tsau$^{53}$lei$^{13}_{21}$ia$^{0}$.

【闲事】xan$^{13}$sɿ$^{53}$ 名 跟自己没有关系的事：你探么个～啊？ɲi$^{13}_{21}$tʰan$^{53}$mak$^{3}$ kai$^{53}$xan$^{13}$sɿ$^{53}$a$^{0}$?

【贤惠】çien$^{13}$fei$^{53}$ 形 指妇女勤劳善良而通情达理：～个意思嘞，一只就勤劳，第二只嘞就系么个就系懂大义，唔知几懂事，待人接物蛮鳌。çien$^{13}$fei$^{53}$ke$^{53}$i$^{53}$sɿ$^{0}$ lei$^{0}$,iet$^{3}$ tʂak$^{3}$ tsʰiəu$^{53}$cʰin$^{13}$nau$^{13}_{44}$, tʰi$^{53}$ɲi$^{53}$tʂak$^{3}$ lei$^{0}$ tsʰiəu$^{53}$xei$^{53}$mak$^{3}$ ke$^{53}_{44}$tsʰiəu$^{53}_{44}$xei$^{53}_{44}$təŋ$^{21}$tʰai$^{53}$ɲi$^{53}$,n̩$^{13}$ti$^{35}_{53}$ci$^{21}$təŋ$^{21}$sɿ$^{53}$,tʰɔi$^{53}$ɲin$^{13}_{21}$tsiait$^{3}$ uk$^{5}$ man$^{13}$ ŋau$^{13}$.｜箇夫娘子唔知几～。kai$^{53}_{44}$pu$^{35}$ɲiɔŋ$^{35}_{21}$tsɿ$^{0}$ n̩$^{13}$ti$^{35}_{53}$ci$^{21}$çien$^{13}$fei$^{53}$.

【咸】xan$^{13}$ 形 含盐分多的：（老晒鱼）有滴子～。iəu$^{35}$tet$^{5}$ tsɿ$^{0}$ xan$^{13}$.｜～做苦滴子 xan$^{13}$tso$^{53}$fu$^{21}$ tiet$^{5}_{3}$tsɿ$^{0}$ 咸得发苦

【咸菜】xan$^{13}$tsʰɔi$^{53}$ 名 用盐或酱腌制的菜蔬：但是放～个有。tan$^{53}_{44}$ʂɿ$^{53}_{44}$fəŋ$^{53}$xan$^{13}$tsʰɔi$^{53}_{44}$ke$^{53}_{44}$iəu$^{35}$.

【咸菜饭】xan$^{13}$tsʰɔi$^{53}_{44}$fan$^{53}$ 名 掺有咸菜的米饭：有～呢。要放滴咸菜去个嘞。欸，放滴咸菜去

欸。iəu$^{35}_{53}$xan$^{13}$tsʰɔi$^{53}_{44}$fan$^{53}$ne$^{0}$.iau$^{53}_{44}$fɔŋ$^{53}$tet$^{5}$xan$^{13}$tsʰɔi$^{53}_{44}$çi$^{53}$cie$^{53}_{44}$le$^{0}$.e$_{21}$,fɔŋ$^{53}$tet$^{5}$xan$^{13}$tsʰɔi$^{53}_{44}$çi$^{53}$e$^{0}$.

【咸鱼】xan$^{13}$ŋ̍$^{13}$ 名 以盐腌渍后，晒干的鱼：～噢，安做～噢，揪咸个，尽盐。xan$^{13}$ŋ̍$^{13}$ŋau$^{0}$,ɔn$^{35}_{44}$tso$^{53}_{44}$xan$^{13}$ŋ̍$^{13}$ŋau$^{0}$,tsiəu$^{35}$xan$^{13}_{21}$cie$^{53}_{44}$,tsʰin$^{53}$ian$^{13}$.

【舷】çien$^{13}$ 名 边缘，口沿：篓公～上（缠）箇个就子竹篾。li$^{21}$kəŋ$^{35}_{44}$çien$^{13}$xɔŋ$^{53}_{44}$kai$^{53}_{44}$ke$^{53}_{44}$tsʰiəu$^{53}_{44}$tsɿ$^{21}$ tʂəuk$^{3}$miet$^{5}$.｜毡帽烂～——顶好。tʂen$^{35}$mau$^{53}$lan$^{53}$çien$^{13}$—tin$^{21}$xau$^{21}$.

【嫌】çian$^{13}$ 动 不满意；厌恶：欸送礼呀，少少子啊，莫～少啊！e$_{44}$səŋ$^{53}$li$^{21}$ia$^{0}$,ʂau$^{21}$ʂau$^{21}$tsa$^{0}$,mɔk$^{5}$çian$^{13}$ʂau$^{21}$a$^{0}$!

【显看】çien$^{21}$kʰɔn$^{53}$ 形 看起来很明显：雪地里走个时候子箇脚映迹就～呐。set$^{3}$tʰi$^{53}$li$^{0}$tsei$^{21}$ke$^{53}$ ʂʅ$^{13}$xəu$^{53}$tsɿ$^{0}$kai$^{53}_{44}$ciɔk$^{3}$iaŋ$^{53}$tsiak$^{3}$tsʰiəu$^{53}$çien$^{21}$kʰɔn$^{53}$na$^{0}$.

【显考】çien$^{21}$kʰau$^{21}$ 名 子女对亡父的敬称：打比我爷子个样，系啊？我爷子个碑石样，渠就可以咁子写：～……～是就系爷子，用我个名义同我爷子树碑，欸，～。如果唔系赖子为爷子树就去唔用～，系啊？嗯。我个爷子就系用我个名字，我就用～。ta$^{21}$pi$^{21}$ŋai$^{13}_{21}$ia$^{13}$tsɿ$^{0}$ke$^{53}_{44}$iɔŋ$^{53}_{44}$,xe$^{53}_{44}$a$^{0}$?ŋai$^{13}_{21}$ia$^{13}$tsɿ$^{0}$ke$^{53}_{44}$pei$^{35}$ʂak$^{5}$iɔŋ$^{53}_{44}$,ci$^{13}_{21}$tsʰiəu$^{53}_{44}$kʰo$^{21}$i$^{35}$kan$^{21}$tsɿ$^{0}$sia$^{21}$:çien$^{21}$kʰau$^{21}$…çien$^{21}$kʰau$^{21}$ʂʅ$^{53}_{44}$tsʰiəu$^{53}$xei$^{53}$ia$^{13}$tsɿ$^{0}$,iəŋ$^{53}$ŋai$^{13}$ke$^{53}$min$^{13}$ɲi$^{53}$tʰəŋ$^{13}$ŋai$^{13}_{21}$ia$^{13}$tsɿ$^{0}$ʂəu$^{53}$pei$^{35}$,e$_{21}$,çien$^{21}$kʰau$^{21}$.ɥ$^{13}$ko$^{21}$m̩$^{13}$pʰe$^{53}_{44}$lai$^{53}$tsɿ$^{0}$uei$^{53}$ia$^{13}$tsɿ$^{0}$ʂəu$^{53}$tsʰiəu$^{53}$çi$^{53}$n̩$^{13}$ɲiəŋ$^{53}$çien$^{21}$kʰau$^{21}$,xei$^{53}_{44}$a$^{0}$?ŋ̍$_{21}$.ŋai$^{13}$ke$^{53}_{44}$ia$^{13}$tsɿ$^{0}$tsʰiəu$^{53}$xe$^{0}$iəŋ$^{53}_{44}$ŋai$^{13}$ke$^{53}_{44}$miaŋ$^{13}_{21}$tsʰɿ$^{53}$,ŋai$^{13}_{21}$tsʰiəu$^{53}$iəŋ$^{53}_{44}$çien$^{21}$kʰau$^{21}$.

【苋菜】xan$^{53}$tsʰɔi$^{53}$ 名 一年生草本植物，有细而长的茎和暗紫色或绿色的椭圆形的叶子，叶和茎常作蔬菜食用。例见“苋菜菌”条。

【苋菜菌】xan$^{53}$tsʰɔi$^{53}$cʰin$^{35}$ 名 一种味似苋菜的菌子：～吧？～，系有，欸欸，有～。有滴食苋菜个味道～是，苋菜味道，唔系苋菜样子。有苋菜个味道。同个么鸡肉菌样啊，就系鸡肉个味道。xan$^{53}$tsʰɔi$^{53}$cʰin$^{35}_{44}$pa$^{0}$?xan$^{53}$tsʰɔi$^{53}$cʰin$^{35}_{44}$,xei$^{53}_{44}$iəu$^{35}_{44}$,e$_{21}$e$_{21}$,iəu$^{35}$xan$^{53}$tsʰɔi$^{53}$cʰin$^{35}_{44}$.iəu$^{35}$tet$^{5}_{3}$ʂət$^{5}$xan$^{53}$tsʰɔi$^{53}_{44}$ke$^{53}_{44}$uei$^{53}$tʰau$^{53}$xan$^{53}$tsʰɔi$^{53}$cʰin$^{35}$ʂʅ$^{53}_{44}$,xan$^{53}_{44}$tsʰɔi$^{53}_{44}$uei$^{53}$tʰau$^{53}_{44}$,m̩$_{21}$pʰe$_{44}$(←m̩$^{13}$xe$^{53}$)xan$^{53}$tsʰɔi$^{53}_{44}$iɔŋ$^{53}$tsɿ$^{0}$.iəu$^{35}_{44}$xan$^{53}_{44}$tsʰɔi$^{53}_{44}$ke$^{53}_{44}$uei$^{53}$tʰau$^{53}_{44}$.tʰəŋ$^{13}$ke$^{53}$mak$^{3}$ciei$^{35}$ɲiəuk$^{3}$cʰin$^{35}$iɔŋ$^{53}_{44}$ŋa$^{0}$,tsiəu$^{53}_{44}$xei$^{53}_{44}$ciei$^{35}$ɲiəuk$^{3}$ke$^{53}_{44}$uei$^{53}$tʰau$^{53}_{44}$.

【县】çien$^{53}$ 名 行政区划单位，旧时属于州、府、道，现由直辖市、地级市、自治州等领导：渠指道士就写，长沙府，呣，浏阳～，东乡第一都，新安社令。渠照老个写。ci$^{13}_{21}$tsʰiəu$^{53}$ sia$^{21}$,tʂʰɔŋ$^{13}$sa$^{35}_{44}$fu$^{21}$,m̩$_{21}$,liəu$^{13}$iɔŋ$^{13}$çien$^{53}$,təŋ$^{35}$çiɔŋ$^{35}_{44}$tʰi$^{53}$iet$^{3}$təu$^{35}$,sin$^{35}$ŋɔn$^{35}_{44}$ʂa$^{35}$lin$^{53}$.ci$^{13}$tʂau$^{53}$lau$^{21}$ke$^{53}$sia$^{21}$.

【县官】çien$^{53}$kɔn$^{35}$ 名 ①一县的行政长官。又称“县长”：今晡来个箇只就～呢，箇只就我等县个最大个官呢，就县长欸。cin$^{35}$pu$^{35}_{53}$lɔi$^{13}_{21}$ke$^{53}_{44}$kai$^{53}$tʂak$^{3}$tsʰiəu$^{53}$çien$^{53}$kɔn$^{35}_{44}$nei$^{0}$,kai$^{53}$tʂak$^{3}$tsʰiəu$^{53}$ŋai$^{13}$tien$^{0}$çien$^{53}$ke$^{53}_{44}$tsei$^{53}$tʰai$^{53}$ke$^{53}_{44}$kɔn$^{35}$nei$^{0}$,tsʰiəu$^{53}_{44}$çien$^{53}$tʂɔŋ$^{21}$ŋei$^{0}$. ②县里来的官员：县里来个官，县里来个干部就称～。以个乡角落里是～都难得见呢。对山里个客家人来讲，县里来个干部就系～。çien$^{53}$li$^{0}$lɔi$^{13}_{21}$ke$^{53}_{44}$kɔn$^{35}$,çien$^{53}$li$^{0}$lɔi$^{13}_{21}$ke$^{53}_{44}$kɔn$^{53}$pʰu$^{53}$tsʰiəu$^{53}_{44}$tʂʰən$^{35}$çien$^{53}$kɔn$^{35}$.i$^{21}$ke$^{53}$çiɔŋ$^{35}$kɔk$^{3}$lɔk$^{3}$li$^{0}$ʂʅ$^{53}_{44}$çien$^{53}$kɔn$^{35}_{44}$təu$^{35}_{53}$lan$^{13}_{21}$tek$^{3}$cien$^{53}$ne$^{0}$.tei$^{53}$san$^{35}$ni$^{21}$ke$^{53}$kʰak$^{3}$ka$^{35}$ɲin$^{13}_{21}$nɔi$^{13}_{21}$kɔŋ$^{21}$,çien$^{53}$ni$^{21}$lɔi$^{13}_{21}$ke$^{53}_{44}$kɔn$^{53}$pʰu$^{53}$tsʰiəu$^{53}$xe$^{53}_{44}$çien$^{53}$kɔn$^{35}$.

【县长】çien$^{53}$tʂɔŋ$^{21}$ 名 一县的行政长官：以前是我等人是～都难得见呐，见唔倒，实在是如今也难得见，嘿，有么个事是，系唔系？i$^{35}_{53}$tsʰien$^{13}$ʂʅ$^{53}_{44}$ŋai$^{13}$tien$^{0}$in$^{13}_{44}$ʂʅ$^{53}_{44}$çien$^{53}$tʂɔŋ$^{21}$təu$^{35}_{53}$lan$^{13}$tek$^{3}$cien$^{53}$na$^{0}$,cien$^{53}$n̩$^{13}_{21}$tau$^{21}$,ʂət$^{5}$tsʰai$^{53}$ʂʅ$^{53}_{44}$i$^{13}_{21}$cin$^{35}_{53}$a$^{35}_{53}$lan$^{13}$tek$^{3}$cien$^{53}$,xe$_{53}$,mau$^{13}_{21}$mak$^{3}$e$^{0}$sɿ$^{53}_{44}$ʂʅ$^{53}_{44}$,xei$^{53}_{44}$me$^{53}_{44}$?

【现$_{1}$】çien$^{53}$ 动 出现，显现，显露，明显看得见：～哩坼 çien$^{53}$li$^{0}$tsʰak$^{3}$｜以映子～只咁子个嶒抄角。i$^{21}$iaŋ$^{53}_{44}$tsɿ$^{0}$çien$^{53}$tʂak$^{3}$kan$^{21}$tsɿ$^{0}$ke$^{53}_{44}$maŋ$^{35}$tsʰau$^{35}$kɔk$^{3}$.｜外背是渠指墙硼会有箇个吵，会～出来吵。ŋɔi$^{53}$pɔi$^{53}_{44}$ʂʅ$^{53}_{44}$ci$^{13}_{21}$uɔi$^{53}_{44}$iəu$^{35}$kai$^{53}_{44}$cie$^{53}_{44}$ʂa$^{0}$,uɔi$^{53}_{44}$çien$^{53}$tʂʰət$^{3}$lɔi$^{13}_{21}$ʂa$^{0}$.

【现$_{2}$】çien$^{53}$ 形 不新鲜的：～开水 çien$^{53}$kʰɔi$^{35}$ʂei$^{21}$｜～茶 çien$^{53}$tsʰa$^{13}$

【现$_{3}$】çien$^{53}$ 副 临时：箇个～做皮鞋个都尽去进倒来卖了，唔做哩皮鞋。kai$^{53}_{44}$ke$^{53}_{44}$çien$^{53}$tso$^{53}$pʰi$^{13}$xai$^{13}_{21}$ke$^{53}_{44}$təu$^{35}_{53}$tsʰin$^{53}$çi$^{53}$tsin$^{53}$tau$^{21}$lɔi$^{13}$mai$^{53}$liau$^{0}$,n̩$^{13}$tso$^{53}$li$^{0}$pʰi$^{13}$xai$^{13}_{44}$.

【现菜】çien$^{53}$tsʰɔi$^{53}$ 名 剩菜：欸，我摎我婆子长日争倒一只么东西嘞？渠就～碗爱留倒，我就话～碗爱倾嘿去。长日争箇个路子。渠系老人家子，唔舍得，有兜子菜都唔舍得。我也舍是我也唔舍得，但是我比渠还系舍得滴子。落尾欸我只好听乎渠，哎呀。e$_{21}$,ŋai$^{13}$lau$^{35}_{44}$ŋai$^{13}_{21}$ɔi$^{35}$tsɿ$^{0}$tʂʰɔŋ$^{13}$ɲiet$^{3}$tsaŋ$^{35}$tau$^{21}$iet$^{3}$tʂak$^{3}$mak$^{3}$təŋ$^{35}_{44}$si$^{0}$lei$^{0}$?ci$^{13}$tsʰiəu$^{53}_{44}$çien$^{53}$tsʰɔi$^{53}$uɔn$^{21}$ɔi$^{53}$liəu$^{13}$tau$^{21}$,ŋai$^{13}$tsʰiəu$^{53}$ua$^{53}$çien$^{53}$tsʰɔi$^{53}$uɔn$^{21}$ɔi$^{53}$kʰuaŋ$^{35}$ŋek$^{3}$çi$^{53}$.tʂʰɔŋ$^{13}$ɲiet$^{3}$tsaŋ$^{35}$kai$^{53}_{21}$e$^{0}$ləu$^{53}$tsɿ$^{0}$.ci$^{13}$(x)ei$^{53}_{44}$lau$^{21}$ɲin$^{13}$ka$^{35}_{44}$tsɿ$^{0}$,n̩$^{13}$ʂa$^{21}$tek$^{3}$,iəu$^{35}$te$^{35}_{53}$tsɿ$^{0}$tsʰɔi$^{53}$təu$^{35}_{53}$n̩$^{13}_{21}$ʂa$^{21}$tek$^{3}$.ŋai$^{13}$ia$^{35}_{53}$ʂa$^{21}$ʂʅ$^{53}_{21}$ŋai$^{13}$ia$^{35}_{53}$n̩$^{13}_{21}$ʂa$^{21}$tek$^{3}$,tan$^{53}$ʂʅ$^{53}$ŋai$^{13}$pi$^{21}$ci$^{13}_{21}$xai$^{13}$xe$^{53}$ʂa$^{21}$tek$^{3}$tiet$^{5}$

tsɿ$^{0}$.lɔk$^{5}$ mi$^{35}_{53}$e$^{0}$ ŋai$^{13}_{21}$tʂɿ$^{21}$xau$^{21}$tʰin$^{53}$fu$^{35}_{44}$ci$^{13}_{21}$,ai$_{53}$ia$_{21}$.

【现丑】çien$^{53}$tʂʰəu$^{21}$ 动出洋相：你箇个事咁子做倒真系～。ɲi$^{13}$kai$^{53}$ke$^{53}_{44}$sɿ$^{53}$kan$^{21}$tsɿ$^{0}$ tso$^{53}$tau$^{21}_{44}$tʂən$^{35}$ ne$^{53}$çien$^{53}$tʂʰəu$^{21}$.｜你爱我写以副对子，我～哩哈。ɲi$^{13}$ɔi$^{53}$ŋai$^{13}_{44}$sia$^{21}$i$^{21}_{13}$fu$^{53}$ti$^{53}$tsɿ$^{0}$,ŋai$^{13}$çien$^{53}$tʂʰəu$^{21}$li$^{0}$ xa$^{0}$.｜我来现下子丑哈，写副对子分你等人。ŋai$^{13}$lɔi$^{13}_{44}$çien$^{53}$xa$^{53}$tsɿ$^{0}$ tʂʰəu$^{21}$xa$^{0}$,sia$^{21}$fu$^{53}$ti$^{53}$tsɿ$^{0}$ pən$^{35}$ɲi$^{13}_{21}$ tien$^{0}$ɲin$^{13}_{44}$.

【现饭】çien$^{53}$fan$^{53}$ 名剩饭：～炒三到是狗都唔食唠。çien$^{53}$fan$^{53}$tsʰau$^{21}$san$^{35}$tau$^{53}$ʂɿ$^{0}$ kei$^{21}$təu$^{35}_{44}$n̩$^{13}_{21}$ʂət$^{5}$ lau$^{0}$.｜安做又有只话法嘞安做嘞，人咯，“唔着烂衫就唔得老，唔食～就唔得饱”。默神系么个意思嘞？“唔着烂衫就唔得老”，就么人都免唔得会着烂衫，欸，一世人总会有着烂衫，你纵有钱个人呢也可能也会着烂衫。“唔食～就唔得饱”，唔系么个你限定爱食～正有饱，箇就～也一样个爱食，莫浪费哩，一样个食得饱。ɔn$^{35}_{53}$tso$^{53}$iəu$^{53}$iəu$^{35}$tʂak$^{3}$ ua$^{53}$fait$^{3}$ lei$^{0}$ ɔn$^{35}_{53}$tso$^{53}$lei$^{0}$, ɲin$^{13}$ko$^{0}$,"n̩$^{13}$tʂɔk$^{3}$ lan$^{53}$san$^{35}_{44}$tsʰiəu$^{53}$n̩$^{13}$tek$^{3}$ lau$^{21}$,n̩$^{13}$ʂət$^{5}$ çien$^{53}$fan$^{53}$tsʰiəu$^{53}$n̩$^{13}$tek$^{3}$ pau$^{21}$".mek$^{3}$ ʂən$^{13}$xei$^{53}$mak$^{3}$ e$^{0}$ i$^{53}$sɿ$^{35}_{44}$lei$^{0}$ ?"n̩$^{13}$tʂɔk$^{3}$ lan$^{53}$san$^{35}_{44}$tsʰiəu$^{53}$n̩$^{13}$tek$^{3}$ lau$^{21}$",tsʰiəu$^{53}$mak$^{3}$ ɲin$^{13}_{44}$təu$^{35}_{53}$mien$^{35}$n̩$^{13}_{21}$tek$^{3}$ uɔi$^{53}$tʂɔk$^{3}$ lan$^{53}$ san$^{35}_{44}$,e$_{21}$,iet$^{3}$ ʂɿ$^{53}$in$^{13}_{21}$tsəŋ$^{21}$uɔi$^{53}$iəu$^{35}$tʂɔk$^{3}$ lan$^{53}$san$^{35}_{44}$, ɲi$^{13}_{21}$tsəŋ$^{53}$iəu$^{35}$tsʰien$^{13}_{21}$ke$^{53}$ɲin$^{13}$nei$^{0}$ ia$^{35}$kʰo$^{21}$len$^{13}$ia$^{35}_{44}$uɔi$^{53}$ tʂɔk$^{3}$ lan$^{53}$san$^{35}_{44}$."n̩$^{13}_{21}$ʂət$^{5}$ çien$^{53}$fan$^{53}$tsʰiəu$^{53}$n̩$^{13}$tek$^{3}$ pau$^{21}$",m̩$^{13}$pʰei$^{53}$mak$^{3}$ kei$^{53}$ɲi$^{13}_{44}$kʰan$^{53}_{21}$tʰiaŋ$^{53}_{44}$ɔi$^{53}_{44}$ʂət$^{5}$ çien$^{53}$fan$^{53}$ tʂaŋ$^{53}_{44}$iəu$^{35}$pau$^{21}$,kai$^{53}_{21}$tsʰiəu$^{53}$çien$^{53}$fan$^{53}$ia$^{35}$iet$^{3}$ iɔŋ$^{53}_{44}$ke$^{53}_{44}$ɔi$^{53}_{44}$ʂət$^{5}$,mɔk$^{5}$ lɔŋ$^{53}$fei$^{53}$li$^{0}$,iet$^{3}$ iɔŋ$^{53}$ke$^{53}_{44}$ʂət$^{5}$ tek$^{3}$ pau$^{21}$.

【现今】çien$^{53}$cin$^{35}$ 名时间词。现在。又称“眼面前、以阵子”：～是冇得钱呶。çien$^{53}$cin$^{35}_{44}$ʂɿ$^{53}_{44}$ mau$^{13}$tek$^{3}$ tsʰien$^{13}$nau$^{0}$.

【现金账】çien$^{53}$cin$^{35}$tʂɔŋ$^{53}$ 名用来记载现金收入支出的会计账簿：我去屋下我一家人我也写过～。写哩我最长个时候子写哩半年。落尾就赠去写了。唔想写了。撞怕唔记得哩，唔记得哩就中间就一间断呐，间断就失去它的意义吵。ŋai$^{13}$çi$^{53}$uk$^{3}$ xa$^{53}$ŋai$^{13}_{21}$iet$^{3}$ ka$^{35}$ɲin$^{13}_{21}$ŋai$^{13}$a$^{35}_{53}$sia$^{21}$ko$^{53}_{44}$ çien$^{53}$cin$^{35}_{44}$tʂɔŋ$^{53}$.sia$^{21}$li$_{44}$ŋai$^{13}_{21}$tsei$^{53}$tʂʰɔŋ$^{13}_{21}$ke$^{0}$ ʂɿ$^{13}$xəu$^{53}$tsɿ$^{0}$ sia$^{21}$li$^{0}$ pan$^{53}$ɲien$^{13}_{21}$.lɔk$^{5}$ mi$^{35}_{44}$tsʰiəu$^{53}$maŋ$^{13}_{21}$çi$^{53}$sia$^{21}$ liau$^{21}$.n̩$^{13}$siɔŋ$^{21}$sia$^{21}$liau$^{0}$ .tsʰɔŋ$^{21}$pʰa$^{53}$n̩$^{13}$ci$^{53}$tek$^{3}$ li$^{0}$ ,n̩$^{13}$ci$^{53}$tek$^{3}$ li$^{0}$ tsʰiəu$^{53}_{44}$tʂəŋ$^{35}$kan$^{35}_{44}$tsʰiəu$^{53}$iet$^{3}$ kan$^{53}$tən$^{53}$ na$^{0}$,kan$^{53}$tən$^{53}$tsʰiəu$^{53}_{44}$ʂət$^{3}$ cʰi$^{53}_{44}$tʰa$^{35}_{44}$ti$^{0}$ i$^{53}$ɲi$^{53}_{44}$ʂa$^{0}$.

【现老相】çien$^{53}$lau$^{21}$siɔŋ$^{53}$ 显现出年龄上、体力上或精神上的衰老特点：以箇个七……八九十岁个人是硬系硬爱～了嘞，硬会～了嘞。i$^{21}$kai$^{53}$ke$^{53}$tsʰiet$^{3}$ ⋯pait$^{3}$ ciəu$^{21}$ʂət$^{5}$ sɔi$^{53}$ke$^{53}_{21}$ɲin$^{13}_{21}$ʂɿ$^{53}_{21}$ɲiaŋ$^{53}$ xei$^{53}_{44}$ɲiaŋ$^{53}$ɔi$^{53}$çien$^{53}$nau$^{21}$siɔŋ$^{53}$liau$^{21}$le$^{0}$, ɲiaŋ$^{53}$uɔi$^{53}$çien$^{53}$nau$^{21}$siɔŋ$^{53}$liau$^{21}$le$^{0}$.

【现世】çien$^{53}$ʂɿ$^{53}$ 动出丑；丢脸：你做兜咁个事硬～硬。ɲi$^{13}$tso$^{53}$te$^{35}_{44}$kan$^{21}$ke$^{53}_{44}$sɿ$^{53}$ɲiaŋ$^{53}_{44}$çien$^{53}_{44}$ʂɿ$^{53}$ ɲiaŋ$^{53}_{44}$.

【现在】çien$^{53}$tsʰai$^{53}$/tsai$^{53}$ 名时间词。如今，目前：（鸡笼）像只～箇街上个装老鼠个箇笼样个。tsʰiɔŋ$^{53}$tʂak$^{3}$ çien$^{53}$tsai$^{53}$kai$^{53}$kai$^{35}$xɔŋ$^{53}_{44}$kei$^{53}_{44}$tsɔŋ$^{35}$lau$^{21}$tʂʰu$^{21}$ke$^{53}$kai$^{53}_{44}$ləŋ$^{35}$iɔŋ$^{53}_{44}$ke$^{53}_{21}$.

【限】kʰan$^{53}$ 动①定准位置、方向等：用箇粉袋子嘞，～正哩映个咁子弹一弹。iɔŋ$^{53}_{44}$kai$^{53}_{44}$fən$^{21}$ tʰɔi$^{53}$tsɿ$^{0}$ lei$^{0}$ ,kʰan$^{53}$tʂaŋ$^{53}$li$^{0}$ iaŋ$^{53}_{44}$ke$^{53}_{44}$kan$^{21}$tsɿ$^{0}$ tʰan$^{13}$miet$^{3}$ (←iet$^{3}$)tʰan$^{13}$. ②限制：考大学就咁个，渠～死哩箇只搞死哩箇只户口呀。kʰau$^{21}$tʰai$^{53}$çiɔk$^{5}$ tsʰiəu$^{53}_{44}$kan$^{21}_{44}$cie$^{53}_{44}$,ci$^{13}_{21}$kʰan$^{53}$si$^{21}$li$^{0}$ kai$^{53}_{44}$tʂak$^{3}$ kau$^{21}$si$^{21}$li$^{0}$ kai$^{53}_{44}$tʂak$^{3}$ fu$^{53}$kʰei$^{21}$ia$^{0}$.

【限定$_1$】xan$^{53}$tʰin$^{53}$/kʰan$^{53}$tʰin$^{53}$/kʰan$^{53}_{44}$tʰiaŋ$^{53}$ 动在数量、范围等方面加以规定：渠～渠指竹篾箇只宽度个是剑刀。ci$^{13}$xan$^{53}$tʰin$^{53}$ci$^{13}_{21}$kai$^{53}$tʂak$^{3}$ kʰɔn$^{35}$tʰəu$^{53}$ke$^{53}_{44}$ʂɿ$^{53}_{44}$cian$^{53}$tau$^{35}$.｜箇就唔单纯墨唠。唔系么啊～～墨。有蛮多东西忒鲜哩。kai$^{53}_{44}$tsʰiəu$^{53}_{44}$n̩$^{13}$tan$^{35}_{44}$tʂʰən$^{13}_{44}$mek$^{5}$ lau$^{0}$ .m̩$^{13}_{21}$pʰe$^{53}_{44}$mak$^{3}$ a$^{0}$ kʰan$^{53}_{21}$tʰin$^{53}_{44}$kʰan$^{53}_{44}$ tʰin$^{53}_{44}$mek$^{5}$ .iəu$^{21}$man$^{13}$to$^{35}_{44}$təŋ$^{35}_{44}$si$^{0}$ tʰiet$^{3}$ sien$^{35}$ni$^{0}$.

【限定$_2$】xan$^{53}$tʰin$^{53}$ 名规定的数量、范围等：石膏就有～个嘞。一升豆子就……一斤豆子就放几多子石膏啦。ʂak$^{5}$ kau$^{35}_{44}$tsʰiəu$^{53}_{44}$iəu$^{35}$xan$^{53}$tʰin$^{53}_{44}$cie$^{53}_{44}$le$^{0}$ .iet$^{3}$ ʂən$^{35}$tʰei$^{53}$tsɿ$^{0}$ tsʰiəu$^{53}_{44}$⋯iet$^{3}$ cin$^{35}$tʰei$^{53}$tsɿ$^{0}$ tsʰiəu$^{53}_{44}$fɔŋ$^{53}$ci$^{21}$to$^{35}$tsɿ$^{0}$ ʂak$^{5}$ kau$^{35}_{44}$la$^{0}$.｜箇一般都冇得肯定冇～了唠。kai$^{53}$iet$^{3}$ pən$^{35}$təu$^{35}$mau$^{13}$tek$^{3}$ cʰien$^{21}$ tʰin$^{53}$mau$^{13}$xan$^{53}$tʰin$^{53}$liau$^{0}$ lau$^{0}$.

【限子】kʰan$^{53}$tsɿ$^{0}$ 名制作瓦坯时用来划定瓦坯长度、去除多余的泥料的工具：做陶瓷个厂渠就爱用～，我就看过。一只箇个车车样个东西，一车，唔系话唔用电个啊，车哩以后，就手里就拿只子咁个～，一只子篾杯样个东西呢，咁长子呢，欸，咁阔子嘞，铁个，也可以用篾篾个，看稳渠手比稳子咁子比稳子边边去看，落尾一只东西就做正哩。箇个真系操倒哩箇咯。tso$^{53}$tʰau$^{13}$tsʰɿ$^{13}_{21}$ke$^{53}$tʂʰɔŋ$^{21}$ci$^{13}$tsʰiəu$^{53}_{44}$ɔi$^{53}_{44}$iɔŋ$^{53}_{44}$kʰan$^{53}$tsɿ$^{0}$ ,ŋai$^{13}$tsʰiəu$^{53}_{44}$kʰɔn$^{53}$ko$^{53}$.iet$^{3}$ tʂak$^{3}$ kai$^{53}_{44}$ke$^{53}_{44}$tʂʰa$^{35}$tʂʰa$^{35}$ iɔŋ$^{53}_{21}$ke$^{53}_{21}$təŋ$^{35}_{44}$si$^{0}$ ,iet$^{3}$ tʂʰa$^{35}$,m̩$^{13}$pʰei$^{53}$ua$^{53}$n̩$^{13}$iɔŋ$^{53}$tʰien$^{53}$cie$^{53}_{44}$a$^{0}$ ,tʂʰa$^{35}$li$^{0}$ i$^{35}_{44}$xei$^{53}$,tsiəu$^{53}$ʂəu$^{21}$li$^{0}$ tsʰiəu$^{53}_{44}$la$^{53}$tʂak$^{3}$ tsɿ$^{0}$

kan$^{21}$cie$^{53}_{44}$k$^h$an$^{53}$tsɿ$^0$,iet$^3$tʂak$^3$tsɿ$^0$miet$^5$pai$^{35}$iəŋ$^{53}_{44}$ke$^0$təŋ$^{35}_{44}$si$^0$nei$^0$,kan$^{21}$tʂ$^h$əŋ$^{13}$tsɿ$^0$nei$^0$,e$_{21}$,kan$^{21}$k$^h$ɔit$^3$tsɿ$^0$lei$^0$,t$^h$iet$^3$ke$^{53}$,ia$^{35}$k$^h$o$^{21}$i$^{35}_{44}$iəŋ$^{53}_{44}$miet$^5$sak$^3$ke$^{53}$,k$^h$ɔn$^{53}$uən$^{21}$ci$^{13}_{44}$ʂəu$^{21}$pie$^{21}$uən$^{21}$tsɿ$^0$kan$^{21}$tsɿ$^0$pie$^{21}$uən$^{21}$tsɿ$^0$pien$^{35}_{44}$pien$^{35}_{44}$çi$^{53}$k$^h$ɔn$^{53}$,lɔk$^5$mi$^{35}_{53}$iet$^3$tʂak$^3$(t)əŋ$^{35}_{44}$si$^0$ts$^h$iəu$^{53}$tso$^{53}_{44}$tʂaŋ$^{53}_{44}$li$^0$.kai$^{53}_{44}$ke$^{53}_{44}$tʂən$^{35}_{44}$ne$^{53}_{44}$ts$^h$au$^{35}$tau$^{21}$li$^0$kai$^{53}_{44}$ko$^0$.

【线$_1$】sien$^{53}$/sen$^{53}$ 名 用丝、棉、麻等制成的细长且可以任意曲折的东西：～就唔用嘞，用～就箇个嘞，唔用～。用～就系让门子个啊？欸，就系死人着寿衣了就系用～。sen$^{53}$ts$^h$iəu$^{53}_{44}$n̩$^{13}$iəŋ$^{53}$le$^0$,iəŋ$^{53}_{44}$sen$^{53}$ts$^h$iəu$^{53}_{44}$kai$^{53}$ke$^{53}$le$^0$,n̩$^{13}$iəŋ$^{53}_{44}$sen$^{53}$.iəŋ$^{53}_{44}$sen$^{53}$ts$^h$iəu$^{53}_{44}$xe$^{53}_{44}$ɲiəŋ$^{53}$mən$^{13}_{44}$tsɿ$^0$ke$^{53}_{44}$a$^0$?ei$_{21}$,ts$^h$iəu$^{53}$xei$^{53}$si$^{21}$ɲin$^{13}$tʂɔk$^3$ʂəu$^{53}$i$^{35}$liau$^{21}$ts$^h$iəu$^{53}$xei$^{53}$iəŋ$^{53}$sien$^{53}$.｜所以有滴人笑人家你不要羁皮带，肯就用～呐。死嘿哩就用～吵，就系笑别家。so$^{21}$i$^{35}_{44}$iəu$^{35}$tet$^5$ɲin$^{13}_{21}$siau$^{53}_{35}$ɲin$^{13}_{21}$ka$^0$ɲi$^{13}_{21}$pət$^3$iau$^{53}_{44}$cie$^{35}$p$^h$i$^{13}_{21}$tai$^{53}$,xen$^{21}$tsiəu$^{53}_{44}$iəŋ$^{53}_{44}$sien$^{53}$na$^0$.si$^{21}$ek$^3$li$^0$ts$^h$iəu$^{53}_{44}$iəŋ$^{53}_{44}$sien$^{53}$ʂa$^0$,ts$^h$iəu$^{53}$xei$^{53}$siau$^{53}_{35}$p$^h$iet$^5$ka$^0$.

【线$_2$】sien$^{53}$ 量 ①用于细长的东西：箇一～禾 kai$^{53}_{35}$iet$^3$sien$^{53}$uo$^{13}$｜一～风 iet$^3$sien$^{53}$fəŋ$^{35}$一丝风，比喻速度极快。②用于线性排列的事物：一～车子 iet$^3$sien$^{53}$tʂ$^h$a$^{35}$tsɿ$^0$｜一～个屋 iet$^3$sien$^{53}$ke$^{53}_{44}$uk$^3$

【线刨子】sen$^{53}$/sien$^{53}$p$^h$au$^{13}_{21}$tsɿ$^0$ 名 一种用来在木料表面拉出花线的刨子。也简称“线刨”：箇就安做～，系呀，安做线刨，起线呐。欸，起线个刨子啊。打比样以以映子以映子抽条线样啊，就有种箇刨子就一刨下去就以映子就现出线呐。箇刨头箇映子就一条线。kai$^{53}_{44}$ts$^h$iəu$^{53}_{44}$ɔn$^{35}_{44}$tso$^{53}_{44}$sen$^{53}$p$^h$au$^{13}_{21}$tsɿ$^0$,xei$^{53}$ia$^0$,ɔn$^{35}_{44}$tso$^{53}_{44}$sen$^{53}$p$^h$au$^{13}_{21}$,çi$^{21}$sen$^{53}$na$^0$.e$_{21}$,çi$^{21}$sen$^{53}$ke$^{53}_{44}$p$^h$au$^{13}$tsa$^0$.ta$^{21}$pi$^{21}$iɔŋ$^{53}$i$^{21}_{13}$i$^{21}$iaŋ$^{53}$tsɿ$^0$i$^{21}$iaŋ$^{53}$tsɿ$^0$tʂ$^h$əu$^{13}$t$^h$iau$^{13}$sen$^{53}$iɔŋ$^{53}_{44}$ŋa$^0$,ts$^h$iəu$^{53}_{44}$iəu$^{35}$tʂəŋ$^{21}$kai$^{53}_{44}$p$^h$au$^{13}_{21}$tsɿ$^0$ts$^h$iəu$^{53}$iet$^3$p$^h$au$^{13}$ua$^{53}_{44}$çi$^{53}$ts$^h$iəu$^{53}_{44}$i$^{21}$iaŋ$^{53}$tsɿ$^0$ts$^h$iəu$^{53}_{44}$çien$^{53}$tʂ$^h$ət$^3$sen$^{53}$na$^0$.kai$^{53}$p$^h$au$^{13}$t$^h$ei$^{13}_{21}$kai$^{53}$iaŋ$^{53}$tsɿ$^0$ts$^h$iəu$^{53}$iet$^3$t$^h$iau$^{13}_{21}$sen$^{53}$.｜木匠师傅爱起线就少唔得～啊。muk$^3$ts$^h$iəŋ$^{53}$sɿ$^{35}_{44}$fu$^{53}_{44}$ɔi$^{53}_{44}$çi$^{21}$sien$^{53}$ts$^h$iəu$^{53}$ʂau$^{21}$n̩$^{13}_{21}$tek$^3$sien$^{53}$p$^h$au$^{13}_{21}$tsɿ$^0$a$^0$.

【线车子】sien$^{53}$tʂ$^h$a$^{35}$tsɿ$^0$ 名 ①纺线车：～就一只就系从前我婑子等人以前打线个嘞箇只～嘞。sien$^{53}$tʂ$^h$a$^{35}$tsɿ$^0$ts$^h$iəu$^{53}$iet$^3$tʂak$^3$ts$^h$iəu$^{53}$xei$^{53}$ts$^h$əŋ$^{13}$ts$^h$ien$^{13}$ŋai$^{13}_{21}$ɔi$^{35}$tsɿ$^0$ten$^{21}_{44}$ɲin$^{13}_{21}$i$^{35}_{53}$ts$^h$ien$^{13}_{44}$ta$^{21}$sien$^{53}$ke$^{53}_{44}$lei$^0$kai$^{53}_{21}$tʂak$^3$sien$^{53}$tʂ$^h$a$^{35}$tsɿ$^0$lei$^0$.｜我等老家个楼上啊欸以前打过线个～都还在。ŋai$^{13}$tien$^0$lau$^{21}$cia$^{35}_{44}$ke$^{53}$lei$^{13}$xɔŋ$^{53}$ŋa$^0$e$_{21}$i$^{35}_{53}$ts$^h$ien$^{13}_{44}$ta$^{21}$ko$^{53}$sien$^{53}$ke$^{53}_{44}$sien$^{53}$tʂ$^h$a$^{35}_{44}$tsɿ$^0$təu$^{35}_{53}$xan$^{13}_{21}$ts$^h$ɔi$^{35}$. ②自行车：我箇只孙子读小学就会骑～。ŋai$^{13}$kai$^{53}$tʂak$^3$sən$^{35}$tsɿ$^0$t$^h$əuk$^5$siau$^{21}$çiɔk$^5$ts$^h$iəu$^{53}$uɔi$^{53}$c$^h$i$^{13}$sien$^{53}$tʂ$^h$a$^{35}_{44}$tsɿ$^0$.

【线尺子】sien$^{53}$tʂ$^h$ak$^3$tsɿ$^0$ 名 泥工量直线用的尺：泥水师傅用箇～是蛮长啦，渠个线就一大蒲个线放到箇映嘞。lai$^{13}$ʂei$^{21}$sɿ$^{35}_{53}$fu$^{53}$iəŋ$^{53}$kai$^{53}$sien$^{53}$tʂ$^h$ak$^3$tsɿ$^0$sɿ$^{53}_{44}$man$^{13}_{44}$tʂ$^h$əŋ$^{13}$la$^0$,ci$^{13}_{21}$ke$^{53}_{44}$sien$^{53}$ts$^h$iəu$^{53}_{44}$iet$^3$t$^h$ai$^{53}$p$^h$u$^{13}$ke$^{53}_{44}$sien$^{53}$fəŋ$^{53}_{44}$tau$^{53}_{44}$kai$^{53}_{44}$iaŋ$^{53}_{44}$lei$^0$.｜泥水师傅少唔得～啊。渠爱下盘子箇兜啦，爱箇个爱放线箇兜啦，欸，就少唔得～。lai$^{13}$ʂei$^{21}$sɿ$^{35}_{44}$fu$^{53}_{44}$ʂau$^{21}$n̩$^{13}$tek$^3$sien$^{53}$tʂ$^h$ak$^3$tsɿ$^0$a$^0$.ci$^{13}$ɔi$^{53}$xa$^{53}$p$^h$an$^{13}$tsɿ$^0$kai$^{53}_{44}$te$^{35}_{44}$la$^0$,ɔi$^{53}$kai$^{53}$ke$^{53}$ɔi$^{53}_{44}$fəŋ$^{53}_{44}$sen$^{53}$kai$^{53}_{44}$te$^{35}_{44}$la$^0$,e$_{21}$,ts$^h$iəu$^{53}_{44}$ʂau$^{21}$n̩$^{13}$tek$^3$sien$^{53}$tʂ$^h$ak$^3$tsɿ$^0$.

【线刀子】sien$^{53}$/sen$^{53}$tau$^{35}_{44}$tsɿ$^0$ 名 用来开脸的线：就唔知让门舞下倒呢，牙齿里啮一头，以只手扭一头，以只手扭一头，三头箇条线咯一条线咯，硬唔知让门子舞倒三头，咁子到箇面上去解下去，一解下去，牙齿又啮一头，解下去，用～，就系箇线呐就分箇寒毛夹嘿去。蛮痛嘞硬嘞。ts$^h$iəu$^{53}$n̩$^{13}$ti$^{35}_{53}$ɲiəŋ$^{53}$mən$^{13}_{44}$u$^{21}$(x)a$^{53}$tau$^{21}$nei$^0$,ŋa$^{13}$tʂ$^h$ʅ$^{21}$li$^0$ŋait$^3$iet$^3$t$^h$ei$^{13}$,i$^{21}$tʂak$^3$ʂəu$^{21}$ia$^{21}$iet$^3$t$^h$ei$^{13}$,i$^{21}$tʂak$^3$ʂəu$^{21}$ia$^{21}$iet$^3$t$^h$ei$^{13}$,san$^{35}$t$^h$ei$^{13}$kai$^{53}_{44}$t$^h$iau$^{13}_{21}$sen$^{53}$ko$^0$iet$^3$t$^h$iau$^{13}$sen$^{53}$ko$^0$,ɲiaŋ$^{53}_{44}$n̩$^{13}$ti$^{35}_{53}$ɲiəŋ$^{53}$mən$^{13}_{44}$tsɿ$^0$u$^{21}$tau$^{21}$san$^{35}$t$^h$ei$^{13}_{21}$,kan$^{21}$tsɿ$^0$tau$^{53}$kai$^{53}_{44}$mien$^{53}$xɔŋ$^{53}_{44}$çi$^{53}_{44}$kai$^{53}$ia$^{53}_{44}$çi$^{53}_{44}$,iet$^3$kai$^{53}$ia$^{53}_{44}$çi$^{53}_{44}$,ŋa$^{13}$tʂ$^h$ʅ$^{21}$iəu$^{53}_{44}$ŋait$^5$iet$^3$t$^h$ei$^{13}_{44}$,kai$^{53}$ia$^{53}_{44}$çi$^{53}$,iəŋ$^{53}_{44}$sen$^{53}$tau$^{35}_{44}$tsɿ$^0$,ts$^h$iəu$^{53}_{21}$xei$^{53}_{21}$kai$^{53}_{44}$sen$^{53}$na$^0$ts$^h$iəu$^{53}_{44}$pən$^{35}$kai$^{53}_{44}$xɔn$^{13}$mau$^{35}$kait$^3$xek$^3$çi$^{53}_{21}$.man$^{13}$t$^h$əŋ$^{53}$lei$^0$ɲiaŋ$^{53}$lei$^0$.

【线椒】sien$^{53}$tsiau$^{35}$ 名 辣椒品种名，长达七八寸：你只有外背来个，□长个～。系唔系？/系，有咁个。/□长一只唠。/好长啊。/七八寸长啊。产量高噢。都系以咁多年正来个。以前都冇得。ɲi$^{13}$tʂʅ$^{21}$iəu$^{35}$ŋɔi$^{53}$pɔi$^{53}_{44}$lɔi$^{13}_{21}$ke$^{53}_{44}$,lai$^{35}$tʂ$^h$əŋ$^{13}_{21}$ke$^{53}_{44}$sien$^{53}$tsiau$^{35}_{44}$.xe$^{53}_{44}$me$^{53}_{44}$?/xei$^{53}_{21}$,iəu$^{35}_{44}$kan$^{21}$ke$^{53}$./lai$^{35}$tʂ$^h$əŋ$^{13}_{44}$iet$^3$tʂak$^3$lau$^0$./xau$^{21}$tʂ$^h$əŋ$^{13}$ŋa$^0$./ts$^h$iet$^3$pait$^3$ts$^h$ən$^{53}$tʂ$^h$əŋ$^{13}_{21}$ŋa$^0$.ts$^h$an$^{21}$liɔŋ$^{53}_{44}$kau$^{35}$uau$^0$.təu$^{35}$xe$^{53}_{44}$i$^{21}$kan$^{21}$to$^{35}_{44}$ɲien$^{13}_{21}$tʂaŋ$^{53}$lɔi$^{13}_{21}$ke$^{53}_{44}$.i$^{35}_{44}$ts$^h$ien$^{13}_{21}$təu$^{35}_{44}$mau$^{13}_{21}$tek$^3$.

【线绞子】sien$^{53}$kau$^{21}$tsɿ$^0$ 名 ①绕线、绳的工具；用来缠各种线、绳的轴状物：就系用来萦线个箇只东西嘞就安做～。欸，打绳子衫系一样呐，就分箇个毛绳子啊，萦下萦做一萦下箇个一只咁个欸坨一只箇筒筒上背。箇只东西就可以讲系～，毛线个～。ts$^h$iəu$^{53}$xei$^{53}_{44}$iəŋ$^{53}$lɔi$^{13}_{21}$iaŋ$^{35}$sien$^{53}$ke$^{53}_{21}$kai$^{53}_{44}$tʂak$^3$təŋ$^{35}_{44}$si$^0$lei$^0$ts$^h$iəu$^{53}_{44}$ɔn$^{35}_{44}$tso$^{53}_{44}$sien$^{53}$kau$^{21}$tsɿ$^0$.ei$_{44}$,ta$^{21}$ʂən$^{13}$tsɿ$^0$san$^{35}$xei$^{53}$it$^3$iəŋ$^{53}_{44}$na$^0$,ts$^h$iəu$^{53}_{44}$pən$^{35}$kai$^{53}_{44}$ke$^{53}_{44}$mau$^{35}$ʂən$^{13}$tsɿ$^0$a$^0$,iaŋ$^{35}$ŋa$^{53}_{44}$iaŋ$^{35}$tso$^{53}$iet$^3$iaŋ$^{35}$ŋa$^{53}_{44}$kai$^{53}$kei$^{53}$iet$^3$tʂak$^3$kan$^{21}_{13}$kei$^{53}$e$_{21}$t$^h$o$^{13}$iet$^3$tʂak$^3$kai$^{53}$t$^h$əŋ$^{13}$t$^h$əŋ$^{13}_{21}$ʂɔŋ$^{53}$pɔi$^{53}$.kai$^{53}_{44}$tʂak$^3$(t)əŋ$^{35}_{44}$si$^0$ts$^h$iəu$^{53}$k$^h$o$^{21}$i$^{35}_{44}$kɔŋ$^{21}$xe$^{53}_{44}$sien$^{53}$kau$^{21}$tsɿ$^0$,mau$^{35}$sien$^{53}$ke$^{53}_{44}$sien$^{53}$kau$^{21}$tsɿ$^0$.｜欸绩网个时候子也用网线，网线也用～嘞。渠也爱串，渠爱串成……因为箇线个东西吵，

X

你唔舞只～，绳子也系咁个，□长□长，系唔系？你唔舞只绞子分渠整理好嘞，箇就收拾哩，慢呢会打结头。e53tsiak3 mɔŋ21ke53ʂʅ13xei53tsʅ0 ia35iəŋ53mɔŋ21sien53,mɔŋ21sien53ia35iəŋ5344sien53kau21tsʅ0 lei0.ci1321ia35ɔi5344tʂhuən53,ci1321ɔi5344tʂhuən53tʂhaŋ1344…in35uei5344kai5344sien53ke5344təŋ3544si0 ʂa0, ɲi13m̩13u21tʂak3 sien53kau21 tsʅ0,ʂən13tsʅ0 ia35xei53kan21cie5344,lai35tʂhɔŋ1321lai35tʂhɔŋ1321,xei53me53?ɲi13m̩13u21tʂak3 kau21tsʅ0 pən3553ci1321tʂən21li35xau21 lei0,kai5344tshiəu5344ʂəu53ʂət5 li0 ,man35ne0 uɔi53ta21ciet3 thei1321. ②缠好的线团：舞倒有一蒲线去箇子个箇只东西，箇蒲线也安做～。u21tau21iəu35iet3 phu13sien53çi5344kai5344tsʅ0 kei5344kai5344tʂak3 təŋ3544si0,kai5344phu13sien53ia35 ɔn3553tso53sien53kau21tsʅ0.

【线泼】sien53phait3 动下很大的决心、付出很大的代价做某事。又称“煞泼”：我记得我正结婚个时候子，爱走人家噢，正月头爱走人家，伞都冇一把噢，硬～都买把伞。ŋai13ci53tek3 ŋai13 tʂaŋ53ciet3 fən35ke53ʂʅ1344xei5344tsʅ0 ,ɔi53tsei21ɲin13ka3544au0 ,tʂaŋ3544ɲiet5 thei1321ɔi53tsei21ɲin13ka3544,san53təu3544mau1321iet3 pa21 au0, ɲiaŋ53sien53phait3 təu5344mai53pa21san53.

【线头】sien53thei13 名缝纫完成后，残余在物件上的线段：箇针线个头上就爱打只结头哟，～呀箇就系，～上打只结头。kai5344tʂən53sien53ke0 thei13xɔŋ53tshiəu53ɔi53ta21tʂak3 ciet3 thei13io0 ,sien53thei13ia0 kai5344tshiəu53xe5344,sien53thei1321xɔŋ53ta21tʂak3 ciet3 thei1321.

【线坨】sien53tho13 名线陀螺；线团：我等人去店里买线个时候子啊，买个就系一坨一坨个线。到店里去买线就买几多只～。一坨一坨欸萦正哩个线就系～。ŋai13tien0 ɲin1321çi53tian53ni0 mai35 sien53ke5344ʂʅ13xei53tsʅ0 a0 ,mai35ke53tshiəu53xei5344iet3 tho13iet3 tho13ke5344sien53.tau5344tian53ni21çi5344mai13sien53tshiəu53 mai35ci21to53tʂak3 sien53tho13.iet3 tho13iet3 tho13ei21iaŋ35tʂaŋ53li0 ke0 sien53tsiəu5344xei5344sien53tho13.

【线香】sien53çiɔŋ35 名用木屑加香料制成的细长如线的香：～就系时香，就系唔知几细嫩个长长子个香就安做～。sien53çiɔŋ3544tshiəu5344xe5344ʂʅ13çiɔŋ35,tshiəu5344xei5344n̩13ti5353ci21si53lən5344cie5344tʂhɔŋ13tʂhɔŋ13tsʅ0 ke5344çiɔŋ35tshiəu5344ɔn3544tso5344sien53çiɔŋ35.| 欸，我等到庙里去求神箇兜，首先就爱买兜子～，买一扎子～啊。e21,ŋai13tien0 tau53miau53li21çi53chiəu13ʂən13kai5344te3544,ʂəu21sien35tshiəu53ɔi53mai35te3553tsʅ0 sien53çiɔŋ35, mai35iet3 tsait3 tsʅ0 sien53çiɔŋ35ŋa0.

【陷】xan53 动连累：箇只书记呀贪污哩钱也捉咁哩，系唔系？连渠老婆都～进去哩。kai53 tʂak3 ʂəu35ci53ia0 than5344u3544li35tshien13ia35tsɔk3 kan21ni0 ,xei53me53?lien13ci5344lau21pho1321təu3553xan53tsin5344çi5344li0.

【献】çien53 动恭敬庄严地送上。多用于祭祀之类的场合：～滴子茶 çien53tiet5 tsʅ0 tsha13

【献香茗】çien53çiɔŋ35min13 家奠过程中孝子向亡者献茶：也还爱献，～。香茗就系茶。ie2144xa1321 ɔi5344çien53,çien53çiɔŋ35min13.çiɔŋ35min1321tshiəu5344xe5344tsha13.

【献馔】çien53tshɔn53 家奠过程中孝子向亡者进献菜肴的仪式：进哩馔以后嘞，要爱～。就系由箇只孝子，箇只执事个人掇一碗菜分孝子，孝子拿倒咁子，箇个恭恭敬敬个敬分箇只亡者。然后又交分另外一个人拿开。献嘿子。献嘿箇十碗菜嘞，做三到子，做三到子献。十碗，做三到子，做三到子献。也还爱献，献香茗。香茗就系茶。献粢盛，就饭，就系饭呐。还献酒。还爱献筷子，献调羹。都一一二二子献分渠。就系由箇只做事个人码倒，分箇只孝子。爱跪倒去个，孝子嘞就咁子比下子，咁子比下子，敬奉分……分箇只爷子，系唔系啊？分渠爷子。然后嘞，另外一只人就从渠手里接开。又放下边子上。要放转去，箇个就安做三献。每一次献，每一次进馔都爱歌诗。tsin53ni0 tshɔn53i35xei5344lei0 ,iau5344ɔi5344çien53tshɔn53.tshiəu5344xe5344iəu1321kai5344tʂak3 xau53tsʅ21,kai5344tʂak3 tʂət3 sʅ53ke5344ɲin1321tɔit3 iet3 uɔn21tshɔi53pən35xau53tsʅ21,xau53tsʅ21la53tau21kan21tsʅ0 ,kai5344e0 kəŋ35 kəŋ3544cin53cin53ke5344cin53pən3544kai53tʂak3 mɔŋ13tʂa21.vien13xei5344iəu53ciau35pən3544lin53uai53iet3 cie5344ɲin1321na5344 khɔi35.çien53xek3 tsʅ0 .çien53xek3 kai5344ʂət5 uɔn21tshɔi53le0 ,tso53san35tau53tsʅ0 ,tso53san35tau53tsʅ0 çien53.ʂət5 uɔn21,tso53san35tau53tsʅ0 ,tso53san35tau53tsʅ0 çien53.ie2144xa1321ɔi5344çien53,çien53çiɔŋ35min13.çiɔŋ35min1321tshiəu5344xe5344 tsha13.çien53tshʅ35tʂhən13,tsiəu5321fan53,tshiəu5344xe5344fan53na0 .xai13çien53tsiəu21.xa1321ɔi5344çien53khuai53tsʅ0 ,çien53 thiau1321kaŋ3544.təu5344iet3 iet3 ɲi53ɲi53tsʅ0 çien53pən35ci1344.tsiəu5344e5344iəu1321kai5344tʂak3 tso5344sʅ53ke5344ɲin1321ma53tau21,pəŋ35kai5344 tʂak3 xau53tsʅ21.ɔi5344khuei21tau21çi5344ke5344,xau53tsʅ21lei0 tshiəu5344kan21tsʅ0 pi21a5344tsʅ0 ,kan21tsʅ0 pi21a5344tsʅ0 ,cin53fəŋ5344 pən3544…pən3544kai5344tʂak3 ia13tsʅ0 ,xei5344me5344a0 ?pən3544ci1344ia13tsʅ0 .vien13xei5344lei0 ,lin53uai53iet3 tʂak3 ɲin1321tshiəu5344 tshɔŋ1321ci1321ʂəu21li0 tsiet3 khɔi35.iəu53fɔŋ53xa5344pien35tsʅ0 xɔŋ44.iau5344fɔŋ53tʂən21çi5344,kai5344ke5344tshiəu5344ɔn3544tso5344san35 çien53.mei35iet3 tshʅ5344çien53,mei35iet3 tshʅ5344tsin53tshɔn53təu35ɔi53ko5344ʂʅ3544.

【献粢盛】çien53tshʅ35tʂhən13 家奠过程中孝子向亡者献上米饭：～，就饭，就系饭呐。çien53tshʅ35 tʂhən13,tsiəu5321fan53,tshiəu5344xe5344fan53na0 .

【鐓】sien$^{53}$ [动]阉割：～牛 sien$^{53}$ȵiəu$^{13}$ | ～羊 sien$^{53}$iəŋ$^{13}$ | 箇只师傅啊真会～鸡嘞。kai$^{53}$tʂak$^{3}$sɿ$^{35}_{44}$fu$^{35}$a$^{0}$tʂən$^{35}$uɔi$^{53}$sien$^{35}$cie$^{35}$lei$^{0}$.

【鐓鸡】sien$^{53}$ke$^{35}$/cie$^{35}$ [名]阉过的公鸡：鐓嘿哩个鸡欸就系安做～。sien$^{53}$nek$^{3}$li$^{0}$ke$^{0}$cie$^{35}$e$_{21}$ts$^{h}$iəu$^{53}$xei$^{53}$ɔn$^{35}_{44}$tso$^{53}_{44}$sien$^{53}$cie$^{35}$.

【乡】ɕiɔŋ$^{35}$ [名]中国行政区划基层单位，属县或县以下的行政区领导：小河～ siau$^{21}$xo$^{13}$ɕiɔŋ$^{35}$

【乡巴佬】ɕiɔŋ$^{35}$pa$^{35}$lau$^{21}$ [名]对生活在偏僻乡野的农村人的鄙称：你莫搞起箇～样啊。ȵi$^{13}$mɔk$^{5}$kau$^{21}$ɕi$^{21}_{44}$kai$^{53}_{44}$ɕiɔŋ$^{35}_{44}$pa$^{35}_{44}$lau$^{21}$iɔŋ$^{53}_{44}$a$^{0}$. | 有兜人呐寻茅司都寻唔正，系唔系？跍下城里，寻卫生间都寻唔正，你搞起箇～样。iəu$^{35}_{44}$tei$^{35}_{53}$ȵin$^{13}_{44}$na$^{0}$ts$^{h}$in$^{13}$mau$^{13}$sɿ$^{35}_{44}$təu$^{35}_{53}$ts$^{h}$in$^{13}_{21}$n̩$^{13}_{21}$tʂaŋ$^{53}$,xei$^{53}_{44}$me$^{53}_{21}$?k$^{h}$u$^{35}_{44}$xa$^{53}_{44}$tʂ$^{h}$ən$^{13}$ni$^{0}$,ts$^{h}$in$^{13}$uei$^{53}$sen$^{35}_{44}$kan$^{35}$təu$^{35}_{53}$ts$^{h}$in$^{13}_{21}$n̩$^{13}_{21}$tʂaŋ$^{53}$, ȵi$^{13}$kau$^{21}$ɕi$^{21}$kai$^{53}_{44}$ɕiɔŋ$^{35}_{44}$pa$^{35}_{44}$lau$^{21}$iɔŋ$^{53}$.

【乡客】ɕiɔŋ$^{35}$k$^{h}$ak$^{3}$ [名]来做客的乡邻：渠箇是系下箇个街头市岸，～都蛮多，渠整酒哇。ci$^{13}$kai$^{53}$ʂɿ$^{53}_{44}$xei$^{53}$(x)a$^{53}$kai$^{53}_{44}$kei$^{53}_{44}$kai$^{35}$t$^{h}$ei$^{13}_{21}$ʂɿ$^{53}_{21}$ŋan$^{53}$,ɕiɔŋ$^{35}$k$^{h}$ak$^{3}$təu$^{35}_{53}$man$^{13}_{21}$to$^{35}_{44}$,ci$^{13}_{44}$tʂaŋ$^{21}$tsiəu$^{21}$ua$^{0}$. | 箇家人家做好事啊，亲戚朋友唔多，～蛮多。kai$^{53}$ka$^{35}$ȵin$^{13}_{21}$ka$^{35}_{44}$tso$^{53}$xau$^{21}$sɿ$^{53}$a$^{0}$,ts$^{h}$in$^{35}$ts$^{h}$iet$^{3}$p$^{h}$əŋ$^{13}_{21}$iəu$^{35}_{44}$n̩$^{13}_{21}$to$^{35}_{44}$,ɕiɔŋ$^{35}$k$^{h}$ak$^{3}$man$^{13}_{21}$to$^{35}_{44}$.

【乡下】ɕiɔŋ$^{35}$xa$^{53}_{44}$ [名]乡里，农村：箇个荷只担子到～去做生意个人呐安做么个啦？kai$^{53}_{44}$ke$^{53}_{44}$k$^{h}$ai$^{35}$tʂak$^{3}$tan$^{35}$tsɿ$^{0}$tau$^{53}$ɕiɔŋ$^{35}$xa$^{53}_{44}$c$^{h}$ie$^{53}_{44}$tso$^{53}$sen$^{35}$i$^{53}_{44}$ke$^{53}_{44}$in$^{13}_{21}$na$^{0}$ɔn$^{35}_{44}$tso$^{53}_{44}$mak$^{3}$ke$^{53}_{44}$la$^{0}$?

【乡下人】ɕiɔŋ$^{35}$xa$^{53}$ȵin$^{13}$ [名]对生活在偏僻乡野的农村人的鄙称：（蜂桶）同箇～个禾仓样。t$^{h}$əŋ$^{13}$kai$^{53}_{44}$ɕiɔŋ$^{35}$xa$^{53}_{44}$ȵin$^{13}_{44}$ke$^{53}_{44}$uo$^{13}$ts$^{h}$əŋ$^{35}$iəŋ$^{53}$.

【相当】siɔŋ$^{35}$tɔŋ$^{35}$ [形]价钱公道、不高不低：我等街上有几只箇个店里卖菜呀箇老板蛮好打讲嘞，价钱也还～。ŋai$^{13}$tien$^{0}$kai$^{35}$xɔŋ$^{53}$iəu$^{35}$ci$^{21}$tʂak$^{3}$kai$^{53}_{44}$ke$^{53}_{44}$tian$^{53}$ni$^{21}$mai$^{53}$ts$^{h}$ɔi$^{53}$ia$^{0}$kai$^{53}$lau$^{21}$pan$^{21}$man$^{13}$xau$^{21}$ta$^{21}$kɔŋ$^{21}$lei$^{0}$,cia$^{53}$ts$^{h}$ien$^{13}_{21}$ia$^{35}$xai$^{13}_{21}$siɔŋ$^{35}$tɔŋ$^{35}$.

【相好个】siɔŋ$^{35}_{44}$xau$^{21}$ke$^{53}_{44}$ 指情夫或情妇：箇男子人有～，外背有～。kai$^{53}$lan$^{13}_{21}$tsɿ$^{0}$ȵin$^{13}_{44}$iəu$^{35}_{44}$siɔŋ$^{35}_{44}$xau$^{21}$ke$^{53}_{44}$,ŋɔi$^{53}$pɔi$^{53}_{44}$iəu$^{35}_{44}$siɔŋ$^{35}_{44}$xau$^{21}$ke$^{53}$.

【相骂】siɔŋ$^{35}$ma$^{53}$ [动]吵架；互相对骂：箇市场里也经常听得倒来～嘞，就系对箇个买卖上面有争绷啊。有争绷啊，就会有～。kai$^{53}_{44}$ʂɿ$^{53}_{44}$tʂ$^{h}$ɔŋ$^{21}$li$^{0}$ia$^{35}$cin$^{35}_{44}$tʂ$^{h}$ɔŋ$^{13}_{21}$t$^{h}$aŋ$^{35}_{44}$tek$^{3}$tau$^{21}$lɔi$^{13}$siɔŋ$^{35}$ma$^{53}$lei$^{0}$,ts$^{h}$iəu$^{53}$xe$^{53}$tei$^{53}$kai$^{53}$ke$^{53}_{44}$mai$^{35}$mai$^{53}$xɔŋ$^{35}$mien$^{53}_{44}$iəu$^{35}$tsaŋ$^{35}$paŋ$^{35}$ŋa$^{0}$.iəu$^{35}$tsaŋ$^{35}$paŋ$^{35}$ŋa$^{0}$,ts$^{h}$iəu$^{53}_{44}$uɔi$^{53}_{44}$iəu$^{35}_{44}$siɔŋ$^{35}$ma$^{53}$.

【相黏】siɔŋ$^{35}$ȵia$^{13}$ [形]相互靠近或紧贴：底下个萝卜，顶高个叶，中间～个箇只蒂把样个就安做萝卜髻。te$^{21}$xa$^{53}$ke$^{53}$lo$^{13}$p$^{h}$ek$^{5}$,taŋ$^{21}$kau$^{35}_{44}$ke$^{53}_{44}$iait$^{5}$,tʂəŋ$^{35}$kan$^{35}_{44}$siɔŋ$^{35}$ȵia$^{13}$ke$^{53}_{44}$kai$^{53}_{44}$tʂak$^{3}$li$^{53}$pa$^{53}$iɔŋ$^{53}_{44}$ke$^{53}$ts$^{h}$iəu$^{53}$ɔn$^{35}_{44}$tso$^{53}_{44}$lo$^{13}_{21}$p$^{h}$ek$^{5}_{3}$ci$^{53}$.

【相让】siɔŋ$^{35}$ȵiɔŋ$^{53}$ [动]互相让步；忍让；退让。又称"让、放让"：冇得滴子～。mau$^{13}$tek$^{3}$tiet$^{5}$tsɿ$^{0}$siɔŋ$^{35}$ȵiɔŋ$^{53}$. | 两个人唔～。iɔŋ$^{21}$ke$^{53}$ȵin$^{13}_{21}$n̩$^{13}$siɔŋ$^{35}_{44}$ȵiɔŋ$^{53}$. | 你两个人硬唔～。ȵi$^{13}$iɔŋ$^{21}$ke$^{53}$ȵin$^{13}_{44}$ȵiaŋ$^{53}$n̩$^{13}$siɔŋ$^{35}_{44}$ȵiɔŋ$^{53}$.

【相因】siɔŋ$^{35}$in$^{35}$ [形]价钱很合算，便宜：超市里开门个时候子啊，硬人山人海。么个道理嘞？就系正开业个时候子渠价钱蛮～。tʂ$^{h}$au$^{35}$ʂɿ$^{53}$li$^{21}$k$^{h}$ɔi$^{35}$mən$^{13}$ke$^{53}_{44}$ʂɿ$^{13}$xəu$^{53}_{44}$tsɿ$^{0}$a$^{0}$, ȵiaŋ$^{53}$ȵin$^{13}$san$^{35}_{44}$ȵin$^{13}_{21}$xɔi$^{21}$.mak$^{3}$e$^{0}$t$^{h}$au$^{53}_{44}$li$^{35}_{44}$lei$^{0}$?ts$^{h}$iəu$^{53}_{44}$xei$^{53}_{44}$tʂaŋ$^{53}$k$^{h}$ɔi$^{35}$ȵiait$^{5}$kei$^{53}_{44}$ʂɿ$^{13}$xei$^{53}_{44}$tsɿ$^{0}$ci$^{13}_{21}$cia$^{53}$ts$^{h}$ien$^{13}$man$^{13}_{21}$siɔŋ$^{35}$in$^{35}_{44}$.

【香$_1$】ɕiɔŋ$^{35}$ [名]祭祖、敬神所烧的用木屑掺上香料做成的细条：箇几根～嘞插下箇禾坪角上。kai$^{53}$ci$^{21}$cien$^{35}_{21}$ɕiɔŋ$^{35}$lei$^{0}$ts$^{h}$ait$^{3}$(x)a$^{53}$kai$^{53}_{44}$uo$^{13}$p$^{h}$iaŋ$^{13}_{21}$kɔk$^{3}$xɔŋ$^{53}$.

【香$_2$】ɕiɔŋ$^{35}$ [形]气味好闻或味道好，与"臭"相对：真蛮～ tʂən$^{35}$man$^{13}_{21}$ɕiɔŋ$^{35}$ | 又甜又～哦。iəu$^{53}$t$^{h}$ian$^{13}_{21}$iəu$^{53}$ɕiɔŋ$^{35}$ŋo$^{0}$.

【香案】ɕiɔŋ$^{35}$ŋɔn$^{53}$ [名]放置香炉、烛台的长几案：嗯，老哩人呢，最先就去烧只倒头香。烧倒头香就只爱要到～上去烧。ən$_{44}$,lau$^{21}$li$^{0}$ȵin$^{13}$nei$^{0}$,tsei$^{53}$sien$^{35}_{44}$ts$^{h}$iəu$^{53}_{44}$ɕi$^{53}$ʂau$^{35}$tʂak$^{3}$tau$^{21}$t$^{h}$ei$^{13}_{21}$ɕiɔŋ$^{35}$.ʂau$^{35}$tau$^{21}$t$^{h}$ei$^{13}_{21}$ɕiɔŋ$^{35}_{44}$ts$^{h}$iəu$^{53}$tʂɿ$^{21}$ɔi$^{53}$iau$^{53}$tau$^{53}$ɕiɔŋ$^{35}$ŋɔn$^{53}_{44}$xɔŋ$^{53}_{44}$ɕi$^{53}$ʂau$^{35}_{44}$.

【香肠】ɕiɔŋ$^{35}$tʂ$^{h}$ɔŋ$^{13}_{21}$ [名]将浓重调味的细肉块填塞在动物小肠制成的肠衣或合成物料制成的膜衣内而成的食品：欸，粉肠子还有只作用就做～，系啊？筑～。我以映子有兜人喜欢自家去做～。e$_{21}$,fən$^{21}$tʂ$^{h}$ɔŋ$^{13}$tsɿ$^{0}$xai$^{13}_{21}$iəu$^{35}_{53}$tʂak$^{3}$tsok$^{3}$iəŋ$^{53}$le$^{0}$ts$^{h}$iəu$^{53}$tso$^{53}$ɕiɔŋ$^{35}$tʂ$^{h}$ɔŋ$^{13}_{44}$,xei$^{53}$a$^{0}$?tʂəuk$^{3}$ɕiɔŋ$^{35}$tʂ$^{h}$ɔŋ$^{13}_{21}$.ŋai$^{13}_{21}$i$^{21}_{44}$iaŋ$^{53}$tsɿ$^{0}$iəu$^{35}_{44}$tei$^{35}_{53}$ȵin$^{13}_{21}$ɕi$^{21}$fən$^{35}_{44}$ts$^{h}$ɿ$^{35}$ka$^{35}_{53}$ɕi$^{53}$tso$^{53}_{44}$ɕiɔŋ$^{35}$tʂ$^{h}$ɔŋ$^{13}_{21}$.

【香干子】ɕiɔŋ$^{35}$kɔn$^{35}$tsɿ$^{0}$ [名]经过卤制的豆腐干：欸，陈家桥箇映子有只店里，有只厂，箇只人办只厂，专门做～卖。e$_{21}$,tʂ$^{h}$ən$^{13}_{21}$ka$^{35}_{53}$c$^{h}$iau$^{13}$kai$^{53}_{44}$iaŋ$^{53}_{44}$tsɿ$^{0}$iəu$^{35}_{44}$tʂak$^{3}$tian$^{53}$ni$^{0}$,iəu$^{35}$tʂak$^{3}$tʂ$^{h}$ɔŋ$^{21}$,kai$^{53}$tʂak$^{3}$

ɲin$^{13}_{44}$pʰan$^{53}$tʂak$^{3}$ tʂʰəŋ$^{21}$,tʂen$^{35}$mən$^{13}_{44}$tso$^{53}$çiəŋ$^{35}$kən$^{35}$tsɿ$^{0}$ mai$^{53}$.

【香港脚】çiəŋ$^{35}_{44}$kəŋ$^{21}$ciɔk$^{3}$ 名脚癣的别称：有欸打比箇脚上脱皮，也系就脚气嘞，系唔系？～，欸。iəu$^{35}_{44}$e$_{44}$ta$^{21}$pi$^{21}$kai$^{53}$ciɔk$^{3}$ xəŋ$^{53}$tʰəit$^{3}$ pʰi$^{13}$,ia$^{35}$xei$^{53}$tsʰiəu$^{53}$ciɔk$^{3}$ çi$^{53}$le$^{0}$,xei$^{53}_{44}$me$^{53}_{44}$?çiəŋ$^{35}_{44}$kəŋ$^{21}$ciɔk$^{3}$,e$_{21}$.

【香菇】çiəŋ$^{35}$ku$^{35}$ 名寄生在栗树等树干的蕈类，味鲜美：我等以映子啊靠近江西靠近铜鼓个箇映子啊，大架势种～。我等张坊也有人种哩～，嬗种几多子，冇几大规模。箇边，靠近铜鼓箇向大架势种啊～。因为铜鼓箇向种～哇。欸，都系我等客姓人搞个，都系客姓人去下子搞，种唔知几多～。欸，又卖生个，又卖熷个。ŋai$^{13}$tien$^{0}$ i$^{21}$iaŋ$^{53}$tsɿ$^{21}$a$^{0}$ kʰau$^{53}$cʰin$^{53}$kəŋ$^{35}$si$^{35}_{44}$kʰau$^{53}$ cʰin$^{53}$tʰəŋ$^{13}$ku$^{21}$ke$^{53}_{44}$kai$^{53}_{44}$iaŋ$^{53}_{44}$tsɿ$^{0}$ a$^{0}$ ,tʰai$^{53}$cia$^{53}_{44}$ʂɿ$^{53}_{44}$tʂəŋ$^{53}_{44}$çiəŋ$^{35}$ku$^{35}_{44}$.ŋai$^{13}$tien$^{0}$ tʂəŋ$^{35}$fəŋ$^{35}_{44}$ŋa$^{35}_{44}$iəu$^{35}$ɲin$^{13}_{21}$tʂəŋ$^{53}$li$^{0}$ çiəŋ$^{35}$ku$^{35}$,maŋ$^{13}$tʂəŋ$^{53}$ci$^{21}$to$^{35}$tsɿ$^{0}$,mau$^{13}_{21}$ci$^{21}$tʰai$^{53}$kuei$^{35}$mu$^{13}_{21}$.kai$^{53}$pien$^{35}_{44}$,kʰau$^{53}$cʰin$^{53}_{44}$tʰəŋ$^{13}$ku$^{21}$kai$^{53}_{44}$çiəŋ$^{53}_{44}$tʰai$^{53}$ cia$^{53}_{44}$ʂɿ$^{53}_{44}$tʂəŋ$^{53}_{44}$ŋa$^{0}$ çiəŋ$^{35}$ku$^{35}_{21}$.in$^{35}$uei$^{53}_{44}$tʰəŋ$^{13}$ku$^{21}$kai$^{53}$çiəŋ$^{53}$tʂəŋ$^{53}$çiəŋ$^{35}_{44}$ku$^{35}$ua$^{0}$ .e$_{21}$,təu$^{35}$xei$^{53}$ŋai$^{13}_{21}$tien$^{0}$ kʰak$^{3}$ sin$^{53}$ ɲin$^{13}_{44}$kau$^{21}$ke$^{0}$ ,təu$^{35}$xei$^{53}$kʰak$^{3}$ sin$^{53}$ɲin$^{13}_{21}$çi$^{53}$xa$^{53}$tsɿ$^{0}$ kau$^{21}$,tʂəŋ$^{53}$n̩$^{13}_{21}$ti$^{35}_{44}$ci$^{21}$(t)o$^{35}_{53}$çiəŋ$^{35}$ku$^{35}_{44}$.e$_{21}$,iəu$^{53}$mai$^{53}$saŋ$^{35}$ke$^{53}$, iəu$^{53}$mai$^{53}$tsau$^{35}$ke$^{53}$.

【香瓜】çiəŋ$^{35}$kua$^{35}$ 名瓜名，皮黄：以只～以只栏场有人栽。渠跌倒个种，唔知让门让门跌倒来个，/就成哩成哩箇个，/跌倒箇个哪只土地上啊，箇个唔知让门来个。唔知还系水饮瓜变个么啊变个。i$^{21}$tʂak$^{3}$ çiəŋ$^{35}$kua$^{35}$i$^{21}$tʂak$^{3}$ laŋ$^{13}$tʂʰəŋ$^{13}$mau$^{13}_{21}$in$^{13}_{21}$tsəi$^{35}$.ci$^{13}$tiet$^{3}$ tau$^{21}$ke$^{53}$tʂəŋ$^{21}$,n̩$^{13}$ti$^{35}_{44}$ɲiəŋ$^{53}_{44}$mən$^{0}$ ɲiəŋ$^{53}_{44}$mən$^{0}$ tiet$^{3}$ tau$^{21}$ləi$^{13}$ke$^{53}_{44}$,/tsʰiəu$^{53}$ʂaŋ$^{13}$li$^{0}$ ʂaŋ$^{13}$li$^{0}$ kai$^{53}_{44}$ke$^{53}_{44}$,/tiet$^{3}$ tau$^{21}$kai$^{53}_{21}$ke$^{53}_{44}$lai$^{53}$tʂak$^{3}$ tʰəu$^{21}$tʰi$^{53}$xəŋ$^{53}_{44}$ a$^{0}$ ,kai$^{53}_{44}$ke$^{53}_{44}$n̩$^{13}$ti$^{35}_{44}$ɲiəŋ$^{53}_{44}$mən$^{0}$ ləi$^{13}$ke$^{53}$.n̩$^{13}$ti$^{35}_{53}$xai$^{13}_{21}$xe$^{53}$ʂei$^{21}$in$^{21}_{13}$kua$^{35}$pien$^{53}_{44}$ke$^{53}_{44}$mak$^{3}$ a$^{0}$ pien$^{53}_{44}$ke$^{53}_{44}$.

【香火】çiəŋ$^{35}$fo$^{21}$ 名用于祭祀祖先神佛的香和烛火：高亲都走嘿哩了，你就分箇只牌位请倒，掇倒，和～，和箇个～箇只放下禾坪前口，放下厅下门口，禾坪前口。kau$^{35}$tsʰin$^{35}_{44}$təu$^{35}_{44}$tsei$^{21}$ xek$^{3}$ li$^{0}$ liau$^{0}$ , ɲi$^{13}$tsʰiəu$^{53}$pən$^{35}$kai$^{53}_{21}$tʂak$^{3}$ pʰai$^{13}_{21}$uei$^{53}_{44}$tsʰiaŋ$^{21}$tau$^{21}$,təit$^{3}$ tau$^{21}$,uo$^{53}$çiəŋ$^{35}$fo$^{21}$,uo$^{53}$kai$^{53}_{44}$ke$^{53}_{44}$çiəŋ$^{35}$fo$^{21}$ kai$^{53}_{44}$tʂak$^{3}$ fəŋ$^{53}$ŋa$_{44}$(←xa$^{53}$)uo$^{13}_{21}$pʰiaŋ$^{13}_{44}$tsʰien$^{13}$xei$^{21}$,fəŋ$^{53}_{44}$ŋa$_{44}$(←xa$^{53}$)tʰaŋ$^{35}$xa$^{53}_{44}$mən$^{13}$xei$^{21}$,uo$^{13}_{21}$pʰiaŋ$^{13}_{21}$tsʰien$^{13}$ xei$^{21}$.

【香几桌】çiəŋ$^{35}$ci$^{35}_{44}$tsɔk$^{3}$ 名香案，用来放香炉的长方形高桌子。也称“香几桌子”：去装香就装啊～上。çi$^{53}$tsəŋ$^{35}_{44}$çiəŋ$^{35}$tsʰiəu$^{53}_{21}$tsəŋ$^{35}$ŋa$^{0}$ çiəŋ$^{35}$ci$^{35}_{44}$tsɔk$^{3}$ xəŋ$^{53}$.｜你分箇～抹净下子啊，欸，去分箇张～抹净下子，好装香啊。ɲi$^{13}_{21}$pən$^{35}_{44}$kai$^{53}_{44}$çiəŋ$^{35}$ci$^{35}_{44}$tsɔk$^{3}$ mait$^{3}$ tsʰiaŋ$^{53}$ŋa$^{53}$tsɿ$^{0}$ a$^{0}$ ,e$_{21}$,çi$^{53}_{44}$pən$^{35}_{44}$kai$^{53}_{44}$tʂəŋ$^{35}_{44}$ çiəŋ$^{35}$ci$^{35}_{44}$tsɔk$^{3}$ mait$^{3}$ tsʰiaŋ$^{53}$ŋa$^{53}$tsɿ$^{0}$,xau$^{21}$tsəŋ$^{35}_{44}$çiəŋ$^{35}$ŋa$^{0}$.｜箇是祠堂里用个嘞，～子。kai$^{53}_{44}$ʂɿ$^{53}_{44}$tsʰɿ$^{13}_{21}$ tʰəŋ$^{13}_{44}$li$^{0}$ iəŋ$^{53}$ke$^{53}_{44}$le$^{0}$ ,çiəŋ$^{35}$ci$^{35}_{44}$tsɔk$^{3}$ tsɿ$^{0}$.

【香客】çiəŋ$^{35}$kʰak$^{3}$ 名①到庙里烧香的人：欸箇个华佗庙哇，今晡是华佗庙欸箇个华佗仙师个生日，来几十桌～，～都来哩几十桌。e$_{21}$kai$^{53}$ke$^{53}_{44}$fa$^{13}$tʰo$^{13}_{21}$miau$^{53}$ua$^{0}$ ,cin$^{35}$pu$^{35}_{44}$ʂɿ$^{53}_{44}$fa$^{13}$tʰo$^{13}$miau$^{53}$e$_{21}$ kai$^{53}$ke$^{53}_{44}$fa$^{13}$tʰo$^{13}$sien$^{35}$sɿ$^{35}_{53}$ke$^{53}_{21}$saŋ$^{35}$ɲiet$^{3}$ ,ləi$^{13}$ci$^{21}$ʂət$^{5}$ tsɔk$^{3}$ çiəŋ$^{35}$kʰak$^{3}$ ,çiəŋ$^{35}$kʰak$^{3}$ təu$^{35}_{53}$ləi$^{13}_{21}$li$^{0}$ ci$^{21}$ʂət$^{5}$ tsɔk$^{3}$. ②指为死者打祭的邻居：欸，邻舍，也爱打场祭。～，就～。e$_{21}$,lin$^{13}$ʂa$^{53}_{44}$,ia$^{35}$əi$^{53}_{44}$ta$^{21}$tʂʰəŋ$^{13}$ tsi$^{53}$.çiəŋ$^{35}$kʰak$^{3}$,tsʰiəu$^{53}_{44}$çiəŋ$^{35}$kʰak$^{3}$.

【香料】çiəŋ$^{35}$liau$^{53}$ 名含有香味的质料，多指用于调味的：欸，炒菜个～哇？一只就箇个啦一只就葱姜蒜呐，系啊？欸碧齿，薄荷，紫苏，茴香，欸，以下就满园香，欸，就放兜子咁个吧。欸，还有小米椒，箇唔知几辣个辣椒王啊。系啊？放兜子咁个。e$_{44}$,tsʰau$^{21}$tsʰəi$^{53}$ke$^{0}$ çiəŋ$^{35}$ liau$^{53}_{44}$ua$^{0}$ ?iet$^{3}$ tʂak$^{3}$ tsʰiəu$^{53}_{44}$kai$^{53}$ke$^{53}_{44}$la$^{0}$ iet$^{3}$ tʂak$^{3}$ tsʰiəu$^{53}_{44}$tsʰəŋ$^{35}_{44}$ciəŋ$^{35}_{44}$sən$^{53}$na$^{0}$ ,xei$^{53}_{44}$a$^{0}$ ?e$^{0}$ piet$^{3}$ tʂʰɿ$^{21}$,pʰɔk$^{5}$ xo$^{13}$, tsɿ$^{21}$sɿ$^{35}$,fei$^{13}$çiəŋ$^{35}$,e$_{21}$,i$^{21}$xa$^{53}$tsʰiəu$^{53}$man$^{35}$ien$^{13}_{21}$çiəŋ$^{35}$,e$_{21}$,tsʰiəu$^{53}_{21}$fəŋ$^{53}$təu$^{35}_{53}$tsɿ$^{0}$kan$^{21}$ke$^{53}$pa$^{0}$ .ei$_{21}$,xai$^{13}_{21}$iəu$^{35}_{53}$siau$^{21}$ mi$^{21}$tsiau$^{35}$,kai$^{53}$n̩$^{13}$ti$^{35}_{53}$ci$^{21}$lait$^{5}$ ke$^{0}$ lait$^{5}$ tsiau$^{35}_{44}$uəŋ$^{13}$ŋa$^{0}$ .xei$^{53}_{44}$a$^{0}$ ?fəŋ$^{53}_{44}$təu$^{35}_{53}$tsɿ$^{0}$ kan$^{21}$ke$^{0}$.｜箇个萝卜干子肚里就加各种各样个～箇只。kai$^{53}_{44}$ke$^{53}_{44}$lo$^{13}_{21}$pʰek$^{5}$ kən$^{35}$tsɿ$^{0}$ tau$^{21}$li$^{0}$ tsʰiəu$^{53}_{44}$cia$^{35}$kɔk$^{3}$ tʂəŋ$^{21}$kɔk$^{3}$ iəŋ$^{53}_{44}$ke$^{53}_{44}$çiəŋ$^{35}$ liau$^{53}$kai$^{53}_{44}$tʂak$^{3}$.

【香炉】çiəŋ$^{35}$ləu$^{13}_{21}$ 名焚香的器具。用陶瓷或金属做成：点正哩放倒箇～肚里就安做装香。tian$^{21}$tʂaŋ$^{53}$li$^{0}$ fəŋ$^{53}$tau$^{21}$kai$^{53}$çiəŋ$^{35}$ləu$^{13}_{21}$təu$^{21}$li$^{0}$ tsʰiəu$^{53}_{44}$ən$^{35}_{44}$tso$^{53}_{44}$tsəŋ$^{35}$çiəŋ$^{35}_{44}$.

【香炉钵】çiəŋ$^{35}$ləu$^{13}_{21}$pait$^{3}$ 名香炉：插嘿箇～肚里去。tsʰait$^{3}$ ek$^{3}_{5}$kai$^{53}_{44}$çiəŋ$^{35}$ləu$^{13}_{21}$pait$^{3}$ təu$^{21}$li$^{0}$ çi$^{53}_{44}$.

【香茗】çiəŋ$^{35}$min$^{13}$ 名指茶，祭祀等场合用的雅称：～就系茶。çiəŋ$^{35}$min$^{13}_{21}$tsʰiəu$^{53}_{44}$xe$^{53}_{44}$tsʰa$^{13}$.

【香蒲】çiəŋ$^{35}$pʰu$^{13}$ 名实指菖蒲：我等又有人喊～呢。菖蒲又喊做～呢。过端阳个时候子啊，就舞滴子舞几条～啦，舞滴子蕲艾，欸，挂倒箇门口呀。就过端阳啊。我等讲～，唔讲菖蒲。ŋai$^{13}$tien$^{0}$ iəu$^{53}$iəu$^{35}_{44}$ɲin$^{13}_{21}$xan$^{53}$çiəŋ$^{35}$pʰu$^{13}_{21}$nei$^{0}$ .tʂʰəŋ$^{35}$pʰu$^{13}_{21}$iəu$^{53}_{44}$xan$^{53}$tso$^{53}_{44}$çiəŋ$^{35}$pʰu$^{13}_{21}$nei$^{0}$ .ko$^{53}$tən$^{35}$ɲiəŋ$^{13}_{44}$ke$^{53}_{44}$ʂɿ$^{13}_{44}$ xəu$^{53}_{44}$tsa$^{0}$ ,tsʰiəu$^{53}$u$^{21}$tiet$^{5}$ tsɿ$^{0}$ u$^{21}$ci$^{21}$tʰiau$^{13}_{21}$çiəŋ$^{35}$pʰu$^{13}_{44}$la$^{0}$ ,u$^{21}$tiet$^{5}$ tsɿ$^{0}$ cʰi$^{13}$ɲie$^{53}$,e$_{21}$,kua$^{53}$tau$^{21}$kai$^{53}$mən$^{13}$xei$^{21}$ia$^{0}$.

tsiəu$^{53}_{44}$ko$^{53}$tən$^{35}$ȵiɔŋ$^{13}_{21}$ŋa$^{0}$.ŋai$^{13}$tien$^{0}$kɔŋ$^{21}$çiɔŋ$^{35}$p$^{h}$u$^{13}_{21}$,n̩$^{13}_{21}$kɔŋ$^{21}$tʂ$^{h}$ɔŋ$^{35}$p$^{h}$u$^{13}_{21}$.｜有几种～嘞，我是只晓得一种，安做剑香蒲。欸，过端阳个时候子就爱舞兜子～掺薪艾挂下门口。iəu$^{35}$ci$^{21}$tʂəŋ$^{21}$çiɔŋ$^{35}$p$^{h}$u$^{13}_{44}$ lei$^{0}$,ŋai$^{13}$ʂʅ$^{53}$tʂʅ$^{21}$çiau$^{21}$tek$^{3}$ iet$^{3}$ tʂəŋ$^{21}$,ɔn$^{35}_{44}$tso$^{53}_{44}$cian$^{53}$çiɔŋ$^{35}_{44}$p$^{h}$u$^{13}_{21}$.e$_{21}$,ko$^{53}$tən$^{35}$iɔŋ$^{13}_{21}$ke$^{53}$ʂʅ$^{13}$xei$^{53}$tsɿ$^{0}$ ts$^{h}$iəu$^{53}$ɔi$^{53}$u$^{21}$ te$^{35}_{53}$tsɿ$^{0}$ çiɔŋ$^{35}$p$^{h}$u$^{13}_{44}$lau$^{35}_{44}$c$^{h}$i$^{13}$ȵie$^{53}$kua$^{53}_{44}$(x)a$^{53}_{44}$mən$^{13}$xei$^{21}$.

【香扦子】çiɔŋ$^{35}$ts$^{h}$ien$^{35}$tsɿ$^{0}$ 名时香烧后剩下的篾杆子，常用来拨灯心，也用来比况东西之小：有种蚂蚁子啊就系～咁大子个蚂蚁子。iəu$^{35}$tʂəŋ$^{21}$ma$^{35}$lei$^{13}_{44}$tsɿ$^{0}$ a$^{0}$ ts$^{h}$iəu$^{53}$xe$^{53}$çiɔŋ$^{35}$ts$^{h}$ien$^{35}_{44}$tsɿ$^{0}$ kan$^{21}$t$^{h}$ai$^{53}$ tsɿ$^{0}$ ke$^{0}$ ma$^{35}$lei$^{13}_{44}$tsɿ$^{0}$.｜有种圆子心呢～咁大子。iəu$^{35}$tʂəŋ$^{21}$vien$^{13}$tsɿ$^{0}$ sin$^{35}$ne$^{0}$ çiɔŋ$^{35}$ts$^{h}$ien$^{35}_{44}$tsɿ$^{0}$kan$^{21}$t$^{h}$ai$^{53}$ tsɿ$^{0}$.

【香荽】çiɔŋ$^{35}$si$^{35}_{44}$ 名紫苏（"香"有时会讹变为 siɔŋ$^{35}$）：有～呀。～呀，紫苏哇。……晒盐换茶子就是箇子箇只香味真好食唠。iəu$^{35}_{44}$çiɔŋ$^{35}$si$^{35}_{44}$ia$^{0}$.çiɔŋ$^{35}$si$^{35}_{44}$ia$^{0}$,tsɿ$^{21}$səu$^{35}_{44}$ua$^{0}$.…sai$^{53}$ian$^{13}$uən$^{53}$ts$^{h}$a$^{13}$tsɿ$^{0}$ ts$^{h}$iəu$^{53}_{44}$ʂʅ$^{53}_{44}$kai$^{53}_{44}$tsɿ$^{0}$ kai$^{53}$tʂak$^{3}$ çiɔŋ$^{35}$uei$^{53}_{44}$tʂən$^{35}_{44}$xau$^{21}$ʂət$^{5}_{3}$ lau$^{0}$.

【香亭子】çiɔŋ$^{35}$t$^{h}$in$^{13}$tsɿ$^{0}$ 名放置遗像的纸扎：老哩人就蛮多人去租只～来放箇个嘞呃放箇只亡人个像嘞。～就一只子有兜像咁个东西样个，四只脚，咁大子，张子凳咁大子吧。四只脚，一张凳样。顶高嘞欸同箇一只子屋栋样。肚里嘞放下子箇亡人像。就系放箇映子摆下子。有四只柱子啊，舞绺子红纸子嘞，写副子细对子，贴下箇柱子上。大概渠系作为一只么个嘞？大概是作为死者死哩以后渠个灵魂就在箇～肚里。你烧香就到箇香案上，～就放下香案上。有兜嘞顶高嘞欸顶箇只灵前呢灵前就放只大像，以带底下退下来～箇映嘞就放只细兜子个像。箇只亡者个像啊。嗯，就咁子搞倒个。箇可以抬起走，冇得冇几重啊，手都捉得走嘿哩，手都扐倒走嘿哩。出柩个时候子有兜也掇嘿岭上去嘞。掇倒做得啊，箇只东西是冇几重个，飘轻子。有兜甚至系么个做个？系纸壳子做个箇只伞柱柱子，就做只咁个亭子样。箇租个就唔烧啦，租倒来个啦～啦。有兜是扎只～啊。lau$^{21}$li$^{0}$ȵin$^{13}$ts$^{h}$iəu$^{53}$man$^{13}$to$^{35}_{44}$ȵin$^{13}_{21}$çi$^{53}$tsɿ$^{35}$tʂak$^{3}$ çiɔŋ$^{35}$t$^{h}$in$^{13}$ tsɿ$^{0}$ lɔi$^{13}$fɔŋ$^{53}$kai$^{53}$ke$^{53}_{44}$lei$^{0}$ ə$_{21}$fɔŋ$^{53}$kai$^{53}$tʂak$^{3}$ mɔŋ$^{13}$ȵin$^{13}$kei$^{53}_{44}$siɔŋ$^{53}$lei$^{0}$.çiɔŋ$^{35}$t$^{h}$in$^{13}_{21}$tsɿ$^{0}$ ts$^{h}$iəu$^{53}$iet$^{3}$ tʂak$^{3}$ tsɿ$^{0}$ iəu$^{35}_{44}$ te$^{35}_{44}$ts$^{h}$iɔŋ$^{53}$kan$^{21}_{13}$ke$^{53}_{44}$təŋ$^{35}_{44}$si$^{0}$ iɔŋ$^{53}_{44}$ke$^{0}$,si$^{53}$tʂak$^{3}$ ciɔk$^{3}$,kan$^{21}$t$^{h}$ai$^{53}$tsɿ$^{0}$,tʂɔŋ$^{35}$tsɿ$^{0}$ tien$^{53}$kan$^{21}$t$^{h}$ai$^{53}_{44}$tsɿ$^{0}$ pa$^{0}$.si$^{53}$tʂak$^{3}$ ciɔk$^{3}$,iet$^{3}$ tʂəŋ$^{35}$ten$^{53}$iɔŋ$^{53}_{44}$.taŋ$^{21}$kau$^{35}_{44}$lei$^{0}$ ei$_{21}$t$^{h}$əŋ$^{13}_{21}$kai$^{53}$iet$^{3}$ tʂak$^{3}$ tsɿ$^{0}$ uk$^{3}$ təŋ$^{53}$iɔŋ$^{53}$.təu$^{21}$li$^{0}$ lei$^{0}$ fɔŋ$^{53}$xa$^{53}_{44}$tsɿ$^{0}$ kai$^{53}_{44}$ mɔŋ$^{13}$ȵin$^{13}$siɔŋ$^{53}$.ts$^{h}$iəu$^{53}$xei$^{53}_{44}$fɔŋ$^{53}$kai$^{53}$iaŋ$^{53}$tsɿ$^{0}$ pai$^{21}$ia$^{53}$tsɿ$^{0}$.iəu$^{35}$si$^{53}$iak$^{3}$ tʂ$^{h}$əu$^{35}$tsɿ$^{0}$ a$^{0}$,u$^{21}$liəu$^{53}$tsɿ$^{0}$ fəŋ$^{13}$tʂʅ$^{21}$tsɿ$^{0}$ lei$^{0}$,sia$^{21}$fu$^{53}$tsɿ$^{0}$ se$^{53}$ti$^{53}$tsɿ$^{0}$,tiait$^{3}$ (x)a$^{53}_{44}$kai$^{53}_{44}$tʂ$^{h}$əu$^{35}$tsɿ$^{0}$ xɔŋ$^{53}$.t$^{h}$ai$^{53}$k$^{h}$ai$^{53}$ci$^{53}_{21}$xei$^{53}$tsɔk$^{3}$ uei$^{13}_{21}$iet$^{3}$ tʂak$^{3}$ mak$^{3}$ e$^{0}$ lei$^{0}$? t$^{h}$ai$^{53}$k$^{h}$ai$^{53}$ʂʅ$^{53}_{44}$tsɔk$^{3}$ uei$^{13}_{44}$si$^{21}$tʂa$^{21}$si$^{21}$li$^{0}$ i$^{35}$xei$^{53}$ci$^{13}$ke$^{53}$lin$^{13}$fən$^{13}$ts$^{h}$iəu$^{53}$ts$^{h}$ai$^{53}$kai$^{53}$çiɔŋ$^{35}$t$^{h}$in$^{13}_{21}$tsɿ$^{0}$ təu$^{21}$li$^{0}$.ȵi$^{13}_{21}$ʂau$^{35}_{44}$ çiɔŋ$^{35}$ts$^{h}$iəu$^{53}$tau$^{53}$kai$^{53}$çiɔŋ$^{35}$ŋɔn$^{53}$xɔŋ$^{53}$,çiɔŋ$^{35}$t$^{h}$in$^{13}_{21}$tsɿ$^{0}$ ts$^{h}$iəu$^{53}_{44}$fɔŋ$^{53}_{44}$ŋa$^{53}_{44}$çiɔŋ$^{35}$ŋɔn$^{53}$xɔŋ$^{53}$.iəu$^{35}$te$^{35}_{53}$lei$^{0}$ taŋ$^{21}$kau$^{35}_{44}$ lei$^{0}$ e$^{0}$ taŋ$^{21}$kai$^{53}$tʂak$^{3}$ lin$^{13}$ts$^{h}$ien$^{13}$nei$^{0}$ lin$^{13}$ts$^{h}$ien$^{13}_{21}$ts$^{h}$iəu$^{53}$fɔŋ$^{53}$tʂak$^{3}$ t$^{h}$ai$^{53}$siɔŋ$^{53}$,i$^{21}$tai$^{53}$tei$^{21}$xa$^{35}$t$^{h}$ei$^{53}$xa$^{35}$lɔi$^{13}_{21}$çiɔŋ$^{35}$ t$^{h}$in$^{13}_{21}$tsɿ$^{0}$ kai$^{53}_{44}$iaŋ$^{53}_{44}$lei$^{0}$ ts$^{h}$iəu$^{53}$fɔŋ$^{53}$tʂak$^{3}$ se$^{53}$te$^{35}_{53}$tsɿ$^{0}$ ke$^{53}_{44}$siɔŋ$^{53}$.kai$^{53}_{44}$tʂak$^{3}$ mɔŋ$^{13}$tʂa$^{21}$ke$^{53}_{44}$siɔŋ$^{53}$ŋa$^{0}$.n̩$_{21}$,tsiəu$^{53}$kan$^{13}$ tsɿ$^{0}$ kau$^{21}$tau$^{21}$ke$^{53}$.kai$^{53}$k$^{h}$o$^{21}$i$^{35}_{53}$t$^{h}$ɔi$^{13}_{44}$çi$^{21}_{44}$tsei$^{21}_{44}$,mau$^{13}$tek$^{3}$ mau$^{13}$ci$^{21}$tʂ$^{h}$əŋ$^{35}$ŋa$^{0}$,ʂəu$^{21}$təu$^{35}_{53}$ia$^{21}$tek$^{3}$ tsei$^{21}$(x)ek$^{3}$ li$^{0}$, ʂəu$^{21}$təu$^{35}_{53}$let$^{5}$ tau$^{21}_{44}$tsei$^{21}$(x)ek$^{3}$ li$^{0}$.tʂ$^{h}$ət$^{3}$ ciəu$^{53}$ke$^{53}_{44}$ʂʅ$^{13}_{44}$xəu$^{53}_{44}$tsɿ$^{0}$ iəu$^{35}$te$^{35}_{53}$ia$^{35}_{44}$tɔit$^{3}$ (x)ek$^{3}$ liaŋ$^{35}$xɔŋ$^{53}_{44}$çi$^{53}$lei$^{0}$.tɔit$^{3}$ tau$^{21}$tso$^{53}$tek$^{3}$ a$^{0}$,kai$^{53}_{44}$(tʂ)ak$^{3}$ (t)təŋ$^{35}_{44}$si$^{0}$ ʂʅ$^{53}_{21}$mau$^{13}_{21}$ci$^{21}$tʂ$^{h}$əŋ$^{35}$ke$^{0}$,p$^{h}$iau$^{35}$c$^{h}$iaŋ$^{35}_{44}$tsɿ$^{0}$.iəu$^{35}$te$^{35}_{44}$ʂən$^{53}$tʂʅ$^{53}$xei$^{53}$mak$^{3}$ e$^{0}$ tso$^{53}$ke$^{0}$?xei$^{53}$tʂʅ$^{21}$k$^{h}$ɔk$^{3}$ tsɿ$^{0}$ tso$^{53}_{44}$ke$^{53}_{44}$kai$^{53}$tʂak$^{3}$ san$^{21}$tʂ$^{h}$əu$^{35}$tʂ$^{h}$əu$^{35}$tsɿ$^{0}$,ts$^{h}$iəu$^{53}$tso$^{53}$tʂak$^{3}$ kan$^{21}_{44}$(k)e$^{53}_{44}$t$^{h}$in$^{13}$tsɿ$^{0}$ iɔŋ$^{53}$. kai$^{53}$tsɿ$^{35}$ke$^{53}$ts$^{h}$iəu$^{53}$n̩$^{13}$ʂau$^{35}_{44}$la$^{0}$,tsɿ$^{35}$tau$^{21}$lɔi$^{13}_{21}$ke$^{53}_{44}$la$^{0}$ çiɔŋ$^{35}$t$^{h}$in$^{13}_{21}$tsɿ$^{0}$ la$^{0}$.iəu$^{35}$te$^{35}_{53}$ʂʅ$^{53}_{44}$tsait$^{3}$ tʂak$^{3}$ çiɔŋ$^{35}$t$^{h}$in$^{13}_{44}$tsɿ$^{0}$ a$^{0}$.

【香味】çiɔŋ$^{35}$uei$^{53}$ 名芳香的气味：晒盐换茶子就是箇子箇只～真好食唠。sai$^{53}$ian$^{13}$uən$^{53}$ts$^{h}$a$^{13}$tsɿ$^{0}$ ts$^{h}$iəu$^{53}_{44}$ʂʅ$^{53}_{44}$kai$^{53}_{44}$tsɿ$^{0}$ kai$^{53}$tʂak$^{3}$ çiɔŋ$^{35}$uei$^{53}_{44}$tʂən$^{35}_{44}$xau$^{21}$ʂət$^{5}_{3}$ lau$^{0}$.

【香云纱】çiɔŋ$^{35}$uən$^{13}$sa$^{35}$ 名一种古老的手工织造和染整制作的植物染色面料：我就唔多记得哩嘞，箇阵子话么个做衫呐，做～个衫呢，做件衫呐做条裤啊箇个？热天凉快个吧着倒吧？渠系种布吵，我想扯兜子～来着哩，我唔记得扯哩啊赠扯。ŋai$^{13}$ts$^{h}$iəu$^{53}$n̩$^{13}_{21}$to$^{35}_{44}$ci$^{53}$tek$^{3}$ li$^{0}$ lei$^{0}$,kai$^{53}$ tʂ$^{h}$ən$^{53}$tsɿ$^{0}$ ua$^{53}$mak$^{3}$ ke$^{53}$tso$^{53}$san$^{35}$na$^{0}$,tso$^{53}$siɔŋ$^{35}$uən$^{13}_{21}$sa$^{35}$ke$^{53}$san$^{35}$nei$^{0}$,tso$^{53}_{44}$c$^{h}$ien$^{53}_{44}$san$^{35}$na$^{0}$ tso$^{53}$t$^{h}$iau$^{13}_{21}$fu$^{53}$a$^{0}$ kai$^{53}_{44}$kei$^{53}_{44}$?ȵiet$^{5}$ t$^{h}$ien$^{35}_{44}$liɔŋ$^{13}$k$^{h}$uai$^{53}_{44}$ke$^{53}_{44}$pa$^{0}$ tʂɔk$^{3}$ tau$^{21}$pa$^{0}$?ci$^{13}_{21}$xei$^{53}$tʂəŋ$^{21}$pu$^{53}$ʂa$^{0}$,ŋai$^{13}_{44}$siɔŋ$^{21}$tʂ$^{h}$a$^{21}$te$^{35}_{53}$tsɿ$^{0}$ siɔŋ$^{35}_{44}$ uən$^{13}_{21}$sa$^{35}$lɔi$^{13}_{44}$tʂɔk$^{3}$ li$^{0}$,ŋai$^{13}_{21}$n̩$^{13}$ci$^{53}$tek$^{3}$ tʂ$^{h}$a$^{21}$li$^{0}$ a$^{0}$ maŋ$^{13}_{21}$tʂ$^{h}$a$^{21}$.

【香烛】çiɔŋ$^{35}$tʂəuk$^{3}$ 名祭祀、敬神等用的香和蜡烛。也称"香烛子"：带滴～箇只啦。tai$^{53}_{44}$tiet$^{5}_{3}$ çiɔŋ$^{35}$tʂəuk$^{3}$ kai$^{53}_{44}$tʂak$^{3}$ la$^{0}$.｜烧滴子香～子啊。ʂau$^{35}_{44}$tet$^{5}$ tsɿ$^{0}$ çiɔŋ$^{35}$tʂəuk$^{3}$ tsa$^{0}$.

【香烛钱子】çiɔn$^{35}$tʂəuk$^{3}$ ts$^{h}$ien$^{13}$tsɿ$^{0}$ 名香客购买香烛的费用：你到庙里就不能打空手哇，系啊？你就拿兜子～子，买滴子香烛，欸敬下子神明呐，就付兜子～啊。ȵi$^{13}_{21}$tau$^{53}_{44}$miau$^{53}$li$^{0}$ ts$^{h}$iəu$^{53}$pət$^{3}$ len$^{13}_{44}$ta$^{21}$k$^{h}$əŋ$^{35}$ʂəu$^{21}$ua$^{0}$,xei$^{53}$a$^{0}$?ȵi$^{13}_{21}$ts$^{h}$iəu$^{53}$la$^{53}$te$^{35}_{53}$tsɿ$^{0}$ çiɔŋ$^{35}$tʂəuk$^{3}$ ts$^{h}$ien$^{13}$tsɿ$^{0}$,mai$^{35}$tiet$^{5}$ tsɿ$^{0}$ çiɔŋ$^{35}$tʂəuk$^{3}$,ei$^{0}$

X

cin53na53tsʅ0 ʂən13min13na0,tsiəu53fu53te$^{35}_{53}$tsʅ0 çiɔŋ35tʂəuk3 tsʰien13tsʅ0 a0.

【厢】siɔŋ35 量畦。也称“厢子”：一～菜地 iet3 siɔŋ35tsʰɔi53tʰi53｜我箇一～子，就系两张子床床咁阔子吧，一～子土，两张子长咁床咁大子，荷嘿几担粪。ŋai13kai53iet3 siɔŋ35tsʅ0,tsʰiəu53uei53 iɔŋ21tʂɔŋ35tsʅ0 tsʰɔŋ13kan21kʰɔit3 tsʅ0 pa0,iet3 siɔŋ35tsʅ0 tʰəu21,iɔŋ21tʂɔŋ35tsʅ0 tʂʰɔŋ$^{13}_{44}$kan$^{21}_{44}$tsʰɔŋ13kan21tʰai53tsʅ0, kʰai35iek3 ci21tan35pən53.

【厢房】siɔŋ35fɔŋ13 名正房前面天井左右两旁的房屋：只有厢就东～西～。箇就有咁样话法。东～西～，～就有。因为渠只有一只，～只有一只，欸，只有两只，一边一只。两边就～。tʂʅ21iəu$^{35}_{44}$siɔŋ35tsʰiəu$^{53}_{44}$təŋ35siɔŋ$^{35}_{44}$fɔŋ$^{13}_{21}$si35 siɔŋ$^{35}_{44}$fɔŋ$^{13}_{21}$.kai$^{53}_{44}$tsʰiəu$^{53}_{44}$iəu35kan21iɔŋ$^{21}_{53}$ua53fait3 .təŋ35siɔŋ$^{35}_{44}$fɔŋ$^{13}_{21}$si35 siɔŋ$^{35}_{44}$fɔŋ$^{13}_{21}$,siɔŋ35fɔŋ$^{13}_{21}$tsʰiəu$^{53}_{44}$iəu$^{35}_{44}$.in35uei53ci$^{13}_{21}$tʂʅ21iəu$^{35}_{53}$iet3 tʂak3 ,siɔŋ35fɔŋ$^{13}_{21}$tʂʅ21iəu$^{35}_{53}$iet3 tʂak3 ,e21,tʂʅ21iəu$^{35}_{53}$iɔŋ21 tʂak3 ,iet3 pien35iet3 tʂak3 .iɔŋ21pien$^{35}_{44}$tsʰiəu$^{53}_{44}$siɔŋ35fɔŋ$^{13}_{21}$.

【厢房门】siɔŋ35fɔŋ13mən13 名进出厢房的门：箇个祠堂啊，箇老屋啊，一般就我等箇老屋就咁子做，一只上厅，一只下厅，两边个就系厢房。厢房个门就安做～。kai53ke$^{53}_{44}$tsʰʅ35tʰɔŋ$^{13}_{44}$ŋa0,kai53 lau21uk3 a0,iet3 pən35tsʰiəu53ŋai13tien0 kai53lau21uk3 tsʰiəu53kan21tsʅ0 tso53,iet3 tʂak3 ʂɔŋ53tʰaŋ35,iet3 tʂak3 xa35 tʰaŋ$^{35}_{44}$,iɔŋ21pien35ke$^{53}_{44}$tsʰiəu$^{53}_{44}$xei$^{53}_{44}$siɔŋ35fɔŋ$^{13}_{21}$.siɔŋ35fɔŋ$^{13}_{21}$ke53mən13tsʰiəu$^{53}_{44}$ɔn$^{35}_{44}$tso$^{53}_{44}$siɔŋ35fɔŋ$^{13}_{21}$mən13.

【湘粉】siɔŋ35fən21 名南粉。又称“西粉、粉丝”：箇个～餐嫩子个，～。kai$^{53}_{44}$ke$^{53}_{44}$siɔŋ35fən21fət5 lən53tsʅ0 ke53,siɔŋ35fən21.

【湘潭镬】siɔŋ35tʰan$^{13}_{21}$uɔk5 名湘潭生产的铁锅。也称“湘潭镬子”：我只记得～呢，～就出名欸。ŋai$^{13}_{21}$tʂʅ21ci53tek3 siɔŋ35tʰan$^{13}_{21}$uɔk5 nei0,siɔŋ35tʰan$^{13}_{21}$uɔk5 tsʰiəu$^{53}_{44}$tʂʰət3 miaŋ$^{13}_{21}$ŋei0.｜～子蛮出名呢。早几年都箇个欸箇街上都还打只子广告嘞。～。加只湘潭两只字。siɔŋ$^{35}_{44}$tʰan$^{13}_{44}$uɔk5 tsʅ0 man$^{13}_{21}$tʂʰət5 miaŋ$^{13}_{21}$ne0 .tsau21ci21ɲien$^{13}_{21}$təu$^{35}_{44}$kai$^{53}_{44}$ke$^{53}_{44}$e21 kai$^{53}_{44}$kai$^{35}_{44}$xɔŋ$^{53}_{44}$təu$^{35}_{44}$xai$^{13}_{21}$ta21tʂak3 tsʅ0 kɔŋ21kau53lei0 .siɔŋ35tʰan$^{13}_{21}$ uɔk5.cia$^{35}_{21}$tʂak3 siɔŋ35tʰan$^{13}_{21}$iɔŋ21tʂak3 sʅ53.

【箱$_1$】siɔŋ35 名也称“箱子”。①衣箱的简称：（衣箱）就安做～。tsʰiəu53ɔn$^{35}_{21}$tso$^{53}_{21}$siɔŋ35.｜提～子 tʰia35siɔŋ35tsʅ0｜圆角个～子啊？ien13kɔk3ke$^{53}_{44}$siɔŋ35tsʅ0a0？②像箱子的器具：变成哩豆腐，欸，只差舀倒去，舀下～指豆腐箱里去了。pien53tʂʰən$^{13}_{21}$ni0 tʰei53fu$^{53}_{44}$,e21,tʂʅ21tsa35iau21tau21çi53,iau21ua44(←xa53) siɔŋ35li0 çi$^{53}_{44}$liau0.｜箇～子指豆腐箱就会出水个。kai$^{53}_{44}$siɔŋ35tsʅ0 tsʰiəu$^{53}_{44}$uɔi$^{53}_{44}$tʂʰət3 ʂei21cie53.

【箱$_2$】siɔŋ35 量指成箱的东西：一～烟 iet3 siɔŋ$^{35}_{44}$ien35｜一～水果 iet3 siɔŋ$^{35}_{44}$ʂei21ko21｜正落气呀，唔系烧散纸欸，就烧整～整～个纸欸。tʂaŋ$^{53}_{44}$lɔk$^{5}_{3}$çi53ia0,n̩13tʰe44(←xe53)ʂau35san21tʂʅ21e0,tsʰiəu$^{53}_{44}$ʂau$^{35}_{44}$ tʂən21siɔŋ35tʂən21siɔŋ35ke$^{53}_{44}$tʂʅ21e0.｜我等个（豆腐）都就系咁子一～。一～用兜巾装倒。ŋai13tien0 ke53təu35tsʰiəu53xe53kan21tsʅ0 iet3 siɔŋ35.iet3 siɔŋ35iɔŋ$^{53}_{44}$tei35cin$^{35}_{44}$tʂɔŋ$^{35}_{44}$tau$^{21}_{44}$.

【箱刨】siɔŋ35pʰau13 名箱式礤床儿，用于加工红薯丝、红薯片之类：萝卜丝系咁子搞，番薯丝系咁子搞。箇起东西就有两种呢。一种细细子个，小型子个。打比样萝卜丝，欸，番薯丝，一般是萝卜丝唠，萝卜丝，炒两碗子菜呀，炒两碗子丝啊，箇就唔爱几大子，咁大子，咁长子，系啊？但是箇番薯丝嘞一下搞就搞一箩担。欸，搞几担番薯。箇个嘞就有种～，□哐□哐，安做～，刨番薯丝个。刨番薯丝个就安做～。lo13pʰiek5 sʅ35xe53kan21tsʅ0 kau21,fan35ʂəu$^{13}_{21}$sʅ$^{35}_{44}$ (x)e53kan21tsʅ0 kau21.kai53çi21təŋ$^{35}_{44}$si0 tsiəu$^{53}_{44}$iəu$^{35}_{44}$iɔŋ21tʂəŋ21nei0 .iet3 tʂəŋ53se53se53tsʅ0 ke53,siau21çin$^{13}_{44}$tsʅ0 kei53.ta21 pi21iɔŋ53lo$^{13}_{21}$pʰiek5 sʅ35,e21,fan35ʂəu$^{13}_{21}$sʅ35,iet3 pən35ʂʅ$^{53}_{44}$lo13pʰiek$^{5}_{3}$sʅ35lau0,lo13pʰiek5 sʅ35,tsʰau21iɔŋ21uən21tsʅ0 tsʰɔi53 ia0,tsʰau21iɔŋ21uən21tsʅ0 sʅ35a0,kai$^{53}_{44}$tsʰiəu$^{53}_{44}$m̩$^{13}_{21}$mɔi$^{53}_{44}$ci21tʰai53tsʅ0,kan$^{21}_{35}$tʰai53tsʅ0,kan21tʂʰɔŋ13tsʅ0,xei$^{53}_{44}$a0?tan53 ʂʅ53kai53fan35ʂəu$^{13}_{21}$sʅ$^{35}_{44}$lei0 iet3 xa$^{53}_{44}$kau21tsʰiəu53kau21iet3 lo13tan35.e21,kau21ci21tan35fan$^{35}_{44}$ʂəu$^{13}_{21}$.kai$^{53}_{44}$ke$^{53}_{44}$lei0 tsʰiəu$^{53}_{44}$ iəu35tʂəŋ21siɔŋ35pʰau$^{13}_{21}$,cʰin53kʰuaŋ53cʰin53kʰuaŋ53,ɔn$^{35}_{21}$tso$^{53}_{21}$siɔŋ35pʰau$^{13}_{21}$,pʰau13fan35ʂəu$^{13}_{21}$sʅ35ke$^{53}_{21}$.pʰau$^{13}_{21}$fan$^{35}_{44}$ ʂəu$^{13}_{21}$sʅ$^{35}_{44}$ke$^{53}_{44}$tsiəu$^{53}_{44}$ɔn$^{35}_{44}$tso$^{53}_{44}$siɔŋ35pʰau$^{13}_{21}$.

【箱担】siɔŋ35tan35 名匠人用来装工具、装备的器物：篾匠个渠个～箇是。/以用竹子做个，也有盖子。miet5 siɔŋ$^{35}_{44}$ke$^{53}_{44}$ci$^{13}_{44}$ke$^{53}_{44}$siɔŋ35tan35kai$^{53}_{44}$ʂʅ$^{53}_{44}$./i21iɔŋ53tʂəuk3 tsʅ0 tso$^{53}_{44}$ke$^{53}_{44}$,ia$^{35}_{44}$iəu$^{35}_{44}$kɔi53tsʅ0 .

【镶】siɔŋ35 动把物体加在另一物体的周边：～只边 siɔŋ35tʂak3 pien35

【享堂】çiɔŋ21tʰɔŋ13 名供奉祖宗的地方：我觉得～最先就系箇老人家系个屋，欸，老祖宗系个屋子。箇老祖宗死哩以后嘞就成哩箇只老祖宗个～。子孙多哩，系唔倒哩，欸，就成哩老祖宗个～。欸，系唔倒哩就唔系了哇，就安做么个？安做～啊，就装香啊，敬奉箇只祖宗啊。欸，我就笑渠等听晡我以映子就系我个～啊。我话归来去横巷里我也做只我自家个～。欸开玩笑哈。ŋai13kɔk3 tek3 çiɔŋ21tʰɔŋ13tsei53sien35tsʰiəu53xe53kai53lau21ɲin13ka$^{35}_{44}$xe53ke$^{53}_{44}$uk3 ,e21,lau21tsəu21tsəŋ$^{35}_{44}$

xe53 ke53-21 uk3 tsɿ0.kai53 lau21 tsəu21 tsəŋ35-44 si21 li0 i35 xei53-44 lei0 tsʰiəu53 ʂaŋ13-21 li0 kai53 tʂak3 lau21 tsəu21 tsəŋ35-53 ke53 çiɔŋ21 tʰɔŋ13. tsɿ21 sən35-44 to35 li0,xei53 n̩13-44 tau21 li0,e44,tsʰiəu53 ʂaŋ13-44 li0 lau21 tsəu21 tsəŋ35-53 ke53 çiɔŋ21 tʰɔŋ13.e21,xei53 n̩13-44 tau21 li0 tsʰiəu53 m̩13 xei53 liau21-44 ua0,tsʰiəu53 ɔn35 tso53-44 mak3 ke53-44 ?ɔn35-44 tso53-44 çiɔŋ21 tʰɔŋ13 ŋa0,tsʰiəu53-44 tsɔŋ35 çiɔŋ35 ŋa0,cin53 fəŋ53 kai53 tʂak3 tsəu21 tsəŋ35-44 ŋa0.e21,ŋai13 tsʰiəu53-44 siau53 ci13-21 tien0 tʰin53 pu35-53 ŋai13-21 i21 iaŋ53 tsɿ0 tsʰiəu53 xei53 ŋai13 ke53 çiɔŋ21 tʰɔŋ13 ŋa0.ŋai13 ua53-44 kuei35 lɔi13-21 çi53 uaŋ13 xɔŋ13 li0 ŋai13 a35-44 tso53 tʂak3 ŋai13-21 tsʰɿ35 ka35-53(k)e53 çiɔŋ21 tʰɔŋ13.ei0 kʰɔi35 uan13-21 siau53 xa0.

【响1】çiɔŋ21 动 发出响声：做咁子箇枪子啊，打一叭～一下。tso53 kɔn21 tsɿ0 kai53-44 tsʰiɔŋ35 tsɿ0 a0,ta21 iet3 pa53 çiɔŋ21 iet3 xa53.

【响2】çiɔŋ21 形 声音高，声音大：打起□天□地呀蛮～啊。ta21 çi21-44 kəŋ13 tʰien35-44 kəŋ13-44 tʰi53 ia0 man13 çiɔŋ21 ŋa0.

【响铳】çiɔŋ21 tʂʰəŋ53 名 一种手持的多孔铳，装填火药，但不装铁砂，丧葬活动中燃放作响：还有起～啊。取响声个。就老哩人，死哩人打铳啊。箇～啊。只有响声个。打么啊人唔倒个。冇别么个用。xai13 iəu35 çi21 çiɔŋ21 tʂʰəŋ53 ŋa0.tsʰi21 çiɔŋ21 ʂaŋ35-44 ke53-21.tsʰiəu53 lau21 li0 ɲin13,si21 li0 ɲin13 ta21 tʂʰəŋ53 ŋa0.kai53-44 çiɔŋ21 tʂʰəŋ53 ŋa0.tʂɿ21 iəu35-44 çiɔŋ21 ʂaŋ35-44 ke53-21.ta21 mak3 a0 ɲin13 n̩13-44 tau21 ke53.mau13 pʰiet5 mak3 ke53-21 iəŋ53.

【响哨】çiɔŋ21 sau53 名 将手指插在口内，气流通过时所发出的像吹哨子的声音：吹～ tʂʰei35 çiɔŋ21 sau53

【响声】çiɔŋ21 ʂaŋ35 名 声音：还有起响铳啊。取～个。xai13 iəu35 çi21 çiɔŋ21 tʂʰəŋ53 ŋa0.tsʰi21 çiɔŋ21 ʂaŋ35-44 ke53-21.

【响炭】çiɔŋ21 tʰan53 名 优质的木炭：我以个是～呐！不是马脑啦。ŋai13 i21 ke53 ʂɿ53 çiɔŋ21 tʰan53 na0! pət3 ʂɿ53 ma35 lau21 la0.

【想】siɔŋ21 动 ①动脑筋；思索：还～下子，箇要～下子看呐。xai21-53 siɔŋ21 xa53 tsɿ0,kai53-44 iau53-44 siɔŋ21 xa53 tsɿ0 kʰan53-44 na0.｜你帮我～下子看呐。ɲi13-21 pɔŋ35 ŋai13-21 siɔŋ21 xa53-44 tsɿ0 kʰan53-44 na0. ②希望；打算：食多哩茶，又～屙尿。ʂət5 to35-44 li0 tsʰa13,iəu53 siɔŋ21 o35 ɲiau53-44. ③回忆：～起来哩 siɔŋ21 çi21 lɔi13 li0

【想唔醒】siɔŋ21 n̩13 siaŋ21 想不开：有兜人～啊，就去食农药啊，自杀呀。iəu35 tei53 ɲin13-21 siɔŋ21 n̩13 siaŋ21 ŋa0,tsiəu53-44 çi53-44 ʂət5 ləŋ13 iɔk5 a0,tsʰɿ53 sait3 ia0.

【向1】çiɔŋ53 名 方向；方位：日头晒正箇～。ɲiet3 tʰəu13 sai53 tʂaŋ53-21 kai53-44 çiɔŋ53.｜只有一～进出。tʂɿ21 iəu35 iet3 çiɔŋ53 tsin53 tʂʰət3.

【向2】çiɔŋ53 动 对着；朝着：～准欸向。çiɔŋ53 tʂən21-44 e21 çiɔŋ53.

【向3】çiɔŋ53 介 引出指向的方向、目标或对象，相当于"对着，朝着"：光窗门一般都～肚里开。kɔŋ35 tsʰɔŋ35-44 mən13 iet3 pɔn35 təu35-44 çiɔŋ53 təu21 li0 kʰɔi35.｜～别人家介绍人哩。çiɔŋ53-21 pʰiet5 in13-53 ka35-53 kai53 ʂau53 in13 li0.

【向菜】çiɔŋ53 tsʰɔi53 动 用作料给菜肴调味：（姜末）系分姜嫲剁得末碎子，用来～个。xei53 pən35-44 ciɔŋ35 ma13-21 to35 tek3 mait5 si53 tsɿ0,iəŋ53 lɔi13-21 çiɔŋ53 tsʰɔi53 ke0.｜蒜苗哇也系～呀，我蒜苗只有～嘞，有么人食净个。sɔn53 miau13 ua0 ia35 xei53 çiɔŋ53 tsʰɔi53 ia0,ŋai13 sɔn53 miau13-21 tʂɿ21 iəu35-44 çiɔŋ53 tsʰɔi53 le0,mau13 mak3 in13-44 ʂət5 tsʰiaŋ53 ke0.

【向料】çiɔŋ53 liau53 名 烹调用的作料：欸，我等以映个～是有碧齿啦，薄荷啦，葱子，大蒜呐。系啊，箇个就系～。e21,ŋai13 tien0 i21 iaŋ53 ke0 çiɔŋ53 liau53 ʂɿ53-21 iəu35 piet3 tʂʰɿ21 la0,pʰɔk5 xo53-21 la0,tsʰəŋ35 tsɿ0,tʰai53 sɔn53 na0.xei53-44 a0,kai53-44 ke53-44 tsʰiəu53-44 xei53-44 çiɔŋ53 liau53.

【向阳】çiɔŋ53 iɔŋ13 动 面向太阳：一般就钉下箇个～个咁个欸檐头上。iet3 pɔn35 tsʰiəu53-44 taŋ35-44(x)a53-44 kai53-44 kei53-44 çiɔŋ53 iɔŋ13 ke53 kan21 ke53 ei21 ien13 tʰei13-21 xɔŋ53.

【向至】çiɔŋ53 tʂɿ53 名 方向：渠指棺材有～咯，有四向咯，么个三向咯。ci13-21 iəu35-44 çiɔŋ53 tʂɿ53-44 ko0,iəu35-44 sɿ53 çiɔŋ53 ko0,mak3 e0 san35 çiɔŋ53 ko0.

【项】xɔŋ53/çiɔŋ53 量 ①表示种类：还有么个黄叶一枝花唠，还有水葫芦噢，浏阳都有几～东西真讨嫌呀！xai13 iəu35-44 mak3 ke53-44 uɔŋ13 iait5 iet3 tʂɿ35 fa35 lau0,xai13 iəu35-44 ʂei21 fu13 ləu13 uau0,liəu13 iɔŋ13-44 təu35-44 iəu35-44 ci21 xɔŋ53 təŋ35 si0 tʂən35 tʰau21 çian13 ia0!｜以前老班子手里还有～东西呢，安做篾套笼。i35-44 tsʰien21 lau21 pan35-44 tsɿ0 ʂəu21 li0 xai13 iəu35-44 xɔŋ53-44 təŋ35-44 si0 nei0,ɔn35-44 tso53-44 miet5 tʰau53 ləŋ13.｜娘家会打发渠咯，打发箇个咯，早生贵子啊。四～子换茶唠。ɲiɔŋ13 cia35-44 uɔi53 ta21 fait3 ci13-44 ko0,ta21 fait3 kai53 ke53-44 ko0,tsau21 sien35-44 kuei53 tsɿ21 a0.si53 çiɔŋ53 tsɿ0 uɔn53 tsʰa13-21 lau0. ②指物品，相当于"件"：以映丢一～，箇映丢一～，就有收捡。i21 iaŋ53-44 tiəu35-44 iet3 xɔŋ53-44,kai53-44 iaŋ53-44 tiəu35-44 iet3 xɔŋ53-44,tsʰiəu53-44 mau13 ʂəu35-44 cian21. ③指组合体中一个构件：你买只

X

碾船，你就不能只买一～指碾公或碾槽。ɲi$^{13}_{21}$mai$^{35}$tʂak$^{3}$ ŋan$^{35}$ʂɔn$^{13}_{21}$, ɲi$^{13}_{21}$tsʰiəu$^{53}$pət$^{3}$ len$^{13}$tʂʅ$^{21}$mai$^{35}_{44}$iet$^{3}$ xɔŋ$^{53}$. ④用于分列项目的事物：一～任务 iet$^{3}$ xɔŋ$^{53}_{44}$vən$^{53}$vu$^{53}$｜箇～工作安做科仪。kai$^{53}_{44}$xɔŋ$^{53}_{44}$kəŋ$^{35}$tsɔk$^{3}$ ɔn$^{35}_{44}$tso$^{53}_{44}$kʰo$^{35}$ɲi$^{13}_{21}$.

【项链】xɔŋ$^{53}$lien$^{53}$ 名 金银、珠宝制成的挂在颈上的链条状首饰：我看倒有兜人呐呃颈筋下挂倒你唔知几粗箇金～。其实箇个人系话出门走夜路或者去哪映子，硬最唔安全，夫娘子人是。你等于去下子引诱箇个劫贼来劫你个～嘞。ŋai$^{13}$kʰɔn$^{53}$tau$^{21}$iəu$^{35}$tei$^{35}_{53}$ɲin$^{13}_{21}$na$^{0}$ ə$_{21}$ciaŋ$^{21}$cin$^{35}_{44}$xa$^{53}_{44}$kua$^{53}$ tau$^{21}$ɲi$^{13}_{21}$n̩$^{13}$ti$^{35}_{53}$ci$^{21}$tsʰʅ$^{35}$kai$^{53}$cin$^{35}$xɔŋ$^{53}$lien$^{53}$.cʰi$^{13}$ʂət$^{5}$ kai$^{53}$kei$^{53}$ɲin$^{13}$xei$^{53}$ua$^{53}$tʂʰət$^{3}$ mən$^{13}$tsei$^{21}$ia$^{53}$ləu$^{53}$xɔit$^{5}$ tʂa$^{21}$ çi$^{53}$lai$^{53}_{44}$iaŋ$^{53}_{44}$tsʅ$^{0}$, ɲiaŋ$^{53}_{44}$tsei$^{53}$n̩$^{13}$ŋɔn$^{35}_{44}$tsʰien$^{13}_{21}$,pu$^{35}$ɲiɔŋ$^{13}_{21}$tsʅ$^{0}$ ɲin$^{13}_{21}$ʂʅ$^{53}_{21}$. ɲi$^{13}$ten$^{21}$ʮ$^{13}$çi$^{53}$xa$^{53}$tsʅ$^{0}$ in$^{21}$iəu$^{53}$kai$^{53}$ke$^{53}_{44}$ cʰiet$^{3}$ tsʰet$^{5}$ lɔi$^{13}_{21}$ciet$^{3}$ ɲi$^{13}$ke$^{53}_{44}$xɔŋ$^{53}$lien$^{53}$le$^{0}$.

【巷子】xɔŋ$^{53}$tsʅ$^{0}$ 名 过道；通道：～门 xɔŋ$^{53}$tsʅ$^{0}$mən$^{13}$过道通向厅下或灶下的门｜两张桌摆倒……以中间一条～啊。iɔŋ$^{21}$tʂɔŋ$^{35}$tsɔk$^{3}$ pai$^{21}$tau$^{21}$…i$^{21}$tʂəŋ$^{35}$kan$^{35}_{44}$iet$^{3}$ tʰiau$^{13}_{21}$xɔŋ$^{53}$tsʅ$^{0}$ a$^{0}$.

【相$_{1}$】siɔŋ$^{53}$ 名 指中国象棋里的棋子“象/相”：～飞田 siɔŋ$^{53}$fei$^{35}_{44}$tʰien$^{13}$指中国象棋中相（象）的移动规则｜飞～fei$^{35}$siɔŋ$^{53}$

【相$_{2}$】siɔŋ$^{53}$ 动 指下中国象棋时用“象/相”去吃对方的子：～嘿去 siɔŋ$^{53}$xek$^{3}$ çi$^{53}$

【相$_{3}$】siɔŋ$^{53}$ 形 ①挑食：你食东西莫食得咁～哦。系啊？么个都食兜子向，么个都食兜向，莫食得咁～哦。ɲi$^{13}$ʂət$^{5}$ təŋ$^{35}_{44}$si$^{0}$ mɔk$^{5}$ ʂət$^{5}$ tek$^{3}$ kan$^{21}$siɔŋ$^{53}$ŋo$^{0}$.xei$^{53}_{44}$a$^{0}$?mak$^{3}$ ke$^{53}_{44}$təu$^{35}_{44}$ʂət$^{5}$ te$^{35}_{53}$tsʅ$^{0}$ çiɔŋ$^{53}$,mak$^{3}$ e$^{0}$ təu$^{35}_{44}$ʂət$^{5}$ tei$^{35}_{44}$çiɔŋ$^{53}_{44}$,mɔk$^{5}$ ʂət$^{5}$ tek$^{3}$ kan$^{21}$siɔŋ$^{53}$ŋo$^{0}$. ②态度傲慢，摆官架子：别人家来哩是你同别人家打下子讲箇兜唠，你多同别人家接触下子，莫咁～哦。pʰiet$^{5}$ in$^{13}_{44}$ka$^{35}_{44}$lɔi$^{13}_{21}$li$^{0}$ ʂʅ$^{53}_{44}$ɲi$^{13}$tʰəŋ$^{13}_{21}$pʰiet$^{5}$ in$^{13}_{44}$ka$^{35}_{44}$ta$^{21}$xa$^{53}$tsʅ$^{0}$ kɔŋ$^{21}$kai$^{53}_{44}$te$^{35}_{44}$lau$^{0}$, ɲi$^{13}_{21}$to$^{35}$tʰəŋ$^{13}_{21}$pʰiet$^{5}$ in$^{13}_{44}$ka$^{35}_{44}$tsiait$^{3}$ tʂʰəuk$^{3}$ xa$^{53}$tsʅ$^{0}$,mɔk$^{5}$ kan$^{21}$siɔŋ$^{53}$ŋo$^{0}$.｜还有只摆官架子个人呐有兜人话渠真～。xai$^{13}$iəu$^{35}_{44}$tʂak$^{3}$ pai$^{21}$kɔn$^{35}$ka$^{53}$tsʅ$^{0}$ ke$^{53}_{44}$ɲin$^{13}_{44}$na$^{0}$ iəu$^{35}$tei$^{35}_{53}$ɲin$^{13}_{21}$ ua$^{53}$ci$^{13}_{21}$tʂən$^{35}$siɔŋ$^{53}$.

【相公】siɔŋ$^{53}$kəŋ$^{35}$ 名 指吃东西、做事时过于讲究、挑剔的人：食东西你莫～样哦！么个都食滴子去啊。莫搞成～样哦。ʂət$^{5}$ təŋ$^{35}$si$^{35}_{44}$ɲi$^{13}$mɔk$^{5}$ siɔŋ$^{53}$kəŋ$^{35}$iɔŋ$^{53}_{44}$ŋo$^{0}$!mak$^{3}$ ke$^{53}_{44}$təu$^{35}_{44}$ʂət$^{5}$ tiet$^{5}$ tsʅ$^{0}$ çi$^{53}$a$^{0}$. mɔk$^{5}$ kau$^{21}$ʂaŋ$^{13}_{44}$siɔŋ$^{53}$kəŋ$^{35}_{44}$iɔŋ$^{53}$ŋo$^{0}$.｜做事煞泼滴子啊，刻苦滴子啊，耐滴子烦呐。莫～样哦！做事拈一下鼻一下，下唔得声色啊。tso$^{53}$sʅ$^{53}$sait$^{3}$ pʰait$^{3}$ tiet$^{5}$ tsʅ$^{0}$ a$^{0}$,kʰek$^{3}$ kʰu$^{21}$tiet$^{5}$ tsʅ$^{0}$ a$^{0}$,lai$^{53}$tiet$^{5}$ tsʅ$^{0}$ fan$^{13}$ na$^{0}$.mɔk$^{5}$ siɔŋ$^{53}$kəŋ$^{35}$iɔŋ$^{53}_{44}$ŋo$^{0}$!tso$^{53}$sʅ$^{53}$ɲian$^{35}$iet$^{3}$ xa$^{53}_{44}$pʰi$^{53}$iet$^{3}$ xa$^{53}_{44}$,xa$^{53}$n̩$^{13}$tek$^{3}$ ʂən$^{35}$sek$^{3}$ a$^{0}$.

【相貌】siɔŋ$^{53}$mau$^{53}$ 名 容貌，长相：虽然不能话以貌取人，但是～也蛮要紧。sei$^{35}$vien$^{13}_{21}$pət$^{3}$ len$^{13}$ ua$^{53}$i$^{35}$mau$^{53}$tsʰi$^{21}$ɲin$^{13}$,tan$^{53}_{44}$ʂʅ$^{53}_{44}$siɔŋ$^{53}$mau$^{53}$ia$^{35}$man$^{13}_{21}$iau$^{53}$cin$^{21}$.｜看一个人个～，有兜人会看相个人渠就晓得箇只人有出息冇出息。唔系我就讲话箇只人，箇只老板呐，渠看倒哩箇打工妹子～好，渠话硬系只福相硬咁渠赖子讨倒咯。kʰɔn$^{53}$iet$^{3}$ ke$^{53}$ɲin$^{13}_{21}$ke$^{53}_{44}$siɔŋ$^{53}$mau$^{53}$,iəu$^{35}$tei$^{35}_{53}$ɲin$^{13}_{44}$uɔi$^{53}$kʰɔn$^{53}$siɔŋ$^{53}$ ke$^{53}$ɲin$^{13}_{21}$ci$^{13}_{21}$tsʰiəu$^{53}$çiau$^{21}$tek$^{3}$ kai$^{53}$tʂak$^{3}$ ɲin$^{13}_{21}$iəu$^{35}$tʂʰət$^{3}$ siet$^{5}$ mau$^{13}_{21}$tʂʰət$^{3}$ siet$^{5}$.m̩$^{13}$pʰei$^{53}$ŋai$^{13}_{21}$tsʰiəu$^{53}$kɔŋ$^{21}$ua$^{53}$ kai$^{53}$tʂak$^{3}$ ɲin$^{13}_{44}$,kai$^{53}$tʂak$^{3}$ lau$^{21}$pan$^{21}$na$^{0}$,ci$^{13}_{21}$kʰɔn$^{53}$tau$^{21}$li$^{0}$ kai$^{53}$ta$^{21}$kəŋ$^{35}_{44}$mɔi$^{53}$tsʅ$^{0}$ siɔŋ$^{53}$mau$^{53}$xau$^{21}$,ci$^{13}_{21}$ua$^{53}$ɲiaŋ$^{53}$ xei$^{53}$tʂak$^{3}$ fuk$^{3}$ siɔŋ$^{53}$ɲiaŋ$^{53}$kan$^{21}_{44}$ci$^{13}_{44}$lai$^{53}$tsʅ$^{0}$ tʰau$^{21}$tau$^{21}$ko$^{0}$.

【相心】siɔŋ$^{53}$sin$^{35}$ 名 中国象棋中“象/相”所走田字格的中心位置：压哩～。系，箇只安……系安做～。iak$^{3}$ li$^{0}$ siɔŋ$^{53}$sin$^{35}_{44}$.xei$^{53}_{44}$,kai$^{53}$tʂak$^{3}$ ɔn$^{53}_{21}$…xei$^{53}$ɔn$^{35}_{44}$tso$^{53}_{44}$siɔŋ$^{53}$sin$^{35}$.

【象鼻】siɔŋ$^{53}$pʰiet$^{3}$ 名 犁辕前端用来连接水钩的铁钩。又称“象鼻嘴”：犁上个是～，箇只挂牛藤个就系水子绾。lai$^{13}$xɔŋ$^{53}_{44}$ke$^{53}_{44}$ʂʅ$^{53}_{44}$siɔŋ$^{53}$pʰiet$^{3}$,kai$^{53}$tʂak$^{3}$ kua$^{53}$ɲiəu$^{13}$tʰien$^{13}$ke$^{53}_{44}$tsʰiəu$^{53}_{44}$xe$^{53}_{44}$ʂei$^{21}$tsʅ$^{0}$ uan$^{21}$.

【象鼻嘴】siɔŋ$^{53}$pʰiet$^{3}$ tsi$^{21}$ 名 犁辕前端用来连接水钩的铁钩：犁上个就喊象鼻。～。箇只犁上个，就系象鼻。安做～，我等喊～唠。箇只辕……辕口挂起箇……挂箇张犁个，箇就安做水子绾。lai$^{13}_{21}$xɔŋ$^{53}_{44}$ke$^{53}_{44}$tsʰiəu$^{53}_{44}$xan$^{53}_{44}$siɔŋ$^{53}$pʰiet$^{3}$.siɔŋ$^{53}$pʰiet$^{3}$ tsi$^{21}$.kai$^{53}$tʂak$^{3}$ lai$^{13}$xɔŋ$^{53}$ke$^{53}_{44}$,tsʰiəu$^{53}_{44}$xe$^{53}_{44}$siɔŋ$^{53}$ pʰiet$^{3}$.ɔn$^{35}_{44}$tso$^{53}_{44}$siɔŋ$^{53}$pʰiet$^{3}$ tsi$^{21}$,ŋai$^{13}_{21}$tien$^{0}$ xan$^{53}$siɔŋ$^{53}$pʰiet$^{3}$ tsi$^{21}$lau$^{0}$.kai$^{53}$tʂak$^{3}$ vien$^{13}$…vien$^{13}_{21}$xei$^{21}_{44}$kua$^{53}$çi$^{21}_{44}$ kai$^{53}_{44}$…kua$^{53}$kai$^{53}_{44}$tʂɔŋ$^{35}_{44}$lai$^{13}$ke$^{53}_{44}$,kai$^{53}_{21}$tsiəu$^{53}_{21}$ɔn$^{35}_{44}$tso$^{53}_{44}$ʂei$^{21}$tsʅ$^{0}$ uan$^{21}$.

【像$_{1}$】siɔŋ$^{53}$ 名 比照人物做成的形象：挂滴箇个如来佛箇只咁个～箇只。kua$^{53}$tet$^{3}$ kai$^{53}_{44}$ke$^{53}_{44}$ɯ$^{13}$ lɔi$^{13}$fət$^{5}$ kai$^{53}_{44}$tʂak$^{3}$ kan$^{21}$kei$^{53}_{44}$siɔŋ$^{53}$kai$^{53}_{44}$tʂak$^{3}$.

【像$_{2}$】siɔŋ$^{53}$ 动 在形象上相同或有某些共同点；与……相似：渠就～毛细斧头子。ci$^{13}$tsʰiəu$^{53}$ siɔŋ$^{53}_{44}$mau$^{35}$se$^{53}$pu$^{21}$tʰei$^{13}$tsʅ$^{0}$.｜（铳箍子树）花就系蛮～桃花哩。fa$^{35}$tsʰiəu$^{53}_{44}$xe$^{53}$man$^{13}$siɔŋ$^{53}$tʰau$^{13}$fa$^{35}$ li$^{0}$.｜～羊子个角样 tsʰiɔŋ$^{53}$iɔŋ$^{13}$tsʅ$^{0}$ ke$^{53}$kɔk$^{3}$ iɔŋ$^{53}_{44}$

【像$_{3}$】tsʰiɔŋ$^{53}$ 形 像样；够一定的标准或水平；豪华：（成服饭）还爱比平时更～啊。xa$^{13}$ɔi$^{53}_{44}$

pi21phin13ʂʅ13-21cien53tsʰiəŋ53ŋa0.｜我等箇只老弟系专门搞纸扎个人，箇渠就渠扎过，有兜舍得钱个人呐，舞倒扎只棺罩哇。扎只棺罩都欸唔知几～。我等以映还冇得咁～，还系欸出哩大洞岭，箇真有蛮～个，我去欸南乡人喏，南乡箇边还更～，还更豪华箇只棺罩。ŋai13tien0kai53tʂak3lau21tʰe35(x)e44tʂen35mən13-21kau21tʂʅ21tsait3ke53ɲin44,kai53ci13tsʰiəu53ci13-21tsait3ko53,iəu35tei35-53ʂa21tek3tsʰien13ke44ɲin13-44na0,u21tau21tsait3tʂak3kon35tsau53ua0.tsait3tʂak3kon35tsau53təu35-44e21n̩13ti35-53ci21tsʰiəŋ53.ŋai13tien0i21iaŋ53xai13mau13tek3kan21tsʰiəŋ53,xai13xei53e0tʂʰət3li0tʰai53tʰəŋ53-44liaŋ35,kai53tʂən35iəu35-44man13tsʰiəŋ53ke53,ŋai13çi53ei21lan13çiəŋ35-44ɲin13no0,lan13çiəŋ35-44kai53-44pien35-53xan13cien53tsʰiəŋ53,xan13cien53xau13-21fa13-21kai53(tʂ)ak3kon35-44tsau53.

【橡皮擦】siəŋ53pʰi13tsʰait3 名 一种用于擦拭笔迹的文具：写错哩个东西，唔爱哩个东西就用～擦咁去，省子箇纸上搞起喏麻乎。sia21tsʰo53li0ke53-44təŋ35-44si0,m̩13-21məi53li0ke53-44təŋ35-44si0tsʰiəu53iəŋ53siəŋ53pʰi13-44tsʰait3tsʰait3kan21çi53,saŋ21tsʅ0kai53tʂʅ21xəŋ53kau21çi21-53ɲan21ma13fu13-44.

【橡皮箍子】siəŋ53pʰi13kʰu35tsʅ0 名 橡皮圈或用松紧带做成的圈：欸，以前着袜子是就一定爱舞只欸剪只～做袜箍子嘞。ei21,i35-53tsʰien13tʂək3mait3tsʅ0ʂʅ53tsʰiəu53iet3tʰin53əi53u21tʂak3e21tsien21tʂak3siəŋ53pʰi13-21kʰu35tsʅ0tso53mait3kʰu35tsʅ0le0.

【橡皮筋】siəŋ53pʰi13-21cin35 名 ①皮筋：跳～ tʰiau53siəŋ53pʰi13cin35。②一种用橡胶与乳胶做成的短圈，一般用来把东西绑在一起，又称“皮箍子”：讲法就老人家就讲皮箍子唠，后生人就讲～呶。kəŋ21fait3tsʰiəu53-44lau21ɲin13ka35-44tsʰiəu53-44kəŋ21pʰi13ku35-44tsʅ0lau0,xei53saŋ35-44ɲin13-21tsʰiəu53-44kəŋ21siəŋ53pʰi13-21cin35nau0.

【蟓子】siəŋ53tsʅ0 名 米、豆子中生的黑色小虫：～。生～。箇米生哩～。就墨乌子个，点伢大子个，系啊？欸，米肚里生哩米生哩～。还有箇个么啊豆子生哩～，也有咁个点伢大子个虫，安做～。不是米虫嘞。渠不是安做米虫。米虫更大一条条。米虫啊有咁长子。箇～只滴伢子啊，同箇一只子芝麻样，墨乌个，欸。滴伢大子。墨乌个。豆子肚里也会有。欸，生～。siəŋ53tsʅ0.saŋ35siəŋ53tsʅ0.kai44mi21saŋ35li0siəŋ53tsʅ0.tsiəu44mek5u35tsʅ0ke44,tian53ŋa13-44tʰai53tsʅ0ke44,xe44a0?e21,mi21təu21li0saŋ35li0mi21saŋ35-44li0siəŋ53tsʅ0.xai13iəu35-53kai53-44ke53-44mak3a0tʰei53tsʅ0saŋ35li0siəŋ53tsʅ0,ia35iəu35-53kan21ke53-44tian53ŋa13-44tʰai53-44tsʅ0ke53-44tʂʰəŋ13,ən13-21tso53-44siəŋ53tsʅ0.pət3ʂʅ53mi21tʂʰəŋ13-44le0.ci13-21pət3ʂʅ53-35ən13-44tso53-44mi21tʂʰəŋ13.mi21tʂʰəŋ13ken53-44tʰai53iet3tʰiau13tʰiau13-44.mi21tʂʰəŋ13a0iəu35-44kan21tʂʰəŋ13tsʅ0.kai53-21siəŋ53tsʅ0tʂʅ21-44tiet5ŋa13-44tsa0,tʰəŋ13kai53-44iet3tʂak3tsʅ0tʂʅ35ma13-21iəŋ53-44,mek5u35ke53,e21.tiet5ŋa13-44tʰai53-44tsʅ0.mek5u35ke53-44.tʰei53tsʅ0təu21li0ia35uəi53-21iəu35-44.e21,saŋ35siəŋ53tsʅ0.

【枭】çiau35 动 作弄：有兜就～渠指新娘子呀，箇都后生人吵，搁轿个人～渠放势敖呐。iəu35te35-53tsʰiəu53-44çiau35ci13-21ia0,kai53-44təu35xei53saŋ35ɲin13-21sa0,kəŋ35cʰiau53ke53ɲin13-21çiau35ci13-21fəŋ53ʂʅ53-44ian53na0.

【枭狸雀博】çiau35li13tsʰiək3pək3 形容一肚子歪主意；很喜欢作弄人：欸，一个人爱本忠兜子哦，莫长日做兜箇～个事。e21,iet3ke53ɲin13-21əi53pən21tʂəŋ35-44te35-53tsʅ0o0,mək5tʂʰəŋ13ɲiet3tso53te35-53kai53çiau35li13-21tsʰiək3pək3ke53-44sʅ53.

【削】siək3 动 用刀斜着去掉物体的表层：油荚梗就爱～皮哟。iəu13mak3kuaŋ21tsʰiəu53əi53siək3pʰi13io0.｜杉皮是就爱marked还marked～箇去，去剥箇个杉皮。sa35pʰi13ʂʅ13-44tsiəu53-44əi53-44maŋ13xa13-21maŋ13siək3kai53çi53,çi53pək3kai53ke53sa35pʰi13-21.

【削刀】siək3tau35 名 用来剐去树皮的刀：如今削杉树皮就硬爱～更好削，欸，拿镰刀唔好削。i13-21cin35-53siək3sa35ʂəu53pʰi13tsʰiəu53ɲiaŋ53əi53-44siək3tau35ken53xau21siək3,e21,la53lian13tau35-53n̩13-21xau21siək3.

【削骨肉】siək3kuət3ɲiəuk3 名 剔骨肉：削骨头个～ siək3kuət3tʰei13-21ke53siək3kuət3ɲiəuk3

【消】siau35 动 ①消除：细人子有积滞啊就爱食滴药去～嘿积滞去。sei53ɲin13-21tsʅ0iəu35tsiet3tʂʰʅ53a0tsʰiəu53-44əi53-44ʂət5tiet5iək5çi53siau35xek3tsiet3tʂʰʅ53çi53. ②消耗：（洋苋菜）箇筋都硬码倒到处都系，第一～得肥个东西。kai53cin35təu35-53ɲiaŋ53ma53tau21tau21tʂʰəu53-44təu35-44xei53-44,tʰi53iet3siau35tek3pʰi13ke53-21təŋ35-44si0.

【消得】siau35tek3 动 活该：你～赚打。ɲi13-21siau35tek3tsʰan53ta21.｜欸，你赚哩打，～！e44,ɲi13-44tsʰan53li0ta21,siau35tek3!｜你骑摩托车跌一跤，真是～，系唔系？我都话哩你莫骑咁快哟。你骑咁快，你看呶，跌一跤，你话～嘛。啊～，～跌一跤。ɲi13cʰi13-21mo13-21tʰək3tʂʰa35-44tet3iet3kau35-44,tʂən35ʂʅ53-21siau35tek3,xei53-44me53-44?ŋai13-21təu35-44ua53li0ɲi13mək5cʰi13kan21kʰuai53io0.ɲi13cʰi13kan21kʰuai53,ɲi13kʰən53nau0,tet3iet3kau35-44,ɲi13-21ua53-44siau35tek3ma0.a0siau35tek3,siau35tek3tet3iet3kau35-44.

【消肥】siau35pʰi13 动 作物消耗土壤中的肥力：黄豆子命苦，唔怕硬土，就系黄豆子唔多～个东西。只有么个就～？只有麦子就～，十分爱肥。uəŋ13tʰei53tsʅ0miaŋ53kʰu21,m̩13pʰa53-44ŋaŋ53tʰəu21, ts$^{h}$iəu$^{53}$xei$^{53}$uɔŋ$^{13}$t$^{h}$ei$^{53}$tsɿ$^{0}$n̩$^{13}$to$^{35}_{44}$siau$^{35}_{44}$p$^{h}$i$^{13}$ke$^{0}$təŋ$^{35}_{44}$si$^{0}$.tʂʅ$^{21}$iəu$^{35}_{53}$mak$^{3}$e$^{0}$tsiəu$^{53}_{44}$siau$^{35}_{44}$p$^{h}$i$^{13}_{21}$?tʂʅ$^{21}$iəu$^{35}_{53}$mak$^{5}$tsɿ$^{0}$ ts$^{h}$iəu$^{53}_{44}$siau$^{35}_{44}$p$^{h}$i$^{13}_{21}$,ʂət$^{5}$fən$^{35}_{44}$ɔi$^{53}$p$^{h}$i$^{13}$.

【消钱】siau$^{35}$ts$^{h}$ien$^{13}$ 形花销大：欸，如今整酒哇做好事啊，烟就总搞总～，酒是又总食总少，越食越少了。ei$_{35}$,i$^{13}_{21}$cin$^{35}_{53}$tʂaŋ$^{21}$tsiəu$^{21}$ua$^{0}$tso$^{53}$xau$^{21}$sɿ$^{53}$a$^{0}$,ien$^{35}$ts$^{h}$iəu$^{53}$tsəŋ$^{21}$kau$^{21}$tsəŋ$^{21}$siau$^{35}_{44}$ts$^{h}$ien$^{13}_{21}$,tsiəu$^{21}$ʂʅ$^{53}$ iəu$^{53}_{44}$tsəŋ$^{21}$ʂət$^{5}$tsəŋ$^{21}$ʂau$^{21}$,viet$^{5}$ʂət$^{5}$viet$^{5}$ʂau$^{21}$liau$^{0}$.

【消食】siau$^{35}$ʂət$^{5}$ 动帮助消化：箇个糖指旬糖食哩好嘞，～嘞。kai$^{53}_{44}$ke$^{53}_{44}$t$^{h}$ɔŋ$^{13}$ʂət$^{5}$li$^{0}$xau$^{21}$lei$^{0}$,siau$^{35}$ ʂət$^{5}$le$^{0}$.｜～个东西吧萝卜籽哦。siau$^{35}$ʂət$^{5}$ke$^{53}_{44}$təŋ$^{35}$si$^{0}$pa$^{0}$lo$^{13}$p$^{h}$ek$^{5}$tsɿ$^{21}$o$^{0}$.

【硝】siau$^{35}$ 名硝石：归到半路舍嘿半斤～。kuei$^{35}$tau$^{53}$pan$^{53}$ləu$^{53}$ʂa$^{21}$xek$^{3}$pan$^{53}$cin$^{35}$siau$^{35}$.

【销】siau$^{53}$/siau$^{35}$ 动①将木板依次嵌入：铺子个门板呐唔系天天爱～一到？p$^{h}$u$^{53}$tsɿ$^{0}$ke$^{53}$mən$^{13}$ pan$^{21}$na$^{0}$m̩$^{13}_{21}$p$^{h}$ei$^{53}$t$^{h}$ien$^{35}$t$^{h}$ien$^{35}_{44}$ɔi$^{53}_{44}$siau$^{53}$(i)et$^{3}$tau$^{53}$?｜箇以前我等乡下箇个窖哇，番薯窖哇，也用板子～。～蕊哩挂把锁去。爱开了分箇门板子下嘿去。欸，冇得哩番薯了，箇个番薯窖门本本爱～转去。kai$^{53}_{44}$i$^{35}_{53}$ts$^{h}$ien$^{13}$ŋai$^{13}$tien$^{0}$çiɔŋ$^{35}_{44}$xa$^{53}_{44}$kai$^{53}$cie$^{53}_{44}$kau$^{53}$ua$^{0}$,fan$^{35}$ʂəu$^{13}_{21}$kau$^{53}$ua$^{0}$,ia$^{35}$iəŋ$^{53}$pan$^{21}$tsɿ$^{0}$ siau$^{53}$.siau$^{53}$mən$^{53}$li$^{0}$kua$^{53}$pa$^{21}$so$^{21}$çi$^{53}$.ɔi$^{53}$k$^{h}$ɔi$^{35}$liau$^{0}$pən$^{35}_{44}$kai$^{53}_{44}$mən$^{13}_{21}$pan$^{53}$tsɿ$^{0}$xa$^{21}$xek$^{3}$çi$^{53}$.e$_{21}$,mau$^{13}$tek$^{3}$li$^{0}$ fan$^{35}$ʂəu$^{13}_{21}$liau$^{0}$,kai$^{53}_{44}$ke$^{53}_{44}$fan$^{35}$ʂəu$^{13}_{21}$kau$^{53}$mən$^{13}$pən$^{21}$pən$^{21}$ɔi$^{53}$siau$^{53}$tʂuɔn$^{21}$çi$^{53}$. ②卖；出售：我等箇有只欸就箇只去市场里泡面个我箇只老弟啊，系唔系？渠旧年就几多子酒哇？渠就～得酒多啊，渠箇映子开只店子渠有人买酒子食嘞。渠旧年就搞嘿一千多块钱酒吧。千多块。ŋai$^{13}$tien$^{0}$kai$^{53}_{44}$ iəu$^{35}$tʂak$^{3}$e$_{21}$ts$^{h}$iəu$^{53}$kai$^{53}$tʂak$^{3}$çi$^{53}$ʂʅ$^{53}$tʂ$^{h}$ɔŋ$^{13}_{44}$li$^{35}_{44}$p$^{h}$au$^{53}$mien$^{53}$ke$^{53}_{44}$ŋai$^{13}$kai$^{53}$(tʂ)ak$^{3}$lau$^{21}$t$^{h}$e$^{35}$a$^{0}$,xei$^{53}_{44}$me$^{53}_{44}$?ci$^{13}$ c$^{h}$iəu$^{53}$ɲien$^{13}_{21}$ts$^{h}$iəu$^{53}$ci$^{21}$to$^{35}$tsɿ$^{0}$tsiəu$^{21}$ua$^{0}$?ci$^{13}$ts$^{h}$iəu$^{53}$siau$^{35}$tek$^{3}$tsiəu$^{21}$to$^{35}$a$^{0}$,ci$^{13}_{21}$kai$^{53}_{44}$in$^{53}_{44}$tsɿ$^{0}$k$^{h}$ɔi$^{35}$tʂak$^{3}$tian$^{53}$tsɿ$^{0}$ ci$^{13}_{44}$iəu$^{35}$ɲin$^{13}_{21}$mai$^{35}$tsiəu$^{21}$tsɿ$^{0}$ʂət$^{5}$le$^{0}$.ci$^{13}_{21}$c$^{h}$iəu$^{53}$ɲien$^{13}_{21}$ts$^{h}$iəu$^{53}$kau$^{21}$(x)ek$^{3}$iet$^{3}$ts$^{h}$ien$^{35}$to$^{35}_{44}$k$^{h}$uai$^{53}$ts$^{h}$ien$^{13}_{44}$tsiəu$^{21}$pa$^{0}$. ts$^{h}$ien$^{35}$to$^{35}_{44}$k$^{h}$uai$^{53}$.

【箫子】siau$^{35}$tsɿ$^{0}$ 名管乐器名：挖～就（用）鸡嫲竹。ua$^{35}$siau$^{35}$tsɿ$^{0}$ts$^{h}$iəu$^{53}$ke$^{35}$ma$^{13}$tʂəuk$^{3}$.

【小$_{1}$】siau$^{21}$ 形年幼：我～滴时候看倒以个锤子欸。ŋai$^{13}$siau$^{21}$tet$^{5}_{3}$ʂʅ$^{13}$xei$^{53}_{44}$k$^{h}$ɔn$^{53}$tau$^{21}$i$^{21}$ke$^{53}$tʂ$^{h}$ei$^{13}_{21}$ tsɿ$^{0}$ei$^{0}$.

【小$_{2}$】siau$^{21}$ 名妾：我等种番薯咯，蚀一蔸子取都唔爱去补。渠等话番薯是唔做～个。ŋai$^{13}$ tien$^{0}$tʂəŋ$^{53}$fan$^{35}$ʂəu$^{13}_{21}$ko$^{0}$,ʂət$^{5}$iet$^{3}$tei$^{35}$tsɿ$^{0}$ts$^{h}$i$^{21}$təu$^{35}_{53}$m̩$^{13}_{21}$mɔi$^{53}$çi$^{53}$pu$^{21}$.ci$^{13}_{21}$tien$^{0}$ua$^{53}$fan$^{35}$ʂəu$^{13}_{21}$ʂʅ$^{53}_{44}$n̩$^{13}$tso$^{53}$siau$^{21}$ke$^{53}$.

【小白菜】siau$^{21}$p$^{h}$ak$^{5}$ts$^{h}$ɔi$^{53}$ 名一种不结球的白菜：箇阵栽菜我等年年都爱先栽滴子～，欸，先曳滴子～食。kai$^{53}$tʂ$^{h}$ən$^{53}$tsɔi$^{35}$ts$^{h}$ɔi$^{53}$ŋai$^{13}_{21}$tien$^{0}$ɲien$^{13}$ɲien$^{13}_{21}$təu$^{35}_{53}$ɔi$^{53}_{44}$sien$^{35}$tsɔi$^{35}$tiet$^{5}$tsɿ$^{0}$siau$^{21}$p$^{h}$ak$^{5}$ts$^{h}$ɔi$^{53}$, e$_{21}$,sien$^{35}$ie$^{53}$tiet$^{5}$tsɿ$^{0}$siau$^{21}$p$^{h}$ak$^{5}$ts$^{h}$ɔi$^{53}$ʂət$^{5}$.

【小半天】siau$^{21}$pan$^{53}$t$^{h}$ien$^{35}$ 差不多半天，指时间不短：你还话归去换双鞋就来，我等等嘿你～正到。ɲi$^{13}_{21}$xai$^{13}_{21}$ua$^{53}$kuei$^{35}$çi$^{53}$uɔn$^{53}$səŋ$^{35}$xai$^{13}$ts$^{h}$iəu$^{53}$lɔi$^{13}_{44}$,ŋai$^{13}$tien$^{0}$ten$^{21}$nek$^{3}$ɲi$^{13}_{21}$siau$^{21}$pan$^{53}$t$^{h}$ien$^{35}$tʂaŋ$^{53}$ tau$^{53}$.

【小半夜】siau$^{21}$pan$^{53}$ia$^{53}$ 差不多半夜，指时间比较晚、不早了：你搞起～都还𫟎睡目？搞起～都还去下子摸？ɲi$^{13}$kau$^{21}$çi$^{21}_{44}$siau$^{21}$pan$^{53}$ia$^{53}$təu$^{35}_{53}$xai$^{13}_{21}$maŋ$^{13}_{21}$ʂɔi$^{53}$muk$^{3}$?kau$^{21}$çi$^{21}_{44}$siau$^{21}$pan$^{53}$ia$^{53}$təu$^{35}_{53}$xai$^{13}_{21}$çi$^{53}$ xa$^{53}$tsɿ$^{0}$mo$^{35}$?

【小边】siau$^{21}$pien$^{35}$ 名大边旁边的上座：一张桌来讲，以只指右边的上座系大边。𢱢稳箇只位子是～。欸，第二只位子就～。iet$^{3}$tʂɔŋ$^{35}$tsɔk$^{3}$lɔi$^{13}_{44}$kɔŋ$^{21}_{44}$,i$^{21}$tʂak$^{3}$xe$^{53}_{44}$t$^{h}$ai$^{53}_{44}$pien$^{35}_{44}$. ɲia$^{13}$uən$^{21}$kai$^{53}$tʂak$^{3}$uei$^{53}$ tsɿ$^{0}$ʂʅ$^{53}_{44}$siau$^{21}$pien$^{35}_{44}$.e$_{21}$,t$^{h}$i$^{53}_{44}$ɲi$^{53}_{44}$tʂak$^{3}$uei$^{53}$tsɿ$^{0}$tsiəu$^{53}_{44}$siau$^{21}$pien$^{35}_{44}$.｜两张桌摆倒，中间系大边。……唔𢱢中间个就～。iɔŋ$^{21}$tʂɔŋ$^{35}$tsɔk$^{3}$pai$^{21}$tau$^{21}$,tʂəŋ$^{35}$kan$^{35}_{44}$xe$^{53}$t$^{h}$ai$^{53}$pien$^{35}$.…ŋ̍$^{13}$ɲia$^{13}$tʂəŋ$^{35}$kan$^{35}_{44}$ke$^{53}_{44}$ts$^{h}$iəu$^{53}_{44}$siau$^{21}$ pien$^{35}_{44}$.

【小菜】siau$^{21}$ts$^{h}$ɔi$^{53}$ 名素菜。又称“斋菜”：食一碗～。荤菜都冇得咯。ʂət$^{5}$iet$^{3}$uɔn$^{21}$siau$^{21}$ ts$^{h}$ɔi$^{53}$.fən$^{35}$ts$^{h}$ɔi$^{53}$təu$^{35}_{53}$mau$^{13}_{21}$tek$^{3}$ko$^{0}$.

【小肠】siau$^{21}$tʂ$^{h}$ɔŋ$^{13}$ 名某些动物的消化器官之一，上接胃，下连大肠，较大肠细而长：灌肠是用猪肉去灌下箇灌嘿～肚里去，做成灌肠啊。kɔn$^{53}$tʂ$^{h}$ɔŋ$^{13}$ʂʅ$^{53}_{44}$iəŋ$^{53}$tʂəu$^{35}$ɲiəuk$^{3}$çi$^{53}_{44}$kɔn$^{53}$na$_{44}$(←xa$^{53}$) kai$^{53}_{44}$kɔn$^{53}$xek$^{3}$siau$^{21}$tʂ$^{h}$ɔŋ$^{13}$təu$^{21}$li$^{0}$çi$^{53}$,tso$^{53}$tʂ$^{h}$ən$^{13}_{21}$kɔn$^{53}$tʂ$^{h}$ɔŋ$^{13}$ŋa$^{0}$.

【小车子】siau$^{21}$tʂ$^{h}$a$^{35}$tsɿ$^{0}$ 名小汽车：你开辆～来哩。ɲi$^{13}_{21}$k$^{h}$ɔi$^{35}$liɔŋ$^{21}$siau$^{21}$tʂ$^{h}$a$^{35}$tsɿ$^{0}$lɔi$^{13}_{21}$li$^{0}$.

【小胆破心】siau$^{21}$tan$^{21}$p$^{h}$o$^{53}$sin$^{35}$ 形容处处提防别人：真～呢。～就处处都防别人家唠。欸，同个小人样唠，～就小人样唠。以小人之心度君子之腹啊，唔大阔呀。啊～呢。生怕吃亏呀。tʂən$^{35}$siau$^{21}$tan$^{21}$p$^{h}$o$^{53}$sin$^{35}$nei$^{0}$.siau$^{21}$tan$^{21}$p$^{h}$o$^{53}$sin$^{35}$ts$^{h}$iəu$^{53}_{44}$tʂ$^{h}$əu$^{53}$tʂ$^{h}$əu$^{53}_{44}$təu$^{35}_{44}$fɔŋ$^{13}$p$^{h}$iet$^{5}$ɲin$^{13}_{21}$ka$^{35}_{44}$lau$^{0}$.e$_{21}$,t$^{h}$əŋ$^{13}$

ŋe$^{53}_{44}$siau$^{21}$ɲin$^{13}$ɲiɔŋ$^{53}$lau$^{0}$,siau$^{21}$tan$^{21}$p$^{h}$o$^{53}$sin$^{35}$ts$^{h}$iəu$^{53}_{44}$siau$^{21}$ɲin$^{13}$ɲiɔŋ$^{53}$lau$^{0}$.i$^{35}$siau$^{21}$ɲin$^{13}$tʂʅ$^{35}_{44}$sin$^{35}_{44}$t$^{h}$əu$^{53}$tʂən$^{35}$ tsɿ$^{0}$ tʂʅ$^{35}_{44}$fuk$^{5}$ a$^{0}$,n̩$^{13}$t$^{h}$ai$^{53}$k$^{h}$ɔit$^{3}$ ia$^{0}$.a$^{0}$ siau$^{21}$tan$^{21}$p$^{h}$o$^{53}$sin$^{35}$ne$^{0}$.saŋ$^{35}$p$^{h}$a$^{53}_{44}$c$^{h}$iak$^{3}$ k$^{h}$uei$^{35}$ia$^{0}$.

【小旦】siau$^{21}$tan$^{53}$ 名①传统戏剧中一种专门饰演年轻女子的脚色：欸，（浏阳）西乡就出～，会唱戏。e$_{21}$,si$^{35}$çiɔŋ$^{35}_{44}$ts$^{h}$iəu$^{53}_{44}$tʂ$^{h}$ət$^{3}$ siau$^{21}$tan$^{53}$,uɔi$^{53}_{44}$tʂ$^{h}$ɔŋ$^{53}_{44}$çi$^{53}$.｜箇《白蛇传》肚里个青蛇就系一只～。kai$^{53}_{44}$p$^{h}$ak$^{5}$ ʂa$^{13}_{21}$tʂ$^{h}$uɔn$^{53}$təu$^{21}$li$^{0}$ kei$^{0}$ ts$^{h}$iaŋ$^{35}$ʂa$^{13}$ts$^{h}$iəu$^{53}_{44}$xei$^{53}_{44}$iet$^{3}$ tʂak$^{3}$ siau$^{21}$tan$^{53}$. ②喻指过于爱打扮的女性：妹子人做事爱煞泼滴子，莫搞起箇～样哦。mɔi$^{53}$tsɿ$^{0}$ ɲin$^{13}_{21}$tso$^{53}$sɿ$^{53}$ɔi$^{53}$sait$^{3}$ p$^{h}$ait$^{3}$ tiet$^{5}$ tsɿ$^{0}$,mɔk$^{5}$ kau$^{21}$ çi$^{21}_{44}$kai$^{53}_{44}$siau$^{21}$tan$^{53}$iɔŋ$^{53}_{44}$ŋo$^{0}$.｜做工夫有么个咁多讲究得欸？你长日扎起箇～样。欸，长日打扮只～样。tso$^{53}$kəŋ$^{35}$fu$^{35}_{44}$iəu$^{35}_{44}$mak$^{3}$ e$^{0}$ kan$^{21}$to$^{35}_{53}$kɔŋ$^{21}$ciəu$^{53}_{44}$tek$^{3}$ e$^{0}$ ?ɲi$^{13}_{21}$tʂ$^{h}$ɔŋ$^{13}$ɲiet$^{3}$ tsait$^{3}$ çi$^{21}_{44}$kai$^{53}_{44}$siau$^{21}$tan$^{53}$iɔŋ$^{53}$. e$_{53}$,tʂ$^{h}$ɔŋ$^{13}$ɲiet$^{5}$ ta$^{21}$pan$^{53}$tʂak$^{3}$ siau$^{21}$tan$^{53}$iɔŋ$^{53}_{44}$.

【小肚】siau$^{21}$təu$^{21}$ 名尿脬的别称：又安做～，又安做尿脬。猪尿脬，猪～，也都有，两只话法。iəu$^{53}_{44}$ɔn$^{35}_{44}$tso$^{53}_{44}$siau$^{21}$təu$^{21}$,iəu$^{53}_{44}$ɔn$^{35}_{44}$tso$^{53}_{44}$ɲiau$^{53}$p$^{h}$au$^{53}$.tʂəu$^{35}$ɲiau$^{53}_{44}$p$^{h}$au$^{53}$,tʂəu$^{35}$siau$^{21}$təu$^{21}$,ia$^{35}$təu$^{35}$iəu$^{35}_{44}$,liɔŋ$^{21}$ tʂak$^{3}$ ua$^{53}$fait$^{3}$.

【小工】siau$^{21}$kəŋ$^{35}$ 名在工地现场做粗重工作的人。其工作性质、内容均不固定，有时亦为副手：箇个安做大工嘞以下就嘞。泥水肚里有大工嘞。大工小工嘞。大工一百八十块钱一天哩，两百块钱一天哩。～就一百二哩。kai$^{53}_{44}$ke$^{53}_{44}$ɔn$^{35}_{44}$tso$^{53}_{44}$t$^{h}$ai$^{53}$kəŋ$^{35}$lei$^{0}$ i$^{21}$xa$^{53}_{44}$ts$^{h}$iəu$^{53}_{44}$lei$^{0}$.lai$^{13}$ʂei$^{21}$təu$^{21}$li$^{0}$ iəu$^{35}_{44}$ t$^{h}$ai$^{53}$kəŋ$^{35}$lei$^{0}$.t$^{h}$ai$^{53}$kəŋ$^{35}$siau$^{21}$kəŋ$^{35}$lei$^{0}$.t$^{h}$ai$^{53}$kəŋ$^{35}$iet$^{3}$ pak$^{3}$ pait$^{3}$ ʂət$^{5}$ k$^{h}$uai$^{53}$ts$^{h}$ien$^{13}_{21}$iet$^{3}$ t$^{h}$ien$^{35}$ni$^{0}$,iɔŋ$^{21}$pak$^{3}$ k$^{h}$uai$^{53}$ts$^{h}$ien$^{13}_{21}$iet$^{3}$ t$^{h}$ien$^{35}$ni$^{0}$.siau$^{21}$kəŋ$^{35}$ts$^{h}$iəu$^{53}$iet$^{3}$ pak$^{3}$ ɲi$^{53}$li$^{0}$.

【小鬼】siau$^{21}$kuei$^{21}$ 名俗称在阴间供阎王差使的吏役：阴间个箇起打帮告子个就系～吧。in$^{35}$ kan$^{35}_{44}$ke$^{53}_{44}$kai$^{53}$çi$^{21}$ta$^{21}$pɔŋ$^{35}$kau$^{53}$tsɿ$^{0}$ ke$^{53}$ts$^{h}$iəu$^{53}_{44}$xei$^{53}_{44}$siau$^{21}$kuei$^{21}$pa$^{0}$.

【小寒】siau$^{21}$xɔn$^{13}$ 名二十四节气之一。是农历十二月初旬的节气，在冬至过后的第十五天，因此时寒冷而得名：冬至过哩就系～。təŋ$^{35}$tʂʅ$^{53}$ko$^{53}$li$^{0}$ ts$^{h}$iəu$^{53}$xei$^{53}$siau$^{21}$xɔn$^{13}$.｜～大寒，滴水成团。siau$^{21}$xɔn$^{13}$t$^{h}$ai$^{53}$xɔn$^{13}$,tiet$^{3}$ ʂei$^{21}$tʂ$^{h}$ən$^{13}$t$^{h}$ɔn$^{13}$.｜～摎大寒来比，大寒就还更冷啊。siau$^{21}$xɔn$^{13}$nau$^{35}_{44}$t$^{h}$ai$^{53}$ xɔn$^{13}_{21}$nɔi$^{13}_{44}$pi$^{21}$,t$^{h}$ai$^{53}$xɔn$^{13}_{21}$ts$^{h}$iəu$^{53}$xai$^{13}$cien$^{53}$naŋ$^{35}$ŋa$^{0}$.

【小湖丝】siau$^{21}$fu$^{13}$sɿ$^{35}$ 名旱烟的品种之一：大湖丝～产量更高啦。t$^{h}$ai$^{53}$fu$^{13}$sɿ$^{35}_{44}$siau$^{21}$fu$^{13}$sɿ$^{35}_{44}$ts$^{h}$an$^{21}$ liɔŋ$^{53}_{44}$ken$^{53}$kau$^{35}_{44}$la$^{0}$.

【小黄道】siau$^{21}$uɔŋ$^{13}$t$^{h}$au$^{53}$ 名墓碑中间一列的字数按“生、老、病、死、苦”轮回循环对应，以末字对应“生”字合乎黄道，其次是对应“老”字，如对应“病、死、苦”则不合黄道：～嘞就五只字：生老病死苦。渠根据箇字咁子餮稳去。打比我爷子个样，系啊？我爷子个碑石样，渠就可以咁子写：显考……显考是就系爷子，用我个名义同我爷子树碑，欸，显考。如果唔系赖子为爷子树就去唔用显考，系啊？嗯。我个爷子就系用我个名字，我就用显考。万公伦谟老大人之墓。嗯，咁多只字。一十一只字。一十一只字嘞就合得黄道。让门子嘞？嘞，根据字来，渠爱看，看呐最后箇只字落下哪映子。嘞，显考万公伦谟老大人之墓。一十一只字。啊嘚，生老病死苦生老病死苦，十只。还有只，生，落下生字上，欸，就要得，呣，如果落死字上落老字上落苦字上都要唔得。欸，落病字上也唔好。嗯，箇就系～。siau$^{21}$ uɔŋ$^{13}$t$^{h}$au$^{53}$lei$^{0}$ ts$^{h}$iəu$^{53}$ŋ̍$^{21}$tʂak$^{3}$ sɿ$^{53}$:sien$^{35}$nau$^{21}$p$^{h}$iaŋ$^{53}$si$^{21}$k$^{h}$u$^{21}$.ci$^{13}_{21}$cien$^{35}$tʂʮ$^{53}$kai$^{53}_{44}$sɿ$^{53}$kan$^{21}$tsɿ$^{0}$ ɲia$^{13}_{53}$uən$^{21}$çi$^{53}$.ta$^{21}$ pi$^{21}$ŋai$^{13}_{21}$ia$^{13}$tsɿ$^{0}$ ke$^{53}_{44}$iɔŋ$^{53}_{44}$,xe$^{53}_{44}$a$^{0}$ ?ŋai$^{13}_{21}$ia$^{13}$tsɿ$^{0}$ ke$^{53}_{44}$pei$^{35}$ʂak$^{5}$ iɔŋ$^{53}_{44}$,ci$^{13}_{21}$ts$^{h}$iəu$^{53}_{44}$k$^{h}$o$^{21}$i$^{35}$kan$^{21}$tsɿ$^{0}$ sia$^{21}$:çien$^{21}$k$^{h}$au$^{21}$… çien$^{21}$k$^{h}$au$^{21}$ʂʅ$^{53}_{44}$ts$^{h}$iəu$^{53}$xei$^{53}$ia$^{13}$tsɿ$^{0}$,iəŋ$^{53}$ŋai$^{13}$ke$^{53}$min$^{13}$ɲi$^{53}$t$^{h}$əŋ$^{13}$ŋai$^{13}_{21}$ia$^{13}$tsɿ$^{0}$ ʂəu$^{53}$pei$^{35}$,e$_{21}$,çien$^{21}$k$^{h}$au$^{21}$.ʮ$^{13}$ko$^{21}$ m̩$^{13}$p$^{h}$e$^{53}_{44}$lai$^{53}$tsɿ$^{0}$ uei$^{53}$ia$^{13}$tsɿ$^{0}$ ʂəu$^{53}$ts$^{h}$iəu$^{53}$çi$^{53}$n̩$^{13}$ɲiəŋ$^{53}$çien$^{21}$k$^{h}$au$^{21}$,xei$^{53}_{44}$a$^{0}$ ?ŋ̍$_{21}$.ŋai$^{13}$ke$^{53}_{44}$ia$^{13}$tsɿ$^{0}$ ts$^{h}$iəu$^{53}$xe$^{0}$ iəŋ$^{53}_{44}$ ŋai$^{13}$ke$^{53}_{44}$miaŋ$^{13}_{21}$ts$^{h}$ɿ$^{53}$,ŋai$^{13}_{21}$ts$^{h}$iəu$^{53}$iəŋ$^{53}_{44}$çien$^{21}$k$^{h}$au$^{21}$.uan$^{53}$kəŋ$^{35}$lən$^{13}$mu$^{13}$lau$^{21}$t$^{h}$ai$^{53}$ɲin$^{13}$tʂʅ$^{35}$mu$^{53}$.n̩$_{21}$,kan$^{21}$to$^{35}_{44}$ tʂak$^{3}$ ts$^{h}$ɿ$^{53}$.iet$^{3}$ ʂət$^{5}$ iet$^{3}$ tʂak$^{3}$ ts$^{h}$ɿ$^{53}$.iet$^{3}$ ʂət$^{5}$ iet$^{3}$ tʂak$^{3}$ ts$^{h}$ɿ$^{53}$lei$^{0}$ ts$^{h}$iəu$^{53}_{44}$xɔit$^{5}$ tek$^{3}$ uɔŋ$^{13}$t$^{h}$au$^{53}$. ɲiɔŋ$^{53}_{44}$mən$^{0}$ tsɿ$^{0}$ lei$^{0}$ ?le$_{21}$,cien$^{35}$tʂʮ$^{53}$ts$^{h}$ɿ$^{53}$lɔi$^{13}_{21}$,ci$^{13}_{21}$ɔi$^{53}_{44}$k$^{h}$ɔn$^{53}_{44}$,k$^{h}$ɔn$^{53}_{44}$na$^{0}$ tsei$^{53}$xei$^{53}_{44}$kai$^{53}_{44}$tʂak$^{3}$ ts$^{h}$ɿ$^{53}_{44}$lɔk$^{5}$ a$^{0}$ la$^{53}$iaŋ$^{53}_{44}$tsɿ$^{0}$.lei$_{21}$,çien$^{21}$ k$^{h}$au$^{21}$uan$^{53}$kəŋ$^{35}$lən$^{13}$mu$^{13}$lau$^{21}$t$^{h}$ai$^{53}$ɲin$^{13}$tʂʅ$^{35}$mu$^{53}$.iet$^{3}$ ʂət$^{5}$ iet$^{3}$ tʂak$^{3}$ ts$^{h}$ɿ$^{53}$.a$_{44}$tei$_{44}$,sien$^{35}$nau$^{21}$p$^{h}$iaŋ$^{53}$si$^{21}$k$^{h}$u$^{21}$ sien$^{35}$nau$^{21}$p$^{h}$iaŋ$^{53}$si$^{21}$k$^{h}$u$^{21}$,ʂət$^{5}$ tʂak$^{3}$.xai$^{13}_{21}$iəu$^{35}_{44}$tʂak$^{3}$,sien$^{35}$,lɔk$^{5}$ a$^{0}$ sien$^{35}$ts$^{h}$ɿ$^{53}_{44}$xɔŋ$^{53}_{44}$,e$_{21}$,ts$^{h}$iəu$^{53}_{44}$iau$^{53}$tek$^{3}$,m̩$_{21}$,ʮ$^{13}$ ko$^{21}_{44}$lɔk$^{5}$ si$^{21}$ts$^{h}$ɿ$^{53}_{44}$xɔŋ$^{53}_{44}$lɔk$^{5}$ lau$^{21}$ts$^{h}$ɿ$^{53}_{44}$xɔŋ$^{53}_{44}$lɔk$^{5}$ k$^{h}$u$^{21}$ts$^{h}$ɿ$^{53}_{44}$xɔŋ$^{53}_{44}$təu$^{35}$iau$^{53}$n̩$^{13}_{21}$tek$^{3}$.e$_{21}$,lɔk$^{5}$ p$^{h}$iaŋ$^{53}$ts$^{h}$ɿ$^{53}_{44}$xɔŋ$^{53}_{44}$ia$^{35}$n̩$^{13}_{21}$ xau$^{21}$.n̩$_{21}$,kai$^{53}_{21}$ts$^{h}$iəu$^{53}_{44}$xei$^{53}_{44}$siau$^{21}$uɔŋ$^{13}$t$^{h}$au$^{53}$.

【小镬小灶】siau$^{21}$uɔk$^{5}$ siau$^{21}$tsau$^{53}$ 指小锅饭菜：我等屋下我摎我婈子两个人煮饭食就系～哇。以前呢我等以只大家庭成十个人食茶饭个时候子～就搞唔成啊。ŋai$^{13}$tien$^{0}$ uk$^{3}$ xa$^{53}_{44}$ŋai$^{13}_{21}$lau$^{35}_{44}$ŋai$^{13}_{21}$ ɔi$^{35}$tsɿ$^{0}$ iɔŋ$^{21}$ke$^{53}$in$^{13}_{44}$tʂəu$^{21}$fan$^{53}$ʂət$^{5}$ ts$^{h}$iəu$^{53}$xei$^{53}_{44}$siau$^{21}$uɔk$^{5}$ siau$^{21}$tsau$^{53}$ua$^{0}$.i$^{35}_{53}$ts$^{h}$ien$^{13}$ne$^{0}$ ŋai$^{13}$tien$^{0}$ i$^{21}$tʂak$^{3}$ t$^{h}$ai$^{53}$

cia$^{35}_{44}$t$^{h}$in$^{13}_{21}$ʂaŋ$^{13}_{21}$ʂət$^{5}$ ke$^{53}$ in$^{13}_{21}$ʂət$^{5}$ ts$^{h}$a$^{13}_{21}$fan$^{53}_{44}$ke$^{53}_{44}$ʂʅ$^{13}_{44}$xəu$^{53}_{44}$tsʅ$^{0}$ siau$^{21}$uɔk$^{5}$ siau$^{21}$tsau$^{53}$ts$^{h}$iəu$^{53}$kau$^{21}$n̩$^{13}_{21}$ʂaŋ$^{13}$ŋa$^{0}$.

【小脚】siau$^{21}$ciɔk$^{3}$ 名 旧时妇女缠裹后变形的脚：欸，但是～欸，欸缠脚嘞我就见过呢。我面前讲哩个我箇只二叔婆啊，喊婆婆个，渠就缠过脚呢，渠就裹脚。渠个三寸金莲呐，渠个脚就真系三寸金莲呐。丁啱大子啦。e$_{21}$,tan$^{53}$ʂʅ$^{53}$siau$^{21}$ciɔk$^{3}$ e$^{0}$,e$_{44}$tʂ$^{h}$en$^{13}$ciɔk$^{3}$ lei$^{0}$ ŋai$^{13}_{21}$ts$^{h}$iəu$^{53}$cien$^{53}$ko$^{53}$ nei$^{0}$.ŋai$^{13}$mien$^{53}$ts$^{h}$ien$^{13}_{21}$kɔŋ$^{21}$li$^{0}$ ke$^{53}$ŋai$^{13}$kai$^{53}$tʂak$^{3}$ ɲi$^{53}$ʂəuk$^{3}$ p$^{h}$o$^{13}$a$^{0}$,xan$^{53}$p$^{h}$o$^{13}$p$^{h}$o$^{13}_{21}$ke$^{53}$,ci$^{13}$ts$^{h}$iəu$^{53}$tʂ$^{h}$en$^{13}$ko$^{53}$ ciɔk$^{3}$ nei$^{0}$,ci$^{13}$ts$^{h}$iəu$^{53}$ko$^{21}$ciɔk$^{3}$.ci$^{13}$ke$^{53}$san$^{35}_{44}$ts$^{h}$ən$^{53}$cin$^{35}$lien$^{13}_{21}$na$^{0}$,ci$^{13}$ke$^{53}$ciɔk$^{3}$ ts$^{h}$iəu$^{53}_{44}$tʂən$^{35}$ne$^{53}_{44}$san$^{35}_{44}$ts$^{h}$ən$^{53}$ cin$^{35}$lien$^{13}_{21}$na$^{0}$.tin$^{35}_{53}$ŋait$^{5}$ t$^{h}$ai$^{53}$tsʅ$^{0}$ la$^{0}$.

【小金】siau$^{21}$cin$^{35}$ 名 二次土葬时用来装骨殖的坛子，有两个盖子，里面那个盖子是平的，写上死者的姓名、生卒时间。外面的盖子像倒扣的盆子。或埋于原葬处，或另外选择更好的地方安葬：所谓～呢就系金罂。so$^{21}$uei$^{53}$siau$^{21}$cin$^{35}$nei$^{0}$ ts$^{h}$iəu$^{53}_{44}$xei$^{53}_{44}$cin$^{35}$aŋ$^{35}$.

【小酒】siau$^{21}$tsiəu$^{21}$ 名 醋：箇个做厨个人呐渠就会话买菜个时候子："买几瓶～哇。"都听得懂，～就系醋。kai$^{53}_{44}$ke$^{53}_{44}$tso$^{53}$tʂ$^{h}$əu$^{13}$ke$^{53}$ɲin$^{13}_{44}$na$^{0}$ ci$^{13}_{21}$ts$^{h}$iəu$^{53}$uɔi$^{53}$ua$^{53}$mai$^{35}$ts$^{h}$ɔi$^{53}$ke$^{53}_{44}$ʂʅ$^{13}_{44}$xəu$^{53}_{44}$tsʅ$^{0}$:"mai$^{35}$ci$^{21}$ p$^{h}$in$^{13}_{21}$siau$^{21}$tsiəu$^{21}$ua$^{0}$."təu$^{35}$t$^{h}$aŋ$^{35}_{44}$tek$^{3}$ təŋ$^{21}$,siau$^{21}$tsiəu$^{21}$ts$^{h}$iəu$^{53}_{44}$xe$^{53}_{21}$ts$^{h}$ʅ$^{53}$.｜箇煮萝卜加兜子～去啊，酸酸甜甜子更好食。kai$^{53}$tʂəu$^{21}$lo$^{13}$p$^{h}$ek$^{5}$ cia$^{35}$tei$^{35}_{53}$tsʅ$^{0}$ siau$^{21}$tsiəu$^{21}$çi$^{53}$a$^{0}$,sɔn$^{35}$sɔn$^{35}_{44}$t$^{h}$ian$^{13}_{21}$t$^{h}$ian$^{13}_{21}$tsʅ$^{0}$ cien$^{53}_{44}$xau$^{21}$ ʂət$^{5}$.

【小楷】siau$^{21}$ 名 ①小而端正整齐的楷书：写一版子～。sia$^{21}$iet$^{3}$ pan$^{21}$tsʅ$^{0}$ siau$^{21}$k$^{h}$ai$^{21}$. ②小楷毛笔：我买杆子～来写下子。ŋai$^{13}_{21}$mai$^{35}$kɔn$^{21}$tsʅ$^{0}$ siau$^{21}$k$^{h}$ai$^{21}$lɔi$^{13}_{21}$sia$^{21}$(x)a$^{53}_{44}$tsʅ$^{0}$.

【小考】siau$^{21}$k$^{h}$au$^{21}$ 名 在学期中随堂举行的临时测验，有别于期中、期末考试：欸，我等箇阵子教书个时候子，爱检查下子学生以一段成绩啊，学兜么个，或者箇个学习告一只段落，我等就举行一次子～。箇个～嘞也唔邀请别么人参加，我只系自家小测验样。e$_{21}$,ŋai$^{13}$tien$^{0}$ kai$^{53}$tʂ$^{h}$ən$^{53}$tsʅ$^{0}$ kau$^{35}_{44}$ʂəu$^{35}_{44}$ke$^{53}$ʂʅ$^{13}$xəu$^{53}$tsʅ$^{0}$,ɔi$^{53}$cian$^{21}$ts$^{h}$a$^{13}_{21}$(x)a$^{53}_{44}$tsʅ$^{0}$ xɔk$^{5}$ saŋ$^{35}_{44}$i$^{21}$iet$^{3}$ tɔn$^{53}$tʂ$^{h}$ən$^{13}$tsiet$^{3}$ a$^{0}$,xɔk$^{5}$ te$^{35}_{53}$ mak$^{3}$ ke$^{53}$,xɔit$^{5}$ tʂa$^{21}$kai$^{53}$kei$^{53}$çiɔk$^{3}$ siet$^{5}$ kau$^{53}$iet$^{3}$ tʂak$^{3}$ tɔn$^{53}$nɔk$^{5}$,ŋai$^{13}$tien$^{0}$ ts$^{h}$iəu$^{53}$tʂʅ$^{21}$çin$^{13}$iet$^{3}$ ts$^{h}$ʅ$^{53}$tsʅ$^{0}$ siau$^{21}$ k$^{h}$au$^{21}$.kai$^{53}$ke$^{53}$siau$^{21}$k$^{h}$au$^{21}$lei$^{0}$ ia$^{35}$n̩$^{13}_{21}$iau$^{35}$ts$^{h}$in$^{21}$p$^{h}$iet$^{5}$ mak$^{3}$ ɲin$^{13}_{21}$ts$^{h}$an$^{35}$cia$^{35}_{44}$,ŋai$^{13}_{21}$tʂʅ$^{21}$(x)e$^{53}_{21}$ts$^{h}$ʅ$^{35}$ka$^{35}_{44}$siau$^{21}$ ts$^{h}$et$^{3}$ ɲien$^{53}$iɔŋ$^{53}$.

【小郎子】siau$^{21}$lɔŋ$^{13}$tsʅ$^{0}$ 名 小叔子，即丈夫的弟弟。又称"阿叔子"：～就是老公个兄弟。我小……我细郎，欸～，硬唔称细郎子。婿郎就系女婿嘞。siau$^{21}$lɔŋ$^{13}$tsʅ$^{0}$ ts$^{h}$iəu$^{53}$ʂʅ$^{53}$lau$^{21}$kɔŋ$^{35}$kei$^{53}_{44}$ çiɔŋ$^{35}$t$^{h}$i$^{53}$.ŋai$^{13}$siau$^{21}$…ŋai$^{13}$se$^{53}$lɔŋ$^{13}$,e$^{0}$ siau$^{21}$lɔŋ$^{13}$tsʅ$^{0}$, ɲiaŋ$^{53}$n̩$^{13}$tʂ$^{h}$ən$^{35}_{44}$se$^{53}$lɔŋ$^{13}$tsʅ$^{0}$.se$^{53}$lɔŋ$^{13}$tsiəu$^{53}_{44}$xei$^{53}_{44}$ny$^{21}$se$^{53}$ lei$^{0}$.

【小老婆】siau$^{21}$lau$^{21}$p$^{h}$o$^{13}$ 名 妾：后背讨个箇只～。xei$^{53}$pɔi$^{53}_{44}$t$^{h}$au$^{21}$ke$^{53}$kai$^{53}_{44}$tʂak$^{3}$ siau$^{21}$lau$^{21}$p$^{h}$o$^{13}$.

【小锣】siau$^{21}$lo$^{13}$ 名 铜制打击乐器。形似锣而较小，直径约六、七寸：打～ ta$^{21}$siau$^{21}$lo$^{13}$｜箇锣鼓肚里箇面细滴子个锣就安做～。kai$^{53}$lo$^{13}$ku$^{21}$təu$^{21}$li$^{0}$ kai$^{53}$mien$^{53}$se$^{53}$tiet$^{5}$ tsʅ$^{0}$ ke$^{53}_{21}$lo$^{13}$ts$^{h}$iəu$^{53}$ɔn$^{35}_{53}$tso$^{53}$ siau$^{21}$lo$^{13}$.

【小满】siau$^{21}$man$^{35}$ 名 二十四节气之一：～满过舷。就～箇晡就靠得住会涨水。～箇只时段子是硬有水落个时段子，涨水个时候子。河里涨水。siau$^{21}$man$^{35}$man$^{35}$ko$^{53}$çien$^{13}$.ts$^{h}$iəu$^{53}_{44}$siau$^{21}$ man$^{35}$kai$^{53}$pu$^{35}_{44}$ts$^{h}$iəu$^{53}_{44}$k$^{h}$au$^{53}$tek$^{3}$ tʂ$^{h}$əu$^{53}$uɔi$^{53}$tʂɔŋ$^{21}$ʂei$^{21}$.siau$^{21}$man$^{35}$kai$^{53}$tʂak$^{3}$ ʂʅ$^{13}$tɔn$^{53}$tsʅ$^{0}$ ʂʅ$^{53}_{44}$ɲiaŋ$^{53}$iəu$^{35}$ʂei$^{21}$ lɔk$^{5}$ ke$^{53}$ʂʅ$^{13}$tɔn$^{53}$tsʅ$^{0}$,tʂɔŋ$^{21}$ʂei$^{21}$ke$^{53}$ʂʅ$^{13}$xei$^{53}$tsʅ$^{0}$.xo$^{13}$li$^{21}_{44}$tʂɔŋ$^{21}$ʂei$^{21}$.

【小门】siau$^{21}$mən$^{13}$ 名 正屋两侧面向前院开的门，也泛指大门之外的其他门，又称"小门子"：箇不一定就系硬爱箇皮门正安做～呢。kai$^{53}$pət$^{3}$ iet$^{3}$ t$^{h}$in$^{53}$ts$^{h}$iəu$^{53}_{44}$xei$^{53}_{44}$ɲiaŋ$^{53}$ɔi$^{53}_{44}$kai$^{53}$p$^{h}$i$^{13}_{21}$mən$^{13}$tʂaŋ$^{53}_{44}$ ɔn$^{35}_{44}$tso$^{53}_{44}$siau$^{21}$mən$^{13}$ne$^{0}$.｜～子冇得托须。siau$^{21}$mən$^{13}$tsʅ$^{0}$ mau$^{13}$tek$^{3}$ t$^{h}$ɔk$^{3}$ si$^{35}$.

【小名】siau$^{21}$miaŋ$^{13}$ 名 乳名；非正式的名字：我爷子个～就安做包伢子。ŋai$^{13}_{21}$ia$^{13}$tsʅ$^{0}$ ke$^{53}_{44}$siau$^{21}$ miaŋ$^{13}$tsiəu$^{53}_{21}$ɔn$^{35}_{44}$tso$^{53}_{44}$pau$^{35}$ŋa$^{13}_{21}$tsʅ$^{0}$.

【小木】siau$^{21}$muk$^{3}$ 名 指普通的家具器物：～嘞就指箇小家具子箇兜，凳子啊，脚盆呐，做凳子做脚盆箇兜，欸，箇个就～。做只子柜子啊，做只子桌子啊，做兜凳子啊，箇个就～。siau$^{21}$muk$^{3}$ lei$^{0}$ ts$^{h}$iəu$^{53}$tʂʅ$^{21}$kai$^{53}$siau$^{21}$cia$^{35}_{44}$tʂʅ$^{53}$tsʅ$^{0}$ kai$^{53}_{44}$te$^{35}_{53}$,ten$^{53}$tsʅ$^{0}$ a$^{0}$,ciɔk$^{3}$ p$^{h}$ən$^{13}_{21}$na$^{0}$,tso$^{53}_{44}$ten$^{53}$tsʅ$^{0}$ tso$^{53}$ciɔk$^{3}$ p$^{h}$ən$^{13}_{21}$kai$^{53}_{44}$te$^{35}_{53}$,e$_{21}$,kai$^{53}$ke$^{53}$ts$^{h}$iəu$^{53}$siau$^{21}$muk$^{3}$.tso$^{53}$tʂak$^{3}$ tsʅ$^{0}$ k$^{h}$uei$^{53}$tsʅ$^{0}$ a$^{0}$,tso$^{53}$tʂak$^{3}$ tsʅ$^{0}$ tsɔk$^{3}$ tsʅ$^{0}$ a$^{0}$,tso$^{53}_{44}$te$^{35}_{44}$ ten$^{53}$tsʅ$^{0}$ a$^{0}$,kai$^{53}$ke$^{53}$ts$^{h}$iəu$^{53}$siau$^{21}$muk$^{3}$.

【小木匠】siau$^{21}$muk$^{3}$ siɔŋ$^{53}$ 名 做家具的木匠：～是就系做小木个师傅。欸，还有起就做大木个师傅。做门架，合棺材，箇就大木匠，嗯，做大木，做架料哇，起房子个架料摎做棺材，箇个就大木。siau$^{21}$muk$^{3}$ siɔŋ$^{53}$ʂʅ$^{53}_{44}$tsiəu$^{53}_{44}$xe$^{53}_{44}$tso$^{53}$siau$^{21}$muk$^{3}$ ke$^{53}_{44}$sʅ$^{35}_{44}$fu$^{53}$.ei$_{44}$,xai$^{13}_{21}$iəu$^{35}_{53}$çi$^{21}$tsʰiəu$^{53}_{44}$tso$^{53}_{44}$tʰai$^{53}$muk$^{3}$ ke$^{0}$ sʅ$^{35}_{44}$fu$^{53}$.tso$^{53}$mən$^{13}$ka$^{53}$,kait$^{3}$ kɔn$^{35}$tsʰɔi$^{13}$,kai$^{53}_{44}$tsʰiəu$^{53}_{44}$tʰai$^{53}$muk$^{3}$ siɔŋ$^{53}$,n̩$_{21}$,tso$^{53}_{44}$tʰai$^{53}$muk$^{3}$,tso$^{53}$ka$^{53}$ liau$^{53}_{44}$ua$^{0}$,çi$^{21}$fɔŋ$^{13}$tsʅ$^{0}$ke$^{0}$ka$^{53}$liau$^{53}_{44}$lau$^{35}$tso$^{53}$kɔn$^{35}$tsʰɔi$^{13}$,kai$^{53}_{44}$ke$^{53}_{44}$tsʰiəu$^{53}_{44}$tʰai$^{53}$muk$^{3}$.

【小年】siau$^{21}$ɲien$^{13}$ 名农历腊月二十四：过～ ko$^{53}$siau$^{21}$ɲien$^{13}$

【小女】siau$^{21}$ɲi$^{21}$/ɲy$^{21}$ 名谦称自己的女儿：欸，箇个做爷娭个人呐箇个卖妹子个时候子就会讲下子，尤其系送嫁，系唔系？送嫁嘞，做爷娭个人呢就会讲下子。“欸，～是嗯箇个，嫖多读得书，唔多懂事，～是唔多懂事，还请欸亲家等人呢多教下子。多多教育哇。” e$_{21}$,kai$^{53}$kei$^{53}_{44}$ tso$^{53}$ia$^{13}$ɔi$^{35}$ke$^{53}$ɲin$^{13}_{44}$na$^{0}$ kai$^{53}_{44}$ke$^{53}_{44}$mai$^{53}$mɔi$^{53}$tsʅ$^{0}$ ke$^{53}_{44}$ʂʅ$^{13}$xei$^{53}_{44}$tsʅ$^{0}$ tsʰiəu$^{53}$uɔi$^{53}$kɔŋ$^{21}$ŋa$^{53}$tsʅ$^{0}$,iəu$^{13}$cʰi$^{13}_{21}$xe$^{53}_{44}$sɔŋ$^{53}$ ka$^{53}$,xei$^{53}$me$^{53}$?sɔŋ$^{53}$ka$^{53}$lei$^{0}$,tso$^{53}$ia$^{13}$ɔi$^{35}$ke$^{53}$ɲin$^{13}$nei$^{0}$ tsʰiəu$^{53}$uɔi$^{53}$kɔŋ$^{21}$xa$^{53}$tsʅ$^{0}$."e$_{21}$,siau$^{21}$ɲy$^{21}$ʂʅ$^{53}_{21}$n̩$_{21}$kai$^{53}_{44}$ ke$^{53}_{44}$,maŋ$^{13}$to$^{35}$tʰəuk$^{5}$ tek$^{3}$ ʂəu$^{35}$,n̩$^{13}$to$^{35}$təŋ$^{21}$sʅ$^{53}$,siau$^{21}$ɲy$^{21}$ʂʅ$^{53}_{21}$n̩$^{13}$to$^{35}$təŋ$^{21}$sʅ$^{53}$,xai$^{13}$tsʰiaŋ$^{21}$e$_{21}$tsʰin$^{35}$ka$^{35}$ten$^{21}_{44}$ɲin$^{13}$ nei$^{0}$ to$^{35}$kau$^{35}$ua$^{53}$tsʅ$^{0}$.to$^{35}$to$^{35}$ciau$^{53}$iəuk$^{3}$ ua$^{0}$."

【小婆】siau$^{21}$pʰo$^{13}$ 名妾：供个赖子就唔打早禾，供个妹子就唔当～。ciəŋ$^{53}$ke$^{53}$lai$^{53}$tsʅ$^{0}$ tsʰiəu$^{53}$n̩$^{13}$ ta$^{21}$tsau$^{21}$uo$^{13}$,ciəŋ$^{53}$ke$^{53}$mɔi$^{53}$tsʅ$^{0}$ tsʰiəu$^{53}$n̩$^{13}$tɔŋ$^{35}$siau$^{21}$pʰo$^{13}$.

【小气】siau$^{21}$çi$^{53}$ 形①吝啬：你莫咁～。你箇好食个东西拿出来食嘿去哦。ɲi$^{13}_{21}$mɔk$^{5}$ kan$^{21}$siau$^{21}$ çi$^{53}$. ɲi$^{13}_{21}$kai$^{53}_{44}$xau$^{21}$ʂət$^{5}$ ke$^{0}$ təŋ$^{35}_{44}$si$^{0}$ la$^{53}$tʂʰət$^{3}$ lɔi$^{13}_{21}$ʂət$^{5}$ lek$^{3}$ çi$^{53}$o$^{0}$. ②受不了委屈：你莫咁～哦，别人家话下子你就箇个哦就发气呀，就叫嘴呀。我等又嫖话你么个，系啊？你就叫嘴，咁～。ɲi$^{13}$ mɔk$^{5}$ kan$^{21}$siau$^{21}$çi$^{53}$o$^{0}$,pʰiet$^{5}$ in$^{13}_{44}$ka$^{35}_{44}$ua$^{53}$xa$^{53}_{44}$tsʅ$^{0}$ɲi$^{13}$tsʰiəu$^{53}$kai$^{53}_{44}$ke$^{53}_{44}$o$^{0}$ tsʰiəu$^{53}_{44}$fait$^{3}$ çi$^{53}$ia$^{0}$,tsʰiəu$^{53}_{44}$ciau$^{53}_{44}$tʂuɔi$^{53}$ ia$^{0}$.ŋai$^{13}$tien$^{0}$ iəu$^{53}_{44}$maŋ$^{13}$ua$^{53}$ɲi$^{13}_{21}$mak$^{3}$ ke$^{53}$,xei$^{53}_{44}$a$^{0}$?ɲi$^{13}$tsʰiəu$^{53}$ciau$^{53}$tʂuɔi$^{53}$,kan$^{21}$siau$^{21}$çi$^{53}$.

【小气鬼】siau$^{21}$çi$^{53}$kuei$^{21}$ 名①悭吝者。又称“啬毛鬼”：你莫～样。你箇食得个东西拿出来食下子。ɲi$^{13}$mɔk$^{5}$ siau$^{21}$çi$^{53}$kuei$^{21}$iɔŋ$^{53}$. ɲi$^{13}_{21}$kai$^{53}_{44}$ʂət$^{5}$ tek$^{3}$ ke$^{0}$ təŋ$^{35}_{44}$si$^{0}$ la$^{53}$tʂʰət$^{3}$ lɔi$^{13}_{21}$ʂət$^{5}$ (x)a$^{53}_{21}$tsʅ$^{0}$. ②受不了委屈的人：尽兜话你是系爱你好，你莫～样就屏倒出都唔出来哟。tsʰin$^{53}$te$^{35}_{53}$ua$^{53}$ɲi$^{13}$ʂʅ$^{53}_{44}$(x)e$^{53}_{44}$ɔi$^{53}$ɲi$^{13}_{44}$ xau$^{21}$, ɲi$^{13}$mɔk$^{5}$ siau$^{21}$çi$^{53}$kuei$^{21}$iɔŋ$^{53}$tsʰiəu$^{53}$piaŋ$^{53}$tau$^{21}$tʂʰət$^{3}$ təu$^{35}_{53}$n̩$^{13}_{21}$tʂʰət$^{3}$ lɔi$^{13}$io$^{0}$.

【小青瓦】siau$^{21}$tsʰiaŋ$^{35}$ŋa$^{21}$ 名青瓦的别称：箇起就安做青瓦，有兜又安做～。kai$^{53}$çi$^{21}$tsʰiəu$^{53}$ɔn$^{35}_{53}$ tso$^{53}$tsʰiaŋ$^{35}$ŋa$^{21}$,iəu$^{35}$tei$^{35}_{53}$iəu$^{53}$ɔn$^{35}_{53}$tso$^{53}$siau$^{21}$tsʰiaŋ$^{35}$ŋa$^{21}$.

【小人】siau$^{21}$ɲin$^{13}$ 名指人格卑下的人：欸，同个～样唠，小胆破心就～样唠。以～之心度君子之腹啊。e$_{21}$,tʰəŋ$^{13}$ŋe$^{53}_{44}$siau$^{21}$ɲin$^{13}$ɲiɔŋ$^{53}$lau$^{0}$,siau$^{21}$tan$^{21}$pʰo$^{53}$sin$^{35}$tsʰiəu$^{53}_{44}$siau$^{21}$ɲin$^{13}$ɲiɔŋ$^{53}$lau$^{0}$.i$^{35}$siau$^{21}$ɲin$^{13}$ tʂʅ$^{35}_{44}$sin$^{35}_{44}$tʰəu$^{53}$tʂən$^{35}$tsʅ$^{0}$ tʂʅ$^{35}_{44}$fuk$^{5}$ a$^{0}$.

【小三献】siau$^{21}$s an$^{35}_{44}$çien$^{53}$ 名无巡所内容的祭祀方式。也称“小三献子”：如果你……如果箇家人人少，只有一只子赖子，或者赖子老婆都冇得个，系啊？一个把子人个，又有么啊你客个箇只，渠就唔打大三献。就打～。～就唔巡所。就冇得所。就唔巡所，就只有后背一堂子。就～，献三到哇。进三到。大概咁子搞下子。就只有后背一堂子。y$^{13}$ko$^{21}$ɲi$^{13}_{21}$…y$^{13}$ko$^{21}$kai$^{53}$ka$^{35}_{44}$ ɲin$^{13}_{21}$ɲin$^{13}$ʂau$^{21}$,tʂʅ$^{21}$iəu$^{35}$iet$^{3}$ tʂak$^{3}$ tsʅ$^{0}$ lai$^{53}$tsʅ$^{0}$,xɔit$^{5}$ tʂa$^{21}$lai$^{53}$tsʅ$^{0}$ lau$^{21}$pʰo$^{13}$təu$^{35}_{44}$mau$^{13}_{21}$tek$^{3}$ cie$^{53}_{44}$,xei$^{53}_{44}$a$^{0}$ ?iet$^{3}$ cie$^{53}$ pa$^{21}$tsʅ$^{0}$ɲin$^{13}_{21}$ke$^{53}_{44}$,iəu$^{53}$mau$^{13}_{21}$mak$^{3}$ a$^{0}$ɲi$^{13}_{21}$kʰak$^{3}$ ke$^{53}_{44}$kai$^{53}_{44}$tʂak$^{3}$,ci$^{13}_{21}$tsʰiəu$^{53}_{44}$m̩$^{13}$ta$^{21}$tʰai$^{53}$san$^{35}_{44}$çien$^{53}$.tsʰiəu$^{53}_{44}$ta$^{21}$siau$^{21}$ san$^{35}_{44}$çien$^{53}$.siau$^{21}$san$^{35}_{44}$çien$^{53}$tsʰiəu$^{53}_{44}$n̩$^{13}$sən$^{13}_{21}$so$^{21}$.tsʰiəu$^{53}$mau$^{13}_{21}$tek$^{3}$ so$^{21}$.tsʰiəu$^{53}_{44}$n̩$^{13}_{21}$sən$^{13}$so$^{21}$,tsʰiəu$^{53}_{44}$tʂʅ$^{21}$iəu$^{35}_{44}$xei$^{53}$ pɔi$^{53}$iet$^{3}$ tsʰo$^{53}$tsʅ$^{0}$.tsʰiəu$^{53}_{44}$siau$^{21}$san$^{35}_{44}$çien$^{53}$,çien$^{53}$san$^{35}_{44}$tau$^{53}$ua$^{0}$.tsin$^{53}$san$^{35}_{44}$tau$^{53}$.tʰai$^{53}$kʰai$^{53}$kan$^{21}$tsʅ$^{0}$ kau$^{21}$a$^{53}_{44}$ tsʅ$^{0}$.tsʰiəu$^{53}_{44}$tʂʅ$^{21}$iəu$^{35}_{44}$xei$^{53}$pɔi$^{53}$iet$^{3}$ tsʰo$^{53}$tsʅ$^{0}$.｜家莫打嘿哩嘞就还又有滴就孝孙呶。有滴就婿郎噢，岳父死嘿哩个，或者岳母死哩啊，箇婿郎噢。有滴就欸姐夫噢，有滴老妹婿爱打场子祭个唠。欸，有滴就外氏爱打场祭个。死个夫娘子样，渠系弄下来哩老表箇只，舅爷箇只啦，来祭奠下子欸阿姐，老妹子箇只嘞。欸，箇个就，箇个都系～。箇就系～子了。箇个唔巡所。cia$^{35}$ tʰien$^{53}$ta$^{21}$xek$^{3}$ li$^{0}$ lei$^{0}$ tsʰiəu$^{53}_{44}$xai$^{13}_{21}$iəu$^{53}_{44}$iəu$^{35}$tet$^{5}_{3}$ tsʰiəu$^{53}_{44}$çiau$^{53}$sən$^{35}$nau$^{0}$.iəu$^{35}$tet$^{5}$ tsʰiəu$^{53}_{44}$se$^{53}$lɔŋ$^{13}_{21}$ŋau$^{0}$,iɔk$^{5}$ fu$^{53}$ si$^{21}$xek$^{3}$ li$^{0}$ ke$^{53}_{44}$,xɔit$^{5}$ tʂa$^{21}$iɔk$^{5}$ mu$^{35}$si$^{21}$lia$^{0}$,kai$^{53}_{21}$se$^{53}$lɔŋ$^{13}_{21}$ŋau$^{0}$.iəu$^{35}$tet$^{5}$ tsʰiəu$^{53}_{44}$e$_{21}$tsia$^{21}$fu$^{35}$au$^{0}$,iəu$^{35}$tet$^{5}_{3}$ lau$^{21}$mɔi$^{53}_{44}$ se$^{53}$ɔi$^{53}_{44}$ta$^{21}$tʂʰɔŋ$^{13}$tsʅ$^{0}$ tsi$^{53}$ke$^{53}$lau$^{0}$.e$_{21}$,iəu$^{35}$tet$^{5}$ tsʰiəu$^{53}_{44}$ŋɔi$^{53}$ʂʅ$^{53}_{44}$ɔi$^{53}_{44}$ta$^{21}$tʂʰɔŋ$^{13}$tsi$^{53}_{44}$ke$^{53}_{44}$.si$^{21}$ke$^{53}_{44}$pu$^{35}$ɲiɔŋ$^{13}_{21}$tsʅ$^{0}$ iɔŋ$^{53}_{44}$,ci$^{13}_{21}$xe$^{53}_{44}$ləŋ$^{53}$a$^{0}$ lɔi$^{13}_{21}$li$^{0}$ lau$^{21}$piau$^{21}$kai$^{53}_{44}$tʂak$^{3}$,cʰiəu$^{35}$ia$^{13}_{21}$kai$^{53}_{44}$tʂak$^{3}$ la$^{0}$,lɔi$^{13}_{21}$tsi$^{53}$tʰien$^{53}$na$^{53}$tsʅ$^{0}$ e$_{21}$a$^{35}$tsia$^{21}$,lau$^{21}$ mɔi$^{53}$tsʅ$^{0}$ kai$^{53}_{44}$tʂak$^{3}$ le$^{0}$.e$_{21}$,kai$^{53}_{44}$ke$^{53}_{44}$tsiəu$^{53}_{21}$,kai$^{53}_{44}$ke$^{53}_{44}$təu$^{35}_{44}$xe$^{53}$siau$^{21}$san$^{35}_{44}$çien$^{53}$.kai$^{53}_{44}$tsʰiəu$^{53}_{44}$xe$^{53}_{44}$siau$^{21}$san$^{35}_{44}$çien$^{53}$ tsʅ$^{0}$ liau$^{0}$.kai$^{53}_{44}$ke$^{53}_{44}$n̩$^{13}$sən$^{13}_{21}$so$^{21}$.

【小杀子】siau$^{21}$sait$^{3}$ tsʅ$^{0}$ 名杀羊等用的尖刀，也可用来切割猪肉等：箇个杀猪个人呢，箇猪子是蛮大，几百斤，系啊？渠箇张杀猪刀就咁长，安做叶子，渠箇张杀猪刀安做叶子。欸，但是爱渠杀羊子箇兜嘞，渠就用只咁个短个杀刀子，箇就箇张就安做～。打比样杀羊子，剐羊子，欸。"拿倒箇张～来！"当然～因为渠锋利，所以嘞在箇个卖猪肉个过程当中啊，如果渠爱去割下子啊，哪映□下子，爱冇得骨头个栏场呐，过骨头就过唔得，爱□下子嘞就用～去□。kai$^{53}_{44}$kei$^{53}_{44}$sait$^3$ tʂəu$^{35}$ke$^{53}$ɲin$^{13}_{21}$nei$^0$,kai$^{53}_{44}$tʂəu$^{35}$tsɿ$^0$ ʂɿ$^{53}_{21}$man$^{13}$t$^h$ai$^{53}$,ci$^{21}$pak$^3$ cin$^{35}$,xei$^{53}_{44}$a$^0$?ci$^{13}_{21}$kai$^{53}$tʂəŋ$^{35}_{53}$sait$^3$ tʂəu$^{35}$tau$^{35}_{44}$ts$^h$iəu$^{53}$kan$^{21}$tʂ$^h$əŋ$^{13}$,ən$^{35}_{44}$tso$^{53}_{44}$iait$^5$ tsɿ$^0$,ci$^{13}_{21}$kai$^{53}_{44}$tʂəŋ$^{35}_{44}$sait$^3$ tʂəu$^{35}_{44}$tau$^{35}_{44}$ən$^{35}_{44}$tso$^{53}_{44}$iait$^5$ tsɿ$^0$.e$_{44}$,tan$^{53}$ʂɿ$^{53}$ɔi$^{53}$ ci$^{13}_{21}$sait$^3$ iəŋ$^{13}$tsɿ$^0$ kai$^{53}_{44}$te$^{53}_{44}$lei$^0$,ci$^{13}_{21}$ts$^h$iəu$^{53}_{44}$iəŋ$^{53}$tʂak$^3$ kan$^{21}_{13}$ke$^0$ tən$^{21}$ke$^{53}$sait$^3$ tau$^{35}_{44}$tsɿ$^0$,kai$^{53}_{44}$ts$^h$iəu$^{53}_{44}$kai$^{53}$tʂəŋ$^{35}_{44}$ts$^h$iəu$^{53}_{44}$ ən$^{35}_{44}$tso$^{53}_{44}$siau$^{21}$sait$^3$ tsɿ$^0$.ta$^{21}$pi$^{21}$iəŋ$^{53}$sait$^3$ iəŋ$^{13}$tsɿ$^0$,tʂ$^h$ɿ$^{13}$iəŋ$^{13}$tsɿ$^0$,e$_{21}$."la$^{53}$tau$^{21}_{44}$kai$^{53}_{44}$tʂəŋ$^{35}_{53}$siau$^{21}$sait$^3$ tsɿ$^0$ lɔi$^{13}$!"təŋ$^{35}$ vien$^{13}_{21}$siau$^{21}$sait$^3$ tsɿ$^0$ in$^{35}$uei$^{13}_{44}$ci$^{13}_{21}$fəŋ$^{35}$li$^{53}$,so$^{21}$i$^{35}_{44}$lei$^0$ ts$^h$ai$^{53}$kai$^{53}_{44}$ke$^{53}_{44}$mai$^{53}$tʂəu$^{35}$ɲiəuk$^3$ ke$^{53}$ko$^{53}$tʂ$^h$ən$^{13}_{21}$təŋ$^{35}_{44}$tʂəŋ$^{35}_{44}$ ŋa$^0$,vy$^{13}$ko$^{21}$ci$^{13}_{21}$ɔi$^{53}$çi$^{53}$kɔit$^3$ (x)a$^{53}_{44}$tsɿ$^0$ a$^0$,lai$^{53}_{44}$iaŋ$^{53}_{44}$c$^h$ie$^{35}$(x)a$^{53}$tsɿ$^0$,ɔi$^{53}$mau$^{13}_{21}$tek$^3$ kuət$^3$ t$^h$ei$^{13}$ke$^{53}$lan$^{53}_{44}$tʂ$^h$əŋ$^{13}_{44}$ na$^0$,ko$^{53}$kuət$^3$ t$^h$ei$^{13}$ts$^h$iəu$^{53}$ko$^{53}$ṇ$^{13}_{21}$tek$^3$,ɔi$^{53}_{44}$c$^h$ie$^{35}$(x)a$^{53}_{44}$tsɿ$^0$ lei$^0$ ts$^h$iəu$^{53}$iəŋ$^{53}$siau$^{21}$sait$^3$ tsɿ$^0$ çi$^{53}_{44}$c$^h$ie$^{35}$.

【小生意子】siau$^{21}$sien$^{35}_{44}$i$^{53}$tsɿ$^0$ 名投资小利润少的买卖。也简称"小生意"：做～ tso$^{53}$siau$^{21}$sien$^{35}_{44}$ i$^{53}$tsɿ$^0$

【小暑】siau$^{21}$tʂ$^h$əu$^{21}$ 名二十四节气之一，为夏至后的节气，此时天气十分炎热，但尚未到达极热：如今是大暑都过嘿哩。～大暑是一年最热个时候子。夏至过哩唠就～大暑唠。i$^{13}_{21}$cin$^{53}$ ʂɿ$^{53}_{44}$t$^h$ai$^{53}$tʂ$^h$əu$^{21}$təu$^{35}$ko$^{53}$(x)ek$^3$ li$^0$.siau$^{21}$tʂ$^h$əu$^{21}$t$^h$ai$^{53}$tʂ$^h$əu$^{21}$ʂɿ$^{53}$iet$^3$ɲien$^{13}$tsei$^{53}$ɲiet$^5$ke$^{53}$ʂɿ$^{13}$xei$^{53}$tsɿ$^0$.çia$^{53}$tʂɿ$^{53}$ko$^{53}$ li$^0$ lau$^0$ tsiəu$^{53}$siau$^{21}$tʂ$^h$əu$^{21}$t$^h$ai$^{53}$tʂ$^h$əu$^{21}$lau$^0$.

【小心】siau$^{13}$sin$^{35}$ 名①谨慎行事：你挖倒哩箇条带了嘞，你就爱～滴。ɲi$^{13}_{21}$uait$^3$ tau$^{21}$li$^0$ kai$^{53}_{44}$ t$^h$iau$^{13}_{21}$tai$^{53}$liau$^{21}$lei$^0$, ɲi$^{13}_{21}$ts$^h$iəu$^{53}_{44}$uɔi$^{53}_{44}$siau$^{21}$sin$^{35}_{21}$tiet$^5$. ②注意防范，留心防备：好生子走，唔爱跑！～跌下去爬都爬唔上来。xau$^{21}$sien$^{35}$tsɿ$^0$ tsəu$^{21}$,m̩$^{13}$mɔi$_{35}$(←ɔi$^{53}$)p$^h$au$^{21}$!siau$^{13}$sin$^{35}$tet$^3$ xa$^{35}$çi$^{53}$p$^h$a$^{13}$təu$^{35}$ p$^h$a$^{13}$ŋ̍$^{13}$ʂəŋ$^{35}$lɔi$^{13}$.

【小型子】siau$^{21}$çin$^{13}$tsɿ$^0$ 形形体较小或规模较小的：一种细细子个，～个。iet$^3$ tʂəŋ$^{53}$se$^{53}$se$^{53}$tsɿ$^0$ ke$^{53}$,siau$^{21}$çin$^{13}_{44}$tsɿ$^0$ kei$^{53}$.

【小学生子】siau$^{21}$çiɔk$^5_3$ sien$^{35}_{44}$tsɿ$^0$ 名年岁小的学生：～就寻千数千块钱一个月。siau$^{21}$çiɔk$^5_3$ sien$^{35}_{44}$ tsɿ$^0$ ts$^h$iəu$^{53}_{44}$ts$^h$in$^{13}_{21}$ts$^h$ien$^{35}$sɿ$^{53}_{44}$ts$^h$ien$^{35}_{44}$k$^h$uai$^{53}_{44}$ts$^h$ien$^{13}_{21}$iet$^3$ cie$^{53}$ɲiet$^5$.

【小雪】siau$^{21}$siet$^3$ 名二十四节气之一：立冬过哩就～，～箇只阶段呢还唔系几冷子，只系冷天会来临了，会来了，架势来了。liet$^5$ təŋ$^{35}$ko$^{53}$li$^0$ ts$^h$iəu$^{53}$siau$^{21}$siet$^3$,siau$^{21}$siet$^3$ kai$^{53}$tʂak$^3$ kai$^{35}_{44}$tɔn$^{53}$ ne$^0$ xai$^{53}_{44}$m̩$^{13}$p$^h$ei$^{53}$ci$^{21}$laŋ$^{35}$tsɿ$^0$,tʂɿ$^{21}$xei$^{53}$laŋ$^{35}$t$^h$ien$^{35}_{44}$uɔi$^{53}$lɔi$^{13}$lin$^{13}$liau$^0$,uɔi$^{53}$lɔi$^{13}$liau$^0$,cia$^{53}$ʂɿ$^{53}_{44}$lɔi$^{13}$liau$^0$.

【小阳春】siau$^{21}$iɔŋ$^{13}$tʂ$^h$ən$^{35}$ 名指农历十月，其时天气暖和如春：旧年个十月～就唔暖呐。欸真古怪嘞系嘞。有几年都十月了啊，首先都冷，到哩十月了还唔知几暖活。旧年就空个，旧年就赠，旧年十月～就十月就冇得～。c$^h$iəu$^{53}$ɲien$^{13}_{21}$ke$^0$ ʂət$^5$ɲiet$^5$ siau$^{21}$iɔŋ$^{13}$tʂ$^h$ən$^{35}$ts$^h$iəu$^{53}$ṇ$^{13}$nɔn$^{35}$na$^0$.e$_{21}$ tʂən$^{35}_{44}$ku$^{21}$kuai$^{53}$lei$^0$ xei$^{53}$lei$^0$.iəu$^{35}$ci$^{21}$ɲien$^{13}$təu$^{35}_{53}$ʂət$^5$ ɲiet$^5$ liau$^{21}_{44}$a$^0$,ʂəu$^{21}$sien$^{35}_{44}$təu$^{35}_{44}$laŋ$^{35}$,tau$^{35}_{44}$li$^0$ ʂət$^5$ ɲiet$^5$ liau$^0$ xai$^{13}_{21}$ṇ$^{13}$ti$^{35}_{53}$ci$^{21}$lɔn$^{35}$fɔit$^5$.c$^h$iəu$^{53}$ɲien$^{13}_{44}$ts$^h$iəu$^{53}_{44}$k$^h$əŋ$^{53}_{44}$ke$^0$,c$^h$iəu$^{53}$ɲien$^{13}_{44}$ts$^h$iəu$^{53}$maŋ$^{13}_{21}$,c$^h$iəu$^{53}$ɲien$^{13}_{21}$ʂət$^5$ (ɲ)iet$^5$ siau$^{21}$iɔŋ$^{13}_{21}$tʂ$^h$ən$^{35}_{53}$ts$^h$iəu$^{53}$ʂət$^5$ ɲiet$^5$ ts$^h$iəu$^{53}$mau$^{13}$tek$^3$ siau$^{21}$iɔŋ$^{13}$tʂ$^h$ən$^{35}_{44}$.

【小乐】siau$^{21}$iɔk$^5$ 名未有唢呐加入演奏的音乐：奏哩大乐以后嘞停下来，起～。tsei$^{53}$li$^0$ t$^h$ai$^{53}$ iɔk$^5$ i$^{35}$xei$^{53}_{44}$lei$^0$ t$^h$in$^{13}$xa$^{53}_{44}$lɔi$^{13}_{21}$,çi$^{21}$siau$^{21}$iɔk$^5$.

【小子】siau$^{21}$tsɿ$^{21}$ 名犬子，对人谦称自己的儿子：以到我～我箇只～结婚呐，欸，承蒙大家着哩累，帮忙，大家帮忙着累，欸，多食两杯。i$^{21}$tau$^{53}$ŋai$^{13}_{44}$siau$^{21}$tsɿ$^{21}$ŋai$^{13}$kai$^{53}$tʂak$^3$ siau$^{21}$tsɿ$^{21}$ciet$^3$ fən$^{35}$na$^0$,e$_{21}$,tʂ$^h$ən$^{13}_{21}$mən$^{13}$t$^h$ai$^{53}$cia$^{35}_{44}$tʂ$^h$ɔk$^5$ li$^0$ li$^{53}$,pɔŋ$^{35}$mɔŋ$^{13}_{21}$,t$^h$ai$^{53}$cia$^{35}_{44}$pɔŋ$^{35}$mɔŋ$^{13}$tʂ$^h$ɔk$^5$ li$^{53}$,e$_{21}$,to$^{35}$ʂət$^5$ iɔŋ$^{21}$pi$^{35}$.

【小字笔】siau$^{21}$sɿ$^{53}$piet$^3$ 名书写小字的笔：～就系箇起写小字子个笔。我等学生子就买～，正架势莫去写大字。siau$^{21}$sɿ$^{53}$piet$^3$ ts$^h$iəu$^{53}$xei$^{53}$kai$^{53}$çi$^{21}_{44}$sia$^{21}$se$^{53}$sɿ$^{53}$tsɿ$^0$ ke$^{53}$piet$^3$.ŋai$^{13}$tien$^0$ xɔk$^5$ saŋ$^{35}_{44}$tsɿ$^0$ ts$^h$iəu$^{53}$mai$^{35}$siau$^{21}$sɿ$^{53}$piet$^3$,tʂaŋ$^{53}$cia$^{53}_{44}$ʂɿ$^{53}_{44}$mɔk$^5$ çi$^{53}$sia$^{21}$t$^h$ai$^{53}$sɿ$^{53}_{21}$.

【晓】çiau$^{21}$ 动知道：箇是马铃薯～吧？kai$^{53}_{44}$ʂɿ$^{53}_{44}$ma$^{35}$lin$^{13}_{21}$ʂəu$^{13}$çiau$^{21}$pa$^0$?｜你～么啊箇去舞转来吗？ɲi$^{13}$çiau$^{21}_{44}$mak$^3$ a$^0$ kai$^{53}_{44}$çi$^{53}_{44}$u$^{21}$tʂɔn$^{21}$nɔi$^{13}_{21}$ma$^0$?｜我只～乌豆子就有。ŋai$^{13}_{21}$tʂɿ$^{21}$çiau$^{21}$u$^{35}$t$^h$ei$^{53}$tsɿ$^0$ ts$^h$iəu$^{53}_{44}$iəu$^{35}_{44}$.

【晓得】çiau$^{21}$tek$^3$ 动知道，懂得，了解。又称"知得"：我看过箇起灯，但是我唔～安做么啊灯，唔～箇话法了。有咁个灯，唔～哩话法了。ŋai$^{13}$k$^h$ɔn$^{53}$ko$^{53}_{44}$kai$^{53}_{44}$çi$^{21}$tien$^{35}$,tan$^{53}$ʂɿ$^{53}$ŋai$^{13}$ṇ$^{13}_{44}$çiau$^{21}$ tek$^3$ ɔn$^{35}_{44}$tso$^{53}_{44}$mak$^3$ a$^0$ ten$^{35}_{44}$,ṇ$^{13}$çiau$^{21}$tek$^3$ kai$^{53}_{44}$ua$^{53}$fait$^3$ liau$^0$.iəu$^{35}$kan$^{21}$ke$^{53}_{44}$ten$^{35}$,ṇ$^{13}$çiau$^{21}$tek$^3$ li$^0$ ua$^{53}$fait$^3$ liau$^0$. ｜一下子～哩。iet$^3$ xa$^{53}$tsɿ$^0$ çiau$^{21}$tek$^3$ li$^0$. ｜落尾搞懒哩正～。lɔk$^5_3$ mi$^{35}_{44}$kau$^{21}$lan$^{35}$ni$^0$ tʂaŋ$^{53}_{44}$çiau$^{21}$tek$^3$.

【孝】çiau$^{53}$ 名丧服：最大个～嘞，最重个～嘞，就系赖子妹子，赖子新舅，麻衣，欸，就着麻衣。tsei$^{53}$t$^h$ai$^{53}$ke$^{53}_{44}$çiau$^{53}$le$^0$,tsei$^{53}$tʂ$^h$əŋ$^{53}$ke$^{53}_{44}$çiau$^{53}$le$^0$,ts$^h$iəu$^{53}_{44}$xe$^{53}_{44}$lai$^{53}$tsɿ$^0$ mɔi$^{53}$tsɿ$^0$,lai$^{53}$tsɿ$^0$ sin$^{35}$c$^h$iəu$^{35}_{44}$,ma$^{13}_{21}$

i$^{35}_{44}$,e$_{21}$,ts$^{h}$iəu$^{53}_{44}$tʂɔk$^{3}$ ma$^{13}_{21}$i$^{35}_{44}$.

【孝夫人家】xau$^{53}$fu$^{35}$ŋin$^{13}$ka$^{35}$ 名指正在办丧事的人家：欸我娭子等人长日都话我："嗯，你躲得开是你尽量莫跑下～去。" e$_{53}$ŋai$^{13}_{21}$ɔi$^{35}$tsɿ$^{0}$ ten$^{21}_{13}$ɲin$^{13}_{21}$ʂʅ$^{53}_{44}$tʂ$^{h}$ɔŋ$^{13}$ɲiet$^{3}$ təu$^{35}_{44}$ua$^{53}$ŋai$^{13}_{44}$:"n̩$_{44}$, ɲi$^{13}$to$^{21}$tek$^{3}$ k$^{h}$ɔi$^{35}$ ʂʅ$^{53}_{44}$ɲi$^{13}$ts$^{h}$in$^{53}$liɔŋ$^{53}_{44}$mɔk$^{5}$ p$^{h}$au$^{21}$ua$^{53}_{44}$xau$^{53}$fu$^{35}$ɲin$^{13}_{21}$ka$^{35}_{44}$çi$^{53}_{44}$."

【孝家】çiau$^{53}$cia$^{35}$ 名过世者的亲属，通常指直系亲属，披麻戴孝者：棺材后背就系～啦。孝子孝孙滴箇映子啦。kɔn$^{35}$ts$^{h}$ɔi$^{13}_{21}$xei$^{53}$pɔi$^{53}_{44}$ts$^{h}$iəu$^{53}_{44}$xei$^{53}_{44}$çiau$^{53}$cia$^{35}_{44}$la$^{0}$ .çiau$^{53}$tsɿ$^{21}$çiau$^{53}$sən$^{35}_{44}$tet$^{5}$ kai$^{53}$iaŋ$^{53}_{44}$tsɿ$^{0}$ la$^{0}$.

【孝孙】xau$^{35}$sən$^{35}$ 名治丧期间称逝者的孙子：呃我等横巷里是箇个嘞，呃，～必须爱打场祭呢，欸，有～个话，必须爱打场祭。ə$_{21}$ŋai$^{13}$tien$^{0}$ uaŋ$^{13}$xɔŋ$^{53}$li$^{0}$ ʂʅ$^{53}_{44}$kai$^{53}$ke$^{53}$lei$^{0}$ ,ə$_{21}$,xau$^{53}$sən$^{35}$piet$^{3}$ si$^{35}_{44}$ ɔi$^{53}$ta$^{21}$tʂ$^{h}$ɔŋ$^{13}$tsi$^{53}$ne$^{0}$ ,e$_{21}$,iəu$^{35}$xau$^{53}$sən$^{35}_{44}$ke$^{53}_{44}$fa$^{53}$ ,piet$^{3}$ si$^{35}_{44}$ɔi$^{53}$ta$^{21}$tʂ$^{h}$ɔŋ$^{13}$tsi$^{53}$.

【孝堂棍】xau$^{53}$t$^{h}$ɔŋ$^{13}$kuən$^{53}$ 名丧礼中，孝子手持的哀杖：爷子死哩还要扶条棍，箇只棍安做～。男子人呢用竹棍，夫娘子嘞用胖桐树棍。男子人死嘿哩啊，爷子死哩啊，死个系男子人就用竹棍。父死就节在外，母死节在内。长短我就唔记得呢，长短都有规定个噢。长短都有规定，欸，我唔记得哩呢。反正唔长，只能短，搞么个嘞，个孝子你不能够话胸口挺直啦，欸，威风凛凛哩呀，箇不能。你就必须嘞爱唔知几悲哀个样子。欸，背驼背拯。ia$^{13}$tsɿ$^{0}$ si$^{21}$li$^{0}$ xai$^{13}_{21}$iau$^{53}_{44}$ p$^{h}$u$^{13}_{44}$t$^{h}$iau$^{13}_{21}$kuən$^{53}$ ,kai$^{53}_{44}$tʂak$^{3}$ kuən$^{53}$ɔn$^{35}_{44}$tso$^{53}_{44}$xau$^{53}$t$^{h}$ɔŋ$^{13}$kuən$^{53}$ .lan$^{13}$tsɿ$^{0}$ ɲin$^{13}_{21}$ne$^{0}$ iəŋ$^{53}$tʂəuk$^{3}$ kuən$^{53}$ ,pu$^{35}$ɲiɔŋ$^{13}_{21}$ tsɿ$^{0}$ lei$^{0}$ iəŋ$^{53}_{44}$p$^{h}$aŋ$^{53}$təŋ$^{13}_{21}$ʂəu$^{53}$kuən$^{53}$ .lan$^{13}$tsɿ$^{0}$ ɲin$^{13}_{44}$si$^{21}$xek$^{3}$ lia$^{0}$ ,ia$^{13}$tsɿ$^{0}$ si$^{21}$lia$^{0}$ ,si$^{21}$ke$^{53}$xe$^{53}$lan$^{13}$tsɿ$^{0}$ ɲin$^{13}_{44}$ts$^{h}$iəu$^{53}_{44}$ iəŋ$^{53}_{44}$tʂəuk$^{3}$ kuən$^{53}_{44}$.fu$^{53}$si$^{21}$ts$^{h}$iəu$^{53}_{44}$tsiet$^{3}$ ts$^{h}$ai$^{53}_{44}$uai$^{53}$ ,mu$^{35}$si$^{21}$tsiet$^{3}$ ts$^{h}$ai$^{53}_{44}$lei$^{53}$ .tʂ$^{h}$ɔŋ$^{13}$tɔn$^{21}$ŋai$^{13}$ts$^{h}$iəu$^{53}$ŋ̍$^{13}$ci$^{53}$tek$^{3}$ nei$^{0}$ ,tʂ$^{h}$ɔŋ$^{13}$tɔn$^{21}$təu$^{35}_{44}$iəu$^{35}_{44}$kuei$^{35}_{44}$t$^{h}$in$^{53}_{44}$cie$^{53}_{44}$au$^{0}$ .tʂ$^{h}$ɔŋ$^{13}$tɔn$^{21}$təu$^{35}_{44}$iəu$^{35}_{44}$kuei$^{35}_{44}$t$^{h}$in$^{53}_{44}$,e$_{21}$,ŋai$^{13}_{21}$ŋ̍$^{13}_{44}$ci$^{53}$tek$^{3}$ li$^{0}$ nei$^{0}$ .fan$^{21}$ tʂən$^{53}$n̩$^{13}$tʂ$^{h}$ɔŋ$^{13}$ ,tʂət$^{3}$ lən$^{13}_{44}$tɔn$^{21}$ ,kau$^{21}$mak$^{3}$ ke$^{53}_{44}$lei$^{0}$ ,ke$^{53}_{44}$xau$^{53}$tsɿ$^{0}$ ɲi$^{13}$pət$^{3}$ lən$^{13}_{21}$kei$^{53}_{44}$ua$^{53}_{44}$çiəŋ$^{35}$k$^{h}$əu$^{21}$t$^{h}$in$^{21}$tʂ$^{h}$ət$^{5}$ la$^{0}$ ,ei$_{21}$,uei$^{35}$fəŋ$^{35}_{44}$lin$^{21}$lin$^{21}$li$^{0}$ ia$^{0}$ ,kai$^{53}_{44}$pət$^{3}$ nən$^{13}$. ɲi$^{13}$tsiəu$^{53}_{21}$piet$^{3}$ si$^{35}_{44}$lei$^{0}$ ɔi$^{53}$n̩$^{13}_{21}$ti$^{35}_{44}$ci$^{21}$pei$^{35}$ŋai$^{35}$ke$^{53}_{44}$iɔŋ$^{53}$ tsɿ$^{0}$.e$_{21}$,pɔi$^{53}$t$^{h}$o$^{13}$pɔi$^{53}$ia$^{21}$.

【孝堂下】xau$^{53}$t$^{h}$ɔŋ$^{13}_{21}$xa$^{35}$ 名丧家供奉灵柩或死者灵位以供吊唁的场所：～嘞就在箇个丧事期间呐不能够离人，特别系夜晡，如果……夜晡啊一定爱守孝，箇子……赖子妹子箇兜爱守孝。xau$^{53}$t$^{h}$ɔŋ$^{13}_{21}$xa$^{35}$lei$^{0}$ ts$^{h}$iəu$^{53}$ts$^{h}$ai$^{53}$kai$^{53}_{44}$ke$^{53}_{44}$sɔŋ$^{35}$sɿ$^{53}$c$^{h}$i$^{13}_{21}$kan$^{35}_{44}$na$^{0}$ pət$^{3}$ len$^{13}$ciau$^{53}$li$^{13}$ɲin$^{13}$ ,t$^{h}$ek$^{5}$ p$^{h}$iet$^{5}$ xei$^{53}_{44}$ia$^{53}$pu$^{35}_{44}$, ʮ$^{13}$ko$^{21}$…ia$^{53}$pu$^{35}_{44}$a$^{0}$ iet$^{3}$ t$^{h}$in$^{53}$ɔi$^{53}$ʂəu$^{21}$xau$^{53}$ ,kai$^{53}$tsɿ$^{21}$…lai$^{53}$tsɿ$^{0}$ mɔi$^{53}$tsɿ$^{0}$ kai$^{53}_{44}$te$^{35}_{44}$ɔi$^{53}$ʂəu$^{21}$xau$^{53}$.

【孝堂帐】xau$^{53}$t$^{h}$ɔŋ$^{13}_{21}$tʂɔŋ$^{53}$ 名灵堂内设置的帐幕：布置是，第一只嘞就棺材放下去嘞渠就爱有块～。一块布拖下过去也可以啊。有滴就布，有滴就系……有滴就舞床晒簟啵，正有咁大哟，厅下咯。舞床晒簟拦下倒哇。有滴就舞几块笪呀，番薯丝笪呀，拦稳呐。箇拦稳是只系第一次拦稳呢。面上再贴纸箇只，贴对子箇只嘞。pu$^{53}$tʂʅ$^{53}_{44}$ʂʅ$^{53}_{21}$,ti$^{53}$iet$^{3}$ tʂak$^{3}$ lei$^{0}$ ts$^{h}$iəu$^{53}$kɔn$^{35}$ts$^{h}$ɔi$^{13}_{21}$fɔŋ$^{53}$ŋa$_{44}$ (← xa$^{53}$)çi$^{53}_{44}$lei$^{0}$ ci$^{13}_{21}$ts$^{h}$iəu$^{53}_{44}$ɔi$^{53}_{44}$iəu$^{35}$k$^{h}$uai$^{53}_{44}$xau$^{53}$t$^{h}$ɔŋ$^{13}_{21}$tʂɔŋ$^{53}$ .iet$^{3}$ k$^{h}$uai$^{53}$pu$^{53}_{21}$t$^{h}$o$^{35}$(x)a$^{53}_{44}$ko$^{53}$çi$^{53}$ia$^{35}$k$^{h}$o$^{21}$i$^{35}_{44}$a$^{0}$ .iəu$^{35}$ tet$^{5}$ ts$^{h}$iəu$^{53}_{44}$pu$^{53}$ ,iəu$^{35}$tet$^{5}$ ts$^{h}$iəu$^{53}_{44}$xe$^{53}$…iəu$^{35}$tet$^{5}$ ts$^{h}$iəu$^{53}_{44}$u$^{21}$ts$^{h}$ɔŋ$^{13}$sai$^{53}$t$^{h}$ian$^{53}_{21}$nau$^{0}$ ,tʂaŋ$^{53}_{44}$iəu$^{35}$kan$^{21}$t$^{h}$ai$^{53}$ iau$^{0}$ ,t$^{h}$aŋ$^{35}$xa$^{53}_{44}$ko$^{0}$ .u$^{21}$ts$^{h}$ɔŋ$^{13}$sai$^{53}$t$^{h}$ian$^{13}_{44}$lan$^{13}_{21}$la$^{53}$tau$^{21}$ua$^{0}$ .iəu$^{35}$tet$^{5}$ ts$^{h}$iəu$^{53}_{44}$u$^{21}$ci$^{21}$k$^{h}$uai$^{53}$tait$^{3}$ ia$^{0}$ ,fan$^{35}$ʂəu$^{13}_{21}$sɿ$^{35}$ tait$^{3}$ ia$^{0}$ ,lan$^{13}$uən$^{21}$na$^{0}$ .kai$^{53}_{44}$lan$^{13}_{21}$uən$^{21}$ʂʅ$^{53}_{44}$tʂʅ$^{21}$xe$^{53}_{44}$t$^{h}$i$^{53}$iet$^{3}$ ts$^{h}$ɿ$^{53}$lan$^{13}$uən$^{21}$ne$^{0}$ .mien$^{53}$xɔŋ$^{53}_{44}$tsai$^{53}$tiet$^{3}$ tʂʅ$^{21}$kai$^{53}_{44}$ tʂak$^{3}$ ,tiet$^{3}$ ti$^{53}$tsɿ$^{0}$ kai$^{53}_{44}$tʂak$^{3}$ le$^{0}$.

【孝媳】çiau$^{53}$siet$^{3}$ 名居丧的儿媳：有～个，～爱送茶。iəu$^{35}$çiau$^{53}$siet$^{3}$ cie$^{53}_{44}$,çiau$^{53}$siet$^{3}$ ɔi$^{53}_{44}$səŋ$^{53}$ts$^{h}$a$^{13}$.

【孝侄】xau$^{53}$tʂ$^{h}$ət$^{5}$ 名治丧期间称逝者的侄儿：还有嘞，侄子也有孝啦，安做～。xai$^{13}$iəu$^{35}_{44}$le$^{0}$, tʂ$^{h}$ət$^{5}$ tsɿ$^{0}$ a$^{35}_{44}$iəu$^{35}_{44}$xau$^{53}$la$^{0}$ ,ɔn$^{35}_{21}$tso$^{53}_{21}$xau$^{53}$tʂ$^{h}$ət$^{5}$.

【孝子】xau$^{53}$/çiau$^{53}$tsɿ$^{21}$ 名①指对父母孝顺的儿子：麻衣庙就～啊，杨～啊。ma$^{13}$i$^{35}_{44}$miau$^{53}$ts$^{h}$iəu$^{53}_{44}$ çiau$^{53}$tsɿ$^{21}$a$^{0}$ ,iaŋ$^{13}$çiau$^{53}$tsɿ$^{21}$a$^{0}$. ②父母死后守孝的儿子：～就还爱着麻衣呀。xau$^{53}$tsɿ$^{21}$ts$^{h}$iəu$^{53}_{44}$xa$^{13}_{21}$ɔi$^{53}_{44}$ tʂɔk$^{3}$ ma$^{13}$i$^{35}_{44}$ia$^{0}$.

【笑】siau$^{53}$ 动①露出愉快的表情，发出欢喜的声音：长日嘿嘿呐呐，喜欢～哇。tʂ$^{h}$ɔŋ$^{13}_{21}$ɲiet$^{3}$ xe$^{35}$xe$^{35}_{44}$lak$^{3}$ lak$^{3}$ ,çi$^{21}$fɔn$^{35}$siau$^{53}$ua$^{0}$. ②讥笑，嘲笑：箇你用绳子捆，惹别人家～嘞。kai$^{53}_{44}$ɲi$^{13}$iəŋ$^{53}$ ʂən$^{13}$tsɿ$^{0}$ k$^{h}$uən$^{21}$, ɲia$^{35}$p$^{h}$iet$^{5}$ in$^{13}_{21}$ka$^{35}_{44}$siau$^{53}$lei$^{0}$.｜我等～渠只眼龙王哦。ŋai$^{13}$tien$^{0}$ siau$^{53}$ci$^{13}_{21}$tʂak$^{3}$ ŋan$^{21}$ liəŋ$^{13}$uɔŋ$^{13}$ŋo$^{0}$.

【笑话】siau$^{53}$fa$^{53}$ 名①开玩笑的话：箇指跪踏凳子是当年系一种～唠。kai$^{53}_{44}$ʂʅ$^{53}_{44}$tɔŋ$^{35}$ɲien$^{13}_{21}$xei$^{53}$iet$^{3}$ tʂəŋ$^{21}$ siau$^{53}$fa$^{53}_{21}$lau$^{0}$. ②内容好笑的故事，引人发笑的事情。也称"笑话子"：从前话几欸有只～啊。ts$^{h}$əŋ$^{13}$ts$^{h}$ien$^{13}$ua$^{53}_{44}$ci$^{21}$e$_{21}$iəu$^{35}$tʂak$^{3}$ siau$^{53}$fa$^{53}$a$^{0}$.｜（打新房）蛮厉害冇得，就系讲下子～箇只唠。

man$^{13}$li$^{53}$xɔi$^{53}_{44}$mau$^{13}$tek$^{3}$,tsʰiəu$^{53}_{21}$(x)ei$^{53}_{44}$kɔŋ$^{21}$(x)a$^{53}_{44}$tsɿ$^{0}$ siau$^{53}$fa$^{53}$tsɿ$^{0}$ kai$^{53}_{21}$tʂak$^{3}_{5}$lau$^{0}$.

【笑面老虎】siau$^{53}$mien$^{53}$nau$^{21}$fu$^{21}$ 名比喻表面和气而内心毒辣的人：有兜人呢欸人又唔知几恶，但是讲话啊，表情呐春风笑面。嗬，蛮多咁个人，～。讲嘞讲得头头是道哇，系唔系？讲得唔知几好喔，做个事是硬冇滴味道，唔知几恶。iəu$^{35}$tei$^{35}_{53}$ɲin$^{13}_{44}$nei$^{0}$ e$_{21}$ɲin$^{13}$iəu$^{53}$n̩$^{13}_{21}$ti$^{35}_{53}$ci$^{21}$ɔk$^{3}$,tan$^{53}_{44}$ʂɿ$^{53}_{44}$ kɔŋ$^{21}$fa$^{53}$a$^{0}$,piau$^{21}$tsʰin$^{13}$na$^{0}$ tʂʰən$^{35}_{44}$fəŋ$^{35}_{44}$siau$^{53}$mien$^{53}$.xo$_{53}$,man$^{13}$to$^{35}_{44}$kan$^{21}_{13}$(k)e$^{53}$ɲin$^{13}$,siau$^{53}$mien$^{53}$lau$^{21}$fu$^{21}$.kɔŋ$^{21}$ lei$^{0}$ kɔŋ$^{21}$tek$^{3}$ tʰei$^{13}$tʰei$^{13}_{44}$ʂɿ$^{53}$tʰau$^{53}$ua$^{0}$,xei$^{53}$me$^{53}$?kɔŋ$^{21}$tek$^{3}$ n̩$^{13}_{21}$ti$^{35}_{53}$ci$^{13}_{21}$xau$^{21}$uo$^{0}$,tso$^{53}$ke$^{53}_{44}$ʂɿ$^{53}$ ʂɿ$^{53}_{44}$ɲiaŋ$^{53}$mau$^{13}$tiet$^{5}$ uei$^{53}$tʰau$^{53}$,n̩$^{13}$ti$^{35}_{53}$ci$^{21}_{44}$ɔk$^{3}$.

【笑死人】siau$^{53}$si$^{21}$ɲin$^{13}$ 形容很可笑：渠也跟倒渠老弟子到渠丈人爷箇去，渠也跟倒喊丈人爷，哼，～。ci$^{13}_{21}$ia$^{35}_{44}$cien$^{35}$tau$^{21}$ci$^{13}_{44}$lau$^{21}$tʰei$^{53}$tsɿ$^{0}$ tau$^{53}$ci$^{13}_{44}$tʂʰɔŋ$^{53}_{44}$in$^{13}_{44}$ia$^{13}$kai$^{53}_{44}$çi$^{53}_{44}$,ci$^{13}$ia$^{35}_{53}$cien$^{35}_{44}$tau$^{21}_{44}$xan$^{53}_{44}$tʂʰɔŋ$^{53}_{44}$in$^{13}_{44}$ ia$^{0}$,xŋ̍$_{53}$,siau$^{53}$si$^{21}$ɲin$^{13}_{21}$.

【劕】siau$^{53}$ 量指片状的东西：一～～一片片个石 iet$^{3}$ siau$^{53}$siau$^{53}$iet$^{3}$ pʰien$^{53}$pʰien$^{53}$ke$^{53}_{21}$ʂak$^{5}$

【歇】çiet$^{3}$ 动①休息：婆婆～嘿哩吗？pʰo$^{13}$pʰo$^{13}$çiet$^{3}_{5}$xek$^{3}$li$^{0}$ma$^{0}$？②留宿：一般是冇得几多人去箇～呀唠。iet$^{3}$pɔn$^{35}$ʂɿ$^{53}$mau$^{13}_{21}$tek$^{3}$ci$^{21}$to$^{35}$ɲin$^{13}_{21}$çi$^{53}$kai$^{53}$çiet$^{3}$ia$^{0}$lau$^{0}$. ③滞留：渠指杉壳就冇得明火出来，就鲜红鲜红，暗倒箇肚里，～倒箇肚里。ci$^{13}$tsʰiəu$^{53}$mau$^{13}$tek$^{3}$min$^{13}$fo$^{21}$tʂʰət$^{3}$lɔi$^{13}_{44}$,tsʰiəu$^{53}_{44}$çien$^{35}$fəŋ$^{13}_{21}$ çien$^{35}_{44}$fəŋ$^{13}$,an$^{53}$tau$^{21}$kai$^{53}_{44}$təu$^{21}$li$^{0}$ ,çiet$^{3}$tau$^{21}_{44}$kai$^{53}$təu$^{21}$li$^{0}$.

【歇伏】çiait$^{3}$ fuk$^{5}$ 动避暑；度夏：系啊，人多哩箇兜指城里，跍倒屋下来呀，跍倒横巷里来歇下子伏啊，热天呐，安做～呢。xei$^{53}_{44}$a$^{0}$, ɲin$^{13}$to$^{35}$li$^{0}$ kai$^{53}_{44}$te$^{35}_{44}$,ku$^{35}_{44}$tau$^{21}_{44}$uk$^{3}$ xa$^{53}$lɔi$^{13}_{44}$ia$^{0}$,ku$^{35}_{44}$tau$^{21}_{44}$uaŋ$^{13}$xɔŋ$^{53}$ li$^{0}$ lɔi$^{13}_{44}$çiait$^{3}$ la$^{53}_{44}$tsɿ$^{0}$ fuk$^{5}$ a$^{0}$, ɲiet$^{5}$ tʰien$^{35}_{44}$na$^{0}$ ,ɔn$^{35}_{44}$tso$^{53}_{44}$çiait$^{3}$ fuk$^{5}$ nei$^{0}$.

【胁】cʰiait$^{5}$ 动夹在腋下：欸，有力个人是一条树，或者一只摸摸子一只细人子手胁下一～就走嘿哩。e$_{21}$,iəu$^{35}$liet$^{5}$ cie$^{53}$ɲin$^{13}_{44}$ʂɿ$^{53}_{44}$iet$^{3}$ tʰiau$^{13}$ʂəu$^{53}$,xɔit$^{5}$ tʂa$^{21}$iet$^{3}$ tʂak$^{3}$ mo$^{35}$mo$^{35}$tsɿ$^{0}$ iet$^{3}$ tʂak$^{3}$ sei$^{53}$ɲin$^{13}_{21}$tsɿ$^{0}$ ʂəu$^{21}$cʰiait$^{5}$ xa$^{53}_{44}$iet$^{3}$ cʰiait$^{5}$ tsʰiəu$^{53}$tsei$^{21}$(x)ek$^{3}$ li$^{0}$.

【斜】tsʰia$^{13}$ 形不正，歪斜，跟平面或直线既不平行也不垂直的：树～咁哩。ʂəu$^{53}$tsʰia$^{13}$kan$^{21}$ni$^{0}$. ｜放～哩。fəŋ$^{53}$tsʰia$^{13}$li$^{0}$.

【斜袋子】tsʰia$^{13}$tʰɔi$^{53}$tsɿ$^{0}$ 名衣裤上的口袋：就身上衫上吵，系唔系？衫上裤上个吵？安做～哩。tsʰiəu$^{53}_{21}$ʂən$^{35}$xɔŋ$^{53}_{44}$san$^{35}$xɔŋ$^{53}_{44}$ʂa$^{0}$,xei$^{53}_{44}$me$^{53}_{44}$?san$^{35}$ʂɔŋ$^{53}_{21}$fu$^{53}$xɔŋ$^{53}_{44}$ke$^{53}_{44}$ʂa$^{0}$ ?ɔn$^{35}_{44}$tso$^{53}$tsʰia$^{13}$tʰɔi$^{53}$tsɿ$^{0}$ li$^{0}$.

【斜缝】tsʰia$^{13}$pʰəŋ$^{53}$ 名木板料邻边之间斜而平的缝：～是渠就系斜斜子，以映子斜斜子舞倒。以映子做倒咯。以向舞嘿滴子去，以底下舞嘿滴子去。以块嘞，顶高舞嘿滴子去。也系就同平缝差唔多。～就同平缝差唔多。tsʰia$^{13}$pʰəŋ$^{53}$ʂɿ$^{53}_{44}$ci$^{13}_{21}$tsʰiəu$^{53}$xe$^{53}$tsʰia$^{13}$tsʰia$^{13}$tsɿ$^{0}$ ,i$^{21}$iaŋ$^{53}$tsɿ$^{0}$ tsʰia$^{13}$tsʰia$^{13}$ tsɿ$^{0}$ u$^{21}$tau$^{21}_{44}$.iaŋ$_{35}$(←i$^{21}$iaŋ$^{53}$)tsɿ$^{0}$ tso$^{53}$tau$^{21}$ko$^{0}$ .i$^{21}$çiɔŋ$^{53}$u$^{21}$xek$^{3}$ tiet$^{5}$ tsɿ$^{0}$ çi$^{53}_{44}$,i$^{21}_{44}$te$^{21}$xa$^{53}$u$^{21}$xek$^{3}$ tiet$^{5}$ tsɿ$^{0}$ çi$^{53}_{44}$.i$^{21}$kʰuai$^{53}_{44}$ lei$^{0}$ ,taŋ$^{21}$kau$^{35}_{44}$u$^{21}$xek$^{3}$ tiet$^{5}$ tsɿ$^{0}$ çi$^{53}$ .ia$^{35}$xe$^{53}_{44}$tsʰiəu$^{53}$tʰəŋ$^{13}_{21}$pʰiaŋ$^{13}$pʰəŋ$^{53}$tsa$^{35}$n̩$^{13}_{21}$to$^{35}_{44}$.tsʰia$^{13}$pʰəŋ$^{53}$tsʰiəu$^{53}_{44}$tʰəŋ$^{13}_{21}$ pʰiaŋ$^{13}$pʰəŋ$^{53}$tsa$^{35}$n̩$^{13}_{21}$to$^{35}_{21}$.

【斜个子】tsʰia$^{13}$ke$^{53}$tsɿ$^{0}$ 形倾斜貌：以只缝嘞，肚里，咁子做成咁个～。i$^{21}$tʂak$^{3}$ pʰəŋ$^{53}_{44}$lei$^{0}$ ,təu$^{21}$ li$^{0}$,kan$^{21}$tsɿ$^{0}$ tso$^{53}$ʂaŋ$^{13}_{44}$kan$^{21}_{44}$ke$^{53}_{44}$tsʰia$^{13}$ke$^{53}$tsɿ$^{0}$.

【斜肩】tsʰia$^{13}$cien$^{35}$ 名肩斜度偏大的肩型：平肩更好看呢。～唔系～，也有好看呢，～。箇到我看箇是我看倒一只么人硬完全系～。男子人也有～，也有平肩，夫娘子也有～有平肩，冇得一定个。我个还系算比较平吧，平肩吧？我记得我爷子个就更斜呢，～呢。pʰiaŋ$^{13}$cien$^{35}_{44}$ cien$^{53}_{44}$xau$^{21}$kʰɔn$^{53}$ne$^{0}$ .tsʰia$^{13}$cien$^{35}_{53}$m̩$^{13}_{44}$me$^{53}_{44}$tsʰia$^{13}$cien$^{35}_{44}$,ia$^{35}$iəu$^{35}_{44}$xau$^{21}$kʰɔn$^{53}$ne$^{0}$ ,tsʰia$^{13}$cien$^{35}_{53}$.kai$^{53}_{44}$tau$^{53}_{44}$ŋai$^{13}_{21}$ kʰɔn$^{53}$kai$^{53}$ʂɿ$^{53}$ŋai$^{13}_{21}$kʰɔn$^{53}$tau$^{21}_{44}$iet$^{3}$ tʂak$^{3}$ mak$^{3}$ ɲin$^{13}_{44}$ɲiaŋ$^{53}$xɔn$^{13}$tsʰien$^{13}_{21}$xei$^{53}$tsʰia$^{13}$cien$^{35}_{53}$.lan$^{13}$tsɿ$^{0}$ ɲin$^{13}_{44}$ia$^{35}$iəu$^{35}_{53}$ tsʰia$^{13}$cien$^{35}_{44}$,ia$^{35}$iəu$^{35}_{53}$pʰiaŋ$^{13}$cien$^{35}_{53}$,pu$^{35}$ɲiɔŋ$^{13}_{44}$tsɿ$^{0}$ a$^{35}_{44}$iəu$^{35}_{53}$tsʰia$^{13}$cien$^{35}_{44}$iəu$^{35}_{44}$pʰiaŋ$^{13}$cien$^{35}_{53}$,mau$^{13}_{21}$iet$^{3}$ tʰin$^{53}$cie$^{53}$.ŋai$^{13}$ ke$^{53}$xai$^{13}_{44}$xe$^{53}$sɔn$^{53}$pi$^{21}$ciau$^{53}$pʰiaŋ$^{13}$pa$^{0}$ ,pʰiaŋ$^{13}$cien$^{35}_{44}$pa$^{0}$ ?ŋai$^{13}$ci$^{53}$tek$^{3}$ ŋai$^{13}_{21}$ia$^{13}$tsɿ$^{0}$ ke$^{0}$ tsʰiəu$^{53}$cien$^{53}$tsʰia$^{13}$nei$^{0}$, tsʰia$^{13}$cien$^{35}_{44}$nei$^{0}$.

【斜视】tsʰia$^{13}$ʂɿ$^{53}$ 名一种眼病，由于外眼肌不平衡而引起一眼不能同另一眼取得双眼视觉的状况：就系～个人。～，眼珠～。tsʰiəu$^{53}$xe$^{53}_{44}$tsʰia$^{13}$ʂɿ$^{53}$ke$^{53}$ɲin$^{13}_{21}$.tsʰia$^{13}$ʂɿ$^{53}$,ŋan$^{21}$tʂəu$^{35}$tsʰia$^{13}$ʂɿ$^{53}$.

【斜水】tsʰia$^{13}$ʂei$^{21}$ 名斜雨：细滴子个就安做吹～去，大个就泼～。sei$^{53}$tiet$^{5}_{3}$tsɿ$^{0}$ ke$^{53}_{44}$tsʰiəu$^{53}_{44}$ɔn$^{35}_{44}$ tso$^{53}_{44}$tʂʰei$^{35}$tsʰia$^{13}_{21}$ʂei$^{21}$çi$^{53}_{44}$,tʰai$^{53}$ke$^{53}_{44}$tsʰiəu$^{53}_{44}$pʰait$^{3}$ tsʰia$^{13}_{21}$ʂei$^{21}$.

【斜王旁】tsʰia$^{13}$uɔŋ$^{13}$pʰɔŋ$^{13}$ 名斜玉旁：～又我等客姓人又安做斜王偏。唔系道理个理字啊，嗯，就系～，斜王偏。tsʰia$^{13}$uɔŋ$^{13}$pʰɔŋ$^{13}$iəu$^{53}$ŋai$^{13}_{21}$tien$^{0}$ kʰak$^{3}$ sin$^{53}$ɲin$^{13}_{21}$iəu$^{53}$ɔn$^{35}_{53}$tso$^{53}$tsʰia$^{13}$uɔŋ$^{13}$pʰien$^{21}$.m̩$^{13}$ pʰei$^{53}_{44}$tʰau$^{53}$li$^{35}$ke$^{53}$li$^{35}$tsʰɿ$^{53}$a$^{0}$ ,n̩$_{21}$,tsʰiəu$^{53}$xei$^{53}$tsʰia$^{13}$uɔŋ$^{13}_{44}$pʰɔŋ$^{13}_{21}$,tsʰia$^{13}$uɔŋ$^{13}_{44}$pʰien$^{21}$.

X

【斜王偏】tsʰia$^{13}$uɔŋ$^{13}$pʰien$^{21}$ [名]斜玉旁：珍珠个珍呐系～呐，珠字啦，珍珠两只字都系～呐。tʂən$^{35}$tʂəu$^{35}_{44}$ke$^{53}_{44}$tʂən$^{35}$na$^{0}$(x)e$^{53}$tsʰia$^{13}_{44}$uɔŋ$^{13}_{44}$pʰien$^{21}$na$^{0}$,tʂəu$^{35}$tsʰɿ$^{53}$la$^{0}$,tʂən$^{35}$tʂəu$^{35}_{44}$iɔŋ$^{21}$tʂak$^{3}$tsʰɿ$^{53}_{44}$təu$^{35}_{53}$xei$^{53}_{44}$tsʰia$^{13}_{21}$uɔŋ$^{13}_{44}$pʰien$^{21}$na$^{0}$.

【斜斜子】tsʰia$^{13}$tsʰia$^{13}_{21}$tsɿ$^{0}$ [形]倾斜貌：一双手就合拢来，咁子～。iet$^{3}$səŋ$^{35}$ʂəu$^{21}$tsʰiəu$^{53}_{44}$xɔit$^{5}$ləŋ$^{35}$lɔi$^{13}_{21}$,kan$^{21}$tsɿ$^{0}$tsʰia$^{13}$tsʰia$^{13}$tsɿ$^{0}$.｜做下咁子个～。tso$^{53}$(x)a$^{53}_{44}$kan$^{21}_{44}$tsɿ$^{0}$ke$^{53}_{44}$tsʰia$^{13}$tsʰia$^{13}$tsɿ$^{0}$.

【鞋】xai$^{13}$ [名]穿在脚上保护脚、便于走路的物体：着～ tʂɔk$^{3}$xai$^{13}$｜（踏凳子）就系用来放～个嘞。tsʰiəu$^{53}$ue$_{44}$(←xe$^{53}$)iəŋ$^{53}$lɔi$^{13}_{21}$fɔŋ$^{53}$xai$^{13}$ke$^{53}$lei$^{0}$.

【鞋巴掌】xai$^{13}$pa$^{35}$tʂɔŋ$^{21}$ [名]修整、拍紧地板或墙面用的小拍子，形如巴掌：一只鞋样个，～。iet$^{3}$tʂak$^{3}$xai$^{13}$iɔŋ$^{53}_{44}$ke$^{53}_{44}$,xai$^{13}$pa$^{35}_{44}$tʂɔŋ$^{21}$.｜好，但是还局部地方，小地方，爱搞个，箇就用短搧杯子，就鞋……安做～欸。安做～欸。箇就冇几大子，人徛正来，用～去整。整得泼令咯。xau$^{21}$,tan$^{53}$ʂɿ$^{53}_{44}$xai$^{13}_{44}$tʂət$^{3}$pʰu$^{53}$tʰi$^{53}_{44}$fɔŋ$^{35}_{44}$,siau$^{21}$tʰi$^{53}$fɔŋ$^{35}_{44}$,ɔi$^{53}$kau$^{21}$ke$^{53}_{44}$,kai$^{53}_{44}$tsʰiəu$^{53}$iəŋ$^{53}$tɔn$^{21}$ʂen$^{35}$pai$^{35}$tsɿ$^{0}$,tsʰiəu$^{53}$xai…ɔn$^{35}_{44}$tso$^{53}_{44}$xai$^{13}_{21}$pa$^{35}_{44}$tʂɔŋ$^{21}$ŋei$^{0}$.ɔn$^{35}_{44}$tso$^{53}_{44}$xai$^{13}$pa$^{35}$tʂɔŋ$^{21}$ŋei$^{0}$.kai$^{53}$tsʰiəu$^{53}$mau$^{13}_{21}$ci$^{21}$tʰai$^{53}$tsɿ$^{0}$,ɲin$^{13}$cʰi$^{35}_{44}$tʂaŋ$^{53}$lɔi$^{13}_{21}$,iəŋ$^{53}_{44}$xai$^{13}_{21}$pa$^{35}_{44}$tʂɔŋ$^{21}$çi$^{53}$tʂaŋ$^{21}$.tʂaŋ$^{21}$tek$^{3}$pʰait$^{5}$laŋ$^{53}$ko$^{0}$.

【鞋边】xai$^{13}$pien$^{35}$ [名]鞋子的包边。也称"鞋边子"：包层子～ pau$^{35}$tsʰien$^{13}_{21}$tsɿ$^{0}$xai$^{13}$pien$^{35}$｜欸，我问你啊，从前箇个做布鞋呀，鞋底个面上啊加层子雪白子个同箇荡底样个，箇安做打么个，安做？从前做布鞋个时候子啊，做布鞋呀。布鞋个鞋底面上啊，加层子雪白子个，着来……欸。安做～吧？～子。雪白子个边呐，好看呢。安做～子。e$_{21}$,ŋai$^{13}$uən$^{53}$ɲi$^{13}_{21}$a$^{0}$,tsʰəŋ$^{13}$tsʰien$^{13}$kai$^{53}_{44}$ke$^{53}_{44}$tso$^{53}_{44}$pu$^{53}$xai$^{13}$ia$^{0}$,xai$^{13}$te$^{21}$ke$^{53}_{44}$mien$^{53}$xɔŋ$^{53}$ŋa$^{0}$cia$^{35}$tsʰien$^{13}_{21}$tsɿ$^{0}$siet$^{3}_{5}$pʰak$^{5}$tsɿ$^{0}$ke$^{53}_{44}$tʰəŋ$^{13}_{21}$kai$^{53}_{44}$tʰɔŋ$^{53}$te$^{21}$iɔŋ$^{53}_{44}$ke$^{53}_{44}$,kai$^{53}$ɔn$^{35}_{44}$tso$^{53}_{44}$ta$^{21}$mak$^{3}$ke$^{53}_{44}$,ɔn$^{35}_{44}$tso$^{53}_{44}$?tsʰəŋ$^{13}$tsʰien$^{13}$tso$^{53}$pu$^{53}$xai$^{13}$ke$^{53}$ʂɿ$^{13}_{44}$xei$^{53}$tsa$^{0}$,tso$^{53}$pu$^{53}$xai$^{13}$ia$^{0}$.pu$^{53}$xai$^{13}$ke$^{53}$xai$^{13}$te$^{21}$mien$^{53}$xɔŋ$^{53}$ŋa$^{0}$,cia$^{35}$tsʰien$^{13}$tsɿ$^{0}$siet$^{3}_{5}$pʰak$^{5}$tsɿ$^{0}$cie$^{53}$,tʂɔk$^{3}$lɔi$^{13}_{44}$…e$_{21}$.ɔn$^{35}_{44}$tso$^{53}_{44}$xai$^{13}$pien$^{35}$pa$^{0}$?xai$^{13}$pien$^{35}$tsɿ$^{0}$.siet$^{3}_{5}$pʰak$^{5}$tsɿ$^{0}$ke$^{53}_{44}$pien$^{35}$na$^{0}$,xau$^{21}$kʰɔn$^{53}$ne$^{0}$.ɔn$^{35}$tso$^{53}$xai$^{13}$pien$^{35}$tsɿ$^{0}$.

【鞋锤子】xai$^{13}$tʂʰei$^{13}$tsɿ$^{0}$ [名]羊角锤，制作、修补鞋子时常用。也简称"鞋锤"：～更细哟箇底下。xai$^{13}$tʂʰei$^{13}$tsɿ$^{0}$ken$^{53}_{44}$se$^{53}$iau$^{0}$kai$^{53}_{44}$te$^{21}$xa$^{53}_{44}$.｜以下就屋下屋下人哎渠等做鞋个箇只锤子又……/欸，还喊噢做鞋个就喊铁锤哟。欸，～，鞋锤。/箇只又唔同呢，撂铁锤子。/还有～，欸，有起～。/箇个～嘞就面前可以有起可以撬钉子个。箇个尧尧子，/像羊角就系，欸。/箇个就安做～。i$^{21}$xa$^{35}$tsʰiəu$^{53}_{44}$uk$^{3}$kʰua$^{35}$(←xa$^{35}$)uk$^{3}$kʰua$^{35}$(←xa$^{35}$)ɲin$^{13}$ai$_{21}$ci$^{13}$tien$^{0}$tso$^{53}$xai$^{13}$kei$^{53}_{44}$kai$^{53}$tʂak$^{3}$tʂʰei$^{13}$tsɿ$^{0}$iəu$^{53}$…/e$_{21}$,xai$^{13}$xan$^{53}$au$^{0}$tso$^{53}$xai$^{13}$ke$^{53}$tsʰiəu$^{53}_{44}$xan$^{53}$tʰiet$^{3}$tʂʰei$^{13}$iau$^{0}$.e$_{21}$,xai$^{13}$tʂʰei$^{13}$tsɿ$^{0}$,xai$^{13}$tʂʰei$^{13}$./kai$^{53}_{21}$tʂak$^{3}$iəu$^{53}_{35}$n̩$^{13}$tʰəŋ$^{13}$nei$^{0}$,lau$^{35}$tʰiet$^{3}$tʂʰei$^{13}$tsɿ$^{0}$./xai$^{13}_{44}$iəu$^{35}$xai$^{13}$tʂʰei$^{13}$tsɿ$^{0}$,ei$_{44}$,iəu$^{35}$çi$^{21}$xai$^{13}$tʂʰei$^{13}_{44}$tsɿ$^{0}$./kai$^{53}_{44}$ke$^{53}_{44}$xai$^{13}$tʂʰei$^{13}$tsɿ$^{0}$lei$^{0}$tsʰiəu$^{53}_{44}$mien$^{53}$tsʰien$^{13}_{21}$kʰo$^{21}$i$^{35}_{44}$iəu$^{35}$çi$^{21}$kʰo$^{21}$i$^{35}$cʰiau$^{53}$taŋ$^{35}$tsɿ$^{0}$ke$^{53}_{44}$.kai$^{53}_{44}$kei$^{53}_{44}$ɲiau$^{35}$ɲiau$^{35}$tsɿ$^{0}$,/tsʰiɔŋ$^{53}_{44}$iɔŋ$^{13}$kɔk$^{3}$tsʰiəu$^{53}_{44}$xe$^{53}_{44}$,e$_{21}$./kai$^{53}_{44}$kei$^{53}_{44}$tsʰiəu$^{53}_{44}$ɔn$^{35}_{53}$tso$^{53}_{21}$xai$^{13}$tʂʰei$^{13}$tsɿ$^{0}$.

【鞋带子】xai$^{13}$tai$^{53}$tsɿ$^{0}$ [名]用于绑住鞋子内、外帮面，调节鞋子松紧度，保证脚踝安全的带子：欸，有兜咁个解放鞋呀跑鞋子啊，就有～。e$_{21}$,iəu$^{35}$tei$^{35}_{53}$kan$^{21}$kei$^{53}$kai$^{21}$fɔŋ$^{53}$xai$^{13}$ia$^{0}$pʰau$^{21}$xai$^{13}$tsɿ$^{0}$a$^{0}$,tsʰiəu$^{53}_{44}$iəu$^{35}_{44}$xai$^{13}$tai$^{53}$tsɿ$^{0}$.｜我买鞋就取都唔想买箇个有～个鞋。唔想弯腰欸弯腰去绵……唔想绵带子。ŋai$^{13}_{21}$mai$^{35}$xai$^{13}_{21}$tsʰiəu$^{53}_{44}$tsʰi$^{21}$təu$^{35}_{53}$n̩$^{13}_{21}$siɔŋ$^{21}$mai$^{35}$kai$^{53}_{44}$ke$^{53}_{44}$iəu$^{35}_{44}$xai$^{13}$tai$^{53}$tsɿ$^{0}$ke$^{53}$xai$^{13}_{21}$.n̩$^{13}$siɔŋ$^{21}$uan$^{35}$iau$^{35}$e$_{21}$uan$^{35}$iau$^{35}$çi$^{53}$tʰak$^{3}$…n̩$^{13}$siɔŋ$^{21}$tʰak$^{3}$tai$^{53}$tsɿ$^{0}$.

【鞋底】xai$^{13}$te$^{21}$/tei$^{21}$ [名]鞋子接触地面的底面部分：做～ tso$^{53}_{44}$xai$^{13}$tei$^{21}$｜底下就一只～。te$^{21}$xa$^{53}$tsʰiəu$^{53}$iet$^{3}$tʂak$^{3}$xai$^{13}$te$^{21}$.｜～比较厚咯。xai$^{13}$tei$^{21}$pi$^{21}$ciau$^{53}_{44}$xei$^{35}$ko$^{0}$.

【鞋底绳】xai$^{13}$te$^{21}$/tei$^{21}$ʂən$^{13}$ [名]纳鞋底用的细绳：唔系线呐，用绳子啦，系呀？～呐。安做～呐。m̩$^{13}_{21}$pʰe$_{44}$(←xe$^{53}$)sien$^{53}$na$^{0}$,iəŋ$^{53}$ʂən$^{13}$tsɿ$^{0}$la$^{0}$,xei$^{53}_{44}$ia$^{0}$?xai$^{13}$tei$^{21}$ʂən$^{13}$na$^{0}$.ɔn$^{35}_{44}$tso$^{53}_{44}$xai$^{13}$tei$^{21}$ʂən$^{13}$na$^{0}$.

【鞋垫】xai$^{13}$tʰian$^{53}$ [名]加在鞋内的软垫：～是如今个话法。xai$^{13}$tʰian$^{53}$ʂɿ$^{53}_{44}$i$^{13}_{21}$cin$^{35}_{44}$ke$^{53}_{44}$ua$^{53}$fait$^{3}$.

【鞋钉子】xai$^{13}$taŋ$^{35}$tsɿ$^{0}$ [名]修鞋用的钉子：～有只特点，一只就短，第二只嘞箇个箇只面上箇只□子唔知几大，蛮大。欸，有起～嘞就系呢钉子啊四方个，系啊？xai$^{13}$taŋ$^{35}_{44}$tsɿ$^{0}$iəu$^{35}_{44}$tʂak$^{3}$tʰek$^{5}$tien$^{21}$,iet$^{3}$tʂak$^{3}$tsʰiəu$^{53}$tɔn$^{21}$,tʰi$^{53}$ɲi$^{53}$tʂak$^{3}$lei$^{0}$kai$^{53}$e$^{0}$kai$^{53}$tʂak$^{3}$mien$^{53}$xɔŋ$^{53}_{44}$kai$^{53}_{44}$tʂak$^{3}$pʰuk$^{5}$tsɿ$^{0}$n̩$^{13}$ti$^{35}_{53}$ci$^{21}$tʰai$^{53}$,man$^{13}$tʰai$^{53}$.e$_{21}$,iəu$^{35}$çi$^{21}$xai$^{13}$taŋ$^{35}_{44}$tsɿ$^{0}$lei$^{0}$tsʰiəu$^{53}_{44}$xei$^{53}_{44}$ə$_{21}$taŋ$^{35}$tsɿ$^{0}$a$^{0}$si$^{53}$fɔŋ$^{35}$ke$^{53}$,xei$^{53}$a$^{0}$?｜箇阵子我等喜欢我等会去买倒箇个买倒～放下屋下，欸箇鞋子箇鞋嘞如果系鞋底下系欸烂稳哩，或者鞋底□嘿哩，舞一坨，钉下去，箇双鞋又着得，以下唔想去搞哩。kai$^{53}$tʂʰən$^{53}$tsɿ$^{0}$ŋai$^{13}$tien$^{0}$çi$^{21}$fɔn$^{35}_{53}$ŋai$^{13}$tien$^{0}$uɔi$^{53}_{44}$çi$^{53}_{44}$mai$^{35}$tau$^{21}$kai$^{53}_{44}$ke$^{53}_{44}$mai$^{35}$tau$^{21}_{44}$xai$^{13}$taŋ$^{35}_{44}$tsɿ$^{0}$fɔŋ$^{53}$xa$^{53}$uk$^{3}$xa$^{53}$,e$_{21}$kai$^{53}$xai$^{13}$tsɿ$^{0}$kai$^{53}$xai$^{13}$lei$^{0}$ɥ$^{13}$ko$^{21}$xei$^{53}$xai$^{13}$tei$^{21}$xa$^{53}_{44}$xei$^{53}$e$_{21}$lan$^{53}$uən$^{21}$ni$^{0}$,xɔit$^{5}$tʂa$^{21}$xai$^{13}$te$^{21}$ko$^{35}$(x)ek$^{3}$li$^{0}$,u$^{21}$iet$^{3}$tʰo$^{13}$,taŋ$^{35}$ŋa$^{53}_{44}$çi$^{53}$,kai$^{53}_{44}$səŋ$^{35}_{44}$

xai$^{13}$iəu$^{53}$tʂɔk$^{3}$tek$^{3}$,i$^{21}$xa$^{53}$n̩$_{21}^{13}$siɔŋ$^{21}$çi$^{53}$kau$^{21}$li$^{0}$.

【鞋匠】xai$^{13}$siɔŋ$^{53}$ 名以做鞋或修鞋为职业的小手工业者：如今箇市场里还有修鞋个～，还有只人呐专门去下修鞋，修皮鞋箇兜。箇跑鞋子就冇人修唠，就皮鞋呀，贵重滴子个鞋唠。做鞋个也系～。欸，以前呐有箇个做现做皮鞋个，以下冇得哩。i$_{21}^{13}$cin$_{44}^{35}$kai$_{44}^{53}$ʂʅ$^{53}$tʂʰɔŋ$^{21}$li$^{0}$ xai$_{21}^{13}$iəu$_{44}^{35}$ siəu$_{44}^{35}$xai$_{21}^{13}$ke$_{44}^{53}$xai$^{13}$siɔŋ$^{53}$,xai$_{21}^{13}$iəu$_{53}^{35}$tʂak$^{3}$ɲin$_{44}^{13}$na$^{0}$ tʂen$^{35}$mən$_{21}^{13}$çi$^{53}$xa$^{53}$siəu$_{44}^{35}$xai$^{13}$,siəu$_{44}^{35}$pʰi$^{13}$xai$_{21}^{13}$kai$^{53}$te$_{53}^{35}$.kai$^{53}$ pʰau$^{21}$xai$^{13}$tsʅ$^{0}$ tsʰiəu$^{53}$mau$_{21}^{13}$ɲin$_{21}^{13}$siəu$^{35}$lau$^{0}$,tsiəu$^{53}$pʰi$^{13}$xai$_{44}^{13}$ia$^{0}$,kuei$^{53}$tʂʰəŋ$_{44}^{53}$tiet$^{5}$ tsʅ$^{0}$ ke$^{0}$ xai$^{13}$lau$^{0}$.tso$^{53}$xai$_{21}^{13}$ke$^{0}$ ia$^{35}$xe$^{53}$xai$_{21}^{13}$siɔŋ$^{53}$.ei$_{21}$,i$_{53}^{35}$tsʰien$_{44}^{13}$na$^{0}$ iəu$^{35}$kai$_{21}^{53}$ke$_{21}^{53}$tso$^{53}$çien$^{53}$tso$^{53}$pʰi$^{13}$xai$_{44}^{13}$ke$^{0}$,i$_{21}^{13}$xa$^{53}$mau$_{21}^{13}$tek$^{3}$ li$^{0}$.

【鞋面】xai$^{13}$mien$^{53}$ 名鞋子的脚面部分。也称"鞋面子"：欸，从前做布鞋个时候子嘞欸先做鞋面，做正鞋面来，再来做鞋底。ei$_{21}$,tsʰəŋ$^{13}$tsʰien$^{13}$tso$^{53}$pu$^{53}$xai$_{21}^{13}$ke$_{44}^{53}$ʂʅ$_{44}^{13}$xei$_{44}^{53}$tsʅ$^{0}$ lei$^{0}$ e$_{21}$sien$^{35}$tso$^{53}$xai$^{13}$ mien$^{53}$,tso$^{53}$tʂaŋ$^{53}$xai$^{13}$mien$^{53}$nɔi$_{44}^{13}$,tsai$^{53}$lɔi$^{13}$tso$^{53}$xai$^{13}$te$^{21}$.

【鞋纽子】xai$^{13}$lei$^{21}$tsʅ$^{0}$ 名鞋上的扣子：鞋子，鞋上个纽子，～。xai$^{13}$tsʅ$^{0}$,xai$^{13}$xɔŋ$^{53}$ke$^{53}$lei$^{21}$ tsʅ$^{0}$,xai$^{13}$lei$^{21}$tsʅ$^{0}$.

【鞋襻子】xai$^{13}$pʰan$^{53}$tsʅ$^{0}$ 名鞋帮上用以系扣的物件：系襻子噢。箇妹子人，夫娘子人个鞋也有滴就系像以个以样吵，系唔系？以只东西欸，以只东西啊，就以样就……安做襻子鞋哟，就安做襻子鞋哟。箇只就安做～。夫娘子箇鞋就有咁个啊，男子人鞋冇得咁个。xe$^{53}$pʰan$^{53}$ tsau$^{0}$.kai$_{44}^{53}$mɔi$^{53}$tsʅ$^{0}$ ɲin$_{21}^{13}$,pu$^{35}$ɲiɔŋ$_{21}^{13}$tsʅ$^{0}$ ɲin$_{21}^{13}$ke$_{44}^{53}$xai$_{44}^{13}$ia$_{44}^{35}$iəu$^{35}$tet$^{5}$ tsʰiəu$^{53}$xei$_{44}^{53}$tsʰiɔŋ$^{53}$i$^{21}$ke$_{44}^{53}$i$_{44}^{21}$iɔŋ$_{44}^{53}$ʂa$^{0}$,xei$_{44}^{53}$ me$_{44}^{53}$?i$^{21}$tʂak$^{3}$ təŋ$_{44}^{35}$si$^{0}$ ei$^{0}$,i$^{21}$tʂak$^{3}$ təŋ$_{44}^{35}$si$^{0}$ a$^{0}$,tsʰiəu$_{44}^{53}$i$^{21}$iɔŋ$_{44}^{53}$tsʰiəu$^{53}$…ɔn$_{44}^{35}$tso$_{44}^{53}$pʰan$^{53}$tsʅ$^{0}$ xai$^{13}$iau$^{0}$,tsʰiəu$_{44}^{53}$ɔn$_{44}^{35}$tso$_{44}^{53}$ pʰan$^{53}$tsʅ$^{0}$ xai$^{13}$iau$^{0}$.kai$^{53}$iak$^{3}$(←tʂak$^{3}$)tsʰiəu$_{44}^{53}$ɔn$_{44}^{35}$tso$_{44}^{53}$xai$^{13}$pʰan$^{53}$tsʅ$^{0}$.pu$^{35}$ɲiɔŋ$_{21}^{13}$tsʅ$^{0}$ kai$_{44}^{53}$xai$^{13}$tsʰiəu$_{44}^{53}$iəu$^{35}$kan$^{21}$ cie$^{53}$a$^{0}$,lan$^{13}$tsʅ$^{0}$ ɲin$_{44}^{13}$xai$_{21}^{13}$mau$_{21}^{13}$tek$^{3}$ kan$^{21}$cie$_{44}^{53}$.｜哦，箇我讲个箇只夫娘子个鞋箇走面前舞嘿个箇就～。o$_{21}$,kai$^{53}$ŋai$_{21}^{13}$kɔŋ$^{21}$ke$_{44}^{53}$kai$^{53}$tʂak$^{3}$ pu$^{35}$ɲiɔŋ$_{21}^{13}$tsʅ$^{0}$ ke$_{44}^{53}$xai$^{13}$kai$_{44}^{53}$tsei$^{21}$mien$^{53}$tsʰien$_{44}^{13}$u$^{21}$xek$^{3}$ ke$^{0}$ kai$_{44}^{53}$tsʰiəu$_{44}^{53}$ xai$^{13}$pʰan$^{53}$tsʅ$^{0}$.

【鞋楦】xai$^{13}$çien$^{53}$ 名把已完工的鞋套在上面用以整理和整饰鞋帮形状的一种脚型模子：以前我等做布鞋呀就有～呢，就用过嘞，我用过～。箇～呢就只有两只，一只就放下鞋肚里个面前个头头，还有只嘞鞋踭，系啊？中间嘞就搞檝。爱长兜子就多加只檝去。i$_{53}^{35}$tsʰien$_{21}^{13}$ŋai$^{13}$tien$^{0}$ tso$^{53}$pu$^{53}$xai$^{13}$ia$^{0}$ tsʰiəu$_{44}^{53}$iəu$_{44}^{35}$xai$^{13}$çien$^{53}$nei$^{0}$,tsʰiəu$_{44}^{53}$iəŋ$^{53}$ko$^{53}$lei$^{0}$,ŋai$^{13}$iəŋ$^{53}$ko$_{44}^{53}$xai$^{13}$çien$^{53}$.kai$^{53}$xai$^{13}$çien$_{44}^{53}$nei$^{0}$ tsʰiəu$^{53}$tʂʅ$^{21}$iəu$_{53}^{35}$iɔŋ$^{21}$tʂak$^{3}$,iet$^{3}$ tʂak$^{3}$ tsʰiəu$^{53}$fɔŋ$^{53}$ŋa$^{53}$xai$^{13}$təu$^{21}$li$^{0}$ ke$^{53}$mien$^{53}$tsʰien$^{13}$ke$^{53}$tʰei$^{13}$tʰei$_{44}^{13}$,xai$^{13}$iəu$^{53}$ tʂak$^{3}$ lei$^{0}$ xai$^{13}$tsaŋ$^{35}$,xei$_{44}^{53}$a$^{0}$?tʂəŋ$^{35}$kan$_{44}^{35}$lei$^{0}$ tsʰiəu$^{53}$kʰau$^{53}$tsian$^{35}$.ɔi$^{53}$tʂʰɔŋ$^{13}$te$_{53}^{35}$tsʅ$^{0}$ tsʰiəu$_{44}^{53}$to$^{35}$cia$^{35}$tʂak$^{3}$ tsian$^{35}$ çi$^{53}$.｜有～卖嘞。男子人个鞋夫娘子个鞋～唔同。iəu$_{44}^{35}$xai$^{13}$çien$^{53}$mai$^{53}$le$^{0}$.lan$^{13}$tsʅ$^{0}$ɲin$^{13}$ke$^{53}$xai$^{13}$pu$^{35}$ ɲiɔŋ$_{21}^{13}$tsʅ$^{0}$ ke$^{53}$xai$^{13}$xai$^{13}$çien$^{53}$n̩$_{44}^{13}$tʰəŋ$^{13}$.

【鞋样】xai$^{13}$iɔŋ$^{53}$ 名做鞋的图样：～嘞就系鞋底个样，鞋面个样很少。鞋面只有男鞋个样嘞女鞋个样。一般就系鞋底个样。"你拿只脚来试下子看呐，拓只样。拓只样下来看呐。"同你打荡底呀做鞋呀，一般都系爱搞只～。xai$^{13}$iɔŋ$^{53}$lei$^{0}$ tsʰiəu$^{53}$xe$^{53}$xai$^{13}$te$^{21}$ke$_{44}^{53}$iɔŋ$^{53}$,xai$^{13}$mien$^{53}$ke$_{44}^{53}$iɔŋ$^{53}$ xen$^{21}$ʂau$^{21}$.xai$^{13}$mien$^{53}$tʂʅ$^{21}$iəu$_{53}^{35}$lan$^{13}$xai$^{13}$ke$^{53}$iɔŋ$^{53}$le$^{0}$ɲy$^{21}$xai$^{13}$ke$_{44}^{53}$iɔŋ$_{44}^{53}$.iet$^{3}$ pɔn$^{35}$tsʰiəu$^{53}$xe$_{44}^{53}$xai$^{13}$te$^{21}$ke$_{44}^{53}$iɔŋ$^{53}$. "ɲi$^{13}$la$^{53}$(tʂ)ak$^{3}$ ciɔk$^{3}$ lɔi$^{13}$ʂʅ$^{53}$xa$_{21}^{53}$tsʅ$^{0}$ kʰɔn$^{53}$na$^{0}$,tʰɔit$^{3}$ tʂak$^{3}$ iɔŋ$^{53}$.tʰɔit$^{3}$ tʂak$^{3}$ iɔŋ$^{53}$xa$_{44}^{35}$lɔi$_{44}^{13}$kʰɔn$^{53}$na$^{0}$."tʰəŋ$_{21}^{13}$ɲi$_{44}^{13}$ta$^{21}$ tʰɔŋ$^{53}$te$^{21}$ia$^{0}$ tso$^{53}$xai$^{13}$ia$^{0}$,iet$^{3}$ pɔn$^{35}$təu$_{44}^{35}$xe$_{44}^{53}$ɔi$^{53}$kau$^{21}$tʂak$^{3}$ xai$^{13}$iɔŋ$^{53}$.

【鞋踭】xai$^{13}$tsaŋ$^{35}$ 名鞋后跟：我细细子得哩惹我箇个惹我爷子等人话哩，我等喜欢拖鞋，我娭子喜欢拖鞋，箇个就学倒我娭子个。我爷子就话我："你长日喜欢拖～，走路都走别人家唔赢。拖拖夻夻。赠学得好。"ŋai$^{13}$se$^{53}$se$^{53}$tsʅ$^{0}$ tek$^{3}$ li$^{0}$ɲia$_{44}^{35}$ŋai$_{21}^{13}$kai$^{53}$ke$^{53}$ɲia$_{44}^{35}$ŋai$_{21}^{13}$ia$^{13}$tsʅ$^{0}$ ten$_{44}^{21}$ɲin$_{44}^{13}$ua$^{53}$li$^{0}$, ŋai$^{13}$tien$^{0}$ çi$^{21}$fɔn$_{44}^{35}$tʰo$^{35}$xai$^{13}$,ŋai$_{21}^{13}$ɔi$^{35}$tsʅ$^{0}$ çi$^{21}$fɔn$_{44}^{35}$tʰo$^{35}$xai$^{13}$,kai$_{44}^{53}$ke$_{44}^{53}$tsiəu$_{21}^{53}$xɔk$^{5}$ tau$^{21}$ŋai$_{21}^{13}$ɔi$^{35}$tsʅ$^{0}$ ke$^{53}$.ŋai$_{21}^{13}$ia$^{13}$tsʅ$^{0}$ tsʰiəu$^{53}$ua$^{53}$ŋai$_{21}^{53}$:"ɲi$_{53}^{13}$tʂʰɔŋ$^{13}$ɲiet$^{3}$ çi$^{21}$fɔn$_{44}^{35}$tʰo$^{35}$xai$^{13}$tsaŋ$_{44}^{35}$,tsei$^{21}$ləu$^{53}$təu$_{44}^{35}$tsei$^{21}$pʰiet$^{5}$ in$_{44}^{13}$ka$_{44}^{35}$n̩$_{21}^{13}$iaŋ$^{13}$.tʰo$^{35}$tʰo$^{35}$ tait$^{5}$ tait$^{5}$.maŋ$^{13}$xɔk$^{5}$ tek$^{3}$ xau$^{21}$."

【鞋桌子】xai$^{13}$tsɔk$^{3}$ tsʅ$^{0}$ 名妇女做鞋时用的桌子：～，欸，有～。就比矮桌子都欸比饭桌子都还更矮。～，系，箇就有。xai$^{13}$tsɔk$^{3}$ tsʅ$^{0}$,ei$_{21}$,iəu$_{44}^{35}$xai$^{13}$tsɔk$^{3}$ tsʅ$^{0}$.tsʰiəu$^{53}$pi$^{21}$ai$^{21}$tsɔk$^{3}$ tsʅ$^{0}$ təu$_{44}^{35}$e$^{0}$ pi$^{21}$fan$^{53}$ tsɔk$^{3}$ tsʅ$^{0}$ təu$_{44}^{35}$xai$_{21}^{13}$cien$^{53}$ai$^{21}$.xai$^{13}$tsɔk$^{3}$ tsʅ$^{0}$,xei$^{53}$,kai$_{44}^{53}$tsʰiəu$_{44}^{53}$iəu$_{44}^{35}$.

【写】sia$^{21}$ 动①用笔作字，记录：～只字 sia$^{21}$tʂak$^{3}$sʅ$^{53}$｜你系咁子～。ɲi$^{13}$(x)e$^{53}$kan$^{21}$tsʅ$^{0}$sia$^{21}$. ②订立契约：～契 sia$^{21}$kʰe$^{53}$｜～过房帖 sia$^{21}$ko$^{53}$fɔŋ$^{13}$tʰiait$^{3}$。③卖出、出售（房屋）：～屋一般讲指卖咁哩呢。～咁哩呢，箇只屋～嘿哩呢。屋都～嘿哩啊箇只人呐。赌钱赌输哩，屋都～嘿哩。从卖家个角度上来讲，欸，卖嘿哩，就系～嘿哩。屋都～嘿哩箇只人呐。sia$^{21}$uk$^{3}$ iet$^{3}$ pɔn$^{35}$

tsʰiəu$^{53}_{44}$kɔŋ$^{21}$tʂʅ$^{21}$mai$^{53}$kan$^{21}$ni$^{0}$ nei$^{0}$ .sia$^{21}$kan$^{21}_{44}$ni$^{0}$ nei$^{0}$ ,kai$^{53}_{44}$tʂak$^{3}$ uk$^{3}$ sia$^{21}$xek$^{3}$ li$^{0}$ nei$^{0}$ .uk$^{3}$ təu$^{35}_{44}$sia$^{21}$xek$^{3}$ lia$^{0}$ kai$^{53}_{44}$tʂak$^{3}$ ɲin$^{13}_{21}$na$^{0}$ .təu$^{21}$tsʰien$^{13}$təu$^{21}$ʂəu$^{35}_{44}$li$^{0}$ ,uk$^{3}$ təu$^{35}_{44}$sia$^{21}$xek$^{3}$ li$^{0}$ .tsʰəŋ$^{13}$mai$^{53}$cia$^{35}_{44}$ke$^{53}_{44}$kɔk$^{3}$ tʰəu$^{53}_{44}$xɔŋ$^{53}_{44}$lɔi$^{13}_{21}$ kɔŋ$^{21}$,e$_{21}$,mai$^{53}$xek$^{3}$ li$^{0}$ ,tsʰiəu$^{53}_{44}$xe$^{53}_{44}$sia$^{21}$xek$^{3}$ li$^{0}$ .uk$^{3}$ təu$^{35}_{44}$sia$^{21}$xek$^{3}$ li$^{0}$ kai$^{53}_{44}$tʂak$^{3}$ ɲin$^{13}_{21}$na$^{0}$ .

【写禾掐】sia$^{21}$uo$^{13}$kʰa$^{35}$ 割稻并一掐掐地放好：以前用禾桶打，一个人～两个人打。用禾桶扮呐，咁子去下子来捶呀，欸，一写两打安做，一个人写两个人打。落尾用机子了嘞，箇就搞唔赢哩。箇就只好一个人写一个人打。i$^{35}_{53}$tsʰien$^{13}_{44}$iəŋ$^{53}$uo$^{13}$tʰəŋ$^{21}$ta$^{21}$,iet$^{3}$ ke$^{53}$ɲin$^{13}_{21}$sia$^{21}$uo$^{13}$kʰa$^{35}_{44}$iɔŋ$^{21}$ke$^{53}$ in$^{13}_{21}$ta$^{21}$.iəŋ$^{53}$uo$^{13}$tʰəŋ$^{21}$pʰan$^{35}$na$^{0}$,kan$^{21}$tsʅ$^{0}$ çi$^{53}$xa$^{53}$tsʅ$^{0}$lai$^{13}$tʂʰei$^{13}$ia$^{0}$ ,ei$_{21}$,iet$^{3}$sia$^{21}$iɔŋ$^{21}$ta$^{21}$ɔn$^{35}_{44}$tso$^{53}_{44}$,iet$^{3}$ke$^{53}$ɲin$^{13}_{21}$ sia$^{21}$iɔŋ$^{21}$ke$^{53}$in$^{13}_{21}$ta$^{21}$.lɔk$^{5}$ mi$^{35}_{53}$iəŋ$^{53}$ci$^{35}$tsʅ$^{0}$liau$^{21}$lei$^{0}$,kai$^{53}$tsʰiəu$^{53}$kau$^{21}$n̩$^{13}_{21}$iaŋ$^{13}$li$^{0}$ .kai$^{53}_{44}$tsʰiəu$^{53}$tʂʅ$^{21}$xau$^{21}$iet$^{3}$ cie$^{53}$ ɲin$^{13}_{21}$sia$^{21}$iet$^{3}$ ke$^{53}$ɲin$^{13}_{21}$ta$^{21}$.

【写记】sia$^{21}$ci$^{53}$ 动书写，记录：也话半公嫲唠，欸，也可以～。ia$^{35}$ua$^{53}_{44}$pan$^{53}$kɔŋ$^{35}$ma$^{13}$lau$^{0}$ ,e$_{21}$,ia$^{35}_{44}$ kʰo$^{21}$i$^{35}_{44}$sia$^{21}$ci$^{53}_{44}$.

【写捐】sia$^{21}$tʂen$^{35}$ 动①认捐钱物：～就更欸更古老滴子个讲法。欸，捐呢。如今就安做欸去捐滴子钱呐。也讲捐钱呢。也讲～呢。你讲～大家都懂。都懂。去写滴子捐呢。sia$^{21}$tʂen$^{35}$ tsʰiəu$^{53}_{44}$cien$^{53}_{44}$e$_{21}$cien$^{53}$ku$^{21}$lau$^{21}$tiet$^{5}$ tsʅ$^{0}$ ke$^{53}_{44}$kɔŋ$^{21}$fait$^{3}$ .e$_{21}$,tʂen$^{35}$ne$^{0}$ .i$^{13}_{21}$cin$^{35}_{44}$tsʰiəu$^{53}_{44}$ɔn$^{35}_{44}$tso$^{53}_{44}$e$_{21}$çi$^{53}_{44}$tʂen$^{35}_{44}$tiet$^{5}$ tsʅ$^{0}$ tsʰien$^{13}$na$^{0}$ .ia$^{35}$kɔŋ$^{21}$tʂen$^{35}_{44}$tsʰien$^{13}_{21}$ne$^{0}$ .ia$^{35}$kɔŋ$^{21}$sia$^{21}$tʂen$^{35}$ne$^{0}$ . ɲi$^{13}$kɔŋ$^{21}$sia$^{21}$tʂen$^{35}$tʰai$^{53}_{44}$cia$^{35}_{44}$təu$^{35}_{44}$təŋ$^{21}$.təu$^{35}$ təŋ$^{21}$.çi$^{53}_{44}$sia$^{21}$tiet$^{5}$ tsʅ$^{0}$ tʂen$^{35}$ne$^{0}$. ②募捐：～，一般好像～就系去募捐呢。～就系去募捐呢。欸，箇人我等一只亲戚嘞，渠只外甥子啊，得哩恶病唠，爱十几万，渠到处去～呢。就去募捐呐。募捐就安做～。欸，我等都捐哩钱呐。我等都捐哩滴子钱呐。sia$^{21}$tʂen$^{35}$,iet$^{3}$ pɔn$^{35}$xau$^{21}$tsʰiɔŋ$^{53}$ sia$^{21}$tʂen$^{35}$tsʰiəu$^{53}_{44}$xe$^{53}_{44}$çi$^{53}_{44}$mu$^{53}$tʂen$^{35}_{44}$nei$^{0}$ .sia$^{21}$tʂen$^{35}$tsʰiəu$^{53}_{44}$xe$^{53}_{44}$çi$^{53}_{44}$mu$^{53}$tʂen$^{35}_{44}$nei$^{0}$ .ei$_{21}$,kai$^{53}$ɲin$^{13}_{21}$ŋai$^{13}_{21}$tien$^{0}$ iet$^{3}$ tʂak$^{3}$ tsʰin$^{35}$tsʰiet$^{3}$ lei$^{0}$ ,ci$^{13}_{21}$tʂak$^{3}$ ŋɔi$^{53}$saŋ$^{35}_{44}$tsʅ$^{0}$ a$^{0}$ ,tek$^{3}$ li$^{0}$ ɔk$^{3}$ pʰiaŋ$^{53}_{44}$lau$^{0}$ ,ɔi$^{53}_{44}$ʂət$^{5}$ ci$^{21}$uan$^{53}$ ,ci$^{13}_{21}$tau$^{53}$tʂʰəu$^{53}_{44}$çi$^{53}$sia$^{21}$ tʂen$^{35}$nei$^{0}$ .tsʰiəu$^{53}_{21}$çi$^{53}_{44}$mu$^{53}$tʂen$^{35}$na$^{0}$ .mu$^{53}$tʂen$^{35}_{44}$tsʰiəu$^{53}_{44}$ɔn$^{35}_{44}$tso$^{53}_{44}$sia$^{21}$tʂen$^{35}$.e$_{21}$,ŋai$^{13}$tien$^{0}$ təu$^{35}$tʂen$^{35}$ni$^{0}$ tsʰien$^{13}_{21}$ na$^{0}$ .ŋai$^{13}$tien$^{0}$ təu$^{35}$tʂen$^{35}$ni$^{0}$ tet$^{5}$ tsʅ$^{0}$ tsʰien$^{13}_{21}$na$^{0}$ .

【泻】sia$^{53}$ 动积食后吃药往下打：～咁去 sia$^{53}$kan$^{21}$çi$^{53}$

【泻肚子】se$^{21}$təu$^{21}$tsʅ$^{0}$ 动拉稀：～就系肠胃唔好哇，欸。我侪子就经常如今都还经常～。一～就食么个嘞？就食箇个神曲膏，神曲膏箇种药，渠整～。se$^{21}$təu$^{21}$tsʅ$^{0}$ tsʰiəu$^{53}$xei$^{53}$tʂʰɔŋ$^{13}$uei$^{53}$n̩$^{13}$ xau$^{21}$ua$^{0}$ ,e$_{21}$.ŋai$^{13}_{21}$ɔi$^{35}$tsʅ$^{0}$ tsʰiəu$^{53}_{44}$cin$^{35}$tʂʰɔŋ$^{13}_{21}$i$^{13}_{21}$cin$^{53}$təu$^{35}_{53}$xai$^{13}_{21}$cin$^{35}$tʂʰɔŋ$^{13}_{21}$se$^{21}$təu$^{21}$tsʅ$^{0}$ .iet$^{3}$ se$^{21}$təu$^{21}$tsʅ$^{0}$ tsʰiəu$^{53}$ʂət$^{5}$ mak$^{3}$ ke$^{53}_{44}$lei$^{0}$ ?tsʰiəu$^{53}$ʂət$^{5}$ kai$^{53}_{44}$ke$^{53}_{44}$ʂən$^{13}$cʰiouk$^{3}$ kau$^{35}$,ʂən$^{13}$cʰiouk$^{3}$ kau$^{35}$kai$^{53}$tʂəŋ$^{21}$iɔk$^{5}$ ,ci$^{13}_{21}$tʂaŋ$^{21}$se$^{21}$təu$^{21}$tsʅ$^{0}$ .

【泻屎龙】sia$^{53}$ʂʅ$^{21}$liəŋ$^{13}$ 名农历六月初六围着农田舞的火龙，将火把用绳子相连，火把可多可少，目的主要是去虫：欸，打～我也看过。渠话好像话舞滴荷树皮呢，荷树皮，箇荷树上削倒个皮呀，晒燥来，嗯，欸，剁碎来，唔知让门子舞啊箇个龙篓子肚里去，箇龙啊一只子完身是分只人搣稳吵，系唔系？箇就安做龙篓子。唔知让门子舞倒凑我唔晓得。以荷树皮我就晓得。渠边打嘞箇后背就边出屎，边出……泻屎。箇泻屎嘞就会鲜红个。箇夜晡打。～只有夜晡打就好看呐。嗯。夜晡打就好看呐，渠就会打圈圈呐箇火……会打圈圈个火啊，就好看呐，安做～啊。我只听讲过。e$_{21}$,ta$^{21}$sia$^{53}$ʂʅ$^{21}$liəŋ$^{13}$ŋai$^{13}$ia$^{35}_{44}$kʰɔn$^{53}_{44}$ko$^{0}$ .ci$^{13}$ua$^{53}_{44}$xau$^{21}$tsʰiɔŋ$^{53}_{44}$ua$^{53}$u$^{21}$tiet$^{5}$ xo$^{13}$ ʂəu$^{53}$pʰi$^{13}$nei$^{0}$ ,xo$^{13}$ʂəu$^{53}$pʰi$^{13}$ ,kai$^{53}_{44}$xo$^{13}$ʂəu$^{53}$xɔŋ$^{53}$siɔk$^{3}$ tau$^{21}_{44}$ke$^{0}$ pʰi$^{13}$ia$^{0}$ ,sai$^{53}$tsau$^{35}_{44}$lɔi$^{13}_{21}$,n̩$_{21}$,e$_{21}$,to$^{53}$si$^{53}$lɔi$^{13}_{21}$,n̩$^{13}$ti$^{35}_{53}$ ɲiɔŋ$^{53}$mən$^{0}$ tsʅ$^{0}$ u$^{21}$a$^{0}$ kai$^{53}$kei$^{53}_{44}$liəŋ$^{13}$lei$^{21}$tsʅ$^{0}$ təu$^{21}$li$^{0}$ çi$^{53}$,kai$^{53}$liəŋ$^{13}$a$^{0}$ iet$^{3}$ tʂak$^{3}$ tsʅ$^{0}$ uən$^{13}$ʂən$^{35}_{44}$ʂʅ$^{53}_{44}$pən$^{35}_{44}$tʂak$^{3}$ ɲin$^{13}$ ɲiaŋ$^{13}$uən$^{21}$ʂa$^{0}$ ,xei$^{53}_{44}$me$^{53}_{44}$?kai$^{53}_{44}$tsʰiəu$^{53}$ɔn$^{35}_{44}$tso$^{53}_{44}$liəŋ$^{13}$lei$^{21}$tsʅ$^{0}$ .n̩$^{13}$ti$^{35}_{53}$ɲiɔŋ$^{53}$mən$^{13}_{44}$tsʅ$^{0}$ u$^{21}$tau$^{21}$tsʰe$^{0}$ ŋai$^{13}_{21}$n̩$^{13}$çiau$^{21}$ tek$^{3}$ .i$^{13}_{44}$xo$^{13}$ʂəu$^{53}$pʰi$^{13}$ŋai$^{13}$tsʰiəu$^{53}$çiau$^{21}$tek$^{3}$ .ci$^{13}_{21}$pien$^{35}$ta$^{21}$lei$^{0}$ kai$^{53}_{44}$xei$^{53}$pɔi$^{53}_{44}$tsʰiəu$^{53}_{44}$pien$^{35}$tʂʰət$^{3}$ ʂʅ$^{21}$,pien$^{35}$ tʂʰət$^{3}$ …sia$^{53}$ʂʅ$^{21}$.kai$^{53}$sia$^{53}$ʂʅ$^{21}$lei$^{0}$ tsʰiəu$^{53}$uɔi$^{53}_{44}$sien$^{35}$fəŋ$^{13}$ke$^{0}$ .kai$^{53}_{44}$ia$^{53}$pu$^{35}$ta$^{21}$.sia$^{53}$ʂʅ$^{21}$liəŋ$^{13}$tʂʅ$^{21}$iəu$^{35}$ia$^{53}$pu$^{35}$ta$^{21}$ tsiəu$^{53}_{44}$xau$^{21}$kʰɔn$^{53}$na$^{0}$ .n̩$_{21}$.ia$^{53}$pu$^{35}$ta$^{21}$tsiəu$^{53}_{44}$xau$^{21}$kʰɔn$^{53}$na$^{0}$ ,ci$^{13}$tsʰiəu$^{53}_{44}$uɔi$^{53}_{44}$ta$^{21}$cʰien$^{35}$cʰien$^{35}_{44}$na$^{0}$ kai$^{53}$fo…uɔi$^{53}$ ta$^{21}$cʰien$^{35}$cʰien$^{35}_{44}$ke$^{0}$ fo$^{21}$a$^{0}$ ,tsiəu$^{53}_{44}$xau$^{21}$kʰɔn$^{53}$na$^{0}$ ,ɔn$^{35}_{44}$tso$^{53}_{44}$sia$^{53}$ʂʅ$^{21}$liəŋ$^{13}$ŋa$^{0}$ .ŋai$^{13}_{21}$tʂʅ$^{21}_{44}$tʰaŋ$^{35}$kɔŋ$^{21}$ko$^{0}$ .

【屑末】sɔit$^{3}$mait$^{5}$ 名①碎屑：你个食换茶莫跍倒床上食嘞，跌倒尽～。ɲi$^{13}_{21}$kei$^{53}_{44}$ʂət$^{5}$ uɔn$^{53}$tsʰa$^{13}$ mɔk$^{5}$ kʰu$^{35}_{44}$tau$^{21}_{44}$tsʰɔŋ$^{13}$xɔŋ$^{53}_{44}$ʂət$^{5}$ le$^{0}$ ,tet$^{3}$ tau$^{21}$tsʰin$^{53}$sɔit$^{3}$ mait$^{5}$ .｜欸，扫楼个时候子啊，脑壳莫頡起来啦，会跌～啦。e$_{21}$,sau$^{53}$lei$^{13}_{21}$ke$^{53}$ʂʅ$^{13}_{44}$xei$^{53}_{44}$tsʅ$^{0}$ a$^{0}$ ,lau$^{21}$kʰɔk$^{3}$ mɔk$^{5}$ tan$^{35}_{44}$çi$^{21}$lɔi$^{13}_{21}$la$^{0}$ ,uɔi$^{53}$tet$^{3}$ sɔit$^{3}$ mait$^{5}$ la$^{0}$ . ②树下的腐殖质：地泥下尽树底树蔸下尽～。tʰi$^{53}$lai$^{13}_{21}$xa$^{35}$tsʰin$^{53}$ʂəu$^{53}$te$^{21}$ʂəu$^{53}$tei$^{35}_{44}$xa$^{35}$tsʰin$^{53}$sɔit$^{3}$ mait$^{5}$ .

【谢辞】tsʰia$^{53}$tsʰʅ$^{13}$ 名表达谢意的文字或言辞：本家还爱致～。pən$^{21}$cia$^{35}_{44}$xa$^{13}_{21}$ɔi$^{53}_{44}$tʂʅ$^{53}_{44}$tsʰia$^{53}$tsʰʅ$^{13}$. ｜我等以映子死哩人呐，正斋箇晡哇，爱分人讲下子话呢食饭呢，就致下子～，安做席间讲话，目的就致下子～。ŋai$^{13}$tien$^{0}$ i$^{21}_{13}$iaŋ$^{53}$tsʅ$^{0}$ si$^{21}$li$^{0}$ ɲin$^{13}$na$^{0}$ ,tʂən$^{53}$tsai$^{35}_{44}$kai$^{53}_{44}$pu$^{35}$ua$^{0}$ ,ɔi$^{53}_{44}$pən$^{35}$ɲin$^{13}_{21}$kɔŋ$^{21}$ŋa$^{53}_{44}$

X

tsɿ$^{0}$ fa$^{53}$ne$^{0}$ ʂət$^{5}$ fan$^{53}$ne$^{0}$,tsʰiəu$^{53}_{44}$tʂɿ$^{53}$(x)a$^{53}_{44}$tsɿ$^{0}$ tsʰia$^{53}$tsʰɿ$^{13}$,ɔn$^{35}_{44}$tso$^{53}_{44}$siet$^{5}$ kan$^{35}$kɔŋ$^{21}$fa$^{53}$,muk$^{3}$ tiet$^{3}$ tsʰiəu$^{53}$tʂɿ$^{53}$xa$^{53}_{44}$ tsɿ$^{0}$tsʰia$^{53}$tsʰɿ$^{13}_{21}$.

【谢顶】tsʰiak$^{5}$ taŋ$^{21}$ 动歇顶，指成年人头顶的头发逐渐脱落：我等箇映有只老师正五十岁子，嗯，跌得蛮净哦，脑壳上～哦。比我少多哩噢，欸车光哦。安做让门子啊？嗯，光岭大队剩几根同志话，渠话剩几根，剩倒几条子头发。嘞，围山公社，一只围围倒一只圈圈，渠等箇个开玩笑个咯，系啊？围山公社光岭大队剩几根同志，剩倒几条子头发呀，剩几根同志。ŋai$^{13}$tien$^{0}$ kai$^{53}_{44}$iaŋ$^{53}_{44}$iəu$^{53}_{44}$tʂak$^{3}$ lau$^{21}$sɿ$^{35}_{44}$tʂaŋ$^{53}$ŋ̍$^{21}$ʂət$^{5}$ sɔi$^{53}$tsɿ$^{0}$,n̩$_{44}$,tet$^{3}$ tek$^{3}$ man$^{13}_{21}$tsʰiaŋ$^{53}$ŋo$^{0}$,lau$^{21}$kʰɔk$^{3}$ xɔŋ$^{53}_{44}$tsʰia$^{53}$ taŋ$^{21}$ŋo$^{0}$.pi$^{21}$ŋai$^{13}$ʂau$^{21}$to$^{35}$li$^{0}$ au$^{0}$,e$_{44}$tʂʰe$^{35}$kɔŋ$^{35}$ŋo$^{0}$.ɔn$^{35}_{44}$tso$^{53}_{44}$ɲiɔŋ$^{35}$mən$^{13}_{44}$tsɿ$^{0}$ a$^{0}$?n̩$_{21}$,kɔŋ$^{35}$liaŋ$^{35}$tʰai$^{53}$ti$^{53}$ʂən$^{53}$ci$^{21}$ cien$^{35}$tʰəŋ$^{13}$tʂɿ$^{53}_{44}$ua$^{53}_{44}$,ci$^{13}_{44}$ua$^{53}_{44}$ʂən$^{53}$ci$^{21}$cien$^{35}$,ʂən$^{53}$tau$^{21}$ci$^{21}$tʰiau$^{13}$tsɿ$^{0}$ tʰei$^{13}$fait$^{3}$.lei$_{35}$,uei$^{13}$san$^{35}_{44}$kɔŋ$^{35}_{44}$ʂa$^{53}$,iet$^{3}$ tʂak$^{3}$ uei$^{13}$uei$^{13}$tau$^{21}$iet$^{3}$ tʂak$^{3}$ cʰien$^{35}$cʰien$^{35}_{44}$,ci$^{13}$tien$^{0}$ kai$^{53}_{44}$ke$^{53}_{44}$kʰɔi$^{35}$uan$^{13}$siau$^{53}$ke$^{53}_{44}$ko$^{0}$,xei$^{53}_{44}$a$^{0}$?uei$^{13}$san$^{35}_{44}$kɔŋ$^{35}_{44}$ʂa$^{53}$ kɔŋ$^{35}$liaŋ$^{35}$tʰai$^{53}$ti$^{53}$ʂən$^{53}$ci$^{21}$cien$^{35}$tʰəŋ$^{13}$tʂɿ$^{53}$,ʂən$^{53}$tau$^{21}$ci$^{21}$tʰiau$^{13}$tsɿ$^{0}$ tʰei$^{13}$fait$^{3}$ ia$^{0}$,ʂən$^{53}$ci$^{21}$cien$^{35}$tʰəŋ$^{13}$tʂɿ$^{53}$.

【谢火】tsʰia$^{53}$fo$^{21}$ 动去火：败火，我等讲～。箇东西食哩～。谢，姓谢个谢，感谢个谢。有滴人又话泻火。三点水一只写字。安做泻火。我等一般呢都话箇只东西食哩～。欸，你食咁多咁烈个东西，你爱食滴子么个去谢下子火。一般食么个～嘞？淡竹叶呢。欸箇桑叶呢，淡竹叶呢，夏枯球呢。食多哩箇个淡竹叶，桑叶，夏枯球，就～。嗯，食哩箇个就会～。食哩～个吧？欸，六月雪，淡竹叶，欸，欸就～。过路黄荆就除水湿，我晓得，欸就唔系～。～个东西，桑叶也好，正讲个，淡竹叶哟，欸，六月雪噢。嗯。以下就㖠葛藤呶，葛包哇。葛包，葛包也～。葛藤呐，一起葛藤底下，葛藤底下有只蔸呀，箇只根块呀。箇东西也～。pʰai$^{53}$fo$^{21}$,ŋai$^{13}_{21}$tien$^{0}$ kɔŋ$^{21}$tsʰia$^{53}$fo$^{21}$.kai$^{53}_{44}$təŋ$^{35}_{44}$si$^{0}$ ʂət$^{53}$li$^{0}$ tsʰia$^{53}$fo$^{21}$.tsʰia$^{53}$,siaŋ$^{53}$tsʰia$^{53}$ke$^{0}$ tsʰia$^{53}_{44}$,kɔn$^{21}$ tsʰia$^{53}$ke$^{0}$ tsʰia$^{53}$.iəu$^{35}$tet$^{5}$ ɲin$^{13}_{44}$iəu$^{53}_{44}$ua$^{53}_{44}$sia$^{53}$fo$^{21}$.san$^{35}$tian$^{21}$ʂei$^{21}$iet$^{3}$ tʂak$^{3}$ sia$^{21}$tsʰɿ$^{53}$.ɔn$^{35}_{44}$tso$^{53}_{44}$sia$^{53}$fo$^{21}$.ŋai$^{13}_{21}$tien$^{0}$ iet$^{3}$ pɔn$^{35}$ne$^{0}$ təu$^{35}_{44}$ua$^{53}_{44}$kai$^{53}_{44}$tʂak$^{3}$ təŋ$^{35}_{44}$si$^{0}$ ʂət$^{5}$ li$^{0}$ tsʰia$^{53}$fo$^{21}$.e$_{21}$, ɲi$^{13}$ʂət$^{5}$ kan$^{21}$to$^{35}$kan$^{21}$lait$^{3}$ ke$^{0}$ təŋ$^{35}_{44}$si$^{0}$, ɲi$^{13}$ɔi$^{53}_{44}$ʂət$^{5}$ tiet$^{5}_{3}$tsɿ$^{0}$ mak$^{3}$ e$^{0}$ çi$^{21}_{44}$tsʰia$^{53}$xa$^{53}_{44}$tsɿ$^{0}$ fo$^{21}$.iet$^{3}$ pɔn$^{35}_{44}$ʂət$^{5}$ mak$^{3}$ e$^{0}$ tsʰia$^{53}$fo$^{21}$lei$^{0}$?tʰan$^{53}$tʂəu$^{3}$ iait$^{5}$ nei$^{0}$.e$_{21}$kai$^{53}_{44}$sɔŋ$^{35}$iait$^{5}$ nei$^{0}$,tʰan$^{53}$tʂəu$^{3}$ iait$^{5}$ nei$^{0}$,xa$^{53}$ku$^{35}$cʰiəu$^{13}$nei$^{0}$.ʂət$^{5}$ to$^{35}$li$^{0}$ kai$^{53}_{44}$kei$^{53}_{44}$tʰan$^{53}$tʂəu$^{3}$ iait$^{5}$ ,sɔŋ$^{35}$iait$^{5}$ ,xa$^{53}$ku$^{35}$cʰiəu$^{13}$, tsʰiəu$^{53}_{44}$tsʰia$^{53}$fo$^{21}$.n̩$_{21}$,ʂət$^{5}$ li$^{0}$ kai$^{53}_{44}$ke$^{53}_{44}$tsʰiəu$^{53}_{44}$uɔi$^{53}_{44}$tsʰia$^{53}$fo$^{21}$.ʂət$^{5}$ li$^{0}$ tsʰia$^{53}$fo$^{21}$ke$^{53}$pa$^{0}$?e$_{21}$,liəuk$^{3}$ ɲiet$^{5}$ set$^{3}$ ,tʰan$^{53}$ tʂəuk$^{3}$ iait$^{5}$ ,e$_{21}$,e$_{44}$tsiəu$^{53}_{44}$tsʰia$^{53}$fo$^{21}$.ko$^{53}$ləu$^{53}_{44}$uɔŋ$^{13}$ciɔŋ$^{35}$tsiəu$^{53}$tʂʰəu$^{13}$ʂei$^{21}$ʂət$^{3}$ ,ŋai$^{13}$çiau$^{21}$tek$^{3}$ ,e$_{44}$tsiəu$^{53}_{44}$m̩$^{13}_{21}$pʰe$^{53}_{44}$ tsʰia$^{53}$fo$^{21}$.tsʰia$^{53}$fo$^{21}$ke$^{0}$ təŋ$^{35}_{44}$si$^{0}$ ,sɔŋ$^{35}$iait$^{5}$ ia$^{35}_{44}$xau$^{21}_{44}$,tʂaŋ$^{53}$kɔŋ$^{21}$ke$^{0}$ ,tʰan$^{53}$tʂəu$^{3}$ iait$^{5}$ iau$^{0}$,e$_{21}$,liəuk$^{3}$ ɲiet$^{5}$ set$^{3}$ au$^{0}$ .n̩$_{21}$.i$^{21}$xa$^{53}$tsʰiəu$^{53}_{44}$m̩$_{21}$kɔit$^{3}$ tien$^{13}$nau$^{0}$ ,kɔit$^{3}$ pau$^{35}$ua$^{0}$ .kɔit$^{3}$ pau$^{35}$,kɔit$^{3}$ pau$^{35}$ia$^{35}_{44}$tsʰia$^{53}$fo$^{21}$.kɔit$^{3}$ tʰien$^{13}$na$^{0}$ ,iet$^{3}$ çi$^{21}_{44}$kɔit$^{3}$ tʰien$^{13}_{44}$tei$^{21}$xa$^{53}_{44}$,kɔit$^{3}$ tʰien$^{13}$tei$^{21}$xa$^{53}_{44}$iəu$^{35}$tʂak$^{3}$ tei$^{35}$ia$^{0}$ ,kai$^{53}$tʂak$^{3}$ cien$^{35}$kʰuai$^{53}$ia$^{0}$ .kai$^{53}_{44}$təŋ$^{35}_{44}$si$^{0}$ a$^{35}_{44}$ tsʰia$^{53}$fo$^{21}$.

【谢媒包封】tsʰia$^{53}$mɔi$^{13}$pau$^{35}$fəŋ$^{35}_{44}$ 名酬谢媒人的红包：还有箇只媒人公，箇只做媒个人，渠也有三项东西，渠有只步仪，渠也有只猪□子，也有块猪肉。渠还有只～。感谢渠做哩媒。如今滴一般就一千块钱。欸，我也得哩一千块钱个。～。xai$^{13}_{21}$iəu$^{35}_{44}$kai$^{53}$tʂak$^{3}$ mɔi$^{13}$ɲin$^{13}_{21}$kɔŋ$^{35}_{44}$,kai$^{53}_{44}$ tʂak$^{3}$ tso$^{53}$mɔi$^{13}$ke$^{53}$ɲin$^{13}_{44}$,ci$^{13}_{21}$ia$^{35}_{44}$iəu$^{35}_{44}$san$^{35}_{44}$xɔŋ$^{53}_{44}$təŋ$^{35}_{44}$si$^{0}$ ,ci$^{13}_{21}$ia$^{35}_{44}$iəu$^{35}$tʂak$^{3}$ pʰu$^{53}$ɲi$^{13}_{44}$,ci$^{13}_{21}$ia$^{35}_{44}$iəu$^{35}$tʂak$^{3}$ tʂəu$^{35}$kʰu$^{53}$ tsɿ$^{0}$ ,ia$^{35}$iəu$^{35}_{44}$kʰuai$^{53}_{44}$tʂəu$^{35}$ɲiəuk$^{3}$ .ci$^{13}_{21}$xai$^{13}_{21}$iəu$^{35}_{44}$tʂak$^{3}$ tsʰia$^{53}$mɔi$^{13}$pau$^{35}$fəŋ$^{35}_{44}$.kɔn$^{21}$tsʰia$^{53}$ci$^{13}$tso$^{53}$li$^{0}$ mɔi$^{13}$.i$^{13}_{21}$cin$^{35}_{44}$ tet$^{3}$ iet$^{3}$ pɔn$^{35}$tsʰiəu$^{53}$iet$^{3}$ tsʰien$^{35}$kʰuai$^{53}_{44}$tsʰien$^{13}_{44}$.e$_{21}$,ŋai$^{13}$ia$^{35}_{44}$tek$^{3}$ li$^{0}$ iet$^{3}$ tsʰien$^{35}_{44}$kʰuai$^{53}_{44}$tsʰien$^{13}_{21}$ke$^{53}$.tsʰia$^{53}$mɔi$^{13}$ pau$^{35}$fəŋ$^{35}_{44}$.

【心】sin$^{35}$ 名①指事物的中心部分：系乌哩几条子～个嘞。xe$^{53}$u$^{35}$li$^{0}$ ci$^{21}$tʰiau$^{13}$tsɿ$^{0}$ sin$^{35}$ke$^{53}_{44}$lei$^{0}$. ②植物的苗尖：烤烟呐，田里个烤烟呐系，爱等～，爱打～呢。一下𫟟打得～，嗯，一耽搁哩，就开花打朵，就会开花嘞。kʰau$^{21}$ien$^{35}_{44}$na$^{0}$,tʰien$^{13}_{21}$li$^{21}$ke$^{53}$kʰau$^{21}$ien$^{35}_{44}$na$^{0}$ xe$^{53}_{21}$,ɔi$^{53}$tən$^{21}$sin$^{35}$,ɔi$^{53}$ta$^{21}$sin$^{35}$ ne$^{0}$.iet$^{3}$ xa$^{53}$maŋ$^{13}$ta$^{21}$tek$^{3}$ sin$^{35}_{44}$,n̩$_{21}$,iet$^{3}$ tan$^{35}$kɔk$^{3}$ li$^{0}$ ,tsʰiəu$^{53}$kʰɔi$^{35}$fa$^{35}$ta$^{21}$to$^{21}$,tsʰiəu$^{53}$uɔi$^{53}$kʰɔi$^{35}_{44}$fa$^{35}$le$^{0}$.

【心肝】sin$^{35}$kɔn$^{35}$ 名①对儿孙的爱称。又称“心肝肉、肉坨子、晚子”：箇个一般就箇个婆婆子捧倒渠个孙子，婆婆子捧倒箇孙子就放势念：“欸，以只我个～呐，欸我个肉啊。”嗯，十分惜渠，十分惜箇只孙子。kai$^{53}_{44}$ke$^{53}_{44}$iet$^{3}$ pɔn$^{35}$tsʰiəu$^{53}$kai$^{53}$ke$^{53}$pʰo$^{13}$pʰo$^{13}$tsɿ$^{0}$ pəŋ$^{21}$tau$^{21}$ci$^{13}$ke$^{53}$sən$^{35}$tsɿ$^{0}$, pʰo$^{13}$pʰo$^{13}_{44}$tsɿ$^{0}$ pəŋ$^{21}$tau$^{21}$kai$^{53}$sən$^{35}$tsɿ$^{0}$ tsiəu$^{53}_{44}$fɔŋ$^{53}$ʂɿ$^{53}_{44}$ɲian$^{53}$:"e$_{44}$,i$^{21}$tʂak$^{3}$ ŋai$^{13}$ke$^{53}_{44}$sin$^{35}$kɔn$^{35}$na$^{0}$,e$_{21}$ŋai$^{13}$ke$^{53}_{44}$ ɲiəuk$^{3}$ a$^{0}$."n̩$_{21}$,ʂət$^{5}$ fən$^{35}_{44}$siak$^{3}$ ci$^{13}_{44}$,ʂət$^{5}$ fən$^{35}_{44}$siak$^{3}$ kai$^{53}$(tʂ)ak$^{3}$ sən$^{35}$tsɿ$^{0}$. ②心肠，心地：～坏 sin$^{35}$kɔn$^{35}_{44}$fai$^{53}$ ｜（箇人）～也恶。sin$^{35}$kɔn$^{35}_{44}$na$_{44}$(←ia$^{35}$)ɔk$^{3}$. ③指物体的内在部分：红心番薯～鲜红，但是有得红番薯咁好食。fəŋ$^{13}$sin$^{35}$fan$^{35}_{44}$ʂəu$^{13}_{21}$sin$^{35}$kɔn$^{35}_{44}$çien$^{35}_{44}$fəŋ$^{13}$,tan$^{53}$ʂɿ$^{53}$mau$^{13}$tek$^{3}$ fəŋ$^{13}$fan$^{35}_{44}$ʂəu$^{13}_{21}$kan$^{21}$xau$^{21}$ʂət$^{5}$.

【心肝肉】sin$^{35}$kɔn$^{35}$ɲiəuk$^{3}$ 名对儿孙的爱称：欸，我个～啊，以只就我～啊。e$_{21}$,ŋai$^{13}$ke$^{53}$sin$^{35}$

kən$^{35}$ȵiəuk$^{3}$a$^{0}$,i$^{21}$tʂak$^{3}$tsʰiəu$^{53}_{44}$ŋai$^{13}$sin$^{35}$kən$^{35}$ȵiəuk$^{3}$a$^{0}$.

【心肝窝子】sin$^{35}$kən$^{35}$uo$^{35}$tsɿ$^{0}$ 名 胸口，心窝：我面前就以前有一段子时间嘞箇～里长日痛。辣辣哩痛嘞以映嘞。其实就系胃痛，就系我自家唔注意，落尾冇得哩呢，以下我冇得哩，～唔痛了。ŋai$^{13}$mien$^{53}$tsʰien$^{13}_{44}$tsʰiəu$^{53}_{44}$i$^{35}_{53}$tsʰien$^{13}$iəu$^{35}$iet$^{3}$tən$^{53}$tsɿ$^{0}$ʂʅ$^{13}$kan$^{35}_{44}$le$^{0}$kai$^{53}_{44}$sin$^{35}_{44}$kən$^{35}_{44}$uo$^{35}$tsɿ$^{0}$li$^{0}$tʂʰəŋ$^{13}$ȵiet$^{3}$tʰəŋ$^{53}$.lait$^{5}$lait$^{5}$li$^{0}$tʰəŋ$^{53}$lei$^{0}$i$^{21}$iaŋ$^{53}$lei$^{0}$.cʰi$^{13}_{21}$ʂət$^{5}$tsʰiəu$^{53}$xei$^{53}$uei$^{53}$tʰəŋ$^{53}_{44}$,tsʰiəu$^{53}$xei$^{53}$ŋai$^{13}_{21}$tsʰɿ$^{35}$ka$^{35}_{44}$n̩$^{13}$tʂʮ$^{53}$i$^{53}$,lək$^{5}$mi$^{35}_{53}$mau$^{13}$tek$^{3}$li$^{0}$nei$^{0}$,i$^{21}$xa$^{53}$ŋai$^{13}_{44}$mau$^{13}$tek$^{3}$li$^{0}$,sin$^{35}$kən$^{35}_{44}$uo$^{35}$tsɿ$^{0}$n̩$^{13}$tʰəŋ$^{53}$liau$^{0}$.

【心里】sin$^{35}$li$^{0}$ 名 心中，指头脑中的思想或情绪：你到庙里去欸吗，你就～论下子。ȵi$^{13}_{21}$tau$^{53}_{44}$miau$^{53}$li$^{21}$çi$^{53}$ei$_{21}$ma$^{0}$,ȵi$^{13}_{21}$tsʰiəu$^{53}_{44}$sin$^{35}$ni$^{0}$lən$^{53}$(x)a$^{53}_{44}$tsɿ$^{0}$.｜我～有滴子唔好过。ŋai$^{13}_{21}$sin$^{35}$ni$^{0}$iəu$^{35}$tiet$^{5}$tsɿ$^{0}$m̩$^{13}$mau$^{21}$ko$^{53}$.｜我～长日想倒箇只事。ŋai$^{13}_{21}$sin$^{35}$ni$^{0}$tʂʰəŋ$^{13}$ȵiet$^{3}$siəŋ$^{21}$tau$^{21}$kai$^{53}$tʂak$^{3}$sɿ$^{53}$.｜有兜人呐～行事，嘴巴上看唔出来。iəu$^{35}$tei$^{35}_{53}$ȵin$^{13}_{44}$na$^{0}$sin$^{35}$ni$^{0}$çin$^{13}$sɿ$^{53}$,tsi$^{21}$pa$^{35}_{44}$xəŋ$^{53}$kʰən$^{53}$n̩$^{13}_{21}$tʂʰət$^{3}$ləi$^{13}_{44}$.

【心灵手巧】sin$^{35}$lin$^{13}$ʂəu$^{21}$cʰiau$^{21}$ 聪明能干，手艺巧妙：我等有只姑姑啊，七十几岁了，还～。ŋai$^{13}_{21}$tien$^{0}$iəu$^{35}_{53}$tʂak$^{3}$ku$^{35}$ku$^{35}_{44}$a$^{0}$,tsʰiet$^{3}$ʂət$^{5}$ci$^{21}$səi$^{53}$liau$^{0}$,xai$^{13}_{21}$sin$^{35}$lin$^{13}_{21}$ʂəu$^{21}$cʰiau$^{21}$.

【心酸】sin$^{35}$sən$^{35}_{44}$ 形 苦楚；悲伤：我等唔知几～个回忆呀。ŋai$^{13}_{21}$tien$^{0}$n̩$^{13}_{21}$ti$^{35}_{44}$ci$^{21}$sin$^{35}$sən$^{35}_{44}$ke$^{53}_{44}$fei$^{13}_{21}$i$^{53}$ia$^{0}$.

【芯】sin$^{35}$ 名 ①嫩芽。也称"芯子"：甜茶树个～也食得唠，也可以泡茶食唠。tʰian$^{13}$tsʰa$^{13}$ʂəu$^{53}$kei$^{53}_{44}$sin$^{35}$ia$^{35}$ʂət$^{5}$tek$^{3}$lau$^{0}$,ia$^{35}$kʰo$^{21}$i$^{35}$pʰau$^{53}$tsʰa$^{13}$ʂət$^{5}$lau$^{0}$. ②物体的中心部分：开哩花个箇冬芒去嘿箇～去。kʰəi$^{35}$li$^{0}$fa$^{35}$ke$^{53}_{44}$kai$^{53}_{44}$təŋ$^{35}$məŋ$^{13}_{21}$tʂʰʮ$^{53}$(x)ek$^{3}$kai$^{53}_{44}$sin$^{35}$çi$^{53}_{21}$.｜一种我等开头讲个箇个是绿茶嘞就系馥嫩子个，摘倒箇～子唔知几春，唔知几早就爱摘。iet$^{3}$tʂəŋ$^{21}$ŋai$^{13}$tien$^{0}$kʰəi$^{35}$tʰei$^{13}_{21}$kəŋ$^{21}$ke$^{53}_{44}$kai$^{53}_{44}$ke$^{53}_{44}$ʂʮ$^{53}_{44}$liəuk$^{5}$tsʰa$^{13}_{21}$le$^{0}$tsʰiəu$^{53}_{44}$xe$^{53}_{44}$fət$^{5}$lən$^{53}$tsɿ$^{0}$ke$^{53}$,tsak$^{3}$tau$^{21}$kai$^{53}_{44}$sin$^{35}$tsɿ$^{0}$n̩$^{13}_{21}$ti$^{35}_{44}$ci$^{13}_{21}$tʂʰən$^{35}$,n̩$^{13}_{21}$ti$^{35}_{53}$ci$^{13}_{21}$tsau$^{21}$tsʰiəu$^{53}_{44}$əi$^{53}_{44}$tsak$^{3}$.

【新$_{1}$】sin$^{35}$ 形 没有用过的，刚经验到的，刚有的，初始的，与"旧、老、陈"相对：做哩～屋。tso$^{53}$li$^{0}$sin$^{35}$uk$^{3}$.｜你唔爱～个。ȵi$^{13}$m̩$^{13}_{21}$məi$^{53}_{44}$sin$^{35}$ke$^{53}_{21}$.｜～茶就摎陈茶相对呀，系唔系？陈茶叶呀，摎～茶叶，今年个～茶叶。sin$^{35}$tsʰa$^{13}$tsʰiəu$^{53}_{44}$lau$^{35}$tʂʰən$^{13}$tsʰa$^{13}$siəŋ$^{35}$tei$^{53}$ia$^{0}$,xei$^{53}_{44}$me$^{53}_{44}$?tʂʰən$^{13}$tsʰa$^{13}$iait$^{5}$ia$^{0}$,lau$^{35}$sin$^{35}$tsʰa$^{13}$iait$^{5}$,cin$^{35}$ȵien$^{13}_{21}$ke$^{53}_{44}$sin$^{35}$tsʰa$^{13}$iait$^{5}$.

【新$_{2}$】sin$^{35}$ 副 新近：如今也～喊个你去植树哇。i$^{13}_{21}$cin$^{35}_{44}$ia$^{35}_{44}$sin$^{35}$xan$^{53}$ke$^{53}_{44}$ȵi$^{13}_{21}$çi$^{53}_{44}$tʂʰət$^{5}$ʂəu$^{53}$ua$^{0}$.

【新出物子】sin$^{35}$tʂʰət$^{3}$uət$^{5}$tsɿ$^{0}$ 名 才出产的东西；刚上市的东西：白菜蕻正～蛮好食。白菜蕻，～，新出物，就系正架势有，正架势有白菜蕻，安做～。欸，箇个茄子啊，辣椒哇正结倒个都安做～。pʰak$^{5}$tsʰəi$^{53}$fəŋ$^{53}$tʂaŋ$^{53}$sin$^{35}$tʂʰət$^{3}$uət$^{5}$tsɿ$^{0}$man$^{13}_{21}$xau$^{21}$ʂət$^{5}$.pʰak$^{5}$tsʰəi$^{53}$fəŋ$^{53}$,sin$^{35}$tʂʰət$^{3}$uət$^{5}$tsɿ$^{0}$,sin$^{35}$tʂʰət$^{3}$uət$^{5}$,tsʰiəu$^{53}_{44}$xe$^{53}_{44}$tʂaŋ$^{53}$cia$^{53}_{44}$ʂʮ$^{53}_{44}$iəu$^{35}$,tʂaŋ$^{53}$cia$^{53}_{44}$ʂʮ$^{53}_{44}$iəu$^{35}$pʰak$^{5}_{3}$tsʰəi$^{53}_{44}$fəŋ$^{53}$,ən$^{35}$tso$^{53}_{44}$sin$^{35}$tʂʰət$^{3}$uət$^{5}$tsɿ$^{0}$.e$_{21}$,kai$^{53}_{44}$kei$^{53}$cʰio$^{13}$tsɿ$^{0}$a$^{0}$,lait$^{5}$tsiau$^{35}_{44}$ua$^{0}$tʂaŋ$^{53}$ciet$^{3}$tau$^{21}$ke$^{53}$təu$^{35}$ən$^{35}_{44}$tso$^{53}_{44}$sin$^{35}$tʂʰət$^{3}$uət$^{5}$tsɿ$^{0}$.

【新供子】sin$^{35}$ciəŋ$^{53}$tsɿ$^{21}$ 动 生育头胎：欸，～是有只咁个啦，啊好像系咁子个，～是，唔系么个完全指欸正生个细人子啦。就系正生头胎个夫娘子。"以只系渠～啊，唔系二胎呀。""以只夫娘子是～啦。"e$_{21}$,sin$^{35}$ciəŋ$^{53}$tsɿ$^{21}$ʂʅ$^{53}_{21}$iəu$^{35}$tʂak$^{3}$kan$^{21}_{13}$ke$^{53}$la$^{0}$,a$^{0}$xau$^{21}$tsʰiəŋ$^{53}$xei$^{53}$kan$^{21}_{13}$tsɿ$^{0}$ke$^{53}$,sin$^{35}$ciəŋ$^{53}$tsɿ$^{21}$ʂʅ$^{53}_{21}$,m̩$^{13}$pʰei$^{53}$mak$^{3}$e$^{0}$xən$^{13}$tsʰien$^{13}_{44}$tʂʅ$^{21}$e$_{21}$tʂaŋ$^{53}$saŋ$^{35}_{44}$ke$^{53}_{44}$sei$^{53}$ȵin$^{13}_{21}$tsɿ$^{0}$la$^{0}$.tsʰiəu$^{53}$xei$^{53}$tʂaŋ$^{53}$saŋ$^{35}$tʰei$^{13}$tʰəi$^{35}_{44}$kei$^{53}$pu$^{35}$ȵiəŋ$^{13}_{21}$tsɿ$^{0}$."i$^{21}$tʂak$^{3}$xei$^{53}$ci$^{13}_{44}$sin$^{35}$ciəŋ$^{53}$tsɿ$^{21}$a$^{0}$,m̩$^{13}$pʰei$^{53}_{44}$ni$^{53}$tʰəi$^{35}_{44}$ia$^{0}$.""i$^{21}$tʂak$^{3}$pu$^{35}_{53}$ȵiəŋ$^{13}_{44}$tsɿ$^{0}$ʂʅ$^{53}_{44}$sin$^{35}$ciəŋ$^{53}$tsɿ$^{21}$la$^{0}$."｜～是真怕啦。sin$^{35}$ciəŋ$^{53}$tsɿ$^{21}$ʂʅ$^{53}_{21}$tʂən$^{35}$pʰa$^{53}$a$^{0}$.

【新姜】sin$^{35}$ciəŋ$^{35}$ 名 子姜：～更嫩，但是冇得咁辣，姜唔系话老个辣呀。但是晒盐姜，晒换茶子，舞倒箇姜嫲晒换茶子，箇就一定爱～，箇老姜食唔得，欸，晒倒箇老姜食唔得。sin$^{35}$ciəŋ$^{35}$cien$^{53}_{44}$nən$^{53}$,tan$^{53}$ʂʅ$^{53}$mau$^{13}_{21}$tek$^{3}$kan$^{21}$lait$^{5}$,ciəŋ$^{35}$m̩$^{13}_{21}$pʰei$^{53}$ua$^{53}$lau$^{21}$ke$^{53}$lait$^{5}$ia$^{0}$.tan$^{53}$ʂʅ$^{53}$sai$^{53}$ian$^{13}$ciəŋ$^{35}$,sai$^{53}$uən$^{53}$tsʰa$^{13}_{44}$tsɿ$^{0}$,u$^{21}$tau$^{21}$kai$^{53}_{44}$ciəŋ$^{35}$ma$^{13}$sai$^{53}$uən$^{53}$tsʰa$^{13}_{44}$tsɿ$^{0}$,kai$^{53}$tsʰiəu$^{53}$iet$^{3}$tʰin$^{53}$əi$^{53}$sin$^{35}$ciəŋ$^{35}$,kai$^{53}$lau$^{21}$ciəŋ$^{35}$ʂət$^{5}$n̩$^{13}_{21}$tek$^{3}$,e$_{21}$,sai$^{53}$tau$^{21}_{44}$kai$^{53}_{44}$lau$^{21}$ciəŋ$^{35}$ʂət$^{5}$n̩$^{13}_{21}$tek$^{3}$.

【新姐夫】sin$^{35}$tsia$^{21}$fu$^{35}$ 名 敬称刚成亲的女婿：接～哇，箇个就生客。tsiait$^{3}$sin$^{35}$tsia$^{21}$fu$^{35}$va$^{0}$,kai$^{53}$ke$^{53}_{44}$tsʰiəu$^{53}_{44}$saŋ$^{35}$kʰak$^{3}$.

【新舅】sin$^{35}$cʰiəu$^{35}_{44}$ 名 儿媳妇：如今我个～来哩，我问也都唔会（问渠个八字）。i$^{35}_{21}$cin$^{35}_{53}$ŋai$^{13}$ke$^{53}_{44}$sin$^{35}$cʰiəu$^{35}_{44}$ləi$^{13}_{44}$li$^{0}$,ŋai$^{13}$uən$^{53}$ia$^{35}_{21}$təu$^{35}_{44}$m̩$^{13}_{21}$uəi$^{53}$.

【新客】sin$^{35}$kʰak$^{3}$ 名 结婚不久的新女婿，也指新婚女婿或新娶儿媳的家人：还有嘞就系～。正结婚个样啊。打比箇只妹子嫁下箇映子，欸，新郎……新回门呢，系唔系？正嫁只老公啊。箇只不是生客，系～。欸欸，结婚不久个新人就安做～。渠正月头是有～是就……欸欸，一般系指女婿，还有就指箇个啦，还有指婿郎个箇一家人呐。打比欸也还……欸，正讨进来个，渠个娘家箇起人也安做～啊。一般系指女婿。妹子正嫁倒去，正卖倒去。～。xai$^{13}_{21}$iəu$^{35}_{44}$le$^{0}$ tsʰiəu$^{53}_{44}$xe$^{53}_{44}$sin$^{35}$kʰak$^{3}$.tʂaŋ$^{53}$ciet$^{3}$fən$^{35}$ke$^{53}_{44}$iəŋ$^{53}_{44}$ŋa$^{0}$.ta$^{21}$pi$^{21}$kai$^{53}_{44}$tʂak$^{3}$mɔi$^{53}$tsɿ$^{0}$ka$^{53}_{44}$(x)a$^{53}_{44}$kai$^{53}_{44}$iaŋ$^{53}_{44}$tsɿ$^{0}$,e$_{21}$,sin$^{35}$nɔŋ$^{13}_{44}$k…sin$^{35}$fei$^{13}_{21}$mən$^{13}$ne$^{0}$,xei$^{53}_{44}$me$^{53}_{44}$?tʂaŋ$^{53}$ka$^{53}$tʂak$^{3}$lau$^{21}$kəŋ$^{35}_{44}$ŋa$^{0}$.kai$^{53}$tʂak$^{3}$puk$^{3}$ʂɿ$^{53}_{44}$saŋ$^{35}$kʰak$^{3}$,xe$^{53}_{44}$sin$^{35}$kʰak$^{3}$.e$_{44}$e$_{44}$,ciet$^{3}$fən$^{35}_{44}$puk$^{3}$ciəu$^{21}$ke$^{53}_{44}$sin$^{35}$ɲin$^{13}_{21}$tsʰiəu$^{53}_{44}$ɔn$^{35}_{44}$tso$^{53}_{44}$sin$^{35}$kʰak$^{3}$.ci$^{13}_{21}$tʂaŋ$^{35}$ɲiet$^{5}$tʰei$^{0}$ʂɿ$^{53}_{44}$iəu$^{35}_{44}$sin$^{35}$kʰak$^{3}$ʂɿ$^{53}_{44}$tsʰiəu$^{53}_{44}$…e$_{21}$e$_{21}$,iet$^{3}$pɔn$^{35}_{44}$xe$^{53}_{44}$tʂɿ$^{21}$ɲy$^{21}$sy$^{53}$,xai$^{13}_{21}$iəu$^{35}_{44}$tsʰiəu$^{53}_{44}$tʂɿ$^{21}$kai$^{53}$ke$^{53}_{44}$la$^{0}$,xai$^{13}_{21}$iəu$^{35}_{44}$tʂɿ$^{21}$se$^{53}$lɔŋ$^{13}_{21}$ke$^{53}_{44}$kai$^{53}$iet$^{3}$ka$^{35}_{44}$ɲin$^{13}$na$^{0}$.ta$^{21}$pi$^{21}$e$_{44}$ia$^{35}$xai$^{13}$…e$_{21}$,tʂaŋ$^{53}$tʰau$^{21}$tsin$^{53}$lɔi$^{13}_{21}$ke$^{53}_{44}$,ci$^{13}_{21}$ke$^{53}_{44}$ɲiɔŋ$^{13}_{21}$cia$^{35}_{44}$kai$^{53}$çi$^{21}$ɲin$^{13}$ia$^{35}$ɔn$^{35}_{44}$tso$^{53}_{44}$sin$^{35}_{44}$kʰak$^{3}$a$^{0}$.iet$^{3}$pɔn$^{35}$xe$^{53}$tʂɿ$^{21}$ɲy$^{21}$se$^{53}$.mɔi$^{53}$tsɿ$^{0}$tʂaŋ$^{53}$ka$^{53}$tau$^{21}$çi$^{53}$,tʂaŋ$^{53}$mai$^{53}$tau$^{21}$çi$^{53}$.sin$^{35}$kʰak$^{3}$.

【新郎】sin$^{35}$lɔŋ$^{13}$ 名 新婚的男子。也称"新郎子"：打新房是就系～啊箇些男方啊箇个欸嬲得好个人呐。ta$^{21}$sin$^{35}$fɔŋ$^{13}$ʂɿ$^{53}_{44}$tsʰiəu$^{53}_{44}$xei$^{53}_{44}$sin$^{35}$nɔŋ$^{13}_{21}$ŋa$^{0}$kai$^{53}_{21}$sia$^{35}_{21}$lan$^{13}$fɔŋ$^{35}$a$^{0}$kai$^{53}$ke$^{53}_{44}$ŋe$^{0}$liau$^{53}$tek$^{3}$xau$^{21}$ke$^{53}$ɲin$^{13}_{21}$na$^{0}$.｜一般呢渠就箇只～子，～啊，～会去接老婆吵。iet$^{3}$pɔn$^{35}$nei$^{0}$ci$^{13}$tsʰiəu$^{53}_{44}$kai$^{53}$tʂak$^{3}$sin$^{35}$lɔŋ$^{13}$tsɿ$^{0}$,sin$^{35}$lɔŋ$^{13}$ŋa$^{0}$,sin$^{35}$lɔŋ$^{13}$uɔi$^{53}$çi$^{53}$tsiet$^{3}$lau$^{21}$pʰo$^{13}$ʂa$^{0}$.

【新郎官】sin$^{35}$lɔŋ$^{13}$kɔn$^{35}$ 名 新郎，新婚的男子：～来哩是就系箇个啦，欸，结婚箇晡～来哩还欸一只嘞就～爱去接亲，到哩女家头嘞～还爱坐上。sin$^{35}$nɔŋ$^{13}_{21}$kɔn$^{35}_{44}$nɔi$^{13}_{21}$li$^{0}$ʂɿ$^{53}_{21}$tsʰiəu$^{53}$xei$^{53}_{44}$kai$^{53}_{44}$ke$^{53}_{44}$la$^{0}$,e$_{21}$,ciet$^{3}$fən$^{35}$kai$^{53}_{44}$pu$^{35}_{44}$sin$^{35}$nɔŋ$^{13}_{21}$kɔn$^{35}_{44}$nɔi$^{13}_{21}$li$^{0}$xa$^{13}_{21}$ei$_{21}$,iet$^{3}$tʂak$^{3}$lei$^{0}$tsʰiəu$^{53}$sin$^{35}$nɔŋ$^{13}_{21}$kɔn$^{35}_{44}$ɔi$^{53}$çi$^{53}$tsiait$^{3}$tsʰin$^{35}$,tau$^{53}$li$^{0}$ɲi$^{21}$ka$^{35}_{44}$tʰei$^{13}_{21}$lei$^{0}$sin$^{35}$nɔŋ$^{13}_{21}$kɔn$^{35}_{44}$xa$^{13}_{21}$ɔi$^{53}_{44}$tsʰo$^{35}_{44}$ʂɔŋ$^{35}$.

【新娘】sin$^{35}$ɲiɔŋ$^{13}$ 名 新婚初嫁的女子。也称"新娘子"：箇些新郎～就去敬下子酒唠。kai$^{53}_{44}$sia$^{35}_{44}$sin$^{35}$nɔŋ$^{13}_{21}$sin$^{35}$ɲiɔŋ$^{13}_{21}$tsiəu$^{53}_{44}$çi$^{53}_{44}$cin$^{53}$na$_{44}$(←xa$^{53}$)tsɿ$^{0}$tsiəu$^{21}$lau$^{0}$.｜高亲坐一……坐上大边。欸，就系～子个阿哥啊。kau$^{35}$tsʰin$^{35}_{44}$tsʰo$^{35}$iet$^{3}$…tsʰo$^{35}$ʂɔŋ$^{53}$tʰai$^{53}$pien$^{35}_{44}$.e$_{21}$,tsʰiəu$^{53}_{44}$xe$^{53}_{44}$sin$^{35}$ɲiɔŋ$^{13}_{21}$tsɿ$^{0}$ke$^{53}_{44}$a$^{35}$ko$^{35}_{44}$a$^{0}$.

【新迁】sin$^{35}$tsʰien$^{35}$ 动 再安葬。又称"复葬、迁葬"：～就唔指箇个过屋，系箇个坟墓改坟，复葬箇兜就安做～。sin$^{35}$tsʰien$^{35}$tsʰiəu$^{53}$n̩$^{13}$tʂɿ$^{21}$kai$^{53}$ke$^{53}_{44}$ko$^{53}$uk$^{3}$,xe$^{53}$kai$^{53}$ke$^{53}_{44}$fən$^{13}$mu$^{53}$kɔi$^{21}$fən$^{13}$,fuk$^{5}$tsɔŋ$^{53}$kai$^{53}_{44}$te$^{35}_{44}$tsʰiəu$^{53}_{21}$ɔn$^{35}_{53}$tso$^{53}$sin$^{35}$tsʰien$^{35}$.｜写箇个就会用啊写箇个包哇，就话～佳辰呐。sia$^{21}$kai$^{53}$ke$^{53}_{44}$tsʰiəu$^{53}_{44}$uɔi$^{53}_{44}$iəŋ$^{53}$ŋa$^{0}$sia$^{21}$kai$^{53}$ke$^{53}_{44}$pau$^{35}$ua$^{0}$,tsʰiəu$^{53}$ua$^{53}$sin$^{35}$tsʰien$^{35}_{44}$cia$^{35}$tʂʰən$^{13}$na$^{0}$.

【新人】sin$^{35}$ɲin$^{13}_{21}$ 名 ①新郎新娘的通称：结婚不久个～就安做新客。ciet$^{3}$fən$^{35}_{44}$puk$^{3}$ciəu$^{21}$ke$^{53}_{44}$sin$^{35}$ɲin$^{13}_{21}$tsʰiəu$^{53}_{44}$ɔn$^{35}_{44}$tso$^{53}_{44}$sin$^{35}$kʰak$^{3}$. ②特指新娘子：篾套笼是渠箇只打发～个箇起。miet$^{5}$tʰau$^{53}$lɔŋ$^{13}_{21}$ʂɿ$^{53}_{35}$ci$^{13}_{21}$kai$^{53}_{21}$tʂak$^{3}$ta$^{21}$fait$^{3}$sin$^{35}$ɲin$^{13}_{44}$ke$^{53}_{44}$kai$^{53}$çi$^{21}_{35}$.

【新人间】sin$^{35}$ɲin$^{13}_{21}$kan$^{35}$ 名 洞房：～是一般就爱欸择倒箇只屋最好个一只间。搞么个嘞？因为箇只新人是还有一只艰巨个任务，还爱生人，系啊？就选倒箇只最好个间做～。sin$^{35}$ɲin$^{13}_{21}$kan$^{35}$ʂɿ$^{53}_{44}$iet$^{3}$pɔn$^{35}$tsʰiəu$^{53}$ɔi$^{53}$e$^{0}$tʰɔk$^{5}$tau$^{21}$kai$^{53}$tʂak$^{3}$uk$^{3}$tsei$^{53}$xau$^{21}$ke$^{53}$iet$^{3}$tʂak$^{3}$kan$^{35}$.kau$^{21}$mak$^{3}$ke$^{53}_{44}$lei$^{0}$?in$^{35}$uei$^{53}_{44}$kai$^{53}_{44}$tʂak$^{3}$sin$^{35}$ɲin$^{13}_{21}$ʂɿ$^{53}_{21}$xai$^{13}_{21}$iəu$^{35}$iet$^{3}$tʂak$^{3}$kan$^{35}$tʂɿ$^{53}$ke$^{53}_{44}$uən$^{53}_{44}$mu$^{53}_{44}$,xa$^{13}$ɔi$^{53}$saŋ$^{35}$ɲin$^{13}$,xei$^{53}$a$^{0}$?tsiəu$^{53}_{44}$sien$^{21}$tau$^{21}$kai$^{53}$tʂak$^{3}$tsei$^{53}$xau$^{21}$ke$^{53}_{44}$kan$^{35}$tso$^{53}$sin$^{35}$ɲin$^{13}_{21}$kan$^{35}$.｜摊被窝箇只啦，布置～呐，箇个都系夫娘子人去搞，也爱会高赞个夫娘子。tʰan$^{35}$pʰi$^{35}$pʰo$^{35}_{44}$kai$^{53}_{44}$tʂak$^{3}$la$^{0}$,pu$^{53}$tʂɿ$^{53}$sin$^{35}$ɲin$^{13}_{21}$kan$^{35}$na$^{0}$,kai$^{53}_{44}$ke$^{53}_{44}$təu$^{35}$xei$^{53}_{21}$pu$^{35}$ɲiɔŋ$^{13}_{21}$tsɿ$^{0}$ɲin$^{13}$çi$^{53}$kau$^{21}$,ia$^{35}$ɔi$^{53}$uɔi$^{53}$kau$^{35}$tsan$^{53}_{44}$ke$^{53}_{44}$pu$^{35}$ɲiɔŋ$^{13}_{44}$tsɿ$^{0}$.

【新生日】sin$^{35}$saŋ$^{35}$ɲiet$^{3}$ 名 ①女孩出嫁后的第一个生日：唔爱庆祝，只爱念下子，首先就打只电话。"今晡是你欸明晡哪晡是你生日啦，你～啦。"m̩$^{13}_{21}$mɔi$^{53}_{35}$cʰin$^{53}$tʂəuk$^{3}$,tʂɿ$^{21}$ɔi$^{53}_{44}$ɲian$^{53}$xa$^{53}_{44}$tsɿ$^{0}$,ʂəu$^{21}$sien$^{35}_{44}$tsʰiəu$^{53}$ta$^{21}$(tʂ)ak$^{3}$tʰien$^{53}$fa$^{53}$."cin$^{35}_{44}$pu$^{35}_{44}$ʂɿ$^{53}_{44}$ɲi$^{13}_{21}$e$_{21}$miaŋ$^{13}$pu$^{35}_{44}$lai$^{53}$pu$^{35}_{44}$ʂɿ$^{53}_{44}$ɲi$^{13}_{21}$saŋ$^{35}$ɲiet$^{3}$la$^{0}$,ɲi$^{13}_{21}$sin$^{35}$saŋ$^{35}$ɲiet$^{3}$la$^{0}$." ②人过世后的第一个生日：箇嘞箇就唔爱么个让门庆祝嘞，只爱箇个呢爱念下子，爱装兜子香嘞，最好就到箇个厅下去，祠堂里啊，厅下去装兜子香嘞，请下子呢，敬下子渠呢。我爷子～就我就跍倒张坊以映子装哩下子香，烧哩下子纸，烧哩一只包分渠。kai$^{53}$lei$^{0}$kai$^{53}$tsʰiəu$^{53}$m̩$^{13}_{21}$mɔi$^{53}$mak$^{3}$e$^{0}$ɲiɔŋ$^{53}_{44}$mən$^{13}_{44}$cʰin$^{53}$tʂəuk$^{3}$lei$^{0}$,tʂɿ$^{21}$ɔi$^{53}_{44}$kai$^{53}_{44}$ke$^{53}_{44}$nei$^{0}$ɔi$^{53}$ɲian$^{53}$na$^{53}_{44}$tsɿ$^{0}$,ɔi$^{53}$tsɔŋ$^{35}$te$^{35}_{53}$tsɿ$^{0}$çiɔŋ$^{35}$lei$^{0}$,tsei$^{53}$xau$^{21}$tsʰiəu$^{53}$tau$^{53}$kai$^{53}_{44}$ke$^{53}_{44}$tʰaŋ$^{35}$xa$^{53}_{44}$çi$^{53}$,tsʰɿ$^{13}_{21}$tʰɔŋ$^{13}_{21}$li$^{0}$a$^{0}$,tʰaŋ$^{35}$xa$^{53}$çi$^{53}$tsɔŋ$^{35}$te$^{35}_{53}$tsɿ$^{0}$çiɔŋ$^{35}$lei$^{0}$,tsʰiaŋ$^{21}$ŋa$^{53}$tsɿ$^{0}$nei$^{0}$,cin$^{53}$na$^{53}_{44}$tsɿ$^{0}$ci$^{13}_{44}$nei$^{0}$.ŋai$^{13}_{21}$ia$^{13}$tsɿ$^{0}$sin$^{35}_{44}$saŋ$^{35}_{44}$ɲiet$^{3}$tsʰiəu$^{53}$ŋai$^{13}$tsʰiəu$^{53}$ku$^{35}_{44}$tau$^{21}$tʂɔŋ$^{35}_{44}$fɔŋ$^{35}_{44}$i$^{21}$iaŋ$^{53}$tsɿ$^{0}$tsɔŋ$^{35}_{44}$li$^{0}$(x)a$^{53}_{21}$tsɿ$^{0}$çiɔŋ$^{35}$,ʂau$^{35}_{44}$li$^{0}$(x)a$^{53}_{21}$tsɿ$^{0}$tʂɿ$^{21}$,ʂau$^{35}_{44}$li$^{0}$iet$^{3}$tʂak$^{3}$pau$^{35}$pən$^{35}$ci$^{13}_{21}$.

【新新色色】sin$^{35}$sin$^{35}$sek$^{3}$sek$^{3}$ ①形容颜色焕然一新：春天呐，水罗松箇叶子个颜色啊昵绿子。～，真好看。tʂʰən$^{35}$tʰien$^{35}_{44}$na$^{0}$,ʂei$^{21}$lo$^{13}$tsʰəŋ$^{13}$kai$^{53}_{44}$iait$^{5}$tsɿ$^{0}$kei$^{53}$ŋan$^{13}_{21}$sek$^{3}$a$^{0}$kuaŋ$^{53}$liəuk$^{5}$tsɿ$^{0}$.sin$^{35}$sin$^{35}$sek$^{3}$sek$^{3}$,tʂən$^{35}$xau$^{21}$kʰɔn$^{53}$. ②形容颜色鲜艳如初：我等看倒有只箇到有一只栏场涨大水，一只河墈打咁哩，箇河墈少话都有两百年了。箇底下箇枕树哇，以只河墈底下，唔知系唔系箇砌河墈底下还放兜枕树去，可能系掏脚唔倒，掏箇底唔倒，就舞兜枕树，松树，箇松树硬还～

一条条，我去系看哩以只栏场，欸～个嘞。总有两百年了硬箇个河壩。ŋai$^{13}$tien$^{0}$k$^{h}$ɔn$^{53}$tau$^{21}$ iəu$^{35}$tʂak$^{3}$ kai$^{53}$tau$^{53}_{44}$iəu$^{35}$iet$^{3}$ tʂak$^{3}$ laŋ$^{13}_{44}$tʂ$^{h}$ɔŋ$^{13}_{44}$tʂɔŋ$^{21}$t$^{h}$ai$^{53}$ʂei$^{21}$,iet$^{3}$ tʂak$^{3}$ xo$^{13}$k$^{h}$an$^{53}$ta$^{21}$kan$^{21}$ni$^{0}$,kai$^{53}$xo$^{13}$k$^{h}$an$^{53}$ ʂau$^{21}$ua$^{53}_{44}$təu$^{35}_{44}$iəu$^{35}_{53}$iɔŋ$^{21}$pak$^{3}$ ɲien$^{13}_{44}$liau$^{0}$.kai$^{53}$tei$^{21}$xa$^{53}$kai$^{53}$tʂən$^{21}$ʂəu$^{53}$ua$^{0}$,iak$^{3}$(←i$^{21}$tʂak$^{3}$)xo$^{13}$k$^{h}$an$^{53}$tei$^{21}$xa$^{53}$,n̩$^{13}$ ti$^{53}$xei$^{53}$mei$^{53}$kai$^{53}$ts$^{h}$i$^{53}$xo$^{13}$k$^{h}$an$^{53}$tei$^{21}$xa$^{53}$xai$^{13}_{21}$fəŋ$^{53}$te$^{35}_{53}$tʂən$^{21}$ʂəu$^{53}$çi$^{53}$,k$^{h}$o$^{21}$len$^{13}$xe$^{53}$t$^{h}$au$^{13}$ciɔk$^{3}$ n̩$^{13}$tau$^{21}$,t$^{h}$au$^{13}$ kai$^{53}$tei$^{21}$n̩$^{13}$tau$^{21}_{44}$,tsiəu$^{53}$u$^{21}$tei$^{35}_{53}$tʂən$^{21}$ʂəu$^{53}$,ts$^{h}$əŋ$^{13}_{21}$ʂəu$^{53}$,kai$^{53}$ts$^{h}$əŋ$^{13}_{21}$ʂəu$^{53}$ɲiaŋ$^{53}$xai$^{13}_{44}$sin$^{35}$sin$^{35}_{53}$sek$^{3}$ sek$^{3}$ iet$^{3}$ t$^{h}$iau$^{13}_{21}$ t$^{h}$iau$^{13}$,ŋai$^{13}$çi$^{53}_{44}$xei$^{53}_{44}$k$^{h}$ɔn$^{53}$li$^{0}$ i$^{21}$tʂak$^{3}$ laŋ$^{13}_{21}$tʂ$^{h}$ɔŋ$^{13}_{21}$,e$^{0}$ sin$^{35}$sin$^{35}_{53}$sek$^{3}$ sek$^{3}$ ke$^{53}$le$^{0}$ .tsəŋ$^{21}$iəu$^{35}$iɔŋ$^{21}$pak$^{3}$ ɲien$^{13}_{44}$liau$^{0}$ ɲiaŋ$^{53}$kai$^{53}$ke$^{53}_{44}$xo$^{13}_{21}$k$^{h}$an$^{53}$. ③形容非常新鲜：观音泥嘞就系箇起欸洁净子个～子个黄泥。kɔn$^{35}_{44}$in$^{35}_{53}$ lai$^{13}$le$^{0}$ ts$^{h}$iəu$^{53}$xe$^{53}_{44}$kai$^{53}$çi$^{21}$e$_{21}$ciet$^{5}$ ts$^{h}$iaŋ$^{53}$tsɿ$^{0}$ ke$^{53}$sin$^{35}$sin$^{35}_{44}$sek$^{3}$ sek$^{3}$ tsɿ$^{0}$ ke$^{0}$ uɔŋ$^{13}$lai$^{13}_{44}$.

【新朝年头】sin$^{35}$tʂau$^{35}_{44}$ɲien$^{13}_{21}$t$^{h}$ei$^{13}_{21}$ 新年伊始之时，新年头几天（一般指正月初七以前，有时也指整个正月）：有滴是讲蛮迟了。整个正月都喊～个都有。iəu$^{35}$tiet$^{5}$ ʂɿ$^{53}_{44}$kɔŋ$^{21}$man$^{13}$tʂ$^{h}$ɿ$^{13}$liau$^{0}$ .tʂən$^{21}$ ko$^{53}_{44}$tʂaŋ$^{35}$ɲiet$^{5}$ təu$^{35}_{44}$xan$^{21}$ sin$^{35}$tʂau$^{35}_{44}$ɲien$^{13}_{21}$t$^{h}$ei$^{13}_{21}$ke$^{53}_{44}$təu$^{35}_{44}$iəu$^{35}_{44}$. | ～，冇得事头。sin$^{35}$tʂau$^{35}$ɲien$^{13}$ t$^{h}$ei$^{13}$,mau$^{13}$tek$^{3}$ sɿ$^{53}$t$^{h}$ei$^{13}$.

【信$_{1}$】sin$^{53}$ 动①指接受劝告或建议：有滴话唔～呢。iəu$^{35}$tet$^{5}$ ua$^{53}_{44}$n̩$^{13}_{21}$sin$^{53}$ne$^{0}$. ②听信；相信：你自家想倒让门子就让门子，莫～别人家烧喔！ɲi$^{13}$ts$^{h}$ɿ$^{35}$ka$^{35}_{44}$siɔŋ$^{21}$tau$^{21}$ɲiɔŋ$^{53}$mən$^{0}$ tsɿ$^{0}$ ts$^{h}$iəu$^{53}_{44}$ɲiɔŋ$^{53}_{44}$ mən$^{0}$ tsɿ$^{0}$,mɔk$^{53}$sin$^{53}$p$^{h}$iet$^{5}$ in$^{13}_{21}$ka$^{35}_{44}$ʂau$^{35}$uo$^{0}$！| 欸～得咁个么？e$_{21}$sin$^{53}$tek$^{3}$ kan$^{21}$cie$^{53}_{44}$me$^{0}$？③指迷信：渠～以只庙里个菩萨，有滴～箇只庙。ci$^{13}_{21}$sin$^{53}$i$^{21}$tʂak$^{3}$ miau$^{53}$li$^{0}$ ke$^{53}_{44}$p$^{h}$u$^{13}_{21}$sait$^{3}$,iəu$^{35}$tet$^{5}$ sin$^{53}$kai$^{53}$tʂak$^{3}$ miau$^{53}$.

【信$_{2}$】sin$^{53}$ 名消息；口信：慢呐分只子～分我，我会下来。man$^{53}_{44}$na$^{0}$ pən$^{35}$tʂak$^{3}$ tsɿ$^{0}$ sin$^{53}$pən$^{35}_{44}$ ŋai$^{13}_{44}$,ŋai$^{13}$uɔi$^{53}$xa$^{53}_{44}$lɔi$^{13}_{44}$.

【信手】sin$^{53}$ʂəu$^{21}$ 副顺手；随手；非刻意地：一般是我等就空手做唠，～做，随手做，系唔系？做成箇样米馃。iet$^{3}$ pən$^{35}$ʂɿ$^{53}_{44}$ŋai$^{13}_{21}$tien$^{0}$ ts$^{h}$iəu$^{53}_{44}$xəŋ$^{35}$ʂəu$^{21}$tso$^{53}$lau$^{0}$ ,sin$^{53}$ʂəu$^{21}$tso$^{53}$,sei$^{13}$ʂəu$^{21}$tso$^{53}$,xei$^{53}_{44}$ me$^{53}_{44}$?tso$^{53}$tʂ$^{h}$ən$^{13}_{21}$kai$^{53}_{44}$iɔŋ$^{53}_{44}$mi$^{21}$ko$^{21}$.

【信套子】sin$^{53}$t$^{h}$au$^{53}$tsɿ$^{0}$ 名信封的旧称。后也称“信封”：信封，系，有信封，有。～系话。最先系～。最古老欸最老个话法就～。信封都系学倒渠等个了，欸。～个多。sin$^{53}$ fəŋ$^{35}$,xe$^{53}_{21}$,iəu$^{21}$sin$^{53}$fəŋ$^{35}$,iəu$^{21}$.sin$^{53}$t$^{h}$au$^{53}$tsɿ$^{0}$ xe$^{53}_{44}$ua$^{53}_{44}$.tsei$^{53}$sien$^{35}_{44}$xe$^{53}_{44}$sin$^{53}$t$^{h}$au$^{53}$tsɿ$^{0}$ .tsei$^{53}$ku$^{21}$lau$^{21}$e$^{0}$ tsei$^{53}$lau$^{21}$ ke$^{53}_{44}$ua$^{53}$fait$^{3}$ ts$^{h}$iəu$^{53}_{44}$sin$^{53}$t$^{h}$au$^{53}$tsɿ$^{0}$ .sin$^{53}$fəŋ$^{35}_{44}$təu$^{35}_{44}$xe$^{53}_{44}$xɔk$^{5}$ tau$^{21}$ci$^{13}$tien$^{0}$ cie$^{53}_{44}$liau$^{0}$ ,e$_{21}$.sin$^{53}$t$^{h}$au$^{53}$tsɿ$^{0}$ ke$^{53}_{21}$to$^{35}_{44}$.

【信天】sin$^{53}$t$^{h}$ien$^{35}$ 副听任事态自然发展，不进行人为的控制或干预：（卖鲤水子）就～舀。ts$^{h}$iəu$^{53}_{44}$sin$^{53}$t$^{h}$ien$^{35}$iau$^{21}$.

【兴$_{1}$】çin$^{35}$ 名轻打后留下的白色条痕：打条～呶。～就更箇个就更更轻啊。程度更轻，打条～呢。打条～，系有哇。～就是痕迹的意思啊。打条浪就打得更厉害呀，一条浪。ta$^{21}$ t$^{h}$iau$^{13}$çin$^{35}$nau$^{0}$ .çin$^{35}$ts$^{h}$iəu$^{53}$cien$^{53}$kai$^{53}_{44}$kc$^{53}_{44}$ts$^{h}$iəu$^{53}$cien$^{53}$cien$^{53}$c$^{h}$iaŋ$^{35}$ŋa$^{0}$ .tʂ$^{h}$ən$^{13}$t$^{h}$əu$^{53}$cien$^{53}$c$^{h}$iaŋ$^{35}$,ta$^{21}$t$^{h}$iau$^{13}_{21}$ çin$^{35}$ne$^{0}$ .ta$^{21}$t$^{h}$iau$^{13}$çin$^{35}$,xei$^{53}_{44}$iəu$^{35}$ua$^{0}$ .çin$^{35}$ts$^{h}$iəu$^{53}_{44}$ʂɿ$^{53}_{44}$xən$^{13}$tsit$^{5}$ te$^{0}$ i$^{53}$sɿ$^{0}$ a$^{0}$ .ta$^{21}$t$^{h}$iau$^{13}$lɔŋ$^{53}$ts$^{h}$iəu$^{53}_{44}$ta$^{21}$tek$^{3}$ cien$^{53}$ li$^{53}$xɔi$^{53}$ia$^{0}$ ,iet$^{3}$ t$^{h}$iau$^{13}_{21}$lɔŋ$^{53}$.

【兴$_{2}$】çin$^{35}$ 动时兴：我等以映唔～箇样。ŋai$^{13}_{21}$tien$^{0}$ i$^{21}$iaŋ$^{53}_{44}$n̩$^{13}_{21}$çin$^{35}_{44}$kai$^{53}$iɔŋ$^{53}_{44}$.

【兴隆土地】çin$^{35}$lən$^{13}$t$^{h}$əu$^{21}$t$^{h}$i$^{53}$ 名神名：～，让门来个我唔晓得，只晓得我等欸祠堂里箇只土地老子啊，欸就系箇个祖宗牌位个箇底下。以前就我爷子写，间哩两年子了，末旧了箇张纸唔知几旧了嘞又写过一张，“～神位”，几只字。以下间哩两年子我又写过一张啊。安做～神位呀，就土地老子个牌位，就咁子写。çin$^{35}$lən$^{13}_{44}$t$^{h}$əu$^{21}$t$^{h}$i$^{53}$, ɲiɔŋ$^{53}$mən$^{13}_{44}$lɔi$^{13}$ke$^{53}$ŋai$^{13}_{21}$n̩$^{13}$çiau$^{21}$tek$^{3}$,tʂɿ$^{21}$ çiau$^{21}$tek$^{3}$ ŋai$^{13}$tien$^{0}$ e$_{21}$ts$^{h}$ɿ$^{13}$t$^{h}$ɔŋ$^{13}_{21}$li$^{0}$ kai$^{53}$tʂak$^{3}$ t$^{h}$əu$^{21}$t$^{h}$i$^{53}$lau$^{21}$tsɿ$^{0}$ a$^{0}$ ,e$_{21}$ts$^{h}$iəu$^{53}$xei$^{53}_{44}$kai$^{53}_{44}$ke$^{53}_{44}$tsɿ$^{21}$tsəŋ$^{35}$p$^{h}$ai$^{13}$uei$^{53}$ ke$^{53}_{44}$kai$^{53}_{44}$tei$^{21}$xa$^{53}$.i$^{35}_{53}$ts$^{h}$ien$^{13}_{21}$ts$^{h}$iəu$^{53}$ŋai$^{13}_{21}$ia$^{13}$tsɿ$^{0}$ sia$^{21}$,kan$^{53}$li$^{0}$ iɔŋ$^{21}$ɲien$^{13}$tsɿ$^{0}$ liau$^{0}$ ,mait$^{5}$ c$^{h}$iəu$^{53}$liau$^{0}$ kai$^{53}_{44}$tʂɔŋ$^{35}$ tʂɿ$^{21}$n̩$^{13}$ti$^{35}_{53}$ci$^{21}$c$^{h}$iəu$^{53}$liau$^{21}$lei$^{0}$ iəu$^{53}$sia$^{21}$ko$^{5}$ (i)et$^{3}$ tʂɔŋ$^{35}$,"çin$^{35}$lən$^{13}_{21}$t$^{h}$əu$^{21}$t$^{h}$i$^{53}$ʂən$^{13}$uei$^{53}$",ci$^{21}$tʂak$^{3}$ sɿ$^{53}$.i$^{21}$xa$^{53}_{44}$kan$^{53}$ li$^{0}$ iɔŋ$^{21}$ɲien$^{13}$tsɿ$^{0}$ ŋai$^{13}$iəu$^{53}$sia$^{21}$ko$^{21}$iet$^{3}$ tʂɔŋ$^{35}$ŋa$^{0}$ .ɔn$^{35}_{44}$tso$^{53}_{44}$çin$^{35}$lən$^{13}_{21}$t$^{h}$əu$^{21}$t$^{h}$i$^{53}$ʂən$^{13}$uei$^{53}$ia$^{0}$ ,tsiəu$^{53}$t$^{h}$əu$^{21}$t$^{h}$i$^{53}$lau$^{21}$ tsɿ$^{0}$ kei$^{53}$p$^{h}$ai$^{13}$uei$^{53}$,ts$^{h}$iəu$^{53}$kan$^{21}$tsɿ$^{0}$ sia$^{21}$.

【星】siaŋ$^{35}$ 名星星：今晡你看下子天上啊满天～。cin$^{35}$pu$^{35}_{44}$ni$^{13}_{21}$k$^{h}$ɔn$^{53}$xa$^{53}_{21}$tsɿ$^{0}$ t$^{h}$ien$^{35}_{44}$xɔŋ$^{53}_{44}$a$^{0}$ man$^{35}$ t$^{h}$ien$^{35}_{44}$siaŋ$^{35}$.

【星期】sin$^{35}$c$^{h}$i$^{13}$ 名①指连续七天排列的周而复始的作息日期：一只～哟！寻倒九块多钱呶。iet$^{3}$ tʂak$^{3}$ sin$^{35}$c$^{h}$i$^{13}_{44}$iau$^{0}$ !ts$^{h}$in$^{13}$tau$^{21}$ciəu$^{21}$k$^{h}$uai$^{53}_{44}$to$^{35}_{44}$ts$^{h}$ien$^{13}_{21}$nau$^{0}$. ②跟“一、二、三、四、五、六、天、几”连用，表示一个星期中的某天：渠又𫠛搞到～六，～天呢，𫠛搞到双休日来搞。ci$^{13}_{21}$iəu$^{53}$

maŋ$^{13}$kau$^{21}$tau$^{53}_{44}$sin$^{35}$cʰi$^{13}_{21}$liəuk$^{3}$,sin$^{35}_{44}$cʰi$^{13}_{21}$tʰien$^{35}$ne$^{0}$,maŋ$^{13}$kau$^{21}$tau$^{53}_{44}$səŋ$^{35}$çiəu$^{35}_{44}$ɲiet$^{3}$lɔi$^{13}_{21}$kau$^{21}$.

【星泻屎】sin$^{35}$sia$^{53}$ʂʅ$^{21}$ [名]流星：欸，我等人经常看得倒天上个～。e$_{21}$,ŋai$^{13}$tien$^{0}$in$^{13}_{44}$cin$^{35}$tʂʰɔŋ$^{13}_{44}$kʰɔn$^{53}$tek$^{3}$tau$^{21}$tʰien$^{35}_{44}$xɔŋ$^{53}_{44}$ke$^{53}_{44}$sin$^{35}$sia$^{53}$ʂʅ$^{21}$.

【星子】siaŋ$^{35}$tsɿ$^{0}$ [名]①星星：你看下子箇天上～，真多～。ɲi$^{13}_{21}$kʰɔn$^{53}$xa$^{53}$tsɿ$^{0}$kai$^{53}_{44}$tʰien$^{35}$xɔŋ$^{53}_{44}$siaŋ$^{35}$tsɿ$^{0}$,tʂən$^{35}$to$^{35}_{44}$siaŋ$^{35}$tsɿ$^{0}$.｜箇今晡夜晡天也好，天上冇得云，欸，看呐，满天个～。kai$^{53}_{44}$cin$^{35}$pu$^{35}_{53}$ia$^{53}_{44}$pu$^{35}_{44}$tʰien$^{35}$na$^{35}_{53}$xau$^{21}$,tʰien$^{35}$xɔŋ$^{53}_{44}$mau$^{13}_{21}$tek$^{3}$in$^{13}$,e$_{21}$,kʰɔn$^{53}$na$^{0}$,man$^{35}$tʰien$^{35}_{44}$ke$^{53}_{44}$siaŋ$^{35}$tsɿ$^{0}$.②秤星；杆秤上的花星，多以金属镶嵌在秤杆上呈小圆点状，作为计量的标志：呃，以把秤呢，～都跌嘿哩哦。ə$_{44}$,i$^{21}$pa$^{21}$tʂʰən$^{53}$ne$^{0}$,siaŋ$^{35}$tsɿ$^{0}$təu$^{35}_{53}$tet$^{3}$(x)ek$^{3}$li$^{0}$o$^{0}$.｜以把秤上～都看唔多真了喔。i$^{21}$pa$^{21}$tʂʰən$^{53}$xɔŋ$^{53}_{44}$siaŋ$^{35}$tsɿ$^{0}$təu$^{35}_{53}$kʰɔn$^{53}$n̩$^{13}_{21}$to$^{35}_{53}$tʂən$^{35}$niau$^{21}$uo$^{0}$.

【星子泻屎】sin$^{35}$tsɿ$^{0}$sia$^{53}$ʂʅ$^{21}$ 指彗星出现：欸，我等人客姓人呢安做～，扫把星呐，安做～，系不吉利个征兆，欸不吉利个现象～是。"吔，箇只箇个～啊。"星子箇屎泻屎泻转哪向哩，"欸，箇只方道是招呼死人哈！" e$_{21}$,ŋai$^{13}$tien$^{0}$ɲin$^{13}_{21}$kʰak$^{3}$sin$^{53}$ɲin$^{13}_{21}$ne$^{0}$ɔn$^{35}_{44}$tso$^{53}_{44}$sin$^{35}$tsɿ$^{0}$sia$^{53}$ʂʅ$^{21}$,sau$^{53}$pa$^{21}$sin$^{35}$na$^{0}$,ɔn$^{35}_{44}$tso$^{53}_{44}$sin$^{35}$tsɿ$^{0}$sia$^{53}$ʂʅ$^{21}$,xe$^{53}$pət$^{3}$ciet$^{3}$li$^{53}$ke$^{0}$tʂən$^{35}$tʂʰau$^{53}$,e$^{0}$pət$^{3}$ciet$^{3}$li$^{53}$ke$^{53}$çien$^{53}$siɔŋ$^{53}$sin$^{35}$tsɿ$^{0}$sia$^{53}$ʂʅ$^{21}$ʂʅ$^{53}_{21}$."ie$_{13}$,kai$^{53}_{44}$tʂak$^{3}$kai$^{53}_{44}$ke$^{53}_{44}$sin$^{35}$tsɿ$^{0}$sia$^{53}$ʂʅ$^{21}$ʐa$^{0}$."sin$^{35}$tsɿ$^{0}$kai$^{53}$ʂʅ$^{21}$sia$^{53}$ʂʅ$^{21}$sia$^{53}$tʂuon$^{21}$lai$^{53}$çiɔŋ$^{53}$li$^{0}$,"e$_{13}$,kai$^{53}_{44}$tʂak$^{3}$fɔŋ$^{35}$tʰau$^{53}$ʂʅ$^{53}_{44}$tʂau$^{35}$fu$^{35}_{44}$si$^{21}$ɲin$^{13}$xa$^{0}$!"

【腥】siaŋ$^{35}$ [形]像鱼的气味：鱼～味 ŋ̍$^{13}$siaŋ$^{35}$uei$^{53}$｜草鱼就唔～啊。tsʰau$^{21}$ŋ̍$^{13}$tsʰiəu$^{53}$n̩$^{13}$siaŋ$^{35}_{44}$ŋa$^{0}$.

【刑凳】cʰin$^{13}$/çin$^{13}$tien$^{53}$/tien$^{53}$ [名]旧时放在祠堂厅堂中用于执行家法（打屁股）的长凳：箇（祠堂里）还也有几项老东西。一……有一张刑……～呢，我等安做～。本来是安做～话。□长个凳，□长，放啊箇墙边子放倒。咁阔。咁厚。一张凳，□长。嗯。安做……我等是安……客……我等安……取都安做～。据说嘞讲嘞老班子嘞箇映安做刑……安做～。就系祠堂里人犯哩事，爱舞下箇张凳上，睡正来，打屁股。安做～。我等话～。如今是舞倒来冇么人打屁股了来舞倒来坐下子人。kai$^{53}_{44}$xai$^{13}_{21}$ia$^{35}$iəu$^{35}_{44}$ci$^{21}$xɔŋ$^{53}_{44}$lau$^{21}$tɔŋ$^{35}_{44}$si$^{0}$.iet$^{3}$…iəu$^{35}$iet$^{3}$tʂɔŋ$^{35}$çin$^{13}$…cʰin$^{13}$ten$^{53}$ne$^{0}$,ŋai$^{13}$tien$^{0}$ɔn$^{35}_{44}$tso$^{53}_{44}$cʰin$^{13}$ten$^{53}_{44}$.pən$^{21}$nɔi$^{13}$ʂʅ$^{53}_{44}$ɔn$^{35}_{44}$tso$^{53}_{44}$çin$^{13}$ten$^{53}_{44}$ua$^{53}_{44}$.lai$^{35}$tʂɔŋ$^{13}_{21}$ke$^{0}$tien$^{53}_{44}$,lai$^{35}$tʂʰɔŋ$^{13}_{21}$,fɔŋ$^{53}_{44}$a$^{0}$kai$^{53}$tsʰiɔŋ$^{13}$pien$^{35}$tsɿ$^{0}$fɔŋ$^{53}$tau$^{21}$.kan$^{21}$kʰɔit$^{3}$.kan$^{21}$xei$^{35}$.iet$^{3}$tʂɔŋ$^{35}$ten$^{53}$,lai$^{35}$tʂʰɔŋ$^{13}_{21}$.n̩$_{21}$.ɔn$^{35}_{44}$tso$^{53}_{44}$…ŋai$^{13}$tien$^{0}$ʂʅ$^{53}$ɔn$^{35}_{44}$…kʰak$^{3}$…ŋai$^{13}$tien$^{0}$ɔn$^{35}_{44}$…tsʰi$^{21}$təu$^{35}$ɔn$^{35}_{44}$tso$^{53}_{44}$cʰin$^{13}$tien$^{53}$.tʂʮ$^{53}$ʂet$^{3}$lei$^{0}$kɔŋ$^{21}$lei$^{0}$lau$^{21}$pan$^{35}$tsɿ$^{0}$lei$^{0}$kai$^{53}_{44}$iaŋ$^{53}_{44}$ɔn$^{35}_{44}$tso$^{53}_{44}$cʰin$^{13}_{21}$…ɔn$^{35}_{44}$tso$^{53}_{44}$çin$^{13}$ten$^{53}$.tsʰiəu$^{53}$ue$^{53}_{44}$tsʰɿ$^{13}$tʰɔŋ$^{13}_{44}$li$^{0}$ɲin$^{13}$fan$^{53}_{44}$li$^{0}$sɿ$^{53}$,ɔi$^{53}_{44}$u$^{21}$ua$^{0}$kai$^{53}_{44}$tʂɔŋ$^{35}$ten$^{53}$xɔŋ$^{53}_{44}$,ʂɔi$^{53}$tʂaŋ$^{53}_{44}$lɔi$^{13}_{21}$,ta$^{21}$pʰi$^{53}$ku$^{21}$.ɔn$^{35}_{44}$tso$^{53}_{44}$cʰin$^{13}$ten$^{53}_{44}$.ŋai$^{13}$tien$^{0}$ua$^{53}$cʰin$^{13}$ten$^{53}_{44}$.i$^{13}_{21}$cin$^{35}_{44}$ʂʮ$^{53}_{44}$u$^{21}_{44}$tau$^{21}_{44}$lɔi$^{13}_{44}$mau$^{13}_{21}$mak$^{3}$in$^{13}_{44}$ta$^{21}$pʰi$^{53}$ku$^{21}_{44}$liau$^{0}$lɔi$^{13}_{44}$u$^{21}$tau$^{21}$lɔi$^{13}_{44}$tsʰo$^{35}$xa$^{53}_{44}$tsɿ$^{0}$ɲin$^{13}$.

【行$_1$】çin$^{13}$ [动]时兴；一时流行：桂花有人爱哟。/系系，唔多～。kuei$^{53}$fa$^{35}_{44}$mau$^{13}_{21}$ɲin$^{13}_{44}$ɔi$^{53}$io$^{0}$./xe$_{53}$xe$_{21}$,n̩$^{13}$to$^{35}_{44}$çin$^{13}$.

【行$_2$】xaŋ$^{13}$ [动]走：你先～啊，我等人等下子正来。ɲi$^{13}$sien$^{35}$xaŋ$^{13}$ŋa$^{0}$,ŋai$^{13}$ten$^{35}$ɲin$^{13}$ten$^{21}$xa$^{53}$tsɿ$^{0}$tʂaŋ$^{53}$lɔi$^{13}$.｜我呀，我硬唔怕你话，我呀～得正徛得稳。ŋai$^{13}$ia$^{0}$,ŋai$^{13}$ɲiaŋ$^{53}$m̩$^{13}$pʰa$^{53}_{44}$ɲi$^{13}$ua$^{53}$,ŋai$^{13}$ia$^{0}$xaŋ$^{13}$tek$^{3}$tʂən$^{53}$tsʰiəu$^{53}_{44}$cʰi$^{53}$tek$^{3}$uən$^{21}$.

【行宾主礼】çin$^{13}$pin$^{35}$tʂəu$^{21}$li$^{35}$ 新婚夫妇以宾主的名义相互三鞠躬：首先呢新人来还系客佬子啊，～。箇只伢子就系主人呐，箇只妹子就还客，还系来宾呐。箇就新郎更细箇只时候子就。新娘更大，新娘系客。鞠三只躬，三鞠躬啊。ʂəu$^{21}$sien$^{53}_{44}$ne$^{0}$sin$^{35}$ɲin$^{13}_{21}$lɔi$^{13}$xai$^{13}_{21}$xe$^{53}$kʰak$^{3}$lau$^{21}$tsa$^{0}$,çin$^{13}$pin$^{35}$tʂəu$^{21}$li$^{35}$.kai$^{53}$tʂak$^{3}$ŋa$^{13}$tsɿ$^{0}$tsʰiəu$^{53}$xe$^{53}$tʂəu$^{21}$ɲin$^{13}$na$^{0}$,kai$^{53}$tʂak$^{3}$mɔi$^{53}$tsɿ$^{0}$tsʰiəu$^{53}$xai$^{13}$kʰak$^{3}$,xai$^{13}$xe$^{53}_{44}$lɔi$^{13}$pin$^{35}_{44}$na$^{0}$.ka$^{53}_{44}$tsʰiəu$^{53}_{44}$sin$^{35}$nɔŋ$^{13}$cien$^{53}$se$^{53}$kai$^{53}$tʂak$^{3}$ʂʅ$^{13}$xəu$^{53}$tsɿ$^{0}$tsʰiəu$^{53}$.sin$^{35}$ɲiɔŋ$^{13}$cien$^{53}$tʰai$^{53}$,sin$^{35}$ɲiɔŋ$^{13}$xe$^{53}$kʰak$^{3}$.(cʰ)iəuk$^{3}$san$^{35}$tʂak$^{3}$kəŋ$^{35}$,san$^{35}$cʰiəuk$^{3}$kəŋ$^{35}$ŋa$^{0}$.

【行程】xaŋ$^{13}$tʂʰən$^{13}$ [动]死的讳称：箇只老子行哩程。kai$^{53}$tʂak$^{3}$lau$^{21}$tsɿ$^{0}$xaŋ$^{13}$li$^{0}$tʂʰən$^{13}$.

【行大礼】çin$^{13}$tʰai$^{53}$li$^{35}$ 以下跪、叩头的方式施礼：～是就系欸下跪呀叩头呀。只有亡人正能够受得啊。欸拜寿个时候子都唔～。çin$^{13}$tʰai$^{53}$li$^{35}$ʂʅ$^{53}_{44}$tsʰiəu$^{53}_{44}$xei$^{53}_{44}$e$_{21}$xa$^{53}$kʰuei$^{21}$ia$^{0}$kʰei$^{53}$tʰei$^{13}$ia$^{0}$.tʂʅ$^{21}$iəu$^{35}_{53}$mɔŋ$^{13}$ɲin$^{13}_{21}$tʂaŋ$^{53}$len$^{13}_{21}$ciau$^{53}$ʂəu$^{53}$tek$^{3}$a$^{0}$.e$^{0}$pai$^{53}_{44}$ʂəu$^{53}$ke$^{53}_{44}$ʂʅ$^{13}$xei$^{53}_{44}$tsɿ$^{0}$təu$^{35}_{53}$n̩$^{13}_{21}$çin$^{13}_{21}$tʰai$^{53}$li$^{35}$.

【行夫妇礼】çin$^{13}_{21}$fu$^{35}$fu$^{53}$li$^{35}$ 新婚夫妇以夫妇的名义相互鞠躬：好，箇行哩宾主礼嘞，箇就接进来哩了，欸，客佬子接进来哩，以下就～，也就你正式结拜为夫妇。两公婆就对拜。xau$^{21}$,kai$^{53}_{44}$çin$^{13}$li$^{0}$pin$^{35}$tʂəu$^{21}$li$^{35}$le$^{0}$,kai$^{53}_{44}$tsʰiəu$^{53}_{44}$tsiet$^{3}$tsin$^{53}$lɔi$^{13}_{21}$li$^{0}$liau$^{0}$,e$_{21}$,kʰak$^{3}$lau$^{21}$tsɿ$^{0}$tsiet$^{3}$tsin$^{53}$lɔi$^{13}_{21}$li$^{0}$,i$^{21}$xa$^{53}_{44}$tsʰiəu$^{53}_{44}$çin$^{13}_{21}$fu$^{35}$fu$^{53}$li$^{35}$,ia$^{21}$tsʰiəu$^{53}$ɲi$^{13}$tʂən$^{53}$ʂʅ$^{53}$ciet$^{3}$pai$^{53}_{44}$uei$^{13}_{21}$fu$^{35}$fu$^{53}_{21}$.iɔŋ$^{21}$kəŋ$^{35}$pʰo$^{13}_{21}$tsiəu$^{53}_{44}$ti$^{53}$pai$^{53}$.

【行家奠礼】çin$^{13}_{21}$cia$^{35}_{44}$tʰien$^{53}$li$^{35}$ 出殡前一晚上举行隆重的祭祀仪式，持续时间较长，又称"打

家祭、打家奠”：～嘞箇就蛮多东西了。爱击鼓鸣金放炮哇。爱宣戒词啊。çin$^{13}_{21}$cia$^{35}$tʰien$^{53}$li$^{35}$ lei$^{0}$ kai$^{53}$tsʰiəu$^{53}_{44}$man$^{13}$to$^{35}_{44}$təŋ$^{35}_{44}$si$^{0}$ liau$^{0}$ .ɔi$^{53}_{44}$ciet$^{3}$ ku$^{21}$min$^{13}_{21}$cin$^{35}_{44}$fɔŋ$^{53}$pʰau$^{53}$ua$^{0}$ .ɔi$^{53}_{44}$sien$^{35}$kai$^{53}$tsʰɿ$^{13}$a$^{0}$ .

【行脚】çin$^{13}$ciɔk$^{3}$ 名有本事、有出息的人：第三只笑死人个路子嘞，渠话我等横巷里啊，渠系横巷里人吵，渠话：“我横巷里人呐，第一只～嘞就系景叔公。”箇景叔公嘞就系以前个老红军呢。渠话：“第二就系我咯。最有出息个，第一只就景叔公，第二只就系我。”渠话就系话渠当兵呐，欸。咁个系你你也唔爱讲啦。嘿嘿，就箇半蒲水子啦。tʰi$^{53}_{44}$san$^{35}$tʂak$^{3}$ siau$^{53}$si$^{21}$ɲin$^{13}$ ke$^{53}_{44}$ləu$^{53}$tsɿ$^{0}$ lei$^{0}$ ,ci$^{13}_{21}$ua$^{53}_{44}$ŋai$^{13}$tien$^{0}$ uaŋ$^{13}$xɔŋ$^{53}$li$^{0}$ a$^{0}$ ,ci$^{13}$xei$^{53}$uaŋ$^{13}$xɔŋ$^{53}$li$^{0}$ ɲin$^{13}_{21}$ʂa$^{0}$ ,ci$^{13}_{53}$(u)a$^{53}$:"ŋai$^{13}_{21}$uaŋ$^{13}$xɔŋ$^{53}$li$^{0}$ ɲin$^{13}_{44}$na$^{0}$ ,tʰi$^{53}$iet$^{3}$ tʂak$^{3}$ çin$^{13}$ciɔk$^{3}$ lei$^{0}$ tsʰiəu$^{53}$xei$^{53}_{44}$cin$^{21}$ʂəuk$^{3}$ kəŋ$^{35}$."kai$^{53}$cin$^{21}$ʂəuk$^{3}$ kəŋ$^{35}$lei$^{0}$ tsʰiəu$^{53}$xei$^{53}$i$^{35}_{53}$ tsʰien$^{13}_{21}$ke$^{53}_{44}$lau$^{21}$fəŋ$^{13}$tʂən$^{35}_{44}$nei$^{0}$ .ci$^{13}_{21}$ua$^{53}_{44}$:"tʰi$^{53}_{44}$ɲi$^{53}$tsʰiəu$^{53}$xei$^{53}$ŋai$^{13}$ko$^{0}$ .tsei$^{53}$iəu$^{35}_{44}$tʂʰət$^{3}$ siet$^{3}$ ke$^{53}$,tʰi$^{53}$iet$^{3}$ tʂak$^{3}$ tsʰiəu$^{53}$cin$^{21}$ʂəuk$^{3}$ kəŋ$^{35}$,tʰi$^{53}$ɲi$^{53}$tʂak$^{3}$ tsʰiəu$^{53}$xei$^{53}$ŋai$^{13}$."ci$^{13}_{44}$ua$^{53}_{44}$,tsʰiəu$^{53}$xei$^{53}$ua$^{53}$ci$^{13}_{21}$tɔŋ$^{35}$pin$^{35}$na$^{0}$ ,e$_{21}$.kan$^{21}$ke$^{53}_{44}$ xei$^{53}$ɲi$^{13}$ɲi$^{13}$a$^{35}_{53}$m̩$^{13}_{21}$mɔi$^{53}$kɔŋ$^{21}$la$^{0}$ .xe$_{53}$xe$_{21}$,tsʰiəu$^{53}$kai$^{53}$pan$^{53}$pʰu$^{13}_{21}$ʂei$^{21}$tsɿ$^{0}$ la$^{0}$ .

【行觐见礼】çin$^{13}$cʰin$^{53}$cien$^{53}$li$^{35}$ 新婚夫妇拜高堂：欸，搞箇个半老半新子个婚礼个时候子就你喊～嘞就箇个唠，向倒爷娭呀就鞠两只躬啊。欸，安做～。e$_{21}$,kau$^{21}$kai$^{53}_{44}$ke$^{53}_{44}$pan$^{53}$lau$^{21}$pan$^{53}$sin$^{35}$ tsɿ$^{0}$ ke$^{0}$ fən$^{35}$li$^{35}$ke$^{53}$ʂʅ$^{13}$xei$^{53}_{44}$tsɿ$^{0}$ tsʰiəu$^{53}_{44}$ɲi$^{13}$xan$^{53}$çin$^{13}$cʰin$^{53}$cien$^{53}_{44}$li$^{35}$lei$^{0}$ tsʰiəu$^{53}_{44}$kai$^{53}_{44}$ke$^{53}_{44}$lau$^{0}$ ,çiɔŋ$^{53}$tau$^{21}_{44}$ia$^{13}$ɔi$^{35}$ia$^{0}$ tsʰiəu$^{53}$cʰiəuk$^{3}$ iɔŋ$^{21}$tʂak$^{3}$ kəŋ$^{35}$ŋa$^{0}$ .e$_{21}$,ɔn$^{35}_{44}$tso$^{53}_{44}$çin$^{13}$cʰin$^{53}$cien$^{53}_{44}$li$^{35}$.

【行礼】çin$^{13}$li$^{35}$ 动施礼：如今个～嘞就有兜就作两只揖，有兜就鞠两只躬，欸，箇行大礼嘞箇就硬下跪，箇只有死哩人正会下跪，行大礼。i$^{13}_{21}$cin$^{35}_{53}$ke$^{53}$çin$^{13}_{21}$li$^{35}$le$^{0}$ tsʰiəu$^{53}_{44}$iəu$^{35}$te$^{35}_{53}$tsʰiəu$^{53}_{44}$tsɔk$^{3}$ iɔŋ$^{21}$tʂak$^{3}$ iet$^{3}$ ,iəu$^{35}$te$^{35}_{53}$tsʰiəu$^{53}_{44}$cʰiəuk$^{3}$ iɔŋ$^{21}$tʂak$^{3}$ kəŋ$^{35}$,e$_{21}$,kai$^{53}_{44}$çin$^{13}$tʰai$^{53}$li$^{35}$lei$^{0}$ kai$^{53}$tsʰiəu$^{53}_{44}$ɲiaŋ$^{53}$xa$^{53}$kʰuei$^{21}$, kai$^{53}$tʂɿ$^{21}$iəu$^{35}_{53}$si$^{21}$li$^{0}$ ɲin$^{13}$tʂaŋ$^{53}$uɔi$^{53}$xa$^{53}$kʰuei$^{21}$,çin$^{13}$tʰai$^{53}$li$^{35}$.

【行庙见礼】çin$^{13}$miau$^{53}$cien$^{53}$li$^{35}$ 新婚夫妇拜谒祖宗，三鞠躬：以下就行哩夫妇礼，～。就见祖宗。你系两公婆了，以下就两公婆来去见祖宗。请祖宗菩萨来见证以只事情。i$^{21}$xa$^{53}_{44}$tsʰiəu$^{53}$ çin$^{13}_{21}$li$^{0}$ fu$^{35}$fu$^{53}$li$^{35}$,çin$^{13}_{21}$miau$^{53}$cien$^{53}$li$^{35}$.tsʰiəu$^{53}_{44}$cien$^{53}$tsəu$^{21}$tsəŋ$^{35}_{44}$. ɲi$^{13}$xei$^{53}$iɔŋ$^{21}$kəŋ$^{35}_{44}$pʰo$^{13}$liau$^{0}$ ,i$^{21}$xa$^{53}_{44}$tsʰiəu$^{53}$ iɔŋ$^{21}$kəŋ$^{35}_{44}$pʰo$^{13}$lɔi$^{13}_{44}$çi$^{53}_{44}$cien$^{53}$tsəu$^{21}$tsəŋ$^{35}_{44}$.tsʰiaŋ$^{21}$tsəu$^{21}$tsəŋ$^{35}_{44}$pʰu$^{13}_{21}$sait$^{3}$ lɔi$^{13}_{21}$cien$^{53}$tʂən$^{53}$i$^{21}$(tʂ)ak$^{3}$ sɿ$^{53}$tsʰin$^{13}_{21}$.

【行天地礼】çin$^{13}_{21}$tʰien$^{35}$tʰi$^{53}$li$^{35}$ 新婚夫妇拜天地：一般搞箇个结婚仪式个时候子都爱～。渠箇最先唔～嘞。渠最先爱行宾主礼。一只系客，一只系主人，行宾主礼，箇只时候子嘞新娘子更大，渠系客，新郎系东家。行哩宾主礼箇就渠就到哩你屋下了，你就系两公婆了，以下就～。欸天地就系最大啦，系唔系？iet$^{3}$ pɔn$^{35}$kau$^{21}$kai$^{53}_{44}$ke$^{53}_{44}$ciet$^{3}$ fən$^{35}$ɲi$^{13}$ʂʅ$^{53}$ke$^{0}$ ʂʅ$^{13}$xei$^{53}_{44}$tsɿ$^{0}$ təu$^{35}$ɔi$^{53}$ çin$^{13}_{21}$tʰien$^{35}$tʰi$^{53}$li$^{35}$.ci$^{13}$kai$^{53}_{44}$tsei$^{53}$sien$^{35}_{44}$n̩$^{13}$çin$^{13}_{21}$tʰien$^{35}$tʰi$^{53}$li$^{35}$le$^{0}$ .ci$^{13}$tsei$^{53}$sien$^{35}_{44}$ɔi$^{53}$çin$^{13}_{21}$pin$^{35}$tʂʮ$^{21}$li$^{35}$.iet$^{3}$ tʂak$^{3}$ xei$^{53}$ kʰak$^{3}$ ,iet$^{3}$ tʂak$^{3}$ xe$^{53}$tʂʮ$^{21}$ɲin$^{13}$,çin$^{13}$pin$^{35}$tʂʮ$^{21}$li$^{35}_{44}$,kai$^{53}$tʂak$^{3}$ ʂʅ$^{13}$xei$^{53}_{44}$tsɿ$^{0}$ lei$^{0}$ sin$^{35}$ɲiɔŋ$^{13}$tsɿ$^{0}$ cien$^{53}_{44}$tʰai$^{53}$,ci$^{13}_{21}$xei$^{53}$ kʰak$^{3}$ ,sin$^{35}$lɔŋ$^{13}$xe$^{53}$təŋ$^{35}$ka$^{35}_{44}$.çin$^{13}$li$^{0}$ pin$^{35}$tʂʮ$^{21}$li$^{35}$kai$^{53}$tsʰiəu$^{53}$ci$^{13}$tsʰiəu$^{53}_{44}$tau$^{53}$li$^{0}$ ɲi$^{13}_{21}$uk$^{3}$ xa$^{53}$liau$^{0}$ , ɲi$^{13}$tsʰiəu$^{53}$ xei$^{53}$iɔŋ$^{21}$kəŋ$^{35}_{44}$pʰo$^{13}$liau$^{0}$ ,i$^{21}$xa$^{53}$tsʰiəu$^{53}$çin$^{13}_{21}$tʰien$^{35}$tʰi$^{53}$li$^{35}$.e$^{0}$ tʰien$^{35}$tʰi$^{53}_{44}$tsʰiəu$^{53}_{44}$xe$^{53}_{44}$tsei$^{53}$tʰai$^{53}$la$^{0}$ ,xei$^{53}$me$^{53}$?

【行头】çin$^{13}$tʰei$^{0}$ 名①行李物品：我爱走了。我唔睡下以只间里了，我爱走了，我收捡～。ŋai$^{13}_{21}$ɔi$^{53}_{44}$tsei$^{21}$liau$^{0}$ .ŋai$^{13}_{21}$n̩$^{13}$ʂɔi$^{53}_{44}$ia$_{44}$(←xa$^{53}$)i$^{21}$tʂak$^{3}$ kan$^{35}$ni$^{21}$liau$^{21}$,ŋai$^{13}_{21}$ɔi$^{53}_{44}$tsei$^{21}$liau$^{0}$ ,ŋai$^{13}_{21}$ʂəu$^{35}$cian$^{21}$çin$^{13}$tʰei$^{13}_{21}$. ②物品的泛称：放下子零碎～箇只啊。fɔŋ$^{53}$ŋa$_{21}$(←xa$^{53}$)tsɿ$^{0}$ laŋ$^{13}$si$^{53}$çin$^{13}$tʰei$^{13}_{44}$kai$^{53}_{44}$tʂak$^{3}$ ŋa$^{0}$ .｜到底搞么啊用个嘞仰天窖？放～？tau$^{53}$ti$^{21}$kau$^{21}$mak$^{3}$ a$^{0}$ iɔŋ$^{53}$ke$^{53}_{44}$le$^{0}$ ŋɔŋ$^{35}$tʰien$^{35}_{44}$kau$^{53}_{44}$?fɔŋ$^{53}$çin$^{13}_{21}$tʰei$^{0}$？③特指手工业者的各种工具、装备：篾匠就搞只咁个东西装～。miet$^{5}$ siɔŋ$^{53}_{44}$tsʰiəu$^{53}_{44}$kau$^{21}$tʂak$^{3}$ kan$^{21}$ke$^{53}_{44}$ təŋ$^{35}$si$^{0}$ tʂɔŋ$^{35}$çin$^{13}_{21}$tʰei$^{13}_{21}$.

【行巡视礼】çin$^{13}$sən$^{13}$ʂʅ$^{53}$li$^{35}$ 出殡前一晚上孝子为逝者举行的家奠的第一部分内容，又称“巡所”：首先就～。ʂəu$^{21}$sien$^{35}_{44}$tsʰiəu$^{53}_{44}$çin$^{13}$sən$^{13}$ʂʅ$^{53}$li$^{35}$.

【陉】çin$^{13}$ 动托载：砻盘底下就有只砻脚，～起。ləŋ$^{13}$pʰan$^{13}$tei$^{21}$xa$^{53}$tsʰiəu$^{53}_{44}$iəu$^{35}_{44}$tʂak$^{3}$ ləŋ$^{13}$ ciɔk$^{3}$,çin$^{13}$uən$^{21}_{44}$.

【醒】siaŋ$^{21}$ 动①睡眠状态结束：～哩 siaŋ$^{21}$li$^{0}$ ＝ 睡～哩 ʂɔi$^{53}$siaŋ$^{21}$li$^{0}$ ｜正～就迷痴打甩哟。tʂaŋ$^{53}$siaŋ$^{21}$tsʰiəu$^{53}_{44}$mi$^{13}$tʂʰʅ$^{35}_{44}$ta$^{21}$ʂai$^{21}$iau$^{0}$ .｜矰睡～ maŋ$^{13}$ʂɔi$^{53}$siaŋ$^{21}$ 睡得迷迷糊糊的样子 ②溶解：呃，舞倒水肚里放兜盐去，擨～来，箇个就系盐水。ə$_{21}$,u$^{21}$tau$^{21}$ʂei$^{21}$təu$^{21}$li$^{0}$ fɔŋ$^{53}$te$^{35}_{53}$ian$^{13}$çi$^{53}$,ləuk$^{3}$ siaŋ$^{21}$lɔi$^{13}$,kai$^{53}_{44}$ ke$^{53}_{44}$tsʰiəu$^{53}$(x)e$^{53}$ian$^{13}$ʂei$^{21}$.

【擤】sien$^{53}$ 动捏住鼻子，用气排出鼻涕：～鼻脓 sien$^{53}$pʰi$^{53}$ləŋ$^{13}$

【兴头】çin$^{53}$tʰei$^{13}$ 名兴致：你坐上横头，我坐下横头，膝头对膝头，食起有～。ɲi$^{13}$tsʰo$^{35}$ʂɔŋ$^{35}$ uaŋ$^{13}$tʰei$^{13}$,ŋai$^{13}$tsʰo$^{35}$xa$^{35}$uaŋ$^{13}$tʰei$^{13}$,tsʰiet$^{3}$ tʰei$^{13}$ti$^{53}$tsʰiet$^{3}$ tʰei$^{13}$,ʂət$^{5}$ çi$^{21}$iəu$^{35}$çin$^{53}$tʰei$^{13}$.

【姓$_1$】siaŋ$^{53}$/sin$^{53}$ 名①标志家族系统的字：可以加～，朱长子，唐长子。k$^h$o$^{21}$i$^{35}_{21}$cia$^{35}_{44}$sin$^{53}$,tʂəu$^{35}$ tʂ$^h$ɔŋ$^{13}$tsɿ$^0$,t$^h$ɔŋ$^{13}$tʂ$^h$ɔŋ$^{13}$tsɿ$^0$. ②指家族：一～一～办个学堂指族学 iet$^3$ siaŋ$^{53}$iet$^3$ siaŋ$^{53}$p$^h$an$^{53}$ke$^{53}_{44}$xɔk$^5$ t$^h$ɔŋ$^{13}_{21}$

【姓$_2$】siaŋ$^{53}$ 动以……为姓氏：我等箇～万个有只老祖宗嘞蛮有钱。ŋai$^{13}$tien$^0$ kai$^{53}$siaŋ$^{53}$uan$^{53}$ kei$^{53}_{44}$iəu$^{35}$tʂak$^3$ lau$^{21}$tsəu$^{21}$tsəŋ$^{35}_{44}$lei$^0$ man$^{13}$iəu$^{35}_{44}$ts$^h$ien$^{13}$.

【姓氏】siaŋ$^{53}$ʂɿ$^{53}$ 名指家族：～办个学堂指族学 siaŋ$^{53}$ʂɿ$^{53}_{44}$p$^h$an$^{53}$cie$^{53}_{44}$xɔk$^5$ t$^h$ɔŋ$^{13}_{21}$

【凶】çiəŋ$^{35}$ 形厉害；害处大：如果唔除箇草，秾嘿起来，跍个老鼠唔知几～，壁下两行禾都冇得哩。y$^{13}$ko$^{21}$n̩$^{13}_{21}$tʂ$^h$əu$^{13}$kai$^{53}$ts$^h$au$^{21}$, ɲiəŋ$^{13}$(x)ek$^3$ çi$^{21}$lɔi$^{13}$,ku$^{35}_{44}$ke$^{53}_{44}$lau$^{21}$tʂ$^h$əu$^{21}$n̩$^{13}_{21}$ti$^{35}_{44}$ci$^{21}$çiəŋ$^{35}$,piak$^3$ xa$^{53}$iɔŋ$^{21}$ xɔŋ$^{13}$uo$^{13}_{21}$təu$^{35}_{53}$mau$^{13}_{21}$tek$^3$ li$^0$.

【兄弟】çiəŋ$^{35}$t$^h$i$^{53}$ 名①哥哥和弟弟：本家人（打）个（祭），渠个赖子，孙子，撟侄子，～，箇个就安做家奠。pən$^{21}$ka$^{35}_{44}$ɲin$^{13}_{21}$ke$^{53}$,ci$^{13}_{21}$ke$^{53}_{44}$lai$^{53}$tsɿ$^0$,sən$^{35}$tsɿ$^0$,lau$^{35}$tʂ$^h$ət$^5$ tsɿ$^0$,çiəŋ$^{35}$t$^h$i$^{53}$,kai$^{53}_{44}$ke$^{53}_{44}$ts$^h$iəu$^{53}_{44}$ɔn$^{35}_{44}$ tso$^{53}_{44}$cia$^{35}$t$^h$ien$^{53}$. ②专指弟弟：小郎子就是老公个～。siau$^{21}$lɔŋ$^{13}$tsɿ$^0$ ts$^h$iəu$^{53}$ʂɿ$^{53}$lau$^{21}$kəŋ$^{35}$kei$^{53}_{44}$çiəŋ$^{35}$t$^h$i$^{53}$.

【胸骨】çiəŋ$^{35}$kuət$^3$ 名胸部的骨头：先放脚下个骨头，然后放以个大腿骨箇只，然后放～。sien$^{35}$fɔŋ$^{53}$ciɔk$^3$ xa$^{53}$ke$^{53}$kuət$^3$ t$^h$ei$^0$,vien$^{13}$xei$^{53}_{44}$fɔŋ$^{53}$i$^{21}$ke$^{53}_{44}$t$^h$ai$^{53}$t$^h$ei$^{21}$kuət$^3$ kai$^{53}_{21}$tʂak$^3$,vien$^{13}_{21}$xei$^{53}_{44}$fɔŋ$^{53}$çiəŋ$^{35}$kuət$^3$.

【胸鸡瘌胛】çiəŋ$^{35}$cie$^{35}$lait$^3$ kait$^3$ 形容胸脯袒露的样子：（西服）冷天呢着倒面前呢～。箇西服面前唔系曰开来，系唔系？～安做。laŋ$^{35}$t$^h$ien$^{35}_{44}$ne$^0$ tʂɔk$^3$ tau$^{21}$mien$^{53}$ts$^h$ien$^{13}$nei$^0$ çiəŋ$^{35}$cie$^{35}$lait$^3$ kait$^3$. kai$^{53}_{44}$si$^{35}$fuk$^5$ mien$^{53}$ts$^h$ien$^{13}_{21}$m̩$^{13}_{21}$p$^h$ei$^{53}$uet$^5$ k$^h$ɔi$^{35}$lɔi$^{13}_{21}$,xei$^{53}_{44}$me$^{53}_{44}$?çiəŋ$^{35}$cie$^{35}$lait$^3$ kait$^3$ ɔn$^{35}$tso$^{53}_{21}$.

【胸口】çiəŋ$^{35}$k$^h$əu$^{21}$ 名胸骨下端周围的部分，也泛指胸脯：个孝子你不能够话～挺直啦。ke$^{53}_{44}$ xau$^{53}$tsɿ$^0$ ɲi$^{13}$pət$^3$ lən$^{13}_{21}$kei$^{53}_{44}$ua$^{53}_{44}$çiəŋ$^{35}$k$^h$əu$^{21}$t$^h$in$^{21}$tʂ$^h$ət$^5$ la$^0$.

【胸脯】çiəŋ$^{35}$p$^h$u$^{13}$ 名胸膛，身体前面颈下腹上的部分：～爱挺直来嘞。çiəŋ$^{35}$p$^h$u$^{13}_{44}$ɔi$^{53}_{44}$t$^h$in$^{21}$tʂ$^h$ət$^5$ lɔi$^{13}_{21}$le$^0$.

【胸脯前】çiəŋ$^{35}$p$^h$u$^{13}$ts$^h$ien$^{13}$ ①胸前：我等行事个时候子啊往往都爱讲良心，摸下子～。ŋai$^{13}$ tien$^0$ çin$^{13}$sɿ$^{53}$ke$^{53}_{44}$ʂɿ$^{13}$xəu$^{53}$tsɿ$^0$ a$^0$ uɔŋ$^{21}$uɔŋ$^{21}$təu$^{35}_{53}$ɔi$^{53}$kɔŋ$^{21}$liɔŋ$^{13}$sin$^{35}_{53}$,mo$^{35}_{44}$(x)a$^{53}$tsɿ$^0$ çiəŋ$^{35}$p$^h$u$^{13}_{21}$ts$^h$ien$^{13}$. ②怀里：冷天冷稳哩啊捧细人子啊捧啊～，渠更滚。laŋ$^{35}$t$^h$ien$^{35}_{44}$laŋ$^{35}$uən$^{21}$li$^0$ a$^0$ pəŋ$^{21}$sei$^{53}$ɲin$^{13}_{21}$tsɿ$^0$ a$^0$ pəŋ$^{21}$ŋa$^0$ çiəŋ$^{35}$p$^h$u$^{13}_{21}$ts$^h$ien$^{13}$,ci$^{13}_{44}$cien$^{53}_{44}$kuən$^{21}$.

【雄】çiəŋ$^{13}$ 形出众：我等箇映箇七只赖子个渠就渠只四伯就最鳌嘞，最～嘞，箇渠箇只四伯咯。ŋai$^{13}$tien$^0$ kai$^{53}$iaŋ$^{53}$kai$^{53}$ts$^h$iet$^3$ tʂak$^3$ lai$^{53}$tsɿ$^0$ ke$^{53}_{44}$ci$^{13}_{21}$ts$^h$iəu$^{53}$ci$^{13}_{21}$tʂak$^3$ si$^{53}$pak$^3$ ts$^h$iəu$^{53}$tsei$^{53}$ŋau$^{13}$lei$^0$,tsei$^{53}$ çiəŋ$^{13}$lei$^0$,kai$^{53}_{44}$ci$^{13}$kai$^{53}$tʂak$^3$ si$^{53}$pak$^3$ ko$^0$.

【雄黄】çiəŋ$^{13}$uɔŋ$^{13}$ 名中药名。为含硫化砷的矿石：欸，话哩呃我等人头番子，我新舅间里个光窗上一条子咁长子个蛇子，吓倒哩。麻溜去买兜～，欸，搞几块钱烧酒，买兜～，一淋，到处一淋，渠唔敢箇个嘞，怕蛇进屋啊，怕大蛇。箇睛箇是只系箇个以咁大子一条子蛇子唠，钢笔咁大子。e$_{21}$,ua$^{53}$li$^0$ ə$_{21}$ŋai$^{13}$tien$^0$ ɲin$^{13}_{44}$t$^h$ei$^{13}$fan$^{35}_{44}$tsɿ$^0$,ŋai$^{13}_{21}$sin$^{35}$c$^h$iəu$^{35}_{44}$kan$^{35}_{44}$ni$^{21}$ke$^{53}_{44}$kɔŋ$^{35}$ts$^h$əŋ$^{35}$xɔŋ$^{53}$iet$^3$ t$^h$iau$^{13}$tsɿ$^0$ kan$^{21}_{13}$tʂ$^h$ɔŋ$^{13}_{21}$tsɿ$^0$ ke$^{53}_{44}$ʂa$^{13}$tsɿ$^0$,xak$^3$ tau$^{21}$li$^0$.ma$^{13}$liəu$^{35}_{44}$çi$^{53}$mai$^{35}$te$^{35}_{53}$çiəŋ$^{13}$uɔŋ$^{13}$,ei$_{21}$,kau$^{21}$ci$^{21}$k$^h$uai$^{53}$ ts$^h$ien$^{13}_{21}$ʂau$^{35}$tsiəu$^{21}$,mai$^{35}$te$^{35}_{53}$çiəŋ$^{13}$uɔŋ$^{13}$,iet$^3$ lin$^{13}$,tau$^{53}$tʂ$^h$əu$^{53}$iet$^3$ lin$^{13}$,ci$^{13}_{21}$n̩$^{13}$kan$^{21}$kai$^{53}$ke$^{53}$lei$^0$,p$^h$a$^{53}$ʂa$^{13}$tsin$^{53}$uk$^3$ a$^0$,p$^h$a$^{53}_{44}$t$^h$ai$^{53}$ʂa$^{13}_{21}$.kai$^{53}$pu$^{35}_{44}$kai$^{53}$ʂɿ$^{53}_{44}$tʂɿ$^{21}$xei$^{53}$kai$^{53}_{44}$ke$^{53}_{44}$i$^{21}$kan$^{21}$t$^h$ai$^{53}$tsɿ$^0$ iet$^3$ t$^h$iau$^{13}_{44}$tsɿ$^0$ ʂa$^{13}$tsɿ$^0$ lau$^0$,kɔŋ$^{35}$piet$^3$ kan$^{21}$ t$^h$ai$^{53}$tsɿ$^0$.

【雄鸡】çiəŋ$^{13}$ke$^{35}$/cie$^{35}$ 名公鸡。又称“鸡公”：欸，唔系话长沙箇映子个起伏啊渠等个长沙规矩起伏箇睛爱食～。箇睛个～就真贵啦箇就啦，几十块钱一斤呐，比平时都贵多哩。我等就话箇～就咁热个天是食唔得啊，渠等就系爱食～。e$_{21}$,m̩$^{13}$p$^h$ei$^{53}_{44}$ua$^{53}_{44}$tʂ$^h$ɔŋ$^{13}$sa$^{35}_{44}$kai$^{53}_{44}$iaŋ$^{53}$tsɿ$^0$ kei$^{53}_{44}$çi$^{21}$ fuk$^5$ a$^0$ ci$^{13}_{21}$tien$^0$ ke$^{53}_{44}$tʂ$^h$ɔŋ$^{13}$sa$^{35}_{44}$kuei$^{35}_{44}$tʂʅ$^{21}$çi$^{21}$fuk$^5$ kai$^{53}_{44}$pu$^{35}$ɔi$^{53}_{44}$ʂʅt$^5$ çiəŋ$^{13}$cie$^{35}$.kai$^{53}_{44}$pu$^{35}_{44}$ke$^{53}$çiəŋ$^{13}$cie$^{35}_{44}$ts$^h$iəu$^{53}_{44}$ tʂən$^{35}$kuei$^{53}$la$^0$ kai$^{53}$ts$^h$iəu$^{53}$la$^0$,ci$^{21}$ʂət$^5$ k$^h$uai$^{53}$ts$^h$ien$^{13}_{21}$iet$^3$ cin$^{35}$na$^0$,pi$^{21}$p$^h$in$^{13}$ʂɿ$^{13}$təu$^{35}_{53}$kuei$^{53}$to$^{35}$li$^0$.ŋai$^{13}$tien$^0$ ts$^h$iəu$^{53}_{44}$ua$^{53}_{44}$kai$^{53}_{44}$çiəŋ$^{13}$cie$^{35}$ts$^h$iəu$^{53}_{44}$kan$^{21}$ɲiet$^5$ ke$^{53}_{44}$t$^h$ien$^{35}_{44}$ʂɿ$^{53}_{44}$ʂət$^5$ n̩$^{13}_{21}$tek$^3$ a$^0$,ci$^{13}_{21}$tien$^0$ ts$^h$iəu$^{53}$xe$^{53}_{44}$ɔi$^{53}_{44}$ʂət$^5$ çiəŋ$^{13}$cie$^{35}_{44}$.

【雄伟】çiəŋ$^{13}$uei$^{21}$ 形雄壮高大：面前就大门口是爱～滴子咯。mien$^{53}$ts$^h$ien$^{13}_{21}$ts$^h$iəu$^{53}_{44}$t$^h$ai$^{53}$mən$^{13}_{21}$ xei$^{21}$ʂɿ$^{53}_{44}$ɔi$^{53}_{44}$çiəŋ$^{13}$uei$^{21}$tiet$^5$ tsɿ$^0$ ko$^0$.



【休圹】çiəu$^{35}$k$^h$ɔŋ$^{53}$ 名废弃的墓穴：欸箇个嘞我还讲唠，箇个土葬啊箇个坟墓啊，系唔系？我等以映是有只咁个规矩嘞，过哩十把年，箇肉殊嘿哩，尽骨头了，爱去捡骨头。你等箇映有咁个吗？唔爱捡吧？埋嘿哩就埋嘿哩，唔爱管渠了。我等人就不行呐。好，欸，箇棺材嘞就安做大金。以下嘞，到哩成十年了，有得十多年了以后，好，爱捡一到，分箇骨头捡起来，舞只罂头装倒，舞只金斗安做金斗装倒，重新葬过。如果箇映好，骨头好，欸，屋下顺遂，就本本葬下箇映，箇就安做小金了，嗯，安做小金，还爱葬过一到。箇个有兜就𫟦葬下箇映了吵，𫟦葬下箇映了，就一只凼，系唔系？挖嘿哩，有么人管了，有么人话舞兜泥又壅转去唠，唔在乎渠了，系唔系？就咁子施施来来丢倒箇映了。箇只就安做～。e$^{0}$kai$^{53}$ke$^{0}$lei$^{0}$ŋai$^{13}$xei$^{53}_{44}$kɔŋ$^{21}$lau$^{0}$,kai$^{53}_{44}$ke$^{53}_{44}$t$^{h}$əu$^{21}$tsɔŋ$^{53}$ŋa$^{0}$kai$^{53}$ke$^{53}$fən$^{13}$mu$^{53}$a$^{0}$,xei$^{53}$me$^{53}$?ŋai$^{13}$tien$^{0}$i$^{21}$iaŋ$^{53}$ʂʅ$^{53}_{44}$iəu$^{35}$tʂak$^{3}$kan$^{21}$cie$^{53}$kuei$^{35}$tʂʯ$^{21}$le$^{0}$,ko$^{53}$li$^{0}$ʂət$^{5}$pa$^{21}$ɲien$^{13}$,kai$^{53}$ɲiəuk$^{3}$mət$^{3}$lek$^{3}$li$^{0}$,ts$^{h}$in$^{53}$kuət$^{3}$t$^{h}$ei$^{13}$liau$^{0}$,ɔi$^{53}$çi$^{53}$cian$^{21}$kuət$^{3}$t$^{h}$ei$^{13}_{21}$.ɲi$^{13}$tien$^{0}$kai$^{53}$iaŋ$^{53}$iəu$^{35}$kan$^{21}_{44}$cie$^{53}_{44}$ma$^{0}$?m̩$^{13}_{21}$mɔi$^{53}$cian$^{21}$pa$^{0}$?mai$^{13}$(x)ek$^{3}$li$^{0}$ts$^{h}$iəu$^{53}$mai$^{13}$(x)ek$^{3}$li$^{0}$,m̩$^{13}_{21}$mɔi$^{53}$kɔn$^{21}$ci$^{13}_{44}$liau$^{0}$.ŋai$^{13}$tien$^{0}$ɲin$^{13}$ts$^{h}$iəu$^{53}$puk$^{3}$çin$^{13}$na$^{0}$.xau$^{21}_{44}$,ei$_{44}$,kai$^{53}$kɔn$^{35}$ts$^{h}$ɔi$^{13}_{21}$lei$^{0}$ts$^{h}$iəu$^{53}_{44}$ɔn$^{35}_{44}$tso$^{53}_{44}$t$^{h}$ai$^{53}$cin$^{35}$.i$^{21}$xa$^{53}_{44}$lei$^{0}$,tau$^{53}$li$^{0}$ʂaŋ$^{13}$ʂət$^{5}$ɲien$^{13}$niau$^{0}$,iəu$^{35}$tek$^{3}$ʂət$^{5}$to$^{35}_{44}$ɲien$^{13}$niau$^{0}$i$^{35}_{44}$xei$^{53}$,xau$^{21}$,ɔi$^{53}$cian$^{21}$iet$^{3}$tau$^{53}$,pən$^{35}$kai$^{53}_{44}$kuət$^{3}$t$^{h}$ei$^{13}$cian$^{21}$çi$^{21}$lɔi$^{13}$,u$^{21}$tʂak$^{3}$aŋ$^{35}$t$^{h}$ei$^{13}_{21}$tʂɔŋ$^{35}$tau$^{21}$,u$^{21}$tʂak$^{3}$cin$^{35}$tei$^{21}$ɔn$^{35}_{44}$tso$^{53}$cin$^{35}$tei$^{21}$tʂɔŋ$^{35}$tau$^{21}$,tʂ$^{h}$əŋ$^{13}$sin$^{35}$tsɔŋ$^{53}$ko$^{53}$.ʯ$^{13}$ko$^{21}$kai$^{53}$iaŋ$^{53}$xau$^{21}$,kuət$^{3}$t$^{h}$ei$^{13}$xau$^{21}$,e$_{21}$,uk$^{3}$xa$^{53}_{44}$ʂən$^{53}$si$^{53}$,ts$^{h}$iəu$^{53}$pən$^{21}$pən$^{21}$tsɔŋ$^{53}$xa$^{53}_{44}$kai$^{53}_{44}$iaŋ$^{53}_{35}$,kai$^{53}_{44}$ts$^{h}$iəu$^{53}_{44}$ɔn$^{35}_{44}$tso$^{53}_{44}$siau$^{21}$cin$^{35}$niau$^{0}$,n̩$_{21}$,ɔn$^{35}_{44}$tso$^{53}$siau$^{21}$cin$^{35}_{44}$,xa$^{13}_{21}$ɔi$^{53}_{44}$tsɔŋ$^{53}$ko$^{53}$(i)et$^{3}$tau$^{53}$.kai$^{53}_{44}$ke$^{53}_{44}$iəu$^{35}$təu$^{35}_{53}$ts$^{h}$iəu$^{53}_{44}$maŋ$^{13}$tsɔŋ$^{53}_{44}$xa$^{53}_{44}$kai$^{53}$iaŋ$^{53}$liau$^{21}$ʂa$^{0}$,maŋ$^{13}$tsɔŋ$^{53}_{44}$xa$^{53}_{44}$kai$^{53}_{44}$iaŋ$^{53}$liau$^{21}$,ts$^{h}$iəu$^{53}$iet$^{3}$tʂak$^{3}$t$^{h}$ɔŋ$^{53}$,xei$^{53}_{44}$me$^{53}_{44}$?uait$^{3}$(x)ek$^{3}$li$^{0}$,mau$^{13}$mak$^{3}$in$^{13}_{44}$kɔn$^{21}$liau$^{0}$,mau$^{13}$mak$^{3}$in$^{13}_{44}$ua$^{53}$u$^{21}$tei$^{35}_{53}$lai$^{13}$iəu$^{53}$iəŋ$^{35}$tʂuən$^{21}$çi$^{53}$lau$^{0}$,n̩$^{13}$ts$^{h}$ai$^{53}$fu$^{35}_{44}$ci$^{13}_{44}$liau$^{0}$,xei$^{53}_{44}$me$^{53}_{44}$?ts$^{h}$iəu$^{53}$kan$^{21}$tsɿ$^{0}$ʂʅ$^{35}$ʂʅ$^{35}$lai$^{13}_{21}$lai$^{13}_{21}$tiəu$^{35}$tau$^{21}$kai$^{53}_{44}$iaŋ$^{53}_{44}$liau$^{0}$.kai$^{53}$tʂak$^{3}$ts$^{h}$iəu$^{53}_{44}$ɔn$^{35}_{44}$tso$^{53}_{44}$çiəu$^{35}$k$^{h}$ɔŋ$^{53}$.

【修】siəu$^{35}$ 动①兴建；建造：分前面就走后背，同箇个么个詹天佑跕倒箇箇箇箇八达岭个箇～铁路样啊。pən$^{35}$ts$^{h}$ien$^{13}$mien$^{53}_{44}$ts$^{h}$iəu$^{53}_{44}$tsei$^{21}$xei$^{53}$pɔi$^{53}_{44}$,t$^{h}$əŋ$^{13}$kai$^{53}_{44}$ke$^{53}_{44}$mak$^{3}$ke$^{53}$tʂuen$^{35}$t$^{h}$ien$^{35}_{44}$iəu$^{53}$ku$^{35}$tau$^{21}_{44}$kai$^{53}_{44}$kai$^{53}$kai$^{53}_{44}$kai$^{53}$pait$^{3}$t$^{h}$ait$^{5}$liaŋ$^{35}$ke$^{53}_{44}$kai$^{53}_{44}$siəu$^{35}_{44}$t$^{h}$iet$^{3}$ləu$^{53}_{44}$iɔŋ$^{53}_{44}$ŋa$^{0}$. ②塑造：以个搞得唠菩萨～出卵来哩。/欸，～菩萨～出卵来。/以个就真滴～出卵来“（修）菩萨修出卵来”用于讽刺人做事情过分追求完美哩。i$^{21}$ke$^{53}_{44}$kau$^{21}_{44}$tek$^{3}$lau$^{0}$p$^{h}$u$^{13}_{21}$sait$^{3}$siəu$^{35}_{44}$tʂ$^{h}$ət$^{3}$lɔn$^{21}$lɔi$^{13}_{21}$li$^{0}$./e$_{53}$,siəu$^{35}_{53}$p$^{h}$u$^{13}_{21}$sait$^{3}$siəu$^{35}_{53}$tʂ$^{h}$ət$^{3}$lɔn$^{21}$lɔi$^{13}_{21}$./i$^{21}$ke$^{53}_{44}$ts$^{h}$iəu$^{53}_{44}$tʂən$^{35}_{44}$tet$^{5}$siəu$^{35}_{44}$tʂ$^{h}$ət$^{3}$lɔn$^{21}$lɔi$^{13}_{21}$li$^{0}$. ③剪：～鬓脚 siəu$^{35}$pin$^{53}$ciɔk$^{3}$ ｜～西式偏分头 siəu$^{35}_{21}$si$^{35}$ʂʅ$^{53}$。④修整：～眉毛 siəu$^{35}$mi$^{13}$mau$^{35}$。⑤编纂，撰写：我等前年呢欸箇年一四年呢～哩谱哇。ŋai$^{13}$tien$^{0}$ts$^{h}$ien$^{13}$ɲien$^{13}_{44}$ne$^{0}$e$_{44}$kai$^{53}$ɲien$^{13}_{44}$iet$^{3}$si$^{53}$ɲien$^{13}_{21}$ne$^{0}$siəu$^{35}$li$^{0}$p$^{h}$u$^{21}$ua$^{0}$.

【修软】siəu$^{35}$ɲiɔn$^{35}$ 形疲累乏力：一身～个，冇得劲。iet$^{3}$ʂən$^{35}$siəu$^{35}$ɲiɔn$^{35}$cie$^{53}_{44}$,mau$^{13}_{21}$tek$^{3}$cin$^{53}$.

【羞耻】siəu$^{35}$tʂ$^{h}$ʅ$^{21}$ 形不光彩；不体面：～都唔晓得个人箇就□牯□嫲。siəu$^{35}$tʂ$^{h}$ʅ$^{21}$təu$^{35}_{53}$n̩$^{13}$çiau$^{21}$tek$^{3}$ke$^{53}_{21}$in$^{13}_{21}$kai$^{53}_{44}$ts$^{h}$iəu$^{53}_{44}$lɔŋ$^{35}$ku$^{21}$lɔŋ$^{35}$ma$^{13}$.

【袖章】ts$^{h}$iəu$^{53}$tʂɔŋ$^{35}$ 名①套在袖子上表明身份的标志：城里个箇个么个志愿者呢，还有箇酒店里个大堂个箇个服务个人，渠等就会戴～。以兜乡下冇多么人戴～。戴哩～，别人家一看就晓得箇个系工作人员。tʂ$^{h}$ən$^{13}$ni$^{21}$kei$^{53}$kai$^{53}_{44}$ke$^{53}_{44}$mak$^{3}$e$^{0}$tʂʅ$^{53}$vien$^{53}$tʂa$^{21}$nei$^{0}$,xai$^{13}$iəu$^{35}_{44}$kai$^{53}$tsiəu$^{21}$tian$^{53}$ni$^{21}$ke$^{0}$t$^{h}$ai$^{53}$t$^{h}$ɔŋ$^{13}$ke$^{53}_{44}$kai$^{53}_{44}$ke$^{53}_{44}$fuk$^{5}$u$^{53}$ke$^{53}_{21}$ɲin$^{13}_{21}$,ci$^{13}_{21}$tien$^{0}$ts$^{h}$iəu$^{53}_{44}$uɔi$^{53}_{44}$tai$^{53}$ts$^{h}$iəu$^{53}$tʂɔŋ$^{35}_{44}$.i$^{21}$te$^{35}_{53}$çiɔŋ$^{35}$xa$^{53}$mau$^{13}_{21}$to$^{35}_{53}$mak$^{3}$ɲin$^{13}_{21}$tai$^{53}_{44}$ts$^{h}$iəu$^{53}$tʂɔŋ$^{35}$.tai$^{53}$li$^{0}$ts$^{h}$iəu$^{53}$tʂɔŋ$^{35}$,p$^{h}$iet$^{5}$in$^{13}_{44}$ka$^{35}_{44}$iet$^{3}$k$^{h}$ɔn$^{53}$ts$^{h}$iəu$^{53}_{44}$çiau$^{21}$tek$^{3}$kai$^{53}$ke$^{53}_{44}$xe$^{53}$kəŋ$^{35}$tsɔk$^{3}$uən$^{13}_{21}$vien$^{13}$. ②戴在袖子上的孝布：欸，欸我等箇映就搞过一回呀话哩，有只老人家过哩身系，就用～。我箇阵箇阵子我话个，我极力主张啊话要用～，渠屋下蛮苦哇，但是兄弟又多啊，客又多啊，箇就爱戴只～。结果落尾尽兜觉得不伦不类。唔搞哩，以下是慢慢子也更经济也更宽裕滴子了唠，就发白啊。ei$_{21}$,e$_{21}$ŋai$^{13}$tien$^{0}$kai$^{53}$iaŋ$^{53}$ts$^{h}$iəu$^{53}$kau$^{21}$ko$^{53}$(i)et$^{3}$fei$^{13}$ia$^{0}$ua$^{53}$li$^{0}$,iəu$^{35}$tʂak$^{3}$lau$^{21}$ɲin$^{13}$ka$^{35}_{44}$ko$^{53}$li$^{0}$ʂən$^{35}$xei$^{53}_{44}$,ts$^{h}$iəu$^{53}$iəŋ$^{53}_{44}$ts$^{h}$iəu$^{53}$tʂɔŋ$^{35}_{44}$.ŋai$^{13}$kai$^{53}$tʂ$^{h}$ən$^{53}$kai$^{53}$tʂ$^{h}$ən$^{53}$tsɿ$^{0}$ŋai$^{13}$ua$^{53}$kei$^{53}$,ŋai$^{13}$c$^{h}$iet$^{5}$liet$^{5}$tʂʯ$^{21}$tʂɔŋ$^{35}_{53}$ŋa$^{0}$ua$^{53}_{44}$iau$^{53}_{44}$iəŋ$^{53}_{44}$ts$^{h}$iəu$^{53}$tʂɔŋ$^{35}_{44}$,ci$^{13}_{21}$uk$^{3}$xa$^{53}$man$^{13}_{21}$k$^{h}$u$^{21}$ua$^{0}$,tan$^{53}_{44}$ʂʅ$^{53}_{44}$çiəŋ$^{35}$t$^{h}$i$^{53}$iəu$^{53}_{44}$to$^{35}$a$^{0}$,k$^{h}$ak$^{3}$iəu$^{53}_{44}$to$^{35}$a$^{0}$,kai$^{53}_{44}$ts$^{h}$iəu$^{53}$ɔi$^{53}$tai$^{53}$tʂak$^{3}$ts$^{h}$iəu$^{53}$tʂɔŋ$^{35}_{44}$.ciet$^{3}$ko$^{21}$lɔk$^{5}$mi$^{35}_{53}$ts$^{h}$in$^{53}$te$^{35}_{53}$kɔk$^{3}$tek$^{3}$pət$^{3}$lən$^{13}$pət$^{3}$li$^{53}$.n̩$^{13}$kau$^{21}$li$^{0}$,i$^{21}$xa$^{53}$ʂʅ$^{53}$man$^{53}$man$^{53}$tsɿ$^{0}$ia$^{35}$cien$^{53}$cin$^{35}$tsi$^{53}_{44}$a$^{35}_{44}$cien$^{53}$k$^{h}$ɔn$^{35}$ʯ$^{53}$tiet$^{5}$tsɿ$^{0}$liau$^{21}$lau$^{0}$,ts$^{h}$iəu$^{53}_{44}$fait$^{3}$p$^{h}$ak$^{5}$a$^{0}$.

【绣花】siəu$^{53}$fa$^{35}$ 动以针引线在丝织品上刺成彩色图样：第二到就～样唠，搞得光滑嘞，就用铁荡子。t$^{h}$i$^{53}_{44}$ɲi$^{53}$tau$^{53}_{44}$ts$^{h}$iəu$^{53}_{44}$siəu$^{53}$fa$^{35}$iɔŋ$^{53}_{44}$lau$^{0}$,kau$^{21}$tek$^{3}$kɔŋ$^{35}$uait$^{5}$lei$^{0}$,ts$^{h}$iəu$^{53}_{44}$iəŋ$^{53}_{44}$t$^{h}$iet$^{3}$t$^{h}$ɔŋ$^{53}$tsɿ$^{0}$. ｜就系外背就绣哩花，肚里就一蒲草哇。ts$^{h}$iəu$^{53}_{21}$xe$^{53}_{21}$ŋɔi$^{53}$pɔi$^{53}$ts$^{h}$iəu$^{53}_{44}$siəu$^{53}$li$^{0}$fa$^{35}$,təu$^{21}$li$^{0}$ts$^{h}$iəu$^{53}$iet$^{3}$p$^{h}$u$^{13}$ts$^{h}$au$^{21}$ua$^{0}$.

【绣花针】siəu$^{53}$fa$^{35}$tʂən$^{35}$ 名用来绣花的针：～特点就系十分碎，十分嫩。欸，街上有卖，现在也蛮多人买，以个绣箇箇是搞箇十字绣哇。siəu$^{53}$fa$^{35}_{44}$tʂən$^{35}_{44}$t$^{h}$ek$^{5}$tien$^{21}$tsiəu$^{53}_{44}$xei$^{53}_{44}$ʂət$^{5}$fən$^{35}_{44}$si$^{53}$,ʂət$^{5}$fən$^{35}_{44}$nən$^{53}$.e$_{21}$,kai$^{35}_{44}$xɔŋ$^{53}_{44}$iəu$^{35}$mai$^{53}$,çien$^{53}$ts$^{h}$ai$^{53}$ia$^{35}$man$^{13}$to$^{35}_{44}$ɲin$^{13}_{21}$mai$^{35}$,i$^{21}$ke$^{53}_{21}$siəu$^{53}$kai$^{53}$kai$^{53}$ʂʅ$^{53}$kau$^{21}$kai$^{53}_{44}$ʂət$^{5}$ts$^{h}$ɿ$^{53}_{44}$siəu$^{53}$ua$^{0}$.

【绣花枕头】siəu$^{53}$fa$^{35}_{44}$tʂən$^{21}$t$^{h}$ei$^{13}$ 比喻中看不中用，外表好看，没有本事：唔系讲欸话～一把

草？～，你箇箇只人嘞～，外表好看，冇滴本事。就系外背就绣哩花，肚里就一蒲草哇。最普遍个枕头就系咁个枕头嘞。m̩$_{21}$pʰe$_{44}$(←m̩$^{13}$xe$^{53}$)kɔŋ$^{21}$ŋe$^{0}$ua$^{53}$siəu$^{53}$fa$^{35}_{44}$tʂən$^{21}$tʰei$^{13}$iet$^{3}$pa$^{21}$tsʰau$^{21}$?siəu$^{53}$fa$^{35}_{44}$tʂən$^{21}$tʰei$^{13}$, ɲi$^{13}$kai$^{53}$kai$^{53}$tʂak$^{3}$ɲin$^{13}_{21}$lei$^{0}$ siəu$^{53}$fa$^{35}_{44}$tʂən$^{21}$tʰei$^{13}$,uai$^{53}$piau$^{21}$xau$^{21}$kʰɔn$^{53}$,mau$^{13}$tiet$^{5}$pən$^{21}$sɿ$^{53}$.tsʰiəu$^{53}_{21}$xe$^{53}_{21}$ŋɔi$^{53}$pɔi$^{53}$tsʰiəu$^{53}_{44}$siəu$^{53}$li$^{0}$ fa$^{35}$,təu$^{21}$li$^{0}$ tsʰiəu$^{53}$iet$^{3}$pʰu$^{13}$tsʰau$^{21}$ua$^{0}$.tsei$^{53}$pʰu$^{21}$pʰien$^{53}_{44}$ke$^{53}_{44}$tʂən$^{21}$tʰei$^{13}$tsʰiəu$^{53}_{44}$xei$^{53}_{44}$kan$^{21}$cie$^{53}_{44}$tʂən$^{21}$tʰei$^{13}_{44}$lei$^{0}$.

【绣球花】siəu$^{53}$cʰiəu$^{13}$fa$^{35}$ 名 虎耳草科绣球属观赏植物：啊，箇个～系开得大个就咁大。话哩以前我等老家箇映子就屋背就有一条唠，有蔸～，种都蚀嘿哩，冇得哩，唔知哪映还有，我要去挖倒一蔸子来栽转去。～真好看喏。a$_{21}$,kai$^{53}_{44}$ke$^{53}_{44}$siəu$^{53}$cʰiəu$^{13}_{21}$fa$^{35}$xei$^{53}_{44}$kʰɔi$^{35}$tek$^{3}$tʰai$^{53}$ke$^{53}_{44}$tsʰiəu$^{53}_{44}$kan$^{21}$tʰai$^{53}$.ua$^{53}_{44}$li$^{0}$ i$^{35}_{53}$tsʰien$^{13}_{21}$ŋai$^{13}$tien$^{0}$ lau$^{21}$cia$^{35}_{44}$kai$^{53}_{44}$iaŋ$^{53}_{44}$tsɿ$^{0}$ tsʰiəu$^{53}_{44}$uk$^{3}$ pɔi$^{53}_{44}$tsʰiəu$^{53}_{44}$iəu$^{35}$iet$^{3}$ tʰiau$^{13}_{21}$lau$^{0}$,iəu$^{35}_{44}$tei$^{35}_{44}$siəu$^{53}$cʰiəu$^{13}_{21}$fa$^{35}$,tʂəŋ$^{21}$təu$^{35}_{44}$ʂət$^{5}$(x)ek$^{3}$li$^{0}$,mau$^{13}$tek$^{3}$li$^{0}$,n̩$^{13}$ti$^{35}_{44}$lai$^{53}$iaŋ$^{53}$xan$^{13}_{21}$iəu$^{35}$,ŋai$^{13}$iau$^{53}$çi$^{53}$uait$^{3}$tau$^{21}$iet$^{3}$tei$^{35}_{44}$tsɿ$^{0}$ lɔi$^{13}_{21}$tsɔi$^{35}$tʂuɔn$^{21}$çi$^{53}$.siəu$^{53}$cʰiəu$^{13}_{21}$fa$^{35}$tʂən$^{35}$xau$^{21}$kʰɔn$^{53}_{44}$no$^{0}$.

【嗅】çiəŋ$^{53}$ 动 闻；用鼻子感知气味：来～下子以朵花香唔香？蛮香，系唔系？lɔi$^{13}$çiəŋ$^{53}$xa$^{53}$tsɿ$^{0}$ i$^{21}$to$^{21}$fa$^{35}$çiɔŋ$^{35}$ŋ̍$^{13}$çiɔŋ$^{35}$?man$^{13}$çiɔŋ$^{35}$,xe$^{53}$m̩$^{13}$pʰe$^{53}$?

【戌时】siet$^{3}$ʂɿ$^{13}$ 名 指晚上七点钟至九点钟的时间：报倒时生月日分我。呣，一九四六年，比我大六岁，六月十六，嗯，～，我如今都记得，嗯。pau$^{53}$tau$^{21}$ʂɿ$^{13}$saŋ$^{35}_{44}$ɲiet$^{5}$ɲiet$^{3}$pən$^{35}$ŋai$^{13}_{21}$.m̩$_{21}$,iet$^{3}$ciəu$^{21}$si$^{53}$liəuk$^{3}$ɲien$^{13}$,pi$^{21}$ŋai$^{13}_{21}$tʰai$^{53}$liəuk$^{3}$sɔi$^{53}$,liəuk$^{3}$ɲiet$^{5}$ʂət$^{5}$liəuk$^{3}$,ŋ̍$_{21}$,siet$^{3}$ʂɿ$^{13}$,ŋai$^{13}_{21}$i$^{13}_{21}$cin$^{35}_{44}$təu$^{35}_{44}$ci$^{53}$tek$^{3}$,ŋ̍$_{21}$.

【须】si$^{35}$ 名 ①男人脸上生的毛；胡子：哪映箇就胡……胡子，哪映箇就～唠？～。有只就胡子，有只就胡……胡……有只～。我唔晓哪映，分唔出来。欸，以映个胡子，下背个～。上背个胡子，下背个～。系咁子说他。箇唔知搞翻哩吗啦？唔知下背个胡子啊，上背喊胡子。噢，以映个就～吧？无～不成相啊。箇就底下个就胡子唠。lai$^{53}$iaŋ$^{53}_{44}$kai$^{53}_{44}$tsʰiəu$^{53}_{44}$fu$^{13}$…u$^{13}$tsɿ$^{0}$,lai$^{53}$iaŋ$^{53}_{44}$kai$^{53}_{44}$tsʰiəu$^{53}_{44}$si$^{35}$lau$^{0}$?si$^{35}$.iəu$^{35}$tʂak$^{3}$tsʰiəu$^{53}_{44}$u$^{13}$tsɿ$^{0}$,iəu$^{35}$tʂak$^{3}$tsʰiəu$^{53}$fu$^{13}_{21}$…u$^{13}_{21}$…iəu$^{35}$tʂak$^{3}$si$^{35}$.ŋai$^{13}_{21}$n̩$^{13}$çiau$^{21}$lai$^{53}$iaŋ$^{53}_{44}$,fən$^{35}$n̩$^{13}_{21}$tʂʰət$^{3}$lɔi$^{13}$.e$_{21}$,i$^{21}$iaŋ$^{53}$ke$^{53}$u$^{13}$tsɿ$^{0}$,xa$^{35}$pɔi$^{53}_{44}$ke$^{53}_{44}$si$^{35}$.ʂɔŋ$^{53}$pɔi$^{53}$ke$^{53}_{44}$u$^{13}$tsɿ$^{0}$,xa$^{35}$pɔi$^{53}$ke$^{53}_{21}$si$^{35}$.xei$^{53}$kan$^{21}$tsɿ$^{0}$ʂuo$_{44}$tʰa$_{44}$.kai$^{53}_{44}$n̩$^{13}$ti$^{35}_{53}$kau$^{21}$fan$^{35}$ni$^{0}$ma$^{0}$la$^{0}$?n̩$^{13}$ti$^{35}_{53}$xa$^{35}$pɔi$^{53}$ke$^{53}_{44}$u$^{13}$tsɿ$^{0}$a$^{0}$,ʂɔŋ$^{53}$pɔi$^{53}$xan$^{53}_{44}$u$^{13}$tsɿ$^{0}$.au$_{21}$,i$^{21}$iaŋ$^{53}$ke$^{53}$tsiəu$^{53}_{44}$si$^{35}$pa$^{0}$?u$^{13}$si$^{35}$pət$^{3}$tʂʰəŋ$^{13}$siɔŋ$^{53}$ŋa$^{0}$.kai$^{53}_{44}$tsʰiəu$^{53}_{44}$te$^{21}$xa$^{53}$ke$^{53}$tsʰiəu$^{53}_{44}$u$^{13}$tsɿ$^{0}$lau$^{0}$. ②麦芒：原来个早麦是有～个就系。ien$^{13}_{21}$lɔi$^{13}_{21}$ke$^{53}$tsau$^{21}$mak$^{5}$ʂɿ$^{53}_{44}$iəu$^{35}$si$^{35}$ke$^{53}$tsʰiəu$^{53}$xe$^{53}$.｜欸，麦子个～呀有兜子会剁人呢，有兜子劖人。ei$_{21}$,mak$^{5}$tsɿ$^{0}$ke$^{0}$si$^{35}$ia$^{0}$iəu$^{35}$te$^{35}_{53}$tsɿ$^{0}$uɔi$^{53}_{44}$təuk$^{5}$ɲin$^{13}_{21}$ne$^{0}$,iəu$^{35}$te$^{35}_{53}$tsɿ$^{0}$tsʰan$^{13}$ɲin$^{13}_{44}$. ③（葱的）根：箇只就豥（葱）～要。kai$^{53}_{44}$tʂak$^{3}$tsʰiəu$^{53}_{44}$ɲia$^{13}$si$^{35}$iau$^{53}_{21}$. ④油撞前端两侧拴的两根棕绳，用来把握方向：油撞面前箇只头上啊，用箇棕绳呐缔倒，一个人……一边一条，你跍倒以边，牵倒以条～，我跍倒以边牵以条～，嗯，一个人一条～，就系指针打哪只啊，确定方向啊。iəu$^{13}$tsʰɔŋ$^{53}$mien$^{53}$tsʰien$^{13}_{21}$kai$^{53}$tʂak$^{3}$tʰei$^{13}$xɔŋ$^{53}$ŋa$^{0}$,iəŋ$^{53}$kai$^{53}$tsəŋ$^{35}$ʂən$^{13}$na$^{0}$tʰak$^{3}$tau$^{21}$,iet$^{3}$ke$^{53}$in$^{13}_{44}$…iet$^{3}$pien$^{35}$iet$^{3}$tʰiau$^{13}_{44}$, ɲi$^{13}$kʰu$^{35}$tau$^{21}$i$^{21}$pien$^{35}_{44}$,cʰien$^{35}$tau$^{21}$i$^{21}$tʰiau$^{13}_{21}$si$^{35}$,ŋai$^{13}_{21}$kʰu$^{35}_{44}$tau$^{21}$i$^{21}$pien$^{35}_{44}$cʰien$^{35}_{44}$i$^{21}$tʰiau$^{13}_{21}$si$^{35}$,n̩$_{21}$,iet$^{3}$ke$^{53}$in$^{13}_{44}$iet$^{3}$tʰiau$^{13}_{21}$si$^{35}_{44}$,tsʰiəu$^{53}$xei$^{53}$tʂɿ$^{21}$tʂən$^{35}_{44}$ta$^{21}$lai$^{53}$tʂak$^{3}$a$^{0}$,kʰɔk$^{3}$tʰin$^{53}$fɔŋ$^{35}$çiɔŋ$^{53}$ŋa$^{0}$. ⑤鱼尾纹：眼珠角上现～了。ŋan$^{21}$tʂəu$^{35}$kɔk$^{3}$xɔŋ$^{53}$çien$^{53}$si$^{35}$liau$^{0}$.

【须草】si$^{35}$tsʰau$^{21}$ 名 黑藻：到河里扯出来个安做～。/欸，河里个～。/胡须个须，～。箇就河里彝归来个，□长条条。tau$^{53}_{44}$xo$^{13}$li$^{0}$ tʂʰa$^{21}$tʂʰət$^{3}_{5}$ lɔi$^{13}_{21}$ke$^{53}_{44}$ɔn$^{35}_{44}$tso$^{53}_{44}$si$^{35}$tsʰau$^{21}$./e$_{44}$,xo$^{13}$li$^{0}$ ke$^{53}_{44}$si$^{35}$tsʰau$^{21}$./fu$^{13}$si$^{35}$ke$^{53}_{44}$si$^{35}$,si$^{35}$tsʰau$^{21}$.kai$^{53}_{44}$tsʰiəu$^{53}_{44}$xo$^{13}$li$^{0}$u$^{21}$kuei$^{53}_{44}$lɔi$^{13}$ke$^{53}_{44}$,lai$^{35}$tʂʰɔŋ$^{13}$tʰiau$^{13}_{21}$tʰiau$^{13}_{21}$.

【须麦】si$^{35}$mak$^{5}$ 名 麦类作物名。秋收后下种，次年三、四月收割，有须。多称“早麦”：欸，有种麦子，尽须个，～，我等箇阵子栽过。早麦，系唔系？讲起我正想起，我正记得咁个～个事。e$_{53}$,iəu$^{35}$tʂəŋ$^{21}$mak$^{3}$tsɿ$^{0}$,tsʰin$^{53}_{44}$si$^{35}$ke$^{53}$,si$^{35}$mak$^{5}$,ŋai$^{13}$tien$^{0}$kai$^{53}$tʂʰən$^{53}$tsɿ$^{0}$tsɔi$^{35}$ko$^{53}$.tsau$^{21}$mak$^{5}$,xei$^{53}_{44}$me$^{53}_{44}$?kɔŋ$^{21}$çi$^{21}$ŋai$^{13}_{21}$tʂaŋ$^{53}$siɔŋ$^{21}$çi$^{21}_{44}$,ŋai$^{13}$tʂaŋ$^{53}_{44}$ci$^{53}$tek$^{3}$kan$^{21}$ke$^{53}_{44}$si$^{35}$mak$^{5}$ke$^{0}$sɿ$^{53}_{44}$.｜如今唔知还有人栽～个吗？i$^{13}_{21}$cin$^{35}_{53}$n̩$^{13}_{21}$ti$^{35}_{53}$xai$^{13}_{21}$iəu$^{35}_{53}$ɲin$^{13}_{21}$tsɔi$^{35}_{44}$si$^{35}$mak$^{5}$ke$^{0}$ma$^{0}$?

【须须】si$^{35}$si$^{35}$ 名 像胡须一样的东西。也称“须须子”：底下箇只～喊麦芽。te$^{21}$xa$^{53}_{44}$kai$^{53}$tʂak$^{3}$si$^{35}_{44}$si$^{35}_{44}$xan$^{53}_{44}$mak$^{5}$ŋa$^{13}_{21}$.

【须须划划】si$^{35}$si$^{35}_{44}$fa$^{13}_{21}$fa$^{13}$ 形容布料毛边参差的样子：衫裤个边怕渠～，嗯，脱嘿，就用针线分渠绞一下，安做绞边。san$^{35}$fu$^{53}$ke$^{0}$pien$^{35}$pʰa$^{53}$ci$^{13}_{21}$si$^{35}$si$^{35}_{44}$fa$^{13}_{21}$fa$^{13}$,n̩$_{21}$,tʰɔit$^{3}$xek$^{3}$,tsʰiəu$^{53}_{44}$iəŋ$^{53}_{44}$tʂən$^{35}$sien$^{53}$pən$^{35}_{44}$ci$^{13}_{44}$ciau$^{21}$iet$^{3}$xa$^{53}$,ɔn$^{35}_{44}$tso$^{53}_{44}$ciau$^{21}$pien$^{35}$.

【虚$_{1}$】çi$^{35}$ 形 轻度浮肿：～，有滴话～，面有滴～欸。也系肿，箇就冇得咁厉害个肿。面有滴子～。çi$^{35}$,iəu$^{35}$tiet$^{5}$ua$^{53}_{44}$çi$^{35}$,mien$^{53}$iəu$^{35}$tiet$^{5}$çi$^{35}$ei$^{0}$.ia$^{35}$xei$^{53}$tʂəŋ$^{21}$,kai$^{53}$tsʰiəu$^{53}$mau$^{13}$tek$^{3}$kan$^{21}$li$^{53}$xɔi$^{53}$ke$^{53}_{44}$

X

tʂəŋ$^{21}$.mien$^{53}_{44}$iəu$^{35}_{44}$tiet$^{5}$ tsʅ$^{0}$ çi$^{35}$.｜脚～，脚肿又安做脚～。ciɔk$^{3}$ çi$^{35}$,ciɔk$^{3}$ tʂəŋ$^{21}$iəu$^{53}_{44}$ɔn$^{35}_{44}$tso$^{53}_{44}$ciɔk$^{3}$ çi$^{35}$.

【虚$_2$】ʂʮ$^{35}$ 形 抽象：比较～，比较～个话法，心肝是。pi$^{21}$ ciau$^{53}_{44}$ʂʮ$^{35}$,pi$^{21}$ ciau$^{53}_{44}$ʂʮ$^{35}$ke$^{53}_{44}$ua$^{53}$ fait$^{3}$,sin$^{35}$kɔn$^{35}$ʂʮ$^{53}_{44}$.

【虚汗】çi$^{35}$xɔn$^{53}$ 名 因体虚或患病而引起的不正常的出汗现象：啊，～是出～是系种病，就系夜……撞怕有兜嘞夜晡睡着哩，一醒，出～，系唔系啊？一身个汗。a$_{21}$,çi$^{35}$xɔn$^{53}$ʂʮ$^{53}_{44}$tʂʰət$^{3}$ çi$^{35}$ xɔn$^{53}$ʂʮ$^{53}_{44}$xei$^{53}_{44}$tʂəŋ$^{21}$pʰiaŋ$^{53}$,tsʰiəu$^{53}_{21}$xei$^{53}_{21}$ia$^{53}$…tsʰɔŋ$^{21}$pʰa$^{53}_{44}$iəu$^{35}$te$^{35}_{44}$lei$^{0}$ ia$^{53}_{44}$pu$^{35}$ʂɔi$^{53}$tʂʰɔk$^{5}$ li$^{0}$,iet$^{3}$ siaŋ$^{21}$,tʂʰət$^{3}$ çi$^{35}$ xɔn$^{53}$,xei$^{53}_{44}$mei$^{53}_{44}$a$^{0}$ ?iet$^{3}$ ʂən$^{35}$ke$^{53}_{44}$xɔn$^{53}$.

【许】çi$^{21}$ 动 事先答应给予，也特指向神明许下诺言，求神护佑自己，使自己的心愿得以实现：但是有滴会欸向神明呐～滴子么啊嘞。打比样啊我欸面前我等箇有只人就有只，渠姨子病哩呀，得哩癌症呐。渠就～一担纸啊。菩萨，你同我整好哩我姨子，我烧担纸分你呀。落尾渠姨子硬真好滴子嘞，渠就烧担纸。我，就我，我箇只老……我侄女子嘞都同渠～哩一头纸啊。～一头。转呀过晡子还爱归来去烧纸。tan$^{53}_{44}$ʂʮ$^{53}_{44}$iəu$^{35}$tiet$^{5}$ uɔi$^{53}$e$_{21}$çiɔŋ$^{53}$ʂən$^{13}$min$^{13}$na$^{0}$ çi$^{21}$tiet$^{5}$ tsʅ$^{0}$ mak$^{3}$ a$^{0}$ lei$^{0}$ .ta$^{21}$pi$^{21}$iɔŋ$^{53}$ŋa$^{0}$ ŋai$^{13}$e$_{21}$mien$^{53}$tsʰien$^{13}_{21}$ŋai$^{13}_{21}$tien$^{0}$ kai$^{53}_{44}$iəu$^{35}_{44}$tʂak$^{3}$ ɲin$^{13}_{21}$tsʰiəu$^{53}_{44}$iəu$^{35}$tʂak$^{3}$ ,ci$^{13}_{21}$ɔi$^{35}$tsʅ$^{0}$ pʰiaŋ$^{53}$li$^{0}$ ia$^{0}$ ,tek$^{3}$ li$^{0}$ ŋai$^{13}$tʂən$^{53}$na$^{0}$ .ci$^{13}_{21}$tsʰiəu$^{53}_{44}$çi$^{21}$iet$^{3}$ tan$^{35}_{44}$tʂʅ$^{21}$a$^{0}$ .pʰu$^{13}_{21}$sait$^{3}$ , ɲi$^{13}_{44}$tʰəŋ$^{13}_{44}$ŋai$^{13}_{44}$tʂaŋ$^{21}$xau$^{21}$li$^{0}$ ŋai$^{13}_{21}$ ɔi$^{35}$tsʅ$^{0}$ ,ŋai$^{13}_{21}$ʂau$^{35}$tan$^{35}_{44}$tʂʅ$^{21}$pən$^{35}$ɲi$^{13}_{21}$ia$^{0}$ .lɔk$^{5}$ mi$^{35}_{44}$ci$^{13}_{21}$ɔi$^{35}$tsʅ$^{0}$ ɲin$^{53}$tʂən$^{35}_{44}$xau$^{21}$tet$^{5}$ tsʅ$^{0}$ lei$^{0}$ ,ci$^{13}_{21}$tsʰiəu$^{53}$ʂau$^{35}_{44}$tan$^{35}_{44}$ tʂʅ$^{21}$.ŋai$^{13}$,tsiəu$^{53}$ŋai$^{13}$,ŋai$^{13}$kai$^{53}$tʂak$^{3}$ lau$^{21}$m…ŋai$^{13}$tʂʰət$^{5}$ ŋ̍$^{21}$tsʅ$^{0}$ le$^{0}$ təu$^{35}_{44}$tʰəŋ$^{13}_{21}$ci$^{13}_{21}$çi$^{21}$li$^{0}$ iet$^{3}$ tʰei$^{13}$tʂʅ$^{21}$a$^{0}$ .çi$^{21}$iet$^{3}$ tʰei$^{13}$.tʂɔn$^{21}$ia$^{0}$ ko$^{53}_{44}$pu$^{35}_{44}$tsʅ$^{0}$ xa$^{13}_{21}$ɔi$^{53}_{44}$kuei$^{35}_{44}$lɔi$^{13}_{44}$çi$^{53}_{44}$ʂau$^{35}_{44}$tʂʅ$^{21}$.｜～哩菩萨个东西，你要么就莫～，～哩你就爱还。çi$^{21}$li$^{0}$ pʰu$^{13}$sait$^{3}$ ke$^{0}$ təŋ$^{35}_{44}$si$^{0}$ , ɲi$^{13}$iau$^{53}$mo$^{0}$ tsʰiəu$^{53}$mɔk$^{53}$çi$^{21}$,çi$^{21}$li$^{0}$ɲi$^{13}$tsʰiəu$^{53}$ɔi$^{53}$uan$^{13}$.

【许愿】çi$^{21}$ɲien$^{53}$ 动 许下诺言，求神护佑自己，使自己的心愿得以实现：欸，～包括两只方面，一只就许只愿，搞么个路子，爱保佑我姨子长命，系啊？欸，第二只嘞，我让门子来酬谢神明，系保佑……我姨子长命个话，健康个话，我烧担纸分你，或者捐二百块钱，或者送瓶油来，就咁子去许。ei$_{21}$,çi$^{21}$ɲien$^{53}$pau$^{35}$kuait$^{3}$ iɔŋ$^{21}$tʂak$^{3}$ xɔŋ$^{35}$mien$^{53}_{21}$,iet$^{3}$ tʂak$^{3}$ tsʰiəu$^{53}$çi$^{21}$tʂak$^{3}$ ɲien$^{53}$, kau$^{21}$mak$^{3}$ e$^{0}$ ləu$^{53}$tsʅ$^{0}$ ,ɔi$^{53}$pau$^{21}$iəu$^{53}$ŋai$^{13}_{21}$ɔi$^{35}$tsʅ$^{0}$ tʂʰɔŋ$^{13}$miaŋ$^{53}$,xe$^{53}_{44}$a$^{0}$ ?e$_{21}$,tʰi$^{53}$ɲi$^{53}$tʂak$^{3}$ lei$^{0}$ ,ŋai$^{13}$ɲiɔŋ$^{53}$mən$^{13}_{44}$tsʅ$^{0}$ lɔi$^{13}_{44}$tʂʰəu$^{13}$tsʰia$^{53}$ʂən$^{13}$min$^{13}$,xei$^{53}$pau$^{21}$iəu$^{53}_{44}$…ŋai$^{13}_{21}$ɔi$^{35}$tsʅ$^{0}$ tʂʰɔŋ$^{13}$miaŋ$^{53}$ke$^{53}_{44}$fa$^{53}_{44}$,cʰien$^{53}$kʰɔŋ$^{35}_{44}$ke$^{53}_{44}$fa$^{53}_{44}$,ŋai$^{13}$ʂau$^{35}_{44}$ tan$^{35}_{44}$tʂʅ$^{21}$pən$^{35}$ɲi$^{13}_{44}$,xɔit$^{5}$ tʂa$^{21}$tʂen$^{35}$ɲi$^{53}$pak$^{3}$ kʰuai$^{53}$tsʰien$^{13}$,xɔit$^{5}$ tʂa$^{21}$səŋ$^{53}$pʰin$^{13}_{21}$iəu$^{13}$lɔi$^{13}_{44}$,tsʰiəu$^{53}_{44}$kan$^{21}$tsʅ$^{0}$ çi$^{53}$çi$^{21}$.

【畜】çiəuk$^{3}$ 动 ①饲养；养殖：鲤鱼嘞就点伢大子都～得活。li$^{35}$ŋ̍$^{13}_{21}$lei$^{0}$ tsʰiəu$^{53}_{44}$tian$^{53}$ŋa$^{13}_{44}$tʰai$^{53}$tsʅ$^{0}$ təu$^{35}_{44}$çiəuk$^{3}$ tek$^{3}$ uɔit$^{5}$.｜你等～过蚕虫啊。ɲi$^{13}$tien$^{0}$ çiəuk$^{3}$ ko$^{35}$tsʰan$^{13}$tʂʰəŋ$^{13}_{44}$ŋa$^{0}$.｜～鸭子～得多个人系有，欸，有条□长个竹子。çiəuk$^{3}$ ait$^{3}$ tsʅ$^{0}$ çiəuk$^{3}$ tek$^{3}$ to$^{35}$ke$^{53}$ɲin$^{13}_{21}$xei$^{53}$iəu$^{35}_{44}$,e$_{21}$,iəu$^{35}$tʰiau$^{13}_{21}$lai$^{35}$tʂʰəŋ$^{13}_{21}$ ke$^{53}_{44}$tʂəuk$^{3}$ tsʅ$^{0}$.｜渠就～滴马子箇只嘞。ci$^{13}$tsiəu$^{53}$çiəuk$^{3}$ tet$^{5}$ ma$^{35}$tsʅ$^{0}$ kai$^{53}_{44}$tʂak$^{3}$ le$^{0}$. ②让农作物延续生长到成熟或达到某种状态：～白哩个水瓜子指水饮瓜是好食咯噢。çiəuk$^{3}$ pʰak$^{5}$ li$^{0}$ ke$^{53}$ʂei$^{21}$kua$^{35}$tsʅ$^{0}$ ʂʮ$^{53}_{44}$ xau$^{21}$ʂət$^{5}$ ko$^{0}$ au$^{0}$.｜青枣～唔红，冇得红。tsʰiaŋ$^{35}$tsau$^{21}$çiəuk$^{3}$ ɱ$^{13}_{21}$fəŋ$^{13}$,mau$^{13}_{21}$tek$^{3}$ fəŋ$^{13}$.｜（草籽）忒老哩筋渣络膜，也冇得肥，就～成哩种。tʰet$^{3}$ lau$^{21}$li$^{0}$ cin$^{35}$tsa$^{35}$lɔk$^{5}$ mɔk$^{5}$ ,ia$^{35}$mau$^{13}_{21}$tek$^{3}$ pʰi$^{13}$,tsʰiəu$^{53}$ çiəuk$^{3}$ ʂaŋ$^{13}_{44}$li$^{0}$ tʂəŋ$^{21}$. ③雇请：欸，以前供销社里吵专门～只人荷货嘞，专门请只人荷货。ei$_{21}$,i$^{35}_{53}$ tsʰien$^{13}_{21}$kəŋ$^{35}_{44}$siau$^{35}_{44}$ʂa$^{53}$li$^{21}$ʂa$^{0}$ tʂen$^{35}$mən$^{13}_{21}$çiəuk$^{3}$ tʂak$^{3}$ɲin$^{13}$kʰai$^{35}$fo$^{53}$lei$^{0}$,tʂen$^{35}$mən$^{13}_{21}$tsʰiaŋ$^{21}$tʂak$^{3}$ɲin$^{13}$kʰai$^{35}_{44}$fo$^{53}$. ④保养，使身心得到滋补和休息：欸讲人呢，嬗晒太阳啊，～得白狐狐哩。e$_{21}$kəŋ$^{21}$ɲin$^{13}$ne$^{0}$, maŋ$^{13}$sai$^{53}$tʰai$^{53}$iɔŋ$^{13}_{21}$ŋa$^{0}$ ,çiəuk$^{3}$ tek$^{3}$ pʰak$^{5}$ fu$^{13}$fu$^{13}$li$^{0}$.

【絮】si$^{53}$ 动 用较软和的材料做成（鸡窝）：我爱舞倒箇鸡嫲欸菢鸡崽子了，我就爱～正只窦分渠。ŋai$^{13}$ɔi$^{53}$u$^{21}$tau$^{21}$kai$^{53}_{44}$cie$^{35}$ma$^{13}_{44}$e$_{21}$pʰu$^{53}$cie$^{35}$tse$^{21}$tsʅ$^{0}$ liau$^{0}$ ,ŋai$^{13}$tsʰiəu$^{53}$ɔi$^{53}$si$^{53}$tʂaŋ$^{53}_{44}$tʂak$^{3}$ tei$^{53}$pən$^{35}$ci$^{13}_{44}$.

【婿郎】se$^{53}$lɔŋ$^{13}$ 名 女婿：以只是我大个～。i$^{21}$tʂak$^{3}$ ʂʮ$^{53}_{44}$ŋai$^{13}$tʰai$^{53}$ke$^{53}_{44}$se$^{53}$lɔŋ$^{13}$.｜箇就最细个～噢。kai$^{53}_{44}$tsʰiəu$^{53}_{44}$tsei$^{53}_{44}$se$^{53}$ke$^{53}_{44}$se$^{53}$lɔŋ$^{13}$ŋau$^{0}$.

【蓄】çiəuk$^{3}$ 动 ①蓄积；储存：一口山塘，山塘个水嘞爱～倒，系唔系？爱～倒去下子。欸山塘个作用就系么个？欸平时水多个时候～水，欸到哩爱水个栏场就放水，箇山塘个作用。iet$^{3}$ xei$^{21}$san$^{35}$tʰɔŋ$^{13}$,san$^{35}$tʰɔŋ$^{13}_{21}$ke$^{0}$ ʂei$^{21}$lei$^{0}$ ɔi$^{53}_{44}$çiəuk$^{3}$ tau$^{21}$,xei$^{53}$me$^{53}$?ɔi$^{53}$çiəuk$^{3}$ tau$^{21}$çi$^{53}$xa$^{53}_{44}$tsʅ$^{0}$ .e$^{0}$ san$^{35}$tʰɔŋ$^{13}_{44}$ ke$^{53}_{44}$tsɔk$^{3}$ iəŋ$^{53}$tsʰiəu$^{53}$xei$^{53}$mak$^{3}$ ke$^{0}$ ?e$^{0}$ pʰin$^{13}$ʂʮ$^{13}_{44}$ʂei$^{13}_{21}$to$^{35}$ke$^{0}$ ʂʮ$^{13}_{44}$xəu$^{53}_{44}$çiəuk$^{3}$ ʂei$^{21}$,e$^{0}$ tau$^{53}$li$^{0}$ ɔi$^{53}$ʂei$^{21}$ke$^{53}$laŋ$^{13}_{21}$ tʂʰɔŋ$^{13}_{21}$tsʰiəu$^{53}_{21}$fəŋ$^{53}$ʂei$^{21}$,kai$^{53}_{44}$san$^{35}$tʰɔŋ$^{13}_{44}$ke$^{53}_{44}$tsɔk$^{3}$ iəŋ$^{53}_{44}$. ②留下已有的并使增多：～只拼髻子唠。çiəuk$^{3}$ tʂak$^{3}$ təŋ$^{35}$ci$^{53}_{21}$tsʅ$^{0}$ lau$^{0}$.

【宣戒词】sien$^{35}_{44}$kai$^{53}$tsʰʅ$^{13}$ 出殡前一天晚上举行家祭时宣唱丧事期间的纪律等：就～就系公布纪律嘞，分只人公布箇只纪律。分个人去唱啊。爱宣三次戒词。就系意思就系欸架势打家祭

X

了，架势打祭了，欸，以滴做事个人呢爱各执其事，爱恭恭敬敬，各执其事。要另外分个人～。以下嘞欸还有嘞就欸下背听个人，下背个观众，你不能够喧哗，不能够打讲啊。爱非常诚恳个庄重个。击鼓，鸣金，放炮，～，爱搞三到。第一次击鼓，鸣金，放炮，～。第二次再击鼓，再鸣金，鸣金二次，欸哟，放炮二声，二～，再～。第三次，欸，击鼓三通，鸣金三次，放炮三声，欸，三～。tsʰiəu$^{53}_{21}$sien$^{35}$kai$^{53}$tsʰʅ$^{13}_{21}$tsʰiəu$^{53}_{44}$xei$^{53}_{44}$kəŋ$^{35}$pu$^{53}_{44}$ci$^{21}$liet$^{5}$le$^{0}$,pən$^{35}$tʂak$^{3}$ɲin$^{13}_{21}$kəŋ$^{35}$pu$^{53}_{44}$kai$^{53}_{44}$tʂak$^{3}$ci$^{21}$liet$^{5}$.pən$^{35}$cie$^{53}$ɲin$^{13}_{21}$çi$^{53}_{44}$tʂʰɔŋ$^{53}$ŋa$^{0}$.ɔi$^{53}_{44}$sien$^{35}$san$^{35}$tsʰʅ$^{53}_{44}$kai$^{53}$tsʰʅ$^{13}_{21}$.tsiəu$^{53}_{44}$xei$^{53}_{44}$i$^{53}$sɿ$^{0}$tsʰiəu$^{53}_{44}$xe$^{53}_{44}$e$_{21}$cia$^{53}$ʂʅ$^{53}$ta$^{21}$cia$^{35}$tsi$^{53}$liau$^{0}$,cia$^{53}$ʂʅ$^{53}$ta$^{21}$tsi$^{53}$liau$^{0}$,e$_{21}$,i$^{21}$tiet$^{5}$tso$^{53}$sɿ$^{53}$ke$^{53}_{44}$ɲin$^{13}_{21}$ne$^{0}$ɔi$^{53}_{44}$kɔk$^{3}$tʂət$^{3}$cʰi$^{13}_{21}$sɿ$^{53}$,ɔi$^{53}_{44}$kəŋ$^{35}$kəŋ$^{35}_{44}$cin$^{53}$cin$^{53}$,kɔk$^{3}$tʂət$^{3}$cʰi$^{13}_{21}$sɿ$^{53}$.iau$^{53}_{44}$lin$^{53}$uai$^{53}$pən$^{35}$cie$^{53}$ɲin$^{13}_{21}$sien$^{35}$kai$^{53}$tsʰʅ$^{13}_{21}$.i$^{21}$xa$^{53}_{44}$lei$^{0}$e$_{21}$xai$^{13}_{21}$iəu$^{35}_{44}$lei$^{0}$tsʰiəu$^{53}$ei$_{21}$xa$^{35}$pɔi$^{53}$tʰaŋ$^{35}$ke$^{53}$ɲin$^{13}_{21}$,xa$^{35}$pɔi$^{53}_{44}$ke$^{53}_{44}$kɔn$^{35}$tʂəŋ$^{53}$, ɲi$^{13}_{21}$pət$^{3}$nen$^{13}_{21}$ciəu$^{53}_{44}$sien$^{35}_{44}$fa$^{53}_{44}$,pət$^{3}$nen$^{13}_{21}$ciəu$^{53}_{44}$ta$^{21}$kəŋ$^{21}$ŋa$^{0}$.ɔi$^{53}_{44}$fei$^{35}$tʂʰəŋ$^{13}_{21}$tʂʰən$^{13}$cʰien$^{21}$ke$^{53}_{44}$tsɔŋ$^{35}$tʂʰəŋ$^{53}_{44}$ke$^{53}_{44}$.ciet$^{3}$ku$^{21}$,min$^{13}$cin$^{35}_{44}$,fɔŋ$^{53}$pʰau$^{53}$,sien$^{35}$kai$^{53}$tsʰʅ$^{13}$,ɔi$^{53}_{44}$kau$^{21}$san$^{35}$tau$^{53}$.tʰi$^{53}$iet$^{3}$tsʰʅ$^{53}_{44}$ciet$^{3}$ku$^{21}$,min$^{13}$cin$^{35}_{44}$,fɔŋ$^{53}$pʰau$^{53}$,sien$^{35}$kai$^{53}$tsʰʅ$^{13}_{21}$.tʰi$^{53}_{44}$ɲi$^{53}$tsʰʅ$^{53}_{44}$tsai$^{53}$ciet$^{3}$ku$^{21}$,tsai$^{53}$min$^{13}$cin$^{35}_{44}$,min$^{13}$cin$^{35}_{44}$ɲi$^{53}$tsʰʅ$^{53}$,ei$_{21}$iau$^{0}$,fɔŋ$^{53}$pʰau$^{53}$ɲi$^{53}$ʂən$^{35}$, ɲi$^{53}$sien$^{35}$kai$^{53}$tsʰʅ$^{13}_{21}$,tsai$^{53}$sien$^{35}$kai$^{53}$tsʰʅ$^{13}$.tʰi$^{53}$san$^{35}_{44}$tsʰʅ$^{53}$,ei$_{21}$,ciet$^{3}$ku$^{21}$san$^{35}$tʰəŋ$^{35}_{44}$,min$^{13}$cin$^{35}_{44}$san$^{35}$tsʰʅ$^{53}$,fɔŋ$^{53}$pʰau$^{53}$san$^{35}$ʂən$^{35}$,e$_{21}$,san$^{35}$sien$^{35}_{44}$kai$^{53}$tsʰʅ$^{13}$.

【喧哗】sien$^{35}$fa$^{53}$ 动 大声说话、叫喊、笑闹：下背个观众，你不能够～。xa$^{35}$pɔi$^{53}_{44}$ke$^{53}_{44}$kɔn$^{35}$tʂəŋ$^{53}$, ɲi$^{13}_{21}$pət$^{3}$nen$^{13}_{21}$ciəu$^{53}_{44}$sien$^{35}_{44}$fa$^{53}_{44}$.

【玄孙】çyn$^{13}$/çien$^{13}$sən$^{35}$ 名 曾孙的儿子：第四代就～。tʰi$^{53}_{44}$si$^{53}$tʰɔi$^{53}_{44}$tsiəu$^{53}_{44}$çyn$^{13}$sən$^{35}_{44}$.｜曾孙脚下个就系～。tsʰien$^{13}$sən$^{35}_{44}$ciɔk$^{3}$xa$^{53}$ke$^{53}$tsʰiəu$^{53}$xe$^{53}$çien$^{13}$sən$^{35}$.

【玄孙女】çien$^{13}$sən$^{35}$ŋ̍$^{21}$ 名 曾孙的女儿：比曾孙还下一辈个妹子就～。pi$^{21}$tsʰien$^{13}$sən$^{35}_{53}$xai$^{13}$xa$^{35}$iet$^{3}$pi$^{53}$ke$^{53}$mɔi$^{53}$tsɿ$^{0}$tsʰiəu$^{53}_{44}$çien$^{13}$sən$^{35}_{44}$ŋ̍$^{21}$.

【旋笼】sien$^{13}$ləŋ$^{13}$ 名 孝帽子：（孝子）还爱戴～，用竹，用篾篾……xa$^{13}_{21}$ɔi$^{53}_{44}$tai$^{53}$sien$^{13}$nəŋ$^{13}$,iəŋ$^{53}$tʂəuk$^{3}$,iəŋ$^{53}_{44}$miet$^{5}$sa$^{21}$…

【漩】tsʰiɔn$^{53}$ 名 水中的旋涡：河里箇映子有只～。xo$^{13}$li$^{0}$kai$^{53}$iaŋ$^{53}$iaŋ$^{53}$tsɿ$^{0}$iəu$^{35}_{44}$tʂak$^{3}$tsʰiɔn$^{53}$.｜还有有滴人是咁个唠，箇只水去咁个毂毂转吵，箇只水呀有只底下出下眼样啊，水尽在箇子，还没有就是箇个箇个水去啊打转啵。/水涡啊？打～。系呀。/系呀，就这同脑壳上样，就同箇个样，就同箇个样。安做打～啵。xai$^{13}_{21}$iəu$^{35}_{44}$iəu$^{35}$tet$^{3}$ɲin$^{13}_{44}$ʂʅ$^{53}_{44}$kan$^{21}_{35}$ke$^{53}_{44}$lau$^{0}$,kai$^{53}_{44}$tʂak$^{3}$ʂei$^{21}$çi$^{53}_{44}$kan$^{21}$ke$^{53}_{44}$tsiəu$^{53}$tsiəu$^{53}$tʂɔn$^{21}$ʂa$^{0}$,kai$^{53}_{44}$iak$^{3}$(←tʂak$^{3}$)ʂei$^{21}$ia$^{0}$iəu$^{35}$tʂak$^{3}$te$^{21}$xa$^{53}_{44}$tʂʰət$^{3}$la$^{53}$(←xa$^{53}$)ŋan$^{21}$iɔŋ$^{53}$ŋa$^{0}$,ʂei$^{21}$tsʰin$^{53}$tsʰai$^{53}_{44}$kai$^{53}_{44}$tsɿ$^{0}$,xa$^{13}$mei$^{13}$iəu$^{21}$tsiəu$^{53}_{44}$ʂʅ$^{53}_{44}$kai$^{53}_{44}$ke$^{53}_{44}$kai$^{53}_{21}$ke$^{53}_{44}$ʂei$^{21}$çi$^{53}$a$^{0}$ta$^{21}$tʂɔn$^{53}$nau$^{0}$./ʂei$^{21}$uo$^{35}_{44}$a$^{0}$?ta$^{21}$tsʰiɔn$^{53}$.xei$^{53}_{44}$ia$^{0}$./xei$^{53}_{44}$ia$^{0}$,tsiəu$^{53}_{44}$tʂe$^{53}_{44}$tʰəŋ$^{13}$lau$^{21}$kʰɔk$^{3}$xɔŋ$^{53}_{44}$iɔŋ$^{53}_{21}$,tsiəu$^{53}_{44}$tʰəŋ$^{13}$kai$^{53}_{44}$ke$^{53}_{44}$iɔŋ$^{53}_{44}$,tsiəu$^{53}_{44}$tʰəŋ$^{13}$kai$^{53}_{44}$ke$^{53}_{44}$iɔŋ$^{53}_{44}$.ɔn$^{35}_{44}$tso$^{53}_{44}$ta$^{21}$tsʰiɔn$^{53}$nau$^{0}$. ◇古作“淀”，《广韵》辞恋切：“回泉。”漩，《集韵》随恋切。

【选前年】sien$^{21}$tsʰien$^{13}$ɲien$^{13}$ 名 前年的去年。又称“大前年”：～我等就做哩以只祠堂啊。做哩祠堂啊，修哩谱哇。sien$^{21}$tsʰien$^{13}$ɲien$^{13}_{44}$ŋai$^{13}$tien$^{0}$tsʰiəu$^{53}$tso$^{53}$li$^{0}$i$^{21}$tʂak$^{3}$tsʰʅ$^{13}$tʰɔŋ$^{13}_{44}$ŋa$^{0}$.tso$^{53}$li$^{0}$tsʰʅ$^{13}$tʰɔŋ$^{13}_{44}$a$^{0}$,siəu$^{35}$li$^{0}$pʰu$^{21}$ua$^{0}$.

【癣】sien$^{21}$/sen$^{21}$ 名 由霉菌引起的某些皮肤病的统称，患处常发痒：发～ fait$^{3}$sen$^{21}$｜欸～呢屁股上个就股癣，背囊上个就背癣，脚上个就脚癣。e$^{0}$sen$^{21}$nei$^{0}$pʰi$^{53}$ku$^{21}$xɔŋ$^{53}_{44}$ke$^{0}$tsʰiəu$^{53}_{44}$ku$^{21}$sen$^{21}$, pɔi$^{53}$lɔŋ$^{13}_{21}$xɔŋ$^{53}_{44}$ke$^{0}$tsʰiəu$^{53}_{44}$pɔi$^{53}$sen$^{21}$,ciɔk$^{3}$xɔŋ$^{53}$ke$^{0}$tsʰiəu$^{53}$ciɔk$^{3}$sen$^{21}$.

【旋】tsʰiɔn$^{53}$ 名 发旋：欸打比我箇只孙子样，渠脑壳上就两只～。以只额门上额门上子一只额门顶高子一只～。欸，以只脑壳心顶高又一只～。脑壳心顶高是么人都有只～。渠就多出一只～来哩，以只额门上有只～。e$_{21}$ta$^{21}$pi$^{21}$ŋai$^{13}$kai$^{53}$tʂak$^{3}$sən$^{35}$tsɿ$^{0}$iɔŋ$^{53}_{44}$,ci$^{13}_{21}$lau$^{21}$kʰɔk$^{3}$xɔŋ$^{53}$tsʰiəu$^{53}$iɔŋ$^{21}$tʂak$^{3}$tsʰiɔn$^{53}$.i$^{21}$tʂak$^{3}$ɲiait$^{3}$mən$^{13}_{21}$ʂɔŋ$^{35}_{44}$ɲiait$^{3}$mən$^{13}_{21}$ʂɔŋ$^{35}$tsɿ$^{0}$iet$^{3}$tʂak$^{3}$ɲiait$^{3}$mən$^{13}_{21}$taŋ$^{21}$kau$^{35}$tsɿ$^{0}$iet$^{3}$tʂak$^{3}$tsʰiɔn$^{53}$. ei$_{21}$,i$^{21}$tʂak$^{3}$lau$^{21}$kʰɔk$^{3}$sin$^{35}$taŋ$^{21}$kau$^{35}_{44}$iəu$^{53}$iet$^{3}$tʂak$^{3}$tsʰiɔn$^{53}$.lau$^{21}$kʰɔk$^{3}$sin$^{35}$taŋ$^{21}$kau$^{35}_{44}$ʂʅ$^{53}_{44}$mak$^{3}$ɲin$^{13}_{44}$təu$^{35}_{44}$iəu$^{35}$tʂak$^{3}$tsʰiɔn$^{53}$.ci$^{13}_{21}$tsʰiəu$^{53}_{44}$to$^{35}$tʂʰət$^{3}$iet$^{3}$tʂak$^{3}$tsʰiɔn$^{53}$nɔi$^{13}_{44}$li$^{0}$,i$^{21}$tʂak$^{3}$ɲiait$^{3}$mən$^{13}_{21}$xɔŋ$^{53}$iəu$^{35}_{44}$tʂak$^{3}$tsʰiɔn$^{53}$.

【楦】çien$^{53}$ 动 做鞋的时候使用鞋楦：～哩个鞋更好着啦，更落窨，着起来更舒服。赠～鞋冇咁好着。çien$^{53}$ni$^{0}$ke$^{53}$xai$^{13}$cien$^{53}$xau$^{21}$tʂɔk$^{3}$la$^{0}$,cien$^{53}_{44}$nɔk$^{5}$in$^{53}$,tʂɔk$^{3}$çi$^{53}$lɔi$^{13}$cien$^{53}$ʂʮ$^{35}_{44}$fuk$^{5}$.maŋ$^{13}$çien$^{53}$xai$^{13}$mau$^{13}$kan$^{21}_{44}$xau$^{21}$tʂɔk$^{3}$.

【靴】çia$^{35}$ 名 帮子略呈筒状，高到踝子骨以上的皮鞋。又称“靴子”：如今箇妹子人冬下箇时髦个着法就有着～啦，着～子啊。男子人是冇多么人以个栏场冇多么人着～嘛，欸。北方就可能有唠，冷天呐。南方个冬下唔系几冷子，所以着～子个只有箇起只系摩登个女郎，系唔系？渠就着下子～。男子人有几多只么人着～个？冇得嘞。我等也冇得。i$^{13}_{21}$cin$^{35}_{53}$kai$^{53}$mɔi$^{53}$

tsɿ$^{0}$ɲin$^{13}_{21}$təŋ$^{35}$xa$^{53}_{44}$kai$^{53}$ʂɿ$^{13}$mau$^{13}$ke$^{0}$tʂɔk$^{3}$fait$^{3}$tsʰiəu$^{53}_{44}$iəu$^{35}_{44}$tʂɔk$^{3}$çia$^{35}$la$^{0}$,tʂɔk$^{3}$çia$^{35}$tsɿ$^{0}$a$^{0}$.lan$^{13}$tsɿ$^{0}$ɲin$^{13}$ʂɿ$^{53}_{44}$mau$^{13}$to$^{35}_{53}$mak$^{3}$in$^{13}_{44}$i$^{21}$ke$^{53}$laŋ$^{13}_{21}$tʂʰəŋ$^{13}_{44}$mau$^{13}$to$^{35}_{53}$mak$^{3}$in$^{13}_{44}$tʂɔk$^{3}$çia$^{35}$ma$^{0}$,e$_{21}$.pɔit$^{3}$xɔŋ$^{35}$tsiəu$^{53}$kʰo$^{21}$len$^{13}_{21}$iəu$^{35}$lau$^{0}$,laŋ$^{35}$tʰien$^{35}_{44}$na$^{0}$.lan$^{13}$fɔŋ$^{35}$ke$^{53}$təŋ$^{35}$xa$^{53}_{44}$m̩$^{13}$pʰei$^{53}$ci$^{21}$laŋ$^{35}$tsɿ$^{0}$,so$^{21}$i$^{35}_{53}$tʂɔk$^{3}$çia$^{35}$tsɿ$^{0}$ke$^{0}$tʂʅ$^{21}$iəu$^{35}_{53}$kai$^{53}$çi$^{21}$tʂʅ$^{21}$xei$^{53}_{44}$mo$^{13}$ten$^{35}$ke$^{53}_{44}$ɲy$^{21}$lɔŋ$^{13}$,xei$^{53}$me$^{53}_{44}$?ci$^{13}$tsʰiəu$^{53}$tʂɔk$^{3}$(x)a$^{53}_{44}$tsɿ$^{0}$çia$^{35}$.lan$^{13}$tsɿ$^{0}$ɲin$^{13}_{44}$iəu$^{35}$ci$^{21}$to$^{35}$tʂak$^{3}$mak$^{3}$in$^{13}_{44}$tʂɔk$^{3}$çia$^{35}_{53}$ke$^{0}$?mau$^{13}$tek$^{3}$le$^{0}$.ŋai$^{13}$tien$^{0}$a$^{35}_{53}$mau$^{13}_{21}$tek$^{0}$.

【学】xɔk$^{5}$ [动]学习；效法；模仿：因为以只东西指玉兰花后背引进来个了。/就照倒～倒讲。in$^{35}$uei$^{53}_{44}$i$^{21}$tʂak$^{3}$təŋ$^{35}_{44}$si$^{0}$xei$^{53}$pɔi$^{53}_{35}$in$^{21}$tsin$^{53}$lɔi$^{13}_{21}$ke$^{53}_{44}$liau$^{0}$./tsʰiəu$^{53}_{44}$tʂau$^{53}$tau$^{21}$xɔk$^{5}$tau$^{21}$kɔŋ$^{21}$.｜我讲哩只么个东西去哩嘞，渠～倒分我新舅听，笑死人。ŋai$^{13}_{21}$kɔŋ$^{21}$li$^{0}$tʂak$^{3}$mak$^{3}$e$^{0}$təŋ$^{35}_{44}$si$^{0}$çi$^{13}$li$^{0}$lei$^{0}$,ci$^{13}$xɔk$^{5}$tau$^{21}$pən$^{35}$ŋai$^{13}_{21}$sin$^{35}$cʰiəu$^{35}$tʰaŋ$^{35}$,siau$^{53}$si$^{21}$ɲin$^{13}$.

【学费】çiɔk$^{5}$fei$^{53}$ [名]求学所需的费用：比方送细人子去读书样啊，你就爱拿～呀。pi$^{21}$fɔŋ$^{35}_{44}$səŋ$^{53}$sei$^{53}$ɲin$^{13}_{21}$tsɿ$^{0}$çi$^{53}_{44}$tʰəuk$^{5}$ʂəu$^{35}$iəŋ$^{53}_{44}$ŋa$^{0}$,ɲi$^{13}_{21}$tsʰiəu$^{53}_{44}$ɔi$^{53}_{44}$la$^{53}_{44}$çiɔk$^{5}$fei$^{53}$ia$^{0}$.

【学舌】xɔk$^{5}$ʂet$^{5}$ [动]①学人说话：我等撞怕讲么个话，我等箇只孙子就会～，渠就会～，会学倒讲。ŋai$^{13}$tien$^{0}$tsʰɔŋ$^{21}$pʰa$^{53}$kɔŋ$^{21}$mak$^{3}$e$^{0}$fa$^{53}$,ŋai$^{13}$tien$^{0}$kai$^{53}$tʂak$^{3}$sən$^{35}$tsɿ$^{0}$tsʰiəu$^{53}_{44}$uɔi$^{53}_{44}$xɔk$^{5}$ʂet$^{5}$,ci$^{13}_{21}$tsʰiəu$^{53}$uɔi$^{53}_{44}$xɔk$^{5}$ʂet$^{5}$,uɔi$^{53}_{44}$xɔk$^{5}$tau$^{21}$kɔŋ$^{21}$. ②告密：以只事你莫～啦，我同你讲哩你不要去～啦。i$^{21}$tʂak$^{3}$sɿ$^{53}$ɲi$^{13}$mɔk$^{5}$xɔk$^{5}$ʂet$^{5}$la$^{0}$,ŋai$^{13}$tʰəŋ$^{13}_{21}$ɲi$^{13}_{44}$kɔŋ$^{21}$li$^{0}$ɲi$^{13}_{21}$pət$^{3}$iau$^{53}_{44}$çi$^{53}_{44}$xɔk$^{5}$ʂet$^{5}$la$^{0}$.

【学生】xɔk$^{5}$saŋ$^{35}_{44}$ [名]在学校学习的人。也称"学生子"：渠还去资助～呢。ci$^{13}_{21}$xai$^{13}_{21}$çi$^{53}_{44}$tsɿ$^{35}$tsʰəu$^{53}_{44}$xɔk$^{5}$saŋ$^{35}_{44}$nei$^{0}$.｜～子个就有欸连起来加起来安做课桌椅呀。xɔk$^{5}$saŋ$^{35}_{44}$tsɿ$^{0}$ke$^{53}_{44}$tsʰiəu$^{53}_{44}$iəu$^{35}_{44}$ei$_{21}$lien$^{13}$çi$^{21}$lɔi$^{13}$cia$^{35}$çi$^{21}$lɔi$^{13}_{21}$ɔn$^{35}_{44}$tso$^{53}_{44}$kʰo$^{53}$tsɔk$^{3}$i$^{21}$ia$^{0}$.

【学生帽】çiɔk$^{5}$saŋ$^{35}$/sen$^{35}$mau$^{53}$ [名]帽子的一种款式，前有檐、单层、蓝色：欸，有起咁个～，有只舌舌个东西就帽舌。e$_{21}$,iəu$^{35}$çi$^{21}$kan$^{21}$ke$^{53}_{44}$çiɔk$^{5}$sen$^{35}_{44}$mau$^{53}_{44}$,iəu$^{35}_{44}$tʂak$^{3}$ʂait$^{5}$ʂait$^{5}$ke$^{53}_{21}$təŋ$^{35}_{44}$si$^{0}$tsʰiəu$^{53}_{21}$mau$^{53}$ʂait$^{5}$.

【学生头】xɔk$^{5}$saŋ$^{35}$tʰei$^{13}$ [名]在校学生按照教育机构的有关规定所留的发型，一般以简洁、美观，符合学生的身份为准：我箇到带倒我孙子去剃头呀，我就同箇师傅话，我话："你同我剪只～。"短短子，但是蛮精神。ŋai$^{13}$kai$^{53}$tau$^{53}$tai$^{53}$tau$^{21}$ŋai$^{13}_{21}$sən$^{35}$tsɿ$^{0}$çi$^{53}$tʰe$^{53}$tʰei$^{13}$ia$^{0}$,ŋai$^{13}$tsʰiəu$^{53}$tʰəŋ$^{13}_{44}$kai$^{53}_{44}$sɿ$^{35}_{44}$fu$^{53}_{44}$ua$^{53}_{44}$,ŋai$^{13}$ua$^{53}$:"ɲi$^{13}_{21}$tʰəŋ$^{13}_{21}$ŋai$^{13}_{21}$tsien$^{21}$tʂak$^{3}$xɔk$^{5}$saŋ$^{35}_{44}$tʰei$^{13}$."tɔn$^{21}_{13}$tɔn$^{21}$tsɿ$^{0}$,tan$^{53}$ʂɿ$^{53}$man$^{13}_{21}$tsin$^{35}$ʂən$^{13}_{21}$.

【学师】xɔk$^{5}$sɿ$^{35}$ [动]跟师傅学习；当学徒：以前呐，我箇只二叔公讲啊，卖货个人呐爱～嘞。爱～，爱学徒，爱学徒弟呀，有师傅，卖货都有师傅。欸，当然唠，以前是卖咁个卖糖啊卖盐箇兜爱打包哇，箇个也爱学啊。以下是冇得咁个了啰。一只就学算盘，就爱识算，爱算得快。我箇只公公是二叔公是渠硬两只手会打算盘嘞。两只手会打算盘，欸。一只就学算盘，第二只就学箇双手嘞欸打包。欸，还有兜就学让门子接待人箇兜，硬爱学。渠硬跟哩师，我箇只公公啊，渠跟哩师。以下是有几多么个好学个？秆也唔爱认了，系唔系？一放下去。i$^{35}_{53}$tsʰien$^{13}$na$^{0}$,ŋai$^{13}$kai$^{53}$tʂak$^{3}$ɲi$^{53}$ʂəuk$^{3}$kəŋ$^{35}$kɔŋ$^{21}$ŋa$^{0}$,mai$^{53}_{44}$fo$^{53}$ke$^{53}$ɲin$^{13}_{21}$na$^{0}$ɔi$^{53}$xɔk$^{5}$sɿ$^{35}$le$^{0}$.ɔi$^{53}_{44}$xɔk$^{5}$sɿ$^{35}$,ɔi$^{53}_{44}$xɔk$^{5}$tʰəu$^{13}$,ɔi$^{53}_{44}$xɔk$^{5}$tʰəu$^{13}$tʰi$^{53}$ia$^{0}$,iəu$^{35}_{44}$sɿ$^{35}$fu$^{53}$,mai$^{53}$fo$^{53}$təu$^{35}_{44}$iəu$^{35}_{44}$sɿ$^{35}$fu$^{53}$.e$_{21}$,tɔŋ$^{35}$vien$^{13}_{21}$lau$^{0}$,i$^{35}$tsʰien$^{13}$ʂɿ$^{53}_{44}$mai$^{53}$kan$^{21}$ke$^{53}_{44}$mai$^{53}$tʰɔŋ$^{13}$ŋa$^{0}$mai$^{53}$ian$^{13}$kai$^{53}_{44}$təu$^{53}_{44}$ɔi$^{53}_{44}$ta$^{21}$pau$^{35}$ua$^{0}$,kai$^{53}_{44}$ke$^{53}_{44}$ia$^{35}$ɔi$^{53}$xɔk$^{5}$a$^{0}$.i$^{21}$xa$^{53}$ʂɿ$^{53}_{44}$mau$^{13}$tek$^{3}$kan$^{21}$cie$^{53}$liau$^{21}$lo$^{0}$.iet$^{3}$tʂak$^{3}$tsʰiəu$^{53}_{44}$xɔk$^{5}$sɔn$^{53}$pʰan$^{13}$,tsʰiəu$^{53}_{44}$ɔi$^{53}_{44}$ʂət$^{5}$sɔn$^{53}$,ɔi$^{53}$sɔn$^{53}$tek$^{3}$kʰuai$^{53}$.ŋai$^{13}$kai$^{53}$tʂak$^{3}$kəŋ$^{35}$kəŋ$^{35}$ʂɿ$^{53}_{44}$ɲi$^{53}$ʂəuk$^{3}$kəŋ$^{35}$ʂɿ$^{53}_{44}$ci$^{13}_{21}$ɲiaŋ$^{21}$iəŋ$^{21}$tʂak$^{3}$ʂəu$^{21}$uɔi$^{53}$ta$^{21}$sɔn$^{53}$pʰan$^{13}_{44}$le$^{0}$.iəŋ$^{21}$tʂak$^{3}$ʂəu$^{21}$uɔi$^{53}$ta$^{21}$sɔn$^{53}$pʰan$^{13}_{44}$,e$_{21}$.iet$^{3}$tʂak$^{3}$tsʰiəu$^{53}_{44}$xɔk$^{5}$sɔn$^{53}$pʰan$^{13}$,tʰi$^{53}$ɲi$^{53}$tʂak$^{3}$tsiəu$^{53}$xɔk$^{5}$kai$^{53}_{44}$səŋ$^{35}$ʂəu$^{21}$le$^{0}$e$_{21}$ta$^{21}$pau$^{35}$.e$_{21}$,xai$^{13}$iəu$^{35}_{53}$te$^{35}_{53}$tsʰiəu$^{53}$xɔk$^{5}$ɲiɔŋ$^{53}_{44}$mən$^{13}_{44}$tsiait$^{3}$tʰɔi$^{53}$ɲin$^{13}$kai$^{53}_{44}$tei$^{35}_{53}$,ɲiaŋ$^{53}$ɔi$^{53}_{44}$xɔk$^{5}$.ci$^{13}_{21}$ɲiaŋ$^{53}$cien$^{35}_{44}$ni$^{0}$sɿ$^{35}$,ŋai$^{13}$kai$^{53}$tʂak$^{3}$kəŋ$^{35}_{44}$kəŋ$^{35}_{44}$ŋa$^{0}$,ci$^{13}_{21}$cien$^{35}_{44}$ni$^{0}$sɿ$^{35}$.i$^{21}$xa$^{53}$ʂɿ$^{53}_{44}$iəu$^{35}_{53}$ci$^{21}$to$^{35}_{53}$mak$^{3}$e$^{0}$xau$^{21}$xɔk$^{5}$ke$^{0}$?tʂʰən$^{53}$na$^{35}_{44}$m̩$^{13}_{21}$mɔi$^{53}_{44}$ɲin$^{53}$niau$^{21}$,xei$^{53}$me$^{53}_{44}$?iet$^{3}$fɔŋ$^{53}$ŋa$^{53}_{44}$çi$^{53}$.

【学堂】xɔk$^{5}$tʰɔŋ$^{13}_{21}$ [名]学校：去～里读书 çi$^{53}_{44}$xɔk$^{5}$tʰɔŋ$^{13}_{21}$li$^{0}$tʰəuk$^{5}$ʂəu$^{35}$｜你等～里箇招生办就蛮有权利哈？ɲi$^{13}_{21}$tien$^{0}$xɔk$^{5}$tʰɔŋ$^{13}_{21}$li$^{0}$kai$^{53}_{44}$tʂau$^{35}_{44}$sien$^{35}_{44}$pʰan$^{53}$tsiəu$^{53}_{21}$man$^{13}_{21}$iəu$^{35}$tʂʰen$^{13}$li$^{53}_{44}$xa$^{0}$?

【学行】xɔk$^{5}$xaŋ$^{13}$ [动]（小孩）学走路：还赠～噢！xai$^{13}_{44}$maŋ$^{13}$xɔk$^{5}$xaŋ$^{35}$ŋau$^{0}$!｜我撞怕我就同箇只话么个细人子～哦，细人子～个路子，我就硬会教下子渠等人，箇侧边人。啊细人子学走路硬系～，硬爱话"行"字，～。走了是就走嘿哩，你细人子走嘿哩就死嘿哩个意思呢。ŋai$^{13}_{21}$tsʰɔŋ$^{21}$pʰa$^{53}$ŋai$^{13}$tsʰiəu$^{53}$tʰəŋ$^{13}$kai$^{53}_{44}$tʂak$^{3}$ua$^{53}$mak$^{3}$ke$^{53}_{44}$sei$^{53}$ɲin$^{13}_{21}$tsɿ$^{0}$xɔk$^{5}$xaŋ$^{13}$ŋo$^{0}$,sei$^{53}$ɲin$^{13}_{21}$tsɿ$^{0}$xɔk$^{5}$xaŋ$^{13}$ke$^{53}_{44}$ləu$^{53}$tsɿ$^{0}$,ŋai$^{13}$tsʰiəu$^{53}_{44}$ɲiaŋ$^{53}$uɔi$^{53}_{44}$kau$^{35}$(x)a$^{53}_{44}$tsɿ$^{0}$ci$^{13}_{21}$tien$^{0}$ɲin$^{13}_{44}$,kai$^{53}_{44}$tset$^{3}$pien$^{35}_{44}$ɲin$^{13}_{21}$.a$^{0}$sei$^{53}$ɲin$^{13}_{21}$tsɿ$^{0}$xɔk$^{5}$tsei$^{21}$ləu$^{53}_{44}$ɲiaŋ$^{53}$xe$^{53}_{44}$xɔk$^{5}$xaŋ$^{13}$,ɲiaŋ$^{53}$ɔi$^{53}_{44}$ua$^{53}_{44}$xaŋ$^{13}$tsʰɿ$^{53}$,xɔk$^{5}$xaŋ$^{13}$.tsei$^{21}$liau$^{0}$ʂɿ$^{53}_{44}$tsʰiəu$^{53}$tsei$^{21}$xek$^{3}$li$^{0}$,ɲi$^{13}_{44}$sei$^{53}$ɲin$^{13}_{21}$

tsɿ0 tsei21 xek3 li0 tsʰiəu53 si21 xek3 li0 ke53-44 i53-44 sɿ35-44 nei0 .

【雪】siet3 名天空中飘落的白色结晶体，多为六角形，是天空中的水蒸气冷至摄氏零度以下凝结而成：～一落地就融嘿哩。siet3 iet3 lɔk5 tʰi53 tsʰiəu53 iəŋ13-21 xek3 li0 .

【雪白】siet5 pʰak5 形很白，像雪一样白。有“ABAB”重叠式。也称“雪白子”：渠青辣椒晒干来个辣椒干～呢。ci13-21 tsʰiaŋ35 lait5-3 tsiau35-44 sai53 kɔn35 nɔi13-21 ke53-21 lait5 tsiau35-44 kɔn35 siet5 pʰak5 nei0 .｜（石灰李个面上）～～。siet3 pʰak5-3 siet3 pʰak5 .｜鞋边子。～子个边呐。xai13 pien35 tsɿ0 .siet3-5 pʰak5 tsɿ0 ke53-44 pien35 na0 .

【雪白令净】siet5 pʰak53 laŋ53 tsʰiaŋ53 ①形容人长得很白净：渠箇只妹子啊，长得～。ci13 kai53 tʂak3 mɔi53 tsɿ0 a0 ,tʂɔŋ21 tek3 siet5 pʰak53 laŋ53 tsʰiaŋ53 .｜好得渠个赖子妹子～子，冇得乌蝇屎。xau21 tek3 ci13 ke53-44 lai53 tsɿ0 mɔi53 tsɿ0 siet5 pʰak5 laŋ53 tsʰiaŋ53 tsɿ0 ,mau13-21 tek3 u35-53 in13-21 ʂɿ21 . ②形容东西非常洁净：箇灶头上嘞抹得～子。kai53-44 tsau53 tʰei13-21 xɔŋ53-44 lei0 mait3 tek3 siet5 pʰak5 laŋ53 tsʰiaŋ53 tsɿ0 .｜洁净子个栏场～子个栏场渠指狗子唔得屙屎嘞。ciet5 tsʰiaŋ53 tsɿ0 ke0 laŋ13-44 tʂʰɔŋ13-44 siet5 pʰak5 laŋ53 tsʰiaŋ53 tsɿ0 ke0 laŋ13-21 tʂʰɔŋ13-44 ci13-21 n13 tek3 o35 ʂɿ21 le0 .

【雪花】set3 fa35 名空中飘落的雪片，多呈六角形，如花一般：呃，话哩以几年都箇个唠以几年都赠让门子落大雪咯，只有雪子就落得多，～落得少。欸，飘哩下子就冇得哩。地泥下都赠铺起来就过嘿哩。ə21,ua53 li0 i21 ci21 ɲien13 təu35-53 kai53 ke53-44 lau0 i21 ci21 ɲien13 təu35-53 maŋ13 ɲiɔŋ53 mən35-44 tsɿ0 lɔk5 tʰai53 set3 ko0 ,tʂɿ21 iəu35-53 set3 tsɿ21 tsʰiəu35-44 lɔk5 tek3 to35 ,set3 fa35 lɔk5 tek3 ʂau21 .e21,pʰiau35 li0 xa53 tsɿ0 tsʰiəu53 mau13 tek3 li0 .tʰi53 lai13-21 xa35 təu35-53 maŋ13-21 pʰu35 çi21 lɔi13-21 tsʰiəu53 ko53 (x)ek3 li0 .

【雪薯】siet3 /set3 ʂəu13 名脚板薯：～就系薯子。薯子，～，就系一块一块，箇懑大一蒲个。siet3 ʂəu13 tsʰiəu53 xe53 ʂəu13 tsɿ0 .ʂəu13 tsɿ0 ,set3 ʂəu13 ,tsʰiəu53 xei53 iet3 kʰuai53 iet3 kʰuai53 ,kai53-44 mən35 tʰai53 iet3 pʰu13 ke0 .｜～是还可以箇个啦还可以炮薯包食啦。set3 ʂəu13 ʂɿ53-44 xai13 kʰo21 i35-44 kai53 ke53 la0 xai13 kʰo21 i35-44 pʰau13 ʂəu13 pau35 ʂət5 la0 .

【雪松】siet3 səŋ35 名一种常绿乔木：我以映系个箇角上箇家人家就有只懑大个～。箇～嘞蛮好看，树椈生得矮。但是欸我发现好像栽唔得几久子，箇个～都就有兜子讨嫌了，忒大哩了，岔事了。渠忒大哩，箇树椈箇兜忒大哩啊。ŋai13 i21 iaŋ53-44 xei53 ke0 kai53 kɔk3 xɔŋ53 kai53 ka35-44 ɲin13-21 ka35-44 tsʰiəu53 iəu35-53 tʂak3 mən35 tʰai53 ke0 siet3 səŋ35 .kai53-44 siet3 səŋ35-44 lei0 man13 xau21 kʰɔn53 ,ʂəu53 kʰua21 saŋ35 tek3 ai21 .tan53 ʂɿ53 e21 ŋai13-21 fait3 çien53 xau21 siɔŋ53 tsɔi35 n13-21 tek3 ci21 ciəu21 tsɿ0 ,kai53 ke53 siet3 səŋ35-44 təu35-44 tsʰiəu53 iəu35 te35-53 tsɿ0 tʰau21 çian13 niau0 ,tʰet3 tʰai53 li0 liau0 ,tsʰa53-44 sɿ53 liau0 .ci13-21 tʰiet3 tʰai53 li0 ,kai53-44 ʂəu53 kʰua21 kai53 te35-53 tʰiet3 tʰai53 li0 a0 .

【雪枣】siet3 tsau21 名一种油炸食品，表层覆盖一层白色的糖：我等只看倒箇大个～，懑大一只个。ŋai13 tien0 tʂɿ21 kʰɔn35-44 tau21 kai53-44 tʰai53 ke53-21 siet3 tsau21 ,mən35 tʰai53 iet3 tʂak3 ke53 .

【雪子】set3 tsɿ21 名霰；水蒸气在高空遇冷时所凝结成的雪珠：～就落得多啦。欸搞下子又箇个啦就落～啦，安做水央雪啊，水央雪多。set3 tsɿ21 tsʰiəu53 lɔk5 tek3 to35 la0 .e21 kau21 xa35 tsɿ0 iəu53 kai53 ke53 la0 tsʰiəu53 lɔk5 set3 tsɿ21 la0 ,ɔn35-44 tso53-44 ʂei21 kait3 set3 a0 ,ʂei21 kait3 set3 to35-44 .

【血】çiet3 名血液，人或动物体内循环系统的不透明液体，大多为红色：我等就讲～。鸡～，猪～。ŋai13-21 tien0 tsiəu53 kɔŋ21 çiet3 .cie35 çiet3 , tʂəu35 çiet3 .

【血红】çiet3 fəŋ13 形像血一样鲜红的颜色：（猪血李）肚里～个。təu21-44 li0 çiet3 fəŋ13 ke53 .

【血怀怀哩】çiet3 uai13-21 uai13 li0 形状态词。血糊糊的样子：话哩我看过一回呀，欸去箇官渡医院门口看倒一只炸嘿哩手个人，舞倒我硬人都发昏啱硬～哦。箇医师翻开来看，正好我看倒侧边，就看倒哩，～。我脑壳都车昏凑箇下子。ua53 li0 ŋai13 kʰɔn53 ko53 iet3 fei13 ia0 ,e21 çi53 kai53-44 kɔn35 tʰəu53 i35 vien53 mən13 xei21 kʰɔn53 tau21-44 iet3 tʂak3 tsa53 xek3 li0 ʂəu21 ke53 ɲin13-44 ,u21 tau21 ŋai13 ɲiaŋ53 ɲin13 təu35-53 fait3 fən35 no0 ɲiaŋ53 çiet3 uai13-21 uai13 li0 o0 .kai53-44 i35 sɿ35-44 fan35 kʰɔi35 lɔi13-21 kʰɔn53 ,tʂən53 xau21 ŋai13 kʰɔn53 tau21 tset3 pien35 ,tsʰiəu53-44 kʰɔn53 tau21 li0 ,çiet3 uai13-21 uai13 li0 .ŋai13 lau21 kʰɔk3 təu35-53 tʂʰa35 fən13-21 tsʰei0 kai53 xa53 tsɿ0 .｜箇只人骑张箇个男式摩托，你话渠个男式摩托更高哇，一犇一下，犇起箇面上～。kai53 tʂak3 ɲin13-44 cʰi13-21 tʂɔŋ35-44 kai53-44 ke53-44 lan13 ʂɿ53 mo13 tʰɔk3 , ɲi13 ua53 ci13 ke53 lan13 ʂɿ53 mo13-21 tʰɔk3 cien53 kau35 ua0 ,iet3 tait5 iet3 xa53-44 ,tait5-3 çi21 kai53-44 mien53 xɔŋ53-44 çiet3 uai13 uai13 li0 .

【血疱】çiet3 pʰiau53 名皮肤上长的充血的疱：～就箇肚里尽血噢。欸，水疱就肚里尽水哟。çiet3 pʰiau53 tsʰiəu53-44 kai53 təu21 li0 tsʰin53 çiet3 au0 .e21,ʂei21 pʰiau53 tsʰiəu53-44 təu21 li0 tsʰin53 ʂei21 iau0 .

【血丝】çiet3 sɿ35 名丝缕状的血或因毛细管充血而出现的红丝：渠指羊眼豆现～啊，就蛮像啊。ci13

çien$^{53}$çiet$^{3}$ sɿ$^{35}$za$^{0}$,tsiəu$^{53}$man$^{13}$tsʰiɔŋ$^{53}$ŋa$^{0}$.

【熏】çin$^{35}$ 动熏制；以烟火烘烤：渠个意思是说底下烧火，脑高就～么个个。ci$^{13}$ke$^{53}_{44}$i$^{53}$sɿ$^{0}$ʂʅ$^{53}_{44}$ ʂek$^{3}$ tei$^{21}$xa$^{53}_{44}$ʂau$^{35}$fo$^{21}$,lau$^{21}$kau$^{35}$tsiəu$^{53}_{44}$çin$^{35}$mak$^{3}$ kei$^{53}_{44}$ke$^{53}_{44}$.

【熏猪肠】çin$^{35}$tʂəu$^{35}$tʂʰɔŋ$^{13}$ 名腊肠：猪子个肠子欸熏倒来食，就安做～。一般都系熏大肠嘞。欸，大肠让门子舞嘞？洗净来以后，以最快个办法就洗，洗净来以后，交兜糠呢。缔稳，缔稳两头，渠唔缔稳两头，箇个糠会进渠箇肚里去舞，搣唔脱，有油，黏倒以咁东西。渠用绳子分两头缔稳，渠咁个吵，箇大肠是让门子嘞？洗净来个时候子就爱分渠翻转来。肚里向外背，外背去肚里。外背又油，有油哇，油箇只东西黏倒糠是冇哩脱，硬冇哩脱。分箇个欸肚里翻出来以后，洗净来，以下就缔稳，用绳子缔稳，缔稳两只头。欸，有兜是搞兜糠，放下镬里一番事炒哩，慢慢子总去炒，悠悠子个火，炒得喷香，以下就箇就洗净来，切倒，同箇晡我等食哩个欸箇个炒苦瓜，真好食。tʂəu$^{35}$tsɿ$^{0}$ ke$^{53}$tʂʰɔŋ$^{13}$tsɿ$^{0}$ e$_{21}$çin$^{35}$tau$^{21}$lɔi$^{13}$ʂət$^{5}$,tsʰiəu$^{53}_{44}$ɔn$^{35}_{44}$tso$^{53}_{44}$ çin$^{35}$tʂəu$^{35}$tʂʰɔŋ$^{13}_{21}$.iet$^{3}$ pɔn$^{35}_{44}$təu$^{35}_{44}$xei$^{53}_{44}$çin$^{35}$tʰai$^{53}$tʂʰɔŋ$^{13}_{21}$lei$^{0}$.e$_{21}$,tʰai$^{53}$tʂʰɔŋ$^{13}$ɲiɔŋ$^{53}_{44}$mən$^{13}_{44}$u$^{21}$le$^{0}$?sei$^{21}$tsʰiaŋ$^{53}$lɔi$^{13}_{21}$i$^{35}$ xei$^{53}$,i$^{21}$tsei$^{53}$kʰuai$^{53}_{44}$ke$^{0}$ pʰan$^{53}$fait$^{3}$ tsʰiəu$^{53}_{21}$sei$^{21}$,sei$^{21}$tsʰiaŋ$^{53}$lɔi$^{13}_{21}$i$^{35}$xei$^{53}$,ciau$^{35}$tei$^{35}_{53}$xɔŋ$^{35}$nei$^{0}$.tʰak$^{3}$ uən$^{21}$,tʰak$^{3}$ uən$^{21}$iɔŋ$^{21}$tʰei$^{13}$,ci$^{13}_{44}$n̩$^{13}_{44}$tʰak$^{3}$ uən$^{21}$iɔŋ$^{21}$tʰei$^{13}$,kai$^{53}_{44}$ke$^{53}_{44}$xɔŋ$^{35}$uɔi$^{53}$tsin$^{53}$ci$^{13}_{21}$kai$^{53}$təu$^{21}$li$^{0}$ çi$^{53}$u$^{21}$,miet$^{3}$ n̩$^{13}_{21}$tʰɔit$^{3}$,iəu$^{35}$ iəu$^{13}$, ɲia$^{13}$tau$^{21}$i$^{21}$kan$^{21}$təŋ$^{35}_{44}$si$^{0}$.ci$^{13}$iəŋ$^{53}$ʂən$^{13}$tsɿ$^{0}$ pən$^{35}$iɔŋ$^{21}$tʰei$^{13}$tʰak$^{3}$ uən$^{21}$,ci$^{13}$kan$^{21}$ke$^{53}$ʂa$^{0}$,kai$^{53}_{44}$tʰai$^{53}$tʂʰɔŋ$^{13}$ʂʅ$^{53}_{44}$ ɲiɔŋ$^{53}_{44}$mən$^{13}_{44}$tsɿ$^{0}$ lei$^{0}$?se$^{21}$tsʰiaŋ$^{53}$lɔi$^{13}_{21}$ke$^{0}$ ʂʅ$^{13}_{44}$xəu$^{53}_{44}$tsɿ$^{0}$ tsʰiəu$^{53}_{44}$ɔi$^{53}_{44}$pən$^{35}$ci$^{13}_{21}$fan$^{35}$tʂuɔn$^{21}$nɔi$^{13}$.təu$^{21}$li$^{0}$ çiɔŋ$^{53}$ŋɔi$^{53}$pɔi$^{53}$, ŋɔi$^{53}$pɔi$^{53}$çi$^{53}$təu$^{21}$li$^{0}$.ŋɔi$^{53}$pɔi$^{53}_{44}$iəu$^{53}$iəu$^{13}$,iəu$^{35}$iəu$^{13}$ua$^{0}$,iəu$^{13}$kai$^{53}$(tʂ)ak$^{3}$ təŋ$^{35}_{44}$si$^{0}$ ɲia$^{13}$tau$^{21}$xɔŋ$^{35}$ʂʅ$^{53}$mau$^{13}_{21}$li$^{0}$ tʰɔit$^{3}$, ɲiaŋ$^{53}$mau$^{13}$li$^{0}$ tʰɔit$^{3}$.pən$^{35}$kai$^{53}$ke$^{0}$ e$_{44}$təu$^{21}$li$^{0}$ fan$^{35}$tʂʰət$^{3}$ lɔi$^{13}$i$^{35}$xei$^{53}$,se$^{21}$tsʰiaŋ$^{53}$lɔi$^{13}$,i$^{21}$(x)a$^{53}_{44}$tsʰiəu$^{53}$tʰak$^{3}$ uən$^{21}$, iəŋ$^{53}$ʂən$^{13}$tsɿ$^{0}$ tʰak$^{3}$ uən$^{21}$,tʰak$^{3}$ uən$^{21}$iɔŋ$^{21}$tʂak$^{3}$ tʰei$^{13}$.e$_{21}$,iəu$^{35}$tei$^{35}_{53}$ʂʅ$^{53}_{44}$kau$^{21}$te$^{35}_{53}$xɔŋ$^{35}$,fɔŋ$^{53}$xa$^{53}$uɔk$^{5}$ li$^{0}$ iet$^{3}$ fɔn$^{35}_{53}$sɿ$^{53}_{44}$ tsʰau$^{21}$li$^{0}$,man$^{53}$man$^{53}_{44}$tsɿ$^{0}$ tsəŋ$^{21}$çi$^{53}$tsʰau$^{21}$,iəu$^{13}$iəu$^{13}$tsɿ$^{0}$ ke$^{53}$fo$^{21}$,tsʰau$^{21}$tek$^{3}$ pʰəŋ$^{35}$çiɔŋ$^{35}$,i$^{21}$xa$^{53}_{44}$tsʰiəu$^{53}$kai$^{53}_{44}$ tsʰiəu$^{53}$se$^{21}$tsʰiaŋ$^{53}$lɔi$^{13}_{44}$,tsʰiet$^{3}$ tau$^{21}$,tʰəŋ$^{13}_{21}$kai$^{53}$pu$^{35}_{44}$ŋai$^{13}_{21}$tien$^{0}$ ʂət$^{5}$ li$^{0}$ ke$^{0}$ ei$_{44}$kai$^{53}_{44}$ke$^{53}_{44}$tsʰau$^{21}$fu$^{21}$kua$^{35}_{44}$,tʂən$^{35}$xau$^{21}$ ʂət$^{5}$.

【旬糖】sən$^{13}$tʰɔŋ$^{13}$ 名将糯米（或占米）发酵，加麦芽，熬成的糖浆：～就系米做个糖，米熬出来个糖。～吵，渠用糯米，也可以用占米，通过发酵，加箇个麦芽，就咁子去熬。米糖，就系米糖。当渠熬到还系黏稠个时候子，还系水状个时候子，还系还比较还会融个时候子啊，会流动个时候子啊，箇就安做～。再熬，熬倒绷硬，熬倒挎熁梆硬个时候，就安做谷麻糖。街上就荷倒卖个。……箇个糖食哩好嘞，消食嘞。箇唔放芝麻吧？sən$^{13}$tʰɔŋ$^{13}$tsʰiəu$^{53}$xe$^{53}$mi$^{21}$tso$^{53}$ ke$^{53}_{44}$tʰɔŋ$^{13}$,mi$^{21}$ŋau$^{13}$tʂʰət$^{3}$ lɔi$^{13}$ke$^{53}$tʰɔŋ$^{13}$.sən$^{13}$tʰɔŋ$^{13}$ʂa$^{0}$,ci$^{13}$iəŋ$^{53}_{44}$lo$^{53}$mi$^{21}$,ia$^{35}$kʰo$^{13}_{21}$i$^{35}$iəŋ$^{53}$tʂan$^{35}$mi$^{21}$,tʰəŋ$^{35}$ko$^{53}_{44}$ fait$^{3}$ çiau$^{53}$,cia$^{35}$kai$^{53}_{44}$ke$^{53}_{44}$mak$^{5}$ ŋa$^{13}$,tsʰiəu$^{53}$kan$^{21}$tsɿ$^{0}$ çi$^{53}$ŋau$^{13}$.mi$^{21}$tʰɔŋ$^{13}$,tsʰiəu$^{53}$xe$^{53}$mi$^{21}$tʰɔŋ$^{13}$.tɔŋ$^{35}$ci$^{13}_{21}$ŋau$^{13}$tau$^{53}_{44}$ xai$^{13}$xei$^{53}_{44}$ɲien$^{13}$tʂʰəu$^{13}$ke$^{53}$ʂʅ$^{13}$xei$^{53}$tsɿ$^{0}$,xai$^{13}$xei$^{53}$ʂei$^{21}$tsʰɔŋ$^{53}$ke$^{53}_{44}$ʂʅ$^{13}$xei$^{53}$tsɿ$^{0}$,xai$^{13}$xe$^{53}$xai$^{13}$pi$^{21}$ciau$^{53}_{44}$xai$^{13}$uɔi$^{53}$ iəŋ$^{13}$ke$^{53}$ʂʅ$^{13}$xei$^{53}$tsa$^{0}$,uɔi$^{53}$liəu$^{13}$tʰəŋ$^{53}$ke$^{53}$ʂʅ$^{13}$xei$^{53}$tsa$^{0}$,kai$^{53}_{44}$tsʰiəu$^{53}$ɔn$^{35}_{44}$tso$^{53}_{44}$sən$^{13}$tʰɔŋ$^{13}$.tsai$^{53}$ŋau$^{13}$,ŋau$^{13}$tau$^{21}$ paŋ$^{35}$ŋaŋ$^{53}$,ŋau$^{13}$tau$^{21}$kʰua$^{53}$tsau$^{35}$paŋ$^{35}$ŋaŋ$^{53}$ke$^{53}_{44}$ʂʅ$^{13}$xei$^{53}_{44}$,tsʰiəu$^{53}_{44}$ɔn$^{35}_{44}$tso$^{53}_{44}$kuk$^{3}$ ma$^{13}$tʰɔŋ$^{13}$.kai$^{35}$xɔŋ$^{53}_{44}$tsʰiəu$^{53}_{44}$kʰai$^{35}$ tau$^{21}$mai$^{53}$ke$^{53}_{44}$.…kai$^{53}_{44}$ke$^{53}_{44}$tʰɔŋ$^{13}$ʂət$^{5}$ li$^{0}$ xau$^{21}$lei$^{0}$,siau$^{35}$ʂət$^{5}$ le$^{0}$.kai$^{53}$n̩$^{13}$fɔŋ$^{53}_{44}$tʂʅ$^{35}_{44}$ma$^{13}_{21}$pa$^{0}$?

【寻$_{1}$】tsʰin$^{13}$ 动①寻找：～伴嫐 tsʰin$^{13}$pʰɔn$^{53}$liau$^{53}$｜一只鸡子冇看得哩，来去～倒来。iet$^{3}$ tʂak$^{3}$ cie$^{35}$tsɿ$^{0}$ maŋ$^{13}$kʰɔn$^{53}$tek$^{3}$ li$^{0}$,lɔi$^{13}$çi$^{53}$tsʰin$^{13}$tau$^{21}$lɔi$^{13}$.｜～滴子事做。～事做嘞也有两只。一只就系到外背去打工啊，～只事做哩，系？还有只嘞就去屋下～滴子事做哩，扫下子地呀，系啊？搞下子卫生呐系滴。也安做～滴子事做哩。tsʰin$^{13}$tet$^{5}$ tsɿ$^{0}$ sɿ$^{53}$tso$^{53}$.tsʰin$^{13}$sɿ$^{53}$tso$^{53}$lei$^{0}$ ie$^{35}$iəu$^{35}_{44}$iɔŋ$^{21}$ tʂak$^{3}$.iet$^{3}$ tʂak$^{3}$ tsʰiəu$^{53}_{44}$xei$^{53}_{44}$tau$^{53}_{44}$ŋɔi$^{53}$pɔi$^{53}_{44}$çi$^{53}_{44}$ta$^{21}$kəŋ$^{35}$ŋa$^{0}$,tsʰin$^{13}$tʂak$^{3}$ sɿ$^{53}$tso$^{53}$li$^{0}$,xe$^{53}$?xai$^{13}$iəu$^{35}$tʂak$^{3}$ lei$^{0}$ tsʰiəu$^{53}_{44}$çi$^{53}$uk$^{3}$ xa$^{53}$tsʰin$^{13}$tiet$^{5}$ tsɿ$^{0}$ sɿ$^{53}$tso$^{53}$li$^{0}$,sau$^{53}_{44}$xa$^{53}_{44}$tsɿ$^{0}$ tʰi$^{53}$ia$^{0}$,xei$^{53}_{44}$a$^{0}$?kau$^{21}$xa$^{53}_{44}$tsɿ$^{0}$ uei$^{53}$sen$^{35}_{44}$na$^{0}$ xe$^{53}_{21}$tet$^{5}_{3}$.ia$^{35}$ ɔn$^{35}_{44}$tso$^{53}_{44}$tsʰin$^{13}$tet$^{5}$ tsɿ$^{0}$ sɿ$^{53}$tso$^{53}$li$^{0}$. ②搜求：箇个还爱去～松光咯。kai$^{53}_{44}$ke$^{53}_{44}$xa$^{13}_{21}$ɔi$^{53}_{44}$çi$^{53}_{44}$tsʰin$^{13}$tsʰəŋ$^{13}$kɔŋ$^{35}$ ko$^{0}$. ③采集：以只东西指石蕊子箇就是别人家～草药箇是讲。i$^{21}$tʂak$^{3}$ təŋ$^{35}_{44}$si$^{0}$ kai$^{53}_{21}$tsʰiəu$^{53}_{44}$ʂʅ$^{53}_{44}$pʰiet$^{5}$ in$^{13}_{44}$ ka$^{35}_{44}$tsʰin$^{13}$tsʰau$^{21}$iɔk$^{5}$ kai$^{53}_{44}$ʂʅ$^{53}_{44}$kɔŋ$^{21}_{44}$. ④赚（钱）：旧年花嘿滴钱，我还～倒滴子钱。cʰiəu$^{53}$ɲien$^{13}_{21}$fa$^{35}$ (x)ek$^{3}$ tet$^{5}$ tsʰien$^{13}_{21}$,ŋai$^{13}$(x)ai$^{13}_{44}$tsʰin$^{13}$tau$^{21}$tiet$^{5}$ tsɿ$^{0}$ tsʰien$^{13}_{21}$.

【寻$_{2}$】tsʰin$^{13}$ 量同“庹”：一～长 iet$^{3}$ tsʰin$^{13}$tʂʰɔŋ$^{13}$

【寻短路】tsʰin$^{13}$tɔn$^{21}$ləu$^{53}$ 寻短见。又称“自杀、寻死”：以前我等老家箇映子有条河，叫细河子。箇细河子底下嘞一只潭，唔知几深，安做竹排里箇只潭，吓死人喏，我细细子真怕。搞怕么个嘞？就系我等见过嘞，箇潭里浸死一对夫妇，两公婆搞筋，箇晡让门子欸箇老婆揪稳箇只老公，佮孽两公婆同时跳下箇潭里，～死嘿哩。我有几大子，欸我记得嘞就两公婆跍倒箇三房里箇映子做道场，两公婆死哩做道场。箇有几年我等唔敢走箇过，弯路过。以下箇潭都冇得哩。i$^{35}_{53}$tsʰien$^{13}_{21}$ŋai$^{13}$tien$^{0}$lau$^{21}$cia$^{35}_{44}$kai$^{53}$iaŋ$^{53}$tsɿ$^{0}$iəu$^{35}$tʰiau$^{13}_{21}$xo$^{13}$,ciau$^{53}_{44}$sei$^{53}$xo$^{13}$tsɿ$^{0}$.kai$^{53}_{44}$sei$^{53}$xo$^{13}$tsɿ$^{0}$tei$^{21}$xa$^{53}_{44}$lei$^{0}$iet$^{3}$tʂak$^{3}$tʰan$^{13}$,n̩$^{13}$ti$^{35}_{53}$ci$^{21}$tʂʰən$^{35}$,ən$^{35}_{44}$tso$^{53}_{44}$tʂəuk$^{3}$pʰai$^{13}_{21}$li$^{0}$kai$^{53}$(tʂ)ak$^{3}$tʰan$^{13}$,xak$^{3}$si$^{21}$ɲin$^{13}$no$^{0}$,ŋai$^{13}_{44}$se$^{53}$se$^{53}$tsɿ$^{0}$tʂən$^{35}$pʰa$^{53}_{44}$.kau$^{21}$pʰa$^{53}$mak$^{3}$e$^{0}$lei$^{0}$?tsʰiəu$^{53}_{44}$xe$^{53}_{44}$ŋai$^{13}$tien$^{0}$cien$^{53}$ko$^{53}$lei$^{0}$,kai$^{53}$tʰan$^{13}_{21}$ni$^{0}$tsin$^{53}$si$^{21}$iet$^{3}$ti$^{53}$fu$^{35}_{44}$fu$^{53}$,iəŋ$^{21}$kəŋ$^{35}_{44}$pʰo$^{13}_{21}$kau$^{21}$cin$^{35}$,kai$^{53}_{44}$pu$^{35}$ɲiəŋ$^{53}$mən$^{13}_{21}$tsɿ$^{0}$ei$^{0}$kai$^{53}_{44}$lau$^{21}$pʰo$^{13}$tsiəu$^{35}_{21}$uən$^{21}$kai$^{53}$tʂak$^{3}$lau$^{21}$kəŋ$^{35}_{44}$,kək$^{3}$ɲiet$^{5}$iəŋ$^{21}$kəŋ$^{35}$pʰo$^{13}_{21}$tʰəŋ$^{13}$ʂʅ$^{13}_{44}$tʰiau$^{53}$xa$^{53}$kai$^{53}$tʰan$^{13}_{21}$ni$^{0}$,tsʰin$^{13}$tən$^{21}$ləu$^{53}$si$^{21}$xek$^{3}$li$^{0}$.ŋai$^{13}$mau$^{13}_{21}$ci$^{21}$tʰai$^{53}$tsɿ$^{0}$,e$_{21}$ŋai$^{13}$ci$^{53}$tek$^{3}$lei$^{0}$tsiəu$^{53}$iəŋ$^{21}$kəŋ$^{35}$pʰo$^{13}_{21}$ku$^{35}$tau$^{21}$kai$^{53}$san$^{35}$fəŋ$^{13}_{21}$li$^{0}$kai$^{53}$iaŋ$^{53}$tsɿ$^{0}$tso$^{53}$tʰau$^{53}$tʂʰəŋ$^{13}_{44}$,iəŋ$^{21}$kəŋ$^{35}$pʰo$^{13}_{21}$si$^{21}$li$^{0}$tso$^{53}$tʰau$^{53}$tʂʰəŋ$^{13}_{21}$.kai$^{53}_{44}$iəu$^{35}$ci$^{21}$ɲien$^{13}_{21}$ŋai$^{13}$tien$^{0}$n̩$^{13}$kan$^{21}$tsei$^{21}$kai$^{53}_{44}$ko$^{53}$,uan$^{35}$ləu$^{53}$ko$^{53}$.i$^{21}$xa$^{53}$kai$^{53}$tʰan$^{13}$təu$^{53}$mau$^{13}_{21}$(t)ek$^{3}$li$^{0}$.

【寻饭食】tsʰin$^{13}$fan$^{53}$ʂət$^{5}$ 谋生：渠就爱靠箇只东西呀去～唠。ci$^{13}_{21}$tsʰiəu$^{53}_{44}$ɔi$^{53}_{44}$kʰau$^{53}$kai$^{53}$tʂak$^{3}$təŋ$^{35}_{44}$si$^{0}$ia$^{0}$çi$^{53}_{44}$tsʰin$^{13}$fan$^{53}$ʂət$^{5}$lau$^{0}$.

【寻客】tsʰin$^{13}$kʰak$^{3}$ 动 请坐时听到唱单子的人喊某位客人请坐，就提盏马灯去找到这位客人：第二个人就爱～。寻，去寻倒箇只客来呀。欸。有滴是喊渠待倒箇映子，坐倒箇映子，有滴是客佬子去欸去外背，去别张桌坐下哩了哇。呣。寻倒箇只客来。寻东西个寻呢。～。渠就带盏马灯去。打比你系坐上个人，欸，我喊，陈府上个老师请坐。嗯。箇～个人呢就寻倒你，马灯就一照，就你就爱跖身。马灯就一照，提盏马灯，马灯就一照，就到你面前一照，请你坐。呣。你就爱跖身。箇是第二个人，提马灯个～。tʰi$^{53}_{44}$ɲi$^{53}$ke$^{53}_{44}$ɲin$^{13}_{21}$tsʰiəu$^{53}_{44}$ɔi$^{53}_{44}$tsʰin$^{13}$kʰak$^{3}$.tsʰin$^{13}$,çi$^{53}_{44}$tsʰin$^{13}$tau$^{21}$kai$^{53}$tʂak$^{3}$kʰak$^{3}$lɔi$^{13}$ia$^{0}$.ei$_{21}$.iəu$^{35}$tiet$^{5}$ʂʅ$^{53}_{44}$xan$^{53}$ci$^{13}_{21}$cʰi$^{35}$tau$^{21}$kai$^{53}_{44}$iaŋ$^{53}_{44}$tsɿ$^{0}$,tsʰo$^{35}$tau$^{21}$kai$^{53}_{44}$iaŋ$^{53}_{44}$tsɿ$^{0}$,iəu$^{35}$tiet$^{5}$ʂʅ$^{53}_{44}$kʰak$^{3}$lau$^{21}$tsɿ$^{0}$çi$^{53}_{21}$e$_{44}$çi$^{53}_{44}$ŋɔi$^{53}_{44}$pɔi$^{53}_{44}$,çi$^{53}_{44}$pʰet$^{5}$tʂəŋ$^{35}_{44}$tsɔk$^{3}$tsʰo$^{35}$(x)a$^{53}_{21}$li$^{0}$liau$^{21}_{44}$ua$^{0}$.m̩$_{21}$.tsʰin$^{13}$tau$^{21}$kai$^{53}$tʂak$^{3}$kʰak$^{3}$lɔi$^{13}_{44}$.tsʰin$^{13}$təŋ$^{35}$si$^{0}$ke$^{53}_{44}$tsʰin$^{13}$ne$^{0}$.tsʰin$^{13}$kʰak$^{3}$.ci$^{13}$tsʰiəu$^{53}_{44}$tai$^{53}$tsan$^{21}$ma$^{35}$ten$^{35}_{44}$çi$^{53}_{44}$.ta$^{21}$pi$^{21}$ɲi$^{13}$xe$^{53}_{44}$tsʰo$^{35}_{44}$ʂəŋ$^{35}$ke$^{53}_{44}$ɲin$^{13}_{44}$,e$_{21}$,ŋai$^{13}_{21}$xan$^{53}_{44}$,tʂʰən$^{13}_{21}$fu$^{21}$xəŋ$^{53}_{44}$ke$^{53}_{44}$lau$^{21}$sɿ$^{35}$tsʰiaŋ$^{21}$tsʰo$^{35}$.n̩$_{21}$.kai$^{53}_{44}$tsʰin$^{13}$kʰak$^{3}$ke$^{53}_{44}$ɲin$^{13}_{21}$ne$^{0}$tsʰiəu$^{53}_{44}$tsʰin$^{13}_{21}$tau$^{21}$ɲi$^{13}_{21}$,ma$^{35}$tien$^{35}_{44}$tsʰiəu$^{53}_{44}$iet$^{3}$tʂau$^{53}$,tsʰiəu$^{53}_{44}$ɲi$^{13}$tsʰiəu$^{53}_{44}$ɔi$^{53}_{44}$xəŋ$^{53}$ʂən$^{35}$.ma$^{35}$ten$^{35}_{44}$tsʰiəu$^{53}_{44}$iet$^{3}$tʂau$^{53}$,tʰia$^{35}$tsan$^{21}$ma$^{35}$ten$^{35}_{44}$,ma$^{35}$tien$^{35}_{44}$tsʰiəu$^{53}_{44}$iet$^{3}$tʂau$^{53}$,tsʰiəu$^{53}_{44}$tau$^{53}_{44}$ɲi$^{13}_{44}$mien$^{53}_{44}$tsʰien$^{53}_{44}$iet$^{3}$tʂau$^{53}$,tsʰiaŋ$^{21}$ɲi$^{13}_{21}$tsʰo$^{35}_{44}$.m̩$_{21}$. ɲi$^{13}_{21}$tsʰiəu$^{53}_{44}$ɔi$^{53}_{44}$xəŋ$^{53}$ʂən$^{35}$.kai$^{53}_{21}$ʂʅ$^{53}_{44}$tʰi$^{53}_{44}$ɲi$^{53}$ke$^{53}_{44}$ɲin$^{13}_{21}$,tʰia$^{35}$ma$^{35}$ten$^{35}_{44}$ke$^{53}_{44}$tsʰin$^{13}$kʰak$^{3}$.

【寻钱】tsʰin$^{13}$tsʰien$^{13}$ 形 有钱可赚：（跳神）也蛮～呶。ia$^{35}_{53}$man$^{13}$tsʰin$^{13}$tsʰien$^{13}$nau$^{0}$.

【寻死】tsʰin$^{13}$si$^{21}$ 动 寻短见：欸，实在生活当中啊欸几多子事唔多好处理个，都会过咁，搞么个去～哟？有兜人就思想十分狭隘。不至于～呀，系唔系？e$_{21}$,ʂət$^{5}$tsʰai$^{53}_{21}$sen$^{35}_{44}$xɔit$^{5}$təŋ$^{35}_{44}$tʂəŋ$^{35}_{44}$ŋa$^{0}$e$_{21}$ci$^{21}$to$^{35}$tsɿ$^{0}$sɿ$^{53}$n̩$^{13}$to$^{35}_{53}$xau$^{21}$tʂʰʮ$^{21}$li$^{35}_{53}$ke$^{53}$,təu$^{35}$uɔi$^{53}$ko$^{53}$kan$^{21}$,kau$^{21}$mak$^{3}$e$^{0}$çi$^{53}$tsʰin$^{13}$si$^{21}$io$^{0}$?iəu$^{35}$tei$^{35}_{53}$ɲin$^{13}_{44}$tsʰiəu$^{53}_{44}$sɿ$^{35}$siəŋ$^{21}$ʂət$^{5}$fən$^{35}_{53}$çiak$^{3}$ŋai$^{53}$.pət$^{3}$tʂʅ$^{53}$ʮ$^{13}$tsʰin$^{13}$si$^{21}$ia$^{0}$,xei$^{53}$me$^{53}$?

【巡所】sən$^{13}$so$^{21}$ 动 出殡前一晚上孝子为逝者举行的家奠的第一部分内容，又称“行巡视礼”：孝子箇场祭，箇就最隆重个。爱摆一十二所，安做大三献。摆一十二所啊，箇场祭爱打两个多小时。渠分做两只部分。第一只部分安做～。一十二所。～，巡视啊。箇只孝子……箇个孝子在箇个带引个人个带领下，有四只孝子，有四只赖子就四只孝子都爱去。四只赖子都爱去。有两只就两只，一只就一只，系唔系？爱去只只所爱去看下子，爱去巡视下子，安做～。每到一只……一十二所。渠等话有二十四所个，我就赠看过。一十二所。我就记唔得咁多。有箇么箇毛血所，刚鬣所，恭祝所，食案所，香案所，欸，还有还有酒樽所，鼓乐所，咁多所，十二所。我唔多记得赠……一十二所。我就唔记得。还有财帛所。首先就～。每到一只所，到哩箇映，带倒箇只孝子到哩箇只所，欸，唔爱跪嘞。就咁子区分。然后由歌诗个人就歌诗，读诗章，我读读，歌诗章，歌八句。（改说普通话：唱完了那八句，那一所就巡完了。就又下一所，又打个圈圈，又来另一所。一十二个所要跑完，要走完，慢慢地走，要非常恭敬的样子啦。那个孝子是，你就不能够把头抬起来呀，趾高气扬的样子。你一定要做得……把头低下去。）欸，爱爱分脑壳睬得下下子。一条孝堂棍呢短短子。欸，唔知几倒威个样子。唔知几倒霉个样子，悲痛个样子。咁子去～。巡嘿哩所以后嘞，巡哩所以后休息几分子钟，就进行第二只步骤。就安做么个嘞？就安做行家奠礼。首先就行巡视礼。çiau$^{53}$tsɿ$^{21}$kai$^{53}_{44}$tʂʰəŋ$^{13}_{21}$tsi$^{53}$,kai$^{53}_{44}$tsʰiəu$^{53}_{44}$tsei$^{53}$ləŋ$^{13}$tʂʰəŋ$^{53}_{44}$ke$^{53}_{44}$.ɔi$^{53}_{44}$pai$^{21}$iet$^{3}$ʂət$^{5}$ɲi$^{53}$so$^{21}$,ən$^{35}_{44}$tso$^{53}_{44}$tʰai$^{53}$san$^{35}_{44}$çien$^{53}$.pai$^{21}$iet$^{3}$ʂət$^{5}$ɲi$^{53}$so$^{21}$a$^{0}$,kʰai$^{53}_{44}$tʂʰəŋ$^{13}_{21}$tsi$^{53}$ɔi$^{53}_{44}$ta$^{21}$iəŋ$^{21}$ke$^{53}_{44}$to$^{35}_{44}$siau$^{21}$ʂʅ$^{13}_{21}$.ci$^{13}_{21}$fən$^{35}$tso$^{53}_{44}$iəŋ$^{21}$tʂak$^{3}$pʰu$^{53}$fən$^{53}$.tʰi$^{53}$iet$^{3}$tʂak$^{3}$pʰu$^{53}$fən$^{53}$ən$^{35}_{44}$tso$^{53}_{44}$sən$^{13}$so$^{21}$.iet$^{3}$ʂət$^{5}$ɲi$^{53}$so$^{21}$.sən$^{13}$so$^{21}$,sən$^{13}$ʂʅ$^{53}$a$^{0}$.kai$^{53}_{44}$tʂak$^{3}$xau$^{53}$ts…kai$^{53}_{44}$ke$^{53}_{44}$xau$^{53}$tsɿ$^{21}$tsʰai$^{53}$kai$^{53}$ke$^{53}$tai$^{53}$in$^{21}$ke$^{53}_{44}$ɲin$^{13}_{21}$ke$^{53}_{44}$tai$^{53}$lin$^{21}$çia$^{53}$,iəu$^{35}$si$^{53}$tʂak$^{3}$xau$^{53}$tsɿ$^{21}$,iəu$^{35}$si$^{53}$tʂak$^{3}$lai$^{53}$tsɿ$^{0}$tsʰiəu$^{53}_{44}$si$^{53}$tʂak$^{3}$xau$^{53}$tsɿ$^{21}$təu$^{35}$ɔi$^{53}_{44}$çi$^{53}_{44}$.si$^{53}$tʂak$^{3}$lai$^{53}$tsɿ$^{0}$təu$^{35}$ɔi$^{53}_{44}$

çi$^{53}_{44}$.iəu$^{35}$iɔŋ$^{21}$tʂak$^{3}$ tsʰiəu$^{53}$iɔŋ$^{21}$tʂak$^{3}$,iet$^{3}$ tʂak$^{3}$ tsʰiəu$^{53}$iet$^{3}$ tʂak$^{3}$,xei$^{53}_{44}$me$^{53}$?ɔi$^{53}_{44}$çi$^{53}_{44}$tʂak$^{3}$ tʂak$^{3}$ so$^{21}$ɔi$^{53}_{44}$çi$^{53}_{44}$kʰɔn$^{53}$ na$^{53}_{44}$tsɿ$^{0}$,ɔi$^{53}_{44}$çi$^{53}_{44}$sən$^{13}$ʂʅ$^{53}$a$^{53}_{44}$tsɿ$^{0}$,ɔn$^{35}_{44}$tso$^{53}_{44}$sən$^{13}$so$^{21}$.mei$^{35}$tau$^{53}$iet$^{3}$ tʂak$^{3}$ …iet$^{3}$ ʂət$^{5}$ ɲi$^{53}$so$^{21}$.ci$^{13}_{21}$tien$^{0}$ ua$^{53}_{44}$iəu$^{35}$ɲi$^{53}$ʂət$^{3}$ si$^{53}$so$^{21}$ke$^{53}$,ŋai$^{13}_{21}$tsʰiəu$^{53}_{44}$maŋ$^{13}$kʰɔn$^{53}$ko$^{53}_{21}$.iet$^{3}$ ʂət$^{5}$ɲi$^{53}$so$^{21}$.ŋai$^{13}_{21}$tsʰiəu$^{53}_{44}$ci$^{53}$n̩$^{13}_{21}$tek$^{3}$ kan$^{21}$to$^{35}_{44}$.iəu$^{35}$kai$^{53}_{44}$mak$^{3}$ kai$^{53}_{44}$ mau$^{35}$çiet$^{3}$ so$^{21}$,kɔŋ$^{35}$liet$^{5}$ so$^{21}$,kəŋ$^{35}$tʂəuk$^{3}$ so$^{21}$,ʂət$^{5}$ ŋɔn$^{53}$so$^{21}$,çiɔŋ$^{35}$ŋɔn$^{53}$so$^{21}$,e$_{21}$,xai$^{13}_{21}$iəu$^{35}_{44}$xai$^{13}_{21}$iəu$^{35}_{44}$tsiəu$^{21}$tsən$^{35}_{44}$ so$^{21}$,ku$^{21}$iɔk$^{5}$ so$^{21}$,kan$^{21}$to$^{35}_{44}$so$^{21}$,ʂət$^{5}$ ɲi$^{53}$so$^{21}$.ŋai$^{13}_{21}$n̩$^{13}_{21}$to$^{35}_{44}$ci$^{53}_{21}$tek$^{3}$ maŋ$^{13}$…iet$^{3}$ ʂət$^{5}$ ɲi$^{53}$so$^{21}$.ŋai$^{13}_{21}$tsʰiəu$^{53}_{44}$n̩$^{13}$ci$^{53}$ tek$^{3}$ .xai$^{13}_{21}$iəu$^{35}_{44}$tsʰɔi$^{13}$pʰet$^{5}$ so$^{21}$.ʂəu$^{21}$sien$^{35}_{44}$tsʰiəu$^{53}_{44}$sən$^{13}$so$^{21}$.mei$^{35}$tau$^{53}$iet$^{3}$ tʂak$^{3}$ so$^{21}$,tau$^{53}$li$^{0}$ kai$^{53}_{44}$iaŋ$^{53}_{44}$,tai$^{53}$tau$^{21}$ kai$^{53}_{44}$tʂak$^{3}$ xau$^{53}$tsɿ$^{21}$tau$^{53}$li$^{0}$ kai$^{53}$tʂak$^{3}$ so$^{21}$,e$_{21}$,m̩$^{13}_{21}$mɔi$^{53}_{44}$kʰuei$^{21}$lei$^{0}$ .tsʰiəu$^{53}$kan$^{21}$tsɿ$^{0}$ tʂʰʮ$^{35}$fən$^{35}_{44}$.vien$^{13}_{21}$xei$^{53}_{44}$iəu$^{13}_{21}$ ko$^{35}$ʂʅ$^{35}$ke$^{53}_{21}$ɲin$^{13}_{21}$tsʰiəu$^{53}$ko$^{35}$ʂʅ$^{35}$,tʰəuk$^{5}$ ʂʅ$^{35}_{44}$tʂɔŋ$^{35}_{44}$,ŋai$^{13}_{44}$tʰəuk$^{5}_{3}$ tʰəuk$^{5}$ ,ko$^{35}$ʂʅ$^{35}_{44}$tʂɔŋ$^{35}_{44}$,ko$^{35}$pait$^{3}$ tʂʮ$^{53}$.e$_{21}$,ɔi$^{53}_{44}$ɔi$^{53}_{44}$pən$^{35}_{44}$ nau$^{21}$kʰɔk$^{3}$ tsʰi$^{53}$tek$^{3}$ xa$^{35}$xa$^{35}_{44}$tsɿ$^{0}$ .iet$^{3}$ tʰiau$^{13}_{44}$xau$^{53}$tʰɔŋ$^{13}_{21}$kuən$^{53}$ne$^{0}$ tən$^{21}_{35}$tən$^{21}$tsɿ$^{0}$ .e$_{21}$,n̩$^{13}$ti$^{35}_{44}$ci$^{21}$tau$^{21}$uei$^{35}$ke$^{53}_{44}$iɔŋ$^{53}$ tsɿ$^{0}$ .n̩$^{13}$ti$^{35}_{44}$ci$^{21}$tau$^{21}$mei$^{13}$ke$^{53}_{44}$iɔŋ$^{53}$tsɿ$^{0}$ ,pei$^{35}$tʰəŋ$^{53}_{44}$ke$^{53}_{44}$iɔŋ$^{53}$tsɿ$^{0}$ .kan$^{21}$tsɿ$^{0}$ çi$^{53}$sən$^{13}_{21}$so$^{21}$.sən$^{13}$nek$^{3}$ li$^{0}$ so$^{21}$i$^{35}_{44}$xei$^{53}_{44}$ lei$^{0}$ ,sən$^{13}$ni$^{0}$ so$^{21}$i$^{35}$xei$^{53}_{44}$çiəu$^{35}$siet$^{3}$ ci$^{21}$fən$^{35}$tsɿ$^{0}$ tʂəŋ$^{35}$,tsʰiəu$^{53}_{44}$tsin$^{53}$çin$^{13}_{21}$tʰi$^{53}_{44}$ɲi$^{53}$tʂak$^{3}$ pʰu$^{53}$tsʰəu$^{53}_{21}$.tsʰiəu$^{53}_{44}$ɔn$^{35}_{44}$tso$^{53}_{44}$ mak$^{3}$ ke$^{53}_{44}$lei$^{0}$ ?tsʰiəu$^{53}_{44}$ɔn$^{35}$tso$^{53}_{21}$çin$^{13}$cia$^{35}$tʰien$^{53}$li$^{35}$.ʂəu$^{21}$sien$^{35}_{44}$tsʰiəu$^{53}_{44}$çin$^{13}$sən$^{13}$ʂʅ$^{53}$li$^{35}$.

# Y

【丫$_{1}$】a$^{35}$ 名①物体的分叉：（钉锤子）顶高有只～。taŋ$^{21}$kau$^{35}_{44}$iəu$^{35}_{44}$tʂak$^{3}$a$^{35}$. ②衣服上开衩的地方：可以以只～开以边，也可以翻转箇向来只～开箇边。k$^{h}$o$^{21}$i$^{35}_{53}$i$^{21}$tʂak$^{3}$a$^{35}$k$^{h}$ɔi$^{35}$i$^{21}$pien$^{35}_{44}$,ia$^{35}$k$^{h}$o$^{21}$i$^{35}_{44}$fan$^{35}$tʂɔn$^{21}$kai$^{53}$çiɔŋ$^{53}_{44}$lɔi$^{13}_{21}$tʂak$^{3}$a$^{35}_{44}$k$^{h}$ɔi$^{35}$kai$^{53}$pien$^{35}_{44}$.

【丫$_{2}$】a$^{35}$/ŋa$^{35}$ 动①强行加入其间：还赠收，～下箇行子中间个，丫禾。xai$^{13}$maŋ$^{13}_{21}$ʂəu$^{35}$,a$^{35}_{44}$(x)a$^{53}_{44}$kai$^{53}_{44}$xɔŋ$^{13}$tsɿ$^{0}$tʂəŋ$^{35}$kan$^{35}_{44}$cie$^{53}_{44}$,a$^{35}$uo$^{13}$.｜你只爱舞倒箇个湖膏油，箇爆哩坼个栏场～下一坨去，～一坨湖膏油去。ɲi$^{13}_{21}$tʂɿ$^{21}$ɔi$^{53}$u$^{21}$tau$^{21}$kai$^{53}_{44}$ke$^{53}_{44}$fu$^{13}$kau$^{53}$iəu$^{13}$,kai$^{53}$pau$^{53}$li$^{0}$ts$^{h}$ak$^{3}$ke$^{53}$laŋ$^{13}_{44}$tʂ$^{h}$ɔŋ$^{13}_{44}$ŋa$^{35}$(x)a$^{53}$iet$^{3}$t$^{h}$o$^{13}_{21}$çi$^{53}$,ŋa$^{35}_{53}$iet$^{3}$t$^{h}$o$^{13}_{21}$fu$^{13}$kau$^{53}$iəu$^{13}$çi$^{53}$. ②插入或楔入并使其牢固：跳顶高嘞，渠做只咁个筒筒。～筒筒。～下去。t$^{h}$iau$^{53}$taŋ$^{21}$kau$^{35}$lei$^{0}$,ci$^{13}$tso$^{53}$tʂak$^{3}$kan$^{21}$cie$^{53}$t$^{h}$əŋ$^{13}$t$^{h}$əŋ$^{13}_{44}$.a$^{35}$t$^{h}$əŋ$^{13}$t$^{h}$əŋ$^{13}_{44}$.a$^{35}$xa$^{53}$çi$^{53}_{21}$. ③张开：攒劲～开嘴巴来。tsan$^{21}$cin$^{53}$ŋa$^{35}$k$^{h}$ɔi$^{35}_{44}$tsi$^{21}$pa$^{0}$lɔi$^{13}_{0}$. ④绽开：玉兰～倒箇叶子像箇个咯，像枇杷叶咯。y$^{53}$lan$^{13}_{21}$ŋa$^{35}$tau$^{21}$kai$^{53}_{44}$iait$^{5}$tsɿ$^{0}$ts$^{h}$iɔŋ$^{53}_{44}$kai$^{53}_{44}$ke$^{53}_{44}$ko$^{0}$,ts$^{h}$iɔŋ$^{53}_{44}$p$^{h}$i$^{13}$p$^{h}$a$^{0}$iait$^{5}$ko$^{0}$.

【丫豆子】a$^{35}$t$^{h}$ei$^{53}$tsɿ$^{0}$ 名一种豆类，产量高，吃豆子，淀粉多：～，欸，一种咁个杂豆子，～咯。欸～蛮好食嘞，新鲜个～最好食。有兜子像……箇芒花豆呀就系有兜像～。但是芒花豆更细，～滮大一只。～更大一只，更好食。芒花豆是炆都够炆哩。a$^{35}$t$^{h}$ei$^{53}$tsɿ$^{0}$,e$_{44}$,iet$^{3}$tʂəŋ$^{21}$kan$^{21}$ke$^{53}_{44}$ts$^{h}$ait$^{5}$t$^{h}$ei$^{53}$tsɿ$^{0}$,a$^{35}$t$^{h}$ei$^{53}$tsɿ$^{0}$ko$^{0}$.e$^{0}$a$^{35}$t$^{h}$ei$^{53}$tsɿ$^{0}$man$^{13}_{21}$xau$^{21}$ʂət$^{5}$le$^{0}$,sin$^{35}$sien$^{35}_{44}$ke$^{0}$a$^{35}$t$^{h}$ei$^{53}$tsɿ$^{0}$tsei$^{53}$xau$^{21}$ʂət$^{5}$.iəu$^{35}$te$^{35}_{53}$tsɿ$^{0}$ts$^{h}$iɔŋ$^{53}$…kai$^{53}$mɔŋ$^{13}$fa$^{35}_{44}$t$^{h}$ei$^{53}$ia$^{0}$ts$^{h}$iəu$^{53}$xei$^{53}$iəu$^{35}$te$^{35}_{53}$ts$^{h}$iɔŋ$^{53}$a$^{35}$t$^{h}$ei$^{53}$tsɿ$^{0}$.tan$^{53}$ʂɿ$^{53}$mɔŋ$^{13}$fa$^{35}_{44}$t$^{h}$ei$^{53}$ken$^{53}_{44}$se$^{53}$,a$^{35}$t$^{h}$ei$^{53}$tsɿ$^{0}$mən$^{35}$t$^{h}$ai$^{53}$iet$^{3}$tʂak$^{3}$.a$^{35}$t$^{h}$ei$^{53}$tsɿ$^{0}$ken$^{53}_{44}$t$^{h}$ai$^{53}$iet$^{3}$tʂak$^{3}$,ken$^{53}_{44}$xau$^{21}$ʂət$^{5}$.mɔŋ$^{13}$fa$^{35}_{44}$t$^{h}$ei$^{53}$ʂɿ$^{53}_{44}$uən$^{13}$təu$^{35}_{53}$kei$^{53}$uən$^{13}$ni$^{0}$.

【丫禾】a$^{35}$uo$^{13}$ 名在早稻成熟前就预栽在其行间空隙里的晚稻秧苗：以前呢栽早禾，早禾个空里嘞就栽～。如果打嘿禾来，再来栽，再来重新搞犁耙来栽嘞，箇就安做栽二禾。欸，为啦抢时间呢，就早禾个空里，就栽～。打嘿早禾嘞，就箇个～嘞就麻溜耘田呐，下肥呀，分箇～搞起来，欸，分渠培大来，因为山里嘞，客姓人系个栏场系箇山里，一般都空气，阳光空气都比较冇咁好，欸，气温冇咁高，所以爱栽～。i$^{35}$ts$^{h}$ien$^{13}$nei$^{0}$tsɔi$^{35}$tsau$^{21}$uo$^{13}$,tsau$^{21}$uo$^{13}$ke$^{53}_{44}$k$^{h}$əŋ$^{53}$li$^{0}$lei$^{0}$ts$^{h}$iəu$^{53}_{44}$tsɔi$^{35}_{44}$a$^{35}$uo$^{13}_{21}$.ɥ$^{13}$ko$^{21}$ta$^{21}$xek$^{3}$uo$^{13}$lɔi$^{13}_{44}$,tsai$^{53}$lɔi$^{13}_{21}$tsɔi$^{35}$,tsai$^{53}$lɔi$^{13}_{21}$tʂ$^{h}$əŋ$^{13}$sin$^{35}_{44}$kau$^{21}$lai$^{13}$p$^{h}$a$^{13}$lɔi$^{13}$tsɔi$^{35}$lei$^{0}$,kai$^{53}_{44}$ts$^{h}$iəu$^{53}_{44}$ɔn$^{35}_{44}$tso$^{53}_{44}$tsɔi$^{35}$ɲi$^{53}$uo$^{13}$.e$_{21}$,uei$^{53}$la$^{0}$ts$^{h}$iɔŋ$^{21}$ʂɿ$^{13}$kan$^{35}_{44}$nei$^{0}$,ts$^{h}$iəu$^{53}_{44}$tsau$^{21}$uo$^{13}$ke$^{53}_{44}$k$^{h}$əŋ$^{53}$li$^{0}$,ts$^{h}$iəu$^{53}_{44}$tsɔi$^{35}$a$^{35}$uo$^{13}_{21}$.ta$^{21}$xek$^{3}$tsau$^{21}$uo$^{13}$lei$^{0}$,ts$^{h}$iəu$^{53}_{44}$kai$^{53}_{44}$ke$^{53}_{44}$a$^{35}$uo$^{13}$lei$^{0}$ts$^{h}$iəu$^{53}_{44}$ma$^{13}_{21}$liəu$^{53}_{44}$in$^{13}$t$^{h}$ien$^{13}$na$^{0}$,xa$^{53}_{44}$p$^{h}$i$^{13}$ia$^{0}$,pən$^{35}$kai$^{53}_{44}$a$^{35}$uo$^{13}_{21}$kau$^{21}$çi$^{21}$lɔi$^{13}$,e$_{21}$,pən$^{35}$ci$^{13}_{44}$p$^{h}$i$^{13}$t$^{h}$ai$^{53}$lɔi$^{13}_{21}$,in$^{35}$uei$^{53}_{44}$san$^{35}$li$^{0}$lei$^{0}$,k$^{h}$ak$^{3}$sin$^{53}$ɲin$^{13}_{21}$xe$^{53}$ke$^{53}$laŋ$^{13}$tʂ$^{h}$ɔŋ$^{13}_{44}$xe$^{53}_{44}$kai$^{53}_{44}$san$^{35}$ni$^{21}$,iet$^{3}$pɔn$^{35}$təu$^{35}_{44}$k$^{h}$əŋ$^{35}$çi$^{53}$,iɔŋ$^{13}$kɔŋ$^{35}_{44}$k$^{h}$əŋ$^{35}$çi$^{53}$təu$^{35}_{44}$pi$^{21}$ciau$^{53}_{44}$mau$^{13}_{21}$kan$^{21}$xau$^{21}$,e$_{21}$,çi$^{53}$uən$^{35}_{44}$mau$^{13}_{21}$kan$^{21}$kau$^{35}$,so$^{21}$i$^{35}$ɔi$^{53}_{44}$tsɔi$^{35}$a$^{35}$uo$^{13}_{21}$.



【压】iak$^{3}$ 动从上往下增加重力：要分水～啊去啊正晒得干呐。iau$^{53}_{35}$pən$^{35}_{44}$ʂei$^{21}$iak$^{3}$a$^{0}$çi$^{53}$a$^{0}$tʂaŋ$^{53}_{44}$sai$^{53}$tek$^{3}$kɔn$^{35}$na$^{0}$.

【压相心】iak$^{3}$siɔŋ$^{53}$sin$^{35}$ 下中国象棋时用棋子占据某些田字格的中心位置，使对方的“象/相”

无法移动：～吧？压哩相心。系，箇只安……系安做相心。压，压倒箇中间个压。你不能飞啦，压哩相心呐。iak$^{3}$ sioŋ$^{53}$ sin$^{35}_{44}$pa$^{0}$ ?iak$^{3}$ li$^{0}$ sioŋ$^{53}$ sin$^{35}_{44}$.xei$^{53}_{44}$,kai$^{53}$tʂak$^{3}$ ɔn$^{53}_{21}$⋯xei$^{53}$ɔn$^{35}_{44}$tso$^{53}_{44}$sioŋ$^{53}$ sin$^{35}$.iak$^{3}$,iak$^{3}$ tau$^{21}$kai$^{53}$tʂəŋ$^{35}_{44}$kan$^{35}_{44}$ke$^{53}_{21}$iak$^{3}$. ɲi$^{13}_{21}$pu$^{53}$lən$^{13}$fei$^{35}_{44}$la$^{0}$,iak$^{3}$ li$^{0}$ sioŋ$^{53}$sin$^{35}_{44}$na$^{0}$.

**【押】** ait$^{3}$ 动 ①暂时把人关起来，不准自由行动：做哩坏事个人呐分渠～起来。tso$^{53}$li$^{0}$ fai$^{53}$sɿ$^{53}_{44}$ ke$^{53}_{44}$ɲin$^{13}_{44}$na$^{0}$ pən$^{35}$ci$^{13}_{21}$ait$^{3}$ çi$^{21}$lɔi$^{13}_{44}$. ②把财物交给人作保证：我钱就冇得，～辆车去下子。ŋai$^{13}_{21}$ tsʰien$^{13}_{21}$tsʰiəu$^{53}$mau$^{13}_{21}$tek$^{3}$,ait$^{3}$ lioŋ$^{21}$tʂʰa$^{35}$çi$^{53}$xa$^{53}_{44}$tsɿ$^{0}$.

**【押金】** ait$^{3}$ cin$^{35}$ 名 用作抵押或保证的钱。旧称"定金"：如今讲一只做一只咁个欸经济上个往来呀做只买卖样啊，蛮多都付～，也安做付定金。i$^{13}_{21}$cin$^{35}_{53}$kɔŋ$^{21}$iet$^{3}$ tʂak$^{3}$ tso$^{53}$iet$^{3}$ tʂak$^{3}$ kan$^{21}$ke$^{53}$e$_{21}$ cin$^{35}$tsi$^{53}$xɔŋ$^{53}_{44}$ke$^{53}_{44}$uɔŋ$^{35}$lɔi$^{13}_{21}$ia$^{0}$,tso$^{53}$tʂak$^{3}$ mai$^{35}$mai$^{53}_{44}$iɔŋ$^{53}_{44}$a$^{0}$,man$^{13}$to$^{35}_{44}$təu$^{35}_{44}$fu$^{53}$ait$^{3}$ cin$^{35}_{44}$,ia$^{35}$ɔn$^{35}_{44}$tso$^{53}_{44}$fu$^{53}_{44}$tʰin$^{53}$ cin$^{35}$.

**【押资】** ait$^{3}$ tsɿ$^{35}$ 名 出租人在租金之外收取的押金：欸箇个啦，租别人家房子就爱啦，爱～啦，系唔系？嗯，定。欸箇年我等箇只阿哥渠套房子租分别人家，收哩渠两千块钱～。结果是欸渠跍倒渠厅子中间开一条沟，唔系话欸么个两千块都唔够哩硬。么个～都分渠搞咁哩。ei$_{21}$ kai$^{53}$ke$^{53}$la$^{0}$,tsəu$^{35}$pʰiet$^{5}$ in$^{13}_{44}$ka$^{35}_{44}$fɔŋ$^{13}$tsɿ$^{0}$ tsʰiəu$^{53}$ɔi$^{53}$la$^{0}$,ɔi$^{53}$ait$^{3}$ tsɿ$^{35}$la$^{0}$,xei$^{53}$me$^{53}$?n̩$_{21}$,tʰiaŋ$^{53}$.e$_{21}$kai$^{53}$ɲien$^{13}_{21}$ŋai$^{13}$ tien$^{0}$kai$^{53}$tʂak$^{3}$ a$^{35}$ko$^{35}_{44}$ci$^{13}$tʰau$^{53}$fɔŋ$^{13}$tsɿ$^{0}$ tsɿ$^{35}$pən$^{35}_{44}$pʰiet$^{5}$ in$^{13}_{21}$ka$^{35}_{53}$,ʂəu$^{35}$li$^{0}$ ci$^{13}_{21}$iɔŋ$^{21}$tsʰien$^{35}_{44}$kʰuai$^{53}$tsʰien$^{13}_{21}$ait$^{3}$ tsɿ$^{35}$. ciet$^{3}$ ko$^{21}$ʂɿ$^{53}$e$_{21}$ci$^{13}_{21}$ku$^{35}$tau$^{21}$ci$^{13}_{21}$tʰaŋ$^{35}$tsɿ$^{0}$ tʂəŋ$^{35}_{44}$kan$^{35}_{44}$kʰɔi$^{35}$iet$^{3}$ tʰiau$^{13}_{21}$kei$^{35}$,m̩$^{13}_{21}$pʰei$^{53}$ua$^{53}$e$_{44}$mak$^{3}$ ke$^{53}$iɔŋ$^{21}$tsʰien$^{35}_{44}$ kʰuai$^{53}$təu$^{35}$n̩$^{13}$kei$^{53}$li$^{0}$ɲiaŋ$^{53}$.mak$^{3}$ ke$^{53}$ait$^{3}$ tsɿ$^{35}$təu$^{35}_{44}$pən$^{35}_{44}$ci$^{13}_{21}$kau$^{21}$kan$^{21}$ni$^{0}$.

**【鸦鹊】** a$^{35}$siak$^{3}$ 名 乌鸦：树冇桐，跌死一只老～。ʂəu$^{53}$mau$^{13}$kʰua$^{21}$,tet$^{3}$ si$^{21}$iet$^{3}$ tʂak$^{3}$ lau$^{21}$a$^{35}$siak$^{3}$.

**【鸭饽饽】** ait$^{3}$pɔk$^{5}$pɔk$^{5}$ 名 鸭蛋：我等以映子个～卖得真便宜呢，五角子钱一只，正五角子钱，滗大一只个～，五角钱。ŋai$^{13}_{21}$tien$^{0}$ i$^{21}_{13}$iaŋ$^{53}$tsɿ$^{0}$ ke$^{0}$ ait$^{3}$ pɔk$^{5}$ pɔk$^{5}$ mai$^{53}$tek$^{3}$ tʂən$^{35}$pʰien$^{13}_{21}$ɲin$^{13}_{21}$nei$^{0}$ ,ŋ̍$^{21}$kɔk$^{3}$ tsɿ$^{0}$ tsʰien$^{13}_{21}$iet$^{3}$ tʂak$^{3}$ ,tʂaŋ$^{53}$ŋ̍$^{21}$kɔk$^{3}$ tsɿ$^{0}$ tsʰien$^{13}_{44}$,mən$^{35}$tʰai$^{53}$iet$^{3}$ tʂak$^{3}$ ke$^{53}$ait$^{3}$ pɔk$^{5}$ pɔk$^{5}$ ,ŋ̍$^{21}$kɔk$^{3}$ tsʰien$^{13}_{44}$.

**【鸭公】** ait$^{3}$kəŋ$^{35}$ 名 公鸭：干～有箇个欸我等前年去买哩，箇干～有成十斤一只个，十多斤一只个干～。kɔn$^{35}$nait$^{3}$ kəŋ$^{35}_{44}$iəu$^{35}$kai$^{53}_{44}$ke$^{53}_{44}$e$_{21}$ŋai$^{13}$tien$^{0}$ tsʰien$^{13}$ɲien$^{13}_{21}$çi$^{53}$mai$^{35}$li$^{0}$ ,kai$^{53}_{44}$kɔn$^{35}$ait$^{3}$ kəŋ$^{35}$iəu$^{35}_{44}$ʂaŋ$^{13}_{21}$ ʂət$^{5}$ cin$^{35}$iet$^{3}$ tʂak$^{3}$ kei$^{53}_{44}$,ʂət$^{5}$ to$^{35}_{44}$cin$^{35}$iet$^{3}$ tʂak$^{3}$ ke$^{53}$kɔn$^{35}$ait$^{3}$ kəŋ$^{35}$.｜水～渠等话么个降血压话食哩。ʂei$^{21}$ ait$^{3}$ kəŋ$^{35}$ci$^{13}_{21}$tien$^{0}$ ua$^{53}$mak$^{3}$ kei$^{53}_{44}$ciɔŋ$^{53}$çiet$^{3}$ iak$^{3}$ ua$^{53}$ʂət$^{5}$ li$^{0}$.

**【鸭公声】** ait$^{3}$kəŋ$^{35}$ʂaŋ$^{35}$ 名 男孩变声期发出的沙哑声音：如今我箇只孙子就旧年就转哩～了。i$^{13}_{21}$cin$^{35}_{53}$ŋai$^{13}$kai$^{53}$tʂak$^{3}$ sən$^{35}$tsɿ$^{0}$ tsʰiəu$^{53}_{44}$cʰiəu$^{53}$ɲien$^{13}_{21}$tsʰiəu$^{53}$tʂuɔn$^{21}$ni$^{0}$ ait$^{3}$ kəŋ$^{35}_{44}$ʂaŋ$^{35}$liau$^{0}$.

**【鸭江】** ait$^{3}$ kɔŋ$^{35}$ 名 成群的鸭子：一伴鸭子啊一群鸭子啊就安做～嘞。iet$^{3}$ pʰɔn$^{53}$ait$^{3}$ tsɿ$^{0}$ a$^{0}$ iet$^{3}$ tʂʰən$^{13}$ait$^{3}$ tsɿ$^{0}$ a$^{0}$ tsʰiəu$^{53}$ɔn$^{35}_{53}$tso$^{53}$ait$^{3}$ kɔŋ$^{35}$lei$^{0}$.｜又安做赶～个。赶～个人蛮辛苦嘞。尽跍倒岭上过夜。欸，又爱煮饭食，又招呼日里要招呼鸭子。大部分系一个人系倒箇映子，唔系两公婆，渠只有一个人。iəu$^{53}$ɔn$^{35}$tso$^{53}$kɔn$^{21}$ait$^{3}$ kɔŋ$^{35}_{44}$ke$^{0}$ .kɔn$^{21}$ait$^{3}$ kɔŋ$^{35}_{53}$ke$^{53}$ɲin$^{13}_{21}$man$^{13}_{21}$sin$^{35}_{53}$kʰu$^{21}$le$^{0}$ .tsʰin$^{53}$kʰu$^{35}_{44}$tau$^{21}$ liaŋ$^{35}$xɔŋ$^{53}_{44}$ko$^{53}_{44}$ia$^{53}$.e$_{21}$,iəu$^{53}$ɔi$^{53}$tʂəu$^{21}$fan$^{53}$ʂət$^{5}$ ,iəu$^{53}$tʂau$^{35}$fu$^{35}_{44}$ɲiet$^{3}$ li$^{0}$ iau$^{53}_{44}$tʂau$^{35}_{44}$fu$^{35}_{44}$ait$^{3}$ tsɿ$^{0}$ .tʰai$^{53}$pʰu$^{53}$fən$^{53}$xei$^{53}$ iet$^{3}$ ke$^{53}$ɲin$^{13}_{21}$xei$^{53}_{44}$tau$^{53}_{44}$kai$^{53}_{44}$iaŋ$^{53}_{44}$tsɿ$^{0}$ ,m̩$^{13}$pʰei$^{53}$iɔŋ$^{21}$kəŋ$^{35}_{53}$pʰo$^{13}$,ci$^{13}_{21}$tʂɿ$^{21}$iəu$^{35}_{44}$iet$^{3}$ ke$^{53}$ɲin$^{13}_{21}$.

**【鸭江棚】** ait$^{3}$kɔŋ$^{35}$pʰəŋ$^{13}$ 名 养鸭子的人搭的临时住所：以前是箇个嘞，畜鸭子是有鸭江呢，赶鸭江啊，舞只子棚子啊，人就睡下箇棚子里啊，夜晡箇鸭子就趟倒到处去啊，趟倒到处去寻食啦，系唔系？欸以下就打比样打比我个鸭子本来是畜下以张坊街上样，但是张坊街上箇食一阵冇么个食了哇，我就藉河搞下下，到红沙又去畜哇，又到红沙去呀。鸭子畜下红沙箇时候子我只～就搞下红沙放倒哇。i$^{35}_{53}$tsʰien$^{13}$ʂɿ$^{53}_{44}$kai$^{53}$ke$^{53}$lei$^{0}$ ,çiəuk$^{3}$ ait$^{3}$ tsɿ$^{0}$ ʂɿ$^{53}_{44}$iəu$^{35}$ait$^{3}$ kɔŋ$^{35}$nei$^{0}$ ,kɔn$^{21}$ ait$^{3}$ kɔŋ$^{35}$ŋa$^{0}$ ,u$^{21}$tʂak$^{3}$ tsɿ$^{0}$ pʰəŋ$^{13}$tsɿ$^{0}$ a$^{0}$ , ɲin$^{13}$tsiəu$^{53}$ʂɔi$^{53}$(x)a$^{53}$kai$^{53}$pʰəŋ$^{13}$tsɿ$^{0}$ li$^{0}$ a$^{0}$ ,ia$^{53}$pu$^{35}_{53}$kai$^{53}$ait$^{3}$ tsɿ$^{0}$ tsʰiəu$^{53}_{44}$ ciəuk$^{5}$ tau$^{21}$tau$^{53}$tʂʰəu$^{53}_{44}$çi$^{53}$a$^{0}$ ,ciəuk$^{5}$ tau$^{21}$tau$^{53}$tʂʰəu$^{53}_{44}$çi$^{53}$tsʰin$^{13}_{21}$ʂət$^{5}$ la$^{0}$ ,xei$^{53}$me$^{53}$?ei$^{0}$ i$^{21}$xa$^{53}$tsʰiəu$^{53}_{44}$ta$^{21}$pi$^{21}$iɔŋ$^{53}$ ta$^{21}$pi$^{21}$ŋai$^{13}$ke$^{53}$ait$^{3}$ tsɿ$^{0}$ pən$^{21}$nɔi$^{13}$ʂɿ$^{53}_{44}$çiəuk$^{3}$ ua$^{53}$i$^{21}$tʂəŋ$^{35}_{44}$fəŋ$^{35}_{44}$kai$^{35}$xɔŋ$^{53}_{21}$iɔŋ$^{53}$,tan$^{53}_{44}$ʂɿ$^{53}_{44}$tʂəŋ$^{35}$fəŋ$^{35}_{53}$kai$^{35}$xɔŋ$^{53}_{44}$kai$^{53}_{44}$ ʂət$^{5}$ iet$^{3}$ tʂʰən$^{53}$mau$^{13}$mak$^{3}$ e$^{0}$ ʂət$^{5}$ liau$^{0}$ ua$^{0}$ ,ŋai$^{13}$tsʰiəu$^{53}_{44}$tʂa$^{53}$xo$^{13}$kau$^{21}$ua$^{53}$xa$^{53}_{44}$,tau$^{53}$fəŋ$^{13}$sa$^{35}_{44}$iəu$^{53}$çi$^{53}$çiəuk$^{3}$ ua$^{0}$ , iəu$^{53}$tau$^{53}$fəŋ$^{13}$sa$^{35}_{44}$çi$^{53}$ia$^{0}$ .ait$^{3}$ tsɿ$^{0}$ ciəuk$^{5}$ ua$^{53}$fəŋ$^{13}$sa$^{35}_{44}$kai$^{53}$ʂɿ$^{13}$xei$^{53}_{44}$tsɿ$^{0}$ ŋai$^{13}_{21}$tʂak$^{3}$ ait$^{3}$ kɔŋ$^{35}_{53}$pʰəŋ$^{13}$tsʰiəu$^{53}$kau$^{21}$ua$^{53}$ fəŋ$^{13}$sa$^{35}_{44}$fɔŋ$^{53}$tau$^{21}_{44}$ua$^{0}$.｜欸以前是呃箇个到处都有～，箇个赶鸭子，特别冬下更多，春天更冇得，就系冬下头多。冬下头鸭子有么个食嘞，渠就分箇～赶鸭子个人就分鸭子畜下箇个欸秋水田里去寻食。e$_{21}$i$^{35}_{53}$tsʰien$^{13}_{44}$ʂɿ$^{53}_{44}$ə$_{21}$kai$^{53}_{44}$ke$^{53}_{44}$tau$^{53}$tʂʰəu$^{53}_{44}$təu$^{35}_{44}$iəu$^{35}_{44}$ait$^{3}$ kɔŋ$^{35}$pʰəŋ$^{13}$,kai$^{53}$ke$^{53}$kɔn$^{21}$ait$^{3}$ tsɿ$^{0}$ ,tʰek$^{5}$ pʰiet$^{5}_{3}$ təŋ$^{35}$xa$^{35}_{44}$ken$^{53}$to$^{35}_{44}$,tʂʰən$^{35}$tʰien$^{35}_{44}$cien$^{53}$mau$^{13}_{21}$tek$^{3}$ ,tsʰiəu$^{53}$xe$^{53}_{44}$təŋ$^{35}$xa$^{35}_{44}$tʰei$^{13}_{21}$to$^{35}_{44}$.təŋ$^{35}$xa$^{35}_{44}$tʰei$^{13}_{21}$ait$^{3}$ tsɿ$^{0}$ mau$^{13}$mak$^{3}$ e$^{0}$ ʂət$^{5}$ le$^{0}$ ,ci$^{13}_{21}$tsʰiəu$^{53}$pən$^{35}$kai$^{53}_{44}$ait$^{3}$ kɔŋ$^{35}_{53}$pʰəŋ$^{13}$kɔn$^{21}$ait$^{3}$ tsɿ$^{0}$ ke$^{53}$ɲin$^{13}_{44}$tsʰiəu$^{53}_{44}$pən$^{35}_{53}$ait$^{3}$ tsɿ$^{0}$ ciəuk$^{5}$ ua$^{53}_{44}$kai$^{53}$ke$^{53}_{44}$e$^{0}$

Y

tsʰiəu$^{35}$ʂei$^{21}$tʰien$^{13}$ni$^{0}$çi$^{53}_{44}$tsʰin$^{13}_{21}$ʂət$^{5}$.

【鸭笼】ait$^{3}$ləŋ$^{35}$ [名]竹编的用来装鸭的笼子：～也有哇，欸，鸡笼～啊。～是也关得个咯。鸭甑是就系日里关个，就很少关下箇映过夜。日里关个，就稻子成熟了样啊，关鸡呀关鸭呀，箇就用鸡鸭甑，鸡甑。ait$^{3}$ləŋ$^{35}$ŋa$_{44}$(←ia$^{35}$)iəu$^{35}$ua$^{0}$,e$_{21}$,cie$^{35}$ləŋ$^{35}_{44}$ait$^{3}$ləŋ$^{35}$ŋa$^{0}$.ait$^{3}$ləŋ$^{35}$ʂʅ$^{53}_{44}$ia$^{35}_{53}$kuan$^{35}_{44}$tek$^{3}$ke$^{53}_{44}$ko$^{0}$.ait$^{3}$tsien$^{53}_{21}$ʂʅ$^{53}_{44}$tsʰiəu$^{53}$xei$^{53}$ɲiet$^{3}$li$^{0}$kuan$^{35}_{44}$kei$^{53}_{44}$,tsiəu$^{53}$xen$^{21}$ʂau$^{21}$kuan$^{35}$na$_{44}$(←xa$^{53}$)kai$^{53}_{44}$iaŋ$^{53}_{44}$ko$^{53}_{44}$ia$^{53}$.ɲiet$^{3}$li$^{0}$kuan$^{35}$ke$^{53}_{44}$,tsʰiəu$^{53}_{44}$tʰau$^{53}$tsɿ$^{0}$tʂʰən$^{13}$ʂəuk$^{5}$liau$^{0}$iɔŋ$^{53}_{44}$ŋa$^{0}$,kuan$^{35}$cie$^{35}$ia$^{0}$kuan$^{35}$ait$^{3}$ia$^{0}$,kai$^{53}_{44}$tsʰiəu$^{53}_{44}$iəŋ$^{53}_{21}$cie$^{35}$ait$^{3}$tsien$^{53}_{21}$,cie$^{35}$tsien$^{53}_{21}$.

【鸭嫲】ait$^{3}$ma$^{13}$ [名]母鸭：～就会生饽饽啊，但是老～就也唔生饽饽，也有哩饽饽生。舞倒箇有哩饽饽生个～也可以去炆箇个欸箇个芭蕉花，也整箇个么个高血压。ait$^{3}$ma$^{13}$tsʰiəu$^{53}$uɔi$^{53}_{44}$saŋ$^{35}$pɔk$^{5}$pɔk$^{5}$a$^{0}$,tan$^{53}$ʂʅ$^{53}$lau$^{21}$ait$^{3}$ma$^{13}$tsʰiəu$^{53}_{44}$ia$^{35}$n̩$^{13}_{21}$saŋ$^{35}_{44}$pɔk$^{5}$pɔk$^{5}$,ia$^{35}$mau$^{13}_{21}$li$^{0}$pɔk$^{5}$pɔk$^{5}$saŋ$^{35}_{44}$.u$^{21}$tau$^{21}$kai$^{53}$mau$^{13}$li$^{0}$pɔk$^{5}$pɔk$^{5}$saŋ$^{35}_{53}$ke$^{53}$ait$^{3}$ma$^{13}$ia$^{35}$kʰo$^{21}$i$^{35}_{53}$çi$^{53}$uən$^{13}$kai$^{53}_{44}$ke$^{53}_{44}$e$_{21}$kai$^{53}_{44}$kei$^{53}_{44}$pa$^{35}_{44}$tsiau$^{35}_{44}$fa$^{35}$,ia$^{35}$tʂaŋ$^{21}$kai$^{53}_{44}$kei$^{53}_{44}$mak$^{3}$e$^{0}$kau$^{35}$çiet$^{3}$iak$^{3}$.

【鸭嫲凳子】ait$^{3}$ma$^{13}$tien$^{53}$tsɿ$^{0}$ [名]一种供儿童坐的小凳：本来是搞么个安做～嘞？就只有鸭嫲咁高子，分细人子坐个。有一种话法嘞就系掌鸭嫲个凳子。pən$^{21}$nɔi$^{13}$ʂʅ$^{53}_{44}$kau$^{21}$mak$^{3}$ke$^{0}$ɔn$^{35}_{53}$tso$^{53}$ait$^{3}$ma$^{13}$ten$^{53}$tsɿ$^{0}$lei$^{0}$?tsʰiəu$^{53}_{44}$tʂʅ$^{21}_{44}$iəu$^{35}_{44}$ait$^{3}$ma$^{13}$kan$^{21}$kau$^{35}$tsɿ$^{0}$,pən$^{35}$sei$^{53}$ɲin$^{13}_{21}$tsɿ$^{0}$tsʰo$^{35}$ke$^{0}$.iəu$^{35}$iet$^{3}$tʂəŋ$^{21}$ua$^{53}$fait$^{3}$lei$^{0}$tsʰiəu$^{53}$xei$^{53}$tʂɔŋ$^{21}$ait$^{3}$ma$^{13}$ke$^{53}_{44}$ten$^{53}$tsɿ$^{0}$.

【鸭舌草】ait$^{3}$ʂət$^{5}$tsʰau$^{21}$ [名]一种雨久花属植物，为水稻田中的主要杂草：～，也系嘚厚个。瘩厚个叶子。绿绿子个。做个舌嫲样。ait$^{3}$ʂət$^{5}$tsʰau$^{21}$,ia$^{35}$xe$^{53}_{44}$tek$^{5}$xei$^{35}$ke$^{53}_{44}$.tek$^{5}$xei$^{35}$ke$^{53}_{44}$iait$^{5}$tsɿ$^{0}$.liəuk$^{5}$liəuk$^{5}$tsɿ$^{0}$ke$^{53}_{44}$.tso$^{53}_{21}$ke$^{53}_{44}$ʂeit$^{5}$ma$^{13}$iɔŋ$^{53}_{44}$.

【鸭舌帽】ait$^{3}$ʂek$^{5}_{3}$mau$^{53}$ [名]一种帽子，帽顶的前部和月牙形帽舌扣在一起：～就听讲过，鸭舌衫缯听讲过。ait$^{3}$ʂek$^{5}_{3}$mau$^{53}$tsʰiəu$^{53}_{44}$tʰaŋ$^{35}$kɔŋ$^{21}$ko$^{53}$,ait$^{3}$ʂek$^{5}_{3}$san$^{35}$maŋ$^{13}_{21}$tʰaŋ$^{35}$kɔŋ$^{21}$ko$^{53}$.

【鸭埘】ait$^{3}$tsi$^{53}$ [名]鸭子上宿处：～哟，箇就安做～哟，鸡埘～哟。～同鸡埘差唔多。箇同鸡埘差唔多。鸡埘～。ait$^{3}$tsi$^{53}$iau$^{0}$,kai$^{53}_{21}$tsʰiəu$^{53}_{21}$ɔn$^{35}_{44}$tso$^{53}_{44}$ait$^{3}$tsi$^{53}$iau$^{0}$,cie$^{35}$tsi$^{53}$ait$^{3}$tsi$^{53}$iau$^{0}$.ait$^{3}$tsi$^{53}$tʰəŋ$^{13}_{21}$cie$^{35}$tsi$^{53}$tsa$^{35}$n̩$^{13}_{21}$to$^{35}$.kai$^{53}_{44}$tʰəŋ$^{13}_{21}$cie$^{35}$tsi$^{53}$tsa$^{35}_{44}$n̩$^{13}_{44}$to$^{35}_{21}$.cie$^{35}$tsi$^{53}_{21}$ait$^{3}$tsi$^{53}$.

【鸭屎】ait$^{3}$ʂʅ$^{21}$ [名]鸭子的粪便：有兜人家畜鸭子，畜倒个欸人家屋下啊缯畜几多，畜倒箇十把只鸭子个，最讨嫌个就～。又臭，又到处屙。渠又唔比得鸡屎，鸡屎嘞屙倒嘞挎爙子结倒，箇～嘛水分多～都。iəu$^{35}$tei$^{35}_{53}$ɲin$^{13}_{21}$ka$^{35}_{53}$çiəuk$^{3}$ait$^{3}$tsɿ$^{0}$,çiəuk$^{3}$tau$^{21}$ke$^{53}$ei$_{44}$ɲin$^{13}_{21}$ka$^{35}_{53}$uk$^{3}$xa$^{53}$a$^{0}$maŋ$^{13}$çiəuk$^{3}$ci$^{21}$to$^{35}$,çiəuk$^{3}$tau$^{21}$kai$^{53}_{44}$ʂət$^{5}$pa$^{21}$tʂak$^{3}$ait$^{3}$tsɿ$^{0}$ke$^{53}$,tsei$^{53}$tʰau$^{21}$çian$^{13}$ke$^{53}$tsʰiəu$^{53}$ait$^{3}$ʂʅ$^{21}$.iəu$^{53}$tʂʰəu$^{53}$,iəu$^{53}$tau$^{53}$tʂʰəu$^{53}$o$^{35}$.ci$^{13}$iəu$^{53}$m̩$^{13}$pi$^{21}_{44}$tek$^{3}$cie$^{35}$ʂʅ$^{21}$,cie$^{35}$ʂʅ$^{21}$lei$^{0}$o$^{35}$tau$^{21}$lei$^{0}$kʰua$^{53}$tsau$^{35}$tsɿ$^{0}$ciet$^{3}$tau$^{21}_{44}$,kai$^{53}$ait$^{3}$ʂʅ$^{21}$ma$^{0}$ʂei$^{21}$fən$^{53}$to$^{35}$ait$^{3}$ʂʅ$^{21}$təu$^{35}_{44}$.

【鸭屎瓜】ŋait$^{3}$ʂʅ$^{21}$kua$^{35}$ [名]多年生草质藤本栝楼的果实：有一起咁个岭上有一起咁个野生个植物，结一只咁个瓜，结只咁个同箇西瓜样个，欸咁大子一只子，甜瓜样哦，一只箇甜瓜样个，□青子个，安做～。就系药铺里个瓜蒌壳。欸，药铺里做可以做药。箇壳就安做瓜蒌壳，籽就安做瓜蒌籽。iəu$^{35}$iet$^{3}$çi$^{21}$kan$^{21}_{13}$ke$^{53}$liaŋ$^{35}$xɔŋ$^{53}$iəu$^{35}$iet$^{3}$çi$^{21}$kan$^{21}_{13}$kei$^{53}$ia$^{35}$sen$^{35}_{44}$ke$^{53}$tʂʰət$^{5}$uk$^{5}$,ciet$^{3}$iet$^{3}$tʂak$^{3}$kan$^{21}$kei$^{53}$kua$^{35}$,ciet$^{3}$tʂak$^{3}$kan$^{21}$ke$^{53}$tʰəŋ$^{13}_{21}$kai$^{53}_{44}$si$^{35}$kua$^{35}_{44}$iɔŋ$^{53}$ke$^{53}$,e$_{21}$kan$^{21}$tʰai$^{53}$tsɿ$^{0}$iet$^{3}$tʂak$^{3}$tsɿ$^{0}$,tʰien$^{13}$kua$^{35}_{53}$iɔŋ$^{53}_{44}$ŋo$^{0}$,iet$^{3}$tʂak$^{3}$kai$^{53}$tʰien$^{13}$kua$^{35}_{53}$iɔŋ$^{53}_{44}$ke$^{0}$,kue$^{35}$tsʰiaŋ$^{35}_{44}$tsɿ$^{0}$ke$^{0}$,ɔn$^{35}_{44}$tso$^{53}_{44}$ait$^{3}$ʂʅ$^{21}$kua$^{35}$.tsʰiəu$^{53}$xei$^{53}$iɔk$^{5}$pʰu$^{53}$li$^{21}$ke$^{53}$kua$^{35}$liau$^{21}$kʰɔk$^{3}$.e$_{21}$,iɔk$^{5}$pʰu$^{53}_{44}$li$^{0}$tso$^{53}$kʰo$^{21}$i$^{35}_{44}$tso$^{53}$iɔk$^{5}$.kai$^{53}$kʰɔk$^{3}$tsʰiəu$^{53}$ɔn$^{35}_{53}$tso$^{53}$kua$^{35}$liau$^{21}$kʰɔk$^{3}$,tsɿ$^{21}$tsʰiəu$^{53}_{44}$ɔn$^{35}_{44}$tso$^{53}_{44}$kua$^{35}$liau$^{21}$tsɿ$^{21}$.

【鸭屎瓜藤】ait$^{3}$ʂʅ$^{21}$kua$^{35}$tʰen$^{13}$/tʰien$^{13}$ [名]一种野生植物，汁液可用来发酵：箇岭上就结倒有鸭屎瓜，野生个，野生个有鸭屎瓜。鸭屎瓜个苗就安做～。kai$^{53}_{44}$liaŋ$^{35}$xɔŋ$^{53}_{44}$tsʰiəu$^{53}_{44}$ciet$^{3}$tau$^{21}$iəu$^{35}$ait$^{3}$ʂʅ$^{21}$kua$^{35}$,ia$^{35}$saŋ$^{35}_{44}$ke$^{0}$,ia$^{35}$saŋ$^{35}_{44}$ke$^{0}$iəu$^{35}$ait$^{3}$ʂʅ$^{21}$kua$^{35}$.ait$^{3}$ʂʅ$^{21}$kua$^{35}$ke$^{53}$miau$^{13}$tsʰiəu$^{53}$ɔn$^{35}_{53}$tso$^{53}$ait$^{3}$ʂʅ$^{21}$kua$^{35}$tʰen$^{13}$.｜（酥馃子）爱加箇～呐，～个水呀。ɔi$^{53}_{44}$cia$^{35}$kai$^{53}$ait$^{3}$ʂʅ$^{21}$kua$^{35}$tʰien$^{13}$na$^{0}$,ait$^{3}$ʂʅ$^{21}$kua$^{35}$tʰien$^{13}$ke$^{53}$ʂei$^{21}$ia$^{0}$.

【鸭屎泥】ait$^{3}$ʂʅ$^{21}$lai$^{13}$ [名]一种灰色黏土，可用于制作陶器：箇个田里个田里唔知几深个底下挖出来个箇起泥，有得，唔含沙公，但是黏性唔知几好个箇起泥，欸用来做瓦做陶器，箇就安做～。kai$^{53}$ke$^{53}$tʰien$^{13}$ni$^{21}$ke$^{53}$tʰien$^{13}$ni$^{21}_{44}$n̩$^{13}$ti$^{35}_{53}$ci$^{21}$tʂʰən$^{35}$ke$^{53}$tei$^{21}$xa$^{53}_{44}$uait$^{3}$tʂʰət$^{3}$lɔi$^{13}$ke$^{53}_{44}$kai$^{53}$çi$^{21}$lai$^{13}$,mau$^{13}$tek$^{3}$,n̩$^{13}$xan$^{13}$sa$^{35}$kəŋ$^{35}_{44}$,tan$^{53}$ʂʅ$^{53}$ɲia$^{13}$sin$^{53}$n̩$^{13}$ti$^{35}_{53}$ci$^{21}$xau$^{21}$ke$^{53}$kai$^{53}$çi$^{21}$lai$^{13}$,e$^{0}$iəŋ$^{53}$lɔi$^{13}_{21}$tso$^{53}$ŋa$^{21}$tso$^{53}$tʰau$^{13}$çi$^{53}$,kai$^{53}_{44}$tsʰiəu$^{53}_{21}$ɔn$^{35}_{53}$tso$^{53}$ait$^{3}$ʂʅ$^{21}$lai$^{13}$.

【鸭屎田】iait$^{3}$ʂʅ$^{21}$tʰien$^{13}$ 名 土质差、泥呈黑色颗粒状的水田：～就箇起田脚尽系鸭屎泥个箇田。箇起田就唔喜潲啦，冇么个喜潲个田。ait$^{3}$ʂʅ$^{21}$tʰien$^{13}$tsʰiəu$^{53}$kai$^{53}$çi$^{21}$tʰien$^{13}$ciək$^{3}$tsʰin$^{53}$ne$^{53}$ait$^{3}$ʂʅ$^{21}$lai$^{13}$ke$^{53}$kai$^{53}$tʰien$^{13}_{44}$.kai$^{53}$çi$^{21}$tʰien$^{13}$tsʰiəu$^{53}$n̩$^{13}$çi$^{21}$sau$^{53}$la$^{0}$,mau$^{13}$mak$^{3}$e$^{0}$çi$^{21}$sau$^{53}$ke$^{53}$tʰien$^{13}_{21}$.

【鸭崽子】ait$^{3}$tse$^{21}$tsʅ$^{0}$ 名 小鸭：箇～第一肯大，只爱几个月渠就成哩大鸭子，只爱三四个月就成哩大鸭子。欸再长兜时间就生饽饽。kai$^{53}$ait$^{3}$tse$^{21}$tsʅ$^{0}$tʰi$^{53}$iet$^{3}$xen$^{21}$tʰai$^{53}$,tʂʅ$^{21}$ɔi$^{53}$ci$^{21}$cie$^{53}$ɲiet$^{5}$ci$^{13}_{21}$tsʰiəu$^{53}$ʂaŋ$^{13}_{21}$li$^{0}$tʰai$^{53}$ait$^{3}$tsʅ$^{0}$,tʂʅ$^{21}$ɔi$^{53}_{44}$san$^{35}$si$^{53}$cie$^{53}_{44}$ɲiet$^{5}$tsʰiəu$^{53}$ʂaŋ$^{13}_{21}$li$^{0}$tʰai$^{53}$ait$^{3}$tsʅ$^{0}$.e$^{0}$tsai$^{53}$tʂʰɔŋ$^{13}_{21}$te$^{35}_{53}$ʂʅ$^{13}_{21}$kan$^{35}_{44}$tsʰiəu$^{53}$saŋ$^{35}_{44}$pɔk$^{5}$pɔk$^{5}$.

【鸭甑】ait$^{3}$tsien$^{53}_{21}$ 名 夜晚用来罩鸭的篾具，顶上有可开合的圆孔：～呶，箇一般都蛮大。ait$^{3}$tsien$^{53}_{21}$nau$^{0}$,kai$^{53}_{21}$iet$^{3}$pɔn$^{35}$təu$^{35}_{44}$man$^{13}_{21}$tʰai$^{53}$.｜就～呶。一般都是鸡掺鸭就一下，一样个。tsiəu$^{53}$ait$^{3}$tsien$^{53}_{21}$nau$^{0}$.iet$^{3}$pɔn$^{35}$təu$^{35}_{53}$ʂʅ$^{53}_{44}$cie$^{35}$lau$^{35}_{44}$ait$^{3}$tsʰiəu$^{53}_{44}$iet$^{3}$xa$^{53}$,iet$^{3}$iɔŋ$^{53}$ke$^{53}_{21}$.

【鸭子】ait$^{3}$tsʅ$^{0}$ 名 属于鸭科的水禽：畜～ çiəuk$^{3}$ait$^{3}$tsʅ$^{0}$

【牙仓肉】ŋa$^{13}$tsʰɔŋ$^{35}$ɲiəuk$^{3}$ 名 牙龈：欸牙齿痛蛮多就系～痛。e$_{44}$ŋa$^{13}$tʂʰʅ$^{21}$tʰəŋ$^{53}$man$^{13}$to$^{35}_{44}$tsʰiəu$^{53}$xei$^{53}$ŋa$^{13}$tsʰɔŋ$^{35}_{44}$ɲiəuk$^{3}$tʰəŋ$^{53}$.

【牙齿】ŋa$^{13}$tʂʰʅ$^{21}$ 名 ①人和动物嘴里咀嚼食物的器官：有滴人是用～啮下子唠。iəu$^{35}$tet$^{5}_{3}$ɲin$^{13}_{44}$ʂʅ$^{53}_{44}$iəŋ$^{53}$ŋa$^{13}$tʂʰʅ$^{21}$ŋait$^{3}$(x)a$^{53}_{44}$tsʅ$^{0}$lau$^{0}$.｜边崩坏哩～唠。pien$^{35}$ni$^{0}$ŋa$^{13}$tʂʰʅ$^{21}$lau$^{0}$. ②借指形如牙齿的东西：碓嘴上有三只～。tɔi$^{53}$tsi$^{21}$xɔŋ$^{53}_{44}$iəu$^{35}_{44}$san$^{35}_{44}$tʂak$^{3}$ŋa$^{13}$tʂʰʅ$^{21}$.

【牙笛子】ŋa$^{13}$tʰak$^{5}$tsʅ$^{0}$ 名 一种小唢呐，声音比普通唢呐更尖：笛指唢呐我只晓得两两起一起……普通个笛，一起～。～就声音更尖呶。细滴子。～。牙齿个牙，～啊。tʰak$^{5}$ŋai$^{13}_{21}$tʂʅ$^{21}$çiau$^{21}$tek$^{3}$iɔŋ$^{21}$iɔŋ$^{21}$çi$^{21}$iet$^{3}$çi$^{21}$ts…pʰu$^{21}$tʰəŋ$^{35}_{44}$ke$^{53}_{44}$tʰak$^{5}$,iet$^{3}$çi$^{21}$ŋa$^{13}$tʰak$^{5}$tsʅ$^{0}$.ŋa$^{13}$tʰak$^{5}$tsʅ$^{0}$tsʰiəu$^{53}_{44}$ʂaŋ$^{35}$in$^{35}_{44}$cien$^{53}$tsien$^{35}$nau$^{0}$.sei$^{53}$tiet$^{5}_{3}$tsʅ$^{0}$.ŋa$^{13}$tʰak$^{5}$tsʅ$^{0}$.ŋa$^{13}$tʂʰʅ$^{21}$ke$^{53}$ŋa$^{13}$,ŋa$^{13}$tʰak$^{5}$tsʅ$^{0}$a$^{0}$.

【牙膏盒子】ŋa$^{13}$kau$^{35}$xait$^{5}$tsʅ$^{0}$ 名 装牙膏的金属或塑料软管：哦，我等细细子哦，细细子有箇个东西嘞，箇个牙膏盒子啊有锡做个。我等舞倒箇个牙膏盒子去熔，熔倒嘞去做咁个东西，做么个东西唠做咁个？箇个活易得熔。熔牙膏盒子，熔倒一坨子，一只牙膏盒子熔得咁大子一坨子锡倒。以下个牙膏盒子是尽系铝个，塑料个都蛮多，冇么个用了。o$_{53}$,ŋai$^{13}$tien$^{0}$se$^{53}$se$^{53}$tsʅ$^{0}$o$^{0}$,se$^{53}$se$^{53}$tsʅ$^{0}$iəu$^{35}$kai$^{53}$ke$^{53}_{44}$təŋ$^{35}_{44}$si$^{0}$lei$^{0}$,kai$^{53}_{44}$ke$^{53}_{44}$ŋa$^{13}_{21}$kau$^{35}_{44}$xait$^{5}$tsʅ$^{0}$a$^{0}$iəu$^{35}_{53}$siak$^{3}$tso$^{53}$ke$^{0}$.ŋai$^{13}$tien$^{0}$u$^{21}$tau$^{21}$kai$^{53}_{44}$ke$^{53}_{44}$ŋa$^{13}$kau$^{35}_{44}$xait$^{5}$tsʅ$^{0}$çi$^{53}$iəŋ$^{13}$,iəŋ$^{13}$tau$^{21}$lei$^{0}$çi$^{53}_{44}$tso$^{53}$kan$^{21}$ke$^{0}$təŋ$^{35}$si$^{0}$,tso$^{53}$mak$^{3}$e$^{0}$təŋ$^{35}_{44}$si$^{0}$lau$^{0}$tso$^{53}$kan$^{21}$kei$^{53}$?kai$^{53}$ke$^{53}_{44}$uɔit$^{5}$i$^{53}$tek$^{3}$iəŋ$^{13}$.iəŋ$^{13}$ŋa$^{13}_{21}$kau$^{35}$xait$^{5}$tsʅ$^{0}$,iəŋ$^{13}$tau$^{21}$iet$^{3}$tʰo$^{13}$tsʅ$^{0}$,iet$^{3}$tʂak$^{3}$ŋa$^{13}$kau$^{35}_{44}$xait$^{5}$tsʅ$^{0}$iəŋ$^{13}$tek$^{3}$kan$^{21}$tʰai$^{53}$tsʅ$^{0}$iet$^{3}$tʰo$^{13}$tsʅ$^{0}$siak$^{3}$tau$^{21}_{44}$.i$^{13}_{21}$xa$^{53}$ke$^{53}$ŋa$^{13}_{21}$kau$^{35}_{44}$xait$^{5}$tsʅ$^{0}$ʂʅ$^{53}_{21}$tsʰin$^{53}$ne$^{53}_{44}$lei$^{21}$le$^{0}$,sɔk$^{3}$liau$^{53}$ke$^{53}$təu$^{35}$man$^{13}_{21}$to$^{35}_{44}$,mau$^{13}_{21}$mak$^{3}$e$^{0}$iəŋ$^{53}$liau$^{0}$.

【牙尖齿利】ŋa$^{13}$tsian$^{35}_{44}$tʂʰʅ$^{21}$li$^{53}$ 形容喜欢并善于争辩：～系种比喻，比喻别人家一把嘴巴蛮厉害，驳起别人家来争么个事情呐蛮厉害，就～。ŋa$^{13}$tsian$^{35}_{44}$tʂʰʅ$^{21}$li$^{53}$xei$^{53}$tʂəŋ$^{21}$pi$^{21}$y$^{53}$,pi$^{21}$y$^{53}$pʰiet$^{5}$ɲin$^{13}_{21}$ka$^{35}_{44}$iet$^{3}$pa$^{21}$tsi$^{21}$pa$^{35}$man$^{13}$li$^{53}$xɔi$^{53}$,pɔk$^{3}$çi$^{21}$pʰiet$^{5}$ɲin$^{13}_{44}$ka$^{35}_{53}$lɔi$^{13}_{21}$tsaŋ$^{35}$mak$^{3}$ke$^{0}$sʅ$^{53}$tsʰin$^{13}_{44}$na$^{0}$man$^{13}$li$^{53}$xɔi$^{53}$,tsiəu$^{53}_{44}$ŋa$^{13}$tsian$^{35}_{44}$tʂʰʅ$^{21}$li$^{53}$.

【牙墁】ŋa$^{13}$man$^{53}$ 名 牙垢：你话以前我等有只咁个话法嘞，箇个狼蜂叼哩咯，蜂子叼哩咯，唔系会肿起来，系唔系？会勐起来。你只爱自家舍得去刮，刮兜子～去擦下子咯，就好哩嘞。欸，有咁个嘞，爱刮兜子～去，刮兜子～，以毒攻毒样。ɲi$^{13}$ua$^{53}$i$^{35}_{53}$tsʰien$^{13}_{21}$ŋai$^{13}_{21}$tien$^{0}$iəu$^{35}$tʂak$^{3}$kan$^{21}_{13}$cie$^{53}_{44}$ua$^{53}$fait$^{3}$lei$^{0}$,kai$^{53}_{44}$ke$^{53}_{44}$lɔŋ$^{13}$fəŋ$^{35}_{44}$tiau$^{35}$li$^{0}$ko$^{0}$,fəŋ$^{35}$tsʅ$^{0}$tiau$^{35}_{44}$li$^{0}$ko$^{0}$,m̩$^{13}_{21}$pʰe$^{53}_{44}$uɔi$^{53}$tʂəŋ$^{21}$çi$^{21}$lɔi$^{13}$,xei$^{53}$me$^{53}$?uɔi$^{53}_{44}$pu$^{53}$çi$^{21}$lɔi$^{13}_{21}$. ɲi$^{13}$tʂʅ$^{21}$ɔi$^{53}$tsʰʅ$^{13}_{44}$ka$^{35}_{44}$ʂa$^{21}$tek$^{3}$çi$^{53}$kuait$^{3}$,kuait$^{3}$tei$^{35}_{53}$tsʅ$^{0}$ŋa$^{13}$man$^{53}$cʰi$^{13}_{44}$tsʰait$^{3}$(x)a$^{53}_{44}$tsʅ$^{0}$ko$^{0}$,tsiəu$^{53}$xau$^{21}$li$^{0}$lei$^{0}$.e$_{21}$,iəu$^{35}$kan$^{21}_{13}$cie$^{53}$lei$^{0}$,ɔi$^{53}_{44}$kuait$^{3}$te$^{35}_{53}$tsʅ$^{0}$ŋa$^{13}$man$^{53}$çi$^{53}_{44}$,kuait$^{3}$te$^{35}_{53}$tsʅ$^{0}$ŋa$^{13}$man$^{53}$,i$^{35}$tʰəuk$^{5}$kəŋ$^{35}$tʰəuk$^{5}$iɔŋ$^{53}$.

【牙门】ŋa$^{13}$mən$^{13}$ 名 牙口；牙齿的嘴嚼能力：欸，我等话箇个老人家子牙齿唔好了，"～弱下哩啊"，～弱下哩，就牙齿唔好哩，食东西食唔进哩，～弱咁哩呀。e$_{21}$,ŋai$^{13}$tien$^{0}$ua$^{53}$kai$^{53}$ke$^{53}_{44}$lau$^{21}$ɲin$^{13}$ka$^{35}_{53}$tsʅ$^{0}$ŋa$^{13}$tʂʰʅ$^{21}$n̩$^{13}_{44}$xau$^{21}$liau$^{21}_{44}$,"ŋa$^{13}$mən$^{13}_{44}$ɲiɔk$^{5}$(x)a$^{53}_{44}$li$^{0}$a$^{0}$",ŋa$^{13}$mən$^{13}$ɲiɔk$^{5}$(x)a$^{53}_{21}$li$^{0}$,tsiəu$^{53}$ŋa$^{13}$tʂʰʅ$^{21}$n̩$^{13}_{44}$xau$^{21}$li$^{0}$,ʂət$^{5}$təŋ$^{35}_{44}$si$^{0}$ʂət$^{5}$n̩$^{13}$tsin$^{53}$ni$^{0}$,ŋa$^{13}$mən$^{13}$ɲiɔk$^{5}$kan$^{21}$ni$^{0}$ia$^{0}$.

【牙人】ŋa$^{13}$ɲin$^{13}$ 名 说合生意的人，多指牲畜交易活动的中间人：我等人所晓得个～呢渠系做么个生意嘞？做箇个买猪买牛个生意嘞，猪牛生意嘞，欸，箇～呢。特别系买牛。据说箇～是渠尽调子嘞，渠赚其中个差价，卖猪卖牛咯渠赚其中个差价。欸，箇猪子是还爱过秤，系唔系？箇就见得。嗯，打比样，如今个猪牲系七块钱样，欸，我同你话："六块九子，要得吗？”嗯，你话要得，六块九子。箇我就卖出去嘞我就卖七块，我就赚一角子钱一斤。一只猪嘞有四百斤个话嘞，我也赚得四十块钱到，系唔系？我只爱讲几句。以起卖牛就唔系咁个啦，卖牛就有人称，不能称，凭眼珠估。我以条牛哇有两百斤肉，我默神有两百斤肉，嗯。作四十块子钱一斤，八千块。渠一般就系咁子嘞，我估计以条牛有两百斤子红肉，我作四十块子钱一斤，就系八千块子钱。我就同你八千块。欸，我赚么个嘞？打比箇只买牛个人我赚么个嘞？我就赚箇兜牛皮牛骨啦箇起咁个杂七杂八个东西啊。箇有上千块嘞。所以以咁子个情况下嘞渠就系靠眼珠估哇，估堆子啊安做。据说箇～就咁个：“你条牛你爱卖几多钱，你话我知。”欸，箇只买牛个人呢：“你出得几多钱，你话我知。”渠个算盘，渠一只子……有兜嘞用算盘来表示，用算盘子表示，唔讲，唔讲啊，嘴巴一讲就会分渠听倒嘛，系唔系？嗯，唔讲。我就从中赚差价，欸，箇只～就赚差价，用算盘。渠个算盘有底个，底下有块板。欸，以只价钱要得吗？欸，打比样，八千块，欸，要得吗？打只子八字子，系唔系？算盘打只子八字。八千块钱要得吗？欸，拿下以映子，九千块要得吗？嘿，我从中赚一千块。ŋai$^{13}$tien$^{0}$ ɲin$^{13}_{21}$so$^{21}$çiau$^{21}$tek$^{3}$ kei$^{53}$ŋa$^{13}$ɲin$^{13}$nei$^{0}$ ci$^{13}_{21}$xe$^{53}_{44}$tso$^{53}$mak$^{3}$ e$^{0}$ sen$^{35}_{44}$i$^{53}$lei$^{0}$ ?tso$^{53}$kai$^{53}_{44}$ke$^{53}_{44}$mai$^{35}$tʂəu$^{35}$mai$^{35}$ɲiəu$^{13}$ke$^{53}_{44}$ sen$^{35}_{44}$i$^{53}$lei$^{0}$ ,tʂəu$^{35}$ɲiəu$^{13}$sen$^{35}_{44}$i$^{53}$lei$^{0}$ ,e$_{21}$,kai$^{53}$ŋa$^{13}$ɲin$^{13}_{44}$nei$^{0}$ .tʰek$^{5}$ pʰiet$^{5}$ xei$^{53}$mai$^{35}$ɲiəu$^{13}$.tʂʮ$^{53}$ʂet$^{3}$ kai$^{53}$ŋa$^{13}$ɲin$^{13}$ʂʅ$^{53}_{44}$ ci$^{13}$tsʰin$^{53}$tiau$^{53}$tsɿ$^{0}$ lei$^{0}$ ,ci$^{13}$tsʰan$^{53}$cʰi$^{13}$tʂəŋ$^{35}_{44}$ke$^{0}$ tsʰa$^{35}$cia$^{53}$,mai$^{53}$tʂəu$^{35}_{44}$mai$^{53}$ɲiəu$^{13}$ko$^{0}$ ci$^{13}$tsʰan$^{53}$cʰi$^{13}$tʂəŋ$^{35}_{44}$ke$^{0}$ tsʰa$^{35}$cia$^{53}$.e$_{21}$,kai$^{53}$tʂəu$^{35}$tsɿ$^{0}$ ʂʅ$^{53}_{44}$xai$^{13}$ɔi$^{53}_{44}$ko$^{53}$tʂʰən$^{53}$,xei$^{53}$me$^{53}$?kai$^{53}_{44}$tsʰiəu$^{53}_{44}$cien$^{53}$tek$^{3}$ .n̩$_{44}$,ta$^{21}$pi$^{21}$iɔŋ$^{53}$,i$^{13}_{21}$cin$^{35}_{44}$ke$^{53}_{44}$ tʂəu$^{35}_{44}$saŋ$^{35}_{44}$xe$^{53}$tsʰiet$^{3}$ kʰuai$^{53}$tsʰien$^{13}_{21}$iɔŋ$^{53}$,e$_{21}$,ŋai$^{13}$tʰəŋ$^{13}_{44}$ɲi$^{13}$ua$^{53}$:"liəuk$^{3}$ kʰuai$^{53}$ciəu$^{21}$tsɿ$^{0}$ ,iau$^{53}$tek$^{3}$ ma$^{0}$ ?"n̩$_{21}$, ɲi$^{13}$(u)a$^{53}_{44}$iau$^{53}$tek$^{3}$ ,liəuk$^{3}$ kʰuai$^{53}$ciəu$^{21}$tsɿ$^{0}$ .kai$^{53}_{44}$ŋai$^{13}$tsʰiəu$^{53}_{44}$mai$^{53}$tʂʰət$^{3}$ çi$^{53}$lei$^{0}$ ŋai$^{13}$tsʰiəu$^{53}_{44}$mai$^{53}$tsʰiet$^{3}$ kʰuai$^{53}$, ŋai$^{13}$tsʰiəu$^{53}_{44}$tsʰan$^{53}$iet$^{3}$ kɔk$^{3}$ tsɿ$^{0}$ tsʰien$^{13}_{21}$iet$^{3}$ cin$^{35}$.iet$^{3}$ tʂak$^{3}$ tʂəu$^{35}_{44}$lei$^{0}$ iəu$^{35}$si$^{53}$pak$^{3}$ cin$^{35}_{44}$ke$^{53}_{44}$fa$^{53}_{44}$lei$^{0}$ ,ŋai$^{13}$ia$^{35}_{44}$tsʰan$^{53}$ tek$^{3}$ si$^{53}$ʂət$^{5}$ kʰuai$^{53}$tsʰien$^{13}_{21}$tau$^{53}$,xei$^{53}$me$^{53}$?ŋai$^{13}_{21}$tʂʅ$^{21}$ɔi$^{53}$kɔŋ$^{21}$ci$^{21}$ci$^{53}$.i$^{21}_{44}$çi$^{21}_{44}$mai$^{53}$ɲiəu$^{13}$tsʰiəu$^{53}$m̩$^{13}_{21}$pʰei$^{53}$kan$^{21}_{44}$cie$^{53}_{44}$ la$^{0}$ ,mai$^{53}$ɲiəu$^{13}$tsʰiəu$^{53}$mau$^{13}$ɲin$^{13}$tʂʰən$^{53}$,pət$^{3}$ len$^{13}$tʂʰən$^{53}$,pʰin$^{13}$ŋan$^{21}$tʂəu$^{35}_{53}$ku$^{21}$.ŋai$^{13}$i$^{21}$tʰiau$^{13}_{53}$ɲiəu$^{13}_{44}$ua$^{0}$ iəu$^{35}$ iɔŋ$^{21}$pak$^{3}$ cin$^{35}_{44}$ɲiəuk$^{3}$ ,ŋai$^{13}$mek$^{3}$ ʂən$^{13}$iəu$^{35}$iɔŋ$^{21}$pak$^{3}$ cin$^{35}_{44}$ɲiəuk$^{3}$ ,n̩$_{21}$.tsɔk$^{3}$ si$^{53}$ʂət$^{5}$ kʰuai$^{53}$tsɿ$^{0}$ tsʰien$^{13}_{21}$iet$^{3}$ cin$^{35}$,pait$^{3}$ tsʰien$^{35}_{44}$kʰuai$^{53}$.ci$^{13}_{21}$iet$^{3}$ pɔn$^{35}$tsʰiəu$^{53}$xei$^{53}$kan$^{21}$tsɿ$^{0}$ lei$^{0}$ ,ŋai$^{13}$ku$^{35}_{44}$ci$^{53}$i$^{21}$tʰiau$^{13}_{21}$ɲiəu$^{13}$iəu$^{35}_{53}$iɔŋ$^{21}$pak$^{3}$ cin$^{35}_{53}$ tsɿ$^{0}$ fəŋ$^{13}$ɲiəuk$^{3}$ ,ŋai$^{13}_{21}$tsɔk$^{3}$ si$^{53}$ʂət$^{5}$ kʰuai$^{53}$tsɿ$^{0}$ tsʰien$^{13}_{21}$iet$^{3}$ cin$^{35}$,tsʰiəu$^{53}$xei$^{53}$pait$^{3}$ tsʰien$^{35}_{44}$kʰuai$^{53}$tsɿ$^{0}$ tsʰien$^{13}_{21}$.ŋai$^{13}$ tsʰiəu$^{53}$tʰəŋ$^{13}_{21}$ɲi$^{13}_{44}$pait$^{3}$ tsʰien$^{35}_{44}$kʰuai$^{53}$.e$_{21}$,ŋai$^{13}$tsʰan$^{53}$mak$^{3}$ ke$^{53}$lei$^{0}$ ?ta$^{21}$pi$^{21}$kai$^{53}$tʂak$^{3}$ mai$^{35}$ɲiəu$^{13}_{21}$ke$^{53}$ɲin$^{13}_{44}$ŋai$^{13}$ tsʰan$^{53}$mak$^{3}$ e$^{0}$ lei$^{0}$ ?ŋai$^{13}$tsiəu$^{53}_{44}$tsʰan$^{53}$kai$^{53}_{44}$te$^{35}_{44}$ɲiəu$^{13}$pʰi$^{13}$ɲiəu$^{13}$kuət$^{3}$ la$^{0}$ kai$^{53}$çi$^{21}$kan$^{21}$ke$^{53}$tsʰait$^{3}$ tsʰiet$^{3}$ tsʰait$^{5}$ pait$^{3}$ ke$^{53}_{44}$təŋ$^{35}_{44}$si$^{0}$ a$^{0}$ .kai$^{53}_{44}$iəu$^{35}$ʂɔŋ$^{53}$tsʰien$^{35}$kʰuai$^{53}$le$^{0}$ .so$^{21}$i$^{35}_{53}$i$^{21}$kan$^{21}_{13}$tsɿ$^{0}$ ke$^{53}_{44}$tsʰin$^{13}$kʰɔŋ$^{53}_{44}$çia$^{53}_{44}$lei$^{0}$ ci$^{13}$tsʰiəu$^{53}_{44}$xei$^{53}_{44}$ kʰau$^{53}$ŋan$^{21}$tʂəu$^{35}_{44}$ku$^{21}$ua$^{0}$ ,ku$^{21}$tɔi$^{35}$tsɿ$^{0}$ a$^{0}$ ɔn$^{35}_{44}$tso$^{53}_{44}$.tʂʮ$^{53}$ʂet$^{3}$ kai$^{53}$ŋa$^{13}$ɲin$^{13}_{44}$tsʰiəu$^{53}$kan$^{21}$cie$^{53}$:"ɲi$^{13}_{21}$tʰiau$^{13}_{44}$ɲiəu$^{13}$ɲi$^{13}$ ɔi$^{53}$mai$^{53}$ci$^{21}_{44}$(t)o$^{35}_{53}$tsʰien$^{13}_{21}$, ɲi$^{13}$ua$^{53}$ŋai$^{13}_{21}$ti$^{35}_{53}$."e$_{21}$,kai$^{53}$tʂak$^{3}$ mai$^{35}$ɲiəu$^{13}$ke$^{53}$ɲin$^{13}_{21}$nei$^{0}$ :"ɲi$^{13}$tʂʰət$^{3}$ tek$^{3}$ ci$^{21}_{44}$(t)o$^{35}_{53}$ tsʰien$^{13}_{21}$, ɲi$^{13}$ua$^{53}$ŋai$^{13}$ti$^{35}_{53}$."ci$^{13}$ke$^{53}_{44}$sɔn$^{53}$pʰan$^{13}$,ci$^{13}$iet$^{3}$ tʂak$^{3}$ tsɿ$^{0}$ …iəu$^{35}$te$^{35}_{44}$lei$^{0}$ iəŋ$^{53}_{44}$sɔn$^{53}$pʰan$^{13}$lɔi$^{13}_{21}$piau$^{21}$ʂʅ$^{53}$,iəŋ$^{53}_{44}$ sɔn$^{53}$pʰan$^{13}_{21}$tsɿ$^{21}$piau$^{21}$ʂʅ$^{53}$,n̩$^{13}$kɔŋ$^{21}$,n̩$^{13}$kɔŋ$^{21}$ŋa$^{0}$ ,tsi$^{21}$pa$^{35}_{53}$(i)et$^{3}$ kɔŋ$^{21}$tsʰiəu$^{53}_{44}$uɔi$^{53}$pən$^{35}_{44}$ci$^{13}_{21}$tʰaŋ$^{35}$tau$^{21}$ma$^{0}$ ,xei$^{53}_{44}$ me$^{53}_{44}$?n̩$_{44}$,n̩$^{13}$kɔŋ$^{21}$.ŋai$^{13}$tsʰiəu$^{53}$tsʰəŋ$^{13}_{21}$tʂəŋ$^{35}_{44}$tsʰan$^{53}$tsʰa$^{35}$cia$^{53}$,e$_{44}$,kai$^{53}$tʂak$^{3}$ ŋa$^{13}$ɲin$^{13}_{44}$tsʰiəu$^{53}_{44}$tsʰan$^{53}$tsʰa$^{35}$cia$^{53}$,iəŋ$^{53}_{44}$ sɔn$^{53}$pʰan$^{13}_{21}$.ci$^{13}$ke$^{53}_{44}$sɔn$^{53}$pʰan$^{13}_{21}$iəu$^{35}$te$^{21}$ke$^{0}$ ,tei$^{21}$xa$^{53}_{44}$iəu$^{35}_{44}$kʰuai$^{53}_{44}$pan$^{21}$.ei$_{21}$,i$^{21}$tʂak$^{3}$ cia$^{53}$tsʰien$^{13}_{44}$iau$^{53}$tek$^{3}$ ma$^{0}$ ?e$_{21}$,ta$^{21}$pi$^{21}$iɔŋ$^{53}$,pait$^{3}$ tsʰien$^{35}_{44}$kʰuai$^{53}$,e$_{21}$,iau$^{53}$tek$^{3}$ ma$^{0}$ ?ta$^{21}$tʂak$^{3}$ tsɿ$^{0}$ pait$^{3}$ tsʰɿ$^{53}_{44}$tsɿ$^{0}$ ,xei$^{53}$me$^{53}$?sɔn$^{53}$pʰan$^{13}_{44}$ ta$^{21}$tʂak$^{3}$ tsɿ$^{0}$ pait$^{3}$ tsʰɿ$^{53}_{44}$.pait$^{3}$ tsʰien$^{35}_{44}$kʰuai$^{53}$iau$^{53}$tek$^{3}$ ma$^{0}$ ?e$_{21}$,la$^{53}$(x)a$^{53}_{44}$i$^{21}$iaŋ$^{53}$tsɿ$^{0}$ ,ciəu$^{21}$tsʰien$^{35}_{44}$kʰuai$^{53}$iau$^{53}$tek$^{3}$ ma$^{0}$ ?xe$_{53}$,ŋai$^{13}_{21}$tsʰəŋ$^{13}_{21}$tʂəŋ$^{35}_{44}$tsʰan$^{53}$iet$^{3}$ tsʰien$^{35}_{44}$kʰuai$^{53}$.

【牙业】ŋa$^{13}$ɲiait$^{5}$ 名工匠所用工具的通称：还想下子，箇要想下子看呐，篾匠师傅还有滴么个～？欸，箇个工具安做～。木匠个～。篾匠个～。/渠等人个箇只食饭个～咯。/系啊。/欸，系系，牙齿个牙。/打比样泥刀就系泥水个～。都统称为～。/牙齿就食饭个～啊。/欸，食饭个～咯。/渠就爱靠箇只东西呀去寻饭食唠。应当系咁子讲下来个。/以下是数数哩以下个人只有几多只讲～个路子唠？xai$^{21}_{53}$siɔŋ$^{21}$xa$^{53}$tsɿ$^{0}$ ,kai$^{53}_{44}$iau$^{53}_{44}$siɔŋ$^{21}$xa$^{53}$tsɿ$^{0}$ kʰan$^{53}_{44}$na$^{0}$ ,miet$^{5}$ siɔŋ$^{53}_{44}$sɿ$^{35}_{44}$fu$^{53}$ xai$^{13}_{21}$iəu$^{35}_{44}$tiet$^{5}_{3}$ mak$^{3}$ ke$^{53}_{44}$ŋa$^{13}_{21}$ɲiait$^{5}$ ?e$_{21}$,kai$^{53}_{44}$ke$^{53}_{44}$kəŋ$^{35}$tʂʮ$^{53}_{44}$ɔn$^{35}_{44}$tso$^{53}_{44}$ŋa$^{13}$ɲiait$^{5}$ .muk$^{3}$ siɔŋ$^{53}$ke$^{53}$ŋa$^{13}$ɲiait$^{5}$ .miet$^{5}$ siɔŋ$^{53}_{44}$ke$^{53}$ŋa$^{13}$ɲiait$^{5}$ ./ci$^{13}$tien$^{0}$ in$^{13}_{44}$ke$^{53}_{44}$kai$^{53}_{21}$tʂak$^{3}$ ʂət$^{5}$ fan$^{53}$ke$^{53}_{44}$ŋa$^{13}$ɲiait$^{5}$ ko$^{0}$ ./xei$^{53}$a$^{0}$ ./e$_{44}$,xei$^{53}$xei$^{53}$,ŋa$^{13}$tʂʰʅ$^{21}$ke$^{53}$ ŋa$^{13}$./ta$^{21}$pi$^{21}$iɔŋ$^{53}$lai$^{13}$tau$^{35}_{44}$tsʰiəu$^{53}_{44}$xe$^{53}_{44}$lai$^{13}$ʂei$^{21}$ke$^{53}_{44}$ŋa$^{13}$ɲiait$^{5}$ .təu$^{35}$tʰəŋ$^{21}$tʂʰən$^{35}_{44}$uei$^{13}_{21}$ŋa$^{13}$ɲiait$^{5}$ ./ŋa$^{13}$tʂʰʅ$^{21}$tsʰiəu$^{53}_{44}$ ʂət$^{5}$ fan$^{53}$ke$^{53}_{44}$ŋa$^{13}$ɲiait$^{5}$ a$^{0}$ ./e$_{44}$,ʂət$^{5}$ fan$^{53}$ke$^{53}_{44}$ŋa$^{13}$ɲiait$^{5}$ ko$^{0}$ ./ci$^{13}_{21}$tsʰiəu$^{53}_{44}$ɔi$^{53}_{44}$kʰau$^{53}$kai$^{53}$tʂak$^{3}$ təŋ$^{35}_{44}$si$^{0}$ ia$^{0}$ çi$^{53}_{44}$tsʰin$^{13}$ fan$^{53}$ʂət$^{5}$ lau$^{0}$ .in$^{35}_{44}$tɔŋ$^{35}_{44}$xei$^{53}_{44}$kan$^{21}$tsɿ$^{0}$ kɔŋ$^{21}$xa$^{53}_{44}$lɔi$^{13}_{21}$ke$^{53}_{44}$./i$^{21}$xa$^{53}_{44}$ʂʅ$^{53}$ʂəu$^{21}$ʂəu$^{21}_{44}$li$^{0}$ i$^{21}$xa$^{53}_{44}$ke$^{53}_{44}$ɲin$^{13}_{21}$tʂʅ$^{21}$iəu$^{35}$ci$^{21}$to$^{35}_{44}$ tʂak$^{3}$ kɔŋ$^{21}$ŋa$^{13}$ɲiait$^{5}$ ke$^{53}_{44}$ləu$^{53}_{44}$tsɿ$^{0}$ lau$^{0}$ ?

【牙猪】ŋa$^{13}$tʂəu$^{35}$ 名种猪（专供交配用的公猪）。又称“脚猪”：箇个～嘞爱赶，赶倒去配种。

如今个人呐我看下子箇，我昨晡都看倒一只人舞乘三轮车，欸，分只～嘞放下箇车上，欸拖下去，快多哩，系唔系？你跍倒路上赶是够赶哩，欸天气热渠还赶唔得，渠还走唔得咁远。以下个活动个半径大嘿哩，箇个畜～个人少咁哩，嗯畜猪嫲个人呢也少咁哩，渠就渠辐射个活动个范围就爱加大，所以渠就爱搞辆三轮车。kai$^{53}_{44}$kei$^{53}_{44}$ŋa$^{13}$tʂəu$^{35}_{44}$lei$^{0}$ɔi$^{53}$kɔn$^{21}$,kɔn$^{21}$tau$^{21}$çi$^{53}$pʰei$^{53}$ tʂəŋ$^{21}$.i$^{13}_{21}$cin$^{35}_{44}$kei$^{53}$ɲin$^{13}_{21}$na$^{0}$ ŋai$^{13}$kʰɔn$^{53}$xa$^{53}$tsɿ$^{0}$ kai$^{53}$,ŋai$^{13}_{21}$tsʰo$^{35}$pu$^{35}_{53}$tau$^{35}_{53}$kʰɔn$^{53}$tau$^{21}$iet$^{3}$ tʂak$^{3}$ ɲin$^{13}_{44}$u$^{21}$ʂən$^{13}_{44}$san$^{35}$ lən$^{13}_{21}$tʂʰa$^{35}$,e$_{21}$,pən$^{35}_{44}$tʂak$^{3}$ ŋa$^{13}$tʂəu$^{35}_{44}$le$^{0}$ fɔŋ$^{53}$xa$^{53}_{44}$kai$^{53}_{44}$tʂʰa$^{35}$xɔŋ$^{53}$,e$^{0}$ tʰo$^{35}$xa$^{53}_{44}$çi$^{53}$,kʰuai$^{53}$to$^{35}$li$^{0}$,xei$^{53}_{44}$me$^{53}_{44}$?ɲi$^{13}$ku$^{35}$ tau$^{21}_{44}$ləu$^{53}$xɔŋ$^{53}$kɔn$^{21}$ʂɿ$^{53}_{44}$kei$^{53}$kɔn$^{21}$ni$^{0}$,e$^{0}$ tʰien$^{35}$çi$^{53}_{44}$ɲiet$^{5}$ ci$^{13}_{44}$xai$^{13}_{44}$kɔn$^{21}$n̩$^{13}$tek$^{3}$,ci$^{13}_{21}$xai$^{13}_{44}$tsei$^{21}$n̩$^{13}$tek$^{3}$ kan$^{21}$ien$^{21}$.i$^{13}_{21}$ xa$^{53}_{44}$ke$^{53}_{44}$xɔit$^{5}$ tʰəŋ$^{53}_{44}$ke$^{0}$ pan$^{53}$cin$^{53}$tʰai$^{53}$xek$^{3}$ li$^{0}$,kai$^{53}_{44}$ke$^{53}_{44}$çiəuk$^{3}$ ŋa$^{13}$tʂəu$^{35}_{53}$ke$^{53}$ɲin$^{13}_{21}$ʂau$^{21}$kan$^{21}$ni$^{0}$,n̩$^{0}$ çiəuk$^{3}$ tʂəu$^{35}$ ma$^{13}_{21}$ke$^{53}$ɲin$^{13}_{44}$nei$^{0}$ ia$^{35}$ʂau$^{21}$kan$^{21}$ni$^{0}$,ci$^{13}_{21}$tsʰiəu$^{53}$ci$^{13}_{21}$fuk$^{5}$ ʂa$^{53}_{44}$ke$^{0}$ xɔit$^{5}$ tʰəŋ$^{53}_{44}$ke$^{0}$ fan$^{53}$uei$^{13}$tsʰiəu$^{53}_{44}$ɔi$^{53}_{44}$cia$^{35}$tʰai$^{53}$,so$^{21}$ i$^{35}_{53}$ci$^{13}_{21}$tsʰiəu$^{53}_{44}$ɔi$^{53}$kau$^{21}$liɔŋ$^{21}_{13}$san$^{35}$lən$^{13}_{21}$tʂʰa$^{35}$.

【伢子】ŋa$^{13}$tsɿ$^{0}$ [名]男孩子；小伙子：我等～细细子喜欢檝油，喜欢食羊。ŋai$^{13}$tien$^{0}$ ŋa$^{13}$tsɿ$^{0}$ sei$^{53}$ sei$^{53}$tsɿ$^{0}$ çi$^{21}$fən$^{35}_{44}$tsian$^{35}$iəu$^{13}$,çi$^{21}$fən$^{35}_{44}$ʂət$^{5}$ iɔŋ$^{13}$.

【伢子人】ŋa$^{13}$tsɿ$^{0}$ɲin$^{13}$ [名]小伙子；青年男子：打比样有滴男……～，系唔系？渠找对象。ta$^{21}$ pi$^{21}$iɔŋ$^{53}_{44}$iəu$^{35}$tiet$^{5}$ lan$^{13}$…ŋa$^{13}$tsɿ$^{0}$ɲin$^{13}$,xe$^{53}_{44}$me$^{53}_{44}$?ci$^{13}_{21}$tsau$^{21}$ti$^{53}$siɔŋ$^{53}_{21}$.

【芽】ŋa$^{13}$ [名]植物的幼体，可以发育成茎、叶或花的那一部分：渠就箇个花生肉发哩～，会撑出撑开箇只壳来。ci$^{13}_{21}$tsʰiəu$^{53}$kai$^{53}_{44}$ke$^{53}_{44}$fa$^{35}_{44}$sen$^{35}_{44}$ɲiəuk$^{3}$ fait$^{3}$ li$^{0}$ ŋa$^{13}$,uɔi$^{53}_{44}$tsʰaŋ$^{53}$tʂʰət$^{3}$ tsʰaŋ$^{53}$kʰɔi$^{35}_{44}$kai$^{53}$ tʂak$^{3}$ kʰɔk$^{3}$ lɔi$^{13}_{21}$.

【哑巴子】a$^{21}$pa$^{35}_{44}$tsɿ$^{0}$ [名]哑子；失去生理上的语言功能，无法说话的人：唔分男女，就～。只讲～。n̩$^{13}$fən$^{35}_{44}$lan$^{13}$ɲy$^{21}$,tsiəu$^{53}_{44}$a$^{21}$pa$^{35}_{44}$tsɿ$^{0}$.tʂɿ$^{21}$kɔŋ$^{21}$a$^{21}$pa$^{35}_{53}$tsɿ$^{0}$.｜一只～妹子跟倒渠。iet$^{3}$ tʂak$^{3}$ a$^{21}$pa$^{35}_{53}$tsɿ$^{0}$ mɔi$^{53}$tsɿ$^{0}$ cien$^{35}$tau$^{21}$ci$^{13}_{44}$.

【哑子】a$^{21}$tsɿ$^{0}$ [名]哑巴：～一□$_{喊}$，聋子听下倒。a$^{21}$tsɿ$^{0}$ iet$^{3}$kue$^{21}$,lən$^{35}$tsɿ$^{0}$ tʰaŋ$^{35}$ŋa$^{35}$tau$^{21}$.

【揸$_{1}$】ia$^{21}$ [动]①用手或五指拿取；攥紧：打比样我等箇个食箇个炒米呀，就～一揸米。～一揸。箇就不是拈了。ta$^{21}$pi$^{21}$iɔŋ$^{53}_{44}$ŋai$^{13}_{21}$tien$^{0}$ kai$^{53}_{44}$ke$^{53}_{44}$ʂət$^{5}$ kai$^{53}_{44}$ke$^{53}_{44}$tsʰau$^{21}$mi$^{21}$ia$^{0}$ ,tsʰiəu$^{53}_{44}$ia$^{21}$iet$^{3}$ ia$^{21}$mi$^{21}$.ia$^{21}$ iet$^{3}$ ia$^{21}$.kai$^{53}_{44}$tsʰiəu$^{53}_{44}$puk$^{3}$ ʂɿ$^{53}_{21}$nian$^{35}$niau$^{0}$.｜～只拳头 ia$^{21}$tsak$^{3}$ cʰien$^{13}$tʰəu$^{13}$｜我～下手里个搞啊搞哩。ŋai$^{13}$ia$^{21}$(x)a$^{53}$ʂəu$^{21}$li$^{0}$ ke$^{53}_{44}$kau$^{21}$a$^{0}$ kau$^{21}$li$^{0}$. ②挠，搔：撞怕夜晡睡目啊，有哪映痒人呐，总～嘞越～就越痒，总睡都睡唔着。tsʰɔŋ$^{21}$pʰa$^{53}$ia$^{53}$pu$^{35}_{44}$ʂɔi$^{53}$muk$^{3}$ a$^{0}$ ,iəu$^{35}_{44}$la$^{53}$iaŋ$^{53}_{44}$iɔŋ$^{35}$ɲin$^{13}_{21}$na$^{0}$ ,tsəŋ$^{21}$ia$^{21}$le$^{0}$ vet$^{5}$ ia$^{21}$tsʰiəu$^{53}_{44}$vet$^{5}$ iɔŋ$^{35}$,tsəŋ$^{21}$ʂɔi$^{53}_{44}$tɔu$^{35}_{44}$ʂɔi$^{53}$n̩$^{13}$tʂʰɔk$^{5}$.

【揸$_{2}$】ia$^{21}$ [量]表示用手或五指一次拿取的量：揸一～米 ia$^{21}$iet$^{3}$ ia$^{21}$mi$^{21}$

【揸手$_{1}$】ia$^{21}$ʂəu$^{21}$ [动]用手执握：箇板车个两条～个$_{指车辕}$ kai$^{53}_{44}$pan$^{21}$tʂʰa$^{35}$ke$^{53}_{44}$iɔŋ$^{21}$tʰiau$^{13}$ia$^{21}$ʂəu$^{21}$ke$^{53}$｜～个咯耙梁咯！ia$^{21}$ʂəu$^{21}$ke$^{53}$ko$^{0}$ pʰa$^{13}$liɔŋ$^{13}_{44}$ko$_{35}$!

【揸手$_{2}$】ia$^{21}$ʂəu$^{21}$ [名]把手；器物上供手执握处：（舂槌）中间一只～ tʂəŋ$^{35}$kan$^{35}_{53}$iet$^{3}$ tʂak$^{3}$ ia$^{21}$ʂəu$^{21}$

【揸揸起】ia$^{21}$ia$^{21}$çi$^{21}$ [动]指因食物缺乏油脂而致消化系统饥饿难受的感觉：你话食斋个人长日唔食荤呐，箇让门箇～嘞肚子嘞。ɲi$^{13}$ua$^{53}_{44}$ʂət$^{5}$ tsai$^{35}_{44}$ke$^{53}$ɲin$^{13}_{44}$tʂʰɔŋ$^{13}$ɲiet$^{3}$ n̩$^{13}$ʂət$^{5}$ fən$^{35}$na$^{0}$ ,kai$^{53}_{44}$ɲiɔŋ$^{53}$ mən$^{13}_{44}$kai$^{53}$ia$^{21}$ia$^{21}$çi$^{21}$le$^{0}$ təu$^{21}$tsɿ$^{0}$ le$^{0}$.

【揸痒】ia$^{21}$iɔŋ$^{35}$ [动]抓痒：呃背上，你同我揸下子痒看呐，我揸唔倒。ə$^{0}$ pɔi$^{53}$xɔŋ$^{53}$, ɲi$^{13}_{21}$tʰəŋ$^{13}$ŋai$^{13}_{21}$ ia$^{21}$xa$^{53}$tsɿ$^{0}$ iɔŋ$^{35}$kʰɔn$^{53}_{44}$na$^{0}$ ,ŋai$^{13}_{21}$ia$^{21}$n̩$^{13}$tau$^{21}$.

【揸油火】ia$^{21}$iəu$^{13}$fo$^{21}$ 一种魔术表演：～，坌坌哩着个油火用手去揸，系唔系？箇系一只魔术表演。我看过箇个～个，吓死人。ia$^{21}$iəu$^{13}$fo$^{21}_{44}$,pʰən$^{53}$pʰən$^{53}$li$^{0}$ tʂʰɔk$^{5}$ ke$^{0}$ iəu$^{13}$fo$^{21}$iəŋ$^{53}$ʂəu$^{21}$çi$^{53}$ia$^{21}$,xei$^{53}_{44}$ me$^{53}_{44}$?kai$^{53}$xei$^{53}$iet$^{3}$ tʂak$^{3}$ mo$^{13}$ʂət$^{5}$ piau$^{21}$ien$^{21}$.ŋai$^{13}$kʰɔn$^{53}$ko$^{53}$kai$^{53}_{44}$ke$^{53}_{44}$ia$^{21}$iəu$^{13}$fo$^{21}$ke$^{53}$,xak$^{3}$ si$^{21}$ɲin$^{13}$.

【亚】ŋa$^{53}$ [副]第二次：～进馔 ŋa$^{53}$tsin$^{53}_{44}$tsʰɔn$^{53}_{44}$

【砑】ŋa$^{53}$ [动]压：放到箇板肚里去～紧哩。fɔŋ$^{53}$tau$^{53}_{44}$kai$^{53}_{44}$pan$^{21}$təu$^{21}$li$^{0}$ çi$^{53}_{44}$ŋa$^{53}$cin$^{21}$li$^{0}$.

【呀$_{1}$】ia$_{53}$ [叹]表示惊讶、感叹：～，还有几页哈！ia$_{53}$,xai$^{13}_{21}$iəu$^{35}$ci$^{21}$iait$^{5}$ xa$^{0}$!

【呀$_{2}$】ia$^{0}$ [助]“啊”在前一音节尾音为-i 时的变体。放在祈使句末用于加强期待语气：明晡又来～！miaŋ$^{13}$pu$^{35}_{44}$iəu$^{53}$lɔi$^{13}$ia$^{0}$!

【烟$_{1}$】ien$^{35}$ [名]①物体燃烧产生的气态漂浮物：镬圈个作用就系省子出～啵。uɔk$^{5}$ cʰien$^{35}_{44}$ke$^{53}_{44}$ tsɔk$^{3}$ iəŋ$^{53}$tsʰiəu$^{53}_{44}$xe$^{53}_{44}$saŋ$^{21}$tsɿ$^{0}$ tʂʰət$^{3}$ ien$^{35}$nau$^{0}$. ②烟叶：晒～个时候子 sai$^{53}$ien$^{35}$ke$^{53}_{44}$ʂɿ$^{13}_{44}$xei$^{53}_{44}$tsɿ$^{0}$。③烟草制成品：但是～还有一种水烟呢，水烟筒啊。tan$^{53}_{44}$ʂɿ$^{53}_{44}$ien$^{35}_{44}$xai$^{13}$iəu$^{35}_{44}$iet$^{3}$ tʂəŋ$^{21}$ʂei$^{21}$ien$^{35}_{44}$ne$^{0}$ ,ʂei$^{21}$ien$^{35}_{44}$ tʰəŋ$^{13}$ŋa$^{0}$. ④特指香烟：一个人一包子～呐。iet$^{3}$ cie$^{53}$ɲin$^{13}_{21}$iet$^{3}$ pau$^{35}_{44}$tsɿ$^{0}$ ien$^{35}$na$^{0}$.

【烟$_{2}$】ien$^{35}$ [动]用烟熏：箇就放倒去～哩安做呢。kai$^{53}_{44}$ts$^{h}$iəu$^{53}_{44}$fɔŋ$^{53}$tau$^{21}$çi$^{53}$ien$^{35}$ni$^{0}$ ɔn$^{35}_{44}$tso$^{53}_{44}$nei$^{0}$.

【烟包子】ien$^{35}$pau$^{35}$tsɿ$^{0}$ [名]装烟草的袋子（装在衣袋里的）：一般都系～袋嘿身上。iet$^{3}$ pɔn$^{35}$ təu$^{35}_{44}$xei$^{53}_{44}$ien$^{35}$pau$^{35}$tsɿ$^{0}$ t$^{h}$ɔi$^{53}_{44}$(x)ek$^{3}$ ʂən$^{35}$xɔŋ$^{53}_{44}$.

【烟茶】ien$^{35}$ts$^{h}$a$^{13}_{21}$ [名]经过烟熏制作的茶叶：我等以映子做法只有～。客家人做咯以前从……以前一直都只有～。～就大概好像就系绿茶样，系唔系绿茶？～，洗净茶叶以后就放下镬里去炒，欸，炒哩就去搋，去揉哇。好，揉，揉冷哩了嘞又放倒去炒下子，又去揉，系唔系？揉，揉，揉，炒几到。揉好哩以后就焙熷来呀。就咁子个，唔晒。～唔晒，一晒就触日烈。有烟火味哟。ŋai$^{13}_{21}$tien$^{0}$ i$^{21}$iaŋ$^{53}$tsɿ$^{0}$ tso$^{53}$fait$^{3}$ tʂʅ$^{21}$iəu$^{35}_{44}$ien$^{35}$ts$^{h}$a$^{13}_{21}$.k$^{h}$ak$^{3}$ ka$^{35}_{44}$ɲin$^{13}_{21}$tso$^{53}$ko$^{0}$ i$^{35}$ts$^{h}$ien$^{13}_{21}$ts$^{h}$əŋ$^{13}$…i$^{35}_{53}$ ts$^{h}$ien$^{13}$iet$^{3}$ tʂ$^{h}$ət$^{5}$ təu$^{35}_{44}$tʂʅ$^{21}$iəu$^{35}_{53}$ien$^{35}$ts$^{h}$a$^{13}_{21}$.ien$^{35}_{44}$ts$^{h}$a$^{13}_{21}$ts$^{h}$iəu$^{53}_{44}$t$^{h}$ai$^{53}$kai$^{53}_{44}$xau$^{21}$ts$^{h}$iɔŋ$^{53}_{44}$ts$^{h}$iəu$^{53}_{44}$xe$^{53}_{44}$liəuk$^{5}$ ts$^{h}$a$^{13}_{21}$iɔŋ$^{53}_{44}$, xei$^{53}_{44}$me$^{53}_{44}$liəuk$^{5}$ ts$^{h}$a$^{13}_{21}$?ien$^{35}_{44}$ts$^{h}$a$^{13}_{21}$,se$^{21}$ts$^{h}$iaŋ$^{53}$ts$^{h}$a$^{13}$iait$^{5}_{3}$ i$^{53}_{44}$xei$^{53}_{44}$ts$^{h}$iəu$^{53}_{44}$fɔŋ$^{53}_{44}$(x)a$^{53}_{44}$uɔk$^{5}$ li$^{0}$ çi$^{53}$ts$^{h}$au$^{21}$,e$_{21}$,ts$^{h}$au$^{21}$li$^{0}$ ts$^{h}$iəu$^{53}_{44}$çi$^{53}_{44}$ts$^{h}$ai$^{21}$,çi$^{53}$iəu$^{13}$ua$^{0}$ .xau$^{21}$,iəu$^{13}$,iəu$^{13}$laŋ$^{35}$li$^{0}$ liau$^{21}$lei$^{0}$ iəu$^{53}$fɔŋ$^{53}_{44}$tau$^{21}$çi$^{53}$ts$^{h}$au$^{21}$xa$^{53}_{44}$tsɿ$^{0}$,iəu$^{53}$çi$^{53}_{44}$iəu$^{13}$, xei$^{53}$me$^{53}_{44}$?iəu$^{13}_{21}$,iəu$^{13}$,iəu$^{13}$,ts$^{h}$au$^{21}$ci$^{21}$tau$^{53}$.iəu$^{13}$xau$^{21}$li$^{0}$ i$^{35}$xei$^{53}_{44}$ts$^{h}$iəu$^{53}_{44}$p$^{h}$ɔi$^{53}$tsau$^{35}_{44}$lɔi$^{13}_{21}$ia$^{0}$ .ts$^{h}$iəu$^{53}$kan$^{21}$tsɿ$^{0}$ ke$^{53}$, n̩$^{13}$sai$^{53}$.ien$^{35}$ts$^{h}$a$^{13}_{21}$m̩$^{13}$sai$^{53}$,iet$^{3}$ sai$^{53}$ts$^{h}$iəu$^{53}_{44}$tʂ$^{h}$əuk$^{5}$ ɲiet$^{3}$ lait$^{3}$ .iəu$^{35}$ien$^{35}_{44}$fo$^{21}$uei$^{53}_{44}$iau$^{0}$.

【烟囱】ien$^{35}$ts$^{h}$əŋ$^{35}$ [名]用以排烟的建筑设施：灶门进去就系～吵。tsau$^{53}$mən$^{13}$tsin$^{53}$çi$^{53}_{44}$ts$^{h}$iəu$^{53}$xe$^{53}_{44}$ ien$^{35}$ts$^{h}$əŋ$^{35}_{44}$ʂa$^{0}$.

【烟囱眼】ien$^{35}$ts$^{h}$əŋ$^{35}$ŋan$^{21}$ [名]烟囱：箇～里个就喊扬尘灰。kai$^{53}_{44}$ien$^{35}$ts$^{h}$əŋ$^{35}$ŋan$^{21}$ni$^{35}$ke$^{53}$ts$^{h}$iəu$^{53}$xan$^{53}$ iɔŋ$^{13}$tʂ$^{h}$ən$^{13}_{21}$fɔi$^{35}$.

【烟袋子】ien$^{35}$t$^{h}$ɔi$^{53}$tsɿ$^{0}$ [名]装烟草的袋子（吊在烟袋杆上的）：渠个～渠可以吊下箇烟筒上啊。一般是唔吊。一般都系烟包子袋嘿身上。也有吊个。ci$^{13}$ke$^{53}_{44}$ien$^{35}$t$^{h}$ɔi$^{53}$tsɿ$^{0}$ ci$^{13}_{21}$k$^{h}$o$^{21}$i$^{35}$tiau$^{53}$ua$_{44}$ (←xa$^{53}$)kai$^{53}_{44}$ien$^{35}$t$^{h}$əŋ$^{13}_{21}$xɔŋ$^{53}_{44}$ŋa$^{0}$ .iet$^{3}$ pɔn$^{35}$ʂʅ$^{53}$n̩$^{13}$tiau$^{53}$.iet$^{3}$ pɔn$^{35}$təu$^{35}_{44}$xei$^{53}_{44}$ien$^{35}$pau$^{35}$tsɿ$^{0}$ t$^{h}$ɔi$^{53}_{44}$(x)ek$^{3}$ ʂən$^{35}$ xɔŋ$^{53}_{44}$.ia$^{35}$iəu$^{35}_{44}$tiau$^{53}$ke$^{53}_{44}$.

【烟兜子】ien$^{35}$tei$^{35}$tsɿ$^{0}$ [名]水烟筒上装烟的圆筒：欸以前我爷子食水烟筒，水烟筒箇面前呢就挜手个栏场子嘞就有只～，～就专门用来装烟个。ei$_{21}$i$^{35}_{53}$ts$^{h}$ien$^{13}_{21}$ŋai$^{13}_{21}$ia$^{13}$tsɿ$^{0}$ ʂət$^{5}$ ʂei$^{21}$ien$^{35}_{44}$t$^{h}$əŋ$^{13}$,ʂei$^{21}$ ien$^{35}_{44}$t$^{h}$əŋ$^{13}$kai$^{53}_{44}$mien$^{53}$ts$^{h}$ien$^{13}$nei$^{0}$ ts$^{h}$iəu$^{53}_{44}$ia$^{21}$ʂəu$^{21}$ke$^{53}$laŋ$^{13}_{44}$tʂ$^{h}$ɔŋ$^{13}_{44}$tsɿ$^{0}$ lei$^{0}$ ts$^{h}$iəu$^{53}_{44}$iəu$^{35}_{53}$tʂak$^{3}$ ien$^{35}$tei$^{35}$tsɿ$^{0}$,ien$^{35}$ tei$^{35}_{44}$tsɿ$^{0}$ tsiəu$^{53}_{44}$tʂen$^{35}$mən$^{13}_{21}$iəŋ$^{53}$lɔi$^{13}_{21}$tʂɔŋ$^{35}_{44}$ien$^{35}$ke$^{0}$.

【烟罡罡哩】ien$^{35}_{44}$kəŋ$^{53}$kəŋ$^{53}$li$^{0}$ 烟气弥漫的样子：箇火烘楼上整个一只灶下～。kai$^{53}_{44}$xo$^{21}$fən$^{53}_{44}$nei$^{13}$ xɔŋ$^{53}_{44}$tʂən$^{21}$ko$^{53}$iet$^{3}$ tʂak$^{3}$ tsau$^{53}$xa$^{35}$ien$^{35}_{44}$kəŋ$^{53}$kəŋ$^{53}$li$^{0}$.｜箇是你～哦。kai$^{53}_{44}$ʂʅ$^{53}_{44}$ɲi$^{13}_{44}$ien$^{35}$kəŋ$^{53}_{21}$kəŋ$^{53}$li$^{0}$ o$^{0}$.

【烟鬼】ien$^{35}$kuei$^{21}$ [名]吸烟过多、成瘾的人：～就系烟瘾唔知几大个人，欸，～。箇晡一只人渠话么个渠一天爱食三包烟，几十年了，从来赠少于三包烟渠话。我就唔好声得，渠老婆得哩肺癌。我唔好声得，箇人我唔得话唠。我话："你如今还食烟么？""三包烟。唔脱哟！"渠尽食好烟，又唔搞么个，欠倒一屁股账。欠账都爱食烟。ien$^{35}$kuei$^{21}$ts$^{h}$iəu$^{53}$xe$^{53}$ien$^{35}$in$^{21}$n̩$^{13}$ti$^{35}_{53}$ci$^{21}$ t$^{h}$ai$^{53}$ke$^{53}_{44}$ɲin$^{13}_{21}$,e$_{21}$,ien$^{35}$kuei$^{21}$.kai$^{53}_{44}$pu$^{35}_{53}$iet$^{3}$ tʂak$^{3}$ɲin$^{13}$ci$^{13}_{21}$ua$^{53}_{44}$mak$^{3}$ kei$^{53}_{44}$ci$^{13}_{21}$iet$^{3}$ t$^{h}$ien$^{35}_{44}$ɔi$^{53}_{44}$ʂət$^{5}$ san$^{35}_{44}$pau$^{35}_{44}$ien$^{35}_{44}$,ci$^{21}$ ʂət$^{5}$ ɲien$^{13}$niau$^{0}$,ts$^{h}$əŋ$^{13}$lɔi$^{13}_{44}$maŋ$^{13}$ʂau$^{21}$ʮ$^{13}$ san$^{35}_{44}$pau$^{35}_{44}$ien$^{35}_{44}$ci$^{13}_{44}$ua$^{53}_{44}$.ŋai$^{13}$ts$^{h}$iəu$^{53}$m̩$^{13}$xau$^{21}$ʂaŋ$^{35}$tek$^{3}$ ,ci$^{13}_{21}$lau$^{21}$p$^{h}$o$^{13}$ tek$^{3}$ li$^{0}$ fei$^{53}$ŋai$^{13}_{21}$.ŋai$^{13}$m̩$^{13}$xau$^{21}$ʂaŋ$^{35}$tek$^{3}$ ,kai$^{53}_{44}$ɲin$^{13}_{21}$ŋai$^{13}$n̩$^{13}_{44}$tek$^{3}$ ua$^{53}$lau$^{0}$ .ŋai$^{13}$ua$^{53}$:"ɲi$^{13}_{44}$i$^{13}_{21}$cin$^{35}_{53}$xai$^{13}_{21}$ʂət$^{5}$ ien$^{35}$ mo$^{0}$ ?""san$^{35}$pau$^{35}_{44}$ien$^{35}_{44}$.n̩$^{13}$t$^{h}$ɔit$^{3}$ io$^{0}$ !"ci$^{13}$ts$^{h}$in$^{53}$ʂət$^{5}$ xau$^{21}$ien$^{35}_{44}$,iəu$^{53}$n̩$^{13}$kau$^{21}$mak$^{3}$ ke$^{53}$,c$^{h}$ian$^{53}$tau$^{21}$iet$^{3}$ p$^{h}$i$^{53}$ku$^{21}_{44}$ tʂɔŋ$^{53}_{21}$.c$^{h}$ian$^{53}$tʂɔŋ$^{53}$təu$^{35}_{44}$ɔi$^{53}_{44}$ʂət$^{5}$ ien$^{35}$.

【烟盒子】ien$^{35}$xait$^{5}$ tsɿ$^{0}$ [名]装香烟的盒子：～，箇就～安做。铁皮个嘞，系啊？方形个嘞。我等都用过。ien$^{35}$xait$^{5}$ tsɿ$^{0}$,kai$^{53}_{44}$ts$^{h}$iəu$^{53}_{44}$ien$^{35}$xait$^{5}$ tsɿ$^{0}$ ɔn$^{35}_{21}$tso$^{53}$.t$^{h}$et$^{3}$ p$^{h}$i$^{13}$ke$^{53}$le$^{0}$ ,xe$^{53}$a$^{0}$ ?fɔŋ$^{35}$çin$^{13}_{21}$ke$^{53}$le$^{0}$ .ŋai$^{13}_{21}$ tien$^{0}$ təu$^{35}_{53}$iəŋ$^{53}_{44}$ko$^{53}_{21}$.

【烟花】ien$^{35}$fa$^{35}$ [名]焰火：爆竹就只取响声个，～嘞就系取箇个火花个。欸，我等浏阳就浏阳箇映子就有只栏场啊，专门为放～设计个一只栏场，去箇浏阳河边上，安做观礼台，每次放～都到观礼台放，箇我等去看哩，箇个观礼台箇映子真好看。pau$^{53}$tʂəuk$^{3}$ ts$^{h}$iəu$^{53}$tʂʅ$^{21}$ts$^{h}$i$^{21}$ çiɔŋ$^{21}$ʂaŋ$^{35}_{44}$kei$^{53}$,ien$^{35}$fa$^{35}_{44}$lei$^{0}$ ts$^{h}$iəu$^{53}$xei$^{53}_{44}$ts$^{h}$i$^{21}$kai$^{53}_{44}$ke$^{53}_{44}$xo$^{21}$fa$^{35}_{44}$ke$^{0}$ .e$_{21}$,ŋai$^{13}$tien$^{0}$ liəu$^{13}$iɔŋ$^{13}$ts$^{h}$iəu$^{53}$liəu$^{13}$iɔŋ$^{13}_{44}$kai$^{53}$ iaŋ$^{53}$tsɿ$^{0}$ ts$^{h}$iəu$^{53}_{44}$iəu$^{35}$tʂak$^{3}$ laŋ$^{13}_{44}$tʂ$^{h}$ɔŋ$^{13}_{44}$a$^{0}$ ,tʂen$^{35}$mən$^{13}_{44}$uei$^{53}$fɔŋ$^{53}$ien$^{35}$fa$^{35}_{44}$ʂet$^{3}$ ci$^{53}$ke$^{53}$iet$^{3}$ tʂak$^{3}$ lan$^{13}_{21}$tʂ$^{h}$ɔŋ$^{13}_{44}$,çi$^{53}$kai$^{53}$ liəu$^{13}_{21}$iɔŋ$^{13}_{21}$xo$^{13}$pien$^{35}_{44}$xɔŋ$^{53}_{44}$,ɔn$^{35}$tso$^{53}_{44}$kɔn$^{35}$li$^{35}_{44}$t$^{h}$ɔi$^{13}$,mei$^{35}$ts$^{h}$ɿ$^{53}$fɔŋ$^{53}$ien$^{35}$fa$^{35}_{44}$təu$^{35}_{44}$tau$^{53}_{44}$kɔn$^{35}_{44}$li$^{35}_{44}$t$^{h}$ɔi$^{13}$fɔŋ$^{53}$,kai$^{53}$ŋai$^{13}$ tien$^{0}$ çi$^{53}$k$^{h}$ɔn$^{53}$ni$^{0}$ ,kai$^{53}$kei$^{35}_{44}$kɔn$^{35}_{44}$li$^{35}_{53}$t$^{h}$ɔi$^{13}$kai$^{53}$iaŋ$^{53}_{44}$tsɿ$^{0}$ tʂən$^{35}$xau$^{21}$k$^{h}$ɔn$^{53}$.

【烟灰】ien$^{35}$fɔi$^{35}$ [名]柴火燃烧产生的烟尘：渠个～就放放倒箇上背吵。ci$^{13}$ke$^{53}_{44}$ien$^{35}$fɔi$^{35}$ts$^{h}$iəu$^{53}_{44}$ fɔŋ$^{53}$fɔŋ$^{53}_{44}$tau$^{21}$kai$^{53}_{44}$ʂɔŋ$^{53}$pɔi$^{53}$ʂa$^{0}$.

Y

【烟火味】ien$^{35}$fo$^{21}$uei$^{53}$ [名]烟熏火燎的气味：（烟茶）有～哟。iəu$^{35}$ien$^{35}_{44}$fo$^{21}$uei$^{53}_{44}$iau$^{0}$.

【烟酒店】ien$^{35}$tsiəu$^{21}$tian$^{53}$ [名]经营烟、酒的店铺：张家坊有一只～，专门卖烟酒个，么个都唔卖，只卖烟酒。tʂɔŋ$^{35}$ka$^{35}_{44}$fɔŋ$^{35}$iəu$^{35}$iet$^{3}$ tʂak$^{3}$ ien$^{35}$tsiəu$^{21}$tian$^{53}$,tʂen$^{35}$mən$^{13}$mai$^{53}$ien$^{35}$tsiəu$^{21}$ke$^{0}$,mak$^{3}$ e$^{0}$ təu$^{35}_{53}$ m̩$^{13}$mai$^{53}$,tʂʅ$^{21}$mai$^{53}$ien$^{35}$tsiəu$^{21}$.

【烟脑子】ien$^{35}$lau$^{21}$tsɿ$^{0}$ [名]烟头；纸烟吸到最后剩下的部分：欸箇阵子个～啊尽兜都食嘿转个，我也有本事去食咯，以下箇以下爱我去食就我硬欸除哩长得命，长得命我可能会去食嘛，箇是我硬唔得食了。箇尽兜都食下转咁个～啊。e$_{21}$kai$^{53}_{44}$tʂʰən$^{53}_{44}$tsɿ$^{0}$ke$^{53}_{44}$ien$^{35}$nau$^{21}$tsɿ$^{0}$a$^{0}$ tsʰin$^{53}$te$^{35}_{44}$təu$^{35}_{44}$ʂət$^{5}$ (x)ek$^{3}$ tʂuɔn$^{21}$ke$^{53}$,ŋai$^{13}$ia$^{35}_{44}$iəu$^{35}$pən$^{21}$sɿ$^{53}_{44}$çi$^{53}_{44}$ʂət$^{5}$ ko$^{0}$,i$^{21}$(x)a$^{53}_{44}$kai$^{53}$i$^{21}$(x)a$^{53}_{44}$ɔi$^{53}$ŋai$^{13}_{21}$çi$^{53}$ʂət$^{5}$ tsiəu$^{53}_{44}$ŋai$^{13}$ɲiaŋ$^{53}$e$_{44}$ tʂʰəu$^{13}_{44}$li$^{0}$ tʂʰɔŋ$^{13}$tek$^{3}$ miaŋ$^{53}$,tʂʰɔŋ$^{13}$tek$^{3}$ miaŋ$^{53}$ŋai$^{13}_{21}$kʰo$^{21}_{44}$len$^{13}_{44}$uɔi$^{53}_{44}$çi$^{53}_{44}$ʂət$^{5}$ ma$^{0}$,kai$^{53}$ʂʅ$^{53}_{44}$ŋai$^{13}_{21}$ɲiaŋ$^{53}$n̩$^{13}$tek$^{3}$ ʂət$^{5}$ liau$^{21}_{44}$.kai$^{53}_{44}$tsʰin$^{53}$te$^{35}_{44}$təu$^{35}_{44}$ʂət$^{5}$ (x)a$^{53}_{44}$tʂuɔn$^{21}$kan$^{21}$ke$^{53}_{44}$ien$^{35}_{44}$nau$^{21}$tsɿ$^{0}$a$^{0}$.

【烟人】ien$^{35}$ɲin$^{13}$ [形]烟气熏人：欸，箇个春天呐水多哩，箇个柴又唔熷，欸箇灶下硬真～喏，烧倒箇个湿唔多熷个柴。e$_{44}$,kai$^{53}$kei$^{53}_{44}$tʂʰən$^{35}$tʰien$^{35}$na$^{0}$ ʂei$^{21}$to$^{35}$li$^{0}$,kai$^{53}_{44}$ke$^{53}_{44}$tsʰai$^{13}$iəu$^{53}$n̩$^{13}_{21}$tsau$^{35}$,ei$^{0}$ kai$^{53}_{44}$ tsau$^{53}$xa$^{35}_{44}$ɲiaŋ$^{53}_{44}$tʂən$^{35}$ien$^{35}$ɲin$^{13}_{21}$no$^{0}$,ʂau$^{35}$tau$^{21}$kai$^{53}_{44}$ke$^{53}_{44}$ʂət$^{3}$ n̩$^{13}_{21}$to$^{35}_{44}$tsau$^{35}$ke$^{53}$tsʰai$^{13}_{44}$.

【烟丝】ien$^{35}$sɿ$^{35}$ [名]烟叶加工后切成的细丝：箇八二年到八三年八四年箇个两年肚里，我等到浏阳开会，到浏阳有办事咯，就去买箇个～啊，就去买～，同时还买箇个滚烟个机子，买箇个卷烟纸，渠个卷烟纸更包倒箇烟呐更好食，以个咁个纸包倒个烟呐真难食。kai$^{53}$pait$^{3}$ ɲi$^{53}$ ɲien$^{13}_{21}$tau$^{53}$pait$^{3}$ san$^{35}$ɲien$^{13}_{21}$pait$^{3}$ si$^{53}$ɲien$^{13}_{21}$kai$^{53}$ie$^{53}_{21}$iɔŋ$^{21}$ɲien$^{13}$təu$^{21}$li$^{0}$,ŋai$^{13}$tien$^{0}$ tau$^{53}$liəu$^{13}$iɔŋ$^{13}_{21}$kʰɔi$^{35}$fei$^{53}$,tau$^{53}$ liəu$^{13}_{21}$iɔŋ$^{13}_{21}$iəu$^{35}$pʰan$^{53}$sɿ$^{53}$ko$^{0}$,tsʰiəu$^{53}$çi$^{53}$mai$^{35}$kai$^{53}$kei$^{53}_{44}$ien$^{35}$sɿ$^{35}$a$^{0}$,tsiəu$^{53}$çi$^{53}$mai$^{35}_{44}$ien$^{35}_{44}$sɿ$^{35}_{44}$,tʰəŋ$^{13}$ʂʅ$^{13}_{44}$xai$^{13}_{21}$mai$^{35}$ kai$^{53}$ke$^{53}_{44}$kuən$^{21}$ien$^{35}$ke$^{53}_{44}$ci$^{35}$tsɿ$^{21}$,mai$^{35}$kai$^{53}_{44}$ke$^{53}_{44}$tʂuen$^{21}$ien$^{35}_{44}$tʂʅ$^{21}$,ci$^{13}$ke$^{53}$tʂuen$^{21}$ien$^{35}_{53}$tʂʅ$^{21}$cien$^{53}$pau$^{35}$tau$^{21}$kai$^{53}$ien$^{35}$ na$^{0}$ cien$^{53}_{44}$xau$^{21}$ʂət$^{5}$,i$^{21}$ke$^{53}$kan$^{21}$ke$^{53}$tʂʅ$^{21}$pau$^{35}$tau$^{21}$ke$^{53}$ien$^{35}$na$^{0}$ tʂən$^{35}$nan$^{13}$ʂət$^{5}$.｜渠个切烟都一只咁大个石头轧稳箇个烟，一张刀么硬咁高个刀，欸就慢慢子切，切得末碎子，唔知几好凑硬箇～。我等就买倒箇～去滚烟食。ci$^{13}$ke$^{53}$tsʰiet$^{3}$ ien$^{35}$təu$^{35}_{44}$iet$^{3}$ tʂak$^{3}$ kan$^{21}$tʰai$^{53}$kei$^{53}_{44}$ʂak$^{5}$ tʰei$^{13}_{21}$tsak$^{3}$ uən$^{21}$kai$^{53}$ke$^{53}_{21}$ ien$^{35}$,iet$^{3}$ tʂɔŋ$^{35}$tau$^{35}$mei$^{0}$ɲiaŋ$^{53}$kan$^{21}$kau$^{35}_{44}$ke$^{0}$ tau$^{35}$,e$_{21}$tsʰiəu$^{53}_{44}$man$^{53}$man$^{53}$tsɿ$^{0}$ tsʰiet$^{3}$,tsʰiet$^{3}$ tek$^{3}$ mait$^{5}$ si$^{53}$tsɿ$^{0}$,n̩$^{13}$ ti$^{35}_{53}$ci$^{21}$xau$^{21}$tsʰe$^{0}$ɲiaŋ$^{53}$kai$^{53}_{44}$ien$^{35}$sɿ$^{35}$.ŋai$^{13}$tien$^{0}$ tsʰiəu$^{53}$mai$^{35}$tau$^{21}$kai$^{53}_{44}$ien$^{35}$sɿ$^{35}$çi$^{53}$kuən$^{21}$ien$^{35}$ʂət$^{5}$.

【烟笋】ien$^{35}$sən$^{21}$ [名]①经过烟火熏烤的笋干：劈开来个就系～。箇个完筒筒样个嘞明笋呢就完只子去榨个，完只个。箇起～呢就劈开来去榨个。pʰiak$^{3}$ kʰɔi$^{35}$lɔi$^{13}_{21}$ke$^{53}_{44}$tsʰiəu$^{53}_{44}$xe$^{53}_{44}$ien$^{35}$sən$^{21}$.kai$^{53}$ ke$^{53}$uɔn$^{13}$tʰəŋ$^{13}_{44}$tʰəŋ$^{13}$iɔŋ$^{53}_{44}$ke$^{53}_{44}$lei$^{0}$ min$^{13}$sən$^{21}$nei$^{0}$ tsʰiəu$^{53}$uɔn$^{13}$tʂak$^{3}$ tsɿ$^{0}$ çi$^{53}_{44}$tsa$^{53}$ke$^{53}$,uɔn$^{13}$tʂak$^{3}$ ke$^{53}$.kai$^{53}_{44}$çi$^{21}_{44}$ien$^{35}$ sən$^{21}$ne$^{0}$ tsʰiəu$^{53}_{44}$pʰiak$^{3}$ kʰɔi$^{35}$lɔi$^{13}_{21}$çi$^{53}_{44}$tsa$^{53}$ke$^{53}$. ②烟草的苗尖：等心也就系摘～呐安做就安做。tən$^{21}$ sin$^{35}$ia$^{35}$tsʰiəu$^{53}$xe$^{53}$tsak$^{3}$ ien$^{35}$sən$^{21}$na$^{0}$ ɔn$^{35}_{44}$tso$^{53}_{44}$tsiəu$^{53}_{44}$ɔn$^{35}_{44}$tso$^{53}_{44}$.

【烟摊子】ien$^{35}$tʰan$^{35}$tsɿ$^{0}$ [名]售烟的摊子：我等箇阵子长日到～里去买烟，也买纸烟，也买箇个烟丝。ŋai$^{13}$tien$^{0}$ kai$^{53}$tʂʰən$^{53}$tsɿ$^{0}$ tʂʰɔŋ$^{13}$ɲict$^{3}$ tau$^{53}$ien$^{35}$tʰan$^{35}_{44}$tsɿ$^{0}$ li$^{21}$çi$^{53}$mai$^{35}_{44}$ien$^{35}$,ia$^{35}$mai$^{35}_{44}$tʂʅ$^{21}$ien$^{35}_{44}$,ia$^{35}$mai$^{35}$ kai$^{53}_{44}$kei$^{53}_{44}$ien$^{35}$sɿ$^{35}$.

【烟田】ien$^{35}$tʰien$^{13}_{21}$ [名]栽种烤烟的田地：箇个～里栽个禾箇个谷啊有么个人食。kai$^{53}_{44}$ke$^{53}_{44}$ien$^{35}$ tʰien$^{13}_{21}$ni$^{0}$ tsɔi$^{35}$ke$^{53}_{44}$uo$^{13}$kai$^{53}_{44}$ke$^{53}_{44}$kuk$^{3}$ a$^{0}$ mau$^{13}_{21}$mak$^{3}$ in$^{13}_{21}$ʂət$^{5}$.

【烟筒】ien$^{35}$tʰəŋ$^{13}$ [名]①吸烟的用具：渠个烟袋子渠可以吊下箇～上啊。ci$^{13}$ke$^{53}_{44}$ien$^{35}$tʰɔi$^{53}$tsɿ$^{0}$ ci$^{13}_{21}$ kʰo$^{21}$i$^{35}$tiau$^{53}$ua$_{44}$(←xa$^{53}$)kai$^{53}_{44}$ien$^{35}$tʰəŋ$^{13}_{21}$xɔŋ$^{53}_{44}$ŋa$^{0}$. ②喻指抽烟的人：我等箇映八把～，我等学堂里十个老师，只有两只女老师唔食烟，剩倒个尽食烟。ŋai$^{13}$tien$^{0}$ kai$^{53}$iaŋ$^{53}$pait$^{3}$ pa$^{21}$ien$^{35}_{53}$tʰəŋ$^{13}_{21}$,ŋai$^{13}$ tien$^{0}$ xɔk$^{5}$ tʰɔŋ$^{13}_{21}$li$^{0}$ ʂət$^{5}$ ke$^{53}$lau$^{21}$sɿ$^{35}_{53}$,tʂʅ$^{21}$iəu$^{35}_{53}$iɔŋ$^{21}$tʂak$^{3}$ ɲy$^{21}$lau$^{21}$sɿ$^{53}$n̩$^{13}_{21}$ʂət$^{5}$ ien$^{35}_{44}$,ʂən$^{53}$tau$^{21}_{44}$ke$^{53}_{44}$tsʰin$^{53}$ʂət$^{5}$ ien$^{35}_{44}$.

【烟筒斗】ien$^{35}$tʰəŋ$^{13}_{21}$tei$^{21}$ [名]烟筒上装烟丝的锅状构件：抽烟个吵，以头上以只放烟个东西安做～。tʂʰəu$^{35}_{44}$ien$^{35}_{44}$ke$^{53}_{44}$ʂa$^{0}$,i$^{21}$tʰei$^{13}$xɔŋ$^{53}$i$^{21}$tʂak$^{3}$ fɔŋ$^{53}$ien$^{35}$ke$^{53}_{44}$tɔŋ$^{35}_{44}$si$^{0}$ ɔn$^{35}_{44}$tso$^{53}_{44}$ien$^{35}$tʰəŋ$^{13}_{21}$tei$^{21}$.

【烟筒杆子】ien$^{35}$tʰəŋ$^{13}$kɔn$^{21}$tsɿ$^{0}$ [名]烟筒中间管状的部分：～就箇是烧旱烟个。欸，旱烟呢就一只就烟筒斗子，箇头就烟筒嘴子，中间嘞舞莖竹子驳下去，箇只中间就安做～。箇莖竹子由你取长取短，取两寸子长，箇个同箇个电视肚里个陈毅样。以个就还有长兜子个，咁长子个。还有□长个，尺几两尺长个，都有。ien$^{35}$tʰəŋ$^{13}_{21}$kɔn$^{21}$tsɿ$^{0}$ tsʰiəu$^{53}_{21}$kai$^{53}_{44}$ʂʅ$^{53}_{21}$ʂau$^{35}_{44}$xɔn$^{53}$ien$^{35}_{44}$ke$^{0}$.e$_{21}$,xɔn$^{53}$ ien$^{35}_{44}$nei$^{0}$ tsʰiəu$^{53}_{44}$iet$^{3}$ tʂak$^{3}$ tsʰiəu$^{53}_{44}$ien$^{35}$tʰəŋ$^{13}_{44}$tei$^{21}$tsɿ$^{0}$,kai$^{53}$tʰei$^{13}_{21}$tsʰiəu$^{53}_{44}$ien$^{35}$tʰəŋ$^{13}_{21}$tsi$^{21}$tsɿ$^{0}$,tʂəŋ$^{35}$kan$^{35}_{44}$lei$^{0}$ u$^{21}$tsʰo$^{53}$ tʂəuk$^{3}$ tsɿ$^{0}$ pɔk$^{3}$ (x)a$^{53}$çi$^{53}$,kai$^{53}$tʂak$^{3}$ tʂəŋ$^{35}$kan$^{35}_{44}$tsʰiəu$^{53}_{44}$ɔn$^{35}_{44}$tso$^{53}_{44}$ien$^{35}$tʰəŋ$^{13}_{21}$kɔn$^{21}$tsɿ$^{0}$.kai$^{53}$tsʰo$^{53}$tʂəuk$^{3}$ tsɿ$^{0}$ iəu$^{13}$ɲi$^{13}_{44}$ tsʰi$^{21}$tʂʰɔŋ$^{13}$tsʰi$^{21}$tən$^{21}$,tsʰi$^{21}$iɔŋ$^{21}$tsʰən$^{53}$tsɿ$^{0}$ tʂʰɔŋ$^{13}$,kai$^{53}_{44}$ke$^{53}_{44}$tʰəŋ$^{13}$kai$^{53}_{44}$kei$^{53}_{44}$tʰien$^{53}$ʂʅ$^{53}_{44}$təu$^{21}$li$^{0}$ kei$^{53}_{44}$tʂʰən$^{13}$ɲi$^{53}$iɔŋ$^{53}_{44}$. i$^{21}$(k)e$^{53}_{44}$tsʰiəu$^{53}$xai$^{13}_{21}$iəu$^{35}_{53}$tʂʰɔŋ$^{13}$te$^{35}_{53}$tsɿ$^{0}$ke$^{0}$,kan$^{21}$tʂʰɔŋ$^{13}$tsɿ$^{0}$ke$^{53}$.xai$^{13}$iəu$^{35}_{44}$lai$^{35}$tʂʰɔŋ$^{13}_{21}$ke$^{0}$,tʂʰak$^{3}$ ci$^{21}$iɔŋ$^{21}$tʂʰak$^{3}$

tʂʰɔŋ$^{13}$ke$^{53}$,təu$^{35}$iəu$^{35}_{44}$.

【烟筒水】ien$^{35}$tʰəŋ$^{13}$ʂei$^{21}$ 名水烟筒里的水：～有只么个特点呢～嘞？可以做只么个东西去哩啊？可以痨下子咁个倾下箇沟坑里啊可以欸箇个沟坑里个虫子都痨得死呢。ien$^{35}$tʰəŋ$^{13}$ʂei$^{21}$iəu$^{35}$tʂak$^{3}$ mak$^{3}$ kei$^{53}$tʰek$^{5}$ tien$^{21}$nei$^{0}$ ien$^{35}$tʰəŋ$^{13}_{21}$ʂei$^{21}$lei$^{0}$ ?kʰo$^{21}$i$^{35}_{44}$tso$^{53}$tʂak$^{3}$ mak$^{3}$ e$^{0}$ təŋ$^{35}_{44}$si$^{35}_{44}$çi$^{53}$li$^{0}$ a$^{0}$ ?kʰo$^{21}$i$^{35}_{44}$lau$^{53}$ua$^{53}_{21}$tsɿ$^{0}$ kan$^{21}_{44}$kei$^{53}$kʰuaŋ$^{35}$ŋa$^{53}_{44}$kai$^{53}_{44}$kei$^{35}$xaŋ$^{35}_{44}$li$^{0}$ a$^{0}$ kʰo$^{21}_{44}$i$^{35}_{44}$e$^{0}$ kai$^{53}_{44}$ke$^{53}_{44}$kei$^{35}$xaŋ$^{35}_{44}$li$^{21}$ke$^{0}$ tʂʰəŋ$^{13}$tsɿ$^{0}$ təu$^{35}_{44}$lau$^{53}$tek$^{3}$ si$^{21}$nei$^{0}$.

【烟筒嘴】ien$^{35}$tʰəŋ$^{13}_{21}$tsi$^{21}$ 名烟筒上放入嘴里的部分：放下嘴里箇映子，～。有滴打铜……底下……顶高还舞一茎子铜嘴子嘞。～。fɔŋ$^{53}_{44}$ŋa$_{44}$(←xa$^{53}$)tʂɔi$^{53}$li$^{21}$kai$^{53}_{44}$iaŋ$^{53}_{44}$tsɿ$^{0}$,ien$^{35}$tʰəŋ$^{13}_{21}$tsi$^{21}$.iəu$^{35}$tiet$^{5}$ ta$^{21}$tʰəŋ$^{13}_{21}$…te$^{21}$xa$^{53}$…taŋ$^{21}$kau$^{35}_{44}$xai$^{13}_{21}$u$^{21}$iet$^{3}$ tsʰo$^{53}$tsɿ$^{0}$ tʰəŋ$^{13}$tsi$^{21}$tsɿ$^{0}$ le$^{0}$.ien$^{35}$tʰəŋ$^{13}$tsi$^{21}$.

【烟头】ien$^{35}$tʰei$^{13}$ 名纸烟吸到最后剩下的部分：箇阵子欸我去教小学个时候子，烟瘾有咁大，又想食烟，又冇得钱，系唔系？欸，箇个学堂侧边有只细子，也姓万凑，渠就长日去捡～，捡倒箇～嘞，渠阿婆就话："欸，你莫丢咁哩啊，分万老师滚烟食啦。"我硬会去滚倒食咯，箇阵子就咁冇得烟呐，搞兜咁个嘞。kai$^{53}$tʂʰən$^{53}$tsɿ$^{0}$ e$_{21}$ŋai$^{13}$çi$^{53}$kau$^{35}_{44}$siau$^{21}$çiɔk$^{5}$ ke$^{0}$ ʂɿ$^{13}$xei$^{53}$tsɿ$^{0}$,ien$^{35}$in$^{21}$ iəu$^{35}_{44}$kan$^{21}$tʰai$^{53}$,iəu$^{53}$siɔŋ$^{21}$ʂət$^{5}$ ien$^{35}_{44}$,iəu$^{53}$mau$^{13}$(t)ek$^{3}$ tsʰien$^{13}$,xei$^{53}$me$^{53}$?e$_{21}$,kai$^{53}$ke$^{53}$xɔk$^{5}$ tʰɔŋ$^{13}_{21}$tset$^{3}$ pien$^{35}_{44}$iəu$^{35}$ tʂak$^{3}$ sei$^{53}$tsɿ$^{0}$,ia$^{35}$siaŋ$^{53}$uan$^{53}$tsʰe$^{0}$,ci$^{13}_{21}$tsʰiəu$^{53}$tʂʰɔŋ$^{13}$ɲiet$^{3}$ çi$^{53}$cian$^{21}$ien$^{35}$tʰei$^{13}_{44}$,cian$^{21}$tau$^{21}$kai$^{53}$ien$^{35}$tʰei$^{13}_{44}$lei$^{0}$,ci$^{13}_{21}$ a$^{35}$pʰo$^{13}_{44}$tsiəu$^{53}_{44}$ua$^{53}_{44}$:"ei$_{21}$ɲi$^{13}$mɔk$^{5}$ tiəu$^{35}$kan$^{21}$ni$^{0}$ a$^{0}$,pən$^{35}$uan$^{53}$nau$^{21}$sɿ$^{35}_{53}$kuən$^{21}$ien$^{35}$ʂət$^{5}$ la$^{0}$."ŋai$^{13}$ɲiaŋ$^{53}$uɔi$^{53}_{44}$çi$^{53}$ kuən$^{21}$tau$^{21}$ʂət$^{5}$ ko$^{0}$,kai$^{53}$tʂʰən$^{53}_{44}$tsɿ$^{0}$ tsʰiəu$^{53}$kan$^{21}$mau$^{13}_{21}$tek$^{3}$ ien$^{35}_{44}$na$^{0}$,kau$^{21}$tei$^{35}_{53}$kan$^{21}_{13}$cie$^{53}$le$^{0}$.

【烟瘾】ien$^{35}$in$^{21}$ 名抽烟成癖的瘾头：烟鬼就系烟瘾唔知几大个人。ien$^{35}$kuei$^{21}$tsʰiəu$^{53}$xe$^{53}$ien$^{35}$in$^{21}$ n̩$^{13}$ti$^{35}_{53}$ci$^{21}$tʰai$^{53}$ke$^{53}_{44}$ɲin$^{13}_{21}$.

【烟油】ien$^{35}$iəu$^{13}$ 名烟草的焦油：箇个长烟筒肚里啊，水烟筒肚里冇得，就箇长烟筒肚里，间唔得几久嘞又爱舞出来，疏通下子啊。箇疏下箇么个东西嘞，渠一般用么个？到岭上掐倒箇咁长个箇丝芒嘞，丝芒，和箇个根子，莵是唔爱唠，丝芒个头子就系丁啮大子吵，一枚针样吵，走箇个烟筒杆子里总咁子揰倒揰下过，拖下出，箇叶子就更阔呀，就分箇～带出来哩。用□长个丝芒，你讲起我正想倒。分箇～舞出来哩，箇下唆起来嘞，吧起来嘞箇就唔知几顺畅了，首先是欸搞久哩是吧都唔上哦。kai$^{53}_{44}$ke$^{53}_{44}$tʂʰɔŋ$^{13}$ien$^{35}_{44}$tʰəŋ$^{13}$təu$^{21}$li$^{0}$ a$^{0}$,ʂei$^{21}$ien$^{35}_{53}$tʰəŋ$^{13}_{21}$təu$^{21}$li$^{0}$ mau$^{13}$ tek$^{3}$,tsiəu$^{53}$kai$^{53}$tʂʰɔŋ$^{13}$ien$^{35}_{53}$tʰəŋ$^{13}_{21}$təu$^{21}$li$^{0}$,kan$^{53}$n̩$^{13}$tek$^{3}$ ci$^{21}$ciəu$^{21}$lei$^{0}$ iəu$^{53}_{44}$ɔi$^{53}_{44}$u$^{21}$tʂʰət$^{3}$ lɔi$^{13}_{21}$,səu$^{35}$tʰəŋ$^{35}$ŋa$^{53}_{44}$tsɿ$^{0}$ a$^{0}$.kai$^{53}_{44}$səu$^{35}$ŋa$^{53}_{44}$kai$^{53}$mak$^{3}$ e$^{0}$ təŋ$^{35}_{44}$si$^{0}$ lei$^{0}$,ci$^{13}_{21}$iet$^{3}$ pɔn$^{35}$iɔŋ$^{53}$mak$^{3}$ ke$^{53}$?tau$^{53}$liaŋ$^{35}$xɔŋ$^{53}_{44}$kʰak$^{3}$ tau$^{21}$kai$^{53}$kan$^{21}$ tʂʰɔŋ$^{13}$ke$^{53}_{44}$kai$^{53}_{44}$sɿ$^{35}$mɔŋ$^{13}_{21}$lei$^{0}$,sɿ$^{35}$mɔŋ$^{13}$,uo$^{53}$kai$^{53}_{44}$ke$^{53}_{44}$cien$^{35}$tsɿ$^{0}$,tei$^{35}$ʂɿ$^{53}$m̩$^{13}_{21}$mɔi$^{53}$lau$^{0}$,sɿ$^{35}$mɔŋ$^{13}_{21}$kei$^{53}$tʰei$^{13}$tsɿ$^{0}$ tsʰiəu$^{53}$xei$^{53}_{44}$tin$^{53}$ŋait$^{3}$ tʰai$^{53}_{44}$tsɿ$^{0}$ ʂa$^{0}$,iet$^{3}$ mɔi$^{13}_{21}$tʂən$^{35}$iɔŋ$^{53}_{44}$ʂa$^{0}$,tsei$^{21}$kai$^{53}_{44}$ke$^{53}_{44}$ien$^{35}$tʰəŋ$^{13}_{21}$kɔn$^{21}$tsɿ$^{0}$ li$^{0}$ tsəŋ$^{21}_{44}$kan$^{21}$tsɿ$^{0}$ tsʰəŋ$^{21}$tau$^{21}$tsʰəŋ$^{21}$xa$^{53}_{44}$ko$^{53}$,tʰo$^{35}$(x)a$^{53}$tʂʰət$^{3}$,kai$^{53}_{44}$iait$^{5}$ tsɿ$^{0}$ tsʰiəu$^{53}_{44}$cien$^{53}$kʰɔit$^{3}$ ia$^{0}$,tsʰiəu$^{53}_{44}$pən$^{35}_{44}$kai$^{53}_{44}$ien$^{35}$iəu$^{13}_{21}$tai$^{53}$ tʂʰət$^{3}$ lɔi$^{13}_{21}$li$^{0}$.iəŋ$^{53}$lai$^{35}$tʂʰɔŋ$^{13}_{21}$ke$^{0}$ sɿ$^{35}$mɔŋ$^{13}_{21}$, ɲi$^{13}_{44}$kɔŋ$^{21}$çi$^{21}_{44}$ŋai$^{13}$tʂaŋ$^{53}$siɔŋ$^{21}$tau$^{21}$.pən$^{35}$kai$^{53}_{44}$ien$^{35}$iəu$^{13}_{21}$u$^{21}$tʂʰət$^{3}$ lɔi$^{13}$ li$^{0}$,kai$^{53}_{44}$xa$^{53}_{44}$so$^{35}$çi$^{21}$lɔi$^{13}$lei$^{0}$,pa$^{53}$çi$^{21}$lɔi$^{13}$lei$^{0}$ kai$^{53}_{44}$tsʰiəu$^{53}$n̩$^{13}$ti$^{35}_{53}$ci$^{21}_{44}$ʂən$^{53}$tʂʰɔŋ$^{53}_{44}$liau$^{0}$,ʂəu$^{21}$sien$^{35}_{44}$ʂɿ$^{53}$e$_{21}$kau$^{21}$ciəu$^{21}$ li$^{0}$ ʂɿ$^{53}_{44}$pa$^{53}$təu$^{35}_{44}$n̩$^{13}_{21}$ʂɔŋ$^{35}$ŋo$^{0}$.

【烟砖】ien$^{35}$tʂɔn$^{35}$ 名青砖。同"火砖"：～交瓦一窑货，所以烧瓦个时候子嘞一定就爱多做兜子～放下底下，瓦放下顶高，～就砌得好好子砌倒，砌得现空啊，箇火正进去得。你如果箇瓦就咁子放下地泥下个话，箇底下个瓦烧唔倒，黏泥个瓦烧唔倒。ien$^{35}$tʂuɔn$^{35}$ciau$^{35}$ŋa$^{21}$iet$^{3}$ iau$^{13}$ fo$^{53}$,so$^{21}$i$^{35}_{44}$ʂau$^{35}$ŋa$^{21}$ke$^{53}_{44}$ʂɿ$^{13}$xei$^{53}_{44}$tsɿ$^{0}$ lei$^{0}$ iet$^{3}$ tʰin$^{53}_{44}$tsʰiəu$^{53}_{44}$ɔi$^{53}_{44}$to$^{35}$tso$^{53}$təu$^{35}_{44}$tsɿ$^{0}$ ien$^{35}$tʂuɔn$^{35}$fɔŋ$^{53}$xa$^{53}_{44}$tei$^{21}$xa$^{53}_{44}$,ŋa$^{21}$ fɔŋ$^{53}$xa$^{53}$taŋ$^{21}$kau$^{35}_{44}$,ien$^{35}$tʂuɔn$^{35}_{44}$tsʰiəu$^{53}_{44}$tsʰi$^{53}$tek$^{3}$ xau$^{21}$xau$^{21}$tsɿ$^{0}$ tsʰi$^{53}$tau$^{21}$,tsʰi$^{53}$tek$^{3}$ çien$^{53}_{44}$kʰəŋ$^{53}$ŋa$^{0}$,kai$^{53}_{44}$fo$^{21}$ tʂaŋ$^{53}_{44}$tsin$^{53}$çi$^{53}_{44}$tek$^{3}$. ɲi$^{13}_{21}$vy$^{13}$ko$^{21}$kai$^{53}$ŋa$^{21}$tsʰiəu$^{53}$kan$^{21}$tsɿ$^{0}$ fɔŋ$^{53}$ŋa$^{53}$tʰi$^{53}$lai$^{13}_{21}$xa$^{35}$ke$^{53}$fa$^{53}$,kai$^{53}$tei$^{21}$xa$^{53}$ke$^{53}$ŋa$^{21}$ʂau$^{35}$ n̩$^{13}_{21}$tau$^{21}$, ɲia$^{13}$lai$^{13}$ke$^{53}$ŋa$^{21}$ʂau$^{35}$n̩$^{13}_{21}$tau$^{21}$.｜箇只人啦两兄弟都呃有兜子咁个味道，讲事啊。两兄弟都性格差唔多，有兜人就话："～交瓦一窑货啊。" kai$^{53}$tʂak$^{3}$ ɲin$^{13}_{44}$la$^{0}$ iɔŋ$^{21}$çiɔŋ$^{35}$tʰi$^{53}$təu$^{35}_{44}$ə$_{21}$iəu$^{35}$te$^{35}_{53}$tsɿ$^{0}$ kan$^{21}$ke$^{53}_{44}$uei$^{53}$tʰau$^{53}$,kɔŋ$^{21}$sɿ$^{53}$a$^{0}$.iɔŋ$^{21}$çiɔŋ$^{35}_{44}$tʰi$^{53}$təu$^{35}_{44}$sin$^{53}$kek$^{3}$ tsa$^{35}_{44}$n̩$^{13}_{21}$to$^{35}$,iəu$^{35}$tei$^{35}_{53}$ɲin$^{13}_{21}$tsʰiəu$^{53}_{44}$ua$^{53}$:"ien$^{35}_{44}$tʂuɔn$^{35}_{44}$ ciau$^{35}_{44}$ŋa$^{21}$iet$^{3}$ iau$^{13}$fo$^{53}$a$^{0}$."

【烟坠子】ien$^{35}$tʂei$^{53}$tsɿ$^{0}$ 名留在生烟叶柄上的一小段茎，便于将烟叶扎起吹干：渠个草烟是舞倒是中间就一只梗吵，系唔系？梗边上就一皮叶吵。渠个草烟舞个时候子嘞爱……为了箇个叶，叶撂箇只梗嘞爱留一茎子梗留下箇叶上。箇就安做～。～个意思是咁个，也就晒烟个时候子嘞，渠本来是只爱以皮烟叶子吵，系唔系？但是为了使渠好缔，以映子就咁个□……以个就一只箇梗梗缔唔稳呐。以映子渠切舞烟个时候子渠就留一茎子梗。好，又爱舞以皮个时候子嘞留一茎子梗。和一茎子梗舞倒来，以映嘞就有只坨坨，系唔系？欸坨坨咁子缔下去就正好就绨稳哩。以坨子安做～。～只爱方便晒烟，双面樾烟呢。樾啊，樾起来呀。渠就箇起烟就绨……生烟就唔烤哇，系唔系？有么人去烤。吊起来，安做□。生烟就爱。渠等人舞倒箇烟呢就有只子箇坠子嘞就以映子有只钩钩样，以底下绨下倒，几皮烟咁子绨下倒，吊起来，吊下起来，等渠吹干。又唔晒嘞，唔用大日头晒嘞。系吗？吹干。爱舞得蛮潮了，架势转黄色，以下就舞倒……/就去晒干下子。ci$^{13}$ke$^{53}_{44}$tsʰau$^{21}$ien$^{35}$ʂʅ$^{53}_{44}$u$^{21}$tau$^{21}$ʂʅ$^{53}_{44}$tʂəŋ$^{35}_{44}$kan$^{35}_{44}$tsʰiəu$^{53}_{44}$iet$^{3}$ tʂak$^{3}$kuaŋ$^{21}$ʂa$^{0}$,xei$^{53}_{44}$me$^{53}_{44}$?kuaŋ$^{21}$pien$^{35}$xɔŋ$^{53}_{44}$tsʰiəu$^{53}$iet$^{3}$pʰi$^{13}$iait$^{5}$ʂa$^{0}$.ci$^{13}$ke$^{53}$tsʰau$^{21}$ien$^{35}$u$^{21}$ke$^{53}_{44}$ʂʅ$^{13}$xəu$^{53}_{44}$tsʅ$^{0}$lei$^{0}$ ɔi$^{53}_{44}$…uei$^{53}$liau$^{0}$kai$^{53}_{44}$ke$^{53}_{44}$iait$^{5}$,iait$^{5}$lau$^{35}$kai$^{53}_{44}$tʂak$^{3}$kuaŋ$^{21}$le$^{0}$ɔi$^{53}$liəu$^{13}$iet$^{3}$tsʰɔk$^{5}$tsʅ$^{0}$kuaŋ$^{21}$liəu$^{13}$xa$^{53}_{44}$kai$^{53}_{44}$iait$^{5}$ xɔŋ$^{53}_{44}$.kai$^{53}_{44}$tsʰiəu$^{53}_{44}$ɔn$^{35}_{44}$tso$^{53}_{44}$ien$^{35}$tʂei$^{53}$tsʅ$^{0}$.ien$^{35}$tʂei$^{53}$tsʅ$^{0}$ke$^{53}_{44}$i$^{13}_{44}$sʅ$^{0}$ʂʅ$^{53}_{44}$kan$^{21}_{35}$ke$^{53}_{44}$,ie$^{21}$tsʰiəu$^{53}$sai$^{53}$ien$^{35}$ke$^{53}_{44}$ʂʅ$^{13}$xei$^{53}_{44}$ tsʅ$^{0}$lei$^{0}$,ci$^{13}$pən$^{21}$lɔi$^{13}$ʂʅ$^{53}$tʂʅ$^{21}$ɔi$^{53}$i$^{21}$pʰi$^{13}$ien$^{35}$iait$^{5}$tsʅ$^{0}$ʂa$^{0}$,xei$^{53}_{44}$me$^{53}_{44}$?tan$^{53}_{44}$ʂʅ$^{53}_{44}$uei$^{53}$liau$^{0}$ʂʅ$^{21}$ci$^{13}$xau$^{21}$tʰak$^{3}$,i$^{21}$iaŋ$^{53}_{35}$ tsʅ$^{0}$tsʰiəu$^{53}_{44}$kan$^{21}$ke$^{53}_{44}$tʂʰɔi$^{35}$…i$^{21}$ke$^{53}$tsʰiəu$^{53}_{44}$iet$^{3}$tʂak$^{3}$kai$^{53}_{44}$kuaŋ$^{21}$kuaŋ$^{21}$tʰak$^{3}$n̩$^{13}$uən$^{21}$na$^{0}$.i$^{21}$iaŋ$^{53}_{44}$tsʅ$^{0}$ci$^{13}_{44}$tsʰet$^{3}$u$^{21}$ ien$^{35}$ke$^{53}_{44}$ʂʅ$^{13}$xəu$^{53}_{44}$tsʅ$^{0}$ci$^{13}$tsʰiəu$^{53}_{44}$liəu$^{13}$iet$^{3}$tsʰɔk$^{5}$tsʅ$^{0}$kuaŋ$^{21}$.xau$^{21}$,iəu$^{53}_{35}$ɔi$^{53}_{44}$u$^{21}$i$^{21}$pʰi$^{13}$ke$^{53}$ʂəu$_{44}$(←ʂʅ$^{13}$xəu$^{53}$)tsʅ$^{0}$lei$^{0}$ liəu$^{13}$iet$^{3}$tsʰɔk$^{5}$tsʅ$^{0}$kuaŋ$^{21}$.uo$^{53}$iet$^{3}$tsʰɔk$^{5}$tsʅ$^{0}$kuaŋ$^{21}$u$^{21}$tau$^{21}$lɔi$^{13}_{44}$,i$^{21}$iaŋ$^{53}_{44}$lei$^{0}$tsʰiəu$^{53}_{44}$iəu$^{35}_{44}$tʂak$^{3}$tʰo$^{13}$tʰo$^{13}$,xei$^{53}_{44}$ me$^{53}$?e$_{44}$tʰo$^{13}$tʰo$^{13}_{44}$kan$^{21}$tsʅ$^{0}$tʰak$^{3}$(x)a$^{53}_{44}$çi$^{53}$tsʰiəu$^{53}_{44}$tʂən$^{53}$xau$^{21}_{44}$tsiəu$^{53}_{44}$tʰak$^{3}$uən$^{21}$ni$^{0}$.i$^{21}$tʰo$^{13}$tsʅ$^{0}$ɔn$^{35}$tso$^{53}_{44}$ien$^{35}$tʂei$^{53}$ tsʅ$^{0}$.ien$^{35}$tʂei$^{53}$tsʅ$^{0}$tʂʅ$^{21}$ɔi$^{53}_{44}$fɔŋ$^{35}$pʰien$^{53}_{44}$sai$^{53}$ien$^{35}$,sɔŋ$^{35}$mien$^{53}_{44}$ciɔk$^{3}$ien$^{35}$ne$^{0}$.ciɔk$^{3}$a$^{0}$,ciɔk$^{3}$çi$^{21}$lɔi$^{13}$ia$^{0}$.ci$^{13}_{21}$tsʰiəu$^{53}_{44}$ kai$^{53}$çi$^{21}$ien$^{35}$tsʰiəu$^{53}_{44}$tʰak$^{3}$…saŋ$^{35}$ien$^{35}_{44}$tsʰiəu$^{53}_{44}$n̩$^{13}$kʰau$^{21}$ua$^{0}$,xei$^{53}_{44}$me$^{53}_{44}$?mau$^{13}_{21}$mak$^{3}$in$^{13}_{44}$çi$^{53}$kʰau$^{21}$.tiau$^{53}$çi$^{21}$ lɔi$^{13}_{44}$,ɔn$^{35}_{44}$tso$^{53}_{44}$ciɔk$^{3}$.saŋ$^{35}$ien$^{35}_{44}$tsʰiəu$^{53}_{44}$ɔi$^{53}$.ci$^{13}$tien$^{0}$in$^{13}_{21}$u$^{21}$tau$^{21}$kai$^{53}_{44}$ien$^{35}$nei$^{0}$tsʰiəu$^{53}_{44}$iəu$^{35}$tʂak$^{3}$tsʅ$^{0}$kai$^{53}_{44}$tʂei$^{53}$tsʅ$^{0}$ lei$^{0}$tsʰiəu$^{53}_{44}$i$^{21}$iaŋ$^{53}_{44}$tsʅ$^{0}$iəu$^{35}_{44}$tʂak$^{3}$kei$^{35}$kei$^{35}_{44}$iɔŋ$^{53}_{44}$,i$^{21}$te$^{21}$xa$^{53}_{44}$tʰak$^{3}$(x)a$^{53}$tau$^{21}$,ci$^{21}$pʰi$^{13}$ien$^{35}_{44}$kan$^{21}$tsʅ$^{0}$tʰak$^{3}$(x)a$^{53}$ tau$^{21}$,tiau$^{53}$çi$^{21}$lɔi$^{13}$,tiau$^{53}$ua$_{44}$(←xa$^{53}$)çi$^{21}$lɔi$^{13}$,ten$^{21}$ci$^{13}_{44}$tʂʰei$^{35}$kɔn$^{35}_{44}$.iəu$^{53}$m̩$^{13}$sai$^{53}$lei$^{0}$,n̩$^{13}$iəŋ$^{53}$tʰai$^{53}$ɲiet$^{3}$tʰei$^{13}$sai$^{53}$ lei$^{0}$.xei$^{53}_{44}$ma$^{0}$?tʂʰei$^{35}$kɔn$^{35}_{44}$.ɔi$^{53}$u$^{21}$tek$^{3}$man$^{13}$tʂʰau$^{13}$liau$^{0}$,cia$^{53}$ʂʅ$^{53}$tʂən$^{21}$uɔŋ$^{13}$sek$^{3}$,i$^{21}$xa$^{53}_{44}$tsʰiəu$^{53}_{44}$u$^{21}$tau$^{21}$…/tsiəu$^{53}_{44}$ çi$^{53}_{44}$sai$^{53}$kɔn$^{35}_{44}$na$_{44}$(←xa$^{53}$)tsʅ$^{0}$.

【阉】ian$^{35}$ [动]阉割：～狗 ian$^{35}$ciei$^{21}$｜牛就有箇牛牯会斗人呢，～嘿去。嗯，～，唔讲骟。讲～。猪子讲～。～猪。ɲiəu$^{13}$tsʰiəu$^{53}$iəu$^{35}$kai$^{53}_{44}$ɲiəu$^{13}$ku$^{21}$uɔi$^{53}$tei$^{53}$ɲin$^{13}$ne$^{0}$,ian$^{35}_{44}$nek$^{3}$çi$^{53}$.n̩$_{21}$,ian$^{35}$,n̩$^{13}$ kɔŋ$^{21}$ʂan$^{53}$.kɔŋ$^{21}$ian$^{35}$.tʂəu$^{35}$tsʅ$^{0}$kɔŋ$^{21}$ian$^{35}$.ian$^{35}$tʂəu$^{35}$.

【阉牯】ian$^{35}$ku$^{21}$ [名]阉过的公牛：阉过个牛牯就安做～。ian$^{35}$ko$^{53}$ke$^{0}$ɲiəu$^{13}$ku$^{21}_{44}$tsʰiəu$^{53}_{44}$ɔn$^{35}_{44}$tso$^{53}_{44}$ ian$^{35}$ku$^{21}$.

【阉猪客】ian$^{35}$tʂəu$^{35}_{44}$kʰak$^{3}$ [名]阉猪的匠人：～，欸，阉猪个人呢安做～。ian$^{35}$tʂəu$^{35}_{44}$kʰak$^{3}$,ei$_{21}$,ian$^{35}$ tʂəu$^{35}$ke$^{53}$ɲin$^{13}_{21}$ne$^{0}$ɔn$^{35}_{44}$tso$^{53}_{44}$ian$^{35}$tʂəu$^{35}_{44}$kʰak$^{3}$.

【淹】ŋan$^{35}$ [动]淹没：水～哩 ʂei$^{21}$ŋan$^{35}$li$^{0}$

【芫荽】ien$^{13}$si$^{35}$ [名]香菜。一种一年生草本植物，嫩茎和叶用来调味：～就系一种香料，冬下头个东西，冷天个东西。以下个人唔知让门子舞个，热天也有～了。ien$^{13}$si$^{35}_{44}$tsʰiəu$^{53}$xei$^{53}_{21}$iet$^{3}$ tʂəŋ$^{21}$çiɔŋ$^{53}$liau$^{53}$,təŋ$^{35}$xa$^{53}_{44}$tʰei$^{13}_{21}$ke$^{53}_{44}$təŋ$^{35}_{44}$si$^{0}$,laŋ$^{35}$tʰien$^{35}_{44}$ke$^{0}$təŋ$^{35}_{44}$si$^{0}$.i$^{21}$xa$^{53}_{44}$ke$^{53}$ɲin$^{13}_{44}$n̩$^{13}$ti$^{35}_{44}$ɲiɔŋ$^{53}$mən$^{13}_{44}$tsʅ$^{0}$u$^{21}$ke$^{53}$, ɲiet$^{5}$tʰien$^{35}_{44}$na$^{35}_{53}$iəu$^{35}_{53}$ien$^{13}$si$^{35}_{44}$liau$^{0}$.

【芫荽汤】ien$^{13}$si$^{35}_{44}$tʰɔŋ$^{35}$ [名]用芫荽、姜等煮的汤：冷倒哩，食碗子～，出身汗，发下子汗，就感冒就好哩。laŋ$^{35}$tau$^{21}$li$^{0}$,ʂət$^{5}$uən$^{21}$tsʅ$^{0}$ien$^{13}$si$^{35}_{44}$tʰɔŋ$^{35}$,tʂʰət$^{3}$ʂən$^{35}$xɔn$^{53}$,fait$^{3}$(x)a$^{53}$tsʅ$^{0}$xɔn$^{53}$,tsʰiəu$^{53}$kɔn$^{21}$ mau$^{53}$tsʰiəu$^{53}$xau$^{21}$li$^{0}$.｜～，放兜姜嫲，打碗汤，食一大碗去，爱放兜子姜嫲。ien$^{13}$si$^{35}_{44}$tʰɔŋ$^{35}$,fɔŋ$^{53}_{44}$ təu$^{35}_{44}$ciɔŋ$^{35}$ma$^{13}$,ta$^{21}$uən$^{21}$tʰɔŋ$^{35}$,ʂət$^{5}$iet$^{3}$tʰai$^{53}_{44}$uən$^{21}$çi$^{53}$,ɔi$^{53}_{44}$fɔŋ$^{53}$təu$^{35}_{53}$tsʅ$^{0}$ciɔŋ$^{35}$ma$^{13}_{21}$.

【严重】ɲien$^{13}$tʂʰəŋ$^{53}$ [形]情势危急的：问题蛮～。uən$^{53}$tʰi$^{13}_{21}$man$^{13}$ɲien$^{13}$tʂʰəŋ$^{53}$.｜头到我老婆个箇个咳嗽带血个病啊都箇一段子时间就蛮～了。走倒箇人民医院哩去检查，查又查唔出么个问题来，好得落尾食中药，以咁子就好蛮多了，冇咁～了。tʰei$^{13}$tau$^{53}$ŋai$^{13}_{21}$lau$^{21}$pʰo$^{13}$ke$^{53}_{44}$kai$^{53}_{44}$ke$^{53}_{44}$kʰek$^{3}$ səu$^{53}$tai$^{53}$çiet$^{3}$ke$^{53}_{44}$pʰiaŋ$^{53}$ŋa$^{0}$təu$^{35}_{44}$kai$^{53}$iet$^{3}$tɔn$^{53}$tsʅ$^{0}$ʂʅ$^{13}_{21}$kan$^{35}_{53}$tsʰiəu$^{53}$man$^{13}$ɲien$^{13}$tʂʰəŋ$^{53}$liau$^{0}$.tsei$^{21}$tau$^{21}$kai$^{53}$uən$^{13}$ min$^{13}_{21}$i$^{35}$vien$^{53}$ni$^{21}$çi$^{53}$cian$^{21}$tsʰa$^{13}$,tsʰa$^{13}$iəu$^{53}$tsʰa$^{13}_{21}$n̩$^{13}_{21}$tʂʰət$^{3}$mak$^{3}$e$^{0}$uən$^{53}$tʰi$^{13}_{44}$lɔi$^{13}_{44}$,xau$^{21}$tek$^{3}$lɔk$^{5}$mi$^{35}_{53}$ʂət$^{5}$tʂəŋ$^{35}$iɔk$^{5}$, i$^{21}_{44}$kan$^{21}_{44}$tsʅ$^{0}$tsʰiəu$^{53}$xau$^{21}$man$^{13}_{21}$to$^{35}$liau$^{0}$,mau$^{13}_{21}$kan$^{21}_{44}$ɲien$^{13}$tʂʰəŋ$^{53}$liau$^{0}$.

【言旁】ɲien$^{13}$pʰɔŋ$^{13}$ [名]言字旁的别称，即用作汉字偏旁的“言”或“讠”：摎语言有关系个，欸，“说话”个“说”字啦“话”字啦，系唔系？箇个字都就蛮多啦，～个字就蛮多啦。“讲”字啦，都系摎语言有关。lau$^{35}$ɲy$^{21}$ɲien$^{13}$iəu$^{35}_{44}$kuan$^{35}_{44}$çi$^{53}$ke$^{53}$,e$_{21}$,"ʂet$^{3}$fa$^{53}$"ke$^{53}$"ʂet$^{3}$"tsʰʅ$^{53}$la$^{0}$"fa$^{53}$"tsʰʅ$^{53}$ la$^{0}$,xei$^{53}$me$^{53}$?kai$^{53}$ke$^{53}$tsʰʅ$^{53}$təu$^{35}_{21}$tsʰiəu$^{53}$man$^{13}$to$^{35}_{44}$la$^{0}$, ɲien$^{13}$pʰɔŋ$^{13}$ke$^{53}_{44}$sʅ$^{53}$tsʰiəu$^{53}_{44}$man$^{13}$to$^{35}$la$^{0}$."kɔŋ$^{21}$"sʅ$^{53}$la$^{0}$, təu$^{35}$xei$^{53}$lau$^{35}_{44}$ɲy$^{21}$ɲien$^{13}$iəu$^{35}_{53}$kuan$^{35}_{44}$.

【岩】ŋan$^{13}$ [名]指上宽下窄的凸起物：打比以只系床刀唠，加一块有咁阔个，渠唔系底下就形

Y

成只～嘞。ta$^{21}$pi$^{21}$i$^{21}$tʂak$^{3}$xe$^{53}$tsʰɔŋ$^{13}$tau$^{35}_{44}$lau$^{0}$,cia$^{35}$iet$^{3}$kʰuai$^{13}_{44}$iəu$^{35}_{44}$kan$^{21}$kʰɔit$^{3}$ke$^{53}_{44}$,ci$^{13}_{21}$m̩$^{13}$pʰe$^{53}$(←m̩$^{13}$xe$^{53}$) tei$^{21}$xa$^{53}_{44}$tsʰiəu$^{53}_{44}$çin$^{13}$tʂʰən$^{13}_{44}$tʂak$^{3}$ŋan$^{13}$ne$^{0}$.

【岩岩巉巉】ŋan$^{13}$ŋan$^{13}_{44}$tsʰan$^{13}_{21}$tsʰan$^{13}_{21}$ 高低不平貌：欸箇桌上啊，唔平啊，～。e$^{21}$kai$^{53}_{44}$tsɔk$^{3}$xɔŋ$^{53}$ ŋa$^{0}$,n̩$^{13}$pʰiaŋ$^{13}$ŋa$^{0}$,ŋan$^{13}$ŋan$^{13}_{44}$tsʰan$^{13}_{44}$tsʰan$^{13}_{44}$.

【岩鹰】ŋai$^{13}$in$^{35}$ 名 老鹰的俗称：我等系倒箇岭上，系倒箇个山里呀，经常看得～倒。～也会箇个嘞会捉鸡子嘞。鹞嫲也会拖会捉鸡子，～也会捉鸡子。但是～呢大部分呢食么个嘞？食箇个欸死嘿哩个动物。你系话箇映一只子兔子箇兜死嘿哩个，你丢倒箇爱丢倒箇岗子上，渠就会来食嘿去，欸。渠还唔系几凶子我等以映个～咯。ŋai$^{13}$tien$^{0}$xei$^{53}$tau$^{21}$kai$^{53}$liaŋ$^{35}$xɔŋ$^{53}$,xei$^{53}$tau$^{21}$kai$^{53}_{44}$ke$^{53}_{44}$san$^{35}$ni$^{21}$ia$^{0}$,cin$^{35}$tʂʰɔŋ$^{13}_{21}$kʰɔn$^{53}$tek$^{3}$ŋai$^{13}$in$^{35}_{44}$tau$^{21}$.ŋai$^{13}$in$^{35}_{44}$na$^{35}_{53}$uɔi$^{53}$kai$^{53}$ke$^{53}$lei$^{0}$uɔi$^{53}$tsɔk$^{3}$cie$^{35}$tsɿ$^{0}$ lei$^{0}$.iau$^{53}$ma$^{13}$a$^{35}_{44}$uɔi$^{53}_{44}$tʰo$^{35}$uɔi$^{53}$tsɔk$^{3}$cie$^{35}$tsɿ$^{0}$,ŋai$^{13}$in$^{35}_{44}$na$^{35}_{53}$uɔi$^{53}$tsɔk$^{3}$cie$^{35}_{44}$tsɿ$^{0}$.tan$^{53}$ʂɿ$^{53}$ŋai$^{13}$in$^{35}_{44}$ne$^{0}$tʰai$^{53}$pʰu$^{53}_{44}$fən$^{53}_{44}$ nei$^{0}$ʂət$^{5}$mak$^{3}$e$^{0}$lei$^{0}$?ʂət$^{5}$kai$^{53}_{44}$ke$^{53}_{44}$e$_{21}$si$^{21}$xek$^{3}$li$^{0}$ke$^{53}_{44}$tʰəŋ$^{35}$uk$^{5}$. ɲi$^{13}$xei$^{53}_{44}$ua$^{53}_{44}$kai$^{53}_{44}$iaŋ$^{53}_{44}$iet$^{3}$tʂak$^{3}$tsɿ$^{0}$tʰəu$^{53}$tsɿ$^{0}$kai$^{53}_{44}$ te$^{35}_{44}$si$^{21}$xek$^{3}$li$^{0}$ke$^{0}$, ɲi$^{13}_{21}$tiəu$^{35}$tau$^{21}$kai$^{53}$ɔi$^{53}$tiəu$^{35}$tau$^{21}$kai$^{53}_{44}$kɔŋ$^{35}$tsɿ$^{0}$xɔŋ$^{53}$,ci$^{13}_{21}$tsʰiəu$^{53}$uɔi$^{53}$lɔi$^{13}_{21}$ʂət$^{5}$xek$^{3}$çi$^{53}_{44}$,e$_{21}$.ci$^{13}$ xai$^{13}_{21}$m̩$^{13}$pʰei$^{53}$ci$^{21}$çiəŋ$^{35}$tsɿ$^{0}$ŋai$^{13}$tien$^{0}$i$^{21}_{44}$iaŋ$^{53}_{44}$ke$^{53}$ŋai$^{13}_{21}$in$^{35}$ko$^{0}$.｜～落地，五爪为强。箇个就有兜人就逗霸子个呢。打比样你等坐倒去下子食换茶，系唔系？欸，箇食换茶。箇只人呢走下来，挜一挜，挜一大挜。"～落地哈，五爪为强。我就五爪为强哈。"就挜一挜正。ŋai$^{13}$in$^{35}$nɔk$^{5}$tʰi$^{53}$,ŋ̍$^{21}$ tsau$^{21}$uei$^{13}$cʰiɔŋ$^{13}$.kai$^{53}_{44}$ke$^{53}_{44}$tsʰiəu$^{53}_{44}$iəu$^{35}_{53}$tei$^{35}_{53}$ɲin$^{13}_{21}$tsʰiəu$^{53}_{44}$tei$^{53}$pa$^{53}$tsɿ$^{0}$ke$^{53}$nei$^{0}$.ta$^{21}$pi$^{21}$iɔŋ$^{53}_{44}$ɲi$^{13}$tien$^{0}$tsʰo$^{35}$tau$^{21}$çi$^{53}$ xa$^{53}_{44}$tsɿ$^{0}$ʂət$^{5}$uɔn$^{53}$tsʰa$^{13}_{21}$,xei$^{53}_{44}$me$^{53}_{44}$?ei$_{21}$,kai$^{53}_{44}$ʂət$^{5}$uɔn$^{53}$tsʰa$^{13}_{21}$.kai$^{53}$tʂak$^{3}$ɲin$^{13}$nei$^{0}$tsei$^{21}$ia$^{53}$lɔi$^{13}_{44}$,ia$^{21}$iet$^{3}$ia$^{21}$,ia$^{21}$iet$^{3}$ tʰai$^{53}$ia$^{21}$."ŋai$^{13}$in$^{35}_{44}$nɔk$^{5}$tʰi$^{53}$xa$_{35}$,ŋ̍$^{21}$tsau$^{21}$uei$^{13}$cʰiɔŋ$^{13}$.ŋai$^{13}$tsʰiəu$^{53}$ŋ̍$^{21}$tsau$^{21}$uei$^{13}$cʰiɔŋ$^{13}$xa$^{0}$."tsʰiəu$^{53}$ia$^{21}$iet$^{3}$ia$^{21}$ tʂaŋ$^{53}$.

【沿】ien$^{13}$ 动（昆虫）慢慢地爬行、蠕动：寒沿虫走起来系蛮慢，～一路去。寒沿虫～倒去。xɔn$^{13}$ien$^{13}_{44}$tʂʰəŋ$^{13}$tsei$^{21}$çi$^{21}$lɔi$^{13}$xei$^{53}$man$^{13}$man$^{53}$,ien$^{13}$iet$^{3}$ləu$^{53}$çi$^{53}$.xɔn$^{13}$ien$^{13}_{44}$tʂʰəŋ$^{13}_{44}$ien$^{13}$tau$^{21}$çi$^{53}$.

【盐】ian$^{13}$ 名 一种无机化合物，无色或白色结晶体，成分是氯化钠，有咸味，是重要的调味剂。也称"盐子"：淡干鱼子就唔放～。tʰan$^{35}$kɔn$^{35}_{44}$ŋ̍$^{13}_{21}$tsɿ$^{0}$tsʰiəu$^{53}_{44}$m̩$^{13}$fɔŋ$^{53}$ian$^{13}$.｜以前就箇个啊，以前就卖～就蛮赚钱个东西。以下是有么个赚钱。我爷子话过解放前渠买过一担谷只有两斤子～个。嗯，一担谷啊只有两斤～。i$^{35}_{53}$tsʰien$^{13}$tsʰiəu$^{53}$kai$^{53}_{44}$ke$^{53}_{44}$a$^{0}$,i$^{35}_{53}$tsʰien$^{13}$tsʰiəu$^{53}$mai$^{53}$ian$^{13}$tsʰiəu$^{53}$ man$^{13}$tsʰan$^{53}$tsʰien$^{13}$ke$^{53}_{44}$təŋ$^{35}_{44}$si$^{0}$.i$^{21}$xa$^{53}$ʂɿ$^{53}$mau$^{13}$mak$^{3}$e$^{0}$tsʰan$^{53}$tsʰien$^{13}$.ŋai$^{13}_{21}$ia$^{13}$tsɿ$^{0}$ua$^{53}$ko$^{53}$kai$^{21}$xɔŋ$^{53}$tsʰien$^{13}$ci$^{13}_{21}$ mai$^{35}$ko$^{53}$iet$^{3}$tan$^{35}$kuk$^{3}$tʂɿ$^{21}$iəu$^{35}_{53}$iɔŋ$^{21}$cin$^{35}_{44}$tsɿ$^{0}$ian$^{13}$ke$^{53}$.n̩$_{21}$,iet$^{3}$tan$^{35}$kuk$^{3}$a$^{0}$tʂɿ$^{21}$iəu$^{35}_{53}$iɔŋ$^{21}$cin$^{35}_{44}$ian$^{13}$.

【盐杯骨】ian$^{13}$pai$^{35}$kuət$^{3}$ 名 肩胛骨：欸，以前供销社里卖盐咯，就用牛子个～去掀盐。～渠就有只么个特点呢？一只杯杯潓大。就用牛子个～去锹，因为箇搞么个嘞？只有箇只东西就冇事生硇，嘿嘿，去卖盐咯，就冇事生硇，以前冇得塑料东西呀。你用铁，会生硇，系唔系？你用箇个木个，会咬殊，欸，用木勺箇兜会咬殊。只有用箇个～，哼哼，箇只东西嘞就冇事生硇，又冇事殊。e$_{44}$,i$^{35}_{53}$tsʰien$^{13}_{21}$kəŋ$^{35}_{44}$siau$^{35}_{44}$ʂa$^{53}$li$^{21}$mai$^{53}$ian$^{13}$ko$^{0}$,tsʰiəu$^{53}$iəŋ$^{53}$ɲiəu$^{13}$tsɿ$^{21}$ke$^{53}$ian$^{13}$pai$^{35}$kuət$^{3}$ çi$^{53}$uət$^{3}$ian$^{13}$.ian$^{13}$pai$^{35}$kuət$^{3}$ci$^{13}_{21}$tsʰiəu$^{13}_{44}$iəu$^{35}_{53}$tʂak$^{3}$mak$^{3}$e$^{0}$tʰek$^{5}$tien$^{21}$nei$^{0}$?iet$^{3}$tʂak$^{3}$pai$^{35}$pai$^{35}_{44}$mən$^{35}$tʰai$^{53}$. tsʰiəu$^{53}$iəŋ$^{53}$ɲiəu$^{13}$tsɿ$^{0}$ke$^{53}$ian$^{13}$pai$^{35}$kuət$^{3}$çi$^{53}_{44}$tsʰiau$^{35}$,in$^{35}$uei$^{53}_{44}$kau$^{21}$mak$^{3}$ke$^{53}$lei$^{0}$?tʂɿ$^{21}$iəu$^{35}_{44}$kai$^{53}$tʂak$^{3}$təŋ$^{35}_{44}$si$^{0}$ tsʰiəu$^{13}_{21}$mau$^{13}$sɿ$^{53}$saŋ$^{35}_{44}$ləu$^{35}$,xe$_{21}$xe$_{21}$,çi$^{53}$mai$^{53}$ian$^{13}$ko$^{0}$,tsʰiəu$^{53}$mau$^{13}_{21}$sɿ$^{53}$saŋ$^{35}_{44}$ləu$^{35}$,i$^{35}_{53}$tsʰien$^{13}_{21}$mau$^{13}_{21}$tek$^{3}$sɔk$^{3}$liau$^{53}_{44}$ təŋ$^{35}_{44}$si$^{0}$ia$^{0}$. ɲi$^{13}$iəŋ$^{53}$tʰiet$^{3}$,uɔi$^{53}$saŋ$^{35}_{44}$ləu$^{35}$,xei$^{53}_{44}$me$^{53}_{44}$?ɲi$^{13}$iəŋ$^{53}$kai$^{53}_{44}$ke$^{53}_{44}$muk$^{3}$ke$^{53}$,uɔi$^{53}$ŋau$^{21}$mət$^{3}$,e$_{21}$,iəŋ$^{53}$muk$^{3}$ ʂɔk$^{5}$kai$^{53}_{44}$te$^{35}_{44}$uɔi$^{53}$ŋau$^{21}$mət$^{3}$.tʂɿ$^{21}$iəu$^{35}_{44}$iəŋ$^{53}$kai$^{53}_{44}$kei$^{53}_{44}$ian$^{13}_{21}$pai$^{35}_{44}$kuət$^{3}$,xŋ̍$_{53}$xŋ̍$_{53}$,kai$^{53}_{21}$(tʂ)ak$^{3}$təŋ$^{35}_{44}$si$^{0}$lei$^{0}$tsʰiəu$^{53}$ mau$^{13}_{21}$sɿ$^{53}$saŋ$^{35}_{44}$ləu$^{35}$,iəu$^{53}$mau$^{13}_{21}$sɿ$^{53}$mət$^{3}$.

【盐饽饽】ian$^{13}$pɔk$^{5}$pɔk$^{0}$ 名 用食盐腌制成的蛋品：我等人食唔完个欸箇个怕饽饽坏呀食唔完箇欸饽饽嘞就舞兜盐水一浸就成哩～。ŋai$^{13}$tien$^{0}$ɲin$^{13}_{21}$ʂət$^{5}$n̩$^{13}_{21}$ien$^{13}$ke$^{53}$e$_{21}$kai$^{53}_{44}$ke$^{53}_{44}$pʰa$^{53}_{44}$pɔk$^{5}$pɔk$^{5}$fai$^{53}$ia$^{0}$ ʂət$^{5}$n̩$^{13}_{21}$ien$^{13}$ke$^{53}$e$_{21}$pɔk$^{5}$pɔk$^{5}$lei$^{0}$tsʰiəu$^{53}$u$^{21}$tei$^{35}_{53}$ian$^{13}$ʂei$^{21}$iet$^{3}$tsin$^{53}$tsʰiəu$^{53}$ʂaŋ$^{13}_{21}$li$^{0}$ian$^{13}$pɔk$^{5}$pɔk$^{5}$.｜～爱蒸一到。就舞兜盐一浸呢，盐水一浸呢，爱蒸一到正能够食得。唔系皮饽饽，皮饽饽就唔爱蒸渠就。ian$^{13}$pɔk$^{5}$pɔk$^{5}$ɔi$^{53}$tʂən$^{35}$iet$^{3}$tau$^{53}$.tsʰiəu$^{53}$u$^{21}$tei$^{35}_{53}$ian$^{13}$iet$^{3}$tsin$^{53}$ne$^{0}$,ian$^{13}$ʂei$^{21}$iet$^{3}$tsin$^{53}$ne$^{0}$,ɔi$^{53}$tʂən$^{35}$iet$^{3}$tau$^{53}$tʂaŋ$^{53}$ len$^{13}_{21}$ciau$^{53}_{44}$ʂət$^{5}$tek$^{3}$.m̩$^{13}$pʰe$^{53}$pʰi$^{13}$pɔk$^{5}$pɔk$^{5}$,pʰi$^{13}$pɔk$^{5}$pɔk$^{5}$tsʰiəu$^{53}$m̩$^{13}_{21}$mɔi$^{53}_{44}$tʂən$^{35}_{44}$ci$^{13}_{21}$tsʰiəu$^{53}$.

【盐缸】ian$^{13}$kɔŋ$^{35}_{44}$ 名 腌肉的缸子：（盐肉系）盐咬哩个，系吗？～里个唠。ian$^{13}$ŋau$^{21}$li$^{0}$ke$^{53}$,xei$^{53}_{44}$ ma$^{0}$?ian$^{13}$kɔŋ$^{35}_{44}$li$^{0}$ke$^{53}_{44}$lau$^{0}$.

【盐换茶】ian$^{13}$uɔn$^{53}$tsʰa$^{13}$ 名 番薯片、豆角干、辣椒筒、苦瓜筒等小食品的统称。也称"盐换茶子"：箇唔喊馃子，箇就喊换茶。箇浏阳人呢有喊换茶。又安做～。～就开头讲个箇起就安做～啦。箇番薯箇只啦，欸，箇个么个豆角干呐，辣椒筒啊，苦瓜筒啊，箇就安做～。kai$^{53}$n̩$^{13}_{21}$xan$^{53}$ko$^{21}$tsɿ$^{0}$,kai$^{53}_{44}$tsiəu$^{53}_{44}$xan$^{53}_{44}$uən$^{53}$ts$^{h}$a$^{13}$.kai$^{53}$liəu$^{13}$iəŋ$^{13}_{21}$ɲin$^{13}_{21}$nei$^{0}$ iəu$^{35}_{44}$xan$^{53}_{44}$xən$^{53}$ts$^{h}$a$^{13}$.iəu$^{53}_{44}$ən$^{53}_{44}$tso$^{53}_{44}$ian$^{13}$uən$^{53}$ts$^{h}$a$^{13}$.ian$^{13}$uən$^{53}$ts$^{h}$a$^{13}_{44}$ts$^{h}$iəu$^{53}_{44}$k$^{h}$əi$^{35}$t$^{h}$ei$^{13}_{21}$kəŋ$^{21}$ke$^{53}_{44}$kai$^{53}$çi$^{21}_{44}$ts$^{h}$iəu$^{53}_{44}$ən$^{35}_{44}$tso$^{53}_{44}$ian$^{13}$uən$^{53}$ts$^{h}$a$^{13}_{44}$la$^{0}$.kai$^{53}_{44}$fan$^{35}$ ʂəu$^{13}_{21}$kai$^{53}_{44}$tʂak$^{3}$ la$^{0}$,e$_{21}$,kai$^{53}_{44}$cie$^{53}_{44}$mak$^{3}$ (k)e$^{53}_{44}$t$^{h}$ei$^{53}$kək$^{3}$ kən$^{35}$na$^{0}$,lait$^{5}$ tsiau$^{35}_{44}$t$^{h}$əŋ$^{13}$ŋa$^{0}$,fu$^{21}$kua$^{35}_{44}$t$^{h}$əŋ$^{13}$ŋa$^{0}$,kai$^{53}_{44}$ts$^{h}$iəu$^{53}_{44}$ən$^{35}_{44}$tso$^{53}_{44}$ian$^{13}$uən$^{53}$ts$^{h}$a$^{13}$.｜晒～子就是箇子箇只香味真好食唠。sai$^{53}$ian$^{13}$uən$^{53}$ts$^{h}$a$^{13}$tsɿ$^{0}$ ts$^{h}$iəu$^{53}_{44}$ʂɿ$^{53}_{44}$kai$^{53}_{44}$tsɿ$^{0}$ kai$^{53}$tʂak$^{3}$ çiəŋ$^{35}$uei$^{53}_{44}$tʂən$^{35}_{44}$xau$^{21}$ʂət$^{5}_{3}$lau$^{0}$.

【盐姜】ian$^{13}$ciəŋ$^{35}$ [名]用姜加盐等盐渍加工成的小食：如今是欸箇个舞倒箇嫩姜，洗得洁净子，刨嘿皮呀，放兜盐水，放兜子箇个一浸，就系～。箇个～第一易得制。欸，放兜白糖，又酸又甜。i$^{13}_{21}$cin$^{53}_{44}$ʂɿ$^{53}$e$_{21}$kai$^{53}_{44}$ke$^{53}_{44}$u$^{21}$tau$^{21}$kai$^{53}_{44}$lən$^{53}$ciəŋ$^{35}$,se$^{21}$tek$^{3}$ ciet$^{5}$ ts$^{h}$iaŋ$^{53}$tsɿ$^{0}$,p$^{h}$au$^{13}$xek$^{3}$ p$^{h}$i$^{13}$ia$^{0}$,fəŋ$^{53}$te$^{35}_{53}$ian$^{13}$ ʂei$^{21}$,fəŋ$^{53}_{44}$te$^{35}_{44}$ts$^{h}$ɿ$^{53}$kai$^{53}_{21}$te$^{35}_{44}$iet$^{3}$ tsin$^{53}$,tsiəu$^{53}_{44}$xei$^{53}_{44}$ian$^{13}$ciəŋ$^{35}_{44}$.kai$^{53}$e$^{0}$ ian$^{13}$ciəŋ$^{35}_{44}$t$^{h}$i$^{53}$iet$^{3}$ i$^{53}$tek$^{3}$ tʂɿ$^{53}$.e$_{21}$,fəŋ$^{53}_{44}$te$^{35}_{44}$ p$^{h}$ak$^{5}$ t$^{h}$əŋ$^{13}_{44}$,iəu$^{53}$sən$^{35}$iəu$^{53}$t$^{h}$ian$^{13}$.

【盐辣椒子】ian$^{13}$lait$^{5}$ tsiau$^{35}$tsɿ$^{0}$ [名]用辣椒加工出来的一种食品：喊～。欸，放滴子盐子，爱放滴盐。xan$^{53}$ian$^{13}$lait$^{5}$ tsiau$^{35}$tsɿ$^{0}$.e$_{21}$,fəŋ$^{53}$tet$^{5}$ tsɿ$^{0}$ ian$^{13}$tsɿ$^{0}$,əi$^{53}_{44}$fəŋ$^{53}$tet$^{5}$ ian$^{13}$.

【盐铺】ien$^{13}$p$^{h}$u$^{53}$ [名]旧时经营盐生意的店铺：～里就尽做盐生意啊，嗯，分外背个盐拖倒归来呀。从前是冇得汽车，请人荷倒归来，所以箇从前个盐呢卖起唔知几贵，交通唔方便呢。ian$^{13}$p$^{h}$u$^{53}$li$^{21}$ts$^{h}$iəu$^{53}$ts$^{h}$in$^{53}$tso$^{53}$ian$^{13}$sen$^{35}_{44}$i$^{53}$a$^{0}$,n̩$_{21}$,pən$^{35}$ŋəi$^{53}$pəi$^{53}$ke$^{53}_{44}$ian$^{13}$t$^{h}$o$^{35}$tau$^{21}$kuei$^{35}_{44}$ləi$^{13}_{21}$ia$^{0}$.ts$^{h}$əŋ$^{13}$ts$^{h}$ien$^{13}$ ʂɿ$^{53}_{44}$mau$^{13}$tek$^{3}$ çi$^{53}$tʂ$^{h}$a$^{35}_{44}$,ts$^{h}$iaŋ$^{21}$ɲin$^{13}$k$^{h}$ai$^{35}$tau$^{21}$kuei$^{35}_{44}$ləi$^{13}_{21}$,so$^{21}$i$^{53}$kai$^{53}$ts$^{h}$əŋ$^{13}_{21}$ts$^{h}$ien$^{13}_{21}$ke$^{53}$ian$^{13}$nei$^{0}$ mai$^{53}_{44}$çi$^{21}_{44}$n̩$^{13}$ti$^{35}_{53}$ ci$^{21}$kuei$^{53}$,ciau$^{35}$t$^{h}$əŋ$^{35}_{44}$n̩$^{13}_{21}$fəŋ$^{35}_{44}$p$^{h}$ien$^{35}$ne$^{0}$.｜～是卖来卖去卖倒解放后是也卖油嘞，欸，首先可能卖盐更赚钱，落尾盐就唔赚钱了，就油盐铺喔，后落尾就南杂铺喔，呣，么个都卖了哇，么个海带箇兜酱油箇兜都卖了哇。ian$^{13}$p$^{h}$u$^{53}$ʂɿ$^{53}_{44}$mai$^{53}$ləi$^{13}$mai$^{53}$çi$^{53}$mai$^{53}$tau$^{21}$kai$^{53}$fəŋ$^{53}$xei$^{53}$ʂɿ$^{53}_{44}$ia$^{35}$mai$^{53}$iəu$^{13}$ lei$^{0}$,e$_{21}$,ʂəu$^{21}$sien$^{35}_{53}$k$^{h}$o$^{21}$len$^{13}$mai$^{53}$ian$^{13}$cien$^{53}$ts$^{h}$an$^{53}$ts$^{h}$ien$^{13}$,lək$^{5}$ mi$^{35}_{53}$ian$^{13}$ts$^{h}$iəu$^{53}$n̩$^{13}$ts$^{h}$an$^{53}$ts$^{h}$ien$^{13}_{44}$niau$^{0}$,ts$^{h}$iəu$^{53}$ iəu$^{13}$ian$^{13}$p$^{h}$u$^{53}$uo$^{0}$,xei$^{53}$lək$^{5}$ mi$^{35}_{53}$ts$^{h}$iəu$^{53}$lan$^{13}$ts$^{h}$ait$^{5}$ p$^{h}$u$^{53}$uo$^{0}$,m̩$_{21}$,mak$^{3}$ ke$^{53}$təu$^{35}_{44}$mai$^{53}$liau$^{21}_{44}$ua$^{0}$,mak$^{3}$ ke$^{53}_{44}$xəi$^{21}$ tai$^{53}_{44}$kai$^{53}_{44}$te$^{35}_{44}$tsiəŋ$^{53}$iəu$^{13}$kai$^{53}_{44}$te$^{35}_{44}$təu$^{35}$mai$^{53}$liau$^{21}$ua$^{0}$.

【盐肉】ian$^{13}$ɲiəuk$^{3}$ [名]腌制的猪肉：盐咬哩个，系吗？盐缸里个唠。猪肉就～嘞，咁子称呢。～。ian$^{13}$ŋau$^{21}$li$^{0}$ ke$^{53}$,xei$^{53}_{44}$ma$^{0}$?ian$^{13}$kəŋ$^{35}_{44}$li$^{0}$ ke$^{53}_{44}$lau$^{0}$.tʂəu$^{35}$ɲiəuk$^{3}$ ts$^{h}$iəu$^{53}$ian$^{13}$ɲiəuk$^{3}$ lei$^{0}$,kan$^{21}$tsɿ$^{0}$ tʂ$^{h}$ən$^{35}_{44}$nei$^{0}$.ian$^{13}$ɲiəuk$^{3}$.

【盐水】ian$^{13}$ʂei$^{21}$ [名]含盐的水：我等箇阵子舞倒箇～欸去洗脚，痒人呐，脚痒啊，就舞兜～去洗脚。ŋai$^{13}$tien$^{0}$ kai$^{53}$tʂ$^{h}$ən$^{53}$tsɿ$^{0}$ u$^{21}$tau$^{21}$kai$^{53}$ian$^{13}$ʂei$^{21}$e$_{21}$çi$^{53}$se$^{21}$ciək$^{3}$,iəŋ$^{35}$ɲin$^{13}_{21}$na$^{0}$,ciək$^{3}$ iəŋ$^{35}$ŋa$^{0}$,ts$^{h}$iəu$^{53}$u$^{21}$ tei$^{35}_{53}$ian$^{13}$ʂei$^{21}$çi$^{53}$se$^{21}$ciək$^{3}$.

【盐味】ian$^{13}$mi$^{53}$ [名]咸味，泛指向料的味道：（鸡爪）你唔斩做三坨就唔进～，就唔好食。ɲi$^{13}_{21}$ n̩$^{13}$tsan$^{21}$tso$^{53}$san$^{35}$t$^{h}$o$^{13}_{21}$ts$^{h}$iəu$^{53}_{44}$n̩$^{13}$tsin$^{53}$ian$^{13}$mi$^{53}$,tsiəu$^{53}$m̩$^{13}_{21}$xau$^{21}$ʂət$^{5}$.

【盐癣】ian$^{13}$sien$^{21}$ [名]一种皮肤病：起咁个盐霜个癣就安做～。我等𫧯得过～，见过，起盐霜个，起霜个，雪白个。箇咁个癣见过。çi$^{21}$kan$^{21}_{13}$kei$^{53}_{44}$ian$^{13}$səŋ$^{35}$ke$^{53}_{44}$sien$^{21}$ts$^{h}$iəu$^{53}_{44}$ən$^{35}_{44}$tso$^{53}_{44}$ian$^{13}$sien$^{21}$.ŋai$^{13}$ tien$^{0}$ maŋ$^{13}$tek$^{3}$ ko$^{53}$ian$^{13}$sien$^{21}$,cien$^{53}$ko$^{53}_{44}$,çi$^{21}$ian$^{13}$səŋ$^{35}$ke$^{0}$ ,çi$^{21}$səŋ$^{35}$ke$^{0}$ ,siet$^{5}$ p$^{h}$ak$^{5}$ ke$^{0}$ .kai$^{53}$kan$^{21}$ke$^{53}$sien$^{21}$ cien$^{53}$ko$^{0}$.

【盐鱼】ian$^{13}$ŋ̍$^{13}$ [名]咸鱼：我箇到买兜～，话来炒倒食，揪咸个，食唔得。ŋai$^{13}$kai$^{53}$tau$^{53}$mai$^{35}$te$^{35}_{44}$ ian$^{13}$ŋ̍$^{13}$,ua$^{53}$ləi$^{13}_{21}$ts$^{h}$au$^{21}$tau$^{21}$ʂət$^{5}$,tsiəu$^{35}_{44}$xan$^{13}_{21}$cie$^{53}$,ʂət$^{5}$ n̩$^{13}_{21}$tek$^{3}$.

【啱】ŋan$^{35}$ [副]刚巧；恰巧：渠箇阵子～部队里搞么个欸支左啊，呣，部队里支左，去箇个武汉最大个百货商场。ci$^{13}$kai$^{53}$tʂ$^{h}$ən$^{53}$tsɿ$^{0}$ ŋan$^{35}$p$^{h}$u$^{53}$tei$^{53}$li$^{0}$ kau$^{21}$mak$^{3}$ kei$^{53}$e$_{21}$tʂɿ$^{35}$tso$^{21}$a$^{0}$,m̩$_{21}$,p$^{h}$u$^{53}$tei$^{53}$li$^{0}$ tʂɿ$^{35}$ tso$^{21}$,çi$^{53}$kai$^{53}_{44}$ke$^{53}_{44}$u$^{35}$xən$^{53}$tsei$^{53}$t$^{h}$ai$^{53}$ke$^{53}_{44}$pak$^{3}$ xo$^{53}$ʂəŋ$^{35}$tʂ$^{h}$əŋ$^{21}$.

【啱多】ŋan$^{21}$to$^{35}$ [形]状态词。很多：呀，以只肩胛以只窝都痛。唔系话夜晡洗身个时候子舞兜子滚尿子搽下子就好哩。欸，就好～，一夜睡哩。箇也爱有年纪一夜睡哩正有好。你系年纪大哩，你看肩膊担欸担痛哩，担起鲜红个啊，肿起来呀，你看系一夜会有好吗。箇就冇得。ia$_{21}$,i$^{21}$tʂak$^{3}$ cien$^{35}_{44}$kait$^{3}$ i$^{21}$tʂak$^{3}$ uo$^{13}$təu$^{35}_{44}$t$^{h}$əŋ$^{53}$.m̩$^{13}_{21}$p$^{h}$e$^{53}$ua$^{53}$ia$^{53}$pu$^{35}_{44}$se$^{21}$ʂən$^{35}_{44}$ke$^{53}$ʂɿ$^{13}_{44}$xəu$^{53}_{44}$tsɿ$^{0}$ u$^{21}$tei$^{35}_{53}$tsɿ$^{0}$ kuən$^{21}$ ɲiau$^{53}$tsɿ$^{0}$ ts$^{h}$ait$^{3}$ (x)a$^{53}_{44}$tsɿ$^{0}$ ts$^{h}$iəu$^{53}$xau$^{21}$li$^{0}$ .e$_{21}$,ts$^{h}$iəu$^{53}$xau$^{21}$ŋan$^{21}_{13}$to$^{35}_{53}$,iet$^{3}$ ia$^{53}$ʂəi$^{53}$li$^{0}$ .kai$^{53}_{44}$ia$^{35}$əi$^{53}$mau$^{13}$ɲien$^{13}$ci$^{21}$ iet$^{3}$ ia$^{53}$ʂəi$^{53}$li$^{0}$ tʂaŋ$^{53}$iəu$^{35}$xau$^{21}$. ɲi$^{13}$xei$^{53}$ɲien$^{13}$ci$^{21}$t$^{h}$ai$^{53}$li$^{0}$, ɲi$^{13}$k$^{h}$ən$^{53}$cien$^{35}$pək$^{3}$ tan$^{35}_{44}$e$_{21}$tan$^{35}$t$^{h}$əŋ$^{53}$li$^{0}$ ,tan$^{35}$çi$^{21}_{44}$ çien$^{35}$fəŋ$^{13}_{21}$cie$^{53}$a$^{0}$ ,tʂəŋ$^{21}$çi$^{21}$ləi$^{13}_{21}$ia$^{0}$ , ɲi$^{13}$k$^{h}$ən$^{53}$(x)ei$^{53}$iet$^{3}$ ia$^{13}_{21}$uəi$^{53}$iəu$^{53}_{53}$xau$^{21}$ma$^{0}$ .kai$^{53}$ts$^{h}$iəu$^{53}$mau$^{13}_{21}$tek$^{3}$ .

【阎王】ɲian$^{13}$uəŋ$^{13}$ [名]地狱之王：据说人死哩以后嘞，～就会勾簿，欸，勾哩簿个嘞渠就死嘿

Y

哩，～𫟦勾簿嘞，渠就会死了都还会活转来。tʂʅ$^{53}$ʂet$^{3}$ɲin$^{13}$si$^{21}$li$^{0}$ i$^{35}$xei$^{53}_{44}$lei$^{0}$, ɲian$^{13}$uəŋ$^{13}_{21}$tsʰiəu$^{53}$uɔi$^{53}$ kʰei$^{35}$pʰu$^{35}$, e$_{21}$, kʰei$^{35}$li$^{0}$ pʰu$^{35}$ke$^{53}$lei$^{0}$ ci$^{13}_{21}$tsʰiəu$^{53}$si$^{21}$xek$^{3}$ li$^{0}$, ɲian$^{13}$uəŋ$^{13}_{44}$maŋ$^{13}$kʰei$^{35}_{44}$pʰu$^{35}_{44}$lei$^{0}$, ci$^{13}_{21}$tsʰiəu$^{53}_{44}$uɔi$^{53}_{44}$si$^{21}$ liau$^{0}$ təu$^{35}_{53}$xai$^{13}_{21}$uɔi$^{53}_{44}$uɔit$^{5}$ tʂuən$^{21}$nɔi$^{13}_{21}$.

【颜色】ŋan$^{13}$sek$^{3}$ 名 色彩：肚里还做滴花纹去啊，做滴～哦。切倒箇只玉兰片就好看呐，就有花带。təu$^{21}$li$^{35}$xai$^{13}$tso$^{53}_{44}$tet$^{5}$ fa$^{35}$uən$^{13}$cʰi$^{53}_{44}$a$^{0}$, tso$^{53}_{44}$tet$^{5}_{3}$ ŋan$^{13}$sek$^{3}$ o$^{0}$. tsʰiet$^{3}$ tau$^{21}$kai$^{53}_{44}$tʂak$^{3}$ y$^{53}$lan$^{13}$pʰien$^{53}_{44}$ tsʰiəu$^{53}_{44}$xau$^{21}$kʰɔn$^{53}$na$^{0}$, tsʰiəu$^{53}_{44}$iəu$^{35}_{44}$fa$^{35}$tai$^{53}_{21}$. | 渠现咁个～，绿绿子。ci$^{13}$çien$^{53}$kan$^{21}$ke$^{53}_{44}$ian$^{13}$sek$^{3}$, liəuk$^{5}$ liəuk$^{5}$tsʅ$^{0}$.

【檐】ian$^{13}$ 名 屋顶向旁伸出的边沿部分：渠咁子个，渠个滴水个栏场就安做～。ci$^{13}$kan$^{21}_{13}$tsʅ$^{0}$ kei$^{53}$, ci$^{13}$ke$^{53}$tet$^{3}$ ʂei$^{21}$ke$^{53}$lan$^{13}_{21}$tʂʰɔŋ$^{13}_{21}$tsʰiəu$^{53}_{44}$ɔn$^{35}_{44}$tso$^{53}_{44}$ian$^{13}$.

【檐桁】ian$^{13}$xaŋ$^{13}$ 名 屋檐上的桁子：屋上箇桁子，欸，栋上个就安做栋桁，嗯，欸檐头上个就～。箇栋桁撂～都非常重要个桁子，爱大滴子。uk$^{3}$ xɔŋ$^{53}$kai$^{53}$xaŋ$^{13}$tsʅ$^{0}$, e$_{21}$, təŋ$^{53}$xɔŋ$^{53}_{44}$ke$^{0}$ tsʰiəu$^{53}_{44}$ɔn$^{35}_{44}$tso$^{53}_{44}$təŋ$^{53}$xaŋ$^{13}$, n̩$_{21}$, e$_{21}$ian$^{13}$tʰei$^{13}_{44}$xɔŋ$^{53}_{44}$ke$^{0}$ tsʰiəu$^{53}$ian$^{13}$xaŋ$^{13}$. kai$^{53}$təŋ$^{53}$xaŋ$^{13}_{21}$lau$^{35}$ian$^{13}$xaŋ$^{13}$təu$^{35}_{53}$fei$^{35}$ʂɔŋ$^{13}_{21}$ tʂʰəŋ$^{53}$iau$^{53}_{44}$kei$^{53}$xaŋ$^{13}$tsʅ$^{0}$, ɔi$^{53}$tʰai$^{53}$tiet$^{5}$ tsʅ$^{0}$.

【檐老鼠】ian$^{13}$lau$^{21}$tʂʰəu$^{21}$ 名 蝙蝠：咁个山洞里呀，欸，老屋里呀，蛮久𫟦系人个栏场啊，箇栏场就会有～。长日系稳人个栏场箇～冇得。kan$^{21}$ke$^{53}_{44}$san$^{35}$tʰəŋ$^{53}$li$^{21}$ia$^{0}$, e$_{21}$, lau$^{21}$uk$^{3}$ li$^{21}_{44}$ia$^{0}$, man$^{13}$ ciəu$^{21}$maŋ$^{13}$xei$^{53}$ɲin$^{13}$ke$^{53}$laŋ$^{13}_{21}$tʂʰɔŋ$^{13}_{21}$ŋa$^{0}$, kai$^{53}$lan$^{13}_{44}$tʂʰɔŋ$^{13}_{44}$tsʰiəu$^{53}_{44}$uɔi$^{53}_{44}$iəu$^{35}$ian$^{13}$lau$^{21}_{44}$tʂʰəu$^{21}$. tʂʰɔŋ$^{13}$ɲiet$^{3}$ xei$^{53}$ uən$^{21}$ɲin$^{13}$ke$^{53}$laŋ$^{13}_{21}$tʂʰɔŋ$^{13}_{21}$kai$^{53}$ian$^{13}$lau$^{21}_{44}$tʂʰəu$^{21}$mau$^{13}_{21}$tek$^{3}$.

【檐头】ian$^{13}$tʰei$^{13}$ 名 屋檐下的台阶：那底下就都安做～嘞，地泥下都安做～嘞。la$^{53}$te$^{21}$xa$^{53}$ tsʰiəu$^{53}$təu$^{35}$ɔn$^{35}_{44}$tso$^{53}_{44}$ian$^{13}$tʰei$^{13}_{21}$le$^{0}$, tʰi$^{53}$lai$^{13}_{21}$xa$^{35}$təu$^{35}_{44}$ɔn$^{35}_{44}$tso$^{53}_{44}$ian$^{13}_{21}$tʰei$^{13}_{44}$le$^{0}$.

【檐头沟】ian$^{13}$tʰei$^{13}$ciei$^{35}$ 名 屋檐下开出的排水道：就檐头脚下个箇条沟就安做～。欸，以前做屋是尽系土墙屋，土墙屋嘞，箇个又冇得天沟，箇个水尽咁子跌稳下，所以箇个～呀一般都爱……箇檐头都爱伸出滴子，嗯，一般都爱箇～嘞爱扌深兜子。唔系是箇水会跌下墙脚上。tsʰiəu$^{53}$ian$^{13}$tʰei$^{13}_{44}$ciɔk$^{3}$ xa$^{53}$ke$^{0}$ kai$^{53}$tʰiau$^{13}_{21}$kei$^{35}$tsʰiəu$^{53}_{44}$ɔn$^{35}_{44}$tso$^{53}_{44}$ian$^{13}$tʰei$^{13}_{21}$kei$^{35}$. e$_{44}$, i$^{35}_{53}$tsʰien$^{13}$tso$^{53}$uk$^{3}$ ʂʅ$^{53}_{44}$tsʰin$^{53}$ ne$^{53}$tʰəu$^{21}$tsʰiɔŋ$^{13}$uk$^{3}$, tʰəu$^{21}$tsʰiɔŋ$^{13}$uk$^{3}$ lei$^{0}$, kai$^{53}_{44}$kei$^{53}_{44}$iəu$^{53}$mau$^{13}_{21}$tek$^{3}$ tʰien$^{35}$kei$^{35}_{44}$, kai$^{53}_{44}$ke$^{53}_{44}$ʂei$^{21}$tsʰin$^{53}$kan$^{21}$tsʅ$^{0}$ tet$^{3}$ uən$^{21}$xa$^{35}$, so$^{21}$i$^{35}_{53}$kai$^{53}$ke$^{53}$ian$^{13}$tʰei$^{13}_{21}$kei$^{35}$ia$^{0}$ iet$^{3}$ pɔn$^{35}$təu$^{35}_{44}$ɔi$^{53}$…kai$^{53}$ian$^{13}$tʰei$^{13}_{21}$təu$^{35}_{44}$ɔi$^{53}$tʂʰən$^{35}$tʂʰət$^{3}$ tiet$^{5}$ tsʅ$^{0}$, n̩$_{21}$, iet$^{3}$ pɔn$^{35}$təu$^{35}_{44}$ɔi$^{53}$kai$^{53}$ian$^{13}$tʰei$^{13}_{21}$kei$^{35}_{44}$lei$^{0}$ ɔi$^{53}_{21}$kʰo$^{35}$tʂʰən$^{35}$te$^{35}_{53}$tsʅ$^{0}$. m̩$^{13}$pʰe$^{53}$ʂʅ$^{53}_{44}$kai$^{53}_{44}$ʂei$^{21}$uɔi$^{53}$tet$^{3}$ (x)a$^{53}$tsʰiɔŋ$^{13}$ ciɔk$^{3}$ xɔŋ$^{53}$.

【俨俨哩】ɲian$^{21}$ɲian$^{21}_{44}$li$^{0}$ 副 好似；很像：～着哩一件子褂子样。ɲian$^{21}$ɲian$^{21}_{44}$li$^{0}$ tʂɔk$^{3}$ li$^{0}$ iet$^{3}$ cʰien$^{53}_{44}$ tsʅ$^{0}$ kua$^{53}$tsʅ$^{0}$ iɔŋ$^{53}$. | 欸，～一碗菜，痞满样唠，底下都爱垫底。e$_{21}$, ɲian$^{21}$ɲian$^{21}$ni$^{0}$ iet$^{3}$ uən$^{21}$ tsʰɔi$^{53}_{44}$, tek$^{5}$ man$^{35}_{44}$iɔŋ$^{53}_{44}$lau$^{0}$, tei$^{21}$xa$^{53}_{44}$təu$^{35}_{44}$ɔi$^{53}_{44}$tʰian$^{53}$tei$^{21}$.

【衍文】ien$^{35}$uən$^{13}$ 动 矜持客套：莫～ mɔk$^{5}$ ien$^{35}_{44}$uən$^{13}$ | 你系～呶，唔食（酒）唠。ɲi$^{13}$xei$^{53}_{44}$ien$^{35}$ uən$^{13}$nau$^{0}$, n̩$^{13}$ʂət$^{5}$ lau$^{0}$. | 你衍么个文啫？ɲi$^{13}_{21}$ien$^{35}$mak$^{3}$ e$^{0}$ uən$^{13}$no$^{0}$?

【衍文使礼】ien$^{35}$uən$^{13}$ʂʅ$^{21}$li$^{35}$ 矜持客套：如今我娭子就一只箇～个人。两子娭渠都～，渠撞怕咯渠本来身上都冇哩钱了，我问下子渠："欸，拿兜……你冇哩钱吧？""欸还有兜子，还有兜子。"欸，打比食么个东西样嘞，食么个东西，我两子娭食饭嘞，箇个欸箇好兜子个箇个，欸，打比样箇个排骨让分渠食嘞，渠就～。"我唔想食唠！我唔想食以排骨唠！你自家去食唠！你去食唠！"欸，其实渠心里又想食，渠就爱～。i$^{13}_{21}$cin$^{35}_{53}$ŋai$^{13}_{21}$ɔi$^{35}$tsʅ$^{0}$ tsʰiəu$^{53}$iet$^{3}$ tʂak$^{3}$ kai$^{53}_{21}$ien$^{35}_{44}$ uən$^{13}_{21}$ʂʅ$^{13}_{13}$li$^{35}$ke$^{53}$ɲin$^{13}_{21}$. iɔŋ$^{21}$tsʅ$^{0}$ɔi$^{35}$ci$^{13}_{21}$təu$^{35}_{44}$ien$^{35}_{44}$uən$^{13}_{21}$ʂʅ$^{21}$li$^{35}_{44}$, ci$^{13}$tsʰɔŋ$^{21}$pʰa$^{53}$ko$^{0}$ ci$^{13}_{44}$pən$^{21}$nɔi$^{13}$ʂən$^{35}$xɔŋ$^{53}_{44}$təu$^{35}_{53}$mau$^{13}$ li$^{0}$ tsʰien$^{13}$niau$^{0}$, ŋai$^{13}$uən$^{53}$na$^{53}$tsʅ$^{0}$ ci$^{13}_{44}$: "e$_{21}$, la$^{53}$te$^{35}_{44}$…ɲi$^{13}$mau$^{13}_{21}$li$^{0}$ tsʰien$^{13}$pa$^{0}$?" "e$^{0}$ xai$^{13}_{21}$iəu$^{35}$te$^{35}_{53}$tsʅ$^{0}$, xai$^{13}_{21}$iəu$^{35}$te$^{35}_{53}$ tsʅ$^{0}$." e$_{21}$, ta$^{21}$pi$^{21}$ʂət$^{5}$ mak$^{3}$ e$^{0}$ təŋ$^{35}_{44}$si$^{0}$ iɔŋ$^{53}_{44}$lei$^{0}$, ʂət$^{5}$ mak$^{3}$ e$^{0}$ təŋ$^{35}_{44}$si$^{0}$, ŋai$^{13}_{21}$iɔŋ$^{21}$tsʅ$^{21}$ɔi$^{35}$ʂət$^{5}$ fan$^{53}$le$^{0}$, kai$^{53}_{44}$ke$^{53}_{44}$e$_{21}$kai$^{53}$ xau$^{21}$te$^{35}_{53}$tsʅ$^{0}$ ke$^{53}$kai$^{53}_{44}$ke$^{53}_{44}$, e$_{21}$, ta$^{21}$pi$^{21}$iɔŋ$^{53}_{44}$kai$^{53}_{44}$ke$^{53}_{44}$pʰai$^{13}$kuət$^{3}$ ɲiɔŋ$^{53}$pən$^{35}$ci$^{13}_{21}$ʂət$^{5}$ le$^{0}$, ci$^{13}_{21}$tsʰiəu$^{53}_{44}$ien$^{35}$uən$^{13}_{21}$ʂʅ$^{21}$ li$^{35}$. "ŋai$^{13}$n̩$^{13}$siɔŋ$^{21}$ʂət$^{5}$ lau$^{0}$! ŋai$^{13}$n̩$^{13}$siɔŋ$^{21}$ʂət$^{5}$ i$^{21}$pʰai$^{13}$kuət$^{3}$ lau$^{0}$! ɲi$^{13}$tsʰʅ$^{35}$ka$^{35}_{44}$çi$^{53}_{44}$ʂət$^{5}$ lau$^{0}$! ɲi$^{13}$çi$^{53}_{44}$ʂət$^{5}$ lau$^{0}$!" e$_{21}$, cʰi$^{13}$ʂət$^{5}$ ci$^{13}_{21}$sin$^{35}$ni$^{21}$iəu$^{53}_{44}$siɔŋ$^{21}$ʂət$^{5}$, ci$^{13}_{21}$tsiəu$^{53}_{44}$ɔi$^{53}$ien$^{35}$uən$^{13}_{21}$ʂʅ$^{21}$li$^{35}$.

【眼$_{1}$】ŋan$^{21}$ 名 ①孔洞；窟窿：（鸡笼）有～，渠会爱通气吵。iəu$^{35}$ŋan$^{21}$, ci$^{13}_{21}$uɔi$^{53}_{44}$ɔi$^{53}_{44}$tʰəŋ$^{35}$çi$^{53}$ʂa$^{0}$. | ～是冇得～，一只凼。ŋan$^{21}$ʂʅ$^{53}_{44}$mau$^{13}_{44}$tek$^{3}$ ŋan$^{21}$, iet$^{3}$ tʂak$^{3}$ tʰɔŋ$^{53}$. ②特指榫眼。有"AA"重叠式：打比做张凳样啊，木匠师傅就先打正～来，去凳板上打～呐，凳脚上就做榫呐。ta$^{21}$pi$^{21}$tso$^{53}$ tʂɔŋ$^{35}$ten$^{53}$iɔŋ$^{53}_{44}$ŋa$^{0}$, muk$^{3}$ tsʰiɔŋ$^{53}$sʅ$^{35}_{44}$fu$^{53}_{44}$tsʰiəu$^{53}_{21}$sien$^{35}$ta$^{21}$tʂaŋ$^{53}$ŋan$^{21}$lɔi$^{13}$, çi$^{53}_{44}$ten$^{53}$pan$^{21}$xɔŋ$^{53}$ta$^{21}$ŋan$^{21}$na$^{0}$, ten$^{53}$ ciɔk$^{3}$ xɔŋ$^{53}_{44}$tsʰiəu$^{53}_{44}$tso$^{53}$sən$^{21}$na$^{0}$. | 箇只人做事真随便，长日都三分凿子打只四分个～来。kai$^{53}$

Y

tʂak$^{3}$ ɲin$^{13}$tso$^{53}$sɿ$^{53}$tʂən$^{35}$sei$^{13}$p$^{h}$ien$^{53}$,tʂ$^{h}$ɔŋ$^{13}$ɲiet$^{3}$ təu$^{35}_{53}$san$^{35}$fən$^{35}$ts$^{h}$ɔk$^{5}$ tsɿ$^{0}$ ta$^{21}$tʂak$^{3}$ si$^{53}$fən$^{35}_{44}$ke$^{0}$ ŋan$^{21}$nɔi$^{13}$.

【眼$_{2}$】ŋan$^{21}$ [量]①表示看的次数：看一～ k$^{h}$ɔn$^{53}$iet$^{3}$ ŋan$^{21}$。②用于井：一～井 iet$^{3}$ ŋan$^{21}$tsiaŋ$^{21}$

【眼白白】ŋan$^{21}$p$^{h}$ak$^{5}$ p$^{h}$ak$^{5}$ [形]翻白眼的样子：人老学吹笛指唢呐，吹起～。ɲin$^{13}$nau$^{21}$xɔk$^{5}$ tʂ$^{h}$ei$^{35}_{44}$ t$^{h}$ak$^{5}$,tʂ$^{h}$ei$^{35}$çi$^{21}$ŋan$^{21}$p$^{h}$ak$^{5}$ p$^{h}$ak$^{5}$.

【眼法】ŋan$^{21}$fait$^{3}$ [名]眼力：比赛么人个眼珠，～，系唔系？pi$^{21}$sai$^{53}$mak$^{3}$ in$^{13}_{44}$ke$^{53}_{44}$ŋan$^{21}$tʂəu$^{35}_{44}$,ŋan$^{21}$ fait$^{3}$ ,xei$^{53}_{44}$me$^{53}_{44}$?

【眼鼓鼓哩】ŋan$^{21}$ku$^{21}$ku$^{21}$li$^{0}$ [形]注视的样子：～眙稳渠 ŋan$^{21}$ku$^{21}$ku$^{21}$li$^{0}$ tʂ$^{h}$ʅ$^{35}$uən$^{21}$ci$^{13}_{21}$

【眼红】ŋan$^{21}$fəŋ$^{13}$ [动]羡慕；嫉妒：啊，～渠啊。渠又唔爱钱呢看电影啊，又有工资啊，欸。ŋa$_{21}$,ŋan$^{21}$fəŋ$^{13}$ci$^{13}_{44}$a$^{0}$ .ci$^{13}$iəu$^{53}_{44}$m̩$^{13}_{21}$mɔi$^{53}_{44}$ts$^{h}$ien$^{13}$ne$^{0}$ k$^{h}$ɔn$^{53}$t$^{h}$ien$^{53}$iaŋ$^{21}$a$^{0}$ ,iəu$^{53}$iəu$^{35}$kəŋ$^{35}$tsɿ$^{35}$a$^{0}$ ,e$_{44}$.

【眼镜】ŋan$^{21}$ciaŋ$^{53}$ [名]用玻璃片、水晶片等材料制成，戴在眼睛前，以矫正视力或遮阻强烈光线、风沙、火星的器物。又称"镜子"：眼珠唔好就爱戴～。老花就戴老花镜，近视眼就戴近视镜。ŋan$^{21}$tʂəu$^{35}_{53}$n̩$^{13}_{21}$xau$^{21}$ts$^{h}$iəu$^{53}_{44}$ɔi$^{53}$tai$^{53}$ŋan$^{21}$ciaŋ$^{53}$.lau$^{21}$fa$^{35}_{53}$ts$^{h}$iəu$^{53}_{44}$tai$^{53}$lau$^{21}$fa$^{35}_{44}$ciaŋ$^{53}$,c$^{h}$in$^{53}$ʂʅ$^{53}$ŋan$^{21}$ tsiəu$^{53}_{44}$tai$^{53}$c$^{h}$in$^{53}$ʂʅ$^{53}_{44}$ciaŋ$^{53}$.｜如今我箇孙子搞手机搞手机就搞得箇眼珠就成哩零点几，欸各人都买副～带哩。欸外甥女也戴副～啊，正十几岁。i$^{13}_{21}$cin$^{35}_{53}$ŋai$^{13}$kai$^{53}$sən$^{35}$tsɿ$^{0}$ kau$^{21}$ʂəu$^{21}$ci$^{35}_{44}$kau$^{21}$ʂəu$^{21}$ci$^{35}_{44}$ ts$^{h}$iəu$^{53}$kau$^{21}$tek$^{3}$ kai$^{53}$ŋan$^{21}$tʂəu$^{35}_{53}$ts$^{h}$iəu$^{53}$ʂaŋ$^{13}_{21}$li$^{0}$ lin$^{13}$tian$^{21}$ci$^{21}$,e$^{0}$ kɔk$^{3}$ ɲin$^{13}_{44}$təu$^{35}_{44}$mai$^{35}$fu$^{53}_{44}$ŋan$^{21}$ciaŋ$^{53}_{44}$tai$^{53}$li$^{0}$ .e$^{0}$ ŋɔi$^{53}$saŋ$^{35}_{44}$ŋ̍$^{21}$ŋa$^{35}_{44}$tai$^{53}$fu$^{53}_{44}$ŋan$^{21}$ciaŋ$^{53}$a$^{0}$ ,tʂaŋ$^{53}$ʂət$^{5}$ ci$^{21}$sɔi$^{53}$.

【眼镜蛇】ŋan$^{21}$ciaŋ$^{53}$ʂa$^{13}$ [名]一种毒蛇，发怒时头部昂起，颈部膨大，一对白边黑心环状斑纹像一副眼镜：我等以映有～，唔知几毒喔。欸分渠搞一下是箇就箇个啦欸你就有下来啦。唔得倒来好啦。ŋai$^{13}$tien$^{0}$ i$^{21}$iaŋ$^{53}$iəu$^{35}$ŋan$^{21}$ciaŋ$^{53}$ʂa$^{13}_{44}$,n̩$^{13}$ti$^{35}_{53}$ci$^{21}$t$^{h}$əuk$^{5}$ uo$^{0}$ .e$^{0}$ pən$^{35}$ci$^{13}_{21}$kau$^{21}$iet$^{3}$ xa$^{53}$ʂʅ$^{53}_{44}$kai$^{53}_{44}$ ts$^{h}$iəu$^{53}_{44}$kai$^{53}$ke$^{53}$la$^{0}$ e$_{44}$ɲi$^{13}_{21}$ts$^{h}$iəu$^{53}_{44}$iəu$^{35}$xa$^{53}$lɔi$^{13}_{44}$la$^{0}$ .n̩$^{13}$tek$^{3}$ tau$^{21}$lɔi$^{13}$xau$^{21}$la$^{0}$ .｜箇年我等箇映子一只人分～啮哩啊，箇只脚都锯嘿哩嘞。肿起懑大呀。首先又唔晓得，首先又𫞼让门子去整嘞，首先𫞼让门子去整，就请倒本地师傅搞兜子药都食嘿子，落尾烂唠，烂得箇脚烂起唔得了，就落尾锯咁哩哦，成哩一只蹶子，五十几岁就死嘿哩。kai$^{53}$ɲien$^{13}_{44}$ŋai$^{13}$tien$^{0}$ kai$^{53}$iaŋ$^{53}$tsɿ$^{0}$ iet$^{3}$ tʂak$^{3}$ ɲin$^{13}_{44}$pən$^{35}$ ŋan$^{21}$ciaŋ$^{53}$ʂa$^{13}$ŋait$^{3}$ li$^{0}$ a$^{0}$ ,kai$^{53}$tʂak$^{3}$ ciɔk$^{3}$ təu$^{35}_{44}$cie$^{53}$(x)ek$^{3}$ li$^{0}$ lei$^{0}$ .tʂəŋ$^{21}$çi$^{21}_{44}$mən$^{35}$t$^{h}$ai$^{53}$ia$^{0}$ .ʂəu$^{21}$sien$^{35}_{44}$iəu$^{53}$n̩$^{13}$ çiau$^{21}$tek$^{3}$ ,ʂəu$^{21}$sien$^{35}_{44}$iəu$^{53}$maŋ$^{13}$ɲiɔŋ$^{53}$mən$^{13}_{44}$tsɿ$^{0}$ çi$^{53}$tʂaŋ$^{21}$lei$^{0}$ ,ʂəu$^{21}$sien$^{35}_{53}$maŋ$^{13}$ɲiɔŋ$^{53}$mən$^{13}_{44}$çi$^{53}$tʂaŋ$^{21}$,tsiəu$^{53}$ ts$^{h}$iaŋ$^{21}$tau$^{21}$pən$^{21}$t$^{h}$i$^{53}$sɿ$^{35}_{44}$fu$^{53}$kau$^{21}$tei$^{35}_{53}$tsɿ$^{0}$ iɔk$^{5}$ təu$^{35}_{44}$ʂət$^{5}$ xek$^{3}$ tsɿ$^{0}$ ,lɔk$^{5}$ mi$^{35}_{53}$lan$^{53}$lau$^{0}$ ,lan$^{53}$tek$^{3}$ kai$^{53}$ciɔk$^{3}$ lan$^{53}$çi$^{21}$ n̩$^{13}_{44}$tek$^{3}$ liau$^{21}$,ts$^{h}$iəu$^{53}_{44}$lɔk$^{5}$ mi$^{13}_{44}$cie$^{53}$kan$^{21}$ni$^{0}$ o$^{0}$ ,ʂaŋ$^{13}_{21}$li$^{0}$ iet$^{3}$ tʂak$^{3}$ pai$^{35}$tsɿ$^{0}$ ,ŋ̍$^{21}$ʂət$^{5}$ ci$^{21}$sɔi$^{53}$tsiəu$^{53}$si$^{21}$xek$^{3}$ li$^{0}$ .

【眼眶骨】ŋan$^{21}$c$^{h}$iɔŋ$^{35}$kuət$^{3}$ [名]指眼眶的上面部分：箇年我娭子病哩啊，欸箇冇……过苦日子个时候子，我娭子病得唔知几苦，饿倒哩啊。硬～都突出来呀。～都往现，眼珠都进冲啊，眼珠都窝进去啊。kai$^{53}$ɲien$^{13}_{21}$ŋai$^{13}_{44}$ɔi$^{35}$tsɿ$^{21}$p$^{h}$iaŋ$^{53}$li$^{0}$ a$^{0}$ ,e$_{21}$kai$^{53}$mau$^{13}$…ko$^{53}$k$^{h}$u$^{21}$ɲiet$^{3}$ tsɿ$^{0}$ ke$^{53}$ʂʅ$^{13}$xei$^{53}_{44}$tsɿ$^{0}$, ŋai$^{13}_{21}$ɔi$^{35}$tsɿ$^{0}$ p$^{h}$iaŋ$^{53}$tek$^{3}$ n̩$^{13}$ti$^{35}_{53}$ci$^{21}$k$^{h}$u$^{21}$,ŋo$^{53}$tau$^{21}$li$^{0}$ a$^{0}$ . ɲiaŋ$^{53}$ŋan$^{21}$c$^{h}$iɔŋ$^{35}$kuət$^{3}$ təu$^{35}_{44}$t$^{h}$əuk$^{5}$ tʂ$^{h}$ət$^{3}$ lɔi$^{13}_{21}$ia$^{0}$ .ŋan$^{21}$ c$^{h}$iɔŋ$^{35}$kuət$^{3}$ təu$^{35}_{53}$uaŋ$^{21}$çien$^{53}$,ŋan$^{21}$tʂəu$^{35}_{44}$təu$^{35}_{44}$tsin$^{53}$tʂ$^{h}$əŋ$^{35}$ŋa$^{0}$ ,ŋan$^{21}$tʂəu$^{35}_{44}$təu$^{35}_{44}$uo$^{35}$tsin$^{53}_{44}$çi$^{53}_{44}$a$^{0}$ .

【眼泪】ŋan$^{21}$li$^{53}$ [名]泪液的通称：（夜挂树）烧嘿出～呀。ʂau$^{35}$xek$^{3}$ tʂ$^{h}$ət$^{3}$ ŋan$^{21}$li$^{53}_{44}$ia$^{0}$ .

【眼眯眼甩】ŋan$^{21}$mi$^{35}$ŋan$^{21}$ʂai$^{21}$ 眼睛迷离欲睡的样子：想睡了，～。siɔŋ$^{21}$ʂɔi$^{53}$liau$^{0}$ ,ŋan$^{21}$mi$^{35}$ŋan$^{21}$ ʂai$^{21}$.

【眼面前】ŋan$^{21}$mien$^{53}$ts$^{h}$ien$^{13}$ [名]①表处所。跟前：我等年纪大兜子个人咯，箇个眼珠也唔知系唔系眼珠也弱嘿哩，欸，真唔煞，欸长日寻东西嘞，长日寻东西都寻唔倒。明明哩看得倒个东西都过咁哩，欸，～个都看唔倒。ŋai$^{13}$tien$^{0}$ɲien$^{13}$ci$^{21}$t$^{h}$ai$^{53}$tei$^{35}_{44}$tsɿ$^{0}$ ke$^{53}_{44}$ɲin$^{13}$ko$^{0}$ ,kai$^{53}_{44}$ke$^{53}_{44}$ŋan$^{21}$tʂəu$^{35}$ ia$^{35}_{53}$n̩$^{13}_{21}$ti$^{35}_{44}$xei$^{53}$mei$^{53}$ŋan$^{21}$tʂəu$^{35}_{44}$ia$^{35}_{53}$ɲiɔk$^{5}$ (x)ek$^{3}$ li$^{0}$ ,e$_{21}$,tʂən$^{35}$n̩$^{13}$sait$^{3}$ ,e$_{21}$tʂ$^{h}$ɔŋ$^{13}$ɲiet$^{3}$ ts$^{h}$in$^{13}$təŋ$^{35}$si$^{0}$ lei$^{0}$ ,tʂ$^{h}$ɔŋ$^{13}$ ɲiet$^{3}$ ts$^{h}$in$^{13}$təŋ$^{35}_{44}$si$^{0}$ təu$^{35}_{53}$ts$^{h}$in$^{13}$n̩$^{13}_{44}$tau$^{21}$.min$^{13}$min$^{13}_{44}$ni$^{0}$ k$^{h}$ɔn$^{53}$tek$^{3}$ tau$^{21}$ke$^{53}_{44}$təŋ$^{35}_{44}$si$^{0}$ təu$^{35}_{44}$ko$^{53}$kan$^{21}$ni$^{0}$ ,e$_{21}$,ŋan$^{21}$ mien$^{53}_{44}$ts$^{h}$ien$^{13}$ke$^{53}_{44}$təu$^{35}_{44}$k$^{h}$ɔn$^{53}$n̩$^{13}_{21}$tau$^{21}$. ②表时间。现在：我等～就爱考虑细人子读书个事，别么个冇得。我箇只大孙子就明年就初中毕业了。ŋai$^{13}$tien$^{0}$ ŋan$^{21}$mien$^{53}$ts$^{h}$ien$^{13}_{21}$ts$^{h}$iəu$^{53}$ɔi$^{53}$k$^{h}$au$^{21}$li$^{53}$sei$^{53}$ɲin$^{13}_{21}$ tsɿ$^{0}$ t$^{h}$əuk$^{5}$ ʂəu$^{35}$ke$^{53}$sɿ$^{53}$,p$^{h}$iet$^{5}$ mak$^{3}$ e$^{0}$ mau$^{13}$tek$^{3}$ .ŋai$^{13}$kai$^{53}$tʂak$^{3}$ t$^{h}$ai$^{53}$sən$^{35}$tsɿ$^{0}$ ts$^{h}$iəu$^{53}_{44}$miaŋ$^{13}$ɲien$^{13}_{21}$ts$^{h}$iəu$^{53}_{44}$ts$^{h}$u$^{35}_{44}$ tʂəŋ$^{35}_{44}$pit$^{3}$ ɲiait$^{5}$ liau$^{0}$ .

【眼皮】ŋan$^{21}$p$^{h}$i$^{13}$ [名]眼睑，眼睛外部可以开合的软皮：人𤺥疲累个时候子，～打架，～往下背总想合拢去。欸，人细个时候子，箇个有病个时候子，～缩拢去，眼珠子，眼珠仁呐暴暴哩。ɲin$^{13}$c$^{h}$iɔi$^{53}$ke$^{53}_{44}$ʂʅ$^{13}$xei$^{53}$tsɿ$^{0}$ ,ŋan$^{21}$p$^{h}$i$^{13}$ta$^{21}$cia$^{53}$,ŋan$^{21}$p$^{h}$i$^{13}$uɔŋ$^{21}$xa$^{35}$pɔi$^{53}$tsəŋ$^{21}$siɔŋ$^{21}$xait$^{5}$ ləŋ$^{35}_{44}$çi$^{53}_{44}$.e$_{21}$, ɲin$^{13}$sei$^{53}$ ke$^{53}_{44}$ʂʅ$^{13}$xəu$^{53}$tsɿ$^{0}$ ,kai$^{53}_{44}$ke$^{53}_{44}$iəu$^{35}$p$^{h}$iaŋ$^{53}$ke$^{53}_{44}$ʂʅ$^{13}_{44}$xəu$^{53}_{44}$tsɿ$^{0}$ ,ŋan$^{21}$p$^{h}$i$^{13}$sɔk$^{3}$ ləŋ$^{35}$çi$^{53}$,ŋan$^{21}$tʂəu$^{35}_{44}$tsɿ$^{21}$,ŋan$^{21}$tʂəu$^{35}_{44}$in$^{13}$na$^{0}$

Y

pau$^{53}$pau$^{53}$li$^{0}$.

【眼热】ŋan$^{21}$ɲiet$^{5}$ 动羡慕；嫉妒：放电影个人是第一箇个咯，我等第一～渠呀。～箇放电影个。fəŋ$^{53}_{44}$t$^{h}$ien$^{53}$iaŋ$^{21}$ke$^{53}$ɲin$^{13}_{44}$ʂʅ$^{53}_{44}$t$^{h}$i$^{53}$iet$^{3}$ kai$^{53}_{44}$ke$^{53}_{44}$ko$^{0}$,ŋai$^{13}_{21}$tien$^{0}$ t$^{h}$i$^{53}$iet$^{3}$ ŋan$^{21}$ɲiet$^{5}$ ci$^{13}_{21}$ia$^{0}$ .ŋan$^{21}$ɲiet$^{5}$ kai$^{53}_{44}$fəŋ$^{53}_{44}$ t$^{h}$ien$^{53}$iaŋ$^{21}$ke$^{53}_{21}$.

【眼屎】ŋan$^{21}$ʂʅ$^{21}$ 名眼眵：有热嘞就会出～。箇眼珠有人啊，人身上热气重哩啊就～也多。iəu$^{35}$ɲiet$^{5}$ le$^{0}$ ts$^{h}$iəu$^{53}$uɔi$^{53}$tʂ$^{h}$ət$^{3}$ ŋan$^{21}$ʂʅ$^{21}$.kai$^{53}$ŋan$^{21}$tʂəu$^{35}$iəu$^{35}$ɲiet$^{5}$ a$^{0}$ , ɲin$^{13}$ʂən$^{35}_{44}$xɔŋ$^{53}_{21}$ɲiet$^{5}$ çi$^{53}_{44}$tʂ$^{h}$əŋ$^{53}$li$^{0}$ a$^{0}$ ts$^{h}$iəu$^{53}$ŋan$^{21}$ʂʅ$^{21}$a$^{35}_{44}$to$^{35}$.

【眼珠】ŋan$^{21}$tʂəu$^{35}$ 名眼睛：箇个～个顶高个就眉毛吵。kai$^{53}$ke$^{53}$ŋan$^{21}$tʂəu$^{35}$ke$^{53}$taŋ$^{21}$kau$^{35}$ke$^{53}$ts$^{h}$iəu$^{53}_{44}$ mi$^{13}$mau$^{35}$ʂa$^{0}$.

【眼珠暴暴哩】ŋan$^{21}$tʂəu$^{35}_{44}$pau$^{53}$pau$^{53}$li$^{0}$ 形容眼球凸出，很难看或恶狠狠的样子：渠是搞么啊莫分别家看呢？就怕渠有咁个唔安详啊，死哩以后～箇只嘞。ci$^{13}_{21}$ʂʅ$^{53}_{44}$kau$^{21}$mak$^{3}$ a$^{0}$ mɔk$^{5}$ pən$^{35}_{44}$p$^{h}$iet$^{5}_{3}$ a$^{0}$ k$^{h}$ɔn$^{53}$nei$^{0}$ ?ts$^{h}$iəu$^{53}_{44}$p$^{h}$a$^{53}$ci$^{13}_{21}$iəu$^{35}$kan$^{21}$ke$^{53}_{44}$ŋ̍$^{13}$ŋɔn$^{35}$ts$^{h}$iɔŋ$^{13}_{21}$ŋa$^{0}$ ,si$^{21}$li$^{0}$ i$^{35}$xei$^{53}_{44}$ŋan$^{21}$tʂəu$^{35}_{44}$pau$^{53}$pau$^{53}$li$^{0}$ kai$^{53}_{44}$tʂak$^{3}$ le$^{0}$. | 蛮嫪人呢，～啊。man$^{13}$ɲia$^{13}$ɲin$^{13}$ne$^{0}$,ŋan$^{21}$tʂəu$^{35}_{44}$pau$^{53}$pau$^{53}$li$^{0}$ a$^{0}$.

【眼珠角】ŋan$^{21}$tʂəu$^{35}$kɔk$^{3}$ 名眼角儿，上、下眼皮的接合处：～上现须了。ŋan$^{21}$tʂəu$^{35}$kɔk$^{3}$ xɔŋ$^{53}$ çien$^{53}$si$^{35}$liau$^{0}$.

【眼珠眶】ŋan$^{21}$tʂəu$^{35}$c$^{h}$iɔŋ$^{35}$ 名眼眶。又称“眼珠眶子”：精神唔好个时候子啊，～以映啊好像会黯沉沉哩样，～啊黯沉沉哩。箇是精神状态唔好，缯睡得目。tsin$^{35}$ʂən$^{13}_{21}$n̩$^{13}$xau$^{21}$ke$^{53}$ʂʅ$^{13}$xəu$^{53}$ tsʅ$^{0}$ a$^{0}$ ,ŋan$^{21}$tʂəu$^{35}_{44}$c$^{h}$iɔŋ$^{35}$i$^{21}$iaŋ$^{53}$ŋa$^{0}$ xau$^{21}$ts$^{h}$iɔŋ$^{53}$uɔi$^{53}$an$^{53}$tʂ$^{h}$ən$^{13}$tʂ$^{h}$ən$^{13}$li$^{0}$ iɔŋ$^{53}$,ŋan$^{21}$tʂəu$^{35}_{44}$c$^{h}$iɔŋ$^{35}$ŋa$^{0}$ an$^{53}$tʂ$^{h}$ən$^{13}$ tʂ$^{h}$ən$^{13}$li$^{0}$ .kai$^{53}_{44}$ʂʅ$^{53}_{44}$tsin$^{35}$ʂən$^{13}$ts$^{h}$ɔŋ$^{53}$t$^{h}$ai$^{53}$n̩$^{13}$xau$^{21}$,maŋ$^{13}$ʂɔi$^{53}$tek$^{3}$ muk$^{3}$. | 有兜人～子更大呢。iəu$^{35}$tei$^{35}_{53}$ ɲin$^{13}_{21}$ŋan$^{21}$tʂəu$^{35}_{44}$c$^{h}$iɔŋ$^{35}$tsʅ$^{0}$ ken$^{53}_{44}$t$^{h}$ai$^{53}$nei$^{0}$.

【眼珠迷迷】ŋan$^{21}$tʂəu$^{35}_{44}$mei$^{13}$mei$^{13}$ 眼睛昏花：（箇婆婆子）摸稳来做嘞，箇～摸下子坐正来做爆竹。mo$^{35}$uən$^{21}$lɔi$^{13}$tso$^{53}$lei$^{0}$,kai$^{53}_{44}$ŋan$^{21}$tʂəu$^{35}_{44}$mei$^{13}$mei$^{13}$mo$^{35}_{21}$xa$^{53}_{44}$tsʅ$^{0}$ ts$^{h}$o$^{35}$tʂaŋ$^{53}_{21}$lɔi$^{13}$tso$^{53}_{44}$pau$^{53}$tʂəuk$^{3}$.

【眼珠泡】ŋan$^{21}$tʂəu$^{35}$p$^{h}$au$^{53}$ 名指下眼皮微微凸出的部分；眼袋：以前我等有只叔公啊，渠眼珠子特别大。渠当老师啊，我等细细子就怕哩渠，～一突啊出来就架势水人，欸。硬渠等话个硬鼓起铜锣样啊，欸鼓起桐子样咁大一只。我就怕渠。i$^{35}_{53}$ts$^{h}$ien$^{13}_{21}$ŋai$^{13}_{21}$tien$^{0}$ iəu$^{35}_{44}$tʂak$^{3}$ ʂəuk$^{3}$ kəŋ$^{35}_{44}$ŋa$^{0}$, ci$^{13}_{44}$ŋan$^{21}$tʂəu$^{35}_{44}$tsʅ$^{0}$ t$^{h}$ek$^{5}$ p$^{h}$iet$^{5}_{3}$ t$^{h}$ai$^{53}$.ci$^{13}_{21}$tɔŋ$^{35}_{44}$lau$^{21}$sʅ$^{35}_{44}$a$^{0}$ ,ŋai$^{13}$tien$^{0}$ se$^{53}$se$^{53}$tsʅ$^{0}$ ts$^{h}$iəu$^{53}$p$^{h}$a$^{53}_{44}$li$^{0}$ ci$^{13}_{44}$,ŋan$^{21}$tʂəu$^{35}_{44}$ p$^{h}$au$^{53}$iet$^{3}$ t$^{h}$et$^{5}$ a$^{0}$ tʂ$^{h}$ət$^{3}$ lɔi$^{13}_{21}$ts$^{h}$iəu$^{53}_{44}$cia$^{53}_{44}$ʂʅ$^{53}_{44}$ʂei$^{21}$ɲin$^{13}$,e$_{21}$. ɲiaŋ$^{53}$ci$^{13}_{21}$tien$^{0}$ ua$^{53}_{44}$ke$^{53}_{44}$ɲiaŋ$^{53}$ku$^{21}$çi$^{21}_{44}$t$^{h}$əŋ$^{13}$lo$^{13}$iɔŋ$^{53}$ŋa$^{0}$, e$_{44}$ku$^{21}$çi$^{21}_{44}$t$^{h}$əŋ$^{13}$tsʅ$^{21}$iɔŋ$^{53}$kan$^{21}$t$^{h}$ai$^{53}$iet$^{3}$ tʂak$^{3}$ .ŋai$^{13}$tsiəu$^{53}$p$^{h}$a$^{53}_{44}$ci$^{13}_{44}$.

【眼珠皮】ŋan$^{21}$tʂəu$^{35}$p$^{h}$i$^{13}$ 名眼睑：眼皮也反映一个人个人个精神状态撞怕咯。～坠下来，箇只人就缯多睡得目，系唔系？欸，疲倦想睡目个时候子，～打架，箇～不自觉个总咁子跌下来，嗯，总咁子眯稳去。ŋan$^{21}$p$^{h}$i$^{13}$ia$^{35}$fan$^{21}$in$^{53}$iet$^{3}$ ke$^{53}$ɲin$^{13}_{21}$ke$^{53}$ɲin$^{13}_{21}$ke$^{0}$ tsin$^{35}$ʂən$^{13}_{21}$ts$^{h}$ɔŋ$^{53}$t$^{h}$ai$^{53}$ts$^{h}$ɔŋ$^{21}$p$^{h}$a$^{53}_{44}$ ko$^{0}$ .ŋan$^{21}$tʂəu$^{35}$p$^{h}$i$^{13}$tʂei$^{53}$xa$^{53}_{44}$lɔi$^{13}_{21}$,kai$^{53}$tʂak$^{3}$ɲin$^{13}_{21}$ts$^{h}$iəu$^{53}$maŋ$^{13}_{21}$to$^{35}_{44}$ʂɔi$^{53}$tek$^{3}$ muk$^{3}$ ,xei$^{53}_{44}$me$^{53}_{44}$?ei$_{44}$,p$^{h}$i$^{13}$tʂ$^{h}$en$^{53}$ siɔŋ$^{21}$ʂɔi$^{53}$muk$^{3}$ ke$^{53}_{44}$ʂʅ$^{13}$xəu$^{53}$tsʅ$^{0}$,ŋan$^{21}$tʂəu$^{35}_{44}$p$^{h}$i$^{13}$ta$^{21}$cia$^{53}$,kai$^{53}$ŋan$^{21}$tʂəu$^{35}_{44}$p$^{h}$i$^{13}$pət$^{3}$ ts$^{h}$ʅ$^{53}$ciɔk$^{3}$ ke$^{0}$ tsəŋ$^{21}$kan$^{21}$tsʅ$^{0}$ tet$^{3}$ xa$^{53}$lɔi$^{13}_{21}$,n̩$_{21}$,tsəŋ$^{21}$kan$^{21}_{44}$tsʅ$^{0}$ mi$^{35}$uən$^{21}$çi$^{53}_{44}$. | 人一瘦，箇～就缩，人呐如果人瘦～就一缩，眼珠子就突出来。ɲin$^{13}$iet$^{3}$ sei$^{53}$,kai$^{53}$ŋan$^{21}$tʂəu$^{35}_{44}$p$^{h}$i$^{13}$ts$^{h}$iəu$^{53}$sɔk$^{3}$ , ɲin$^{13}$na$^{0}$ ʮ$^{13}$ko$^{21}$ɲin$^{13}$sei$^{53}$ŋan$^{21}$tʂəu$^{35}_{44}$p$^{h}$i$^{13}$ts$^{h}$iəu$^{53}$ iet$^{3}$ sɔk$^{3}$ ,ŋan$^{21}$tʂəu$^{35}$tsʅ$^{21}$tsiəu$^{53}_{44}$t$^{h}$iet$^{5}$ tʂ$^{h}$ət$^{3}$ lɔi$^{13}$.

【眼珠圈】ŋan$^{21}$tʂəu$^{35}$c$^{h}$ien$^{35}$ 名眼外周围的部分：欸我等箇只孙子，我个大孙子啊，箇阵子细细子，感冒哩去打针，系啊？我就放势鼓励渠，我话：“欸，你系勇敢个孩子，唔叫嘴，系唔系？勇敢个孩子。怕么个，箇打针怕么个？唔叫嘴。”落尾叫嘴就缯叫嘴，声就缯声出来。眼泪就下来哩。～就鲜红个。到底还有兜子痛痛子。e$_{21}$ŋai$^{13}$tien$^{0}$kai$^{53}$(tʂ)ak$^{3}$ sən$^{35}$tsʅ$^{0}$,ŋai$^{13}$ke$^{53}_{44}$t$^{h}$ai$^{53}$ sən$^{35}$tsʅ$^{0}$ a$^{0}$,kai$^{53}_{44}$tʂ$^{h}$ən$^{53}_{44}$tsʅ$^{0}$ se$^{53}$se$^{53}$tsʅ$^{0}$,kɔn$^{21}$mau$^{53}$li$^{0}$ çi$^{53}$ta$^{21}$tʂən$^{35}$,xei$^{53}_{44}$a$^{0}$ ?ŋai$^{13}$ts$^{h}$iəu$^{53}_{44}$xɔŋ$^{53}$ʂʅ$^{53}_{44}$ku$^{21}$li$^{53}$ci$^{13}_{44}$,ŋai$^{13}$ ua$^{53}$:"ei$_{21}$, ɲi$^{13}$xei$^{53}$iəŋ$^{21}$kan$^{21}$ke$^{53}$xai$^{13}$tsʅ$^{0}$,n̩$^{13}$ciau$^{53}_{44}$tʂɔi$^{53}$,xei$^{53}_{44}$me$^{53}_{44}$?iəŋ$^{21}$kan$^{21}$ke$^{53}$xai$^{13}_{21}$tsʅ$^{0}$ .p$^{h}$a$^{53}$mak$^{3}$ kei$^{53}$,kai$^{53}_{44}$ ta$^{21}$tʂən$^{35}$p$^{h}$a$^{53}$mak$^{3}$ ke$^{0}$ ?n̩$^{13}$ciau$^{53}$tʂɔi$^{53}$."lɔk$^{5}_{3}$ mi$^{35}_{44}$ciau$^{53}$tʂɔi$^{53}$ts$^{h}$iəu$^{53}_{21}$maŋ$^{13}_{21}$ciau$^{53}$tʂɔi$^{53}$,ʂaŋ$^{35}$ts$^{h}$iəu$^{53}$maŋ$^{13}_{21}$ʂaŋ$^{35}$ tʂ$^{h}$ət$^{3}$ lɔi$^{13}_{44}$.ŋan$^{21}$li$^{53}$tsiəu$^{53}$xa$^{53}$lɔi$^{13}_{21}$li$^{0}$ .ŋan$^{21}$tʂəu$^{35}_{44}$c$^{h}$ien$^{35}$tsiəu$^{53}_{44}$çien$^{35}$fəŋ$^{13}$ke$^{53}$.tau$^{53}$ti$^{21}$xai$^{13}_{21}$iəu$^{35}$te$^{35}_{53}$tsʅ$^{0}$ t$^{h}$əŋ$^{53}$ t$^{h}$əŋ$^{53}$tsʅ$^{0}$. | 牛牯打架个时候子，牛打架个时候子，～都鲜红。欸，欸我等客姓人就安做：“你个～都鲜红，你箇斗人牛牯样哦。”牛牯想斗人了，就发躁了哇。ɲiəu$^{13}$ku$^{21}$ta$^{21}$cia$^{53}$ke$^{53}_{44}$ʂʅ$^{13}$xei$^{53}_{44}$ tsʅ$^{0}$, ɲiəu$^{13}$ta$^{21}$cia$^{53}$ke$^{53}_{44}$ʂʅ$^{13}$xei$^{53}_{44}$tsʅ$^{0}$,ŋan$^{21}$tʂəu$^{35}_{44}$c$^{h}$ien$^{35}_{44}$təu$^{35}_{44}$çien$^{35}_{44}$fəŋ$^{13}$.e$_{21}$,e$^{0}$ ŋai$^{13}$tien$^{0}$ k$^{h}$ak$^{3}$ sin$^{53}$ɲin$^{13}_{44}$ts$^{h}$iəu$^{53}_{44}$ ɔn$^{35}_{44}$tso$^{53}_{44}$:"ɲi$^{13}$ke$^{53}$ŋan$^{21}$tʂəu$^{35}_{53}$c$^{h}$ien$^{35}_{44}$təu$^{35}_{44}$çien$^{35}_{44}$fəŋ$^{13}$, ɲi$^{13}_{21}$kai$^{53}_{44}$tei$^{53}$ɲin$^{13}$ɲiəu$^{13}$ku$^{21}$iɔŋ$^{53}$o$^{0}$ ."ɲiəu$^{13}$ku$^{21}$siɔŋ$^{21}$tei$^{53}$

ɲin$^{13}$liau$^{0}$,tsʰiəu$^{53}$fait$^{3}$ tsau$^{53}$liau$^{0}$ ua$^{0}$.

【眼珠烧】ŋan$^{21}$tsəu$^{35}$ʂau$^{35}$ 名眼红；看见别人有名利或有好的东西时非常羡慕而忌妒，甚至想据为己有或取而代之：欸，有兜两姊妹呀，一只就做哩一件子新衫，箇只冇得新衫就渠就～哇。e$_{21}$,iəu$^{35}$tei$^{35}_{44}$iəŋ$^{21}$tsi$^{21}$məi$^{53}$ia$^{0}$,iet$^{3}$ tʂak$^{3}$ tsʰiəu$^{53}$tso$^{53}$li$^{0}$ iet$^{3}$ cʰien$^{53}$tsɿ$^{0}$ sin$^{35}$san$^{35}$,kai$^{53}$tʂak$^{3}$ mau$^{13}$tek$^{3}$ sin$^{35}$ san$^{35}_{44}$tsʰiəu$^{53}_{44}$ci$^{13}$tsʰiəu$^{53}$ŋan$^{21}$tʂəu$^{35}_{44}$ʂau$^{35}$ua$^{0}$. | 你莫看倒咁个东西就～喔。ɲi$^{13}$mɔk$^{5}$ kʰɔn$^{53}$tau$^{21}$kan$^{21}_{13}$ke$^{0}$ təŋ$^{35}_{44}$si$^{0}$ tsʰiəu$^{53}_{44}$ŋan$^{21}$tʂəu$^{35}_{44}$ʂau$^{35}$uo$^{0}$.

【眼珠子】ŋan$^{21}$tʂəu$^{35}$tsɿ$^{21}$ 名眼球。又称"眼珠仁"：～边上箇起安做睫毛吵。ŋan$^{21}$tʂəu$^{35}$tsɿ$^{21}$ pien$^{35}$xɔŋ$^{53}$kai$^{53}_{44}$çi$^{21}$ɔn$^{35}_{44}$tso$^{53}_{44}$tsʰet$^{3}$ mau$^{35}$ʂa$^{0}$. | 欸，尤其系么个嘞？尤其系得哩甲亢个人，得哩甲亢个人～就突嘿出来，真难看真吓人。e$_{44}$,iəu$^{13}$cʰi$^{13}$xei$^{53}$mak$^{3}$ ke$^{53}_{44}$lei$^{0}$ ?iəu$^{13}$cʰi$^{13}_{21}$xei$^{53}$tek$^{3}$ li$^{0}$ kait$^{3}$ kʰɔŋ$^{53}$ ke$^{53}$ɲin$^{13}_{21}$,tek$^{3}$ li$^{0}$ kait$^{3}$ kʰɔŋ$^{53}$ke$^{53}$ɲin$^{13}_{44}$ŋan$^{21}$tʂəu$^{35}_{44}$tsɿ$^{21}$tsiəu$^{53}_{44}$tʰet$^{5}$ (x)ek$^{3}$ tʂʰət$^{3}$ lɔi$^{13}_{21}$,tʂən$^{35}$nan$^{13}$kʰɔn$^{53}$tʂən$^{35}$xak$^{3}$ ɲin$^{13}$.

【眼子】ŋan$^{21}$tsɿ$^{0}$ 名小孔；小洞：橡皮上会扎只子～，扎只子凼子。ʂɔn$^{13}$pʰi$^{13}$xɔŋ$^{53}_{44}$uɔi$^{53}_{44}$tsait$^{5}$ tʂak$^{3}$ tsɿ$^{0}$ ŋan$^{21}$tsɿ$^{0}$,tsait$^{5}$ (tʂ)ak$^{3}$ tsɿ$^{0}$ tʰɔŋ$^{53}$tsɿ$^{0}$.

【雁鹅】ŋai$^{53}$ŋo$^{13}$ 名大雁：欸，到哩秋天了就～就飞稳走了哇。到哩秋天，架势跌树叶了，硬爱蛮冷子了，～正会架势走，就看么个唔倒了，看～唔倒了。好像～飞起来唔系一只两只子，欸，一伴一伴。e$_{21}$,tau$^{53}$li$^{0}$ tsʰiəu$^{35}$tʰien$^{35}_{44}$liau$^{21}$tsʰiəu$^{53}$ŋai$^{53}$ŋo$^{13}_{21}$tsʰiəu$^{53}_{44}$fei$^{35}_{44}$uən$^{21}_{44}$tsei$^{21}$liau$^{0}$ ua$^{0}$.tau$^{53}$li$^{0}$ tsʰiəu$^{35}$tʰien$^{35}_{44}$,cia$^{53}$ʂɿ$^{53}$tiet$^{3}$ ʂəu$^{53}$iait$^{5}$ liau$^{0}$, ɲiaŋ$^{53}$ɔi$^{53}$man$^{13}_{21}$laŋ$^{35}$tsɿ$^{0}$ liau$^{0}$,ŋai$^{53}$ŋo$^{13}_{21}$tʂaŋ$^{53}$uɔi$^{53}_{44}$cia$^{53}$ʂɿ$^{53}$tsei$^{21}$, tsʰiəu$^{53}$kʰɔn$^{53}$mak$^{3}$ e$^{0}$ n̩$^{13}_{44}$tau$^{21}$liau$^{0}$,kʰɔn$^{53}$ŋai$^{53}$ŋo$^{13}$n̩$^{13}_{44}$tau$^{21}$liau$^{0}$.xau$^{21}$tsʰiəŋ$^{53}$ŋai$^{53}$ŋo$^{13}_{21}$fei$^{35}$çi$^{21}_{44}$lɔi$^{13}_{44}$m̩$^{13}$pʰei$^{53}$iet$^{3}$ tʂak$^{3}$ iəŋ$^{21}$tʂak$^{3}$ tsɿ$^{0}$,e$_{21}$,iet$^{3}$ pʰɔn$^{53}$iet$^{3}$ pʰɔn$^{53}$.

【燕蜂子】ien$^{53}$fəŋ$^{35}$tsɿ$^{0}$ 名黑盾胡蜂。喜欢在屋檐下钻墙营巢：墙上个，去墙上作倒子个点伢大子个窠子个，安做～。渠同箇燕子样作窠。箇窠也像燕子。安做～。tsʰiəŋ$^{13}$xɔŋ$^{53}_{44}$ke$^{53}_{44}$,çi$^{53}_{44}$ tsʰiəŋ$^{13}$xɔŋ$^{53}$tsɔk$^{3}$ tau$^{21}$tsɿ$^{0}$ ke$^{53}_{44}$tian$^{53}$ŋa$^{13}_{44}$tʰai$^{53}$tsɿ$^{0}$ ke$^{53}_{44}$kʰo$^{35}$tsɿ$^{0}$ ke$^{53}_{44}$,ɔn$^{35}$tso$^{53}_{44}$ien$^{53}$fəŋ$^{35}$tsɿ$^{0}$.ci$^{13}_{21}$tʰəŋ$^{13}_{21}$kai$^{53}_{44}$ien$^{53}$tsɿ$^{0}$ iəŋ$^{53}_{44}$tsɔk$^{3}$ kʰo$^{35}$.kai$^{53}_{21}$kʰo$^{35}$e$_{44}$(←a$^{35}$)tsʰiəŋ$^{53}_{44}$ien$^{53}$tsɿ$^{0}$.ɔn$^{35}_{44}$tso$^{53}_{44}$ien$^{53}$fəŋ$^{35}$tsɿ$^{0}$.

【燕子】ien$^{53}$tsɿ$^{0}$ 名燕科动物的泛称：渠指燕蜂子作个窠就像箇～作个窠。ci$^{13}$tsɔk$^{3}$ kei$^{53}_{44}$kʰo$^{35}$tsʰiəu$^{53}$ tsʰiəŋ$^{53}_{44}$kai$^{53}_{44}$ien$^{53}$tsɿ$^{0}$ tsɔk$^{3}$ kei$^{53}_{44}$kʰo$^{35}_{44}$.

【燚】ian$^{53}$ 动上下抖动：～～动 ian$^{53}$ian$^{53}$tʰəŋ$^{35}$ | 欸，箇我还看箇个哦有味道个哦，我去哪映看得？南乡，箇个欸死哩人呐，你话箇捆八仙呐捆倒箇个棺材呀，还～下子，欸，唔知搞么个。ei$^{0}$,kai$^{53}$ŋai$^{13}_{21}$xai$^{13}_{21}$kʰɔn$^{53}$kai$^{53}$cie$^{53}_{44}$o$^{0}$ iəu$^{35}$uei$^{53}$tʰau$^{53}_{44}$cie$^{53}_{44}$o$^{0}$,ŋai$^{13}$çi$^{53}_{44}$lai$^{53}$iaŋ$^{53}_{44}$kʰɔn$^{53}$tek$^{3}$ ?lan$^{13}$çiɔŋ$^{35}$,kai$^{53}_{44}$ kei$^{53}_{44}$e$_{44}$si$^{21}$li$^{0}$ ɲin$^{13}$na$^{0}$, ɲi$^{13}$ua$^{53}$kai$^{53}$kɔŋ$^{35}$pait$^{3}$ sien$^{35}_{44}$na$^{0}$ kɔŋ$^{35}$tau$^{21}$kai$^{53}$ke$^{53}_{44}$kɔn$^{35}$tsʰɔi$^{13}_{44}$ia$^{0}$,xai$^{13}$ian$^{53}$na$^{53}_{44}$tsɿ$^{0}$,e$_{21}$, n̩$^{13}_{21}$ti$^{35}_{53}$kau$^{21}$mak$^{3}$ ke$^{53}$.

【秧把子】iɔŋ$^{35}$pa$^{21}$tsɿ$^{0}$ 名①扎成小把的水稻秧苗。又称"禾秧把"：作田个人搞禾秧把个时候子，搞～个时候子，系一年最关键个时候子，欸，爱即即哩分箇禾栽下去。tsɔk$^{3}$ tʰien$^{13}$ke$^{53}$ ɲin$^{13}_{44}$kau$^{21}$uo$^{13}$iɔŋ$^{35}$pa$^{21}$ke$^{53}$ʂɿ$^{13}$xei$^{53}$tsɿ$^{0}$,kau$^{21}$iɔŋ$^{35}$pa$^{21}$tsɿ$^{0}$ ke$^{53}$ʂɿ$^{13}_{44}$xei$^{53}_{44}$tsɿ$^{0}$,xei$^{53}$iet$^{3}$ ɲien$^{13}$tsei$^{53}$kuan$^{35}$cien$^{53}$ke$^{0}$ ʂɿ$^{13}$xei$^{53}$tsɿ$^{0}$,e$_{21}$,ɔi$^{53}_{44}$tset$^{5}$ tset$^{5}$ li$^{0}$ pən$^{35}_{53}$kai$^{53}$uo$^{13}$tsɔi$^{35}$xa$^{53}$çi$^{53}$. ②小女孩头顶上扎成把的竖发：～嘞系细妹子脑壳上扎个头发，绝像一只禾秧哦去箇。我等以映细人子大部分都箇个细妹子都扎只子～，因为一只好扎，扎嘿上，系唔系？第二只嘞扎哩以后嘞又好看。第三只嘞，渠冇事箇底下冇事出咁多汗。嗯，扎起来咯。iɔŋ$^{35}$pa$^{21}$tsɿ$^{0}$ lei$^{0}$ xe$^{53}$se$^{53}$mɔi$^{53}$tsɿ$^{0}$ lau$^{21}$kʰɔk$^{3}$ xɔŋ$^{53}$tsait$^{3}$ ke$^{53}$tʰei$^{13}$fait$^{3}$,tsʰiet$^{5}$ tsʰiɔŋ$^{53}$iet$^{3}$ tʂak$^{3}$ uo$^{13}$iɔŋ$^{35}$ŋo$^{0}$ çi$^{53}_{44}$kai$^{53}$.ŋai$^{13}$tien$^{0}$ i$^{21}_{44}$iaŋ$^{53}_{44}$sei$^{53}$ɲin$^{13}_{21}$tsɿ$^{0}$ tʰai$^{53}$pʰu$^{53}_{44}$fən$^{53}_{44}$təu$^{35}_{44}$kai$^{53}_{44}$ke$^{53}_{44}$sei$^{53}$mɔi$^{53}$tsɿ$^{0}$ təu$^{35}$tsait$^{3}$ tʂak$^{3}$ tsɿ$^{0}$ iɔŋ$^{35}$pa$^{21}$tsɿ$^{0}$,in$^{35}_{44}$uei$^{53}_{44}$iet$^{3}$ tʂak$^{3}$ xau$^{21}$tsait$^{3}$,tsait$^{3}$ (x)ek$^{3}$ ʂɔŋ$^{35}$,xei$^{53}_{44}$me$^{53}_{44}$?tʰi$^{53}$ɲi$^{53}$tʂak$^{3}$ lei$^{0}$ tsait$^{3}$ li$^{0}$ i$^{35}_{44}$xei$^{53}_{44}$lei$^{0}$ iəu$^{53}$xau$^{21}$kʰɔn$^{53}$.tʰi$^{53}_{44}$san$^{35}$tʂak$^{3}$ lei$^{0}$,ci$^{13}$mau$^{13}$sɿ$^{53}$kai$^{53}_{44}$tei$^{21}$xa$^{53}$mau$^{13}$sɿ$^{53}$tʂʰət$^{3}$ kan$^{21}$to$^{35}_{44}$xɔn$^{53}$. n̩$_{21}$,tsait$^{3}$ çi$^{21}$lɔi$^{13}$ko$^{0}$.

【秧苗】iɔŋ$^{35}$miau$^{13}$ 名水稻的幼苗：渠就去以箇空里，就先分以只第二次个～就栽嘿哟。ci$^{13}_{21}$ tsʰiəu$^{53}$çi$^{53}_{44}$i$^{21}$kai$^{53}_{44}$kʰəŋ$^{53}$li$^{35}$,tsʰiəu$^{53}_{44}$sien$^{35}$pən$^{35}_{53}$i$^{21}$tʂak$^{3}$ tʰi$^{35}_{44}$ɲi$^{53}$tsʰɿ$^{53}_{44}$ke$^{53}_{44}$iɔŋ$^{35}$miau$^{13}$tsʰiəu$^{53}_{44}$tsɔi$^{35}$(x)ek$^{3}$ iau$^{0}$.

【扬尘灰】iɔŋ$^{13}$tʂʰən$^{13}$fɔi$^{35}$ 名烟囱里的灰尘：箇烟囱眼里个就喊～。kai$^{53}_{44}$ien$^{35}$tsʰəŋ$^{35}$ŋan$^{21}$ni$^{35}$ke$^{53}$ tsʰiəu$^{53}$xan$^{53}$iɔŋ$^{13}$tʂʰən$^{13}_{21}$fɔi$^{35}$.

【扬风】iɔŋ$^{13}$fəŋ$^{35}$ 名捡骨头的时候遇到未腐烂的尸体，不将其掩埋，以便其尽快氧化腐烂：渠娭子死哩以后十几年了，去捡地，哦呵，赠殊唠，赠殊咁啾。捡唔得唠。就只好～啊。ci$^{13}_{21}$ ɔi$^{35}$tsɿ$^{0}$ si$^{21}$li$^{0}$ i$^{35}_{44}$xei$^{53}_{44}$ʂət$^{5}$ ci$^{21}$ɲien$^{13}_{21}$niau$^{0}$,çi$^{53}_{44}$cian$^{21}$tʰi$^{53}$,o$_{44}$xo$_{35}$,maŋ$^{13}$mət$^{3}$ lau$^{0}$,maŋ$^{13}$mət$^{3}$ kan$^{35}_{44}$nau$^{0}$.cian$^{21}$n̩$^{13}_{21}$

tek$^{3}$ lau$^{0}$.ts$^{h}$iəu$^{53}_{44}$tʂʅ$^{21}$xau$^{21}$iɔŋ$^{13}$fəŋ$^{35}$ŋa$^{0}$.

【扬花】iɔŋ$^{13}$fa$^{35}$ 动 水稻、小麦、高粱等作物开花时，花药裂开，花粉飞散：水稻～个时候子箇个田里个禾欸首先就胞胎，胞哩胎就出禾，出出来个禾还系屬个，欸，然后就～，扬哩花嘞，慢慢子就箇个谷穗呀。～个时候子就爱水啦。～个时候子爱水。但是～个时候子水爱水又不能水多哩。你系～个时候子落你十天半个月个水呀，箇就箇个稻子嘞又冇得丰收了。～时候子嘞最好有水，特别田里不能干水，箇只时候子嘞唔就系箇个禾，谷子是不是会欸精壮个时候子？ʂei$^{21}$t$^{h}$au$^{53}$iɔŋ$^{13}$fa$^{35}$ke$^{53}$ʂʅ$^{13}_{44}$xei$^{53}_{44}$tsʅ$^{0}$kai$^{53}$ke$^{53}$t$^{h}$ien$^{13}_{21}$ni$^{21}$ke$^{53}$uo$^{13}$e$_{21}$ʂəu$^{21}$sien$^{35}_{44}$ts$^{h}$iəu$^{53}$pau$^{35}_{44}$t$^{h}$ɔi$^{35}$, pau$^{35}$li$^{0}$ t$^{h}$ɔi$^{35}$ts$^{h}$iəu$^{53}$tʂ$^{h}$ət$^{3}$ uo$^{13}$,tʂ$^{h}$ət$^{3}$ tʂ$^{h}$ət$^{3}$ lɔi$^{13}_{44}$ke$^{53}$uo$^{13}_{21}$xai$^{13}_{21}$xei$^{53}$iait$^{3}$ ke$^{53}$,e$_{21}$,vien$^{13}$xei$^{53}$ts$^{h}$iəu$^{53}$iɔŋ$^{13}$fa$^{35}$,iɔŋ$^{13}$li$^{0}$ fa$^{35}$lei$^{0}$,man$^{53}$man$^{53}$tsʅ$^{0}$ ts$^{h}$iəu$^{53}$kai$^{53}_{44}$ke$^{53}_{44}$kuk$^{3}$ fei$^{53}$ia$^{0}$.iɔŋ$^{13}$fa$^{35}$ke$^{53}$ʂʅ$^{13}_{44}$xei$^{53}_{44}$tsʅ$^{0}$ ts$^{h}$iəu$^{53}$ɔi$^{53}$ʂei$^{21}$la$^{0}$.iɔŋ$^{13}$fa$^{35}$ke$^{53}$ʂʅ$^{13}_{44}$ xei$^{53}_{44}$tsʅ$^{0}$ ɔi$^{53}$ʂei$^{21}$.tan$^{53}$ʂʅ$^{53}$iɔŋ$^{13}$fa$^{35}$ke$^{53}$ʂʅ$^{13}_{44}$xei$^{53}_{44}$tsʅ$^{0}$ ʂei$^{21}$ɔi$^{53}$ʂei$^{21}$iəu$^{53}$pət$^{3}$ len$^{13}$ʂei$^{21}$to$^{35}$li$^{0}$. ɲi$^{13}$xei$^{53}$iɔŋ$^{13}$fa$^{35}$ke$^{53}$ʂʅ$^{13}$ xei$^{53}_{44}$tsʅ$^{0}$ lɔk$^{5}$ɲi$^{13}_{21}$ʂət$^{5}$ t$^{h}$ien$^{35}_{44}$pan$^{53}$cie$^{53}_{44}$ɲiet$^{5}$ ke$^{0}$ ʂei$^{21}$ia$^{0}$,kai$^{53}_{44}$ts$^{h}$iəu$^{53}_{44}$kai$^{53}_{44}$ke$^{53}_{44}$t$^{h}$au$^{53}$tsʅ$^{0}$ lei$^{0}$ iəu$^{53}$mau$^{13}_{21}$tek$^{3}$ fəŋ$^{35}$ ʂəu$^{35}$liau$^{0}$ .iɔŋ$^{13}$fa$^{35}$ke$^{53}$ʂʅ$^{13}_{44}$xei$^{53}_{44}$tsʅ$^{0}$ lei$^{0}$ tsei$^{53}$xau$^{21}$iəu$^{35}$ʂei$^{21}$,t$^{h}$ek$^{5}$ p$^{h}$iet$^{5}$ t$^{h}$ien$^{13}$ni$^{0}$ pət$^{3}$ len$^{13}_{21}$kɔn$^{35}$ʂei$^{21}$,kai$^{53}$ (tʂ)ak$^{3}$ ʂʅ$^{13}$xei$^{53}$tsʅ$^{0}$ lei$^{0}$ n̩$^{13}_{21}$ts$^{h}$iəu$^{53}$xei$^{53}$kai$^{53}_{44}$ke$^{53}_{44}$uo$^{13}$,kuk$^{3}$ tsʅ$^{0}$ ʂʅ$^{53}$pət$^{3}$ ʂʅ$^{13}$uɔi$^{53}$e$_{21}$tsin$^{35}$tsɔŋ$^{53}$ke$^{53}$ʂʅ$^{13}$xei$^{53}$tsʅ$^{0}$?

【羊】iɔŋ$^{13}$ 名 羊亚科动物的统称，家畜之一。多用于抽象所指：你肯做畜牛哇肯做畜～啊？ɲi$^{13}$xen$^{21}$tso$^{53}$çiəuk$^{3}$ɲiəu$^{13}$ua$^{0}$ xen$^{21}$tso$^{53}$çiəuk$^{3}$ iɔŋ$^{13}$ŋa$^{0}$?｜畜～种姜，利息难当。çiəuk$^{3}$ iɔŋ$^{13}$tʂəŋ$^{53}$ciɔŋ$^{35}$, li$^{53}$siet$^{3}$ lan$^{13}$tɔŋ$^{35}$.意思是本钱小，利润大。

【羊牯】iɔŋ$^{13}$ku$^{21}$ 名 公羊，一般指大的公羊，与“羊牯子”相对：中帮大子个～就安做羊牯子。真正话～就系懑大个羊了，大～，大公羊。tʂəŋ$^{35}$pɔŋ$^{35}$t$^{h}$ai$^{53}$tsʅ$^{0}$ ke$^{53}$iɔŋ$^{13}$ku$^{21}$ts$^{h}$iəu$^{53}_{44}$ɔn$^{35}_{53}$tso$^{53}$iɔŋ$^{13}$ku$^{21}$ tsʅ$^{0}$.tʂən$^{35}$tʂən$^{53}$ua$^{53}$iɔŋ$^{13}$ku$^{21}$ts$^{h}$iəu$^{53}_{44}$xei$^{53}_{44}$mən$^{53}$t$^{h}$ai$^{53}$ke$^{53}_{44}$iɔŋ$^{13}$liau$^{0}$,t$^{h}$ai$^{53}$iɔŋ$^{13}$ku$^{21}$,t$^{h}$ai$^{53}$kəŋ$^{35}_{44}$iɔŋ$^{13}_{21}$.｜欸，你屋下畜哩几只欸～哦？/大个～只有两只，嗯，剩下半大羊牯子。ei$_{21}$, ɲi$^{13}$uk$^{3}$ xa$^{53}$çiəuk$^{3}$ li$^{0}$ ci$^{21}$(t)o$^{35}_{53}$ tʂak$^{3}$ e$_{21}$iɔŋ$^{13}$ku$^{21}$o$^{0}$ ?/t$^{h}$ai$^{53}$ke$^{0}$ iɔŋ$^{21}$ku$^{21}$tʂʅ$^{21}$iəu$^{35}_{53}$iɔŋ$^{21}$tʂak$^{3}$ ,n̩$_{21}$,ʂən$^{53}$çia$^{53}_{44}$pan$^{53}$t$^{h}$ai$^{53}$iɔŋ$^{13}$ku$^{21}$tsʅ$^{0}$ .

【羊牯子】iɔŋ$^{13}$ku$^{21}$tsʅ$^{0}$ 名 半大的公羊：～就一般就指箇个唔系几大子个公羊。咁大羊牯嘞就安做羊牯呢，大羊牯，大个羊牯咯，就安做羊牯，就冇得箇只“子”。iɔŋ$^{13}$ku$^{21}$tsʅ$^{0}$ ts$^{h}$iəu$^{53}$iet$^{3}$ pən$^{35}$ts$^{h}$iəu$^{53}$tʂʅ$^{21}$kai$^{53}$ke$^{53}_{44}$m̩$^{13}$p$^{h}$ei$^{53}$ci$^{21}$t$^{h}$ai$^{53}$tsʅ$^{0}$ ke$^{53}$kəŋ$^{35}$iɔŋ$^{13}_{44}$.kai$^{53}_{44}$t$^{h}$a:i$^{53}$iɔŋ$^{13}$ku$^{21}$lei$^{0}$ ts$^{h}$iəu$^{53}_{44}$ɔn$^{35}_{44}$tso$^{53}_{44}$iɔŋ$^{13}$ku$^{21}$ nei$^{0}$ ,t$^{h}$ai$^{53}$iɔŋ$^{13}$ku$^{21}$,t$^{h}$ai$^{53}$ke$^{0}$ iɔŋ$^{13}$ku$^{21}$ko$^{0}$ ,ts$^{h}$iəu$^{53}$ɔn$^{35}_{53}$tso$^{53}$iɔŋ$^{13}$ku$^{21}$,tsiəu$^{53}$mau$^{13}$tek$^{3}$ kai$^{53}$tʂak$^{3}$ "tsʅ$^{21}$".

【羊角】iɔŋ$^{13}$kɔk$^{3}$ 名 ①羊的角：箇个指鞋锤子尧尧子，/像～就系，欸。kai$^{53}_{44}$kei$^{53}_{44}$ɲiau$^{35}$ɲiau$^{35}$ tsʅ$^{0}$,/ts$^{h}$iɔŋ$^{53}_{44}$iɔŋ$^{13}$kɔk$^{3}$ ts$^{h}$iəu$^{53}_{44}$xe$^{53}_{44}$,e$_{21}$. ②固定碓担子的硬木：还有～。安下箇只……/～就一边一只个噢，一只□子唠。□倒箇只碓担子个，□倒个碓担子个，安做～。会□记了啊，会就会丢咖，会丢净嘞。/青年人是搞唔清哩。/我等都还用过。xai$^{13}_{21}$iəu$^{35}_{44}$iɔŋ$^{13}$kɔk$^{3}$ .ɔn$^{35}$na$_{44}$(←xa$^{53}$)kai$^{53}$ tʂak$^{3}$ …/iɔŋ$^{13}$kɔk$^{3}$ tsiəu$^{53}_{44}$iet$^{3}$ pien$^{35}$iet$^{3}$ tʂak$^{3}$ ke$^{53}_{44}$au$^{0}$ ,iet$^{3}$ tʂak$^{3}$ a$^{13}$tsʅ$^{0}$ lau$^{0}$ .a$^{13}$tau$^{21}$kai$^{53}$tʂak$^{3}$ tɔi$^{53}$tan$^{53}$tsʅ$^{0}$ ke$^{53}$,a$^{13}$ tau$^{21}$ke$^{53}$tɔi$^{53}$tan$^{53}$tsʅ$^{0}$ ke$^{53}$,ɔn$^{35}_{44}$tso$^{53}$iɔŋ$^{13}$kɔk$^{3}$ .uɔi$^{53}$ŋai$^{13}_{21}$ci$^{53}_{44}$liau$^{0}$ a$^{0}$ ,uɔi$^{53}$tsiəu$^{53}$uɔi$^{53}$tiəu$^{35}$ka$^{0}$ ,uɔi$^{53}$tiəu$^{35}$ts$^{h}$iaŋ$^{53}_{21}$ le$^{0}$ ./ts$^{h}$in$^{35}$ɲien$^{13}_{21}$ɲin$^{13}$ʂʅ$^{53}_{21}$kau$^{21}$n̩$^{13}$ts$^{h}$in$^{13}$ni$^{0}$ ./ŋai$^{13}_{21}$tien$^{0}$ təu$^{35}_{44}$xai$^{13}_{21}$iəŋ$^{53}$ko$^{53}$.｜～用木啊，就系就系两块树，两块绷硬个树哇，两条柞树哇，硬树哇，最硬个树哇。唔系唔经磨啊。iɔŋ$^{13}$kɔk$^{3}$ iəŋ$^{53}$muk$^{3}$ a$^{0}$ ,ts$^{h}$iəu$^{53}_{44}$xe$^{53}_{44}$ts$^{h}$iəu$^{53}$xe$^{53}$liɔŋ$^{21}$k$^{h}$uai$^{53}_{44}$ʂəu$^{53}$,iɔŋ$^{21}$k$^{h}$uai$^{53}_{44}$paŋ$^{35}$ŋaŋ$^{53}$ke$^{53}_{44}$ʂəu$^{53}$ua$^{0}$ ,iɔŋ$^{21}$t$^{h}$iau$^{13}$ts$^{h}$ɔk$^{5}$ ʂəu$^{53}$ ua$^{0}$,ŋaŋ$^{53}$ʂəu$^{53}$ua$^{0}$ ,tsei$^{53}_{44}$ŋaŋ$^{53}$ke$^{53}_{44}$ʂəu$^{53}_{44}$ua$^{0}$ .m̩$^{13}_{21}$p$^{h}$e$^{53}_{44}$n̩$^{13}$cin$^{35}_{44}$mo$^{13}$a$^{0}$ .

【羊角柴】iɔŋ$^{13}$kɔk$^{3}$ts$^{h}$ai$^{13}$ 名 杜鹃花的一个品种，花多呈紫色：欸，我等老家箇岭上只有～就多。一到春天是硬到处系～，箇个紫色个花，唔知几菁。e$_{21}$,ŋai$^{13}$tien$^{0}$ lau$^{21}$cia$^{35}_{44}$kai$^{53}_{44}$liaŋ$^{35}$xɔŋ$^{53}$ tʂət$^{3}$ iəu$^{35}_{53}$iɔŋ$^{13}_{21}$kɔk$^{3}$ ts$^{h}$ai$^{13}$ts$^{h}$iəu$^{53}_{44}$to$^{35}$.iet$^{3}$ tau$^{53}$tʂ$^{h}$ən$^{35}$t$^{h}$ien$^{35}$ʂʅ$^{53}_{44}$ɲiaŋ$^{53}_{44}$tau$^{53}$tʂ$^{h}$əu$^{53}_{44}$xei$^{53}_{44}$iɔŋ$^{13}$kɔk$^{3}$ ts$^{h}$ai$^{13}$,kai$^{53}_{44}$ke$^{53}_{44}$ tsʅ$^{21}$sek$^{3}$ ke$^{53}_{44}$fa$^{35}_{44}$,n̩$^{13}_{21}$ti$^{35}_{53}$ci$^{21}$tsiaŋ$^{35}_{44}$.

【羊角辣椒】iɔŋ$^{13}$kɔk$^{3}$ lait$^{5}$ tsiau$^{35}$ 名 一种形如羊角的辣椒：呃，我呀买菜个时候子喜欢买～。～舞倒搞么个？搞油淋青椒食，就完只子去炒，炒油淋青椒。ə$_{21}$,ŋai$^{13}$ia$^{0}$ mai$^{35}$ts$^{h}$ɔi$^{53}$ke$^{0}$ ʂʅ$^{13}_{44}$xei$^{53}_{44}$tsʅ$^{0}$ çi$^{21}$fən$^{35}_{44}$mai$^{35}_{44}$iɔŋ$^{13}$kɔk$^{3}$ lait$^{5}$ tsiau$^{35}_{53}$.iɔŋ$^{13}$kɔk$^{3}$ lait$^{5}$ tsiau$^{35}_{53}$u$^{21}$tau$^{21}$kau$^{21}$mak$^{3}$ ke$^{53}$?kau$^{21}$iəu$^{13}$lin$^{13}$lait$^{5}$ tsiau$^{35}_{44}$ʂət$^{5}$ ,ts$^{h}$iəu$^{53}$uən$^{13}$tʂak$^{3}$ tsʅ$^{0}$ çi$^{53}$ts$^{h}$au$^{21}$,ts$^{h}$au$^{21}$iəu$^{13}$lin$^{13}$lait$^{5}$ tsiau$^{35}_{53}$.

【羊栏下】iɔŋ$^{13}$lan$^{13}_{21}$xa$^{35}$ 名 羊圈。也简称“羊栏”：贴嘿箇个畜头牲个栏场。打比猪栏下，牛栏下，～，猪栏，牛栏，～，欸。t$^{h}$iait$^{3}$ (x)ek$^{3}$ kai$^{53}_{44}$ke$^{53}_{44}$çiəuk$^{3}$ t$^{h}$ei$^{13}$saŋ$^{35}_{44}$ke$^{53}_{44}$laŋ$^{13}$tʂ$^{h}$ɔŋ$^{13}$.ta$^{21}$pi$^{21}_{44}$tʂəu$^{35}$lan$^{13}_{21}$ xa$^{35}$, ɲiəu$^{13}$lan$^{13}_{21}$xa$^{35}$,iɔŋ$^{13}$lan$^{13}_{21}$xa$^{35}$,tʂəu$^{35}$lan$^{13}$, ɲiəu$^{13}$lan$^{13}$,iɔŋ$^{13}$lan$^{13}$,e$_{21}$.

【羊嫲子】iɔŋ$^{13}$ma$^{13}$tsʅ$^{0}$ 名 已生育过的母羊：如今箇个买羊子个人呐渠就不要～。搞么个唔爱～嘞？一只嘞渠就怕箇个～肚子里有羊崽子，一剐剐嘿倒是箇羊崽子又冇人爱嘞，箇个箇羊胎呀，系唔系？渠就冇杀头呀。i$^{13}_{21}$cin$^{35}$kai$^{53}$ke$^{53}_{44}$mai$^{35}$iɔŋ$^{13}$tsɿ$^{0}$ke$^{53}$ɲin$^{13}_{44}$na$^{0}$ci$^{13}_{44}$ts$^{h}$iəu$^{53}$pɔt$^{3}$iau$^{53}_{44}$iɔŋ$^{13}$ma$^{13}$tsɿ$^{0}$.kau$^{21}$mak$^{3}$e$^{0}$m̩$^{13}_{21}$mɔi$^{53}$iɔŋ$^{13}$ma$^{13}_{21}$tsɿ$^{0}$lei$^{0}$?iet$^{3}$tʂak$^{3}$lei$^{0}$ci$^{13}_{21}$ts$^{h}$iəu$^{53}$p$^{h}$a$^{53}$kai$^{53}$kei$^{53}_{44}$iɔŋ$^{13}$ma$^{13}$tsɿ$^{0}$təu$^{21}$tsɿ$^{0}$li$^{0}$iəu$^{35}$iɔŋ$^{13}$tsei$^{21}$tsɿ$^{0}$,iet$^{3}$tʂ$^{h}$ʅ$^{13}_{21}$tʂ$^{h}$ʅ$^{13}$(x)ek$^{3}$tau$^{21}_{44}$ʂʅ$^{53}_{44}$kai$^{53}$iɔŋ$^{13}$tsei$^{21}$tsɿ$^{0}$iəu$^{53}$mau$^{13}_{2}$ɲin$^{13}_{44}$ɔi$^{35}$lei$^{0}$,kai$^{53}_{44}$ke$^{53}_{44}$kai$^{53}_{44}$iɔŋ$^{13}$t$^{h}$ɔi$^{35}$ia$^{0}$,xei$^{53}$me$^{53}_{21}$?ci$^{13}_{21}$ts$^{h}$iəu$^{53}$mau$^{13}$sait$^{3}$t$^{h}$ei$^{13}$ia$^{0}$.

【羊肉】iɔŋ$^{13}$ɲiəuk$^{3}$ [名]羊的肉，通常指用作菜肴的：渠等煮～就放咁个指粉皮嘞。ci$^{13}$tien$^{0}$tʂəu$^{21}$iɔŋ$^{13}$ɲiəuk$^{3}$ts$^{h}$iəu$^{53}$fɔŋ$^{53}$kan$^{21}_{44}$cie$^{53}_{44}$lei$^{0}$.

【羊生】iɔŋ$^{13}$saŋ$^{35}$ [名]活肉羊：（羊嬷子）一百斤～四十斤肉都杀唔倒。iet$^{3}$pak$^{3}$cin$^{35}_{53}$iɔŋ$^{13}$saŋ$^{35}_{44}$si$^{53}$ʂət$^{5}$cin$^{35}_{53}$ɲiəuk$^{3}$təu$^{35}_{53}$sait$^{3}$n̩$^{13}_{44}$tau$^{21}$.

【羊眼】iɔŋ$^{13}$ŋan$^{21}$ [名]羊的眼珠：羊眼豆是渠箇只豆个皮皮尽像～。iɔŋ$^{13}$ŋan$^{21}$t$^{h}$əu$^{53}$ʂʅ$^{53}_{44}$ci$^{13}_{44}$kai$^{53}$tʂak$^{3}$t$^{h}$əu$^{53}$ke$^{53}_{44}$p$^{h}$i$^{13}$p$^{h}$i$^{13}$ts$^{h}$in$^{53}$ts$^{h}$iɔŋ$^{53}$iɔŋ$^{13}$ŋan$^{21}$.

【羊眼豆】iɔŋ$^{13}$ŋan$^{21}$t$^{h}$ei$^{53}$/t$^{h}$əu$^{53}$老派 [名]白扁豆。其豆子酷似羊的眼珠：～是渠箇只豆个皮皮尽像羊眼。渠现血丝啊，就蛮像啊。iɔŋ$^{13}$ŋan$^{21}$t$^{h}$əu$^{53}$ʂʅ$^{53}_{44}$ci$^{13}_{44}$kai$^{53}$tʂak$^{3}$t$^{h}$əu$^{53}$ke$^{53}_{44}$p$^{h}$i$^{13}$p$^{h}$i$^{13}$ts$^{h}$in$^{53}$ts$^{h}$iɔŋ$^{53}$iɔŋ$^{13}$ŋan$^{21}$.ci$^{13}$çien$^{53}$çiet$^{3}$sɿ$^{35}$za$^{0}$,tsiəu$^{53}$man$^{13}$ts$^{h}$iɔŋ$^{53}$ŋa$^{0}$.｜系乌哩几条子心个嘞，箇个就安做正讲个安做么个豆嘞？/欸，～。/～。xe$^{53}$u$^{35}$li$^{0}$ci$^{21}$t$^{h}$iau$^{13}$tsɿ$^{0}$sin$^{35}$ke$^{53}_{44}$lei$^{0}$,kai$^{53}_{44}$ke$^{53}_{44}$ts$^{h}$iəu$^{53}_{44}$ɔn$^{35}_{44}$tso$^{53}_{44}$tʂaŋ$^{53}$kɔŋ$^{21}$ke$^{53}$ɔn$^{35}_{44}$tso$^{53}_{44}$mak$^{3}$ke$^{53}_{44}$t$^{h}$ei$^{53}_{44}$lei$^{0}$?/e$_{44}$,iɔŋ$^{13}$ŋan$^{21}$t$^{h}$əu$^{53}$./iɔŋ$^{13}$ŋan$^{21}$t$^{h}$ei$^{53}$.

【羊翼子】iɔŋ$^{13}$iet$^{5}$tsɿ$^{0}$ [名]①蝴蝶：啊，箇个草呃箇个有花个栏场子箇草蓬肚里，你看下几多子～啊。a$_{35}$,kai$^{53}_{44}$kei$^{53}_{44}$ts$^{h}$au$^{21}$ə$^{0}$kai$^{53}_{44}$kei$^{53}_{44}$iəu$^{35}_{44}$fa$^{35}$ke$^{53}$laŋ$^{13}_{44}$tʂ$^{h}$ɔŋ$^{13}_{44}$tsɿ$^{0}$kai$^{53}$ts$^{h}$au$^{21}$p$^{h}$əŋ$^{13}$təu$^{21}$li$^{0}$,ɲi$^{13}_{21}$k$^{h}$ɔn$^{53}$xa$^{53}$ci$^{21}$to$^{35}_{44}$tsɿ$^{0}$iɔŋ$^{13}$iet$^{5}$tsɿ$^{0}$a$^{0}$. ②飞蛾：夜晡哇，箇个电……路灯开哩以后啊，我等看倒箇～跍倒箇飞去飞转。ia$^{53}$pu$^{35}_{44}$ua$^{0}$,kai$^{53}_{44}$ke$^{53}_{44}$t$^{h}$ien$^{53}$…ləu$^{53}$ten$^{35}_{44}$k$^{h}$ɔi$^{35}$li$^{0}$i$^{35}_{44}$xei$^{53}_{44}$a$^{0}$,ŋai$^{13}$tien$^{0}$k$^{h}$ɔn$^{53}$tau$^{21}$kai$^{53}_{44}$iɔŋ$^{13}$iet$^{5}$tsɿ$^{0}$ku$^{35}_{44}$tau$^{21}_{44}$kai$^{53}_{44}$fei$^{35}$çi$^{53}$fei$^{35}$tʂuɔn$^{21}$.

【羊崽子】iɔŋ$^{13}$tse$^{21}$tsɿ$^{0}$ [名]小羊：欸，箇晡我姨夫哇渠屋下有五六只～，唔想畜哩，冇人爱，卖都卖唔出。箇个欸黑山羊啊，今年以两年子个黑山羊唔好卖，冇人爱，就～也冇人爱哩。e$_{21}$,kai$^{53}$pu$^{35}_{53}$ŋai$^{13}_{21}$i$^{13}$fu$^{35}_{44}$va$^{0}$ci$^{13}_{21}$uk$^{3}$xa$^{53}$iəu$^{35}_{53}$ŋ̍$^{21}$liəuk$^{3}$tʂak$^{3}$iɔŋ$^{13}$tsei$^{21}$tsɿ$^{0}$,n̩$^{13}$siɔŋ$^{21}$çiəuk$^{3}$li$^{0}$,mau$^{13}$ɲin$^{13}_{21}$ɔi$^{53}$,mai$^{53}$təu$^{35}_{44}$mai$^{53}$n̩$^{13}_{21}$tʂ$^{h}$ət$^{3}$.kai$^{53}$ke$^{53}_{44}$e$_{21}$xek$^{3}$san$^{35}_{44}$iɔŋ$^{13}$ŋa$^{0}$,cin$^{35}$ɲien$^{13}_{21}$i$^{21}$iɔŋ$^{21}$ɲien$^{13}$tsɿ$^{0}$ke$^{53}_{44}$xek$^{3}$san$^{35}_{44}$iɔŋ$^{13}_{21}$n̩$^{13}$xau$^{21}$mai$^{53}$,mau$^{13}_{21}$ɲin$^{13}_{44}$ɔi$^{53}$,ts$^{h}$iəu$^{53}$iɔŋ$^{13}$tsei$^{21}$tsɿ$^{0}$a$^{35}_{53}$mau$^{13}_{2}$ɲin$^{13}_{44}$ɔi$^{53}$li$^{0}$.

【羊子】iɔŋ$^{13}$tsɿ$^{0}$ [名]羊。多用于具体所指：一伴～ iet$^{3}$p$^{h}$ɔn$^{53}$iɔŋ$^{13}$tsɿ$^{0}$｜箇只～系唔系你屋下个哦？系唔系你等畜个哦？kai$^{53}$tʂak$^{3}$iɔŋ$^{13}$tsɿ$^{0}$xei$^{53}$mei$^{53}$ɲi$^{13}$uk$^{3}$xa$^{53}$ke$^{53}$o$^{0}$?xei$^{53}$mei$^{53}$ɲi$^{13}$tien$^{0}$çiəuk$^{3}$ke$^{53}$o$^{0}$?

【羊牸子】iɔŋ$^{13}$ts$^{h}$ɿ$^{53}$tsɿ$^{0}$ [名]未生育过的母羊：𫠣生育过个母羊就安做～。羊牯子～，也咁子话嘞，嗯，相对个。maŋ$^{13}$sen$^{35}$iəuk$^{3}$ko$^{53}$ke$^{53}$mu$^{21}$iɔŋ$^{13}_{44}$ts$^{h}$iəu$^{53}_{44}$ɔn$^{35}_{53}$tso$^{53}$iɔŋ$^{13}$ts$^{h}$ɿ$^{53}$tsɿ$^{0}$.iɔŋ$^{13}$ku$^{21}$tsɿ$^{0}$iɔŋ$^{13}$ts$^{h}$ɿ$^{53}$tsɿ$^{0}$,ia$^{35}$kan$^{21}$tsɿ$^{0}$ua$^{53}$le$^{0}$,n̩$_{21}$,siɔŋ$^{35}$tei$^{53}$ke$^{0}$.｜我阿舅子箇嘞，箇个羊崽子肚里就有三四只系～，六只羊子啊么个，有四只系～，渠话先翻下转来咯，四只羊牯子咯，箇就真好卖嘞。羊牯子就好卖，～有人爱。ŋai$^{13}_{21}$a$^{35}$c$^{h}$iəu$^{35}_{44}$tsɿ$^{0}$kai$^{53}_{44}$lei$^{0}$,kai$^{53}_{44}$ke$^{53}_{44}$iɔŋ$^{13}$tsei$^{21}$tsɿ$^{0}$təu$^{21}$li$^{0}$ts$^{h}$iəu$^{53}$iəu$^{35}$san$^{35}_{44}$si$^{53}$tʂak$^{3}$xei$^{53}$iɔŋ$^{13}$ts$^{h}$ɿ$^{53}$tsɿ$^{0}$,liəuk$^{3}$tʂak$^{3}$iɔŋ$^{13}$tsɿ$^{0}$a$^{0}$mak$^{3}$kei$^{0}$,iəu$^{35}$si$^{53}$tʂak$^{3}$xei$^{53}$iɔŋ$^{13}$ts$^{h}$ɿ$^{53}$tsɿ$^{0}$,ci$^{13}_{21}$ua$^{53}_{44}$sien$^{35}_{44}$fan$^{35}$na$^{53}$tʂuɔn$^{21}$nɔi$^{13}$ko$^{0}$,si$^{53}$tʂak$^{3}$iɔŋ$^{13}$ku$^{21}$tsɿ$^{0}$ko$^{0}$,kai$^{53}_{44}$ts$^{h}$iəu$^{53}_{44}$tʂən$^{35}$xau$^{21}$mai$^{53}$lei$^{0}$.iɔŋ$^{13}$ku$^{21}$tsɿ$^{0}$ts$^{h}$iəu$^{53}$xau$^{21}$mai$^{53}$,iɔŋ$^{13}$ts$^{h}$ɿ$^{53}$tsɿ$^{0}$mau$^{13}_{2}$ɲin$^{13}_{44}$ɔi$^{53}$.

【阳钩】iɔŋ$^{13}$kei$^{35}$ [名]鱼名，体长而白，红背：～，好像系身子长长子，白色，有滴子带白色。大个就有尺把长。细滴子个……我看过，～我就看过。iɔŋ$^{13}$kei$^{35}$,xau$^{21}$ts$^{h}$iɔŋ$^{53}$xe$^{53}$ʂən$^{35}$tsɿ$^{0}$tʂ$^{h}$ɔŋ$^{13}$tʂ$^{h}$ɔŋ$^{13}$tsɿ$^{0}$,p$^{h}$ak$^{5}$sek$^{3}$,iəu$^{35}$tet$^{5}$tsɿ$^{0}$tai$^{53}_{44}$p$^{h}$ak$^{5}$sek$^{3}$.t$^{h}$ai$^{53}$ke$^{53}_{44}$ts$^{h}$iəu$^{53}_{44}$iəu$^{35}$tʂ$^{h}$ak$^{3}$pa$^{21}$tʂ$^{h}$ɔŋ$^{13}$.se$^{53}$tiet$^{5}_{3}$tsɿ$^{0}$ke$^{53}_{44}$…ŋai$^{13}$k$^{h}$ɔn$^{53}_{44}$ko$^{53}_{44}$,iɔŋ$^{13}$kei$^{35}$ŋai$^{13}_{21}$tsiəu$^{53}_{44}$k$^{h}$ɔn$^{53}_{44}$ko$^{53}_{44}$.

【阳卦】iɔŋ$^{13}$kua$^{53}$ [名]占具呈两平面，表示神明还未决定要不要认同，行事状况不明，可以重新掷珓请示神明，或再次说清楚自己的祈求：如果丢下去，两只都系节向上，就系～。张起来，张个。欸，有节个向上，就安做～。y$^{13}$ko$^{21}$tiəu$^{35}$ua$^{53}_{44}$çi$^{53}$,iɔŋ$^{21}$tʂak$^{3}$təu$^{35}_{44}$xe$^{53}_{44}$tsiet$^{3}$çiɔŋ$^{53}$ʂɔŋ$^{35}$,ts$^{h}$iəu$^{53}_{44}$xe$^{53}_{44}$iɔŋ$^{13}$kua$^{53}$.tʂɔŋ$^{35}$çi$^{21}$lɔi$^{13}_{21}$,tʂɔŋ$^{35}$ke$^{53}_{44}$.e$_{21}$,iəu$^{35}$tsiet$^{3}$ke$^{53}_{44}$çiɔŋ$^{53}_{44}$ʂɔŋ$^{35}_{44}$,ts$^{h}$iəu$^{53}_{44}$ɔn$^{35}_{44}$tso$^{53}_{44}$iɔŋ$^{13}$kua$^{53}$.

【阳间】iɔŋ$^{13}$kan$^{35}$ [名]人间；人世间：你一滴以滴么～个人以滴子在世个人食饭之前爱先打嘿餐祭来。ɲi$^{13}$iet$^{3}$tet$^{5}$i$^{21}$tet$^{5}$mo$^{0}$iɔŋ$^{13}$kan$^{35}_{44}$ke$^{53}_{44}$ɲin$^{13}_{21}$i$^{21}$tet$^{5}$tsɿ$^{0}$ts$^{h}$ai$^{53}$ʂʅ$^{53}$cie$^{53}_{44}$ɲin$^{13}_{21}$ʂət$^{5}$fan$^{53}$tʂʅ$^{35}_{44}$ts$^{h}$ien$^{13}$ɔi$^{53}_{44}$sien$^{35}_{44}$ta$^{21}$xek$^{3}$ts$^{h}$ɔn$^{35}$tsi$^{53}$lɔi$^{13}_{21}$.

【阳历年】iɔŋ$^{13}$liet$^{5}$ɲien$^{13}$ [名]公历元旦：过～ ko$^{53}$iɔŋ$^{13}$liet$^{5}$ɲien$^{13}$

【杨梅】iɔŋ$^{13}$mɔi$^{13}$ [名]一种常绿灌木或乔木；多指其果实。杨梅果实表面有粒状突起，紫红色

Y

或白色，味酸甜，可食：今年我一只～都赠食。唔想食哩呢，箇～酸呢。cin$^{35}$ɲien$^{13}_{44}$ŋai$^{13}_{44}$iet$^{3}$ tʂak$^{3}$ iɔŋ$^{13}_{21}$mɔi$^{13}_{21}$təu$_{53}$maŋ$^{13}_{21}$ʂət$^{5}$.n̩$^{13}$siɔŋ$^{21}$ʂət$^{5}$ li$^{0}$ nei$^{0}$,kai$^{53}$iɔŋ$^{13}_{44}$mɔi$^{13}_{44}$sɔn$^{35}$nei$^{0}$.

【杨梅疮】iɔŋ$^{13}$mɔi$^{13}$tsʰɔŋ$^{35}$ 名梅毒。外形似杨梅：～是性病嘞。发～啊。长日只有听讲话，话别人家发～，到底～让门个意思唔晓得，欸，让门个形状唔晓得。iɔŋ$^{13}$mɔi$^{13}$tsʰɔŋ$^{35}$ʂʅ$^{53}_{44}$sin$^{53}$ pʰiaŋ$^{53}$le$^{0}$.fait$^{3}$ iɔŋ$^{13}$mɔi$^{13}$tsʰɔŋ$^{35}$ŋa$^{0}$.tʂʰɔŋ$^{13}$ɲiet$^{3}$ tʂʅ$^{21}$iəu$^{35}_{53}$tʰaŋ$^{35}$kɔŋ$^{21}$ua$^{53}_{44}$,ua$^{53}_{44}$pʰiet$^{5}$ in$^{13}_{44}$ka$^{35}_{44}$fait$^{3}$ iɔŋ$^{13}_{21}$mɔi$^{13}_{21}$ tsʰɔŋ$^{35}$,tau$^{53}$te$^{21}$iɔŋ$^{13}_{21}$mɔi$^{13}_{21}$tsʰɔŋ$^{35}$ɲiɔŋ$^{53}_{44}$mən$^{13}_{44}$ke$^{53}_{44}$i$^{53}$sʅ$^{35}_{44}$n̩$^{13}_{21}$çiau$^{21}$tek$^{3}$,e$_{44}$,ɲiɔŋ$^{53}_{44}$mən$^{13}_{44}$ke$^{53}_{44}$çin$^{13}$tsʰɔŋ$^{53}$n̩$^{13}_{21}$çiau$^{21}$tek$^{3}$.

【杨梅酒】iɔŋ$^{13}$mɔi$^{13}$tsiəu$^{21}$ 名用杨梅浸泡的酒：～也不是用杨梅酿个酒嘞，只系搞成哩酒以后，白酒加……去浸杨梅。或者杨梅肚里放滴白酒去，就安做～。iɔŋ$^{13}$mɔi$^{13}$tsiəu$^{21}$ia$^{35}_{53}$pət$^{3}$ ʂʅ$^{53}_{44}$iɔŋ$^{53}_{44}$ iɔŋ$^{13}$mɔi$^{13}$ɲiɔŋ$^{53}$ke$^{53}_{44}$tsiəu$^{21}$le$^{0}$,tʂʅ$^{21}$xe$^{53}$kau$^{21}$ʂaŋ$^{13}$li$^{0}$ tsiəu$^{21}$i$^{35}$xei$^{53}_{44}$,pʰak$^{5}$ tsiəu$^{21}$cia$^{35}$…çi$^{53}$tsin$^{53}$iɔŋ$^{13}$mɔi$^{13}$.xɔit$^{5}$ tʂa$^{21}$iɔŋ$^{13}$mɔi$^{13}$təu$^{21}$li$^{0}$ fɔŋ$^{53}$tet$^{5}_{3}$pʰak$^{5}$ tsiəu$^{21}$çi$^{53}$,tsʰiəu$^{53}_{21}$ɔn$^{35}_{53}$tso$^{53}_{44}$iɔŋ$^{13}$mɔi$^{13}$tsiəu$^{21}$.｜系，～就系好食啦。xe$^{53}$,iɔŋ$^{13}$mɔi$^{13}_{44}$tsiəu$^{21}$xei$^{53}$xau$^{21}$ʂət$^{5}$la$^{0}$.

【疡疡子】iɔŋ$^{13}$lak$^{5}$tsʅ$^{0}$ 名淋巴肿块：还有只古怪个东西咯。打比系脚上，撞一下，唔知几痛，系唔系？撞一下唔知几痛，以个大脚髀肚里就会起～咯。xai$^{13}_{21}$iəu$^{35}_{53}$tʂak$^{3}$ ku$^{21}$kuai$^{53}$ke$^{0}$ təŋ$^{35}_{44}$si$^{0}$ ko$^{0}$.ta$^{21}$pi$^{21}$xei$^{53}$ciɔk$^{3}$ xɔŋ$^{53}$,tsʰɔŋ$^{53}$iet$^{3}$ xa$^{53}$,n̩$^{13}$ti$^{35}_{53}$ci$^{21}$tʰəŋ$^{53}$,xei$^{53}_{44}$me$^{53}_{44}$?tsʰɔŋ$^{53}$iet$^{3}$ xa$^{53}_{44}$n̩$^{13}$ti$^{35}_{53}$ci$^{21}$tʰəŋ$^{53}$,i$^{21}_{13}$ke$^{53}$tʰai$^{53}$ ciɔk$^{3}$ pi$^{21}$təu$^{21}$li$^{0}$ tsʰiəu$^{53}$uɔi$^{53}$çi$^{21}$iɔŋ$^{13}$lak$^{5}$ tsʅ$^{0}$ko$^{0}$.｜唔系话我等箇只老弟嫂啊，三十几岁子个，以耳朵背，有一晡渠等几个人几只箇妹子人去下嬲，渠话："让门你耳朵背有只咁个坨坨？"其实箇只就～嘞。渠就搞么个？～嘞就系嘞一种病变个反映。你硬撞痛哩，撞出哩血，撞一下，以映就会起下～。渠就系带动哩～。以只～一查是，我等箇老弟嫂哇得哩鼻咽癌。鼻公搂咽喉相……唔知相交个地方还系让门子得了癌症。好得早期，癌症个早期。如今去长沙做化疗又做放疗，搞嘿十几万呶。咁年轻呐。箇总系爱做唠，系唔系？m̩$^{13}$pʰei$^{53}$ua$^{53}$ŋai$^{13}$tien$^{0}$kai$^{53}$tʂak$^{3}$ lau$^{21}$tʰe$^{35}$sau$^{21}$a$^{0}$,san$^{35}$ʂət$^{5}$ ci$^{21}$sɔi$^{53}_{44}$tsʅ$^{0}$ke$^{0}$,i$^{21}_{44}$ɲi$^{21}$to$^{0}$ pɔi$^{53}$,iəu$^{35}$iet$^{3}$ pu$^{35}_{44}$ci$^{13}_{21}$tien$^{0}$ ci$^{21}$ke$^{53}$ɲin$^{13}$ci$^{21}$tʂak$^{3}$ kai$^{53}_{35}$mɔi$^{53}$tsʅ$^{0}$ ɲin$^{13}$çi$^{53}$xa$^{53}_{44}$liau$^{53}$,ci$^{13}_{44}$(u)a$^{53}_{44}$:"ɲiɔŋ$^{53}$mən$^{0}$ɲi$^{13}$ɲi$^{21}$to$^{0}$ pɔi$^{53}$iəu$^{35}_{44}$tʂak$^{3}$ kan$^{21}_{13}$ke$^{0}$ tʰo$^{13}$tʰo$^{13}$?"cʰi$^{13}$ʂʅt$^{5}$ kai$^{53}_{44}$(tʂ)ak$^{3}$ tsʰiəu$^{53}$iɔŋ$^{13}$lak$^{5}$ tsʅ$^{0}$lei$^{0}$.ci$^{13}$tsʰiəu$^{53}$kau$^{21}$mak$^{3}$ ke$^{0}$?iɔŋ$^{13}$lak$^{5}$ tsʅ$^{0}$lei$^{0}$ tsiəu$^{53}_{44}$xei$^{53}_{44}$lei$^{0}$ iet$^{3}$ tʂəŋ$^{21}$pʰiaŋ$^{53}$pien$^{53}_{44}$ke$^{0}$ fan$^{21}$in$^{53}$. ɲi$^{13}$ɲiaŋ$^{53}_{44}$tsʰɔŋ$^{53}$tʰəŋ$^{53}$li$^{0}$,tsʰɔŋ$^{53}$tʂʰət$^{3}$ li$^{0}$ çiet$^{3}$,tsʰɔŋ$^{53}$(i)et$^{3}$ xa$^{53}$,i$^{21}$iaŋ$^{53}$tsʰiəu$^{53}$uɔi$^{53}$çi$^{21}$xa$^{53}_{21}$iɔŋ$^{13}$lak$^{5}$ tsʅ$^{0}$. ci$^{13}$tsʰiəu$^{53}_{44}$xe$^{53}_{44}$tai$^{53}_{44}$tʰəŋ$^{53}_{44}$li$^{0}$ iɔŋ$^{13}$lak$^{5}$ tsʅ$^{0}$.i$^{21}$tʂak$^{3}$ iɔŋ$^{13}$lak$^{5}$ tsʅ$^{0}$ iet$^{3}$ tsʰa$^{13}$ʂʅ$^{53}_{44}$,ŋai$^{13}$tien$^{0}$kai$^{53}$lau$^{21}$tʰe$^{35}_{53}$sau$^{21}$ua$^{0}$ tek$^{3}$ li$^{0}$ pʰiet$^{3}$ ien$^{35}$ŋai$^{13}_{21}$.pʰi$^{53}$kəŋ$^{35}$lau$^{35}$ien$^{35}$xei$^{13}$siɔŋ$^{35}$…n̩$^{13}_{21}$ti$^{35}_{53}$siɔŋ$^{35}$ciau$^{35}$ke$^{0}$ tʰi$^{53}_{44}$fɔŋ$^{35}_{44}$xai$^{13}$xei$^{53}_{44}$ɲiɔŋ$^{53}_{44}$mən$^{0}$ tsʅ$^{0}$ tek$^{3}$ liau$^{0}$ŋai$^{13}$tʂən$^{53}$.xau$^{21}$tek$^{3}$ tsau$^{21}$cʰi$^{13}_{44}$,ŋai$^{13}$tʂən$^{53}$ke$^{0}$ tsau$^{21}$cʰi$^{13}$.i$^{13}_{21}$cin$^{35}_{44}$cʰi$^{53}$tʂʰɔŋ$^{13}_{21}$sa$^{35}_{44}$tso$^{53}$fa$^{53}$liau$^{13}$iəu$^{53}$tso$^{53}$fɔŋ$^{53}$ liau$^{13}_{21}$,kau$^{21}$xek$^{3}$ ʂət$^{5}$ ci$^{21}$uan$^{53}$nau$^{0}$.kan$^{21}$ɲien$^{13}$cʰin$^{35}_{44}$na$^{0}$.kai$^{53}_{44}$tsəŋ$^{21}$xe$^{53}$ɔi$^{53}$tso$^{53}$lau$^{0}$,xei$^{53}$me$^{53}$?

【洋】iɔŋ$^{13}$ 形外国的；进口的：洋货就系外背进口个货啦，系唔系？欸，以前是～东西多啦，洋油，洋碱，洋袜子，洋钉子，箇个都系～。如今呢就洋钉子还有人话嘞。"欸买兜洋钉子。"或也有人话买钉子。iɔŋ$^{13}$fo$^{53}$tsʰiəu$^{53}_{44}$xei$^{53}_{44}$ŋɔi$^{53}$pɔi$^{53}_{44}$tsin$^{53}$kʰei$^{21}$ke$^{53}_{44}$fo$^{53}$la$^{0}$,xei$^{53}$me$^{53}$?ei$_{21}$,i$^{35}_{53}$tsʰien$^{13}_{21}$ʂʅ$^{53}_{21}$iɔŋ$^{13}$ təŋ$^{35}_{44}$si$^{0}$ to$^{35}$la$^{0}$,iɔŋ$^{13}$iəu$^{13}_{44}$,iɔŋ$^{13}$kan$^{21}$,iɔŋ$^{13}$mait$^{3}$ tsʅ$^{0}$,iɔŋ$^{13}$taŋ$^{35}$tsʅ$^{0}$,kai$^{53}_{44}$ke$^{53}_{44}$təu$^{35}$xei$^{53}$iɔŋ$^{13}$.i$^{13}_{21}$cin$^{35}_{53}$ne$^{0}$ tsʰiəu$^{53}$iɔŋ$^{13}$ taŋ$^{35}$tsʅ$^{0}$ xai$^{13}_{21}$iəu$^{35}$ɲin$^{13}$ua$^{53}$lei$^{0}$."e$^{0}$ mai$^{35}$te$^{53}_{53}$iɔŋ$^{13}$taŋ$^{35}$tsʅ$^{0}$."xɔit$^{5}$ ia$^{35}$iəu$^{35}_{44}$ɲin$^{13}_{21}$ua$^{53}$mai$^{35}_{44}$taŋ$^{35}$tsʅ$^{0}$.

【洋伴】iɔŋ$^{13}$pʰɔn$^{53}$ 形时髦但华而不实：就正讲个，欸我冇得近视又冇得老花，欸戴副眼镜箇唔系～？就系贪只～。tsʰiəu$^{53}_{44}$tʂaŋ$^{53}$kɔŋ$^{21}$ke$^{53}$,e$_{44}$ŋai$^{13}$mau$^{13}$tek$^{3}$ cʰin$^{53}$ʂʅ$^{53}$iəu$^{53}$mau$^{13}$tek$^{3}$ lau$^{21}$fa$^{35}$,e$^{0}$ tai$^{53}$ fu$^{53}$ŋan$^{21}$ciaŋ$^{53}$kai$^{53}$m̩$^{13}_{21}$pʰei$^{53}$iɔŋ$^{13}$pʰɔn$^{53}$?tsiəu$^{53}_{44}$xei$^{53}_{44}$tʰan$^{35}$tʂak$^{3}$ iɔŋ$^{13}$pʰɔn$^{53}$.｜如今个～个东西多嘞如今呢。i$^{13}_{21}$cin$^{35}_{53}$kei$^{53}$iɔŋ$^{13}$pʰɔn$^{53}_{44}$ke$^{53}_{44}$təŋ$^{35}_{44}$si$^{0}$ to$^{35}$lei$^{0}$ i$^{13}_{21}$cin$^{35}_{44}$nei$^{0}$.

【洋布】iɔŋ$^{13}$pu$^{53}$ 名旧时称机器织的平纹布，因最初来自国外而得名，与本土手工纺织的粗布相对照：从前就蛮多～个东西啦。～遮子，～袜子，安做都系～哇，～褂子，～罩衫，都系～。其实箇就箇我等所晓得个了箇只时候子，冇得～了，应该冇得～了。都系国产个了，系唔系？tsʰəŋ$^{13}$tsʰien$^{13}_{44}$tsʰiəu$^{53}$man$^{13}$to$^{35}_{53}$iɔŋ$^{13}$pu$^{53}_{44}$ke$^{53}_{44}$təŋ$^{35}_{44}$si$^{0}$ la$^{0}$.iɔŋ$^{13}$pu$^{53}_{44}$tʂa$^{35}$tsʅ$^{0}$,iɔŋ$^{13}$pu$^{53}$mait$^{3}$ tsʅ$^{0}$,ɔn$^{35}_{44}$tso$^{53}_{44}$ təu$^{35}$xei$^{53}$iɔŋ$^{13}$pu$^{53}$ua$^{0}$,iɔŋ$^{13}$pu$^{53}$kua$^{53}$tsʅ$^{0}$,iɔŋ$^{13}$pu$^{53}_{44}$tsau$^{53}$san$^{35}_{44}$,təu$^{35}$xei$^{53}$iɔŋ$^{13}$pu$^{53}$.cʰi$^{13}$ʂət$^{5}$ kai$^{53}$tsʰiəu$^{53}_{44}$kai$^{53}$ŋai$^{13}$ tien$^{0}$ so$^{21}$çiau$^{21}$tek$^{3}$ ke$^{53}$liau$^{0}$ kai$^{53}$tʂak$^{3}$ ʂʅ$^{13}$xei$^{53}$tsʅ$^{0}$,mau$^{13}_{21}$tek$^{3}$ iɔŋ$^{13}$pu$^{53}$liau$^{0}$,in$^{35}_{53}$kɔi$^{35}_{53}$mau$^{13}_{21}$tek$^{3}$ iɔŋ$^{13}$pu$^{53}$liau$^{0}$, təu$^{35}$xei$^{53}$kɔit$^{3}$ tsʰan$^{21}$ke$^{53}$liau$^{0}$,xei$^{53}$me$^{53}$?

【洋布伞】iɔŋ$^{13}$pu$^{53}$san$^{53}$ 名一种钢骨子的油布伞：～就系哪起伞呢？我等我买过蛮多把，～呐。欸，一起咁个瘩厚个布，又用桐用油刷一到，欸，箇起箇个欸箇钢骨子伞。箇阵子是两十多块钱一把啦，箇阵子～呐，欸工资都一个月工资都正欸我爷子教书工资都正三十几块钱一个月嘞。买把欸箇～就爱两十块钱呢。几贵子就箇唔晓得欸。我还系买哩一把。我记得我正结婚个时候子，爱走人家噢，正月头爱走人家，伞都冇一把噢，硬线泼都买把伞。iɔŋ13pu53_44san53 tsʰiəu53_44xe53_44lai53çi21san53nei0?ŋai13tien0 ŋai13mai35ko53man13_21to35_44pa21,iɔŋ13pu53san53na0.e_21,iet3 çi21kan21kei53tek5 xei35_44ke53_44pu53,iəu53iəŋ53tʰəŋ13iəŋ53iəu13sɔit3 iet3 tau53,e_21,kai53çi21kai53_44ke53_44e0 kai53_44kɔŋ35kuət3 tsɿ0 san53.kai53tʂʰən53 tsɿ0 ʂʅ53_44iɔŋ21ʂət5 to35_44kʰuai53tsʰien13_21iet3 pa21la0,kai53tʂʰən53tsɿ0 iɔŋ13pu53san53na0,e_21kəŋ35tsɿ35_44təu35_44iet3 ke53ɲiet5 kəŋ35tsɿ35_44təu35_44tʂaŋ53e_21ŋai13_21ia13tsɿ0 kau35_44ʂəu35_44kəŋ35tsɿ35_44təu35_44tʂaŋ53san35_44ʂət5 ci21kʰuai53tsʰien13_21iet3 cie53ɲiet5 le0.mai35pa21e_21kai53_44iɔŋ13_21pu53_44san53tsiəu53_44ɔi53iɔŋ21ʂət5 kʰuai53tsʰien13_21ne0.ci21kuei53tsɿ0 tsʰiəu53kai53n̩13çiau21tek3 e0.ŋai13xai13xe53mai35li0 iet3 pa21.ŋai13ci53tek3 ŋai13tʂaŋ53ciet3 fən35ke53ʂʅ13_44xei53_44tsɿ0,ɔi53tsei21ɲin13ka35_44au0,tʂaŋ35_44 ɲiet5 tʰei13_21ɔi53tsei21ɲin13ka35_44,san53təu35_44mau13_21iet3 pa21au0, ɲiaŋ53sien53pʰait3 təu35_44mai35pa21san53.

【洋柴】iɔŋ13tsʰai13 名火柴的旧称：以前呢安做～呀。冇么人喊呢，以下冇么人喊～了。拿～，都话只拿火柴来。i35_53tsʰien13ne0 ɔn35_44tso53_44iɔŋ13tsʰai13ia0.mau13mak3 in13_44xan53ne0,i21xa53mau13mak3 in13_44xan53 iɔŋ13tsʰai13liau0.la53iɔŋ13tsʰai13,təu35ua53_44tʂak3 la53xo21tsʰai13lɔi13_21.

【洋锄】iɔŋ13tsʰɿ13 名洋镐。又称"洋头子"：一头尖一头扁个，铁个，斗只把，挖箇个绷硬个。/爱～。/欸，～我等喊。iet3 tʰei13tsian35_44iet3 tʰei13pien21ke53_44,tʰiet3 ke53,tei53tʂak3 pa53,uait3 kai53_44ke53_44paŋ35 ŋaŋ53ke53_44./ɔi53_44iɔŋ13tsʰɿ13./e_21,iɔŋ13tsʰɿ13ŋai13tien0 xan53_44.

【洋瓷】iɔŋ13tsʰɿ13 名搪瓷：以前我等屋下就几到想买只～面盆都冇买倒，落尾就唔值么个了，落尾～面盆会冇得了，会退出历史舞台了，嘿，冇得卖了，箇我等屋下就有哩，就出现哩几只～面盆。首先是硬买唔起哟。i35_53tsʰien13_21ŋai13tien0 uk3 xa53tsʰiəu53ci21tau53siɔŋ21mai35tʂak3 iɔŋ13tsʰɿ13_21 mien53pʰən13_21təu35_44mau13_21mai35tau21,lɔk5 mi35tsʰiəu53_44n̩13tʂʰət5 mak3 e0 liau0,lɔk5 mi35_44iɔŋ13_21tsʰɿ13_21mien53pʰən13_21uɔi53 mau13tek3 liau0,uɔi53tʰei53tʂʰət3 liet5 ʂʅ21u21tʰɔi13liau0,xe_53,mau13tek3 mai53liau0,kai53ŋai13_21tien0 uk3 xa53_44tsʰiəu53_44 iəu35li0,tsʰiəu53tʂʰət3 çien53ni0 ci21tʂak3 iɔŋ13tsʰɿ13_44mien53pʰən13_21.ʂəu21sien35_44ʂʅ53_44ɲiaŋ53mai35n̩13_21çi21io0.｜～碗，欸，也讲，但是，最近咁多年也有越来越少个人讲了。实在是搪瓷缸子搪瓷碗箇只都越来越少了。系啊？欸。爱分箇个铝个呀，欸，不锈钢个，分渠代替咁咧。iɔŋ13tsʰɿ13uən21,e_21,ia35 kɔŋ21,tan53_44ʂʅ53_44,tsei53cʰin35_44kan21to35ɲien13ie35iəu35_44viet5 lɔi13_21viet5 ʂau21cie53ɲin13kɔŋ21liau0.ʂət5 tsʰɔi53_44ʂʅ53_44tʰɔŋ13 tsʰɿ13_44kɔŋ35tsɿ0 tʰɔŋ13tsʰɿ13_44uən21kai53_44tʂak3 təu35_44vet53lɔi13_21vet5 ʂau21liau0.xei53_44a0?e_21.ɔi53_44pən35kai53ke53_44lei21ke53 ia0,e_21,pət3 siəu53kɔŋ35ke53_44,pən35ci13_44tʰɔi53tʰi53kan21lie0.

【洋钉】iɔŋ13taŋ35 名铁钉或钢钉。也称"洋钉子"：箇个就喊三寸个～。kai53ke53_44tsiəu53_44xan53san35 tsʰən53_44ke53_44iɔŋ13taŋ35.｜～噢，喊～呢。如今是也喊铁钉了。/～子。/～子唠。欸。还蛮多人喊～子啊。iɔŋ13taŋ35ŋau0,xan53iɔŋ13taŋ35_44nei0.i13_21cin35_44ʂʅ53_44ia35xan53tʰiet3 taŋ35liau21./iɔŋ13taŋ35tsɿ0./iɔŋ13taŋ35 tsɿ0lau0.e_21.xai13man13_21to35_44ɲin13_21xan53iɔŋ13taŋ35_44tsa0.

【洋货铺】iɔŋ13fo53pʰu53 名旧时卖装饰品等的店铺：以前有喔，～是真多啦，张坊街上有～啦，箇以下冇分渠喊了，以下冇人喊～了。以前都喊渠～，以下冇人喊了。i35_53tsʰien13_21iəu35uo0,iɔŋ13 fo53pʰu53ʂʅ53_44tʂən35to35la0,tʂɔŋ35fɔŋ35_44kai35_44xɔŋ53_44iəu35_53iɔŋ13_21fo53_44pʰu53la0,kai53i21xa53mau13pən35_44ci13_44xan53liau0,i21xa53 mau13_21ɲin13_44xan53iɔŋ13fo53pʰu53liau0.i35_53tsʰien13təu35_44xan53ci13_44iɔŋ13fo53pʰu53,i21xa53mau13_21ɲin13_44xan53liau0.

【洋碱】iɔŋ13kan21 名肥皂：欸如今还有人话下子～，老人家子还话～，就系肥皂哇，还话～。我娭子箇晡都话："你同我买两坨～归来哟。唔想用洗衫粉，欸。" e0 i13_21cin35_53xai13_21iəu35_53ɲin13_21ua53 xa53_44tsɿ0 iɔŋ13kan21,lau21ɲin13ka35_44tsɿ0 xai13_44ua53iɔŋ13kan21,tsiəu53xe53fei13tsʰau53ua0,xai13ua53iɔŋ13kan21.ŋai13_21ɔi35tsɿ0 kai53pu35_44təu35_44ua53_44:"ɲi13_21tʰəŋ13_21ŋai13_21mai35iɔŋ21tʰo13_21iɔŋ13kan21kuei35_44lɔi13_21io0.n̩13siɔŋ21iɔŋ53se21san35_44fən21,e_44."

【洋姜】iɔŋ13ciɔŋ35 名菊芋的俗称：渠种哩～啊只爱种哩一回，就冇哩绝，就冇事绝种啊。你种哩一回，你种哩一只，今晡渠就生条咁个苗，箇条苗嘞听晡就成哩欸就到哩冬下就谢咁哩，欸，你去扒开来箇蔸下唠，渠有一只冇一只个～崽子，结倒个。但是你永远都扒唔净凑。好，你今年栽哩你明年唔爱栽哩。渠慢呢唔知么个时候子嘞又翍出两条子来。你唔去齿渠嘞渠又长大哩，又唔爱肥，欸，箇东西蛮好食。ci13tʂəŋ53li0 iɔŋ13ciɔŋ35_44ŋa0 tʂʅ21ɔi53_44tʂəŋ53li0 iet3 fei13,tsʰiəu53 mau13li0 tsʰiet5,tsʰiəu53mau13sɿ53tsʰiet5 tʂəŋ21ŋa0. ɲi13tʂəŋ53li0 iet3 fei13, ɲi13tʂəŋ53li0 iet3 tʂak3,cin35_44pu35_53ci13_21 tsʰiəu53saŋ35tʰiau13_21kan21ke53miau13,kai53tʰiau13_21miau13lei0 tʰin53_44pu35_53tsʰiəu53ʂaŋ13_21li0 e0 tsʰiəu53tau53li0 təŋ35_44xa53_44 tsʰiəu53_44tsʰia53kan21ni0,e_21, ɲi13çi53pʰa13kʰɔi35lɔi13_21kai53_44tei21xa53_44lau0,ci13_21iəu35iet3 tʂak3 mau13iet3 tʂak3 kei53iɔŋ13 ciɔŋ35tse21tsɿ0,ciet3 tau21ke53.tan53ʂʅ53ɲi13_44uən21vien21təu35_53pʰa13_21n̩13_44tsʰiaŋ53tsʰe0.xau21, ɲi13_21cin35ɲien13_21tsɔi35_44li0 ɲi13 miaŋ13_21ɲien13_21m̩13_21mɔi53tsɔi35_44li0.ci13_21man53ne0 n̩13ti35_53mak3 e0 ʂʅ13_44xei53_44tsɿ0 lei0 iəu53kəŋ53tʂʰət3 iɔŋ21tʰiau13tsɿ0 lɔi13_44. ɲi13n̩13çi53tʂʰʅ21ci13lei0 ci13iəu53tʂɔŋ21tʰai53li0,iəu53m̩13_21mɔi53pʰi13,e_21,kai53_44təŋ35_44si0 man13_21xau21ʂət5.

【洋辣椒】iɔŋ$^{13}$lait$^{5}$ tsiau$^{35}$ 名秋葵：但是有～。就系昨晡昼边食哩箇碗～。欸，～系是你话……你话安做么个东西啊～啊安做么个？安做么个东西啊？唔辣个。～是就爱食得嫩咯。/有毛个。/切倒炒倒就有滴扯丝。/安做秋葵。/箇就～。tan$^{53}_{44}$ʂʅ$^{53}_{44}$iəu$^{35}$iɔŋ$^{13}$lait$^{5}_{3}$ tsiau$^{35}_{44}$.tsiəu$^{53}_{44}$xe$^{53}_{44}$ ts$^{h}$o$^{35}$pu$^{35}_{44}$tʂəu$^{53}$pien$^{35}$ʂət$^{5}$ li$^{0}$ kai$^{53}_{44}$uɔn$^{21}$iɔŋ$^{13}$lait$^{5}_{3}$ tsiau$^{35}_{44}$.e$_{21}$,iɔŋ$^{13}$lait$^{5}_{3}$ tsiau$^{35}$xe$^{53}$ʂʅ$^{53}_{44}$ɲi$^{13}$ua$^{53}_{44}$…ɲi$^{13}$ua$^{53}$ɔn$^{35}_{44}$tso$^{53}_{44}$ mak$^{3}$ ke$^{53}_{44}$təŋ$^{35}_{44}$si$^{0}$ a$^{0}$ iɔŋ$^{13}$lait$^{5}_{3}$ tsiau$^{35}$a$^{0}$ ɔn$^{35}_{44}$tso$^{53}_{44}$mak$^{3}$ ke$^{53}_{44}$?ɔn$^{35}_{44}$tso$^{53}_{44}$mak$^{3}$ ke$^{53}_{44}$təŋ$^{35}_{44}$si$^{0}$ a$^{0}$ ?n̩$^{13}$lait$^{5}$ ke$^{53}$.iɔŋ$^{13}$lait$^{5}$ tsiau$^{35}$ʂʅ$^{53}_{21}$ts$^{h}$iəu$^{53}_{44}$ɔi$^{53}_{35}$ʂət$^{5}$ tek$^{3}$ lən$^{53}$ko$^{0}$ ./iəu$^{35}_{44}$mau$^{35}$ke$^{53}_{44}$./ts$^{h}$iet$^{3}$ tau$^{21}$ts$^{h}$au$^{21}$tau$^{21}$ts$^{h}$iəu$^{53}_{44}$iəu$^{35}$tiet$^{5}$ tʂ$^{h}$a$^{21}$sɿ$^{35}$./ɔn$^{35}_{44}$ tso$^{53}_{44}$ts$^{h}$iəu$^{35}$k$^{h}$uei$^{13}_{21}$./kai$^{53}_{44}$ts$^{h}$iəu$^{53}_{44}$iɔŋ$^{13}$lait$^{5}_{3}$ tsiau$^{35}_{44}$.

【洋锹】iɔŋ$^{13}$ts$^{h}$iau$^{35}$ 名铁锹：我等喊～。以以落尾正喊掺铁锹。最先喊～。ŋai$^{13}_{21}$tien$^{0}$ xan$^{53}$iɔŋ$^{13}$ ts$^{h}$iau$^{35}$.i$^{21}_{13}$i$^{21}_{13}$lɔk$^{5}$ mi$^{35}_{44}$tʂaŋ$^{53}_{21}$xan$^{53}_{21}$lau$^{35}_{44}$t$^{h}$iet$^{3}$ ts$^{h}$iau$^{35}$.tsei$^{53}$sien$^{35}_{44}$xan$^{53}$iɔŋ$^{13}$ts$^{h}$iau$^{35}$.

【洋茄子】iɔŋ$^{13}$c$^{h}$io$^{13}$tsɿ$^{0}$ 名西红柿的旧称。又称“洋辣椒”：～西红柿噢。iɔŋ$^{13}$c$^{h}$io$^{13}$tsɿ$^{0}$ si$^{35}_{44}$fəŋ$^{13}$ ʂʅ$^{53}$ʐau$^{0}$.

【洋薯子】iɔŋ$^{13}$ʂəu$^{13}$tsɿ$^{0}$ 名土豆的旧称：还有哇，冇别么啊芋子冇得，还有只～。/箇是马铃薯晓吧？/土豆了箇是。/以阵就喊喊话下来箇只安做马铃薯。xai$^{13}_{21}$iəu$^{35}_{44}$ua$^{0}$,mau$^{13}$piet$^{5}$ mak$^{3}$ a$^{0}$ u$^{53}$ tsɿ$^{0}$ mau$^{13}_{21}$tek$^{3}$,xai$^{13}$iəu$^{35}_{44}$tʂak$^{3}$ iɔŋ$^{13}$ʂəu$^{13}$tsɿ$^{0}$./kai$^{53}_{44}$ʂʅ$^{53}_{44}$ma$^{35}$lin$^{13}_{21}$ʂəu$^{13}$çiau$^{21}$pa$^{0}$?/t$^{h}$u$^{21}$t$^{h}$ei$^{53}$liau$^{0}$ kai$^{53}$ʂʅ$^{53}_{44}$./i$^{21}$tʂən$^{53}_{44}$ tsiəu$^{53}_{44}$xan$^{53}$xan$^{53}$ua$^{53}_{44}$xa$^{53}_{44}$lɔi$^{13}$kai$^{53}_{44}$tʂak$^{3}$ ɔn$^{35}_{44}$tso$^{53}_{44}$ma$^{35}$liaŋ$^{13}_{21}$ʂəu$^{13}_{21}$.

【洋锁】iɔŋ$^{13}$so$^{21}$ 名弹子锁的旧称：冇么人喊～了。mau$^{13}_{21}$mak$^{3}$ in$^{13}_{44}$xan$^{53}$iɔŋ$^{13}$so$^{21}$liau$^{0}$.

【洋铁皮】iɔŋ$^{13}$t$^{h}$iet$^{3}$ p$^{h}$i$^{13}$ 名白铁皮：以前就有人开店子，用～做～桶～面盆欸来卖。i$^{35}_{53}$ts$^{h}$ien$^{13}$ ts$^{h}$iəu$^{53}$iəu$^{35}$ɲin$^{13}_{21}$k$^{h}$ɔi$^{35}$tian$^{53}$tsɿ$^{0}$,iəŋ$^{53}$iɔŋ$^{13}$t$^{h}$iet$^{3}$ p$^{h}$i$^{13}$tso$^{53}$iɔŋ$^{13}$t$^{h}$iet$^{3}$ p$^{h}$i$^{13}$t$^{h}$əŋ$^{21}$iɔŋ$^{13}$t$^{h}$iet$^{3}$ p$^{h}$i$^{13}$mien$^{53}$p$^{h}$ən$^{13}$e$_{21}$ lɔi$^{13}$mai$^{53}$.

【洋铁桶】iɔŋ$^{13}$t$^{h}$iet$^{3}$ t$^{h}$əŋ$^{21}$ 名白铁桶：箇阵子冇得塑料桶个时候子，～蛮食香。欸，搞么个嘞？渠蛮经事，又还轻快，但是会生硱，也唔经搞，会生硱哇。kai$^{53}$tʂ$^{h}$ən$^{53}$tsɿ$^{0}$ mau$^{13}$tek$^{3}$ sɔk$^{3}$ liau$^{53}$ t$^{h}$əŋ$^{21}$ke$^{53}$ʂʅ$^{13}$xei$^{53}$tsɿ$^{0}$,iɔŋ$^{13}$t$^{h}$iet$^{3}$ t$^{h}$əŋ$^{21}$man$^{13}$ʂət$^{5}$ çiɔŋ$^{35}$.e$_{21}$,kau$^{21}$mak$^{3}$ e$^{0}$ lei$^{0}$ ?ci$^{13}_{21}$man$^{13}$cin$^{35}$sɿ$^{53}$,iəu$^{53}$xai$^{13}_{21}$c$^{h}$iaŋ$^{35}$ k$^{h}$uai$^{53}$,tan$^{53}$ʂʅ$^{53}$uɔi$^{53}$saŋ$^{35}$ləu$^{35}$,ia$^{35}$n̩$^{13}_{21}$cin$^{35}$kau$^{21}$,uɔi$^{53}$saŋ$^{35}_{44}$ləu$^{35}$ua$^{0}$.

【洋头子】iɔŋ$^{13}$t$^{h}$ei$^{13}$tsɿ$^{0}$ 名洋镐。又称“洋锄”：～呃就系铁匠铺里打个，两头溜尖，用来挖箇个石头箇兜用个，欸。我等，以前我等屋下就有一张，捡倒别人家个，捡倒一张咁个～。如今我老婆箇到都又捡倒一张。有捡呢，有兜人挖哩以后就丢倒外背不要哩啊。iɔŋ$^{13}$t$^{h}$ei$^{13}$tsɿ$^{0}$ ə$_{21}$ts$^{h}$iəu$^{53}$xe$^{53}_{44}$t$^{h}$iet$^{3}$ siɔŋ$^{53}$p$^{h}$u$^{53}$li$^{0}$ ta$^{21}$ke$^{53}$,iɔŋ$^{21}$t$^{h}$ei$^{13}_{21}$liəu$^{35}$tsian$^{35}$,iəŋ$^{53}$lɔi$^{13}_{21}$uait$^{3}$ kai$^{53}_{44}$ke$^{53}_{44}$ʂak$^{5}$ t$^{h}$ei$^{13}_{21}$kai$^{53}_{44}$te$^{35}_{53}$iəŋ$^{53}$ ke$^{0}$,e$_{21}$.ŋai$^{13}$tien$^{0}$,i$^{35}_{53}$ts$^{h}$ien$^{13}_{21}$ŋai$^{13}$tien$^{0}$ uk$^{3}$ xa$^{53}_{44}$ts$^{h}$iəu$^{53}_{44}$iəu$^{35}_{53}$iet$^{3}$ tʂɔŋ$^{35}_{44}$,cian$^{21}$tau$^{21}$p$^{h}$iet$^{5}$ in$^{13}_{44}$ka$^{35}_{53}$ke$^{0}$,cian$^{21}$tau$^{21}$iet$^{3}$ tʂɔŋ$^{35}_{53}$kan$^{21}_{44}$ke$^{53}_{44}$iɔŋ$^{13}_{44}$t$^{h}$ei$^{13}_{44}$tsɿ$^{0}$.i$^{13}_{21}$cin$^{35}_{53}$ŋai$^{13}$lau$^{21}$p$^{h}$o$^{13}$kai$^{53}_{44}$tau$^{53}_{44}$təu$^{35}_{44}$iəu$^{53}$cian$^{21}$tau$^{21}$(i)et$^{3}$ tʂɔŋ$^{35}_{44}$.iəu$^{35}$cian$^{21}$ne$^{0}$, iəu$^{35}$tei$^{35}_{53}$ɲin$^{13}_{44}$uait$^{3}$ li$^{0}$ i$^{35}$xei$^{53}_{44}$ts$^{h}$iəu$^{53}$tiəu$^{35}$tau$^{21}_{44}$ŋɔi$^{53}$pɔi$^{53}$pət$^{3}$ iau$^{53}$li$^{0}$ a$^{0}$.

【洋袜子】iɔŋ$^{13}$mait$^{3}$ tsɿ$^{0}$ 名指机器编织的袜子：以前唔用～唔着～个之前着么个嘞？着布袜子，用布做个，后背嘞机器做个就安做～。i$^{35}_{53}$ts$^{h}$ien$^{13}$n̩$^{13}$iəŋ$^{53}$iɔŋ$^{13}$mait$^{3}$ tsɿ$^{0}$ n̩$^{13}$tʂɔk$^{3}$ iɔŋ$^{13}$mait$^{3}$ tsɿ$^{0}$ ke$^{53}$tʂʅ$^{35}_{53}$ ts$^{h}$ien$^{13}_{44}$tʂɔk$^{3}$ mak$^{3}$ e$^{0}$ lei$^{0}$ ?tʂɔk$^{3}$ pu$^{53}$mait$^{3}$ tsɿ$^{0}$,iəŋ$^{53}_{44}$pu$^{53}$tso$^{53}$ke$^{0}$,xei$^{53}$pɔi$^{53}_{44}$lei$^{0}$ ci$^{35}$çi$^{53}_{44}$tso$^{53}_{44}$ke$^{0}$ ts$^{h}$iəu$^{53}$ɔn$^{35}_{53}$tso$^{53}$ iɔŋ$^{13}$mait$^{3}$ tsɿ$^{0}$.

【洋锡皮】iɔŋ$^{13}$siak$^{3}$ p$^{h}$i$^{13}$ 名马口铁；镀锡的薄铁皮：欸从前用～皮做箇个嗯铁器个工具子，生活用品子个，用～做。牙膏瓶子欸也有用～皮子个，系，但是更多个就系么个嘞？就系锡做个。e$_{21}$ts$^{h}$əŋ$^{13}$ts$^{h}$ien$^{13}_{21}$iəŋ$^{53}$iɔŋ$^{13}$siak$^{3}$ p$^{h}$i$^{13}$tso$^{53}$kai$^{53}$kei$^{53}_{44}$n̩$_{21}$t$^{h}$iet$^{3}$ çi$^{53}$ke$^{53}$kəŋ$^{35}$tʂɥ$^{53}$tsɿ$^{0}$,sen$^{35}$xɔit$^{5}$ iəŋ$^{53}$p$^{h}$in$^{21}$ tsɿ$^{0}$ ke$^{0}$,iəŋ$^{53}$iɔŋ$^{13}$siak$^{3}$ p$^{h}$i$^{13}$tso$^{53}$.ŋa$^{13}$kau$^{35}_{53}$p$^{h}$in$^{13}$tsɿ$^{0}$ ei$_{21}$ia$^{35}$iəu$^{35}_{44}$iəŋ$^{53}$iɔŋ$^{13}$siak$^{3}$ p$^{h}$i$^{13}$tsɿ$^{0}$ ke$^{0}$,xe$^{53}$,tan$^{53}_{44}$ʂʅ$^{53}_{44}$cien$^{53}$ to$^{35}$ke$^{0}$ ts$^{h}$iəu$^{53}$xei$^{53}$mak$^{3}$ e$^{0}$ lei$^{0}$ ?ts$^{h}$iəu$^{53}$xei$^{53}$siak$^{3}$ tso$^{53}$ke$^{0}$.

【洋苋菜】iɔŋ$^{13}$xan$^{53}$ts$^{h}$ɔi$^{53}$ 名繁穗苋，茎叶多用于喂猪：～长得唔知几高唔知几大，箇有人咁高哇，只爱有肥呀。欸～。有起青苋菜嘞，如果馥嫩子，欸，唔老个时候子，人也食得，也有人食，但是渠比较粗糙，唔多好食，我等也食过。你只爱有肥，箇长起箇拳头咁大个梗，欸，人咁高，我等栽过，栽倒去畜猪哇。只爱舍得肥去，舍得肥，倾得去凑。箇筋都硬码倒到处都系，第一消得肥个东西。欸，～呀。青个，青个多，红个也有，青个多，我等栽个尽系青个。iɔŋ$^{13}$xan$^{53}$ts$^{h}$ɔi$^{53}$tʂɔŋ$^{21}$tek$^{3}$ n̩$^{13}$ti$^{35}_{53}$ci$^{21}$kau$^{35}_{44}$n̩$^{13}$ti$^{35}_{53}$ci$^{21}$t$^{h}$ai$^{53}$,kai$^{53}_{44}$iəu$^{35}_{53}$ɲin$^{13}$kan$^{21}$kau$^{35}_{44}$ua$^{0}$,tʂʅ$^{21}$ɔi$^{53}_{44}$iəu$^{35}$ p$^{h}$i$^{13}$ia$^{0}$.ei$_{21}$iɔŋ$^{13}$xan$^{53}$ts$^{h}$ɔi$^{53}$.iəu$^{35}_{44}$çi$^{21}$ts$^{h}$iaŋ$^{35}$xan$^{53}_{44}$ts$^{h}$ɔi$^{53}$lei$^{0}$,ɥ$^{13}$ko$^{21}$fət$^{5}$ lən$^{53}$tsɿ$^{0}$,e$_{21}$,n̩$^{13}$nau$^{21}$kei$^{53}$ʂʅ$^{13}$xei$^{53}$tsɿ$^{0}$, ɲin$^{13}$na$^{35}_{53}$ʂət$^{5}$ tek$^{5}$,ia$^{35}$iəu$^{35}_{53}$ɲin$^{13}_{21}$ʂət$^{5}$,tan$^{53}$ʂʅ$^{53}$ci$^{13}_{21}$pi$^{21}$ciau$^{53}$ts$^{h}$əu$^{35}$ts$^{h}$au$^{53}$,n̩$^{13}$to$^{35}_{53}$xau$^{21}$ʂət$^{5}$,ŋai$^{13}$tien$^{0}$ ia$^{35}$ʂət$^{5}$ ko$^{53}$. ɲi$^{13}$tʂʅ$^{21}$ɔi$^{53}$iəu$^{35}_{53}$p$^{h}$i$^{13}$,kai$^{53}$tʂɔŋ$^{21}$çi$^{21}_{53}$kai$^{53}_{44}$c$^{h}$ien$^{13}$t$^{h}$ei$^{13}_{21}$kan$^{21}$t$^{h}$ai$^{53}$ke$^{0}$ kuaŋ$^{21}$,e$_{53}$, ɲin$^{13}$kan$^{21}$kau$^{35}$,ŋai$^{13}_{21}$tien$^{0}$ tsɔi$^{35}$

ko53,tsɔi35tau21çi53çiəuk3 tʂəu35ua0.tʂʅ21ɔi53ʂa21tek3 pʰi13çi53,ʂa21tek3 pʰi13,kʰuaŋ35tek3 çi53/44tsʰe0.kai53cin35təu35/53 ɲiaŋ53ma53tau21tau53tʂʰəu53/44təu35/44xei53/44,tʰi53iet3 siau35tek3 pʰi13ke53/21təŋ35/44si0.e21,iɔŋ13xan53tsʰɔi53ia0.tsʰiaŋ35ke53, tsʰiaŋ35ke53to35,fəŋ13/21ke53/44a35/44iəu35/44,tsʰiaŋ35ke53/44to35/44,ŋai13/21tien0 tsɔi35/44ke0 tsʰin53ne53/21tsʰiaŋ35ke0.

【洋油】iɔŋ13iəu13 名 煤油的旧称：提只洋油瓶去打～。tʰia35tʂak3 iɔŋ13iəu13/44pʰin13çi53ta21iɔŋ13iəu13.

【洋油灯盏】iɔŋ13iəu13ten35tsan21 名 煤油灯：我等箇只几十年是～也还系奢侈个东西，欸，唔系是系发箴子。ŋai13tien0 kai53tʂak3 ci21ʂət5 ɲien13ʂʅ53/44iɔŋ13iəu13/21ten35tsan21na35/53xai13/21xe53/44ʂa35tʂʰʅ21ke53/21təŋ35/44 si0,e21,m13/21pʰei53ʂʅ53/44xe53/44pɔit3 miet5 tsʅ0.

【洋油瓶】iɔŋ13iəu13pʰin13 名 旧时一种用来装煤油的四方形白铁罐。百姓也在清洗后用来装食用油：如果从油榨下提归来嘞，油榨下装归来，装多滴子嘞，用安做用～。能够装得三十斤子。铁做个，就系……欸欸，以前是就冇得以咁个么啊盬子，冇得箇装油箇只。就用～呢。我等箇阵子五五六六十年代，七十年代呀，用～。话哩箇晡讲个唠，还系还嘞解放前，箇安做箇上背还有美孚石油公司个名字嘞。唔知让门子箇个油瓶也还用得，装茶油哇，真好嘞。箇有嘞。渠就石油公司箇只装汽油，装煤油哇，装煤油来个。唔知让门也还可以用来装茶油。从前冇得。箇就以个大个。vy13ko21tsʰəŋ13iəu13tsa53xa35tʰia35kuei35/44lɔi13/21lei0,iəu13tsa53xa35tsɔŋ35kuei35/44 lɔi13/21,tsɔŋ35to35tiet5 tsʅ0 lei0,iəŋ53ɔn35/44tso53/44iəŋ53iɔŋ13iəu13pʰin13.len13ciəu53/44tsɔŋ35tek3 san35ʂət5 cin35/44tsʅ0.tʰiet3 tso53 ke53/44,tsʰiəu53xei53/44…ei21,ei21,i35tsʰien13ʂʅ53/44tsʰiəu53mau13tek3 i21kan21ke53mak3 a0 ku21tsʅ0,mau13tek3kai53/44tʂɔŋ35/44iəu13 kai53/44tʂak3.tsʰiəu53iəŋ53iɔŋ13iəu13pʰin13ne0.ŋai13tien0 kai53tʂʰən53/44tsʅ0 ŋ̍21ŋ̍21/13liəuk3 liəuk3 ʂət5 ɲien13/21tʰɔi53/44,tsʰiet3 ʂət5 ɲien13/21tʰɔi53/44ia0,iəŋ53iɔŋ13iəu13/21pʰin13.ua53li0 kai53pu35kɔŋ21ke53/44lau0,xa13/21xe53/44xai13lei44kai21fɔŋ53tsʰien13,kai53/21 ɔn35/44tso53/44kai53/44ʂɔŋ53pɔi53xai13/21iəu35/44mei35fu13ʂak5 iəu13kəŋ35/44sʅ35/44ke53/21miaŋ13sʅ13le0.n̩13ti13/44ɲiɔŋ53mən13/44tsʅ0 kai53ke53 iəu13pʰin13ia53/44xai13iəŋ53tek3,tʂɔŋ35tsʰa13iəu13ua0,tʂən35/44xau21lei0.kai53iəu53/44lei0.ci13tsiəu53/44ʂak5 iəu13/21kəŋ35/44sʅ35/44kai53/44 tʂak3 tʂɔŋ35/44çi53iəu13/21,tʂɔŋ35/44mei13iəu13/44ua0,tʂɔŋ35mei13iəu13/21lɔi13/21ke53.n̩13ti13/44ɲiɔŋ53/44mən13/53ie21xai13/21kʰo21i35iəŋ53lɔi13/21 tʂɔŋ35tsʰa13iəu13.tsʰəŋ13tsʰien13/44mau13tek3.kai53/44tsʰiəu53i21ke53tʰai35ke35/44.

【仰₁】ŋɔŋ35 动（头）上扬：～起来 ŋɔŋ35çi21lɔi13 抬头

【仰₂】ɲiɔŋ21 动 ①摇晃；抖动：捉倒箇筒树～渠几下唠。tsɔk3 tau21/44kai53/44tʰəŋ13ʂəu53ɲiɔŋ21ci13ci21xa53 lau0.｜你个脚总～么个？ɲi13/44ke53ciɔk3 tsəŋ21ɲiɔŋ21mak3 (k)e53? ②招摇，张扬，常指获得不值一提的成就或做成一件芝麻大的事就得意忘形：箇只人～就～得蛮迷，冇锯屎出。kai53tʂak3 ɲin13/21 ɲiɔŋ21tsʰiəu53ɲiɔŋ21tek3 man13mi13,mau13/21cie53ʂʅ21tʂʰət3.

【仰上仰下】ɲiɔŋ21ʂɔŋ35ɲiɔŋ21xa35 上下抖动貌或快速摇动：以映子仰几下嘞渠箇顿铲箇手巾呢就咁子就咁子～就搧风啊。i21iaŋ53/44tsʅ0 ɲiɔŋ21ci21xa53/44lei0 ci13/21kai53/44tən53tsʰan21kai53/44ʂəu21cin35nei0 tsʰiəu53 kan21tsʅ0 tsʰiəu53kan21tsʅ0 ɲiɔŋ21ʂɔŋ35ɲiɔŋ21xa35tsʰiəu53/44sen53fəŋ35ŋa0.

【仰天窖】ŋɔŋ35tʰien35/44kau53 名 垂直下挖的地窖，上口小：到底搞么啊用个嘞～？放行头？放番薯种，系啊？主要唔系放番薯种呢。有钱人屏东西个嘞。唔知哩。番薯种我等一般是窖平窖进去嘞。tau53ti21kau21mak3 a0 iəŋ53ke53/44le0 ŋɔŋ35tʰien35/44kau53/44?fɔŋ53çin13/21tʰei0 ?fɔŋ53fan35/44ʂəu13/21tʂəŋ21,xei53/44 ia0 ?tʂʮ21iau53m13/21pʰe53/44fɔŋ53fan35/44ʂəu13/21tʂəŋ21ne0 .iəu35tsʰien13/21ɲin13/21piaŋ53təŋ35si0 ke53/44lei0 .n̩13/21ti13/44li0 .fan35ʂəu13/21tʂəŋ21 ŋai13/21tien0 iet3 pɔn35ʂʅ53/44kau53pʰiaŋ35kau53tsin53çi53/44lei0.

【仰仰哩】ŋɔŋ35ŋɔŋ35li0 形 仰面向上的样子：我等睡目嘞首先会～睡，睡一阵就成侧侧哩睡。ŋai13tien0 ʂɔi53muk3 lei0 ʂəu21sien35/44uɔi53ŋɔŋ35ŋɔŋ35li0 ʂɔi53,ʂɔi53iet3 tʂʰən53tsʰiəu53ʂaŋ13/21tset3 tset3 li0 ʂɔi53.

【仰转】ŋɔŋ35tʂɔn21 动 反转使正面朝上：以箇（饭撮）如今是覆倒去箇子唠，要分渠转要，～来唠，就用来装菜。i21kai53/44i13/21cin35/53ʂʅ53/44pʰuk3 tau21çi53kai53/44tsʅ0 lau0,iau53/21pən35/44ci13/44tʂɔn21iau53/21,ŋɔŋ35tʂɔn21nɔi13 lau0,tsʰiəu53/44iəŋ53lɔi13/21tʂɔŋ35tsʰɔi53.

【养】iɔŋ35 动 ①培植（花草）：～花是我等啊最冇经验个。最冇得经验。硬冇人工去栽花箇个。iɔŋ35fa35ʂʅ53/44ŋai13/21tien0 a0 tsei53mau13/21cin35ɲien53/44ke0 .tsei53mau13tek3 cin35/44ɲien53/44. ŋiaŋ53mau13ɲin13kəŋ35/44çi53/44tsɔi35 fa35kai53/44kei53/44. ②保障；提供所需钱物：我爱来搞只咁个东西，搞只子咁个竹木加工厂子样个东西，赚兜子钱来～箇只东西指拟议中的私立客家文化博物馆。ŋai13ɔi53lɔi13/21kau21tʂak3 kan21ke53/44təŋ35/44si0,kau21tʂak3 tsʅ0 kan21ke0 tʂəuk3 muk3 cia35kəŋ35/44tʂʰɔŋ21tsʅ0 iɔŋ53/44ke53/21təŋ35/44si0,tsʰan35te35/44tsʅ0 tsʰien13lɔi13/21iɔŋ35kai53tʂak3 təŋ35/44si0.

【养老个】iɔŋ35lau21ke53 指人晚年生活所需的各种东西：防老个，就系防死个。箇～在外，～又还～。fɔŋ13lau21ke53,tsʰiəu53(x)e53fɔŋ13si21ke53.kai53iɔŋ35lau21ke53tsʰai53uai53,iɔŋ35lau21ke53iəu53uan13/21iɔŋ35 lau21ke53.

Y

【养尸地】iɔŋ$^{35}$ʂʅ$^{35}_{44}$tʰi$^{53}$ 名埋葬的尸体不容易自然腐坏的地方：唔散金个栏场就安做～。ŋ̍$^{13}$san$^{21}$cin$^{35}$ke$^{53}_{44}$laŋ$^{13}_{21}$tʂʰɔŋ$^{13}_{21}$tsʰiəu$^{53}_{44}$ɔn$^{35}_{44}$tso$^{53}_{44}$iɔŋ$^{35}$ʂʅ$^{35}_{44}$tʰi$^{53}$.

【痒】iɔŋ$^{35}$ 形皮肤或黏膜受刺激而不适，想要抓挠的感觉：草鞋搭是～死人个是。tsʰau$^{21}$xai$^{13}$tait$^{3}$ʂʅ$^{53}_{44}$iɔŋ$^{35}$si$^{21}$ɲin$^{13}$ke$^{53}$ʂʅ$^{53}_{21}$.｜脚癣就脚上～啊。ciɔk$^{3}$sien$^{21}$tsʰiəu$^{53}$ciɔk$^{3}$xɔŋ$^{53}$iɔŋ$^{35}$ŋa$^{0}$.

【样$_1$】iɔŋ$^{53}$ 名样子；形状：荷包茄个～呀 xo$^{13}$pau$^{35}_{44}$cʰio$^{13}$ke$^{53}_{44}$iɔŋ$^{53}$ia$^{0}$｜四四方方个～ si$^{53}_{44}$si$^{53}_{44}$fɔŋ$^{35}$fɔŋ$^{35}$ke$^{53}_{44}$iɔŋ$^{53}_{44}$

【样$_2$】iɔŋ$^{53}$ 形一样的；同样的：篾子舞做～宽子。miet$^{5}$tsʅ$^{0}$u$^{21}$tso$^{53}$iɔŋ$^{53}$kʰɔn$^{35}$tsʅ$^{0}$.｜其实呀好么啊唠？～个哩。cʰi$^{13}_{21}$ʂət$^{5}$ia$^{0}$xau$^{21}$mak$^{3}$a$^{0}$lau$^{0}$?iɔŋ$^{53}$ke$^{53}_{21}$li$^{0}$.｜箇边也～个咁子做倒。kai$^{53}$pien$^{35}$ia$^{35}$iɔŋ$^{53}$kei$^{53}_{44}$kan$^{21}$tsʅ$^{0}$tso$^{53}$tau$^{21}$.｜（箭瓦）也爱烧一到嘞，～个爱烧一到嘞。ia$^{35}$ɔi$^{53}$ʂau$^{35}$iet$^{3}$tau$^{53}$lei$^{0}$,iɔŋ$^{53}$ke$^{53}_{44}$ɔi$^{53}_{44}$ʂau$^{35}$iet$^{3}$tau$^{53}$lei$^{0}$.

【样$_3$】iɔŋ$^{53}$ 量表示种类：一～菜 iet$^{3}$iɔŋ$^{53}_{44}$tsʰɔi$^{53}$｜箇只爱放几～东西欸。kai$^{53}$tʂʅ$^{21}$ɔi$^{53}$fɔŋ$^{53}$ci$^{21}$iɔŋ$^{53}_{44}$tɔŋ$^{35}_{44}$si$^{0}$e$_{21}$.

【样$_4$】iɔŋ$^{53}$ 助比况助词，表示相似，相当于"一样、似的"：收花麦～ ʂəu$^{35}$fa$^{35}$mak$^{5}$iɔŋ$^{53}_{21}$形容收获的产量很低｜系啊，像羊子个角～。就系羊子个角～。xei$^{53}$a$^{0}$,tsʰiɔŋ$^{53}$iɔŋ$^{13}$tsʅ$^{0}$ke$^{53}$kɔk$^{3}$iɔŋ$^{53}_{44}$.tsʰiəu$^{53}$xe$^{53}_{44}$iɔŋ$^{13}$tsʅ$^{0}$ke$^{53}$kɔk$^{3}$iɔŋ$^{53}_{44}$.

【样子】iɔŋ$^{53}$tsʅ$^{0}$ 名模样；形状；外观：～三角□一样个吧？iɔŋ$^{53}_{21}$tsʅ$^{0}$san$^{35}_{44}$kɔk$^{3}$lian$^{53}$iet$^{3}$iɔŋ$^{53}_{44}$ke$^{53}_{44}$pa$^{0}$?｜有滴食苋菜个味道苋菜菌是，苋菜味道，唔系苋菜～。iəu$^{35}$tet$^{5}_{3}$ʂət$^{5}$xan$^{53}$tsʰɔi$^{53}_{44}$ke$^{53}_{44}$uei$^{53}$tʰau$^{53}$xan$^{53}$tsʰɔi$^{53}$cʰin$^{35}$ʂʅ$^{53}_{44}$,xan$^{53}_{44}$tsʰɔi$^{53}_{44}$uei$^{53}$tʰau$^{53}_{44}$,m̩$_{21}$pʰe$_{44}$(←m̩$^{13}$xe$^{53}$)xan$^{53}$tsʰɔi$^{53}_{44}$iɔŋ$^{53}$tsʅ$^{0}$.

【幺鸡】iau$^{35}$cie$^{35}$ 名麻将牌中的一索：打麻将。"我就系爱只～。" ta$^{21}$ma$^{13}$tsiɔŋ$^{53}$."ŋai$^{13}$tsʰiəu$^{53}$xe$^{53}_{44}$ɔi$^{53}$tʂak$^{3}$iau$^{35}$cie$^{35}_{44}$."

【夭】iau$^{35}$ 形因水分多而过软：打比样箇搋个米馃，系唔系？搋软哩，搋～哩，忒搋～哩，放多哩水呀，就安做忒搋～哩。少放兜水嘞就会硬，忒搋硬哩。忒搋～哩就忒搋软哩啊，忒搋湿哩啊，就安做忒搋～哩哦。呣，撞怕就："莫搋咁硬啊，还爱～兜子，还爱搋～兜子。呃忒搋～哩要唔得，呃做唔出做唔成。系啊？做米馃做唔成。" ta$^{21}$pi$^{21}$iɔŋ$^{53}_{44}$kai$^{53}_{44}$tsʰai$^{35}$ke$^{53}$mi$^{21}$ko$^{21}$,xei$^{53}$me$^{53}$?tsʰai$^{35}$ɲiɔn$^{35}$ni$^{0}$,tsʰai$^{35}$iau$^{35}$li$^{0}$,tʰet$^{3}$tsʰai$^{35}_{44}$iau$^{35}$li$^{0}$,fɔŋ$^{53}$to$^{35}_{44}$li$^{0}$ʂei$^{21}$ia$^{0}$,tsiəu$^{53}_{21}$ɔn$^{35}_{53}$tso$^{53}$tʰet$^{3}$tsʰai$^{35}_{44}$iau$^{35}$li$^{0}$.ʂau$^{21}$fɔŋ$^{53}$te$^{35}_{53}$ʂei$^{21}$lei$^{0}$tsʰiəu$^{53}_{44}$uɔi$^{53}_{44}$ŋaŋ$^{53}$,tʰet$^{3}$tsʰai$^{35}_{44}$ŋaŋ$^{53}$li$^{0}$.tʰet$^{3}$tsʰai$^{35}_{44}$iau$^{35}$li$^{0}$tsiəu$^{53}$tʰet$^{3}$tsʰai$^{35}_{44}$ɲiɔn$^{35}$ni$^{0}$a$^{0}$,tʰet$^{3}$tsʰai$^{35}_{53}$ʂət$^{3}$li$^{0}$a$^{0}$,tsʰiəu$^{53}$ɔn$^{35}_{53}$tso$^{53}$tʰet$^{3}$tsʰai$^{35}_{44}$iau$^{35}$li$^{0}$o$^{0}$.m̩$_{21}$,tsʰɔŋ$^{21}$pʰa$^{53}$tsʰiəu$^{53}_{44}$:"mɔk$^{5}$tsʰai$^{35}_{44}$kan$^{21}$ŋaŋ$^{53}$ŋa$^{0}$,xa$^{13}_{21}$ɔi$^{53}_{44}$iau$^{35}$te$^{35}_{53}$tsʅ$^{0}$,xa$^{13}_{21}$ɔi$^{53}$tsʰai$^{35}_{44}$iau$^{35}_{44}$te$^{35}_{53}$tsʅ$^{0}$.ə$^{0}$tʰet$^{3}$tsʰai$^{35}_{44}$iau$^{35}$li$^{0}$iau$^{53}$n̩$^{13}_{44}$tek$^{3}$,ə$^{0}$tso$^{53}$n̩$^{13}$tʂʰət$^{3}$tso$^{53}$n̩$^{13}_{21}$ʂaŋ$^{13}$.xei$^{53}$a$^{0}$?tso$^{53}$mi$^{21}$ko$^{21}$tso$^{53}$n̩$^{13}_{21}$ʂaŋ$^{13}$."

【妖精】iau$^{35}_{44}$tsin$^{35}_{44}$ 名妖怪精灵之类，常用来喻指不正派的女性：一般指夫娘子人呶，唔正派唠，就话以个～样。欸打扮得妖里妖气哟，～样噢。iet$^{3}$pɔn$^{35}$tʂʅ$^{21}$pu$^{35}$ɲiɔŋ$^{13}_{21}$tsʅ$^{0}$ɲin$^{13}_{21}$nau$^{0}$,n̩$^{13}$tʂən$^{53}$pʰai$^{53}_{44}$lau$^{0}$,tsiəu$^{53}_{44}$ua$^{53}_{44}$i$^{21}$ke$^{53}$iau$^{35}$tsin$^{35}_{44}$iɔŋ$^{53}$.e$_{21}$ta$^{21}$pan$^{53}$tek$^{3}$iau$^{35}$li$^{0}$iau$^{35}_{44}$çi$^{53}$iau$^{0}$,iau$^{35}$tsin$^{35}_{44}$iɔŋ$^{53}$ŋau$^{0}$.

【妖里妖气】iau$^{35}$li$^{0}$iau$^{35}_{44}$çi$^{53}$ 形容女人装束奇特、举止轻狂而不正派：欸打扮得～哟，妖精样噢。e$_{21}$ta$^{21}$pan$^{53}$tek$^{3}$iau$^{35}$li$^{0}$iau$^{35}_{44}$çi$^{53}$iau$^{0}$,iau$^{35}$tsin$^{35}_{44}$iɔŋ$^{53}$ŋau$^{0}$.

【腰】iau$^{35}$ 名胯上肋下的部分，在身体的中部：我用过咁长子个（长手巾），正好缔下～上个。ŋai$^{13}$iɔŋ$^{53}$ko$^{53}_{44}$kan$^{21}$tʂʰɔŋ$^{13}$tsʅ$^{0}$ke$^{53}$,tʂən$^{53}$xau$^{21}$tʰak$^{3}$(x)a$^{53}_{44}$iau$^{35}$xɔŋ$^{53}_{44}$ke$^{53}_{44}$.｜甚至有种病，箇～上啊，起一线墨乌个东西，一只圈圈，安做拦腰蛇。ʂən$^{53}$tʂʅ$^{53}_{44}$iəu$^{35}$tʂəŋ$^{21}$pʰiaŋ$^{53}$,kai$^{53}_{44}$iau$^{35}$xɔŋ$^{53}$ŋa$^{0}$,çi$^{21}$iet$^{3}$sien$^{53}$mek$^{5}$u$^{35}_{44}$ke$^{0}$tɔŋ$^{35}_{44}$si$^{0}$,it$^{3}$tʂak$^{3}$cʰien$^{35}$cʰien$^{35}_{44}$,ɔn$^{35}_{44}$tso$^{53}$lan$^{13}$iau$^{35}$ʂa$^{13}$.

【腰带】iau$^{35}$tai$^{53}_{44}$ 名用布制成，形如长巾，用来扎于腰间：长长个，系下腰上，～哟，系唔系？～。就舞条手巾羁嘿腰上个吧？～。tʂʰɔŋ$^{13}$tʂʰɔŋ$^{13}$ke$^{53}$,ci$^{53}$ia$_{44}$(←xa$^{53}$)iau$^{35}$xɔŋ$^{53}$,iau$^{35}$tai$^{53}_{44}$io$^{0}$,xei$^{53}_{44}$me$^{53}_{44}$?iau$^{35}$tai$^{53}_{44}$.tsʰiəu$^{53}$u$^{21}$tʰiau$^{13}$ʂəu$^{21}$cin$^{35}$cie$^{35}_{44}$xek$^{3}$iau$^{35}_{44}$xɔŋ$^{53}_{44}$ke$^{53}_{44}$pa$^{0}$?iau$^{35}$tai$^{53}_{44}$.

【腰花】iau$^{35}$fa$^{35}$ 名用动物肾脏细切作花形而烹调的食品：猪子身上个嘞，～就系箇猪腰子。tʂəu$^{35}$tsʅ$^{0}$ʂən$^{35}_{44}$xɔŋ$^{53}_{21}$ke$^{53}_{44}$lei$^{0}$,iau$^{35}$fa$^{35}_{44}$tsʰiəu$^{53}$xe$^{53}$kai$^{53}_{21}$tʂəu$^{35}$iau$^{35}$tsʅ$^{0}$.

【腰篮】iau$^{35}$lan$^{13}$ 名一种篮子，略呈长方形：安做～，长方形个～。/～打箇个以咁长子个啊，咁宽子啊。ɔn$^{35}_{44}$tso$^{53}_{44}$iau$^{35}$lan$^{13}$,tʂʰɔŋ$^{13}$fɔŋ$^{35}_{53}$çin$^{13}_{44}$ke$^{53}_{44}$iau$^{35}$lan$^{13}_{21}$./iau$^{35}$lan$^{13}_{21}$ta$^{21}$kai$^{53}$ke$^{53}$i$^{21}$kan$^{21}$tʂʰɔŋ$^{13}$tsʅ$^{0}$ke$^{53}_{44}$a$^{0}$,kan$^{21}$kʰɔn$^{35}$tsʅ$^{0}$a$^{0}$.

【腰裙】iau$^{35}$cʰin$^{13}$ 名一种系在腰上的围裙：欸，我一煮饭食嘞欸一进灶下我就羁～，嘿嘿，我就喜欢羁～。还有嘞，戴衫袖筒，嗯，冷天就戴衫袖筒。e$_{21}$,ŋai$^{13}$iet$^{3}$tʂəu$^{21}$fan$^{53}$ʂət$^{5}$lei$^{0}$ei$_{44}$iet$^{3}$

tsin$^{53}$tsau$^{53}$xa$^{53}_{44}$ŋai$^{13}_{21}$tsʰiəu$^{53}$cie$^{35}_{44}$iau$^{35}$cʰin$^{13}_{21}$,xe$_{44}$xe$_{53}$,ŋai$^{13}_{21}$tsʰiəu$^{53}$çi$^{21}$fɔn$^{35}_{44}$cie$^{35}_{44}$iau$^{35}_{44}$cʰin$^{13}_{21}$.xai$^{13}$iəu$^{35}_{44}$lei$^{0}$,tai$^{53}$san$^{35}_{44}$ tsʰiəu$^{53}$tʰəŋ$^{13}$,n̩$_{53}$,laŋ$^{35}$tʰien$^{35}_{44}$tsʰiəu$^{53}_{44}$tai$^{53}_{44}$san$^{35}$tsʰiəu$^{53}$tʰəŋ$^{13}$.

【腰驼背痛】iau$^{35}$tʰo$^{13}$pɔi$^{53}$tʰəŋ$^{53}$ 指做事时要弯着腰弓着背，容易感到腰酸背痛：欸，割禾就～，爱弯腰。e$_{21}$,kɔit$^{3}$ uo$^{13}$tsʰiəu$^{53}_{44}$iau$^{35}$tʰo$^{13}$pɔi$^{53}_{44}$tʰəŋ$^{53}_{44}$,ɔi$^{53}$uan$^{35}_{44}$iau$^{35}$.｜今晡挖一天个土，搞起我～。cin$^{35}$ pu$^{35}_{53}$uait$^{3}$ iet$^{3}$ tʰien$^{35}$ke$^{53}$tʰəu$^{21}$,kau$^{21}$çi$^{21}_{44}$ŋai$^{13}_{21}$iau$^{35}$tʰo$^{13}$pɔi$^{53}$tʰəŋ$^{53}$.

【腰子】iau$^{35}$tsɿ$^{0}$ 名肾脏的俗称：猪～切得薄薄子，用茶油子爆炒，也系味道蛮好个东西。tʂəu$^{35}$iau$^{35}_{44}$tsɿ$^{0}$ tsʰiet$^{3}$ tek$^{3}$ pʰɔk$^{5}$ pʰɔk$^{5}$ tsɿ$^{0}$,iəŋ$^{53}$tsʰa$^{13}$iəu$^{35}_{44}$tsɿ$^{0}$ pau$^{53}$tsʰau$^{21}$,ia$^{35}$xe$^{53}$uei$^{53}$tʰau$^{53}$man$^{13}$xau$^{21}$ke$^{0}$ təŋ$^{35}_{44}$ si$^{0}$.

【邀】iau$^{35}$ 动约请：以前有只人咯渠～我去旅游。i$^{35}_{53}$tsʰien$^{13}_{21}$iəu$^{35}$tʂak$^{3}$ ɲin$^{13}$ko$^{0}$ ci$^{13}_{21}$iau$^{35}$ŋai$^{13}_{21}$çi$^{53}_{44}$li$^{35}$ iəu$^{13}$.｜听晡爱～下子平妹子去嬲哇。tʰin$^{53}_{44}$pu$^{35}$ɔi$^{53}$iau$^{35}$(x)a$^{53}$tsɿ$^{0}$ pʰin$^{13}$mɔi$^{53}$tsɿ$^{0}$ çi$^{53}$liau$^{53}$ua$^{0}$.

【尧】ɲiau$^{35}$ 动一端向上翘。有“AA 哩”“AA 子”等重叠式：铁片，会～起来个。tʰiet$^{3}$ pʰien$^{53}$,uɔi$^{53}$ɲiau$^{35}$çi$^{21}$lɔi$^{13}_{21}$ke$^{53}$.｜胡子～起，眼珠鼓起 u$^{13}$tsɿ$^{0}$ɲiau$^{35}$çi$^{21}$,ŋan$^{21}$tʂəu$^{35}$ku$^{21}$çi$^{21}$ 吹胡子瞪眼睛（发怒貌）｜箇张过骨刀嘞就一只嘴～～哩。kai$^{53}_{33}$tʂɔŋ$^{35}_{33}$ko$^{53}$kuət$^{3}$ tau$^{35}$lei$^{0}$ tsʰiəu$^{53}$iet$^{3}$ tʂak$^{3}$ tsi$^{21}$ɲiau$^{35}$ɲiau$^{35}$li$^{0}$.｜箇个～～子，/像羊角就系，欸。kai$^{53}_{44}$kei$^{53}_{44}$ɲiau$^{35}$ɲiau$^{35}$tsɿ$^{0}$,/tsʰiɔŋ$^{53}_{44}$iɔŋ$^{13}$kɔk$^{3}$ tsʰiəu$^{53}_{44}$xe$^{53}_{44}$,e$_{21}$.

【窑渣灰】iau$^{13}$tsa$^{35}$fɔi$^{35}$ 名烧窑后去除的杂质：～就系以前烧窑，欸，烧哪起窑嘞？烧箇起围窑个烧红砖个围窑，分砖舞嘿以后嘞，剩下一大嶂咁个泥呀，灰呀，箇个就安做～。箇年我老弟子烧一窑砖，啊～都唔知荷嘿几久子哦硬哦。跍倒别人家田里烧个砖呐，爱分箇灰荷嘿去啊。箇灰又有哩灰嘞，尽系咁个泥嘞。iau$^{13}$tsa$^{35}_{44}$fɔi$^{35}$tsʰiəu$^{53}_{44}$xe$^{53}_{44}$i$^{35}_{53}$tsʰien$^{13}_{21}$ʂau$^{35}$iau$^{13}$,e$_{21}$,ʂau$^{35}_{44}$lai$^{53}$çi$^{21}$ iau$^{13}$lei$^{0}$?ʂau$^{35}_{44}$kai$^{53}$çi$^{21}$uei$^{13}$iau$^{13}$ke$^{53}$ʂau$^{35}$fəŋ$^{13}$tʂuɔn$^{35}$ke$^{53}$uei$^{13}$iau$^{13}$,pən$^{35}$tʂuɔn$^{35}$u$^{21}$xek$^{3}$ i$^{35}_{53}$xei$^{53}_{44}$lei$^{0}$,ʂən$^{53}$çia$^{53}$ iet$^{3}$ tʰa:i$^{53}$tʂɔŋ$^{53}$kan$^{21}$ke$^{53}$lai$^{13}$ia$^{0}$,fɔi$^{35}$ia$^{0}$,kai$^{53}_{44}$ke$^{53}_{44}$tsʰiəu$^{53}$ɔn$^{35}_{53}$tso$^{53}$iau$^{13}$tsa$^{35}_{44}$fɔi$^{35}$.kai$^{53}$ɲien$^{13}_{21}$ŋai$^{13}_{44}$lau$^{13}_{21}$tʰei$^{53}$tsɿ$^{0}$ ʂau$^{35}_{44}$iet$^{3}$ iau$^{13}_{21}$tʂuɔn$^{35}$,a$_{53}$iau$^{13}_{21}$tsa$^{35}_{44}$fɔi$^{35}$təu$^{35}_{53}$n̩$^{13}_{21}$ti$^{35}_{53}$kʰai$^{35}_{44}$xek$^{3}$ ci$^{21}$ciəu$^{21}$tsɿ$^{0}$ o$^{0}$ ɲiaŋ$^{53}_{44}$ŋo$^{0}$.kʰu$^{35}$tau$^{21}$pʰiet$^{5}$ in$^{13}_{53}$ka$^{35}_{53}$ tʰien$^{13}$ni$^{0}$ ʂau$^{35}_{44}$ke$^{53}_{44}$tʂuɔn$^{35}_{44}$na$^{0}$,ɔi$^{53}_{44}$pən$^{35}_{44}$kai$^{53}_{44}$fɔi$^{35}$kʰai$^{35}$xek$^{3}$ çi$^{53}$a$^{0}$.kai$^{53}$fɔi$^{35}$iəu$^{53}$mau$^{13}$li$^{0}$ fɔi$^{35}$lei$^{0}$,tsʰin$^{53}$ne$^{53}_{21}$kan$^{21}_{44}$ ke$^{53}_{44}$lai$^{13}$lei$^{0}$.

【窑砖屋】iau$^{13}$tʂuɔn$^{35}$uk$^{3}$ 名用窑砖建的房子：欸，箇个早十几两十年是～是箇就系最高档个屋啦，唔讲究唔在于么个欸设计几好子，只爱系～欸就最高档个屋，最高级个屋。e$_{21}$,kai$^{53}$ kei$^{53}$tsau$^{21}$ʂət$^{5}$ ci$^{21}$iɔŋ$^{21}$ʂət$^{5}$ ɲien$^{13}_{21}$ʂɿ$^{53}_{44}$iau$^{13}$tʂuɔn$^{35}_{53}$uk$^{3}$ ʂɿ$^{53}_{44}$kai$^{53}_{44}$tsʰiəu$^{53}_{44}$xe$^{53}_{44}$tsei$^{53}$kau$^{35}$tɔŋ$^{53}$ke$^{53}$uk$^{3}$ la$^{0}$,n̩$^{13}$kɔŋ$^{21}$ciəu$^{53}$ n̩$^{13}$tsʰai$^{53}$ɥ$^{13}_{44}$mak$^{3}$ kei$^{53}_{44}$e$_{21}$ʂet$^{3}$ ci$^{53}$ci$^{21}$xau$^{21}$tsɿ$^{0}$,tʂɿ$^{21}$ɔi$^{53}$xei$^{53}$iau$^{13}$tʂuɔn$^{35}_{53}$uk$^{3}$ e$^{0}$ tsʰiəu$^{53}$tsei$^{53}$kau$^{35}$tɔŋ$^{53}$ke$^{53}$uk$^{3}$,tsei$^{53}$ kau$^{35}$ciet$^{3}$ ke$^{53}$uk$^{3}$.

【摇】iau$^{13}$ 动摇动；用力使摆动或转动：嗨，～起箇大蒲扇。xai$_{53}$,iau$^{13}$çi$^{21}$kai$^{53}_{44}$tʰai$^{53}$pʰu$^{13}$ʂen$^{53}$.｜如今安做～蜂糖。i$^{13}_{21}$cin$^{35}_{44}$ɔn$^{35}_{44}$tso$^{53}_{44}$iau$^{13}$fəŋ$^{35}_{44}$tʰɔŋ$^{13}_{21}$.

【摇宝】iau$^{13}$pau$^{21}$ 动压宝，一种赌博方式。又称“轧宝”：欸，我细细子就看过赌钱～个嘞。欸我还轧过。舞倒我舅爷拿两角钱分我，欸，最后搞到哩有八角钱了，哦嗬，两下一轧，冇哩唠，滴钱都冇哩唠。我可能就系细细子箇一下搞哩咯，我就从此我都唔想赌哩钱，唔想。我只有咁个赌钱咁路子我就我眙倒都烦躁。e$_{44}$,ŋai$^{13}$se$^{53}$se$^{53}$tsɿ$^{0}$ tsiəu$^{53}$kʰɔn$^{53}_{44}$ko$^{53}_{44}$təu$^{21}$tsʰien$^{13}_{44}$iau$^{13}$pau$^{21}$ ke$^{53}$lei$^{0}$.e$_{44}$ŋai$^{13}$xai$^{13}$tsak$^{3}$ ko$^{53}$.u$^{21}$tau$^{21}$ŋai$^{13}_{21}$cʰiəu$^{35}$ia$^{13}_{44}$la$^{53}$iɔŋ$^{21}$kɔk$^{3}$ tsʰien$^{13}_{21}$pən$^{35}_{53}$ŋai$^{13}_{21}$,e$_{21}$,tsei$^{53}$xei$^{53}$kau$^{21}$tau$^{53}$li$^{0}$ iəu$^{35}$pait$^{3}$ kɔk$^{3}$ tsʰien$^{13}$niau$^{0}$,o$_{21}$xo$_{53}$,iɔŋ$^{21}$xa$^{53}$iet$^{3}$ tsak$^{3}$,mau$^{13}$li$^{0}$ lau$^{0}$,tiet$^{5}$ tsʰien$^{13}_{21}$təu$^{35}_{53}$mau$^{13}_{44}$li$^{0}$ lau$^{0}$.ŋai$^{13}_{21}$kʰo$^{21}$ len$^{13}$tsʰiəu$^{53}$xei$^{53}_{44}$sei$^{53}$sei$^{53}$tsɿ$^{0}$ kai$^{53}_{44}$iet$^{3}$ xa$^{53}$kau$^{21}$li$^{0}$ ko$^{0}$,ŋai$^{13}_{21}$tsiəu$^{53}_{44}$tsʰəŋ$^{13}$tsʰɿ$^{21}$ŋai$^{13}_{21}$təu$^{35}_{53}$n̩$^{13}$siɔŋ$^{21}$təu$^{21}$li$^{0}$ tsʰien$^{13}$, n̩$^{13}_{21}$siɔŋ$^{21}$.ŋai$^{13}_{21}$tʂɿ$^{21}$iəu$^{35}_{53}$kan$^{21}$kei$^{53}$təu$^{21}$tsʰien$^{13}$kan$^{21}_{44}$ləu$^{53}$tsɿ$^{0}$ ŋai$^{13}$tsʰiəu$^{53}$ŋai$^{13}_{21}$tʂʰɿ$^{35}$tau$^{21}$təu$^{35}_{53}$fan$^{13}$tsau$^{53}$.

【摇巾架】iau$^{13}_{21}$cin$^{35}_{44}$ka$^{53}$ 名①用来悬挂豆腐袋并通过摇动促进豆浆过滤的木架：如今渠等话做豆腐卖个打豆腐卖个还用～。欸，渠扎只咁个架架，扎只咁个东西，舞只钩呀，箇屋上舞只钩吊下来。一只钩钩。以只～嘞就让门子嘞？就一只四筒子树哇，四条子棍子啊，四条子棍子。棍子嘞就顶高就用铁丝子吊倒，就缩下箇钩上啊。箇唔系就分箇个挂起来哩？以下舞条箇个滤豆腐个布，就缔下以四条棍上，缔倒，豆腐就倾下箇肚里。欸，哪只时候子个豆腐嘞？磨正哩以后，用机子打唠如今是，机子打哩以后，用泡水用开水呀泡一到，欸豆腐爱泡一到吵，系唔系？泡一到以后，就倾下以肚里，以只布肚里，以只～肚里。以只东西安～。倾嘿肚里，欸，倾嘿肚里嘞就咁子来边倾渠就底下个就边出。最后嘞还有兜唔出个，就咁子去摇。咁子去荡啊，荡出来。荡出来以后，最后还有兜子，还想分渠分箇个豆浆榨咁去啊，欸，码豆浆榨出来，箇就放下箇个嘞，收拢来，分箇兜子布收拢来，剩也有剩倒冇几多了，去餖，

Y

去搭啊，去紧呐。箇只东西就安做～。我等走箇映过啊，就箇只医院里箇我等走箇医院里后背过啊，系啊？箇映子有只单独子个屋子，箇只屋就系磨豆腐个。箇家人就去箇磨豆腐，箇肚里就有～。i$^{13}_{21}$cin$^{35}_{53}$ci$^{13}_{21}$tien$^{0}$ ua$^{53}$tso$^{53}$t$^{h}$ei$^{53}$fu$^{53}_{44}$mai$^{53}_{44}$ke$^{53}_{44}$ta$^{21}$t$^{h}$ei$^{53}$fu$^{53}_{44}$mai$^{53}_{44}$ke$^{53}_{44}$xai$^{13}$iəŋ$^{53}$iau$^{13}_{21}$cin$^{35}_{44}$ka$^{53}$.e$_{21}$,ci$^{13}$ tsait$^{3}$ tʂak$^{3}$ kan$^{21}$e$^{0}$ ka$^{53}$ka$^{0}$,tsait$^{3}$ tʂak$^{3}$ kan$^{21}$e$^{0}$ təŋ$^{35}_{44}$si$^{0}$,u$^{21}$tʂak$^{3}$ kei$^{35}$ia$^{0}$,kai$^{53}$uk$^{3}$ xəŋ$^{53}$u$^{21}$tʂak$^{3}$ kei$^{35}$tiau$^{53}$xa$^{35}$ləi$^{13}_{21}$.iet$^{3}$ tʂak$^{3}$ kei$^{35}$kei$^{0}$.i$^{21}$tʂak$^{3}$ iau$^{13}$cin$^{35}_{44}$ka$^{53}$lei$^{0}$ ts$^{h}$iəu$^{53}_{44}$ɲiəŋ$^{53}_{44}$mən$^{13}_{44}$tsɿ$^{0}$ lei$^{0}$?ts$^{h}$iəu$^{53}$iet$^{3}$ tʂak$^{3}$ si$^{53}$t$^{h}$əŋ$^{13}_{21}$tsɿ$^{0}$ ʂəu$^{53}$ ua$^{0}$,si$^{53}$t$^{h}$iau$^{13}_{21}$tsɿ$^{0}$ kuən$^{53}$tsɿ$^{0}$ a$^{0}$,si$^{53}$t$^{h}$iau$^{13}_{21}$tsɿ$^{0}$ kuən$^{53}$tsɿ$^{0}$.kuən$^{53}$tsɿ$^{0}$ lei$^{0}$ ts$^{h}$iəu$^{53}$taŋ$^{21}$kau$^{35}_{44}$ts$^{h}$iəu$^{53}_{44}$iəŋ$^{53}$t$^{h}$iet$^{3}$ ʂɿ$^{35}_{44}$tsɿ$^{0}$ tiau$^{53}$tau$^{21}$,ts$^{h}$iəu$^{53}$uan$^{21}$na$^{53}$kai$^{53}$kei$^{35}$xəŋ$^{53}$ŋa$^{0}$.kai$^{53}_{21}$m̩$^{13}_{21}$p$^{h}$ei$^{53}_{21}$ts$^{h}$iəu$^{53}_{44}$pən$^{35}$kai$^{53}_{44}$e$^{0}$ kua$^{53}$çi$^{21}$ləi$^{13}_{21}$li$^{0}$?i$^{21}$xa$^{53}$u$^{21}$ t$^{h}$iau$^{13}_{44}$kai$^{53}_{44}$ke$^{53}_{44}$li$^{53}$t$^{h}$ei$^{53}$fu$^{53}_{44}$ke$^{53}$pu$^{53}$,ts$^{h}$iəu$^{53}$t$^{h}$ak$^{3}$ (x)a$^{53}$i$^{21}$si$^{53}$t$^{h}$iau$^{13}_{21}$kuən$^{53}$xəŋ$^{53}$,t$^{h}$ak$^{3}$ tau$^{21}_{44}$,t$^{h}$ei$^{53}$fu$^{53}_{44}$ts$^{h}$iəu$^{53}_{44}$ k$^{h}$uaŋ$^{35}$ŋa$^{53}$kai$^{53}$təu$^{21}$li$^{0}$.e$_{21}$,lai$^{53}$tʂak$^{3}$ ʂɿ$^{13}$xei$^{53}$tsɿ$^{0}$ ke$^{53}_{44}$t$^{h}$ei$^{53}$fu$^{53}_{44}$lei$^{0}$?mo$^{53}$tʂaŋ$^{53}_{44}$li$^{0}$ i$^{35}$xei$^{53}$,iəŋ$^{53}_{44}$ci$^{35}$tsɿ$^{0}$ ta$^{21}$lau$^{0}$ i$^{13}_{21}$ cin$^{35}_{53}$ʂɿ$^{13}_{44}$,ci$^{35}$tsɿ$^{0}$ ta$^{21}$li$^{0}$ i$^{35}$xei$^{53}$,iəŋ$^{53}$p$^{h}$au$^{35}$ʂei$^{21}$iəŋ$^{53}$k$^{h}$əi$^{35}$ʂei$^{21}$ia$^{0}$ p$^{h}$au$^{53}$iet$^{3}$ tau$^{53}$,e$_{21}$t$^{h}$ei$^{53}$fu$^{53}_{44}$əi$^{53}_{44}$p$^{h}$au$^{53}$iet$^{3}$ tau$^{53}_{21}$ʂa$^{0}$, xei$^{53}$me$^{53}$?p$^{h}$au$^{53}$iet$^{3}$ tau$^{53}_{44}$i$^{35}_{44}$xei$^{53}$,ts$^{h}$iəu$^{53}$k$^{h}$uaŋ$^{35}_{44}$ŋa$^{53}$i$^{21}$təu$^{21}$li$^{0}$,i$^{21}$tʂak$^{3}$ pu$^{53}$təu$^{21}$li$^{0}$,i$^{21}$tʂak$^{3}$ iau$^{13}$cin$^{35}_{44}$ka$^{53}$təu$^{21}$ li$^{0}$.i$^{21}$tʂak$^{3}$ təŋ$^{35}_{44}$si$^{0}$ ʂɿ$^{53}$ən$^{35}_{21}$iau$^{35}$cin$^{35}_{44}$ka$^{53}$.k$^{h}$uaŋ$^{35}$ŋek$^{3}$ təu$^{21}$li$^{0}$,e$_{21}$,k$^{h}$uaŋ$^{35}_{44}$(x)ek$^{3}$ təu$^{21}$li$^{0}$ lei$^{0}$ ts$^{h}$iəu$^{53}$kan$^{21}$tsɿ$^{0}$ ləi$^{13}_{44}$ pien$^{35}$k$^{h}$uaŋ$^{35}$ci$^{13}_{21}$ts$^{h}$iəu$^{53}$tei$^{21}$xa$^{53}_{44}$ke$^{53}_{44}$ts$^{h}$iəu$^{53}_{44}$pien$^{35}$tʂ$^{h}$ət$^{3}$.tsei$^{53}$xei$^{53}_{44}$lei$^{0}$ xai$^{13}$iəu$^{35}_{53}$te$^{35}_{53}$n̩$^{13}$tʂ$^{h}$ət$^{3}$ cie$^{53}$,ts$^{h}$iəu$^{53}$k$^{h}$an$^{21}$ tsɿ$^{0}$ çi$^{53}$iau$^{13}$.kan$^{21}$tsɿ$^{0}$ çi$^{53}$t$^{h}$əŋ$^{53}$ŋa$^{0}$,t$^{h}$əŋ$^{53}$tʂ$^{h}$ət$^{3}$ ləi$^{13}_{44}$.t$^{h}$əŋ$^{53}$tʂ$^{h}$ət$^{3}$ ləi$^{13}_{21}$i$^{35}_{44}$xei$^{53}_{44}$,tsei$^{53}$xei$^{53}_{44}$xai$^{13}$iəu$^{35}_{53}$te$^{35}_{53}$tsɿ$^{0}$,xai$^{13}$siəŋ$^{21}$ pən$^{35}$ci$^{13}_{21}$pən$^{35}$kai$^{53}_{44}$ke$^{53}_{44}$t$^{h}$ei$^{53}$tsiəŋ$^{35}_{44}$tsa$^{53}$kan$^{21}$çi$^{53}$a$^{0}$,e$_{44}$,ma$^{35}_{44}$t$^{h}$ei$^{53}$tsiəŋ$^{35}_{44}$tsa$^{53}_{44}$tʂ$^{h}$ət$^{3}$ ləi$^{13}_{21}$,kai$^{53}_{44}$ts$^{h}$iəu$^{53}_{44}$fəŋ$^{53}$ŋa$^{53}_{44}$kai$^{53}_{44}$ ke$^{53}_{44}$lei$^{0}$,ʂəu$^{35}$ləŋ$^{35}$ləi$^{13}$,pən$^{35}$kai$^{53}_{44}$te$^{35}_{53}$tsɿ$^{0}$ pu$^{53}$ʂəu$^{35}$ləŋ$^{35}$ləi$^{13}$,ʂən$^{53}$a$^{35}_{44}$mau$^{13}$ʂən$^{53}$tau$^{21}$mau$^{13}$ci$^{21}$to$^{35}$liau$^{0}$,çi$^{53}$tsiəu$^{21}$, çi$^{53}_{44}$k$^{h}$ak$^{5}$ a$^{0}$,çi$^{53}$cin$^{21}$na$^{0}$.kai$^{53}_{44}$(tʂ)ak$^{3}$ (t)əŋ$^{35}_{44}$si$^{0}$ ts$^{h}$iəu$^{53}$ən$^{35}_{44}$tso$^{53}$iau$^{13}_{21}$cin$^{35}_{44}$ka$^{53}$.ŋai$^{13}$tien$^{0}$ tsei$^{21}$kai$^{53}_{44}$iaŋ$^{53}_{44}$ko$^{53}$a$^{0}$, ts$^{h}$iəu$^{53}_{44}$kai$^{53}$tʂak$^{3}$ i$^{35}$vien$^{53}$li$^{0}$ kai$^{53}$ŋai$^{13}$tien$^{0}$ tsei$^{21}$kai$^{53}$i$^{35}$vien$^{53}$li$^{0}$ xei$^{53}$pəi$^{53}_{44}$ko$^{53}$a$^{0}$,xei$^{53}_{44}$a$^{0}$?kai$^{53}_{44}$iaŋ$^{53}$tsɿ$^{0}$ iəu$^{35}$tʂak$^{3}$ tan$^{35}$t$^{h}$əuk$^{5}$ tsɿ$^{0}$ ke$^{53}$uk$^{3}$ tsɿ$^{0}$,kai$^{53}$tʂak$^{3}$ uk$^{3}$ ts$^{h}$iəu$^{53}$xei$^{53}$mo$^{53}$t$^{h}$ei$^{53}$fu$^{53}$ke$^{0}$.kai$^{53}_{44}$ka$^{35}$ɲin$^{13}_{21}$ts$^{h}$iəu$^{53}_{44}$çi$^{53}_{44}$kai$^{53}_{44}$mo$^{53}$t$^{h}$ei$^{53}$ fu$^{53}$,kai$^{53}_{44}$təu$^{21}$li$^{0}$ ts$^{h}$iəu$^{53}$iəu$^{35}_{53}$iau$^{13}$cin$^{35}_{44}$ka$^{53}$. ②比喻结构松弛、摇摇晃晃的东西：欸，打比以个凳咯，凳唔稳咯，以个凳系摇摇当当欸个话，箇角上箇个榫箇只唔好。以个凳，你么啊凳，你哎成哩～样。ei$_{21}$,ta$^{21}$pi$^{21}$i$^{21}$ke$^{53}_{44}$tien$^{53}$ko$^{0}$,tien$^{53}$n̩$^{13}$uən$^{21}$ko$^{0}$,i$^{21}$ke$^{53}_{44}$tien$^{53}$xe$^{53}_{44}$iau$^{13}$iau$^{13}$təŋ$^{35}$təŋ$^{35}$e$_{21}$ke$^{53}_{21}$fa$^{53}$,kai$^{53}_{44}$kək$^{3}$ xəŋ$^{53}_{44}$kai$^{53}_{44}$ke$^{53}_{44}$sən$^{21}$kai$^{53}$tʂak$^{3}$ n̩$^{13}_{21}$xau$^{21}_{44}$.i$^{21}$ke$^{53}_{35}$tien$^{53}$, ɲi$^{13}$mak$^{3}$ a$^{0}$ tien$^{53}_{44}$, ɲi$^{13}_{44}$ai$_{21}$ʂaŋ$^{13}_{21}$li$^{0}$ iau$^{13}$cin$^{35}_{44}$ka$^{53}$iəŋ$^{53}_{44}$.

【摇井】iau$^{13}$tsiaŋ$^{21}$ 名 利用压强原理和杠杆原理从地下或井中抽水的手动机械装置：我老妹子箇映就打哩井啊。箇只井嘞渠就两用呢。一只嘞打倒嘞爱打出水来，打得蛮深子，箇就爱蛮深子个水，搞么个？两用，一用就用来抽水，抽下箇顶高，屋下慢呢箇个么个热水器箇只爱用，系啊？还有只，还有一用嘞就系嘞放只～，就去地面上用，唔爱抽，爱水了就去摇，箇个么人都可以去摇个，欸，么人都可以到箇映来欸荷，唔爱电。箇地下水唔高个情况下。箇我老妹子等箇映蛮舒服啊，爱水了去摇喔，有么个事就去摇，摇兜水。ŋai$^{13}$lau$^{21}$məi$^{53}$tsɿ$^{0}$ kai$^{53}$ iaŋ$^{53}$tsiəu$^{53}$ta$^{21}$li$^{0}$ tsiaŋ$^{21}$ŋa$^{0}$.kai$^{53}$tʂak$^{3}$ tsiaŋ$^{21}$le$^{0}$ ci$^{13}_{21}$ts$^{h}$iəu$^{53}_{44}$iəŋ$^{21}$iəŋ$^{53}$nei$^{0}$.iet$^{3}$ tʂak$^{3}$ lei$^{0}$ ta$^{21}$tau$^{21}$lei$^{0}$ əi$^{53}$ta$^{21}$tʂ$^{h}$ət$^{3}$ ʂei$^{21}$ləi$^{13}_{44}$,ta$^{21}$tek$^{3}$ man$^{13}$tʂ$^{h}$ən$^{35}$tsɿ$^{0}$,kai$^{53}$ts$^{h}$iəu$^{53}$əi$^{53}$man$^{13}$tʂ$^{h}$ən$^{35}$tsɿ$^{0}$ ke$^{0}$ ʂei$^{21}$,kau$^{21}$mak$^{3}$ e$^{0}$?iəŋ$^{21}$iəŋ$^{53}$,iet$^{3}$ iəŋ$^{53}$ ts$^{h}$iəu$^{53}_{44}$iəŋ$^{53}$ləi$^{13}_{21}$tʂ$^{h}$əu$^{35}$ʂei$^{21}$,tʂ$^{h}$əu$^{35}$(x)a$^{53}_{44}$kai$^{53}$taŋ$^{21}$kau$^{35}_{44}$,uk$^{3}$ xa$^{53}_{44}$man$^{53}$ne$^{0}$ kai$^{53}_{44}$ke$^{53}_{44}$mak$^{3}$ kei$^{53}_{44}$ɲiet$^{5}$ ʂei$^{21}$çi$^{53}$kai$^{53}_{21}$ tʂak$^{3}$ əi$^{53}_{44}$iəŋ$^{53}$,xei$^{53}_{44}$a$^{0}$?xai$^{13}$iəu$^{35}_{53}$tʂak$^{3}$,xai$^{13}_{21}$iəu$^{35}_{53}$iet$^{3}$ iəŋ$^{53}_{44}$lei$^{0}$ ts$^{h}$iəu$^{53}_{44}$xei$^{53}_{44}$lei$^{0}$ fəŋ$^{53}$tʂak$^{3}$ iau$^{13}$tsiaŋ$^{21}$,ts$^{h}$iəu$^{53}_{44}$çi$^{53}_{44}$ t$^{h}$i$^{53}$mien$^{53}_{21}$xəŋ$^{53}_{21}$iəŋ$^{53}$,m̩$^{13}_{21}$məi$^{53}_{44}$tʂ$^{h}$əu$^{35}$,əi$^{53}$ʂei$^{21}$liau$^{0}$ ts$^{h}$iəu$^{53}$çi$^{53}$iau$^{13}$,kai$^{53}$ke$^{0}$ mak$^{3}$ ɲin$^{13}_{44}$təu$^{35}_{53}$k$^{h}$o$^{21}_{44}$i$^{35}_{44}$çi$^{53}_{44}$iau$^{13}$ ke$^{0}$,e$_{21}$,mak$^{3}$ in$^{13}_{44}$təu$^{35}_{53}$k$^{h}$o$^{21}$i$^{35}_{44}$tau$^{53}$kai$^{53}$iaŋ$^{53}$nəi$^{13}_{44}$e$_{21}$k$^{h}$ai$^{35}$,m̩$^{13}_{21}$məi$^{53}_{44}$t$^{h}$ien$^{53}$.kai$^{53}_{44}$t$^{h}$i$^{53}$çia$^{53}$ʂei$^{21}$n̩$^{13}$kau$^{35}$ke$^{53}$ts$^{h}$in$^{13}$ k$^{h}$əŋ$^{53}_{44}$çia$^{53}_{44}$.kai$^{53}$ŋai$^{13}$lau$^{21}$məi$^{53}$tsɿ$^{0}$ ten$^{21}_{44}$kai$^{53}$iaŋ$^{53}$man$^{13}_{21}$ʂɿ$^{35}_{44}$fuk$^{5}$ a$^{0}$,əi$^{53}$ʂei$^{21}$liau$^{0}$ çi$^{53}$iau$^{13}$uo$^{0}$,mau$^{13}$mak$^{3}$ e$^{0}$ sɿ$^{53}_{44}$ tsiəu$^{53}$çi$^{53}$iau$^{13}$,iau$^{13}$təu$^{35}_{53}$ʂei$^{21}$.

【摇窠】iau$^{13}$k$^{h}$o$^{35}$ 名 一种简易的婴儿卧具：最细个时候子嘞爱～，安做～。搞只篾丝箩，圆箩啊，搞只箩啊。肚里放只秆，做下咁子个斜斜子，箇毛毛子，舞得倒，然后嘞铺床被窝棉絮，欸，铺床棉絮嘞铺床被……欸，舞床被窝子放倒，以只毛毛子放倒箇肚里。嗯。箇是箇还系只咁长子个时候子啊，箇箇几个子月欸，欸正出世啊，欸，正出世个时候子，就～。tsei$^{53}$se$^{53}$ke$^{53}_{44}$ʂɿ$^{13}$xei$^{53}$tsɿ$^{0}$ lei$^{0}$ əi$^{53}_{44}$iau$^{13}$k$^{h}$o$^{35}$,ən$^{35}_{44}$tso$^{53}_{44}$iau$^{13}$k$^{h}$o$^{35}$.kau$^{21}$tʂak$^{3}$ miet$^{5}$ sɿ$^{35}_{44}$lo$^{13}$,ien$^{13}$no$^{13}$a$^{0}$,kau$^{21}$tʂak$^{3}$ lo$^{13}$ a$^{0}$.təu$^{21}$li$^{35}$fəŋ$^{53}_{44}$tʂak$^{3}$ kən$^{21}$,tso$^{53}$(x)a$^{53}_{44}$kan$^{21}_{44}$tsɿ$^{0}$ ke$^{53}_{44}$ts$^{h}$ia$^{13}$ts$^{h}$ia$^{13}$tsɿ$^{0}$,kai$^{53}_{44}$mau$^{35}$mau$^{35}$tsɿ$^{0}$,u$^{21}$tek$^{3}$ tau$^{21}$,vien$^{13}$xei$^{53}_{44}$ lei$^{0}$ p$^{h}$u$^{35}$ts$^{h}$əŋ$^{13}_{21}$p$^{h}$i$^{35}$p$^{h}$o$^{35}_{44}$mien$^{13}$si$^{53}$,e$_{44}$,p$^{h}$u$^{35}$ts$^{h}$əŋ$^{13}_{21}$mien$^{13}$si$^{53}_{44}$le$^{0}$ p$^{h}$u$^{35}$ts$^{h}$əŋ$^{13}_{44}$p$^{h}$i$^{35}$…e$_{21}$,u$^{21}$ts$^{h}$əŋ$^{13}_{21}$p$^{h}$i$^{35}$p$^{h}$o$^{35}_{44}$tsɿ$^{0}$ fəŋ$^{53}$tau$^{21}$,iak$^{3}$ (←i$^{21}$tʂak$^{3}$)mau$^{35}$mau$^{35}$tsɿ$^{0}$ fəŋ$^{53}$tau$^{21}_{44}$kai$^{53}_{44}$təu$^{21}$li$^{0}$.n̩$_{21}$.kai$^{53}_{21}$ʂɿ$^{53}_{44}$kai$^{53}_{44}$xai$^{13}$xe$^{53}$tʂɿ$^{21}$kan$^{21}_{35}$tʂ$^{h}$əŋ$^{13}_{21}$tsɿ$^{0}$ ke$^{53}_{44}$ʂɿ$^{13}$xəu$^{53}$tsa$^{0}$,kai$^{53}_{44}$kai$^{53}_{44}$ci$^{21}$cie$^{53}$tsɿ$^{0}$ ɲiet$^{5}$ ei$^{0}$,e$_{21}$tʂaŋ$^{53}$tʂ$^{h}$ət$^{3}$ ʂɿ$^{53}$za$^{0}$,e$_{21}$,tʂaŋ$^{53}$tʂ$^{h}$ət$^{3}$ ʂɿ$^{53}$ke$^{53}_{44}$ʂɿ$^{13}$xəu$^{53}_{44}$tsɿ$^{0}$,tsiəu$^{53}_{44}$ iau$^{13}$k$^{h}$o$^{35}$.

【摇篮】iau$^{13}$lan$^{13}$ 名 一种婴儿卧具。形状似篮子：好，大滴子嘞，就～。就长滴子嘞，渠高滴子了。摇窠就欸一只箩只有咁大子啊，系呀？就放唔倒哩啊，就放～。欸。～嘞有树做个，有篾做个，有竹子做个。一般竹子做个更多。～就长长子，长方形。也可以摇。底下安四只子轮子。用篾箕子做个。边上个篾箕子嘞嵌滴子么个“易长成人”呐，写滴子咁好话子箇只，欸。箇就～。xau$^{21}$,tʰai$^{53}$tiet$^{5}$tsɿ$^{0}$lei$^{0}$,tsʰiəu$^{53}$iau$^{13}$lan$^{13}$.tsʰiəu$^{53}$tʂʰɔŋ$^{13}$tiet$^{5}$tsɿ$^{0}$le$^{0}$,ci$^{13}_{21}$kau$^{35}$tet$^{5}$tsɿ$^{0}$liau$^{0}$.iau$^{13}$kʰo$^{35}$tsʰiəu$^{53}_{44}$ei$_{13}$iet$^{3}$tʂak$^{3}$lo$^{13}$tʂʅ$^{21}$iəu$^{35}_{44}$kan$^{21}_{13}$tʰai$^{53}$tsɿ$^{0}$a$^{0}$,xei$^{53}_{44}$ia$^{0}$?tsʰiəu$^{53}_{44}$fɔŋ$^{53}$ŋ̍$^{13}_{21}$tau$^{21}$lia$^{0}$,tsʰiəu$^{53}$fɔŋ$^{53}$iau$^{13}$lan$^{13}$.e$_{21}$.iau$^{13}$lan$^{13}_{21}$lei$^{0}$iəu$^{35}$ʂəu$^{53}$tso$^{53}_{44}$ke$^{53}_{44}$,iəu$^{35}$miet$^{5}$tso$^{53}_{44}$ke$^{53}_{44}$,iəu$^{35}$tʂəuk$^{3}$tsɿ$^{0}$tso$^{53}_{44}$ke$^{53}_{44}$.iet$^{3}$pɔn$^{35}$tʂəuk$^{3}$tsɿ$^{0}$tso$^{53}_{44}$ke$^{53}_{44}$ken$^{53}_{44}$to$^{35}$.iau$^{13}$lan$^{13}$tsʰiəu$^{53}_{44}$tʂʰɔŋ$^{13}$tʂʰɔŋ$^{13}$tsɿ$^{0}$,tʂʰɔŋ$^{13}$fɔŋ$^{35}_{44}$çin$^{13}_{21}$.ia$^{35}_{44}$kʰo$^{21}$i$^{35}_{44}$iau$^{13}$.te$^{21}$xa$^{53}_{44}$ɔn$^{35}$si$^{53}$tʂak$^{3}$tsɿ$^{0}$lən$^{13}$tsɿ$^{0}$.iəŋ$^{53}_{44}$miet$^{5}$sak$^{3}$tsɿ$^{0}$tso$^{53}_{44}$ke$^{53}_{44}$.pien$^{35}$xɔŋ$^{53}_{44}$ke$^{53}_{44}$miet$^{5}$sak$^{3}$tsɿ$^{0}$lei$^{0}$xan$^{53}$tiet$^{5}_{3}$tsɿ$^{0}$mak$^{3}$ke$^{53}_{44}$"i$^{53}$tʂɔŋ$^{21}$tʂʰən$^{13}$ɲin$^{13}$"na$^{0}$,sia$^{21}$tet$^{5}$tsɿ$^{0}$kan$^{21}_{44}$xau$^{21}$fa$^{53}$tsɿ$^{0}$kai$^{53}_{21}$tʂak$^{3}$,e$_{21}$.kai$^{53}_{44}$tsʰiəu$^{53}$iau$^{13}$lan$^{13}$.

【摇水车】iau$^{13}$ʂei$^{21}$tʂʰa$^{35}$ [名]水车的一种。以木板为槽，尾部浸入水流中，有一小轮轴。用时手摇拐木，使另一端的大轮轴转动，带动槽内板叶刮水上行。比较轻便，施于田间水沟：用手摇个就～噢。iəŋ$^{53}_{44}$ʂəu$^{21}$iau$^{13}$ke$^{53}_{44}$tsʰiəu$^{53}_{44}$iau$^{13}$ʂei$^{21}$tʂʰa$^{35}_{44}$au$^{0}$.

【摇糖机】iau$^{13}$tʰɔŋ$^{13}$ci$^{35}$ [名]利用离心力获取蜂蜜的机器。又称“摇蜜机”：～哟，摇蜜机哟，啊，箇都系学倒个。以前冇得咁个。iau$^{13}$tʰɔŋ$^{13}_{21}$ci$^{35}$io$^{0}$,iau$^{13}$miet$^{5}$ci$^{35}$io$^{0}$,a$_{21}$,kai$^{53}_{44}$təu$^{35}_{44}$xe$^{53}_{44}$xɔk$^{5}$tau$^{21}$ke$^{53}_{21}$.i$^{35}$tsʰien$^{13}$mau$^{13}_{21}$tek$^{3}$kan$^{21}$cie$^{53}$.｜爱系摇蜜机哟，都系学倒箇个。摇蜜机。又安做摇……有滴人又话～。ɔi$^{53}_{44}$xe$^{53}_{44}$iau$^{13}$miet$^{5}_{3}$ci$^{35}$io$^{0}$,təu$^{35}$xe$^{53}_{44}$xɔk$^{5}$tau$^{21}$kai$^{53}_{44}$ke$^{53}_{44}$.iau$^{13}$miet$^{5}_{3}$ci$^{35}$.iəu$^{53}_{44}$ɔn$^{35}_{44}$tso$^{53}_{44}$iau$^{13}$…iəu$^{35}_{44}$tet$^{5}$in$^{13}_{44}$iəu$^{53}_{44}$ua$^{53}$iau$^{13}$tʰɔŋ$^{13}$ci$^{35}$.

【摇头摆脑】iau$^{13}$tʰei$^{13}$pai$^{21}$lau$^{21}$ 摇晃脑袋，表示否定或沉迷：我同我只亲戚借钱，一开嘴是渠就～，欸，掉头掉脑，冇得冇得，冇得。ŋai$^{13}_{21}$tʰəŋ$^{13}_{21}$ŋai$^{13}_{44}$tʂak$^{3}$tsʰin$^{35}$tsʰiet$^{3}$tsia$^{53}$tsʰien$^{13}$,iet$^{3}$kʰɔi$^{35}$tʂɔi$^{53}$ʂʅ$^{53}$ci$^{13}_{44}$tsʰiəu$^{53}$iau$^{13}$tʰei$^{13}$pai$^{21}$lau$^{21}$,e$_{21}$,tʰiau$^{53}$tʰei$^{13}_{21}$tʰiau$^{53}$lau$^{21}$,mau$^{13}$tek$^{3}$mau$^{13}$tek$^{3}$,mau$^{13}$tek$^{3}$.｜以下我箇我看下子我外甥子啊，天天夜晡睡嘿床上就舞只箇耳机子来听音乐。听一阵看下子渠是硬放势摇，听起～。i$^{21}$xa$^{53}$ŋai$^{13}$kai$^{53}$ŋai$^{13}_{21}$kʰɔn$^{53}$xa$^{53}_{44}$tsɿ$^{0}$ŋai$^{13}$ŋɔi$^{53}$saŋ$^{35}_{44}$tsɿ$^{0}$a$^{0}$,tʰien$^{35}$tʰien$^{35}_{44}$ia$^{53}$pu$^{35}_{44}$ʂɔi$^{53}$xek$^{3}$tsʰɔŋ$^{13}$xɔŋ$^{53}$tsʰiəu$^{53}$u$^{21}$tʂak$^{3}$kai$^{53}_{44}$ɲi$^{21}$ci$^{35}$tsɿ$^{0}$lɔi$^{13}_{21}$tʰaŋ$^{35}$in$^{35}$iɔk$^{5}$.tʰaŋ$^{35}$iet$^{3}$tʂʰən$^{53}$kʰɔn$^{53}$xa$^{53}$tsɿ$^{0}$ci$^{13}_{44}$ʂʅ$^{53}_{44}$ɲiaŋ$^{53}$xɔŋ$^{53}$ʂʅ$^{53}$iau$^{13}_{21}$,tʰaŋ$^{35}$çi$^{21}_{44}$iau$^{13}$tʰei$^{13}_{44}$pai$^{21}$lau$^{21}$.

【摇头摆尾】iau$^{13}$tʰei$^{13}_{44}$pai$^{21}$mi$^{35}$ 形容狗的样子，也形容人逢迎巴结的样子：一只人蛮巴结一只人呢，安做哈巴狗样，～。iet$^{3}$tʂak$^{3}$ɲin$^{13}$man$^{13}$pa$^{35}$ciet$^{3}$iet$^{3}$tʂak$^{3}$ɲin$^{13}$nei$^{0}$,ɔn$^{35}_{44}$tso$^{53}_{44}$xa$^{35}_{44}$pa$^{0}$kei$^{21}$iɔŋ$^{53}_{44}$,iau$^{13}$tʰei$^{13}_{44}$pai$^{21}$mi$^{35}$.

【摇摇当当】iau$^{13}$iau$^{13}$tɔŋ$^{35}$tɔŋ$^{35}$ 晃动不定的样子：箇张凳个凳脚噢活个唠，～啊就。kai$^{53}_{44}$tʂɔŋ$^{35}$ten$^{53}$ke$^{0}$ten$^{53}$ciɔk$^{3}$au$^{0}$uɔit$^{5}$ke$^{0}$lau$^{0}$,iau$^{13}$iau$^{13}_{21}$tɔŋ$^{35}_{44}$tɔŋ$^{35}$ŋa$^{0}$tsiəu$^{53}_{44}$.｜以个凳系～欸个话，箇角上箇个榫箇只唔好。i$^{21}$ke$^{53}_{44}$tien$^{53}$xe$^{53}_{44}$iau$^{13}$iau$^{13}$tɔŋ$^{35}$tɔŋ$^{35}$e$_{21}$ke$^{53}_{21}$fa$^{53}$,kai$^{53}_{44}$kɔk$^{3}$xɔŋ$^{53}_{44}$kai$^{53}_{44}$ke$^{53}_{44}$sən$^{21}$kai$^{53}$tʂak$^{3}$n̩$^{13}_{21}$xau$^{21}_{44}$.

【摇椅】iau$^{13}$i$^{21}$ [名]一种能前后摇动的椅子：～是上下摇，欸，前后摇，系唔系？前后摇。箇就～。iau$^{13}$i$^{21}$ʂʅ$^{53}_{44}$ʂɔŋ$^{53}$xa$^{53}_{44}$iau$^{13}$,ei$_{21}$,tsʰien$^{13}$xei$^{53}$iau$^{13}$,xei$^{53}_{44}$me$^{53}_{44}$?tsʰien$^{13}$xei$^{53}$iau$^{13}_{21}$.kai$^{53}_{44}$tsʰiəu$^{53}_{44}$iau$^{13}$i$^{21}$.

【咬】ŋau$^{21}$ [动]①用盐腌渍黄瓜、西红柿等，凉拌：但有箇只黄瓜啊，么个西红柿箇只，凉拌呢，从前我等就安做～个嘞。～个。～瓜子，～倒个瓜子。～个欸西红柿。～个，～。舞滴糖，舞滴盐去～。～倒食。就凉拌呶。嗯。～倒食。tan$^{53}_{44}$iəu$^{35}_{44}$kai$^{53}_{44}$tʂak$^{3}$uɔŋ$^{13}$kua$^{35}$a$^{0}$,mak$^{3}$(k)e$^{53}_{44}$si$^{35}$fəŋ$^{13}$ʂʅ$^{53}$kai$^{53}_{44}$tʂak$^{3}$,liɔŋ$^{13}$pʰɔn$^{53}$ne$^{0}$,tsʰəŋ$^{13}_{21}$tsʰien$^{13}_{21}$ŋai$^{13}_{21}$tien$^{0}$tsiəu$^{53}$ɔn$^{35}_{53}$tso$^{53}$ŋau$^{21}$ke$^{53}$lei$^{0}$.ŋau$^{21}$ke$^{53}_{44}$.ŋau$^{21}$kua$^{35}$tsɿ$^{0}$,ŋau$^{21}$tau$^{21}$ke$^{53}_{44}$kua$^{35}$tsɿ$^{0}$.ŋau$^{21}$ke$^{53}_{44}$e$_{21}$si$^{35}$fəŋ$^{13}_{21}$ʂʅ$^{53}$.ŋau$^{21}$ke$^{53}$,ŋau$^{21}$.u$^{21}$tet$^{5}$tʰɔŋ$^{13}$,u$^{21}$tet$^{5}$ian$^{13}$çi$^{53}$ŋau$^{21}$.ŋau$^{21}$tau$^{21}$ʂət$^{5}$.tsʰiəu$^{53}$liɔŋ$^{13}$pʰan$^{53}$nau$^{0}$.n̩$_{44}$.ŋau$^{21}$tau$^{21}$ʂət$^{5}$. ②腌制：就系话～个鱼哦。tsʰiəu$^{53}$xei$^{53}$ua$^{53}$ŋau$^{21}$ke$^{53}$ŋ̍$^{13}$ŋo$^{0}$.｜～哩咁猪肉，咬猪肉喔。欸，箇只过程呢也就系安做～猪肉。欸，舞倒箇猪肉哦放倒去～一下子啊，舞滴盐去～下子啊。ŋau$^{21}$li$^{0}$kan$^{21}_{44}$tʂəu$^{35}_{44}$ɲiəuk$^{3}$,ŋau$^{21}$tʂəu$^{35}_{44}$ɲiəuk$^{3}$uo$^{0}$.e$_{21}$,kai$^{53}_{44}$tʂak$^{3}$ko$^{53}$tʂʰən$^{13}_{44}$nei$^{0}$ia$^{35}$tsʰiəu$^{53}_{44}$xei$^{53}_{44}$ɔn$^{35}_{44}$tso$^{53}_{44}$ŋau$^{21}$tʂəu$^{35}_{44}$ɲiəuk$^{3}$.ei$_{44}$,u$^{21}$tau$^{21}$kai$^{53}_{44}$tʂəu$^{35}$ɲiəuk$^{3}$o$^{0}$fɔŋ$^{53}$tau$^{21}$çi$^{53}_{44}$ŋau$^{21}$iet$^{3}$xa$^{53}$tsa$^{0}$,u$^{21}$tet$^{5}$ian$^{13}$çi$^{53}$ŋau$^{21}$xa$^{53}$tsa$^{0}$. ③利用石灰的强碱性浸沤嫩竹制作竹麻：（嫩竹）斫下来嘞舞做一筒筒子，劈开来，劈做一篾篾子，欸，捆倒，荷下箇塘里放倒，舞兜石灰，敹一到，去～，作兜水去～，～竹麻。tʂɔk$^{3}$xa$^{53}$lɔi$^{13}_{21}$lei$^{0}$u$^{21}$tso$^{53}$iet$^{3}$tʰəŋ$^{13}_{21}$tʰəŋ$^{13}$tsɿ$^{0}$,pʰiak$^{3}$kʰɔi$^{35}_{44}$lɔi$^{13}_{21}$,pʰiak$^{3}$tso$^{53}$iet$^{3}$sak$^{3}$sak$^{3}$tsɿ$^{0}$,e$_{21}$,kʰuən$^{21}$tau$^{21}$,kʰai$^{35}$ia$^{53}$kai$^{53}$tʰɔŋ$^{13}$li$^{0}$fɔŋ$^{53}$tau$^{21}_{44}$,u$^{21}$te$^{35}_{44}$ʂak$^{5}$fɔi$^{35}$,ien$^{53}$iet$^{3}$tau$^{53}$,çi$^{53}$ŋau$^{21}$,tsɔk$^{3}$te$^{35}_{53}$ʂei$^{21}$çi$^{53}$ŋau$^{21}$,ŋau$^{21}$tʂəuk$^{3}$ma$^{13}$.

【咬辣椒】ŋau$^{21}$lait$^{5}$tsiau$^{35}$ [名]将红辣椒剁碎后加入作料，腌制几小时后而成的食品。也简称“咬辣椒子”：～子唠，安做～唠，咬倒个唠。也还食得。ŋau$^{21}$lait$^{5}$tsiau$^{35}_{44}$tsɿ$^{0}$lau$^{0}$,ɔn$^{35}_{44}$tso$^{53}_{44}$ŋau$^{21}$

lait$^{5}$tsiau$^{35}_{44}$lau$^{0}$,ŋau$^{21}$tau$^{21}$ke$^{53}$lau$^{0}$.ia$^{35}$xan$^{13}_{44}$ʂət$^{5}$tek$^{3}$.

【咬猪肉】ŋau$^{21}$tʂəu$^{35}$ɲiəuk$^{3}$ [名]腌制好的猪肉：咬哩咁猪肉，～喔。ŋau$^{21}$li$^{0}$kan$^{21}_{44}$tʂəu$^{35}_{44}$ɲiəuk$^{3}$,ŋau$^{21}$tʂəu$^{35}_{44}$ɲiəuk$^{3}$uo$^{0}$.

【舀】iau$^{21}$ [动]用瓢、勺等取东西（多指流体或半流体）：箇箇～茶还放只子箇茶角子去～。kai$^{53}_{44}$kai$^{53}_{44}$iau$^{21}$ts$^{h}$a$^{13}$xai$^{13}$fɔŋ$^{53}$tʂak$^{3}$tsɿ$^{0}$kai$^{53}_{44}$ts$^{h}$a$^{13}$kɔk$^{3}$tsɿ$^{0}$çi$^{53}$iau$^{21}$.｜～粪个是粪角，～水个是水角。iau$^{21}$pən$^{53}$cie$^{53}_{44}$ʂɿ$^{53}_{44}$pən$^{53}$kɔk$^{3}$,iau$^{21}$ʂei$^{21}$ke$^{53}$ʂɿ$^{53}$ʂei$^{21}$kɔk$^{3}$.

【舀水筒】iau$^{21}$ʂei$^{21}$t$^{h}$əŋ$^{13}$ [名]筒车上的水斗。又称“筒车竹筒”：正筒车上个还𫟷讲清啦，还有只挽水筒啰。/就系挽水筒啊，就正先话个竹筒啊。～，箇就是安做～。安做～噢，挽水筒是唔系哟。tʂaŋ$^{53}_{44}$t$^{h}$əŋ$^{13}$tʂ$^{h}$a$^{35}_{44}$xɔŋ$^{53}$ke$^{53}$xai$^{13}_{21}$maŋ$^{13}$kɔŋ$^{21}$ts$^{h}$in$^{35}$la$^{0}$,xai$^{13}_{21}$iəu$^{35}_{44}$tʂak$^{3}$uan$^{21}$ʂei$^{21}$t$^{h}$əŋ$^{13}$lo$^{0}$./tsiəu$^{53}$xe$^{53}$uan$^{21}$ʂei$^{21}$t$^{h}$əŋ$^{13}_{21}$ŋa$^{0}$,ts$^{h}$iəu$^{53}$tʂaŋ$^{53}_{44}$sien$^{35}_{44}$ua$^{53}_{44}$ke$^{53}_{44}$tʂəuk$^{3}$t$^{h}$əŋ$^{13}_{21}$ŋa$^{0}$.iau$^{21}$ʂei$^{21}$t$^{h}$əŋ$^{13}$,kai$^{53}_{44}$ts$^{h}$iəu$^{53}_{21}$ʂɿ$^{53}_{21}$ɔn$^{35}_{44}$tso$^{53}_{44}$iau$^{21}$ʂei$^{21}$t$^{h}$əŋ$^{13}$.ɔn$^{35}_{44}$tso$^{53}_{44}$iau$^{21}$ʂei$^{21}$t$^{h}$əŋ$^{13}$ŋau$^{0}$,uan$^{21}$ʂei$^{21}$t$^{h}$əŋ$^{13}$ʂɿ$^{53}_{44}$m̩$^{13}_{21}$p$^{h}$e$^{53}_{44}$iau$^{0}$.

【药】iɔk$^{5}$ [名]①可以治病的东西：箇灶心土可以做～。kai$^{53}_{21}$tsau$^{53}$sin$^{35}_{44}$t$^{h}$əu$^{21}$k$^{h}$o$^{21}$i$^{35}$tso$^{53}$iɔk$^{5}$. ②某些有化学作用的物质：箇舞滴子箇火柴头药子啊，系啊？火柴头个～啊，放下肚里，放箇子弹箇个凼子肚里。kai$^{53}_{21}$u$^{21}$tet$^{5}$tsɿ$^{0}$kai$^{53}_{44}$xo$^{21}$(←fo$^{21}$)t$^{h}$ai$_{21}$(←ts$^{h}$ai$^{13}$)t$^{h}$ei$^{13}$iɔk$^{5}$tsa$^{0}$,xe$^{53}_{44}$a$^{0}$?fo$^{21}$ts$^{h}$ai$^{13}_{21}$t$^{h}$ei$^{13}_{21}$ke$^{53}_{44}$iɔk$^{5}$a$^{0}$,fɔŋ$^{53}$ŋa$^{53}$(←xa$^{53}$)təu$^{21}$li$^{0}$,fɔŋ$^{53}_{44}$kai$^{53}$tsɿ$^{21}$t$^{h}$an$^{53}$kai$^{53}_{44}$ke$^{53}_{44}$t$^{h}$ɔŋ$^{53}$tsɿ$^{0}$təu$^{21}$li$^{0}$.

【药店】iɔk$^{5}$tian$^{53}$ [名]专门经营和销售药物的商店：～里个（擂钵）就安做药盅。iɔk$^{5}$tian$^{53}_{44}$li$^{0}$ke$^{53}_{44}$tsiəu$^{53}_{44}$ɔn$^{35}_{44}$tso$^{53}_{44}$iɔk$^{5}$tʂəŋ$^{35}$.｜欸，唔系医院里个，也卖中药也卖西药，渠安做～，唔安做药房。ei$_{44}$,m̩$^{13}$p$^{h}$ei$^{53}$i$^{35}_{44}$vien$^{53}$li$^{0}$ke$^{53}$,ia$^{35}$mai$^{53}$tʂəŋ$^{35}$iɔk$^{5}$ia$^{35}$mai$^{53}$si$^{35}$iɔk$^{5}$,ci$^{13}_{21}$ɔn$^{35}_{44}$tso$^{53}_{44}$iɔk$^{5}_{3}$tian$^{53}$,n̩$^{13}$ɔn$^{35}_{44}$tso$^{53}_{44}$iɔk$^{5}$fɔŋ$^{13}$.

【药豆子】iɔk$^{5}$t$^{h}$ei$^{53}$tsɿ$^{0}$ [名]又称“扁豆”，指种子是白色的那种扁豆。与种子是黑色或有花纹的“彭眉豆”相区别：农村里几乎栽嘿菜个人呐，家家都喜欢栽，都会栽～，我等以映啊。产量也很高。～有只箇个嘞，就系会发虫，真会发虫啊。爱好嘞又莫打药呢。就舞兜子么个石灰曳下子箇兜嘞就更好呢。你打得药来箇～唔系就有农药个残留？雪白子个正系～。有乌乌子个，有花仁子个，箇起不是～。箇个做得药个，真正个～就扁豆，箇白个子，白仁子个。有兜就乌仁子个，样子就一样个，乌仁子个，乌仁子个唔安做～，安做彭眉豆，箇个冇得药性。白子个就系扁豆，就系～，我只晓得系食哩伺脾土嘞。lən$^{13}$ts$^{h}$ən$^{35}_{44}$ni$^{21}$ci$^{35}_{44}$fu$^{13}_{21}$tsɔi$^{35}$iek$^{3}$ts$^{h}$ɔi$^{53}$ke$^{53}$ɲin$^{13}_{44}$na$^{0}$,ka$^{35}$ka$^{35}_{44}$təu$^{35}_{53}$çi$^{21}$fɔn$^{35}_{44}$tsɔi$^{35}_{21}$,təu$^{35}$uɔi$^{53}$tsɔi$^{35}$iɔk$^{5}$t$^{h}$ei$^{53}$tsɿ$^{0}$,ŋai$^{13}_{21}$tien$^{0}$i$^{21}$iaŋ$^{53}$ŋa$^{0}$.ts$^{h}$an$^{53}$liɔŋ$^{53}$ia$^{35}$xen$^{21}$kau$^{35}_{44}$.iɔk$^{5}$t$^{h}$ei$^{53}$tsɿ$^{0}$iəu$^{35}_{44}$tʂak$^{3}$kai$^{53}_{44}$ke$^{53}_{44}$lei$^{0}$,ts$^{h}$iəu$^{53}$xe$^{53}_{44}$uɔi$^{53}$fait$^{3}$tʂ$^{h}$əŋ$^{13}$,tʂən$^{35}$uɔi$^{53}$fait$^{3}$tʂ$^{h}$əŋ$^{13}$ŋa$^{0}$.ɔi$^{53}$xau$^{21}$lei$^{0}$iəu$^{53}$mɔk$^{5}$ta$^{21}$iɔk$^{5}$nei$^{0}$.ts$^{h}$iəu$^{53}$u$^{21}$te$^{35}_{53}$tsɿ$^{0}$mak$^{3}$ke$^{53}_{44}$ʂak$^{5}$fɔi$^{35}_{44}$ie$^{53}$(x)a$^{53}_{21}$tsɿ$^{0}$kai$^{53}_{44}$te$^{35}_{53}$lei$^{0}$ts$^{h}$iəu$^{53}$ken$^{53}$xau$^{21}$nei$^{0}$.ɲi$^{13}$ta$^{21}$tek$^{3}$iɔk$^{5}$lɔi$^{13}_{44}$kai$^{53}_{44}$iɔk$^{5}$t$^{h}$ei$^{53}$tsɿ$^{0}$m̩$^{13}$p$^{h}$e$^{53}_{44}$ts$^{h}$iəu$^{53}_{44}$iəu$^{35}_{53}$lən$^{13}$iɔk$^{5}$ke$^{0}$ts$^{h}$an$^{13}_{21}$liəu$^{13}_{44}$?siet$^{5}$p$^{h}$ak$^{5}$tsɿ$^{0}$ke$^{0}$tʂaŋ$^{53}_{44}$xei$^{53}_{44}$iɔk$^{5}$t$^{h}$ei$^{53}$tsɿ$^{0}$.iəu$^{35}$u$^{35}$u$^{35}$tsɿ$^{0}$ke$^{0}$,iəu$^{35}$fa$^{35}$in$^{13}$tsɿ$^{0}$ke$^{53}$,kai$^{53}$çi$^{21}_{44}$pət$^{3}$ʂɿ$^{53}_{44}$iɔk$^{5}$t$^{h}$ei$^{53}$tsɿ$^{0}$.kai$^{53}_{21}$ke$^{53}_{21}$tso$^{53}$tek$^{3}$iɔk$^{5}$ke$^{0}$,tʂən$^{35}$tʂən$^{53}_{44}$ke$^{53}_{44}$iɔk$^{5}$t$^{h}$ei$^{53}$tsɿ$^{0}$ts$^{h}$iəu$^{53}_{44}$pien$^{21}$t$^{h}$ei$^{53}$,kai$^{53}$p$^{h}$ak$^{5}$ke$^{53}$tsɿ$^{0}$,p$^{h}$ak$^{5}$in$^{13}_{21}$tsɿ$^{0}$ke$^{53}$.iəu$^{35}$te$^{35}_{53}$ts$^{h}$iəu$^{53}_{44}$u$^{35}$in$^{13}_{21}$tsɿ$^{0}$ke$^{0}$,iɔŋ$^{53}$tsɿ$^{0}$ts$^{h}$iəu$^{53}$iet$^{3}$iɔŋ$^{53}$ke$^{0}$,u$^{35}$in$^{13}_{44}$tsɿ$^{0}$ke$^{0}$,u$^{35}$in$^{13}_{44}$tsɿ$^{0}$ke$^{0}$n̩$^{13}$ɔn$^{35}_{44}$tso$^{53}_{44}$iɔk$^{5}$t$^{h}$ei$^{53}$tsɿ$^{0}$,ɔn$^{35}_{53}$tso$^{53}$p$^{h}$aŋ$^{13}$mi$^{13}_{21}$t$^{h}$ei$^{53}$,kai$^{53}$ke$^{53}$mau$^{13}$tek$^{3}$iɔk$^{5}$sin$^{53}$.p$^{h}$ak$^{5}$tsɿ$^{21}$ke$^{0}$ts$^{h}$iəu$^{53}_{44}$xei$^{53}_{44}$pien$^{21}$t$^{h}$ei$^{53}$,ts$^{h}$iəu$^{53}_{21}$xe$^{53}_{21}$iɔk$^{5}$t$^{h}$ei$^{53}$tsɿ$^{0}$,ŋai$^{13}_{21}$tʂɿ$^{21}$çiau$^{21}$tek$^{3}$(x)e$^{53}$ʂət$^{5}$li$^{0}$ts$^{h}$ɿ$^{53}$p$^{h}$i$^{13}$t$^{h}$əu$^{21}$lei$^{0}$.

【药粉子】iɔk$^{5}$fən$^{21}$tsɿ$^{0}$ [名]粉状的药物。也简称“药粉”：我娭子长日欸喊脑壳痛，买倒箇天麻嘞打成粉，舞倒箇个～嘞去蒸饽饽食。ŋai$^{13}_{21}$ɔi$^{35}$tsɿ$^{0}$tʂ$^{h}$ɔŋ$^{13}$ɲiet$^{3}$e$^{0}$xan$^{53}$lau$^{21}$k$^{h}$ɔk$^{3}$t$^{h}$əŋ$^{53}$,mai$^{35}$tau$^{21}$kai$^{53}$t$^{h}$ien$^{35}$ma$^{13}_{21}$le$^{0}$ta$^{21}$ʂaŋ$^{13}_{44}$fən$^{21}$,u$^{21}$tau$^{21}$kai$^{53}_{44}$ke$^{53}_{44}$iɔk$^{5}$fən$^{21}$tsɿ$^{0}$lei$^{0}$çi$^{53}$tʂən$^{35}$pɔk$^{5}$pɔk$^{5}$ʂət$^{5}$.｜箇割倒哩哪映子爱生肉个话你就舞兜子消炎药个药粉呶敹倒去，渠就会生肉。敹兜子～去，渠就会生肉。kai$^{53}$kɔit$^{3}$tau$^{21}$li$^{0}$lai$^{53}$iaŋ$^{53}$tsɿ$^{21}$ɔi$^{53}_{44}$saŋ$^{35}$ɲiəuk$^{3}$ke$^{53}_{44}$fa$^{53}_{44}$ɲi$^{13}_{21}$ts$^{h}$iəu$^{53}$u$^{21}$te$^{35}_{53}$tsɿ$^{0}$siau$^{35}$uen$^{13}$iɔk$^{5}$ke$^{53}_{44}$iɔk$^{5}$fən$^{21}$nau$^{0}$ian$^{53}$tau$^{21}$çi$^{53}$,ci$^{13}_{21}$ts$^{h}$iəu$^{53}$uɔi$^{53}$saŋ$^{35}$ɲiəuk$^{3}$.ian$^{53}_{44}$te$^{35}_{53}$tsɿ$^{0}$iɔk$^{5}$fən$^{21}$tsɿ$^{0}$çi$^{53}$,ci$^{13}_{21}$ts$^{h}$iəu$^{53}$uɔi$^{53}$saŋ$^{35}$ɲiəuk$^{3}$.

【药膏子】iɔk$^{5}$kau$^{35}$tsɿ$^{0}$ [名]用于外贴，稠腻如膏状的药物：箇年么人呢手受哩伤啊，走下北乡，欸社港箇映子，就舞一饽～欸用箇个棉签子去刮，刮倒手上。kai$^{53}$ɲien$^{13}_{44}$mak$^{3}$ɲin$^{13}_{44}$ne$^{0}$ʂəu$^{21}$ʂəu$^{53}$li$^{0}$ʂɔŋ$^{35}$ŋa$^{0}$,tsei$^{21}$ia$^{53}$pɔit$^{3}$çiɔŋ$^{35}$,e$_{21}$ʂak$^{5}$kɔŋ$^{21}$kai$^{53}_{44}$iaŋ$^{53}$tsɿ$^{0}$,ts$^{h}$iəu$^{53}$u$^{21}$iet$^{3}$p$^{h}$ɔk$^{5}$iɔk$^{5}$kau$^{35}_{44}$tsɿ$^{0}$e$_{21}$iəŋ$^{53}$kai$^{53}_{44}$ke$^{53}_{44}$mien$^{13}$ts$^{h}$ien$^{35}$tsɿ$^{0}$çi$^{53}$kuait$^{3}$,kuait$^{3}$tau$^{21}$ʂəu$^{21}$xɔŋ$^{53}$.

【药罐子】iɔk$^{5}$kɔn$^{53}$tsɿ$^{0}$ [名]①煎中药用的罐子：欸，医师话，箇个中医……箇个老医师话，硬爱用药罐子，欸，多放兜子水，慢慢子去熬，熬渠两点钟，熬起渠墨乌，箇个药正出哩性。e$_{21}$,i$^{35}$sɿ$^{35}_{44}$ua$^{53}$,kai$^{53}_{44}$ke$^{53}_{44}$tʂəŋ$^{35}$i$^{35}$s…kai$^{53}_{44}$ke$^{53}_{44}$lau$^{21}$i$^{35}$sɿ$^{35}_{44}$ua$^{53}$,ɲiaŋ$^{53}$ɔi$^{53}_{44}$iəŋ$^{53}_{44}$iɔk$^{5}$kɔn$^{53}$tsɿ$^{0}$,e$_{21}$,to$^{35}$fɔŋ$^{53}$te$^{35}_{53}$tsɿ$^{0}$ʂei$^{21}$,man$^{53}$man$^{53}$tsɿ$^{0}$çi$^{53}$ŋau$^{13}$,ŋau$^{13}$ci$^{13}_{44}$iɔŋ$^{21}$tian$^{21}$tʂəŋ$^{35}$,ŋau$^{13}$çi$^{21}$ci$^{13}_{21}$mek$^{5}$u$^{35}_{44}$,kai$^{53}_{44}$ke$^{53}_{44}$iɔk$^{5}$tʂaŋ$^{53}$tʂ$^{h}$ət$^{3}$li$^{0}$sin$^{53}$. ②比

喻经常生病吃药的人：箇只人呐，一只～，长日食药，身体唔好。kai53 tʂak3 ɲin$^{13}_{44}$na0,iet3 tʂak3 iɔk5 kɔn53 tsɿ0,tʂʰɔŋ13 ɲiet3 ʂət5 iɔk5,ʂən35 tʰi21 n̩13 xau21.｜呃，箇晡我等看倒个我箇只同学就一只～。渠一年到头都食药。ə0,kai$^{53}_{44}$pu$^{35}_{53}$ŋai13 tien0 kʰɔn53 tau21 kei53 ŋai13 kai53 tʂak3 tʰəŋ13 çiɔk5 tsʰiəu53 iet3 tʂak3 iɔk5 kɔn53 tsɿ0.ci13 iet3 ɲien$^{13}_{21}$tau53 tʰei$^{13}_{21}$təu35 ʂət5 iɔk5.

【药壶子】iɔk5 fu13 tsɿ0 名 盛装药丸或药水的瓶子：打比我等箇个装箇个胶囊个，箇个买个买倒个归来个药，就～。ta21 pi21 ŋai13 tien0 kai$^{53}_{44}$ke$^{53}_{44}$tʂɔŋ35 kai$^{53}_{44}$kei$^{53}_{44}$ciau35 lɔŋ$^{13}_{21}$ke53,kai$^{53}_{44}$ke$^{53}_{44}$mai35 kei$^{53}_{44}$mai35 tau21 ke0 kuei$^{35}_{44}$lɔi$^{13}_{21}$ke$^{53}_{44}$iɔk5,tsʰiəu$^{53}_{44}$iɔk5 fu$^{13}_{44}$tsɿ0.｜箇个做衫个纽子舞只～装倒，冇事跌咁。kai$^{53}_{44}$ke$^{53}_{44}$tso53 san35 ke$^{53}_{44}$lei21 tsɿ0 u21 tʂak3 iɔk5 fu$^{13}_{21}$tsɿ0 tʂɔŋ35 tau21,mau13 sɿ53 tiet3 kan21.

【药架子】iɔk5 ka53 tsɿ0 名 药店里放置药品的架子：欸，我等到箇药店哩去眙下子看呐，哪只药店里都箇～上摆倒没摆没哩个药。欸，有中药，有西药，有瓶子装个药。ei$_{21}$ŋai13 tien0 tau$^{53}_{44}$kai$^{53}_{44}$iɔk5 tian53 ni0 çi53 tʂʰʅ35 xa$^{53}_{44}$tsɿ0 kʰɔn$^{53}_{44}$na0,lai53 tʂak3 iɔk5 tian53 ni0 təu$^{35}_{53}$kai$^{53}_{44}$iɔk5 ka$^{53}_{44}$tsɿ0 xɔŋ53 pa:i21 tau21 mət5 pai21 mət5 li0 ke$^{53}_{21}$iɔk5.ei$_{21}$,iəu35 tʂəŋ35 iɔk5,iəu$^{35}_{44}$si35 iɔk5,iəu$^{35}_{53}$pʰin13 tsɿ0 tʂəŋ35 ke$^{53}_{44}$iɔk5.

【药碱】iɔk5 kan21 名 药皂：～有哇。也系落尾蛮迟了的。欸我等都懂事了噢晓得了。我硬两三十岁哩正有哇，以前冇得。～。我等用过，～。iɔk5 kan21 iəu35 ua0.ia35 xe53 lɔk3 mi$^{35}_{44}$man13 tʂʰʅ13 liau0 tet3.e0 ŋai13 tien0 təu$^{35}_{44}$təŋ21 sɿ53 liau0 au$_{35}$çiau21 tek3 liau0.ŋai13 ɲiaŋ53 iɔŋ21 san$^{35}_{44}$ʂət$_{5}$ sɔi53 li0 tʂaŋ$^{53}_{44}$iəu35 ua0,i35 tsʰien$^{13}_{21}$mau13 tek3.iɔk5 kan21.ŋai13 tien0 iəŋ$^{53}_{44}$ko$^{53}_{21}$,iɔk5 kan21.

【药酒】iɔk5 tsiəu21 名 用药材浸泡的酒：我等箇阵子真喜欢食～。我记得食得最多个，史国公～。最后，落尾听渠等讲，～不要乱食。欸，我等学堂里有只老师嘞，凡属～渠就唔食，渠只食白酒。ŋai13 tien0 kai53 tʂʰən53 tsɿ0 tʂən35 çi21 fɔn$^{35}_{44}$ʂət5 iɔk5 tsiəu21.ŋai13 ci53 tek3 ʂət5 tek3 tsei53 to$^{35}_{44}$ke0,sʅ21 kɔit3 kɔŋ35 iɔk5 tsiəu21.tsei53 xei53,lɔk5 mi$^{35}_{44}$tʰaŋ$^{35}_{44}$ci$^{13}_{21}$tien0 kɔŋ21,iɔk5 tsiəu21 pət3 iau53 lɔn53 ʂət5.e$_{21}$,ŋai13 tien0 xɔk5 tʰɔŋ$^{13}_{44}$li0 iəu35 tʂak3 lau21 sɿ$^{35}_{44}$lei0,fan13 ʂəuk5 iɔk5 tsiəu21 ci$^{13}_{21}$tsʰiəu53 n̩13 ʂət5,ci13 tʂʅ21 ʂət5 pʰak5 tsiəu21.

【药米馃】iɔk5 mi21 ko21 名 添加了鸡屎藤等草药的米馃。也称“药米馃子”：还有～啦。七月七，仙姑娘娘生日就做～。就系放下几种中草药唠，鸡屎藤之类个。欸，～。xai$^{13}_{21}$iəu$^{35}_{44}$iɔk5 mi21 ko21 la0.tsʰiet3 ɲiet5 tsʰiet3,sien35 ku$^{35}_{44}$ɲiɔŋ$^{13}_{21}$ɲiɔŋ$^{13}_{21}$saŋ35 ɲiet3 tsʰiəu$^{53}_{44}$tso$^{53}_{44}$iɔk5 mi21 ko21.tsʰiəu53 xe53 fɔŋ53 ŋa$_{44}$(←xa53) ci21 tʂəŋ21 tʂəŋ35 tsʰau21 iɔk5 lau0,cie35 ʂʅ21 tʰien13 tʂʅ$^{35}_{44}$lei$^{53}_{44}$ke53.e$_{21}$.iɔk5 mi21 ko21.｜（七月七日）做……做～子唠，去敬仙姑哇。tso53 ɲ…tso53 iɔk5 mi21 ko21 tsɿ0 lau0,çi$^{53}_{44}$cin53 sien35 ku$^{35}_{44}$ua0.

【药铺】iɔk5 pʰu53 名 出售中药的店铺，有的兼售西药：还有纱布噢，～里用个。xai$^{13}_{21}$iəu$^{35}_{44}$sa35 pu$^{53}_{44}$uau0,iɔk5 pʰu$^{53}_{44}$li21 iəŋ$^{53}_{44}$ke$^{53}_{44}$.｜（田七）欸～里正有卖。e$_{44}$iɔk5 pʰu$^{53}_{44}$li0 tʂaŋ$^{53}_{44}$iəu35 mai$^{53}_{44}$.

【药水】iɔk5 ʂei21 名 治病的药物溶液；液态的药：唔讲水药，只讲～。n̩13 kɔŋ21 ʂei21 iɔk5,tʂʅ21 kɔŋ21 iɔk5 ʂei21.

【药坛子】iɔk5 tʰan13 tsɿ0 名 装药的坛子：箇个～肚里就装箇起药，真怕受潮个嘞就装啊箇肚里嘞。kai$^{53}_{44}$ke$^{53}_{44}$iɔk5 tʰan$^{13}_{21}$tsɿ0 təu21 li0 tsʰiəu$^{53}_{44}$tʂɔŋ35 kai$^{53}_{44}$çi21 iɔk5,tʂən35 pʰa53 ʂəu53 tʂʰau$^{13}_{21}$ke53 lei0 tsʰiəu$^{53}_{44}$tʂɔŋ$^{35}_{44}$a0 kai53 təu21 li0 lei0.

【药王庙】iɔk5 uɔŋ13 miau53 名 供奉药王的庙宇：浏阳有只庙，安做么个？思邈公园肚里个欸～。蛮大哟，是政府拨哩钱搞个咯。liəu13 iɔŋ$^{13}_{21}$iəu35 tʂak3 miau53,ɔn$^{35}_{44}$tso53 mak3 ke53?sɿ35 miau21 kəŋ35 vien$^{13}_{21}$təu21 li0 ke53 e$_{21}$iɔk5 uɔŋ13 miau53.man13 tʰai53 io0,ʂʅ53 tʂən53 fu21 pɔit3 li0 tsʰien13 kau21 ke53 o0.

【药王仙师】iɔk5 uɔŋ13 sien35 sɿ35 名 指孙思邈：～就系孙思邈。欸浏阳箇只庙系让门来个嘞？因为箇映有渡桥。箇个欸安做么个栏场安做天马大桥脚下，以前有渡桥，箇渡桥个名字安做么个嘞？安做洗药桥。根据洗药桥，于是就想象出哩孙思邈，想象出哩药王庙。箇个都系根据箇映子来个。iɔk5 uɔŋ$^{13}_{21}$sien$^{35}_{44}$sɿ$^{35}_{44}$tsʰiəu$^{53}_{44}$xe$^{53}_{44}$sən$^{35}_{44}$sɿ$^{35}_{44}$miau21.ei$_{21}$liəu13 iɔŋ13 kai53 tʂak3 miau53 xei53 ɲiɔŋ53 mən$^{13}_{44}$lɔi13 ke$^{53}_{44}$lei0?in35 uei$^{53}_{44}$kai$^{53}_{44}$iaŋ$^{53}_{44}$iəu35 tʰəu53 cʰiau13.kai$^{53}_{44}$ke$^{53}_{44}$e$_{21}$ɔn$^{35}_{44}$tso53 mak3 e0 laŋ$^{13}_{21}$tʂʰɔŋ13 ɔn$^{35}_{44}$tso$^{53}_{44}$tʰien$^{35}_{44}$ma$^{35}_{44}$tʰai53 cʰiau$^{13}_{21}$ciɔk3 xa53,i35 tsʰien13 iəu35 tʰəu53 cʰiau13,kai53 tʰəu53 cʰiau13 ke53 miaŋ13 tsʰɿ$^{53}_{44}$ɔn$^{35}_{44}$tso53 mak3 e0 lei0?ɔn$^{35}_{44}$tso$^{53}_{44}$se21 iɔk5 cʰiau13.cien35 tʂʮ53 se21 iɔk5 cʰiau13,ʮ13 ʂʅ53 tsʰiəu53 siɔŋ21 siɔŋ53 tʂʰət3 li0 sən35 sɿ$^{35}_{44}$miau21,siɔŋ21 siɔŋ53 tʂʰət3 li0 iɔk5 uɔŋ13 miau53.kai$^{53}_{44}$ke$^{53}_{44}$təu35 xei$^{53}_{44}$cien35 tʂʮ53 kai$^{53}_{44}$iaŋ$^{53}_{44}$tsɿ0 lɔi13 ke53.

【药箱子】iɔk5 siɔŋ35 tsɿ0 名 一种专门用来存放药品、医疗工具的箱子，供医生出诊使用：以前个医师出诊呢就爱扤只～。～肚里放下子注射器。箇阵子个注射器不是一次性个嘞，爱煮嘞。i$^{35}_{53}$tsʰien13 ke$^{53}_{44}$i35 sɿ$^{35}_{44}$tʂʰət3 tʂən21 ne0 tsʰiəu$^{53}_{44}$ɔi$^{53}_{44}$kʰuai21 tʂak3 iɔk5 siɔŋ35 tsɿ0.iɔk5 siɔŋ35 tsɿ0 təu21 li0 fɔŋ53 xa$^{53}_{44}$tsɿ0 tʂʮ53 ʂa$^{53}_{44}$çi53.kai53 tʂʰən$^{53}_{44}$tsɿ0 ke0 tʂʮ53 ʂa$^{53}_{44}$çi$^{53}_{44}$pət5 ʂʅ53 iet3 tsʰɿ53 sin53 ke53 lei0,ɔi53 tʂəu21 le0.

【药性】iɔk$^{5}$ sin$^{53}_{44}$ 名药物的性质和功能：阖起指过路黄荆就更好，～更好。kai$^{53}$çi$^{21}$ts$^{h}$iəu$^{53}_{44}$ken$^{53}$ xau$^{21}$,iɔk$^{5}$ sin$^{53}_{44}$ken$^{53}$xau$^{21}$.

【药渣】iɔk$^{5}$ tsa$^{35}$ 名中药煎好以后的残渣：蒸嘿两到个～就唔爱哩，就倾嘿去了。欸，阖是咁个啦，我嫔子等人是话啦，欸不能够倾啊茅司凼里啦，～是必须倾啊外背欸岭上都要得嘞，莫倾下阖个垃圾桶里茅司凼里倾唔得啦。药有药王仙师去阖。我嫔子取都分阖个药渠食哩个药啊～用薄膜袋子装倒，亲自丢下阖河边子上，阖个欸外背子放倒，欸，草肚里放倒。tʂən$^{35}$ nek$^{3}$ iɔŋ$^{21}$tau$^{53}_{44}$ke$^{53}_{44}$iɔk$^{5}$ tsa$^{35}_{44}$ts$^{h}$iəu$^{53}$m̩$^{13}_{21}$mɔi$^{53}$li$^{0}$ ,tsiəu$^{53}_{44}$k$^{h}$uaŋ$^{35}$ŋek$^{3}$ çi$^{53}$liau$^{0}$ .e$_{21}$,kai$^{53}$ʂʅ$^{53}_{21}$kan$^{21}_{44}$cie$^{53}$la$^{0}$ ,ŋai$^{13}_{21}$ɔi$^{35}$tsʅ$^{0}$ ten$^{21}_{44}$ɲin$^{13}_{21}$ʂʅ$^{53}$ua$^{53}$la$^{0}$ ,e$_{44}$pət$^{3}$ len$^{13}_{21}$ciau$^{53}$k$^{h}$uaŋ$^{35}_{44}$a$^{0}$ mau$^{13}_{21}$sʅ$^{35}_{44}$t$^{h}$ɔŋ$^{53}$li$^{0}$ la$^{0}$ ,iɔk$^{5}$ tsa$^{35}$ʂʅ$^{53}_{21}$piet$^{3}$ si$^{35}_{44}$k$^{h}$uaŋ$^{35}$ŋa$^{0}$ ŋɔi$^{53}$pɔi$^{53}$ e$_{21}$liaŋ$^{35}$xɔŋ$^{53}_{44}$təu$^{35}_{44}$iau$^{53}$tek$^{3}$ le$^{0}$ ,mɔk$^{5}$ k$^{h}$uaŋ$^{35}_{44}$ŋa$^{53}_{44}$kai$^{53}_{44}$ke$^{53}_{44}$la$^{35}$ci$^{35}_{44}$t$^{h}$əŋ$^{21}$li$^{0}$ mau$^{13}$sʅ$^{35}_{44}$t$^{h}$ɔŋ$^{53}$li$^{0}$ k$^{h}$uaŋ$^{35}$n̩$^{13}_{21}$tek$^{3}$ la$^{0}$. iɔk$^{5}$ iəu$^{35}$iɔk$^{5}$ uɔŋ$^{13}_{21}$sien$^{35}_{44}$sʅ$^{35}_{44}$çi$^{53}$kai$^{53}_{21}$.ŋai$^{13}_{21}$ɔi$^{35}_{44}$tsʅ$^{0}$ ts$^{h}$i$^{21}$təu$^{35}_{53}$pən$^{35}$kai$^{53}_{21}$ke$^{53}_{21}$iɔk$^{5}$ ci$^{13}_{21}$ʂət$^{5}$ li$^{0}$ ke$^{53}_{44}$iɔk$^{5}$ a$^{0}$ iɔk$^{5}$ tsa$^{35}_{44}$iəŋ$^{53}$ p$^{h}$ɔk$^{5}$ mu$^{13}_{21}$t$^{h}$ɔi$^{53}$tsʅ$^{0}$ tʂɔŋ$^{35}$tau$^{21}$ ,ts$^{h}$in$^{35}$ts$^{h}$ʅ$^{53}$tiəu$^{35}$ua$^{53}$kai$^{53}$xo$^{13}$pien$^{35}_{44}$tsʅ$^{0}$ xɔŋ$^{53}$ ,kai$^{53}_{44}$kei$^{53}_{44}$e$_{21}$ŋɔi$^{53}$pɔi$^{53}$tsʅ$^{0}$ fɔŋ$^{53}$ tau$^{21}$ ,e$_{21}$,ts$^{h}$au$^{21}$təu$^{21}$li$^{0}$ fɔŋ$^{53}$tau$^{21}$.

【药盅】iɔk$^{5}$ tʂəŋ$^{35}$ 名捣药的擂钵：药店里有哇，擂钵呀，系唔系？药店里，擂钵，安做欸，药店里个就安做～。iɔk$^{5}$ tian$^{53}_{44}$ni$^{0}$ iəu$^{35}_{44}$ua$^{0}$ ,li$^{13}$pait$^{3}$ ia$^{0}$ ,xei$^{53}_{44}$me$^{53}_{44}$?iɔk$^{5}$ tian$^{53}_{44}$li$^{0}$ ,lei$^{13}$pait$^{3}$ ,ɔn$^{35}_{44}$tso$^{53}_{44}$ei$^{0}$ ,iɔk$^{5}$ tian$^{53}_{44}$li$^{0}$ ke$^{53}_{44}$tsiəu$^{53}_{44}$ɔn$^{35}_{44}$tso$^{53}_{44}$iɔk$^{5}$ tʂəŋ$^{35}$.

【要$_{1}$】iau$^{53}$ 动①想；希望：以只东西你～看就我倒有有。i$^{21}$tʂak$^{3}$ (t)əŋ$^{35}_{44}$si$^{0}$ ɲi$^{13}$iau$^{53}_{44}$k$^{h}$ɔn$^{53}$tsəu$^{53}_{44}$ŋai$^{13}_{21}$ tau$^{21}$iəu$^{35}$iəu$^{35}$. ②想获得或留存：我等个就不～哩凑。ŋai$^{13}_{21}$tien$^{0}$ ke$^{53}_{44}$ts$^{h}$iəu$^{53}_{44}$pət$^{3}$ iau$^{53}$li$^{0}$ ts$^{h}$e$^{0}$. ③选取；选用：唔系唔系～“抽屉桌”，“抽屉桌”就系浏浏阳本地话。m̩$^{13}_{21}$p$^{h}$e$^{53}$(←xe$^{53}$)m̩$^{13}_{21}$p$^{h}$e$_{44}$ (←xe$^{53}$)iau$^{53}_{44}$"tʂ$^{h}$əu$^{35}$t$^{h}$i$^{53}_{44}$tsɔk$^{3}$ ","tʂ$^{h}$əu$^{35}$t$^{h}$i$^{53}_{44}$tsɔk$^{3}$ "tsəu$^{53}_{44}$xei$^{53}_{44}$liəu$^{13}_{21}$liəu$^{13}$iɔŋ$^{13}_{21}$pən$^{21}$t$^{h}$i$^{53}_{44}$fa$^{53}_{44}$.｜番薯窖都系～横个。fan$^{35}$ʂəu$^{13}_{21}$kau$^{53}_{44}$təu$^{35}_{44}$xe$^{53}_{44}$iau$^{53}_{44}$uaŋ$^{13}$ke$^{53}_{44}$.

【要$_{2}$】iau$^{53}$ 连①表示选择，相当于“要不、要么”：以个栏硬栽个时间只有只么个茶花。欸，～就阖只月季花。i$^{21}$ke$^{53}$laŋ$^{13}$ɲiaŋ$^{53}$tsɔi$^{35}$ke$^{53}$ʂʅ$^{13}_{21}$kan$^{35}_{44}$tʂʅ$^{21}$iəu$^{35}_{53}$tʂak$^{3}$ mak$^{3}$ ke$^{53}_{44}$ts$^{h}$a$^{13}$fa$^{35}_{44}$.e$_{21}$,iau$^{53}_{44}$ts$^{h}$iəu$^{53}_{44}$ kai$^{53}$tʂak$^{3}$ ɲiet$^{5}$ ci$^{53}$fa$^{35}_{44}$. ②表示假设，与“是”搭配，表示“若是……的话，如果是……的话”的意思：欸，～我舅爷是一打就咁大一掐。打起来又快。e$_{21}$,iau$^{53}_{21}$ŋai$^{13}$c$^{h}$iəu$^{35}$ia$^{13}_{21}$ʂʅ$^{53}_{44}$iet$^{3}$ ta$^{21}$ts$^{h}$iəu$^{53}$ kan$^{21}$t$^{h}$ai$^{53}$iet$^{3}$ k$^{h}$a$^{35}$.ta$^{21}$çi$^{21}$lɔi$^{13}$iəu$^{53}_{44}$k$^{h}$uai$^{53}$.

【要得】iau$^{53}$tek$^{3}$ 形行；可以。又称“做得”。①表示认同某种说法或做法：～啊，我也来去呀，我也来去嬲下子啊。iau$^{53}$tek$^{3}$ a$^{0}$ ,ŋai$^{13}$ia$^{35}_{44}$lɔi$^{13}_{21}$çi$^{53}$ia$^{0}$ ,ŋai$^{13}$ia$^{35}_{44}$lɔi$^{13}_{21}$çi$^{53}_{44}$liau$^{53}$ua$_{44}$(←xa$^{53}$)tsa$^{0}$.｜捡几块旧板子也～。cian$^{21}$ci$^{21}$k$^{h}$uai$^{53}_{44}$c$^{h}$iəu$^{53}$pan$^{21}$tsʅ$^{0}$ a$^{35}_{44}$iau$^{53}$tek$^{3}$. ②表示因达到目的而感到满意：好。～哩啊。xau$^{21}$.iau$^{53}$tek$^{3}$ lia$^{0}$.

【要紧】iau$^{53}$cin$^{21}$ 形重要而急切：有滴屋下有～事都唔搞哩啊，闷头接只讲去打麻将啊。iəu$^{35}$ tet$^{5}$ uk$^{3}$ xa$^{53}_{44}$iəu$^{35}$iau$^{53}_{44}$cin$^{21}$sʅ$^{53}$təu$^{35}_{44}$n̩$^{13}_{44}$kau$^{21}$lia$^{0}$ ,mən$^{35}$t$^{h}$ei$^{13}_{44}$tsiet$^{3}$ tʂʅ$^{21}$kɔŋ$^{21}$çi$^{53}$ta$^{21}$ma$^{13}$tsiɔŋ$^{53}$ŋa$^{0}$.

【要唔得】iau$^{53}$n̩$^{13}_{21}$tek$^{3}$ 形不好；不可以：平分水就～。p$^{h}$iaŋ$^{13}$fən$^{35}_{44}$ʂei$^{21}$ts$^{h}$iəu$^{53}_{44}$iau$^{53}$n̩$^{13}_{21}$tek$^{3}$.

【鹞嫲】iau$^{53}$ma$^{13}$ 名雀鹰：～会挜鸡。我等记得细细子有只游戏安做～挜鸡。分人做～，分人做鸡嫲，鸡嫲就保护鸡崽子。iau$^{53}$ma$^{13}$uɔi$^{53}$ia$^{21}$cie$^{35}$.ŋai$^{13}$tien$^{0}$ ci$^{53}$tek$^{3}$ se$^{53}$se$^{53}$tsʅ$^{0}$ iəu$^{35}$tʂak$^{3}$ iəu$^{13}$çi$^{53}$ ɔn$^{35}_{44}$tso$^{53}_{44}$iau$^{53}$ma$^{13}_{21}$ia$^{21}$cie$^{35}$.pən$^{35}$ɲin$^{13}_{21}$tso$^{53}$iau$^{53}$ma$^{13}_{21}$,pən$^{35}$ɲin$^{13}_{21}$tso$^{53}$cie$^{35}$ma$^{13}_{44}$,cie$^{35}$ma$^{13}_{21}$ts$^{h}$iəu$^{53}$pau$^{21}$fu$^{53}$cie$^{35}$tsei$^{21}$ tsʅ$^{0}$.

【鹞嫲艻芯】iau$^{53}$ma$^{13}$lek$^{3}$ sin$^{35}$ 名一种野生带刺灌木的嫩叶心，可采来代做茶叶：我等阖阵冇茶叶食，茶叶少哩就摘咁个东西啊。唔知安做么个芯。馥嫩呢。但是渠不是茶叶，也可以做茶叶。也，我去摘过啊。茶叶少哩啊，摘过。……欸，我问你噢，以前我等摘茶叶呀，茶叶少哩啊，还去岭上摘一起么个东西，舞倒整茶叶也要得个嘞？鹞嫲艻啊？～吧？系唔系？……茶叶少哩一般就要摘麻杆艻，欸唔系噢，～。□□□叶，噢，甜茶芯，嗯，好。ŋai$^{13}$tien$^{0}$ kai$^{53}$tʂ$^{h}$ən$^{53}$mau$^{13}$ts$^{h}$a$^{13}$iait$^{5}$ ʂət$^{5}_{3}$,ts$^{h}$a$^{13}$iait$^{5}$ ʂau$^{21}$li$^{0}$ ts$^{h}$iəu$^{53}$tsak$^{3}$ kan$^{21}$ke$^{53}_{44}$təŋ$^{35}_{44}$si$^{0}$ a$^{0}$ .n̩$^{13}_{21}$ti$^{35}_{53}$ɔn$^{35}_{44}$tso$^{53}_{44}$ mak$^{3}$ ke$^{53}_{44}$sin$^{35}$.fət$^{5}$ lən$^{53}$nei$^{0}$ .tan$^{53}_{44}$ʂʅ$^{53}_{44}$ci$^{13}_{21}$pət$^{3}$ ʂʅ$^{53}_{44}$ts$^{h}$a$^{13}$iait$^{5}$ ,ia$^{35}$k$^{h}$o$^{21}$i$^{35}$tso$^{53}$ts$^{h}$a$^{13}_{21}$iait$^{5}$ .iei$_{53}$,ŋai$^{13}_{21}$çi$^{53}$tsak$^{3}$ ko$^{53}$ a$^{0}$ .ts$^{h}$a$^{13}$iait$^{5}$ ʂau$^{21}$li$^{0}$ a$^{0}$ ,tsak$^{3}$ ko$^{53}$.⋯ei$_{21}$,ŋai$^{13}$uən$^{53}$ɲi$^{13}_{44}$au$^{0}$ ,i$^{35}_{44}$ts$^{h}$ien$^{13}_{21}$ŋai$^{13}_{21}$tien$^{0}$ tsak$^{3}$ ts$^{h}$a$^{13}$iait$^{5}$ ia$^{0}$ ,ts$^{h}$a$^{13}$iait$^{5}$ ʂau$^{21}$ li$^{0}$ a$^{0}$ ,xai$^{13}_{21}$çi$^{53}$liaŋ$^{35}$xɔŋ$^{53}_{44}$tsak$^{3}$ iet$^{3}$ çi$^{21}$mak$^{3}$ ke$^{53}_{44}$təŋ$^{35}$si$^{0}$ ,u$^{21}$tau$^{21}$tʂən$^{21}$ts$^{h}$a$^{13}$iait$^{5}$ ia$^{35}$iau$^{53}$tek$^{3}$ ke$^{53}_{44}$le$^{0}$ ?iau$^{53}$ma$^{13}_{21}$ lek$^{3}$ a$^{0}$ ?iau$^{53}$ma$^{13}_{21}$lek$^{3}$ sin$^{35}$pa$^{0}$ ?xei$^{53}_{44}$me$^{53}_{44}$?⋯ts$^{h}$a$^{13}$iait$^{5}$ ʂau$^{21}$li$^{0}$ iet$^{3}$ pɔn$^{35}$ts$^{h}$iəu$^{53}$iau$^{53}$tsak$^{3}$ ma$^{35}$kan$^{21}$lek$^{3}$ ,e$_{44}$m̩$^{13}$ p$^{h}$e$^{53}$(←xe$^{53}$)au$^{0}$ ,iau$^{53}$ma$^{13}_{21}$lek$^{3}$ sin$^{35}$.uaŋ$_{53}$uaŋ$_{53}$t$^{h}$əu$_{21}$iait$^{5}$ ,au$_{53}$,t$^{h}$ian$^{13}$ts$^{h}$a$^{13}_{21}$sin$^{35}$,n̩$_{21}$.xau$^{21}$.

【耶】iẽ$_{53}$ 叹表惊讶：～！咁多事你搞得完？iẽ$^{53}$!kan$^{21}$to$^{35}$ʂʅ$^{53}$ɲi$^{13}_{21}$kau$^{21}$tek$^{3}$ ien$^{13}$?

Y

【耶嘿】ie$_{53}$xe$_{44}$ [叹]表示震惊：～，想乌转去就蛮难了啦。ie$_{53}$xe$_{44}$,siɔŋ$^{21}$u$^{35}$tʂuɔn$^{21}$çi$^{53}$tsʰiəu$^{53}$man$^{13}_{21}$nan$^{13}_{44}$liau$^{21}_{44}$la$^{0}$.

【爷】ia$^{13}$ [名]父亲。也称"爷子"：五六十岁了还当～。ŋ̍$^{21}$liəuk$^{3}$ʂət$^{5}$sɔi$^{53}$liau$^{21}$xai$^{13}_{21}$tɔŋ$^{35}_{44}$ia$^{13}$.｜我大嫂个～子 ŋai$^{13}$tʰai$^{53}$sau$^{21}$ke$^{53}$ia$^{13}$tsɿ$^{0}$

【爷娭】ia$^{13}$ɔi$^{35}$ [名]父母：做～个人就讲三妹子。tso$^{53}_{44}$ia$^{13}$ɔi$^{35}_{44}$ke$^{53}$ɲin$^{13}_{21}$tsiəu$^{53}$kɔŋ$^{21}$san$^{35}_{44}$mɔi$^{53}$tsɿ$^{0}$.

【也】a$^{35}$/ia$^{35}$/ie$^{21}$ [副]①表示同样、并行的意思：捡几块旧板子～要得。cian$^{21}$ci$^{21}$kʰuai$^{53}_{44}$cʰiəu$^{53}$pan$^{21}$tsɿ$^{0}$ a$^{35}_{44}$iau$^{53}$tek$^{3}$.｜岭西冇得，西岭～冇得。liaŋ$^{35}$si$^{35}$mau$^{13}_{21}$tek$^{3}$,si$^{35}$liaŋ$^{35}_{44}$ia$^{35}_{44}$mau$^{13}_{21}$tek$^{3}$.｜捉鱼子～捉得倒，挖笋～挖得倒。tsɔk$^{3}$ŋ̍$^{13}$tsɿ$^{0}$ ia$^{35}$tsɔk$^{3}$tek$^{3}$tau$^{21}$,uait$^{3}$sən$^{21}$na$_{44}$(←ia$^{35}$)uait$^{3}$tek$^{3}$tau$^{21}$. ②表示承认某种情况：长系六欸有六寸长呶，～冇有七寸长。tʂʰɔŋ$^{13}$(x)e$^{53}$liəuk$^{3}$ e$_{44}$iəu$^{35}$liəuk$^{3}$ tsʰən$^{53}$tʂʰɔŋ$^{13}$nau$^{0}$,a$^{35}$mau$^{13}_{44}$iəu$^{35}_{44}$tsʰiet$^{3}$tsʰən$^{53}_{44}$tʂʰɔŋ$^{13}$.

【也罢】ie$^{21}$pa$^{53}$ [助]表示容忍或只得如此，有"算了"或"也就算了"的意思：百把子人，箇就系一百左右子。还少滴子～。pak$^{3}$pa$^{21}$tsɿ$^{0}$ɲin$^{13}$,kai$^{53}_{35}$tsʰiəu$^{53}_{44}$xei$^{53}_{44}$iet$^{3}$pak$^{3}$tso$^{21}$iəu$^{53}$tsɿ$^{0}$.xai$^{13}_{44}$ʂau$^{21}$tiet$^{5}$tsɿ$^{0}$ ie$^{21}$pa$^{53}$.

【也好】ia$^{35}$/a$^{35}$xau$^{21}$ [助]两个或几个连用，表示不论这样还是那样都不是条件：唔管风～水～，沕头沕睬做。ŋ̍$^{13}$kɔn$^{21}$fəŋ$^{35}$ia$^{35}$xau$^{21}$ʂei$^{21}$a$^{35}$xau$^{21}$,mi$^{53}$tʰei$^{13}$mi$^{53}$tsʰi$^{53}$tso$^{53}$.｜烟～，茶～，我都唔喜欢。ien$^{35}$ia$^{35}$xau$^{21}$,tsʰa$^{13}$ia$^{35}$xau$^{21}$,ŋai$^{13}$təu$^{35}$ŋ̍$^{13}$çi$^{21}$fɔn$^{35}$.

【野】ia$^{35}$ [形]①属性词。不是人工饲养或栽培的：渠蜂子嘞有一种箇～蜂子会叼人个吵。ci$^{13}_{21}$fəŋ$^{35}$tsɿ$^{0}$ lei$^{0}$ iəu$^{35}$iet$^{3}$ tʂəŋ$^{21}$kai$^{53}_{44}$ia$^{35}$fəŋ$^{35}$tsɿ$^{0}$ uɔi$^{53}_{44}$tiau$^{35}_{44}$ɲin$^{13}_{21}$ke$^{53}_{44}$ʂa$^{0}$.｜箇起～菊花更细唠。kai$^{53}_{44}$çi$^{21}_{44}$ia$^{35}$cʰiəuk$^{3}$fa$^{35}$ken$^{53}_{44}$sei$^{53}$lau$^{0}$. ②不受约束；爱在外面玩：我箇只细子真□，真～，一天到夜跍外背嬲，唔落屋。ŋai$^{13}$kai$^{53}_{44}$tʂak$^{3}$ se$^{53}$tsɿ$^{0}$ tʂən$^{35}$nuən$^{53}$,tʂən$^{35}$ia$^{35}$,iet$^{3}$ tʰien$^{35}$tau$^{53}$ia$^{53}$kʰu$^{35}_{44}$ŋɔi$^{53}$pɔi$^{53}_{44}$liau$^{53}$,n̩$^{13}$nɔk$^{5}$uk$^{3}$.

【野菜】ia$^{35}$tsʰɔi$^{53}$ [名]可供食用的野生草本植物：欸欸，苦斋就指箇种菜，箇种～。e$_{44}$e$_{44}$,fu$^{21}$tsai$^{35}$tsʰiəu$^{53}_{44}$tʂɿ$^{21}$kai$^{53}_{44}$tʂəŋ$^{21}$tsʰɔi$^{53}$,kai$^{53}_{44}$tʂəŋ$^{21}$ia$^{35}$tsʰɔi$^{53}$.

【野草】ia$^{35}$tsʰau$^{21}$ [名]野生的草本植物：观音扫也系一种～。kɔn$^{35}$in$^{35}$sau$^{53}$ia$^{35}$xe$^{53}$iet$^{3}$tʂəŋ$^{21}$ia$^{35}$tsʰau$^{21}$.

【野慈姑】ia$^{35}$tsʰɿ$^{13}$ku$^{35}$ [名]野生的小荸荠：我等人老家箇田里真多～，真多～。底下只有丁啱大子坨子，嗯，慈姑子啊只有丁啱大子一坨子。箇个田刮瘦，长～个田刮瘦个。ŋai$^{13}$tien$^{0}$ɲin$^{13}_{21}$lau$^{21}$cia$^{35}_{44}$kai$^{53}$tʰien$^{13}_{21}$ni$^{21}$tʂən$^{35}$to$^{35}$ia$^{35}$tsʰɿ$^{13}_{21}$ku$^{35}$,tʂən$^{35}$to$^{35}$ia$^{35}$tsʰɿ$^{13}_{21}$ku$^{35}_{44}$.tei$^{21}$xa$^{53}_{44}$tʂɿ$^{21}$iəu$^{35}_{44}$tin$^{53}$ŋait$^{3}$tʰai$^{53}$tsɿ$^{0}$tʰo$^{13}$tsɿ$^{0}$,n̩$_{21}$,tsʰɿ$^{13}$ku$^{35}_{44}$tsɿ$^{21}$a$^{0}$ tʂɿ$^{21}$iəu$^{35}_{44}$tin$^{53}$ŋait$^{3}$ tʰai$^{53}$tsɿ$^{0}$ iet$^{3}$ tʰo$^{13}$tsɿ$^{0}$.kai$^{53}$ke$^{53}$tʰien$^{13}$kuait$^{5}$ sei$^{53}$,tʂɔŋ$^{21}$ia$^{35}$tsʰɿ$^{13}_{21}$ku$^{35}_{44}$ke$^{53}$tʰien$^{13}_{21}$kuait$^{5}$sei$^{53}$ke$^{0}$.

【野东西】ia$^{35}$təŋ$^{35}_{44}$si$^{0}$ [名]指野外生长的动物：打～个鸟铳啊。ta$^{21}$ia$^{35}$təŋ$^{35}_{44}$si$^{0}$ ke$^{53}_{44}$ɲiau$^{35}_{21}$tʂʰəŋ$^{53}$ŋa$^{0}$.

【野蜂子】ia$^{35}$fəŋ$^{35}$tsɿ$^{0}$ [名]未驯化的野生蜂：～唔敢食。～怕。～是唔敢捡呶，慢渠会跑出一只来叼得你好看呶。欸，以起都繪搞得好都会叼人呶。ia$^{35}$fəŋ$^{35}$tsɿ$^{0}$n̩$^{13}$kan$^{21}$ʂət$^{5}$.ia$^{35}$fəŋ$^{35}_{44}$tsɿ$^{0}$pʰa$^{53}$.ia$^{35}$fəŋ$^{35}_{44}$tsɿ$^{0}$ʂɿ$^{53}_{21}$n̩$^{13}$kan$^{21}$cian$^{21}$nau$^{0}$,man$^{53}$ci$^{13}$uɔi$^{53}$pʰau$^{21}$tʂʰət$^{3}$iet$^{3}$tʂak$^{3}$lɔi$^{13}_{44}$tiau$^{35}$tek$^{3}$ɲi$^{13}_{44}$xau$^{21}$kʰɔn$^{53}$nau$^{0}$.e$_{21}$,i$^{21}$çi$^{21}$təu$^{35}_{53}$maŋ$^{13}$kau$^{21}$tek$^{3}$xau$^{21}$təu$^{35}_{44}$uɔi$^{53}$tiau$^{35}_{44}$ɲin$^{13}_{21}$nau$^{0}$.

【野狗】ia$^{35}$kei$^{21}$ [名]①一种野生犬类：以前是还有～哟，以前是有喔。i$^{35}_{53}$tsʰien$^{13}$ʂɿ$^{53}_{44}$xai$^{13}_{21}$iəu$^{35}_{44}$ia$^{35}$kei$^{21}$io$^{0}$,i$^{35}_{53}$tsʰien$^{13}_{21}$ʂɿ$^{53}_{44}$iəu$^{35}$uo$^{0}$. ②比喻四处游荡不回家的人：～样，话别人家～样，嗯，渠箇只～样，到处走，～样哦。ia$^{35}$ciei$^{21}$iɔŋ$^{53}_{44}$,ua$^{53}_{44}$pʰiet$^{5}_{3}$in$^{13}_{44}$ka$^{35}_{44}$ia$^{35}$ciei$^{21}$iɔŋ$^{53}$,ŋ̍$_{21}$,ci$^{13}$kai$^{53}$tʂak$^{3}$ia$^{35}$ciei$^{21}$iɔŋ$^{53}$,tau$^{53}$tʂʰəu$^{53}_{44}$tsei$^{21}$,ia$^{35}$ciei$^{21}$iɔŋ$^{53}_{44}$ŋo$^{0}$.

【野菇子】ia$^{35}$ku$^{35}$tsɿ$^{0}$ [名]野生的菌菇：六月伏天落哩水以后，到岭上就有蛮多～捡。就可以捡～。liəuk$^{3}$ɲiet$^{5}$fuk$^{5}$tien$^{35}_{44}$lɔk$^{5}$li$^{0}$ʂei$^{21}$i$^{35}_{53}$xei$^{53}$,tau$^{53}$liaŋ$^{35}$xɔŋ$^{53}$tsʰiəu$^{53}$iəu$^{35}$man$^{13}_{21}$to$^{35}_{44}$ia$^{35}$ku$^{35}$tsɿ$^{0}$cian$^{21}$.tsʰiəu$^{53}$kʰo$^{21}$i$^{35}_{44}$cian$^{21}$ia$^{35}$ku$^{35}_{44}$tsɿ$^{0}$.

【野鬼】ia$^{35}$kuei$^{21}$ [名]①死于非命的人，过世后变成鬼混在野外流浪。又称"孤魂野鬼"：变成～我都拖倒你走。pien$^{53}$ʂaŋ$^{13}_{21}$ia$^{35}$kuei$^{21}$ŋai$^{13}$təu$^{35}_{53}$tʰo$^{35}$tau$^{21}$ɲi$^{13}$tsei$^{21}$. ②喻指到处流荡不着家的人：箇只人呐，长日夜晡都唔落屋，一只～样，到处乱跑。kai$^{53}$tʂak$^{3}$ɲin$^{13}$na$^{0}$,tʂʰɔŋ$^{13}$ɲiet$^{3}$ia$^{53}$pu$^{35}_{53}$təu$^{35}_{53}$n̩$^{13}_{21}$nɔk$^{5}$uk$^{3}$,iet$^{3}$tʂak$^{3}$ia$^{35}$kuei$^{21}$iɔŋ$^{53}$,tau$^{53}$tʂʰəu$^{53}_{44}$lɔn$^{53}$pʰau$^{21}$.

【野鸡】ia$^{35}$ke$^{35}$ [名]雉鸡：岭上真多～，就系捉渠唔倒，爱有铳正打得倒。liaŋ$^{35}$xɔŋ$^{53}$tʂən$^{35}$to$^{35}$ia$^{35}_{44}$cie$^{35}_{44}$,tsʰiəu$^{53}$xe$^{53}_{21}$tsɔk$^{3}$ci$^{13}_{44}$n̩$^{13}_{44}$tau$^{21}$,ɔi$^{53}_{44}$iəu$^{35}_{44}$tʂʰəŋ$^{53}$tʂaŋ$^{53}$ta$^{21}$tek$^{3}$tau$^{21}_{44}$.

【野鸡路】ia$^{35}$ke$^{35}$ləu$^{53}$ [名]山上的小路：去岭上走箇个～嘞欸热天你就爱小心呐，怕有蛇，欸，怕有溜溜转个蛇。～都唔爱紧，就系怕蛇。çi$^{53}$liaŋ$^{35}$xɔŋ$^{53}_{44}$tsei$^{21}$kai$^{53}_{44}$kei$^{53}_{44}$ia$^{35}$cie$^{35}$ləu$^{53}$lei$^{0}$ ei$_{21}$ɲiet$^{5}$ tʰien$^{35}_{44}$ɲi$^{13}_{21}$tsiəu$^{53}$ɔi$^{53}$siau$^{21}$sin$^{35}$na$^{0}$,pʰa$^{53}$iəu$^{35}$ʂa$^{13}$,e$_{53}$,pʰa$^{53}$iəu$^{35}$liəu$^{35}$liəu$^{35}$tʂuɔn$^{21}$cie$^{53}$ʂa$^{13}$.ia$^{35}$cie$^{53}_{44}$ləu$^{53}$təu$^{35}_{44}$m̩$^{13}_{21}$ mɔi$^{53}$cin$^{21}$,tsʰiəu$^{53}$xei$^{53}$pʰa$^{53}$ʂa$^{13}$.

【野姜】ia$^{35}$ciɔŋ$^{35}$ 名 一种野生的姜科植物：但是箇只～箇只苗子个气味有箇姜个气味。/开黄花子。/～我有这映子有。本本箇只苗就本本像姜苗。一蒲蒲。/哦哦，像姜苗个，系。/箇你系耐得烦你总盘倒去都做得哦，□长。tan$^{53}_{44}$ʂɿ$^{53}_{44}$kai$^{53}_{44}$tʂak$^{3}$ ia$^{35}$ciɔŋ$^{35}_{44}$kai$^{53}$tʂak$^{3}$ miau$^{13}$tsɿ$^{0}$ ke$^{53}$çi$^{53}$uei$^{53}$ iəu$^{35}$kai$^{53}$ciɔŋ$^{35}$kei$^{53}_{44}$çi$^{53}$uei$^{53}$./kʰɔi$^{35}$uɔŋ$^{13}$fa$^{35}$tsɿ$^{0}$./ia$^{35}$ciɔŋ$^{35}_{44}$ŋai$^{13}_{21}$iəu$^{35}_{53}$tʂe$^{53}_{44}$iaŋ$^{53}_{44}$tsɿ$^{0}$ iəu$^{35}_{44}$.pən$^{21}$pən$^{21}$kai$^{53}$tʂak$^{3}$ miau$^{13}$tsʰiəu$^{53}$pən$^{21}$pən$^{21}$tsʰiɔŋ$^{53}_{44}$ciɔŋ$^{35}$miau$^{13}_{21}$.iet$^{3}$ pʰu$^{13}$pʰu$^{13}$./o$_{21}$o$_{21}$,tsʰiɔŋ$^{53}$ciɔŋ$^{35}$miau$^{13}_{21}$ke$^{53}$,xe$^{53}_{44}$./kai$^{53}_{44}$ɲi$^{13}$xe$^{53}_{44}$ lai$^{53}$tek$^{3}$ fan$^{13}$ɲi$^{13}$tsɔŋ$^{21}$pʰan$^{13}$tau$^{21}$çi$^{53}_{44}$təu$^{35}$tso$^{53}$tek$^{3}$ o$^{0}$,lai$^{35}$tʂʰɔŋ$^{13}$.

【野藠】ia$^{35}$cʰiau$^{35}_{44}$ 名 一种野生的薤，可食。也称"野藠子"：喊～。/箇有箇唔。～另外。～就系唔系栽个藠子。箇只藠苗舞倒渠咯舞箇只一样个食得。箇个可以食，野藠子可以食。/还好食。石藠子食唔得。箇个石藠个叶瘪个咯，唔系圆梗咯。xan$^{53}$ia$^{35}$cʰiau$^{35}$./kai$^{53}_{44}$iəu$^{35}_{44}$kai$^{53}$ n̩$^{13}_{44}$.ia$^{35}$cʰiau$^{35}_{44}$lin$^{53}$uai$^{53}$.ia$^{35}$cʰiau$^{35}_{44}$tsiəu$^{53}$xe$^{53}$m̩$_{21}$pʰe$_{44}$(←m̩$^{13}$xe$^{53}$)tsɔi$^{35}_{44}$ke$^{53}_{44}$cʰiau$^{35}_{44}$tsɿ$^{0}$.kai$^{53}$tʂak$^{3}$ cʰiau$^{35}$miau$^{13}_{21}$u$^{21}$ tau$^{21}$ci$^{13}$ko$^{0}$ u$^{21}_{44}$kai$^{53}_{44}$tʂak$^{3}$ iet$^{3}_{5}$ iɔŋ$^{53}_{44}$ke$^{53}_{44}$ʂət$^{53}$tek$^{3}$ .kai$^{53}_{44}$ke$^{53}_{44}$kʰo$^{21}$i$^{35}$ʂət$^{5}$ ,ia$^{35}$cʰiau$^{35}_{44}$tsɿ$^{0}$ kʰo$^{21}$i$^{35}$ʂət$^{5}$ ./xai$^{13}$xau$^{21}$ ʂət$^{5}$ .ʂak$^{5}$ cʰiau$^{35}_{44}$tsɿ$^{0}$ ʂət$^{5}$ n̩$^{13}_{21}$nek$^{3}$ (←tek$^{3}$ ).kai$^{53}_{44}$ke$^{53}_{44}$ʂak$^{5}$ cʰiau$^{35}_{44}$ke$^{53}_{44}$iait$^{5}$ pie$^{21}$ke$^{53}$ko$^{0}$ ,m̩$_{21}$pʰe$^{53}$(←m̩$^{13}$xe$^{53}$)ien$^{13}$ kuaŋ$^{21}$ko$^{0}$.

【野菌子】ia$^{35}$cʰin$^{35}$tsɿ$^{0}$ 名 野生的菌菇：～就欸开头讲个落哩水以后呀，如今咁热个天，就系如今伏上咁好个日头，欸咁热个天，落哩水以后，只爱荷担箩到岭上去捡凑，箇～硬有硬用箩捡。但是蛮多就生食唔得，爱晒做干来食。ia$^{35}$cʰin$^{35}$tsɿ$^{0}$ tsʰiəu$^{53}_{44}$ei$_{21}$kʰɔi$^{35}$tʰei$^{13}_{21}$kɔŋ$^{21}_{44}$kei$^{53}_{44}$lɔk$^{5}$ li$^{0}$ ʂei$^{21}$ i$^{35}$xei$^{53}_{44}$ia$^{0}$ ,i$^{13}_{21}$cin$^{35}_{44}$kan$^{21}$ɲiet$^{5}$ ke$^{53}_{44}$tʰien$^{35}$,tsʰiəu$^{53}$xei$^{53}_{44}$i$^{13}_{21}$cin$^{35}_{53}$fuk$^{5}$ xɔŋ$^{53}_{44}$kan$^{21}$xau$^{21}$kei$^{53}$ɲiet$^{3}$ tʰei$^{13}$,e$_{21}$kan$^{21}$ɲiet$^{5}$ ke$^{0}$ tʰien$^{35}$,lɔk$^{5}$ li$^{0}$ ʂei$^{21}$i$^{35}$xei$^{53}$,tʂɿ$^{21}$ɔi$^{53}_{44}$kʰai$^{35}_{44}$tan$^{35}_{44}$lo$^{13}$tau$^{53}_{44}$liaŋ$^{35}$xɔŋ$^{53}$çi$^{53}_{44}$cian$^{21}$tsʰei$^{0}$ ,kai$^{53}_{44}$ia$^{35}$cʰin$^{35}_{44}$tsɿ$^{0}$ ɲiaŋ$^{53}$iəu$^{35}$ ɲiaŋ$^{53}$iɔŋ$^{53}$lo$^{13}$cian$^{21}$.tan$^{53}$ʂɿ$^{53}$man$^{13}$to$^{35}_{44}$tsʰiəu$^{53}_{44}$saŋ$^{35}$ʂət$^{5}$ n̩$^{13}_{21}$tek$^{3}$ ,ɔi$^{53}$sai$^{53}$tso$^{53}$kɔn$^{35}$nɔi$^{13}_{21}$ʂət$^{5}$ .

【野老公】ia$^{35}$lau$^{21}$kɔŋ$^{35}$ 名 情夫：欸，夫娘子摎别人家产生哩不正当个男女关系就别人家话箇只人偷哩～。e$_{21}$,pu$^{35}$ɲiɔŋ$^{13}_{21}$tsɿ$^{0}$ lau$^{35}$pʰiet$^{5}$ in$^{13}_{21}$ka$^{35}_{44}$tsʰan$^{21}$sen$^{35}_{44}$li$^{0}$ pət$^{3}$ tʂən$^{53}$tɔŋ$^{53}$ke$^{0}$ lan$^{13}$ɲy$^{21}$kuan$^{35}_{44}$çi$^{53}$tsʰiəu$^{53}$ pʰiet$^{5}$ in$^{13}_{44}$ka$^{35}_{44}$ua$^{53}$kai$^{53}$tʂak$^{3}$ ɲin$^{13}_{21}$tʰei$^{35}_{44}$li$^{0}$ ia$^{35}$lau$^{21}$kɔŋ$^{35}$.

【野老婆】ia$^{35}$lau$^{21}$pʰo$^{13}$ 名 情妇：男子人欸就有偷～个。lan$^{13}$tsɿ$^{0}$ɲin$^{13}$e$_{21}$tsʰiəu$^{53}_{44}$iəu$^{35}$tʰei$^{35}_{44}$ia$^{35}_{44}$lau$^{21}$ pʰo$^{13}$ke$^{53}$.

【野梨子】ia$^{35}$li$^{13}$tsɿ$^{0}$ 名 一种梨子。个儿小，很酸：我等个亲戚箇起咁大子个揪酸个梨子哦，么啊梨子？点伢大子一只子。硬唔知肯结噢硬爱。结果哦揪酸个嘞。安做么啊梨子？～。/～。揪酸个。/揪酸个。真肯结，冇几大子。ŋai$^{13}_{21}$tien$^{0}$ ke$^{53}_{44}$tsʰin$^{35}$tsʰiet$^{3}$ kai$^{53}_{44}$(ç)i$^{21}$kan$^{21}$tʰai$^{53}$tsɿ$^{0}$ ke$^{53}_{44}$ tsiəu$^{35}$sɔn$^{35}_{44}$ke$^{53}_{44}$li$^{13}$tsɿ$^{0}$ o$^{0}$ ,mak$^{3}$ a$^{0}$ li$^{13}$tsɿ$^{0}$ ?tian$^{21}_{53}$ŋa$^{0}$ tai$^{53}_{44}$tsɿ$^{0}$ iet$^{3}$ tʂak$^{3}$ tsɿ$^{0}$ . ɲiaŋ$^{53}$n̩$^{13}_{21}$ti$^{35}_{53}$xen$^{21}$ciet$^{3}$ au$^{0}$ ɲiaŋ$^{53}_{44}$ ɔi$^{53}_{44}$.ciet$^{3}$ ko$^{21}_{13}$o$^{0}$ tsiəu$^{35}$sɔn$^{35}_{44}$ke$^{53}$lei$^{0}$ .ɔn$^{35}_{44}$tso$^{53}_{44}$mak$^{3}$ a$^{0}$ li$^{13}$tsɿ$^{0}$ ?ia$^{35}$li$^{13}_{44}$tsɿ$^{0}$ ./ia$^{35}$li$^{13}$tsɿ$^{0}$ .tsiəu$^{35}$sɔn$^{35}$ke$^{53}_{44}$./tsiəu$^{35}$sɔn$^{35}$ ke$^{53}_{44}$.tʂən$^{35}$xen$^{21}$ciet$^{3}$ ,mau$^{13}$ci$^{21}$tʰai$^{53}$tsɿ$^{0}$ .

【野卵屎】ia$^{35}$lɔn$^{21}$ʂɿ$^{21}$ 名 野种。对非经婚姻关系所生子女的贬称，也用做詈语：你箇个～。ɲi$^{13}$ kai$^{53}$ke$^{53}_{44}$ia$^{35}$lɔn$^{21}$ʂɿ$^{21}$.

【野荬子】ia$^{35}$mak$^{3}$ tsɿ$^{0}$ 名 野生的苦荬菜：还有起～。～分兔子食呢。野个呢，～，岭上野生个。样子差唔多，也会出咁个浆。xai$^{13}_{21}$iəu$^{35}_{53}$çi$^{21}$ia$^{35}$mak$^{3}$ tsɿ$^{0}$ .ia$^{35}$mak$^{3}$ tsɿ$^{0}$ pən$^{35}$tʰəu$^{53}$tsɿ$^{0}$ ʂət$^{5}$ nei$^{0}$ .ia$^{35}$ ke$^{53}$nei$^{0}$ ,ia$^{35}$mak$^{3}$ tsɿ$^{0}$ ,liaŋ$^{35}$xɔŋ$^{53}$ia$^{35}$saŋ$^{35}_{44}$ke$^{0}$ .iɔŋ$^{53}$tsɿ$^{0}$ tsa$^{35}$n̩$^{13}_{21}$to$^{35}_{44}$,ia$^{35}$uɔi$^{53}$tʂʰət$^{3}$ kan$^{21}$ke$^{53}$tsiɔŋ$^{35}$.

【野魔芋】ia$^{35}$mo$^{13}$u$^{53}$ 名 野生的魔芋：～就食唔得嘞，箇个你爹都爹唔得。你去舞箇个摘箇个叶都慢呢你双手就痒人。欸，～就真煞个东西嘞。魔芋会痒人，欸～连苗都痒人。渠只有丁啱子箇底下箇魔芋咯，有丁啱子，同箇野芋荷样，野芋子啊，以底下就丁啱子，只有苗，冇得蔸。ia$^{35}$mo$^{13}_{21}$u$^{53}$tsʰiəu$^{53}_{44}$ʂət$^{5}$ n̩$^{13}_{21}$tek$^{3}$ le$^{0}$ ,kai$^{53}$kei$^{53}_{44}$ɲi$^{0}$ ɲia$^{13}$təu$^{35}_{53}$ɲia$^{13}$n̩$^{13}_{44}$tek$^{3}$ . ɲi$^{13}$çi$^{53}$u$^{21}$kai$^{53}_{44}$kei$^{53}_{44}$tsak$^{3}$ kai$^{53}_{44}$kei$^{53}_{44}$ iait$^{5}$ təu$^{35}_{44}$man$^{53}$nei$^{0}$ ɲi$^{13}_{21}$sɔŋ$^{35}_{44}$ʂəu$^{21}$tsʰiəu$^{53}$iɔŋ$^{35}$ɲin$^{13}_{21}$.e$_{21}$,ia$^{35}$mo$^{13}_{21}$u$^{53}$tsʰiəu$^{0}$ tʂən$^{35}$sait$^{3}$ ke$^{0}$ tɔŋ$^{35}_{44}$si$^{0}$ le$^{0}$ .mo$^{13}$u$^{53}$uɔi$^{53}$ iɔŋ$^{35}$ɲin$^{13}_{21}$,ei$^{0}$ ia$^{35}$mo$^{13}_{21}$u$^{53}$lien$^{13}$miau$^{13}$təu$^{35}_{53}$iɔŋ$^{35}_{44}$ɲin$^{13}_{21}$.ci$^{13}$tʂɿ$^{21}$iəu$^{35}_{44}$tin$^{53}$ŋait$^{3}$ tsɿ$^{0}$ kai$^{53}_{44}$tei$^{21}$xa$^{53}$kai$^{53}$mo$^{13}$u$^{53}_{44}$ko$^{0}$ ,iəu$^{35}$ tin$^{53}$ŋait$^{3}$ tsɿ$^{0}$ ,tʰəŋ$^{13}$kai$^{53}$ia$^{35}$u$^{53}$xo$^{13}$iɔŋ$^{53}$,ia$^{35}$u$^{53}$tsɿ$^{0}$ a$^{0}$ ,i$^{21}_{44}$tei$^{21}$xa$^{53}_{44}$tsʰiəu$^{53}_{44}$tin$^{53}$ŋait$^{5}$ tsɿ$^{0}$ ,tʂɿ$^{21}$iəu$^{35}_{53}$miau$^{13}$,mau$^{13}$tek$^{3}$ tei$^{35}$.

【野男子】ia$^{35}$lan$^{13}_{21}$tsɿ$^{0}$ 名 情夫。又称"野老公"：摎～供人，摎老公以外个人生哩人。lau$^{35}_{44}$ia$^{35}$ lan$^{13}_{21}$tsɿ$^{0}$ ciɔŋ$^{53}$ɲin$^{13}$,lau$^{35}$lau$^{21}$kɔŋ$^{35}_{44}$i$^{35}$uai$^{53}$ke$^{53}_{44}$ɲin$^{13}_{21}$saŋ$^{35}$li$^{0}$ ɲin$^{13}$.

【野蔗子】ia$^{35}$pʰau$^{35}$tsɿ$^{0}$ [名]野生蓝莓、覆盆子等的统称：欸，我等以个栏场嘞就有箇起～。～嘞就箇个叶子嘞就绝像箇个草莓箇叶子样个，欸。箇起～。e$_{21}$,ŋai$^{13}$tien$^{0}$ i$^{21}$ke$^{53}_{44}$laŋ$^{13}_{44}$tʂʰɔŋ$^{13}_{44}$lei$^{0}$ tsʰiəu$^{53}_{44}$iəu$^{35}$kai$^{53}_{44}$çi$^{21}_{44}$ia$^{35}$pʰau$^{35}_{44}$tsɿ$^{0}$.ia$^{35}$pʰau$^{35}_{44}$tsɿ$^{0}$ lei$^{0}$ tsʰiəu$^{53}$kai$^{53}$ke$^{53}_{44}$iait$^{5}$ tsɿ$^{0}$ lei$^{0}$ tsʰiəu$^{53}_{44}$tsʰiet$^{3}$ tsʰiɔŋ$^{53}$kai$^{53}$ke$^{53}$ tsʰau$^{21}$mei$^{13}$kai$^{53}$iait$^{5}$ tsɿ$^{0}$ iɔŋ$^{53}_{44}$ke$^{0}$,e$_{21}$.kai$^{53}_{21}$çi$^{21}$ia$^{35}$pʰau$^{35}_{44}$tsɿ$^{0}$.

【野生】ia$^{35}$saŋ$^{35}$ [形]属性词。非人工培植而自然长成的：(lak$^{5}$柴籽）属于一种咁个～个干果。ʂəuk$^{5}$ vy$^{13}_{44}$iet$^{3}$ tʂəŋ$^{21}$kan$^{21}$ke$^{53}_{44}$ia$^{35}$saŋ$^{35}_{44}$ke$^{53}_{44}$kɔn$^{35}$ko$^{21}$.

【野薯子】ia$^{35}$ʂəu$^{13}$tsɿ$^{0}$ [名]野生的脚板薯或淮山：如今我等屋下我等老家箇映子你只爱走错路都系～，真多了，～真多。i$^{13}_{21}$cin$^{35}_{53}$ŋai$^{13}_{21}$tien$^{0}$ uk$^{3}$ xa$^{53}$ŋai$^{13}_{21}$tien$^{0}$ lau$^{21}$cia$^{35}_{44}$kai$^{53}$iaŋ$^{53}$tsɿ$^{0}$ ɲi$^{13}$tʂʅ$^{21}$ɔi$^{53}$tsei$^{21}$tsʰo$^{53}$ ləu$^{53}$təu$^{35}_{44}$xei$^{53}$ia$^{35}$ʂəu$^{13}_{21}$tsɿ$^{0}$,tʂən$^{35}$to$^{35}$liau$^{0}$,ia$^{35}$ʂəu$^{13}_{21}$tsɿ$^{0}$ tʂən$^{35}$to$^{35}$.

【野兔子】ia$^{35}$tʰəu$^{53}$tsɿ$^{0}$ [名]野生的兔子：～就见得多唠。ia$^{35}$tʰəu$^{53}$tsɿ$^{0}$ tsʰiəu$^{53}_{44}$cien$^{53}_{44}$tek$^{3}$ to$^{35}$lau$^{0}$.

【野羊】ia$^{35}$iɔŋ$^{13}$ [名]一种野生的羊：～有嘞，有嘞。ia$^{35}$iɔŋ$^{13}$iəu$^{35}$lei$^{0}$,iəu$^{35}$lei$^{0}$.

【野芋荷】ia$^{35}$u$^{53}$xo$^{13}$ [名]野芋子的叶子：～就系野芋子生个叶，野芋子个叶。～就唔知几大，但是底下冇得芋子。以前是割倒分猪食，炆潲。如今冇人去割了，箇河里是硬收拾哩，铺天盖地个～。箇发起来又快，河里又真肥了，如今箇河里真多河水肚里都真多肥料啦。ia$^{35}$u$^{53}$ xo$^{13}$tsʰiəu$^{53}_{44}$xei$^{53}_{44}$ia$^{35}$u$^{53}$tsɿ$^{0}$ saŋ$^{35}$kei$^{53}_{21}$iait$^{5}$,ia$^{35}$u$^{53}$tsɿ$^{0}$ kei$^{53}_{21}$iait$^{5}$.ia$^{35}$u$^{53}$xo$^{13}$tsʰiəu$^{53}_{44}$n̩$^{13}$ti$^{35}_{53}$ci$^{21}$tʰai$^{53}$,tan$^{53}$ʂʅ$^{53}$tei$^{21}$xa$^{53}$ mau$^{13}$tek$^{3}$ u$^{53}$tsɿ$^{0}$.i$^{13}_{53}$tsʰien$^{13}$ʂʅ$^{53}_{44}$kɔit$^{3}$ tau$^{21}$pən$^{35}_{44}$tʂəu$^{35}$ʂət$^{5}$,uən$^{13}$sau$^{53}$.i$^{13}_{21}$cin$^{35}_{53}$mau$^{13}$ɲin$^{13}$çi$^{53}$kɔit$^{3}$ liau$^{0}$,kai$^{53}$xo$^{13}$li$^{0}$ ʂʅ$^{53}_{44}$ɲiaŋ$^{53}$ʂəu$^{35}$ʂət$^{5}$ li$^{0}$,pʰu$^{35}$tʰien$^{35}$kɔi$^{53}$tʰi$^{13}_{44}$ke$^{53}_{44}$ia$^{35}$u$^{53}$xo$^{13}_{21}$.kai$^{53}$fait$^{3}$ çi$^{21}$lɔi$^{13}$iəu$^{53}_{44}$kʰuai$^{53}$,xo$^{13}$li$^{0}$ iəu$^{53}$tʂən$^{35}$pʰi$^{13}$ liau$^{0}$,i$^{13}_{21}$cin$^{35}_{53}$kai$^{53}$xo$^{13}$li$^{0}$ tʂən$^{35}$to$^{35}_{44}$xo$^{13}$ʂei$^{21}$təu$^{21}$li$^{0}$ təu$^{35}_{53}$tʂən$^{35}$to$^{35}_{44}$fei$^{13}$liau$^{53}$la$^{0}$.

【野芋子】ia$^{35}$u$^{53}$tsɿ$^{0}$ [名]一种野生芋类。不可食：渠也水边上个，箇～。/噢，那是系野生个。这河坝里都有。/箇个食唔得欸。/麻人呶。/结倒有，麻人。/也唔大。ci$^{13}$ia$^{35}_{44}$ʂei$^{21}$pien$^{35}_{44}$ʂɔŋ$^{53}$ ke$^{53}_{44}$,kai$^{53}_{44}$ia$^{35}$u$^{53}$tsɿ$^{0}$./au$_{35}$,na$^{53}$ʂʅ$^{53}_{44}$xei$^{53}_{44}$ia$^{35}$saŋ$^{35}$ke$^{53}$.tʂe$^{53}$xo$^{13}$pa$^{53}$li$^{0}$ təu$^{35}_{44}$iəu$^{35}_{44}$./kai$^{53}_{44}$ke$^{53}_{44}$ʂət$^{5}_{44}$n̩$^{13}_{21}$tek$^{3}$ e$_{21}$./ma$^{13}$ɲin$^{13}$ nau$^{0}$./ciet$^{3}$ tau$^{21}$iəu$^{35}$,ma$^{13}$ɲin$^{13}_{44}$./ia$^{35}$n̩$^{13}_{21}$tʰai$^{53}$.

【野猪】ia$^{35}$tʂəu$^{35}$ [名]一种野生的猪，是许多家猪的起源：赶～一般呢用箇个嘞，打大爆竹嘞。用爆竹去赶呢。丢几只大爆竹嘞，渠就吓倒哩嘞。kɔn$^{21}$ia$^{35}$tʂəu$^{35}_{44}$iet$^{3}$ pɔn$^{35}$ne$^{0}$ iəŋ$^{53}_{44}$kai$^{53}_{44}$ke$^{53}_{44}$le$^{0}$,ta$^{21}$ tʰai$^{53}$pau$^{53}_{44}$tʂəuk$^{3}$ lei$^{0}$.iəŋ$^{53}_{44}$pau$^{53}$tʂəuk$^{3}$ çi$^{53}_{44}$kɔn$^{21}$nei$^{0}$.tiəu$^{35}$ci$^{21}$tʂak$^{3}$ tʰai$^{53}$pau$^{53}_{44}$tʂəuk$^{3}$ lei$^{0}$,ci$^{13}_{21}$tsʰiəu$^{53}$xak$^{3}$ tau$^{21}$ li$^{0}$ lei$^{0}$.

【野猪窖】ia$^{35}$tʂəu$^{35}$kau$^{53}$ [名]用来抓野猪的陷阱：欸，有～，～就装野猪个。以前也有嘞。老虎就装唔倒哇。～装老虎就装唔倒，老虎就唔知几渠个跳跃能力唔知几好哇，渠就会一□就出来哩啊。e$_{21}$,iəu$^{35}_{44}$ia$^{35}$tʂəu$^{35}_{44}$kau$^{53}$,ia$^{35}$tʂəu$^{35}_{44}$kau$^{53}$tsʰiəu$^{53}_{44}$tsɔŋ$^{35}$ia$^{35}$tʂəu$^{35}_{44}$ke$^{0}$.i$^{13}_{53}$tsʰien$^{13}$na$^{35}_{44}$iəu$^{35}$le$^{0}$.lau$^{21}$fu$^{21}$ tsʰiəu$^{53}_{44}$tsɔŋ$^{35}$n̩$^{13}_{21}$tau$^{21}$ua$^{0}$.ia$^{35}$tʂəu$^{35}_{44}$kau$^{53}$tsɔŋ$^{35}$lau$^{21}$fu$^{21}$tsʰiəu$^{53}_{44}$tsɔŋ$^{35}$n̩$^{13}_{21}$tau$^{21}$,lau$^{21}$fu$^{21}$tsʰiəu$^{53}$n̩$^{13}$ti$^{35}_{53}$ci$^{21}$ci$^{13}$ke$^{53}_{44}$ tʰiau$^{53}$iɔk$^{5}$ len$^{13}$liet$^{5}$ n̩$^{13}$ti$^{35}_{53}$ci$^{21}$xau$^{21}$ua$^{0}$,ci$^{13}$tsʰiəu$^{53}$uɔi$^{53}$iet$^{3}$ tsʰɔi$^{13}_{21}$tsʰiəu$^{53}$tʂʰət$^{3}$ lɔi$^{13}_{21}$li$^{13}$a$^{0}$.

【叶】iait$^{5}$ [名]叶子，植物的营养器官之一：痞厚个～。tek$^{5}$ xei$^{35}_{44}$ke$^{53}_{44}$iait$^{5}$.｜箇起～非常软。kai$^{53}_{44}$ çi$^{21}$iait$^{5}$ fei$^{35}$ʂɔŋ$^{13}_{21}$ɲiɔn$^{35}$.｜食～个掺梗个。ʂət$^{5}$ iait$^{5}$ ke$^{53}_{44}$lau$^{35}_{44}$kuaŋ$^{21}$ke$^{53}_{44}$.

【叶子】iait$^{5}$tsɿ$^{0}$ [名]①植物营养器官之一，斜生于枝茎之上，司同化、呼吸、蒸发等作用：外边个～就喊禾衣。ŋɔi$^{53}$pien$^{35}_{44}$ke$^{53}_{44}$iait$^{5}$ tsɿ$^{0}$ tsʰiəu$^{53}_{44}$xan$^{53}$uo$^{13}$i$^{35}$. ②屠夫用来杀猪的尖刀。又称“杀刀”：欸，箇杀猪刀唔安做～啊？也，也安做～。好好好，好。ei$_{21}$,kai$^{53}_{44}$sait$^{3}$ tʂəu$^{35}$tau$^{35}$n̩$^{13}$ɔn$^{35}$tso$^{53}_{44}$iait$^{5}$ tsɿ$^{0}$ a$^{0}$?ia$^{35}$,ia$^{35}$ɔn$^{35}$tso$^{53}_{44}$iait$^{5}$ tsɿ$^{0}$.xau$^{21}$xau$^{21}$xau$^{21}$,xau$^{21}$.

【页】iait$^{5}$ [量]旧指单面印刷的一纸，今多指双面印刷的一面：一～书 iet$^{3}$ iait$^{5}$ ʂəu$^{35}$｜呀，还有几～哈！ia$_{53}$,xai$^{13}_{21}$iəu$^{35}$ci$^{21}$iait$^{5}$ xa$^{0}$!

【页子门】iait$^{5}$tsɿ$^{0}$mən$^{13}$ [名]一种门的形制，用薄木板通过钉于其槽中的两根横方拼接而成：～就同蒜子门差唔多。蒜子门就系更厚，通欸一皮门整个箇只门板都系痞厚个，欸，一样厚，系唔系？以个～呢就系比蒜子门更薄个，也系欸一样厚子，箇就安做～。渠就区别于鼓子门个。iait$^{5}$ tsɿ$^{0}$ mən$^{13}$tsʰiəu$^{53}$tʰəŋ$^{13}_{21}$sɔn$^{53}$tsɿ$^{0}$ mən$^{13}$tsa$^{35}_{44}$n̩$^{13}_{21}$to$^{35}_{44}$.sɔn$^{53}$tsɿ$^{0}$ mən$^{13}$tsʰiəu$^{53}$xei$^{53}$cien$^{53}$xei$^{35}$,tʰəŋ$^{35}$ei$_{44}$iet$^{3}$ pʰi$^{13}$mən$^{13}$tʂən$^{21}$ko$^{53}$kai$^{53}$tʂak$^{3}$ mən$^{13}$pan$^{21}$təu$^{35}$xe$^{53}_{44}$tek$^{5}$ xei$^{35}$ke$^{0}$,ei$_{21}$,iet$^{3}$ iɔŋ$^{53}$xei$^{35}$,xei$^{53}_{44}$me$^{53}_{44}$?i$^{21}$kei$^{53}$iait$^{5}$ tsɿ$^{0}$ mən$^{13}$nei$^{0}$ tsʰiəu$^{53}$xe$^{53}$pi$^{21}$sɔn$^{53}$tsɿ$^{0}$ mən$^{13}$cien$^{53}_{44}$pʰɔk$^{5}$ ke$^{0}$,ia$^{35}$xe$^{53}$e$_{21}$iet$^{3}$ iɔŋ$^{53}$xei$^{35}$tsɿ$^{0}$,kai$^{53}_{44}$tsʰiəu$^{53}_{44}$ɔn$^{35}_{44}$tso$^{53}_{44}$iait$^{5}$ tsɿ$^{0}$ mən$^{13}$.ci$^{13}$tsʰiəu$^{53}$tʂʰʮ$^{35}$pʰiet$^{5}$ ʮ$^{13}_{21}$ku$^{21}$tsɿ$^{0}$ mən$^{13}$cie$^{0}$.

【曳】ve$^{53}$/ie$^{53}$/ia$^{53}$ [动]①挥舞：～手 ia$^{53}$ʂəu$^{21}$手向上并左右摇摆，表示否定或告别。②撒：～兜子肥料去啊。ie$^{53}$ tei$^{35}_{53}$tsɿ$^{0}$ fei$^{13}$liau$^{53}_{44}$çi$^{53}$a$^{0}$.｜食换茶～兜子糖去啊。ʂət$^{5}$ uən$^{53}$tsʰa$^{13}_{21}$ie$^{53}$tei$^{35}_{53}$tsɿ$^{0}$ tʰɔŋ$^{13}$çi$^{53}$a$^{0}$.｜欸，呃我等分

鸡子食嘞，就～兜子米去分鸡子食。e$_{21}$,ə$_{44}$ŋai$^{13}$tien$^{0}$pən$^{35}$cie$^{35}$tsɿ$^{0}$ ʂət$^{5}$ le$^{0}$,tsʰiəu$^{53}_{44}$ie$^{53}$təu$^{35}_{53}$tsɿ$^{0}$ mi$^{21}$çi$^{53}$ pən$^{35}$cie$^{35}_{44}$tsɿ$^{0}$ ʂət$^{5}$. ③播种：箇禾籽～下田里去嘞。kai$^{53}$uo$^{13}$tsɿ$^{21}$ue$^{53}$xa$^{53}_{44}$tʰien$^{13}$ni$^{0}$ çi$^{53}_{44}$lei$^{0}$.｜以前是栽草籽，田里～草籽啊做肥料。i$^{35}_{53}$tsʰien$^{13}_{44}$ʂʅ$^{53}_{44}$tsɔi$^{35}$tsʰau$^{21}$tsɿ$^{21}$,tʰien$^{13}$ni$^{21}$ve$^{53}$tsʰau$^{21}$tsɿ$^{21}$a$^{0}$ tso$^{53}$fei$^{13}$liau$^{53}$. ④闪电划过天空：欸，过缺是就系爱看唔倒吵，讲夜晡哇，系唔系？看唔倒，就爱光。嗯，欸爱电筒啊。现在冇得电筒，冇办法，只好嘞欸就倒滴子光又走一脚子路。欸，～只火蛇子就有一下子个光吵，就走一瓶子路，欸，过只缺。冇得长远打算，系咁子个意思嘞。能做一点算一点。如今呐箇个我等箇有只人就得只癌症呐，渠爱唔知几多钱来整啊，爱换肾呐么个，冇咁多钱来整，系唔系？只好让门子嘞？只好请倒医师，以映子求下子神，箇映子食两包子中药，嗯，～只火蛇子过只缺，就咁个了，冇办法。作烂船翻。e$_{21}$,ko$^{53}$cʰiet$^{3}$ ʂʅ$^{53}_{44}$tsʰiəu$^{53}$xe$^{53}$ɔi$^{53}$ kʰɔn$^{53}$n̩$^{13}$tau$^{21}$ʂa$^{0}$,kɔŋ$^{21}$ia$^{53}$pu$^{35}_{44}$ua$^{0}$,xei$^{53}$mei$^{53}$a$^{0}$?kʰɔn$^{53}$n̩$^{13}_{21}$tau$^{21}$,tsʰiəu$^{53}_{44}$ɔi$^{53}_{44}$kɔŋ$^{35}$.n̩$_{21}$,e$_{21}$ɔi$^{53}_{44}$tʰien$^{53}$tʰəŋ$^{13}$ŋa$^{0}$.çien$^{53}$ tsʰai$^{53}$mau$^{13}$tek$^{3}$ tʰien$^{53}$tʰəŋ$^{13}$,mau$^{13}$pʰan$^{53}$fait$^{3}$,tʂʅ$^{21}$xau$^{21}$lei$^{0}$ e$_{21}$tsʰiəu$^{53}$tau$^{21}$tiet$^{5}$ tsɿ$^{0}$ kɔŋ$^{35}$iəu$^{53}$tsei$^{21}$iet$^{3}$ ciɔk$^{3}$ tsɿ$^{0}$ ləu$^{53}$.ei$_{21}$,ia$^{53}$tʂak$^{3}$ fo$^{21}$ʂa$^{13}$tsɿ$^{0}$ tsʰiəu$^{53}$iəu$^{35}_{44}$iet$^{3}$ xa$^{53}$tsɿ$^{0}$ ke$^{0}$ kɔŋ$^{35}$ʂa$^{0}$,tsʰiəu$^{53}_{44}$tsei$^{21}$iet$^{3}$ sɔŋ$^{21}$tsɿ$^{0}$ ləu$^{53}$,e$_{21}$,ko$^{53}$ tʂak$^{3}$ cʰiet$^{3}$.mau$^{13}_{21}$tek$^{3}$ tʂʰɔŋ$^{13}$vien$^{21}$ta$^{21}$sɔn$^{53}$,xei$^{53}$kan$^{21}$tsɿ$^{0}$ ke$^{0}$ i$^{53}$sɿ$^{0}$ le$^{0}$.lən$^{13}$tso$^{53}$iet$^{3}$ tien$^{21}$sɔn$^{53}$iet$^{3}$ tien$^{3}$.i$^{13}_{21}$cin$^{35}$ na$_{44}$kai$^{53}_{44}$ke$^{53}_{44}$ŋai$^{13}$tien$^{0}$ kai$^{53}$iəu$^{35}$tʂak$^{3}$ ɲin$^{13}_{21}$tsʰiəu$^{53}_{44}$tek$^{3}$ tʂak$^{3}$ ŋai$^{13}$tʂən$^{53}$na$^{0}$,ci$^{13}_{21}$ɔi$^{53}$n̩$^{13}$ti$^{35}_{53}$ci$^{21}$(t)o$^{35}_{44}$tsʰien$^{13}_{21}$nɔi$^{13}$ tʂaŋ$^{21}$ŋa$^{0}$,ɔi$^{53}_{44}$uɔn$^{53}$ʂən$^{53}$na$^{0}$ mak$^{3}$ ke$^{53}$,mau$^{13}$kan$^{21}$to$^{35}_{53}$tsʰien$^{13}_{44}$nɔi$^{13}_{44}$tʂaŋ$^{21}$,xei$^{53}$me$^{53}$?tʂʅ$^{21}$xau$^{21}$ɲiɔŋ$^{53}$mən$^{13}_{44}$tsɿ$^{0}$ lei$^{0}$?tʂʅ$^{21}$xau$^{21}$tsʰiaŋ$^{21}$tau$^{21}$i$^{35}_{44}$sɿ$^{35}_{44}$,i$^{21}$iaŋ$^{53}$tsɿ$^{0}$ cʰiəu$^{13}$ua$^{53}$tsɿ$^{0}$ ʂən$^{13}$,kai$^{53}$iaŋ$^{53}$tsɿ$^{0}$ ʂət$^{5}$ iɔŋ$^{21}$pau$^{35}_{44}$tsɿ$^{0}$ tʂəŋ$^{35}$iɔk$^{5}$,n̩$_{21}$,ia$^{53}$ tʂak$^{3}$ fo$^{21}$ʂa$^{13}$tsɿ$^{0}$ ko$^{53}$tʂak$^{3}$ cʰiet$^{3}$,tsʰiəu$^{53}$kan$^{21}_{13}$cie$^{53}$liau$^{0}$,mau$^{13}$pʰan$^{53}$fait$^{3}$.tsɔk$^{3}$ lan$^{53}$ʂuɔn$^{13}_{21}$fan$^{35}_{44}$. ⑤摆动：箇河里啊一条水蛇子放势去～啦。kai$^{53}_{44}$xo$^{13}$li$^{0}$ a$^{0}$ iet$^{3}$ tʰiau$^{13}_{21}$ʂei$^{21}$ʂa$^{13}$tsɿ$^{0}$ xɔŋ$^{53}$ʂʅ$^{53}_{44}$çi$^{53}_{44}$ie$^{53}$la$^{0}$.

【夜$_{1}$】ia$^{53}$ 名 晚上；从天黑到天亮的时间：过哩～以后 ko$^{53}_{44}$li$^{0}$ ia$^{53}$i$^{35}$xei$^{53}_{44}$

【夜$_{2}$】ia$^{53}$ 形 表示时间迟、晚：以个咁热个天是～兜子收工啊。i$^{21}$kei$^{53}$kan$^{21}$ɲiet$^{5}$ ke$^{53}_{44}$tʰien$^{35}$ʂʅ$^{53}_{21}$ia$^{53}$ te$^{35}_{53}$tsɿ$^{0}$ ʂəu$^{35}_{44}$kəŋ$^{35}$ŋa$^{0}$.｜箇晡夜晡搞～下子，最后一夜。就系最后一夜就会搞～下子。kai$^{53}_{44}$pu$^{35}_{44}$ia$^{53}_{44}$ pu$^{35}_{44}$kau$^{21}$ia$^{53}$xa$^{53}_{44}$tsɿ$^{0}$,tsei$^{53}$xei$^{53}$iet$^{3}$ ia$^{53}$.tsʰiəu$^{53}_{44}$xe$^{53}_{44}$tsei$^{53}$xei$^{53}_{44}$iet$^{3}$ ia$^{53}$tsʰiəu$^{53}_{44}$uɔi$^{53}_{44}$kau$^{21}$ia$^{53}$xa$^{53}_{44}$tsɿ$^{0}$.

【夜$_{3}$】ia$^{53}$ 量 用于计算夜：只爱一～，就以咁热个天是一～就酸嘿了。tʂʅ$^{21}$ɔi$^{53}_{44}$iet$^{3}$ ia$^{53}$,tsʰiəu$^{53}$i$^{21}$ kan$^{21}$ɲiet$^{5}$ ke$^{53}_{44}$tʰien$^{35}_{44}$ʂʅ$^{53}_{44}$iet$^{3}$ ia$^{53}$tsʰiəu$^{53}_{44}$sɔn$^{35}_{44}$nek$^{3}$(←xek$^{3}$)liau$^{0}$.

【夜保长】ia$^{53}$pau$^{21}$tʂɔŋ$^{21}$ 名 喜欢多嘴、爱管闲事的人：欸，箇～样嘞。e$_{21}$,kai$^{53}_{44}$ia$^{53}$pau$^{21}$tʂɔŋ$^{21}$iɔŋ$^{53}_{44}$ lei$^{0}$.

【夜晡】ia$^{53}$pu$^{35}$ 名 晚上：昨晡～落咁大水嘞。tsʰo$^{35}$pu$^{35}_{44}$ia$^{53}$pu$^{35}$lɔk$^{5}$ kan$^{21}$tʰai$^{53}$ʂei$^{21}$lei$^{0}$.

【夜晡头】ia$^{53}$pu$^{35}_{44}$tʰei$^{13}_{21}$ 名 晚上：以只大人要信个话嘞，箇～呀，半夜三更啊，徛倒箇大路上啊，喊（归来）。iak$^{3}$(←i$^{21}$tʂak$^{3}$)tʰai$^{53}$ɲin$^{13}_{21}$iau$^{53}_{44}$sin$^{53}$ke$^{53}_{44}$fa$^{53}_{44}$le$^{0}$,kai$^{53}_{44}$ia$^{53}$pu$^{35}_{44}$tʰei$^{13}_{21}$ia$^{0}$,pan$^{53}$ia$^{53}$san$^{35}_{44}$kaŋ$^{35}_{44}$ a$^{0}$,cʰi$^{35}$tau$^{21}$kai$^{53}_{44}$tʰai$^{53}$ləu$^{53}_{44}$xɔŋ$^{53}_{44}$ŋa$^{0}$,xan$^{53}$.

【夜饭】ia$^{53}$fan$^{53}$ 名 晚饭。也称“夜饭子”：硬～是也唔想食。今晡～是肯做来去食碗面呐。不要去以映食啊。肯做食碗面。硬唔想食哩。ɲiaŋ$^{53}$ia$^{53}$fan$^{53}$ʂʅ$^{53}$ia$^{35}_{44}$n̩$^{13}$siɔŋ$^{21}$ʂət$^{5}$.cin$^{35}$pu$^{35}_{53}$ia$^{53}$fan$^{53}$ʂʅ$^{53}_{44}$ xen$^{21}$tso$^{53}$lɔi$^{13}_{21}$çi$^{53}_{44}$ʂət$^{5}$ uɔn$^{21}$mien$^{53}$na$^{0}$.pət$^{3}$ iau$^{53}$çi$^{53}$i$^{21}$iaŋ$^{53}$ʂət$^{5}$ a$^{0}$.xen$^{21}$tso$^{53}$ʂət$^{5}$ uɔn$^{21}$mien$^{53}$. ɲiaŋ$^{53}$n̩$^{13}$siɔŋ$^{21}$ʂət$^{5}$ li$^{0}$.｜搞到箇个食嘿～子差唔多就安静下来哩。kau$^{21}$tau$^{53}$kai$^{53}_{44}$ke$^{53}_{44}$ʂət$^{5}$ xek$^{3}$ ia$^{53}$fan$^{53}$tsɿ$^{0}$ tsa$^{35}$n̩$^{13}_{21}$to$^{35}$ tsʰiəu$^{53}_{44}$ŋɔn$^{35}$tsʰin$^{53}_{44}$xa$^{53}_{44}$lɔi$^{13}_{21}$li$^{0}$.

【夜合草】ia$^{53}$xɔit$^{5}$ tsʰau$^{21}$ 名 一种晚上或天色阴暗时将叶子合拢的草。又称“田字草”：～就系的确。/～田边上咯。/箇挨夜子你只爱箇晡，乌天斗暗你架势落水了，乌天斗暗，箇光线一暗呐下，箇～就架势合拢来。就架势合拢来。箇个就蛮明显。我等都看过。/又喊田字草。/因为嘛箇只有四皮呀。/就箇只东西啊。/系唔系？安做田字草。/～，～是硬系夜合嘿拢来。/～，挨箇夜里就会合拢来。ia$^{53}_{44}$xɔit$^{5}$ tsʰau$^{21}$tsʰiəu$^{53}$xe$^{53}$tit$^{3}$ kʰɔk$^{3}$./ia$^{53}$xɔit$^{5}$ tsʰau$^{21}$tʰien$^{13}$pien$^{35}$ʂaŋ$^{53}$ ko$^{0}$./kai$^{53}$ai$^{35}$ia$^{53}$tsɿ$^{0}$ ɲi$^{13}$tʂʅ$^{21}$ɔi$^{53}_{44}$kai$^{53}_{44}$pu$^{35}_{44}$,u$^{35}$tʰien$^{35}$tei$^{21}$an$^{53}$ɲi$^{13}$cia$^{53}_{44}$ʂʅ$^{53}_{44}$lɔk$^{5}$ ʂei$^{21}$liau$^{0}$,u$^{35}$tʰien$^{35}$tei$^{21}$an$^{53}$,kai$^{53}_{44}$ kɔŋ$^{35}$sien$^{53}$iet$^{3}$ an$^{53}$na$^{0}$ xa$^{53}_{44}$,kai$^{53}_{44}$ia$^{53}_{44}$xɔit$^{5}$ tsʰau$^{21}$tsʰiəu$^{53}_{44}$cia$^{53}$ʂʅ$^{53}_{44}$xɔit$^{5}$ ləŋ$^{35}_{44}$lɔi$^{13}_{44}$.tsʰiəu$^{53}_{44}$cia$^{53}_{44}$ʂʅ$^{53}_{44}$xait$^{5}_{3}$ ləŋ$^{35}_{44}$lɔi$^{13}_{21}$.kai$^{53}$ ke$^{53}_{21}$tsʰiəu$^{53}$man$^{13}$min$^{13}$çien$^{21}$.ŋai$^{13}$tien$^{0}$ təu$^{35}$kʰɔn$^{53}_{44}$ko$^{53}_{44}$./iəu$^{53}$xan$^{53}_{44}$tʰien$^{13}$sɿ$^{53}$tsʰau$^{21}$./in$^{13}_{21}$uei$^{13}_{21}$ma$^{0}$ kai$^{53}_{21}$tʂak$^{3}$ iəu$^{35}_{44}$si$^{53}$pʰi$^{13}$ia$^{0}$./tsiəu$^{53}_{21}$kai$^{53}$tʂak$^{3}$ təŋ$^{35}_{44}$si$^{0}$ a$^{0}$./xe$^{53}$m̩$^{13}_{21}$xe$^{53}$?ɔn$^{35}$tso$^{53}$tʰien$^{13}$sɿ$^{53}_{44}$tsʰau$^{21}_{44}$./ia$^{53}$xait$^{5}$ tsʰau$^{21}$,ia$^{53}$xait$^{5}$ tsʰau$^{21}$ʂʅ$^{53}_{44}$ɲiaŋ$^{53}$xe$^{53}_{44}$ia$^{53}$xait$^{5}$ xek$^{3}$ ləŋ$^{35}_{44}$lɔi$^{13}_{21}$./ia$^{53}$xait$^{5}$ tsʰau$^{21}$,ai$^{35}_{44}$kai$^{53}_{44}$ia$^{53}$li$^{0}$ tsʰiəu$^{53}_{44}$uɔi$^{53}_{44}$xait$^{5}$ ləŋ$^{35}$lɔi$^{13}_{21}$.

【夜壶】ia$^{53}$fu$^{13}$ 名 夜里供男人小便用的壶形溺器：从前个有钱人呢就夜晡唔想跖床，舞只～放下床上屙尿。第二晡天哩光跖来，自家倾咁去。tsʰəŋ$^{13}$tsʰien$^{13}$kei$^{53}$iəu$^{35}$tsʰien$^{13}_{21}$ɲin$^{13}$nei$^{0}$ tsʰiəu$^{53}_{44}$ ia$^{53}$pu$^{35}_{44}$n̩$^{13}$siɔŋ$^{21}$xɔŋ$^{53}$tsʰɔŋ$^{13}$,u$^{21}$tʂak$^{3}$ ia$^{53}$fu$^{13}$fɔŋ$^{53}$xa$^{53}$tsʰɔŋ$^{13}$xɔŋ$^{53}$o$^{35}$ɲiau$^{53}$.tʰi$^{53}$ɲi$^{53}$pu$^{35}_{44}$tʰien$^{35}_{44}$ni$^{0}$ kɔŋ$^{35}$xɔŋ$^{53}$lɔi$^{13}_{44}$, tsʰɿ$^{35}$ka$^{35}_{53}$kʰuaŋ$^{35}$kan$^{21}$çi$^{53}$.

【夜话】ia$^{53}$kua$^{53}$ 名指聊天时讲的一些不着边际的故事：讲～是就系……日里也可以嘞，也安做讲～嘞。讲～是就系讲滴咁个嗯天南地北个事，欸，讲～。话哩以前我等去沙田教书欸箇只箇邻舍谢育才老子真喜欢讲欸打～。讲滴箇个不着边际个东西唠，或者就系讲咁个天南地北个路子唠。欸，渠讲嘿我记得渠讲只么个东西噢，渠话，渠话：两老庚去箇磨豆腐，一只老庚去下磨豆腐，以下另外一只老庚呢走倒来哩，渠话："曹操哇七十万大军他下江南。"箇磨豆腐个渠话："箇让门系七十万？八十万大军咯下江南咯！"两个人就来争。彝倒渠，渠就彝是磨豆腐都唔磨哩，放下人工来同渠争。渠老婆话下子："欸，磨哩豆腐来！""箇让门搞得？"渠话："箇让门搞得？兵都差嘿一十万去哩，箇磨豆腐要么个紧个东西唠？"箇个唔系就讲～，系打～，嘿。讲滴咁个故事唠。kɔŋ$^{21}$ia$^{53}$kua$^{53}$ʂʅ$^{53}_{44}$tsiəu$^{53}$xe$^{53}$…ɲiet$^{3}$li$^{0}$ia$^{35}_{53}$kʰo$^{21}$i$^{35}_{53}$le$^{0}$,ia$^{35}$ɔn$^{35}_{53}$tso$^{53}$kɔŋ$^{21}$ia$^{53}$kua$^{53}$le$^{0}$.kɔŋ$^{21}$ia$^{53}$kua$^{53}$ʂʅ$^{53}_{44}$tsʰiəu$^{53}$xe$^{53}_{44}$kɔŋ$^{21}$tet$^{5}$kan$^{21}$kei$^{53}_{44}$en$_{44}$tʰien$^{35}$nan$^{13}_{21}$tʰi$^{53}$pɔit$^{3}$ke$^{53}_{44}$sɿ$^{53}$,e$_{21}$,kɔŋ$^{21}$ia$^{53}$kua$^{53}$.ua$^{53}$li$^{0}$i$^{35}$tsʰien$^{13}_{21}$ŋai$^{13}$tien$^{0}$çi$^{53}$sak$^{3}$tʰien$^{13}$kau$^{35}_{44}$ʂəu$^{35}$e$^{0}$kai$^{53}$tʂak$^{3}$kai$^{53}_{44}$lin$^{13}$ʂa$^{53}$tsʰia$^{53}$iəuk$^{5}$tsʰai$^{13}_{21}$lau$^{21}$tsɿ$^{0}$tʂən$^{35}$çi$^{21}$fɔn$^{35}_{44}$kɔŋ$^{21}$e$_{44}$ta$^{21}$ia$^{53}_{44}$kua$_{0}$.kɔŋ$^{21}$tet$^{5}$kai$^{53}$ke$^{53}$pət$^{3}$tʂɔk$^{3}$pien$^{35}$tsi$^{53}_{44}$ke$^{0}$təŋ$^{35}_{44}$si$^{0}$lau$^{0}$,xɔit$^{5}$tʂa$^{21}$tsʰiəu$^{53}_{44}$xe$^{53}_{44}$kɔŋ$^{21}$kan$^{21}_{13}$kei$^{53}_{44}$tʰien$^{35}$nan$^{13}_{21}$tʰi$^{53}$pɔit$^{3}$ke$^{53}_{44}$ləu$^{53}$tsɿ$^{0}$lau$^{0}$.e$_{21}$,ci$^{13}_{44}$kɔŋ$^{21}$ŋek$^{3}$ŋai$^{13}$ci$^{53}$tek$^{3}$ci$^{13}_{44}$kɔŋ$^{21}$tʂak$^{3}$mak$^{3}$e$^{0}$(t)əŋ$^{35}_{44}$si$^{35}_{44}$au$^{0}$,ci$^{13}_{21}$ua$^{53}_{44}$,cia$_{44}$(←ci$^{13}$ua$^{53}$):iɔŋ$^{21}$lau$^{21}$cien$^{35}$çi$^{53}$kai$^{53}$mo$^{53}$tʰei$^{53}$fu$^{0}$,iet$^{3}$tʂak$^{3}$lau$^{21}$cien$^{35}$çi$^{53}_{44}$xa$^{53}_{44}$mo$^{53}$tʰei$^{53}$fu$^{0}$,i$^{21}$xa$^{53}_{44}$lin$^{53}$uai$^{53}_{44}$iet$^{3}$tʂak$^{3}$lau$^{21}$cien$^{35}_{44}$ne$^{0}$tsei$^{21}$tau$^{21}$lɔi$^{13}$li$^{0}$,ci$^{13}_{21}$ua$^{53}_{44}$:"tsʰau$^{13}$tsʰau$^{35}_{53}$ua$^{0}$tsʰiet$^{3}$ʂət$^{5}$uan$^{53}$tʰai$^{53}$tʂən$^{35}_{44}$tʰa$^{35}_{44}$çia$^{53}$ciɔŋ$^{35}$lan$^{13}_{21}$."kai$^{53}_{44}$mo$^{53}$tʰei$^{53}$fu$^{0}$ke$^{0}$ci$^{13}$ua$^{53}$:"kai$^{53}$ɲiɔŋ$^{53}$mən$^{0}$xei$^{53}$tsʰiet$^{3}$ʂət$^{5}$uan$^{53}$?pait$^{3}$ʂət$^{5}$uan$^{53}_{44}$tʰai$^{53}$tʂən$^{35}$ko$^{0}$çia$^{53}_{44}$ciɔŋ$^{35}$lan$^{13}_{44}$ko$^{0}$!"iɔŋ$^{21}$ke$^{53}_{44}$in$^{13}_{44}$tsʰiəu$^{53}$lɔi$^{13}_{21}$tsaŋ$^{35}$.u$^{21}$tau$^{21}$ci$^{13}_{44}$,ci$^{13}_{21}$tsʰiəu$^{53}$u$^{21}$ʂʅ$^{53}_{44}$mo$^{53}$tʰei$^{53}$fu$^{0}$təu$^{35}_{44}$m̩$^{13}$mo$^{53}$li$^{0}$,fɔŋ$^{53}$xa$^{53}_{44}$ɲin$^{13}_{21}$kəŋ$^{35}_{44}$lɔi$^{13}_{21}$tʰəŋ$^{13}_{21}$ci$^{13}_{21}$tsaŋ$^{35}$.ci$^{13}_{21}$lau$^{21}$pʰo$^{13}$ua$^{53}$(x)a$^{53}_{44}$tsɿ$^{0}$:"ei$_{53}$,mo$^{53}_{44}$li$^{0}$tʰei$^{53}$fu$^{0}$lɔi$^{13}_{21}$!""kai$^{53}$ɲiɔŋ$^{53}_{21}$mən$^{0}$kau$^{21}$tek$^{3}$?"ci$^{13}_{21}$ua$^{53}_{44}$:"kai$^{53}_{44}$ɲiɔŋ$^{53}$mən$^{0}$kau$^{21}$tek$^{3}$?pin$^{35}$təu$^{35}_{44}$tsa$^{35}_{44}$xek$^{3}$iet$^{3}$ʂət$^{5}$uan$^{53}_{44}$çi$^{53}$li$^{0}$,kai$^{53}_{44}$mo$^{53}_{44}$tʰei$^{53}$fu$^{0}$iau$^{53}_{44}$mak$^{3}$e$^{0}$cin$^{21}$ke$^{0}$təŋ$^{35}_{44}$si$^{0}$lau$^{0}$?"kai$^{53}$ke$^{53}$m̩$^{13}_{21}$pʰe$^{53}$tsʰiəu$^{53}_{44}$kɔŋ$^{21}$ia$^{53}$kua$^{53}$,xe$^{53}_{44}$ta$^{21}$ia$^{53}$kua$^{53}$,xe$_{21}$.kɔŋ$^{21}$tet$^{5}$kan$^{21}$ke$^{0}$ku$^{53}_{44}$sɿ$^{53}_{44}$lau$^{0}$.

【夜话树】ia$^{53}$kua$^{53}$ʂəu$^{53}$ 名合欢树：～是做门、床板蛮好噢。/系，烧就唔好烧啦，～就。/唔好烧。/烧嘿出眼泪呀。/劈系也好劈。ia$^{53}$kua$^{53}$ʂəu$^{53}$ʂʅ$^{53}_{21}$tso$^{53}$mən$^{13}$,tʂʰɔŋ$^{13}$pan$^{21}$man$^{13}$xau$^{21}$uau$^{0}$./xe$^{53}_{44}$,ʂau$^{35}$tsʰiəu$^{53}$m̩$^{13}_{21}$xau$^{21}$ʂau$^{35}$la$^{0}$,ia$^{53}$kua$^{53}$ʂəu$^{53}$tsʰiəu$^{53}_{21}$./m̩$^{13}_{21}$mau$^{21}$(←xau$^{21}$)ʂau$^{35}$./ʂau$^{35}$xek$^{3}$tʂʰət$^{3}$ŋan$^{21}$li$^{53}_{44}$ia$^{0}$./pʰiak$^{3}$xei$^{53}$ia$^{35}_{21}$xau$^{21}$pʰiak$^{3}_{35}$.

【夜咖哩】ia$^{53}$ka$^{0}$li$^{0}$ 名夜晚：（箇细人子着哩吓啊，）总系咁子～叫哇。tsəŋ$^{21}$xei$^{53}$kan$^{21}$tsɿ$^{0}$ia$^{53}$ka$^{0}$li$^{0}$ciau$^{53}$ua$^{0}$.

【夜水】ia$^{53}$ʂei$^{21}$ 名下了通晚的雨：落～。一通宵个水安做～。lɔk$^{5}$ia$^{53}$ʂei$^{21}$.iet$^{3}$tʰəŋ$^{35}$siau$^{35}_{44}$ke$^{53}_{44}$ʂei$^{21}$ɔn$^{35}_{44}$tso$^{53}_{44}$ia$^{53}$ʂei$^{21}$.

【夜下子】ia$^{53}$xa$^{53}_{44}$tsɿ$^{0}$ 名天色向晚的时候：渠是讲（夜挂树）箇叶，渠话～就合正。ci$^{13}$ʂʅ$^{53}_{44}$kɔŋ$^{21}$kai$^{53}_{44}$iait$^{5}$,ci$^{13}$ua$^{53}_{44}$ia$^{53}$xa$^{53}_{44}$tsɿ$^{0}$tsiəu$^{53}_{44}$xɔit$^{5}_{3}$tʂaŋ$^{53}$.

【夜宵】ia$^{53}$siau$^{35}$ 名晚饭后夜间另加的一顿餐食：夜饭后箇是就成哩～啰。ia$^{53}_{44}$fan$^{53}_{44}$xei$^{53}$kai$^{53}_{44}$ʂʅ$^{53}_{44}$tsʰiəu$^{53}_{44}$ʂaŋ$^{13}_{21}$li$^{0}$ia$^{53}$siau$^{35}$lo$^{0}$.

【夜宵店】ia$^{53}$siau$^{35}_{44}$tian$^{53}$ 名经营夜宵的店铺：米粉店，早餐店，～，反正都系搞食个。mi$^{21}$fən$^{21}$tian$^{53}$,tsau$^{21}$tsʰɔn$^{35}$tian$^{53}$,ia$^{53}$siau$^{35}_{44}$tian$^{53}$,fan$^{21}$tʂəŋ$^{53}_{44}$təu$^{35}_{44}$uei$_{44}$(←xei$^{53}$)kau$^{21}$ʂət$^{5}$ke$^{53}_{44}$.

【夜游神】ia$^{53}$iəu$^{13}$ʂən$^{13}$ 名夜晚爱在外游逛的人：嗯，我等箇映有只人就喜欢走夜路哇，一下食嘿夜饭就唔落屋啊，到处跑哇，欸，到处跑，～样啊。渠唔到天光冇得归，欸，箇～，长夜跑凑。渠老婆捡倒渠冇兜办法，唔落屋。晓得渠跍倒外背搞兜么个？有兜人又话渠去外背赌钱，有兜人又话外背去嫖货。到底去外背搞兜么个，唔晓得，冇么人晓得。以下人都死嘿哩。我等喊老弟呀，就头番子死嘿哩。尽兜都话渠透支哩生命啊，箇几年呐，透支哩啊，长夜唔落屋啊。我箇回我走倒我到渠屋下去嬲，早晨爬跻来，渠也系啊横巷里吵，欸蛮多年了。渠也系下横巷里，我也去横巷里，我也去横巷里去归去屋下歇倒。早晨爬跻来就天光子就出去哩，出去，渠就去下只屋，我就跑下下只屋，正好我进屋个时候子，我到渠禾坪下个时候子渠也正归倒屋。我话："你搞么个路要咁早就箇个噢？"渠老婆就笑："还系昨晡个人呢！"还系昨晡个人，𫠊归呀，跍下外背里搞一夜。哼，我就笑下就，唔好话得渠。n̩$_{21}$,ŋai$^{13}$tien$^{0}$kai$^{53}_{21}$iaŋ$^{53}$iəu$^{35}$tʂak$^{3}$ɲin$^{13}_{21}$tsʰiəu$^{53}$çi$^{21}$fɔn$^{35}_{44}$tsei$^{21}$ia$^{53}$ləu$^{53}$ua$^{0}$,iet$^{3}$xa$^{53}_{44}$ʂət$^{5}$(x)ek$^{3}$ia$^{53}$fan$^{53}_{44}$tsʰiəu$^{53}_{44}$n̩$^{13}_{21}$nɔk$^{5}$uk$^{3}$a$^{0}$,tau$^{53}$tʂʰəu$^{53}$pʰau$^{21}$ua$^{0}$,e$_{21}$,tau$^{53}$tʂʰəu$^{53}$pʰau$^{21}$,ia$^{53}$iəu$^{13}_{21}$ʂən$^{13}$iɔŋ$^{53}_{44}$ŋa$^{0}$.ci$^{13}_{21}$n̩$^{13}$tau$^{53}$tʰien$^{35}$kɔŋ$^{35}$mau$^{13}_{21}$tek$^{3}$kuei$^{35}$,e$_{44}$,kai$^{53}_{44}$

ia$^{53}$iəu$^{13}_{21}$ʂən$^{13}_{21}$,tʂʰəŋ$^{13}$ia$^{53}$pʰau$^{21}$tsʰei$^{53}$.ci$^{13}_{21}$lau$^{21}$pʰo$^{13}$cian$^{21}$tau$^{21}$ci$^{13}_{21}$mau$^{13}_{21}$tei$^{35}_{53}$pʰan$^{53}_{44}$fait$^{3}$,n̩$^{13}_{21}$nɔk$^{5}$uk$^{3}$.çiau$^{21}$tek$^{3}$ ci$^{13}_{21}$ku$^{35}_{44}$tau$^{21}_{44}$ŋɔi$^{53}_{44}$pɔi$^{53}_{44}$kau$^{21}$tei$^{35}_{53}$mak$^{3}$kei$^{53}_{44}$?iəu$^{35}$tei$^{35}_{53}$ɲin$^{13}_{44}$iəu$^{35}_{44}$ua$^{53}$ci$^{13}_{21}$çi$^{53}$ŋɔi$^{53}$pɔi$^{53}$təu$^{21}$tsʰien$^{13}$,iəu$^{35}$tei$^{35}_{53}$ɲin$^{13}_{44}$ iəu$^{35}$ua$^{53}$ŋɔi$^{53}$pɔi$^{53}_{44}$çi$^{53}_{44}$pʰiau$^{13}$fo$^{53}$.tau$^{53}$ti$^{21}$cʰi$^{53}$ŋɔi$^{53}$pɔi$^{53}$kau$^{21}$təu$^{35}_{53}$mak$^{3}$ke$^{53}$,n̩$^{13}$çiau$^{21}$tek$^{3}$,mau$^{13}$mak$^{3}$in$^{13}_{44}$çiau$^{21}$ tek$^{3}$.i$^{21}$xa$^{53}$ɲin$^{13}_{21}$təu$^{35}_{53}$si$^{21}$xek$^{3}$li$^{0}$.ŋai$^{13}$tien$^{0}$xan$^{53}$lau$^{21}$tʰe$^{35}$ia$^{0}$,tsiəu$^{53}$tʰei$^{13}$fan$^{53}_{53}$tsʅ$^{0}$si$^{21}$xek$^{3}$li$^{0}$.tsʰin$^{53}$təu$^{35}_{44}$təu$^{35}_{44}$ua$^{53}$ ci$^{13}_{44}$tʰəu$^{53}$tʂʅ$^{35}_{44}$li$^{0}$sen$^{35}$miaŋ$^{53}$ŋa$^{0}$,kai$^{53}$ci$^{21}$ɲien$^{13}$na$^{0}$,tʰəu$^{53}$tʂʅ$^{35}_{44}$li$^{0}$a$^{0}$,tʂʰəŋ$^{13}$ia$^{53}$n̩$^{13}$nɔk$^{5}$uk$^{3}$a$^{0}$.ŋai$^{13}$kai$^{53}$fei$^{13}_{21}$ŋai$^{13}_{44}$ tsei$^{21}$tau$^{21}_{44}$ŋai$^{13}$tau$^{53}$ci$^{13}_{21}$uk$^{3}$xa$^{53}_{44}$çi$^{53}_{44}$liau$^{53}$,tsau$^{21}$ʂən$^{13}$pʰa$^{13}$xɔŋ$^{53}$lɔi$^{13}_{44}$,ci$^{13}$ia$^{35}_{44}$xei$^{53}_{44}$a$^{0}$uaŋ$^{13}$xɔŋ$^{53}$li$^{21}$ʂa$^{0}$,e$_{21}$man$^{13}_{21}$to$^{35}_{53}$ ɲien$^{13}_{21}$niau$^{0}$.ci$^{13}$ia$^{35}_{44}$xei$^{53}$a$^{0}$uaŋ$^{13}$xɔŋ$^{53}$li$^{21}$,ŋai$^{13}$ia$^{35}_{44}$çi$^{53}$uaŋ$^{13}$xɔŋ$^{53}$li$^{21}$,ŋai$^{13}$ia$^{35}_{44}$çi$^{53}$uaŋ$^{13}$xɔŋ$^{53}$li$^{21}_{44}$çi$^{53}$kuei$^{35}_{44}$çi$^{53}$uk$^{3}$xa$^{53}$ çiet$^{3}$tau$^{21}$.tsau$^{21}$ʂən$^{13}$pʰa$^{13}$xɔŋ$^{53}$lɔi$^{13}_{44}$tsʰiəu$^{53}_{44}$tʰien$^{35}$kɔŋ$^{35}_{44}$tsʅ$^{0}$tsiəu$^{53}$tʂʰət$^{3}$çi$^{53}$li$^{0}$,tʂʰət$^{3}$çi$^{53}$,ci$^{13}$tsʰiəu$^{53}$çi$^{53}$xa$^{35}$tʂak$^{3}$ uk$^{3}$,ŋai$^{13}$tsʰiəu$^{53}$pʰau$^{21}$ua$^{53}$xa$^{35}$tʂak$^{3}$uk$^{3}$,tʂən$^{53}$xau$^{21}$ŋai$^{13}$tsin$^{35}$uk$^{3}$ke$^{53}$ʂʅ$^{13}$xei$^{53}$tsʅ$^{0}$,ŋai$^{13}$tau$^{53}$ci$^{13}_{44}$uo$^{13}$pʰiaŋ$^{13}$xa$^{53}$ (k)e$^{53}$ʂʅ$^{13}_{21}$xəu$^{53}_{21}$tsʅ$^{0}$ci$^{13}$ia$^{35}_{44}$tʂaŋ$^{53}$kuei$^{35}$tau$^{21}$uk$^{3}$.ŋai$^{13}$ua$^{53}$:"ɲi$^{13}_{21}$kau$^{21}$mak$^{3}$ke$^{53}$ləu$^{53}_{44}$iau$^{53}_{44}$kan$^{21}$tsau$^{21}$tsʰiəu$^{53}$kai$^{53}$ke$^{53}$ au$^{0}$?"ci$^{13}_{21}$lau$^{21}$pʰo$^{13}$tsiəu$^{53}_{44}$siau$^{53}$:"xai$^{13}$xe$^{53}$tsʰo$^{35}$pu$^{35}_{44}$ke$^{53}_{44}$ɲin$^{13}$ne$^{53}$!"xan$^{13}$ne$^{53}$tsʰo$^{35}$pu$^{35}_{53}$ke$^{53}$ɲin$^{13}_{21}$,maŋ$^{13}_{44}$kuei$^{35}$ ia$^{0}$,ku$^{35}_{44}$(x)a$^{53}_{44}$ŋɔi$^{53}$pɔi$^{53}$li$^{0}$kau$^{21}$iet$^{3}$ia$^{53}$.xŋ̍$_{21}$,ŋai$^{13}_{21}$tsiəu$^{53}_{44}$siau$^{53}$ua$^{53}_{44}$tsiəu$^{53}_{44}$,n̩$^{13}_{21}$xau$^{21}_{44}$ua$^{53}$tek$^{3}$ci$^{13}_{44}$.

【夜子】ia$^{53}$tsʅ$^{0}$ 名夜晚：夏至日就日子最长，～就最短哝。xa$^{53}$tʂʅ$^{53}$ɲiet$^{3}$tsiəu$^{53}_{44}$ɲiet$^{3}$tsʅ$^{0}$tsei$^{53}$tʂʰəŋ$^{13}$, ia$^{53}$tsʅ$^{0}$tsʰiəu$^{53}_{44}$tsei$^{53}$tɔn$^{21}$nau$^{0}$.

【咽】iait$^{3}$ 动喉咙充血，发不出声音：真多得喉咙病个老师肚里。欸，声～个，得喉咙病个。tʂən$^{35}$to$^{35}$tek$^{3}$xei$^{13}$ləŋ$^{13}$pʰiaŋ$^{53}$ke$^{0}$lau$^{21}$sʅ$^{35}_{44}$təu$^{21}$li$^{0}$.e$_{21}$,ʂaŋ$^{35}$iait$^{3}$ke$^{0}$,tek$^{3}$xei$^{13}$ləŋ$^{13}$pʰiaŋ$^{53}$ke$^{0}$.｜六十七八个人一只班，箇班主任老师是硬喉咙都喊得～。liəuk$^{3}$ʂət$^{5}$tsʰiet$^{3}$pait$^{3}$cie$^{53}$ɲin$^{13}_{21}$iet$^{3}$tʂak$^{3}$pan$^{35}$,kai$^{53}$ pan$^{35}$tʂʅ$^{21}$uən$^{53}_{44}$lau$^{21}$sʅ$^{35}_{44}$ʂʅ$^{53}_{44}$ɲiaŋ$^{53}$xei$^{13}$ləŋ$^{13}_{44}$təu$^{35}_{53}$xan$^{53}$tek$^{3}$iait$^{3}$.

【㞎】iait$^{3}$ 动凹下：～下去 iait$^{3}$xa$^{53}_{44}$çi$^{53}_{44}$

【㞎鼻公】iait$^{3}$pʰi$^{53}$kəŋ$^{35}$ 名鼻梁稍凹、鼻孔扁平的鼻子，也指此类患者：～欸就系因为得哩鼻炎，箇鼻公㞎下去哩。箇只人就安做～。也冇得么含贬义箇兜冇得。～，一种病。iait$^{3}$pʰi$^{53}$ kəŋ$^{35}$e$_{21}$tsʰiəu$^{53}$uei$^{53}$in$^{35}$uei$^{53}_{44}$tek$^{3}$li$^{0}$pʰiet$^{3}$ien$^{13}$,kai$^{53}_{44}$pʰi$^{53}$kəŋ$^{35}_{44}$iait$^{3}$xa$^{53}$çi$^{53}$li$^{0}$.kai$^{53}$tʂak$^{3}$ɲin$^{13}_{21}$tsʰiəu$^{53}$ɔn$^{35}_{53}$tso$^{53}$ iait$^{3}$pʰi$^{53}$kəŋ$^{35}$.ia$^{35}$mau$^{13}_{21}$tek$^{3}$mak$^{3}$xan$^{13}$pien$^{21}$ɲi$^{53}$kai$^{53}$te$^{35}_{53}$mau$^{13}$tek$^{3}$.iait$^{3}$pʰi$^{53}$kəŋ$^{35}_{44}$,iet$^{3}$tʂəŋ$^{21}$pʰiaŋ$^{53}$.

【㞎屁逍遥】iait$^{3}$pʰi$^{53}$siau$^{35}$iau$^{13}$ 形容彻底败落，一切皆空：像箇人家有兜啦，欸，有兜人家箇个首先嗯蛮风光，欸，落尾垮下来哩以后人财两空，就～了。tsʰiəŋ$^{53}$kai$^{53}$ɲin$^{13}$ka$^{35}_{44}$iəu$^{35}$te$^{35}_{53}$ la$^{0}$,ei$_{21}$,iəu$^{35}$te$^{35}_{53}$ɲin$^{13}_{21}$ka$^{35}_{44}$kai$^{53}_{44}$ke$^{53}_{44}$ʂəu$^{21}$sien$^{35}$n̩$_{21}$man$^{13}$fəŋ$^{35}$kəŋ$^{35}$,e$_{21}$,lɔk$^{5}$mi$^{35}_{44}$kʰua$^{21}$xa$^{35}$lɔi$^{13}_{21}$li$^{0}$i$^{35}$xei$^{53}$ɲin$^{13}$tsʰɔi$^{13}$ iəŋ$^{21}$kʰəŋ$^{35}_{44}$,tsʰiəu$^{53}$iait$^{3}$pʰi$^{53}$siau$^{35}$iau$^{13}_{21}$liau$^{0}$.

【㞎㞎皮皮子】iait$^{3}$iait$^{3}_{5}$pʰi$^{13}_{21}$pʰi$^{13}_{21}$tsʅ$^{0}$ 果实不饱满的样子：～个多。iait$^{3}$iait$^{3}_{5}$pʰi$^{13}_{21}$pʰi$^{13}_{21}$tsʅ$^{0}$ke$^{53}_{44}$to$^{35}$.

【㞎㞎子】iait$^{3}$iait$^{3}$tsʅ$^{0}$ 形粮食颗粒不饱满的样子：唔精壮，就系～个。n̩$^{13}$tsin$^{35}$tsɔŋ$^{53}$,tsʰiəu$^{53}_{44}$xe$^{53}_{44}$ iait$^{3}$iait$^{3}$tsʅ$^{0}$ke$^{53}_{44}$.

【一】iet$^{3}$ 数①最小的正整数：十～个 ʂət$^{5}$iet$^{3}$ke$^{53}$｜～百分 iet$^{3}$pak$^{5}$fən$^{35}$｜我以到去旅游只爱～两晡子就归。ŋai$^{13}_{21}$i$^{21}$tau$^{53}$çi$^{53}_{44}$li$^{35}$iəu$^{13}$tʂʅ$^{21}$ɔi$^{53}$iet$^{3}$iɔŋ$^{21}$pu$^{35}$tsʅ$^{0}$tsʰiəu$^{53}_{44}$kuei$^{35}$. ②每一：～个人六只子。iet$^{3}$cie$^{53}$in$^{13}_{21}$liəuk$^{3}$tʂak$^{3}$tsʅ$^{21}$.｜～边一只眼。iet$^{3}$pien$^{35}$iet$^{3}$tʂak$^{3}$ŋan$^{21}$.｜大工一百八十块钱～天哩，两百块钱～天哩。tʰai$^{53}$kəŋ$^{35}$iet$^{3}$pak$^{3}$pait$^{3}$ʂət$^{5}$kʰuai$^{53}$tsʰien$^{13}_{21}$iet$^{3}$tʰien$^{35}$ni$^{0}$,iɔŋ$^{21}$pak$^{3}$kʰuai$^{53}$tsʰien$^{13}_{21}$iet$^{3}$ tʰien$^{35}$ni$^{0}$.｜皮篓子嘞就只有五斤子～担。pʰi$^{13}$lei$^{21}$tsʅ$^{0}$lei$^{0}$tsʰiəu$^{53}_{44}$tʂʅ$^{21}$iəu$^{35}$ŋ̍$^{21}$cin$^{35}$tsʅ$^{0}$iet$^{3}$tan$^{35}$. ③放在动词前，表示先做某个动作（下文说明后续的动作或动作的结果）：先～烧……sien$^{35}$iet$^{3}$ ʂau$^{35}$…｜～跌跌下番薯窖肚里。iet$^{3}$tet$^{3}$tet$^{3}$(x)a$^{53}_{44}$fan$^{35}$ʂəu$^{13}_{21}$kau$^{53}$təu$^{21}$li$^{0}$. ④用在动词或表示条件的短语前面作为关联词语，表示只要经过某种行为或某个步骤，就可以产生相应的结果，后面常有“就”等相呼应：～晒下干来嘞就剩倒点啱子。iet$^{3}$sai$^{53}$ia$_{44}$(←xa$^{53}$)kɔn$^{35}$nɔi$^{13}$lei$^{0}$tsʰiəu$^{53}_{44}$ʂən$^{53}$ tau$^{21}$tian$^{53}$ŋait$^{3}$tsʅ$^{0}$. ⑤全；满；整个：～面个乌蝇屎 iet$^{3}$mien$^{53}$ke$^{53}$u$^{35}$in$^{13}_{21}$ʂʅ$^{21}$

【一百响】iet$^{3}$pak$^{3}$çiɔŋ$^{21}$ 名一种爆竹包装方式：一百只细爆竹子啊结做一下，就安做～啊，其实是只有八十响子。有兜是还甚至只有六十只子就喊～。iet$^{3}$pak$^{3}$tʂak$^{3}$se$^{53}$pau$^{53}$tʂəuk$^{3}$tsʅ$^{0}$a$^{0}$ciet$^{3}$ tso$^{53}_{44}$iet$^{3}$xa$^{53}$,tsʰiəu$^{53}_{44}$ɔn$^{35}_{44}$tso$^{53}$iet$^{3}$pak$^{3}$çiɔŋ$^{21}$ŋa$^{0}$,cʰi$^{13}$ʂət$^{5}$ʂʅ$^{53}_{44}$tʂʅ$^{21}$iəu$^{35}_{53}$pait$^{3}$ʂət$^{5}$çiɔŋ$^{21}$tsʅ$^{0}$.iəu$^{35}$te$^{35}_{53}$ʂʅ$^{53}_{44}$xai$^{13}_{44}$ʂən$^{53}$ tʂʅ$^{53}$tʂʅ$^{21}$iəu$^{35}_{53}$liəuk$^{3}$ʂət$^{5}$tʂak$^{3}$tsʅ$^{0}$tsʰiəu$^{53}$xan$^{53}$iet$^{3}$pak$^{3}$çiɔŋ$^{21}$.

【一般$_{1}$】iet$^{3}$pɔn$^{35}$ 形普通的；平常的。也称“一般子”：但是～个人都唔讲鱼尾鳑，只讲鱼尾巴。tan$^{53}$ʂʅ$^{53}$iet$^{3}$pɔn$^{35}$ke$^{53}_{44}$ɲin$^{13}_{21}$təu$^{35}_{44}$ŋ̍$^{13}$kɔŋ$^{21}$ŋ̍$^{13}$mi$^{35}$pait$^{5}$,tʂʅ$^{21}$kɔŋ$^{21}$ŋ̍$^{13}$mi$^{35}_{44}$pa$^{35}$.｜～子个农家个屋咯，以前箇屋，横厅子就做食饭个厅子。iet$^{3}$pɔn$^{35}$tsʅ$^{0}$ke$^{53}_{44}$ləŋ$^{13}$cia$^{35}_{44}$ke$^{53}$uk$^{3}$ko$^{0}$,i$^{35}_{53}$tsʰien$^{13}$kai$^{53}_{44}$uk$^{3}$,uaŋ$^{13}$tʰaŋ$^{35}$tsʅ$^{0}$ tsʰiəu$^{53}_{44}$tso$^{53}_{44}$ʂət$^{5}$fan$^{53}$ke$^{53}_{44}$tʰaŋ$^{35}$tsʅ$^{0}$.

Y

【一般2】iet3 pan35/pɔn35 [副]通常：水坑子就深滴子，～欸水大滴子。ʂei21xaŋ35tsɿ0 tsʰiəu53-44tʂʰən35 tet5tsɿ0,iet3 pan35-44ei0 ʂei21tʰai53tiet5tsɿ0.｜欸食叶子个，我等～安做青虫子唠。e44ʂət5-3iait5tsɿ0ke44,ŋai13-21 tien0 iet3 pɔn35ɔn35-44tso53-44tsʰiaŋ35tʂʰəŋ13-21tsɿ0lau0.

【一半】iet3 pan53 [数]一物分作二等份中的一份；二分之一：多～ to35iet3 pan53｜少～ ʂau21iet3 pan53｜（竹筒）劈嘿～呐。pʰiak3xek3 iet3pan53na0.

【一半子】iet3 pan53tsɿ0 [数]大约二分之一：只有袜底个～。tʂɿ21iəu35-53mait3 te21ke53iet3 pan53tsɿ0.｜留～liəu13iet3 pan53tsɿ0

【一伴】iet3 pʰɔn53 [副]一起，一块儿：我等人～去。ŋai13ten21-35ɲin13iet3 pʰɔn53çi53.

【一边】iet3 pien35 [名]方位词。①一侧：～放水，～放饲……放箇饲料，放箇个马草。欸，隔开来。iet3 pien35fɔŋ53ʂei21,iet3 pien35fɔŋ53tsʰɿ…fɔŋ53kai53-44tsʰɿ53liau53-44,fɔŋ53-44kai53-21ke53-44ma35tsʰau21.ei21,kak3 kʰɔi35-44 lɔi13-21. ②一方：只搞～。可以到女家头，也可以到男家头，但只搞一餐。tʂɿ21kau21uet3(←iet3) pien35.kʰo21i35tau53ɲi21ka35tʰei13-21,ia35kʰo21i35tau53lan13ka35-44tʰei13-21,tan53tʂɿ21kau21iet3 tsʰɔn35.

【一晡】iet3 pu35 数量词。一昼夜或一个白天：我只走～哇，以只细人子就一身搞起咁子咁愁人？ŋai13tʂɿ21tsei21iet3 pu35ua0,i21tʂak3 sei53ɲin13-44tsɿ0 tsʰiəu53iet3 ʂən35kau21çi21-53kan21-44tsɿ0kan21tsʰei13ɲin13-44?

【一步子人】iet3 pʰu53tsɿ0ɲin13 [名]脑筋不灵活，缺乏应变能力的人：还有是别人家会咁子话吧，～呶，系就话别人家唔太聪明呶。就是就系脑筋唔多会转弯个人。脑筋唔转造。xai13-21 iəu35-53ʂɿ53-44pʰiet5 in13-21ka35-44uɔi53kan21tsɿ0 ua53pa0,iet3 pʰu53tsɿ0ɲin13nau0,xe53-44tsʰiəu53-44ua53pʰiet5 in13-44ka35-44n̩13tʰai53tsʰəŋ35-44 min13-21nau0.tsʰiəu53-44ʂɿ53-44tsʰiəu53-44xe53-44lau21cin35n̩13to35-44uɔi53tʂɔn21uan35cie53ɲin13-21.lau21cin35-44n̩13tʂɔn21tsʰau53.

【一层一层子】iet3 tsʰien13iet3 tsʰien13tsɿ0 数量词“一层”的一种重叠形式。形容层次众多貌：（秆 tsiau35 帽）顶高一只子球球子，～。taŋ21kau35iet3 tʂak3 tsɿ0 cʰiəu13cʰiəu13tsɿ0,iet3 tsʰien13iet3 tsʰien13tsɿ0.

【一出伙】iet3 tʂʰət3 fo21 [副]时间极短或动作迅速：几天事～就搞嘿哩。ci21tʰien35sɿ53iet3 tʂʰət3 fo21 tsʰiəu53kau21xek3 li0.

【一大半】iet3 tʰai53pan53 比一半还大或多的部分：去嘿～ çi53xek3 iet3 tʰai53pan53

【一带】iet3 tai53 [名]泛指某处和与它相连的地方：我等以～个客家人冇得。ŋai13-21tien0 i21iet3 tai53 cie53-44kʰak3 ka35-44ɲin13-21mau13tek3.

【一刀两断】iet3 tau35iɔŋ21tʰɔn35 形容彻底断绝关系：欸，你等两个人硬系不行就～呢，不要总咁子扯扯绷绷了。ei21, ɲi13tien0 iɔŋ21ke53-44in13-44ɲiaŋ53xei53-44pət3 çin13tsʰiəu53-44iet3 tau35iɔŋ21tʰɔn35ne0,pət3 iau53 tsəŋ21kan21tsɿ0 tʂʰa21tʂʰa21paŋ35-53paŋ35-53liau0.

【一刀斫下原口上】iet3 tau35tʂɔk3 (x)a53ɲien13xei21xɔŋ53 比喻结果与以前相同，没有变化：箇我箇晡箇只阿叔啊还更弄人呶，欸。渠箇只细赖子，系啊？渠以两只赖子，大赖子嘞头胎就供只妹子，第二胎爱供赖子。欸，细新舅嘞头胎就供只妹子，也真想供只子赖子，系唔系？渠个新舅供哩以后嘞欸我就打电话分渠，欸，我话，我唔问渠供只赖子啊妹子嘞，系唔系？我话欸我话老弟……我喊老弟嫂……话老弟嫂吵，系唔系？我等称渠称老弟嫂。我话：“老弟嫂供哩了吧？轻哩吧？”“轻哩，欸。”“还箇个吧还轻快吧？”“还轻快。”渠以下渠就讲啊：“～哦。”又一只妹子啊。箇个用刀去裁箇树咯，以一刀裁嘿以映，一刀裁嘿以映，系唔系？咁子。如果总裁倒箇只栏场箇唔系就赠搞倒又，本本裁倒箇只栏场裁唔断哩，系唔系？一刀斫下原来箇一只口上啊，原口上啊，就一模一样啊，又一只妹子啊。箇个又一只话法啦，么个楼上跌下来个啊，系唔系？猪头向下出个啊，猪头向下进个啊。箇兜都子也咁子讲啦。“欸，以到去看病何如哦？”“～。”样个，系唔系啊？欸，还有嘞，打比样两个人欸争只么个东西，嗯，我摎你争只么个东西，欸，我赠争赢。我又提出来，又来同你争。好，结果嘞，～哦，还系赠争赢哦。kai53-44ŋai13kai53-44pu35-44kai53tʂak3 a35ʂəuk3 a0xan13cien53nəŋ53ɲin13-21nau0,e21.ci13-21kai53 tʂak3 se53lai53tsɿ0,xe53a0?ci13-21i21-13iɔŋ21tʂak3 lai53tsɿ0,tʰai53lai53-44tsɿ0 lei0 tʰei13tʰɔi35tsʰiəu53-44ciəŋ53-44tʂak3 mɔi53tsɿ0,tʰi53 ɲi53tʰɔi35-44ɔi53-44ciəŋ53-44lai53tsɿ0.e21,se53sin35cʰiəu53-44le0 tʰei13tʰɔi35-44tsʰiəu53-44ciəŋ53-44(tʂ)ak3 mɔi53tsɿ0,ia35tʂən35siɔŋ21ciəŋ53 tʂak3 tsɿ0 lai53tsɿ0,xei53me53?ci13-21ke53-44sin35-44cʰiəu35-44ciəŋ53li0 i35xei53-44lei0 e21ŋai13tsʰiəu53ta21tʰien53fa53-44pən35ci13-21,e21,ŋai13 ua53,ŋai13-21m̩13uən53ci13-21ciəŋ53tʂak3 lai53tsɿ0 a0 mɔi53tsɿ0 le0,xei53-44me53-44?ŋai13ua53e21ŋai13ua53lau21tʰe53…ŋai13xan53 lau21tʰe53s…ua53lau21tʰe53sau21ʂa0,xei53me53?ŋai13-21ten0 tʂʰən35ci13-21tʂʰən35lau21tʰe53sau21.ŋai13ua53-44:"lau21tʰe53sau21 ciəŋ53li0 liau0 pa0?cʰiaŋ35li0 pa0?""cʰiaŋ35li0,e21.""xan13kai53ke53pa0 xan13-21cʰiaŋ35kʰuai53pa0?""xan13-21cʰiaŋ35 kʰuai53_44."ci13_21i21xa53ci13_44tsʰiəu53_44kəŋ21ŋa0:"iet3 tau35tʂək3(x)a53ɲien13xei21xəŋ53ŋo0."iəu53iet3 tʂak3 məi53tsʅ0 a0.kai53kei53iəŋ53tau35çi53tsʰəi13kai53_44ʂəu53ko0,i21iet3 tau35_44tsʰəi13xek3 i21iaŋ53,iet3 tau35_44tsʰəi13xek3 i21iaŋ53,xei53 me53?kan21tsʅ0.ɿ13ko21tsəŋ21tsʰəi13tau21kai53(tʂ)ak3 laŋ13_44tʂʰəŋ13_44kai53m̩13_44pʰe53_44tsʰiəu53maŋ13kau21tau21_44iəu53_44,pən21 pən21tsʰəi13tau21kai53(tʂ)ak3 laŋ13_21tʂʰəŋ13_21tsʰəi13_21n̩13_21tʰən35ni0,xei53me53?iet3 tau35tʂək3(x)a53ɲien13nəi13_44kai53iet3 tʂak3 xei21xəŋ53ŋa0,ɲien13xei21xəŋ53ŋa0,tsʰiəu53iet3 mo13iet3 iəŋ53ŋa0,iəu53iet3 tʂak3 məi53tsʅ0a0.kai53_44ke53_44iəu53 iet3 tʂak3 ua53fait3 la0,mak3 ke53lei13xəŋ53_44tet3 xa53_44ləi13_21ke53a0,xei53me53?tʂəu35tʰei13_21çiəŋ53_44ŋa53_44tʂʰət3 cie53_44a0,tʂəu35 tʰei13_21çiəŋ53_44ŋa53_44tsin53cie53_44a0.kai53te35_44təu35_53tsʅ0 ia35kan21tsʅ0 kəŋ21la0."ei21,i21tau35_44çi53kʰən53pʰiaŋ53xo53_44i13_44o0?""iet3 tau35_44tʂək3(x)a53_44ɲien13xei21xəŋ53."iəŋ53ke0,xei53me53a0?e21,xai13iəu35_44le0,ta21pi21iəŋ53iəŋ21ke53ɲin13_44e21tsaŋ35tʂak3 mak3 e0 təŋ35_44si0,n̩21,ŋai13_21lau35_44ɲi13_21tsaŋ35tʂak3 mak3 e0 təŋ35_44si0,e21,ŋai13maŋ13tsaŋ35iaŋ13.ŋai13iəu53tʰi13tʂət3 ləi13_44, iəu53ləi13_21tʰəŋ13_21ɲi13_21tsaŋ35.xau21,ciet3 ko21lei0,iet3 tau35tʂək3 a0ɲien13xei21xəŋ53ŋo0,xan13_21xei53maŋ13_21tsaŋ35_44iaŋ13_44ŋo0.

【一倒水】iet3 tau21ʂei21 房顶只有一个斜屋面：有兜箇壁背子做个屋嘞渠就进深也唔长，就～。iəu35tei35_53kai53piak3 pəi53tsʅ0 tso53ke53uk3 lei0 ci13_21tsʰiəu53tsin53ʂən35_44na35_53n̩13_21tʂʰəŋ13,tsʰiəu53iet3 tau21ʂei21.

【一滴】iet3 tiet5/tet5 数量词。形容极少的量。也称“一滴子”：以几个月嘞我𫟛存倒～钱。i21 ci21ke53ɲiet5 le0 ŋai13_21maŋ13_21tsʰən13_21tau21(i)et3 tet5 tsʰien13_21.｜兰花是～子唔晓得。lan13fa35_44ʂʅ53_44ŋai13iet3 tiet5 tsʅ0 n̩13_21çiau21tek3.

【一定】iet3 tʰin53 形①规定的，确定的：明脚是～个，只有一板或者两板。min13ciək3 ʂʅ53_44iet3 tʰin53cie53,tʂʅ21iəu35_53iet3 pan21xəit5 tʂa21iəŋ21pan21. ②特定的：加先个早禾到哩～……早禾肚里就栽个丫禾。ka35sien35_44ke35_44tsau21uo13tau35_44li0 iet3 tʰin53…tsau21uo13təu21li35tsʰiəu53_44tsəi35ke53a35uo13_21.

【一蔸】iet3 tei35 “一蔸姜”的简称，指一个家族：箇～剩倒九个人。kai53iet3 tei35ʂən53tau21ciəu21 ke53ɲin13_21.

【一蔸姜】iet3 tei35ciəŋ35 喻指一个家族：我等箇～，我公太箇～，就人比较多，欸，就有三十几个人。欸，有兜～就有兜同我公太样，欸，我公太五兄弟，我公太箇～就有三十几个人。但是我我公太个欸阿哥箇～只有几多个人呐？欸一二三四五，八个人，箇只八个人。欸，多个十多个子人，呃我等箇蔸姜嘞就算人多个。ŋai13tien0 kai53iet3 tei35ciəŋ35,ŋai13_21kəŋ35tʰai53_44kai53iet3 tei35ciəŋ35,tsʰiəu53ɲin13_21pi21ciau53_21to35,e21,tsʰiəu53_44iəu35_44san35ʂət5 ci21ke53_44ɲin13.ei21,iəu35tei35_53iet3 tei35_44ciəŋ35_44tsʰiəu53 iəu35tei35_53tʰəŋ13_21ŋai13_21kəŋ35tʰai53iəŋ53,e21,ŋai13_21kəŋ35tʰai53ŋ̍21çiəŋ35_44tʰi53,ŋai13_21kəŋ35tʰai53_44kai53iet3 tei35_44ciəŋ35_44tsʰiəu53_44 iəu35_44san35ʂət5 ci21ke53ɲin13_21.tan53ʂʅ53ŋai13kəŋ35tʰai35ke53e21a35ko35_44kai53iet3 tei35_44ciəŋ35_44tʂʅ21iəu35_53ci21_44(t)o35_44ke53_44ɲin13_21 na0?e21iet3 ɲi53san35_44si53ŋ̍21,pait3 ke53ɲin13_21,kai53tʂʅ21pait3 ke53ɲin13_21.e21,to35ke53_44ʂət5 to35_44ke53tsʅ0 ɲin13,ə44ŋai13tien0 kai53tei35_44ciəŋ35_44le0 tsʰiəu53sən53ɲin13_21to35_44ke0.

【一对时】iet3 ti53ʂʅ13 指二十四小时：箇只病人呐，跍下医院里搞嘿～了。kai53_44tʂak3 pʰiaŋ53ɲin13_21 na0,kʰu35_44xa53_44i35vien53ni0 kau21xek3 iet3 ti53ʂʅ13_21liau0.

【一顿坐】iet3 tən53tsʰo35 动身体向后摔倒，屁股着地：～坐得好就唔爱紧，𫟛坐得好是箇只尾脊骨顿倒哩是有兜就中哩风啦，欸，有兜老人家就～就中哩风个。iet3 tən53tsʰo35_44tsʰo35tek3 xau21 tsʰiəu53m̩13_21məi53cin21,maŋ13tsʰo35_44tek3 xau21ʂʅ53_44kai53_21tʂak3 mi35tsʰi35_44kuət3 tən53tau21li0 ʂʅ53_21iəu35te35_44tsʰiəu53_44tʂəŋ53_44li0 fəŋ35la0,e21,iəu35_44te35_44lau21ɲin13ka35_44tsʰiəu53_44iet3 tən53tsʰo35_44tsʰiəu53_44tʂəŋ53_44li0 fəŋ35ke0.

【一干二净】iet3 kən35ɲi53tsʰiaŋ53 一点不剩：箇只托子里个换茶就分渠食得～，滴都冇哩。kai53 tʂak3 tʰək3 tsʅ0 li0 ke0 uən53tsʰa13_21tsʰiəu53pən35ci13_21ʂət5 tek3 iet3 kən35ɲi53tsʰiaŋ53,tiet5 təu35_44mau13_21li0.

【一个】iet3ke53/cie53 数量词。①按“ABAB 子”式重叠，表示逐个地：箇是喊倒～～子来叫嘴哟。kai53_44ʂʅ53_44xan53tau21iet3cie53iet3 cie53tsʅ0 ləi13ciau53tsəi35io0. ②加在“头”、某些数词、“第+某些数词”后，表示次序，用于列举：头～ tʰei13iet3ke53｜二～ ɲi53iet3ke53｜第三～ tʰi53san35iet3 ke53

【一个人】iet3ke53ɲin13 副独自：渠～去。ci13iet3 ke53ɲin13çi53.

【一更】iet3 kaŋ35 古代把一夜分为五更，一更大致相当于19时至21时：～个时候子是有兜人还𫟛睡目。iet3 kaŋ35ke0 ʂʅ13_44xei35_44tsʅ0 ʂʅ53_44iəu35tei35_53ɲin13_21xai13_21maŋ13_21ʂəi53muk3.

【一工】iet3 kəŋ35 数量词。一昼夜或一个白天：欸，一天个意思吧？有兜老班子就～欸，系有讲嘞。一日，欸。e44,iet3 tʰien35ke53i53sʅ0 pa0?iəu35_44te35_53lau21pan35tsʅ0 tsʰiəu53iet3 kəŋ35ɲei0,xei53iəu53_53kəŋ21 lei0.iet3ɲiet3,e21.｜我箇双草鞋啊打嘿～正打正。ŋai13kai53səŋ53_53tsʰau21xai13a0 ta21xek3 iet3 kəŋ35tʂaŋ53ta21 tʂaŋ53.

【一号】iet3 xau53 ①编号的第一位：～房间 iet3 xau53fəŋ13_21kan35_44｜～床 iet3 xau53tsʰəŋ13。②每个月

的第一天：今晡是五月～了啦。cin$^{35}_{44}$pu$^{35}_{44}$ʂʅ$^{53}_{44}$ŋ̍$^{21}$ ɲiet$^{5}$ iet$^{3}$ xau$^{53}$liau$^{0}$ la$^{0}$.

【一伙】iet$^{3}$ fo$^{21}$ 数量词。①指一群人，同党：以前就（道士和乐队是）～个。i$^{35}_{44}$tsʰien$^{13}$ tsʰiəu$^{53}$ iet$^{3}$ fo$^{21}$ke$^{53}$. ②指整体中相连的各部分：按铁匠个说是下下嘁……嘁□耙梁子。也系～嘛，一套个。ɔn$^{53}$tʰiet$^{3}$ siɔŋ$^{53}$ke$^{53}$ ʂuek$^{3}$ ʂʅ$^{53}_{44}$xa$^{53}$xa$^{53}_{21}$xan$^{53}_{44}$…xan$^{53}_{21}$lie$^{53}$pʰa$^{13}$liɔŋ$^{13}$tsʅ$^{0}$ .ia$^{35}$xe$^{53}_{44}$iet$^{3}$ fo$^{21}$ma$^{0}$ ,iet$^{3}$ tʰau$^{53}$ke$^{53}_{44}$.

【一季稻】iet$^{3}$ ci$^{53}$tʰau$^{53}$ 名 在同一块田地里，一年内只插秧、收割一次的水稻。又称“单季稻、中稻”，俗称“迟禾”：其实迟禾就单季稻嘞，箇～嘞。cʰi$^{13}_{21}$ʂət$^{5}$ tʂʰʅ$^{13}$uo$^{13}$ tsʰiəu$^{53}_{44}$tan$^{35}_{44}$ci$^{53}$tʰau$^{53}$ lei$^{0}$ ,kai$^{53}_{44}$iet$^{3}$ ci$^{53}$tʰau$^{53}$lei$^{0}$ .

【一家人】iet$^{3}$ka$^{35}$ɲin$^{13}$ 同一家庭或家族的成员：～。箇就硬还讲～呢。箇只就唔读一 cia$^{35}$人，唔读，唔咁子讲。硬读～。iet$^{3}$ ka$^{35}$ɲin$^{13}$.kai$^{53}_{44}$tsʰiəu$^{53}_{44}$ɲiaŋ$^{53}$xai$^{13}$kɔŋ$^{21}$iet$^{3}$ ka$^{35}$ɲin$^{13}$nei$^{0}$ .kai$^{53}$tʂak$^{3}$ tsʰiəu$^{53}$ n̩$^{13}$tʰəuk$^{5}$ iet$^{3}$ cia$^{35}$ɲin$^{13}$,n̩$^{13}$tʰəuk$^{5}$ ,n̩$^{13}$kan$^{21}$tsʅ$^{0}$ kɔŋ$^{21}$. ɲiaŋ$^{53}_{44}$tʰəuk$^{5}$ iet$^{3}$ ka$^{35}$ɲin$^{13}_{21}$.

【一举两得】iet$^{3}$ ci$^{21}$iɔŋ$^{21}$tek$^{3}$ 做一件事得到两方面的好处：以到去浏阳啊我～，又办哩自家个事嘞，我也还赚倒几十块钱。i$^{21}$tau$^{53}$çi$^{53}$liəu$^{13}$iɔŋ$^{13}_{21}$ŋa$^{0}$ ŋai$^{13}$iet$^{3}$ tʂʅ$^{21}$iɔŋ$^{21}$tek$^{3}$ ,iəu$^{53}$pʰan$^{53}$li$^{0}$ tsʰʅ$^{35}$ka$^{35}_{44}$ke$^{0}$ sʅ$^{53}$lei$^{0}$ ,ŋai$^{13}$ia$^{35}$xai$^{13}_{21}$tsʰan$^{53}$tau$^{21}$ci$^{21}$ʂət$^{5}$ kʰuai$^{3}$ tsʰien$^{13}$.

【一来…二来…】iet$^{3}$ lɔi$^{13}$…ɲi$^{53}$lɔi$^{13}$… 并说数事，分别叙述之词：今晡我到你府上来，一来嘞就系同你拜只年，二来嘞我就同你请教一只事。cin$^{35}_{44}$pu$^{35}_{44}$ŋai$^{13}$tau$^{53}$ɲi$^{13}_{44}$fu$^{21}$xɔŋ$^{53}$lɔi$^{13}$,iet$^{3}$ lɔi$^{13}_{21}$le$^{0}$ tsʰiəu$^{53}$xei$^{53}_{44}$tʰəŋ$^{13}_{44}$ɲi$^{13}_{44}$pai$^{53}$tʂak$^{3}$ ɲien$^{13}$, ɲi$^{53}$lɔi$^{13}_{21}$le$^{0}$ ŋai$^{13}$tsʰiəu$^{53}$tʰəŋ$^{13}_{21}$ɲi$^{13}_{44}$tsʰin$^{21}$ciau$^{53}$iet$^{3}$ tʂak$^{3}$ sʅ$^{53}$.

【一来二往】iet$^{3}$ lɔi$^{13}$ɲi$^{53}$uɔŋ$^{21}$ 来来往往次数多：箇只伢子摎箇只妹子本来是都唔熟，欸，打工个时候子一只单位打工，～嘞就又认识哩，以下落尾就欸箇个哩，嗯，就谈爱去哩。kai$^{53}$ tʂak$^{3}$ ŋa$^{13}$tsʅ$^{0}$ lau$^{35}_{44}$kai$^{53}$tʂak$^{3}$ mɔi$^{53}$tsʅ$^{0}$ pən$^{21}$nɔi$^{13}$ʂʅ$^{53}_{21}$təu$^{35}_{44}$n̩$^{13}$ʂəuk$^{5}$ ,e$_{21}$,ta$^{21}$kəŋ$^{35}$ke$^{53}_{44}$ʂʅ$^{13}$xəu$^{53}_{44}$tsʅ$^{0}$ iet$^{3}$ tʂak$^{3}$ tan$^{35}_{44}$uei$^{53}$ ta$^{21}$kəŋ$^{35}$,iet$^{3}$ lɔi$^{13}$ɲi$^{53}$uɔŋ$^{21}$lei$^{0}$ tsʰiəu$^{53}$iəu$^{53}_{44}$ɲin$^{53}$ʂət$^{3}$ li$^{0}$ ,i$^{21}$xa$^{53}_{44}$lɔk$^{5}$ mi$^{35}_{53}$tsʰiəu$^{53}$e$_{21}$kai$^{53}_{44}$ke$^{53}_{44}$li$^{0}$ ,n̩$_{21}$,tsʰiəu$^{53}$tʰan$^{13}$ ŋai$^{53}$çi$^{53}_{44}$li$^{0}$.

【一路】iet$^{3}$ ləu$^{53}$ 副 ①始终沿着一个方向：直筒裤就系以映子～下一样子大嘿去唠。tʂʰət$^{5}$ tʰəŋ$^{21}$ fu$^{53}_{44}$tsʰiəu$^{53}_{44}$xei$^{53}_{44}$i$^{21}$iaŋ$^{53}_{44}$tsʅ$^{0}$ iet$^{3}$ ləu$^{53}$xa$^{53}_{44}$iet$^{3}$ iɔŋ$^{53}$tsʅ$^{0}$ tʰai$^{53}$xek$^{3}$ çi$^{53}$lau$^{0}$. ②表示连续不断、持久不变；始终；一直以来：欸，我等客姓人呢～就有红烧肉嘞。ei$_{21}$,ŋai$^{13}$tien$^{0}$ kʰak$^{3}$ sin$^{53}$ɲin$^{13}_{21}$ne$^{0}$ iet$^{3}$ ləu$^{53}$ tsʰiəu$^{53}_{44}$iəu$^{35}_{44}$fəŋ$^{13}_{21}$ʂau$^{35}_{44}$ɲiəuk$^{3}$ le$^{0}$.

【一路滔滔】iet$^{3}$ ləu$^{53}$tʰau$^{35}$tʰau$^{35}$ 井井有条：做得～ tso$^{53}$tek$^{3}$ iet$^{3}$ ləu$^{53}$tʰau$^{35}$tʰau$^{35}$

【一论一论子】iet$^{3}$ lən$^{53}$iet$^{3}$ lən$^{53}$tsʅ$^{0}$ 按行依次排列：箇砖就咁子，箇～个，留滴空欸，箇火正进得啊。kai$^{53}_{44}$tʂɔn$^{35}$tsʰiəu$^{53}$kan$^{21}$tsʅ$^{0}$ ,kai$^{53}_{44}$iet$^{3}$ lən$^{53}$net$^{3}$ (←iet$^{3}$ )lən$^{53}$tsʅ$^{0}$ ke$^{53}_{21}$,liəu$^{13}$tet$^{5}_{3}$ kʰəŋ$^{53}$ŋe$^{0}$ ,kai$^{53}_{44}$fo$^{21}$tʂaŋ$^{53}_{44}$ tsin$^{53}$tek$^{3}$ a$^{0}$.

【一罗十八串】iet$^{3}$ lo$^{13}$ʂət$^{5}$ pait$^{3}$ tʂʰɔn$^{53}$ 形容人非常爱唠叨：欸话别人家～呶。e$_{44}$ua$^{53}_{21}$pʰiet$^{5}_{3}$ in$^{13}_{44}$ka$^{35}_{44}$ iet$^{3}$ lo$^{13}$ʂət$^{5}$ pait$^{3}$ tʂʰɔn$^{53}$nau$^{0}$.

【一门样】iet$^{3}$ mən$^{13}_{21}$iɔŋ$^{53}_{44}$ 形 一样：鲜嘿滴去让门摎分苑～欸？sien$^{35}$nek$^{3}$ (←xek$^{3}$ )tet$^{5}_{3}$ çi$^{53}_{44}$ɲiɔŋ$^{53}_{44}$ mən$^{0}$ lau$^{35}_{44}$fən$^{35}$tei$^{35}$iet$^{3}$ mən$^{0}$ iɔŋ$^{53}_{44}$ŋei$^{0}$ ?

【一捺千张】iet$^{3}$ lait$^{5}$ tsʰien$^{35}$tʂɔŋ$^{35}$ 形容非常流利：箇市场里箇只煮泡面个渠个妹子啊，我去渠箇嘣哇，渠等就话：“念分伯伯听下子看呐，念《三字经》念分伯伯听下子看呐。”念是硬念倒～，嗯，一路念呐下，～。就系渠自家唔懂都小事嘞，我都听唔懂，后背我都听唔出哩。渠箇就细呀，箇咁大子个细人子啊，四岁子啊，欸，四岁子读得～。kai$^{53}_{44}$ʂʅ$^{53}$tʂʰɔŋ$^{21}$li$^{0}$ kai$^{53}$tʂak$^{3}$ tʂəu$^{21}$pʰau$^{53}$mien$^{53}$ke$^{53}_{44}$ci$^{13}$ke$^{53}_{44}$mɔi$^{53}$tsʅ$^{0}$ a$^{0}$ ,ŋai$^{13}$çi$^{53}$ci$^{13}_{21}$kai$^{53}_{44}$liau$^{53}$ua$^{0}$ ,ci$^{13}_{21}$tien$^{0}$ tsʰiəu$^{53}_{44}$ua$^{53}_{44}$:"ɲian$^{53}$pən$^{35}$pak$^{3}$ pak$^{3}$ tʰaŋ$^{35}$xa$^{53}_{21}$tsʅ$^{0}$ kʰɔn$^{53}_{44}$na$^{0}$ , ɲian$^{53}$san$^{35}$tsʰʅ$^{53}$cin$^{35}$ɲian$^{53}_{44}$pən$^{35}_{44}$pak$^{3}$ pak$^{3}$ tʰaŋ$^{35}$xa$^{53}_{21}$tsʅ$^{0}$ kʰɔn$^{53}_{44}$na$^{0}$ ."ɲian$^{53}$ʂʅ$^{53}_{21}$ɲiaŋ$^{53}$ ɲian$^{53}$tau$^{21}$iet$^{3}$ lait$^{5}$ tsʰien$^{35}$tʂɔŋ$^{35}$,n̩$_{21}$,iet$^{3}$ ləu$^{53}$ɲian$^{53}$na$^{0}$ xa$^{53}_{44}$,iet$^{3}$ lait$^{5}$ tsʰien$^{35}_{44}$tʂɔŋ$^{35}_{44}$.tsʰiəu$^{53}$xei$^{53}_{44}$ci$^{13}_{21}$tsʰʅ$^{35}$ka$^{35}_{53}$n̩$^{13}$ təŋ$^{21}$təu$^{35}_{53}$siau$^{21}$sʅ$^{53}_{44}$lei$^{0}$ ,ŋai$^{13}$təu$^{35}_{53}$tʰaŋ$^{35}_{44}$n̩$^{13}_{21}$təŋ$^{21}$,xei$^{53}_{44}$pɔi$^{53}_{21}$ŋai$^{13}$təu$^{35}_{53}$tʰaŋ$^{35}_{44}$n̩$^{13}_{21}$tʂʰət$^{3}$ li$^{0}$ .ci$^{13}_{44}$kai$^{53}_{44}$tsʰiəu$^{53}_{21}$sei$^{53}$ia$^{0}$ ,kai$^{53}_{44}$ kan$^{21}_{13}$tʰai$^{53}$tsʅ$^{0}$ ke$^{0}$ sei$^{53}$ɲin$^{13}_{21}$tsʅ$^{0}$ a$^{0}$ ,si$^{53}$sɔi$^{53}$tsʅ$^{0}$ a$^{0}$ ,e$_{21}$,si$^{53}$sɔi$^{53}$tsʅ$^{0}$ tʰəuk$^{5}$ tek$^{3}$ iet$^{3}$ lait$^{5}$ tsʰien$^{35}_{44}$tʂɔŋ$^{35}_{44}$.

【一年到头】iet$^{3}$ɲien$^{13}$tau$^{53}$tʰei$^{13}$ 整年，从头到尾经过一年。又称“一年到尾、年头到年尾”：我招呼我婃子，我两子婃在一起，嗯，时间短短子都唔爱紧，～呀尽咁子摎渠在一起欸煮饭食嘞，就觉得有兜子累人了。如今我老妹子来帮我煮饭食，箇我觉得硬唔知轻松咁哪映去哩。ŋai$^{13}$tʂau$^{35}$fu$^{35}_{44}$ŋai$^{13}_{21}$ɔi$^{35}_{44}$tsʅ$^{0}$ ,ŋai$^{13}_{21}$iɔŋ$^{21}$tsʅ$^{0}$ ɔi$^{35}$tsʰai$^{53}$iet$^{3}$ çi$^{21}$,n̩$_{21}$,ʂʅ$^{13}_{21}$kan$^{35}_{53}$tɔn$^{21}$tɔn$^{21}$tsʅ$^{0}$ təu$^{35}_{53}$m̩$^{13}_{21}$mɔi$^{53}$cin$^{21}$,iet$^{3}$ɲien$^{13}$ tau$^{53}$tʰei$^{13}$ia$^{0}$ tsʰin$^{53}$kan$^{21}$tsʅ$^{0}$ lau$^{35}$ci$^{13}_{21}$tsʰai$^{53}$iet$^{3}$ çi$^{21}$e$^{0}$ tʂəu$^{21}$fan$^{53}$ʂət$^{5}$ le$^{0}$ ,tsʰiəu$^{53}$kɔk$^{3}$ tek$^{3}$ iəu$^{35}$te$^{35}_{53}$tsʅ$^{0}$ li$^{53}$ɲin$^{13}$ niau$^{0}$ .i$^{13}_{21}$cin$^{35}_{53}$ŋai$^{13}_{21}$lau$^{21}$mɔi$^{53}$tsʅ$^{0}$ lɔi$^{13}_{21}$pɔŋ$^{35}$ŋai$^{13}_{21}$tʂəu$^{21}$fan$^{53}$ʂət$^{5}$ ,kai$^{53}$ŋai$^{13}_{44}$kɔk$^{3}$ tek$^{3}$ ɲiaŋ$^{53}$n̩$^{13}_{21}$ti$^{35}_{44}$cʰiaŋ$^{35}_{44}$səŋ$^{35}_{44}$kan$^{21}_{44}$

lai$^{53}_{44}$iaŋ$^{53}_{44}$ɕi$^{53}$li$^{0}$.

【一年到尾】iet$^{3}$ɲien$^{13}$tau$^{53}$mi$^{35}$ 一年到头：我俫子系～都唔想走哪映，只想天天跍倒屋下。ŋai$^{13}_{21}$ɔi$^{53}$tsɿ$^{0}$xei$^{53}_{44}$iet$^{3}$ɲien$^{13}$tau$^{53}_{44}$mi$^{35}$təu$^{35}_{53}$n̩$^{13}$siɔŋ$^{21}$tsei$^{21}$lai$^{53}$iaŋ$^{53}$,tʂɿ$^{21}$siɔŋ$^{21}$t$^{h}$ien$^{35}$t$^{h}$ien$^{35}_{44}$ku$^{35}_{44}$tau$^{21}_{44}$uk$^{3}$xa$^{0}$.

【一年两闰】iet$^{3}$ɲien$^{13}$iɔŋ$^{21}$in$^{53}$ 指公历闰年和农历闰年重合的双闰年现象：～个就硬蛮少哈。iet$^{3}$ɲien$^{13}$iɔŋ$^{21}$in$^{53}$ke$^{53}_{44}$ts$^{h}$iəu$^{53}_{44}$ɲiaŋ$^{53}$man$^{13}$ʂau$^{21}$xa$^{0}$.

【一屁股】iet$^{3}$p$^{h}$i$^{53}$ku$^{21}$ 形容数量很多：渠尽食好烟，又唔搞么个，欠倒～账。ci$^{13}$ts$^{h}$in$^{53}$ʂət$^{5}$xau$^{21}$ien$^{35}_{44}$,iəu$^{53}$n̩$^{13}$kau$^{21}$mak$^{3}$ke$^{53}$,c$^{h}$ian$^{53}$tau$^{21}$iet$^{3}$p$^{h}$i$^{53}$ku$^{21}_{44}$tʂɔŋ$^{53}_{21}$.

【一起$_{1}$】iet$^{3}$ɕi$^{21}$ 名 同一个处所：（砻米个间）就摎碓间～呀。ts$^{h}$iəu$^{53}_{44}$lau$^{35}$tɔi$^{53}$kan$^{35}_{44}$iet$^{3}$ɕi$^{21}$ia$^{0}$.

【一起$_{2}$】iet$^{3}$ɕi$^{21}$ 副 一同：从前就拿倒箇起梭镖～杀下子。ts$^{h}$ɔŋ$^{13}$ts$^{h}$ien$^{13}$ts$^{h}$iəu$^{53}$la$^{53}$tau$^{21}$kai$^{53}$ɕi$^{21}_{44}$so$^{35}$piau$^{35}$iet$^{3}$ɕi$^{21}_{44}$sait$^{3}$(x)a$^{53}$tsɿ$^{0}$.

【一清二白】iet$^{3}$ts$^{h}$in$^{35}$ɲi$^{53}$p$^{h}$ak$^{5}$ 表示清清白白，与某事无关：以只事啊，嗯，我就～嘞，我就冇得么个瓜爹嘞，同我就冇扯绷冇瓜爹。i$^{21}$tʂak$^{3}$sɿ$^{53}$a$^{0}$,n̩$_{21}$,ŋai$^{13}$ts$^{h}$iəu$^{53}$iet$^{3}$ts$^{h}$in$^{35}$ɲi$^{53}$p$^{h}$ak$^{5}$le$^{0}$,ŋai$^{13}$ts$^{h}$iəu$^{53}$mau$^{13}_{21}$tek$^{3}$mak$^{3}$e$^{0}$kua$^{35}$ɲia$^{13}_{21}$le$^{0}$,t$^{h}$əŋ$^{13}_{44}$ŋai$^{13}$ts$^{h}$iəu$^{53}$mau$^{13}_{21}$tʂ$^{h}$a$^{21}$paŋ$^{35}_{53}$mau$^{13}_{44}$kua$^{35}$ɲia$^{13}_{21}$.

【一清二楚】iet$^{3}$ts$^{h}$in$^{35}$ɲi$^{53}$ts$^{h}$əu$^{21}$ 非常清楚明白：我以滴子账嘞～，你等拿倒去看。有么个问题你来问我。ŋai$^{13}$i$^{21}$tiet$^{5}$tsɿ$^{0}$tʂɔŋ$^{53}$lei$^{0}$iet$^{3}$ts$^{h}$in$^{35}$ɲi$^{53}$ts$^{h}$əu$^{21}$, ɲi$^{13}$tien$^{0}$na$^{53}_{21}$tau$^{21}$ɕi$^{53}_{44}$k$^{h}$ɔn$^{53}$.iəu$^{35}$mak$^{3}$ke$^{53}_{44}$uən$^{53}$t$^{h}$i$^{13}_{21}$ɲi$^{13}_{21}$lɔi$^{13}_{21}$uən$^{53}$ŋai$^{13}$.

【一扫把】iet$^{3}$sau$^{53}$pa$^{21}$ 副 一概：箇阵子我等欸教初中个时候子，首先是也小学升初中都爱搞招生考试，爱招下生，赠考倒个就硬冇得读。欸，落尾是～下趟倒去读初中了，欸全部普及九年义务教育啊，系唔系？kai$^{53}$tʂ$^{h}$ən$^{53}$tsɿ$^{0}$ŋai$^{13}_{21}$tien$^{0}$ei$^{0}$kau$^{35}_{44}$ts$^{h}$əu$^{35}$tʂəŋ$^{35}_{44}$ke$^{0}$ʂɿ$^{13}_{44}$xei$^{53}_{44}$tsɿ$^{0}$,ʂəu$^{21}$sien$^{35}_{44}$ʂɿ$^{53}$ia$^{35}$siau$^{21}$ɕiɔk$^{5}$ʂən$^{35}_{44}$ts$^{h}$əu$^{35}$tʂəŋ$^{35}_{44}$təu$^{35}_{44}$ɔi$^{53}_{44}$kau$^{21}$tʂau$^{35}$sen$^{35}_{44}$k$^{h}$au$^{21}$ʂɿ$^{53}$,ɔi$^{53}_{44}$tʂau$^{35}_{44}$xa$^{53}_{44}$sen$^{35}$,maŋ$^{13}$k$^{h}$au$^{21}$tau$^{21}$ke$^{53}_{44}$ts$^{h}$iəu$^{53}_{44}$ɲiaŋ$^{53}$mau$^{13}$tek$^{3}$t$^{h}$əuk$^{5}$.e$_{21}$,lɔk$^{5}$mi$^{35}_{53}$ʂɿ$^{53}_{44}$iet$^{3}$sau$^{53}$pa$^{21}$xa$^{53}$ciəuk$^{5}$tau$^{21}$ɕi$^{53}_{44}$t$^{h}$əuk$^{5}$ts$^{h}$əu$^{35}_{44}$tʂəŋ$^{35}_{44}$liau$^{0}$,e$_{21}$ts$^{h}$ien$^{13}_{21}$p$^{h}$u$^{53}$p$^{h}$u$^{21}$c$^{h}$iet$^{5}$ciəu$^{21}$ɲien$^{13}$ɲi$^{53}$u$^{53}$ciau$^{53}$iəuk$^{3}$a$^{0}$,xei$^{53}$me$^{53}$?

【一身】iet$^{3}$ʂən$^{35}$ 名 全身；浑身：～痛。iet$^{3}$ʂən$^{35}$t$^{h}$əŋ$^{53}$.｜箇只～尽赘个喊百鸟不待吧？kai$^{53}$tʂak$^{3}$iet$^{3}$ʂən$^{35}$ts$^{h}$in$^{35}$nek$^{3}$ke$^{53}$xan$^{53}$pak$^{3}$ɲiau$^{35}$pət$^{3}$c$^{h}$i$^{35}$pa$^{0}$?｜渠指千鸭子就～个毛都墨乌个。ci$^{13}_{21}$ts$^{h}$iəu$^{53}$iet$^{3}$ʂən$^{35}$ke$^{53}_{44}$mau$^{35}$təu$^{35}_{44}$mek$^{5}$u$^{35}$ke$^{53}_{44}$.｜射得你～个油。ʂa$^{53}$tek$^{3}$ɲi$^{13}_{21}$iet$^{3}$ʂən$^{35}$ke$^{53}$iəu$^{13}$.

【一身下】iet$^{3}$ʂən$^{35}$xa$^{35}$ 全身上下（的东西）：箇个欸细人子～，都爱姐婆买。kai$^{53}_{44}$ke$^{53}_{44}$e$_{21}$sei$^{53}$ɲin$^{13}_{21}$tsɿ$^{0}$iet$^{3}$ʂən$^{35}$xa$^{35}_{44}$,təu$^{35}$ɔi$^{53}_{44}$tsia$^{21}$p$^{h}$o$^{13}$mai$^{35}$.

【一摊经】iet$^{3}$t$^{h}$an$^{35}$cin$^{35}$ 名 比喻办事的繁琐规程：老哩人个箇～呐十分复杂。lau$^{21}$li$^{0}$ɲin$^{13}$ke$^{53}_{44}$kai$^{53}$iet$^{3}$t$^{h}$an$^{35}$cin$^{35}$na$^{0}$ʂət$^{5}$fən$^{35}_{44}$fuk$^{5}$ts$^{h}$ait$^{5}_{3}$.

【一套】iet$^{3}$t$^{h}$au$^{53}$ 数量词。指整体中相连或自成一组的各部分：按铁匠个说是下下喊……喊□耙梁子。也系一伙嘛，～个。ɔn$^{53}$t$^{h}$iet$^{3}$siɔŋ$^{53}$ke$^{53}$ʂuek$^{3}$ʂɿ$^{53}_{44}$xa$^{53}$xa$^{53}_{21}$xan$^{53}_{44}$⋯xan$^{53}_{21}$lie$^{53}$p$^{h}$a$^{13}$liɔŋ$^{13}$tsɿ$^{0}$.ia$^{35}$xe$^{53}_{44}$iet$^{3}$fo$^{21}$ma$^{0}$,iet$^{3}$t$^{h}$au$^{53}$ke$^{53}_{44}$.

【一套符】iet$^{3}$t$^{h}$au$^{53}$fu$^{13}$ 副 一共；总共：手里～就三只。ʂəu$^{21}$li$^{21}$iet$^{3}$t$^{h}$au$^{53}$fu$^{13}$ts$^{h}$iəu$^{53}_{44}$san$^{35}$tʂak$^{3}$.

【一套伙】iet$^{3}$t$^{h}$au$^{53}$fo$^{21}$ 副 一共；总共：欸，有滴人重个啊，一百几十斤那个人呐，欸，加上一只棺材嘞四五百斤，～有四五百斤。ei$_{21}$,iəu$^{35}$tet$^{5}$ɲin$^{13}$tʂ$^{h}$əŋ$^{35}$ke$^{53}_{44}$a$^{0}$,iet$^{3}$pak$^{3}$ci$^{21}$ʂət$^{5}$cin$^{35}_{44}$nai$^{53}_{44}$ke$^{53}_{44}$ɲin$^{13}_{21}$na$^{0}$,e$_{21}$,cia$^{35}_{44}$ʂɔŋ$^{53}_{44}$iet$^{3}$tʂak$^{3}$kɔn$^{35}$ts$^{h}$ɔi$^{13}_{21}$lei$^{0}$si$^{53}$ŋ̍$^{21}$pak$^{3}$cin$^{35}$,iet$^{3}$t$^{h}$au$^{53}$fo$^{21}$iəu$^{35}_{44}$si$^{53}$ŋ̍$^{21}$pak$^{3}$cin$^{35}_{44}$.

【一天到夜】iet$^{3}$t$^{h}$ien$^{35}$tau$^{53}$ia$^{53}$ 成天；整天：就搞箇样个，～坐正来搞咁个。ts$^{h}$iəu$^{53}$kau$^{21}$kai$^{53}$iɔŋ$^{53}_{44}$ke$^{53}_{44}$,iet$^{3}$t$^{h}$ien$^{35}$tau$^{53}$ia$^{53}_{44}$ts$^{h}$o$^{35}$tʂaŋ$^{53}$lɔi$^{13}_{21}$kau$^{21}$kan$^{21}_{35}$ke$^{53}$.｜～跍外背嬲。iet$^{3}$t$^{h}$ien$^{35}$tau$^{53}$ia$^{53}$k$^{h}$u$^{35}_{44}$ŋɔi$^{53}$pɔi$^{53}_{44}$liau$^{53}$.｜搞～个唔知搞只么啊作用。kau$^{21}$iet$^{3}$t$^{h}$ien$^{35}$tau$^{53}$ia$^{53}_{44}$ke$^{53}_{44}$n̩$^{13}_{21}$ti$^{35}_{53}$kau$^{21}$tʂak$^{3}$mak$^{3}$a$^{0}$tsɔk$^{3}$iɔŋ$^{53}$.｜你～搞么个去哩？ɲi$^{13}_{21}$iet$^{3}$t$^{h}$ien$^{35}_{44}$tau$^{53}$ia$^{53}$kau$^{21}$mak$^{3}$e$^{0}$ɕi$^{53}$li$^{0}$?

【一天四只角】iet$^{3}$t$^{h}$ien$^{35}$si$^{53}$tʂak$^{3}$kɔk$^{3}$ 形容五湖四海，满世界：走江湖个人呢就系就到处走个人，～到处走个人，打流个人样，打流个样，箇人就安做走江湖个。tsei$^{21}$kɔŋ$^{35}$fu$^{13}_{21}$ke$^{53}$ɲin$^{13}_{21}$ne$^{0}$ts$^{h}$iəu$^{53}$xe$^{53}$ts$^{h}$iəu$^{53}_{44}$tau$^{53}$tʂ$^{h}$əu$^{53}_{44}$tsei$^{21}$ke$^{53}$ɲin$^{13}_{44}$,iet$^{3}$t$^{h}$ien$^{35}$si$^{53}$tʂak$^{3}$kɔk$^{3}$tau$^{53}$tʂ$^{h}$əu$^{53}_{44}$tsei$^{21}$ke$^{53}$ɲin$^{13}_{44}$,ta$^{21}$liəu$^{13}$ke$^{53}$ɲin$^{13}_{21}$iɔŋ$^{53}$,ta$^{21}$liəu$^{13}$ke$^{53}$iɔŋ$^{53}$,kai$^{53}$ɲin$^{13}_{21}$ts$^{h}$iəu$^{53}$ɔn$^{35}_{53}$tso$^{53}$tsei$^{21}$kɔŋ$^{35}$fu$^{13}_{21}$ke$^{0}$.

【一天一地】iet$^{3}$t$^{h}$ien$^{35}$iet$^{3}$t$^{h}$i$^{53}$ 遍地；满地：挖倒～个泥坨。uait$^{3}$tau$^{21}$iet$^{3}$t$^{h}$ien$^{35}$iet$^{3}$t$^{h}$i$^{53}$ke$^{53}$lai$^{13}$t$^{h}$o$^{13}$.｜箇细人子食饭呐，渠就唔晓得箇个，唔晓得招呼下子，戽起～，食个更少，跌嘿哩个更多，戽倒～。kai$^{53}_{44}$sei$^{53}$ɲin$^{13}_{21}$tsɿ$^{0}$ʂət$^{5}$fan$^{53}$na$^{0}$,ci$^{13}$ts$^{h}$iəu$^{53}$m̩$^{13}$ɕiau$^{21}$tek$^{3}$kai$^{53}$ke$^{53}$,n̩$^{13}$ɕiau$^{21}$tek$^{3}$tʂau$^{35}$fu$^{35}_{44}$(x)a$^{53}_{44}$tsɿ$^{0}$,fu$^{53}$ɕi$^{21}$iet$^{3}$t$^{h}$ien$^{35}$iet$^{3}$t$^{h}$i$^{53}$,ʂət$^{5}$cie$^{53}$cien$^{53}$ʂau$^{21}$,tet$^{3}$(x)ek$^{3}$li$^{0}$ke$^{0}$cien$^{53}_{44}$to$^{35}$,fu$^{53}$tau$^{21}$iet$^{3}$t$^{h}$ien$^{35}$iet$^{3}$t$^{h}$i$^{53}$.

【一条辫子梳到头】iet$^{3}$ tʰiau$^{13}$ pʰien$^{53}$ tsɿ$^{0}$ sɿ$^{35}$ tau$^{53}$ tʰei$^{13}$ 意思是从一而终，白头偕老：认真是除哩话离婚个嘞，系唔系？死嘿个是都系一只悲哀个事嘞。么人都希望一条辫子梳到尾嘞，梳到头嘞，欸，～呀，两公婆欸原配夫妇哇一直到老哇。ɲin$^{53}$ tʂən$^{53}_{44}$ ʂɿ$^{0}$ tʂʰəu$^{13}$ li$^{0}$ ua$^{53}$ li$^{13}$ fən$^{35}_{44}$ cie$^{53}$ le$^{0}$,xei$^{53}$ me$^{53}$?si$^{21}$ xek$^{3}$ ke$^{53}$ ʂɿ$^{53}_{21}$ təu$^{35}$ xei$^{53}$ iet$^{3}$ tʂak$^{3}$ pei$^{35}$ ŋai$^{35}_{44}$ ke$^{53}_{44}$ sɿ$^{53}$ le$^{0}$.mak$^{3}$ ɲin$^{13}_{44}$ təu$^{35}_{53}$ çi$^{35}_{44}$ uəŋ$^{53}_{44}$ iet$^{3}$ tʰiau$^{13}$ pʰien$^{53}$ tsɿ$^{0}$ sɿ$^{35}_{44}$ tau$^{53}$ mi$^{35}$ lei$^{0}$,sɿ$^{35}_{44}$ tau$^{53}$ tʰei$^{13}$ lei$^{0}$,ei$_{21}$,iet$^{3}$ tʰiau$^{13}$ pʰien$^{53}$ tsɿ$^{0}$ sɿ$^{35}_{44}$ tau$^{53}$ tʰei$^{13}$ ia$^{0}$,iɔŋ$^{21}$ kəŋ$^{35}$ pʰo$^{13}_{44}$ e$_{44}$ vien$^{13}$ pʰei$^{53}$ fu$^{53}_{44}$ fu$^{53}$ va$^{0}$ iet$^{3}$ tʂʰət$^{5}$ tau$^{53}$ lau$^{21}$ ua$^{0}$.

【一拖一捶子】iet$^{3}$ tʰo$^{35}$ iet$^{3}$ tsʰəŋ$^{21}$ tsɿ$^{0}$ 比喻鼓励和批评相结合：～，欸，～，箇细人子嘞爱分人唱红面，又爱分人唱乌面。iet$^{3}$ tʰo$^{35}$ iet$^{3}$ tsʰəŋ$^{21}$ tsɿ$^{0}$,e$_{21}$,iet$^{3}$ tʰo$^{35}$ iet$^{3}$ tsʰəŋ$^{21}$ tsɿ$^{0}$,kai$^{53}_{44}$ sei$^{53}$ ɲin$^{13}_{21}$ tsɿ$^{0}$ lei$^{0}$ ɔi$^{53}$ pən$^{35}$ ɲin$^{13}_{21}$ tʂʰɔŋ$^{53}$ fəŋ$^{13}$ mien$^{53}$,iəu$^{53}$ ɔi$^{53}_{44}$ pən$^{35}_{44}$ ɲin$^{13}_{21}$ tʂʰɔŋ$^{53}$ u$^{35}$ mien$^{53}$.

【一坨】iet$^{3}$ tʰo$^{13}$ 名①相同或被视为同类的东西：欸，箇泥搂骨头就搞做～去哩啊。e$_{21}$,kai$^{53}_{44}$ lai$^{13}$ lau$^{35}_{44}$ kuət$^{3}$ tʰei$^{13}_{21}$ tsiəu$^{53}$ kau$^{21}$ tso$^{53}$ iet$^{3}$ tʰo$^{13}$ çi$^{53}$ lia$^{0}$. ②指一个混合体：我等个客家变嘿哩嘞。搞去搂箇个（本地话）搞做～去哩嘞。ŋai$^{13}$ tien$^{0}$ ke$^{53}_{44}$ kʰak$^{3}$ ka$^{35}$ pien$^{53}$ nek$^{3}$ (←xek$^{3}$) li$^{0}$ lei$^{0}$.kau$^{21}$ çi$^{53}$ lau$^{35}$ kai$^{53}_{44}$ ke$^{53}_{44}$ kau$^{21}$ tso$^{53}$ iet$^{3}$ tʰo$^{13}$ çi$^{53}$ li$^{0}$ lei$^{0}$.

【一下$_{1}$】iet$^{3}$ xa$^{53}$ 名①相同或被视为同类的东西：我是分渠搂箇个搂箇扣肉搞做混做～去了。ŋai$^{13}$ ʂɿ$^{53}_{44}$ pən$^{35}$ ci$^{13}_{21}$ lau$^{35}$ kai$^{53}$ ke$^{53}_{44}$ lau$^{35}$ kai$^{53}_{44}$ kʰei$^{53}$ ɲiouk$^{3}$ kau$^{21}$ tso$^{53}$ fən$^{53}$ tso$^{53}_{21}$ iet$^{3}$ xa$^{53}_{44}$ çi$^{53}_{44}$ liau$^{0}$.｜一般都是鸡搂鸭就～，一样个。iet$^{3}$ pon$^{35}$ təu$^{35}_{53}$ ʂɿ$^{53}_{44}$ cie$^{35}$ lau$^{35}_{44}$ ait$^{3}$ tsʰiəu$^{53}_{44}$ iet$^{3}$ xa$^{53}$,iet$^{3}$ iɔŋ$^{53}$ ke$^{53}_{21}$. ②一个整体：欸，我问你唠，如今安牯着个箇衫搂裤连做～个安做么个衫子啊？ei$_{53}$,ŋai$^{13}$ uən$^{53}_{44}$ ɲi$^{13}_{44}$ lau$^{0}$,i$^{13}_{21}$ cin$^{35}_{44}$ ɔn$^{35}$ ku$^{21}$ tʂɔk$^{3}$ ke$^{53}_{44}$ kai$^{53}_{44}$ san$^{35}$ lau$^{35}$ fu$^{53}$ lien$^{13}$ tso$^{53}_{44}$ iet$^{3}$ xa$^{53}$ ke$^{53}_{44}$ ɔn$^{35}_{44}$ tso$^{53}_{44}$ mak$^{3}$ (k)e$^{53}_{44}$ san$^{35}$ tsa$^{0}$?｜两三管笔唠，拼做～唠。iɔŋ$^{21}$ san$^{35}_{44}$ kɔn$^{21}$ piet$^{3}$ lau$^{0}$,pʰin$^{35}$ tso$^{53}_{21}$ iet$^{3}$ xa$^{53}$ lau$^{0}$. ③同一个处所：灵牌唔系搂香火放做～？灵牌呀。以映就放块灵牌，面前就放香火啊。欸，放做～咯，𢭃稳放倒咯，都放做一张桌上咯。lin$^{13}$ pʰai$^{13}$ m̩$^{13}$ pʰei$^{53}$ lau$^{35}$ çiɔŋ$^{35}$ fo$^{21}$ fəŋ$^{53}_{44}$ tso$^{53}_{44}$ (i)et$^{3}$ xa$^{53}$?lin$^{13}$ pʰai$^{13}$ ia$^{0}$.i$^{21}$ iaŋ$^{53}$ tsʰiəu$^{53}$ fəŋ$^{53}$ kʰuai$^{53}$ lin$^{13}$ pʰai$^{13}_{44}$,mien$^{53}$ tsʰien$^{13}_{21}$ tsʰiəu$^{53}_{44}$ fəŋ$^{53}_{44}$ çiɔŋ$^{35}$ fo$^{21}$ a$^{0}$.e$_{44}$,fəŋ$^{53}$ tso$^{53}$ (i)et$^{3}$ xa$^{53}$ ko$^{0}$, ɲia$^{13}$ uən$^{21}$ fəŋ$^{53}$ tau$^{21}$ ko$^{0}$,təu$^{35}$ fəŋ$^{53}$ tso$^{53}_{44}$ (i)et$^{3}$ tʂəŋ$^{35}$ tsɔk$^{3}$ xɔŋ$^{53}_{44}$ ko$^{0}$.

【一下$_{2}$】iet$^{3}$ xa$^{53}$ 数量词。①附于动词后做补语，表示动作的量小，有略微的意思：铁耙都耙倒唔平啊，有滴爱就□～。tʰiet$^{3}$ pʰa$^{13}$ təu$^{35}_{44}$ pʰa$^{13}$ tau$^{21}$ m̩$^{13}$ pʰiaŋ$^{13}$ ŋa$^{0}$,iəu$^{35}$ tet$^{5}_{3}$ ɔi$^{53}_{44}$ tsiəu$^{53}_{44}$ lait$^{5}$ iet$^{3}$ xa$^{53}_{44}$. ②用在形容词性谓语中心的否定式后做补语，用于加强语气，表示完全否定，"一点也（不……）"的意思：箇个油渣唔好食～，喷臭哇。kai$^{53}_{44}$ ke$^{53}_{44}$ iəu$^{13}$ tsa$^{35}_{44}$ m̩$^{13}_{21}$ mau$^{21}$ (←xau$^{21}$) ʂət$^{5}$ iet$^{3}$ xa$^{53}$,pʰən$^{35}$ tʂʰəu$^{53}$ ua$^{0}$.

【一下$_{3}$】iet$^{3}$ xa$^{53}$ 副①表示极短暂的时间。相当于"马上、立即"：～分你想倒哩。iet$^{3}$ xa$^{53}$ pən$^{35}$ ɲi$^{13}_{21}$ siɔŋ$^{21}$ tau$^{21}$ li$^{0}$. ②表示某个不确定的时间：生哩细人子啊，～□哩人嘞死哩人箇只嘞，舞滴子薪艾，舞只火笼，舞滴薪艾烧下子。saŋ$^{35}$ li$^{0}$ sei$^{53}$ ɲin$^{13}_{21}$ tsa$^{0}$,iet$^{3}$ xa$^{53}$ lai$^{13}_{21}$ li$^{0}$ ɲin$^{13}$ le$^{0}$ si$^{21}$ li$^{0}$ ɲin$^{13}$ kai$^{53}_{44}$ tʂak$^{3}$ le$^{0}$,u$^{21}$ tet$^{5}$ tsɿ$^{0}$ cʰi$^{13}$ ɲie$^{53}$,u$^{21}$ tʂak$^{3}$ fo$^{21}$ ləŋ$^{13}$,u$^{21}$ tet$^{5}$ cʰi$^{13}$ ɲie$^{53}_{44}$ ʂau$^{35}$ xa$^{53}_{21}$ tsɿ$^{0}$. ③全部：分箇饭搂饭汤啊～搂下起来。pən$^{35}$ kai$^{53}_{44}$ fan$^{53}$ nau$^{35}$ fan$^{53}$ tʰɔŋ$^{35}$ ŋa$^{0}$ iet$^{3}$ xa$^{53}$ lei$^{13}$ ia$^{53}$ (←xa$^{53}$) çi$^{21}$ lɔi$^{13}$. ④一同；不加区分地：从前是（乐队）就系和道士～请。tsʰəŋ$^{13}$ tsʰien$^{13}$ ʂɿ$^{53}_{44}$ tsʰiəu$^{53}_{44}$ xei$^{53}_{44}$ uo$^{53}$ tʰau$^{53}$ sɿ$^{53}_{44}$ iet$^{3}$ xa$^{53}$ tsʰiaŋ$^{21}$. ⑤一次性地；不分先后地：（披子、背带、摇篮、坐枷）也可以～送倒来。ia$^{35}$ kʰo$^{21}$ i$^{35}$ iet$^{3}$ xa$^{53}$ səŋ$^{53}$ tau$^{21}$ lɔi$^{13}$.

【一下子$_{1}$】iet$^{3}$ xa$^{53}$ tsɿ$^{0}$ 副突然；猛然：我走稳走稳，～就…… ŋai$^{13}$ tsei$^{21}$ uən$^{21}$ tsei$^{21}$ uən$^{21}$,iet$^{3}$ xa$^{53}$ tsɿ$^{0}$ tsʰiəu$^{53}$…｜～晓得哩 iet$^{3}$ xa$^{53}$ tsɿ$^{0}$ çiau$^{21}$ tek$^{3}$ li$^{0}$｜嗨，～想唔倒哩。xai$_{53}$,iet$^{3}$ xa$^{53}$ tsɿ$^{0}$ siɔŋ$^{21}$ n̩$^{13}_{21}$ tau$^{21}$ li$^{0}$.

【一下子$_{2}$】iet$^{3}$ xa$^{53}$ tsɿ$^{0}$ 数量词。①一次；一回：我等听得都～打五十担皮箩。ŋai$^{13}$ tien$^{0}$ tʰin$^{35}_{44}$ tek$^{3}$ təu$^{35}_{44}$ iet$^{3}$ xa$^{53}$ tsɿ$^{0}$ ta$^{21}$ ŋ̍$^{21}$ ʂət$^{5}$ tan$^{53}_{44}$ pʰi$^{13}$ lo$^{13}_{21}$.｜扯渠～。tʂʰa$^{21}$ ci$^{13}_{21}$ iet$^{3}$ xa$^{53}$ tsɿ$^{0}$. ②表示一些的时间，不一定很短：怕还爱～正食得完。pʰa$^{53}$ xai$^{13}$ ɔi$^{53}$ iet$^{3}$ xa$^{53}$ tsɿ$^{0}$ tʂaŋ$^{53}$ ʂət$^{5}$ tek$^{3}$ ien$^{13}$.｜舞倒箇猪肉哦放倒去咬腌～啊。u$^{21}$ tau$^{21}$ kai$^{53}_{44}$ tʂəu$^{35}$ ɲiouk$^{3}$ o$^{0}$ fəŋ$^{53}$ tau$^{21}$ çi$^{53}_{44}$ ŋau$^{21}$ iet$^{3}$ xa$^{53}$ tsa$^{0}$.

【一线风】iet$^{3}$ sien$^{53}$ fəŋ$^{35}$ 副形容速度很快：～就到哩箇映子。iet$^{3}$ sien$^{53}$ fəŋ$^{35}$ tsʰiəu$^{53}_{44}$ tau$^{53}_{44}$ li$^{0}$ kai$^{53}_{44}$ iaŋ$^{53}_{44}$ tsɿ$^{0}$.｜我～就趟倒哩你呀。ŋai$^{13}$ iet$^{3}$ sien$^{53}$ fəŋ$^{35}$ tsʰiəu$^{53}_{44}$ ciəuk$^{5}$ tau$^{21}$ li$^{0}$ ɲi$^{13}_{21}$ ia$^{0}$.

【一小半】iet$^{3}$ siau$^{21}$ pan$^{53}$ 比一半还小或少的部分：～，也有咁子讲，只系话系唔系客姓人原本系唔系咁子讲，我就搞唔清。也有讲～，如今咯，也有人讲～。有么人讲一细半子，冇得，讲～。渠咁子讲嘞我就怀疑渠系学倒别人家个，就不是客家人个原话了。iet$^{3}$ siau$^{21}$ pan$^{53}$,ia$^{35}$ iəu$^{35}$ kan$^{21}$ tsɿ$^{0}$ kɔŋ$^{21}$,tʂɿ$^{21}$ xei$^{53}$ ua$^{53}$ xe$^{53}$ me$^{53}$ kʰak$^{3}$ sin$^{53}$ ɲin$^{13}_{21}$ vien$^{13}$ pən$^{21}$ xe$^{53}$ me$^{53}$ kan$^{21}$ tsɿ$^{0}$ kɔŋ$^{21}$,ŋai$^{13}$ tsʰiəu$^{53}_{44}$ kau$^{21}$

ŋ̍$^{13}$tsʰin$^{35}_{44}$.ia$^{35}$iəu$^{35}_{44}$kɔŋ$^{21}$iet$^{3}$ siau$^{21}$pan$^{53}$,i$^{13}_{21}$cin$^{35}_{44}$ko$^{0}$ ,ia$^{35}$iəu$^{35}_{44}$ɲin$^{13}_{21}$kɔŋ$^{21}$iet$^{3}$ siau$^{21}$pan$^{53}$.mau$^{13}$mak$^{3}$ in$^{13}_{44}$kɔŋ$^{21}$iet$^{3}$ se$^{53}$pan$^{53}$tsɿ$^{0}$ ,mau$^{13}_{21}$tek$^{3}$ ,kɔŋ$^{21}$iet$^{3}$ siau$^{21}$pan$^{53}$.ci$^{13}$kan$^{21}$tsɿ$^{0}$ kɔŋ$^{21}$lei$^{0}$ ŋai$^{13}$tsʰiəu$^{53}_{44}$fai$^{13}$ɲi$^{13}_{44}$ci$^{13}_{44}$xe$^{53}_{44}$xɔk$^{5}$ tau$^{21}$pʰiet$^{5}$ in$^{13}_{21}$ka$^{35}_{21}$ke$^{53}_{21}$,tsʰiəu$^{53}_{44}$pət$^{3}$ ʂɿ$^{53}$kʰak$^{3}$ ka$^{35}_{44}$ɲin$^{13}_{21}$ke$^{53}_{44}$vien$^{13}$fa$^{53}$liau$^{21}$.

【一样】iet$^{3}$ iɔŋ$^{53}$ 形①做定语或谓语，表示“同一种、相同”的意思：（黄鳝剪和黄鳝钳）其实系～东西。cʰi$^{13}$ʂət$^{5}_{3}$ xe$^{53}$iet$^{3}$ iɔŋ$^{53}$tɔŋ$^{35}$si$^{0}$.｜饼摎米粿样子就～个。piaŋ$^{21}$lau$^{35}$mi$^{21}$ko$^{21}$iɔŋ$^{53}$tsɿ$^{0}$ tsʰiəu$^{53}_{21}$iet$^{3}$ iɔŋ$^{53}$ke$^{53}_{44}$. ②做状语，修饰形容词，表示“相等，同样”的意思：扉墙摎经墙砌倒～高。fei$^{35}$tsʰiɔŋ$^{13}_{21}$lau$^{35}_{44}$cin$^{35}_{44}$tsʰiɔŋ$^{13}_{21}$tsʰi$^{53}$tau$^{21}$iet$^{3}$ iɔŋ$^{53}_{21}$kau$^{35}_{44}$.｜以只有箇只咁大么？以只摎箇只～大。i$^{21}$ tʂak$^{3}$ iəu$^{35}$kai$^{53}$tʂak$^{3}$ kan$^{21}$tʰai$^{53}$mo$^{0}$ ?i$^{21}$tʂak$^{3}$ lau$^{35}$kai$^{53}$tʂak$^{3}$ iet$^{3}$ iɔŋ$^{53}$tʰai$^{53}$.

【一样子】iet$^{3}$ iɔŋ$^{53}$tsɿ$^{0}$ 形同样；没有差别。做状语，修饰形容词：直筒裤就系以映子一路下～大嘿去唠。tʂʰət$^{5}$ tʰəŋ$^{21}$fu$^{53}_{44}$tsʰiəu$^{53}_{44}$xei$^{53}_{44}$i$^{21}$iaŋ$^{53}_{44}$tsɿ$^{0}$ iet$^{3}$ ləu$^{53}$xa$^{53}_{44}$iet$^{3}$ iɔŋ$^{53}$tsɿ$^{0}$ tʰai$^{53}$xek$^{3}$ çi$^{53}$lau$^{0}$.｜平盘呢，箇就箇只扉墙摎以只经墙都～高了。pʰiaŋ$^{13}$pʰan$^{13}$nei$^{0}$ ,kai$^{53}_{44}$tsʰiəu$^{53}_{44}$kai$^{53}$tʂak$^{3}$ fei$^{35}$tsʰiɔŋ$^{13}_{21}$lau$^{35}$i$^{21}$tʂak$^{3}$ cin$^{35}$tsʰiɔŋ$^{13}_{21}$təu$^{35}_{44}$iet$^{3}$ iɔŋ$^{53}$tsɿ$^{0}$ kau$^{35}$liau$^{0}$.

【一一二二子】iet$^{3}$ iet$^{3}$ɲi$^{53}$ɲi$^{53}$tsɿ$^{0}$ 副井井有条，秩序井然，有条不紊地：做得～ tso$^{53}$tek$^{3}$ iet$^{3}$ iet$^{3}$ ɲi$^{53}$ɲi$^{53}$tsɿ$^{0}$ ｜（献馔、献香茗、献粢盛，）还献酒。还爱献筷子，献调羹。都～献分渠。xai$^{13}$ çien$^{53}$tsiəu$^{21}$.xa$^{13}_{21}$ɔi$^{53}_{44}$çien$^{53}$kʰuai$^{53}$tsɿ$^{0}$ ,çien$^{53}$tʰiau$^{13}_{21}$kaŋ$^{35}_{44}$.təu$^{35}_{44}$iet$^{3}$ iet$^{3}$ɲi$^{53}$ɲi$^{53}$tsɿ$^{0}$ çien$^{53}$pən$^{35}$ci$^{13}_{44}$.

【一灶火】iet$^{3}$ tsau$^{53}$fo$^{21}$ 指火在中途不熄灭：蒸饭个时候子就火爱匀称呢，爱～就蒸熟来。tʂən$^{35}$fan$^{53}$ke$^{0}$ ʂɿ$^{13}$xəu$^{53}$tsɿ$^{0}$ tsʰiəu$^{53}$fo$^{21}$ɔi$^{53}$in$^{13}$tsʰin$^{53}$nei$^{0}$ ,ɔi$^{53}_{44}$iet$^{3}$ tsau$^{53}$fo$^{21}$tsʰiəu$^{53}_{44}$tʂən$^{35}$ʂəuk$^{5}$ lɔi$^{13}_{44}$.

【一丈红】iet$^{3}$ tʂʰɔŋ$^{53}$fəŋ$^{13}$ 名一串红。唇形科鼠尾草属多年生灌木状草本植物。又称“节节红”：栽是栽过么个～咯。一条梗梗□长哩。一条梗梗□长。结一路个红花嘞。/系，又喊节节红。/节节红吧？/欸，一串红。～啊一串红啊？一丈，～。硬蛮高个嘞。tsɔi$^{35}$ʂɿ$^{53}_{44}$tsɔi$^{35}_{44}$ko$^{53}_{44}$mak$^{3}$ ke$^{53}_{44}$ iet$^{3}$ tʂʰɔŋ$^{53}$ fəŋ$^{13}$ ko$^{0}$ .iet$^{3}$ tʰiau$^{13}_{44}$kuaŋ$^{21}$ kuaŋ$^{21}$ ŋai$^{35}$ tʂɔŋ$_{44}$(←lai$^{35}$ tʂʰɔŋ$^{13}$)li$^{0}$ .iet$^{3}$ tʰiau$^{13}_{44}$kuaŋ$^{21}$ kuaŋ$^{21}$ lai$^{35}$ tʂʰɔŋ$^{13}_{44}$.ciet$^{3}$ iet$^{3}$ ləu$^{53}$ke$^{53}$fəŋ$^{13}$fa$^{35}_{44}$lei$^{0}$ ./xe$^{53}_{44}$,iəu$^{53}$xan$^{53}$tsiet$^{3}$ tsiet$^{3}$ fəŋ$^{13}$./tsiet$^{3}$ tsiet$^{3}$ fəŋ$^{13}$pa$^{0}$ ?/e$_{21}$,iet$^{3}$ tʂʰɔn$^{53}$ fəŋ$^{13}$.iet$^{3}$tʂʰɔŋ$^{53}$fəŋ$^{13}$ŋa$^{0}$ iet$^{3}$tʂʰɔn$^{53}$fəŋ$^{13}$ŋa$^{0}$ ?/iet$^{3}$tʂʰɔŋ$^{53}$,iet$^{3}$ tʂʰɔŋ$^{53}$fəŋ$^{13}$. ɲiaŋ$^{53}$man$^{13}$kau$^{35}$ke$^{53}$le$^{0}$.

【一直】iet$^{3}$ tʂʰət$^{5}$ 副①不拐弯且连续不断地：我觉得（直筒裤）就系从以映子，从屁股头以映子，～到脚下，一样子大。ŋai$^{13}$kɔk$^{3}$ tek$^{3}$ tsʰiəu$^{53}$xei$^{53}$tsʰəŋ$^{13}$i$^{21}$iaŋ$^{53}$tsɿ$^{0}$ ,tsʰəŋ$^{13}$pʰi$^{53}$ku$^{21}$tʰei$^{13}$i$^{21}$iaŋ$^{53}$ tsɿ$^{0}$ ,iet$^{3}$ tʂʰət$^{5}$ tau$^{53}$ciɔk$^{3}$ xa$^{53}_{44}$,iet$^{3}$ iɔŋ$^{53}$tsɿ$^{0}$ tʰai$^{53}$. ②始终：箇是～都有。kai$^{53}_{44}$ʂɿ$^{53}_{21}$iet$^{3}$ tʂʰət$^{5}$ təu$^{35}_{44}$iəu$^{35}_{44}$.｜～我就赠听讲过。iet$^{3}$ tʂʰət$^{5}$ ŋai$^{13}_{21}$tsiəu$^{53}_{44}$maŋ$^{13}_{21}$tʰaŋ$^{35}_{44}$kɔŋ$^{21}$ko$^{53}_{0}$.｜以前～都只有烟茶。i$^{35}_{53}$tsʰien$^{13}$iet$^{3}$ tʂʰət$^{5}$ təu$^{35}_{44}$ tʂɿ$^{21}$iəu$^{35}_{53}$ien$^{35}$tsʰa$^{13}_{21}$.

【一字刨】iet$^{3}$ sɿ$^{53}$pʰau$^{13}$ 名一种刨子，刨身很短，刨削时接触面小，适于刨削不同形状的圆弧和弯曲工件。也称“一字刨子”：～就咁阔子个刨铁，咁阔子咯，就咁阔哟，咁长哦，有咁阔子，痞厚，箇个刨铁痞厚。再讲渠刨咁个竹嘞，渠又唔爱几平整子。竹更硬。iet$^{3}$ tsʰɿ$^{53}$ pʰau$^{13}_{21}$tsʰiəu$^{53}$kan$^{21}_{13}$kʰɔit$^{3}$ tsɿ$^{0}$ ke$^{53}$pʰau$^{13}$tʰiet$^{3}$ ,kan$^{21}_{13}$kʰɔit$^{3}$ tsɿ$^{0}$ ko$^{0}$ ,tsʰiəu$^{53}$kan$^{21}$kʰɔit$^{3}$ io$^{0}$ ,kan$^{21}$tʂʰɔŋ$^{13}$ŋo$^{0}$ ,iəu$^{35}_{53}$ kan$^{21}_{13}$kʰɔit$^{3}$ tsɿ$^{0}$ ,tek$^{5}$ xei$^{35}$,kai$^{53}_{44}$ke$^{53}_{44}$pʰau$^{13}_{21}$tʰiet$^{3}$ tek$^{5}$ xei$^{53}_{44}$.tsai$^{53}$kɔŋ$^{21}$ci$^{13}_{21}$pʰau$^{13}_{21}$kan$^{21}_{13}$ke$^{53}$tʂəuk$^{3}$ lei$^{0}$ ,ci$^{13}_{21}$iəu$^{53}$m̩$^{13}_{21}$ mɔi$^{53}$ci$^{21}$pʰiaŋ$^{13}$tʂaŋ$^{21}$tsɿ$^{0}$ .tʂəuk$^{3}$ cien$^{53}_{44}$ŋaŋ$^{53}$.｜木匠摎篾匠就会用～子。muk$^{3}$ siɔŋ$^{53}$lau$^{35}$miet$^{5}$ siɔŋ$^{53}_{44}$ tsʰiəu$^{53}$uɔi$^{53}$iəŋ$^{53}$iet$^{3}$ sɿ$^{53}$pʰau$^{13}$tsɿ$^{0}$.

【衣】i$^{35}$ 名披或包在物体外面的东西：你箇个竹哇，竹笋呐，外背有条～吵。ɲi$^{13}$kai$^{53}_{44}$ke$^{53}_{44}$ tʂəuk$^{3}$ ua$^{0}$ ,tʂəuk$^{3}$ sən$^{21}$na$^{0}$ ,ŋɔi$^{53}_{44}$pɔi$^{53}_{44}$iəu$^{35}_{44}$tʰiau$^{13}_{21}$i$^{35}$ʂa$^{0}$.

【衣橱】i$^{35}$tʂʰəu$^{13}$ 名存放衣服的橱子：（穿衣镜）都放下～门上。təu$^{35}_{44}$fəŋ$^{53}$xa$^{53}_{44}$i$^{35}$tʂʰəu$^{13}_{21}$mən$^{13}$xɔŋ$^{53}_{44}$.｜箇个箇阵子去凤溪去老家个箇个～箇兜都分我丢咁哩噢，我都唔爱哩。kai$^{53}_{44}$kei$^{53}_{44}$kai$^{53}$tʂʰən$^{53}$ tsɿ$^{0}$ çi$^{53}_{44}$fəŋ$^{53}$çi$^{35}_{44}$çi$^{53}$lau$^{21}$cia$^{35}$ke$^{53}_{44}$kai$^{53}_{44}$kei$^{53}_{44}$i$^{35}$tʂʰəu$^{13}_{21}$kai$^{53}$te$^{35}_{53}$təu$^{35}_{53}$pən$^{35}_{53}$ŋai$^{13}_{21}$tiəu$^{35}_{53}$kan$^{21}$li$^{0}$ au$^{0}$ ,ŋai$^{13}$təu$^{35}_{53}$m̩$^{13}_{21}$mɔi$^{53}$li$^{0}$.

【衣领子】i$^{35}$liaŋ$^{35}$tsɿ$^{0}$ 名衣服上围绕脖子的部分：（假领子）其他冇得，就系只子～。cʰi$^{13}_{21}$tʰa$^{35}_{44}$ mau$^{13}$tek$^{3}$ ,tsʰiəu$^{53}$xei$^{53}$tʂak$^{3}$ tsɿ$^{0}$ i$^{35}_{21}$liaŋ$^{35}$tsɿ$^{0}$.

【衣衫】i$^{35}$san$^{35}$ 名衣服的统称（旧）：哦，老班子也有人讲～呢。也讲～。箇蛮老个人讲～。o$_{21}$,lau$^{21}$pan$^{35}$tsɿ$^{0}$ ia$^{35}$iəu$^{35}_{53}$in$^{13}_{21}$kɔŋ$^{21}$i$^{35}$san$^{35}_{44}$nei$^{0}$ .ia$^{35}$kɔŋ$^{21}$i$^{35}$san$^{35}_{44}$.kai$^{53}$man$^{13}$lau$^{21}$ke$^{53}$ɲin$^{13}_{21}$kɔŋ$^{21}$i$^{35}$san$^{35}_{44}$.

【衣箱】i$^{35}$siɔŋ$^{35}$ 名躺箱。一种平放的长方形柜子，上面有可揭开的盖子，下方有架子。又简称“箱”：欸呀，以前妹子人带嫁就有啊，咁大呀。咁大呀。系。带盖子揭个。同箇套笼样。～。底下一只架噢。底下还带架子噢。我屋下以前都有哇。就安做箱。ei$_{21}$ia$^{0}$ ,i$^{35}_{44}$tsʰien$^{13}_{44}$ mɔi$^{53}$tsɿ$^{0}$ ɲin$^{13}$tai$^{53}$ka$^{53}$tsʰiəu$^{53}_{44}$iəu$^{35}_{44}$a$^{0}$ ,kan$^{21}$tʰai$^{53}$ia$^{0}$ .kan$^{21}$tʰai$^{53}$ia$^{0}$ .xe$^{53}_{21}$.tai$^{53}_{44}$kai$^{53}$tsɿ$^{0}$ ciet$^{3}$ ke$^{53}$ .tʰəŋ$^{13}_{21}$kai$^{53}_{44}$tʰau$^{53}$

ləŋ$^{21}$iəŋ$^{53}_{44}$.i$^{35}$siəŋ$^{35}$.te$^{21}$xa$^{53}_{44}$iet$^{3}$tʂak$^{3}$ka$^{53}$au$^{0}$.te$^{21}$xa$^{53}_{44}$xai$^{13}_{21}$tai$^{53}_{44}$ka$^{53}$tsɿ$^{0}$au$^{0}$.ŋai$^{13}$uk$^{3}$xa$^{53}$i$^{35}_{53}$tsʰien$^{13}_{21}$təu$^{35}_{44}$iəu$^{35}$ ua$^{0}$.tsʰiəu$^{53}$ən$^{35}_{21}$tso$^{53}_{21}$siəŋ$^{35}$.

【医师】i$^{35}$sɿ$^{35}$ 名 替人治病的专业医疗卫生人员：慢去问下子～看下，问下子～看下那几只骨头让门话。man$^{53}_{35}$çi$^{53}_{44}$uən$^{53}$na$_{21}$(←xa$^{53}$)tsɿ$^{0}$i$^{35}$sɿ$^{35}$kʰən$^{53}_{44}$na$_{44}$(←xa$^{53}$),uən$^{53}$na$_{21}$(←xa$^{53}$)tsɿ$^{0}$i$^{35}$sɿ$^{35}$kʰən$^{53}_{44}$na$_{44}$(←xa$^{53}$)lai$^{53}$ci$^{21}$tʂak$^{3}$kuət$^{3}$tʰei$^{13}$ɲiəŋ$^{53}_{44}$mən$^{13}$ua$^{53}_{44}$.｜当～个人用个，系啊？纱布。təŋ$^{35}_{44}$i$^{35}$sɿ$^{35}_{44}$(k)e$^{53}_{44}$ɲin$^{13}_{21}$iəŋ$^{53}_{44}$ke$^{53}_{44}$,xei$^{53}_{44}$a$^{0}$?sa$^{35}$pu$^{53}_{44}$.

【依$_1$】i$^{35}$ 动 答应；依从：打比样，今晡大日头，欸，箇细人子做娇："我就去嬲呢。"大日头爱去嬲。你就不要～渠，系唔系？咁大日头会热倒。"我唔怕热嘞！"箇个细人子是，"我唔怕热哩！我就会爱去嬲嘞！"你就莫去～渠啊，箇就～唔得。ta$^{21}$pi$^{21}$iəŋ$^{53}$,cin$^{35}_{44}$pu$^{35}_{44}$tʰai$^{53}$ɲiet$^{3}$ tʰei$^{13}_{21}$,e$_{21}$,kai$^{53}_{44}$sei$^{53}$ɲin$^{13}_{21}$tsɿ$^{0}$tso$^{53}$ciau$^{35}_{44}$:"ŋai$^{13}_{21}$tsʰiəu$^{53}$çi$^{53}$liau$^{53}$nei$^{0}$."tʰai$^{53}$ɲiet$^{3}$tʰei$^{13}_{21}$ɔi$^{53}$çi$^{53}$liau$^{53}$. ɲi$^{13}_{21}$tsʰiəu$^{53}_{44}$pət$^{3}$ iau$^{53}$i$^{35}$ci$^{13}_{21}$,xei$^{53}_{21}$me$^{53}_{21}$?kan$^{21}$tʰai$^{53}$ɲiet$^{3}$tʰei$^{13}$uɔi$^{53}_{44}$ɲiet$^{5}$tau$^{21}$."ŋai$^{13}_{21}$m̩$^{13}$pʰa$^{53}_{44}$ɲiet$^{5}$lei$^{0}$!"kai$^{53}_{21}$ke$^{53}_{44}$sei$^{53}$ɲin$^{13}_{44}$tsɿ$^{0}$ʂɿ$^{53}_{44}$, "ŋai$^{13}_{21}$m̩$^{13}$pʰa$^{53}_{44}$ɲiet$^{5}$li$^{0}$!ŋai$^{13}_{21}$tsʰiəu$^{53}$uɔi$^{53}$ɔi$^{53}$çi$^{53}$liau$^{53}$lei$^{0}$!"ɲi$^{13}_{21}$tsʰiəu$^{53}_{44}$mɔk$^{5}$çi$^{53}$i$^{35}$ci$^{13}_{21}$a$^{0}$,kai$^{53}$tsʰiəu$^{53}_{44}$i$^{35}$n̩$^{13}_{21}$tek$^{3}$.

【依$_2$】i$^{35}$ 介 ①依据，根据：欸，～哪阵子收，五月收个（黄豆子）就五月黄，六月收个六月黄。e$_{44}$,i$^{35}_{44}$lai$^{53}$tʂʰən$^{53}$tsɿ$^{0}$ʂəu$^{35}$,ŋ̍$^{21}$ɲiet$^{5}$ʂəu$^{35}$ke$^{53}_{44}$tsʰiəu$^{53}_{44}$ŋ̍$^{21}$ɲiet$^{5}$uəŋ$^{13}_{21}$,liəuk$^{3}$ɲiet$^{5}$ʂəu$^{35}$ke$^{53}_{44}$liəuk$^{3}$ɲiet$^{5}$uəŋ$^{13}_{21}$. ②按照：～从前是就箇个唠，就用树做唠，树做个块案板呶。i$^{35}_{53}$tsʰəŋ$^{13}$tsʰien$^{13}$ʂɿ$^{53}_{44}$tsʰiəu$^{53}$kai$^{53}$ke$^{53}$ lau$^{0}$,tsʰiəu$^{53}_{44}$iəŋ$^{53}_{44}$ʂəu$^{53}$tso$^{53}$lau$^{0}$,ʂəu$^{53}$tso$^{53}_{44}$ke$^{53}_{21}$kʰuai$^{53}_{44}$ŋɔn$^{53}$pan$^{21}$nau$^{0}$.

【姨姨】i$^{13}$ɔi$^{35}$ 名 姨妈，母亲的姐姐或妹妹：冇得区别。只有照顺序，照大细顺序咁子写。冇得哦分唔出，比姨子更大更细分唔出来。欸，称呼上分唔出来。有大～，细～，二～，三～，细～，晚～也有，有话个，有话晚～。mau$^{13}$tek$^{3}$tʂʰɥ$^{35}$pʰiek$^{5}$.tʂɿ$^{21}$iəu$^{35}_{44}$tʂau$^{53}$ʂən$^{53}$si$^{53}$,tʂau$^{53}_{44}$tʰai$^{53}$se$^{53}_{44}$ ʂən$^{53}$si$^{53}$kan$^{21}$tsɿ$^{0}$sia$^{21}$.mau$^{13}$tek$^{3}$o$^{0}$fən$^{35}$n̩$^{13}_{21}$tʂʰət$^{3}$,pi$^{21}$ɔi$^{35}$tsɿ$^{0}$ken$^{53}$tʰai$^{53}$ken$^{53}_{44}$se$^{53}$fən$^{35}$n̩$^{13}_{21}$tʂʰət$^{3}$lɔi$^{13}$.e$_{21}$,tʂʰən$^{35}$fu$^{35}_{53}$ xɔŋ$^{53}$fən$^{35}$n̩$^{13}_{21}$tʂʰət$^{3}$lɔi$^{13}$.iəu$^{35}_{21}$tʰai$^{53}$i$^{13}$ɔi$^{35}$,se$^{53}$i$^{13}$ɔi$^{35}$, ɲi$^{53}$i$^{13}$ɔi$^{35}$,san$^{35}$i$^{13}$ɔi$^{35}$,se$^{53}$i$^{13}$ɔi$^{35}$,man$^{35}$i$^{13}_{21}$ɔi$^{35}_{44}$e$_{44}$(←ia$^{35}$)iəu$^{35}$, iəu$^{35}$ua$^{53}$ke$^{53}_{44}$,iəu$^{35}$ua$^{53}$man$^{35}$i$^{13}_{21}$ɔi$^{35}_{44}$.

【姨夫】i$^{13}$fu$^{35}$ 名 连襟。妻子的姐夫或妹夫的通称：我～屋下 ŋai$^{13}$i$^{13}$fu$^{35}$uk$^{3}$xa$^{53}_{44}$｜大～ tʰai$^{53}$i$^{13}_{21}$fu$^{35}$｜细～ se$^{53}$i$^{13}$fu$^{35}$

【姨公】i$^{13}$kəŋ$^{35}$ 名 父亲或母亲的姨父：我等细细子有只～就箇个呢欸会做厨呢，我有只～会做厨，我等喊倒渠做到我屋下做过厨呢。～，我喊～。欸，我等屋下做好事就请过渠嘞，请过箇只～来煮饭食呢。我等有客唠，就请倒渠来煮饭食唠，请倒箇只～唠。唔系嫡亲个～啊，隔蛮远子个。ŋai$^{13}$tien$^{0}$sei$^{53}$sei$^{53}$tsɿ$^{0}$iəu$^{35}_{44}$tʂak$^{3}$i$^{13}$kəŋ$^{35}_{44}$tsʰiəu$^{53}$kai$^{53}_{44}$ke$^{53}_{44}$nei$^{0}$e$_{21}$uɔi$^{53}$tso$^{53}$tʂʰəu$^{13}$nei$^{0}$,ŋai$^{13}_{21}$iəu$^{35}_{53}$ tʂak$^{3}$i$^{13}$kəŋ$^{35}_{53}$uɔi$^{53}$tso$^{53}$tʂʰəu$^{13}$,ŋai$^{13}$tien$^{0}$xan$^{53}$tau$^{21}$ci$^{13}$tso$^{53}$tau$^{53}$ŋai$^{13}_{21}$uk$^{3}$xa$^{53}$tso$^{53}$ko$^{53}$tʂʰəu$^{13}$nei$^{0}$.i$^{13}$kəŋ$^{35}_{44}$,ŋai$^{13}$ xan$^{53}$i$^{13}$kəŋ$^{35}_{44}$.e$_{21}$,ŋai$^{13}$tien$^{0}$uk$^{3}$xa$^{53}_{44}$tso$^{53}$xau$^{21}$sɿ$^{53}$tsiəu$^{53}$tsʰiaŋ$^{21}$ko$^{53}$ci$^{13}$lei$^{0}$,tsʰiaŋ$^{21}$ko$^{53}$kai$^{53}$tʂak$^{3}$i$^{13}_{21}$kəŋ$^{35}_{44}$lɔi$^{13}_{21}$ tʂəu$^{21}$fan$^{53}$ʂət$^{5}$nei$^{0}$.ŋai$^{13}$tien$^{0}$iəu$^{35}$kʰak$^{3}$lau$^{0}$,tsʰiəu$^{53}$tsʰiaŋ$^{21}$tau$^{21}$ci$^{13}$lɔi$^{13}_{21}$tʂəu$^{21}$fan$^{53}$ʂət$^{5}$lau$^{0}$,tsʰiaŋ$^{21}$tau$^{21}$kai$^{53}$ tʂak$^{3}$i$^{13}$kəŋ$^{35}$lau$^{0}$.m̩$^{13}$pʰei$^{53}$tiet$^{3}$tsʰin$^{35}_{44}$ke$^{0}$i$^{13}$kəŋ$^{35}_{44}$ŋa$^{0}$,kak$^{3}$man$^{13}_{21}$ien$^{21}_{44}$tsɿ$^{0}$ke$^{0}$.

【姨妹子】i$^{13}$mɔi$^{53}$tsɿ$^{0}$ 名 妻子的姐妹（述称）：统称～。（比我老婆大个）也系～。或者姨子，～。硬系～。但是当面个称呼来讲欸，比我更细个，我就称渠个名字，么个妹子，系唔系啊？比我更大个，箇就爱称阿姐嘞，欸。箇就同老婆，跟倒老婆，当面喊渠咯，跟……揫老婆一样个喊法。揫老婆样喊。tʰəŋ$^{21}$tʂʰən$^{35}_{44}$i$^{13}$mɔi$^{53}$tsɿ$^{0}$.ia$^{35}$xei$^{53}$i$^{13}$mɔi$^{53}$tsɿ$^{0}$.xoit$^{5}$tʂa$^{21}$i$^{13}$tsɿ$^{0}$,i$^{13}$mɔi$^{53}$tsɿ$^{0}$. ɲiaŋ$^{53}$xei$^{53}$i$^{13}$mɔi$^{53}$tsɿ$^{0}$.tan$^{53}$ʂɿ$^{53}$təŋ$^{35}$mien$^{53}_{44}$ke$^{53}_{44}$tʂʰən$^{35}_{44}$fu$^{35}_{44}$lɔi$^{13}_{21}$kəŋ$^{21}$ŋei$^{0}$,pi$^{21}$ŋai$^{13}$cien$^{53}_{44}$se$^{53}$ke$^{53}_{44}$,ŋai$^{13}_{21}$tsiəu$^{53}_{44}$tʂʰən$^{35}_{44}$ ci$^{13}_{44}$ke$^{53}_{44}$miaŋ$^{13}$tsʰɿ$^{53}$,mak$^{3}$ke$^{53}_{44}$mɔi$^{53}$tsɿ$^{0}$,xei$^{53}_{44}$me$^{53}_{44}$a$^{0}$?pi$^{21}$ŋai$^{13}$cien$^{53}_{44}$tʰai$^{53}$cie$^{53}_{44}$,kai$^{53}_{44}$tsʰiəu$^{53}$ɔi$^{53}_{44}$tʂʰən$^{35}$a$^{35}$tsia$^{21}$ le$^{0}$,e$_{21}$.kai$^{53}_{21}$tsʰiəu$^{53}$tʰəŋ$^{13}_{21}$lau$^{21}$pʰo$^{13}$,cien$^{35}$tau$^{21}$lau$^{21}$pʰo$^{13}$,təŋ$^{35}$mien$^{53}$xan$^{53}$ci$^{13}_{21}$ko$^{0}$,kən$^{35}$la⋯lau$^{35}$lau$^{21}$pʰo$^{13}_{21}$iet$^{3}$ iəŋ$^{53}$ke$^{53}_{44}$xan$^{53}_{21}$fait$^{3}$.lau$^{35}$lau$^{21}$pʰo$^{13}_{21}$iəŋ$^{53}$xan$^{53}_{21}$.

【姨婆】i$^{13}$pʰo$^{13}$ 名 父亲或母亲的姨母：箇只～嘞又就箇个嘞就真大傲个人呢我等箇只～。渠就冇兜子看我等唔多起嘞，穷穷子我等屋下穷啊。箇只～屋下就蛮姨公屋下就蛮活呀。姨公就蛮好，～就冇兜子看我等唔多起。kai$^{53}$tʂak$^{3}$i$^{13}$pʰo$^{13}$lei$^{0}$iəu$^{53}$tsʰiəu$^{53}$kai$^{53}$ke$^{53}$lei$^{0}$tsiəu$^{53}$tʂən$^{35}$tʰai$^{53}$ ŋau$^{53}$ke$^{53}_{21}$ɲin$^{13}_{21}$nei$^{0}$ŋai$^{13}$tien$^{0}$kai$^{53}$tʂak$^{3}$i$^{13}$pʰo$^{13}$.ci$^{13}$tsʰiəu$^{53}_{44}$iəu$^{35}$tei$^{35}_{53}$tsɿ$^{0}$kʰən$^{53}$ŋai$^{13}_{21}$tien$^{0}$n̩$^{13}_{21}$to$^{35}_{53}$çi$^{21}$lei$^{0}$,cʰiəŋ$^{13}_{21}$ cʰiəŋ$^{13}$tsɿ$^{0}$ŋai$^{13}_{21}$tien$^{0}$uk$^{3}$xa$^{53}$cʰiəŋ$^{13}$ŋa$^{0}$.kai$^{53}$tʂak$^{3}$i$^{13}$pʰo$^{13}_{44}$uk$^{3}$xa$^{53}$tsʰiəu$^{53}$man$^{13}_{21}$i$^{13}_{21}$kəŋ$^{35}_{53}$uk$^{3}$xa$^{53}$tsʰiəu$^{53}$man$^{13}$ fɔit$^{5}$ia$^{0}$.i$^{13}$kəŋ$^{35}_{53}$tsʰiəu$^{53}$man$^{13}$xau$^{21}$,i$^{13}$pʰo$^{13}$tsʰiəu$^{53}$iəu$^{35}$təu$^{35}_{53}$tsɿ$^{0}$kʰən$^{53}$ŋai$^{13}_{21}$tien$^{0}$n̩$^{13}_{21}$to$^{35}_{53}$çi$^{21}$.

【姨爷】i$^{13}$ia$^{13}$ 名 姨父：我是喊我～个人就真多啦。我箇只晚姨子就四只妹子，两只赖子，箇只亲晚姨子就六只，系唔系啊？箇只晚姨子嘞就三只吧。有九个人喊我～个。ŋai$^{13}$ʂɿ$^{53}_{44}$xan$^{53}$

ŋai$^{13}_{44}$i$^{13}$ia$^{13}_{21}$ke$^{53}$ɲin$^{13}_{44}$tsʰiəu$^{53}_{44}$tʂən$^{35}_{44}$to$^{35}_{44}$la$^{0}$.ŋai$^{13}$kai$^{53}$tʂak$^{3}$ man$^{35}$i$^{13}_{21}$tsʅ$^{0}$ tsʰiəu$^{53}_{44}$si$^{53}$tʂak$^{3}$ mɔi$^{53}$tsʅ$^{0}$,iɔŋ$^{21}$tʂak$^{3}$ lai$^{53}$tsʅ$^{0}$, kai$^{53}$(tʂ)ak$^{3}$ tsʰin$^{35}$man$^{35}$i$^{13}_{21}$tsʅ$^{0}$ tsʰiəu$^{53}_{44}$liəuk$^{3}$ tʂak$^{3}$ ,xei$^{53}_{44}$me$^{53}_{44}$a$^{0}$ ?kai$^{53}$tʂak$^{3}$ man$^{35}$i$^{13}_{21}$tsʅ$^{0}$ lei$^{0}$ tsʰiəu$^{53}_{21}$san$^{35}$tʂak$^{3}$ pa$^{0}$ .iəu$^{35}$ciəu$^{21}$ke$^{53}$ɲin$^{13}_{44}$xan$^{53}$ŋai$^{13}_{21}$i$^{13}$ia$^{13}_{44}$ke$^{0}$ .

【移】i$^{13}$ 动挪动；改变位置：往面前～滴子。uɔŋ$^{21}$mien$^{53}$tsʰien$^{13}_{21}$i$^{13}$tiet$^{5}$ tsʅ$^{0}$ .

【移蔸】i$^{13}$tei$^{35}$ 动移栽：栽树是硬爱考……首先就想正下子来栽，你莫动不动就去～。我箇映子呃栽只杨梅树哇，首先都唔知几好，落尾箇只人渠话么个爱渠爱修条路话，渠同我移下蔸，还有么个？移么个？移就死下咁啵。移就移分渠一～就死咁哩。欸，唔爱声凑嘞，答应哩渠～个。tsɔi$^{35}$ʂəu$^{53}$ʂʅ$^{53}_{44}$ɲiaŋ$^{53}$ɔi$^{53}$kʰau$^{21}$…ʂəu$^{21}$sien$^{35}_{44}$tsʰiəu$^{53}$siɔŋ$^{21}$tʂaŋ$^{53}$ŋa$^{53}_{21}$tsʅ$^{0}$ lɔi$^{13}_{21}$tsɔi$^{35}_{44}$, ɲi$^{13}_{21}$mɔk$^{5}$ tʰəŋ$^{53}$pət$^{3}$ tʰəŋ$^{53}$tsʰiəu$^{53}$çi$^{53}$i$^{13}$tei$^{35}$.ŋai$^{13}$kai$^{53}$iaŋ$^{53}$tsʅ$^{0}$ ə$_{21}$tsɔi$^{35}$tʂak$^{3}$ iɔŋ$^{13}$mɔi$^{13}$ʂəu$^{53}$ua$^{0}$ ,ʂəu$^{21}$sien$^{35}_{53}$təu$^{35}_{53}$n̩$^{13}$ti$^{35}_{53}$ci$^{21}$xau$^{21}$,lɔk$^{5}$ mi$^{35}_{53}$kai$^{53}$tʂak$^{3}$ ɲin$^{13}_{44}$ci$^{13}_{21}$ua$^{53}$mak$^{3}$ ke$^{53}$ɔi$^{53}$ci$^{13}_{21}$ɔi$^{53}$siəu$^{35}$tʰiau$^{13}_{21}$ləu$^{53}$ua$^{53}$ ,ci$^{13}$tʰəŋ$^{13}_{21}$ŋai$^{13}_{44}$i$^{13}$xa$^{53}_{44}$tei$^{35}$ ,xai$^{13}_{21}$iəu$^{35}_{53}$mak$^{3}$ e$^{0}$ ?i$^{13}_{44}$mak$^{3}$ kei$^{53}$?i$^{13}_{44}$tsʰiəu$^{53}$si$^{21}$ia$^{53}$kan$^{21}$nau$^{0}$ .i$^{13}_{21}$tsʰiəu$^{53}$i$^{13}_{21}$pən$^{35}$ci$^{13}_{21}$iet$^{3}$ i$^{13}$tei$^{35}_{44}$tsʰiəu$^{53}$si$^{21}$kan$^{21}$ni$^{0}$ .ei$_{35}$,m̩$^{13}_{21}$mɔi$^{53}_{21}$ ʂaŋ$^{35}$tsʰe$^{0}$ le$^{0}$ ,tait$^{3}$ in$^{53}$ni$^{0}$ ci$^{13}_{44}$i$^{13}$tei$^{35}_{44}$ke$^{0}$ .

【移缸】i$^{13}$kɔŋ$^{35}$ 动酒娘来齐了以后，酒糟移动并与酒缸壁脱离：欸，酒娘来齐哩以后，箇只箇只缸，箇箇个酒糟摎酒娘就会移动，安做移哩缸。首先是豨稳了，豨稳箇只钵子，系唔系？缸子。但是渠搞好哩，一酒娘来齐哩，渠就全部脱落哩，就安做移哩缸。渠就可以移动了。安做～。e$_{21}$,tsiəu$^{21}$ɲiɔŋ$^{13}$lɔi$^{13}$tsʰe$^{13}$li$^{0}$ i$^{35}$xei$^{53}$,kai$^{53}_{44}$tʂak$^{3}$ kai$^{53}_{44}$tʂak$^{3}$ kɔŋ$^{35}$,kai$^{53}_{44}$kai$^{53}_{44}$ke$^{53}_{44}$tsiəu$^{21}$tsau$^{35}$lau$^{35}$tsiəu$^{21}$ ɲiɔŋ$^{13}$tsʰiəu$^{53}$uɔi$^{53}$i$^{13}$tʰəŋ$^{35}$,ɔn$^{35}$tso$^{53}$i$^{13}$li$^{0}$ kɔŋ$^{35}$.ʂəu$^{21}$sien$^{35}_{44}$ʂʅ$^{53}_{44}$ɲia$^{13}$uən$^{21}$niau$^{0}$ , ɲia$^{13}$uən$^{21}$kai$^{53}$tʂak$^{3}$ pait$^{3}$ tsʅ$^{0}$ ,xei$^{53}_{44}$ me$^{53}_{44}$?kɔŋ$^{35}$tsʅ$^{0}$ .tan$^{53}_{44}$ʂʅ$^{53}_{44}$ci$^{13}_{44}$kau$^{21}$xau$^{21}$li$^{0}$ ,iet$^{3}$ tsiəu$^{21}$ɲiɔŋ$^{13}$lɔi$^{13}$tsʰe$^{13}$li$^{0}$ ,ci$^{13}$tsʰiəu$^{53}$tsʰien$^{13}$pʰu$^{53}_{44}$tʰɔit$^{3}$ lɔk$^{5}$ li$^{0}$ ,tsʰiəu$^{53}_{44}$ɔn$^{35}_{44}$tso$^{53}_{44}$i$^{13}$li$^{0}$ kɔŋ$^{35}$.ci$^{13}$tsʰiəu$^{53}_{44}$kʰo$^{21}$i$^{35}_{44}$i$^{13}$tʰəŋ$^{35}$liau$^{0}$ .ɔn$^{35}_{44}$tso$^{53}_{44}$i$^{13}$kɔŋ$^{35}$.

【遗腹子】i$^{13}$fuk$^{5}$ tsʅ$^{0}$ 名出生时父亲已经过世的孩子：箇年来只安做张万记，来只人，系呀箇个板坑箇映，寻倒我，渠认得我，渠是认得我，我唔认得渠，我去张坊教哩书吵，系唔系？渠话："万老师，我晓得你姓万。我呀，你听我只名字就晓得，安做张万记，其实就系我还系肚子里，欸，我爷子就死嘿哩，分白军杀死个，分白军杀个。欸，如今葬下哪映子嘞？我听我娭子讲嘞，葬下箇个漆溪箇映子，欸，一蔸一条茶树蔸下。"渠话："我硬寻是嬒寻倒哩了，以下就嬒寻倒哩。欸，你同我寻下子箇谱啰，看下寻得我爷子个名字倒吗唠。"渠爷子安做万方平呐么个。我话好，我就分渠写记，写记以后，我硬翻高哩都冇得万方平呐箇只么个，箇个谱哇我通通都翻哩，冇得万方平个名字。落尾嘞我就问倒渠箇，箇个漆溪箇映子啊，渠话渠去漆溪系咯，渠就系跟倒……渠娭子就漆溪卖下箇板坑上背个，卖嘿张家里，因为渠硬系万家里带胎去个。箇只老子有七十岁了。以下落尾漆溪箇映子我问倒渠个姓万个，渠话："唔爱寻呐！渠哟，渠都箇个嘞渠都修水箇向万家人呢。嘿嘿，你呀你寻么个啦？渠个爷子等修水箇边来个嘞。"欸就嬒去寻了。渠有人晓得啊，有箇个老人家子晓得啊。箇个就～。还有嘞，我等以映还有咁个～，唔多记得哩凑。kai$^{53}$ɲien$^{13}_{44}$lɔi$^{13}$tʂak$^{3}$ ɔn$^{35}_{44}$tso$^{53}$tʂɔŋ$^{35}$uan$^{53}$ci$^{53}$,lɔi$^{13}$ tʂak$^{3}$ ɲin$^{13}$,xei$^{53}$ia$^{53}$kai$^{53}$ke$^{53}$pan$^{21}$xaŋ$^{35}$kai$^{53}_{44}$iaŋ$^{53}_{44}$,tsʰin$^{13}$tau$^{21}$ŋai$^{13}$,ci$^{13}$ɲin$^{53}$tek$^{3}$ ŋai$^{13}_{21}$,ci$^{13}$ʂʅ$^{53}_{44}$ɲin$^{53}$tek$^{3}$ ŋai$^{13}_{21}$,ŋai$^{13}$n̩$^{13}_{21}$ ɲin$^{53}$tek$^{3}$ ci$^{13}_{44}$,ŋai$^{13}$çi$^{53}$tʂɔŋ$^{35}_{44}$fɔŋ$^{35}_{44}$kau$^{35}_{44}$li$^{0}$ ʂəu$^{35}$ʂa$^{0}$ ,xei$^{53}_{44}$me$^{53}_{44}$?ci$^{13}_{44}$(u)a$^{53}_{44}$:"uan$^{53}$nau$^{21}$sʅ$^{35}_{44}$,ŋai$^{13}$çiau$^{21}$tek$^{3}$ɲi$^{13}$siaŋ$^{53}_{44}$ uan$^{53}$.ŋai$^{13}$ia$^{0}$ , ɲi$^{13}$tʰaŋ$^{35}_{44}$ŋai$^{13}_{21}$tʂak$^{3}$ miaŋ$^{13}$tsʰʅ$^{53}$tsʰiəu$^{53}$çiau$^{21}$tek$^{3}$ ,ɔn$^{35}_{44}$tso$^{53}_{44}$tʂɔŋ$^{35}$uan$^{53}$ci$^{53}$,cʰi$^{13}$ʂət$^{5}$ tsʰiəu$^{53}$xei$^{53}$ ŋai$^{13}$xai$^{13}$çi$^{53}$təu$^{21}$tsʅ$^{0}$ li$^{0}$ ,e$_{21}$,ŋai$^{13}$ia$^{13}$tsʅ$^{0}$ tsʰiəu$^{53}$si$^{21}$xek$^{3}$ li$^{0}$ ,pən$^{35}$pʰak$^{5}$ tʂən$^{35}_{44}$sait$^{3}$ si$^{21}$ke$^{53}$,pən$^{35}$pʰak$^{5}$ tʂən$^{35}_{44}$sait$^{3}$ ke$^{53}$.e$_{21}$,i$^{13}_{21}$cin$^{35}_{44}$tsɔŋ$^{53}$ŋa$^{53}_{44}$la$^{53}$iaŋ$^{53}$tsʅ$^{0}$ lei$^{0}$ ?ŋai$^{13}_{21}$tʰaŋ$^{35}$ŋai$^{13}_{21}$ɔi$^{35}$tsʅ$^{0}$ kɔŋ$^{21}$lei$^{0}$ ,tsɔŋ$^{53}$ŋa$^{53}_{44}$kai$^{53}$ke$^{53}$tsʰiet$^{3}$ çi$^{35}$kai$^{53}_{44}$iaŋ$^{53}$ tsʅ$^{0}$ ,ei$_{21}$iet$^{3}$ tei$^{35}_{44}$iet$^{3}$ tʰiau$^{13}_{21}$tsʰa$^{13}_{21}$ʂəu$^{53}$tei$^{35}$xa$^{53}_{44}$."ci$^{13}_{44}$ua$^{53}$:"ŋai$^{13}_{21}$ɲiaŋ$^{53}$tsʰin$^{13}$ʂʅ$^{53}_{44}$maŋ$^{13}$tsʰin$^{13}_{44}$tau$^{21}_{44}$li$^{0}$ liau$^{0}$ ,i$^{21}$xa$^{53}$ tsʰiəu$^{53}$maŋ$^{13}$tsʰin$^{13}_{21}$tau$^{21}$li$^{0}$ .e$_{44}$, ɲi$^{13}$tʰəŋ$^{13}_{44}$ŋai$^{13}_{44}$tsʰin$^{13}$na$^{53}$tsʅ$^{0}$ kai$^{53}$pʰu$^{21}$lo$^{0}$ ,kʰɔn$^{53}$na$^{53}$tsʰin$^{13}$tek$^{3}$ ŋai$^{13}_{21}$ia$^{13}$tsʅ$^{0}$ ke$^{53}$ miaŋ$^{13}$tsʰʅ$^{53}$tau$^{21}$ma$^{0}$ lau$^{0}$ ."ci$^{13}_{21}$ia$^{13}$tsʅ$^{0}$ ɔn$^{35}_{44}$tso$^{53}_{44}$uan$^{53}$fɔŋ$^{35}$pʰin$^{13}$na$^{0}$ mak$^{3}$ ke$^{53}$.ŋai$^{13}$ua$^{53}$xau$^{21}$,ŋai$^{13}$tsʰiəu$^{53}_{44}$pən$^{35}_{53}$ci$^{13}_{21}$ sia$^{21}$ci$^{53}$,sia$^{21}$ci$^{53}$i$^{13}_{44}$xei$^{53}_{44}$,ŋai$^{13}_{21}$ɲiaŋ$^{53}$fan$^{35}$kau$^{35}$li$^{0}$ təu$^{35}_{53}$mau$^{13}_{21}$tek$^{3}$ uan$^{53}$fɔŋ$^{35}$pʰin$^{13}$na$^{0}$ kai$^{53}$tʂak$^{3}$ mak$^{3}$ e$^{0}$ ,kai$^{53}$ke$^{53}$ pʰu$^{21}$ua$^{0}$ ŋai$^{13}_{21}$tʰəŋ$^{35}$tʰəŋ$^{35}_{44}$təu$^{35}_{44}$fan$^{35}$ni$^{0}$ ,mau$^{13}$tek$^{3}$ uan$^{53}$fɔŋ$^{35}_{44}$pʰin$^{13}$ke$^{53}_{44}$miaŋ$^{13}$tsʰʅ$^{53}$.lɔk$^{5}$ mi$^{35}_{44}$lei$^{0}$ ŋai$^{13}_{21}$tsʰiəu$^{53}$uən$^{53}$ tau$^{21}$ci$^{13}_{21}$kai$^{53}$,kai$^{53}_{44}$ke$^{53}_{44}$tsʰiet$^{3}$ çi$^{35}_{44}$kai$^{53}_{44}$iaŋ$^{53}$tsʅ$^{0}$ a$^{0}$ ,ci$^{13}_{21}$ua$^{53}$ci$^{13}_{21}$çi$^{53}_{44}$tsʰiet$^{3}$ çi$^{35}_{44}$xei$^{53}$ko$^{0}$ ,ci$^{13}$tsʰiəu$^{53}$xei$^{53}$cien$^{35}$tau$^{21}$… ci$^{13}_{21}$ɔi$^{35}$tsʅ$^{0}$ tsʰiəu$^{53}$tsʰiet$^{3}$ çi$^{35}$mai$^{53}$ia$^{53}_{44}$kai$^{53}_{44}$pan$^{21}$xaŋ$^{35}_{44}$ʂɔŋ$^{53}$pɔi$^{53}$ke$^{0}$ ,mai$^{53}_{44}$xek$^{3}$ tʂɔŋ$^{35}$ka$^{35}_{44}$li$^{0}$ ,in$^{35}$uei$^{53}$ci$^{13}$ɲiaŋ$^{53}$xei$^{53}$ uan$^{53}$ka$^{35}_{44}$li$^{21}$tai$^{53}$tʰɔi$^{35}$çi$^{53}$ke$^{0}$ .kai$^{53}$(tʂ)ak$^{3}$ lau$^{21}$tsʅ$^{0}$ iəu$^{35}_{53}$tsʰiet$^{3}$ ʂət$^{5}$ sɔi$^{53}$liau$^{0}$ .i$^{21}$xa$^{53}_{44}$lɔk$^{5}$ mi$^{35}_{53}$tsʰiet$^{3}$ çi$^{35}_{44}$kai$^{53}$iaŋ$^{53}$ tsʅ$^{0}$ ŋai$^{13}$uən$^{53}$tau$^{21}$ci$^{13}$e$^{0}$ siaŋ$^{53}$uan$^{53}$ke$^{53}_{44}$,ci$^{13}_{21}$ua$^{53}$:"m̩$^{13}$mɔi$^{53}$tsʰin$^{13}_{44}$na$^{0}$ !ci$^{13}$io$^{0}$ ,ci$^{13}$təu$^{35}_{44}$kai$^{53}$ke$^{53}_{44}$lei$^{0}$ ci$^{13}_{21}$təu$^{35}_{44}$siəu$^{35}$ ʂei$^{21}$kai$^{53}$çiɔŋ$^{53}$uan$^{53}$ka$^{35}_{44}$ɲin$^{13}_{21}$nei$^{0}$ .xe$_{53}$xe$_{53}$, ɲi$^{13}$ia$^{0}$ ɲi$^{13}_{21}$tsʰin$^{13}$mak$^{3}$ ke$^{53}$la$^{0}$ ?ci$^{13}$ke$^{53}$ia$^{13}$tsʅ$^{0}$ ten$^{21}_{44}$siəu$^{35}$ʂei$^{21}$kai$^{53}_{44}$ pien$^{35}_{44}$lɔi$^{13}$ke$^{53}$lei$^{0}$ ."e$_{44}$tsiəu$^{53}$maŋ$^{13}_{21}$çi$^{53}$tsʰin$^{13}$niau$^{0}$ .ci$^{13}_{21}$iəu$^{35}$ɲin$^{13}_{21}$çiau$^{21}$tek$^{3}$ a$^{0}$ ,iəu$^{35}$kai$^{53}$ke$^{53}$lau$^{21}$ɲin$^{13}$ka$^{35}_{53}$tsʅ$^{0}$

çiau$^{21}$tek$^{3}$a$^{0}$.kai$^{53}$ke$^{53}$tsʰiəu$^{53}$i$^{13}$fuk$^{5}$tsɿ$^{0}$.xai$^{13}_{21}$iəu$^{35}_{53}$le$^{0}$,ŋai$^{13}_{21}$tien$^{0}$i$^{21}_{44}$iaŋ$^{53}_{44}$xai$^{13}_{21}$iəu$^{35}_{53}$kan$^{21}_{44}$ke$^{53}_{44}$i$^{13}_{21}$fuk$^{5}$tsɿ$^{0}$,ɲ$^{13}_{21}$to$^{35}_{53}$ci$^{53}$tek$^{3}$li$^{0}$tsʰe$^{0}$.

【遗像】i$^{13}$siɔŋ$^{53}$ 名死者的照片或画像：花圈后背嘞以下就系～啊。就分渠只赖子啊，或者分渠只孙子啊，掇$_{端}$倒箇只像啊。分人就擎把伞，爱擎把伞呢，掇倒像就搭香火啊，像就搭香火搭牌位，搭嘿倒，一双手咁子掇倒。就分人擎把伞呢。欸，拿把伞呢，遮稳呢。（要用黑伞，）有么人用红伞呐。fa$^{35}$cʰien$^{35}_{44}$xei$^{53}$pɔi$^{53}_{44}$lei$^{0}$i$^{21}$xa$^{53}_{44}$tsʰiəu$^{53}_{44}$xe$^{53}_{44}$i$^{13}$siɔŋ$^{53}$ŋa$^{0}$.tsʰiəu$^{53}_{44}$pən$^{35}$ci$^{13}_{21}$tʂak$^{3}$lai$^{53}$tsɿ$^{0}$a$^{0}$,xɔit$^{3}$tʂa$^{21}$pən$^{35}$ci$^{13}_{21}$tʂak$^{3}$sən$^{35}$tsɿ$^{0}$a$^{0}$,tɔit$^{3}$tau$^{21}$kai$^{53}_{44}$tʂak$^{3}$siɔŋ$^{53}$ŋa$^{0}$.pən$^{35}$ɲin$^{13}_{21}$tsʰiəu$^{53}_{44}$cʰiaŋ$^{13}_{21}$pa$^{21}$san$^{35}$,ɔi$^{53}_{44}$cʰiaŋ$^{13}_{21}$pa$^{21}$san$^{53}$ne$^{0}$,tɔit$^{3}$tau$^{21}$siɔŋ$^{53}$tsʰiəu$^{53}_{44}$tait$^{3}$çiɔŋ$^{35}$fo$^{21}$a$^{0}$,siɔŋ$^{53}$tsʰiəu$^{53}_{44}$tait$^{3}$çiɔŋ$^{35}$fo$^{21}$tait$^{3}$pʰai$^{13}$uei$^{53}$,tait$^{3}$ek$^{3}_{5}$tau$^{21}$,iet$^{3}$sɔŋ$^{35}_{44}$ʂəu$^{21}$kan$^{21}$tsɿ$^{0}$tɔit$^{3}$tau$^{21}$.tsʰiəu$^{53}_{44}$pən$^{35}$ɲin$^{13}_{21}$cʰiaŋ$^{13}_{21}$pa$^{21}$san$^{53}$ne$^{0}$.e$_{21}$,la$^{53}$pa$^{21}$san$^{53}_{44}$ne$^{0}$,tʂa$^{35}$uən$^{21}$ne$^{0}$.mau$^{13}$mak$^{3}$in$^{13}_{44}$iəŋ$^{53}_{44}$fəŋ$^{13}$san$^{53}$na$^{0}$.

【疑神疑鬼】ɲi$^{13}$ʂən$^{13}$ɲi$^{13}$kuei$^{21}$ 形容内心多疑：其实我硬系𫟃讲渠么个东西嘞，渠～。cʰi$^{13}_{21}$ʂət$^{3}$ŋai$^{13}$ɲiaŋ$^{53}$xei$^{53}$maŋ$^{13}$kɔŋ$^{21}$ci$^{13}_{21}$mak$^{3}$e$^{0}$təŋ$^{35}_{44}$si$^{0}$le$^{0}$,ci$^{13}_{44}$ɲi$^{13}$ʂən$^{13}$ɲi$^{13}$kuei$^{21}$.｜我呀撞怕箇个一个人咯咁个到箇祠堂里咯，又落水天呐，又箇个一个人呐跍倒箇映子啊，有兜子怕，我自家都有兜子～样。ŋai$^{13}$ia$^{0}$tsʰɔŋ$^{21}$pʰa$^{53}$kai$^{53}_{44}$ke$^{53}_{44}$iet$^{3}$ke$^{53}$ɲin$^{13}_{21}$ko$^{0}$kan$^{21}$ke$^{53}$tau$^{53}$kai$^{53}$tsʰɿ$^{13}$tʰɔŋ$^{13}_{21}$li$^{21}$ko$^{0}$,iəu$^{53}$lɔk$^{5}$ʂei$^{21}$tʰien$^{35}_{44}$na$^{0}$,iəu$^{53}$kai$^{53}$kei$^{53}_{44}$iet$^{3}$cie$^{53}$ɲin$^{13}_{21}$na$^{0}$ku$^{35}$tau$^{21}$kai$^{53}$iaŋ$^{53}$tsɿ$^{0}$a$^{0}$,iəu$^{35}$tei$^{35}_{44}$tsɿ$^{0}$pʰa$^{53}$,ŋai$^{13}_{21}$tsʰɿ$^{35}$ka$^{35}_{44}$təu$^{35}_{44}$iəu$^{35}$te$^{35}_{53}$tsɿ$^{0}$ɲi$^{13}$ʂən$^{13}$ɲi$^{13}_{44}$kuei$^{21}$iɔŋ$^{53}$.

【疑心】ɲi$^{13}$sin$^{35}_{44}$ 名怀疑之心：～蛮重 ɲi$^{13}$sin$^{35}_{44}$man$^{13}_{21}$tʂʰəŋ$^{53}$$_{多疑}$

【已经】i$^{21}$cin$^{35}$ 副业已：以只人～差唔多四十了。i$^{21}$tʂak$^{3}$ɲin$^{13}$i$^{21}$cin$^{35}$tsa$^{35}$ŋ$^{13}$to$^{35}$si$^{53}$ʂət$^{5}$liau$^{21}$.

【以】i$^{21}$ 代近指代词。相当于"这"：～只月 i$^{21}$tʂak$^{3}$ɲiet$^{5}$｜～滴水～向就安做檐。i$^{21}_{13}$tiet$^{3}$ʂei$^{21}$i$^{21}_{13}$çiɔŋ$^{53}$tsʰiəu$^{53}_{44}$ɔn$^{35}_{44}$tso$^{53}_{44}$ian$^{13}$.｜～几个月嘞我𫟃存倒一滴钱。i$^{21}$ci$^{21}$ke$^{53}$ɲiet$^{5}$le$^{0}$ŋai$^{13}_{21}$maŋ$^{13}_{21}$tsʰən$^{13}_{21}$tau$^{21}$(i)et$^{3}$tet$^{5}$tsʰien$^{13}_{21}$.

【以北】i$^{35}$pɔit$^{3}$ 名方位词。加在表处所的词语后，表示"……的北面"：我去旅游哇总算长江～也去过了，黄河～也去过了，还去过北京。ŋai$^{13}$çi$^{53}_{44}$li$^{35}$iəu$^{13}$ua$^{0}$tsəŋ$^{21}$sən$^{53}$tʂʰɔŋ$^{13}$ciɔŋ$^{35}_{44}$i$^{35}$pɔit$^{3}$ia$^{35}_{44}$çi$^{53}$ko$^{53}_{21}$liau$^{0}$,fəŋ$^{13}$xo$^{13}$i$^{35}$pɔit$^{3}$ia$^{35}$çi$^{53}$ko$^{53}$liau$^{0}$,xai$^{13}_{21}$çi$^{53}$ko$^{53}_{44}$pɔit$^{3}$cin$^{35}_{44}$.

【以边】i$^{21}$pien$^{35}_{44}$ 代与"箇边"相对。①指比较接近说话者所在的范围。相当于"这里"：我～个梅花树就安做就冬下天开哟。ŋai$^{13}$i$^{21}$pien$^{35}_{44}$ke$^{53}_{44}$mɔi$^{13}$fa$^{35}_{44}$ʂəu$^{53}_{44}$tsʰiəu$^{53}_{44}$ɔn$^{35}$tso$^{53}_{44}$tsʰiəu$^{53}_{44}$təŋ$^{35}_{44}$xa$^{53}_{44}$tʰien$^{35}_{21}$kʰɔi$^{35}_{21}$io$^{0}$.｜我等～冇得。ŋai$^{13}_{21}$tien$^{0}$i$^{21}$pien$^{35}_{53}$mau$^{13}_{21}$tek$^{3}$. ②这边；这面：岭个～ liaŋ$^{35}$ke$^{53}$i$^{21}$pien$^{35}$$_{山前}$｜～一倒水，～一倒水，安做两倒水吵。i$^{21}$pien$^{35}_{44}$iet$^{3}$tau$^{21}$ʂei$^{21}$,i$^{21}$pien$^{35}_{44}$iet$^{3}$tau$^{21}$ʂei$^{21}$,ɔn$^{35}_{44}$tso$^{53}_{44}$iɔŋ$^{21}$tau$^{21}$ʂei$^{21}$ʂa$^{0}$.

【以到】i$^{21}$tau$^{53}$ 代这次；这一回；现在：～放几多天假？i$^{21}$tau$^{53}_{44}$fɔŋ$^{53}$cio$^{35}$(←ci$^{21}$to$^{35}$)tʰien$^{35}$cia$^{21}$?｜你是～月将唔好。ɲi$^{13}_{21}$ʂɿ$^{53}_{44}$i$^{21}$tau$^{53}_{44}$ɲiet$^{5}$tsiɔŋ$^{53}$ŋ$^{13}_{21}$xau$^{21}$.$_{指人时运不好，易受伤害}$｜欸，～你可以同我舞起来了嘞。ei$_{21}$,i$^{21}$tau$^{53}$ɲi$^{13}_{21}$kʰo$^{21}$i$^{35}$tʰəŋ$^{13}_{44}$ŋai$^{13}_{44}$u$^{21}$çi$^{21}$lɔi$^{13}_{21}$liau$^{21}$lei$^{0}$.

【以等人】i$^{21}$tien$^{0}$ɲin$^{13}_{21}$ 这些人：～去捡鱼。i$^{21}$tien$^{0}$ɲin$^{13}_{21}$çi$^{53}_{44}$cian$^{21}$ŋ$^{13}$.

【以滴】i$^{21}$tiet$^{5}$ 代①这些：～篾骨做得纸么？i$^{21}$tiet$^{5}_{3}$miet$^{5}$kuət$^{3}$tso$^{53}_{44}$tek$^{3}$tʂɿ$^{21}$mo$^{0}$? ②这个：吊兰～栏子$_{地方}$少。tiau$^{53}$lan$^{13}_{44}$i$^{21}$tiet$^{5}$laŋ$^{13}_{44}$tsɿ$^{0}$ʂau$^{21}$.｜甜橙也～栏$_{地方}$冇得。tʰien$^{13}$tʂʰən$^{13}_{21}$na$_{53}$(←a$^{35}$)i$^{21}$tiet$^{5}$laŋ$^{13}_{44}$mau$^{13}_{44}$tek$^{3}$.

【以东】i$^{35}$təŋ$^{35}$ 名方位词。加在表处所的词语后，表示"……的东面"：我以前是东边是最多走到哩欸走到哩箇个么个铜鼓以前是。以下就我铜鼓～啊，欸江西箇边过去，箇江西～啊，湖南个～箇向啊，上海呀，南京，苏州，我都去哩了。ŋai$^{13}$i$^{35}_{53}$tsʰien$^{13}_{21}$ʂɿ$^{53}_{44}$təŋ$^{35}$pien$^{35}_{44}$ʂɿ$^{53}_{44}$tsei$^{53}$to$^{35}_{44}$tsei$^{21}$tau$^{21}_{44}$li$^{0}$e$_{44}$tsei$^{21}$tau$^{53}$li$^{0}$kai$^{53}$ke$^{53}$mak$^{3}$ke$^{53}_{44}$tʰəŋ$^{13}$ku$^{21}$i$^{35}_{53}$tsʰien$^{13}_{21}$ʂɿ$^{53}_{21}$.i$^{21}$xa$^{53}$tsʰiəu$^{53}_{44}$ŋai$^{13}_{44}$tʰəŋ$^{13}$ku$^{21}$i$^{35}_{44}$təŋ$^{35}$ŋa$^{0}$,e$_{21}$kɔŋ$^{35}$si$^{35}_{44}$kai$^{53}_{44}$pien$^{35}_{44}$ko$^{53}$çi$^{53}$,kai$^{53}$kɔŋ$^{35}$si$^{35}_{44}$i$^{35}_{44}$təŋ$^{35}$ŋa$^{0}$,fu$^{13}$lan$^{13}$ke$^{53}$i$^{35}$təŋ$^{35}$kai$^{53}$çiɔŋ$^{53}$ŋa$^{0}$,ʂɔŋ$^{53}$xɔi$^{21}$ia$^{0}$,lan$^{13}$cin$^{35}_{44}$,səu$^{35}_{44}$tʂəu$^{35}_{44}$,ŋai$^{13}_{21}$təu$^{35}_{44}$çi$^{53}$li$^{0}$liau$^{0}$.

【以兜子】i$^{21}$təu$^{35}$/tei$^{35}$tsɿ$^{0}$ 这些：今晡昼边去下食饭个～人我都认得。cin$^{35}$pu$^{35}_{44}$tʂəu$^{53}$pien$^{35}_{44}$çi$^{53}_{44}$xa$^{53}_{44}$ʂət$^{5}$fan$^{53}$ke$^{53}_{44}$i$^{21}$tei$^{35}_{53}$tsɿ$^{0}$ɲin$^{13}_{21}$ŋai$^{13}_{21}$təu$^{35}$ɲin$^{53}$tek$^{3}$.

【以发】i$^{21}$fait$^{3}$ 这阵子；这段时间：就～嘞，以到就晴嘿上十天了，十多天了。～个天就好嘞，渠话最多个时候子有千六百人去漂流。tsʰiəu$^{53}$i$^{21}$fait$^{3}$lei$^{0}$,i$^{21}$tau$^{53}$tsʰiəu$^{53}$tsʰiaŋ$^{13}_{44}$ŋek$^{3}$ʂɔŋ$^{53}_{44}$ʂət$^{5}$tʰien$^{35}$niau$^{0}$,ʂɿt$^{5}_{3}$to$^{35}_{53}$tʰien$^{35}$niau$^{0}$.i$^{21}$fait$^{3}$ke$^{53}$tʰien$^{35}_{44}$tsʰiəu$^{53}_{44}$xau$^{21}$le$^{0}$,ci$^{13}_{21}$ua$^{53}_{44}$tsei$^{53}$to$^{35}_{44}$ke$^{53}_{44}$ʂɿ$^{13}_{21}$xəu$^{53}_{21}$tsɿ$^{0}$iəu$^{35}_{53}$tsʰien$^{35}$liəuk$^{3}$pak$^{3}$ɲin$^{13}$çi$^{53}_{44}$pʰiau$^{35}$liəu$^{13}_{21}$.

Y

【以个】i$^{21}$ke$^{53}$ 代 这个：～栏场都有眼。i$^{21}$ke$^{53}$lɔŋ$^{13}_{21}$tʂʰɔŋ$^{13}_{44}$tɔu$^{35}$iɔu$^{35}_{44}$ŋan$^{21}$.｜～栏硬栽个时间只有只么个茶花。欸，要就箇只月季花。i$^{21}$ke$^{53}$laŋ$^{13}$ɲiaŋ$^{53}$tsɔi$^{35}$ke$^{53}$ʂʅ$^{13}_{21}$kan$^{35}_{44}$tʂʅ$^{21}$iɔu$^{35}_{53}$tʂak$^{3}$ mak$^{3}$ ke$^{53}_{44}$tsʰa$^{13}$ fa$^{35}_{44}$.e$_{21}$,iau$^{53}_{44}$tsʰiɔu$^{53}_{44}$kai$^{53}$tʂak$^{3}$ɲiet$^{5}$ci$^{53}$fa$^{35}_{44}$.

【以箇】i$^{21}$kai$^{53}$ 代 ①这样的。表近指：欸，一蒲（猪屎蚊子），一大团呢，哎咦，你如今～天呐你，你挨夜子到路上去走呀，呀开眼珠都开唔得。e$_{21}$,iet$^{3}$ pʰu$^{13}$,iet$^{3}$ tʰai$^{53}$tʰɔn$^{13}$ne$^{0}$,ai$_{21}$i$_{21}$, ɲi$^{13}$i$^{13}_{21}$cin$^{35}_{44}$i$^{21}$kai$^{53}_{44}$tʰien$^{35}_{44}$na$^{0}$ɲi$^{13}_{21}$, ɲi$^{13}_{21}$ai$^{35}$ia$^{53}$tsʅ$^{0}$ tau$^{53}_{44}$lɔu$^{53}$xɔŋ$^{53}_{44}$çi$^{53}_{44}$tsei$^{21}$ia$^{0}$ ,ia$_{44}$kʰɔi$^{35}$ŋan$^{21}$tʂɔu$^{35}$tɔu$^{35}_{44}$kʰɔi$^{35}_{44}$n̩$^{13}_{21}$tek$^{3}$. ②那。表远指：～（饭撮）如今是覆倒去箇子唠。i$^{21}$kai$^{53}_{44}$i$^{13}_{21}$cin$^{35}_{53}$ʂʅ$^{53}_{44}$pʰuk$^{3}$ tau$^{21}$çi$^{53}$kai$^{53}_{44}$tsʅ$^{0}$ lau$^{0}$.｜～本地人，我等客姓人。i$^{21}$kai$^{53}_{44}$pɔn$^{21}$tʰi$^{53}$ɲin$^{13}_{44}$,ŋai$^{13}$tien$^{0}$ kʰak$^{3}$ sin$^{53}$ɲin$^{13}_{21}$.

【以箇子】i$^{21}$ka$^{53}$tsʅ$^{0}$ 代 那里：两张桌摆倒，中间系大边。哎，打比方呢，以映子两张桌，～两张桌，系啊？iɔŋ$^{21}$tʂɔŋ$^{35}$tsɔk$^{3}$ pai$^{21}$tau$^{21}$,tʂɔŋ$^{35}$kan$^{35}_{44}$xe$^{53}$tʰai$^{53}$pien$^{35}$.ai$_{21}$,ta$^{21}$pi$^{21}$fɔŋ$^{35}_{44}$nei$^{0}$ ,i$^{13}_{21}$iaŋ$^{53}_{44}$tsʅ$^{0}$ iɔŋ$^{21}$tʂɔŋ$^{35}_{44}$tsɔk$^{3}$ ,i$^{21}$ka$^{53}$tsʅ$^{0}$ iɔŋ$^{21}$tʂɔŋ$^{35}$tsɔk$^{3}$ ,xei$^{53}_{44}$a$^{0}$ ?

【以咁】i$^{21}$kan$^{21}$ 代 这样；这么：箇就少说有咁～大唠。kai$^{53}_{44}$tsiɔu$^{53}_{44}$ʂau$^{21}$ʂek$^{3}_{5}$ iɔu$^{35}_{44}$kan$^{21}_{53}$i$^{21}$kan$^{21}$tʰai$^{53}_{44}$ lau$^{0}$.

【以咁多年】i$^{21}$kan$^{21}$to$^{35}_{53}$ɲien$^{13}_{21}$ 这几年；近些年：我就以几年正～正晓得嘞。ŋai$^{13}$tsʰiɔu$^{53}$i$^{21}$ci$^{21}$ ɲien$^{13}$tʂaŋ$^{53}$i$^{21}$kan$^{21}$to$^{35}_{53}$ɲien$^{13}_{21}$tʂaŋ$^{53}$çiau$^{21}$tek$^{3}$ lei$^{0}$.

【以咁个】i$^{21}$kan$^{21}$cie$^{53}$ 代 这样的：箇个食饭个时候子掇一盘子个～东西呀，炒米。kai$^{53}_{44}$ke$^{53}_{44}$ʂɔt$^{5}$ fan$^{53}$ke$^{53}$ʂʅ$^{13}$xei$^{53}_{44}$tsʅ$^{0}$ tɔit$^{3}$ iet$^{3}$ pʰan$^{13}$tsʅ$^{0}$ ke$^{53}_{44}$i$^{21}$kan$^{21}$cie$^{53}_{44}$tɔŋ$^{35}_{44}$si$^{0}$ ia$^{0}$ ,tsʰau$^{21}$mi$^{21}$.｜箇～东西搞得还系好嘞。kai$^{53}_{44}$i$^{21}$kan$^{21}$ke$^{53}_{44}$tɔŋ$^{35}_{44}$si$^{0}$ kau$^{21}$tek$^{3}$ xa$^{13}_{21}$xei$^{53}$xau$^{21}$lei$^{0}$.

【以咁子$_{1}$】i$^{21}$kan$^{21}_{35}$tsʅ$^{0}$ 名 时间词。现如今：我就系～就欸有四千多块钱了哇，面前是正退休个时候子两千多块子钱。ŋai$^{13}$tsʰiɔu$^{53}$uei$^{53}$(←xei$^{53}$)i$^{21}$kan$^{21}_{35}$tsʅ$^{0}$ tsʰiɔu$^{53}_{44}$e$_{21}$iɔu$^{35}$si$^{53}$tsʰien$^{35}_{44}$to$^{35}_{44}$kʰuai$^{53}_{21}$tsʰien$^{13}_{21}$ niau$^{0}$ ua$^{0}$ ,mien$^{53}$tsʰien$^{13}$ʂʅ$^{53}_{44}$tʂaŋ$^{53}_{44}$tʰi$^{53}_{44}$çiɔu$^{35}$ke$^{53}_{44}$ʂʅ$^{13}$xɔu$^{53}_{44}$tsʅ$^{0}$ iɔŋ$^{21}$tsʰien$^{35}_{44}$to$^{35}_{44}$kʰuai$^{53}$tsʅ$^{0}$ tsʰien$^{13}_{21}$.

【以咁子$_{2}$】i$^{21}$kan$^{21}$tsʅ$^{0}$ 代 指示代词。这样；如此：～嘞效率还系多多哩。i$^{21}$kan$^{21}_{44}$tsʅ$^{0}$ lei$^{0}$ çiau$^{53}$ lit$^{3}$ xai$^{13}_{21}$xe$^{53}_{44}$to$^{35}_{44}$to$^{35}$li$^{0}$.｜唔系箇咁子搞，系爱～搞。m̩$^{13}$pʰe$^{53}$kai$^{53}$kan$^{21}$tsʅ$^{0}$ kau$^{21}$,xe$^{53}$ɔi$^{53}$i$^{21}$kan$^{21}$tsʅ$^{0}$ kau$^{21}$.

【以号】i$^{21}$xau$^{53}$ 代 指示代词。这种。又称"以种、以起"：～人 i$^{21}$xau$^{53}$ɲin$^{13}$

【以后】i$^{35}$xei$^{53}$ 名 方位词。①表示一定范围之外：以前箇老式屋嘞欸三间正屋～嘞有横厅子。i$^{35}_{53}$tsʰien$^{13}$kai$^{53}$lau$^{21}$ʂʅ$^{53}_{21}$uk$^{3}$ lei$^{0}$ e$_{21}$san$^{35}$kan$^{35}$tʂɔn$^{53}$uk$^{3}$ i$^{35}$xei$^{53}$lei$^{0}$ iɔu$^{35}$uaŋ$^{13}$tʰaŋ$^{35}$tsʅ$^{0}$. ②现在或所说某个时间的时期：成熟哩～，老哩～，变成哩黄豆子，就有么人讲毛豆荚了。tʂʰɔn$^{13}$ʂɔuk$^{5}$ li$^{0}$ i$^{35}_{44}$xei$^{53}_{44}$, lau$^{21}$li$^{0}$ i$^{35}_{44}$xei$^{53}_{44}$,pien$^{53}$tʂʰɔn$^{13}_{21}$li$^{0}$ uɔŋ$^{13}$tʰei$^{53}$tsʅ$^{0}$ ,tsʰiɔu$^{53}$mau$^{13}_{21}$mak$^{3}$ in$^{13}_{44}$kɔŋ$^{21}$mau$^{35}$tʰei$^{53}$kait$^{3}$ liau$^{0}$.

【以几年】i$^{21}$ci$^{21}$ɲien$^{13}$ 这几年；近些年。也称"以几年子"：箇指苹果番薯就～正有个。kai$^{53}_{44}$tsʰiɔu$^{53}_{44}$i$^{21}$ ci$^{21}$ɲien$^{13}$tʂaŋ$^{53}_{44}$iɔu$^{35}$ke$^{53}$.｜箇煤都系～子来个。kai$^{53}_{44}$mei$^{13}$tɔu$^{35}_{44}$xe$^{53}$i$^{21}$ci$^{13}_{2}$ɲien$^{13}_{21}$tsʅ$^{0}$ lɔi$^{13}_{21}$ke$^{53}$.

【以近年间】i$^{21}$cʰin$^{53}$ɲien$^{13}$kan$^{35}$ 最近这些年：箇唔晓得安做么个呢，因为以只东西以前冇得咁个东西。都系～正有个，以十多两十年正有个。kai$^{53}$n̩$^{13}$çiau$^{21}$tek$^{3}$ ɔn$^{35}_{44}$tso$^{53}_{44}$mak$^{3}$ e$^{0}$ nei$^{0}$ ,in$^{35}$uei$^{53}$i$^{21}$ (tʂ)ak$^{3}$ (t)ɔŋ$^{35}_{44}$si$^{0}$ i$^{35}_{53}$tsʰien$^{13}$mau$^{13}_{21}$tek$^{3}$ kan$^{21}$ke$^{53}_{44}$tɔŋ$^{35}_{44}$si$^{0}$ .tɔu$^{35}$xei$^{53}_{44}$i$^{21}$ cʰin$^{53}$ɲien$^{13}$kan$^{35}$tʂaŋ$^{53}$iɔu$^{35}$ke$^{0}$ ,i$^{21}$ʂɔt$^{5}$ to$^{35}_{44}$ iɔŋ$^{21}$ʂɔt$^{5}$ɲien$^{13}_{21}$tʂaŋ$^{53}_{44}$iɔu$^{35}$ke$^{0}$.

【以来】i$^{35}$lɔi$^{13}$ 名 方位词。表示从过去某时直到现在的这段时间：从前唔知让门子搞法哟。我等又从……从我等晓得懂事～都冇得讲咁个个。tsʰɔŋ$^{13}$tsʰien$^{13}$n̩$^{13}_{21}$ti$^{35}_{44}$ɲiɔŋ$^{53}_{21}$mɔn$^{13}_{53}$tsʅ$^{0}$ kau$^{21}$fait$^{3}$ iau$^{0}$ .ŋai$^{13}$tien$^{0}$ iɔu$^{53}$tsʰɔŋ$^{13}$…tsʰɔŋ$^{13}$ŋai$^{13}$tien$^{0}$ çiau$^{21}$tek$^{3}$ tɔŋ$^{21}$sʅ$^{53}$i$^{35}_{44}$lɔi$^{13}_{44}$tɔu$^{35}_{44}$mau$^{13}$tek$^{3}$ kɔŋ$^{21}$kan$^{21}_{44}$ke$^{53}_{44}$cie$^{53}_{44}$.

【以里】i$^{21}$li$^{0}$ 代 这里：渠以前来过～吗？/啊？/以前冇来过～吗？/欸，来过。/系哟。/欸。ci$^{13}$i$^{35}$tsʰien$^{13}$lɔi$^{13}$ko$^{53}$i$^{21}$li$^{0}$ ma$^{0}$ ?/a$_{35}$?/i$^{35}$tsʰien$^{13}$mau$^{13}_{21}$lɔi$^{13}$ko$^{53}$i$^{21}$li$^{0}$ ma$^{0}$ ?/e$_{21}$,lɔi$^{13}$ko$^{53}$./xe$^{53}$io$^{0}$ ./e$_{21}$.

【以面】i$^{21}$mien$^{53}_{44}$ 代 ①这边：下厅就后背有得墙，只有～大门个墙。xa$^{35}$tʰaŋ$^{35}$tsʰiɔu$^{53}_{44}$xei$^{53}$pɔi$^{53}$ mau$^{13}$tek$^{3}$ tsʰiɔŋ$^{13}$,tʂʅ$^{21}$iɔu$^{35}_{44}$i$^{21}$mien$^{53}$tʰai$^{53}$mɔn$^{13}_{44}$ke$^{53}_{44}$tsʰiɔŋ$^{13}$. ②这里：～有起去放拦子啊。i$^{21}$mien$^{53}_{44}$iɔu$^{35}$ çi$^{21}$çi$^{53}_{44}$fɔŋ$^{53}_{44}$lan$^{13}$tsa$^{0}$.

【以南】i$^{35}$lan$^{13}$ 名 方位词。加在表处所的词语后，表示"……的南面"：哦，～是我早就去了。最……欸，珠江～呐，欸，到哩海南岛哇。o$_{53}$,i$^{35}$lan$^{13}$ʂʅ$^{53}_{44}$ŋai$^{13}_{21}$tsau$^{21}$tsʰiɔu$^{53}$çi$^{53}$liau$^{0}$ .tsei$^{53}$…e$_{44}$,tʂɔu$^{35}$ ciɔŋ$^{35}_{44}$i$^{35}_{44}$lan$^{13}_{21}$na$^{0}$ ,e$_{44}$,tau$^{53}$li$^{0}$ xɔi$^{21}$lan$^{13}$tau$^{21}$ua$^{0}$.

【以内】i$^{35}$li$^{53}$ 名 方位词。加在表范围、界线的词语后，表示"……之中"：我赖子如今开只店呢，做个生意就系张坊小河～。欸，外背个就㬹搞哩，㬹做倒哩。ŋai$^{13}$lai$^{53}$tsʅ$^{0}$ i$^{13}_{21}$cin$^{35}_{44}$kʰɔi$^{35}_{44}$tʂak$^{3}$ tian$^{53}$ne$^{0}$ ,tso$^{53}$ke$^{53}$sen$^{35}$i$^{53}_{44}$tsʰiɔu$^{53}_{44}$xei$^{53}_{44}$tʂɔŋ$^{35}$fɔŋ$^{35}_{44}$siau$^{21}$xo$^{13}$i$^{35}$li$^{53}$.e$_{21}$,ŋɔi$^{53}$pɔi$^{53}_{44}$ke$^{0}$ tsʰiɔu$^{53}$maŋ$^{13}$kau$^{21}$li$^{0}$ ,maŋ$^{13}$

Y

tso$^{53}$tau$^{21}$li$^{0}$.

【以起】i$^{21}$çi$^{21}$ 代①这种。又称“以种、以号”：～人 i$^{21}$çi$^{21}$ɲin$^{13}$。②这些：～屋子冇得箇起屋子好。i$^{21}$çi$^{21}$uk$^{3}$tsɿ$^{0}$mau$^{13}$tek$^{3}$kai$^{53}$çi$^{21}$uk$^{3}$tsɿ$^{0}$xau$^{21}$.｜～水果食得啊食唔得？/～熟哩，食得；箇起生个，食唔得。i$^{21}$çi$^{21}$ʂei$^{21}$ko$^{21}$ʂek$^{5}$tek$^{3}$a$^{35}$ʂek$^{5}$ŋ̍$^{13}$tek$^{3}$?/i$^{21}$çi$^{21}$siəuk$^{3}$li$^{0}$,ʂek$^{5}$tek$^{3}$;kai$^{53}$çi$^{21}$saŋ$^{35}$ke$^{53}$,ʂek$^{5}$ŋ̍$^{13}$tek$^{3}$.

【以前】i$^{35}$ts$^{h}$ien$^{13}$ 名方位词。现在或所说某时之前的时期：～是安做开口塘嘛，以下是舞倒请只挖机来挖个塘啦。i$^{35}$ts$^{h}$ien$^{13}$ʂʅ$^{53}_{44}$ɔn$^{35}_{44}$tso$^{53}_{44}$k$^{h}$ɔi$^{35}$xei$^{21}$t$^{h}$ɔŋ$^{13}$ma$^{0}$,i$^{13}_{21}$xa$^{53}_{44}$ʂʅ$^{53}_{44}$u$^{21}$tau$^{21}$ts$^{h}$iaŋ$^{21}$tʂak$^{3}$ua$^{35}$ci$^{35}_{44}$lɔi$^{13}_{44}$ua$^{35}$ke$^{53}$tɔŋ$^{13}_{21}$la$^{0}$.

【以山望倒箇山高】i$^{21}$san$^{35}$uɔŋ$^{53}$tau$^{21}$kai$^{53}$san$^{35}$kau$^{35}$ 比喻对自己目前的工作或环境不满意，总觉得别的工作或环境更好：嗬，讲起以映我等就有只咁个人。我等有只亲戚，渠只赖子三十岁了喔，八八年个哦，讲三十岁了。一个人，老婆也冇得，系唔系？滴钱都冇得，长日打工，嗯，今晡走下上海，慢呐搞你个把月，冇味道。明晡又归倒浏阳来哩，嗯，又到工业园又去搞几晡。搞一发，冇味道。欸，后日晡又走下南昌，欸冇味，大后日晡又走下长沙。以映也冇味道，箇映冇味道，嗯，以门路子也做唔得，箇门路子也做唔得，条条马屭都臭天安做渠，我等客姓人就咁子话嘞，话渠条条马屭臭天。以只也做唔得，箇只也做唔得，就咁个。～哇。渠娭子是气得尽命啊，三十岁了，老婆也冇得。xo$_{53}$,kɔŋ$^{21}$çi$^{21}$i$^{21}$iaŋ$^{53}$ŋai$^{13}_{21}$tien$^{0}$ts$^{h}$iəu$^{53}$iəu$^{35}_{44}$tʂak$^{3}$kan$^{21}$ke$^{53}$ɲin$^{13}_{21}$.ŋai$^{13}_{21}$tien$^{0}$iəu$^{35}_{44}$tʂak$^{3}$ts$^{h}$in$^{35}$ts$^{h}$iet$^{3}$,ci$^{13}_{21}$tʂak$^{3}$lai$^{53}$tsɿ$^{0}$san$^{35}$ʂət$^{5}$sɔi$^{53}$liau$^{21}$uo$^{0}$,pait$^{3}$pait$^{3}$ɲien$^{13}$ke$^{53}$o$^{0}$,kɔŋ$^{21}$san$^{35}$ʂət$^{5}$sɔi$^{53}$liau$^{0}$.iet$^{3}$ke$^{53}$ɲin$^{13}_{44}$,lau$^{21}$p$^{h}$o$^{13}_{21}$a$^{35}_{53}$mau$^{13}_{21}$tek$^{3}$,xei$^{53}$me$^{53}$?tiet$^{5}$ts$^{h}$ien$^{13}_{44}$təu$^{35}_{44}$mau$^{13}_{21}$tek$^{3}$,tʂ$^{h}$ɔŋ$^{13}$ɲiet$^{3}$ta$^{21}$kəŋ$^{35}_{44}$,n̩$_{21}$,cin$^{35}$pu$^{35}$tsei$^{21}$ia$^{53}_{44}$ʂɔŋ$^{53}$xɔi$^{21}$,man$^{53}$na$^{0}$kau$^{21}$ɲi$^{13}_{44}$cie$^{53}$pa$^{21}$ɲiet$^{5}$,mau$^{13}$uei$^{53}$t$^{h}$au$^{53}$.miaŋ$^{13}$pu$^{35}_{44}$iəu$^{53}$kuei$^{35}$tau$^{21}$liəu$^{13}$iɔŋ$^{13}_{21}$lɔi$^{13}$li$^{0}$,n̩$_{53}$,iəu$^{53}$tau$^{53}$kəŋ$^{35}_{44}$ɲiet$^{5}$vien$^{13}$iəu$^{53}$çi$^{53}$kau$^{21}$ci$^{21}$pu$^{35}_{53}$.kau$^{21}$iet$^{3}$fait$^{3}$,mau$^{13}$uei$^{53}$t$^{h}$au$^{53}$.e$_{21}$,xei$^{35}$ɲiet$^{3}$pu$^{35}_{53}$iəu$^{53}$tsei$^{21}$xa$^{53}$lan$^{13}$tʂ$^{h}$ɔŋ$^{35}$,e$^{0}$mau$^{13}$uei$^{53}$,t$^{h}$ai$^{53}$xei$^{35}_{44}$ɲiet$^{3}$pu$^{35}_{53}$iəu$^{53}$tsei$^{21}_{44}$xa$^{53}_{44}$tʂ$^{h}$ɔŋ$^{13}$sa$^{35}_{44}$.i$^{21}$iaŋ$^{53}$ŋa$^{35}_{53}$mau$^{13}$uei$^{53}_{44}$t$^{h}$au$^{53}_{44}$,kai$^{53}$iaŋ$^{53}$mau$^{13}_{21}$uei$^{53}$t$^{h}$au$^{53}$,n̩$_{53}$,i$^{21}$mən$^{13}$ləu$^{53}$tsɿ$^{0}$a$^{35}_{44}$tso$^{53}$n̩$^{13}_{21}$tek$^{3}$,kai$^{53}$mən$^{13}_{21}$ləu$^{53}$tsɿ$^{0}$a$^{35}_{44}$tso$^{53}$n̩$^{13}_{21}$tek$^{3}$,t$^{h}$iau$^{13}$t$^{h}$iau$^{13}_{21}$ma$^{35}$lin$^{21}$təu$^{35}_{44}$tʂ$^{h}$əu$^{53}$t$^{h}$ien$^{35}$ɔn$^{35}_{44}$tso$^{53}_{44}$ci$^{13}_{44}$,ŋai$^{13}_{21}$tien$^{0}$k$^{h}$ak$^{3}$sin$^{53}$ɲin$^{13}_{21}$ts$^{h}$iəu$^{53}$kan$^{21}$tsɿ$^{0}$ua$^{53}$le$^{0}$,ua$^{53}$ci$^{13}_{44}$t$^{h}$iau$^{13}$t$^{h}$iau$^{13}_{44}$ma$^{35}$lin$^{21}$tʂ$^{h}$əu$^{53}$t$^{h}$ien$^{35}$.i$^{21}$tʂak$^{3}$a$^{35}_{44}$tso$^{53}$n̩$^{13}_{44}$tek$^{3}$,kai$^{53}$tʂak$^{3}$a$^{35}_{44}$tso$^{53}$n̩$^{13}_{21}$tek$^{3}$,tsiəu$^{53}$kan$^{21}$cie$^{53}$.i$^{21}$san$^{35}_{44}$uɔŋ$^{53}$tau$^{21}$kai$^{53}$san$^{35}_{44}$kau$^{35}$ua$^{0}$.ci$^{13}_{21}$ɔi$^{35}$tsɿ$^{0}$ʂʅ$^{53}_{44}$çi$^{53}$tek$^{3}$ts$^{h}$in$^{53}$miaŋ$^{53}$ŋa$^{0}$,san$^{35}_{44}$ʂət$^{5}$sɔi$^{53}$liau$^{0}$,lau$^{21}$p$^{h}$o$^{13}$a$^{35}_{53}$mau$^{13}$tek$^{3}$.

【以上】i$^{35}$ʂɔŋ$^{53}$ 名方位词。表示位置、级别、次序或数目等在某一参照对象之上：也就系如今讲个正负零～啊。ia$^{35}$ts$^{h}$iəu$^{53}$xei$^{53}_{44}$i$^{13}_{21}$cin$^{35}_{44}$kɔŋ$^{21}$ke$^{53}_{44}$tʂən$^{53}$fu$^{53}$lin$^{13}$i$^{35}$ʂɔŋ$^{53}$ŋa$^{0}$.｜长凳子就硬系三四个人坐，三个人～坐个。tʂ$^{h}$ɔŋ$^{13}$tien$^{53}$ts$^{h}$iəu$^{53}_{44}$ɲiaŋ$^{53}$xei$^{53}_{44}$san$^{35}$si$^{53}_{21}$cie$^{53}$ɲin$^{13}_{21}$ts$^{h}$o$^{35}$,san$^{35}$ke$^{53}_{44}$in$^{13}_{21}$i$^{35}$ʂɔŋ$^{53}_{44}$ts$^{h}$o$^{35}_{44}$ke$^{53}_{44}$.

【以头】i$^{21}$t$^{h}$ei$^{13}$ 代这一端；这边：～望倒箇头。i$^{21}$t$^{h}$ei$^{13}$uɔŋ$^{53}$tau$^{21}$kai$^{53}$t$^{h}$ei$^{13}$.｜～就也封嘿哩个。i$^{21}$t$^{h}$ei$^{13}$ts$^{h}$iəu$^{53}$ia$^{35}$fəŋ$^{35}$ŋek$^{3}$(←xek$^{3}$)li$^{0}$ke$^{53}_{44}$.

【以条】i$^{21}$t$^{h}$iau$^{13}$ 这条：～树 i$^{21}$t$^{h}$iau$^{13}_{21}$ʂəu$^{53}$｜～河 i$^{21}$t$^{h}$iau$^{13}_{21}$xo$^{13}$｜～蛇 i$^{21}$t$^{h}$iau$^{13}_{44}$ʂa$^{13}$｜～路 i$^{21}$t$^{h}$iau$^{13}$ləu$^{53}$

【以外】i$^{35}$ŋɔi$^{53}$/uai$^{53}$ 名方位词。加在表范围、界线的词语后，表示“……之外”：摎老公～个人生哩人。lau$^{35}$lau$^{21}$kəŋ$^{35}_{44}$i$^{35}$uai$^{53}$ke$^{53}_{44}$ɲin$^{13}_{21}$saŋ$^{35}$li$^{0}$ɲin$^{13}$.

【以外子】i$^{35}$ŋɔi$^{53}$tsɿ$^{0}$ 名方位词。指一定的范围、界限之外：细人子就冇事滚出～。sei$^{53}$ɲin$^{13}_{44}$tsɿ$^{0}$ts$^{h}$iəu$^{53}$mau$^{13}$sɿ$^{53}$kuən$^{21}$tʂ$^{h}$ət$^{3}$i$^{35}$ŋɔi$^{53}$tsɿ$^{0}$.

【以往】i$^{35}$uɔŋ$^{21}$ 名过去；以前：～啊，欸，我唔知让门个会长日会发躁。以下到哩落尾退哩休了，搞嘿咁多年了，我脾气好蛮多了，欸，更唔得发躁嘞。i$^{35}$uɔŋ$^{21}$ŋa$^{0}$,e$_{44}$,ŋai$^{13}_{44}$n̩$^{13}_{21}$ti$^{35}_{53}$ɲiɔŋ$^{53}$mən$^{13}_{44}$ke$^{0}$uɔi$^{53}$tʂ$^{h}$ɔŋ$^{13}$ɲiet$^{3}$uɔi$^{53}$fait$^{3}$tsau$^{53}$.i$^{21}$xa$^{53}$tau$^{53}$li$^{0}$lɔk$^{5}_{3}$mi$^{35}_{44}$t$^{h}$i$^{53}$li$^{0}$çiəu$^{35}$liau$^{0}$,kau$^{21}$xek$^{3}$kan$^{21}$to$^{35}_{53}$ɲien$^{13}_{44}$niau$^{0}$,ŋai$^{13}_{44}$p$^{h}$i$^{13}_{21}$çi$^{53}$xau$^{21}$man$^{13}_{21}$to$^{35}$liau$^{0}$,e$_{21}$,cien$^{53}$n̩$^{13}_{21}$tek$^{3}$fait$^{3}$tsau$^{53}$lei$^{0}$.

【以西】i$^{35}$si$^{35}$ 名方位词。加在表处所的词语后，表示“……的西面”：湖南～，就系么个贵州云南箇向，系啊？我都还赠去过，箇向爱来去旅游嫐下子，爱去走动下子。fu$^{13}$lan$^{13}_{44}$i$^{35}$si$^{35}_{44}$,ts$^{h}$iəu$^{53}$xei$^{53}$mak$^{3}$ke$^{53}_{44}$kuei$^{53}$tʂəu$^{35}_{44}$uən$^{13}$nan$^{13}_{21}$kai$^{53}$çiɔŋ$^{53}$,xei$^{53}$a$^{0}$?ŋai$^{13}_{21}$təu$^{35}_{53}$xai$^{13}_{21}$maŋ$^{13}_{21}$çi$^{53}$ko$^{53}$,kai$^{53}$çiɔŋ$^{53}$ɔi$^{53}$lɔi$^{13}_{21}$çi$^{53}$li$^{35}$iəu$^{13}_{21}$liau$^{53}$ua$^{53}_{44}$tsɿ$^{0}$,ɔi$^{53}_{44}$çi$^{53}$tsei$^{21}$t$^{h}$əŋ$^{53}_{44}$xa$^{53}$tsɿ$^{0}$.

【以下$_{1}$】i$^{35}$xa$^{53}$/çia$^{53}$ 名①方位词。指位置、级别、次序或数目等在某一参照对象之下：在箇个地板～个，底下个，安做草脚。ts$^{h}$ai$^{53}$kai$^{53}$ke$^{53}_{21}$t$^{h}$i$^{53}$pan$^{21}$i$^{35}$çia$^{53}$ke$^{53}_{44}$,te$^{21}$xa$^{53}$ke$^{53}$,ɔn$^{35}_{44}$tso$^{53}_{44}$ts$^{h}$au$^{21}$ciɔk$^{3}$.｜五代～嘞？五代～么啊孙了？ŋ̍$^{21}$t$^{h}$ɔi$^{53}_{44}$i$^{35}$xa$^{53}_{44}$lei$^{0}$?ŋ̍$^{21}$t$^{h}$ɔi$^{53}_{44}$i$^{35}$xa$^{53}_{44}$mak$^{3}$a$^{0}$sən$^{35}$liau$^{0}$?②时间词。如今；

Y

现在：箇阵子食就冇得食着就冇得着啊。～就好嘿哩。kai$^{53}_{44}$tʂʰən$^{53}_{44}$tsɿ$^{0}$ ʂət$^{5}$ tsʰiəu$^{53}$mau$^{13}_{21}$tek$^{3}$ ʂət$^{5}$ tʂɔk$^{3}$ tsʰiəu$^{53}$mau$^{13}_{44}$tek$^{3}$ tʂɔk$^{3}$ a$^{0}$ .i$^{21}$xa$^{53}$tsʰiəu$^{53}$xau$^{21}$xek$^{3}$ li$^{0}$ .

【以下$_{2}$】i$^{21}$xa$^{53}$ 代指示代词。①这时候，表示基于前文所述情况，可以如何或将会怎样：放你好咁哩，～就放下箇水田里去。fɔŋ$^{53}$ɲi$^{13}_{44}$xau$^{21}$kan$^{21}$ni$^{0}$ ,ia$^{35}$(←i$^{13}$xa$^{53}$)tsʰiəu$^{53}_{44}$fɔŋ$^{53}$xa$^{53}$kai$^{53}$ʂei$^{21}$tʰien$^{13}_{21}$ ni$^{0}$ çi$^{53}_{44}$. ②这里：～是只石头。i$^{21}$xa$^{53}_{44}$ʂɿ$^{53}$tʂak$^{3}$ ʂak$^{5}$ tʰei$^{0}$ . | 我等～冇得（椪柑）。ŋai$^{13}$tien$^{0}$ i$^{21}$ia$_{44}$ (←xa$^{53}$)mau$^{13}$tek$^{3}$ .

【以下$_{3}$】i$^{21}$xa$^{53}$ 名时间词。如今：～也冇得么人搞咁哩。i$^{21}$xa$^{53}$ia$^{35}$mau$^{13}_{21}$tek$^{3}$ mak$^{3}$ ɲin$^{13}_{44}$kau$^{21}$kan$^{21}_{44}$ li$^{0}$ . | ～用机子是都打成粉唠。i$^{21}$xa$^{35}_{44}$iəŋ$^{53}_{44}$ci$^{35}$tsɿ$^{0}$ ʂɿ$^{0}$ təu$^{35}$ta$^{21}$ʂaŋ$^{13}_{44}$fən$^{21}$nau$^{0}$ .

【以下$_{4}$】i$^{21}$xa$^{53}$ 连接着；然后：耘头到，复二到，～就下青草嘞。in$^{13}$tʰei$^{13}$tau$^{53}$ ,fuk$^{5}$ ɲi$^{53}$tau$^{53}$ ,ia$_{44}$ (←i$^{21}$xa$^{53}$)tsiəu$^{53}_{44}$xa$^{53}_{44}$tsʰiaŋ$^{35}_{44}$tsʰau$^{21}$kʰan$^{53}$ .

【以先】i$^{35}$sien$^{35}$ 名过去；以前：我等～是，我等系下横巷里个时候子是，箇阵子是真苦哇硬啊，嘿，冇钱呐，真苦哇。食就冇得食着就冇得着啊。以下就好嘿哩。ŋai$^{13}_{21}$tien$^{0}$ i$^{35}$sien$^{35}$ʂɿ$^{53}_{44}$, ŋai$^{13}_{21}$tien$^{0}$ xei$^{53}$(x)a$^{53}$uaŋ$^{13}$xɔŋ$^{53}$li$^{0}$ kai$^{53}$ʂɿ$^{13}$xei$^{53}$tsɿ$^{0}$ ʂɿ$^{53}_{44}$,kai$^{53}_{44}$tʂʰən$^{53}_{44}$tsɿ$^{0}$ ʂɿ$^{53}_{44}$tʂən$^{35}$kʰu$^{21}$ua$^{0}$ ɲiaŋ$^{53}$ŋa$^{0}$ ,xe$_{53}$,mau$^{13}_{21}$ tsʰien$^{13}$na$^{0}$ ,tʂən$^{35}$kʰu$^{21}$ua$^{0}$ .ʂət$^{5}$ tsʰiəu$^{53}$mau$^{13}_{21}$tek$^{3}$ ʂət$^{5}$ tʂɔk$^{3}$ tsʰiəu$^{53}$mau$^{13}_{44}$tek$^{3}$ tʂɔk$^{3}$ a$^{0}$ .i$^{21}$xa$^{53}$tsʰiəu$^{53}$xau$^{21}$ xek$^{3}$ li$^{0}$ .

【以现在】i$^{21}$çien$^{53}$tsʰai$^{53}$ 名时间词。如今：箇黄丫角哦，黄丫角箇兜，都系畜个了～。kai$^{53}_{44}$ uɔŋ$^{13}$a$^{35}_{44}$kɔk$^{3}$ o$^{0}$ ,uɔŋ$^{13}$a$^{35}_{44}$kɔk$^{3}$ kai$^{53}$təu$^{0}$ ,təu$^{35}$xei$^{53}$çiəuk$^{3}$ ke$^{53}$liau$^{21}$i$^{21}$çien$^{53}_{44}$tsʰai$^{53}_{44}$.

【以向】i$^{21}$çiɔŋ$^{53}$ 代指示代词。①这里：欸，（煲仔饭）去广东箇边就时兴，～冇多么人用。e$_{21}$,çi$^{53}$kɔŋ$^{21}$tɔŋ$^{35}$kai$^{53}_{44}$pien$^{35}_{44}$tsʰiəu$^{53}_{44}$tʂʰɿ$^{13}$(←ʂɿ$^{13}$)çin$^{35}_{44}$,i$^{21}$çiɔŋ$^{53}$mau$^{13}_{21}$to$^{35}$mak$^{3}$ in$^{13}_{21}$iəŋ$^{53}$. ②这边：以滴水～就安做檐。箇边就安做廒。i$^{21}_{13}$tiet$^{3}$ ʂei$^{21}$i$^{21}$çiɔŋ$^{53}$tsʰiəu$^{53}_{44}$ɔn$^{35}_{44}$tso$^{53}_{44}$ian$^{13}$.kai$^{53}$pien$^{35}_{44}$tsʰiəu$^{53}_{44}$ɔn$^{35}_{44}$tso$^{53}_{44}$ŋau$^{13}$.

【以些】i$^{21}$sia$^{35}$ 代指示代词。这些：～东西 i$^{21}$sia$^{35}_{44}$tɔŋ$^{35}_{44}$si$^{0}$ | ～人 i$^{21}$sia$^{35}_{44}$ɲin$^{13}$

【以样子】i$^{21}$iɔŋ$^{53}$tsɿ$^{0}$ 代这样：～走出去热死人呐。i$^{21}$iɔŋ$^{53}$tsɿ$^{0}$ tsei$^{21}$tʂʰət$^{3}$ çi$^{53}$ɲiet$^{5}$ si$^{21}$ɲin$^{13}$na$^{0}$ . | ～做倒个屋厅下就蛮大，嗯，～做倒个屋蛮舒服，箇屋硬爱～做。i$^{21}$iɔŋ$^{53}$tsɿ$^{0}$ tso$^{53}$tau$^{21}$ke$^{53}$uk$^{3}$ tʰaŋ$^{35}$ xa$^{53}_{44}$tsʰiəu$^{53}$man$^{13}_{21}$tʰai$^{53}$,n̩$_{21}$,i$^{21}$iɔŋ$^{53}$tsɿ$^{0}$ tso$^{53}$tau$^{21}$ke$^{53}$uk$^{3}$ man$^{13}_{21}$ʂɿ$^{35}_{44}$fuk$^{5}$ ,kai$^{53}$uk$^{3}$ ɲiaŋ$^{53}$ɔi$^{53}$i$^{21}$iɔŋ$^{53}$tsɿ$^{0}$ tso$^{53}$.

【以映】i$^{21}$iaŋ$^{53}$ 代指示代词。这里；这个地方。也称“以映子”：～就安做廒。i$^{21}$iaŋ$^{53}$tsʰiəu$^{53}_{44}$ ɔn$^{35}_{44}$tso$^{53}_{44}$ŋau$^{13}$. | ～还有只东西安做托须。i$^{21}$iaŋ$^{53}$xai$^{13}_{21}$iəu$^{35}$tʂak$^{3}$ tɔŋ$^{35}_{44}$si$^{0}$ ɔn$^{35}_{44}$tso$^{53}_{44}$tʰɔk$^{3}$ si$^{35}$. | 客家人，死哩人，食三角豆腐，我等～子咯。kʰak$^{3}$ ka$^{35}_{53}$ɲin$^{13}_{21}$,si$^{21}$li$^{0}$ ɲin$^{13}$,ʂət$^{5}$ san$^{35}$kɔk$^{3}$ tʰei$^{53}$fu$^{53}_{44}$,ŋai$^{13}_{21}$tien$^{0}$ i$^{21}$iaŋ$^{53}$ tsɿ$^{0}$ ko$^{0}$ . | ～子系属小河乡。i$^{21}$iaŋ$^{53}$tsɿ$^{0}$ xe$^{53}$ʂəuk$^{5}$ siau$^{21}$xo$^{13}_{21}$çiɔŋ$^{35}_{44}$.

【以阵】i$^{21}$tʂən$^{53}$ 名时间词。如今；现在。又称“现今、眼面前”：～就喊喊话下来箇只安做马铃薯。i$^{21}$tʂən$^{53}_{44}$tsiəu$^{53}_{44}$xan$^{53}$xan$^{53}$ua$^{53}_{44}$xa$^{53}_{44}$lɔi$^{13}$kai$^{53}_{44}$tʂak$^{3}$ ɔn$^{35}_{44}$tso$^{53}_{44}$ma$^{35}$liaŋ$^{13}_{21}$ʂəu$^{13}_{21}$.

【以阵子】i$^{21}$tʂʰən$^{53}$tsɿ$^{0}$ 代指示代词。这时候；这会儿：你爱徛～。等你箇四只位子请，请齐哩。ɲi$^{13}$ɔi$^{53}_{44}$cʰi$^{35}$i$^{21}_{44}$tʂʰən$^{53}$tsɿ$^{0}$ .ten$^{21}$ɲi$^{13}$kai$^{53}_{44}$si$^{53}$tʂak$^{3}$ uei$^{53}$tsɿ$^{0}$ tsʰiaŋ$^{21}$,tsʰiaŋ$^{21}$tsʰe$^{13}$li$^{0}$ .

【以只】i$^{21}$tʂak$^{3}$ 这个，这只：拣倒～日子欸讨新人呐要得么？kan$^{21}$tau$^{21}$i$^{21}$tʂak$^{3}$ ɲiet$^{3}$ tsɿ$^{0}$ e$_{21}$tʰau$^{21}$ sin$^{35}$ɲin$^{13}_{21}$na$^{0}$ iau$^{53}$tek$^{3}$ mo$^{0}$ ? | ～日子好哇唔好喔？i$^{21}$tʂak$^{3}$ ɲiet$^{3}$ tsɿ$^{0}$ xau$^{21}$ua$^{0}$ n̩$^{13}_{21}$xau$^{21}$uo$^{0}$ ?

【以只样子】i$^{21}$tʂak$^{3}$ iɔŋ$^{53}$tsɿ$^{0}$ 这样：以条路子修倒～要得吗？i$^{21}$tʰiau$^{13}$ləu$^{53}$tsɿ$^{0}$ siəu$^{35}$tau$^{21}$i$^{21}$tʂak$^{3}$ iɔŋ$^{53}$ tsɿ$^{0}$ iau$^{53}$tek$^{3}$ ma$^{0}$ ? | 以篇文章写倒～要得吗？i$^{21}$pʰien$^{35}_{53}$uən$^{13}$tʂɔŋ$^{35}_{44}$sia$^{21}$tau$^{21}$i$^{21}$tʂak$^{3}$ iɔŋ$^{53}$tsɿ$^{0}$ iau$^{53}$tek$^{3}$ ma$^{0}$ ?

【以种】i$^{21}$tʂəŋ$^{21}$ 代指示代词。这种。又称“以号、以起”：～人 i$^{21}$tʂəŋ$^{21}$ɲin$^{13}$

【蚁公】le$^{35}$kəŋ$^{35}$ 名蚂蚁：我记得我细细子啊箇个去挖土哇，硬挖倒一窠～，硬吓尽哩命哦硬哦。嘿嘿，吓尽哩命啊，一双脚都跑都冇赢啊。想下子箇做工夫样，咁苦个路子。唔知信呢，要收拾哩欸，脚上甥甥哩上。以下是我挖倒～冇兜要紧呐。正做事是真系怕。ŋai$^{13}$ci$^{53}$tek$^{3}$ ŋai$^{13}_{21}$ se$^{53}$se$^{53}$tsɿ$^{0}$ a$^{0}$ kai$^{53}_{44}$ke$^{53}_{44}$çi$^{53}$uait$^{3}$ tʰəu$^{21}$ua$^{0}$ , ɲiaŋ$^{53}$uait$^{3}$ tau$^{21}$iet$^{3}$ kʰo$^{35}$le$^{35}$kəŋ$^{35}$, ɲiaŋ$^{53}$xak$^{3}$ tsʰin$^{53}_{44}$ni$^{0}$ miaŋ$^{53}$ŋo$_{35}$ ɲiaŋ$^{53}_{44}$ŋo$^{0}$ .xe$_{53}$xe$_{53}$,xak$^{3}$ tsʰin$^{53}$ni$^{0}$ miaŋ$^{53}$ŋa$^{0}$ ,iet$^{3}$ səŋ$^{35}$ciɔk$^{3}$ təu$^{35}_{53}$pʰau$^{21}$təu$^{35}_{53}$mau$^{13}_{44}$iaŋ$^{13}_{44}$ŋa$^{0}$ .siɔŋ$^{21}$xa$^{53}_{44}$tsɿ$^{0}$ kai$^{53}_{44}$ tso$^{53}$kəŋ$^{35}_{44}$fu$^{35}_{44}$iɔŋ$^{53}_{44}$,kan$^{21}$kʰu$^{21}$ke$^{53}_{44}$ləu$^{53}$tsɿ$^{0}$ .n̩$^{13}_{21}$ti$^{35}_{44}$sin$^{53}$nei$^{0}$ ,iau$^{53}_{21}$ʂəu$^{35}$ʂət$^{5}$ li$^{0}$ ei$_{53}$,ciɔk$^{3}$ xɔŋ$^{53}_{44}$tʂʰa$^{53}$tʂʰa$^{53}_{44}$li$^{0}$ ʂɔŋ$^{53}_{44}$.i$^{21}$ xa$^{53}$ʂɿ$^{53}$ŋai$^{13}_{21}$uait$^{3}$ tau$^{21}$le$^{35}$kəŋ$^{35}_{44}$mau$^{13}$te$^{53}_{53}$iau$^{53}_{44}$cin$^{21}$na$^{0}$ .tʂaŋ$^{53}$tso$^{53}_{44}$sɿ$^{53}_{44}$ʂɿ$^{53}_{44}$tʂən$^{35}$ne$^{53}_{21}$pʰa$^{53}$.

【椅搭子】i$^{21}$tait$^{21}$tsɿ$^{0}$ 名椅子坐垫或靠垫：竹椅啊，冷天硬爱放只子～去。嗯，便倒冰冷个，坐倒哇，便倒，都冰冷。tʂəuk$^{3}$ i$^{21}$a$^{0}$ ,laŋ$^{35}_{44}$tʰien$^{35}_{44}$ɲiaŋ$^{53}$ɔi$^{53}$fɔŋ$^{53}$tʂak$^{3}$ tsɿ$^{0}$ i$^{21}$tait$^{3}$ tsɿ$^{0}$ çi$^{53}$.n̩$_{53}$,pʰien$^{53}$tau$^{21}$pin$^{35}$ naŋ$^{35}_{44}$ke$^{0}$ ,tsʰo$^{35}$tau$^{21}$ua$^{0}$ ,pʰien$^{53}$tau$^{21}$,təu$^{35}_{53}$pin$^{35}$naŋ$^{35}$.

【椅桄子】i$^{21}$kuaŋ$^{35}$tsɿ$^{0}$ 名椅子上的横木：其余个，看呶，以映子，假设以映有条子椅渠箇个以个以咁个棍子，以咁个棍子，欸，安做～。安做栿子，～。箇是多一条少一条，都安做～。chʰi13ɥ13ke53,kʰɔn53-44nau0,i21iaŋ53-35tsɿ0,cia21ʂet3i21iaŋ13iɔu53-53tʰiau13-21tsɿ0i21ci13-21kai53-35cie53-44i21ke53-44i21kan21cie53-44kuɔn53tsɿ0,i21kan21cie53-44kuɔn53tsɿ0,e21,ɔn35-44tso53-44i21kuaŋ35tsɿ0.ɔn35-44tso53-44kuaŋ35tsɿ0,i21kuaŋ35tsɿ0.kai53-44ʂɿ13-21to35iet3tʰiau13-21ʂau21iet3tʰiau13-21,tɔu35ɔn35-44tso53-44i21kuaŋ35tsɿ0.

【椅子】i21tsɿ0 名带靠背的坐具：欸，我等家家都有蛮多～。家家都爱买兜冇兜～坐下子，净有沙发不行。e53,ŋai13tien0ka35ka35-44tɔu35-44iɔu35-44man13-21to35-53i21tsɿ0.ka35ka35-44tɔu35-53ɔi53mai35te35-44u21te35-53i21tsɿ0tsʰo35xa53tsɿ0,tsʰiaŋ53iɔu35-44sa35fait3pət3çin13-44.

【义狗】ɲi53kei21 名传说中的一种野生动物名，貌似豺狼，喜群居：如今还有只东西我唔晓得。安做～。我等以映子有滴人话～。～一江一江，成群结队呀。唔知系唔系豺狼。又唔像豺狼。～。仁义个义啊，仁义个义，～。唔知么啊东西。～。我唔记得哩。i13-21cin35-44xai13iɔu53-53tʂak3 təŋ35-44si0ŋai13-21n̩13çiau21tek3.ɔn35-44tso53-44ɲi53kei21.ŋai13-21tien0i13-21iaŋ53-44tsɿ0iɔu35tet5ɲin13-21ua53-44ɲi53kei21.ɲi53kei21iet3kɔŋ35iet3kɔŋ35,tʂʰən13tʂʰən13-21ciet3tei53ia0.n̩13ti35-53xe53-44me53-44sai13lɔŋ13-44.iɔu53n̩13tsʰiɔŋ53sai13lɔŋ13-44.ɲi53kei21.uən13ɲi53ke53-44ɲi53a0,uən13ɲi53ke53-44ɲi53,ɲi53kei21.n̩13ti35-53mak3a0təŋ35-44si0.ɲi53kei21.ŋai13-21n̩13ci53tek3li0.｜箇老班子讲啊，野狗呀又安做～，渠话有起～呀会送别人家，欸，细人子走人家箇兜欸渠会送一梢送你。kai53-44lau21pan35tsɿ0kɔŋ21ŋa0,ia35kei21ia0iɔu53-44ɔn35-44tso53-44ɲi53kei21,ci13-21ua53-44iɔu35-44çi21-44ɲi53kei21ia0uɔi53-44səŋ53pʰiet5in13-21ka35-44,e21,sei53ɲin13-44tsɿ0tsei21ɲin13ka35-44kai35-44te35-44ei44,ci13-21uɔi53-44səŋ53iet3sau35səŋ53ɲi13.

【义山】ɲi53san35-44 名旧时有钱人出钱买来给无钱人家安葬死者的坟山：以前呐箇个有兜苦人家死哩人冇哪埋，系唔系？箇就有箇个做好事个人，做善事个人，摎箇个摎政府就出钱买嶂岭分箇起冇钱人去葬个。欸，我等人箇谱上写倒哇，有咁个我等族间有箇个人葬啊～个，嗯，谱上写倒族间有人葬啊～，我看倒哩。i35-53tsʰien13na0kai53-44kei53-44iɔu35tei35-53kʰu21ɲin13ka35-44si21li0ɲin13mau13lai53mai13,xei53me53?kai53tsʰiɔu53iɔu35kai53-44ke53-44tso53xau21sɿ53ke53ɲin13-21,tso53-44ʂen53sɿ53-44ke53ɲin13-21,lau35kai53ke53-21lau35tʂən53fu21tsiɔu53-44tʂʰət3tsʰien13mai53tʂɔŋ53liaŋ35pən35kai53çi21-44mau13tsʰien13-21ɲin13-21cʰi53tsɔŋ53ke0.e44,ŋai13-21tien0ɲin13-44kai53pʰu21xɔŋ53sia21tau21ua0,iɔu35kan21ke53ŋai13-21tien0tsʰəuk5kan35-44iɔu35kai53e0ɲin13-21tsɔŋ53-44ŋa0ɲi53san35-44cie0,n̩21,pʰu21xɔŋ53sia21tau21tsʰəuk5kan35-44iɔu35-44ɲin13-21tsɔŋ53-44ŋa0ɲi53san35,ŋai13kʰɔn53tau21li0.

【易】ia53 名姓氏之一：姓～ siaŋ53-44ia53

【易得】i53tek3 形①容易。也称“易得子”：你冇薄滴子更～糟唠，更～干唠。ɲi13-21u21pʰɔk5tet5-3tsɿ0ken53-44i53tek3tsau35lau0,cien53-44i53tek3kɔn35lau0.｜以下是也会～完工了。i21xa53-44ʂɿ53-44ia53uɔi53-44i53-21tek3ien13kəŋ35liau0.｜箇起～子大。kai53-44ci21i53tek3tsɿ0tʰai53.②好：日子唔～过啊。ɲiet3tsɿ0n̩13i53tek3ko53a0.

【意思1】i53sɿ0 名①含义：箇只姜太公嘞就系么个～嘞？kai53tʂak3ciɔŋ35tʰai53kəŋ35lei0tsʰiɔu53xe53mak3ke53-44i53sɿ0lei0？②意图，用意：渠个～是说底下烧火，脑高就熏么个个。ci13ke53-44i53sɿ0ʂɿ53-44ʂek3tei21xa53-44ʂau35fo21,lau21kau35tsiɔu53-44çin35mak3kei53-44ke53-44.

【意思2】i53sɿ0 动略表心意：箇就唔系么啊限定爱你个人滴接倒凑，～下子嘞。kai53tsʰiɔu53-44m̩13-21pʰe53mak3a0kʰan53-21tʰin53-44ɔi53ɲi13-21cie53ɲin13-21tet5tsiet3tau21tsʰe0,i53sɿ0(x)a53-44tsɿ0le0.

【意义】i53ɲi53-44 名①价值；作用：我就如今搞唔清搞么个爱分得咁碎吧，唔知么啊～欸。ŋai13tsʰiɔu53-44i13-21cin35-44kau21n̩13tsʰin35kau21mak3ke53ɔi53-44fən35tek3kan21-35si53pa0,n̩13-21ti35-44mak3a0i53ɲi53-44ei0.②意思；含义：同时白米饭还有只～就系么个嘞？就比喻蛮好个生活。tʰəŋ13-21ʂɿ13-44pʰak5mi21fan53xai13-21iɔu35tʂak3i53ɲi53-44tsʰiɔu53-44xei53-44mak3(k)e53-44le0?tsiɔu53-44pi21y53man13xau21ke53sien35xɔit5.

【瘗毛血】li53mau35çiet3 家奠过程中的一个仪式，将猪血端去敬祖宗，然后倒到外头的远地方：搞嘿哩宣戒词嘞以下就就系～，欸，燎纸。～嘞就系分箇个血啊，分箇个猪旺子啊，猪旺子咁子掇端倒去敬下子，敬下子祖宗。然后嘞倾嘿去，然后倒掉，送得远远哩。送倒箇外背倾嘿去。kau21xek3li0sien35-44kai53tsʰɿ13-21lei0i21xa53-44tsʰiɔu53-44tsʰiɔu53-44xei53-44li53mau35çiet3,e21,liau13tʂɿ21.li53mau35çiet3lei0tsʰiɔu53-44xe0pəŋ35kai53-44ke53-44çiet3a0,pəŋ35kai53-44ke53-44tʂɔu35uɔŋ53tsɿ0a0,tʂɔu35uɔŋ53tsɿ0kan21tsɿ0tɔit3tau21çi53-44cin53xa53-21tsɿ0,cin53na53-21tsɿ0tsɔu21tsəŋ35-44.vien13-21xei53-44lei0kʰuaŋ35ek3çi53,vien13-21xei53-44tau53-44tiau0,səŋ53tek3ien21ien21ni0.səŋ53tau21kai53-44ŋɔi53pɔi53-44kʰuaŋ35ek3-5çi53-21.

【瞖子】ai53tsɿ0 名黑眼珠上长的白点（病）：眼珠上长只～。ŋan21tʂɔu35xɔŋ53-44tʂɔŋ21tʂak3ai53tsɿ0.

【翼】iet5 量在礼单中用于鸡。属于美称：鸡就讲～，鱼就讲尾。cie35tsʰiɔu53-44kɔŋ21iet5,ŋ̍13tsʰiɔu53kɔŋ21mi35.

【翼拍】iet5pʰak3 名翅膀：鸡～ cie35iet5pʰak3｜箇～上个毛比较长，比较粗。kai53-44iet5pʰak3xɔŋ53-44

Y

ke$^{53}$mau$^{35}$pi$^{21}$ciau$^{53}_{44}$tʂ$^{h}$ɔŋ$^{13}$,pi$^{21}$ciau$^{53}_{44}$ts$^{h}$əu$^{35}$.

【翼翼动】iait$^{5}$ iait$^{5}$ t$^{h}$əŋ$^{35}$ 不停地振动的样子：你认真去看呐以个是人个脉也～嘞。认真去细心去眙稳看呐，以个脉啊，也～嘞。ɲi$^{13}$ɲin$^{53}$tʂən$^{35}_{44}$çi$^{53}$k$^{h}$ɔn$^{53}$na$^{0}$ i$^{21}$ke$^{53}$ʂʅ$^{53}_{44}$ɲin$^{13}$cie$^{53}$mak$^{3}$ ia$^{35}$iait$^{5}$ iait$^{5}$ t$^{h}$əŋ$^{35}$le$^{0}$. ɲin$^{53}$tʂən$^{35}_{44}$çi$^{53}$si$^{53}$sin$^{35}_{44}$çi$^{53}$tʂ$^{h}$ʅ$^{35}$uən$^{21}$k$^{h}$ɔn$^{53}$na$^{0}$,i$^{21}$ke$^{53}$mak$^{3}$ a$^{0}$,ia$^{35}$iait$^{5}$ iait$^{5}$ t$^{h}$əŋ$^{35}$le$^{0}$.

【阴单子】in$^{35}$tan$^{35}$tsɿ$^{0}$ 名 迷信的人称神明赐予的药单：箇～嘞渠就咁个嘞，渠让门降～嘞？渠自家又唔会话吵，欸，华佗仙师唔会话吵，你就求签呢。你去请起华佗仙师来哩，你就求签。“欸，我以只是系一只么个病，系啊？欸，华佗仙师，请你降张子～。”嗯，渠就拿倒箇有只签筒，一只升筒样个竹筒啊，肚里就二十五签二十六签三十三十几多签几多十签。咁子摇摇摇一阵跌出一条来哩，系唔系？跌出来拿倒，渠还爱问呐：“华佗仙师，以只是系三十六签呢。欸，我娭子啊系唔系食以张单子啊？系唔系？欸。系食以张单子你就同我打两只阴卦。嗯，或者打两只圣卦。”箇唔系，奔嘿去，系圣卦，箇是第一只就系圣卦。“嗯，如果你反悔嘞，欸，你就降只阳卦下来，欸，如果你硬系以张单子啊，你降只阴卦凑哩。”丢下去，系阴卦，箇就箇张单子，就咁个。然后就拿倒箇张单子，或者三十五签，箇上背就有只箇个上背就有几多有兜么个药，你照渠箇张单子去舞药。就安做箇张系～，降下来个～。kai$^{53}_{44}$in$^{35}$tan$^{35}_{44}$tsɿ$^{0}$ lei$^{0}$ ci$^{13}$ts$^{h}$iəu$^{53}$kan$^{21}_{13}$cie$^{53}$lei$^{0}$,ci$^{13}$ɲiɔŋ$^{53}$mən$^{0}$ kɔŋ$^{53}$in$^{35}$tan$^{35}_{44}$tsɿ$^{0}$ lei$^{0}$ ?ci$^{13}_{21}$ts$^{h}$ɿ$^{35}$ka$^{35}_{44}$iəu$^{53}_{44}$m̩$^{13}_{21}$uɔi$^{53}_{44}$ua$^{53}$ʂa$^{0}$,e$_{21}$, fa$^{13}$t$^{h}$o$^{13}_{21}$sien$^{35}_{44}$sɿ$^{35}_{44}$m̩$^{13}_{21}$uɔi$^{53}_{44}$ua$^{53}$ʂa$^{0}$, ɲi$^{13}$ts$^{h}$iəu$^{53}$c$^{h}$iəu$^{13}_{21}$ts$^{h}$ian$^{35}$nei$^{0}$. ɲi$^{13}$çi$^{53}$ts$^{h}$iaŋ$^{21}$çi$^{21}$fa$^{13}$t$^{h}$o$^{13}$sien$^{35}_{44}$sɿ$^{35}_{44}$lɔi$^{13}_{21}$li$^{0}$, ɲi$^{13}$ ts$^{h}$iəu$^{53}$c$^{h}$iəu$^{13}_{21}$ts$^{h}$ian$^{35}$."e$_{21}$,ŋai$^{13}$i$^{21}$tʂak$^{3}$ ʂʅ$^{53}_{44}$xei$^{53}$iet$^{3}$ tʂak$^{3}$ mak$^{3}$ e$^{0}$ p$^{h}$iaŋ$^{53}$,xei$^{53}_{44}$a$^{0}$ ?e$_{21}$,fa$^{13}_{21}$t$^{h}$o$^{13}_{21}$sien$^{35}_{44}$sɿ$^{35}_{44}$,ts$^{h}$iaŋ$^{21}$ ɲi$^{13}_{44}$kɔŋ$^{53}$tʂɔŋ$^{35}_{44}$tsɿ$^{0}$ in$^{35}$tan$^{35}_{44}$tsɿ$^{0}$."n̩$_{21}$,ci$^{13}_{21}$ts$^{h}$iəu$^{53}_{44}$la$^{53}$tau$^{21}$kai$^{53}_{44}$iəu$^{35}$tʂak$^{3}$ ts$^{h}$ian$^{35}$t$^{h}$əŋ$^{13}_{21}$,iet$^{3}$ (tʂ)ak$^{3}$ ʂən$^{35}$t$^{h}$əŋ$^{13}_{21}$iɔŋ$^{53}_{44}$ ke$^{53}_{44}$tʂəuk$^{3}$ t$^{h}$əŋ$^{13}_{21}$ŋa$^{0}$,təu$^{21}$li$^{0}$ ts$^{h}$iəu$^{53}_{44}$ɲi$^{53}$ʂət$^{5}$ ŋ̍$^{21}$ts$^{h}$ian$^{35}_{44}$ɲi$^{53}$ʂət$^{5}$ liəuk$^{3}$ ts$^{h}$ian$^{35}_{44}$san$^{35}$ʂət$^{5}$ san$^{35}$ʂət$^{5}$ cio$_{35}$(←ci$^{21}$to$^{35}$) ts$^{h}$ian$^{35}_{44}$ci$^{21}$(t)o$^{35}_{44}$ʂət$^{5}$ ts$^{h}$ian$^{35}_{44}$.kan$^{21}$tsɿ$^{0}$ iau$^{13}$iau$^{13}$iau$^{13}$iet$^{3}$ tʂ$^{h}$ən$^{53}$tet$^{3}$ tʂ$^{h}$ət$^{3}$ iet$^{3}$ t$^{h}$iau$^{13}_{44}$lɔi$^{13}_{44}$li$^{0}$ ,xei$^{53}_{44}$me$^{53}_{44}$?tiet$^{3}$ tʂ$^{h}$ət$^{3}$ lɔi$^{13}_{21}$la$^{53}$tau$^{21}_{44}$,ci$^{13}_{21}$xa$^{13}_{21}$ɔi$^{53}$uən$^{53}$na$^{0}$:"fa$^{13}$t$^{h}$o$^{13}_{21}$sien$^{35}_{44}$sɿ$^{35}_{44}$,i$^{21}$tʂak$^{3}$ ʂʅ$^{53}_{21}$xe$^{53}$san$^{35}_{44}$ʂət$^{5}$ liəuk$^{3}$ ts$^{h}$ian$^{35}_{44}$nei$^{0}$ .e$_{21}$,ŋai$^{13}_{21}$ɔi$^{35}$tsɿ$^{0}$ a$^{0}$ xei$^{53}$mei$^{53}$ʂət$^{5}$ i$^{21}$tʂɔŋ$^{35}_{53}$tan$^{35}_{44}$tsa$^{0}$ ?xei$^{53}$me$^{53}$?e$_{21}$.xei$^{53}$ʂət$^{5}$ i$^{21}$tʂɔŋ$^{35}_{44}$tan$^{35}_{44}$tsɿ$^{0}$ ɲi$^{13}$ts$^{h}$iəu$^{53}$t$^{h}$əŋ$^{13}_{44}$ŋai$^{13}_{44}$ta$^{21}$iɔŋ$^{21}$tʂak$^{3}$ in$^{35}$ kua$^{53}$.n̩$_{21}$,xɔit$^{5}$ tʂa$^{21}$ta$^{21}$iɔŋ$^{21}$tʂak$^{3}$ ʂən$^{53}$kua$^{53}$."kai$^{53}_{44}$m̩$^{13}_{21}$p$^{h}$e$^{53}_{44}$,tait$^{5}$ (x)ek$^{5}$ çi$^{53}$,xei$^{53}_{44}$ʂən$^{53}$kua$^{53}$,kai$^{53}_{21}$ʂʅ$^{53}_{21}$t$^{h}$i$^{53}$iet$^{3}$ tʂak$^{3}$ ts$^{h}$iəu$^{53}_{44}$xe$^{53}_{44}$ʂən$^{53}$kua$^{53}$."n̩$_{21}$,ɥ$^{13}$ko$^{21}$ɲi$^{13}$fan$^{21}$fei$^{21}$lei$^{0}$,e$_{21}$, ɲi$^{13}$ts$^{h}$iəu$^{53}$kɔŋ$^{53}$tʂak$^{3}$ iɔŋ$^{13}$kua$^{53}_{44}$xa$^{53}_{44}$lɔi$^{13}_{44}$,e$_{21}$,vy$^{13}$ko$^{21}$ɲi$^{13}_{21}$ ɲiaŋ$^{53}$xei$^{53}_{44}$i$^{21}$tʂɔŋ$^{35}_{44}$tan$^{35}_{44}$tsa$^{0}$, ɲi$^{13}$kɔŋ$^{53}$tʂak$^{3}$ in$^{35}$kua$^{53}$ts$^{h}$ei$^{53}$li$^{0}$ ."tiəu$^{35}_{44}$ua$^{53}_{44}$çi$^{53}$,xei$^{53}$in$^{35}$kua$^{53}$,kai$^{53}_{44}$ts$^{h}$iəu$^{53}$kai$^{53}_{44}$ tʂɔŋ$^{35}_{44}$tan$^{35}_{44}$tsɿ$^{0}$,ts$^{h}$iəu$^{53}_{44}$kan$^{21}$cie$^{53}_{44}$.vien$^{13}_{21}$xei$^{53}_{44}$ts$^{h}$iəu$^{53}_{44}$la$^{53}$tau$^{21}$kai$^{53}_{44}$tʂɔŋ$^{35}_{44}$tan$^{35}_{44}$tsɿ$^{0}$ ,xɔit$^{5}$ tʂa$^{21}$san$^{35}$ʂət$^{5}$ ŋ̍$^{21}$ts$^{h}$ian$^{35}$, kai$^{53}_{44}$ʂɔŋ$^{53}$pɔi$^{53}_{44}$ts$^{h}$iəu$^{53}_{44}$iəu$^{35}$tʂak$^{3}$ kai$^{53}_{44}$ke$^{53}_{44}$ʂɔŋ$^{53}$pɔi$^{53}_{44}$ts$^{h}$iəu$^{53}_{44}$iəu$^{35}$ci$^{21}$to$^{35}_{53}$iəu$^{35}$tei$^{35}_{53}$mak$^{3}$ e$^{0}$ iɔk$^{5}$, ɲi$^{13}_{21}$tʂau$^{53}$ci$^{13}_{44}$kai$^{53}_{44}$ tʂɔŋ$^{35}_{44}$tan$^{35}_{44}$tsɿ$^{0}$ çi$^{53}$u$^{21}$iɔk$^{5}$ .tsiəu$^{53}_{44}$ɔn$^{35}_{44}$tso$^{53}_{44}$kai$^{53}_{44}$tʂɔŋ$^{35}_{44}$xei$^{53}_{44}$in$^{35}$tan$^{35}_{44}$tsɿ$^{0}$ ,kɔŋ$^{53}$xa$^{53}_{44}$lɔi$^{13}_{21}$kei$^{53}_{44}$in$^{35}$tan$^{35}_{44}$tsɿ$^{0}$ .

【阴诞】in$^{35}$tan$^{53}$ 名 冥诞：我爷子～个时候子我就箇个我就年年都烧只子包呢。我娭子就交知我买兜子阴间票子烧倒去。ŋai$^{13}_{21}$ia$^{13}$tsɿ$^{0}$ in$^{35}$tan$^{53}_{44}$ke$^{53}_{44}$ʂʅ$^{13}_{44}$xei$^{53}_{44}$tsɿ$^{0}$ ŋai$^{13}$ts$^{h}$iəu$^{53}$kai$^{53}_{44}$kei$^{53}_{44}$ŋai$^{13}$ts$^{h}$iəu$^{53}$ɲien$^{13}$ ɲien$^{13}_{21}$təu$^{35}_{53}$ʂau$^{35}$tʂak$^{3}$ tsɿ$^{0}$ pau$^{35}$nei$^{0}$ .ŋai$^{13}_{21}$ɔi$^{35}$tsɿ$^{0}$ ts$^{h}$iəu$^{53}_{44}$ciau$^{35}$ti$^{35}_{53}$ŋai$^{13}_{21}$mai$^{35}$tei$^{35}_{53}$tsɿ$^{0}$ in$^{35}_{44}$kan$^{35}_{44}$p$^{h}$iau$^{53}$tsɿ$^{0}$ ʂau$^{35}$tau$^{21}_{44}$ çi$^{53}_{44}$.

【阴沟】in$^{35}$ciei$^{35}$ 名 地下的排水沟：如今做屋就硬会有～呀。欸，箇个化粪池个水呀，系唔系？好，以下是以下箇个了唠，蛮多也唔用～了唠，舞条管子啦。i$^{13}_{21}$cin$^{35}_{53}$tso$^{53}$uk$^{3}$ ts$^{h}$iəu$^{53}_{44}$ɲiaŋ$^{53}$uɔi$^{53}_{44}$ iəu$^{35}_{44}$in$^{35}$kei$^{35}$ia$^{0}$ .e$_{21}$,kai$^{53}_{44}$ke$^{53}_{44}$fa$^{53}$fən$^{53}$tʂ$^{h}$ʅ$^{13}$ke$^{53}$ʂei$^{21}$ia$^{0}$ ,xei$^{53}$me$^{53}$?xau$^{21}$,i$^{21}$xa$^{53}$ʂʅ$^{53}$i$^{21}$xa$^{53}$kai$^{53}$ke$^{53}$liau$^{21}$lau$^{0}$ ,man$^{13}_{21}$ to$^{35}_{53}$ia$^{35}$n̩$^{13}$iəŋ$^{53}$in$^{35}$kei$^{35}$liau$^{21}$lau$^{0}$ ,u$^{21}$t$^{h}$iau$^{13}_{44}$kɔn$^{21}$tsɿ$^{0}$ la$^{0}$ .

【阴卦】in$^{35}$kua$^{53}$ 名 占具呈两凸面，表示神明不认同，行事会不顺，可以重新再掷筊请示：咁子覆覆哩，两只都覆覆哩，有节个向下，背面向上，箇就安做～。节向下，冇得节个向上，覆个。kan$^{21}$tsɿ$^{0}$ p$^{h}$uk$^{3}$ p$^{h}$uk$^{3}$ li$^{0}$ ,iɔŋ$^{21}$tʂak$^{3}$ təu$^{35}_{44}$p$^{h}$uk$^{3}$ p$^{h}$uk$^{3}$ li$^{0}$ ,iəu$^{35}$tsiet$^{3}$ ke$^{53}_{44}$çiɔŋ$^{53}$xa$^{35}$,pɔi$^{53}$mien$^{53}_{44}$çiɔŋ$^{53}$ ʂɔŋ$^{35}$,kai$^{53}_{44}$tsiəu$^{53}_{44}$ɔn$^{35}_{44}$tso$^{53}_{44}$in$^{35}$kua$^{53}$.tsiet$^{3}$ çiɔŋ$^{53}$xa$^{35}$,mau$^{13}$tek$^{3}$ tsiet$^{3}$ ke$^{53}_{44}$çiɔŋ$^{53}$ʂɔŋ$^{35}$,p$^{h}$uk$^{3}$ ke$^{53}$.

【阴间】in$^{35}$kan$^{35}_{44}$ 名 迷信者认为人死后鬼魂所居之处：（打狗粄）就系到～去个时候子怕路上有狗，趟狗个。ts$^{h}$iəu$^{53}_{44}$xei$^{53}_{44}$tau$^{53}$in$^{35}$kan$^{35}_{44}$çi$^{53}$ke$^{53}_{44}$ʂʅ$^{13}_{44}$xei$^{53}_{44}$tsɿ$^{0}$ p$^{h}$a$^{53}$ləu$^{53}$xɔŋ$^{53}_{44}$iəu$^{35}$ciei$^{21}$,ciəuk$^{5}$ ciei$^{21}$ke$^{53}$.

【阴历】in$^{35}$liet$^{5}$ 名 夏历，农历：（荷官桃）～六月就会食。in$^{35}$liet$^{5}$ liəuk$^{3}$ ɲiet$^{5}$ ts$^{h}$iəu$^{53}_{21}$uɔi$^{53}_{21}$ʂət$^{5}$.

【阴人票子】in$^{35}$ɲin$^{13}$p$^{h}$iau$^{53}$tsɿ$^{0}$ 名 冥币：（花箱）以下就还有就放兜子箇个唠，放兜子安做～唠，嗯，冥币呀放倒箇肚里唠。i$^{21}$xa$^{53}$ts$^{h}$iəu$^{53}_{44}$xai$^{13}_{21}$iəu$^{35}_{53}$ts$^{h}$iəu$^{53}_{44}$fɔŋ$^{53}$tei$^{35}_{53}$tsɿ$^{0}$ kai$^{53}$cie$^{53}_{44}$lau$^{0}$ ,fɔŋ$^{53}$tei$^{35}_{53}$tsɿ$^{0}$ ɔn$^{35}_{44}$tso$^{53}_{44}$in$^{35}$ɲin$^{13}_{21}$p$^{h}$iau$^{53}$tsɿ$^{0}$ lau$^{0}$ ,n̩$_{21}$,min$^{13}$p$^{h}$i$^{53}$ia$^{0}$ fɔŋ$^{53}$tau$^{21}$kai$^{53}$təu$^{21}$li$^{0}$ lau$^{0}$ .

【阴天】in$^{35}$t$^{h}$ien$^{35}$ 名 云雾较重，不见阳光的天气：抢～，抓晴天，毛风细水是好天。ts$^{h}$iaŋ$^{21}$ in$^{35}$t$^{h}$ien$^{35}$,tʂa$^{35}$ts$^{h}$iaŋ$^{13}$t$^{h}$ien$^{35}$,mau$^{35}$fəŋ$^{35}$se$^{53}$ʂei$^{21}$ʂʅ$^{53}$xau$^{21}$t$^{h}$ien$^{35}$.

【阴阳人】in$^{35}$iɔŋ$^{13}$ɲin$^{13}$ 名 两性人或发女声的男人。又称“半公嫲”：话一位～呶，一个～。就话～。话别人家～。你箇～，不男不女个。话别人家～是系骂人呢。你箇～。ua$^{53}$iet$^{3}$uei$^{35}$in$^{35}$niɔŋ$^{13}_{21}$ɲin$^{13}$nau$^{0}$,iet$^{3}$ke$^{53}$in$^{35}$niɔŋ$^{13}_{21}$ɲin$^{13}$.tsʰiəu$^{53}$ua$^{53}$in$^{35}$niɔŋ$^{13}_{21}$ɲin$^{13}_{21}$.ua$^{53}$pʰiet$^{5}$in$^{13}_{44}$ka$^{35}_{44}$in$^{35}$niɔŋ$^{13}_{21}$ɲin$^{13}_{21}$. ɲi$^{13}_{21}$kai$^{53}_{44}$in$^{35}$niɔŋ$^{13}_{21}$ɲin$^{13}_{21}$,pət$^{3}$lan$^{13}$pət$^{3}$ɲy$^{21}$ke$^{53}$.ua$^{53}$pʰiet$^{5}$in$^{13}_{44}$ka$^{35}_{44}$in$^{35}$niɔŋ$^{13}_{21}$ɲin$^{13}_{21}$ʂʅ$^{53}_{21}$xei$^{53}_{44}$ma$^{53}$ɲin$^{13}$nei$^{0}$. ɲi$^{13}_{21}$kai$^{53}_{44}$in$^{35}$niɔŋ$^{13}_{21}$ɲin$^{13}$.

【荫笋角】in$^{35}$tsiaŋ$^{53}$kɔk$^{3}$ 名 树荫浓密、光照不足的地方：我等人有只阿叔哇以前一只屋啊，就我祠堂里箇边角里，又一年到头都冇日头到，冇得日头炙，系啊？又一只嘞咁高，上背又咁子尽系大树。箇真系只～里。系倒箇映，箇～里个屋啊，人系倒都唔顺，欸，系人唔顺呢。ŋai$^{13}_{21}$tien$^{0}$in$^{13}_{44}$iəu$^{35}_{44}$tʂak$^{3}$a$^{35}$ʂəuk$^{3}$ua$^{0}$i$^{35}_{53}$tsʰien$^{13}_{44}$iet$^{3}$tʂak$^{3}$uk$^{3}$a$^{0}$,tsʰiəu$^{53}$ŋai$^{13}$tsʰʅ$^{13}_{21}$tʰɔŋ$^{13}_{21}$li$^{21}$kai$^{53}$pien$^{35}_{44}$kɔk$^{3}$li$^{0}$,iəu$^{53}$iet$^{3}$ɲien$^{13}$tau$^{53}$tʰei$^{13}_{21}$təu$^{35}_{53}$mau$^{13}$ɲiet$^{3}$tʰei$^{13}$tau$^{53}$,mau$^{13}$tek$^{3}$ɲiet$^{3}$tʰei$^{13}$tʂak$^{3}$,xei$^{53}_{44}$a$^{0}$?iəu$^{53}$iet$^{3}$tʂak$^{3}$kʰan$^{53}$kan$^{21}$kau$^{35}_{44}$,ʂɔŋ$^{53}$pɔi$^{53}_{44}$iəu$^{53}$kan$^{21}$tsʅ$^{0}$tsʰin$^{35}$ne$^{53}_{44}$tʰai$^{53}$ʂəu$^{53}$.kai$^{53}$tʂən$^{35}$nei$^{53}$tʂak$^{3}$in$^{35}_{44}$tsiaŋ$^{53}$kɔk$^{3}$li$^{0}$.xei$^{53}$tau$^{21}$kai$^{53}_{44}$iaŋ$^{53}_{44}$,kai$^{53}$in$^{35}$tsiaŋ$^{53}$kɔk$^{3}$li$^{0}$ke$^{53}$uk$^{3}$a$^{0}$, ɲin$^{13}$xei$^{53}$tau$^{21}$təu$^{35}_{53}$n̩$^{13}$ʂən$^{53}$,e$_{21}$,xei$^{53}$ɲin$^{13}$n̩$^{13}$ʂən$^{53}$ne$^{0}$.

【银毫子】ɲin$^{13}$xau$^{13}$tsʅ$^{0}$ 名 硬币：欸，～有五角钱个，一角钱个，一分钱个就有人爱哩，欸嘿，一角钱个～都冇人爱哩。e$_{21}$, ɲin$^{13}$xau$^{13}_{21}$tsʅ$^{0}$iəu$^{35}$ŋ̍$^{21}$kɔk$^{3}$tsʰien$^{13}$ke$^{53}_{44}$,iet$^{3}$kɔk$^{3}$tsʰien$^{13}$ke$^{53}$,iet$^{3}$fən$^{35}$tsʰien$^{13}_{21}$ke$^{0}$tsʰiəu$^{53}_{44}$mau$^{13}_{2}$ɲin$^{13}_{44}$ɔi$^{53}$li$^{0}$,e$_{21}$xe$_{53}$,iet$^{3}$kɔk$^{3}$tsʰien$^{13}_{53}$ke$^{53}$ɲin$^{13}_{21}$xau$^{13}_{21}$tsʅ$^{0}$təu$^{35}_{53}$mau$^{13}_{2}$ɲin$^{13}_{44}$ɔi$^{53}$li$^{0}$.

【银花边】ɲin$^{13}$fa$^{35}$pien$^{35}$ 名 银圆：从前讲箇个银圆呐，就打比大脑壳，欸，袁世凯个大脑壳个箇个安做～。tsʰəŋ$^{13}$tsʰien$^{13}_{44}$kɔŋ$^{21}$kai$^{53}_{44}$kei$^{53}_{44}$ɲin$^{13}$vien$^{13}$na$^{0}$,tsʰiəu$^{53}_{44}$ta$^{21}$pi$^{21}$tʰai$^{53}$lau$^{21}$kʰɔk$^{3}$,e$_{53}$,vien$^{13}$ʂʅ$^{53}$kʰai$^{21}$ke$^{0}$tʰai$^{53}$lau$^{21}$kʰɔk$^{3}$ke$^{53}$kai$^{53}_{44}$kei$^{53}_{44}$ɔn$^{35}_{44}$tso$^{53}$ɲin$^{13}$fa$^{35}_{44}$pien$^{35}$.

【银环蛇】ɲin$^{13}$fan$^{13}$ʂa$^{13}$ 名 环蛇属的一种，全身体背有白环和黑环相间排列，毒性极强。俗称“白百节”：～就白百节。ɲin$^{13}$fan$^{13}$ʂa$^{13}$tsʰiəu$^{53}_{44}$pʰak$^{5}$pak$^{5}$tsiet$^{3}$.

【银货】ɲin$^{13}$fo$^{53}$ 名 银质的物品：我屋下嘞金子就冇得，～还系有几项。ŋai$^{13}$uk$^{3}$xa$^{53}$lei$^{0}$cin$^{35}$tsʅ$^{0}$tsʰiəu$^{53}$mau$^{13}_{21}$tek$^{3}$, ɲin$^{13}$fo$^{53}$xai$^{13}_{21}$xe$^{53}_{44}$iəu$^{35}_{53}$ci$^{21}$xɔŋ$^{53}$.

【银匠】ɲin$^{13}$siɔŋ$^{53}$ 名 制作银器的工匠：打银手圈呐银项链个箇起师傅，～。欸，～又有呢张坊，金匠就冇凑，𫠣见过。欸，～就有张家坊箇个栏场。ta$^{21}$ɲin$^{13}$ʂəu$^{21}$cʰien$^{35}$na$^{0}$ɲin$^{13}$xɔŋ$^{53}$lien$^{53}$ke$^{0}$kai$^{53}_{44}$çi$^{21}$sʅ$^{35}_{44}$fu$^{53}$, ɲin$^{13}$siɔŋ$^{53}$.e$_{21}$, ɲin$^{13}$siɔŋ$^{53}$iəu$^{53}_{44}$iəu$^{35}_{44}$nei$^{0}$tʂɔŋ$^{35}_{44}$fɔŋ$^{35}_{53}$,cin$^{35}$siɔŋ$^{53}$tsʰiəu$^{53}$mau$^{13}$tsʰe$^{0}$,maŋ$^{13}$cien$^{53}$ko$^{53}_{44}$.e$_{21}$, ɲin$^{13}$siɔŋ$^{53}$tsʰiəu$^{53}_{44}$iəu$^{35}$tʂɔŋ$^{35}_{44}$ka$^{35}_{44}$fɔŋ$^{35}$kai$^{53}_{44}$(k)e$^{53}_{44}$laŋ$^{13}_{44}$tʂʰɔŋ$^{13}_{44}$.

【银锣子】in$^{13}$lo$^{13}$tsʅ$^{0}$ 名 铛锣子的别称：道士先生渠就有铛锣子，有～。～就系铛锣子，丁啱大子个，剁剁剁，一样个，就系一只东西，就道士用个。tʰau$^{53}$sʅ$^{53}_{44}$sien$^{35}_{44}$saŋ$^{35}_{44}$ci$^{13}$tsiəu$^{53}_{44}$iəu$^{35}$tɔŋ$^{35}$lo$^{13}_{21}$tsʅ$^{0}$,iəu$^{35}$in$^{13}$no$^{13}$tsʅ$^{0}$.in$^{13}$lo$^{13}_{44}$tsʅ$^{0}$tsʰiəu$^{53}$xe$^{53}$tɔŋ$^{35}$lo$^{13}_{21}$tsʅ$^{0}$,tin$^{53}$ŋait$^{3}$tʰai$^{53}$tsʅ$^{0}$ke$^{0}$,to$_{53}$to$_{21}$to$_{21}$,iet$^{3}$iɔŋ$^{53}$ke$^{0}$,tsʰiəu$^{53}$xei$^{53}_{44}$iet$^{3}$tʂak$^{3}$tɔŋ$^{35}$si$^{0}$,tsiəu$^{53}_{44}$tʰau$^{53}$sʅ$^{53}_{44}$iəŋ$^{53}$ke$^{0}$.

【银器店】ɲin$^{13}$çi$^{53}$tian$^{53}$ 名 经营银器等的店铺：以前就～就搭倒卖金子，如今呢金器店呢搭倒卖银子，银子㨃咁个工艺品。i$^{35}$tsʰien$^{13}_{21}$tsʰiəu$^{53}_{44}$ɲin$^{13}$çi$^{53}$tian$^{53}$tsʰiəu$^{53}_{44}$tait$^{3}$tau$^{21}$mai$^{53}$cin$^{35}$tsʅ$^{0}$,i$^{13}_{21}$cin$^{35}_{44}$nei$^{0}$cin$^{35}$çi$^{53}$tian$^{53}$nei$^{0}$tait$^{3}$tau$^{21}$mai$^{53}$ɲin$^{13}$tsʅ$^{0}$, ɲin$^{13}$tsʅ$^{0}$lau$^{35}$kan$^{21}$ke$^{53}_{44}$kəŋ$^{35}$ɲi$^{53}$pʰin$^{21}$.

【银钱债务】ɲin$^{13}$tsʰien$^{13}$tsai$^{53}$u$^{53}$ 指欠人的钱财：欠哩账个人呢不论～还系别么个债务都肯做即即哩还嘿去。cʰian$^{53}$li$^{0}$tʂɔŋ$^{53}$ke$^{53}_{44}$ɲin$^{13}_{21}$ne$^{0}$pət$^{3}$lən$^{53}$ɲin$^{13}$tsʰien$^{13}_{44}$tsai$^{53}$u$^{53}$xai$^{13}_{21}$xe$^{53}_{44}$pʰiet$^{5}$mak$^{3}$e$^{0}$tsai$^{53}$u$^{53}$təu$^{35}$xen$^{21}$tso$^{53}_{44}$tset$^{5}$tset$^{5}$li$^{0}$uan$^{13}$nek$^{3}$çi$^{53}$.

【银梳子】ɲin$^{13}$sʅ$^{35}$tsʅ$^{0}$ 名 银制的短梳子：有～，我看过箇起啊。短短子个梳子样。iəu$^{35}$ɲin$^{13}$sʅ$^{35}_{44}$tsʅ$^{0}$,ŋai$^{13}$kʰɔn$^{53}$ko$^{53}_{44}$kai$^{53}_{44}$çi$^{21}$a$^{0}$.tɔn$^{21}$tɔn$^{21}$tsʅ$^{0}$ke$^{53}_{44}$sʅ$^{35}_{44}$tsʅ$^{0}$iɔŋ$^{53}$.

【银子】ɲin$^{13}$tsʅ$^{0}$ 名 一种白色金属，也指银制的器物：如今呢金器店呢搭倒卖～，～㨃咁个工艺品。i$^{13}_{21}$cin$^{35}_{44}$nei$^{0}$cin$^{35}$çi$^{53}$tian$^{53}$nei$^{0}$tait$^{3}$tau$^{21}$mai$^{53}$ɲin$^{13}$tsʅ$^{0}$, ɲin$^{13}$tsʅ$^{0}$lau$^{35}$kan$^{21}$ke$^{53}_{44}$kəŋ$^{35}$ɲi$^{53}$pʰin$^{21}$.

【寅时】in$^{13}$ʂʅ$^{13}$ 名 旧式计时法指凌晨三点到五点：欸，我等客姓人有句话：“～唔请卯时客。”就请客食酒个话硬爱早兜子请，爱头几晡子同渠话。ei$_{21}$,ŋai$^{13}_{21}$tien$^{0}$kʰak$^{3}$sin$^{53}$ɲin$^{13}_{21}$iəu$^{35}$tʂʮ$^{53}_{44}$fa$^{53}$:"in$^{13}$ʂʅ$^{13}_{21}$n̩$^{13}$tsʰiaŋ$^{21}$mau$^{35}$ʂʅ$^{13}_{21}$kʰak$^{3}$."tsiəu$^{53}$tsʰiaŋ$^{21}$kʰak$^{3}$ʂət$^{5}$tsiəu$^{21}$ke$^{53}_{44}$fa$^{53}_{44}$ɲiaŋ$^{53}$ɔi$^{53}$tsau$^{21}$te$^{35}_{53}$tsʅ$^{0}$tsʰiaŋ$^{21}$,ɔi$^{53}_{44}$tʰei$^{13}_{21}$ci$^{21}$pu$^{35}_{53}$tsʅ$^{0}$tʰəŋ$^{13}_{21}$ci$^{13}_{21}$ua$^{53}$.

【引】in$^{21}$ 动 提升，引导：分箇个河里个水～上来 pən$^{35}$kai$^{53}_{44}$ke$^{53}_{44}$xo$^{13}$li$^{21}$ke$^{53}$ʂei$^{21}$in$^{21}$ʂɔŋ$^{35}$lɔi$^{13}_{21}$

【引火】in$^{21}$fo$^{21}$ 动 使火着起来，引燃：以前打铳就爱箇只东西指火子啦。～啦。i$^{35}_{44}$tsʰien$^{13}_{21}$ta$^{21}$tʂʰəŋ$^{53}$tsʰiəu$^{53}_{21}$ɔi$^{53}_{44}$kai$^{53}_{21}$tʂak$^{3}$təŋ$^{35}_{44}$si$^{0}$la$^{0}$.in$^{21}$fo$^{21}$la$^{0}$.

【引火柴】in$^{21}$fo$^{21}$tsʰai$^{13}$ 名 松针、蕨等容易引燃的柴火：有话有话……欸，还更细个就～唠。

箇就系硇叽呀，松毛喔。就用□柴篓装噢，箇个就是唔好捆啵。iəu$^{35}$ua$^{53}_{21}$iəu$^{35}$ua$^{53}_{21}$…e$_{21}$,xai$^{13}$cien$^{53}$se$^{53}$ke$^{53}_{44}$tsʰiəu$^{53}_{44}$in$^{21}$fo$^{21}$tsʰai$^{13}$lau$^{0}$.kai$^{53}_{44}$tsʰiəu$^{53}_{44}$xe$^{53}_{44}$ləu$^{35}$ci$^{35}$ia$^{0}$,tsʰəŋ$^{13}$mau$^{35}$uo$^{0}$.tsʰiəu$^{53}_{44}$iəŋ$^{53}_{44}$lak$^{5}$tsʰai$^{13}_{21}$lei$^{21}$tʂɔŋ$^{35}$ŋau$^{0}$,kai$^{53}_{44}$ke$^{53}_{44}$tsiəu$^{53}_{44}$ʂʅ$^{53}_{44}$n̩$^{13}$xau$^{21}$kʰuən$^{21}$nau$^{0}$.

【引平】in$^{21}$pʰiaŋ$^{13}$ [形]很平。又称“达平”：我等人老家箇映子呃祠堂系一只坪是……箇屋拆嘿哩系搞做一只坪，～个。ŋai$^{13}_{21}$tien$^{0}$ɲin$^{13}_{44}$lau$^{21}$cia$^{35}_{44}$kai$^{53}$iaŋ$^{53}$tsʅ$^{0}$ə$_{21}$tsʰʅ$^{13}$tʰɔŋ$^{13}_{44}$ŋei$^{53}_{44}$iet$^{3}$tʂak$^{3}$pʰiaŋ$^{13}$ʂʅ$^{53}_{44}$…kai$^{53}$uk$^{3}$tsʰak$^{3}$xek$^{3}$li$^{0}$xei$^{53}$kau$^{21}$tso$^{53}$iet$^{3}$tʂak$^{3}$pʰiaŋ$^{13}$,in$^{21}$pʰiaŋ$^{13}$ke$^{53}$.

【引线】in$^{21}$sien$^{53}$ [名]用来引燃炸药的导火索：放炮个～ fɔŋ$^{53}$pʰau$^{53}$ke$^{53}_{44}$in$^{21}$sien$^{53}_{44}$ | 搞～危险。kau$^{21}$in$^{21}$sien$^{53}$uei$^{35}_{44}$çien$^{21}$.

【引子】in$^{21}$tsʅ$^{0}$ [名]诱饵；引诱以捕捉某些动物的食物：舞滴子么个东西来做～嘞？u$^{21}$tiet$^{5}$tsʅ$^{0}$mak$^{3}$e$^{0}$təŋ$^{35}_{44}$si$^{0}$lɔi$^{13}_{44}$tso$^{53}$in$^{21}$tsʅ$^{0}$lei$^{0}$?

【饮食店】in$^{21}$ʂət$^{5}$tian$^{53}$ [名]提供餐饮服务的店铺：～就分各种～啵，系？有滴炒菜个唠，就饭店。欸，泡面个就面馆子。米粉店，早餐店，夜宵店，反正都系搞食个。in$^{21}$ʂət$^{5}$tian$^{53}$tsʰiəu$^{53}_{44}$fən$^{35}$kɔk$^{3}$tʂəŋ$^{21}$in$^{21}$ʂət$^{5}$tian$^{53}$nau$^{0}$,xe$^{53}$?iəu$^{35}$tet$^{5}$tsʰau$^{21}$tsʰɔi$^{53}$ke$^{53}_{21}$lau$^{0}$,tsʰiəu$^{53}_{44}$fan$^{53}$tian$^{53}_{21}$.e$_{21}$,pʰau$^{53}$mien$^{53}$ke$^{53}_{44}$tsʰiəu$^{53}_{44}$mien$^{53}$kɔn$^{21}$tsʅ$^{0}$.mi$^{21}$fən$^{21}$tian$^{53}$,tsau$^{21}$tsʰɔn$^{35}$tian$^{53}$,ia$^{53}$siau$^{35}_{44}$tian$^{53}$,fan$^{21}$tʂəŋ$^{53}_{44}$təu$^{35}_{44}$uei$_{44}$(←xei$^{53}$)kau$^{21}$ʂət$^{5}$ke$^{53}_{44}$.

【印$_{1}$】in$^{53}$ [名]①图章，戳记。又称“印把子”：盖只～ kɔi$^{53}_{21}$tʂak$^{3}$in$^{53}$。②在黄钱上打的凹痕或印记：（黄钱）上背还打哩几只子～。ʂɔŋ$^{53}$pɔi$^{53}_{44}$xai$^{13}_{21}$ta$^{21}$li$^{0}$ci$^{21}$tʂak$^{3}$tsʅ$^{0}$in$^{53}$.

【印$_{2}$】in$^{53}$ [动]①用模具、模板等把文字或图画留在材料上：箇是做法。舞只子咁个模子，欸，舞块子布子蒙下去。以下就，欸，做米馃个原料放下箇映子，～一只。欸，有，咁个。也冇得么啊特别个名字，就系做个方法。一般是我等就空手做唠，信手做，随手做，系唔系？做成箇样米馃。有滴人就～出来。kai$^{53}_{44}$ʂʅ$^{53}_{44}$tso$^{53}$fait$^{3}$.u$^{21}$tʂak$^{3}$tsʅ$^{0}$kan$^{21}$ke$^{53}$mo$^{13}$tsʅ$^{0}$,e$_{21}$,u$^{21}$kʰuai$^{53}_{44}$tsʅ$^{0}$pu$^{53}$tsʅ$^{0}$maŋ$^{35}$ŋa$^{53}$(←xa$^{53}$)çi$^{53}_{44}$.i$^{21}$xa$^{53}$tsʰiəu$^{53}_{44}$,e$_{21}$,tso$^{53}$mi$^{21}$ko$^{21}$ke$^{53}$vien$^{13}$liau$^{53}_{44}$fɔŋ$^{53}$xa$^{53}_{44}$kai$^{53}_{44}$iaŋ$^{53}_{44}$tsʅ$^{0}$,in$^{53}$iet$^{3}$tʂak$^{3}$.e$_{21}$,iəu$^{35}_{44}$,kan$^{21}$ke$^{53}_{44}$.ia$^{35}$mau$^{13}$tek$^{3}$mak$^{3}$a$^{0}$tʰek$^{5}_{3}$pʰiet$^{5}_{3}$ke$^{53}_{44}$miaŋ$^{13}$tsʰʅ$^{53}$,tsʰiəu$^{53}$xe$^{53}_{44}$tso$^{53}$ke$^{53}_{44}$xɔŋ$^{35}$fait$^{3}$.iet$^{3}$pɔn$^{35}$ʂʅ$^{53}_{44}$ŋai$^{13}_{21}$tien$^{0}$tsʰiəu$^{53}_{44}$xəŋ$^{35}$ʂəu$^{21}$tso$^{53}$lau$^{0}$,sin$^{53}$ʂəu$^{21}$tso$^{53}$,sei$^{13}$ʂəu$^{21}$tso$^{53}$,xei$^{53}_{44}$me$^{53}_{44}$?tso$^{53}$tʂʰən$^{13}_{21}$kai$^{53}_{44}$iɔŋ$^{53}_{44}$mi$^{21}$ko$^{21}$.iəu$^{35}$tet$^{5}$ɲin$^{13}_{21}$tsʰiəu$^{53}_{44}$in$^{53}$tʂʰət$^{3}$lɔi$^{13}_{21}$. ②泛指在物体上留下痕迹：（加块坐板有咁阔，）坐倒床面前，冇事～屁股啊。tsʰo$^{35}_{44}$tau$^{21}_{44}$tsʰɔŋ$^{13}$mien$^{53}_{44}$tsʰien$^{13}_{21}$,mau$^{13}_{21}$sʅ$^{53}_{44}$in$^{53}_{44}$pʰi$^{53}$ku$^{21}$a$^{0}$.

【印把子】in$^{53}$pa$^{53}_{44}$tsʅ$^{0}$ [名]图章。又简称“印”：手里有～。ʂəu$^{21}$li$^{21}$iəu$^{35}$in$^{53}$pa$^{53}_{21}$tsʅ$^{0}$. | 掌握哩～。tʂɔŋ$^{21}$uɔk$^{5}$li$^{0}$in$^{53}$pa$^{53}_{21}$tsʅ$^{0}$.

【印花布】in$^{53}$fa$^{35}$pu$^{53}$ [名]指用手工或机印等方式加工出来的印有图案、花纹的布：～比箇个家织布箇就进步蛮大，进哩一大步。呃，我等箇阵子嘞细细子就冇得箇个～哇，因为～都系机子印个嘞，机织布嘞，我等只着箇个家机布。in$^{53}$fa$^{35}_{44}$pu$^{53}$pi$^{21}$kai$^{53}$kei$^{53}$cia$^{35}$tʂət$^{3}$pu$^{53}$kai$^{53}_{44}$tsʰiəu$^{53}_{44}$tsin$^{53}$pʰu$^{53}$man$^{13}$tʰai$^{53}$,tsin$^{53}$li$^{0}$iet$^{3}$tʰai$^{53}$pʰu$^{53}$.ə$_{21}$,ŋai$^{13}$tien$^{0}$kai$^{53}$tʂʰən$^{53}$tsʅ$^{0}$lei$^{0}$sei$^{53}$sei$^{53}$tsʅ$^{0}$tsʰiəu$^{53}$mau$^{13}$tek$^{3}$kai$^{53}_{21}$ke$^{53}_{44}$in$^{53}$fa$^{35}_{44}$pu$^{53}$ua$^{0}$,in$^{35}$uei$^{53}$in$^{53}$fa$^{35}_{44}$pu$^{53}$təu$^{35}_{44}$xei$^{53}_{44}$ci$^{35}$tsʅ$^{0}$in$^{53}$cie$^{53}$le$^{0}$,ci$^{35}$tʂət$^{3}$pu$^{53}$lei$^{0}$,ŋai$^{13}_{21}$tien$^{0}$tʂʅ$^{21}$tʂɔk$^{3}$kai$^{53}_{44}$ke$^{53}_{44}$cia$^{35}$ci$^{35}_{44}$pu$^{53}$.

【印鉴】in$^{53}$kan$^{53}$ [名]留供核对以防假冒的图章底样：箇起是～呢，系吗？～。印就不是章子了，不是一只章子了，系～了。还更庄重个话法了。kai$^{53}_{44}$çi$^{21}$ʂʅ$^{53}_{35}$in$^{53}$kan$^{53}$nei$^{0}$,xei$^{53}_{44}$ma$^{0}$?in$^{53}$kan$^{53}$.in$^{53}_{44}$tsiəu$^{53}_{44}$pət$^{3}$ʂʅ$^{53}_{44}$tʂɔŋ$^{35}$tsʅ$^{0}$liau$^{0}$,pət$^{3}$ʂʅ$^{53}_{44}$iet$^{3}$tʂak$^{3}$tʂɔŋ$^{35}$tsʅ$^{0}$liau$^{0}$,xei$^{53}_{44}$in$^{53}$kan$^{53}$niau$^{0}$.xai$^{13}_{21}$cien$^{53}_{44}$tsɔŋ$^{35}$tʂʰəŋ$^{53}_{44}$ke$^{53}_{44}$ua$^{53}$fait$^{3}$liau$^{0}$.

【印契】in$^{53}$kʰe$^{53}$/cʰie$^{53}$ [动]税契：买屋箇兜就爱写契，写哩契爱去～呀。mai$^{35}$uk$^{3}$kai$^{53}$te$^{35}_{53}$tsʰiəu$^{53}$ɔi$^{53}$sia$^{21}$cʰie$^{53}$,sia$^{21}$li$^{0}$cʰie$^{53}$ɔi$^{53}_{44}$çi$^{53}_{44}$in$^{53}$cʰie$^{53}$ia$^{0}$.

【印心】in$^{53}$sin$^{35}$ [名]被面：欸，从前呢还有还有箇个咯，还有中间放～咯。e$_{21}$,tsʰəŋ$^{13}$tsʰien$^{13}$ne$^{0}$xa$^{13}_{44}$iəu$^{35}$xai$^{13}_{21}$iəu$^{35}$kai$^{53}$cie$^{53}_{44}$ko$^{0}$,xai$^{13}_{21}$iəu$^{35}$tʂəŋ$^{35}$kan$^{35}_{44}$fɔŋ$^{53}$in$^{53}$sin$^{35}$ko$^{0}$.

【印油】in$^{53}$iəu$^{13}$ [名]指印泥：为了慎重起见呢，还拿倒箇个～来，（在契约子上）点只子指纹去。uei$^{53}$liau$^{0}$ʂən$^{53}$tʂʰəŋ$^{53}$çi$^{21}$cien$^{53}$nei$^{0}$,xai$^{13}$la$^{53}$tau$^{21}$kai$^{53}$ke$^{53}$in$^{53}$iəu$^{13}$lɔi$^{13}_{44}$,tian$^{21}$tʂak$^{3}$tsʅ$^{0}$tʂʅ$^{21}$uən$^{13}$çi$^{53}$.

【印子】in$^{53}$tsʅ$^{0}$ [名]指私章：～又安做私章子。以前是我等每个人都有自家个～，有三只字个四只字个。欸，箇阵子是领工资都爱盖～咯。以下是领工资字都唔爱签哩。in$^{53}$tsʅ$^{0}$iəu$^{53}_{44}$ɔn$^{35}_{44}$tso$^{53}_{44}$sʅ$^{35}$tʂɔŋ$^{35}_{44}$tsʅ$^{0}$.i$^{35}_{53}$tsʰien$^{13}$ʂʅ$^{53}_{44}$ŋai$^{13}$tien$^{0}$mei$^{35}$ke$^{53}$in$^{13}_{21}$təu$^{35}_{44}$iəu$^{35}_{44}$tsʰʅ$^{35}$ka$^{35}_{44}$ke$^{53}_{44}$in$^{53}$tsʅ$^{0}$,iəu$^{35}_{44}$san$^{35}$tʂak$^{3}$tsʰʅ$^{53}_{44}$ke$^{0}$si$^{53}$tʂak$^{3}$tsʰʅ$^{53}_{44}$ke$^{0}$.e$_{21}$,kai$^{53}$tʂʰən$^{53}$tsʅ$^{0}$ʂʅ$^{53}_{21}$lin$^{35}$kəŋ$^{35}$tsʅ$^{35}_{44}$təu$^{35}_{44}$ɔi$^{53}$kɔi$^{53}_{44}$in$^{53}$tsʅ$^{0}$ko$^{0}$.i$^{21}$xa$^{53}$ʂʅ$^{53}_{44}$lin$^{35}$kəŋ$^{35}_{44}$tsʅ$^{35}_{44}$sʅ$^{53}$təu$^{35}_{44}$m̩$^{13}_{21}$

mɔi$^{53}$tsʰien$^{35}_{44}$ni$^{0}$.

【印子门】in$^{53}$tsɿ$^{0}$mən$^{13}$ 名 西式门：～呢就系箇皮门，门板全部印在箇只门框肚里，安做～。以前个门就𫧮印下箇肚里，就在呃门框个一边，欸，蒙倒箇只门框。如今呢就去箇门框肚里，真好嘞去箇门框肚里，密封性好哇。in$^{53}$tsɿ$^{0}$mən$^{13}$ne$^{0}$tsʰiəu$^{53}$xei$^{53}$kai$^{53}$pʰi$_{21}$mən$^{13}$,mən$^{13}$pan$^{21}$tsʰien$^{13}$ pʰu$^{53}$in$^{53}$tsʰai$_{44}$kai$^{53}$tʂak$^{3}$ mən$^{13}$cʰiɔŋ$^{35}$təu$^{21}$li$^{0}$,ɔn$^{35}$tso$^{53}_{44}$in$^{53}$tsɿ$^{0}$mən$^{13}_{21}$.i$^{35}_{53}$tsʰien$^{13}$ke$^{53}$mən$^{13}_{44}$tsʰiəu$^{53}$maŋ$^{13}$in$^{53}$na$^{53}_{44}$ kai$^{53}$təu$^{21}$li$^{0}$,tsʰiəu$^{53}$tsʰai$^{53}$ə$_{44}$mən$^{13}$cʰiɔŋ$^{35}$kei$^{53}$iet$^{3}$ pien$^{35}$,e$_{21}$,maŋ$^{35}$tau$^{21}$kai$^{53}$tʂak$^{3}$ mən$^{13}$cʰiɔŋ$^{35}$.i$^{13}_{21}$cin$^{35}_{44}$nei$^{0}$ tsʰiəu$^{53}$çi$^{53}$kai$^{53}$mən$^{13}$cʰiɔŋ$^{35}$təu$^{21}$li$^{0}$,tʂən$^{53}$xau$^{21}$lei$^{0}$ çi$^{53}$kai$^{53}$mən$^{13}$cʰiɔŋ$^{35}_{53}$təu$^{21}$li$^{0}$,miet$^{5}$ fəŋ$^{35}_{53}$sin$^{53}$xau$^{21}$ua$^{0}$.

【应当】in$^{53}$tɔŋ$^{35}$ 动 助动词。应该：～系咁子讲下来个。in$^{53}_{44}$tɔŋ$^{35}_{44}$xei$^{53}_{44}$kan$^{21}$tsɿ$^{0}$kɔŋ$^{21}$xa$^{53}_{44}$lɔi$^{13}_{21}$ke$^{53}_{44}$.

【应该】in$^{53}$kɔi$^{35}$ 动 助动词。情理或事理上必然或必须如此：我应不～来？ŋai$^{13}$in$^{53}$pət$^{3}$ in$^{53}$kɔi$^{35}$ lɔi$^{13}$?｜所以也系咁箇活动样啊，我～去下子。so$^{21}$i$^{35}_{21}$ia$^{35}$xe$^{53}_{44}$kan$^{21}$kai$^{53}_{44}$xɔit$^{5}$ tʰəŋ$^{53}_{44}$iɔŋ$^{53}_{44}$ŋa$^{0}$,ŋai$^{13}_{21}$in$^{53}_{44}$ kɔi$^{35}$çi$^{53}$ia$_{21}$(←xa$^{53}$)tsɿ$^{0}$.

【罂$_{1}$】aŋ$^{35}$ 名 腹大口小的陶器：辣椒放下～里，加滴水。lait$^{5}$ tsiau$^{35}_{44}$fɔŋ$^{53}_{44}$ŋa$_{44}$(←xa$^{53}$)aŋ$^{35}$li$^{0}$,cia$^{35}$ tiet$^{5}$ ʂei$^{21}$.

【罂$_{2}$】aŋ$^{35}$ 量 用于坛子所装东西：一～萝卜 iet$^{3}$aŋ$^{35}$lo$^{13}$pʰek$^{5}$｜一～酒 iet$^{3}$ aŋ$^{35}_{44}$tsiəu$^{21}$

【罂头】aŋ$^{35}$tʰei$^{0}$ 名 坛子，指用陶土做胚子烧成的用来腌制菜品或存放物品的器物：放下酒罂里，就用～，～，我等话～。fɔŋ$^{53}_{44}$ŋa$^{0}$ tsiəu$^{21}$aŋ$^{35}$li$^{0}$,tsʰiəu$^{53}_{21}$iɔŋ$^{53}$aŋ$^{35}$tʰei$^{0}$,aŋ$^{35}$tʰei$^{0}$,ŋai$^{13}_{21}$tien$^{0}$ ua$^{53}_{44}$aŋ$^{35}$ tʰei$^{0}$.

【罂子】aŋ$^{35}$tsɿ$^{0}$ 名 坛子：咁大子个～。kan$^{21}_{35}$tʰai$^{53}$tsɿ$^{0}$ke$^{53}$aŋ$^{35}$tsɿ$^{0}$.｜箇还有大～。kai$^{53}_{44}$xai$^{13}_{21}$iəu$^{35}_{44}$tʰai$^{53}$ aŋ$^{35}$tsɿ$^{0}$.

【罂子泥】aŋ$^{35}$tsɿ$^{21}$lai$^{13}$ 名 黏土：箇个～个土栽个菜就冇得嘞。因为渠肚里冇得沙，唔去水。kai$^{53}_{44}$ke$^{53}_{44}$aŋ$^{35}$tsɿ$^{21}$lai$^{13}$ke$^{53}$tʰəu$^{21}$tsɔi$^{35}$ke$^{53}_{21}$tsʰɔi$^{53}$tsʰiəu$^{53}_{21}$mau$^{13}$tek$^{3}$ le$^{0}$.in$^{35}$uei$^{53}_{21}$ci$^{13}$təu$^{21}$li$^{21}_{44}$mau$^{13}$tek$^{3}$ sa$^{35}$,n̩$^{13}$cʰie$^{53}$ ʂei$^{21}$.

【迎接】ɲin$^{13}$tsiet$^{3}$ 动 到某个地点等待将要到来的人：（孝子）归到箇屋门口，排成一列，跪正来，～箇个去送哩葬个人。kuei$^{35}$tau$^{53}$kai$^{53}_{44}$uk$^{3}$ mən$^{13}_{44}$xei$^{21}$,pʰai$^{13}_{21}$tʂʰən$^{13}_{44}$iet$^{3}$ lek$^{5}$,kʰuei$^{21}$tʂaŋ$^{53}$lɔi$^{13}$, ɲin$^{13}$ tsiet$^{3}$ kai$^{53}_{44}$ke$^{53}_{44}$çi$^{53}_{44}$səŋ$^{53}$li$^{0}$ tsɔŋ$^{53}$ke$^{53}_{44}$ɲin$^{13}_{21}$.

【迎亲】ɲiaŋ$^{13}$tsʰin$^{35}$ 动 婚礼时新郎到女家迎接新娘回来行婚礼：举行婚礼个时候子啊，欸，男方就派倒人去到女方去～。tʂʅ$^{21}$çin$^{13}$fən$^{35}$li$^{35}_{44}$ke$^{0}$ ʂʅ$^{13}$xei$^{53}$tsɿ$^{0}$ a$^{0}$,e$_{44}$,lan$^{13}$fɔŋ$^{35}_{44}$tsʰiəu$^{53}_{44}$pʰai$^{53}$tau$^{21}$ɲin$^{13}$çi$^{53}$ tau$^{53}$ɲy$^{21}$fɔŋ$^{35}_{44}$çi$^{53}$ɲiaŋ$^{13}$tsʰin$^{35}$.

【萤火虫】iaŋ$^{13}$fo$^{21}$tʂʰəŋ$^{13}$ 名 一种小型甲虫，尾部能发出荧光：好像如今呐唔知打哩么个农药啊么个东西，箇～蛮少了，欸，夜晡都蛮少了，出去外背看下子箇路上箇兜都冇得哩，以前真多咯。渠等话打哩农药，打哩箇个除草剂。欸，～冇得哩。xau$^{21}$tsʰiɔŋ$^{53}$i$^{13}_{21}$cin$^{35}_{44}$na$^{0}$ n̩$^{13}$ti$^{35}_{53}$ta$^{21}$li$^{0}$ mak$^{3}$ e$^{0}$ ləŋ$^{13}$iɔk$^{5}$ a$^{0}$ mak$^{3}$ e$^{0}$ təŋ$^{35}_{44}$si$^{0}$,kai$^{53}$iaŋ$^{13}$fo$^{21}$tʂʰəŋ$^{35}$man$^{13}$ʂau$^{21}$liau$^{0}$,e$_{21}$,ia$^{53}$pu$^{35}_{44}$təu$^{35}_{53}$man$^{13}$ʂau$^{21}$liau$^{0}$,tʂʰət$^{3}$ çi$^{53}$ŋɔi$^{53}$pɔi$^{53}_{44}$kʰɔn$^{53}$na$^{53}_{44}$tsɿ$^{0}$ kai$^{53}_{44}$ləu$^{53}$xɔŋ$^{53}_{44}$kai$^{53}_{44}$te$^{35}_{44}$təu$^{35}_{53}$mau$^{13}$tek$^{3}$ li$^{0}$,i$^{35}_{53}$tsʰien$^{13}$tʂən$^{35}$to$^{35}_{53}$ko$^{0}$.ci$^{13}$tien$^{0}$ ua$^{53}_{44}$ta$^{21}$li$^{0}$ ləŋ$^{13}$iɔk$^{5}$,ta$^{21}$li$^{0}$ kai$^{53}$ke$^{53}$tʂʰʮ$^{13}$tsʰau$^{21}$tsi$^{53}$.e$_{21}$,iaŋ$^{13}$fo$^{21}$tʂʰəŋ$^{13}$mau$^{13}$tek$^{3}$ li$^{0}$.

【营业员】in$^{13}$ɲiait$^{5}$ vien$^{13}$ 名 售货员的旧称：六七十年代供销社个嘞喊～。liəuk$^{3}$ tsʰiet$^{3}$ ʂət$^{5}$ ɲien$^{13}_{21}$ tʰɔi$^{53}_{44}$kɔŋ$^{35}_{44}$siau$^{35}_{44}$ʂa$^{53}$ke$^{0}$ lei$^{0}$ xan$^{53}$in$^{13}$ɲiait$^{5}$ vien$^{13}_{21}$.

【萦$_{1}$】iaŋ$^{35}$ 动 回旋缠绕：绩箇个呀～做一只坨坨喊被子。tsiak$^{3}$ ka$^{53}_{44}$ke$^{53}_{44}$ia$^{0}$ iaŋ$^{35}$tso$^{53}$iet$^{3}$ tʂak$^{3}$ tʰo$^{13}$ tʰo$^{13}_{21}$xan$^{53}_{44}$ie$^{53}$tsɿ$^{0}$.｜箇绳就～你几转是，～下以映子是。kai$^{53}$ʂən$^{13}$tsʰiəu$^{53}$iaŋ$^{35}$ɲi$^{13}_{21}$ci$^{21}$tʂuon$^{21}$ʂʅ$^{53}_{44}$,iaŋ$^{35}$ ŋa$^{53}_{44}$i$^{21}$iaŋ$^{53}$tsɿ$^{0}$ ʂʅ$^{53}_{44}$.

【萦$_{2}$】iaŋ$^{35}$ 量 指绕成团的线：一～线 iet$^{3}$ iaŋ$^{35}$sien$^{53}$

【赢】iaŋ$^{13}$ 动 胜（跟“输”相对）。多用在动词或动宾短语后面，表示超过或胜过：作（棋）～哩 tsɔk$^{3}$ iaŋ$^{13}$li$^{0}$｜七八十岁了哇，唔系话后生人都走渠唔～啊。tsʰiet$^{3}$ pait$^{3}$ ʂət$^{5}$ sɔi$^{53}$liau$^{0}$ ua$^{0}$,m̩$^{13}_{21}$pʰe$^{53}_{44}$ua$^{53}_{44}$xei$^{53}$saŋ$^{35}$ɲin$^{13}_{44}$təu$^{35}_{44}$tsei$^{21}$ci$^{13}_{21}$n̩$^{13}_{21}$iaŋ$^{13}$ŋa$^{0}$.

【攍】ɲiaŋ$^{13}$ 动 ①两个人抬：本来是每一只花圈就爱两个人，两个人～稳呢。pən$^{21}$nai$^{13}$ʂʅ$^{53}_{44}$mei$^{35}$ iet$^{3}$ tʂak$^{3}$ fa$^{35}_{44}$cʰien$^{35}_{44}$tsiəu$^{0}$ ɔi$^{53}_{44}$iɔŋ$^{21}$ke$^{53}$ɲin$^{13}_{21}$,iɔŋ$^{21}$ke$^{53}$ɲin$_{21}$ɲiaŋ$^{13}$uən$^{21}$ne$^{0}$. ②单人扛：一个人～一只（花圈）。iet$^{3}$ cie$^{53}$ɲin$_{21}$ɲiaŋ$^{13}_{21}$iet$^{3}$ tʂak$^{3}$. ③竖起：～起手指公 ɲiaŋ$^{13}$çi$^{21}$ʂəu$^{21}$tʂʅ$^{21}$kəŋ$^{35}$。④举：～起手来 ɲiaŋ$^{13}$çi$^{21}$ʂəu$^{21}$lɔi$^{13}$

【影响$_{1}$】in$^{21}$çiɔŋ$^{21}$ 动 ①指以间接或无形的方式来施加作用或引起改变，对某种事物起一定的

Y

扩散作用：对我等客姓人～最大个就花鼓戏。tei$^{53}$ŋai$^{13}_{21}$tien$^{0}$ kʰak$^{3}$ sin$^{53}$ɲin$^{13}_{21}$in$^{21}$çiɔŋ$^{21}$tsei$^{53}$tʰai$^{53}_{44}$ke$^{53}_{44}$ tsʰiəu$^{53}_{44}$fa$^{35}$ku$^{21}$çi$^{53}$. ②特指妨碍：也你会～渠葬地。ia$^{35}$ɲi$^{13}$uɔi$^{53}$in$^{21}$çiɔŋ$^{21}$ci$^{13}_{21}$tsɔŋ$^{53}_{44}$tʰi$^{53}$.

【影响$_{2}$】in$^{21}$çiɔŋ$^{21}$ 名对人或事物所起的作用：箇有滴子受本地人个～。kai$^{53}_{44}$iəu$^{35}$tet$^{5}$ tsɿ$^{0}$ ʂəu$^{53}$ pən$^{21}$tʰi$^{53}$ɲin$^{13}_{21}$ke$^{53}$in$^{21}$çiɔŋ$^{21}$.

【应】en$^{53}$ 动应声：～别人家 en$^{53}$pʰiet$^{5}$ in$^{13}_{21}$ka$^{35}_{21}$

【应酬】in$^{53}$tʂəu$^{13}$ 动交际往来：我等人是第一唔会搞～，唔会～，唔晓得让门子～。ŋai$^{13}_{21}$tien$^{0}$ in$^{13}_{44}$ʂʅ$^{53}_{44}$tʰi$^{53}$iet$^{3}$ m̩$^{13}_{21}$uɔi$^{53}$kau$^{21}$in$^{53}$tʂʰəu$^{13}_{21}$,m̩$^{13}_{21}$uɔi$^{53}$in$^{53}$tʂʰəu$^{13}_{21}$,n̩$^{13}$çiau$^{21}$tek$^{3}$ɲiɔŋ$^{53}$mən$^{13}_{44}$tsɿ$^{0}$ in$^{53}$tʂʰəu$^{13}_{44}$.

【应七】in$^{53}$tsʰiet$^{3}$ 动人死之后每过七日，亲人置备祭品来奠祭：以下就七天呢就～，安做～。一般第一只七天要唔得，不能应头七。欸，二七三七四七都要得。七七我就唔记得哩，七七四十九天就最后一只七了，欸七七四十九天就赠去是箇就过嘿哩，箇只～过嘿哩。i$^{21}$xa$^{53}$ tsʰiəu$^{53}_{44}$tsʰiet$^{3}$ tʰien$^{35}$nei$^{0}$ tsʰiəu$^{53}_{44}$in$^{53}$tsʰiet$^{3}$ ,ɔn$^{35}$tso$^{53}_{44}$in$^{53}$tsʰiet$^{3}$ .iet$^{3}$ pɔn$^{35}$tʰi$^{53}$iet$^{3}$ tʂak$^{3}$ tsʰiet$^{3}$ tʰien$^{35}_{44}$iau$^{53}$n̩$^{13}_{21}$tek$^{3}$, pət$^{3}$ len$^{13}_{44}$in$^{53}$tʰei$^{13}$tsʰiet$^{3}$ .ei$_{21}$, ɲi$^{53}$tsʰiet$^{3}$ san$^{35}$tsʰiet$^{3}$ si$^{53}$tsʰiet$^{3}$ təu$^{35}$iau$^{53}_{44}$tek$^{3}$ .tsʰiet$^{3}$ tsʰiet$^{3}$ ŋai$^{13}$tsʰiəu$^{53}$n̩$^{13}_{21}$ci$^{53}$tek$^{3}$ li$^{0}$ ,tsʰiet$^{3}$ tsʰiet$^{3}$ si$^{53}_{44}$ʂət$^{5}$ ciəu$^{21}$tʰien$^{35}_{44}$tsʰiəu$^{53}_{44}$tsei$^{53}$xei$^{53}$iet$^{3}$ tʂak$^{3}$ tsʰiet$^{3}$ liau$^{0}$ ,ei$^{0}$ tsʰiet$^{3}$ tsʰiet$^{3}$ si$^{53}_{44}$ʂət$^{5}$ ciəu$^{21}$tʰien$^{35}_{44}$ tsʰiəu$^{53}$maŋ$^{13}_{21}$çi$^{53}_{44}$ʂʅ$^{53}_{44}$kai$^{53}_{44}$tsʰiəu$^{53}_{44}$ko$^{53}$xek$^{3}$ li$^{0}$ ,kai$^{53}_{21}$tʂak$^{3}$ in$^{53}$tsʰiet$^{3}$ tsʰiəu$^{53}_{21}$ko$^{53}$xek$^{3}$ li$^{0}$ .｜又还爱～啦。一般是应……看时间啵。七天以后呀，第一只七唔搞，第一只七天唔搞，呣，头七，箇样子话撞头七。头七唔搞。二七三七，男双女单，呣，男子人就系应二七，四七，六七。女……妹子人就单，逢单，三七，四……五七，死个夫娘子就成单。箇都箇都系最亲个人去个。也系就舞倒三牲去敬下子啊，烧滴子纸啊。烧滴子纸箇只啦。iəu$^{53}$xa$^{13}_{21}$ɔi$^{53}_{44}$in$^{53}$tsʰiet$^{3}$ la$^{0}$ .iet$^{3}$ pɔn$^{35}$ʂʅ$^{53}_{44}$in$^{53}_{44}$… kʰɔn$^{53}$ʂʅ$^{13}_{21}$kan$^{35}_{44}$nau$^{0}$ .tsʰiet$^{3}$ tʰien$^{35}_{44}$i$^{35}_{44}$xei$^{53}_{44}$ia$^{0}$ ,tʰi$^{53}$iet$^{3}$ tʂak$^{3}$ tsʰiet$^{3}$ n̩$^{13}$kau$^{21}$,tʰi$^{53}$iet$^{3}$ tʂak$^{3}$ tsʰiet$^{3}$ tʰien$^{35}_{44}$n̩$^{13}$ kau$^{21}$,m̩$_{21}$,tʰei$^{13}$tsʰiet$^{3}$ ,kai$^{53}_{44}$iɔŋ$^{53}_{44}$tsɿ$^{0}$ ua$^{53}_{44}$tsʰɔŋ$^{53}$tʰei$^{13}$tsʰiet$^{3}$ .tʰei$^{13}$tsʰiet$^{3}$ n̩$^{13}$kau$^{21}$. ɲi$^{53}$tsʰiet$^{3}$ san$^{35}$tsʰiet$^{3}$ ,lan$^{13}_{21}$sɔŋ$^{35}_{44}$ ɲy$^{21}$tan$^{35}$,m̩$_{21}$,lan$^{13}$tsɿ$^{0}$ ɲin$^{13}$tsʰiəu$^{53}$xe$^{53}_{44}$in$^{53}$ɲi$^{53}$tsʰiet$^{3}$ ,si$^{53}$tsʰiet$^{3}$ ,liəuk$^{3}$ tsʰiet$^{3}$ . ɲy$^{21}$…mɔi$^{53}$tsɿ$^{0}$ ɲin$^{13}_{21}$tsʰiəu$^{53}_{44}$ tan$^{35}$,fəŋ$^{13}_{21}$tan$^{35}$,san$^{35}$tsʰiet$^{3}$ ,si$^{53}$…ŋ̍$^{21}$tsʰiet$^{3}$ ,si$^{21}$ke$^{53}_{44}$pu$^{35}$ɲiɔŋ$^{13}_{21}$tsɿ$^{0}$ tsiəu$^{53}_{44}$tʂʰən$^{13}$tan$^{35}$.kai$^{53}_{44}$təu$^{35}$kai$^{53}_{44}$təu$^{35}_{44}$xe$^{53}_{44}$tsei$^{53}$ tsʰin$^{35}$ke$^{53}_{44}$ɲin$^{13}_{21}$çi$^{53}_{44}$ke$^{53}_{44}$.ia$^{35}$xe$^{53}_{44}$tsʰiəu$^{53}_{44}$u$^{21}$tau$^{21}_{44}$san$^{35}$sien$^{35}$çi$^{53}_{44}$cin$^{53}$na$^{53}_{44}$tsa$^{0}$ ,ʂau$^{35}$tet$^{5}$ tsɿ$^{0}$ tʂʅ$^{21}$ʐa$^{0}$ .ʂau$^{35}$tet$^{5}$ tsɿ$^{0}$ tʂʅ$^{21}$ kai$^{53}_{44}$tʂak$^{3}$ la$^{0}$ .

【应嘴】en$^{53}$tʂɔi$^{53}$ 动顶嘴：我等箇只孙子蛮好呢。让门子话渠渠唔～。唔得～。渠唔得～，蛮好，欸。ŋai$^{13}$tien$^{0}$ kai$^{53}$tʂak$^{3}$ sən$^{35}$tsɿ$^{0}$ man$^{13}$xau$^{21}$nei$^{0}$. ɲiɔŋ$^{53}$mən$^{0}$ tsɿ$^{0}$ ua$^{53}$ci$^{13}$ci$^{13}$təu$^{35}_{44}$n̩$^{13}$en$^{53}$tʂɔi$^{53}$.n̩$^{13}$tek$^{3}$ en$^{53}$ tʂɔi$^{53}$.ci$^{13}_{21}$n̩$^{13}$tek$^{3}$ en$^{53}$tʂɔi$^{53}$,man$^{13}$xau$^{21}$,e$_{21}$.

【映】iaŋ$^{53}$ 名①指地方；位置：用箇粉袋子嘞，限正哩～个咁子弹一弹。iəŋ$^{53}_{44}$kai$^{53}_{44}$fən$^{21}$tʰɔi$^{53}$tsɿ$^{0}$ lei$^{0}$ ,kʰan$^{53}$tʂaŋ$^{53}$li$^{0}$ iaŋ$^{53}_{44}$ke$^{53}_{44}$kan$^{21}$tsɿ$^{0}$ tʰan$^{13}$miet$^{3}$ (←iet$^{3}$ )tʰan$^{13}$.｜以边一丈，以边也一丈，正好去中间～。i$^{21}$pien$^{35}_{44}$iet$^{3}$ tʂʰɔŋ$^{53}$,i$^{21}$pien$^{35}_{44}$ia$^{35}_{44}$iet$^{3}$ tʂʰɔŋ$^{53}$,tʂən$^{53}$xau$^{21}$çi$^{53}$tʂəŋ$^{35}$kan$^{35}_{44}$iaŋ$^{53}_{44}$. ②谜语。也称“映子”：细细子第一喜欢猜～子，猜～。硬么个“着屐鞋，上瓦屋哇，么人估中哩就系渠个亲姐夫哇”，“着屐鞋，上瓦屋”你晓得么个么？猫公啊，箇猜～。sei$^{53}$sei$^{53}$tsɿ$^{0}$ tʰi$^{53}$iet$^{3}$ çi$^{21}$fən$^{35}_{44}$tsʰai$^{35}_{44}$iaŋ$^{53}$ tsɿ$^{0}$ ,tsʰai$^{35}_{44}$iaŋ$^{53}$. ɲiaŋ$^{53}_{44}$mak$^{3}$ ke$^{53}_{44}$"tʂɔk$^{3}$ cʰiak$^{5}$ xai$^{13}_{21}$,ʂɔŋ$^{35}$ŋa$^{21}$uk$^{3}$ ua$^{0}$ ,mak$^{3}$ in$^{13}_{44}$ku$^{21}$tʂəŋ$^{53}$li$^{0}$ tsʰiəu$^{53}_{44}$xei$^{53}_{44}$ci$^{13}_{44}$ke$^{53}$ tsʰin$^{35}$tsia$^{21}$fu$^{35}$va","tʂɔk$^{3}$ cʰiak$^{5}$ xai$^{13}_{21}$,ʂɔŋ$^{35}$ŋa$^{21}$uk$^{3}$ "ɲi$^{13}_{44}$çiau$^{21}_{44}$(t)ek$^{3}$ mak$^{3}$ e$^{0}$ mo$^{0}$ ?miau$^{53}$kəŋ$^{35}$ŋa$^{0}$ ,kai$^{53}_{44}$tsʰai$^{35}$ iaŋ$^{53}$.

【映子】iaŋ$^{53}$tsɿ$^{0}$ 名处所词。①这里：哎哟，我～讲事唔得咯，我～去下录音咯。ai$_{44}$iau$^{0}$ ,ŋai$^{13}_{21}$ iaŋ$^{53}_{44}$tsɿ$^{0}$ kɔŋ$^{21}$sɿ$^{53}$n̩$^{13}_{21}$tek$^{3}$ ko$^{0}$ ,ŋai$^{13}_{21}$iaŋ$^{53}_{44}$tsɿ$^{0}$ çi$^{53}_{44}$xa$^{53}_{44}$luk$^{5}$ in$^{35}$ko$^{0}$ .｜我等～有晚姑豆呀。ŋai$^{13}_{21}$tien$^{0}$ iaŋ$^{53}$tsɿ$^{0}$ iəu$^{35}_{21}$man$^{35}$ku$^{35}_{44}$tʰei$^{53}_{44}$ia$^{0}$ . ②指特定的位置或地方：放下～，弹一下，就弹条线。fɔŋ$^{53}_{44}$la$^{53}_{44}$iaŋ$^{53}_{44}$tsɿ$^{0}$, tʰan$^{13}$iet$^{3}$ xa$^{53}$,tsʰiəu$^{53}_{44}$tʰan$^{13}_{21}$tʰiau$^{13}_{44}$sien$^{53}$.

【硬$_{1}$】ŋaŋ$^{53}$ 形坚硬：黄檀树第一～。uɔŋ$^{13}$tʰan$^{13}$ʂəu$^{53}$tʰi$^{53}$iet$^{3}$ ŋaŋ$^{53}$.｜荷树个木质还系蛮～子啦。xo$^{13}$ʂəu$^{53}$kei$^{53}$muk$^{3}$ tʂət$^{3}$ xai$^{13}$xe$^{53}_{44}$man$^{13}$ŋaŋ$^{53}$tsɿ$^{0}$ la$^{0}$ .

【硬$_{2}$】ŋaŋ$^{53}$/ɲiaŋ$^{53}$/ɲin$^{53}$ 副①确实；真的：湖洋田就系～蛮深。fu$^{13}$iɔŋ$^{13}_{44}$tʰien$^{13}_{44}$tsʰiəu$^{53}_{44}$xei$^{53}_{44}$ɲiaŋ$^{53}$ man$^{13}_{21}$tʂʰən$^{35}$.｜渠面前有滴真复杂个～！ci$^{13}_{21}$mien$^{53}_{44}$tsʰien$^{13}_{21}$iəu$^{35}$tiet$^{5}_{3}$ tʂən$^{35}$fuk$^{5}$ tsʰait$^{3}$ ke$^{53}$ɲiaŋ$^{53}_{44}$.｜我等我横巷里个钉椒子是～有百多年了。ŋai$^{13}_{21}$tien$^{0}$ ŋai$^{13}$uaŋ$^{13}$xɔŋ$^{53}_{44}$li$^{21}$ke$^{53}_{44}$taŋ$^{35}$tsiau$^{35}$tsɿ$^{0}$ ʂʅ$^{53}_{44}$ŋaŋ$^{53}_{21}$iəu$^{35}$pak$^{3}$ to$^{35}_{53}$ɲien$^{13}_{21}$liau$^{0}$ . ②非得……不可：～爱到九点钟。ɲiaŋ$^{53}$ɔi$^{53}$tau$^{53}_{21}$ciəu$^{21}$tien$^{21}$tʂəŋ$^{35}$.｜只系～爱话的话，就木桩篙，欸，竹……树桩篙，竹桩篙。tʂe$^{21}$xe$^{53}_{44}$ɲiaŋ$^{53}$ɔi$^{53}_{44}$ua$^{53}$tet$^{5}_{3}$ fa$^{53}$,tsʰiəu$^{53}_{44}$muk$^{3}$ tsiɔŋ$^{35}$kau$^{35}$, e$_{21}$,tʂəuk$^{3}$ …ʂəu$^{53}$tsiɔŋ$^{35}$kau$^{35}$,tʂəuk$^{3}$ tsiɔŋ$^{35}$kau. ③偏偏，表示故意跟某种情况、愿望相反：你唔爱我去，我～爱去。ɲi$^{13}$m̩$^{13}$mɔi$^{35}$ŋai$^{13}$çi$^{53}$,ŋai$^{53}$ɲiaŋ$^{53}$ɔi$^{53}$çi$^{53}$. ④果然：落尾渠婈子～真好滴子嘞。lɔk$^{5}$

mi$^{35}_{44}$ci$^{13}_{21}$ɔi$^{35}$tsɿ$^{0}$ ɲin$^{53}$tʂən$^{35}_{44}$xau$^{21}$tet$^{5}$ tsɿ$^{0}$ lei$^{0}$.

【硬板床】ŋaŋ$^{53}$pan$^{21}$tsʰɔŋ$^{13}$ 名 临时用门板等架就的床：就安做～，就一块板个，么个都冇得，就一块板。又冇得围板，又冇得吊帐子个。就～，就一块板。tsʰiəu$^{53}$ɔn$^{35}_{44}$tso$^{53}_{44}$ŋaŋ$^{53}$pan$^{21}$ tsʰɔŋ$^{13}$,tsʰiəu$^{53}$iet$^{3}$ kʰuai$^{53}$pan$^{21}$cie$^{53}$,mak$^{3}$ (k)e$^{53}$təu$^{35}_{53}$mau$^{13}_{44}$tek$^{3}$,tsʰiəu$^{53}$iet$^{3}$ kʰuai$^{53}$pan$^{21}$.iəu$^{53}$mau$^{13}_{21}$tek$^{3}$ uei$^{13}$ pan$^{21}$,iəu$^{53}$mau$^{13}_{21}$tek$^{3}$ tiau$^{53}$tʂɔŋ$^{53}$tsɿ$^{0}$ ke$^{53}$.tsʰiəu$^{53}_{44}$ŋaŋ$^{53}$pan$^{21}$tsʰɔŋ$^{13}$,tsʰiəu$^{53}$iet$^{3}$ kʰuai$^{53}$pan$^{21}$.

【硬饭团】ŋaŋ$^{53}$fan$^{53}$tʰɔn$^{13}$ 名 土茯苓：食得个嘞就系箇起安做～，绷硬个，一饽一饽个。也系种植物，欸，安做～，咁大一饽饽，大个咁大个咁大一只，同箇薯子样。箇岭上，绷硬个，打渣，食去打渣，但是比观音土还系更好，比泥也系更好。箇个一般也就咁子剁碎来。我等食过吗呢？我等唔多记得哩，冇饭食个时候子啊，过苦日子个时候子食过。～我觉得就系箇个呢舞倒去做米馃呢，剁碎哩以后就爱会做米馃，做做米馃，去炑，或者去蒸。ʂət$^{5}$ tek$^{3}$ ke$^{53}_{44}$ lei$^{0}$ tsʰiəu$^{53}$xei$^{53}_{21}$kai$^{53}$çi$^{21}$ɔn$^{35}_{44}$tso$^{53}_{44}$ŋaŋ$^{53}$fan$^{53}$tʰɔn$^{13}$,paŋ$^{35}$ŋaŋ$^{53}$ke$^{53}_{44}$,iet$^{3}$ pʰɔk$^{5}$ iet$^{3}$ pʰɔk$^{5}$ ke$^{53}_{44}$.ia$^{35}$xe$^{53}$tʂəŋ$^{21}$tʂʰət$^{5}$ uk$^{5}$,e$_{53}$,ɔn$^{35}_{44}$tso$^{53}_{44}$ŋaŋ$^{53}$fan$^{53}$tʰɔn$^{13}$,kan$^{21}$tʰai$^{53}$iet$^{3}$ pʰɔk$^{5}$ pʰɔk$^{5}$,tʰai$^{53}$cie$^{53}_{44}$kan$^{21}$tʰai$^{53}$cie$^{53}_{44}$kan$^{53}$tʰai$^{53}$iet$^{3}$ tʂak$^{3}$,tʰəŋ$^{13}$ kai$^{53}$ʂəu$^{13}$tsɿ$^{0}$ iɔŋ$^{53}$.kai$^{53}_{44}$liaŋ$^{35}$xɔŋ$^{53}$,paŋ$^{35}$ŋaŋ$^{53}$ke$^{0}$,ta$^{21}$tsa$^{35}$,ʂət$^{5}$ çi$^{53}$ta$^{21}$tsa$^{35}$,tan$^{53}_{44}$ʂɿ$^{53}_{44}$pi$^{21}$kɔn$^{35}$in$^{35}_{44}$tʰəu$^{21}$xai$^{13}$xe$^{53}_{44}$ cien$^{53}$xau$^{21}$,pi$^{21}$lai$^{13}$ia$^{35}$xei$^{53}_{44}$cien$^{53}$xau$^{21}$.kai$^{53}$ke$^{53}_{44}$iet$^{3}$ pən$^{35}$na$^{35}_{44}$tsʰiəu$^{53}_{44}$kan$^{21}$tsɿ$^{0}$ to$^{53}$si$^{53}$lɔi$^{13}_{21}$.ŋai$^{13}$tien$^{0}$ ʂət$^{5}$ ko$^{53}$ ma$^{0}$ nei$^{0}$?ŋai$^{13}_{21}$tien$^{0}$ n̩$^{13}$to$^{35}_{44}$ci$^{53}$tek$^{3}$ li$^{0}$,mau$^{13}$fan$^{53}$ʂət$^{5}$ ke$^{53}$ʂɿ$^{13}_{44}$xei$^{53}_{44}$tsɿ$^{0}$ a$^{0}$,ko$^{53}$kʰu$^{21}$ɲiet$^{3}$ tsɿ$^{0}$ (k)e$^{53}_{44}$ʂɿ$^{13}_{44}$xei$^{53}_{44}$tsɿ$^{0}$ ʂət$^{5}$ ko$^{53}_{44}$.ŋaŋ$^{53}$fan$^{53}$tʰɔn$^{13}$ŋai$^{13}_{21}$kɔk$^{3}$ tek$^{3}$ tsʰiəu$^{53}$xei$^{53}$kai$^{53}$ke$^{53}$nei$^{0}$ u$^{21}$tau$^{21}$çi$^{53}$tso$^{53}$mi$^{21}$ko$^{21}$nei$^{0}$,to$^{53}$si$^{53}$li$^{0}$ i$^{35}_{44}$xei$^{53}_{44}$tsiəu$^{53}_{21}$ ɔi$^{53}_{44}$uɔi$^{53}_{21}$tso$^{53}$mi$^{21}$ko$^{21}$,tso$^{53}$tso$^{53}$mi$^{21}$ko$^{21}$,çi$^{53}$xɔk$^{3}$,xɔit$^{5}$ tʂa$^{21}$çi$^{53}$tʂən$^{35}$.

【硬壳虫】ŋaŋ$^{53}$kʰɔk$^{3}$ tʂʰəŋ$^{13}$ 名 一种甲虫：～到底安做么个虫我也唔晓得，只晓得有身上有只硬壳。欸，我等看嘿倒就踩咁去，一脚踩哩去，反正渠又走得慢。ŋaŋ$^{53}$kʰɔk$^{3}$ tʂʰəŋ$^{13}$tau$^{53}$ti$^{21}$ɔn$^{35}_{53}$ tso$^{53}$mak$^{3}$ e$^{0}$ tʂʰəŋ$^{13}$ŋai$^{13}$ia$^{35}_{53}$n̩$^{13}_{21}$çiau$^{21}$tek$^{3}$,tʂɿ$^{21}$çiau$^{21}$tek$^{3}$ iəu$^{35}_{44}$ʂən$^{35}_{44}$xɔŋ$^{53}_{44}$iəu$^{35}_{44}$tʂak$^{3}$ ŋaŋ$^{53}$kʰɔk$^{3}$.e$_{21}$,ŋai$^{13}_{21}$tien$^{0}$ kʰɔn$^{53}$(x)ek$^{3}$ tau$^{21}$tsʰiəu$^{53}$tsʰai$^{21}$kan$^{21}$çi$^{53}$,iet$^{3}$ ciɔk$^{3}$ tsʰai$^{21}$li$^{0}$ ci$^{53}_{44}$,fan$^{21}$tʂən$^{53}$ci$^{13}_{44}$iəu$^{53}_{44}$tsei$^{21}$tek$^{3}$ man$^{53}$.

【硬壳纸】ŋaŋ$^{53}$kʰɔk$^{3}$ tʂɿ$^{21}$ 名 马粪纸：以下～是如今是欸有得是箇～啊，就系箇个包装箱个纸啊就系～。i$^{21}$xa$^{53}_{44}$ŋaŋ$^{53}$kʰɔk$^{3}$ tʂɿ$^{21}$ʂɿ$^{53}_{44}$i$^{13}_{21}$cin$^{35}_{53}$ʂɿ$^{53}_{44}$e$_{44}$iəu$^{35}$tek$^{3}$ ʂɿ$^{53}$kai$^{53}$ŋaŋ$^{53}$kʰɔk$^{3}$ tʂɿ$^{21}$za$^{0}$,tsʰiəu$^{53}$xe$^{53}$kai$^{53}_{44}$kei$^{53}_{44}$ pau$^{35}_{44}$tsɔŋ$^{35}_{44}$siɔŋ$^{35}$ke$^{53}$tʂɿ$^{21}$za$^{0}$ tsʰiəu$^{53}_{44}$xei$^{53}_{44}$ŋaŋ$^{53}$kʰɔk$^{3}$ tʂɿ$^{21}$.

【硬跷跷哩】ŋaŋ$^{53}$cʰiau$^{35}_{44}$cʰiau$^{35}$li$^{0}$ 形 状态词。很硬。①不柔软：呃床上棉絮睡久哩，哎呀，箇棉絮睡唔得，～。ə$_{44}$tsʰɔŋ$^{13}$xɔŋ$^{53}$mien$^{13}$si$^{53}$ʂɔi$^{53}$ciəu$^{21}$li$^{0}$,ai$_{44}$ia$_{35}$,kai$^{53}$mien$^{13}$si$^{53}$ʂɔi$^{53}$n̩$^{13}_{21}$tek$^{3}$,ŋaŋ$^{53}$cʰiau$^{35}_{44}$ cʰiau$^{35}$li$^{0}$. ②不易嘴嚼：有兜菜爱煮烂来个，赠煮烂，还～啦，让门食得欸？iəu$^{35}$te$^{35}_{44}$tsʰɔi$^{53}$ɔi$^{53}$ tʂəu$^{21}$lan$^{53}$lɔi$^{13}_{21}$ke$^{0}$,maŋ$^{13}$tʂəu$^{21}$lan$^{53}$,xai$^{13}_{21}$ŋaŋ$^{53}$cʰiau$^{35}_{44}$cʰiau$^{35}$li$^{0}$ la$^{0}$, ɲiaŋ$^{53}$mən$^{13}_{44}$ʂət$^{5}$ tek$^{3}$ e$^{0}$?

【哟$_{1}$】io$^{0}$ 助 句末语气词"哦"在前一音节尾音为-i 时的变体。表示疑问的语气：你搞么个来～？ɲi$^{13}$kau$^{21}$mak$^{3}$ (k)e$^{53}$lɔi$^{13}$io$^{0}$?

【哟$_{2}$】iau$^{0}$ 助 ①用于感叹句，表示惊叹语气：唔系～！m̩$^{13}_{21}$pʰe$^{53}_{44}$iau$^{0}$！②表示祈使语气：你上来～！ɲi$^{13}_{21}$ʂɔŋ$^{35}$lɔi$^{13}_{21}$iau$^{0}$！

【哟$_{3}$】iau$_{44}$ 叹 表示突然发现时的讶异：三沙一土七成灰，最好箇就。～，总共十一份呢，嘿。san$^{35}$sa$^{35}_{44}$iet$^{3}$ tʰəu$^{21}$tsʰiet$^{3}$ tʂʰən$^{13}_{21}$fɔi$^{35}$,tsei$^{53}$xau$^{21}$kai$^{53}_{44}$tsʰiəu$^{53}_{44}$.iau$_{44}$,tsəŋ$^{21}$kʰəŋ$^{53}_{21}$ʂət$^{5}$ iet$^{3}$ fən$^{53}_{44}$ne$^{0}$,xek$^{3}$.

【哟哟叫】io$^{13}$io$^{13}$ciau$^{53}$ 动 人或动物因为恐惧或痛楚而大声叫唤：箇个欸细人子唔听话，我巴掌都正攎起来是，欸箇只细子就架势～，分渠吓倒哩。kai$^{53}_{44}$kei$^{53}_{44}$e$_{44}$sei$^{53}$ɲin$^{13}_{44}$tsɿ$^{0}$ n̩$^{13}_{21}$tʰaŋ$^{35}_{44}$ua$^{53}$,ŋai$^{13}_{21}$ pa$^{35}$tʂəŋ$^{21}$təu$^{35}_{44}$tʂaŋ$^{53}$ɲiaŋ$^{13}$çi$^{21}$lɔi$^{13}_{44}$ʂɿ$^{53}$,e$_{44}$kai$^{53}_{44}$(tʂ)ak$^{3}$ sei$^{53}$tsɿ$^{0}$ tsʰiəu$^{53}_{44}$cia$^{53}_{44}$ʂɿ$^{53}_{44}$io$^{13}$io$^{13}$ciau$^{53}$,pən$^{35}_{44}$ci$^{13}_{44}$xak$^{3}$ tau$^{21}$li$^{0}$. ｜欸猪子，你去剧猪个时候子，渠会～叫。e$^{0}$ tʂəu$^{35}$tsɿ$^{0}$, ɲi$^{13}$çi$^{53}$tʂʰɿ$^{13}_{21}$tʂəu$^{35}$ke$^{53}$ʂɿ$^{13}$xei$^{53}$tsɿ$^{0}$,ci$^{13}_{21}$uɔi$^{53}$io$^{13}$ io$^{13}$ciau$^{53}$.

【壅】iəŋ$^{35}$ 动 ①填塞，填充：要分棺材放进去啊，分泥～嘿咯。iau$^{53}_{44}$pən$^{35}$kɔn$^{35}$tsʰɔi$^{13}_{21}$fɔŋ$^{53}$tsin$^{53}$ cʰi$^{53}$a$^{0}$,pən$^{35}$lai$^{13}$iəŋ$^{35}$(x)ek$^{3}$ko$^{0}$.｜挖嘿哩，有么人管了，有么人话舞兜泥又～转去唠。uait$^{3}$(x)ek$^{3}$ li$^{0}$,mau$^{13}$mak$^{3}$ in$^{13}_{44}$kɔn$^{21}$liau$^{0}$,mau$^{13}$mak$^{3}$ in$^{13}_{44}$ua$^{53}$u$^{21}$tei$^{35}_{53}$lai$^{13}$iəu$^{53}$iəŋ$^{35}$tʂuɔn$^{21}$çi$^{53}$lau$^{0}$. ②遮盖；然后就～下箇秆肚里啊。vien$^{13}$xei$^{53}_{44}$tsʰiəu$^{53}_{44}$iəŋ$^{35}$ŋa$_{44}$(←xa$^{53}$)kai$^{53}_{44}$kɔn$^{21}$təu$^{21}$lia$^{0}$. ③淤塞：（箇只潭）如今是冇得哩，如今是～嘿哩，欸。i$^{13}_{21}$cin$^{35}_{53}$ʂɿ$^{53}$mau$^{13}$tek$^{3}$ li$^{0}$,i$^{13}_{21}$cin$^{35}_{53}$ʂɿ$^{53}$iəŋ$^{35}$ŋek$^{3}$ li$^{0}$,e$_{21}$.

【壅蔸】iəŋ$^{35}$tei$^{35}$ 动 培土：栽菜呀，比方说栽辣椒就爱～。长倒蛮高子了，箇辣椒长倒蛮高子了，就爱～，以渠你唔～嘞，你唔～嘞慢呢风一吹，箇辣椒就转嘿哩。分箇蔸下要作起来，甚至壅哩蔸有兜辣椒十分高个还打只掌去。tsɔi$^{35}$tsʰɔi$^{53}$ia$^{0}$,pi$^{21}$fɔŋ$^{35}$ʂet$^{3}$ tsɔi$^{35}_{44}$lait$^{5}$ tsiau$^{35}_{44}$tsʰiəu$^{53}$ɔi$^{53}_{44}$iəŋ$^{35}$ tei$^{35}$.tʂɔŋ$^{21}$tau$^{21}$man$^{13}$kau$^{35}$tsɿ$^{0}$ liau$^{0}$,kai$^{53}_{44}$lait$^{5}$ tsiau$^{35}_{53}$tʂɔŋ$^{21}$tau$^{21}$man$^{13}$kau$^{35}$tsɿ$^{0}$ liau$^{0}$,tsʰiəu$^{53}_{44}$ɔi$^{53}_{44}$iəŋ$^{35}$tei$^{35}$,i$^{21}$ci$^{13}_{21}$

Y

ɲi13n̩13iəŋ35tei35lei0, ɲi13n̩$^{13}_{21}$iəŋ35tei35lei0man$^{53}_{44}$ne0 fəŋ35ŋet3 tʂʰei35,kai$^{53}_{21}$lait$^{5}_{3}$ tsiau$^{35}_{44}$tsʰiəu$^{53}_{44}$tʂuɔn53nek3 li0 .pɔn35 kai$^{53}_{44}$tei35xa53iau$^{53}_{44}$tsɔk3 çi53lɔi$^{13}_{44}$,ʂən53tʂʅ53iəŋ35li0 tei35iəu35te$^{35}_{53}$lait5 tsiau$^{35}_{44}$ʂət5 fən$^{35}_{44}$kau$^{35}_{44}$ke53xai$^{13}_{21}$ta21tʂak3 tsʰaŋ53 çi$^{53}_{44}$.

【壅土】iəŋ35tʰu21 动①向墓穴内填土。又称“壅泥”：箇个葬地个时候子啊，棺材放好哩以后，面上就壅兜泥去，欸，就～，面上就～。壅倒爱高出地面来。渠实在是欸挖箇只圹个时候子就有兜人是唔想挖咯，实在挖圹个时候子就爱挖得深。爱挖进岭岗肚里去，爱连窿，安做连窿。嗯，打进去，渠面前个是土撂顶高个土都安做暖土，爱暖土爱厚。壅倒去个土就系暖土。kai$^{53}_{44}$ke$^{53}_{44}$tsɔŋ53tʰi53ke0 ʂʅ$^{13}_{44}$xei53tsɿ0 a0 ,kɔn35tsʰɔi$^{13}_{21}$fəŋ53xau21li0 i35xei53,mien53xɔŋ$^{53}_{44}$tsʰiəu$^{53}_{44}$iəŋ$^{35}_{44}$te$^{35}_{53}$lai13çi53,e$_{21}$, tsʰiəu$^{53}_{44}$iəŋ35tʰəu21,mien$^{53}_{44}$xɔŋ$^{53}_{44}$tsʰiəu$^{53}_{44}$iəŋ35tʰəu21.iəŋ35tau21ɔi53kau35tʂʰət3 tʰi53mien53nɔi$^{13}_{44}$.ci13ʂət5 tsʰɔi$^{53}_{44}$ʂʅ$^{53}_{44}$e$_{21}$ uait3 kai53tʂak3 kʰɔŋ53ke$^{53}_{44}$ʂʅ$^{13}_{21}$xei$^{53}_{44}$tsɿ0 tsʰiəu53iəu35tei$^{35}_{53}$ɲin$^{13}_{21}$ʂʅ$^{53}_{21}$n̩13siɔŋ21uait3 ko0 ,ʂət5 tsʰai53uait3 kʰɔŋ53ke0 ʂʅ$^{13}_{44}$ xei$^{53}_{44}$tsɿ0 tsʰiəu53ɔi53uait3 tek3 tʂʰən35.ɔi53uait3 tsin53liaŋ35kɔŋ35təu21li0 çi53,ɔi53lien13ləŋ13,ɔn$^{35}_{44}$tso53lien13ləŋ13.n̩$_{21}$, ta21tsin53çi$^{53}_{44}$,ci13mien53tsʰien$^{13}_{21}$ke53ʂʅ$^{53}_{44}$tʰəu21lau35taŋ21kau$^{35}_{44}$ke$^{53}_{44}$tʰəu21təu$^{35}_{44}$ɔn$^{35}_{53}$tso53lɔn35tʰəu21,ɔi53lɔn35tʰəu21ɔi53 xei35.iəŋ35tau21çi53ke53tʰəu21tsʰiəu53xei53lɔn35tʰəu21. ②种子下土后覆盖一层碎泥：箇个菜下哩菜种以后，爱放兜子泥去。箇个泥就最好是硬爱让门子啊？用手捱倒箇泥，捱碎来放倒去，欸。唔系慢渠有兜十分有兜欸箇个秧子十分嫩个渠翋唔起来。你舞只大泥饽搞下去，会翋都翋唔起来。你像苋菜咁子个东西啊，翋唔起来。黄豆子就唔怕哩，嘿，蛮大一坨渠都翋得起呢。kai$^{53}_{44}$ke$^{53}_{44}$tsʰɔi53xa$^{53}_{44}$li0 tsʰɔi53tʂəŋ21i35xei$^{53}_{44}$,ɔi$^{53}_{44}$fəŋ53te$^{35}_{53}$tsɿ0 lai13çi53.kai53ke53lai13tsʰiəu53tsei53xau21ʂʅ$^{53}_{21}$ɲiaŋ$^{53}_{44}$ɔi$^{53}_{44}$ ɲiɔŋ$^{53}_{44}$mən$^{13}_{44}$tsɿ0 a0 ?iəŋ53ʂəu21ia21tau21kai53lai13,ia21si53lɔi$^{13}_{21}$fəŋ53tau21çi53,e$_{21}$.m̩$^{13}_{21}$pʰei53man53ci$^{13}_{21}$iəu35tei$^{35}_{44}$ʂət5 fən$^{35}_{44}$ iəu35tei$^{35}_{53}$ei$_{21}$kai$^{53}_{44}$ke$^{53}_{44}$iɔŋ35tsɿ0 ʂət5 fən$^{35}_{44}$lən53cie$^{53}_{21}$ci$^{13}_{21}$kəŋ53n̩$^{13}_{21}$çi21lɔi$^{13}_{44}$. ɲi13u21tʂak3 tʰai53lai13pʰɔk5 kau21ua53çi53, uɔi$^{53}_{44}$kəŋ53təu$^{35}_{44}$kəŋ53n̩$^{13}_{21}$çi21lɔi13. ɲi$^{13}_{21}$tsʰiɔŋ$^{53}_{44}$xan53tsʰɔi$^{53}_{44}$kan21tsɿ0 ke0 təŋ$^{35}_{44}$si0 a0 ,kəŋ53n̩$^{13}_{21}$çi21lɔi$^{13}_{44}$.uɔŋ13tʰei$^{53}_{44}$tsɿ0 tsʰiəu53m̩$^{13}_{21}$pʰa$^{53}_{44}$li0 ,xe$_{53}$,man13tʰai53iet3 tʰo13ci13təu$^{35}_{53}$kəŋ53tek3 çi21nei0 . ③培土：栽番薯哇，铲番薯哇，就系～。嗯，分箇番薯苗翻正来，扯净草，分箇泥嘞壅兜箇土里去。tsɔi$^{35}_{44}$fan35ʂəu$^{13}_{21}$ua0 ,tsʰan21 fan$^{35}_{44}$ʂəu$^{13}_{21}$ua0 ,tsʰiəu$^{53}_{44}$xei$^{53}_{44}$iəŋ35tʰəu21.n̩$_{21}$,pən$^{35}_{44}$kai53fan35ʂəu$^{13}_{21}$miau13fan$^{35}_{44}$tʂaŋ53lɔi$^{13}_{21}$,tʂʰa21tsʰiaŋ53tsʰau21,pən$^{35}_{44}$ kai53lai13lei0 iəŋ35te$^{35}_{53}$kai$^{53}_{44}$tʰəu21li0 çi53.

【蛹】iəŋ21 名昆虫从幼虫过渡到成虫时的一种形态：捡倒个蜂镜肚里有箇就有蜂窠子，蜂窠子肚里嘞就有有滴就空个，有滴就有只子蜂子，就蜂子个～啊，箇～正食得啦，还𫟼变成蜂子个。cian21tau21ke0 fəŋ35ciaŋ53təu21li0 iəu$^{35}_{44}$kai$^{53}_{44}$tsʰiəu$^{53}_{44}$iəu$^{35}_{44}$fəŋ35kʰo35tsɿ0 ,fəŋ35kʰo35tsɿ0 təu21li0 le0 tsiəu$^{53}_{44}$iəu35 iəu35tet5 tsʰiəu$^{53}_{44}$kʰəŋ35ke0 ,iəu35tet5 tsʰiəu$^{53}_{44}$iəu35tʂak3 tsɿ0 fəŋ35tsɿ0 ,tsiəu$^{53}_{44}$fəŋ35tsɿ0 ke$^{53}_{44}$iəŋ21ŋa0 ,kai53iəŋ21tʂaŋ$^{53}_{44}$ ʂət5 tek3 la0 ,xai13maŋ13pien53ʂaŋ$^{13}_{44}$fəŋ35tsɿ0 ke0 .

【用$_1$】iəŋ53 动①使用：打比同你等箇只舞只手机样，你就晓得让门子～。ta21pi21tʰəŋ13ɲi$^{13}_{21}$tien0 kai$^{53}_{44}$tʂak3 u21tʂak3 ʂəu21ci$^{35}_{44}$iɔŋ$^{53}_{44}$, ɲi13tsiəu$^{53}_{44}$çiau21tek3ɲiɔŋ53mən0 tsɿ0 iəŋ$^{53}_{44}$. ②花费（金钱）：结果嘞箇只钱又～嘿哩嘞，人又走咁哩。ciet3 ko21lei0 kai53tʂak3 tsʰien13iəu53iəŋ53xek3 li0 lei0 , ɲin13iəu53tsei21kan21 ni0 .

【用$_2$】iəŋ53 名指作用、用处、价值：饭汤是蛮有～嘞。fan53tʰɔŋ$^{35}_{44}$ʂʅ$^{53}_{44}$man$^{13}_{21}$iəu$^{35}_{44}$iəŋ53le0 .｜以只东西就有几只～啊。i21tʂak3 təŋ$^{35}_{44}$si0 tsʰiəu$^{53}_{44}$iəu35ci21tʂak3 iəŋ53ŋa0 .｜渠个袜子嘞箇底下箇莖冇哩～，烂到冇哩～了。ci13ke53mait3 tsɿ0 lei0 kai53te21xa53kai53tsʰo53mau13li0 iəŋ53,lan53tau$^{53}_{44}$mau13li0 iəŋ53liau21.

【用$_3$】iəŋ53 介①引述行为所用工具：～镢头都挖得开 iəŋ53ciɔk3 tʰei13təu$^{35}_{53}$uait3 tek3 kʰɔi35｜你～墨笔写，我～钢笔写。ɲi13iəŋ53mek5 piet3 sia21,ŋai13iəŋ53kɔŋ35piet3 sia21. ②引述行为所用材料：（屐鞋）就手工做个，～皮子做个。tsʰiəu$^{53}_{44}$ʂəu21kəŋ35tso53ke53,iəŋ53pʰi13tsɿ0 tso$^{53}_{44}$ke$^{53}_{44}$.

【用得着】iəŋ53tek3 tʂʰɔk5 有用处：乒槌是如今呐还～。pʰɔŋ35tʂʰei$^{13}_{21}$ʂʅ$^{53}_{44}$i$^{13}_{21}$cin35na0 xai13iəŋ53tek3 tʂʰɔk5.

【用饭】iəŋ53fan53 动吃饭的雅称：请～！tsʰiaŋ21iəŋ53fan53!｜～就比较箇个，比较正式个场合呀～呶。比较客气箇种哇。一般呶咯平时不正式咯有咁正式个就请食饭。iəŋ53fan53tsʰiəu$^{53}_{44}$pi21 ciau$^{53}_{44}$kai$^{53}_{44}$ke$^{53}_{44}$,pi21ciau$^{53}_{44}$tʂən53ʂʅ$^{53}_{44}$ke$^{53}_{44}$tʂʰɔŋ$^{13}_{21}$xɔit5 ia0 iəŋ53fan53nau0 .pi21ciau$^{53}_{44}$kʰek3 çi53kai$^{53}_{44}$tʂəŋ21ua0 .iet3 pɔn35 nau0 ko0 pʰin13ʂʅ$^{13}_{44}$pət3 tʂən53ʂʅ$^{53}_{44}$ko0 mau13kan21tʂən53ʂʅ$^{53}_{44}$ke$^{53}_{44}$tsʰiəu$^{53}_{44}$tsʰiaŋ21ʂət5 fan53.

【用劲】iəŋ$^{53}_{44}$cin53 动用力：～喏，跑急滴子，嗯，攒劲跑喔！iəŋ53cin53no0 ,pʰau21ciak3 tiet5 tsɿ0 ,n̩$_{21}$, tsan21cin53pʰau21uo0 !

【用来】iəŋ53lɔi13 动用以：咔叽布是～做罩衫箇只啦。kʰa21ci35pu53ʂʅ$^{53}_{44}$iəŋ$^{53}_{44}$lɔi$^{13}_{21}$tso$^{53}_{44}$tsau53san$^{35}_{44}$kai$^{53}_{44}$ tʂak3 la0 .｜以前是棉花籽也～榨油嘞。i$^{35}_{53}$tsʰien$^{13}_{44}$ʂʅ$^{53}_{44}$mien13fa$^{35}_{44}$tsɿ0 ia35iəŋ53lɔi$^{13}_{21}$tsa53iəu13le0 .

Y

【悠悠子火】iəu$^{13}$iəu$^{13}$tsɿ$^{0}$ fo$^{21}$ [名]文火，又称“细火子”：镬里唔放汤哦，唔放水哟，细火子，～，放滴子油喔。uɔk$^{5}$ li$^{0}$ m̩$^{13}$fɔŋ$^{53}$tʰɔŋ$^{35}$ŋo$^{0}$ ,m̩$^{13}$fɔŋ$^{53}_{44}$ʂei$^{21}$io$^{0}$ ,se$^{53}$fo$^{21}$tsɿ$^{0}$ ,iəu$^{13}$iəu$^{13}$tsɿ$^{0}$ fo$^{21}$,fɔŋ$^{53}$tet$^{5}$ tsɿ$^{0}$ iəu$^{13}$uo$^{0}$.

【尤其】iəu$^{13}$cʰi$^{13}$ [副]特别；表示更进一步：欸，一般清明呢，清明，系唔系啊？冬至啊。～系冬至。祭祖，嗯。箇就大家都来，一只家族个人都来。e$_{21}$,iet$^{3}$ pan$^{35}_{44}$tsʰin$^{35}$min$^{13}_{21}$ne$^{0}$ ,tsʰin$^{35}$ min$^{13}_{21}$,xei$^{53}_{44}$me$^{53}_{44}$a$^{0}$ ?tən$^{35}$tʂɿ$^{53}_{44}$ʐa$^{0}$ .iəu$^{13}$cʰi$^{13}$xe$^{53}$tən$^{35}$tʂɿ$^{53}$.tsi$^{53}$tsəu$^{21}$,ŋ̍$_{21}$.kai$^{53}$tsʰiəu$^{53}_{44}$tʰai$^{53}$cia$^{35}_{44}$təu$^{35}_{44}$lɔi$^{13}_{21}$,iet$^{3}$ tʂak$^{3}$ cia$^{35}_{44}$tsʰəuk$^{5}_{3}$ke$^{53}_{44}$ɲin$^{13}_{21}$təu$^{35}$lɔi$^{13}_{21}$.

【由】iəu$^{13}$ [介]引述行为的主体，意思是“经……之手”：就～别么人，或者大人，或者横辈人来泡碗茶渠食哩。tsʰiəu$^{53}_{44}$iəu$^{13}_{21}$pʰiet$^{5}$ mak$^{3}$ ɲin$^{13}_{21}$,xɔit$^{3}$ tʂa$^{21}$tʰai$^{53}$ɲin$^{13}$,xɔit$^{5}$ tʂa$^{21}$uaŋ$^{13}$pei$^{53}_{44}$ɲin$^{13}_{21}$nɔi$^{13}_{21}$pʰau$^{53}$ uɔn$^{21}$tsʰa$^{13}$ci$^{13}_{44}$ʂət$^{5}$ li$^{0}$.

【邮差】iəu$^{13}$tsʰai$^{35}$ [名]邮递员的旧称。又称“送信个”：以前就安做～，以下有么人话别人家～了，就邮递员。以前就话：～来哩吗？欸。又有人又话：送信个来哩么？i$^{35}_{44}$tsʰien$^{13}$tsʰiəu$^{53}_{44}$ɔn$^{35}_{44}$ tso$^{53}_{44}$iəu$^{13}$tsʰai$^{35}$,i$^{21}$xa$^{53}$mau$^{13}_{21}$mak$^{3}$ in$^{13}_{44}$ua$^{53}$pʰiet$^{5}$ in$^{13}_{44}$ka$^{35}_{44}$iəu$^{13}$tsʰai$^{35}$liau$^{0}$ ,tsʰiəu$^{53}$iəu$^{13}$tʰi$^{53}$vien$^{13}$.i$^{35}_{53}$tsʰien$^{13}$tsʰiəu$^{53}_{44}$ ua$^{53}_{44}$:iəu$^{13}$tsʰai$^{35}_{44}$lɔi$^{13}_{21}$li$^{0}$ ma$^{0}$ ?e$_{44}$.iəu$^{53}$iəu$^{35}$ɲin$^{13}$iəu$^{53}_{44}$ua$^{53}_{44}$:səŋ$^{53}$sin$^{53}$ke$^{53}_{21}$lɔi$^{13}_{21}$li$^{0}$ mo$^{0}$ ?

【油$_{1}$】iəu$^{13}$ [名]动植物体内所含的脂肪或矿产的碳氢化合物的混和液体，一般不溶于水，容易燃烧：（玉兰片）晒干来，还爱～去煠。sai$^{53}$kɔn$^{35}$nɔi$^{13}_{44}$,xai$^{13}$ɔi$^{53}_{44}$iəu$^{13}$çi$^{53}_{44}$tsak$^{3}$.｜镬里放滴子～子。uɔk$^{5}$ li$^{0}$ fɔŋ$^{53}$tet$^{5}$ tsɿ$^{0}$ iəu$^{13}$tsɿ$^{0}$.

【油$_{2}$】iəu$^{13}$ [动]用油涂抹：从前（篾套笼）是用桐油～一到啦。tsʰəŋ$^{13}$tsʰien$^{13}$ʂɿ$^{53}_{44}$iəŋ$^{53}$tʰəŋ$^{13}$iəu$^{13}$ iəu$^{13}$iet$^{3}$ tau$^{53}_{44}$la$^{0}$.

【油边】iəu$^{13}$pien$^{35}$ [名]猪护心肉，因其富含大量油脂且形状细长而得名：箇买猪肉个时候子啊，撞怕渠就话：“欸，以条～蛮好，你买倒去么？”板油个边，也尽腈猪肉，欸，味道好，～呐，十分嫩。～唔系五花肉嘞，～是硬系撕箇个板油个时候子，欸，板油结啊箇个胸腔肚里，欸，板油摎胸腔相黏个地方，箇就～。kai$^{53}_{44}$mai$^{35}$tʂəu$^{35}$ɲiəuk$^{3}$ ke$^{0}$ ʂɿ$^{13}$xei$^{53}_{44}$tsɿ$^{0}$ a$^{0}$ ,tsʰɔŋ$^{21}$pʰa$^{53}$ci$^{13}_{21}$tsʰiəu$^{53}$ ua$^{53}$:"e$_{21}$,i$^{21}$tʰiau$^{13}_{44}$iəu$^{13}$pien$^{35}_{44}$man$^{13}_{21}$xau$^{21}$, ɲi$^{13}_{21}$mai$^{35}$tau$^{21}$çi$^{53}$mo$^{0}$ ?"pan$^{21}$iəu$^{13}_{21}$ke$^{0}$ pien$^{35}$,ia$^{35}$tsʰin$^{35}$tsiaŋ$^{35}_{44}$tʂəu$^{35}_{44}$ ɲiəuk$^{3}$ ,e$_{21}$,uei$^{53}$tʰau$^{53}$xau$^{21}$,iəu$^{13}$pien$^{35}_{44}$na$^{0}$ ,ʂət$^{5}$ fən$^{35}_{44}$nən$^{53}$.iəu$^{13}$pien$^{35}_{53}$m̩$^{13}_{21}$pʰe$^{53}$ŋ̍$^{21}$fa$^{35}_{53}$ɲiəuk$^{3}$ le$^{0}$ ,iəu$^{13}$pien$^{35}_{53}$ʂɿ$^{53}_{21}$ ɲiaŋ$^{53}$xei$^{53}$si$^{35}$kai$^{53}$ke$^{53}_{44}$pan$^{21}$iəu$^{13}$ke$^{53}$ʂɿ$^{13}$xei$^{53}$tsɿ$^{0}$ ,e$_{21}$,pan$^{21}$iəu$^{13}$ciet$^{3}$ a$^{0}$ kai$^{53}$ke$^{53}_{21}$çiəŋ$^{35}$cʰiəŋ$^{35}$təu$^{21}$li$^{0}$ ,e$_{21}$,pan$^{21}$ iəu$^{13}$lau$^{35}_{44}$çiəŋ$^{35}$cʰiəŋ$^{35}$siəŋ$^{35}$ɲia$^{13}$ke$^{53}_{44}$tʰi$^{53}_{44}$fɔŋ$^{35}_{44}$,kai$^{53}_{44}$tsʰiəu$^{53}_{44}$iəu$^{13}$pien$^{35}_{44}$.｜欸，我去斫猪肉个时候子，箇个搞熟哩啊，箇卖猪肉个人就话：“斫兜～去啊，我割坨～分你。”打新鲜汤蛮好食。e$_{21}$,ŋai$^{13}_{21}$çi$^{53}$ tʂɔk$^{3}$ tʂəu$^{35}$ɲiəuk$^{3}$ ke$^{53}$ʂɿ$^{13}_{44}$xei$^{53}_{44}$tsɿ$^{0}$ ,kai$^{53}_{44}$kei$^{53}_{44}$kau$^{21}$ʂəuk$^{5}$ li$^{0}$ a$^{0}$ ,kai$^{53}_{44}$mai$^{53}$tʂəu$^{35}$ɲiəuk$^{3}$ ke$^{53}$ɲin$^{13}_{21}$tsiəu$^{53}$ua$^{53}$:"tʂɔk$^{3}$ təu$^{35}_{53}$iəu$^{13}_{21}$pien$^{35}_{44}$çi$^{53}$a$^{0}$ ,ŋai$^{13}_{44}$kʰɔit$^{3}$ tʰo$^{13}_{44}$iəu$^{13}$pien$^{35}_{44}$pən$^{35}_{44}$ɲi$^{13}_{21}$."ta$^{21}$sin$^{35}_{44}$sien$^{35}_{11}$tʰɔŋ$^{35}_{44}$man$^{13}_{21}$xau$^{21}$ʂət$^{5}$.

【油饼】iəu$^{13}$piaŋ$^{21}$ [名]用油煎的饼子：我孙子就第一喜欢食箇～啊，一块钱一只。ŋai$^{13}_{21}$sən$^{35}$tsɿ$^{0}$ tsʰiəu$^{53}$tʰi$^{53}$iet$^{3}$ çi$^{21}$fən$^{35}_{44}$ʂət$^{5}$ kai$^{53}$iəu$^{13}$piaŋ$^{21}_{44}$ŋa$^{0}$ ,iet$^{3}$ kʰuai$^{53}$tsʰien$^{13}_{21}$iet$^{3}$ tʂak$^{3}$.

【油布伞】iəu$^{13}$pu$^{53}_{44}$san$^{53}$ [名]用刷了油的布作为伞面的伞：～呢渠就区别以一种布伞呢。……～呢就在布个基础上嘞，加哩一层油。箇就唔得涿水呀。就唔过水呀。我等就我就用过啊，～呢。iəu$^{13}$pu$^{53}$san$^{53}_{44}$nei$^{0}$ ci$^{13}_{21}$tsʰiəu$^{53}$tʂʰų$^{35}$pʰiek$^{5}$ i$^{21}_{13}$iet$^{3}$ tʂəŋ$^{21}$pu$^{53}$san$^{53}_{21}$nei$^{0}$ .…iəu$^{13}$pu$^{53}_{44}$san$^{53}_{44}$nei$^{0}$ tsiəu$^{53}_{44}$tsʰai$^{53}_{44}$pu$^{53}$ ke$^{53}$ci$^{35}$tsʰəu$^{21}$ʂɔŋ$^{53}_{44}$lei$^{0}$ ,cia$^{35}$li$^{0}$ iet$^{3}$ tsʰien$^{13}_{21}$iəu$^{13}$.kai$^{53}_{44}$tsʰiəu$^{53}$n̩$^{13}$tek$^{3}$ təuk$^{3}$ ʂei$^{21}$ia$^{0}$ .tsʰiəu$^{53}_{44}$m̩$^{13}$ko$^{53}$ʂei$^{21}$ia$^{0}$ .ŋai$^{13}$ tien$^{0}$ tsʰiəu$^{53}$ŋai$^{13}$tsʰiəu$^{53}_{44}$iəŋ$^{53}$ko$^{53}$a$^{0}$ ,iəu$^{13}_{21}$pu$^{53}_{44}$san$^{53}$ne$^{0}$.

【油菜】iəu$^{13}$tsʰɔi$^{53}$ [名]一种芸苔属一、二年生草本植物，种子可供榨油：老种子个～食唔得。lau$^{21}$tʂəŋ$^{21}$tsɿ$^{0}$ ke$^{53}$iəu$^{13}$tsʰɔi$^{53}_{44}$ʂət$^{5}$ n̩$^{13}_{21}$tek$^{3}$.

【油菜秧】iəu$^{13}$tsʰɔi$^{53}$iəŋ$^{35}$ [名]油菜的嫩苗，可做菜：油菜，么个细个子时间扯下倒哩就系食得这个就油菜哩。～欸。就做得菜呢。/爱如今个良种油菜正食得。/～是食嫩嫩子是～啊好食呢。做得菜嘞。/爱如今个良种油菜。以前个老个揪苦，食唔得。老种子个油菜食唔得。iəu$^{13}$ tsʰɔi$^{53}$,mak$^{3}$ ke$^{53}_{44}$sei$^{53}$ke$^{53}$tsɿ$^{0}$ ʂɿ$^{13}$kan$^{35}_{53}$tʂʰa$^{21}$(x)a$^{53}_{44}$tau$^{21}$li$^{0}$ tsʰiəu$^{53}_{44}$xe$^{53}_{44}$ʂət$^{5}$ tek$^{3}$ tʂe$^{53}_{44}$ke$^{53}_{44}$tsʰiəu$^{53}_{44}$iəu$^{13}$tsʰɔi$^{53}_{44}$li$^{0}$ .iəu$^{13}$ tsʰɔi$^{53}$iəŋ$^{35}$ŋei$^{0}$ .tsiəu$^{53}$tso$^{53}$tek$^{3}$ tsʰɔi$^{53}$nei$^{0}$ ./ɔi$^{53}$i$^{13}_{21}$cin$^{35}_{44}$ke$^{53}_{44}$liəŋ$^{13}$tʂəŋ$^{21}$iəu$^{13}$tsʰɔi$^{53}_{44}$tʂaŋ$^{53}_{44}$ʂət$^{5}$ tek$^{3}$./iəu$^{13}$tsʰɔi$^{53}$iəŋ$^{35}$ ʂɿ$^{53}_{44}$ʂət$^{5}$ lən$^{53}$lən$^{53}$tsɿ$^{0}$ ʂɿ$^{53}_{44}$iəu$^{13}$tsʰɔi$^{53}$iəŋ$^{35}$ŋa$_{44}$xau$^{21}$ʂət$^{5}$ ne$^{0}$ .tso$^{53}$tek$^{3}$ tsʰɔi$^{53}$le$^{0}$ ./ɔi$^{53}$i$^{13}_{21}$cin$^{35}_{44}$ke$^{53}_{44}$liəŋ$^{13}$tʂəŋ$^{21}$iəu$^{13}$ tsʰɔi$^{53}$.i$^{35}$tsʰien$^{13}_{21}$ke$^{53}$lau$^{21}$ke$^{53}$tsiəu$^{35}_{21}$fu$^{21}$,ʂət$^{5}$ n̩$^{13}_{21}$tek$^{3}$.lau$^{21}$tʂəŋ$^{21}$tsɿ$^{0}$ ke$^{53}$iəu$^{13}$tsʰɔi$^{53}_{44}$ʂət$^{5}$ n̩$^{13}_{21}$tek$^{3}$.

【油槽】iəu$^{13}$tsʰau$^{13}$ [名]油榨下方集油的沟槽：箇油，箇个茶粘边上咁多油，都咁子跍稳出，然后就跌啊底下个箇只铁做个箇只东西，安做～。用木榨也系有只～。kai$^{53}$iəu$^{13}$,kai$^{53}_{44}$ke$^{53}_{44}$tsʰa$^{13}$

kʰu$^{35}_{44}$pien$^{35}_{44}$xɔŋ$^{53}_{44}$kan$^{21}$to$^{35}_{53}$iəu$^{13}$,təu$^{35}$kan$^{21}$tsɿ$^{0}$ku$^{35}$uən$^{21}$tʂʰət$^{3}$,vien$^{13}$xei$^{53}_{44}$tsʰiəu$^{53}_{44}$tiet$^{3}$a$^{0}$tei$^{21}$xa$^{53}_{44}$ke$^{53}_{44}$kai$^{53}_{21}$tʂak$^{3}$ tʰiet$^{3}$tso$^{53}$ke$^{53}$kai$^{53}_{44}$tʂak$^{3}$təŋ$^{35}_{44}$si$^{0}$,ɔn$^{35}_{44}$tso$^{53}$iəu$^{13}$tsʰau$^{13}$.iəŋ$^{53}$muk$^{3}$tsa$^{53}$ia$^{35}$xei$^{53}$iəu$^{35}$tʂak$^{3}$iəu$^{13}_{21}$tsʰau$^{13}_{21}$.

【油茶树】iəu$^{13}$tsʰa$^{13}$ʂəu$^{53}$ 名一种常绿小乔木，种子可榨取食用油：区别起来就箇起～，以个食茶树。/食茶树。tʂʰʯ$^{35}$pʰiek$^{5}$çi$^{21}$ləi$^{13}$tsʰiəu$^{53}_{44}$kai$^{53}$çi$^{21}$iəu$^{13}$tsʰa$^{13}$ʂəu$^{53}$,i$^{21}$ke$^{53}_{44}$ʂət$^{5}$tsʰa$^{13}$ʂəu$^{53}_{44}$./ʂət$^{5}$tsʰa$^{13}$ʂəu$^{53}$.

【油糍子】iəu$^{13}$tsʰi$^{13}$tsɿ$^{0}$ 名油炸的小而圆的米馃。又称“油货”：米馃也会去油去炮哇，安做油……～，油……欸，细细子一只个，圆圆子一只个，就安做～。又安做油货。mi$^{21}$ko$^{21}$ia$^{35}$ uɔi$^{53}_{44}$çi$^{53}$iəu$^{13}$çi$^{53}_{44}$pʰau$^{13}$ua$^{0}$,ɔn$^{35}_{44}$tso$^{53}_{44}$iəu$^{13}$…iəu$^{13}$tsʰi$^{13}$tsɿ$^{0}$,iəu$^{13}$f…e$_{21}$,se$^{53}$se$^{53}$tsɿ$^{0}$iet$^{3}$tʂak$^{3}$ke$^{53}$,ien$^{13}$ien$^{13}$tsɿ$^{0}$iet$^{3}$ tʂak$^{3}$ke$^{53}$,tsʰiəu$^{53}_{44}$ɔn$^{35}_{44}$tso$^{53}_{44}$iəu$^{13}$tsʰi$^{13}$tsɿ$^{0}$.iəu$^{53}_{44}$ɔn$^{35}_{44}$tso$^{53}_{44}$iəu$^{13}$fo$^{53}$.

【油罐子】iəu$^{13}$kɔn$^{53}$tsɿ$^{0}$ 名装油的罐子：装油细个是人家屋下个～唠，油壶子唠，油罂子唠。tʂɔŋ$^{35}_{44}$iəu$^{13}$se$^{53}$ke$^{53}_{44}$ʂɿ$^{53}_{44}$ɲin$^{13}_{21}$ka$^{35}_{53}$uk$^{3}$xa$^{53}_{44}$ke$^{53}_{44}$iəu$^{13}$kɔn$^{53}$tsɿ$^{0}$lau$^{0}$,iəu$^{13}$fu$^{13}$tsɿ$^{0}$lau$^{0}$,iəu$^{13}$aŋ$^{35}$tsɿ$^{0}$lau$^{0}$.

【油光水滑】iəu$^{13}$kɔŋ$^{35}$ʂei$^{21}$uait$^{5}$ 形容光滑润泽：呃，你箇以只狗子啊你看啊箇毛水几好子啊，～子。ə$_{53}$,ɲi$^{13}$kai$^{53}_{44}$i$^{21}$tʂak$^{3}$kei$^{21}$tsɿ$^{0}$a$^{0}$ɲi$^{13}$kʰɔn$^{53}_{44}$a$^{0}$kai$^{53}$mau$^{13}$ʂei$^{21}$ci$^{21}$xau$^{21}$tsɿ$^{0}$a$^{0}$,iəu$^{13}$kɔŋ$^{35}_{44}$ʂei$^{21}$uait$^{5}$tsɿ$^{0}$.

【油壶子】iəu$^{13}$fu$^{13}$tsɿ$^{0}$ 名装油的壶：装油细个是人家屋下个油罐子唠，～唠，油罂子唠。tʂɔŋ$^{35}_{44}$iəu$^{13}$se$^{53}$ke$^{53}_{44}$ʂɿ$^{53}_{44}$ɲin$^{13}_{21}$ka$^{35}_{53}$uk$^{3}$xa$^{53}_{44}$ke$^{53}_{44}$iəu$^{13}$kɔn$^{53}$tsɿ$^{0}$lau$^{0}$,iəu$^{13}$fu$^{13}$tsɿ$^{0}$lau$^{0}$,iəu$^{13}$aŋ$^{35}$tsɿ$^{0}$lau$^{0}$.

【油货】iəu$^{13}$fo$^{53}$ 名油糍子的别称，油炸的小而圆的米馃：我等细细子就冇得油哇，就想食～啊。ŋai$^{13}_{21}$tien$^{0}$se$^{53}$se$^{53}$tsɿ$^{0}$tsʰiəu$^{53}$mau$^{13}$tek$^{3}$iəu$^{13}$ua$^{0}$,tsʰiəu$^{53}_{44}$siɔŋ$^{21}$ʂət$^{5}$iəu$^{13}$fo$^{53}$a$^{0}$.｜箇起炮个糯米做倒去炮个箇就安做～。kai$^{53}_{44}$çi$^{21}_{44}$pʰau$^{13}$ke$^{53}$lo$^{53}$mi$^{21}$tso$^{53}$tau$^{21}_{44}$çi$^{53}$pʰau$^{13}$ke$^{53}$kai$^{53}_{44}$tsʰiəu$^{53}_{44}$ɔn$^{35}_{44}$tso$^{53}_{44}$iəu$^{13}$fo$^{53}$.

【油镬】iəu$^{13}$uɔk$^{5}$ 名迷信所传的阴间烹人刑具，也常比喻险境：下～ xa$^{35}$iəu$^{13}$uɔk$^{5}$

【油匠】iəu$^{13}$siɔŋ$^{53}$ 名油漆匠的旧称。又称“漆匠”：欸，我等有只喊阿叔个就做油漆，渠就系～。如今都还去下做油漆嘞。e$_{21}$,ŋai$^{13}$tien$^{0}$iəu$^{35}_{53}$tʂak$^{3}$xan$^{53}$a$^{35}$ʂəuk$^{3}$ke$^{0}$tsʰiəu$^{53}_{44}$tso$^{53}$iəu$^{13}$tsʰiet$^{3}$,ci$^{13}_{21}$ tsʰiəu$^{53}$xe$^{53}$iəu$^{13}$siɔŋ$^{53}$.i$^{13}_{21}$cin$^{35}_{53}$təu$^{35}_{53}$xai$^{13}_{21}$çi$^{53}_{44}$xa$^{53}_{44}$tso$^{53}$iəu$^{13}$tsʰiet$^{3}$le$^{0}$.

【油淋辣椒】iəu$^{13}$lin$^{13}$lait$^{5}$tsiau$^{35}$ 名菜肴名：炒碗子～食哩。tsʰau$^{21}$uɔn$^{21}$tsɿ$^{0}$iəu$^{13}$lin$^{13}_{44}$lait$^{3}$tsiau$^{35}_{44}$ʂət$^{5}$ li$^{0}$.

【油箩】iəu$^{13}$lo$^{13}$ 名一种涂过油的箩筐，有盖。也称“油箩子”：～有啊，有啊，有～啊。有起蜂子咯安做油箩蜂咯。我不过我我只听讲过。𫟼看过别人家用～子荷油就𫟼看过。/欸，荷油就𫟼看过。iəu$^{13}_{21}$lo$^{13}_{44}$iəu$^{35}$a$^{0}$,iəu$^{35}$a$^{0}$,iəu$^{35}$iəu$^{13}_{21}$lo$^{13}_{44}$a$^{0}$.iəu$^{35}_{44}$çi$^{21}$fəŋ$^{35}$tsɿ$^{0}$ko$^{0}$ɔn$^{35}_{44}$tso$^{53}_{44}$iəu$^{13}_{21}$lo$^{13}_{44}$fəŋ$^{35}$ko$^{0}$.ŋai$^{13}$ pət$^{3}$ko$^{53}$ŋai$^{13}_{21}$ŋai$^{13}_{21}$tʂe$^{21}$tʰaŋ$^{35}$kɔŋ$^{21}$ko$^{53}_{44}$.maŋ$^{13}$kʰɔn$^{53}$ko$^{53}$pʰiet$^{5}$in$^{13}_{21}$ka$^{13}_{44}$iəŋ$^{53}$iəu$^{13}$lo$^{13}_{21}$tsɿ$^{0}$kʰai$^{35}_{44}$iəu$^{13}$tsʰiəu$^{53}_{44}$maŋ$^{13}$ kʰɔn$^{53}$ko$^{53}$./e$_{21}$,kʰai$^{35}$iəu$^{13}$tsʰiəu$^{53}_{44}$maŋ$^{13}$kʰɔn$^{53}$ko$^{53}$.

【油箩蜂】iəu$^{13}$lo$^{13}$fəŋ$^{35}$ 名墨胸胡蜂，因其巢形如油箩而得名：但是渠蜂子嘞有一种箇野蜂子会叼人个哕，箇种哕，渠建渠作个窠搞欸箇圆箩箩样，圆箩，我等安做～。做成只油箩样。箇蜂子这里是最厉害。就系就系如今讲个么个么个蜂啊安做？马蜂啊，就是马蜂。喊～。tan$^{53}$ʂɿ$^{53}$ci$^{13}_{21}$fəŋ$^{35}$tsɿ$^{0}$lei$^{0}$iəu$^{35}$iet$^{3}$tʂəŋ$^{21}$kai$^{53}_{44}$ia$^{35}$fəŋ$^{35}$tsɿ$^{0}$uɔi$^{53}_{44}$tiau$^{35}_{44}$ɲin$^{13}_{44}$ke$^{53}_{44}$ʂa$^{0}$,kai$^{53}_{44}$tʂəŋ$^{21}$ʂa$^{0}$,ci$^{13}$cien$^{53}_{44}$ci$^{13}_{44}$tsɔk$^{3}$ ke$^{53}_{44}$kʰo$^{35}$kau$^{21}$e$_{21}$kai$^{53}_{44}$ien$^{13}$lo$^{13}$lo$^{13}$iɔŋ$^{53}_{44}$,ien$^{13}$lo$^{13}_{44}$,ŋai$^{13}$tien$^{0}$ɔn$^{35}_{44}$tso$^{53}_{44}$iəu$^{13}$lo$^{13}$fəŋ$^{35}$.tso$^{53}_{44}$tʂʰən$^{13}_{44}$tʂak$^{3}$iəu$^{13}$lo$^{13}$ iɔŋ$^{53}_{44}$.kai$^{53}_{44}$fəŋ$^{35}$tsɿ$^{0}$tʂe$^{53}$li$^{21}$ʂɿ$^{53}_{44}$tsei$^{53}$li$^{53}_{44}$xɔi$^{53}_{44}$.tsʰiəu$^{53}$xe$^{53}_{44}$tsʰiəu$^{53}$ue$^{53}$(←xe$^{53}$)i$^{13}_{21}$cin$^{35}$kɔŋ$^{21}$ke$^{53}_{44}$mak$^{3}$ke$^{53}_{44}$mak$^{3}$(k)e$^{53}_{44}$ fəŋ$^{35}$ŋa$^{0}$ɔn$^{35}_{44}$tso$^{53}_{44}$?ma$_{21}$fəŋ$_{44}$ŋa$^{0}$,tsiəu$^{53}$ʂɿ$^{53}_{44}$ma$_{21}$fəŋ$_{44}$.xan$^{53}_{44}$iəu$^{13}$lo$^{13}_{21}$fəŋ$^{35}_{44}$.

【油荬梗】iəu$^{13}$mak$^{3}$kuaŋ$^{21}$ 名莴笋头：～就爱削皮哟。iəu$^{13}$mak$^{3}$kuaŋ$^{21}$tsʰiəu$^{53}$ɔi$^{53}$siɔk$^{3}$pʰi$^{13}$io$^{0}$.

【油荬叶】iəu$^{13}$mak$^{3}$iait$^{5}$ 名指莴笋叶：～啊又话荬子叶，油荬子叶，欸，～。～蛮好食啦，嗯，我等长日买倒炒菜食。欸以到头番子下浏阳，嗯，走啊箇市场里买么个菜？尽系咁个外背舞倒来个菜只有。买嘿几天个～。iəu$^{13}$mak$^{3}$iait$^{5}$a$^{0}$iəu$^{35}$ua$^{53}$mak$^{3}$tsɿ$^{0}$iait$^{5}$,iəu$^{13}$mak$^{3}$tsɿ$^{0}$iait$^{3}$,e$_{21}$, iəu$^{13}$mak$^{3}$iait$^{5}$.iəu$^{13}$mak$^{3}$iait$^{5}$man$^{13}_{21}$xau$^{21}$ʂət$^{5}$la$^{0}$,n̩$_{44}$,ŋai$^{13}_{21}$tien$^{0}$tʂʰɔŋ$^{13}$ɲiet$^{3}$mai$^{35}$tau$^{21}$tsʰau$^{21}$tsʰɔi$^{53}$ʂət$^{5}$.e$^{0}$i$^{21}$ tau$^{53}$tʰei$^{13}$fan$^{35}_{44}$tsɿ$^{0}$xa$^{53}_{44}$liəu$^{13}_{21}$iɔŋ$^{13}_{44}$,n̩$_{44}$,tsei$^{21}$a$^{0}$kai$^{53}_{44}$ʂɿ$^{53}_{44}$tʂʰɔŋ$^{13}_{21}$li$^{0}$mai$^{35}$mak$^{3}$e$^{0}$tsʰɔi$^{35}_{53}$?tsʰin$^{35}$ne$^{53}_{44}$kan$^{21}_{44}$ke$^{53}_{44}$ŋɔi$^{53}$pɔi$^{53}$ u$^{21}$tau$^{21}$ləi$^{13}$ke$^{0}$tsʰɔi$^{53}$tʂɿ$^{21}$iəu$^{35}_{53}$.mai$^{35}$xek$^{3}$ci$^{21}$tʰien$^{35}$ke$^{0}$iəu$^{13}_{21}$mak$^{3}$iait$^{5}$.

【油荬子】iəu$^{13}$mak$^{3}$tsɿ$^{0}$ 名莴笋。又称“莴荬、荬子”：煮黄鳝个就～。/如今个莴笋我等就喊～。但是如今个后背个后生人就都喊做莴笋了，唔喊～。/硬喊莴笋了。/爱老人正…… tʂəu$^{21}$uɔŋ$^{13}$ʂen$^{53}_{44}$ke$^{53}_{44}$tsʰiəu$^{53}_{44}$iəu$^{13}$mak$^{3}$tsɿ$^{0}$./i$^{13}_{21}$cin$^{35}_{44}$ke$^{53}_{44}$uo$^{35}$sən$^{21}$ŋai$^{13}$tien$^{0}$tsʰiəu$^{53}_{44}$xan$^{53}$iəu$^{13}$mak$^{3}$tsɿ$^{0}$.tan$^{53}_{44}$ʂɿ$^{53}_{44}$i$^{13}_{21}$ cin$^{35}_{44}$ke$^{53}_{44}$xei$^{53}$pɔi$^{53}_{35}$ke$^{53}_{44}$xei$^{53}$saŋ$^{35}$ɲin$^{13}_{21}$tsʰiəu$^{53}_{44}$təu$^{35}$xan$^{53}$tso$^{53}_{21}$uo$^{35}_{44}$sən$^{21}$liau$^{0}$,n̩$^{13}$xan$^{53}$iəu$^{13}$mak$^{3}$tsɿ$^{0}$./ŋaŋ$^{53}$xan$^{53}$ uo$^{35}$sən$^{21}$liau$^{0}$./ɔi$^{53}$lau$^{21}$ɲin$^{13}$tʂaŋ$^{53}_{44}$…

【油墨】iəu$^{13}$mek$^{5}$ 名用于印刷的黏性油彩：～如今还有嘞，印报纸啊，箇印刷厂里啊就爱～

嘞。iəu13mek3 i-21cin35-53xai13-21iəu35le0,in53pau53tʂʅ21za0,kai-44in53sɔit3 tʂhəŋ21li0 a0 tshiəu53ɔi53iəu13mek5 le0.

【油瓶】iəu13phin13 名装油的瓶子：唔知让门子箇个～也还用得。n̩13ti35-44ɲiɔŋ53mən13-44tsʅ0 kai53ke53iəu13 phin13ia35-44xai13iəŋ53tek3.

【油漆】iəu13tshiet3 名油类和漆类涂料的泛称：爱做～嘞箇个指箴套笼是。ɔi53tso53iəu13tshiet3 le0 kai53-44 ke53-44ʂʅ53-44.

【油漆店】iəu13tshiet3 tian53 名经营油漆业务的店铺：～有哇，但是张坊冇得专门个～呢。欸，我箇到我话我买瓶黑板漆，冇得，张家坊都冇得。爱浏阳正有哇。嗬，箇浏阳箇街上就箇～就真多啦，又大嘞。iəu13tshiet3 tian53iəu35ua0,tan53ʂʅ53tʂɔŋ35fɔŋ35-44mau13-21tek3 tʂuen35mən13-21ke53-44iəu13tshiet3 tian53nei0 .ei-53,ŋai13kai53tau53ŋai13ua53ŋai13-44mai35phin13-21xek3 pan21tshiet3 ,mau13tek3 ,tʂɔŋ35-44ka35-44fɔŋ35təu35-53mau13 tek3 .ɔi53liəu13iɔŋ13-44tʂaŋ53iəu35-44ua0 .xo-53,kai53-44liəu13iɔŋ13kai53-44kai35xɔŋ53-44tshiəu53-44kai53iəu13tshiet3 tian53tshiəu53-44tʂən35 to35la0 ,iəu53thai53le0 .

【油绳子】iəu13ʂən13tsʅ0 名小麻花。也简称“油绳”：还有起安做油绳，～咯。就咁个扭扭哩个～，安做～，也系……欸，麻花样个，欸。～啊。更细唠，麻花蛮大。小麻花，系呀，小麻花。咁长子啦。本地人也做。xai13-21iəu35-53çi21ɔn35-44tso53-44iəu13ʂən13,iəu13ʂən13-44tsʅ0 ko0 .tsiəu53-21kan21ke53-44ɲiəu21 ɲiəu21li0 ke53iəu13ʂən13tsʅ0 ,ɔn35-44tso53-44iəu13ʂən13tsʅ0 ,ia35xei53-44…ei-21,ma13fa35-44iɔŋ13-44ke53-44,e-21.iəu13ʂən13tsa0 .cien53-44se53 lau0 ,ma13fa35-44mən35thai53.siau21ma13fa35-44,xei53ia0 ,siau21ma13fa35-53.kan21-35tʂhɔŋ21-44tsʅ0 la0 .pən21thi13ɲin13-21ia35tso53.

【油松】iəu13tshəŋ13 名一种松树，富含松脂，可提炼松节油：渠有起是搞么啊唠？渠本来是只有如今，如今搞成呐有起专门栽倒放油个啊。箇个就喊～欸。ci13-21iəu35çi21-44ʂʅ53-44kau21mak3 a0 lau0 ?ci13-21pən21nɔi13ʂʅ53-44tʂe21iəu35i-21cin35,i-21cin35-44kau21tʂhən13na0 iəu35çi21tʂen35mən0 tsɔi35tau21fɔŋ53iəu13ke53 a0 .kai53-44ke53-44tsiəu53-44xan53-44iəu13tshəŋ13-44ɲei0 .

【油提子】iəu13thi13tsʅ0 名舀油的计量工具：有一斤个，有半斤个，系唔系？箇～。iəu35iet3 cin35 cie53-44,iəu35pan53cin35-44cie53-44,xei53me53?kai53iəu13thi13tsʅ0 .

【油桐树】iəu13thəŋ13ʂəu53 名落叶乔木，木本油料植物。又称“桐子树”：呃，我唔系话箇个以几年呢以几年唔知让门箇岭上咁多～了，嗯，咁多桐子树，咁多～，让门子嘞春天开花个时候子就看得倒，开白花个。硬箇个坐车去看下子，两边都系硬到处系白花个～。ə-21,ŋai13m̩13-21 phei53ua53kai53ke53i21ci21ɲien13ne0 i21ci21ɲien13n̩13-21ti35-53ɲiɔŋ53mən13-44kai53liaŋ35xɔŋ53kan21to35iəu13-21thəŋ13-21ʂəu53 liau0 ,n̩-21,kan21to35thəŋ13tsʅ0 ʂəu53,kan21to35iəu13thəŋ13ʂəu53, ɲiɔŋ53-44mən13-44tsʅ0 lei0 tʂhən35-44thien35-44khɔi35-44fa35ke53ʂʅ13-44 xəu53-44tsʅ0 tshiəu53-44khɔn53tek3 tau21,khɔi35-44phak5 fa35ke0 . ɲiaŋ53kai53-44ke53-44tsho35tʂha35-44çi53-44khɔn53na53-44tsʅ0 ,iɔŋ21pien35 təu35-44ue53-44ɲiaŋ53tau53tʂhəu53xei53phak5 fa35-44ke0 iəu13-21thəŋ13-21ʂəu53.

【油头】iəu13thei13 名榨油时的出油率：我等前年去打茶油，我等以个栏场油榨下咯，渠就渠外背拖倒茶籽来打，系啊？拖倒茶籽来，卖分你，九块五角钱一斤个茶籽啦，去打油。但是渠个～好，九块五是唔便宜呐，系啊？～好。我等箇阵子我等本地方个茶籽从来也冇得咁好个～哟硬哦。两两好哩啊，两两二好哩啰，一斤茶籽打两两有好哩啊，打两两二好哩啰。渠打得二两八打得三两二，我等打箇个茶籽。首先呢渠包二两六，渠箇油榨下渠包嘞，你卖我茶籽，我包得二两六。渠打嘿几多子茶籽，反正渠打嘿半个月，个多月茶籽只赔过一家话，赔油哇只赔过一家𫠏打倒二两六个。我等就打嘿一榨，欸，箇学生爱。落尾我想倒咁好个～我也来打兜子。到哩最后了，十二月来打了，到哩十二月来打，箇阵子系霜降都过哩了嘞，系唔系？打倒三两二，欸，三两二三两三，你话箇箇个～让门咁好哇。越到越迟茶籽畜得越迟，～越好。ŋai13tien0 tshien13ɲien13çi53ta21tsha13iəu13,ŋai13tien0 i21-13ke53laŋ13-21tʂhɔŋ13-44iəu13tsa53xa35ko0 ,ci13 tshiəu53çi53-44ŋɔi53pɔi53tho35tau21tsha13-21tsʅ21lɔi13-44ta21,xei53a0 ?tho35tau21tsha13-21tsʅ0 lɔi13-21,mai53pən35ɲi13-44,ciəu21khuai53-21ŋ̍21 kɔk3 tshien13-21iet3 cin35ke0 tsha13tsʅ21la0 ,çi53ta21iəu13.tan53ʂʅ53ci13-44ke53iəu13thei13-44xau21,ciəu21khuai53-21ŋ̍21ʂʅ53-21m̩13phien13 ɲin13na0 ,xei53a0 ?iəu13thei13-44xau21.ŋai13tien0 kai53tʂhən53tsʅ0 ŋai13-21tien0 pən21thi53-44xɔŋ35-44ke53tsha13tsʅ21tshəŋ13lɔi13-21ia35-53 mau13-21tek3 kan21xau21ke53iəu13-44thei13-44io0 ɲiaŋ53ŋo0 .iɔŋ21liɔŋ35xau21li0 a0 ,iɔŋ21liɔŋ35ɲi53xau21li0 lo0 ,iet3 cin35tsha44 tsʅ0 ta21iɔŋ21liɔŋ35iəu13-44xau21li0 a0 ,ta21iɔŋ21liɔŋ35ɲi53xau21li0 lo0 .ci13ta21tek3ɲi53liɔŋ35-44pait3 ta21tek3 san35liɔŋ35-44ɲi53, ŋai13tien0 ta21kai53-44ke53-44tsha13tsʅ21.ʂəu21sien35-44nei0 ci13-21pau35ɲi53liɔŋ35-44liəuk3 ,ci13-21kai53-44iəu13tsa53xa53-44ci13-21pau35lei0 , ɲi13-21 mai35ŋai13-44tsha13tsʅ21,ŋai13-21pau35tek3ɲi53liɔŋ35liəuk3 .ci13-21ta21xek3 ci21to35tsʅ0 tsha13-44tsʅ21,fan21tʂən53ci13-21ta21xek3 pan53 cie53ɲiet5 ,cie53to35-44ɲiet5 tsha13-21tsʅ21tʂʅ21phi13ko53iet3 ka35ua53,phi13iəu13ua0 tʂʅ21phi13ko53(i)et3 ka35maŋ13-21ta21tau21-44ɲi53 liɔŋ35-44liəuk3 ke53.ŋai13tien0 tshiəu53ta21xek3 iet3 tsa53,e-21,kai53-21xɔk5 saŋ35ɔi53-44.lɔk5 mi35-53ŋai13-21siɔŋ21-44tau21-44kan21xau21ke53 iəu$^{13}$tʰei$^{13}_{44}$ŋai$^{13}$a$^{35}_{53}$lɔi$^{13}_{21}$ta$^{21}$tei$^{35}_{53}$tsʅ$^{0}$.tau$^{53}$li$^{0}$ tsei$^{53}$xei$^{53}$liau$^{0}$,ʂət$^{5}$ɲi$^{53}$ɲiet$^{5}$lɔi$^{13}_{21}$ta$^{21}$liau$^{0}$,tau$^{53}_{44}$li$^{0}$ ʂət$^{5}$ɲi$^{53}$ɲiet$^{5}_{3}$lɔi$^{13}_{44}$ta$^{21}$,kai$^{53}$tʂʰən$^{53}$tsʅ$^{0}$ xe$^{53}_{44}$sɔŋ$^{35}$kɔŋ$^{53}_{21}$təu$^{53}_{44}$ko$^{53}$xek$^{3}$ li$^{0}$ liau$^{21}$lei$^{0}$,xei$^{53}$me$^{53}_{44}$?ta$^{21}$tau$^{21}$san$^{35}_{44}$liɔŋ$^{53}_{44}$ɲi$^{53}$,e$_{44}$,san$^{35}_{44}$liɔŋ$^{21}_{44}$ɲi$^{53}$san$^{35}_{44}$liɔŋ$^{21}_{44}$san$^{35}$, ɲi$^{13}_{44}$(u)a$^{53}_{44}$kai$^{53}$kai$^{53}_{44}$kei$^{53}_{44}$iəu$^{13}$tʰei$^{13}_{21}$ɲiɔŋ$^{53}$mən$^{13}_{44}$kan$^{21}$xau$^{21}$ua$^{0}$.viet$^{5}$ tau$^{53}$viet$^{5}$ tʂʰʅ$^{13}$tsʰa$^{13}$tsʅ$^{21}$çiəuk$^{3}$ tek$^{3}$ viet$^{5}$ tʂʰʅ$^{13}$,iəu$^{13}$tʰei$^{13}$viet$^{5}$ xau$^{21}$.

【油盐子】iəu$^{13}$ian$^{13}$tsʅ$^{0}$ 名油和盐的统称：放滴子～，就去炒。fɔŋ$^{53}_{44}$tiet$^{5}$ tsʅ$^{0}$ iəu$^{13}$ian$^{13}$tsʅ$^{0}$,tsʰiəu$^{53}_{44}$çi$^{53}_{44}$tsʰau$^{21}$.

【油印机】iəu$^{13}$in$^{53}$ci$^{35}$ 名一种利用油墨复制较多数量文件的印刷机械：以前呐欸用蜡纸刻字个时候子啊，就爱用～去印。话哩箇到箇只人送部子崭新重新个～分我。结果我还系拿倒丢嘿哩。只好丢嘿嘞，冇么个用，冇哪映放哦。i$^{35}$tsʰien$^{13}$na$^{0}$ e$_{21}$iəŋ$^{53}$lait$^{5}$ tʂʅ$^{21}$kʰek$^{3}$ sʅ$^{53}$ke$^{0}$ ʂʅ$^{13}$xei$^{53}_{44}$tsʅ$^{0}$ a$^{0}$,tsʰiəu$^{53}_{44}$ɔi$^{53}$iəŋ$^{53}$iəu$^{13}$in$^{53}$ci$^{35}_{44}$çi$^{53}_{44}$in$^{53}$.ua$^{53}_{21}$li$^{0}$ kai$^{53}$tau$^{53}_{44}$kai$^{53}$tʂak$^{3}$ ɲin$^{13}$sɔŋ$^{53}$pʰu$^{53}$tsʅ$^{0}$ tsan$^{21}$sin$^{35}_{44}$tʂʰəŋ$^{53}$sin$^{35}_{44}$ke$^{0}$ iəu$^{13}$in$^{53}$ci$^{35}_{44}$pən$^{35}$ŋai$_{21}$.ciet$^{3}$ ko$^{21}$ŋai$^{13}$xai$^{13}_{21}$xe$^{53}$la$^{53}$tau$^{21}$tiəu$^{35}$xek$^{3}$ li$^{0}$.tʂʅ$^{21}$xau$^{21}$tiəu$^{35}$xek$^{3}$ le$^{0}$,mau$^{13}_{21}$mak$^{3}$ e$^{0}$ iəŋ$^{53}$,mau$^{13}$la$^{53}$iaŋ$^{53}$fɔŋ$^{53}$ŋo$^{0}$.

【油罂子】iəu$^{13}$aŋ$^{35}$tsʅ$^{0}$ 名家中装油的坛子：装油细个是人家屋下个油罐子唠，油壶子唠，～唠。有滴就～。咁大子个罂子唠，咁大子个罂子。欸，陶器个。……箇就～装倒。罂子啊。箇还有大罂子。有滴人用大滴子个。反正都用陶器个装。就系～。tʂɔŋ$^{35}_{44}$iəu$^{13}$se$^{53}$ke$^{53}_{44}$ʂʅ$^{53}_{44}$ɲin$^{13}_{21}$ka$^{35}_{53}$uk$^{3}$ xa$^{53}_{44}$ke$^{53}_{44}$iəu$^{13}$kɔn$^{53}$tsʅ$^{0}$ lau$^{0}$,iəu$^{13}$fu$^{13}$tsʅ$^{0}$ lau$^{0}$,iəu$^{13}$aŋ$^{35}$tsʅ$^{0}$ lau$^{0}$.iəu$^{35}$tet$^{5}_{3}$tsiəu$^{53}_{44}$iəu$^{13}$aŋ$^{35}$tsʅ$^{0}$.kan$^{21}_{35}$tʰai$^{53}_{44}$tsʅ$^{0}$ ke$^{53}_{44}$aŋ$^{35}$tsʅ$^{0}$ lau$^{0}$,kan$^{21}_{35}$tʰai$^{53}$tsʅ$^{0}$ ke$^{53}$aŋ$^{35}$tsʅ$^{0}$.e$_{21}$,tʰau$^{13}$çi$^{53}_{44}$ke$^{53}_{44}$.…kai$^{53}_{44}$tsʰiəu$^{53}_{44}$iəu$^{13}$aŋ$^{35}$tsʅ$^{0}$ tʂɔŋ$^{35}$tau$^{21}$.aŋ$^{35}$tsa$^{0}$.kai$^{53}_{44}$xai$^{13}_{21}$iəu$^{35}_{44}$tʰai$^{53}$aŋ$^{35}$tsʅ$^{0}$.iəu$^{35}$tet$^{5}$ɲin$^{13}$iəŋ$^{53}_{44}$tʰai$^{53}$tiet$^{5}_{3}$tsʅ$^{0}$ke$^{53}_{44}$.fan$^{21}$tʂəŋ$^{53}_{44}$təu$^{35}$iəŋ$^{53}_{44}$tʰau$^{13}$çi$^{53}$ke$^{53}_{44}$tʂɔŋ$^{35}$.tsiəu$^{53}_{44}$xei$^{53}$iəu$^{13}$aŋ$^{35}$tsʅ$^{0}$.

【油渣】iəu$^{13}$tsa$^{35}_{44}$ 名动物脂肪熬炼后剩下的松脆物质：欸，看箇个黏就看得嘞，有～啊。以前江西人就卖呀。箇个一块一块个黏哇，黏样个啊，肚里尽～。欸。箇食得呀？箇个～唔好食一下，喷臭哇。么个死猪子肉箇只么个东西渠只爱系肥膘肉箇只都可以榨出油来。以前箇油就榨出来个。e$_{53}$,kʰɔn$^{53}$kai$^{53}_{44}$cie$^{53}_{44}$kʰu$^{35}$tsʰiəu$^{53}_{44}$kʰɔn$^{53}$tek$^{3}$ le$^{0}$,iəu$^{35}_{44}$iəu$^{13}$tsa$^{35}$a$^{0}$.i$^{35}$tsʰien$^{13}_{21}$kɔŋ$^{35}$si$^{35}_{44}$ɲin$^{13}_{44}$tsiəu$^{53}_{44}$mai$^{53}$ia$^{0}$.kai$^{53}_{44}$ke$^{53}_{44}$iet$^{3}$ kʰuai$^{53}$iet$^{3}$ kʰuai$^{53}$cie$^{53}_{44}$kʰu$^{35}$ua$^{0}$,kʰu$^{35}$iəŋ$^{53}_{44}$cie$^{53}_{44}$a$^{0}$,təu$^{21}$li$^{0}$ tsʰin$^{53}$iəu$^{13}$tsa$^{35}_{44}$.e$_{21}$.kai$^{53}$ʂət$^{5}$ tek$^{3}$ ia$^{0}$?kai$^{53}_{44}$ke$^{53}_{44}$iəu$^{13}$tsa$^{35}_{44}$m̩$^{13}_{21}$mau$^{21}$(←xau$^{21}$)ʂət$^{5}$ iet$^{3}$ xa$^{53}$,pʰən$^{35}$tʂʰəu$^{53}$ua$^{0}$.mak$^{3}$ ke$^{53}$si$^{21}$tʂəu$^{35}$tsʅ$^{0}$ɲiəuk$^{3}$ kai$^{53}_{21}$tʂak$^{3}_{5}$mak$^{3}$ (k)e$^{53}_{44}$təŋ$^{35}_{44}$si$^{0}$ ci$^{13}_{21}$tʂe$^{21}$ɔi$^{53}_{44}$xei$^{53}$fei$^{13}$piau$^{35}$ɲiəuk$^{3}$ kai$^{53}_{44}$tʂak$^{3}$ təu$^{35}_{44}$kʰo$^{21}$i$^{35}$tsa$^{53}$tʂʰət$^{3}$ iəu$^{13}$lɔi$^{13}_{21}$.i$^{35}$tsʰien$^{13}_{21}$kai$^{53}_{44}$iəu$^{13}_{21}$tsʰiəu$^{53}_{44}$tsa$^{53}$tʂʰət$^{3}$ lɔi$^{13}_{21}$ke$^{53}_{21}$.

【油榨】iəu$^{13}$tsa$^{53}$ 名榨油的器具：箇年我放势问，渠等话虎坳箇映还有只～呢，欸，我就，"欸虎坳有只～？"我就问一只云溪人。"冇得哩啊，朽嘿哩啊，屋都转嘿哩啊。"我就箇年你来哩啊，就你箇年来哩我就问呢，问嘿渠等呢。冇得哩，朽嘿哩。kai$^{53}$ɲien$^{13}_{21}$ŋai$^{13}$xɔŋ$^{53}$ʂʅ$^{53}_{44}$uən$^{53}$,ci$^{13}$tien$^{0}$ ua$^{53}$fu$^{21}$au$^{53}_{44}$kai$^{53}_{44}$iaŋ$^{53}_{44}$xai$^{13}$iəu$^{35}_{53}$tʂak$^{3}$ iəu$^{13}$tsa$^{53}$nei$^{0}$,e$_{21}$,ŋai$^{13}$tsʰiəu$^{53}$,"e$_{44}$fu$^{21}$au$^{53}$iəu$^{35}_{53}$tʂak$^{3}$ iəu$^{13}$tsa$^{53}$?"ŋai$^{13}$tsʰiəu$^{53}$uən$^{53}$iet$^{3}$ tʂak$^{3}$ uən$^{13}$çi$^{35}_{44}$ɲin$^{13}_{21}$."mau$^{13}$tek$^{3}$ li$^{0}$ a$^{0}$,çiəu$^{21}$xek$^{3}$ li$^{0}$ a$^{0}$,uk$^{3}$ təu$^{35}_{53}$tʂuən$^{53}$nek$^{3}$ li$^{0}$ a$^{0}$."ŋai$^{13}$tsʰiəu$^{53}$kai$^{53}$ɲien$^{13}_{44}$ɲi$^{13}$lɔi$^{13}_{21}$li$^{0}$ a$^{0}$,tsʰiəu$^{53}$ɲi$^{13}_{44}$kai$^{53}$ɲien$^{13}_{44}$lɔi$^{13}$li$^{0}$ ŋai$^{13}$tsʰiəu$^{53}$uən$^{53}$nei$^{0}$,uən$^{53}$nek$^{3}$ ci$^{13}$tien$^{0}$nei$^{0}$.mau$^{13}$tek$^{3}$ li$^{0}$,çiəu$^{21}$xek$^{3}$ li$^{0}$.

【油榨秤】iəu$^{35}$tsa$^{53}$tʂʰən$^{53}$ 名油坊里用来称油的秤：～我记得～就更大呢，欸～呢，也就系渠个一斤有一斤一两。唔知搞么个爱咁子。就系嘞，渠等话就系油榨下是渠只赚滴子你个箇个欸榨资，就加工费呀。渠个秤呢渠就爱搞大兜。搞大兜让门子嘞？渠个油头就会好，渠是称茶籽摎称油系一把秤，系唔系？我两十斤茶籽就只称倒十八斤子，就爱蚀嘿两斤。渠就话只有十八斤。好，当然称油渠也大滴子。两十斤油渠就只有十……油也只有十八斤。但是对渠油头来讲，渠箇出油率来讲就高嘿哩，讲正名声更好。iəu$^{13}$tsa$^{53}$tʂʰən$^{53}$ŋai$^{13}$ci$^{53}$tek$^{3}$ iəu$^{13}$tsa$^{53}$tʂʰən$^{53}$tsʰiəu$^{53}$cien$^{53}_{44}$tʰai$^{53}$nei$^{0}$,ei$_{21}$iəu$^{13}$tsa$^{53}$tʂʰən$^{53}$ne$^{0}$,ia$^{35}$tsʰiəu$^{53}$xei$^{53}$ci$^{13}$ke$^{53}$iet$^{3}$ cin$^{35}$iəu$^{35}$iet$^{3}$ cin$^{35}$iet$^{3}$ liɔŋ$^{35}$.n̩$^{13}$ti$^{35}_{53}$kau$^{21}$mak$^{3}$ ke$^{53}$ɔi$^{53}$kan$^{21}_{13}$tsʅ$^{0}$.tsʰiəu$^{53}$xei$^{53}$lei$^{0}$,ci$^{13}$tien$^{0}$ ua$^{53}$tsʰiəu$^{53}$xei$^{53}$iəu$^{13}$tsa$^{53}$xa$^{35}$ʂʅ$^{53}_{44}$ci$^{13}_{21}$tʂʅ$^{21}$tsʰan$^{53}$tiet$^{5}$ tsʅ$^{0}$ɲi$^{13}$ke$^{53}$kai$^{53}$cie$^{53}$e$_{21}$tsa$^{53}$tsʅ$^{35}$,tsʰiəu$^{53}_{44}$cia$^{35}$kəŋ$^{35}$fei$^{53}$ia$^{0}$.ci$^{13}$ke$^{53}_{44}$tʂʰən$^{53}$nei$^{0}$ ci$^{13}_{21}$tsʰiəu$^{53}$ɔi$^{53}$kau$^{21}$tʰai$^{53}$te$^{35}_{53}$.kau$^{21}$tʰai$^{53}$te$^{35}_{53}$ɲiɔŋ$^{53}_{44}$mən$^{13}_{44}$tsʅ$^{0}$ lei$^{0}$?ci$^{13}$ke$^{53}$iəu$^{13}$tʰei$^{13}_{21}$tsʰiəu$^{53}$uɔi$^{53}$xau$^{21}$,ci$^{13}$ʂʅ$^{53}$tʂʰən$^{53}$tsʰa$^{13}$tsʅ$^{21}$lau$^{35}_{44}$tʂʰən$^{53}$iəu$^{13}_{21}$xei$^{53}$iet$^{3}$ pa$^{21}$tʂʰən$^{53}$,xei$^{53}$me$^{53}$?ŋai$^{13}$iəŋ$^{21}$ʂət$^{5}$ cin$^{35}_{53}$tsʰa$^{13}$tsʅ$^{21}$tsʰiəu$^{53}$tʂʅ$^{21}$tʂʰən$^{53}$tau$^{21}$ʂət$^{5}$ pait$^{3}$ cin$^{35}_{44}$tsʅ$^{0}$,tsʰiəu$^{53}$ɔi$^{53}$ʂət$^{5}$ (x)ek$^{3}$ iəŋ$^{21}$cin$^{35}_{44}$.ci$^{13}_{21}$tsʰiəu$^{53}_{44}$ua$^{53}_{44}$tʂʅ$^{21}$iəu$^{35}_{44}$ʂət$^{5}$ pait$^{3}$ cin$^{35}_{44}$.xau$^{21}$,təŋ$^{35}$vien$^{13}_{21}$tʂʰən$^{53}$iəu$^{13}$ci$^{13}_{21}$ia$^{35}_{44}$tʰai$^{53}_{44}$tiet$^{5}$ tsʅ$^{0}$.iəŋ$^{21}$ʂət$^{5}$ cin$^{35}_{44}$iəu$^{13}$ci$^{13}_{21}$tsʰiəu$^{53}$tʂʅ$^{21}$iəu$^{35}_{44}$ʂət$^{5}$…iəu$^{13}$ua$^{53}$tʂʅ$^{21}$iəu$^{35}_{44}$ʂət$^{5}$ pait$^{3}$ cin$^{35}$.tan$^{53}$ʂʅ$^{53}$tei$^{53}$ci$^{13}_{21}$iəu$^{13}$tʰei$^{13}$lɔi$^{13}_{44}$kɔŋ$^{21}_{44}$,ci$^{13}$kai$^{53}$tʂʰət$^{3}$ iəu$^{13}$liet$^{5}$ lɔi$^{13}_{21}$kɔŋ$^{21}$tsʰiəu$^{53}_{21}$kau$^{35}$(x)ek$^{3}$ li$^{0}$,kɔŋ$^{21}$tʂaŋ$^{53}_{21}$miaŋ$^{13}$ʂaŋ$^{35}_{44}$ken$^{53}$xau$^{21}$.

【油榨下】iəu$^{13}$tsa$^{53}$xa$^{35}$ 名指油坊：如果从～提归来嘞，～装归来，装多滴子嘞，用安做用洋油瓶。vy$^{13}$ko$^{21}$tsʰəŋ$^{13}$iəu$^{13}$tsa$^{53}$xa$^{35}$tʰia$^{35}$kuei$^{35}_{44}$lɔi$^{13}_{21}$lei$^{0}$,iəu$^{13}$tsa$^{53}$xa$^{35}$tsɔŋ$^{35}$kuei$^{35}_{44}$lɔi$^{13}_{21}$,tsɔŋ$^{35}$to$^{35}$tiet$^{5}$tsɿ$^{0}$lei$^{0}$,iəŋ$^{53}$ɔn$^{35}_{44}$tso$^{53}_{44}$iəŋ$^{53}$iɔŋ$^{13}$iəu$^{13}$pʰin$^{13}$.

【油烛】iəu$^{13}$tʂəuk$^{3}$ 名用于喜庆或祭祀等活动的蜡烛：还有起安做～，～就有颜色个呢，就有白个啊或者欸红个嘞。～就更长更大，底下有条棍子嘞，有条烛棍子插倒嘞。蜡烛就冇得箇竹棍子。但是有么人买倒箇～来整灯盏点凑。作为取照明来讲呢都用蜡烛。xai$^{13}_{21}$iəu$^{35}_{53}$çi$^{21}$ɔn$^{35}_{53}$tso$^{53}$iəu$^{13}$tʂəuk$^{3}$,iəu$^{13}$tʂəuk$^{3}$tsʰiəu$^{53}$iəu$^{35}_{53}$ŋan$^{13}$sek$^{3}$ke$^{53}$nei$^{0}$,tsʰiəu$^{53}_{44}$iəu$^{35}$pʰak$^{5}$ke$^{53}$a$^{0}$xɔit$^{5}$tʂa$^{21}$e$_{21}$fəŋ$^{13}$ke$^{53}$lei$^{0}$.iəu$^{13}$tʂəuk$^{3}$tsʰiəu$^{53}$cien$^{53}$tʂʰɔŋ$^{13}$cien$^{53}_{44}$tʰai$^{53}$,tei$^{21}$xa$^{53}_{44}$iəu$^{35}_{44}$tʰiau$^{13}_{21}$kuən$^{53}$tsɿ$^{0}$lei$^{0}$,iəu$^{35}_{53}$tʰiau$^{13}_{21}$tʂəuk$^{3}$kuən$^{53}$tsɿ$^{0}$tsʰait$^{3}$tau$^{21}_{53}$lei$^{0}$.lait$^{5}$tʂəuk$^{3}$tsʰiəu$^{53}$mau$^{13}_{21}$tek$^{3}$kai$^{53}$tʂəuk$^{3}$kuən$^{53}$tsɿ$^{0}$.tan$^{53}$ʂɿ$^{21}$mau$^{13}$mak$^{3}$ɲin$^{13}_{44}$mai$^{35}$tau$^{21}$kai$^{53}$iəu$^{13}$tʂəuk$^{3}$lɔi$^{13}_{44}$tʂən$^{21}$ten$^{35}$tsan$^{21}$tian$^{21}$tsʰe$^{0}$.tsɔk$^{3}$uei$^{53}$tsʰi$^{21}$tʂau$^{53}$min$^{13}$nɔi$^{13}_{44}$kɔŋ$^{21}$ne$^{0}$təu$^{35}_{44}$iəŋ$^{53}$lait$^{5}$tʂəuk$^{3}$.

【油撞】iəu$^{13}$tsʰɔŋ$^{53}$ 名旧法榨油时用的撞杆：呃，我等打油我等就打过用～打过油。爱五个人背箇只～。也可以三个人，欸，也可以个人。欸，如果系到哩最后了，打得蛮油都冇打得蛮濂了，箇就硬爱五个人了打得。欸，一个人弹呐弹哩，檝都会分渠射咁。五个人让门打嘞？两个人牵须，两个人荷拐臂，一个人打尾巴。五个人。ə$_{44}$,ŋai$^{13}$tien$^{0}$ta$^{21}$iəu$^{13}$ŋai$^{13}$tien$^{0}$tsʰiəu$^{53}$ta$^{21}$ko$^{53}_{44}$iəŋ$^{53}$iəu$^{13}$tsʰɔŋ$^{53}$ta$^{21}$ko$^{53}$iəu$^{13}$.ɔi$^{53}$ŋ̍$^{21}$ke$^{53}$ɲin$^{13}_{44}$pi$^{53}$kai$^{53}$tʂak$^{3}$iəu$^{13}$tsʰɔŋ$^{53}$.ia$^{35}$kʰo$^{21}$i$^{35}_{44}$san$^{35}$cie$^{53}$ɲin$^{13}_{21}$,ei$_{21}$,ia$^{35}$kʰo$^{21}$i$^{35}_{44}$cie$^{53}$ɲin$^{13}$.ei$_{21}$,ʮ$^{13}$ko$^{21}$xei$^{53}_{44}$tau$^{53}$li$^{0}$tsei$^{53}$xei$^{53}$liau$^{0}$,ta$^{21}$tek$^{3}$man$^{13}$iəu$^{13}$təu$^{35}_{53}$mau$^{13}_{21}$ta$^{21}$tek$^{3}$man$^{13}$lian$^{21}$liau$^{0}$,kai$^{53}_{44}$tsʰiəu$^{53}_{44}$ɲiaŋ$^{53}$ɔi$^{53}_{44}$ŋ̍$^{21}$ke$^{53}$ɲin$^{13}_{21}$liau$^{0}$ta$^{21}$tek$^{3}$.e$_{21}$,iet$^{3}$kei$^{53}$ɲin$^{13}$tʰan$^{35}$na$^{0}$tʰan$^{13}$ni$^{0}$,tsian$^{35}$təu$^{35}_{53}$uɔi$^{53}_{44}$pən$^{35}_{44}$ci$^{13}_{21}$ʂa$^{53}$kan$^{21}$.ŋ̍$^{21}$ke$^{53}$ɲin$^{13}_{21}$ɲiɔŋ$^{53}$mən$^{13}_{44}$ta$^{21}$lei$^{0}$?iɔŋ$^{21}$ke$^{53}$ɲin$^{13}_{21}$cʰien$^{35}$si$^{35}$,iɔŋ$^{21}$ke$^{53}$ɲin$^{13}_{44}$xo$^{13}$kuai$^{21}$pi$^{21}$,iet$^{3}$ke$^{53}$in$^{13}_{21}$ta$^{21}$mi$^{35}$pa$^{35}_{44}$.ŋ̍$^{21}$ke$^{53}$ɲin$^{13}_{21}$.｜□长啊，箇就有丈数丈长啊，起码都有七八尺长啊，箇只～啊。lai$^{35}$tʂʰɔŋ$^{13}_{21}$a$^{0}$,kai$^{53}_{44}$tsʰiəu$^{53}_{44}$iəu$^{35}$tʂʰɔŋ$^{35}_{44}$sɿ$^{53}_{44}$tʂʰɔŋ$^{35}$tʂʰɔŋ$^{13}_{21}$ŋa$^{0}$,cʰi$^{21}$ma$^{35}$təu$^{35}_{53}$iəu$^{35}_{53}$tsʰiet$^{3}$pait$^{3}$tʂʰak$^{3}$tʂʰɔŋ$^{13}$ŋa$^{0}$,kai$^{53}_{44}$tʂak$^{3}$iəu$^{13}$tsʰɔŋ$^{53}$ŋa$^{0}$.

【游】iəu$^{13}$ 动①人或动物在水里前行：箇手侧转来个吵，攒劲，攒劲咁子～。kai$^{53}_{44}$ʂəu$^{21}$tsek$^{3}$tʂən$^{21}$nɔi$^{13}_{44}$ke$^{53}_{44}$ʂa$^{0}$,tsan$^{21}$cin$^{53}$,tsan$^{21}$cin$^{53}$kan$^{21}$tsɿ$^{0}$iəu$^{13}_{21}$. ②物体滑动：当箇个东西～过来个时候子，正好跌下以只眼肚里。tɔŋ$^{35}$kai$^{53}_{21}$ke$^{53}_{21}$təŋ$^{35}_{44}$si$^{0}$iəu$^{13}$ko$^{53}$lɔi$^{13}_{21}$ke$^{53}_{44}$ʂɿ$^{13}$xei$^{53}$tsɿ$^{0}$,tʂən$^{53}$xau$^{21}$tet$^{3}$(x)a$^{53}$i$^{21}$tʂak$^{3}$ŋan$^{21}$təu$^{21}$li$^{0}$.

【游街】iəu$^{13}$kai$^{35}$ 动指人们为了惩戒、取笑、褒扬或炫耀等目的在街上结队游行：还有舞倒去～个噢。舞倒去～哟。背只耙子噢，敲锣打鼓呢。箇就敲锣打鼓呢。～呢。到箇街子上去打叮叮呢。～。听倒来取笑哇，来笑哇。xai$^{13}$iəu$^{35}_{44}$u$^{21}$tau$^{21}_{44}$çi$^{53}$iəu$^{13}$kai$^{35}$ke$^{53}$au$^{0}$.u$^{21}$tau$^{21}$çi$^{53}$iəu$^{13}$kai$^{35}$iau$^{0}$.pi$^{53}$tʂak$^{3}$pʰa$^{13}$tsɿ$^{0}$au$^{0}$,kʰau$^{35}$lo$^{13}_{21}$ta$^{21}$ku$^{21}$nei$^{0}$.kai$^{53}$tsʰiəu$^{53}_{44}$kʰau$^{35}_{44}$lo$^{13}_{21}$ta$^{21}$ku$^{21}$nei$^{0}$.iəu$^{13}_{21}$kai$^{35}$nei$^{0}$.tau$^{53}$kai$^{53}$kai$^{35}$tsɿ$^{0}$xɔŋ$^{53}_{44}$çi$^{53}_{44}$ta$^{21}$tin$^{35}_{44}$tin$^{35}_{44}$nei$^{0}$.iəu$^{13}_{21}$kai$^{35}$.tʰin$^{35}_{44}$tau$^{21}_{44}$lə$_{21}$(←lɔi$^{13}$)tsʰi$^{21}$siau$^{53}$ua$^{0}$,lɔi$^{13}_{21}$siau$^{53}$ua$^{0}$.

【游二猪牯】iəu$^{13}$san$^{35}_{44}$tʂəu$^{35}_{44}$ku$^{21}$ 名喻指喜欢到处游走、不着家的人：欸，以前我等有只喊阿叔个呢，一天到夜唔落屋，～样，到处走。尽兜话渠系～。e$_{21}$,i$^{35}_{53}$tsʰien$^{13}_{21}$ŋai$^{13}_{21}$tien$^{0}$iəu$^{35}_{44}$tʂak$^{3}$xan$^{53}$a$^{35}$ʂəuk$^{3}$ke$^{53}$nei$^{0}$,iet$^{3}$tʰien$^{35}$tau$^{53}$ia$^{35}$n̩$^{13}$nɔk$^{5}$uk$^{3}$,iəu$^{13}$san$^{35}_{44}$tʂəu$^{35}$ku$^{21}$iɔŋ$^{53}$,tau$^{53}$tʂʰəu$^{53}$tsei$^{21}$.tsʰin$^{53}$təu$^{35}_{53}$ua$^{53}$ci$^{13}$xei$^{53}$iəu$^{13}$san$^{35}_{44}$tʂəu$^{35}$ku$^{21}$.｜你箇只～。ɲi$^{13}$kai$^{53}$tʂak$^{3}$iəu$^{13}$san$^{35}_{44}$tʂəu$^{35}_{44}$ku$^{21}$.

【游野浪荡】iəu$^{13}$ia$^{35}$lɔŋ$^{53}_{21}$tʰɔŋ$^{53}_{21}$ 游手好闲，好逸恶劳：同二流子样个。～哦。tʰəŋ$^{13}$ɲi$^{53}$liəu$^{13}$tsɿ$^{0}$iɔŋ$^{53}_{44}$ke$^{53}_{44}$.iəu$^{13}$ia$^{35}$lɔŋ$^{53}$tʰɔŋ$^{53}$ŋo$^{0}$.

【有】iəu$^{35}$ 动①存在：地泥下～泥。tʰi$^{53}$lai$^{13}_{21}$xa$^{35}_{44}$iəu$^{35}$lai$^{13}$.｜晓得～没有箇只字啊？çiau$^{21}$tek$^{3}$iəu$^{35}$mek$^{3}$iəu$^{35}$kai$^{53}$tʂak$^{3}$tsʰɿ$^{53}_{44}$a$^{0}$? ②出现：（圆角箱子）只系以两三十年正～了。tʂe$^{21}_{44}$xe$^{53}_{44}$i$^{21}$iɔŋ$^{21}$san$^{35}_{44}$ʂət$^{5}_{3}$ɲien$^{13}$tʂaŋ$^{53}_{44}$iəu$^{35}$liau$^{0}$. ③具有，拥有，领有：～哇，吊兰～。iəu$^{35}$ua$^{0}$,tiau$^{53}$lan$^{13}_{21}$iəu$^{35}$. ④泛指，跟“某”的作用相近：箇～年呀正月初二睛去拜年，（望春花）就开哩。kai$^{53}$iəu$^{35}_{53}$ɲien$^{13}_{21}$ia$^{0}$tʂaŋ$^{35}$ɲiet$^{5}_{3}$tsʰɿ$^{35}$ɲi$^{53}$pu$^{35}$çi$^{53}_{44}$pai$^{53}$ɲien$^{13}$,tsʰiəu$^{53}_{44}$kʰɔi$^{35}$li$^{0}$.｜～起$_{种}$是专门用石头做个。iəu$^{35}$çi$^{21}$ʂɿ$^{53}_{44}$tʂen$^{35}$mən$^{0}$iəŋ$^{53}_{44}$ʂak$^{5}$tʰei$^{0}$tso$^{53}_{44}$ke$^{53}_{44}$.

【有补】iəu$^{35}$pu$^{21}$ 具有滋补功效：嗯，我等以映子个客姓人个规矩嘞，箇个赠开眼珠个狗崽子食哩系～。n̩$_{21}$,ŋai$^{13}$tien$^{0}$i$^{21}$iaŋ$^{53}$tsɿ$^{0}$ke$^{53}_{44}$kʰak$^{3}$sin$^{53}$ɲin$^{13}_{21}$ke$^{53}_{44}$kuei$^{35}$tʂʮ$^{21}$lei$^{0}$,kai$^{53}_{44}$ke$^{53}_{44}$maŋ$^{13}$kʰɔi$^{35}_{44}$ŋan$^{21}$tʂəu$^{35}$ke$^{53}$kei$^{21}$tse$^{21}$tsɿ$^{0}$ʂət$^{5}$li$^{0}$xe$^{53}_{44}$iəu$^{35}$pu$^{21}$.

【有的是】iəu$^{35}$tet$^{3}$ʂɿ$^{53}$ 形容很多：嗬，烧火就我等～箇柴。系山里。喂牛嘞～箇芒头。xo$_{53}$,ʂau$^{35}$fo$^{21}$tsʰiəu$^{53}$ŋai$^{13}$tien$^{0}$iəu$^{35}$tet$^{3}$ʂɿ$^{53}$kai$^{53}_{44}$tsʰai$^{13}$.xei$^{53}$san$^{35}$ni$^{0}$.uei$^{53}$ɲiəu$^{13}$lei$^{0}$iəu$^{35}$tet$^{3}$ʂɿ$^{53}$kai$^{53}_{44}$mɔŋ$^{13}$tʰei$^{13}_{44}$.

【有滴$_{1}$】iəu$^{35}$tiet$^{5}$/tet$^{5}$ 代指示代词。有的，指全体中的一部分：～就安做厢房啦，欸，～就

Y

安做亭子厅唠。iəu$^{35}$tiet$^{5}$ tsʰiəu$^{53}_{44}$ɔn$^{53}_{44}$ɔn$^{35}_{44}$tso$^{53}_{44}$siɔŋ$^{35}$fɔŋ$^{13}_{21}$la$^{0}$,e$_{21}$,iəu$^{35}$tiet$^{5}$ tsʰiəu$^{53}_{44}$ɔn$^{35}_{44}$tso$^{53}_{44}$tʰin$^{13}$tsɿ$^{0}$ tʰaŋ$^{35}$lau$^{0}$.｜渠请又爱请，但是嘞渠又怕～爱请个赠请得，请多哩嘞会见怪。ci$^{13}_{21}$tsʰiaŋ$^{21}$iəu$^{53}_{44}$ɔi$^{35}$tsʰiaŋ$^{21}$,tan$^{53}_{44}$ʂʅ$^{53}_{44}$lei$^{0}$ ci$^{13}_{21}$iəu$^{53}_{44}$pʰa$^{53}$iəu$^{35}$tet$^{5}$ ɔi$^{35}$tsʰiaŋ$^{21}$ke$^{53}_{44}$maŋ$^{13}$tsʰiaŋ$^{21}$tek$^{3}$,tsʰiaŋ$^{21}$to$^{35}$li$^{0}$ lei$^{0}$ uɔi$^{53}_{44}$cien$^{53}_{44}$kuai$^{53}$.

【有滴$_{2}$】iəu$^{35}$tet$^{5}$/tiet$^{5}$ 副有点儿，有一些。表示数量不大或程度不深.又称“有滴子”：（娃娃菜）～像榨菜。iəu$^{35}$tet$^{5}$ tsʰiɔŋ$^{35}$tsa$^{53}$tsʰɔi$^{53}_{44}$.｜（秋葵）切倒炒倒就～扯丝。tsʰiet$^{3}$ tau$^{21}$tsʰau$^{21}$tau$^{21}$ tsʰiəu$^{53}_{44}$iəu$^{35}$tiet$^{5}$ tʂʰa$^{21}$sɿ$^{35}$.｜箇～子受本地人个影响。kai$^{53}_{44}$iəu$^{35}$tet$^{5}$ tsɿ$^{0}$ ʂəu$^{53}$pən$^{21}$tʰi$^{53}$ɲin$^{13}_{21}$ke$^{53}$in$^{21}$çiɔŋ$^{21}$.｜以只人～子懒。i$^{21}$tʂak$^{3}$ɲin$^{13}$iəu$^{35}$tiet$^{5}$ tsɿ$^{0}$ lan$^{35}$.

【有劲】iəu$^{35}$cin$^{53}$ 形力气大：以只后生子～呢。i$^{21}$tʂak$^{3}$ xei$^{53}$saŋ$^{35}$tsɿ$^{0}$ iəu$^{35}$cin$^{53}$ne$^{0}$.

【有哩】iəu$^{35}$li$^{0}$ 足够了。又称“够哩”：只爱放得两坨子就～。tʂe$^{21}$ɔi$^{53}$fɔŋ$^{53}$tek$^{3}$ iɔŋ$^{21}$tʰo$^{13}$tsɿ$^{0}$ tsʰiəu$^{53}_{44}$iəu$^{35}_{44}$li$^{0}$.｜为什么箇起就有咁阔子～嘞？uei$^{53}$ʂən$_{21}$mo$^{0}$ kai$^{53}$çi$^{21}$tsʰəu$^{53}_{44}$iəu$^{35}_{53}$kan$^{21}$kʰɔit$^{3}$ tsɿ$^{0}$ iəu$^{35}$li$^{0}$ lei$^{0}$?

【有钱】iəu$^{35}$tsʰien$^{13}$ 形富裕，有钱财：真～呢。tʂən$^{35}$iəu$^{35}$tsʰien$^{13}$ne$^{0}$.｜（铜壶）～人家正有。iəu$^{35}$tsʰien$^{13}_{21}$in$^{13}_{21}$ka$^{35}_{44}$tʂaŋ$^{53}_{44}$iəu$^{35}$.

【有钱人】iəu$^{35}$tsʰien$^{13}_{21}$ɲin$^{13}_{21}$ 名富人；阔佬：箇个～是渠（过河）还爱脱袜子个滴。kai$^{53}$ke$^{53}_{44}$iəu$^{35}$ tsʰien$^{13}_{21}$ɲin$^{13}_{21}$ʂʅ$^{53}_{44}$ci$^{13}_{44}$xa$^{13}_{44}$ɔi$^{53}_{44}$tʰɔit$^{3}$ mait$^{3}$ tsɿ$^{0}$ ke$^{53}_{44}$tet$^{5}_{3}$.｜～屏东西个嘞。iəu$^{35}$tsʰien$^{13}_{21}$ɲin$^{13}_{21}$piaŋ$^{53}$təŋ$^{35}$si$^{0}$ ke$^{53}_{44}$lei$^{0}$.

【有时】iəu$^{35}$ʂʅ$^{13}_{21}$ 副偶尔，某些时候：你话栽撂种啊～会有滴子区别嘞。ɲi$^{13}$ua$^{53}_{44}$tsɔi$^{35}$lau$^{35}$tʂəŋ$^{53}$ ŋa$^{0}$ iəu$^{35}$ʂʅ$^{13}_{21}$uɔi$^{53}_{44}$iəu$^{35}$tet$^{5}$ tsɿ$^{0}$ tʂʰʮ$^{35}$pʰiek$^{5}$ le$^{0}$.

【有些】iəu$^{35}$sie$^{35}_{44}$ 代指示代词。有一些；有的：～人话别人家造精呶。iəu$^{35}$sie$^{35}_{44}$in$^{13}_{44}$ua$^{53}_{44}$pʰiet$^{5}$ in$^{13}_{44}$ ka$^{35}_{44}$tsʰau$^{53}$tsin$^{35}$nau$^{0}$.

【有意思】iəu$^{35}$i$^{53}$sɿ$^{0}$ 有趣。又称“有味、有味道”：真～ tʂən$^{35}$iəu$^{35}$i$^{53}$sɿ$^{0}$

【又】iəu$^{53}$ 副①再，再一次：～耘一到 iəu$^{53}$in$^{13}$iet$^{3}$ tau$^{53}$｜明晡～来呀！miaŋ$^{13}$pu$^{35}_{44}$iəu$^{53}$lɔi$^{13}$ia$^{0}$！②也：（娃娃菜）～叫做儿菜。iəu$^{53}$ciau$^{53}_{44}$tso$^{53}_{44}$ʮ$^{13}$tsʰɔi$^{53}$. ③成对使用，表示几种情况或性质同时存在：～甜～香哦。iəu$^{53}$tʰian$^{13}_{21}$iəu$^{53}$çiɔŋ$^{35}$ŋo$^{0}$.｜～烧哩砖，～烧哩瓦。iəu$^{53}$ʂau$^{35}$li$^{0}$ tʂən$^{35}$,iəu$^{53}$ʂau$^{35}_{44}$ li$^{0}$ ŋa$^{21}$. ④用于加重语气，表示更近一层：大～唔知几大一只。tʰai$^{53}_{44}$iəu$^{53}_{44}$ŋ̍$^{13}$ti$^{35}_{44}$ci$^{21}$tʰai$^{53}$iet$^{3}$ tʂak$^{3}$.｜欸，远～咁远呐，重～咁重啊。ei$_{21}$,ien$^{21}$iəu$^{53}_{44}$kan$^{21}$ien$^{21}$na$^{0}$,tʂʰəŋ$^{35}$iəu$^{53}_{44}$kan$^{21}$tʂʰəŋ$^{35}$ŋa$^{0}$. ⑤却。表示轻微转折：我等食～赠食。ŋai$^{13}$ten$^{0}$ ʂət$^{5}$ iəu$^{53}$maŋ$^{13}$ʂət$^{5}$.｜箇只谷啊，黄又还赠黄啊，浆～已经灌哩了哇。kai$^{53}$tʂak$^{3}$kuk$^{3}$a$^{0}$,uɔŋ$^{13}$iəu$^{53}$xai$^{13}_{21}$maŋ$^{13}$uɔŋ$^{13}$ŋa$^{0}$,tsiɔŋ$^{35}$iəu$^{53}_{21}$i$^{21}$cin$^{35}_{44}$kɔn$^{53}$li$^{0}$ liau$^{21}$ua$^{0}$.

【右】iəu$^{53}$ 名方位词。面向南时，西面的一边，与“左”相对：男左女～。lan$^{13}$tso$^{21}$ɲy$^{21}$iəu$^{53}$.

【右边】iəu$^{53}$pien$^{35}_{44}$ 名方位词。靠右的一边。又称“右箟”：我等箇只喊么个叔公个人，中哩风，～一箟唔晓动哩。左边一箟就还上好。走起路来就咁个。硬收拾哩哦硬哦。高高大大哦，一米八几哦，硬以前是硬唔知几英雄啊。ŋai$^{13}$tien$^{0}$ kai$^{53}$tʂak$^{3}$ xan$^{53}$mak$^{3}$ ke$^{0}$ ʂəuk$^{3}$ kəŋ$^{35}$ke$^{35}$ɲin$^{13}_{44}$,tʂəŋ$^{35}$ li$^{0}$ fəŋ$^{35}$,iəu$^{53}$pien$^{35}$iet$^{3}$ sak$^{3}$ ŋ̍$^{13}$çiau$^{21}$tʰəŋ$^{35}$li$^{0}$.tso$^{21}$pien$^{35}$iet$^{3}$ sak$^{3}$ tsʰiəu$^{53}_{44}$xai$^{13}_{21}$ʂɔŋ$^{53}$xau$^{21}_{44}$.tsei$^{21}$çi$^{21}_{44}$ləu$^{53}$lɔi$^{13}_{44}$ tsʰiəu$^{53}_{44}$kan$^{21}_{44}$cie$^{53}_{44}$. ɲiaŋ$^{53}$ʂəu$^{35}$ʂət$^{5}$ li$^{0}$ o$^{0}$ ɲiaŋ$^{53}_{44}$ŋo$^{0}$.kau$^{35}$kau$^{35}$tʰai$^{53}_{44}$tʰai$^{53}_{44}$o$^{0}$,iet$^{3}$ mi$^{21}$pait$^{3}$ ci$^{21}$o$^{0}$, ɲiaŋ$^{53}_{44}$i$^{35}_{53}$tsʰien$^{13}_{44}$ ʂʅ$^{53}_{44}$ɲiaŋ$^{53}$ŋ̍$^{13}$ti$^{35}_{53}$ci$^{21}$in$^{35}$çiɔŋ$^{13}_{21}$ŋa$^{0}$.

【右箟】iəu$^{53}$sak$^{3}$ 名方位词。右边：欸，我阿舅子剧猪是，劈啊开来，～就卖咁哩。左箟嘞就自家食，留倒自家食，腊倒食。e$_{44}$,ŋai$^{13}_{21}$a$^{35}_{44}$cʰiəu$^{53}_{44}$tsɿ$^{0}$ tʂʰʅ$^{13}_{21}$tʂəu$^{35}$ʂʅ$^{53}$,pʰiak$^{3}$ a$^{0}$ kʰɔi$^{35}$lɔi$^{13}_{21}$,iəu$^{53}$sak$^{3}$ tsʰiəu$^{53}_{44}$mai$^{53}$kan$^{21}$ni$^{0}$.tso$^{21}$sak$^{3}$ lei$^{0}$ tsʰiəu$^{53}_{44}$tsʰʅ$^{35}$ka$^{35}_{44}$ʂət$^{5}$,liəu$^{13}$tau$^{21}$tsʰʅ$^{35}$ka$^{35}_{44}$ʂət$^{5}$,lait$^{5}$ tau$^{21}$ʂət$^{5}$.

【右手】iəu$^{53}$ʂəu$^{21}$ 名右边的手：～就舞只勺。iəu$^{53}$ʂəu$^{21}$tsʰiəu$^{53}_{44}$u$^{21}$tʂak$^{3}$ ʂɔk$^{5}$.

【幼学】iəu$^{53}$xɔk$^{5}$ 名指传统蒙学书《幼学琼林》：我等人欸箇阵子细细子啊，嗯，我就想同想我爷子教我读～，教哩几句子，～，教哩几句子，落尾冇时间呐就赠教得了。ŋai$^{13}_{21}$tien$^{0}$ ɲin$^{13}_{44}$ e$_{21}$kai$^{53}_{44}$tʂʰən$^{53}$tsɿ$^{0}$ sei$^{53}_{44}$sei$^{53}$tsɿ$^{0}$ a$^{0}$,ŋ̍$_{21}$,ŋai$^{13}$tsʰiəu$^{53}$siɔŋ$^{21}$tʰəŋ$^{13}$siɔŋ$^{21}$ŋai$^{13}$ia$^{13}$tsɿ$^{0}$ kau$^{35}$ŋai$^{13}_{21}$tʰəuk$^{5}$ iəu$^{53}$xɔk$^{5}$,kau$^{35}$ li$^{0}$ ci$^{21}$ci$^{53}$tsɿ$^{0}$,iəu$^{53}$xɔk$^{5}$,kau$^{35}$li$^{0}$ ci$^{21}$ci$^{53}$tsɿ$^{0}$,lɔk$^{5}$ mi$^{53}_{53}$mau$^{13}_{21}$ʂʅ$^{13}_{21}$kan$^{35}_{53}$na$^{0}$ tsʰiəu$^{53}$maŋ$^{13}$kau$^{35}_{53}$tek$^{3}$ liau$^{0}$.

【侑食】iəu$^{21}$ʂət$^{5}$ 动家奠过程中孝孙向亡者献上食物：有孙子个，爱～。我都赠去查箇只～个侑字系么啊意思。单人旁，一只有，有撂无个有。由孙子去～。～礼。以下搞完哩箇只咁个东西，基本上就差唔多哩啊，箇就。iəu$^{35}$sən$^{35}$tsɿ$^{0}$ ke$^{53}_{44}$,ɔi$^{53}_{44}$iəu$^{21}$ʂət$^{5}$.ŋai$^{13}_{21}$təu$^{35}_{44}$maŋ$^{13}$çi$^{53}$tsʰa$^{13}$kai$^{53}$tʂak$^{3}$ iəu$^{21}$ʂət$^{5}$ ke$^{53}$iəu$^{21}$tsʰʅ$^{53}$xei$^{53}$mak$^{3}$ a$^{0}$ i$^{53}$sɿ$^{0}$.tan$^{35}$ɲin$^{13}_{21}$pʰɔŋ$^{13}$,iet$^{3}$ tʂak$^{3}$ iəu$^{35}$,iəu$^{35}$lau$^{35}_{44}$u$^{13}_{21}$ke$^{53}$iəu$^{35}$.iəu$^{13}_{21}$sən$^{35}$tsɿ$^{0}$ çi$^{53}_{44}$ iəu$^{21}$ʂət$^{5}$.iəu$^{21}$ʂət$^{5}$ li$^{35}$.i$^{21}$xa$^{53}$kau$^{21}$ien$^{13}_{21}$li$^{0}$ kai$^{53}_{44}$tʂak$^{3}$ kan$^{21}_{44}$ke$^{53}_{44}$təŋ$^{35}_{44}$si$^{0}$,ci$^{35}_{44}$pən$^{21}$xɔŋ$^{53}_{44}$tsʰiəu$^{53}_{44}$tsa$^{53}_{44}$ŋ̍$^{13}_{21}$to$^{35}$lia$^{0}$,kai$^{53}_{44}$ tsʰiəu$^{53}_{44}$.

【于】vy$^{13}$/ɥ$^{13}$ 介 引述关涉的对象，相当于“与”：就就唔归渠管个事唠，～渠无关个事唠，渠也去讲唠，就安做□空事唠。tsʰiəu$^{53}_{44}$tsʰiəu$^{53}_{44}$m̩$^{13}$kuei$^{35}_{44}$ci$^{13}_{21}$kən$^{21}$ke$^{53}_{44}$sɿ$^{53}$lau$^{0}$,vy$^{13}$ci$^{13}_{21}$u$^{13}$kuan$^{35}$ke$^{53}_{44}$sɿ$^{53}_{44}$lau$^{0}$,ci$^{13}_{21}$ia$^{35}$çi$^{53}_{44}$kɔŋ$^{21}$lau$^{0}$,tsʰiəu$^{53}_{44}$ɔn$^{35}_{44}$tso$^{53}_{44}$tʂek$^{3}$kʰəŋ$^{53}$sɿ$^{53}_{44}$lau$^{0}$.｜渠指老晒鱼就区别～箇起淡干鱼，淡干鱼子。ci$^{13}$tsiəu$^{53}_{44}$tʂʰɥ$^{35}$pʰiek$^{5}$ɥ$^{13}$kai$^{53}_{44}$çi$^{21}$tʰan$^{35}$kɔn$^{35}_{44}$ŋ̍$^{13}_{21}$,tʰan$^{35}$kɔn$^{35}_{44}$ŋ̍$^{13}_{21}$tsɿ$^{0}$.

【余屋】i$^{13}$uk$^{3}$ 名 杂屋的别称：杂屋又喊～。欸，相对个就系正屋。欸，有兜人做屋，渠箇阵子做箇个土砖屋啊，欸渠就话：“呃做三间正屋，还有后背侧边呢又做两间子～。”系，包括厨房，厕所，储藏室，系唔系？畜鸡就畜头牲个，欸都安做～。tsʰait$^{5}$uk$^{3}$iəu$^{53}$xan$^{53}$i$^{13}$uk$^{3}$.e$_{21}$,siɔŋ$^{35}$tei$^{53}$ke$^{53}_{44}$tsʰiəu$^{53}_{44}$xe$^{53}_{44}$tʂən$^{53}$uk$^{3}$.ei$_{21}$,iəu$^{35}$tei$^{35}_{53}$ɲin$^{13}_{44}$tso$^{53}$uk$^{3}$,(c)i$^{13}$kai$^{53}_{44}$tʂʰən$^{53}$tsɿ$^{0}$tso$^{53}$kai$^{53}_{44}$ke$^{53}_{44}$tʰəu$^{21}$tʂuon$^{35}_{44}$uk$^{3}$a$^{0}$,e$_{21}$,ci$^{13}_{21}$tsʰiəu$^{53}_{44}$ua$^{53}_{44}$:"ə$^{0}$tso$^{53}$san$^{35}_{44}$kan$^{35}_{44}$tʂən$^{53}$uk$^{3}$,xai$^{13}_{21}$iəu$^{53}$xei$^{53}$pɔi$^{53}_{44}$tset$^{3}$pien$^{35}_{44}$nei$^{0}$iəu$^{53}$tso$^{53}$iɔŋ$^{21}$kan$^{35}_{44}$tsɿ$^{0}$i$^{13}$uk$^{3}$."xe$^{53}_{44}$,pau$^{35}$kuait$^{3}$tʂʰəu$^{13}$fɔŋ$^{13}_{44}$,tset$^{3}$so$^{21}$,tʂʰəu$^{13}$tsʰɔŋ$^{13}_{44}$ʂət$^{3}$,xei$^{53}$me$^{53}$?çiəuk$^{3}$cie$^{35}$tsʰiəu$^{53}$çiəuk$^{3}$tʰei$^{13}$saŋ$^{35}_{44}$ke$^{0}$,e$^{0}$təu$^{35}$ɔn$^{35}_{53}$tso$^{53}$i$^{13}$uk$^{3}$.｜系下农村里个人是～也爱蛮阔就好嘞。欸，又还放打谷机箇兜唠，系唔系？爱作田呶，爱放谷箇兜唠。xei$^{53}$(x)a$^{53}$ləŋ$^{13}$tsʰən$^{35}_{44}$li$^{0}$ke$^{0}$ɲin$^{13}_{44}$ʂɿ$^{53}_{44}$i$^{13}$uk$^{3}$ia$^{35}_{53}$ɔi$^{35}_{53}$man$^{13}$kʰɔit$^{3}$tsʰiəu$^{53}$xau$^{21}$le$^{0}$.e$^{0}$,iəu$^{53}$xa$^{13}_{21}$fɔŋ$^{53}$ta$^{21}$kuk$^{3}$ci$^{35}$kai$^{53}_{44}$te$^{35}_{44}$lau$^{0}$,xei$^{53}_{44}$me$^{53}_{44}$?ɔi$^{53}$tsɔk$^{3}$tʰien$^{13}$nau$^{0}$,ɔi$^{53}$fɔŋ$^{53}$kuk$^{3}$kai$^{53}_{44}$te$^{35}_{53}$lau$^{0}$.

【鱼】ŋ̍$^{13}$ 名 水生脊椎动物，一般有鳞和鳍，以鳃呼吸。又称“鱼子”：～子，～，又安做～，又安做～子。～或者～子。欸，去钓～，买～，食～，箇就爱唔爱箇只～子。欸，箇条～子。好像区别其他，欸，虾公～子么个，箇起就用加只子去，～子。ŋ̍$^{13}$tsɿ$^{0}$,ŋ̍$^{13}$,iəu$^{53}_{44}$ɔn$^{35}_{44}$tso$^{53}_{44}$ŋ̍$^{13}$,iəu$^{53}_{44}$ɔn$^{35}_{44}$tso$^{53}_{44}$ŋ̍$^{13}$tsɿ$^{0}$.ŋ̍$^{13}$xoit$^{5}$tʂa$^{21}$ŋ̍$^{13}$tsɿ$^{0}$.e$_{21}$,çi$^{53}_{44}$tiau$^{53}$ŋ̍$^{13}$,mai$^{35}$ŋ̍$^{13}$,ʂət$^{5}$ŋ̍$^{13}$,kai$^{53}_{44}$tsʰiəu$^{53}_{44}$ɔi$^{53}$m̩$^{13}_{21}$mɔi$^{53}_{35}$kai$^{53}_{21}$tʂak$^{3}$ŋ̍$^{13}$tsɿ$^{0}$.e$_{21}$,kai$^{53}$tʰiau$^{13}_{21}$ŋ̍$^{13}$tsɿ$^{0}$.xau$^{21}$tsʰiɔŋ$^{53}_{44}$tʂʰɥ$^{35}$pʰiek$^{5}$cʰi$^{13}_{21}$tʰa$^{35}_{44}$,e$_{21}$,xa$^{13}$kəŋ$^{35}_{44}$ŋ̍$^{13}$tsɿ$^{0}$mak$^{3}$ke$^{53}_{44}$,kai$^{53}$çi$^{21}_{44}$tsʰiəu$^{53}_{44}$iəŋ$^{53}_{44}$cia$^{35}$tʂak$^{3}$tsɿ$^{21}$çi$^{53}$,ŋ̍$^{13}$tsɿ$^{0}$.｜猫公就喜欢食～啊。miau$^{53}$kəŋ$^{35}_{44}$tsʰiəu$^{53}$çi$^{21}$fɔn$^{35}_{44}$ʂət$^{5}$ŋ̍$^{13}$ŋa$^{0}$.｜捉～子 tsɔk$^{3}$ŋ̍$^{13}$tsɿ$^{0}$｜～子就喷腥啊。ŋ̍$^{13}$tsɿ$^{0}$tsʰiəu$^{53}_{44}$pʰəŋ$^{35}_{44}$siaŋ$^{35}$ŋa$^{0}$.

【鱼草】ŋ̍$^{13}$tsʰau$^{21}$ 名 喂鱼的草料：割～ kɔit$^{3}$ŋ̍$^{13}$tsʰau$^{21}$

【鱼叉子】ŋ̍$^{13}$tsʰa$^{35}$tsɿ$^{0}$ 名 叉形的捕鱼工具：叉子有，欸，～有。用叉子去叉鱼，有也有，唔多。以下舞唔倒哩。tsʰa$^{35}$tsɿ$^{0}$iəu$^{35}_{44}$,e$_{53}$,ŋ̍$^{13}$tsʰa$^{35}$tsɿ$^{0}$iəu$^{35}_{44}$.iəŋ$^{53}$tsʰa$^{35}$tsɿ$^{0}$çi$^{53}_{44}$tsʰa$^{35}$ŋ̍$^{13}$,iəu$^{35}$e$_{21}$(←a$^{35}$)iəu$^{35}_{44}$,n̩$^{13}_{21}$to$^{35}$.i$^{21}$çia$^{53}_{35}$u$^{21}$n̩$^{13}_{21}$tau$^{21}$li$^{0}$.

【鱼鳞】ŋ̍$^{13}$lin$^{35}$ 名 鱼类表皮的组织。为透明角质，排列如覆瓦：天上个云像～样，就安做鱼鳞斑。tʰien$^{35}$xɔŋ$^{53}_{44}$ke$^{53}_{44}$in$^{13}$tsʰiɔŋ$^{53}$ŋ̍$^{13}$lin$^{35}$iɔŋ$^{53}$,tsʰiəu$^{53}$ɔn$^{35}_{53}$tso$^{53}$ŋ̍$^{13}$lin$^{35}_{44}$pan$^{35}$.

【鱼鳞斑】ŋ̍$^{13}$lin$^{13}$pan$^{35}$ 名 状如鱼鳞的云：欸我等呃一般是挨夜子有，挨夜子真多，晴天个挨夜子，哦，几乎天天有，～。e$_{44}$ŋai$^{13}_{21}$tien$^{0}$ə$_{21}$iet$^{3}$pɔn$^{35}$ʂɿ$^{53}$ai$^{35}$ia$^{53}$tsɿ$^{0}$iəu$^{35}_{44}$,ai$^{35}$ia$^{53}$tsɿ$^{0}$tʂən$^{35}_{44}$to$^{35}$,tsʰiaŋ$^{13}$tʰien$^{35}_{44}$ke$^{0}$ai$^{35}$ia$^{53}$tsɿ$^{0}$,o$_{53}$,ci$^{35}_{44}$fu$_{21}$tʰien$^{35}_{44}$tʰien$^{35}_{44}$iəu$^{35}_{44}$,ŋ̍$^{13}_{21}$lin$^{13}_{44}$pan$^{35}$.

【鱼篓子】ŋ̍$^{13}$lei$^{21}$tsɿ$^{0}$ 名 一种盛鱼的篾篓：用～装倒，一篓鱼子。iəŋ$^{53}$ŋ̍$^{13}$lei$^{21}$tsɿ$^{0}$tʂɔŋ$^{35}$tau$^{21}$,iet$^{3}$lei$^{21}$ŋ̍$^{13}$tsɿ$^{0}$.｜～，蛮多是用……以前是蛮多用篾篾织个。扤下身上。渠嘞口嘞中间一只坜。口子有咁大子。渠箇只盖唔同。渠个盖嘞尽系咁个须须子，就□转来下，咁子个，以顶高更大。箇个忒篾篾嘞向欸下。鱼子就冇事猋出来。欸，但是爱加鱼子，钓倒有鱼子，临时捉下倒就咁子放凑，就放进去哩，一溜就进去哩。就怕渠猋出来。ŋ̍$^{13}$lei$^{21}$tsɿ$^{0}$,man$^{13}$to$^{35}_{44}$ʂɿ$^{53}_{44}$iəŋ$^{53}_{44}$···i$^{35}$tsʰien$^{13}$ʂɿ$^{53}_{44}$man$^{13}$to$^{35}_{44}$iəŋ$^{53}_{44}$miet$^{5}$sak$^{3}$tʂek$^{3}$cie$^{53}$.kʰuai$^{21}$ia$_{44}$(←xa$^{53}$)ʂən$^{35}$xɔŋ$^{53}_{21}$.ci$^{13}$lei$^{0}$xei$^{21}$lei$^{0}$tʂəŋ$^{35}$kan$^{35}_{44}$iet$^{3}$tʂak$^{3}$lak$^{5}$.xei$^{21}$tsɿ$^{0}$iəu$^{35}_{44}$kan$^{21}$tʰai$^{53}$tsɿ$^{0}$.ci$^{13}$kai$^{53}_{44}$tʂak$^{3}$kɔi$^{53}$n̩$^{13}_{21}$tʰəŋ$^{13}$.cie$_{44}$(←ci$^{13}$ke$^{53}$)kɔi$^{53}$lei$^{0}$tsʰin$^{53}$xe$^{53}_{44}$kan$^{21}$ke$^{53}_{44}$si$^{35}$si$^{35}$tsɿ$^{0}$,tsʰiəu$^{53}_{44}$tʂən$_{44}$tʂən$^{21}_{53}$nɔi$^{13}$xa$^{35}$,kan$^{21}$tsɿ$^{0}$ke$^{53}_{44}$,i$^{21}$taŋ$^{21}$kau$^{35}_{44}$cien$^{53}_{44}$tʰai$^{53}$.kai$^{53}_{21}$ke$^{53}_{44}$tʰiet$^{3}$miet$^{5}$sak$^{3}$lei$^{0}$çiɔŋ$^{53}_{44}$ŋe$_{44}$xa$^{35}$.ŋ̍$^{13}$tsɿ$^{0}$tsʰiəu$^{53}_{44}$mau$^{13}_{21}$ʂɿ$^{53}_{44}$piau$^{35}$tʂʰət$^{3}$lɔi$^{13}_{21}$.e$_{21}$,tan$^{53}_{44}$ʂɿ$^{53}_{44}$ɔi$^{53}_{44}$cia$^{35}$ŋ̍$^{13}$tsɿ$^{0}$,tiau$^{53}$tau$^{21}$iəu$^{35}_{44}$ŋ̍$^{13}$tsɿ$^{0}$,lin$^{13}$ʂɿ$^{13}_{44}$tsɔk$^{3}$(x)a$^{53}$tau$^{21}$tsʰiəu$^{53}$kan$^{21}$tsɿ$^{0}$fɔŋ$^{53}$tsʰe$^{0}$,tsʰiəu$^{53}_{44}$fɔŋ$^{53}_{44}$tsin$^{53}_{44}$çi$^{53}_{44}$li$^{0}$,iet$^{3}$liəu$^{53}$tsʰiəu$^{53}_{44}$tsin$^{53}$çi$^{53}_{44}$li$^{0}$.tsiəu$^{53}_{21}$pʰa$^{53}$ci$^{13}_{21}$piau$^{35}$tʂʰət$^{3}$lɔi$^{13}_{21}$.

【鱼苗】ŋ̍$^{13}$miau$^{13}$ 名 刚由鱼卵孵化成的雏鱼。又称“鱼秧子”：鲤鱼个～嘞就可以点伢大子，唔知几细就可以舞倒去卖。li$^{35}$ŋ̍$^{13}_{21}$ke$^{53}$ŋ̍$^{13}$miau$^{13}_{21}$lei$^{0}$tsʰiəu$^{53}_{44}$kʰo$^{21}$i$^{35}$tien$^{53}$ŋa$^{13}_{44}$tʰai$^{53}$tsɿ$^{0}$,n̩$^{13}$ti$^{35}_{53}$ci$^{21}$se$^{53}$tsʰiəu$^{53}_{44}$kʰo$^{21}$i$^{35}_{44}$u$^{21}$tau$^{21}$çi$^{53}_{44}$mai$^{53}$.｜我等牛轭岭箇映子年年都渠等放兜～，箇有兜人也蛮好，欸分人组织起来，尽兜都出滴子钱，你拿一百渠拿……捐滴子款样咯，有钱人都去捐滴子款咯，捐滴款，统一买做～，走牛轭岭箇映子放下河里去。不过嘞也放唔赢唠，渠等人痨唠，放唔赢唠，渠等舞唠。箇就年年都会顿牌子，只准钓鱼，不准打鱼痨鱼。钓就可以，箇河里钓是尽你钓唠，系唔系？你钓得几多条唠？ŋai$^{13}$tien$^{0}$ɲiəu$^{13}$uak$^{3}$liaŋ$^{35}$kai$^{53}_{44}$iaŋ$^{53}$tsɿ$^{0}$ɲien$^{13}$ɲien$^{13}_{44}$təu$^{35}_{53}$ci$^{13}_{21}$tien$^{0}$fɔŋ$^{53}$təu$^{35}_{53}$ŋ̍$^{13}$

miau$^{13}_{44}$,kai$^{53}$iəu$^{35}$təu$^{35}_{53}$ɲin$^{13}_{21}$a$^{35}_{44}$man$^{13}$xau$^{21}$,e$_{21}$pən$^{35}$ɲin$^{13}_{44}$tsəu$^{21}$tʂət$^{3}$çi$^{21}$lɔi$^{13}_{44}$,tsʰin$^{53}$təu$^{35}_{44}$təu$^{35}_{44}$tʂʰət$^{3}$tiet$^{5}$tsɿ$^{0}$tsʰien$^{13}$,ɲi$^{13}$la$^{53}$iet$^{3}$pak$^{3}$ci$^{13}$la$^{53}$…tʂuen$^{35}$tiet$^{5}$tsɿ$^{0}$kʰɔn$^{21}$iɔŋ$^{53}_{44}$ko$^{0}$,iəu$^{35}$tsʰien$^{13}_{21}$ɲin$^{13}_{21}$təu$^{35}$çi$^{53}$tʂen$^{35}_{44}$tiet$^{5}$tsɿ$^{0}$kʰɔn$^{21}$ko$^{0}$,tʂen$^{35}_{44}$tiet$^{5}$kʰɔn$^{21}$,tʰəŋ$^{21}$iet$^{3}$mai$^{35}$tso$^{53}$ŋ̍$^{13}$miau$^{13}$,tsei$^{21}$ɲiəu$^{13}$ak$^{3}$liaŋ$^{35}$kai$^{53}_{44}$iaŋ$^{53}_{44}$tsɿ$^{0}$fɔŋ$^{53}$ŋa$^{53}_{44}$xo$^{13}$li$^{0}$çi$^{53}$.puk$^{3}$ko$^{53}$lei$^{0}$ia$^{35}_{44}$fɔŋ$^{53}$n̍$^{13}_{44}$iaŋ$^{13}_{44}$lau$^{0}$,ci$^{13}_{21}$tien$^{0}$ɲin$^{13}_{21}$lau$^{53}$lau$^{0}$,fɔŋ$^{53}$n̍$^{13}_{44}$iaŋ$^{13}_{44}$lau$^{0}$,ci$^{13}_{21}$tien$^{0}$u$^{21}$lau$^{0}$.kai$^{53}_{44}$tsʰiəu$^{53}_{44}$ɲien$^{13}$ɲien$^{13}_{44}$təu$^{35}_{44}$uɔi$^{53}_{44}$tən$^{53}$pʰai$^{13}$tsɿ$^{0}$,tʂɿ$^{21}$tʂən$^{21}$tiau$^{53}$ŋ̍$^{13}$,pət$^{3}$tʂən$^{21}$ta$^{21}$ŋ̍$^{13}$lau$^{53}$ŋ̍$^{13}$.tiau$^{53}$tsʰiəu$^{53}_{44}$kʰo$^{21}$i$^{35}$,kai$^{53}$xo$^{13}$li$^{0}$tiau$^{53}$ʂɿ$^{53}_{21}$tsʰin$^{53}$ɲi$^{13}$tiau$^{53}$lau$^{0}$,xei$^{53}$me$^{53}$?ɲi$^{13}$tiau$^{53}$tek$^{3}$ci$^{21}_{44}$(t)o$^{35}_{44}$tʰiau$^{13}_{21}$lau$^{0}$?

【鱼拍子】ŋ̍$^{13}$pʰak$^{3}$tsɿ$^{0}$ 名鱼漂：～就钓鱼用个，浮下水面上。鱼食哩钓，箇～就会动，就会往下拖。箇个就系一方面嘞箇～嘞是浮去水面上来莫分渠跌下去哩，标志箇条线去箇映，话你知。另一只嘞就系鱼子食钓嘞，箇条拍子就会动，～就会动。ŋ̍$^{13}$pʰak$^{3}$tsɿ$^{0}$tsʰiəu$^{53}_{44}$tiau$^{53}$ŋ̍$^{13}$iəŋ$^{53}$ke$^{53}$,fei$^{13}$ia$^{53}$ʂei$^{21}$mien$^{53}$xɔŋ$^{53}$.ŋ̍$^{13}$ʂət$^{5}$li$^{0}$tiau$^{53}$,kai$^{53}$ŋ̍$^{13}$pʰak$^{3}$tsɿ$^{0}$tsʰiəu$^{53}$uɔi$^{53}$tʰəŋ$^{35}$,tsʰiəu$^{53}$uɔi$^{53}$uɔŋ$^{21}$xa$^{53}_{44}$tʰo$^{35}$.kai$^{53}_{44}$ke$^{53}_{44}$tsʰiəu$^{53}_{44}$xe$^{53}_{44}$iet$^{3}$fɔŋ$^{35}$mien$^{53}_{44}$le$^{0}$kai$^{53}$ŋ̍$^{13}$pʰak$^{3}$tsɿ$^{0}$lei$^{0}$ʂɿ$^{53}_{44}$fei$^{13}$çi$^{53}$ʂei$^{21}$mien$^{53}$xɔŋ$^{53}$lɔi$^{13}_{21}$mɔk$^{5}$pən$^{35}_{44}$ci$^{13}_{21}$tet$^{3}$xa$^{53}_{44}$çi$^{53}$li$^{0}$,piau$^{35}$tʂɿ$^{53}$kai$^{53}$tʰiau$^{13}_{21}$sien$^{53}$çi$^{53}$kai$^{53}$iaŋ$^{53}$,ua$^{53}$ɲi$^{13}_{21}$ti$^{35}_{53}$.lin$^{53}$iet$^{3}$tʂak$^{3}$lei$^{0}$tsʰiəu$^{53}_{44}$xei$^{53}_{44}$ŋ̍$^{13}$tsɿ$^{0}$ʂət$^{5}$tiau$^{53}$lei$^{0}$,kai$^{53}$tʰiau$^{13}_{21}$pʰak$^{3}$tsɿ$^{0}$tsʰiəu$^{53}_{44}$uɔi$^{53}_{44}$tʰəŋ$^{35}$,ŋ̍$^{13}$pʰak$^{3}$tsɿ$^{0}$tsʰiəu$^{53}$uɔi$^{53}_{44}$tʰəŋ$^{35}$.｜箇只咁个浮子就安做白子嘞，安做～嘞。kai$^{53}$tʂak$^{3}$kan$^{21}$ke$^{53}_{44}$fei$^{13}$tsɿ$^{0}$tsʰiəu$^{53}_{44}$ɔn$^{35}_{44}$tso$^{53}_{44}$pʰak$^{5}_{3}$tsɿ$^{0}$lei$^{0}$,ɔn$^{35}_{44}$tso$^{53}_{44}$ŋ̍$^{13}$pʰak$^{5}_{3}$tsɿ$^{0}$lei$^{0}$.

【鱼肉】ŋ̍$^{13}$ɲiəuk$^{3}$ 指婚期即将到来时，男方给女方送的鱼和猪肉等：还讲滴子欸讲滴子猪肉。安做红猪肉，讲滴子，讲，箇也唔系红猪肉，讲滴子，讲滴子～，咁子话个。讲一百斤子～，或者两百斤～。xai$^{13}$kɔŋ$^{21}$tet$^{5}$tsɿ$^{0}$e$_{21}$kɔŋ$^{21}$tet$^{5}$tsɿ$^{0}$tʂəu$^{35}$ɲiəuk$^{3}$.ɔn$^{35}_{44}$tso$^{53}_{44}$fəŋ$^{13}$tʂəu$^{35}_{44}$ɲiəuk$^{3}$,kɔŋ$^{21}$tet$^{5}$tsɿ$^{0}$,kɔŋ$^{21}$,kai$^{53}$ia$^{35}$m̩$^{13}_{21}$pʰe$_{44}$(←xe$^{53}$)fəŋ$^{13}$tʂəu$^{35}_{44}$ɲiəuk$^{3}$,kɔŋ$^{21}$tet$^{5}$tsɿ$^{0}$,kɔŋ$^{21}$tet$^{5}$tsɿ$^{0}$ŋ̍$^{13}$ɲiəuk$^{3}$,kan$^{21}$tsɿ$^{0}$ua$^{53}_{44}$ke$^{53}_{44}$.kɔŋ$^{21}$iet$^{3}$pak$^{3}$cin$^{35}_{44}$tsɿ$^{0}$ŋ̍$^{13}$ɲiəuk$^{3}$,xoit$^{5}$tʂa$^{21}$iɔŋ$^{21}$pak$^{3}$cin$^{35}_{44}$ŋ̍$^{13}$ɲiəuk$^{3}$.

【鱼鳃】ŋ̍$^{13}$sɔi$^{35}$ 名鱼的呼吸器官，主要生在头部两侧，用来吸收溶解在水中的氧：破鱼个时候子～就爱丢嘿去啊。箇肚里尽泥沙，有泥沙。pʰo$^{53}$ŋ̍$^{13}$ke$^{53}$ʂɿ$^{13}$xei$^{53}$tsɿ$^{0}$ŋ̍$^{13}$sɔi$^{35}$tsʰiəu$^{53}$ɔi$^{53}$tiəu$^{35}$uek$^{3}$çi$^{53}_{44}$a$^{0}$.kai$^{53}$təu$^{21}$li$^{0}$tsʰin$^{53}$lai$^{13}$sa$^{35}_{44}$,iəu$^{35}_{44}$lai$^{13}$sa$^{35}_{44}$.

【鱼水】ŋ̍$^{13}$ʂei$^{21}$ 名极小的鱼苗：欸，鲤鱼水我等就细细子安做鲤水。草鱼嘞，草鱼水一般冇得卖，草鱼都畜大滴子来卖，箇个咁长子一只子个，安做草杆子。鲫鱼就冇得～，唔爱去买鲫鱼水，渠箇鲤鱼肚里有，鲤鱼水肚里有鲫鱼。e$_{21}$,li$^{35}$ŋ̍$^{13}_{21}$ʂei$^{21}$ŋai$^{13}$tien$^{0}$tsʰiəu$^{53}$se$^{53}$se$^{53}$tsɿ$^{0}$ɔn$^{35}_{44}$tso$^{53}_{44}$li$^{35}$ʂei$^{21}$.tsʰau$^{21}$ŋ̍$^{13}$lei$^{0}$,tsʰau$^{21}$ŋ̍$^{13}$ʂei$^{21}$iet$^{3}$pɔn$^{35}_{44}$mau$^{13}$tek$^{3}$mai$^{53}$,tsʰau$^{21}$ŋ̍$^{13}$təu$^{35}_{44}$çiəuk$^{3}$tʰai$^{53}$tiet$^{5}$tsɿ$^{0}$lɔi$^{13}_{21}$mai$^{53}$,kai$^{53}_{44}$ke$^{53}_{44}$kan$^{21}_{13}$tʂʰəŋ$^{13}_{21}$tsɿ$^{0}$iet$^{3}$tʂak$^{3}$tsɿ$^{0}$ke$^{53}$,ɔn$^{35}_{44}$tso$^{53}$tsʰau$^{21}$kɔn$^{21}$tsɿ$^{0}$.tsiet$^{3}$ŋ̍$^{13}$tsʰiəu$^{53}$mau$^{13}$tek$^{3}$ŋ̍$^{13}$ʂei$^{21}$,m̩$^{13}_{21}$mɔi$^{53}$çi$^{53}$mai$^{35}$tsiet$^{3}$ŋ̍$^{13}_{44}$ʂei$^{21}$,ci$^{13}_{21}$kai$^{53}$li$^{35}$ŋ̍$^{13}_{21}$təu$^{21}$li$^{0}$iəu$^{35}_{44}$,li$^{35}$ŋ̍$^{13}_{21}$ʂei$^{21}$təu$^{21}$li$^{0}$iəu$^{35}_{53}$tsiet$^{3}$ŋ̍$^{13}_{21}$.

【鱼网】ŋ̍$^{13}$mɔŋ$^{21}$ 名捕捞鱼类用的网子：一到箇天气暖是我等箇河边上就长日都有人用～去打鱼，扐倒～去打鱼。iet$^{3}$tau$^{53}$kai$^{53}_{44}$tʰien$^{35}$çi$^{53}$lɔn$^{35}$ʂɿ$^{53}_{44}$ŋai$^{13}_{21}$tien$^{0}$kai$^{53}_{44}$xo$^{13}$pien$^{35}_{44}$xɔŋ$^{53}$tsʰiəu$^{53}_{44}$tʂʰɔŋ$^{13}$ɲiet$^{3}$təu$^{35}_{44}$iəu$^{35}_{44}$ɲin$^{13}_{21}$iəŋ$^{53}$ŋ̍$^{13}$mɔŋ$^{21}$çi$^{53}$ta$^{21}$ŋ̍$^{13}$,let$^{5}$tau$^{21}$ŋ̍$^{13}$mɔŋ$^{21}$çi$^{53}$ta$^{21}$ŋ̍$^{13}$.

【鱼尾鱍】ŋ̍$^{13}$mi$^{35}_{44}$pait$^{5}$ 名鱼尾巴（儿语）：但是一般个人都唔讲～，只讲鱼尾巴。只有同细人子讲就讲下子～。tan$^{53}$ʂɿ$^{53}$iet$^{3}$pən$^{35}$ke$^{53}_{44}$ɲin$^{13}_{21}$təu$^{35}_{44}$ŋ̍$^{13}$kɔŋ$^{21}$ŋ̍$^{13}$mi$^{35}$pait$^{5}$,tʂe$^{21}$kɔŋ$^{21}$ŋ̍$^{13}$mi$^{35}_{44}$pa$^{35}$.tʂe$^{21}$iəu$^{35}_{44}$tʰəŋ$^{13}_{21}$se$^{53}$ɲin$^{13}_{44}$tsɿ$^{0}$kɔŋ$^{21}$tsʰiəu$^{53}_{44}$kɔŋ$^{21}$ŋa$^{53}$(←xa$^{53}$)tsɿ$^{0}$ŋ̍$^{13}$mi$^{35}_{44}$pait$^{5}$.

【鱼腥草】ŋ̍$^{13}$siaŋ$^{35}$tsʰau$^{21}$ 名蕺菜的俗称：就以咁像以咁（热）个天～泡茶食，食哩就好。tsʰiəu$^{53}_{44}$i$^{21}$kan$^{21}$tsʰiɔŋ$^{53}$i$^{21}$kan$^{21}_{13}$e$^{0}$tʰien$^{35}_{44}$ŋ̍$^{13}_{21}$siaŋ$^{35}_{44}$tsʰau$^{21}$pʰau$^{53}$tsʰa$^{13}$ʂət$^{5}$,ʂət$^{5}$li$^{0}$tsʰiəu$^{53}_{44}$xau$^{21}$.

【鱼杂】ŋ̍$^{13}$tsʰait$^{5}$ 名供加工食用的鱼内脏：～也会食，唔多食凑，一般都丢咁哩～是。ŋ̍$^{13}$tsʰait$^{5}$ia$^{35}_{44}$uɔi$^{53}$ʂət$^{5}$,n̍$^{13}$to$^{35}$ʂət$^{5}$tsʰe$^{0}$,iet$^{3}$pɔn$^{35}$təu$^{35}_{53}$tiəu$^{35}_{44}$kan$^{21}$ni$^{0}$ŋ̍$^{13}$tsʰait$^{5}$ʂɿ$^{53}$.

【榆树】ɥ$^{13}$ʂəu$^{53}$ 名榆科落叶乔木。又称“榆钱树”：欸有箇个结咁个串串子个箇起就～，箇就～。浏阳箇有条街呀以前唔系结倒一串串子个钱样啊？绺钱样啊子吊倒箇箇起啊？安做榆钱树呢。箇个浏阳有嘞。如今赠……我等以下冇得。ei$_{21}$iəu$^{35}$kai$^{53}$ke$^{53}_{44}$ciet$^{3}$kan$^{21}$ke$^{53}_{44}$tʂʰɔn$^{53}_{44}$tʂʰɔn$^{53}$tsɿ$^{0}$ke$^{53}_{44}$kai$^{53}_{44}$çi$^{21}$tsʰiəu$^{53}_{44}$ɥ$^{13}$ʂəu$^{53}$,kai$^{53}$tsʰiəu$^{53}_{44}$ɥ$^{13}$ʂəu$^{53}$.liəu$^{13}$iɔŋ$^{13}$kai$^{53}$iəu$^{35}$tʰiau$^{13}_{21}$kai$^{35}$ia$^{0}$i$^{35}$tsʰien$^{13}_{21}$m̩$^{13}_{21}$pʰe$_{44}$(←m̩$^{13}$xe$^{53}$)ciet$^{3}$tau$^{21}_{44}$iet$^{3}$tʂʰɔn$^{53}$tʂʰɔn$^{53}$tsɿ$^{0}$ke$^{53}_{44}$tsʰien$^{13}$iɔŋ$^{53}_{44}$ŋa$^{0}$?min$^{13}$tsʰien$^{13}$iɔŋ$^{53}_{44}$ŋa$^{0}$tsɿ$^{0}$tiau$^{53}$tau$^{21}$kai$^{53}$kai$^{53}_{44}$çi$^{21}_{44}$a$^{0}$?ɔn$^{35}_{44}$tso$^{53}_{44}$vy$^{13}$tsʰien$^{13}$ʂəu$^{53}$nei$^{0}$.kai$^{53}$ke$^{53}_{44}$liəu$^{13}$iɔŋ$^{13}$iəu$^{35}$le$^{0}$.i$^{13}_{21}$cin$^{35}_{44}$maŋ$^{13}$…ŋai$^{13}$tien$^{0}$ia$^{53}$(←i$^{21}$xa$^{53}$)mau$^{13}_{21}$tek$^{3}$.

【雨篷】ɥ$^{21}$pʰəŋ$^{13}$ 名车篷子（多）：也系叫～唠，躲雨个啦。ia$^{35}$xe$^{53}_{44}$ciau$^{53}$ɥ$^{21}$pʰəŋ$^{13}$lau$^{0}$,to$^{21}$ɥ$^{21}$ke$^{53}$la$^{0}$.

【雨水】i$^{21}$ʂei$^{21}$ 名二十四节气之一：春天立春过哩就系～。tʂʰən$^{35}$tʰien$^{35}_{44}$liet$^{5}$tʂʰən$^{35}$ko$^{53}$li$^{0}$tsʰiəu$^{53}$

xei$^{53}$i$^{21}$ʂei$^{21}$.

【玉兰花】vy$^{53}$lan$^{13}$fa$^{35}$ 名木兰科玉兰亚属落叶乔木：～就，玉兰树哇有哇。/如今正后背正有了。/唔喊 ɲiəuk$^{5}$兰花。/喊～嘞。/喊～。/箇又喊～。因为以只东西后背引进来个了。/就照倒学倒讲。/所以就照照倒面前渠等就么个就就么个。/～。/y$^{53}$兰花。/几乎摎普通话有么啊区别了。y$^{53}$lan$^{13}_{21}$fa$^{35}$tsʰiəu$^{53}_{44}$,y$^{53}$lan$^{13}_{21}$ʂəu$^{53}$ua$^{0}$ iəu$^{35}_{44}$a$^{0}$./i$^{13}_{21}$cin$^{35}$tʂaŋ$^{53}_{44}$xei$^{53}$pɔi$^{53}_{35}$tʂaŋ$^{53}_{44}$iəu$^{35}_{44}$liau$^{0}$./n̩$^{13}$xan$^{53}_{44}$ɲiəuk$^{5}$lan$^{13}_{21}$fa$^{35}$./xan$^{53}_{44}$vy$^{53}$lan$^{13}_{21}$fa$^{35}$lei$^{0}$./xan$^{53}_{44}$vy$^{53}$lan$^{13}_{21}$fa$^{35}_{44}$./kai$^{53}$iəu$^{53}_{21}$xan$^{53}_{44}$vy$^{53}$lan$^{13}_{21}$fa$^{35}_{44}$.in$^{35}$uei$^{53}_{44}$i$^{21}$tʂak$^{3}$təŋ$^{35}_{44}$si$^{0}$ xei$^{53}$pɔi$^{53}_{35}$in$^{21}$tsin$^{53}$lɔi$^{13}_{21}$ke$^{53}_{44}$liau$^{0}$./tsʰiəu$^{53}_{44}$tʂau$^{53}$tau$^{21}$xɔk$^{5}$tau$^{21}$kɔŋ$^{21}$./so$^{21}$i$^{35}$tsʰiəu$^{53}_{44}$tʂau$^{53}$tʂau$^{53}$tau$^{21}$mien$^{53}$tsʰien$^{13}$ ci$^{13}_{21}$tien$^{0}$ tsʰəu$^{53}$mak$^{3}$ke$^{53}_{44}$tsʰiəu$^{53}_{44}$tsʰəu$^{53}$mak$^{3}$ke$^{53}_{44}$./vy$^{53}$lan$^{13}$fa$^{35}$./y$^{53}$lan$^{13}$fa$^{35}$./ci$^{35}_{44}$fu$^{35}_{44}$lau$^{35}_{44}$pʰu$^{21}$tʰəŋ$^{35}_{44}$fa$^{53}$mau$^{13}_{21}$ mak$^{3}$a$^{0}$tʂʰʮ$^{35}_{44}$pʰiek$^{5}$liau$^{0}$.

【玉兰片】i$^{53}$/y$^{53}$lan$^{13}$pʰien$^{21}$ 名一种地方名小吃：番薯就煮熟来炆熟来，交番薯粉去摅。/也有尽用番薯粉个。/放番薯就堆倒多滴子唠。然后就做成箇只箇个□长个，煮熟来，欸，炆熟来。款拢来。渠做个时候子嘞，舞做一块片，肚里还做滴花纹去啊，做滴颜色哦。切倒箇只～就好看呐，就有花带。晒干来，还爱油去炸。/用炮。一种就炮，一种就炒。/用油去炮。炮摎炒。箇个～是点茶，点心呐。fan$^{35}$ʂəu$^{13}_{21}$tsʰiəu$^{53}_{44}$tʂəu$^{21}$ʂəuk$^{5}$lɔi$^{13}_{21}$uən$^{13}$ʂəuk$^{5}$lɔi$^{13}_{21}$,ciau$^{35}$fan$^{35}_{44}$ʂəu$^{13}_{21}$ fən$^{21}$çi$^{53}_{44}$tsʰai$^{35}$./ia$^{35}$iəu$^{35}_{44}$tsʰin$^{53}$iəŋ$^{53}_{44}$fan$^{35}_{44}$ʂəu$^{13}_{21}$fən$^{21}$ke$^{53}_{21}$./fɔŋ$^{53}_{44}$fan$^{35}$ʂəu$^{13}_{21}$tsʰiəu$^{53}_{44}$tɔi$^{35}$tau$^{21}$to$^{35}$tiet$^{5}$tsʅ$^{0}$lau$^{0}$.ien$^{13}$ xəu$^{53}_{44}$tsʰiəu$^{53}_{44}$tso$^{53}$ʂaŋ$^{13}_{44}$kai$^{53}_{44}$tʂak$^{3}$kai$^{53}_{21}$cie$^{53}_{44}$lai$^{35}$tʂʰɔŋ$^{13}_{21}$ke$^{53}_{44}$,tʂəu$^{21}$ʂəuk$^{5}$lɔi$^{13}_{21}$,e$_{21}$,uən$^{13}$ʂəuk$^{5}$lɔi$^{13}_{44}$.kʰuan$^{21}$ləŋ$^{35}$ lɔi$^{13}_{21}$.ci$^{13}$tso$^{53}$ke$^{53}_{44}$ʂʅ$^{13}$xəu$^{53}_{44}$tsʅ$^{0}$le$^{0}$,u$^{21}$tso$^{53}$iet$^{3}$kʰuai$^{53}_{44}$pʰien$^{53}$,təu$^{21}$li$^{35}$xai$^{13}$tso$^{53}_{44}$tet$^{5}$fa$^{35}$uən$^{13}$cʰi$^{53}_{44}$a$^{0}$,tso$^{53}_{44}$tet$^{5}_{3}$ŋan$^{13}$ sek$^{3}$o$^{0}$.tsʰiet$^{3}$tau$^{21}$kai$^{53}_{44}$tʂak$^{3}$y$^{53}$lan$^{13}$pʰien$^{53}_{44}$tsʰiəu$^{53}_{44}$xau$^{21}$kʰɔn$^{53}$na$^{0}$,tsʰiəu$^{53}_{44}$iəu$^{35}_{44}$fa$^{35}$tai$^{53}_{21}$.sai$^{53}$kɔn$^{35}$nɔi$^{13}_{44}$,xai$^{13}$ɔi$^{53}_{44}$ iəu$^{13}$çi$^{53}_{44}$tsak$^{3}$./iəŋ$^{53}$pʰau$^{13}$.iet$^{3}$tʂəŋ$^{21}$tsʰiəu$^{53}$pʰau$^{13}$,iet$^{3}$tʂəŋ$^{21}$tsʰiəu$^{53}$tsʰau$^{21}$./iəŋ$^{53}$iəu$^{13}$çi$^{53}$pʰau$^{13}$.pʰau$^{13}$lau$^{35}$ tsʰau$^{21}$.kai$^{53}$ke$^{53}_{44}$i$^{53}$lan$^{13}_{21}$pʰien$^{21}$ʂʅ$^{53}_{21}$tian$^{21}$tsʰa$^{13}$,tian$^{21}$sin$^{35}$na$^{0}$.

【玉石】i$^{53}$ʂak$^{5}$ 名玉：我等看得最多个就系～手圈。欸，我老婆就手上戴只箇～手圈，晓知真呐假，反正渠长日戴倒。ŋai$^{13}_{21}$tien$^{0}$kʰɔn$^{53}$tek$^{3}$tsei$^{53}$to$^{35}_{44}$ke$^{0}$tsʰiəu$^{53}_{44}$xe$^{53}_{44}$i$^{53}$ʂak$^{5}$ʂəu$^{21}$cʰien$^{35}_{44}$.e$_{21}$,ŋai$^{13}$lau$^{21}$ pʰo$^{13}$tsʰiəu$^{53}$ʂəu$^{21}$xɔŋ$^{53}$tai$^{53}$tʂak$^{3}$kai$^{53}_{44}$i$^{53}$ʂak$^{5}$ʂəu$^{21}$cʰien$^{35}_{44}$,çiau$^{21}$ti$^{35}_{44}$tʂən$^{35}_{44}$na$^{0}$cia$^{21}$,fan$^{21}$tʂən$^{53}$ci$^{13}_{21}$tʂʰɔŋ$^{13}$ɲiet$^{3}$tai$^{53}$ tau$^{21}$.

【芋荷】u$^{53}$xo$^{13}$ 名芋头的枝叶：～就濿大，箇个芋叶呀，摎梗啊濿大。u$^{53}$xo$^{13}$tsʰiəu$^{53}_{44}$mən$^{35}$ tʰai$^{53}_{21}$,kai$^{53}_{44}$ke$^{53}_{44}$u$^{53}$iait$^{5}$ia$^{0}$,lau$^{35}_{44}$kuaŋ$^{21}$ŋa$^{0}$mən$^{35}$tʰai$^{53}_{44}$.

【芋娘】u$^{53}$ɲiɔŋ$^{13}$ 名种芋发育成新生植株后其茎部形成短缩茎并逐渐膨大成为球茎，即"芋娘"：呃，～就系用来移栽个箇只芋种，芋种栽下去以后，底下嘞就会发咁个细芋子。欸，箇细芋子，发出来个长出来个芋子就安做芋崽子。箇只栽下去个箇只东西就安做～。欸，客姓人有句咁个俗话："你把做芋崽子会大过～吧？"不可能个事嘛，难得个事，难得有个事。ə$_{21}$,u$^{53}$ɲiɔŋ$^{13}$tsʰiəu$^{53}$xei$^{53}$iəŋ$^{53}$lɔi$^{13}_{44}$i$^{13}$tsɔi$^{35}$ke$^{0}$kai$^{53}_{21}$tʂak$^{3}$u$^{53}$tʂəŋ$^{21}$,u$^{53}$tʂəŋ$^{21}$tsɔi$^{35}$xa$^{53}_{44}$çi$^{53}_{44}$i$^{35}$xei$^{53}$,tei$^{21}$xa$^{53}_{44}$lei$^{0}$tsʰiəu$^{53}$ uɔi$^{53}$fait$^{3}$kan$^{21}$ke$^{53}$se$^{53}$u$^{53}$tsʅ$^{0}$.e$_{21}$,kai$^{53}_{44}$se$^{53}$u$^{53}$tsʅ$^{0}$,fait$^{3}$tʂʰət$^{3}$lɔi$^{13}$ke$^{53}$tʂɔŋ$^{21}$tʂʰət$^{3}$lɔi$^{13}$ke$^{53}$u$^{53}$tsʅ$^{0}$tsʰiəu$^{53}_{21}$ɔn$^{35}_{53}$tso$^{53}$u$^{53}$ tse$^{21}$tsʅ$^{0}$.kai$^{53}$tʂak$^{3}$tsɔi$^{35}$xa$^{53}_{44}$çi$^{53}_{44}$ke$^{53}$kai$^{53}$tʂak$^{3}$təŋ$^{35}_{44}$si$^{0}$tsʰiəu$^{53}_{44}$ɔn$^{35}_{44}$tso$^{53}_{44}$u$^{53}$ɲiɔŋ$^{13}$.e$_{21}$,kʰak$^{3}$sin$^{53}$ɲin$^{13}_{21}$iəu$^{35}$tʂʮ$^{53}$kan$^{21}$ ke$^{53}_{44}$səuk$^{3}$fa$^{53}$:"ɲi$^{13}$pa$^{21}_{44}$tso$^{53}_{44}$u$^{53}$tse$^{21}$tsʅ$^{0}$uɔi$^{53}$tʰai$^{53}$ko$^{53}_{44}$u$^{53}$ɲiɔŋ$^{13}$pa$^{0}$?"puk$^{3}$kʰo$^{21}$len$^{13}$ke$^{53}$sʅ$^{53}$ma$^{0}$,lan$^{13}$tek$^{3}$ke$^{53}_{44}$sʅ$^{53}$, lan$^{13}$tek$^{3}$iəu$^{35}$ke$^{53}$sʅ$^{53}$.

【芋丸子】u$^{53}$ien$^{13}$tsʅ$^{0}$ 名用芋头加工成的丸子：分箇芋子刨嘿皮以后，欸就炆绵来，煮绵来也做得，煮熟来，加兜番薯粉，一摅，摅倒去做做丸子，欸，做做丁啮大子个丸子，然后嘞放下镬里去煮倒食，箇个就安做～。～蛮好食，渠有只箇番薯粉个箇只箇溜滑子个味道。pən$^{35}_{44}$ kai$^{53}_{44}$u$^{53}$tsʅ$^{0}$pʰau$^{13}$(x)ek$^{3}$pʰi$^{13}$i$^{35}$xei$^{53}_{44}$,e$_{21}$tsiəu$^{53}$uən$^{13}$mien$^{13}$nɔi$^{13}_{44}$,tʂəu$^{21}$mien$^{13}$lɔi$^{13}$a$^{35}$tso$^{53}$tek$^{3}$,tʂəu$^{21}$ʂəuk$^{5}$lɔi$^{13}_{44}$, cia$^{35}_{44}$te$^{35}_{53}$fan$^{35}$ʂəu$^{13}_{21}$fən$^{21}$,iet$^{3}$tsʰei$^{21}$,tsʰei$^{21}$tau$^{21}$çi$^{53}$tso$^{53}$tso$^{53}$ien$^{13}$tsʅ$^{0}$,e$_{21}$,tso$^{53}_{44}$tso$^{53}_{44}$tin$^{53}$ŋait$^{3}$tʰai$^{53}$tsʅ$^{0}$ke$^{0}$ien$^{13}$tsʅ$^{0}$, vien$^{13}$xei$^{53}_{44}$lei$^{0}$fɔŋ$^{53}$ŋa$^{53}_{21}$uɔk$^{5}$li$^{0}$çi$^{53}$tʂəu$^{21}$tau$^{21}$ʂət$^{5}$,kai$^{53}$ke$^{53}_{44}$tsʰiəu$^{53}_{44}$ɔn$^{35}_{44}$tso$^{53}_{44}$u$^{53}$ien$^{13}$tsʅ$^{0}$.u$^{53}$ien$^{13}_{21}$tsʅ$^{0}$man$^{13}$xau$^{21}$ ʂət$^{5}$,ci$^{13}$iəu$^{35}_{53}$tʂak$^{3}$kai$^{53}$fan$^{35}$ʂəu$^{13}_{21}$fən$^{21}$cie$^{53}_{44}$kai$^{53}$tʂak$^{3}$kai$^{53}_{44}$liəu$^{35}$uait$^{5}$tsʅ$^{0}$ke$^{53}_{44}$uei$^{53}$tʰau$^{53}$.

【芋叶】u$^{53}$iait$^{5}$ 名芋头的叶子：箇个～呀，摎梗啊蛮大。kai$^{53}_{44}$ke$^{53}_{44}$u$^{53}$iait$^{5}$ia$^{0}$,lau$^{35}_{44}$kuaŋ$^{21}$ŋa$^{0}$mən$^{35}$ tʰai$^{53}_{44}$.

【芋崽子】u$^{53}$tsei$^{21}$tsʅ$^{0}$ 名芋娘中下部节位的腋芽形成的小球茎：～就系芋娘蔸下边上发出来个～，绝像一只鸡嫲欸带一窠鸡崽子样。u$^{53}$tsei$^{21}$tsʅ$^{0}$tsʰiəu$^{53}_{44}$xe$^{53}_{44}$u$^{53}$ɲiɔŋ$^{13}$tei$^{35}$xa$^{53}_{44}$pien$^{35}$xɔŋ$^{53}_{44}$fait$^{3}$tʂʰət$^{3}$ lɔi$^{13}$ke$^{53}$u$^{53}$tsei$^{21}$tsʅ$^{0}$,tsʰiet$^{5}$tsʰiɔŋ$^{53}$iet$^{3}$tʂak$^{3}$cie$^{35}$ma$^{13}$e$_{21}$tai$^{53}$iet$^{3}$kʰo$^{35}_{44}$cie$^{35}$tse$^{21}$tsʅ$^{0}$iɔŋ$^{53}$.

【芋崽子大过芋头】u$^{53}$tsei$^{21}$tsʅ$^{0}$tʰai$^{53}$ko$^{53}$u$^{53}$tʰei$^{13}$ ①比喻本末倒置、喧宾夺主：如今我孙子等人晓

Y

知看几多子课外书？靠箇课本上箇兜子东西，老师教个，课堂上教个课本上箇兜子东西，远远不够，你学倒箇兜东西是唔好做么个。于是就搞来搞去嘞搞起～，就系嘞课外个东西划更多钱，欸，划更多精力，真正去课堂上读个，去学堂里课堂上读个，箇还有几多么个了。i$^{13}_{21}$ cin$^{35}_{53}$ŋai$^{13}_{21}$sən$^{35}$tsɿ$^{0}$ ten$^{21}_{13}$ɲin$^{13}_{21}$çiau$^{21}$ti$^{35}_{44}$k$^{h}$ɔn$^{53}$ci$^{21}$(t)o$^{35}$tsɿ$^{0}$ k$^{h}$o$^{53}$uai$^{53}_{44}$ʂəu$^{35}_{44}$?k$^{h}$au$^{53}$kai$^{53}_{44}$k$^{h}$o$^{53}$pən$^{21}$xɔŋ$^{53}_{44}$kai$^{53}_{44}$tei$^{35}_{53}$tsɿ$^{0}$ tɔŋ$^{35}_{44}$si$^{0}$,lau$^{21}$sɿ$^{35}_{44}$kau$^{35}_{44}$kei$^{35}_{44}$,k$^{h}$o$^{53}$t$^{h}$ɔŋ$^{13}_{21}$xɔŋ$^{53}_{44}$kau$^{35}_{44}$ke$^{35}_{44}$k$^{h}$o$^{53}$pən$^{21}$xɔŋ$^{53}_{44}$kai$^{53}_{44}$tei$^{35}_{53}$tsɿ$^{0}$ tɔŋ$^{35}_{44}$si$^{0}$,vien$^{21}$vien$^{21}$pət$^{3}$ kei$^{35}$, ɲi$^{13}$xɔk$^{5}$ tau$^{21}_{44}$kai$^{53}$tei$^{35}_{53}$tɔŋ$^{35}_{44}$si$^{0}$ ʂɿ$^{53}$ n̩$^{13}_{21}$xau$^{21}$tso$^{53}$mak$^{3}$ ke$^{53}$.ʮ$^{13}$ʂɿ$^{53}$ts$^{h}$iəu$^{53}$kau$^{21}$lɔi$^{13}_{21}$kau$^{21}$çi$^{53}$lei$^{0}$ kau$^{21}$çi$^{21}_{44}$u$^{53}$tsei$^{21}$tsɿ$^{0}$ t$^{h}$ai$^{53}_{44}$ko$^{53}_{44}$u$^{53}$t$^{h}$ei$^{13}_{21}$,ts$^{h}$iəu$^{53}_{44}$uei$^{53}_{44}$lei$^{0}$ k$^{h}$o$^{53}$uai$^{53}$ke$^{53}_{21}$tɔŋ$^{35}_{44}$si$^{0}$ fa$^{13}$cien$^{53}$to$^{35}_{44}$ts$^{h}$ien$^{13}$,e$_{21}$,fa$^{13}$cien$^{53}$to$^{35}_{44}$tsin$^{35}$liet$^{5}$,tʂən$^{35}$ tʂən$^{53}_{44}$çi$^{53}_{44}$k$^{h}$o$^{53}$t$^{h}$ɔŋ$^{13}_{21}$xɔŋ$^{53}$t$^{h}$əuk$^{5}$ ke$^{53}$,çi$^{53}_{44}$xɔk$^{5}$ t$^{h}$ɔŋ$^{13}_{21}$li$^{21}$k$^{h}$o$^{53}$t$^{h}$ɔŋ$^{13}_{21}$xɔŋ$^{53}_{44}$t$^{h}$əuk$^{5}$ ke$^{53}_{44}$,kai$^{53}_{44}$xai$^{13}_{21}$mau$^{13}$ci$^{21}$to$^{35}$mak$^{3}$ e$^{0}$ liau$^{0}$. ②比喻一代比一代强：芋崽子系会大过芋头渠话，嘿，我就话欸难得出现个事，渠就话系比喻～嘞就比喻赖子比爷子更鳌，一代比一代强，也系有道理。u$^{53}$tse$^{21}$tsɿ$^{0}$ xe$^{53}$uɔi$^{53}$t$^{h}$ai$^{53}$ ko$^{53}$u$^{53}$t$^{h}$ei$^{13}$ci$^{13}_{21}$ua$^{53}$,xe$_{53}$,ŋai$^{13}$ts$^{h}$iəu$^{53}$ua$^{53}$e$_{21}$lan$^{13}$tek$^{3}$ tʂ$^{h}$ət$^{3}$ çien$^{53}$ke$^{53}_{44}$sɿ$^{53}$,ci$^{13}$ts$^{h}$iəu$^{53}$ua$^{53}$xe$^{53}$pi$^{21}$ʮ$^{53}$u$^{53}$tse$^{21}$tsɿ$^{0}$ t$^{h}$ai$^{53}$ko$^{53}$u$^{53}$t$^{h}$ei$^{13}_{21}$le$^{0}$ ts$^{h}$iəu$^{53}$pi$^{21}$ʮ$^{53}$lai$^{53}$tsɿ$^{0}$ pi$^{21}$ia$^{13}$tsɿ$^{0}$ cien$^{53}$ŋau$^{13}$,iet$^{3}$ t$^{h}$ɔi$^{53}$pi$^{21}$iet$^{3}$ t$^{h}$ɔi$^{53}$c$^{h}$iɔŋ$^{13}$,ia$^{35}$xei$^{53}$iəu$^{35}_{44}$t$^{h}$au$^{53}$ li$^{35}_{44}$.

【芋仲】u$^{53}$tʂ$^{h}$əŋ$^{53}$ 名用来洗芋头的篾器：藉势你讲话洗么啊洗箇只咁个东西呀，洗细滴子个噢，还有只就洗芋子哦。/安做～噢。/啊，～。洗芋子个啊。欸，舞倒舞倒咁大一只篾笼啊，去去到箇塘里去一阵仲哩啊，毛就脱得□光。/仲让门子啊？欸，仲又让门子写唠？/仲写唔出。/就单人旁一中字个样好像。/系系呀，仲嘞系系箇只仲。捯去捯转呢。/欸，捯去捯转个仲啊。啊，～哟？早有得～哟。/～样，好像～样个。/你看它本身箇篾子上就可以去咁以……/去咁箇毛去。/渠个唔知几粗。渠个做倒唔知几粗。/箇唔爱咁个，唔爱咁令溜个。/喊～。/加先个箇只安做么个番薯篓。/番薯篓，系，番薯篓是洗番薯个，欸，～是洗芋子个。tʂa$^{53}$ʂɿ$^{53}_{44}$ɲi$^{13}$kɔŋ$^{21}$ua$^{53}$se$^{21}$mak$^{3}$ a$^{0}$ se$^{21}$kai$^{53}$tʂak$^{3}$ kan$^{21}$ke$^{53}_{44}$(t)ɔŋ$^{35}_{44}$si$^{0}$ ia$^{0}$ ,se$^{21}$se$^{53}$tiet$^{5}$ tsɿ$^{0}$ ke$^{53}_{44}$au$^{0}$ ,xai$^{13}_{21}$iəu$^{35}_{44}$ tʂak$^{3}$ tsiəu$^{53}_{44}$se$^{21}$u$^{53}$tso$^{0}$ ./ɔn$^{35}$tso$^{53}_{44}$u$^{53}$tʂ$^{h}$əŋ$^{53}$ŋau$^{0}$ ./a$_{35}$,u$^{53}$tʂ$^{h}$əŋ$^{53}_{44}$.se$^{21}$u$^{53}$tsɿ$^{0}$ ke$^{53}$a$^{0}$ .e$_{21}$,u$^{21}$tau$^{21}$u$^{21}_{53}$tau$^{21}$kan$^{21}$t$^{h}$ai$^{53}$iet$^{3}$ tʂak$^{3}$ miet$^{5}$ lɔŋ$^{13}_{44}$a$^{0}$ ,çi$^{53}$çi$^{53}$tau$^{53}_{44}$kai$^{53}_{44}$t$^{h}$ɔŋ$^{13}$li$^{0}$ çi$^{53}_{44}$iet$^{3}$ tʂ$^{h}$ən$^{53}_{44}$tʂəŋ$^{53}$(←tʂ$^{h}$əŋ$^{53}$)lia$^{0}$ ,mau$^{35}$tsiəu$^{53}_{44}$t$^{h}$ɔk$^{3}$ tek$^{5}$ lin$^{35}$ kɔŋ$^{35}_{44}$./tʂ$^{h}$əŋ$^{53}$iaŋ$^{53}_{44}$mən$^{0}$ tsɿ$^{0}$ a$^{0}$ ?e$_{21}$,tʂ$^{h}$əŋ$^{53}$iəu$^{53}_{44}$ɲiɔŋ$^{53}_{44}$mən$^{0}$ tsɿ$^{0}$ sia$^{21}$lau$^{0}$ ?/tʂ$^{h}$əŋ$^{53}$sia$^{21}$n̩$^{13}$tʂ$^{h}$ət$^{3}$ ./ts$^{h}$iəu$^{53}_{44}$tan$^{35}$ɲin$^{13}_{21}$ p$^{h}$ɔŋ$^{13}$iet$^{3}$ tʂəŋ$^{35}$tsɿ$^{53}_{44}$ke$^{53}_{44}$iɔŋ$^{53}_{44}$xau$^{21}$siɔŋ$^{53}_{44}$./xe$^{53}_{44}$xe$^{53}_{44}$ia$^{0}$ ,tʂ$^{h}$əŋ$^{53}$le$^{0}$ xe$^{53}_{44}$xe$^{53}_{44}$kai$^{53}_{44}$tʂak$^{3}$ tʂ$^{h}$əŋ$^{53}$.tʂəu$^{53}$c$^{h}$i$^{53}_{44}$tʂəu$^{53}$tʂən$^{21}$ ne$^{0}$ ./e$_{21}$,tʂəu$^{53}$çi$^{53}_{44}$tʂəu$^{53}$tʂən$^{21}$ke$^{53}_{44}$tʂ$^{h}$əŋ$^{53}$ŋa$^{0}$ .a$_{44}$,u$^{53}$tʂəŋ$_{21}$(←tʂ$^{h}$əŋ$^{53}$)iau$^{0}$ ?tsau$^{21}$mau$^{13}$tek$^{3}$ u$^{53}$tʂəŋ$_{21}$(←tʂ$^{h}$əŋ$^{53}$) iau$^{0}$ ./u$^{53}$tʂəŋ$_{21}$(←tʂ$^{h}$əŋ$^{53}$)iɔŋ$^{53}_{21}$,xau$^{21}$ts$^{h}$iɔŋ$^{53}_{44}$u$^{53}$tʂəŋ$_{21}$(←tʂ$^{h}$əŋ$^{53}$)iɔŋ$^{53}_{44}$ke$^{53}_{44}$./ɲi$^{13}_{21}$k$^{h}$an$^{53}$t$^{h}$a$^{53}_{44}$pən$^{21}$ʂən$^{35}_{44}$kai$^{53}_{44}$miet$^{5}$ tsɿ$^{0}$ xɔŋ$^{53}_{44}$ts$^{h}$iəu$^{53}_{44}$k$^{h}$o$^{21}$i$^{35}$k$^{h}$e$^{53}$kan$^{21}$i$^{21}_{44}$…/k$^{h}$e$^{53}$kan$^{21}$kai$^{53}_{44}$mau$^{35}$çi$^{53}$./ci$^{13}$ke$^{53}_{44}$n̩$^{13}_{21}$ti$^{35}_{44}$ci$^{21}$ts$^{h}$ɿ$^{35}$.ci$^{13}$ke$^{53}_{44}$tso$^{53}$tau$^{21}$n̩$^{13}_{21}$ti$^{35}_{44}$ ci$^{21}$ts$^{h}$ɿ$^{35}$./kai$^{53}_{44}$m̩$^{13}_{21}$mɔi$^{53}$kan$^{21}$cie$^{53}_{21}$,m̩$^{13}_{21}$mɔi$^{53}$kan$^{21}$laŋ$^{53}$liəu$^{53}_{44}$ke$^{53}_{44}$./xan$^{53}_{44}$u$^{53}$tʂ$^{h}$əŋ$^{53}_{44}$./ka$^{35}$sien$^{35}$ke$^{53}_{44}$kai$^{53}$tʂak$^{3}$ ɔn$^{35}_{44}$ tso$^{53}_{44}$mak$^{3}$ ke$^{53}_{44}$fan$^{35}$ʂəu$^{13}_{21}$ləu$^{21}$./fan$^{35}$ʂəu$^{13}_{21}$lei$^{21}$,xei$^{53}_{44}$,fan$^{35}$ʂəu$^{13}_{21}$lei$^{21}$ʂɿ$^{53}_{21}$se$^{21}$fan$^{35}$ʂəu$^{13}_{21}$ke$^{53}$,e$_{21}$,u$^{53}$tʂ$^{h}$əŋ$^{53}$ʂɿ$^{53}_{44}$se$^{21}$u$^{53}$ tsɿ$^{0}$ ke$^{53}_{21}$.

【芋子】u$^{53}$tsɿ$^{0}$ 名芋头：我等栽～个人咯，年年都唔爱留芋种嘞。让门子嘞？到哩春天，欸，看下，清明～谷雨姜啊，栽～是清明就爱栽。到哩清明边了是箇个𫗪挖倒个～嘞渠就会生起来，你只爱到箇肚里去挖箇个生起来个～，𫗪挖个～啊，旧年冬下𫗪头年冬下𫗪挖倒个～，你就挖倒去栽凑，唔爱哩芋种，留倒也会同你殊嘿。ŋai$^{13}$tien$^{0}$ tsɔi$^{35}$u$^{53}$tsɿ$^{0}$ ke$^{53}$ɲin$^{13}$ko$^{0}$ , ɲien$^{13}_{21}$ɲien$^{13}_{44}$ təu$^{35}_{53}$m̩$^{13}$mɔi$^{53}$liəu$^{13}$u$^{53}$tʂəŋ$^{21}$lei$^{0}$ . ɲiɔŋ$^{53}_{44}$mən$^{13}$tsɿ$^{0}$ lei$^{0}$ ?tau$^{53}$li$^{0}$ tʂ$^{h}$ən$^{35}$t$^{h}$ien$^{35}_{44}$,e$_{21}$,k$^{h}$ɔn$^{53}_{44}$na$^{53}_{44}$,ts$^{h}$in$^{35}$min$^{13}_{21}$u$^{53}$tsɿ$^{0}$ kuk$^{3}$ i$^{21}$ciɔŋ$^{35}$ŋa$^{0}$ ,tsɔi$^{35}$u$^{53}$tsɿ$^{0}$ ʂɿ$^{53}_{21}$ts$^{h}$in$^{35}$min$^{13}_{21}$ts$^{h}$iəu$^{53}_{44}$ɔi$^{53}_{44}$tsɔi$^{35}$.tau$^{53}$li$^{0}$ ts$^{h}$in$^{35}$min$^{13}_{21}$pien$^{35}$niau$^{0}$ ʂɿ$^{53}_{44}$kai$^{53}$ke$^{53}_{44}$maŋ$^{13}$ uait$^{3}$ tau$^{21}$ke$^{53}$u$^{53}$tsɿ$^{0}$ lei$^{0}$ ci$^{13}_{21}$tsiəu$^{53}$uɔi$^{53}$saŋ$^{35}$c$^{h}$i$^{21}$lɔi$^{13}$, ɲi$^{13}_{21}$tʂɿ$^{21}$ɔi$^{53}$tau$^{53}$kai$^{53}$t$^{h}$əu$^{21}$li$^{0}$ çi$^{53}$uait$^{3}$ kai$^{53}$ke$^{53}$saŋ$^{35}$çi$^{21}$lɔi$^{13}_{21}$ ke$^{53}_{44}$u$^{53}$tsɿ$^{0}$ ,maŋ$^{13}$uait$^{3}$ ke$^{53}$u$^{53}$tsɿ$^{0}$ a$^{0}$ ,c$^{h}$iəu$^{53}$ɲien$^{13}_{21}$tɔŋ$^{35}$xa$^{53}$maŋ$^{13}$t$^{h}$ei$^{13}$ɲien$^{13}_{21}$tɔŋ$^{35}$xa$^{53}$maŋ$^{13}$uait$^{3}$ tau$^{21}$ke$^{53}$u$^{53}$tsɿ$^{0}$, ɲi$^{13}$ts$^{h}$iəu$^{53}_{44}$uait$^{3}$ tau$^{21}$çi$^{53}$tsɔi$^{35}$ts$^{h}$e$^{0}$ ,m̩$^{13}_{21}$mɔi$^{53}$li$^{0}$ u$^{53}$tʂəŋ$^{21}$,liəu$^{13}$tau$^{21}$a$^{35}_{53}$uɔi$^{53}$t$^{h}$ɔŋ$^{13}_{44}$ɲi$^{13}_{44}$mət$^{3}$ (x)ek$^{3}$ .

【育】iəuk$^{3}$ 动培植、繁育（幼苗）：分箇只晚稻个秧～正。pən$^{35}_{44}$kai$^{53}$tʂak$^{3}$ uan$^{21}$t$^{h}$au$^{53}$ke$^{53}_{44}$iɔŋ$^{35}$iəuk$^{3}$ tʂaŋ$^{53}_{44}$.

【预备铃】ʮ$^{53}$p$^{h}$ei$^{53}$lin$^{13}$ 名上课前五分钟的一次铃声，表示即将上课，要师生做好准备工作，也简称“预备”：两遍铃。一只预备，欸，～，打两下。iɔŋ$^{21}$p$^{h}$ien$^{53}$lin$^{13}$.iet$^{3}$ tʂak$^{3}$ ʮ$^{53}$p$^{h}$ei$^{53}$,e$_{21}$,ʮ$^{53}$ p$^{h}$ei$^{53}$lin$^{13}$,ta$^{21}$iɔŋ$^{21}$xa$^{53}$.｜两下两下打个就预备哟，五分钟噢。提前五分钟打预备哟。 iɔŋ$^{21}$xa$^{53}$ iɔŋ$^{21}$xa$^{53}$ta$^{21}$ke$^{53}_{44}$ts$^{h}$iəu$^{53}_{44}$ʮ$^{53}$p$^{h}$ei$^{53}$iau$^{0}$ ,ŋ̍$^{21}$fən$^{35}_{44}$tʂəŋ$^{35}_{44}$ŋau$^{0}$ .t$^{h}$i$^{13}$ts$^{h}$ien$^{13}_{21}$ŋ̍$^{21}$fən$^{35}_{44}$tʂəŋ$^{35}_{44}$ta$^{21}$ʮ$^{53}$p$^{h}$ei$^{53}$iau$^{0}$ .

【熨事八帖子】iet$^{3}$ sɿ$^{53}$pait$^{3}$ t$^{h}$iet$^{3}$ tsɿ$^{0}$ 形状态词。很妥当：（祭碗）摆正～。pai$^{21}$tʂaŋ$^{53}_{44}$iet$^{3}$ sɿ$^{53}$pait$^{3}$ t$^{h}$iet$^{3}$ tsɿ$^{0}$ .

Y

【熨帖】iet$^{3}$ tʰiait$^{3}$ 形①整洁干净，不凌乱，卫生。又称“伶俐”：唔讲～ŋ$^{13}_{21}$kɔŋ$^{21}$iet$^{3}$ tʰiait$^{3}$。②好，妥当，多做补语：做～哩。tso$^{53}$iet$^{3}$ tʰiait$^{3}$ li$^{0}$.｜话别人家做得蛮好，“做得蛮～”。也话“做得蛮～”。ua$^{53}$pʰiet$^{5}$ in$^{13}_{44}$ka$^{35}_{44}$tso$^{53}$tek$^{3}$ man$^{13}$xau$^{21}$,"tso$^{53}$tek$^{3}$ man$^{13}$iet$^{3}$ tʰiait$^{3}$".ia$^{35}$ua$^{53}_{44}$"tso$^{53}$tek$^{3}$ man$^{13}$iet$^{3}$ tʰiait$^{3}$".

【鸳鸯】ien$^{35}$iɔŋ$^{35}$ 名一种亮斑冠鸭，比鸭小，雌雄常在一起，常用来比喻恩爱夫妻：渠等两个两公婆啊硬一对子～样，唔知几和气。ci$^{13}_{21}$tien$^{0}$ iɔŋ$^{21}$ke$^{53}$iɔŋ$^{21}$kɔŋ$^{35}_{53}$pʰo$^{13}_{21}$a$^{0}$ ɲiaŋ$^{53}$iet$^{3}$ ti$^{53}$tsɿ$^{0}$ ien$^{35}$iɔŋ$^{35}_{44}$ iɔŋ$^{53}$,n̩$^{13}_{21}$ti$^{35}_{53}$ci$^{21}$fo$^{13}$çi$^{53}$.

【鸳鸯枕】ien$^{35}_{44}$iɔŋ$^{35}_{44}$tʂən$^{21}$ 名绣有鸳鸯的枕头，为夫妻所用。泛指可两人共用的长枕头。又称“双人枕头”：箇只枕头咁长啊，就系～。kai$^{53}$tʂak$^{3}$ tʂən$^{21}$tʰei$^{13}$kan$^{21}$tʂʰɔŋ$^{13}$ŋa$^{0}$,tsʰiəu$^{53}_{44}$xei$^{53}_{44}$ien$^{35}$ iɔŋ$^{35}$tʂən$^{21}$.｜我等是唔用～，我等一个人一只枕头。ŋai$^{13}$tien$^{0}$ ʂɿ$^{53}_{44}$n̩$^{13}$iɔŋ$^{53}$ien$^{35}$iɔŋ$^{35}$tʂən$^{21}$,ŋai$^{13}_{21}$tien$^{0}$ iet$^{3}$ ke$^{53}$ɲin$^{13}_{44}$iet$^{3}$ tʂak$^{3}$ tʂən$^{21}$tʰei$^{13}$.

【冤家】ien$^{35}$ka$^{35}$ 名指有冤仇的人：有兜～两个人呐硬到死都唔原谅渠咯。iəu$^{35}$təu$^{35}_{53}$ien$^{35}_{44}$ka$^{35}_{44}$iɔŋ$^{21}$ ke$^{53}$ɲin$^{13}$na$^{0}$ ɲiaŋ$^{53}$tau$^{53}$si$^{21}$təu$^{35}_{53}$n̩$^{13}$vien$^{13}$liɔŋ$^{53}$ci$^{13}_{21}$ko$^{0}$.

【冤枉】ien$^{35}$uɔŋ$^{21}$ 动没有事实根据，给人加上恶名：遭～tsau$^{35}$ien$^{35}$uɔŋ$^{21}$｜冇滴事啊，～别人家唠。mau$^{13}$tiet$^{5}$ sɿ$^{53}_{44}$a$^{0}$,ien$^{35}$uɔŋ$^{21}$pʰiet$^{5}$ in$^{13}_{21}$ka$^{35}_{44}$lau$^{0}$.

【冤枉鬼】ien$^{35}$uɔŋ$^{21}$kuei$^{21}$ 名对贪官污吏的鄙称：箇就讲欸～。kai$^{53}_{44}$tsiəu$^{53}_{44}$kɔŋ$^{21}$e$_{21}$ien$^{35}_{44}$uɔŋ$^{21}$kuei$^{21}$.

【元宵】ɲien$^{13}$siau$^{35}$ 名指元宵节：出～，定主意，或食智，或食力。tʂʰət$^{3}$ ɲien$^{13}$siau$^{35}$,tʰin$^{53}$tʂəu$^{21}$ i$^{53}$,fət$^{5}$ ʂət$^{5}$ tʂɿ$^{53}$,fət$^{5}$ ʂət$^{5}$ liet$^{5}$.

【元宵圆子】vien$^{13}$siau$^{35}_{44}$ien$^{13}$tsɿ$^{0}$ 名汤圆的别称：汤圆呐？就系～。tʰɔŋ$^{35}$ien$^{13}_{21}$na$^{0}$?tsʰiəu$^{53}$xe$^{53}_{44}$vien$^{13}$ siau$^{35}_{44}$ien$^{13}$tsɿ$^{0}$.

【元月】ɲien$^{13}$ɲiet$^{5}$ 名公历一月：阳历个～份蛮冷人。iɔŋ$^{13}$liet$^{5}$ke$^{53}$ɲien$^{13}$ɲiet$^{5}$ fən$^{53}$man$^{13}_{21}$laŋ$^{35}$ɲin$^{13}_{21}$.

【园】ien$^{13}$ 名种蔬菜、瓜果等的地方。也称“园子”：（篱笆萝）围～呢。用来围菜园呢。uei$^{13}$ien$^{13}$ne$^{0}$ .iəŋ$^{53}_{44}$lɔi$^{13}_{21}$uei$^{13}$tsʰɔi$^{53}$ien$^{13}_{21}$ne$^{0}$.｜渠个坟墓嘛就系一只子～子样。ci$^{13}_{21}$ke$^{53}$fən$^{13}$mu$^{53}$ma$^{0}$ tsʰiəu$^{53}$xei$^{53}_{44}$iet$^{3}$ tʂak$^{3}$ tsɿ$^{0}$ ien$^{13}$tsɿ$^{0}$ iɔŋ$^{53}$.

【原话】vien$^{13}$fa$^{53}$ 名原本的话语或说法：有么人讲一细半子，冇得，讲一小半。渠咁子讲嘞我就怀疑渠系学倒别人家个，就不是客家人个～了。mau$^{13}$mak$^{3}$ in$^{13}_{44}$kɔŋ$^{21}$iet$^{3}$ se$^{53}$pan$^{53}$tsɿ$^{0}$,mau$^{13}_{21}$ tek$^{3}$,kɔŋ$^{21}$iet$^{3}$ siau$^{21}$pan$^{53}$.ci$^{13}$kan$^{21}$tsɿ$^{0}$ kɔŋ$^{21}$lei$^{0}$ ŋai$^{13}$tsʰiəu$^{53}_{44}$fai$^{13}$ɲi$^{13}_{44}$ci$^{13}_{44}$xe$^{53}_{44}$xɔk$^{5}$ tau$^{21}$pʰiet$^{5}$ in$^{13}_{21}$ka$^{35}_{21}$ke$^{53}_{21}$,tsʰiəu$^{53}_{44}$ pət$^{3}$ ʂɿ$^{53}$kʰak$^{3}$ ka$^{35}_{44}$ɲin$^{13}_{21}$ke$^{53}_{44}$vien$^{13}$fa$^{53}$liau$^{21}$.

【原先】ɲien$^{13}$sien$^{35}$ 名起初，从前：渠～唔晓得，后背正别人家讲个。ci$^{13}$ɲien$^{13}$sien$^{35}$ŋ̍$^{13}$çiau$^{21}$ tek$^{3}$,xei$^{53}$pɔi$^{53}$tʂaŋ$^{53}$pʰet$^{5}$ɲin$^{13}$ka$^{35}_{53}$kɔŋ$^{21}$ke$^{0}$.｜老式箇箇箇起咁个，安做么啊锁唠？老式……～个。lau$^{21}$ʂɿ$^{53}_{21}$kai$^{53}_{44}$kai$^{53}_{44}$kai$^{53}$çi$^{21}$kan$^{21}$ke$^{53}_{44}$,ɔn$^{35}_{44}$tso$^{53}_{44}$mak$^{3}$ a$^{0}$ so$^{21}$lau$^{0}$?lau$^{21}$ʂ…ien$^{13}_{21}$sien$^{35}_{44}$ke$^{53}_{44}$.

【原原本本】ven$^{13}$ven$^{13}_{44}$pən$^{21}$pən$^{21}$ 动照原来的样子未加改变的：顶高只节上嘞渠只节是～个吵。taŋ$^{21}$kau$^{35}_{53}$tʂak$^{3}$ tset$^{3}$ xɔŋ$^{53}_{44}$lei$^{0}$ ci$^{13}_{21}$tʂak$^{3}$ tset$^{3}$ ʂɿ$^{53}_{44}$ven$^{13}$ven$^{13}_{44}$pən$^{21}$pən$^{21}$ke$^{53}_{44}$ʂa$^{0}$.

【原葬】ɲien$^{13}$tsɔŋ$^{53}$ 动死后第一次安葬：欸我等箇只婆太呀～是系去横巷里，欸，后来改葬，葬啊江西个黄茅。e$_{21}$ŋai$^{13}$tien$^{0}$ kai$^{53}$tʂak$^{3}$ pʰo$^{13}$tʰai$^{53}$ia$^{0}$ ɲien$^{13}$tsɔŋ$^{53}$ʂɿ$^{53}_{44}$xe$^{53}$çi$^{53}$uaŋ$^{13}$xɔŋ$^{53}$li$^{0}$,e$_{21}$,xei$^{53}$lɔi$^{13}_{21}$kɔi$^{21}$ tsɔŋ$^{53}$,tsɔŋ$^{53}_{44}$ŋa$^{0}$ kɔŋ$^{35}$si$^{35}_{44}$ke$^{53}$uɔŋ$^{13}$mau$^{13}_{44}$.

【圆$_{1}$】ien$^{13}$ 名从中心点到周边任何一点的距离都相等的形：箇个欸我等初中生子学几何，欸就系爱用……先就画只～。kai$^{53}_{44}$ke$^{53}_{44}$e$_{21}$ŋai$^{13}_{21}$tien$^{0}$ tsʰəu$^{35}$tʂɔŋ$^{35}_{44}$sen$^{35}_{44}$tsɿ$^{0}$ xɔk$^{5}$ ci$^{21}$xo$^{13}_{44}$,e$^{0}$ tsʰiəu$^{53}_{44}$xe$^{53}_{44}$ɔi$^{53}_{44}$ iɔŋ$^{53}_{44}$…sen$^{35}_{44}$tsʰiəu$^{53}_{44}$fa$^{53}$tʂak$^{3}$ ien$^{13}$.

【圆$_{2}$】ien$^{13}$ 形形状像圆圈或球的：（鸡瓯）顶高开只眼，～眼。taŋ$^{21}$kau$^{35}_{44}$kʰɔi$^{35}$tʂak$^{3}$ ŋan$^{21}$,ien$^{13}$ ŋan$^{21}$.｜箩就～个。lo$^{13}$tsʰiəu$^{53}$ien$^{13}$ke$^{53}$.｜角落槠呀？比苦槠子更～。kɔk$^{3}$ lɔk$^{3}$ tʂei$^{35}$ia$^{0}$?pi$^{21}$fu$^{21}$tʂei$^{35}$ tsɿ$^{0}$ken$^{53}$ien$^{13}$.

【圆$_{3}$】ien$^{13}$ 动①消耗尽，不剩下：食一只都食唔～呢。ʂət$^{5}$ iet$^{3}$ tʂak$^{3}$ təu$^{35}_{44}$ʂət$^{5}$ n̩$^{13}_{21}$ien$^{13}_{21}$ne$^{0}$.｜十个人食唔～以镬饭。ʂek$^{5}$ ke$^{53}$ɲin$^{13}$ʂek$^{5}$ ŋ̍$^{13}$ien$^{13}$i$^{21}$uɔk$^{5}$ fan$^{53}$. ②完结：咁多事你搞得～？kan$^{21}$to$^{35}$ʂɿ$^{53}_{21}$ɲi$^{13}_{21}$ kau$^{21}$tek$^{3}$ ien$^{13}$?｜十天都搞唔～。ʂət$^{5}$ tʰien$^{35}_{44}$təu$^{35}_{44}$kau$^{21}$n̩$^{13}_{21}$nien$^{13}_{21}$.

【圆刨子】ien$^{13}$pʰau$^{13}$tsɿ$^{0}$ 名刨圆角用的刨子。又称“圞刨子”：做圆木个时候嘞，打圆木啊，就爱用到～。刨箇个圆木箇肚里箇一部分爱用～。tso$^{53}$ien$^{13}$muk$^{3}$ ke$^{53}$ʂɿ$^{13}_{21}$xəu$^{53}_{44}$le$^{0}$ ,ta$^{21}$ien$^{13}$muk$^{3}$ a$^{0}$, tsʰiəu$^{53}$ɔi$^{53}$iɔŋ$^{53}$tau$^{53}$ien$^{13}$pʰau$^{13}$tsɿ$^{0}$ .pʰau$^{13}$kai$^{53}$ke$^{53}_{44}$ien$^{13}$muk$^{3}$ kai$^{53}$təu$^{21}$li$^{0}$ kai$^{53}_{44}$iet$^{3}$ pʰu$^{53}$fən$^{53}$ɔi$^{53}$iɔŋ$^{53}$ien$^{13}$pʰau$^{13}$

tsɿ$^{0}$.

【圆凳子】ien$^{13}$tien$^{53}$tsɿ$^{0}$ [名]凳面为圆形的板凳。又称“圞凳子”：我等都话～。话圞凳子个人有凑，也有人话圞凳子。ŋai$^{13}_{21}$tien$^{0}$ təu$^{35}$ua$^{53}$ien$^{13}$tien$^{53}$tsɿ$^{0}$.ua$^{53}$lən$^{13}$tien$^{53}$tsɿ$^{0}$ ke$^{53}$ɲin$^{13}_{21}$ia$^{35}$iəu$^{35}$tsʰe$^{0}$,ia$^{35}$iəu$^{35}$ɲin$^{13}_{21}$ua$^{53}$lən$^{13}$tien$^{53}$tsɿ$^{0}$.

【圆底褂子】ien$^{13}$te$^{21}$kua$^{53}$tsɿ$^{0}$ 下摆呈圆形的衬衣：爱分呢系咁子分，平底摎圆底。……也会咁子讲，～。箇是只有买衫裤个时候子，去买衫裤个时候子，有滴人就有滴讲究，系啊？我爱买圆底个褂子，我爱买平底个褂子。箇有箇样讲究，平时有么人讲究。ɔi$^{53}_{44}$fən$^{35}$ne$^{0}$ xei$^{53}$kan$^{21}$tsɿ$^{0}$ fən$^{35}_{21}$,pʰiaŋ$^{13}$te$^{21}$lau$^{35}$ien$^{13}$te$^{21}$.⋯ia$^{35}$uɔi$^{53}$kan$^{21}$tsɿ$^{0}$ kɔŋ$^{21}$,ien$^{13}$te$^{21}$kua$^{53}$tsɿ$^{0}$.kai$^{53}_{44}$ʂɿ$^{53}_{44}$tʂe$^{21}$iəu$^{35}_{44}$mai$^{35}$san$^{35}_{44}$fu$^{53}_{44}$ke$^{53}_{44}$ʂɿ$^{13}_{21}$xei$^{53}$tsɿ$^{0}$,çi$^{53}$mai$^{35}$san$^{35}_{44}$fu$^{53}_{44}$(k)e$^{53}_{44}$ʂɿ$^{13}_{21}$xei$^{53}$tsɿ$^{0}$,iəu$^{35}$tet$^{5}$ ɲin$^{13}$tsʰiəu$^{53}_{44}$iəu$^{53}_{44}$tiet$^{5}$ kɔŋ$^{21}$ciəu$^{53}$,xei$^{53}_{44}$a$^{0}$?ŋai$^{13}$ɔi$^{53}$mai$^{35}$ien$^{13}$te$^{21}$ke$^{53}_{44}$kua$^{53}$tsɿ$^{0}$,ŋai$^{13}_{21}$ɔi$^{53}_{44}$mai$^{35}$pʰiaŋ$^{13}$te$^{21}$ke$^{53}_{44}$kua$^{53}$tsɿ$^{0}$.kai$^{53}_{44}$iəu$^{35}$kai$^{53}_{44}$iɔŋ$^{53}_{44}$kɔŋ$^{21}$ciəu$^{53}$,pʰin$^{13}$ʂɿ$^{13}_{44}$mau$^{13}$mak$^{3}$ in$^{13}_{44}$kɔŋ$^{21}$ciəu$^{53}$.

【圆叮当】ien$^{13}$tin$^{35}_{44}$tɔŋ$^{35}$ [名]圆圈，又称“圆圈圈”：打只～ ta$^{21}$tʂak$^{3}$ ien$^{13}$tin$^{35}_{44}$tɔŋ$^{35}$

【圆个子】ien$^{13}$cie$^{53}$tsɿ$^{0}$ [形]圆形的：（篮子）有～。iəu$^{35}_{44}$ien$^{13}$cie$^{53}$tsɿ$^{0}$.

【圆梗】ien$^{13}$kuaŋ$^{21}$ [动]禾苗梗子下部变粗变圆：圆哩梗，就系讲禾～了。～了嘞就会箇个嘞就会胞胎了。先～，再胞胎。禾啊，欸首先就～，圆哩梗就胞胎，～就说明就系欸禾已经长大哩了。ien$^{13}$ni$^{0}$ kuaŋ$^{21}$,tsʰiəu$^{53}$xe$^{53}$kɔŋ$^{21}$uo$^{13}$ien$^{13}$kuaŋ$^{21}$liau$^{21}$.ien$^{13}$kuaŋ$^{21}$liau$^{21}$lei$^{0}$ tsʰiəu$^{53}$uɔi$^{53}$kai$^{53}_{44}$ke$^{53}_{44}$lei$^{0}$ tsʰiəu$^{53}$uɔi$^{53}$pau$^{35}_{44}$tʰɔi$^{35}$liau$^{21}$.sien$^{35}$ien$^{13}$kuaŋ$^{21}$,tsai$^{53}$pau$^{35}_{44}$tʰɔi$^{35}$.uo$^{13}$a$^{0}$,e$^{0}$ ʂəu$^{21}$sien$^{35}_{44}$tsʰiəu$^{53}$ien$^{13}$kuaŋ$^{21}$,ien$^{13}$ni$^{0}$ kuaŋ$^{21}$tsʰiəu$^{53}$pau$^{35}_{44}$tʰɔi$^{35}$,ien$^{13}$kuaŋ$^{21}$tsʰiəu$^{53}$ʂet$^{3}$ min$^{13}$tsʰiəu$^{53}$xe$^{53}$e$_{21}$uo$^{13}$i$^{21}$cin$^{35}_{44}$tʂɔŋ$^{21}$tʰai$^{53}$li$^{0}$ liau$^{0}$.

【圆角】ien$^{13}$kɔk$^{3}$ [名]被一段与角的两边相切的圆弧替换的角。也称“圆角子”：～个箱子啊？箇～箱子是落尾正有了。只系以两三十年正有了。以前都系四四方方个角啊。系啊？第一次箇个木箱做倒～箇只，真好喔以只～子个。我等屋下还有只～木箱子。欸，～箱子。ien$^{13}$kɔk$^{3}$ke$^{53}_{44}$siɔŋ$^{35}$tsɿ$^{0}$a$^{0}$?kai$^{53}$ien$^{13}$kɔk$^{3}$ siɔŋ$^{35}_{44}$tsɿ$^{0}$ ʂɿ$^{53}_{44}$lɔk$^{5}$ mi$^{35}_{44}$tʂaŋ$^{53}_{44}$iəu$^{35}$liau$^{0}$.tʂe$^{21}_{44}$xe$^{53}_{44}$i$^{21}$iɔŋ$^{21}$san$^{35}_{44}$ʂət$^{5}_{3}$ɲien$^{13}$tʂaŋ$^{53}_{44}$iəu$^{35}$liau$^{0}$.i$^{35}_{21}$tsʰien$^{13}$təu$^{35}$xe$^{53}_{44}$si$^{53}$si$^{53}$fɔŋ$^{35}_{44}$fɔŋ$^{35}_{44}$ke$^{53}_{44}$kɔk$^{3}$ a$^{0}$.xe$^{53}_{44}$a$^{0}$?tʰi$^{5}$iet$^{3}$ tsʰɿ$^{53}_{44}$kai$^{53}_{44}$ke$^{53}_{44}$muk$^{3}$ siɔŋ$^{35}_{44}$tso$^{53}$tau$^{21}$ien$^{13}$kɔk$^{3}$ kai$^{53}_{44}$tʂak$^{3}$,tʂən$^{35}_{44}$xau$^{21}$uo$^{0}$ iak$^{3}$(←i$^{21}$tʂak$^{3}$)ien$^{13}$kɔk$^{3}$ tsɿ$^{0}$ ke$^{53}_{21}$.ŋai$^{13}_{21}$tien$^{0}$ uk$^{3}$ xa$^{53}_{44}$xai$^{13}_{44}$iəu$^{35}_{44}$tʂak$^{3}$ ien$^{13}$kɔk$^{3}$ muk$^{3}$ siɔŋ$^{35}_{44}$tsɿ$^{0}$.e$_{21}$,ien$^{13}$kɔk$^{3}$ siɔŋ$^{35}$tsɿ$^{0}$.

【圆镜子】ien$^{13}$ciaŋ$^{53}$tsɿ$^{0}$ [名]圆形的镜子：圆圆子个镜子啊？去安做么个名东西吧？就安做～，安做～。ien$^{13}$ien$^{13}$tsɿ$^{0}$ ke$^{53}_{44}$ciaŋ$^{53}$tsɿ$^{0}$ a$^{0}$?çi$^{53}_{21}$ɔn$^{35}_{44}$tso$^{53}_{44}$mak$^{3}$(k)e$^{53}_{44}$miaŋ$^{13}_{21}$tɔŋ$^{35}_{44}$si$^{0}$ pa$^{0}$?tsʰiəu$^{53}_{44}$ɔn$^{35}_{44}$tso$^{53}_{44}$ien$^{13}$ciaŋ$^{53}$tsɿ$^{0}$,ɔn$^{35}_{44}$tso$^{53}_{44}$ien$^{13}$ciaŋ$^{53}$tsɿ$^{0}$.

【圆领子】ien$^{13}$liaŋ$^{35}$tsɿ$^{0}$ [名]领角或领口呈圆形的衣领款式：以个，以个，以咁个就安做～。i$^{21}$ke$^{53}$,i$^{21}$ke$^{53}$,i$^{21}$kan$^{21}$cie$^{53}_{44}$tsʰiəu$^{53}_{44}$ɔn$^{35}_{44}$tso$^{53}_{44}$ien$^{13}$liaŋ$^{35}$tsɿ$^{0}$.

【圆拢】ien$^{13}$lən$^{35}_{44}$ [动]收拢使之成堆：收谷爱～来。ʂəu$^{35}$kuk$^{3}$ ɔi$^{53}_{44}$ien$^{13}$lən$^{35}_{44}$lɔi$^{13}_{21}$.

【圆箩】ien$^{13}$lo$^{13}$ [名]圆形的箩筐。有“ABB”重叠式：渠作个窠搞欸箇圆箩箩样，～，我等安做油箩蜂。ci$^{13}_{44}$tsɔk$^{3}$ ke$^{53}_{44}$kʰo$^{35}$kau$^{21}$e$_{21}$kai$^{53}_{44}$ien$^{13}$lo$^{13}$lo$^{13}$iɔŋ$^{53}_{44}$,ien$^{13}$lo$^{13}_{44}$,ŋai$^{13}$tien$^{0}$ ɔn$^{35}_{44}$tso$^{53}_{44}$iəu$^{13}$lo$^{13}$fəŋ$^{35}$.

【圆箩箩哩】ien$^{13}$lo$^{13}$lo$^{13}$li$^{0}$ [形]状态词。形容很胖：箇只妹子真胖哈，一身都～。kai$^{53}$tʂak$^{3}$ mɔi$^{53}$tsɿ$^{0}$ tʂən$^{35}$pʰɔŋ$^{53}$xa$^{0}$,iet$^{3}$ ʂən$^{35}$təu$^{35}_{44}$ien$^{13}$lo$^{13}$lo$^{13}$li$^{0}$.

【圆木】ien$^{13}$muk$^{3}$ [名]水桶、脚盆等圆形木器的统称：还有打～个呢，专门打～个，圆木匠，打～啊，打水桶脚盆呢。xai$^{13}_{21}$iəu$^{35}_{53}$ta$^{21}$ien$^{13}$muk$^{3}$ ke$^{53}$nei$^{0}$,tʂen$^{35}$mən$^{13}_{21}$ta$^{21}$ien$^{13}$muk$^{3}$ ke$^{53}$,ien$^{13}$muk$^{3}$ siɔŋ$^{53}$,ta$^{21}$ien$^{13}$muk$^{0}$ a$^{0}$,ta$^{21}$ʂei$^{21}$tʰəŋ$^{21}$ciɔk$^{3}$ pʰən$^{13}_{21}$ne$^{0}$.

【圆木匠】ien$^{13}$muk$^{3}$siɔŋ$^{53}$ [名]专业制作水桶、脚盆等圆形木器的木匠：还有打圆木个呢，专门打圆木个，～，打圆木啊，打水桶脚盆呢。欸，水桶脚盆子个。渠尽打圆木。欸，我等箇阵子我等队上就请过。真快！别人家打水桶，一般子个木匠做水桶，一天做一担。渠一天做得七八上十担，嗯，做水桶。一张咁长个刀锋利，两下一削又一块，两下一削又一块板子。欸拿倒箇块板子锯正哩劈啊正呢，就拿倒箇张刀一步子削哩，就咁个圆圆子。以下就慢呢就箍啊起来，一天打得上十担。嗯，～。xai$^{13}_{21}$iəu$^{35}_{53}$ta$^{21}$ien$^{13}$muk$^{3}$ ke$^{53}$nei$^{0}$,tʂen$^{35}$mən$^{13}_{21}$ta$^{21}$ien$^{13}$muk$^{3}$ ke$^{53}$,ien$^{13}$muk$^{3}$ siɔŋ$^{53}$,ta$^{21}$ien$^{13}$muk$^{0}$ a$^{0}$,ta$^{21}$ʂei$^{21}$tʰəŋ$^{21}$ciɔk$^{3}$ pʰən$^{13}_{21}$ne$^{0}$.e$_{21}$,ʂei$^{21}$tʰəŋ$^{21}$ciɔk$^{3}$ pʰən$^{13}_{21}$tsɿ$^{0}$ ke$^{0}$.ci$^{13}$tsʰin$^{53}$ta$^{21}$ien$^{13}$muk$^{3}$.e$_{21}$,ŋai$^{13}$tien$^{0}$ kai$^{53}$tʂʰən$^{53}$tsɿ$^{0}$ ŋai$^{13}$tien$^{0}$ ti$^{53}$xɔŋ$^{53}_{44}$tsʰiəu$^{53}_{44}$tsʰiaŋ$^{21}$ko$^{0}$.tʂən$^{35}$kʰuai$^{53}$!pʰiet$^{5}$ in$^{13}_{21}$ka$^{35}_{44}$ta$^{21}$ʂei$^{21}$tʰəŋ$^{21}$,iet$^{3}$ pɔn$^{35}$tsɿ$^{0}$ ke$^{0}$ muk$^{3}$ siɔŋ$^{53}_{44}$tso$^{53}$ʂei$^{21}$tʰəŋ$^{21}$,iet$^{3}$ tʰien$^{35}$tso$^{53}$iet$^{3}$ tan$^{35}$.ci$^{13}$iet$^{3}$ tʰien$^{35}$tso$^{53}$tek$^{3}$ tsʰiet$^{3}$ pait$^{3}$ ʂɔŋ$^{35}$ʂət$^{5}$ tan$^{35}$,n̩$_{53}$,tso$^{53}$ʂei$^{21}$tʰəŋ$^{21}$.iet$^{3}$ tʂɔŋ$^{35}$kan$^{21}$tʂʰɔŋ$^{13}$ke$^{0}$ tau$^{35}$fəŋ$^{35}$li$^{53}$,iɔŋ$^{21}$xa$^{53}$iet$^{3}$ siɔk$^{3}$ iəu$^{53}$iet$^{3}$ kʰuai$^{53}$, iɔŋ$^{21}$xa$^{53}$iet$^{3}$siɔk$^{3}$iəu$^{53}$iet$^{3}$kʰuai$^{53}$pan$^{21}$tsɿ$^{0}$.e$_{44}$la$^{53}$tau$^{21}_{44}$kai$^{53}_{44}$kʰuai$^{53}_{44}$pan$^{21}$tsɿ$^{0}$cie$^{53}$tʂaŋ$^{53}_{44}$li$^{0}$pʰiak$^{3}$a$^{0}$tʂaŋ$^{53}_{44}$ne$^{0}$, tsʰiəu$^{53}_{44}$la$^{53}$tau$^{21}$kai$^{53}_{44}$tʂɔŋ$^{53}_{44}$tau$^{35}$iet$^{3}$pʰu$^{53}_{44}$tsɿ$^{0}$siɔk$^{3}$li$^{0}$,tsʰiəu$^{53}_{44}$kan$^{21}$ke$^{53}$ien$^{13}$ien$^{13}$tsɿ$^{0}$.i$^{21}$xa$^{53}_{44}$tsʰiəu$^{53}_{44}$man$^{53}_{44}$ne$^{0}$ tsʰiəu$^{53}$ku$^{35}$a$^{0}$çi$^{21}$lɔi$^{13}$,iet$^{3}$tʰien$^{35}_{53}$ta$^{21}$tek$^{3}$ʂɔŋ$^{35}$ʂɔt$^{5}$tan$^{35}$.ɳ$_{21}$,ien$^{13}$muk$^{3}$siɔŋ$^{53}$.

【圆圈圈】ien$^{13}$cʰien$^{35}_{44}$cʰien$^{35}$ 名 圆形的圈子。又称“圆叮当”：（牛尾锁）箇锁膛肚里就系～。kai$^{53}_{44}$so$^{21}$tʰɔŋ$^{13}$təu$^{21}$li$^{0}$tsʰiəu$^{53}$xe$^{53}_{21}$ien$^{13}_{21}$cʰien$^{35}_{44}$cʰien$^{35}$.

【圆筒筒】ien$^{13}$tʰəŋ$^{13}_{21}$tʰəŋ$^{13}$ 形 状态词。又长又圆的样子：鳊鱼也系扇扁个唠，唔像鲤鱼啊～啊，鲤鱼草鱼箇只～啊。pien$^{35}$ŋ̍$^{13}$ŋa$^{35}_{44}$xei$^{53}_{44}$san$^{53}$pien$^{21}$ke$^{53}$lau$^{0}$,n̩$^{13}$tsʰiɔŋ$^{53}$li$^{35}$ŋ̍$^{13}_{21}$ŋa$^{0}$ien$^{13}$tʰəŋ$^{13}_{21}$tʰəŋ$^{13}$ŋa$^{0}$,li$^{35}$ŋ̍$^{13}_{21}$ tsʰau$^{21}$ŋ̍$^{13}$kai$^{53}_{44}$tʂak$^{3}$ien$^{13}$tʰəŋ$^{13}_{21}$tʰəŋ$^{13}$ŋa$^{0}$.

【圆圆子】ien$^{13}$ien$^{13}$tsɿ$^{0}$ 形 状态词。圆形的样子：细细子一只个，～一只个，就安做油糍子。se$^{53}$se$^{53}$tsɿ$^{0}$iet$^{3}$tʂak$^{3}$ke$^{53}$,ien$^{13}$ien$^{13}$tsɿ$^{0}$iet$^{3}$tʂak$^{3}$ke$^{53}$,tsʰiəu$^{53}_{44}$ɔn$^{35}_{44}$tso$^{53}_{44}$iəu$^{13}$tsʰi$^{13}$tsɿ$^{0}$.｜芥蓝啦，欸箇～啦。kai$^{53}$lan$^{13}$la$^{0}$,e$_{21}$kai$^{53}_{44}$ien$^{13}_{44}$ien$^{13}_{44}$tsɿ$^{0}$la$^{0}$.｜～个镜子啊？ien$^{13}$ien$^{13}$tsɿ$^{0}$ke$^{53}_{44}$ciaŋ$^{53}$tsɿ$^{0}$a$^{0}$?

【圆凿】ien$^{13}$tsʰɔk$^{5}$ 名 锋口呈弧形、用来凿圆孔的凿子：凿圆眼就只好用～啦，用方凿就凿唔成啊。tsʰɔk$^{5}$ien$^{13}$ŋan$^{21}$tsʰiəu$^{53}$tʂɿ$^{21}$xau$^{21}$iəŋ$^{53}$ien$^{13}$tsʰɔk$^{5}$la$^{0}$,iəŋ$^{53}$fɔŋ$^{35}$tsʰɔk$^{5}$tsiəu$^{53}_{44}$tsʰɔk$^{5}$n̩$^{13}_{21}$ʂaŋ$^{13}$ŋa$^{0}$.

【圆章子】ien$^{13}$tʂɔŋ$^{35}$tsɿ$^{0}$ 名 圆形的印章：刻公章就爱刻～。kʰek$^{3}$kəŋ$^{35}$tʂɔŋ$^{35}$tsʰiəu$^{53}$ɔi$^{53}_{21}$kʰek$^{3}$ien$^{13}$ tʂɔŋ$^{35}$tsɿ$^{0}$.

【圆只】ien$^{13}$tʂak$^{3}$ 形 保持完整原形的，不切分的：渠饼就做成～个，箇就柿子饼。ci$^{13}$piaŋ$^{21}$ tsʰiəu$^{53}$tso$^{53}$ʂaŋ$^{13}_{21}$ien$^{13}$tʂak$^{3}$ke$^{53}_{44}$,kai$^{53}_{44}$tsʰiəu$^{53}_{44}$tsʰɿ$^{53}$tsɿ$^{0}$piaŋ$^{21}$.

【圆桌】ien$^{13}$tsɔk$^{3}$ 名 面板是圆形的桌子。老派称“圞桌”：后生人都讲～。xei$^{53}$saŋ$^{35}_{44}$ɲin$^{13}_{21}$təu$^{35}$ kɔŋ$^{21}$ien$^{13}$tsɔk$^{3}$.

【圆子】ien$^{13}$tsɿ$^{0}$ 名 球状食品：（做成米粿，）或者做成～。xɔit$^{5}$tʂa$^{21}$tso$^{53}$ʂaŋ$^{13}_{21}$ien$^{13}$tsɿ$^{0}$.

【远】ien$^{21}$ 形 ①距离长。与“近”相对：唔知几～ ŋ̍$^{13}$ti$^{35}_{53}$ci$^{21}$ien$^{21}$｜纵～个都冇得倒。tsəŋ$^{53}$ien$^{21}$ ke$^{53}_{44}$təu$^{35}_{44}$u$^{21}$tek$^{3}$tau$^{21}$. ②差别大：我等是同你等差蛮～得。ŋai$^{13}$tien$^{0}$ʂɿ$^{53}_{44}$tʰəŋ$^{13}_{21}$ɲi$^{13}_{21}$tien$^{0}$tsa$^{35}$man$^{13}$ien$^{21}_{13}$ tek$^{3}$.

【远视眼】ien$^{21}$ʂɿ$^{53}$ŋan$^{21}$ 名 一种眼疾。平行光线进入眼内在视网膜之后形成焦点，外界物体在视网膜不能形成清晰的影像：～就看远个看得清，看近个看唔清。看近个看唔清呢箇也爱戴眼镜嘞，～也爱戴眼镜。ien$^{21}$ʂɿ$^{53}$ŋan$^{21}$tsʰiəu$^{53}$kʰɔn$^{53}$ien$^{21}$ke$^{53}$kʰɔn$^{53}$tek$^{3}$tsʰin$^{35}$,kʰɔn$^{53}$cʰin$^{35}$ke$^{53}_{44}$kʰɔn$^{53}$n̩$^{13}_{21}$ tsʰin$^{35}$.kʰɔn$^{53}$cʰin$^{35}$ke$^{53}$kʰɔn$^{53}$n̩$^{13}_{21}$tsʰin$^{35}_{44}$nei$^{0}$kai$^{53}_{44}$ia$^{35}$ɔi$^{53}$tai$^{53}$ŋan$^{21}$ciaŋ$^{53}$lei$^{0}$,ien$^{21}$ʂɿ$^{53}$ŋan$^{21}$ia$^{35}$ɔi$^{53}$tai$^{53}$ŋan$^{21}$ciaŋ$^{53}$.

【远天远地】ien$^{21}$tʰien$^{35}_{44}$ien$^{21}$tʰi$^{53}$ 形容很远：或者渠停倒箇～呀远远子个栏场啊。xɔit$^{5}$tʂa$^{21}$ci$^{13}_{21}$ tʰin$^{13}$tau$^{21}$kai$^{53}_{44}$ien$^{21}$tʰien$^{35}_{44}$ien$^{21}$tʰi$^{53}$ia$^{0}$ien$^{21}$ien$^{21}$tsɿ$^{0}$ke$^{53}_{44}$laŋ$^{13}_{21}$tʂʰɔŋ$^{13}_{21}$ŋa$^{0}$.

【远远子】ien$^{21}$ien$^{21}$tsɿ$^{0}$ 形 状态词。远貌：或者渠停倒箇远天远地呀～个栏场啊。xɔit$^{5}$tʂa$^{21}$ci$^{13}_{21}$ tʰin$^{13}$tau$^{21}$kai$^{53}_{44}$ien$^{21}$tʰicn$^{35}_{44}$ien$^{21}$tʰi$^{53}$ia$^{0}$ien$^{21}$ien$^{21}$tsɿ$^{0}$ke$^{53}_{44}$laŋ$^{13}_{21}$tʂʰɔŋ$^{13}_{21}$ŋa$^{0}$.

【院子】ien$^{53}$tsɿ$^{0}$ 名 院落，房屋前后用墙或栅栏围起来的空地：我等咁有只有只～嘞专门搞咁个嘞。ŋai$^{13}_{21}$tien$^{0}$kan$^{21}_{44}$iəu$^{35}$tʂak$^{3}$iəu$^{35}_{44}$tʂak$^{3}$ien$^{53}$tsɿ$^{0}$lei$^{0}$tʂen$^{35}$mən$^{13}_{21}$kau$^{21}$kan$^{21}_{35}$cie$^{53}_{44}$lei$^{0}$.

【院子门】ien$^{53}$tsɿ$^{0}$mən$^{13}$ 名 围墙上开的进出院子的门：我等箇只新屋里个欸院子啊有两皮门，一皮出壁背个，一皮出禾坪下个，有两皮门。ŋai$^{13}$tien$^{0}$kai$^{53}$tʂak$^{3}$sin$^{35}$uk$^{3}$li$^{21}$kei$^{53}$e$_{21}$ien$^{53}$tsɿ$^{0}$a$^{0}$iəu$^{35}_{44}$ iɔŋ$^{21}$pʰi$^{13}$mən$^{13}$,iet$^{3}$pʰi$^{13}$tʂʰət$^{3}$piak$^{3}$pɔi$^{53}$ke$^{0}$,iet$^{3}$pʰi$^{13}$tʂʰət$^{3}$uo$^{13}$pʰiaŋ$^{13}$xa$^{35}$ke$^{53}$,iəu$^{35}_{44}$iɔŋ$^{21}$pʰi$^{13}$mən$^{13}$.

【愿】ɲien$^{53}$ 动 助动词。愿意：渠～讲啊唔～讲？ci$^{13}$ɲien$^{53}$kɔŋ$^{21}$a$^{35}$ŋ̍$^{13}$ɲien$^{53}$kɔŋ$^{21}$?

【愿意】ɲien$^{53}$i$^{53}$ 动 助动词。认为符合自己心愿而同意：渠两个人呢，都蛮合适样，但是大人呢，觉得唔多～个。ci$^{13}$iɔŋ$^{21}$ke$^{53}$ɲin$^{13}_{21}$ne$^{0}$,təu$^{35}_{44}$man$^{13}_{21}$xɔit$^{5}$ʂɿ$^{53}$iɔŋ$^{53}_{44}$,tan$^{53}_{44}$ʂɿ$^{53}_{44}$tʰai$^{53}$ɲin$^{13}_{21}$ne$^{0}$,kɔk$^{3}$tek$^{3}$n̩$^{13}_{21}$to$^{35}_{44}$ ɲien$^{53}$i$^{53}$ke$^{53}_{21}$.

【曰】uet$^{5}$ 动 张开；豁开：箇西服面前唔系～开来，系唔系？kai$^{53}_{44}$si$^{35}$fuk$^{5}$mien$^{53}$tsʰien$^{13}_{21}$m̩$^{13}_{21}$pʰei$^{53}$ uet$^{5}$kʰɔi$^{35}$lɔi$^{13}_{21}$,xei$^{53}_{44}$me$^{53}_{44}$?

【曰曰囋】viet$^{5}$viet$^{5}_{3}$tsan$^{53}$ 动 哇哇大叫：我等以个栏场如今是冇得，还赠兴起来箇个话捫轿咯，渠话以前捫轿个捫倒箇新人，箇个捫轿个人尽系男子人嘛，系唔系？尽系后生人嘛，捫倒箇新人唔系就会逗下子渠，舞倒敠下子，咁子荡下子，吓下子渠，吓起渠～，系。ŋai$^{13}$tien$^{0}$i$^{21}$ ke$^{53}$laŋ$^{13}_{44}$tʂʰɔŋ$^{13}_{44}$i$^{13}_{21}$cin$^{35}_{53}$ʂɿ$^{53}_{21}$mau$^{13}$tek$^{3}$,xai$^{13}_{21}$maŋ$^{13}$çin$^{35}$cʰi$^{21}$lɔi$^{13}_{21}$kai$^{53}$(k)ei$^{53}$ua$^{53}_{21}$kɔŋ$^{35}$cʰiau$^{53}$ko$^{0}$,ci$^{13}_{44}$(u)a$^{53}_{44}$i$^{53}_{35}$tsʰien$^{13}$ kɔŋ$^{35}$cʰiau$^{53}$ke$^{0}$kɔŋ$^{35}_{44}$tau$^{21}_{44}$kai$^{53}_{44}$sin$^{35}$ɲin$^{13}_{21}$,kai$^{53}_{44}$ke$^{53}_{44}$kɔŋ$^{35}$cʰiau$^{53}$ke$^{53}_{21}$ɲin$^{13}_{21}$tsʰin$^{35}$xe$^{53}_{44}$lan$^{13}$tsɿ$^{0}$ɲin$^{13}$ma$^{0}$,xei$^{53}$me$^{53}$? tsʰin$^{53}_{44}$ne$^{53}_{21}$xei$^{53}$saŋ$^{35}_{44}$ɲin$^{13}_{21}$ma$^{0}$,kɔŋ$^{35}$tau$^{21}$kai$^{53}$sin$^{35}$ɲin$^{13}_{44}$m̩$^{13}$pʰei$^{53}$tsʰiəu$^{53}$uɔi$^{53}$tei$^{53}$ia$^{53}_{21}$tsɿ$^{0}$ci$^{13}_{21}$,u$^{21}$tau$^{21}$ian$^{53}$na$^{53}_{21}$tsɿ$^{0}$, kan$^{21}$tsɿ$^{0}$ tʰɔŋ$^{53}$ŋa$^{53}_{21}$tsɿ$^{0}$,xak$^{3}$ (x)a$^{53}$tsɿ$^{0}$ ci$^{13}_{44}$,xak$^{3}$ çi$^{21}_{44}$ci$^{13}_{21}$viet$^{5}$ viet$^{5}_{3}$tsan$^{53}$,xe$^{53}_{21}$.

【月】ȵiet$^{5}$ 名 历法中的计时单位，农历依月相变化的一个周期为一月：六～二十几了哦。liəuk$^{3}$ȵiet$^{5}$ȵi$^{53}$ʂət$^{5}$ ci$^{21}$liau$^{0}$ o$^{0}$.

【月半】ȵiet$^{5}$pan$^{53}$ 名 ①月中，一个月的第十五天：一个月个十五六子就安做～。欸，有七月半，八月中秋，好像一年肚里个阴历个～肚里只有以两只～……三只，还有只正月，正月半就系元宵。欸，七月半就系中元节。八月半就系中秋。以三只～就系欸就系让门？就系都系节气。iet$^{3}$ ke$^{53}$ȵiet$^{5}$ ke$^{53}$ʂət$^{5}$ŋ̍$^{21}$liəuk$^{3}$ tsɿ$^{0}$ tsʰiəu$^{53}_{44}$ɔn$^{35}_{44}$tso$^{53}_{44}$ȵiet$^{5}$ pan$^{53}$.e$_{21}$,iəu$^{35}$tsʰiet$^{3}$ȵiet$^{5}$ pan$^{53}$,pait$^{3}$ȵiet$^{5}$ tʂəŋ$^{35}$ tsʰiəu$^{35}$,xau$^{21}$tsʰiɔŋ$^{53}$iet$^{3}$ȵien$^{13}$təu$^{21}$li$^{0}$ ke$^{53}$in$^{35}$liet$^{5}$ ke$^{53}_{44}$ȵiet$^{5}$ pan$^{53}$təu$^{21}$li$^{0}$ tʂɿ$^{21}$iəu$^{35}_{53}$i$^{21}_{}$iɔŋ$^{21}$tʂak$^{3}$ ȵiet$^{5}$ pan$^{53}$…san$^{35}$ tʂak$^{3}$,xai$^{13}$iəu$^{35}_{44}$tʂak$^{3}$ tʂaŋ$^{35}$ȵiet$^{5}$,tʂaŋ$^{35}$ȵiet$^{5}$ pan$^{53}$tsʰiəu$^{53}_{44}$xei$^{53}_{44}$ȵien$^{13}$siau$^{35}_{44}$.e$_{21}$,tsʰiet$^{3}$ȵiet$^{5}$ pan$^{53}$tsʰiəu$^{53}_{44}$xei$^{53}_{44}$ tʂəŋ$^{35}$ȵien$^{13}_{21}$tsiet$^{3}$.pait$^{3}$ȵiet$^{5}$ pan$^{53}$tsʰiəu$^{53}_{44}$xei$^{53}_{44}$tʂəŋ$^{35}$tsʰiəu$^{35}_{44}$.i$^{21}$san$^{35}_{44}$tʂak$^{3}$ȵiet$^{5}$ pan$^{53}$tsʰiəu$^{53}$xei$^{53}$e$_{21}$tsʰiəu$^{53}_{44}$xei$^{53}_{44}$ ȵiɔŋ$^{53}$mən$^{13}_{44}$?tsʰiəu$^{53}_{44}$xei$^{53}_{44}$təu$^{35}_{44}$xei$^{53}$tsiet$^{3}$çi$^{53}$. ②特指七月十五中元节：过～呐。呃，以只～是爱烧纸了啦，系啊？爱烧花箱箇兜啦，爱烧纸嘞，以个～呐。ko$^{53}$ȵiet$^{5}$ pan$^{53}$na$^{0}$.ə$_{21}$,i$^{21}$tʂak$^{3}$ȵiet$^{5}$ pan$^{53}$ ʂɿ$^{53}_{44}$ɔi$^{53}$ʂau$^{35}$tʂɿ$^{21}$liau$^{0}$ la$^{0}$,xei$^{53}$a$^{0}$?ɔi$^{53}_{44}$ʂau$^{35}_{44}$fa$^{35}$siɔŋ$^{35}_{44}$kai$^{53}_{44}$te$^{35}_{44}$la$^{0}$,ɔi$^{53}$ʂau$^{35}$tʂɿ$^{21}$le$^{0}$,i$^{21}$ke$^{53}_{21}$ȵiet$^{5}$ pan$^{53}$na$^{0}$.

【月饼】ȵiet$^{5}$piaŋ$^{21}$ 名 中国中秋节应时的有馅圆点心。又称“中秋饼”：从前是到哩中秋就爱食中秋～。以下是呃早就有～，唔等～了。tsʰaŋ$^{13}$tsʰien$^{13}$ʂɿ$^{53}_{44}$tau$^{53}$li$^{0}$ tʂəŋ$^{35}$tsʰiəu$^{35}_{44}$tsʰiəu$^{53}_{44}$ɔi$^{53}_{44}$ʂət$^{5}$ tʂəŋ$^{35}$ tsʰiəu$^{35}_{44}$ȵiet$^{5}$ piaŋ$^{21}$.i$^{21}$xa$^{53}$ʂɿ$^{53}_{44}$ə$_{21}$tsau$^{21}$tsʰiəu$^{53}$iəu$^{35}$ȵiet$^{5}$ piaŋ$^{21}$,n̩$^{13}$ten$^{21}$tʂəŋ$^{35}$tsʰiəu$^{35}_{44}$liau$^{0}$.

【月大】ȵiet$^{5}$ tʰai$^{53}$ 名 指旧历有三十天的月份：阳历有三十一天系～，阴历有三十天就系～。iɔŋ$^{13}$liet$^{5}$ iəu$^{35}_{53}$san$^{35}_{44}$ʂət$^{5}$ iet$^{3}$ tʰien$^{35}_{44}$xei$^{53}_{44}$ȵiet$^{5}$ tʰai$^{53}$,in$^{35}$liet$^{5}$ iəu$^{35}_{44}$san$^{35}$ʂət$^{5}$ tʰien$^{35}_{44}$tsiəu$^{53}_{44}$xei$^{53}_{44}$ȵiet$^{5}$ tʰai$^{53}$.

【月底】ȵiet$^{5}$ te$^{21}$ 名 月末，一个月的最后几天：到～就做圆哩。tau$^{53}$ȵiet$^{5}$ te$^{21}$tsʰiəu$^{53}$tso$^{53}$ien$^{13}$li$^{0}$. ｜今晡二十五，□眼就到～了。cin$^{35}$pu$^{35}$ȵi$^{53}$ʂek$^{5}$ ŋ̍$^{13}$,ʂait$^{3}$ ŋan$^{21}$tsʰiəu$^{53}$tau$^{53}$ȵiet$^{5}$ te$^{21}$liau$^{21}$.

【月份】ȵiet$^{5}$ fən$^{53}$ 名 指阳历的某一个月：三月四月欸，～呢。san$^{35}$ȵiet$^{5}$ si$^{53}$ȵiet$^{5}$ e$^{0}$, ȵiet$^{5}$ fən$^{53}$ne$^{0}$.

【月光】ȵiet$^{5}$ kɔŋ$^{35}$ 名 月亮：三十夜晡大～，瞎子看得贼偷秧。san$^{35}$ʂek$^{5}$ ia$^{53}$ pu$^{35}$ tʰai$^{53}$ȵiet$^{5}$ kɔŋ$^{35}$,xait$^{3}$ tsɿ$^{0}$ kʰɔn$^{53}$tek$^{3}$ tsʰiet$^{5}$ tʰei$^{35}$iɔŋ$^{35}$.

【月将】ȵiet$^{5}$ tsiɔŋ$^{53}$ 名 时运：你是以到～唔好。ȵi$^{13}_{21}$ʂɿ$^{53}_{44}$i$^{21}$tau$^{53}_{44}$ȵiet$^{5}$ tsiɔŋ$^{53}$ŋ̍$^{13}_{21}$xau$^{21}$. ｜嗯，外孙女啊，渠就同我讲，渠“万老师我以到真走～咯”，渠话。欸，搞么个走～？我首先都唔懂。渠话：“我箇只阿叔子，分别家撞下死了。首先我等都着愁哟。让得了喔？尽病，长日咁多啰唆病。一撞撞下死，赔他几十万啵，赔他有有二十六万啵。办得了丧事嘞还赚得两十万。”冇得么人继承呢，就随渠等。əŋ$_{21}$,ŋɔi$^{53}$saŋ$^{35}_{44}$ŋ̍$^{21}$ŋa$^{0}$,ci$^{13}_{21}$tsʰiəu$^{53}$tʰəŋ$^{13}_{21}$ŋai$^{13}_{21}$kɔŋ$^{21}$,ci$^{13}_{44}$"uan$^{53}$lau$^{21}$sɿ$^{35}_{44}$ŋai$^{13}$i$^{21}$tau$^{53}$tʂən$^{35}$ tsei$^{21}$ȵiet$^{5}$ tsiɔŋ$^{53}_{44}$ko$^{0}$",ci$^{13}_{21}$ua$^{53}_{21}$.e$_{21}$,kau$^{21}$mak$^{3}$ (k)e$^{53}_{44}$tsei$^{21}$ȵiet$^{5}_{}$tsiɔŋ$^{53}_{44}$?ŋai$^{13}_{44}$ʂəu$^{21}$sien$^{35}_{44}$təu$^{35}_{44}$n̩$^{13}$təŋ$^{21}$.ci$^{13}_{21}$ua$^{53}$:"ŋai$^{13}_{21}$ kai$^{53}_{44}$tʂak$^{3}$ a$^{35}$ʂəuk$^{3}$ tsɿ$^{0}$ ,pən$^{35}_{21}$pʰiet$^{5}$ (k)a$^{35}_{0}$(←ka$^{35}$)tsʰɔŋ$^{53}$xa$^{53}_{44}$si$^{21}$(l)iau$^{0}$ .ʂəu$^{21}$sien$^{35}_{44}$ŋai$^{13}_{21}$tien$^{0}$ təu$^{35}_{44}$tʂʰɔk$^{5}$ tsʰei$^{13}$ iau$^{0}$. ȵiɔŋ$^{53}$tek$^{3}$ liau$^{21}$uo$^{0}$ ?tsʰin$^{53}$pʰiaŋ$^{53}_{44}$,tʂʰɔŋ$^{13}$ȵiet$^{3}$ kan$^{21}$to$^{35}$lo$^{35}_{44}$so$^{35}$pʰiaŋ$^{53}$.iet$^{3}$ tsʰɔŋ$^{53}_{44}$tsʰɔŋ$^{53}$ŋa$_{44}$(←xa$^{53}$)si$^{21}$, pʰi$^{13}_{21}$tʰa$^{35}_{44}$ci$^{13}_{21}$ʂət$^{5}_{3}$uan$^{53}$nau$^{0}$,pʰi$^{13}_{21}$tʰa$^{35}_{44}$iəu$^{35}_{21}$iəu$^{35}_{44}$ȵi$^{53}$ʂət$^{5}$ liəuk$^{3}$ uan$^{53}$nau$^{0}$ ."pʰan$^{53}$tek$^{3}$ liau$^{21}$sɔŋ$^{35}$sɿ$^{53}_{44}$le$^{0}$ xai$^{13}$tsʰan$^{53}$ tek$^{3}$ iɔŋ$^{21}$ʂət$^{5}$ uan$^{53}$.mau$^{13}_{21}$tek$^{3}_{5}$mak$^{3}$ in$^{13}_{44}$ci$^{53}$tʂʰən$^{13}$ne$^{0}$,tsiəu$^{53}$tsʰei$^{13}_{21}$ci$^{13}_{21}$tien$^{0}$.

【月婆】ȵiet$^{5}$ pʰo$^{13}$ 名 做月子的妇女：欸生哩人，去箇做月个夫娘子就安做～。e$_{21}$saŋ$^{35}$li$^{0}$ȵin$^{13}$, çi$^{53}_{44}$kai$^{53}_{44}$tso$^{53}$ȵiet$^{5}$ ke$^{53}_{44}$pu$^{35}$ȵiɔŋ$^{13}_{21}$tsɿ$^{0}$ tsʰiəu$^{53}_{44}$ɔn$^{35}_{44}$tso$^{53}_{44}$ȵiet$^{5}$ pʰo$^{13}$. ｜欸，～就～做月就硬爱磬好下子啦。e$_{44}$, ȵiet$^{5}$ pʰo$^{13}_{21}$tsʰiəu$^{53}$ȵiet$^{5}$ pʰo$^{13}_{21}$tso$^{53}$ȵiet$^{5}$ tsʰiəu$^{53}_{44}$ȵiaŋ$^{53}$ɔi$^{53}_{44}$cʰiaŋ$^{53}$xau$^{21}$ua$^{53}$tsɿ$^{0}$ la$^{0}$.

【月头】ȵiet$^{5}$ tʰəu$^{13}$/tʰei$^{13}$ 名 月初：～，就一个月个头几天。箇阵子冇饭食个时候子，～有饭食嘞，到哩月尾了箇个月谷唔够食嘞，食嘿哩了，到哩月尾就来借米呀。借嘿哩嘞又来还，还出来哦嗬又唔够食。ȵiet$^{5}$ tʰei$^{13}$,tsʰiəu$^{53}_{44}$iet$^{3}$ ke$^{53}$ȵiet$^{5}$ ke$^{53}$tʰei$^{13}$ ci$^{21}$tʰien$^{35}_{44}$.kai$^{53}$tʂʰən$^{53}$tsɿ$^{0}$ mau$^{13}$fan$^{53}$ʂət$^{5}$ ke$^{53}$ ʂɿ$^{13}_{44}$xei$^{53}_{44}$tsɿ$^{0}$ , ȵiet$^{5}$ tʰei$^{13}$iəu$^{35}$fan$^{53}$ʂət$^{5}$ le$^{0}$ ,tau$^{53}$li$^{0}$ȵiet$^{5}$ mi$^{35}$liau$^{21}$kai$^{53}$ke$^{53}$ȵiet$^{5}$ kuk$^{3}$ n̩$^{13}$kei$^{53}$ʂət$^{5}$ le$^{0}$ ,ʂət$^{5}$ lek$^{3}$ li$^{0}$ liau$^{0}$ ,tau$^{53}$li$^{0}$ȵiet$^{5}$ mi$^{35}$tsʰiəu$^{53}$lɔi$^{13}_{44}$tsia$^{53}$mi$^{21}$ia$^{0}$ .tsia$^{53}$xek$^{3}$ li$^{0}$ lei$^{0}$ iəu$^{53}$lɔi$^{13}_{21}$uan$^{13}$,uan$^{13}$tʂʰət$^{3}$ lɔi$^{13}_{44}$o$_{44}$xo$_{44}$iəu$^{53}$n̩$^{13}_{21}$ kei$^{53}$ʂət$^{5}$.

【月尾】ȵiet$^{5}$ mi$^{35}$ 名 月底：～就系一个月个后背几天。从前是冇钱用冇饭食是硬～就唔得过哇硬啊。ȵiet$^{5}$ mi$^{35}$tsʰiəu$^{53}$xei$^{53}$iet$^{3}$ ke$^{53}$ȵiet$^{5}$ ke$^{53}_{44}$xei$^{53}$pɔi$^{53}_{44}$ci$^{21}$tʰien$^{35}$.tsʰəŋ$^{13}$tsʰien$^{13}$ʂɿ$^{53}$mau$^{13}$tsʰien$^{13}$iəŋ$^{53}$mau$^{13}$ fan$^{53}$ʂət$^{5}$ ʂɿ$^{53}_{44}$ȵiaŋ$^{53}$ȵiet$^{5}$ mi$^{35}$tsʰiəu$^{53}$n̩$^{13}$tek$^{3}$ ko$^{53}$ua$^{0}$ȵiaŋ$^{53}$ŋa$^{0}$.

【月香】ȵiet$^{5}$ çiɔŋ$^{35}$ 名 大盘香：箇个蛮多信菩萨，信神明箇兜，对神明有么个要求哇，或者表示唔知几恭敬呐，就点～。我婈子是到哩庙里就买盘～，呀在乎渠讲么个，先欸买盘子～凑。kai$^{53}_{44}$ke$^{53}_{44}$man$^{13}$to$^{35}_{44}$sin$^{53}$pʰu$^{13}$sait$^{3}$ ,sin$^{53}$ʂən$^{13}$min$^{13}$kai$^{53}_{44}$te$^{35}_{44}$,tei$^{53}$ʂən$^{13}$min$^{13}_{21}$iəu$^{35}$mak$^{3}$ e$^{0}$ iau$^{35}$cʰiəu$^{13}_{21}$ua$^{0}$,xɔit$^{5}$ tʂa$^{21}$

piau$^{21}$ʂʅ$^{53}$n̩$^{13}$ti$^{35}_{44}$ci$^{21}$kəŋ$^{35}$cin$^{53}$na$^{0}$,tsʰiəu$^{53}_{44}$tian$^{21}$ȵiet$^{5}$ çiɔŋ$^{35}_{44}$.ŋai$^{13}_{21}$ɔi$^{35}$tsɿ$^{0}$ ʂʅ$^{53}_{44}$tau$^{53}$li$^{0}$ miau$^{53}$li$^{0}$ tsiəu$^{53}_{44}$mai$^{35}$pʰan$^{13}_{21}$ ȵiet$^{5}$ çiɔŋ$^{35}_{44}$,ia$^{0}$ tsʰai$^{53}$fu$^{35}_{44}$ci$^{13}_{44}$kɔŋ$^{21}$mak$^{3}$ ke$^{53}$,sien$^{35}_{44}$e$^{0}$ mai$^{35}$pʰan$^{13}_{21}$tsɿ$^{0}$ ȵiet$^{5}$ çiɔŋ$^{35}_{44}$tsʰe$^{0}$.｜可能系咁子安个嘛，看啵，渠有起一饼一饼个咁个一饼一饼个香啊就安做～嘞。一个月个月啊，就意思就系箇种香嘞点得一个月。点得一个月话咯，事实上点唔得嘞，两只子星期点得，欸，点得两只子星期，十天半个子月点得。kʰo$^{21}$len$^{13}$xei$^{53}$kan$^{21}_{13}$tsɿ$^{0}$ ɔn$^{35}_{44}$cie$^{53}$ma$^{0}$ ,kʰɔn$^{53}_{44}$nau$^{0}$ ,ci$^{13}_{21}$iəu$^{35}$çi$^{21}$iet$^{3}$ piaŋ$^{21}$iet$^{3}$ piaŋ$^{21}$ ke$^{53}$kan$^{21}$kei$^{53}$iet$^{3}$ piaŋ$^{21}$iet$^{3}$ piaŋ$^{21}$kei$^{53}_{44}$çiɔŋ$^{35}$ŋa$^{0}$ tsʰiəu$^{53}_{44}$ɔn$^{35}_{44}$tso$^{53}_{44}$ȵiet$^{5}$ çiɔŋ$^{35}$lei$^{0}$ .iet$^{3}$ ke$^{53}$ȵiet$^{5}$ ke$^{53}_{44}$ȵiet$^{5}$ a$^{0}$, tsʰiəu$^{53}_{44}$i$^{53}$sɿ$^{0}$ tsʰiəu$^{53}_{44}$xei$^{53}_{44}$kai$^{53}$tʂəŋ$^{21}$çiɔŋ$^{35}$lei$^{0}$ tian$^{21}$tek$^{3}$ iet$^{3}$ cie$^{53}$ȵiet$^{5}$ .tian$^{21}$tek$^{3}$ iet$^{3}$ cie$^{53}$ȵiet$^{5}$ ua$^{53}$ko$^{0}$ ,sɿ$^{53}$ʂət$^{5}$ xɔŋ$^{21}$tian$^{21}$n̩$^{13}_{21}$tek$^{3}$ lei$^{0}$ ,iɔŋ$^{21}$tʂak$^{3}$ tsɿ$^{0}$ sin$^{35}_{44}$cʰi$^{13}_{21}$tian$^{21}$tek$^{3}$ ,e$_{21}$,tian$^{21}$tek$^{3}$ iɔŋ$^{21}$tʂak$^{3}$ tsɿ$^{0}$ sin$^{35}_{44}$cʰi$^{13}_{21}$,ʂət$^{5}$ tʰien$^{35}_{44}$pan$^{53}$ cie$^{53}_{44}$tsɿ$^{0}$ȵiet$^{5}$ tian$^{21}$tek$^{3}$ .

【月小】ȵiet$^{5}$ siau$^{21}$ [名]指旧历只有二十九天的月份：～就阴历来讲就系二十九天，阳历来讲就系三十天就系～。月大月小哇只差一天个事。ȵiet$^{5}$ siau$^{21}$tsʰiəu$^{53}$in$^{35}$liet$^{5}$ lɔi$^{13}_{21}$kɔŋ$^{21}$tsʰiəu$^{53}$xei$^{53}$ȵi$^{53}$ʂət$^{5}$ ciəu$^{21}$tʰien$^{35}_{44}$,iɔŋ$^{13}$liet$^{5}$ lɔi$^{13}_{21}$kɔŋ$^{21}$tsʰiəu$^{53}$xe$^{53}$san$^{35}$ʂət$^{5}$ tʰien$^{35}_{44}$tsʰiəu$^{53}_{44}$xe$^{53}_{44}$ȵiet$^{5}$ siau$^{21}$. ȵiet$^{5}$ tʰai$^{53}$ȵiet$^{5}$ siau$^{21}$ua$^{0}$ tʂʅ$^{21}$tsa$^{35}$(i)et$^{3}$ tʰien$^{35}$ke$^{53}$sɿ$^{53}$.

【月月桂】ȵiet$^{5}$ȵiet$^{5}_{3}$kuei$^{53}$ [名]一种每月开花的桂花。又称“四季桂”：只有～呀，欸，八月桂呀。tʂe$^{21}$iəu$^{35}_{44}$ȵiet$^{5}$ȵiet$^{5}_{3}$kuei$^{53}$ia$^{0}$ ,e$_{21}$,pait$^{3}$ȵiet$^{5}$ kuei$^{53}$ia$^{0}$ .

【月月红】ȵiet$^{5}$ȵiet$^{5}$ fəŋ$^{13}$ [名]月季花：～啊有刺。但是～唔知几烂贱，你只爱拗一条槁，插下箇地泥下湿湿子个栏场，渠就长起来哩。慢呢过哩几个月渠就会开花。～个花有几大子，但是蛮好看，鲜红子，个个月都会开。唔爱栽，到处都系，讨死嫌，割人呐，又有刺啊，到处都系箇个。箇我等箇上只屋是一……渠箇栽哩箇～啊，落尾箇只屋嘞冇人系哩，朽嘿哩，嗬，箇一蓬是输哩命个，一禾坪都去人都去唔得哩。一只禾坪咁大，去人都去唔得。尽刺，尽～个刺。ȵiet$^{5}$ȵiet$^{5}$ fəŋ$^{13}_{21}$ŋa$^{0}$ iəu$^{35}$let$^{3}$ .tan$^{53}$ʂʅ$^{53}$ȵiet$^{5}$ȵiet$^{5}$ fəŋ$^{13}_{21}$n̩$^{13}$ti$^{35}_{53}$ci$^{21}$lan$^{53}$tsʰien$^{53}$, ȵi$^{13}$tʂʅ$^{21}$ɔi$^{53}$au$^{21}$iet$^{3}$ tʰiau$^{13}$ kʰua$^{21}$,tsʰait$^{3}$ (x)a$^{53}$kai$^{53}$tʰi$^{53}$lai$^{13}_{21}$xa$^{53}_{44}$ʂət$^{3}$ ʂət$^{3}$ tsɿ$^{0}$ ke$^{53}$laŋ$^{13}_{44}$tʂʰɔŋ$^{13}_{44}$,ci$^{13}_{21}$tsʰiəu$^{53}$tʂɔŋ$^{21}$çi$^{21}$lɔi$^{13}$li$^{0}$ .man$^{53}$ne$^{0}$ ko$^{53}$li$^{0}$ ci$^{21}$ ke$^{53}$ȵiet$^{5}$ ci$^{13}_{21}$tsʰiəu$^{53}$uɔi$^{53}_{44}$kʰai$^{35}$fa$^{35}$. ȵiet$^{5}$ȵiet$^{5}$ fəŋ$^{13}_{21}$ke$^{53}_{44}$fa$^{35}$mau$^{13}$ci$^{21}$tʰai$^{53}$tsɿ$^{0}$ ,tan$^{53}$ʂʅ$^{53}$man$^{13}$xau$^{21}$kʰɔn$^{53}$,çien$^{35}$ fəŋ$^{13}_{21}$tsɿ$^{0}$ ,cie$^{53}$cie$^{53}_{44}$ȵiet$^{5}$ təu$^{35}_{44}$uɔi$^{53}_{44}$kʰɔi$^{35}$.m̩$^{13}_{21}$mɔi$^{53}_{44}$tsɔi$^{35}_{44}$,tau$^{53}$tʂʰəu$^{53}_{44}$təu$^{35}_{44}$xei$^{53}$ ,tʰau$^{21}$si$^{21}$çian$^{13}_{44}$,kɔit$^{3}$ ȵin$^{13}$na$^{0}$ ,iəu$^{53}_{44}$ iəu$^{35}$let$^{3}$ a$^{0}$ ,tau$^{53}$tʂʰəu$^{53}_{44}$təu$^{35}_{44}$xe$^{53}_{44}$kai$^{53}_{44}$ke$^{53}_{44}$.kai$^{53}$ŋai$^{13}_{21}$tien$^{0}$ kai$^{53}_{44}$ʂɔŋ$^{53}$tʂak$^{3}$ uk$^{3}$ ʂʅ$^{53}_{44}$iet$^{3}$ …ci$^{13}_{44}$kai$^{53}_{44}$tsɔi$^{35}$li$^{0}$ kai$^{53}_{44}$ȵiet$^{5}$ ȵiet$^{5}$ fəŋ$^{13}$ŋa$^{0}$ ,lɔk$^{5}$ mi$^{35}_{53}$kai$^{53}$tʂak$^{3}$ uk$^{3}$ lei$^{0}$ mau$^{13}_{21}$ȵin$^{13}_{44}$xe$^{53}$li$^{0}$ ,çiəu$^{21}$xek$^{3}$ li$^{0}$ ,xo$_{53}$,kai$^{53}$iet$^{3}$ pʰəŋ$^{13}$ʂʅ$^{53}_{44}$ʂəu$^{35}_{44}$li$^{0}$ miaŋ$^{53}$ ke$^{53}$,iet$^{3}$ uo$^{13}$pʰiaŋ$^{13}$təu$^{35}_{53}$çi$^{53}$ȵin$^{13}$təu$^{35}_{53}$çi$^{53}$n̩$^{13}_{21}$tek$^{3}$ li$^{0}$ .iet$^{3}$ tʂak$^{3}$ uo$^{13}$pʰiaŋ$^{13}_{21}$kan$^{21}$tʰai$^{53}$,çi$^{53}$ȵin$^{13}$təu$^{35}_{44}$çi$^{53}$n̩$^{13}_{44}$tek$^{3}$ . tsʰin$^{53}$net$^{3}$ ,tsʰin$^{53}$ȵiet$^{5}$ȵiet$^{5}$ fəŋ$^{13}$ke$^{53}$let$^{3}$ .

【月月鲫】ȵiet$^{5}$ȵiet$^{5}$ tsiet$^{3}$ [名]鲫鱼的别称，谓其繁殖能力极强：（鲫鱼子）繁殖快，～安做，个个月渠都会有鲫鱼子出来。fan$^{13}$tʂʰət$^{5}$ kʰuai$^{53}$, ȵiet$^{5}$ȵiet$^{5}$ tsiet$^{3}$ ɔn$^{35}_{44}$tso$^{53}_{44}$,cie$^{53}$cie$^{53}$ȵiet$^{5}$ ci$^{13}_{21}$təu$^{35}_{44}$uɔi$^{53}_{44}$iəu$^{35}$ tsiet$^{3}$ ŋ̍$^{13}$tsɿ$^{0}$ tʂʰət$^{3}$ lɔi$^{13}_{21}$.

【月字旁】ȵiet$^{5}$ sɿ$^{53}$/tsʰɿ$^{53}$pʰɔŋ$^{13}$ [名]肉月旁：～个字，一只摎月有关系，第二只摎人身上个肉有关系。我等以前个老师讲，～还有种话法就肉字旁。欸，肝呐肺呀肚子啊箇个就安做肉字旁话。欸，可能讲摎肉有关系个还更多哦，～肚里啊，系唔系？摎肉有关系个还更少喔。ȵiet$^{5}$ tsʰɿ$^{53}_{44}$pʰɔŋ$^{13}_{21}$ke$^{53}_{44}$sɿ$^{53}$,iet$^{3}$ tʂak$^{3}$ lau$^{35}$ȵiet$^{5}$ iəu$^{35}_{44}$kuan$^{35}_{44}$çi$^{53}$,tʰi$^{53}$ȵi$^{53}$tʂak$^{3}$ lau$^{35}$ȵin$^{13}$ʂən$^{35}$xɔŋ$^{53}_{44}$ke$^{53}_{44}$ȵiəuk$^{3}$ iəu$^{35}$kuan$^{35}_{44}$ çi$^{53}$.ŋai$^{13}$tien$^{0}$ i$^{35}$tsʰien$^{13}_{21}$ke$^{0}$ lau$^{21}$sɿ$^{35}$kɔŋ$^{21}$, ȵiet$^{5}$ sɿ$^{53}$pʰɔŋ$^{13}$xai$^{13}_{21}$iəu$^{35}_{53}$tʂəŋ$^{21}$ua$^{53}$fait$^{3}$ tsʰiəu$^{53}$ȵiəuk$^{3}$ tsʰɿ$^{53}$pʰɔŋ$^{13}_{21}$.e$_{21}$, kɔn$^{35}$na$^{0}$ fei$^{53}$ia$^{0}$ təu$^{21}$tsɿ$^{0}$ a$^{0}$ kai$^{53}$ke$^{53}$tsʰiəu$^{53}_{44}$ɔn$^{35}_{44}$tso$^{53}$ȵiəuk$^{3}$ sɿ$^{53}$pʰɔŋ$^{13}_{21}$ua$^{53}$.e$_{44}$,kʰo$^{21}$len$^{13}$kɔŋ$^{21}$lau$^{35}$ȵiəuk$^{3}$ iəu$^{35}$ kuan$^{35}_{44}$çi$^{53}$ke$^{53}_{44}$xan$^{13}_{21}$ken$^{53}$to$^{35}$o$^{0}$, ȵiet$^{5}$ tsʰɿ$^{53}$pʰɔŋ$^{13}_{44}$təu$^{21}$li$^{0}$ a,xei$^{53}$me$^{53}$?lau$^{35}$ȵiəuk$^{3}$ mau$^{13}$kuan$^{35}_{44}$çi$^{53}$ke$^{0}$ xan$^{13}$ken$^{53}$ ʂau$^{21}$uo$^{0}$ .

【乐】iɔk$^{5}$ [名]音乐：走动下子，然后起哩小乐就停下哩～，～止以后嘞，停下小乐来嘞，就搞么啊嘞？就歌诗。tsei$^{21}$tʰəŋ$^{35}_{44}$xa$^{53}_{21}$tsɿ$^{0}$ ,vien$^{13}_{21}$xei$^{53}_{44}$çi$^{21}$li$^{0}$ siau$^{21}$iɔk$^{5}$ tsʰiəu$^{53}_{44}$tʰin$^{13}$xa$^{53}_{44}$li$^{0}$ iɔk$^{5}$ ,iɔk$^{5}$ tʂʅ$^{21}$i$^{35}$xei$^{53}_{44}$ lei$^{0}$ ,tʰin$^{13}$xa$^{53}_{44}$siau$^{21}$iɔk$^{5}_{3}$ lɔi$^{13}_{21}$lei$^{0}$ ,tsʰiəu$^{53}_{44}$kau$^{21}$mak$^{3}$ a$^{0}$ le$^{0}$ ?tsʰiəu$^{53}_{44}$ko$^{35}_{44}$ʂʅ$^{35}$.

【乐队】iɔk$^{5}$ ti$^{53}$ [名]人数众多的器乐演奏者的集体：渠请倒～来呀，热闹下子啊安做。ci$^{13}$ tsʰiaŋ$^{21}$tau$^{21}$iɔk$^{5}$ ti$^{53}$lɔi$^{13}_{21}$ia$^{0}$ , ȵiet$^{5}$ lau$^{53}$a$^{0}$ tsa$^{0}$ ɔn$^{35}_{44}$tso$^{53}_{44}$.

【抈】uət$^{3}$ [动]①将长条物三百六十度折弯：山里人个火夹是都唔爱拿钱去买哟从前啵，欸，都系自家去～一只噢，～只火夹。san$^{35}$li$^{21}$ȵin$^{13}_{44}$ke$^{53}$fo$^{21}$kait$^{3}$ ʂʅ$^{53}_{44}$təu$^{35}$m̩$^{13}_{21}$mɔi$^{53}$la$^{53}$tsʰien$^{13}_{21}$çi$^{53}_{44}$mai$^{35}$iau$^{0}$ tsʰəŋ$^{13}_{21}$tsʰien$^{13}_{21}$nau$^{0}$ ,e$_{21}$,təu$^{35}$xei$^{53}$tsʰɿ$^{35}$ka$^{35}_{44}$çi$^{53}$uət$^{3}$ iet$^{3}$ tʂak$^{3}$ au$^{0}$ ,uət$^{3}$ tʂak$^{3}$ fo$^{21}$kait$^{3}$ .｜～啦，～椅子啦，树椅子就爱～才成啊。uət$^{3}$ la$^{0}$ ,uət$^{3}$ i$^{21}$tsɿ$^{0}$ la$^{0}$ ,ʂəu$^{53}$i$^{21}$tsɿ$^{0}$ tsʰiəu$^{53}$ɔi$^{53}$uət$^{3}$ tsʰai$^{13}_{53}$ʂaŋ$^{13}_{21}$ŋa$^{0}$ . ②纠正；矫正：箇

Y

只细子啊咁唔听话，爱～转来，取得好硬爱～转渠来。箇个脾气呀，脾气咁躁哇，爱～转渠来。kai$^{53}$(tʂ)ak$^{3}$ sei$^{53}$tsɿ$^{0}$ a$^{0}$ kan$^{21}$n̩$^{13}_{21}$t$^{h}$aŋ$^{35}_{44}$ua$^{53}$,ɔi$^{53}$uət$^{3}$ tʂuɔn$^{21}$nɔi$^{13}$,ts$^{h}$i$^{21}$tek$^{3}$ xau$^{21}$ɲiaŋ$^{53}$ɔi$^{53}$uət$^{3}$ tʂuɔn$^{21}$ci$^{13}_{44}$lɔi$^{13}_{44}$. kai$^{53}_{44}$ke$^{53}_{44}$p$^{h}$i$^{13}$çi$^{53}$ia$^{0}$,p$^{h}$i$^{13}$çi$^{53}$kan$^{21}$tsau$^{53}$ua$^{0}$,ɔi$^{53}$uət$^{3}$ tʂuɔn$^{21}$ci$^{13}$lɔi$^{13}_{44}$.

【拐火夹】uət$^{3}$ fo$^{21}$kait$^{3}$ 将竹片经火炙烤后将其弯转成为火夹，比喻用粗暴的方式教育小孩：因为火夹就系竹做个，箇个东西唔爱钱，烧嘿哩还又拐过一只，安做拐，～，欸。由此嘞比喻箇个人呐，通过用有一只～个话法吵，又以下是有多么人用咯，箇人呐，细人子啊，唔听话，爱教，教转渠来，不能～呀，～是拐唔转呐，会爆嘿呀。～样，你呢细人子就硬爱慢慢子教，不能够一餐打嘿哩就～样拐转，渠拐唔转，安慢慢子教，你去拐是会爆咁呐，竹篾都会爆咁。in$^{35}_{44}$uei$^{53}_{44}$fo$^{21}$kait$^{3}$ ts$^{h}$iəu$^{53}$xe$^{53}$tʂəuk$^{3}$ tso$^{53}$ke$^{0}$,kai$^{53}_{44}$ke$^{53}_{44}$təŋ$^{35}_{44}$si$^{0}$ m̩$^{13}_{21}$mɔi$^{53}$ts$^{h}$ien$^{13}$,ʂau$^{35}$xek$^{3}$ li$^{0}$ xai$^{13}_{44}$iəu$^{53}$ uət$^{3}$ ko$^{53}$(i)et$^{3}$ tʂak$^{3}$,ɔn$^{35}_{44}$tso$^{53}$uət$^{3}$,uət$^{3}$ fo$^{21}$kait$^{3}$,e$_{21}$.iəu$^{13}$ts$^{h}$ɿ$^{21}$lei$^{0}$ pi$^{21}$y$^{53}$kai$^{53}$cie$^{53}_{44}$ɲin$^{13}$na$^{0}$,t$^{h}$əŋ$^{35}$ko$^{53}_{44}$iəŋ$^{53}_{44}$iəu$^{35}_{44}$ iet$^{3}$ tʂak$^{3}$ uət$^{3}$ fo$^{21}$kait$^{3}$ cie$^{53}_{44}$ua$^{53}$fait$^{3}$ ʂa$^{0}$,iəu$^{53}$i$^{21}$xa$^{53}$ʂɿ$^{53}_{44}$mau$^{13}_{21}$to$^{35}_{53}$mak$^{3}$ in$^{13}_{44}$iəŋ$^{53}$ko$^{0}$,kai$^{53}$ɲin$^{13}$na$^{0}$,sei$^{53}$ɲin$^{13}$tsa$^{0}$, n̩$^{13}$t$^{h}$aŋ$^{35}_{44}$ua$^{53}$,ɔi$^{53}$kau$^{35}$,kau$^{35}$tʂuɔn$^{21}$ci$^{13}_{21}$lɔi$^{13}$,pət$^{3}$ lən$^{13}_{44}$uət$^{3}$ fo$^{21}$kait$^{3}$ ia$^{0}$,uət$^{3}$ fo$^{21}$kait$^{3}$ ʂɿ$^{53}$uət$^{3}$ n̩$^{13}_{21}$tʂuɔn$^{21}$na$^{0}$,uɔi$^{53}_{44}$ pau$^{53}$xek$^{3}$ ia$^{0}$.uət$^{3}$ fo$^{21}$kait$^{3}$ iəŋ$^{53}$, ɲi$^{13}$ŋə$_{44}$sei$^{53}$ɲin$^{13}_{44}$tsɿ$^{0}$ ts$^{h}$iəu$^{53}_{44}$ɲiaŋ$^{53}_{44}$ɔi$^{53}_{44}$man$^{53}$man$^{53}_{21}$tsɿ$^{0}$ kau$^{35}$,pət$^{3}$ len$^{13}_{21}$ciau$^{53}$iet$^{3}$ ts$^{h}$ɔn$^{35}$ta$^{21}$xek$^{3}$ li$^{0}$ ts$^{h}$iəu$^{53}$uət$^{3}$ fo$^{21}$kait$^{3}$ iəŋ$^{53}$uət$^{3}$ tʂuɔn$^{21}$,ci$^{13}_{21}$uət$^{3}$ n̩$^{13}_{44}$tʂuɔn$^{21}$,ɔi$^{53}_{44}$man$^{53}$man$^{53}$tsɿ$^{0}$ kau$^{35}$, ɲi$^{13}_{21}$çi$^{53}$uət$^{3}$ ʂɿ$^{53}_{44}$uɔi$^{53}$pau$^{53}$kan$^{21}$na$^{0}$,tʂəuk$^{3}$ sak$^{3}$ təu$^{35}_{44}$uɔi$^{53}_{44}$pau$^{53}$kan$^{21}$.

【岳老子】iɔk$^{5}$ lau$^{21}$tsɿ$^{0}$ 名 岳父。又称"丈人爷"：爱你～来哟。ɔi$^{53}$ɲi$^{13}_{44}$iɔk$^{5}$ lau$^{21}$tsɿ$^{0}$ lɔi$^{13}_{21}$iau$^{0}$.

【越】iet$^{5}$/vet$^{5}$/viet$^{5}$ 副 重复使用，表示程度随着条件的变化而变化：～走～快，～讲～多。iet$^{5}$ tsei$^{21}$iet$^{5}$ k$^{h}$uai$^{53}$,iet$^{5}$ kɔŋ$^{21}$iet$^{5}$ to$^{35}$.｜～老就～有哩记性。vet$^{5}$ lau$^{21}$tsiəu$^{53}_{44}$vet$^{5}$ mau$^{13}_{21}$li$^{0}$ ci$^{53}$sin$^{53}$.

【越来越】vet$^{5}$/viet$^{5}$ lɔi$^{13}_{21}$vet$^{5}$/viet$^{5}$ 后接形容词，表示人或事物的数量或程度随着时间的推移而不断发展或变化：（洋瓷碗）最近咁多年也有～少个人讲了。tsei$^{53}$c$^{h}$in$^{35}_{44}$kan$^{21}$to$^{35}$ɲien$^{13}$ie$^{35}$iəu$^{35}_{44}$ viet$^{5}$ lɔi$^{13}_{21}$viet$^{5}$ ʂau$^{21}$cie$^{53}$ɲin$^{13}$kɔŋ$^{21}$liau$^{0}$.｜实在是搪瓷缸子搪瓷碗箇只都～少了。ʂət$^{5}$ ts$^{h}$ɔi$^{53}_{44}$ʂɿ$^{53}_{44}$t$^{h}$ɔŋ$^{13}$ ts$^{h}$ɿ$^{13}_{44}$kɔŋ$^{35}$tsɿ$^{0}$ t$^{h}$ɔŋ$^{13}$ts$^{h}$ɿ$^{13}_{44}$uɔn$^{21}$kai$^{53}_{44}$tʂak$^{3}$ təu$^{35}_{44}$vet$^{5}$lɔi$^{13}_{21}$vet$^{5}$ ʂau$^{21}$liau$^{0}$.

【篗子】iet$^{5}$ tsɿ$^{0}$ 名 绩好的麻绕成的团：我问下子我老婆看下。绩啊，打线呐，一饽啊，系唔系？一饽个箇起啊，系唔系安做～？"我问你只事啊，箇阵子你唔系绩绩个时候子啊，绩做一绩倒一饽啊，箇一饽箇个线，一线呢，一饽啊，一饽啊，系唔系安做～啊？系安做～吧？好。好。陈老师问下箇只东西安做么个东西呀。安做～，我系记得话安做～。欸，好好好。好。嗯。"欸，安做～话。我个我丈人婑呀，岳母娘啊，渠就箇阵子就长日绩绩。其实箇阵子渠唔老嘞。我丈人婑呀，我，安做丈人婑。ŋai$^{13}$uən$^{53}$na$_{44}$(←xa$^{53}$)tsɿ$^{0}$ ŋai$^{13}_{21}$lau$^{21}$p$^{h}$o$^{13}$k$^{h}$ɔn$^{53}$na$^{53}$ (←xa$^{53}$).tsiak$^{3}$ a$^{0}$,ta$^{21}$sien$^{53}$na$^{0}$,iet$^{3}$ p$^{h}$ɔk$^{3}$ a$^{0}$,xei$^{53}_{44}$me$^{53}_{44}$?iet$^{3}$ p$^{h}$ɔk$^{3}$ ke$^{53}_{44}$kai$^{53}_{44}$çi$^{21}$a$^{0}$,xe$^{53}_{44}$me$^{53}_{44}$ɔn$^{35}_{44}$tso$^{53}_{44}$iet$^{5}$ tsɿ$^{0}$?"ŋai$^{13}$ uən$^{53}$ɲi$^{13}_{21}$tʂak$^{3}$ sɿ$^{53}_{44}$a$^{0}$,kai$^{53}$tʂ$^{h}$ən$^{53}$tsɿ$^{0}$ ɲi$^{13}_{21}$m̩$^{13}$me$^{13}_{21}$tsiak$^{3}$ tsiak$^{3}$ ke$^{53}$ʂɿ$^{13}$xei$^{53}$tsɿ$^{0}$ a$^{0}$,tsiak$^{3}$ tso$^{53}_{21}$iet$^{3}$ tsiak$^{3}$ tau$^{21}_{44}$iet$^{3}$ p$^{h}$ɔk$^{5}$ a$^{0}$,kai$^{53}_{44}$iet$^{3}$ p$^{h}$ɔk$^{5}$ kai$^{53}_{44}$ke$^{53}_{44}$sien$^{53}$,iet$^{3}$ sien$^{53}$ne$^{0}$,iet$^{3}$ pɔk$^{5}$ a$^{0}$,iet$^{3}$ pɔk$^{5}$ a$^{0}$,xei$^{53}_{44}$me$^{53}_{44}$ɔn$^{35}_{44}$tso$^{53}_{44}$iet$^{5}$ tsɿ$^{0}$ a$^{0}$ ?xei$^{53}_{44}$ ɔn$^{35}_{44}$tso$^{53}_{44}$iet$^{5}$ tsɿ$^{0}$ pa$^{0}$ ?xau$^{21}$ .xau$^{21}$ .tʂ$^{h}$ən$^{13}_{21}$nau$^{21}$sɿ$^{35}_{44}$uən$^{53}$na$_{21}$(←xa$^{53}$)kai$^{53}_{21}$iak$^{3}$ (←tʂak$^{3}$)təŋ$^{35}_{44}$si$^{0}$ ɔn$^{35}_{44}$tso$^{53}_{44}$mak$^{3}$ (k)e$^{53}_{44}$təŋ$^{35}_{44}$si$^{0}$ ia$^{0}$ .ɔn$^{35}_{44}$tso$^{53}_{44}$iet$^{5}$ tsɿ$^{0}$ ,ŋai$^{13}_{21}$(x)e$^{53}_{44}$ci$^{53}$tek$^{3}$ ua$^{53}_{44}$ɔn$^{35}$tso$^{53}_{44}$iet$^{5}$ tsɿ$^{0}$ .e$_{53}$,xau$^{21}$xau$^{21}$xau$^{21}$ .xau$^{21}$ .n̩$_{53}$."ei$_{44}$,ɔn$^{35}$ tso$^{53}_{44}$iet$^{5}$ tsɿ$^{0}$ ua$^{53}$ .ŋai$^{13}$ke$^{53}$ŋai$^{13}_{21}$tʂ$^{h}$ɔŋ$^{53}_{44}$in$^{13}_{21}$ɔi$^{35}$ia$^{0}$ ,iɔk$^{5}$ mu$^{21}$ɲiɔŋ$^{13}$ŋa$^{0}$ ,ci$^{13}$ts$^{h}$iəu$^{53}_{44}$kai$^{53}$tʂ$^{h}$ən$^{53}_{21}$tsɿ$^{0}$ ts$^{h}$iəu$^{53}_{44}$tʂ$^{h}$ɔŋ$^{13}$ ɲiet$^{3}$ tsiak$^{3}$ tsiak$^{3}$ .c$^{h}$i$^{13}$ʂət$^{5}$ kai$^{53}$tʂ$^{h}$ən$^{53}$tsɿ$^{0}$ ci$^{13}_{21}$n̩$^{13}$nau$^{21}$lei$^{0}$ .ŋai$^{13}$tʂ$^{h}$ɔŋ$^{53}_{44}$in$^{13}_{21}$ɔi$^{35}$ia$^{0}$ ,ŋai$^{13}$ ,ɔn$^{35}_{44}$tso$^{53}_{44}$tʂ$^{h}$ɔŋ$^{53}_{35}$ɲin$^{13}_{21}$ɔi$^{35}$.

【云】in$^{13}$ 名 水气上升遇冷凝聚成微小的水珠，成团地在空中飘浮：天上有得～就有得水落啊。天上无～唔落水，系唔系？地上无媒不成亲喏。天上就爱有～正有水落啊。t$^{h}$ien$^{35}$xɔŋ$^{53}_{44}$mau$^{13}_{21}$ tek$^{3}$ in$^{13}$ts$^{h}$iəu$^{53}$mau$^{13}$tek$^{3}$ ʂei$^{21}$lɔk$^{5}$ a$^{0}$ .t$^{h}$ien$^{35}_{44}$xɔŋ$^{53}$u$^{13}$in$^{13}$n̩$^{13}$nɔk$^{5}$ ʂei$^{21}$,xei$^{53}$me$^{53}$?t$^{h}$i$^{53}$xɔŋ$^{53}$u$^{13}$mɔi$^{13}$pət$^{3}$ tʂ$^{h}$ən$^{13}_{21}$ ts$^{h}$in$^{35}$no$^{0}$ .t$^{h}$ien$^{35}_{44}$xɔŋ$^{53}_{44}$ts$^{h}$iəu$^{53}_{44}$ɔi$^{53}$iəu$^{35}$in$^{13}$tʂaŋ$^{53}$iəu$^{35}_{44}$ʂei$^{21}$lɔk$^{5}$ a$^{0}$ .

【云耳】in$^{13}$ɲi$^{21}$ 名 一种黑木耳：～发胀来以后，煮倒蛮好食。因为渠系墨乌个，所以讲好像话食哩对人呐还蛮有好处。in$^{13}$ɲi$^{21}$fait$^{3}$ tʂɔŋ$^{53}$lɔi$^{13}_{21}$i$^{13;35}_{44}$xei$^{53}$,tʂəu$^{21}$tau$^{21}$man$^{13}$xau$^{21}$ʂət$^{5}$ .in$^{35}$uei$^{53}_{44}$ci$^{13}_{44}$xei$^{53}_{44}$mek$^{5}$ u$^{35}$ke$^{53}$,so$^{21}$i$^{35}_{53}$kɔŋ$^{21}$xau$^{21}$ts$^{h}$iɔŋ$^{53}$ua$^{53}$ʂət$^{5}$ li$^{0}$ tei$^{53}$ɲin$^{13}$na$^{0}$ xai$^{13}$man$^{13}$iəu$^{35}_{53}$xau$^{21}$tʂ$^{h}$u$^{53}$.

【匀称】in$^{13}$ts$^{h}$in$^{53}$ 形 均匀合适。有"AABB 子"重叠式：手工破（篾子）是有唔～呐。ʂəu$^{21}$ kəŋ$^{35}$p$^{h}$o$^{53}$ʂɿ$^{53}_{44}$iəu$^{35}$n̩$^{13}$in$^{13}$ts$^{h}$in$^{53}$na$^{0}$.｜蒸饭个时候子就火爱～呢，爱一灶火就蒸熟来。tʂən$^{35}$fan$^{53}$ke$^{0}$ ʂɿ$^{13}$xəu$^{53}$tsɿ$^{0}$ ts$^{h}$iəu$^{53}$fo$^{21}$ɔi$^{53}$in$^{13}$ts$^{h}$in$^{53}$nei$^{0}$,ɔi$^{53}_{44}$iet$^{3}$ tsau$^{53}$fo$^{21}$ts$^{h}$iəu$^{53}_{44}$tʂən$^{35}$ʂəuk$^{5}$ lɔi$^{13}_{44}$.｜（分箇锯齿）拨得匀匀称称子。pɔit$^{3}$ tek$^{3}$ iən$^{13}$iən$^{13}$ts$^{h}$in$^{53}$ts$^{h}$in$^{53}$tsɿ$^{0}$.

【耘】in$^{13}$ 动 将稻田里的杂草用脚踩入泥中：～田啊～两到子唠。～两到。in$^{13}$t$^{h}$ien$^{13}$a$^{0}$ in$^{13}_{21}$iɔŋ$^{21}$ tau$^{53}$tsɿ$^{0}$ lau$^{0}$.in$^{13}_{21}$iɔŋ$^{21}$tau$^{53}$.｜～禾又安做～田呢，就系禾田里蛮多草了，就爱去分箇草踩咁去，

唔系分箇草扯咁去，系分箇草踩咁去。箇阵子我等也搞过咁个。我等队上欸作倒兜田，有兜田呐有秋水，过冬啊有秋水，好，有秋水个田呢渠十分喜欢生草，箇个等得话来～田了收拾哩，箇都踩得动？箇田里都硬尽草，一层个草。安做铺毡样了，铺倒一层个毡呢。箇让门搞了？你只系用脚去着是硬着唔下哩。欸，办法就两只，一只嘞先呢用手扯一到，扯草，箇不可能话所有个田都咁多草，就系有兜箇秋水田呐草多，首先做犁耙个时候子就咁多草，有兜是做犁耙个时候子赠打得石灰，草多个就爱打石灰嘞，分渠咬死渠去嘞，赠打得石灰，箇你就一只办法就系扯，扯倒扯嘿倒扯倒放下地泥下嘞用脚踩下箇泥墒里去。还有只就打石灰，～田个时候子分石灰咬死渠去。in$^{13}$uo$^{13}$iəu$^{53}$ɔn$^{35}_{53}$tso$^{53}$in$^{13}$t$^{h}$ien$^{13}$nei$^{0}$,ts$^{h}$iəu$^{53}_{44}$xe$^{53}_{44}$uo$^{13}$t$^{h}$ien$^{13}$ni$^{0}$ man$^{13}$ to$^{35}_{53}$ts$^{h}$au$^{21}$liau$^{0}$,ts$^{h}$iəu$^{53}$ɔi$^{53}$çi$^{53}$pən$^{35}$kai$^{53}$ts$^{h}$au$^{21}$ts$^{h}$ai$^{21}$kan$^{21}$çi$^{53}$,m̩$^{13}$p$^{h}$e$^{53}$pən$^{35}_{44}$kai$^{53}_{44}$ts$^{h}$au$^{21}$tʂ$^{h}$a$^{21}$kan$^{21}$çi$^{53}$,xei$^{53}_{44}$ pən$^{35}$kai$^{53}$ts$^{h}$au$^{21}$ts$^{h}$ai$^{21}$kan$^{21}$çi$^{53}$.kai$^{53}$tʂ$^{h}$ən$^{53}$tsɿ$^{0}$ ŋai$^{13}$tien$^{0}$ ia$^{35}$kau$^{21}$ko$^{53}$kan$^{21}$cie$^{53}$.ŋai$^{13}_{21}$tien$^{0}$ ti$^{53}$xɔŋ$^{53}$ei$_{35}$tsɔk$^{3}$ tau$^{21}$te$^{35}_{53}$t$^{h}$ien$^{13}_{44}$,iəu$^{35}$tei$^{35}_{53}$t$^{h}$ien$^{13}_{44}$na$^{0}$ iəu$^{35}$ts$^{h}$iəu$^{35}$ʂei$^{21}$,ko$^{53}$təŋ$^{35}$ŋa$^{0}$ iəu$^{35}_{44}$ts$^{h}$iəu$^{35}$ʂei$^{21}$,xau$^{21}$,iəu$^{35}_{44}$ts$^{h}$iəu$^{35}$ʂei$^{21}$ke$^{53}$ t$^{h}$ien$^{13}$nei$^{0}$ ci$^{13}_{21}$ʂət$^{5}$ fən$^{35}_{44}$çi$^{21}$fɔn$^{35}_{44}$saŋ$^{35}$ts$^{h}$au$^{21}$,kai$^{53}$ke$^{53}$ten$^{21}$tek$^{3}$ ua$^{53}$lɔi$^{13}_{21}$in$^{13}_{44}$t$^{h}$ien$^{13}$niau$^{0}$ ʂəu$^{35}$ʂət$^{5}$ li$^{0}$ ,kai$^{53}_{44}$təu$^{35}$ ts$^{h}$ai$^{21}$tek$^{3}$ t$^{h}$əŋ$^{35}$?kai$^{53}_{44}$t$^{h}$ien$^{13}$ni$^{0}$ təu$^{35}_{53}$ɲiaŋ$^{53}$ts$^{h}$in$^{53}$ts$^{h}$au$^{21}$,iet$^{3}$ ts$^{h}$ien$^{13}$ke$^{53}$ts$^{h}$au$^{21}$.ɔn$^{35}_{44}$tso$^{53}_{44}$p$^{h}$u$^{35}$tʂen$^{35}$iɔŋ$^{53}$liau$^{0}$, p$^{h}$u$^{35}$tau$^{21}$iet$^{3}$ ts$^{h}$ien$^{13}$ke$^{0}$ tʂen$^{35}$ne$^{0}$ .kai$^{53}_{44}$ɲiɔŋ$^{53}$mən$^{13}_{44}$kau$^{21}$liau$^{0}$ ?ɲi$^{13}$tʂʅ$^{21}$(x)e$^{53}$iəŋ$^{53}_{44}$ciɔk$^{3}$ çi$^{53}_{44}$tʂ$^{h}$ɔk$^{5}$ ʂʅ$^{53}_{44}$ɲiaŋ$^{53}_{44}$ tʂ$^{h}$ɔk$^{5}$ n̩$^{13}_{21}$xa$^{53}_{44}$li$^{0}$ .e$_{21}$,p$^{h}$an$^{53}$fait$^{3}$ ts$^{h}$iəu$^{53}$iɔŋ$^{21}$tʂak$^{3}$ ,iet$^{3}$ tʂak$^{3}$ lei$^{0}$ sen$^{35}$ne$^{0}$ iəŋ$^{53}$ʂəu$^{21}$tʂ$^{h}$a$^{21}$iet$^{3}$ tau$^{53}$,tʂ$^{h}$a$^{21}$ts$^{h}$au$^{21}$, kai$^{53}$pət$^{3}$ k$^{h}$o$^{21}$len$^{13}$ua$^{53}_{44}$so$^{21}$iəu$^{35}_{53}$ke$^{53}$t$^{h}$ien$^{13}_{21}$təu$^{35}_{53}$kan$^{21}$to$^{35}_{53}$ts$^{h}$au$^{21}$,ts$^{h}$iəu$^{53}$uei$^{53}$iəu$^{35}$te$^{35}_{53}$kai$^{53}_{44}$ts$^{h}$iəu$^{35}$ʂei$^{21}$t$^{h}$ien$^{13}$na$^{0}$ ts$^{h}$au$^{21}$to$^{35}$,ʂəu$^{21}$sien$^{35}_{44}$tso$^{53}$lai$^{13}$p$^{h}$a$^{13}_{21}$ke$^{53}$ʂʅ$^{13}_{44}$xei$^{53}_{44}$tsɿ$^{0}$ ts$^{h}$iəu$^{53}_{44}$kan$^{21}$to$^{35}$ts$^{h}$au$^{21}$,iəu$^{35}$te$^{35}_{53}$ʂʅ$^{53}_{44}$tso$^{53}$lai$^{13}$p$^{h}$a$^{13}_{21}$ke$^{53}$ʂʅ$^{13}_{44}$xei$^{53}_{44}$ tsɿ$^{0}$ maŋ$^{13}$ta$^{21}$tek$^{3}$ ʂak$^{5}$ fɔi$^{35}_{44}$,ts$^{h}$au$^{21}$to$^{35}_{44}$ke$^{0}$ ts$^{h}$iəu$^{53}_{44}$ɔi$^{53}_{44}$ta$^{21}$ʂak$^{5}$ fɔi$^{35}_{44}$le$^{0}$ ,pən$^{35}_{44}$ci$^{13}_{44}$ŋau$^{21}$si$^{21}$ci$^{13}_{44}$çi$^{53}$lei$^{0}$ ,maŋ$^{13}$ta$^{21}$tek$^{3}$ ʂak$^{5}$ fɔi$^{35}_{53}$,kai$^{53}$ɲi$^{13}_{21}$ts$^{h}$iəu$^{53}$iet$^{3}$ tʂak$^{3}$ p$^{h}$an$^{53}$fait$^{3}$ ts$^{h}$iəu$^{53}$xei$^{53}$tʂ$^{h}$a$^{21}$,tʂ$^{h}$a$^{21}$tau$^{21}$tʂ$^{h}$a$^{21}$xek$^{3}$ tau$^{21}$tʂ$^{h}$a$^{21}$tau$^{21}$fɔŋ$^{53}$ŋa$^{53}$ t$^{h}$i$^{53}$lai$^{13}_{21}$xa$^{53}_{44}$lei$^{0}$ iəŋ$^{53}$ciɔk$^{3}$ ts$^{h}$ai$^{21}$xa$^{53}$kai$^{53}$lai$^{13}$kak$^{3}$ li$^{0}$ çi$^{53}_{21}$.xai$^{13}$iəu$^{35}_{53}$tʂak$^{3}$ ts$^{h}$iəu$^{53}$ta$^{21}$ʂak$^{5}$ fɔi$^{35}_{21}$,in$^{13}_{21}$t$^{h}$ien$^{13}_{21}$ke$^{0}$ ʂʅ$^{13}_{44}$ xei$^{53}_{44}$tsɿ$^{0}$ pən$^{35}_{44}$ʂak$^{5}$ fɔi$^{35}_{53}$ŋau$^{21}$si$^{21}$ci$^{13}_{21}$çi$^{53}$.

【运气】in$^{53}$çi$^{53}$ 名时运：～好 in$^{53}$çi$^{53}$xau$^{21}$

【熨】in$^{53}$ 动用烙铁、熨斗烫平：烙铁是只系～布个吵。lɔk$^{5}$ t$^{h}$iet$^{3}$ ʂʅ$^{53}_{21}$tʂe$^{21}$xe$^{53}_{44}$in$^{53}_{44}$pu$^{53}$kei$^{53}_{44}$ʂa$^{0}$.

【熨斗】uən$^{53}$tei$^{21}$ 名借热力烫平衣料的金属器具：落尾正有熨……～。lɔk$^{5}_{3}$ mi$^{35}_{44}$tʂaŋ$^{53}_{44}$iəu$^{35}$in$^{53}$… uən$^{53}$tei$^{21}$.

# Z

【扎₁】tsait3 动①捆绑；缠束：（扫把草）唔～生个，熮哩以后～扫把。n̩13tsait3 saŋ35-44ke53-44,tsau35 li0 i35-44xei53-44tsait3 sau53pa21.｜箇只夫娘子啊长日～只髻子。kai53tʂak3 pu35ɲiəŋ13-21tsɿ0 a0 tʂhəŋ13ɲiet3 tsait3 tʂak3 ci53tsɿ0.②编：～倒个灵屋子，请人用纸～只屋子，分渠去阴间系个，～倒，也爱烧嘿去。tsait3 tau21ke53-44lin13uk3 tsɿ0,tshiaŋ21ɲin13iəŋ13tʂʅ21tsait3 tʂak3 uk3 tsɿ0,pən35ci13-21çi53-44in35kan35-44xe53ke53-44,tsait3 tau21,ia35 ɔi53-44ʂau35-44xek3 çi53.③承包理发业务。又称"扎头"：我个头～分你。ŋai13ke53thei13tsait3 pən35ɲi13.｜箇师傅嘞～哩蛮多头。kai53-44sɿ53-44fu53-44lei0 tsait3 li0 man13-21to35-44thei13.④买（碗、伞）：～把伞tsait3 pa21 san53｜箇买碗咯安做扎碗。"我今晡来去～筒碗。"kai53-44mai35uən21ko0 ən35-44tso53-44tsait3 uən21."ŋai13-21cin35-44 pu35-53lɔi13-21çi53tsait3 thəŋ13uən21."

【扎₂】tsait3 量把，束：一～花 iet3tsait3 fa35｜一～萝卜 iet3tsait3 lo13phek5｜一～鸟子芹 iet3tsait3 tiau35tsɿ0 chin13｜一～子细笋子 iet3tsait3 tsɿ0 se53sən21tsɿ0

【扎故事】tsait3 ku53sɿ53 一种高空艺术。选出有胆量、扮相好且有一定表演能力和高空应急能力的童男童女，将其装扮成各种戏剧人物，扎在铁杆上，铁杆插在彩箱上，由人抬着沿街表演：～个，有，有，也还有咁个～。么个韩湘子箇只么个，八仙个故事，系啊？箇也有，～。～有。唔记得哩，也唔记得哩。箇都我等还冇几大子。五十年代。都冇得哩。tsait3 ku53sɿ53-44ke53-44,iəu35,iəu35,ia35xai13-44iəu35kan21cie53-44tsait3 ku53sɿ53-44.mak3 ke53-44xɔn13siəŋ35tsɿ21kai53-44tʂak3-5mak3 ke53-44,pait3 sien35cie53-44ku53sɿ53-44,xei53-44a0?kai53-44ia35iəu35-44,tsait3 ku53sɿ53-21.tsait3 ku53sɿ53-44iəu35.n̩13ci53tek3 li0,ia35n̩13-44ci53tek3 li0.kai53-21 təu35ŋai13-21tien0 xai13-21mau13-21ci21thai53tsɿ0.ŋ̍21ʂət5ɲien13-21thɔi53.təu35mau13-21tek3 li0.

【扎匠】tsait3 siəŋ53 名从事纸扎行业的手工业者：搞纸扎个唠，欸，安做渠搞纸扎个唠，有么人话科仪师傅。～啊安做。安做～啊，又安做～，欸，～。kau21tʂʅ21tsait3 cie53-44lau0,e21,ən35-44tso53-44ci13-21 kau21tʂʅ21tsait3 cie53au0,mau13-21mak3 in13-44ua53kho35ɲi13-21sɿ35-44fu53-44.tsait3 siəŋ53ŋa0 ən35-44tso53-44.ən35-44tso53-44tsait3 siəŋ53 ŋa0,iəu53-21ən35-44tso53-44tsait3 siəŋ53,e21,tsait3 siəŋ53.

【杂₁】tshait5 形驳杂不纯：如今个鸡子呃蛮多都成哩箇个三黄鸡。欸，安就安做土鸡，其实就是三黄鸡个种，搞～哩，种子搞～哩。i13-21cin35-44ke0 cie35tsɿ0 ə44man13to35-53təu35-53ʂaŋ13-21li0 kai53-44ke53-44san35 uəŋ13cie35.e21,ən35tshiəu53ən35tso53thəu21cie35,chi13ʂət5 tsiəu53ʂʅ53-44san35uəŋ13-21cie35-44ke53tʂəŋ21,kau21tshait5 li0,tʂəŋ21 tsɿ0 kau21tshait5 li0.

【杂₂】tshait5 名供加工食用的动物内脏：猪～，牛～，鸡～，鸭～，箇就～。面前会加只动物个名字去。欸，箇个杂嘞就系猪子个下水，系唔系？但有兜东西嘞味道还蛮好，但是箇个～嘞食多哩唔好，我等唔多买倒食。tʂəu35tshait5,ɲiəu13tshait5,cie35tshait5,ait3 tshait5,kai53-21tshiəu53-21 tshait5.mien53tshien13-21uɔi53-44cia35tʂak3 thəŋ53uk5 ke0 miaŋ13tshʅ53-44çi53.e21,kai53-44ke53-44tshait5 lei0 tshiəu53-44xe53-44tʂəu35tsɿ0 ke53-44xa53ʂei21,xei53me53?tan53iəu35te35-53təŋ35-44si0 lei0 uei53thau53xai13man13-21xau21,tan53-44ʂʅ53kai53-44ke53-44tshait5 lei0 ʂət5 to35 li0 n̩13xau21,ŋai13-21tien0 n̩13-21to35-44mai35-53tau21-44ʂət5.

【杂绊】tsʰait5 pʰan53 名各种给人带来困扰的东西：隔屋近哩个塘掺隔屋近哩个田招是系更好招呼，畜头牲啊欸畜鱼啊，系唔系，更好招呼，但是嘞～也多，～也多啊。田里真多～呐，有丢石头箇兜啦，树棍呐杉榾啦㽞箇兜啦真多，田里也系嘞。欸，你隔屋近哩个田呐也～多。kak3 uk3 cʰin35 ni0 ke53 tʰəŋ13 lau35 kak3 uk3 cʰin35 ni0 ke53 tʰien13 tʂau35 ʂɿ53-21 xei53 cien53 xau21 tʂau35 fu13-21, çiəuk3 tʰei13 saŋ35-44 ŋa0 e21 çiəuk3 ŋ̍13 ŋa0, xei53 me53-21, cien53 xau21 tʂau35 fu13-21, tan53 ʂɿ53-44 le0 tsʰait5 pʰan53 ia35 to35-44, tsʰait5 pʰan53 na35-44 to35 a0. tʰien13 ni21 tʂən35 to35 tsʰait5 pʰan53 na0, iəu35-21 tiəu35 ʂak5 tʰei13-21 kai53-44 te35-53 la0, ʂəu53 kuən53 na0 sa35 kʰua21 la0 lek3 kai53-44 te35-53 la0 tʂən35 to35-44, tʰien13 ni21 ia35 xe53 le0. e21, ɲi13-21 kak3 uk3 cʰin35 ni21 ke53 tʰien13 na0 ia35 tsʰait5 pʰan53 to35-44.

【杂豆子】tsʰait5 tʰei53 tsɿ0 名黄豆之外其他豆子的统称：～就欸我觉得好像就～就系区别于黄豆子以外个都喊～。箇是还有饭豆子哦，一起饭豆子，丫豆子，芒花豆，欸，箇个都系比较细个，比黄豆子更细个豆子。欸，比黄豆子更大个嘞有起么箇八月黄，㦬大一只。tsʰait5 tʰei53 tsɿ0 tsʰiəu53 e21 ŋai13 kɔk3 tek3 xau21 tsʰiɔŋ53 tsʰiəu53 tsʰait5 tʰei53 tsɿ0 tsʰiəu53 xei53 tʂʰɥ35 pʰiet5 ɥ13-21 uɔŋ13 tʰei53 tsɿ0 i35 uai53 ke0 təu35 xan53 tsʰait5 tʰei53 tsɿ0. ka53 ʂɿ53-44 xai13-21 iəu35-44 fan53 tʰei53 tsɿ0 o0, iet3 çi21 fan53 tʰei53 tsɿ0, a35 tʰei53 tsɿ0, mɔŋ13 fa35 tʰei53, e21, kai53-44 ke53-44 təu35 xe53 pi21 ciau53-44 se53 ke0, pi21 uɔŋ13 tʰei53 tsɿ0 ken53-44 se53 ke53-44 tʰei53 tsɿ0. e21, pi21 uɔŋ13 tʰei53 tsɿ0 ken53-44 tʰai53 ke53-44 lei0 iəu35-53 çi21 mak3 kai53-44 pait3 ɲiet5 uɔŋ13, mən35 tʰai53 iet3 tʂak3.

【杂工】tsʰait5 kəŋ35 名干杂活的人：其他个就安做～嘞。cʰi13 tʰa35 ke53 tsʰiəu53-44 ɔn35-44 tso53-44 tsʰait5 kəŋ35-44 lei0.

【杂货铺】tsʰait5 fo53 pʰu53 名①卖日杂的店铺：欸，有专门卖咁个杂七杂八个么个欸各种各样个东西个箇铺子就安做～。ei44, iəu35 tʂen35 mən13-21 mai53 kan21 ke53-44 tsʰait5 tsʰiet3 tsʰait5 pait3 ke53 mak3 ke53 e21 kɔk3 tʂəŋ21 kɔk3 iɔŋ53-44 ke0 təŋ35-44 si0 ke0 kai53-44 pʰu53 tsɿ0 tsʰiəu53-21 ɔn35-53 tso53 tsʰait5 fo53-21 pʰu53. ②比喻各种各样的东西多：你屋下同箇开～样，么个都有。ɲi13 uk3 xa53 tʰəŋ13 kai53 kʰɔi35 tsʰait5 fo53-44 pʰu53 iɔŋ53-44, mak3 e0 təu35-44 iəu35-44.

【杂交米】tsʰait5 ciau35 mi21 名用杂交水稻稻谷加工生产的大米：我头到就走下我阿舅子箇映子买一担谷，欸，整倒几十斤～，蛮好食，尽系细谷子。ŋai13 tʰei13-21 tau53-44 tsʰiəu53-44 tsei21 xa53 ŋai13-21 a35 cʰiəu35-44 tsɿ0 kai53 iaŋ53 tsɿ0 mai35 it3 tan35-44 kuk3, e21, tʂaŋ21 tau21 ci21 ʂət5-3 cin35-44 tsʰait5 ciau35-44 mi21, man13 xau21 ʂət5, tsʰin53 ne53-44 se53 kuk3 tsɿ0.

【杂粮】tsʰait5 liɔŋ13 名稻谷、小麦以外的各种粮食：就分箇个番薯哇，豆子啊，麦子啊，箇个都喊～。/高粱啊，豆子啊，番薯哇，麦子啊，系唔系啊？/欸，都分渠统称～箇就是。tsʰiəu53-44 pən35 kai53-44 ke53-44 fan35 ʂəu13-21 ua0, tʰei53 tsɿ0 a0, mak5 tsɿ0 a0, kai53-44 ke53-44 təu35 xan53-44 tsʰait5 liɔŋ13-21./kau35 liɔŋ13 ŋa0, tʰei53 tsɿ0 a0, fan35 ʂəu13-21 ua0, mak5 tsɿ0 a0, xei53-44 me53-44 a0?/e21, təu35 pən35 ci13-21 tʰəŋ21-35 tʂʰən35-21 tsʰait5 liɔŋ13 kai53-44 tsiəu53-44 ʂɿ53-44.

【杂粮饭】tsʰait5 liɔŋ13 fan53 名用杂粮或掺入杂粮煮成的饭的统称：高粱饭有哇，麦子饭有哇。搞滴高粱，放滴麦子去啊，就统称为～呐。kau35 liɔŋ13 fan53 iəu35 ua0, mak5-3 tsɿ0 fan53 iəu35 ua0. kau21 tiet5-3 kau35 liɔŋ13-21, fɔŋ53-44 tet5-3 mak5 tsɿ0 çi53-44 a0, tsʰiəu53-44 tʰəŋ21 tʂʰən35 uei13-44 tsʰait5 liɔŋ13 fan53 na0.

【杂七杂八】tsʰait5 tsʰiet3 tsʰait5 pait3 形容十分混杂：欸，我间里啊杂七杂八个东西下丢做一只柜里装倒。e44, ŋai13 kan35 ni21 a0 tsʰait5 tsʰiet3 tsʰait5 pait3 ke0 təŋ35-44 si0 xa53 tiəu35 tso53 iet3 tʂak3 kʰuei53 li0 tʂɔŋ35 tau21-44.

【杂树】tsʰait5 ʂəu53 名①经济林中人为选的品种之外的其他树木。也称“杂树子”：箇茶树箇阵子是蛮好喔，如今是进人都进唔得哩，冇么人去挖了哇，冇么人去修铲哩，～多哩啊，欸，茶树就长唔起哩啊。kai53-44 tsʰa13 ʂəu53 kai53 tʂʰən53 tsɿ0 ʂɿ53-44 man13-21 xau21 uo0, i13-21 cin35-53 ʂɿ53-21 tsin53 ɲin13 təu35-53 tsin53 n̩13-21 tek3 li0, mau13-21 mak3 in13-44 çi53 uait3 liau0 ua0, mau13-21 mak3 in13-44 çi53 siəu35 tsʰan21 li0, tsʰait5 ʂəu53 to35 li0 a0, e21, tsʰa13 ʂəu53 tsʰiəu53 tʂɔŋ21 n̩13-21 çi21 li0 a0. ②指密度和硬度都较高但容易变形的一类木材：哦，系啊，用杉树做门页子。欸，～个扎就扎实，嗯，但是痞重。爱上下子爱斢下子门就真累人。还有嘞～个嘞会走盏，会走盏呐。会跷个，渠𫠊搞得好就跷个，关门都关唔拢哩。o21, xei53-44 a0, iɔŋ53 sa35 ʂəu53 tso53 mən13 iait5 tsɿ0. e21, tsʰait5 ʂəu53 ke53 tsait3 tsʰiəu53 tsait3 ʂət5, n̩21, tan53-44 ʂɿ53-44 tek3 tʂʰəŋ35. ɔi53 ʂɔŋ21 xa53 tsɿ0 ɔi53 tʰiau21 xa53 tsɿ0 mən13 tsʰiəu53-44 tʂən35 li53 ɲin13-21. xai13 iəu35-44 le0 tsʰait5 ʂəu53 ke53-44 lei0 uɔi53 tsei21 tsan21, uɔi53 tsei21 tsan21 na0. uɔi53 cʰiau35 ke53, ci13-21 maŋ13 kau21 tek3 xau21 tsʰiəu53 cʰiau35 ke53, kuan35 mən13 tau53-53 kuan35-44 n̩13-21 nəŋ35 li0.

【杂屋】tsʰait5 uk3 名指厨房、厕所、猪圈、牛栏、堆放杂物的房屋，与正屋相对：我等做几间～是尽做下箇壁背嘞，拖下去嘞，拖三间～呢。ŋai13 tien0 tso53 ci21 kan35-44 tsʰait5 uk3 ʂɿ53-44 tsʰin53 tso53-44 xa53-44 kai53-44 piak3 pɔi53 lei0, tʰo35 (x)a53-44 çi53 lei0, tʰo35 san35-44 kan35-44 tsʰait5 uk3 nei0.

【杂种】tsʰait5/tsait5 tʂəŋ21 名①不纯的植物种子或动物族类：～就种子唔纯呢。种子唔纯就安

Z

做～。如今我等人欸栽个箇个欸细豌子啊，哦哟，真唔纯一下。最唔纯个嘞就系鸡。如今个鸡子呃蛮多都成哩箇个三黄鸡。欸，安就安做土鸡，其实就是三黄鸡个种，搞杂哩，种子搞杂哩。tsʰait5 tʂəŋ21 tsʰiəu53 tʂəŋ21 tsɿ0 n̩13 ʂən13 nei0 .tʂəŋ21 tsɿ0 n̩13 ʂən13 tsʰiəu53 ɔn$_{44}$tso$^{53}_{44}$tsʰait5 tʂəŋ21 .i$^{13}_{21}$cin$^{35}_{53}$ŋai$^{13}_{21}$ tien0 ɲin$^{13}_{44}$e$_{44}$tsɔi35 ke0 kai$^{53}_{44}$ke$^{53}_{44}$e0 sei53 uan35 tsɿ0 a0 ,o$_{53}$io$_{35}$,tʂən35 n̩13 ʂən13 iet3 xa53 .tsei53 n̩13 ʂən13 ke0 lei0 tsʰiəu53 xe53 cie35 .i$^{13}_{21}$cin$^{35}_{44}$ke0 cie35 tsɿ0 ə$_{44}$man13 to$^{35}_{53}$təu$^{35}_{53}$ʂaŋ$^{13}_{21}$li0 kai$^{53}_{44}$ke$^{53}_{44}$san35 uɔŋ13 cie35 .e$_{21}$,ɔn35 tsʰiəu53 ɔn35 tso53 tʰəu21 cie35 ,cʰi13 ʂət5 tsiəu53 ʂɿ$^{53}_{44}$san35 uɔŋ$^{13}_{21}$cie$^{35}_{44}$ke53 tʂəŋ21 ,kau21 tsʰait5 li0 ,tʂəŋ21 tsɿ0 kau21 tsʰait5 li0 . ②骂人的粗鲁话：你不能够随便骂别人家～呐，箇就骂唔得嘞。箇是有兜箇有兜人就会伤心呐。ɲi13 pət3 len$^{13}_{21}$ciau53 sei13 pʰien53 ma53 pʰiet$_{3}^{5}$ in$^{13}_{44}$ka$^{35}_{44}$tsait5 tʂəŋ21 na0 ,kai$^{53}_{44}$tsʰiəu53 ma53 n̩$^{13}_{21}$tek3 le0 .kai$^{53}_{44}$ʂɿ$^{53}_{44}$iəu35 tei$^{35}_{53}$kai$^{53}_{44}$iəu35 tei$^{35}_{53}$ɲin$^{13}_{21}$tsʰiəu53 uɔi$^{53}_{44}$ʂɔŋ$^{35}_{44}$sin35 na0 .

【杂字】tsʰait5 sɿ53 名指传统蒙学书《七言杂字》：我爷子嘞细细子就跟倒我公太读老书，欸，箇就学过～。落尾嘞渠就欸去读高小去哩。读高小去哩嘞就欸箇只时候子嘞就𫠛再学～了。ŋai$^{13}_{21}$ia13 tsɿ0 lei0 sei53 sei53 tsɿ0 tsʰiəu53 cien$^{35}_{44}$tau$^{21}_{53}$ŋai$^{13}_{21}$kəŋ35 tʰai53 tʰəuk5 lau21 ʂəu$^{35}_{44}$,e$_{21}$,kai$^{53}_{44}$tsʰiəu$^{53}_{44}$xɔk5 ko$^{53}_{44}$tsʰait5 sɿ53 .lək5 mi$^{35}_{44}$lei0 ci$^{13}_{21}$tsʰiəu$^{53}_{44}$ei$_{21}$çi53 tʰəuk5 kau35 siau21 çi53 li0 .tʰəuk5 kau35 siau21 çi53 li0 lei0 tsʰiəu53 e$_{21}$kai53 tʂak3 ʂɿ$^{13}_{21}$ xei53 tsɿ0 lei0 tsʰiəu53 maŋ$^{13}_{21}$tsai$^{53}_{44}$xɔk5 tsʰait5 sɿ$^{53}_{44}$liau0 .

【砸】tsait5 动打；捣：我一抠，（箇个响铳鸟铳）箇顶高就一只咁个碓子嘞～下去嘞。ŋai$^{13}_{53}$ iet3 kʰei35 ,kai$^{53}_{44}$taŋ21 kau$^{35}_{44}$tsʰiəu53 iet3 tʂak3 kan21 ke$^{53}_{44}$tɔi53 tsɿ0 le0 tsait5 ia$^{53}_{44}$çi53 le0 .

【栽】tsɔi35 动种植：箇丘田就～得七蔸禾，～得九蔸黄豆子。kai$^{53}_{44}$cʰiəu$^{35}_{44}$tʰien$^{13}_{44}$tsiəu$^{53}_{44}$tsɔi35 tek3 tsʰiet3 tei35 uo13 ,tsɔi35 tek3 ciəu21 tei35 uɔŋ13 tʰei53 tsɿ0 .｜么个啊？～树摎种树哇冇得区别吧？/冇得区别。～也种。/我等以映都系～苗。/种树都系～苗。/只有两只喊法怕。/只有种树摎～树。/如今也新喊个你去植树哇，植树节哟。/只系以只路子嘞听是听讲箇只哎呀路子。冇年纪箇只喊～树。你话呃种树是箇只老子就绝对种树。系咁子个。唔系话有滴渠话～树哇，以个青年莫去～得，就爱老子～得，就咁个事。mak3 ka$^{53}_{44}$?/tsɔi35 ʂəu53 lau$^{35}_{44}$tʂəŋ53 ʂəu53 ua0 mau13 tek3 tʂʰɥ35 pʰiek$_{3}^{5}$pa0 ?/mau13 tek3 tʂʰɥ$^{35}_{44}$pʰiek5 .tsɔi35 a$^{35}_{21}$tʂəŋ53 ./ŋai$^{13}_{21}$tien0 i$^{21}_{44}$iaŋ$^{53}_{44}$təu35 xe$^{53}_{44}$tsɔi35 miau13 ./tʂəŋ53 ʂəu53 təu35 xe$^{53}_{44}$ tsɔi35 miau13 ./tʂe21 iəu35 iɔŋ21 tʂak3 xan53 fait3 pʰa53 ./tʂe21 iəu35 tʂəŋ53 ʂəu53 lau35 tsɔi35 ʂəu$^{53}_{44}$./i$^{13}_{21}$cin$^{35}_{44}$ia$^{35}_{44}$sin35 xan53 ke$^{53}_{44}$ ɲi$^{13}_{21}$çi$^{53}_{44}$tʂʰət5 ʂəu53 ua0 ,tʂʰət5 ʂəu53 tsiet3 io0 ./tʂe21 xe53 i21(tʂ)ak3 ləu53 tsɿ0 le0 tʰaŋ35 ʂɿ$^{53}_{44}$tʰaŋ35 kɔŋ21 kai$^{53}_{44}$tʂak3 ai$_{35}$ia0 ləu53 tsɿ0 .mau13 ɲien13 ci21 kai$^{53}_{44}$tʂak3 xan53 tsɔi35 ʂəu$^{53}_{21}$. ɲi13 ua$^{53}_{44}$ne0 tʂəŋ53 ʂəu53 ʂɿ$^{53}_{44}$kai53 tʂak3 lau21 tsɿ21 tsʰiəu53 ciɔk3 tei53 tʂəŋ53 ʂəu$^{53}_{44}$.xe53 kan21 tsɿ0 ke$^{53}_{44}$.m̩$_{21}$pʰe$_{44}$(←m̩13 xe53)ua$^{53}_{44}$iəu35 tet5 ci$^{13}_{44}$ua$^{53}_{44}$tsɔi35 ʂəu$^{53}_{44}$ua0 ,i$^{21}_{44}$ke$^{53}_{44}$tsʰin35 ɲien$^{13}_{21}$ mɔk5 çi$^{53}_{21}$tsɔi35 tek3 ,tsʰiəu$^{53}_{44}$ɔi53 lau21 tsɿ0 tsɔi35 tek3 ,tsʰiəu$^{53}_{44}$kan21 ke$^{53}_{44}$sɿ53 .

【栽禾】tsɔi35 uo13 动插秧，将水稻秧苗栽插于水田中：如果唔挖个话，箇个～就会栽下箇个绷硬个泥上。y13 ko21 n̩$^{13}_{21}$uait3 ke$^{53}_{44}$fa$^{53}_{44}$,kai53 ke$^{53}_{21}$tsɔi35 uo$^{13}_{21}$tsʰiəu$^{53}_{44}$uɔi$^{53}_{44}$tsɔi35 a$^{53}_{44}$kai$^{53}_{44}$ke$^{53}_{44}$paŋ35 ŋaŋ53 ke$^{53}_{21}$lai13 xɔŋ$^{53}_{44}$. ｜去～个时候子嘞箇个禾秧嘞打唔到。çi53 tsɔi35 uo13 ke$^{53}_{44}$ʂɿ13 xei$^{53}_{44}$tsɿ0 lei0 kai$^{53}_{44}$ke$^{53}_{44}$uo13 iɔŋ$^{35}_{44}$lei0 ta21 n̩13 tau53 .

【崽子】tse21/tsei21 tsɿ0 名幼小的动物：只有么个羊～、牛～、鸭～、鸡～、狗～、猫～咯。tʂɿ21 iəu$^{35}_{53}$mak3 e0 iɔŋ13 tsei21 tsɿ0 , ɲiəu13 tsei21 tsɿ0 ,ait3 tse21 tsɿ0 ,cie35 tsei21 tsɿ0 ,kei21 tsei21 tsɿ0 ,miau53 tse21 tsɿ0 ko0 .

【再】tsai53 副①重新，又一次：有～长哩草个又耘一到。iəu35 tsai53 tʂəŋ21 li0 tsʰau21 ke$^{53}_{44}$iəu53 in13 iet3 tau53 .｜（打复逃）系～做一次，意思就系～做，重复做一次。xe$^{53}_{21}$tsai53 tso$^{53}_{21}$iet3 tsʰɿ53 ,i$^{53}_{44}$sɿ0 tsʰiəu$^{53}_{44}$ xe$^{53}_{44}$tsai53 tso53 ,tʂʰəŋ13 fuk5 tso53 iet3 tsʰɿ53 . ②表示承接前一个动作：食哩饭～去好么？/食哩饭～去就搞唔赢哩。ʂek5 li0 fan53 tsai53 çi53 xau21 mo0 ？/ʂek5 li0 fan53 tsai53 çi53 tsʰiəu53 kau21 ŋ̍13 iaŋ13 li0 .

【再婚】tsai53 fən35 动离婚或配偶死后再次结婚：（牵新人个）最好就不是～啵。tsei53 xau21 tsʰiəu$^{53}_{44}$pət3 ʂɿ$^{53}_{44}$tsai53 fən$^{35}_{44}$nau0 .

【再嫁】tsai53 ka53 动（妇女）再婚：夫娘子，老公死嘿哩，系唔系？有细人子，你就去～，欸，你去出嫁，欸，你就安做下堂啊。pu35 ɲiɔŋ$^{13}_{21}$tsɿ0 ,lau21 kəŋ$^{35}_{44}$si21 xek3 li0 ,xei$^{53}_{44}$me$^{53}_{44}$?iəu35 sei53 ɲin$^{13}_{21}$tsɿ0 ,ɲi13 tsʰiəu$^{53}_{21}$çi$^{53}_{44}$tsai53 ka53 ,e$_{21}$, ɲi$^{13}_{21}$çi$^{53}_{44}$tʂʰət3 ka53 ,ei$_{21}$, ɲi$^{13}_{21}$tsʰiəu53 ɔn$^{35}_{44}$tso$^{53}_{44}$xa35 tʰɔŋ13 ŋa0 .

【再来】tsai53 lɔi13 副重新；再次：慢点忒炆到哩。或者慢点箇个我～炆呐。我～炆好哩啊。man53 tian21 tʰiet3 uən13 tau53 li0 .xɔit5 tʂa21 man$^{53}_{44}$tian$^{21}_{44}$kai$^{53}_{44}$ke$^{53}_{44}$ŋai13 tsai53 lɔi13 uən13 na0 .ŋai13 tsai53 lɔi$^{13}_{21}$uən13 xau21 lia0 .

【在$_1$】tsʰai53/sai53/tsʰɔi35 动①居于；处于；位于：～箇个地板以下个，底下个，安做草脚。tsʰai53 kai53 ke$^{53}_{21}$tʰi53 pan21 i21 çia$^{35}_{}$ke$^{53}_{44}$,te21 xa53 ke53 ,ɔn$^{35}_{44}$tso$^{53}_{44}$tsʰau21 ciɔk3 .｜就～河里水多个栏场个就是芦苇。tsʰiəu53 sai53 xo13 li0 ʂei21 to$^{35}_{44}$ke$^{53}_{44}$laŋ$^{13}_{21}$tʂʰɔŋ$^{13}_{21}$ke53 tsʰiəu$^{53}_{44}$ʂɿ$^{53}_{44}$ləu13 uei21 . ②健在，活着：箇只还我伦谟都

还～个时候子渠来哩话。kai$^{53}_{44}$tʂak$^{3}$ xan$^{13}_{21}$ŋai$^{13}$lən$^{13}$mu$^{13}$təu$^{35}_{53}$xan$^{13}_{21}$tsʰɔi$^{35}$ke$^{53}$ʂʅ$^{13}$xəu$^{53}$tsʅ$^{0}$ ci$^{13}$lɔi$^{13}$li$^{0}$ ua$^{53}_{44}$. ③存在：如今还～么箇条树哇？i$^{13}_{21}$cin$^{35}_{44}$xai$^{13}_{44}$tsʰɔi$^{35}$mo$^{0}$ kai$^{53}_{44}$tʰiau$^{13}$ʂəu$^{53}$ua$^{0}$？④听任。又称“听、等、在乎、让”：～渠去嬲。tsʰai$^{53}$ci$^{13}_{21}$çi$^{53}_{44}$liau$^{53}_{44}$. ⑤等于；相当于：十把年嘞就指就箇～十年个左右子。ʂət$^{5}$pa$^{21}$ɲien$^{13}$le$^{0}$ tsʰiəu$^{53}_{44}$tʂʅ$^{21}$tsʰiəu$^{53}_{44}$kai$^{53}_{44}$tsʰɔi$^{53}_{44}$ʂət$^{5}$ɲien$^{13}_{21}$ke$^{53}_{44}$tso$^{21}$iəu$^{53}$tsʅ$^{0}$.

【在$_{2}$】tsʰɔi$^{35}$/tsʰai$^{53}$/tsai$^{53}$ 介①引述动作、情状所涉及的处所、次序、时间、基础、范围等：～拜祖之前呢，还爱请尊贵个客发烛啊。tsʰɔi$^{35}_{44}$pai$^{53}$tsəu$^{21}$tʂʅ$^{35}_{44}$tsʰien$^{13}$ne$^{0}$,xa$^{13}_{21}$ɔi$^{53}$tsʰiaŋ$^{21}$tsən$^{35}$ kuei$^{53}$ke$^{53}_{44}$kʰak$^{3}$ fait$^{3}$ tʂəuk$^{3}$ a$^{0}$.｜油布伞嘞就～布个基础上嘞，加哩一层油。iəu$^{13}$pu$^{53}_{44}$san$^{53}_{44}$nei$^{0}$ tsiəu$^{53}_{44}$ tsʰai$^{53}_{44}$pu$^{53}$ke$^{53}$ci$^{35}$tsʰəu$^{21}$ʂɔŋ$^{53}_{44}$lei$^{0}$,cia$^{35}$li$^{0}$ iet$^{3}$ tsʰien$^{13}_{21}$iəu$^{13}$.｜渠$_{指火缸}$就应该放在火盆个后背。ci$^{13}$tsʰiəu$^{53}_{44}$ in$^{53}_{44}$kɔi$^{35}_{44}$fɔŋ$^{53}_{44}$tsai$^{53}_{44}$xo$^{21}$pʰən$^{13}$cie$^{53}_{44}$xei$^{53}$pɔi$^{53}$. ②表示来源，从：（料酒）尽～外背舞倒来卖。tsʰin$^{53}$ tsʰɔi$^{35}_{44}$ŋɔi$^{53}$pɔi$^{53}_{44}$u$^{21}$tau$^{21}$lɔi$^{13}_{21}$mai$^{53}$.

【在场】tsʰai$^{53}$tʂʰɔŋ$^{21}$ 动亲身在事情发生、进行的地方：爱大人～。ɔi$^{53}_{44}$tʰai$^{53}$ɲin$^{13}_{21}$tsʰai$^{53}$tʂʰɔŋ$^{21}$.

【在行】tsʰai$^{53}$xɔŋ$^{13}$ 形善于处事接物：箇夫娘子真～。kai$^{53}$pu$^{35}_{44}$ɲiɔŋ$^{13}_{21}$tsʅ$^{0}$ tʂən$^{35}$tsʰai$^{53}$xɔŋ$^{13}$.

【在乎】tsʰai$^{53}$fu$^{35}_{21}$ 动听任；任凭。又称“听、等、在、让”：～渠系你做个唔系你做个，我都一句话放下去，讲下去，有滴人就会表现出来。tsʰai$^{53}$fu$^{35}_{21}$ci$^{13}_{44}$xei$^{53}$ɲi$^{13}$tso$^{53}_{44}$ke$^{53}_{44}$m̩$^{13}$pʰei$_{44}$(←xei$^{53}$)ɲi$^{13}$ tso$^{53}_{44}$ke$^{53}_{44}$,ŋai$^{13}$təu$^{35}_{44}$iet$^{3}$ tʂʅ$^{53}$fa$^{53}$fɔŋ$^{53}$ŋa$_{44}$(←xa$^{53}$)çi$^{53}_{44}$,kɔŋ$^{21}$(x)a$^{53}_{44}$çi$^{53}$,iəu$^{35}$tet$^{5}$ɲin$^{13}_{21}$tsʰiəu$^{53}_{44}$uɔi$^{53}_{44}$piau$^{21}$çien$^{53}$tʂʰət$^{3}$ lɔi$^{13}_{21}$.

【在世】tsʰai$^{53}$ʂʅ$^{53}$ 动活着；存活于世间：唔～哩，渠个老婆死嘿哩。n̩$^{13}$tsʰai$^{53}_{44}$ʂʅ$^{53}$li$^{0}$,ci$^{13}$ke$^{53}$lau$^{21}$ pʰo$^{13}$si$^{21}$(x)ek$^{3}$ li$^{0}$.｜爱通过画咁个符子画咁个东西嘞保护以个还～个人，莫犯重丧。ɔi$^{53}$tʰəŋ$^{35}$ ko$^{53}$fa$^{53}$kan$^{21}$ke$^{53}_{44}$fu$^{13}$tsʅ$^{0}$ fa$^{53}$kan$^{21}$ke$^{0}$ təŋ$^{35}_{44}$si$^{0}$ lei$^{0}$ pau$^{21}$fu$^{53}$i$^{21}$ke$^{53}_{44}$xan$^{13}$tsʰai$^{53}$ʂʅ$^{53}$ke$^{0}$ ɲin$^{13}$,mɔk$^{5}$ fan$^{53}$tʂʰəŋ$^{13}$sɔŋ$^{35}$.

【在先】tsʰai$^{53}$sien$^{35}$ 名时间词。从前。又称“从先”：～我等有饭食啦。tsʰai$^{53}$sien$^{35}$ŋai$^{13}_{21}$tien$^{0}$ mau$^{13}_{21}$fan$^{53}$ʂət$^{5}_{3}$la$^{0}$.｜～我等系下山里呀。tsʰai$^{53}$sien$^{35}$ŋai$^{13}_{21}$tien$^{0}$ xe$^{53}_{44}$(x)a$^{53}_{44}$san$^{35}$ni$^{21}$ia$^{0}$.

【在一起】tsʰai$^{53}$iet$^{3}$çi$^{21}$ ①同在一处：你跟倒我～来。ɲi$^{13}$cien$^{35}$tau$^{21}$ŋai$^{13}_{21}$tsʰai$^{53}$iet$^{3}$çi$^{21}$lɔi$^{13}$. ②作为一个整体：以只（铳托）搒以只（铳）管让门子使渠连结～？i$^{21}$tʂak$^{3}$ lau$^{35}$i$^{21}$tʂak$^{3}$ kɔn$^{21}$ɲiɔŋ$^{53}$mən$^{0}$ tsʅ$^{0}$ ʂʅ$^{21}$ci$^{21}_{44}$lien$^{13}$ciet$^{3}$ tsʰai$^{53}$iet$^{3}$çi$^{21}$?｜我老妹子搒我叔叔～也称两子叔嘞。ŋai$^{13}$lau$^{21}$mɔi$^{53}$tsʅ$^{0}$ lau$^{35}$ŋai$^{13}_{21}$ ʂəuk$^{3}$ ʂəuk$^{3}$ tsʰai$^{53}$iet$^{3}$çi$^{21}$ia$^{35}$tʂʰən$^{35}_{44}$iɔŋ$^{21}$tsʅ$^{21}$ʂəuk$^{3}$ lei$^{0}$.

【簪子】tsan$^{35}$tsʅ$^{0}$ 名别住发髻的条状物：～就系一根个。金～，银～。tsan$^{35}$tsʅ$^{0}$ tsʰiəu$^{53}$xe$^{53}$iet$^{3}$ cien$^{35}$ke$^{53}$.cin$^{35}$tsan$^{35}_{44}$tsʅ$^{0}$,ɲin$^{13}$tsan$^{35}_{44}$tsʅ$^{0}$.

【攒】tsan$^{21}$ 动积聚；储蓄：（救钱）就系留得滴子钱倒，～得滴子钱倒吗，系啊？～钱。tsʰiəu$^{53}_{44}$xe$^{53}_{44}$liəu$^{13}$tek$^{3}$ tiet$^{5}$ tsʅ$^{0}$ tsʰien$^{13}_{21}$tau$^{21}$,tsan$^{21}$tek$^{3}$ tiet$^{5}$ tsʅ$^{0}$ tsʰien$^{13}_{21}$tau$^{21}$ma$^{0}$,xei$^{53}_{44}$a$^{0}$?tsan$^{21}$tsʰien$^{13}$.

【攒劲】tsan$^{21}$cin$^{53}$ 动集中力气；拼命用力：～丫开嘴巴来 tsan$^{21}$cin$^{53}$ŋa$^{35}$kʰɔi$^{35}_{44}$tsi$^{21}$pa$^{0}$ lɔi$^{13}_{0}$｜渠爱我莫～，莫用劲，跟倒渠来凑，你只爱帮掇稳下子。ci$^{13}$ɔi$^{53}_{44}$ŋai$^{13}$mɔk$^{5}$ tsan$^{21}$cin$^{53}$,mɔk$^{5}$ iəŋ$^{53}_{44}$cin$^{53}$,cien$^{35}$ tau$^{21}$ci$^{13}_{21}$lɔi$^{13}$tsʰe$^{0}$, ɲi$^{13}$tʂʅ$^{21}$ɔi$^{53}$pɔŋ$^{35}$tɔit$^{3}$ uən$^{21}$xa$^{53}$tsʅ$^{0}$.

【錾】tsʰan$^{53}$ 动①用錾子凿：有多个～下滴去。iəu$^{35}$to$^{35}$ke$^{53}_{44}$tsʰan$^{53}$na$_{21}$(←xa$^{53}$)tiet$^{5}$ çi$^{53}_{44}$. ②将板状物往下插入泥中或水中：用箇只箇起咁子一块板一～下滴话，就拖下走个。iəŋ$^{53}_{44}$kai$^{53}$tʂak$^{3}$ kai$^{53}$ çi$^{21}$kan$^{21}$tsʅ$^{0}$ iet$^{3}$ kʰuai$^{53}$pan$^{21}$iet$^{3}$ tsʰan$^{53}$na$_{44}$(←xa$^{53}$)tet$^{5}_{3}$xua$^{53}_{44}$,tsiəu$^{53}_{21}$tʰo$^{35}$(x)a$^{53}_{44}$tsei$^{21}$ke$^{53}_{44}$.

【錾子】tsʰan$^{53}$tsʅ$^{0}$ 名①一种用来錾切或雕刻的工具。一端为刀口，另一端可用钢锤敲击：～，有多个錾下滴去。tsʰan$^{53}$tsʅ$^{0}$,iəu$^{35}$to$^{35}$ke$^{53}_{44}$tsʰan$^{53}$na$_{21}$(←xa$^{53}$)tiet$^{5}$ çi$^{53}_{44}$. ②铁器上打下的徽标：铁器东西上打印个就～嘞安做嘞。我等以前有打铁个，渠就□到打只子咁个标记子嘞。我记得我等箇映子以前箇铁匠打打只“才二”哩。箇就打～嘞，安做～。tʰiet$^{3}$ çi$^{53}_{44}$təŋ$^{35}_{44}$si$^{35}_{44}$xɔŋ$^{53}$ta$^{21}$in$^{53}$ke$^{53}_{44}$ tsiəu$^{53}_{44}$tsʰan$^{53}$tsʅ$^{0}$ lei$^{0}$ ɔn$^{35}_{44}$tso$^{53}_{44}$lei$^{0}$ .ŋai$^{13}_{21}$tien$^{0}$ i$^{35}_{44}$tsʰien$^{13}_{21}$iəu$^{35}_{44}$ta$^{21}$tʰiet$^{3}$ cie$^{53}_{44}$,ci$^{13}_{21}$tsʰiəu$^{53}$tʰi$^{21}$tau$^{53}$ta$^{21}$tʂak$^{3}$ tsʅ$^{0}$ kan$^{21}$ cie$^{53}_{44}$piau$^{35}$ci$^{53}_{44}$tsʅ$^{0}$ lei$^{0}$ .ŋai$^{13}$ci$^{53}$tek$^{3}$ ŋai$^{13}_{21}$tien$^{0}$ kai$^{53}_{44}$iaŋ$^{53}_{44}$tsʅ$^{0}$ i$^{35}_{44}$tsʰien$^{13}_{21}$kai$^{53}_{44}$tʰiet$^{3}$ siɔŋ$^{53}_{44}$ta$^{21}_{44}$ta$^{21}$tʂak$^{3}$ "tsʰɔi$^{13}$ɲi$^{53}$"li$^{0}$. kai$^{53}_{44}$tsʰiəu$^{53}_{44}$ta$^{21}$tsʰan$^{53}$tsʅ$^{0}$ lei$^{0}$,ɔn$^{35}_{44}$tso$^{53}_{44}$tsʰan$^{53}$tsʅ$^{0}$.

【赞】tsan$^{53}$ 动说赞美的话；唱赞美的歌：箇我箇只姑姑就真会～呢。渠等谢家人放势讲渠：“你姑姑就真系会～呐，真鳌嘞。”kai$^{53}$ŋai$^{13}$kai$^{53}$tʂak$^{3}$ ku$^{35}$ku$^{35}_{44}$tsʰiəu$^{53}_{44}$tʂən$^{35}$uɔi$^{53}$tsan$^{53}$ne$^{0}$ .ci$^{13}_{21}$tien$^{0}$ tsʰia$^{53}$ka$^{35}_{44}$ɲin$^{13}_{21}$xɔŋ$^{53}$ʂʅ$^{53}$kɔŋ$^{21}$ci$^{13}_{44}$:"ɲi$^{13}_{21}$ku$^{35}$ku$^{35}_{44}$tsʰiəu$^{53}$tʂən$^{35}$xe$^{53}_{44}$uɔi$^{53}$tsan$^{53}$na$^{0}$,tʂən$^{35}$ŋau$^{13}_{44}$le$^{0}$."｜还爱～下子。早生贵子箇滴咁个，系啊？xai$^{13}$ɔi$^{53}_{44}$tsan$^{53}$na$_{44}$(←xa$^{53}$)tsʅ$^{0}$.tsau$^{21}$sien$^{35}$kuei$^{53}$tsʅ$^{0}$ kai$^{53}_{44}$tet$^{3}$ kan$^{21}$cie$^{53}$,xei$^{53}_{21}$a$^{0}$?

【濽】tsan$^{53}$ 动溅：渠会爆，会炸啷啷炸叭叭～，射得你一身个油。ci$^{13}_{21}$uɔi$^{53}_{44}$pau$^{53}$,uɔi$^{53}_{44}$tsa$^{53}_{44}$paŋ$_{53}$ paŋ$_{21}$tsa$^{53}$pa$_{53}$pa$_{21}$tsan$^{53}$,ʂa$^{53}$tek$^{3}$ɲi$^{13}_{21}$iet$^{3}$ ʂən$^{35}$ke$^{53}$iəu$^{13}$.

【嗜】tsan$^{35}$ 动啄食：鸡～白蚁。cie$^{35}$tsan$^{35}_{44}$p$^{h}$ak$^{5}$le$^{35}$.

【葬】tsɔŋ$^{53}$ 动掩埋死人：第二晡就会嘞～了。t$^{h}$i$^{53}_{44}$ȵi$^{53}_{44}$pu$^{35}_{44}$ts$^{h}$iəu$^{53}_{44}$uɔi$^{53}_{44}$le$^{0}$tsɔŋ$^{53}$liau$^{0}$.

【葬地】tsɔŋ$^{53}$t$^{h}$i$^{53}$ 动葬坟：岭上渠～去哩呀。渠就去～去哩呀。先分棺材放好来哟，放下箇凼里去噢。有挖正哩凼咯，挖正哩放棺材个地方咯。分棺材放进去，爱放正来咯，爱放正当来咯，渠有向至咯，有四向个，么个三向个。有就箇个，箇个风水先生会掌稳呐。渠会掌稳呐。𫠊放正渠就爱你撬正下子啊，或者还爱放进去呀。放正哩你就壅泥，壅滴泥去呀。壅正哩泥你就可以，壅嘿，壅嘿哩泥箇只了你就可以，如果爱树碑个就竖碑呀。一般就大金就唔竖碑，棺材就唔竖碑。如今是又有滴是火化个了，唔系棺材，舞只金罂，金斗，你就系金斗也爱放正当来呀，也爱风水先生看呶。liɔŋ$^{35}$xɔŋ$^{53}$ci$^{13}$tsɔŋ$^{53}$t$^{h}$i$^{53}$çi$^{53}_{44}$lia$^{0}$.ci$^{13}$ts$^{h}$iəu$^{53}_{44}$çi$^{53}_{44}$tsɔŋ$^{53}_{44}$t$^{h}$i$^{53}$çi$^{53}_{44}$lia$^{0}$.sien$^{35}$pən$^{35}_{44}$kɔn$^{35}$ts$^{h}$ɔi$^{13}_{21}$fɔŋ$^{53}$xau$^{21}$lɔi$^{13}$iau$^{0}$,fɔŋ$^{53}_{44}$xa$^{53}_{44}$kai$^{53}_{44}$t$^{h}$ɔŋ$^{53}$li$^{0}$çi$^{53}_{44}$au$^{0}$.iəu$^{21}$ua$^{35}$tʂaŋ$^{53}_{44}$li$^{0}$t$^{h}$ɔŋ$^{53}$ko$^{0}$,ua$^{35}$tʂaŋ$^{53}_{44}$li$^{0}$fɔŋ$^{53}$kɔn$^{35}$ts$^{h}$ɔi$^{13}_{21}$ke$^{53}_{44}$t$^{h}$i$^{53}$fɔŋ$^{35}_{44}$ko$^{0}$.pən$^{35}_{44}$kɔn$^{35}$ts$^{h}$ɔi$^{13}_{21}$fɔŋ$^{53}$tsin$^{53}_{44}$çi$^{53}_{44}$,ɔi$^{53}_{44}$fɔŋ$^{53}_{44}$tʂən$^{53}$nɔi$^{13}_{21}$ko$^{0}$,ɔi$^{53}_{44}$fɔŋ$^{53}_{44}$tʂən$^{53}$tɔŋ$^{53}_{44}$nɔi$^{13}_{21}$ko$^{0}$,ci$^{13}_{21}$iəu$^{35}_{44}$çiɔŋ$^{53}$tʂʅ$^{53}_{44}$ko$^{0}$,iəu$^{35}_{44}$sɿ$^{53}$çiɔŋ$^{53}$ko$^{0}$,mak$^{3}$e$^{0}$san$^{35}$çiɔŋ$^{53}$ko$^{0}$.iəu$^{21}$tsiəu$^{53}_{44}$kai$^{53}$ke$^{53}_{44}$,kai$^{53}$ke$^{53}_{44}$fəŋ$^{35}$ʂei$^{21}$sien$^{35}_{44}$saŋ$^{35}_{44}$uɔi$^{53}$tʂɔŋ$^{21}$uən$^{21}$na$^{0}$.ci$^{13}_{21}$uɔi$^{53}$tʂɔŋ$^{21}$uən$^{21}$na$^{0}$.maŋ$^{13}$fɔŋ$^{53}$tʂən$^{53}$ci$^{13}_{21}$ts$^{h}$iəu$^{53}_{44}$ɔi$^{53}_{44}$ȵi$^{13}_{21}$c$^{h}$iau$^{53}$tʂaŋ$^{53}$xa$^{53}_{21}$tsa$^{0}$,xɔit$^{3}$tʂa$^{21}$xa$^{13}_{21}$ɔi$^{53}_{44}$fɔŋ$^{53}_{44}$tsin$^{53}$çi$^{53}_{44}$ia$^{0}$.fɔŋ$^{53}$tʂaŋ$^{53}$li$^{0}$ȵi$^{13}_{21}$ts$^{h}$iəu$^{53}_{44}$iəŋ$^{35}$lai$^{13}$,iəŋ$^{35}$tet$^{5}$lai$^{13}$çi$^{53}_{44}$ia$^{0}$.iəŋ$^{35}$tʂaŋ$^{53}$li$^{0}$lai$^{13}$ȵi$^{13}_{21}$ts$^{h}$iəu$^{53}_{44}$k$^{h}$o$^{21}$i$^{35}_{44}$,iəŋ$^{35}$(x)ek$^{3}$,iəŋ$^{35}$(x)ek$^{3}$li$^{0}$lai$^{13}$kai$^{53}_{44}$tʂak$^{3}$liau$^{0}$ȵi$^{13}_{21}$ts$^{h}$iəu$^{53}_{44}$k$^{h}$o$^{21}$i$^{35}_{44}$,ʮ$^{13}$ko$^{21}$ɔi$^{53}_{44}$ʂəu$^{53}$pi$^{35}$ke$^{53}_{44}$ts$^{h}$iəu$^{53}_{44}$ʂəu$^{53}$pi$^{35}$ia$^{0}$.iet$^{3}$pɔn$^{35}$ts$^{h}$iəu$^{53}_{44}$t$^{h}$ai$^{53}$cin$^{35}$ts$^{h}$iəu$^{53}_{44}$n̩$^{13}_{21}$ʂəu$^{53}$pi$^{35}$,kɔn$^{35}$ts$^{h}$ɔi$^{13}_{21}$ts$^{h}$iəu$^{53}_{44}$n̩$^{13}_{21}$ʂəu$^{53}$pi$^{35}$.i$^{13}_{21}$cin$^{35}_{44}$ʂʅ$^{53}_{44}$iəu$^{53}_{44}$iəu$^{35}$tet$^{5}$ʂʅ$^{53}_{44}$xo$^{21}$fa$^{53}_{44}$ke$^{53}_{44}$liau$^{0}$,m̩$^{13}_{21}$p$^{h}$e$^{53}_{44}$kɔn$^{35}$ts$^{h}$ɔi$^{13}_{44}$,u$^{21}$tʂak$^{3}$cin$^{35}$aŋ$^{35}_{44}$,cin$^{35}$tei$^{21}$, ȵi$^{13}_{21}$ts$^{h}$iəu$^{53}_{44}$p$^{h}$ei$_{44}$(←xei$^{53}$)cin$^{35}$tei$^{21}$ia$^{35}_{44}$ɔi$^{53}_{44}$fɔŋ$^{53}$tʂən$^{53}$tɔŋ$^{53}_{44}$lɔi$^{13}_{21}$ia$^{0}$,ia$^{35}$ɔi$^{53}$fəŋ$^{35}$ʂei$^{21}$sien$^{35}_{44}$saŋ$^{35}_{44}$k$^{h}$ɔn$^{53}$nau$^{0}$.

【燥$_{1}$】tsau$^{35}$ 形干的，没有水分或水分少：擦～下子来 ts$^{h}$ət$^{5}$tsau$^{35}_{44}$(x)a$^{53}_{21}$tsɿ$^{0}$lɔi$^{13}_{21}$｜打比昨晡箇起笋干样晒得蛮～了。ta$^{21}$pi$^{21}$ts$^{h}$o$^{35}_{21}$pu$^{35}_{44}$kai$^{53}$çi$^{21}$sən$^{21}$kɔn$^{35}_{44}$iɔŋ$^{53}_{44}$sai$^{53}$tek$^{3}$man$^{13}_{21}$tsau$^{35}$liau$^{0}$.

【燥$_{2}$】tsau$^{35}$ 动变干：你舞薄滴子更易得～唠，更易得干唠。ȵi$^{13}_{21}$u$^{21}$p$^{h}$ɔk$^{5}$tet$^{5}_{3}$tsɿ$^{0}$ken$^{53}_{44}$i$^{53}$tek$^{3}$tsau$^{35}$lau$^{0}$,cien$^{53}_{44}$i$^{53}$tek$^{3}$kɔn$^{35}$lau$^{0}$.｜（扫把草）唔扎生个，～哩以后扎扫把。n̩$^{13}$tsait$^{3}$saŋ$^{35}_{44}$ke$^{53}_{44}$,tsau$^{35}$li$^{0}$i$^{35}_{44}$xei$^{53}_{44}$tsait$^{3}$sau$^{53}$pa$^{21}$.

【燥爽】tsau$^{35}$sɔŋ$^{21}$ 形干爽；不潮湿：（做屋）最好架空，也更～。tsei$^{53}$xau$^{21}$cia$^{53}$k$^{h}$əŋ$^{35}_{44}$,ia$^{35}$cien$^{53}$tsau$^{35}$sɔŋ$^{21}$.

【凿$_{1}$】ts$^{h}$ɔk$^{5}$ 名挖槽或穿孔用的工具。也称“凿子”：舞只咁个～。u$^{21}$tʂak$^{3}$kan$^{21}$ke$^{53}_{44}$ts$^{h}$ɔk$^{5}$.｜～子就用来凿眼个。欸，有四分凿啊，五分凿啊，两分凿啊，就咁个～。还有杯凿。ts$^{h}$ɔk$^{5}$tsɿ$^{0}$ts$^{h}$iəu$^{53}_{44}$iəŋ$^{53}$lɔi$^{13}_{21}$ts$^{h}$ɔk$^{5}$ŋan$^{21}$cie$^{0}$.e$_{21}$,iəu$^{35}$si$^{53}$fən$^{35}_{44}$ts$^{h}$ɔk$^{5}$a$^{0}$,ŋ̍$^{21}$fən$^{35}$ts$^{h}$ɔk$^{5}$a$^{0}$,iɔŋ$^{21}$fən$^{35}_{44}$ts$^{h}$ɔk$^{5}$a$^{0}$,tsiəu$^{53}_{44}$kan$^{21}$cie$^{53}_{44}$ts$^{h}$ɔk$^{5}$.xai$^{13}_{21}$iəu$^{35}_{44}$pai$^{35}$ts$^{h}$ɔk$^{5}$.

【凿$_{2}$】ts$^{h}$ɔk$^{5}$ 动用凿子挖槽或穿孔：咁子去～，～深来。kan$^{21}$tsɿ$^{0}$çi$^{53}_{44}$ts$^{h}$ɔk$^{5}$,ts$^{h}$ɔk$^{5}$tʂ$^{h}$ən$^{35}$nɔi$^{13}_{21}$.｜石头上～只眼。ʂak$^{5}$t$^{h}$ei$^{0}$xɔŋ$^{53}_{44}$ts$^{h}$ɔk$^{5}$tʂak$^{3}$ŋan$^{21}$.

【凿篮】ts$^{h}$ɔk$^{5}$lan$^{13}$ 名木工用来装工具的篮子与箱子的总称：木匠师傅放行头个，放木匠工具个箇只篮子就安做～。渠是也不一定就只放凿子。还有锯子啊刨子啊，系唔系？都放下箇肚里。muk$^{3}$siɔŋ$^{53}_{44}$sɿ$^{35}_{44}$fu$^{53}_{44}$fɔŋ$^{53}$çin$^{13}$t$^{h}$ei$^{13}_{21}$ke$^{0}$,fɔŋ$^{53}$muk$^{3}$siɔŋ$^{53}$kəŋ$^{35}$tʂʮ$^{53}$ke$^{0}$kai$^{53}$tʂak$^{3}$lan$^{13}$tsɿ$^{0}$tsiəu$^{53}_{21}$ɔn$^{35}_{53}$tso$^{53}$ts$^{h}$ɔk$^{5}$lan$^{13}$.c$^{h}$i$^{13}$ʂət$^{5}$ia$^{35}$pət$^{3}$iet$^{3}$t$^{h}$in$^{53}$ts$^{h}$iəu$^{53}$tʂʅ$^{21}$fɔŋ$^{53}$ts$^{h}$ɔk$^{5}$tsɿ$^{0}$.xai$^{13}_{21}$iəu$^{35}_{44}$cie$^{53}$tsɿ$^{0}$a$^{0}$p$^{h}$au$^{13}$tsɿ$^{0}$a$^{0}$,xei$^{53}$me$^{53}$?təu$^{35}$fɔŋ$^{53}$xa$^{53}$kai$^{53}$təu$^{21}$li$^{0}$.｜欸，有只篮子有只箱子嘞，咁子个呢，总个来讲都安做～。箇篮子嘞也系树做个，做成一只咁篮子样，更大，更矮呀。还有只嘞箱子，欸箱子嘞就更重，箇肚里就放箇个更长个东西。都安做～。e$_{21}$,iəu$^{35}$tʂak$^{3}$lan$^{13}$tsɿ$^{0}$iəu$^{35}$tʂak$^{3}$siɔŋ$^{35}$tsɿ$^{0}$lei$^{0}$,kan$^{21}$tsɿ$^{0}$ke$^{53}$nei$^{0}$,tsəŋ$^{21}$kei$^{53}$lɔi$^{13}_{21}$kɔŋ$^{21}$təu$^{35}_{44}$ɔn$^{35}_{44}$tso$^{53}_{44}$ts$^{h}$ɔk$^{5}$lan$^{13}_{21}$.kai$^{53}_{44}$lan$^{13}$tsɿ$^{0}$lei$^{0}$ia$^{35}$xei$^{53}$ʂəu$^{53}$tso$^{53}_{44}$ke$^{0}$,tso$^{53}$ʂaŋ$^{13}_{44}$iet$^{3}$tʂak$^{3}$kan$^{21}_{44}$lan$^{13}$tsɿ$^{0}$iɔŋ$^{53}$,cien$^{53}_{44}$t$^{h}$ai$^{53}$,cien$^{53}$ai$^{21}$ia$^{0}$.xai$^{13}_{21}$iəu$^{35}_{53}$tʂak$^{3}$lei$^{0}$siɔŋ$^{53}$tsɿ$^{0}$,e$^{0}$siɔŋ$^{35}$tsɿ$^{0}$lei$^{0}$ts$^{h}$iəu$^{53}$cien$^{53}$tʂ$^{h}$əŋ$^{35}$,kai$^{53}_{44}$təu$^{21}$li$^{0}$ts$^{h}$iəu$^{53}$fɔŋ$^{53}$kai$^{53}_{44}$kei$^{53}_{44}$cien$^{53}$tʂ$^{h}$ɔŋ$^{13}$ke$^{53}_{44}$təŋ$^{35}_{44}$si$^{0}$.təu$^{35}$ɔn$^{35}_{53}$tso$^{53}$ts$^{h}$ɔk$^{5}$lan$^{13}_{44}$.｜欸，以前木匠师傅个箇只～是有几十斤呐。做徒弟个人就爱荷～呐。欸，我箇阵子呃我等队上来只咁个打风车个，渠真想带我做徒弟。我又还细哩，还正十四五岁子。落尾就喊倒我箇只欸喊阿叔个，比我大两岁，箇晡打电话分我个，喊倒渠去做徒弟。哎呀，好得我𫠊去，以只～都我荷唔起，几十斤，荷倒到处去仰。师傅就唔得荷～啦，除哩冇得徒弟。e$_{21}$,i$^{35}_{53}$ts$^{h}$ien$^{13}$muk$^{3}$siɔŋ$^{53}_{44}$sɿ$^{35}_{44}$fu$^{53}_{44}$ke$^{53}_{44}$kai$^{53}$tʂak$^{3}$ts$^{h}$ɔk$^{5}$lan$^{13}_{21}$ʂʅ$^{53}_{44}$iəu$^{35}_{53}$ci$^{21}$ʂət$^{5}$cin$^{35}$na$^{0}$.tso$^{53}$t$^{h}$əu$^{13}$t$^{h}$i$^{53}_{44}$ke$^{53}_{44}$ȵin$^{13}_{21}$ts$^{h}$iəu$^{53}_{44}$ɔi$^{53}$k$^{h}$ai$^{35}$ts$^{h}$ɔk$^{5}$lan$^{13}_{21}$la$^{0}$.e$_{44}$,ŋai$^{13}$kai$^{53}$tʂ$^{h}$ən$^{53}$tsɿ$^{21}$ə$_{21}$ŋai$^{13}$tien$^{0}$ti$^{53}$xɔŋ$^{53}$lɔi$^{13}$tʂak$^{3}$kan$^{21}$ke$^{53}$ta$^{21}$fəŋ$^{35}$tʂ$^{h}$a$^{35}_{44}$ke$^{0}$,ci$^{13}_{21}$tʂən$^{35}$siɔŋ$^{21}$tai$^{53}$ŋai$^{13}_{21}$tso$^{53}$t$^{h}$əu$^{13}$t$^{h}$i$^{53}$.ŋai$^{13}$iəu$^{53}$xai$^{13}_{44}$se$^{53}$li$^{0}$,xai$^{13}_{21}$tʂaŋ$^{53}_{44}$ʂət$^{5}$si$^{53}$ŋ̍$^{21}$sɔi$^{53}$tsɿ$^{0}$.lɔk$^{5}$mi$^{35}_{53}$ts$^{h}$iəu$^{53}_{44}$xan$^{53}$tau$^{21}$ŋai$^{13}$kai$^{53}$tʂak$^{3}$e$_{21}$xan$^{53}$a$^{35}$ʂəuk$^{3}$ke$^{53}$,pi$^{21}$

ŋai$^{13}$tʰai$^{53}$iəŋ$^{21}$sɔi$^{53}$,kai$^{53}_{44}$pu$^{35}_{53}$ta$^{21}$tʰien$^{53}$fa$^{53}_{21}$pən$^{35}_{53}$ŋai$^{13}_{21}$ke$^{0}$,xan$^{53}$tau$^{21}$ci$^{13}$çi$^{53}_{44}$tso$^{53}$tʰəu$^{13}$tʰi$^{53}$.ai$_{53}$ia$_{21}$,xau$^{21}$tek$^{3}$ŋai$^{13}$maŋ$^{13}_{21}$çi$^{53}$,i$^{21}$(tʂ)ak$^{3}$tsʰɔk$^{5}$lan$^{13}_{44}$təu$^{35}_{53}$ŋai$^{13}_{44}$kʰai$^{35}$n̩$^{13}_{21}$çi$^{21}$,ci$^{21}$ʂət$^{5}$cin$^{35}$,kʰai$^{35}$tau$^{21}$tau$^{53}$tʂʰəu$^{53}$çi$^{53}$ɲiəŋ$^{21}$.sɿ$^{35}$fu$^{53}$tsʰiəu$^{53}$n̩$^{13}_{21}$tek$^{3}$kʰai$^{35}_{44}$tsʰɔk$^{5}$lan$^{13}_{21}$la$^{0}$,tʂʰəu$^{13}$li$^{0}$mau$^{13}$tek$^{3}$tʰəu$^{13}$tʰi$^{53}$.

【早】tsau$^{21}$ 形 时间靠前，在通常、预期、规定或实际的时间以前：有迟有～个。iəu$^{35}$tʂʰɿ$^{13}_{21}$iəu$^{35}$tsau$^{21}$ke$^{53}_{44}$.｜咁～，你去搞么个？kan$^{21}$tsau$^{21}$, ɲi$^{13}$çi$^{53}$kau$^{21}$mak$^{3}$ke$^{53}$?｜唔～了，麻溜去吧！/如今还～嘞。等下子来去，好么？ŋ̍$^{13}$tsau$^{21}$liau$^{21}$,ma$^{13}$liəu$^{35}$çi$^{53}$pa$^{0}$!/i$^{13}_{21}$cin$^{35}$xai$^{13}$tsau$^{21}$le$^{0}$.ten$^{21}$xa$^{53}$tsɿ$^{0}$lɔi$^{13}$çi$^{53}$,xau$^{21}$mo$^{0}$?

【早餐店】tsau$^{21}$tsʰɔn$^{35}$tian$^{53}$ 名 经营早餐的店铺：米粉店，～，夜宵店，反正都系搞食个。mi$^{21}$fən$^{21}$tian$^{53}$,tsau$^{21}$tsʰɔn$^{35}$tian$^{53}$,ia$^{53}$siau$^{35}_{44}$tian$^{53}$,fan$^{21}$tʂən$^{53}_{44}$təu$^{35}_{44}$uei$_{44}$(←xei$^{53}$)kau$^{21}$ʂət$^{5}$ke$^{53}_{44}$.

【早晨】tsau$^{21}$ʂən$^{13}$ 名 时间词。每日天明之际，即从天将亮到八、九点钟的这段时间：～，你到箇有草个栏场去走，狃起只裤脚溁湿。tsau$^{21}$ʂən$^{13}$, ɲi$^{13}$tau$^{53}_{44}$kai$^{53}_{44}$iəu$^{35}$tsʰau$^{21}$ke$^{53}$laŋ$^{13}$tʂʰɔŋ$^{13}$çi$^{53}$tsei$^{21}$,kaŋ$^{53}$cʰi$^{53}$(←çi$^{21}$)tʂak$^{3}$fu$^{53}$ciɔk$^{3}$tsek$^{5}$ʂət$^{3}$.

【早点】tsau$^{21}$tian$^{21}$ 名 早上所用餐点：你就食饭也安做食～呢我等就。ɲi$^{13}_{21}$tsʰiəu$^{53}_{44}$ʂət$^{5}$fan$^{53}$ia$^{35}$ɔn$^{35}_{53}$tso$^{53}$ʂət$^{5}$tsau$^{21}$tian$^{21}$nei$^{0}$ŋai$^{13}_{21}$tien$^{0}$tsʰiəu$^{53}_{44}$.

【早豆角】tsau$^{21}$tʰei$^{53}$kɔk$^{3}$ 名 成熟时间早的豆角品种：欸，～更长，产量更高。迟豆角嘞食得更久，短短子。e$_{21}$,tsau$^{21}$tʰei$^{53}$kɔk$^{3}$ken$^{53}$tʂʰɔŋ$^{13}$,tsʰan$^{21}$liɔŋ$^{53}_{44}$cien$^{53}$kau$^{35}$.tʂʰɿ$^{13}$tʰei$^{53}_{44}$kɔk$^{3}$lei$^{0}$ʂət$^{5}$tek$^{3}$cien$^{53}_{44}$ciəu$^{21}$,tɔn$^{21}_{13}$tɔn$^{21}$tsɿ$^{0}$.

【早饭】tsau$^{21}$fan$^{53}$ 名 早餐：～前 tsau$^{21}$fan$^{53}$tsʰien$^{13}$｜食～了哇！ʂek$^{5}$tsau$^{21}$fan$^{53}$liau$^{0}$ua$^{0}$!｜～都还赠食。tsau$^{21}$fan$^{53}$təu$^{35}_{53}$xai$^{13}_{21}$maŋ$^{13}$ʂət$^{5}$.｜以下食～食兜么个？/欸～食碗面呶。i$^{21}$xa$^{53}_{44}$ʂət$^{5}$tsau$^{21}$fan$^{53}_{44}$ʂət$^{5}$tei$^{35}_{44}$mak$^{3}$kei$^{53}_{44}$?/e$^{0}$tsau$^{21}$fan$^{53}_{44}$ʂət$^{5}$uon$^{21}$mien$^{53}$nau$^{0}$.

【早禾】tsau$^{21}$uo$^{13}$ 名 早稻：以前是栽～，欸，四月底子就阳历四月份子就栽，最迟在五欸夏至欸箇个立夏前爱栽下去。箇～嘞就系欸大暑边子就架势啊打。打嘿哩嘞又整转田来栽二到，欸栽二禾。i$^{35}_{53}$tsʰien$^{13}_{21}$ʂɿ$^{53}_{44}$tsɔi$^{35}_{44}$tsau$^{21}$uo$^{13}$,e$_{21}$,si$^{53}$ɲiet$^{5}$tei$^{21}$tsɿ$^{0}$tsʰiəu$^{53}_{44}$iɔŋ$^{13}$liet$^{5}$si$^{53}$ɲiet$^{5}$fən$^{53}$tsɿ$^{0}$tsʰiəu$^{53}_{44}$tsɔi$^{35}$,tsei$^{53}$tʂʰɿ$^{13}$tsʰai$^{53}$ŋ̍$^{21}$ei$_{21}$çia$^{53}$tʂɿ$^{53}$e$_{21}$kai$^{53}$ke$^{53}_{44}$liet$^{5}$çia$^{53}$tsʰien$^{13}$ɔi$^{53}$tsɔi$^{35}$ia$^{53}_{21}$çi$^{53}$.kai$^{53}_{44}$tsau$^{21}$uo$^{13}$lei$^{0}$tsʰiəu$^{53}$xe$^{53}_{44}$e$_{21}$tʰai$^{53}$tʂʰəu$^{21}$pien$^{35}$tsɿ$^{0}$tsʰiəu$^{53}_{44}$cia$^{53}_{44}$ʂɿ$^{53}_{44}$a$^{0}$ta$^{21}$.ta$^{21}$xek$^{3}$li$^{0}$lei$^{0}$iəu$^{53}$tʂaŋ$^{21}$tʂuon$^{21}$tʰien$^{13}$nɔi$^{13}_{44}$tsɔi$^{35}$ɲi$^{53}$tau$^{53}$,e$_{21}$tsɔi$^{35}$ɲi$^{53}$uo$^{13}_{21}$.

【早禾谷】tsau$^{21}$uo$^{13}$kuk$^{3}$ 名 早稻谷：箇起谷就安做～噢，栽个禾就安做早禾唠。/头禾。有有起安……话头禾吧？有人话头禾吧？/还还念还念早禾。/早禾。话头禾唔系系本地人，本地人话头禾。kai$^{53}$çi$^{21}_{44}$kuk$^{3}$tsiəu$^{53}_{44}$ɔn$^{35}_{44}$tso$^{53}_{44}$tsau$^{21}$uo$^{13}$kuk$^{3}$au$^{0}$,tsɔi$^{35}$ke$^{53}_{44}$uo$^{13}$tsiəu$^{53}_{44}$ɔn$^{35}_{44}$tso$^{53}_{44}$tsau$^{21}$uo$^{13}$lau$^{0}$./tʰei$^{13}$uo$^{13}_{44}$.iəu$^{35}_{44}$iəu$^{35}_{44}$çi$^{21}$ɔn$^{35}_{44}$…ua$^{53}$tʰei$^{13}$uo$^{13}_{21}$pa$^{0}$?iəu$^{35}$ɲin$^{13}_{44}$ua$^{53}$tʰei$^{13}$uo$^{13}_{21}$pa$^{0}$?/xa$^{13}$xa$^{13}$ɲian$^{53}_{44}$xa$^{13}$ɲian$^{53}_{44}$tsau$^{21}$uo$^{13}$./tsau$^{21}$uo$^{13}$.ua$^{53}$tʰei$^{13}$uo$^{13}$m̩$^{13}_{21}$pʰe$^{53}$me$^{53}$pən$^{21}$tʰi$^{53}$ɲin$^{13}_{21}$,pən$^{21}$tʰi$^{53}$ɲin$^{13}_{21}$ua$^{53}$tʰci$^{13}$uo$^{13}$.

【早禾梨】tsau$^{21}$uo$^{13}$li$^{13}$ 名 一种梨子：箇就又又肚箇里就分出～，秋白子。kai$^{53}_{21}$tsʰiəu$^{53}_{21}$iəu$^{53}_{44}$iəu$^{53}_{44}$təu$^{21}$kai$^{53}_{21}$li$^{0}$tsʰiəu$^{53}_{44}$fən$^{35}$tsʰət$^{3}$tsau$^{21}$uo$^{13}_{21}$li$^{13}$,tsʰiəu$^{35}$pʰek$^{5}$tsɿ$^{0}$.

【早禾米】tsau$^{21}$uo$^{13}$mi$^{21}$ 名 早稻米：～嘞更糙，唔好食啦，～就真唔好食啦。如今呢政府又鼓励兜人栽早禾。搞么个嘞？做箇米粉爱用～。迟禾米，箇杂交米做米粉做唔成，欸，真古怪，做米粉做唔成，爱～正做得。以前熬糖好像也系爱～，熬糖啊。tsau$^{21}$uo$^{13}$mi$^{21}$le$^{0}$cien$^{53}_{44}$tsʰau$^{53}$,m̩$^{13}$xau$^{21}$ʂət$^{5}$la$^{0}$,tsau$^{21}$uo$^{13}$mi$^{21}$tsʰiəu$^{53}_{44}$tʂən$^{35}$n̩$^{13}_{21}$xau$^{21}$ʂət$^{5}$la$^{0}$.i$^{13}_{21}$cin$^{35}_{44}$ne$^{0}$tʂən$^{53}$fu$^{21}$iəu$^{53}$ku$^{21}$li$^{53}$tei$^{35}_{53}$ɲin$^{13}_{21}$tsɔi$^{35}$tsau$^{21}$uo$^{13}$.kau$^{21}$mak$^{3}$ke$^{53}_{44}$lei$^{0}$?tso$^{53}$kai$^{53}$mi$^{21}$fən$^{21}$ɔi$^{53}$iəŋ$^{53}$tsau$^{21}$uo$^{13}$mi$^{21}$.tʂʰɿ$^{13}$uo$^{13}_{44}$mi$^{21}$,kai$^{53}_{44}$tsʰait$^{5}$ciau$^{35}_{44}$mi$^{21}$tso$^{53}$mi$^{21}$fən$^{21}$tso$^{53}$n̩$^{13}_{21}$ʂaŋ$^{13}$,e$_{21}$,tʂən$^{35}$ku$^{21}$kuai$^{53}$,tso$^{53}$mi$^{21}$fən$^{21}$tso$^{53}$n̩$^{13}_{21}$ʂaŋ$^{13}$,ɔi$^{53}$tsau$^{21}$uo$^{13}$mi$^{21}$tʂaŋ$^{53}$tso$^{53}$tek$^{3}$.i$^{35}_{53}$tsʰien$^{13}_{21}$ŋau$^{13}_{44}$tʰɔŋ$^{13}$xau$^{21}_{53}$tsʰiəŋ$^{53}$ia$^{35}$xe$^{53}$ɔi$^{53}$tsau$^{21}$uo$^{13}$mi$^{21}$,ŋau$^{13}$tʰɔŋ$^{13}$ŋa$^{0}$.

【早麦】tsau$^{21}$mak$^{5}$ 名 一种麦子，秋收后下种，次年三、四月收割。有须，故又称“须麦”：欸，有起有须个，有须个摎冇须个系么个区别嘞？～摎迟麦吧？/啊？系系系，～迟麦。/须麦。有起有须个。/哪起就安做须（麦）啦？/我唔记得哩，我是唔记得哩。/欸。系个嘞，系有起有须个，有起冇须个，有起须□长。/欸，有须个更迟吧？喊迟……/有迟有早。/哈？/有迟有早个。/有迟有早啊？还有迟麦咯，有只～咯。/原来个～是有须个就系。/欸。系呀，有须个就系～吵？/欸。/系呀。/迟麦就冇须。/欸。迟麦冇须。e$_{21}$,iəu$^{35}_{44}$çi$^{21}$iəu$^{35}$si$^{35}$ke$^{53}_{21}$,iəu$^{35}$si$^{35}$ke$^{53}_{21}$lau$^{35}_{44}$mau$^{13}$si$^{35}$ke$^{53}_{21}$xe$^{53}_{44}$mak$^{3}$ke$^{53}_{44}$tʂʰɿ$^{35}$pʰiek$^{5}$lei$^{0}$?tsau$^{21}$mak$^{5}$lau$^{35}$tʂʰɿ$^{13}$mak$^{5}$pa$^{0}$?/a$_{35}$?xei$^{53}_{44}$xei$^{53}_{44}$xei$^{53}_{44}$,tsau$^{21}$mak$^{5}$tʂʰɿ$^{13}$mak$^{5}_{3}$./si$^{35}$mak$^{5}$.iəu$^{35}_{44}$çi$^{21}$iəu$^{35}$si$^{35}$ke$^{53}_{44}$./lai$^{21}$çi$^{21}$tsʰiəu$^{53}_{44}$ɔn$^{35}$tso$^{53}_{21}$si$^{35}$la$^{0}$?/ŋai$^{13}_{21}$ŋ̍$^{13}$ci$^{53}_{44}$tek$^{3}$li$^{0}$,ŋai$^{13}_{21}$ʂɿ$^{53}_{44}$ŋ̍$^{13}$ci$^{53}_{44}$tek$^{3}$li$^{0}$./e$_{21}$.xe$^{53}$ke$^{53}$le$^{0}$,xe$^{53}$iəu$^{35}_{44}$çi$^{21}$iəu$^{35}$si$^{35}$ke$^{53}_{44}$,iəu$^{35}_{44}$çi$^{21}$mau$^{13}$si$^{35}$ke$^{53}_{44}$,iəu$^{35}_{21}$çi$^{21}$si$^{35}$lai$^{35}$tʂʰɔŋ$^{13}$./e$_{44}$,iəu$^{35}$si$^{35}$

ke$^{53}_{44}$ken$^{53}$tʂ$^{h}$ʅ$^{13}$pa$^{0}$ ?xan$^{53}$tʂ$^{h}$ʅ$^{13}$…/iəu$^{35}$tʂ$^{h}$ʅ$^{13}_{21}$iəu$^{35}$tsau$^{21}$./xa$_{35}$?/iəu$^{35}$tʂ$^{h}$ʅ$^{13}_{21}$iəu$^{35}$tsau$^{21}$ke$^{53}_{44}$./iəu$^{35}$tʂ$^{h}$ʅ$^{13}_{21}$iəu$^{35}_{44}$tsau$^{21}$a$^{0}$ ?xai$^{13}$iəu$^{35}_{44}$tʂ$^{h}$ʅ$^{13}$mak$^{5}$ko$^{0}$,iəu$^{35}$tʂak$^{3}$tsau$^{21}$mak$^{5}$ko$^{0}$./ien$^{13}_{21}$lɔi$^{13}_{21}$ke$^{53}$tsau$^{21}$mak$^{5}$ʂʅ$^{53}_{44}$iəu$^{35}$si$^{35}$ke$^{53}$ts$^{h}$iəu$^{53}$xe$^{53}$./ei$_{21}$.xei$^{53}_{44}$ia$^{0}$,iəu$^{35}$si$^{35}$ke$^{53}_{44}$ts$^{h}$iəu$^{53}_{44}$xei$^{53}_{44}$tsau$^{21}$mak$^{5}$ʂa$^{0}$?/e$_{21}$./xei$^{53}_{44}$ia$^{0}$./tʂ$^{h}$ʅ$^{13}$mak$^{5}$ts$^{h}$iəu$^{53}_{44}$mau$^{13}$si$^{35}_{44}$./e$_{21}$.tʂ$^{h}$ʅ$^{13}$mak$^{5}$mau$^{13}_{21}$si$^{35}$.

【早年间子】tsau$^{21}$ɲien$^{13}$kan$^{35}_{44}$tsɿ$^{0}$ 指许多年以前：以前呐，～，妹子卖出去哩以后，卖嘿哩妹子以后，到哩春天会归去踏青呢。i$^{35}_{44}$ts$^{h}$ien$^{13}_{21}$na$^{0}$,tsau$^{21}$ɲien$^{13}$kan$^{35}_{44}$tsɿ$^{0}$,mɔi$^{53}$tsɿ$^{0}$mai$^{53}$tʂ$^{h}$ət$^{3}$çi$^{53}$li$^{0}$i$^{35}_{44}$xei$^{53}_{44}$,mai$^{53}$ek$^{3}$li$^{0}$mɔi$^{53}$tsɿ$^{0}$i$^{35}_{44}$xei$^{53}_{44}$,tau$^{53}$li$^{0}$tʂ$^{h}$ən$^{35}$t$^{h}$ien$^{35}_{44}$uɔi$^{53}$kuei$^{35}$çi$^{53}_{44}$t$^{h}$ait$^{5}$ts$^{h}$iaŋ$^{35}$nei$^{0}$.

【早生贵子】tsau$^{21}$sien$^{35}$kuei$^{53}$tsɿ$^{21}$ ①祝福用语。意为早日生出儿子，一般在男女结婚之时亲朋好友用来表达美好的祝愿：还爱赞下子。～箇滴咁个，系啊？xai$^{13}$ɔi$^{53}_{44}$tsan$^{53}$na$_{44}$(←xa$^{53}$)tsɿ$^{0}$.tsau$^{21}$sien$^{35}$kuei$^{53}$tsɿ$^{0}$kai$^{53}_{44}$tet$^{3}$kan$^{21}$cie$^{53}$,xei$^{53}_{21}$a$^{0}$? ②女孩出嫁时娘家打发的红枣、花生、桂枝、糖果四种茶点的总称，取其谐音：娘家会打发渠咯，打发箇个咯，～啊。四项子换茶唠，红枣，花生，桂枝，子就系么啊子唠？～唠。爱打发两起子换茶唠。糖子，糖子，欸。～。生就花生，爱生个啦，生花生，唔爱炒熟哩个嘞。～啊，四起呀，四起呀，系呀。唔系五子。四子。四起东西，唔搞五子。女家带过来个。ɲiɔŋ$^{13}$cia$^{35}_{44}$uɔi$^{53}$ta$^{21}$fait$^{3}$ci$^{13}_{44}$ko$^{0}$,ta$^{21}$fait$^{3}$kai$^{53}$ke$^{53}_{44}$ko$^{0}$,tsau$^{21}$sien$^{35}_{44}$kuei$^{53}$tsɿ$^{21}$a$^{0}$.si$^{53}$çiɔŋ$^{53}$tsɿ$^{0}$uɔn$^{53}$ts$^{h}$a$^{13}_{21}$lau$^{0}$,fəŋ$^{13}$tsau$^{21}$,fa$^{35}$sien$^{35}_{44}$,kuei$^{53}$tʂʅ$^{35}$,tsɿ$^{21}$ts$^{h}$iəu$^{53}$xe$^{53}$mak$^{3}$a$^{0}$tsɿ$^{21}$lau$^{0}$?tsau$^{21}$sien$^{35}_{44}$kuei$^{53}$tsɿ$^{21}$lau$^{0}$.ɔi$^{53}$ta$^{21}$fait$^{3}$iɔŋ$^{21}$çi$^{21}$tsɿ$^{0}$uɔn$^{53}$ts$^{h}$a$^{13}_{21}$lau$^{0}$.t$^{h}$ɔŋ$^{13}$tsɿ$^{21}$,t$^{h}$ɔŋ$^{13}$tsɿ$^{21}$,e$_{21}$.tsau$^{21}$sien$^{35}_{44}$kuei$^{53}$tsɿ$^{21}$.sien$^{35}$ts$^{h}$iəu$^{53}_{44}$fa$^{35}$sien$^{53}_{44}$,ɔi$^{53}_{44}$saŋ$^{35}$ke$^{53}$la$^{0}$,saŋ$^{35}$fa$^{35}_{44}$sien$^{53}_{44}$,m̩$^{13}_{21}$mɔi$^{53}_{44}$ts$^{h}$au$^{21}$ʂəuk$^{5}$li$^{0}$ke$^{53}_{44}$le$^{0}$.tsau$^{21}$sien$^{35}_{44}$kuei$^{53}$tsɿ$^{21}_{44}$a$^{0}$,si$^{53}$çi$^{21}$ia$^{0}$,si$^{53}$çi$^{21}$ia$^{0}$,xei$^{53}_{44}$ia$^{0}$.m̩$^{13}$p$^{h}$e$^{53}$u$^{21}$tsɿ$^{21}_{44}$.si$^{53}$tsɿ$^{21}$.si$^{53}$çi$^{21}$təŋ$^{35}_{44}$si$^{0}$,m̩$^{13}$kau$^{21}$ŋ̍$^{21}$tsɿ$^{21}$.ɲy$^{21}$ka$^{35}_{44}$tai$^{53}$ko$^{53}$lɔi$^{13}_{21}$ke$^{53}_{0}$.

【早先年】tsau$^{21}$sen$^{35}$ɲien$^{13}$ 名 时间词。指多年前：～呐我等横巷里就真热闹哇。系百多人系倒箇上背。尽都系啊山里。tsau$^{21}$sen$^{35}_{44}$ɲien$^{13}_{21}$na$^{0}$ŋai$^{13}$tien$^{0}$uaŋ$^{13}$xɔŋ$^{53}_{44}$li$^{0}$ts$^{h}$iəu$^{53}_{44}$tʂən$^{35}$ɲiet$^{53}$lau$^{53}$ua$^{0}$.xe$^{53}$pak$^{3}$to$^{35}_{44}$ɲin$^{13}_{21}$xei$^{53}$tau$^{21}_{44}$kai$^{53}_{44}$ʂɔŋ$^{53}_{44}$pɔi$^{53}_{44}$.ts$^{h}$in$^{53}$təu$^{35}_{44}$xei$^{53}$a$^{0}$san$^{35}$ni$^{0}$.｜～我等老班子我等个欸公公婆婆喔还在个时候子箇横巷里真苦哇，也系饭都冇食啦。tsau$^{21}$sen$^{35}_{44}$ɲien$^{13}_{21}$ŋai$^{13}_{21}$tien$^{0}$lau$^{21}$pan$^{35}_{44}$tsɿ$^{0}$ŋai$^{13}$tien$^{0}$kei$^{53}$e$_{21}$kəŋ$^{35}$kəŋ$^{35}_{44}$p$^{h}$o$^{13}_{21}$p$^{h}$o$^{13}_{44}$uo$^{0}$xan$^{13}_{21}$ts$^{h}$ɔi$^{35}_{44}$ke$^{53}_{44}$ʂʅ$^{13}_{21}$xei$^{53}_{44}$tsɿ$^{0}$kai$^{53}$uaŋ$^{13}$xɔŋ$^{53}$li$^{0}$tʂən$^{35}$k$^{h}$u$^{21}$ua$^{0}$,ia$^{35}$xei$^{53}$fan$^{53}$təu$^{35}_{53}$mau$^{13}_{21}$ʂət$^{5}$la$^{0}$.

【早摘豇子】tsau$^{21}$tsak$^{3}$kɔŋ$^{35}$tsɿ$^{0}$ 名 一种豆类作物：箇～嘞，就系比较早个，成熟得比较早个饭豆子。也就系箇起咁个大豆子。比较早个，就安做～。欸，渠唔系豆角。kai$^{53}_{44}$tsau$^{21}$tsak$^{3}$kɔŋ$^{35}$tsɿ$^{0}$lei$^{0}$,tsiəu$^{53}$xe$^{53}$pi$^{21}$ciau$^{53}$tsau$^{21}$ke$^{53}$,tʂ$^{h}$ən$^{13}$ʂəuk$^{3}$tek$^{3}$pi$^{21}$ciau$^{53}_{44}$tsau$^{21}$ke$^{53}_{44}$fan$^{53}$t$^{h}$ei$^{53}$tsɿ$^{0}$.ia$^{35}$ts$^{h}$iəu$^{53}$xe$^{53}$kai$^{53}$çi$^{21}$kan$^{21}$ke$^{53}_{21}$t$^{h}$ai$^{53}$t$^{h}$ei$^{53}$tsɿ$^{0}$.pi$^{21}$ciau$^{53}$tsau$^{21}$ke$^{53}$,ts$^{h}$iəu$^{53}_{44}$ɔn$^{35}_{44}$tso$^{53}_{44}$tsau$^{21}$tsak$^{3}$kɔŋ$^{35}$tsɿ$^{0}$.e$_{21}$,ci$^{13}$m̩$^{13}_{21}$p$^{h}$e$_{44}$(←m̩$^{13}$xe$^{53}$)t$^{h}$ei$^{53}$kɔk$^{3}$.

【枣】tsau$^{21}$ 名 枣树的核果。也称"枣子"：本地也有～嘞，也有箇个青～。pən$^{21}$t$^{h}$i$^{53}$ia$^{35}$iəu$^{35}_{44}$tsau$^{21}$lei$^{0}$,ia$^{35}$iəu$^{35}_{44}$kai$^{53}_{44}$ke$^{53}_{44}$ts$^{h}$iaŋ$^{35}$tsau$^{21}$.｜也唔大，箇～子指青枣。ia$^{35}$n̩$^{13}$t$^{h}$ai$^{53}$,kai$^{53}$tsau$^{21}$tsɿ$^{0}$.

【枣子树】tsau$^{21}$tsɿ$^{0}$ʂəu$^{53}$ 名 落叶灌木或乔木，枝有刺，核果称"枣"或"枣子"：以个本地箇～也有嘞。i$^{21}$ke$^{53}$pən$^{21}$t$^{h}$i$^{53}$kai$^{53}_{44}$tsau$^{21}$tsɿ$^{0}$ʂəu$^{53}$ia$^{35}_{44}$iəu$^{35}$le$^{0}$.

【灶】tsau$^{53}$ 名 用砖石等砌成，供烹煮食物、烧水的设施：渠就咁有只咁个下数嘞，打～是有只咁个下数嘞，渠打比以只是～，系唔系啊？以映就欸安做后镬。以映就一扇墙啊，系啊？以映后镬。以映就前镬。以映就灶门，烧火个栏场。好，以下嘞，以个以映子就爱有只烟囱。以只从灶门到以只放镬头个栏场，以映子安做灶颈。一般个～嘞灶颈爱长兜子。搞么个长兜子嘞？渠更收火啊，箇火去底下，系唔系？渠以只长兜子是渠就关火，你系短短子个话就去以映子就有只灶门个话，渠火尽跑出来哩。箇是灶门。以下再要讲嘞，渠个设计上，以映就灶门，以边子嘞，设计放兜瓮坛，欸，烧滚水个。还有只，一般个～嘞，看啵，人是徛啊以映煮饭食。以只炒菜个人徛啊以映，以只栏场安做灶背。以只灶背远唔得长唔得。如果一只灶背咁长个话，你徛倒箇灶背让门有咁长个手伸倒去炒菜，系唔系？欸灶背只能够咁长子。但是又短唔得，又特短哩炒……打比你话好好好徛倒箇映子，就镬舷就去以映样，品倒～去样，只隔倒箇咁阔子样，要唔得，箇个火啊熝人，熝身上。以只栏场就系爱隔远滴子，隔远滴舞嘿，有兜是隔蛮远，欸蛮大。因为以映唔爱徛倒炒菜做得。炒菜徛以映，系啊？以只栏场嘞可以放砧板，姆，放案板。因为以只栏场更长，所以底下嘞以只间壁映子嘞就舞只灶焙，打进去，灶焙放倒以映，唔放下以映。欸，搞么个放倒以映嘞？以映更厚，以只～更厚，多放得几只几双鞋。放以映可是可以，但是忒熝哩。我也真想归去屋下，我想打只子咁个～，

Z

爱打只咁个～来。ci$^{13}_{21}$tsʰiəu$^{53}$kan$^{21}$iəu$^{35}$tʂak$^{3}$ kan$^{21}_{13}$cie$^{53}_{44}$xa$^{53}$sɿ$^{53}_{44}$lei$^{0}$,ta$^{21}$tsau$^{53}$ʂʅ$^{53}_{44}$iəu$^{35}$tʂak$^{3}$ kan$^{21}_{13}$cie$^{53}_{44}$xa$^{53}$sɿ$^{53}$ lei$^{0}$,ci$^{13}$ta$^{21}$pi$^{21}$i$^{21}$tʂak$^{3}$ ʂʅ$^{53}_{21}$tsau$^{53}$,xei$^{53}_{44}$mei$^{53}_{44}$a$^{0}$?i$^{21}$iaŋ$^{53}$tsʰiəu$^{53}$e$_{21}$ɔn$^{35}_{44}$tso$^{53}_{44}$xei$^{53}$uɔk$^{5}$.i$^{21}$iaŋ$^{53}$tsʰiəu$^{53}$iet$^{3}$ ʂen$^{35}$tsʰiɔŋ$^{13}$ ŋa$^{0}$,xei$^{53}$a$^{0}$?i$^{21}$iaŋ$^{53}_{44}$xei$^{53}$uɔk$^{5}$.i$^{21}$iaŋ$^{53}$tsʰiəu$^{53}$tsʰien$^{13}$uɔk$^{5}$.i$^{21}$iaŋ$^{53}$tsʰiəu$^{53}$tsau$^{53}$mən$^{13}$,ʂau$^{35}$fo$^{21}$ke$^{53}$laŋ$^{13}_{21}$tʂʰɔŋ$^{13}_{44}$. xau$^{21}$,i$^{21}$xa$^{53}$lei$^{0}$,i$^{21}$kei$^{53}$i$^{21}$iaŋ$^{53}$tsɿ$^{0}$ tsʰiəu$^{53}_{44}$ɔi$^{53}_{44}$iəu$^{35}_{53}$tʂak$^{3}$ ien$^{35}$tsʰəŋ$^{35}$.i$^{21}$tʂak$^{3}$ tsʰəŋ$^{13}$tsau$^{53}$mən$^{13}$tau$^{53}$i$^{21}$tʂak$^{3}$ fɔŋ$^{53}_{44}$ uɔk$^{5}$ tʰei$^{13}_{44}$ke$^{53}_{44}$laŋ$^{13}_{21}$tʂʰɔŋ$^{13}_{44}$,i$^{21}$iaŋ$^{53}_{44}$tsɿ$^{0}$ ɔn$^{35}_{44}$tso$^{53}_{44}$tsau$^{53}$ciaŋ$^{21}$.iet$^{3}$ pɔn$^{35}$kei$^{53}_{44}$tsau$^{53}$lei$^{0}$ tsau$^{53}$ciaŋ$^{21}$ɔi$^{53}$tʂʰɔŋ$^{13}$tei$^{35}_{53}$tsɿ$^{0}$. kau$^{21}$mak$^{3}$ e$^{0}$ tʂʰɔŋ$^{13}$te$^{35}_{53}$tsɿ$^{0}$ lei$^{0}$?ci$^{13}_{21}$cien$^{53}$ʂəu$^{35}$fo$^{21}$a$^{0}$,kai$^{53}_{44}$fo$^{21}$çi$^{21}$tei$^{21}$xa$^{53}$,xei$^{53}$me$^{53}$?ci$^{13}_{44}$i$^{21}$tʂak$^{3}$ tʂʰɔŋ$^{13}$te$^{35}_{53}$tsɿ$^{0}$ ʂʅ$^{53}_{44}$ci$^{13}_{21}$tsʰiəu$^{53}_{44}$kuan$^{35}$fo$^{21}$, ɲi$^{35}$xei$^{53}$tɔn$^{21}_{13}$tɔn$^{21}$tsɿ$^{0}$ ke$^{53}_{44}$fa$^{53}_{44}$tsʰiəu$^{53}$çi$^{53}$i$^{21}$iaŋ$^{53}$tsɿ$^{0}$ tsʰiəu$^{53}$iəu$^{35}_{53}$tʂak$^{3}$ tsau$^{53}$mən$^{13}$ke$^{53}_{44}$ fa$^{53}_{44}$,ci$^{13}_{44}$fo$^{21}$tsʰin$^{53}$pʰau$^{21}$tʂʰət$^{3}$ lɔi$^{13}$li$^{0}$.kai$^{53}_{44}$ʂʅ$^{53}_{44}$tsau$^{53}$mən$^{13}$.ia$_{44}$(←i$^{21}$xa$^{53}$)tsai$^{53}$iau$^{53}_{44}$kɔŋ$^{21}$lei$^{0}$,ci$^{13}_{21}$ke$^{53}$ʂet$^{3}$ ci$^{53}$xɔŋ$^{53}$, i$^{21}$iaŋ$^{53}$tsʰiəu$^{53}$tsau$^{53}$mən$^{13}$,i$^{21}$pien$^{35}$tsɿ$^{0}$ lei$^{0}$,ʂet$^{3}$ ci$^{53}_{44}$fɔŋ$^{53}_{44}$tei$^{35}_{44}$uɔŋ$^{53}$tʰan$^{13}_{21}$,e$_{21}$,ʂau$^{35}$kuən$^{21}$ʂei$^{21}$ke$^{0}$.xai$^{13}_{21}$iəu$^{35}_{53}$tʂak$^{3}$, iet$^{3}$ pɔn$^{35}$ke$^{53}_{44}$tsau$^{53}$lei$^{0}$,kʰɔn$^{53}$nau$^{0}$, ɲin$^{13}_{21}$ʂʅ$^{53}_{44}$cʰi$^{35}_{44}$a$^{0}$ i$^{21}$iaŋ$^{53}$tʂəu$^{21}$fan$^{53}$ʂət$^{5}$.i$^{21}$tʂak$^{3}$ tsʰau$^{21}$tsʰɔi$^{53}$ke$^{53}$ɲin$^{13}_{21}$cʰi$^{35}_{44}$a$^{0}$ i$^{21}$ iaŋ$^{53}$,i$^{21}$tʂak$^{3}$ laŋ$^{13}_{44}$tʂʰɔŋ$^{13}_{44}$ɔn$^{35}_{44}$tso$^{53}_{44}$tsau$^{53}$pɔi$^{53}$.i$^{21}$tʂak$^{3}$ tsau$^{53}$pɔi$^{53}$ien$^{21}$n̩$^{13}_{44}$tek$^{3}$ tʂʰɔŋ$^{13}$n̩$^{13}_{44}$tek$^{3}$.ʮ$^{13}$ko$^{53}$iet$^{3}$ tʂak$^{3}$ tsau$^{53}$ pɔi$^{53}$kan$^{21}$tʂʰɔŋ$^{13}$kei$^{53}$fa$^{53}_{44}$, ɲi$^{13}_{21}$cʰi$^{35}$tau$^{21}_{44}$kai$^{53}_{44}$tsau$^{53}_{44}$pɔi$^{53}_{44}$ɲiɔŋ$^{53}$mən$^{13}_{44}$iəu$^{35}_{53}$kan$^{21}$tʂʰɔŋ$^{13}$ke$^{53}$ʂəu$^{21}$ʂən$^{35}$tau$^{21}$çi$^{53}$ tsʰau$^{21}$tsʰɔi$^{53}$,xei$^{53}_{44}$me$^{53}_{44}$?e$^{0}$ tsau$^{53}$pɔi$^{53}$tʂʅ$^{21}$len$^{13}_{21}$ciau$^{53}$kan$^{21}$tʂʰɔŋ$^{13}$tsɿ$^{0}$.tan$^{53}$ʂʅ$^{21}$iəu$^{53}$tɔn$^{21}$n̩$^{13}$tek$^{3}$,iəu$^{53}$tʰek$^{5}$ tɔn$^{21}$ni$^{0}$ tsʰau$^{21}$…ta$^{21}$pi$^{21}$ɲi$^{13}_{21}$ua$^{53}$xau$^{21}$xau$^{21}$xau$^{21}$cʰi$^{35}$tau$^{21}$kai$^{53}$iaŋ$^{53}$tsɿ$^{0}$,tsʰiəu$^{53}$uɔk$^{5}$ çien$^{13}_{21}$tsʰiəu$^{53}$çi$^{53}$i$^{21}$iaŋ$^{53}$iɔŋ$^{53}$,pʰin$^{21}$ tau$^{21}_{44}$tsau$^{53}$çi$^{53}$iɔŋ$^{53}$,tʂʅ$^{21}$kak$^{3}$ tau$^{21}$kai$^{53}_{21}$kan$^{21}_{13}$kʰɔit$^{3}$ tsɿ$^{0}$ iɔŋ$^{53}$,iau$^{53}$n̩$^{13}_{21}$tek$^{3}$,kai$^{53}$ke$^{53}$fo$^{21}$a$^{0}$ ləuk$^{5}$ ɲin$^{13}_{21}$,ləuk$^{5}$ ʂən$^{35}$ xɔŋ$^{53}_{44}$.i$^{21}$tʂak$^{3}$ laŋ$^{13}_{44}$tʂʰɔŋ$^{13}_{44}$tsʰiəu$^{53}$xe$^{53}$ɔi$^{53}$kak$^{3}$ ien$^{21}$tiet$^{5}$ tsɿ$^{0}$,kak$^{3}$ ien$^{21}$tiet$^{5}$ u$^{21}$xek$^{3}$,iəu$^{35}$te$^{35}_{53}$ʂʅ$^{53}_{44}$kak$^{3}$ man$^{13}$ ien$^{21}$,e$_{21}$man$^{13}$tʰai$^{53}$.in$^{35}$uei$^{53}_{21}$i$^{21}$iaŋ$^{53}$m̩$^{13}_{21}$mɔi$^{53}$cʰi$^{35}$tau$^{21}$tsʰau$^{21}$tsʰɔi$^{53}$tso$^{53}_{44}$tek$^{3}$.tsʰau$^{21}$tsʰɔi$^{53}$cʰi$^{35}_{44}$i$^{21}$iaŋ$^{53}$,xei$^{53}_{44}$a$^{0}$?i$^{21}$ tʂak$^{3}$ laŋ$^{13}_{21}$tʂʰɔŋ$^{13}_{21}$le$^{0}$ kʰo$^{21}$i$^{35}$fɔŋ$^{53}$tsen$^{35}$pan$^{21}$,m̩$_{21}$,fɔŋ$^{53}$ŋɔn$^{53}$pan$^{21}$.in$^{35}$uei$^{53}_{44}$i$^{21}_{44}$iak$^{3}$ laŋ$^{13}_{44}$tʂʰɔŋ$^{13}_{44}$cien$^{53}$tʂʰɔŋ$^{13}$,so$^{21}_{13}$i$^{21}$ tei$^{21}$xa$^{53}_{44}$lei$^{0}$ i$^{21}$tʂak$^{3}$ kan$^{53}$piak$^{3}$ iaŋ$^{53}$tsɿ$^{0}$ lei$^{0}$ tsʰiəu$^{53}_{44}$u$^{21}$tʂak$^{3}$ tsau$^{53}$pʰɔi$^{53}$,ta$^{21}$tsin$^{53}$çi$^{53}$,tsau$^{53}$pʰɔi$^{53}_{44}$fɔŋ$^{53}$tau$^{21}_{44}$i$^{21}$iaŋ$^{53}$, m̩$^{13}$fɔŋ$^{53}$ŋa$^{53}$i$^{21}$iaŋ$^{53}$.e$_{21}$,kau$^{21}$mak$^{3}$ e$^{0}$ fɔŋ$^{53}$(t)au$^{21}_{53}$i$^{21}$iaŋ$^{53}$lei$^{0}$?i$^{21}$iaŋ$^{53}$cien$^{53}$xei$^{35}$,i$^{21}$tʂak$^{3}$ tsau$^{53}$cien$^{53}$xei$^{35}$,to$^{35}$fɔŋ$^{53}$ tek$^{3}$ ci$^{21}$tʂak$^{3}$ ci$^{21}$sɔŋ$^{35}_{44}$xai$^{13}$.fɔŋ$^{53}$i$^{21}$iaŋ$^{53}$kʰo$^{21}$ʂʅ$^{53}_{21}$kʰo$^{21}$i$^{35}_{53}$,tan$^{53}_{44}$ʂʅ$^{53}_{44}$tʰet$^{3}$ ləuk$^{5}$ li$^{0}$.ŋai$^{13}$ia$^{35}_{44}$tʂən$^{35}$siɔŋ$^{21}$kuei$^{35}_{44}$çi$^{53}$uk$^{3}$ xa$^{53}_{44}$,ŋai$^{13}$siɔŋ$^{21}$ta$^{21}$tʂak$^{3}$ tsɿ$^{0}$ kan$^{21}$ke$^{53}_{44}$tsau$^{53}$,ɔi$^{53}$ta$^{21}$tʂak$^{3}$ kan$^{21}$ke$^{53}_{44}$tsau$^{53}$lɔi$^{13}_{44}$.

【灶背】tsau$^{53}$pɔi$^{53}$ 名与灶门隔灶相对的那一面：以边就安做灶颈啊，系唔系？个边就安做～。i$^{21}$pien$^{35}$tsʰiəu$^{53}_{44}$ɔn$^{35}_{44}$tso$^{53}_{44}$tsau$^{53}$ciaŋ$^{21}$ŋa$^{0}$,xe$^{53}_{44}$me$^{53}_{44}$?kai$^{53}$pien$^{35}_{44}$tsʰiəu$^{53}_{44}$ɔn$^{35}_{44}$tso$^{53}_{44}$tsau$^{53}$pɔi$^{53}$.｜煮饭食个人就徛下～，徛下～做事。tʂəu$^{21}$fan$^{53}$ʂət$^{5}$ ke$^{53}$ɲin$^{13}_{21}$tsʰiəu$^{53}_{44}$cʰi$^{35}$ia$^{35}_{44}$tsau$^{53}$pɔi$^{53}$,cʰi$^{35}$ia$^{35}_{44}$tsau$^{53}$pɔi$^{53}$lɔi$^{13}_{21}$tso$^{53}_{44}$sɿ$^{53}$.

【灶焙】tsau$^{53}$pʰɔi$^{53}$ 名灶侧面（站人一边）设置的凹入部位，可用来烘鞋子：以前个土灶，土灶个半壁，土灶外背个半壁，少砌两口砖，挖只眼，个就安做～，可以放倒鞋放倒肚里去炼。i$^{35}_{44}$tsʰien$^{13}_{21}$ke$^{0}$ tʰəu$^{21}$tsau$^{53}$,tʰəu$^{21}$tsau$^{53}_{44}$ke$^{0}$ pan$^{53}$piak$^{3}$,tʰəu$^{21}$tsau$^{53}_{44}$ŋɔi$^{53}$pɔi$^{53}_{44}$ke$^{53}_{44}$pan$^{53}$piak$^{3}$,ʂau$^{21}$tsʰi$^{53}$iɔŋ$^{21}$xei$^{21}$ tʂuɔn$^{35}$,ua$^{35}$tʂak$^{3}$ ŋan$^{21}$,kai$^{53}_{44}$tsʰiəu$^{53}_{44}$ɔn$^{35}_{44}$tso$^{53}_{44}$tsau$^{53}$pʰɔi$^{53}$,kʰo$^{21}$i$^{35}_{44}$fɔŋ$^{53}$tau$^{21}$xai$^{13}$fɔŋ$^{53}$tau$^{21}$təu$^{21}$li$^{0}$ çi$^{53}$xɔk$^{3}$.｜呃，以前我等人屋下个呃个个灶哇，煮饭食个灶哇，硬哪只都打～，哪只都有～。因为渠爱炼鞋呀。一般呢放在炒菜个时候子徛人个栏场。ə$_{21}$,i$^{35}_{53}$tsʰien$^{13}_{44}$ŋai$^{13}_{21}$tien$^{0}$ɲin$^{13}_{44}$uk$^{3}$ xa$^{53}_{44}$ke$^{53}_{44}$ə$_{21}$kai$^{53}_{21}$ke$^{53}_{21}$tsau$^{53}$ ua$^{0}$,tʂəu$^{21}$fan$^{53}_{44}$ʂət$^{5}$ ke$^{0}$ tsau$^{53}$ua$^{0}$, ɲiaŋ$^{53}_{44}$lai$^{53}$tʂak$^{3}$ təu$^{35}_{44}$ta$^{21}$tsau$^{53}$pʰɔi$^{53}$,lai$^{53}$tʂak$^{3}$ təu$^{35}_{44}$iəu$^{35}_{44}$tsau$^{53}$pʰɔi$^{53}$.in$^{35}_{44}$uei$^{53}$ ci$^{13}_{44}$ɔi$^{53}$xɔk$^{3}$ xai$^{13}$ia$^{0}$.iet$^{3}$ pɔn$^{35}$nei$^{0}$ fɔŋ$^{53}$tsʰai$^{53}$tsʰau$^{21}$tsʰɔi$^{53}$kei$^{53}$ʂʅ$^{13}_{21}$xei$^{53}$tsɿ$^{0}$ cʰi$^{35}$ɲin$^{13}$ke$^{53}$laŋ$^{13}_{44}$tʂʰɔŋ$^{13}_{44}$.

【灶姬娘娘】tsau$^{53}$ci$^{35}$ɲiɔŋ$^{13}$ɲiɔŋ$^{13}$ 名灶神：～是爱受到尊重啦。欸，你不能够拿倒脚去踩个只灶，不能够着倒鞋去踩个只灶，欸～会唔肯。烧个柴也有讲究嘞，咁个棺材板个兜咁东西你不能舞倒去烧，个～会唔肯。以我就唔多记得哩，还蛮多规矩哟。欸，有哪晡就～生日咯，唔知初二呀初三晡，～生日。tsau$^{53}$ci$^{35}_{44}$ɲiɔŋ$^{13}_{21}$ɲiɔŋ$^{13}_{21}$ʂʅ$^{53}$ɔi$^{53}$ʂəu$^{53}$tau$^{53}$tsən$^{35}$tʂʰəŋ$^{53}$la$^{0}$.e$_{21}$, ɲi$^{13}$pət$^{3}$ len$^{13}$ ciau$^{53}_{44}$la$^{53}$tau$^{21}$ciɔk$^{3}$ çi$^{53}$tsʰai$^{21}$kai$^{53}$tʂak$^{3}$ tsau$^{53}$,pət$^{3}$ len$^{13}_{21}$ciau$^{53}$tʂɔk$^{3}$ tau$^{21}$xai$^{13}$çi$^{53}$tsʰai$^{21}$kai$^{53}_{44}$tʂak$^{3}$ tsau$^{53}$,e$^{0}$ tsau$^{53}$ ci$^{35}_{44}$ɲiɔŋ$^{13}_{21}$ɲiɔŋ$^{13}_{21}$uɔi$^{53}$n̩$^{13}_{21}$xen$^{21}$.ʂau$^{35}_{44}$ke$^{53}$tsʰai$^{13}$ia$^{35}$iəu$^{35}_{44}$kɔŋ$^{21}$ciəu$^{53}$le$^{0}$,kan$^{21}$ke$^{53}$kɔn$^{35}$tsʰɔi$^{13}_{21}$pan$^{21}$kai$^{53}_{44}$te$^{35}_{53}$kan$^{21}_{44}$tɔŋ$^{35}_{44}$ si$^{0}$ ɲi$^{13}_{21}$pət$^{3}$ len$^{13}_{21}$u$^{21}$tau$^{21}$çi$^{53}$ʂau$^{35}_{44}$,kai$^{53}_{44}$tsau$^{53}$ci$^{35}_{44}$ɲiɔŋ$^{13}_{21}$ɲiɔŋ$^{13}_{21}$uɔi$^{53}$n̩$^{13}_{21}$xen$^{21}$.i$^{21}_{13}$ŋai$^{13}_{21}$tsʰiəu$^{53}_{44}$n̩$^{13}_{21}$to$^{35}_{44}$ci$^{53}$tek$^{3}$ li$^{0}$,xai$^{13}_{21}$ man$^{13}$to$^{35}_{44}$kuei$^{35}_{44}$tʂʮ$^{21}$io$^{0}$.ei$_{21}$,iəu$^{35}$lai$^{53}$pu$^{35}_{44}$tsʰiəu$^{53}_{44}$tsau$^{53}$ci$^{35}_{44}$ɲiɔŋ$^{13}_{21}$ɲiɔŋ$^{13}_{21}$saŋ$^{35}$ɲiet$^{3}$ ko$^{0}$,n̩$^{13}_{21}$ti$^{35}_{44}$tsʰʅ$^{35}$ɲi$^{53}$ia$^{0}$ tsʰʅ$^{35}_{53}$san$^{35}$ pu$^{35}_{44}$,tsau$^{53}$ci$^{35}_{44}$ɲiɔŋ$^{13}_{21}$ɲiɔŋ$^{13}_{21}$saŋ$^{35}$ɲiet$^{3}$.

【灶姬子】tsau$^{53}$ci$^{35}$tsɿ$^{0}$ 名灶马蟋：～就系蟋蟀子，欸就跍倒个因为渠个土墙个灶哇到处都有眼呐，系啊？渠个～就缩下个眼肚里。欸冷天呢个只灶因为烧哩火，喷滚个。tsau$^{53}$ci$^{35}$tsɿ$^{0}$ tsʰiəu$^{53}$xe$^{53}$siet$^{3}$ sɔit$^{3}$ tsɿ$^{0}$,e$_{21}$tsʰiəu$^{53}$kʰu$^{35}$tau$^{21}_{44}$kai$^{53}_{44}$in$^{35}$uei$^{53}_{44}$ci$^{13}_{21}$ke$^{53}$tʰəu$^{21}$tsʰiɔŋ$^{13}$ke$^{53}_{44}$tsau$^{53}$ua$^{0}$ tau$^{53}$tʂʰəu$^{53}_{44}$təu$^{35}_{44}$ iəu$^{35}_{44}$ŋan$^{21}$na$^{0}$,xei$^{53}$a$^{0}$?ci$^{13}_{21}$kai$^{53}_{44}$tsau$^{53}$ci$^{35}$tsɿ$^{0}$ tsʰiəu$^{53}_{44}$sɔk$^{3}$ a$^{0}$ kai$^{53}$ŋan$^{21}$təu$^{21}$li$^{0}$.e$^{0}$ laŋ$^{35}$tʰien$^{35}_{44}$nei$^{0}$ kai$^{53}$tʂak$^{3}$ tsau$^{53}$ in$^{35}$uei$^{53}_{44}$ʂau$^{35}_{44}$li$^{0}$ fo$^{21}$,pʰaŋ$^{53}$kuən$^{21}$cie$^{53}_{44}$.

【灶檝】tsau$^{53}$tsian$^{35}$ 名指柴火：（豆稿）丢下灶里渠烧哇，做～呐。蛮多以个正讲个是就豆稿，做～，系唔系？做整柴烧，就安做做～。还有蛮多咁个家具，烂咁哩，烧得着个，木头个，搞么个用啊？做～啵。tiəu$^{35}_{44}$ua$^{53}_{44}$tsau$^{53}$li$^{0}$ çi$^{53}_{44}$ʂau$^{35}$ua$^{0}$,tso$^{53}_{44}$tsau$^{53}$tsian$^{35}_{44}$na$^{0}$.man$^{13}_{21}$to$^{35}_{44}$i$^{21}$ke$^{53}_{44}$tʂaŋ$^{53}$kɔŋ$^{21}$ke$^{0}$ ʂʅ$^{53}_{44}$tsʰiəu$^{53}_{44}$tʰei$^{53}$kau$^{21}$,tso$^{53}$tsau$^{53}$tsian$^{35}_{44}$,xei$^{53}_{44}$me$^{53}_{44}$?tso$^{53}$tʂən$^{21}$tsʰai$^{13}$ʂau$^{35}_{44}$,tsʰiəu$^{53}_{44}$ɔn$^{35}_{44}$tso$^{53}_{44}$tso$^{53}_{44}$tsau$^{53}$tsian$^{35}_{44}$.xai$^{13}_{21}$ iəu$^{35}_{53}$man$^{13}_{21}$to$^{35}_{44}$kan$^{21}$ke$^{0}$ cia$^{35}$tʂʮ$^{53}$,lan$^{53}$kan$^{21}$ni$^{0}$,ʂau$^{35}$tek$^{3}$ tʂʰɔk$^{5}$ ke$^{53}$,muk$^{3}$ tʰei$^{13}_{21}$ke$^{53}$,kau$^{21}$mak$^{3}$ e$^{0}$ iəŋ$^{53}_{44}$a$^{0}$?tso$^{53}$ tsau$^{53}$tsian$^{35}_{44}$nau$^{0}$.

【灶角】tsau$^{53}$kɔk$^{3}$ 名灶旁的角落，常用来放柴火：唔系爱只火夹嘞，嗯，以映就～啊，以映就爱只火夹嘞夹倒箇个柴嘞揰下以灶肚里去嘞。欸放柴个栏场安做～，～里。mei$_{44}$(←m̩$^{13}$xei$^{53}$) ɔi$^{53}$tʂak$^{3}$ fo$^{21}$kait$^{3}$ lei$^{0}$,n̩$_{21}$,i$^{21}$iaŋ$^{53}_{44}$tsʰiəu$^{53}_{44}$tsau$^{53}$kɔk$^{3}$ a$^{0}$,i$^{21}$iaŋ$^{53}_{44}$tsʰiəu$^{53}_{44}$ɔi$^{53}$tʂak$^{3}$ fo$^{21}$kait$^{3}$ lei$^{0}$ kait$^{3}$ tau$^{21}$kai$^{53}$ke$^{53}$ tsʰai$^{13}_{21}$lei$^{0}$ tsʰəŋ$^{21}$xa$^{53}$i$^{21}$tsau$^{53}$təu$^{21}$li$^{0}$ çi$^{53}$lei$^{0}$.e$^{0}$ fɔŋ$^{53}$tsʰai$^{13}$ke$^{53}$laŋ$^{13}_{21}$tʂʰɔŋ$^{13}_{44}$ɔn$^{35}_{44}$tso$^{53}_{44}$tsau$^{53}$kɔk$^{3}$,tsau$^{53}$kɔk$^{3}$ li$^{0}$.

【灶角虫】tsau$^{53}$kɔk$^{3}$ tʂʰəŋ$^{13}$ 名一种虫子：～，渠专门跍下灶角里个。tsau$^{53}$kɔk$^{3}$ tʂʰəŋ$^{13}$,ci$^{13}$tʂen$^{35}_{44}$ mən$^{13}_{44}$ku$^{35}_{44}$xa$^{53}_{44}$tsau$^{53}$kɔk$^{3}$ li$^{0}$ ke$^{53}_{44}$.

【灶角凳】tsau$^{53}$kɔk$^{3}$ tien$^{53}$ 名放在灶门前供烧火的人坐的凳子：箇张凳都专门安做～。kai$^{53}_{35}$ tʂɔŋ$^{35}_{44}$ten$^{53}$təu$^{35}_{44}$tʂen$^{35}$mən$^{13}_{21}$ɔn$^{35}_{44}$tso$^{53}_{44}$tsau$^{53}$kɔk$^{3}$ tien$^{53}$.

【灶颈】tsau$^{53}$ciaŋ$^{21}$ 名灶膛到灶门的部位：～，欸，有。有箇只话法。箇是灶门到镬屎箇映，到镬底，有镬头个栏场箇一莖子，安做～。有滴～唔知几长。就系就系烟打烟烟囱就……在面前吵，～，灶门进去就系烟囱吵，箇烧倒个火嘞，放倒去火，火咁子就火咁子通过烧个烟就走面前排出来了，就上烟囱吵，系啊？箇一莖子就安做～嘞。tsau$^{53}$ciaŋ$^{21}$,e$_{44}$,iəu$^{35}$.iəu$^{35}_{21}$kai$^{53}_{44}$ tʂak$^{3}$ ua$^{53}$fait$^{3}$.kai$^{53}_{44}$ʂʅ$^{53}_{44}$tsau$^{53}$mən$^{13}$tau$^{53}$uɔk$^{5}$ təuk$^{3}$ kai$^{53}_{44}$iaŋ$^{53}_{44}$,tau$^{53}_{44}$uɔk$^{5}$ tʰei$^{13}_{21}$,iəu$^{35}$uɔk$^{5}$ tʰei$^{13}_{44}$ke$^{53}_{44}$lɔŋ$^{13}_{21}$tʂʰɔŋ$^{13}_{44}$kai$^{53}_{44}$ iet$^{3}$ tsʰo$^{53}$tsɿ$^{0}$,ɔn$^{35}$tso$^{53}_{44}$tsau$^{53}$ciaŋ$^{21}$.iəu$^{35}$tet$^{5}$ tsau$^{53}$ciaŋ$^{21}$n̩$^{13}_{21}$ti$^{35}_{53}$ci$^{21}$tʂʰɔŋ$^{13}$.tsʰiəu$^{53}_{44}$xei$^{53}_{44}$tsʰiəu$^{53}$xei$^{53}$ien$^{35}$ta$^{21}$ien$^{35}$ ien$^{35}$tsʰəŋ$^{35}$tsiəu$^{53}_{44}$ʂ…tsʰai$^{53}_{44}$mien$^{53}$tsʰien$^{13}_{21}$ʂa$^{0}$,tsau$^{53}$ciaŋ$^{21}$,tsau$^{53}$mən$^{13}$tsin$^{53}$çi$^{53}_{44}$tsʰiəu$^{53}$xe$^{53}_{44}$ien$^{35}$tsʰəŋ$^{35}_{44}$ʂa$^{0}$,kai$^{53}_{21}$ ʂau$^{35}$tau$^{21}_{44}$ke$^{53}_{44}$fo$^{21}$lei$^{0}$,fɔŋ$^{53}$tau$^{21}$çi$^{53}_{44}$fo$^{21}$,fo$^{21}$kan$^{21}_{44}$tsɿ$^{0}$ tsʰiəu$^{53}_{44}$fo$^{21}$kan$^{21}_{44}$tsɿ$^{0}$ tʰəŋ$^{35}$ko$^{53}_{44}$ʂau$^{35}$ke$^{53}_{44}$ien$^{35}$tsʰiəu$^{53}_{44}$tsei$^{21}$ mien$^{53}$tsʰien$^{13}_{21}$pʰai$^{13}$tʂʰət$^{3}$ lɔi$^{13}_{21}$liau$^{0}$,tsʰiəu$^{53}_{44}$ʂɔŋ$^{53}_{44}$ien$^{35}$tsʰəŋ$^{35}_{44}$ʂa$^{0}$,xe$^{53}_{44}$a$^{0}$?kai$^{53}$iet$^{3}$ tsʰo$^{53}$tsɿ$^{0}$ tsʰiəu$^{53}_{44}$ɔn$^{35}_{44}$tso$^{53}_{44}$tsau$^{53}$ ciaŋ$^{21}$lei$^{0}$.

【灶窿灰】tsau$^{53}$ləŋ$^{13}$fɔi$^{35}$ 名塘灰：箇个灶窿坑里个灰嘞，～，硬喊～。kai$^{53}$ke$^{53}_{44}$tsau$^{53}$ləŋ$^{13}_{21}$xaŋ$^{35}$li$^{0}$ ke$^{53}_{44}$fɔi$^{35}_{44}$lei$^{0}$,tsau$^{53}$ləŋ$^{13}_{21}$fɔi$^{35}$,ȵiaŋ$^{53}$xan$^{53}$tsau$^{53}$ləŋ$^{13}_{21}$fɔi$^{35}$.

【灶窿坑】tsau$^{53}$ləŋ$^{13}$xaŋ$^{35}$ 名灶门前存放灶灰的池子：～就以面前呢，以映砌一下嘞，放坨石头也做得，以下个灰呀，以映就烧火吵，系唔系？欸，灰就扒下以～里放倒。以映嗅，灶面前烧火箇面前啵。打比以映只灶门样啊，～就去以映。灶门前面是以向就系只灶吵，底下有砖吵，系唔系？以向嘞就唔系就舞条麻条嘞，舞条石头放倒，唔系就砌倒嘞。欸，咁子，以映也戛稳呢，以映也放倒嘞。箇个灰，有多个灰就舞啊以面前呢。人就坐啊以映啊，人面前就一只～啊。人就坐啊外背，～个外背烧火。tsau$^{53}$ləŋ$^{13}_{21}$xaŋ$^{35}$tsʰiəu$^{53}$i$^{21}$mien$^{53}$tsʰien$^{13}_{21}$nei$^{0}$,i$^{21}$iaŋ$^{53}_{44}$tsʰi$^{53}$ iet$^{3}$ xa$^{53}_{44}$lei$^{0}$,fɔŋ$^{53}$tʰo$^{13}_{21}$ʂak$^{5}$ tʰei$^{13}$ia$^{35}$tso$^{53}$tek$^{3}$,i$^{21}$xa$^{53}_{44}$ke$^{53}_{44}$fɔi$^{35}$ia$^{0}$,i$^{21}$iaŋ$^{53}_{44}$tsʰiəu$^{53}_{44}$ʂau$^{35}_{44}$fo$^{21}$ʂa$^{0}$,xei$^{53}_{44}$me$^{53}_{44}$?ei$_{21}$,fɔi$^{35}$ tsʰiəu$^{53}$pʰa$^{13}$xa$^{53}_{44}$i$^{21}$tsau$^{53}$ləŋ$^{13}_{21}$xaŋ$^{35}$li$^{0}$ fɔŋ$^{53}$tau$^{21}_{44}$.i$^{21}$iaŋ$^{53}$ŋau$^{0}$,tsau$^{53}$mien$^{53}$tsʰien$^{13}$ʂau$^{35}$fo$^{21}$kai$^{53}_{44}$mien$^{53}$tsʰien$^{21}$ nau$^{0}$.ta$^{21}_{44}$pi$^{21}_{44}$i$^{21}$iaŋ$^{53}$tʂak$^{3}$ tsau$^{53}$mən$^{13}_{21}$iɔŋ$^{53}$a$^{0}$,tsau$^{53}$ləŋ$^{13}_{21}$xaŋ$^{35}$tsʰiəu$^{53}$çi$^{53}$i$^{21}$iaŋ$^{53}_{44}$.tsau$^{53}$mən$^{13}_{21}$tsʰien$^{13}_{21}$mien$^{53}_{44}$ʂʅ$^{53}_{44}$i$^{21}$ çiɔŋ$^{53}$tsʰiəu$^{53}$xei$^{53}$tʂak$^{3}$ tsau$^{53}$ʂa$^{0}$,tei$^{21}$xa$^{53}_{44}$iəu$^{35}_{44}$tʂuɔn$^{35}$ʂa$^{0}$,xei$^{53}_{44}$me$^{53}_{44}$?i$^{21}$çiɔŋ$^{53}$le$^{0}$ tsʰiəu$^{53}$m̩$^{13}_{21}$pʰei$^{53}$tsʰiəu$^{53}$u$^{21}$ tʰiau$^{13}_{44}$ma$^{13}$tʰiau$^{13}_{44}$lei$^{0}$,u$^{21}$tʰiau$^{13}$ʂak$^{5}$ tʰei$^{13}_{21}$fɔŋ$^{53}$tau$^{21}$,m̩$^{13}_{21}$pʰei$^{53}_{44}$tsʰiəu$^{53}_{44}$tsʰi$^{53}$tau$^{21}$lei$^{0}$.ei$_{21}$,kan$^{21}$tsɿ$^{0}$,i$^{21}$iaŋ$^{53}$ŋa$^{35}_{53}$tən$^{21}$ uən$^{21}$nei$^{0}$,i$^{21}$iaŋ$^{53}$ŋa$^{35}_{44}$fɔŋ$^{53}$tau$^{21}$lei$^{0}$.kai$^{53}_{44}$ke$^{53}_{44}$fɔi$^{35}$,iəu$^{35}_{44}$to$^{35}$ke$^{53}$fɔi$^{35}$tsʰiəu$^{53}$u$^{21}$a$^{0}$ i$^{21}$mien$^{53}$tsʰien$^{13}_{21}$nei$^{0}$. ȵin$^{13}$ tsʰiəu$^{53}_{44}$tsʰo$^{35}_{44}$a$^{0}$ i$^{21}$iaŋ$^{53}$ŋa$^{0}$, ȵin$^{13}$mien$^{53}$tsʰien$^{13}_{21}$tsʰiəu$^{53}$iet$^{3}$ tʂak$^{3}$ tsau$^{53}$ləŋ$^{13}_{21}$xaŋ$^{35}$ŋa$^{0}$. ȵin$^{13}$tsʰiəu$^{53}_{44}$tsʰo$^{35}_{44}$a$^{0}$ ŋɔi$^{53}$ pɔi$^{53}$,tsau$^{53}$ləŋ$^{13}_{21}$xaŋ$^{35}$ke$^{53}_{44}$ŋɔi$^{53}$pɔi$^{53}_{44}$ʂau$^{35}$fo$^{21}$.

【灶门】tsau$^{53}$mən$^{13}$ 名灶的烧火口：就以映是～样，以面前就安做灶门前呢。tsiəu$^{53}_{44}$i$^{21}$iaŋ$^{53}$ʂʅ$^{53}$ tsau$^{53}$mən$^{13}_{21}$iɔŋ$^{53}$,i$^{21}$mien$^{53}$tsʰien$^{13}_{21}$tsʰiəu$^{53}_{44}$ɔn$^{35}_{44}$tso$^{53}_{44}$tsau$^{53}$mən$^{13}_{21}$tsʰien$^{13}$ne$^{0}$.

【灶门前】tsʰien$^{13}$tsau$^{53}$mən$^{13}$ 名灶门外的空间：我等就冷天咯，就铲兜火放下～呢，就跍倒～来炙火。ŋai$^{13}$tien$^{0}$ tsʰiəu$^{53}$laŋ$^{35}$tʰien$^{35}_{44}$ko$^{0}$,tsʰiəu$^{53}_{44}$tsʰan$^{21}$tei$^{35}_{53}$fo$^{21}$fɔŋ$^{53}_{44}$xa$^{53}_{44}$tsau$^{53}$mən$^{13}_{21}$tsʰien$^{13}$nei$^{0}$,tsʰiəu$^{53}_{44}$ku$^{35}$ tau$^{21}$tsau$^{53}$mən$^{13}_{21}$tsʰien$^{13}_{21}$nɔi$^{13}_{21}$tʂak$^{3}$ fo$^{21}$.

【灶面子】tsau$^{53}$mien$^{53}$tsɿ$^{0}$ 名灶台：一般人打灶箇～都会打大滴子。iet$^{3}$ pɔn$^{35}$ȵin$^{13}_{21}$ta$^{21}$tsau$^{53}_{44}$kai$^{53}_{44}$ tsau$^{53}$mien$^{53}$tsɿ$^{0}$ təu$^{35}$uɔi$^{53}$ta$^{21}$tʰai$^{53}$tiet$^{5}$ tsɿ$^{0}$.｜以下打灶个人是～上啊□兜瓷砖去，洁净子，雪白令净子，真好。i$^{21}$xa$^{53}$ta$^{21}$tsau$^{53}$ke$^{53}_{44}$ȵin$^{13}_{44}$ʂʅ$^{53}_{44}$tsau$^{53}$mien$^{53}$tsɿ$^{0}$ xɔŋ$^{53}$a$^{0}$ mak$^{5}$ te$^{35}_{53}$tsʰɿ$^{13}$tʂuɔn$^{35}_{44}$çi$^{53}$,ciet$^{5}$ tsʰiaŋ$^{53}$tsɿ$^{0}$, siet$^{5}$ pʰak$^{5}$ laŋ$^{53}$tsʰiaŋ$^{53}$tsɿ$^{0}$,tʂən$^{35}$xau$^{21}$.

【灶头】tsau$^{53}$tʰei$^{13}$ [名]灶台：以个～，～上是有蛮大子，一般呢灶，打灶个人呢都分只～搞大滴子，好放碗筷箇兜，好放行头呀，欸，水角箇兜啦。i$^{21}$e$^{0}$ tsau$^{53}$tʰei$^{13}$,tsau$^{53}$tʰei$^{13}$xɔŋ$^{53}$ʂʅ$^{53}_{44}$iəu$^{35}$ man$^{13}_{21}$tʰai$^{53}$tsɿ$^{0}$,iet$^{3}$ pɔn$^{35}$ne$^{0}$ tsau$^{53}$,ta$^{21}$tsau$^{53}$ke$^{53}_{44}$ɲin$^{13}_{21}$ne$^{0}$ təu$^{35}$pən$^{35}_{44}$tʂak$^{3}$ tsau$^{53}$tʰei$^{13}_{21}$kau$^{21}$tʰai$^{53}$tiet$^{5}$ tsɿ$^{0}$,xau$^{21}$ fɔŋ$^{53}$uɔn$^{21}$kʰuai$^{53}$kai$^{53}_{44}$te$^{35}_{53}$,xau$^{21}$fɔŋ$^{53}$çin$^{13}$tʰei$^{13}$ia$^{0}$,e$_{21}$,ʂei$^{21}$kɔk$^{3}$ kai$^{53}_{44}$tei$^{35}_{53}$la$^{0}$.｜你箇碗菜放下～上啊。去～上掇倒来呀。ɲi$^{13}_{21}$kai$^{53}$uɔn$^{21}$tsʰɔi$^{53}$fɔŋ$^{53}_{44}$xa$^{53}_{44}$tsau$^{53}$tʰei$^{13}_{21}$xɔŋ$^{53}$a$^{0}$.çi$^{53}_{44}$tsau$^{53}$tʰei$^{13}_{44}$xɔŋ$^{53}_{44}$tɔit$^{3}$ tau$^{21}$lɔi$^{13}$ia$^{0}$.

【灶头背】tsau$^{53}$tʰei$^{13}$pɔi$^{53}$ [名]灶侧面站人的地方，与灶门隔灶相对。也称“灶背”：我姆婆是箇阵子是渠就分煮饭食就当做渠个一只天经地义个一只工作了。从来都唔分我等人去搞，渠一个人霸倒以只～，唔分我等去搞饭食。ŋai$^{13}_{21}$m̩$^{13}$mei$^{35}_{44}$ʂʅ$^{53}_{44}$kai$^{53}$tʂʰən$^{53}$tsɿ$^{0}$ ʂʅ$^{53}_{44}$ci$^{13}$tsʰiəu$^{53}_{44}$pən$^{35}_{53}$tʂəu$^{21}$fan$^{53}$ ʂət$^{5}$ tsʰiəu$^{53}$tɔŋ$^{53}$tso$^{53}$ci$^{13}_{44}$ke$^{53}$iet$^{3}$ tʂak$^{3}$ tʰien$^{35}$cin$^{35}_{44}$tʰi$^{53}$ɲi$^{53}$ke$^{53}$iet$^{3}$ tʂak$^{3}$ kəŋ$^{35}$tsɔk$^{3}$ liau$^{0}$.tsʰəŋ$^{13}$lɔi$^{13}_{21}$təu$^{35}_{53}$m̩$^{13}$pən$^{35}_{53}$ ŋai$^{13}$tien$^{0}$ in$^{13}_{44}$çi$^{53}$kau$^{21}$,ci$^{13}$iet$^{3}$ ke$^{53}$ɲin$^{13}_{21}$pa$^{53}$tau$^{21}$i$^{21}$tʂak$^{3}$ tsau$^{53}$tʰei$^{13}_{21}$pɔi$^{53}$,m̩$^{13}$pən$^{35}_{53}$ŋai$^{13}_{21}$tien$^{0}$ çi$^{53}$kau$^{21}$fan$^{53}$ʂət$^{5}$.

【灶下】tsau$^{53}$xa$^{35}_{44}$ [名]厨房：欸从前箇柴灶个～是有以个间咁大哟。e$_{44}$tsʰəŋ$^{13}$tsʰien$^{13}_{44}$kai$^{53}_{44}$tsʰai$^{13}$tsau$^{53}_{44}$ ke$^{53}_{44}$tsau$^{53}$xa$^{35}_{44}$ʂʅ$^{53}_{44}$iəu$^{35}_{44}$i$^{21}$cie$^{53}_{44}$kan$^{35}$kan$^{21}$tʰai$^{53}$iau$^{0}$.｜掇倒就放下～。tɔit$^{3}$ tau$^{21}$tsʰiəu$^{53}$fɔŋ$^{53}$ŋa$^{53}_{44}$tsau$^{53}_{44}$xa$^{0}$.

【灶下门】tsau$^{53}$xa$^{35}$mən$^{13}$ [名]厨房门：打开下子～来看下，有咁烟人呢，系啊？ta$^{21}$kʰɔi$^{35}_{44}$xa$^{53}$tsɿ$^{0}$ tsau$^{53}$xa$^{35}_{44}$mən$^{13}$nɔi$^{13}_{21}$kʰɔn$^{53}$na$^{53}$,mau$^{13}_{21}$kan$^{21}$ien$^{35}$ɲin$^{13}_{44}$ne$^{0}$,xei$^{53}_{44}$a$^{0}$?

【灶心土】tsau$^{53}$sin$^{35}$tʰəu$^{21}$ [名]灶膛底部的砖土，民间认为其具有降火的药效：箇个就有呢，箇灶哇，以前个也冇得如今个水泥箇只红砖打个吵，也系用土砖打个吵。箇灶膛，灶膛底下，顶高就烧火吵，系唔系啊？箇底下唔系有只灶心？也系土墙个嘞，土砖个嘞。箇火啊，年长月久长日咁子去烧哇，箇个烧滚哩又冷嘿哩，冷嘿哩又烧滚哩，箇坨子泥，蛮有用，安做～。欸烧久哩啊，蛮有用。箇～嘞搞么个用嘞？好像退烧呢，退烧。kai$^{53}$ke$^{53}_{44}$tsʰiəu$^{53}_{44}$iəu$^{35}_{44}$nei$^{0}$,kai$^{53}_{44}$ tsau$^{53}$ua$^{0}$,i$^{35}_{53}$tsʰien$^{13}_{21}$ke$^{0}$ ia$^{35}_{44}$mau$^{13}$tek$^{3}$ i$^{13}_{21}$cin$^{35}_{44}$ke$^{0}$ ʂei$^{21}$lai$^{13}$kai$^{53}_{44}$tʂak$^{3}_{5}$ fəŋ$^{13}$tʂuɔn$^{35}$ta$^{21}$cie$^{53}_{44}$ʂa$^{0}$,ia$^{35}$xei$^{53}$iəŋ$^{53}$tʰu$^{21}$ tʂuɔn$^{35}$ta$^{21}$cie$^{53}_{44}$ʂa$^{0}$.ka$^{53}_{44}$tsau$^{53}$tʰɔŋ$^{13}$,tsau$^{53}$tʰɔŋ$^{13}$te$^{21}$xa$^{53}$,taŋ$^{21}$kau$^{35}$tsʰiəu$^{53}_{44}$ʂau$^{35}_{44}$fo$^{21}$ʂa$^{0}$,xei$^{53}$me$^{53}$a$^{0}$?kai$^{53}$te$^{21}$xa$^{53}_{44}$ m̩$^{13}_{44}$pʰe$^{53}_{44}$iəu$^{35}_{44}$tʂak$^{3}$ tsau$^{53}$sin$^{35}$?ia$^{35}$xei$^{53}$tʰəu$^{21}$tsʰiɔŋ$^{13}$ke$^{53}$le$^{0}$,tʰəu$^{21}$tʂuɔŋ$^{35}$cie$^{53}$le$^{0}$.kai$^{53}$fo$^{21}$a$^{0}$, ɲien$^{13}$tʂʰɔŋ$^{13}$ɲiet$^{5}$ ciəu$^{21}$tʂʰɔŋ$^{13}$ɲiet$^{3}$ kan$^{21}$tsɿ$^{0}$ çi$^{53}$ʂau$^{35}$ua$^{0}$,kai$^{53}_{44}$ke$^{53}_{44}$ʂau$^{35}$kuən$^{21}$ni$^{0}$ iəu$^{53}$laŋ$^{35}$ŋek$^{3}$ li$^{0}$,laŋ$^{35}$ŋek$^{3}$ li$^{0}$ iəu$^{53}$ʂau$^{35}$kuən$^{21}$ ni$^{0}$,kai$^{53}$tʰo$^{13}_{44}$tsɿ$^{0}$ lai$^{13}$,man$^{13}$iəu$^{35}$iəŋ$^{53}$,ɔn$^{35}_{44}$tso$^{53}_{44}$tsau$^{53}$sin$^{35}$tʰəu$^{21}$.e$^{0}$ ʂau$^{35}$ciəu$^{21}$li$^{0}$ a$^{0}$,man$^{13}$iəu$^{35}$iəŋ$^{53}$.kai$^{53}_{44}$tsau$^{53}$ sin$^{35}$tʰəu$^{21}$lei$^{0}$ kau$^{21}$mak$^{3}$ e$^{0}$ iəŋ$^{53}_{44}$lei$^{0}$?xau$^{21}$siɔŋ$^{53}_{44}$tʰi$^{53}$ʂau$^{35}$nei$^{0}$,tʰi$^{53}$ʂau$^{35}$.

【灶烟】tsau$^{53}$ien$^{35}$ [名]炊烟：烧柴个灶哇，欸～真大。嗯烧柴个灶，又柴又唔熷哇，箇～真大。ʂau$^{35}$tsʰai$^{13}$ke$^{53}_{44}$tsau$^{53}$ua$^{0}$,e$^{0}$ tsau$^{53}$ien$^{35}_{44}$tʂən$^{35}$tʰai$^{53}$.n̩$^{0}$ ʂau$^{35}_{44}$tsʰai$^{13}_{21}$ke$^{53}_{44}$tsau$^{53}$,iəu$^{53}$tsʰai$^{13}_{21}$iəu$^{53}$n̩$^{13}_{21}$tsau$^{35}_{44}$ua$^{0}$,kai$^{53}_{44}$tsau$^{53}$ ien$^{35}_{44}$tʂən$^{35}$tʰai$^{53}$.

【造符】tsʰau$^{53}$pʰu$^{13}$ [动]画符：欸，我屋下咁唔顺遂呀，我硬喊倒箇个道士先生造只符。e$_{21}$,ŋai$^{13}_{21}$ uk$^{3}$ xa$^{53}$kan$^{21}$n̩$^{13}$ʂən$^{53}$si$^{53}$ia$^{0}$,ŋai$^{13}$ɲiaŋ$^{53}$xan$^{53}$tau$^{21}$kai$^{53}_{44}$ke$^{53}_{44}$tʰau$^{53}$sɿ$^{53}$sien$^{35}_{44}$saŋ$^{35}_{44}$tsʰau$^{53}$tʂak$^{3}$ pʰu$^{13}$.

【造精】tsʰau$^{53}$tsin$^{35}$ [名]爱挑拨生事的人：有些人话别人家～呶。喜欢造事啊，～。iəu$^{35}$sie$^{35}_{44}$in$^{13}_{44}$ ua$^{53}_{44}$pʰiet$^{5}$ in$^{13}_{44}$ka$^{35}_{44}$tsʰau$^{53}$tsin$^{35}$nau$^{0}$.çi$^{21}$fɔn$^{35}$tsʰau$^{53}$sɿ$^{53}$za$^{0}$,tsʰau$^{53}$tsin$^{35}$.

【造孽$_1$】tsʰau$^{53}_{44}$ɲiet$^{5}$ [形]值得怜悯的：蛮～ man$^{13}_{21}$tsʰau$^{53}_{44}$ɲiet$^{5}$｜真～ tʂən$^{35}$tsʰau$^{53}$ɲiet$^{5}$

【造孽$_2$】tsʰau$^{53}$ɲiait$^{5}$ [动]佛教指前世做坏事今生受报应：昨晡我新舅渠话箇映有只人呐，三十几……有只人去村上当村长吧，姓温。渠只赖子三十岁，得只病。你话造哩孽么？来造……得只么啊病啊？唔知安做么啊病就渠也蹭讲出，唔晓得么啊病。箇个智力变成哩两岁子个细人子个智力吧。箇智力啦……变成哩□牯，变成哩傻瓜。得嘞咁个病，冇哩整，冇整。让门有咁个病？箇智力成哩两岁子个你话，成哩只□牯，就系只□牯。我注意用客姓讲分你听，系啊？听晡你就可以……下子。让门会有咁个病？系？我话系一般就系心脑血管个病嘞。系唔系？以映有只人呢，就系昨晡箇只曾蒙酋个对门一只人，一只人，二十二岁，欸，死嘿哩唠，当时死嘿哩。上正月子死嘿哩。二十二岁结的婚，一只，一……渠老婆一只细人子正几个子月啊，渠就死嘿哩。得哩么啊病啊？箇个呣解手哇屙血呀。解手哇便血呀。解小手便血。渠又……渠个病让门来个？两公婆只有只子赖子。十分看得起。从出世到现在，从来唔食茶，唔食开水，尽食饮料哇。尽食饮料。哈，食……食箇个么个……么个王老吉啦，食箇只咁个么啊……香槟呐箇只么。尽食饮料，反正渠唔食……唔食……唔食茶。得箇样病。他的细人子正几个子月。欸嘿，孙子正几个子月。输哩命吧。～，箇个就～。tsʰo$^{35}_{21}$pu$^{35}_{53}$ŋai$^{13}_{21}$sin$^{35}$cʰiəu$^{35}_{44}$ ci$^{13}_{21}$ua$^{53}_{44}$kai$^{53}_{44}$iaŋ$^{53}_{44}$iəu$^{35}$tʂak$^{3}$ ɲin$^{13}$na$^{0}$,san$^{35}$ʂət$^{5}$ ci$^{21}$…iəu$^{35}$tʂak$^{3}$ ɲin$^{13}_{21}$çi$^{53}$tsʰən$^{35}_{44}$xɔŋ$^{53}_{44}$tɔŋ$^{35}$tsʰən$^{35}$tʂɔŋ$^{21}$pa$^{0}$,siaŋ$^{53}_{21}$ uən$^{35}$.ci$^{13}$tʂak$^{3}$ lai$^{53}$tsɿ$^{0}$ san$^{35}$ʂət$^{5}$ sɔi$^{53}$,tek$^{3}$ tʂak$^{3}$ pʰiaŋ$^{53}$. ɲi$^{13}$ua$^{53}_{44}$tsʰau$^{53}$li$^{0}$ɲiait$^{5}$ mo$^{0}$?lai$^{13}_{21}$tsʰau$^{53}_{21}$…tek$^{3}$ tʂak$^{3}$

mak3 a0 phiaŋ53 ŋa0 ?n̩13 ti35-44 ɔn35-44 tso53-44 mak3 a0 phiaŋ53 tshiəu53-44 ci13-21 ia35 maŋ13 kɔŋ21 tʂhət3 ,n̩13 çiau21 tek3 mak3 a0 phiaŋ53 .kai53-44 ke53-44 tʂʅ53 liet5-3 pien53 ʂaŋ13-21 li0 iɔŋ21 sɔi53 tsʅ0 ke53-44 sei53 ɲin13-21 tsʅ0 ke53-44 tʂʅ53 liet5 pa0 .kai53-44 tʂʅ53 liet5 la0 …pien53 tʂhən13-44 li0 ʂe13 ku21 ,pien53 tʂhən13-44 li0 sa21 kua35-44 .tek3 le0 kan21 cie53-44 phiaŋ53 ,mau13 li0 tʂaŋ21-53 ,mau13 tʂaŋ21 . ɲiɔŋ53-44 mən0 iəu35-44 kan21 cie53-44 phiaŋ53-44 ?kai53-44 tʂʅ53 liet5-3 ʂaŋ13-21 li0 iɔŋ21 sɔi53 tsʅ0 ke53-44 ɲi13 ua53-44 ,ʂaŋ13-21 li0 tʂak3 ʂe13 ku21 ,tshiəu53 xei53 tʂak3 ʂe13 ku21 .ŋai13 tʂʅ53 i35-44 iəŋ53-44 khak3 sin53 kɔŋ21 pən35 ɲi13-21 thaŋ35 ,xe53-44 a0 ?thin35-44 pu35-44 ɲi13 tshiəu53-44 kho21 i35-44 …(x)a53-44 tsʅ0 .ɲiɔŋ53-21 mən0 uɔi53 iəu35-44 kan21 cie53-44 phiaŋ53-44 ?xe53-35 ?ŋai13 ua53 xei53 iet3 pɔn35 tshiəu53-44 xei53-44 sin35 nau21 çiet3 kɔn21 cie53-44 phiaŋ53 lei0 .xe53-44 me53-44 ?i21 iaŋ53-44 iəu35 tʂak3 ɲin13-21 ne0 ,tshiəu53-44 xe53-44 tsho21-21 pu35-44 kai53 tʂak3 tsien35-44 məŋ13-21 tshiəu13 ke53-44 ti53 mən13 iet3 tʂak3 ɲin13-21 ,iet3 tʂak3 ɲin13-21 , ɲi53 ʂət5-3 ɲi53 sɔi53-21 ,ei-21 ,si21 xek3 li0 lau0 ,tɔŋ35 ʂʅ13-44 si21 xek3 li0 .ʂɔŋ53 tʂaŋ35 ɲiet5 tsʅ0 si21 xek3 li0 .ɲi53-44 ʂət5 ɲi53-44 sɔi53-44 ciet3 ti0 fən35 ,iet3 tʂak3 ,iet3 …ci13-21 lau21 pho13 iet3 tʂak3 sei53 ɲin13-21 tsʅ0 tʂaŋ53 ci21 cie53 tsʅ0 ɲiet5 a0 ,ci13 tshiəu53 si21 xek3 li0 .tek3 li0 mak3 a0 phiaŋ53 ŋa0 ?kai53-44 ke53-44 m̩-44 ,kai21 ʂəu21 ua0 o35 çiet3 ia0 .kai21 ʂəu21 ua0 phien53 çiet3 ia0 .kai21 siau21 ʂəu21 phien53 çiet3 .ci13-21 iəu53-44 …ci13-21 ke53-44 phiaŋ53 ɲiɔŋ53-44 mən0 lɔi13-21 ke53-44 ?iɔŋ21 kɔŋ35 pho13 tʂe21 iəu35-53 tʂak3 tsʅ0 lai53 tsʅ0 .ʂət5 fən35-44 khɔn53 tek3 çi21 .tshəŋ13 tʂhət3 ʂʅ53-44 tau53 çien35 tshai53-44 ,tshəŋ13 lɔi13 n̩13 ʂət5 tsha13 ,n̩13 ʂət5 khɔi35 ʂei21 ,tshin53 ʂət5 in21 niau53-44 ua0 .tshin53 ʂət5 in21 niau53-44 .xa-53 ,ʂət5 …ʂət5 kai53-44 ke53-44 mak3 ke53 …mak3 ke53 uɔŋ13 lau21 ciet3 la0 ,ʂət5 kai53-44 tʂak3 kan21 ke53 mak3 a0 …çiɔŋ35-44 pin35-44 na0 kai53-44 tʂak3 mak3 .tshin53 ʂət5 in21 liau53 ,fan21 tʂən53 ci13-21 n̩13 ʂət5 …n̩13 ʂət5 …n̩13 ʂət5 tsha13 .tek3 kai53-21 iɔŋ53-44 phiaŋ53 .tha35-44 tet3 sei53 ɲin13-21 tsʅ0 tʂaŋ53-44 ci13-21 cie53 tsʅ0 ɲiet5 .e-21 xe-44 ,sən35-44 tsʅ0 tʂaŋ53 ci13-21 cie53 tsʅ0 ɲiet5-3 .ʂəu35-44 li0 miaŋ53 pa0 .tshau53 ɲiait5 ,kai53-44 ke53-44 tshiəu53-44 tshau53-44 ɲiait5 .

【造事】tshau53 sʅ53 动 制造麻烦；挑拨是非：喜欢～啊，造精。çi21 fɔn35 tshau53 sʅ53 za0 ,tshau53 tsin35 .

【燥性】tsau53 sin53 名 指某些事物具有的干燥、收敛等特性：实在是话鸡公是会啼个鸡公是～呐。ʂət5 tshai53 ʂʅ53 ua53 ke35 kɔŋ35-44 ʂʅ53-44 uɔi53 thai13 kei53-44 ke35 kɔŋ35-44 ʂʅ53-21 tsau53 sin53 na0 .

【躁】tsau53 形 脾气暴躁：箇只人真～喔。kai53-44 tʂak3 ɲin13 tʂən35 tsau53 uo0 .

【躁人】tsau53 ɲin13 形 使人烦躁：真～ tʂən35 tsau53 ɲin13 | 箇只事咯硬真系躁死人，搞起唔得正。kai53 tʂak3 sʅ53 ko0 ɲiaŋ53 tʂən35 xei53-44 tsau53 si21 ɲin13 ,kau21 çi21-53 n̩13 tek3 tʂaŋ53 .

【漕】tshau53 动 用棍棒等用力翻动或搅动：（漕屎虫）专门去箇屎肚里～。tʂen35 mən13-21 çi53 kai53-44 ʂʅ21 təu21 li0 tshau53 . | 以起倒～动下子箇火唠。i21 çi21 tau21-44 tshau53 thəŋ35 xa53-44 tsʅ0 kai53 fo21 lau0 .

【漕屎虫】tshau53 ʂʅ21 tʂhəŋ13 名 以粪便为食的蜣螂：有滴虫安做～嘞，渠专门食屎，专门去箇屎肚里漕，去箇屎肚里，牛屎箇只么啊屎啊，渠就专门去漕个欸都～。iəu35 iet3-5 tʂəŋ21 ɔn35-44 tso53-44 tshau53 ʂʅ21 tʂhəŋ13 lei0 ,ci13 tʂen35 mən13-21 ʂət5 ʂʅ21 ,tʂen35 mən13-21 çi53 kai53-44 ʂʅ21 təu21 li0 tshau53 ,çi53 kai53-44 ʂʅ21 təu21 li0 , ɲiəu13 ʂʅ21 kai53-44 tʂak3 mak3 a0 ʂʅ21 za0 ,ci13-21 tshiəu53-44 tʂen35 mən13-21 çi53-44 tshau53 ke53-44 e-44 təu35-44 tshau53 ʂʅ21 tʂhəŋ13 .

【择】thɔk5 动 挑选：～菜 thɔk5 tshɔi53 | 箇张铲嘞又锋利。我～哩又～个。kai53-21 tʂɔŋ35-53 tshan21 lei0 iəu53-44 fəŋ35 li53 .ŋai13 thɔk5 li0 iəu53-44 thɔk5-3 ke53 . | 箇个到岭上专门到岭上去～倒箇个二零个杉树，咁大一筒筒个杉树做桁子，做顶高个桁子，越大越好，唔怕贵。欸，买滴子树都箇三间屋都搞嘿一万几，万多块钱树。kai53-44 kei53-44 tau53-44 liaŋ35 xɔŋ53-44 tʂen35 mən13-21 tau53 liaŋ35 xɔŋ53-44 çi53-44 thɔk5 tau21 kai53-44 kei53-44 ɲi53 lin13 ke53-44 sa35 ʂəu53 ,kan21 thai53 iet3 thəŋ13-21 thəŋ13-21 ke53-44 sa35 ʂəu53 tso53 xaŋ13 tsʅ0 ,tso53 taŋ21 kau35-44 ke53 xaŋ13 tsʅ0 ,viet5 thai53-44 viet5 xau21 ,n̩13 pha53-44 kuei53 .e-21 ,mai35 tiet5 tsʅ0 ʂəu53 təu35-44 kai53-44 san35 kan35-53 uk3 təu35-44 kau21 xek3 iet3 uan53 ci21 ,uan53 to35-44 khuai53 tshien13-21 ʂəu53 .

【贼】tshek5 /tshiek5 名 小偷：三十夜晡大月光，瞎子看得～偷秧。san35 ʂek5 ia53 pu35 thai53 ɲiet5 kɔŋ35 ,xait3 tsʅ0 khɔn53 tek3 tshiek5 thei35 iɔŋ35 .

【贼牯】tshek5 /tshiek5 ku21 名 小偷：～背条田塍藉棍跑。tshiek5 ku21 pi53 thiau13 thien13 ʂən13 tʂa53 kuən53 phau21 .

【曾孙】tshien13 sən35 名 孙子的儿子：第三代就～。thi53 san35-44 thɔi53 tsiəu53-44 tshien13 sən35-44 .

【曾孙女】tshien13 sən35 ŋ̍21 名 称孙子的女儿：呃，我箇只～啊还正咁大子就会喊我婆太了嘞。ə-44 ,ŋai13 kai53 tʂak3 tshien13 ʂən35-44 ŋ̍21 ŋa0 xan13 tʂaŋ53-44 kan21-13 thai53 tsʅ0 tshiəu53 uɔi53 xan53 ŋai13-44 pho13 thai53 liau21-44 lei0 .

【曾外甥】tshien13 ŋɔi53 saŋ35 名 姐妹的孙子：打比我老妹子个孙子样，系啊？就～。唔喊外甥啊，箇就硬爱～啊。箇就唔喊外孙，硬系外甥个赖子，外甥个赖子，硬爱喊～。渠也唔喊我姐公，渠喊我舅公。ta21 pi21 ŋai13 lau21 mɔi53 tsʅ0 ke53-44 sən35 tsʅ0 iɔŋ53 ,xei53-44 a0 ?tsiəu53-44 tshien13 ŋɔi53 saŋ35 .n̩13 xan53-44 ŋɔi53 saŋ35 ŋa0 ,kai53-44 tshiəu53-44 ɲiaŋ53 ɔi53 tshien13 ŋɔi53 saŋ35 ŋa0 .kai53-44 tshiəu53-44 n̩13 xan53-44 ŋɔi53 sən35 , ɲiaŋ53-44 xei53-44 ŋɔi53 saŋ35 cie53-44 lai53 tsʅ0 ,ŋɔi53 saŋ35 cie53-44 lai53 tsʅ0 ,ɲiaŋ53-44 ɔi53-44 xan53-44 tshien13 ŋɔi53 saŋ35 .ci13 ia35-53 n̩13 xan53 ŋai13-21 tsia21 kəŋ35 ,ci13 xan53 ŋai13-44 chiəu35 kəŋ35-44 . | 外甥又当哩爷，系唔系？外甥箇子女箇就安做～。以到我妹子箇只孙子考倒哩大学，

唔系我娭子就话我啦～都考倒哩大学了。ŋai$^{53}$saŋ$^{35}_{44}$iəu$^{53}_{44}$təŋ$^{35}$li$^{0}$ia$^{13}$,xei$^{53}_{44}$me$^{53}_{44}$?ŋɔi$^{53}$saŋ$^{35}_{44}$ke$^{0}$tsɿ$^{21}$ŋ̍$^{21}$kai$^{53}_{21}$tsiəu$^{53}$ɔn$^{35}_{53}$tso$^{53}$tsʰien$^{13}$ŋɔi$^{53}_{44}$saŋ$^{35}_{44}$.i$^{21}$tau$^{53}$ŋai$^{13}$mɔi$^{53}$tsɿ$^{0}$kai$^{53}$tʂak$^{3}$sən$^{35}$tsɿ$^{0}$kʰau$^{21}$tau$^{21}$li$^{0}$tʰai$^{53}$çiɔk$^{5}$,m̩$^{13}$pʰei$^{53}$ŋai$^{13}_{21}$ɔi$^{35}$tsɿ$^{0}$tsʰiəu$^{53}_{44}$ua$^{53}_{44}$ŋai$^{13}$la$^{0}$tsʰien$^{13}$ŋɔi$^{53}_{44}$saŋ$^{35}_{44}$təu$^{35}_{44}$kʰau$^{21}$tau$^{21}$li$^{0}$tʰai$^{53}$çiɔk$^{5}$liau$^{0}$.

【曾外甥女】tsʰien$^{13}$ŋɔi$^{53}$saŋ$^{35}$ŋ̍$^{21}$ 名姐妹的孙女：我等箇只～啊去江西，去万载，蛮大了，欸读书了。取都看倒我唔敢喊舅公，怕羞，嘿嘿，唔敢喊。ŋai$^{13}$tien$^{0}$kai$^{53}$(tʂ)ak$^{3}$tsʰien$^{13}$ŋɔi$^{53}$saŋ$^{35}_{44}$ŋ̍$^{21}$ŋa$^{0}$çi$^{53}_{44}$kɔŋ$^{35}$si$^{35}$,çi$^{53}$uan$^{53}$tsai$^{21}$,man$^{13}$tʰai$^{53}$liau$^{0}$,e$^{0}$tʰəuk$^{5}$ʂəu$^{35}$liau$^{0}$.tsʰi$^{21}$təu$^{35}_{44}$kʰɔn$^{53}$tau$^{21}$ŋai$^{13}$n̩$^{13}$kan$^{21}$xan$^{53}$cʰiəu$^{35}$kəŋ$^{35}_{44}$,pʰa$^{53}$siəu$^{35}$,xe$_{44}$xe$_{53}$,n̩$^{13}$kan$^{21}$xan$^{53}$.

【曾外孙】tsʰien$^{13}$ŋɔi$^{53}$sən$^{35}$ 名外孙的儿子：我箇只～呐今年考倒哩大学啦。听晡整酒是我爱打只子包封分渠。嗯，打只子红包。欸，呃老姐婆钱是少少子，也爱拿两百块子钱分渠。ŋai$^{13}$kai$^{53}$tʂak$^{3}$tsʰien$^{13}$ŋɔi$^{53}$sən$^{35}_{44}$na$^{0}$cin$^{35}$ɲien$^{13}_{21}$kʰau$^{21}$tau$^{21}$li$^{0}$tʰai$^{53}$çiɔk$^{5}$la$^{0}$.tʰin$^{53}_{44}$pu$^{35}_{53}$tʂaŋ$^{21}$tsiəu$^{21}$ʂʅ$^{53}_{44}$ŋai$^{13}$xa$^{13}$ɔi$^{53}$ta$^{21}$tʂak$^{3}$tsɿ$^{0}$pau$^{35}$fəŋ$^{35}_{44}$pən$^{35}_{44}$ci$^{13}_{21}$.n̩$_{21}$,ta$^{21}$tʂak$^{3}$tsɿ$^{0}$fəŋ$^{13}$pau$^{35}_{44}$.e$_{21}$,ə$_{44}$lau$^{21}$tsia$^{21}$pʰo$^{13}$tsʰien$^{13}$ʂʅ$^{53}_{44}$ʂau$^{21}$ʂau$^{21}$tsɿ$^{0}$,ia$^{35}$ɔi$^{53}$la$^{53}$iɔŋ$^{21}$pak$^{3}$kʰuai$^{53}$tsɿ$^{0}$tsʰien$^{13}$pən$^{35}$ci$^{13}_{44}$.

【曾外孙女】tsʰien$^{13}$ŋɔi$^{53}$sən$^{35}$ŋ̍$^{21}$ 名外孙的女儿：欸我等箇只～嘞就还系去下读小学。今年正月来哩渠喊哩老姐婆，箇我就拿一百块子钱分渠。e$_{44}$ŋai$^{13}$tien$^{0}$kai$^{53}$tʂak$^{3}$tsʰien$^{13}$ŋɔi$^{53}$sən$^{35}$ŋ̍$^{21}$le$^{0}$tsʰiəu$^{53}_{44}$xai$^{13}$çi$^{53}$xa$^{53}_{21}$tʰəuk$^{5}$siau$^{21}$çiɔk$^{5}$.cin$^{35}$ɲien$^{13}_{21}$tʂaŋ$^{35}_{44}$ɲiet$^{5}$lɔi$^{13}_{21}$li$^{0}$ci$^{13}$xan$^{53}$ni$^{0}$lau$^{21}$tsia$^{21}$pʰo$^{13}$,kai$^{53}$ŋai$^{13}_{21}$tsʰiəu$^{53}$la$^{53}$iet$^{3}$pak$^{3}$kʰuai$^{53}$tsɿ$^{0}$tsʰien$^{13}$pən$^{35}$ci$^{13}_{21}$.

【增广】tsien$^{35}$kɔŋ$^{21}$ 名指《增广贤文》：欸，我娭子就真喜欢读～个，嘿，长日冇事又拿倒箇本～来看呐。渠认得几只子字啊。e$_{44}$,ŋai$^{13}_{21}$ɔi$^{35}$tsɿ$^{0}$tsʰiəu$^{53}_{44}$tʂən$^{35}$çi$^{21}$fɔn$^{35}_{44}$tʰəuk$^{5}$tsʰien$^{35}$kɔŋ$^{21}$kei$^{0}$,xe$_{53}$,tʂʰɔŋ$^{13}$ɲiet$^{3}$mau$^{13}$sɿ$^{53}$iəu$^{53}$la$^{53}$tau$^{21}$kai$^{53}$pən$^{21}$tsien$^{35}$kɔŋ$^{21}$lɔi$^{13}$kʰɔn$^{53}$na$^{0}$.ci$^{13}_{21}$ɲin$^{53}$tek$^{3}$ci$^{21}$tʂak$^{3}$tsɿ$^{0}$sɿ$^{53}$a$^{0}$.

【罾】tsien$^{35}$ 名一种用木棍或竹竿做支架的方形渔网：欸，还有只，喊么个喊～咯。放～呐。/搞鱼个～呐。沉下水底下去呀，用绳一吊下上来呀。/欸，箇就安做放～。ei$_{53}$,xai$^{13}$iəu$^{35}$tʂak$^{3}$,xan$^{53}$mak$^{3}$ke$^{53}_{44}$xan$^{53}$tsien$^{35}$ko$^{0}$.fɔŋ$^{53}$tsien$^{35}$na$^{0}$./kau$^{21}$ŋ̍$^{13}$ke$^{53}_{44}$tsien$^{35}$na$^{0}$.tʂʰən$^{13}_{21}$xa$^{35}$ʂei$^{21}$tei$^{21}$xa$^{35}$çi$^{53}$ia$^{0}$,iəŋ$^{53}$ʂən$^{13}$iet$^{3}$tiau$^{53}$xa$^{53}_{44}$ʂɔŋ$^{35}$lɔi$^{13}_{21}$ia$^{0}$./e$_{21}$,kai$^{53}_{44}$tsiəu$^{53}_{44}$ɔn$^{35}_{44}$tso$^{53}_{44}$fɔŋ$^{53}$tsien$^{35}$.

【铛光铛影】tʂʰaŋ$^{35}$kɔŋ$^{35}_{44}$tʂʰaŋ$^{35}$iaŋ$^{21}$ 形容非常光滑：我娭子箇件咁个衫呐，箇件咁个棉衫，安做棉衫，薄薄子个棉衫，着久哩了，拿起来看下子～。有么个滚嗷？冇么个滚呢。ŋai$^{13}_{21}$ɔi$^{35}$tsɿ$^{0}$kai$^{53}$cʰien$^{53}$kan$^{21}$ke$^{53}_{44}$san$^{35}$na$^{0}$,kai$^{53}$cʰien$^{53}$kan$^{21}$ke$^{53}_{44}$mien$^{13}$san$^{35}$,ɔn$^{35}_{44}$tso$^{53}_{44}$mien$^{13}$san$^{35}_{44}$,pʰɔk$^{5}$pʰɔk$^{5}$tsɿ$^{0}$ke$^{0}$mien$^{13}$san$^{35}_{44}$,tʂɔk$^{3}$ciəu$^{21}$li$^{0}$liau$^{0}$,la$^{53}_{44}$cʰi$^{21}$lɔi$^{13}_{44}$kʰɔn$^{53}$na$^{53}$tsɿ$^{0}$tʂʰaŋ$^{13}$kɔŋ$^{35}_{53}$tʂʰaŋ$^{13}$iaŋ$^{21}$.iəu$^{35}_{53}$mak$^{3}$e$^{0}$kuən$^{21}$nau$^{0}$?mau$^{13}$mak$^{3}$e$^{0}$kuən$^{21}$ne$^{0}$.

【甑$_{1}$】tsen$^{53}$/tsien$^{53}$ 名蒸东西用的木制桶状物，有屉而无底：树做个～ ʂəu$^{53}$tso$^{53}_{21}$ke$^{53}_{21}$tsien$^{53}$ | 用～蒸饭嗷。一般是如今是就系如今来讲嘞就用电饭煲高压锅箇只东西，都用得多，所以如今呢要讲嘞，箇就爱用～煮饭，用～蒸饭，就区别箇只机器炉子啊，么个电饭煲。欸，～蒸个饭。我等屋下用～蒸饭。以前是就冇多么人用电饭煲唠。用～蒸饭。iəŋ$^{53}_{44}$tsien$^{53}$tʂən$^{35}_{44}$fan$^{53}$nau$^{0}$.iet$^{3}$pɔn$^{35}$ʂʅ$^{53}_{44}$i$^{13}_{21}$cin$^{35}$ʂʅ$^{53}_{44}$tsʰiəu$^{53}$xe$^{53}_{44}$i$^{13}_{21}$cin$^{35}_{44}$lɔi$^{13}_{21}$kɔŋ$^{21}$lei$^{0}$tsʰiəu$^{53}$iəŋ$^{53}$tʰien$^{53}$fan$^{53}$pau$^{21}$kau$^{35}$iak$^{3}$ko$^{35}$kai$^{53}_{44}$tʂak$^{3}$təŋ$^{35}_{44}$si$^{0}$,təu$^{35}_{44}$iəŋ$^{53}$tek$^{3}$to$^{35}$,so$^{21}_{35}$i$^{35}_{21}$i$^{13}_{21}$cin$^{35}_{44}$nei$^{0}$iau$^{53}_{44}$kɔŋ$^{21}$lei$^{0}$,kai$^{53}_{44}$tsʰiəu$^{53}_{44}$ɔi$^{53}_{44}$iəŋ$^{53}_{44}$tsen$^{53}$tʂəu$^{21}$fan$^{53}$,iəŋ$^{53}_{44}$tsen$^{53}$tʂən$^{35}$fan$^{53}_{44}$,tsʰiəu$^{53}_{44}$tʂʰʮ$^{35}$pʰiek$^{5}_{3}$kai$^{53}$tʂak$^{3}$ci$^{35}_{44}$çi$^{53}$ləu$^{13}$tsɿ$^{0}$a$^{0}$,mak$^{3}$(k)e$^{53}_{44}$tʰien$^{53}$fan$^{53}$pau$^{35}$.e$_{44}$,tsen$^{53}$tʂən$^{35}$cie$^{53}_{44}$fan$^{53}$.ŋai$^{13}$tien$^{0}$uk$^{3}$xa$^{53}_{44}$iəŋ$^{53}_{44}$tsen$^{53}$tʂən$^{35}$fan$^{53}_{44}$.i$^{35}_{53}$tsʰien$^{13}$ʂʅ$^{53}_{44}$tsʰiəu$^{53}$mau$^{13}$to$^{35}_{44}$mak$^{3}$ɲin$^{13}_{44}$iəŋ$^{53}$tʰien$^{53}$fan$^{53}$pau$^{21}$lau$^{0}$.iəŋ$^{53}_{44}$tsien$^{53}$tʂən$^{35}$fan$^{53}$.

【甑$_{2}$】tsien$^{53}$ 量指用甑装的东西：一～饭 iet$^{3}$tsien$^{53}$fan$^{53}$

【甑箅】tsien$^{53}$pi$^{53}$ 名甑子的箅子。又称"箅子"：欸，有只呃箇个嗯俗语子，安做三十晡夜晡冇得闲～。搞么个会三十晡会冇得闲～嘞？就系以前我等老班子手里嘞，家家都到哩过年呢爱做米馃，爱做箬子米馃，爱蒸米馃，蒸米馃嘞箇就唔系么个舞只子细甑子去蒸呢，用大甑，舞只憨大个甑，家家箇阵子几乎家家都有只大饭甑，憨大个饭甑，王甑样，话哩箇王甑嘞，蒸得箇蒸饭都蒸得几十斤米个。到哩三十晡了嘞年脚下了嘞，就做米馃，家家都做米馃。做正米馃嘞就爱蒸，蒸倒个米馃嘞就唔拿起来，就放下箇甑里，因为冬下也冇事馊吵，系<u>唔系</u>？就放下甑里。所以你到哩……箇米馃嘞一般都到三十晡，越后往后背欸天气更好。欸，更新鲜呐。你搞倒二十晡子你就来做米馃是，你到哩正月初一箇晡，到哩箇正月初几了是，箇就搞嘿半个月了，箇米馃唔新鲜。所以都搞倒过年箇晡来。三十晡夜晡，家家都蒸米馃，家家都做米馃蒸米馃，冇得闲～。冇得放空个甑呐，大家都用个时候子就冇得空个。e$_{44}$,iəu$^{35}$

tʂak$^{3}$ ə$_{21}$kai$^{53}$ke$^{53}_{44}$n̩$_{21}$səuk$^{3}$ɲy$^{21}$tsɿ$^{0}$,ɔn$^{35}_{44}$tso$^{53}_{44}$san$^{35}$ʂət$^{5}$ pu$^{35}_{44}$ia$^{53}$pu$^{35}_{44}$mau$^{13}$tek$^{3}$ xan$^{13}$tsien$^{53}_{44}$pi$^{53}$.kau$^{21}$mak$^{3}$ ke$^{53}_{44}$uɔi$^{53}$ san$^{35}$ʂət$^{5}$ pu$^{35}_{44}$uɔi$^{53}$mau$^{13}$tek$^{3}$ xan$^{13}$tsen$^{53}_{44}$pi$^{53}$lei$^{0}$ ?tsʰiəu$^{53}_{44}$xe$^{53}_{44}$i$^{35}_{53}$tsʰien$^{13}$ŋai$^{13}$tien$^{0}$ lau$^{21}$pan$^{35}$tsɿ$^{0}$ ʂəu$^{21}$li$^{0}$ lei$^{0}$,ka$^{35}$ ka$^{35}_{44}$təu$^{35}_{44}$tau$^{53}$li$^{0}$ ko$^{53}$ɲien$^{13}$ne$^{0}$ ɔi$^{53}$tso$^{53}$mi$^{21}$ko$^{21}$,ɔi$^{53}$tso$^{53}$ɲiɔk$^{3}$ tsɿ$^{0}$ mi$^{21}$ko$^{21}$,ɔi$^{53}_{44}$tʂən$^{35}$mi$^{21}$ko$^{21}$,tʂən$^{35}$mi$^{21}$ko$^{21}$le$^{0}$ kai$^{53}_{44}$tsʰiəu$^{53}_{44}$m̩$^{13}$pʰei$^{53}$mak$^{3}$ e$^{0}$ u$^{21}$tʂak$^{3}$ tsɿ$^{0}$ se$^{53}$tsien$^{53}$tsɿ$^{0}$ çi$^{53}_{44}$tʂən$^{35}_{44}$ne$^{0}$,iəŋ$^{53}_{44}$tʰai$^{53}$tsien$^{53}_{44}$,u$^{21}$tʂak$^{3}$ mən$^{35}$tʰai$^{53}$ke$^{0}$ tsien$^{53}$,ka$^{35}$ka$^{35}_{44}$kai$^{53}$tʂʰən$^{53}$tsɿ$^{0}$ ci$^{35}$fu$^{13}_{21}$ka$^{35}$ka$^{35}_{44}$təu$^{35}_{44}$iəu$^{35}_{53}$tʂak$^{3}$ tʰai$^{53}$fan$^{53}_{44}$tsien$^{53}$,mən$^{35}$tʰai$^{53}$ke$^{0}$ fan$^{53}$tsien$^{53}$,uɔŋ$^{13}$ tsien$^{53}$iɔŋ$^{53}$,ua$^{53}$li$^{0}$ kai$^{53}$uɔŋ$^{13}$tsien$^{53}$le$^{0}$,tʂən$^{35}$tek$^{3}$ kai$^{53}$tʂən$^{35}$fan$^{53}$təu$^{35}_{44}$tʂən$^{35}$tek$^{3}$ ci$^{21}$ʂət$^{5}$ cin$^{35}$mi$^{21}$ke$^{0}$.tau$^{53}$li$^{0}$ san$^{35}$ʂət$^{5}$ pu$^{35}$liau$^{21}$lei$^{0}$ɲien$^{13}$ciɔk$^{3}$ xa$^{35}$liau$^{21}$lei$^{0}$,tsʰiəu$^{53}_{44}$tso$^{53}$mi$^{21}$ko$^{21}$,ka$^{35}$ka$^{35}_{44}$təu$^{35}_{44}$tso$^{53}$mi$^{21}$ko$^{21}$.tso$^{53}$tʂaŋ$^{53}$mi$^{21}$ ko$^{21}$lei$^{0}$ tsʰiəu$^{53}$ɔi$^{53}$tʂən$^{35}$,tʂən$^{35}$tau$^{21}$ke$^{53}$mi$^{21}$ko$^{21}$lei$^{0}$ tsʰiəu$^{53}$m̩$^{13}$na$^{53}$çi$^{21}$lɔi$^{13}_{21}$,tsʰiəu$^{53}_{44}$fɔŋ$^{53}_{44}$ŋa$^{53}_{44}$kai$^{53}_{44}$tsien$^{53}$ni$^{0}$,in$^{35}$ uei$^{53}_{44}$təŋ$^{35}$xa$^{35}$ia$^{35}_{53}$mau$^{13}_{21}$sɿ$^{53}$sei$^{35}$ʂa$^{0}$,xei$^{53}$me$^{53}$?tsiəu$^{53}$fɔŋ$^{53}$ŋa$^{53}_{44}$tsien$^{53}$ni$^{0}$.so$^{21}$i$^{35}_{53}$ɲi$^{13}$tau$^{53}$li$^{0}$ …kai$^{53}$mi$^{21}$ko$^{21}$lei$^{0}$ iet$^{3}$ pən$^{35}$təu$^{35}_{44}$tau$^{53}$san$^{35}$ʂət$^{5}$ pu$^{35}_{44}$,viet$^{5}$ xei$^{53}$uɔŋ$^{21}$xei$^{53}$pɔi$^{53}_{44}$e$^{0}$ tʰien$^{35}$çi$^{53}_{44}$cien$^{53}$xau$^{21}$.e$_{21}$,cien$^{53}_{44}$sin$^{35}$sien$^{35}_{44}$na$^{0}$. ɲi$^{13}$kau$^{21}$ tau$^{53}_{44}$ɲi$^{53}$ʂət$^{5}$ pu$^{35}_{44}$tsɿ$^{0}$ɲi$^{13}$tsʰiəu$^{53}$lɔi$^{13}_{21}$tso$^{53}$mi$^{21}$ko$^{21}$ʂʅ$^{53}_{44}$, ɲi$^{13}$tau$^{53}$li$^{0}$ tʂaŋ$^{35}$ɲiet$^{5}$ tsʰʅ$^{35}$iet$^{3}$ kai$^{53}_{44}$pu$^{35}_{44}$,tau$^{53}$li$^{0}$ kai$^{53}_{44}$tʂaŋ$^{35}$ ɲiet$^{5}$ tsʰʅ$^{35}$ci$^{21}$liau$^{21}$ʂʅ$^{53}_{44}$,kai$^{53}_{44}$tsʰiəu$^{53}_{44}$kau$^{21}$xek$^{3}$ pan$^{53}_{44}$cie$^{53}_{44}$ɲiet$^{5}$ liau$^{0}$,kai$^{53}$mi$^{21}$ko$^{21}$n̩$^{13}$sin$^{35}$sien$^{35}_{44}$.so$^{21}$i$^{35}_{44}$təu$^{35}$kau$^{21}$ tau$^{53}_{44}$ko$^{53}$ɲien$^{13}$kai$^{53}_{44}$pu$^{35}_{53}$lɔi$^{13}_{21}$.san$^{35}$ʂət$^{5}$ pu$^{35}_{44}$ia$^{53}_{44}$pu$^{35}_{44}$,ka$^{35}$ka$^{35}_{44}$təu$^{35}_{44}$tʂən$^{35}_{44}$mi$^{21}$ko$^{21}$,ka$^{35}$ka$^{35}_{44}$təu$^{35}_{44}$tso$^{53}$mi$^{21}$ko$^{21}$tʂən$^{35}$ mi$^{21}$ko$^{21}$,mau$^{13}$tek$^{3}$ xan$^{13}$tsien$^{53}$pi$^{53}$.mau$^{13}$tek$^{3}$ fɔŋ$^{53}$kʰəŋ$^{53}$ke$^{53}_{44}$tsien$^{53}$na$^{0}$,tʰai$^{53}$cia$^{35}_{44}$təu$^{35}_{44}$iəŋ$^{53}$ke$^{53}_{44}$ʂʅ$^{13}_{21}$xei$^{53}_{44}$tsɿ$^{0}$ tsʰiəu$^{53}_{44}$mau$^{13}$tek$^{3}$ kʰəŋ$^{53}$ke$^{0}$.

【甑饭】tsien$^{53}$fan$^{53}$ 名用甑蒸的饭。又称“甑蒸饭”：系啊山里个人是蛮享福啦，欸烧柴，用甑蒸饭，食个～，比我等电饭煲机器炉子蒸个好食多哩。用烧柴炒菜，几好食子唠。xei$^{53}$a$^{0}$ san$^{35}$ni$^{21}$ke$^{53}_{44}$ɲin$^{13}_{44}$ʂʅ$^{53}_{44}$man$^{13}$çiɔŋ$^{21}$fuk$^{3}$ la$^{0}$,e$^{0}$ ʂau$^{35}$tsʰai$^{13}$,iəŋ$^{53}_{44}$tsien$^{53}$tʂən$^{35}$fan$^{53}$,ʂət$^{5}$ ke$^{53}_{44}$tsien$^{53}$fan$^{53}$,pi$^{21}$ŋai$^{13}$tien$^{0}$ tʰien$^{53}$fan$^{53}$pau$^{21}$ci$^{35}_{44}$çi$^{53}$ləu$^{13}$tsɿ$^{0}$ tʂən$^{35}_{44}$cie$^{53}_{44}$xau$^{21}$ʂət$^{5}$ to$^{35}$li$^{0}$.iəŋ$^{53}$ʂau$^{35}$tsʰai$^{13}$tsʰau$^{21}$tsʰɔi$^{53}$,ci$^{21}$xau$^{21}$ʂət$^{5}$ tsɿ$^{0}$ lau$^{0}$.

【甑蒸饭】tsien$^{53}$tʂən$^{35}$fan$^{53}$ 名用甑蒸的饭：以到我等走下箇只欸走嘿我阿舅子箇，食个～，好食。i$^{21}$tau$^{53}$ŋai$^{13}_{21}$tien$^{0}$ tsei$^{21}$ia$^{53}$kai$^{53}$tʂak$^{3}$ e$_{21}$tsei$^{21}$xek$^{3}$ ŋai$^{13}_{44}$a$^{35}$cʰiəu$^{35}_{44}$tsɿ$^{0}$ kai$^{53}_{44}$,ʂət$^{5}$ ke$^{53}_{44}$tsien$^{53}$tʂən$^{53}_{44}$fan$^{53}$,xau$^{21}$ ʂət$^{5}$.

【扎$_{3}$】tsait$^{5}$ 动刺；戳：橡皮上会～只子凼子。ʂɔn$^{13}$pʰi$^{13}$xɔŋ$^{53}_{44}$uɔi$^{53}_{44}$tsait$^{5}$ tʂak$^{3}$ tsɿ$^{0}$ tʰɔŋ$^{53}$tsɿ$^{0}$.丨我等人箇阵子去屋下，欸，夜晡舞点倒松光络到箇田里去～湖鳅。ŋai$^{13}_{21}$tien$^{0}$ in$^{13}_{21}$kai$^{53}$tʂʰən$^{53}$tsɿ$^{0}$ çi$^{53}$uk$^{3}$ xa$^{53}$,ei$_{21}$,ia$^{53}$pu$^{35}_{44}$u$^{21}$tian$^{21}$tau$^{21}$tsʰəŋ$^{13}$kɔŋ$^{35}_{44}$lɔk$^{5}$ tau$^{53}$kai$^{53}$tʰien$^{13}$ni$^{21}$çi$^{53}$tsait$^{5}$ fu$^{13}$tsʰiəu$^{35}_{44}$.

【扎滑】tsait$^{3}$uait$^{5}$ 形摩擦力强；不滑：以双鞋～，着倒唔滑呀。i$^{21}$səŋ$^{35}_{44}$xai$^{13}_{21}$tsait$^{3}$ uait$^{5}$,tʂɔk$^{3}$ tau$^{21}$ m̩$^{13}$uait$^{5}$ ia$^{0}$.

【扎齐】tsait$^{5}$ tsʰe$^{13}$ 形状态词。①很整齐。又称“斩齐、齐扎”：欸栽个豆子生齐哩，生得～。e$_{21}$tsɔi$^{35}$ke$^{53}_{44}$tʰei$^{53}$tsɿ$^{0}$ saŋ$^{35}$tsʰe$^{13}$li$^{0}$,saŋ$^{35}$tek$^{3}$ tsait$^{3}_{5}$ tsʰe$^{13}_{21}$. ②齐全；一个不少：你只有一只车牯，对方个士象～，你箇将军将渠唔死。ɲi$^{13}_{21}$tʂʅ$^{21}$iəu$^{35}_{53}$iet$^{3}$ tʂak$^{3}$ cie$^{35}$ku$^{21}$,ti$^{53}$fɔŋ$^{35}_{44}$ke$^{0}$ sɿ$^{53}$siɔŋ$^{53}$tsait$^{5}$ tsʰe$^{13}_{21}$, ɲi$^{13}$kai$^{53}$ tsiɔŋ$^{35}_{44}$tʂən$^{35}_{44}$tsiɔŋ$^{35}_{44}$ci$^{13}_{21}$n̩$^{13}_{21}$si$^{21}$.

【扎实】tsait$^{3}$ ʂət$^{5}$ 形①东西结实，牢固：以只东西贵滴子，就系蛮～。i$^{21}$tʂak$^{3}$ təŋ$^{35}$si$^{35}$kuei$^{53}$tiet$^{5}$ tsɿ$^{0}$,tsʰiəu$^{53}$xe$^{53}$man$^{13}$tsait$^{3}$ ʂət$^{5}$.丨用豆浆刷一到，然后又用桐油油一到。箇就唔知几板扎，就更～。iəŋ$^{53}_{44}$tʰei$^{53}$tsiɔŋ$^{35}$sɔit$^{3}$ iet$^{3}$ tau$^{53}$,vien$^{13}$xei$^{53}_{44}$iəu$^{53}$iəŋ$^{53}$tʰəŋ$^{13}$iəu$^{13}$iəu$^{13}$iet$^{3}$ tau$^{53}$.kai$^{53}_{44}$tsʰiəu$^{53}_{44}$n̩$^{13}_{21}$ti$^{35}_{44}$ci$^{21}$pan$^{21}$ tsait$^{3}$,tsiəu$^{53}_{44}$cien$^{53}_{44}$tsait$^{3}$ ʂət$^{5}$. ②人身体强健：一般呢就请箇个高大滴子啊，欸，～滴子个人（来打出山）。iet$^{3}$ pɔn$^{35}$ne$^{0}$ tsʰiəu$^{53}_{44}$tsʰin$^{21}$kai$^{53}_{44}$ke$^{53}_{44}$kau$^{35}$tʰai$^{53}_{44}$tiet$^{5}$ tsɿ$^{0}$ a$^{0}$,e$_{21}$,tsait$^{3}$ ʂət$^{5}$ tiet$^{5}$ tsɿ$^{0}$ ke$^{53}_{44}$ɲin$^{13}_{21}$.

【扎头】tsait$^{3}$ tʰei$^{13}$ 动将理发业务承包给某理发师：么个～嘞？就系搞批发呀，欸，我只头欸搞……搞承包喔，我只头包一年，包过分渠，箇阵子包一年个头呀都只系几块子钱呢。mak$^{3}$ e$^{0}$ tsait$^{3}$ tʰei$^{13}$le$^{0}$ ?tsiəu$^{53}$xe$^{53}$kau$^{21}$pʰi$^{35}$fait$^{3}$ ia$^{0}$,e$_{21}$,ŋai$^{13}$tʂak$^{3}$ tʰei$^{13}_{21}$e$_{44}$kau$^{21}$…kau$^{21}$tʂʰən$^{13}_{21}$pau$^{35}$uo$^{0}$,ŋai$^{13}$tʂak$^{3}$ tʰei$^{13}$pau$^{35}$iet$^{3}$ɲien$^{13}$,pau$^{35}$ko$^{53}_{44}$pən$^{35}$ci$^{13}_{21}$,kai$^{53}$tʂʰən$^{53}$tsɿ$^{0}$ pau$^{35}$iet$^{3}$ɲien$^{13}$ke$^{53}$tʰei$^{13}$ia$^{0}$ təu$^{35}_{44}$tʂʅ$^{21}$(x)e$^{53}_{44}$ci$^{21}$kʰuai$^{53}$tsɿ$^{0}$ tsʰien$^{13}_{21}$ne$^{0}$.

【渣】tsa$^{35}$ 名渣滓；物质经提炼或使用后的残余部分：滤嘿～去呀。li$^{53}$iek$^{3}$(←xek$^{3}$)tsa$^{35}$çi$^{53}_{44}$ia$^{0}$.

【轧】tsak$^{3}$ 动①压：～下子布个，～抻下子个，铁尺。tsak$^{3}$(x)a$^{53}_{44}$tsɿ$^{0}$ pu$^{53}$ke$^{53}_{44}$,tsak$^{3}$ tʂʰən$^{35}$na$_{44}$(←xa$^{53}$)tsɿ$^{0}$ ke$^{53}$,tʰiet$^{3}$ tʂʰak$^{3}$.丨你夜晡睡目你咁子～倒胸脯前撞怕就会做噩梦。ɲi$^{13}$ia$^{53}$pu$^{35}_{44}$ʂɔi$^{53}$ muk$^{3}$ɲi$^{13}_{21}$kan$^{21}$tsɿ$^{0}$ tsak$^{3}$ tau$^{21}$çiəŋ$^{35}_{53}$pʰu$^{13}_{21}$tsʰien$^{13}_{21}$tsʰɔŋ$^{21}$pʰa$^{53}$tsʰiəu$^{53}$uɔi$^{53}$tso$^{53}$ɔk$^{3}$ məŋ$^{53}$. ②赌博时押注：欸，我细细子就看过赌钱摇宝个嘞。欸我还～过。e$_{44}$,ŋai$^{13}$se$^{53}$se$^{53}$tsɿ$^{0}$ tsiəu$^{53}$kʰɔn$^{53}_{44}$ko$^{53}_{44}$təu$^{21}$tsʰien$^{13}_{44}$iau$^{13}$ pau$^{21}$ke$^{53}$lei$^{0}$.e$_{44}$ŋai$^{13}$xai$^{13}$tsak$^{3}$ ko$^{53}$.

【轧宝】tsak$^{3}$ pau$^{21}$ 动压宝。又称“摇宝”：拿倒钱去，我压一下，安做压一轧一宝，就安做～。轧赢哩就有赔呀，系唔系？轧输哩就冇哩哟。la$^{53}$tau$^{21}$tsʰien$^{13}$çi$^{13}$,ŋai$^{13}$iak$^{3}$iet$^{3}$xa$^{53}$,ɔn$^{35}_{44}$tso$^{53}$ iak$^{3}$iet$^{3}$tsak$^{3}$iet$^{3}$pau$^{21}$,tsʰiəu$^{53}_{44}$ɔn$^{35}_{53}$tso$^{53}$tsak$^{3}$pau$^{21}$.tsak$^{3}$iaŋ$^{13}$li$^{0}$tsʰiəu$^{53}$iəu$^{35}$pʰi$^{13}$ia$^{0}$,xei$^{53}$me$^{53}$?tsak$^{3}$ʂəu$^{35}$li$^{0}$ tsʰiəu$^{53}$mau$^{13}$li$^{0}$io$^{0}$.

【轧岁钱】tsak$^{3}$sɔi$^{53}$tsʰien$^{13}$ 名压岁钱：我姆婆是箇个外甥来哩外孙来哩我姆婆都爱拿～。过年个时候子，正月啊，我箇个外甥啊外孙呐长日都会来同我姆婆拜年，我姆婆就爱拿～。ŋai$^{13}_{21}$ m̩$^{35}$me$^{35}_{44}$ʂʅ$^{53}_{44}$kai$^{53}_{44}$ke$^{53}_{44}$ŋɔi$^{53}$saŋ$^{35}_{44}$nɔi$^{13}$li$^{0}$ ŋɔi$^{53}$sən$^{35}$nɔi$^{13}$li$^{0}$ ŋai$^{13}_{21}$m̩$^{13}$me$^{35}_{44}$təu$^{35}$ɔi$^{53}$la$^{53}$tsak$^{3}$sɔi$^{53}$tsʰien$^{13}_{21}$.ko$^{53}$ɲien$^{13}$ke$^{0}$ ʂʅ$^{13}$xei$^{53}$tsʅ$^{0}$,tʂaŋ$^{35}$ɲiet$^{5}$a$^{0}$,ŋai$^{13}_{21}$kai$^{53}$ke$^{53}_{44}$ŋɔi$^{53}$saŋ$^{35}_{44}$ŋa$^{0}$ ŋɔi$^{53}$sən$^{35}$na$^{0}$ tʂʰɔŋ$^{13}$ɲiet$^{3}$ təu$^{35}$uɔi$^{53}_{44}$lɔi$^{13}_{21}$tʰəŋ$^{13}$ŋai$^{13}_{21}$m̩$^{35}$me$^{35}_{44}$ pai$^{53}$ɲien$^{13}$,ŋai$^{13}_{21}$m̩$^{35}$me$^{35}_{44}$tsʰiəu$^{53}$ɔi$^{53}$la$^{53}$tsak$^{3}$sɔi$^{53}$tsʰien$^{13}_{21}$.

【煠】tsak$^{3}$ 动把食物放在滚沸的油锅中熬熟：（玉兰片）晒干来，还爱油去～。sai$^{53}$kɔn$^{35}$ nɔi$^{13}_{44}$,xai$^{13}$ɔi$^{53}_{44}$iəu$^{13}$çi$^{53}_{44}$tsak$^{3}$.

【铡】tsʰait$^{5}$ 动用铡刀切（多）。又称“剪”：我客姓人是～猪菜，学倒箇本地人就话剪猪菜。箇是还有剁猪菜个啊，有剁个噢，我等客姓人唔多剁，都用马剪。ŋai$^{13}$kʰak$^{3}$sin$^{53}$ɲin$^{13}_{21}$ʂʅ$^{53}_{44}$tsʰait$^{5}$ tʂəu$^{35}_{44}$tsʰɔi$^{53}_{44}$,xɔk$^{5}$tau$^{21}_{44}$kai$^{53}_{44}$pən$^{21}$tʰi$^{53}$ɲin$^{13}_{21}$tsʰiəu$^{53}_{44}$ua$^{53}_{44}$tsien$^{21}_{53}$tʂəu$^{35}$tsʰɔi$^{53}_{44}$.kai$^{53}_{44}$ʂʅ$^{53}_{44}$xai$^{13}_{21}$iəu$^{35}_{44}$to$^{53}$tʂəu$^{35}$tsʰɔi$^{53}_{44}$ke$^{53}_{44}$ a$^{0}$,iəu$^{35}$to$^{53}$ke$^{53}_{44}$au$^{0}$,ŋai$^{13}_{21}$tien$^{0}$kʰak$^{3}$sin$^{53}$ɲin$^{13}_{21}$n̩$^{13}_{21}$to$^{35}$to$^{53}_{44}$,təu$^{35}$iəŋ$^{53}_{44}$ma$^{35}$tsien$^{21}$.｜用杆～，剪做咁长子，～碎来，用马剪去～呀，剪做咁长子。iəŋ$^{53}$kɔn$^{21}$tsʰait$^{5}$,tsien$^{21}$tso$^{53}$kan$^{21}$tʂʰɔŋ$^{13}$tsʅ$^{0}$,tsʰait$^{5}$si$^{53}$lɔi$^{13}_{21}$,iəŋ$^{53}_{44}$ ma$^{35}$tsien$^{21}$çi$^{53}_{44}$tsʰait$^{5}$ia$^{0}$,tsien$^{21}$tso$^{53}$kan$^{21}$tʂʰɔŋ$^{13}$tsʅ$^{0}$.

【诈死枫】tsa$^{53}$si$^{21}$fəŋ$^{35}$ 名中药见风消的俗称：箇～嘞就系长日都咁个箇叶呀死瘪瘪哩，死瘪瘪哩个叶。有得哪阵子话欸么个欸馥嫩子啊柳青子，箇起就安做～。kai$^{53}_{44}$tsa$^{53}$si$^{21}$fəŋ$^{35}$lei$^{0}$tsʰiəu$^{53}$ xei$^{53}_{44}$tʂʰɔŋ$^{13}$ɲiet$^{3}$təu$^{35}_{53}$kan$^{21}$kei$^{53}$kai$^{53}_{44}$iait$^{5}$ia$^{0}$ si$^{21}$tsiəu$^{21}$tsiəu$^{21}_{13}$li$^{0}$,si$^{21}$tsiəu$^{21}$tsiəu$^{21}_{13}$li$^{0}$ke$^{53}_{44}$iait$^{5}$.mau$^{13}$tek$^{3}$lai$^{53}$ tʂʰən$^{53}$tsʅ$^{0}$ua$^{53}$e$_{44}$mak$^{3}$kei$^{53}_{44}$e$_{21}$fət$^{5}$lən$^{53}$tsʅ$^{0}$a$^{0}$liəu$^{21}$tsʰiaŋ$^{35}_{44}$tsʅ$^{0}$,kai$^{53}$çi$^{21}_{44}$tsʰiəu$^{53}_{44}$ɔn$^{35}_{44}$tso$^{53}_{44}$tsa$^{53}$si$^{21}$fəŋ$^{35}$.

【栅门子】tsʰak$^{5}$mən$^{13}$tsʅ$^{0}$ 名安在大门上的朝外开的辅助门，主要用来将鸡鸭等挡在门外：我箇只屋个～上下起来，箇厅子里就冇得哩鸡屎。鸡子就进来唔得哩，就冇得哩鸡屎。ŋai$^{13}$ kai$^{53}$tʂak$^{3}$uk$^{3}$kei$^{53}$tsʰak$^{5}$mən$^{13}_{44}$tsʅ$^{0}$ʂɔŋ$^{21}$ŋa$^{53}$çi$^{21}$lɔi$^{13}$,kai$^{53}$tʰaŋ$^{35}$tsʅ$^{0}$li$^{0}$tsʰiəu$^{53}$mau$^{13}$tek$^{3}$li$^{0}$cie$^{35}$ʂʅ$^{21}$.cie$^{35}$tsʅ$^{0}$ tsʰiəu$^{53}$tsin$^{35}$nɔi$^{13}_{21}$n̩$^{13}_{44}$tek$^{3}$li$^{0}$,tsiəu$^{53}$mau$^{13}_{21}$tek$^{3}$li$^{0}$cie$^{35}$ʂʅ$^{21}$.

【炸】tsa$^{53}$ 动①爆炸：（花炮厂）～过。头番子箇映～死一只。tsa$^{53}$ko$^{53}_{21}$.tʰei$^{13}_{21}$fan$^{35}_{44}$tsʅ$^{0}$kai$^{53}_{44}$iaŋ$^{53}_{44}$tsa$^{53}$ sʅ$^{21}$iet$^{3}$tʂak$^{3}$. ②突然破裂：渠会爆，会～　～叭叭瓒，射得你一身个油。ci$^{13}_{21}$uɔi$^{53}_{44}$pau$^{53}$,uɔi$^{53}_{44}$ tsa$^{53}_{44}$paŋ$_{53}$paŋ$_{21}$tsa$^{53}$pa$_{53}$pa$_{21}$tsan$^{53}$,ʂa$^{53}$tek$^{3}$ɲi$^{13}_{21}$iet$^{3}$ʂən$^{35}$ke$^{53}$iəu$^{13}$.

【炸雷】tsa$^{53}$li$^{13}$ 名霹雳，又称“炸雷公”：打只～ ta$^{21}$tʂak$^{3}$tsa$^{53}$li$^{13}$｜箇只雷打石啊就～打开来个。kai$^{53}$tʂak$^{3}$li$^{13}$ta$^{21}$ʂak$^{5}$a$^{0}$tsʰiəu$^{53}_{44}$tsa$^{53}$li$^{13}_{44}$ta$^{21}$kʰɔi$^{35}_{44}$lɔi$^{13}_{21}$ke$^{0}$.

【炸雷公】tsa$^{53}$li$^{13}$kəŋ$^{35}$ 名霹雳，又称“雷”：打只～ ta$^{21}$tʂak$^{3}$tsa$^{53}$li$^{13}_{21}$kəŋ$^{35}_{44}$｜箇个～唔知几煞啦。欸，箇雷打石雷打石就系～打开来个啦。kai$^{53}_{44}$ke$^{53}_{44}$tsa$^{53}$li$^{13}_{21}$kəŋ$^{35}_{44}$n̩$^{13}$ti$^{35}_{53}$ci$^{21}$sait$^{3}$la$^{0}$.e$_{21}$,kai$^{53}_{44}$li$^{13}$ta$^{21}$ʂak$^{5}$li$^{13}$ ta$^{21}$ʂak$^{5}$tsʰiəu$^{53}$xe$^{53}_{44}$tsa$^{53}$li$^{13}_{21}$kəŋ$^{35}_{44}$ta$^{21}$kʰɔi$^{35}_{44}$lɔi$^{13}_{21}$ke$^{53}_{44}$la$^{0}$.

【榨$_{1}$】tsa$^{53}$ 动用压力挤出汁水或内含物：桐毡就～桐油个。tʰəŋ$^{13}$kʰu$^{35}_{44}$tsʰiəu$^{53}_{44}$tsa$^{53}$tʰəŋ$^{13}$iəu$^{13}_{44}$ke$^{53}$. ｜舀箇豆腐袋肚里，手里扼稳，咁子去～。～出箇豆腐浆来。～就～下哪嘞？就～下镬里装倒。滤出来就箇就就滤个过程当中啊，就边滤就边～，渠就冇滴就渠会唔知几多冇得出啦。哈？就用手去～。～出浆来。～出豆腐浆来。边舀倒去箇豆腐袋肚里，渠就会边出来滴。但是后背还蛮多。欸，还蛮多嘞就还～嘿滴去。最后就剩倒一滴子。总～总干，就剩倒一饽子。箇个一饽子就真正个豆腐渣。箇一饽，有几多啊。嗯，就～出豆腐渣来。iau$^{21}$kai$^{53}_{44}$tʰei$^{53}_{44}$fu$^{53}_{44}$ tʰɔi$^{53}$təu$^{21}$li$^{0}$,ʂəu$^{21}$li$^{0}$ia$^{21}$uən$^{21}$,kan$^{21}$tsʅ$^{0}$çi$^{53}_{44}$tsa$^{53}$.tsa$^{53}$tʂʰət$^{3}$kai$^{53}_{44}$tʰei$^{53}_{44}$fu$^{53}_{44}$tsiɔŋ$^{35}$lɔi$^{13}_{21}$.tsa$^{53}_{44}$tsiəu$^{53}_{21}$tsa$^{53}_{44}$xa$^{53}_{44}$lai$^{53}_{44}$ lei$^{0}$?tsʰiəu$^{53}_{44}$tsa$^{53}_{44}$xa$^{53}_{44}$uɔk$^{5}$li$^{0}$tsɔŋ$^{35}$tau$^{21}$.li$^{53}$tʂʰət$^{3}$lɔi$^{13}_{21}$tsʰiəu$^{0}$kai$^{53}_{44}$tsʰiəu$^{53}_{44}$tsʰiəu$^{53}_{44}$li$^{53}$ke$^{53}_{44}$ko$^{53}$tʂʰən$^{13}_{21}$tɔŋ$^{35}_{44}$tʂəŋ$^{35}_{44}$ ŋa$^{0}$,tsʰiəu$^{53}_{44}$pien$^{35}$li$^{53}$tsʰiəu$^{53}_{44}$pien$^{35}$tsa$^{53}$,ci$^{13}_{21}$tsʰiəu$^{53}_{44}$iəu$^{35}$tet$^{5}$tsʰiəu$^{53}_{44}$ci$^{13}$uɔi$^{53}$n̩$^{13}$ti$^{35}_{53}$ci$^{21}$to$^{35}$mau$^{13}$tek$^{3}$tʂʰət$^{3}$ la$^{0}$.xa$_{35}$?tsʰiəu$^{53}_{44}$iəŋ$^{53}_{44}$ʂəu$^{21}$çi$^{53}_{44}$tsa$^{53}$.tsa$^{53}$tʂʰət$^{3}$tsiɔŋ$^{35}$lɔi$^{13}_{21}$.tsa$^{53}$tʂʰət$^{3}$tʰei$^{53}$fu$^{53}_{44}$tsiɔŋ$^{35}$lɔi$^{13}_{21}$.pien$^{35}$iau$^{21}$tau$^{21}$çi$^{53}_{44}$kai$^{53}_{44}$ tʰei$^{53}$fu$^{53}$tʰɔi$^{53}$təu$^{21}$li$^{0}$,ci$^{13}_{21}$tsʰiəu$^{53}$uɔi$^{53}$pien$^{35}$tʂʰət$^{3}$lɔi$^{13}_{21}$tiet$^{5}$.tan$^{53}_{44}$ʂʅ$^{53}_{21}$xei$^{53}$pɔi$^{53}_{44}$xai$^{13}$man$^{13}$to$^{35}$.e$_{21}$,xai$^{13}$man$^{13}$to$^{35}$ lei$^{0}$tsʰiəu$^{53}$xai$^{13}_{21}$tsa$^{53}$xek$^{3}$tiet$^{5}$çi$^{53}$.tsei$^{53}_{44}$xei$^{53}_{44}$tsʰiəu$^{53}_{44}$ʂən$^{53}$tau$^{21}$iet$^{3}$tiet$^{5}$tsʅ$^{0}$.tsəŋ$^{21}$tsa$^{53}$tsəŋ$^{21}$kɔn$^{35}$,tsʰiəu$^{53}_{44}$ʂən$^{53}$ tau$^{21}$iet$^{3}$pʰɔk$^{5}$tsʅ$^{0}$.kai$^{53}_{44}$ke$^{53}_{44}$iet$^{3}$pʰɔk$^{5}$tsʅ$^{0}$tsʰiəu$^{53}_{44}$tʂən$^{35}$tʂən$^{53}_{44}$ke$^{53}_{44}$tʰei$^{53}$fu$^{53}_{44}$tsa$^{35}$.kai$^{53}_{44}$iet$^{3}$pʰɔk$^{5}$,mau$^{13}$ci$^{21}$to$^{35}$ a$^{0}$.ŋ̍$_{21}$,tsʰiəu$^{53}_{44}$tsa$^{53}$tʂʰət$^{3}$tʰei$^{53}$fu$^{53}_{44}$tsa$^{35}$lɔi$^{13}_{21}$.

【榨$_{2}$】tsa$^{53}$ 量指榨油的数量：我等就打嘿一～，欸，箇学生爱。ŋai$^{13}$tien$^{0}$tsʰiəu$^{53}$ta$^{21}$xek$^{3}$iet$^{3}$ tsa$^{53}$,e$_{21}$,kai$^{53}_{21}$xɔk$^{5}$saŋ$^{35}$ɔi$^{53}_{44}$.

【榨枋子】tsa$^{53}$fɔŋ$^{35}$tsɿ$^{0}$ [名]用木榨榨油时所使用的木枋子。也简称“榨枋”：有榨枋，箇个欸箇个木榨，箇油榨，欸，用树做个箇油榨，榨油个时候子爱用咁个四四方方个枋子去榨，去紧呐，箇就安做～。iəu$^{13}$tsa$^{53}$xɔŋ$^{35}$,kai$^{53}$kei$^{53}$e$_{21}$kai$^{53}_{44}$ke$^{53}_{44}$muk$^{3}$tsa$^{53}$,kai$^{53}$iəu$^{13}$tsa$^{53}$,e$_{21}$,iəŋ$^{53}_{44}$ʂəu$^{53}$tso$^{53}_{44}$ke$^{53}_{44}$kai$^{53}_{44}$iəu$^{13}$tsa$^{53}$,tsa$^{53}$iəu$^{13}$ke$^{53}_{44}$ʂʅ$^{13}_{44}$xei$^{53}_{44}$tsɿ$^{0}$ ɔi$^{53}_{44}$iəŋ$^{53}_{44}$kan$^{21}$kei$^{53}_{44}$si$^{53}$si$^{53}$fɔŋ$^{35}_{44}$fɔŋ$^{35}_{44}$ke$^{0}$ fɔŋ$^{35}$tsɿ$^{0}$ çi$^{53}_{44}$tsa$^{53}$,çi$^{53}$cin$^{21}$na$^{0}$,kai$^{53}_{44}$tsʰiəu$^{53}_{44}$ɔn$^{35}_{44}$tso$^{53}_{44}$tsa$^{53}$fɔŋ$^{35}$tsɿ$^{0}$.

【榨木匠】tsa$^{53}$muk$^{3}$siɔŋ$^{53}$ [名]制造和检修油榨的专业木匠：还有～嘞。以前榨油哇，系啊？你去你看过吗？箇榨油哇，用一筒大树，中间舞倒箇舞倒去撞啊。做箇起东西个人安做～。渠就只会做箇只东西。别人家做个要唔得。xai$^{13}_{21}$iəu$^{35}_{44}$tsa$^{53}$muk$^{3}$siɔŋ$^{53}$le$^{0}$.i$^{35}_{44}$tsʰien$^{13}_{44}$tsa$^{53}$iəu$^{13}$ua$^{0}$,xei$^{53}_{44}$a$^{0}$?ɲi$^{13}_{21}$çi$^{53}_{44}$ɲi$^{13}_{21}$kʰɔn$^{53}$ko$^{53}$ma$^{0}$?kai$^{53}_{44}$tsa$^{53}_{44}$iəu$^{13}$ua$^{0}$,iəŋ$^{53}_{44}$iet$^{3}$tʰəŋ$^{13}$tʰai$^{53}$ʂu$^{53}$,tʂəŋ$^{35}$kan$^{35}_{44}$u$^{21}$tau$^{21}$kai$^{53}_{44}$u$^{21}$tau$^{21}$çi$^{53}$tsʰɔŋ$^{53}$ŋa$^{0}$.tso$^{53}$kai$^{53}$çi$^{21}$təŋ$^{35}_{44}$si$^{0}$ ke$^{53}$ɲin$^{13}_{21}$ɔn$^{35}$tso$^{53}_{44}$tsa$^{53}$muk$^{3}$siɔŋ$^{53}$.ci$^{13}$tsʰiəu$^{53}$tʂət$^{3}$uɔi$^{53}$tso$^{53}_{44}$kai$^{53}_{44}$tʂak$^{3}$təŋ$^{35}_{44}$si$^{0}$.pʰiet$^{5}$ɲin$^{13}_{21}$ka$^{35}_{44}$tso$^{53}_{44}$ke$^{53}_{44}$iau$^{53}$n̩$^{13}_{21}$tek$^{3}$.｜箇个年年呢打油个时候子嘞爱请倒箇～来检枋子，就系修理箇个枋子。kai$^{53}_{44}$kei$^{53}_{44}$ɲien$^{13}$ɲien$^{13}_{21}$ne$^{0}$ta$^{21}$iəu$^{13}$ke$^{53}$ʂʅ$^{13}_{44}$xei$^{53}_{44}$tsɿ$^{0}$ lei$^{0}$ ɔi$^{53}$tsʰiaŋ$^{21}$tau$^{21}$kai$^{53}_{44}$tsa$^{53}$muk$^{3}$siɔŋ$^{53}$lɔi$^{13}_{44}$cian$^{21}$fɔŋ$^{35}$tsɿ$^{0}$,tsiəu$^{53}_{44}$xe$^{53}_{44}$siəu$^{35}$li$^{35}$kai$^{53}_{21}$ke$^{53}_{21}$fɔŋ$^{35}$tsɿ$^{0}$.

【榨人】tsa$^{53}$ɲin$^{13}$ [形]指下雨前天气湿热闷人：先～，后落水。sien$^{35}$tsa$^{53}$ɲin$^{13}$,xei$^{53}$lɔk$^{5}$ʂei$^{21}$.

【榨笋】tsa$^{53}$sən$^{21}$ [名]煮熟榨水晒干而成的笋干：劈开来去晒都要……/我等都喊～。/都喊～。/就是通过被压榨个。/压榨个目的就榨干水。唔系就冇哩干。唔系就。干倒还𫟷干都臭嘿哩，因为箇时候子天气比较热。pʰiak$^{3}$kʰɔi$^{35}$lɔi$^{13}_{21}$çi$^{53}_{44}$sai$^{53}$təu$^{35}$iau$^{53}_{44}$…/ŋai$^{13}$tien$^{0}$ təu$^{35}$xan$^{53}_{44}$tsa$^{53}$sən$^{21}$./təu$^{35}$xan$^{53}_{44}$tsa$^{53}$sən$^{21}$./tsʰiəu$^{53}_{21}$ʂʅ$^{53}_{21}$tʰəŋ$^{35}$ko$^{53}_{44}$pʰi$^{53}_{44}$iak$^{3}$ tsa$^{53}_{44}$ke$^{0}$./iak$^{3}$ tsa$^{53}_{44}$ke$^{53}_{44}$muk$^{3}$ tiet$^{3}$ tsʰiəu$^{53}_{44}$tsa$^{53}$kɔn$^{35}$ʂei$^{21}$.m̩$^{13}$pʰe$^{53}$(←xe$^{53}$)tsʰiəu$^{53}$mau$^{13}$li$^{0}$ kɔn$^{35}$.m̩$^{13}$pʰe$^{53}$(←xe$^{53}$)tsʰiəu$^{53}$.kɔn$^{35}$tau$^{53}$xa$^{13}_{21}$maŋ$^{13}$kɔn$^{35}$təu$^{35}_{44}$tʂʰəu$^{53}$xek$^{3}$li$^{0}$,in$^{35}$uei$^{53}_{44}$kai$^{53}_{44}$ʂʅ$^{13}$xei$^{53}$tsɿ$^{0}$ tʰien$^{35}$cʰi$^{53}$pi$^{21}$ciau$^{53}_{44}$ɲiet$^{5}$.

【榨油】tsa$^{53}$iəu$^{13}$ [动]压榨植物籽实以获得油料：以前是棉花籽也用来～嘞。i$^{35}_{53}$tsʰien$^{13}_{44}$ʂʅ$^{53}_{44}$mien$^{13}$fa$^{35}_{44}$tsɿ$^{0}$ ia$^{35}$iəŋ$^{53}$lɔi$^{13}_{21}$tsa$^{53}$iəu$^{13}$le$^{0}$.｜花生也有么人用来～我等以个栏场都。fa$^{35}$sen$^{35}_{44}$ia$^{35}_{44}$mau$^{13}_{21}$mak$^{3}$ in$^{13}_{44}$iəŋ$^{53}$lɔi$^{13}_{21}$tsa$^{53}$iəu$^{13}$ŋai$^{13}$tien$^{0}$ i$^{21}$ke$^{53}$laŋ$^{13}$tʂʰɔŋ$^{13}_{44}$təu$^{35}_{21}$.

【斋】tsai$^{35}$ [名]素食；素菜：十碗菜，或者十二碗菜，尽～。ʂət$^{5}$ uɔn$^{21}$tsʰɔi$^{53}$,xɔit$^{3}$ tʂa$^{21}$ʂət$^{5}$ɲi$^{53}$uɔn$^{21}$tsʰɔi$^{53}$,tsʰin$^{53}$tsai$^{35}$.

【斋菜】tsai$^{35}$tsʰɔi$^{53}$ [名]素菜。又称“小菜”：箇起就～哟。如果相对来讲就～。又安做小菜。荤菜摎小菜。kai$^{53}$çi$^{21}$tsʰiəu$^{53}_{44}$tsai$^{35}$tsʰɔi$^{53}$io$^{0}$.y$^{13}$ko$^{21}$siɔŋ$^{35}$tei$^{53}$lɔi$^{13}_{21}$kɔŋ$^{21}$tsiəu$^{53}_{44}$tsai$^{35}$tsʰɔi$^{53}$.iəu$^{53}_{44}$ɔn$^{35}$tso$^{53}$siau$^{21}$tsʰɔi$^{53}$.fən$^{35}$tsʰɔi$^{53}$lau$^{35}_{44}$siau$^{21}$tsʰɔi$^{53}$.｜正斋箇晡就一……尽系～，食十碗。尽～。tʂən$^{53}$tsai$^{35}_{44}$kai$^{53}_{44}$pu$^{35}_{44}$tsʰiəu$^{53}_{44}$iet$^{3}$…tsʰin$^{53}$xe$^{53}_{44}$tsai$^{35}$tsʰɔi$^{53}$,ʂət$^{5}_{3}$ ʂət$^{5}$ uɔn$^{21}$.tsʰin$^{53}$tsai$^{35}$tsʰɔi$^{53}$.

【斋公】tsai$^{35}$kəŋ$^{35}$ [名]信佛吃斋者：～就食斋个人，食斋个，唔食荤个人。从前是分猪呢饽饽啊都看做系荤，猪油都看做系荤。～就硬唔食荤，食斋。tsai$^{35}$kəŋ$^{35}_{44}$tsʰiəu$^{53}_{44}$ʂət$^{5}$ tsai$^{35}$ke$^{53}$ɲin$^{13}_{44}$,ʂət$^{5}$ tsai$^{35}_{44}$cie$^{53}$,n̩$^{13}_{21}$ʂət$^{5}$ fən$^{35}$ke$^{53}$ɲin$^{13}_{44}$.tsʰəŋ$^{13}$tsʰien$^{13}_{44}$ʂʅ$^{53}_{44}$pən$^{35}_{44}$tʂəu$^{35}$ə$_{21}$pɔk$^{5}$ pɔk$^{5}$ a$^{0}$ təu$^{35}$kʰɔn$^{53}_{44}$tso$^{53}_{21}$xe$^{53}_{21}$fən$^{35}$,tʂəu$^{35}$iəu$^{13}$təu$^{35}_{44}$kʰɔn$^{53}_{44}$tso$^{53}_{44}$xe$^{53}_{21}$fən$^{35}$.tsai$^{35}$kəŋ$^{35}_{44}$tsʰiəu$^{53}_{44}$ɲiaŋ$^{53}$n̩$^{13}$ʂət$^{5}$ fən$^{35}$,ʂət$^{5}$ tsai$^{35}$.｜欸，我等箇映有只箇个唠话哩渠等笑渠唠，一只咁个安做～，渠自家安做～，安做长日食斋，系<u>唔系</u>？箇两子爷去耘田呢，分渠踩倒一只脚鱼。“欸，来看下以只么东西？”渠自家是安做食斋呀，唔好捡得啊，就爱渠赖子舞倒去食。渠话：“还话你系～，你那个假～哦硬系。”“我赖子舞个咯，我𫟷舞嘞。”～是莫食荤吵，系<u>唔系</u>？笑死人。ei$_{44}$,ŋai$^{13}$tien$^{0}$ kai$^{53}$iaŋ$^{53}$iəu$^{35}_{44}$tʂak$^{3}$ kai$^{53}$ke$^{53}$lau$^{0}$ ua$^{53}_{44}$li$^{0}$ ci$^{13}_{21}$tien$^{0}$ siau$^{53}$ci$^{13}_{21}$lau$^{0}$,iet$^{3}$ tʂak$^{3}$ kan$^{21}_{44}$ke$^{53}_{44}$ɔn$^{35}$tso$^{53}$tsai$^{35}$kəŋ$^{35}_{44}$,ci$^{13}_{21}$tsʰʅ$^{35}$ka$^{35}_{53}$ɔn$^{35}_{53}$tso$^{53}$tsai$^{35}$kəŋ$^{35}_{44}$,ɔn$^{35}_{44}$tso$^{53}_{44}$tʂʰɔŋ$^{13}$ɲiet$^{3}$ ʂət$^{5}$ tsai$^{35}$,xei$^{53}_{44}$me$^{53}_{44}$?kai$^{53}$iɔŋ$^{21}$tsɿ$^{21}$ia$^{13}$çi$^{53}$in$^{13}_{21}$tʰien$^{13}$ne$^{0}$,pən$^{35}$ci$^{13}_{21}$tsʰai$^{21}$tau$^{21}$iet$^{3}$ tʂak$^{3}$ ciɔk$^{3}$ ŋ̍$^{13}$."e$^{0}$,lɔi$^{13}$kʰɔn$^{53}$na$^{53}$i$^{21}$ tʂak$^{3}$ mak$^{3}$ (t)əŋ$^{35}_{44}$si$^{0}$?"ci$^{13}_{21}$tsʰʅ$^{35}$ka$^{35}_{53}$ʂʅ$^{53}_{44}$ɔn$^{35}_{44}$tso$^{53}_{44}$ʂət$^{5}$ tsai$^{35}$ia$^{0}$,m̩$^{13}_{44}$xau$^{21}_{44}$cian$^{21}$tek$^{3}$ a$^{0}$,tsiəu$^{53}_{44}$ɔi$^{53}$ci$^{13}_{21}$lai$^{53}$tsɿ$^{0}$ u$^{21}$tau$^{21}$çi$^{53}_{21}$ʂət$^{5}$ .ci$^{13}_{44}$ua$^{53}_{44}$:"xan$^{13}$ua$^{53}$ɲi$^{13}$xe$^{53}$tsai$^{35}$kəŋ$^{35}_{44}$, ɲi$^{13}$lai$^{53}_{44}$ke$^{53}_{44}$cia$^{21}$tsai$^{35}_{44}$kəŋ$^{35}_{44}$ŋo$^{0}$ ɲiaŋ$^{53}$xe$^{53}_{21}$.""ŋai$^{13}$lai$^{53}$tsɿ$^{0}$ u$^{21}$ke$^{53}$ko$^{0}$,ŋai$^{13}$maŋ$^{13}_{44}$u$^{21}$le$^{0}$."tsai$^{35}$kəŋ$^{35}_{53}$ʂʅ$^{53}_{44}$mɔk$^{5}$ ʂət$^{5}$ fən$^{35}$ʂa$^{0}$,xei$^{53}$me$^{53}_{21}$?siau$^{53}$si$^{21}$ɲin$^{13}$.

【斋货】tsai$^{35}$fo$^{53}$ [名]不含荤东西的各种货品：渠箇子所谓～就系饼啊，饼干呐，欸，面呐，箇些东西就安做～。唔卖猪肉唔卖鱼子箇兜。箇我就晓得嘞，渠开只斋货铺。卖饼，卖饼干，卖笋呐，卖箇个金针箇兜咁个东西啊。反正渠个就～货凑。欸，各么个都有呢，有就食得个，要有干货。欸，就系如今南杂店样。欸，就如今个欸农贸市场箇摊子样啊。只系渠只系唔卖荤东西凑，饽饽箇兜都唔卖。斋货店。卖得最多个系卖饼，做饼卖。欸，渠做饼出哩名嘞，箇阵子我等上背都：“你等箇有只做饼个老子咯，春老子咯，春老子做饼咯，还会做吗？”

ci$^{13}$kai$^{53}_{44}$tsɿ$^{0}$ so$^{21}$uei$^{3}$tsai$^{35}$fo$^{53}$tsʰiəu$^{53}_{44}$xei$^{53}_{44}$piaŋ$^{21}$ŋa$^{0}$ ,piaŋ$^{21}$kɔn$^{35}$na$^{0}$ ,e$_{21}$ ,mien$^{35}$na$^{0}$ ,kai$^{53}_{44}$sie$^{35}_{44}$təŋ$^{35}_{44}$si$^{0}$ tsʰiəu$^{53}_{44}$ɔn$^{35}_{44}$ tso$^{53}_{44}$tsai$^{35}$fo$^{53}$.m̩$^{13}$mai$^{53}_{44}$tʂəu$^{35}$ɲiəuk$^{3}$ m̩$^{13}$mai$^{53}_{44}$ŋ̍$^{13}$tsɿ$^{0}$ kai$^{53}_{44}$tei$^{35}_{53}$.kai$^{53}$ŋai$^{13}_{21}$tsʰiəu$^{53}$çiau$^{21}$tek$^{3}$ lei$^{0}$ ,ci$^{13}_{21}$kʰɔi$^{35}$tʂak$^{3}$ tsai$^{35}$fo$^{53}$pʰu$^{53}$.mai$^{53}$piaŋ$^{21}$,mai$^{53}$piaŋ$^{21}$kɔŋ$^{35}$,mai$^{53}$sən$^{21}$na$^{0}$ ,mai$^{53}$kai$^{53}_{44}$kei$^{53}_{44}$cin$^{35}$tʂən$^{35}$kai$^{53}_{44}$tei$^{35}_{53}$kan$^{21}$ke$^{53}_{21}$təŋ$^{35}_{44}$si$^{0}$ a$^{0}$ .fan$^{21}$tʂən$^{53}$ci$^{13}_{21}$ke$^{53}$tsʰiəu$^{53}_{44}$tsai$^{35}_{44}$fo$^{53}$fo$^{53}$tsʰe$^{0}$ .e$_{44}$,kɔk$^{3}$ mak$^{3}$ ke$^{53}_{44}$təu$^{35}_{44}$iəu$^{35}$nei$^{0}$ ,iəu$^{35}$tsʰiəu$^{53}$ʂət$^{5}$ tek$^{3}$ ke$^{53}$,iau$^{53}$ iəu$^{35}_{44}$kɔn$^{35}$fo$^{53}$.ei$_{44}$,tsʰiəu$^{53}$xei$^{53}$i$^{13}_{21}$cin$^{35}_{53}$nan$^{13}$tsʰait$^{5}_{3}$ tian$^{53}$iɔŋ$^{53}_{21}$.ei$_{21}$,tsʰiəu$^{53}$i$^{13}_{21}$cin$^{35}_{53}$kei$^{53}$e$_{44}$ləŋ$^{13}_{21}$miau$^{53}_{44}$ʂʅ$^{53}_{44}$tʂʰɔŋ$^{21}$ kai$^{53}$tʰan$^{35}$tsɿ$^{0}$ iɔŋ$^{53}$ŋa$^{0}$ .tʂʅ$^{21}$xei$^{53}$ci$^{13}_{44}$tʂʅ$^{21}$xei$^{53}$m̩$^{13}_{21}$mai$^{53}$fən$^{35}$təŋ$^{35}_{44}$si$^{0}$ tsʰe$^{0}$ ,pɔk$^{5}$ pɔk$^{5}$ kai$^{53}_{44}$te$^{53}_{44}$təu$^{35}_{53}$m̩$^{13}_{21}$mai$^{53}$.tsai$^{35}$ fo$^{53}$tian$^{53}$.mai$^{53}$tek$^{3}$ tsei$^{53}$to$^{35}_{44}$ke$^{53}_{44}$xei$^{53}$mai$^{53}$piaŋ$^{21}$,tso$^{53}$piaŋ$^{21}$mai$^{53}$.ei$_{44}$,ci$^{13}_{44}$tso$^{53}$piaŋ$^{21}$tʂʰət$^{3}$ li$^{0}$ miaŋ$^{13}$lei$^{0}$ ,kai$^{53}_{44}$ tʂʰən$^{35}_{44}$tsɿ$^{0}$ ŋai$^{13}_{21}$tien$^{0}$ ʂɔŋ$^{53}$pɔi$^{35}_{44}$təu$^{35}_{44}$:"ɲi$^{13}_{21}$tien$^{0}$ kai$^{53}_{44}$iəu$^{35}$tʂak$^{3}$ tso$^{53}$piaŋ$^{21}$ke$^{53}$lau$^{21}$tsɿ$^{0}$ ko$_{35}$,tʂʰən$^{35}$nau$^{21}$tsɿ$^{0}$ ko$^{0}$ , tʂʰən$^{35}$nau$^{21}$tsɿ$^{0}$ tso$^{53}$piaŋ$^{21}$ko$^{0}$ ,xai$^{13}_{21}$uɔi$^{53}$tso$^{53}$ma$_{35}$?"

【斋货铺】tsai$^{35}$fo$^{53}$pʰu$^{53}$ 名售卖斋货的店铺：～就以前我等箇只欸叔公渠就开～嘞。渠开只～，去皇碑树下开倒，就卖箇个，欸，卖斋货。tsai$^{35}$fo$^{53}$pʰu$^{53}$tsʰiəu$^{53}_{44}$i$^{35}_{53}$tsʰien$^{13}_{44}$ŋai$^{13}$tien$^{0}$ kai$^{53}$tʂak$^{3}$ e$_{21}$ ʂəuk$^{3}$ kəŋ$^{35}$ci$^{13}$tsʰiəu$^{53}_{44}$kʰɔi$^{35}_{44}$tʂak$^{3}$ tsai$^{35}_{44}$fo$^{53}_{21}$pʰu$^{53}$lei$^{0}$ .ci$^{13}$kʰɔi$^{35}$tʂak$^{3}$ tsai$^{35}_{44}$fo$^{53}_{21}$pʰu$^{53}$,çi$^{53}$uɔŋ$^{13}_{21}$pi$^{35}_{44}$ʂəu$^{53}$xa$^{53}_{44}$kʰɔi$^{35}_{44}$ tau$^{21}_{44}$,tsʰiəu$^{53}_{44}$mai$^{53}$kai$^{53}_{44}$ke$^{53}_{44}$,e$_{21}$,mai$^{53}$tsai$^{35}$fo$^{53}$.

【斋婆子】tsai$^{35}$pʰo$^{13}$tsɿ$^{0}$ 名吃长斋的妇女：我等下只队有只婆婆子，嗯，姓张个，张婆子，渠就一只～。渠就唔食荤，食长斋。ŋai$^{13}$tien$^{0}$ xa$^{35}$tʂak$^{3}$ ti$^{53}$iəu$^{35}$tʂak$^{3}$ pʰo$^{13}$pʰo$^{13}_{44}$tsɿ$^{0}$ ,n̩$_{21}$,siaŋ$^{53}$tʂɔŋ$^{35}$ke$^{0}$ , tʂɔŋ$^{35}$pʰo$^{13}_{21}$tsɿ$^{0}$ ,ci$^{13}$tsʰiəu$^{53}$iet$^{3}$ tʂak$^{3}$ tsai$^{35}_{44}$pʰo$^{13}_{21}$tsɿ$^{0}$ .ci$^{13}_{21}$tsʰiəu$^{53}$n̩$^{13}_{21}$ʂət$^{5}$ fən$^{35}_{53}$,ʂət$^{5}$ tʂʰɔŋ$^{13}_{21}$tsai$^{35}_{53}$.

【斋鱼】tsai$^{35}$ŋ̍$^{13}$ 名一种用来供奉、祭奠死者的鱼形米制品：有滴以前有是有……做个～噢。做成个鱼噢，舞块木板呶。分箇个面粉箇只啦或者糯米箇只，米粉箇只，做咁圆子和正来哟，和正来，用箇块板一印呶，做成系鱼样个唠，安做～噢。iəu$^{35}$tet$^{5}_{0}$ i$^{35}$tsʰien$^{13}$iəu$^{35}$ʂʅ$^{53}_{44}$iəu$^{35}_{44}$k…tso$^{53}_{44}$ ke$^{53}_{44}$tsai$^{35}$ŋ̍$^{13}_{21}$ŋau$^{0}$ .tso$^{53}$ʂaŋ$^{13}_{21}$ke$^{53}_{44}$ŋ̍$^{13}$ŋau$^{0}$ ,u$^{21}$kʰuai$^{53}$muk$^{3}$ pan$^{21}$nau$^{0}$ .pəŋ$^{35}$kai$^{53}_{44}$ke$^{53}_{44}$mien$^{53}$fən$^{21}$kai$^{53}_{44}$tʂak$^{3}$ la$^{0}$ xɔit$^{5}$ tʂa$^{21}$lo$^{53}$mi$^{21}$kai$^{53}_{44}$tʂak$^{3}$,mi$^{21}$fən$^{21}$kai$^{53}_{44}$tʂak$^{3}$,tso$^{53}_{44}$kan$^{21}$ien$^{13}$tsɿ$^{0}$ xo$^{13}$tʂaŋ$^{53}$lɔi$^{13}_{44}$iau$^{0}$ ,xo$^{13}$tʂaŋ$^{53}_{44}$lɔi$^{13}_{44}$,iəŋ$^{53}$kai$^{53}$kʰuai$^{53}_{44}$ pan$^{21}$iet$^{3}$ in$^{53}$nau$^{0}$ ,tso$^{53}$ʂaŋ$^{13}_{21}$xei$^{53}_{44}$ŋ̍$^{13}$ɲiɔŋ$^{53}_{44}$ke$^{53}_{44}$lau$^{0}$ ,ɔn$^{35}_{44}$tso$^{53}_{44}$tsai$^{35}$ŋ̍$^{13}_{21}$ŋau$^{0}$ .

【摘】tsak$^{3}$ 动用手采下：～茶叶，采茶，～茶籽，～菜，～猪菜，都用以只东西。tsak$^{3}$ tsʰa$^{13}$ iait$^{5}_{3}$,tsʰai$^{21}$tsʰa$^{13}$,tsak$^{3}$ tsʰa$^{13}$tsɿ$^{21}$,tsak$^{3}$ tsʰɔi$^{53}$,tsak$^{3}$ tʂəu$^{35}$tsʰɔi$^{53}_{44}$,təu$^{35}$iəŋ$^{53}_{44}$i$^{21}$tʂak$^{3}$ təŋ$^{35}_{44}$si$^{0}$ .｜到菜园里去～菜哟，～滴子菜哟。tau$^{53}$tsʰɔi$^{53}$ien$^{13}_{21}$li$^{0}$ çi$^{53}$tsak$^{3}$ tsʰɔi$^{53}$io$^{0}$ ,tsak$^{3}$ tet$^{5}$ tsɿ$^{0}$ tsʰɔi$^{53}$io$^{0}$ .

【窄狭子】tsiet$^{5}$ cʰiait$^{5}$ tsɿ$^{0}$ 形狭窄貌，又称“狭狭子”：你箇只咁间硬～个。ɲi$^{13}_{21}$kai$^{53}$tʂak$^{3}$ kan$^{35}$ ɲian$^{53}_{44}$tsiet$^{5}$ cʰiait$^{5}$ tsɿ$^{0}$ ke$^{0}$ .

【占】tʂan$^{35}$ 形没有糯性的：箇个指柳条红也系～个啦。kai$^{53}_{44}$ke$^{53}_{44}$ia$^{35}$xei$^{53}_{44}$tʂan$^{35}$ke$^{53}_{44}$la$^{0}$ .

【占卦】tʂan$^{35}$kua$^{53}$ 动①替人根据卦象推算吉凶祸福：以前我公太就会～，长日同别人家～。让门子啊，我嫔子学我听啊，系唔系？我是箇个唠，我是岁多子渠就我公太就死嘿哩，还正岁多子。八八六十四卦内求一卦，嗯，三百八十四爻内求一爻。欸，让门子啊，爻莫让门子啊，卦莫乱奔呀，唔多记得箇就，念兜子咁个，～。i$^{35}_{53}$tsʰien$^{13}_{44}$ŋai$^{13}_{44}$kəŋ$^{35}$tʰai$^{53}$tsʰiəu$^{53}_{44}$uɔi$^{53}_{44}$tʂan$^{35}$ kua$^{53}$,tʂʰɔŋ$^{13}$ɲiet$^{3}$ tʰəŋ$^{13}$pʰiet$^{5}$ in$^{13}_{44}$ka$^{35}_{44}$tʂan$^{35}$kua$^{53}$. ɲiɔŋ$^{53}_{44}$mən$^{13}_{44}$tsɿ$^{0}$ a$^{0}$ ,ŋai$^{13}_{21}$ɔi$^{35}$tsɿ$^{0}$ xɔk$^{5}$ ŋai$^{13}_{21}$tʰaŋ$^{35}$ŋa$^{0}$ ,xei$^{53}_{44}$me$^{53}_{44}$? ŋai$^{13}$ʂʅ$^{53}_{44}$kai$^{53}$ke$^{53}$lau$^{0}$ ,ŋai$^{13}$ʂʅ$^{53}_{44}$sɔi$^{53}$to$^{35}_{44}$tsɿ$^{0}$ ci$^{13}_{21}$tsʰiəu$^{53}$ŋai$^{13}_{44}$kəŋ$^{35}$tʰai$^{53}_{44}$tsʰiəu$^{53}$si$^{21}$xek$^{3}$ li$^{0}$ ,xai$^{13}_{21}$tʂaŋ$^{53}_{44}$sɔi$^{53}$to$^{35}_{44}$tsɿ$^{0}$ . pait$^{3}$ pait$^{3}$ liəuk$^{3}$ ʂət$^{5}$ si$^{53}$kua$^{53}$li$^{53}$cʰiəu$^{13}_{21}$iet$^{3}$ kua$^{53}$,n̩$_{53}$,san$^{35}$pak$^{3}$ pait$^{3}$ ʂət$^{5}$ si$^{53}$xau$^{13}$lei$^{53}$cʰiəu$^{13}_{21}$iet$^{3}$ xau$^{13}$.e$_{21}$, ɲiɔŋ$^{53}$ mən$^{13}_{44}$tsɿ$^{0}$ a$^{0}$ ,xau$^{13}$mɔk$^{5}$ ɲiɔŋ$^{53}_{44}$mən$^{13}_{44}$tsɿ$^{0}$ a$^{0}$ ,kua$^{53}$mɔk$^{5}$ lɔn$^{53}$tait$^{5}$ ia$^{0}$ ,n̩$^{13}_{21}$to$^{35}_{44}$ci$^{53}$tek$^{3}$ kai$^{53}_{21}$tsʰiəu$^{53}_{21}$, ɲian$^{53}_{44}$tei$^{35}_{53}$tsɿ$^{0}$ kan$^{21}$cie$^{53}_{44}$,tʂan$^{35}$kua$^{53}$.｜我个公太呀，曾祖父哇，渠就会～。～就舞只咁样东西，肚里放一只缗钱，舞下咁个一只咁样木工一样个东西，肚里放一只缗钱一摇，摇倒就一带，箇一只缗钱跌下出来。根据箇缗钱个样子来看。就是那箇孔方兄啊。ŋai$^{13}$cie$^{53}$kəŋ$^{35}$tʰai$^{53}_{44}$ia$^{0}$ ,tsien$^{35}$tsəu$^{21}$fu$^{53}$ ua$^{0}$ ,ci$^{13}_{21}$tsʰiəu$^{53}_{44}$uɔi$^{53}_{44}$tʂan$^{35}$kua$^{53}$.tʂan$^{35}$kua$^{53}$tsʰiəu$^{53}_{44}$u$^{21}$tʂak$^{3}$ kan$^{21}$iɔŋ$^{53}_{44}$təŋ$^{35}_{44}$si$^{0}$ ,təu$^{21}$li$^{0}$ fɔŋ$^{53}$iet$^{3}$ tʂak$^{3}$ min$^{13}$ tsʰien$^{13}$,u$^{21}$(x)a$^{53}_{21}$(k)an$^{21}$kei$^{53}_{44}$iet$^{3}$ tʂak$^{3}$ kan$^{21}$iɔŋ$^{53}_{44}$muk$^{3}$ kəŋ$^{35}_{21}$iet$^{3}$ iɔŋ$^{53}_{44}$ke$^{53}_{44}$təŋ$^{35}_{44}$si$^{0}$ ,təu$^{21}$li$^{0}$ fɔŋ$^{53}$iet$^{3}$ tʂak$^{3}$ min$^{13}_{21}$ tsʰien$^{13}_{44}$iet$^{3}$ iau$^{13}$,iau$^{13}$tau$^{21}$tsʰiəu$^{53}_{44}$iet$^{3}$ tai$^{53}$,kai$^{53}$iet$^{3}$ (tʂ)ak$^{3}$ min$^{13}_{21}$tsʰien$^{13}_{44}$tsʰiəu$^{53}_{44}$tiet$^{3}$ (x)a$^{53}$tʂʰət$^{3}$ lɔi$^{13}$.cien$^{35}$tʂʅ$^{53}$ kai$^{53}_{44}$min$^{13}$tsʰien$^{13}$ke$^{53}_{44}$iɔŋ$^{53}$tsɿ$^{0}$ lɔi$^{13}_{21}$kʰɔn$^{53}$.tsʰiəu$^{53}$ʂʅ$^{53}_{44}$lai$^{53}_{44}$kai$^{53}_{44}$kʰəŋ$^{21}$faŋ$^{35}_{44}$çiəŋ$^{35}_{44}$ŋa$^{0}$. ②请人根据卦象推算吉凶祸福：我公太～个时候子啊，箇个来～个人呐，箇个欸几十里都跑倒来～，嗯，几十里都跑倒来。来～个人呐，有几十里远个。可能系我公太个卦蛮灵。嗯。ŋai$^{13}_{21}$kəŋ$^{35}$tʰai$^{53}_{44}$tʂan$^{35}_{44}$kua$^{53}$ kei$^{53}_{44}$ʂʅ$^{13}$xei$^{53}$tsɿ$^{0}$ a$^{0}$ ,kai$^{53}_{44}$ke$^{53}_{44}$lɔi$^{13}$tʂan$^{35}$kua$^{53}$kei$^{53}$ɲin$^{13}_{21}$na$^{0}$ ,kai$^{53}_{44}$ke$^{53}_{44}$e$_{21}$ci$^{21}$ʂət$^{5}$ li$^{35}$təu$^{35}_{53}$pʰau$^{21}$tau$^{21}$lɔi$^{13}_{21}$tʂan$^{35}_{44}$ kua$^{53}$,n̩$_{21}$,ci$^{21}$ʂət$^{5}$ li$^{35}$təu$^{35}_{53}$pʰau$^{21}$tau$^{21}$lɔi$^{13}$.lɔi$^{13}$tʂan$^{35}$kua$^{53}$kei$^{53}$ɲin$^{13}_{21}$na$^{0}$ ,iəu$^{35}$ci$^{21}$ʂət$^{5}$ li$^{35}$ien$^{21}$ke$^{0}$ .kʰo$^{21}$len$^{13}$xei$^{53}$ ŋai$^{13}_{21}$kəŋ$^{35}$tʰai$^{53}_{44}$ke$^{53}_{44}$kua$^{53}$man$^{13}$lin$^{13}$.n̩$_{21}$.

【占卦个】tʂan$^{35}$kua$^{53}$ke$^{0}$ ①指替人算卦的人：我公太系只～。ŋai$^{13}_{21}$kəŋ$^{35}$tʰai$^{53}_{44}$xei$^{53}$tʂak$^{3}$ tʂan$^{35}$kua$^{53}$ke$^{0}$.②指前来请人算卦的人：屋下来哩蛮多～。uk$^{3}$xa$^{53}$ləi$^{13}_{44}$li$^{0}$man$^{13}$to$^{35}_{44}$tʂan$^{35}$kua$^{53}$ke$^{0}$.

【占米】tʂan$^{35}$mi$^{21}$ 名籼米；无黏性的大米：唔糯个就喊～呀。n̩$^{13}$lo$^{53}$ke$^{53}_{44}$tsʰiəu$^{53}_{44}$xan$^{53}_{44}$tʂan$^{35}$mi$^{21}$ia$^{0}$.｜冇得糯性个就系～。mau$^{13}$tek$^{3}$lo$^{53}$sin$^{53}$ke$^{53}_{44}$tsʰiəu$^{53}_{44}$xe$^{53}_{44}$tʂan$^{35}$mi$^{21}$.

【占米饭】tʂan$^{35}$mi$^{21}$fan$^{53}$ 名籼米饭：从前是～呐食唔饱，有糯米饭呢箇就更欸唔知几奢侈个享受，一只享受。tsʰəŋ$^{13}$tsʰien$^{13}_{44}$ʂʅ$^{53}_{44}$tʂan$^{35}$mi$^{21}$fan$^{53}_{44}$na$^{0}$ ʂət$^{5}$ m̩$^{13}_{44}$pau$^{21}$,iəu$^{35}$lo$^{53}$mi$^{21}$fan$^{53}$ne$^{0}$ kai$^{53}_{44}$tsʰiəu$^{53}_{44}$cien$^{53}$e$_{21}$ n̩$^{13}_{21}$ti$^{35}_{53}$ci$^{21}$ʂa$^{35}$tʂʰʅ$^{21}$ke$^{53}_{44}$çiəŋ$^{21}$ʂəu$^{53}$,iet$^{3}$ tʂak$^{3}$ çiəŋ$^{21}$ʂəu$^{53}$.

【占米粉】tʂan$^{35}$mi$^{21}$fən$^{21}$ 名用籼米磨成的粉末：你买滴米粉，买滴糯米粉也好，～也好，欸，你舞倒去做。ɲi$^{13}_{21}$mai$^{35}$tet$^{5}$ mi$^{21}$fən$^{21}$,mai$^{35}$tet$^{5}$ lo$^{53}$mi$^{21}$fən$^{21}$na$^{35}$(←ia$^{35}$)xau$^{21}$,tʂan$^{35}$mi$^{21}$fən$^{21}$na$^{35}$(←ia$^{35}$) xau$^{21}$,ei$_{21}$, ɲi$^{13}$u$^{21}$tau$^{21}$çi$^{53}_{44}$tso$^{53}$.

【占米馃】tʂan$^{35}$mi$^{21}$ko$^{21}$ 名籼米加工成的米馃：会做～，我等欸以前呐。～就哪起嘞？就系搭兜杂粮去，放兜艾去做呢，艾米馃要用占米做，～。欸，还有嘞就么个嘞？还有就七月七呢，欸，七月七，做药米馃子呢，箇也爱放占米，也放占米，也做～也做糯米馃七月七就，做药米馃子。uɔi$^{53}$tso$^{53}$tʂan$^{35}$mi$^{21}$ko$^{21}$,ŋai$^{13}_{21}$tien$^{0}$ e$_{21}$i$^{35}_{53}$tsʰien$^{13}_{44}$na$^{0}$.tʂan$^{35}$mi$^{21}$ko$^{21}$tsʰiəu$^{53}$lai$^{53}$çi$^{21}_{44}$le$^{0}$?tsʰiəu$^{53}$uei$^{53}$tait$^{3}$ te$^{35}_{44}$tsʰait$^{5}$ liəŋ$^{13}_{21}$çi$^{53}$,fəŋ$^{53}_{44}$tei$^{35}_{44}$ɲie$^{53}$çi$^{53}_{44}$tso$^{53}$nei$^{0}$, ɲie$^{53}$mi$^{21}$ko$^{21}$iau$^{53}$iəŋ$^{53}$tʂan$^{35}$mi$^{21}$tso$^{53}$,tʂan$^{35}$mi$^{21}$ko$^{21}$.e$_{21}$,xai$^{13}_{21}$ iəu$^{35}_{44}$le$^{0}$ tsʰiəu$^{53}$mak$^{3}$ e$^{0}$ le$^{0}$ ?xai$^{13}_{21}$iəu$^{35}_{44}$tsʰiəu$^{53}$tsʰiet$^{3}$ɲiet$^{5}$ tsʰiet$^{3}$ nei$^{0}$,e$_{21}$,tsʰiet$^{3}$ɲiet$^{5}$ tsʰiet$^{3}$,tso$^{53}_{44}$iɔk$^{5}$ mi$^{21}$ko$^{21}$tsɿ$^{0}$ nei$^{0}$,kai$^{53}_{44}$ia$^{35}$ɔi$^{53}_{44}$fəŋ$^{53}$tʂan$^{35}$mi$^{21}$,ia$^{35}$fəŋ$^{53}$tʂan$^{35}$mi$^{21}$,ia$^{35}$tso$^{53}$tʂan$^{35}$mi$^{21}$ko$^{21}$ia$^{35}$tso$^{53}$lo$^{53}$mi$^{21}$ko$^{21}$tsʰiet$^{3}$ɲiet$^{5}$ tsʰiet$^{3}$ tsʰiəu$^{53}$,tso$^{53}_{44}$iɔk$^{5}$ mi$^{21}$ko$^{21}$tsɿ$^{0}$.

【占米酒】tʂan$^{35}$mi$^{21}$tsiəu$^{21}$ 名米烧酒：欸，只系强调箇只酒系占米搞出来个，就加“占米”。一般都系米酒，就系指糯米酒。欸，强调渠系占米个蒸出来个就系～。e$_{44}$,tʂe$^{21}$(x)e$^{53}_{44}$cʰiəŋ$^{13}_{21}$ tiau$^{53}_{44}$kai$^{53}$tʂak$^{3}$ tsiəu$^{21}$xei$^{53}_{44}$tʂan$^{35}$mi$^{21}$kau$^{21}$tʂʰət$^{3}$ ləi$^{13}_{21}$ke$^{53}$,tsʰiəu$^{53}_{44}$cia$^{35}_{44}$tʂan$^{35}$mi$^{21}$.iet$^{3}$ pən$^{35}$təu$^{35}_{44}$xe$^{53}$mi$^{21}$ tsiəu$^{21}$,tsiəu$^{53}_{44}$xe$^{53}_{44}$tʂʅ$^{21}$lo$^{53}$mi$^{21}$tsiəu$^{21}$.ei$_{21}$,cʰiəŋ$^{13}_{21}$tiau$^{53}$ci$^{13}$xei$^{53}$tʂan$^{35}$mi$^{21}$kei$^{53}$tʂən$^{35}_{44}$tʂʰət$^{3}_{5}$ ləi$^{13}_{21}$ke$^{53}_{44}$tsʰiəu$^{53}_{44}$xe$^{53}_{44}$ tʂan$^{35}$mi$^{21}$tsiəu$^{21}$.

【沾便宜】tʂan$^{35}$pʰian$^{13}$ɲin$^{13}$ 得到非分的好处：吃唔得一滴子亏，只想～。cʰiak$^{3}$ n̩$^{13}_{21}$tek$^{3}$ iet$^{3}$ tiet$^{5}$ tsɿ$^{0}$ kʰuei$^{35}_{44}$,tʂʅ$^{21}$siəŋ$^{21}$tʂan$^{35}_{44}$pʰien$^{13}_{21}$ɲin$^{13}_{21}$.

【毡帽】tʂen$^{35}$mau$^{53}$ 名毡制的帽子：～瘖厚，一只舷舷，～，嗯，有只呃箇个歇后语咯：“你屋下是～烂舷呐，顶好哇。”tʂan$^{35}$mau$^{53}$tek$^{5}$ xei$^{35}$,iet$^{3}$ tʂak$^{3}$ çien$^{13}$çien$^{13}_{44}$,tʂan$^{35}$mau$^{53}$,n̩$_{53}$,iəu$^{35}$tʂak$^{3}$ ə$_{21}$ kai$^{53}_{44}$ke$^{53}_{44}$çiet$^{3}$ xei$^{53}$ɲy$^{21}$ko$^{0}$:"ɲi$^{13}$uk$^{3}$ xa$^{53}$ʂʅ$^{53}_{44}$tʂan$^{35}$mau$^{53}$lan$^{53}$çien$^{13}$na$^{0}$,tin$^{21}$xau$^{21}$ua$^{0}$."｜从前是戴顶～是蛮时髦个路子啦，蛮时髦个样子啊。戴～，着马夹，还有嘞就撑条文明棍，步条文明棍，箇就系大概民国时期最时髦个打扮。tsʰəŋ$^{13}$tsʰien$^{13}$ʂʅ$^{53}_{44}$tai$^{53}$taŋ$^{21}$tʂan$^{35}$mau$^{53}$ʂʅ$^{53}_{44}$man$^{13}$ʂʅ$^{13}$mau$^{13}_{21}$ke$^{53}_{44}$ləu$^{53}$tsɿ$^{0}$ la$^{0}$,man$^{13}$ʂʅ$^{13}$mau$^{13}_{21}$ke$^{53}$iəŋ$^{53}$tsɿ$^{0}$ a$^{0}$.tai$^{53}$tʂan$^{35}$mau$^{53}$,tʂɔk$^{3}$ ma$^{35}$kait$^{3}$,xai$^{13}$iəu$^{35}_{44}$le$^{0}$ tsʰiəu$^{53}$tsʰaŋ$^{53}$tʰiau$^{13}_{44}$uən$^{13}$min$^{13}_{21}$ kuən$^{53}$,pʰu$^{53}$tʰiau$^{13}_{21}$uən$^{13}$min$^{13}_{21}$kuən$^{53}$,kai$^{53}_{44}$tsʰiəu$^{53}_{44}$xe$^{53}$tʰai$^{53}_{44}$kʰai$^{53}$min$^{13}$kɔit$^{3}$ ʂʅ$^{13}$cʰi$^{13}_{21}$tsei$^{53}$ʂʅ$^{13}$mau$^{13}_{21}$ke$^{53}$ta$^{21}$pan$^{53}$.

【斩鸡】tsan$^{21}$cie$^{35}$ 名一种民间发毒誓的方式：～就系割鸡，但是以只～嘞就系用来赌咒个。赌咒就安做：“我硬斩得鸡咯，我硬～都做得。”就系赌咒。tsan$^{21}$cie$^{35}$tsʰiəu$^{53}$xe$^{53}$kɔit$^{3}$ cie$^{35}$,tan$^{53}$ ʂʅ$^{53}$i$^{21}$tʂak$^{3}$ tsan$^{21}$cie$^{35}_{44}$le$^{0}$ tsʰiəu$^{53}_{44}$xei$^{53}$iəŋ$^{53}$ləi$^{13}_{21}$təu$^{21}$tʂəu$^{53}$ke$^{0}$.təu$^{21}$tʂəu$^{53}$tsʰiəu$^{53}_{21}$ɔn$^{35}_{53}$tso$^{53}$:"ŋai$^{13}$ɲiaŋ$^{53}$tsan$^{21}$tek$^{3}$ cie$^{35}$ko$^{0}$,ŋai$^{13}$ɲiaŋ$^{53}_{44}$tsan$^{21}$cie$^{35}$təu$^{35}_{44}$tso$^{53}$tek$^{3}$."tsʰiəu$^{53}_{44}$xe$^{53}_{44}$təu$^{21}$tʂəu$^{53}$.

【斩齐】tsan$^{21}$tsʰe$^{13}$ 形很齐。又称“扎齐、齐扎”：箇张刀唔知几利，欸，舞下去就一箩绳都～断。kai$^{53}_{44}$tʂəŋ$^{35}_{44}$tau$^{35}$n̩$^{13}_{21}$ti$^{35}_{44}$ci$^{21}$li$^{53}$,e$_{21}$,u$^{21}$ua$^{53}$çi$^{53}$tsʰiəu$^{53}_{44}$iet$^{3}$ lo$^{13}$ʂən$^{13}_{21}$təu$^{35}_{53}$tsan$^{21}$tsʰe$^{13}$tʰən$^{35}$.

【盏】tsan$^{21}$ 量用于灯具：神龛上背个就系箇～咁个灯呢，就系……神灯。ʂən$^{13}$kʰan$^{35}_{44}$ʂəŋ$^{53}_{44}$pɔi$^{53}_{44}$ ke$^{53}$tsʰiəu$^{53}$xei$^{53}_{44}$kai$^{53}$tsan$^{21}$kan$^{21}$ke$^{53}_{44}$ten$^{35}_{44}$nei$^{0}$,tsʰiəu$^{53}_{44}$xei$^{53}_{44}$…ʂən$^{13}$ten$^{35}$.｜爱舞～煤油灯呢，舞～灯盏呢。ɔi$^{53}$u$^{21}$tsan$^{21}$mei$^{13}$iəu$^{13}_{21}$tien$^{35}$nei$^{0}$,u$^{21}$tsan$^{21}$tien$^{35}$tsan$^{21}$nei$^{0}$.

【崭新】tsan$^{21}$sin$^{35}$ 形状态词。很新：你系只～个屋哦。ɲi$^{13}_{21}$xei$^{53}$tʂak$^{3}$ tsan$^{21}$sin$^{35}_{53}$ke$^{53}$uk$^{3}$ o$^{0}$.｜你屋下做乘～个楼梯哟。ɲi$^{13}$uk$^{3}$ xa$^{53}_{44}$tso$^{53}$ʂən$^{13}$tsan$^{21}$sin$^{35}_{44}$ke$^{53}$lei$^{13}_{21}$tʰɔi$^{35}_{44}$io$^{0}$.

【站】tsan$^{53}$ 动站立；直着身体，两脚着地或踏在物体上：（坟前）爱～下子人咯。ɔi$^{53}_{44}$tsan$^{53}$na$^{53}_{44}$ tsɿ$^{0}$ɲin$^{13}$ko$^{0}$.｜通唱就～倒上背哼呶。tʰəŋ$^{35}$tʂʰəŋ$^{53}$tsʰiəu$^{53}_{44}$tsan$^{53}$tau$^{21}$ʂəŋ$^{53}$pɔi$^{53}$xen$^{35}$nau$^{0}$.

【绽】tsʰan$^{53}$ 动萌发；长出：禾蔸髻上～个笋就安做禾笋。uo$^{13}$tei$^{35}_{44}$ci$^{53}$xəŋ$^{53}$tsʰan$^{53}$cie$^{53}_{44}$sən$^{21}$tsʰiəu$^{53}_{44}$ ɔn$^{35}_{44}$tso$^{53}_{44}$uo$^{13}$sən$^{21}$.

【蘸】tsian$^{21}$ 动在液体、粉末或糊状的东西里沾一下就拿出来：墨笔～下子 mek$^{5}$piet$^{3}$tsian$^{21}$na$^{53}$

(←xa$^{53}$)tsɿ$^{0}$ | 箇只牛骨粉是爱～呶。kai$^{53}_{44}$tʂak$^{3}$ȵiəu$^{13}$kuət$^{3}_{5}$fən$^{21}$ʂʅ$^{53}_{44}$ɔi$^{53}$tsian$^{21}$nau$^{0}$.

【张$_{1}$】tʂɔŋ$^{35}$ 名姓氏：～先生 tʂɔŋ$^{35}$sien$^{35}$saŋ$^{35}$

【张$_{2}$】tʂɔŋ$^{35}$ 动正面或凹面朝上：本来～个，欸就盖正来。pən$^{21}$lai$^{13}$tʂɔŋ$^{35}$ke$^{53}_{44}$,e$_{21}$ts$^{h}$iəu$^{53}_{44}$kɔi$^{53}$tʂaŋ$^{53}_{21}$lɔi$^{13}_{21}$. | 渠又可以分箇盖～起来。ci$^{13}$iəu$^{53}_{44}$k$^{h}$o$^{21}$i$^{35}_{44}$pən$^{35}$kai$^{53}_{21}$kɔi$^{53}$tʂɔŋ$^{35}$çi$^{21}$lɔi$^{13}$.

【张$_{3}$】tʂɔŋ$^{35}$ 量①用于表面平且有一定面积的事物，一般比较薄：一～票子$_{钞票}$ iet$^{3}$tʂɔŋ$^{35}$p$^{h}$iau$^{53}$tsɿ$^{0}$ | 一～刀 iet$^{3}$tʂɔŋ$^{35}$tau$^{35}$ | 我照哩一～相。ŋai$^{13}$tʂau$^{53}$li$^{0}$iet$^{3}$tʂɔŋ$^{35}$siɔŋ$^{53}$. | 箇就分人背两～凳，两～梭凳，去……爱换肩了嘞，麻溜舞～凳放倒箇映子来，分棺材搁下凳上。kai$^{53}_{44}$ts$^{h}$iəu$^{53}_{44}$pən$^{35}$ȵin$^{13}_{21}$pi$^{53}_{44}$iɔŋ$^{21}$tʂɔŋ$^{35}_{44}$tien$^{53}$,iɔŋ$^{21}$tʂɔŋ$^{35}$so$^{35}$tien$^{53}$,çi$^{53}$f…ɔi$^{53}_{44}$fɔn$^{53}_{44}$cien$^{35}$niau$^{0}$lei$^{0}$,ma$^{13}_{21}$liəu$^{35}_{44}$u$^{21}$tʂɔŋ$^{35}_{44}$tien$^{53}$fɔŋ$^{53}_{44}$tau$^{21}_{44}$kai$^{53}_{44}$iaŋ$^{53}_{44}$tsɿ$^{0}$lɔi$^{13}$,pən$^{35}$kɔn$^{35}_{44}$ts$^{h}$ɔi$^{13}_{21}$kɔk$^{3}$a$^{0}$tien$^{53}$xɔŋ$^{53}_{44}$. | 箇$_{指梳妆台}$就一～书桌样了。kai$^{53}$ts$^{h}$iəu$^{53}_{44}$iet$^{3}$tʂɔŋ$^{35}$ʂəu$^{35}$tsɔk$^{3}$iɔŋ$^{53}$liau$^{0}$. | 请人写～子么个，我等姓万个就万氏宗祖神位呀，写～子红纸子啊。ts$^{h}$iaŋ$^{21}$ȵin$^{13}$sia$^{21}$tʂɔŋ$^{35}$tsɿ$^{0}$mak$^{3}$kei$^{53}_{44}$,ŋai$^{13}$tien$^{0}$siaŋ$^{53}$uan$^{53}$ke$^{53}_{44}$ts$^{h}$iəu$^{53}_{44}$uan$^{53}$ʂʅ$^{53}$tsəŋ$^{35}$tsəu$^{21}$ʂən$^{13}$uei$^{53}$ia$^{0}$,sia$^{21}$tʂɔŋ$^{35}$tsɿ$^{0}$fəŋ$^{13}$tʂʅ$^{21}$tsa$^{0}$(←tsɿ$^{0}$a$^{0}$). | 一～一～子丢（黄钱），丢下，丢一～子，咁长子又丢一～。iet$^{3}$tʂɔŋ$^{35}$iet$^{3}$tʂɔŋ$^{35}$tsɿ$^{0}$tiəu$^{35}_{44}$,tiəu$^{35}_{44}$xa$^{53}_{44}$,tiəu$^{35}_{44}$iet$^{3}$tʂɔŋ$^{35}_{44}$tsɿ$^{0}$,kan$^{21}$tʂ$^{h}$ɔŋ$^{13}_{21}$tsɿ$^{0}$iəu$^{53}$tiəu$^{35}$iet$^{3}$tʂɔŋ$^{35}_{44}$. ②用于某些工具：箇～车靉松个唠。kai$^{53}_{44}$tʂɔŋ$^{35}_{44}$tʂ$^{h}$a$^{35}$lau$^{53}_{35}$səŋ$^{35}_{44}$ke$^{53}$lau$^{0}$. | 箇只然……然后挂起箇……挂箇～犁个，箇就安做水子挽。kai$^{53}$tʂak$^{3}$vien$^{13}$…vien$^{13}_{21}$xei$^{53}_{44}$kua$^{53}$çi$^{21}_{44}$kai$^{53}_{44}$…kua$^{53}$kai$^{53}_{44}$tʂɔŋ$^{35}_{44}$lai$^{13}$ke$^{53}_{44}$,kai$^{53}_{21}$tsiəu$^{53}_{21}$ɔn$^{35}_{44}$tso$^{53}_{44}$ʂei$^{21}$tsɿ$^{0}$uan$^{21}$.

【张口】tʂɔŋ$^{35}$k$^{h}$ei$^{21}$ 动开口（说话）：有滴也简单，～就来，话得渠。iəu$^{35}$tet$^{5}$ia$^{35}$kan$^{21}$tan$^{35}_{44}$,tʂɔŋ$^{35}$k$^{h}$ei$^{21}$ts$^{h}$iəu$^{53}$lɔi$^{13}$,ua$^{53}$tek$^{3}$ci$^{13}_{21}$.

【张水】tʂɔŋ$^{35}$ʂei$^{21}$ 动脸朝上躺在水面上：欸，～嘞，咁子唔系脑壳向上啊，～。e$_{21}$,tʂɔŋ$^{35}$ʂei$^{21}$le$^{0}$,kan$^{21}$tsɿ$^{0}$me$_{44}$lau$^{21}$k$^{h}$ɔk$^{3}$çiɔŋ$^{53}_{44}$ʂɔŋ$^{35}$ŋa$^{0}$,tʂɔŋ$^{35}$ʂei$^{21}$.

【张摊尸】tʂɔŋ$^{35}$t$^{h}$an$^{35}$ʂʅ$^{35}$ 指仰面而睡：欸，～，就系讲睡目，张张个睡个就系～，同箇摊尸样。欸，我等就喜欢睡侧个。e$_{21}$,tʂɔŋ$^{35}$t$^{h}$an$^{35}_{44}$ʂʅ$^{35}$,ts$^{h}$iəu$^{53}_{44}$xei$^{53}_{44}$kɔŋ$^{21}$ʂɔi$^{53}$muk$^{3}$,tʂɔŋ$^{35}$tʂɔŋ$^{35}_{44}$ke$^{0}$ʂɔi$^{53}$ke$^{0}$ts$^{h}$iəu$^{53}_{44}$xe$^{53}_{44}$t$^{h}$an$^{35}$ʂʅ$^{35}$,t$^{h}$əŋ$^{13}_{21}$kai$^{53}_{44}$t$^{h}$an$^{35}_{44}$ʂʅ$^{35}$iɔŋ$^{53}$.e$_{21}$,ŋai$^{13}_{21}$tien$^{0}$ts$^{h}$iəu$^{53}$çi$^{21}$fɔn$^{35}_{44}$ʂɔi$^{53}$tset$^{3}$ke$^{0}$. | 欸，你张张哩睡倒是安做～啦。e$_{21}$,ȵi$^{13}$tʂɔŋ$^{35}$tʂɔŋ$^{35}$li$^{0}$ʂɔi$^{53}$tau$^{21}$ʂʅ$^{53}_{44}$ɔn$^{35}$tso$^{53}_{21}$tʂɔŋ$^{35}_{44}$t$^{h}$an$^{35}_{44}$ʂʅ$^{35}$la$^{0}$.

【张瓦】tʂɔŋ$^{35}$ŋa$^{21}$ 名阴瓦：箇个瓦嘞，盖下屋上个瓦嘞都系晓得都系咁个一条子沟样，弯弯子，箇就瓦就有两欸就必须盖成两起瓦，一起就张个，一起就覆个。张个摆倒去，箇覆个嘞就遮稳箇两口瓦个中间。～搭覆瓦缺一不可。你只有～，箇个空里会漏水。你只有覆瓦，箇更不行，欸水下会漏咁。kai$^{53}$ke$^{53}_{44}$ŋa$^{21}$lei$^{0}$,kɔi$^{53}$ia$^{53}_{44}$uk$^{3}$xɔŋ$^{53}$kei$^{53}$ŋa$^{21}$lei$^{0}$təu$^{35}$xei$^{53}$çiau$^{21}$tek$^{3}$təu$^{35}_{44}$xei$^{53}$kan$^{21}$ke$^{53}$iet$^{3}$t$^{h}$iau$^{13}_{21}$tsɿ$^{0}$kei$^{35}$iɔŋ$^{53}$,uan$^{35}$uan$^{35}$tsɿ$^{0}$,kai$^{53}_{44}$ts$^{h}$iəu$^{53}_{44}$ŋa$^{21}$ts$^{h}$iəu$^{53}$iəu$^{35}_{53}$iɔŋ$^{21}$e$_{21}$ts$^{h}$iəu$^{53}$piet$^{3}$si$^{35}_{44}$kɔi$^{53}$tʂ$^{h}$ən$^{13}_{21}$iɔŋ$^{21}$çi$^{21}$ŋa$^{21}$,iet$^{3}$çi$^{21}$ts$^{h}$iəu$^{53}_{44}$tʂɔŋ$^{35}$ke$^{0}$,iet$^{3}$çi$^{21}$ts$^{h}$iəu$^{53}$p$^{h}$uk$^{3}$ke$^{0}$.tʂɔŋ$^{35}$ke$^{53}$pai$^{21}$tau$^{21}$çi$^{53}$,kai$^{53}$p$^{h}$uk$^{3}$ke$^{53}$lei$^{0}$ts$^{h}$iəu$^{53}$tʂa$^{35}$uən$^{21}$kai$^{53}$iɔŋ$^{21}$xei$^{21}$ŋa$^{21}$ke$^{0}$tʂəŋ$^{35}$kan$^{35}_{44}$.tʂɔŋ$^{35}$ŋa$^{21}$lau$^{35}$p$^{h}$uk$^{3}$ŋa$^{0}$tʂ$^{h}$et$^{5}$iet$^{3}$pət$^{3}$k$^{h}$o$^{21}$. ȵi$^{13}_{21}$tʂʅ$^{21}$iəu$^{35}_{53}$tʂɔŋ$^{35}$ŋa$^{21}$,kai$^{53}_{44}$ke$^{53}_{44}$k$^{h}$əŋ$^{53}$li$^{0}$uɔi$^{53}$lei$^{53}$ʂei$^{21}$. ȵi$^{13}_{21}$tʂʅ$^{21}$iəu$^{35}_{53}$p$^{h}$uk$^{3}$ŋa$^{21}$,kai$^{53}_{44}$cien$^{53}$pət$^{3}$çin$^{13}$,e$_{44}$ʂei$^{21}$xa$^{53}$uɔi$^{53}_{44}$lei$^{53}$kan$^{21}$.

【张张哩】tʂɔŋ$^{35}$tʂɔŋ$^{35}$li$^{0}$ 形状态词。①东西下朝上放置的样子：咁子翻覆覆哩欸咁子～放咯，放就放唔稳，只好挂下壁上。kan$^{21}$tsɿ$^{0}$fan$^{35}_{44}$p$^{h}$uk$^{3}$p$^{h}$uk$^{3}$li$^{0}$e$_{21}$kan$^{21}$tsɿ$^{0}$tʂɔŋ$^{35}$tʂɔŋ$^{35}_{44}$li$^{0}$fɔŋ$^{53}$ko$^{0}$,fɔŋ$^{53}$ts$^{h}$iəu$^{53}_{44}$fɔŋ$^{53}$n̩$^{13}_{21}$uən$^{21}$,tʂʅ$^{21}$(x)au$^{21}$kua$^{53}$(x)a$^{53}_{44}$piak$^{3}$xɔŋ$^{53}$. ②人仰面向上的样子：有只话法咯，让门子啊？卧龙，侧虎，张摊尸。卧龙，就覆覆哩睡，就系一条龙样。嗯，侧侧哩睡，就系老虎样，就爱学老虎睡。～睡嘞就摊尸样。iəu$^{35}$tʂak$^{3}$ua$^{53}$fait$^{3}$ko$^{0}$, ȵiɔŋ$^{53}_{44}$mən$^{13}_{44}$tsɿ$^{0}$a$^{0}$?ŋo$^{53}$liəŋ$^{13}$,tset$^{3}$fu$^{21}$,tʂɔŋ$^{35}$t$^{h}$an$^{35}_{44}$ʂʅ$^{35}$.ŋo$^{53}$liəŋ$^{13}$,ts$^{h}$iəu$^{53}$p$^{h}$uk$^{3}$p$^{h}$uk$^{3}$li$^{0}$ʂɔi$^{53}$,tsiəu$^{53}$xe$^{53}$iet$^{3}$t$^{h}$iau$^{13}_{21}$liəŋ$^{13}$iɔŋ$^{53}$.n̩$_{21}$,tset$^{3}$tset$^{3}$li$^{0}$ʂɔi$^{53}$,ts$^{h}$iəu$^{53}$xe$^{53}$lau$^{21}$fu$^{21}$iɔŋ$^{53}$,ts$^{h}$iəu$^{53}_{44}$ɔi$^{53}$xɔk$^{5}$lau$^{21}$fu$^{21}$ʂɔi$^{53}$.tʂɔŋ$^{35}$tʂɔŋ$^{35}$li$^{0}$ʂɔi$^{53}$le$^{0}$ts$^{h}$iəu$^{53}_{44}$t$^{h}$an$^{35}$ʂʅ$^{35}$iɔŋ$^{53}$.

【章子】tʂɔŋ$^{35}$tsɿ$^{0}$ 名图章。又称“印子”：印就不是～了，不是一只～了，系印鉴了。in$^{53}_{44}$tsiəu$^{53}_{44}$pət$^{3}$ʂʅ$^{53}_{44}$tʂɔŋ$^{35}$tsɿ$^{0}$liau$^{0}$,pət$^{3}$ʂʅ$^{53}_{44}$iet$^{3}$tʂak$^{3}$tʂɔŋ$^{35}$tsɿ$^{0}$liau$^{0}$,xei$^{53}_{44}$in$^{53}$kan$^{53}$niau$^{0}$.

【樟树】tʂɔŋ$^{35}$ʂəu$^{53}$ 名香樟的别名。又称“过冬樟”：～嘞就安做过冬樟。tʂɔŋ$^{35}$ʂəu$^{53}$lei$^{0}$ts$^{h}$iəu$^{53}_{44}$ɔn$^{35}_{44}$tso$^{53}_{44}$ko$^{53}$təŋ$^{35}_{44}$tʂɔŋ$^{35}$.

【樟树精】tʂɔŋ$^{35}$ʂəu$^{53}$tsin$^{35}$ 名神话传说中大樟树化成的妖怪：一条樟树唔知几大，安做樟树成哩精，～。iet$^{3}$t$^{h}$iau$^{13}$tʂɔŋ$^{35}$ʂəu$^{53}$n̩$^{13}_{21}$ti$^{35}_{44}$ci$^{21}$t$^{h}$ai$^{53}$,ɔn$^{35}_{44}$tso$^{53}_{44}$tʂɔŋ$^{35}$ʂəu$^{53}$tʂ$^{h}$ən$^{13}$ni$^{0}$tsin$^{35}$,tʂɔŋ$^{35}$ʂəu$^{53}$tsin$^{35}$.

【樟油】tʂɔŋ$^{35}$iəu$^{13}$ 名樟树树叶或小型枝干经蒸馏而得的一种物质，可进一步提炼樟脑：欸，我就看过熬～个。渠爱先熬成～，～再提炼樟脑。就香樟树哇，欸香樟树是以只栏场有。过冬樟啊。e$_{21}$,ŋai$^{13}_{21}$ts$^{h}$iəu$^{53}_{44}$k$^{h}$ɔn$^{53}$ko$^{53}_{44}$ŋau$^{13}$tʂɔŋ$^{35}$iəu$^{13}$ke$^{53}$.ci$^{13}$ɔi$^{53}_{44}$sien$^{35}$ŋau$^{13}_{21}$tʂ$^{h}$ən$^{13}_{21}$tʂɔŋ$^{35}$iəu$^{13}_{21}$,tʂɔŋ$^{35}$iəu$^{13}$tsai$^{53}$

Z

tʰi13lien53tʂɔŋ35lau21.tsʰiəu$^{53}_{21}$çiɔŋ35tʂɔŋ35ʂəu53ua0,e$_{21}$çiɔŋ35tʂɔŋ35ʂəu53ʂʅ$^{53}_{44}$i21tʂak3 laŋ$^{13}_{21}$tʂʰɔŋ$^{13}_{21}$iəu35.ko53təŋ35tʂɔŋ35 ŋa0.｜我阿舅子箇只屋啊，侧边一条唔知几大个樟树，箇几个人都抱唔倒。你话分雷公打倒死咁哩唠，会死咁了，树楇都冇么个冇了。就各人舞倒熬～熬嘿哩。唔知让门去熬嘞，我记得渠也系舞口镬头嘞，舞倒箇个树舞倒箇树子树哇锯倒劈倒来呀，包括箇树楇嘞，咁大子个树棍子都爱，通通放倒去，我觉得系唔系放下放下舞倒箇大笼床去蒸呢，欸舞倒舞只滮大个笼床去蒸呢，蒸出箇个油来嘞。先就熬成～，蒸出搞出～来，然后再提炼樟脑。真香啊硬啊。ŋai$_{21}$a35cʰiəu$^{35}_{44}$tsʅ0 kai53tʂak3 uk3 a0,tset3 pien$^{35}_{44}$iet3 tʰiau$^{13}_{21}$n̩$^{13}_{21}$ti$^{35}_{53}$ci21tʰai53ke0 tʂɔŋ35ʂəu53,kai53ci21ke53ɲin$^{13}_{21}$təu$^{35}_{44}$ pʰau53n̩$^{13}_{21}$tau21. ɲi$^{13}_{21}$ua53pən$^{35}_{44}$li13kəŋ$^{35}_{44}$ta21tau21si21kan$^{21}_{44}$li0 lau0,uɔi53si21kan21liau0,ʂəu53kʰua21təu$^{35}_{53}$mau$^{13}_{21}$mak3 e0 iəu$^{35}_{44}$liau0.tsʰiəu53kɔk3ɲin$^{13}_{44}$u21tau21ŋau13tʂɔŋ35iəu$^{13}_{21}$ŋau13xek3 li0.n̩13ti$^{35}_{53}$niɔŋ53mən$^{13}_{53}$çi21ŋau13lei0,ŋai13ci21tek3 ci$^{13}_{21}$ ia35xei53u21xei21uɔk5 tʰei$^{13}_{44}$lei0,u21tau21kai$^{53}_{44}$ke$^{53}_{44}$ʂəu53u21tau21kai$^{53}_{44}$ʂəu53tsʅ0 ʂəu53ua0 cie53tau21pʰiak3 tau21lɔi$^{13}_{44}$ ia0,pau35kuait3 kai$^{53}_{44}$ʂəu53kʰua21le0,kan$^{21}_{13}$tʰai53tsʅ0 ke0 ʂəu53kuən53tsʅ0 təu$^{35}_{53}$ɔi$^{53}_{44}$,tʰəŋ35tʰəŋ$^{35}_{44}$fɔŋ53tau21çi53,ŋai13 kɔk3 tek3 xei53mei53fɔŋ53ŋa$^{53}_{44}$fɔŋ53ŋa53u21tau21kai$^{53}_{44}$tʰai53ləŋ13tsʰɔŋ$^{13}_{21}$çi53tʂən35nei0,e0 u21tau21u21tʂak3 mən35tʰai$^{53}_{44}$ ke0 ləŋ13tsʰɔŋ$^{13}_{21}$çi53tʂən35nei0,tʂən35tʂʰət3 kai53ke53iəu13lɔi$^{13}_{44}$lei0.sien35tsʰiəu53ŋau$^{13}_{21}$tʂʰən$^{13}_{21}$tʂɔŋ35iəu$^{13}_{21}$,tʂən35tʂʰət3 kau21tʂʰət3 tʂɔŋ35iəu13lɔi$^{13}_{44}$,vien13xei$^{53}_{44}$tsai53tʰi13lien53tʂɔŋ35lau21.tʂən35çiɔŋ35ŋa0ɲiaŋ53ŋa0.

【长$_4$】tʂɔŋ21 动①生长；滋长：渠指狗姜每年会～一坨。ci$^{13}_{21}$mei35ɲien$^{13}_{21}$uɔi53tʂɔŋ21iet3 tʰo13. ②成长；发育：（喊开下子）就系为哩使箇只细子呢能够欸更好个～大。tsʰiəu53xe$^{53}_{44}$uei53li0 ʂʅ21kai53tʂak3 se53tsʅ21ne0 nen$^{13}_{21}$ciəu53e$_{21}$cien53xau21ke$^{53}_{44}$tʂɔŋ21tʰai53.｜箇只人赠～身体呀，箇个伞把都扤得起。kai53 tʂak3ɲin$^{13}_{21}$maŋ13tʂɔŋ21ʂən35tʰi21ia0,kai$^{53}_{21}$ke$^{53}_{21}$san53pa$^{53}_{44}$təu$^{35}_{44}$kʰuai21tek3 çi21.

【长辈】tʂɔŋ21pi53 名辈分高、年纪长的人：爷子箇一辈个，阿公箇一辈个，系唔系？还有更上辈个，箇起人我等就称为～。欸，其实～也系箇个也系相对而言，再过听晡再过几十年是自家又成哩～。ia13tsʅ0 kai53iet3 pi53ke0,a35kəŋ35kai53iet3 pi$^{53}_{44}$ke0,xei$^{53}_{44}$me$^{53}_{44}$?xai$^{13}_{21}$iəu$^{35}_{44}$ken53ʂɔŋ35pi$^{53}_{44}$ke0,kai$^{53}_{44}$çi21 ɲin$^{13}_{21}$ŋai$^{13}_{21}$tien0 tsʰiəu53tʂʰən35uei$^{13}_{21}$tʂɔŋ21pei53.ei$_{21}$,cʰi13ʂət5 tʂɔŋ21pi$^{53}_{44}$ia$^{35}_{44}$xe53kai$^{53}_{44}$cie$^{53}_{44}$ia35xe53siɔŋ35tei53ɥ13ɲien13, tsai53ko53tʰin$^{35}_{44}$pu$^{35}_{44}$tsai53ko53ci21ʂət5ɲien$^{13}_{21}$ʂʅ$^{53}_{21}$tsʰʅ35ka$^{35}_{44}$iəu53ʂaŋ$^{13}_{44}$li0 tʂɔŋ21pi53.

【长孙】tʂɔŋ21sən$^{35}_{44}$ 名长子的长子；最年长的孙子：～，也话～。大孙子。一般来话，他是两种话法都有。比较庄重个时候子话“以只我～”呢。tʂɔŋ21sən$^{35}_{44}$,ia35ua$^{53}_{44}$tʂɔŋ21sən$^{35}_{44}$.tʰai53sən35 tsʅ0.iet3 pɔn35lɔi$^{13}_{21}$ua$^{53}_{44}$,tʰa$^{35}_{44}$ʂʅ$^{53}_{44}$iɔŋ21tʂɔŋ21ua53fait3 təu$^{35}_{44}$iəu$^{35}_{44}$.pi21ciau$^{53}_{44}$tsɔŋ35tʂʰəŋ$^{53}_{44}$ke$^{53}_{44}$ʂʅ13xei$^{53}_{44}$tsʅ0 ua$^{53}_{44}$"i21tʂak3 ŋai$^{13}_{21}$tʂɔŋ21sən$^{35}_{44}$"ne0.

【长尾巴】tʂɔŋ21mi35pa35 儿童过生日的谐称：欸，你生日了。吔，你又长哩尾巴。e$_{44}$, ɲi13saŋ35 ɲiet3 liau0.ie$_{35}$, ɲi13iəu53tʂɔŋ21li0 mi35pa$^{35}_{44}$.

【涨水】tʂɔŋ21ʂei21 动河水上涨：我等以个栏场嘞一般呢让门子遭干唔得，唔多得遭干，就怕～。ŋai13tien0 i$^{13}_{21}$ke53laŋ$^{13}_{21}$tʂʰɔŋ$^{13}_{21}$lei0 iet3 pɔn35nei0ɲiɔŋ53mən$^{13}_{44}$tsʅ0 tsau35kɔn35n̩$^{13}_{21}$tek3 ,n̩13to$^{35}_{53}$tek3 tsau$^{35}_{44}$kɔn35, tsʰiəu53pʰa53tʂɔŋ21ʂei21.

【掌】tʂɔŋ21 动①守护；看管；照看：以映个庙都冇几大，庙还多我等东乡以映啊，庙系多，但是都冇几大，只有滴子庙老子去下～下子，冇得尼姑。i21iaŋ53ke53miau53təu35mau13ci21tʰai53, miau53xai$^{13}_{21}$to35ŋai13tien0 təŋ35çiɔŋ35i21iaŋ53ŋa0,miau53xe$^{53}_{44}$to35,tan53ʂʅ53təu35mau13ci21tʰai53,tʂʅ21iəu$^{35}_{53}$tiet5 tsʅ0 miau53lau21tsʅ0 çi53xa53tʂɔŋ21xa53tsʅ0,mau13tek3ɲi$^{13}_{21}$ku$^{35}_{44}$.｜爱我早滴子去同渠还～下子店子。ɔi53ŋai13 tsau21tet5 tsʅ0 çi53tʰəŋ13ci$^{13}_{44}$xai13tʂɔŋ21ŋa$_{44}$(←xa53)tsʅ0 tian53tsʅ0. ②带牲畜到野外去吃草；放养：箇家人家就有箇个啊，就有～马个。好像话欸只请一个人～嘞。kai$^{53}_{44}$ka$^{35}_{44}$ɲin$^{13}_{21}$ka$^{35}_{44}$tsʰiəu$^{53}_{44}$iəu35kai53ke$^{53}_{44}$a0, tsʰiəu$^{53}_{44}$iəu35tʂɔŋ21ma35ke53.xau21tsʰiɔŋ53ua$^{53}_{44}$e$_{21}$tʂʅ21tsʰiaŋ21iet3 kei53ɲin$^{13}_{21}$tʂɔŋ21ma35lei0.｜箇阵子我等箇映有只人畜三四十只羊子吧，渠也去～嘿几年个羊，落尾到底都冇味道，冇钱赚。渠箇如今跍啊长沙开车……去浏阳开车去哩。kai53tʂʰən53tsʅ0 ŋai$^{13}_{21}$tien0 kai$^{53}_{44}$iaŋ53iəu$^{35}_{21}$tʂak3ɲin13çiəuk3 san35si53ʂət5 tʂak3 iɔŋ13tsʅ0 pa0,ci13ia$^{35}_{44}$çi53tʂɔŋ21xek3 ci21ɲien13ke53iɔŋ13,lɔk5 mi$^{35}_{44}$tau53ti21təu$^{35}_{53}$mau13uei53tʰau53,mau$^{13}_{21}$tsʰien13 tsʰan53.ci$^{13}_{21}$kai$^{53}_{44}$i$^{13}_{21}$cin$^{35}_{44}$ku$^{35}_{53}$a0 tʂʰɔŋ13sa$^{35}_{44}$kʰɔi$^{35}_{44}$tʂʰa…cʰi53liəu13iɔŋ$^{13}_{44}$kʰɔi$^{35}_{44}$tʂʰa35çi53li0.

【掌船个】tʂɔŋ21ʂən13/ʂuən13cie53/ke0 指船夫，多指渡口摆渡的人：～就系箇渡船上嘞，就一只子木船子，冇几大子嘞，坐得箇十把子个子人，欸，就专门有一个人就撑船。政府拿工资分渠，如今坐船过河个人都唔爱出钱。掌船就系撑船。tʂɔŋ21ʂuən13cie53tsʰiəu$^{53}_{44}$xe$^{53}_{44}$kai$^{53}_{44}$tʰau53ʂuən13 xɔŋ$^{53}_{44}$lei0,tsʰiəu53iet3 tʂak3 tsʅ0muk3 ʂuən13tsʅ0,mau13ci21tʰai53tsʅ0 le0,tsʰo35tek3 kai$^{53}_{44}$ʂət3 pa21tsʅ0 ke53tsʅ0ɲin$^{13}_{21}$,e$_{21}$, tsʰiəu$^{53}_{44}$tʂen35mən$^{13}_{21}$iəu35iet3 ke53ɲin13tsʰiəu$^{53}_{44}$tsʰaŋ35ʂuən13.tʂən53fu21la53kəŋ35tsʅ$^{35}_{44}$pən$^{35}_{44}$ci$^{13}_{21}$,i$^{13}_{21}$cin$^{35}_{44}$tsʰo35ʂuən13 ko$^{53}$xo$^{13}$ke$^{53}$ɲin$^{13}_{21}$təu$^{35}_{44}$m̩$^{13}_{21}$mɔi$^{3}$tʂʰət$^{3}$ tsʰien$^{13}$.tʂɔŋ$^{21}$ʂuɔn$^{13}$tsʰiəu$^{53}$xe$^{53}_{44}$tsʰaŋ$^{53}$ʂuɔn$^{13}_{21}$.

【掌镬个】tʂɔŋ$^{21}$uɔk$^{5}$ke$^{0}$ ①指厨师：饭店里个炒菜个人也系～。fan$^{53}$tian$^{53}$li$^{0}$ ke$^{53}_{44}$tsʰau$^{21}$tsʰɔi$^{53}$ke$^{53}_{44}$ ɲin$^{13}_{44}$ia$^{35}$xei$^{53}$tʂɔŋ$^{21}$uɔk$^{5}$ ke$^{0}$. ②指领头人：打比我等个选倒箇个族长，箇就我等一族人肚里～。生产队长就系一只队～。ta$^{21}$pi$^{21}$ŋai$^{13}$tien$^{0}$ ke$^{53}_{44}$sien$^{21}$tau$^{21}$kai$^{53}_{44}$ke$^{53}_{44}$tsʰəuk$^{5}$ tʂɔŋ$^{21}$,kai$^{53}_{44}$tsʰiəu$^{53}_{44}$ŋai$^{13}_{21}$tien$^{0}$ iet$^{3}$ tsʰəuk$^{5}$ ɲin$^{13}_{44}$təu$^{21}$li$^{0}$ tʂɔŋ$^{21}$uɔk$^{5}$ ke$^{0}$.sien$^{35}$tsʰan$^{21}$ti$^{53}$tʂɔŋ$^{21}$tsʰiəu$^{53}$xei$^{53}$iet$^{3}$ tʂak$^{3}$ ti$^{53}$tʂɔŋ$^{21}$uɔk$^{5}$ ke$^{0}$.

【掌牛细子】tʂɔŋ$^{21}$ɲiəu$^{13}$se$^{53}$tsɿ$^{0}$ [名]放牛娃：掌牛个是最多，我等以映个牛就蛮多。欸呀，家家以前是话得渠家家户户都作哩田个人就畜牛，就分人去掌牛。欸，地主屋下畜牛，地主屋下是请人，也请人掌牛。嗯，安做有只话法，～，掌牛个细子，以只都系细人子去掌牛，系啊？欸，～赔牛唔起。～蚀哩牛，箇条牛或者溺哩场，哦嗬，跌断哩脚箇兜，掌牛个细子赔牛唔起。欸，就系做箇个事情不能承担大个责任，因为渠个能力有限，不能舞倒渠箇起人去承担大个责任。箇责任还系爱东家承担。呃，打比样我以只工厂，我请倒几个人打工，系唔系？我有一部机器几百万，或者上千万个机器，分么人搞玩坏，欸，你最多分箇只人辞咁去，你不可能话限定爱渠赔箇架机器，～赔牛唔起呀。tʂɔŋ$^{21}$ɲiəu$^{13}$ke$^{53}$ʂɿ$^{53}_{44}$tsei$^{53}$to$^{35}$,ŋai$^{13}$tien$^{0}$ i$^{13}_{21}$iaŋ$^{53}$ke$^{0}$ ɲiəu$^{13}$tsʰiəu$^{53}$man$^{13}_{21}$to$^{35}_{44}$.ei$_{21}$,ia$_{21}$,ka$^{35}$ka$^{35}_{44}$i$^{35}_{53}$tsʰien$^{13}_{44}$ʂɿ$^{53}_{44}$ua$^{53}$tek$^{3}$ ci$^{13}_{44}$ka$^{35}$ka$^{35}_{44}$fu$^{53}$fu$^{53}_{44}$təu$^{35}$tsɔk$^{3}$ li$^{0}$ tʰien$^{13}_{21}$ke$^{53}$ɲin$^{13}_{21}$tsʰiəu$^{53}$çiəuk$^{3}$ ɲiəu$^{13}$,tsʰiəu$^{53}_{44}$pən$^{35}$ɲin$^{13}_{21}$çi$^{53}$tʂɔŋ$^{21}$ɲiəu$^{13}$.e$_{21}$,tʰi$^{53}$tʂʅ$^{21}$uk$^{3}$ xa$^{53}_{44}$çiəuk$^{3}$ ɲiəu$^{13}$,tʰi$^{53}$tʂʅ$^{21}$uk$^{3}$ xa$^{53}$ʂɿ$^{53}$ tsʰiaŋ$^{21}$ɲin$^{13}$,ia$^{35}$tsʰiaŋ$^{21}$ɲin$^{13}$tʂɔŋ$^{21}$ɲiəu$^{13}$.n̩$_{21}$,ɔn$^{35}$tso$^{53}_{21}$iəu$^{35}$tʂak$^{3}$ ua$^{53}$fait$^{3}$,tʂɔŋ$^{21}$ɲiəu$^{13}$se$^{53}$tsɿ$^{0}$,tʂɔŋ$^{21}$ɲiəu$^{13}$ke$^{0}$ se$^{53}$ tsɿ$^{0}$,i$^{21}_{44}$tʂak$^{3}$ təu$^{35}$xei$^{53}_{44}$sei$^{53}$ɲin$^{13}_{21}$tsɿ$^{0}$ çi$^{53}$tʂɔŋ$^{21}$ɲiəu$^{13}$,xei$^{53}_{44}$a$^{0}$?ei$_{21}$,tʂɔŋ$^{21}$ɲiəu$^{13}$se$^{53}$tsɿ$^{0}$ pʰi$^{13}$ɲiəu$^{13}$n̩$^{13}_{44}$çi$^{21}$.tʂɔŋ$^{21}$ɲiəu$^{13}$ se$^{53}$tsɿ$^{0}$ ʂet$^{5}$ li$^{0}$ ɲiəu$^{13}$,kai$^{53}$tʰiau$^{13}_{21}$ɲiəu$^{13}$xɔk$^{5}$ tʂa$^{21}$tʰait$^{3}$ li$^{0}$ tʂʰɔŋ$^{13}$,o$_{21}$xo$_{21}$,tet$^{3}$ tʰɔn$^{35}_{44}$li$^{0}$ ciɔk$^{3}$ kai$^{53}_{44}$te$^{35}_{44}$,tʂɔŋ$^{21}$ɲiəu$^{13}$ ke$^{0}$ se$^{53}$tsɿ$^{0}$ pʰi$^{13}$ɲiəu$^{13}$n̩$^{13}_{44}$çi$^{21}$.e$_{21}$,tsʰiəu$^{53}$xe$^{53}_{21}$tso$^{53}$kai$^{53}$ke$^{53}_{44}$sɿ$^{53}$tsʰin$^{13}_{21}$pət$^{3}$ len$^{13}_{21}$tʂʰən$^{13}$tan$^{35}_{44}$tʰai$^{53}$ke$^{53}_{44}$tset$^{3}$ uən$^{53}$,in$^{35}$ uei$^{13}_{21}$ci$^{13}_{21}$ke$^{53}$len$^{13}$liet$^{5}$ iəu$^{35}$xan$^{53}$,pət$^{3}$ len$^{13}$u$^{21}$tau$^{21}$ci$^{13}$kai$^{53}$çi$^{21}$ɲin$^{13}_{21}$çi$^{53}$tʂʰən$^{13}$tan$^{35}_{44}$tʰai$^{53}$ke$^{53}_{44}$tset$^{3}$ uən$^{53}$.kai$^{53}_{44}$tset$^{3}$ uən$^{53}$xai$^{13}_{21}$xei$^{53}_{44}$ɔi$^{53}_{44}$tən$^{35}$ka$^{35}_{44}$tʂʰən$^{13}$tan$^{35}_{44}$.ə$_{21}$,ta$^{21}$pi$^{21}$iɔŋ$^{53}$ŋai$^{13}$i$^{13}_{21}$tʂak$^{3}$ kəŋ$^{35}$tʂʰɔŋ$^{21}$,ŋai$^{13}$tsʰiaŋ$^{21}$tau$^{21}$ci$^{21}$ke$^{53}$ɲin$^{13}_{21}$ta$^{21}$ kəŋ$^{35}$,xei$^{53}$me$^{53}$?ŋai$^{13}_{21}$iəu$^{35}$iet$^{3}$ pʰu$^{53}$ci$^{35}_{44}$çi$^{53}$ci$^{21}$pak$^{3}$ uan$^{53}$,xɔit$^{5}$ tʂa$^{21}$ʂɔŋ$^{53}$tsʰien$^{35}$uan$^{53}$ke$^{53}_{44}$ci$^{35}_{44}$çi$^{53}$,pən$^{35}$mak$^{3}$ in$^{13}_{44}$ kau$^{21}$uan$^{13}$fai$^{53}$,ei$_{21}$, ɲi$^{13}$tsei$^{53}$to$^{35}_{44}$pən$^{35}_{44}$kai$^{53}$tʂak$^{3}$ ɲin$^{13}_{21}$tsʰɿ$^{13}$kan$^{21}$çi$^{53}$, ɲi$^{13}_{21}$pət$^{3}$ kʰo$^{21}$len$^{13}$ua$^{53}$kʰan$^{21}$tʰiaŋ$^{53}$ɔi$^{53}$ci$^{13}_{21}$ pʰi$^{13}$kai$^{53}$ka$^{53}_{44}$ci$^{35}_{44}$çi$^{53}$,tʂɔŋ$^{21}$ɲiəu$^{13}$se$^{53}$tsɿ$^{0}$ pʰi$^{13}$ɲiəu$^{13}$n̩$^{13}_{44}$çi$^{21}$ia$^{0}$.

【掌纹】tʂɔŋ$^{21}$uən$^{13}$ [名]手掌上的纹线：欸人个～呐各种各样，有兜人就断哩掌，大部分人都𫧮断掌。e$^{0}$ ɲin$^{13}$cie$^{53}$tʂɔŋ$^{21}$uən$^{13}$na$^{0}$ kɔk$^{3}$ tʂəŋ$^{21}$kɔk$^{3}$ iɔŋ$^{53}$,iəu$^{35}$tei$^{35}_{53}$ɲin$^{13}_{44}$tsiəu$^{53}_{44}$tʰɔn$^{35}$ni$^{0}$ tʂɔŋ$^{21}$,tʰai$^{53}$pʰu$^{53}$fən$^{53}$ɲin$^{13}_{21}$ təu$^{35}_{53}$maŋ$^{13}_{21}$tʰɔn$^{35}$tʂɔŋ$^{21}_{44}$.

【丈】tʂʰɔŋ$^{53}$ [量]市制长度单位，十尺：一～布 iet$^{3}$ tʂʰɔŋ$^{53}$pu$^{53}$ | （黄麻）一～，～多高个。iet$^{3}$ tʂʰɔŋ$^{53}$,tʂʰɔŋ$^{53}$to$^{35}_{44}$kau$^{35}_{44}$ke$^{53}_{44}$.

【丈公】tʂʰɔŋ$^{35}$kəŋ$^{35}$ [名]父亲或母亲的姑父：箇阵子我等横巷里箇只做衫个我等喊老姑爷，但是渠箇有一家人呢我等喊兄弟个嘞渠就取都喊～，一只意思，欸，～就等于老姑爷。有人喊～，也有人喊更多人喊老姑爷。kai$^{53}$tʂʰən$^{53}$tsɿ$^{0}$ ŋai$^{13}_{21}$tien$^{0}$ uaŋ$^{13}$xɔŋ$^{53}$li$^{0}$ kai$^{53}$tʂak$^{3}$ tso$^{53}$san$^{35}$cie$^{53}$ŋai$^{13}_{21}$tien$^{0}$ xan$^{53}$ lau$^{21}$ku$^{35}_{44}$ia$^{13}_{21}$,tan$^{53}$ʂɿ$^{53}$ci$^{13}_{21}$kai$^{53}$iəu$^{35}$iet$^{3}$ ka$^{35}$ɲin$^{13}_{21}$nei$^{0}$ ŋai$^{13}_{21}$tien$^{0}$ xan$^{53}$çiəŋ$^{35}$tʰi$^{53}$ke$^{0}$ lei$^{0}$ ci$^{13}$tsiəu$^{53}$tsʰi$^{21}$təu$^{35}_{44}$xan$^{53}$ tʂʰɔŋ$^{35}$kəŋ$^{35}_{44}$,iet$^{3}$ tʂak$^{3}$ i$^{53}$sɿ$^{0}$,ei$_{21}$,tʂʰɔŋ$^{35}$kəŋ$^{35}_{44}$tsʰiəu$^{53}$ten$^{21}$ʮ$^{13}_{21}$lau$^{21}$ku$^{35}_{44}$ia$^{13}_{21}$.iəu$^{35}$ɲin$^{13}$xan$^{53}$tʂʰɔŋ$^{35}$kəŋ$^{35}$,ia$^{35}$iəu$^{35}_{44}$ ɲin$^{13}_{21}$xan$^{53}$cien$^{53}$to$^{35}_{44}$ɲin$^{13}_{21}$xan$^{53}$lau$^{21}$ku$^{35}_{44}$ia$^{13}_{21}$.

【丈人娭】tʂʰɔŋ$^{53}_{44}$in$^{13}_{21}$ɔi$^{35}$ [名]岳母，妻子的母亲：我个我～呀，岳母娘啊，渠就箇阵子就长日绩绩。ŋai$^{13}$ke$^{53}$ŋai$^{13}_{21}$tʂʰɔŋ$^{53}_{44}$in$^{13}_{21}$ɔi$^{35}$ia$^{0}$,iɔk$^{5}$ mu$^{21}$ɲiɔŋ$^{13}$ŋa$^{0}$,ci$^{13}$tsʰiəu$^{53}_{44}$kai$^{53}$tʂʰən$^{53}_{21}$tsɿ$^{0}$ tsʰiəu$^{53}_{44}$tʂʰɔŋ$^{13}$ɲiet$^{3}$ tsiak$^{3}$ tsiak$^{3}$.

【丈人爷】tʂʰɔŋ$^{53}_{44}$ɲin$^{13}$ia$^{13}$ [名]岳父。又称"岳老子"：我～屋下 ŋai$^{13}$tʂʰɔŋ$^{53}_{44}$ɲin$^{13}$ia$^{13}$uk$^{3}$ xa$^{53}$ | 我阿哥个～ ŋai$^{13}$a$^{35}$ko$^{35}$ke$^{53}$tʂʰɔŋ$^{53}$in$^{13}_{21}$ia$^{13}$

【帐顶】tʂɔŋ$^{53}$taŋ$^{21}$ [名]蚊帐的顶部：欸，顶高～，系。e$_{21}$,taŋ$^{21}$kau$^{35}_{44}$tʂɔŋ$^{53}$taŋ$^{21}$,xe$^{53}_{21}$.

【帐钩子】tʂɔŋ$^{53}$kei$^{35}$tsɿ$^{0}$ [名]蚊帐钩子：欸以前是有箇个架子床啦。要爱吊帐子，系唔系？箇帐子嘞日里就爱用箇头上舞只～，日里爱分箇帐门呐挂起来，通风。e$_{21}$i$^{35}_{53}$tsʰien$^{13}_{21}$ʂɿ$^{53}_{21}$iəu$^{35}_{44}$kai$^{53}_{44}$ke$^{53}_{44}$ ka$^{53}$tsɿ$^{0}$ tsʰɔŋ$^{13}_{21}$la$^{0}$.iau$^{53}_{44}$ɔi$^{53}_{44}$tiau$^{53}$tʂɔŋ$^{53}$tsɿ$^{0}$,xei$^{53}$me$^{53}$?kai$^{53}_{44}$tʂɔŋ$^{53}$tsɿ$^{0}$ lei$^{0}$ ɲiet$^{3}$ li$^{0}$ tsʰiəu$^{53}$ɔi$^{53}$iəŋ$^{53}$kai$^{53}$tʰei$^{13}_{21}$xɔŋ$^{53}$u$^{21}$ tʂak$^{3}$ tʂɔŋ$^{53}$kei$^{35}$tsɿ$^{0}$, ɲiet$^{3}$ li$^{0}$ ɔi$^{53}_{44}$pən$^{35}_{44}$kai$^{53}_{44}$tʂɔŋ$^{53}$mən$^{13}$na$^{0}$ kua$^{53}$çi$^{21}$lɔi$^{13}_{44}$,tʰəŋ$^{35}_{44}$fəŋ$^{35}$.

【帐帘子】tʂɔŋ$^{53}$lien$^{13}$tsɿ$^{0}$ [名]蚊帐前面上方的沿儿：～就装饰品，嗯，箇个放下帐面前个顶高，欸，遮稳箇帐竹子就遮稳帐子个面前。以前我等箇只箇晡打电话分我个箇只阿叔哇，比我大几岁子个，渠等屋下一只～就真漂亮啊。全部用缗钱咁子穿在成个，一只狮子穿只狮子咁长。

渠个绺钱唔知搞嘿哪映去哩嘞，总有几百只绺钱呢。用绺钱咁子穿在成个一只狮子。我如今都记得，我是长日去渠箇嬲。tʂɔŋ53lian13tsɿ0 tsʰiəu$^{53}_{44}$tsɔŋ$^{35}_{44}$ʂət5 pʰin21,ɳ21,kai$^{53}_{44}$ke$^{53}_{44}$fɔŋ53xa$^{53}_{44}$tsʰɔŋ13mien53 tsʰien13kei53taŋ21kau$^{35}_{44}$,e21,tʂa35uən21kai$^{53}_{44}$tʂɔŋ53tʂəuk3 tsɿ0 tsʰiəu$^{53}_{21}$tʂa35uən21tʂɔŋ53tsɿ0 ke$^{53}_{44}$mien53tsʰien$^{13}_{21}$.i$^{35}_{53}$ tsʰien$^{13}_{21}$ŋai$^{13}_{21}$tien0 kai53tʂak3 kai$^{53}_{44}$pu$^{35}_{53}$ta21tʰien53fa$^{53}_{44}$pən35ŋai$^{13}_{21}$ke$^{53}_{44}$kai53tʂak3 a35ʂəuk3 ua0 ,pi21ŋai13tʰai53ci21sɔi53tsɿ0 ke0 ,ci$^{13}_{21}$tien0 uk3 xa53(i)et3 tʂak3 tʂɔŋ53lian13tsɿ0 tsʰiəu$^{53}_{44}$tʂən35pʰiau53liɔŋ53ŋa0 .tsʰien13pʰu53iəŋ53min13tsʰien13 kan21tsɿ0 tʂʰuən53tsʰai53ʂaŋ13ke53,iet3 tʂak3 sɿ35tsɿ0 tʂʰuən53tʂak3 sɿ35tsɿ0 kan21tʂʰɔŋ13.ci$^{13}_{44}$e0 min13tsʰien$^{13}_{44}$ɳ$^{13}_{21}$ti$^{35}_{53}$ kau21xek3 lai53iaŋ53çi53li0 lei0 ,tsɔŋ21iəu$^{35}_{53}$ci21pak3 tʂak3 min$^{13}_{44}$tsʰien$^{13}_{44}$ne0 .iəŋ53min13tsʰien$^{13}_{21}$kan21tsɿ0 tʂʰuən53 tsʰai$^{53}_{44}$ʂaŋ$^{13}_{21}$ke53iet3 tʂak3 sɿ$^{35}_{44}$tsɿ0 .ŋai$^{13}_{21}$i$^{13}_{21}$cin$^{35}_{44}$təu$^{35}_{44}$ci53tek3 ,ŋai$^{13}_{21}$ʂɿ53tʂʰɔŋ13ɲiet3 çi53ci$^{13}_{21}$kai$^{53}_{44}$liau53.

【帐门】tʂɔŋ53mən13 名蚊帐前方的开口：～就系帐子正面箇向打开来进人个箇映子就安做～，日里都挂起来，夜晡放下去。你去广东系倒是，你～还爱拿夹子夹倒，你唔夹倒，箇蚊家无孔不入。tʂɔŋ53mən13tsʰiəu$^{53}_{44}$xei$^{53}_{44}$tʂɔŋ53tsɿ21tʂən53mien$^{53}_{44}$kai$^{53}_{44}$çiɔŋ$^{53}_{44}$ta21kʰɔi$^{53}_{44}$lɔi$^{13}_{44}$tsin53ɲin13ke$^{53}_{44}$kai$^{53}_{44}$iaŋ53tsɿ0 tsʰiəu$^{53}_{44}$ɔn$^{35}_{44}$tso$^{53}_{44}$tʂɔŋ53mən13, ɲiet3 li0 təu35kua53çi21lɔi$^{13}_{21}$,ia53pu$^{35}_{44}$fɔŋ$^{53}_{44}$xa$^{53}_{44}$çi53. ɲi13çi53kɔŋ21təŋ35xe53tau21ʂɿ$^{53}_{44}$, ɲi13 tʂɔŋ53mən$^{13}_{21}$xa$^{13}_{21}$ɔi$^{53}_{44}$la53kait3 tsɿ0 kait3 tau21, ɲi$^{13}_{21}$ŋ13kait3 tau$^{21}_{44}$,kai$^{53}_{44}$mən35ka$^{35}_{44}$u13kʰəŋ21pət3 ɲiet5.

【帐竹子】tʂɔŋ53tʂəuk3 tsɿ0 名挂蚊帐用的竹竿：箇以前是欸箇个摊床箇兜就少唔得～啦。嗯，以前摊床啊，一只就爱帐子，爱吊帐子嘞就爱两条～。kai$^{53}_{44}$i$^{35}_{53}$tsʰien13ʂɿ$^{53}_{44}$e21kai$^{53}_{44}$ke$^{53}_{44}$tʰan$^{35}_{44}$tsʰɔŋ13 kai$^{53}_{44}$te$^{35}_{53}$tsʰiəu$^{53}_{44}$ʂau21ŋ13tek3 tʂɔŋ53tʂəuk3 tsɿ0 la0 .ɳ21,i$^{35}_{53}$tsʰien13tʰan$^{35}_{53}$tsʰɔŋ13ŋa0 ,iet3 tʂak3 tsʰiəu$^{53}_{44}$ɔi$^{53}_{44}$tʂɔŋ53tsɿ0 ,ɔi53 tiau53tʂɔŋ53tsɿ0 le0 tsʰiəu53ɔi$^{53}_{44}$iɔŋ$^{13}_{21}$tʰiau13tʂɔŋ53tʂəuk3 tsɿ0.｜～就系为了使帐子抻抻来，舞两条竹子，欸，分箇帐子撑开来，放下箇床架子上，箇帐子正能够打开来。tʂɔŋ53tʂəuk3 tsɿ0 tsʰiəu$^{53}_{44}$xe$^{53}_{44}$uei53 liau0 ʂɿ21tʂɔŋ53tsɿ0 tʂʰən35tʂʰən35nɔi$^{13}_{21}$,u21iɔŋ21tʰiau$^{13}_{44}$tʂəuk3 tsɿ0 ,e21,pən35kai$^{53}_{44}$tʂɔŋ53tsɿ0 tsʰaŋ35kʰɔi$^{35}_{44}$lɔi$^{13}_{21}$,fɔŋ53xa$^{53}_{44}$ kai$^{53}_{44}$tsʰɔŋ13ka53tsɿ0 xɔŋ53,kai$^{53}_{44}$tʂɔŋ53tsɿ0 tʂaŋ$^{53}_{44}$len$^{13}_{21}$ciau$^{53}_{44}$ta21kʰɔi35lɔi$^{13}_{21}$.

【帐子】tʂɔŋ53tsɿ0 名蚊帐，指挂在床架上将床围住把蚊子隔在外面的一种帐幕：（荡耙床个“荡耙”）就系舞～个东西欸，搞～个东西。tsʰiəu$^{53}_{44}$xei$^{53}_{44}$u21tʂɔŋ53tsɿ0 ke$^{53}_{21}$təŋ$^{35}_{44}$si0 e21,kau21tʂɔŋ53tsɿ0 ke$^{53}_{44}$ təŋ$^{35}_{44}$si0.｜～有起啊，有起生布～。tʂɔŋ53tsɿ0 iəu21çi21ia0 ,iəu21çi21sien35pu$^{53}_{44}$tʂɔŋ53tsɿ0.

【帐子布】tʂɔŋ53tsɿ0 pu53 名用来制作蚊帐的布：～就安做么个～啊？嗯。欸，除哩夏布帐子嘞，还有就是棉布帐子。还又有纱布噢，还有纱布噢，药铺里用个，欸，当医师个人用个，系啊？纱布。tʂɔŋ53tsɿ0 pu$^{53}_{44}$tsʰiəu$^{53}_{44}$ɔn$^{35}_{44}$tso$^{53}_{44}$mak3 ke$^{53}_{44}$tʂɔŋ53tsɿ0 pu$^{53}_{44}$a0 ?ɳ21.e21,tʂʰəu13li0 xa53pu$^{53}_{44}$tʂɔŋ$^{53}_{44}$tsɿ0 le0 ,xai$^{13}_{21}$iəu35 tsʰiəu$^{53}_{44}$ʂɿ$^{53}_{44}$mien13pu$^{53}_{44}$tʂɔŋ53tsɿ0 .xai$^{13}_{21}$iəu$^{53}_{44}$iəu35sa35pu$^{53}_{44}$uau0 ,xai$^{13}_{21}$iəu$^{35}_{44}$sa35pu$^{53}_{44}$uau0 ,iɔk5 pʰu$^{53}_{44}$li21iəŋ$^{53}_{44}$ ke$^{53}_{44}$,e21,tɔŋ$^{35}_{44}$i35sɿ$^{35}_{44}$(k)e$^{53}_{44}$ɲin$^{13}_{21}$iəŋ$^{53}_{44}$ke$^{53}_{44}$,xei$^{53}_{44}$a0 ?sa35pu$^{53}_{44}$.

【账】tʂɔŋ53 名①账目，关于银钱财物出入的记载：记～ ci53tʂɔŋ53。②债务，欠别人的东西(如金钱、货物等)：欠哩～ cʰian53ni0 tʂɔŋ53

【账房】tʂɔŋ53fɔŋ13 名负责管账的人：礼房下就女方个～啊，女方管账个。li35fɔŋ$^{13}_{21}$xa35tsʰiəu53ɲy21 fɔŋ$^{35}_{44}$ke$^{53}_{44}$tʂɔŋ53fɔŋ13ŋa0 ,ɲy21fɔŋ$^{35}_{44}$kɔn21tʂɔŋ53ke$^{53}_{44}$.

【账房先生】tʂɔŋ53fɔŋ13sien$^{35}_{44}$saŋ$^{35}_{44}$ 名旧时企业或私人家中管理银钱货物出入的人：安做搞么个嘞？他同地主欸，从前个地主屋下管账个人。就～。就讲～。ɔn$^{35}_{44}$tso$^{53}_{44}$kau21mak3 (k)e$^{53}_{44}$le0 ?tʰa$^{35}_{21}$ tʰəŋ13tʰi53tʂɥ21e0 ,tsʰəŋ$^{13}_{21}$tsʰien$^{13}_{21}$ke53tʰi53tʂʰɥ21uk3 xa$^{53}_{44}$kɔn21tʂɔŋ53ke$^{53}_{44}$ɲin$^{13}_{44}$.tsʰiəu53tʂɔŋ53fɔŋ$^{13}_{21}$sien$^{35}_{44}$saŋ$^{35}_{44}$.tsʰiəu$^{53}_{44}$ kɔŋ21tʂɔŋ53fɔŋ$^{13}_{21}$sien$^{35}_{44}$saŋ$^{35}_{44}$.

【账桌子】tsɔŋ53tsɔk3 tsɿ0 名旧时账房先生的专用桌子：以前我等屋下就有张～。箇～有以映到箇映咁长。～，尽抽屉，一十二只抽屉。欸，箇个就账房先生用个桌子。我等又赠用，欸丢嘿哩。殊嘿哩啊，渠冇哪映放啊，放下箇个老屋里放倒，底下滗殊个啊，殊嘿哩啊。i$^{35}_{53}$ tsʰien$^{13}_{21}$ŋai$^{13}_{21}$tien0 uk3 xa$^{53}_{44}$tsʰiəu$^{53}_{44}$iəu$^{35}_{44}$tʂɔŋ$^{35}_{44}$tʂɔŋ53tsɔk3 tsɿ0 .kai53tʂɔŋ$^{35}_{53}$tsɔk3 tsɿ0 iəu$^{35}_{44}$i21iaŋ$^{53}_{44}$tau53kai53iaŋ$^{53}_{44}$kan21 tʂʰɔŋ$^{13}_{21}$.tʂɔŋ53tsɔk3 tsɿ0 ,tsʰin35tʂʰəu35tʰi$^{53}_{44}$,iet3 ʂət5 ɲi53tʂak3 tʂʰəu35tʰi$^{53}_{44}$.e21,kai$^{53}_{44}$ke$^{53}_{44}$tsʰiəu$^{53}_{44}$tʂɔŋ53fɔŋ13sien$^{35}_{44}$saŋ$^{53}_{44}$ iəŋ53ke0 tsɔk3 tsɿ0 .ŋai13tien0 iəu53maŋ13iəŋ53,e0 tiəu35xek3 li0 .mət3 lek3 li0 a0 ,ci$^{13}_{21}$mau13lai$^{53}_{44}$iaŋ$^{53}_{44}$fɔŋ53ŋa0 ,fɔŋ53xa53 kai53ke53lau21uk3 li0 fɔŋ53tau$^{21}_{44}$,tei21xa$^{53}_{44}$tset5 mət3 cie$^{53}_{44}$a0 ,mət3 lek3 li0 a0 .

【胀】tʂɔŋ53 动①身体内壁受到压迫而产生不舒服的感觉：都唔系么啊屙滴子尿嘞，硬系～啊。təu$^{35}_{44}$m$^{13}_{21}$pʰe$^{53}_{44}$mak3 a0 o35tiet5 tsɿ0 ɲiau53lei0 ,ɲiaŋ53xei$^{53}_{44}$tʂɔŋ53ŋa0 .｜有滴肚沿～。iəu35tiet5 təu21ian$^{13}_{21}$tʂɔŋ53. ②膨胀；体积变大：舞倒箇豆子啊浸～来。u21tau21kai$^{53}_{44}$tʰei53tsɿ0 a0 tsin53tʂɔŋ53lɔi13.

【胀胲】tsɔŋ35kɔi35 名抽穗前禾苗梗子上部变粗变圆：～了就系箇个禾啊欸出稳来哩。渠就胞胎呀，系唔系？首先就胞胎呀。胞哩胎了总胞总多啊，箇个就顶起来个栏场就爆滴子来呀，箇就安做～呀。首先就圆梗，圆哩梗就架势胞胎。胞胎嘞还𫠊胞尽个时候子嘞，就系扯河猪箭，扯哩河猪箭呢，就～。胀哩胲就出禾，出哩禾就勾头。勾哩头就散籽。散哩籽就翻黄，就架势黄禾，安做黄禾。tʂɔŋ$^{53}$kɔi$^{35}$liau$^{21}$tsʰiəu$^{53}$xe$^{53}$kai$^{53}$ke$^{53}$uo$^{13}$a$^{0}$ e$_{21}$tʂʰət$^{3}$ uən$^{21}$nɔi$^{13}$li$^{0}$ .ci$^{13}_{21}$tsʰiəu$^{53}_{21}$pau$^{35}_{44}$ tʰɔi$^{35}$ia$^{0}$ ,xei$^{53}$me$^{53}$?ʂəu$^{21}$sien$^{35}_{44}$tsʰiəu$^{53}$pau$^{35}_{44}$tʰɔi$^{35}_{44}$ia$^{0}$ .pau$^{35}_{44}$li$^{0}$ tʰɔi$^{35}$liau$^{0}$ tsəŋ$^{21}$pau$^{35}$tsəŋ$^{21}$to$^{35}$a$^{0}$ ,kai$^{53}_{44}$ke$^{53}_{44}$tsʰiəu$^{53}_{44}$ taŋ$^{21}$çi$^{21}$lɔi$^{13}_{21}$ke$^{53}$laŋ$^{13}_{21}$tʂʰɔŋ$^{13}_{21}$tsʰiəu$^{53}$pau$^{53}$tiet$^{5}$ tsɿ$^{0}$ lɔi$^{13}_{21}$ia$^{0}$ ,kai$^{53}_{44}$tsʰiəu$^{53}_{44}$ɔn$^{35}_{44}$tso$^{53}_{44}$tʂɔŋ$^{53}$kɔi$^{35}$ia$^{0}$ .ʂəu$^{21}$sien$^{35}_{44}$tsʰiəu$^{53}$ ien$^{13}$kuaŋ$^{21}$ ,ien$^{13}$ni$^{0}$ kuaŋ$^{21}$tsiəu$^{53}$cia$^{53}$ʂʅ$^{53}$pau$^{35}$tʰɔi$^{35}$ .pau$^{35}$tʰɔi$^{35}$lei$^{0}$ xai$^{13}_{21}$maŋ$^{13}$pau$^{35}$tsʰin$^{53}$kei$^{53}_{44}$ʂʅ$^{13}_{44}$xei$^{53}_{44}$tsɿ$^{0}$ lei$^{0}$ , tsʰiəu$^{53}$xei$^{53}$tʂʰa$^{21}$xo$^{13}$tʂəu$^{35}_{44}$tsien$^{53}$ ,tʂʰa$^{21}$li$^{0}$ xo$^{13}$tʂəu$^{35}_{44}$tsien$^{53}$ne$^{0}$ ,tsʰiəu$^{53}$tʂɔŋ$^{53}$kɔi$^{35}$ .tʂɔŋ$^{53}$li$^{0}$ kɔi$^{35}$tsʰiəu$^{53}$tʂʰət$^{3}$ uo$^{13}$ ,tʂʰət$^{3}$ li$^{0}$ uo$^{13}$tsʰiəu$^{53}_{44}$kei$^{35}_{44}$tʰei$^{13}$ .kei$^{35}_{44}$li$^{0}$ tʰei$^{13}$tsʰiəu$^{53}$san$^{21}$tsɿ$^{21}$ .san$^{21}$li$^{0}$ tsɿ$^{21}$tsʰiəu$^{53}_{44}$fan$^{35}$uɔŋ$^{13}$ ,tsʰiəu$^{53}$cia$^{53}$ʂʅ$^{53}$ uɔŋ$^{13}$uo$^{13}$ ,ɔn$^{35}_{44}$tso$^{53}_{44}$uɔŋ$^{13}$uo$^{13}$ .

【胀手】tʂɔŋ$^{53}$ʂəu$^{21}$ 形因偏大而抓在手里有些费劲：又有几大呀，箇把又细呀，就□□，搲倒手里唔～。iəu$^{53}$mau$^{13}$ci$^{21}$tʰai$^{53}$ia$^{0}$ ,kai$^{53}_{44}$pa$^{53}_{44}$iəu$^{53}_{44}$sei$^{53}$ia$^{0}$ ,tsʰiəu$^{53}$tiet$^{3}$ siet$^{3}$ ,ia$^{21}$tau$^{21}$ʂəu$^{21}$li$^{0}$ ṇ$^{13}$tʂɔŋ$^{53}$ʂəu$^{21}$ .

【嶂】tʂɔŋ$^{53}$ 量①用于山岭；座：一～岭岗 iet$^{3}$ tʂɔŋ$^{53}$liaŋ$^{35}$kɔŋ$^{35}$ ｜箇个一～岭啊尽杉树哇。kai$^{53}_{44}$ kei$^{53}_{44}$iet$^{3}$ tʂɔŋ$^{53}$liaŋ$^{35}$ŋa$^{0}$ tsʰin$^{53}$sa$^{35}$ʂəu$^{53}$ua$^{0}$ . ②指高大的堆积物：一～沙子 iet$^{3}$ tʂɔŋ$^{53}$sa$^{35}$tsɿ$^{0}$

【招】tʂau$^{35}$ 动①入赘：～出去哩 tʂau$^{35}$tʂʰət$^{3}$ çi$^{53}$li$^{0}$ ｜～下女家头去了 tʂau$^{35}$ua$^{0}$ ɲi$^{21}$ka$^{35}_{44}$tʰei$^{13}_{21}$çi$^{53}$liau$^{0}$ 。②招认：～哩 tʂau$^{35}$li$^{0}$ 。③用手反复快速地舀取：或者就～兜子水，彝兜子洗衫。xɔit$^{5}$ tʂa$^{21}$ tsʰiəu$^{53}_{44}$tʂau$^{35}$te$^{35}_{53}$tsɿ$^{0}$ ʂei$^{21}$ ,u$^{21}$te$^{35}_{53}$tsɿ$^{0}$ se$^{21}$san$^{35}_{44}$.

【招财】tʂau$^{35}$tsʰɔi$^{13}_{44}$ 名供食用的猪舌头。又称“猪脷子”：（猪舌）就安做猪脷子，又安做～。tsʰiəu$^{53}_{44}$ɔn$^{35}_{44}$tso$^{53}_{44}$tʂəu$^{35}$li$^{53}$tsɿ$^{0}$ ,iəu$^{53}_{44}$ɔn$^{35}_{44}$tso$^{53}_{44}$tʂau$^{35}$tsʰɔi$^{13}_{21}$. ｜箇就唔讲牛～呢，猪舌嫲就讲～呢。牛舌嫲唔知讲～吗它。一般就唔咁子讲。kai$^{53}$tsʰiəu$^{53}_{44}$ŋ̍$^{13}$kɔŋ$^{21}$ɲiəu$^{13}$tʂau$^{35}$tsʰɔi$^{13}_{44}$nei$^{0}$ ,tʂəu$^{35}$ʂek$^{5}$ ma$^{13}$tsʰiəu$^{53}_{44}$ kɔŋ$^{21}$tʂau$^{35}$tsʰɔi$^{13}_{44}$nei$^{0}$ .ɲiəu$^{13}$ʂek$^{5}$ ma$^{13}_{21}$ṇ$^{13}_{21}$ti$^{35}$kɔŋ$^{21}$tʂau$^{35}$tsʰɔi$^{13}_{21}$ma$^{0}$ tʰa$^{35}_{44}$.iet$^{3}$ pɔn$^{35}$tsʰiəu$^{53}$ṇ$^{13}_{21}$kan$^{21}$tsɿ$^{0}$ kɔŋ$^{21}$.

【招呼】tʂau$^{35}$fu$^{35}$ 动①当心；注意提防；留心（某种可能性）：一□花。箇个～系学倒个哈！iet$^{3}$ cʰiəu$^{53}$fa$^{35}_{44}$.kai$^{53}_{44}$ke$^{53}_{44}$tʂau$^{35}$fu$^{35}_{44}$xe$^{53}_{44}$xɔk$^{5}$ tau$^{21}$ke$^{53}_{44}$xa$^{0}$ ! ｜从前就～系同今晡个开祠堂门含义就完全唔同。tsʰəŋ$^{13}$tsʰien$^{13}$tsʰiəu$^{53}$tʂau$^{35}_{44}$fu$^{35}_{44}$xe$^{53}$tʰəŋ$^{13}$cin$^{35}$pu$^{35}_{53}$ke$^{53}$kʰɔi$^{35}$tsʰʅ$^{13}_{21}$tʰɔŋ$^{13}_{21}$mən$^{13}$xɔn$^{13}$ɲi$^{53}$tsʰiəu$^{53}$uɔn$^{13}$tsʰien$^{13}$ ṇ$^{13}_{21}$tʰəŋ$^{13}$. ②照料：（孝子）或者都唔爱留，一般都唔爱留，有人～。xɔit$^{5}$ tʂa$^{21}$təu$^{35}$m̩$^{13}_{21}$mɔi$^{53}_{44}$ liəu$^{13}_{21}$,iet$^{3}$ pɔn$^{35}$təu$^{35}_{44}$m̩$^{13}_{21}$mɔi$^{53}_{44}$liəu$^{13}_{21}$,iəu$^{35}$ɲin$^{13}_{21}$tʂau$^{35}_{44}$fu$^{0}$ .

【招接】tʂau$^{35}$tsiait$^{3}$ 动接待：欸头到我等亲家过哩身，啊，以个古港个，我妹子卖嘿古港吵，渠等箇个接客硬输命个咁个。箇个外氏来哩大客来哩啊，你硬爱让下子坐吧，你就坐凳是爱搵张子分别人家坐吧？到箇去凳都冇得。太唔箇个了，太冇～。箇个是就系帮忙个事，帮忙师傅唔注意啊，安排个人呐。e$_{53}$tʰei$^{13}$tau$^{53}$ŋai$^{13}$tien$^{0}$ tsʰin$^{35}$ka$^{35}_{44}$ko$^{53}$li$^{0}$ ʂən$^{35}$ ,a$_{53}$,i$^{21}$ke$^{53}$ku$^{21}$kɔŋ$^{21}_{44}$ke$^{53}$ ,ŋai$^{13}_{44}$ mɔi$^{53}$tsɿ$^{0}$ mai$^{53}_{44}$xek$^{3}$ ku$^{21}$kɔŋ$^{21}_{44}$ʂa$^{0}$ ,ci$^{13}$tien$^{0}$ kai$^{53}$ke$^{53}$tsiait$^{3}$ kʰak$^{3}$ ɲiaŋ$^{53}$ʂəu$^{35}_{44}$miaŋ$^{53}$cie$^{53}_{44}$kan$^{21}$cie$^{53}_{44}$.kai$^{53}_{44}$ke$^{53}_{44}$ŋɔi$^{53}$ ʂʅ$^{53}$lɔi$^{13}_{21}$li$^{0}$ tʰai$^{53}$kʰak$^{3}$ lɔi$^{13}_{21}$li$^{0}$ a$^{0}$ , ɲi$^{13}$ɲiaŋ$^{53}$ɔi$^{53}$ɲiɔŋ$^{53}$ŋa$^{53}_{21}$tsɿ$^{0}$ tsʰo$^{35}$pa$^{0}$ , ɲi$^{13}_{44}$tsiəu$^{53}$tsʰo$^{35}_{44}$ten$^{53}$ʂʅ$^{53}_{44}$ɔi$^{53}$mən$^{35}$tʂɔŋ$^{35}_{44}$tsɿ$^{0}$ pən$^{35}$pʰiet$^{5}$ in$^{13}_{44}$ka$^{35}_{44}$tsʰo$^{53}_{44}$pa$^{0}$ ?tau$^{53}_{44}$kai$^{53}$çi$^{53}$ten$^{53}$təu$^{35}_{44}$mau$^{13}_{21}$tek$^{3}$ .tʰai$^{53}$ṇ$^{13}_{21}$kai$^{53}$ke$^{53}$liau$^{0}$ ,tʰai$^{53}$mau$^{13}_{21}$tʂau$^{35}$tsiait$^{3}$ . kai$^{53}$ke$^{53}$ʂʅ$^{53}$tsʰiəu$^{53}$xei$^{53}$pɔŋ$^{35}$mɔŋ$^{13}$ke$^{53}_{44}$sɿ$^{53}_{44}$,pɔŋ$^{35}$mɔŋ$^{13}_{21}$sɿ$^{35}_{44}$fu$^{53}$ṇ$^{13}_{21}$tʂɥ$^{53}$i$^{53}$a$^{0}$ ,ŋɔn$^{35}$pʰai$^{13}_{44}$ke$^{53}$ɲin$^{13}_{21}$na$^{0}$ .

【招郎】tʂau$^{35}$lɔŋ$^{13}$ 动①招赘；招人到自己家里做女婿：我等箇只喊阿哥个，箇晡打电话分我个，渠就招只郎啊。渠三只妹子嘞，最细个箇只妹子就招只郎啊，还整哩酒咯。整酒咁子整啦，渠就硬系讨只婿郎归来啦。欸，渠妹子去接呀，唔系接新人，系接郎子。欸，渠箇边郎子箇边来做高亲呐。硬系咁子个啦，就都咁子整嘞，以映为主啦。唔到渠男方去啦，我等都只到以映食酒，唔到男方去。欸，派几个人去接亲，接箇郎子。以映搞新人间。ŋai$^{13}$tien$^{0}$ kai$^{53}$tʂak$^{3}$ xan$^{53}$a$^{35}$ko$^{35}_{53}$ke$^{0}$ ,kai$^{53}_{44}$pu$^{35}$ta$^{21}$tʰien$^{53}_{44}$fa$^{53}_{44}$pən$^{35}$ŋai$^{13}_{21}$ke$^{0}$ ,ci$^{13}_{21}$tsʰiəu$^{53}_{44}$tʂau$^{35}_{44}$tʂak$^{3}$ lɔŋ$^{13}$a$^{0}$ .ci$^{13}_{21}$san$^{35}$tʂak$^{3}$ mɔi$^{53}$tsɿ$^{0}$ lei$^{0}$ ,tsei$^{53}$sei$^{53}$ke$^{53}_{44}$kai$^{53}_{44}$tʂak$^{3}$ mɔi$^{53}$tsɿ$^{0}$ tsʰiəu$^{53}$tʂau$^{35}$tʂak$^{3}$ lɔŋ$^{13}$a$^{0}$ ,xai$^{13}$tʂaŋ$^{21}$li$^{0}$ tsiəu$^{21}$ko$^{0}$ .tʂaŋ$^{21}$tsiəu$^{53}$ kan$^{21}$tsɿ$^{0}$ tʂaŋ$^{21}$la$^{0}$ ,ci$^{13}$tsʰiəu$^{53}$ɲiaŋ$^{53}$xe$^{53}_{44}$tʰau$^{21}$tʂak$^{3}$ se$^{53}$lɔŋ$^{13}_{21}$kuei$^{35}$lɔi$^{13}_{21}$la$^{0}$ .ei$_{21}$,ci$^{13}_{21}$mɔi$^{53}$tsɿ$^{0}$ çi$^{53}$tsiait$^{3}$ ia$^{0}$ ,m̩$^{13}$ pʰei$^{53}$tsiait$^{3}$ sin$^{35}$ɲin$^{13}_{21}$,xei$^{53}$tsiait$^{3}$ lɔŋ$^{13}$tsɿ$^{0}$ .ei$_{21}$,ci$^{13}$kai$^{53}$pien$^{35}_{53}$lɔŋ$^{13}$tsɿ$^{0}$ kai$^{53}$pien$^{35}_{53}$nɔi$^{13}_{21}$tso$^{53}$kau$^{35}$tsʰin$^{35}$na$^{0}$ . ɲiaŋ$^{53}$ xei$^{53}$kan$^{21}$tsɿ$^{0}$ ke$^{53}$la$^{0}$ ,tsiəu$^{21}$təu$^{35}_{53}$kan$^{21}$tsɿ$^{0}$ tʂaŋ$^{21}$le$^{0}$ ,i$^{21}$iaŋ$^{53}$uei$^{13}$tʂɥ$^{21}$la$^{0}$ .ṇ$^{13}$tau$^{53}$ci$^{13}_{44}$lan$^{13}_{21}$fɔŋ$^{35}_{44}$çi$^{53}$la$^{0}$ ,ŋai$^{13}_{21}$tien$^{0}$ təu$^{35}_{44}$tʂʅ$^{21}$tau$^{53}$i$^{21}$iaŋ$^{53}$ʂət$^{5}$ tsiəu$^{21}$ ,ṇ$^{13}$tau$^{53}_{44}$lan$^{13}$fɔŋ$^{35}_{44}$çi$^{53}$ .e$_{21}$,pʰai$^{53}$ci$^{21}$kei$^{53}$ɲin$^{13}_{44}$çi$^{53}_{44}$tsiait$^{3}$ tsʰin$^{35}$ ,tsiait$^{3}$ kai$^{53}$lɔŋ$^{13}$tsɿ$^{0}$ . i$^{21}$iaŋ$^{53}$kau$^{21}$sin$^{35}$ɲin$^{13}_{21}$kan$^{35}$. ②入赘；男子结婚后住进女家，成为女家的成员，子女亦从母姓：欸，箇只伢子～去哩。e$_{21}$,kai$^{53}$tʂak$^{3}$ ŋa$^{13}$tsɿ$^{0}$ tʂau$^{35}_{44}$lɔŋ$^{13}$çi$^{53}$li$^{0}$ . ｜欸我等有只阿叔就～招下付家里嘞。e$_{21}$ŋai$^{13}$tien$^{0}$ iəu$^{35}$tʂak$^{3}$ a$^{35}$ʂəuk$^{3}$ tsʰiəu$^{53}$tʂau$^{35}_{44}$lɔŋ$^{13}$tʂau$^{35}_{44}$ua$^{53}_{44}$fu$^{53}$ka$^{35}_{44}$li$^{0}$ lei$^{0}$ .

【招牌$_{1}$】tʂau$^{35}$pʰai$^{13}$ 名①挂在商店门前作为标志的牌子：爱搞块～，爱挂起箇块～来。ɔi$^{53}$

Z

kau$^{21}$k$^{h}$uai$^{53}$tʂau$^{35}$p$^{h}$ai$^{13}_{44}$,ɔi$^{53}_{44}$kua$^{53}$çi$^{21}_{44}$kai$^{53}$k$^{h}$uai$^{53}$tʂau$^{35}$p$^{h}$ai$^{13}_{21}$lɔi$^{13}_{21}$. ②名声；口碑：呃，张坊街上箇只五福堂啊，渠个～蛮响啊，药店呐，五福堂药店系块老～，渠个～蛮红。ə$_{21}$,tʂɔŋ$^{35}$fɔŋ$^{35}_{44}$kai$^{53}_{44}$xɔŋ$^{53}_{44}$ kai$^{53}$tʂak$^{3}$ ŋ̍$^{21}$fuk$^{3}$ t$^{h}$ɔŋ$^{13}$ŋa$^{0}$ ,ci$^{13}$ke$^{53}_{44}$tʂau$^{35}_{44}$p$^{h}$ai$^{13}_{21}$man$^{13}_{21}$çiɔŋ$^{21}$ŋa$^{0}$ ,iɔk$^{5}$ tian$^{53}$na$^{0}$ ,ŋ̍$^{21}$fuk$^{3}$ t$^{h}$ɔŋ$^{13}$iɔk$^{5}$ tian$^{53}$xei$^{53}$ k$^{h}$uai$^{53}$lau$^{21}$tʂau$^{35}_{44}$p$^{h}$ai$^{13}_{21}$,ci$^{13}$ke$^{53}$tʂau$^{35}_{44}$p$^{h}$ai$^{13}_{21}$man$^{13}_{21}$fəŋ$^{13}$.｜以个菜炒好来，莫打嘿哩我个～啦。i$^{21}$ke$^{53}$ ts$^{h}$ɔi$^{53}$ts$^{h}$au$^{21}$xau$^{21}$lɔi$^{13}$,mɔk$^{5}$ ta$^{21}$xek$^{3}$ li$^{0}$ ŋai$^{13}$e$^{0}$ tʂau$^{35}$p$^{h}$ai$^{13}_{21}$la$^{0}$.

【招牌$_{2}$】tʂau$^{35}$p$^{h}$ai$^{13}$ [形]拿手的，可作为标识的：欸，箇碗菜系渠等个～菜呀。e$_{21}$,kai$^{53}$uɔn$^{21}$ ts$^{h}$ɔi$^{53}$xei$^{53}_{44}$ci$^{53}_{21}$tien$^{0}$ ke$^{0}$ tʂau$^{35}$p$^{h}$ai$^{13}$ts$^{h}$ɔi$^{53}$ia$^{0}$.

【招手】tʂau$^{35}$ʂəu$^{21}$ [动]挥动手臂。①表示召唤别人过来之意：我招下子手，喊渠过来，渠就过来哩。ŋai$^{13}_{21}$tʂau$^{35}$ua$^{0}$tsɿ$^{0}$ ʂəu$^{21}$,xan$^{53}$ci$^{13}_{44}$ko$^{53}$lɔi$^{13}_{21}$,ci$^{13}_{21}$ts$^{h}$iəu$^{53}_{44}$ko$^{53}$lɔi$^{13}_{44}$li$^{0}$. ②表示打招呼、问候：我去路上看倒箇个熟人呐，撞怕就招下子手，就同渠招下子手。ŋai$^{13}$çi$^{53}$ləu$^{53}$xɔŋ$^{53}_{21}$k$^{h}$ɔn$^{53}$tau$^{21}$kai$^{53}_{44}$ke$^{53}_{44}$ʂəuk$^{5}$ ɲin$^{13}_{21}$na$^{0}$,ts$^{h}$ɔŋ$^{21}$p$^{h}$a$^{53}$ts$^{h}$iəu$^{53}_{44}$tʂau$^{35}$ua$^{0}$ tsɿ$^{0}$ ʂəu$^{21}$,ts$^{h}$iəu$^{53}_{44}$t$^{h}$əŋ$^{13}_{21}$ci$^{13}_{21}$tʂau$^{35}$ua$^{53}_{21}$tsɿ$^{0}$ ʂəu$^{21}$.

【招贴】tʂau$^{35}$t$^{h}$iait$^{3}$ [名]张贴在街头或公共场所的广告文字、图画：我等系倒街上啊，常惯呢箇个车门子上，欸，箇个店子门上，就□倒有箇个～放倒去下子。ŋai$^{13}_{21}$tien$^{0}$ xe$^{53}$tau$^{21}$kai$^{35}$xɔŋ$^{53}_{44}$ ŋa$^{0}$ ,ʂɔŋ$^{13}$kuan$^{53}$ne$^{0}$ kai$^{53}_{44}$ke$^{53}_{44}$tʂ$^{h}$a$^{35}$mən$^{13}_{21}$tsɿ$^{0}$ xɔŋ$^{53}$,e$_{21}$,kai$^{53}_{44}$ke$^{53}_{44}$tian$^{53}$tsɿ$^{0}$ mən$^{13}$xɔŋ$^{53}$,tsiəu$^{53}_{44}$ŋait$^{5}$ tau$^{21}$iəu$^{53}_{53}$kai$^{53}_{44}$ ke$^{53}_{44}$tʂau$^{35}$t$^{h}$iait$^{3}$ fɔŋ$^{53}$tau$^{21}_{44}$çi$^{53}$xa$^{53}$tsɿ$^{0}$.

【昭花】tʂau$^{35}$fa$^{35}$ [名]旧时妇女出嫁或戏曲演员化装时戴的花饰：我冇几大子个时候子就看过㧟轿子个，我等下只屋有只妹子，姓李个，我等欸潭坑啊，我等箇潭坑塅里箇映啊有只姓李个妹子，渠卖个时候子，卖下何家，还有得两十里路，欸，十多里子路，渠就系坐哩轿子。欸，戴哩～。欸，戴～嘞，同箇个同箇《霸王别姬》肚里个箇起咁个欸箇京剧肚里个箇起花样嘞。欸，还戴哩～嘞。ŋai$^{13}$mau$^{13}_{21}$ci$^{21}$t$^{h}$ai$^{53}$tsɿ$^{0}$ ke$^{53}_{44}$ʂɿ$^{13}_{44}$xei$^{53}_{44}$tsɿ$^{0}$ ts$^{h}$iəu$^{53}_{44}$k$^{h}$ɔn$^{53}$ko$^{53}_{44}$kɔŋ$^{35}$c$^{h}$iau$^{53}$tsɿ$^{0}$ ke$^{0}$ ,ŋai$^{13}$tien$^{0}$ xa$^{35}$tʂak$^{3}$ uk$^{3}$ iəu$^{35}$tʂak$^{3}$ mɔi$^{53}$tsɿ$^{0}$,siaŋ$^{53}$li$^{21}$ke$^{53}$,ŋai$^{13}$tien$^{0}$ e$^{0}$ t$^{h}$an$^{13}_{21}$xaŋ$^{35}_{44}$ŋa$^{0}$ ,ŋai$^{13}$tien$^{0}$ kai$^{53}_{44}$t$^{h}$an$^{13}_{21}$xaŋ$^{35}_{44}$t$^{h}$ɔn$^{53}$ni$^{0}$ kai$^{53}_{44}$iaŋ$^{53}_{44}$ŋa$^{0}$ iəu$^{35}_{44}$tʂak$^{3}$ siaŋ$^{53}$li$^{21}$ke$^{53}$mɔi$^{53}$tsɿ$^{0}$ ,ci$^{13}$mai$^{53}$ke$^{53}$ʂɿ$^{13}_{44}$xəu$^{53}_{44}$tsɿ$^{0}$ ,mai$^{53}_{44}$ia$^{53}_{44}$xo$^{13}$ka$^{35}$,xai$^{13}_{21}$mau$^{13}_{21}$tek$^{3}$ iɔŋ$^{21}$ ʂət$^{5}$ li$^{35}_{44}$ləu$^{53}_{44}$,e$_{21}$,ʂət$^{5}$ to$^{35}_{44}$li$^{35}_{53}$tsɿ$^{0}$ ləu$^{53}_{21}$,ci$^{13}_{21}$ts$^{h}$iəu$^{53}_{44}$xei$^{53}_{44}$ts$^{h}$o$^{35}$li$^{0}$ c$^{h}$iau$^{53}$tsɿ$^{0}$ .e$_{21}$,tai$^{53}$li$^{0}$ tʂau$^{35}$fa$^{35}_{44}$.e$_{21}$,tai$^{53}$tʂau$^{35}$fa$^{35}_{44}$ lei$^{0}$ ,t$^{h}$əŋ$^{13}_{21}$kai$^{53}$ke$^{53}$t$^{h}$əŋ$^{13}_{21}$kai$^{53}_{44}$pa$^{53}$uɔŋ$^{13}_{21}$p$^{h}$iet$^{5}$ ci$^{35}$təu$^{21}$li$^{0}$ ke$^{53}_{44}$kai$^{53}_{44}$çi$^{21}_{44}$kan$^{21}$cie$^{53}_{44}$e$_{44}$kai$^{53}_{44}$cin$^{35}$tʂət$^{3}$ təu$^{21}$li$^{0}$ ke$^{53}_{44}$kai$^{53}$ çi$^{21}$fa$^{35}$iɔŋ$^{53}_{44}$lei$^{0}$ .e$_{21}$,xai$^{13}_{21}$tai$^{53}$li$^{0}$ tʂau$^{35}$fa$^{35}_{44}$lei$^{0}$.

【着$_{1}$】tʂ$^{h}$ɔk$^{5}$ [动]①燃烧：鲜红个，～个（香）。çien$^{35}$fəŋ$^{13}$ke$^{53}_{44}$,tʂ$^{h}$ɔk$^{5}$ ke$^{53}_{21}$.｜渠就肚里鲜红子鲜红子，冇得火～。歇倒箇肚里，欸冇得火～。ci$^{13}$ts$^{h}$iəu$^{53}$təu$^{21}$li$^{0}$ çien$^{35}$fəŋ$^{13}$tsɿ$^{0}$ çien$^{35}$fəŋ$^{13}$tsɿ$^{0}$,mau$^{13}$tek$^{3}$ fo$^{21}$tʂ$^{h}$ɔk$^{5}$.çiet$^{3}$ tau$^{21}$kai$^{53}$təu$^{21}$li$^{0}$,e$_{21}$mau$^{13}$tek$^{3}$ fo$^{21}$tʂ$^{h}$ɔk$^{5}$. ②用在动词后，做补语，表示达到目的或有了结果：点～哩。tien$^{21}$tʂ$^{h}$ɔk$^{5}$ li$^{0}$.｜暗炭子啊，就烧滴烧箇炭子木木柴烧～哩以后呀，欸烧烧～哩以后，隔绝空气，封嘿火气。an$^{53}_{44}$t$^{h}$an$^{53}$tsɿ$^{0}$ a$^{0}$ ,ts$^{h}$iəu$^{53}_{44}$ʂau$^{35}$tet$^{5}_{3}$ ʂau$^{35}$kai$^{53}_{44}$t$^{h}$an$^{53}$tsɿ$^{0}$ muk$^{3}$ muk$^{3}$ ts$^{h}$ai$^{13}$ʂau$^{35}$tʂ$^{h}$ɔk$^{5}$ li$^{0}$ i$^{35}$xei$^{53}_{44}$ia$^{0}$ ,e$_{21}$ʂau$^{35}$ʂau$^{35}$tʂ$^{h}$ɔk$^{5}$ li$^{0}$ i$^{35}$xei$^{53}_{44}$,kak$^{3}$ ts$^{h}$iet$^{5}_{3}$ k$^{h}$əŋ$^{35}$çi$^{53}_{44}$,fəŋ$^{35}$ŋek$^{3}$ (←xek$^{3}$ )fo$^{21}$çi$^{53}$. ｜睡～哩 ʂɔi$^{53}$tʂ$^{h}$ɔk$^{5}$ li$^{0}$ ｜睡唔～ ʂɔi$^{53}$ŋ̍$^{13}$tʂ$^{h}$ɔk$^{5}$ 失眠，不能入睡。③感受；受到：欸～哩吓啊，有些细人子夜晡总咁子叫哇。e$_{44}$tʂ$^{h}$ɔk$^{5}$ li$^{0}$ xak$^{3}$ a$^{0}$ ,iəu$^{35}$sie$^{35}_{44}$sei$^{53}$ɲin$^{13}_{21}$tsɿ$^{0}$ ia$^{53}$pu$^{35}$tsəŋ$^{21}$kan$^{21}$tsɿ$^{0}$ ciau$^{53}$ua$^{0}$ .｜～一吓我 tʂ$^{h}$ɔk$^{5}$ iet$^{3}$ xa$^{35}$ŋai$^{13}$ 吓了我一跳

【着愁】tʂ$^{h}$ɔk$^{5}$ ts$^{h}$ei$^{13}$ [动]发愁：首先我等都～哟。让得了喔？尽病，长日咁多啰唆病。ʂəu$^{21}$ sien$^{35}_{44}$ŋai$^{13}_{21}$tien$^{0}$ təu$^{35}_{44}$tʂ$^{h}$ɔk$^{5}$ ts$^{h}$ei$^{13}$iau$^{0}$ .ɲiɔŋ$^{53}$tek$^{3}$ liau$^{21}$uo$^{0}$ ?ts$^{h}$in$^{53}$p$^{h}$iaŋ$^{53}_{44}$,tʂ$^{h}$ɔŋ$^{13}$ɲiet$^{3}$ kan$^{21}$to$^{35}$lo$^{35}_{44}$so$^{35}$p$^{h}$iaŋ$^{53}$.

【着火】tʂ$^{h}$ɔk$^{5}$ fo$^{21}$ [动]①燃烧起来；失火：你底下放条火柴呀，拿老花眼镜搞嘿去，会～。ɲi$^{13}$ te$^{21}$xa$^{53}$fɔŋ$^{53}$t$^{h}$iau$^{13}_{21}$fo$^{21}$ts$^{h}$ai$^{13}$ia$^{0}$ ,la$^{53}$lau$^{21}$fa$^{35}_{44}$ŋan$^{21}$ciaŋ$^{53}$kau$^{21}$xek$^{3}$ çi$^{53}_{44}$,uɔi$^{53}$tʂ$^{h}$ɔk$^{5}$ fo$^{21}$.｜～了。tʂ$^{h}$ɔk$^{5}$ fo$^{21}$ liau$^{21}$. ②使燃烧起来：火镜子渠会～啊。fo$^{21}$ciaŋ$^{53}_{44}$tsɿ$^{0}$ ci$^{13}$uɔi$^{53}_{44}$tʂ$^{h}$ɔk$^{5}$ fo$^{21}$a$^{0}$.

【着急】tʂ$^{h}$ɔk$^{5}$ ciet$^{3}$ [形]焦虑；急躁：真～ tʂən$^{35}$tʂ$^{h}$ɔk$^{5}$ ciet$^{3}$ ｜莫～，慢慢子来。mɔk$^{5}$ tʂ$^{h}$ɔk$^{5}$ ciet$^{3}$,man$^{53}$man$^{53}$tsɿ$^{0}$ lɔi$^{13}$.

【着惊】tʂ$^{h}$ɔk$^{5}$ ciaŋ$^{35}$ [动]着慌：以只事你莫～，唔怕，我有办法。i$^{21}$tʂak$^{3}$ sɿ$^{53}$ɲi$^{13}_{21}$mɔk$^{5}$ tʂ$^{h}$ɔk$^{5}$ ciaŋ$^{35}_{44}$, m̩$^{13}$p$^{h}$a$^{53}$,ŋai$^{13}_{21}$iəu$^{35}_{44}$p$^{h}$an$^{53}$fait$^{3}$.

【着累】tʂ$^{h}$ɔk$^{5}$li$^{53}$ [动]费神费力；消耗精神气力：以只事嘞我是结婚了，请媒人公啊抬步，请媒人公～。i$^{21}$tʂak$^{3}$ sɿ$^{53}$lei$^{0}$ ŋai$^{13}$ʂɿ$^{53}_{44}$ciet$^{3}$ fən$^{35}$liau$^{0}$ ,ts$^{h}$iaŋ$^{21}$mɔi$^{13}$ɲin$^{13}$kəŋ$^{35}$ŋa$^{0}$ t$^{h}$ai$^{13}_{44}$p$^{h}$u$^{53}$,ts$^{h}$iaŋ$^{21}$mɔi$^{13}$ɲin$^{13}$kəŋ$^{35}$ tʂ$^{h}$ɔk$^{5}$li$^{53}$.

【着心】tʂ$^{h}$ɔk$^{5}$ sin$^{35}$ [动]关心，担心：箇我怕是唔怕渠唠，欸，个把两个月唔发工资是唔怕渠唠。我等个工资是我都唔～，唔着愁。kai$^{53}$ŋai$^{13}_{21}$p$^{h}$a$^{53}$ʂɿ$^{53}_{44}$m̩$^{13}$p$^{h}$a$^{53}_{44}$ci$^{13}_{21}$lau$^{0}$ ,e$_{21}$,cie$^{53}$pa$^{21}$iɔŋ$^{21}$ke$^{53}$ɲiet$^{5}$ m̩$^{13}_{21}$fait$^{3}$

kəŋ$^{35}_{44}$tsɿ$^{35}_{44}$ʂʅ$^{53}$m̩$^{13}$pʰa$^{53}$ci$^{13}_{21}$lau$^{0}$.ŋai$^{13}$tien$^{0}$ke$^{53}$kəŋ$^{35}_{44}$tsɿ$^{35}_{44}$ʂʅ$^{53}$ŋai$^{13}_{21}$təu$^{35}_{53}$n̩$^{13}_{21}$tʂʰɔk$^{5}$sin$^{35}_{44}$,n̩$^{13}$tʂʰɔk$^{5}$tsʰei$^{13}_{21}$.

【爪】tsau$^{21}$ 动（岩鹰等）用爪子抓挠：岩鹰个爪子是锋利个，分渠～一下是皮都会脱，皮都会冇哩。ŋai$^{13}$in$^{35}$ke$^{0}$tsau$^{21}$tsɿ$^{0}$ʂʅ$^{53}_{21}$fəŋ$^{35}$li$^{53}_{44}$ke$^{0}$,pən$^{35}$ci$^{13}_{44}$tsau$^{21}$iet$^{3}$xa$^{53}$ʂʅ$^{53}_{44}$pʰi$^{13}$təu$^{35}_{53}$uɔi$^{53}$tʰɔit$^{3}$,pʰi$^{13}$təu$^{35}_{53}$uɔi$^{53}$mau$^{13}_{21}$li$^{0}$.

【爪痒】tsau$^{21}$iɔŋ$^{35}$ 动抓痒（多用于动物）：箇牛子啊一只脚总跍倒去下子总去下夺呀夺哩，就系去下～。kai$^{53}$ɲiəu$^{13}$tsɿ$^{0}$a$^{0}$iet$^{3}$tʂak$^{3}$ciɔk$^{3}$tsəŋ$^{21}$ku$^{35}$tau$^{21}_{44}$çi$^{53}$xa$^{53}$tsɿ$^{0}$tsəŋ$^{21}$çi$^{53}$xa$^{53}$tait$^{5}$ia$^{0}$tait$^{5}_{3}$li$^{0}$,tsʰiəu$^{53}$xei$^{53}$çi$^{53}$xa$^{53}$tsau$^{21}$iɔŋ$^{35}$.

【爪子$_1$】tsau$^{21}$tsɿ$^{0}$ 名鸟兽有尖甲的脚趾：狗也有～嘞，系啊？kei$^{21}$ia$^{35}$iəu$^{35}_{44}$tsau$^{21}$tsɿ$^{0}$le$^{0}$,xei$^{53}$a$^{0}$?｜鸡也有～，系，鸡也有～。鸡个～就用来掐，掐泥，地泥下去扒。cie$^{35}$ia$^{35}_{44}$iəu$^{35}_{53}$tsau$^{21}$tsɿ$^{0}$,xe$^{53}$,cie$^{35}$a$^{35}_{44}$iəu$^{35}_{53}$tsau$^{21}$tsɿ$^{0}$.cie$^{35}$ke$^{53}$tsau$^{21}$tsɿ$^{0}$tsʰiəu$^{53}$iəŋ$^{53}$lɔi$^{13}$cʰia$^{35}$,cʰia$^{35}$lai$^{13}$,tʰi$^{53}$lai$^{13}_{21}$xa$^{35}$çi$^{53}$pʰa$^{13}$.

【爪子$_2$】tsau$^{21}$tsɿ$^{0}$ 量用于姜。块，把：箇个手指公咁大子一～姜，种得好个啊一大饽几斤。kai$^{53}_{44}$kei$^{53}_{44}$ʂəu$^{21}$tʂɿ$^{21}$kəŋ$^{35}$kan$^{21}$tʰai$^{53}$tsɿ$^{0}$iet$^{3}$tsau$^{21}$tsɿ$^{0}$ciɔŋ$^{35}$,tʂəŋ$^{53}$tek$^{3}$xau$^{21}$ke$^{53}$a$^{0}$iet$^{3}$tʰai$^{53}$pʰɔk$^{5}$ci$^{21}$cin$^{35}$.

【找】tsau$^{21}$ 动寻求；物色：渠～对象。好，～只妹子归来。ci$^{13}_{21}$tsau$^{21}$ti$^{53}$siɔŋ$^{53}_{21}$.xau$^{21}$,tsau$^{21}$tʂak$^{3}$mɔi$^{53}$tsɿ$^{0}$kuei$^{35}$lɔi$^{13}_{44}$.

【找岔子】tsau$^{21}$tsʰa$^{53}$tsɿ$^{0}$ 故意挑别人的毛病，找麻烦：你找我么个岔子嘞？欸，我以只事我还做错啊么个？ɲi$^{13}$tsau$^{21}$ŋai$^{13}_{44}$mak$^{3}$e$^{0}$tsʰa$^{53}$tsɿ$^{0}$lei$^{0}$?e$_{21}$,ŋai$^{13}$i$^{21}$tʂak$^{3}$sɿ$^{53}$ŋai$^{13}_{21}$xai$^{13}_{21}$tso$^{53}$tsʰo$^{53}$a$^{0}$mak$^{3}$kei$^{53}$?

【召】tʂʰau$^{53}$ 动邀约；号召；鼓动：你爱～倒别人家都来栽，栽倒几千亩嘞。ɲi$^{13}$ɔi$^{53}_{44}$tʂʰau$^{53}$tau$^{21}$pʰiet$^{5}$in$^{13}_{21}$ka$^{35}_{44}$təu$^{35}$lɔi$^{13}_{21}$tsɔi$^{35}$,tsɔi$^{35}$tau$^{21}$ci$^{21}$tsʰien$^{35}_{44}$miau$^{35}_{44}$lei$^{0}$.｜我就想～倒箇起人来做几间子屋。ŋai$^{13}$tsʰiəu$^{53}$siɔŋ$^{21}$tʂʰau$^{53}$tau$^{21}$kai$^{53}$çi$^{21}$ɲin$^{13}$nɔi$^{13}_{44}$tso$^{53}$ci$^{21}$kan$^{35}_{44}$tsɿ$^{0}$uk$^{3}$.

【赵公元帅】tʂʰau$^{53}$kəŋ$^{35}$ɲien$^{13}$/vien$^{13}$sai$^{53}$ 财神赵公明的别称：啊，如今唔系话蛮多庙除嘿渠箇讲个箇只菩萨以外，渠箇只为首个箇菩萨以外，观音娘娘大部分都有，～大部分都有，渠就唔管得渠跍倒阴间渠等渠系唔系蛮和气，系唔系搞成一团呐，系唔系？渠反正渠箇两只菩萨渠就蛮箇个个唔得少个，观音娘娘摎～。a$_{53}$,i$^{13}_{21}$cin$^{35}_{44}$m̩$^{13}$pʰei$^{53}$ua$^{53}$man$^{13}$to$^{35}_{44}$miau$^{53}$tʂʰəu$^{13}$xek$^{3}$ci$^{13}_{44}$kai$^{53}$kɔŋ$^{21}$ke$^{53}$kai$^{53}$tʂak$^{3}$pʰu$^{13}$sait$^{3}$i$^{35}_{44}$uai$^{53}$,ci$^{13}$kai$^{53}$tʂak$^{3}$uei$^{13}$ʂəu$^{21}$ke$^{53}$kai$^{53}$pʰu$^{13}$sait$^{3}$i$^{35}_{44}$uai$^{53}$,kɔn$^{35}$in$^{35}$ɲiɔŋ$^{13}_{21}$ɲiɔŋ$^{13}_{44}$tʰai$^{53}$pʰu$^{53}_{21}$fən$^{53}_{21}$təu$^{35}_{44}$iəu$^{35}$,tʂʰau$^{53}$kəŋ$^{35}_{44}$vien$^{13}$sai$^{53}$tʰai$^{53}$pʰu$^{53}_{44}$fən$^{53}_{44}$təu$^{35}_{44}$iəu$^{35}$,ci$^{13}_{21}$tsʰiəu$^{53}$n̩$^{13}$kɔn$^{21}$tek$^{3}$ci$^{13}_{44}$ku$^{35}$tau$^{21}$in$^{35}$kan$^{35}_{44}$ci$^{13}_{21}$tien$^{0}$ci$^{13}_{21}$xei$^{53}$mei$^{53}_{44}$man$^{13}_{21}$fo$^{13}$çi$^{53}$,xei$^{53}$mei$^{53}_{44}$kau$^{21}$tʂʰən$^{13}$iet$^{3}$tʰɔn$^{13}$na$^{0}$,xei$^{53}$me$^{53}$?ci$^{13}_{21}$fan$^{21}$tʂən$^{53}$ci$^{13}_{44}$kai$^{53}$iɔŋ$^{21}$tʂak$^{3}$pʰu$^{13}$sait$^{3}$ci$^{13}$tsʰiəu$^{53}$man$^{13}$kai$^{53}_{44}$ke$^{53}_{44}$ke$^{0}$n̩$^{13}$tek$^{3}$ʂau$^{21}$ke$^{53}$,kɔn$^{35}$in$^{35}_{53}$ɲiɔŋ$^{13}_{21}$ɲiɔŋ$^{13}_{21}$lau$^{35}_{44}$tʂʰau$^{53}$kəŋ$^{35}_{44}$vien$^{13}_{21}$sai$^{53}$.｜我去五显庙里先同五显老爷欸唱只揖，又到～箇映又唱只揖。ŋai$^{13}$çi$^{53}$ŋ̍$^{21}$çien$^{21}$miau$^{53}$li$^{0}$sien$^{35}$tʰəŋ$^{13}_{21}$ŋ̍$^{21}$çien$^{21}$lau$^{21}$ia$^{13}_{44}$e$_{21}$tʂʰɔŋ$^{53}$tʂak$^{3}$ia$^{35}$,iəu$^{53}$tau$^{53}$tʂʰau$^{53}$kəŋ$_{44}$vien$^{13}$sai$^{53}$kai$^{53}_{44}$iaŋ$^{53}_{44}$iəu$^{53}$tʂʰɔŋ$^{53}$tʂak$^{3}$ia$^{35}$.

【笊篱】tsau$^{53}$lei$^{13}$/li$^{0}$ 名用竹篾、铁丝等编制的用具，有长柄，形似蜘蛛网，能漏水：啊，还有起嘞就系～哟，去镬头里搂起来哟。分箇滴子米噢分箇滴饭煮好来用就去镬头里直接搂起来，饭汤就留下镬里个，箇起就系～。a$_{44}$,xai$^{13}_{21}$iəu$^{35}$çi$^{21}$le$^{0}$tsʰiəu$^{53}_{44}$xei$^{53}_{21}$tsau$^{53}$lei$^{13}$iau$^{0}$,çi$^{53}_{44}$uɔk$^{5}$tʰei$^{0}$li$^{0}$lei$^{13}$çi$^{21}$lɔi$^{13}$iau$^{0}$.pən$^{35}$kai$^{53}_{44}$tet$^{5}$tsɿ$^{0}$mi$^{21}$au$^{0}$pən$^{35}$kai$^{53}_{44}$tet$^{5}_{3}$fan$^{53}$tʂəu$^{21}$xau$^{21}$lɔi$^{13}$iəŋ$^{53}_{44}$tsʰiəu$^{53}_{21}$çi$^{53}_{21}$uɔk$^{5}$tʰei$^{0}$li$^{0}$tʂʰət$^{5}$tsiet$^{3}$lei$^{13}$çi$^{21}$lɔi$^{13}_{21}$,fan$^{53}$tʰɔŋ$^{35}_{44}$tsʰiəu$^{53}_{44}$liəu$^{13}$(x)a$^{53}_{44}$uɔk$^{5}$li$^{0}$ke$^{53}$,kai$^{53}_{21}$çi$^{21}$tsʰiəu$^{53}_{44}$xe$^{53}_{44}$tsau$^{53}$lei$^{13}_{21}$.｜安做～。洗米个啊！/哦，哦，洗米个，系，～。到镬里去搊下起来，系唔系啊？舞饭个人就是咁子搊落几～来。/你洗米个时间子嘞用～更快。ɔn$^{35}_{44}$tso$^{53}_{44}$tsau$^{53}$lei$^{13}$.sei$^{21}$mi$^{21}$ke$^{53}$a$^{0}$!/o$_{21}$,o$_{21}$,sei$^{21}$mi$^{21}$ke$^{53}$,xe$^{53}_{44}$,tsau$^{53}$lei$^{13}_{21}$.tau$^{53}_{44}$uɔk$^{5}$li$^{0}$çy$_{44}$(←çi$^{53}$)tsʰei$^{35}$ia$_{44}$(←xa$^{53}$)çi$^{21}$lɔi$^{13}_{21}$,xe$^{53}_{44}$me$^{53}_{44}$a$^{0}$?u$^{21}$fan$^{53}$ke$^{53}_{44}$ɲin$^{13}_{44}$tsʰiəu$^{53}_{44}$ʂʅ$^{53}_{44}$kan$^{21}_{44}$tsɿ$^{0}$tsʰei$^{35}$lɔk$^{5}$ci$^{21}_{44}$tsau$^{53}$lei$^{13}_{44}$lɔi$^{13}_{44}$./ɲi$^{13}_{21}$sei$^{21}$mi$^{21}$ke$^{53}_{44}$ʂʅ$^{13}_{21}$kan$^{35}_{44}$tsɿ$^{0}$lei$^{0}$iəŋ$^{53}_{44}$tsau$^{53}$li$^{0}$ken$^{53}$kʰuai$^{53}$.

【照$_1$】tʂau$^{53}$ 动①照射；照耀：（汽灯）～得唔知几亮，唔知几远呐。tʂau$^{53}$tek$^{3}$n̩$^{13}_{21}$ti$^{35}_{53}$ci$^{21}$liɔŋ$^{53}$,n̩$^{13}_{21}$ti$^{35}_{53}$ci$^{21}$ien$^{21}$na$^{0}$. ②照明以便发现并抓取：～黄鳝个黄鳝剪 tʂau$^{53}$uɔŋ$^{13}$ʂen$^{53}$ke$^{53}_{44}$uɔŋ$^{13}$ʂen$^{53}_{35}$tsien$^{21}$｜欸，春天整哩田呐，整哩田以后呀，我等家家户户都去～湖鳅，到箇田里去照湖鳅。ei$_{44}$,tʂʰən$^{35}$tʰien$^{35}_{44}$tʂaŋ$^{21}$ni$^{0}$tʰien$^{13}$na$^{0}$,tʂaŋ$^{21}$ni$^{0}$tʰien$^{13}$i$^{35}_{44}$xei$^{53}$ia$^{0}$,ŋai$^{13}_{21}$tien$^{0}$ka$^{35}$ka$^{35}_{44}$fu$^{53}$fu$^{53}$təu$^{35}_{44}$çi$^{53}$tʂau$^{53}$fu$^{13}_{21}$tsʰiəu$^{35}_{44}$,tau$^{53}$kai$^{53}$tʰien$^{13}_{21}$ni$^{21}_{44}$çi$^{53}_{44}$tʂau$^{53}$fu$^{13}_{21}$tsʰiəu$^{35}_{44}$.

【照$_2$】tʂau$^{53}$ 介依照，依着，仿照：只有～顺序，～大细顺序咁子写。tʂe$^{21}$iəu$^{35}_{44}$tʂau$^{53}$ʂən$^{53}$si$^{53}$,tʂau$^{53}_{44}$tʰai$^{53}$se$^{53}_{44}$ʂən$^{53}$si$^{53}$kan$^{21}$tsɿ$^{0}$sia$^{21}$.｜～咁子做就好。tʂau$^{53}$kan$^{21}_{13}$tsɿ$^{0}$tso$^{53}$tsʰiəu$^{53}$xau$^{21}$.

【照壁】tʂau$^{53}$piak$^{3}$ 名影壁：～，就系分肚里遮咁去，系唔系？渠省子去外背禾坪下一眼就看得肚里倒。欸就安做～。蛮少，我等以个栏场蛮少，砌～个蛮少。tʂau$^{53}$piak$^{3}$,tsʰiəu$^{53}_{44}$uei$_{44}$

Z

(←xei$^{53}$)pən$^{35}$təu$^{21}$li$^{0}$ tʂa$^{35}$kan$^{21}$çi$^{53}$,xei$^{53}_{44}$me$^{53}_{44}$?ci$^{13}$saŋ$^{21}$tsɿ$^{0}$ çi$^{53}$ŋɔi$^{53}$pɔi$^{53}_{44}$uo$^{13}$pʰiaŋ$^{13}_{21}$xa$^{35}$iet$^{3}$ ŋan$^{21}$tsʰiəu$^{53}_{44}$kʰɔn$^{53}$ tek$^{3}$ təu$^{21}$li$^{0}$ tau$^{21}$.e$_{21}$tsʰiəu$^{53}_{44}$ɔn$^{35}_{44}$tso$^{53}_{44}$tʂau$^{53}$piak$^{3}$ .man$^{13}$ʂau$^{21}$,ŋai$^{13}_{21}$tien$^{0}$ i$^{21}_{44}$ke$^{53}_{44}$lɔŋ$^{13}_{21}$tʂʰɔŋ$^{13}_{21}$man$^{13}$ʂau$^{21}$,tsʰi$^{53}_{44}$tʂau$^{53}$ piak$^{3}$ ke$^{53}$man$^{13}$ʂau$^{21}$.

【照倒】tʂau$^{53}$tau$^{21}$ 介 ①依照，依着，仿照：因为以只东西指玉兰花后背引进来个了。/就～学倒讲。in$^{35}$uei$^{53}_{44}$i$^{21}$tʂak$^{3}$ təŋ$^{35}_{44}$si$^{0}$ xei$^{53}$pɔi$^{53}_{35}$in$^{21}$tsin$^{53}$lɔi$^{13}_{21}$ke$^{53}_{44}$liau$^{0}$ ./tsʰiəu$^{53}_{44}$tʂau$^{53}$tau$^{21}$xɔk$^{5}$ tau$^{21}$kɔŋ$^{21}$. ②顺，沿：然后～箇线呢隔咁远子，又挑一针上来，挑一针上，安做绗。vien$^{13}_{21}$xei$^{53}_{44}$tʂau$^{53}$tau$^{21}$kai$^{53}_{44}$sien$^{53}$nei$^{0}$ kak$^{3}$ kan$^{21}$ien$^{21}$tsɿ$^{0}$ ,iəu$^{53}$tʰiau$^{35}$iet$^{3}$ tʂən$^{35}_{44}$ʂɔŋ$^{53}_{44}$lɔi$^{13}_{44}$,tʰiau$^{35}$iet$^{3}$ tʂən$^{35}_{44}$ʂɔŋ$^{53}_{44}$,ɔn$^{35}_{44}$tso$^{53}_{44}$xɔŋ$^{13}$.

【照枋】tʂau$^{53}$fɔŋ$^{35}$ 名 天子壁上前方的木板，宽而长，用来遮挡后方的死角，上书“紫气东来”“富贵吉祥”“光前日后”之类的四个字：箇就，箇就进去里背了。往箇进去了，有哇，欸，看呢，箇就还爱放块～。欸，欸，比方说，以映子大门了，系啊？箇映，箇块壁上嘞箇块壁嘞就安做天子壁，系啊？放牌位个。欸，箇只栏场放牌位箇顶高箇映子，欸，爱放块～。咁以阅。渠爱看呶爱在以只天子壁往外背滴子来。往出来滴子。比顶嘞，欸到，比箇个屋……比箇瓦嘞又低滴子。起到只么个作用嘞？以只今年……我旧年做祠堂嘞就做哩吵，就设哩嘞。就系嘞，看呶，如果放箇块～，以咁子徛倒禾坪，徛倒箇个大门口一看，看倒个么个嘞？看倒个就箇，箇映子就有只墙眼下。墙啊，系墙，墙个最顶高吵，系啊？因为厅下是唔放楼板，唔放楼栿，冇得楼个，渠就会看倒箇只墙眼下。又会看倒箇桁子掺椽皮箇箇箇一掺渠所接个地方。所以渠就用箇么个办法嘞？用块～遮咁去。你看嘿去就冇事看倒箇只咁个唔好看个东西。𫧃到顶嘞，～𫧃到顶。一唔到顶就二唔低。就系徛倒大门口，一进，还𫧃进大门，还𫧃进箇只门槛，一看嘿去，爱看箇只死角唔到。箇箇个～就起倒箇只作用。遮嘿箇只死角去。你放高矮进出，放进出是箇一般都系一般都就系米把子唠，放出滴子来唠。米把子唠。欸。但是放高矮嘞，渠就爱边徛正外背来看。kai$^{53}_{44}$tsʰiəu$^{53}_{21}$,kai$^{53}_{44}$tsʰiəu$^{53}_{21}$tsin$^{53}$çi$^{53}_{44}$ti$^{35}$pɔi$^{53}_{44}$liau$^{0}$ .uɔŋ$^{21}$kai$^{53}_{44}$ tsin$^{53}$cʰi$^{53}_{44}$liau$^{0}$ ,iəu$^{35}$ua$^{0}$ ,e$_{21}$,kʰɔn$^{53}_{44}$nei$^{0}$ ,kai$^{53}_{44}$tsʰiəu$^{53}_{44}$xa$^{13}_{21}$ɔi$^{53}_{44}$fɔŋ$^{53}_{44}$kʰuai$^{53}_{44}$tʂau$^{53}$fɔŋ$^{35}$.e$_{21}$,e$_{44}$,pi$^{21}$faŋ$_{44}$ʂuo$_{44}$,i$^{21}$iaŋ$^{53}$ tsɿ$^{0}$ tʰai$^{53}$mən$^{13}_{21}$liau$^{0}$ ,xei$^{53}_{44}$a$^{0}$ ?kai$^{53}$iaŋ$^{53}_{44}$,kai$^{53}$kʰuai$^{53}_{44}$piak$^{3}$ xɔŋ$^{53}_{44}$lei$^{0}$ kai$^{53}$kʰuai$^{53}_{44}$piak$^{3}$ lei$^{0}$ tsʰiəu$^{53}_{21}$ɔn$^{35}_{44}$tso$^{53}_{44}$tʰien$^{35}$ tsɿ$^{0}$ piak$^{3}$ ,xe$^{53}_{44}$a$^{0}$ ?fɔŋ$^{53}$pʰai$^{13}$uei$^{53}_{44}$ke$^{53}_{44}$.e$_{21}$,kai$^{53}$tʂak$^{3}$ lɔŋ$^{13}$tʂʰɔŋ$^{13}_{44}$fɔŋ$^{53}$pʰai$^{13}_{21}$uei$^{53}_{44}$kai$^{53}_{44}$taŋ$^{21}$kau$^{35}$kai$^{53}$iaŋ$^{53}_{44}$ tsɿ$^{0}$,e$_{21}$,ɔi$^{53}_{44}$fɔŋ$^{53}_{44}$kʰuai$^{53}_{44}$tʂau$^{53}$fɔŋ$^{35}$.kan$^{21}_{35}$i$^{21}$kʰɔit$^{3}$ .ci$^{13}$ɔi$^{53}_{44}$kʰɔn$^{53}_{44}$nau$^{0}$ ɔi$^{53}$tsʰai$^{53}$i$^{21}$tʂak$^{3}$ tʰien$^{35}$tsɿ$^{0}$ piak$^{3}$ uɔŋ$^{21}$ŋɔi$^{53}$ pɔi$^{53}_{44}$tiet$^{5}$ tsɿ$^{0}$ lɔi$^{13}$.uɔŋ$^{21}$tʂʰət$^{3}$ lɔi$^{13}$tiet$^{5}$ tsɿ$^{0}$.pi$^{21}$taŋ$^{21}$lei$^{0}$ ,ei$_{21}$tau$^{53}$,pi$^{21}$kai$^{53}_{44}$kei$^{53}_{44}$uk$^{3}$ ⋯pi$^{21}$kai$^{53}_{44}$ŋa$^{21}$lei$^{0}$ iəu$^{53}_{44}$te$^{35}$tiet$^{5}$ tsɿ$^{0}$ .çi$^{21}$tau$^{53}$tʂak$^{3}$ mak$^{3}$ (k)e$^{53}$tsɔk$^{3}$ iəŋ$^{53}_{44}$lei$^{0}$ ?i$^{21}$tʂak$^{3}$ cin$^{35}$ɲien$^{13}_{21}$⋯ŋai$^{13}$cʰiəu$^{53}$ɲien$^{13}$tso$^{53}$tsʰɿ$^{13}$tʰɔŋ$^{13}_{44}$le$^{0}$ tsʰiəu$^{53}_{44}$ tso$^{53}$li$^{0}$ ʂa$^{0}$ ,tsʰiəu$^{53}_{44}$ʂek$^{5}$ li$^{0}$ le$^{0}$ .tsʰiəu$^{53}$xei$^{53}_{44}$lei$^{0}$ ,kʰɔn$^{53}_{44}$nau$^{0}$ ,ɻ$^{13}$ko$^{21}$n̩$^{13}$fɔŋ$^{53}$kai$^{53}$kʰuai$^{53}$tʂau$^{53}$fɔŋ$^{35}$,i$^{21}$kan$^{21}$tsɿ$^{0}$ cʰi$^{35}$tau$^{21}$uo$^{13}$pʰiaŋ$^{13}_{44}$,cʰi$^{35}$tau$^{21}$kai$^{53}_{44}$ke$^{53}_{44}$tʰai$^{53}$mən$^{13}$xei$^{13}_{21}$iet$^{3}$ kʰɔn$^{53}$,kʰɔn$^{53}_{21}$tau$^{21}$kei$^{53}_{44}$mak$^{3}$ (k)e$^{53}_{44}$lei$^{0}$ ?kʰɔn$^{53}_{21}$tau$^{21}$ ke$^{53}_{44}$tsʰiəu$^{53}_{44}$kai$^{53}_{21}$,kai$^{53}_{44}$iaŋ$^{53}_{44}$tsɿ$^{0}$ tsʰiəu$^{53}_{44}$iəu$^{35}_{44}$tʂak$^{3}$ tsʰiɔŋ$^{13}$ŋan$^{21}_{35}$xa$^{35}$.tsʰiɔŋ$^{13}$ŋa$^{0}$ ,xe$^{53}_{44}$tsʰiɔŋ$^{13}$,tsʰiɔŋ$^{13}$ke$^{53}_{44}$tsei$^{53}$taŋ$^{21}$ kau$^{35}_{44}$ʂa$^{0}$ ,xei$^{53}_{44}$a$^{0}$ ?in$^{35}$uei$^{53}_{21}$tʰaŋ$^{35}$xa$^{35}$ʂɿ$^{53}_{21}$n̩$^{13}$fɔŋ$^{53}_{44}$lei$^{13}$pan$^{21}$,n̩$^{13}$fɔŋ$^{53}_{44}$lei$^{13}$fuk$^{5}$ ,mau$^{13}$tek$^{3}$ lei$^{13}$ke$^{53}$,ci$^{13}$tsʰiəu$^{53}_{44}$uɔi$^{53}_{44}$ kʰɔn$^{53}$tau$^{21}$kai$^{53}$tʂak$^{3}$ tsʰiɔŋ$^{13}$ŋan$^{21}_{35}$xa$^{35}$.iəu$^{53}_{44}$uɔi$^{53}_{44}$kʰɔn$^{53}$tau$^{21}$kai$^{53}$xaŋ$^{13}$tsɿ$^{0}$ lau$^{35}$ʂɔn$^{13}$pʰi$^{13}$kai$^{53}_{44}$kai$^{53}_{44}$kai$^{53}_{44}$iet$^{3}$ lau$^{35}$ ci$^{13}_{21}$so$^{21}$tsiait$^{3}$ ke$^{53}_{44}$tʰi$^{53}$fɔŋ$^{35}_{44}$.so$^{21}$i$^{35}$ci$^{13}_{21}$tsʰiəu$^{53}_{44}$iəŋ$^{53}$kai$^{53}_{44}$mak$^{3}$ (k)e$^{53}_{44}$pʰan$^{53}_{44}$fait$^{3}$ lei$^{0}$ ?iəŋ$^{53}_{44}$kʰuai$^{53}_{44}$tʂau$^{53}$fɔŋ$^{35}$tʂa$^{35}$ kan$^{21}$çi$^{53}_{44}$. ɲi$^{13}$kʰɔn$^{53}_{44}$nek$^{3}$ (←xek$^{3}$ )çi$^{53}_{44}$tsʰiəu$^{53}_{44}$mau$^{13}_{21}$sɿ$^{53}_{44}$kʰɔn$^{53}$tau$^{21}$kai$^{53}$tʂak$^{3}$ kan$^{21}$cie$^{53}_{44}$n̩$^{13}$xau$^{21}$kʰɔn$^{53}$ke$^{53}_{21}$təŋ$^{35}_{44}$ si$^{0}$ .maŋ$^{13}$tau$^{53}$tin$^{21}$ne$^{0}$ ,tʂau$^{53}_{44}$fɔŋ$^{35}_{44}$maŋ$^{13}$tau$^{53}$tin$^{21}$.iet$^{3}$ n̩$^{13}$tau$^{53}$tin$^{21}$tsʰiəu$^{53}_{44}$ɲi$^{53}$n̩$^{13}$te$^{35}$.tsʰiəu$^{53}$xei$^{53}_{44}$cʰi$^{35}$tau$^{21}$tʰai$^{53}$ mən$^{13}$xei$^{21}$,iet$^{3}$ tsin$^{53}$,xai$^{13}_{21}$maŋ$^{13}$tsin$^{53}$tʰai$^{53}$mən$^{13}$,xai$^{13}_{21}$maŋ$^{13}$tsin$^{53}$kai$^{53}$tʂak$^{3}$ mən$^{13}$cʰian$^{21}_{44}$,iet$^{3}$ kʰɔn$^{53}$nek$^{3}$ (←xek$^{3}$ )çi$^{53}_{44}$,ɔi$^{53}_{44}$kʰɔn$^{53}$kai$^{53}$tʂak$^{3}$ si$^{21}$kɔk$^{3}$ n̩$^{13}$tau$^{53}_{44}$.kai$^{53}_{44}$kai$^{53}$kei$^{53}_{44}$tʂau$^{53}$fɔŋ$^{35}$tsiəu$^{53}$çi$^{21}$tau$^{21}_{44}$kai$^{53}_{44}$tʂak$^{3}$ tsɔk$^{3}$ iəŋ$^{53}$.tʂa$^{35}$(x)ek$^{3}$ kai$^{53}$tʂak$^{3}$ si$^{21}$kɔk$^{3}$ çi$^{53}_{44}$. ɲi$^{13}$fɔŋ$^{53}$kau$^{35}$ai$^{21}$tsin$^{53}$tʂʰət$^{3}$ ,fɔŋ$^{53}_{44}$tsin$^{53}$tʂʰət$^{3}$ ʂɿ$^{53}_{44}$kai$^{53}_{44}$iet$^{3}$ pɔn$^{35}$təu$^{35}_{44}$xe$^{53}_{44}$ iet$^{3}$ pɔn$^{35}$təu$^{35}_{44}$tsʰiəu$^{53}_{44}$xei$^{53}_{44}$mi$^{21}$pa$^{21}$tsɿ$^{0}$ lau$^{0}$ ,fɔŋ$^{53}_{44}$tʂʰət$^{3}$ tiet$^{5}$ tsɿ$^{0}$ lɔi$^{13}_{21}$lau$^{0}$ .mi$^{21}$pa$^{21}$tsɿ$^{0}$ lau$^{0}$ .e$_{21}$.tan$^{53}_{44}$ʂɿ$^{53}_{44}$fɔŋ$^{53}$kau$^{35}$ ai$^{21}$lei$^{0}$ ,ci$^{13}$tsʰiəu$^{53}$ɔi$^{53}_{44}$pien$^{35}$cʰi$^{35}$tʂaŋ$^{53}_{21}$ŋɔi$^{53}$pɔi$^{53}_{44}$lɔi$^{13}_{21}$kʰɔn$^{53}$.

【照顾】tʂau$^{53}$ku$^{53}$ 动 注意，看顾：你又怕老鼠箇只啮咯，一下𫧃～得箇只系唔系？ɲi$^{13}$iəu$^{53}$pʰa$^{53}_{44}$ lau$^{21}$tʂʰəu$^{21}$kai$^{53}_{44}$tʂak$^{3}$ ŋait$^{3}$ ko$^{0}$ ,iet$^{3}$ xa$^{53}_{44}$maŋ$^{13}_{21}$tʂau$^{53}$ku$^{53}_{21}$tek$^{3}$ kai$^{53}_{21}$tʂak$^{3}$ xei$^{53}_{44}$me$^{53}_{44}$?

【照念】tʂau$^{53}$ɲian$^{53}$ 动 依照所写内容诵读：只能爱渠～呐。就……表示我系写正哩个。tsɿ$^{21}$ len$^{13}$ɔi$^{53}_{21}$ci$^{13}_{21}$tʂau$^{53}_{44}$ɲian$^{53}$na$^{0}$ .tsʰiəu$^{53}_{44}$tsʰ⋯piau$^{21}$sɿ$^{53}$ŋai$^{13}$xe$^{53}_{44}$sia$^{21}$tʂaŋ$^{53}$li$^{0}$ kei$^{53}_{44}$.

【照日莲】tʂau$^{53}$ɲiet$^{3}_{5}$lien$^{13}$ 名 向日葵：跟箇日头日头晒正箇向渠向准欸向。/你话～咯。/系呀。/～。ken$^{35}_{44}$kai$^{53}$ɲiet$^{3}$ tʰəu$^{13}$ɲiet$^{3}$ tʰəu$^{13}$sai$^{53}$tʂaŋ$^{53}_{21}$kai$^{53}_{44}$çiɔŋ$^{53}$ci$^{13}$çiɔŋ$^{53}$tʂən$^{21}_{44}$e$_{21}$çiɔŋ$^{53}$./ɲi$^{13}$ua$^{53}_{44}$tʂau$^{53}_{44}$ɲiet$^{3}_{5}$lien$^{13}_{44}$ ko$^{0}$ ./xei$^{53}_{44}$ia$^{0}$ ./tʂau$^{53}_{44}$ɲiəuk$^{5}$ lien$^{13}$. | 葵花嘞又安做～，～呐系。kʰuei$^{13}$fa$^{35}_{44}$lei$^{0}$ iəu$^{53}$ɔn$^{35}_{44}$tso$^{53}_{44}$tʂau$^{53}$ɲiəuk$^{5}$ lien$^{13}$,tʂau$^{53}$ɲiet$^{3}$ lien$^{13}$na$^{0}$ xe$^{53}_{44}$.

【照推】tʂau$^{53}$tʰi$^{35}$ 动 依照相似的事物或做法来推论或衡量：其他就～唠。cʰi$^{13}_{21}$tʰa$^{35}_{44}$tsʰiəu$^{53}_{44}$tʂau$^{53}$ tʰi$^{35}$lau$^{0}$.

【罩$_1$】tsau$^{53}$ 动 ①覆盖；笼罩；遮蔽：或者用绸子啊做只咁个罩罩哇，～下棺材上啊。xɔit$^{5}$ tʂa$^{21}$iəŋ$^{53}$tʂʰəu$^{13}$tsɿ$^{0}$a$^{0}$ tso$^{53}$tʂak$^{3}$ kan$^{21}$ke$^{53}_{44}$tsau$^{53}$tsau$^{53}$ua$^{0}$,tsau$^{53}$ua$^{53}_{44}$kɔn$^{35}_{44}$tsʰɔi$^{13}_{21}$xɔŋ$^{53}_{44}$ŋa$^{0}$. ②套在外面：～下下来 tsau$^{53}$ua$_{44}$(←xa$^{53}$)xa$^{53}_{44}$lɔi$^{13}_{44}$

【罩$_2$】tsau$^{53}$ 名 覆盖物体的罩形器物：（鸡瓿）欸就系就系同箇个同箇如今街上卖个箇起放下桌上罩菜个～样个差唔多咁东西。e$_{44}$tsʰiəu$^{53}$xe$^{53}_{21}$tsʰiəu$^{53}$xe$^{53}_{21}$tʰəŋ$^{13}$kai$^{53}$ke$^{53}_{44}$tʰəŋ$^{13}$kai$^{53}$i$^{13}_{21}$cin$^{35}_{44}$kai$^{35}$xɔŋ$^{53}_{44}$ mai$^{53}_{44}$kei$^{53}_{44}$kai$^{53}$çi$^{21}$fɔŋ$^{53}_{44}$xa$^{53}_{44}$tsɔk$^{3}$ xɔŋ$^{53}_{44}$tsau$^{53}_{44}$tsʰɔi$^{53}$ke$^{53}_{21}$tsau$^{53}$iəŋ$^{53}_{21}$ke$^{53}_{21}$tsa$^{35}$n̩$^{13}_{21}$to$^{35}$kan$^{21}$təŋ$^{35}_{44}$si$^{0}$.

【罩裤】tsau$^{53}$fu$^{53}$ 名 穿在棉裤或正常裤子外面的宽大长裤或套裤：咁热人了，我昨晡看下子我娭子还着条～，痞厚个～。硬系老人家硬箇个嘞，硬系冇哩血气呀，系唔系？kan$^{21}$ɲiet$^{5}$ɲin$^{13}_{44}$ niau$^{0}$,ŋai$^{13}_{21}$tsʰo$^{35}_{44}$pu$^{35}_{53}$kʰɔn$^{53}$na$^{53}_{21}$tsɿ$^{0}$ŋai$^{13}_{21}$ɔi$^{35}_{44}$tsɿ$^{0}$xai$^{13}_{21}$tʂɔk$^{3}$ tʰiau$^{13}$tsau$^{53}$fu$^{53}$,tek$^{5}$ xei$^{53}_{44}$ke$^{0}$tsau$^{53}$fu$^{53}$. ɲiaŋ$^{53}$xe$^{53}_{44}$lau$^{21}$ ɲin$^{13}$ka$^{35}_{53}$ɲiaŋ$^{53}_{44}$kai$^{53}$ke$^{53}$le$^{0}$, ɲiaŋ$^{53}$xei$^{53}$mau$^{13}_{21}$li$^{0}$ çiet$^{3}$ çi$^{53}$ia$^{0}$,xei$^{53}$me$^{53}$?

【罩袍】tsau$^{53}$pʰau$^{13}$ 名 罩在袍外的大褂儿：箇我就蛮多年再都𫞼看倒别人家着～了。欸，只系去电视肚里箇兜看过。客姓人有以前个老班子有～，就系袍子，着啊箇袍子面上，系唔系？我爷子我都𫞼看渠着过～，好像话以前我公太等就着袍子，就着过～。kai$^{53}$ŋai$^{13}_{21}$tsʰiəu$^{53}$man$^{13}_{21}$ to$^{35}_{53}$ɲien$^{13}_{44}$tsai$^{53}_{44}$təu$^{35}_{53}$maŋ$^{13}$kʰɔn$^{53}$tau$^{21}$pʰiet$^{5}$ in$^{13}_{44}$ka$^{35}_{44}$tʂɔk$^{3}$ tsau$^{53}$pʰau$^{13}$liau$^{0}$.e$_{21}$,tʂɿ$^{21}$xe$^{53}_{44}$çi$^{53}_{44}$tʰien$^{53}$ʂɿ$^{53}$təu$^{21}$li$^{0}$ kai$^{53}_{44}$ te$^{35}_{44}$kʰɔn$^{53}$ko$^{53}$.kʰak$^{3}$ sin$^{53}$ɲin$^{13}_{21}$iəu$^{35}$i$^{35}$tsʰien$^{13}$ke$^{53}_{44}$lau$^{21}$pan$^{35}$tsɿ$^{0}$ iəu$^{35}$tsau$^{53}$pʰau$^{13}$,tsʰiəu$^{53}$xe$^{53}$pʰau$^{13}$tsɿ$^{0}$,tʂɔk$^{3}$ a$^{0}$ kai$^{53}_{44}$pʰau$^{13}$tsɿ$^{0}$ mien$^{53}$xɔŋ$^{53}_{44}$,xei$^{53}_{44}$me$^{53}_{44}$?ŋai$^{13}_{21}$ia$^{13}$tsɿ$^{0}$ ŋai$^{13}_{21}$təu$^{35}_{53}$maŋ$^{13}_{21}$kʰɔn$^{53}_{44}$ci$^{13}_{44}$tʂɔk$^{3}$ ko$^{53}_{44}$tsau$^{53}$pʰau$^{13}_{21}$,xau$^{21}$tsʰiəŋ$^{53}$ ua$^{53}$i$^{35}$tsʰien$^{13}_{21}$ŋai$^{13}$kəŋ$^{35}$tʰai$^{53}_{44}$tien$^{0}$ tsʰiəu$^{53}$tʂɔk$^{3}$ pʰau$^{13}$tsɿ$^{0}$,tsʰiəu$^{53}$tʂɔk$^{3}$ ko$^{53}_{44}$tsau$^{53}$pʰau$^{13}$.

【罩衫】tsau$^{53}$san$^{35}$ 名 罩衣，套穿在短袄或长袍外面的单褂：咔叽布是用来做～箇只啦。kʰa$^{21}$ ci$^{35}$pu$^{53}$ʂɿ$^{53}_{44}$iəŋ$^{53}_{44}$lɔi$^{13}_{21}$tso$^{53}_{44}$tsau$^{53}$san$^{35}_{44}$kai$^{53}_{44}$tʂak$^{3}$ la$^{0}$. | 大概马夹嘞，就可以着出来，着出外背来。唔着～。tʰai$^{53}$kʰai$^{53}$ma$^{35}$kait$^{3}$ le$^{0}$,tsʰiəu$^{53}$kʰo$^{21}$i$^{35}$tʂɔk$^{3}$ tʂʰət$^{3}$ lɔi$^{13}_{44}$,tʂɔk$^{3}$ tʂʰət$^{3}$ ŋɔi$^{53}$pɔi$^{53}$lɔi$^{13}_{21}$.n̩$^{13}$tʂɔk$^{3}$ tsau$^{53}$san$^{35}_{44}$.

【罩罩】tsau$^{53}$tsau$^{53}$ 名 覆盖物体的器物：或者用绸子啊做只咁个～哇，罩下棺材上啊。xɔit$^{5}$ tʂa$^{21}$iəŋ$^{53}$tʂʰəu$^{13}$tsɿ$^{0}$a$^{0}$ tso$^{53}$tʂak$^{3}$ kan$^{21}$ke$^{53}_{44}$tsau$^{53}$tsau$^{53}$ua$^{0}$,tsau$^{53}$ua$^{53}_{44}$kɔn$^{35}_{44}$tsʰɔi$^{13}_{21}$xɔŋ$^{53}_{44}$ŋa$^{0}$.

【遮】tʂa$^{35}$ 动 拦挡，掩蔽：遮阳伞，从前遮阳伞唔多。我正先话个箇布伞就系～日头唠。阳伞也有人话。也有人讲。阳伞。tʂa$^{35}$iəŋ$^{13}_{21}$san$^{53}$,tsʰəŋ$^{13}_{21}$tsʰien$^{13}_{21}$tʂa$^{35}$iəŋ$^{13}_{21}$san$^{53}$n̩$^{13}_{21}$to$^{35}_{44}$.ŋai$^{13}$tʂaŋ$^{53}_{44}$sien$^{35}$ua$^{53}_{44}$ ke$^{53}_{44}$kai$^{53}_{44}$pu$^{53}$san$^{53}_{21}$tsʰiəu$^{53}_{44}$xei$^{53}_{44}$tʂa$^{35}$ɲiet$^{3}$ tʰei$^{0}$ lau$^{0}$.iəŋ$^{13}$san$^{53}$ia$^{35}$iəu$^{35}_{44}$ɲin$^{13}_{21}$ua$^{53}_{44}$.ia$^{35}$iəu$^{35}_{44}$ɲin$^{13}_{44}$kɔŋ$^{21}$.iəŋ$^{13}$san$^{53}$. | 照壁，就系分肚里～咁去。tʂau$^{53}$piak$^{3}$,tsʰiəu$^{53}_{44}$uei$_{44}$(←xei$^{53}$)pən$^{35}$təu$^{21}$li$^{0}$ tʂa$^{35}$kan$^{21}$çi$^{53}$. | （细笠嫲）也～得下子水。ia$^{35}$tʂa$^{35}$tek$^{3}$(x)a$^{53}_{44}$tsɿ$^{0}$ ʂei$^{21}$.

【遮子】tʂa$^{35}$tsɿ$^{0}$ 名 伞的别称：会落水了喔，呃，带把子～去哦。uɔi$^{53}$lɔk$^{5}$ ʂei$^{21}$liau$^{21}$uo$^{0}$,ə$_{21}$,tai$^{53}$ pa$^{21}$tsɿ$^{0}$tʂa$^{35}$tsɿ$^{0}$çi$^{53}$o$^{0}$. | 好像（牵轿娘）一般都有两个子吧，一只牵下子手个，一只就擎把子～个，擎下子伞个，欸。xau$^{21}$siɔŋ$^{53}_{44}$iet$^{3}$ pɔn$^{35}$təu$^{35}_{44}$iəu$^{35}_{44}$iɔŋ$^{21}$ke$^{53}$tsɿ$^{0}$pa$^{0}$,iet$^{3}$ tʂak$^{3}$ cʰien$^{35}$na$^{53}$tsɿ$^{0}$ ʂəu$^{21}$cie$^{53}$, iet$^{3}$ tʂak$^{3}$ tsʰiəu$^{53}$cʰiaŋ$^{13}$pa$^{21}$tsɿ$^{0}$ tʂa$^{35}$tsɿ$^{0}$ke$^{0}$,cʰiaŋ$^{13}$xa$^{53}_{44}$tsɿ$^{0}$ san$^{53}$cie$^{53}_{21}$,e$_{21}$.

【折】tʂait$^{3}$/tʂet$^{3}$ 动 ①折叠，把物体的一部分翻转和另一部分贴拢：～衫裤 tʂait$^{3}$san$^{35}$fu$^{53}$ | 搞咁大子一张子草纸，～正下子来。kau$^{21}$kan$^{21}$tʰai$^{53}$tsɿ$^{0}$ iet$^{3}$ tʂɔŋ$^{35}$tsɿ$^{0}$ tsʰau$^{21}$tʂɿ$^{21}$,tʂait$^{3}$ tʂaŋ$^{53}_{44}$ŋa$_{44}$(←xa$^{53}$) tsɿ$^{0}$ lɔi$^{13}_{21}$. ②改变方向：（土辣椒）晒成个干个时间渠都现纵个，有一段段子咁个～转来咁个。sai$^{53}$ʂaŋ$^{13}$ke$^{53}_{44}$kɔn$^{35}$ke$^{53}$ʂɿ$^{13}_{21}$kan$^{35}_{44}$ci$^{13}_{21}$təu$^{35}$çien$^{53}$tsəŋ$^{53}$ke$^{53}_{44}$,iəu$^{35}$iet$^{3}$ tɔn$^{53}$tɔn$^{53}$tsɿ$^{0}$ kan$^{21}_{35}$ke$^{53}_{44}$tʂait$^{3}$ tʂɔn$^{21}$nɔi$^{13}$kan$^{21}_{35}$ke$^{53}_{44}$. ③折合，按一定的比价或单位换算：现在都是都系拿钱～。安做拿钱～。～价个意思啊，～做钱呐。用钱～啊。çien$^{53}$tsʰai$^{53}$təu$^{35}_{44}$ʂɿ$^{53}_{44}$təu$^{35}$xe$^{53}_{44}$la$^{53}$tsʰien$^{13}$tʂet$^{3}$.ɔn$^{35}$tso$^{53}_{44}$la$^{53}$tsʰien$^{13}$tʂet$^{3}$.tʂet$^{3}$ cia$^{53}$ke$^{53}_{44}$i$^{53}$ sɿ$^{0}$ a$^{0}$,tʂet$^{3}$ tso$^{53}$tsʰien$^{13}$na$^{0}$.iəŋ$^{53}$tsʰien$^{13}$tʂet$^{3}$ a$^{0}$.

【折铰】tʂait$^{3}$kau$^{53}$ 名 合叶：如今箇门上啊，新式个门上啊，各种各样个～了。我箇晡去浏阳看下子箇～又唔同了，又更新式了。i$^{13}_{21}$cin$^{35}_{44}$kai$^{53}$mən$^{13}$xɔŋ$^{53}_{44}$a$^{0}$,sin$^{35}$ʂɿ$^{53}$ke$^{0}$ mən$^{13}$xɔŋ$^{53}_{44}$a$^{0}$,kɔk$^{3}$ tʂəŋ$^{21}$ kɔk$^{3}$ iəŋ$^{53}$ke$^{0}$ tʂait$^{3}$ kau$^{53}_{44}$liau$^{0}$.ŋai$^{13}$kai$^{53}$pu$^{35}_{44}$çi$^{53}$liəu$^{13}$iəŋ$^{13}_{21}$kʰɔn$^{53}$na$^{53}_{44}$tsɿ$^{0}$ kai$^{53}_{44}$tʂait$^{3}$ kau$^{53}_{44}$iəu$^{53}$n̩$^{13}$tʰəŋ$^{13}$liau$^{0}$,iəu$^{53}$ ken$^{53}_{44}$sin$^{35}_{44}$ʂɿ$^{53}$liau$^{0}$.

【折纸】tʂait$^{3}$tʂɿ$^{21}$ 动 将纸张折成各种不同形状：～就折过啊，折过蛮多啊，系。一折，折个衫裤子啊，折衫呐，折裤子啊。折轮船，折只子船呐，还折只船上晒衫呐。～个玩具。tʂait$^{3}$ tʂɿ$^{21}$tsʰiəu$^{53}$tʂait$^{3}$ ko$^{53}$a$^{0}$,tʂait$^{3}$ ko$^{53}_{44}$man$^{13}_{21}$to$^{35}$a$^{0}$,xe$^{53}$.iet$^{3}$ tʂait$^{3}$,tʂait$^{3}$ ke$^{53}_{44}$san$^{35}$fu$^{53}$tsa$^{0}$,tʂait$^{3}$ san$^{35}$na$^{0}$,tʂait$^{3}$ fu$^{53}$ tsa$^{0}$.tʂait$^{3}$ lən$^{13}$ʂɔn$^{13}$,tʂait$^{3}$ tʂak$^{3}$ tsɿ$^{0}$ ʂɔn$^{13}$na$^{0}$,xai$^{13}_{21}$tʂait$^{3}$ tʂak$^{3}$ ʂɔn$^{13}$xɔŋ$^{53}$sai$^{53}$san$^{35}$na$^{0}$.tʂait$^{3}$ tʂɿ$^{21}$ke$^{53}$uan$^{13}$tʂʮ$^{53}_{44}$.

【者】tʂa$^{21}$ 助动态助词，附着在谓词或谓词性短语后表示暂且的意思：你记下子～，看下，啊，看下有么啰。ɲi$^{13}$ci$^{53}$xa$^{53}_{44}$tsɿ$^{0}$tʂa$^{21}$,kʰɔn$^{53}_{44}$na$_{44}$(←xa$^{53}$),a$_{21}$,kʰɔn$^{53}_{44}$na$_{44}$(←xa$^{53}$)iəu$^{35}$mo$^{0}$lo$^{0}$.｜𫠊听讲还么啊～，想唔倒。想倒哩再来讲。maŋ$^{13}_{21}$tʰaŋ$^{35}$kɔŋ$^{21}$xai$^{13}_{21}$mak$^{3}$a$^{0}$tʂa$^{21}_{44}$,siɔŋ$^{21}$m̩$^{13}$tau$^{21}$.siɔŋ$^{21}$tau$^{21}$li$^{0}$tsai$^{53}$lɔi$^{13}_{21}$kɔŋ$^{21}$.

【蔗梗】tʂa$^{53}$kuaŋ$^{21}$ 名蔗梗高粱的简称：我等个～就就本土个咁个～呐。ŋai$^{13}$tien$^{0}$(k)e$^{53}_{44}$tʂa$^{53}$kuaŋ$^{21}$tsiəu$^{53}_{44}$tsiəu$^{53}$pən$^{21}$tʰəu$^{21}$ke$^{53}_{44}$kan$^{21}$ke$^{53}_{44}$tʂa$^{53}$kuaŋ$^{21}$na$^{0}$.

【蔗梗高粱】tʂa$^{53}$kuaŋ$^{21}$kau$^{35}$liɔŋ$^{13}$ 名一种高粱，其梗较甜：我等箇是就以映有一起咁个安做高粱蔗梗，也安做～。其实渠系种高粱，只系话梗子更甜滴子。箇系蛮甜。ŋai$^{13}$tien$^{0}$kai$^{53}$ʂɿ$^{0}$tsʰiəu$^{53}$i$^{21}$iaŋ$^{53}_{44}$iəu$^{35}$iet$^{3}$çi$^{21}$kan$^{21}$ke$^{53}$ɔn$^{35}$tso$^{53}$kau$^{35}$liɔŋ$^{13}$tʂa$^{53}$kuaŋ$^{21}$,ia$^{35}$ɔn$^{35}_{44}$tso$^{53}_{44}$tʂa$^{53}$kuaŋ$^{21}$kau$^{35}$liɔŋ$^{13}$.cʰi$^{13}_{21}$ʂət$^{5}$ci$^{13}_{21}$xei$^{53}$tʂəŋ$^{21}$kau$^{35}$liɔŋ$^{13}_{21}$,tʂe$^{21}$(x)e$^{53}$ua$^{53}$kuaŋ$^{21}$tsɿ$^{0}$cien$^{53}$tʰian$^{13}$tet$^{5}$tsɿ$^{0}$.kai$^{53}_{44}$xei$^{53}$man$^{13}$tʰian$^{13}$.

【蔗梗糖】tʂa$^{53}$kuaŋ$^{21}$tʰɔŋ$^{13}$ 名用蔗梗高粱的茎加工出来的糖：箇还有～哦。欸，我等讲个蔗梗就不是甘蔗嘞，不是如今箇卖个箇□……天高地高个嘞。我等个蔗梗就就本土个咁个蔗梗呐。就系高粱梗啦。我等也有起咁个高粱安做蔗梗高粱咯，有起高粱啊安做蔗梗高粱。渠又系又又样子又系……渠本身系高粱，但是渠比高粱梗更甜。kai$^{35}_{44}$xai$^{13}_{21}$iəu$^{35}_{44}$tʂa$^{53}$kuaŋ$^{21}$tʰɔŋ$^{13}$ŋo$^{0}$.e$_{21}$.ŋai$^{13}$tien$^{0}$kɔŋ$^{21}$ke$^{53}_{44}$tʂa$^{53}$kuaŋ$^{21}$tsʰiəu$^{53}_{44}$pət$^{3}$ʂɿ$^{53}_{44}$kɔn$^{35}$tʂa$^{53}$le$^{0}$,pət$^{3}$ʂɿ$^{53}$i$^{13}_{21}$cin$^{35}_{44}$kai$^{53}_{44}$mai$^{53}$ke$^{53}_{44}$kai$^{53}_{44}$lai$^{35}$…tʰien$^{35}$kau$^{35}_{44}$tʰi$^{53}$kau$^{35}_{44}$ke$^{53}$le$^{0}$.ŋai$^{13}$tien$^{0}$(k)e$^{53}_{44}$tʂa$^{53}$kuaŋ$^{21}$tsiəu$^{53}_{44}$tsiəu$^{53}$pən$^{21}$tʰəu$^{21}$ke$^{53}_{44}$kan$^{21}$ke$^{53}_{44}$tʂa$^{53}$kuaŋ$^{21}$na$^{0}$.tsʰiəu$^{53}$xe$^{53}_{44}$kau$^{35}$liɔŋ$^{13}_{21}$kuaŋ$^{21}$la$^{0}$.ŋai$^{13}$tien$^{0}$a$^{35}_{44}$iəu$^{35}$çi$^{21}$kan$^{21}$ke$^{53}$kau$^{35}$liɔŋ$^{13}_{21}$ɔn$^{35}_{44}$tso$^{53}_{44}$tʂa$^{53}$kuaŋ$^{21}$kau$^{35}_{44}$liɔŋ$^{13}_{21}$ko$_{21}$,iəu$^{35}$çi$^{21}$kau$^{35}_{44}$liɔŋ$^{13}_{21}$ŋa$^{0}$ɔn$^{35}_{44}$tso$^{53}_{44}$tʂa$^{53}$kuaŋ$^{21}$kau$^{35}_{44}$liɔŋ$^{13}_{21}$.ci$^{13}$iəu$^{53}$xe$^{53}$iəu$^{53}_{44}$iəu$^{53}_{44}$iɔŋ$^{53}$tsɿ$^{0}$iəu$^{53}$xe$^{53}$…ci$^{13}$pən$^{21}$ʂən$^{35}$xei$^{53}$kau$^{35}$liɔŋ$^{13}_{21}$,tan$^{53}_{44}$ʂɿ$^{53}_{44}$ci$^{13}_{21}$pi$^{21}$kau$^{35}$liɔŋ$^{13}_{21}$kuaŋ$^{21}$cien$^{53}$tʰian$^{13}$.

【着$_2$】tʂɔk$^{3}$ 助动态助词，表示动作正在进行或状态持续：在水里划～过欸。tsai$^{53}_{44}$ʂei$^{21}$li$^{0}$fa$^{13}$tʂɔk$^{3}$ko$^{53}$ŋe$^{0}$.

【针$_1$】tʂən$^{35}$ 名缝织衣物引线用的一种细长的工具：用钻子钻只眼，然后再用～穿倒箇绳子。iəŋ$^{53}_{44}$tsɔn$^{53}$tsɿ$^{0}$tsɔn$^{53}$tʂak$^{3}$ŋan$^{21}$,vien$^{13}$xei$^{53}_{44}$tsai$^{53}$iəŋ$^{53}_{44}$tʂən$^{35}$tʂʰɔn$^{53}_{44}$tau$^{21}$kai$^{53}_{44}$ʂən$^{13}$tsɿ$^{0}$.｜（针簪）也就相当于箇只东西系～咁大子也就是。ie$^{21}$tsiəu$^{53}_{44}$siɔŋ$^{35}$tɔŋ$^{35}$ʮ$^{13}_{21}$kai$^{53}$tʂak$^{3}$təŋ$^{35}_{44}$si$^{0}$xe$^{53}_{44}$tʂən$^{35}$kan$^{21}$tʰai$^{53}$tsɿ$^{0}$ie$^{21}_{44}$tsʰiəu$^{53}_{21}$ʂɿ$^{53}_{44}$.

【针$_2$】tʂən$^{35}$ 量表示用针的动作：□$_扎$你一～ tsio$^{35}$ɲi$^{13}_{44}$iet$^{3}$tʂən$^{35}$

【针鼻】tʂən$^{35}$pʰiet$^{3}$ 名针尾穿线的孔：眼珠矇哩，看～都看唔清，唔好穿针。ŋan$^{21}$tʂəu$^{35}_{53}$məŋ$^{13}_{21}$li$^{0}$,kʰɔn$^{53}$tʂən$^{35}$pʰiet$^{3}$təu$^{35}_{44}$kʰɔn$^{53}$n̩$^{13}_{21}$tsʰin$^{35}$,n̩$^{13}$xau$^{21}$tʂʰuɔn$^{53}$tʂən$^{35}$.

【针脚】tʂən$^{35}$ciɔk$^{3}$ 名缝纫时两针间的距离与缝线的条理：你莫咁偷懒喏，我以条裤个脚边呐你绞起箇咁长个～。嗯，你～爱密滴子。ɲi$^{13}$mɔk$^{5}$kan$^{21}$tʰɔi$^{35}_{44}$lan$^{35}$no$^{0}$,ŋai$^{13}$i$^{21}$tʰiau$^{13}$fu$^{53}$ke$^{0}$ciɔk$^{3}$pien$^{35}_{44}$na$^{0}$ɲi$^{13}$ciau$^{21}$çi$^{21}_{44}$kai$^{53}_{44}$kan$^{21}$tʂʰɔŋ$^{13}$ke$^{0}$tʂən$^{35}$ciɔk$^{3}$.n̩$_{21}$,ɲi$^{13}_{21}$tʂən$^{35}$ciɔk$^{3}$ɔi$^{53}_{44}$miet$^{5}$tiet$^{5}$tsɿ$^{0}$.

【针屁股】tʂən$^{35}$pʰi$^{53}$ku$^{21}$ 名针鼻：我等眼珠矇了，硬看～看唔清哩，穿针是穿唔成。ŋai$^{13}$tien$^{0}$ŋan$^{21}$tʂəu$^{35}_{44}$məŋ$^{13}_{21}$liau$^{0}$,ɲiaŋ$^{53}$kʰɔn$^{53}$tʂən$^{35}$pʰi$^{53}$ku$^{21}$kʰɔn$^{53}$n̩$^{13}_{21}$tsʰin$^{35}$ni$^{0}$,tʂʰuɔn$^{53}$tʂən$^{35}$ʂɿ$^{53}_{44}$tʂʰuɔn$^{53}$n̩$^{13}_{21}$ʂaŋ$^{13}_{21}$.

【针筒】tʂən$^{35}$tʰəŋ$^{21}$ 名①用来装针的小筒管：我老婆就长日分箇个针呐，分箇个缝衣个针，欸，缝纫机个针，装下只子～子肚里，又放下一只文具盒肚里。箇就冇事跌了，冇事失啊哪映去了。ŋai$^{13}$lau$^{21}$pʰo$^{13}$tsiəu$^{53}$tʂʰɔŋ$^{13}$ɲiet$^{3}$pən$^{35}_{44}$kai$^{53}_{44}$ke$^{53}_{44}$tʂən$^{35}$na$^{0}$,pən$^{35}$kai$^{53}_{44}$ke$^{53}_{44}$fəŋ$^{13}$i$^{35}_{44}$ke$^{53}$tʂən$^{35}$,e$_{21}$,fəŋ$^{13}$uən$^{53}$ci$^{35}$ke$^{53}$tʂən$^{35}$,tʂɔŋ$^{35}$ŋa$^{53}$tʂak$^{3}$tsɿ$^{0}$tʂən$^{35}$tʰəŋ$^{13}$tsɿ$^{0}$təu$^{21}$li$^{0}$,iəu$^{53}$fɔŋ$^{53}$ŋa$^{53}_{44}$iet$^{3}$tʂak$^{3}$uən$^{13}$tʂʮ$^{53}$xait$^{5}$təu$^{21}$li$^{0}$.kai$^{53}$tsʰiəu$^{53}$mau$^{13}_{21}$sɿ$^{53}$tet$^{3}$liau$^{0}$,mau$^{13}_{21}$sɿ$^{53}_{44}$set$^{3}$a$^{0}$lai$^{53}_{44}$iaŋ$^{53}_{44}$çi$^{53}$liau$^{0}$.②指注射器装药液的部分：医师同我打针呐，滴子药水走针头上抽下进，装倒箇～里一筒，一下子就灌嘿哩，欸，就打咁哩。i$^{35}$sɿ$^{35}_{44}$tʰəŋ$^{13}_{44}$ŋai$^{13}_{44}$ta$^{21}$tʂən$^{35}$na$_{44}$,tiet$^{5}$tsɿ$^{0}$iɔk$^{5}$ʂei$^{21}$tsei$^{21}$tʂən$^{35}$tʰei$^{13}_{21}$xɔŋ$^{53}_{44}$tʂʰəu$^{35}$ua$^{53}_{44}$tsin$^{53}$,tʂɔŋ$^{35}$tau$^{21}$kai$^{53}_{44}$tʂən$^{35}$tʰəŋ$^{13}_{21}$li$^{0}$iet$^{3}$tʰəŋ$^{13}$,iet$^{3}$xa$^{53}$tsɿ$^{0}$tsʰiəu$^{53}_{44}$kɔn$^{53}$nek$^{3}$li$^{0}$,e$_{21}$,tsʰiəu$^{53}$ta$^{21}$kan$^{21}$ni$^{0}$.

【针线】tʂən$^{35}$sien$^{53}$ 名针和线的合称。也称“针线子”：以下就用～一绞，欸，～一绞就做做枕头芯子，枕芯。ia$_{44}$(←i$^{21}$xa$^{53}$)tsʰiəu$^{53}_{44}$iəŋ$^{53}_{44}$tʂən$^{35}$sien$^{53}$iet$^{3}$ciau$^{21}$,e$_{21}$,tʂən$^{35}$sien$^{53}$iet$^{3}$ciau$^{21}$tsʰiəu$^{53}_{44}$tso$^{53}_{44}$tso$^{53}$tʂən$^{21}$tʰei$^{13}$sin$^{35}$tsɿ$^{0}$,tʂən$^{21}$sin$^{35}$.｜针和线在一起往往有只～。tʂən$_{44}$xo$_{21}$sien$^{53}$tsai$^{53}$i$_{44}$çi$^{21}$uɔŋ$^{21}$uɔŋ$^{21}$iəu$^{35}_{44}$tʂak$^{3}$tʂən$^{35}$sien$^{53}$.｜剪做两箩嘞，分渠嘞又用～子连转去。tsien$^{21}$tso$^{53}$iɔŋ$^{21}$sak$^{3}$lei$^{0}$,pən$^{35}$ci$^{13}_{21}$lei$^{0}$iəu$^{53}$iəŋ$^{53}$tʂən$^{35}$sien$^{53}$tsɿ$^{0}$lien$^{13}$tʂɔn$^{21}$çi$^{53}$.

【针线篓子】tʂən$^{35}$sien$^{53}$lei$^{21}$tsɿ$^{0}$ 名装针线的器具：欸，以前我等就有～。欸，肚里呀针呐线呐顶针剪刀哇都去箇肚里，～。如今还有喔。又安做针线络子嘞。e$_{21}$,i$^{35}_{53}$tsʰien$^{13}$ŋai$^{13}_{21}$tien$^{0}$tsʰiəu$^{53}$

iəu$^{35}$tʂən$^{35}$sien$^{53}$nei$^{21}$tsɿ$^{0}$.e$_{21}$,təu$^{21}$li$^{21}_{44}$ia$^{0}$ tʂən$^{35}$na$^{0}$ sien$^{53}$na$^{0}$ tin$^{21}$tʂən$^{35}_{44}$tsien$^{21}$tau$^{35}_{44}$ua$^{0}$ təu$^{35}$çi$^{53}$kai$^{53}$təu$^{21}$li$^{0}$,tʂən$^{35}$ sien$^{53}$nei$^{21}$tsɿ$^{0}$.i$^{13}_{21}$cin$^{35}_{53}$xai$^{13}_{21}$iəu$^{35}$uo$^{0}$.iəu$^{53}$ɔn$^{35}_{44}$tso$^{53}_{44}$tʂən$^{35}$sien$^{53}$lɔk$^{5}$tsɿ$^{0}$lei$^{0}$.

【针线络子】tʂən$^{35}$sien$^{53}$lɔk$^{5}$tsɿ$^{0}$ 名装针线的器具：我等以只～是还系去横巷里带倒来个哦，硬几十年了喔。欸，横巷里带下乌石，乌石带下张家坊来，以只～，几十年了。ŋai$^{13}$tien$^{0}$i$^{21}$ tʂak$^{3}$tʂən$^{35}_{44}$sien$^{53}_{44}$lɔk$^{5}$tsɿ$^{0}$ʂʅ$^{53}_{44}$xai$^{13}_{21}$xe$^{53}_{44}$çi$^{53}$uaŋ$^{13}$xɔŋ$^{53}_{44}$li$^{0}$ tai$^{53}$tau$^{21}$lɔi$^{13}_{21}$ke$^{53}$o$^{0}$, ɲiaŋ$^{53}_{44}$ci$^{21}$ʂət$^{5}$ɲien$^{13}$liau$^{21}$uo$^{0}$.e$_{21}$, uaŋ$^{13}$xɔŋ$^{53}$li$^{0}$ tai$^{53}$ia$^{53}_{44}$u$^{35}$ʂak$^{5}$,u$^{35}$ʂak$^{5}$ tai$^{53}_{44}$ia$^{53}_{44}$tʂɔŋ$^{35}_{44}$ka$^{35}_{44}$fɔŋ$^{35}$lɔi$^{13}_{21}$,iet$^{3}$ tʂak$^{3}$ tʂən$^{35}_{44}$sien$^{53}_{44}$lɔk$^{5}$tsɿ$^{0}$,ci$^{21}$ʂət$^{5}$ɲien$^{13}$ niau$^{0}$.

【针簪】tʂən$^{35}$tsan$^{35}$ 名一种用来捕获泥鳅或黄鳝的工具，形如带柄的刷子，上有密集的针状物。又称“针扎”：～呐？照湖鳅哇。/湖鳅就系爱用～。黄鳝就可以用黄鳝剪。都系渠也可以搞黄鳝啵。/欸，～也可以。tʂən$^{35}$tsan$^{35}_{44}$na$^{0}$?tʂau$^{53}$fu$^{13}$ts$^{h}$iəu$^{35}_{44}$ua$^{0}$./fu$^{13}$ts$^{h}$iəu$^{35}_{44}$ts$^{h}$iəu$^{53}_{44}$xe$^{53}_{44}$ɔi$^{53}_{44}$iəŋ$^{53}_{44}$tʂən$^{35}$ tsan$^{35}$.uɔŋ$^{13}$ʂen$^{53}_{35}$ts$^{h}$iəu$^{53}_{21}$k$^{h}$o$^{21}$i$^{35}$iəŋ$^{53}$uɔŋ$^{13}_{21}$ʂen$^{53}_{35}$tsien$^{21}$.təu$^{35}$xei$^{53}_{44}$ci$^{13}_{21}$ia$^{35}$k$^{h}$o$^{21}$i$^{35}$kau$^{21}$uɔŋ$^{13}$ʂen$^{53}_{44}$nau$^{0}$./e$_{21}$,tʂən$^{35}$ tsan$^{35}$a$^{35}_{44}$k$^{h}$o$^{21}$i$^{35}_{44}$.

【针扎】tʂən$^{35}$tsait$^{5}$ 名针簪的别称：（针簪）也有喊～个。ia$^{35}$iəu$^{35}_{44}$xan$^{53}_{44}$tʂən$^{35}$tsait$^{5}$ke$^{53}$.｜～就照湖鳅就用～。如今是湖鳅也𫠛去照，～也唔知爱哪映正有卖了。tʂən$^{35}$tsait$^{5}$ts$^{h}$iəu$^{53}_{44}$tʂau$^{53}$fu$^{13}$ts$^{h}$iəu$^{35}_{53}$ ts$^{h}$iəu$^{53}_{44}$iəŋ$^{53}_{44}$tʂən$^{35}$tsait$^{5}$.i$^{13}_{21}$cin$^{35}_{53}$ʂʅ$^{53}_{44}$fu$^{13}$ts$^{h}$iəu$^{35}_{53}$a$^{35}_{53}$maŋ$^{13}_{21}$çi$^{53}$tʂau$^{53}$,tʂən$^{35}$tsait$^{5}$ia$^{35}_{53}$ṇ$^{13}_{21}$ti$^{35}_{53}$ɔi$^{53}_{44}$lai$^{53}$iaŋ$^{53}_{44}$tʂaŋ$^{53}_{44}$iəu$^{35}_{44}$ mai$^{53}$liau$^{0}$.

【针嘴】tʂən$^{35}$tsi$^{21}$ 名针尖：欸好生子啦，莫分同我箇只～舞断哩啦。～舞断哩就冇哩用啦箇枚针就。e$^{0}$xau$^{21}$sien$^{35}_{44}$tsɿ$^{0}$la$^{0}$,mɔk$^{5}$pən$^{35}_{53}$t$^{h}$əŋ$^{13}_{44}$ŋai$^{13}_{44}$kai$^{53}$(tʂ)ak$^{3}$tʂən$^{35}$tsi$^{21}$u$^{21}$t$^{h}$ɔn$^{35}_{44}$ni$^{0}$la$^{0}$.tʂən$^{35}$tsi$^{21}$u$^{21}$t$^{h}$ɔn$^{35}_{44}$ ni$^{0}$ts$^{h}$iəu$^{53}$mau$^{13}_{21}$li$^{0}$iəŋ$^{53}$la$^{0}$kai$^{53}$mɔi$^{13}_{21}$tʂən$^{35}_{44}$tsiəu$^{53}$.

【真$_{1}$】tʂən$^{35}$ 形①与客观事实相符的；真正的，地道的，与“假”相对：你箇个都还唔系～个客家，渠硬爱～客家。ɲi$^{13}$kai$^{53}_{44}$ke$^{53}_{44}$təu$^{35}_{44}$xai$^{13}_{21}$ṃ$^{13}_{21}$p$^{h}$e$^{53}_{44}$tʂən$^{35}$ke$^{53}$k$^{h}$ak$^{3}$ka$^{35}_{44}$,ci$^{13}$ɲiaŋ$^{53}_{44}$ɔi$^{53}_{44}$tʂən$^{35}$k$^{h}$ak$^{3}$ka$^{35}_{44}$.｜～个么？/～个，渠系去我屋下食个饭。tʂən$^{35}$ke$^{53}$mo$^{0}$?/tʂən$^{35}$ke$^{53}$,ci$^{13}$xe$^{53}$çi$^{53}$ŋai$^{13}$uk$^{3}$xa$^{53}$ʂek$^{5}$ ke$^{53}$fan$^{53}$. ②清楚：归来嘞就墨夜了哇，看唔～呐。kuei$^{35}$lɔi$^{13}_{21}$lei$^{0}$ts$^{h}$iəu$^{53}$met$^{5}$ia$^{53}$liau$^{0}$ua$^{0}$,k$^{h}$ɔn$^{53}$ṇ$^{13}_{21}$ tʂən$^{35}$na$^{0}$.

【真$_{2}$】tʂən$^{35}$ 副①程度副词，相当于“很”：渠等话陈家桥箇映子个唐兴寺箇侧边～多人靠念经都赚蛮多钱话唠。ci$^{13}_{21}$tien$^{0}$ua$^{53}$tʂ$^{h}$ən$^{13}_{21}$ka$^{35}_{44}$c$^{h}$iau$^{13}_{21}$kai$^{53}$iaŋ$^{53}_{44}$tsɿ$^{0}$ke$^{53}_{44}$t$^{h}$ɔŋ$^{13}$çin$^{35}_{44}$sɿ$^{53}$kai$^{53}_{44}$tsek$^{3}$pien$^{35}_{44}$tʂən$^{35}$to$^{35}_{44}$ ɲin$^{13}_{21}$k$^{h}$au$^{53}$ɲian$^{53}$cin$^{35}$təu$^{35}_{44}$ts$^{h}$an$^{53}$man$^{13}_{21}$to$^{35}_{44}$ts$^{h}$ien$^{13}_{21}$ua$^{53}$lau$^{0}$.｜渠等屋下整酒～像哦，搞得～像哦。ci$^{13}_{21}$ tien$^{0}$uk$^{3}$xa$^{53}_{44}$tʂaŋ$^{21}$tsiəu$^{21}$tʂən$^{35}$ts$^{h}$iɔŋ$^{53}$ŋo$^{0}$,kau$^{21}$tek$^{3}$tʂən$^{35}$ts$^{h}$iɔŋ$^{53}$ŋo$^{0}$. ②确实，的确：箇就～好唠。kai$^{53}$ts$^{h}$iəu$^{53}_{44}$tʂən$^{35}$xau$^{21}$lau$^{0}$.｜你～行！ɲi$^{13}$tʂən$^{35}$çin$^{13}$！③果真：落尾渠姝子硬～好滴子嘞。lɔk$^{5}$mi$^{35}_{44}$ ci$^{13}_{21}$ɔi$^{35}$tsɿ$^{0}$ɲin$^{53}$tʂən$^{35}_{44}$xau$^{21}$tet$^{5}$tsɿ$^{0}$lei$^{0}$.

【真滴】tʂən$^{35}$tet$^{5}$ 副确实，的确：以个就～修出卵来哩。i$^{21}$ke$^{53}_{44}$ts$^{h}$iəu$^{53}_{44}$tʂən$^{35}_{44}$tet$^{5}$siəu$^{35}_{44}$tʂ$^{h}$ət$^{3}$lɔn$^{21}$ lɔi$^{13}_{21}$li$^{0}$.

【真系】tʂən$^{35}$xe$^{53}$ 副确实，的确：箇就～安做茶缸子哩。kai$^{53}_{44}$ts$^{h}$iəu$^{53}_{44}$tʂən$^{35}$ne$^{53}$(←xe$^{53}$)ɔn$^{35}_{44}$tso$^{53}_{44}$ts$^{h}$a$^{13}$ kɔŋ$^{35}$tsɿ$^{0}$li$^{0}$.

【真真】tʂən$^{35}$tʂən$^{35}$ 副确实，的确：以只～有蛮大嘞。i:$^{21}_{53}$tʂak$^{3}$tʂən$^{35}_{44}$tʂən$^{35}_{44}$iəu$^{35}_{44}$man$^{13}_{21}$t$^{h}$ai$^{53}_{44}$le$^{0}$.｜兰花有～有蛮名贵个话啦。lan$^{13}$fa$^{35}_{44}$iəu$^{35}_{44}$tʂən$^{35}$tʂən$^{35}$iəu$^{35}_{53}$man$^{13}_{21}$min$^{13}$kei$^{53}$ke$^{53}_{44}$ua$^{53}_{44}$la$^{0}$.

【真正$_{1}$】tʂən$^{35}$tʂən$^{53}$ 形名实完全相符的：～个煤就有光泽。tʂən$^{35}$tʂən$^{53}_{44}$ke$^{53}_{44}$mei$^{13}$tsiəu$^{53}_{44}$iəu$^{35}$kɔŋ$^{35}$ ts$^{h}$ek$^{3}$.

【真正$_{2}$】tʂən$^{35}$tʂən$^{53}$ 副确实，的确：箇个～冇吗用。kai$^{53}$ke$^{53}_{44}$tʂən$^{35}_{44}$tʂən$^{53}$mau$^{13}_{21}$mak$^{3}$iəŋ$^{53}$.

【砧】tsien$^{35}$ 名屠夫用来卖肉的案板：肉砧，也可以话系～。ɲiəuk$^{3}$tsien$^{35}$,ia$^{35}$k$^{h}$o$^{21}$i$^{35}$ua$^{53}_{44}$xe$^{53}_{44}$ tsien$^{35}$.｜（猪肉）要放下～上来卖。iau$^{53}_{21}$fɔŋ$^{53}_{44}$xa$^{53}_{44}$tsien$^{35}$xɔŋ$^{53}_{44}$lɔi$^{13}_{21}$mai$^{53}$.

【砧板】tsien$^{35}$pan$^{21}$ 名用于切菜的厚板子：最大个就放块～呢。tsei$^{53}$t$^{h}$ai$^{53}$ke$^{53}_{44}$ts$^{h}$iəu$^{53}_{44}$fɔŋ$^{53}_{44}$k$^{h}$uai$^{53}_{44}$ tsien$^{35}$pan$^{21}$nei$^{0}$.

【枕巾】tʂən$^{21}$cin$^{35}$ 名铺在枕头上的织品：～，欸，有条～。从前就用～呐。tʂən$^{21}$cin$^{35}$,e$_{21}$,iəu$^{35}_{44}$ t$^{h}$iau$^{13}_{21}$tʂən$^{21}$cin$^{35}$.ts$^{h}$əŋ$^{13}$ts$^{h}$ien$^{13}_{21}$ts$^{h}$iəu$^{53}_{44}$iəŋ$^{53}$tʂən$^{21}$cin$^{35}$na$^{0}$.

【枕树】tʂən$^{21}$ʂəu$^{53}$ 名①放在湖洋田里供人踩着去干活的生松树：舞倒箇松树，咁长一条条，或者还更长个，放下箇田里，放下箇田里去，人踩倒箇松树上。箇松树安做么个树嘞？安做～。枕头个枕。踩倒箇个松树去做事。u$^{21}$tau$^{21}$kai$^{53}$ts$^{h}$əŋ$^{13}$ʂəu$^{53}$,kan$^{21}$tʂ$^{h}$ɔŋ$^{13}$iet$^{3}$t$^{h}$iau$^{13}$t$^{h}$iau$^{13}$,xɔit$^{5}$

Z

tʂa$^{21}$xai$^{13}_{21}$ken$^{53}$tʂʰəŋ$^{13}_{21}$ke$^{0}$,fəŋ$^{53}$xa$^{53}$kai$^{53}$tʰien$^{13}_{21}$ni$^{0}$,fəŋ$^{53}$xa$^{53}$kai$^{53}$tʰien$^{13}_{21}$ni$^{0}$çi$^{53}$,ɲin$^{13}$tsʰai$^{21}$tau$^{21}$kai$^{53}$tsʰəŋ$^{13}$ʂəu$^{53}$xəŋ$^{53}$.kai$^{53}$tsʰəŋ$^{13}$ʂəu$^{53}$ən$^{35}_{44}$tso$^{53}_{44}$mak$^{3}$e$^{0}$ʂəu$^{53}$le$^{0}$?ən$^{35}_{44}$tso$^{53}_{44}$tʂən$^{21}$ʂəu$^{53}$.tʂən$^{21}$tʰei$^{13}$ke$^{0}$tʂən$^{21}$.tsʰai$^{21}$tau$^{21}$kai$^{53}$ke$^{0}$tsʰəŋ$^{13}$ʂəu$^{53}$çi$^{53}$tso$^{53}_{44}$sɿ$^{53}$. ②垫在建筑物基础下方防止沉降的树木：唔知系唔系箇砌河墈底下还放兜～去，可能系掏脚唔倒，掏箇底唔倒，就舞兜～。ṇ$^{13}$ti$^{35}_{53}$xei$^{53}$mei$^{53}$kai$^{53}$tsʰi$^{53}$xo$^{13}$kʰan$^{53}$tei$^{21}$xa$^{53}$xai$^{13}_{21}$fəŋ$^{53}$te$^{35}_{53}$tʂən$^{21}$ʂəu$^{53}$çi$^{53}$,kʰo$^{21}$len$^{13}$xe$^{53}$tʰau$^{13}$ciɔk$^{3}$ṇ$^{13}$tau$^{21}$,tʰau$^{13}$kai$^{53}$tei$^{21}$ṇ$^{13}$tau$^{21}_{44}$,tsiəu$^{53}$u$^{21}$tei$^{35}_{53}$tʂən$^{21}$ʂəu$^{53}$.

【枕套子】tʂən$^{21}$tʰau$^{53}$tsɿ$^{0}$ [名]枕头的外套：外背个～你就可以简单也可以复杂滴子嘞。你舞只绣哩花个就安做绣花枕头哟。ŋɔi$^{53}$pɔi$^{53}_{44}$ke$^{53}_{44}$tʂən$^{21}$tʰau$^{53}$tsɿ$^{0}$ɲi$^{13}$tsʰiəu$^{53}_{21}$kʰo$^{21}$i$^{35}$kan$^{21}$tan$^{35}_{44}$ia$^{35}$kʰo$^{21}$i$^{35}$fuk$^{3}$tsʰait$^{5}$tiet$^{5}$tsɿ$^{0}$lau$^{0}$,ɲi$^{13}$u$^{21}$tʂak$^{3}$siəu$^{53}$li$^{0}$fa$^{35}$ke$^{53}_{44}$tsiəu$^{53}_{44}$ən$^{35}_{44}$tso$^{53}_{44}$siəu$^{53}$fa$^{35}$tʂən$^{21}$tʰei$^{13}$iau$^{0}$.

【枕头】tʂən$^{21}$tʰei$^{13}$ [名]躺着的时候，垫在头下使头略高的卧具。也称“枕头子”：本地人就安做枕脑哩，我等客姓人安做～。pən$^{21}$tʰi$^{53}$ɲin$^{13}_{21}$tsʰiəu$^{53}_{44}$ən$^{35}_{44}$tso$^{53}_{44}$tʂən$^{13}_{21}$nau$^{21}$li$^{0}$,ŋai$^{13}_{21}$tien$^{0}$kʰak$^{3}$sin$^{53}$ɲin$^{13}_{21}$ən$^{35}_{44}$tso$^{53}_{44}$tʂən$^{21}$tʰei$^{13}$.｜（细人子）舞只布包子啊，～子咁个布包子就安做背人啵。u$^{21}$tʂak$^{3}$pu$^{53}$pau$^{35}_{44}$tsa$^{0}$,tʂən$^{21}$tʰei$^{13}$tsɿ$^{0}$kan$^{21}$ke$^{53}_{44}$pu$^{53}$pau$^{35}_{44}$tsɿ$^{0}$tsʰiəu$^{53}_{44}$ən$^{35}_{44}$tso$^{53}_{44}$pi$^{53}$ɲin$^{13}$nau$^{0}$.｜拿～绑啊背囊上啊。包转下子来呀，细～子啊。la$^{13}_{21}$tʂən$^{21}$tʰei$^{13}$tʰak$^{3}$a$^{0}$pɔi$^{53}$ləŋ$^{13}_{21}$xəŋ$^{53}_{44}$ŋa$^{0}$.pau$^{35}$tʂən$^{21}$na$^{53}$tsɿ$^{0}$lai$^{13}_{44}$ia$^{0}$,se$^{53}$tʂən$^{21}$tʰei$^{13}$tsa$^{0}$.

【枕头黄蒲】tʂən$^{21}$tʰei$^{13}$uəŋ$^{13}$pʰu$^{13}$ [名]一种南瓜，长而大：长个就～。tʂʰəŋ$^{13}$kei$^{53}_{44}$tsʰiəu$^{53}_{44}$tʂən$^{21}$tʰei$^{13}$uəŋ$^{13}$pʰu$^{13}_{44}$.

【枕头套子】tʂən$^{21}$tʰei$^{13}$tʰau$^{53}$tsɿ$^{0}$ [名]枕头的外套：我等欸～啊好像忒细兜子样，挣倒去箇子，放都唔进。ŋai$^{13}$tien$^{0}$e$^{0}$tʂən$^{21}$tʰei$^{13}$tʰau$^{53}$tsɿ$^{0}$a$^{0}$xau$^{21}$siɔŋ$^{53}_{44}$tʰet$^{3}$se$^{53}$te$^{35}_{53}$tsɿ$^{0}$iɔŋ$^{53}_{44}$,tsaŋ$^{53}$tau$^{21}$çi$^{53}$kai$^{53}$tsɿ$^{0}$,fəŋ$^{53}$təu$^{35}_{44}$ṇ$^{13}_{21}$tsin$^{53}$.｜我等个枕头呀爱舞只～套稳渠，洗个时候子就只爱洗套子，唔爱洗箇只枕头。ŋai$^{13}$tien$^{0}$ke$^{53}$tʂən$^{21}$tʰei$^{13}_{44}$ia$^{0}$ɔi$^{53}$u$^{21}$tʂak$^{3}$tʂən$^{21}$tʰei$^{13}$tʰau$^{53}$tsɿ$^{0}$tʰau$^{53}$uən$^{21}$ci$^{13}_{44}$,se$^{21}$ke$^{53}$ʂɿ$^{13}_{21}$xəu$^{53}$tsɿ$^{0}$tsʰiəu$^{53}_{44}$tʂɿ$^{21}$ɔi$^{53}_{44}$se$^{21}$tʰau$^{53}$tsɿ$^{0}$,m̩$^{13}$mɔi$^{53}$sei$^{21}_{44}$kai$^{53}$tʂak$^{3}$tʂən$^{21}$tʰei$^{13}_{44}$.

【枕芯】tʂən$^{21}$sin$^{35}$ [名]枕头的一个主要组成部分，是一个装有填充物的长方形布袋。也称“枕头芯、枕头芯子”：枕头套子肚里就放只～。～唔爱长日洗，只爱洗枕头套子。tʂən$^{21}$tʰei$^{13}$tʰau$^{53}$tsɿ$^{0}$təu$^{21}$li$^{0}$tsʰiəu$^{53}$fəŋ$^{53}$tʂak$^{3}$tʂən$^{21}$sin$^{35}$.tʂən$^{21}$sin$^{35}$m̩$^{13}_{21}$mɔi$^{53}$tʂʰəŋ$^{13}$ɲiet$^{3}$se$^{21}$,tʂɿ$^{21}$ɔi$^{53}$sei$^{21}$tʂən$^{21}$tʰei$^{13}$tʰau$^{53}$tsɿ$^{0}$.｜如今我个几只～是尽系买个嘞，肚里就系箇起丝绵。以前就最早用么个你晓得吗？用秆，切做咁长子一筒筒子。也蛮好嘞，秆，秆芯，用秆做枕头芯。落尾嘞有箇个芒花话呢，箇起箇个呃丝芒个花嘞，就系唔得倒喔，好是蛮好喔，欸，丝芒个花。以下落尾就也用过棉花，棉花唔好，搞一阵会绷硬。以下就尽买个了，尽买个箇个～了，就系丝绵做～。i$^{13}_{21}$cin$^{35}_{53}$ŋai$^{13}$ke$^{53}$ci$^{21}$tʂak$^{3}$tʂən$^{21}$sin$^{35}$ʂɿ$^{53}_{44}$tsʰin$^{53}$ne$^{53}_{44}$mai$^{35}$cie$^{53}$le$^{0}$,təu$^{21}$li$^{0}$tsʰiəu$^{53}$xe$^{53}$kai$^{53}$çi$^{21}$sɿ$^{35}$mien$^{13}_{21}$.i$^{35}$tsʰien$^{13}$tsʰiəu$^{53}_{44}$tsei$^{53}$tsau$^{21}$iəŋ$^{53}$mak$^{3}$ke$^{53}$ɲi$^{13}_{21}$çiau$^{21}$(t)ek$^{3}$ma$^{0}$?iəŋ$^{53}$kən$^{21}$,tsʰiet$^{3}$tso$^{53}$kan$^{21}$tʂʰəŋ$^{13}$tsɿ$^{0}$iet$^{3}$tʰəŋ$^{13}$tʰəŋ$^{13}$tsɿ$^{0}$.ia$^{35}$man$^{13}_{21}$xau$^{21}$le$^{0}$,kən$^{21}$,kən$^{21}$sin$^{35}$,iəŋ$^{53}$kən$^{21}$tso$^{53}$tʂən$^{21}$tʰei$^{13}$sin$^{35}$.lɔk$^{5}$mi$^{35}_{44}$lei$^{0}$iəu$^{35}_{44}$kai$^{53}$ke$^{0}$məŋ$^{13}$fa$^{35}$ua$^{53}_{44}$nei$^{0}$,kai$^{53}_{44}$çi$^{21}_{44}$kai$^{53}_{44}$ke$^{53}_{44}$ə$_{21}$sɿ$^{35}$məŋ$^{13}_{21}$ke$^{53}_{44}$fa$^{35}$lei$^{0}$,tsʰiəu$^{53}$ue$^{53}$ṇ$^{13}_{21}$tek$^{3}$tau$^{21}$uo$^{0}$,xau$^{21}$ʂɿ$^{53}_{44}$man$^{13}$xau$^{21}$uo$^{0}$,e$_{21}$,sɿ$^{35}$məŋ$^{13}_{21}$kei$^{53}_{44}$fa$^{35}$.i$^{21}$xa$^{53}_{21}$lɔk$^{5}$mi$^{35}_{53}$tsʰiəu$^{53}$ia$^{35}$iəŋ$^{53}$ko$^{53}_{44}$mien$^{13}$fa$^{35}_{53}$,mien$^{13}$fa$^{35}_{53}$ṇ$^{13}_{44}$xau$^{21}$,kau$^{21}$iet$^{3}$tʂʰən$^{53}$uɔi$^{53}$paŋ$^{35}$ŋaŋ$^{53}$.i$^{21}$xa$^{53}_{44}$tsʰiəu$^{53}_{44}$tsʰin$^{53}$mai$^{35}$cie$^{53}_{44}$liau$^{0}$,tsʰin$^{53}$mai$^{35}$ke$^{0}$kai$^{53}_{44}$ke$^{53}_{44}$tʂən$^{21}$sin$^{35}_{44}$niau$^{0}$,tsʰiəu$^{53}_{44}$xe$^{53}_{44}$sɿ$^{35}$mien$^{13}$tso$^{53}_{44}$tʂən$^{21}$sin$^{35}_{44}$.｜以下就用针线一绞，欸，针线一绞就做做枕头芯子，～。ia$_{44}$(←i$^{21}$xa$^{53}$)tsʰiəu$^{53}_{44}$iəŋ$^{53}_{44}$tʂən$^{35}$sien$^{53}$iet$^{3}$ciau$^{21}$,e$_{21}$,tʂən$^{35}$sien$^{53}$iet$^{3}$ciau$^{21}$tsʰiəu$^{53}_{44}$tso$^{53}_{44}$tso$^{53}_{44}$tʂən$^{21}$tʰei$^{13}$sin$^{35}$tsɿ$^{0}$,tʂən$^{21}$sin$^{35}$.

【疹】tʂən$^{21}$ [名]手足因过度摩擦所生的厚皮：我如今真箇双手真有用了哇。只爱用几分钟，只爱拿倒镢头欸或者拿倒手挜下镢头或者挜下柴刀，欸，挜倒刀把，只爱挜哩几分钟，就起～，嘿嘿，真羞人了。以前是一昼边都唔得起～。ŋai$^{13}_{21}$i$^{13}_{21}$cin$^{35}_{44}$tʂən$^{35}$kai$^{53}$səŋ$^{35}$ʂəu$^{21}$tʂən$^{35}$mau$^{13}$iəŋ$^{53}$liau$^{21}$ua$^{0}$.tʂɿ$^{21}$ɔi$^{53}$iəŋ$^{53}$ci$^{21}$fən$^{35}$tʂəŋ$^{35}$,tʂɿ$^{21}$ɔi$^{53}$la$^{53}$tau$^{21}_{44}$ciɔk$^{3}$tʰei$^{13}_{44}$e$_{21}$xɔit$^{5}$tʂa$^{21}$la$^{53}$tau$^{21}$ʂəu$^{21}$ia$^{21}$(x)a$^{53}_{21}$ciɔk$^{3}$tʰei$^{13}$xɔit$^{5}$tʂa$^{21}$ia$^{21}$(x)a$^{53}_{21}$tsʰai$^{13}$tau$^{35}_{44}$,ei$_{21}$,ia$^{21}$tau$^{21}$tau$^{35}$pa$^{53}$,tʂɿ$^{21}$ɔi$^{53}$ia$^{21}$li$^{0}$ci$^{21}$fən$^{35}$tʂəŋ$^{35}_{44}$,tsʰiəu$^{53}$çi$^{21}$tʂən$^{21}$,xe$_{44}$xe$_{44}$,tʂən$^{35}$siəu$^{35}$ɲin$^{13}_{21}$liau$^{0}$.i$^{35}_{53}$tsʰien$^{13}$ʂɿ$^{53}_{44}$iet$^{3}$tʂəu$^{53}$pien$^{35}_{44}$təu$^{35}_{53}$ṇ$^{13}$tek$^{3}$çi$^{21}$tʂən$^{21}$.

【圳】tʂən$^{53}$ [名]人工挖的水道：箇只～呢我等以映只讲哪起嘞？人工挖箇只。kai$^{53}_{44}$tʂak$^{3}$tʂən$^{53}$nei$^{0}$ŋai$^{13}_{21}$tien$^{0}$i$^{21}_{44}$iaŋ$^{53}_{44}$tʂe$^{21}$kəŋ$^{21}$lai$^{53}_{44}$çi$^{21}$lei$^{0}$?ɲin$^{13}$kəŋ$^{35}_{44}$uait$^{3}$kai$^{53}_{44}$tʂak$^{3}$.

【阵】tʂʰən$^{53}$ [量]表示事物或行为经过的一定时间段落：一～风 iet$^{3}$tʂʰən$^{53}$fəŋ$^{35}$｜一～雨 iet$^{3}$tʂʰən$^{53}$y$^{21}$｜箇磨子，石磨子唦，磨一～唦，磨～会，箇个齿就会平啊。kai$^{53}_{44}$mo$^{53}$tsɿ$^{0}$,ʂak$^{5}$mo$^{53}$tsɿ$^{0}$ʂa$^{0}$,mo$^{53}$(i)et$^{3}$tʂʰən$^{53}$ʂa$^{0}$,mo$^{53}$tʂʰən$^{53}_{21}$uɔi$^{53}_{44}$,kai$^{53}_{44}$ke$^{53}_{44}$tʂʰɿ$^{21}$tsʰiəu$^{53}_{44}$uɔi$^{53}_{44}$pʰiaŋ$^{13}$ŋa$^{0}$.｜我也唔想倒，想嘿～了。ŋai$^{13}$ia$^{35}_{53}$ṇ$^{13}_{21}$siɔŋ$^{21}$tau$^{21}$,siɔŋ$^{21}$uek$^{3}$tʂʰən$^{53}$liau$^{0}$.

【阵水】tʂʰən$^{53}$ʂei$^{21}$ [名]阵雨：如今咁个天落水就会落～呀，一阵阵子落啊。欸，渠有得话长落啊，如今个水就冇得长落。唔得落长水，只系落～，冇得话落一天到夜个冇得如今咁个天咯。i13_21cin35_53kan21_13ke53_44tʰien35_44lɔk5 ʂei21tsʰiəu53_44uɔi53_44lɔk5 tʂʰən53ʂei21ia0,iet3 tʂʰən35_44tʂʰən53tsɿ0 lɔk5 a0.e21,ci13_21mau13tek3 ua53tʂʰɔŋ13lɔk5 a0,i13_21cin35_53ke53ʂei21tsʰiəu53_44mau13tek3 tʂʰɔŋ13lɔk5.n̩13_21tek3 lɔk5 tʂʰɔŋ13ʂei21,tʂɿ21(x)e53_44lɔk5 tʂʰən53 ʂei21,mau13_21tek3 ua53lɔk5 iet3 tʰien35_44tau53_44ia53ke53_44mau13_21tek3 i13_21cin35_53kan21e0 tʰien35_44ko0.

【赈孤】tʂən21ku35 动 中元节烧钱纸给孤魂：我等以映中元节，七月半呐，七月半只系烧纸分箇个分自家个欸亲人，冇么人冇多么人去～，冇多么人是烧分箇个孤魂。我就𫉬烧过。有兜人就咁子啰，渠我爱烧包个时候子嘞我多烧一只，烧分别人家，系唔系？烧分箇个孤魂野鬼。你等莫来同我爷子争，系啊？莫来同我阿公争，就咁子个，也系～嘛，就只咁个意思。ŋai13_21 tien0 i21iaŋ53tʂəŋ35ven13_21tsiet3,tsʰiet3ɲiet5 pan53na0,tsʰiet3ɲiet5 pan53tʂɿ21xe21_0ʂau35tʂɿ21pən35kai53_21ke53_21pən35tsʰɿ35 ka35_44ke53e21tsʰin35ɲin13_21,mau13mak3ɲin13_44mau13to35_53mak3ɲin13_44çi53tʂən21ku35,mau13to35_53mak3ɲin13_21ʂɿ53_21ʂau35pən35 kai53ke53_44ku35fən13.ŋai13tsʰiəu53maŋ13ʂau35_44ko53.iəu35tei53_53ɲin13_44tsʰiəu53kan21_13tsɿ0 lo0,ci13ŋai13ɔi53ʂau35_44pau35ke53ʂɿ13_44 xei53_44tsɿ0 lei0 ŋai13_21to35ʂau35_44iet3 tʂak3,ʂau35pən35_44pʰiet5 in13_21ka35_44,xei53me53?ʂau35pən35_44kai53ke53_21ku35fən13_21ia35_44kuei21. ɲi13tien0 mɔk5 lɔi13_21tʰəŋ13_44ŋai13_44ia13tsɿ0 tsaŋ35,xei53_44a0 ?mɔk5 lɔi13_21tʰəŋ13_21ŋai13a35kəŋ35tsaŋ35,tsʰiəu53_44kan21_13tsɿ0 ke53,ia35 xei53tʂən21ku35_44ma0,tsʰiəu53_44tʂak3 kan21_13e0 i53_44sɿ0.

【震松】tʂən53səŋ35 动 因震动而松弛：渠就～哩，～哩就倒得出来。ci13tsʰiəu53_44tʂən53səŋ35li0,tʂən53 səŋ35li0 tsʰiəu53_44tau53tek3 tʂʰət3 lɔi13.

【正月】tʂaŋ35ɲiet5 名 农历一年的第一个月：箇有年呀～初二睇去拜年，(望春花)就开哩。kai53iəu35_53ɲien13_21ia0 tʂaŋ35ɲiet5_3 tsʰɿ35ɲi53pu35çi53_44pai53ɲien13,tsʰiəu53_44kʰɔi35li0.｜欸，我等是咁子讲啊。～就嫐过去，二月就坐过去，三月嘞蓑衣笠嫲都爱去。ei44,ŋai13tien0 ʂɿ53kan21tsɿ0 kɔŋ21ŋa0.tʂaŋ35ɲiet5 tsʰiəu53liau53ko53çi53, ɲi53ɲiet5 tsʰiəu53tsʰo35ko53_44çi53,san35ɲiet5 lei0 so35i35_44liet3 ma13təu35ɔi53_44çi53.说的是农民做事：正月没事干，到处玩儿，去走亲戚；二月田里还没有事做，坐着打牌玩儿；三月下雨都要去干农活了。

【正月天】tʂaŋ35ɲiet5 tʰien35_44 名 正月的时候：～(用麻线)打发人呶。tʂaŋ35ɲiet5 tʰien35_44ta21fait3 ɲin13 nau0.

【正月头】tʂaŋ35ɲiet5 tʰei13_21 名 农历一年的第一个月：～，正月，外甥来哩。tʂaŋ35ɲiet5 tʰei13_21,tʂaŋ35 ɲiet5,e21,ŋɔi53saŋ35_44lɔi13_21li0.

【争】tsaŋ35 动 争夺；互不相让：～倒食 tsaŋ35tau21ʂek5｜两个爱合得箇只节奏咯打倒(钞)咯，唔系会～咯。iɔŋ21ke53_44ɔi53_44xɔit5 tek3 kai53_21tʂak3 tsiet3 tsei53ko0 ta21tau21ko0,m̩13_21pʰe53_44uɔi53_44tsaŋ35ko0.

【争绷】tsaŋ35paŋ35 名 争议；纠纷：我等生产队上箇阵子分岭啊，分起箇个岭啊糜烂，一坨坨子丁啮大子，结果是硬落尾办箇个山林证个时候子硬产生唔知几多～，搞出唔知几多～来哩。硬害死人呐硬啊。ŋai13tien0 sen35tsʰan21ti53xɔŋ53_44kai53tʂʰən53tsɿ0 fən35liaŋ35ŋa0,fən35çi21_44kai53_44ke53_44liaŋ35ŋa0 me35lan53,iet3 tʰo13tʰo13tsɿ0 tin53ŋait3 tʰai53tsɿ0,ciet3 ko21ʂɿ53_44ɲiaŋ53lɔk5 mi44pʰan53kai53_44kei53_44san35_44lin13_21tʂən53kei53_44ʂɿ13_44 xei53_44tsɿ0ɲiaŋ53tsʰan21sen35_44n̩13ti35_53ci21to35_44tsaŋ35_44paŋ35_44,kau21tʂʰət3 n̩13ti35_53ci21to35_44tsaŋ35_44paŋ35_44lɔi13_21li0. ɲiaŋ53xɔi53si21ɲin13 na0ɲiaŋ53ŋa0.

【蒸】tʂən35 动 ①用水蒸气的热力把东西加热或使熟：用甑～饭呶。iəŋ53_44tsien53tʂən35_44fan53nau0.｜舞只王甑，咁大，去～。u21tʂak3 uɔŋ13tsien53,kan21tʰai53,çi53_44tʂən35. ②用蒸馏法制造或提取：(掌酒)唔爱～了。m̩13_21mɔi53_35tʂən35_44niau0.

【蒸酒】tʂən35tsiəu21 动 用蒸馏的方法制作酒：～作豆腐，称唔得老师傅。tʂən35tsiəu21tsɔk3 tʰei53 fu53,tʂʰən35n̩13_21tek3 lau21sɿ35_44fu53.｜三朒～打豆腐。san35lo13tʂən35tsiəu21ta21tʰəu53fu53.｜同箇～样，头镬水冇咁好。tʰəŋ13kai53_44tʂən35_44tsiəu21iɔŋ53_44,tʰei13uɔk5 ʂei21mau13kan21xau21.

【蒸笼】tʂən35ləŋ13 名 蒸食物的笼屉：用～去蒸个唠，蒸个米馃啊？以米馃都系蒸呢，蒸再熟嘞。箇个煎个米馃也有唠。箇艾米馃就蒸咯，用～去蒸呶，蒸熟来呀。iəŋ53_44tʂən35nəŋ13_21çi53tʂən35 cie53_44lau0,tʂən35cie53mi21ko21a?i21mi21ko21təu35xe53_44tʂən35ne0,tʂən35tsai53_44ʂəuk5 le0.kai53_44ke53_44tsien35ke53mi21ko21ia35 iəu35_44lau0.kai53_44ɲie53mi21ko21tsʰiəu53tʂən35ko0,iəŋ53_44tʂən35nəŋ13_21çi53tʂən35nau0,tʂən35ʂəuk5 lɔi13_44ia0.｜～有盖子，欸，～盖呀，欸，话～盖。tʂən35nəŋ13_21iəu35kɔi53tsɿ0,e21,tʂən35nəŋ13_21kɔi53ia0,e21,ua53_21tʂən35nəŋ13_21kɔi53.

【扟】təŋ35 动 (头上)顶着：～白 təŋ35pʰak5 (女儿女婿)戴孝，拖地约五尺｜(看呶，比方说下雨了，我没有雨具。)～块布，～件衫。təŋ35kʰuai53_21pu53,təŋ35cʰien53san35.｜观音娘娘唔系箇个庙里观音娘娘脑壳上～块布？渠系种动作，～倒，～稳。渠箇话别人家做哩见不得人个事啊，"箇收拾哩，做兜咁个事，爱～只鬼面壳出门了"。kən35in35_53ɲiɔŋ13_21ɲiɔŋ13_44m̩13pʰei53_44kai53_44ke53_44miau53li35kən35in35_53 ɲioŋ$^{13}_{44}$ɲioŋ$^{13}_{44}$lau$^{21}$k$^{h}$ɔk$^{3}$xɔŋ$^{53}$təŋ$^{35}$k$^{h}$uai$^{53}_{44}$pu$^{53}$?ci$^{13}$xei$^{53}$tʂəŋ$^{21}$t$^{h}$əŋ$^{53}$tsɔk$^{3}$,təŋ$^{35}$tau$^{21}$,təŋ$^{35}$uən$^{21}$.ci$^{13}$kai$^{53}_{44}$ua$^{53}$p$^{h}$iet$^{5}$in$^{13}_{21}$ka$^{35}_{44}$tso$^{53}$li$^{0}$cien$^{53}$pət$^{3}$tek$^{3}$ɲin$^{13}$ke$^{53}_{44}$sɿ$^{53}$a$^{0}$,"kai$^{53}_{44}$ʂəu$^{35}$ʂət$^{5}$li$^{0}$,tso$^{53}_{44}$təu$^{35}_{44}$kan$^{21}$ke$^{0}$sɿ$^{53}$,ɔi$^{53}$təŋ$^{35}$tʂak$^{3}$kuei$^{21}$mien$^{53}$k$^{h}$ɔk$^{3}$tʂ$^{h}$ət$^{3}$mən$^{13}$niau$^{0}$".

【拼秆】təŋ$^{35}$kɔn$^{21}$ [动]喻指旁观：两个人呶，有只人问渠，问别人家："你昨晡夜晡搞么个来？"渠话："我看你打牌来。"渠话："咁大水你哪样看我打牌嘞？落咁大水，你让门看我打牌嘞？""我去光窗背啊拼只秆呢。"后背嘞就分箇个去于边上看个人就安做"～个"，到边上去看，唔参与，去边上看，叫做"我是拼下子秆呢"，呃，"我就只～呢"。iɔŋ$^{21}$kei$^{53}$ɲin$^{13}$nau$^{0}$,iəu$^{35}$tʂak$^{3}$ɲin$^{13}$uən$^{53}$ci$^{13}_{21}$,uən$^{53}$p$^{h}$iet$^{5}$ɲin$^{13}_{21}$ka$^{35}_{44}$:"ɲi$^{13}$ts$^{h}$o$^{35}$pu$^{35}_{44}$ia$^{53}_{44}$pu$^{35}_{44}$kau$^{21}$mak$^{3}$ke$^{53}_{0}$lɔi$^{13}$?"ci$^{13}_{21}$ua$^{53}$:"ŋai$^{13}$k$^{h}$ɔn$^{53}$ɲi$^{13}$ta$^{21}$p$^{h}$ai$^{13}$lɔi$^{13}$."ci$^{13}_{21}$ua$^{53}$:"kan$^{21}$t$^{h}$ai$^{53}$ʂei$^{21}$ɲi$^{13}$lai$^{53}$iɔŋ$^{53}$k$^{h}$ɔn$^{53}$ŋai$^{13}_{21}$ta$^{21}$p$^{h}$ai$^{13}$lei$^{0}$?lɔk$^{5}$kan$^{21}$t$^{h}$ai$^{53}$ʂei$^{21}$, ɲi$^{13}$ɲiɔŋ$^{53}$mən$^{0}$k$^{h}$ɔn$^{53}$ŋai$^{13}_{21}$ta$^{21}$p$^{h}$ai$^{13}$lei$^{0}$?""ŋai$^{13}$çi$^{53}$kɔŋ$^{35}$ts$^{h}$əŋ$^{35}_{44}$pɔi$^{53}$a$^{0}$təŋ$^{35}$tʂak$^{3}$kɔn$^{21}$ne$^{0}$."xei$^{53}$pɔi$^{53}$lei$^{0}$ts$^{h}$iəu$^{53}$pən$^{35}$kai$^{53}_{21}$ke$^{53}_{21}$çi$^{53}$y$^{0}$pien$^{35}$xɔŋ$^{0}$k$^{h}$ɔn$^{53}$cie$^{53}$ɲin$^{13}$ts$^{h}$iəu$^{53}$ɔn$^{35}$tso$^{53}$"təŋ$^{35}$kɔn$^{21}$cie$^{53}$",tau$^{53}$pien$^{35}$xɔŋ$^{0}$çi$^{53}_{21}$k$^{h}$ɔn$^{53}$,ŋ̍$^{13}$ts$^{h}$an$^{35}$y$^{21}$,çi$^{53}$pien$^{35}$xɔŋ$^{0}$k$^{h}$ɔn$^{53}$,ciau$^{53}_{21}$tso$^{53}_{21}$"ŋai$^{13}$ʂʅ$^{53}_{44}$təŋ$^{35}$ŋa$^{53}_{21}$(←xa$^{53}$)tsɿ$^{0}$kɔn$^{21}$ne$^{0}$",e$^{0}$,"ŋai$^{13}$ts$^{h}$iəu$^{53}_{44}$tʂe$^{21}$təŋ$^{35}$kɔn$^{21}$ne$^{0}$". ｜我又缯去打，我又缯去打牌嘞，我拼下子秆呶。ŋai$^{13}$iəu$^{53}$maŋ$^{13}$çi$^{53}$ta$^{21}$,ŋai$^{13}$iəu$^{53}$maŋ$^{13}$çi$^{53}$ta$^{21}$p$^{h}$ai$^{13}$lei$^{0}$,ŋai$^{13}$təŋ$^{35}$ŋa$_{44}$(←xa$^{53}$)tsɿ$^{0}$kɔn$^{21}$nau$^{0}$.

【拼髻子】təŋ$^{35}$ci$^{53}$tsɿ$^{0}$ [名]囟门处留的头发。也简称"拼髻"：欸，箇个细人子，以前我等细细子剃个一种头，安做～。<u>以只</u>～嘞就系分脑壳顶上留兜子头发。唔爱扎，就系脑壳顶上留兜同箇镬铲头样个。ei$_{21}$,kai$^{53}_{44}$ke$^{53}_{44}$sei$^{53}$ɲin$^{13}$tsɿ$^{0}$,i$^{35}_{53}$ts$^{h}$ien$^{13}_{21}$ŋai$^{13}$tien$^{0}$se$^{53}$se$^{53}$tsɿ$^{0}$t$^{h}$e$^{53}$ke$^{53}$iet$^{3}$tʂəŋ$^{21}$t$^{h}$ei$^{13}$,ɔn$^{35}_{44}$tso$^{53}_{44}$təŋ$^{35}$ci$^{53}$tsɿ$^{0}$.iak$^{3}$(←i$^{21}$tʂak$^{3}$)təŋ$^{35}$ci$^{53}$tsɿ$^{0}$lei$^{0}$ts$^{h}$iəu$^{53}$xe$^{53}$pən$^{35}_{53}$nau$^{21}$k$^{h}$ɔk$^{3}$taŋ$^{21}$xɔŋ$^{53}$liəu$^{13}$tei$^{35}_{53}$tsɿ$^{0}$t$^{h}$ei$^{13}_{44}$fait$^{3}$.m̩$^{13}_{21}$mɔi$^{53}$tsait$^{3}$,ts$^{h}$iəu$^{53}$xe$^{53}$lau$^{21}$k$^{h}$ɔk$^{3}$taŋ$^{21}$xɔŋ$^{53}$liəu$^{13}$tei$^{35}_{44}$t$^{h}$əŋ$^{13}_{44}$uɔk$^{5}$ts$^{h}$an$^{21}$t$^{h}$ei$^{13}$iɔŋ$^{53}_{44}$ke$^{0}$.

【拼裙】təŋ$^{35}$c$^{h}$in$^{13}$ [名]冷天背孩子时罩在小孩身后的布：～就不是冬下着个裙子嘞。就冷天细人子围个裙，围个一条包倒渠包倒箇只细人子个箇条裙，一块箇个四方个布。欸，冷天是还放棉花，安做棉裙。冇得棉花个就安做单裙子。～呢，欸，用来背细人子，细人子背下背囊上，一条裙子遮下去，遮得遮倒渠个背囊，就唔得冷倒，冇咁大风。欸，一般都十分冷个时候子用棉裙，肚里放棉花。箇就～。təŋ$^{35}$c$^{h}$in$^{13}$ts$^{h}$iəu$^{53}_{44}$pət$^{3}$ʂʅ$^{53}_{44}$təŋ$^{35}$xa$^{53}_{44}$tʂɔk$^{3}$ke$^{0}$c$^{h}$in$^{13}$tsɿ$^{0}$le$^{0}$.ts$^{h}$iəu$^{53}_{44}$laŋ$^{35}$t$^{h}$ien$^{35}_{44}$se$^{53}$ɲin$^{13}_{21}$tsɿ$^{0}$uei$^{13}$ke$^{53}$c$^{h}$in$^{13}$,uei$^{13}$ke$^{53}$iet$^{3}$t$^{h}$iau$^{13}_{21}$pau$^{35}$tau$^{21}$ci$^{13}_{44}$pau$^{35}$tau$^{21}$kai$^{53}_{44}$tʂak$^{3}$sei$^{53}$ɲin$^{13}_{21}$tsɿ$^{0}$ke$^{0}$kai$^{53}$t$^{h}$iau$^{13}_{21}$c$^{h}$in$^{13}_{21}$,iet$^{3}$k$^{h}$uai$^{53}$kai$^{53}_{44}$ke$^{53}_{44}$si$^{53}$fɔŋ$^{35}$ke$^{0}$pu$^{53}$.e$_{21}$,laŋ$^{35}$t$^{h}$ien$^{35}_{44}$ʂʅ$^{53}_{44}$xai$^{13}$fɔŋ$^{53}$mien$^{13}$fa$^{35}$,ɔn$^{35}_{44}$tso$^{53}_{44}$mien$^{13}$c$^{h}$in$^{13}$.mau$^{13}$tek$^{3}$mien$^{13}$fa$^{35}_{44}$ke$^{0}$ts$^{h}$iəu$^{53}_{44}$ɔn$^{35}_{44}$tso$^{53}_{44}$tan$^{35}$c$^{h}$in$^{13}_{21}$tsɿ$^{0}$.təŋ$^{35}$c$^{h}$in$^{13}$ne$^{0}$,e$_{44}$,iəŋ$^{53}$lɔi$^{13}_{44}$pi$^{53}$sei$^{53}$ɲin$^{13}_{21}$tsɿ$^{0}$,sei$^{53}$ɲin$^{13}_{21}$tsɿ$^{0}$pi$^{53}$xa$^{53}$pɔi$^{53}$lɔŋ$^{13}_{21}$xɔŋ$^{53}_{44}$,iet$^{3}$t$^{h}$iau$^{13}_{21}$c$^{h}$in$^{13}$tsɿ$^{0}$tʂa$^{35}$(x)a$^{53}$çi$^{53}$,tʂa$^{35}$tek$^{3}$tʂa$^{35}$tau$^{21}$ci$^{13}_{21}$ke$^{0}$pɔi$^{53}$lɔŋ$^{13}_{21}$,ts$^{h}$iəu$^{53}$n̩$^{13}_{21}$tek$^{3}$laŋ$^{35}$tau$^{21}$,mau$^{13}_{21}$kan$^{21}$t$^{h}$ai$^{53}$fəŋ$^{35}$.e$_{21}$,iet$^{3}$pɔn$^{35}$təu$^{35}_{44}$ʂət$^{5}$fən$^{35}_{44}$laŋ$^{35}$ke$^{0}$ʂʅ$^{13}$xəu$^{53}_{44}$tsɿ$^{0}$iəŋ$^{53}$mien$^{13}$c$^{h}$in$^{13}$,təu$^{21}$li$^{0}$fɔŋ$^{53}$mien$^{13}$fa$^{35}$.kai$^{53}_{44}$ts$^{h}$iəu$^{53}_{44}$təŋ$^{35}$c$^{h}$in$^{13}$.

【整$_{1}$】tʂaŋ$^{21}$/tʂən$^{21}$ [动]①检修；修理：箇只屋烂稳哩，箇只屋烂嘿哩，漏水，我爱硬请人来～下子屋。kai$^{53}$tʂak$^{3}$uk$^{3}$lan$^{53}$uən$^{21}$ni$^{0}$,kai$^{53}$(tʂ)ak$^{3}$uk$^{3}$lan$^{53}$(x)ek$^{3}$li$^{0}$,lei$^{53}$ʂei$^{21}$,ŋai$^{13}_{21}$ɔi$^{53}$ɲiaŋ$^{53}$ts$^{h}$iaŋ$^{21}$ɲin$^{13}$nɔi$^{13}$tʂaŋ$^{21}$xa$^{53}$tsɿ$^{0}$uk$^{3}$.｜欸箇皮门烂咁哩，闩唔稳哩，欸请只师傅来～，～箇皮门。e$^{0}$kai$^{53}$p$^{h}$i$^{13}_{21}$mən$^{13}$lan$^{53}$kan$^{21}$ni$^{0}$,ts$^{h}$ɔn$^{35}$n̩$^{13}_{21}$uən$^{21}$ni$^{0}$,e$^{0}$ts$^{h}$iaŋ$^{21}$tʂak$^{3}$sɿ$^{35}_{44}$fu$^{53}$lɔi$^{13}_{21}$tʂaŋ$^{21}$,tʂaŋ$^{21}$kai$^{53}$p$^{h}$i$^{13}_{21}$mən$^{13}$.｜你同我～下子钟哦。ɲi$^{13}$t$^{h}$əŋ$^{13}_{44}$ŋai$^{13}_{44}$tʂaŋ$^{21}$ŋa$^{53}$tsɿ$^{0}$tʂəŋ$^{35}$ŋo$^{0}$. ②置办（酒席）：但是本地人就冇得咁个规矩。官渡箇只下背呀，～么个酒都用三角豆腐。tan$^{53}$ʂʅ$^{53}$pən$^{21}$t$^{h}$i$^{53}$ɲin$^{13}_{21}$ts$^{h}$iəu$^{53}$mau$^{13}_{21}$tek$^{3}$kan$^{21}$ke$^{53}_{44}$kuei$^{35}$tʂʮ$^{21}$.kɔn$^{35}$t$^{h}$əu$^{53}_{44}$kai$^{53}_{21}$tʂak$^{3}$xa$^{53}_{44}$pɔi$^{53}_{44}$ia$^{0}$,tʂaŋ$^{21}$mak$^{3}$ke$^{53}$tsiəu$^{21}$təu$^{35}$iəŋ$^{53}_{44}$san$^{35}$kɔk$^{3}$t$^{h}$ei$^{53}$fu$^{53}_{21}$. ③治疗，医治：舞倒箇（燕蜂子）窠子来，欸，泡水食，是～细人子个嗯箇个么个欸伤风感冒子。u$^{21}$tau$^{21}$kai$^{53}_{44}$k$^{h}$o$^{35}$tsɿ$^{0}$lɔi$^{13}_{21}$,e$_{21}$,p$^{h}$au$^{53}$ʂei$^{21}$ʂət$^{5}$,ʂʅ$^{53}_{44}$tʂaŋ$^{21}$sei$^{53}$ɲin$^{13}_{21}$tsɿ$^{0}$ke$^{53}_{44}$n̩$_{21}$kai$^{53}_{44}$ke$^{53}_{44}$mak$^{3}$ke$^{53}_{44}$e$_{21}$ʂɔŋ$^{35}$fəŋ$^{35}$kɔn$^{21}$mau$^{53}$tsɿ$^{0}$.｜欸落尾食药正～好嘞。e$_{13}$lɔk$^{5}$mi$^{35}_{44}$ʂət$^{5}_{3}$iɔk$^{5}$tʂaŋ$^{53}$tʂaŋ$^{21}$xau$^{21}$le$^{0}$. ④将稻谷加工成大米：～得□熟个米哟就白米饭唠。tʂaŋ$^{21}$tek$^{3}$lai$^{53}$ʂəuk$^{5}$ke$^{53}$mi$^{21}$iau$^{0}$ts$^{h}$iəu$^{53}_{21}$p$^{h}$ak$^{5}$mi$^{21}$fan$^{53}$nau$^{0}$.｜（硇叽红）随你让门子～，欸，让门子去踏，都冇得白。ts$^{h}$i$^{13}$ɲi$^{13}_{44}$ɲiɔŋ$^{53}$mən$^{0}$tsɿ$^{0}$tʂaŋ$^{21}$,e$_{21}$, ɲiɔŋ$^{53}$mən$^{0}$tsɿ$^{0}$çi$^{53}_{44}$t$^{h}$ait$^{5}$,təu$^{35}_{44}$mau$^{13}_{21}$tek$^{3}$p$^{h}$ak$^{5}$. ⑤挖：分箇块土～松，～松，舞松下子。pən$^{35}$kai$^{53}_{44}$k$^{h}$uai$^{53}_{44}$t$^{h}$əu$^{21}$tʂən$^{21}_{35}$səŋ$^{35}_{44}$,tʂən$^{21}_{35}$səŋ$^{35}_{44}$,u$^{21}$səŋ$^{35}$ŋa$_{44}$(←xa$^{53}$)tsɿ$^{0}$. ⑥将凸凹不平的地方整治得平坦整齐：挖正哩啊，～下子土。uait$^{3}$tʂaŋ$^{53}$ni$^{0}$a$^{0}$,tʂaŋ$^{21}$ŋa$^{53}$tsɿ$^{0}$t$^{h}$əu$^{21}$.

【整$_{2}$】tʂən$^{21}$ [动]当做；作为……的代用品：还去岭上摘一起么个东西，舞倒～茶叶也要得个嘞？xai$^{13}_{21}$çi$^{53}$liaŋ$^{35}$xɔŋ$^{53}_{44}$tsak$^{3}$iet$^{3}$çi$^{21}$mak$^{3}$ke$^{53}_{44}$təŋ$^{35}$si$^{0}$,u$^{21}$tau$^{21}$tʂən$^{21}$ts$^{h}$a$^{13}$iait$^{5}$ia$^{35}$iau$^{53}$tek$^{3}$ke$^{53}_{44}$le$^{0}$?｜用雷鸣炮来～铳打唠。iəŋ$^{53}$lei$^{13}$min$^{13}$p$^{h}$au$^{53}$lɔi$^{13}_{21}$tʂən$^{21}$tʂ$^{h}$əŋ$^{53}$ta$^{21}$lau$^{0}$.｜有滴栏场舞倒麦稿～柴烧。iəu$^{35}$tiet$^{5}$

laŋ$^{13}$tʂʰɔŋ$^{13}$u$^{21}$tau$^{21}$mak$^{3}$kau$^{21}$tʂən$^{21}$tsʰai$^{13}$ʂau$^{35}$.

【整$_{3}$】tʂən$^{21}$ [形]完整无缺的：渠等爱一张～张红纸……不能驳，不能要驳。ci$^{13}$tien$^{0}$ɔi$^{53}$iet$^{3}$tʂɔŋ$^{35}$tʂən$^{21}$tʂɔŋ$^{35}$fəŋ$^{13}$tʂʅ$^{21}$…pət$^{3}$lən$^{13}$pɔk$^{3}$,pət$^{3}$lən$^{13}$iau$^{53}$pɔk$^{3}$.

【整病】tʂaŋ$^{21}$pʰiaŋ$^{53}$ [动]治病：总咁子～啊，总咁子食药，都唔好。tsɔŋ$^{21}$kan$^{21}_{44}$tsʅ$^{0}$tʂaŋ$^{21}$pʰiaŋ$^{53}$ŋa$^{0}$,tsɔŋ$^{21}$kan$^{21}_{44}$tsʅ$^{0}$ʂət$^{5}$iɔk$^{5}$,təu$^{35}_{44}$n̩$^{13}_{21}$xau$^{21}_{44}$.｜做法事啊？如果系～个嘞就安做做圣。tso$^{53}_{44}$fait$^{3}$sʅ$^{53}$a$^{0}$?y$^{13}$ko$^{21}$xei$^{53}$tʂaŋ$^{21}$pʰiaŋ$^{53}$ke$^{53}_{44}$lei$^{0}$tsʰiəu$^{53}_{44}$ɔn$^{35}_{44}$tso$^{53}_{44}$tso$^{53}$ʂaŋ$^{53}$.

【整肚子】tʂaŋ$^{21}$təu$^{21}$tsʅ$^{0}$ [动]俏皮话。喻指吃饭：肚子饥稳哩，来去归来去～哦。təu$^{21}$tsʅ$^{0}$ci$^{35}$uən$^{21}$ni$^{0}$,lɔi$^{13}_{21}$çi$^{53}$kuei$^{35}$lɔi$^{13}_{21}$çi$^{53}$tʂaŋ$^{21}$təu$^{21}$tsʅ$^{0}$o$^{0}$.｜我呀我是来去归，我还𫠊～。ŋai$^{13}$ia$^{0}$ŋai$^{13}$ʂʅ$^{53}_{44}$lɔi$^{13}$çi$^{53}_{44}$kuei$^{35}$,ŋai$^{13}$xa$^{13}_{44}$maŋ$^{13}_{44}$tʂaŋ$^{21}$təu$^{21}$tsʅ$^{0}$.

【整个】tʂən$^{21}$ko$^{53}$ [形]属性词。全部的，整体的：～一只灶下 tʂən$^{21}$ko$^{53}$iet$^{3}$tʂak$^{3}$tsau$^{53}$xa$^{35}$｜砌得～都砌平哩。tsʰi$^{53}$tek$^{3}$tʂən$^{21}$ko$^{53}$təu$^{35}_{44}$tsʰi$^{53}$pʰiaŋ$^{13}$li$^{0}$.｜但是～来讲，箇就安做碾船。tan$^{53}$ʂʅ$^{53}$tʂən$^{21}$ko$^{53}$lɔi$^{13}_{21}$kɔŋ$^{21}$,kai$^{53}_{44}$tsʰiəu$^{53}_{44}$ɔn$^{35}_{44}$tso$^{53}_{44}$ŋan$^{35}$ʂɔn$^{13}_{21}$.

【整酒】tʂaŋ$^{21}$tsiəu$^{21}$ [动]摆酒席：屋下有么个好事，就爱整……安做～。欸，当哩爷，系唔系啊？做哩新屋。当哩爷，整餐满月酒，半月酒。当哩阿公，爱整餐酒，系唔系？嗯，以下就欸讨老婆是箇爱搞餐酒，爱搞餐食哩，爱～。欸，以下就，欸，你细人子考倒哩大学，系唔系？考倒大学，爱搞一餐食哩。欸，有滴就搞餐食哩安做，搞餐食哩。～。有滴是谦虚滴子，唔讲话～。就搞餐食哩。uk$^{3}$xa$^{53}_{44}$iəu$^{35}_{44}$mak$^{3}$ke$^{53}_{44}$xau$^{21}$sʅ$^{53}$,tsʰiəu$^{53}_{44}$ɔi$^{53}_{44}$tʂaŋ$^{21}$…ɔn$^{35}_{44}$tso$^{53}$tʂaŋ$^{21}$tsiəu$^{21}$.e$_{21}$,tɔŋ$^{35}$li$^{0}$ia$^{13}$,xei$^{53}_{44}$me$^{53}_{44}$a$^{0}$?tso$^{53}$li$^{0}$sin$^{35}$uk$^{3}$.tɔŋ$^{35}$li$^{0}$ia$^{13}$,tʂaŋ$^{21}$tsʰɔn$^{35}_{44}$man$^{35}$ɲiet$^{5}$tsiəu$^{21}$,pan$^{53}$ɲiet$^{5}$tsiəu$^{21}$.tɔŋ$^{35}$li$^{0}$a$^{35}$kəŋ$^{35}_{44}$,ɔi$^{53}_{44}$tʂaŋ$^{21}$tsʰɔn$^{35}_{44}$tsiəu$^{21}$,xei$^{53}_{44}$me$^{53}_{44}$?n̩$_{21}$,i$^{21}$xa$^{53}$tsiəu$^{53}_{44}$e$_{21}$tʰau$^{21}$lau$^{21}$pʰo$^{13}$ʂʅ$^{53}_{44}$kai$^{53}$ɔi$^{53}_{44}$kau$^{21}$tsʰɔn$^{35}$tsiəu$^{21}$,ɔi$^{53}_{44}$kau$^{21}$tsʰɔn$^{35}_{44}$ʂət$^{5}$li$^{0}$,ɔi$^{53}_{44}$tʂaŋ$^{21}$tsiəu$^{21}$.ei$_{21}$,i$^{21}$xa$^{53}$tsiəu$^{53}_{44}$,e$_{21}$,ɲi$^{13}_{21}$sei$^{53}$in$^{13}_{21}$tsʅ$^{0}$kʰau$^{21}$tau$^{21}$li$^{0}$tʰai$^{53}$xɔk$^{5}$,xei$^{53}_{44}$me$^{53}_{44}$?kʰau$^{21}$tau$^{21}$tʰai$^{53}$xɔk$^{5}$,ɔi$^{53}_{44}$kau$^{21}$iet$^{3}$tsʰɔn$^{35}_{44}$ʂət$^{5}$li$^{0}$.e$_{21}$,iəu$^{35}$tet$^{5}$tsʰiəu$^{53}_{44}$kau$^{21}$tsʰɔn$^{35}_{44}$ʂət$^{5}$li$^{0}$ɔn$^{35}_{44}$tso$^{53}_{44}$,kau$^{21}$tsʰɔn$^{35}_{44}$ʂət$^{5}$li$^{0}$.tʂaŋ$^{21}$tsiəu$^{21}$.iəu$^{35}$tet$^{5}$ʂʅ$^{53}_{44}$cʰien$^{35}$ʂʮ$^{35}_{44}$tiet$^{5}$tsʅ$^{0}$,ŋ̍$^{13}$kɔŋ$^{21}$ua$^{53}$tʂaŋ$^{21}$tsiəu$^{21}$.tsiəu$^{53}_{44}$kau$^{21}$tsʰɔn$^{35}_{44}$ʂət$^{5}$li$^{0}$.

【整米】tʂaŋ$^{21}$mi$^{21}$ [动]用砻、碾米机等将稻谷加工成可以直接烹煮的稻米：砻有，就箇只～个砻。ləŋ$^{13}_{21}$iəu$^{35}$,tsʰiəu$^{53}_{44}$kai$^{53}$tʂak$^{3}$tʂaŋ$^{21}$mi$^{21}$ke$^{53}$ləŋ$^{13}$.｜～就箇晡讲哩啊，有各种各样个，用碓子整呐，用整米机整呐，～。tʂaŋ$^{21}$mi$^{21}$tsʰiəu$^{53}_{44}$kai$^{53}_{44}$pu$^{35}_{44}$kɔŋ$^{21}$li$^{0}$a$^{0}$,iəu$^{35}$kɔk$^{3}$tʂəŋ$^{21}$kɔk$^{3}$iɔŋ$^{53}_{44}$ke$^{53}_{44}$,iəŋ$^{53}_{44}$tɔi$^{53}$tsʅ$^{0}$tʂaŋ$^{21}$na$^{0}$,iəŋ$^{53}_{44}$tʂaŋ$^{21}$mi$^{21}$ci$^{35}$tʂaŋ$^{21}$na$^{0}$,tʂaŋ$^{21}$mi$^{21}$.

【整米机】tʂaŋ$^{21}$mi$^{21}$ci$^{35}$ [名]碾米机：用～整出来个米做个饭，搭……嘿，冇得区别咯。iəŋ$^{53}$tʂaŋ$^{21}$mi$^{21}$ci$^{35}$tʂaŋ$^{21}$tʂʰət$^{3}$lɔi$^{13}_{21}$ke$^{53}$mi$^{21}$tso$^{53}_{44}$ke$^{53}_{44}$fan$^{53}$,lau$^{35}_{44}$…xe$_{44}$,mau$^{13}$tek$^{3}$tʂʰʮ$^{35}$pʰiek$^{5}$ko$^{0}$.

【整米间】tʂaŋ$^{21}$mi$^{21}$kan$^{35}$ [名]供舂米的屋子：我等以个栏场唔磨米粉，唔磨面粉箇只。欸，只有整米个栏场，～就有。欸，看啵，磨子间有么㗎？我等也冇得箇样个磨子间。ŋai$^{13}$tʰien$^{0}$i$^{21}$ke$^{53}$ləŋ$^{13}_{21}$tʂʰɔŋ$^{13}_{21}$n̩$^{13}$mo$^{53}$mi$^{21}$fən$^{21}$,n̩$^{13}$mo$^{53}$mien$^{53}$fən$^{21}$kai$^{53}_{44}$tʂak$^{3}$.e$_{21}$,tʂe$^{21}$iəu$^{35}_{44}$tʂaŋ$^{21}$mi$^{21}$ke$^{53}$ləŋ$^{13}_{21}$tʂʰɔŋ$^{13}_{21}$,tʂaŋ$^{21}$mi$^{21}$kan$^{35}$tsʰiəu$^{53}_{44}$iəu$^{35}$.e$_{21}$,kʰɔn$^{53}_{44}$nau$^{0}$,mo$^{53}$tsʅ$^{0}$kan$^{35}$iəu$^{35}_{44}$mek$^{3}$lau$^{0}$?ŋai$^{13}_{21}$tien$^{0}$ia$^{35}_{44}$mau$^{13}_{21}$tek$^{3}$kai$^{53}_{44}$iɔŋ$^{53}_{44}$ke$^{53}_{44}$mo$^{53}$tsʅ$^{0}$kan$^{35}_{21}$.｜砻米间就系砻米个间。系啊砻米个间吧？就搭碓间一起呀。也有砻米。我等咁有只有只院子嘞专门搞咁个嘞。专门用来整米呀，砻啊，碓子啊。欸，脚碓呀。欸，筛米个米盘呐。以只米盘都咁大啦，大摸篮啦。有滴是还用木做个噢，木板子做个噢。啊蕴大个一只米盘啵。箇个顶高咯吊条绳。吊条绳下来，吊只钩，舞只筛咁大，咁子去筛米。吊筛呀，箇晡昨晡唔系讲哩吊筛呀？冇得，我等箇映冇得专门个设只咁个哟。就系就系～啵。ləŋ$^{13}$mi$^{21}$kan$^{35}$tsʰiəu$^{53}_{44}$xe$^{53}$ləŋ$^{13}$mi$^{21}$ke$^{53}$kan$^{35}_{44}$.xe$^{53}$a$^{0}$ləŋ$^{13}$mi$^{21}$ke$^{53}_{44}$kan$^{35}_{44}$pa$^{0}$?tsʰiəu$^{53}_{44}$lau$^{35}$tɔi$^{53}$kan$^{35}_{44}$iet$^{3}$çi$^{21}$ia$^{0}$.ia$^{35}$iəu$^{35}_{53}$ləŋ$^{13}$mi$^{21}$.ŋai$^{13}_{21}$tien$^{0}$kan$^{21}_{44}$iəu$^{35}$tʂak$^{3}$iəu$^{35}_{44}$tʂak$^{3}$ien$^{53}$tsʅ$^{0}$lei$^{0}$tʂen$^{35}$mən$^{13}_{21}$kau$^{21}$kan$^{21}_{35}$cie$^{53}_{44}$lei$^{0}$.tʂen$^{35}$mən$^{13}_{21}$iəŋ$^{53}$lɔi$^{13}_{21}$tʂaŋ$^{21}$mi$^{21}$ia$^{0}$,ləŋ$^{13}$ŋa$^{0}$,tɔi$^{53}$tsʅ$^{0}$a$^{0}$.e$_{21}$,ciɔk$^{3}$tɔi$^{53}$ia$^{0}$.e$_{21}$,sai$^{35}$mi$^{21}$ke$^{53}$mi$^{21}$pʰan$^{13}$na$^{0}$.iak$^{3}$(←i$^{21}$tʂak$^{3}$)mi$^{21}$pʰan$^{13}$təu$^{35}_{44}$kan$^{21}$tʰai$^{53}$la$^{0}$,tʰai$^{53}$mo$^{35}$lan$^{13}_{21}$la$^{0}$.iəu$^{35}$tiet$^{5}$ʂʅ$^{53}_{44}$xai$^{13}_{21}$iəŋ$^{53}$muk$^{3}$tso$^{53}$ke$^{53}_{44}$au$^{0}$,muk$^{3}$pan$^{21}$tsʅ$^{0}$tso$^{53}$ke$^{53}_{44}$au$^{0}$.a$_{21}$mən$^{35}$tʰai$^{53}_{44}$kei$^{53}$iet$^{3}$tʂak$^{3}$mi$^{21}$pʰan$^{13}$nau$^{0}$.kai$^{53}_{44}$kei$^{0}$taŋ$^{21}$kau$^{35}_{44}$ko$^{0}$tiau$^{53}$tʰiau$^{13}_{21}$ʂən$^{13}$.tiau$^{53}$tʰiau$^{13}_{21}$ʂən$^{13}$xa$^{35}$lɔi$^{13}_{21}$,tiau$^{53}$tʂak$^{3}$kei$^{35}$,u$^{21}$tʂak$^{3}$sai$^{35}$kan$^{21}$tʰai$^{53}$,kan$^{21}$tsʅ$^{0}$çi$^{53}_{44}$sai$^{35}$mi$^{21}$.tiau$^{53}$sai$^{35}$ia$^{0}$,kai$^{53}_{44}$pu$^{35}_{44}$tsʰo$^{13}_{21}$pu$^{35}_{44}$m̩$^{13}_{21}$pʰe$_{44}$(←xe$^{53}$)kɔŋ$^{21}$li$^{0}$tiau$^{53}$sai$^{35}$ia$^{0}$?mau$^{13}$tek$^{3}$,ŋai$^{13}$tien$^{0}$kai$^{53}$iaŋ$^{53}$mau$^{13}$tek$^{3}$tʂen$^{35}$mən$^{13}_{21}$kei$^{53}_{44}$ʂek$^{3}$tʂak$^{3}$kan$^{21}$ke$^{53}$iau$^{0}$.tsʰiəu$^{53}_{44}$xe$^{53}_{44}$tsʰiəu$^{53}$xe$^{53}_{44}$tʂaŋ$^{21}$mi$^{21}$kan$^{35}$nau$^{0}$.

【整墙】tʂaŋ$^{21}$tsʰiɔŋ$^{13}$ [动]舂墙后修正拍紧夯土墙：箇～蛮重要啦。欸，临时就爱整。一墙……箇个欸墙板一松，就爱整。因为渠箇时子泥还滦湿，好整。你等渠熷哩了嘞就就整唔成哩，剁剁跌啊。会跌下来。kai$^{53}$tʂaŋ$^{21}$tsʰiɔŋ$^{13}$man$^{13}$tʂʰəŋ$^{53}$iau$^{53}$la$^{0}$.e$_{21}$,lin$^{13}$ʂʅ$^{13}$tsʰiəu$^{53}$ɔi$^{53}$tʂaŋ$^{21}$.iet$^{3}$tsʰiɔŋ$^{13}$…

kai$^{53}_{44}$ke$^{53}_{44}$e$_{21}$ts$^{h}$iɔŋ$^{13}$pan$^{21}$iet$^{3}$səŋ$^{35}$,ts$^{h}$iəu$^{53}_{44}$ɔi$^{53}_{44}$tʂaŋ$^{21}$.in$^{35}$uei$^{53}_{44}$ci$^{13}_{21}$kai$^{53}$ʂʅ$^{13}_{21}$tsʅ$^{0}$lai$^{13}_{21}$xai$^{13}_{21}$tsiet$^{5}$ʂət$^{3}$,xau$^{21}$tʂaŋ$^{21}$. ɲi$^{13}$tien$^{21}$ci$^{13}$tsau$^{35}$li$^{0}$liau$^{0}$le$^{0}$ts$^{h}$iəu$^{53}_{44}$ts$^{h}$iəu$^{53}_{44}$tʂaŋ$^{21}$n̩$^{13}$ʂaŋ$^{13}$li$^{0}$,to$_{53}$to$_{53}$tet$^{3}$a$^{0}$.uɔi$^{53}$tet$^{3}$xa$^{53}$lɔi$^{13}_{44}$.｜搧杯是□长个，～用。ʂen$^{35}$pai$^{35}_{44}$ʂʅ$^{53}_{44}$lai$^{13}_{44}$tʂ$^{h}$ɔŋ$^{13}$ke$^{53}_{44}$,tʂaŋ$^{21}$ts$^{h}$iɔŋ$^{13}$iaŋ$^{53}_{44}$.

【整田】tʂaŋ$^{21}$t$^{h}$ien$^{13}$ 动 插田之前的犁田、耙田等平田备耕活动：一般讲～呢，就系讲犁田擦耙田呶。iet$^{3}$pɔn$^{35}$kɔŋ$^{21}$tʂaŋ$^{21}$t$^{h}$ien$^{13}$nei$^{0}$,ts$^{h}$iəu$^{53}$xei$^{53}$kɔŋ$^{21}$lai$^{13}$t$^{h}$ien$^{13}$nau$^{35}$p$^{h}$a$^{13}$t$^{h}$ien$^{13}_{44}$nau$^{0}$.｜我今晡来去～。ŋai$^{13}$cin$^{35}$pu$^{35}_{44}$lɔi$^{13}_{21}$çi$^{53}$tʂaŋ$^{21}$t$^{h}$ien$^{13}$.｜像如今样，一丘田挎爒，系唔系？作正水来。以下就明晡子来去～了。先就犁转来，后就后背就耙。或者用拖拉机一打，也安做～。ts$^{h}$iɔŋ$^{53}$i$^{13}_{21}$cin$^{35}_{44}$iɔŋ$^{53}$,iet$^{3}$c$^{h}$iəu$^{35}_{44}$t$^{h}$ien$^{13}_{21}$k$^{h}$ua$^{53}$tsau$^{35}_{44}$,xei$^{53}_{44}$me$^{53}_{44}$?tsɔk$^{3}$tʂaŋ$^{53}$ʂei$^{21}$lɔi$^{13}_{44}$.i$^{21}$xa$^{53}$ts$^{h}$iəu$^{53}$miaŋ$^{13}$pu$^{35}_{53}$tsʅ$^{0}$lɔi$^{13}_{21}$çi$^{53}$tʂaŋ$^{21}$t$^{h}$ien$^{13}_{21}$niau$^{0}$.sien$^{35}$ts$^{h}$iəu$^{53}$lai$^{13}$tʂuɔn$^{21}$nɔi$^{13}_{44}$,xei$^{53}$tsiəu$^{53}$xei$^{53}$pɔi$^{53}$tsiəu$^{53}$p$^{h}$a$^{13}$.xɔit$^{5}$tʂa$^{21}$iaŋ$^{53}$t$^{h}$o$^{35}_{44}$la$^{35}_{44}$ci$^{35}$iet$^{3}$ta$^{21}$,ia$^{35}$ɔn$^{35}_{53}$tso$^{53}$tʂaŋ$^{21}$t$^{h}$ien$^{13}$.｜如今是一般呢就系～个时候子做犁耙个时候子先打一到欸氮磷肥，氮磷深施安做。i$^{13}_{21}$cin$^{35}_{44}$ʂʅ$^{53}_{44}$iet$^{3}$pɔn$^{35}$ne$^{0}$ts$^{h}$iəu$^{53}$xei$^{53}$tʂaŋ$^{21}$t$^{h}$ien$^{13}$ke$^{53}$ʂʅ$^{13}_{44}$xei$^{53}_{44}$tsʅ$^{0}$tso$^{53}_{21}$lai$^{13}$p$^{h}$a$^{13}$ke$^{53}$ʂʅ$^{13}_{21}$xei$^{53}_{44}$tsʅ$^{0}$sen$^{35}$ta$^{21}$iet$^{3}$tau$^{53}$e$_{21}$t$^{h}$an$^{53}$lin$^{13}_{21}$fei$^{13}$,t$^{h}$an$^{53}$lin$^{13}_{21}$ʂən$^{35}_{44}$ʂʅ$^{35}$ɔn$^{35}_{44}$tso$^{53}$.

【整整齐齐】tʂən$^{21}$tʂən$^{21}$ts$^{h}$e$^{13}_{21}$ts$^{h}$e$^{13}$ 形 状态词。很整齐：箇桌子摆得～呀。kai$^{53}_{44}$tsɔk$^{3}$tsʅ$^{0}$pai$^{21}$tek$^{3}$tʂən$^{21}$tʂən$^{21}$ts$^{h}$e$^{13}_{21}$ts$^{h}$e$^{13}$ia$^{0}$.

【整只】tʂən$^{21}$tʂak$^{3}$ 形 完整的；没有切割或拆分的：～辣椒 tʂən$^{21}$tʂak$^{3}$lait$^{5}$tsiau$^{35}_{44}$

【整嘴】tʂaŋ$^{21}$tʂɔi$^{53}$ 动 俏皮话。喻指解馋。也称"整嘴巴"：渠话箇个板栗炆鸡呀整牙齿，系唔系？整牙齿痛。我话："整么个牙齿痛啊？～呀！"箇个就整嘴巴，就好食啦。箇也有人就话牙齿痛是系只好食个病。ci$^{13}_{21}$ua$^{53}_{44}$kai$^{53}$ke$^{53}$pan$^{21}$liet$^{5}$uən$^{13}_{21}$cie$^{35}$ia$^{0}$tʂaŋ$^{21}$ŋa$^{13}$tʂ$^{h}$ʅ$^{21}$,xei$^{53}$me$^{53}$?tʂaŋ$^{21}$ŋa$^{13}$tʂ$^{h}$ʅ$^{21}$t$^{h}$əŋ$^{53}$.ŋai$^{13}$ua$^{53}$:"tʂaŋ$^{21}$mak$^{3}$e$^{0}$ŋa$^{13}_{21}$tʂ$^{h}$ʅ$^{21}$t$^{h}$əŋ$^{53}$ŋa$^{0}$?tʂaŋ$^{21}$tʂɔi$^{53}$ia$^{0}$!"kai$^{53}$ke$^{53}$ts$^{h}$iəu$^{53}$tʂaŋ$^{21}$tsi$^{21}$pa$^{35}_{44}$,ts$^{h}$iəu$^{53}_{44}$xau$^{53}_{44}$ʂət$^{5}$la$^{0}$.kai$^{53}$ia$^{35}_{44}$iəu$^{35}$ɲin$^{13}_{21}$ts$^{h}$iəu$^{53}$ua$^{53}$ŋa$^{13}$tʂ$^{h}$ʅ$^{21}$t$^{h}$əŋ$^{53}$ʂʅ$^{53}_{44}$xei$^{53}$tʂak$^{3}$xau$^{53}_{44}$ʂət$^{5}$ke$^{53}_{44}$p$^{h}$iaŋ$^{53}$.

【正$_{1}$】tʂaŋ$^{53}$ 动 指完成，结束：插哩引就封口。就～哩啊。ts$^{h}$ait$^{3}$li$^{0}$in$^{21}$ts$^{h}$iəu$^{53}_{44}$fəŋ$^{35}$xei$^{21}$.ts$^{h}$iəu$^{53}_{21}$tʂaŋ$^{53}_{21}$li$^{0}$a$^{0}$.｜烤出来就～了。烤出来就系茴饼啊。k$^{h}$au$^{21}$tʂ$^{h}$ət$^{3}$lɔi$^{13}$ts$^{h}$iəu$^{53}_{44}$tʂaŋ$^{53}$liau$^{0}$.k$^{h}$au$^{21}$tʂ$^{h}$ət$^{3}$lɔi$^{13}_{44}$ts$^{h}$iəu$^{53}$xe$^{53}$fei$^{13}$piaŋ$^{21}$ŋa$^{0}$.

【正$_{2}$】tʂaŋ$^{53}$ 形 妥帖，做结果补语：做唔～ tso$^{53}$n̩$^{13}$tʂaŋ$^{53}$｜搞～哩了嘞就天晴。kau$^{21}$tʂaŋ$^{53}_{44}$li$^{0}$liau$^{21}$le$^{0}$ts$^{h}$iəu$^{53}_{44}$t$^{h}$ien$^{35}$ts$^{h}$iaŋ$^{13}$.｜细笠嫲系咁大子。就算～遮倒只子脑壳嘞。se$^{53}$liet$^{3}$ma$^{13}_{21}$xe$^{53}_{21}$kan$^{21}_{35}$t$^{h}$ai$^{53}$tsʅ$^{0}$.ts$^{h}$iəu$^{53}$sɔn$^{53}$tʂaŋ$^{53}_{21}$tʂa$^{35}$tau$^{21}$tʂak$^{3}$tsʅ$^{0}$lau$^{21}$k$^{h}$ɔk$^{3}$lei$^{0}$.

【正$_{3}$】tʂaŋ$^{53}$ 副 ①时间副词。表示时间过去不久，相当于"刚"：我～来，赠赶上去送渠。ŋai$^{13}$tʂaŋ$^{53}$lɔi$^{13}$,maŋ$^{13}$kɔn$^{21}$ʂɔŋ$^{53}$çi$^{53}$səŋ$^{53}$ci$^{13}$.｜厢房箇只是旧年～拆咯，旧年～拆嘿啦。siɔŋ$^{35}$fɔŋ$^{13}_{21}$kai$^{53}_{44}$tʂak$^{3}$ʂʅ$^{53}_{21}$c$^{h}$iəu$^{53}$ɲien$^{13}$tʂaŋ$^{53}$ts$^{h}$ak$^{3}$ko$^{0}$,c$^{h}$iəu$^{53}$ɲien$^{13}$tʂaŋ$^{53}$ts$^{h}$ak$^{3}$xek$^{3}$la$^{0}$.｜成绩～好滴子，就只想嬲。tʂ$^{h}$ən$^{13}$tsiet$^{3}$tʂaŋ$^{53}$xau$^{21}$tiet$^{5}$tsʅ$^{0}$,ts$^{h}$iəu$^{53}_{44}$tʂe$^{21}$siɔŋ$^{21}$liau$^{53}$. ②时间副词。接在"落尾""了尾"等时间名词后，表示时间相对较晚，相当于"才"：落尾～有箇些画粉，一片片个。lɔk$^{5}$mi$^{35}$tʂaŋ$^{53}$iəu$^{35}$kai$^{53}$sie$^{35}_{44}$fa$^{53}$fən$^{21}$,iet$^{3}$p$^{h}$ien$^{53}$p$^{h}$ien$^{53}$ke$^{53}_{21}$.｜了尾～有螺丝钉，以前冇得。liau$^{21}_{13}$mi$^{35}$tʂaŋ$^{53}$iəu$^{35}$lo$^{13}$sʅ$^{35}_{44}$taŋ$^{35}$,i$^{35}$ts$^{h}$ien$^{13}$mau$^{13}$tek$^{3}$. ③关联副词。表示只有在特定的时间或条件下而能怎么样，相当于"才"：欸，只爱上哩咁大子个～话箇映有只堆哈。e$_{21}$,tʂe$^{21}$ɔi$^{53}_{44}$ʂɔŋ$^{35}$li$^{0}$kan$^{21}$t$^{h}$ai$^{53}$tsʅ$^{0}$ke$^{53}_{44}$tʂaŋ$^{53}_{44}$ua$^{53}_{44}$kai$^{53}_{21}$iaŋ$^{53}_{44}$iəu$^{35}_{44}$tʂak$^{3}$t$^{h}$ɔn$^{53}$xa$^{0}$.｜爱如今个良种油菜～食得。ɔi$^{53}$i$^{13}_{21}$cin$^{35}_{44}$ke$^{53}_{44}$liɔŋ$^{13}$tʂəŋ$^{21}$iəu$^{13}$ts$^{h}$ɔi$^{53}_{44}$tʂaŋ$^{53}_{44}$ʂət$^{5}$tek$^{3}$.｜还唔知爱两天～搞得正噢。xai$^{13}_{21}$n̩$^{13}_{21}$ti$^{35}_{44}$ɔi$^{53}_{44}$iɔŋ$^{21}$t$^{h}$ien$^{35}_{44}$tʂaŋ$^{53}_{44}$kau$^{21}$tek$^{3}$tʂaŋ$^{53}$uau$^{0}$.

【正$_{4}$】tʂaŋ$^{53}$ 助 放在动词或动词性短语后，表示暂时、暂且的意思：休息下子～啊。çiəu$^{35}$siet$^{5}$(x)a$^{53}_{44}$tsʅ$^{0}$tʂaŋ$^{53}_{44}$ŋa$^{0}$.｜也就放稳箇映子～啊。ie$^{35}$ts$^{h}$iəu$^{53}_{44}$faŋ$^{53}$uən$^{21}$kai$^{53}$iaŋ$^{53}$tsʅ$^{0}$tʂaŋ$^{53}$ŋa$^{0}$.｜你做下子记号～。ɲi$^{13}$tso$^{53}_{44}$(x)a$^{53}_{44}$tsʅ$^{0}$ci$^{53}$xau$^{53}_{44}$tʂaŋ$^{53}_{44}$.

【正$_{5}$】tʂən$^{53}$ 形 ①不偏斜：赠放～ maŋ$^{13}$fɔŋ$^{53}_{44}$tʂən$^{53}$｜分棺材放进去，爱放～来咯，爱放正当来咯。pən$^{35}_{44}$kɔn$^{35}$ts$^{h}$ɔi$^{13}_{21}$fɔŋ$^{53}$tsin$^{53}_{44}$çi$^{53}_{44}$,ɔi$^{53}_{44}$fɔŋ$^{53}_{44}$tʂən$^{53}$nɔi$^{13}_{21}$ko$^{0}$,ɔi$^{53}_{44}$fɔŋ$^{53}_{44}$tʂən$^{53}$tɔŋ$^{53}_{44}$nɔi$^{13}_{21}$ko$^{0}$. ②真正的：～最高个地方 tʂən$^{53}$tsei$^{53}$kau$^{35}_{44}$ke$^{53}_{44}$t$^{h}$i$^{53}_{44}$fɔŋ$^{35}_{44}$。③主要的：棉花就有～根个东西嘞，棉花，欸有兜东西冇得～筋。mien$^{13}$fa$^{35}_{44}$ts$^{h}$iəu$^{53}_{44}$iəu$^{35}_{44}$tʂən$^{53}$cien$^{35}_{44}$ke$^{0}$təŋ$^{35}_{44}$si$^{0}$lei$^{0}$,mien$^{13}$fa$^{35}$,e$_{21}$iəu$^{35}$te$^{35}_{44}$təŋ$^{35}_{44}$si$^{0}$mau$^{13}$tek$^{3}$tʂən$^{53}$cin$^{35}_{44}$.｜有兜树嘞只有一条～筋，有兜～筋都冇得。iəu$^{35}$te$^{35}_{53}$ʂəu$^{53}$le$^{0}$tʂʅ$^{21}$iəu$^{35}_{53}$iet$^{3}$t$^{h}$iau$^{13}$tʂən$^{53}$cin$^{35}$,iəu$^{35}$te$^{35}_{53}$tʂən$^{53}$cin$^{35}$təu$^{35}_{44}$mau$^{13}_{21}$tek$^{3}$.

【正$_{6}$】tʂən$^{53}$ 副 正好，恰好：～因为 tʂən$^{53}$in$^{35}$uei$^{53}_{21}$

【正当】tʂən$^{53}$tɔŋ$^{53}$ 形 不偏斜：赠放～maŋ$^{13}$fɔŋ$^{53}_{44}$tʂən$^{53}$tɔŋ$^{53}_{44}$｜（爱分墙）欸搞～来呀。e$_{21}$kau$^{21}$tʂən$^{53}$tɔŋ$^{53}$lɔi$^{13}_{21}$ia$^{0}$.｜我爱注意，坐我爱坐～来。ŋai$^{13}_{21}$ɔi$^{53}$tʂʮ$^{53}$i$^{53}$,ts$^{h}$o$^{35}$ŋai$^{13}_{44}$ɔi$^{53}_{44}$ts$^{h}$o$^{35}$tʂən$^{53}$tɔŋ$^{53}_{44}$lɔi$^{13}_{21}$.

【正方体子】tʂən$^{53}$fəŋ$^{35}$tʰi$^{21}$tsɿ$^{0}$ [名]长宽高都相同的东西或形状：（萝卜子）同箇～样个。tʰəŋ$^{13}_{21}$kai$^{53}_{44}$tʂən$^{53}$fəŋ$^{35}$tʰi$^{21}$tsɿ$^{0}$iəŋ$^{13}_{21}$ke$^{53}_{44}$.

【正好】tʂən$^{53}$xau$^{21}$ [副]恰好，刚好，没有偏差：我以只栋～去中间。ŋai$^{13}$i$^{21}$tʂak$^{3}$təŋ$^{35}$tʂən$^{53}$xau$^{21}$çi$^{53}$tʂəŋ$^{35}$kan$^{35}_{44}$.｜（磢子）～人个脚咁高子个，～咁子上个。tʂən$^{53}$xau$^{21}$ɲin$^{13}$kei$^{53}_{44}$ciək$^{3}$kan$^{21}$kau$^{53}_{44}$tsɿ$^{0}$ke$^{53}_{44}$,tʂən$^{53}$xau$^{21}$kan$^{21}$tsɿ$^{0}$ʂəŋ$^{35}$ke$^{53}_{44}$.

【正间】tʂən$^{53}$kan$^{35}$ [名]①正房。又称"正屋"：以前箇个屋啊一般就系三间子，中间就厅下，两边就～。i$^{35}_{53}$tsʰien$^{13}$kai$^{53}_{44}$ke$^{53}_{44}$uk$^{3}$a$^{0}$iet$^{3}$pən$^{35}$tsʰiəu$^{53}$xei$^{53}_{44}$san$^{35}$kan$^{35}$tsɿ$^{0}$,tʂəŋ$^{35}$kan$^{35}_{44}$tsʰiəu$^{53}_{44}$tʰaŋ$^{35}_{44}$xa$^{35}_{44}$,iəŋ$^{21}$pien$^{35}$tsʰiəu$^{53}_{44}$tʂən$^{53}$kan$^{35}_{44}$. ②也特指卧室：睡目个箇只间呢，～呶，系安做安做～。ʂəi$^{53}$muk$^{3}$ke$^{53}$kai$^{53}$tʂak$^{3}$kan$^{35}_{44}$ne$^{0}$,tʂən$^{53}$kan$^{35}_{44}$nau$^{0}$,xe$^{53}_{44}$ən$^{35}$tso$^{53}_{44}$ən$^{35}_{44}$tso$^{53}_{44}$tʂən$^{53}$kan$^{35}_{44}$.｜箇～里摊两张床去啊，客佬子会来呀，爱去箇映呀。kai$^{53}_{44}$tʂən$^{53}$kan$^{35}_{44}$ni$^{0}$tʰan$^{35}_{44}$iəŋ$^{21}$tʂəŋ$^{35}_{53}$tsʰəŋ$^{13}$çi$^{53}_{44}$a$^{0}$,kʰak$^{3}$lau$^{21}$tsɿ$^{0}$uəi$^{53}$ləi$^{13}$ia$^{0}$,əi$^{53}_{44}$çi$^{53}_{44}$kai$^{53}_{44}$iaŋ$^{53}$ia$^{0}$.

【正经】tʂən$^{53}$cin$^{35}$ [副]正在，表示动作的进行或状态的持续：渠～去箇子同一只朋友打讲呢。ci$^{13}_{21}$tʂən$^{53}$cin$^{35}$çi$^{53}$kai$^{53}$tsɿ$^{0}$tʰəŋ$^{13}$iet$^{3}$tʂak$^{3}$pʰəŋ$^{13}$iəu$^{35}$ta$^{21}$kəŋ$^{21}$ne$^{0}$.

【正酒】tʂən$^{53}$tsiəu$^{21}$ [名]结婚当天的正式酒宴：箇晡（陪媒酒）个席面就爱仅次于～。kai$^{53}_{44}$pu$^{35}_{44}$ke$^{53}_{44}$siet$^{5}$mien$^{53}_{44}$tsʰiəu$^{53}_{44}$əi$^{53}$cʰin$^{53}$tsʰɿ$^{53}$vy$^{13}_{44}$tʂən$^{53}$tsiəu$^{21}$.

【正马】tʂaŋ$^{53}$ma$^{35}$ [名]时间词。刚才：你～写哩。ɲi$^{13}$tʂaŋ$^{53}$ma$^{35}$sia$^{21}$li$^{0}$.

【正派】tʂən$^{53}$pʰai$^{53}$ [形]作风规矩、严肃，符合道德规范：一般指夫娘子人呶，唔～唠，就话以个妖精样。iet$^{3}$pən$^{35}$tʂɿ$^{21}$pu$^{35}$ɲiəŋ$^{13}_{21}$tsɿ$^{0}$ɲin$^{13}_{21}$nau$^{0}$,n̩$^{13}$tʂən$^{53}$pʰai$^{53}_{44}$lau$^{0}$,tsiəu$^{53}_{44}$ua$^{53}_{44}$i$^{21}$ke$^{53}$iau$^{35}$tsin$^{35}_{44}$iəŋ$^{53}$.

【正厅】tʂən$^{53}$tʰaŋ$^{35}$ [名]居中的大堂屋：以映子就～，以映子就系祖牌样，祖宗牌位。i$^{21}$iaŋ$^{53}$tsɿ$^{0}$tsʰiəu$^{53}_{44}$tʂən$^{53}$tʰaŋ$^{35}$,i$^{21}$iaŋ$^{53}$tsɿ$^{0}$tsʰiəu$^{53}_{44}$xe$^{53}_{44}$tsəu$^{21}$pʰai$^{13}$iəŋ$^{53}_{44}$,tsəu$^{21}$tsəŋ$^{35}_{44}$pʰai$^{13}_{21}$uei$^{53}_{44}$.

【正稳得】tʂaŋ$^{53}$uən$^{21}_{44}$tek$^{3}$ [副]关联副词。表示只有在特定的时间或条件下而能怎么样，相当于"才"：搞哩集体哟～有只双抢。kau$^{21}$li$^{0}$tsʰiet$^{5}$tʰi$^{21}$iau$^{0}$tʂaŋ$^{53}$uən$^{21}_{44}$tek$^{3}$iəu$^{35}$tʂak$^{3}$səŋ$^{35}$tsʰiəŋ$^{21}$.

【正屋】tʂən$^{53}$uk [名]正房。又称"正间"：喊～，欸，正间。也喊～噢。也喊～，也喊正间。xan$^{53}$tʂən$^{53}$uk$^{3}$,e$_{21}$,tʂən$^{53}$kan$^{35}$.ia$^{35}$xan$^{53}$tʂən$^{53}$uk$^{3}$au$^{0}$.ia$^{35}$xan$^{53}$tʂən$^{53}$uk$^{3}$,ia$^{35}$xan$^{53}$tʂən$^{53}$kan$^{35}$.

【正先】tʂaŋ$^{53}$sien$^{35}$ [名]时间词。此前，刚才：就～讲个湖洋耙箇有肚箇里有。tsiəu$^{53}_{44}$tʂaŋ$^{53}$sien$^{35}$kəŋ$^{21}$ke$^{53}_{44}$fu$^{13}$iəŋ$^{13}$pʰa$^{13}$kai$^{53}_{44}$iəu$^{35}_{44}$təu$^{21}$kai$^{53}_{21}$li$^{0}$iəu$^{35}_{44}$.｜～我问倒哩。tʂaŋ$^{53}_{44}$sien$^{35}$ŋai$^{13}$uən$^{53}$tau$^{21}$li$^{0}$.

【正斋】tʂən$^{53}$tsai$^{35}_{44}$ [名]指出殡前一天的中饭，以豆腐为主要的菜肴：～就系还山个头晡昼边呢，昼饭呢。就箇个客子都来，客佬子都来呀。也是昼饭呐，还咁多客佬子啊，食嘿昼饭渠等都来祭奠渠呀，都来悼念渠呀。tʂən$^{53}$tsai$^{35}_{44}$tsʰiəu$^{53}_{44}$xei$^{53}_{44}$fan$^{13}$san$^{35}_{44}$ke$^{53}_{44}$tʰei$^{13}$pu$^{35}_{44}$tʂəu$^{53}$pien$^{35}_{44}$ne$^{0}$,tʂəu$^{53}$fan$^{53}$ne$^{0}$.tsiəu$^{53}_{44}$kai$^{53}_{21}$ke$^{53}_{44}$kʰak$^{3}$tsɿ$^{0}$təu$^{35}$ləi$^{13}_{21}$,kʰak$^{3}$lau$^{21}$tsɿ$^{0}$təu$^{35}$ləi$^{13}_{21}$ia$^{0}$.ie$^{21}$ʂɿ$^{53}$tʂəu$^{53}$fan$^{53}$na$^{0}$,xai$^{13}$kan$^{21}$to$^{35}$kʰak$^{3}$lau$^{21}$tsɿ$^{0}$a$^{0}$,ʂət$^{5}$xek$^{3}$tʂəu$^{53}$fan$^{53}$ci$^{13}_{21}$tien$^{0}$təu$^{35}$ləi$^{13}_{21}$tsi$^{53}$tʰien$^{53}$ci$^{13}_{21}$ia$^{0}$,təu$^{35}$ləi$^{13}_{21}$tiau$^{53}$ɲien$^{53}$ci$^{13}_{21}$ia$^{0}$.

【正斋日】tʂən$^{53}$tsai$^{35}$ɲiet$^{3}$ [名]出殡前一天，为祭祀高潮：～客多哩啊，欸，真爱天晴就好啦。tʂən$^{53}$tsai$^{35}_{44}$ɲiet$^{3}$kʰak$^{3}$to$^{35}_{44}$li$^{0}$a$^{0}$,e$_{21}$,tʂən$^{35}$əi$^{53}_{44}$tʰien$^{35}_{44}$tsʰiaŋ$^{13}$tsʰiəu$^{53}$xau$^{21}$la$^{0}$.

【正正】tʂən$^{53}$tʂən$^{53}_{44}$ [副]刚好，正好：～套下箇眼肚箇里。tʂən$^{53}$tʂən$^{53}_{44}$tʰau$^{53}$xa$^{53}_{44}$kai$^{53}_{44}$ŋan$^{21}$təu$^{21}$kai$^{53}_{21}$li$^{0}$.

【正正当当】tʂən$^{53}$tʂən$^{53}$təŋ$^{53}_{44}$təŋ$^{53}_{44}$ [形]①不偏不斜：放得～ fəŋ$^{53}_{21}$tek$^{3}$tʂən$^{53}$tʂən$^{53}$təŋ$^{53}_{44}$təŋ$^{53}_{44}$。②合情合理：箇个指离娘钱就硬～个必须爱拿个钱呢。kai$^{53}_{44}$ke$^{53}_{44}$tsʰiəu$^{53}_{44}$ɲiaŋ$^{53}_{44}$tʂən$^{53}$tʂən$^{53}$təŋ$^{53}_{44}$təŋ$^{53}_{44}$ke$^{53}_{44}$piet$^{3}$si$^{35}_{44}$əi$^{53}$la$^{53}_{44}$ke$^{53}_{44}$tsʰien$^{13}_{21}$ne$^{0}$.

【正中间】tʂən$^{53}$tʂəŋ$^{35}_{44}$kan$^{35}_{44}$ [名]方位词。正当中；中心点或中心线：平分水就～。pʰiaŋ$^{13}$fən$^{35}_{44}$ʂei$^{21}$tsʰiəu$^{53}_{44}$tʂən$^{53}$tʂəŋ$^{35}_{44}$kan$^{35}_{44}$.

【证人】tʂən$^{53}$ɲin$^{13}$ [名]能对某件事提供证明的人。法律上指除当事人外能对案件提供证据的人：打官司个时候子或者审案子个时候子爱请～，爱～爱有力个～，又不能搞假证。ta$^{21}$kən$^{35}$sɿ$^{35}_{44}$ke$^{0}$ʂɿ$^{13}$xei$^{53}_{44}$tsɿ$^{0}$xoit$^{5}$tʂa$^{21}$ʂən$^{21}$ŋon$^{53}$tsɿ$^{0}$ke$^{53}$ʂɿ$^{13}$xəu$^{53}$tsɿ$^{0}$əi$^{53}$tsʰin$^{21}$tʂən$^{53}$ɲin$^{13}$,əi$^{53}_{44}$tʂən$^{53}$ɲin$^{13}_{21}$əi$^{53}_{44}$iəu$^{35}$liet$^{5}$ke$^{53}_{44}$tʂən$^{53}$ɲin$^{13}_{21}$,iəu$^{53}$pət$^{3}$len$^{13}_{21}$kau$^{21}$cia$^{21}$tʂən$^{53}$.

【挣】tsaŋ$^{53}$ [动]用力排泄大便：瘦猪嫲屙硬屎，就系攒劲～啊。sei$^{53}$tʂəu$^{35}_{44}$ma$^{13}_{21}$o$^{35}_{44}$ŋaŋ$^{53}$ʂɿ$^{21}$,tsʰiəu$^{53}_{44}$xei$^{53}_{44}$tsan$^{21}$cin$^{53}_{44}$tsaŋ$^{53}$ŋa$^{0}$.

【之】tʂɿ$^{35}$ [助]古语词。定中结构的标志：救命～恩 ciəu$^{53}$miaŋ$^{53}$tʂɿ$^{35}_{44}$ŋien$^{35}$

【之后】tʂɿ$^{35}$xəu$^{53}$/xei$^{53}$ [名]方位词。某个特定时间以后：开哩学～，我等就系啊浏阳来去。kʰəi$^{35}$li$^{0}$çiək$^{5}$tʂɿ$^{35}_{44}$xei$^{53}$,ŋai$^{13}_{21}$tien$^{0}$tsʰiəu$^{53}_{44}$xei$^{53}$a$^{0}$liəu$^{13}$iəŋ$^{13}_{21}$ləi$^{13}_{21}$çi$^{53}$.

【之间】tʂʅ$^{35}$kan$^{35}$ 名方位词。介于两种事物中间：箇个两只节～个距离就安做瓶。kai$^{53}_{44}$ke$^{53}_{44}$iɔŋ$^{21}$ tʂak$^{3}$ tsiek$^{3}$ tʂʅ$^{35}_{44}$kan$^{35}_{44}$ke$^{53}_{44}$tʂʅ$^{53}$li$^{13}$tsiəu$^{53}_{44}$ɔn$^{35}_{44}$tso$^{53}_{44}$siɔŋ$^{21}$.

【之类】tʂʅ$^{35}$lei$^{53}$ 表示对与前面词语所述属于同一类的事物的总括：（药米馃）就系放下几种中草药唠，鸡屎藤～个。ts$^{h}$iəu$^{53}$xe$^{53}$fɔŋ$^{53}$ŋa$_{44}$(←xa$^{53}$)ci$^{21}$tʂəŋ$^{21}$tʂəŋ$^{35}$ts$^{h}$au$^{21}$iɔk$^{5}$ lau$^{0}$ ,cie$^{35}$ʂʅ$^{21}$t$^{h}$ien$^{13}$tʂʅ$^{35}_{44}$lei$^{53}_{44}$ ke$^{53}$.

【之内】tʂʅ$^{35}$li$^{53}$ 名方位词。一定的范围以内：三天～，第一只来屋下个人。san$^{35}$t$^{h}$ien$^{35}_{44}$tʂʅ$^{35}_{44}$ li$^{53}$,t$^{h}$i$^{53}$iet$^{3}$ tʂak$^{3}$ lɔi$^{13}$uk$^{3}$ xa$^{53}$ke$^{53}$ɲin$^{13}_{21}$.

【之前】tʂʅ$^{35}$ts$^{h}$ien$^{13}$ 名方位词。表示某个时间以前：有滴是复二到～下青草墈。iəu$^{35}$tet$^{5}$ ʂʅ$^{53}_{44}$fuk$^{5}$ ɲi$^{53}$tau$^{53}$tʂʅ$^{35}_{44}$ts$^{h}$ien$^{13}$xa$^{35}$ts$^{h}$iaŋ$^{35}$ts$^{h}$au$^{21}$k$^{h}$an$^{53}$.

【之外】tʂʅ$^{35}$ŋɔi$^{53}$ 名方位词。一定的范围以外：箇办丧事啊，除哩孝家之外，剩下个帮忙师傅搿箇个欸食酒个客佬子，渠等都唔得跍倒箇映歇，唔得跍倒孝家歇。kai$^{53}$p$^{h}$an$^{53}$sɔŋ$^{35}$sʅ$^{53}$a$^{0}$, tʂ$^{h}$əu$^{13}$li$^{0}$ xau$^{53}$ka$^{35}_{44}$tʂʅ$^{35}_{44}$ŋɔi$^{53}$,ʂən$^{53}$çia$^{53}_{44}$ke$^{0}$ pɔŋ$^{35}$mɔŋ$^{13}$sʅ$^{35}_{44}$fu$^{53}$lau$^{35}$kai$^{53}_{21}$ke$^{53}_{21}$e$_{21}$ʂət$^{5}$ tsiəu$^{21}$ke$^{53}$k$^{h}$ak$^{3}$ lau$^{21}$tsʅ$^{0}$ ,ci$^{13}_{21}$ tien$^{0}$ təu$^{35}$n̩$^{13}_{21}$tek$^{3}$ k$^{h}$u$^{35}$tau$^{21}$kai$^{53}_{44}$iaŋ$^{53}_{44}$çiet$^{3}$ ,n̩$^{13}_{21}$tek$^{3}$ k$^{h}$u$^{35}$tau$^{21}$xau$^{53}$ka$^{35}_{44}$çiet$^{3}$ .

【支】tʂʅ$^{35}$ 量根。用于杆状的东西：拿～香 na$^{53}$tʂʅ$^{35}_{44}$çiɔŋ$^{35}$｜欸，拿～粉笔去写下子字。e$_{21}$,la$^{53}$ tʂʅ$^{35}_{53}$fən$^{21}$piet$^{3}$ çi$^{53}$sia$^{21}$xa$^{53}_{44}$tsʅ$^{0}$ sʅ$^{53}$.

【支师$_1$】tʂʅ$^{35}$sʅ$^{35}_{44}$ 名夸夸其谈、给人出馊主意却无实际本事的人：～样 tʂʅ$^{35}$sʅ$^{35}_{44}$iɔŋ$^{53}_{44}$｜你箇～！ɲi$^{13}$kai$^{53}_{44}$tʂʅ$^{35}$sʅ$^{35}_{44}$!

【支师$_2$】tʂʅ$^{35}$sʅ$^{35}_{44}$ 形指人夸夸其谈、给人出馊主意却无实际本事：你箇个人～。ɲi$^{13}$kai$^{53}$ke$^{53}$ ɲin$^{13}_{21}$tʂʅ$^{35}$sʅ$^{35}_{44}$.

【芝麻】tʂʅ$^{35}$ma$^{13}_{21}$ 名胡麻的种子：箇蠑子只滴伢子啊，同箇一只子～样。kai$^{53}_{21}$siɔŋ$^{53}$tsʅ$^{0}$ tʂe$^{21}_{44}$tiet$^{5}$ ŋa$^{13}_{44}$tsa$^{0}$ ,t$^{h}$əŋ$^{13}$kai$^{53}_{44}$iet$^{3}$ tʂak$^{3}$ tsʅ$^{0}$ tʂʅ$^{35}$ma$^{13}_{21}$iɔŋ$^{53}_{44}$.

【枝】tʂʅ$^{35}$ 量①用于带枝子的东西：一～花 iet$^{3}$ tʂʅ$^{35}_{44}$fa$^{35}$。②用于指杆状的东西：一～钢笔 iet$^{3}$ tʂʅ$^{35}_{44}$kɔŋ$^{35}$piet$^{3}$｜一～毛笔 iet$^{3}$ tʂʅ$^{35}_{44}$mau$^{35}$piet$^{3}$｜一～枪 iet$^{3}$ tʂʅ$^{35}_{44}$ts$^{h}$iɔŋ$^{35}$

【枝条】tʂʅ$^{35}_{44}$t$^{h}$iau$^{13}_{21}$ 名树木的细长枝干：茶树上有滴长起□长个箇个～哇也可以（做柴条子）。ts$^{h}$a$^{13}$ʂəu$^{53}$xɔŋ$^{53}_{44}$iəu$^{35}$tiet$^{5}$ tʂɔŋ$^{21}$çi$^{21}$lai$^{35}$tʂ$^{h}$ɔŋ$^{13}_{21}$ke$^{53}_{44}$kai$^{53}_{44}$ke$^{53}_{44}$tʂʅ$^{35}_{44}$t$^{h}$iau$^{13}_{21}$ua$^{0}$ ia$^{35}$k$^{h}$o$^{21}$i$^{35}$.

【知】ti$^{35}$ 动知道：以只东西我就话你～唠。i$^{21}$tʂak$^{3}$ təŋ$^{35}_{44}$si$^{0}$ ŋai$^{13}_{21}$ts$^{h}$iəu$^{53}_{44}$ua$^{53}$ɲi$^{13}_{21}$ti$^{35}_{44}$lau$^{0}$ .｜渠等唔～，外背个别哪映个客家人唔～咁子做吗？ci$^{13}_{21}$tien$^{0}$ n̩$^{13}_{21}$ti$^{35}_{53}$,ŋɔi$^{53}$pɔi$^{53}_{44}$ke$^{53}_{44}$p$^{h}$iek$^{5}$ lai$^{53}_{44}$iaŋ$^{53}_{44}$ke$^{53}_{44}$k$^{h}$ak$^{3}$ ka$^{35}_{44}$ɲin$^{13}_{21}$ n̩$^{13}_{21}$ti$^{35}$kan$^{21}$tsʅ$^{0}$ tso$^{53}$ma$^{0}$ ?｜唔～哪坨系石哪坨系煤。n̩$^{13}_{21}$ti$^{35}_{44}$lai$^{53}$t$^{h}$o$^{13}$xei$^{53}_{44}$ʂak$^{5}$ lai$^{53}$t$^{h}$o$^{13}$xei$^{53}$mei$^{13}$.

【知得】ti$^{35}$tek$^{3}$ 动知道，明白。又称“晓得”：箇只婆婆子过哩身呐我等人滴都唔～咯。kai$^{53}_{44}$ tʂak$^{3}$ p$^{h}$o$^{13}$p$^{h}$o$^{13}_{44}$tsʅ$^{0}$ ko$^{53}$li$^{0}$ ʂən$^{35}$na$^{0}$ ŋai$^{13}_{21}$tien$^{0}$ ɲin$^{13}_{44}$tiet$^{5}$ təu$^{35}_{53}$n̩$^{13}_{21}$ti$^{35}_{44}$tek$^{3}$ ko$^{0}$ .｜箇家人家生哩细人子啊，等得我等～是，哦嗬，蛮大了喔。kai$^{53}_{44}$ka$^{35}$ɲin$^{13}_{21}$ka$^{35}_{44}$saŋ$^{35}$li$^{0}$ sei$^{53}$ɲin$^{13}_{21}$tsʅ$^{0}$ a$^{0}$ ,tien$^{21}$tek$^{3}$ ŋai$^{13}$tien$^{0}$ ti$^{35}$tek$^{3}$ ʂʅ$^{53}$, o$_{44}$xo$_{44}$,man$^{13}$t$^{h}$ai$^{53}$liau$^{21}$uo$^{0}$ .

【织】tʂek$^{3}$ 动使纱、线或某些其他细长物等交叉穿过，制成布匹或其他物品：用人家屋下个欸土机子～个，家机布哇。iɔŋ$^{53}$ɲin$^{13}_{21}$ka$^{35}_{44}$uk$^{3}$ xa$^{53}_{44}$ke$^{53}_{44}$e$_{21}$t$^{h}$əu$^{21}$ci$^{35}$tsʅ$^{0}$ tʂek$^{3}$ cie$^{53}$,ka$^{35}$ci$^{35}_{44}$pu$^{53}$ua$^{0}$ .｜（棕叶扇子）真系用棕叶～个，苶软喏。tʂən$^{35}$xe$^{53}_{44}$iɔŋ$^{53}$tsəŋ$^{35}$iait$^{5}$ tʂek$^{3}$ cie$^{53}$, ɲiet$^{5}$ ɲiɔn$^{35}$no$^{0}$ .｜从前个饭撮，真正个饭撮，渠个篾丝系咁个方向～个。篾丝啊系咁个直个方向～个。ts$^{h}$əŋ$^{13}$ts$^{h}$ien$^{13}$ke$^{53}_{44}$fan$^{53}$ ts$^{h}$ait$^{3}$ ,tʂən$^{35}$tʂən$^{53}_{44}$ke$^{53}_{44}$fan$^{53}$ts$^{h}$ait$^{3}$ ,ci$^{13}$ke$^{53}_{44}$miet$^{5}$ sʅ$^{35}_{44}$xei$^{53}_{44}$kan$^{21}_{13}$cie$^{53}_{44}$fɔŋ$^{35}$çiɔŋ$^{53}_{44}$tʂek$^{3}$ cie$^{53}_{44}$.miet$^{5}$ sʅ$^{35}_{44}$a$^{0}$ xei$^{53}_{44}$kan$^{21}_{13}$ cie$^{53}_{44}$tʂ$^{h}$ət$^{5}$ cie$^{53}_{44}$fɔŋ$^{35}_{44}$çiɔŋ$^{53}$tʂek$^{3}$ cie$^{53}_{44}$.

【只$_1$】tʂak$^{3}$ 量①通用量词：一～竹 iet$^{3}$ tʂak$^{3}$ tʂəuk$^{3}$｜一～树 iet$^{3}$ tʂak$^{3}$ ʂəu$^{53}$｜一～杆 iet$^{3}$ tʂak$^{3}$ kɔn$^{21}$｜还有～洋薯子。xai$^{13}$iəu$^{35}_{44}$tʂak$^{3}$ iɔŋ$^{13}$ʂəu$^{13}$tsʅ$^{0}$ .｜一～铜角子 iet$^{3}$ tʂak$^{3}$ t$^{h}$əŋ$^{13}$kɔk$^{3}$ tsʅ$^{0}$｜一～间 iet$^{3}$ tʂak$^{3}$ kan$^{35}$｜一～栋屋 iet$^{3}$ tʂak$^{3}$ uk$^{3}$｜一～粒米 iet$^{3}$ tʂak$^{3}$ mi$^{21}$｜一～馒头 iet$^{3}$ tʂak$^{3}$ man$^{13}$t$^{h}$ei$^{13}_{44}$｜一～布 iet$^{3}$ tʂak$^{3}$ pu$^{53}$｜一～膏药 iet$^{3}$ tʂak$^{3}$ kau$^{35}$iɔk$^{5}$｜脑壳上有～旋。lau$^{21}$k$^{h}$ɔk$^{3}$ xɔŋ$^{53}_{44}$iəu$^{35}$tʂak$^{3}$ ts$^{h}$iɔn$^{53}$.｜一～故事 iet$^{3}$ tʂak$^{3}$ ku$^{53}$sʅ$^{53}_{44}$｜箇～月 kai$^{53}$tʂak$^{3}$ ɲiet$^{5}$｜咁大一～以前我等箇～屋。kan$^{21}$t$^{h}$ai$^{53}$iet$^{3}$ tʂak$^{3}$ i$^{35}$ts$^{h}$ien$^{13}_{21}$ŋai$^{13}_{21}$tien$^{0}$ kai$^{53}$tʂak$^{3}$ uk$^{3}$ .｜箇是一～窑肚里烧出来个。kai$^{53}_{44}$ʂʅ$^{53}_{44}$iet$^{3}$ tʂak$^{3}$ iau$^{13}$təu$^{21}$li$^{0}$ ʂau$^{35}_{44}$ tʂ$^{h}$ət$^{3}$ lɔi$^{13}_{21}$ke$^{53}_{44}$.｜明晡你喊～么人来帮你，你话，喊～么人？miaŋ$^{13}_{21}$pu$^{35}_{44}$ɲi$^{13}_{21}$xan$^{53}$tʂak$^{3}$ mak$^{3}$ ɲin$^{13}_{44}$lɔi$^{13}_{44}$ pɔŋ$^{35}$ɲi$^{13}_{21}$, ɲi$^{13}_{21}$ua$^{53}_{44}$,xan$^{53}$tʂak$^{3}$ mak$^{3}$ in$^{13}_{44}$? ②用在数词后，引出依次所说的各项内容：一～就会趵，二～就渠咁会砥脚哦。iet$^{3}$ tʂak$^{3}$ tsiəu$^{53}_{44}$uɔi$^{53}_{44}$pau$^{53}$, ɲi$^{53}$tʂak$^{3}$ ts$^{h}$iəu$^{53}_{44}$ci$^{13}_{21}$kan$^{21}_{44}$uɔi$^{53}_{44}$ti$^{21}$ciɔk$^{3}$ o$^{0}$ .

【只$_2$】tʂak$^{3}$ 助放在定中结构中间，表示偏正关系：你～脑壳上有只旋。ɲi$^{13}$(tʂ)ak$^{3}$ lau$^{21}$k$^{h}$ɔk$^{3}$

xɔŋ53/44iəu35tʂak3tsʰiən53.

【只眼龙王】tʂak3ŋan21liəŋ13uɔŋ13 名对因某种原因而瞎了一只眼睛的人的戏称。又称“只眼子”：我等笑渠～哦。龙就只有一只眼珠吧？龙啊？我等笑渠～哦。ŋai13tien0siau53ci13/21tʂak3ŋan21liəŋ13uɔŋ13ŋo0.liəŋ13tsʰiəu53tʂe21iəu35/53iet3tʂak3ŋan21tʂəu35/44pa0?liəŋ13ŋa0?ŋai13tien0siau53ci13/21tʂak3ŋan21liəŋ13uɔŋ13ŋo0.

【只眼子】tʂak3ŋan21tsɿ0 名指因某种原因而瞎了一只眼睛的人：看呢，只有一只眼珠……以前我等箇映就有只箇只有一只眼珠嘞。～唠。kʰɔn53/44ne0,tʂe21iəu35/53iet3tʂak3ŋan21tʂəu35/21…i35/44tsʰien13/21ŋai13/21tien0kai53/44iaŋ53/44tsʰiəu53/44iəu35/44tʂak3kai53/44tʂe21iəu35/53iet3tʂak3ŋan21tʂəu35/44lei0.tʂak3ŋan21tsɿ0lau0.

【只只】tʂak3tʂak3 量词“只”的“AA”重叠式，表遍指。每只，每个：以前是箇就到处……～厅子都爱请，嗯，请坐上个。i35tsʰien13ʂɿ53/44kai53/44tsʰiəu53/44tau53tʂʰəu53/44…tʂak3tʂak3tʰaŋ35tsɿ0təu35/44ɔi53/44tsʰiaŋ21,n̩21,tsʰiaŋ21tsʰo35/44ʂɔŋ35ke53.｜（吊兰）～节都会生叶。tʂak3tʂak3tsiet3təu35uɔi53/44saŋ35iait5/3.

【只子】tʂak3tsɿ0 量①多用于较小的事物，尤其与“只”相对而言时更是如此：渠咁大一～个眼。ci13/44kan21tʰai53iet3tʂak3tsɿ0ke53ŋan21.｜箇蟓子只滴伢子啊，同箇一～芝麻样。kai53/21siɔŋ53tsɿ0tʂe21/44tiet5ŋa13/44tsa0,tʰəŋ13kai53/44iet3tʂak3tsɿ0tʂɿ35ma13/21iɔŋ53/44.｜咁大子一～勵圆子个就系柑子。欸咁大一只个就系柚子。kan21tʰai53tsɿ0iet3tʂak3tsɿ0li35ien13tsɿ0ke53tsʰiəu53/44xei53/44kan35tsɿ0.e21kan21tʰai53iet3tʂak3ke53tsʰiəu53/44xei53/44iəu53tsɿ0.②前面不加数词，表示数量不多：椽皮上会扎～眼子，扎～卤子。ʂon13pʰi13xɔŋ53/44uɔi53/44tsait5tʂak3tsɿ0ŋan21tsɿ0,tsait5(tʂ)ak3tsɿ0tʰɔŋ53tsɿ0.｜早几年（湘潭镬）都箇个欸箇街上都还打～广告嘞。tsau21ci21ɲien13/21təu35/44kai53/44ke53/44e21kai53/44kai53/44xɔŋ53/44təu35/44xai13/21ta21tʂak3tsɿ0kɔŋ21kau53lei0.③前面加数词，强调数量有限：（如今请坐上个）请一～厅子。嗯。请四～位子。tsʰiaŋ21iet3tʂak3tsɿ0tʰaŋ35tsɿ0.n̩21.tsʰiaŋ21si53tʂak3tsɿ0uei53tsɿ0.

【执事】tʂət3sɿ53 名祭祀时负责具体事务的人员。也指其行为：还有～啊。执行个执嘞。箇个打比样爱献滴子茶样啊，献滴子茶，渠就掇茶。渠掇倒茶，两个人，一个人端，端分渠，掇倒分箇孝子，渠咁子比下子，系唔系？又另外一只人就掇开。又掇滴子饭，又分渠，渠又敬下子唠，咁子表示下子，敬下子。又掇开。箇人就箇就安做～啊。有滴送面巾子洗手个啦，有滴就歌诗个啦，打爆竹个啦，打锣鼓个。箇个不是礼生呐。xai13/21iəu35/44tʂət3sɿ53a0.tʂət3çin13/21ke53/44tʂət3le0.kai53/21ke53/44ta21pi21iɔŋ53/21ɔi53çien53tiet5tsɿ0tsʰa13iɔŋ53ŋa0,çien53tiet5tsɿ0tsʰa13,ci13/21tsʰiəu53/44tɔit3tsʰa13.ci13/21tɔit3tau21tsʰa13,iɔŋ21ke53ɲin13/21,iet3ke53ɲin13/21tɔn35,tɔn35pən35ci13/44,tɔit3tau21pən35kai53/44xau53tsɿ21,ci13/21kan21tsɿ0pi21(x)a53/44tsɿ0,(x)e53/44me53/44?iəu53/44lin53uai53iet3tʂak3ɲin13/21tsʰiəu53/44tɔit3kʰɔi35/44.iəu53/44tɔit3tet5tsɿ0fan53,iəu53pən35ci13/21,ci13/21iəu53/44cin53xa53/44tsɿ0lau0,kan21tsɿ0piau21ʂɿ53xa53/44tsɿ0,cin53na53/44tsɿ0.iəu53tɔit3kʰɔi35/44.kai53/44ɲin13/21tsʰiəu53/44kai53tsʰiəu53/44ɔn35/44tso53/11tʂət3sɿ53a0.iəu35tet5sɔŋ53mien53cin35tsɿ0se21ʂəu21ke53la0,iəu35tet5tsʰiəu53/44ko35ʂɿ35ke53la0,ta21pau53tʂəuk3ke53la0,ta21lo13ku21ke53/44.kai53ke53/44pət3ʂɿ53/44li35sien35/44na0.

【直₁】tʂʰət5/tʂʰek5 形①不弯曲：两只～个就系耙梁子啊。iɔŋ21tʂak3tʂʰek5ke53/44tsʰiəu53/44xe53pʰa13liɔŋ13tsa0.｜一般子个伞呢都系～把。iet3pɔn35tsɿ0ke53san53ne0təu35xe53/44tʂʰət5pa53.②竖、纵，与“横”的方向成九十度：篾丝啊系咁个～个方向织个。miet5sɿ35/44a0xei53/44kan21/13cie53/44tʂʰət5cie53/44fɔŋ35/44çiɔŋ53tʂek3cie53/44.

【直₂】tʂʰət5 名汉字笔形之一，自上往下：门字肚里一～就安做门㦸。mən13tsʰɿ53təu21li0iet3tʂʰət5tsʰiəu53/44ɔn35/44tso53/44mən13tsʰaŋ53.

【直把伞】tʂʰət5pa53san53 名伞把直的伞（相对于“勾把伞”而言）：唔爱写～呢。渠就相对而言。一般子个伞呢都系直把。但是就有滴就弯把勾把伞，有滴就勾把伞。但是唔爱～。相对来讲，系勾把啊直把个哦？箇就你就问。直把个。m̩13mɔi53/35sia21tʂʰət5pa53san53nei0.ci13tsʰiəu53siɔŋ35tei53y13/21ɲien13.iet3pɔn35tsɿ0ke53san53ne0təu35xe53/44tʂʰət5pa53.tan53/44ʂɿ53/44tsiəu53/44iəu35tet5tsʰiəu53/44uan35pa53kei35pa53san53,iəu35tet5tsʰiəu53/44kei35pa53/21san53.tan53/44ʂɿ53/44m̩53/21mɔi53/35tʂʰət5pa53/44san53/21.siɔŋ35tei53lɔi13/44kɔŋ21,xei53/44kei35pa53/44a0tʂʰət5pa53/44ke53/44o0?kai53/44tsʰiəu53/44ɲi13/21tsʰiəu53uən53.tʂʰət5pa53/44ke53/21.

【直白】tʂʰət5pʰek5 形直截了当；不拐弯抹角：但是更～个讲嘞就系以只就我带我个娭子，带我个爷子。tan53/21ʂɿ53/21cien53tʂʰət5pʰek5ke53/44kɔŋ21lei0tsʰiəu53/44xei53/44i21tʂak3tsʰiəu53/44ŋai13/21tai53ŋai13/21ke53/44ɔi35tsɿ0,tai53ŋai13/44ke53/44ia13tsɿ0.

【直道】tʂʰət5tʰau53 形直言不讳；说话不拐弯抹角：箇只人讲事真～，好是也好，就系也得罪有兜人。kai53tʂak3ɲin13/21kɔŋ21sɿ53tʂən53tʂʰət5tʰau53,xau21ʂɿ53/44ia35xau21,tsʰiəu53xei53ia35tek3tsʰi53/44iəu35tei53/53ɲin13.

Z

【直接】tʂʰət$^{5}$ tsiet$^{3}$ 形①不经过中间事物；不通过第三者：唔～放下地泥下。n̩$^{13}$tʂʰət$^{5}$ tsiet$^{3}$ fɔŋ$^{53}_{44}$(x)a$^{53}_{44}$tʰi$^{53}$lai$^{13}_{21}$xa$^{35}$. ②直白；不拐弯抹角：硬就咁子直，～讲，老弟嫂个娭子。ɲiaŋ$^{53}_{44}$tsʰiəu$^{53}$kan$^{21}$ tsɿ$^{0}$ tʂʰət$^{5}$,tʂʰət$^{5}$ tsiet$^{3}$ kɔŋ$^{21}$,lau$^{21}$tʰe$^{35}_{53}$sau$^{21}$ke$^{53}_{44}$ɔi$^{35}$tsɿ$^{0}$.

【直筒裤】tʂʰət$^{5}$ tʰəŋ$^{21}$fu$^{53}$ 名一种裤子款式，裤脚口与膝盖处一样宽，裤管挺直：～就系以映子一路下一样子大嘿去唠，欸裤唠。我觉得就系从以映子，从屁股头以映子，一直到脚下，一样子大。一只筒筒样，冇得变化个，唔分大小。tʂʰət$^{5}$ tʰəŋ$^{21}$fu$^{53}_{44}$tsʰiəu$^{53}_{44}$xei$^{53}_{44}$i$^{21}$iaŋ$^{53}_{44}$tsɿ$^{0}$ iet$^{3}$ ləu$^{53}$xa$^{53}_{44}$ iet$^{3}$ iɔŋ$^{53}$tsɿ$^{0}$ tʰai$^{53}$xek$^{3}$ çi$^{53}$lau$^{0}$ ,e$_{44}$fu$^{53}$lau$^{0}$ .ŋai$^{13}$kɔk$^{3}$ tek$^{3}$ tsʰiəu$^{53}$xei$^{53}$tsʰəŋ$^{13}$i$^{21}$iaŋ$^{53}$tsɿ$^{0}$ ,tsʰəŋ$^{13}$pʰi$^{53}$ku$^{21}$tʰei$^{13}$i$^{21}$ iaŋ$^{53}$tsɿ$^{0}$ ,iet$^{3}$ tʂʰət$^{5}$ tau$^{53}$ciɔk$^{3}$ xa$^{53}_{44}$,iet$^{3}$ iɔŋ$^{53}$tsɿ$^{0}$ tʰai$^{53}$.iet$^{3}$ tʂak$^{3}$ tʰəŋ$^{21}$tʰəŋ$^{21}$iɔŋ$^{53}$,mau$^{13}$tek$^{3}$ pien$^{53}$fa$^{53}_{44}$ke$^{53}$,n̩$^{13}_{21}$fən$^{35}_{44}$ tʰai$^{53}$siau$^{21}$.

【侄郎】tʂʰət$^{5}$ lɔŋ$^{13}$ 名侄女婿：我等啊～系也系教书个，去新文学校教书。ŋai$^{13}$tien$^{0}$ a$^{0}$ tʂʰət$^{5}$ lɔŋ$^{13}_{21}$ xei$^{53}_{44}$ia$^{35}$xe$^{53}$kau$^{35}_{44}$ʂəu$^{35}_{44}$ke$^{0}$ ,çi$^{53}$sin$^{35}$uən$^{13}_{21}$çiɔk$^{5}$ ciau$^{53}$kau$^{35}_{44}$ʂəu$^{35}_{44}$.

【侄女】tʂʰət$^{5}$ ŋ̍$^{21}$ 名兄弟或同辈男性亲友的女儿。也称“侄女子”：我老妹子话我个妹子安做～咯。ŋai$^{13}$lau$^{21}$mɔi$^{53}$tsɿ$^{0}$ ua$^{53}$ŋai$^{13}$ke$^{53}_{44}$mɔi$^{53}$tsɿ$^{0}$ ɔn$^{35}_{44}$tso$^{53}_{44}$tʂʰət$^{5}$ ŋ̍$^{21}$ko$^{0}$.｜第三种欸以只我侄女个姐婆，咁子介绍。我那只～子个姐婆。tʰi$^{53}_{44}$san$^{35}_{44}$tʂəŋ$^{21}_{44}$ei$^{0}$ i$^{21}$tʂak$^{3}$ ŋai$^{13}$tʂʰət$^{5}$ ŋ̍$^{21}$ke$^{53}$tsia$^{21}$pʰo$^{13}$,kan$^{21}$tsɿ$^{0}$ kai$^{53}$ ʂau$^{53}_{21}$.ŋai$^{13}$lai$^{53}$tʂak$^{3}$ tʂʰət$^{5}$ ŋ̍$^{21}$tsɿ$^{0}$ kei$^{53}$tsia$^{21}$pʰo$^{13}$.

【侄嫂】tʂʰət$^{5}$ sau$^{21}$ 名侄媳妇：我就系冇得～喔，我只侄子还正十多岁子哈。ŋai$^{13}$tsʰiəu$^{53}$xe$^{53}$ mau$^{13}$tek$^{3}$ tʂʰət$^{5}$ sau$^{21}$uo$^{0}$ ,ŋai$^{13}_{21}$tʂak$^{3}$ tʂʰət$^{5}$ tsɿ$^{0}$ xan$^{13}$tʂaŋ$^{53}$ʂət$^{5}$ to$^{35}_{44}$sɔi$^{53}$tsɿ$^{0}$ xa$^{0}$.

【侄子】tʂʰət$^{5}$ tsɿ$^{0}$ 名侄儿，兄弟或同辈男性亲属的儿子：我～个，或者～或者侄女啊，姐婆。ŋai$^{13}$tʂʰət$^{5}$ tsɿ$^{0}$ ke$^{53}$,xɔit$^{5}$ tʂa$^{21}$tʂʰət$^{5}$ tsɿ$^{0}$ xɔit$^{5}$ tʂa$^{21}$tʂʰət$^{5}$ ŋ̍$^{21}$ŋa$^{0}$ ,tsia$^{21}$pʰo$^{13}$.

【值】tʂʰət$^{5}$ 动货物与价值相当：礼物唔～么个。li$^{35}$uk$^{5}$ n̩$^{13}$tʂʰət$^{5}$ mak$^{3}$ ke$^{53}$.｜唔～么啊钱。n̩$^{13}$ tʂʰət$^{5}$ mak$^{3}$ a$^{0}$ tsʰien$^{13}$.

【止】tʂʅ$^{21}$ 动停下：乐～以后嘞，停下小乐来嘞，就搞么啊嘞？就歌诗。iɔk$^{5}$ tʂʅ$^{21}$i$^{35}$xei$^{53}_{44}$ lei$^{0}$ ,tʰin$^{13}$xa$^{53}_{44}$siau$^{21}$iɔk$^{5}_{3}$ lɔi$^{13}_{21}$lei$^{0}$ ,tsʰiəu$^{53}_{44}$kau$^{21}$mak$^{3}$ a$^{0}$ le$^{0}$ ?tsʰiəu$^{53}_{44}$ko$^{35}_{44}$ʂʅ$^{35}$.

【只$_{3}$】tʂe$^{21}$ 副仅仅：我～晓得石兰。ŋai$^{13}$tʂe$^{21}$çiau$^{21}$tek$^{3}$ ʂak$^{5}$ lan$^{13}$.｜皮篓子嘞就～有五斤子一担。pʰi$^{13}$lei$^{21}$tsɿ$^{0}$ lei$^{0}$ tsʰiəu$^{53}_{44}$tʂe$^{21}$iəu$^{35}$ŋ̍$^{21}$cin$^{35}$tsɿ$^{0}$ iet$^{3}$ tan$^{35}$.｜冬下头～有箇藻子咁个东西绿色植物了。təŋ$^{35}$ xa$^{53}_{44}$tʰei$^{13}_{21}$tʂe$^{21}$iəu$^{35}$kai$^{53}_{44}$pʰiau$^{13}$tsɿ$^{0}$ kan$^{21}$ke$^{53}_{44}$təŋ$^{35}_{44}$si$^{0}$ liəuk$^{5}$ sek$^{3}$ tʂʰət$^{5}$ uk$^{5}$ liau$^{0}$.

【只爱】tʂe$^{21}$ɔi$^{53}$ 连①引述表示充分条件的偏句，相当于“只要”，正句中一般有“就”与之呼应：～食哩桃子个骨头丢倒箇岭上，就会生。tʂe$^{21}$ɔi$^{53}_{44}$ʂət$^{5}$ li$^{0}$ tʰau$^{13}_{21}$tsɿ$^{0}$ ke$^{53}_{44}$kuət$^{3}$ tʰei$^{13}$tiəu$^{35}$tau$^{21}$kai$^{53}_{44}$ liaŋ$^{35}$xɔŋ$^{53}_{44}$,tsʰiəu$^{53}_{44}$uɔi$^{53}_{44}$saŋ$^{35}$.｜～戏好看，唔怕锣鼓烂。tʂe$^{21}$ɔi$^{53}_{44}$çi$^{53}$xau$^{21}$kʰɔn$^{53}$,m̩$^{13}$pʰa$^{53}$lo$^{13}$ku$^{21}$lan$^{53}$. ②引述表示必要条件的偏句，相当于“只有”，正句中一般有“正”与之呼应：欸，～上哩咁大子个正话箇映有只墩哈。e$_{21}$,tʂe$^{21}$ɔi$^{53}_{44}$ʂɔŋ$^{35}$li$^{0}$ kan$^{21}$tʰai$^{53}$tsɿ$^{0}$ ke$^{53}_{44}$tʂaŋ$^{53}_{44}$ua$^{53}_{44}$kai$^{53}_{21}$iaŋ$^{53}_{44}$iəu$^{35}_{44}$tʂak$^{3}$ tʰɔn$^{53}$xa$^{0}$.

【只差】tʂe$^{21}$tsa$^{35}$ 动表示仅剩一个步骤就可以实现目标、结束任务：变成哩豆腐，欸，～舀倒去，舀下箱里去了。pien$^{53}$tʂʰən$^{13}_{21}$ni$^{0}$ tʰei$^{53}$fu$^{53}_{44}$,e$_{21}$,tʂe$^{21}$tsa$^{35}$iau$^{21}$tau$^{21}$çi$^{53}$,iau$^{21}$ua$_{44}$(←xa$^{53}$)siɔŋ$^{35}$li$^{0}$ çi$^{53}_{44}$liau$^{0}$.

【只好】tʂe$^{21}$xau$^{21}$ 副表示在无可奈何中将就的意思：骨头粉呐唔知几少。所以放下田里去个时候子嘞，～让门子搞嘞？kuət$^{3}$ tʰei$^{13}$fən$^{21}$na$^{0}$ n̩$^{13}_{21}$ti$^{35}_{53}$ci$^{21}$ʂau$^{21}$.so$^{21}$i$^{35}$fɔŋ$^{53}_{44}$xa$^{53}_{44}$tʰien$^{13}$ni$^{0}$ çi$^{53}$ke$^{53}_{44}$ʂʅ$^{13}$xei$^{53}_{44}$tsɿ$^{0}$ lei$^{0}$ ,tʂe$^{21}$xau$^{21}$ɲiɔŋ$^{53}$mən$^{0}$ tsɿ$^{0}$ kau$^{21}$lei$^{0}$ ?

【只能】tsɿ$^{21}$len$^{13}$ 副表示唯一的可能性：苦竹子～生苦笋呐。fu$^{21}$tʂəuk$^{3}$ tsɿ$^{0}$ tsɿ$^{21}$len$^{13}$saŋ$^{35}$fu$^{21}$sən$^{21}$ na$^{0}$.

【只怕】tsɿ$^{21}$pʰa$^{53}$ 副表示估计，有时兼表担心。恐怕：（篾套笼）有滴飘轻～。iəu$^{35}$tiet$^{5}$ pʰiau$^{35}$ cʰiaŋ$^{35}$tsɿ$^{21}$pʰa$^{53}_{44}$.

【只是】tʂe$^{21}$ʂʅ$^{53}$ 副仅仅是；强调限于某个情况或范围：唔讲壮子，～讲胖子。ŋ̍$^{13}$kɔŋ$^{21}$tsɔŋ$^{53}$ tsɿ$^{0}$,tʂe$^{21}$ʂʅ$^{53}_{44}$kɔŋ$^{21}$pʰɔŋ$^{53}$tsɿ$^{0}$.

【只系$_{1}$】tʂe$^{21}$xei$^{53}$/xe$^{53}$ 副仅仅是，只能：欸，张癞癞呀，箇就～背倒人家讲啊。e$_{21}$,tʂɔŋ$^{35}$lait$^{3}$ li$^{35}$ia$^{0}$.kai$^{53}_{44}$tsiəu$^{53}_{44}$tʂe$^{21}$(x)e$^{53}_{44}$pei$^{53}$tau$^{21}$ɲin$^{13}$ka$^{35}_{44}$kɔŋ$^{21}$ŋa$^{0}$.

【只系$_{2}$】tʂe$^{21}$xei$^{53}$ 连表示较轻的转折关系，相当于“但是，可是”：以只人比箇只人更高，～冇得箇只人咁胖。i$^{21}$tʂak$^{3}$ ɲin$^{13}$pi$^{21}$kai$^{53}$tʂak$^{3}$ ɲin$^{13}$cien$^{53}$kau$^{35}$,tʂe$^{21}$xei$^{53}$mau$^{13}$tek$^{3}$ kai$^{53}$tʂak$^{3}$ ɲin$^{13}$ kan$^{21}$pʰɔŋ$^{53}$.｜（麦李子）肚箇里老哩也咁过来系也有红个，～更细。təu$^{21}$kai$^{53}_{21}$li$^{0}$ lau$^{21}$li$^{0}$ ia$^{35}$kan$^{21}$ ko$^{53}_{44}$lɔi$^{13}_{44}$xe$^{53}$ia$^{35}_{44}$iəu$^{35}_{53}$fəŋ$^{13}$ke$^{53}$,tʂʅ$^{21}$xei$^{53}_{35}$ken$^{53}_{44}$se$^{53}$.

【只系话】tʂe$^{21}$xe$^{53}$ua$^{53}$ 连 表示较轻的转折关系，相当于“但是，不过是”：其实渠指高粱蔗梗系种高粱，～梗子更甜滴子。cʰi$^{13}_{21}$sət$^{5}$ ci$^{13}_{21}$xei$^{53}$tʂəŋ$^{21}$kau$^{35}$liəŋ$^{13}_{21}$,tʂe$^{21}$(x)e$^{53}$ua$^{53}$kuaŋ$^{21}$tsɿ$^{0}$ cien$^{53}$tʰian$^{13}$tet$^{5}$tsɿ$^{0}$.

【只有$_1$】tʂe$^{21}$iəu$^{35}$ 副 仅仅；光是：柑子，橘子，柚子，我等～分以三种。kan$^{35}$tsɿ$^{0}$,ciet$^{3}$tsɿ$^{0}$,iəu$^{53}$tsɿ$^{0}$,ŋai$^{13}_{21}$tien$^{0}$ tʂe$^{21}$iəu$^{35}_{44}$fən$^{35}$i$^{21}$san$^{35}$tʂəŋ$^{21}$.｜长日～听讲话，话别人家发杨梅疮，到底杨梅疮让门个意思唔晓得，欸，让门个形状唔晓得。tʂʰəŋ$^{13}$ɲiet$^{3}$ tʂe$^{21}$iəu$^{35}_{53}$tʰaŋ$^{35}$kəŋ$^{21}$ua$^{53}_{44}$,ua$^{53}_{44}$pʰiet$^{5}$ in$^{13}_{44}$ka$^{35}_{44}$fait$^{3}$ iəŋ$^{13}_{21}$mɔi$^{13}_{21}$tsʰɔŋ$^{35}$,tau$^{53}$te$^{21}$iəŋ$^{13}_{21}$mɔi$^{13}_{21}$tsʰɔŋ$^{35}$ɲiəŋ$^{53}_{44}$mən$^{13}_{44}$ke$^{53}_{44}$i$^{53}$sɿ$^{35}_{44}$n̩$^{13}_{21}$çiau$^{21}$tek$^{3}$,e$_{44}$, ɲiəŋ$^{53}_{44}$mən$^{13}_{44}$ke$^{53}_{44}$çin$^{13}$tsʰɔŋ$^{53}$n̩$^{13}_{21}$çiau$^{21}$tek$^{3}$.

【只有$_2$】tʂe$^{21}$iəu$^{35}$ 连 表示须具备必要的条件方可，下文常有“正”与其呼应，相当于“唯有”：～落尾大滴子以后嘞正听讲。tʂe$^{21}$iəu$^{35}_{44}$lɔk$^{5}_{3}$mi$^{35}_{44}$tʰai$^{53}$tiet$^{5}$tsɿ$^{0}$ i$^{35}$xei$^{53}_{44}$lei$^{0}$ tʂaŋ$^{53}_{44}$tʰaŋ$^{35}$kəŋ$^{21}$.

【纸$_1$】tʂʅ$^{21}$ 名 ①用植物纤维制成的薄片，作为写画、印刷书报、包装等用：用～（揩屁股）是就蛮奢侈了。iəŋ$^{53}$tʂʅ$^{21}$ʂʅ$^{53}_{44}$tsʰiəu$^{53}$man$^{13}$ʂa$^{35}$tʂʰʅ$^{21}$liau$^{0}$. ②指钱纸，迷信的人给死人、鬼神烧的铜钱形纸片：正落气呀，唔系烧散纸欸，就烧整箱整箱个～欸。tʂaŋ$^{53}_{44}$lɔk$^{5}_{3}$çi$^{53}$ia$^{0}$,n̩$^{13}$tʰe$_{44}$(←xe$^{53}$)ʂau$^{35}$san$^{21}$tʂʅ$^{21}$e$^{0}$,tsʰiəu$^{53}_{44}$ʂau$^{35}_{44}$tʂən$^{21}$siəŋ$^{35}$tʂən$^{21}$siəŋ$^{35}$ke$^{53}_{44}$tʂʅ$^{21}$e$^{0}$.

【纸$_2$】tʂʅ$^{21}$ 量 用于书信、文件：一～公文 iet$^{3}$tʂʅ$^{21}$kəŋ$^{35}_{44}$uən$^{13}_{21}$｜一～告状信 iet$^{3}$tʂʅ$^{21}$kau$^{53}$tsʰɔŋ$^{53}$sin$^{53}$｜一～状子 iet$^{3}$tʂʅ$^{21}$tsʰɔŋ$^{53}$tsɿ$^{0}$

【纸槽】tʂʅ$^{21}$tsʰau$^{13}$ 名 本为捞纸的必需设备，也借指造纸的作坊：～做倒有纸就卖分纸庄。tʂʅ$^{21}$tsʰau$^{13}$tso$^{53}$tau$^{21}$iəu$^{35}$tʂʅ$^{21}$tsʰiəu$^{53}_{44}$mai$^{53}$pən$^{35}$tʂʅ$^{21}$tsɔŋ$^{35}$.

【纸筋】tʂʅ$^{21}$cin$^{35}$ 名 用水浸透、捣烂的稻草、草纸、水泥纸袋等材料，掺在石灰、泥浆里，可提高墙体韧度、连接性能：我箇只屋爱箇个呢我箇只屋爱搞粉刷，欸，我要来去买滴子～。以下个唔知还爱～么？以前就爱～呐，箇粉粉下去会剁剁跌啦唔系是。ŋai$^{13}$kai$^{53}$tʂak$^{3}$uk$^{3}$ɔi$^{53}$kai$^{53}_{44}$ke$^{53}_{44}$nei$^{0}$ ŋai$^{13}$kai$^{53}$tʂak$^{3}$uk$^{3}$ɔi$^{53}$kau$^{21}$fən$^{21}$sɔit$^{3}$,e$_{53}$,ŋai$^{13}$iau$^{53}$lɔi$^{13}_{21}$çi$^{53}$mai$^{35}$tiet$^{5}$tsɿ$^{0}$ tʂʅ$^{21}$cin$^{35}$.i$^{21}$xa$^{53}$kei$^{53}$n̩$^{13}$ti$^{35}_{53}$xai$^{13}_{21}$ɔi$^{53}$tʂʅ$^{21}$cin$^{35}_{44}$mo$^{0}$?i$^{35}_{53}$tsʰien$^{13}$tsʰiəu$^{53}$ɔi$^{53}$tʂʅ$^{21}$cin$^{35}_{44}$na$^{0}$,kai$^{53}_{44}$fən$^{21}$fən$^{21}$na$^{53}$çi$^{53}$uɔi$^{53}$to$_{53}$,to$_{53}$tet$^{3}$la$^{0}$m̩$^{13}$pʰei$^{53}$ʂʅ$^{53}$.

【纸壳】tʂʅ$^{21}$kʰɔk$^{3}$ 名 硬纸板做的纸盒，多指用过的：舞只子～啊么个做只子咁个牌位样子。u$^{21}$tʂak$^{3}$tsɿ$^{0}$tʂʅ$^{21}$kʰɔk$^{3}$a$^{0}$mak$^{3}$ke$^{53}_{44}$tso$^{53}$tʂak$^{3}$tsɿ$^{0}$kan$^{21}$ke$^{53}_{44}$pʰai$^{13}$uei$^{53}_{44}$iəŋ$^{53}$tsɿ$^{0}$.

【纸壳箱】tʂʅ$^{21}$kʰɔk$^{3}$siəŋ$^{35}$ 名 用硬纸板做成的箱子：（落气笼）以下是有也有～个。舞嘿～个唠。i$^{21}$xa$^{53}_{44}$ʂʅ$^{53}_{44}$iəu$^{35}$ia$^{35}$iəu$^{35}_{44}$tʂʅ$^{21}$kʰɔk$^{3}$siəŋ$^{35}$ke$^{53}_{0}$.u$^{21}$xek$^{3}$tʂʅ$^{21}$kʰɔk$^{3}$siəŋ$^{35}$ke$^{53}_{0}$lau$^{0}$.

【纸马】tʂʅ$^{21}$ma$^{35}$ 名 用纸和竹篾扎的人、动物等，用作冥器：欸，李白路箇向有只店里就会卖～。～就箇个欸菩萨子啊，纸扎个，纸扎个菩萨子，嗯。扎只屋子，肚里有人有车有箇个么个，嗯，称～。箇个嘞就系老哩死哩人烧分亡人个。e$_{21}$,li$^{21}$pʰak$^{5}$ləu$^{53}$kai$^{53}_{44}$çiəŋ$^{53}_{44}$iəu$^{35}$tʂak$^{3}$tian$^{53}$ni$^{0}$ tsʰiəu$^{53}_{44}$uɔi$^{53}_{44}$mai$^{53}$tʂʅ$^{21}$ma$^{35}$.tʂʅ$^{21}$ma$^{35}$tsʰiəu$^{53}$kai$^{53}$ke$^{53}$e$^{0}$pʰu$^{13}$sait$^{3}$tsɿ$^{0}$a$^{0}$,tʂʅ$^{21}$tsait$^{3}$ke$^{0}$,tʂʅ$^{21}$tsait$^{3}$ke$^{0}$pʰu$^{13}$sait$^{3}$tsɿ$^{0}$,n̩$_{21}$.tsait$^{3}$tʂak$^{3}$uk$^{3}$tsɿ$^{0}$,tau$^{21}$li$^{0}$ iəu$^{35}$ɲin$^{13}$iəu$^{35}$tʂʰa$^{35}$iəu$^{35}$kai$^{53}_{44}$ke$^{53}_{44}$mak$^{3}$ke$^{0}$,n̩$_{21}$,tʂʰən$^{35}$tʂʅ$^{21}$ma$^{35}$.kai$^{53}$ke$^{53}$lei$^{0}$ tsʰiəu$^{53}_{44}$xe$^{53}_{44}$lau$^{21}$li$^{0}$ si$^{21}$li$^{0}$ɲin$^{13}$ʂau$^{35}$pən$^{35}_{44}$mɔŋ$^{13}$ɲin$^{13}$cie$^{53}$.

【纸煤】tʂʅ$^{21}$mɔi$^{13}$ 名 用草纸捻成细纸卷。点着后一吹即燃，多作引火、燃水烟之用：冇得哩。有人用哩。欸，如今个就我万典松他人是就𫠊见过了哇。渠是怕还见过，我万典松是见过，见过我爷子，箇是我爷子也打～嘞。买滴箇草纸去打～呀。欸，要我舅爷是一打就咁大一掐。打起来又快。咁长一只个～嘞。咁长一只嘞。点伢大子。冇哩着哩又□嘞。mau$^{13}$tek$^{3}$li$^{0}$.mau$^{13}$ɲin$^{13}$iəŋ$^{53}$li$^{0}$.e$_{21}$,i$^{13}_{21}$cin$^{35}_{44}$ke$^{53}_{44}$tsʰiəu$^{53}$ŋai$^{13}_{44}$uan$^{53}$tian$^{21}$səŋ$^{35}$tʰa$^{35}_{44}$ɲin$^{13}_{44}$ʂʅ$^{53}_{44}$tsʰiəu$^{53}_{44}$maŋ$^{13}$cien$^{53}$ko$^{53}_{44}$liau$^{0}$ ua$^{0}$.ci$^{13}$ʂʅ$^{53}_{44}$pʰa$^{53}$xai$^{13}_{21}$cien$^{53}$ko$^{53}$,ŋai$^{13}$uan$^{53}$tian$^{21}$səŋ$^{35}$ʂʅ$^{53}_{44}$cien$^{53}$ko$^{53}$,cien$^{53}$ko$^{53}_{44}$ŋai$^{13}_{21}$ia$^{13}$tsɿ$^{0}$,kai$^{53}$ʂʅ$^{53}$ŋai$^{13}_{21}$ia$^{13}$tsɿ$^{0}$ a$^{35}_{53}$ta$^{21}$tʂʅ$^{21}$mɔi$^{13}$le$^{0}$.mai$^{35}$tiet$^{5}$kai$^{53}_{44}$tsʰau$^{21}$tʂʅ$^{21}$çi$^{53}$ta$^{21}$tʂʅ$^{21}$mɔi$^{13}$ia$^{0}$.e$_{21}$,iau$^{53}_{21}$ŋai$^{13}$cʰiəu$^{35}$ia$^{13}_{21}$ʂʅ$^{53}_{44}$iet$^{3}$ta$^{21}$tsʰiəu$^{53}$kan$^{21}$tʰai$^{53}$iet$^{3}$kʰa$^{35}$.ta$^{21}$çi$^{21}$lɔi$^{13}$iəu$^{53}_{44}$kʰuai$^{53}$.kan$^{21}$tʂʰɔŋ$^{13}$iet$^{3}$tʂak$^{3}$ke$^{53}$tʂʅ$^{21}$mɔi$^{13}$le$^{0}$.kan$^{21}$tʂʰɔŋ$^{13}_{44}$iet$^{3}$tʂak$^{3}$le$^{0}$.tian$^{35}$ŋa$^{13}_{44}$tʰai$^{53}$tsɿ$^{0}$.mau$^{13}_{21}$li$^{0}$tʂʰɔk$^{5}$li$^{0}$iəu$^{53}_{44}$fɔt$^{5}$le$^{0}$.

【纸煤筒】tʂʅ$^{21}$mɔi$^{13}$tʰəŋ$^{13}$ 名 装纸煤的竹筒：箇是系啦。我舅爷箇映子是渠尽食水烟筒啊。一搞就搞正一大把嘞，纸煤呀。插下箇厅下箇箇映箇个壁角子墙角子上就舞只子竹筒子嘞，专门插～，哎，插纸煤个嘞，放纸煤个嘞舞倒哩。爱用了，临时到箇映去拿，转去拿它。kai$^{53}$ʂʅ$^{53}_{44}$xei$^{53}$la$^{0}$.ŋai$^{13}$cʰiəu$^{35}$ia$^{13}_{21}$kai$^{53}$iaŋ$^{53}$tsɿ$^{0}$ ʂʅ$^{53}_{44}$ci$^{13}_{21}$tsʰin$^{53}$ʂət$^{5}$ ʂei$^{21}$ien$^{35}_{44}$tʰəŋ$^{13}_{21}$ŋa$^{0}$.iet$^{3}$kau$^{21}$tsʰiəu$^{53}$kau$^{21}$tʂaŋ$^{53}$iet$^{3}$tʰai$^{53}$pa$^{21}$le$^{0}$,tʂʅ$^{21}$mɔi$^{13}$ia$^{0}$.tsʰait$^{3}$a$_{44}$kai$^{53}_{44}$tʰaŋ$^{35}$xa$^{53}$kai$^{53}_{44}$kai$^{53}_{44}$iaŋ$^{53}_{44}$kai$^{53}_{44}$ke$^{53}_{44}$piak$^{3}$kɔk$^{3}$tsɿ$^{0}$tsʰiəŋ$^{13}$kɔk$^{3}$tsɿ$^{0}$xɔŋ$^{53}_{44}$tsʰiəu$^{53}$u$^{21}$tʂak$^{3}$tsɿ$^{0}$ tʂəuk$^{3}$tʰəŋ$^{13}$tsɿ$^{0}$le$^{0}$,tʂen$^{35}$mən$^{13}_{21}$tsʰait$^{3}$tʂʅ$^{21}$mɔi$^{13}$tʰəŋ$^{13}$,ai$_{44}$,tsʰait$^{3}$tʂʅ$^{21}$mɔi$^{13}$cie$^{53}$le$^{0}$,fɔŋ$^{53}$tʂʅ$^{21}$mɔi$^{13}$cie$^{53}$le$^{0}$u$^{21}$tau$^{21}_{53}$li$^{0}$.ɔi$^{53}$iəŋ$^{53}$liau$^{0}$,lin$^{13}$ʂʅ$^{13}$tau$^{53}_{44}$kai$^{53}_{44}$iaŋ$^{53}_{44}$çi$^{53}_{44}$la$^{53}$,tʂən$^{21}$çi$^{53}_{44}$la$^{53}$tʰa$^{35}_{21}$.

【纸牌】tʂʅ$^{21}$pʰai$^{13}$ 名娱乐用具，是印着各种文字或点子的硬纸片，若干张为一副，种类很多：打～我滴都唔懂。ta$^{21}$tʂʅ$^{21}$pʰai$^{13}$ŋai$^{13}$tiet$^{5}$təu$^{35}_{44}$n̩$^{13}_{21}$təŋ$^{21}$.

【纸棚下】tʂʅ$^{21}$pʰəŋ$^{13}$xa$^{35}$ 名造纸作坊：我等到個～去看下子别人家做纸。ŋai$^{13}$tien$^{0}$tau$^{53}$kai$^{53}$tʂʅ$^{21}$pʰəŋ$^{13}$xa$^{35}$çi$^{53}$kʰɔn$^{53}$na$^{53}$tsʅ$^{0}$pʰiet$^{5}$in$^{13}_{21}$ka$^{35}_{44}$tso$^{53}$tʂʅ$^{21}$.｜年轻个时候子，搞别么个都见得，莫去走纸棚。搞么个走纸棚莫去走嘞？一只，～累人，冇日冇夜做事，尽打夜工啦，個经常搞倒個半夜啦。反正呢渠是咁个，～咯，渠個几个人，你今晡做哩几多子事，欸，渠個几个人呢，第一只嘞就系踩竹麻，我只讲做生料纸咯，第一条就踩竹麻，分個竹麻舞烂来。好，踩正哩竹麻嘞，今晡踩正个竹麻，明晡就放下個槽下去，分個个做纸个人去做。你昨晡踩个竹麻，踩哩一担竹麻，你第二晡你就要做咁去，明晡你就做咁去，你半夜你都做咁去，欸。好，呃做咁哩个话，第三晡就爱焙咁去，欸焙，焙纸个。你做哩几多子，你半夜你都焙嘿去。安做"三脚掌，憕相互掣肘尽命"。ɲien$^{13}$cʰin$^{35}_{44}$ke$^{0}$ʂʅ$^{13}$xəu$^{53}_{44}$tsʅ$^{0}$,kau$^{21}$pʰiet$^{5}$mak$^{3}$e$^{0}$təu$^{35}_{44}$cien$^{53}$tek$^{3}$,mɔk$^{5}$çi$^{53}$tsei$^{21}$tʂʅ$^{21}$pʰəŋ$^{13}$. kau$^{21}$mak$^{3}$e$^{0}$tsei$^{21}$tʂʅ$^{21}$pʰəŋ$^{13}$mɔk$^{5}$çi$^{53}$tsei$^{21}$le$^{0}$?iet$^{3}$tʂak$^{3}$,tʂʅ$^{21}$pʰəŋ$^{13}_{21}$xa$^{35}_{44}$li$^{53}$ɲin$^{13}_{21}$,mau$^{13}$ɲiet$^{3}$mau$^{13}$ia$^{53}$tso$^{53}$sʅ$^{53}$, tsʰin$^{53}$ta$^{21}$ia$^{53}$kəŋ$^{35}$la$^{0}$,kai$^{53}_{44}$cin$^{35}$tʂʰɔŋ$^{13}_{21}$kau$^{21}$tau$^{21}_{44}$kai$^{53}_{44}$pan$^{53}$ia$^{53}$la$^{0}$.fan$^{21}$tʂən$^{53}$nei$^{0}$ci$^{13}_{21}$ʂʅ$^{53}_{21}$kan$^{21}_{13}$ke$^{53}$,tʂʅ$^{21}$pʰəŋ$^{13}$xa$^{35}$ko$^{0}$,ci$^{13}_{21}$kai$^{53}$ci$^{21}$ke$^{53}$ɲin$^{13}$, ɲi$^{13}$cin$^{35}$pu$^{35}$tso$^{53}$li$^{0}$ci$^{21}$(t)o$^{35}_{44}$tsʅ$^{0}$sʅ$^{53}$,e$_{21}$,ci$^{13}$kai$^{53}$ci$^{21}$ke$^{53}$ɲin$^{13}$ne$^{0}$,tʰi$^{53}$iet$^{3}$tʂak$^{3}$lei$^{0}$ tsʰiəu$^{53}$xe$^{53}$tsʰai$^{21}$tʂəuk$^{3}$ma$^{13}$,ŋai$^{13}$tʂʅ$^{21}_{44}$kɔŋ$^{21}$tso$^{53}$saŋ$^{35}$liau$^{53}$tʂʅ$^{21}$ko$^{0}$,tʰi$^{53}$iet$^{3}$tʰiau$^{13}_{44}$tsʰiəu$^{53}$tsʰai$^{21}$tʂəuk$^{3}$ma$^{13}$, pən$^{35}$kai$^{53}$tʂəuk$^{3}$ma$^{13}$u$^{21}$lan$^{53}$lɔi$^{13}_{44}$.xau$^{21}$,tsʰai$^{21}$tʂaŋ$^{53}$li$^{0}$tʂəuk$^{3}$ma$^{13}$le$^{0}$,cin$^{35}$pu$^{35}_{44}$tsʰai$^{21}$tʂaŋ$^{53}$(k)ei$^{0}$tʂəuk$^{3}$ma$^{13}_{21}$,miaŋ$^{13}$pu$^{35}_{53}$tsʰiəu$^{53}_{44}$fɔŋ$^{53}$ŋa$^{53}_{44}$kai$^{53}_{44}$tsʰau$^{13}$xa$^{53}_{44}$çi$^{53}_{44}$,pən$^{35}$kai$^{53}_{44}$ke$^{53}_{44}$tso$^{53}$tʂʅ$^{21}$ke$^{53}_{44}$ɲin$^{13}_{21}$çi$^{53}_{44}$tso$^{53}$. ɲi$^{13}$tsʰo$^{35}_{21}$pu$^{35}_{53}$tsʰai$^{21}$ke$^{0}$tʂəuk$^{3}$ma$^{13}$,tsʰai$^{21}$li$^{0}$iet$^{3}$tan$^{35}$tʂəuk$^{3}$ma$^{13}_{44}$, ɲi$^{13}_{21}$tʰi$^{53}_{44}$ɲi$^{53}_{44}$pu$^{35}_{44}$ɲi$^{13}_{21}$tsʰiəu$^{53}_{44}$iau$^{53}_{44}$tso$^{53}$kan$^{21}$çi$^{53}$,miaŋ$^{13}$pu$^{35}_{44}$ɲi$^{13}_{21}$tsʰiəu$^{53}_{44}$tso$^{53}$kan$^{21}$çi$^{53}$, ɲi$^{13}_{21}$pan$^{53}$ia$^{53}_{44}$ɲi$^{13}_{21}$təu$^{35}_{44}$tso$^{53}$kan$^{21}$çi$^{53}$,e$_{21}$.xau$^{21}_{44}$,ə$^{0}$tso$^{53}$kan$^{21}$ni$^{0}$ke$^{53}$fa$^{53}$,tʰi$^{53}$san$^{35}$pu$^{35}_{44}$tsʰiəu$^{53}_{44}$ɔi$^{53}_{44}$pʰɔi$^{53}$kan$^{21}$çi$^{53}$,e$^{0}$pʰɔi$^{53}$,pʰɔi$^{53}$tʂʅ$^{21}$ke$^{0}$. ɲi$^{13}$tso$^{53}$li$^{0}$ci$^{21}$(t)o$^{35}_{53}$tsʅ$^{0}$, ɲi$^{13}$pan$^{53}$ia$^{53}_{44}$ɲi$^{13}_{21}$təu$^{35}_{44}$pʰɔi$^{53}$(x)ek$^{3}$çi$^{53}_{44}$.ɔn$^{35}_{44}$tso$^{53}_{44}$ "san$^{35}$ciɔk$^{3}$tsʰaŋ$^{53}$,tʰien$^{53}$tsʰin$^{53}$miaŋ$^{53}$".

【纸伞】tʂʅ$^{21}$san$^{53}$ 名油纸伞，一种用涂上桐油的纸做伞面的雨伞：唔喊油纸伞呢，就～。n̩$^{13}$xan$^{53}$iəu$^{13}$tʂʅ$^{21}$san$^{53}$nei$^{0}$,tsʰiəu$^{53}$tʂʅ$^{21}$san$^{53}$.

【纸扇子】tʂʅ$^{21}$ʂen$^{53}$tsʅ$^{0}$ 名一种可以折叠的扇子，用竹、木等做骨架，上面蒙上纸。俗称"翣扇子"：個个我等看個个古装戏里，系唔系？個个人就拿把～，欸，唔知几潇洒个样子。kai$^{53}_{44}$kei$^{53}_{44}$ŋai$^{13}$tien$^{0}$kʰɔn$^{53}$kai$^{53}_{44}$ke$^{53}_{44}$ku$^{21}$tsɔŋ$^{35}_{44}$çi$^{53}$li$^{0}$,xei$^{53}_{44}$me$^{53}_{44}$?kai$^{53}_{44}$kei$^{53}_{44}$ɲin$^{13}_{21}$tsʰiəu$^{53}_{44}$la$^{53}$pa$^{21}$tʂʅ$^{21}$ʂen$^{53}$tsʅ$^{0}$,e$_{21}$,n̩$^{13}_{21}$ti$^{35}_{53}$ci$^{21}$siau$^{35}$sai$^{21}$ke$^{53}_{44}$iɔŋ$^{53}$tsʅ$^{0}$.

【纸烟】tʂʅ$^{21}$ien$^{35}$ 名香烟，将切细的烟丝卷包在薄纸内所成的烟：食～呶，几方便子。ʂət$^{5}$tʂʅ$^{21}$ien$^{35}$nau$^{0}$,ci$^{21}$fɔŋ$^{35}$pʰien$^{53}$tsʅ$^{0}$.

【纸影菩萨子】tʂʅ$^{21}$iaŋ$^{21}$pʰu$^{13}$sait$^{3}$tsʅ$^{0}$ 名皮影戏的道具人儿：欸，皮影戏就系看～，但是皮影戏搞得好个欸又也系一种非物质文化遗产呢。搞得好个也蛮有味道。e$_{21}$,pʰi$^{13}$iaŋ$^{21}$çi$^{53}$tsʰiəu$^{53}$xei$^{53}$kʰɔn$^{53}$tʂʅ$^{21}$iaŋ$^{21}$pʰu$^{13}$sait$^{3}$tsʅ$^{0}$,tan$^{53}$ʂʅ$^{53}$pʰi$^{13}$iaŋ$^{21}$çi$^{53}$kau$^{21}$tek$^{3}$xau$^{21}$ke$^{53}$ei$_{21}$iəu$^{53}_{44}$ia$^{35}$xei$^{53}$iet$^{3}$tʂəŋ$^{21}$fei$^{35}$uk$^{5}$tʂət$^{3}$uən$^{13}$fa$^{53}$i$^{13}$tsʰan$^{21}$ne$^{0}$.kau$^{21}$tek$^{3}$xau$^{21}$kei$^{53}$ia$^{35}$man$^{13}$iəu$^{35}_{44}$uei$^{53}$tʰau$^{53}$.

【纸影戏】tʂʅ$^{21}$iaŋ$^{21}$çi$^{53}$ 名皮影戏：欸，尤其系～，渠只有几个子人，欸，甚至只有两个人，两三个人甚至，只有两三个人。欸，一个人专门搞么个？徛正個映子来提，提個个菩萨子，一个人提。欸，一个人打锣鼓，打一通锣鼓。個只提个人嘞包唱，個只打锣鼓个人也爱包唱。两个人，有兜嘞就还搭只子女生，搭只子夫娘子，有兜是夫娘子都唔搭。我看个是就系男子人，两只男子人。渠爱個肚里个女角嘞渠就变女声来唱。渠只有两个人，渠只一天收入只有咁多子，唱一场个收入只有咁多子，渠所以嘞渠就只好去两个人。e$_{21}$,iəu$^{13}$cʰi$^{13}$xei$^{53}_{44}$tʂʅ$^{21}$iaŋ$^{21}$çi$^{53}$,ci$^{13}_{21}$tʂʅ$^{21}$iəu$^{35}_{53}$ci$^{21}$cie$^{53}$tsʅ$^{0}$ɲin$^{13}_{44}$,e$_{21}$,ʂən$^{53}$tʂʅ$^{53}$tʂʅ$^{21}$iəu$^{35}_{53}$iɔŋ$^{21}$ke$^{53}$ɲin$^{13}_{44}$,iɔŋ$^{21}$san$^{35}_{44}$ke$^{53}$ɲin$^{13}_{44}$ʂən$^{53}$tʂʅ$^{53}$,tʂʅ$^{21}$iəu$^{35}_{53}$iɔŋ$^{21}$san$^{35}_{44}$ke$^{53}$ɲin$^{13}_{44}$.e$_{44}$,iet$^{3}$ke$^{53}$ɲin$^{13}_{44}$tʂen$^{35}$mən$^{13}_{21}$kau$^{21}$mak$^{3}$ke$^{53}$?cʰi$^{35}$tʂaŋ$^{53}_{44}$kai$^{53}$iaŋ$^{53}$tsʅ$^{0}$lɔi$^{13}_{21}$tʰia$^{35}$,tʰia$^{35}$kai$^{53}$ke$^{0}$pʰu$^{13}$sait$^{3}$tsʅ$^{0}$,iet$^{3}$ke$^{53}$ɲin$^{13}_{21}$tʰia$^{35}$.e$_{44}$,iet$^{3}$ke$^{53}$ɲin$^{13}_{44}$ta$^{21}$lo$^{13}$ku$^{21}_{44}$,ta$^{21}$iet$^{3}$tʰɔŋ$^{13}$lo$^{13}$ku$^{21}$.kai$^{53}$tʂak$^{3}$tʰia$^{35}$ke$^{53}$ɲin$^{13}_{44}$le$^{0}$pau$^{35}$tʂʰɔŋ$^{53}$,kai$^{53}$tʂak$^{3}$ta$^{21}$lo$^{13}$ku$^{21}$ke$^{53}$ɲin$^{13}_{44}$ia$^{35}_{44}$ɔi$^{53}_{44}$pau$^{35}_{44}$tʂʰɔŋ$^{53}$.iɔŋ$^{21}$ke$^{53}$ɲin$^{13}_{44}$,iəu$^{35}$te$^{35}_{53}$lei$^{0}$tsʰiəu$^{53}$xai$^{13}_{21}$tait$^{3}$tʂak$^{3}$tsʅ$^{0}$ɲy$^{21}$ʂən$^{35}_{44}$,tait$^{3}$tʂak$^{3}$tsʅ$^{0}$pu$^{35}$ɲiɔŋ$^{13}_{21}$tsʅ$^{0}$,iəu$^{35}$te$^{35}_{53}$ʂʅ$^{53}_{44}$pu$^{35}$ɲiɔŋ$^{13}_{21}$tsʅ$^{0}$təu$^{35}_{53}$n̩$^{13}$tait$^{3}$.ŋai$^{13}$kʰɔn$^{53}$ke$^{53}_{44}$ʂʅ$^{53}_{44}$tsʰiəu$^{53}$xe$^{53}$lan$^{13}$tsʅ$^{0}$ɲin$^{13}$,iɔŋ$^{21}$tʂak$^{3}$lan$^{13}$tsʅ$^{0}$ɲin$^{13}$.ci$^{13}_{21}$ɔi$^{53}$kai$^{53}$təu$^{21}$li$^{0}$ke$^{53}$ɲy$^{21}$ciɔk$^{3}$lei$^{0}$ci$^{13}_{21}$tsʰiəu$^{53}$pien$^{53}$ɲy$^{21}$ʂaŋ$^{35}_{44}$lɔi$^{13}_{21}$tʂʰɔŋ$^{53}$.ci$^{13}_{21}$tʂʅ$^{21}$iəu$^{35}_{53}$iɔŋ$^{21}$ke$^{53}$in$^{13}_{21}$,ci$^{13}_{21}$tʂʅ$^{21}$iet$^{3}$tʰien$^{35}$ʂəu$^{35}$ɲiet$^{5}$tʂʅ$^{21}_{44}$iəu$^{35}_{44}$kan$^{21}$to$^{35}$tsʅ$^{0}$,tʂʰɔŋ$^{53}$iet$^{3}$tʂʰɔŋ$^{13}$ke$^{53}_{44}$ʂəu$^{35}$ɲiet$^{5}$tʂʅ$^{21}$iəu$^{35}_{53}$kan$^{21}$to$^{35}$tsʅ$^{0}$,ci$^{13}_{21}$so$^{21}$i$^{35}_{53}$lei$^{0}$ci$^{13}_{44}$tsʰiəu$^{53}$tʂʅ$^{21}$xau$^{21}$çi$^{53}$iɔŋ$^{21}$ke$^{53}$ɲin$^{13}_{44}$.

【纸扎】tʂʅ$^{21}$tsait$^{3}$ 名指用竹篾和纸制作冥器的行当：搞～个唠，欸，安做渠搞～个噢。kau$^{21}$

tʂʅ$^{21}$tsait$^{3}$ cie$^{53}_{44}$lau$^{0}$,e$_{21}$,ɔn$^{35}_{44}$tso$^{53}_{44}$ci$^{13}_{21}$kau$^{21}$tʂʅ$^{21}$tsait$^{3}$ cie$^{53}$au$^{0}$.

【纸扎铺】tʂʅ$^{21}$tsait$^{3}$ p$^{h}$u$^{53}$ 名 制作、经营纸制冥器的店铺：～，搞纸扎个，就系搞科仪个。欸，同别人家扎箇个灵屋啦，欸扎花箱啦，扎箇个花圈呐，嗯，就～。tʂʅ$^{21}$tsait$^{3}$ p$^{h}$u$^{53}$,kau$^{21}$tʂʅ$^{21}$tsait$^{3}$ ke$^{53}$,ts$^{h}$iəu$^{53}_{44}$xei$^{53}_{44}$kau$^{21}$k$^{h}$o$^{35}$ɲi$^{13}$ke$^{53}$.e$_{21}$,t$^{h}$əŋ$^{13}$p$^{h}$iet$^{5}$ in$^{13}_{21}$ka$^{35}_{44}$tsait$^{3}$ kai$^{53}$ke$^{53}$lin$^{13}$uk$^{3}$ la$^{0}$,e$_{21}$tsait$^{3}$ fa$^{35}$siɔŋ$^{35}_{44}$la$^{0}$,tsait$^{3}$ kai$^{53}$ke$^{53}_{44}$fa$^{35}$c$^{h}$ien$^{35}$na$^{0}$,n̩$_{21}$,ts$^{h}$iəu$^{53}_{44}$tʂʅ$^{21}$tsait$^{3}$ p$^{h}$u$^{53}$.｜欸，如今张坊街上都有三四家～。但是箇三四家～嘞真正搞纸扎个嘞只有一家，箇家就系是搞纸扎，箇两家嘞都系扎下子……也搞得，扎花圈呢，也系纸扎嘞，扎花圈卖，就我赖子箇上滴子箇映子啊，欸就扎花圈，只扎花圈，箇兜箇灵屋箇兜唔扎。衣箱是唔爱扎，纸壳做个，系啊？ei$_{21}$,i$^{13}_{21}$cin$^{35}_{44}$tʂɔŋ$^{35}$fɔŋ$^{35}_{44}$kai$^{35}$xɔŋ$^{53}$təu$^{35}_{44}$iəu$^{35}_{44}$ san$^{35}$si$^{53}$ka$^{35}$tʂʅ$^{21}$tsait$^{3}$ p$^{h}$u$^{53}$.tan$^{53}$ʂʅ$^{53}$kai$^{53}$san$^{35}$si$^{53}$ka$^{35}$tʂʅ$^{21}$tsait$^{3}$ p$^{h}$u$^{53}$lei$^{0}$ tʂən$^{35}$tʂən$^{53}_{44}$kau$^{21}$tʂʅ$^{21}$tsait$^{3}$ ke$^{53}_{44}$lei$^{0}$ tʂʅ$^{21}$ iəu$^{35}_{53}$iet$^{3}$ ka$^{35}$,kai$^{53}_{44}$ka$^{35}$ts$^{h}$iəu$^{53}$xei$^{53}$ʂʅ$^{53}_{21}$kau$^{21}$tʂʅ$^{21}$tsait$^{3}$,kai$^{53}$iɔŋ$^{21}$ka$^{35}$lei$^{0}$ təu$^{35}$xei$^{53}$tsait$^{3}$ (x)a$^{53}$tsʅ$^{0}$ …ia$^{35}$kau$^{21}$tek$^{3}$, tsait$^{3}$ fa$^{35}$c$^{h}$ien$^{35}$nei$^{0}$,ia$^{35}$xei$^{53}$tʂʅ$^{21}$tsait$^{3}$ le$^{0}$,tsait$^{3}$ fa$^{35}$c$^{h}$ien$^{35}_{44}$mai$^{53}$,ts$^{h}$iəu$^{53}$ŋai$^{13}$lai$^{53}$tsʅ$^{0}$ kai$^{53}_{44}$ʂɔŋ$^{35}$tiet$^{5}$ tsʅ$^{0}$ kai$^{53}$ iaŋ$^{53}$tsʅ$^{0}$ a$^{0}$,e$^{0}$ tsiəu$^{53}$tsait$^{3}$ fa$^{35}$c$^{h}$ien$^{35}$,tʂʅ$^{21}$tsait$^{3}$ fa$^{35}$c$^{h}$ien$^{35}_{53}$,kai$^{53}$tei$^{53}_{53}$kai$^{53}_{44}$lin$^{13}$uk$^{3}$ kai$^{53}$te$^{35}_{53}$n̩$^{13}$tsait$^{3}$ .i$^{35}$siɔŋ$^{35}_{44}$ʂʅ$^{53}_{44}$m̩$^{13}_{21}$ mɔi$^{53}$tsait$^{3}$,tʂʅ$^{21}$k$^{h}$ɔk$^{3}$ tso$^{53}$ke$^{0}$,xei$^{53}_{44}$a$^{0}$?

【纸庄】tʂʅ$^{21}$tsɔŋ$^{35}$ 名 专门买卖纸张的店铺：你底下个欸箇个做纸个纸槽，箇纸槽里做倒有纸嘞就送下～里。～里同你负责彝倒去卖，你自家卖，卖箇只价钱唔倒。ɲi$^{13}_{21}$tei$^{21}$xa$^{53}$ke$^{53}$e$_{21}$kai$^{53}_{44}$ ke$^{53}_{44}$tso$^{53}$tʂʅ$^{21}$ke$^{53}$tʂʅ$^{21}$ts$^{h}$au$^{13}$,kai$^{53}$tʂʅ$^{21}$ts$^{h}$au$^{13}$li$^{0}$ tso$^{53}$tau$^{21}$iəu$^{35}_{44}$tʂʅ$^{21}$lei$^{0}$ ts$^{h}$iəu$^{53}_{44}$səŋ$^{53}$ŋa$^{53}_{44}$tʂʅ$^{21}$tsɔŋ$^{35}$li$^{0}$ .tʂʅ$^{21}$tsɔŋ$^{35}$li$^{0}$ t$^{h}$əŋ$^{13}_{21}$ɲi$^{13}_{21}$fu$^{53}$tset$^{3}$ u$^{21}$tau$^{21}$çi$^{53}_{44}$mai$^{53}$, ɲi$^{13}_{21}$ts$^{h}$ʅ$^{35}$ka$^{35}_{44}$mai$^{53}$,mai$^{53}$kai$^{53}$tʂak$^{3}$ cia$^{53}$ts$^{h}$ien$^{13}_{44}$n̩$^{13}_{44}$tau$^{21}_{44}$.

【纸子】tʂʅ$^{21}$tsʅ$^{0}$ 名 纸张：箇个牌位嘞就彝滴子～，搞滴子草纸子，和牌位烧嘿去。kai$^{53}_{44}$ke$^{53}_{44}$ p$^{h}$ai$^{13}$uei$^{53}_{44}$le$^{0}$ ts$^{h}$iəu$^{53}_{44}$u$^{21}$tiet$^{5}$ tsʅ$^{0}$ tʂʅ$^{21}$tsʅ$^{0}$,kau$^{21}$tiet$^{5}$ tsʅ$^{0}$ ts$^{h}$au$^{21}$tʂʅ$^{21}$tsʅ$^{0}$,uo$^{53}$p$^{h}$ai$^{13}_{21}$uei$^{53}_{44}$ʂau$^{35}_{44}$(x)ek$^{3}$ çi$^{53}_{21}$.

【指$_{1}$】tʂʅ$^{21}$ 动 ①用手指或物体尖端对着，向着：～下子 tʂʅ$^{21}$(x)a$^{53}$tsʅ$^{0}$。②表示，说的是：祭碗不是～碗，系～供奉个东西，箇个一碗一碗个菜。tsi$^{53}$uɔn$^{21}$pət$^{3}$ ʂʅ$^{53}$tʂʅ$^{21}$uɔn$^{21}$,xe$^{53}$tʂʅ$^{21}$kɔŋ$^{53}$fɔŋ$^{53}$ke$^{53}_{44}$ tɔŋ$^{35}$si$^{0}$ ,kai$^{53}_{44}$ke$^{53}_{44}$iet$^{3}$ uɔn$^{21}$iet$^{3}$ uɔn$^{21}$ke$^{53}_{44}$ts$^{h}$ɔi$^{53}$.｜箇个～换茶食个箇个核桃哇。kai$^{53}$ke$^{53}$tʂʅ$^{21}$uɔn$^{53}$ts$^{h}$a$^{13}$ ʂət$^{5}$ ke$^{53}$kai$^{53}_{44}$ke$^{53}_{44}$xek$^{3}$ t$^{h}$au$^{13}$ua$^{0}$. ③点明，告知：哪映搞得唔好个归渠负责，渠～出来。la$^{53}_{44}$iaŋ$^{53}_{44}$ kau$^{21}$tek$^{3}$ ŋ̍$^{13}$xau$^{21}$ke$^{53}$kuei$^{35}$ci$^{13}_{21}$fu$^{53}$tsek$^{3}$,ci$^{13}$tʂʅ$^{21}$tʂ$^{h}$ət$^{3}$ lɔi$^{13}$.

【指$_{2}$】tʂʅ$^{21}$ 量 用于计算深浅宽窄等，“一指”相当于一个手指头的宽度：一～宽 iet$^{3}$ tʂʅ$^{21}$k$^{h}$ɔn$^{35}$

【指甲缝】tʂʅ$^{21}$kait$^{3}$ p$^{h}$əŋ$^{53}$ 名 指甲前端与皮肉连接处的缝隙：～里就爱经常去挖，唔系就有咁个墨乌个泥箇兜。tʂʅ$^{21}$kait$^{3}$ p$^{h}$əŋ$^{53}$li$^{0}$ ts$^{h}$iəu$^{53}_{44}$ɔi$^{53}_{44}$cin$^{35}$tʂ$^{h}$ɔŋ$^{13}_{21}$çi$^{53}$ua$^{35}$,m̩$^{13}_{21}$p$^{h}$ei$^{53}$ts$^{h}$iəu$^{53}_{44}$iəu$^{35}$kan$^{21}$ke$^{53}_{44}$mek$^{5}$ u$^{35}_{44}$ ke$^{53}_{44}$lai$^{13}$kai$^{53}_{44}$te$^{35}_{53}$.

【指甲盖】tʂʅ$^{21}$kait$^{3}$ kɔi$^{53}$ 名 指甲。又称“手指甲”：我等都搞过，撞怕婚小心个时候子～都翻嘿哩个都搞过，欸有，～都翻嘿哩。ŋai$^{13}$tien$^{0}$ təu$^{35}_{53}$kau$^{21}$ko$^{53}$,ts$^{h}$ɔŋ$^{21}$p$^{h}$a$^{53}$maŋ$^{13}$siau$^{21}$sin$^{35}$ke$^{53}$ʂʅ$^{13}$xei$^{53}$ tsʅ$^{0}$ tʂʅ$^{21}$kait$^{3}$ kɔi$^{53}$təu$^{35}_{44}$fan$^{35}$nek$^{3}$ li$^{0}$ ke$^{53}_{44}$təu$^{35}_{44}$kau$^{21}$ko$^{53}$,e$_{44}$iəu$^{35}$,tʂʅ$^{21}$kait$^{3}$ kɔi$^{53}$təu$^{35}_{44}$fan$^{35}$nek$^{3}$ li$^{0}$.

【指甲花】tʂʅ$^{21}$kait$^{3}$ fa$^{35}$ 名 凤仙花：我等细细子拿倒箇～呃去揠倒箇籽籽啊去曳。到处生倒有，唔知几烂贱，箇兜～也唔知几烂贱。ŋai$^{13}_{21}$tien$^{0}$ sei$^{53}$sei$^{53}$tsʅ$^{0}$ la$^{53}$tau$^{21}_{44}$kai$^{53}_{44}$tʂʅ$^{21}$kait$^{3}$ fa$^{35}$ə$_{21}$çi$^{53}$ia$^{21}$tau$^{21}$kai$^{53}$ tsʅ$^{21}$tsʅ$^{21}$a$^{0}$ çi$^{53}_{44}$ie$^{53}$.tau$^{53}$tʂ$^{h}$əu$^{53}$saŋ$^{35}$tau$^{21}$iəu$^{35}$,n̩$^{13}$ti$^{35}_{53}$ci$^{21}$lan$^{53}$ts$^{h}$ien$^{53}$,kai$^{53}_{44}$te$^{35}_{44}$tʂʅ$^{21}$kait$^{3}$ fa$^{35}$ia$^{35}$n̩$^{13}$ti$^{35}_{53}$ci$^{21}$lan$^{53}$ts$^{h}$ien$^{53}$. ｜～有只好处，栽倒栽哩～个栏场冇得蛇。欸，渠等话冇得蛇，蛇怕～，蛇咯怕～。tʂʅ$^{21}$kait$^{3}$ fa$^{35}$iəu$^{35}$tʂak$^{3}$ xau$^{21}$tʂ$^{h}$əu$^{53}$,tsɔi$^{35}$tau$^{21}$tsɔi$^{35}$li$^{0}$ tʂʅ$^{21}$kait$^{3}$ fa$^{35}$ke$^{0}$ laŋ$^{13}_{21}$tʂ$^{h}$ɔŋ$^{13}_{44}$mau$^{13}$tek$^{3}$ ʂa$^{13}$.e$_{21}$,ci$^{13}$tien$^{0}$ ua$^{53}$ mau$^{13}$tek$^{3}$ ʂa$^{13}$,ʂa$^{13}$p$^{h}$a$^{53}$tʂʅ$^{21}$kait$^{3}$ fa$^{35}$,ʂa$^{13}$ko$^{0}$ p$^{h}$a$^{53}$tʂʅ$^{21}$kait$^{3}$ fa$^{35}_{44}$.

【指甲剪】tʂʅ$^{21}$kait$^{3}$ tsien$^{21}$ 名 用来剪指甲的工具：用～来剪手指甲。iɔŋ$^{53}$tʂʅ$^{21}$kait$^{3}$ tsien$^{21}$nɔi$^{13}_{44}$tsien$^{21}$ ʂəu$^{21}$tʂʅ$^{21}$kait$^{3}$.

【枳壳】tʂət$^{3}$ k$^{h}$ɔk$^{3}$ 名 中药名，是枳类植物已成熟的果实。皮薄中虚，风干后可入药，有消积、化痰、止痛、治胸腹胀满等作用：～又还～。/做药个，以映去做药个。tʂət$^{3}$ k$^{h}$ɔk$^{3}$ iəu$^{53}$uan$^{13}$ tʂət$^{3}$ k$^{h}$ɔk$^{3}$ ./tso$^{53}_{44}$iɔk$^{5}$ ke$^{53}_{44}$,i$^{21}$iaŋ$^{53}_{44}$çi$^{53}_{44}$tso$^{53}$iɔk$^{5}$ ke$^{53}_{21}$.

【质量】tʂət$^{3}$ liɔŋ$^{53}$ 名 优劣程度：箇个～唔好。kai$^{53}_{44}$ke$^{53}_{44}$tʂət$^{3}$ liɔŋ$^{53}$n̩$^{13}_{21}$xau$^{21}$.

【炙】tʂak$^{3}$ 动 烤火取暖：～倒火笼子。tʂak$^{3}$ tau$^{21}_{44}$fo$^{21}$ləŋ$^{35}$tsʅ$^{0}$.

【炙火】tʂak$^{3}$ fo$^{21}$ 动 烤火，近火取暖：～，我等以映子就我客家人就有咁个唠，从最大个就火炉间，系唔系啊？欸，火炉间以下就火盆。落尾就唔系火缸唠，系呀？火缸嘞以下就火斗。我等客姓人最多个就火斗摎火笼。如今火笼就冇得哩，我等以映火笼冇得哩，火斗就还有。tʂak$^{3}$ fo$^{21}$,ŋai$^{13}$tien$^{0}$ i$^{21}_{44}$iaŋ$^{53}$tsʅ$^{0}$ ts$^{h}$iəu$^{0}$ ŋai$^{13}_{44}$k$^{h}$ak$^{3}$ ka$^{35}_{53}$nin$^{13}_{21}$ts$^{h}$iəu$^{53}_{44}$iəu$^{35}_{44}$kan$^{21}_{13}$cie$^{53}_{44}$lau$^{0}$,ts$^{h}$əŋ$^{13}$tsei$^{53}$t$^{h}$ai$^{53}$ke$^{53}_{44}$tsiəu$^{53}_{44}$

fo$^{21}$ləu$^{13}$kan$^{35}$,xei$^{53}_{44}$me$^{53}_{44}$a$^{0}$?e$_{21}$,fo$^{13}$ləu$^{13}$kan$^{35}$i$^{35}$xa$^{53}$ts$^{h}$iəu$^{53}_{44}$fo$^{21}$p$^{h}$ən$^{13}$.lɔk$^{5}$mi$^{35}_{44}$ts$^{h}$iəu$^{53}_{44}$m̩$^{13}_{21}$p$^{h}$e$_{44}$(←xe$^{53}$)fo$^{21}$kɔŋ$^{35}$lau$^{0}$,xei$^{53}_{44}$ia$^{0}$?fo$^{21}$kɔŋ$^{35}$lei$^{0}$i$^{35}_{21}$xa$^{53}$ts$^{h}$iəu$^{53}_{44}$fo$^{21}$tei$^{21}$.ŋai$^{13}$tien$^{0}$k$^{h}$ak$^{3}$sin$^{53}_{44}$ɲin$^{13}$tsei$^{53}$to$^{35}_{44}$ke$^{53}_{44}$ts$^{h}$iəu$^{53}_{44}$fo$^{21}$tei$^{21}$lau$^{35}$fo$^{21}$ləŋ$^{13}$.i$^{13}_{21}$cin$^{35}_{44}$fo$^{21}$ləŋ$^{13}$ts$^{h}$iəu$^{53}$mau$^{13}_{21}$tek$^{3}$li$^{0}$,ŋai$^{13}_{21}$tien$^{0}$i$^{21}$iaŋ$^{53}_{44}$fo$^{21}$ləŋ$^{13}$mau$^{13}_{21}$tek$^{3}$li$^{0}$,fo$^{21}$tei$^{21}$ts$^{h}$iəu$^{53}$xai$^{13}_{21}$iəu$^{35}_{44}$.

【炙日头】tʂak$^{3}$ɲiet$^{3}$t$^{h}$ei$^{13}$ 在阳光下曝晒取暖：冬下头就～，以下到哩四五月了就唔想炙了，就有人炙哩。təŋ$^{35}$xa$^{53}_{44}$t$^{h}$ei$^{13}_{21}$ts$^{h}$iəu$^{53}$tʂak$^{3}$ɲiet$^{3}$t$^{h}$ei$^{13}$,i$^{21}$xa$^{53}$tau$^{53}$li$^{0}$si$^{53}$ŋ̍$^{21}$ɲiet$^{5}$liau$^{0}$ts$^{h}$iəu$^{53}$n̩$^{13}_{21}$siɔŋ$^{21}$tʂak$^{3}$liau$^{0}$,ts$^{h}$iəu$^{53}$mau$^{13}_{44}$ɲin$^{13}_{44}$tʂak$^{3}$li$^{0}$.

【治丧】tʂ$^{h}$ʅ$^{53}$sɔŋ$^{35}$ 动 办理丧事：就系安做～啊，就都系～啊，渠请倒乐队来呀，热闹下子啊安做。请倒箇个人来吹几天子唠。唢呐箇只唠。从前是就系和道士一下请。欸，我请六个或者请八个人。渠就分四个子人就做道场，剩下滴分四个子人呢就专门同你吹吹打打。用唢呐，用二胡，用笛子，锣鼓，咁子搞，吹吹打打。就舞丧事，丧事冷冷蓬蓬，丧事，办丧事冰冷个，就热闹下子。ts$^{h}$iəu$^{53}$xei$^{53}_{44}$ɔn$^{35}_{44}$tso$^{53}_{44}$tʂ$^{h}$ʅ$^{53}$sɔŋ$^{35}$ŋa$^{0}$,ts$^{h}$iəu$^{53}_{44}$təu$^{35}$xei$^{53}_{44}$tʂ$^{h}$ʅ$^{53}$sɔŋ$^{35}$ŋa$^{0}$,ci$^{13}$ts$^{h}$iaŋ$^{21}$tau$^{21}$iɔk$^{5}$ti$^{53}$lɔi$^{13}_{21}$ia$^{0}$,ɲiet$^{5}$lau$^{53}$a$^{0}$tsa$^{0}$ɔn$^{35}_{44}$tso$^{53}_{44}$.ts$^{h}$iaŋ$^{21}$tau$^{21}$kai$^{53}$ke$^{53}_{44}$ɲin$^{13}_{21}$lɔi$^{13}_{21}$tʂ$^{h}$ei$^{35}$ci$^{21}$t$^{h}$ien$^{35}$tsʅ$^{0}$lau$^{0}$.so$^{21}$la$^{0}$kai$^{53}_{44}$tʂak$^{3}$lau$^{0}$.ts$^{h}$əŋ$^{13}$ts$^{h}$ien$^{13}$ʂʅ$^{53}_{44}$ts$^{h}$iəu$^{53}_{44}$xei$^{53}_{44}$uo$^{53}$t$^{h}$au$^{53}$sʅ$^{53}_{44}$iet$^{3}$xa$^{53}$ts$^{h}$iaŋ$^{21}$.e$_{21}$,ŋai$^{13}$ts$^{h}$iaŋ$^{21}$liəuk$^{3}$cie$^{53}$xɔit$^{5}$tʂa$^{21}$ts$^{h}$iaŋ$^{21}$pait$^{3}$cie$^{53}$ɲin$^{13}$.ci$^{13}_{21}$ts$^{h}$iəu$^{53}_{44}$pən$^{35}$si$^{53}$ke$^{53}$tsʅ$^{0}$ɲin$^{13}$ts$^{h}$iəu$^{53}_{44}$tso$^{53}$t$^{h}$au$^{53}$tʂ$^{h}$ɔŋ$^{13}$,ʂən$^{53}$çia$^{53}$tet$^{3}$pən$^{35}$si$^{53}$ke$^{53}$tsʅ$^{0}$ɲin$^{13}$ne$^{0}$ts$^{h}$iəu$^{53}_{44}$tʂen$^{35}$mən$^{13}_{21}$t$^{h}$əŋ$^{13}_{21}$ɲi$^{13}_{21}$tʂ$^{h}$ei$^{35}$tʂ$^{h}$ei$^{35}_{44}$ta$^{21}$ta$^{21}$.iəŋ$^{53}$so$^{21}$la$^{0}$,iəŋ$^{53}_{44}$ɲi$^{53}$fu$^{13}$,iəŋ$^{53}_{44}$t$^{h}$iet$^{5}$tsʅ$^{0}$,lo$^{13}$ku$^{21}$,kan$^{21}$tsʅ$^{0}$kau$^{21}$,tʂ$^{h}$ei$^{35}$tʂ$^{h}$ei$^{35}_{44}$ta$^{21}$ta$^{21}$.ts$^{h}$iəu$^{53}_{44}$u$^{21}$sɔŋ$^{53}_{21}$sʅ$^{53}_{44}$,sɔŋ$^{53}_{21}$sʅ$^{53}_{44}$laŋ$^{35}$laŋ$^{35}_{44}$p$^{h}$aŋ$^{13}_{21}$p$^{h}$aŋ$^{13}$,sɔŋ$^{53}_{21}$sʅ$^{53}_{21}$,p$^{h}$an$^{53}_{44}$sɔŋ$^{53}_{44}$sʅ$^{53}_{21}$pin$^{35}$naŋ$^{35}$ke$^{53}$,ts$^{h}$iəu$^{53}_{44}$ɲiet$^{5}$lau$^{53}$a$^{0}$tsʅ$^{0}$.

【致辞】tʂʅ$^{53}$ts$^{h}$ʅ$^{13}$ 动 在仪式上讲表示勉励、感谢、祝贺、哀悼等的话：渠医院里个领导箇只嘞只系来讲下子话，致下子辞。ci$^{13}_{21}$i$^{35}$vien$^{53}$li$^{21}$cie$^{53}_{44}$lin$^{35}$t$^{h}$au$^{53}$kai$^{53}_{44}$tʂak$^{3}$lei$^{0}$tʂe$^{21}$xe$^{53}_{44}$lɔi$^{13}_{21}$kɔŋ$^{21}$ŋa$^{53}_{44}$tsʅ$^{0}$fa$^{53}$,tʂʅ$^{53}$a$^{53}_{44}$tsʅ$^{0}$ts$^{h}$ʅ$^{13}$.

【致见】tʂʅ$^{53}$cien$^{53}$ 动 新娘与夫家长辈相见：开头箇映子嬒讲噢，开头箇个讨新人个栏场啊，就新人，新娘子进来哩吵，爱～。爱～呢。同家娘家倌～。阿公阿婆。爱见面。就～。大人还爱拿只红包，～包。k$^{h}$ɔi$^{35}$t$^{h}$ei$^{13}_{21}$kai$^{53}$iaŋ$^{53}_{44}$tsʅ$^{0}$maŋ$^{13}_{21}$kɔŋ$^{21}$au$^{0}$,k$^{h}$ɔi$^{35}$t$^{h}$ei$^{13}_{21}$kai$^{53}_{44}$ke$^{53}_{44}$t$^{h}$au$^{21}$sin$^{35}$ɲin$^{13}_{21}$cie$^{53}_{44}$laŋ$^{13}_{21}$tʂ$^{h}$ɔŋ$^{13}_{21}$ŋa$^{0}$,tsiəu$^{53}_{44}$sin$^{35}$ɲin$^{13}_{21}$,sin$^{35}$ɲiɔŋ$^{13}_{21}$tsʅ$^{0}$tsin$^{53}$lɔi$^{13}_{21}$li$^{0}$ʂa$^{0}$,ɔi$^{53}_{44}$tʂʅ$^{53}_{44}$cien$^{53}$.ɔi$^{53}_{44}$tʂʅ$^{53}_{44}$cien$^{53}$ne$^{0}$.t$^{h}$əŋ$^{13}_{21}$ka$^{35}$ɲiɔŋ$^{13}_{21}$ka$^{35}$kɔn$^{35}_{44}$tʂʅ$^{53}_{44}$cien$^{53}$.a$^{35}$kəŋ$^{35}_{44}$a$^{35}$p$^{h}$o$^{13}_{21}$.ɔi$^{53}_{44}$cien$^{53}_{44}$mien$^{53}$.ts$^{h}$iəu$^{53}_{44}$tʂʅ$^{53}$cien$^{53}$.t$^{h}$ai$^{53}$ɲin$^{13}_{21}$xai$^{13}_{21}$ɔi$^{53}_{44}$la$^{53}$tʂak$^{3}$fəŋ$^{13}$pau$^{35}_{44}$,tʂʅ$^{53}$cien$^{53}$pau$^{35}$.

【致见包】tʂʅ$^{53}$cien$^{53}$pau$^{35}$ 名 初次见面时馈赠的红包：譬如正出世个人，或者正成亲个人，正讨归来个新舅哇，系唔系？第一次见面欸爱拿～，长辈爱拿～。打比样欸我新舅第一次从广东来到以映子，箇我等箇就爱拿～啦，欸。我娭子啊，都爱拿～啦。p$^{h}$ei$^{53}$ɥ$^{13}_{21}$tʂaŋ$^{53}$tʂ$^{h}$ət$^{3}$ʂʅ$^{53}$ke$^{53}$ɲin$^{13}_{21}$,xɔit$^{5}$tʂa$^{21}$tʂaŋ$^{53}$tʂ$^{h}$ən$^{13}$ts$^{h}$in$^{35}$ke$^{53}$ɲin$^{13}_{44}$,tʂaŋ$^{53}$t$^{h}$au$^{21}$kuei$^{35}_{44}$lɔi$^{13}_{21}$ke$^{53}_{44}$sin$^{35}$c$^{h}$iəu$^{35}$ua$^{0}$,xei$^{53}$me$^{53}$?t$^{h}$i$^{53}$iet$^{3}$ts$^{h}$ʅ$^{53}$cien$^{53}$mien$^{53}$e$_{21}$ɔi$^{53}_{44}$la$^{53}$tʂʅ$^{53}$cien$^{53}_{44}$pau$^{35}$,tʂɔŋ$^{21}$pei$^{53}$ɔi$^{53}$la$^{53}$tʂʅ$^{53}$cien$^{53}_{21}$pau$^{35}$.ta$^{21}$pi$^{21}$iɔŋ$^{53}_{44}$e$_{21}$ŋai$^{13}$sin$^{35}$c$^{h}$iəu$^{35}$t$^{h}$i$^{53}$iet$^{3}$ts$^{h}$ʅ$^{53}$ts$^{h}$əŋ$^{13}$kɔŋ$^{21}$təŋ$^{35}$lɔi$^{13}$tau$^{53}$i$^{21}$iaŋ$^{53}$tsʅ$^{0}$,kai$^{53}_{21}$ŋai$^{13}_{21}$tien$^{0}$ts$^{h}$iəu$^{53}_{44}$ɔi$^{53}_{44}$la$^{53}$tʂʅ$^{53}$cien$^{53}_{44}$pau$^{35}$la$^{0}$,e$_{21}$.ŋai$^{13}$ɔi$^{35}$tsʅ$^{0}$a$^{0}$,təu$^{35}$ɔi$^{53}$la$^{53}$tʂʅ$^{53}_{44}$cien$^{53}_{44}$pau$^{35}$la$^{0}$.｜做三朝个时候子欸箇只摸摸子正出世，姐公姐婆舅爷舅娈爱拿～。tso$^{53}$san$^{35}$tʂau$^{35}_{44}$ke$^{53}$ʂʅ$^{13}$xei$^{53}_{44}$tsʅ$^{0}$e$_{21}$kai$^{53}_{44}$tʂak$^{3}$mo$^{35}$mo$^{35}$tsʅ$^{0}$tʂaŋ$^{53}$tʂ$^{h}$ət$^{3}$ʂʅ$^{53}$,tsia$^{21}$kəŋ$^{35}_{44}$tsia$^{21}$p$^{h}$o$^{13}$c$^{h}$iəu$^{35}$ia$^{13}$c$^{h}$iəu$^{35}$me$^{35}$ɔi$^{53}_{44}$la$^{53}_{44}$tʂʅ$^{53}_{44}$cien$^{53}_{44}$pau$^{35}$.｜还有哇，我打比样我等我侄女我个侄女啊，渠谈只男朋友，带归屋下来，带倒屋下来，带下我以映来哩，我第一次见我箇只侄郎，最好也爱拿只～。箇个就见得了啦，箇个嬒拿得也好哩。xai$^{13}$iəu$^{35}_{53}$ua$^{0}$,ŋai$^{13}$ta$^{21}$pi$^{21}$iɔŋ$^{53}_{44}$ŋai$^{13}$tien$^{0}$ŋai$^{13}$tʂ$^{h}$ət$^{5}$ŋ̍$^{21}$ŋai$^{13}$ke$^{0}$tʂ$^{h}$ət$^{5}$ŋ̍$^{21}$ŋa$^{0}$,ci$^{13}$t$^{h}$an$^{13}$tʂak$^{3}$lan$^{13}$p$^{h}$əŋ$^{13}_{21}$iəu$^{35}$,tai$^{53}$kuei$^{35}$uk$^{3}$xa$^{53}_{44}$lɔi$^{13}_{44}$,tai$^{53}$tau$^{21}_{44}$uk$^{3}$xa$^{53}$lɔi$^{13}_{44}$,tai$^{53}$ia$^{53}$ŋai$^{13}$i$^{21}$iaŋ$^{53}$lɔi$^{13}_{21}$li$^{0}$,ŋai$^{13}$t$^{h}$i$^{53}$iet$^{3}$ts$^{h}$ʅ$^{53}$cien$^{53}$ŋai$^{13}$kai$^{53}$tʂak$^{3}$tʂ$^{h}$ət$^{5}$lɔŋ$^{13}$,tsei$^{53}$xau$^{21}$ia$^{35}$ɔi$^{53}$la$^{53}$tʂak$^{3}$tʂʅ$^{53}$cien$^{53}$pau$^{35}$.kai$^{53}$ke$^{53}_{44}$ts$^{h}$iəu$^{53}_{44}$cien$^{53}$tek$^{3}$liau$^{21}_{44}$la$^{0}$,kai$^{53}$ke$^{53}_{44}$maŋ$^{13}$la$^{53}$tek$^{3}$a$^{35}_{53}$xau$^{21}$li$^{0}$.

【痔疮】tʂ$^{h}$ʅ$^{53}$ts$^{h}$ɔŋ$^{35}$ 名 病名，主要是由于直肠内静脉血管扩大曲张而成：十男九痔，十只男子人有八九只都有～啊。我也首先有～嘞，又嬒整又嬒让门子，落尾慢慢子好哩呢。ʂət$^{5}$lan$^{13}$ciəu$^{21}$tʂ$^{h}$ʅ$^{53}$,ʂət$^{5}$tʂak$^{3}$lan$^{13}$tsʅ$^{0}$ɲin$^{13}_{44}$iəu$^{35}_{53}$pait$^{3}$ciəu$^{21}$tʂak$^{3}$təu$^{35}_{44}$iəu$^{35}_{44}$tʂ$^{h}$ʅ$^{53}$ts$^{h}$ɔŋ$^{35}_{44}$ŋa$^{0}$.ŋai$^{13}$ia$^{35}_{53}$ʂəu$^{21}$sien$^{35}_{44}$iəu$^{35}_{44}$tʂ$^{h}$ʅ$^{53}$ts$^{h}$ɔŋ$^{35}_{44}$lei$^{0}$,iəu$^{53}$maŋ$^{13}$tʂaŋ$^{21}$iəu$^{53}$maŋ$^{13}$ɲiɔŋ$^{53}$mən$^{13}_{44}$tsʅ$^{0}$,lɔk$^{5}$mi$^{35}_{44}$man$^{53}$man$^{53}$tsʅ$^{0}$xau$^{21}$li$^{0}$nei$^{0}$.

【窒$_{1}$】tsət$^{5}$ 名 塞子：方眼上嘞就做只子树～。树做个～。fɔŋ$^{35}$ŋan$^{21}$xɔŋ$^{53}_{44}$lei$^{0}$ts$^{h}$iəu$^{53}_{44}$tso$^{53}_{44}$tʂak$^{3}$tsʅ$^{0}$ʂəu$^{53}$tsət$^{5}$.ʂəu$^{53}$tso$^{53}_{21}$ke$^{53}_{21}$tsət$^{5}$.

【窒$_{2}$】tsət$^{5}$ 动 ①堵住器物口的空隙，堵塞：（酒罂）箇只嘴嘞就平时就～稳，安做～稳呢，就密封啊，莫分渠出气呀。kai$^{53}_{44}$tʂak$^{3}$tsi$^{21}$lei$^{0}$ts$^{h}$iəu$^{53}$p$^{h}$in$^{13}$ʂʅ$^{13}$ts$^{h}$iəu$^{53}_{44}$tsət$^{5}$uən$^{21}$,ɔn$^{35}_{44}$tso$^{53}_{44}$tsət$^{5}$uən$^{21}$

ne$^{0}$,tsʰiəu$^{53}_{44}$miet$^{5}$ fəŋ$^{35}$ŋa$^{0}$,mək$^{5}$ pən$^{35}_{44}$ci$^{13}_{44}$tʂʰət$^{3}$ çi$^{53}$ia$^{0}$. ②用力摁入：就拿倒锁匙，～下进去。tsʰiəu$^{53}_{44}$ la$^{53}$tau$^{21}$so$^{21}$ʂʅ$^{0}$,tsət$^{3}$ la$_{44}$(←xa$^{53}$)tsin$^{53}$cʰi$_{44}$. | 欸，舞只盆子，装倒个灰，～下箇禾蔸下去，蔸蔸禾蔸下都～，都～一蒲灰，～一抠灰去。e$_{21}$,u$^{21}$tʂak$^{3}$ pʰən$^{13}$tsʅ$^{0}$,tʂəŋ$^{35}$tau$^{21}$ke$^{53}_{21}$fəi$^{35}$,tsət$^{5}$ la$^{53}$(←xa$^{53}$)kai$^{53}_{44}$ uo$^{13}$tei$^{35}_{44}$xa$^{35}$çi$^{53}$,tei$^{35}$tei$^{35}$uo$^{13}$tei$^{35}_{44}$xa$^{35}$təu$^{35}_{44}$tsət$^{5}$,təu$^{35}_{44}$tsət$^{5}$ iet$^{3}$ pʰu$^{13}_{21}$fəi$^{35}$,tsət$^{5}$ iet$^{3}$ ia$^{21}$fəi$^{35}$çi$^{53}$. ③头向下摔倒：～下去 tsət$^{5}$xa$^{35}$çi$^{53}$ 倒栽葱

【窒灰】tsət$^{3}$ fəi$^{35}$ 动 将灰肥塞到禾苗的蔸部：箇阵子是硬真系有人工啊。真系为倒爱多食两只谷就硬么个办法也使尽呐。～呀。用箇个灰，欸，交兜粪，交兜屙个屎啊，就粪呐去作。去一交哇，舞兜灰，交粪一作啊，作哩以后嘞，沤一发子个时间，沤一发子，沤倒……然后箇个早禾栽下去哩，早禾栽下去哩以后，有哩箇欸转哩蔸了，半个子月，个把子月半个子月，就舞只灰盆子，分箇灰装下箇肚里，蔸蔸禾蔸下抠一抠灰去窒，安做～，窒下箇禾蔸下去。箇个人工包哇硬啊。我等硬得哩搞哩啊硬啊箇阵子。硬为哩爱多打两只谷啊，硬么个办法都使尽哩，还系饭都冇食嘞，还系长日冇饭食嘞，天天爱做事嘞。kai$^{53}$tʂʰən$_{44}$tsʅ$^{0}$ ʂʅ$_{44}$ɲiaŋ$^{53}$tʂən$^{35}$ xei$^{53}$iəu$^{35}_{44}$ɲin$^{13}$kəŋ$^{35}_{44}$ŋa$^{0}$.tʂən$^{35}$ne$^{53}_{44}$uei$^{53}$tau$^{21}$əi$^{53}$to$^{35}$ʂət$^{5}$ iəŋ$^{21}$tʂak$^{3}$ kuk$^{3}$ tsʰiəu$^{53}_{44}$ɲiaŋ$^{53}$mak$^{3}$ e$^{0}$ pʰan$^{53}$fait$^{3}$ ia$^{35}_{44}$ʂʅ$^{21}$ tsʰin$^{53}$na$^{0}$.tsət$^{3}$ fəi$^{35}$ia$^{0}$.iəŋ$^{53}$kai$^{53}$ke$^{53}$fəi$^{35}$,ei$_{21}$,ciau$^{35}$te$^{35}_{44}$pən$^{53}$,ciau$^{35}$te$^{35}_{53}$o$^{35}$ke$^{53}$ʂʅ$^{21}$ʐa$^{0}$,tsʰiəu$^{53}_{21}$pən$^{53}$na$^{0}$çi$^{53}$tsək$^{3}$. çi$^{53}$iet$^{3}$ ciau$^{35}$ua$^{0}$,u$^{21}$te$^{35}_{53}$fəi$^{35}$,ciau$^{35}_{44}$pən$^{53}$iet$^{3}$ tsək$^{3}$ a$^{0}$,tsək$^{3}$ li$^{0}$ i$^{35}_{44}$xei$^{53}_{44}$lei$^{0}$,ei$^{53}$iet$^{3}$ fait$^{3}$ tsʅ$^{0}$ ke$^{53}_{44}$ʂʅ$^{13}_{21}$kan$^{35}_{44}$,ei$^{53}$iet$^{3}$ fait$^{3}$ tsʅ$^{0}$,ei$^{53}$tau$^{21}_{44}$…vien$^{13}_{21}$xei$^{53}_{44}$kai$^{53}_{44}$kei$^{53}_{44}$tsau$^{21}$uo$^{13}$tsəi$^{35}$xa$^{35}_{44}$çi$^{53}$li$^{0}$,tsau$^{21}$uo$^{13}$tsəi$^{35}$xa$^{35}_{44}$çi$^{53}$li$^{0}$ i$^{35}_{44}$xei$^{53}$,iəu$^{35}$li$^{0}$ kai$^{53}$ ei$_{21}$tʂuən$^{21}$ni$^{0}$ tei$^{35}$liau$^{0}$,pan$^{53}$cie$^{53}$tsʅ$^{0}$ɲiet$^{5}$,cie$^{53}$pa$^{21}$tsʅ$^{0}$ɲiet$^{5}$ pan$^{53}$cie$^{53}$tsʅ$^{0}$ɲiet$^{5}$,tsʰiəu$^{53}$u$^{21}$tʂak$^{3}$ fəi$^{35}$pʰən$^{13}_{21}$tsʅ$^{21}$, pən$^{35}$kai$^{53}_{44}$fəi$^{35}$tʂəŋ$^{35}$ŋa$^{53}$kai$^{53}$təu$^{21}$li$^{0}$,tei$^{35}$tei$^{35}$uo$^{13}$tei$^{35}$xa$^{35}$ia$^{21}$iet$^{3}$ ia$^{21}$fəi$^{35}$çi$^{53}_{44}$tsət$^{3}$,ən$^{35}_{44}$tso$^{53}_{44}$tsət$^{3}$ fəi$^{35}$,tsət$^{3}$ (x)a$^{53}$ kai$^{53}_{44}$uo$^{13}$tei$^{35}_{44}$xa$^{35}_{44}$çi$^{53}_{44}$.kai$^{53}$ke$^{53}$ɲin$^{13}_{21}$kəŋ$^{35}_{44}$pau$^{35}$ua$^{0}$ɲiaŋ$^{53}$ŋa$^{0}$.ŋai$^{13}$tien$^{0}$ɲiaŋ$^{53}$tek$^{3}$ li$^{0}$ kau$^{21}$li$^{0}$ a$_{44}$ɲiaŋ$^{53}_{44}$ŋa$_{44}$kai$^{53}_{44}$ tʂʰən$^{53}$tsʅ$^{0}$. ɲiaŋ$^{53}_{44}$uei$^{53}$li$^{0}$ əi$^{53}_{44}$to$^{35}$ta$^{21}$iəŋ$^{21}$tʂak$^{3}$ kuk$^{3}$ a$^{0}$, ɲiaŋ$^{53}$mak$^{3}$ e$^{0}$ pʰan$^{53}$fait$^{3}$ təu$^{35}_{53}$ʂʅ$^{21}$tsʰin$^{53}$ni$^{0}$,xan$^{13}_{21}$nei$^{53}_{44}$ fan$^{53}$təu$^{35}_{44}$mau$^{13}_{21}$ʂət$^{5}$ le$^{0}$,xan$^{13}_{21}$ne$^{53}$tʂʰəŋ$^{13}$ɲiet$^{3}$ mau$^{13}$fan$^{53}$ʂət$^{5}$ lei$^{0}$,tʰien$^{35}_{44}$tʰien$^{35}_{53}$əi$^{53}$tso$^{53}$sʅ$^{53}$le$^{0}$.

【窒子】tsət$^{5}$ tsʅ$^{0}$ 名 瓶塞儿：箇热水瓶顶高箇只就安做热水瓶～。kai$^{53}_{44}$ɲiet$^{5}$ ʂei$^{21}$pʰin$^{13}$taŋ$^{21}$kau$^{35}_{44}$ kai$^{53}$tʂak$^{3}$ tsiəu$^{53}_{44}$ən$^{35}_{44}$tso$^{53}_{44}$ɲiet$^{5}$ ʂei$^{21}$pʰin$^{13}$tsət$^{5}$ tsʅ$^{0}$.

【痣】tʂʅ$^{53}$ 名 人体皮肤所生的有色斑点，没有痛痒等感觉：欸渠等话："一～痣嘴，好食无底。"欸，讲个就系如果一个人嘴巴边有只～个话，箇只人蛮好食。咁个冇得根据。ei$_{21}$ci$^{13}$ tien$^{0}$ua$^{53}$:"iet$^{3}$ tʂʅ$^{53}$tʂʅ$^{53}$tsi$^{21}$,xau$^{53}$ʂət$^{5}$ u$^{13}$ti$^{21}$."e$_{21}$,kəŋ$^{21}$ke$^{53}_{44}$tsʰiəu$^{53}$xe$^{53}_{44}$ʮ$^{13}$ko$^{21}$iet$^{3}$ ke$^{53}$ɲin$^{13}_{44}$tsi$^{21}$pa$^{35}_{44}$pien$^{35}$iəu$^{35}$ tʂak$^{3}$ tʂʅ$^{53}$ke$^{53}_{44}$fa$^{53}_{44}$,kai$^{53}$tʂak$^{3}$ ɲin$^{13}_{21}$man$^{13}$xau$^{53}_{44}$ʂət$^{5}$.kan$^{13}_{21}$ke$^{53}$mau$^{13}$tek$^{3}$ ken$^{35}_{44}$tʂʮ$^{53}_{44}$.

【滞滞二二】tʂʰʅ$^{53}$tʂʰʅ$^{53}_{44}$ɲi$^{53}$ɲi$^{53}$ 形 因害怕、害羞等原因而犹豫不决：我买哩车以后呀～，总唔敢开。ŋai$^{13}$mai$^{35}$li$^{0}$ tʂʰa$^{35}$i$^{35}_{44}$xei$^{53}$ia$^{0}$ tʂʰʅ$^{53}$tʂʰʅ$^{53}$ɲi$^{53}$ɲi$^{53}$,tsəŋ$^{21}$n̩$^{13}$kan$^{21}$kʰəi$^{35}$. | 老师爱我到台上去拿奖状啊，我～唔敢去。lau$^{21}$ʂʅ$^{35}_{44}$əi$^{53}$ŋai$^{13}_{44}$tau$^{53}$tʰəi$^{13}$xəŋ$^{53}_{44}$çi$^{53}_{44}$la$^{53}$tsiəŋ$^{21}$tsʰəŋ$^{53}$ŋa$^{0}$,ŋai$^{13}$tʂʰʅ$^{53}$tʂʰʅ$^{53}_{44}$ɲi$^{53}$ɲi$^{53}$n̩$^{13}$kan$^{21}$çi$^{53}$.

【置】tʂʅ$^{53}$/tsʅ$^{53}$ 动 置办；购置：从前是硬爱欸生哩细人子是当姐婆个姐公姐婆个是就爱～掖子背带呀，摇篮坐枷，欸。tsʰəŋ$^{13}$tsʰien$^{13}$ʂʅ$^{53}_{44}$ɲiaŋ$^{53}$əi$^{53}_{44}$e$_{21}$saŋ$^{35}$li$^{0}$ se$^{53}$ɲin$^{13}_{44}$tsʅ$^{0}$ ʂʅ$^{53}_{44}$təŋ$^{35}$tsia$^{21}$pʰo$^{13}$ke$^{53}$tsia$^{21}$ kəŋ$^{35}_{44}$tsia$^{21}$pʰo$^{13}$ke$^{53}$ʂʅ$^{53}_{44}$tsʰiəu$^{53}_{21}$əi$^{53}_{44}$tʂʅ$^{53}$pʰi$^{35}$tsʅ$^{0}$ pi$^{53}$tai$^{53}$ia$^{0}$,iau$^{13}$lan$^{13}$tsʰo$^{35}$ka$^{35}_{44}$,e$_{21}$. | 欸，～哩东西，系，欠兜子账都抵得。e$_{21}$,tʂʅ$^{53}$li$^{0}$ təŋ$^{35}$si$^{0}$,xei$^{53}$,cʰian$^{53}$tei$^{35}_{53}$tsʅ$^{0}$ tʂəŋ$^{53}$təu$^{35}_{53}$ti$^{21}$tek$^{3}$. | 箇辆车都爱蛮多钱呶～箇张车都。kai$^{53}_{44}$liəŋ$^{21}$tʂʰa$^{35}$təu$^{35}_{53}$əi$^{53}$man$^{13}$to$^{35}_{53}$tsʰien$^{13}$nau$^{0}$tsʅ$^{53}_{44}$kai$^{53}_{44}$tʂəŋ$^{35}_{44}$tʂʰa$^{35}$təu$^{35}_{53}$.

【置圆】tʂʅ$^{53}$ien$^{13}$ 形 固执；不变通：打比做生意样，欸，打比我买菜，系唔系啊？欸，买兜子辣椒。箇兜子辣椒嘞，爱三块三角钱，称倒三块三角钱。有兜人是真～呐，渠三角钱渠都爱，真～呐，欸，三角钱都爱呀。你就变通下子灵活兜子吵，系唔系？别人家多来同你做几到生意子就算哩吵，你就箇三角钱就算哩吵。真～，三角钱都爱。ta$^{21}$pi$^{21}$tso$^{53}$sen$^{35}$i$^{53}_{44}$iəŋ$^{53}_{44}$,e$_{21}$,ta$^{21}$pi$^{21}$ ŋai$^{13}_{21}$mai$^{35}$tsʰəi$^{53}$,xei$^{53}_{44}$mei$^{53}_{44}$a$^{0}$?e$_{21}$,mai$^{35}$tei$^{35}_{44}$tsʅ$^{0}$ lait$^{5}$ tsiau$^{35}_{44}$.kai$^{53}_{44}$tei$^{35}_{53}$tsʅ$^{0}$ lait$^{5}$ tsiau$^{35}_{44}$lei$^{0}$,əi$^{53}$san$^{35}$kʰuai$^{53}$san$^{35}$ kək$^{3}$ tsʰien$^{13}_{21}$,tʂʰən$^{53}$tau$^{21}$san$^{35}$kʰuai$^{53}$san$^{35}$kək$^{3}$ tsʰien$^{13}_{21}$.iəu$^{35}$tei$^{35}_{53}$ɲin$^{13}_{44}$ʂʅ$^{53}_{44}$tʂən$^{35}$tʂʅ$^{53}$ien$^{13}_{44}$na$^{0}$,ci$^{13}_{21}$san$^{35}$kək$^{3}$ tsʰien$^{13}_{21}$ci$^{13}_{44}$təu$^{35}_{44}$əi$^{53}$,tʂən$^{35}$tʂʅ$^{53}$ien$^{13}$na$^{0}$,e$_{21}$,san$^{35}$kək$^{3}$ tsʰien$^{13}$təu$^{35}_{44}$əi$^{53}$ia$^{0}$. ɲi$^{13}_{21}$tsʰiəu$^{53}$pien$^{53}$tʰəŋ$^{35}$ŋa$^{35}$tsʅ$^{0}$ lin$^{13}$xoit$^{5}$ tei$^{35}_{53}$tsʅ$^{0}$ ʂa$^{0}$,xei$^{53}$me$^{53}$?pʰiet$^{5}$ in$^{35}_{44}$ka$^{35}_{44}$to$^{35}$ləi$^{13}_{21}$tʰəŋ$^{13}_{21}$ɲi$^{13}_{21}$tso$^{53}$ci$^{21}$tau$^{53}$sen$^{35}$i$^{53}_{44}$tsʅ$^{0}$ tsʰiəu$^{53}$sən$^{53}$ni$^{0}$ ʂa$^{0}$, ɲi$^{13}$tsʰiəu$^{53}_{44}$ kai$^{53}$san$^{35}$kək$^{3}$ tsʰien$^{13}$tsiəu$^{53}_{44}$sən$^{53}$ni$^{0}$ ʂa$^{0}$.tʂən$^{35}$tʂʅ$^{53}$ien$^{13}_{21}$,san$^{35}$kək$^{3}$ tsʰien$^{13}$təu$^{35}_{44}$əi$^{53}$.

【膣货】tʂʰʅ$^{53}$fo$^{53}$ 名 詈语。多用于女性：箇只咁个细子你只～！唔怕羞，衫裤都唔着。kai$^{53}$ tʂak$^{3}$ kan$^{21}_{13}$ke$^{0}$ sei$^{53}$tsʅ$^{0}$ɲi$^{13}_{21}$tʂak$^{3}$ tʂʰʅ$^{53}$fo$^{53}$!n̩$^{13}$pʰa$^{53}$siəu$^{35}$,san$^{35}$fu$^{53}$təu$^{35}_{53}$n̩$^{13}_{21}$tʂək$^{3}$. | 箇只妹子啊，欸，真系只～，箇男女关系问题唔爱滴紧。kai$^{53}$tʂak$^{3}$ məi$^{53}$tsʅ$^{0}$ a$^{0}$,e$_{21}$,tʂən$^{35}$xei$^{53}_{21}$tʂak$^{3}$ tʂʰʅ$^{53}$fo$^{53}$,kai$^{53}$lan$^{13}$ɲy$^{21}$ kuan$^{35}_{44}$çi$^{53}$uən$^{53}$tʰi$^{13}_{21}$m̩$^{13}_{21}$məi$^{53}_{44}$tiet$^{5}$ cin$^{21}$.

Z

【膣毛】tʂʅ$^{35}$mau$^{35}$ 名女性的阴毛，也称“屄毛”：夫娘子个（阴毛）就～哇，屄毛哇。pu$^{35}$ɲioŋ$^{13}_{21}$tsʅ$^{0}$ke$^{0}$tsʰiəu$^{53}_{44}$tʂʅ$^{35}$mau$^{35}$ua$^{0}$,piet$^{3}$mau$^{35}$ua$^{0}$.

【中草药】tʂəŋ$^{35}$tsʰau$^{21}$iɔk$^{5}$ 名由草本植物制成的中国传统药物：（药米粿）就系放下几种～唠，鸡屎藤之类个。tsʰiəu$^{53}$xe$^{53}$fɔŋ$^{53}$ŋa$_{44}$(←xa$^{53}$)ci$^{21}$tʂəŋ$^{21}$tʂəŋ$^{35}$tsʰau$^{21}$iɔk$^{5}$lau$^{0}$,cie$^{35}$ʂʅ$^{21}$tʰien$^{13}$tʂʅ$^{35}_{44}$lei$^{53}_{44}$ke$^{53}$.

【中钢斧】tʂəŋ$^{35}$kɔŋ$^{53}$pu$^{21}$ 名刃口居中的斧头：还有起～，钢去中间。xai$^{13}$iəu$^{35}_{53}$çi$^{21}$tʂəŋ$^{35}$kɔŋ$^{53}$pu$^{21}$,kɔŋ$^{53}$çi$^{53}_{44}$tʂəŋ$^{35}$kan$^{35}_{44}$.｜～就更好裁么个东西。如今你像箇个安做开山子就系～，斫树啊。tʂəŋ$^{35}$kɔŋ$^{53}$pu$^{21}$tsʰiəu$^{53}$cien$^{53}$xau$^{21}$tsʰɔi$^{13}$mak$^{3}$e$^{0}$təŋ$^{35}_{44}$si$^{0}$.i$^{13}_{21}$cin$^{35}_{53}$ɲi$^{13}_{21}$tsʰiɔŋ$^{53}$kai$^{53}$ke$^{53}_{44}$ɔn$^{35}_{44}$tso$^{53}_{44}$kʰɔi$^{35}$san$^{35}_{44}$tsʅ$^{0}$tsʰiəu$^{53}$xe$^{53}$tʂəŋ$^{35}$kɔŋ$^{53}$pu$^{21}$,tʂɔk$^{3}$ʂəu$^{53}$ua$^{0}$.

【中间】tʂəŋ$^{35}$kan$^{35}$ 名方位词。①居中位置；中心：粪勺就系用木做只箇圆筒筒子，～舞条棍。pən$^{53}$ʂɔk$^{5}$tsʰiəu$^{53}_{44}$(x)e$^{53}_{44}$iəŋ$^{53}$muk$^{3}$tso$^{53}$tʂak$^{3}$kai$^{53}$ien$^{13}$tʰəŋ$^{13}_{21}$tʰəŋ$^{13}_{21}$tsʅ$^{0}$,tʂəŋ$^{35}$kan$^{35}_{44}$u$^{21}$tʰiau$^{13}$kuən$^{53}$.｜越靠倒～黏骨头个栏场就越妁。vet$^{5}$kau$^{53}_{21}$tau$^{21}_{44}$tʂəŋ$^{35}$kan$^{35}_{44}$ɲia$^{13}_{21}$kuət$^{3}$tʰei$^{13}$ke$^{53}_{44}$laŋ$^{13}$tʂʰɔŋ$^{13}_{44}$tsʰiəu$^{53}_{44}$vet$^{5}$ʂo$^{13}$. ②指在事物两端之间或两个事物之间的某处：箇岭～ kai$^{53}_{44}$liaŋ$^{35}$tʂəŋ$^{35}$kan$^{35}$｜屋～ uk$^{3}$tʂəŋ$^{35}$kan$^{35}$｜路～ ləu$^{53}$tʂəŋ$^{35}_{44}$kan$^{35}$

【中间子】tʂəŋ$^{35}$kan$^{35}_{44}$tsʅ$^{0}$ 名方位词。大约居中的时间：安做～打点。ɔn$^{35}$tso$^{53}_{44}$tʂəŋ$^{35}$kan$^{35}_{44}$tsʅ$^{0}$ta$^{21}$tian$^{21}$.

【中秋】tʂəŋ$^{35}$tsʰiəu$^{35}$ 名农历八月十五日。又称“中秋节”：八月十五就～节，欸，我等年年都～节箇晡欸食嘿夜饭话来看下子来赏下子月箇兜嘞，哦嗬，搞嘿几年都有事去哩，唔知搞么个去哩，𫟹搞得成。～是赏月咯。pait$^{3}$ɲiet$^{5}$ʂət$^{5}$ŋ̍$^{21}$tsʰiəu$^{53}_{44}$tʂəŋ$^{35}_{44}$tsʰiəu$^{35}_{44}$tsiet$^{3}$,e$_{21}$,ŋai$^{13}$tien$^{0}$ɲien$^{13}$ɲien$^{13}_{21}$təu$^{35}_{53}$tʂəŋ$^{35}_{44}$tsʰiəu$^{35}_{44}$tsiet$^{3}$kai$^{53}_{44}$pu$^{35}_{44}$e$_{21}$ʂət$^{5}$xek$^{3}$ia$^{53}$fan$^{53}$ua$^{53}$lɔi$^{13}$kʰɔn$^{53}$na$^{53}_{44}$tsʅ$^{0}$lɔi$^{13}$ʂɔŋ$^{21}$xa$^{53}_{44}$tsʅ$^{53}$ɲiet$^{5}$kai$^{53}_{44}$te$^{35}_{44}$le$^{0}$,o$_{21}$xo$_{53}$,kau$^{21}$xek$^{3}$ci$^{21}$ɲien$^{13}$təu$^{35}_{53}$iəu$^{35}$sʅ$^{53}$çi$^{53}$li$^{0}$,ŋ̍$^{13}$ti$^{35}_{53}$kau$^{21}$mak$^{3}$e$^{0}$çi$^{53}$li$^{0}$,maŋ$^{13}$kau$^{21}$tek$^{3}$ʂaŋ$^{13}_{44}$.tʂəŋ$^{35}$tsʰiəu$^{35}_{44}$ʂʅ$^{53}_{44}$ʂɔŋ$^{21}$ɲiet$^{5}$ko$^{0}$.

【中秋饼】tʂəŋ$^{35}$tsʰiəu$^{35}_{44}$piaŋ$^{21}$ 名月饼：欸，如今是～是硬唔算么个了，尽兜都唔想食了。哪阵子都过中秋，哪阵都有～食。e$_{21}$,i$^{13}_{21}$cin$^{35}_{44}$ʂʅ$^{53}_{44}$tʂəŋ$^{35}$tsʰiəu$^{35}_{44}$piaŋ$^{21}$ʂʅ$^{53}_{44}$ɲiaŋ$^{53}$ŋ̍$^{13}$sɔn$^{53}$mak$^{3}$cie$^{53}$liau$^{0}$,tsʰin$^{53}$te$^{35}_{53}$təu$^{35}_{53}$ŋ̍$^{13}$siɔŋ$^{21}$ʂət$^{5}$liau$^{0}$.lai$^{53}$tʂʰən$^{53}$tsʅ$^{0}$təu$^{35}_{44}$ko$^{53}$tʂəŋ$^{35}$tsʰiəu$^{35}$,lai$^{53}$tʂʰən$^{53}_{44}$təu$^{35}_{44}$iəu$^{35}_{44}$tʂəŋ$^{35}_{44}$tsʰiəu$^{35}_{44}$piaŋ$^{21}$ʂət$^{5}$.｜～啊，我就我等箇阵子细细子是～只有么个饼嘞？只有箇千重皮子。tʂəŋ$^{35}$tsʰiəu$^{35}_{44}$piaŋ$^{21}$ŋa$^{0}$,ŋai$^{13}$tsʰiəu$^{53}$ŋai$^{13}$tien$^{0}$kai$^{53}$tʂʰən$^{53}$tsʅ$^{0}$se$^{53}$se$^{53}$tsʅ$^{0}$ʂʅ$^{53}_{21}$tʂəŋ$^{35}_{44}$tsʰiəu$^{35}_{44}$piaŋ$^{21}$tʂʅ$^{21}$iəu$^{35}_{53}$mak$^{3}$e$^{0}$piaŋ$^{21}$lei$^{0}$?tʂʅ$^{21}$iəu$^{35}_{53}$kai$^{53}$tsʰien$^{35}_{44}$tʂʰəŋ$^{13}_{21}$pʰi$^{13}$tsʅ$^{0}$.

【中堂画】tʂəŋ$^{35}$tʰɔŋ$^{13}$fa$^{53}$ 名悬挂在厅堂正中的大幅书画：又打比□□讨老婆，欸，我爱送只～分渠，系唔系？iəu$^{53}_{44}$ta$^{21}$pi$^{21}_{44}$iəu$^{53}$tsʰʅ$^{35}$tʰau$^{21}$lau$^{21}$pʰo$^{13}$,e$_{21}$,ŋai$^{13}$ɔi$^{53}$səŋ$^{53}$tʂak$^{3}$tʂəŋ$^{35}$tʰɔŋ$^{13}_{21}$fa$^{53}$pən$^{35}_{44}$ci$^{13}_{44}$,xei$^{53}$me$^{53}_{21}$?

【中厅】tʂəŋ$^{35}$tʰaŋ$^{35}$ 名中间一进的堂屋：中间箇一进呢一般是喊……过路厅欸，就过路个厅子嘞。又过路厅子又不完全系指箇只厅子嘞。一般中间个厅子咯一般就中间就放……做天心呢。中间唔做屋嘞，中间箇栋屋嘞，同我等箇老屋样，中间就做天心呢。上厅，下厅，～啊。箇有有喊～个嘞。tʂəŋ$^{35}$kan$^{35}_{44}$kai$^{53}$iet$^{3}$tsin$^{53}$nei$^{0}$iet$^{3}$pɔn$^{35}_{44}$ʂʅ$^{53}_{44}$xan$^{53}_{44}$…ko$^{53}$ləu$^{53}$tʰaŋ$^{35}$ŋei$^{0}$,tsiəu$^{53}_{21}$ko$^{53}$ləu$^{53}$ke$^{53}_{44}$tʰaŋ$^{35}$tsʅ$^{0}$lei$^{0}$.iəu$^{53}$ko$^{53}$ləu$^{53}$tʰaŋ$^{35}_{44}$tsʅ$^{0}$iəu$^{53}$pət$^{3}$xɔn$^{13}$tsʰien$^{13}_{44}$xe$^{53}$tʂʅ$^{21}$kai$^{53}$tʂak$^{3}$tʰaŋ$^{35}_{44}$tsʅ$^{0}$lei$^{0}$.iet$^{3}$pɔn$^{35}$tʂəŋ$^{35}$kan$^{35}_{44}$ke$^{53}_{44}$tʰaŋ$^{35}$tsʅ$^{0}$ko$^{0}$iet$^{3}$pɔn$^{35}$tsʰiəu$^{53}_{44}$tʂəŋ$^{35}$kan$^{35}$tsʰiəu$^{53}_{44}$fɔŋ$^{53}$…tso$^{53}$tʰien$^{35}$sin$^{35}$nei$^{0}$.tʂəŋ$^{35}$kan$^{35}_{44}$ŋ̍$^{13}$tso$^{53}$uk$^{3}$lei$^{0}$,tʂəŋ$^{35}$kan$^{35}_{44}$kai$^{53}_{44}$təŋ$^{53}_{44}$uk$^{3}$le$^{0}$,tʰəŋ$^{13}$ŋai$^{13}$tien$^{0}$kai$^{53}$lau$^{21}$uk$^{3}$iɔŋ$^{53}_{44}$,tʂəŋ$^{35}$kan$^{35}_{44}$tsʰiəu$^{53}_{44}$tso$^{53}$tʰien$^{35}$sin$^{35}_{44}$nei$^{0}$.ʂɔŋ$^{53}$tʰaŋ$^{35}_{44}$,xa$^{35}$tʰaŋ$^{35}_{44}$,tʂəŋ$^{35}$tʰaŋ$^{35}$ŋa$^{0}$.kai$^{53}_{44}$iəu$^{35}$iəu$^{35}$xan$^{53}$tʂəŋ$^{35}$tʰaŋ$^{35}_{44}$ke$^{53}_{21}$le$^{0}$.

【中碗子】tʂəŋ$^{35}$uɔn$^{21}$tsʅ$^{0}$ 名中号的碗：我等食面个时候子啊就用～来装，用海碗就忒大哩。ŋai$^{13}$tien$^{0}$ʂət$^{5}$mien$^{53}$ke$^{53}_{44}$ʂʅ$^{13}_{44}$xei$^{53}_{44}$tsʅ$^{0}$a$^{0}$tsʰiəu$^{53}_{44}$iəŋ$^{53}_{44}$tʂəŋ$^{35}$uɔn$^{21}$tsʅ$^{0}$lɔi$^{13}_{21}$tʂɔŋ$^{35}$,iəŋ$^{53}$xɔi$^{21}$uɔn$^{21}$tsiəu$^{53}_{21}$tʰet$^{3}$tʰai$^{53}$li$^{0}$.

【中医】lau$^{21}$tʂəŋ$^{35}$i$^{35}_{44}$ 名研习中国固有医术，以治疗疾病的医生：一般讲郎中是就讲箇起咁个以前箇老～啊，讲下子渠郎中。iet$^{3}$pɔn$^{35}_{53}$kɔŋ$^{21}$lɔŋ$^{13}$tʂəŋ$^{35}$ʂʅ$^{53}_{44}$tsʰiəu$^{53}$kɔŋ$^{21}$kai$^{53}$çi$^{21}$kan$^{21}$kei$^{53}_{44}$i$^{35}$tsʰien$^{13}$kai$^{53}_{44}$lau$^{21}$tʂəŋ$^{35}$i$^{35}_{44}$a$^{0}$,kɔŋ$^{21}$xa$^{53}_{44}$tsʅ$^{0}$ci$^{13}_{44}$lɔŋ$^{13}$tʂəŋ$^{35}$.｜欸，以到我老婆病哩个话，西医就捡倒冇兜办法，欸，～就如今就尽寻～了。e$_{21}$,i$^{21}$tau$^{53}$ŋai$^{13}_{21}$lau$^{21}$pʰo$^{13}_{44}$pʰiaŋ$^{53}$li$^{0}$ke$^{53}_{44}$fa$^{53}$,si$^{35}$i$^{35}_{44}$tsʰiəu$^{53}$cian$^{21}$tau$^{21}$mau$^{13}$te$^{35}_{53}$pʰan$^{53}$fait$^{3}$,e$_{21}$,tʂəŋ$^{35}$i$^{35}_{44}$tsʰiəu$^{53}$i$^{13}_{21}$cin$^{35}_{44}$tsʰiəu$^{53}_{44}$tsʰin$^{53}$tsʰin$^{13}$tʂəŋ$^{35}$i$^{35}$liau$^{0}$.

【中乐队】tʂəŋ$^{35}$iɔk$^{5}_{3}$tei$^{53}$ 名中式乐队：搞西乐队是以十几两十年正有个，以前冇得。以前只有～，就唔系话道士箇一下就多请几个。kau$^{21}$si$^{35}$iɔk$^{5}$tei$^{53}$ʂʅ$^{53}_{44}$i$^{21}$ʂət$^{5}$ci$^{21}$liɔŋ$^{21}$ʂət$^{5}$ɲien$^{13}_{21}$tʂaŋ$^{53}$iəu$^{35}_{44}$ke$^{53}_{44}$,i$^{35}$tsʰien$^{13}_{21}$mau$^{13}_{21}$tek$^{3}$.i$^{35}$tsʰien$^{13}_{21}$tʂe$^{21}$iəu$^{35}_{44}$tʂəŋ$^{35}$iɔk$^{5}_{3}$tei$^{53}_{44}$,tsʰiəu$^{53}_{44}$m̩$^{13}_{21}$pʰe$^{53}_{44}$ua$^{53}_{44}$tʰau$^{53}$ʂʅ$^{53}_{44}$kai$^{53}_{44}$iet$^{3}$xa$^{53}_{44}$tsʰiəu$^{53}_{44}$to$^{35}$

tsʰiaŋ$^{21}$ci$^{13}_{21}$ke$^{53}$.

【忠实】tʂəŋ$^{35}$ʂət$^{5}$ 形 忠厚：欸人就爱～。我嘞长日都认为～人永远都唔吃亏。ei$_{21}$ɲin$^{13}$tsʰiəu$^{53}_{44}$ɔi$^{53}$ tʂəŋ$^{35}$ʂət$^{5}$.ŋai$^{13}$lei$^{0}$tʂʰəŋ$^{13}$ɲiet$^{3}$təu$^{35}_{53}$ɲin$^{53}$uei$^{13}_{21}$tʂəŋ$^{35}$ʂət$^{5}$ɲin$^{13}_{21}$uən$^{21}$vien$^{21}$təu$^{35}_{53}$n̩$^{13}$cʰiak$^{3}$kʰuei$^{35}_{44}$.

【盅子$_1$】tʂəŋ$^{35}$tsɿ$^{0}$ 名 酒盅子的简称：掇起～来，食一盅子。tɔit$^{3}$çi$^{21}$tʂəŋ$^{35}$tsɿ$^{0}$lɔi$^{13}_{44}$,ʂət$^{5}$iet$^{3}$tʂəŋ$^{35}$tsɿ$^{0}$.

【盅子$_2$】tʂəŋ$^{35}$tsɿ$^{0}$ 量 用酒盅子装的量：欸，箇个敬酒个人是："欸来来，食一～，食一～酒。" e$_{21}$,kai$^{53}_{44}$ke$^{53}_{44}$cin$^{53}$tsiəu$^{21}$ke$^{53}$ɲin$^{13}_{21}$ʂɿ$^{53}_{44}$:"e$^{0}$lɔi$^{13}$lɔi$^{13}$,ʂət$^{5}$(i)et$^{3}$tʂəŋ$^{35}_{44}$tsɿ$^{0}$,ʂət$^{5}$iet$^{3}$tʂəŋ$^{35}_{44}$tsɿ$^{0}$tsiəu$^{21}$."

【钟$_1$】tʂəŋ$^{35}$ 名 ①计时的器具：讲起～是，我记得箇阵子八十年代我等去屋下做工夫，一只生产队冇得一架～。尽哩命啊。还有，欸，箇回去打禾啊，走嘿十里路走倒箇映，还正下半夜两点钟哦硬哦，嗯。冇得～啊，一只队冇得～啊，嗯。kəŋ$^{21}$çi$^{21}$tʂəŋ$^{35}$ʂɿ$^{53}_{44}$,ŋai$^{13}$ci$^{53}$tek$^{3}$kai$^{53}$ tʂʰən$^{53}$tsɿ$^{0}$pait$^{3}$ʂət$^{5}$ɲien$^{13}$tʰɔi$^{53}$ŋai$^{13}_{21}$tien$^{0}$çi$^{53}$uk$^{3}$xa$^{53}_{44}$tso$^{53}$kəŋ$^{35}_{44}$fu$^{35}_{53}$,iet$^{3}$tʂak$^{3}$sien$^{35}$tsʰan$^{21}$ti$^{53}$mau$^{13}_{21}$tek$^{3}$iet$^{3}$ka$^{53}$ tʂəŋ$^{35}$.tsʰin$^{53}$ni$^{0}$miaŋ$^{53}$ŋa$^{0}$.xai$^{13}_{21}$iəu$^{35}_{53}$,e$_{21}$,kai$^{53}$fei$^{13}_{21}$çi$^{53}$ta$^{21}$uo$^{13}$a$^{0}$,tsei$^{21}$xek$^{3}$ʂət$^{5}$li$^{35}$ləu$^{53}$tsei$^{21}$tau$^{21}_{44}$kai$^{53}_{44}$iaŋ$^{53}_{44}$,xan$^{13}_{21}$ tʂaŋ$^{53}_{44}$xa$^{53}$pan$^{53}_{44}$ia$^{53}_{44}$iɔŋ$^{21}$tian$^{21}$tʂəŋ$^{35}$ŋo$^{0}$ɲiaŋ$^{53}_{44}$ŋo$^{0}$,n̩$_{21}$.mau$^{13}_{21}$tek$^{3}$tʂəŋ$^{35}$ŋa$^{0}$,iet$^{3}$tʂak$^{3}$ti$^{53}$mau$^{13}_{21}$tek$^{3}$tʂəŋ$^{35}$ŋa$^{0}$,n̩$_{44}$. ②指时间、钟点：你话走倒去打早禾啊，走倒皇碑树下，走嘿十几里路哇，走倒皇碑树下箇映子啊，还正下半夜两点～。跍倒箇家人家屋下厅子里就咁子便倒箇凳上睡一觉正天光。ɲi$^{13}$ua$^{53}$tsei$^{21}$tau$^{21}$çi$^{53}$ta$^{21}$tsau$^{21}$uo$^{13}$a$^{0}$,tsei$^{21}$tau$^{21}_{44}$uɔŋ$^{13}$pi$^{35}_{44}$ʂəu$^{53}_{44}$xa$^{53}_{44}$,tsei$^{21}$xek$^{3}$ʂət$^{5}$ci$^{21}$li$^{35}$ləu$^{53}$ua$^{0}$,tsei$^{21}$tau$^{21}_{44}$uɔŋ$^{13}$ pi$^{35}_{44}$ʂəu$^{53}_{44}$xa$^{53}_{44}$kai$^{53}_{44}$iaŋ$^{53}_{44}$tsɿ$^{0}$a$^{0}$,xan$^{13}_{21}$tʂaŋ$^{53}_{44}$xa$^{53}$pan$^{53}$ia$^{53}_{21}$iɔŋ$^{21}$tian$^{21}$tʂəŋ$^{35}_{53}$.ku$^{35}$tau$^{21}$kai$^{53}_{44}$ka$^{35}_{44}$ɲin$^{13}_{21}$ka$^{35}_{44}$uk$^{3}$xa$^{53}_{44}$tʰaŋ$^{35}$ tsɿ$^{0}$li$^{0}$tsʰiəu$^{53}$kan$^{21}$tsɿ$^{0}$pʰien$^{53}$tau$^{21}$kai$^{53}_{44}$tien$^{35}$xɔŋ$^{53}_{44}$ʂoi$^{53}$iet$^{3}$kau$^{53}_{44}$tʂaŋ$^{53}_{44}$tʰien$^{35}$kɔŋ$^{35}$.

【钟$_2$】tʂəŋ$^{35}$ 动 ①舂，捣：请你同我～，～下子唠，～碎下子唠，药钟吵，请你同我～细下子。～烂下子。tsʰiaŋ$^{21}$ɲi$^{13}_{44}$tʰəŋ$^{13}_{44}$ŋai$^{13}_{44}$tʂəŋ$^{35}$,tʂəŋ$^{35}$ŋa$_{44}$(←xa$^{53}$)tsɿ$^{0}$lau$^{0}$,tʂəŋ$^{35}$si$^{53}$xa$^{53}_{44}$tsɿ$^{0}$lau$^{0}$,iɔk$^{5}$tʂəŋ$^{35}$ ʂa$^{0}$,tsʰiaŋ$^{21}$ɲi$^{13}$tʰəŋ$^{13}_{21}$ŋai$^{13}_{21}$tʂəŋ$^{35}$sei$^{53}$xa$^{53}_{44}$tsɿ$^{0}$.tʂəŋ$^{35}$lan$^{53}_{44}$na$_{44}$(←xa$^{53}$)tsɿ$^{0}$. ②夯筑：欸，～墙也就系筑墙。因为爱拿只钟槌去～，所以欸就安做～墙。我等生产队上做保管室个时候子正好暑假，我做嘿一个月，～墙。哎呀，蛮累人，箇只路子真蛮苦。e$_{21}$,tʂəŋ$^{35}$tsʰiɔŋ$^{13}$ia$^{35}$tsʰiəu$^{53}$xe$^{53}$tʂəuk$^{3}$tsʰiɔŋ$^{13}$. in$^{35}$uei$^{53}_{44}$ɔi$^{53}_{44}$la$^{53}$tʂak$^{3}$tʂəŋ$^{35}$tʂʰei$^{13}_{21}$çi$^{53}_{44}$tʂəŋ$^{35}$,so$^{21}$i$^{35}_{44}$e$_{21}$tsʰiəu$^{53}_{44}$ɔn$^{35}_{44}$tso$^{53}_{44}$tʂəŋ$^{35}$tsʰiɔŋ$^{13}_{21}$.ŋai$^{13}$tien$^{0}$sen$^{35}_{44}$tsʰan$^{21}_{44}$ti$^{53}$xɔŋ$^{53}$ tso$^{53}$pau$^{21}$kɔn$^{21}$ʂət$^{3}$ke$^{53}$ʂɿ$^{13}_{44}$xei$^{53}_{44}$tsɿ$^{0}$tʂən$^{53}$xau$^{21}$ʂəu$^{21}$cia$^{21}$,ŋai$^{13}$tso$^{53}$xek$^{3}$iet$^{3}$cie$^{53}$ɲiet$^{5}$,tʂəŋ$^{35}$tsʰiɔŋ$^{13}_{21}$.ai$_{21}$ ia$_{21}$,man$^{13}$li$^{53}$ɲin$^{13}_{21}$,kai$^{53}_{21}$(tʂ)ak$^{3}$ləu$^{53}$tsɿ$^{0}$tʂən$^{35}$man$^{13}_{21}$kʰu$^{21}$. ③碰撞：呃，箇晡渠骑摩托车，欸，～一下欸撞伤哩啰。ə$_{21}$,kai$^{53}_{44}$pu$^{35}$ci$^{13}_{21}$cʰi$^{13}_{21}$mo$^{13}_{21}$tʰək$^{3}$tʂʰa$^{35}$,e$_{21}$,tʂəŋ$^{35}$iet$^{3}$xa$^{53}_{44}$e$^{0}$tsʰɔŋ$^{53}$ʂəŋ$^{35}$li$^{0}$lo$^{0}$.

【钟槌】tʂəŋ$^{35}$tʂʰei$^{13}$ 名 舂墙用的木杵：一种就只有一头个唠。渠是是箇起箇起安做～嘞。/两头有头个就系～。/渠嘞两……有滴嘞两边箇个更长。/更长个，箇是钟墙个。筑泥个。分箇泥筑紧来个箇个就安做钟……安做～。/以头，以一头更大，箇头就细滴子，中间一只揯手箇只只有是正以咁大子。箇个就喊～。/箇是～。iet$^{3}$tʂəŋ$^{21}$tsʰiəu$^{53}_{44}$tʂɿ$^{21}$iəu$^{35}_{53}$iet$^{3}$tʰei$^{13}$ke$^{53}$lau$^{0}$.cʰi$^{13}$ʂɿ$^{53}$ ʂɿ$^{53}_{44}$kai$^{53}$çi$^{21}$kai$^{53}_{44}$çi$^{21}_{44}$ɔn$^{35}_{44}$tso$^{53}_{44}$tʂəŋ$^{35}$tʂʰei$^{13}_{21}$le$^{0}$./iɔŋ$^{21}$tʰei$^{13}$iəu$^{35}$tʰəu$^{13}_{21}$ke$^{53}_{44}$tsʰiəu$^{53}_{44}$xei$^{53}_{44}$tʂəŋ$^{35}$tʂʰei$^{13}$./ci$^{13}_{44}$lei$^{0}$iɔŋ$^{21}$… iəu$^{35}$tet$^{5}_{3}$lei$^{0}$iɔŋ$^{21}$pien$^{35}$kai$^{53}_{44}$ke$^{53}_{44}$ken$^{53}$tʂʰəŋ$^{13}$./ken$^{53}$tʂʰəŋ$^{13}$ke$^{53}_{44}$,kai$^{53}_{44}$ʂɿ$^{53}_{44}$tʂəŋ$^{35}$tsʰiɔŋ$^{13}$ke$^{53}_{44}$.tʂəuk$^{3}$lai$^{13}$ke$^{53}_{44}$.pən$^{35}$ kai$^{53}_{44}$lai$^{13}$tʂəuk$^{3}$cin$^{21}$lɔi$^{13}$ke$^{53}$kai$^{53}_{44}$ke$^{53}_{44}$tsʰiəu$^{53}_{44}$ɔn$^{35}_{44}$tso$^{53}_{44}$tʂəŋ$^{35}_{21}$…ɔn$^{35}$tso$^{53}$tʂəŋ$^{35}$tʂʰei$^{13}_{21}$./i$^{21}$tʰei$^{13}_{21}$,i$^{21}$iet$^{3}$tʰei$^{13}_{21}$ken$^{53}$ tʰai$^{53}$,kai$^{53}$tʰei$^{13}$tsiəu$^{53}_{44}$se$^{53}$tiet$^{5}$tsɿ$^{0}$,tʂəŋ$^{35}$kan$^{35}_{53}$iet$^{3}$tʂak$^{3}$ia$^{21}$ʂəu$^{21}$kai$^{53}$tʂak$^{3}$tʂe$^{21}$iəu$^{35}_{44}$sɿ$^{53}$tʂaŋ$^{53}_{44}$i$^{21}$kan$^{21}$tʰai$^{53}$ tsɿ$^{0}$.kai$^{53}_{44}$ke$^{53}_{44}$tsʰiəu$^{53}_{44}$xan$^{53}_{44}$tʂəŋ$^{35}$tʂʰei$^{13}$./kai$^{53}_{44}$ʂɿ$^{53}_{44}$tʂəŋ$^{35}$tʂʰei$^{13}_{21}$.

【钟头】tʂəŋ$^{35}$tʰei$^{13}_{21}$ 名 小时：（黎明家祭）打渠两三个～。ta$^{21}$ci$^{13}_{44}$iɔŋ$^{21}$san$^{35}_{44}$ke$^{53}_{44}$tʂəŋ$^{35}$tʰei$^{13}_{21}$.

【肿】tʂəŋ$^{21}$ 动 ①皮肉浮胀：（虚）也系～，箇就冇得咁厉害个～。ia$^{35}$xei$^{53}$tʂəŋ$^{21}$,kai$^{53}$tsʰiəu$^{53}$mau$^{13}$ tek$^{3}$kan$^{21}$li$^{53}$xɔi$^{53}$ke$^{53}_{44}$tʂəŋ$^{21}$. ②吃（多用于骂人）：你～饱下子嘞！ɲi$^{13}$tʂəŋ$^{21}$pau$^{21}$ua$^{53}$(←xa$^{53}$)tsɿ$^{0}$lei$^{0}$！骂小孩子的话

【肿冤枉】tʂəŋ$^{21}$ien$^{35}$uɔŋ$^{21}$ 吃冤枉，贪赃枉法（多用于骂人）：箇就讲欸冤枉鬼。肿……安做渠～。唔喊渠食冤枉，喊渠～。肿多哩冤枉啊！kai$^{53}_{44}$tsiəu$^{53}_{44}$kɔŋ$^{21}$e$_{21}$ien$^{35}_{44}$uɔŋ$^{21}$kuei$^{21}$.tʂəŋ$^{21}$…ɔn$^{35}_{44}$tso$^{53}_{44}$ ci$^{13}_{21}$tʂəŋ$^{21}$ien$^{35}$uɔŋ$^{21}$.n̩$^{13}$xan$^{53}$ci$^{13}_{21}$ʂət$^{5}$ien$^{35}$uɔŋ$^{21}$,xan$^{53}$ci$^{13}_{21}$tʂəŋ$^{21}$ien$^{35}_{44}$uɔŋ$^{21}$.tʂəŋ$^{21}$to$^{35}_{44}$li$^{0}$ien$^{35}$uɔŋ$^{21}$a$^{0}$！｜食冤枉有兜又话～。嗯，渠～。也系唔限定么个指掌权个人。客姓人是话别人家食咯，用咁个用比较粗蛮个话法嘞就系肿。有骂～。～就系食哩冤枉呢。ʂət$^{5}$ien$^{35}$uɔŋ$^{21}$iəu$^{35}$təu$^{35}_{44}$iəu$^{53}$ua$^{53}$tʂəŋ$^{21}$ien$^{35}$ uɔŋ$^{21}$.n̩$_{21}$,ci$^{13}_{44}$tʂəŋ$^{21}$ien$^{35}$uɔŋ$^{21}$.ia$^{35}$xe$^{53}$n̩$^{13}$kʰan$^{53}$tʰiaŋ$^{53}$mak$^{3}$e$^{0}$tʂɿ$^{21}$tʂɔŋ$^{21}$tʂʰen$^{13}$ke$^{53}$ɲin$^{13}_{44}$.kʰak$^{3}$sin$^{53}$ɲin$^{13}_{21}$ʂɿ$^{53}_{44}$ua$^{53}$ pʰiet$^{5}$in$^{13}_{44}$ka$^{35}_{44}$ʂət$^{5}$ko$^{0}$,iəŋ$^{53}$kan$^{21}$kei$^{53}_{44}$iəŋ$^{53}$pi$^{21}$ciau$^{53}_{44}$tsʰəu$^{35}$man$^{13}$kei$^{53}_{44}$ua$^{53}$fait$^{3}$lei$^{0}$tsʰiəu$^{53}$xei$^{53}$tʂəŋ$^{21}$.iəu$^{35}$ma$^{53}$ tʂəŋ$^{21}$ien$^{35}$uɔŋ$^{21}$.tʂəŋ$^{21}$ien$^{35}$uɔŋ$^{21}$tsʰiəu$^{53}$xe$^{53}$ʂət$^{5}$li$^{0}$ien$^{35}$uɔŋ$^{21}$nei$^{0}$.｜渠有滴渠箇个渠话我等当老师个也～啊。渠就农村里人渠箇有兜人是渠就咁个意思，你系去下上哩课，你系挖哩块土，箇你

Z

系付出哩劳动，箇你你拿工资唔系～。你本本上课，你拿哩工资以后，哦，政府又补一笔钱分你，“屙血噢，你等箇个老师～啊”。就𫠊付出，但是又得哩。ci$^{13}$iəu$^{35}$tet$^{5}$ci$^{13}$kai$^{53}$ke$^{53}_{44}$ci$^{13}$ua$^{53}$ ŋai$^{13}$tien$^{0}$tɔŋ$^{35}_{44}$lau$^{21}$sɿ$^{35}_{44}$ke$^{0}$ia$^{35}$tʂəŋ$^{21}$ien$^{35}$uɔŋ$^{21}$ŋa$^{0}$.ci$^{13}$tsʰiəu$^{53}$ləŋ$^{13}$tsʰən$^{35}_{44}$li$^{0}$ɲin$^{13}_{21}$ci$^{13}$kai$^{53}$iəu$^{35}$təu$^{35}_{44}$ɲin$^{13}_{44}$ʂʅ$^{53}_{44}$ci$^{13}$ tsʰiəu$^{53}_{44}$kan$^{21}_{13}$ke$^{53}_{44}$i$^{53}$sɿ$^{0}$, ɲi$^{13}$xei$^{53}$çi$^{53}$xa$^{53}_{44}$ʂɔŋ$^{53}_{44}$li$^{0}$kʰo$^{53}$, ɲi$^{13}$xei$^{53}$uait$^{3}$li$^{0}$kʰuai$^{53}$tʰəu$^{21}$,kai$^{53}$ɲi$^{13}$xei$^{53}$fu$^{53}$tʂʰət$^{3}$li$^{0}$ lau$^{13}$tʰəŋ$^{53}$,kai$^{53}$ɲi$^{13}_{44}$ɲi$^{13}$la$^{53}$kəŋ$^{35}_{44}$tsɿ$^{35}_{44}$m̩$^{13}$pʰe$^{53}$tʂeŋ$^{21}$ien$^{35}$uɔŋ$^{21}$. ɲi$^{13}$pən$^{21}$pən$^{21}$ʂɔŋ$^{35}$kʰo$^{53}$, ɲi$^{13}$la$^{53}$li$^{0}$kəŋ$^{35}$tsɿ$^{35}_{44}$i$^{35}$ xei$^{53}_{44}$,o$_{53}$,tʂən$^{53}$fu$^{21}$iəu$^{53}$pu$^{21}$iet$^{3}$piet$^{3}$tsʰien$^{13}$pən$^{35}_{44}$ɲi$^{13}_{21}$,"o$^{35}$çiet$^{3}$au$^{0}$, ɲi$^{13}$tien$^{0}$kai$^{53}_{44}$ke$^{53}_{44}$lau$^{21}$sɿ$^{35}_{44}$tʂəŋ$^{21}$ien$^{35}$uɔŋ$^{21}$ ŋa$^{0}$".tsʰiəu$^{53}$maŋ$^{13}$fu$^{53}$tʂʰət$^{3}$,tan$^{53}$ʂʅ$^{53}$iəu$^{53}$tek$^{3}$li$^{0}$.｜（一般还是当权的人才吃得到冤枉吧？）箇唔喏，一样个有兜人是一样子个～啊。kai$^{53}$n̩$^{13}$no$^{0}$,iet$^{3}$iɔŋ$^{53}$ke$^{0}$iəu$^{35}$təu$^{35}_{44}$ɲin$^{13}$ʂʅ$^{53}_{44}$iet$^{3}$iɔŋ$^{53}$tsɿ$^{0}$ke$^{0}$tʂəŋ$^{21}$ien$^{35}$ uɔŋ$^{21}$a$^{0}$.

【种$_{1}$】tʂəŋ$^{21}$ 名①植物的胚发育而成的颗粒状物，能萌发成新的植株。也称“种子”：渠指香瓜跌倒个～，/就成哩箇个。ci$^{13}$tiet$^{3}$tau$^{21}$ke$^{53}$tʂəŋ$^{21}$,/tsʰiəu$^{53}$ʂaŋ$^{13}$li$^{0}$kai$^{53}_{44}$ke$^{53}_{44}$.｜渠落下箇个～子渠就自然生啊。ci$^{13}$lɔk$^{5}$xa$^{53}_{44}$kai$^{53}_{44}$ke$^{53}_{44}$tʂəŋ$^{21}$tsɿ$^{0}$ci$^{13}$tsʰiəu$^{53}_{44}$tsʰɿ$^{53}$vien$^{13}$saŋ$^{35}$ŋa$^{0}$. ②种苗：底下箇起（竹子）就系因我爷子舞来来个～啊。te$^{21}$xa$^{53}$kai$^{53}$çi$^{21}$tsʰiəu$^{53}$xe$^{53}$in$^{35}_{44}$ŋai$^{13}_{53}$ia$^{13}_{21}$tsɿ$^{0}$u$^{21}$lɔi$^{13}_{21}$lɔi$^{13}_{21}$ke$^{53}$tʂəŋ$^{21}$ŋa$^{0}$. ③用来繁育后代的动物个体：唔做～个（猪）都阉嘿。n̩$^{13}$tso$^{53}$tʂəŋ$^{21}$ke$^{53}_{44}$təu$^{35}$ian$^{35}$nek$^{3}$(←xek$^{3}$).

【种$_{2}$】tʂəŋ$^{21}$ 量表示类别、式样：一～菜 iet$^{3}$tʂəŋ$^{21}$tsʰɔi$^{53}$｜现在分箇个牵瓦子篅瓦都改成哩沟瓦，都改成哩箇一～了。çien$^{53}$tsʰai$^{53}$pən$^{35}$kai$^{53}_{44}$ke$^{53}_{44}$tait$^{5}$ŋa$^{21}$tsɿ$^{0}$tʰəŋ$^{21}$ŋa$^{21}$təu$^{35}$kai$^{21}$ʂaŋ$^{13}_{21}$li$^{0}$kei$^{35}$ŋa$^{21}$,təu$^{35}$ kai$^{21}$ʂaŋ$^{13}_{21}$li$^{0}$kai$^{53}_{44}$iet$^{3}$tʂəŋ$^{21}$liau$^{0}$.

【种数】tʂəŋ$^{21}$sɿ$^{53}$ 名品种的数量：兰花十分～多。lan$^{13}$fa$^{35}_{44}$ʂət$^{5}$fən$^{35}$tʂəŋ$^{21}$sɿ$^{53}$to$^{35}$.

【冢】ciəŋ$^{21}$ 名坟堆。也称“冢子”：你唔排水是嘛箇个箇～会边嘿咯。ɲi$^{13}$m̩$^{13}_{21}$pʰai$^{13}_{21}$ʂei$^{21}$ʂʅ$^{53}_{44}$ma$^{0}$ kai$^{53}_{44}$ke$^{53}_{44}$kai$^{53}_{44}$ciəŋ$^{21}$uɔi$^{53}_{44}$pien$^{35}$nek$^{3}$ko$^{0}$.｜壅正哩泥就捡滴子石头子嘞，爱砌正下子来。渠正会现只咁个～呀哕，系唔系？现只咁个～子样啊。现只咁个堆样啊，土堆样啊。iəŋ$^{35}$tʂaŋ$^{53}$li$^{0}$lai$^{13}$ tsʰiəu$^{53}_{44}$cian$^{21}$tiet$^{5}_{3}$tsɿ$^{0}$ʂak$^{5}$tʰei$^{0}$tsɿ$^{0}$lei$^{0}$,ɔi$^{53}_{44}$tsʰi$^{53}$tʂaŋ$^{53}_{21}$ŋa$^{53}_{21}$tsɿ$^{0}$lɔi$^{13}_{21}$.ci$^{13}_{21}$tʂaŋ$^{53}_{44}$uɔi$^{53}_{44}$çien$^{53}$tʂak$^{3}$kan$^{21}$cie$^{53}_{44}$ciəŋ$^{21}$ia$^{0}$ ʂa$^{0}$,xe$^{53}_{44}$me$^{53}_{44}$?çien$^{53}$tʂak$^{3}$kan$^{21}$ke$^{53}_{44}$ciəŋ$^{21}$tsɿ$^{0}$iɔŋ$^{53}$ŋa$^{0}$.çien$^{53}$tʂak$^{3}$kan$^{21}$ke$^{53}_{44}$tɔi$^{35}$iɔŋ$^{53}$ŋa$^{0}$,tʰəu$^{21}$tɔi$^{35}$iɔŋ$^{53}$ŋa$^{0}$.

【中】tʂəŋ$^{53}$ 动表示行为动作的目标、对象恰好正确或合乎要求，多做补语：啊呀，问你就问～哩啊！a$_{44}$ia$_{13}$,uən$^{53}$ɲi$^{13}$tsʰiəu$^{53}_{44}$uən$^{53}$tʂəŋ$^{53}$li$^{0}$a$^{0}$!｜也蛮灵呶，箇硬要是……分渠讲～了。ia$^{35}$ man$^{13}_{21}$lin$^{13}_{21}$nau$^{0}$,kai$^{53}$ɲiaŋ$^{53}_{44}$iau$^{53}_{44}$ʂʅ…pən$^{35}_{44}$ci$^{13}_{44}$kɔŋ$^{21}$tʂəŋ$^{53}$liau$^{0}$.｜你抽～箇条短个子你就爱追哟。ɲi$^{13}_{21}$ tʂʰəu$^{35}$tʂəŋ$^{53}_{44}$kai$^{53}$tʰiau$^{13}_{21}$tɔn$^{21}$cie$^{53}$tsɿ$^{0}$ɲi$^{13}_{21}$tsʰiəu$^{53}_{44}$ɔi$^{53}_{44}$tʂei$^{35}$iau$^{0}$.

【中风】tʂəŋ$^{35}$fəŋ$^{35}$ 动脑溢血：如今是～个人真多。欸，人一～啊，身体就垮嘿哩。有兜整好哩都身体就垮咁哩。我呀我是硬只怕～，～就输哩命，欸。我觉得长日去运动啊，长日去走箇兜嘞，能够预防～。我也跌过几次回啦，欸，我去浏阳种菜，我清清楚楚，箇只栏场咯，下几脚子磴子，一遛马就一顿坐坐啊箇底下，嗯，我挺好的，唔爱紧，爬啊上来冇兜事。有兜人是就咁子平路都一跤跌哩就中哩风个噢，硬输哩命哦。欸，有五十多岁就～个哦。还有，箇晡一只人我嗯话让门话渠都让门看渠都只有五十岁好哩。嗯，看大兜子只有五十岁，连饭都渠老婆砌倒分渠食。你输哩命嘛，箇个中哩风啊，让得过？i$^{13}_{21}$cin$^{35}_{53}$ʂʅ$^{53}_{44}$tʂəŋ$^{35}$fəŋ$^{35}$ke$^{53}$ɲin$^{13}_{21}$tʂən$^{35}$ to$^{35}$.e$_{21}$, ɲin$^{13}$iet$^{3}$tʂəŋ$^{35}$fəŋ$^{35}$ŋa$^{0}$,ʂən$^{35}_{44}$tʰi$^{21}_{44}$tsʰiəu$^{53}$kʰua$^{21}$xek$^{3}$li$^{0}$.iəu$^{35}$te$^{35}_{53}$tʂaŋ$^{21}$xau$^{21}$li$^{0}$təu$^{35}_{44}$ʂən$^{35}_{44}$tʰi$^{21}$tsiəu$^{53}$kʰua$^{21}$ kan$^{21}$ni$^{0}$.ŋai$^{13}$ia$^{0}$ŋai$^{13}$ʂʅ$^{53}_{44}$ɲiaŋ$^{53}$tʂʅ$^{21}$pʰa$^{53}$tʂəŋ$^{35}_{44}$fəŋ$^{35}$,tʂəŋ$^{35}_{44}$fəŋ$^{35}_{44}$tsʰiəu$^{53}$ʂəu$^{35}_{44}$li$^{0}$miaŋ$^{53}$,e$_{21}$.ŋai$^{13}$kɔk$^{3}$tek$^{3}$tʂʰɔŋ$^{13}$ ɲiet$^{3}$çi$^{53}_{44}$uən$^{53}$tʰəŋ$^{53}$ŋa$^{0}$,tʂʰɔŋ$^{13}$ɲiet$^{3}$çi$^{53}$tsei$^{21}$kai$^{53}_{44}$te$^{35}_{44}$le$^{0}$,len$^{13}$ciau$^{53}_{44}$ʮ$^{53}$fɔŋ$^{13}$tʂəŋ$^{35}_{44}$fəŋ$^{35}$.ŋai$^{13}$ia$^{35}_{44}$tet$^{3}$ko$^{53}$ci$^{21}$tsʰɿ$^{53}_{21}$ fei$^{13}$la$^{0}$,e$_{21}$,ŋai$^{13}$çi$^{53}$liəu$^{13}$iɔŋ$^{13}_{44}$tʂəŋ$^{53}$tsʰɔi$^{53}$,ŋai$^{13}_{21}$tsʰin$^{35}$tsʰin$^{35}_{44}$tsʰəu$^{21}$tsʰəu$^{21}$,kai$^{53}$tʂak$^{3}$laŋ$^{13}_{21}$tʂʰɔŋ$^{13}_{21}$ko$^{0}$,xa$^{35}$ci$^{21}$ ciɔk$^{3}$tsɿ$^{0}$tɔn$^{53}$tsɿ$^{0}$,iet$^{3}$liəu$^{53}$ma$^{35}$tsiəu$^{53}_{44}$iet$^{3}$tən$^{53}$tsʰo$^{35}_{44}$tsʰo$^{35}$a$^{0}$kai$^{53}$tei$^{21}$xa$^{53}_{44}$,n̩$_{53}$,ŋai$^{13}$tʰin$^{21}_{53}$xau$^{21}$tet$^{3}$,m̩$^{13}_{21}$mɔi$^{53}$ cin$^{21}$,pʰa$^{13}$a$^{0}$xɔŋ$^{53}_{44}$lɔi$^{13}_{44}$mau$^{13}$te$^{35}_{53}$tsɿ$^{53}$.iəu$^{35}$tei$^{35}_{44}$ɲin$^{13}_{21}$ʂʅ$^{53}_{44}$tsʰiəu$^{53}$kan$^{21}$tsɿ$^{0}$pʰiaŋ$^{13}$ləu$^{53}_{44}$təu$^{35}_{44}$iet$^{3}$kau$^{35}$tet$^{3}$li$^{0}$tsʰiəu$^{53}_{44}$ tʂəŋ$^{35}_{44}$li$^{0}$fəŋ$^{35}$ke$^{53}$au$^{0}$, ɲiaŋ$^{53}$ʂəu$^{35}_{44}$li$^{0}$miaŋ$^{53}$ŋo$^{0}$.e$_{21}$,iəu$^{35}_{44}$ŋ̍$^{21}$ʂət$^{5}$to$^{35}_{44}$sɔi$^{53}$tsʰiəu$^{53}$tʂəŋ$^{35}_{44}$fəŋ$^{35}_{44}$ke$^{53}$o$^{0}$.xai$^{13}$iəu$^{35}_{44}$,kai$^{53}$ pu$^{35}_{53}$(i)et$^{3}$tʂak$^{3}$ɲin$^{13}_{44}$ŋai$^{13}$n̩$_{44}$ua$^{53}_{44}$ɲiɔŋ$^{53}$mən$^{13}_{44}$ua$^{53}$ci$^{13}_{21}$təu$^{35}_{53}$ɲiɔŋ$^{53}$mən$^{13}_{44}$kʰɔn$^{53}$ci$^{13}_{21}$təu$^{35}_{53}$tʂʅ$^{21}$iəu$^{35}_{53}$ŋ̍$^{21}$ʂət$^{5}$sɔi$^{53}$xau$^{21}$ li$^{0}$.n̩$_{21}$,kʰɔn$^{53}$tʰai$^{53}$te$^{35}_{44}$tsɿ$^{0}$tʂʅ$^{21}_{44}$iəu$^{35}_{44}$ŋ̍$^{21}$ʂət$^{5}$sɔi$^{53}$,lien$^{13}$fan$^{53}$təu$^{35}_{44}$ci$^{13}_{21}$lau$^{21}$pʰo$^{13}$tsʰi$^{53}$tau$^{21}$pən$^{35}_{44}$ci$^{13}_{21}$ʂət$^{5}$. ɲi$^{13}_{21}$ʂəu$^{35}_{44}$li$^{0}$ miaŋ$^{53}$ma$^{0}$,kai$^{53}_{44}$ke$^{53}_{44}$tʂəŋ$^{35}_{44}$li$^{0}$fəŋ$^{35}$ŋa$^{0}$, ɲiɔŋ$^{53}$tek$^{3}$ko$^{53}$?

【仲】tʂʰəŋ$^{53}$ 动将芋头之类放入竹笼，通过用力摇动来清洗：去到箇塘里去一阵～哩啊。çi$^{53}$ tau$^{53}_{44}$kai$^{53}_{44}$tʰɔŋ$^{13}$li$^{0}$çi$^{53}_{44}$iet$^{3}$tʂʰən$^{53}_{44}$tʂəŋ$^{53}$(←tʂʰəŋ$^{53}$)lia$^{0}$.

【众地】tʂəŋ$^{53}$tʰi$^{53}$ 名家族全体成员共有的祖坟：挂地，先挂～。～就大众都有份个。kua$^{53}$tʰi$^{53}$, sen$^{35}$kua$^{53}$tʂəŋ$^{53}$tʰi$^{53}$.tʂəŋ$^{53}$tʰi$^{53}_{44}$tsʰiəu$^{53}_{44}$tʰai$^{53}$tʂəŋ$^{53}$təu$^{35}_{44}$iəu$^{35}$fən$^{53}$cie$^{0}$.｜我等自家铲～就分做四只组哇，

欸，分做三只组哇。欸，有一坟～最远个去江西黄茅，嗯，一组。以下近边个分做两下。咁子就铲～。ŋai$^{13}$tien$^{0}$ tsʰɿ$^{35}$ka$^{35}_{44}$tsʰan$^{21}$tʂəŋ$^{53}$tʰi$^{53}$tsʰiəu$^{53}_{44}$fən$^{35}$tso$^{53}_{44}$si$^{53}$tʂak$^{3}$ tsəu$^{21}$ua$^{0}$ ,e$_{21}$,fən$^{35}$tso$^{53}$san$^{35}$tʂak$^{3}$ tsəu$^{21}$ua$^{0}$ .e$_{21}$,iəu$^{35}$iet$^{3}$ pʰən$^{13}_{21}$tʂəŋ$^{53}$tʰi$^{53}$tsei$^{53}$ien$^{21}$ke$^{53}_{44}$çi$^{53}_{44}$kəŋ$^{35}$si$^{35}_{44}$uəŋ$^{13}$mau$^{13}$,n̩$_{21}$,iet$^{3}$ tsəu$^{21}$.i$^{21}$xa$^{53}_{44}$cʰin$^{35}$pien$^{35}_{44}$ke$^{0}$ fən$^{35}_{44}$tso$^{53}_{44}$iəŋ$^{21}$xa$^{53}$.kan$^{21}$tsɿ$^{0}$ tsʰiəu$^{53}$tsʰan$^{21}$tʂəŋ$^{53}$tʰi$^{53}$.

【种$_{3}$】tʂəŋ$^{53}$ [动]①种植；栽种：栽字撂～字咯我发现咯好像有兜子咁个区别呢，～种子个，箇个尽话系～，莫种子个，直接放种子下去个，箇一定话～，唔话栽。往往话栽个嘞就系么个嘞？就系移栽。欸，发正秧子，欸，舞正哩秧子，就移栽，箇就安做栽。欸，栽辣椒，栽茄子，箇个都系移栽嘞。欸，洋薯子，咁个就有么人发秧子，系唔系？～洋薯子。欸，～萝卜，萝卜也有么人～秧个嘞。tsɔi$^{35}$sɿ$^{53}_{44}$lau$^{35}$tʂəŋ$^{53}$sɿ$^{53}_{44}$ko$^{0}$ ŋai$^{13}$fait$^{3}$ çien$^{53}$ko$^{0}$ xau$^{21}$tsʰiəŋ$^{53}$iəu$^{35}$tei$^{35}_{44}$tsɿ$^{0}$ kan$^{21}_{13}$ke$^{0}$ tʂʰʮ$^{35}$pʰiet$^{5}$ nei$^{0}$ ,tʂəŋ$^{53}$tʂəŋ$^{21}$tsɿ$^{0}$ ke$^{0}$ ,kai$^{53}$ie$^{0}$ tsʰin$^{35}$ua$^{53}_{44}$xei$^{53}_{44}$tʂəŋ$^{53}$,tian$^{53}$tʂəŋ$^{21}$tsɿ$^{0}$ ke$^{0}$ ,tʂʰət$^{3}$ tsiet$^{3}$ fɔŋ$^{53}$tʂəŋ$^{21}$tsɿ$^{0}$ xa$^{53}$çi$^{53}$ke$^{0}$ ,kai$^{53}$iet$^{3}$ tʰin$^{35}_{44}$ua$^{53}_{44}$tʂəŋ$^{53}$,n̩$^{13}_{21}$ua$^{53}$tsɔi$^{35}$.uəŋ$^{21}$uəŋ$^{21}$ua$^{53}$tsɔi$^{35}$ke$^{53}$lei$^{0}$ tsʰiəu$^{53}$xei$^{53}$mak$^{3}$ e$^{0}$ lei$^{0}$ ? tsʰiəu$^{53}$xe$^{53}$i$^{13}$tsɔi$^{35}$.e$^{0}$ ,fait$^{5}$ tʂaŋ$^{53}$iəŋ$^{35}$tsɿ$^{0}$ ,e$_{21}$,u$^{21}$tʂaŋ$^{53}$li$^{0}$ iəŋ$^{35}$tsɿ$^{0}$ ,tsʰiəu$^{53}$i$^{13}$tsɔi$^{35}$,kai$^{53}_{44}$tsʰiəu$^{53}_{21}$ɔn$^{35}_{53}$tso$^{53}$tsɔi$^{35}$.e$_{21}$,tsɔi$^{35}$lait$^{5}$ tsiau$^{35}_{44}$,tsɔi$^{35}$cʰio$^{13}$tsɿ$^{0}$ ,kai$^{53}_{44}$ke$^{53}_{44}$təu$^{35}_{44}$xei$^{53}$i$^{13}$tsɔi$^{35}_{44}$lei$^{0}$ .ei$_{21}$,iəŋ$^{13}$ʂəu$^{13}$tsɿ$^{0}$ ,kan$^{21}_{13}$ke$^{53}$tsʰiəu$^{53}$mau$^{13}_{44}$mak$^{3}$ in$^{13}_{44}$fait$^{5}$ iəŋ$^{35}$tsɿ$^{0}$ ,xei$^{53}_{44}$me$^{53}_{44}$?tʂəŋ$^{53}$iəŋ$^{13}$ʂəu$^{13}$tsɿ$^{0}$ .e$_{21}$,tʂəŋ$^{53}$lo$^{13}$pʰek$^{5}$ ,lo$^{13}$pʰek$^{5}$ a$^{35}_{53}$mau$^{13}_{21}$mak$^{3}$ in$^{13}_{44}$tʂəŋ$^{53}$iəŋ$^{35}$ke$^{53}$le$^{0}$ . ②移植，接种：～（牛）痘 tʂəŋ$^{53}$(ɲiəu$^{13}$)tʰei$^{53}$

【重$_{3}$】tʂʰəŋ$^{35}$ [名]重量：以只东西有几～子？/怕有五十零斤吧。i$^{21}$tʂak$^{3}$ təŋ$^{35}$si$^{35}$iəu$^{35}$ci$^{21}$tʂʰəŋ$^{35}$tsɿ$^{0}$ ? /pʰa$^{53}$iəu$^{35}$ŋ̍$^{21}$ʂət$^{5}$ laŋ$^{13}$cin$^{35}$pa$^{0}$ .

【重$_{4}$】tʂʰəŋ$^{35}$ [动]增加（礼金等）：打比我爱一百块你只来六十块，箇你还爱～包封，爱～，爱～起下子来。ta$^{21}$pi$^{21}$ŋai$^{13}_{21}$ɔi$^{53}$iet$^{3}$ pak$^{3}$ kʰuai$^{53}$ɲi$^{13}$tʂe$^{21}$lɔi$^{13}$liəuk$^{3}$ ʂət$^{5}$ kʰuai$^{53}$,kai$^{53}_{44}$ɲi$^{13}$xai$^{13}$ɔi$^{53}_{44}$tʂʰəŋ$^{35}$pau$^{35}$fəŋ$^{35}$,ɔi$^{53}_{44}$tʂʰəŋ$^{35}$,ɔi$^{53}_{44}$tʂʰəŋ$^{35}$çi$^{21}$xa$^{53}_{44}$tsɿ$^{0}$ lɔi$^{13}_{21}$.

【重$_{5}$】tʂʰəŋ$^{35}$ [形]①分量大：铁耙就更～唠。tʰiet$^{3}$ pʰa$^{13}_{21}$tsʰiəu$^{53}_{44}$ken$^{53}$tʂʰəŋ$^{35}$lau$^{0}$ . ②力度大：箇就顿你一下唠。箇就更～了唠。kai$^{53}_{21}$tsʰiəu$^{53}_{44}$tən$^{53}$ɲi$^{13}_{21}$iet$^{3}$ xa$^{53}$lau$^{0}$ .kai$^{53}_{44}$tsʰiəu$^{53}_{44}$cien$^{53}$tʂʰəŋ$^{35}$liau$^{21}$lau$^{0}$ . ③指颜色浓：颜色蛮～呢。ŋan$^{13}$sek$^{3}$ man$^{13}_{21}$tʂʰəŋ$^{35}$ne$^{0}$ .

【重$_{6}$】tʂʰəŋ$^{53}$ [副]程度高；影响大：织倒个布嘞瘩厚，嗯，缩水唔知几～，系，缩水就唔知几～嘞。tʂət$^{3}$ tau$^{21}$kei$^{53}_{44}$pu$^{53}$lei$^{0}$ tek$^{5}$ xei$^{35}$,n̩$_{21}$,sɔk$^{3}$ ʂei$^{21}$n̩$^{13}$ti$^{35}_{53}$ci$^{21}$tʂʰəŋ$^{53}$,xe$_{44}$,sɔk$^{3}$ ʂei$^{21}$tsiəu$^{53}$n̩$^{13}$ti$^{35}_{53}$ci$^{21}$tʂʰəŋ$^{35}$le$^{0}$ .

【重瘩瘩哩】tʂʰəŋ$^{35}$tek$^{5}$ tek$^{5}$ li$^{0}$ [形]状态词。很重的样子：欸，我等箇只孙子啊，大就有几大呢，硬～。e$_{21}$,ŋai$^{13}$tien$^{0}$ kai$^{53}$tʂak$^{3}$ sən$^{35}$tsɿ$^{0}$ a$^{0}$ ,tʰai$^{53}$tsʰiəu$^{53}_{44}$mau$^{13}_{21}$ci$^{21}$tʰai$^{53}$nei$^{0}$ ,ɲiaŋ$^{53}_{44}$tʂʰəŋ$^{35}$tek$^{5}$ tek$^{5}$ li$^{0}$ .

【种牛痘】tʂəŋ$^{53}$ɲiəu$^{13}$tʰei$^{53}$ 把痘苗接种在人体上，以预防天花：～个目的就系防天花，预防天花。我等唔系种过牛痘呀？以前都以映子还有只咁个，系唔系？就预防天花。tʂəŋ$^{53}$ɲiəu$^{13}$tʰei$^{53}$ke$^{0}$ muk$^{3}$ tiet$^{3}$ tsʰiəu$^{53}$xe$^{53}$fɔŋ$^{13}$tʰien$^{35}$fa$^{35}_{44}$,ʮ$^{53}$fɔŋ$^{13}_{21}$tʰien$^{35}$fa$^{35}_{44}$.ŋai$^{13}$tien$^{0}$ m̩$^{13}$pʰe$^{53}_{44}$tʂəŋ$^{53}$ko$^{53}_{44}$ɲiəu$^{13}$tʰei$^{53}_{44}$ia$^{0}$ ?i$^{35}_{44}$tsʰien$^{13}$təu$^{35}_{53}$i$^{21}_{13}$iaŋ$^{53}$tsɿ$^{0}$ xai$^{13}_{21}$iəu$^{35}$tʂak$^{3}$ kan$^{21}$cie$^{53}_{44}$,xei$^{53}_{44}$me$^{53}_{44}$?tsʰiəu$^{53}_{44}$ʮ$^{53}$fɔŋ$^{13}_{21}$tʰien$^{35}$fa$^{35}_{44}$.

【重孝】tʂʰəŋ$^{53}$xau$^{53}$ [名]最重的孝服，如父母去世后孝子所穿的孝服：欸，爱着白鞋，嗯，着麻衣，欸，箇孝子是爱步条孝堂棍。欸，箇个脑壳上嘞爱戴旋笼。嗯，箇就戴孝。箇就～。e$_{21}$,ɔi$^{53}$tʂɔk$^{3}$ pʰak$^{5}$ xai$^{13}$,n̩$_{21}$,tʂɔk$^{3}$ ma$^{13}$i$^{35}$,e$_{21}$,kai$^{53}_{44}$xau$^{53}$tsɿ$^{21}$ʂʮ$^{53}_{44}$ɔi$^{53}$pʰu$^{53}$tʰiau$^{13}_{44}$xau$^{53}$tʰɔŋ$^{13}$kuən$^{53}$.ei$_{21}$,kai$^{53}_{44}$kei$^{53}_{44}$lau$^{21}$kʰɔk$^{3}$ (x)ɔŋ$^{53}_{44}$le$^{0}$ ɔi$^{53}$tai$^{53}$sen$^{13}$nəŋ$^{13}$.n̩$^{13}_{21}$,kai$^{53}_{44}$tsiəu$^{53}$tai$^{53}_{44}$xau$^{53}_{44}$.kai$^{53}_{44}$tsʰiəu$^{53}_{44}$tʂʰəŋ$^{53}$xau$^{53}$.

【重新$_{2}$】tʂʰəŋ$^{53}$sin$^{35}$ [形]状态词。很新：你蛮有钱哈，你一家人都着得～哈。ɲi$^{13}$man$^{13}_{21}$iəu$^{35}_{53}$tsʰien$^{13}$xa$^{0}$ ,ɲi$^{13}$iet$^{3}$ ka$^{35}$ɲin$^{13}_{21}$təu$^{35}_{53}$tʂɔk$^{3}$ tek$^{3}$ tʂʰəŋ$^{53}$sin$^{35}$xa$^{0}$ .｜我等最后还有只箇个嘞箇到箇只么人嘞？一只人开只打字社，渠爱分打字社搬下浏阳了，还一只～个油印机，蜡纸钢板箇兜。“你拿下去哦，万老师你拿下去哦。”我首先是我话有兜子么个用？落尾还系丢嘿哩，我也丢嘿哩，渠也唔爱哩，冇人爱哩。ŋai$^{13}$tien$^{0}$ tsei$^{53}$xei$^{53}$xai$^{13}_{44}$iəu$^{35}$tʂak$^{3}$ kai$^{53}$ke$^{53}$lei$^{0}$ kai$^{53}_{44}$tau$^{53}$kai$^{53}$tʂak$^{3}$ mak$^{3}$ ɲin$^{13}_{44}$le$^{0}$ ?iet$^{3}$ tʂak$^{3}$ ɲin$^{13}$kʰɔi$^{35}$tʂak$^{3}$ ta$^{21}$sɿ$^{53}_{44}$ʂa$^{53}$,ci$^{13}_{21}$ɔi$^{53}_{44}$pən$^{35}_{44}$ta$^{21}$sɿ$^{53}$ʂa$^{53}$pɔn$^{35}_{44}$na$^{53}_{44}$liəu$^{13}$iəŋ$^{13}_{44}$liau$^{0}$ ,xai$^{13}_{44}$iet$^{3}$ tʂak$^{3}$ tʂʰəŋ$^{53}$sin$^{35}_{44}$ke$^{53}$iəu$^{13}$in$^{53}_{44}$ci$^{35}$,lait$^{5}$ tʂʮ$^{21}$kɔŋ$^{35}$pan$^{21}$kai$^{53}_{44}$tei$^{35}_{53}$."ɲi$^{13}$la$^{53}$(x)a$^{53}_{44}$çi$^{53}$o$^{0}$ ,uan$^{53}$nau$^{21}$sɿ$^{35}$ɲi$^{13}$la$^{53}$(x)a$^{53}_{44}$çi$^{53}_{44}$o$^{0}$ ."ŋai$^{13}_{21}$ʂəu$^{21}$sien$^{35}$ʂʮ$^{53}$ŋai$^{13}_{21}$ua$^{53}_{44}$iəu$^{35}$tei$^{35}_{53}$tsɿ$^{0}$ mak$^{3}$ e$^{0}$ iəŋ$^{53}$?lɔk$^{5}$ mi$^{35}_{53}$xai$^{13}_{21}$xe$^{53}_{44}$tiəu$^{35}$xek$^{3}$ li$^{0}$ ,ŋai$^{13}$ia$^{35}_{44}$tiəu$^{35}$xek$^{3}$ li$^{0}$ ,ci$^{13}_{21}$ia$^{35}_{44}$m̩$^{13}_{21}$mɔi$^{53}$li$^{0}$ ,mau$^{13}_{21}$ɲin$^{13}_{44}$ɔi$^{53}$li$^{0}$ .

【重瘾】tʂʰəŋ$^{53}$in$^{13}_{21}$ [动]酷爱；痴迷于某事：箇只么啊都唔想搞，欸只钓鱼渠就～呢。kai$^{53}$tʂak$^{3}$ mak$^{3}$ a$^{0}$ təu$^{35}_{44}$n̩$^{13}_{21}$siɔŋ$^{21}$kau$^{21}$,e$_{44}$,tʂe$^{21}$tiau$^{53}$ŋ̍$^{13}$ci$^{13}$tsʰiəu$^{53}_{44}$tʂʰəŋ$^{53}$in$^{13}_{21}$nei$^{0}$ .｜骑摩托渠就～呢。cʰi$^{13}_{21}$mo$^{13}$tʰɔk$^{3}$ ci$^{13}_{21}$tsʰiəu$^{53}_{44}$tʂʰəŋ$^{53}$in$^{13}_{21}$nei$^{0}$ .

【周正】tʂəu$^{35}$tʂən$^{53}$ [形]体面：以到你卖妹子啊，系唔系啊？酒席蛮～吧？/蛮马兮呀。i$^{21}$tau$^{53}$

ɲi$^{13}$mai$^{53}$mɔi$^{53}$tsɿ$^{0}$a$^{0}$,xei$^{53}_{44}$mei$^{53}_{44}$a$^{0}$?tsiəu$^{21}$siet$^{5}$man$^{13}_{21}$tʂəu$^{35}$tʂən$^{53}$pa$^{0}$?/man$^{13}$ma$^{35}$çi$^{35}_{44}$ia$^{0}$.

【周字斧】tʂəu$^{35}$sɿ$^{53}$/tsʰɿ$^{53}$pu$^{21}$ 名 一种斧头，斧身形如“周”字：有兜木匠师傅用～，渠用惯哩也好用。渠就系箇底下一只姓框吉周个周字样个，渠个斧头个形状咯像周字样个。iəu$^{35}$te$^{35}_{53}$muk$^{3}$siɔŋ$^{53}$sɿ$^{35}_{44}$fu$^{53}$iəŋ$^{53}$tʂəu$^{35}$tsʰɿ$^{53}$pu$^{21}$,ci$^{13}$iəŋ$^{53}$kuan$^{53}$ni$^{0}$ie$^{21}_{44}$xau$^{21}$iəŋ$^{53}$.ci$^{13}_{21}$tsʰiəu$^{53}$xei$^{53}$kai$^{53}$tei$^{21}$xa$^{53}$iet$^{3}$tʂak$^{3}$siaŋ$^{53}$cʰiəŋ$^{53}$ciet$^{3}$tʂəu$^{35}$ke$^{0}$tʂəu$^{35}$sɿ$^{53}$iəŋ$^{53}_{44}$ke$^{0}$,ci$^{13}$ke$^{53}$pu$^{21}$tʰei$^{13}$ke$^{53}$çin$^{13}$tsʰəŋ$^{53}_{44}$ko$^{0}$tsʰiəŋ$^{53}$tʂəu$^{35}$sɿ$^{53}$iəŋ$^{53}_{44}$ke$^{53}$.｜看咖，欸～嘞，斧头呀，～，周恩来箇个周，箇个欸斧头口咯稍微斜斜子。kʰən$^{53}_{44}$nau$^{0}$,e$_{21}$ tʂəu$^{35}$sɿ$^{53}$pu$^{21}$lei$^{0}$,pu$^{21}$tʰei$^{13}_{44}$ia$^{0}$,tʂəu$^{35}$sɿ$^{53}$pu$^{21}$,tʂəu$^{35}_{44}$ɲien$^{35}_{44}$lɔi$^{13}_{21}$kai$^{53}$e$^{0}$tʂəu$^{35}_{44}$,kai$^{53}_{44}$ke$^{53}_{44}$e$_{21}$pu$^{21}$tʰei$^{13}$xei$^{21}$ko$^{0}$sau$^{21}$uei$^{13}$tsʰia$^{13}$tsʰia$^{13}_{44}$tsɿ$^{0}$.

【粥】tʂəuk$^{3}$ 名 用米等炆出来的稀饭：～就硬系生米，就米，多放水，欸，多放滴水去，去炆，就炆成哩～。欸，羹撈～唔同。tʂəuk$^{3}$tsʰiəu$^{53}_{44}$ɲiaŋ$^{53}_{44}$xe$^{53}_{44}$saŋ$^{35}$mi$^{21}$,tsʰiəu$^{53}$mi$^{21}$,to$^{35}$fɔŋ$^{53}$ʂei$^{21}$,e$_{21}$,to$^{35}$fɔŋ$^{53}$tiet$^{5}$ʂei$^{21}$çi$^{53}$,çi$^{53}$uən$^{13}$,tsiəu$^{53}$uən$^{13}_{21}$ʂaŋ$^{13}_{44}$li$^{0}$tʂəuk$^{3}$.e$_{21}$,kaŋ$^{35}$lau$^{35}$tʂəuk$^{3}$n̩$^{13}$tʰəŋ$^{13}$.｜噢，箇是有喔，箇番薯～啊，豆子～哇。箇就放滴番薯去炆呶，放滴豆子去炆呶。还有放滴么个炆？还有糯米～哇，嗯，加滴糯米去，糯米～哇。au$_{21}$,kai$^{53}$ʂɿ$^{53}_{44}$iəu$^{35}$uo$^{0}$,kai$^{53}_{21}$fan$^{35}$ʂəu$^{13}$tʂəuk$^{3}$a$^{0}$,tʰei$^{13}$tsɿ$^{0}$tʂəuk$^{3}$ua$^{0}$.kai$^{53}_{44}$tsʰiəu$^{53}_{44}$fɔŋ$^{53}$tet$^{5}_{3}$fan$^{35}$ʂəu$^{13}_{21}$çi$^{53}_{44}$uən$^{13}_{21}$nau$^{0}$,fɔŋ$^{53}_{44}$tet$^{5}_{3}$tʰei$^{13}$tsɿ$^{0}$çi$^{53}_{44}$uən$^{13}_{21}$nau$^{0}$.xai$^{13}_{21}$iəu$^{35}_{44}$fɔŋ$^{53}$tet$^{5}$mak$^{3}$(k)e$^{53}_{44}$uən$^{13}$?xai$^{13}_{21}$iəu$^{35}_{44}$lo$^{53}$mi$^{21}$tʂəuk$^{3}$ua$^{0}$,n̩$_{21}$,cia$^{35}$tet$^{5}_{3}$lo$^{53}$mi$^{21}$çi$^{13}_{21}$,lo$^{53}$mi$^{21}$tʂəuk$^{3}$ua$^{0}$.

【轴】tʂʰəuk$^{5}$ 名 穿在轮子中间的圆柱形物件：欸，凡属有轮子个栏场，转动个栏场都有条～，欸，板车就有板车个～，自行车有自行车个～。ei$_{44}$,fan$^{13}$ʂəuk$^{5}$iəu$^{35}_{44}$lən$^{13}$tsɿ$^{0}$kei$^{53}$laŋ$^{13}_{21}$tʂʰəŋ$^{13}_{44}$,tʂuən$^{21}$tʰəŋ$^{53}$ke$^{53}$laŋ$^{13}_{21}$tʂʰəŋ$^{13}_{44}$təu$^{35}$iəu$^{35}_{44}$tʰiau$^{13}_{21}$tʂʰəuk$^{5}$,e$_{21}$,pan$^{21}$tʂʰa$^{35}_{44}$tsʰiəu$^{53}_{44}$iəu$^{35}_{44}$pan$^{21}$tʂʰa$^{35}_{44}$ke$^{0}$tʂʰəuk$^{5}$,tsʰɿ$^{53}$çin$^{13}_{21}$tʂʰa$^{35}$iəu$^{35}_{44}$tsʰɿ$^{53}$çin$^{13}_{21}$tʂʰa$^{35}$ke$^{53}_{44}$tʂʰəuk$^{5}$.

【昼】tʂəu$^{53}$ 形 晚，迟：早啊～就出……你男方去～哩箇得……只～倒你自家嘞。女方唔得催男方早滴子来嘞。唔得。tsau$^{21}$a$^{0}$tʂəu$^{53}$tsʰiəu$^{53}$tʂʰət$^{3}$…ɲi$^{21}_{21}$lan$^{13}$fɔŋ$^{35}_{44}$çi$^{13}$tʂəu$^{53}$li$^{0}$kai$^{53}_{44}$tek$^{3}_{5}$…tʂe$^{21}$tʂəu$^{53}$tau$^{21}$ɲi$^{13}$tsʰɿ$^{35}$ka$^{35}_{44}$le$^{0}$.ɲy$^{21}$fɔŋ$^{35}$n̩$^{13}$tek$^{3}$tsʰi$^{35}$lan$^{13}$fɔŋ$^{35}_{44}$tsau$^{21}$tet$^{5}$tsɿ$^{0}$lɔi$^{13}$le$^{0}$.n̩$^{13}$tek$^{3}$.

【昼边】tʂəu$^{53}$pien$^{35}$ 名 晌午：三十晡～san$^{35}$ʂət$^{5}$pu$^{35}$tʂəu$^{53}$pien$^{35}_{44}$大年三十那天的晌午

【昼饭】tʂəu$^{53}$fan$^{53}$ 名 午饭。也称“昼饭子”：今晡食～等得唔知几久，客多哩。cin$^{35}$pu$^{35}_{44}$ʂət$^{5}$tʂəu$^{53}$fan$^{53}$ten$^{21}$tek$^{3}$n̩$^{13}$ti$^{35}_{53}$ci$^{21}$ciəu$^{21}$,kʰak$^{3}$to$^{35}$li$^{0}$.｜我反正食～子来同你想要得吧？ŋai$^{13}$fan$^{21}_{44}$tʂən$^{53}_{44}$ʂət$^{5}$tʂəu$^{53}$fan$^{53}_{44}$tsɿ$^{0}$lɔi$^{13}_{21}$tʰəŋ$^{13}_{21}$ɲi$^{13}_{21}$siɔŋ$^{21}$iau$^{53}_{44}$tek$^{3}$pa$^{0}$?

【昼过】tʂəu$^{53}$ko$^{53}$ 名 时间词。指中午过后：爱食饭了哈，～哩了哈，肚子饥稳哩啊。ɔi$^{53}$ʂət$^{5}$fan$^{53}$niau$^{0}$xa$^{0}$,tʂəu$^{53}$ko$^{53}$li$^{0}$liau$^{0}$xa$^{0}$,təu$^{21}$tsɿ$^{0}$ci$^{35}_{44}$uən$^{21}$ni$^{0}$a$^{0}$.｜我等去屋下做事啊，唔热个时候子啊，总做稳去，欸～哩都唔晓得。ŋai$^{13}_{21}$tien$^{0}$çi$^{13}$uk$^{3}$xa$^{53}_{44}$tso$^{53}$sɿ$^{13}$a$^{0}$,n̩$^{13}$ɲiet$^{5}$ke$^{53}_{44}$ʂɿ$^{13}$xei$^{53}$tsɿ$^{0}$a$^{0}$,e$_{21}$,tsəŋ$^{21}$tso$^{53}$uən$^{21}$çi$^{53}$,ei$^{0}$tʂəu$^{53}$ko$^{53}$li$^{0}$təu$^{35}_{53}$n̩$^{13}_{44}$çiau$^{21}_{44}$tek$^{3}$.

【骤去骤转】tʂəu$^{53}$cʰi$^{53}_{44}$tʂəu$^{53}$tʂən$^{21}$ 反反复复地摇动：～个仲啊。tʂəu$^{53}$çi$^{53}_{44}$tʂəu$^{53}$tʂən$^{21}$ke$^{53}_{44}$tʂʰəŋ$^{53}$ŋa$^{0}$.

【猪】tʂəu$^{35}$ 名 一种杂食类哺乳动物，常见家畜。也称“猪子”：米子藻冇么人搂倒分～食。mi$^{21}$tsɿ$^{21}$pʰiau$^{13}$mau$^{13}$mak$^{3}$ɲin$^{13}_{44}$lei$^{13}$tau$^{21}$pən$^{35}$tʂəu$^{35}$ʂət$^{5}_{3}$.｜箇阵子冬下头～子冇得潲食。kai$^{53}_{44}$tʂʰən$^{53}_{44}$tsɿ$^{0}$təŋ$^{35}$xa$^{35}_{44}$tʰei$^{13}_{21}$tʂəu$^{35}$tsɿ$^{0}$mau$^{13}_{21}$tek$^{3}$sau$^{53}$ʂət$^{5}_{3}$.

【猪板油】tʂəu$^{35}$pan$^{21}$iəu$^{13}$ 名 猪腹腔内面的板状脂肪。也简称“板油”：～，欸，也话板油，讲板油就系～。tʂəu$^{35}$pan$^{21}$iəu$^{13}$,ei$_{21}$,ia$^{35}$ua$^{53}_{44}$pan$^{21}$iəu$^{13}$,kəŋ$^{21}$pan$^{21}$iəu$^{13}$tsʰiəu$^{53}_{44}$xe$^{53}_{44}$tʂəu$^{35}$pan$^{21}$iəu$^{13}$.

【猪菜】tʂəu$^{35}$tsʰɔi$^{53}$ 名 猪草，可充作猪饲料的植物：摘～ tsak$^{3}$tʂəu$^{35}$tsʰɔi$^{53}_{44}$｜我客姓人是铡～。ŋai$^{13}$kʰak$^{3}$sin$^{53}$ɲin$^{13}_{21}$ʂɿ$^{53}_{44}$tsʰait$^{5}$tʂəu$^{35}_{44}$tsʰɔi$^{53}_{44}$.

【猪槽】tʂəu$^{35}$tsʰau$^{13}$ 名 供猪吃食、饮水的器具：同箇～样 tʰəŋ$^{13}_{21}$kai$^{53}_{44}$tʂəu$^{35}$tsʰau$^{13}$iəŋ$^{53}_{44}$

【猪场】tʂəu$^{35}$tʂʰəŋ$^{21}$ 名 养猪场：如今个欸我等有只熟人呢，姓万个，渠就专门同别人家做～嘞，建设～啊。如今最新式个～我去参观哩渠做个箇～。箇真系蛮好，硬臭味都冇么个有。i$^{13}_{21}$cin$^{35}_{53}$ke$^{53}_{44}$e$^{0}$ŋai$^{13}_{21}$tien$^{0}$iəu$^{35}_{44}$tʂak$^{3}$ʂəuk$^{5}$ɲin$^{13}_{44}$ne$^{0}$,siaŋ$^{53}$uan$^{53}$cie$^{53}_{44}$,ci$^{13}_{21}$tsʰiəu$^{53}_{44}$tʂen$^{35}$mən$^{13}_{21}$tʰəŋ$^{13}_{21}$pʰiet$^{5}$in$^{13}_{21}$ka$^{35}_{44}$tso$^{53}$tʂəu$^{35}$tʂʰəŋ$^{21}$lei$^{0}$,cien$^{53}$ʂet$^{3}$tʂəu$^{35}_{44}$tʂʰəŋ$^{21}$ŋa$^{0}$.i$^{13}_{21}$cin$^{35}_{44}$tsei$^{53}$sin$^{35}$ʂɿ$^{13}_{44}$ke$^{53}_{44}$tʂəu$^{35}$tʂʰəŋ$^{21}$ŋai$^{13}_{21}$çi$^{53}$tsʰan$^{35}$kən$^{35}_{53}$li$^{0}$ci$^{13}_{44}$tso$^{53}$ke$^{53}_{44}$kai$^{53}_{44}$tʂəu$^{35}$tʂʰəŋ$^{21}$.kai$^{53}$tʂən$^{35}$xe$^{53}$man$^{13}$xau$^{21}$,ɲiaŋ$^{53}_{44}$tʂʰəu$^{53}$uei$^{53}_{44}$təu$^{35}_{53}$mau$^{13}_{21}$mak$^{3}$e$^{0}$iəu$^{35}$.

【猪篼】tʂəu$^{35}$tei$^{35}$ 名 猪食槽。有石制的；也有用松木挖制的；还有用竹子砍去一小边，保留竹节，供小猪进食的：～呀。喂猪箇样个箇起猪食个也就～哟。tʂəu$^{35}$tei$^{35}$ia$^{0}$.uei$^{53}$tʂəu$^{35}$kai$^{53}$iəŋ$^{53}_{44}$ke$^{53}_{44}$kai$^{53}_{44}$çi$^{21}_{44}$tʂəu$^{35}$ʂek$^{5}$kei$^{53}_{44}$ia$^{35}_{21}$tsʰiəu$^{53}$tʂəu$^{35}$tei$^{35}$iau$^{0}$.｜竹子个就细猪子食呢。舞只大竹呢，舞只咁大个竹呢，咁大个个竹，劈嘿一箧子去嘞。上背劈嘿一箧子嘞。劈嘿箧子。也分节打嘿哩，两边

就留倒箇节嘞。也舞条弓提下去嘞。箇就细猪子食嘞。箇大猪是……以个竹是只有咁大子，箇大猪是脑壳都懑大样个，进唔得。搞细猪子食。也安做～哟。冇得冇多么人分出来竹子做个～。tʂəuk$^{3}$ tsɿ$^{0}$ ke$^{53}_{44}$tsʰiəu$^{53}_{44}$se$^{53}$tʂəu$^{35}$tsɿ$^{0}$ ʂət$^{5}$ nei$^{0}$ .u$^{21}$tʂak$^{3}$ tʰai$^{3}$ tʂəuk$^{3}$ nei$^{0}$ ,u$^{21}$(tʂ)ak$^{3}$ kan$^{21}$tʰai$^{53}$ke$^{53}$tʂəuk$^{3}$ nei$^{0}$ ,kan$^{21}$tʰai$^{53}_{44}$ke$^{53}_{44}$tʂəuk$^{3}$ ,pʰiak$^{3}$ xek$^{3}$ iet$^{3}$ sak$^{3}$ tsɿ$^{0}$ çi$^{53}$lei$^{0}$ .ʂəŋ$^{53}$pəi$^{53}$pʰiak$^{3}$ xek$^{3}$ iet$^{3}$ sak$^{3}$ tsɿ$^{0}$ lei$^{0}$ .pʰiak$^{3}$ xek$^{3}$ sak$^{3}$ tsɿ$^{0}$ .ia$^{35}$pən$^{35}$tsiet$^{3}$ ta$^{21}$xek$^{3}$ li$^{0}$ ,iəŋ$^{21}$pien$^{35}$tsʰiəu$^{53}$liəu$^{13}_{21}$tau$^{21}$kai$^{53}$tsiet$^{3}$ lei$^{0}$ .ia$^{35}$u$^{21}$tʰiau$^{13}$ciəŋ$^{35}$tʰia$^{35}$(x)a$^{53}$çi$^{53}_{44}$ lei$^{0}$ .kai$^{53}_{21}$tsʰiəu$^{53}_{44}$se$^{53}$tʂəu$^{35}$tsɿ$^{0}$ ʂət$^{5}$ lei$^{0}$ .kai$^{53}_{44}$tʰai$^{53}$tʂəu$^{35}$ʂɿ$^{53}_{44}$…i$^{21}$ke$^{53}_{44}$tʂəuk$^{3}$ ʂɿ$^{53}_{44}$tʂe$^{21}$iəu$^{35}_{44}$kan$^{21}$tʰai$^{53}$tsɿ$^{0}$ ,kai$^{53}_{44}$tʰai$^{53}$ tʂəu$^{35}_{44}$ʂɿ$^{53}_{44}$lau$^{21}$kʰɔk$^{3}$ təu$^{35}_{53}$mən$^{35}$tʰai$^{53}_{44}$iəŋ$^{53}_{44}$ke$^{53}_{44}$,tsin$^{53}$ŋ̍$^{13}_{21}$tek$^{3}$ .kau$^{21}$se$^{53}$tʂəu$^{35}$tsɿ$^{0}$ ʂət$^{5}_{3}$ .ia$^{35}$ɔn$^{35}_{53}$tso$^{53}_{44}$tʂəu$^{35}_{44}$tei$^{35}_{44}$ iau$^{0}$ .mau$^{13}$tek$^{3}$ mau$^{13}$to$^{35}_{53}$mak$^{3}$ ɲin$^{13}_{44}$fən$^{35}$tʂʰət$^{3}$ ləi$^{13}_{21}$tʂəuk$^{3}$ tsɿ$^{0}$ tso$^{53}_{44}$ke$^{53}_{44}$tʂəu$^{35}$tei$^{35}_{44}$.

【猪篼槽】tʂəu$^{35}$tei$^{35}_{44}$tsʰau$^{13}_{21}$ [名]供猪吃食、饮水的器具：～样个 tʂəu$^{35}$tei$^{35}_{44}$tsʰau$^{13}_{21}$iəŋ$^{53}_{44}$ke$^{53}_{44}$

【猪篼床】tʂəu$^{35}$tei$^{35}$tsʰɔŋ$^{13}$ [名]无床头和蚊帐架的床：～啊，就系一只箇猪篼样个唠，冇得架子唠，安做～。见过，我睡也睡过。tʂəu$^{35}$tei$^{35}_{44}$tsʰɔŋ$^{13}_{21}$ŋa$^{0}$ ,tsʰiəu$^{53}$xei$^{53}_{21}$iet$^{3}$ tʂak$^{3}$ kai$^{53}_{44}$tʂəu$^{35}$tei$^{35}$iəŋ$^{53}_{21}$ke$^{53}_{21}$ lau$^{0}$ ,mau$^{13}_{21}$tek$^{3}$ ka$^{53}$tsɿ$^{0}$ lau$^{0}$ ,ɔn$^{35}_{44}$tso$^{53}_{44}$tʂəu$^{35}_{44}$tei$^{35}_{44}$tsʰɔŋ$^{13}_{21}$.cien$^{53}$ko,ŋai$^{13}_{21}$ʂuəi$^{53}$ia$^{35}_{44}$ʂuəi$^{53}$ko$^{53}_{21}$.

【猪粪】tʂəu$^{35}$pən$^{53}$ [名]用作肥料的猪屎；畜猪个栏场嘞分箇个～□起来，□起来呀，欸，舞倒做肥料。我等箇阵子去以映栽菜，尽到渠等几家畜猪个人家去荷粪，荷猪屎。çiəuk$^{3}$ tʂəu$^{35}$ke$^{53}$ laŋ$^{13}_{21}$tʂʰɔŋ$^{13}_{44}$lei$^{0}$ pən$^{35}$kai$^{53}_{44}$ke$^{53}_{44}$tʂəu$^{35}$pən$^{53}$siet$^{3}$ çi$^{21}$ləi$^{13}_{21}$,siet$^{5}$ çi$^{21}$ləi$^{13}$ia$^{0}$ ,e$_{21}$,u$^{21}$tau$^{21}$tso$^{53}$fei$^{13}$liau$^{53}$.ŋai$^{13}$tien$^{0}$ kai$^{53}$ tʂʰən$^{53}$tsɿ$^{0}$ çi$^{53}$i$^{21}$iaŋ$^{53}$tsəi$^{35}$tsʰəi$^{53}$,tsʰin$^{53}$tau$^{53}$ci$^{13}_{21}$tien$^{0}$ ci$^{21}$ka$^{35}_{44}$çiəuk$^{3}$ tʂəu$^{35}$ke$^{53}$ɲin$^{13}_{21}$ka$^{35}_{44}$çi$^{53}$kʰai$^{35}$pən$^{53}$,kʰai$^{35}_{44}$ tʂəu$^{35}$ʂɿ$^{21}$.

【猪粪尿】tʂəu$^{35}$fən$^{53}_{44}$ɲiau$^{53}$ [名]猪的屎尿积聚而成的混合物，可用作肥料：舞滴箇个欸人粪尿哇，～哇，去去和啊，和倒堆倒箇映啊。u$^{21}$tiet$^{5}$ kai$^{53}_{44}$kei$^{53}_{44}$e$_{21}$ɲin$^{13}$fən$^{53}$ɲiau$^{53}$ua$^{0}$ ,tʂəu$^{35}$fən$^{53}_{44}$ɲiau$^{53}$ ua$^{0}$ ,çi$^{53}_{44}$çi$^{53}$xo$^{13}$a$^{0}$ ,xo$^{13}$tau$^{21}$tei$^{35}$tau$^{21}$kai$^{53}_{44}$iaŋ$^{53}_{44}$ŋa$^{0}$ .

【猪肝】tʂəu$^{35}$kən$^{35}$ [名]猪的肝脏：打比样～要切几片子～呐。ta$^{21}$pi$^{21}$iəŋ$^{53}_{44}$tʂəu$^{35}$kən$^{35}_{44}$iau$^{53}_{44}$tsʰiet$^{3}$ ci$^{21}$ pʰien$^{53}$tsɿ$^{0}$ tʂəu$^{35}_{44}$kən$^{35}_{44}$na$^{0}$ .｜你箇个炒～呐，交黄萝卜咯。ɲi$^{13}$kai$^{53}_{44}$ke$^{53}_{44}$tsʰau$^{21}$tʂəu$^{35}$kən$^{35}$na$^{0}$ ,ciau$^{35}_{44}$uəŋ$^{13}$ lo$^{13}$pʰek$^{5}$ ko$^{0}$ .

【猪牯】tʂəu$^{35}$ku$^{21}$ [名]①种公猪：做配种个公猪箇起安做～。tso$^{53}$pʰei$^{53}$tʂəŋ$^{21}$ke$^{53}_{44}$kəŋ$^{35}$tʂəu$^{35}_{44}$kai$^{53}_{44}$çi$^{21}$ ɔn$^{35}_{44}$tso$^{53}_{44}$tʂəu$^{35}$ku$^{21}$. ②雄性的猪。又称“公猪子”：细猪子肚里个蹭阉个，或者阉哩个，蹭阉个，箇个公猪子也安做～。sei$^{53}$tʂəu$^{35}_{44}$tsɿ$^{0}$ təu$^{21}$li$^{0}$ ke$^{53}$maŋ$^{13}$ian$^{35}$ke$^{53}$,xɔit$^{5}$ tʂa$^{21}_{44}$ian$^{35}$ni$^{0}$ ke$^{0}$ ,maŋ$^{13}$ian$^{35}$ke$^{53}$,kai$^{53}_{44}$ ke$^{53}_{44}$kəŋ$^{35}$tʂəu$^{35}_{44}$tsɿ$^{0}$ ia$^{35}$ɔn$^{35}_{53}$tso$^{53}$tʂəu$^{35}$ku$^{21}$.

【猪牯老子】tʂəu$^{35}$ku$^{21}$lau$^{21}$tsɿ$^{0}$ [名]驱赶脚猪去配种的人：赶脚猪个人就安做～，三代唔爱安哩名。其实也一门正当个职业嘞，要么个紧？箇当面还系唔敢喊渠～，但是背面就会话下子渠。“欸，～，～。”箇箇只东西一般子个人唔想去搞噢，爱蛮大个勇气呀，嗯，搞咁个路子啊。kən$^{21}$ciɔk$^{3}$ tʂəu$^{35}_{44}$ke$^{53}$ɲin$^{13}_{21}$tsʰiəu$^{53}_{44}$ɔn$^{35}_{44}$tso$^{53}_{44}$tʂəu$^{35}$ku$^{21}$lau$^{21}$tsɿ$^{0}$ ,san$^{35}$tʰəi$^{53}$m̩$^{13}_{21}$məi$^{53}_{44}$ɔn$^{35}_{44}$li$^{0}$ miaŋ$^{13}$.cʰi$^{13}$ʂət$^{5}$ ia$^{35}$iet$^{3}$ mən$^{13}$tʂən$^{53}$təŋ$^{35}_{44}$ke$^{0}$ tʂət$^{3}$ ɲiait$^{5}$ le$^{0}$ ,iau$^{53}$mak$^{3}$ e$^{0}$ cin$^{21}$?kai$^{53}$təŋ$^{35}$mien$^{53}_{44}$xai$^{13}_{21}$xe$^{53}$n̩$^{13}$kan$^{21}$xan$^{53}$ci$^{13}_{44}$tʂəu$^{35}$ku$^{21}$lau$^{21}$ tsɿ$^{0}$ ,tan$^{53}_{44}$ʂɿ$^{53}_{44}$pʰəi$^{53}$mien$^{53}_{44}$tsiəu$^{53}_{44}$uəi$^{53}_{44}$ua$^{53}$xa$^{53}_{21}$tsɿ$^{0}$ ci$^{13}_{21}$."e$_{21}$,tʂəu$^{35}$ku$^{21}$lau$^{21}$tsɿ$^{0}$ ,tʂəu$^{35}$ku$^{21}$lau$^{21}$tsɿ$^{0}$ ."kai$^{53}$kai$^{53}_{21}$ (tʂ)ak$^{3}$ təŋ$^{35}_{44}$si$^{0}$ iet$^{3}$ pən$^{35}$tsɿ$^{0}$ ke$^{53}$ɲin$^{13}_{21}$n̩$^{13}$siəŋ$^{21}$çi$^{53}$kau$^{21}$au$^{0}$ ,əi$^{53}$man$^{13}$tʰai$^{53}_{44}$ke$^{53}_{44}$iəŋ$^{21}$çi$^{53}$ia$^{0}$ ,n̩$_{21}$,kau$^{21}$kan$^{21}$ke$^{53}_{44}$ləu$^{53}$ tsɿ$^{0}$ a$^{0}$ .

【猪脚】tʂəu$^{35}$ciɔk$^{3}$ [名]猪腿（含猪蹄子）：箇个～咯～啊渠箇只我等以街上卖～啊，你话爱买只～啊搞得七八十块钱一只～。渠让门搞？栽你一蔸□长，照～个价钱卖分你。～个价钱唔便宜呢。好，箇是一种，就系你长脚啊，就系栽起唔知几长个～。渠也喊～嘞，冇得一只别么个话法嘞。kai$^{53}$ke$^{53}_{44}$tʂəu$^{35}$ciɔk$^{3}$ ko$^{0}$ tʂəu$^{35}$ciɔk$^{3}$ a$^{0}$ ci$^{13}$kai$^{53}$tʂak$^{3}$ ŋai$^{13}$tien$^{0}$ i$^{21}_{44}$kai$^{35}$xəŋ$^{53}_{44}$mai$^{53}$tʂəu$^{35}$ciɔk$^{3}$ a$^{0}$ , ɲi$^{13}$ua$^{53}$əi$^{53}_{44}$mai$^{35}$tʂak$^{3}$ tʂəu$^{35}$ciɔk$^{3}$ a$^{0}$ kau$^{21}$tek$^{3}$ tsʰiet$^{3}$ pait$^{3}$ ʂət$^{5}$ kuai$^{53}$tsʰien$^{13}_{21}$iet$^{3}$ tʂak$^{3}$ tʂəu$^{35}$ciɔk$^{3}$ .ci$^{13}$ɲiəŋ$^{53}_{44}$mən$^{13}_{44}$ kau$^{21}$?tsʰəi$^{13}$ɲi$^{13}_{21}$iet$^{3}$ tsʰo$^{35}$lai$^{35}$tʂʰɔŋ$^{13}_{21}$,tʂau$^{53}$tʂəu$^{35}$ciɔk$^{3}$ ke$^{53}_{44}$cia$^{53}$tsʰien$^{13}_{21}$mai$^{53}$pən$^{35}_{44}$ɲi$^{13}_{21}$.tʂəu$^{35}$ciɔk$^{3}$ ke$^{53}_{44}$cia$^{53}$ tsʰien$^{13}_{21}$m̩$^{13}_{21}$pʰien$^{13}_{44}$ɲin$^{13}_{44}$ne$^{0}$ .xau$^{21}$,kai$^{53}$ʂɿ$^{53}$iet$^{3}$ tʂəŋ$^{21}$,tsʰiəu$^{53}$xe$^{53}$ɲi$^{13}$tʂʰɔŋ$^{13}$ciɔk$^{3}$ a$^{0}$ ,tsiəu$^{53}_{44}$xe$^{53}_{44}$tsʰəi$^{13}$çi$^{21}_{53}$n̩$^{13}_{21}$ti$^{35}_{53}$ci$^{21}$ tʂʰɔŋ$^{13}$ke$^{53}_{44}$tʂəu$^{35}$ciɔk$^{3}$ .ci$^{13}_{21}$ia$^{35}$xan$^{53}$tʂəu$^{35}$ciɔk$^{3}$ le$^{0}$ ,mau$^{13}$tek$^{3}$ iet$^{3}$ tʂak$^{3}$ pʰiet$^{5}$ mak$^{3}$ e$^{0}$ ua$^{53}$fait$^{3}$ le$^{0}$ .

【猪栏】tʂəu$^{35}$lan$^{13}_{21}$ [名]猪圈：～里又更干净。tʂəu$^{35}$lan$^{13}_{21}$li$^{0}$ iəu$^{53}_{44}$cien$^{53}_{44}$kən$^{35}$tsʰin$^{53}_{44}$.｜如今你系话么人爱畜猪是只有硬爱做箇起～。i$^{13}_{21}$cin$^{35}_{53}$ɲi$^{13}_{21}$xei$^{53}_{44}$ua$^{53}_{44}$mak$^{3}$ ɲin$^{13}_{44}$əi$^{53}$çiəuk$^{3}$ tʂəu$^{35}$ʂɿ$^{53}_{44}$tʂɿ$^{21}$iəu$^{35}_{53}$ɲiaŋ$^{53}$əi$^{53}_{44}$tso$^{53}$ kai$^{53}$çi$^{21}$tʂəu$^{35}$lan$^{13}_{21}$.

【猪栏下】tʂəu$^{35}$lan$^{13}_{21}$xa$^{35}$ [名]猪圈：贴嘿箇个畜头牲个栏场。打比～，牛栏下，羊栏下，猪栏，牛栏，羊栏，欸。tʰiait$^{3}$(x)ek$^{3}$ kai$^{53}_{44}$ke$^{53}_{44}$çiəuk$^{3}$ tʰei$^{13}$saŋ$^{35}_{44}$ke$^{53}_{44}$laŋ$^{13}$tʂʰɔŋ$^{13}$.ta$^{21}$pi$^{21}_{44}$tʂəu$^{35}$lan$^{13}_{21}$xa$^{35}$, ɲiəu$^{13}$lan$^{13}_{21}$

xa35,iɔŋ13lan13_21xa35,tʂəu35lan13, ɲiəu13lan13,iɔŋ13lan13,e_21.

【猪脷子】tʂəu35li53tsɿ0 名猪舌。又称“招财”：欸，安做～，又安做招财。因为舌字就同倒折本个折啊。就安做～，又安做招财。欸，招财。e_21,ɔn35_44tso53_44tʂəu35_44li53tsɿ0,iəu53_44ɔn35_44tso53_44tʂau35tsʰɔi13.in35uei53_44ʂek5tsʰɿ53_44tsʰiəu53_44tʰəŋ13tau21_44ʂek5pən21ke53_44ʂek5a0.tsʰiəu53_44ɔn35_44tso53_44tʂəu35li53tsɿ0,iəu53_44ɔn35_44tso53_44tʂau35tsʰɔi13_21.e_21,tʂau35tsʰɔi13.｜过年个时候子啊蛮多人喜欢买兜～嘞，炒碗子～食嘞。个起也也系蛮好食呢。ko53ɲien13ke53ʂɿ13xei53tsɿ0a0man13to35_44ɲin13_21çi21fɔn35_44mai35te35_53tʂəu35li53tsɿ0lei0,tsʰau21uɔn21tsɿ0tʂəu35li53tsɿ0ʂət5lei0.kai53_44çi21_44a35_44ia35xei53man13_21xau21ʂət5nei0.

【猪嫲】tʂəu35ma13 名已生育过的母猪。又称“猪娘”：我等客姓人话，畜～爱有运，财运。冇得财运呐，畜～冇钱赚。我等箇阵子我等系倒横巷里就畜过一回～。欸，箇有一回猪价唔知几好嘞，一窠猪子下搡嘿哩啰，欸，夜晡下倒呢，你话下跌啊茅司凼里啰，死嘿哩啰。你话可惜哩嘛，吃哩亏嘛，猪价又唔知几好呢。呃，落尾是舀粪个时候子舀倒茅司凼里尽猪崽子，下死嘿哩。好，箇有一回嘞就畜倒箇猪崽子有人爱，欸，有一回就下倒一只。欸畜几年～赠赚倒滴么个钱，赠赚倒么个钱。ŋai13_21tien0kʰak3sin53ɲin13_21ua53,çiəuk3tʂəu35ma13ɔi53_44iəu35uən53,tsʰɔi13uən53.mau13tek3tsʰɔi13uən53na0,çiəuk3tʂəu35ma13_21mau13tsʰien13tsʰan53.ŋai13tien0kai53tʂʰən53tsɿ0ŋai13tien0xei53tau21uaŋ13xɔŋ53li0tsʰiəu53çiəuk3ko53(i)et3fei13tʂəu35ma13_21.e_21,kai53iəu35_53(i)et3fei13_44tʂəu35cia53n̩13ti35_53ci21xau21lei0,iet3kʰo35_44tʂəu35_44tsɿ0xa53sɔŋ21ŋek3li0lo0,ei_21,ia53pu35_44xa53tau21nei0, ɲi13_21ua53_44xa53tet3a0mau13_21sɿ35_53tʰɔŋ53li0lo0,si21xek3li0lo0. ɲi13_21ua53kʰo21siet3li0ma0,cʰiak3li0kʰuei35ma0,tʂəu35cia53_44iəu53n̩13ti35_53ci21xau21nei0.ə_21,lɔk5mi35_44ʂɿ53_44iau21pən53ke53_44ʂɿ13_44xəu53_21tsɿ0iau21tau21mau13sɿ35_53tʰɔŋ53li0tsʰin53tʂəu35tse21tsɿ0,xa53si21xek3li0.xau21,kai53_44iəu35_44iet3fei13_21lei0tsʰiəu53_44çiəuk3tau21kai53_44tʂəu35tse21tsɿ0mau13ɲin13_21ɔi53,e_21,iəu35iet3fei13_21tsʰiəu53_44xa53tau21iet3tʂak3.e_53çiəuk3ci21ɲien13_21tʂəu35ma13_44maŋ13tsʰan53tau21tiet5mak3e0tsʰien13_21,maŋ13tsʰan53tau21mak3e0tsʰien13_21.

【猪嫲癫】tʂəu35ma13tien35 名癫痫：欸，我等有只老弟子个赖子发～，真收拾哩。箇只细子三十几岁了，高么比我等都更高，一米七几，欸，冇兜用箇只人，就系废人，一只废人，么个都唔会做，么个都唔会搞，还长日犯事，爱渠爷娭掌稳。饭都爱掇倒渠面前，搲就会搲凑。一只赖子嘞，三十几岁了嘞，三十几岁了嘞。欸，一只就长日跌啊，长日会跌跤哇，一架势发作了就有滚子啊，会跌嘿地泥下。长日一面个包跌起，唔像样。欸，第二只嘞，脾气唔知几躁。欸，渠箇个吵三十岁了吵，一只箇后生吵，劲又唔知几大，渠娭子呷渠唔消。呃，渠唔搞个路子就渠就硬唔搞。如今靠渠爷子嘞只好渠爷子招呼渠。好，舞倒憕倒一只爷子跕倒屋下么个都做唔得。欸发～咁就冇办法。我认为嘞渠就细细子嘞也赠注意赠教育得渠，丁啱大子个时候子啊，架势有兜子懂事了就爱教育，发～个人爱教育嘞，教育得好，渠赠读书嘞，赠进学堂门呢，实在只爱教育得好，不至于系咁个样子。e_21,ŋai13_21tien0iəu35_53tʂak3lau21tʰe53tsɿ0ke53lai53tsɿ0fait3tʂəu35ma13_21tien35,tʂən35ʂəu35_44ʂət5li0.kai53tʂak3sei53tsɿ0san35ʂət5ci21sɔi53liau0,kau35me0pi21ŋai13tien0təu35_44cien53_44kau35,iet3mi21tsʰiet3ci21,e_21,mau13_21tei35_53iəŋ53kai53_44tʂak3ɲin13_44,tsʰiəu53_44xe53_44fei53ɲin13_21,iet3tʂak3fei53ɲin13_21,mak3ke53təu35_53n̩13_21uɔi53tso53,mak3e0təu35_53n̩13_44uɔi53_44kau21,xai13_21tʂʰɔŋ13ɲiet3fan53_44sɿ53,ɔi53ci13_21ia13ɔi35_44tʂɔŋ21uən21.fan53təu35_44ɔi53_44tɔit3tau21ci13_21mien53tsʰien13,uət5tsʰiəu53_44uɔi53_44uət5tsʰe0.iet3tʂak3lai53tsɿ0le0,san35ʂət5ci21sɔi53liau21le0,san35ʂət5sɔi53liau21le0.e_21,iet3tʂak3tsʰiəu53tʂʰɔŋ13ɲiet3tet3a0,tʂʰɔŋ13ɲiet3uɔi53tet3kau35ua0,iet3cia53ʂɿ53fait3tsɔk3liau0tsʰiəu53iəu35_53kuən21tsɿ0a0,uɔi53_44tet3(x)ek3tʰi53lai13_44xa53_44.tʂʰɔŋ13ɲiet3iet3mien53ke53_44pau35tet3çi21_44,n̩13tsʰiɔŋ53_44iɔŋ53.ei_21,tʰi53ɲi53tʂak3lei0,pʰi13çi53n̩13ti35_53ci21tsau53.ei_44,ci13kai53_44ke53_44ʂa0san35_44ʂət5sɔi53liau21ʂa0,iet3tʂak3kai53_44xei53saŋ35_44ʂa0,cin53iəu53_44n̩13_21ti35_44ci21tʰai53,ci13_21ɔi35tsɿ0çiak5ci13_44n̩13_21siau35.ə_21,ci13_21n̩13kau21ke53_44ləu53tsɿ0tsiəu53ci13_21tsʰiəu53_44ɲiaŋ53n̩13kau21.i13_21cin35_44kʰau53ci13_44ia13tsɿ0lei0tʂɿ21xau21ci13_21ia13tsɿ0tʂau35fu35_44ci13_44.xau21,u21tau21tʰien53tau21i21tʂak3ia13tsɿ0kʰu35_44tau21_44uk3xa53_44mak3e0təu35_44tso53n̩13_21tek3.e0fait3tʂəu35_44ma13_21tien35kan21_44tsiəu53_44mau13pʰan53fait3.ŋai13ɲin53uei13_21lei0ci13_21tsiəu53_44se53se53tsɿ0lei0a35maŋ13tʂʮ53i53_44maŋ13ciau53iəuk3tek3ci13_44,tin53ŋait3tʰai53tsɿ0ke53_44ʂɿ13_44xəu53_44tsɿ0a0,cia53_44ʂɿ53_44iəu35te35_53tsɿ0təŋ21sɿ53liau0tsʰiəu53_44ɔi53_44ciau53iəuk3,fait3tʂəu35ma13_21tien35ke53ɲin13_21ɔi53_44ciau53iəuk3le0,ciau53iəuk3tek3xau21,ci13_21maŋ13tʰəuk5ʂəu35le0,maŋ13tsin53xɔk5tʰɔŋ13_44mən13ne0,ʂət5tsʰai53_44tʂɿ21ɔi53_44ciau53iəuk3tek3xau21,pət3tʂɿ53ʮ13_44xei53kan21_13kei53_44iɔŋ53tsɿ0.

【猪脑壳】tʂəu35lau21kʰɔk3 名①猪的头部：买箦～ mai35sak3tʂəu35lau21kʰɔk3。②詈词。指没头脑的人：你咁唔想事啊，你系～吧？ɲi13kan21n̩13siɔŋ21sɿ53a0, ɲi13_44xei53_44tʂəu35lau21kʰɔk3pa0?

【猪娘】tʂəu35ɲiɔŋ13 名已生育过的母猪。又称“猪嫲”：有滴人又话～。专门来繁殖，用来繁殖猪小猪个，就安做～。iəu35tet5ɲin13_44iəu53_44ua53_44tʂəu35ɲiɔŋ13.tʂen35mən13_44lɔi13_44fan13tʂʰət5,iəŋ53lɔi13_21fan13 tʂʰət$^{5}$ tʂəu$^{35}$siau$^{21}$tʂəu$^{53}_{44}$ke$^{53}_{44}$,tsʰiəu$^{53}_{44}$ən$^{35}_{44}$tso$^{53}_{44}$tʂəu$^{35}$ɲiəŋ$^{13}$.

【猪皮】tʂəu$^{35}$pʰi$^{13}$ 名猪的表皮：平肚就系敆～用油去炮哇。pʰin$^{13}$təu$^{21}$tsʰiəu$^{53}$xei$^{53}$e$_{44}$tʂəu$^{35}$pʰi$^{13}$iəŋ$^{53}$ iəu$^{13}$çi$^{53}$pʰau$^{13}$ua$^{0}$.

【猪肉】tʂəu$^{35}$ɲiəuk$^{3}$ 名猪的新鲜或盐腌的食用肉。也称"猪肉子"：我等箇阵子我等一只同学舞滴～舞倒放下坛子里。但是很少咁子搞了，我等以映冇多么人咁子搞了。箇是箇阵子是冇得冰箱啊，唔好留哇。蛮好食。舞倒我生个就……舞倒我嬒蒸嬒煮都食哩一坨。ŋai$^{13}$tien$^{0}$ kai$^{53}_{44}$tʂʰən$^{53}_{44}$tsɿ$^{0}$ ŋai$^{13}$tien$^{0}$ iet$^{3}$ tʂak$^{3}$ tʰəŋ$^{13}$çiɔk$^{5}$ u$^{21}$tiet$^{5}$ tʂəu$^{35}$ɲiəuk$^{3}$ u$^{21}$tau$^{21}$fəŋ$^{53}$ŋa$^{53}$(←xa$^{53}$)tʰan$^{13}$tsɿ$^{0}$ li$^{0}$ .tan$^{53}$ʂɿ$^{53}$ xen$^{21}$ʂau$^{21}$kan$^{21}$tsɿ$^{0}$ kau$^{21}$liau$^{0}$ ,ŋai$^{13}$tien$^{0}$ i$^{21}$iaŋ$^{53}$mau$^{13}_{21}$to$^{35}_{53}$mak$^{3}$ɲin$^{35}_{44}$kan$^{21}$tsɿ$^{0}$ kau$^{21}$liau$^{0}$ .kai$^{53}_{44}$ʂɿ$^{53}_{44}$kai$^{53}_{44}$tʂʰən$^{53}$tsɿ$^{0}$ ʂɿ$^{53}_{44}$mau$^{13}$tek$^{3}$ pin$^{35}$siəŋ$^{35}_{44}$ŋa$^{0}$ ,m̩$^{13}$xau$^{21}$liəu$^{13}$ua$^{0}$ .man$^{13}$xau$^{21}$ʂət$^{5}$ .u$^{21}$tau$^{21}$ŋai$^{13}_{21}$saŋ$^{35}$ke$^{53}$tsʰiəu$^{53}_{44}$⋯u$^{21}$tau$^{21}$ŋai$^{13}_{21}$ maŋ$^{13}$tʂən$^{35}$maŋ$^{13}$tʂəu$^{21}$təu$^{53}_{44}$ʂət$^{5}$ li$^{0}$ iet$^{3}$ tʰo$^{13}_{21}$.｜～子痞满一碗呐。tʂəu$^{35}$ɲiəuk$^{3}$ tsɿ$^{0}$ tek$^{5}$ man$^{53}$iet$^{3}$ uən$^{21}$na$^{0}$ .

【猪肉皮】tʂəu$^{35}$ɲiəuk$^{3}$pʰi$^{13}$ 名猪的表皮：肉皮就安做～。正先讲个平肚是就加哩工个，炮哩个。ɲiəuk$^{3}$ pʰi$^{13}$tsʰiəu$^{53}_{44}$ən$^{35}_{44}$tso$^{53}_{44}$tʂəu$^{35}$ɲiəuk$^{3}$ pʰi$^{13}$.tʂaŋ$^{53}_{44}$sien$^{35}_{53}$kəŋ$^{21}$ke$^{53}_{44}$pʰin$^{13}$təu$^{21}$ʂɿ$^{53}_{44}$tsʰiəu$^{53}_{44}$cia$^{35}_{44}$li$^{0}$ kəŋ$^{35}$ke$^{53}$,pʰau$^{13}$ li$^{0}$ ke$^{53}$.｜～呀？剐嘿去啊，剐下来。tʂəu$^{35}$ɲiəuk$^{3}$ pʰi$^{13}$ia$^{0}$ ?tʰiet$^{5}$ (x)ek$^{3}$ çi$^{53}$a$^{0}$ ,tʰiet$^{5}$ xa$^{53}_{44}$lɔi$^{13}_{21}$.

【猪潲】tʂəu$^{35}$sau$^{53}$ 名一种猪饲料，用泔水、米糠、野菜、剩饭等煮成：～喔，～，就讲潲，也讲～。就系潲，炆潲，煮潲。tʂəu$^{35}$sau$^{53}$uo$^{0}$ ,tʂəu$^{35}$sau$^{53}$,tsʰiəu$^{53}$kəŋ$^{21}$sau$^{53}$,ia$^{35}$kəŋ$^{21}$tʂəu$^{35}$ sau$^{53}$.tsʰiəu$^{53}_{44}$xe$^{53}_{44}$sau$^{53}$,uən$^{13}$sau$^{53}$,tʂəu$^{21}$sau$^{53}$.｜箇阵子从前就只有～喔。潲。以下是买个是就饲料，也安做饲料，安做饲料。kai$^{53}_{44}$tʂʰən$^{53}_{44}$tsɿ$^{0}$ tsʰəŋ$^{13}$tsʰien$^{13}$tsʰiəu$^{53}_{44}$tʂe$^{21}$iəu$^{35}_{44}$tʂəu$^{35}$sau$^{53}$uo$^{0}$ .sau$^{53}$ .i$^{21}$xa$^{53}$ʂɿ$^{53}_{44}$ mai$^{35}$ke$^{53}$ʂɿ$^{53}_{44}$tsʰiəu$^{53}_{44}$sɿ$^{53}$liau$^{53}$,ia$^{35}$ən$^{35}_{44}$tso$^{53}_{44}$sɿ$^{53}$liau$^{53}$,ən$^{35}_{44}$tso$^{53}_{44}$sɿ$^{53}$liau$^{53}$.

【猪生】tʂəu$^{35}$saŋ$^{35}$ 名指生猪；活肉猪：卖活个如今是只讲～几多钱一斤吵。mai$^{53}_{44}$uɔit$^{5}$ ke$^{53}_{44}$i$^{13}_{21}$ cin$^{35}_{44}$ʂɿ$^{53}_{44}$tʂɿ$^{21}$kəŋ$^{21}$tʂəu$^{35}$saŋ$^{35}$ci$^{21}_{44}$(t)o$^{35}_{44}$tsʰien$^{13}_{21}$iet$^{3}$ cin$^{35}_{44}$ʂa$^{0}$.｜如今～敆箇晡听讲话～正六块多钱。唔系话过年了箇起嬒食饲料箇是卖一十三块一十四块，两倍个价钱，硬系更好食。i$^{13}_{21}$cin$^{35}_{44}$tʂəu$^{35}_{44}$ saŋ$^{35}_{44}$ei$_{44}$kai$^{53}_{44}$pu$^{35}$tʰaŋ$^{35}$kəŋ$^{21}$ua$^{53}_{44}$tʂəu$^{35}_{44}$saŋ$^{35}_{44}$tʂaŋ$^{53}$liəuk$^{3}$ kʰuai$^{53}$to$^{35}_{44}$tsʰien$^{13}_{21}$.m̩$^{13}_{21}$pʰei$^{53}_{44}$ua$^{53}_{44}$ko$^{53}$ɲien$^{13}$liau$^{0}$ kai$^{53}$çi$^{21}_{44}$ maŋ$^{13}$ʂət$^{5}$ sɿ$^{53}$liau$^{53}_{44}$kai$^{53}$ʂɿ$^{53}_{44}$mai$^{53}$iet$^{3}$ ʂət$^{5}$ san$^{35}$kʰuai$^{53}$iet$^{3}$ ʂət$^{5}$ si$^{53}$kʰuai$^{53}$,iəŋ$^{21}$pʰei$^{53}$ke$^{53}_{44}$cia$^{53}$tsʰien$^{13}_{21}$, ɲiaŋ$^{53}$xei$^{53}_{44}$ cien$^{53}_{44}$xau$^{21}$ʂət$^{5}$ .

【猪食盆】tʂəu$^{35}_{44}$ʂət$^{5}$ pʰən$^{13}$ 名用来喂猪的木盆：还有起～呢。同箇个面盆样，木做个，比较阔唠，欸，比较大唠，有咁大唠。欸脚盆样啊。但是渠就有一只东西嘞，一只脚盆样，系啊？一只完只脚盆。欸脚盆样嘞，渠个有一块板子嘞就比较长嘞，长出来，提手，用来提手。渠搞么个？猪子食咁哩嘞，就唔分渠……渠舞有么啊事渠就会去趾啊，趾倒会烂呢啊，会趾倒一猪栏嘞，系呀会？看得等得渠食嘿哩就提出来。和箇猪瓮提出来。猪栏里又更干净。只有一块板子更长个，剩下个就咁子咁长子，系唔系？欸猪瓮呀重唔得嘞。箇唔爱一边一块，只爱一块。箇是咁个，先空个放倒去呀，你可以放倒去呀。放倒去，再分潲提，倾下箇～里啊。食完哩再提起来呀。咁唔系有事几重子，有得几重子？（像我们那边以前呐，就是一边一块伸上去，然后中间搞个梁。）箇是提倒走，猪子食潲唔用箇只东西。渠会趾嘿咯。渠会趾嘿，箇脑壳会放势趾咯。所以渠只有一块。箇块比较高，便于提。箇就～。都比较科学嘞，系唔系？欸凑动哩脑筋呢。xai$^{13}_{21}$iəu$^{35}$çi$^{21}$tʂəu$^{35}_{44}$ʂət$^{5}$ pʰən$^{13}$nei$^{0}$ .tʰəŋ$^{13}$kai$^{53}_{44}$ke$^{53}_{21}$mien$^{53}$pʰən$^{13}$iəŋ$^{53}$,muk$^{3}$ tso$^{53}$ ke$^{53}$,pi$^{21}$ciau$^{53}$kʰɔit$^{3}$ lau$^{0}$ ,e$_{21}$,pi$^{21}$ciau$^{53}_{44}$tʰai$^{53}$lau$^{0}$ ,iəu$^{35}_{44}$kan$^{21}$tʰai$^{53}$lau$^{0}$ .e$_{44}$ciɔk$^{3}$ pʰən$^{13}$niəŋ$^{53}$ŋa$^{0}$ .tan$^{53}_{44}$ʂɿ$^{53}_{44}$ci$^{13}_{21}$ tsʰiəu$^{53}_{44}$iəu$^{35}$iet$^{3}$ tʂak$^{3}$ təŋ$^{35}_{44}$si$^{0}$ lei$^{0}$ ,iet$^{3}$ tʂak$^{3}$ ciɔk$^{3}$ pʰən$^{13}$niəŋ$^{53}$,xei$^{53}$a$^{0}$ ?iet$^{3}$ tʂak$^{3}$ uən$^{13}$tʂak$^{3}$ ciɔk$^{3}$ pʰən$^{13}$.e$^{0}$ ciɔk$^{3}$ pʰən$^{13}$niəŋ$^{53}_{44}$lei$^{0}$ ,ci$^{13}_{21}$ke$^{53}_{44}$iəu$^{35}$iet$^{3}$ kʰuai$^{53}$pan$^{21}$tsɿ$^{0}$ lei$^{0}$ tsʰiəu$^{53}_{44}$pi$^{21}$ciau$^{53}_{44}$tʂʰəŋ$^{13}$lei$^{0}$ ,tʂʰəŋ$^{13}$tʂʰət$^{3}$ lɔi$^{13}_{21}$,tʰia$^{35}$ ʂəu$^{21}$,iəŋ$^{53}$lɔi$^{13}_{21}$tʰia$^{35}$ʂəu$^{21}$.ci$^{13}_{21}$kau$^{21}$mak$^{3}$ (k)e$^{53}_{44}$?tʂəu$^{35}$tsɿ$^{0}$ ʂət$^{5}$ kan$^{21}$ni$^{0}$ lei$^{0}$ ,tsʰiəu$^{53}$m̩$^{13}$pən$^{35}_{44}$ci$^{13}_{21}$⋯ci$^{13}$u$^{21}$mau$^{13}$ mak$^{3}$ a$^{0}$ sɿ$^{53}_{44}$ci$^{13}$tsʰiəu$^{53}_{44}$uɔi$^{53}_{44}$çi$^{53}_{44}$kəŋ$^{53}$ŋa$^{0}$ ,kəŋ$^{53}$tau$^{21}$uɔi$^{53}_{44}$lan$^{53}$ne$^{0}$ a$^{0}$ ,uɔi$^{53}$kəŋ$^{53}$tau$^{21}$iet$^{3}$ tʂəu$^{35}$lan$^{13}_{21}$le$^{0}$ ,xei$^{53}$a$^{0}$ uɔi$^{53}$?kʰən$^{53}$tek$^{3}$ tien$^{21}$tek$^{3}$ ci$^{13}$ʂət$^{5}$ xek$^{3}$ li$^{0}$ tsʰiəu$^{53}_{44}$tʰia$^{35}$tʂʰət$^{3}$ lɔi$^{13}$.uo$^{53}$kai$^{53}_{21}$tʂəu$^{35}$tei$^{35}$tʰia$^{35}$tʂʰət$^{3}$ lɔi$^{13}_{21}$.tʂəu$^{35}$lan$^{13}_{21}$ li$^{0}$ iəu$^{53}_{44}$cien$^{53}_{44}$kən$^{35}$tsʰin$^{53}_{44}$.tʂe$^{21}$iəu$^{35}_{21}$iet$^{3}$ kʰuai$^{53}$pan$^{21}$tsɿ$^{0}$ ken$^{53}$tʂʰəŋ$^{13}$ke$^{53}$,ʂən$^{53}$çia$^{53}$ke$^{53}_{44}$tsʰiəu$^{53}_{44}$kan$^{21}$tsɿ$^{0}$ kan$^{21}$ tʂʰəŋ$^{13}$tsɿ$^{0}$ ,xe$^{53}_{44}$me$^{53}_{44}$?e$^{0}$ tʂəu$^{35}$tei$^{35}$ia$^{0}$ tʂʰəŋ$^{35}$n̩$^{13}_{21}$tek$^{3}$ lei$^{0}$ .kai$^{53}$m̩$^{13}_{21}$mɔi$^{53}$iet$^{3}$ pien$^{35}_{44}$iet$^{3}$ kʰuai$^{53}$,tʂe$^{21}$ɔi$^{53}$iet$^{3}$ kʰuai$^{53}$.kai$^{53}$ʂɿ$^{53}_{21}$kan$^{21}$cie$^{53}$,sien$^{35}$kʰəŋ$^{35}$ke$^{53}_{44}$fəŋ$^{53}$tau$^{21}$çi$^{53}_{44}$ia$^{0}$ ,ɲi$^{13}_{21}$kʰo$^{21}$i$^{35}_{44}$fəŋ$^{53}$tau$^{21}$çi$^{53}_{44}$ia$^{0}$ .fəŋ$^{53}$tau$^{21}$çi$^{53}_{44}$,tsai$^{53}_{44}$pən$^{35}_{44}$ sau$^{53}$tʰia$^{35}$,kʰuaŋ$^{35}$xa$^{53}_{44}$kai$^{53}$tʂəu$^{35}_{44}$ʂət$^{5}$ pʰən$^{13}$ni$^{0}$ a$^{0}$ .ʂət$^{5}$ ien$^{13}$ni$^{0}$ tsai$^{53}$tʰia$^{35}$çi$^{21}$lɔi$^{13}_{21}$ia$^{0}$ .kam$_{44}$pʰe$_{44}$(←kai$^{53}$m̩$^{13}$ xe$^{53}$)mau$^{13}$sɿ$^{53}$ci$^{21}$tʂʰəŋ$^{35}$tsɿ$^{0}$ ,mau$^{13}_{21}$tek$^{3}$ ci$^{21}$tʂʰəŋ$^{35}$tsɿ$^{0}$ ?kai$^{53}$ʂɿ$^{53}_{44}$tʰia$^{35}$tau$^{21}$tsei$^{21}$,tʂəu$^{35}$tsɿ$^{0}$ ʂət$^{5}$ sau$^{53}$n̩$^{13}$iəŋ$^{53}_{44}$kai$^{53}$ tʂak$^{3}$ təŋ$^{35}_{44}$si$^{0}$ .ci$^{13}_{21}$uɔi$^{53}_{44}$kəŋ$^{53}$xek$^{3}$ ko$^{0}$ .ci$^{13}_{21}$uɔi$^{53}_{44}$kəŋ$^{53}$ŋek$^{3}$ (←xek$^{3}$ ),kai$^{53}_{44}$lau$^{21}$kʰɔk$^{3}$ uɔi$^{53}_{44}$xəŋ$^{53}_{44}$ʂɿ$^{53}_{44}$kəŋ$^{53}$ko$^{0}$ .so$^{21}$i$^{35}$ ci$^{13}_{21}$tʂe$^{21}$iəu$^{35}_{44}$iet$^{3}$ kʰuai$^{53}$.kai$^{53}$kʰuai$^{53}$pi$^{21}$ciau$^{53}_{44}$kau$^{35}$,pʰien$^{53}$vy$^{13}_{21}$tʰia$^{35}$.kai$^{53}_{44}$tsʰiəu$^{53}_{44}$tʂəu$^{35}$ʂət$^{5}$ pʰən$^{13}$.təu$^{35}$pi$^{21}$

ciau$^{53}_{44}$kʰo$^{35}$çiɔk$^{5}$lei$^{0}$,xei$^{53}_{44}$me$^{53}_{44}$ʔe$_{21}$tsʰe$^{0}$tʰəŋ$^{53}$li$^{0}$lau$^{21}$cin$^{35}_{44}$nei$^{0}$.

【猪屎】tʂəu$^{35}$ʂʅ$^{21}$ 名 猪的粪便：～就欸我等就舞倒箇个舞倒～去淋菜。tʂəu$^{35}$ʂʅ$^{21}$tsʰiəu$^{53}$e$_{21}$ŋai$^{13}_{21}$tien$^{0}$tsʰiəu$^{53}$u$^{21}$tau$^{21}$kai$^{53}_{44}$ke$^{53}_{44}$u$^{21}$tau$^{21}$tʂəu$^{35}_{44}$ʂʅ$^{21}$çi$^{53}_{44}$lin$^{13}$tsʰɔi$^{53}$.

【猪屎丘】tʂəu$^{35}$ʂʅ$^{21}$cʰiəu$^{35}$ 名 肥力很好的田：欸，以前咯，有只咁个呢，箇个十分肥个田咯安做～嘞。十分肥，泥脚又十分好，泥脚又好，又十分肥个田，安做～。e$_{44}$,i$^{35}_{53}$tsʰien$^{13}$ko$^{0}$,iəu$^{35}$tʂak$^{3}$kan$^{21}_{13}$cie$^{53}$nei$^{0}$,kai$^{53}_{44}$ke$^{53}_{44}$ʂət$^{5}$fən$^{35}_{53}$pʰi$^{13}$ke$^{53}$tʰien$^{13}$ko$^{0}$ɔn$^{35}_{44}$tso$^{53}_{44}$tʂəu$^{35}$ʂʅ$^{21}$cʰiəu$^{35}$lei$^{0}$.ʂət$^{5}$fən$^{35}_{53}$pʰi$^{13}$,lai$^{13}$ciɔk$^{3}$iəu$^{53}$ʂət$^{5}$fən$^{35}_{53}$xau$^{21}$,lai$^{13}$ciɔk$^{3}$iəu$^{53}$xau$^{21}$,iəu$^{53}$ʂət$^{5}$fən$^{35}_{53}$pʰi$^{13}$ke$^{53}$tʰien$^{13}_{44}$,ɔn$^{35}_{44}$tso$^{53}_{44}$tʂəu$^{35}$ʂʅ$^{21}$cʰiəu$^{35}$.

【猪屎蚊】tʂəu$^{35}$ʂʅ$^{21}$mən$^{35}$ 名 一种蚊子。也称"猪屎蚊子"：～，欸，～，～子。渠箇种箇箇几种蚊子都系有嗯么个嘞？都系点仔大子。欸，一蒲，一大团呢，哎咦，你如今以箇天呐你，你挨夜子到路上去走呀，呀开眼珠都开唔得。一大团。点仔大子。去下飞，去你面前飞。～子。tʂəu$^{35}$ʂʅ$^{21}$mən$^{35}$,e$_{21}$,tʂəu$^{35}$ʂʅ$^{21}$mən$^{35}$,tʂəu$^{35}$ʂʅ$^{21}$mən$^{35}$tsʅ$^{0}$.ci$^{21}_{13}$kai$^{53}$tʂəŋ$^{21}$kai$^{53}$kai$^{53}$ci$^{21}$tʂəŋ$^{21}$mən$^{35}$tsʅ$^{0}$təu$^{35}_{44}$xe$^{53}_{44}$iəu$^{35}_{21}$n̩$_{21}$mak$^{3}$(k)e$^{53}_{44}$le$^{0}$ʔtəu$^{35}$xe$^{53}_{44}$tian$^{53}$ŋa$^{13}_{44}$tʰai$^{53}$tsʅ$^{0}$.e$_{21}$,iet$^{3}$pʰu$^{13}$,iet$^{3}$tʰai$^{53}$tʰɔn$^{13}$ne$^{0}$,ai$_{21}$i$_{21}$,ɲi$^{13}$i$^{13}_{21}$cin$^{35}_{44}$i$^{21}$kai$^{53}_{44}$tʰien$^{35}_{44}$na$^{0}$ɲi$^{13}_{21}$,ɲi$^{13}_{21}$ai$^{35}$ia$^{53}$tsʅ$^{0}$tau$^{53}_{44}$ləu$^{53}$xɔŋ$^{53}_{44}$çi$^{53}_{44}$tsei$^{21}$ia$^{0}$,ia$_{44}$kʰɔi$^{35}$ŋan$^{21}$tʂəu$^{35}$təu$^{35}_{44}$kʰɔi$^{35}_{44}$n̩$^{13}_{21}$tek$^{3}$.iet$^{3}$tʰai$^{53}$tʰɔn$^{13}$.tian$^{53}$ŋa$^{13}_{44}$tʰai$^{53}$tsʅ$^{0}$.çia$_{53}$(←çi$^{53}$xa$^{53}$)fei$^{35}$,çi$^{53}$ɲi$^{13}_{21}$mien$^{53}$tsʰien$^{13}_{21}$fei$^{35}$.tʂəu$^{35}$ʂʅ$^{21}$mən$^{35}$tsʅ$^{0}$.

【猪屎渣】tʂəu$^{35}_{44}$ʂʅ$^{21}$tsa$^{35}$ 名 猪圈肥：欸，～就系嗯猪子身上屙个猪子屙个屎撈尿，加上箇个放个秆呐食个草箇兜𫠊食完个交做箇一蒲，冇得哩欸分箇个尿除开箇个尿，剩下个就安做～。～冇别么个用，只有做肥料。欸，就系做肥料。但是～搞下箇河里就讨嫌呐。～搞下河里就非常严重个污染河流，真系污染河流嘞，欸。其实是搞啊田里搞多哩都讨嫌呢，都讨嫌，都污都系严重个污染。我等以个整个唠以条河以条小溪河啊，就浏阳河个以条小溪河，我等门口过个，张坊小河以条小溪河，欸，就系株树桥水电站个水源。株树桥水电站个水爱送长沙。说不定你等屋下都食个株树桥水电站个水。以上背任何人家不准办猪场，不能畜猪，不准畜别不准猪场鸡场，如今箇个么个花炮厂都唔再批了，唔准你等搞了。环境保护哇，水源保护哇。ei$_{21}$,tʂəu$^{35}$ʂʅ$^{21}$tsa$^{35}$tsʰiəu$^{53}$xei$^{53}_{44}$n̩$_{21}$tʂəu$^{35}$tsʅ$^{0}$ʂən$^{35}$xɔŋ$^{53}$o$^{35}$ke$^{53}$tʂəu$^{35}$tsʅ$^{0}$o$^{35}$ke$^{53}$ʂʅ$^{21}$lau$^{35}$ɲiau$^{53}$,cia$^{35}$ʂɔŋ$^{53}_{44}$kai$^{53}$ke$^{53}$fɔŋ$^{53}$ke$^{53}_{44}$kɔn$^{21}$na$^{0}$ʂət$^{5}$ke$^{53}_{44}$tsʰau$^{21}$kai$^{53}_{44}$te$^{35}_{53}$maŋ$^{13}$ʂət$^{5}$ien$^{13}$ke$^{53}$ciau$^{35}$tso$^{53}$kai$^{53}$iet$^{3}$pʰu$^{13}$,mau$^{13}$tek$^{3}$li$^{0}$e$_{21}$pən$^{35}$kai$^{53}_{44}$ke$^{53}_{44}$ɲiau$^{53}$tʂʰu$^{13}$kʰɔi$^{35}_{44}$kai$^{53}_{44}$e$^{0}$ɲiau$^{53}$,ʂən$^{53}$çia$^{53}_{44}$ke$^{53}_{44}$tsʰiəu$^{53}$ɔn$^{35}_{44}$tso$^{53}_{44}$tʂəu$^{35}$ʂʅ$^{21}$tsa$^{35}$.tʂəu$^{35}$ʂʅ$^{21}$tsa$^{35}$mau$^{13}$pʰiet$^{5}$mak$^{3}$e$^{0}$iəŋ$^{53}$,tsʅ$^{21}$iəu$^{35}_{53}$tso$^{53}$fei$^{13}$liau$^{53}$.e$_{44}$,tsʰiəu$^{53}$xe$^{53}$tso$^{53}$fei$^{13}$liau$^{53}_{44}$.tan$^{53}$ʂʅ$^{53}$tʂəu$^{35}$ʂʅ$^{21}$tsa$^{35}$kau$^{21}$(x)a$^{53}$kai$^{53}_{44}$xo$^{13}$li$^{0}$tsʰiəu$^{53}$tʰau$^{21}$çian$^{13}$na$^{0}$.tʂəu$^{35}$ʂʅ$^{21}$tsa$^{35}$kau$^{21}$(x)a$^{53}$xo$^{13}$li$^{0}$tsʰiəu$^{53}$fei$^{35}$ʂɔŋ$^{13}_{21}$ɲien$^{13}$tʂʰəŋ$^{53}_{44}$ke$^{53}_{44}$u$^{35}_{44}$ven$^{21}$xo$^{13}$liəu$^{13}$,tʂən$^{35}_{44}$ne$^{53}_{44}$u$^{35}_{44}$ven$^{21}$xo$^{13}$liəu$^{13}_{44}$le$^{0}$,e$_{21}$.cʰi$^{13}$ʂət$^{5}$ʂʅ$^{53}_{44}$kau$^{21}$a$^{0}$tʰien$^{13}$ni$^{0}$kau$^{21}$to$^{35}$li$^{0}$təu$^{35}_{44}$tʰau$^{21}$çian$^{13}$nei$^{0}$,təu$^{35}_{44}$tʰau$^{21}$çian$^{13}$,təu$^{35}$u$^{35}_{44}$təu$^{35}$xei$^{53}$ɲien$^{13}$tʂʰəŋ$^{53}_{44}$ke$^{53}_{44}$u$^{35}_{44}$ven$^{21}$.ŋai$^{13}_{21}$tien$^{0}$i$^{21}$ke$^{53}$tʂən$^{21}$ko$^{53}$lau$^{0}$i$^{21}$tʰiau$^{13}_{44}$xo$^{13}_{21}$i$^{21}$tʰiau$^{13}$siau$^{21}$çi$^{35}_{44}$xo$^{13}$a$^{0}$,tsʰiəu$^{53}$liəu$^{13}$iɔŋ$^{13}_{44}$xo$^{13}_{21}$ke$^{53}$i$^{21}$tʰiau$^{13}$siau$^{21}$çi$^{35}_{53}$xo$^{13}_{21}$,ŋai$^{13}$tien$^{0}$mən$^{13}$xei$^{21}$ko$^{53}$ke$^{0}$,tʂɔŋ$^{35}$fɔŋ$^{35}_{44}$siau$^{21}$xo$^{13}$i$^{21}$tʰiau$^{13}$siau$^{21}$çi$^{35}_{53}$xo$^{13}_{21}$,e$_{21}$,tsʰiəu$^{53}$xe$^{53}$tʂəu$^{35}_{44}$ʂəu$^{53}$cʰiau$^{13}$ʂei$^{21}$tʰien$^{53}$tsan$^{53}$ke$^{53}_{44}$ʂei$^{21}$vien$^{13}$.tʂəu$^{35}_{44}$ʂəu$^{53}$cʰiau$^{13}_{21}$ʂei$^{21}$tʰien$^{53}$tsan$^{53}$ke$^{53}_{44}$ʂei$^{21}$ɔi$^{53}_{44}$səŋ$^{53}$tʂʰɔŋ$^{13}$sa$^{35}$.ʂet$^{3}$pət$^{3}$tʰin$^{53}$ɲi$^{13}$tien$^{0}$uk$^{3}$xa$^{53}_{44}$təu$^{35}_{44}$ʂət$^{5}$ke$^{53}$tʂəu$^{35}_{44}$ʂəu$^{53}$cʰiau$^{13}_{21}$ʂei$^{21}$tʰien$^{53}$tsan$^{53}$ke$^{53}_{44}$ʂei$^{21}$.i$^{21}$ʂɔŋ$^{53}$pɔi$^{53}$uən$^{53}$xo$^{13}_{21}$ɲin$^{13}$ka$^{35}_{44}$pət$^{3}$tʂən$^{21}$pʰan$^{53}$tʂəu$^{35}$tʂʰɔŋ$^{21}$,pət$^{3}$lən$^{13}_{21}$çiəuk$^{3}$tʂəu$^{35}_{44}$,pət$^{3}$tʂən$^{21}$çiəuk$^{3}$pʰiet$^{5}$pət$^{3}$tʂən$^{21}$tʂəu$^{35}$tʂʰɔŋ$^{21}$cie$^{35}$tʂʰɔŋ$^{21}$,i$^{13}_{21}$cin$^{35}_{53}$kai$^{53}_{44}$ke$^{53}_{44}$mak$^{3}$e$^{0}$fa$^{35}$pʰau$^{53}$tʂʰɔŋ$^{21}$təu$^{35}_{53}$n̩$^{13}$tsai$^{53}$pʰi$^{35}$liau$^{0}$,n̩$^{13}_{21}$tʂən$^{21}$ɲi$^{13}$tien$^{0}$kau$^{21}$liau$^{0}$.fan$^{13}$cin$^{53}$pau$^{21}$fu$^{21}$va$^{0}$,ʂei$^{21}$vien$^{13}$pau$^{21}$fu$^{21}$va$^{0}$.

【猪顺风】tʂəu$^{35}$ʂən$^{53}$fəŋ$^{35}$ 名 猪耳朵。也简称"顺风"：客姓人个顺风是还有只东西啦，猪子个耳朵安做～。你买猪耳朵唠，买只顺风，买只～。kʰak$^{3}$sin$^{53}$ɲin$^{13}_{21}$ke$^{53}_{44}$ʂən$^{53}$fəŋ$^{35}_{44}$ʂʅ$^{53}$xai$^{13}_{21}$iəu$^{35}_{53}$tʂak$^{3}$təŋ$^{35}_{44}$si$^{0}$la$^{0}$,tʂəu$^{35}$tsʅ$^{0}$ke$^{53}$ɲi$^{21}$to$^{21}$ɔn$^{35}_{44}$tso$^{53}_{44}$tʂəu$^{35}$ʂən$^{53}$fəŋ$^{35}$. ɲi$^{13}$mai$^{35}_{44}$tʂəu$^{35}$ɲi$^{21}$to$^{21}$lau$^{0}$,mai$^{35}$(tʂ)ak$^{3}$ʂən$^{53}$fəŋ$^{35}$,mai$^{35}$(tʂ)ak$^{3}$tʂəu$^{35}_{44}$ʂən$^{53}$fəŋ$^{35}$. | 箇个～啊腊倒以后呀欸蛮好食，就系腊猪耳朵。kai$^{53}_{44}$ke$^{53}_{44}$tʂəu$^{35}$ʂən$^{53}$fəŋ$^{35}$ŋa$^{0}$lait$^{5}$tau$^{21}$i$^{21}_{44}$xei$^{53}$ia$^{0}$e$_{21}$man$^{13}$xau$^{21}$ʂət$^{5}$,tsiəu$^{53}_{44}$xei$^{53}_{44}$lait$^{5}$tʂəu$^{35}$ɲi$^{21}$to$^{21}$.

【猪条】tʂəu$^{35}$tʰiau$^{13}$ 名 半大的猪。也称"猪条子"：细滴子，百把斤子，到几十……欸，一百三四子一百二三子箇个就系～，欸，～。se$^{53}$tiet$^{5}$tsʅ$^{0}$,pak$^{3}$pa$^{21}$cin$^{35}$tsʅ$^{0}$,tau$^{53}_{44}$ci$^{21}$ʂət$^{5}$…ei$_{44}$,iet$^{3}$pak$^{3}$san$^{35}$si$^{53}$tsʅ$^{0}$iet$^{3}$pak$^{3}$ɲi$^{53}$san$^{35}$tsʅ$^{0}$kai$^{53}$ke$^{53}$tsʰiəu$^{53}_{44}$xe$^{53}_{44}$tʂəu$^{35}$tʰiau$^{13}$,e$_{21}$,tʂəu$^{35}$tʰiau$^{13}$. | ～子就系渠七八十斤子个五六十斤子个箇猪子就安做～子。唔分公母。如果系公子就爱阉嘿来，嗯，嫲子也爱阉嘿来，箇～。唔做种个都阉嘿。欸，四五十斤子到百把斤子都喊～。欸有滴人是猪崽子畜起唔知几大唠，出栏了，三四十斤呶，系唔系？四五十斤子到百把斤子，百多斤都还系～。到百把斤都喊～。tʂəu$^{35}$tʰiau$^{13}$tsʅ$^{0}$tsʰiəu$^{53}$xei$^{53}$ci$^{13}_{21}$tsʰiet$^{3}$pait$^{3}$ʂət$^{5}$cin$^{35}_{44}$tsʅ$^{0}$ke$^{53}_{44}$ŋ̍$^{21}$liəuk$^{3}$ʂət$^{5}$cin$^{35}_{44}$tsʅ$^{0}$ke$^{53}_{44}$kai$^{53}_{44}$tʂəu$^{35}_{44}$tsʅ$^{0}$tsʰiəu$^{53}_{44}$ɔn$^{35}_{44}$tso$^{53}_{44}$tʂəu$^{35}$tʰiau$^{13}_{21}$tsʅ$^{0}$.n̩$^{13}$fən$^{35}_{44}$kəŋ$^{35}_{44}$mu$^{21}$.y$^{13}$ko$^{21}$xei$^{53}_{44}$kəŋ$^{35}_{44}$tsʅ$^{0}$tsʰiəu$^{53}_{44}$ɔi$^{53}_{44}$ian$^{35}$nek$^{3}$

(←xek3)lɔi13-21,n̩44,ma13tsɿ0 ia35ɔi53-44ian35nek3(←xek3)lɔi13-21,kai53-44tʂəu35tʰiau13-21.n̩13tso53tʂəŋ21ke53-44təu35ian35nek3(←xek3).e21,si53ŋ̍13-21ʂət5cin35tsɿ0tau53pak3pa21cin35tsɿ0təu35xan53tʂəu35tʰiau13-21.ei21iəu35tet5ɲin13-44ʂɿ53-44tʂəu35tse21tsɿ0çiəuk3çi21-53n̩13ti35-53ci21tʰai53lau0,tʂʰət3lan13-21liau0,san35si53-21ʂət5cin35-44nau0,xe53-21me53-44?si53ŋ̍13-21ʂət5cin35-44tsɿ0tau53pak3pa21cin35-44tsɿ0,pak3to35-44cin35-44təu35-44xai13-21xe53-44tʂəu35-44tʰiau13-21.tau53-44pak3pa21cin35-44təu35xan53-44tʂəu35-44tʰiau13-21.

【猪旺子】tʂəu35uɔŋ53tsɿ0 [名]用作菜肴的猪血：买坨子～食哩。mai35tʰo13-21tsɿ0 tʂəu35uɔŋ53tsɿ0 ʂət5li0.｜分箇个～啊，～咁子掇倒去敬下子，敬下子祖宗。pəŋ35kai53-44ke53-44tʂəu35uɔŋ53tsɿ0 a0,tʂəu35uɔŋ53tsɿ0 kan21tsɿ0 tɔit3tau21çi53-44cin53xa13-21tsɿ0,cin53na13-21tsɿ0 tsəu21tsəŋ35-44.

【猪小肠】tʂəu35siau21tʂʰɔŋ13 [名]猪的小肠。也称“猪小肠子”：我等客姓人欸蛮多人都喜欢～。以前个～啊，一买就买一副，买一副小肠子，以下论斤买，欸，还唔知几贵嘞，十几块钱一斤～子啊，唔知几贵。ŋai13-21tien0 kʰak3 sin53ɲin13-44e21man13-21to35-53ɲin13-21təu35-53çi21fɔn35-44tʂəu35-44siau21tʂʰɔŋ13.i35tsʰien13-21ke53-44tʂəu35-44siau21tʂʰɔŋ13ŋa0,iet3 mai35tsʰiəu13-21mai35iet3 fu53,mai35iet3 fu53siau21tʂʰɔŋ13tsɿ0,i21xa53-44lən53cin35mai35-44,e53,xai13-21n̩13ti35-53ci21kuei53le0,ʂət5 ci21kʰuai53tsʰien13-21iet3 cin35tʂəu35-44siau21tʂʰɔŋ13tsɿ0 a0,n̩13ti35-53ci21-44kuei53.

【猪心】tʂəu35sin35 [名]猪的心脏：～，猪子个心肝，欸，也蛮多人买倒食。tʂəu35-44sin35,tʂəu35tsɿ0 ke0 sin35kɔn35-44,ei44,ia35man13-21to35-53ɲin13-21mai35tau21ʂət5

【猪血】tʂəu35çiet3 [名]猪的血液：冇得用～来灌个，冇得。mau13tek3 iəŋ53tʂəu35çiet3 lɔi13kɔn53cie53-44,mau13-21tek3.｜（灌肠）唔用～。ŋ̍13ɲiəŋ53-44tʂəu35çiet3.

【猪血李】tʂəu35çiet3li21 [名]一种李子，皮黄褐色，果肉鲜红：～就更大。/～就肚里箇就系鲜红。tʂəu35-44çiet3li21tsʰiəu53-44ken53-44tʰai53./tʂəu35-44çiet3li21tsʰiəu53-44təu21li0 kai53-44tsʰiəu53-44xe53-44çien35fəŋ13-21.

【猪腰凳子】tʂəu35iau35tien53tsɿ0 [名]一种凳面为椭圆形的凳子：椭圆形个凳子，安做～唠。tʰo21vien13çin13ke53-44tien53tsɿ0,ɔn35-44tso53-44tʂəu35iau35tien53tsɿ0 lau0.

【猪腰房】tʂəu35iau35fɔŋ13 [名]椭圆形大木桶：我等屋下有只欸嗯大个房啊，安做～。系房桶，欸就比较大的木桶啊，安做～。ŋai13-21tien0 uk3 xa53-44iəu35-44tʂak3 ei21mən35tʰai53-44ke53-44fɔŋ13ŋa0,ɔn35-44tso53-44tʂəu35-44iau35-44fɔŋ13-21.xe53fɔŋ13tʰəŋ21,e21tsiəu53-21pi21ciau53-44ta53-44tet3 muk5 tʰəŋ21ŋa0,ɔn35-44tso53-44tʂəu35iau35-44fɔŋ13.

【猪油】tʂəu35iəu13-21 [名]从猪肉提炼出的油脂：也只就系～呢。冇得么个话法呢。ia35tʂe21tsʰiəu53-44xei53-44tʂəu35iəu13-21nei0.mau13-21tek3 mak3 ke53-44ua53fait3 nei0.

【猪崽子】tʂəu35tse21tsɿ0 [名]小猪：～就系细猪子，又话奶猪子。tʂəu35tse21tsɿ0 tsʰiəu53-44xe53-44se53tʂəu35tsɿ0,iəu53ua53lai21tʂəu35tsɿ0.｜箇阵子我等畜猪哇，一只～爱畜倒两三百斤呐爱畜一年。呣，如今呐四个月，就两百多斤。～畜到两百多斤呐，畜到大猪哇，箇阵子爱畜一年。kai53tʂʰən53tsɿ0 ŋai13-21tien0 çiəuk3 tʂəu35-44ua0,iet3 tʂak3 tʂəu35tse21tsɿ0 ɔi53çiəuk3 tau21iɔŋ21san35pak3 cin35na0 ɔi53çiəuk3 iet3 ɲien13.m̩21,i13-21cin35-44na0 si53cie53ɲiet5,tsʰiəu53iɔŋ21pak3 to35-44cin35-44.tʂəu35tse21tsɿ0 çiəuk3 tau53iɔŋ21pak3 to35-44cin35-44na0,çiəuk3 tau53tʰai53tʂəu35-44ua0,kai53tʂʰən53tsɿ0 ɔi53çiəuk3 iet3 ɲien13.

【猪鬃】tʂəu35tsəŋ35 [名]猪脖子沿脊柱向上所长的长而硬的毛：欸，从前个～嘞舞倒去呃做鞋刷子，做刷子。以下个～冇人爱哩，丢咁哩。e21,tsʰəŋ13tsʰien13ke0 tʂəu35-44tsəŋ35-44le0 u21tau21çi53ə21tso53xai13sɔit3 tsɿ0,tso53sɔit3 tsɿ0.i21xa53-44ke53-44tʂəu35-44tsəŋ35-44mau13-21ɲin13-44ɔi53li0,tiəu35kan21ni0.

【竹】tʂəuk3 [名]多年生禾本科竹亚科植物，茎为木质。也称“竹子”：你箇个～哇，竹笋呐，外背有条衣吵。ɲi13kai53-44ke53-44tʂəuk3 ua0,tʂəuk3 sən21na0,ŋɔi53-44pɔi53-44iəu35-44tʰiau13-21i35ʂa0.｜你讲～子就有几起～啦。有起实心竹。欸，有起乌竹子。/南竹最多唠。大～哇就南竹。/唔喊毛公竹。/唔唔系。ɲi13kɔŋ21tʂəuk3 tsɿ0 tsʰiəu53iəu35ci21çi21tʂəuk3 la0.iəu35çi21ʂət5 sin35tʂəuk3.e21,iəu35çi21u35tʂəuk3 tsɿ0./lan13tʂəuk3 tsei53to35-44lau0.tʰai53tʂʰəuk3 ua0 tsʰiəu53lan13tʂəuk3./n̩13xan53-44mau35kəŋ35tʂəuk3./n̩13n̩13ne53(←xe53).

【竹扁担】tʂəuk3pien21tan53 [名]竹子做成的扁担：我等欸客姓人呐一般都系啊岭上，系啊山里。客姓人欸扁担一般都系～，又轻快，又唔得痛肩膊。ŋai13-21tien0 e21kʰak3 sin53ɲin13-21na0 iet3 pɔn35təu35-44xei53a0 liaŋ35xɔŋ53,xei53-44a0 san35ni0.kʰak3 sin53ɲin13-21e0 pien21tan53iet3 pɔn35təu35-53xe53tʂəuk3 pien21tan53,iəu53cʰiaŋ35kʰuai53,iəu53n̩13tek3 tʰəŋ53cien35pɔk3.

【竹床】tʂəuk3tsʰɔŋ13 [名]用竹子加工成的床具。天气炎热时睡在上面很凉爽，故又称“凉床”：～有，欸，～。我等就安做～。也有人话凉床。tʂəuk3 tsʰɔŋ13iəu35-44,e21,tʂəuk3 tsʰɔŋ13.ŋai13-21tien0 tsʰiəu53-44ɔn35-44tso53-44tʂəuk3 tsʰɔŋ13.ia35iəu35-44ɲin13-21ua53-44liɔŋ13-21tsʰɔŋ13-21.｜欸还有～。～呢就冇咁阔凑。一米子阔个，一米二子阔个箇～。e21xai13-21iəu35-53tʂəuk3 tsʰɔŋ13.tʂəuk3 tsʰɔŋ13-21ne0 tsʰiəu53mau13-21kan21kʰɔit3 tsʰe53.iet3

Z

mi21tsɿ0 kʰɔit3 ke53,iet3 mi21ɲi53tsɿ0 kʰɔit3 ke0 kai53tʂəuk3 tsʰəŋ13.

【竹打米】tʂəuk3 ta21mi21 名竹子开花后结的籽：竹子都结箇个米呀？/唔知喊么个箇只东西就。竹子开哩花以后呀，/哎会结米呀。安安做～。tʂəuk3 tsɿ0 təu$^{35}_{44}$ciet3 kai53ke$^{53}_{44}$mi21 ia0 ?/n̩$^{13}_{21}$ti$^{35}_{53}$xan$^{53}_{21}$ mak3 (k)e$_{44}$kai$^{53}_{44}$tʂak3 təŋ$^{35}_{44}$si0 tsʰiəu$_{44}$.tʂəuk3 tsɿ0 kʰɔi35li0 fa35i35xei53ia0 ,/ai$_{44}$uɔi53ciet3 mi21ia0 .ɔn$^{35}_{44}$ɔn$^{35}_{44}$tso$^{53}_{44}$tʂəuk3 ta21mi21.｜讲就讲嘞，系箇近边屋门屋后子栽倒是，渠话～是还唔□哇。系啊？/欸竹开花唔好哇。/哎唔好。/渠话～就有人死哩。/系。哈。系唔系呀？kɔŋ21tsʰiəu53kɔŋ21le0 ,xe$^{53}_{44}$kai$^{53}_{44}$cʰin35 pien$^{35}_{44}$uk3 mən$^{13}_{44}$uk3 xəu$^{53}_{44}$tsɿ0 tsɔi35tau21ʂɿ$^{53}_{44}$,ci$^{13}_{44}$ua$^{53}_{44}$tʂəuk3 ta21mi21ʂɿ$^{53}_{44}$xai$^{13}_{21}$n̩13tsəuk3 ua0 .xe$^{53}_{44}$a0 ?/e$_{21}$tʂəuk3 kʰɔi35 fa35n̩$^{13}_{21}$xau21ua0 ./ai$_{44}$n̩$^{13}_{21}$xau21./ci13ua53tʂəuk3 ta21mi21tsʰiəu53iəu35ɲin$^{13}_{21}$si21li0 ./xe:53.xa$_{53}$.xe53n̩$^{13}_{21}$xe53ia0 ?

【竹钉】tʂəuk3 taŋ35tsɿ0 名烘竹榫。又称“竹钉子”：渠最先紧个楼是怕还用～啦。ci$^{13}_{21}$tsei53sien$^{35}_{44}$ cin21ke$^{53}_{44}$lei13ʂɿ$_{44}$pʰa53xai13iəŋ$^{53}_{44}$tʂəuk3 taŋ35la0 .｜箇个钉椽皮个时间呶，渠都用箇用箇～子嘞。kai$^{53}_{44}$ ke$^{53}_{44}$taŋ53ʂən$^{13}_{21}$pʰi13ke$^{53}_{44}$ʂɿ$^{13}_{21}$kan35nau0 ,ci$^{13}_{21}$təu35iəŋ$^{53}_{44}$kai$^{53}_{44}$iəŋ$^{53}_{44}$kai$^{53}_{44}$tʂəuk3 taŋ35tsɿ0 le0 .

【竹蔸】tʂəuk3 tei35 名竹子的根及靠近根部的茎。也简称“竹蔸子”：㑚只子箇咁大子个细竹子，～子，箇茶缸样个欸个～。u21tʂak3 tsɿ0 kai$^{53}_{44}$kan$^{21}_{13}$tʰai$^{53}_{44}$tsɿ0 ke$^{53}_{44}$se53tʂəuk3 tsɿ0 ,tʂəuk3 tei35tsɿ0 ,kai$^{53}_{44}$ tsʰa13kɔŋ35iɔŋ$^{53}_{44}$ke$^{53}_{44}$e$_{21}$ke$^{53}_{44}$tʂəuk3 tei35.

【竹篙】tʂəuk3 kau$^{35}_{44}$ 名竹竿儿。可用来撑船撑竹排，也可用来晾晒衣物等：～就系岭上个细竹子斫倒下来，剐嘿尾巴，削嘿节疤，㑚倒去撑排子个。箇个就安做～。还有只～嘞就系嘞，削嘿尾巴削嘿节疤嘞，搁啊竹篙杈上晒衫裤个。还有就拿倒来摝啊子么个东西个，动啊子么个东西个长～。两种唠，最普遍个就两种，一种就晒衫裤个，一种就撑船子个撑排子个就～。tʂəuk3 kau35tsʰiəu53xe53liaŋ35xɔŋ$^{53}_{44}$ke$^{53}_{44}$se53tʂəuk3 tsɿ0 tʂɔk3 tau21xa35lɔi$^{13}_{44}$,tʰiait5 lek3 mi35pa$^{35}_{44}$,siɔk3 xek3 tsiet3 pa35,u21tau21çi53tsʰaŋ35pʰai13tsɿ0 ke0 .kai$^{53}_{44}$ke$^{53}_{44}$tsʰiəu$^{53}_{44}$ɔn$^{35}_{44}$tso$^{53}_{44}$tʂəuk3 kau35.xai$^{13}_{21}$iəu$^{35}_{53}$tʂak3 tʂəuk3 kau35le0 tsʰiəu$^{53}_{44}$ xe$^{53}_{44}$le0 ,siɔk3 xek3 mi35pa$^{35}_{44}$siɔk3 xek3 tsiet3 pa$^{35}_{44}$le0 ,kɔk3 a0 kai$^{53}_{44}$tʂəuk3 kau$^{35}_{44}$tsʰa35xɔŋ$^{53}_{21}$sai53san35fu$^{53}_{44}$ke0 .xai$^{13}_{21}$ iəu$^{35}_{53}$tsʰiəu53la53tau21lɔi$^{13}_{44}$ləuk3 a0 tsɿ0 mak3 e0 təŋ$^{35}_{44}$si0 ke0 ,tʰəŋ53ŋa0 tsɿ0 mak3 e0 təŋ$^{35}_{44}$si0 ke0 tʂʰəŋ13tʂəuk3 kau35. iɔŋ21tʂəŋ21lau0 ,tsei53pʰu21pʰien$^{53}_{44}$ke0 tsʰiəu53iɔŋ21tʂəŋ21,iet3 tʂəŋ21tsʰiəu53sai53san35fu$^{53}_{44}$ke0 ,iet3 tʂəŋ21tsʰiəu53 tsʰaŋ53ʂuən13tsɿ0 ke53tsʰaŋ53pʰai13tsɿ0 ke0 tsʰiəu$^{53}_{44}$tʂəuk3 kau35.

【竹篙杈】tʂəuk3 kau$^{35}_{44}$tsʰa35 名保留枝桠用以支撑晾篙的竹尾：斫竹子个时候留箇榾留滴子唠，～安做。tʂɔk3 tʂəuk3 tsɿ0 ke53ʂɿ$^{13}_{21}$xei$^{53}_{44}$liəu13kai53kʰua21liəu13tiet5 tsɿ0 lau0 ,tʂəuk3 kau$^{35}_{44}$tsʰa35ɔn$^{35}_{44}$tso$^{53}_{44}$.

【竹篙姐】tʂəuk3 kau35tsia21 名喻指又高又瘦的女子：竹篙是又长又欸刮瘦刮瘦，系啊？话别人家～样哦，就系指箇只妹子人指箇只夫娘子长得唔知几高，又刮瘦，唔知几苗条，就～样。tʂəuk3 kau35ʂɿ$_{44}$iəu53tʂʰəŋ13iəu53e$_{21}$kuait5 sei53kuait5 sei53,xei$^{53}_{44}$a0 ?ua53pʰiet5 in$^{13}_{44}$ka$^{35}_{44}$tʂəuk3 kau35tsia21iɔŋ$^{53}_{44}$ŋo0 , tsʰiəu$^{53}_{44}$xei$^{53}_{44}$tʂɿ21kai53tʂak3 mɔi53tsɿ0 ɲin13tʂɿ21kai53tʂak3 pu35ɲiɔŋ$^{13}_{21}$tsɿ0 tʂɔŋ21tek3 n̩13ti$^{35}_{53}$ci21kau35,iəu$^{53}_{44}$kuait3 sei53,n̩13ti$^{35}_{53}$ci21miau13tʰiau$_{44}$,tsʰiəu$^{53}_{44}$tʂəuk3 kau$^{35}_{44}$tsia21iɔŋ53.

【竹棍子】tʂəuk3 kuən53tsɿ0 名竹子制成的棍棒：到岭上斫条子～，咁长子个～。tau53liaŋ$^{35}_{53}$xɔŋ53 tʂɔk3 tʰiau$^{13}_{44}$tsɿ0 tʂəuk3 kuən53tsɿ0 ,kan21tʂʰɔŋ13tsɿ0 ke0 tʂəuk3 kuən53tsɿ0 .

【竹鸡子】tʂəuk3 cie35tsɿ0 名一种野禽，喜居竹林间：去岭边子上就有～，欸，就～。～㨃田鸡子我分唔多出嘞我好像。～大兜子，更箇个毛哇更花哨。田鸡子墨乌个，有几大子。çi53 liaŋ35pien$_{44}$tsɿ0 xɔŋ53tsʰiəu53iəu35tʂəuk3 cie35tsɿ0 ,e$_{21}$,tsʰiəu53tʂəuk3 cie35tsɿ0 .tʂəu3 cie35tsɿ0 lau35tʰien13cie$^{35}_{44}$tsɿ0 ŋai$^{13}_{21}$fən35n̩$^{13}_{21}$to35tʂʰət3 lei0 ŋai13xau21tsʰiɔŋ53.tʂəuk3 cie35tsɿ0 tʰai53te$^{35}_{53}$tsɿ0 ,cien53kai$^{53}_{44}$ke$^{53}_{44}$mau35ua0 cien53fa35 sau53.tʰien13cie$^{35}_{44}$tsɿ0 mek5 u35tsɿ0 ,mau$^{35}_{21}$ci$^{21}_{44}$tʰai53tsɿ0 .

【竹榾】tʂəuk3 kʰua21 名竹枝（常用于赶牛）：欸，你拿条～赸牛。e$_{53}$,ɲi$^{13}_{21}$la53tʰiau$^{13}_{21}$tʂəuk3 kʰua21 ciəuk5 ɲiəu13.

【竹榾扫把】tʂəuk3 kʰua21sau53pa21 名用竹枝扎的扫把。也称“竹扫把”：用竹榾摘嘿叶来扎个扫把安做～。～蛮好用，又经用。爱分叶子去嘿，你唔去嘿叶子哦，箇哟，白扫个，嘿嘿，跌倒到处都系，渠就会剁剁跌。iəŋ53tʂəuk3 kʰua21tsak3 xek3 iait5 lɔi$^{13}_{44}$tsait3 ke$^{53}_{44}$sau53pa21ɔn$^{35}_{44}$tso$^{53}_{44}$tʂəuk3 kʰua21sau53pa21.tʂəuk3 kʰua21sau53pa21man13xau21iəŋ53,iəu53cin35iəŋ53.ɔi$^{53}_{44}$pən$^{35}_{44}$iait5 tsɿ0 tʂʰɥ53xek3 ,ɲi13n̩13tʂʰɥ53 xek3 iait5 tsɿ0 o0 ,kai53io0 ,pʰak5 sau$^{53}_{44}$ke0 ,xe$_{44}$xe$_{44}$,tet3 tau21tau53tʂʰəu$^{53}_{44}$təu$^{35}_{44}$xe$^{53}_{44}$,ci$^{13}_{21}$tsʰiəu$^{53}_{44}$uɔi$^{53}_{44}$to$_{53}$to$_{53}$tet3 .

【竹花】tʂəuk3 fa35 名竹子开花后结的球，泡酒可治风湿：有起竹子开哩花以后唔系一只哎……/有只籽籽啊。/唔系一只籽籽，一只咁个手指咁大子个东西啊，咁个球球样个东西啊。箇只东西啊。落尾只晓得只晓得么个也还系……/做得药。/爱～凑。只晓得箇是箇是～。

iəu$^{35}$ çi$^{21}$ tʂəuk$^{3}$ tsɿ$^{0}$ kʰɔi$^{35}$ li$^{0}$ fa$^{35}$ i$^{35}$ xei$^{53}_{44}$ m̩$^{13}_{21}$ me$_{44}$(←xe$^{53}$)iet$^{3}$ tʂak$^{3}$ ai$_{21}$ ⋯/iəu$^{35}$ tʂak$^{3}$ tsɿ$^{21}$ tsɿ$^{21}$ a$^{0}$ ./m̩$^{13}_{21}$ me$^{53}$ (←xe$^{53}$)iet$^{3}_{5}$ tʂak$^{3}$ tsɿ$^{21}$ tsɿ$^{21}$ ,iet$^{3}$ tʂak$^{3}$ kan$^{21}$ ke$^{53}$ ʂəu$^{21}$ tʂʅ$^{21}$ kan$^{21}$ tʰai$^{53}$ tsɿ$^{0}$ ke$^{53}_{44}$ təŋ$^{35}_{44}$ si$^{0}$ a$^{0}$ ,kan$^{21}$ ke$^{53}$ cʰiəu$^{13}$ cʰiəu$^{13}_{44}$ iɔŋ$^{53}_{44}$ ke$^{53}_{44}$ təŋ$^{35}_{44}$ si$^{0}$ a$^{0}$ .kai$^{53}_{44}$ tʂak$^{3}$ təŋ$^{35}_{44}$ si$^{0}$ a$^{0}$ .lɔk$^{5}$ mi$^{35}$ tʂe$^{21}$ çiau$^{21}$ tek$^{3}$ tʂe$^{21}$ çiau$^{21}$ tek$^{3}$ mak$^{3}_{5}$ ke$^{53}_{44}$ a$^{35}$ xai$^{13}_{53}$ xei$^{53}$ ⋯/tso$^{53}_{21}$ tek$^{3}$ iɔk$^{5}$ ./ɔi$^{53}_{44}$ tʂəuk$^{3}$ fa$^{35}$ tsʰe$^{53}_{44}$ .tʂe$^{21}$ çiau$^{21}$ tek$^{3}$ kai$^{53}$ ʂʅ$^{53}_{21}$ kai$^{53}$ ʂʅ$^{53}_{21}$ tʂəuk$^{3}$ fa$^{35}_{53}$.

【竹夹】tʂəuk$^{3}$ kait$^{3}$ [名]一头劈开的竹杆，用来赶鸡。又称“赶鸡岔”：打～呢，挖空呢，□放势，分只竹哇劈做劈开来呀。让门子也唔系咯。箇是赶鸡咯，赶鸡岔咯。ta$^{21}$ tʂəuk$^{3}$ kait$^{3}$ nei$^{0}$ ,ua$^{35}$ kʰəŋ$^{35}_{44}$ nei$^{0}$ ,tsʰiet$^{5}$ fɔŋ$^{53}$ ʂʅ$^{53}_{44}$ ,pən$^{35}$ tʂak$^{3}$ tʂəuk$^{3}$ ua$^{0}$ pʰiak$^{3}$ tso$^{53}$ pʰiak$^{3}$ kʰɔi$^{35}$ lɔi$^{13}_{21}$ ia$^{0}$ .ɲiɔŋ$^{53}$ mən$^{0}$ tsɿ$^{0}$ ia$^{35}$ n̩$^{13}_{21}$ tʰe$^{53}_{44}$ ko$^{0}$ .kai$^{53}_{44}$ ʂʅ$^{53}_{44}$ kɔn$^{21}$ cie$^{35}$ ko$^{0}$ ,kɔn$^{21}$ cie$^{35}$ tsʰa$^{53}$ ko$^{0}$ .

【竹轿子】tʂəuk$^{3}$ kʰiau$^{53}$ tsɿ$^{0}$ [名]竹制的轿子（乘客坐在上面）：我等一般就用竹子呢，就安做～嘞。ŋai$^{13}_{21}$ tien$^{0}$ iet$^{3}$ pɔn$^{35}$ tsʰiəu$^{53}$ iəŋ$^{53}$ tʂəuk$^{3}$ tsɿ$^{0}$ nei$^{0}$ ,tsəu$^{53}_{21}$ ɔn$^{35}_{44}$ tso$^{53}_{44}$ tʂəuk$^{3}$ cʰiau$^{53}$ tsɿ$^{0}$ lei$^{0}$ .

【竹菌子】tʂəuk$^{3}$ cʰin$^{35}$ tsɿ$^{0}$ [名]一种生长在竹林中的菌子：竹子菌吧？有竹⋯⋯竹子菌有。鲜红子个，唔知几漂亮。～呢，我等话～。tʂəuk$^{3}$ tsɿ$^{0}$ cʰin$^{35}_{44}$ pʰa$^{0}$ ?iəu$^{35}$ tʂəuk$^{3}$ ⋯tʂəuk$^{3}$ tsɿ$^{0}$ cʰin$^{35}_{44}$ iəu$^{35}$ .çien$^{35}$ fəŋ$^{13}$ tsɿ$^{0}$ ke$^{53}$ ,n̩$^{13}$ ti$^{35}_{44}$ ci$^{21}$ pʰiau$^{53}$ liɔŋ$^{53}$ .tʂəuk$^{3}$ cʰin$^{35}_{44}$ tsɿ$^{0}$ nei$^{0}$ ,ŋai$^{13}_{21}$ tien$^{0}$ ua$^{53}$ tʂəuk$^{3}$ cʰin$^{35}_{44}$ tsɿ$^{0}$ .

【竹睏椅】tʂəuk$^{3}$ kʰuən$^{53}$ i$^{21}$ [名]竹子做的睡椅：还有～，竹子做个睏椅。两边有扶手，底下有搁脚个。以映子有靠背个，以映子脑壳都还有枕脑壳个，箇个睡椅就同箇个欸买个箇起树做个睏椅样个。xai$^{13}_{21}$ iəu$^{35}_{44}$ tʂəuk$^{3}$ kʰuən$^{53}$ i$^{21}$ ,tʂəuk$^{3}$ tsɿ$^{0}$ tso$^{53}_{44}$ ke$^{53}_{44}$ kʰuən$^{53}$ i$^{21}$ .iɔŋ$^{21}$ pien$^{35}_{44}$ iəu$^{35}_{44}$ fu$^{13}$ ʂəu$^{21}$ ,tei$^{21}$ xa$^{53}_{44}$ iəu$^{35}_{44}$ kɔk$^{3}$ ciɔk$^{3}$ ke$^{53}$ .i$^{21}$ iaŋ$^{53}$ tsɿ$^{0}$ iəu$^{35}_{44}$ kʰau$^{53}$ pɔi$^{53}$ ke$^{0}$ .i$^{21}$ iaŋ$^{53}$ tsɿ$^{0}$ lau$^{21}$ kʰɔk$^{3}$ təu$^{35}_{53}$ xai$^{13}_{21}$ iəu$^{35}$ tʂən$^{21}$ nau$^{21}$ kʰɔk$^{3}$ ke$^{0}$ ,kai$^{53}_{44}$ ke$^{53}_{44}$ ʂɔi$^{53}$ i$^{21}$ tsʰiəu$^{53}_{44}$ tʰəŋ$^{13}_{21}$ kai$^{53}_{44}$ ke$^{53}_{44}$ e$_{21}$ mai$^{35}$ ke$^{53}_{44}$ kai$^{53}_{44}$ çi$^{21}$ ʂəu$^{53}$ tso$^{53}_{44}$ ke$^{53}_{44}$ kʰuən$^{53}$ i$^{21}$ iɔŋ$^{53}_{44}$ ke$^{0}$ .

【竹欏】tʂəuk$^{3}$ li$^{53}$ [名]用来给藤本作物引蔓的竹尾：单纯个欏就系箇根树棍或者箇只竹槁竹枝，竹尾呀，有蛮多人用竹尾呀，就安做～，竹尾又安做～。tan$^{35}$ ʂən$^{13}_{21}$ ke$^{53}_{44}$ li$^{53}$ tsʰiəu$^{53}$ xe$^{53}$ kai$^{53}_{44}$ cien$^{35}_{44}$ ʂəu$^{53}$ kuən$^{53}$ xɔit$^{5}$ tʂa$^{21}$ kai$^{53}$ tʂak$^{3}$ tʂəuk$^{3}$ kʰua$^{21}$ tʂəuk$^{3}$ tʂʅ$^{35}$ ,tʂəuk$^{3}$ mi$^{35}$ ia$^{0}$ ,iəu$^{21}$ man$^{13}$ to$^{35}_{53}$ ɲin$^{13}_{44}$ iəŋ$^{53}$ tʂəuk$^{3}$ mi$^{35}$ ia$^{0}$ ,tsʰiəu$^{53}_{44}$ ɔn$^{35}_{44}$ tso$^{53}_{44}$ tʂəuk$^{3}$ li$^{53}$ ,tʂəuk$^{3}$ mi$^{35}$ iəu$^{53}_{44}$ ɔn$^{35}_{44}$ tso$^{53}_{44}$ tʂəuk$^{3}$ li$^{53}$ .

【竹麻】tʂəuk$^{3}$ ma$^{13}_{21}$ [名]用桶碓将完整的竹子打碎而制成的造纸原料：～就系用来做纸个东西。～系让门子舞个嘞？岭上个竹笋，看呐，岭上个竹笋等渠长，跌嘿哩壳，系唔系？跌嘿哩壳渠就会长叶啊，跌嘿哩笋壳渠就会长叶。到哩长叶个时候子还系一条嫩竹嘞。箇你就箇只时候子就架势长叶子了，你就分渠斫下来。斫下来嘞舞做一筒筒子，劈开来，劈做一篾篾子，欸，捆倒，荷下箇塘里放倒，舞兜石灰，敥一到，去咬，作兜水去咬，咬～。箇个就安做～。嗯，必须咬几个月，分渠咬熟哩了，箇起就系～。欸，咬熟哩以后，就咁子舞倒去欸用箇个机子一打，唔系就成哩粉末样，溁湿哕，溁湿，就同末末样哕。箇就舞下箇池子里，用水一加嘞，用箇搂子啊搂起来，箇个就做成了纸安做。tʂəuk$^{3}$ ma$^{13}$ tsʰiəu$^{53}$ xei$^{53}$ iəŋ$^{53}$ lɔi$^{13}_{21}$ tso$^{53}$ tʂʅ$^{21}$ ke$^{53}_{44}$ təŋ$^{35}_{44}$ si$^{0}$ .tʂəuk$^{3}$ ma$^{13}$ xei$^{53}$ ɲiɔŋ$^{53}$ mən$^{13}_{44}$ tsɿ$^{0}$ u$^{21}$ ke$^{53}_{44}$ lei$^{0}$ ?liaŋ$^{35}$ xɔŋ$^{53}$ ke$^{53}$ tʂəuk$^{3}$ sən$^{21}$ ,kʰɔn$^{53}$ na$^{0}$ ,liaŋ$^{35}$ xɔŋ$^{53}$ ke$^{53}$ tʂəuk$^{3}$ sən$^{21}$ ten$^{21}$ ci$^{13}_{44}$ tʂɔŋ$^{21}$ ,tet$^{3}$ (x)ek$^{3}$ li$^{0}$ kʰɔk$^{3}$ ,xei$^{53}$ me$^{53}$ ?tet$^{3}$ (x)ek$^{3}$ li$^{0}$ kʰɔk$^{3}$ ci$^{13}_{21}$ tsʰiəu$^{53}$ uɔi$^{53}$ tʂɔŋ$^{21}$ iait$^{5}$ a$^{0}$ ,tet$^{3}$ (x)ek$^{3}$ li$^{0}$ sən$^{21}$ kʰɔk$^{3}$ ci$^{13}_{21}$ tsʰiəu$^{53}$ uɔi$^{53}$ tʂɔŋ$^{21}$ iait$^{5}$ .tau$^{53}$ li$^{0}$ tʂɔŋ$^{21}$ iait$^{5}$ ke$^{0}$ ʂʅ$^{13}$ xei$^{53}$ tsɿ$^{0}$ xai$^{13}_{21}$ xe$^{53}$ iet$^{3}$ tʰiau$^{13}_{21}$ lən$^{53}$ tʂəuk$^{3}$ le$^{0}$ .kai$^{53}_{44}$ ɲi$^{13}$ tsʰiəu$^{53}_{44}$ kai$^{53}$ tʂak$^{3}$ ʂʅ$^{13}$ xei$^{53}$ tsɿ$^{0}$ tsʰiəu$^{53}_{44}$ cia$^{53}$ ʂʅ$^{53}_{44}$ tʂɔŋ$^{21}$ iait$^{5}$ tsɿ$^{0}$ liau$^{0}$ , ɲi$^{13}_{21}$ tsʰiəu$^{53}_{44}$ pən$^{35}_{44}$ ci$^{13}_{21}$ tʂɔk$^{3}$ xa$^{53}$ lɔi$^{13}_{21}$. tʂɔk$^{3}$ xa$^{53}$ lɔi$^{13}_{21}$ lei$^{0}$ u$^{21}$ tso$^{53}$ iet$^{3}$ tʰəŋ$^{13}_{21}$ tʰəŋ$^{13}$ tsɿ$^{0}$ ,pʰiak$^{3}$ kʰɔi$^{35}_{44}$ lɔi$^{13}_{21}$ ,pʰiak$^{3}$ tso$^{53}$ iet$^{3}$ sak$^{3}$ sak$^{3}$ tsɿ$^{0}$ ,e$_{21}$ ,kʰuən$^{21}$ tau$^{21}$ , kʰai$^{35}$ ia$^{53}$ kai$^{53}$ tʰɔŋ$^{13}$ li$^{0}$ fɔŋ$^{53}$ tau$^{21}_{44}$ ,u$^{21}$ te$^{35}_{44}$ ʂak$^{5}$ fɔi$^{35}$ ,ien$^{53}$ iet$^{3}$ tau$^{53}$ ,çi$^{53}$ ŋau$^{21}$ ,tsɔk$^{3}$ te$^{35}_{53}$ ʂei$^{21}$ çi$^{53}$ ŋau$^{21}$ ,ŋau$^{21}$ tʂəuk$^{3}$ ma$^{13}$ .kai$^{53}_{44}$ ke$^{53}_{44}$ tsʰiəu$^{53}_{44}$ ɔn$^{35}_{44}$ tso$^{53}_{44}$ tʂəuk$^{3}$ ma$^{13}_{44}$ .n̩$_{21}$ ,piet$^{3}$ si$^{35}_{53}$ ŋau$^{21}$ ci$^{21}$ cie$^{53}$ ɲiet$^{5}$ ,pən$^{35}$ ci$^{21}$ ŋau$^{21}$ ʂəuk$^{5}$ li$^{0}$ liau$^{0}$ ,kai$^{53}$ çi$^{21}_{44}$ tsʰiəu$^{53}$ xe$^{53}$ tʂəuk$^{3}$ ma$^{13}_{21}$ .e$_{21}$ ,ŋau$^{21}$ ʂəuk$^{5}$ li$^{0}$ i$^{35}_{44}$ xei$^{53}$ ,tsʰiəu$^{53}$ kan$^{21}_{44}$ tsɿ$^{0}$ u$^{21}$ tau$^{21}$ çi$^{53}$ ei$_{21}$ iəŋ$^{53}$ kai$^{53}$ ke$^{53}_{44}$ ci$^{35}$ tsɿ$^{0}$ iet$^{3}$ ta$^{21}$ ,m̩$^{13}_{21}$ pʰei$^{53}$ tsʰiəu$^{53}$ ʂaŋ$^{13}_{44}$ li$^{0}$ fən$^{21}$ mait$^{5}$ iɔŋ$^{53}$ ,tsiet$^{5}$ ʂət$^{3}$ ʂa$^{0}$ ,tsiet$^{5}$ ʂət$^{3}$ ,tsʰiəu$^{53}_{44}$ tʰəŋ$^{13}$ mait$^{5}$ mait$^{5}$ iɔŋ$^{53}_{44}$ ʂa$^{0}$ .kai$^{53}_{44}$ tsʰiəu$^{53}$ u$^{21}$ ua$^{53}$ kai$^{53}$ tʂʰʅ$^{13}$ tsɿ$^{0}$ li$^{0}$ ,iəŋ$^{53}$ ʂei$^{21}$ iet$^{3}$ cia$^{35}$ lei$^{0}$ ,iəŋ$^{53}$ kai$^{53}$ lei$^{13}$ tsɿ$^{0}$ a$^{0}$ lei$^{13}$ çi$^{21}$ lɔi$^{13}$ ,kai$^{53}_{44}$ ke$^{53}_{44}$ tsʰiəu$^{53}$ tso$^{53}$ saŋ$^{35}$ liau$^{21}_{44}$ tʂʅ$^{21}$ ɔn$^{35}_{44}$ tso$^{53}_{44}$.

【竹麻秤】tʂəuk$^{3}$ ma$^{13}$ tʂʰən$^{53}$ [名]称用作造纸原料的嫩竹的秤：～就以前欸纸棚下称竹麻个。箇个秤就唔知几大呀。～就大啦，欸，一百斤就当得一百二，哼哼哼，～就箇就硬大咁多啦。比油榨下个秤还更大。唔知搞么个会分箇～搞起咁大。tʂəuk$^{3}$ ma$^{13}$ tʂʰən$^{53}$ tsʰiəu$^{53}_{44}$ i$^{35}_{53}$ tsʰien$^{13}_{44}$ e$_{21}$ tʂʅ$^{21}$ pʰəŋ$^{13}_{21}$ xa$^{35}$ tʂʰən$^{53}$ tʂəuk$^{3}$ ma$^{13}$ ke$^{53}$ .kai$^{53}$ e$^{0}$ tʂʰən$^{53}$ tsʰiəu$^{53}_{44}$ n̩$^{13}_{21}$ ti$^{35}_{53}$ ci$^{21}_{44}$ tʰai$^{53}$ ia$^{0}$ .tʂəuk$^{3}$ ma$^{13}$ tʂʰən$^{53}$ tsʰiəu$^{53}_{44}$ tʰai$^{53}$ la$^{0}$ ,ei$_{44}$ ,iet$^{3}$ pak$^{3}$ cin$^{35}$ tsʰiəu$^{53}$ tɔŋ$^{53}$ tek$^{3}$ iet$^{3}$ pak$^{3}$ ɲi$^{53}$ ,xŋ̍$_{35}$ xŋ̍$_{53}$ xŋ̍$_{21}$ ,tʂəuk$^{3}$ ma$^{13}$ tʂʰən$^{53}_{44}$ tsʰiəu$^{53}_{44}$ kai$^{53}$ tsʰiəu$^{53}$ ɲiaŋ$^{53}$ tʰai$^{53}$ kan$^{21}$ to$^{35}$ la$^{0}$ .pi$^{21}$ iəu$^{13}$ tsa$^{53}$ xa$^{35}$ ke$^{53}$ tʂʰən$^{53}$ xan$^{13}$ cien$^{53}$ tʰai$^{53}$ .n̩$^{13}$ ti$^{35}_{53}$ kau$^{21}$ mak$^{3}$ ke$^{53}$ uɔi$^{53}$ pən$^{35}$ kai$^{53}_{44}$ tʂəuk$^{3}$ ma$^{13}$ tʂʰən$^{53}$ kau$^{21}$ çi$^{21}_{53}$ kan$^{21}$ tʰai$^{53}$.

【竹麻丝】tʂəuk3 ma13sɿ35 名用未分枝的嫩毛竹经发酵、剥丝、槌丝、洗丝等程序加工而成的造纸原料：～就系嫩竹子个欸用石灰咬哩以后个安做～。～就可以做纸。tʂəuk3 ma13sɿ35tsiəu53-21 xei53lən53tʂəuk3 tsɿ0 ke53ei21iəŋ53ʂak5 fɔi35ŋau21li0 i35xei53-44ke53-44ɔn35-44tso53-44tʂəuk3 ma13-21sɿ35.tʂəuk3 ma13-21sɿ35tsʰiəu53-44kʰo21 i35tso53tʂɿ21.｜～啊，爱去蒸熟来。tʂəuk3 ma13sɿ35za0,ɔi53-44çi53-44tʂən35ʂəuk5 lɔi13-21.

【竹片】tʂəuk3 pʰien53 名竹筒经开片后形成的窄长片材：以映搞块～包稳。i21iaŋ53kau21kʰuai53-44 tʂəuk3 pʰien53-44pau35uən21.

【竹青】tʂəuk3 tsʰiaŋ35 名竹子最外面的一层青绿色表皮：面上箇只就安做～啊。我等话刨～啊。刨～啊是剑刀。/～箇就面上箇只就，刮下去，基本上箇只系面上箇一层子。/粉粉样啊。但是渠渠就更青，箇就还现青色。以只竹绒嘞就更黄了。箇就第二层个，就竹绒。真个面上箇层是～，我等个是。mien53xɔŋ53-44kai53-44tʂak3 tsʰiəu53-44ɔn35-44tso53-44tʂəuk3 tsʰiaŋ35ŋa0.ŋai13-21tien0 ua53-44pʰau13tʂəuk3 tsʰiaŋ35ŋa0./pʰau13tʂəuk3 tsʰiaŋ35ŋa0 ʂɿ53-44cian53tau35./tʂəuk3 tsʰiaŋ35kai53-44tsʰiəu53-44mien53xɔŋ53-21kai53-44tʂak3 tsəu53-21,kuait3 xa53-44çi53,ci35pən21xɔŋ53-44kai53tʂak3 ŋei53-44(←xei53)mien53xɔŋ53-44kai53iet3 tsʰien13tsɿ0./fən21fən21niɔŋ53(←iɔŋ53)ŋa0.tan53-44ʂɿ53-44ci13-21ci13-21tsʰiəu53-44ken53tsʰiaŋ35,kai53-44tsʰiəu53-44xai13-21çien53tsʰiaŋ35sek3.i21tʂak3 tʂəuk3 iəŋ13le0 tsʰiəu53-44ken53uəŋ13liau0.kai53-44tsʰiəu53-44tʰi53-44ɲi53tsʰien13ke53-44,tsʰiəu53-44tʂəuk3 iəŋ13.tʂən35ke53-44mien53xɔŋ53-44kai53-44tsʰien13 ʂɿ53-44tʂəuk3 tsʰiaŋ35,ŋai13tien0 ke53-44ʂɿ53-44.

【竹绒】tʂəuk3 iəŋ13 名竹青之下的一层：篾匠刨倒刨下做么啊扁篾个东西噢滴箇箇起就～。miet5 siɔŋ53pʰau13tau21pʰau13-44(x)a53-44tso53mak3 a0 pien21miet5 ke53-44təŋ35-44si0 au0 tet5 kai53-44kai53-44çi21tsiəu53-44tʂəuk5 iəŋ13.

【竹扫把】tʂəuk3 sau53pa21 名用竹子扎的扫把；竹樀扫把：～也蛮好。～只好扫箇个重个东西，扫咁个愁人个地方，扫咁个爱用蛮大力来扫个东西。但渠也会跌箇籽耳子，会跌咁籽耳，竹樀扫把是。啊你去细心观察下子箇竹樀唠，箇竹樀嘞，渠除哩箇个棍子以后，还有只咁个嗯竹叶上啊，还有只把子。一般做扫把嘞只分箇滴子竹叶摘嘿，箇只把子留倒。但是箇把子嘞就最好扫，但是久哩也会跌，竹樀扫把也会跌。tʂəuk3 sau53pa21ia35man13-44xau21-44.tʂəuk3 sau53pa21tʂɿ21 xau21sau53kai53-44ke53-44tʂʰəŋ35ke53təŋ35-44si0,sau53kan21ke53-44tsʰei13ɲin13ke0 tʰi53-44fɔŋ35-44,sau53kan21ke53-44ɔi53iəŋ53man13tʰai53-44 liet5 lɔi13sau53ke0 təŋ35-44si0.tan53-44ci13-21ia35uɔi53tet3 kai53-44tsɿ21ɲi21tsɿ0,uɔi53tet3 kai53-44tsɿ21ɲi21,tʂəuk3 kʰua21sau53pa21-44ʂɿ53-44.a44 ɲi13-21çi53-44si53sin35-44kɔn35tsʰait3 (x)a53-44tsɿ0 kai53-44tʂəuk3 kʰua21lau0,kai53tʂəuk3 kʰua21lei0,ci13-21tʂʰəu13li0 kai53ke53kuən53 tsɿ0 i35xei53,xai13-21iəu35tʂak3 kan21ke53-44n21tʂəuk3 iait5 xɔŋ53ŋa0,xai13-21iəu35-44tʂak3 pa53tsɿ0.iet3 pɔn35tso53sau53pa21lei0 tʂɿ21pən35kai53-44tiet5 tsɿ0 tʂəuk3 iait5 tsak3 xek3,kai53tʂak3 pa53tsɿ0 liəu13tau21.tan53-44ʂɿ53-44kai53-44pa53tsɿ0 lei0 tsʰiəu53-44tsei53 xau21sau53,tan53ʂɿ53ciəu21li0 ia35uɔi53tet3,tʂəuk3 kʰua21sau53pa21ia35uɔi53tet3.

【竹箦】tʂəuk3 sak3 名竹批儿，竹片：只有搞土楼嘞就爱用～。喊土楼，底下箇向用～蒙稳。tʂe21iəu21-44kau21tʰəu21lei13lei0 tsʰiəu53-44ɔi53-44iəŋ53tʂəuk3 sak3.xan53tʰəu21ləu13,tei21xa53kai53-44çiɔŋ53-44iəŋ53-44tʂəuk3 sak3 maŋ13uən21.｜以前是做屋就冇得钉子咯，舞滴～（做竹钉子）唠。i35tsʰien13ʂɿ53-44tso53uk3 tsʰiəu53 mau13-21tek3 taŋ35tsɿ0 ko0,u21tiet5 tʂəuk3 sak3 lau0.

【竹山】tʂəuk3 san35 名长满竹子的山：我等箇脑高哕蛮多竹，～呐，也有几千亩嘞。ŋai13tien0 kai53lau21kau35-44sa0 man13to35-53tʂəuk3,tʂəuk3 san35na0,ia35iəu35-53ci21tsʰien35-44miau35-44le0.

【竹屎】tʂəuk3 ʂɿ21 名篾匠加工竹篾时产生的很碎的屑子：～系么个嘞？就系竹子加工厂肚里箇个下脚料，唔爱哩个，包括锯屎，欸，锯屑啊，擐箇起节疤啊，反正箇下脚料通通搞做一下，收起来，欸，送倒搞么个嘞？去做纸。欸，做箇迷信纸，做箇个如今敬神个箇起咁个纸。所以箇竹子一身冇滴子么个丢得个，只有竹叶就冇么个冇么人爱。竹樀，竹节，系唔系？～，欸，篾箦是更唔事讲啦。竹笋，细细子就竹笋。大滴子竹麻。哦，全身都系宝。tʂəuk3 ʂɿ21 xei53mak3 e0 lei0?tsiəu53xei53-44tʂəuk3 tsɿ0 cia35kɔŋ35-44tʂʰɔŋ21tau21li0 kai53-44ke53-21çia53ciɔk3 liau53,m13-21mɔi53li0 ke53,pau35 kuait3 cie53ʂɿ21,e21,cie53set3 a0,lau35kai53çi21tset3 pa35a0,fan21tʂən53kai53çia53ciɔk3 liau53tʰəŋ35tʰəŋ35-44kau21tso53-44 (i)et3 xa53,ʂəu35çi21lɔi13-44,e21,səŋ53tau21kau21mak3 e0 lei0?çi53tso53tʂɿ21.e21,tso53kai53mi13sin53tʂɿ21,tso53kai53-44ke53-44i13-21 cin35-44cin53ʂən13ke53-44kai53çi21kan21-44ke53tʂɿ21.so21i35-53kai53tʂəuk3 tsɿ0 iet3 ʂən35mau13tiet5 tsɿ0 mak3 e0 tiəu35tek3 ke0,tʂɿ21 iəu35-53tʂəuk3 iait5 tsʰiəu53-44mau13-21mak3 e0 mau13-21mak3 in13-44ɔi53.tʂəuk3 kʰua21,tʂəuk3 tset3,xei53me53?tʂəuk3 ʂɿ21,e21, miet5 sak3 ʂɿ53-21cien53n13sɿ53-44kɔŋ21la0.tʂəuk3 sən21,sei53sei53tsɿ0 tsʰiəu53tʂəuk3 sən21.tʰai53tiet5 tsɿ0 tʂəuk3 ma13.o53, tsʰien13ʂən35-44təu35-53xe53pau21.

【竹瓤】tʂəuk3 siɔŋ21 名竹子节与节之间的部分：箇个两只节之间个距离就安做瓤。～。kai53-44 ke53-44iɔŋ21tʂak3 tsiek3 tʂɿ35-44kan35-44ke53-44tʂɿ53li13tsiəu53-44ɔn35-44tso53-44siɔŋ21.tʂəuk3 siɔŋ21.

【竹丝茄】tʂəuk$^{3}$sɿ$^{35}$cʰio$^{13}$ 名一种茄子，皮绿色。又称“青茄子”：渠箇只青茄子是喊，渠等有滴人有只名字，喊做么个？喊么个竹丝，么个……/喊它～。/系吧？/欸。/渠箇是青箇号是。/渠现咁个颜色，绿绿子，现只……就系竹丝样啊。/就系咁青茄子。ci$^{13}$kai$^{53}$tʂak$^{3}$tsʰiaŋ$^{35}$cʰio$^{13}$tsɿ$^{0}$ʂʅ$^{53}_{21}$xan$^{53}$,ci$^{13}$tien$^{0}$iəu$^{35}$tiet$^{5}$in$^{13}_{21}$iəu$^{35}$tʂak$^{3}$miaŋ$^{13}_{21}$tsʰʅ$^{53}_{44}$,xan$^{53}$tso$^{53}_{21}$mak$^{3}$ke$^{53}_{44}$?xan$^{53}$mak$^{3}$ke$^{53}_{44}$tʂəuk$^{3}_{35}$sɿ$^{35}$,mak$^{3}$ke$^{53}$…/xan$^{53}_{21}$tʰa$^{35}_{44}$tʂəuk$^{3}$sɿ$^{35}$cʰio$^{13}$./xei$^{53}_{44}$pa$^{0}$?/e$_{53}$./ci$^{13}_{21}$kai$^{53}$ʂʅ$^{53}_{44}$tsʰiaŋ$^{35}$kai$^{53}_{44}$xau$^{53}_{44}$sɿ$^{53}_{44}$./ci$^{13}$çien$^{53}$kan$^{21}$ke$^{53}_{44}$ian$^{13}$sek$^{3}$,liəuk$^{5}$liəuk$^{5}$tsɿ$^{0}$,çien$^{53}$tʂak$^{3}$…tsʰiəu$^{53}$xe$^{53}$tʂəuk$^{3}$sɿ$^{35}$iɔŋ$^{53}_{44}$ŋa$^{0}$./tsiəu$^{53}_{44}$xe$^{53}_{44}$kan$^{21}_{44}$tsʰiaŋ$^{35}$cʰio$^{13}$tsɿ$^{0}$.｜箇阵子我等晓得个就两种，荷包茄，～。kai$^{53}_{44}$tʂʰən$^{53}_{44}$tsɿ$^{0}$ŋai$^{13}$tien$^{0}$çiau$^{21}$tek$^{3}$ke$^{53}_{44}$tsʰiəu$^{53}_{44}$iɔŋ$^{21}$tʂəŋ$^{21}$,xo$^{13}$pau$^{35}_{44}$cʰio$^{13}$,tʂəuk$^{3}$sɿ$^{35}$cʰio$^{13}_{21}$.

【竹笋】tʂəuk$^{3}$sən$^{21}$ 名从竹子根状茎上发出的幼嫩的发育芽：你箇个竹哇，～呐，外背有条衣吵。ɲi$^{13}$kai$^{53}_{44}$ke$^{53}_{44}$tʂəuk$^{3}$ua$^{0}$,tʂəuk$^{3}$sən$^{21}$na$^{0}$,ŋɔi$^{53}_{44}$pɔi$^{53}_{44}$iəu$^{35}_{44}$tʰiau$^{13}_{21}$i$^{35}$ʂa$^{0}$.

【竹筒】tʂəuk$^{3}$tʰəŋ$^{13}$ 名将竹横截成段，节与节间的中空部分可用来盛物。又称“竹筒子”：（茶筒）用～做。iəŋ$^{53}$tʂəuk$^{3}$tʰəŋ$^{13}_{21}$tso$^{53}_{44}$.｜（篗子）中间一条～子。tʂəŋ$^{35}$kan$^{35}_{53}$iet$^{3}$tʰiau$^{13}$tʂəuk$^{3}$tʰəŋ$^{13}$tsɿ$^{0}$.｜箇个壁角子墙角子上就舞只子～子嘞，专门插纸煤筒。kai$^{53}_{44}$ke$^{53}_{44}$piak$^{3}$kɔk$^{3}$tsɿ$^{0}$tsʰiɔŋ$^{13}$kɔk$^{3}$tsɿ$^{0}$xɔŋ$^{53}_{44}$tsʰiəu$^{53}$u$^{21}$tʂak$^{3}$tsɿ$^{0}$tʂəuk$^{3}$tʰəŋ$^{13}$tsɿ$^{0}$le$^{0}$,tʂen$^{35}$mən$^{13}_{21}$tsʰait$^{3}$tʂʅ$^{21}$mɔi$^{13}$tʰəŋ$^{13}$.

【竹筒饭】tʂəuk$^{3}$tʰəŋ$^{13}_{21}$fan$^{53}$ 名将米等原料放入新鲜的竹筒中，加适量的水，堵上竹筒口，放入火中，待竹筒表层烧焦时即可剖开食用：只有以……最近以几年渠等搞箇～箇只咁个搞下子噢。tʂe$^{21}$iəu$^{35}_{53}$i$^{21}$…tsei$^{53}$cʰin$^{53}$i$^{21}$ci$^{21}$ɲien$^{13}$ci$^{13}_{21}$tien$^{0}$kau$^{21}$kai$^{53}$tʂəuk$^{3}$tʰəŋ$^{13}_{21}$fan$^{53}$kai$^{53}_{21}$tʂak$^{3}$kan$^{21}$ke$^{53}_{44}$kau$^{21}$xa$^{53}_{21}$tsɿ$^{0}$au$^{0}$.

【竹头】tsəuk$^{3}$tʰei$^{13}$ 名指汉字偏旁竹字头儿“⺮”：欸蛮多字就系～，比方说箇个竹竿个竿字，欸，篾[竹是]个篾字，系啊，箇都系～。但是箇只字真古怪安做用～箇笑字，嘿嘿，好笑个笑哇，箇只字唔知用～唔知一只么个意思箇只笑字用～。e$^{0}$man$^{13}_{21}$to$^{35}_{44}$sɿ$^{53}$tsʰiəu$^{53}_{44}$xe$^{53}_{44}$tʂəuk$^{3}$tʰei$^{13}$,pi$^{21}$fɔŋ$^{35}$ʂet$^{3}$kai$^{53}_{44}$ke$^{53}_{44}$tʂəuk$^{3}$kɔn$^{35}$ke$^{53}_{44}$kɔn$^{35}$tsʰʅ$^{53}_{44}$,e$_{21}$,miet$^{5}$sak$^{3}$ke$^{53}_{44}$miet$^{5}$sɿ$^{53}_{44}$,xei$^{53}$a$^{0}$,kai$^{53}_{44}$təu$^{35}$xei$^{53}$tʂəuk$^{3}$tʰei$^{13}$.tan$^{53}_{44}$ʂʅ$^{53}_{44}$kai$^{53}$tʂak$^{3}$sɿ$^{53}$tʂən$^{35}$ku$^{21}$kuai$^{53}$ɔn$^{35}_{44}$tso$^{53}_{44}$iəŋ$^{53}$tʂəuk$^{3}$tʰei$^{13}_{21}$kai$^{53}_{44}$siau$^{53}$sɿ$^{53}_{21}$,xe$_{44}$xe$_{44}$,xau$^{21}$siau$^{53}$ke$^{53}_{44}$siau$^{53}$ua$^{0}$,kai$^{53}$tʂak$^{3}$sɿ$^{53}$n̩$^{13}_{21}$ti$^{35}_{53}$iəŋ$^{53}$tʂəuk$^{3}$tʰei$^{13}$n̩$^{13}_{21}$ti$^{35}_{53}$iet$^{3}$tʂak$^{3}$mak$^{3}$e$^{0}$i$^{53}$sɿ$^{35}_{44}$kai$^{53}$tʂak$^{3}$siau$^{53}$sɿ$^{53}_{44}$iəŋ$^{53}_{44}$tʂəuk$^{3}$tʰei$^{13}_{21}$.

【竹蚊子】tʂəuk$^{3}$mən$^{35}$tsɿ$^{0}$ 名竹林中的一种蚊子：欸竹山多个栏场又蚊子多，安做～。真起蚊子啊。e$_{21}$tʂəuk$^{3}$san$^{35}_{44}$to$^{35}_{44}$ke$^{53}_{44}$lɔŋ$^{13}_{21}$tʂʰɔŋ$^{35}_{44}$iəu$^{53}$mən$^{35}$tsɿ$^{0}$to$^{35}$,ɔn$^{35}_{44}$tso$^{53}$tʂəuk$^{3}$mən$^{35}$tsɿ$^{0}$.tʂən$^{35}$çi$^{21}$mən$^{35}$tsa$^{0}$.

【竹屑】tʂəuk$^{3}$sɔit$^{3}$ 名加工竹制品过程中产生的锯末、刨花：～上车，拿箇只东西指湖洋耙就扒扒扒出来。tʂəuk$^{3}$sɔit$^{3}$ʂɔŋ$^{35}$tʂʰa$^{35}$,la$^{53}_{44}$kai$^{53}_{44}$tʂak$^{3}$təŋ$^{35}_{44}$si$^{0}$tsʰiəu$^{53}_{44}$pʰa$^{13}$pʰa$^{13}$pʰa$^{13}$tʂʰət$^{3}$lɔi$^{13}_{21}$.

【竹桠】tʂəuk$^{3}$a$^{35}$ 名竹杈：杈柴就系树桠，～。tsʰa$^{53}$tsʰai$^{13}_{21}$tsʰiəu$^{53}$xe$^{53}$ʂəu$^{53}$a$^{35}$,tʂəuk$^{3}$a$^{35}$.

【竹叶】tʂəuk$^{3}$iait$^{5}$ 名竹子的叶子：欸～蛮多碱哩，～呀，你舞做一□哇，你去一熰呀，箇肚里尽碱，有肥。e$_{44}$tʂəuk$^{3}$iait$^{5}$man$^{13}_{21}$to$^{35}_{53}$kan$^{21}$li$^{0}$,tʂəuk$^{3}$iait$^{5}$ia$^{0}$,ɲi$^{13}$u$^{21}$tso$^{53}$iet$^{3}$tsiau$^{35}$ua$^{0}$,ɲi$^{13}_{21}$çi$^{53}$iet$^{3}$ei$^{53}$ia$^{0}$,kai$^{53}$təu$^{21}$li$^{0}$tsʰin$^{53}$kan$^{21}$,iəu$^{35}_{53}$pʰi$^{13}$.

【竹椅】tʂəuk$^{3}$i$^{21}$ 名用竹子做成的椅子。也称“竹椅子”：舞倒箇细竹子，斫倒箇个咁大子个竹子，摎箇竹尾巴子去捐箇～子。打比以映就以映一条，系唔系？以映一条，以映一条，以映一条，以映就四条哇。以映又放一条横个。欸，以映又镶两块篾[竹是]，欸，分箇个竹[竹是]嘞就劈开来嘞就做凳板，全部都系竹个，全部都系竹搞个，嗯，箇个就安做～。u$^{21}$tau$^{21}$kai$^{53}_{44}$se$^{53}$tʂəuk$^{3}$tsɿ$^{0}$,tʂɔk$^{3}$tau$^{21}$kai$^{53}$ke$^{53}_{44}$kan$^{21}_{13}$tʰai$^{53}$tsɿ$^{0}$ke$^{53}$tʂəuk$^{3}$tsɿ$^{0}$,lau$^{35}$kai$^{53}$tʂəuk$^{3}$mi$^{35}_{44}$pa$^{35}$tsɿ$^{0}$çi$^{53}$uət$^{3}$kai$^{53}$tʂəuk$^{3}$i$^{21}$tsɿ$^{0}$.ta$^{21}$pi$^{21}_{44}$i$^{21}$iaŋ$^{53}$tsʰiəu$^{53}$i$^{21}$iaŋ$^{53}$iet$^{3}$tʰiau$^{13}_{21}$,xei$^{53}$me$^{53}$?i$^{21}$iaŋ$^{53}$iet$^{3}$tʰiau$^{13}_{21}$,i$^{21}$iaŋ$^{53}$iet$^{3}$tʰiau$^{13}_{21}$,i$^{21}$iaŋ$^{53}$iet$^{3}$tʰiau$^{13}_{21}$,i$^{21}$iaŋ$^{53}$tsʰiəu$^{53}_{44}$si$^{53}$tʰiau$^{13}$ua$^{0}$.i$^{21}$iaŋ$^{53}$iəu$^{53}_{44}$fɔŋ$^{53}$iet$^{3}$tʰiau$^{13}_{21}$uaŋ$^{13}$ke$^{53}$.ei$_{21}$,i$^{21}$iaŋ$^{53}$iəu$^{53}_{44}$siɔŋ$^{35}_{44}$iɔŋ$^{21}$kʰuai$^{53}_{44}$miet$^{5}$sak$^{3}$,e$_{21}$,pən$^{35}$kai$^{53}_{44}$ke$^{53}_{44}$tʂəuk$^{3}$sak$^{3}$lei$^{0}$tsʰiəu$^{53}_{44}$pʰiak$^{3}$kʰɔi$^{35}$lɔi$^{13}_{21}$lei$^{0}$tsʰiəu$^{53}_{44}$tso$^{53}_{44}$ten$^{53}$pan$^{21}$,tsʰien$^{13}_{21}$pʰu$^{53}_{44}$təu$^{35}_{53}$xei$^{53}$tʂəuk$^{3}$ke$^{0}$,tsʰien$^{13}$pʰu$^{53}_{44}$təu$^{35}_{53}$xei$^{53}$tʂəuk$^{3}$kau$^{21}$ke$^{0}$,n̩$_{21}$,kai$^{53}$ke$^{53}_{44}$tsʰiəu$^{53}_{21}$ɔn$^{35}_{53}$tso$^{53}$tʂəuk$^{3}$i$^{21}$.｜系倒山里个人呐蛮多都舞人屋下都有～，欸箇种～嘞热天坐倒真凉快，就系冷天就有兜冰冷冰冷。xei$^{53}$tau$^{21}$san$^{35}$li$^{0}$ke$^{53}$ɲin$^{13}_{44}$na$^{0}$man$^{13}$to$^{35}_{44}$təu$^{35}_{53}$u$^{21}$ɲin$^{13}$uk$^{3}$xa$^{53}$təu$^{35}_{53}$iəu$^{35}_{53}$tʂəuk$^{3}$i$^{21}$,e$_{21}$kai$^{53}$tʂəŋ$^{21}_{44}$tʂəuk$^{3}$i$^{21}$lei$^{0}$ɲiet$^{5}$tʰien$^{35}_{44}$tsʰo$^{35}_{44}$tau$^{21}$tʂən$^{35}$liɔŋ$^{13}$kʰuai$^{53}$,tsʰiəu$^{53}$xe$^{53}$laŋ$^{35}$tʰien$^{35}_{44}$tsʰiəu$^{53}_{44}$iəu$^{35}$te$^{35}_{53}$pin$^{35}$laŋ$^{35}$pin$^{35}$laŋ$^{35}$.｜～子搞么个更唔时兴呢？～子冬下头坐倒冰冷，又更有咁经。tʂəuk$^{3}$i$^{21}$tsɿ$^{0}$kau$^{21}$mak$^{3}$ke$^{53}$cien$^{53}$n̩$^{13}$ʂʅ$^{13}$çin$^{35}$nei$^{0}$?tʂəuk$^{3}$i$^{21}$tsɿ$^{0}$təŋ$^{35}_{44}$xa$^{53}_{44}$tʰei$^{13}_{21}$tsʰo$^{35}$tau$^{21}$pin$^{35}$laŋ$^{35}$,iəu$^{53}$cien$^{53}$mau$^{13}_{21}$kan$^{21}$cin$^{35}$.

【烛台】tʂəuk$^{3}$tʰɔi$^{13}$ 名带有尖钉或空穴以托住一支蜡烛的器具：箇到我妹子等旅游归来就欸去哪映啊？去北京呐去哪映旅游归来，买一对子～，嘿，蛮好。欸，也系铁个子做倒个，铁个

Z

子做倒，蛮好，古色古香子。kai$^{53}$tau$^{53}$ŋai$^{13}$mɔi$^{53}$tsɿ$^{0}$ten$^{0}$li$^{35}$iəu$^{13}$kuei$^{35}$lɔi$^{13}_{21}$tsʰiəu$^{53}$e$^{0}$çi$^{53}_{44}$la$^{53}$iaŋ$^{53}_{44}$a$^{0}$?çi$^{53}_{44}$pɔit$^{3}$cin$^{35}_{44}$na$^{0}$çi$^{53}_{44}$la$^{53}$iaŋ$^{53}_{44}$li$^{35}$iəu$^{13}_{21}$kuei$^{35}_{44}$lɔi$^{13}_{44}$,mai$^{35}$iet$^{3}$ti$^{53}$tsɿ$^{0}$tʂəuk$^{3}$tʰɔi$^{13}_{44}$,xe$_{53}$,man$^{13}$xau$^{21}$.ei$_{21}$,ia$^{35}$xe$^{53}$tʰiet$^{3}$ke$^{53}$tsɿ$^{0}$tso$^{53}$tau$^{21}$ke$^{53}$,tʰiet$^{3}$ke$^{53}$tsɿ$^{0}$tso$^{53}$tau$^{21}$,man$^{13}$xau$^{21}$,ku$^{21}$sek$^{3}$ku$^{21}$çiɔŋ$^{53}_{44}$tsɿ$^{0}$.

【主财】tʂəu$^{21}$tsʰɔi$^{13}$ [动]命中注定财运亨通：唔系话箇只老板硬看中哩箇只妹子，渠话箇只妹子硬～哟。m̩$^{13}$pʰei$^{53}_{44}$ua$^{53}_{44}$kai$^{53}$tʂak$^{3}$lau$^{21}$pan$^{21}$ɲiaŋ$^{53}$kʰɔn$^{53}$tʂəŋ$^{53}$li$^{0}$kai$^{53}$(tʂ)ak$^{3}$mɔi$^{53}$tsɿ$^{0}$,ci$^{13}_{21}$ua$^{53}_{21}$kai$^{53}$tʂak$^{3}$mɔi$^{53}$tsɿ$^{0}$ɲiaŋ$^{53}$tʂəu$^{21}$tsʰɔi$^{13}$io$^{0}$.

【主高亲】tʂʯ$^{21}$kau$^{35}_{44}$tsʰin$^{35}_{44}$ [动]高亲中最重要甚至是唯一的一位，一般是新娘的哥哥：箇～系么人呢？就系新娘个兄弟，新娘个阿哥，欸，就系～。kai$^{53}_{44}$tʂʯ$^{21}$kau$^{35}_{44}$tsʰin$^{35}_{44}$xei$^{53}$mak$^{3}$ɲin$^{13}_{21}$nei$^{0}$?tsʰiəu$^{53}_{44}$xe$^{53}_{44}$sin$^{35}$ɲiɔŋ$^{13}$ke$^{53}_{44}$çin$^{35}$tʰi$^{53}$,sin$^{35}$ɲiɔŋ$^{13}$ke$^{53}_{44}$a$^{35}$ko$^{35}_{44}$,e$_{21}$,tsʰiəu$^{53}_{44}$xei$^{53}_{44}$tʂʯ$^{21}$kau$^{35}_{44}$tsʰin$^{35}_{44}$.

【主家】tʂʯ$^{21}$ka$^{35}$ [名]事主家：葬正哩了就圆坟呐。箇又～又分人去呀。tsɔŋ$^{53}$tʂaŋ$^{53}$li$^{0}$liau$^{0}$tsʰiəu$^{53}$ien$^{13}_{21}$fən$^{13}$na$^{0}$.kai$^{53}_{44}$iəu$^{53}$tʂʯ$^{21}$ka$^{35}_{44}$iəu$^{53}$pən$^{35}_{44}$ɲin$^{13}_{21}$çi$^{53}_{44}$ia$^{0}$.

【主人】tʂəu$^{21}$ɲin$^{13}$ [名]接待宾客的人：箇只伢子指新郎就系～呐，箇只妹子指新娘就还客，还系来宾呐。kai$^{53}$tʂak$^{3}$ŋa$^{13}$tsɿ$^{0}$tsʰiəu$^{53}$xe$^{53}$tʂəu$^{21}$ɲin$^{13}$na$^{0}$,kai$^{53}$tʂak$^{3}$mɔi$^{53}$tsɿ$^{0}$tsʰiəu$^{53}$xai$^{13}$kʰak$^{3}$,xai$^{13}$xe$^{53}_{44}$lɔi$^{13}$pin$^{35}_{44}$na$^{0}$.

【主要】tʂʯ$^{21}$iau$^{53}$ [形]属性词。首要，事物中关系最大、起决定作用的：箇渠指蓑衣菌就～是灰灰色子。kai$^{53}_{44}$ci$^{13}$tsʰiəu$^{53}_{44}$tʂʯ$^{21}$iau$^{53}_{44}$ʂʯ$^{53}_{44}$fɔi$^{35}$fɔi$^{35}$sek$^{3}$tsɿ$^{0}$.｜（仰天窖）～唔系放番薯种呢。有钱人庰东西个嘞。tʂʯ$^{21}$iau$^{53}$m̩$^{13}_{21}$pʰe$^{53}_{44}$fɔŋ$^{53}$fan$^{35}_{44}$ʂəu$^{13}_{21}$tʂəŋ$^{21}$ne$^{0}$.iəu$^{35}$tsʰien$^{13}_{21}$ɲin$^{13}_{21}$piaŋ$^{53}$təŋ$^{35}$si$^{0}$ke$^{53}_{44}$lei$^{0}$.

【主意】tʂəu$^{21}$i$^{53}$ [名]主见，办法：打～唔定 ta$^{21}$tʂəu$^{21}$i$^{53}_{44}$n̩$^{13}_{21}$tʰin$^{53}$犹疑｜～不定 tʂəu$^{21}$i$^{53}$pət$^{3}$tʰin$^{53}$想不出办法｜出元宵，定～，或食智，或食力。tʂʰət$^{3}$ɲien$^{13}$siau$^{35}$,tʰin$^{53}$tʂəu$^{21}$i$^{53}$,fət$^{5}$ʂət$^{5}$tʂɿ$^{53}$,fət$^{5}$ʂət$^{5}$liet$^{5}$.

【主张】tʂəu$^{21}$tʂɔŋ$^{35}_{44}$ [名]见解，主意：嗯，以只事分你咁子一讲啊硬冇哩～啊。n̩$_{44}$,i$^{21}$tʂak$^{3}$sɿ$^{53}$pən$^{35}$ɲi$^{13}$kan$^{21}_{44}$tsɿ$^{0}$iet$^{3}$kɔŋ$^{21}$ŋa$^{0}$ɲiaŋ$^{53}$mau$^{13}$li$^{0}$tʂəu$^{21}$tʂɔŋ$^{35}_{44}$ŋa$^{0}$.｜欸打比头到我老婆看病，走嘿两只医院，𫠣验出么个病来，搞起我都有兜子冇哩～了。e$_{21}$ta$^{21}$pi$^{21}_{44}$tʰei$^{13}$tau$^{53}$ŋai$^{13}$lau$^{21}$pʰo$^{13}$kʰɔn$^{53}$pʰiaŋ$^{53}$,tsei$^{21}$xek$^{3}$iɔŋ$^{21}$tʂak$^{3}$i$^{35}_{53}$vien$^{53}$,maŋ$^{13}$ɲian$^{53}$tʂʰət$^{3}$mak$^{3}$e$^{0}$pʰiaŋ$^{53}$lɔi$^{13}_{44}$,kau$^{21}$çi$^{21}_{44}$ŋai$^{13}$təu$^{35}_{44}$iəu$^{35}_{44}$te$^{35}_{53}$tsɿ$^{0}$mau$^{13}$li$^{0}$tʂəu$^{21}$tʂɔŋ$^{35}_{44}$liau$^{0}$.

【煮】tʂəu$^{21}$ [动]烹煮，把东西放在有较多水的锅里加热使熟：我就系唔会～菜，～饭都见得，我就系唔会～菜。ŋai$^{13}$tsʰiəu$^{53}$ue$^{53}$m̩$^{13}_{21}$uɔi$^{53}$tʂəu$^{21}$tsʰɔi$^{53}$,tʂəu$^{21}$fan$^{53}$təu$^{35}_{44}$cien$^{53}$tek$^{3}$,ŋai$^{13}$tsʰiəu$^{53}$xei$^{53}_{44}$m̩$^{13}_{21}$uɔi$^{53}$tʂəu$^{21}$tsʰɔi$^{53}$.｜欸我等早晨天天早晨都～面，唔食饭，～面食。e$^{0}$ŋai$^{13}$tien$^{0}$tsau$^{21}$ʂən$^{13}_{44}$tʰien$^{35}_{44}$tʰien$^{35}_{44}$tsau$^{21}$ʂən$^{13}$təu$^{35}_{44}$tʂəu$^{21}$mien$^{53}$,n̩$^{13}$ʂət$^{5}$fan$^{53}$,tʂəu$^{21}$mien$^{53}$ʂət$^{5}$.

【煮饭食个】tʂəu$^{21}$fan$^{53}$ʂət$^{5}$ke$^{0}$ 指日常做饭的人：打比我等屋下我新舅系～个，我老婆也～。ta$^{21}$pi$^{21}$ŋai$^{13}_{21}$tien$^{0}$uk$^{3}$xa$^{53}_{44}$ŋai$^{13}_{21}$sin$^{35}$cʰiəu$^{35}_{44}$xei$^{53}$tʂəu$^{21}$fan$^{53}$ʂət$^{5}$ke$^{0}$,ŋai$^{13}_{21}$lau$^{21}$pʰo$^{13}_{21}$a$^{35}_{53}$tʂəu$^{21}$fan$^{53}$ʂət$^{5}$ke$^{0}$.

【煮家饭子】tʂəu$^{21}$ka$^{35}_{44}$fan$^{53}$tsɿ$^{0}$ 过家家，一种传统民间儿童角色扮演游戏。也称“煮家饭子食”：安做～食，～。么人当爸爸唠，系唔系啊？当妈妈呶。舞只布包就安做背人呶。舞只布包子啊，枕头子咁个布包子就安做背人呶，背细人子唠，背毛毛子唠。做过家家是有带细人子咯，有细人子带咯。欸爸爸或者妈妈，做爸爸或者做妈妈个人呐爱背人咯。背人，背细人子。欸，缔啊背囊上啊，拿枕头缔啊背囊上啊。包转下子来呀，细枕头子啊。或者细枕头子，或者舞件子衫子啊。欸，扮做一只毛毛子欸缔下背囊上啊。就爱反正就缔倒箇样就整细人子唠，带细人子，背细人子啊。一家人就有细人子嘛。系啊？就爱背嘛。箇阵子又冇得咁个么啊玩具娃娃，系唔系？ɔn$^{35}$tso$^{53}_{44}$tʂəu$^{21}$ka$^{35}$fan$^{53}$tsɿ$^{0}$ʂət$^{5}$,tʂəu$^{21}$ka$^{35}$fan$^{53}$tsɿ$^{0}$.mak$^{3}$ɲin$^{13}_{44}$tɔŋ$^{35}_{44}$pa$^{53}$pa$^{0}$lau$^{0}$,xe$^{53}_{44}$me$^{53}_{44}$a$^{0}$?tɔŋ$^{35}_{44}$ma$^{35}$ma$^{0}$nau$^{0}$.u$^{21}$tʂak$^{3}$pu$^{53}$pau$^{35}_{44}$tsʰiəu$^{53}_{21}$ɔn$^{35}_{44}$tso$^{53}_{44}$pi$^{53}$ɲin$^{13}$nau$^{0}$.u$^{21}$tʂak$^{3}$pu$^{53}$pau$^{35}_{44}$tsa$^{0}$,tʂən$^{21}$tʰei$^{13}$tsɿ$^{0}$kan$^{21}$ke$^{53}_{44}$pu$^{53}$pau$^{35}_{44}$tsɿ$^{0}$tsʰiəu$^{53}_{44}$ɔn$^{35}_{44}$tso$^{53}_{44}$pi$^{53}$ɲin$^{13}$nau$^{0}$,pi$^{53}_{44}$se$^{53}$ɲin$^{13}_{21}$tsɿ$^{0}$lau$^{0}$,pi$^{53}$mau$^{35}$mau$^{35}$tsɿ$^{0}$lau$^{0}$.tso$^{53}$ko$^{53}$cia$^{35}$cia$^{35}$ʂʯ$^{53}_{44}$iəu$^{35}_{44}$tai$^{53}_{44}$se$^{53}$ɲin$^{13}_{21}$tsɿ$^{0}$ko$^{0}$,iəu$^{35}_{44}$se$^{53}$ɲin$^{13}_{21}$tsɿ$^{0}$tai$^{53}$ko$^{0}$.e$_{21}$pa$^{53}$pa$^{0}$xɔit$^{5}$tʂa$^{21}$ma$^{35}$ma$^{0}$,tso$^{53}$pa$^{53}$pa$^{0}$xɔit$^{5}$tʂa$^{21}$tso$^{53}$ma$^{35}$ma$^{0}$ke$^{53}_{44}$ɲin$^{13}_{44}$na$^{0}$ɔi$^{53}_{44}$pi$^{53}$ɲin$^{13}$ko$^{0}$.pi$^{53}$ɲin$^{13}$,pi$^{53}_{44}$se$^{53}$ɲin$^{13}_{21}$tsɿ$^{0}$.e$_{53}$,tʰak$^{3}$a$^{0}$pɔi$^{53}$lɔŋ$^{13}_{44}$xɔŋ$^{53}_{44}$ŋa$^{0}$,la$^{53}_{21}$tʂən$^{21}$tʰei$^{13}$tʰak$^{3}$a$^{0}$pɔi$^{53}$lɔŋ$^{13}_{21}$xɔŋ$^{53}_{44}$ŋa$^{0}$.pau$^{35}$tʂɔn$^{21}$na$^{53}$tsɿ$^{0}$lai$^{13}_{44}$ia$^{0}$,se$^{53}$tʂən$^{21}$tʰei$^{13}$tsa$^{0}$.xɔit$^{5}$tʂa$^{21}$se$^{53}$tʂən$^{21}$tʰei$^{13}$tsɿ$^{0}$,xɔit$^{5}$tʂa$^{21}$u$^{21}$cʰien$^{53}$tsɿ$^{0}$san$^{35}$tsɿ$^{0}$a$^{0}$.e$_{21}$,pan$^{35}$tso$^{53}$iet$^{3}$tʂak$^{3}$mau$^{35}$mau$^{35}$tsɿ$^{0}$e$^{0}$tʰak$^{3}$a$^{0}$pɔi$^{53}$lɔŋ$^{13}_{44}$xɔŋ$^{53}_{44}$ŋa$^{0}$.tsʰiəu$^{53}$ɔi$^{53}$fan$^{21}$tʂən$^{53}$tsʰiəu$^{53}$tʰak$^{3}$tau$^{21}$kai$^{53}_{44}$iɔŋ$^{53}_{44}$tsʰiəu$^{53}_{44}$tʂən$^{21}$se$^{53}$ɲin$^{13}_{21}$tsɿ$^{0}$lau$^{0}$,tai$^{53}_{44}$se$^{53}$ɲin$^{13}_{21}$tsɿ$^{0}$,pi$^{53}$se$^{53}$ɲin$^{13}_{21}$tsa$^{0}$.iet$^{3}$ka$^{35}_{44}$ɲin$^{13}$tsʰiəu$^{53}_{44}$iəu$^{35}$se$^{53}$ɲin$^{13}_{21}$tsɿ$^{0}$ma$^{0}$.xe$^{53}_{44}$a$^{0}$?tsʰiəu$^{53}_{21}$ɔi$^{53}_{44}$pi$^{53}$ma$^{0}$.kai$^{53}$tʂʰən$^{53}$tsɿ$^{0}$iəu$^{53}$mau$^{13}$tek$^{3}$kan$^{21}$ke$^{53}$mak$^{3}$a$^{0}$uan$^{13}$tʂʯ$^{53}$ua$^{13}$ua$^{13}$,xe$^{53}_{44}$me$^{53}_{44}$?

【煮青】tʂəu$^{21}$tsʰiaŋ$^{35}$ [名]染料名，染出的是青色，染法是煮着染：我等以前以个栏场染坊我就𫠣看过，但是我等自家去染过布。到箇街上有卖，安做～，买倒一包子咁个～。一件衫呢就爱一包子。一包子系五分子钱呐角把子钱吧箇阵子咯。欸，～，以下冇得哩，哈哈，寻都寻唔倒哩。ŋai$^{13}$tien$^{0}$ i$^{35}_{53}$tsʰien$^{13}$i$^{21}$ke$^{53}$laŋ$^{13}_{21}$tʂʰɔŋ$^{13}_{44}$ɲian$^{13}$fɔŋ$^{13}_{21}$ŋai$^{13}$tsʰiəu$^{53}$maŋ$^{13}$kʰɔn$^{53}$ko$^{53}$,tan$^{53}$ʂʅ$^{53}$ŋai$^{13}_{21}$tien$^{0}$ tsʰʅ$^{35}$ ka$^{35}_{44}$çi$^{53}_{44}$ɲian$^{53}$ko$^{53}_{44}$pu$^{53}$.tau$^{53}_{44}$kai$^{53}_{44}$kai$^{35}$xɔŋ$^{53}_{44}$iəu$^{35}$mai$^{53}$,ɔn$^{35}_{44}$tso$^{53}_{44}$tʂəu$^{21}$tsʰiaŋ$^{35}$,mai$^{35}$tau$^{21}$iet$^{3}$ pau$^{35}$tsʅ$^{0}$ kan$^{21}$ke$^{53}$ tʂəu$^{21}$tsʰiaŋ$^{35}$.iet$^{3}$ cʰien$^{53}$san$^{35}_{44}$ne$^{0}$ tsʰiəu$^{53}$ɔi$^{53}$iet$^{3}$ pau$^{35}$tsʅ$^{0}$.iet$^{3}$ pau$^{35}$tsʅ$^{0}$ xei$^{53}$ŋ̍$^{21}$fən$^{35}$tsʅ$^{0}$ tsʰien$^{13}_{21}$na$^{0}$ kɔk$^{3}$ pa$^{21}$tsʅ$^{0}$ tsʰien$^{13}$pa$^{0}$ kai$^{53}$tʂʰən$^{53}$tsʅ$^{0}$ ko$^{0}$.ei$_{21}$,tʂəu$^{21}$tsʰiaŋ$^{35}_{53}$,i$^{21}$xa$^{53}$mau$^{13}$tek$^{3}$ li$^{0}$,xa$_{53}$xa$_{21}$,tsʰin$^{13}$təu$^{35}_{53}$tsʰin$^{13}_{21}$n̩$^{13}_{21}$tau$^{21}$li$^{0}$.｜～系乌个，用来煮布个，用来染布个。用来煮布个，安做～。欸，～让门用嘞？倾出来，欸，唔系嘞，呃，先分爱染个布洗湿来，欸，打比我以件衫爱染一下，我洗湿来，洗湿来嘞就欸镬里就放正水，爱镬头去煮嘞，镬里放正水，放正水嘞算定嘞比你爱煮个东西多滴子。然后嘞，你就分箇个～倾倒去，欸，好像一包只煮得两件子衫，你肯正下子来，看下买一包哈买两包。好，以下就放正哩水，放正哩～，放滴子盐子，然后就分箇爱煮个衫放倒去。放倒去以后，浸没来，爱交动下子，爱去和，爱去交。tʂəu$^{21}$tsʰiaŋ$^{35}_{44}$xei$^{53}$u$^{35}$kei$^{53}$,iɔŋ$^{53}$lɔi$^{13}_{21}$tʂəu$^{21}$pu$^{53}$kei$^{53}_{44}$, iɔŋ$^{53}$lɔi$^{13}_{21}$vien$^{21}$pu$^{53}$kei$^{53}_{44}$.iɔŋ$^{53}$lɔi$^{13}_{21}$tʂəu$^{21}$pu$^{53}$kei$^{53}_{44}$,ɔn$^{35}_{44}$tso$^{53}_{44}$tʂəu$^{21}$tsʰiaŋ$^{35}_{44}$.e$_{21}$,tʂəu$^{21}$tsʰiaŋ$^{35}_{44}$ɲiɔŋ$^{53}_{44}$mən$^{13}$iɔŋ$^{53}$le$^{0}$? kʰuaŋ$^{35}$tʂʰət$^{3}$ lɔi$^{13}$,e$_{21}$,n̩$^{13}$tʰe$^{53}$le$^{0}$,ə$_{21}$,sien$^{35}$pən$^{35}$ɔi$^{53}$ɲian$^{53}$ke$^{53}_{21}$pu$^{53}$sei$^{21}$ʂət$^{3}$ lɔi$^{13}_{21}$,e$_{21}$,ta$^{21}$pi$^{21}$ŋai$^{13}_{21}$i$^{21}$cʰien$^{53}$san$^{35}$ɔi$^{53}_{44}$ ɲian$^{53}$iet$^{3}$ xa$^{53}$,ŋai$^{13}$sei$^{21}$ʂət$^{3}$ lɔi$^{13}_{21}$,sei$^{21}$ʂət$^{3}$ lɔi$^{13}$lei$^{0}$ tsʰiəu$^{53}$e$_{21}$uɔk$^{5}$ li$^{21}$tsʰiəu$^{53}$fɔŋ$^{53}$tʂaŋ$^{53}$ʂei$^{21}$,ɔi$^{53}_{44}$uɔk$^{5}$ tʰei$^{13}_{21}$çi$^{53}$ tʂəu$^{21}$le$^{0}$,uɔk$^{5}$ li$^{21}$fɔŋ$^{53}$tʂaŋ$^{53}$ʂei$^{21}$,fɔŋ$^{53}$tʂaŋ$^{53}$ʂei$^{21}$lei$^{0}$ sɔn$^{53}$tʰiaŋ$^{53}_{44}$lei$^{0}$ pi$^{21}$ɲi$^{13}$ɔi$^{53}$tʂəu$^{21}$ke$^{53}_{44}$tɔŋ$^{35}_{44}$si$^{0}$ to$^{35}$tiet$^{5}$ tsʅ$^{0}$. vien$^{13}$xei$^{53}$lei$^{0}$, ɲi$^{13}$tsʰiəu$^{53}$pən$^{35}$kai$^{53}$ke$^{53}_{44}$tʂəu$^{21}$tsʰiaŋ$^{35}$kʰuaŋ$^{35}$tau$^{21}$çi$^{53}$,e$_{44}$,xau$^{21}$tsʰiɔŋ$^{53}$iet$^{3}$ pau$^{35}$tʂʅ$^{21}$tʂəu$^{21}$tek$^{3}$ iɔŋ$^{21}$cʰien$^{53}$tsʅ$^{0}$ san$^{35}_{44}$, ɲi$^{13}$xen$^{21}$tʂaŋ$^{53}$(x)a$^{53}_{21}$tsʅ$^{0}$ lɔi$^{13}_{21}$,kʰɔn$^{53}$na$^{53}$mai$^{35}$iet$^{3}$ pau$^{35}_{44}$xa$^{0}$ mai$^{35}$iɔŋ$^{21}$pau$^{35}$.xau$^{21}$,i$^{21}$xa$^{53}_{44}$ tsʰiəu$^{53}$fɔŋ$^{53}$tʂaŋ$^{53}$li$^{0}$ ʂei$^{21}$,fɔŋ$^{53}$tʂaŋ$^{53}$li$^{0}$ tʂəu$^{21}$tsʰiaŋ$^{35}_{44}$,fɔŋ$^{53}$tiet$^{5}$ tsʅ$^{0}$ ian$^{13}$tsʅ$^{0}$,vien$^{13}$xei$^{53}_{44}$tsʰiəu$^{53}_{44}$pən$^{35}_{44}$kai$^{53}_{44}$ɔi$^{53}$ tʂəu$^{21}$ke$^{53}$san$^{35}$fɔŋ$^{53}$tau$^{21}$çi$^{53}_{44}$.fɔŋ$^{53}$tau$^{21}$çi$^{53}_{44}$i$^{35}_{44}$xei$^{53}$,tsin$^{53}$mət$^{5}$ lɔi$^{13}_{21}$,ɔi$^{53}_{44}$ciau$^{35}$tʰəŋ$^{35}$ŋa$^{53}$tsʅ$^{0}$,ɔi$^{53}$çi$^{53}$xo$^{13}$,ɔi$^{53}$çi$^{53}$ciau$^{35}$.

【苎麻】tʂʰəu$^{35}$ma$^{13}$ 名 一种多年生草本植物，茎部的皮可采纤维以供纺织：绩～是箇起是箇箇起就喊～，不是黄麻。tsiak$^{3}$ tʂʰəu$^{35}$ma$^{13}_{44}$ʂʅ$^{53}_{44}$kai$^{53}$çi$^{21}$ʂʅ$^{53}_{44}$kai$^{53}$kai$^{53}$çi$^{21}_{44}$tsʰiəu$^{53}_{44}$xan$^{53}_{44}$tʂʰəu$^{35}$ma$^{13}_{44}$,pət$^{3}$ ʂʅ$^{53}$uɔŋ$^{13}$ ma$^{13}_{44}$.

【苎麻簟】tʂʰəu$^{35}$ma$^{13}$sak$^{3}$ 名 ①苎麻未捻成线、绳时的细缕：箇苎麻嘞欸舞倒嘞欸分兜子出来，分兜子，以个苎麻是欸箇尽箇纤维个，系吗？线样个，箇兜子就安做～。kai$^{53}_{44}$tʂʰəu$^{35}$ma$^{13}_{21}$lei$^{0}$ e$_{21}$ u$^{21}$tau$^{21}$lei$^{0}$ e$_{21}$fən$^{35}$te$^{35}_{53}$tsʅ$^{0}$ tʂʰət$^{3}$ lai$^{13}_{21}$,fən$^{35}$te$^{35}_{53}$tsʅ$^{0}$,i$^{21}$ke$^{0}$ tʂʰəu$^{35}$ma$^{13}_{21}$ʂʅ$^{53}_{44}$e$^{0}$ kai$^{53}_{44}$tsʰin$^{53}$kai$^{53}_{44}$tsʰien$^{35}$uei$^{13}_{21}$ke$^{53}_{44}$,xei$^{53}$ ma$^{0}$?sen$^{53}$iɔŋ$^{53}_{44}$ke$^{0}$,kai$^{53}_{44}$tei$^{35}_{53}$tsʅ$^{0}$ tsʰiəu$^{53}_{44}$ɔn$^{35}_{44}$tso$^{53}_{44}$tʂʰəu$^{35}$ma$^{13}_{21}$sak$^{3}$.｜箇个呢我个丈人婆呀以前呐尽同别人家绩苎麻呢，绩苎麻，呃，分箇个～绩做绩。咁子来赚兜子钱。kai$^{53}_{44}$ke$^{53}_{44}$nei$^{0}$ ŋai$^{13}$e$^{0}$ tʂʰɔŋ$^{53}_{44}$in$^{13}_{44}$ ɔi$^{13}$ia$^{0}$ i$^{35}_{53}$tsʰien$^{13}_{44}$na$^{0}$ tsʰin$^{53}$tʰəŋ$^{13}_{21}$pʰiet$^{5}$ in$^{13}_{44}$ka$^{35}_{44}$tsiak$^{3}$ tʂʰəu$^{35}$ma$^{13}_{21}$nei$^{0}$,tsiak$^{3}$ tʂʰəu$^{35}$ma$^{13}_{21}$,ə$_{21}$,pən$^{35}$kai$^{53}_{44}$ke$^{53}_{44}$tʂʰəu$^{35}$ mak$^{3}$ sak$^{3}$ tsiak$^{3}$ tso$^{53}$tsiak$^{3}$.kan$^{21}_{13}$tsʅ$^{0}$ lɔi$^{13}_{44}$tsʰan$^{53}$te$^{35}_{53}$tsʅ$^{0}$ tsʰien$^{13}$. ②喻指女子灰白的长头发：夫娘子个头发就比较长，系啊？“收拾哩哦，我脑头发是成哩～。”么个苎麻是你晓箇颜色是白白子个吵。白灰白灰子个吵。欸，一脑头发都成哩箇白灰白灰子个就安做苎麻样了。“我个头发成哩～样了。”嗯，白嘿哩啊，下白咁哩啊，一脑个～。pu$^{35}$ɲiɔŋ$^{13}_{21}$tsʅ$^{0}$ ke$^{0}$ tʰei$^{13}$fait$^{3}$ tsʰiəu$^{53}$pi$^{21}$ciau$^{53}$ tʂʰɔŋ$^{13}$,xei$^{53}$a$^{0}$?"ʂəu$^{35}$ʂət$^{5}$ li$^{0}$ o$^{0}$,ŋai$^{13}$lau$^{21}$tʰei$^{13}$fait$^{3}$ ʂʅ$^{53}_{44}$ʂaŋ$^{13}_{21}$li$^{0}$ tʂʰəu$^{35}$ma$^{13}_{21}$sak$^{3}$."mak$^{3}$ e$^{0}$ tʂʰəu$^{35}$ma$^{13}_{21}$ʂʅ$^{53}_{44}$ɲi$^{13}$ çiau$^{21}$kai$^{53}$ŋan$^{13}$sek$^{3}$ ʂʅ$^{53}_{44}$pʰak$^{5}$ pʰak$^{5}$ tsʅ$^{0}$ ke$^{53}_{44}$ʂa$^{0}$.pʰak$^{5}$ fɔi$^{35}$pʰak$^{5}$ fɔi$^{35}$tsʅ$^{0}$ ʂa$^{0}$.e$_{21}$,iet$^{3}$ lau$^{21}$tʰei$^{13}$fait$^{3}$ təu$^{35}_{53}$ʂaŋ$^{13}_{44}$li$^{0}$ kai$^{53}_{44}$pʰak$^{5}$ fɔi$^{35}$pʰak$^{5}$ fɔi$^{35}$tsʅ$^{0}$ ke$^{53}_{44}$tsʰiəu$^{53}_{44}$ɔn$^{35}_{44}$tso$^{53}_{44}$tʂʰəu$^{35}$ma$^{13}_{21}$iɔŋ$^{53}$liau$^{0}$."ŋai$^{13}$e$^{0}$ tʰei$^{13}$fait$^{3}$ ʂaŋ$^{13}_{44}$li$^{0}$ tʂʰəu$^{35}_{44}$ma$^{13}_{21}$ sak$^{3}$ iɔŋ$^{53}$liau$^{0}$."n̩$_{21}$,pʰak$^{5}$ (x)ek$^{3}$ li$^{0}$ a$^{0}$,xa$^{53}$pʰak$^{5}$ kan$^{21}$ni$^{0}$ a$^{0}$,iet$^{3}$ lau$^{21}$ke$^{0}$ tʂʰəu$^{35}$ma$^{13}_{21}$sak$^{3}$.｜男子人个头发即使白嘿哩也唔话成哩～，因为渠冇几长。～是有蛮长子。lan$^{13}$tsʅ$^{0}$ ɲin$^{13}_{21}$ke$^{53}$tʰei$^{13}$fait$^{3}$ tsiet$^{3}$ ʂʅ$^{13}_{21}$pʰak$^{5}$ (x)ek$^{3}$ li$^{0}$ a$^{35}_{53}$n̩$^{13}$ua$^{53}$ʂaŋ$^{13}_{21}$li$^{0}$ tʂʰəu$^{35}$ma$^{13}_{21}$sak$^{3}$,in$^{35}$uei$^{53}_{44}$ci$^{13}_{44}$mau$^{13}$ci$^{21}$tʂʰɔŋ$^{13}$.tʂʰəu$^{35}$mak$^{3}$ sak$^{3}$ ʂʅ$^{53}_{44}$iəu$^{35}$man$^{13}_{21}$tʂʰɔŋ$^{13}$ tsʅ$^{0}$.

【苎麻绳】tʂʰəu$^{35}$ma$^{13}$ʂən$^{13}$ 名 苎麻纤维加工成的绳索。用于纳鞋底。又称“麻绳”：做鞋底个～ tso$^{53}_{44}$xai$^{13}$tei$^{21}$ke$^{53}_{44}$tʂʰəu$^{35}$ma$^{13}_{21}$ʂən$^{13}_{21}$

【苎麻条子】tʂʰəu$^{35}$ma$^{13}$tʰiau$^{13}$tsʅ$^{0}$ 名 一种形如苎麻的树的枝条：还有起～，有滴子像苎麻呀，苎麻树样。xai$^{13}_{21}$iəu$^{35}_{53}$çi$^{21}$tʂʰəu$^{35}$ma$^{13}_{21}$tʰiau$^{13}$tsʅ$^{0}$,iəu$^{35}$tiet$^{5}$ tsʅ$^{0}$ tsʰiɔŋ$^{53}$tʂʰəu$^{35}$ma$^{13}_{21}$ia$^{0}$,tʂʰəu$^{35}$ma$^{13}_{21}$ʂəu$^{53}$iɔŋ$^{53}_{44}$.

【住】tʂʰəu$^{53}$ 动 放在“得”或“唔”之后，做补语。①表示安稳、心安：我搒渠坐做一桌，我赖子（坐倒以只大边）坐唔～咯。ŋai$^{13}$lau$^{35}_{44}$ci$^{13}_{44}$tsʰo$^{35}_{44}$tso$^{53}_{44}$e$^{0}$ (←iet$^{3}$)tsɔk$^{3}$,ŋai$^{13}$lai$^{53}_{44}$tsʅ$^{0}$ tsʰo$^{35}_{44}$n̩$^{13}_{21}$tʂʰəu$^{53}$ ko$^{0}$. ②表示力量够得上，能取得预期的目标：留唔～哩。liəu$^{13}$n̩$^{13}_{21}$tʂʰəu$^{53}$li$^{0}$.

【注意】tʂʮ$^{53}_{44}$i$^{53}$ 动 留意，小心：唔～呀，么个都讲啊。n̩$^{13}$tʂʮ$^{53}_{44}$i$^{53}$ia$^{0}$,mak$^{3}$ ke$^{53}_{44}$təu$^{35}_{44}$kɔŋ$^{21}$ŋa$^{0}$.

【蛀】tʂəu$^{53}$ 动 虫子咬坏：洋枪打布狗，布狗□鸡，鸡嗒白蚁，白蚁～皇帝，皇帝缴洋枪。童谣

iɔŋ13tsʰiɔŋ35ta21pu53kei21,pu53kei21lo35cie35,cie35tsan35pʰak5le35,pʰak5le35tʂəu53fɔŋ13tʰi53,fɔŋ13tʰi53ciau21iɔŋ13tsʰiɔŋ35.

【筑】tʂəuk3 动①夯筑；用夹板夹住泥土，用木杆把土砸实：～土墙 tʂəuk3tʰəu21tsʰiɔŋ13｜我～过哦。我～过。ŋai13tʂəuk3ko53/44o0.ŋai13tʂəuk3ko53/44. ②舂；捣：用糯米去～个，～倒也切倒点伢大子一只子，放倒……放滴油放滴糖去炒，欸，也就系糯米圆。iɔŋ44lo53mi21çi53tʂəuk3ke53,tʂəuk3tau21ia35tsʰiet3tau21tian53ŋa44tʰai53tsɿ0iet3tʂak3tsɿ0,fɔŋ53tau21…fɔŋ53/44tet5/3iəu13fɔŋ53/44tet5/3tʰɔŋ13çi53tsʰau21,e21,ia35tsʰiəu53ue44(←xe53)lo53mi21ien13. ③一层层放入并按紧；填充：从前个枕头就肚里就用秆嘞。用秆嘞，用秆铡，剪做咁长子，铡碎来，用马剪去铡呀，剪做咁长子。～，～倒，～枕头，安做～枕头。就枕头内套子啊，内套子用只布袋呀，系唔系？用箇秆放袋～满来。～，～满来，𫠠做咁长子渠就有弹性吵，系啊？噢，以下就用针线一绞，欸，针线一绞就做做枕头芯子，枕芯。就系用秆呢，从前呢。tsʰəŋ13tsʰien13/44ke53tʂən21tʰei13tsʰiəu53/44təu21li0tsʰiəu53iəŋ53kən21ne0.iəŋ53kən21ne0,iəŋ53kən21tsʰait5,tsien21tso53kan21tʂʰəŋ13tsɿ0,tsʰait5si53lɔi13/21,iəŋ44ma35tsien21çi53/44tsʰait5ia0,tsien21tso53kan21tʂʰəŋ13tsɿ0.tʂəuk3,tʂəuk3tau21,tʂəuk3tʂən21tʰei13,ɔn35tso53tʂəuk3tʂən21tʰei13.tsʰiəu53tʂən21tʰei13lei53tʰau53tsa0,lei53tʰau53/44tsɿ0iəŋ53/44tʂak3pu53tʰɔi53/44ia0,xei53/44me53/44?iəŋ53/44kai53/44kən21fɔŋ53tʰɔi53/21tʂəuk3mən53lɔi13/44.tʂəuk3,tʂəuk3mən53lɔi13/44,u21tso53/44kan21tʂʰəŋ13tsɿ0ci13tsʰiəu53/44iəu35/44tʰan13sin53/44ʂa0,xei53/44a0?au21,ia44(←i21xa53)tsʰiəu53/44iəŋ53/44tʂən35sien53iet3ciau21,e21,tʂən35sien53iet3ciau21tsʰiəu53/44tso53/44tso53/44tʂən21tʰei13sin35tsɿ0,tʂən21sin35.tsiəu53/21xe53iəŋ53kən21ne0,tsʰəŋ13tsʰien13/44ne0. ④指落枕：箇颈筋就还又～倒哩。kai53/44ciaŋ21cin35/44tsʰiəu53/44xai13/21iəu53/44tʂəuk3tau21li0. ⑤灌制（香肠）：～香肠 tʂəuk3çiɔŋ35tʂʰɔŋ13/21。⑥用力上下摇动：箇阵子我也蛮喜欢食香槟酒喔，话哩唔喜欢食啤酒，肯做食香槟酒。欸箇甜甜子个饮料，系唔系？就咁子打开盖来，～唔得嘞，系唔系？有箇个会喷出箇个气来啦。kai53tʂʰən53tsɿ0ŋai13ia44man35/44çi21fɔn35/44ʂət5çiɔŋ35pin35tsiəu21uo0,ua53li0n̩13çi21fɔn35/44ʂət5pʰi13tsiəu21,xen21tso53/44ʂət5çiɔŋ35pin35tsiəu21.e21kai53tʰian13tʰian13/21tsɿ0ke53in21liau53,xei53me53?tsʰiəu53kan21/44tsɿ0ta21kʰɔi35/44kɔi53lɔi13/21,tʂəuk5/3n̩44tek3le0,xei53me53?iəu53kai53/44kei53/44uɔi53/44pʰəŋ35tʂʰət3kai53/44kei53/44çi53lɔi13/21la0. ⑦用语言顶撞、回击，使对方不乱说话：箇只人讲事啊真冇味道，真唔投机呀。我～渠几句，恶恶哩个我～渠两句，～倒渠冇话讲。kai53tʂak3ɲin13/21kɔŋ21sɿ53a0tʂən35mau13uei53tʰau53,tʂən35n̩13tʰəu13/21ci35ia0.ŋai13/21tʂəuk5/3ci13/21ci21ci53,ɔk3ɔk3li0ke53ŋai13/21tʂəuk5/3ci21iɔŋ21ci53,tʂəuk3tau21ci13/21mau13/21fa53kɔŋ21.｜欸今晡一只好日子，总去下讲咁个唔好个话，唔想听哩，我～渠几句。“你系唔系食饱哩啰？欸少念两句吵。”欸～渠两句。“少讲两句吵！你食饱哩吧？”ei0cin35pu35/53iet3tʂak3xau21ɲiet3tsɿ0,tsəŋ21çi53xa53kɔŋ21kan21/13kei53m̩13xau21ke53fa53,n̩13siɔŋ21tʰaŋ13/44li0,ŋai13tʂəuk5/3ci13/44ci21ci53."ɲi13xei53/21mei53/21ʂət5pau21li0lo0?e0ʂau21ɲian53iɔŋ21ci53/44ʂa0."e21tʂəuk5/3ci13/21iɔŋ21ci53/44."ʂau21kɔŋ21iɔŋ21ci53/44ʂa0!ɲi13ʂət5pau21li0pa0?"

【筑泥】tʂəuk3lai13 动①用黏土夯筑：从前呢，就有得红砖呢，用土砖或者～吵。tsʰəŋ13tsʰien13/21nei0,tsʰiəu53mau13tek3fəŋ13tʂəŋ35/44ne0,iəŋ53tʰəu21tʂən35/44xoit5tʂa21tʂəuk3lai13ʂa0.｜～个。分箇泥筑紧来个箇个就安做钟槌。tʂəuk3lai13ke53/44.pən35kai53/44lai13tʂəuk3cin21lɔi13ke53kai53/44ke53/44tsʰiəu53/44ɔn35/44tso53/44tʂəŋ35tʂʰei13/21. ②指制作爆竹过程中在切好的纸筒里装土：以下就𫠠成饼子以后嘞，底下就筑滴泥去，～。i21xa53/44tsʰiəu53/44u21ʂaŋ13/44piaŋ21tsɿ0i35xei53/44lei0,te21xa53tsʰiəu53/44tʂəuk3tet5lai13çi53/44,tʂəuk3lai13.

【筑墙】tʂəuk3tsʰiɔŋ13 动夯筑房屋的墙体。又称“钟墙”：～就系拿倒钟槌去筑箇个动作，～，筑土墙。土墙就𫠠倒箇黄泥呀，唔知几好个黄泥呀，用夹板用箇个墙板夹稳呐，咁子去筑，筑成一只屋。tʂəuk3tsʰiɔŋ13tsʰiəu53/44xei53/44la53tau21tʂəŋ35tʂʰei13/44çi53/44tʂəuk3kai53/44e0tʰəŋ53tsok3,tʂəuk3tsʰiɔŋ13,tʂəuk3tʰəu21tsʰiɔŋ13.tʰəu21tsʰiɔŋ13tsʰiəu53u21tau21kai53uɔŋ13lai13ia0,n̩13/21ti13/53ci21xau21ke53uɔŋ13lai13/44ia0,iəŋ53kait3pan21iəŋ53kai53ke53tsʰiɔŋ13pan21kait3uən21na0,kan21tsɿ0çi53tʂəuk3,tʂəuk3ʂaŋ13/44iet3tʂak3uk3.｜我两十多岁子个时候子，我箇阵子去当民办老师，就筑过墙嘞我就。最大个感受就～真累人呐。箇真累人呐。箇只槌几十斤喏，咁子去要咁子用劲去顿呢，爱顿紧来嘞，箇泥爱顿紧来嘞，硬只搞倒点多子钟就肚子就腊靥哦硬哦，又只想打点喏，欸，就系肚饥，累人。ŋai13iɔŋ21ʂət5to35/44sɔi53tsɿ0ke0ʂɿ13xei53/44tsɿ0,ŋai13kai53tʂʰən53tsɿ0çi53tɔŋ35min13pʰan53lau21sɿ35/44,tsʰiəu53/44tʂəuk3ko53tsʰiɔŋ13/44lei0ŋai13/21tsiəu53.tsei53tʰai53/44ke53/44kɔn21ʂəu53tsʰiəu53tʂəuk3tsʰiɔŋ13/21tʂən35li53ɲin13/21na0.kai53tʂən35li53ɲin13/21na0.kai53tʂak3tʂʰei13/44ci21ʂət5cin35no0,kan21tsɿ0çi53iau53kan21tsɿ0iəŋ53cin53çi53/44tən53ne0,ɔi53tən53cin21nɔi13lei0,kai53lai13ɔi53/44tən53cin21nɔi13lei0,ɲiaŋ53tʂɿ21kau21tau21tian21to35tsɿ0tʂəŋ35/44tsʰiəu53tu21tsɿ0tsʰiəu53/44lait5iait3o0ɲiaŋ53/44o35,iəu53tʂət3siɔŋ21ta21tian21no0,e21,tsʰiəu53xe53/44təu21ci35/44,li53ɲin13/21.

【筑枕】tʂəuk$^{3}$tʂən$^{21}$ 动落枕：嗯，我等人有只好办法哩，筑哩枕呐有只好办法，用木梳子去火笼上烁滚来，咁子去推，就会好。木梳子啊，爱用得久兜子个就还更好。用木梳，爱木梳啦，化学梳子冇用啦。去火笼上烁滚来，拿倒以映子去推，去箇咁子推，就会缓解。ŋ̍$_{44}$,ŋai$^{13}_{21}$ tien$^{0}$ɲin$^{13}_{44}$iəu$^{35}$tʂak$^{3}$xau$^{21}$p$^{h}$an$^{53}$fait$^{3}$li$^{0}$,tʂəuk$^{3}$li$^{0}$tʂən$^{21}$na$^{0}$iəu$^{35}_{44}$tʂak$^{3}$xau$^{21}$p$^{h}$an$^{53}$fait$^{3}$,iəŋ$^{53}$muk$^{3}$sɿ$^{35}$tsɿ$^{0}$çi$^{53}$fo$^{21}$ ləŋ$^{35}$xəŋ$^{53}_{44}$xək$^{3}$kuən$^{21}$nɔi$^{13}$,kan$^{21}$tsɿ$^{0}$çi$^{53}$t$^{h}$i$^{35}$,ts$^{h}$iəu$^{53}$uɔi$^{53}_{44}$xau$^{21}$.muk$^{3}$sɿ$^{35}$tsɿ$^{0}$a$^{0}$,ɔi$^{53}$iəŋ$^{53}$tek$^{3}$c$^{h}$iəu$^{53}$te$^{35}_{53}$tsɿ$^{0}$ke$^{53}_{44}$ ts$^{h}$iəu$^{53}_{44}$xan$^{13}$ken$^{53}$xau$^{21}$.iəŋ$^{53}$muk$^{3}$sɿ$^{35}$,ɔi$^{53}$muk$^{3}$sɿ$^{35}_{44}$la$^{0}$,fa$^{53}$çiɔk$^{5}$sɿ$^{35}_{44}$tsɿ$^{0}$mau$^{13}$iəŋ$^{53}$la$^{0}$.çi$^{53}$fo$^{21}$ləŋ$^{35}$xəŋ$^{53}_{44}$xək$^{3}$ kuən$^{21}$nɔi$^{13}$,la$^{53}$tau$^{21}$i$^{21}$iaŋ$^{53}_{44}$tsɿ$^{0}$çi$^{53}$t$^{h}$i$^{35}$,çi$^{53}$kai$^{53}_{44}$kan$^{21}$tsɿ$^{0}$t$^{h}$i$^{35}$,ts$^{h}$iəu$^{53}$uɔi$^{53}$xɔn$^{21}$kai$^{21}$.

【筑筑哩】tʂəuk$^{3}$tʂəuk$^{3}$li$^{0}$ 形堵塞不畅的样子：食急哩～呢筑倒箇胸脯前呢。ʂʅt$^{5}$ciak$^{3}$li$^{0}$tʂəuk$^{3}$ tʂəuk$^{3}$li$^{0}$nei$^{0}$tʂəuk$^{3}$tau$^{21}$kai$^{53}_{44}$çiəŋ$^{35}$p$^{h}$u$^{13}_{44}$ts$^{h}$ien$^{13}_{44}$nei$^{0}$.

【专】tʂen$^{35}$ 副光；只；行为仅限于某个范围：以下嘞道士嘞渠就只做道场，～做道场。i$^{21}$xa$^{53}_{44}$ lei$^{0}$t$^{h}$au$^{53}$sɿ$^{53}_{44}$lei$^{0}$ci$^{13}_{21}$ts$^{h}$iəu$^{53}$tʂe$^{21}$tso$^{53}$t$^{h}$au$^{53}$tʂ$^{h}$əŋ$^{13}$,tʂen$^{35}$tso$^{53}_{44}$t$^{h}$au$^{53}$tʂ$^{h}$əŋ$^{13}_{21}$.

【专门】tʂen$^{35}$mən$^{13}_{21}$ 副①特意：（祭碗）～同阳间个人个唔同噢。tʂen$^{35}$mən$^{13}_{21}$t$^{h}$əŋ$^{13}_{44}$iəŋ$^{13}$kan$^{53}_{44}$ke$^{53}_{44}$ ɲin$^{13}_{21}$ke$^{53}$ŋ̍$^{13}_{21}$t$^{h}$əŋ$^{13}$ŋau$^{0}$.｜有滴人～去装黄老鼠。iəu$^{35}$tet$^{5}$ɲin$^{13}_{21}$tʂen$^{35}$mən$^{13}_{21}$çi$^{53}_{44}$tsɔŋ$^{35}$uɔŋ$^{13}$lau$^{21}_{53}$tʂ$^{h}$əu$^{21}$.②纯粹：有起是～用石头做个。iəu$^{35}$çi$^{21}$ʂɿ$^{53}_{44}$tʂen$^{35}$mən$^{13}_{21}$iəŋ$^{53}_{44}$ʂak$^{5}$t$^{h}$ei$^{0}$tso$^{53}_{44}$ke$^{53}_{44}$.

【专席】tʂen$^{35}$siet$^{5}$ 名特意、专门安排的席位：私席，～啦。私席厅子。～啦就系。欸，以个就外氏～。sɿ$^{35}$siet$^{5}$,tʂen$^{35}$siet$^{5}$la$^{0}$.sɿ$^{35}$siet$^{5}$t$^{h}$aŋ$^{35}_{44}$tsɿ$^{0}$.tʂen$^{35}$siet$^{5}$la$^{0}$ts$^{h}$iəu$^{53}_{44}$xe$^{53}_{44}$.e$_{21}$,i$^{21}$ke$^{53}_{44}$ts$^{h}$iəu$^{53}_{44}$ŋɔi$^{53}$ʂɿ$^{53}_{44}$ tʂen$^{35}$siet$^{5}$.

【砖】tʂɔn$^{35}$ 名用黏土制成或烧成的长方形块状建材：瓦窑也烧～。ŋa$^{21}$iau$^{13}$ia$^{35}$ʂau$^{35}_{44}$tʂɔn$^{35}$.｜挖好哩以后，就用～或者用水泥，用石头，就下草脚安做。uait$^{3}$xau$^{21}$li$^{0}$i$^{35}_{44}$xei$^{53}_{44}$,ts$^{h}$iəu$^{53}_{44}$iəŋ$^{53}_{44}$tʂɔn$^{35}$ xɔit$^{5}$tʂa$^{21}$iəŋ$^{53}_{44}$ʂei$^{21}$lai$^{13}$,iəŋ$^{53}_{44}$ʂak$^{5}$t$^{h}$ei$^{13}_{21}$,ts$^{h}$iəu$^{53}_{44}$xa$^{35}$ts$^{h}$au$^{21}$ciɔk$^{3}$ɔn$^{35}$tso$^{53}_{44}$.

【砖坯子】tʂɔn$^{35}$/tʂuɔn$^{35}$p$^{h}$ɔi$^{35}$tsɿ$^{0}$ 名未经烧制的泥砖：做砖个坯子，还缯烧个，做正个砖缯烧个就安做～。tso$^{53}$tʂuɔn$^{35}$cie$^{53}$p$^{h}$ɔi$^{35}$tsɿ$^{0}$,xai$^{13}_{21}$maŋ$^{13}_{21}$ʂau$^{35}$ke$^{53}$,tso$^{53}$tʂaŋ$^{53}_{44}$ke$^{0}$tʂuɔn$^{35}$maŋ$^{13}$ʂau$^{35}$ke$^{53}$ts$^{h}$iəu$^{53}_{44}$ɔn$^{35}_{53}$ tso$^{53}$tʂuɔn$^{35}$p$^{h}$ɔi$^{35}_{44}$tsɿ$^{0}$.

【转$_{1}$】tʂɔn$^{21}$/tʂuɔn$^{21}$ 动①回：我是来去～老外家。ŋai$^{13}$ʂɿ$^{53}_{44}$lɔi$^{13}$çi$^{53}$tʂɔn$^{21}$nau$^{21}$ŋɔi$^{53}$ka$^{35}$.②放在动词后，表示回归的趋向，“回转，转向，回来”的意思：扳倒箇面镜子就扳得～。pan$^{35}$tau$^{21}$kai$^{53}_{44}$ mien$^{53}_{44}$ciaŋ$^{53}$tsɿ$^{0}$ts$^{h}$iəu$^{53}_{44}$pan$^{35}$tek$^{3}$tʂɔn$^{21}$.｜（墙）缯舞得正当个，靠长搧整～下子来。maŋ$^{13}$u$^{21}$tek$^{3}$ tʂɔn$^{53}$tɔŋ$^{53}_{44}$ke$^{53}_{44}$,k$^{h}$au$^{53}$tʂ$^{h}$ɔŋ$^{13}$ʂen$^{35}$tʂaŋ$^{21}$tʂɔn$^{21}$na$^{53}$(←xa$^{53}$)tsɿ$^{0}$lɔi$^{13}_{44}$.③使转动：咁子去～呶。kan$^{21}$tsɿ$^{0}$çi$^{53}$ tʂɔn$^{21}$nau$^{0}$.④变成：架势～黄色 cia$^{53}$ʂʅ$^{53}$tʂɔn$^{21}$uɔŋ$^{13}$sek$^{3}$｜如今我箇只孙子就旧年就～哩鸭公声了。i$^{13}_{21}$cin$^{35}_{53}$ŋai$^{13}$kai$^{53}$tʂak$^{3}$sən$^{35}$tsɿ$^{0}$ts$^{h}$iəu$^{53}_{44}$c$^{h}$iəu$^{53}$ɲien$^{13}_{21}$ts$^{h}$iəu$^{53}$tʂuɔn$^{21}$ni$^{0}$ait$^{3}$kəŋ$^{35}_{44}$ʂaŋ$^{35}$liau$^{0}$.⑤所有参与者依次进行：酒也一个人一杯～呢，肥猪肉也一个一坨～。tsiəu$^{21}$ua$^{35}_{53}$iet$^{3}$ke$^{53}$ɲin$^{13}_{21}$iet$^{3}$pi$^{35}$tʂuɔn$^{21}$ne$^{0}$, p$^{h}$i$^{13}$tʂəu$^{35}_{44}$ɲiəuk$^{3}$a$^{35}_{53}$iet$^{3}$ke$^{53}$iet$^{3}$t$^{h}$uo$^{13}_{44}$tʂuɔn$^{21}$.

【转$_{2}$】tʂɔn$^{21}$ 量表示走的次数，相当于“趟，次”：你箇映到我屋下来一～呐！ɲi$^{13}_{21}$kai$^{53}_{44}$iaŋ$^{53}_{44}$ tau$^{53}$ŋai$^{13}$uk$^{3}$xa$^{35}_{44}$lɔi$^{13}$iet$^{3}$tʂɔn$^{21}$na$^{0}$!｜捡倒走一～，缯看倒人。cian$^{21}$tau$^{21}$tsei$^{21}$iet$^{3}$tʂɔn$^{21}$,maŋ$^{13}$k$^{h}$ɔn$^{53}$ tau$^{21}$ɲin$^{13}$.

【转$_{3}$】tʂuɔn$^{21}$ 助重行貌标记，表示重新做某事：洗衫台呀，以前有，以下冇得哩，以下箇屋也拆嘿哩就冇得哩。我听晡我系归去是我就爱做～去。做～只洗衫台去。易得做嘞，只爱舞块水泥板。底下搞兜烟砖节箇兜啦，搁下起来呀，系唔系？se$^{21}$san$^{35}_{44}$t$^{h}$ɔi$^{35}$ia$^{0}$,i$^{35}_{53}$ts$^{h}$ien$^{13}$iəu$^{35}_{44}$,i$^{21}$xa$^{53}$ mau$^{13}$tek$^{3}$li$^{0}$.i$^{21}$xa$^{53}_{44}$kai$^{53}$uk$^{3}$a$^{35}_{53}$ts$^{h}$ak$^{3}$xek$^{3}$li$^{0}$ts$^{h}$iəu$^{53}$mau$^{13}$tek$^{3}$li$^{0}$.ŋai$^{13}$t$^{h}$in$^{53}_{44}$pu$^{35}_{44}$ŋai$^{13}$xe$^{53}_{44}$kuei$^{35}$çi$^{53}$ʂɿ$^{53}_{44}$ŋai$^{13}$ ts$^{h}$iəu$^{53}_{44}$ɔi$^{53}_{44}$tso$^{53}$tʂuɔn$^{21}$çi$^{53}_{44}$.tso$^{53}$tʂuɔn$^{21}$tʂak$^{3}$se$^{21}$san$^{35}_{44}$t$^{h}$ɔi$^{13}_{21}$çi$^{53}$.i$^{53}$tek$^{3}$tso$^{53}$lei$^{0}$,tʂʅ$^{21}$ɔi$^{53}$u$^{21}$k$^{h}$uai$^{53}$ʂei$^{21}$lai$^{13}_{21}$ pan$^{21}$.tei$^{21}$xa$^{53}$kau$^{21}$tei$^{35}_{53}$ien$^{35}$tʂuɔn$^{35}$tsiet$^{3}$kai$^{53}_{44}$tei$^{35}_{44}$la$^{0}$,kɔk$^{3}$(x)a$^{53}$çi$^{21}$lɔi$^{13}_{21}$ia$^{0}$,xei$^{53}$me$^{53}$?

【转侧】tʂɔn$^{21}$tsek$^{3}$ 动翻动身子，转身：唱一句，停一下，停下来，转只侧，围倒箇棺材，又拜一下。tʂ$^{h}$əŋ$^{53}$iet$^{3}$ci$^{53}_{44}$,t$^{h}$in$^{13}$niet$^{3}$xa$^{53}$,t$^{h}$in$^{13}_{21}$xa$^{53}_{44}$lɔi$^{13}_{21}$,tʂɔn$^{21}$tʂak$^{3}$tsek$^{3}$,uei$^{13}_{21}$tau$^{21}$kai$^{53}_{44}$kɔn$^{35}$ts$^{h}$ɔi$^{13}_{21}$,iəu$^{53}$pai$^{53}$iet$^{3}$ xa$^{53}$.

【转更】tʂuɔn$^{21}$cien$^{53}$ 副更加：欸，我等系下张家坊嘞就比去横巷里嘞更热人，气温更高哇，更热。箇系下浏阳是～热。欸，浏阳吵～热人。e$_{21}$,ŋai$^{13}$tien$^{0}$xei$^{53}$(x)a$^{53}_{44}$tʂɔŋ$^{35}_{44}$ka$^{35}_{44}$fɔŋ$^{35}$le$^{0}$ts$^{h}$iəu$^{53}$pi$^{21}$ çi$^{21}_{44}$uaŋ$^{13}$xɔŋ$^{53}$li$^{0}$le$^{0}$cien$^{53}_{44}$ɲiet$^{5}$ɲin$^{13}_{21}$,çi$^{53}$uən$^{35}_{44}$cien$^{53}$kau$^{35}$ua$^{0}$,cien$^{53}_{44}$ɲiet$^{5}$.kai$^{53}_{44}$xei$^{53}$(x)a$^{53}$liəu$^{13}$iɔŋ$^{13}_{44}$ʂɿ$^{53}_{44}$tʂuɔn$^{21}$ cien$^{53}$ɲiet$^{5}$.e$_{21}$,liəu$^{13}$iɔŋ$^{13}_{44}$ʂa$^{0}$tʂuɔn$^{21}$cien$^{53}$ɲiet$^{5}$ɲin$^{13}_{44}$.

【转滚子】tʂen$^{53}$k$^{h}$uən$^{21}$tsɿ$^{0}$ 用蒲滚平田：（打滚子）又安做～。我等安做～。箇阵我等队上栽二禾，欸，打哩早禾以后嘞箇唔系田里尽禾蔸髻，系啊？禾蔸髻。箇田里糜烂，赠干倒个田，就唔去搞犁耙了，舞倒滚子一转，滚子转呐，打滴子化肥子，用滚子一转，就咁子栽禾。欸，～是水深哩就搞唔得嘞，就赠转样嘞。以个箇禾蔸髻本本尧尧哩嘞。嗯，就爱旱潇下子水来。欸，一还有只嘞就爱田里爱蛮烂个，赠干倒个。干倒哩个田滚子就转唔下。牛拖，人徛下上背，人徛下滚子上背。你唔咯，如果你唔徛上去，转唔下。靠渠箇滚子自身个重量唔够。iəu$^{53}_{44}$ɔn$^{35}_{44}$tso$^{53}_{44}$tʂen$^{53}$kʰuən$^{21}$tsɿ$^{0}$.ŋai$^{13}_{21}$tien$^{0}$ɔn$^{35}_{44}$tso$^{53}_{44}$tʂen$^{53}$kʰuən$^{21}$tsɿ$^{0}$.kai$^{53}_{44}$tʂʰən$^{53}$ŋai$^{13}_{21}$tien$^{0}$ti$^{53}_{44}$xɔŋ$^{53}_{44}$tsɔi$^{35}$ɲi$^{53}$uo$^{13}_{21}$,e$_{21}$,ta$^{21}$li$^{0}$tsau$^{21}$uo$^{13}$i$^{35}_{44}$xei$^{53}_{44}$lei$^{0}$kai$^{53}_{44}$m̩$^{13}_{21}$pʰe$^{53}_{44}$tʰien$^{13}$ni$^{0}$tsʰin$^{53}$uo$^{13}$tei$^{35}_{44}$ci$^{53}$,xei$^{53}_{44}$a$^{0}$?uo$^{13}$tei$^{35}_{44}$ci$^{53}$.kai$^{53}$tʰien$^{13}$ni$^{0}$me$^{35}$lan$^{53}$,maŋ$^{13}$kɔn$^{35}$tau$^{21}_{44}$ke$^{0}$tʰien$^{13}_{44}$,tsʰiəu$^{53}$m̩$^{13}$çi$^{53}$kau$^{21}$lai$^{13}$pʰa$^{13}_{21}$liau$^{0}$,u$^{21}$tau$^{21}_{44}$kʰuən$^{21}$tsɿ$^{0}$iet$^{3}$tʂen$^{53}$,kʰuən$^{21}$tsɿ$^{0}$tʂen$^{53}$na$^{0}$,ta$^{21}$tiet$^{5}$tsɿ$^{0}$fa$^{53}$fei$^{13}_{21}$tsɿ$^{0}$,iəŋ$^{53}_{44}$kʰuən$^{21}$tsɿ$^{0}$iet$^{3}$tʂen$^{53}$,tsʰiəu$^{53}$kan$^{21}$tsɿ$^{0}$tsɔi$^{35}_{44}$uo$^{13}$.e$_{21}$,tʂen$^{53}$kʰuən$^{21}$tsɿ$^{0}$ʂʅ$^{53}_{44}$ʂei$^{21}$tʂʰən$^{35}$ni$^{0}$tsʰiəu$^{53}$kau$^{21}$n̩$^{13}_{21}$tek$^{3}$le$^{0}$,tsʰiəu$^{53}$maŋ$^{13}$tʂen$^{53}$iɔŋ$^{53}$le$^{0}$.i$^{21}$ke$^{53}$kai$^{53}$uo$^{13}_{21}$tei$^{35}_{44}$ci$^{53}$pən$^{21}$pən$^{21}$ɲiau$^{35}$ɲiau$^{35}$li$^{0}$le$^{0}$.n̩$_{21}$,tsʰiəu$^{53}_{44}$ɔi$^{53}_{44}$xɔn$^{35}$lian$^{21}$(x)a$^{53}_{44}$tsɿ$^{0}$ʂei$^{21}$lɔi$^{13}$.ei$_{44}$,iet$^{3}$xai$^{13}_{21}$iəu$^{35}$tʂak$^{3}$lei$^{0}$tsʰiəu$^{53}_{44}$ɔi$^{53}_{44}$tʰien$^{13}$ni$^{0}$ɔi$^{53}_{44}$man$^{13}$nan$^{53}$cie$^{0}$,maŋ$^{13}$kɔn$^{35}$tau$^{21}$ke$^{0}$.kɔn$^{35}$tau$^{21}$li$^{0}$ke$^{0}$tʰien$^{13}_{44}$kʰuən$^{21}$tsɿ$^{0}$tsʰiəu$^{53}_{44}$tʂen$^{53}$n̩$^{13}_{21}$xa$^{53}$. ɲiəu$^{13}$tʰo$^{35}$, ɲin$^{13}$cʰi$^{35}$ia$^{53}$(←xa$^{53}$)ʂɔŋ$^{53}_{44}$pɔi$^{53}_{44}$, ɲin$^{13}$cʰi$^{35}$ia$^{53}$(←xa$^{53}$)kuən$^{21}$tsɿ$^{0}$ʂɔŋ$^{53}_{44}$pɔi$^{53}_{44}$. ɲi$^{13}$n̩$^{13}$ko$^{0}$,ʯ$^{13}$ko$^{21}$ɲi$^{13}_{44}$n̩$^{13}$cʰi$^{35}$ʂɔŋ$^{53}_{44}$çi$^{53}_{44}$,tʂen$^{53}$n̩$^{13}_{21}$xa$^{35}$.kʰau$^{53}$ci$^{13}$kai$^{53}$kuən$^{21}$tsɿ$^{0}$tsʰɿ$^{53}$ʂən$^{35}_{44}$ke$^{0}$tʂʰəŋ$^{53}$liɔŋ$^{53}$n̩$^{13}$ciei$^{53}$.

【转横】tʂuən$^{21}$uɔŋ$^{13}$(←uaŋ$^{13}$) 动转身：其实有兜系嘞，狭狭子个屋啊，多去哩几个人呢，打屁都～唔来呀。cʰi$^{13}_{21}$ʂət$^{5}$iəu$^{35}$te$^{35}_{53}$xei$^{53}$le$^{0}$,cʰiait$^{5}$cʰiait$^{5}$tsɿ$^{0}$ke$^{53}$uk$^{3}$a$^{0}$,to$^{35}$çi$^{53}$li$^{0}$ci$^{21}$ke$^{53}$ɲin$^{13}_{44}$ne$^{0}$,ta$^{21}$pʰi$^{53}$təu$^{35}_{44}$tʂuən$^{21}$uɔŋ$^{13}$n̩$^{13}_{21}$lɔi$^{13}_{21}$ia$^{0}$. | 你系话舞倒箇细田丘子是，（水牛）～都转唔来啦，人都会退下墈……会分渠揰下墈下凑系。ɲi$^{13}$xei$^{53}$ua$^{53}$u$^{21}$tau$^{21}$kai$^{53}_{44}$se$^{53}$tʰien$^{13}_{21}$cʰiəu$^{35}$tsɿ$^{0}$ʂʅ$^{53}_{44}$,tʂuən$^{21}$uɔŋ$^{13}$təu$^{35}_{53}$tʂuən$^{21}$n̩$^{13}_{21}$nɔi$^{13}$ia$^{0}$,ɲin$^{13}$təu$^{35}_{44}$uɔi$^{53}_{44}$tʰi$^{53}$ia$^{53}_{44}$kʰan$^{53}$…uɔi$^{53}_{44}$pən$^{35}_{53}$ci$^{13}_{21}$tsʰəŋ$^{21}$xa$^{53}_{44}$kʰan$^{53}$xa$^{53}_{44}$tsʰe$^{0}$xei$^{53}_{44}$.

【转横锯子】tʂɔn$^{21}$uɔŋ$^{13}$(←uaŋ$^{13}$)ke$^{53}$/cie$^{53}$tsɿ$^{0}$ 名一种锯子，锯条很窄，用于锯曲线：～锯皮狭狭子，打比样咁子锯稳去哦，渠可以临时转向，转啊以向，可以咁子转。做花板呐，雕花板个时候子就爱用～，要分箇有多个，渠一般就系有多个，分渠用～锯咁去。tʂuən$^{21}$uɔŋ$^{13}$cie$^{53}$tsɿ$^{0}$cie$^{53}$pʰi$^{13}_{21}$cʰiait$^{5}$cʰiait$^{5}$tsɿ$^{0}$,ta$^{21}$pi$^{21}$iɔŋ$^{53}$kan$^{21}$tsɿ$^{0}$cie$^{53}$uən$^{21}$çi$^{53}_{44}$o$^{0}$,ci$^{13}_{21}$kʰo$^{21}$i$^{35}_{53}$lin$^{13}$ʂʅ$^{13}$tʂuən$^{21}$çiɔŋ$^{53}$,tʂuən$^{21}$a$^{0}$i$^{21}$çiɔŋ$^{53}$,kʰo$^{21}_{13}$i$^{35}_{44}$kan$^{21}_{44}$tsɿ$^{0}$tʂuən$^{21}$.tso$^{53}$fa$^{35}$pan$^{21}$na$^{0}$,tiau$^{35}$fa$^{35}$pan$^{21}$ke$^{53}$ʂʅ$^{13}$xei$^{53}$tsɿ$^{0}$,tsʰiəu$^{53}_{44}$ɔi$^{53}$iəŋ$^{53}_{44}$tʂuən$^{21}$uɔŋ$^{13}$cie$^{53}$tsɿ$^{0}$,iau$^{53}_{44}$pən$^{35}$kai$^{53}_{44}$iəu$^{35}$to$^{35}$kei$^{53}$,ci$^{13}_{21}$iet$^{3}$pɔn$^{35}$tsʰiəu$^{53}_{44}$xei$^{53}_{44}$iəu$^{35}$to$^{35}$ke$^{0}$,pən$^{35}_{44}$ci$^{13}_{21}$iəŋ$^{53}$tʂuən$^{21}$uɔŋ$^{13}$cie$^{53}$tsɿ$^{0}$cie$^{53}$kan$^{21}$çi$^{53}$.

【转肩】tʂuən$^{21}$cien$^{35}$ 动挑担的时候将扁担从一侧肩膀换到另一侧而不放下担子：渠箇荷担子唦，一条扁担箇走以个后背～呐，转去转转呐，一只后颈筋都硬狠烧火辣哟，真痛哦，荷哩一天是。ci$^{13}_{21}$kai$^{53}$kʰai$^{35}_{44}$tan$^{35}$tsɿ$^{0}$ʂa$^{0}$,iet$^{3}$tʰiau$^{13}_{21}$pien$^{21}$tan$^{53}$kai$^{53}_{44}$tsei$^{21}$i$^{21}$ke$^{53}_{44}$xei$^{53}$pɔi$^{53}$tʂuən$^{21}$cien$^{35}$na$^{0}$,tʂuən$^{21}$çi$^{53}$tʂuən$^{21}$tʂuən$^{21}$na$^{0}$,iet$^{3}$tʂak$^{3}$xei$^{53}$ciaŋ$^{21}$cin$^{35}$təu$^{35}_{44}$ɲiaŋ$^{53}$xen$^{21}$ʂau$^{35}_{44}$fo$^{21}$lait$^{3}$io$^{0}$,tʂən$^{35}$tʰəŋ$^{53}$ŋo$^{0}$,kʰai$^{35}$li$^{0}$iet$^{3}$tʰien$^{35}_{44}$ʂʅ$^{53}_{21}$.

【转来】tʂɔn$^{21}$/tʂuən$^{21}$nɔi$^{13}_{21}$ 动①回来，与“去”相反：～～！tʂuən$^{21}$nɔi$^{13}$tʂuən$^{21}$nɔi$^{13}_{44}$! ②病情好转：哎呀，箇只人呐箇个欸车祸搞一下唔知几厉害。以下搞嘿半个月总算～哩。ai$_{21}$ia$_{21}$,kai$^{53}$tʂak$^{3}$ɲin$^{13}_{44}$na$^{0}$kai$^{53}_{44}$ke$^{53}_{44}$e$_{21}$tʂʰa$^{35}$fo$^{53}_{44}$kau$^{21}$(i)et$^{3}$xa$^{53}$n̩$^{13}$ti$^{35}_{53}$ci$^{21}_{44}$li$^{53}$xɔi$^{53}_{44}$.i$^{21}$xa$^{53}$kau$^{21}$xek$^{3}$pan$^{53}$cie$^{53}$ɲiet$^{5}$tsəŋ$^{21}$sɔn$^{53}$tʂuən$^{21}$nɔi$^{13}_{21}$li$^{0}$. ③趋向动词，加在动词后，表示方向变为相反：覆～ pʰuk$^{3}$tʂɔn$^{21}$nɔi$^{13}_{21}$将物正面朝下倒置。④趋向动词，加在动词后，表示回到原来的地方或状态：以张桌子揰～哟。i$^{21}$tʂɔŋ$^{35}_{53}$tsɔk$^{3}$tsɿ$^{0}$tsʰəŋ$^{21}$tʂuən$^{21}$nɔi$^{13}_{44}$io$^{0}$. | 我等都讲别么啊去哩，渠倒～讲句子。ŋai$^{13}$tien$^{0}$təu$^{35}_{53}$kɔŋ$^{21}$pʰiet$^{5}$mak$^{3}$a$^{0}$çi$^{53}$li$^{0}$,ci$^{13}$tau$^{53}$tʂɔn$^{21}$nɔi$^{13}$kɔŋ$^{21}$ci$^{53}$tsɿ$^{0}$. | 欸，我等以映有咁个啦，箇个细人子啊着哩吓，箇个细人子病哩咯，总整都整唔好，系唔系啊？有起有兜人就话：“哎呀，你箇个是惹哩邪气呀，爱去喊～呀。”箇夜晡，到箇个荒郊野外，有人个栏场子去喊，奔呀蛮夜子啦，去喊你箇只细子个名字。欸，某名字，归来呀！去喊。咁子就喊得箇魂魄～。魂魄跍倒外背呀欸寻唔倒来归话，爱喊～。e$_{21}$,ŋai$^{13}$tien$^{0}$i$^{21}_{44}$iaŋ$^{53}_{44}$iəu$^{35}_{44}$kan$^{21}$cie$^{53}$la$^{0}$,kai$^{53}_{44}$ke$^{53}_{44}$sei$^{53}$ɲin$^{13}_{21}$tsɿ$^{0}$a$^{0}$tʂʰɔk$^{5}$li$^{0}$xak$^{3}$,kai$^{53}_{44}$ke$^{53}_{44}$sei$^{53}$ɲin$^{13}_{21}$tsɿ$^{0}$pʰiaŋ$^{53}$li$^{0}$ko$^{0}$,tsəŋ$^{21}$tʂaŋ$^{21}$təu$^{35}_{53}$tʂaŋ$^{21}$n̩$^{13}$xau$^{21}$,xei$^{53}$mei$^{53}$a$^{0}$?iəu$^{35}$çi$^{21}_{44}$iəu$^{35}$tei$^{35}_{53}$ɲin$^{13}_{44}$tsiəu$^{53}_{44}$ua$^{53}_{44}$:"ai$_{44}$ia$_{21}$, ɲi$^{13}$kai$^{53}$ke$^{53}$ʂʅ$^{53}_{44}$ɲia$^{35}$li$^{0}$sia$^{13}$çi$^{53}$ia$^{0}$,ɔi$^{53}_{44}$çi$^{53}_{44}$xan$^{53}$tʂuən$^{21}$nɔi$^{13}$ia$^{0}$."kai$^{53}_{44}$ia$^{53}$pu$^{35}_{44}$,tau$^{53}_{44}$kai$^{53}_{44}$ke$^{53}_{44}$fɔŋ$^{35}$ciau$^{35}_{44}$ia$^{35}$uai$^{53}$,mau$^{13}_{21}$ɲin$^{13}$cie$^{53}$laŋ$^{13}_{21}$tʂʰɔŋ$^{13}_{44}$tsɿ$^{0}$çi$^{53}_{44}$xan$^{53}$,tait$^{5}$ia$^{0}$man$^{13}$ia$^{53}$tsɿ$^{0}$la$^{0}$,çi$^{53}_{44}$xan$^{53}$ɲi$^{13}_{21}$kai$^{53}$tʂak$^{3}$se$^{53}$tsɿ$^{0}$ke$^{0}$miaŋ$^{13}$sɿ$^{53}$.e$_{21}$,mei$^{35}$miaŋ$^{13}_{44}$tsɿ$^{53}_{44}$,kuei$^{35}$lɔi$^{13}_{44}$ia$_{44}$!çi$^{53}_{44}$xan$^{53}$.kan$^{21}$tsɿ$^{0}$tsʰiəu$^{53}_{44}$xan$^{53}$tek$^{3}$kai$^{53}$fən$^{13}$pʰak$^{3}$tʂuən$^{21}$nɔi$^{13}$.fən$^{13}$pʰak$^{3}$ku$^{35}$tau$^{21}$ŋɔi$^{53}$pɔi$^{53}_{44}$ia$^{0}$e$_{21}$tsʰin$^{13}$n̩$^{13}_{21}$tau$^{21}$lɔi$^{13}_{44}$kuei$^{35}$ua$^{53}_{44}$,ɔi$^{53}_{21}$xan$^{53}$tʂuən$^{21}$nɔi$^{13}_{44}$.

【转去】tʂɔn$^{21}$çi$^{53}$ 动回去；回到原来的位置或状态：爱用（纸煤）了，临时到箇映去拿，～拿它。ɔi$^{53}$iɔŋ$^{53}$liau$^{0}$,lin$^{13}$ʂʅ$^{13}$tau$^{53}_{44}$kai$^{53}_{44}$iaŋ$^{53}_{44}$çi$^{53}_{44}$la$^{53}$,tʂɔn$^{21}$çi$^{53}_{44}$la$^{53}$t$^{h}$a$^{35}_{21}$.｜以只翘起来个东西就回哩原原位，就～哩。i$^{21}$tʂak$^{3}$ c$^{h}$iau$^{53}$çi$^{21}$lɔi$^{13}$ke$^{53}_{44}$tɔŋ$^{35}$si$^{0}$ts$^{h}$iɔu$^{53}_{44}$fei$^{13}_{21}$li$^{0}$ ien$^{13}$vien$^{13}$uei$^{53}$,ts$^{h}$iɔu$^{53}_{44}$tʂɔn$^{21}$çi$^{53}$li$^{0}$.｜就箇老人家子啊，讲哩个又唔记得，系唔系？又倒～讲。ts$^{h}$iɔu$^{53}_{21}$kai$^{53}$lau$^{21}$ɲin$^{13}$ka$^{35}_{44}$tsʅ$^{0}$ a$^{0}$,kɔŋ$^{21}$li$^{0}$ ke$^{53}_{44}$iɔu$^{53}_{44}$n̩$^{13}$ci$^{53}$tek$^{3}$,xei$^{53}_{44}$me$^{53}_{44}$?iɔu$^{53}$tau$^{53}$tʂɔn$^{21}$çi$^{53}$kɔŋ$^{21}$.

【转去转转】tʂuɔn$^{21}$çi$^{53}$tʂuɔn$^{21}$tʂuɔn$^{21}$ 转过来转过去。例见“转肩”条。

【转圈】tʂɔn$^{21}$c$^{h}$ien$^{35}$ [动]绕圈：就围倒个棺材就打叮叮呐。～呐。ts$^{h}$iɔu$^{53}_{44}$uei$^{13}$tau$^{21}_{44}$ke$^{53}_{44}$kɔn$^{35}$ts$^{h}$ɔi$^{13}_{21}$ ts$^{h}$iɔu$^{53}_{44}$ta$^{21}$tin$^{35}_{44}$tin$^{35}_{44}$na$^{0}$ .tʂɔn$^{21}$c$^{h}$ien$^{35}$na$^{0}$.

【转身换步】tʂuɔn$^{21}$ʂən$^{35}$uɔn$^{53}$p$^{h}$u$^{53}$ 指回转身躯、改变位置：欸，我等队上尽山田子，黄牛是身材有咁大嘞，山田子～更急，更贴□，欸～更灵活呀。e$_{21}$,ŋai$^{13}$tien$^{0}$ ti$^{53}_{44}$xɔŋ$^{53}_{44}$ts$^{h}$in$^{53}$san$^{35}$t$^{h}$ien$^{13}_{21}$tsʅ$^{0}$, uɔŋ$^{13}$ɲiɔu$^{13}_{44}$ʂʅ$^{53}_{44}$ʂən$^{35}$ts$^{h}$ɔi$^{13}_{21}$mau$^{13}_{21}$kan$^{21}$t$^{h}$ai$^{53}$lei$^{0}$,san$^{35}$t$^{h}$ien$^{13}_{21}$tsʅ$^{0}$ tʂuɔn$^{21}$ʂən$^{35}_{44}$uɔn$^{53}$p$^{h}$u$^{53}$cien$^{53}$ciak$^{3}$,cien$^{53}$tiet$^{3}$ siet$^{3}$,e$^{0}$ tʂuɔn$^{21}$ʂən$^{35}_{44}$uɔn$^{53}$p$^{h}$u$^{53}$cien$^{53}$lin$^{13}$xɔit$^{5}$ ia$^{0}$.

【转弯】tʂɔn$^{21}$uan$^{35}$ [动]①拐弯，转变方向：爱～箇只栏场 ɔi$^{53}_{44}$tʂɔn$^{21}$uan$^{35}$kai$^{53}_{44}$tʂak$^{3}$ lan$^{13}_{21}$tʂ$^{h}$ɔŋ$^{13}_{21}$。②比喻改变认识或想法：（一步子人）就是就系脑筋唔多会～个人。脑筋唔转□。ts$^{h}$iɔu$^{53}_{44}$ʂʅ$^{53}_{44}$ts$^{h}$iɔu$^{53}_{44}$ xe$^{53}_{44}$lau$^{21}$cin$^{35}$n̩$^{13}$to$^{35}_{44}$uɔi$^{53}$tʂɔn$^{21}$uan$^{35}$cie$^{53}$ɲin$^{13}_{21}$.lau$^{21}$cin$^{35}_{44}$n̩$^{13}$tʂɔn$^{21}$ts$^{h}$au$^{53}$. ③比喻事情变得曲折隐晦：第三种欸以只我侄女个姐婆，咁子介绍。我那只侄女子个姐婆。我侄子个，或者侄子或者侄女啊，姐婆。箇就转哩两下弯了。t$^{h}$i$^{53}_{44}$san$^{35}_{44}$tʂəŋ$^{21}_{44}$ei$^{0}$ i$^{21}$tʂak$^{3}$ ŋai$^{13}$tʂ$^{h}$ət$^{5}$ ŋ̍$^{21}$ke$^{53}$tsia$^{21}$p$^{h}$o$^{13}$,kan$^{21}$tsʅ$^{0}$ kai$^{53}$ʂau$^{53}_{21}$.ŋai$^{13}$ lai$^{53}$tʂak$^{3}$ tʂ$^{h}$ət$^{5}$ ŋ̍$^{21}$tsʅ$^{0}$ kei$^{53}$tsia$^{21}$p$^{h}$o$^{13}$.ŋai$^{13}$tʂ$^{h}$ət$^{5}$ tsʅ$^{0}$ ke$^{53}$,xɔit$^{5}$ tʂa$^{21}$tʂ$^{h}$ət$^{5}$ tsʅ$^{0}$ xɔit$^{5}$ tʂa$^{21}$tʂ$^{h}$ət$^{5}$ ŋ̍$^{21}$ŋa$^{0}$ ,tsia$^{21}$ p$^{h}$o$^{13}$.kai$^{53}_{44}$ts$^{h}$iɔu$^{53}_{44}$tʂɔn$^{21}$ni$^{0}$ iɔŋ$^{21}$xa$^{53}$uan$^{35}$niau$^{0}$.

【转向】tʂɔn$^{21}$çiɔŋ$^{53}$ [动]改变方向：走倒箇八达岭箇映子就欸火车就转只向。tsei$^{21}$tau$^{21}_{44}$kai$^{53}_{44}$pait$^{3}$ t$^{h}$ait$^{5}$ liaŋ$^{35}$kai$^{53}_{44}$iaŋ$^{53}_{44}$tsʅ$^{0}$ ts$^{h}$iɔu$^{53}_{44}$ei$_{21}$fo$^{21}$tʂ$^{h}$a$^{35}_{44}$ts$^{h}$iɔu$^{53}_{44}$tʂɔn$^{21}$tʂak$^{3}$ çiɔŋ$^{53}$.

【转$_{4}$】tʂɔn$^{53}$ [动]（房屋）崩塌；倒塌；倾覆：因为渠$_{指跳}$下压嘿以墙上，你如果以外背两尺，以里也只有两尺，唔系以只墙角都会～嘿。in$^{35}$uei$^{53}_{44}$ci$^{13}$xa$^{53}$iak$^{3}$ (x)ek$^{3}_{5}$ i$^{21}$ts$^{h}$iɔŋ$^{13}$xɔŋ$^{53}_{44}$, ɲi$^{13}$vy$^{13}$ko$^{21}$i$^{21}$ ŋɔi$^{53}$pɔi$^{53}$iɔŋ$^{21}$tʂ$^{h}$ak$^{3}$ ,i$^{21}$ti$^{35}$ia$^{35}_{44}$tʂe$^{21}$iɔu$^{35}_{53}$iɔŋ$^{21}$tʂ$^{h}$ak$^{3}$ ,m̩$^{13}$p$^{h}$e$^{53}$(←xe$^{53}$)i$^{21}_{44}$tʂak$^{3}$ ts$^{h}$iɔŋ$^{13}$kɔk$^{3}$ tɔu$^{35}_{44}$uɔi$^{53}_{44}$tʂɔn$^{53}$nek$^{3}$ (←xek$^{3}$).｜我等一只喊老弟个，渠爷子手里做只箇土墙屋，首先系倒我等箇老屋里壁下，就箇正先箇个手机肚里箇映子，右手边，系咁子。硬滦湿哦，硬哦，箇阵我等细细子记得啊，硬滦湿个啦，地泥下硬出水啦，硬地泥嘞抲沟啦，抲兜沟呀，踩下去就一只脚映。好，落尾渠话箇映子真唔好，渠自家寻只地方，欸，左手边箇窝子里寻只地方，以下寻只地方啊做只屋。还更湿啰，挖开来底下就𫞼是一条河唠硬唠。好，以到是么个落水是以到是～嘿两间吧，～嘿两间屋，有五间呐六间屋，欸，渠自家做个嘞土墙屋。～嘿两间屋啊，貽下子还招呼会～。各人分兜行头嘞搵下祠堂里放倒。如今系下祠堂了系倒。渠话准备去祠堂边子上嘞掌间子屋好哩话，分渠爷子系稳正。ŋai$^{13}$tien$^{0}$ iet$^{3}$ tʂak$^{3}$ xan$^{53}$lau$^{21}$t$^{h}$e$^{35}$ke$^{0}$ ,ci$^{13}_{21}$ia$^{13}$tsʅ$^{0}$ ʂəu$^{21}$li$^{0}$ tso$^{53}$tʂak$^{3}$ kai$^{53}$t$^{h}$əu$^{21}$ts$^{h}$iɔŋ$^{13}$uk$^{3}$ ,ʂəu$^{21}$sien$^{35}_{44}$xei$^{53}$tau$^{21}$ŋai$^{13}$tien$^{0}$ kai$^{53}$lau$^{21}$uk$^{3}$ li$^{0}$ piak$^{3}$ xa$^{53}$,ts$^{h}$iəu$^{53}$kai$^{53}$tʂaŋ$^{53}$sien$^{35}_{44}$kai$^{53}$ke$^{53}$ ʂəu$^{21}$ci$^{35}$təu$^{21}$li$^{0}$ kai$^{53}_{21}$iaŋ$^{53}$tsʅ$^{0}$ ,iəu$^{53}$ʂəu$^{21}$pien$^{35}_{44}$,xei$^{53}$kan$^{21}_{44}$tsʅ$^{0}$. ɲiaŋ$^{53}_{44}$tset$^{5}$ ʂət$^{3}$ o$_{35}$ɲiaŋ$^{53}$ŋo$^{0}$ ,kai$^{53}_{44}$tʂ$^{h}$ən$^{53}_{44}$ŋai$^{13}_{21}$tien$^{0}$ se$^{53}$se$^{53}$tsʅ$^{0}$ ci$^{53}$tek$^{3}$ a$^{0}$, ɲiaŋ$^{53}_{44}$tsiet$^{5}$ ʂət$^{3}$ cie$^{53}$la$^{0}$ ,t$^{h}$i$^{53}$lai$^{13}_{21}$xa$^{53}$ɲiaŋ$^{53}$tʂ$^{h}$ət$^{3}$ ʂei$^{21}$la$^{0}$ , ɲiaŋ$^{53}_{44}$t$^{h}$i$^{53}$lai$^{13}_{21}$le$^{0}$ k$^{h}$o$^{35}$kei$^{35}$la$^{0}$ , k$^{h}$o$^{35}$təu$^{35}_{53}$kei$^{35}$ia$^{0}$ ,ts$^{h}$ai$^{21}$xa$^{53}$çi$^{53}$ts$^{h}$iəu$^{53}_{44}$iet$^{3}$ tʂak$^{3}$ ciɔk$^{3}$ iaŋ$^{53}$.xau$^{21}$,lɔk$^{5}$ mi$^{35}_{44}$ci$^{13}_{21}$ua$^{53}_{44}$kai$^{53}$iaŋ$^{53}$tsʅ$^{0}$ tʂən$^{35}$n̩$^{13}_{21}$ xau$^{21}$,ci$^{13}_{21}$ts$^{h}$ʅ$^{53}$ka$^{35}_{44}$ts$^{h}$in$^{13}$tʂak$^{3}$ t$^{h}$i$^{53}$fɔŋ$^{35}_{44}$,ei$_{21}$,tso$^{21}$ʂəu$^{21}$pien$^{35}$kai$^{53}$uo$^{35}$tsʅ$^{0}$ li$^{0}$ ts$^{h}$in$^{13}$tʂak$^{3}$ t$^{h}$i$^{53}$fɔŋ$^{35}$,i$^{21}$xa$^{53}_{44}$ts$^{h}$in$^{13}$ tʂak$^{3}$ t$^{h}$i$^{53}_{44}$fɔŋ$^{35}_{44}$ŋa$^{0}$ tso$^{53}$tʂak$^{3}$ uk$^{5}$ .xan$^{13}$cien$^{53}$ʂət$^{3}$ lo$^{0}$ ,uait$^{3}$ k$^{h}$ɔi$^{35}$lɔi$^{13}_{21}$tei$^{21}$xa$^{53}_{44}$ts$^{h}$iəu$^{53}$maŋ$^{13}$ʂʅ$^{53}_{44}$iet$^{3}$ t$^{h}$iau$^{13}$xo$^{13}$lau$^{0}$ ɲiaŋ$^{53}$lau$^{0}$ .xau$^{21}$,i$^{21}$tau$^{53}$ʂʅ$^{53}_{44}$mak$^{3}$ e$^{0}$ lɔk$^{5}$ ʂei$^{21}$ʂʅ$^{53}_{44}$i$^{21}_{44}$tau$^{53}_{44}$ʂʅ$^{53}_{44}$tʂuɔn$^{53}$xek$^{3}$ iɔŋ$^{21}$kan$^{35}_{44}$pa$^{0}$ ,tʂuɔn$^{53}$nek$^{3}$ iɔŋ$^{21}$kan$^{35}_{44}$ uk$^{3}$ ,iəu$^{35}_{44}$ŋ̍$^{21}$kan$^{35}_{44}$na$^{0}$ liəuk$^{3}$ kan$^{35}_{44}$uk$^{3}$ ,e$_{21}$,ci$^{13}_{21}$ts$^{h}$ʅ$^{53}$ka$^{35}_{53}$tso$^{53}_{44}$ke$^{53}_{44}$le$^{0}$ t$^{h}$əu$^{21}$ts$^{h}$iɔŋ$^{13}$uk$^{3}$ .tʂuɔn$^{53}$xek$^{3}$ iɔŋ$^{21}$kan$^{35}$uk$^{3}$ a$^{0}$, tʂ$^{h}$ʅ$^{35}$xa$^{53}$tsʅ$^{0}$ xai$^{13}$tʂau$^{35}_{44}$fu$^{35}_{44}$uɔi$^{53}_{44}$tʂuɔn$^{53}_{44}$.kɔk$^{3}$ ɲin$^{13}_{44}$pən$^{35}$tei$^{35}_{53}$çin$^{13}$t$^{h}$ei$^{13}_{44}$lei$^{0}$ mən$^{35}_{44}$na$^{53}_{44}$ts$^{h}$ʅ$^{13}$t$^{h}$ɔŋ$^{13}_{21}$li$^{21}$fɔŋ$^{53}$tau$^{21}$.i$^{13}_{21}$cin$^{35}_{44}$xei$^{53}$(x)a$^{53}$ts$^{h}$ʅ$^{13}$t$^{h}$ɔŋ$^{13}_{44}$li$^{0}$ xei$^{53}$tau$^{21}$.ci$^{13}_{21}$(u)a$^{53}_{44}$tʂən$^{21}$p$^{h}$ei$^{53}$c$^{h}$i$^{53}$ts$^{h}$ʅ$^{13}$t$^{h}$ɔŋ$^{13}_{21}$pien$^{35}$tsʅ$^{0}$ xɔŋ$^{53}_{44}$lei$^{0}$ ts$^{h}$aŋ$^{53}$kan$^{35}_{44}$tsʅ$^{0}$ uk$^{3}$ xau$^{21}$li$^{0}$ ua$^{53}$,pən$^{35}$ci$^{13}_{21}$ia$^{13}$tsʅ$^{0}$ xei$^{53}$uən$^{21}$tʂaŋ$^{53}$.

【转椅】tʂɔn$^{21}$i$^{21}$ [名]一种坐着的部分可以转动的椅子：转向个，～欸，系系转，转动个，转动个～。tʂɔn$^{21}$çiɔŋ$^{53}$ke$^{53}_{44}$,tʂɔn$^{21}$i$^{21}$e$^{0}$ ,xe$^{53}$xe$^{53}_{44}$tʂɔn$^{21}$,tʂɔn$^{21}$t$^{h}$əŋ$^{53}_{44}$ke$^{53}_{44}$,tʂɔn$^{21}$t$^{h}$əŋ$^{53}_{44}$ke$^{53}_{44}$tʂɔn$^{21}$i$^{21}$.

【赚】ts$^{h}$an$^{53}$/ts$^{h}$ɔn$^{53}$ [动]①挣（钱）：渠箇阵子绩来～钱咯。ci$^{13}$kai$^{53}$tʂ$^{h}$ən$^{53}_{44}$tsʅ$^{0}$ tsiak$^{3}$ lɔi$^{13}$ts$^{h}$ɔn$^{53}$ts$^{h}$ien$^{13}$ ko$^{0}$.｜舞倒箇（箬子米粿）卖呀，真系～钱呢有滴。u$^{21}$tau$^{21}$kai$^{53}_{44}$mai$^{53}$ia$^{0}$ ,tʂən$^{35}_{44}$ne$_{44}$(←xe$^{53}$)ts$^{h}$an$^{53}$ ts$^{h}$ien$^{13}$ne$^{0}$ iəu$^{35}_{21}$tet$^{5}_{3}$.｜有滴人唔怕唠。渠就会去（捡地）～箇只钱呶。iəu$^{35}$tet$^{5}$ɲin$^{13}_{21}$m̩$^{13}$p$^{h}$a$^{53}$ lau$^{0}$ .ci$^{13}_{21}$ts$^{h}$iəu$^{53}_{44}$uɔi$^{53}_{44}$çi$^{53}_{44}$ts$^{h}$an$^{53}$kai$^{53}_{44}$tʂak$^{3}$ ts$^{h}$ien$^{13}$nau$^{0}$.｜你～哩钱呐，请我等食一餐。ɲi$^{13}_{44}$ts$^{h}$an$^{53}$ni$^{0}$

tsʰien$^{13}_{21}$na$^{0}$,tsʰiaŋ$^{21}$ŋai$^{13}_{21}$tien$^{0}$ ʂət$^{5}$ iet$^{3}$ tsʰɔn$^{35}_{44}$ . ②挨；惹：箇只细子做哩坏事～餐打，～打一餐。kai$^{53}$tʂak$^{3}$ sei$^{53}$tsɿ$^{0}$ tso$^{53}$li$^{0}$ fai$^{53}$sɿ$^{53}$tsʰan$^{53}$tsʰɔn$^{35}$ta$^{21}$,tsʰan$^{53}$ta$^{21}$iet$^{3}$ tsʰɔn$^{35}_{44}$.｜你讲兜咁个爱～骂。ɲi$^{13}$kɔŋ$^{21}$te$^{35}_{53}$ kan$^{21}$ke$^{53}_{44}$ɔi$^{53}_{44}$tsʰan$^{53}_{44}$ma$^{53}_{44}$.

【赚得】tsʰan$^{53}$tek$^{3}$ 动获取（利润）：办得了丧事嘞还～两十万。pʰan$^{53}$tek$^{3}$ liau$^{21}$sɔŋ$^{35}$sɿ$^{53}_{44}$le$^{0}$ xai$^{13}$ tsʰan$^{53}$tek$^{3}$ iɔŋ$^{21}$ʂət$^{5}$ uan$^{53}$.

【桩】tsɔŋ$^{35}$ 量多指事情的件数：了嘿以～事再走。liau$^{21}$xek$^{3}$ i$^{21}$tsɔŋ$^{35}$sɿ$^{53}$tsai$^{53}$tsei$^{21}$.

【桩篙】tsiɔŋ$^{35}$kau$^{35}$ 名桩子，插进泥土中的橛子，多用于建筑或做分界的标志：箇管你么啊做个，冇得区分。只系硬爱话的话，就木～，欸，竹……树～，竹～。/湖洋田里打～，轻松松噢。湖洋田里分它放下去啊就系……/以只就歇后语嘞。/轻松啊，湖洋田里打～，你放下去都可以。kai$^{53}_{21}$kɔn$^{21}$ɲi$^{13}$mak$^{3}$ a$^{0}$ tso$^{53}_{44}$ke$^{53}_{44}$,mau$^{13}$tek$^{3}$ tʂʰʮ$^{35}_{44}$fən$^{35}_{44}$.tʂʅ$^{21}$xe$^{53}_{44}$ɲiaŋ$^{53}$ɔi$^{53}_{44}$ua$^{53}$tet$^{3}$ fa$^{53}$,tsʰiəu$^{53}_{44}$muk$^{3}$ tsiɔŋ$^{35}$kau$^{35}$,e$_{21}$,tʂəuk$^{3}$ …ʂəu$^{53}$tsiɔŋ$^{35}$kau$^{35}$,tʂəuk$^{3}$ tsiɔŋ$^{35}$kau$^{35}$./fu$^{13}$iɔŋ$^{13}$tʰien$^{13}$ni$^{0}$ ta$^{21}$tsiɔŋ$^{35}$kau$^{35}$,cʰiaŋ$^{35}$səŋ$^{35}_{44}$ səŋ$^{35}_{44}$ŋau$^{0}$.fu$^{13}$iɔŋ$^{13}$tʰien$^{13}$ni$^{0}$ pən$^{35}_{44}$na$_{44}$(←tʰa$^{35}$)fɔŋ$^{53}$ŋa$_{44}$(←xa$^{53}$)çi$^{53}_{44}$a$^{0}$ tsʰiəu$^{53}_{44}$xe$^{53}$…/i$^{21}$tʂak$^{3}$ tsʰiəu$^{53}$çiet$^{3}$ xei$^{53}$ ɲy$^{21}$lei$^{0}$./cʰin$^{35}$səŋ$^{35}_{44}$ŋa$^{0}$,fu$^{13}$iɔŋ$^{13}$tʰien$^{13}$ni$^{0}$ ta$^{21}$tsiɔŋ$^{35}$kau$^{35}$, ɲi$^{13}_{21}$fɔŋ$^{53}$xa$^{53}_{21}$çi$^{53}$təu$^{35}_{44}$kʰo$^{21}_{35}$i$^{35}_{21}$.｜打～是我等以个栏场栽咁个藤子植物啊，栽豆角啊，栽黄瓜，渠就蛮多藤子吵，系唔系？栽藤子植物就爱顿条箇个欙呢，安做欙，顿条欙，分箇个分箇黄瓜啊豆角箇滴啦，就藉箇只欙码稳上。箇欙上就系有细榾子嘞。也有兜嘞一条光棍。为了分箇条欙插下去插稳来，就先打～，底下打正只眼来，打正眼来。再嘞分箇只～扯出来，就有只眼吵，就分箇只欙插下去。欸，就咁个。ta$^{21}$ tsiɔŋ$^{35}$kau$^{35}_{44}$ʂʅ$^{53}_{44}$ŋai$^{13}$tien$^{0}$ i$^{13}$kei$^{53}$laŋ$^{13}_{44}$tʂʰɔŋ$^{13}_{44}$tsɔi$^{35}$kan$^{21}$kei$^{53}_{44}$tʰien$^{13}$tsɿ$^{0}$ tʂʰət$^{5}$ uk$^{5}$ a$^{0}$,tsɔi$^{35}$tʰei$^{53}$kɔk$^{3}$ a$^{0}$,tsɔi$^{35}$uɔŋ$^{13}$ kua$^{35}_{44}$,ci$^{13}$tsʰiəu$^{53}_{44}$man$^{13}$to$^{35}_{53}$tʰien$^{13}$tsɿ$^{0}$ ʂa$^{0}$,xei$^{53}$me$^{53}$?tsɔi$^{35}$tʰien$^{13}$tsɿ$^{0}$ tʂʰət$^{5}$ uk$^{5}$ tsʰiəu$^{53}_{44}$ɔi$^{53}_{44}$tən$^{53}$tʰiau$^{13}_{44}$kai$^{53}_{44}$ke$^{53}_{44}$li$^{53}$ nei$^{0}$,ɔn$^{35}_{44}$tso$^{53}_{44}$li$^{53}$,tən$^{53}$tʰiau$^{13}_{21}$li$^{53}$,pən$^{35}$kai$^{53}_{44}$ke$^{53}_{44}$pən$^{35}$kai$^{53}_{44}$uɔŋ$^{13}$kua$^{35}$a$^{0}$ tʰei$^{53}$kɔk$^{3}$ kai$^{53}_{44}$tiet$^{5}$ la$^{0}$,tsʰiəu$^{53}_{44}$tʂa$^{53}$kai$^{53}_{44}$ tʂak$^{3}$ li$^{53}$ma$^{53}$uən$^{21}$ʂɔŋ$^{35}$.kai$^{53}_{44}$li$^{53}$xɔŋ$^{53}_{44}$tsʰiəu$^{53}_{44}$xe$^{53}_{44}$iəu$^{35}$sei$^{53}$kʰua$^{21}$tsɿ$^{0}$ le$^{0}$.ia$^{35}$iəu$^{35}_{53}$təu$^{35}_{53}$le$^{0}$ iet$^{3}$ tʰiau$^{13}_{21}$kɔŋ$^{35}$kuən$^{53}$. uei$^{53}$liau$^{0}$ pən$^{53}$kai$^{53}_{44}$tʰiau$^{13}$li$^{53}$tsʰait$^{3}$ xa$^{53}$çi$^{53}$tsʰait$^{3}$ uən$^{21}$nɔi$^{13}$,tsʰiəu$^{53}_{44}$sien$^{35}$ta$^{21}$tsiɔŋ$^{35}$kau$^{35}_{44}$,te$^{21}$xa$^{53}$ta$^{21}$tʂaŋ$^{53}$tʂak$^{3}$ ŋan$^{21}$nɔi$^{13}$,ta$^{21}$tʂaŋ$^{53}$ŋan$^{21}$nɔi$^{13}$.tsai$^{53}$lei$^{0}$ pən$^{35}$kai$^{53}$(tʂ)ak$^{3}$ tsiɔŋ$^{35}$kau$^{35}_{44}$tʂʰa$^{21}$tʂʰət$^{3}$ lɔi$^{13}$,tsʰiəu$^{53}_{44}$iəu$^{35}$tʂak$^{3}$ ŋan$^{21}$ʂa$^{0}$, tsʰiəu$^{53}_{21}$pən$^{35}_{53}$kai$^{53}_{44}$tʂak$^{3}$ li$^{53}$tsʰait$^{3}$ la$^{0}$ çi$^{53}$.e$_{21}$,tsʰiəu$^{53}_{44}$kan$^{21}$cie$^{53}$.

【桩篙萝卜】tsɔŋ$^{35}$kau$^{35}$lo$^{13}$pʰek$^{5}$ 名一种又长又大的萝卜：我等箇只欸阿叔渠等栽兜～，拿一只大个分我，我硬食哩几日正食完。真系嘞，咁大，咁长，～。渠箇品种真系蛮好嘞，如今个品种啊。以前老个老种子个萝卜呀，咁大子一只子，溜圆子个。嗯，如今也有嘞。如今个～啊咁大一只，咁长，嗯，买一包种是硬栽得一下。ŋai$^{13}$tien$^{0}$ kai$^{53}$tʂak$^{3}$ e$_{21}$a$^{35}$ʂəuk$^{3}$ ci$^{13}_{21}$ten$^{21}_{44}$tsɔi$^{35}_{44}$ te$^{35}_{53}$tsɔŋ$^{35}_{44}$kau$^{35}_{44}$lo$^{13}$pʰek$^{5}$,la$^{53}$iet$^{3}$ tʂak$^{3}$ tʰai$^{53}$ke$^{53}_{44}$pən$^{35}$ŋai$^{13}_{21}$,ŋai$^{13}$ɲiaŋ$^{53}$ʂət$^{5}$ li$^{0}$ ci$^{21}$ɲiet$^{3}$ tʂaŋ$^{53}_{44}$ʂət$^{5}$ ien$^{13}_{21}$.tʂən$^{35}$ne$^{53}_{21}$ le$^{0}$,kan$^{21}$tʰai$^{53}$,ka:n$^{21}$tʂʰɔŋ$^{13}_{44}$,tsɔŋ$^{35}_{44}$kau$^{35}_{44}$lo$^{13}$pʰek$^{5}$.ci$^{13}_{21}$kai$^{53}$pʰin$^{21}$tʂən$^{21}$tʂən$^{35}$ne$^{53}$man$^{13}$xau$^{21}$le$^{0}$,i$^{13}_{21}$cin$^{35}_{53}$ke$^{53}$pʰin$^{21}$ tʂən$^{21}$ŋa$^{0}$.i$^{35}_{53}$tsʰien$^{13}_{21}$lau$^{21}$ke$^{53}$lau$^{21}$tʂən$^{21}$tsɿ$^{0}$ ke$^{53}$lo$^{13}$pʰek$^{5}$ ia$^{0}$,kan$^{21}_{13}$tʰai$^{53}$tsɿ$^{0}$ iet$^{3}$ tʂak$^{3}$ tsɿ$^{0}$,liəu$^{35}$ien$^{13}_{21}$tsɿ$^{0}$ ke$^{53}$.n̩$_{21}$,i$^{13}_{21}$ cin$^{35}_{44}$ia$^{35}$iəu$^{35}_{44}$le$^{0}$.i$^{13}_{21}$cin$^{35}_{44}$ke$^{0}$ tsɔŋ$^{35}_{44}$kau$^{35}_{44}$lo$^{13}_{44}$pʰek$^{5}_{3}$ a$^{0}$ ka:n$^{21}$tʰai$^{53}$it$^{3}$ tʂak$^{3}$,ka:n$^{21}$tʂʰɔŋ$^{13}$,n̩$_{21}$,mai$^{35}$iet$^{3}$ pau$^{35}_{44}$tʂən$^{21}$ʂʅ$^{53}_{44}$ ɲiaŋ$^{53}$tsɔi$^{35}$tek$^{3}$ iet$^{3}$ xa$^{53}$.

【桩篙薯】tsɔŋ$^{35}$kau$^{35}$ʂəu$^{13}$ 名山药，淮山：我今年栽兜～哇硬□长凑，产量唔知几高，真有味道。ŋai$^{13}_{21}$cin$^{35}$ɲien$^{13}_{21}$tsɔi$^{35}$te$^{35}_{53}$tsɔŋ$^{35}$kau$^{35}_{44}$ʂəu$^{13}$ua$^{0}$ ɲiaŋ$^{53}$lai$^{35}$tʂʰɔŋ$^{13}$tsʰe$^{0}$,tsʰan$^{21}$liɔŋ$^{53}$n̩$^{13}$ti$^{35}_{53}$ci$^{21}$kau$^{35}_{44}$,tʂən$^{35}$iəu$^{35}$ uei$^{53}$tʰau$^{53}$.

【装$_{1}$】tʂɔŋ$^{35}$/tsɔŋ$^{35}$ 动①盛放：～谷个仓 tʂɔŋ$^{35}$kuk$^{3}$ ke$^{53}_{44}$tsʰɔŋ$^{35}$｜（锡壶）又可以～酒，又可以～茶。iəu$^{53}$kʰo$^{21}$i$^{35}$tʂɔŋ$^{35}_{44}$tsiəu$^{21}$,iəu$^{53}_{44}$kʰo$^{21}$i$^{35}_{44}$tʂɔŋ$^{35}_{44}$tsʰa$^{13}$. ②装载，运载：以下就欸搊箕子，～泥个。i$^{21}$ xa$^{53}_{44}$tsʰiəu$^{53}_{44}$e$_{21}$tsʰei$^{35}$ci$^{35}_{44}$tsɿ$^{0}$,tʂɔŋ$^{35}$lai$^{13}$ke$^{53}_{44}$. ③安装，装配：（粪箕）箇箇向咯，以向，往箇边，往上背～耳朵。kai$^{53}_{44}$kai$^{53}$çiɔŋ$^{53}_{44}$ko$^{0}$,i$^{21}$çiɔŋ$^{53}$,uɔŋ$^{21}$kai$^{53}$pien$^{35}$,uɔŋ$^{21}$ʂɔŋ$^{53}$pɔi$^{53}_{44}$tsɔŋ$^{35}$ɲi$^{21}$to$^{0}$. ④安放：渠只系䁯系倒庙里，有哇，我等，渠等话面前我去个箇只庙里渠箇只阿姐就，箇只人渠个阿姐，就冇系下庙里嘞，渠就去屋下嘞，初一十五到庙里来嘞，冇么啊事就系嬲，或者冇事个时候子到庙里来做下子法事箇只嘞。平时就尽去屋下嘞。系同别家念经，箇只屋下～起箇菩萨箇只嘞。ci$^{13}_{21}$tʂe$^{21}$xei$^{53}$maŋ$^{13}_{21}$xe$^{53}$tau$^{21}$miau$^{53}$li$^{0}$,iəu$^{35}$ua$^{0}$,ŋai$^{13}_{21}$tien$^{0}$,ci$^{13}_{21}$tien$^{0}$ ua$^{53}_{44}$mien$^{53}$tsʰien$^{13}_{21}$ŋai$^{13}_{21}$çi$^{53}_{44}$ke$^{53}_{44}$kai$^{53}$tʂak$^{3}$ miau$^{53}$li$^{0}$ ci$^{13}_{21}$kai$^{53}$tʂak$^{3}$ a$^{35}$tsia$^{21}$tsʰiəu$^{53}_{44}$,kai$^{53}$tʂak$^{3}$ ɲin$^{13}_{21}$ci$^{13}_{21}$ke$^{53}_{44}$a$^{35}$tsia$^{21}$,tsʰiəu$^{53}_{44}$mau$^{13}_{21}$xe$^{53}_{44}$a$^{0}$ miau$^{53}$li$^{0}$ lei$^{0}$,ci$^{13}_{21}$ tsʰiəu$^{53}_{44}$çi$^{53}$uk$^{3}$ xa$^{53}_{44}$lei$^{0}$,tsʰɿ$^{35}$iet$^{3}$ ʂət$^{5}$ ŋ̍$^{21}$tau$^{53}$miau$^{53}$li$^{0}$ lɔi$^{13}_{21}$lei$^{0}$,mau$^{13}$mak$^{3}$ a$^{0}$ sɿ$^{53}$tsʰiəu$^{53}_{44}$xei$^{53}_{44}$liau$^{53}_{44}$,xɔit$^{5}$ tʂa$^{21}$ mau$^{13}$sɿ$^{53}$ke$^{53}_{44}$sɿ$^{13}_{44}$xəu$^{53}_{44}$tsɿ$^{0}$ tau$^{53}$miau$^{53}$li$^{21}$lɔi$^{13}_{21}$tso$^{53}$a$^{0}$ tsɿ$^{0}$ fait$^{3}$ sɿ$^{53}$kai$^{53}_{44}$tʂak$^{3}$ lei$^{0}$.pʰin$^{13}_{21}$ʂʅ$^{13}_{21}$tsʰiəu$^{53}_{44}$tsʰin$^{53}$çi$^{53}$uk$^{3}$ xa$^{53}_{44}$ lei$^{0}$.xe$^{53}_{44}$tʰəŋ$^{13}_{21}$pʰiet$^{5}$ ka$^{35}_{44}$ɲian$^{53}$cin$^{35}$,kai$^{53}_{44}$tʂak$^{3}$ uk$^{3}$ xa$^{53}$tsɔŋ$^{35}$çi$^{21}$kai$^{53}_{44}$pʰu$^{13}_{21}$sait$^{3}$ kai$^{53}_{44}$tʂak$^{3}$ lei$^{0}$. ⑤布设圈套、

工具来捕捉：有滴人专门去～黄老鼠。iəu$^{35}$tet$^{5}$ɲin$^{13}_{21}$tʂen$^{35}$mən$^{13}_{21}$çi$^{53}_{44}$tsɔŋ$^{35}$uɔŋ$^{13}$lau$^{21}_{53}$tʂ$^{h}$əu$^{21}$.｜又舞倒（木子）去～鸟子哈。iəu$^{53}$u$^{21}$tau$^{21}$çi$^{53}_{44}$tsɔŋ$^{35}$tiau$^{35}$tsɿ$^{0}$xa$^{0}$.｜箇还有装～篆子唠，～篆子箇只渠等。kai$^{53}$xai$^{13}$iəu$^{35}_{44}$tsɔŋ$^{35}$xo$^{13}$tsɿ$^{0}$lau$^{0}$,tsɔŋ$^{35}$xo$^{13}$tsɿ$^{0}$kai$^{53}_{44}$tʂak$^{3}$ci$^{13}$tien$^{0}$. ⑥假装：～病 tsɔŋ$^{35}$p$^{h}$iaŋ$^{53}$｜～蠢 tsɔŋ$^{35}$tʂ$^{h}$ən$^{21}$｜～癫 tsɔŋ$^{35}$tien$^{35}$。⑦为死者穿着：～正哩以后嘞，敲锣打鼓，放下棺材里去。tsɔŋ$^{35}$tʂaŋ$^{53}$li$^{0}$i$^{35}$xei$^{53}_{44}$lei$^{0}$,k$^{h}$au$^{35}$lo$^{13}_{21}$ta$^{21}$ku$^{21}$,fɔŋ$^{53}_{44}$xa$^{53}_{44}$kɔn$^{35}$ts$^{h}$ɔi$^{13}_{21}$li$^{0}$çi$^{53}$. ⑧敬（香），虔诚地烧（香）：～个香啊摎油烛啊。tsɔŋ$^{35}_{44}$ke$^{53}_{44}$çiɔŋ$^{35}$ŋa$^{0}$lau$^{35}$iəu$^{13}$tʂəuk$^{3}$a$^{0}$.

【装$_{2}$】tsɔŋ$^{35}$ 名式样：渠个是个平口，不是斧头～。ci$^{13}_{21}$ke$^{53}$ʂʅ$^{53}_{44}$ke$^{53}_{44}$p$^{h}$iaŋ$^{13}$xəu$^{21}$,pət$^{3}$ʂʅ$^{53}$pu$^{21}$t$^{h}$əu$^{0}$ tsɔŋ$^{35}$.

【装饭】tʂɔŋ$^{35}$fan$^{53}$ 盛饭；把饭舀到碗里：呃同我装碗饭。ə$^{0}$t$^{h}$əŋ$^{13}_{21}$ŋai$^{13}_{21}$tʂɔŋ$^{35}$uɔn$^{21}$fan$^{53}$.｜你还装碗饭凑哩哦。食倒箇滴子去好做么个，还装碗子凑哩哦。欸装没滴子哦。ɲi$^{13}_{21}$xai$^{13}$tʂɔŋ$^{35}_{44}$uɔn$^{21}$fan$^{53}$ ts$^{h}$ei$^{53}$li$^{0}$o$^{0}$.ʂət$^{5}$tau$^{21}$kai$^{53}$tiet$^{5}$tsɿ$^{0}$çi$^{53}_{21}$xau$^{21}$tso$^{53}_{44}$mak$^{3}$ke$^{53}$,xai$^{13}_{21}$tʂɔŋ$^{35}$uɔn$^{21}$tsɿ$^{0}$ts$^{h}$ei$^{53}$li$^{0}$o$^{0}$.e$_{21}$tʂɔŋ$^{35}$mət$^{5}$tiet$^{5}$ tsɿ$^{0}$o$^{0}$.

【装假】tsɔŋ$^{35}$ka$^{21}$/cia$^{21}$ 动矜持客套而不肯吃或不肯多吃。又称“衍文、衍文施礼、打乭、打p$^{h}$aŋ$^{53}$”：莫～噢！mɔk$^{5}$tsɔŋ$^{35}$cia$^{21}$au$^{0}$!｜我衍下子文呐。装下子假。(ŋ)ai$^{13}$ien$^{35}_{44}$na$_{44}$(←xa$^{53}$)tsɿ$^{0}$uən$^{13}$ na$^{0}$.tsɔŋ$^{35}$(x)a$^{53}_{44}$tsɿ$^{0}$ka$^{21}$.

【装犁】tsɔŋ$^{35}$lai$^{13}$ 动①制作犁：欸箇个啦箇个犁吵系木匠做个，系唔系？做犁就唔喊做犁啦，喊～。嗯，有以前唔系话有只笑话，系唔系？你可以写倒去。有只书生，嗯，渠看倒一只子作田人，看倒箇只哦书生看倒箇作田人蛮造孽样，系唔系？欸，渠就跕倒渠草帽子上啊写只“命也”。你是咁辛苦是你个命啊，你个命里有办法啊，注定哩呀，你𫝶读得书哇，命也。箇只人拿倒箇草帽子一貽。“装张犁”，以只也字就像张犁哟。以只就像伞字哦，系唔系？渠唔认得。“装张犁，扎把伞，还写啊我簿上，写啊我本子上。”e$_{44}$kai$^{53}$ke$^{53}$la$^{0}$kai$^{53}_{44}$ke$^{53}_{44}$lai$^{13}$ʂa$^{0}$xei$^{53}$ muk$^{3}$siɔŋ$^{53}$tso$^{53}$ke$^{53}$,xei$^{53}_{44}$me$^{53}_{44}$?tso$^{53}$lai$^{13}$tsiəu$^{53}$n̩$^{13}$xan$^{53}_{44}$tso$^{53}$lai$^{13}_{21}$la$^{0}$,xan$^{53}$tsɔŋ$^{35}$lai$^{13}$.n̩$_{21}$,iəu$^{35}$i$^{35}$ts$^{h}$ien$^{13}_{21}$m̩$^{13}_{21}$p$^{h}$ei$^{53}_{44}$ ua$^{53}_{44}$iəu$^{35}$tʂak$^{3}$siau$^{53}$fa$^{53}_{44}$,xei$^{53}$me$^{53}$?ɲi$^{13}_{21}$k$^{h}$o$^{21}$i$^{35}_{53}$sia$^{21}$tau$^{21}$çi$^{53}$.iəu$^{35}$tʂak$^{3}$ʂəu$^{35}$sien$^{35}_{44}$,n̩$_{21}$,ci$^{13}$k$^{h}$ɔn$^{53}$tau$^{21}$iet$^{3}$tʂak$^{3}$tsɿ$^{0}$ tsɔk$^{3}$t$^{h}$ien$^{13}$ɲin$^{13}$,k$^{h}$ɔn$^{53}$tau$^{21}$kai$^{53}$(tʂ)ak$^{3}$o$^{0}$ʂəu$^{35}$sen$^{35}_{44}$k$^{h}$ɔn$^{53}$tau$^{21}$kai$^{53}$tsɔk$^{3}$t$^{h}$ien$^{13}_{21}$ɲin$^{13}_{21}$man$^{13}$ts$^{h}$au$^{53}$ɲiait$^{5}$iɔŋ$^{53}_{44}$, xei$^{53}$me$^{53}$?e$_{21}$,ci$^{13}$ts$^{h}$iəu$^{53}$k$^{h}$u$^{35}$tau$^{21}$ci$^{13}_{21}$ts$^{h}$au$^{21}$mau$^{53}$tsɿ$^{0}$xɔŋ$^{53}$ŋa$^{0}$sia$^{21}$tʂak$^{3}$"miaŋ$^{53}$ia$^{35}$". ɲi$^{13}$ʂʅ$^{53}_{44}$kan$^{21}$sin$^{35}$k$^{h}$u$^{21}$ ʂʅ$^{53}_{21}$ɲi$^{13}$e$^{0}$miaŋ$^{53}$ŋa$^{0}$, ɲi$^{13}$ke$^{53}_{44}$miaŋ$^{53}$li$^{35}$mau$^{13}$p$^{h}$an$^{53}$fait$^{3}$a$^{0}$,tʂəu$^{53}$t$^{h}$iaŋ$^{53}$li$^{0}$ia$^{0}$, ɲi$^{13}_{21}$maŋ$^{13}$t$^{h}$əuk$^{5}$tek$^{3}$ʂəu$^{35}$ua$^{0}$, miaŋ$^{53}$ia$^{35}$.kai$^{53}$tʂak$^{3}$ɲin$^{13}_{21}$la$^{53}$tau$^{21}$kai$^{53}_{44}$ts$^{h}$au$^{21}$mau$^{53}$tsɿ$^{0}$iet$^{3}$tʂ$^{h}$ʅ$^{35}$."tsɔŋ$^{35}$tʂɔŋ$^{35}_{44}$lai$^{13}$",i$^{21}$tʂak$^{3}$ia$^{35}$sɿ$^{53}$ts$^{h}$iəu$^{53}_{44}$ ts$^{h}$iɔŋ$^{53}$tʂɔŋ$^{35}_{44}$lai$^{13}$io$^{0}$.i$^{21}$tʂak$^{3}$ts$^{h}$iəu$^{53}$ts$^{h}$iɔŋ$^{53}$san$^{53}$ts$^{h}$ʅ$^{53}_{44}$o$^{0}$,xei$^{53}$me$^{53}$?ci$^{13}_{21}$n̩$^{13}$ɲin$^{53}$tek$^{3}$."tsɔŋ$^{35}$tʂɔŋ$^{35}$lai$^{13}$,tsait$^{3}$pa$^{21}$ san$^{53}$,xai$^{13}$sia$^{21}$a$^{0}$ŋai$^{13}$p$^{h}$u$^{35}$xɔŋ$^{53}$,sia$^{21}$a$^{0}$ŋai$^{13}$pən$^{21}$tsɿ$^{0}$xɔŋ$^{53}$." ②比喻拱腿侧卧：箇阵子欸我等细细子欸有兜人睡做欸床上就咁子讲啊。“欸你莫～哟！我让门去睡凑？”“你装张犁呀，你去～，我让门睡凑？”我等读书个时候子啊，两个人睡，就咁子讲。kai$^{53}$tʂ$^{h}$ən$^{53}$tsɿ$^{0}$e$_{21}$ŋai$^{13}_{21}$tien$^{0}$sei$^{53}$sei$^{53}$ tsɿ$^{0}$ei$_{21}$iəu$^{35}$tei$^{53}$ɲin$^{13}_{44}$ʂɔi$^{53}$tso$^{53}$e$^{0}$ts$^{h}$ɔŋ$^{13}_{21}$xɔŋ$^{53}_{44}$ts$^{h}$iəu$^{53}$kan$^{21}$tsɿ$^{0}$kɔŋ$^{21}$ŋa$^{0}$."e$^{0}$ɲi$^{13}$mɔk$^{5}$tsɔŋ$^{35}_{44}$lai$^{13}$io$^{0}$!ŋai$^{13}$ɲiɔŋ$^{53}_{44}$ mən$^{13}_{44}$çi$^{53}_{44}$ʂɔi$^{53}$ts$^{h}$e$^{0}$?""ɲi$^{13}_{21}$tsɔŋ$^{35}_{44}$tʂɔŋ$^{35}_{44}$lai$^{13}$ia$^{0}$, ɲi$^{13}_{21}$çi$^{53}$tsɔŋ$^{35}$lai$^{13}$,ŋai$^{13}$ɲiɔŋ$^{53}_{44}$mən$^{13}_{44}$ʂɔi$^{53}$ts$^{h}$e$^{0}$?"ŋai$^{13}_{21}$tien$^{0}$t$^{h}$əuk$^{5}$ ʂəu$^{35}$ke$^{0}$ʂʅ$^{13}_{44}$xəu$^{53}_{44}$tsɿ$^{0}$a$^{0}$,iɔŋ$^{21}$ke$^{53}$ɲin$^{13}$ʂɔi$^{53}$,ts$^{h}$iəu$^{53}$kan$^{21}$tsɿ$^{0}$kɔŋ$^{21}$.｜我老婆就嫌我睡目嘞会～。嗯，侧侧哩睡倒哇，脚一缩下拢来，硬话～。“欸呀，冇哩滴骨。”ŋai$^{13}$lau$^{21}$p$^{h}$o$^{13}$tsiəu$^{53}$çian$^{13}$ŋai$^{13}_{21}$ʂɔi$^{53}$ muk$^{3}$le$^{0}$uɔi$^{53}$tsɔŋ$^{35}$lai$^{13}$.n̩$_{21}$,tset$^{3}$tset$^{3}$li$^{0}$ʂɔi$^{53}$tau$^{21}$ua$^{0}$,ciɔk$^{3}$iet$^{3}$sɔk$^{3}$(x)a$^{53}_{44}$ləŋ$^{35}_{44}$lɔi$^{13}_{21}$, ɲiaŋ$^{53}_{44}$ua$^{53}_{44}$tsɔŋ$^{35}$lai$^{13}$. "ei$_{53}$ia$_{21}$,mau$^{13}_{21}$li$^{0}$tiet$^{5}$kuət$^{3}$."

【装殓】tsɔŋ$^{35}$lian$^{53}$ 动入殓前为死者净身着衣：入殓之前就爱装啊，爱～呢。爱同渠洗面，爱同渠分身上个□邋箇个着上个衫裤换下去，欸，搞倒有血啊有痰箇只个衫裤啊换下去。爱同渠抹净身上来，有滴哩屎箇只啦，吐哩血箇只爱同渠搞净来身上。爱同渠着衫。一般就系亲人，身边个人同渠搞做以只事，同渠换了衫裤去，同渠洗净来。面上抹净来，着上着好着上箇个装个衫裤，衫裤鞋袜，装正来，放正箇个凳上，放正箇个睏椅上，或者放倒木床，放倒门板上。装正哩以后嘞，敲锣打鼓，放下棺材里去。就分人就去传倒棺材下来。ɲiet$^{3}$lian$^{53}$ tʂʅ$^{35}_{44}$ts$^{h}$ien$^{13}_{21}$ts$^{h}$iəu$^{53}_{44}$ɔi$^{53}_{44}$tsɔŋ$^{35}$ŋa$^{0}$,ɔi$^{53}_{44}$tsɔŋ$^{35}$lian$^{53}$ne$^{0}$.ɔi$^{53}$t$^{h}$əŋ$^{13}_{21}$ci$^{13}_{21}$se$^{21}$mien$^{53}$,ɔi$^{53}$t$^{h}$əŋ$^{13}_{21}$ci$^{13}_{21}$pən$^{35}$ʂən$^{35}$xɔŋ$^{53}_{44}$ke$^{53}_{44}$li$^{13}$ lait$^{3}$kai$^{53}_{44}$ke$^{53}_{44}$tʂɔk$^{3}$xɔŋ$^{0}$ke$^{53}_{44}$san$^{35}$fu$^{53}_{44}$uɔn$^{53}$na$^{0}$çi$^{53}$,e$_{21}$,kau$^{21}$tau$^{21}$iəu$^{35}$çiet$^{3}$a$^{0}$iəu$^{35}$t$^{h}$an$^{13}_{21}$kai$^{53}_{44}$tʂak$^{3}$ke$^{53}_{44}$san$^{35}_{21}$fu$^{53}_{44}$a$^{0}$ uɔn$^{53}$na$^{0}$çi$^{53}$.ɔi$^{53}$t$^{h}$əŋ$^{13}_{21}$ci$^{13}_{44}$mait$^{3}$ts$^{h}$iaŋ$^{53}$ʂən$^{35}$xɔŋ$^{53}$lɔi$^{13}_{21}$,iəu$^{35}_{44}$lai$^{13}_{21}$li$^{0}$ʂʅ$^{21}$kai$^{53}_{44}$tʂak$^{3}$la$^{0}$,t$^{h}$əu$^{21}$li$^{0}$çiet$^{3}$kai$^{53}_{44}$tʂak$^{3}$ɔi$^{53}_{44}$ t$^{h}$əŋ$^{13}_{21}$ci$^{13}_{21}$kau$^{21}$ts$^{h}$iaŋ$^{53}$lɔi$^{13}_{21}$ʂən$^{35}_{44}$xɔŋ$^{53}_{44}$.ɔi$^{53}$t$^{h}$əŋ$^{13}_{21}$ci$^{13}_{21}$tʂɔk$^{3}$san$^{35}$.iet$^{3}$pɔn$^{35}$ts$^{h}$iəu$^{53}$xe$^{53}$ts$^{h}$in$^{35}$ɲin$^{13}_{21}$,ʂən$^{35}$pien$^{35}_{44}$ke$^{53}_{44}$ ɲin$^{13}$t$^{h}$əŋ$^{13}_{21}$ci$^{13}_{21}$kau$^{21}_{44}$tso$^{53}$i$^{21}$tʂak$^{3}$sɿ$^{53}$,t$^{h}$əŋ$^{13}_{21}$ci$^{13}_{44}$uɔn$^{53}$liau$^{0}$san$^{35}$fu$^{53}_{44}$çi$^{53}_{44}$,t$^{h}$əŋ$^{13}_{21}$ci$^{13}_{21}$se$^{21}$ts$^{h}$iaŋ$^{53}$lɔi$^{13}_{21}$.mien$^{53}_{44}$xɔŋ$^{53}_{44}$mait$^{3}$

tsʰiaŋ$^{53}$ lɔi$^{13}_{21}$,tʂɔk$^{3}$ ʂɔŋ$^{35}$ tʂɔk$^{3}$ xau$^{21}$ tʂɔk$^{3}$ ʂɔŋ$^{35}$ kai$^{53}_{44}$ ke$^{53}_{44}$ tsɔŋ$^{35}$ ke$^{53}_{44}$ san$^{35}$ fu$^{53}_{44}$,san$^{35}$ fu$^{53}_{44}$ xai$^{13}_{21}$ mait$^{3}$ ,tsɔŋ$^{35}$ tʂaŋ$^{53}$ lɔi$^{13}_{21}$,fɔŋ$^{53}$ tʂaŋ$^{53}$ kai$^{53}$ ke$^{53}_{44}$ tien$^{53}$ xɔŋ$^{53}$ ,fɔŋ$^{53}$ tʂaŋ$^{53}$ kai$^{53}_{44}$ ke$^{53}_{44}$ kʰuən$^{53}$ i$^{21}$ xɔŋ$^{53}$ ,xɔit$^{5}$ tʂa$^{21}$ fɔŋ$^{53}$ tau$^{21}$ muk$^{3}$ tsʰɔŋ$^{13}$ ,fɔŋ$^{53}$ tau$^{21}$ mən$^{13}$ pan$^{21}$ xɔŋ$^{53}$ .tsɔŋ$^{35}$ tʂaŋ$^{53}$ li$^{0}$ i$^{35}$ xei$^{53}_{44}$ lei$^{0}$ ,kʰau$^{35}$ lo$^{13}_{21}$ ta$^{21}$ ku$^{21}$ ,fɔŋ$^{53}_{44}$ xa$^{53}_{44}$ kɔn$^{35}$ tsʰɔi$^{13}_{21}$ li$^{0}$ çi$^{53}$ .tsʰiəu$^{53}_{44}$ pən$^{35}$ ɲin$^{13}_{21}$ tsʰiəu$^{53}$ çi$^{53}$ tʂʰɔn$^{13}$ tau$^{21}$ kɔn$^{35}$ tsʰɔi$^{13}_{21}$ xa$^{35}_{44}$ lɔi$^{13}_{21}$.

【装死】tsɔŋ$^{35}$ si$^{21}$ 动 为死者穿着：～呢，捡地呢，渠就搞滴咁个东西嘞，赚滴钱子呢。tsɔŋ$^{35}$ si$^{21}$ nei$^{0}$ ,cian$^{21}$ tʰi$^{53}$ nei$^{0}$ ,ci$^{13}_{21}$ tsʰiəu$^{53}$ kau$^{21}$ tet$^{5}$ kan$^{21}$ cie$^{53}_{44}$ tɔŋ$^{35}_{44}$ si$^{0}$ lei$^{0}$ ,tsʰan$^{53}_{44}$ tet$^{5}$ tsʰien$^{13}$ tsɿ$^{0}$ nei$^{0}$ .

【装死衫】tsɔŋ$^{35}$ si$^{21}$ san$^{35}$ 名 寿衣的俗称：～，箇是死人着个啦。tsɔŋ$^{35}$ si$^{21}$ san$^{35}$ ,kai$^{53}_{44}$ ʂɿ$^{53}_{44}$ si$^{21}$ ɲin$^{13}_{21}$ tʂɔk$^{3}$ ke$^{53}_{44}$ la$^{0}$ .

【装香】tsɔŋ$^{35}$ çiɔŋ$^{35}$ 动 把点燃的香插入香炉：点正哩放倒箇香炉肚里就安做～。祠堂里就天天爱～啊。tian$^{21}$ tʂaŋ$^{53}$ li$^{0}$ fɔŋ$^{53}$ tau$^{21}$ kai$^{53}$ çiɔŋ$^{35}$ ləu$^{13}_{21}$ təu$^{21}$ li$^{0}$ tsʰiəu$^{53}_{44}$ ɔn$^{35}_{44}$ tso$^{53}_{44}$ tsɔŋ$^{35}$ çiɔŋ$^{35}_{44}$.tsʰɿ$^{13}_{21}$ tʰɔŋ$^{13}_{21}$ li$^{0}$ tsʰiəu$^{53}_{44}$ tʰien$^{35}$ tʰien$^{35}_{44}$ ɔi$^{53}_{44}$ tsɔŋ$^{35}_{44}$ çiɔŋ$^{35}$ ŋa$^{0}$ .

【装硝】tʂɔŋ$^{35}$ siau$^{35}$ 动 装填爆响药：（细人子）～就唔装，插引呐，结爆竹啊。tʂɔŋ$^{35}$ siau$^{35}$ tsʰiəu$^{53}$ n̩$^{13}_{21}$ tʂɔŋ$^{35}_{44}$,tsʰait$^{3}$ in$^{21}$ na$^{0}$ ,ciet$^{3}$ pau$^{53}$ tʂəuk$^{3}$ a$^{0}$ .

【壮】tsɔŋ$^{53}$ 形 ①（动物）肥：牛子唔知几～。ɲiəu$^{13}$ tsɿ$^{0}$ n̩$^{13}$ ti$^{35}_{44}$ ci$^{21}_{44}$ tsɔŋ$^{53}$ . ②（人）胖：箇只人真～啊，嗯，勵壮个啊箇只人，～起箇猪样。kai$^{53}$ tʂak$^{3}$ ɲin$^{13}_{21}$ tʂən$^{35}$ tsɔŋ$^{53}$ ŋa$^{0}$ ,n̩$_{21}$ ,li$^{35}$ tsɔŋ$^{53}$ ke$^{0}$ a$^{0}$ kai$^{53}$ tʂak$^{3}$ ɲin$^{13}_{21}$,tsɔŋ$^{53}$ çi$^{21}_{44}$ kai$^{53}_{44}$ tʂəu$^{35}$ iɔŋ$^{53}$ .

【壮实】tsɔŋ$^{53}$ ʂət$^{5}$ 形 粮食颗粒饱满：（精壮）系果实比较～个意思。xe$^{53}$ ko$^{21}$ ʂət$^{5}$ pi$^{21}$ ciau$^{53}_{44}$ tsɔŋ$^{53}$ ʂət$^{5}$ ke$^{53}_{44}$ i$^{53}_{44}$ sɿ$^{0}$ .

【壮猪】tsɔŋ$^{53}$ tʂəu$^{35}$ 名 ①肥壮的猪：你屋下畜倒几只～哈！ɲi$^{13}$ uk$^{3}$ xa$^{53}$ çiəuk$^{3}$ tau$^{21}$ ci$^{21}$ (tʂ)ak$^{3}$ tsɔŋ$^{53}$ tʂəu$^{35}_{44}$ xa$^{0}$ ! ②喻指肥胖的人：你系成哩只～哇，咁壮了哈！我等箇有只侄子就系，欸肚子就咁大哟，两三十岁子啊硬。以个下巴啊，以个手梗啊，大脚髀呀，人又矮矮子哦，硬真～。ɲi$^{13}$ xe$^{53}$ ʂaŋ$^{13}_{21}$ li$^{0}$ tʂak$^{3}$ tsɔŋ$^{53}$ tʂəu$^{35}_{44}$ ua$^{0}$ ,kan$^{21}$ tsɔŋ$^{53}$ liau$^{0}$ xa$^{0}$ !ŋai$^{13}_{21}$ tien$^{0}$ kai$^{53}_{44}$ iəu$^{35}$ tʂak$^{3}$ tʂʰət$^{5}$ tsɿ$^{0}$ tsʰiəu$^{53}_{44}$ xe$^{53}_{44}$,e$_{44}$ təu$^{21}$ tsɿ$^{0}$ tsiəu$^{53}_{44}$ kan$^{21}$ tʰai$^{53}$ io$^{0}$ ,iɔŋ$^{21}_{44}$ san$^{35}$ ʂət$^{5}$ sɔi$^{53}$ tsɿ$^{0}$ a$^{0}$ ɲiaŋ$^{53}$ .i$^{21}$ kei$^{53}_{44}$ xa$^{35}$ pʰa$^{21}$ a$^{0}$ ,i$^{21}$ ke$^{53}$ ʂəu$^{21}_{53}$ kuaŋ$^{21}$ ŋa$^{0}$ ,tʰai$^{53}$ ciɔk$^{3}$ pi$^{21}$ ia$^{0}$ , ɲin$^{13}$ iəu$^{53}$ ai$^{21}_{13}$ ai$^{21}$ tsɿ$^{0}$ o$^{0}$ , ɲiaŋ$^{53}$ tʂən$^{35}$ tsɔŋ$^{53}$ tʂəu$^{35}_{44}$.

【撞$_{1}$】tsʰɔŋ$^{53}$ 动 碰巧遇到：（石螺子）有（卖）喔，爱～嘞，爱尽～嘞，撞倒有就有嘞。iəu$^{35}$ uo$^{0}$ ,ɔi$^{53}_{44}$ tsʰɔŋ$^{53}$ lei$^{0}$ ,ɔi$^{53}_{44}$ tsʰin$^{53}$ tsʰɔŋ$^{53}$ lei$^{0}$ ,tsʰɔŋ$^{53}$ tau$^{21}$ iəu$^{35}$ tsʰiəu$^{53}_{44}$ iəu$^{35}_{44}$ lei$^{0}$ .

【撞$_{2}$】tsʰɔŋ$^{53}$ 名 旧法榨油时用的撞杆：箇个櫼就用来欸加力个啦，用来挤压个嘞，挤压。加力是去箇～上去加。～就撞倒箇个櫼，櫼就欸欸慢慢子挤压箇个茶粘，挤压箇粘。kai$^{53}_{44}$ ke$^{53}_{44}$ tsian$^{35}$ tsʰiəu$^{53}$ iəŋ$^{53}$ lɔi$^{13}_{21}$ e$_{21}$ cia$^{35}_{44}$ liet$^{5}$ cie$^{53}_{21}$ la$^{0}$ ,iəŋ$^{53}$ lɔi$^{13}_{21}$ tsi$^{21}$ iak$^{3}$ cie$^{53}$ le$^{0}$ ,tsi$^{21}$ iak$^{3}$ .cia$^{35}$ liet$^{5}$ ʂɿ$^{53}_{44}$ cʰi$^{53}_{44}$ kai$^{53}_{44}$ tsʰɔŋ$^{53}$ xɔŋ$^{53}_{21}$ çi$^{53}_{21}$ cia$^{35}$ .tsʰɔŋ$^{53}$ tsʰiəu$^{53}$ tsʰɔŋ$^{53}$ tau$^{21}$ kai$^{53}$ ke$^{53}$ tsian$^{35}$ ,tsian$^{35}$ tsʰiəu$^{53}$ e$_{21}$ e$_{21}$ man$^{53}$ man$^{53}$ tsɿ$^{0}$ tsi$^{21}$ iak$^{3}$ kai$^{53}$ kei$^{53}$ tsʰa$^{13}_{21}$ kʰu$^{35}$ ,tsi$^{21}$ iak$^{3}$ kai$^{53}$ kʰu$^{35}$ .

【撞倒】tsʰɔŋ$^{53}$ tau$^{21}$ 动 ①碰撞，碰击：怕有滴会～个。pʰa$^{53}$ iəu$^{35}$ tiet$^{5}$ uɔi$^{53}_{44}$ tsʰɔŋ$^{53}$ tau$^{21}$ ke$^{53}$ .｜冇事～个。mau$^{13}$ sɿ$^{53}_{44}$ tsʰɔŋ$^{53}$ tau$^{21}$ ke$^{53}_{21}$. ②遇见：今晡你阿姐下来哩啊，我又𫟪～咯。cin$^{35}_{44}$ pu$^{35}_{44}$ ɲi$^{13}_{21}$ a$^{35}$ tsia$^{21}$ xa$^{35}$ lɔi$^{13}_{21}$ li$^{0}$ a$^{0}$ ,ŋai$^{13}_{21}$ iəu$^{53}_{44}$ maŋ$^{13}$ tsʰɔŋ$^{53}$ tau$^{21}$ ko$^{0}$ .｜我𫟪～你阿姐下来哩，还话你阿姐下来哩？ŋai$^{13}$ maŋ$^{13}_{44}$ tsʰɔŋ$^{53}$ tau$^{21}$ ɲi$^{13}_{21}$ a$^{35}_{44}$ tsia$^{21}$ xa$^{53}_{44}$ lɔi$^{13}_{21}$ li$^{0}$ ,xai$^{13}_{21}$ ua$^{53}_{44}$ ɲi$^{13}_{21}$ a$^{35}$ tsia$^{21}$ xa$^{35}$ lɔi$^{13}_{21}$ li$^{0}$ ?

【撞得】tsʰɔŋ$^{21}$ tek$^{3}$ 副 表示间或不定；有时候：真古怪，箇只东西箇只黑字嘞～又话乌，欸，乌梅，着件乌衫。系唔系？欸，乌豆子。但～又话黑，黑板。tʂən$^{35}$ ku$^{21}$ kuai$^{53}$ ,kai$^{53}$ tʂak$^{3}$ tɔŋ$^{35}_{44}$ si$^{0}$ kai$^{53}$ tʂak$^{3}$ xek$^{3}$ tsʰɿ$^{53}_{44}$ lei$^{0}$ tsʰɔŋ$^{21}$ tek$^{3}$ iəu$^{53}$ ua$^{53}$ u$^{35}$ ,e$_{21}$ ,u$^{35}$ mɔi$^{13}$ ,tʂɔk$^{3}$ cʰien$^{53}$ u$^{35}$ san$^{35}$ .xei$^{53}$ me$^{53}$ ?e$_{21}$ ,u$^{35}$ tʰei$^{53}$ tsɿ$^{0}$ .tan$^{53}$ tsʰɔŋ$^{21}$ tek$^{3}$ iəu$^{53}$ ua$^{53}$ xek$^{3}$ ,xek$^{3}$ pan$^{21}$ .｜我今年下半年都捡系去张家坊，～就会下下子浏阳。ŋai$^{13}_{21}$ cin$^{35}_{44}$ ɲien$^{13}_{44}$ xa$^{53}$ pan$^{53}$ ɲien$^{13}_{21}$ təu$^{35}_{53}$ cien$^{21}$ xe$^{53}_{44}$ çi$^{53}_{44}$ tʂɔŋ$^{35}_{44}$ ka$^{35}_{44}$ fɔŋ$^{35}$ ,tsʰɔŋ$^{53}$ tek$^{3}$ tsʰiəu$^{53}_{44}$ uɔi$^{53}_{44}$ xa$^{53}_{44}$ (x)a$^{53}_{44}$ tsɿ$^{0}$ liəu$^{13}_{21}$ iɔŋ$^{13}_{44}$.

【撞怕】tsʰɔŋ$^{21}$ pʰa$^{53}$ 副 ①表推测，恐怕：以样～就有啊。i$^{21}$ iɔŋ$^{53}_{44}$ tsʰɔŋ$^{21}$ pʰa$^{53}_{44}$ tsʰiəu$^{53}_{44}$ iəu$^{35}$ a$^{0}$ .｜慈姑子，我等以映是～冇冇𫟪𫟪种下有。tsʰɿ$^{13}$ ku$^{35}$ tsɿ$^{0}$ ,ŋai$^{13}$ tien$^{0}$ i$^{21}$ iaŋ$^{53}_{44}$ ʂɿ$^{53}_{44}$ tsʰɔŋ$^{21}_{44}$ pʰa$^{53}_{44}$ mau$^{13}$ mau$^{13}$ maŋ$^{13}$ maŋ$^{13}$ tʂəŋ$^{53}$ (x)a$^{53}_{44}$ iəu$^{35}$. ②有时候，偶尔：打桩篙～会用（乒槌）。ta$^{21}$ tsiɔŋ$^{35}$ kau$^{35}_{44}$ tsʰɔŋ$^{21}$ pʰa$^{53}_{44}$ uɔi$^{53}_{44}$ iəŋ$^{53}_{44}$.｜～咁硬想起脑壳都硬痛噢硬痛。tsʰɔŋ$^{21}$ pʰa$^{53}_{44}$ kan$^{21}_{44}$ ɲiaŋ$^{53}$ siɔŋ$^{21}$ çi$^{21}_{44}$ lau$^{21}$ kʰɔk$^{3}$ təu$^{35}_{44}$ ɲiaŋ$^{53}_{44}$ tʰəŋ$^{53}$ ŋau$_{44}$ ɲiaŋ$^{53}_{44}$ tʰəŋ$^{53}_{44}$.

【撞时子】tsʰɔŋ$^{21}$ ʂɿ$^{13}$ tsɿ$^{0}$ 副 有时候：～会来，～唔来。tsʰɔŋ$^{21}$ ʂɿ$^{13}$ tsɿ$^{0}$ uɔi$^{53}$ lɔi$^{13}_{21}$,tsʰɔŋ$^{21}$ ʂɿ$^{13}$ tsɿ$^{0}$ n̩$^{13}$ nɔi$^{13}$.

【撞头七】tsʰɔŋ$^{53}$ tʰei$^{13}$ tsʰiet$^{3}$ 指安葬逝者后第七天烧七日祭时，恰逢农历占七日：～箇就系箇个呢箇就唔知让门子讲下来个呢，箇就系摎死人有关系个。欸，莫去～。所以箇个应七嘞，死哩人应七嘞，都唔应第一只七。应第二只七，三七四七都可以。欸，应头七嘞就怕～。～就唔好哇，就背时啊。第一只七天，特事子都唔去，欸，选倒第二只七天，第三只七天去。第一只七天去，安做～，唔好，唔吉利。tsʰəŋ$^{53}$tʰei$^{13}$tsʰiet$^{3}$ kai$^{53}$tsʰiəu$^{53}$xe$^{53}$kai$^{53}_{44}$ke$^{53}_{44}$nei$^{0}$ kai$^{53}_{44}$tsʰiəu$^{53}_{44}$n̩$^{13}_{21}$ti$^{35}_{44}$ɲiəŋ$^{53}$mən$^{13}_{44}$tsɿ$^{0}$ kəŋ$^{21}$ŋa$^{53}$ləi$^{13}$ke$^{53}$nei$^{0}$,kai$^{53}_{44}$tsʰiəu$^{53}_{44}$xe$^{53}_{44}$lau$^{35}$si$^{21}$ɲin$^{13}$iəu$^{35}_{44}$kuan$^{35}_{44}$çi$^{53}$ke$^{0}$.e$_{21}$,mək$^{5}$ çi$^{53}$tsʰəŋ$^{53}$tʰei$^{13}$tsʰiet$^{3}$.so$^{21}$i$^{35}_{44}$kai$^{53}_{44}$kei$^{53}_{44}$in$^{53}$tsʰiet$^{3}$ le$^{0}$,si$^{21}$li$^{0}$ɲin$^{13}$in$^{53}$tsʰiet$^{3}$ le$^{0}$,təu$^{35}$n̩$^{13}_{21}$in$^{53}_{44}$tʰi$^{53}$iet$^{3}$ tʂak$^{3}$ tsʰiet$^{3}$.in$^{53}_{44}$tʰi$^{53}_{44}$ɲi$^{53}$tʂak$^{3}$ tsʰiet$^{3}$,san$^{35}$tsʰiet$^{3}$ si$^{53}$tsʰiet$^{3}$ təu$^{35}$kʰo$^{21}$i$^{35}_{44}$.ei$_{21}$,in$^{53}$tʰei$^{13}$tsʰiet$^{3}$ lei$^{0}$ tsʰiəu$^{53}_{44}$pʰa$^{53}_{44}$tsʰəŋ$^{53}$tʰei$^{13}$tsʰiet$^{3}$.tsʰəŋ$^{53}$tʰei$^{13}$tsʰiet$^{3}$ tsʰiəu$^{53}$m̩$^{13}_{21}$xau$^{21}$ua$^{0}$,tsʰiəu$^{53}_{44}$pʰi$^{53}$ʂɿ$^{13}$ʐa$^{0}$.tʰi$^{53}$iet$^{3}$ tʂak$^{3}$ tsʰiet$^{3}$ tʰien$^{35}_{44}$,tʰek$^{5}$ sɿ$^{53}$tsɿ$^{0}$ təu$^{35}_{44}$n̩$^{13}_{21}$çi$^{53}$,e$_{21}$,sien$^{21}$tau$^{21}$tʰi$^{53}_{44}$ɲi$^{53}$tʂak$^{3}$ tsʰiet$^{3}$ tʰien$^{35}_{44}$,tʰi$^{53}_{44}$san$^{35}$tʂak$^{3}$ tsʰiet$^{3}$ tʰien$^{35}_{44}$çi$^{53}$.tʰi$^{53}$iet$^{3}$ tʂak$^{3}$ tsʰiet$^{3}$ tʰien$^{35}_{44}$çi$^{53}$,ən$^{35}_{44}$tso$^{53}_{44}$tsʰəŋ$^{53}$tʰei$^{13}$tsʰiet$^{3}$,m$^{13}$xau$^{21}$,n̩$^{13}$ciet$^{3}$ li$^{53}$.

【撞下】tsʰəŋ$^{21}$xa$^{53}$ 副①说不定；也许：你到我箇你爱打电话分我哈，欸～我赠去屋下，系唔系？～我会走，～我走嘿哩，你就寻唔倒我。ɲi$^{13}$tau$^{53}$ŋai$^{13}_{21}$kai$^{53}$ɲi$^{13}_{21}$əi$^{53}$ta$^{21}$tʰien$^{53}$fa$^{53}_{44}$pən$^{35}$ŋai$^{13}_{44}$xa$_{44}$,e$^{0}$ tsʰəŋ$^{21}$xa$^{53}$ŋai$^{13}_{44}$maŋ$^{13}$çi$^{53}$uk$^{3}$ xa$^{53}$,xei$^{53}$me$^{53}$?tsʰəŋ$^{21}$xa$^{53}$ŋai$^{13}$uəi$^{53}$tsei$^{21}$,tsʰəŋ$^{21}$xa$^{53}$ŋai$^{13}_{44}$tsei$^{21}$(x)ek$^{3}$ li$^{0}$, ɲi$^{13}$tsʰiəu$^{53}$tsʰin$^{13}$n̩$^{13}_{44}$tau$^{21}$ŋai$^{13}_{21}$. ②偶尔：我捡系去张家坊系倒，～又会去下子浏阳。ŋai$^{13}$cien$^{21}$xe$^{53}$çi$^{53}$tʂəŋ$^{35}_{44}$ka$^{35}_{44}$fəŋ$^{35}$xe$^{53}$tau$^{21}$,tsʰəŋ$^{21}$xa$^{53}$iəu$^{53}$uəi$^{53}$çi$^{53}$(x)a$^{53}_{21}$tsɿ$^{0}$ liəu$^{13}$iəŋ$^{13}_{44}$.

【追悼会】tʂei$^{35}$tau$^{53}$/tiau$^{53}_{44}$fei$^{53}$ 名为悼念死者而召开的会议：也有开～个，开～个是一般是有滴子么啊，做哩滴子么啊工作个，有单位个，系唔系？ia$^{35}$iəu$^{35}_{44}$kʰəi$^{35}_{44}$tʂei$^{35}_{44}$tau$^{53}_{44}$fei$^{53}$ke$^{53}_{44}$,kʰəi$^{35}_{44}$tʂei$^{35}_{44}$tau$^{53}_{44}$fei$^{53}$ke$^{53}_{44}$ʂɿ$^{53}_{44}$iet$^{3}$ pən$^{35}$ʂɿ$^{53}_{44}$iəu$^{35}$tet$^{5}$ tsɿ$^{0}$ mak$^{3}$ a$^{0}$,tso$^{53}$li$^{0}$ tiet$^{5}$ tsɿ$^{0}$ mak$^{3}$ a$^{0}$ kəŋ$^{35}$tsok$^{3}$ ke$^{53}_{44}$,iəu$^{35}$tan$^{35}$uei$^{53}$ke$^{53}_{44}$,xei$^{53}_{44}$me$^{0}$?｜如今是有有滴有有工作个人死哩是有单位个就又开下子～呀。同旧年暑假上春样，我等箇映一只退休医师死嘿哩，渠就医院里要同渠开只子～。渠个～也爱箇个嘞，也爱本家组织，本家分个人司仪组织。渠单位上，渠医院里个领导箇只嘞只系来讲下子话，致下子辞。本家为首，为主。本家还爱致谢辞。i$^{13}_{21}$cin$^{35}_{44}$ʂɿ$^{53}_{44}$iəu$^{35}_{44}$iəu$^{35}_{44}$tet$^{5}$ iəu$^{35}$iəu$^{35}$kəŋ$^{35}$tsok$^{3}$ ke$^{53}_{44}$ɲin$^{13}_{21}$si$^{21}$li$^{0}$ ʂɿ$^{53}_{44}$iəu$^{35}$tan$^{35}$uei$^{53}_{44}$ke$^{53}_{44}$tsʰiəu$^{53}_{44}$iəu$^{53}_{44}$kʰəi$^{35}$xa$^{53}_{44}$tsɿ$^{0}$ tʂei$^{35}$tiau$^{53}_{44}$fei$^{53}$ia$^{0}$.tʰəŋ$^{13}_{21}$cʰiəu$^{53}$ɲien$^{13}_{21}$ʂəu$^{21}$cia$^{21}$ʂəŋ$^{53}$tʂʰən$^{35}_{44}$ɲiəŋ$^{53}_{44}$,ŋai$^{13}_{21}$tien$^{0}$ kai$^{53}_{44}$iaŋ$^{53}_{44}$iet$^{3}$ tʂak$^{3}$ tʰei$^{53}$çiəu$^{53}_{44}$i$^{35}$sɿ$^{53}_{44}$si$^{21}$xek$^{3}$ li$^{0}$ ,ci$^{13}_{21}$tsiəu$^{53}_{44}$i$^{35}$vien$^{53}$li$^{0}$ iau$^{53}_{44}$tʰəŋ$^{13}_{21}$ci$^{13}_{21}$kʰəi$^{35}$tʂak$^{3}_{5}$ tsɿ$^{0}$ tʂei$^{35}$tiau$^{53}_{44}$fei$^{53}$.ci$^{13}_{21}$ke$^{53}_{44}$tʂei$^{35}$tiau$^{53}_{44}$fei$^{53}$ia$^{35}$əi$^{53}_{44}$kai$^{53}_{44}$ke$^{53}_{44}$lei$^{0}$ ,ia$^{35}$əi$^{53}$pən$^{21}$cia$^{35}_{44}$tsəu$^{21}$tʂət$^{3}$,pən$^{21}$cia$^{35}_{44}$pən$^{35}$cie$^{53}$ɲin$^{13}_{21}$sɿ$^{35}$ɲi$^{13}$tsəu$^{21}$tʂət$^{3}$ .ci$^{13}_{21}$tan$^{35}$uei$^{53}$xəŋ$^{53}_{44}$,ci$^{13}_{21}$i$^{35}$vien$^{53}$li$^{21}$cie$^{53}_{44}$lin$^{35}$tʰau$^{53}$kai$^{53}_{44}$tʂak$^{3}$ lei$^{0}$ tʂe$^{21}$xe$^{53}_{44}$ləi$^{13}_{21}$kəŋ$^{21}$ŋa$^{53}_{44}$tsɿ$^{0}$ fa$^{53}$,tʂɿ$^{53}$a$^{53}_{44}$tsɿ$^{0}$ tsʰɿ$^{13}$.pən$^{21}$cia$^{35}_{44}$uei$^{13}$ʂəu$^{21}$,uei$^{13}$tʂʮ$^{21}$.pən$^{21}$cia$^{35}_{44}$xa$^{13}_{21}$əi$^{53}_{44}$tʂʮ$^{53}_{44}$tsʰia$^{53}$tsʰɿ$^{13}$.

【坠手】tʂʰei$^{53}$ʂəu$^{21}$ 形重量大；沉甸甸的：重痞痞哩就系十分～个东西，十分重个东西。tʂʰəŋ$^{35}$tek$^{5}$ tek$^{5}$ li$^{0}$ tsiəu$^{53}$xe$^{53}$ʂət$^{5}$ fən$^{35}_{44}$tʂʰei$^{53}$ʂəu$^{21}$ke$^{53}_{44}$təŋ$^{35}_{44}$si$^{0}$,ʂət$^{5}$ fən$^{35}_{44}$tʂʰəŋ$^{35}$ke$^{53}$təŋ$^{35}_{44}$si$^{0}$.｜我箇只孙子捧倒个时候子啊硬～哇。重有几重嘞真古怪嘞，一个人真古怪，称倒二十六斤，嗯，有几重。ŋai$^{13}$kai$^{53}$tʂak$^{3}$ sən$^{35}$tsɿ$^{0}$ pəŋ$^{21}$tau$^{21}$ke$^{53}$ʂɿ$^{13}$xci$^{53}_{44}$tsɿ$^{0}$ a$^{0}$ ɲiaŋ$^{53}$tʂʰei$^{53}$ʂəu$^{21}$ua$^{0}$ .tʂʰəŋ$^{35}$mau$^{13}$ci$^{21}$tʂʰəŋ$^{35}_{44}$lei$^{0}$ tʂən$^{35}$ku$^{21}$kuai$^{53}$lei$^{0}$ ,iet$^{3}$ ke$^{53}$ɲin$^{13}_{21}$tʂən$^{35}$ku$^{21}$kuai$^{53}$,tʂʰən$^{53}$tau$^{21}$ɲi$^{53}$ʂət$^{5}$ liəuk$^{3}$ cin$^{35}_{44}$,n̩$_{21}$,mau$^{13}$ci$^{21}$tʂʰəŋ$^{53}$.

【准$_1$】tʂən$^{21}$ 动允许，许可：你唔～开麻将馆。唔～开麻将馆了。ɲi$^{13}_{21}$n̩$^{13}$tʂən$^{21}$kʰəi$^{35}_{44}$ma$^{13}_{21}$tsiəŋ$^{53}$kən$^{21}$.n̩$^{13}$tʂən$^{21}$kʰəi$^{35}_{44}$ma$^{13}_{21}$tsiəŋ$^{53}$kən$^{21}$liau$^{0}$.

【准$_2$】tʂən$^{21}$ 形准确：做生意个人呐爱～秤，莫绵哩，莫秤绵哩。秤绵哩别人家唔欢喜。tso$^{53}$sen$^{35}$i$^{53}$ke$^{53}$ɲin$^{13}_{44}$na$^{0}$ əi$^{53}$tʂən$^{21}$tʂʰən$^{53}$,mək$^{5}$ mien$^{13}$ni$^{0}$,mək$^{5}$ tʂʰən$^{53}$mien$^{13}$ni$^{0}$ .tʂʰən$^{53}$mien$^{13}$ni$^{0}$ pʰiet$^{5}$ in$^{13}_{44}$ka$^{35}_{53}$n̩$^{13}_{21}$fən$^{35}$çi$^{21}$.｜秤～滴子，莫去掐别人家。tʂʰən$^{53}$tʂən$^{21}$tiet$^{5}$ tsɿ$^{0}$,mək$^{5}$ çi$^{53}$kʰait$^{3}$ pʰiet$^{5}$ in$^{13}_{21}$ka$^{35}_{44}$.

【捉】tsək$^{3}$ 动①捕捉，抓，逮：～鱼子 tsək$^{3}$ ŋ̍$^{13}$tsɿ$^{0}$｜欸箇阵子我等有只老弟呀喜欢赌钱，夜晡撂渠等人去打牌吧，唔知赌钱呐还系打牌兜反正，唔知搞么个，反正搞赌博。分派出所里一围哟，二十几个人下～起来哩。ei$^{0}$ kai$^{53}$tʂʰən$^{53}$tsɿ$^{0}$ ŋai$^{13}$tien$^{0}$ iəu$^{35}_{53}$tʂak$^{3}$ lau$^{21}$tʰei$^{53}_{44}$ia$^{0}$ çi$^{21}$fən$^{35}_{53}$təu$^{21}$tsʰien$^{13}$,ia$^{53}$pu$^{35}_{44}$lau$^{35}_{44}$ci$^{13}_{21}$tien$^{0}$ ɲin$^{13}_{21}$çi$^{53}_{44}$ta$^{21}$pʰai$^{13}$pa$^{0}$,n̩$^{13}_{21}$ti$^{35}_{44}$təu$^{21}$tsʰien$^{13}$na$^{0}$ xai$^{13}_{44}$xe$^{53}_{44}$ta$^{21}$pʰai$^{13}$te$^{35}_{53}$fan$^{21}$tʂən$^{53}$,n̩$^{13}_{21}$ti$^{35}_{44}$kau$^{21}$mak$^{3}$ ke$^{0}$,fan$^{21}$tʂən$^{53}$kau$^{21}$təu$^{21}$pək$^{3}$.pən$^{35}$pʰai$^{53}$tʂʰət$^{3}$ so$^{21}$li$^{0}$ iet$^{3}$ uei$^{13}$io$^{0}$, ɲi$^{53}$ʂət$^{5}$ ci$^{21}$ke$^{53}$ɲin$^{13}_{44}$xa$^{53}$tsək$^{3}$ çi$^{21}$ləi$^{13}$li$^{0}$. ②押解。又称“押”：～起来 tsək$^{3}$ çi$^{21}$lai$^{13}$。③购买畜禽幼崽以供饲养：～猪子畜 tsək$^{3}$ tʂəu$^{35}$tsɿ$^{0}$ çiouk$^{3}$

【捉倒】tsək$^{3}$ tau$^{21}$ 介①表处置，相当于“把、将”：一铳打嘿去嘞，～一只侄子打得毁死。iet$^{3}$ tʂʰəŋ$^{53}$ta$^{21}$(x)ek$^{3}$ çi$^{53}_{44}$lei$^{0}$,tsək$^{3}$ tau$^{21}$iet$^{3}$ tʂak$^{3}$ tʂʰət$^{5}$ tsɿ$^{21}$ta$^{21}$tek$^{3}$ tsiəu$^{53}$si$^{21}$. ②表示方向，相当于“朝着”：车多哩，也系惊心惊胆，真怕哪辆车～我勵下来，勵下我身上来哩。tʂʰa$^{35}$to$^{35}$li$^{0}$,ia$^{35}$xe$^{53}$ciaŋ$^{35}$sin$^{35}_{44}$ciaŋ$^{35}$tan$^{21}$,tʂən$^{35}$pʰa$^{53}_{44}$lai$^{53}$liəŋ$^{21}$tʂʰa$^{35}$tsək$^{3}$ tau$^{21}$ŋai$^{13}_{21}$li$^{35}$(x)a$^{53}_{44}$ləi$^{13}_{44}$,li$^{35}$xa$^{53}$ŋai$^{13}_{44}$ʂən$^{35}_{44}$xəŋ$^{53}$ləi$^{13}_{21}$li$^{0}$.

【捉鬼】tsək$^{3}$kuei$^{21}$ 动道士、法师等被人以酬金邀请，用法力和道具去抓普通人看不到的各种

Z

危害人类的鬼魂：就请倒箇做圣个人就安做～哟。tsʰiəu$^{53}_{44}$tsʰiaŋ$^{21}$tau$^{21}$kai$^{53}_{44}$tso$^{53}_{44}$ʂaŋ$^{53}$ke$^{53}_{44}$ɲin$^{13}_{21}$tsʰiəu$^{53}_{44}$ɔn$^{35}_{44}$tso$^{53}_{44}$tsɔk$^{3}$kuei$^{21}$iau$^{0}$.

【捉麻】tsɔk$^{3}$ma$^{13}$ [动]指抓玩麻将赌博的人。也称“捉麻将”：捉，～呀，捉，捉赌是这……捉麻将是这十分积极嘞。tsɔk$^{3}$,tsɔk$^{3}$ma$^{13}_{21}$ia$^{0}$,tsɔk$^{3}$,tsɔk$^{3}$tɔu$^{21}$ʂʅ$^{53}_{21}$tʂe$^{53}$…tsɔk$^{3}$ma$^{13}$tsiɔŋ$^{53}$ʂʅ$^{53}_{44}$tʂe$^{53}_{21}$ʂət$^{5}$fən$^{35}_{44}$tsiet$^{3}$cʰiet$^{5}$le$^{0}$.

【捉摸子】tsɔk$^{3}$mo$^{35}$tsʅ$^{0}$ 儿童游戏。蒙住眼睛寻找其他玩伴：欸，细细子就喜欢～我等细细子啊。呃，分只人蒙稳眼珠，舞条手巾蒙稳眼珠，呃去～。e$_{21}$,sei$^{53}$sei$^{53}$tsʅ$^{0}$tsʰiəu$^{53}_{44}$çi$^{21}$fən$^{35}_{44}$tsɔk$^{3}$mo$^{35}$tsʅ$^{0}$ŋai$^{13}_{21}$tien$^{0}$se$^{53}$se$^{53}$tsʅ$^{0}$a$^{0}$.ə$_{44}$,pən$^{35}$tʂak$^{3}$ɲin$^{13}_{21}$maŋ$^{35}$uən$^{21}$ŋan$^{21}$tʂəu$^{35}_{44}$,u$^{21}$tʰiau$^{13}_{21}$ʂəu$^{21}$cin$^{35}_{44}$maŋ$^{35}$uən$^{21}$ŋan$^{21}$tʂəu$^{35}_{53}$,ə$_{21}$çi$^{53}$tsɔk$^{3}$mo$^{35}$tsʅ$^{0}$.｜我等细细子嘞喜欢嬲箇个～个游戏，欸捉个人呢，～个人舞条手巾呢蒙稳只眼珠，欸，箇寻个人呢就撞怕就屏下渠背，笑得尽命，渠滴都看唔倒。ŋai$^{13}_{21}$tien$^{0}$se$^{53}$se$^{53}$tsʅ$^{0}$lei$^{0}$çi$^{21}$fən$^{35}_{44}$liau$^{53}$kai$^{53}_{44}$ke$^{53}_{44}$tsɔk$^{3}$mo$^{35}$tsʅ$^{0}$ke$^{53}_{44}$iəu$^{13}_{21}$çi$^{53}$,e$_{21}$tsɔk$^{3}$ke$^{53}$ɲin$^{13}_{21}$ne$^{0}$,tsɔk$^{3}$mo$^{35}$tsʅ$^{0}$ke$^{53}$ɲin$^{13}_{21}$u$^{21}$tʰiau$^{13}_{21}$ʂəu$^{21}$cin$^{35}_{44}$ne$^{0}$maŋ$^{35}$uən$^{21}$tʂak$^{3}$ŋan$^{21}$tʂəu$^{35}_{44}$,e$_{21}$,kai$^{53}$tsʰin$^{13}$ke$^{53}$ɲin$^{13}$nei$^{0}$tsʰiəu$^{53}$tsʰɔŋ$^{21}$pʰa$^{53}_{44}$tsʰiəu$^{53}_{44}$piaŋ$^{53}$ŋa$^{53}_{44}$ci$^{13}_{21}$pɔi$^{53}_{44}$,siau$^{53}$tek$^{3}$tsʰin$^{53}$miaŋ$^{53}$,ci$^{13}$tiet$^{5}$tɔu$^{35}_{44}$kʰɔn$^{53}$n̩$^{13}_{21}$tau$^{21}$.

【桌$_{1}$】tsɔk$^{3}$ [名]上有光滑平板，由腿或其他支撑物固定起来，可在上工作或放置物品的家具。也称“桌子”：棕叶扫把就系扫下子～个。tsɔŋ$^{35}$iait$^{5}$sau$^{53}$pa$^{21}$tsʰiəu$^{53}$xe$^{53}$sau$^{53}$(x)a$^{53}_{44}$tsʅ$^{0}$tsɔk$^{3}$ke$^{53}$.｜（鸡瓯）原理就有滴像箇～上罩菜个东西样。vien$^{13}$li$^{21}$tsʰiəu$^{53}_{44}$iəu$^{35}$tet$^{5}$tsʰiɔŋ$^{53}_{44}$kai$^{53}_{44}$tsɔk$^{3}$xɔŋ$^{53}_{44}$tsau$^{53}$tsʰɔi$^{53}$ke$^{53}_{21}$təŋ$^{35}_{44}$si$^{0}$iɔŋ$^{53}_{21}$.｜床面前呢有只子～子。tsʰɔŋ$^{13}$mien$^{53}$tsʰien$^{13}$nei$^{0}$iəu$^{35}$tʂak$^{3}_{5}$tsʅ$^{0}$tsɔk$^{3}$tsʅ$^{0}$.｜箇～子摆得整整齐齐呀。kai$^{53}_{44}$tsɔk$^{3}$tsʅ$^{0}$pai$^{21}$tek$^{3}$tʂən$^{21}$tʂən$^{21}$tsʰe$^{13}_{21}$tsʰe$^{13}$ia$^{0}$.

【桌$_{2}$】tsɔk$^{3}$ [量]用于酒席：一～酒席 iet$^{3}$tsɔk$^{3}$tsiəu$^{21}$siet$^{5}$｜一～菜 iet$^{3}$tsɔk$^{3}$tsʰɔi$^{53}$｜整几百～ tʂaŋ$^{21}$ci$^{21}$pak$^{3}$tsɔk$^{3}$｜我爷子八十岁呀，嗯，搞两～子“子”加在数量词之后表示约数，含有不多的意思客。ŋai$^{13}_{21}$ia$^{13}$tsʅ$^{0}$pait$^{3}$ʂət$^{5}$sɔi$^{53}$ia$^{0}$,n̩$_{21}$,kau$^{21}$iɔŋ$^{21}$tsɔk$^{3}$tsʅ$^{0}$kʰak$^{3}$.

【桌板】tsɔk$^{3}$pan$^{21}$ [名]桌子上的面板：箇桌上冇么个食了，呜，食成哩光～呶。kai$^{53}_{21}$tsɔk$^{3}$xɔŋ$^{53}$mau$^{13}$mak$^{3}$e$^{0}$ʂət$^{5}$liau$^{0}$,u$_{44}$,ʂət$^{5}$ʂaŋ$^{13}_{21}$li$^{0}$kɔŋ$^{35}$tsɔk$^{3}$pan$^{21}$nau$^{0}$.

【桌包凳】tsɔk$^{3}$pau$^{35}_{44}$tien$^{53}$ [名]连为一体的桌子和椅子：以前学堂里个课桌就有咁个呢，欸，桌撂凳搞做一坨呢。箇桌脚底下伸出来，凳脚也就底下箇条咁伸出来个箇条枋子上，安做～。箇餐厅肚里也有咁个。i$^{35}_{53}$tsʰien$^{13}_{21}$xɔk$^{5}$tʰaŋ$^{13}_{21}$li$^{0}$ke$^{53}_{44}$kʰo$^{53}$tsɔk$^{3}$tsʰiəu$^{53}_{44}$iəu$^{35}$kan$^{21}_{13}$ke$^{53}$nei$^{0}$,e$_{21}$,tsɔk$^{3}$lau$^{35}_{44}$ten$^{53}$kau$^{21}$tso$^{53}$(i)et$^{3}$tʰo$^{13}$nei$^{0}$.kai$^{53}_{44}$tsɔk$^{3}$ciɔk$^{3}$tei$^{21}$xa$^{53}_{44}$tʂʰən$^{35}$tʂʰət$^{3}$lɔi$^{13}$,ten$^{53}$ciɔk$^{3}$ia$^{35}$tsʰiəu$^{53}$tei$^{21}_{44}$xa$^{53}_{44}$kai$^{53}$tʰiau$^{13}_{21}$kan$^{21}_{44}$tʂʰən$^{35}$tʂʰət$^{3}$lɔi$^{13}_{21}$ke$^{53}$kai$^{53}_{44}$tʰiau$^{13}_{21}$fɔŋ$^{35}$tsʅ$^{0}$xɔŋ$^{53}_{44}$,ɔn$^{35}_{44}$tso$^{53}_{44}$tsɔk$^{3}$pau$^{35}_{44}$ten$^{53}$.kai$^{53}_{44}$tsʰɔn$^{35}$tʰin$^{35}_{44}$tɔu$^{21}$li$^{0}$a$^{35}_{44}$iəu$^{35}_{44}$kan$^{21}$cie$^{53}_{44}$.｜欸以前呢学堂里初中生子箇个课桌就有～。欸也有渠个好处。冇事蚀凳子，冇事会欸箇学生走进来凳都冇坐。e$_{21}$i$^{35}$tsʰien$^{13}$ne$^{0}$xɔk$^{5}$tʰɔŋ$^{13}_{44}$li$^{0}$tsʰəu$^{35}$tʂəŋ$^{35}_{44}$sen$^{35}_{44}$tsʅ$^{0}$kai$^{53}_{44}$ke$^{53}_{44}$kʰo$^{53}$tsɔk$^{3}$tsʰiəu$^{53}_{44}$iəu$^{35}$tsɔk$^{3}$pau$^{35}$ten$^{53}$.ei$_{21}$ia$^{35}$iəu$^{35}_{44}$ci$^{13}_{53}$ke$^{53}_{44}$xau$^{21}$tʂʰəu$^{53}$.mau$^{13}_{21}$sʅ$^{35}_{44}$ʂət$^{5}$tien$^{53}$tsʅ$^{0}$,mau$^{13}_{21}$sʅ$^{53}$uɔi$^{35}$e$_{21}$kai$^{53}$xɔk$^{5}_{3}$saŋ$^{35}$tsei$^{21}$tsin$^{35}$nɔi$^{13}_{44}$tien$^{53}$tɔu$^{35}_{44}$mau$^{13}_{21}$tsʰo$^{35}_{44}$.

【桌布】tsɔk$^{3}$pu$^{53}$ [名]布、塑料制品或其他织物制成的桌面美化或保护性片状物：～就系放下桌上个台围嘞，系唔系？如今是唔用～了。用么个？掀薄子个薄膜纸子。～，一次性～，一次性个～。箇个做酒个时候子，哪到都爱买咁多一次性个～。省子抹桌。分箇骨头箇兜啦，分箇个嗯渣滓箇兜，全部一梢下倒，和箇垃圾桶里一丢，咁个。tsɔk$^{3}$pu$^{53}$tsʰiəu$^{53}_{44}$xei$^{53}_{44}$fɔŋ$^{53}$xa$^{53}$tsɔk$^{3}$xɔŋ$^{53}_{44}$ke$^{53}$tʰɔi$^{13}$uei$^{13}_{44}$lei$^{0}$,xei$^{53}$me$^{53}$?i$^{13}_{21}$cin$^{35}_{53}$ʂʅ$^{53}_{44}$n̩$^{13}$iəŋ$^{53}_{44}$tsɔk$^{3}$pu$^{53}$liau$^{21}_{44}$.iəŋ$^{53}_{44}$mak$^{3}$ke$^{53}_{44}$?ʂen$^{35}$pʰɔk$^{5}$tsʅ$^{0}$ke$^{53}_{44}$pʰɔk$^{5}$mu$^{53}_{44}$tʂʅ$^{21}$tsʅ$^{0}$.tsɔk$^{3}$pu$^{53}$,iet$^{3}$tsʰʅ$^{53}$sin$^{53}$tsɔk$^{3}$pu$^{53}$,iet$^{3}$tsʰʅ$^{53}$sin$^{53}$ke$^{0}$tsɔk$^{3}$pu$^{53}$.kai$^{53}$ke$^{53}_{44}$tso$^{53}$tsiəu$^{21}$ke$^{53}$ʂʅ$^{13}_{44}$xei$^{53}_{44}$tsʅ$^{0}$,lai$^{53}$tau$^{53}_{44}$tɔu$^{35}_{44}$ɔi$^{53}_{44}$mai$^{35}$kan$^{21}$to$^{35}_{44}$iet$^{3}$tsʰʅ$^{53}$sin$^{53}$ke$^{0}$tsɔk$^{3}$pu$^{53}$.saŋ$^{21}$tsʅ$^{0}$mait$^{3}$tsɔk$^{3}$.pən$^{35}$kai$^{53}_{44}$kuət$^{3}$tʰei$^{13}_{21}$kai$^{53}_{44}$te$^{35}_{53}$la$^{0}$,pən$^{35}$kai$^{53}_{44}$ke$^{53}_{44}$en$_{21}$tsa$^{35}$tsʅ$^{21}$kai$^{53}_{44}$te$^{35}_{44}$,tsʰien$^{13}$pʰu$^{53}_{44}$iet$^{3}$sau$^{35}$ua$^{53}$tau$^{21}$,uo$^{53}$kai$^{53}_{44}$la$^{35}_{44}$ci$^{35}_{44}$tʰəŋ$^{21}$li$^{0}$iet$^{3}$tiəu$^{35}$,kan$^{21}$cie$^{53}_{44}$.

【桌桄子】tsɔk$^{3}$kuaŋ$^{35}$tsʅ$^{0}$ [名]桌子上的横木：桌子上个就安做～。tsɔk$^{3}$tsʅ$^{0}$xɔŋ$^{53}$ke$^{53}_{44}$tsʰiəu$^{53}_{44}$ɔn$^{35}_{44}$tso$^{53}_{44}$tsɔk$^{3}$kuaŋ$^{35}$tsʅ$^{0}$.

【涿】tɔuk$^{3}$ [动]被雨淋到：今晡夜晡啊，今晡下昼哇，～醮水哟。欸，缯跑得赢啊，落大水去哩，～一醮水哟。惹～哩哦。cin$^{35}$pu$^{35}$ia$^{35}$pu$^{35}_{44}$a$^{0}$,cin$^{35}$pu$^{35}_{44}$xa$^{35}$ʂəu$^{53}$ua$^{0}$,tɔuk$^{3}$tsiau$^{53}$ʂei$^{21}$io$^{0}$.e$_{21}$,maŋ$^{13}$pʰau$^{21}$tek$^{3}$iaŋ$^{13}$ŋa$^{0}$,lɔk$^{5}$tʰai$^{53}$ʂei$^{21}$çi$^{53}$li$^{0}$,tɔuk$^{3}$iet$^{3}$tsiau$^{53}$ʂei$^{53}$io$^{0}$.ɲia$^{35}$tɔuk$^{3}$li$^{0}$o$^{0}$.｜以映是又讲只笑话嘞，系唔系？箇个有箇夫娘子人讲事唔注意啊，系唔系？箇夫娘子人去田里做工夫，去岭上做工夫，系啊？渠就落水去哩啊，渠就话，箇是笑夫娘子人个咯，其实有么人咁子讲？也可能讲

啊，唔多注意咯。渠话："天老爷，莫落哩啊！欸，舞倒我一身汤师样啊，～得咁湿啦，系啊？"渠话："等我归去哩是夜晡睡倒就尽量你～。"箇是讲笑话。i21iaŋ53ʂʅ53iəu53kəŋ21tʂak3 siau53fa53le0,xei53me53?kai53_44ke53_44iəu35kai53_44pu35ɲiəŋ13_21tsɿ0ɲin13kəŋ21sɿ53n̩13tʂʮ53i53a0,xei53me53?kai53_44pu35ɲiəŋ13_21tsɿ0 ɲin13çi53thien13ni21tso53kəŋ35fu35,çi53liaŋ35xəŋ53_44tso53kəŋ35_44fu35_44,xei53_44a0?ci13_21tshiəu53_44lək5ʂei21çi53li0a0,ci13_21tshiəu53_44 va53,kai53_44ʂʅ53_44siau53pu35ɲiəŋ13_21tsɿ0ɲin13_21ke53ko0,chi13_21ʂət5iəu35_53mak3ɲin13_21kan21tsɿ0kəŋ21?ia35kho21len13kəŋ21_44a0,n̩13_21 to35_44tʂʮ53i53ko0.ci13_44(u)a53_44:"thien35lau21ia13,mək5lək5li0a0!e_21,u21tau21ŋai13iet3ʂən35mi53tshi35_44iəŋ53_44ŋa0,təuk3tek3 kan21ʂət5la0,xei53a0?"ci13_21 (u)a53:"ten21ŋai13kuei35çi53li0ʂʅ53_44ia53pu35ʂəi53tau21tshiəu53_44tsin21liəŋ53ɲi13təuk3."kai53 ʂʅ53_44kəŋ21siau53fa53_21.

【涿水】təuk3ʂei21 动淋雨：檐头下子唔～个栏场 ien13thei13_21xa35tsɿ0n̩13təuk3ʂei21kei53ləŋ13_21tʂhəŋ13_44｜箇指用油布伞就唔得～呀。kai53_44tshiəu53n̩13tek3təuk3ʂei21ia0.

【茁壮子】khueit5tsəŋ53tsɿ0 形状态词。肥大壮实貌：鸡冠髻鲜红子，～，箇就表示箇鸡子嘞健康。cie35kən35_44ci53çien35fəŋ13_21tsɿ0,khueit5tsəŋ53tsɿ0,kai53_44tshiəu53_44piau21ʂʅ53_44kai53_44cie35tsɿ21le0chien53khəŋ35.

【斫】tʂək3 动①用刀、斧等砍：～树 tʂək3ʂəu53｜～竹子 tʂək3tʂəuk3tsɿ0｜我姨子爱我去～柴。ŋai13əi35tsɿ0əi53_44ŋai13_44çi53_44tʂək3tshai13. ②买（肉）：～猪肉哇，～两斤猪肉哇，～肉哇。tʂək3tʂəu35 ɲiəuk3ua0,tʂək3iəŋ21cin35_44tʂəu35ɲiəuk3ua0,tʂək3ɲiəuk3ua0.

【斫柴个】tʂək3tshai13ke0 指樵夫：箇岭上箇只人搞么个个？/～。kai53_44liaŋ35xəŋ53_44kai53tʂak3ɲin13_21 kau21mak3e0ke53_44?/tʂək3tshai13ke53.

【斫刀】tʂək3tau35 名砖刀，泥水匠用的一种工具：又安做～嘞。又话～嘞。也就系同泥刀系一只东西嘞。iəu53_44ən35_44tso53_44tʂək3tau35_44lei0.iəu53_44ua53_44tʂək3tau35_44lei0.ia35tshiəu53xe53thəŋ13_21lai13tau35_44xe53iet3tʂak3 təŋ35_44si0lei0.

【斫凳】tʂək3tien53 名木工用的长凳。又称"粗凳"：咁子安做～，～。又安做粗凳。kan21_44tsɿ0 ən35_44tso53_44tʂək3ten53_44,tʂək3ten53.iəu53ən35_44tso53_44tshɿ35tien53_21.

【斫斧】tʂək3pu21 名木工、锯匠用来砍东西的斧头。也称"斫斧子"：一种就用来，欸，木匠用个，箇个，安做～。木匠用个，渠就更阔，系啊？噢，还有起再，就用来斫树个。从前斫树用斧头去斫吵。用斧头去斫，狭狭子，咁阔子。箇个斫。箇个真正个～。iet3tʂəŋ21tshiəu53 iəŋ53ləi13_21,e_21,muk3siəŋ53iəŋ53ke53_44,kai53_21ke53_44,ən35_44tso53_44tʂək3pu21.muk3siəŋ53iəŋ53_44ke53_44,ci13tshiəu53_44ken53khəit3,xei53_44 a0?au_21,xai13_21iəu35_53çi21tsai53_44,tshiəu53iəŋ53ləi13_21tʂək3ʂəu53ke53_44.tshəŋ13tshien13tʂək3ʂəu53iəŋ53_44pu21thei13çi53tʂək3 ʂa0.iəŋ53pu21thei13çi53tʂək3,chiait5chiait5tsɿ0,kan21khəit3tsɿ0.kai53_21ke53_44tʂək3.kai53kei53_44tʂən35tʂən53_44ke53_44tʂək3pu21.｜有起～子，斫树个斧。iəu35çi21tʂək3pu21tsɿ0,tʂək3ʂəu53ke0pu21.

【啄】tsait5 动禽类用喙叩击并夹住东西；箇鸡子去～呀。kai53_44cie35tsɿ0çi53_44tsait5ia0.｜（黄雀算命系）用箇鸟子乱～，系唔系啊？～倒哪只就系哪只，～个咁个纸签。iəŋ53_44kai53_44tiau35tsɿ0lən53 tsait3,xei53_44mei53_44a0?tsait5tau21lai53tʂak3tshiəu53_44xei53lai53tʂak3,tsait5ke53_44kan21ke53tʂʅ21tshian35.

【啄木鸟】tək3muk3tiau35 名鸟名，喙特别坚硬，适于在树皮或树干上钻孔啄食虫子：欸，～就跍倒箇树上剁剁剁，就食虫子。以下～都蛮少了。以个墩里是冇得哦，箇岭上看下还寻得下子倒嘛。e_21,tək3muk3tiau35tshiəu53_44ku35_44tau53_44kai53_44ʂəu53_44xəŋ53_44to_53to_53to_53,tsiəu53_44ʂət5tʂhəŋ13tsɿ0.i21xa53tək3 muk3tiau35təu35_53man13_21ʂau21liau0.i21ke53_44thən53ni21ʂʅ53_21mau13tek3o0,kai53_44liaŋ35xəŋ53_44khən53na53xai13_21tshin13_53tek3 (x)a53tsɿ0tau21ma0.

【着₃】tʂək3 动①穿：～衫裤 tʂək3san35fu53｜～鞋 tʂək3xai13｜～袜子 tʂək3mait3tsɿ0｜天气冷哩啊，多～件子衫呐。thien35_44çi53laŋ35lia0,to35tʂək3chien53tsɿ0san35na0.｜有棉背褡子，老人家最喜欢～。iəu35_44mien13pəi53tait3tsɿ0,lau21ɲin13ka35_44tsei53çi21fən35_44tʂək3. ②（植物）结、长（果实等）：～只咁个弯弯子咁个安做蒜弓子啊。tʂək3tʂak3(k)an21ke53_44uan35uan35_44tsɿ0kan21ke53ən35_44tso53_44sən53ciəŋ35tsɿ0a0.

【粢盛】tshɿ35tʂhən13 名祭祀仪式上对饭的雅称：献～，就饭，就系饭呐。çien53tshɿ35tʂhən13,tsiəu53_21 fan53,tshiəu53_44xe53_44fan53na0.

【子₁】tsɿ21 名指棋子：我等有六子棋。一个人六只～。ŋai13tien0iəu35_44liəuk3tsɿ21chi13.iet3cie53in13_21 liəuk3tʂak3tsɿ21.｜我以只～指上天棋的棋子，打比我以只～就系三角形，系啊？我以只～，欸，你以只～就圆个，欸，渠只就欸方个。ŋai13i21tʂak3tsɿ21,ta21pi21ŋai13i21tʂak3tsɿ21tshiəu53_44xe53_44san35kək3 çin13,xei53_44a0?ŋai13i21tʂak3tsɿ21,ei_21,ɲi13i21_44tʂak3tsɿ21tshiəu53_44ien13ke53_44,e_21,ci13tʂak3tshiəu53_44e_21fəŋ35ke53_44.

【子₂】tsɿ21 量用于线团：一～线 iet3tsɿ21sien53

Z

【子$_3$】tsɿ$^{0}$ 助①放在量词或数量短语后，表示近于这个数量，有舒缓语气的意味：箇阵子是卖妹子箇只都还爱接新人箇只都还爱搞担～皮篓子，有盖子个。kai$^{53}_{44}$tʂʰən$^{53}_{44}$tsɿ$^{0}$ ʂʅ$^{53}_{44}$mai$^{53}_{44}$mɔi$^{53}$tsɿ$^{0}$ kai$^{53}_{44}$tʂak$^{3}$ təu$^{35}_{44}$xa$^{13}_{21}$ɔi$^{53}_{44}$tsiet$^{3}$ sin$^{35}$ɲin$^{13}$kai$^{53}_{44}$tʂak$^{3}$ təu$^{35}_{44}$xa$^{13}_{21}$ɔi$^{53}_{44}$kau$^{21}$tan$^{35}_{44}$tsɿ$^{0}$ pʰi$^{13}$lei$^{21}$tsɿ$^{0}$,iəu$^{35}_{44}$kɔi$^{53}$tsɿ$^{0}$ ke$^{53}$.｜以个皮篓子箇个盖子总系六寸～搞不好了，渠$_{指天盖地}$箇只就硬盖到底。i$^{21}$ke$^{53}$pʰi$^{13}$lei$^{21}$tsɿ$^{0}$ kai$^{53}_{44}$ke$^{53}_{44}$ kɔi$^{53}$tsɿ$^{0}$ tsəŋ$^{21}$xe$^{53}_{44}$liəuk$^{3}$ tsʰən$^{53}$tsɿ$^{0}$ kau$^{21}$puk$^{3}$ xau$^{21}$liau$^{0}$,ci$^{13}$kai$^{53}$tʂak$^{3}$ tsʰiəu$^{53}_{44}$ɲiaŋ$^{53}$kɔi$^{53}$tau$^{53}_{44}$te$^{21}$.｜有三排～牙齿个，系唔系？iəu$^{35}_{44}$san$^{35}$pʰai$^{13}_{21}$tsɿ$^{0}$ ŋa$^{13}$tʂʰʅ$^{21}_{44}$ke$^{53}_{44}$,xei$^{53}_{44}$me$^{53}_{44}$?｜半只～ pan$^{53}$tʂak$^{3}$ tsɿ$^{0}$｜几多点～钟哦？噢，五点多～钟吧？好。ci$^{21}$to$^{35}_{44}$tian$^{21}$tsɿ$^{0}$ tʂəŋ$^{35}$ŋo$^{0}$ ?au$_{21}$,ŋ̍$^{21}$tian$^{21}$to$^{35}_{21}$tsɿ$^{0}$ tʂəŋ$^{35}_{44}$pa$^{0}$ ?xau$^{21}$. ②附加在数词或数量短语后，表示此数目不算大，并隐含大约的意思：我就系以咁子就欸有四千多块钱了哇，面前是正退休个时候子两千多块～钱。ŋai$^{13}$tsʰiəu$^{53}$uei$^{53}$(←xei$^{53}$)i$^{21}$kan$^{21}_{35}$tsɿ$^{0}$ tsʰiəu$^{53}_{44}$e$_{21}$iəu$^{35}$si$^{53}$ tsʰien$^{35}_{44}$to$^{35}_{44}$kʰuai$^{53}_{21}$tsʰien$^{13}_{21}$niau$^{0}$ ua$^{0}$,mien$^{53}$tsʰien$^{13}$ʂʅ$^{53}_{44}$tʂaŋ$^{53}_{44}$tʰi$^{53}_{44}$çiəu$^{35}$ke$^{53}_{44}$ʂʅ$^{13}$xəu$^{53}_{44}$tsɿ$^{0}$ iəŋ$^{21}$tsʰien$^{35}_{44}$to$^{35}_{44}$kʰuai$^{53}$tsɿ$^{0}$ tsʰien$^{13}_{21}$.｜两十分～钟就爱，十多两十分钟爱。iəŋ$^{21}$ʂət$^{5}$ fən$^{35}_{44}$tsɿ$^{0}$ tʂəŋ$^{35}_{44}$tsʰiəu$^{53}$ɔi$^{53}_{44}$,ʂət$^{5}$ to$^{35}_{53}$ iəŋ$^{21}$ʂət$^{5}$ fən$^{35}_{44}$tʂəŋ$^{35}_{44}$ɔi$^{53}_{21}$. ③加在表时间点或时间量的词语之后，表示大约在某个时间或约莫多长时间：八点四十～，我起码炆倒半点～钟呐。pait$^{3}$ tian$^{21}$si$^{53}$ʂət$^{5}$ tsɿ$^{0}$,ŋai$^{13}_{21}$çi$^{21}$ma$^{35}_{44}$uən$^{13}$tau$^{21}$pan$^{53}$tian$^{21}$ tsɿ$^{0}$ tʂəŋ$^{35}_{44}$na$^{0}$.｜河官桃就系河官个时候～六月～阴历六月～就会有食。xo$^{13}$kən$^{35}_{44}$tʰau$^{13}_{21}$tsʰiəu$^{53}_{44}$xe$^{53}_{44}$ xo$^{13}$kən$^{35}_{44}$ke$^{53}_{44}$ʂʅ$^{13}$xei$^{53}$tsɿ$^{0}$ liəuk$^{3}$ ɲiet$^{5}$ tsɿ$^{0}$ in$^{35}$liet$^{5}$ liəuk$^{3}$ ɲiet$^{5}$ tsɿ$^{0}$ tsʰiəu$^{53}_{44}$uɔi$^{53}_{44}$iəu$^{35}_{44}$ʂət$^{5}$. ④放在述补结构后，表示量小，相当于"一点，一些"：隔开～来 kak$^{3}$ kʰɔi$^{35}_{44}$tsɿ$^{0}$ lɔi$^{13}_{21}$。⑤结构助词。放在形容词AA 式重叠式后，相当于"的"：阳钩，好像系身子长长～。iəŋ$^{13}$kei$^{35}$,xau$^{21}$tsʰiəŋ$^{53}$xe$^{53}$ʂən$^{35}$tsɿ$^{0}$ tʂʰəŋ$^{13}$tʂʰəŋ$^{13}$tsɿ$^{0}$. ⑥结构助词。状中结构标志，相当于"地"：（蜂桶）一格一格～，同箇乡下人个禾仓样，哦装谷个仓样，一格一格～垛上去。iet$^{3}$ kak$^{3}$ iet$^{3}$ kak$^{3}$ tsɿ$^{0}$ ,tʰəŋ$^{13}$kai$^{53}_{44}$çiəŋ$^{35}$xa$^{53}_{44}$ɲin$^{13}_{44}$ ke$^{53}_{44}$uo$^{13}$tsʰəŋ$^{35}$iəŋ$^{53}$,o$_{21}$tʂəŋ$^{35}$kuk$^{3}$ ke$^{53}_{44}$tsʰəŋ$^{35}$iəŋ$^{53}_{44}$,iet$^{3}$ kak$^{3}$ iet$^{3}$ kak$^{3}$ tsɿ$^{0}$ tʰo$^{53}_{44}$ʂəŋ$^{53}_{44}$cʰi$^{53}_{44}$.｜一脚一脚～上个，台阶样，一脚脚～上个，就箇就安做碫子。iet$^{3}$ ciɔk$^{3}$ iet$^{3}$ ciɔk$^{3}$ tsɿ$^{0}$ ʂəŋ$^{35}$ke$^{53}_{44}$,tʰɔi$^{13}$kai$^{35}_{44}$iəŋ$^{53}$,iet$^{3}$ ciɔk$^{3}$ ciɔk$^{3}$ tsɿ$^{0}$ ʂəŋ$^{35}$ke$^{53}_{44}$,tsʰiəu$^{53}_{44}$kai$^{53}_{44}$tsʰiəu$^{53}_{44}$ən$^{35}_{44}$tso$^{53}_{44}$tən$^{53}$tsɿ$^{0}$.｜以前冇得火缸，落尾慢慢～有火缸。i$^{35}_{44}$ tsʰien$^{13}_{21}$mau$^{13}$tek$^{3}$ fo$^{21}$kəŋ$^{35}$,lɔk$^{5}$ mi$^{35}_{44}$man$^{53}$man$^{53}_{44}$tsɿ$^{0}$ iəu$^{35}_{44}$fo$^{21}$kəŋ$^{35}$.

【子弹壳】tsɿ$^{21}$tʰan$^{53}$kʰɔk$^{3}$ 名子弹的外壳：捡个～ cian$^{21}$cie$^{53}$tsɿ$^{21}$tʰan$^{53}$kʰɔk$^{3}$｜捡倒箇～啊。cian$^{21}$ tau$^{21}$kai$^{53}_{44}$tsɿ$^{21}$tʰan$^{53}$kʰɔk$^{3}$ a$^{0}$.

【子弹头】tsɿ$^{21}$tʰan$^{53}$tʰei$^{13}$ 名子弹的弹头。也称"子弹头子"：～底下唔系溜尖？系啊？溜尖个。底下是溜尖个。顶高嘞就有只子凼子。tsɿ$^{21}$tʰan$^{53}$tʰei$^{13}$tei$^{21}$xa$^{53}_{44}$m̩$^{13}_{21}$me$^{53}_{44}$liəu$^{35}_{44}$tsian$^{35}$?xe$^{53}_{44}$a$^{0}$ ?liəu$^{35}_{44}$tsian$^{35}$ ke$^{53}_{21}$.te$^{21}$xa$^{53}_{44}$ʂʅ$^{53}_{44}$liəu$^{35}_{44}$tsian$^{35}_{44}$cie$^{53}_{44}$.taŋ$^{21}$kau$^{35}_{44}$le$^{0}$ tsʰiəu$^{53}_{44}$iəu$^{35}_{44}$tʂak$^{3}$ tsɿ$^{0}$ tʰəŋ$^{53}$tsɿ$^{0}$.｜箇～子样个嘞，有滴跌嘿哩个～子有只子凼子。kai$^{53}_{44}$tsɿ$^{21}$tʰan$^{53}$tʰei$^{13}$tsɿ$^{0}$ iəŋ$^{53}_{44}$ke$^{53}_{44}$le$^{0}$,iəu$^{35}$tet$^{5}$ tet$^{3}$ (x)ek$^{3}$ li$^{0}$ ke$^{53}_{44}$tsɿ$^{21}$tʰan$^{53}$tʰei$^{13}$tsɿ$^{0}$ iəu$^{35}$tʂak$^{3}$ tsɿ$^{0}$ tʰəŋ$^{53}$tsɿ$^{0}$.

【子杠子】tsɿ$^{21}$kəŋ$^{53}$tsɿ$^{0}$ 名抬棺材时介于两条大杠之间的小木杠，棺材前后各一：你赶快你拿你拿拿条～来呀！ɲi$^{13}$kan$^{21}$kʰuai$^{53}_{44}$ɲi$^{13}$la$^{53}$ɲi$^{13}$la$^{53}_{44}$la$^{53}$tʰiau$^{13}$tsɿ$^{21}$kəŋ$^{53}$tsɿ$^{0}$ lɔi$^{13}$ia$^{0}$!｜（箇两条大杠）两头伸出来，伸出来个部位嘞，又用箇条绳呢又咁子横个缔下倒。又舞条短杠子，就安做～，中间穿下去。iəŋ$^{21}$tʰei$^{13}$tʂʰən$^{35}$tʂʰət$^{3}$ lɔi$^{13}_{21}$,tʂʰən$^{35}$tʂʰət$^{3}$ lɔi$^{13}_{21}$ke$^{53}_{44}$pʰu$^{53}$uei$^{53}_{44}$lei$^{0}$ ,iəu$^{53}$iəŋ$^{53}_{44}$kai$^{53}$tʰiau$^{13}_{21}$ʂən$^{13}_{21}$nei$^{0}$ iəu$^{53}$ kan$^{21}$tsɿ$^{0}$ uaŋ$^{13}$ke$^{53}_{44}$tʰak$^{3}$ a$^{53}$tau$^{21}$.iəu$^{53}_{44}$u$^{21}$tʰiau$^{13}_{44}$tən$^{21}$kəŋ$^{53}$tsɿ$^{0}$ ,tsiəu$^{53}_{44}$ən$^{35}_{44}$tso$^{53}_{44}$tsɿ$^{21}$kəŋ$^{53}$tsɿ$^{0}$ ,tʂəŋ$^{35}$kan$^{35}_{44}$tʂʰon$^{53}$na$^{53}_{21}$ çi$^{53}$.

【子骨子】tsɿ$^{21}$kuət$^{3}$ tsɿ$^{0}$ 名软骨：（喉嗓）尽～唠。tsʰin$^{53}$tsɿ$^{21}$kuət$^{3}$ tsɿ$^{0}$ lau$^{0}$.

【子女】tsɿ$^{21}$ŋ̍$^{21}$/ɲy$^{21}$ 名儿子和女儿的统称，儿女：自家屋下爱请一个，德高望重个，年纪大滴子，还爱有～个，莫离婚个。tsʰɿ$^{35}$ka$^{53}_{44}$uk$^{3}$ xa$^{53}$ɔi$^{53}_{44}$tsʰiaŋ$^{21}$iet$^{3}$ cie$^{53}$,tek$^{3}$ kau$^{35}_{44}$uəŋ$^{53}$tʂʰəŋ$^{53}$ke$^{53}_{44}$, ɲien$^{13}$ci$^{21}$ tʰai$^{53}$tiet$^{5}$ tsɿ$^{0}$ ,xa$^{13}_{44}$ɔi$^{53}_{44}$iəu$^{35}_{44}$tsɿ$^{21}$ŋ̍$^{21}$ke$^{53}$,mɔk$^{5}$ li$^{13}_{21}$fən$^{35}$cie$^{53}$.

【子时】tsɿ$^{21}$ʂʅ$^{13}$ 名古代以十二地支计时，子时是指夜晚十一时到一时的时间：十一点钟就交～嘞。ʂət$^{5}$ iet$^{3}$ tian$^{21}$tʂəŋ$^{35}_{44}$tsʰiəu$^{53}_{44}$ciau$^{35}$tsɿ$^{21}$ʂʅ$^{13}_{21}$le$^{0}$.

【子孙曾玄】tsɿ$^{21}$sən$^{35}$tsʰien$^{13}$fien$^{13}$/çyen$^{13}$ 从己身往下儿子、孙子、曾孙、玄孙这四代人的统称：子孙，欸，～吧？子孙，儿子，孙子，孙，曾孙，玄孙，～。tsɿ$^{21}$sən$^{35}$,e$_{21}$,tsɿ$^{21}$sən$^{35}$tsʰien$^{13}$fien$^{13}$ pa$^{0}$ ?tsɿ$^{21}$sən$^{35}$,e$^{13}$tsɿ$^{21}$,sən$^{35}_{44}$tsɿ$^{0}$ ,sən$^{35}_{44}$,tsʰien$^{13}$sən$^{35}$,çyen$^{13}$sən$^{35}_{44}$,tsɿ$^{21}$sən$^{35}_{44}$tsʰien$^{13}$çyen$^{13}$.

【子竹篾】tsɿ$^{21}$tʂəuk$^{3}$ miet$^{5}$ 名用嫩竹加工的篾：嫩竹做个系～。～啊。缠箇只箩舷呐，缠篓公啊。/欸，扫把。/嫩竹吧？还正架势子开叶个箇起就喊嫩竹。喊是～。/嫩竹斫下来，劈开来，放下石灰肚里去浸。/就破倒一皮一皮子。/萦成一只只个圈，放下石灰肚里去浸。/箇就～。/藉先你到楼上看箇个篓公个箇只舷上舞个箇条东西。/篓公舷上箇个就～。/箇个就安做～。就～舞个。/渠个韧性呢，揪韧。/箇个就正架势子开叶了就爱斫。lən53tʂəuk3tso53-44ke53-44 xe53-44tsɿ21tʂəuk3miet5.tsɿ21tʂəuk3miet5a0.tʂhen13kai53-44tʂak3lo13çien13na0,tʂhen13ni21kəŋ35-44ŋa0./e21,sau53pa21./lən53 tʂəuk3pha0?xai13tʂaŋ53cia53ʂʅ53-44tsɿ0khɔi35iait5ke53-44kai53-44çi21tshiəu53-44xan21lən53tʂəuk3.xan53-44ʂʅ53-44tsɿ21tʂəuk3 miet5./lən53tʂəuk3tʂɔk3xa53lɔi13-44,phiak3khɔi35lɔi13-44,fɔŋ53-44ŋa44(←xa53)ʂak5fɔi35-44təu21li0çi53-44tsin53./tsiəu53-44pho53tau21 iet3phi13iet3phi13tsɿ0./iaŋ35ʂaŋ13-44iet3tʂak3tʂak3ke53-44chien35,fɔŋ53-44ŋa44(←xa53)ʂak5fɔi35-44təu21li0çi53-44tsin53./kai53-44 tshiəu53tsɿ21tʂəuk3met5./tʂa53-44sien35ɲi13-21tau53lei13xɔŋ35-44khɔn53kai53ke53li13-21kəŋ35-44ke53-44kai53tʂak3çien13xɔŋ35-44u21ke53-44 kai53-44thiau13-21təŋ35-44si0./li21kəŋ35-44çien13xɔŋ35-44kai53-44ke53-44tshiəu53-44tsɿ21tʂəuk3miet5./kai53-44ke35-35tshiəu53-44ɔn35-44tso53-44tsɿ21tʂəuk3 met5.tshiəu53-44tsɿ21tʂəuk3met5u21ke53./ci13-21ke53-44ɲin53sin53ne0,tsiəu35ɲin53./kai53-44ke53-44tshiəu53-44tʂaŋ53cia53ʂʅ53-44tsɿ0khɔi35 iait5liau0tshiəu53ɔi53-44tʂɔk3.

【子子】tsɿ21tsɿ21 [名]粉刺的俗称：粉刺安做么啊唠？青春痘吧？粉刺就系后生人……起倒一面个，安做～唠。fən21tshɿ53ɔn35-44tso53mak3a0lau0?tshin35-44tʂhən35-44thei53pa0?fən21tshɿ53tshiəu53-44xe53-44xei53saŋ35 ɲin13…çi21tau21iet3mien53ke53-21,ɔn35-44tso53tsɿ21tsɿ21lau0.

【仔细】tsɿ21se53 [形]精心：筑得～个爱放三轮墙绷。tʂəuk3tek5tsɿ21se53ke53-44ɔi53-44fɔŋ53-44san35nən13-21tshiɔŋ13 paŋ35.

【姊妹】tsi21mɔi53 [名]姐妹、兄妹、姐弟或兄弟姐妹的合称：打比我等有几～，欸，面前几只都嫁咁，卖嘿哩了。ta21pi21ŋai13tien0iəu35-44ci21tsi21mɔi53,e21,mien53tshien13-21ci21tʂak3təu35-44ka53kan21,mai53ek3li0 liau0.

【姊丈】tsi21tʂhɔŋ35 [名]姐夫：我等以映子咯，都系以喊姐夫呢。喊～个只有箇个岭背江西人呢喊～，就喊得多。也有喊～啦，以向也有喊～个，客家人呢，但是更少，嘿，喊～个。ŋai13 tien0i21iaŋ53tsɿ0ko0,təu35xei53i21xan53tsia21fu35nei0.xan53tsi21tʂhɔŋ35ke0tʂɿ21iəu53-53kai53-44ke53-44cien53pɔi53-44kɔŋ35si35-44 ɲin13-21ne0xan53tsi21tʂhɔŋ35,tsiəu53xan53tek3to35.ia35iəu35-44xan53tsi21tʂhɔŋ35la0,i21çiɔŋ53-44ia35iəu35-44xan53tsi21tʂhɔŋ35ke0, khak3ka35-44ɲin13-21ne0,tan53ʂɿ21cien53ʂau21,xe21,xan53tsi21tʂhɔŋ53ke0.

【籽】tsɿ21 [名]某些植物所结的种子：大概就系结个～唔多。thai53khai53tshiəu53-44xei53-44ciet3ke53tsɿ21ŋ̍13 to35.

【籽籽】tsɿ21tsɿ21 [名]①植物的种子：青光树系结～榨得油个。tshiaŋ35kɔŋ35ʂəu53xe53ket3tsɿ21tsɿ21tsa53 tek3iəu13ke53.｜皮珠英欸箇～安做么个？phi13tʂəu35kait3e0kai53tsɿ21tsɿ0ɔn35-44tso53-44mak3ke53-44? ②植物的果实：就樱桃嘞，咁大一只子个，鲜红子个～啊。tshiəu53-44in35thau13-21le0,kan21-35thai53iet3tʂak3tsɿ0 ke53-44,çien35-44fəŋ13-21tsɿ0ke53-44tsɿ21tsɿ21a0. ③泛指颗粒状的东西：箇个～啊，打嘿哩高粱箇个壳壳啊，～啊，首先都还好，用久哩渠就会跌。kai13-44ke0tsɿ21tsɿ21a0,ta21xek3li0kau35liɔŋ13-21kai53ke0khɔk3khɔk3a0, tsɿ21tsɿ21-44a0,ʂəu21sien35-44təu35-53xan13-21xau21,iəŋ53ciəu21li0ci13-21tshiəu53uɔi53tet3.

【梓木树】tsɿ21muk3ʂəu53 [名]学名檫树。也简称"梓树、梓木"。又俗称"落叶樟"：樟树㨪～嘞又有只咁个区别。樟树嘞就安做过冬樟，香樟是过冬樟；还那起就落叶樟。～又安做落叶樟。会跌叶子冬下。就系梓树。/欸，就系梓树，就系落叶樟。/唔知我等搞错哩吗哈。/么个啊？/落叶樟系唔系就系～噢？/系呀。/系吧？/系。/落叶樟就系梓木。/过冬樟箇是香樟。/欸，过冬樟就香樟。tʂɔŋ35ʂəu53lau35tsɿ21muk3ʂəu53-44lei0iəu53-44iəu53-44tʂak3kan21-13ke53-44tʂhʯ53-44phek5.tʂɔŋ35ʂəu53lei0 tshiəu53-44ɔn35-44tso53-44ko53təŋ35-44tʂɔŋ35,çiɔŋ35tʂɔŋ35ʂʅ53-44ko53təŋ35-44tʂɔŋ35;xai13-21lai53-35çi21tshiəu53-44lɔk5iait5tʂɔŋ35.tsɿ21muk3ʂəu53-44 iəu53-44ɔn35-44tso53-44lɔk5iait5tʂɔŋ35-44.uɔi53-44tiait3iait5tsɿ0təŋ35-44xa53-44.tshiəu53xe53tsɿ21ʂəu53./e21,tshiəu53xe53tsɿ21ʂəu53,tshiəu53-44 xe53-44lɔk5iait5tʂɔŋ35./ŋ̍13-21ti35-44ŋai13-21tien0kau21tsho53li0ma0xa0./mak3ka0?/lɔk5iait5tʂɔŋ35xei53mei53-44tshiəu53-44ue44 (←xe53)tsɿ21muk3ʂəu53uau0?/xei53ia0./xei53pa0?/xe53./lɔk5iait5tʂɔŋ35tshiəu53xe53-44tsɿ21muk3./ko53təŋ35-44tʂɔŋ35 kai53-21ʂʅ53-21çiɔŋ35tʂɔŋ35./e21,ko53təŋ35-44tʂɔŋ35tshiəu53-44çiɔŋ35tʂɔŋ35.

【紫】tsɿ21 [形]红与蓝合成的颜色：撞倒哩个栏场～哩血哦。tʂhɔŋ53tau21li0ke0laŋ13-21tʂhɔŋ13-21tsɿ21li0çiet3 o0.

【紫红】tsɿ21fəŋ13 [形]纯紫色加玫瑰红而得到的颜色：有起～色个茄子。iəu35-53çi21-44tsɿ21fəŋ13sek3ke53 chio13tsɿ0.

【紫荆】tsɿ21ciaŋ35 [名]落叶乔木或灌木。叶圆心形，春天开红紫色花：我等以个栏场也有～嘞。我看倒一只栏场栽倒有～，渠等话我知，爱我看。ŋai13-21tien0i21ke53laŋ13-21tʂhɔŋ13-44ia35iəu35-44tsɿ21ciaŋ35lei0. ŋai13khɔn53tau21iet3tʂak3laŋ13-21tʂhɔŋ13-44tsɔi35tau21iəu35-44tsɿ21ciaŋ35,ci13-21tien0ua53ŋai13-21ti35-53,ɔi53ŋai13khɔn53.

【紫色】tsɿ21sek3 [名]蓝和红合成的颜色：～啊，/就荷包茄。tsɿ21sek3a0,/tsʰiəu53_44xo13pau35_44cʰio13.

【紫苏】tsɿ21sɿ35/səu35 [名]一年生草本，方形茎，卵形叶，夏季开淡红色花，茎叶子实均可入药，有止咳驱痰及利尿之功：（辣椒筒子）加滴子～ cia35_44tiet5tsɿ0tsɿ21səu35_44｜欸，如今煮鲜鱼啊，煮新鲜鱼箇兜啊，爱放兜子～正好食，更香。欸，晒换茶干子放兜子～。e_21,i13_21cin35_44tʂəu21sen35ŋ̍13_21 ŋa0,tʂəu21sin35_44sen35_44ŋ̍13kai35_44tei35_53a0,ɔi53_44fɔŋ53təu35_53tsɿ0tsɿ21sɿ35tʂaŋ53_44xau21ʂət5,cien53_44çiɔŋ35.e_21,sai53uɔn53tsʰa13_21kɔn35 tsɿ0fɔŋ53tei35_53tsɿ0tsɿ21sɿ35_44.

【紫乌紫黑】tsɿ21u35tsɿ21xek3 形容淤青的颜色：箇个有兜是有兜手上啊被分箇压倒哩啊，或者撞伤哩啊，～。箇个箇肉色都变嘿哩啊，～。kai53_44ke53_44iəu35te35_53ʂʅ53_44iəu35te35_53ʂəu21xɔŋ53ŋa0pʰei53pən35_53 kai53iak3tau21li0a0,xɔit5tʂa21tsʰɔŋ53ʂɔŋ53li0a0,tsɿ21u35tsɿ21xek3.kai53_44ke53_44kai53_44ɲiəuk3sek3təu35_44pien53nek3li0a0, tsɿ21u35tsɿ21xek3.｜欸，我个膝头呀去箇分你摩托撞一下，撞起～哦。e_21,ŋai13kei53tsʰiet3tʰei13ia0çi53_44 kai53_44pən35ɲi13_44mo13tʰɔk3tsʰɔŋ53iet3xa53,tsʰɔŋ53çi21_53tsɿ21u35tsɿ21xek3o0.

【自家】tsʰɿ35ka35 [代]人称代词。自己：（我等箇以前做屋）尽～烧瓦。tsʰin53_44tsʰɿ35ka35_44ʂau35_44ŋa21.｜箇牛铃子～做唔正，以只东西就～做得正。kai53ɲiəu13laŋ13tsɿ0tsʰɿ35ka35_44tso53n̩13_21tʂaŋ53_21,i21tʂak3tɔŋ35_44 si0tsʰiəu53_44tsʰɿ35ka35_44tso53tek3tʂaŋ53_21.

【自家人】tsʰɿ35ka53_44ɲin13_21 [名]①自己家里的人：第一只来屋下个客，只爱不是～，别家个人，只爱系别家个人，就煮碗饽饽渠食了。tʰi53iet3tʂak3lɔi13uk3xa53ke53kʰak3,tʂe21ɔi53_44pət3ʂʅ53_44tsʰɿ35ka35_44 ɲin13_21,pʰiet5ka35_44ke53_44ɲin13_21,tʂe21ɔi53_44xe53_44pʰiet5ka35_44ke53_44ɲin13_21,tsʰiəu53tʂəu21uɔn21pɔk5pɔk0ci13_21ʂət5liau0. ②自己一方的人，圈内人：讨新人，箇个高亲同自家一方个人，我等就～，高亲硬系高亲。除嘿高亲，我等都称。"我等～就箇个哈，等客佬子坐哩来哈，我～就莫坐正哈。"箇个整酒哇就有咁子人喊。tʰau21sin35ɲin13_21,kai53_44ke53_44kau35tsʰin35tʰɔŋ13_44tsʰɿ35ka35_53iet3fɔŋ35ke53ɲin13_44,ŋai13tien0tsʰiəu53_44tsʰɿ35ka35_53ɲin13_44, kau35tsʰin35_44ɲiaŋ53xe53kau35tsʰin35_44.tʂʰəu13xe53_21kau35_44tsʰin35_44,ŋai13tien0təu35_44tʂʰən35_44."ŋai13_21tien0tsʰɿ35ka35_53ɲin13_21tsʰiəu53_44 kai53_44ke53_44xa0,ten21kʰak3lau21tsɿ0tsʰo35li0lɔi13_21xa0,ŋai13_21tsʰɿ35ka35_53ɲin13_21tsʰiəu53_44mɔk5tsʰo35tʂaŋ53_21xa0."kai53_44ke53_44tʂaŋ21 tsiəu21ua0tsʰiəu53iəu53_53kan21tsɿ0ɲin13xan53.

【自家屋下】tsʰɿ53_44ka35_53uk3xa53_44 自己家里：欸，～，最好就～个人。e_21,tsʰɿ53_44ka35_53uk3xa53_44,tsei53xau21 tsʰiəu53_44tsʰɿ53_44ka35_53uk3xa53_44ke53_44in13_21.

【自然】tsʰɿ53vien13 [副]①非人为地：渠落下箇个种子渠就～生啊。ci13lɔk5xa53_44kai53_44ke53_44tʂəŋ21tsɿ0ci13 tsʰiəu53_44tsʰɿ53vien13saŋ35ŋa0.｜（豆腐浆）唔得～出净吵。n̩13tek3tsʰɿ53vien13tʂʰət3tsʰiaŋ53ʂa0. ②无意识地，不由自主地：包括～个唔用手咁子咁子嘴角扯啊扯哩，扯嘴角。pau35kuait3tsʰɿ53vien13_21ke53 n̩13iəŋ53ʂəu21kan21tsɿ0kan21tsɿ0tʂɔi53kɔk3tʂʰa21a3tʂʰa21li0,tʂʰa21tʂɔi53kɔk3.

【自人】tsʰɿ35_53ɲin13_21 [代]人称代词。自己：爱我当箇个么个校长箇兜都当哩两年子我罢罢罢，我～即即哩辞。ɔi53ŋai13_44tɔŋ35kai53_44ke53_44mak3e0ciau53tʂɔŋ21kai53_44te35_44təu35_44tɔŋ35li0iɔŋ21ɲien13tsɿ0ŋai13pa53_21pa53pa53_21, ŋai13tsʰɿ35_53ɲin13_21tset5tset5li0tsʰɿ13.

【自杀】tsʰɿ53sait3 [动]寻短见。又称"寻短路、寻死"：有兜人呐，又食烟，又食酒，又嚼槟榔，欸，又熬夜，又赌钱打牌，箇起人箇真系去下子慢性～呀。iəu35tei35_53ɲin13_21na0,iəu53ʂət5ien35,iəu53 ʂət5tsiəu21,iəu53tsiɔk3pin35nɔŋ13,ei_13,iəu53ŋau13ia53,iəu53təu21tsʰien13ta21pʰai13,kai53çi21_53ɲin13_44kai53_44tʂən35nei53_44çi53 xa53tsɿ0man53sin35tsʰɿ53sait3ia0.

【自愿】tsʰɿ53ɲien53 [副]宁可；宁愿：箇个以前我等人到浏阳去呀，到哪映子食酒箇兜啦，夜晡睡目是冇年纪个时候子是哪映都睡得啊，将就下子，将就一夜凑，系唔系？以下老哩是，箇就收拾哩，以下是就硬我～归来了。噢～归来，箇哟将就唔成，一夜都睡唔着。kai53ke53_44i35_53 tsʰien13ŋai13tien0ɲin13_21tau53liəu13iɔŋ13_21çi53ia0,tau53lai53iaŋ53tsɿ0ʂət5tsiəu21kai53tei35_53la0,ia53pu35_53ʂɔi53muk3ʂʅ53mau13 ɲien13ci21ke53ʂʅ53_44xəu53_44tsɿ0ʂʅ53_44lai53iaŋ53_44təu35_44ʂɔi53tek3a0,tsiɔŋ35tsʰiəu53xa53_44tsɿ0,tsiɔŋ35tsʰiəu53iet3ia53tsʰe0,xei53_44 me53_44?i21xa53lau21li0ʂʅ53_44,kai53_44tsʰiəu53_44ʂəu35_44ʂət5li0,i21xa53_44ʂʅ53_44tsʰiəu53_44ɲiaŋ53ŋai13_44tsʰɿ53ɲien53_44kuei35lɔi13_21liau21.au_53tsʰɿ53_44 ɲien53_44kuei35lɔi13_21,kai53io0tsiɔŋ35tsʰiəu53n̩13_21saŋ13,iet3ia53təu35_44ʂɔi53n̩13_21tʂʰɔk5.｜田里个禾～唔爱咁大，～莫作起咁大，细滴子都好，只爱精括。就产量高哇，就□壮子啊。tʰien13ni21ke53uo13tsʰɿ53ɲien53_44m̩13_21 mɔi53kan21tʰai53,tsʰɿ53ɲien53_44mɔk5tsɔk3çi21kan21tʰai53,se53tiet5tsɿ0təu35_53xau21,tʂɿ21ɔi53tsin35kuak5.tsʰiəu53_44tsʰan21 liɔŋ53_44kau35ua0,tsʰiəu53_44kue35tʂɔŋ53tsɿ0a0.

【字】sɿ53/tsʰɿ53 [名]①指文字，通常指汉字：以只～你认得啊唔认得？i21tʂak3sɿ53ɲi13ɲin53tek3a35ŋ̍13 ɲin53tek3?｜闩嘞就门～肚里一横。tsʰɔn35ne0tsʰiəu53mən13tsʰɿ53təu21li0iet3uaŋ13. ②字据的简称，契

约：立～ liet$^{5}$sɿ$^{53}$

【字辈】tsʰɿ$^{53}$pi$^{53}$ 名 指名字中用于表示家族辈分的字（多为名字中间的字）：我系昭～。ŋai$^{13}_{21}$ ie$_{44}$(←xe$^{53}$)tʂau$^{35}$tsʰɿ$^{53}_{44}$pi$^{53}_{44}$.

【字号】sɿ$^{53}$xau$^{53}$ 名 商号：打比张坊街上箇只药店里啊箇个么个“五福堂”啊就系一只～。欸，“华盛昌”系只～。还有兜么个系～哇？“陈哥”系只～。ta$^{21}$pi$^{21}$tʂɔŋ$^{35}$fɔŋ$^{35}_{44}$kai$^{35}_{44}$xɔŋ$^{53}$kai$^{53}_{44}$tʂak$^{3}$ iɔk$^{5}$ tian$^{53}$ni$^{0}$ a$^{0}$ kai$^{53}_{44}$ke$^{53}_{44}$mak$^{3}$ e$^{0}$"ŋ̍$^{21}$fuk$^{3}$ tʰɔŋ$^{13}$"ŋa$^{0}$ tsʰiəu$^{53}$xei$^{53}$iet$^{3}$ tʂak$^{3}$ tsʰɿ$^{53}$xau$^{53}_{44}$.e$_{21}$,"fa$^{13}$ʂən$^{53}$tʂʰɔŋ$^{35}$"xei$^{53}_{44}$ tʂak$^{3}$ tsʰɿ$^{53}$xau$^{53}_{44}$.xai$^{13}_{21}$iəu$^{35}$tei$^{35}_{53}$mak$^{3}$ ke$^{53}_{44}$xe$^{53}_{44}$tsʰɿ$^{53}$xau$^{53}_{44}$ua$^{0}$?"tʂʰən$^{13}$ko$^{35}$"xei$^{53}_{44}$tʂak$^{3}$ tsʰɿ$^{53}$xau$^{53}$.

【字据】sɿ$^{53}$tʂɥ$^{53}$ 名 契约：立～ liet$^{5}$ sɿ$^{53}$tʂɥ$^{53}$

【宗】tsəŋ$^{35}$ 量 件，场：一～事 iet$^{3}$tsəŋ$^{35}$sɿ$^{53}$｜一～事情 iet$^{3}$tsəŋ$^{35}$sɿ$^{53}$tsʰin$^{13}_{21}$｜打一～官司 ta$^{21}$iet$^{3}$ tsəŋ$^{35}$kɔŋ$^{35}$sɿ$^{35}$

【棕】tsəŋ$^{35}$ 名 棕榈叶鞘的纤维：（绦绳是）用～打个啦。iəŋ$^{53}_{44}$tsəŋ$^{35}$ta$^{21}$ke$^{53}_{44}$la$^{0}$.｜有～做个啦，～做个斗笠啦。iəu$^{35}_{44}$tsəŋ$^{35}$tso$^{53}$ke$^{53}_{44}$la$^{0}$,tsəŋ$^{35}$tso$^{53}$ke$^{53}_{44}$tei$^{21}$liet$^{5}$la$^{0}$.

【棕匠】tsəŋ$^{35}$siɔŋ$^{53}$ 名 用棕榈纤维制作绳子、垫子等用具的手工业者：～啊，～。缲蓑衣个人就系～噢。缲蓑衣呀，做箇个棕垫呐，欸，做棕刮子啊，棕刷子啊，箇个渠做哩。还有刷呀渠都做嘞就，就用棕来做个，～。tsəŋ$^{35}$siɔŋ$^{53}$ŋa$^{0}$,tsəŋ$^{35}$siɔŋ$^{53}$.tsʰiau$^{35}$so$^{35}$i$^{35}_{44}$ke$^{53}$ɲin$^{13}$tsʰiəu$^{53}_{44}$xei$^{53}_{44}$tsəŋ$^{35}$ siɔŋ$^{53}$ŋau$^{0}$.tsʰiau$^{35}$so$^{35}$i$^{35}_{44}$ia$^{0}$,tso$^{53}$kai$^{53}_{44}$ke$^{53}_{44}$tsəŋ$^{35}$tʰian$^{53}$na$^{0}$,e$_{21}$,tso$^{53}$tsəŋ$^{35}$kuait$^{3}$tsɿ$^{0}$a$^{0}$,tsəŋ$^{35}$səit$^{3}$tsɿ$^{0}$a$^{0}$,kai$^{53}_{44}$ke$^{53}_{44}$ ci$^{13}_{21}$tso$^{53}$li$^{0}$.xai$^{13}$iəu$^{35}_{44}$səit$^{3}$ia$^{0}$ci$^{13}_{21}$təu$^{35}_{44}$tso$^{53}$le$^{0}$tsəu$^{53}_{44}$,tsʰiəu$^{53}$iəŋ$^{53}$tsəŋ$^{35}$ləi$^{13}_{21}$tso$^{53}$ke$^{53}_{44}$,tsəŋ$^{35}$siɔŋ$^{53}$.

【棕笠子】tsəŋ$^{35}$liet$^{3}$tsɿ$^{0}$ 名 棕丝斗笠：欸，箇渠是咁个嘞，一顶尖屎笠子，肚里箇个遮水个栏场嘞就放兜舞兜子棕，箇个就安做～。遮水个笠子，遮水又遮阳啰。ei$_{44}$,kai$^{53}_{44}$ci$^{13}_{21}$ʂɿ$^{53}_{44}$kan$^{21}_{13}$ke$^{53}_{44}$ lei$^{0}$,iet$^{3}$tan$^{21}$tsian$^{35}$təuk$^{3}$liet$^{3}$tsɿ$^{0}$,təu$^{21}$li$^{0}$kai$^{53}_{44}$ke$^{53}_{44}$tʂa$^{35}$ʂei$^{21}$ke$^{53}$laŋ$^{13}_{21}$tʂʰɔŋ$^{13}_{21}$lei$^{0}$tsʰiəu$^{53}$fɔŋ$^{53}$te$^{35}_{44}$u$^{21}$te$^{35}_{53}$tsɿ$^{0}$tsəŋ$^{35}$, kai$^{53}_{44}$ke$^{53}_{44}$tsʰiəu$^{53}_{44}$ɔn$^{35}_{53}$tso$^{53}$tsəŋ$^{35}$liet$^{3}$tsɿ$^{0}$.tʂa$^{35}$ʂei$^{21}$ke$^{53}$liet$^{3}$tsɿ$^{0}$,tʂa$^{35}$ʂei$^{21}$iəu$^{53}$tʂa$^{35}$iɔŋ$^{13}$lo$^{0}$.｜我等箇街上箇箇邻舍箇映子，嗯，渠等就卖箇起遮水又遮阳个～嘞。ŋai$^{13}$tien$^{0}$kai$^{53}$kai$^{35}$xɔŋ$^{53}_{44}$kai$^{53}_{44}$kai$^{53}$lin$^{13}$ʂa$^{53}_{44}$kai$^{53}_{44}$ iaŋ$^{53}$tsɿ$^{0}$,n̩$_{21}$,ci$^{13}_{21}$tien$^{0}$tsʰiəu$^{53}_{44}$mai$^{53}$kai$^{53}$çi$^{21}$tʂa$^{35}$ʂei$^{21}$iəu$^{53}$tʂa$^{35}$iɔŋ$^{13}$ke$^{53}_{44}$tsəŋ$^{35}$liet$^{3}$tsɿ$^{0}$lei$^{0}$.

【棕毛老鼠】tsəŋ$^{35}$mau$^{35}$lau$^{21}_{53}$tʂʰəu$^{21}$ 名 冬茅老鼠，一种以冬茅草根或竹根为主食的大型老鼠：晓□□箇样安做～唠，老鼠喔。～嘞。çiau$^{21}$tsen$^{21}_{44}$me$^{53}_{44}$kai$^{53}_{44}$iɔŋ$^{53}_{44}$ɔn$^{35}_{44}$tso$^{53}_{44}$tsəŋ$^{35}$mau$^{35}$lau$^{21}_{53}$tʂʰəu$^{21}$ lau$^{0}$,lau$^{21}$tʂʰəu$^{21}$uo$^{0}$.tsəŋ$^{35}$mau$^{35}$lau$^{21}$tʂʰəu$^{21}$lei$^{0}$.

【棕扫把】tsəŋ$^{35}$sau$^{53}$pa$^{21}$ 名 用棕丝扎的扫把，用于扫地：棕丝做个就～。tsəŋ$^{35}$sɿ$^{35}$tso$^{53}$ke$^{53}_{44}$tsʰiəu$^{53}_{44}$ tsəŋ$^{35}$sau$^{53}$pa$^{21}$.

【棕绳】tsəŋ$^{35}$ʂən$^{13}_{21}$ 名 以棕丝搓制的绳索：欸，我等以映个箩绳都系用～，都用～，唔用别么个绳。我记得以前我用过箇起用过箇麻绳，结果唔好用，因为麻绳涿唔得水。我等箇只荷倒箩去打禾个话，撞怕箇箩绳呢会放下水肚里。麻绳一搞哩水就唔经哩。e$_{21}$,ŋai$^{13}_{21}$tien$^{0}$i$^{21}$iaŋ$^{53}$ke$^{53}$ lo$^{13}$ʂən$^{13}$təu$^{35}$xe$^{53}$iəŋ$^{53}$tsəŋ$^{35}$ʂən$^{13}_{21}$,təu$^{35}$iəŋ$^{53}$tsəŋ$^{35}$ʂən$^{13}_{21}$,n̩$^{13}_{21}$iəŋ$^{53}_{44}$pʰiet$^{5}$mak$^{3}$e$^{0}$ʂən$^{13}_{44}$.ŋai$^{13}$ci$^{53}$tek$^{3}$i$^{35}_{53}$tsʰien$^{13}_{21}$ŋai$^{13}$ iəŋ$^{53}_{44}$ko$^{53}_{44}$kai$^{53}$çi$^{21}$iəŋ$^{53}$ko$^{53}$kai$^{53}$ma$^{13}$ʂən$^{13}$,ciet$^{3}$ko$^{21}$n̩$^{13}_{21}$xau$^{21}_{13}$iəŋ$^{53}$,in$^{35}$uei$^{53}_{44}$ma$^{13}$ʂən$^{13}$təuk$^{3}$n̩$_{44}$tek$^{3}$ʂei$^{21}$.ŋai$^{13}$tien$^{0}$ kai$^{53}$tʂak$^{3}$kʰai$^{35}$tau$^{21}$lo$^{13}$çi$^{53}$ta$^{21}$uo$^{13}$ke$^{53}$fa$^{53}$,tsʰɔŋ$^{21}$pʰa$^{53}$kai$^{53}$lo$^{13}$ʂən$^{13}$ne$^{0}$uəi$^{53}$fɔŋ$^{53}$xa$^{53}$ʂei$^{21}$təu$^{21}$li$^{0}$.ma$^{13}$ʂən$^{13}_{44}$iet$^{3}$ kau$^{21}$li$^{0}$ʂei$^{21}$tsʰiəu$^{53}$n̩$^{13}$cin$^{35}_{44}$ni$^{0}$.

【棕绳股】tsəŋ$^{35}$ʂən$^{13}$ku$^{21}$ 名 用多股棕毛捻制而成的棕绳：箇只石头让门咁重啊，一条～咁大个～都斩齐断呐。kai$^{53}$tʂak$^{3}$ʂak$^{5}$tʰei$^{13}_{44}$ɲiɔŋ$^{53}$mən$^{13}_{44}$kan$^{21}$tʂʰəŋ$^{35}$ŋa$^{0}$,iet$^{3}$tʰiau$^{13}_{21}$tsəŋ$^{35}$ʂən$^{13}_{21}$ku$^{21}$kan$^{21}$tʰai$^{53}_{44}$ke$^{0}$ tsəŋ$^{35}$ʂən$^{13}_{21}$ku$^{21}$təu$^{35}_{53}$tsan$^{21}$tsʰe$^{13}_{21}$tʰɔn$^{35}$na$^{0}$.

【棕丝】tsəŋ$^{35}$sɿ$^{35}$ 名 棕榈树叶鞘的纤维，包在树干外面，红褐色，可以制作蓑衣、斗笠、绳索、刷子、扫把等：～做个就棕扫把。tsəŋ$^{35}$sɿ$^{35}$tso$^{53}$ke$^{53}_{44}$tsʰiəu$^{53}_{44}$tsəŋ$^{35}$sau$^{53}$pa$^{21}$.

【棕叶】tsəŋ$^{35}$iait$^{5}$ 名 棕树的叶子：箇起指蒲扇箇个就不是～嘞，箇是蒲葵嘞。kai$^{53}$çi$^{21}_{44}$kai$^{53}$ke$^{53}$ tsʰiəu$^{53}_{44}$pət$^{3}$ʂɿ$^{53}_{44}$tsəŋ$^{35}$iait$^{5}$le$^{0}$,kai$^{53}$ʂɿ$^{53}_{44}$pʰu$^{13}$kʰuei$^{13}$le$^{0}$.

【棕叶扫把】tsəŋ$^{35}$iait$^{5}$sau$^{53}$pa$^{21}$ 名 用棕叶扎的扫把，用于扫桌子、扫扬尘：箇棕叶个我等喊～。就系棕扫把箇就喊，棕丝做个就棕扫把。～就系扫下子桌个。棕扫把嘞就系扫下子地泥个。/扫地，扫下子尘灰个。/扫灰尘，扫地个。kai$^{53}_{44}$tsəŋ$^{35}$iait$^{5}$ke$^{53}_{44}$ŋai$^{13}_{21}$tien$^{0}$xan$^{53}_{44}$tsəŋ$^{35}$iait$^{5}$sau$^{53}$ pa$^{21}$.tsʰiəu$^{53}_{44}$xe$^{53}_{44}$tsəŋ$^{35}$sau$^{53}$pa$^{21}$kai$^{53}_{44}$tsʰiəu$^{53}$xan$^{21}$,tsəŋ$^{35}$sɿ$^{35}$tso$^{53}$ke$^{53}_{44}$tsʰiəu$^{53}_{44}$tsəŋ$^{35}$sau$^{53}$pa$^{21}$.tsəŋ$^{35}$iait$^{5}$sau$^{53}$pa$^{21}$ tsʰiəu$^{53}$xe$^{53}$sau$^{53}$(x)a$^{53}_{44}$tsɿ$^{0}$tsɔk$^{3}$ke$^{53}$.tsəŋ$^{35}$sau$^{53}$pa$^{21}$lei$^{0}$tsʰiəu$^{53}_{44}$xei$^{53}_{44}$sau$^{53}$xa$^{53}_{44}$tsɿ$^{0}$tʰi$^{53}$lai$^{13}$ke$^{53}$./sau$^{53}_{44}$tʰi$^{53}$,sau$^{53}_{44}$xa$^{53}_{44}$ tsɿ$^{0}$tʂʰən$^{13}$fəi$^{35}$ke$^{53}_{44}$./sau$^{53}$fəi$^{35}$tʂʰən$^{13}_{21}$,sau$^{53}_{44}$tʰi$^{53}$ke$^{53}_{44}$.

【棕叶扇】tsəŋ$^{35}$iait$^{5}$ʂen$^{53}$ 名用棕叶编的扇子。也称“棕叶扇子”：蒲扇渠只爱分箇个棕……箇箇个蒲葵剪呶下来，镶只边，就可以卖嘿。～还爱编织一到嘞。～爱编一到。p$^{h}$u$^{13}$ʂen$^{53}$ci$^{13}$ tʂe$^{21}$ɔi$^{53}_{44}$pən$^{35}$kai$^{53}_{44}$ke$^{53}_{44}$tsəŋ$^{35}$…kai$^{53}_{44}$kai$^{53}_{44}$ke$^{53}_{44}$p$^{h}$u$^{13}$k$^{h}$uei$^{13}$tsien$^{21}$nau$^{0}$ xa$^{53}$lɔi$^{13}_{21}$,siɔŋ$^{35}$tʂak$^{3}$ pien$^{35}$,ts$^{h}$iəu$^{53}_{44}$k$^{h}$o$^{21}$i$^{35}$ mai$^{53}$iek$^{3}$(←xek$^{3}$).tsəŋ$^{35}$iait$^{5}$ ʂen$^{53}$xa$^{13}_{21}$ɔi$^{53}_{44}$p$^{h}$ien$^{35}$tʂek$^{3}$ iet$^{3}$ tau$^{53}$lei$^{0}$.tsəŋ$^{35}$iait$^{5}$ ʂen$^{53}$ɔi$^{53}$p$^{h}$ien$^{35}$iet$^{3}$tau$^{53}$.｜～子系只么个～子嘞？用棕叶，真系用棕叶织个，茶软哦。牵起去牵转来，箇只尾巴咁子。织成一只咁个心形样个唠。tsəŋ$^{35}$iait$^{5}$ ʂen$^{53}$tsʅ$^{0}$ xei$^{53}_{44}$tʂak$^{3}$ mak$^{3}$ (k)e$^{53}_{44}$tsəŋ$^{35}$iait$^{5}$ ʂen$^{53}$tsʅ$^{0}$ lei$^{0}$ ?iəŋ$^{53}$tsəŋ$^{35}$ iait$^{5}$,tʂən$^{35}$xe$^{53}_{44}$iəŋ$^{53}$tsəŋ$^{35}$iait$^{5}$ tʂek$^{3}$ cie$^{53}$, ɲiet$^{5}$ɲiɔn$^{35}$no$^{0}$.tait$^{5}$ çi$^{21}$çi$^{53}$tait$^{5}$ tʂɔn$^{21}$nɔi$^{13}_{21}$,kai$^{53}_{44}$tʂak$^{3}$ mi$^{35}$pa$^{0}$ kan$^{21}$ tsʅ$^{0}$.tʂek$^{3}$ ʂaŋ$^{13}$iet$^{3}$ tʂak$^{3}$ kan$^{21}$ke$^{53}_{44}$sin$^{35}$çin$^{13}$iɔŋ$^{53}_{44}$ke$^{53}_{44}$lau$^{0}$.

【踪】tsəŋ$^{35}$ 动涌向：～倒去啊，～稳去啊。tsəŋ$^{35}$tau$^{21}$çi$^{53}_{44}$a$^{0}$,tsəŋ$^{35}$uən$^{21}$çi$^{53}_{44}$a$^{0}$.｜安做乌蝇～牛屎样啊，～倒去啊。ɔn$^{35}_{44}$tso$^{53}_{44}$u$^{35}$in$^{13}$tsəŋ$^{35}$ɲiəu$^{13}$ʂʅ$^{21}$iɔŋ$^{53}$ŋa$^{0}$,tsəŋ$^{35}$tau$^{21}$çi$^{53}$a$^{0}$.

【总$_{1}$】tsəŋ$^{21}$ 动概括，总括：～个来讲安做皮箱啊。tsəŋ$^{21}$ke$^{53}$lɔi$^{13}_{21}$kɔŋ$^{21}$ɔn$^{35}_{44}$tso$^{53}_{44}$p$^{h}$i$^{13}$siɔŋ$^{35}$ŋa$^{0}$.｜联合～起来～起来安做菌菇。lien$^{13}$xɔit$^{5}$ tsəŋ$^{21}$çi$^{21}$lɔi$^{13}$tsəŋ$^{21}$çi$^{21}$lɔi$^{13}$ɔn$^{35}_{44}$tso$^{53}_{44}$c$^{h}$in$^{35}$ku$^{35}_{44}$.

【总$_{2}$】tsəŋ$^{21}$ 形整体的，全面的：就系～个箇只祭祀活动呢归渠负责。ts$^{h}$iəu$^{53}_{44}$xei$^{53}_{44}$tsəŋ$^{21}$ke$^{53}_{44}$kai$^{53}$ tʂak$^{3}$tsi$^{53}$sʅ$^{53}_{44}$xɔit$^{5}$ t$^{h}$əŋ$^{53}_{44}$nei$^{0}$ kuei$^{35}_{44}$ci$^{13}_{21}$fu$^{53}$tsek$^{3}$.

【总$_{3}$】tsəŋ$^{21}$ 副①一直，持续，经常，不停地：你系～咁子搧扇嘞，搞滴明火去～咁子去烧嘞，就会成灰，就会化咁。ɲi$^{13}$xe$^{53}$tsəŋ$^{21}$kan$^{21}_{44}$tsʅ$^{0}$ ʂen$^{35}$ʂen$^{53}$ne$^{0}$,kau$^{21}$tet$^{5}$ min$^{13}$fo$^{21}$çi$^{53}$tsəŋ$^{21}$kan$^{21}$tsʅ$^{0}$ çi$^{53}_{44}$ ʂau$^{35}_{44}$lei$^{0}$,ts$^{h}$iəu$^{53}$uɔi$^{53}_{44}$ʂaŋ$^{13}_{21}$fɔi$^{35}$,ts$^{h}$iəu$^{53}_{44}$uɔi$^{53}_{44}$fa$^{53}$kan$^{21}$.｜欸着哩吓啊，有些细人子夜晡～咁子叫哇。e$_{44}$ tʂ$^{h}$ɔk$^{5}$ li$^{0}$ xak$^{3}$ a$^{0}$,iəu$^{35}$sie$^{35}_{44}$sei$^{53}$ɲin$^{13}_{21}$tsʅ$^{0}$ ia$^{53}$pu$^{35}$tsəŋ$^{21}$kan$^{21}$tsʅ$^{0}$ ciau$^{53}$ua$^{0}$. ②一概，都：以个皮篓子箇个盖子～系六寸子搞不好了，渠$_{指天盖地}$箇只就硬盖到底。i$^{21}$ke$^{53}$p$^{h}$i$^{13}$lei$^{21}$tsʅ$^{0}$ kai$^{53}_{44}$ke$^{53}_{44}$kɔi$^{53}$tsʅ$^{0}$ tsəŋ$^{21}$xe$^{53}_{44}$ liəuk$^{3}$ ts$^{h}$ən$^{53}$tsʅ$^{0}$ kau$^{21}$puk$^{3}$ xau$^{21}$liau$^{0}$,ci$^{13}$kai$^{53}$tʂak$^{3}$ ts$^{h}$iəu$^{53}_{44}$ɲiaŋ$^{53}$kɔi$^{53}$tau$^{53}_{44}$te$^{21}$. ③一定，无论如何：（地坟塘）～爱跕得几个人下去啊。tsəŋ$^{21}$ɔi$^{53}_{44}$ku$^{35}_{44}$tek$^{3}$ ci$^{21}$ke$^{53}$ɲin$^{13}_{21}$xa$^{53}_{44}$çia$^{53}_{44}$. ④越，愈加：□$_{爬}$嘿箇竹尾巴上去。～□～尾呀，箇尾巴就受唔了哩啊，就驼下来吵。c$^{h}$iet$^{5}_{3}$(x)ek$^{5}$ kai$^{53}_{44}$tʂəuk$^{3}$ mi$^{35}_{44}$pa$^{35}$xɔŋ$^{53}_{21}$ çi$^{53}$.tsəŋ$^{21}$c$^{h}$iet$^{5}$ tsəŋ$^{21}$mi$^{35}$ia$^{0}$,kai$^{53}_{44}$mi$^{35}$pa$^{35}_{44}$ts$^{h}$iəu$^{53}_{44}$ʂəu$^{53}$ŋ̍$^{13}_{21}$liau$^{21}$li$^{0}$ a$^{0}$,ts$^{h}$iəu$^{53}_{44}$t$^{h}$o$^{13}$xa$^{53}_{44}$lɔi$^{13}_{21}$ʂa$^{0}$.｜我话以几年箇个酒厂我觉得经营也蛮艰难了，冇人食哩酒哇。欸，如今整酒哇做好事啊，烟就～搞～消钱，酒是又～食～少，越食越少了。有兜十几桌人，用倒几瓶子酒，欸，有兜是系开倒去下子冇办法，系𫟃食个，𫟃食完个。烟就越食越贵呢。ŋai$^{13}$ua$^{53}$i$^{21}$ci$^{21}$ɲien$^{13}$kai$^{53}$ke$^{53}$tsiəu$^{21}$tʂ$^{h}$ɔŋ$^{21}$ŋai$^{13}$ kɔk$^{3}$ tek$^{3}$ cin$^{35}$in$^{13}_{21}$ia$^{35}$man$^{13}$kan$^{35}$lan$^{13}_{21}$liau$^{0}$,mau$^{13}$ɲin$^{13}_{21}$ʂət$^{5}$ li$^{0}$ tsiəu$^{21}$ua$^{0}$.ei$_{35}$,i$^{13}_{21}$cin$^{35}_{53}$tʂaŋ$^{21}$tsiəu$^{21}$ua$^{0}$tso$^{53}$xau$^{21}$sʅ$^{53}$ a$^{0}$,ien$^{35}$ts$^{h}$iəu$^{53}$tsəŋ$^{21}$kau$^{21}$tsəŋ$^{21}$siau$^{35}_{44}$ts$^{h}$ien$^{13}_{21}$,tsiəu$^{21}$ʂʅ$^{53}$iəu$^{53}_{44}$tsəŋ$^{21}$ʂət$^{5}$ tsəŋ$^{21}$ʂau$^{21}$,viet$^{5}$ ʂət$^{5}$ viet$^{5}$ ʂau$^{21}$liau$^{0}$.iəu$^{35}$ te$^{35}_{53}$ʂət$^{5}$ ci$^{21}$tsɔk$^{3}$ ɲin$^{13}$,iəŋ$^{53}$tau$^{21}_{44}$ci$^{21}$p$^{h}$in$^{13}$tsʅ$^{0}$ tsiəu$^{21}$,e$_{21}$,iəu$^{35}$tei$^{35}_{53}$ʂʅ$^{53}_{44}$(x)e$^{53}_{44}$k$^{h}$ɔi$^{35}$tau$^{21}_{44}$çi$^{53}$xa$^{53}_{44}$tsʅ$^{0}$ mau$^{13}$p$^{h}$an$^{53}$ fait$^{3}$,xe$^{53}_{44}$maŋ$^{13}$ʂət$^{5}$ cie$^{0}$,maŋ$^{13}$ʂət$^{5}$ ien$^{13}$ke$^{53}$.ien$^{35}$ts$^{h}$iəu$^{53}$viet$^{5}$ ʂət$^{5}$ viet$^{5}$ kuei$^{53}$nei$^{0}$.

【总共】tsəŋ$^{21}$k$^{h}$əŋ$^{53}$ 副一共：～十一份 tsəŋ$^{21}$k$^{h}$əŋ$^{53}_{21}$ʂət$^{5}$ iet$^{3}$ fən$^{53}_{44}$

【总管】tsəŋ$^{21}$kɔn$^{21}$ 名管家。又称“管事个”：话别人家话让子个当～呢。就全部归渠管倒，全部个是都只爱问渠让门搞，欸。ua$^{53}_{44}$p$^{h}$iek$^{5}_{3}$ in$^{13}_{44}$ka$^{35}_{53}$ua$^{53}_{44}$ɲiɔŋ$^{53}_{44}$tsʅ$^{0}$ ke$^{53}_{21}$tɔŋ$^{35}$tsəŋ$^{21}$kɔn$^{21}$nei$^{0}$.ts$^{h}$iəu$^{53}$ ts$^{h}$ien$^{13}_{21}$p$^{h}$u$^{53}$kuei$^{35}$ci$^{13}_{21}$kɔn$^{21}$tau$^{21}$,ts$^{h}$ien$^{13}_{21}$p$^{h}$u$^{53}_{44}$ke$^{53}_{44}$sʅ$^{53}_{44}$təu$^{35}_{44}$tʂe$^{21}$ɔi$^{53}_{44}$uən$^{53}$ci$^{13}$ɲiɔŋ$^{53}_{44}$mən$^{13}_{44}$kau$^{21}$,e$_{21}$.

【总系】tsəŋ$^{21}$xe$^{53}$/xei$^{53}$ 副①总是，经常。又称“长日、尽”：～捣乱。tsəŋ$^{21}$xe$^{53}$tau$^{21}$lɔn$^{53}$. ②一直：头到我等一只亲戚，渠个崽子就～唔好，病哩，～唔好。t$^{h}$ei$^{13}_{21}$tau$^{53}$ŋai$^{13}_{21}$tien$^{0}$ iet$^{3}$ tʂak$^{3}$ ts$^{h}$in$^{35}$ ts$^{h}$iet$^{3}$,ci$^{13}_{21}$ke$^{53}_{44}$ɔi$^{35}$tsʅ$^{0}$ ts$^{h}$iəu$^{53}_{44}$tsəŋ$^{21}$xei$^{53}$m̩$^{13}_{21}$xau$^{21}$,p$^{h}$iaŋ$^{53}$li$^{0}$,tsəŋ$^{21}$xei$^{53}$n̩$^{13}_{21}$xau$^{21}$.

【纵$_{1}$】tsəŋ$^{53}$ 名褶皱：（土辣椒）晒成个干个时间渠都现～个。sai$^{53}$ʂaŋ$^{13}$ke$^{53}_{44}$kɔn$^{35}$ke$^{53}$ʂʅ$^{13}_{21}$kan$^{35}_{44}$ci$^{13}_{21}$ təu$^{35}$çien$^{53}$tsəŋ$^{53}$ke$^{53}_{44}$.

【纵$_{2}$】tsəŋ$^{53}$ 动皱（眉头）：～眉毛 tsəŋ$^{53}$mi$^{13}$mau$^{35}$

【纵$_{3}$】tsəŋ$^{53}$ 连表示承认某种事实，暂让一步，有“即使多么”“不管怎样”的意思，在正句里常用“都，也”呼应，说出结论：～远个都舞得倒。tsəŋ$^{53}$ien$^{21}$ke$^{53}_{44}$təu$^{53}_{44}$u$^{21}$tek$^{3}$ tau$^{21}$.｜～搞唔赢，也爱好好学习。tsəŋ$^{53}$kau$^{21}$ŋ̍$^{13}$iaŋ$^{13}$,ia$^{35}$ɔi$^{53}$xau$^{21}$xau$^{21}$xɔk$^{5}$ siet$^{3}$.

【纵竖】tsəŋ$^{53}$ʂəu$^{53}$ 连表示假设的让步，即在偏句提出某种情况，有“即使”“就算是”的意思：～都好哩，都爱起媒。tsəŋ$^{53}$ʂəu$^{53}$təu$^{35}_{44}$xau$^{21}$li$^{0}$,təu$^{35}_{44}$ɔi$^{53}_{44}$çi$^{21}$mɔi$^{13}$.

【粽子】tsəŋ$^{53}$tsʅ$^{0}$ 名一种用箬叶之类包成三角锥体或其他形状的糯米食品，民间作为端午节应节食品：欸以个（布荆子）叶子它喷香。如今搞～啊，炆～啊。e$_{44}$i$^{21}$ke$^{53}_{44}$iait$^{5}$ tsʅ$^{0}$ t$^{h}$a$^{35}_{44}$p$^{h}$əŋ$^{35}$ çiɔŋ$^{35}$.i$^{13}_{21}$cin$^{35}_{44}$kau$^{21}$tsəŋ$^{53}$tsʅ$^{0}$ a$^{0}$,uən$^{13}$tsəŋ$^{53}$tsʅ$^{0}$ a$^{0}$.｜就系箇只包～个箬。ts$^{h}$iəu$^{53}_{44}$xe$^{53}_{44}$kai$^{53}$tʂak$^{3}$ pau$^{35}$tsəŋ$^{53}$

tsʅ0 ke53 ɲiɔk3.

【走1】tsei21 动①行走，步行：七八十岁了哇，唔系话后生人都～渠唔赢啊。tsʰiet3 pait3 ʂət5 sɔi53 liau0 ua0 ,m̩13-21 pʰe44 ua53-44 xei53 saŋ35 ɲin44 təu35-44 tsei21 ci13-21 n̩13-21 iaŋ13 ŋa0. ②离开：欸欸欸欸，莫～，莫～。ei44 ei44 ei53 ei53, mɔk5 tsei21, mɔk5 tsei21. | 唔知（渠）～哩嬒。n̩13-21 ti35-53 tsei21 li0 maŋ13. | ～唔得，爱煮昼饭分渠食。tsei21 n̩13-21 tek3, ɔi53-44 tʂəu21 tʂəu53 fan53-44 pən35 ci13-21 ʂət5. | 了嘿以桩事再～。liau21 xek3 i21 tsɔŋ35 sʅ53 tsai53 tsei21. ③逃跑：结果嘞箇只钱又用嘿哩嘞，人又～咁哩。ciet3 ko21 lei0 kai53 tʂak3 tsʰien13 iəu53 iəŋ53 xek3 li0 lei0 ,ɲin13 iəu53 tsei21 kan21 ni0. ④走往，有往来：长日～个，老亲老戚嘞。tʂʰəŋ13 ɲiet3 tsei21 ke53 ,lau21 tsʰin35-44 lau21 tsʰiet3 le0. | 有只咁个话法，让门子啊？"一代亲，二代表，三代四代闲了了。"欸，假设就像我姨子个外氏样，我姨子等人是蛮亲，亲姊妹，系唔系？我舅爷等人。二代表，到哩我了，就下一代了，我就还有老表，箇都还会～下子。我舅爷个赖子搒我就系老表。到哩还下一代，第三代，我个赖子搒我老表个赖子箇就闲了了了，招呼唔得～哩了。所以有只么个话法呀，让门子啊？"外氏就六十年，家族就万万年。"一般个外氏啊只～得六十年子，家族就万万年。外氏好把做～一百年好哩，有哪去。iəu35 tʂak3 kan21 ke53-44 ua53 fait3, ɲiɔŋ53 mən13-44 tsʅ0 a0 ?"iet3 tʰɔi53 tsʰin35, ɲi53 tʰɔi53 piau21, san35 tʰɔi53 si53 tʰɔi53 xan13 liau21 liau21."e21, cia21 ʂet5 tsʰiəu53 tsʰiɔŋ53 ŋai13 ɔi35 tsʅ0 kei53-44 ŋɔi53 ʂʅ53 iɔŋ53 ,ŋai13-21 ɔi35 tsʅ0 ten21-44 in13-44 ʂʅ53 man13-21 tsʰin35 ,tsʰin35 tsi21 mɔi53 ,xei53 me53 ?ŋai13-21 cʰiəu35 ia13-21 ten21-44 ɲin13-21. ɲi53 tʰɔi53 piau21 ,tau53 li0 ŋai13 liau0 ,tsʰiəu53-44 xa35 iet3 tʰɔi53 liau0 ,ŋai13 tsʰiəu53 xai13-21 iəu35-53 lau21 piau21 ,kai53-44 təu35-53 xai13-21 uɔi53 tsei21 ia53 tsʅ0 .ŋai13-21 cʰiəu35 ia13-21 ke53-44 lai53 tsʅ0 lau35 ŋai13 tsʰiəu53 xe53 lau21 piau21 .tau53 li0 xai13 xa35 iet3 tʰɔi53-44 ,tʰi53 san35 tʰɔi53 ,ŋai13 ke53 lai53 tsʅ0 lau35 ŋai13-21 lau21 piau21 ke53-44 lai53 tsʅ0 kai53 tsʰiəu53 xan13 liau21 liau21 liau0 ,tʂau35-53 fu35-53 n̩13 tek3 tsei21 li0 liau0 .so21 i35-53 iəu35 tʂak3 mak3 e0 ua53 fait3 ia0 , ɲiɔŋ53 mən13-44 tsʅ0 a0 ?"ŋɔi53 ʂʅ53 tsʰiəu53 liəuk3 ʂət5 ɲien13 ,cia35 tsʰəuk5 tsʰiəu53 uan53 uan53 ɲien13."iet3 pən35-44 ke53-44 ŋɔi53 ʂʅ53 ẓa0 tʂʅ21 tsei21 tek3 liəuk3 ʂət5 ɲien13-21 tsʅ0 ,cia35 tsʰəuk5 tsʰiəu53-44 uan53 uan53 ɲien13-21.ŋɔi53 ʂʅ53 xau21 pa21 tso53 tsei21 iet3 pak3 ɲien13 xau21 li0 ,mau13 lai53 çi53. ⑤死的婉辞：架势～了，归去了，"起身之期"。cia53 ʂʅ53 tsei21 liau0 ,kuei35 çi53 liau0 ,"çi21 ʂən35-44 tʂʅ35-44 cʰi13-21". ⑥（小孩）不幸夭折：细人子死嘿哩嘞安做～嘿哩。箇细子～嘿哩唠。se53 ɲin13-21 tsʅ0 si21 xek3 li0 lei0 ɔn35-44 tso53-44 tsei21 xek3 li0 .ka53-44 sei53 tsʅ0 tsei21 (x)ek3 li0 lau0. ⑦（车辆）行驶：～倒箇八达岭箇映子就欸火车就转只向。tsei21 tau21-44 kai53-44 pait3 tʰait5 liaŋ35 kai53-44 iaŋ53-44 tsʅ0 tsʰiəu53-44 ei21 fo21 tʂʰa35-44 tsʰiəu53-44 tʂɔn21 tʂak3 çiɔŋ53. ⑧物体发生位移：渠就使箇个棉花有事～做一坨去。ci13-21 tsʰiəu53 ʂʅ21 kai53 kei53-44 mien13 fa35-44 mau13 sʅ53 tsei21 tso53 iet3 tʰo13 çi53. | 羊角是卡倒渠有分渠两头～。iɔŋ13 ciɔk3 ʂʅ53-44 kʰa21 tau21 ci13-44 mau13 pən35-44 ci13-21 iɔŋ21 tʰei13 tsei21. ⑨指下棋时移动棋子：我映子～哟，咁映子一步步子～，以映也可以～。ŋai13 iaŋ53-44 tsʅ0 tsei21 iau0 ,xan21(←kan21) iaŋ53-44 tsʅ0 iet3 pʰu53 pʰu53 tsʅ0 tsei21 ,i21 iaŋ53-44 ŋa44(←ia35) kʰo21 i21 tsei21.

【走2】tsei21 介从。①引述起点或来源：～箇边写起，～西边写起。tsei21 kai53 pien35-44 sia21 çi21 ,tsei21 si35 pien35 sia21 çi21. | 渠都买哩屋唠，买箇只门面唠，又～我手里拿哩一次钱呶。ci13-21 təu35-44 mai35 li0 uk3 lau0 ,mai35 kai53-44 tʂak3 mən13 mien53 nau0 ,iəu53 tsei21 ŋai13-44 ʂəu21 li0 la53 li0 iet3 tsʰʅ53 tsʰien13 nau0. ②引述途经处所或路径：我有一回～箇过。ŋai13 iəu35 iet3 fei13 tsei21 kai53-44 ko53. | 篾子～只眼过来。miet5 tsʅ0 tsei21 tʂak3 ŋan21-44 ko53-44 lɔi13-44. | ～哪映去？～以映去藉。tsei21 lai53 iaŋ35 çi53 ?tsei21 i21 iaŋ53 çi53 tʂa53. ③引述经手人：钱～渠过哩手，渠食一截贪污一截，也安做食筒。tsʰien13 tsei21 ci13 ko53 li0 ʂəu21 ,ci13 ʂət5 iet3 tsiet3 tʰan35 u35-44 iet3 tsiet3 ,ia35 ɔn35-44 tso53-44 ʂət5 tʰəŋ13-21.

【走动】tsei21 tʰəŋ35 动①行走而活动身体：以个想嬲下子了就跣身，～下子。i21-13 ke53-44 siɔŋ21 liau53 xa53-44 tsʅ0 liau0 tsʰiəu53-44 xɔŋ53 ʂən35-44 ,tsei21 tʰəŋ35-44 ŋa44(←xa53) tsʅ0. ②发生偏移，移动：好，如果系有滴地方箇个欸墙板～哩下子，系啊？嬒舞得正当个，靠长搧整转下子来。xau21 ,y13 ko21 xei53-44 iəu35 tet5-3 tʰi53-44 fɔŋ35 kai53-44 ke53-21 e21 tsʰiɔŋ13 pan21 tsei21 tʰəŋ35 li0 ia44(←xa53) tsʅ0 ,xe53 a0 ?maŋ13 u21 tek3 tʂən53 tɔŋ53-44 ke53-44 ,kʰau35 tʂʰɔŋ13 ʂen35 tʂaŋ21 tʂɔn21 na53(←xa53) tsʅ0 lɔi13-44.

【走家串户】tsei21 cia35-44 tʂʰen53 fu53 一家一户地走：～个，天盖地个箩子。tsei21 cia35-44 tʂʰen53 fu53 ke53-44 ,tʰien35 kɔi53-44 tʰi53 ke53-44 lei21 tsʅ0.

【走江湖】tsei21 kɔŋ35 fu13 旧时指四方奔走，靠武艺杂技或医卜星相谋生：以前我等箇映子就有咁个～个人来卖东西呀来看病啊，来整咁个疑难杂症箇兜咁个，有，～个。i35-53 tsʰien13-21 ŋai13 tien0 kai53-44 iaŋ53-44 tsʅ0 tsʰiəu53 iəu35 kan21 ke53-44 tsei21 kɔŋ35 fu13-21 ke53 ɲin13-21 nɔi13-21 mai53 təŋ35 si35-44 ia0 lɔi13 kʰɔn53 pʰiaŋ53 ŋa0 ,lɔi13 tʂaŋ21 kan13-21 ke53 ɲi13 lan13 tsʰait5 tʂən53 kai53-44 tei35-44 kan21 cie53 ,iəu35-44 ,tsei21 kɔŋ35 fu13-21 ke0. | 昨晡来嘿几只～个人咯，么个会整病话，么人敢分渠整啊？嘿。tsʰo35-44 pu35-53 lɔi13-44 (x)ek3 ci21 tʂak3 tsei21 kɔŋ35 fu13-21 ke53 ɲin13-21 ko0 ,mak3 ke53-44

Z

uɔi$^{53}$tʂaŋ$^{21}$pʰiaŋ$^{53}$ua$^{53}_{44}$,mak$^{3}$ɲin$^{13}_{44}$kan$^{21}$pən$^{35}$ci$^{13}$tʂaŋ$^{21}$ŋa$^{0}$?xe$^{0}$.

【走近路】tsəu$^{21}$cʰin$^{35}$ləu$^{53}$ 走捷径，抄近道。又称“走小路”：箇到我看倒一只我等一只喊阿叔个，系啊广东，渠开车归，我话：“你用哩导航么？”欸，渠话：“我广东归是我硬唔爱导航。”欸，渠话：“我取都唔用导航哦。”我话：“你搞么个唔用导航？”“箇导航都信得？欸下哩高速以后渠爱我走升平归呢。你话箇个导航都信得？箇都近就系～，箇条路就系更近，系～，但是箇都走得箇条路？” kai$^{53}$tau$^{53}$ŋai$^{13}_{21}$kʰɔn$^{53}$tau$^{21}_{44}$iet$^{3}$tʂak$^{3}$ŋai$^{13}$tien$^{0}$iet$^{3}$tʂak$^{3}$xan$^{53}$a$^{35}$ʂəuk$^{3}$ke$^{53}$,xei$^{53}$a$^{0}$kɔŋ$^{21}$təŋ$^{35}$,ci$^{13}_{44}$kʰɔi$^{35}_{44}$tʂʰa$^{35}$kuei$^{35}_{44}$,ŋai$^{13}$ua$^{53}$:"ɲi$^{13}_{44}$iəŋ$^{53}$li$^{0}$tau$^{21}$xɔŋ$^{13}$mo$^{0}$?"ei$_{44}$,ci$^{13}$ua$^{53}_{44}$:"ŋai$^{13}_{21}$kɔŋ$^{21}$təŋ$^{35}$kuei$^{35}_{44}$ʂʅ$^{53}_{44}$ŋai$^{13}$ɲiaŋ$^{53}$m̩$^{13}$mɔi$^{53}$tau$^{21}$xɔŋ$^{13}$."ei$_{21}$,ci$^{13}_{21}$ua$^{53}$:"ŋai$^{13}_{21}$tsʰi$^{21}$təu$^{35}_{53}$n̩$^{13}$iəŋ$^{53}$tau$^{21}$xɔŋ$^{13}$ŋo$^{0}$."ŋai$^{13}$ua$^{53}_{44}$:"ɲi$^{13}_{44}$kau$^{21}$mak$^{3}$(k)e$^{53}$n̩$^{13}_{44}$iəŋ$^{53}$tau$^{21}$xɔŋ$^{13}_{44}$?""kai$^{53}$tau$^{21}$xɔŋ$^{13}$təu$^{35}$sin$^{35}$tek$^{3}$?e$^{0}$xa$^{53}_{44}$li$^{0}$kau$^{35}_{44}$ʂəuk$^{3}$i$^{35}_{44}$xei$^{53}$ci$^{13}$ɔi$^{53}$ŋai$^{13}_{21}$tsei$^{21}$ʂən$^{35}$pʰin$^{13}_{21}$kuei$^{35}_{44}$nei$^{0}$. ɲi$^{13}$ua$^{53}_{44}$kai$^{53}_{44}$kei$^{53}$tau$^{21}$xɔŋ$^{13}$təu$^{35}$sin$^{53}$tek$^{3}$?kai$^{53}_{44}$təu$^{35}_{44}$cʰin$^{35}$tsʰiəu$^{53}$xei$^{53}_{44}$tsei$^{21}$cʰin$^{35}$nəu$^{53}$,kai$^{53}_{44}$tʰiau$^{13}$ləu$^{53}$tsiəu$^{53}_{44}$xei$^{53}_{44}$cien$^{53}_{21}$cʰin$^{35}$,xei$^{53}$tsei$^{21}$cʰin$^{35}$nəu$^{53}$,tan$^{53}_{44}$ʂʅ$^{53}_{44}$kai$^{53}$təu$^{35}_{44}$tsei$^{21}$tek$^{0}$kai$^{53}$tʰiau$^{13}_{21}$ləu$^{53}$?"

【走路】tsei$^{21}$ləu$^{53}$ [动]徒步行走：打比你夜晡～你怕畏呀，我摎你凑伴。ta$^{21}$pi$^{21}_{44}$ɲi$^{13}$ia$^{53}$pu$^{35}_{44}$tsei$^{21}$ləu$^{53}$ɲi$^{13}_{21}$pʰa$^{53}_{44}$uei$^{53}$ia$^{0}$,ŋai$^{13}_{21}$lau$^{35}_{44}$ɲi$^{13}_{21}$tsʰei$^{53}_{44}$pʰɔn$^{53}$.｜箇落哩水去～，羾起裤脚尽泥。kai$^{53}_{44}$lɔk$^{5}$li$^{0}$ʂei$^{21}$çi$^{53}_{44}$tsei$^{21}$ləu$^{53}$,kaŋ$^{53}$çi$^{21}_{44}$fu$^{53}$ciɔk$^{3}$tsʰin$^{53}$nai$^{13}$.

【走马灯】tsei$^{21}$ma$^{35}$ten$^{35}$ [名]一种供玩赏的花灯，中置一轮，轮周围置纸人纸马等像。轮下燃灯或烛，热气上腾，使轮转动，纸像随之旋转：噢，～吧，安做～。看过。爱舞盏煤油灯呢，舞盏灯盏呢。发着灯盏来渠就会走呢。系唔系？孔明灯呐。安做孔明灯呐。据说系孔明，诸葛亮发明个。①箇阵子我等箇映有只老子渠就会搞咁样呢。发着灯盏来就箇个菩萨子就车车转呢。就打叮……叮叮呢。就搞滴嘞吊滴菩萨子嘞。吊滴么啊曹操箇滴人个么啊。我细细子看过。～呐。au$_{21}$,tsei$^{21}$ma$^{35}$tien$^{35}_{44}$pa$^{0}$,ɔn$^{35}_{44}$tso$^{53}_{44}$tsei$^{21}$ma$^{35}$tien$^{35}_{44}$.kʰɔn$^{53}$ko$^{53}$.ɔi$^{53}$u$^{21}$tsan$^{21}$mei$^{13}$iəu$^{13}_{21}$tien$^{35}$nei$^{0}$,u$^{21}$tsan$^{21}$tien$^{35}$tsan$^{21}$nei$^{0}$.pɔit$^{3}$tʂʰɔk$^{5}$tien$^{35}$tsan$^{21}$lɔi$^{13}_{44}$ci$^{13}_{21}$tsʰiəu$^{53}_{44}$uɔi$^{53}_{44}$tsei$^{21}$nei$^{0}$.xe$^{53}_{44}$me$^{53}_{44}$?kʰəŋ$^{21}$min$^{13}_{21}$tien$^{35}$na$^{0}$.ɔn$^{35}_{44}$tso$^{53}_{44}$kʰəŋ$^{21}$min$^{13}_{21}$tien$^{35}$na$^{0}$.tʂʮ$^{53}$ʂek$^{3}$(x)e$^{53}_{44}$kʰəŋ$^{21}$min$^{13}$,tʂəu$^{35}$ko$^{21}$liɔŋ$^{53}$fait$^{3}$min$^{13}_{21}$cie$^{53}_{44}$.kai$^{53}_{44}$tʂʰən$^{53}_{44}$tsʅ$^{0}$ŋai$^{13}_{21}$tien$^{0}$kai$^{53}_{44}$iaŋ$^{53}_{44}$iəu$^{35}_{44}$tʂak$^{3}$lau$^{21}$tsʅ$^{0}$ci$^{13}_{21}$tsʰiəu$^{53}_{21}$uɔi$^{53}$kau$^{21}$kan$^{21}$iɔŋ$^{53}_{44}$nei$^{0}$.pɔit$^{3}$tʂʰɔk$^{5}$tien$^{35}$tsan$^{21}$nɔi$^{13}_{21}$tsʰiəu$^{53}_{44}$kai$^{53}_{44}$ke$^{53}_{44}$pʰu$^{13}$sait$^{3}$tsʅ$^{0}$tsʰiəu$^{53}_{44}$tʂʰa$^{35}$tʂʰa$^{35}_{44}$tʂɔn$^{21}$nei$^{0}$.tsʰiəu$^{53}_{44}$ta$^{21}$tin$^{35}$⋯tin$^{35}_{44}$tin$^{35}_{44}$nei$^{0}$.tsiəu$^{53}_{21}$kau$^{21}$tet$^{5}$le$^{0}$tiau$^{53}$tet$^{5}$pʰu$^{13}$sait$^{3}$tsʅ$^{0}$lei$^{0}$.tiau$^{53}_{44}$tiet$^{5}_{3}$mak$^{3}$a$^{0}$tsʰau$^{13}_{21}$tsʰau$^{35}$kai$^{53}_{21}$tet$^{5}$in$^{13}_{21}$cie$^{53}_{44}$mak$^{3}$a$^{0}$.ŋai$^{13}$se$^{53}$se$^{53}$tsʅ$^{0}$kʰɔn$^{53}_{44}$ko$^{53}_{21}$.tsei$^{21}$ma$^{35}$tien$^{35}$na$^{0}$.

【走马楼】tsei$^{21}$ma$^{35}$lei$^{13}$ [名]四周都有走廊可通行，甚至骑马都可以在上面畅行无阻的楼屋：箇个欸以前个嗯土屋子啊，有兜人就做倒箇个楼呀，一只屋□长，从以边走嘿到箇边，走箇檐头上，一只吊楼□长，箇个就安做～。欸，从以边走得到箇边。我等箇只欸喊搁啊子个阿叔做只屋就系～，从以边走得到箇边。冇得哩，转咁哩。kai$^{53}$ke$^{53}_{44}$e$_{21}$i$^{35}$tsʰien$^{13}_{21}$kei$^{53}_{44}$n̩$_{21}$tʰəu$^{21}$uk$^{3}$tsʅ$^{0}$a$^{0}$,iəu$^{35}$tei$^{35}_{53}$ɲin$^{13}_{21}$tsʰiəu$^{53}_{44}$tso$^{53}$tau$^{21}$kai$^{53}_{44}$ke$^{53}_{44}$lei$^{13}$ia$^{0}$,iet$^{3}$tʂak$^{3}$uk$^{3}$lai$^{35}$tʂʰɔŋ$^{13}_{44}$,tsʰəŋ$^{13}$i$^{21}$pien$^{35}_{53}$tsei$^{21}$tek$^{3}$tau$^{53}$kai$^{53}$pien$^{35}$,tsei$^{21}$kai$^{53}$ian$^{13}$tʰei$^{13}$xɔŋ$^{53}$,iet$^{3}$tʂak$^{3}$tiau$^{53}$lei$^{13}_{44}$lai$^{35}$tʂʰɔŋ$^{13}$,kai$^{53}_{44}$ke$^{53}_{44}$tsʰiəu$^{53}_{44}$ɔn$^{35}_{44}$tso$^{53}_{44}$tsei$^{21}$ma$^{35}$lei$^{13}_{21}$.e$_{21}$,tsʰəŋ$^{13}_{21}$i$^{21}$pien$^{35}_{53}$tsei$^{21}$tek$^{3}$tau$^{53}_{44}$kai$^{53}$pien$^{35}_{44}$.ŋai$^{13}$tien$^{0}$kai$^{53}$tʂak$^{3}$e$_{21}$xan$^{53}$kɔk$^{3}$a$^{0}$tsʅ$^{0}$ke$^{0}$a$^{35}$ʂəuk$^{3}$tso$^{53}$tʂak$^{3}$uk$^{3}$tsʰiəu$^{53}$xe$^{53}$tsei$^{21}$ma$^{35}$lei$^{13}_{21}$,tsʰəŋ$^{13}_{21}$i$^{21}$pien$^{35}_{53}$tsei$^{21}$tek$^{3}$tau$^{53}_{44}$kai$^{53}$pien$^{35}_{44}$.mau$^{13}_{21}$tek$^{3}$li$^{0}$,tʂuɔn$^{53}$kan$^{21}$ni$^{0}$.

【走皮癣】tsei$^{21}$pʰi$^{13}$sien$^{21}$ [名]一种癣类皮肤病：我也得过～呢。后来搞兜药食哩。搽是硬搽唔好嘞，万应膏搽唔好。ŋai$^{13}$a$^{35}_{44}$tek$^{3}$ko$^{53}$tsei$^{21}$pʰi$^{13}_{21}$sien$^{21}$ne$^{0}$.xei$^{53}$lɔi$^{13}_{44}$kau$^{21}$te$^{35}_{44}$iɔk$^{5}$ʂət$^{5}$li$^{0}$.tsʰa$^{13}$ʂʅ$^{53}_{44}$ɲiaŋ$^{53}$tsʰa$^{13}$n̩$^{13}_{44}$xau$^{21}$le$^{0}$,uan$^{53}$in$^{53}_{44}$iɔk$^{5}$tsʰa$^{13}$n̩$^{13}_{44}$xau$^{21}_{44}$.

【走人家】tsei$^{21}$ɲin$^{13}$ka$^{35}$ 走亲戚：苦竹篮子，提礼事～个。fu$^{21}$tʂəuk$^{3}$lan$^{13}$tsʅ$^{0}$,tʰia$^{35}$li$^{35}$sʅ$^{53}$tsei$^{21}$ɲin$^{13}$ka$^{35}_{44}$ke$^{53}_{44}$.｜你爱～咯，爱～，爱人情打送箇只爱钱咯。ɲi$^{13}_{21}$ɔi$^{53}$tsei$^{21}$ɲin$^{13}$ka$^{35}_{44}$ko$^{0}$,ɔi$^{53}$tsei$^{21}$ɲin$^{13}$ka$^{35}_{44}$,ɔi$^{53}$ɲin$^{13}$tsʰin$^{13}$ta$^{21}$səŋ$^{53}$kai$^{53}_{44}$tʂak$^{3}$ɔi$^{53}_{44}$tsʰien$^{13}_{21}$ko$^{0}$.

【走水】tsei$^{21}$ʂei$^{21}$ [动]墨水着纸向周围散开：欸箇起贡纸写字啊，你就是用墨笔也好，就用钢笔也好，都会～，箇贡纸啊。爱放哩矾个，加哩矾个纸就唔得～。e$^{0}$kai$^{53}_{44}$çi$^{21}$kəŋ$^{53}$tʂʅ$^{21}$sia$^{21}$sʅ$^{53}$a$^{0}$,ɲi$^{13}$tsʰiəu$^{53}_{44}$ʂʅ$^{53}_{44}$iəŋ$^{53}_{44}$miet$^{5}$piet$^{3}$la$^{35}_{44}$xau$^{21}$,tsʰiəu$^{53}$iəŋ$^{53}$kɔŋ$^{35}$piet$^{3}$la$^{35}_{53}$xau$^{21}$,təu$^{35}$uɔi$^{53}$tsei$^{21}$ʂei$^{21}$,kai$^{53}_{44}$kəŋ$^{53}$tʂʅ$^{21}$ʐa$^{0}$.ɔi$^{53}$fɔŋ$^{53}$li$^{0}$fan$^{13}$ke$^{0}$,cia$^{35}$li$^{0}$fan$^{13}$cie$^{53}$tʂʅ$^{21}$tsʰiəu$^{53}$n̩$^{13}_{44}$tek$^{3}$tsei$^{21}$ʂei$^{21}$.

【走弯路】tsəu$^{21}$uan$^{35}$ləu$^{53}$ ①绕道儿，绕远路：从张家坊到官渡样，你就可以欸走高速路就笔直。你系走大洞岭，箇就系一条弯路。欸，张坊到浏阳个班车嘞尽走箇条弯路，欸尽走大洞岭，捡倒渠冇兜办法，～。就系大洞岭箇一路，白石桥陈家桥箇边个人唔肯渠等人走高速，



---

① 发音人将走马灯和孔明灯搞混了。

搞么个嘞？你走高速，渠箇映子车都冇哩，嘿，冇么人走箇过。渠等卡倒渠等人走嘞走大洞岭。欸，我问过渠等箇个搞班车个唠。我话："你等搞么个无走高速？""我等是想走高速哦，系唔系？白石桥人唔肯喏。" tsʰəŋ$^{13}_{21}$tʂɔŋ$^{35}_{44}$ka$^{35}_{44}$fɔŋ$^{35}$tau$^{53}$kɔn$^{35}$tʰəu$^{53}_{44}$iɔŋ$^{53}_{44}$, ɲi$^{13}_{21}$tsʰiəu$^{53}_{44}$kʰo$^{21}$i$^{35}_{44}$e$^{0}$tsei$^{21}$kau$^{35}$səuk$^{3}$ləu$^{53}$tsʰiəu$^{53}_{44}$piet$^{3}$tʂʰət$^{5}$. ɲi$^{13}$xe$^{53}$tsei$^{21}$tʰai$^{53}_{44}$tʰəŋ$^{53}_{44}$liaŋ$^{35}$,kai$^{53}$tsʰiəu$^{53}$xe$^{53}$iet$^{3}$tʰiau$^{13}_{21}$uan$^{35}$nəu$^{53}$.e$_{21}$,tʂɔŋ$^{35}_{44}$xɔŋ$^{35}_{44}$tau$^{53}$liəu$^{13}_{21}$iɔŋ$^{13}_{21}$ke$^{0}$pan$^{35}_{44}$tʂʰa$^{35}_{44}$lei$^{0}$tsʰin$^{53}$tsei$^{21}$kai$^{53}$tʰiau$^{13}_{21}$uan$^{35}$nəu$^{53}$,e$^{0}$tsʰin$^{53}$tsei$^{21}$tʰai$^{53}$tʰəŋ$^{53}_{21}$liaŋ$^{35}$,cian$^{21}$tau$^{21}$ci$^{13}_{21}$mau$^{13}$te$^{35}_{53}$pʰan$^{53}$fait$^{3}$,tsei$^{21}$uan$^{35}$nəu$^{53}$.tsʰiəu$^{53}_{44}$xe$^{53}_{44}$tʰai$^{53}$tʰəŋ$^{53}_{44}$liaŋ$^{35}$kai$^{53}_{44}$iet$^{3}$ləu$^{53}$,pʰak$^{5}$ʂak$^{5}$cʰiau$^{13}$tʂʰən$^{13}$ka$^{35}_{44}$cʰiau$^{13}$kai$^{53}_{44}$pien$^{35}_{44}$ke$^{0}$ɲin$^{13}$n̩$^{13}$xen$^{21}$ci$^{13}$tien$^{0}$ɲin$^{13}_{21}$tsei$^{21}$kau$^{35}$səuk$^{3}$,kau$^{21}$mak$^{3}$e$^{0}$lei$^{0}$?ɲi$^{13}$tsei$^{21}$kau$^{35}$səuk$^{3}$,ci$^{13}$kai$^{53}_{44}$iaŋ$^{53}$tsɿ$^{0}$tʂʰa$^{35}$təu$^{35}_{53}$mau$^{13}_{21}$li$^{0}$,xe$_{53}$,mau$^{13}_{21}$mak$^{3}$in$^{13}_{44}$tsei$^{21}$kai$^{53}_{44}$ko$^{53}$.ci$^{13}_{21}$tien$^{0}$kʰa$^{21}$tau$^{21}$ci$^{13}_{21}$tien$^{0}$ɲin$^{13}_{21}$tsei$^{21}$lei$^{0}$tsei$^{21}$tʰai$^{53}$tʰəŋ$^{53}$liaŋ$^{35}$.e$_{21}$,ŋai$^{13}$uən$^{53}$ko$^{53}_{44}$ci$^{13}_{21}$tien$^{0}$kai$^{53}_{44}$ke$^{53}_{44}$kau$^{21}$pan$^{35}$tʂʰa$^{35}_{44}$ke$^{53}$lau$^{0}$.ŋai$^{13}_{21}$ua$^{53}_{44}$:"ɲi$^{13}_{21}$tien$^{0}$kau$^{21}$mak$^{3}$e$^{0}$n̩$^{13}_{21}$tsei$^{21}$kau$^{35}_{44}$səuk$^{5}$?""ŋai$^{13}$tien$^{0}$ʂʅ$^{53}$siɔŋ$^{21}$tsei$^{21}$kau$^{35}_{44}$səuk$^{5}$o$_{53}$,xei$^{53}_{44}$me$^{53}_{44}$?pʰak$^{5}$ʂak$^{5}$cʰiau$^{13}$ɲin$^{13}$n̩$^{13}_{44}$xen$^{21}$no$_{53}$." ②比喻因做事不得法而多费冤枉功夫：以到我老婆看病就走哩弯路啦。面前我都准备去看中医个，我赖子硬话爱去检查一下。好，结果检查又缯检查得出来，倒转来还系食中药，寻中医，箇唔系走哩弯路？去嘿几千块钱呢～。i$^{21}$tau$^{53}$ŋai$^{13}_{44}$lau$^{21}$pʰo$^{13}$kʰɔn$^{53}$pʰiaŋ$^{53}$tsʰiəu$^{53}_{44}$tsei$^{21}$li$^{0}$uan$^{35}$nəu$^{53}$la$^{0}$.mien$^{53}$tsʰien$^{13}_{44}$ŋai$^{13}$təu$^{35}_{53}$tʂən$^{21}$pʰei$^{53}$cʰi$^{53}$kʰɔn$^{53}$tʂəŋ$^{35}$i$^{35}_{44}$ke$^{0}$,ŋai$^{13}$lai$^{53}$tsɿ$^{0}$ɲiaŋ$^{53}$ua$^{53}_{44}$ɔi$^{53}$çi$^{53}$cian$^{21}$tsʰa$^{13}$iet$^{3}$xa$^{53}$.xau$^{21}$,ciet$^{3}$ko$^{21}$cian$^{21}$tsʰa$^{13}$iəu$^{53}$maŋ$^{13}_{44}$cian$^{21}$tsʰa$^{13}$tek$^{3}$tʂʰət$^{3}$lɔi$^{13}$,tau$^{53}$tʂuɔn$^{21}$nɔi$^{13}_{21}$xai$^{13}$xe$^{53}_{44}$ʂət$^{5}$tʂəŋ$^{35}_{44}$iɔk$^{5}$,tsʰin$^{13}_{21}$tʂəŋ$^{35}$i$^{35}_{44}$,kai$^{53}_{44}$m̩$^{13}_{44}$pʰei$^{53}_{44}$tsei$^{21}$li$^{0}$uan$^{35}$nəu$^{53}$?çi$^{53}$xek$^{3}$ci$^{21}$tsʰien$^{35}$kʰuai$^{53}$tsʰien$^{13}$ne$^{0}$tsei$^{21}$uan$^{35}_{44}$nəu$^{53}$.

【走腕子】tsei$^{21}$uɔn$^{21}$tsɿ$^{0}$ 动指手腕关节脱臼：手腕子以只栏场最容易～嘞。真痛啊，走哩腕子真痛，扯动哩筋呐。ʂəu$^{21}$uɔn$^{21}$tsɿ$^{0}$i$^{21}$tʂak$^{3}$laŋ$^{13}_{21}$tʂʰɔŋ$^{13}_{21}$tsei$^{53}$iəŋ$^{13}_{21}$i$^{53}$tsei$^{21}$uɔn$^{21}$tsɿ$^{0}$lei$^{0}$.tʂən$^{35}$tʰəŋ$^{53}$ŋa$^{0}$,tsei$^{21}$li$^{0}$uɔn$^{21}$tsɿ$^{0}$tʂən$^{35}$tʰəŋ$^{53}$,tʂʰa$^{21}$tʰəŋ$^{53}_{44}$li$^{0}$cin$^{35}$na$^{0}$.

【走往】tsei$^{21}$uɔŋ$^{35}$ 动来往：我等有蛮多亲戚箇兜远嘿哩，尽系缯去～了。欸有么个大方好事去食下子酒，欸，正月头箇兜啊平时箇兜就缯去～哩。ŋai$^{13}$tien$^{0}$iəu$^{35}_{44}$man$^{13}_{21}$to$^{35}_{44}$tsʰin$^{35}$tsʰiet$^{3}$kai$^{53}_{44}$tei$^{35}_{53}$ien$^{21}$nek$^{3}$li$^{0}$,tsʰin$^{53}$ne$^{53}$maŋ$^{13}$çi$^{53}$tsei$^{21}$uɔŋ$^{35}$niau$^{0}$.ei$_{21}$iəu$^{35}$mak$^{3}$e$^{0}$tʰai$^{53}$fɔŋ$^{35}_{53}$xau$^{21}$sɿ$^{53}$çi$^{53}_{44}$ʂət$^{5}$la$^{53}_{44}$tsɿ$^{0}$tsiəu$^{21}$,e$_{21}$,tʂaŋ$^{35}$ɲiet$^{5}$tʰei$^{13}_{21}$kai$^{53}_{44}$te$^{35}_{44}$a$^{0}$pʰin$^{13}$ʂʅ$^{13}_{44}$kai$^{53}$te$^{35}_{53}$tsʰiəu$^{53}$maŋ$^{13}$çi$^{53}$tsei$^{21}$uɔŋ$^{35}$li$^{0}$.

【走往郎中】tsei$^{21}$uɔŋ$^{35}$lɔŋ$^{13}$tʂəŋ$^{35}_{44}$ 名游医：～嘞安做嘞。到处下乡到处去整病。箇起人箇阵子个人呢冇得箇只保护意识。如今是鬼会寻你哟，系唔系？欸你我唔晓得你看得病啊看唔得病。以前冇得箇只意识。嗬，郎中来哩，尽兜都去看下子。箇郎中就包治百病样。么个都寻渠。欸，我以映发只癀呢。欸，先生，欸同我整下子看呐。欸，箇只嘞欸我肚子痛嘞，欸箇只嘞又脚痛嘞。箇起人呢同箇个包治百病个样。我等箇来过嘞。我等箇山角落里来过嘞。一只江西个，一只后生了。渠还带只老婆，我如今都记得。带只老婆，两公婆来跍倒去下子来整病。尽兜都去寻渠嘞硬系嘞。渠只开单子凑，冇得药。只开单子，开中药。开张单子几多钱，系咁个。其实渠个收入也唔知几低嘞，箇阵子开张单子总系几角子钱呢。～安做。游医呀，系唔系？tsei$^{21}$uɔŋ$^{35}$lɔŋ$^{13}_{21}$tʂəŋ$^{35}_{44}$lei$^{0}$ɔn$^{35}_{44}$tso$^{53}$lei$^{0}$.tau$^{53}$tʂʰəu$^{53}$xa$^{53}_{44}$çiɔŋ$^{35}_{44}$tau$^{53}$tʂʰəu$^{53}$çi$^{53}$tʂaŋ$^{21}$pʰiaŋ$^{53}$.kai$^{53}$çi$^{21}_{44}$ɲin$^{13}_{44}$kai$^{53}$tʂʰən$^{53}$tsɿ$^{0}$ke$^{0}$ɲin$^{13}$ne$^{0}$mau$^{13}$tek$^{3}$kai$^{53}$tʂak$^{3}$pau$^{21}$fu$^{53}$i$^{53}$ʂət$^{3}$.i$^{13}_{21}$cin$^{35}_{44}$ʂʅ$^{53}$kuei$^{21}$uei$^{53}$tsʰin$^{13}$ɲi$^{13}_{44}$io$^{0}$,xei$^{53}_{44}$me$^{53}_{44}$?e$_{44}$ɲi$^{13}$ai$^{13}_{53}$n̩$^{13}_{21}$çiau$^{21}$tek$^{3}$ɲi$^{13}_{44}$kʰɔn$^{53}$tek$^{3}$pʰiaŋ$^{53}_{44}$ŋa$^{0}$kʰɔn$^{53}$n̩$^{13}_{21}$tek$^{3}$pʰiaŋ$^{53}$.i$^{35}_{53}$tsʰien$^{13}$mau$^{13}$tek$^{3}$kai$^{53}$tʂak$^{3}$i$^{53}$ʂət$^{3}$.xo$_{53}$,lɔŋ$^{13}$tʂəŋ$^{35}$lɔi$^{13}_{44}$li$^{0}$,tsʰin$^{53}$təu$^{35}_{44}$təu$^{35}_{44}$çi$^{53}_{44}$kʰɔn$^{53}$na$^{53}_{44}$tsɿ$^{0}$.kai$^{53}$lɔŋ$^{13}$tʂəŋ$^{35}_{44}$tsʰiəu$^{53}_{44}$pau$^{35}$tʂʰʅ$^{53}$pak$^{3}$pʰiaŋ$^{53}_{44}$iɔŋ$^{53}_{44}$.mak$^{3}$ke$^{53}_{44}$təu$^{35}_{44}$tsʰin$^{13}$ci$^{13}_{44}$.e$_{21}$,ŋai$^{13}$i$^{21}$iaŋ$^{53}$fait$^{3}$tʂak$^{3}$tʂʰɔi$^{13}$nei$^{0}$.e$_{44}$,sen$^{35}_{44}$saŋ$^{35}_{44}$,e$^{0}$tʰəŋ$^{13}_{44}$ŋai$^{13}_{44}$tʂaŋ$^{21}$xa$^{53}_{44}$tsɿ$^{0}$kʰɔn$^{53}_{44}$na$^{0}$.e$_{21}$,kai$^{53}$tʂak$^{3}$lei$^{0}$e$_{44}$ŋai$^{13}_{21}$təu$^{21}$tsɿ$^{0}$tʰəŋ$^{53}$lei$^{0}$,e$_{21}$kai$^{53}$tʂak$^{3}$lei$^{0}$iəu$^{53}$ciɔk$^{3}$tʰəŋ$^{53}$lei$^{0}$.kai$^{53}$çi$^{21}$ɲin$^{13}$ne$^{0}$tʰəŋ$^{13}$kai$^{53}_{44}$ke$^{53}_{44}$pau$^{35}$tʂʰʅ$^{53}$pak$^{3}$pʰiaŋ$^{53}_{44}$ke$^{53}_{44}$iɔŋ$^{53}_{44}$.ŋai$^{13}$tien$^{0}$kai$^{53}_{44}$lɔi$^{13}$ko$^{53}$le$^{0}$.ŋai$^{13}$tien$^{0}$kai$^{53}_{44}$san$^{35}$kɔk$^{3}$lɔk$^{3}$li$^{0}$lɔi$^{13}$ko$^{53}$le$^{0}$.iet$^{3}$tʂak$^{3}$kɔŋ$^{35}$si$^{35}_{44}$ke$^{0}$,iet$^{3}$tʂak$^{3}$xei$^{53}$saŋ$^{35}_{44}$tsɿ$^{0}$.ci$^{13}$xa$^{13}_{44}$tai$^{53}$tʂak$^{3}$lau$^{21}$pʰo$^{13}$,ŋai$^{13}_{21}$i$^{13}_{21}$cin$^{35}_{44}$təu$^{35}_{44}$ci$^{53}$tek$^{3}$.tai$^{53}$tʂak$^{3}$lau$^{21}$pʰo$^{13}$,iɔŋ$^{21}$kəŋ$^{35}$pʰo$^{13}_{21}$lɔi$^{13}_{21}$ku$^{35}$tau$^{21}$çi$^{53}$xa$^{53}$tsɿ$^{0}$lɔi$^{13}_{21}$tʂaŋ$^{21}$pʰiaŋ$^{53}$.tsʰin$^{53}_{44}$təu$^{35}_{44}$təu$^{35}_{44}$çi$^{53}_{44}$tsʰin$^{13}$ci$^{13}_{21}$le$^{0}$ɲiaŋ$^{53}$xe$^{53}_{44}$le$^{0}$.ci$^{13}$tʂʅ$^{21}$kʰɔi$^{35}$tan$^{35}$tsɿ$^{0}$tsʰe$^{0}$,mau$^{13}_{21}$tek$^{3}$iɔk$^{5}$.tʂʅ$^{21}$kʰɔi$^{35}_{44}$tan$^{35}$tsɿ$^{0}$,kʰɔi$^{35}_{44}$tʂəŋ$^{35}$iɔk$^{5}$.kʰɔi$^{35}$tʂɔŋ$^{35}_{44}$tan$^{35}$tsɿ$^{0}$ci$^{21}$to$^{35}$tsʰien$^{13}$,xei$^{53}_{44}$kan$^{21}$cie$^{53}_{44}$.cʰi$^{13}$ʂət$^{5}$ci$^{13}$ke$^{53}_{44}$ʂəu$^{35}_{44}$ɲiet$^{5}$a$^{35}_{44}$n̩$^{13}$ti$^{35}_{53}$ci$^{21}$te$^{35}_{44}$le$^{0}$,kai$^{53}$tʂʰən$^{53}$tsɿ$^{0}$kʰɔi$^{35}$tʂɔŋ$^{35}_{44}$tan$^{35}_{44}$tsɿ$^{0}$tsəŋ$^{21}$xe$^{53}$ci$^{21}$kɔk$^{3}$tsɿ$^{0}$tsʰien$^{13}_{44}$ne$^{0}$.tsei$^{21}$uɔŋ$^{35}$lɔŋ$^{13}$tʂəŋ$^{35}_{44}$ɔn$^{35}_{44}$tso$^{53}$.iəu$^{13}$i$^{35}$ia$^{0}$,xei$^{53}_{44}$me$^{53}_{44}$?

【走小路】tsəu$^{21}$siau$^{21}$ləu$^{53}$ 走近路：呃我等人呃横巷里到我箇崠背呀，我等箇只老叔公箇映子，～是硬翻下过去就到哩，但是现在进人都进唔得哩，只好藉马路嘞弯你两十里，弯你十几两十里，十几里就爱弯呶。本来是两崠背呢，欸我等～就走以映翻下过嘞。五里路啊欸三里路啊四里路就到哩嘞。现在箇条路冇哩路喔，硬就系咁秾子了，进人都进唔得哩。只好弯转底下，皇碑树下，红沙箇映子，江口箇兜，弯你总有两十里呀。ə-21 ŋai13 tien0 ɲin13-44 ə-44 uaŋ13 xɔŋ53 li0 tau53-44 ŋai13-21 kai53-44 cien53 pɔi53 ia0 ,ŋai13-21 tien0 kai53 tʂak3 lau21 ʂəuk3 kəŋ35 kai53-44 iaŋ53 tsʅ0 ,tsei21 siau21 ləu53 ʂʅ53-44 ɲiaŋ53 fan35 na53 ko53 çi53-44 tsʰiəu53-44 tau53 li0 ,tan53-44 ʂʅ53-44 çien53 tsʰai53 tsin53 ɲin13 təu35-44 tsin53 n̩13-44 tek3 li0 ,tʂʅ21 xau21 tʂa53 ma35 ləu53 lei0 uan35 ɲi13-44 iɔŋ21 ʂət5 li35 ,uan35 ɲi13-44 ʂət5 ci21 iɔŋ21 ʂət5 li35 ,ʂət5 ci21 li35 tsʰiəu53 ɔi53 uan35 nau0 .pən21 nɔi13-44 ʂʅ53-44 iɔŋ21 cien53-44 pɔi53 nei0 ,e44 ŋai13-21 tien0 tsei21 siau21 ləu53 tsʰiəu53 tsei21 i21 iaŋ53-44 fan35 na53-44 ko53 lei0 .ŋ̍21 li35-44 ləu53-44 a0 e0 san35 ni35-44 ləu53-44 a0 si53 li35 ləu35-44 tsʰiəu53-44 tau53 li0 lei0 .çien53 tsai53 kai53 tʰiau13-44 ləu53 mau13 li0 ləu53 uo0 , ɲiaŋ53 tsʰiəu53 xei53-44 kan21 ɲiəŋ13 tsʅ0 liau0 ,tsin53 ɲin13 təu35-44 tsin53 n̩13-21 tek3 li0 .tʂʅ21 xau21 uan35 tʂuɔn21 tei21 xa53 ,uɔŋ13 pi35-44 ʂəu53 xa53-44 ,fəŋ13 sa35-44 kai53-44 iaŋ53 tsʅ0 ,kɔŋ35 xei21 kai53-44 te35-44 ,uan35 ɲi13-21 tsəŋ21 iəu35-53 iɔŋ21 ʂət5 li35 ia0 .

【走夜路】tsei21 ia53 ləu53 夜间出行；夜里摸黑走路：欸，杉壳把～。但是如今来讲嘞杉壳把～就唔符合么个，唔符合防火个要求啦，渠会跌火屎啊，欸跌一路去呀。e-21 ,sa35-44 kʰɔk3 pa21 tsei21 ia53 ləu53 .tan53-44 ʂʅ53-44 i13-21 cin35-53 lɔi13-21 kɔŋ21 le0 sa35-44 kʰɔk3 pa21 tsei21 ia53 ləu53 tsʰiəu53 n̩13 fu13-21 xɔit5 mak3 ke0 ,n̩13 fu13-21 xɔit5 fɔŋ13 fo21 ke53-44 iau53-44 cʰiəu13-21 la0 ,ci13-21 uɔi53 tet3 fo21 ʂʅ21 za0 ,e-21 tet3 iet3 ləu53-44 çi53 ia0 .｜走多哩夜路么就怕碰倒鬼。意思就系欸箇个有意外个事情你尽量少接触，你接触得多难免不出意外，系唔系？欸打比车祸样，你唔到马路上走，你自家唔去开车，就更唔多得惹倒车祸吵，系唔系？你长日去开车啊，你长日到车路上马路上走呀，就难免唔出意外，指出意外个可能性更大呀，就走多哩夜路就难免唔碰倒鬼。tsei21 to35 li0 ia53 ləu53 mei0 tsʰiəu53 pʰa53 pʰəŋ53 tau21 kuei21 .i53 sʅ35-44 tsʰiəu53-44 xe53-44 e0 kai53-44 ke53-44 iəu35 i53 uai53-44 ke53-44 sʅ53 tsʰin13 ɲi13 tsʰin53 liɔŋ53 ʂau21 tsiait3 tʂʰəuk5 , ɲi13 tsiait3 tʂʰəuk5 tek3 to35 lan13 mien35-44 pət3 tʂʰət3 i53 uai53 ,xei53 me53-21 ?e0 ta21 pi21 tʂʰa35 fo53 iɔŋ53-44 , ɲi13 n̩13 tau53 ma35 ləu53 xɔŋ53 tsei21 , ɲi13 tsʰʅ35 ka35-53 n̩13 çi53 kʰɔi35 tʂʰa35 ,tsʰiəu53-44 cien53 n̩13 to35-44 tek3 ɲia35 tau21-44 tʂʰa35 fo53-44 ʂa0 ,xei53-44 me53-44 ?ɲi13 tʂʰɔŋ13 ɲiet3 çi53 kʰɔi35 tʂʰa35 a0 , ɲi13-44 tʂʰɔŋ13 ɲiet3 tau53 tʂʰa35 ləu53-44 xɔŋ53-44 ma35 ləu53-44 xɔŋ53-44 tsei21 ia0 ,tsʰiəu53 lan13 mien35 n̩13-21 tʂʰət3 i53 uai53 ,tʂʅ21 tʂʰət3 i53 uai53-44 kei53-44 kʰo21 len13 sin53-44 ken53-44 tʰai53 ia0 , tsiəu53-21 tsei21 to35 li0 ia53 ləu53 tsʰiəu53 lan13 mien35 n̩13 pʰəŋ53 tau21 kuei21 .

【走阴】tsəu21 in35 动 ①过阴。指巫师装作神鬼附体，好像从阳间过到阴间：箇到我老妹子箇只赖子啊，欸，箇有一发真唔顺遂。我老妹子嘞还信咁个，唔倒我同倒渠去和我同倒我老妹子去寻箇只～个人，嗯，找倒哩啊，送嘿两百块钱呐，又唔系白搞个。唔知让门讲个，我进都唔想进去听，我赠进去听，渠喊倒跍倒间里去下讲个。渠箇只人呢偷偷子嘞，系倒箇映子以渠唔系么个挂正只牌来嘞。夫娘子。kai53 tau53-44 ŋai13-44 lau21 mɔi53 tsʅ0 kai53 tʂak3 lai53 tsʅ0 a0 ,ei44 ,kai53-44 iəu35 iet3 fait3 tʂən35 n̩13-21 ʂən53 si53 .ŋai13 lau21 mɔi53 tsʅ0 lei0 xai13 sin53 kan21-13 cie53 ,u21 tau21 ŋai13 tʰəŋ13 tau21 ci13-21 çi53 uo53-44 ŋai13 tʰəŋ13 tau21 ŋai13-21 lau21 mɔi53 tsʅ0 çi53 tsʰin13 kai53 tʂak3 tsei21 in35 ke53 ɲin13-44 ,n̩-21 ,tsau21 tau21 li0 a0 ,səŋ53 ŋek3 iɔŋ21 pak3 kʰuai53 tsʰien13 na0 ,iəu53 m̩13-21 pʰei53-44 pʰak5 kau21 kei0 .n̩13-21 ti35-44 ɲiɔŋ53 mən13-44 kɔŋ21 ke53 ,ŋai13 tsin53 təu35-53 n̩13-21 siɔŋ21 tsin53 çi53-44 tʰaŋ35 , ŋai13 maŋ13 tsin53 çi53 tʰaŋ35 ,ci13-21 xan53 tau21 ku35-44 tau21-44 kan35 ni21 çi53 xa53 kɔŋ21 ke0 .ci13-21 kai53 (tʂ)ak3 ɲin13 ne0 tʰei35 tʰei35 tsʅ0 lei0 ,xei53 tau21 kai53 iaŋ53 tsʅ0 i21 ci13-21 m̩13-21 pʰei53 mak3 e0 kua53 tʂaŋ53-44 tʂak3 pʰai13 lɔi13-44 le0 .pu35 ɲiɔŋ13-21 tsʅ0 . ②戏称打瞌睡：打比样食嘿昼饭，“欸，我是来去走下子阴哈。” ta21 pi21 iɔŋ53-44 ʂət5 xek3 tʂəu53 fan53-44 ,"e44 ,ŋai13 ʂʅ53-44 lɔi13 çi53 tsei21 xa53 tsʅ0 in35 xa0 ."

【走盏】tsei21 tsan21 动 ①变形：还有嘞杂树个（门页子）嘞会～，会～呐。xai13 iəu35-44 le0 tsʰait5 ʂəu53 ke53-44 lei0 uɔi53 tsei21 tsan21 ,uɔi53 tsei21 tsan21 na0 .｜楼板会～呶，欸，有兜翘起来呀。lei13 pan21 uɔi53 tsei21 tsan21 nau0 ,ei-21 ,iəu35 tei35-44 cʰiau53 çi21 lɔi13 ia0 . ②失误：以只事情交分我来做啊，硬冇么个～。i21 tʂak3 sʅ53 tsʰin13-21 ciau35-44 pən35-44 ŋai13 lɔi13 tso53 a0 , ɲiaŋ53 mau13 mak3 e0 tsei21 tsan21 . ③与标准或要求存在差距：我箇到我摎我赖子去装只么个装只箇电子屏，箇只电子屏呢又长，两三间屋咁长。嗯。首先装上去装倒嘞总都唔得平，靠眼珠看下子咯，总都唔得平，落尾到箇个我等箇间壁店里借只箇个也系咁大子也系咁子个东西嘞，安做水平仪吧，水平仪呀，用咁个红光子个光线子个，箇就达平啊，箇就滴都冇得～呐，欸，真好，箇只东西真好。（箇只电子屏）咁长嘞，就系长嘿哩啊，有两三间屋咁长啊。ŋai13 kai53 tau53 ŋai13-21 lau35 ŋai13-21 lai53 tsʅ0 çi53 tsɔŋ35 tʂak3 mak3 ke53 tsɔŋ35 tʂak3 kai53-44 tʰien53 tsʅ0 pʰin13 ,kai53 (tʂ)ak3 tʰien53 tsʅ0 pʰin13 ne0 iəu53 tʂʰɔŋ13 ,iɔŋ21 san35 kan35 uk3 kan21 tʂʰɔŋ13 .n̩-21 .ʂəu21 sien35 tsɔŋ35 ʂɔŋ53-44 çi53-44 tsɔŋ35 tau21 lei0 tsə:ŋ21 təu35-53 n̩13-21 tek3 pʰiaŋ13 ,kʰau53 ŋan21 tʂəu35-44 kʰɔn53 na53-44 tsʅ0 ko0 ,tsəŋ21 təu35-53 n̩13-21 tek3 pʰiaŋ13 ,lɔk5 mi35-44 tau53 kai53 ke53-44 ŋai13 tien0 kai53 kan53 piak3 tian53 li0 tsia53 tʂak3 kai53 ke53-21 ia35 xe53-44 kan21-13 tʰai53 tsʅ0 ia35 xe53 kan21 tsʅ0 ke53-44 təŋ35-44 si0 lei0 ,ɔn35-44 tso53-44 ʂei21 pʰiaŋ13 ɲi13 pa0 ,ʂei21 pʰiaŋ13 ɲi13 ia0 ,iəŋ53 kan21 ke53-44 fəŋ13 kɔŋ35 tsʅ0 ke0 kɔŋ35 sien53 tsʅ0 ke0 ,kai53 tsʰiəu53 tʰait5 pʰiaŋ13-44 ŋa0 ,kai53-21 tsiəu53-21 tiet5 təu35-53 mau13-21 tek3 tsei21 tsan21 na0 ,e-21 ,tʂən35 xau21 ,kai53-44 (tʂ)ak3 təŋ35-44 si0 tʂən35 xau21 .kan21 tʂʰɔŋ13 le0 ,tsʰiəu53 ue53 tʂʰɔŋ13 xek3 li0 a0 ,iəu35 iɔŋ21 san35 kan35-44 uk3 kan21 tʂʰɔŋ13 ŋa0 .

【走之】tsei$^{21}$tʂʅ$^{35}$ 名指汉字偏旁走之旁“辶”：还字系～。fan$^{13}$tsʰʅ$^{53}$xei$^{53}$tsei$^{21}$tʂʅ$^{35}_{44}$.

【走纸棚】tsei$^{21}$tʂʅ$^{21}$pʰəŋ$^{13}$ 指在造纸作坊做事：欸我问你只事啰，箇阵子飞叔公等做纸啊，唔系有句话，安做后生～就老哩让门子啊？我唔记得哩咯。/老哩摞竹筒啊。/老哩摞竹筒，去讨食。就系去讨食个意思，系唔系？老哩就只好讨食。e$^{0}$ŋai$^{13}$uən$^{53}$ɲi$^{13}_{21}$tʂak$^{3}$sʅ$^{53}$lo$^{0}$,kai$^{53}$tʂʰən$^{53}$tsʅ$^{0}$ fei$^{35}_{44}$ʂəuk$^{3}$kəŋ$^{35}$tien$^{0}$tso$^{53}$tʂʅ$^{21}$ʐa$^{0}$,m̩$^{13}_{21}$pʰei$^{53}_{44}$iəu$^{35}_{44}$ci$^{53}_{44}$fa$^{53}$,ɔn$^{35}_{44}$tso$^{53}_{44}$xei$^{53}$saŋ$^{35}_{44}$tsei$^{21}$tʂʅ$^{21}$pʰəŋ$^{13}$tsʰiəu$^{53}$lau$^{21}$li$^{0}$ɲiɔŋ$^{53}$ mən$^{13}$tsʅ$^{0}$a$^{0}$?ŋai$^{13}_{21}$n̩$^{13}$ci$^{53}$tek$^{3}$li$^{0}$ko$^{0}$./lau$^{21}$li$^{0}$kʰuan$^{53}$tʂəuk$^{3}$tʰəŋ$^{13}$ŋa$^{0}$./lau$^{21}$li$^{0}$kʰuan$^{53}$tʂəuk$^{3}$tʰəŋ$^{13}$,çi$^{53}_{44}$tʰau$^{21}$ʂət$^{5}$. tsʰiəu$^{53}_{44}$xei$^{53}_{44}$çi$^{53}$tʰau$^{21}$ʂət$^{5}$ke$^{53}_{44}$i$^{53}_{44}$sʅ$^{0}$,xei$^{53}$me$^{53}$?lau$^{21}$li$^{0}$tsʰiəu$^{53}$tʂʅ$^{21}$(x)au$^{21}$tʰau$^{21}$ʂət$^{5}$.

【奏】tsei$^{53}$ 动演奏：～哩大乐以后嘞停下来，起小乐。tsei$^{53}$li$^{0}$tʰai$^{53}$iɔk$^{5}$i$^{35}$xei$^{53}_{44}$lei$^{0}$tʰin$^{13}$xa$^{53}_{44}$lɔi$^{13}_{21}$,çi$^{21}$ siau$^{21}$iɔk$^{5}$.

【租】tsʅ$^{35}$/tsəu$^{35}$/tsu$^{35}$ 动出代价暂用别人的东西：么个都～以下是。欸，以前食饭桌唠，家家三家四屋欸是上下屋家家去借食饭桌，一家人老哩人呐做好事啊。以下鬼去借了。专门有人出租个以下就。mak$^{3}$ke$^{0}$təu$^{35}_{44}$tsʅ$^{35}$i$^{21}$(x)a$^{53}$ʂʅ$^{53}_{21}$.e$_{21}$,i$^{35}$tsʰien$^{13}_{21}$ʂət$^{5}$fan$^{53}$tsɔk$^{3}$lau$^{0}$,ka$^{35}$ka$^{35}$san$^{35}$ka$^{35}_{44}$si$^{53}$uk$^{3}$e$_{44}$ʂʅ$^{53}_{44}$ ʂɔŋ$^{53}_{44}$xa$^{53}_{44}$uk$^{3}$ka$^{35}$ka$^{35}_{44}$çi$^{53}$tsia$^{53}$ʂət$^{5}$fan$^{53}$tsɔk$^{3}$,iet$^{3}$ka$^{35}_{53}$ɲin$^{13}_{21}$lau$^{21}$li$^{0}$ɲin$^{13}$na$^{0}$tso$^{53}$xau$^{21}$sʅ$^{53}_{44}$a$^{0}$.i$^{21}$xa$^{53}$kuei$^{21}$çi$^{53}$tsia$^{53}$ liau$^{0}$.tʂen$^{35}$mən$^{13}_{21}$iəu$^{35}$ɲin$^{13}_{21}$tʂʰət$^{3}$tsu$^{35}$ke$^{0}$i$^{21}$xa$^{53}$tsʰiəu$^{53}_{21}$.｜我等箇只房子都爱考虑听晡搞一阵呢也嘞肯做～嘿去，～分别人家，一个月搞得一千多块子钱是有啊。一万八千块子钱一年是有，～得倒吗看下。ŋai$^{13}$tien$^{0}$kai$^{53}$(tʂ)ak$^{3}$fɔŋ$^{13}$tsʅ$^{0}$təu$^{35}_{44}$ɔi$^{53}$kʰau$^{21}$li$^{53}_{44}$tʰin$^{35}_{44}$pu$^{35}_{44}$kau$^{21}$iet$^{3}$tʂʰən$^{53}$ne$^{0}$ia$^{35}$lei$^{0}$xen$^{21}$tso$^{53}_{44}$tsʅ$^{35}$ (x)ek$^{3}$çi$^{53}$,tsʅ$^{35}$pən$^{35}_{44}$pʰiet$^{5}$ɲin$^{13}_{21}$ka$^{35}_{44}$,iet$^{3}$ke$^{53}$ɲiet$^{5}$kau$^{21}$tek$^{3}$iet$^{3}$tsʰien$^{35}$to$^{35}_{44}$kʰuai$^{53}$tsʅ$^{0}$tsʰien$^{13}_{21}$ʂʅ$^{53}_{44}$iəu$^{35}$a$^{0}$.iet$^{3}$ uan$^{53}$pait$^{3}$tsʰien$^{35}_{44}$kʰuai$^{53}$tsʅ$^{0}$tsʰien$^{13}_{21}$iet$^{3}$ɲien$^{13}_{21}$ʂʅ$^{53}_{44}$iəu$^{35}_{44}$,tsʅ$^{35}$tek$^{3}$tau$^{21}$ma$^{0}$kʰɔn$^{53}$na$^{53}$.

【租谷】tsʅ$^{35}$kuk$^{3}$ 名旧时农民作为地租缴纳的谷米：作哩别人家田，嗯，交兜子谷分渠，箇个就～。tsɔk$^{3}$li$^{0}$pʰiet$^{5}$in$^{13}_{44}$ka$^{35}_{53}$tʰien$^{13}$,n̩$_{21}$,ciau$^{35}$te$^{35}_{53}$tsʅ$^{0}$kuk$^{3}$pən$^{35}$ci$^{13}_{21}$,kai$^{53}_{44}$ke$^{53}_{44}$tsʰiəu$^{53}_{44}$tsʅ$^{35}$kuk$^{3}$.｜如今我等人以映子箇个嗯社员个田呐箇个我老弟子就去下子搞箇个蔬菜社吵，渠也租哩渠等个田呢。渠就唔系拿谷，一年一亩田三百块钱，三百块钱一亩哇。也就系～样啊，欸，分三百块钱分渠，两百多斤子谷，一亩田两百多斤子谷。有兜人唔想作，也好，分你去栽菜，我一年也进得三百块钱。i$^{13}_{21}$cin$^{35}_{53}$ŋai$^{13}$tien$^{0}$ɲin$^{13}_{21}$i$^{21}$iaŋ$^{53}$tsʅ$^{0}$kai$^{53}_{44}$kei$^{53}_{44}$en$_{21}$ʂa$^{53}$vien$^{13}_{21}$ke$^{53}$tʰien$^{13}$na$^{0}$kai$^{53}_{44}$ke$^{53}_{44}$ŋai$^{13}_{21}$lau$^{21}$tʰei$^{53}$tsʅ$^{0}$ tsʰiəu$^{53}$çi$^{53}$xa$^{53}_{21}$tsʅ$^{0}$kau$^{21}$kai$^{53}_{44}$ke$^{53}_{44}$səu$^{35}$tsʰɔi$^{53}_{44}$ʂa$^{53}$ʂa$^{0}$,ci$^{13}_{21}$ia$^{35}$tsʅ$^{35}_{44}$li$^{0}$ci$^{13}_{21}$tien$^{0}$ke$^{53}$tʰien$^{13}_{21}$ne$^{0}$.ci$^{13}_{21}$tsʰiəu$^{53}$m̩$^{13}$pʰei$^{53}_{44}$la$^{53}$ kuk$^{3}$,iet$^{3}$ɲien$^{13}$iet$^{3}$miau$^{35}$tʰien$^{13}$san$^{35}$pak$^{3}$kʰuai$^{53}$tsʰien$^{13}$,san$^{35}$pak$^{3}$kʰuai$^{53}$tsʰien$^{13}_{21}$iet$^{3}$miau$^{35}$ua$^{0}$.ia$^{35}$tsʰiəu$^{53}$ xe$^{53}_{44}$tsʅ$^{35}$kuk$^{3}$iɔŋ$^{53}$ŋa$^{0}$,e$_{21}$,pən$^{35}$san$^{35}$pak$^{3}$kʰuai$^{53}$tsʰien$^{13}_{21}$pən$^{35}$ci$^{13}_{21}$,iɔŋ$^{21}$pak$^{3}$to$^{35}_{44}$cin$^{35}_{44}$tsʅ$^{0}$kuk$^{3}$,iet$^{3}$miau$^{35}$tʰien$^{13}_{21}$ iɔŋ$^{21}$pak$^{3}$to$^{35}_{44}$cin$^{35}_{44}$tsʅ$^{0}$kuk$^{3}$.iəu$^{35}$tei$^{35}_{53}$ɲin$^{13}_{21}$n̩$^{13}$siɔŋ$^{21}$tsɔk$^{3}$,ia$^{35}$xau$^{21}$,pən$^{35}$ɲi$^{13}_{21}$çi$^{53}_{44}$tsɔi$^{35}$tsʰɔi$^{53}$,ŋai$^{13}_{21}$iet$^{3}$ɲien$^{13}$ia$^{35}$ tsin$^{53}$tek$^{3}$san$^{35}$pak$^{3}$kʰuai$^{53}$tsʰien$^{13}_{21}$.

【足】tsəuk$^{3}$ 形充分，够量：斤两就爱～哇！cin$^{35}$niɔŋ$^{35}$tsʰiəu$^{53}_{44}$ɔi$^{53}_{44}$tsəuk$^{3}$ua$^{0}$！

【足月】tsəuk$^{3}$ɲiet$^{5}$ 动胎儿在母体内成长的月份足够：箇只夫娘子就供哩啊？还𫟼～吧，系唔系？kai$^{53}$tʂak$^{3}$pu$^{35}$ɲiɔŋ$^{13}_{21}$tsʅ$^{0}$tsʰiəu$^{53}$ciəŋ$^{53}$li$^{0}$a$^{0}$?xai$^{13}_{21}$maŋ$^{13}_{21}$tsəuk$^{3}$ɲiet$^{5}$pa$^{0}$,xei$^{53}$me$^{53}$?

【足字旁】tsəuk$^{3}$sʅ$^{53}$/tsʰʅ$^{53}$pʰɔŋ$^{13}$ 名汉字偏旁之一：～个字嘞就系摎脚有关。欸，比方箇只路，路字，箇只蹄字，猪脚啊猪蹄个蹄，箇个都系～个字。摎脚有关。tsəuk$^{3}$tsʰʅ$^{53}$pʰɔŋ$^{13}_{21}$ke$^{53}_{44}$tsʰʅ$^{53}$le$^{0}$ tsʰiəu$^{53}_{44}$xe$^{53}_{44}$lau$^{35}$ciɔk$^{3}$iəu$^{35}$kuan$^{35}$.e$_{21}$,pi$^{21}$fɔŋ$^{35}_{44}$kai$^{53}_{21}$tʂak$^{3}$ləu$^{53}$,ləu$^{53}$tsʰʅ$^{53}_{44}$,kai$^{53}$tʂak$^{3}$tʰi$^{13}$tsʰʅ$^{53}$,tʂəu$^{35}$ciɔk$^{3}$a$^{0}$tʂəu$^{35}$ tʰi$^{13}$ke$^{53}_{44}$tʰi$^{13}$,kai$^{53}_{44}$ke$^{53}_{44}$təu$^{35}_{44}$xe$^{53}_{44}$tsəuk$^{3}$tsʰʅ$^{53}$pʰɔŋ$^{13}_{21}$ke$^{53}_{44}$tsʰʅ$^{53}$.lau$^{35}_{44}$ciɔk$^{3}$iəu$^{35}_{53}$kuan$^{35}_{44}$.

【足足】tsɔk$^{3}$tsɔk$^{3}$ 副不少于：箇我硬～挖嘿有个多两个月个树蔸。kai$^{53}$ŋai$^{13}_{21}$ɲiaŋ$^{53}$tsɔk$^{3}$tsɔk$^{3}$uait$^{3}$ (x)ek$^{3}$iəu$^{35}_{44}$cie$^{53}$to$^{35}_{44}$iɔŋ$^{21}$ke$^{53}$ɲiet$^{5}$ke$^{53}_{21}$ʂəu$^{53}$tei$^{35}$.

【族规】tsʰəuk$^{5}$kuei$^{35}$ 名宗法制度下家族用来约束本家族成员的法规：我等横巷里万家人个家族是也冇得么个～，𫟼去搞么个～。ŋai$^{13}$tien$^{0}$uaŋ$^{13}$xɔŋ$^{53}_{44}$li$^{0}$uan$^{53}$ka$^{35}_{44}$ɲin$^{13}_{21}$ke$^{0}$cia$^{35}$tsʰəuk$^{5}$ʂʅ$^{53}_{44}$ia$^{35}$mau$^{13}$ tek$^{3}$mak$^{3}$e$^{0}$tsʰəuk$^{5}$kuei$^{35}_{44}$,maŋ$^{13}_{21}$çi$^{53}_{44}$kau$^{21}$mak$^{3}$e$^{0}$tsʰəuk$^{5}$kuei$^{35}_{44}$.

【族旗】tsʰəuk$^{5}$cʰi$^{13}$ 名指送葬活动中使用的标有男性死者本族或女性死者夫家姓氏的旗子：～就走面前，就本族个，本只家族个旗就走面前。外氏个旗就黏稳去。tsʰəuk$^{5}$cʰi$^{13}_{21}$tsʰiəu$^{53}$ tsei$^{21}$mien$^{53}$tsʰien$^{13}_{21}$,tsʰiəu$^{53}_{44}$pən$^{21}$tsʰəuk$^{5}$ke$^{0}$,pən$^{21}$tʂak$^{3}$cia$^{35}$tsʰəuk$^{5}$ke$^{53}$cʰi$^{13}_{44}$tsiəu$^{53}_{44}$tsei$^{21}$mien$^{53}$tsʰien$^{13}_{21}$.ŋɔi$^{53}$ʂʅ$^{53}$ ke$^{53}$cʰi$^{13}_{21}$tsʰiəu$^{53}$ɲia$^{13}$uən$^{21}$çi$^{53}$.

【族学】tsʰəuk$^{5}$xɔk$^{5}$ 名家族创办的学校，本族免费，外族收费：～，族间呶办个学堂。一姓一姓办个学堂，欸，姓氏办个学堂啊。tsʰəuk$^{5}$xɔk$^{5}$,tsʰəuk$^{5}$kan$^{35}_{44}$nau$^{0}$pʰan$^{53}$ke$^{53}$xɔk$^{5}$tʰɔŋ$^{13}_{21}$,iet$^{3}$siaŋ$^{53}$ iet$^{3}$siaŋ$^{53}$pʰan$^{53}$ke$^{53}_{44}$xɔk$^{5}$tʰɔŋ$^{13}_{21}$,e$_{21}$,siaŋ$^{53}$ʂʅ$^{53}_{44}$pʰan$^{53}$cie$^{53}_{44}$xɔk$^{5}$tʰɔŋ$^{13}_{21}$ŋa$^{0}$.

【组】tsəu$^{21}$ 量 用于因需要而分成的小群体：一般歌诗分做两边，箇边四个，以边四个。两～。iet$^{3}$ pən$^{35}$ko$^{35}_{44}$ʂʅ$^{35}$fən$^{35}_{44}$tso$^{53}_{44}$iəŋ$^{21}$pien$^{35}$,kai$^{53}$pien$^{35}_{44}$si$^{53}$cie$^{53}$,i$^{21}$pien$^{35}_{44}$si$^{53}$ke$^{53}$.iəŋ$^{21}$tsəu$^{21}$.

【组织】tsəu$^{21}$tʂət$^{3}$ 动 安排：渠个追悼会也爱箇个嘞，也爱本家～，本家分个人司仪～。ci$^{13}_{21}$ke$^{53}_{44}$tʂei$^{35}$tiau$^{53}_{44}$fei$^{53}$ia$^{35}$ɔi$^{53}_{44}$kai$^{53}_{44}$ke$^{53}_{44}$lei$^{0}$,ia$^{35}$ɔi$^{53}$pən$^{21}$cia$^{35}_{44}$tsəu$^{21}$tʂət$^{3}$,pən$^{21}$cia$^{35}_{44}$pən$^{35}$cie$^{53}$ɲin$^{13}_{21}$sʅ$^{35}$ɲi$^{13}$tsəu$^{21}$tʂət$^{3}$.

【祖传父教】tsəu$^{21}$tʂ$^{h}$uən$^{13}$fu$^{53}$kau$^{53}$ 指长辈言传身教：我等教过一只学生，渠长日摎别人家搞筋，一搞筋就对打。落尾以后落尾查下子，箇是～，渠个媄子也咁厉害个，媄子去屋下也系咁个。ŋai$^{13}$tien$^{0}$kau$^{35}$ko$^{53}$iet$^{3}$tʂak$^{3}$xɔk$^{5}$saŋ$^{35}$,ci$^{13}$tʂ$^{h}$əŋ$^{13}$ɲiet$^{3}$lau$^{35}_{44}$p$^{h}$iet$^{5}$ɲ̍$^{13}_{44}$ka$^{35}_{44}$kau$^{21}$cin$^{35}$,iet$^{3}$kau$^{21}$cin$^{35}$ts$^{h}$iəu$^{53}_{44}$ti$^{53}$ta$^{21}$.lɔk$^{5}$mi$^{35}_{44}$i$^{21}$xəu$^{53}$lɔk$^{5}$mi$^{35}_{44}$ts$^{h}$a$^{13}$xa$^{53}_{44}$tsʅ$^{0}$,kai$^{53}$ʂʅ$^{53}$tsəu$^{21}$tʂ$^{h}$uən$^{13}$fu$^{53}$kau$^{53}$,ci$^{13}$ke$^{53}$ɔi$^{35}$tsʅ$^{0}$a$^{35}_{44}$kan$^{21}$li$^{53}_{44}$xɔi$^{53}_{44}$kei$^{53}_{44}$,ɔi$^{35}$tsʅ$^{0}$çi$^{53}$uk$^{3}$xa$^{53}_{44}$ia$^{35}$xei$^{53}$kan$^{21}_{44}$cie$^{53}$.

【祖公】tsʅ$^{21}$kəŋ$^{35}$ 名 祖先：我等个～啊从广东过来也还正十几代子嘞。～啊，从广东过来也还正一十四代，两百多年子。ŋai$^{13}$tien$^{0}$e$^{0}$tsʅ$^{21}$kəŋ$^{35}_{44}$ŋa$^{0}$ts$^{h}$əŋ$^{13}$kɔŋ$^{21}$təŋ$^{35}$ko$^{53}$lɔi$^{13}_{44}$ia$^{35}_{44}$xan$^{13}_{21}$tʂaŋ$^{53}_{44}$ʂət$^{5}$ci$^{21}$t$^{h}$ɔi$^{53}$tsʅ$^{0}$le$^{0}$.tsʅ$^{21}$kəŋ$^{35}$ŋa$^{0}$,ts$^{h}$əŋ$^{13}$kɔŋ$^{21}$təŋ$^{35}$ko$^{53}$lɔi$^{13}_{44}$ia$^{35}$xan$^{13}_{21}$tʂaŋ$^{53}_{44}$iet$^{3}$ʂət$^{5}$si$^{53}$t$^{h}$ɔi$^{53}$,iəŋ$^{21}$pak$^{3}$to$^{35}_{53}$ɲien$^{13}_{21}$tsʅ$^{0}$.

【祖牌】tsʅ$^{21}$p$^{h}$ai$^{13}$ 名 祖宗牌位：渠首先就安牌位，爱安只～。ci$^{13}$ʂəu$^{21}$sien$^{35}_{44}$ts$^{h}$iəu$^{53}$ɔn$^{35}_{44}$p$^{h}$ai$^{13}$uei$^{53}_{44}$,ɔi$^{53}_{44}$ɔn$^{35}$tʂak$^{3}$tsʅ$^{21}$p$^{h}$ai$^{13}$.

【祖师】tsəu$^{21}$sʅ$^{35}$ 名 行业的创始人：木匠个～就鲁班吵。muk$^{3}$siɔŋ$^{53}_{44}$ke$^{53}_{44}$tsəu$^{21}$sʅ$^{35}$ts$^{h}$iəu$^{53}_{44}$ləu$^{21}$pan$^{35}_{44}$ʂa$^{0}$.

【祖位】tsəu$^{21}$uei$^{53}$ 名 祖宗牌位的简称：以映子就欸大厅下，哎，以映子就系～，系啊？欸，以映子爱写只～来嘞。i$^{21}$iaŋ$^{53}$tsʅ$^{0}$ts$^{h}$iəu$^{53}$e$_{21}$t$^{h}$ai$^{53}$t$^{h}$aŋ$^{35}_{44}$xa$^{35}_{44}$,ai$_{21}$,i$^{21}$iaŋ$^{53}$tsʅ$^{0}$ts$^{h}$iəu$^{35}_{44}$xe$^{53}_{44}$tsəu$^{21}$uei$^{53}$,xei$^{53}_{44}$a$^{0}$?ei$_{21}$,i$^{21}$iaŋ$^{53}_{44}$tsʅ$^{0}$ɔi$^{53}_{44}$sia$^{21}$tʂak$^{3}$tsəu$^{21}$uei$^{53}$lai$^{13}_{21}$le$^{0}$.

【祖宗】tsʅ$^{21}$/tsəu$^{21}$tsəŋ$^{35}$ 名 ①祖先：以下就两公婆来去见～。i$^{21}$xa$^{53}_{44}$ts$^{h}$iəu$^{53}$iəŋ$^{21}$kəŋ$^{35}_{44}$p$^{h}$o$^{13}$lɔi$^{13}_{44}$çi$^{53}_{44}$cien$^{53}$tsəu$^{21}$tsəŋ$^{35}_{44}$.｜中间一只上厅，放～牌位个。tʂəŋ$^{35}_{44}$kan$^{35}_{44}$iet$^{3}$tʂak$^{3}$ʂɔŋ$^{53}$t$^{h}$aŋ$^{35}$,fɔŋ$^{53}$tsʅ$^{21}$tsəŋ$^{35}_{44}$p$^{h}$ai$^{13}$uei$^{53}_{44}$ke$^{53}_{44}$. ②指祖宗牌位：我安哩祖宗牌位，或者我卖妹子个安哩～，箇客来哩，渠看倒我安哩～，箇就爱去作两只揖。ŋai$^{13}$ɔn$^{35}$li$^{0}$tsəu$^{21}$tsəŋ$^{35}$p$^{h}$ai$^{13}$uei$^{53}$,xɔit$^{3}$tʂa$^{21}$ŋai$^{13}$mai$^{53}$mɔi$^{53}$tsʅ$^{0}$ke$^{53}_{44}$ɔn$^{35}$li$^{0}$tsəu$^{21}$tsəŋ$^{35}$,kai$^{53}_{44}$k$^{h}$ak$^{3}$lɔi$^{13}_{21}$li$^{0}$,ci$^{13}$k$^{h}$ɔn$^{53}$tau$^{21}$ŋai$^{13}_{21}$ɔn$^{35}$li$^{0}$tsəu$^{21}$tsəŋ$^{35}$,kai$^{53}_{44}$ts$^{h}$iəu$^{53}_{44}$ɔi$^{53}_{44}$çi$^{53}_{44}$tsɔk$^{3}$iəŋ$^{21}$tʂak$^{3}$iet$^{3}$.

【祖宗菩萨】tsʅ$^{21}$/tsəu$^{21}$tsəŋ$^{35}$p$^{h}$u$^{13}$sait$^{3}$ 名 祖先：以下就两公婆来去见祖宗。请～来见证以只事情。i$^{21}$xa$^{53}_{44}$ts$^{h}$iəu$^{53}$iəŋ$^{21}$kəŋ$^{35}_{44}$p$^{h}$o$^{13}$lɔi$^{13}_{44}$çi$^{53}_{44}$cien$^{53}$tsəu$^{21}$tsəŋ$^{35}_{44}$.ts$^{h}$iaŋ$^{21}$tsəu$^{21}$tsəŋ$^{35}_{44}$p$^{h}$u$^{13}_{21}$sait$^{3}$lɔi$^{13}_{21}$cien$^{53}$tʂən$^{53}$i$^{21}$(tʂ)ak$^{3}$sʅ$^{53}$ts$^{h}$in$^{13}_{21}$.

【祖祖辈辈】tsəu$^{21}$tsəu$^{21}$pei$^{53}$pei$^{53}$ 世世代代：渠等个～冇得读书个，冇得。ci$^{13}$tien$^{0}$ke$^{53}$tsəu$^{21}$tsəu$^{21}$pei$^{53}$pei$^{53}_{44}$mau$^{13}$(t)ek$^{3}$t$^{h}$əuk$^{5}$ʂəu$^{35}_{44}$ke$^{53}_{44}$,mau$^{13}$tek$^{3}$.

【纂$_1$】tsɔn$^{21}$ 动 ①撰写：～篇文章 tsɔn$^{21}$p$^{h}$ien$^{35}_{44}$uən$^{13}$tʂɔŋ$^{35}_{44}$。②捆扎：年年到哩秋天呢，打哩禾以后嘞，就爱～几只子欸搞兜子留正兜床秆。ɲien$^{13}$ɲien$^{13}$tau$^{53}$li$^{0}$ts$^{h}$iəu$^{35}$t$^{h}$ien$^{35}_{44}$nei$^{0}$,ta$^{21}$li$^{0}$uo$^{13}$i$^{35}$xei$^{53}_{44}$lei$^{0}$,ts$^{h}$iəu$^{53}_{44}$ɔi$^{53}$tsɔn$^{21}$ci$^{21}$tʂak$^{3}$tsʅ$^{0}$e$_{21}$kau$^{21}$te$^{35}_{53}$tsʅ$^{0}$liəu$^{13}$tʂaŋ$^{53}$te$^{35}_{53}$ts$^{h}$ɔŋ$^{13}$kɔn$^{21}$.

【纂$_2$】tsɔn$^{21}$ 量 用于成丛的东西：（七姊妹辣椒）一～一～呶。iet$^{3}$tsɔn$^{21}$iet$^{3}$tsɔn$^{21}$nau$^{0}$.

【纂秆】tsɔn$^{21}$kɔn$^{21}$ 动 将稻草扎成小把：打禾个时候子啊，你等箇映有咁个吗？欸，打正哩禾了，扯几条子，揰下去，纂做一只秆。缔倒秆呐，就系缔秆呢。缔倒顿倒箇晒呀，安做～。渠本地人就安做缚秆呢，我等客姓人安做～。ta$^{21}$uo$^{13}$ke$^{53}$ʂʅ$^{13}$xəu$^{53}$tsʅ$^{0}$a$^{0}$, ɲi$^{13}$tien$^{0}$kai$^{53}$iaŋ$^{53}$iəu$^{35}_{44}$kan$^{21}_{44}$ke$^{53}_{44}$ma$^{0}$?e$_{21}$,ta$^{21}$tʂaŋ$^{53}$li$^{0}$uo$^{13}$liau$^{0}$,ia$^{21}$ci$^{21}$t$^{h}$iau$^{13}$tsʅ$^{0}$,ts$^{h}$əŋ$^{21}$na$^{53}$çi$^{53}$,tsɔn$^{21}$tso$^{53}$iet$^{3}$tʂak$^{3}$kɔn$^{21}$.t$^{h}$ak$^{3}$tau$^{21}_{44}$kɔn$^{21}$na$^{0}$,ts$^{h}$iəu$^{53}$xe$^{53}$t$^{h}$ak$^{3}$kɔn$^{21}$ne$^{0}$.t$^{h}$ak$^{3}$tau$^{21}_{44}$tən$^{53}$tau$^{21}$kai$^{53}_{44}$sai$^{53}$ia$^{0}$,ɔn$^{35}_{44}$tso$^{53}$tsɔn$^{21}$kɔn$^{21}$.ci$^{13}$pən$^{21}$t$^{h}$i$^{53}$ɲin$^{13}$tsiəu$^{53}_{44}$ɔn$^{35}_{44}$tso$^{53}_{44}$xɔk$^{5}$kɔn$^{21}$nei$^{0}$,ŋai$^{13}$tien$^{0}$k$^{h}$ak$^{3}$sin$^{53}$ɲin$^{13}_{21}$ɔn$^{35}_{53}$tso$^{53}$tsɔn$^{21}$kɔn$^{21}$.

【钻】tsɔn$^{53}$ 动 ①用锥状的物体在另一物体上转动穿孔：用钻子～只眼来。iəŋ$^{53}_{44}$tsɔn$^{53}$tsʅ$^{0}$tsɔn$^{53}$tʂak$^{3}$ŋan$^{21}$nɔi$^{13}$. ②泥鳅在田里钻洞：田里做哩犁耙以后，就有水吵，系唔系？箇田里就，箇湖鳅就～起来哩吵。t$^{h}$ien$^{13}$ni$^{0}$tso$^{53}$li$^{0}$lai$^{13}$p$^{h}$a$^{13}_{44}$i$^{21}_{44}$xei$^{53}$,ts$^{h}$iəu$^{53}_{44}$iəu$^{35}$ʂei$^{21}$ʂa$^{0}$,xei$^{53}$me$^{53}$?kai$^{53}_{44}$t$^{h}$ien$^{13}$ni$^{0}$ts$^{h}$iəu$^{53}$,kai$^{53}_{44}$fu$^{13}$ts$^{h}$iəu$^{35}_{44}$ts$^{h}$iəu$^{53}_{44}$tsɔn$^{53}$çi$^{21}$lɔi$^{13}$li$^{0}$ʂa$^{0}$.

【钻把】tsɔn$^{53}$pa$^{53}$ 名 钻子的柄：渠等话做～就系用渠指钻把竹子。ci$^{13}$tien$^{0}$ua$^{53}_{44}$tso$^{53}$tsɔn$^{53}$pa$^{53}$ts$^{h}$iəu$^{53}_{44}$xe$^{53}_{44}$iəŋ$^{53}$ci$^{13}$.

【钻把竹】tsɔn$^{53}$pa$^{53}$tʂəuk$^{3}$ 名 一种实心竹，可用来制作钻把和鼓槌等。也称"钻把竹子"：还有起就一蒲一蒲个就～，系啊？钻把竹子啊。实心呐。/就实心竹子啊。/实心竹有两种嘞。系还有一种箇叶子系长个嘞。两种实心竹，有一种叶子更细。渠就一蒲个生倒。挤吗挤密生倒去。/渠等话做钻把就系用渠。/打鼓个鼓槌子系渠呀。做箇只蛮好。xai$^{13}_{21}$iəu$^{35}_{44}$çi$^{21}$ts$^{h}$iəu$^{53}$iet$^{3}$ p$^{h}$u$^{13}_{21}$iet$^{3}$ p$^{h}$u$^{13}$ke$^{53}$ts$^{h}$iəu$^{53}_{44}$tsɔn$^{53}$pa$^{53}$tʂəuk$^{3}$,xe$^{53}$a$^{0}$?tsɔn$^{53}$pa$^{53}$tʂəuk$^{3}$ tsa$^{0}$.ʂət$^{5}$ sin$^{35}$na$^{0}$./ts$^{h}$iəu$^{53}_{44}$ʂət$^{5}$ sin$^{35}_{44}$tʂəuk$^{3}$ tsa$^{0}$./ʂət$^{5}$ sin$^{35}$tʂəuk$^{3}$ iəu$^{35}_{44}$iɔŋ$^{21}$tʂəŋ$^{21}$le$^{0}$.xe$^{53}$xa$^{13}_{21}$iəu$^{35}$iet$^{3}$ tʂəŋ$^{21}$kai$^{53}_{44}$iait$^{5}$ tsɿ$^{0}$ xei$^{53}$tʂ$^{h}$ɔŋ$^{13}$ke$^{53}$le$^{0}$.iɔŋ$^{21}$tʂəŋ$^{21}$ʂət$^{5}$ sin$^{35}_{44}$tʂəuk$^{3}$,iəu$^{35}$iet$^{3}$ tʂəŋ$^{21}$iait$^{5}$ tsɿ$^{0}$ ken$^{53}_{44}$se$^{53}$.ci$^{13}_{21}$ts$^{h}$iəu$^{53}_{44}$iet$^{3}_{5}$ p$^{h}$u$^{13}$ke$^{53}$saŋ$^{35}$tau$^{21}$.tsi$^{21}$ma$^{0}$ tsi$^{21}$miet$^{5}$ saŋ$^{35}$tau$^{21}$ çi$^{53}$./ci$^{13}$tien$^{0}$ ua$^{53}_{44}$tso$^{53}$tsɔn$^{53}$pa$^{53}$ts$^{h}$iəu$^{53}_{44}$xe$^{53}_{44}$iəŋ$^{53}$ci$^{13}$./ta$^{21}$ku$^{21}$ke$^{53}$ku$^{21}$tʂ$^{h}$ei$^{13}$tsɿ$^{0}$ xei$^{53}$ci$^{13}_{21}$ia$^{0}$.tso$^{53}$kai$^{53}_{21}$tʂak$^{3}$ man$^{13}_{44}$ xau$^{21}$.

【钻莼】tsɔn$^{53}$tei$^{35}$ 形指高山顶上的植物莼部发达，树干粗短：～系么个意思？莼下滮大，顶高丁啮大子。岼岗顶上个竹哇树哇会～，莼部就比较粗。因为矮，尾巴比较尖，尾巴就本本系咁尖。底下就更粗，就安做～。箇个树唔多好做行头，但是箇个树个材质岼岗顶上个树更硬。tsɔn$^{53}$tei$^{35}$xei$^{53}$mak$^{3}$ e$^{0}$ i$^{53}_{44}$sɿ$^{0}$?tei$^{35}$xa$^{53}$mən$^{35}$t$^{h}$ai$^{53}$,taŋ$^{21}$kau$^{35}_{44}$tin$^{35}_{53}$ŋait$^{3}$ t$^{h}$ai$^{53}$tsɿ$^{0}$.cien$^{53}$kɔŋ$^{35}_{44}$taŋ$^{21}$xɔŋ$^{53}_{44}$ke$^{0}$ tʂəuk$^{3}$ ua$^{0}$ ʂəu$^{53}$ua$^{0}$ uɔi$^{53}$tsɔn$^{53}$tei$^{35}$,tei$^{35}$p$^{h}$u$^{53}$ts$^{h}$iəu$^{53}_{44}$pi$^{21}$ciau$^{53}_{44}$ts$^{h}$ɿ$^{35}$.in$^{35}$uei$^{53}_{44}$ai$^{21}$,mi$^{35}$pa$^{35}_{44}$pi$^{21}$ciau$^{53}_{44}$tsian$^{35}$,mi$^{35}$pa$^{35}_{44}$ ts$^{h}$iəu$^{53}$pən$^{21}$pən$^{21}$xei$^{53}$kan$^{21}$tsian$^{35}$.tei$^{35}$xa$^{53}_{44}$ts$^{h}$iəu$^{53}$cien$^{53}$ts$^{h}$əu$^{35}$,ts$^{h}$iəu$^{53}_{44}$ɔn$^{35}_{44}$tso$^{53}_{44}$tsɔn$^{53}$tei$^{35}$.kai$^{53}_{44}$ke$^{53}_{44}$ʂəu$^{53}$ n̩$^{13}$to$^{35}_{53}$ xau$^{21}$tso$^{53}$çin$^{13}$t$^{h}$ei$^{13}_{44}$,tan$^{53}$ʂɿ$^{53}$kai$^{53}_{44}$ke$^{53}_{44}$ʂəu$^{53}$ke$^{0}$ ts$^{h}$ai$^{13}$tʂət$^{3}$ cien$^{53}$kɔŋ$^{35}_{44}$taŋ$^{21}$xɔŋ$^{53}_{44}$ke$^{53}_{44}$ʂəu$^{53}$cien$^{53}$ŋaŋ$^{53}$.

【钻子】tsɔn$^{53}$tsɿ$^{0}$ 名钻孔打眼的工具：打鞋底个？～啊？我等是用～咯。打鞋底个，鞋底比较厚咯，用～钻只眼来，然后就用针□，欸用线呐，系呀？用绳子啊。用～钻只眼，然后再用针穿倒箇绳子，唔系线呐，用绳子啦，系呀？鞋底绳呐。安做鞋底绳呐。冇得鞋底针。针穿唔过咯，渠蛮厚咯。ta$^{21}$xai$^{13}$tei$^{21}$ke$^{53}$?tsɔn$^{53}$tsa$^{0}$?ŋai$^{13}_{21}$tien$^{0}$ ʂɿ$^{53}_{44}$iəŋ$^{53}_{44}$tsɔn$^{53}$tsɿ$^{0}$ ko$^{0}$.ta$^{21}$xai$^{13}$tei$^{21}$ke$^{53}_{44}$,xai$^{13}$tei$^{21}$ pi$^{21}$ciau$^{53}_{44}$xei$^{35}$ko$^{0}$,iəŋ$^{53}_{44}$tsɔn$^{53}$tsɿ$^{0}$ tsɔn$^{53}$tʂak$^{3}$ ŋan$^{21}$nɔi$^{13}$,vien$^{13}_{21}$xei$^{53}_{44}$ts$^{h}$iəu$^{53}_{44}$iəŋ$^{53}_{44}$tʂən$^{35}$tʂ$^{h}$ʮ$^{53}_{44}$,e$^{0}$ iəŋ$^{53}_{44}$sien$^{53}$na$^{0}$,xei$^{53}_{44}$ ia$^{0}$?iəŋ$^{53}$ʂən$^{13}$tsɿ$^{0}$ a$^{0}$.iəŋ$^{53}_{44}$tsɔn$^{53}$tsɿ$^{0}$ tsɔn$^{53}$tʂak$^{3}$ ŋan$^{21}$,vien$^{13}$xei$^{53}_{44}$tsai$^{53}$iəŋ$^{53}_{44}$tʂən$^{35}$tʂ$^{h}$ɔn$^{53}_{44}$tau$^{21}$kai$^{53}_{44}$ʂən$^{13}$tsɿ$^{0}$,m̩$^{13}_{21}$ p$^{h}$e$_{44}$(←xe$^{53}$)sien$^{53}$na$^{0}$,iəŋ$^{53}$ʂən$^{13}$tsɿ$^{0}$ la$^{0}$,xei$^{53}_{44}$ia$^{0}$?xai$^{13}$tei$^{21}$ʂən$^{13}$na$^{0}$.ɔn$^{35}_{44}$tso$^{53}_{44}$xai$^{13}$tei$^{21}$ʂən$^{13}$na$^{0}$.mau$^{13}$tek$^{3}$ xai$^{13}$ tei$^{21}$tʂən$^{35}$.tʂən$^{35}$tʂ$^{h}$ɔn$^{53}$n̩$^{13}$ko$^{53}$ko$^{0}$,ci$^{13}_{44}$man$^{13}_{44}$xei$^{35}$ko$^{0}$.｜瘦起～都挑肉唔起。sei$^{53}$çi$^{21}$tsɔn$^{53}$tsɿ$^{0}$ təu$^{35}_{44}$t$^{h}$iau$^{35}$ ɲiəuk$^{3}$ ŋ̍$^{13}$çi$^{21}$.

【嘴】tʂɔi$^{53}$/tsi$^{21}$ 名①口，嘴巴：你就分箇只牌位请倒……欸，放禾坪前口，请下子，～里请下子。ɲi$^{13}$ts$^{h}$iəu$^{53}$pən$^{35}$kai$^{53}_{21}$tʂak$^{3}$ p$^{h}$ai$^{13}_{21}$uei$^{53}_{44}$ts$^{h}$iaŋ$^{21}$tau$^{21}$…e$_{21}$,fɔŋ$^{53}$uo$^{13}_{21}$p$^{h}$iaŋ$^{13}_{21}$ts$^{h}$ien$^{13}$xei$^{21}$,ts$^{h}$iaŋ$^{21}$ŋa$^{53}$(←xa$^{53}$) tsɿ$^{0}$,tʂɔi$^{53}$li$^{0}$ ts$^{h}$iaŋ$^{21}$ŋa$^{53}$(←xa$^{53}$)tsɿ$^{0}$.｜肚子饥个时候子只爱食得兜子么个，就好多哩，就更有力气，～动三分力。təu$^{21}$tsɿ$^{0}$ ci$^{35}$kei$^{53}$ʂɿ$^{13}$xei$^{53}_{44}$tsɿ$^{0}$ tʂɿ$^{21}$ɔi$^{53}_{44}$ʂət$^{5}$ tek$^{3}$ tei$^{35}_{53}$tsɿ$^{0}$ mak$^{3}$ ke$^{53}$,ts$^{h}$iəu$^{53}$xau$^{21}$to$^{35}$li$^{0}$,ts$^{h}$iəu$^{53}_{44}$ cien$^{53}_{44}$iəu$^{35}$liet$^{5}$ çi$^{53}$,tʂɔi$^{53}$t$^{h}$əŋ$^{35}$san$^{35}_{44}$fən$^{35}_{44}$liet$^{5}$. ②器物上形状或作用像嘴的结构物或附属物。也称"嘴子"：箇张过骨刀嘞就有只～尧尧哩。kai$^{53}_{44}$tʂɔŋ$^{35}_{44}$ko$^{53}$kuət$^{3}$ tau$^{35}$lei$^{0}$ ts$^{h}$iəu$^{53}_{44}$iəu$^{35}$tʂak$^{3}$ tsi$^{21}$ɲiau$^{35}$ ɲiau$^{35}$li$^{0}$.｜箇只烧茶个东西就有只～子嘞，茶壶～呀。kai$^{53}$tʂak$^{3}$ ʂau$^{35}$ts$^{h}$a$^{13}_{21}$ke$^{53}_{44}$təŋ$^{35}_{44}$si$^{0}$ ts$^{h}$iəu$^{53}_{44}$iəu$^{35}_{33}$ tʂak$^{3}$ tsi$^{21}$tsɿ$^{0}$ le$^{0}$,ts$^{h}$a$^{13}$fu$^{13}_{44}$tsi$^{21}$ia$^{0}$. ③山脚下突出来的部分：～就系箇个根据岭岗个欸地形条件，伸出来个东西就安做～。以映一嶂岭，以映一嶂岭，以映两嶂岭个中间就安做窝，安做冲，欸，有兜蛮长子个就安做冲，安做窝。以嶂岭箇出到以映子，底下尽系田了，系唔系？底下就达平了。以嶂岭咁子总搞总矮，总搞总矮，以只栏场子就安做～上。鼻公嘴上样，同那个鼻公嘴样。箇以映子就以个就安做窝，安做冲，欸，以个就安做墩里。tsi$^{21}$ts$^{h}$iəu$^{53}$xe$^{53}$kai$^{53}$ke$^{53}_{21}$ken$^{35}$ tʂʮ$^{53}_{44}$liaŋ$^{35}$kɔŋ$^{35}$ke$^{53}_{44}$e$_{21}$t$^{h}$i$^{53}$çin$^{13}$t$^{h}$iau$^{13}_{21}$c$^{h}$ien$^{53}_{44}$,tʂ$^{h}$ən$^{35}$tʂ$^{h}$ət$^{3}$ lɔi$^{13}_{21}$ke$^{53}_{44}$təŋ$^{35}_{44}$si$^{0}$ ts$^{h}$iəu$^{53}_{21}$ɔn$^{35}_{53}$tso$^{53}$tsi$^{21}$.i$^{21}$iaŋ$^{53}$iet$^{3}$ tʂɔŋ$^{53}_{44}$ liaŋ$^{35}$,i$^{21}$iaŋ$^{53}$iet$^{3}$ tʂɔŋ$^{53}_{44}$liaŋ$^{35}$,i$^{21}$iaŋ$^{53}$iɔŋ$^{21}$tʂɔŋ$^{53}$liaŋ$^{35}$ke$^{53}_{44}$tʂəŋ$^{35}$kan$^{35}$ts$^{h}$iəu$^{53}_{44}$ɔn$^{35}_{44}$tso$^{53}_{44}$uo$^{35}$,ɔn$^{35}_{44}$tso$^{53}_{44}$tʂ$^{h}$əŋ$^{35}$,e$_{21}$,iəu$^{35}$ tei$^{35}_{53}$man$^{13}$tʂ$^{h}$ɔŋ$^{13}$tsɿ$^{0}$ ke$^{53}$ts$^{h}$iəu$^{53}_{44}$ɔn$^{35}_{44}$tso$^{53}_{44}$tʂ$^{h}$əŋ$^{35}$,ɔn$^{35}_{44}$tso$^{53}_{44}$uo$^{35}$.i$^{21}$tʂɔŋ$^{53}$liaŋ$^{35}$kai$^{53}_{44}$tʂ$^{h}$ət$^{3}$ tau$^{53}$i$^{21}$iaŋ$^{53}$tsɿ$^{0}$,tei$^{21}$xa$^{53}_{44}$ ts$^{h}$in$^{53}$xe$^{53}_{44}$t$^{h}$ien$^{13}$niau$^{0}$,xei$^{53}$me$^{53}$?tei$^{21}$xa$^{53}_{44}$ts$^{h}$iəu$^{53}_{44}$t$^{h}$ait$^{5}$ p$^{h}$iaŋ$^{13}$liau$^{0}$.i$^{21}$tʂɔŋ$^{53}$liaŋ$^{35}$kan$^{21}$tsɿ$^{0}$ tsəŋ$^{21}$kau$^{21}$tsəŋ$^{21}$ai$^{21}$, tsəŋ$^{21}$kau$^{21}$tsəŋ$^{21}$ai$^{21}$,i$^{21}$tʂak$^{3}$ laŋ$^{13}_{21}$tʂ$^{h}$ɔŋ$^{13}_{21}$tsɿ$^{0}$ ts$^{h}$iəu$^{53}$ɔn$^{35}_{53}$tso$^{53}$tsi$^{21}$xɔŋ$^{53}$.p$^{h}$i$^{53}$kəŋ$^{35}_{44}$tsi$^{21}$xɔŋ$^{53}_{44}$iɔŋ$^{53}_{44}$,t$^{h}$əŋ$^{13}_{21}$la$^{53}_{44}$ke$^{0}$ p$^{h}$i$^{53}$ kəŋ$^{35}_{44}$tsi$^{21}$iɔŋ$^{53}_{44}$.kai$^{53}_{21}$i$^{21}$iaŋ$^{53}$tsɿ$^{0}$ tsiəu$^{53}$i$^{21}$ke$^{53}_{44}$ts$^{h}$iəu$^{53}_{44}$ɔn$^{35}_{44}$tso$^{53}_{44}$uo$^{35}$,ɔn$^{35}_{44}$tso$^{53}_{44}$tʂ$^{h}$əŋ$^{35}$,e$_{21}$,i$^{21}$ke$^{53}_{44}$ts$^{h}$iəu$^{53}_{44}$ɔn$^{35}_{44}$tso$^{53}_{44}$t$^{h}$ɔn$^{53}$ ni$^{0}$.｜张坊街上过兜子箇向就有只～背呢。tʂɔŋ$^{35}$xɔŋ$^{35}_{44}$kai$^{35}$xɔŋ$^{53}$ko$^{53}$tei$^{35}_{53}$tsɿ$^{0}$ kai$^{53}_{44}$çiɔŋ$^{53}_{44}$ts$^{h}$iəu$^{53}_{44}$iəu$^{35}_{53}$ tʂak$^{3}$ tsi$^{21}$pɔi$^{53}$nei$^{0}$.

【嘴巴】tsi$^{21}$pa$^{35}$ 名①口，人和动物吃食、发音的器官：一把～乱讲。iet$^{3}$ pa$^{21}$tsi$^{21}$pa$^{35}_{44}$lɔn$^{53}$kɔŋ$^{21}$.｜嘟起～ təu$^{35}$çi$^{21}$tsi$^{21}$pa$^{35}_{0}$｜羊子个～ iɔŋ$^{13}$tsɿ$^{0}$ke$^{53}_{44}$tsi$^{21}$pa$^{35}_{44}$。②口头：有滴嘞就～讲下子，有滴嘞就写红单。iəu$^{35}$tet$^{5}$ le$^{0}$ ts$^{h}$iəu$^{53}_{44}$tsi$^{21}$pa$^{35}$kɔŋ$^{21}$ŋa$^{53}$(←xa$^{53}$)tsɿ$^{0}$,iəu$^{35}$tet$^{5}$ le$^{0}$ ts$^{h}$iəu$^{53}_{44}$sia$^{21}$fəŋ$^{13}$tan$^{35}_{44}$. ③脸颊，耳光：打一只～ ta$^{21}$iet$^{3}$ tʂak$^{3}$ tsi$^{21}$pa$^{35}$

【嘴巴多】tsi$^{21}$pa$^{0}$ to$^{35}$ 比喻人爱说话，喋喋不休，甚至不该说而说：你硬嘴巴真多！ɲi$^{13}$ɲiaŋ$^{53}_{44}$ tsi$^{21}$pa$^{0}$ tʂən$^{35}$to$^{35}$!

【嘴巴角】tsi$^{21}$pa$^{35}$kɔk$^{3}$ 名上下唇两侧相连的部分：欸，有一种病呢，～总咁子扯嘞。ei$_{44}$,iɔu$^{35}$ iet$^{3}$ tʂəŋ$^{21}$p$^{h}$iaŋ$^{53}$nei$^{0}$,tsei$^{21}$pa$^{0}$ kɔk$^{3}$ tsəŋ$^{21}$kan$^{21}_{44}$tsɿ$^{0}$ tʂ$^{h}$a$^{21}$lei$^{0}$.

【嘴巴皮】tsi$^{21}$pa$^{35}$p$^{h}$i$^{13}$ 名嘴唇：食哩热东西就会爆～，～就会爆坼。ʂət$^{5}$ li$^{0}$ ɲiet$^{5}$ təŋ$^{35}_{44}$si$^{0}$ ts$^{h}$iəu$^{53}_{44}$ uɔi$^{53}_{44}$pau$^{53}$tsi$^{21}$pa$^{35}_{44}$p$^{h}$i$^{13}$,tsi$^{21}$pa$^{35}_{44}$p$^{h}$i$^{13}$ts$^{h}$iəu$^{53}_{44}$uɔi$^{53}_{44}$pau$^{53}$ts$^{h}$ak$^{3}$.

【嘴甲】tsi$^{21}$kait$^{3}$ 名禽类的喙：鸡子鸭子箇就就有～。欸，有种鸟子长嘴甲鸟。箇翠鸟个～都蛮长啊。cie$^{35}$tsɿ$^{0}$ ait$^{3}$ tsɿ$^{0}$ kai$^{53}$ts$^{h}$iəu$^{53}_{44}$ts$^{h}$iəu$^{53}_{44}$iəu$^{35}_{53}$tsi$^{21}$kait$^{3}$ .ei$_{21}$,iəu$^{35}$tʂəŋ$^{21}$tiau$^{35}$tsɿ$^{0}$ tʂ$^{h}$ɔŋ$^{13}$tsi$^{21}$kait$^{3}$ tiau$^{35}$.kai$^{53}_{44}$ ts$^{h}$i$^{53}$tiau$^{35}_{44}$ke$^{0}$ tsi$^{21}$kait$^{3}$ təu$^{35}_{53}$man$^{13}_{21}$tʂ$^{h}$ɔŋ$^{13}_{21}$ŋa$^{0}$.

【嘴角】tʂɔi$^{53}$kɔk$^{3}$ 名上下唇两侧相连的部分：嘴巴角唠，又话嘴巴角，又～，硬系～嘞，客姓人硬系话～。tsi$^{21}$pa$^{35}$kɔk$^{3}$ lau$^{0}$,iəu$^{53}$ua$^{53}_{44}$tsi$^{21}$pa$^{35}$kɔk$^{3}$,iəu$^{53}_{44}$tʂɔi$^{53}$kɔk$^{3}$, ɲiaŋ$^{53}_{44}$xe$^{53}_{44}$tʂɔi$^{53}$kɔk$^{3}$ le$^{0}$,k$^{h}$ak$^{3}$ sin$^{53}$ ɲin$^{13}_{21}$ɲiaŋ$^{53}$xe$^{53}_{44}$ua$^{53}_{44}$tʂɔi$^{53}$kɔk$^{3}$.｜我爱撕嘿你～去。ŋai$^{13}$ɔi$^{53}$si$^{35}$(x)ek$^{3}$ ɲi$^{13}$tʂɔi$^{53}$kɔk$^{3}$ çi$^{53}$.

【嘴筒】tsi$^{21}$t$^{h}$əŋ$^{13}$ 名猪的嘴巴：猪子个就安做～，猪～样。tʂəu$^{35}$tsɿ$^{0}$ ke$^{0}$ ts$^{h}$iəu$^{53}$ɔn$^{35}_{53}$tso$^{53}$tsi$^{21}$t$^{h}$əŋ$^{13}$, tʂəu$^{35}_{44}$tsi$^{21}$t$^{h}$əŋ$^{13}$iɔŋ$^{53}$.

【嘴燥】tʂɔi$^{53}$tsau$^{35}$ 形口渴。又称"口干"：食咸哩也～。ʂət$^{5}$ xan$^{13}$ni$^{0}$ ia$^{35}$tʂɔi$^{53}$tsau$^{35}$.｜我食哩茶还～。ŋai$^{13}$ʂek$^{5}$ li$^{0}$ ts$^{h}$a$^{13}$xai$^{13}$tʂɔi$^{53}$tsau$^{35}$.

【最】tsi$^{53}$/tsei$^{53}$ 副极，无比：我等客姓人～多个就火斗搿火笼。ŋai$^{13}$tien$^{0}$ k$^{h}$ak$^{3}$ sin$^{53}$ɲin$^{13}$tsi$^{53}$to$^{35}$ ke$^{53}$ts$^{h}$iəu$^{53}$fo$^{21}$tei$^{21}$lau$^{35}$fo$^{21}$ləŋ$^{13}$.｜那就～容易舞开来。na$^{53}_{21}$tsiəu$^{53}_{44}$tsei$^{53}$iəŋ$^{13}_{21}$i$^{53}$u$^{21}$k$^{h}$ɔi$^{35}_{44}$lɔi$^{13}_{44}$.

【最好】tsei$^{53}$xau$^{21}$ 副①最适合：米水就～用来浇花唠。mi$^{21}$ʂei$^{21}$tsiəu$^{53}$tsei$^{53}$xau$^{21}$iəŋ$^{53}_{44}$lɔi$^{13}_{21}$ciau$^{35}$fa$^{35}$ lau$^{0}$. ②表示非常希望：～店子莫关门。tsei$^{53}$xau$^{21}$tian$^{53}$tsɿ$^{0}$ mo$^{53}$kuan$^{35}_{44}$mən$^{13}$.

【最后】tsei$^{53}$xei$^{53}$ 名指时间或次序上在所有其他的后面：～下进来就安做西葫芦。tsei$^{53}_{44}$xei$^{53}_{44}$ xa$^{53}_{44}$tsin$^{53}$lɔi$^{13}$ts$^{h}$iəu$^{53}_{44}$ɔn$^{35}$tso$^{53}_{21}$si$^{35}_{44}$fu$^{13}_{21}$ləu$^{13}_{44}$.

【最近】tsei$^{53}$c$^{h}$in$^{35}_{44}$ 名指说话前不久的日子：（洋瓷碗）～咁多年也有越来越少个人讲了。tsei$^{53}$ c$^{h}$in$^{35}_{44}$kan$^{21}$to$^{35}$ɲien$^{13}$ie$^{35}$iəu$^{35}_{44}$viet$^{5}$ lɔi$^{13}_{21}$viet$^{5}$ ʂau$^{21}$cie$^{53}$ɲin$^{13}$kɔŋ$^{21}$liau$^{0}$.

【最少】tsei$^{53}$ʂau$^{21}$ 副至少，起码：（筑墙）～都爱两轮箇墙绷。tsei$^{53}$ʂau$^{21}$təu$^{35}_{44}$ɔi$^{53}$iɔŋ$^{21}$lən$^{13}_{21}$kai$^{53}_{44}$ ts$^{h}$iɔŋ$^{13}_{21}$paŋ$^{35}_{44}$.

【最先】tsei$^{53}$sien$^{35}_{44}$ 名最初，最早：～我等以映子个有个是就系黄箇子。tsei$^{53}$sien$^{35}_{44}$ŋai$^{13}_{21}$tien$^{0}$ i$^{21}$ iaŋ$^{53}_{44}$tsɿ$^{0}$ ke$^{53}_{44}$iəu$^{35}$ke$^{53}$ʂɿ$^{53}_{21}$ts$^{h}$iəu$^{53}$xe$^{53}$uɔŋ$^{13}$kai$^{53}$tsɿ$^{0}$.｜～喊洋锹。tsei$^{53}$sien$^{35}_{44}$xan$^{53}$iɔŋ$^{13}$ts$^{h}$iau$^{35}$.

【最最】tsei$^{53}$tsei$^{53}$ "最"的"AA"重叠式，用于强调程度：（望春花系）开得～早个。k$^{h}$ɔi$^{35}$ tek$^{3}$ tsei$^{53}$tsei$^{53}$tsau$^{21}$ke$^{53}$.

【罪状】ts$^{h}$i$^{53}$ts$^{h}$ɔŋ$^{53}$ 名犯罪的实际情况，所举犯罪的情状：箇个欸箇犯哩法个人呐就爱公布渠个～。箇阵子我等人就喜欢看箇壁上啊箇法院里个箇个欸张贴贴出来个～。我也喜欢看。欸，箇个犯哩法个人呢，爱枪毙个人欸名字渠箇渠个名字后背箇～箇映子打只勾，一只红勾一只，箇就枪毙个。kai$^{53}$kei$^{53}_{44}$e$_{21}$kai$^{53}_{44}$fan$^{53}$ni$^{0}$ fait$^{3}$ kei$^{53}$ɲin$^{13}_{21}$na$^{0}$ tsiəu$^{53}$ɔi$^{53}$kəŋ$^{35}$pu$^{53}$ci$^{13}_{21}$ke$^{53}_{44}$ts$^{h}$i$^{53}$ts$^{h}$ɔŋ$^{53}$.kai$^{53}_{44}$tʂ$^{h}$ən$^{53}_{44}$ tsɿ$^{0}$ ŋai$^{13}_{21}$tien$^{0}$ ɲin$^{13}_{21}$ts$^{h}$iəu$^{53}$çi$^{21}$fɔn$^{35}_{44}$k$^{h}$ɔn$^{53}$kai$^{53}_{44}$piak$^{3}$ xɔŋ$^{53}$ŋa$^{0}$ kai$^{53}_{44}$fait$^{3}$ vien$^{53}$li$^{21}$kei$^{53}$kai$^{53}_{44}$ke$^{53}_{44}$ei$_{21}$tʂəŋ$^{35}$t$^{h}$iait$^{3}$ tiait$^{3}$ tʂ$^{h}$ət$^{3}$ lɔi$^{13}_{21}$ke$^{53}_{44}$ts$^{h}$i$^{53}$ts$^{h}$ɔŋ$^{53}_{21}$.ŋai$^{13}$ia$^{35}_{53}$çi$^{21}$fɔn$^{35}$k$^{h}$ɔn$^{53}$.e$_{21}$,kai$^{53}_{44}$kei$^{53}_{44}$fan$^{53}$ni$^{0}$ fait$^{3}$ ke$^{0}$ɲin$^{13}_{21}$nei$^{0}$,ɔi$^{53}_{44}$ts$^{h}$iɔŋ$^{35}$p$^{h}$i$^{53}_{44}$ ke$^{0}$ ɲin$^{13}_{21}$e$^{0}$ miaŋ$^{53}$sɿ$^{53}_{44}$ci$^{13}_{21}$kai$^{53}$ci$^{13}_{44}$e$^{0}$ miaŋ$^{13}_{21}$ts$^{h}$ɿ$^{53}_{44}$xei$^{53}$pɔi$^{53}_{44}$kai$^{53}_{44}$ts$^{h}$i$^{53}$ts$^{h}$ɔŋ$^{53}$kai$^{53}_{44}$iaŋ$^{53}$tsɿ$^{0}$ ta$^{21}$tʂak$^{3}$ kei$^{35}$,iet$^{3}$ tʂak$^{3}$ fəŋ$^{13}$kei$^{35}_{44}$iet$^{3}$ tʂak$^{3}$ ,kai$^{53}_{44}$ts$^{h}$iəu$^{53}_{44}$ts$^{h}$iɔŋ$^{35}$p$^{h}$ei$^{53}$ke$^{0}$.

【醉】tsi$^{53}$ 动饮酒过量，神志不清：如果食～哩酒就爱食滴药去解药唠，安做解药。y$^{13}$ko$^{21}$ʂət$^{5}$ tsi$^{53}$li$^{0}$ tsiəu$^{21}$ts$^{h}$iəu$^{53}_{44}$ɔi$^{53}_{44}$ʂət$^{5}$ tiet$^{5}$ iɔk$^{5}$ çi$^{53}_{44}$kai$^{21}$iɔk$^{5}$ lau$^{0}$ ,ɔn$^{35}_{44}$tso$^{53}_{44}$kai$^{21}$iɔk$^{5}$.

【醉癫癫哩】tsi$^{53}$tien$^{35}_{44}$tien$^{35}$ni$^{0}$ 形状态词。形容醉醺醺的样子：箇阵子我等学堂里箇只李老师就长日～，走进教室里，两句事一讲就伏倒□□拟声词，表示鼾声咯扯炉去哩，硬系……欸。kai$^{53}_{44}$ tʂ$^{h}$ən$^{53}$tsɿ$^{0}$ ŋai$^{13}_{21}$tien$^{0}$ xɔk$^{5}$ t$^{h}$ɔŋ$^{13}_{21}$li$^{21}$kai$^{53}$(tʂ)ak$^{3}$ li$^{21}$lau$^{21}$sɿ$^{35}_{53}$ts$^{h}$iəu$^{53}$tʂ$^{h}$ɔŋ$^{13}$ɲiet$^{3}$ tsi$^{53}$tien$^{35}_{44}$tien$^{35}$ni$^{0}$ ,tsei$^{21}$tsin$^{53}$ciau$^{53}$ ʂət$^{3}$ li$^{0}$ ,iɔŋ$^{21}$ci$^{53}$sɿ$^{53}$iet$^{3}$ kɔŋ$^{21}$ts$^{h}$iəu$^{53}_{44}$p$^{h}$uk$^{5}$ tau$^{21}$k$^{h}$u$_{53}$k$^{h}$u$_{21}$ko$^{0}$ tʂ$^{h}$a$^{21}$ləu$^{13}$çi$^{53}_{44}$li$^{0}$ , ɲiaŋ$^{53}$(x)ei$^{53}$…ei$_{21}$.

【揿】ts$^{h}$ən$^{21}$/ts$^{h}$en$^{21}$ 动用手指摁：～下子开关 ts$^{h}$ən$^{21}$na$^{53}$(←xa$^{53}$)tsɿ$^{0}$ k$^{h}$ɔi$^{35}$kuan$^{35}_{44}$｜～下去个大头钉子 ts$^{h}$en$^{21}$na$_{44}$(←xa$^{53}$)çi$^{53}_{44}$ke$^{53}_{44}$t$^{h}$ai$^{53}$t$^{h}$əu$^{13}_{21}$taŋ$^{35}$tsɿ$^{0}$｜遥控是来～数字。iau$^{13}$k$^{h}$əŋ$^{53}$ʂɿ$^{53}_{44}$lɔi$^{13}$ts$^{h}$en$^{21}$səu$^{53}$sɿ$^{53}$.｜～下渠水肚下，水肚里去。ts$^{h}$ən$^{21}$na$^{53}$(←xa$^{53}$)ci$^{13}_{44}$ʂei$^{21}$təu$^{21}$xa$^{35}$,ʂei$^{21}$təu$^{21}$li$^{0}$ çi$^{53}$.｜打比箇被窝样，我抱倒我放下箱子肚里放唔下，用……攒劲～下去啊。ta$^{21}$pi$^{21}$kai$^{53}_{44}$p$^{h}$i$^{35}$p$^{h}$o$^{35}_{44}$iɔŋ$^{53}_{44}$,ŋai$^{13}_{21}$pau$^{35}$tau$^{21}$ ŋai$^{13}_{21}$fɔŋ$^{53}_{44}$xa$^{53}_{44}$siɔŋ$^{35}$tsɿ$^{0}$ təu$^{21}$li$^{0}$ fɔŋ$^{53}$ŋ$^{13}_{21}$xa$^{35}$,iəŋ$^{53}$…tsan$^{21}$cin$^{53}$ts$^{h}$ən$^{21}$xa$^{35}_{44}$çi$^{53}$a$^{0}$.

【嘬筒】tsɔit$^{5}$ t$^{h}$əŋ$^{13}$ 名拔火罐用的竹筒：安做～。有寒湿，呣，打只～。ɔn$^{35}_{44}$tso$^{53}_{44}$tsɔit$^{5}$ t$^{h}$əŋ$^{13}$.iəu$^{35}_{53}$

xɔn$^{13}$ʂət$^{3}$,m̩$_{21}$,ta$^{21}$tʂak$^{3}$tsɔit$^{5}$tʰəŋ$^{13}$.

【昨晡】tsʰo$^{35}$pu$^{35}_{53}$ 名时间词。昨天：就～讲嘿哩话畜马子个有欸。tsʰiəu$^{53}$tsʰo$^{35}$pu$^{35}_{53}$kɔŋ$^{21}$ŋek$^{3}$(←xek$^{3}$)li$^{0}$ua$^{53}$çiəuk$^{3}$ma$^{35}$tsɿ$^{0}$ke$^{53}_{44}$iəu$^{35}_{44}$uei$^{0}$.

【左】tso$^{21}$ 名方位词。面向南时，东的一边，与“右”相对：男～女右。lan$^{13}$tso$^{21}$ɲy$^{21}$iəu$^{53}$.

【左杯泥】tso$^{21}$pai$^{35}$lai$^{13}$ 左撇子：欸，我等箇只姑姑就一只～嘞。欸渠虽然～，但是渠真会剪呢，真会剪花箇兜呀。e$_{21}$,ŋai$^{13}$tien$^{0}$kai$^{53}$tʂak$^{3}$ku$^{35}$ku$^{35}_{44}$tsʰiəu$^{53}$iet$^{3}$tʂak$^{3}$tso$^{21}$pai$^{35}_{44}$lai$^{13}$lei$^{0}$.e$^{0}$ci$^{13}_{21}$sei$^{35}$vien$^{13}_{44}$tso$^{21}$pai$^{35}_{44}$lai$^{13}$,tan$^{53}_{44}$ʂʅ$^{53}_{44}$ci$^{13}_{21}$tʂən$^{35}$uɔi$^{53}$tsien$^{21}$ne$^{0}$,tʂən$^{35}$uɔi$^{53}$tsien$^{21}$fa$^{35}$kai$^{53}_{44}$tei$^{35}_{44}$ia$^{0}$.

【左边】tso$^{21}$pien$^{35}$ 名方位词。靠左的一边。又称“左⿱⺮是”：死个系男子人，（手巾）你就掸下～肩膊上。si$^{21}$ke$^{53}$xe$^{53}$lan$^{13}$tsɿ$^{21}$ɲin$^{13}$,ɲi$^{13}$tsʰiəu$^{53}$tan$^{21}$na$_{53}$tso$^{21}$pien$^{35}_{44}$cien$^{35}$pɔk$^{3}$xɔŋ$^{53}$.

【左邻右舍】tso$^{21}$lin$^{13}$iəu$^{53}$ʂa$^{53}$ 泛指邻居：一个人是亲戚是系远哩是么个都空个。还系全靠～，有么困难箇兜啦全靠～。iet$^{3}$ke$^{53}$ɲin$^{13}_{44}$ʂʅ$^{53}_{44}$tsʰin$^{35}$tsʰiet$^{3}$ʂʅ$^{53}_{21}$xe$^{53}$ien$^{21}$ni$^{0}$ʂʅ$^{53}_{21}$mak$^{3}$e$^{0}$təu$^{35}_{53}$kʰəŋ$^{53}_{44}$ke$^{0}$.xa$^{13}$xe$^{53}$tsʰien$^{13}$kʰau$^{53}$tso$^{21}$lin$^{13}$iəu$^{53}$ʂa$^{53}$,iəu$^{35}$mak$^{3}$kʰuən$^{53}$nan$^{53}_{44}$kai$^{53}_{44}$te$^{35}_{44}$la$^{0}$tsʰien$^{13}$kʰau$^{53}$tso$^{21}$lin$^{13}$iəu$^{53}$ʂa$^{53}$.

【左⿱⺮是】tso$^{21}$sak$^{3}$ 名方位词。左边：箇晡有只老子～中哩风，唔晓动哩，右⿱⺮是动得，但是也冇哩用。一⿱⺮是搞唔成啊。kai$^{53}$pu$^{35}$iəu$^{35}_{44}$tʂak$^{3}$lau$^{21}$tsɿ$^{0}$tso$^{21}$sak$^{3}$tʂəŋ$^{35}_{44}$li$^{0}$fəŋ$^{35}$,n̩$^{13}_{21}$çiau$^{21}$tʰəŋ$^{35}$li$^{0}$,iəu$^{53}$sak$^{3}$tʰəŋ$^{35}$tek$^{3}$,tan$^{53}$ʂʅ$^{53}_{44}$ia$^{35}$mau$^{13}_{21}$li$^{0}$iəŋ$^{53}$.iet$^{3}$sak$^{3}$kau$^{21}$n̩$^{13}$ʂaŋ$^{13}$ŋa$^{0}$.

【左手】tso$^{21}$ʂəu$^{21}$ 名左侧的手：一只手就拿欸～就拿荡子唠。iet$^{3}$tʂak$^{3}$ʂəu$^{21}$tsʰiəu$^{53}_{44}$la$^{53}_{44}$e$_{21}$tso$^{21}$ʂəu$^{21}$tsʰiəu$^{53}_{44}$la$^{53}_{44}$tʰɔŋ$^{53}$tsɿ$^{0}$lau$^{0}$.

【左右】tso$^{21}$iəu$^{53}$ 名方位词。用在数量词后面，表示概数：一万～ iet$^{3}$uan$^{53}$tso$^{21}$iəu$^{53}$ | 十把年嘞就指就箇在十年个～子。ʂət$^{5}$pa$^{21}$ɲien$^{13}$le$^{0}$tsʰiəu$^{53}_{44}$tʂʅ$^{21}$tsʰiəu$^{53}_{44}$kai$^{53}_{44}$tsʰɔi$^{53}_{44}$ʂət$^{5}$ɲien$^{13}_{21}$ke$^{53}_{44}$tso$^{21}$iəu$^{53}$tsɿ$^{0}$.

【撮$_{2}$】tsɔit$^{3}$/tsɔk$^{3}$ 量①用于手所撮取的量：一～米 iet$^{3}$tsɔit$^{3}$mi$^{21}$。②用于成丛的东西：有起一～一～个七姊妹（辣椒）。iəu$^{35}$çi$^{21}$iet$^{3}$tsɔk$^{3}$iet$^{3}$tsɔk$^{3}$ke$^{53}_{44}$tsʰiet$^{3}$tsi$^{21}$mɔi$^{53}$.

【作】tsɔk$^{3}$ 动①建造，营造：去墙上～倒子个点伢大子个窠子个，安做燕蜂子。çi$^{53}_{44}$tsʰiɔŋ$^{13}$xɔŋ$^{53}$tsɔk$^{3}$tau$^{21}$tsɿ$^{0}$ke$^{53}_{44}$tian$^{53}$ŋa$^{13}_{44}$tʰai$^{53}$tsɿ$^{0}$ke$^{53}_{44}$kʰo$^{35}$tsɿ$^{0}$ke$^{53}_{44}$,ɔn$^{35}$tso$^{53}_{44}$ien$^{53}$fəŋ$^{35}$tsɿ$^{0}$. | 箇鸟窦子是真有蛮大个嘞，真有～得好个啦。树上～只子箇鸟窦子，箇鸟子尽衔倒箇个咁个树叶子箇只啦咁个絮成只窠，絮得真好喔硬啊，鸟崽子系倒箇肚里。kai$^{53}_{44}$tiau$^{35}$tei$^{53}$tsɿ$^{0}$ʂʅ$^{53}_{21}$tʂən$^{35}$iəu$^{35}_{44}$man$^{13}$tʰai$^{53}$ke$^{53}_{21}$le$^{0}$,tʂən$^{35}$iəu$^{35}_{44}$tsɔk$^{3}$tek$^{3}$xau$^{21}$ke$^{53}$la$^{0}$.ʂəu$^{53}$xɔŋ$^{53}_{44}$tsɔk$^{3}$tʂak$^{3}$tsɿ$^{0}$kai$^{53}_{44}$tiau$^{35}$tei$^{53}$tsɿ$^{0}$,kai$^{53}_{44}$tiau$^{35}$tsɿ$^{0}$tsʰin$^{53}$xan$^{13}$tau$^{21}$kai$^{53}$ke$^{53}$kan$^{21}$cie$^{53}_{44}$ʂəu$^{53}$iait$^{5}$tsɿ$^{0}$kai$^{53}_{44}$tʂak$^{3}$la$^{0}$kan$^{21}$cie$^{53}$si$^{53}$ʂaŋ$^{13}_{21}$tʂak$^{3}$kʰo$^{35}_{44}$,si$^{53}$tek$^{3}$tʂən$^{35}$xau$^{21}$uo$^{0}$ɲiaŋ$^{53}_{44}$ŋa$^{0}$,tiau$^{35}$tsei$^{21}$tsɿ$^{0}$xe$^{53}$tau$^{21}$kai$^{53}$təu$^{21}$li$^{0}$. | 渠等有条路修条路拨令修下饮水工程箇只栏子，渠爱～坝箇只啦，爱进材料箇只。多时就修好哩啊。以到会打水泥路。ci$^{13}_{21}$tien$^{0}$iəu$^{35}$tʰiau$^{13}_{21}$ləu$^{53}$siəu$^{35}$tʰiau$^{13}$ləu$^{53}$pʰait$^{5}$laŋ$^{53}_{44}$siəu$^{35}_{44}$xa$^{53}_{44}$in$^{21}$ʂei$^{21}$kəŋ$^{35}_{44}$tʂʰən$^{13}_{21}$kai$^{53}_{44}$iak$^{3}$laŋ$^{13}_{44}$tsɿ$^{0}$,ci$^{13}_{21}$ɔi$^{53}$tsɔk$^{3}$pa$^{53}$kai$^{53}_{44}$tʂak$^{3}$la$^{0}$,ɔi$^{53}$tsin$^{53}$tsʰɔi$^{13}_{21}$liau$^{53}_{44}$kai$^{53}_{44}$tʂak$^{3}$.to$^{35}$ʂʅ$^{13}_{21}$tsiəu$^{53}_{44}$siəu$^{35}_{44}$xau$^{21}$li$^{0}$a$^{0}$.i$^{21}$tau$^{53}$uɔi$^{53}$ta$^{21}$ʂei$^{21}$lai$^{13}$ləu$^{53}$. ②成为：栽～四蔸。tsɔi$^{35}$tsɔk$^{3}$si$^{53}$tei$^{35}$. ③（粪肥等）发酵：欸，箇个舞倒箇秆灰呀，草木灰箇只啦，舞滴粪去～啊。e$_{21}$,kai$^{53}$kei$^{53}_{44}$u$^{21}$tau$^{21}$kai$^{53}$kɔn$^{21}$fɔi$^{35}$ia$^{0}$,tsʰau$^{21}$muk$^{3}$fɔi$^{35}$kai$^{53}_{44}$tʂak$^{3}$la$^{0}$,u$^{21}$tiet$^{5}_{3}$pən$^{53}$çi$^{53}_{44}$tsɔk$^{3}$a$^{0}$. ④种植：渠等～个是还有吊兰啦。ci$^{13}_{21}$tien$^{0}$tsɔk$^{3}$ke$^{53}$ʂʅ$^{53}_{44}$xai$^{13}_{21}$iəu$^{35}_{44}$tiau$^{53}$lan$^{13}$la$^{0}$. | 我今年～个禾是收花麦样啊。ŋai$^{13}$cin$^{35}$ɲien$^{13}_{21}$tsɔk$^{3}$ke$^{53}$uo$^{13}$ʂʅ$^{53}_{44}$ʂəu$^{35}$fa$^{35}$mak$^{5}$iɔŋ$^{53}_{44}$ŋa$^{0}$. ⑤下（棋）：～赢哩 tsɔk$^{3}$iaŋ$^{13}$li$^{0}$ | 以个（裤裆棋）就最简单呢。□牯傻瓜都会～。i$^{21}$ke$^{53}_{44}$tsʰiəu$^{53}_{44}$tsei$^{53}$kan$^{21}$tan$^{35}_{44}$ne$^{0}$.ʂe$^{13}$ku$^{21}_{44}$təu$^{35}_{44}$uɔi$^{53}_{44}$tsɔk$^{3}$. ⑥加工制作：蛮会～豆腐个人都撞往往～个豆腐唔系忒老哩，唔系就嫩哩。man$^{13}$uɔi$^{53}$tsɔk$^{3}$tʰəu$^{53}$fu$^{53}$ke$^{53}$ɲin$^{13}_{21}$təu$^{35}_{44}$tsʰɔŋ$^{21}$uɔŋ$^{21}$uɔŋ$^{21}$tsɔk$^{3}$ke$^{53}_{44}$tʰei$^{53}$fu$^{53}_{44}$m̩$^{13}$me$^{53}$(←xe$^{53}$)tʰek$^{3}$lau$^{21}$li$^{0}$,m̩$^{13}$pʰe$_{44}$(←xe$^{53}$)tsʰiəu$^{53}_{44}$lən$^{53}$li$^{0}$. ⑦使附着在别的物体上：～下子颜色唠，又好食，箇只打哩下子□又更好食。tsɔk$^{3}$(x)a$^{53}$tsɿ$^{0}$ŋan$^{13}$sek$^{3}$lau$^{0}$,iəu$^{53}_{44}$xau$^{21}$ʂət$^{5}$,kai$^{53}$tʂak$^{3}$ta$^{21}$li$^{0}$(x)a$^{53}_{44}$tsɿ$^{0}$ŋau$^{53}$iəu$^{53}_{44}$cien$^{53}_{44}$xau$^{21}$ʂət$^{5}$.

【作吵】tsɔk$^{3}$tsʰau$^{21}$ 动作祟：屋下个哪只家神～。uk$^{3}$xa$^{53}_{44}$ke$^{53}_{44}$lai$^{53}$tʂak$^{3}$cia$^{35}$ʂən$^{13}_{21}$tsɔk$^{3}$tsʰau$^{21}$.

【作凼】tsɔk$^{3}$tʰɔŋ$^{53}$ 动挖好小坑，放入粪肥并用土覆盖，以备栽种：以前我爷子栽烟个时候子就箇个爱作正凼啦。首先就挖正土，挖正土嘞打凼子，打哩凼子肚里嘞，放兜欸箇兜粪去，欸，欸又壅转泥去，就安做～。听晡箇烟秧大兜子了嘞就来就栽倒去。首先就作正凼来。i$^{35}_{53}$tsʰien$^{13}_{21}$ŋai$^{13}_{21}$ia$^{13}$tsɿ$^{0}$tsɔi$^{35}_{44}$ien$^{35}$ke$^{0}$ʂʅ$^{13}_{44}$xei$^{53}_{44}$tsɿ$^{0}$tsʰiəu$^{53}$kai$^{53}_{44}$kei$^{53}_{44}$ɔi$^{53}_{44}$tsɔk$^{3}$tʂaŋ$^{53}_{44}$tʰɔŋ$^{53}$la$^{0}$.ʂəu$^{21}$sien$^{35}$tsʰiəu$^{53}_{44}$uait$^{3}$tʂaŋ$^{53}$tʰəu$^{21}$,uait$^{3}$tʂaŋ$^{53}_{44}$tʰəu$^{21}$lei$^{0}$ta$^{21}$tʰɔŋ$^{53}$tsɿ$^{0}$,ta$^{21}$li$^{0}$tʰɔŋ$^{53}$tsɿ$^{0}$təu$^{21}$li$^{0}$lei$^{0}$,fɔŋ$^{53}$te$^{35}_{53}$e$_{21}$kʰai$^{35}$te$^{35}_{44}$pən$^{53}$çi$^{53}_{44}$,e$_{21}$,ei$_{44}$iəu$^{53}$iəŋ$^{35}$tʂuɔn$^{21}$lai$^{13}$çi$^{53}$,tsʰiəu$^{53}_{21}$ɔn$^{35}_{44}$tso$^{53}_{44}$tsɔk$^{3}$tʰɔŋ$^{53}$.tʰin$^{35}_{44}$pu$^{35}_{44}$kai$^{53}_{44}$ien$^{35}$iɔŋ$^{35}$tʰai$^{53}$tei$^{35}_{44}$tsɿ$^{0}$liau$^{21}$lei$^{0}$tsʰiəu$^{53}$lɔi$^{13}_{21}$tsʰiəu$^{53}_{44}$tsɔi$^{35}$tau$^{21}$çi$^{53}$.ʂəu$^{21}$sien$^{35}_{44}$tsʰiəu$^{53}$tsɔk$^{3}$tʂaŋ$^{53}$tʰɔŋ$^{53}$lɔi$^{13}_{21}$.

【作底】tsɔk3te21 动日后作为依据：白纸黑字个纸上个箇就系讲事就爱～个。粉牌上个话唔～。pʰak5tʂʅ21xek3sʅ53ke0tʂʅ21xɔŋ53/44ke53kai53tsʰiəu53/44xe53kɔŋ21sʅ53tsʰiəu53ɔi53tsɔk3te21ke0.fən21pʰai13xɔŋ53/44ke53/44fa53n̩13 tsɔk3te21.

【作肚闷】tsɔk3təu21mən53 动恶心。又称"打暴口、作呕、反胃"：欸，肚子唔舒服，～，肚子里翻翻转呐。e21,təu21tsʅ0n̩13ʂʅ35/44fuk5,tsɔk3təu21mən53,təu21tsʅ0li21fan35/44fan35/44tʂuən21na0.｜欸，我经常会只爱一冷倒哩下子就～。e21,ŋai13cin35tʂʰɔŋ13/21uɔi53tʂʅ21ɔi53iet3laŋ35tau21li0xa53tsʅ0tsʰiəu53tsɔk3təu21mən53.

【作对】tsɔk3ti53 动日后作为依据：只有箇白纸黑字，箇个就～个，就不能改变。tʂʅ21iəu35/53kai53/44 pʰak5tʂʅ21xek3sʅ53,kai53/44ke53/44tsʰiəu53/44tsɔk3ti53ke0,tsiəu53pət3lien13/21kɔi21pien53.

【作法】tsɔk3fait3 动道士施行法术：（道士）放几张高桌啊，跍倒上背～呀。fɔŋ53ci21tʂɔŋ35/44kau35 tsɔk3a0,kʰu35/44tau21/44ʂɔŋ53pɔi53/44tsɔk3fait3ia0.

【作风】tsɔk3fəŋ35 名在思想、工作和生活等方面尤其是男女关系方面表现出来的态度或行为：话渠～唔好嘞，"你箇嫖客啊"。ua53ci13/21tsɔk3fəŋ35/53ŋ̍13/21xau21lei0,"ɲi13/44kai53/44pʰiau13kʰak3a0".

【作古认真】tsɔk3ku21ɲin53/44tʂən35/44 形容非常认真、关注的样子：～听稳呢就安做耳朵勺起来。箇就认真听。tsɔk3ku21ɲin53/44tʂən35/44tʰaŋ35uən21ne0tsʰiəu53/44ɔn35/44tso53/44ɲi21to21ʂɔk5çi21lɔi13.kai53/21tsʰiəu53/44ɲin53tʂən35/44 tʰaŋ35.｜你赠作箇个～个箇起么个算子个箇起棋呀赠作过。ɲi13maŋ13/44tsɔk3kai53/44ke53/44tsɔk3ku21ɲin53/44 tʂən35/44ke53/44kai53çi21mak3ke53/44sən53tsʅ21ke53kai53çi21cʰi13/21ia0maŋ13tsɔk3ko53.

【作古啱板】tsɔk3ku21ŋan13/44pan21/44 形容严肃认真、郑重其事：硬爱作古你啱板。ɲiaŋ53/21ɔi53tsɔk3ku21 ɲi13/44ŋan13/44pan21/44.

【作古正经】tsɔk3ku21tʂən53cin35 形容一本正经：我等有么个事搞么个搞起～呶，系啊？ŋai13 tien0mau13/21mak3e0sʅ53kau21mak3e0kau21çi21/44tsɔk3ku21tʂən53cin35nau0,xei53/44a0?

【作呕】tsɔk3ei21 动恶心。又称"打暴口、作肚闷、反胃"：碰倒有咁个十分愁人个东西，看倒咁子个嘞也～。pʰəŋ53tau21iəu35kan21ke53/44ʂət5fən35/44tsʰei13ɲin13/21ke0tʂɔŋ35/44si0,kʰɔn53tau21kan21tsʅ0ke53/44lei0ia35 tsɔk3ei21.｜欸，有兜人做兜咁个事，令人～。ei21,iəu35tei35/53ɲin13/44tso53tei35/53kan21ke53/44sʅ53,lin53ɲin13/21tsɔk3ei21.

【作棋】tsɔk3cʰi13 动下棋：喜欢～个人 çi21fən35/44tsɔk3cʰi13cie53in13/44

【作势】tsɔk3ʂʅ53 副尽可能：么个东西结头多哩是～剪嘿去啊。mak3e0təŋ35/44si0ciet3tʰei13/21to35li0ʂʅ53/44 tsɔk3ʂʅ53tsen21nek3çi53a0.

【作数】tsɔk3səu53 动算数。多指说话能兑现：昨晡讲箇只话我老婆话讲箇只话写下勺嫲屎上啊，还有只话法嘞，也系同写下勺嫲屎上差唔多个意思，就系么个嘞？写下粉牌上啊，粉牌上个话，一抹就冇哩啊，唔～个。tsʰo35pu35/53kɔŋ21kai53/44tʂak3ua53ŋai13lau21pʰo13ua53kɔŋ21kai53tʂak3ua53 sia21xa53/44ʂɔk5ma13/21təuk3xɔŋ53ŋa0,xai13iəu35/53tʂak3ua53fait3lei0,ia35xe53tʰəŋ13/21sia21xa53/44ʂɔk5ma13/21təuk3xɔŋ53tsa35n̩13/21 to35ke53/44i53sʅ0,tsʰiəu53/44xei53/44mak3e0lei0?sia21(x)a53fən21pʰai13xɔŋ53ŋa0,fən21pʰai13xɔŋ53/44ke0fa53,iet3mait3tsʰiəu53 mau13/21li0a0,n̩13tsɔk3səu53ke53/44.

【作田】tsɔk3tʰien13 动种田：～个人是讲起来是蛮辛苦嘞，一年到暗都嗯虽然只有几个月，但是箇几个月肚里嘞蛮累人，嗯，又爱晒日头箇兜，又爱下水呀。tsɔk3tʰien13ke53ɲin13/44ʂʅ53/44kɔŋ21çi21 lɔi13ʂʅ53/21man13sin35kʰu21le0,iet3ɲien13tau53an53təu35/44n̩21,sei35vien13/21tʂʅ21iəu35/53ci21cie53ɲiet5,tan53/44ʂʅ53/44kai53ci21ke53ɲiet5 təu21li0lei0man13li53ɲin13/21,n̩21,iəu53ɔi53sai53ɲiet3tʰei13/21kai53te35/53,iəu53ɔi53xa35ʂei21ia0.｜也我作嘿十几两十年个田呢。九几年正赠作哩田吧？我觉得。从箇个啦，从搞集体作起呀，嗯，七……六几年作起呀。ia35ŋai13/21tsɔk3(x)ek3ʂət5ci21iɔŋ21ʂət5ɲien13ke53tʰien13ne0.ciəu21ci21ɲien13/44tʂaŋ53maŋ13/21tsɔk3li0tʰien13pa0? ŋai13kɔk3tek3.tsʰəŋ13kai53ke53la0,tsʰəŋ13kau21tsʰiet5tʰi21tsɔk3çi21ia0,n̩21,tsʰiet3…liəuk3ci21ɲien13/21tsɔk3çi21ia0.

【作兴】tsɔk3çin35 动推崇；流行：我等以映是还有啦，欸，起伏箇晡就～食羊肉哇，食伏羊啊。ŋai13tien0i21iaŋ53ʂʅ53/44xai13/21iəu35/53la0,e21,çi21fuk5kai53/44pu35/53tsʰiəu53/44tsɔk3çin35/44ʂət5iɔŋ13ɲiəuk3ua0,ʂət5fuk5 iɔŋ13/21a0.

【作揖】tsɔk3iet3 动拱手为礼。又称"拱手作揖、唱揖"：箇个就会～呢，打比我屋下讨新舅，系唔系？讨新人，我安哩祖宗牌位，或者我卖妹子个安哩祖宗，箇客来哩，渠看倒我安哩祖宗，箇就爱去作两只揖。欸，我来报个到哈。像来报只到样。好事成双，一般就两只。讨新人，卖妹子，一般就系双，成双，两只。但是系老哩人个，死哩人个，箇就三只，成单。kai53ke53/44tsʰiəu53/44uɔi53/44tsɔk3iet3nei0,ta21pi21ŋai13uk3xa53tʰau21sin35cʰiəu35,xei53/44me0?tʰau21sin35ɲin13/21,ŋai13ɔn35li0 tsəu21tsəŋ35pʰai13uei53,xoit3tʂa21ŋai13mai53mɔi53tsʅ0ke53/44ɔn35li0tsəu21tsəŋ35,kai53/44kʰak3lɔi13/21li0,ci13kʰɔn53tau21ŋai13/21 ɔn35li0 tsəu21tsəŋ35,kai53_44tsʰiəu53_44ɔi53_44çi53_44tsɔk3 iəŋ21tʂak3 iet3 .e_21,ŋai13lɔi13_21pau53ke53_44tau53xa0 .siəŋ53lɔi13_21pau53tʂak3 tau53iəŋ53_44.xau21sɿ53tʂʰən53_21sɔŋ35,iet3pɔn35tsʰiəu53iəŋ21tʂak3 .tʰau21sin35ɲin13_21,mai53mɔi53tsɿ0,iet3pɔn35tsʰiəu53xei53_44sɔŋ35,tʂʰən13sɔŋ35,iɔŋ21tʂak3 .tan53ʂɿ53xe53lau21li0ɲin13ke53,si21li0ɲin13ke53,kai53_44tsʰiəu53_44san35tʂak3 ,tʂʰən13tan35. | 我等是箇我等个欸老……我爷子等还教过我让门～啦。我阿舅子等人咯，我阿舅子嘞，就我老婆个兄弟呀，我硬唔知教系周到，作倒个揖就唔像～。咁子～。唔像啊，他教唔会呀。我教都教唔会呀。我系横巷里个，我等老家个，我同长日教渠等～。～爱让门子作嘞？徛打比张臬，系唔系？欸，首先分只手，咁子自然个伸出来，自然个伸倒以映子。自然伸出来啦。莫脱……莫含腰嘞，莫含背嘞。胸脯爱挺直来嘞，咁子。咁子放下子下。系？欸，咁子像系唔系啊？啊，看呐！咃，一双手就合拢来，咁子斜斜子。箇冇得会那个两只手，冇得么啊蛮多规矩。我嬒管得渠咁多，我就咁子放倒，咁子放下子下，箇手哇。然后嘞收下上。咁子，然后走以映子收下上。放下以嘴上肚，底下肚，欸，胸脯前子。就咁子就安做，嘞，欸，咁子。爱有只咁个大概有只咁个过程滴以映子要舞下去，舞下去，咁子□摆动……弯腰，然后再咁子。再咁子舞下去。箇只请正系作揖。比较标准个作揖个方式。别人家讲讲我也慢慢也就……噢一滴唔会作。有滴人就咁子，有滴挖一下，算哩，安做挖土哇。又挖哟，作一只。欸客家人～就有讲究哇。系，系有只么个哪只手包下去，我唔记得。有滴话左边包右边，右边包左边。我唔记得箇映子，反正就系咁子。～。嗯。你会作倒个揖唔好看呢。系唔系？ ŋai13tien0 ʂɿ53_44kai53ŋai13tien0 ke53_44e_21lau21…ŋai13_21ia13tsɿ0 tien0 xai13_21kau35_44ko53_44ŋai13_21ɲiɔŋ53_44mən0 tsɔk3 iet3 la0 .ŋai13a35 cʰiəu35_44tsɿ0 tien21_35ɲin13_21ko0 ,ŋai13_21a35cʰiəu35_44tsɿ0 le0 ,tsʰiəu53ŋai13_21lau21pʰo21_21kei53çiəŋ35tʰi13ia0 ,ŋai13ɲiaŋ13n̩13ti35_44kau35_44ue_44(←xei53)tʂəu35tau53_21,tsɔk3 tau21ke53_44iet3 tsʰiəu53_44m̩13siəŋ53tsɔk3 iet3 .kan21tsɿ0 tsɔk3 iet3 .m̩13tsʰiɔŋ53_44ŋa0 ,tʰa35_44kau35n̩13_21uɔi53ia0 .ŋai13_21kau35təu35_44kau35m̩13_21uɔi53ia0 .ŋai13xei53uaŋ13xɔŋ53li0ke53,ŋai13_21tien0 lau21cia35_44ke53_44,ŋai13_21tʰəŋ13_44tʂʰɔŋ13ɲiet3 kau35_44ci13_44tien0 tsɔk3 iet3 .tsɔk3 iet3 ɔi53_44ɲiɔŋ53_44mən0 tsɿ0 tsɔk3 le0 ?cʰi35ta21pi21 tʂɔŋ35_53tsɔk3 ,xei53_44me53_44?e_21,ʂəu21sien35_44pən35tʂak3 ʂəu21,kan21tsɿ0 tsʰɿ53vien13_21ke53_44tʂʰən35_44tʂʰət3 lɔi13,tsʰɿ53vien13_21ke53_44tʂʰən35tau21i21iaŋ53_44tsɿ0 .tsʰɿ53_44vien13_21tʂʰən35tʂʰət5 lɔi13_21la0 .mɔk5 tʰɔit3 …mɔk5 xɔn13_21iau35le0 ,mɔk5 xɔn13pɔi53le0 .çiəŋ35pʰu13_44ɔi53_44tʰin21tʂʰət5 lɔi13_21le0 ,kan21tsɿ0 .kan21tsɿ0 fɔŋ53_44ŋa_44(←xa53)tsɿ0 xa35 .xe53_44?e_21,kan21tsɿ0 tsʰiaŋ53_44xei53_44me53_44a0 ?a_21,kʰɔn53na0 !te_21,iet3 sɔŋ35ʂəu21tsʰiəu53_44xɔit5 ləŋ35lɔi13_21,kan21tsɿ0 tsʰia13tsʰia13tsɿ0 .kai13_21mau13_21tek3 uɔi53_44na53ke53_21iɔŋ21tʂak3 ʂəu21,mau13tek3 mak3 a0 man13_21to35_44kuei35_44tʂɥ21 .ŋai13maŋ13kɔn21tek3 ci13_44kan21to35_44,ŋai13tsʰiəu53kan21tsɿ0 fɔŋ53_21tau21,kan21tsɿ0 fɔŋ53_44ŋa_44(←xa53)tsɿ0 xa35,kai53ʂəu21ua0 .vien13xei53_44lei0 ʂəu35(x)a53çiɔŋ35 .kan21tsɿ0 ,vien13xei53_44tsei21i21iaŋ53_44tsɿ0 ʂəu35(x)a53çiɔŋ35 .fɔŋ53_44xa53_44i21tʂɔi53_44ʂɔŋ53_44təu21,tei21xa53təu21,e_21,çiɔŋ35_44pʰu13_21tsʰien13tsɿ0 .tsʰiəu53_44kan21tsɿ0 tsʰiəu53_44ɔn35_44tso53_44,le_21,e_21,kan21tsɿ0 .ɔi53_44iəu35tʂak3 kan21cie53_44tʰai53_44kʰɔi53_44iəu35tʂak3 kan21cie53_44ko53tʂʰən13tet5 i21iaŋ53_44tsɿ0 iau53_21u21(x)a53_44çi53,u21(x)a53_44çi53_44,kan21tsɿ0 faŋ53…uan35_44iau35_44,vien13_21xei53_44tsai53kan21tsɿ0 .tsai53kan21tsɿ0 u21a_44(←xa53)çi53 .kai53_44tʂak3 tsʰiaŋ21_44tʂaŋ53xei53tsɔk3 iet3 .pi21ciau53_44piau35tʂən21ke53tsɔk3 iet3 ke53_44fɔŋ35_44ʂɿ53_44.pʰiet5 in13_44(k)a35_44kɔŋ21_35kɔŋ21ŋai13_21ia35_21man53man53a21tsʰiəu53…au_21iet3 tet5 n̩13_21uɔi53tsɔk3 .iəu35tet5 ɲin13_44tsʰiəu53kan21tsɿ0 ,iəu35_44tet5_3uait3 iet3 xa53,sɔn53ni0 ,ɔn35_44tso53uait3 tʰəu21ua0 .iəu53uait3 iau0 ,tsɔk3 iet3 tʂak3 .ei_44kʰak3 ka35_44ɲin13_21tsɔk3 iet3 tsiəu53_44iəu35_44kɔŋ21_35ciəu53ua0 .xe53,xei53_44iəu35tʂak3 mak3 ke53_44lai53tʂak3 ʂəu21pau53xa53_44çi53,ŋai13_21ŋ̍13ci53tek3 .iəu35tet5 ua53_44tso21pien35pau35_44iəu53pien35_44,iəu53_44piən35_44pau35tso21pien35_44.ŋai13ŋ̍13ci53tek3 kai53_44iaŋ53_44tsɿ0 ,fan21tʂən35_44tsʰiəu53_44xei53_44kan21tsɿ0 .tsɔk3 iet3 .n̩_53. ɲi13uɔi53tsɔk3 tau21ke53iet3 m̩13_21mau13_44kʰɔn35ne0 .xe53_44me53_44?

【作用】tsɔk3 iəŋ53 名①对人或事物产生的影响或效果：都系就系产生力个～，摇水车摎踩水车。təu35xei53_44tsʰiəu53_44xei53_44tsʰan21sien35_44liet5 ke53_44tsɔk3 iəŋ53_44,iau13ʂei21tʂʰa35_44lau35_44tsʰai21ʂei21tʂʰa35. ②用途，功能：以前冇得套鞋，（屐鞋）就起套鞋个～。i35_44tsʰien13_21mau13_21tek3 tʰau35xai13_21,tsʰiəu53_44çi21tʰau53xai13_21ke53_44tsɔk3 iəŋ53_44. | 搞一天到夜个唔知搞只么啊～。kau21iet3 tʰien35tau53ia53_44ke53_44n̩13_21ti35_53kau21tʂak3 mak3 a0 tsɔk3 iəŋ53.

【坐】tsʰo35/tsʰo53 动①将臀部置于椅、凳等物上以支持身体的重量：我等细细子～下箇个～箇磉子上去嬲哇。ŋai13_21tien0 sei53sei53tsɿ0 tsʰo35xa53_44kai53ke53_44tsʰo53kai53ŋan35tsɿ0 xɔŋ53_44çi53_44liau53ua0 . | 两个人～一张凳子。一张凳子两个人～。iɔŋ21ke53ɲin13tsʰo35iet3 tsɔŋ35ten53tsɿ0 .iet3 tʂɔŋ35ten53tsɿ21iɔŋ21ke53ɲin13tsʰo35. ②乘坐：～轿 tsʰo35cʰiau53。③放置：渠又可以分箇盖张起来，～下箇只皮篓子上，就做得两层用。ci13iəu53_44kʰo21i21_44pən35kai53_21kɔi53tʂɔŋ35çi21lɔi13,tsʰo35(x)a35kai53tʂak3 pʰi13lei21tsɿ0 xɔŋ53_44,tsʰiəu53_44tso53_44tek3 iɔŋ21tsʰien13iəŋ53. ④建筑物等背对着某一方向：我等箇只老屋里啊～东朝西。ŋai13tien0 kai53tʂak3 lau21uk3 li0 a0 tsʰo35təŋ35tʂʰau13si35. | 渠指名叫"南边"的地方系～南，渠系以欸箇条河啊，箇条河

下个靠南个箇只方向。ci$^{13}_{21}$xei$^{53}$tsʰo$^{53}$lan$^{13}$,ci$^{13}_{21}$xei$^{53}$i$^{21}$e$_{21}$kai$^{53}$tʰiau$^{13}_{21}$xo$^{13}$a$^{0}$,kai$^{53}$tʰiau$^{13}_{21}$xo$^{13}$xa$^{35}$kei$^{53}$kʰau$^{53}$lan$^{13}$cie$^{53}_{44}$kai$^{53}_{44}$tʂak$^{3}$ fəŋ$^{35}_{44}$çiəŋ$^{53}$. ⑤温酒，用酒壶装酒放在火上或热水里加热：（米酒）食几多子就～几多子。安做～。～滚来。从前个酒就硬爱～滚来食嘞。食冷个唔好食嘞。ʂət$^{5}$ ci$^{21}$to$^{35}$tsɿ$^{0}$ tsʰiəu$^{53}_{44}$tsʰo$^{53}$ci$^{21}$to$^{35}$tsɿ$^{0}$.ɔn$^{35}_{44}$tso$^{53}_{44}$tsʰo$^{53}$.tsʰo$^{53}$kuən$^{21}$nɔi$^{13}$.tsʰəŋ$^{13}$tsʰien$^{13}_{21}$ke$^{53}$tsiəu$^{21}$tsʰiəu$^{53}_{44}$ɲiaŋ$^{53}$ɔi$^{53}_{44}$tsʰo$^{53}$kuən$^{21}$nɔi$^{13}$ʂət$^{5}$ le$^{0}$.ʂət$^{5}$ laŋ$^{35}$ke$^{53}_{21}$m̩$^{13}_{21}$mau$^{21}$(←xau$^{21}$)ʂət$^{5}$ le$^{0}$.｜就系～箇起甜酒，欸，爱食滚个个箇起甜酒。啤酒箇兜就唔爱～唠。tsʰiəu$^{53}_{21}$xe$^{53}_{21}$tsʰo$^{53}$kai$^{53}$çi$^{21}_{44}$tʰian$^{13}$tsiəu$^{21}$,e$_{21}$,ɔi$^{53}_{44}$ʂət$^{5}$ kuən$^{21}$cie$^{53}_{44}$ke$^{53}_{44}$kai$^{53}$çi$^{21}$tʰian$^{13}$tsiəu$^{21}$.pʰi$^{13}$tsiəu$^{21}$kai$^{53}$te$^{35}_{53}$tsʰiəu$^{53}_{44}$m̩$^{13}_{21}$mɔi$^{53}_{44}$tsʰo$^{53}$lau$^{0}$. ⑥（下中国象棋时用老将）舔子：～嘿哩。我等话～嘿哩。王头～嘿哩你。我～嘿你个子去。～嘿你噢，王头～嘿你去哩。你送倒来分我食唠，～咁你就。tsʰo$^{53}$xek$^{3}$ li$^{0}$.ŋai$^{13}_{21}$tien$^{0}$ ua$^{53}_{44}$tsʰo$^{53}$xek$^{3}$ li$^{0}$.uəŋ$^{13}$tʰei$^{13}_{44}$tsʰo$^{53}$xek$^{3}$ li$^{0}$ ɲi$^{13}_{44}$.ŋai$^{13}$tsʰo$^{53}$xek$^{3}$ ɲi$^{13}_{44}$ke$^{53}_{44}$tsɿ$^{21}$çi$^{53}_{44}$.tsʰo$^{53}$xek$^{3}$ ɲi$^{13}_{44}$au$^{0}$,uəŋ$^{13}$tʰei$^{13}_{44}$tsʰo$^{53}$xek$^{3}$ ɲi$^{13}_{44}$çi$^{53}_{21}$li$^{0}$.ɲi$^{13}$səŋ$^{53}$tau$^{21}$lɔi$^{13}_{21}$pən$^{35}$ŋai$^{13}_{21}$ʂət$^{5}$ lau$^{0}$,tsʰo$^{53}$kan$^{21}$ɲi$^{13}$tsʰiəu$^{53}_{21}$.

【坐班房】tsʰo$^{35}$pan$^{35}$fəŋ$^{13}$ 动坐牢，被关在牢里或监狱中：犯哩法个人，判哩刑，就爱～。我等有只老表，唔听话，乱搞，欸，结果坐你几年班房，慢服。fan$^{53}$li$^{0}$ fait$^{3}$ ke$^{53}$ɲin$^{13}_{44}$,pʰən$^{53}$ni$^{0}$ çin$^{13}$,tsʰiəu$^{53}_{44}$ɔi$^{53}_{44}$tsʰo$^{35}_{44}$pan$^{35}$fəŋ$^{13}_{21}$.ŋai$^{13}_{21}$tien$^{0}$ iəu$^{35}_{53}$tʂak$^{3}$ lau$^{21}$piau$^{21}$,n̩$^{13}_{21}$tʰaŋ$^{35}$ua$^{53}$,lən$^{53}$kau$^{21}$,e$_{21}$,ciet$^{3}$ ko$^{21}$tsʰo$^{35}$ɲi$^{13}_{44}$ci$^{21}$ɲien$^{13}$pan$^{35}$fəŋ$^{13}_{44}$,to$^{53}$fuk$^{5}$.

【坐板】tsʰo$^{35}$pan$^{21}$ 名①加在床刀板上的厚木板：渠落尾做床个做倒嘞，以映放，钉一块，安做板。钉一块板。加一块板嗷。加一块板。本来是一个笔直个，以咁子笔直上个以个板。欸加一块阔滴子。细人子就冇事滚出以外子。安做～。坐人个。渠阔滴子。床刀是只有咁阔子。床刀板是一般一般个板子只有咁阔，才好不到一寸阔呀，两寸阔好哩唠。渠就加一块，比箇床刀，比以块，打比以只系床刀唠，加一块有咁阔个，渠唔系底下就形成只岩呢。箇块就安做～。加块～。我等个床就咁子做个嘞，加做～嘞。加倒床刀面上。又更好坐滴子。箇床刀是有咁阔子，坐起□屁股。只咁阔子，加块板有咁阔，欸坐倒冇咁□屁股，坐倒床面前，冇事印屁股啊。细人子又更安全呢，系啊？ci$^{13}_{21}$lɔk$^{3}$ mi$^{35}$tso$^{53}$tsʰɔŋ$^{13}_{21}$ŋe$_{44}$(←ke$^{53}$)tso$^{53}$tau$^{21}$lei$^{0}$,i$^{21}$iaŋ$^{53}_{44}$fəŋ$^{53}$,taŋ$^{35}$iet$^{3}$ kʰuai$^{53}$,ɔn$^{35}_{44}$tso$^{53}_{44}$pan$^{21}$.taŋ$^{35}$iet$^{3}$ kʰuai$^{53}$pan$^{21}$.cia$^{35}$iet$^{3}$ kʰuai$^{53}$pan$^{21}$nau$^{0}$.cia$^{35}$iet$^{3}$ kʰuai$^{53}$pan$^{21}$.pən$^{21}$nɔi$^{13}$ʂɿ$^{53}_{44}$iet$^{3}$ ke$^{53}_{44}$piet$^{3}$ tʂʰət$^{5}$ cie$^{53}_{21}$,i$^{21}$kan$^{21}$tsɿ$^{0}$ piet$^{3}$ tʂʰət$^{5}$ ʂɔŋ$^{35}_{44}$kei$^{53}_{44}$i$^{21}$ke$^{53}$pan$^{21}$.ei$_{44}$cia$^{35}$iet$^{3}$ kʰuai$^{53}_{44}$kʰɔit$^{3}$ tiet$^{5}$ tsɿ$^{0}$.sei$^{53}$ɲin$^{13}_{44}$tsɿ$^{0}$ tsʰiəu$^{53}$mau$^{13}$sɿ$^{53}$kuən$^{21}$tʂʰət$^{3}$ i$^{35}$ŋɔi$^{53}$tsɿ$^{0}$.ɔn$^{35}_{44}$tso$^{53}_{44}$tsʰo$^{35}$pan$^{21}$.tsʰo$^{35}$ɲin$^{13}$cie$^{53}_{44}$.ci$^{13}_{44}$kʰɔit$^{3}$ tiet$^{5}$ tsɿ$^{0}$.tsʰɔŋ$^{13}$tau$^{35}$ʂɿ$^{53}_{44}$tʂe$^{21}$iəu$^{35}_{53}$kan$^{21}$kʰɔit$^{3}$ tsɿ$^{0}$.tsʰɔŋ$^{13}$tau$^{35}_{44}$pan$^{21}$ʂɿ$^{53}_{21}$iet$^{3}$ pɔn$^{35}_{44}$iet$^{3}$ pɔn$^{35}_{44}$ke$^{53}_{44}$pan$^{21}$tsɿ$^{0}$ tʂe$^{21}$iəu$^{35}_{53}$kan$^{21}$kʰɔit$^{3}$,tsʰai$^{13}_{21}$xau$^{21}$puk$^{3}$ tau$^{53}_{44}$iet$^{3}$ tsʰən$^{53}$kʰɔit$^{3}$ ia$^{0}$,iɔŋ$^{21}$tsʰən$^{53}$kʰɔit$^{3}$ xau$^{21}_{44}$li$^{0}$ lau$^{0}$.ci$^{13}$tsʰiəu$^{53}$cia$^{35}$iet$^{3}$ kʰuai$^{53}_{44}$,pi$^{21}$kai$^{53}_{44}$tsʰɔŋ$^{13}$tau$^{35}$,pi$^{21}$i$^{21}$kʰuai$^{53}$,ta$^{21}$pi$^{21}$i$^{21}$tʂak$^{3}$ xe$^{53}$tsʰɔŋ$^{13}$tau$^{35}_{44}$lau$^{0}$,cia$^{35}$iet$^{3}$ kʰuai$^{53}_{44}$iəu$^{35}_{44}$kan$^{21}$kʰɔit$^{3}$ ke$^{53}_{44}$,ci$^{13}_{21}$m̩$^{13}$pʰe$^{53}$(←m̩$^{13}$xe$^{53}$)tei$^{21}$xa$^{53}_{44}$tsʰiəu$^{53}_{44}$çin$^{13}$tʂʰən$^{13}_{44}$tʂak$^{3}$ ŋan$^{13}$ne$^{0}$.kai$^{53}_{44}$kʰuai$^{53}_{44}$tsʰiəu$^{53}_{44}$ɔn$^{35}_{44}$tso$^{53}_{44}$tsʰo$^{35}$pan$^{21}$.cia$^{35}$kʰuai$^{53}_{44}$tsʰo$^{35}$pan$^{21}$.ŋai$^{13}_{21}$tien$^{0}$ ke$^{53}$tsʰɔŋ$^{13}_{44}$tsʰiəu$^{53}$kan$^{21}$tsɿ$^{0}$ tso$^{53}_{44}$ke$^{53}_{44}$lei$^{0}$,cia$^{35}$tso$^{53}$tsʰo$^{35}$pan$^{21}$ne$^{0}$.cia$^{35}$tau$^{21}_{44}$tsʰɔŋ$^{13}_{21}$tau$^{35}_{44}$mien$^{53}$xɔŋ$^{53}_{44}$.iəu$^{53}$cien$^{53}_{44}$xau$^{21}$tsʰo$^{35}$tet$^{5}$ tsɿ$^{0}$.kai$^{53}_{44}$tsʰɔŋ$^{13}$tau$^{35}_{44}$ʂɿ$^{53}_{44}$iəu$^{35}_{44}$kan$^{21}$kʰɔit$^{3}$ tsɿ$^{0}$,tsʰo$^{35}$çi$^{21}_{44}$ŋan$^{53}$pʰi$^{53}$ku$^{21}$.tʂe$^{21}_{35}$kan$^{21}$kʰɔit$^{3}$ tsɿ$^{0}$,cia$^{35}$kʰuai$^{53}_{44}$pan$^{21}$iəu$^{35}$kan$^{21}$kʰɔit$^{3}$,e$_{44}$tsʰo$^{35}$tau$^{21}$mau$^{13}_{21}$kan$^{21}$ŋan$^{53}$pʰi$^{53}$ku$^{21}$,tsʰo$^{35}_{44}$tau$^{21}_{44}$tsʰɔŋ$^{13}$mien$^{53}_{44}$tsʰien$^{13}_{21}$,mau$^{13}_{21}$sɿ$^{53}_{44}$in$^{53}_{44}$pʰi$^{53}$ku$^{21}$a$^{0}$.sei$^{53}$in$^{13}_{21}$tsɿ$^{0}$ iəu$^{53}$cien$^{53}_{44}$ŋɔn$^{35}$tsʰien$^{13}_{21}$ne$^{0}$,xei$^{53}_{44}$a$^{0}$? ②椅子的面板：以块就安做～。i$^{21}$kʰuai$^{53}_{44}$tsʰiəu$^{53}_{44}$ɔn$^{35}_{44}$tso$^{53}_{44}$tsʰo$^{35}$pan$^{21}$.

【坐富】tsʰo$^{53}$fu$^{53}_{44}$ 形屁股大貌：屁股蛮大，就安做蛮～。pʰi$^{53}$ku$^{21}$man$^{13}$tʰai$^{53}$,tsʰiəu$^{53}_{44}$ɔn$^{35}_{44}$tso$^{53}_{44}$man$^{13}$tsʰo$^{53}$fu$^{53}_{44}$.

【坐红凳子】tsʰo$^{35}$fəŋ$^{13}$ten$^{53}$tsɿ$^{0}$ 名列末名的谑称：我读书是取都赠坐过红凳子，我一直都成绩都还好，赠坐过红凳子。ŋai$^{13}$tʰəuk$^{5}$ ʂəu$^{35}$ʂɿ$^{53}_{44}$tsʰi$^{21}$təu$^{35}_{53}$maŋ$^{13}$tsʰo$^{53}_{44}$ko$^{53}_{44}$fəŋ$^{13}$ten$^{53}_{44}$tsɿ$^{0}$,ŋai$^{13}_{21}$iet$^{3}$ tʂʰət$^{5}$ təu$^{35}_{53}$tʂʰən$^{13}$tsiet$^{3}$ təu$^{35}_{53}$xai$^{13}_{21}$xau$^{21}$,maŋ$^{13}_{21}$tsʰo$^{35}_{44}$ko$^{53}_{44}$fəŋ$^{13}$ten$^{53}$tsɿ$^{0}$.

【坐壶】tsʰo$^{53}$fu$^{13}$ 名用来温酒的提壶：舞只～坐兜酒食哩。u$^{21}$tʂak$^{3}$ tsʰo$^{53}$fu$^{13}$tsʰo$^{53}_{44}$te$^{35}_{44}$tsiəu$^{21}$ʂət$^{5}$ li$^{0}$.

【坐枷】tsʰo$^{35}$ka$^{35}_{44}$ 名婴儿的坐具，底部安有四个轮子：大滴子嘞，就～。会坐了。箇就～。也系底下四只子轮子。箇就两层子板。一层板矮滴子，就坐个。顶高一层板高滴子，就放下面前个承倒个，分渠一双手伸出来搞么个东西个，搞玩具子个。箇是～。tʰai$^{53}$tiet$^{5}$ tsɿ$^{0}$ lei$^{0}$,tsʰiəu$^{53}_{44}$tsʰo$^{35}$ka$^{35}_{44}$.uɔi$^{53}$tsʰo$^{35}$liau$^{21}$.kai$^{53}_{44}$tsʰiəu$^{53}_{44}$tsʰo$^{35}$ka$^{35}_{44}$.ia$^{35}$xei$^{53}$te$^{21}$xa$^{53}$si$^{53}$tʂak$^{3}$ tsɿ$^{0}$ lən$^{13}$tsɿ$^{0}$.kai$^{53}_{44}$tsʰiəu$^{53}_{44}$iɔŋ$^{21}$tsʰien$^{13}$tsɿ$^{0}$ pan$^{21}$.iet$^{3}$ tsʰien$^{13}$pan$^{21}$ai$^{21}$tiet$^{5}$ tsɿ$^{0}$,tsʰiəu$^{53}_{44}$tsʰo$^{35}$ke$^{53}$.taŋ$^{21}$kau$^{35}_{44}$iet$^{3}$ tsʰien$^{13}_{21}$pan$^{21}$kau$^{35}$tiet$^{5}$ tsɿ$^{0}$,tsʰiəu$^{53}_{44}$fəŋ$^{53}_{44}$ŋa$^{0}$ mien$^{53}$tsʰien$^{13}_{21}$ke$^{53}_{21}$ʂən$^{13}$tau$^{21}$ke$^{53}$,pən$^{35}$ci$^{13}_{21}$iet$^{3}$ səŋ$^{35}$ʂəu$^{21}$tʂʰən$^{35}$tʂʰət$^{3}$ lɔi$^{13}_{21}$kau$^{21}$mak$^{3}$ (k)e$^{53}$təŋ$^{35}_{44}$si$^{0}$ ke$^{53}_{44}$,kau$^{21}$uan$^{13}$tʂʮ$^{53}_{44}$tsɿ$^{0}$ ke$^{53}_{21}$.kai$^{53}_{44}$ʂɿ$^{53}_{44}$tsʰo$^{35}$ka$^{35}_{44}$.

【坐盘脚】tsʰo$^{35}$pʰan$^{13}$ciɔk$^{3}$ 盘腿坐。又称“打盘坐”：欸，我等看倒箇个箇和尚啊就一双脚□啊拢来，盘下拢来，嗯，～。箇我看我等来是真坐唔得几久啦，欸～坐倒箇，坐唔得几久哇，唔坐惯呢。e$_{21}$,ŋai$^{13}$tien$^{0}$kʰɔn$^{53}$tau$^{21}$kai$^{53}_{44}$kei$^{53}_{44}$kai$^{53}$uo$^{13}$ʂɔŋ$^{53}$ŋa$^{0}$tsʰiəu$^{53}_{44}$iet$^{3}$səŋ$^{35}$ciɔk$^{3}$cio$^{35}$a$^{0}$ləŋ$^{35}_{44}$lɔi$^{13}_{21}$,pʰan$^{13}$na$^{53}_{44}$ləŋ$^{35}$lɔi$^{13}_{21}$,n̩$_{21}$,tsʰo$^{35}_{44}$pʰan$^{13}$ciɔk$^{3}$.kai$^{53}$ŋai$^{13}$kʰɔn$^{53}$ŋai$^{13}$tien$^{0}$lɔi$^{13}_{21}$ʂʅ$^{53}_{44}$tʂən$^{35}$tsʰo$^{35}$n̩$^{13}_{21}$tek$^{3}$ci$^{21}$ciəu$^{21}$la$^{0}$,e$^{0}$tsʰo$^{35}_{44}$pʰan$^{13}$ciɔk$^{3}$tsʰo$^{35}$tau$^{21}$kai$^{53}_{21}$,tsʰo$^{35}$n̩$^{13}_{21}$tek$^{3}$ci$^{21}$ciəu$^{21}$ua$^{0}$,n̩$^{13}_{21}$tsʰo$^{35}_{44}$kuan$^{53}$ne$^{0}$.

【坐人】tsʰo$^{35}$ɲin$^{13}$ 动供人坐：（坐板）～个。tsʰo$^{35}$ɲin$^{13}$cie$^{53}_{44}$.｜箇张凳坐唔得人哈，欸，会烂咁呐。kai$^{53}_{44}$tʂɔŋ$^{35}$ten$^{53}$tsʰo$^{35}$n̩$^{13}_{21}$tek$^{3}$ɲin$^{13}$xa$^{0}$,e$_{21}$,uɔi$^{53}_{44}$lan$^{53}$kan$^{21}$na$^{0}$.

【坐上】tsʰo$^{35}$ʂɔŋ$^{35}$ 名坐在上首的座位：爱请坐，～啊。ɔi$^{53}_{44}$tsʰiaŋ$^{21}$tsʰo$^{35}$,tsʰo$^{35}_{44}$ʂɔŋ$^{35}$ŋa$^{0}$.｜你当舅爷系就爱～啊，但是今晡以餐陪媒酒你冇得上坐。你冇得第一只位子坐。上冇坐。ɲi$^{13}_{21}$tɔŋ$^{35}_{44}$cʰiəu$^{35}_{44}$ia$^{13}_{21}$xei$^{53}$tsiəu$^{53}_{21}$ɔi$^{53}$tsʰo$^{35}_{44}$ʂɔŋ$^{35}_{44}$ŋa$^{0}$,tan$^{53}_{44}$ʂʅ$^{53}_{44}$cin$^{35}$pu$^{35}_{44}$i$^{21}$tsʰɔn$^{35}_{44}$pʰi$^{13}$mɔi$^{13}$tsiəu$^{21}$ɲi$^{13}_{21}$mau$^{13}_{21}$tek$^{3}$ʂɔŋ$^{35}_{44}$tsʰo$^{35}_{44}$. ɲi$^{13}_{21}$mau$^{13}_{21}$tek$^{3}$tʰi$^{53}$iet$^{3}$tʂak$^{3}$uei$^{53}$tsʅ$^{0}$tsʰo$^{35}_{53}$.ʂɔŋ$^{35}$iəu$^{35}_{44}$tsʰo$^{35}_{44}$.

【坐稳】tsʰo$^{35}$uən$^{21}$ 动停住不动，固定：跌下以只眼肚箇里，就～哩。tet$^{3}$(x)a$^{53}$i$^{21}$tʂak$^{3}$ŋan$^{21}$təu$^{21}$kai$^{53}_{21}$li$^{0}$,tsʰiəu$^{53}_{44}$tsʰo$^{35}$uən$^{21}$ni$^{0}$.

【坐下】tsʰo$^{53}$çia$^{53}$ 动坐下来，就座：箇个欸去学堂里上课个时候子就“起立!”“～!”kai$^{53}$ke$^{53}_{44}$e$_{21}$çi$^{53}$xɔk$^{5}$tʰɔŋ$^{13}_{44}$li$^{0}$ʂɔŋ$^{35}$kʰo$^{53}$ke$^{53}_{44}$ʂʅ$^{13}_{44}$xəu$^{53}_{44}$tsʅ$^{0}$tsiəu$^{53}$"çi$^{21}$liet$^{5}$!""tsʰo$^{53}_{44}$çia$^{53}$!"

【坐敥轿】tsʰo$^{35}$ian$^{53}$cʰiau$^{53}$ 大人与小孩之间的一种互动游戏。大人跷起一条腿，让小孩坐在脚腕处，然后上下抖动该脚：我孙子就我经常箇个分只脚跷起来，分只脚跷起来，渠就坐下我映子啊，坐下我以只脚上，欸，咁子咁子～哇，渠就爱～哇。ŋai$^{13}_{21}$sən$^{35}$tsʅ$^{0}$tsʰiəu$^{53}_{44}$ŋai$^{13}_{21}$cin$^{35}$tʂʰɔŋ$^{13}_{21}$kai$^{53}_{44}$ke$^{53}_{44}$pən$^{35}$tʂak$^{3}$ciɔk$^{3}$kʰau$^{35}$cʰi$^{21}$lɔi$^{13}_{21}$,pən$^{35}_{44}$tʂak$^{3}$ciɔk$^{3}$kʰau$^{35}_{44}$cʰi$^{21}$lɔi$^{13}_{21}$,ci$^{13}_{21}$tsʰiəu$^{53}$tsʰo$^{35}_{44}$(x)a$^{53}_{44}$ŋai$^{13}_{21}$iaŋ$^{53}$tsʅ$^{0}$a$^{0}$,tsʰo$^{35}$(x)a$^{53}$ŋai$^{13}_{44}$i$^{21}$tʂak$^{3}$ciɔk$^{3}$xɔŋ$^{53}$,ei$_{53}$,kan$^{21}$tsʅ$^{0}$kan$^{21}$tsʅ$^{0}$tsʰo$^{35}$ian$^{53}$cʰiau$^{53}$ua$^{0}$,ci$^{13}_{21}$tsʰiəu$^{53}_{44}$ɔi$^{53}_{44}$tsʰo$^{35}_{44}$ian$^{53}$cʰiau$^{53}$ua$^{0}$.｜我孙子就欸长日都爱箇啦，看倒我坐倒凳上就：“欸，阿公，～喔，我爱～喔。”一分只脚伸出来呀，渠𠊎下我脚上唠。ŋai$^{13}_{21}$sən$^{35}$tsʅ$^{0}$tsʰiəu$^{53}$e$_{21}$tʂʰɔŋ$^{13}$ɲiet$^{3}$təu$^{35}_{53}$ɔi$^{53}$kai$^{53}$la$^{0}$,kʰɔn$^{53}$tau$^{21}$ŋai$^{13}_{21}$tsʰo$^{35}$tau$^{21}$ten$^{53}$xɔŋ$^{53}_{44}$tsʰiəu$^{53}_{44}$:"e$_{21}$,a$^{35}_{44}$kəŋ$^{35}_{53}$,tsʰo$^{35}_{44}$ian$^{53}$cʰiau$^{53}_{44}$uo$^{0}$,ŋai$^{13}_{21}$ɔi$^{53}_{44}$tsʰo$^{35}_{44}$ian$^{53}$cʰiau$^{53}_{44}$uo$^{0}$."iet$^{3}$pən$^{35}$tʂak$^{3}$ciɔk$^{3}$tʂʰən$^{35}$tʂʰət$^{3}$lɔi$^{13}_{44}$ia$^{0}$,ci$^{13}_{21}$cʰia$^{53}$(x)a$^{53}$ŋai$^{13}_{21}$ciɔk$^{3}$xɔŋ$^{53}_{44}$lau$^{0}$.

【坐桌】tsʰo$^{35}$tsɔk$^{3}$ 动入席：整酒个时候子啊，做红白喜事个时候子，有兜人即即哩跑倒去～，十点多钟就架势～，又怕冇凳坐，怕坐唔倒哇。怕食二脱呀。tʂaŋ$^{21}$tsiəu$^{21}$ke$^{53}$ʂʅ$^{13}_{44}$xei$^{53}_{44}$tsʅ$^{0}$a$^{0}$,tso$^{53}$fəŋ$^{13}$pʰak$^{5}$çi$^{21}$sʅ$^{53}$ke$^{0}$ʂʅ$^{13}$xəu$^{53}_{44}$tsʅ$^{0}$,iəu$^{35}$tei$^{35}_{53}$ɲin$^{13}_{44}$tset$^{5}$tset$^{5}$li$^{0}$pʰau$^{21}$tau$^{21}$çi$^{53}$tsʰo$^{35}$tsɔk$^{3}$,ʂət$^{5}$tian$^{21}$to$^{35}_{44}$tʂəŋ$^{35}$tsʰiəu$^{53}$cia$^{53}$ʂʅ$^{53}$tsʰo$^{35}$tsɔk$^{3}$,iəu$^{53}_{44}$pʰa$^{53}$mau$^{13}$ten$^{53}$tsʰo$^{35}_{44}$,pʰa$^{53}$tsʰo$^{35}$n̩$^{13}_{21}$tau$^{21}$ua$^{0}$.pʰa$^{53}_{44}$ʂət$^{5}$ɲi$^{53}$tʰɔit$^{3}$ia$^{0}$.

【柞树】tsʰɔk$^{5}$ʂəu$^{53}$ 名栎属的乔木或灌木：～有蚕。tsʰɔk$^{5}$ʂəu$^{53}_{44}$iəu$^{35}_{44}$tsʰan$^{13}$.｜～嘞会结咁个籽籽，箇籽籽嘞，～籽咯，爱打哩霜以后就蛮好食，爱打霜，唔打霜揪结，揪苦喔，硬食唔得。但是～籽嘞食多唔得，食哩屙屎唔出，完进完出。tsʰɔk$^{5}$ʂəu$^{53}$lei$^{0}$uɔi$^{53}$ciet$^{3}$kan$^{21}$ke$^{53}$tsʅ$^{21}$tsʅ$^{21}$,kai$^{53}$tsʅ$^{21}$tsʅ$^{21}$lei$^{0}$,tsʰɔk$^{5}$ʂəu$^{53}$tsʅ$^{21}$ko$^{0}$,ɔi$^{53}$ta$^{21}$li$^{0}$sɔŋ$^{35}$i$^{35}_{44}$xei$^{53}_{44}$tsʰiəu$^{53}$man$^{13}_{21}$xau$^{21}$ʂət$^{5}$,ɔi$^{53}$ta$^{21}$sɔŋ$^{35}$,n̩$^{13}$ta$^{21}$sɔŋ$^{35}$tsiəu$^{35}$ciait$^{3}$,tsiəu$^{35}$fu$^{21}$uo$^{0}$,ɲiaŋ$^{53}_{44}$ʂət$^{5}$n̩$^{13}_{21}$tek$^{3}$.tan$^{53}_{44}$ʂʅ$^{53}_{44}$tsʰɔk$^{5}$ʂəu$^{53}$tsʅ$^{21}$lei$^{0}$ʂət$^{5}$to$^{35}$n̩$^{13}_{21}$tek$^{3}$,ʂət$^{53}$li$^{0}$o$^{35}$ʂʅ$^{21}$n̩$^{13}_{44}$tʂʰət$^{3}$,uən$^{13}$tsin$^{53}$uən$^{13}$tʂʰət$^{3}$.

【柞树蚕】tsʰɔk$^{5}$ʂəu$^{53}$tsʰan$^{13}$ 名一种产丝蚕蛾的幼虫，取食柞树叶并产生柞蚕丝：有种蚕虫，专门食柞树叶个，箇种蚕虫就安做～。箇个蚕丝有么个用，有么个几多用，𫠛成功。iəu$^{35}$tʂəŋ$^{21}$tsʰan$^{13}$tʂʰəŋ$^{13}$,tʂen$^{35}$mən$^{13}_{21}$ʂət$^{5}$tsʰɔk$^{5}$ʂəu$^{53}$iait$^{5}$ke$^{0}$,kai$^{53}$tʂəŋ$^{21}$tsʰan$^{13}$tʂʰəŋ$^{13}_{44}$tsʰiəu$^{53}_{44}$ɔn$^{35}_{44}$tso$^{53}_{44}$tsʰɔk$^{5}$ʂəu$^{53}$tsʰan$^{13}$.kai$^{53}$ke$^{53}_{44}$tsʰan$^{13}$sʅ$^{35}$mau$^{13}$mak$^{3}$e$^{0}$iəŋ$^{53}$,mau$^{13}$mak$^{3}$e$^{0}$ci$^{21}$to$^{35}$iəŋ$^{53}$,maŋ$^{13}$tʂʰən$^{13}_{21}$kəŋ$^{35}$.

【座】tsʰo$^{53}$ 量多用于较大或固定的物体：一～地坟墓 iet$^{3}$tsʰo$^{53}_{44}$tʰi$^{53}$｜一～山 iet$^{3}$tsʰo$^{53}$san$^{35}$｜箇～坟个范围就安做罗围。kai$^{53}_{44}$tsʰo$^{53}_{44}$fən$^{13}$cie$^{53}_{44}$fan$^{53}$uei$^{13}$tsiəu$^{53}_{44}$ɔn$^{35}_{44}$tso$^{53}_{44}$lo$^{13}$uei$^{13}$.｜到箇有～桥个栏场子，停下来。tau$^{53}_{44}$kai$^{53}_{44}$iəu$^{35}$tsʰo$^{53}_{44}$cʰiau$^{13}$ke$^{53}$lan$^{13}_{21}$tʂʰɔŋ$^{13}_{21}$tsʅ$^{0}$,tʰin$^{13}$xa$^{53}_{44}$lɔi$^{13}_{21}$.

【座镜】tsʰo$^{53}$ciaŋ$^{53}$ 名带有木制座子的大镜子，多放在桌上：～，箇就安做～。～比较大，欸，要大滴子。放下桌上。就放下梳妆台上样啦。tsʰo$^{53}$ciaŋ$^{53}$,kai$^{53}_{21}$tsʰiəu$^{53}_{44}$ɔn$^{35}_{44}$tso$^{53}_{44}$tsʰo$^{53}$ciaŋ$^{53}$.tsʰo$^{53}$ciaŋ$^{53}$pi$^{21}$ciau$^{53}_{44}$tʰai$^{53}$,e$_{21}$,iau$^{53}_{44}$tʰai$^{53}$tiet$^{5}_{3}$tsʅ$^{0}$.fɔŋ$^{53}_{44}$ŋa$_{44}$(←xa$^{53}$)tsɔk$^{3}$xɔŋ$^{53}_{44}$.tsʰiəu$^{53}$fɔŋ$^{53}_{44}$ŋa$_{44}$(←xa$^{53}$)səu$^{35}_{44}$tsɔŋ$^{35}_{44}$tʰɔi$^{13}_{21}$xɔŋ$^{53}_{44}$iɔŋ$^{53}$la$^{0}$.

【座钟】tsʰo$^{53}$tʂəŋ$^{35}$ 名不能悬挂，只供摆放于桌面或台面的时钟：床啊，欸，～啊，欸，书桌啊，么啊都有。tsʰɔŋ$^{13}$ŋa$^{0}$,e$_{21}$,tsʰo$^{53}$tʂəŋ$^{35}$ŋa$^{0}$,e$_{21}$,ʂəu$^{35}$tsɔk$^{3}$a$^{0}$,mak$^{3}$a$^{0}$təu$^{35}_{44}$iəu$^{35}_{44}$.

【做$_{1}$】tso$^{53}$ 动①制造，制作：（篾骨）如今舞倒来～纸吧？i$^{13}_{21}$cin$^{35}_{44}$u$^{21}$tau$^{21}$lɔi$^{13}$tso$^{53}$tʂʅ$^{21}$pa$^{0}$?｜以只

Z

碓枕石欸非……蛮难～。i$^{21}$tʂak$^{3}$tɔi$^{53}$tʂən$^{21}$ʂak$^{5}$e$_{44}$fei$^{35}$f…man$^{13}$lan$^{13}$tso$^{53}$.｜箇拖斗～得蛮巧妙。kai$^{53}_{44}$tʰo$^{35}$tei$^{21}$tso$^{53}$tek$^{3}$man$^{13}$cʰiau$^{21}$miau$^{53}$.｜欸，以前是冇得咁多成衣店，爱扯倒布就请别人家～衫裤，请倒箇裁缝师傅来～衫裤。e$_{21}$,i$^{13}_{53}$tsʰien$^{13}$ʂɿ$^{53}_{44}$mau$^{13}_{21}$tek$^{3}$kan$^{21}$to$^{35}_{44}$tʂʰən$^{13}$i$^{35}_{44}$tian$^{53}$,ɔi$^{53}$tʂʰa$^{21}$tau$^{21}$pu$^{53}$tsʰiəu$^{53}_{44}$tsʰiaŋ$^{21}$pʰiet$^{5}$in$^{13}_{44}$ka$^{35}_{44}$tso$^{53}$san$^{35}$fu$^{53}$,tsʰiaŋ$^{21}$tau$^{21}_{44}$kai$^{53}_{44}$tsʰai$^{13}$fəŋ$^{13}_{21}$ʂɿ$^{35}_{44}$fu$^{53}$lɔi$^{13}_{21}$tso$^{53}$san$^{35}$fu$^{53}$. ②建造：如今蛮多人，农村里人，渠有地方啊渠就灶下～起蛮大哟。i$^{13}_{21}$cin$^{35}_{44}$man$^{13}_{21}$to$^{35}_{53}$ɲin$^{13}_{44}$,ləŋ$^{13}$tsʰən$^{35}_{44}$ni$^{0}$ɲin$^{13}_{44}$,ci$^{13}$iəu$^{35}$tʰi$^{53}$fɔŋ$^{35}_{44}$ŋa$^{0}$ci$^{13}_{21}$tsiəu$^{53}_{44}$tsau$^{53}$xa$^{35}$tso$^{53}$çi$^{21}$mən$^{13}$tʰai$^{53}_{44}$iau$^{0}$.｜我等箇只屋都留唔下来呀。尽系树～个。会腐烂啦。ŋai$^{13}$tien$^{0}$kai$^{53}$tʂak$^{3}$uk$^{3}$təu$^{0}$liəu$^{13}_{21}$ṇ$^{13}_{44}$xa$^{35}$lɔi$^{13}_{21}$ia$^{0}$.tsʰin$^{35}$xei$^{53}$ʂəu$^{53}$tso$^{53}_{44}$ke$^{53}_{44}$.uɔi$^{53}$fu$^{21}$lan$^{53}$la$^{0}$. ③充当，用作：箇牛骨粉呢，欸，～肥料嘞渠是咁子个。kai$^{53}_{44}$ɲiəu$^{13}$kuət$^{3}$fən$^{21}$nei$^{0}$,e$_{21}$,tso$^{53}$fei$^{13}$liau$^{53}_{44}$lei$^{0}$ci$^{13}_{21}$ʂɿ$^{53}_{44}$kan$^{21}$tsɿ$^{0}$ke$^{53}_{44}$.｜箇灶心土可以～药。kai$^{53}_{21}$tsau$^{53}$sin$^{35}_{44}$tʰəu$^{21}$kʰo$^{21}$i$^{35}$tso$^{53}$iɔk$^{5}$. ④成为：牛骨头呀打～粉呐。ɲiəu$^{13}$kuət$^{3}$tʰei$^{13}$ia$^{0}$ta$^{21}$tso$^{53}_{44}$fən$^{21}$na$^{0}$.｜两管笔三管笔放～一排哟，排笔。iɔŋ$^{21}$kɔn$^{21}$piet$^{3}$san$^{35}$kɔn$^{21}$piet$^{3}$fɔŋ$^{53}$tso$^{53}$iet$^{3}$pʰai$^{13}$iau$^{0}$,pʰai$^{13}$piet$^{3}$. ⑤举行、举办活动，多用来表示庆祝或纪念：～红喜事 tso$^{53}$fəŋ$^{13}$çi$^{21}$sɿ$^{53}$｜摸摸子出哩世以后，欸，第十天整酒，选倒摸摸子出哩世第十天来整酒个，箇个就安做～十朝。选倒摸摸子出哩世半个月来整酒个，就安做～半月。一个月来整酒个，就安做～满月。mo$^{35}$mo$^{35}_{44}$tsɿ$^{0}$tʂʰət$^{3}$li$^{0}$ʂɿ$^{53}$i$^{35}_{44}$xei$^{53}_{44}$,e$_{21}$,tʰi$^{53}_{44}$ʂət$^{5}$tʰien$^{35}_{44}$tʂaŋ$^{21}$tsiəu$^{21}$,sien$^{21}$tau$^{21}$mo$^{35}$mo$^{35}_{44}$tsɿ$^{0}$tʂʰət$^{3}$li$^{0}$ʂɿ$^{53}$tʰi$^{53}_{44}$ʂət$^{5}$tʰien$^{35}_{44}$lɔi$^{13}_{21}$tʂaŋ$^{21}$tsiəu$^{21}$ke$^{53}$,kai$^{53}_{44}$ke$^{53}_{44}$tsiəu$^{53}_{44}$ɔn$^{35}_{44}$tso$^{53}_{44}$tso$^{53}_{44}$ʂət$^{5}$tʂau$^{35}_{44}$.sien$^{21}$tau$^{21}$mo$^{35}$mo$^{35}_{44}$tsɿ$^{0}$tʂʰət$^{3}$li$^{0}$ʂɿ$^{53}$pan$^{53}$cie$^{53}_{44}$ɲiet$^{5}$lɔi$^{13}_{21}$tʂaŋ$^{21}$tsiəu$^{21}$ke$^{53}$,tsiəu$^{53}_{44}$ɔn$^{35}_{44}$tso$^{53}_{44}$tso$^{53}$pan$^{53}$ɲiet$^{5}$.iet$^{3}$cie$^{53}$ɲiet$^{5}$lɔi$^{13}_{21}$tʂaŋ$^{21}$tsiəu$^{21}$ke$^{53}$,tsiəu$^{53}_{44}$ɔn$^{35}_{44}$tso$^{53}_{44}$tso$^{53}$man$^{35}$ɲiet$^{5}$.｜细人子一周岁了，嗯，喊倒亲戚朋友来食餐饭，箇就安做～周岁。sei$^{53}$ɲin$^{13}_{44}$tsɿ$^{0}$iet$^{3}$tʂəu$^{35}$sɔi$^{53}$liau$^{0}$,ṇ$_{21}$,xan$^{53}$tau$^{21}$tsʰin$^{35}_{44}$tsʰiet$^{3}$pʰəŋ$^{13}_{21}$iəu$^{35}$lɔi$^{13}_{21}$ʂət$^{5}$tsʰɔn$^{35}_{44}$fan$^{53}$,kai$^{53}_{44}$tsʰiəu$^{53}_{44}$ɔn$^{35}_{44}$tso$^{53}_{44}$tso$^{53}$tʂəu$^{35}$sɔi$^{53}$.｜生日了，请倒兜客佬子箇只来～生日。saŋ$^{35}$ɲiet$^{3}$liau$^{0}$,tsʰiaŋ$^{21}$tau$^{21}$te$^{35}_{53}$kʰak$^{3}$lau$^{21}$tsɿ$^{0}$kai$^{53}$tʂak$^{3}$lɔi$^{13}_{21}$tso$^{53}$saŋ$^{35}$ɲiet$^{3}$. ⑥玩（游戏）：～过家家是冇带细人子咯，有细人子带咯。tso$^{53}$ko$^{53}$cia$^{35}$cia$^{35}$ʂɿ$^{53}_{44}$iəu$^{35}_{44}$tai$^{53}_{44}$se$^{53}$ɲin$^{13}_{21}$tsɿ$^{0}$ko$^{0}$,iəu$^{35}_{44}$se$^{53}$ɲin$^{13}_{21}$tsɿ$^{0}$tai$^{53}$ko$^{0}$. ⑦记录：讲～账个栏场子就会讲下子单据。kɔŋ$^{21}$tso$^{53}_{44}$tʂɔŋ$^{53}$ke$^{53}_{44}$laŋ$^{13}_{21}$tʂʰɔŋ$^{13}_{21}$tsɿ$^{0}$tsʰiəu$^{53}_{44}$uɔi$^{53}$kɔŋ$^{21}$xa$^{53}_{21}$tsɿ$^{0}$tan$^{35}$tʂɿ$^{53}$. ⑧刷：爱～油漆嘞箇个指篾套笼是。ɔi$^{53}$tso$^{53}$iəu$^{13}$tsʰiet$^{3}$le$^{0}$kai$^{53}_{44}$ke$^{53}_{44}$ʂɿ$^{53}_{44}$.

【做$_{2}$】tso$^{53}$ 介 用在动词和处所词之间，表示"在"的意思：我擐渠坐～一桌。ŋai$^{13}$lau$^{35}_{44}$ci$^{13}_{44}$tsʰo$^{35}_{44}$tso$^{53}_{44}$e$^{0}$(←iet$^{3}$)tsɔk$^{3}$.

【做厨】tso$^{53}$tʂʰəu$^{13}$ 动 主持烹饪：～个人就爱用咁个指挂钩。tso$^{53}$tʂʰəu$^{13}_{21}$ke$^{53}$ɲin$^{13}_{44}$tsʰiəu$^{53}_{44}$ɔi$^{53}_{44}$iəŋ$^{53}$kan$^{21}$cie$^{53}$.

【做道场】tso$^{53}$tʰau$^{53}$tʂʰɔŋ$^{13}_{21}$ 道士、僧人做法事：每次～都爱做醮都爱出榜啊。mei$^{35}$tsʰɿ$^{53}$tso$^{53}$tʰau$^{53}$tʂʰɔŋ$^{13}_{21}$təu$^{35}_{44}$ɔi$^{53}_{44}$tso$^{53}$tsiau$^{53}$təu$^{35}_{44}$ɔi$^{53}_{44}$tʂʰət$^{3}$pɔŋ$^{21}$ŋa$^{0}$.｜以前就（擐乐队系）一伙个，以下嘞道士嘞渠就只～，专～，箇渠呢就只有四个子人，六个子人。四五个子人个都有。你话哩，你讲，先讲，做两日三夜，做三日四夜，欸，咁子个，箇你就定。根据箇样子来收钱，请几多个人，欸。i$^{35}_{44}$tsʰien$^{13}$tsʰiəu$^{53}$iet$^{3}$fo$^{21}$ke$^{53}$,i$^{21}$xa$^{53}_{44}$lei$^{0}$tʰau$^{53}$sɿ$^{53}_{44}$lei$^{0}$ci$^{13}_{21}$tsʰiəu$^{53}$tʂe$^{21}$tso$^{53}$tʰau$^{53}$tʂʰɔŋ$^{13}$,tʂen$^{35}$tso$^{53}_{44}$tʰau$^{53}$tʂʰɔŋ$^{13}_{21}$,kai$^{53}_{44}$ci$^{13}_{21}$ne$^{0}$tsʰiəu$^{53}_{44}$tʂe$^{21}$iəu$^{35}_{44}$si$^{53}$ke$^{53}$tsɿ$^{0}$ɲin$^{13}_{21}$,liəuk$^{3}$ke$^{53}$tsɿ$^{0}$ɲin$^{13}_{21}$.si$^{53}$ŋ̍$^{21}$ke$^{53}$tsɿ$^{0}$ɲin$^{13}_{21}$ke$^{53}_{44}$təu$^{35}_{44}$iəu$^{35}_{44}$.ɲi$^{13}$ua$^{53}$li$^{0}$,ɲi$^{13}$kɔŋ$^{21}$,sien$^{35}$kɔn$^{21}$,tso$^{53}$iɔŋ$^{21}$ɲiet$^{3}$san$^{35}_{44}$ia$^{53}$,tso$^{53}$san$^{35}$ɲiet$^{3}$si$^{53}$ia$^{53}$,e$_{21}$,kan$^{21}_{35}$tsɿ$^{0}$ke$^{53}$,kai$^{53}_{44}$ɲi$^{13}_{21}$tsʰiəu$^{53}_{44}$tʰin$^{53}$.cien$^{35}$tʂɿ$^{53}_{44}$kai$^{53}_{44}$iɔŋ$^{53}_{44}$tsɿ$^{0}$lɔi$^{13}_{21}$ʂəu$^{35}$tsʰien$^{13}$,tsʰiaŋ$^{21}$ci$^{21}$to$^{35}_{44}$ke$^{53}_{44}$ɲin$^{13}$,e$_{21}$.

【做得】tso$^{53}$tek$^{3}$ 动 ①能做成：就～菜呢。tsiəu$^{53}$tso$^{53}$tek$^{3}$tsʰɔi$^{53}$nei$^{0}$. ②助动词。表示许可：底下就放火，放火箱火斗，放火斗也～，火笼也～，火钵也～。te$^{21}$xa$^{53}_{44}$tsiəu$^{53}_{44}$fəŋ$^{53}$fo$^{21}$,fəŋ$^{53}$fo$^{21}$siɔŋ$^{35}$fo$^{21}$tei$^{21}$,fəŋ$^{53}$fo$^{21}$tei$^{21}$a$^{35}_{44}$tso$^{53}$tek$^{3}$,fo$^{21}$ləŋ$^{35}$ŋa$^{35}_{44}$tso$^{53}$tek$^{3}$,fo$^{21}$pait$^{3}$a$^{35}_{44}$tso$^{53}$tek$^{3}$.｜随便拿几多只。你拿一只也～，你拿两只也～，你拿三只，下拿出来也～，你唔拿也～。sei$^{13}$pʰien$^{53}_{44}$la$^{53}$cio$^{35}$(←ci$^{21}$to$^{35}$)tʂak$^{3}$.ɲi$^{13}$la$^{53}$iet$^{3}$tʂak$^{3}$a$^{35}$tso$^{53}$tek$^{3}$,ɲi$^{13}$la$^{53}$iɔŋ$^{21}$tʂak$^{3}$a$^{35}$tso$^{53}$tek$^{3}$,ɲi$^{13}$la$^{53}$san$^{35}$tʂak$^{3}$,xa$^{53}$la$^{53}_{35}$tʂʰət$^{3}$lɔi$^{13}$a$^{35}$tso$^{53}$tek$^{3}$,ɲi$^{13}_{21}$ṇ$^{13}_{21}$na$^{53}_{44}$a$^{35}_{44}$tso$^{53}$tek$^{3}$.｜同分粽子样啊，你就哪天子都～。tʰəŋ$^{13}_{21}$pən$^{35}_{0}$tsəŋ$^{53}$tsɿ$^{0}$iɔŋ$^{53}$ŋa$^{0}$,ɲi$^{13}_{21}$tsʰiəu$^{53}$lai$^{53}$tʰien$^{35}_{44}$tsɿ$^{0}$təu$^{35}_{44}$tso$^{53}$tek$^{3}$.

【做法$_{1}$】tso$^{53}$fait$^{3}$ 动 道士施行法术：跍倒屋下做下子法 ku$^{35}$tau$^{21}$uk$^{3}$xa$^{53}_{44}$tso$^{53}$a$^{53}_{44}$tsɿ$^{0}$fait$^{3}$

【做法$_{2}$】tso$^{53}$fait$^{3}$ 名 加工制作的方法：黄菜只系一种～，青菜个一种～。uɔŋ$^{13}$tsʰɔi$^{53}$tʂe$^{21}$xe$^{53}$iet$^{3}$tʂəŋ$^{21}$tso$^{53}$fait$^{3}$,tsʰiaŋ$^{35}$tsʰɔi$^{53}_{44}$ke$^{53}_{44}$iet$^{3}$tʂəŋ$^{21}$tso$^{53}$fait$^{3}$.｜渠等指簸箕和摸篮箇只～唔同。ci$^{13}$tien$^{0}$kai$^{53}_{44}$tʂak$^{3}$tso$^{53}$fait$^{3}$ṇ$^{13}$tʰəŋ$^{13}$.

【做粉刷】tso$^{53}$fən$^{21}$sɔit$^{3}$ 粉刷墙壁：欸，箇屋旧嘿哩，请倒泥水师傅来做下粉刷，粉得雪白子，搞得重新子。e$_{21}$,kai$^{53}$uk$^{3}$cʰiəu$^{53}$uek$^{3}$li$^{0}$,tsʰiaŋ$^{21}$tau$^{21}$lai$^{13}$ʂei$^{21}$sɿ$^{35}_{44}$fu$^{53}$lɔi$^{13}_{21}$tso$^{53}$xa$^{53}_{44}$fən$^{21}$sɔit$^{3}$,fən$^{21}$tek$^{3}$siet$^{5}$

pʰak$^{5}$tsɿ$^{0}$,kau$^{21}$tek$^{3}$tʂʰəŋ$^{53}$sin$^{35}_{44}$tsɿ$^{0}$.

【做工夫】tso$^{53}$kəŋ$^{35}$fu$^{35}$ 动干农活，从事农业生产：到哩三月四月就爱下田～了。tau$^{53}$li$^{0}$san$^{35}$ɲiet$^{5}$si$^{53}$ɲiet$^{5}$tsʰiəu$^{53}_{44}$ɔi$^{53}$xa$^{35}$tʰien$^{13}_{21}$tso$^{53}$kəŋ$^{35}$fu$^{35}_{53}$liau$^{0}$.｜我比万伏初老师嘞，我个生活经历有兜子唔同。渠嘞渠比我大两岁，渠六九年就架势当下子民办老师，就跍倒我等下只屋，渠就当民办老师。我嘞就七五年正当民办老师。渠虽然比我大两岁唠，系唔系？我嘞在箇只七五年以前呢，从六六年我就赠读哩书嘞，六六年下半年到七五年箇只可算嘿算来讲系十年肚里唠，箇十年肚里我搞么个呢？就去屋下～，做嘿十年工夫。好，箇十年工夫肚里，我就摎我等箇生产队上箇个人呐搞做一坨，～。箇只经历啦蛮丰富。万伏初老师嘞渠箇只阶段呢，渠从六九年起嘞，渠就跍学堂里教书了，就摎细人子打交道，系唔系？渠冇得我箇只经历。～个经历就冇得箇箇只，渠也系十几岁子，系唔系？还有只～，渠就赠做我咁多，荷担子箇兜，渠个身体冇得我个样。我箇只阶段就是尽～啊。饿肚子，～哇，欸，背竹背树哇，做犁耙，欸，么个都搞下转来。渠就讲唔出哩，箇渠冇得箇只阶段，欸，渠冇得。ŋai$^{13}$pi$^{21}$uan$^{53}$fuk$^{5}$tsʰɿ$^{35}$lau$^{21}$sɿ$^{35}_{44}$lei$^{0}$,ŋai$^{13}$ke$^{53}$sen$^{35}$xɔit$^{3}$cin$^{35}$liet$^{5}$iəu$^{35}$tei$^{35}_{53}$tsɿ$^{0}$n̩$^{13}$tʰəŋ$^{13}$.ci$^{13}$lei$^{0}$ci$^{13}_{21}$pi$^{21}$ŋai$^{13}_{21}$tʰai$^{53}$iɔŋ$^{21}$sɔi$^{53}$,ci$^{13}$liəuk$^{3}$ciəu$^{21}$ɲien$^{13}$tsʰiəu$^{53}$cia$^{53}$ʂʅ$^{53}$tɔŋ$^{35}$ŋa$^{53}_{44}$tsɿ$^{0}$min$^{13}$pʰan$^{53}$lau$^{21}$sɿ$^{35}_{53}$,tsʰiəu$^{53}$kʰu$^{35}_{53}$tau$^{21}$ŋai$^{13}$tien$^{0}$xa$^{35}$tʂak$^{3}$uk$^{3}$,ci$^{13}$tsʰiəu$^{53}$tɔŋ$^{35}_{44}$min$^{13}$pʰan$^{53}$lau$^{21}$sɿ$^{35}_{21}$.ŋai$^{13}$lei$^{0}$tsʰiəu$^{53}$tsʰiet$^{3}$ŋ̍$^{21}$ɲien$^{13}$tʂaŋ$^{53}$tɔŋ$^{35}$min$^{13}$pʰan$^{53}$lau$^{21}$sɿ$^{35}_{21}$.ci$^{13}$sei$^{35}$vien$^{13}_{44}$pi$^{21}$ŋai$^{13}$tʰai$^{53}$iɔŋ$^{21}$sɔi$^{53}$lau$^{0}$,xei$^{53}_{44}$me$^{53}_{44}$?ŋai$^{13}$lei$^{0}$tsʰai$^{53}$kai$^{53}$tʂak$^{3}$tsʰiet$^{3}$ŋ̍$^{21}$ɲien$^{13}$i$^{35}_{53}$tsʰien$^{13}$nei$^{0}$,tsʰəŋ$^{13}$liəuk$^{3}$liəuk$^{3}$ɲien$^{13}$ŋai$^{13}$tsʰiəu$^{53}$maŋ$^{13}$tʰəuk$^{5}$li$^{0}$ʂəu$^{35}_{44}$le$^{0}$,liəuk$^{3}$liəuk$^{3}$ɲien$^{13}$xa$^{53}$pan$^{53}_{44}$ɲien$^{13}_{21}$tau$^{53}$tsʰiet$^{3}$ŋ̍$^{21}$ɲien$^{13}_{44}$kai$^{53}$tʂak$^{3}$kʰo$^{21}$sɔn$^{53}$xek$^{3}$sɔn$^{53}$nɔi$^{13}_{44}$kɔŋ$^{21}$xei$^{53}_{44}$ʂət$^{5}$ɲien$^{13}_{21}$təu$^{21}$li$^{0}$lau$^{0}$,kai$^{53}_{44}$ʂət$^{5}$ɲien$^{13}_{21}$təu$^{21}$li$^{0}$ŋai$^{13}$kau$^{21}$mak$^{3}$e$^{0}$nei$^{0}$?tsʰiəu$^{53}_{44}$çi$^{53}_{44}$uk$^{3}$xa$^{53}_{44}$tso$^{53}_{44}$kəŋ$^{35}_{44}$fu$^{35}_{44}$,tso$^{53}$(x)ek$^{3}$ʂət$^{5}$ɲien$^{13}_{21}$kəŋ$^{35}_{44}$fu$^{35}_{44}$.xau$^{21}_{44}$,kai$^{53}_{44}$ʂət$^{5}$ɲien$^{13}_{21}$kəŋ$^{35}$fu$^{35}_{44}$təu$^{21}$li$^{0}$,ŋai$^{13}$tsʰiəu$^{53}$lau$^{35}$ŋai$^{13}$tien$^{0}$kai$^{53}$sen$^{35}$tsʰan$^{21}$ti$^{53}$xɔŋ$^{53}_{44}$kai$^{53}_{44}$ke$^{53}_{44}$ɲin$^{13}$na$^{0}$kau$^{21}$tso$^{53}$iet$^{3}$tʰo$^{13}$,tso$^{53}_{44}$kəŋ$^{35}_{44}$fu$^{35}$.kai$^{53}$(tʂ)ak$^{3}$cin$^{35}_{44}$liet$^{5}$la$^{0}$man$^{13}$fəŋ$^{35}_{44}$fu$^{53}$.uan$^{53}_{44}$fuk$^{5}$tsʰəu$^{35}$lau$^{21}$sɿ$^{35}_{44}$lei$^{0}$ci$^{13}$kai$^{53}$tʂak$^{3}$kai$^{35}$tɔn$^{53}_{44}$nei$^{0}$,ci$^{13}_{44}$tsʰəŋ$^{13}_{44}$liəuk$^{3}$ciəu$^{21}$ɲien$^{35}$cʰi$^{21}$lei$^{0}$,ci$^{13}_{21}$tsʰiəu$^{53}_{44}$ku$^{35}_{44}$xɔk$^{5}$tʰɔŋ$^{13}_{21}$li$^{0}$kau$^{35}_{44}$ʂəu$^{35}_{44}$liau$^{0}$,tsʰiəu$^{53}_{44}$lau$^{35}$sei$^{53}$ɲin$^{13}_{21}$tsɿ$^{0}$ta$^{21}$ciau$^{35}_{44}$tʰau$^{53}$,xei$^{53}_{44}$me$^{53}_{44}$?ci$^{13}$mau$^{13}_{44}$tek$^{3}$ŋai$^{13}$kai$^{53}$tʂak$^{3}$cin$^{35}_{44}$liet$^{5}$.tso$^{53}$kəŋ$^{35}$fu$^{35}$ke$^{0}$cin$^{35}_{44}$liet$^{5}$tsiəu$^{53}_{21}$mau$^{13}$tek$^{3}$kai$^{53}$kai$^{53}$tʂak$^{3}$,ci$^{13}$ia$^{35}_{44}$xei$^{53}$ʂət$^{5}$ci$^{21}$sɔi$^{53}$tsɿ$^{0}$,xei$^{53}$me$^{53}_{44}$?xai$^{13}_{21}$iəu$^{35}_{53}$tʂak$^{3}$tso$^{53}$kəŋ$^{35}_{44}$fu$^{35}_{53}$,ci$^{13}$tsʰiəu$^{53}$maŋ$^{13}$tso$^{53}$ŋai$^{13}_{21}$kan$^{21}$to$^{35}_{44}$,kʰai$^{35}$tan$^{35}$tsɿ$^{0}$kai$^{53}_{44}$tei$^{35}_{44}$,ci$^{13}$ke$^{53}$ʂən$^{35}$tʰi$^{21}$mau$^{13}_{21}$tek$^{3}$ŋai$^{13}$(k)e$^{53}_{44}$iɔŋ$^{53}$.ŋai$^{13}$kai$^{53}$tʂak$^{3}$kai$^{35}_{44}$tɔn$^{53}$tsʰiəu$^{53}_{21}$ʂʅ$^{53}_{21}$tsʰin$^{53}$tso$^{53}$kəŋ$^{35}_{44}$fu$^{35}_{44}$a$^{0}$.ŋo$^{53}$təu$^{21}$tsɿ$^{0}$,tso$^{53}$kəŋ$^{35}_{44}$fu$^{35}_{44}$ua$^{0}$,ei$_{21}$,pi$^{53}$tʂəuk$^{3}$pi$^{53}$ʂəu$^{53}$ua$^{0}$,tso$^{53}$lai$^{13}$pʰa$^{13}_{44}$,e$_{21}$,mak$^{3}$ke$^{53}$təu$^{35}_{53}$kau$^{21}$xa$^{53}$tʂuɔn$^{21}$nɔi$^{13}_{21}$.ci$^{13}$tsʰiəu$^{53}$kɔŋ$^{21}_{44}$n̩$^{13}_{44}$tʂʰət$^{3}$li$^{0}$,kai$^{53}$ci$^{13}_{21}$mau$^{13}$tek$^{3}$kai$^{53}$tʂak$^{3}$kai$^{35}_{44}$tɔn$^{53}$,ei$_{21}$,ci$^{13}_{21}$mau$^{13}$tek$^{3}$.｜做工个摎～个就唔同。～个嘞就做田里工夫个，做工个嘞就系工厂里做工个。tso$^{53}$kəŋ$^{35}$ke$^{53}$lau$^{35}$tso$^{53}$kəŋ$^{35}$fu$^{35}_{44}$ke$^{53}$tsʰiəu$^{53}$n̩$^{13}_{21}$tʰəŋ$^{13}_{21}$.tso$^{53}$kəŋ$^{35}$fu$^{35}_{44}$ke$^{53}$lei$^{0}$tsʰiəu$^{53}$tso$^{53}$tʰien$^{13}$ni$^{0}$kəŋ$^{35}_{44}$fu$^{35}_{53}$ke$^{0}$,tso$^{53}$kəŋ$^{35}$ke$^{53}$lei$^{0}$tsʰiəu$^{53}_{44}$xe$^{53}_{44}$kəŋ$^{35}$tʂʰɔŋ$^{21}$li$^{0}$tso$^{53}$kəŋ$^{35}$ke$^{53}$.

【做好事】tso$^{53}$xau$^{21}$sɿ$^{53}$ ①料理红白大事：～啊，一下就剐一只猪哇。tso$^{53}$xau$^{21}$sɿ$^{53}$a$^{0}$,iet$^{3}$xa$^{53}_{44}$tsʰiəu$^{53}_{44}$tʂʰʅ$^{13}$iet$^{3}$tʂak$^{3}$tʂəu$^{35}$ua$^{0}$. ②做善事，做有益于人的事：有滴人是像就我等咁大个人，年纪个人是渠就会做下子好事啊。iəu$^{35}$tet$^{5}$ɲin$^{13}_{21}$ʂʅ$^{53}_{44}$tsʰiɔŋ$^{53}$tsʰiəu$^{53}_{44}$ŋai$^{13}_{21}$tien$^{0}$kan$^{21}$tʰai$^{53}$ke$^{53}_{44}$ɲin$^{13}_{21}$, ɲien$^{13}_{21}$ci$^{21}$cie$^{53}$ɲin$^{13}_{21}$ʂʅ$^{0}$ci$^{13}_{21}$tsʰiəu$^{53}_{44}$uɔi$^{53}_{44}$tso$^{53}$a$^{0}$tsɿ$^{0}$xau$^{21}$sɿ$^{53}$a$^{0}$.

【做祸】tso$^{53}$fo$^{53}$/xo$^{53}$ 动①为害；带来祸患：橛倒哩蛇骨就会～。tsio$^{35}$tau$^{21}$li$^{0}$ʂa$^{13}$kuət$^{3}$tsʰiəu$^{53}_{44}$uɔi$^{53}_{44}$tso$^{53}$xo$^{53}$. ②伤情或病情恶化：做哩祸系么个意思啊？就恶化哩啊。就系病情恶化哩啊。本来是一块皮脱嘿哩是你只爱放兜子药子就好哩啊，系唔系啊？最后渠以映子狃脓，箇就安做做哩祸。tso$^{53}_{21}$li$^{0}$fo$^{53}$xei$^{53}_{44}$mak$^{3}$e$^{0}$i$^{53}_{44}$sɿ$^{35}_{44}$a$^{0}$?tsʰiəu$^{53}$ɔk$^{3}$fa$^{53}$li$^{0}$a$^{0}$.tsʰiəu$^{53}$xei$^{53}_{44}$pʰin$^{53}$tsʰin$^{13}$ɔk$^{3}$fa$^{53}$li$^{0}$a$^{0}$.pən$^{21}$nɔi$^{13}$ʂʅ$^{53}$iet$^{3}$kʰuai$^{53}$pʰi$^{13}$tʰɔit$^{3}$xek$^{3}$li$^{0}$ʂʅ$^{53}_{44}$ɲi$^{13}_{44}$tʂʅ$^{21}$ɔi$^{53}$fɔŋ$^{53}_{44}$tei$^{35}_{53}$tsɿ$^{0}$iɔk$^{5}$tsɿ$^{0}$tsʰiəu$^{53}_{44}$xau$^{21}$li$^{0}$a$^{0}$,xei$^{53}$me$^{53}$a$^{0}$?tsei$^{53}$xei$^{53}$ci$^{13}_{21}$i$^{21}$iaŋ$^{53}$tsɿ$^{0}$kəŋ$^{53}$ləŋ$^{13}$,kai$^{53}_{44}$tsʰiəu$^{53}$ɔn$^{35}_{44}$tso$^{53}_{44}$tso$^{53}_{21}$li$^{0}$fo$^{53}$.

【做娇】tso$^{53}$ciau$^{35}$ 动撒娇：细人子跍倒大人面前～，嗯，跍倒爷娭面前～。sei$^{53}$ɲin$^{13}_{21}$tsɿ$^{0}$ku$^{35}_{44}$tau$^{21}$tʰai$^{53}$ɲin$^{13}_{21}$mien$^{53}$tsʰien$^{13}_{21}$tso$^{53}$ciau$^{35}$,n̩$_{21}$,ku$^{35}$tau$^{21}$ia$^{13}$ɔi$^{35}_{44}$mien$^{53}$tsʰien$^{13}_{21}$tso$^{53}$ciau$^{35}$.

【做醮】tso$^{53}$tsiau$^{53}$ 动僧道设坛诵经，超度鬼魂：请几多个人～哇？tsʰiaŋ$^{21}$ci$^{21}$to$^{35}_{44}$ke$^{53}$ɲin$^{13}_{21}$tso$^{53}$tsiau$^{53}$ua$^{0}$?｜还请道士啊，～噢。xai$^{13}$tsʰiaŋ$^{21}$tʰau$^{53}$sɿ$^{53}_{44}$a$^{0}$,tso$^{53}_{44}$tsiau$^{53}$uau$^{0}$.

【做介绍】tso$^{53}$kai$^{53}$ʂau$^{53}$ 做媒：我就做过介绍啊旧年冬下。ŋai$^{13}$tsʰiəu$^{53}_{44}$tso$^{53}$ko$^{53}_{44}$kai$^{53}$ʂau$^{53}$a$^{0}$cʰiəu$^{53}$ɲien$^{13}_{44}$təŋ$^{35}$ŋa$^{0}$(←xa$^{53}$).

【做酒】tso$^{53}$tsiəu$^{21}$ 动①酿酒：一般是～个人，专门～卖个人（用酒瓮）。iet$^{3}$pan$^{35}_{44}$ʂʅ$^{53}_{44}$tso$^{53}$tsiəu$^{21}$ke$^{53}$ɲin$^{13}_{21}$,tʂen$^{35}$mən$^{13}_{44}$tso$^{53}$tsiəu$^{21}$mai$^{53}$ke$^{53}_{21}$ɲin$^{13}_{21}$. ②摆宴席：箇是整酒个时候子都用噢，欸，～个时候都用噢。kai$^{53}$ʂʅ$^{53}_{44}$tʂaŋ$^{21}$tsiəu$^{21}$ke$^{53}$ʂʅ$^{13}$xei$^{53}$tsɿ$^{0}$təu$^{35}_{44}$iəŋ$^{53}$ŋau$^{0}$,e$_{21}$,tso$^{53}$tsiəu$^{21}$ke$^{53}$ʂʅ$^{13}$xei$^{53}$tsɿ$^{0}$təu$^{35}_{44}$iəŋ$^{53}$ŋau$^{0}$.

Z

【做客】tso$^{53}$kʰak$^{3}$ 动走亲访友：比方去～唠。箇映就一只老人家来接待我唠。pi$^{21}$fɔŋ$^{35}_{44}$ɕi$^{53}_{44}$tso$^{53}$ kʰak$^{3}$lau$^{0}$.kai$^{53}_{44}$iaŋ$^{53}_{44}$tsʰiəu$^{53}_{44}$iet$^{3}_{5}$tʂak$^{3}$lau$^{21}$ɲin$^{13}$ka$^{35}_{44}$lɔi$^{13}_{21}$tsiet$^{3}$tʰɔi$^{53}$ŋai$^{13}_{21}$lau$^{0}$.

【做犁耙】tso$^{53}$lai$^{13}$pʰa$^{13}$ 动插田之前犁田、耙田等备耕活动的总称：如今是一般呢就系整田个时候子～个时候子先打一到欸氮磷肥，氮磷深施安做。然后就……爱管好水凑啦！然后就～。做嘿犁耙嘞就栽禾，爱过一夜子来栽禾呢。i$^{13}_{21}$cin$^{35}_{44}$ʂʅ$^{53}_{44}$iet$^{3}$pɔn$^{35}$ne$^{0}$tsʰiəu$^{53}$xei$^{53}$tʂaŋ$^{21}$tʰien$^{13}$ke$^{53}$ʂʅ$^{13}_{44}$ xei$^{53}_{44}$tsʅ$^{0}$tso$^{53}_{21}$lai$^{13}$pʰa$^{13}$ke$^{53}$ʂʅ$^{13}_{21}$xei$^{53}_{44}$tsʅ$^{0}$sen$^{35}$ta$^{21}$iet$^{3}$tau$^{53}$e$_{21}$tʰan$^{53}$lin$^{13}_{21}$fei$^{13}$,tʰan$^{53}$lin$^{13}_{21}$ʂən$^{35}_{44}$ʂʅ$^{35}$ɔn$^{35}_{44}$tso$^{53}$.vien$^{13}$xei$^{53}_{44}$ tsʰiəu$^{53}_{44}$…ɔi$^{53}$kɔn$^{21}$xau$^{21}$ʂei$^{21}$tsʰei$^{53}$la$^{0}$!vien$^{13}$xei$^{53}_{44}$tsʰiəu$^{53}_{44}$tso$^{53}$lai$^{13}_{21}$pʰa$^{13}_{44}$.tso$^{53}$(x)ek$^{3}$lai$^{13}_{21}$pʰa$^{13}_{21}$lei$^{0}$tsʰiəu$^{53}_{44}$tsɔi$^{35}$uo$^{13}$, ɔi$^{53}_{44}$ko$^{53}$(i)et$^{3}$ia$^{53}$tsʅ$^{0}$lɔi$^{13}_{21}$tsɔi$^{35}_{44}$uo$^{13}_{21}$nei$^{0}$.

【做零工】tso$^{53}$laŋ$^{13}$kəŋ$^{35}$ 打零工：～嘞就系一次做倒箇天把两天子个，欸，渠就安做～。欸，寻兜子钱用下子，～。唔系做短工，系～。tso$^{53}$laŋ$^{13}$kəŋ$^{35}_{44}$le$^{0}$tsiəu$^{53}$xe$^{53}_{44}$iet$^{3}$tsʰʅ$^{53}$tso$^{53}$tau$^{21}$kai$^{53}$tʰien$^{35}$ pa$^{21}$iɔŋ$^{21}$tʰien$^{35}_{44}$tsʅ$^{0}$ke$^{0}$,e$^{0}$ci$^{13}_{21}$tsiəu$^{53}_{44}$ɔn$^{35}_{44}$tso$^{53}_{44}$tso$^{53}$laŋ$^{13}$kəŋ$^{35}_{44}$.e$_{21}$,tsʰin$^{13}$te$^{35}_{53}$tsʅ$^{0}$tsʰien$^{13}$iəŋ$^{53}$ŋa$^{53}_{21}$tsʅ$^{0}$,tso$^{53}$laŋ$^{13}$kəŋ$^{35}$. m̩$^{13}$pʰe$^{53}$tso$^{53}$tɔn$^{21}$kəŋ$^{35}_{44}$,xe$^{53}$tso$^{53}$laŋ$^{13}$kəŋ$^{35}_{44}$.

【做满月】tso$^{53}$man$^{35}$ɲiet$^{5}$ 妇女出嫁满月时举行的纪念活动：有滴是嫁倒去第一个月吵，还会～呢有滴呢。嫁出去也有滴有滴有滴喜欢搞滴咁个个人呐。也唔系么啊做满月酒，就系一个月了，或者就唔知还系嘞做爷娭个去看妹子啊还系妹子归娘家，归去，我唔记得哩。一个月满月，～。就纪念下子咯。iəu$^{35}$tet$^{5}$ʂʅ$^{53}_{44}$ka$^{53}$tau$^{21}$ɕi$^{53}_{44}$tʰi$^{53}$iet$^{3}$cie$^{53}_{44}$ɲiet$^{5}$ʂa$^{0}$,xa$^{13}_{21}$uɔi$^{53}_{44}$tso$^{53}$man$^{35}$ɲiet$^{5}$nei$^{0}$ iəu$^{35}$tet$^{5}$nei$^{0}$.ka$^{53}$tʂʰət$^{3}$ɕi$^{53}$ia$^{35}$iəu$^{35}$tet$^{5}$iəu$^{35}$tet$^{5}$iəu$^{35}$tet$^{5}$ɕi$^{21}$fɔn$^{35}_{44}$kau$^{21}$tet$^{5}$kan$^{21}$cie$^{53}$cie$^{53}_{44}$ɲin$^{13}_{21}$na$^{0}$.ia$^{35}$m̩$^{13}_{21}$pʰe$^{53}_{44}$ mak$^{3}$a$^{0}$tso$^{53}$man$^{35}$ɲiet$^{5}_{3}$tsiəu$^{21}$,tsiəu$^{53}_{44}$xei$^{53}_{44}$iet$^{3}$ke$^{53}$ɲiet$^{5}$liau$^{0}$,xɔit$^{5}$tʂa$^{21}$tsʰiəu$^{53}_{44}$n̩$^{13}_{21}$ti$^{35}_{44}$xai$^{13}_{21}$xei$^{53}$le$^{0}$tso$^{53}$ia$^{13}$ɔi$^{35}$ke$^{53}_{44}$ ɕi$^{53}_{44}$kʰɔn$^{53}$mɔi$^{53}$tsa$^{0}$xa$^{13}_{21}$xe$^{53}_{44}$mɔi$^{53}$tsʅ$^{0}$kuei$^{35}$ɲiɔŋ$^{13}$cia$^{35}_{44}$,kuei$^{35}$ɕi$^{53}$,ŋai$^{13}_{21}$n̩$^{13}_{44}$ci$^{53}$tek$^{3}$li$^{0}$.iet$^{3}$cie$^{53}$ɲiet$^{5}_{3}$man$^{35}$ ɲiet$^{5}$,tso$^{53}$man$^{35}$ɲiet$^{5}$.tsʰiəu$^{53}_{44}$ci$^{53}$ɲien$^{53}_{44}$xa$^{53}_{44}$tsʅ$^{0}$ko$^{0}$.

【做媒】tso$^{53}$mɔi$^{13}$ 动介绍男女双方使其成婚：如果媒人去箇就系～。vy$^{13}$ko$^{21}$mɔi$^{13}$ɲin$^{13}$ɕi$^{53}$kai$^{53}_{44}$ tsʰiəu$^{53}_{44}$xei$^{53}_{44}$tso$^{53}$mɔi$^{13}$.

【做泥】tso$^{53}$lai$^{13}$ 动用泥制作巢穴或器物：（土蜂子）会～个噢。uɔi$^{53}$tso$^{53}$lai$^{13}$ke$^{53}_{44}$au$^{0}$.

【做盘子】tso$^{53}$pʰan$^{13}$tsʅ$^{0}$ 全身按摩：我等箇到箇只人话同我按摩，我怕渠到处乱捻我，唔想渠按摩，我唔想做箇只盘子。ŋai$^{13}$tien$^{0}$kai$^{53}$tau$^{53}_{44}$kai$^{53}$tʂak$^{3}$ɲin$^{13}_{21}$ua$^{53}$tʰəŋ$^{13}_{21}$ŋai$^{13}_{21}$ŋan$^{53}$mo$^{13}_{44}$,ŋai$^{13}$pʰa$^{53}$ci$^{13}_{21}$tau$^{53}$ tʂʰəu$^{53}_{44}$lɔn$^{53}$ɲien$^{21}$ŋai$^{13}$,n̩$^{13}$siɔŋ$^{21}$ci$^{13}_{21}$ŋan$^{53}$mo$^{13}_{44}$,ŋai$^{13}_{21}$n̩$^{13}$siɔŋ$^{21}$tso$^{53}$kai$^{53}$tʂak$^{3}$pʰan$^{13}$tsʅ$^{0}$.

【做陪】tso$^{53}$pʰi$^{13}$ 动当陪客，陪客人：侧边就～个。tsek$^{3}$pien$^{35}_{44}$tsʰiəu$^{53}_{44}$tso$^{53}$pʰi$^{13}$ke$^{53}$.

【做衫】tso$^{53}$san$^{35}$ 动缝制衣服：男子人多，最先个男子人多。我等有只欸万唔系话有只喊姓高个喊唐吾姑丈，安做高唐吾。渠个老婆我喊姑婆。就系唐吾姑丈，我等喊渠唐吾姑丈，渠就出哩名个～个。还有只丁发表叔，也系男子人。渠个娭子姓万，我等喊渠表叔，表叔公了。也系～。以前～个人蛮出名呢，蛮赚钱呢。夫娘子～个就箇就系后背正有呢。箇是七十年代八十年代。五十年代六十年代是我等箇阵细细点伢大子个时候子是箇尽系男子人～呶。lan$^{13}$ tsʅ$^{0}$ɲin$^{13}_{44}$to$^{35}_{44}$,tsei$^{53}$sien$^{35}_{44}$ke$^{0}$lan$^{13}$tsʅ$^{0}$ɲin$^{13}_{44}$to$^{35}_{44}$.ŋai$^{13}$tien$^{0}$iəu$^{35}$tʂak$^{3}$ei$_{44}$uan$^{53}$m̩$^{13}$pʰe$^{53}$ua$^{53}_{44}$iəu$^{35}$tʂak$^{3}$xan$^{53}$siaŋ$^{53}$ kau$^{35}$ke$^{0}$xan$^{53}$tʰəŋ$^{13}$ŋu$^{13}_{21}$ku$^{35}_{44}$tʂʰəŋ$^{53}$,ɔn$^{35}$tso$^{53}$kau$^{35}$tʰəŋ$^{13}$ŋu$^{13}$.ci$^{13}$ke$^{53}$lau$^{21}$pʰo$^{13}$ŋai$^{13}$xan$^{53}$ku$^{35}$pʰo$^{13}_{21}$.tsʰiəu$^{53}$xei$^{53}$ tʰəŋ$^{13}$ŋu$^{13}_{44}$ku$^{35}$tʂʰəŋ$^{53}_{35}$,ŋai$^{13}$tien$^{0}$xan$^{53}$ci$^{13}_{44}$tʰəŋ$^{13}$ŋu$^{13}_{44}$ku$^{35}_{44}$tʂʰəŋ$^{53}$,ci$^{13}$tsʰiəu$^{53}$tʂʰət$^{3}$li$^{0}$miaŋ$^{13}$ke$^{0}$tso$^{53}$san$^{35}_{44}$cie$^{53}$.xai$^{13}$ iəu$^{35}_{53}$tʂak$^{3}$tin$^{35}$fait$^{3}$piau$^{21}$ʂəuk$^{3}$,ia$^{35}$xei$^{53}$lan$^{13}$tsʅ$^{21}$ɲin$^{13}$.ci$^{13}$ke$^{0}$ɔi$^{35}$tsʅ$^{0}$siaŋ$^{53}$uan$^{53}$,ŋai$^{13}$tien$^{0}$xan$^{53}$ci$^{13}_{44}$piau$^{21}$ʂəuk$^{3}$, piau$^{21}$ʂəuk$^{3}$kəŋ$^{35}$liau$^{0}$.ia$^{35}$xe$^{53}$tso$^{53}$san$^{35}_{44}$.i$^{35}_{44}$tsʰien$^{13}_{21}$tso$^{53}$san$^{35}_{44}$ke$^{0}$ɲin$^{13}_{21}$man$^{13}$tʂʰət$^{3}$miaŋ$^{13}$ne$^{0}$,man$^{13}$tsʰan$^{53}$tsʰien$^{13}$ ne$^{0}$.pu$^{35}$ɲiɔŋ$^{13}_{21}$tsʅ$^{0}$tso$^{53}$san$^{35}_{44}$ke$^{53}_{44}$tsʰiəu$^{53}_{44}$kai$^{53}_{44}$tsʰiəu$^{53}_{44}$xei$^{53}$pɔi$^{53}_{44}$tʂaŋ$^{53}_{44}$iəu$^{35}_{44}$nei$^{0}$.kai$^{53}_{44}$ʂʅ$^{53}_{44}$tsʰiet$^{3}$ʂət$^{5}$ɲien$^{13}_{21}$tʰɔi$^{53}$pait$^{3}$ ʂət$^{5}$ɲien$^{13}_{21}$tʰɔi$^{53}$.ŋ̍$^{21}$ʂət$^{5}$ɲien$^{13}_{21}$tʰɔi$^{53}$liəuk$^{3}$ʂət$^{5}$ɲien$^{13}_{21}$tʰɔi$^{53}$ʂʅ$^{53}_{44}$ŋai$^{13}$tien$^{0}$kai$^{53}_{44}$tʂʰən$^{53}_{44}$se$^{53}$se$^{53}$tian$^{53}$ŋa$^{53}_{44}$tʰai$^{53}$tsʅ$^{0}$ke$^{53}_{44}$ ʂʅ$^{13}$xəu$^{53}_{44}$tsʅ$^{0}$ʂʅ$^{53}_{44}$kai$^{53}_{44}$tsʰin$^{53}$xe$^{53}_{44}$lan$^{13}$tsʅ$^{0}$in$^{13}_{44}$tso$^{53}$san$^{35}_{44}$nau$^{0}$.

【做生意】tso$^{53}$sien$^{35}$i$^{53}_{44}$ 经商，做买卖：开店子个人，包括开辆车到处跑个，箇个都喊～个。kʰɔi$^{35}$tian$^{53}$tsʅ$^{0}$ke$^{53}$ɲin$^{13}_{44}$,pau$^{35}$kuait$^{3}$kʰɔi$^{35}$liɔŋ$^{21}$tʂʰa$^{35}$tau$^{53}$tʂʰəu$^{53}_{44}$pʰau$^{21}$ke$^{53}$,kai$^{53}_{21}$ke$^{53}_{21}$təu$^{35}$xan$^{53}$tso$^{53}$sen$^{35}$i$^{53}_{44}$ke$^{0}$. ｜～个人嘞蛮辛苦，愁买愁卖。tso$^{53}$sen$^{35}$i$^{53}_{44}$ke$^{53}_{44}$ɲin$^{13}_{21}$le$^{0}$man$^{13}_{21}$sin$^{35}$kʰu$^{21}$,tsʰei$^{13}$mai$^{35}$tsʰei$^{13}$mai$^{53}$.

【做声】tso$^{53}$ʂan$^{35}$ 动开口发言：唔～ ŋ̍$^{13}$tso$^{53}$ʂaŋ$^{35}$

【做圣】tso$^{53}$ʂaŋ$^{53}$ 动（巫医）施法术：做法事啊？如果系整病个嘞就安做～。tso$^{53}_{44}$fait$^{3}$sʅ$^{53}$a$^{0}$?y$^{13}$ ko$^{21}$xei$^{53}$tʂaŋ$^{21}$pʰiaŋ$^{53}$ke$^{53}_{44}$lei$^{0}$tsʰiəu$^{53}_{44}$ɔn$^{35}_{44}$tso$^{53}_{44}$tso$^{53}$ʂaŋ$^{53}$.｜就请倒箇～个人就安做捉鬼哟。tsʰiəu$^{53}_{44}$ tsʰiaŋ$^{21}$tau$^{21}$kai$^{53}_{44}$tso$^{53}_{44}$ʂaŋ$^{53}$ke$^{53}_{44}$ɲin$^{13}_{21}$tsʰiəu$^{53}_{44}$ɔn$^{35}_{44}$tso$^{53}_{44}$tsɔk$^{3}$kuei$^{21}$iau$^{0}$.｜去学下子？你也去学下子？一夜晡搞得千数千块钱呢。箇个你够学哩啊。箇个路子你够学哟。你只有去学～箇有味道哇。ɕi$^{53}_{44}$

xɔk$^{5}$(x)a$^{53}_{44}$tsɿ$^{0}$?ɲi$^{13}$ia$^{35}_{44}$çi$^{53}$xɔk$^{5}$(x)a$^{53}_{44}$tsɿ$^{0}$?iet$^{3}$ia$^{53}$pu$^{35}$kau$^{21}$tek$^{3}$ts$^{h}$ien$^{35}$sɿ$^{53}_{44}$ts$^{h}$ien$^{35}$k$^{h}$uai$^{53}$ts$^{h}$ien$^{13}_{21}$nei$^{0}$.kai$^{53}$ke$^{53}_{21}$ɲi$^{13}_{21}$kei$^{53}$xɔk$^{5}$lia$^{0}$.kai$^{53}$ke$^{53}_{44}$ləu$^{53}$tsɿ$^{0}$ɲi$^{13}$kei$^{53}$xɔk$^{5}$iau$^{0}$.ɲi$^{13}$tʂe$^{21}$iəu$^{35}_{53}$çi$^{53}_{44}$xɔk$^{5}_{3}$tso$^{53}_{44}$ʂaŋ$^{53}$kai$^{53}_{44}$iəu$^{35}_{44}$uei$^{53}$t$^{h}$au$^{53}$ua$^{0}$.

【做事】tso$^{53}$sɿ$^{53}$ 动从事某种工作或处理某项事情：你等根据渠喊个来～啊。ɲi$^{13}$tien$^{0}$cien$^{35}$tʂʮ$^{53}_{44}$ci$^{13}_{21}$xan$^{53}$cie$^{53}_{44}$lɔi$^{13}_{21}$tso$^{53}$sɿ$^{53}$a$^{0}$.｜欸，以到请倒几个～个今晡去屋下去我等食夜饭。ei$_{44}$,i$^{21}$tau$^{53}$ts$^{h}$iaŋ$^{21}$tau$^{21}$ci$^{21}$cie$^{53}$tso$^{53}$sɿ$^{53}$kei$^{53}_{44}$cin$^{35}$pu$^{35}_{44}$çi$^{53}$uk$^{3}$xa$^{53}_{44}$çi$^{53}_{44}$ŋai$^{13}_{21}$tien$^{0}$ʂət$^{5}$ia$^{53}$fa$^{53}_{44}$.｜打比上昼做四点钟事样，做两点钟，打下点。ta$^{21}$pi$^{21}$ʂɔŋ$^{53}$tʂəu$^{53}_{44}$tso$^{53}_{44}$si$^{53}$tian$^{21}$tʂəŋ$^{35}_{44}$sɿ$^{53}$iɔŋ$^{53}_{44}$,tso$^{53}$iɔŋ$^{21}$tian$^{21}$tʂəŋ$^{35}$,ta$^{21}$xa$^{53}_{44}$tian$^{21}$.

【做手艺】tso$^{53}$ʂəu$^{21}$ɲi$^{53}$ 动匠人做工：～个人不容易，系唔系？就怕做倒唔好，东家唔满意。tso$^{53}$ʂəu$^{21}$ɲi$^{53}$ke$^{53}$ɲin$^{13}_{44}$pət$^{3}$iəŋ$^{13}$i$^{53}$,xei$^{53}_{44}$ma$^{0}$?ts$^{h}$iəu$^{53}$p$^{h}$a$^{53}_{44}$tso$^{53}$tau$^{21}$ṇ$^{13}$xau$^{21}$,təŋ$^{35}$ka$^{35}_{44}$ṃ$^{13}_{21}$mɔn$^{35}$i$^{53}$.

【做寿】tso$^{53}$ʂəu$^{53}$ 动设宴为年纪较大的人庆祝生日：应该来讲～就要做大生日。年纪比较大个人，做只六十七十箇就安做～。你话呃几岁子成十岁子两三十岁，箇个就你话～就唔多好听欸，就做生日。in$^{35}_{44}$kɔi$^{35}$lɔi$^{13}_{21}$kɔŋ$^{21}$tso$^{53}$ʂəu$^{53}$ts$^{h}$iəu$^{53}_{44}$iau$^{53}_{44}$tso$^{53}_{44}$t$^{h}$ai$^{53}$saŋ$^{35}$ɲiet$^{3}$.ɲien$^{13}$ci$^{21}$pi$^{21}$ciau$^{53}_{44}$t$^{h}$ai$^{53}$ke$^{53}$ɲin$^{13}_{21}$,tso$^{53}_{44}$tʂak$^{3}$liəuk$^{3}$ʂət$^{5}$ts$^{h}$iet$^{3}$ʂət$^{5}$kai$^{53}_{44}$ts$^{h}$iəu$^{53}_{44}$ɔn$^{35}_{44}$tso$^{53}_{44}$tso$^{53}_{44}$ʂəu$^{53}$.ɲi$^{13}$ua$^{53}$ə$_{21}$ci$^{21}$sɔi$^{53}$tsɿ$^{0}$ʂaŋ$^{13}$ʂət$^{5}$sɔi$^{53}$tsɿ$^{0}$iɔŋ$^{21}$san$^{35}_{44}$ʂət$^{5}$sɔi$^{53}$,kai$^{53}_{44}$ke$^{53}_{44}$ts$^{h}$iəu$^{53}$ɲi$^{13}_{21}$ua$^{53}_{44}$tso$^{53}$ʂəu$^{53}$ts$^{h}$iəu$^{53}_{44}$ṇ$^{13}_{21}$to$^{35}_{44}$xau$^{21}$t$^{h}$aŋ$^{35}$ŋe$^{0}$,ts$^{h}$iəu$^{53}_{44}$tso$^{53}$saŋ$^{35}$ɲiet$^{3}$.

【做屋】tso$^{53}$uk$^{3}$ 建造房屋：以前是～就冇得钉子咯。i$^{35}$ts$^{h}$ien$^{13}$ʂɿ$^{53}_{44}$tso$^{53}$uk$^{3}$ts$^{h}$iəu$^{53}$mau$^{13}_{21}$tek$^{3}$taŋ$^{35}$tsɿ$^{0}$ko$^{0}$.

【做下】tso$^{53}$xa$^{53}$ 副一起。可能是"做一下"的简化：箇只安做欸擐我等蛮熟个嘞渠个七兄弟肚里最细个擐我～读过书。kai$^{53}$tʂak$^{3}$ɔn$^{35}$tso$^{53}_{44}$e$_{21}$lau$^{35}$ŋai$^{13}_{21}$tien$^{0}$man$^{13}$ʂəuk$^{5}$ke$^{53}_{44}$lei$^{0}$ci$^{13}$ke$^{53}$ts$^{h}$iet$^{3}$çiəŋ$^{35}$t$^{h}$i$^{53}$təu$^{21}$li$^{0}$tsei$^{53}$se$^{53}$ke$^{0}$lau$^{35}$ŋai$^{13}_{21}$tso$^{53}$xa$^{53}$t$^{h}$əuk$^{5}$ko$^{53}_{21}$ʂəu$^{35}$.

【做样子】tso$^{53}$iɔŋ$^{53}$tsɿ$^{0}$ ①只求形式，不要求实质：（寿鞋）一重子布个做只子样子个。iet$^{3}$tʂ$^{h}$əŋ$^{13}$tsɿ$^{0}$pu$^{53}$ke$^{53}_{44}$tso$^{53}$tʂak$^{3}$tsɿ$^{0}$iɔŋ$^{53}$tsɿ$^{0}$ke$^{53}_{21}$. ②作为摆设：聋子个耳朵，～个。ləŋ$^{35}$tsɿ$^{0}$ke$^{53}_{44}$ɲi$^{21}$to$^{21}$,tso$^{53}$iɔŋ$^{53}$tsɿ$^{0}$ke$^{53}$.

【做夜】tso$^{53}$ia$^{53}$ 做晚饭：砻谷□□拟声词，烧火～。ləŋ$^{13}$kuk$^{3}$ts$^{h}$i$^{53}$ts$^{h}$a$^{53}$,ʂau$^{35}$fo$^{21}$tso$^{53}$ia$^{53}$.

【做一下】tso$^{53}$iet$^{3}$xa$^{53}$ 副一起：以前我等人～教书个老师啊。i$^{35}_{53}$ts$^{h}$ien$^{13}_{21}$ŋai$^{13}_{21}$tien$^{0}$ɲin$^{13}_{21}$tso$^{53}$(i)et$^{3}$xa$^{53}$kau$^{35}$ʂəu$^{35}$ke$^{53}$lau$^{21}$sɿ$^{35}_{44}$a$^{0}$.

【做月】tso$^{53}$ɲiet$^{5}$ 动坐月子：供哩人个人呢就爱～，欸，～爱罄好来。ciəŋ$^{53}$li$^{0}$ɲin$^{13}$ke$^{53}$ɲin$^{13}_{44}$ne$^{0}$ts$^{h}$iəu$^{53}_{44}$ɔi$^{53}_{44}$tso$^{53}_{44}$ɲiet$^{5}$,e$_{21}$,tso$^{53}$ɲiet$^{5}$ɔi$^{53}_{44}$c$^{h}$iaŋ$^{53}$xau$^{21}$lɔi$^{13}_{44}$.

【做贼】tso$^{53}$tset$^{5}$ 动偷盗：钉砻难破篾，学～。～难挖额，学种菜。taŋ$^{35}$ləŋ$^{13}$lan$^{13}$p$^{h}$o$^{53}$miet$^{5}$,xɔk$^{5}$tso$^{53}$tset$^{5}$.tso$^{53}$tset$^{5}$lan$^{13}$ua$^{35}$lɔi$^{53}$,xɔk$^{5}$tʂəŋ$^{53}$ts$^{h}$ɔi$^{53}$.

【做作】tso$^{53}$tsɔk$^{3}$ 动成为，使成为：渠箇一蔸～两蔸啦，箇就安做分蔸啦。ci$^{13}$kai$^{53}$iet$^{3}$tei$^{35}$tso$^{53}_{44}$tsɔk$^{3}$iɔŋ$^{21}$tei$^{35}$la$^{0}$,kai$^{53}_{21}$ts$^{h}$iəu$^{53}_{21}$ɔn$^{35}_{44}$tso$^{53}_{44}$fən$^{35}_{44}$tei$^{35}_{44}$la$^{0}$.

# 附录 浏阳客家方言用字待考词目

p

【不□】pət$^{3}$ʂen$^{53}$ 形不少；多：年年政府爱划～个钱呐去搞哇。ɲien$^{13}$ɲien$^{13}_{44}$tʂən$^{53}$fu$^{21}$ɔi$^{53}$fa$^{13}$pət$^{3}$ʂen$^{53}$ke$^{53}_{44}$tsʰien$^{13}$na$^{0}$çi$^{53}$kau$^{21}$ua$^{0}$.

【□】pin$^{21}$ 动①挣扎：打比剐鸡剐猪样，系唔系？爱捉稳，莫分渠～。ta$^{21}$pi$^{21}$tʂʰʅ$^{13}_{21}$cie$^{35}$tʂʰʅ$^{13}_{21}$tʂəu$^{35}$iɔŋ$^{53}$,xei$^{53}_{44}$me$^{53}_{44}$?ɔi$^{53}$tsɔk$^{3}$uən$^{21}$,mɔk$^{5}$pən$^{35}_{44}$ci$^{13}_{44}$pin$^{21}$. ②摆动：蛇子去河里～呐。ʂa$^{13}$tsʅ$^{0}$çi$^{53}$xo$^{13}$li$^{0}$pin$^{21}$na$^{0}$.

【□】pu$^{53}$ 动①冒出（疙瘩）：～起来 pu$^{53}$çi$^{21}$lɔi$^{13}$。②膨大：渠还爱发酵，渠正会做起懑大一只子，～起懑大。ci$^{13}_{21}$xai$^{13}_{21}$ɔi$^{53}_{44}$fait$^{3}$çiau$^{53}$,ci$^{13}_{21}$tʂaŋ$^{53}$uɔi$^{53}$tso$^{53}$çi$^{21}$mən$^{13}$tʰai$^{53}$iet$^{3}$tʂak$^{3}$tsʅ$^{0}$,pu$^{53}$çi$^{21}$mən$^{35}$tʰai$^{53}$. ｜爱放箇个泡打粉样□呢，渠正会～哇，正肚里正会空啊。ɔi$^{53}$fɔŋ$^{53}$kai$^{53}$ke$^{53}$pʰau$^{53}$ta$^{21}$fən$^{21}$iɔŋ$^{53}$tʂʰən$^{53}$nei$^{0}$,ci$^{13}_{21}$tʂaŋ$^{53}_{44}$uɔi$^{53}_{44}$pu$^{53}$ua$^{0}$,tʂaŋ$^{53}_{44}$təu$^{21}$li$^{0}$tʂaŋ$^{53}$uɔi$^{53}$kʰəŋ$^{35}$ŋa$^{0}$.

【□煞】pu$^{53}$sait$^{3}$ 形状态词。密封很严：渠就舞倒舞倒就薄膜袋子封得～呀，薄膜袋子包倒，封得～呀。ci$^{13}_{21}$(tsʰ)iəu$^{53}_{44}$u$^{21}$tau$^{21}$u$^{21}$tau$^{21}$tsʰiəu$^{53}_{44}$pʰɔk$^{5}$mo$^{13}$tʰɔi$^{53}_{44}$tsʅ$^{0}$fəŋ$^{35}$tek$^{3}$pu$^{53}$sait$^{3}$ia$^{0}$,pʰɔk$^{5}$mo$^{13}$tʰɔi$^{53}$tsʅ$^{0}$pau$^{35}$tau$^{21}$,fəŋ$^{35}$tek$^{3}$pu$^{53}$sait$^{3}$ia$^{0}$.

pʰ

【□散】pʰa$^{35}$san$^{21}$ 形状态词。很散，不结块：（冷饭）用镬铲舞碎来，舞倒～。iəŋ$^{53}$uɔk$^{5}$tsʰan$^{21}$u$^{21}$si$^{53}$lɔi$^{13}_{21}$,u$^{21}$tau$^{21}$pʰa$^{35}$san$^{21}$.

【□】pʰai$^{35}$ 动削：～皮 pʰai$^{35}$pʰi$^{13}$

【□】pʰaŋ$^{13}$ 动拼放：框框面上嘞就～板子。kʰɔŋ$^{35}$kʰɔŋ$^{35}$mien$^{53}$xɔŋ$^{53}_{44}$lei$^{0}$tsʰiəu$^{53}_{44}$pʰaŋ$^{13}$pan$^{21}$tsʅ$^{0}$.

【□】pʰaŋ$^{53}$ 动将鞋面、鞋底缝合起来：～鞋底 pʰaŋ$^{53}$xai$^{13}$te$^{21}$

【□】pʰən$^{13}$ 动撮嘴吹气（持续时间较短）：～乌 pʰən$^{13}$u$^{35}$吹灭（灯）

【肥□□哩】pʰi$^{13}$tʂa$^{13}_{44}$tʂa$^{13}_{44}$li$^{0}$ 形很油腻的样子：食多哩油，～个东西，唔舒服唔好受。ʂət$^{5}$to$^{35}$li$^{0}$iəu$^{13}$,pʰi$^{13}$tʂa$^{13}_{44}$tʂa$^{13}_{44}$li$^{0}$ke$^{0}$təŋ$^{35}_{44}$si$^{0}$,n̩$^{13}_{21}$ʂʮ$^{35}_{44}$fuk$^{5}$n̩$^{13}_{21}$xau$^{21}$ʂəu$^{53}$.

【□】pʰiaŋ$^{21}$ 量用于摊开成片的东西：一～水 iet$^{3}$pʰiaŋ$^{21}$ʂei$^{21}$

【□子】pʰuk$^{5}$tsʅ$^{0}$ 名钉子头：（鞋钉子）箇只面上箇只～唔知几大，蛮大。kai$^{53}$tʂak$^{3}$mien$^{53}$xɔŋ$^{53}_{44}$kai$^{53}_{44}$tʂak$^{3}$pʰuk$^{5}$tsʅ$^{0}$n̩$^{13}$ti$^{35}_{53}$ci$^{21}$tʰai$^{53}$,man$^{13}$tʰai$^{53}$.

m

【马□㔉】ma$^{35}$kʰan$^{21}$let$^{3}$ 名一种带刺植物：～蔸呀可以用来蒸酒。ma$^{35}$kʰan$^{21}$let$^{3}$tei$^{35}_{44}$ia$^{0}$kʰo$^{21}$i$^{35}_{44}$iəŋ$^{53}$lɔi$^{13}_{21}$tʂən$^{35}$tsiəu$^{21}$.

【□】mən$^{21}$ 动腐烂：～嘿哩 mən$^{21}$xek$^{3}$li$^{0}$

【□光】mɔŋ$^{35}$kɔŋ$^{35}_{44}$ 形状态词。形容光很强烈：电光炮也有，欸，会着火个唠，系啊？～噢。tʰien$^{53}$kɔŋ$^{35}_{44}$pʰau$^{53}_{44}$a$^{35}_{44}$iəu$^{35}_{44}$,e$_{21}$,uɔi$^{53}$tʂʰɔk$^{5}$fo$^{21}$ke$^{53}_{44}$lau$^{0}$,xe$^{53}_{44}$a$^{0}$?mɔŋ$^{35}$kɔŋ$^{35}_{44}$ŋau$^{0}$.

【□】mak$^{3}$ 动双腿岔开：～开脚 mak$^{3}$kʰɔi$^{35}$ciɔk$^{3}$ ｜细人子个开裆裤就安做□屎裤。～开来呀，～开来，就是～开来就可以屙屎啊。□屎裤。如今人就安做开裆裤。sei$^{53}$ɲin$^{13}_{21}$tsʅ$^{0}$ke$^{53}$kʰɔi$^{35}$tɔŋ$^{35}_{44}$fu$^{53}$tsʰiəu$^{53}_{21}$ɔn$^{35}_{44}$tso$^{53}_{44}$mak$^{3}$ʂʅ$^{21}$fu$^{53}$.mak$^{3}$kʰɔi$^{35}_{44}$lɔi$^{13}_{21}$ia$^{0}$,mak$^{3}$kʰɔi$^{35}_{44}$lɔi$^{13}_{21}$,tsʰiəu$^{53}_{44}$ʂʅ$^{53}_{44}$mak$^{3}$kʰɔi$^{35}_{44}$lɔi$^{13}_{21}$tsʰiəu$^{53}$kʰo$^{21}$i$^{13}_{44}$o$^{35}_{44}$ʂʅ$^{21}$za$^{0}$.mak$^{3}$ʂʅ$^{21}$fu$^{53}$.i$^{13}_{21}$cin$^{35}_{44}$in$^{13}_{21}$tsiəu$^{53}_{44}$ɔn$^{35}_{44}$tso$^{53}_{44}$kʰɔi$^{35}$tɔŋ$^{35}_{44}$fu$^{53}$.

【□屎裤】mak$^{3}$ʂʅ$^{21}$fu$^{53}$ 名开裆裤：细人子着开裆裤。开裆裤细人子箇开裆裤嘞我等客姓人又

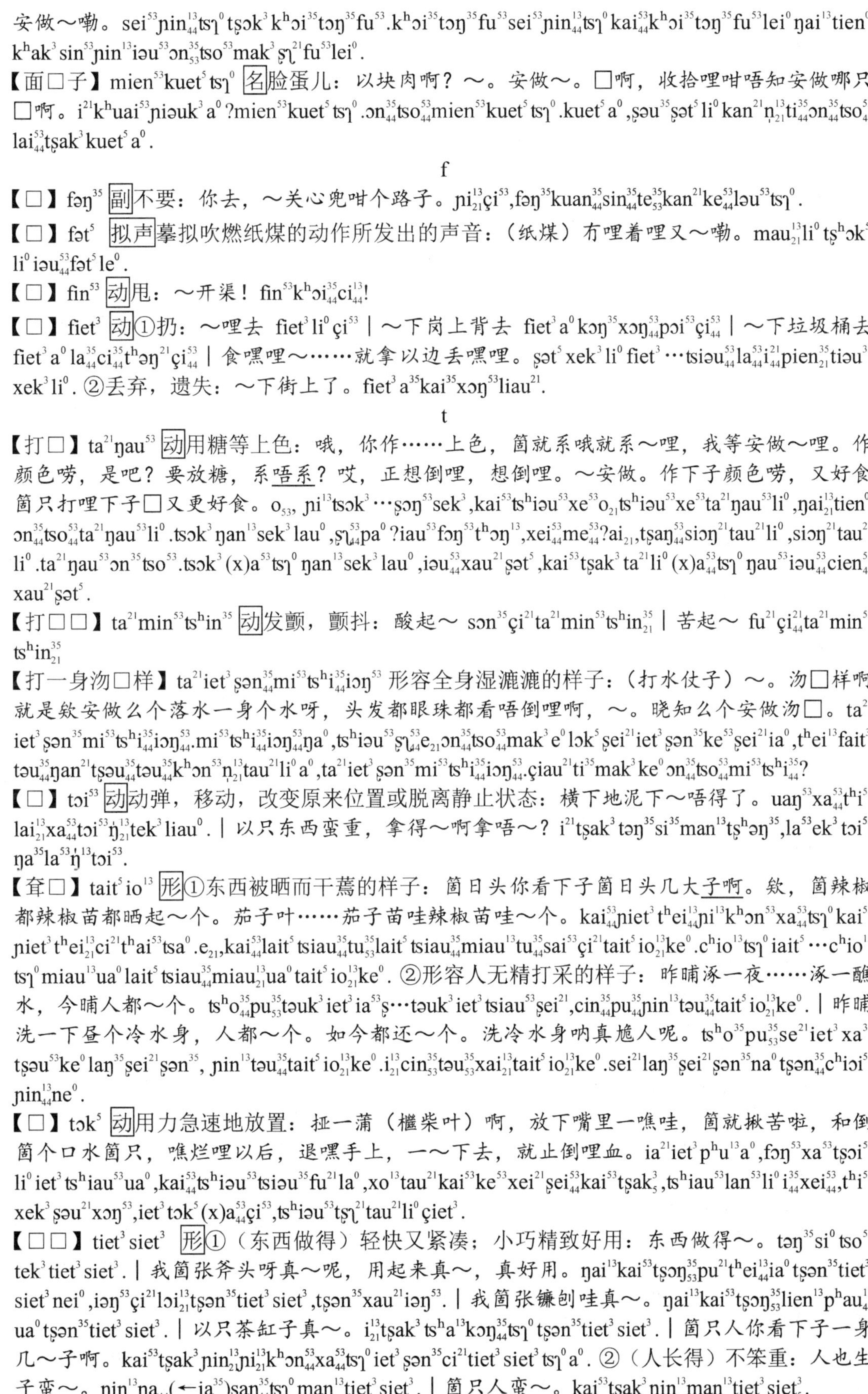

安做～嘞。sei$^{53}$ȵin$^{13}_{44}$tsɿ$^{0}$tʂɔk$^{3}$kʰɔi$^{35}$tɔŋ$^{35}$fu$^{53}$.kʰɔi$^{35}$tɔŋ$^{35}$fu$^{53}$sei$^{53}$ȵin$^{13}_{44}$tsɿ$^{0}$kai$^{53}_{44}$kʰɔi$^{35}$tɔŋ$^{35}$fu$^{53}$lei$^{0}$ŋai$^{13}$tien$^{0}$ kʰak$^{3}$sin$^{53}$ȵin$^{13}$iəu$^{53}$ɔn$^{35}_{53}$tso$^{53}$mak$^{3}$ʂɿ$^{21}$fu$^{53}$lei$^{0}$.

【面□子】mien$^{53}$kuet$^{5}$tsɿ$^{0}$ 名脸蛋儿：以块肉啊？～。安做～。□啊，收拾哩咁唔知安做哪只□啊。i$^{21}$kʰuai$^{53}$ȵiəuk$^{3}$a$^{0}$?mien$^{53}$kuet$^{5}$tsɿ$^{0}$.ɔn$^{35}_{44}$tso$^{53}_{44}$mien$^{53}$kuet$^{5}$tsɿ$^{0}$.kuet$^{5}$a$^{0}$,ʂəu$^{35}$ʂət$^{5}$li$^{0}$kan$^{21}$ŋ̍$^{13}_{21}$ti$^{35}_{44}$ɔn$^{35}_{44}$tso$^{53}_{44}$ lai$^{53}_{44}$tʂak$^{3}$kuet$^{5}$a$^{0}$.

f

【□】fɔŋ$^{35}$ 副不要：你去，～关心兜咁个路子。ȵi$^{13}_{21}$çi$^{53}$,fɔŋ$^{35}$kuan$^{35}_{44}$sin$^{35}_{44}$te$^{35}_{53}$kan$^{21}$ke$^{53}_{44}$ləu$^{53}$tsɿ$^{0}$.

【□】fɔt$^{5}$ 拟声摹拟吹燃纸煤的动作所发出的声音：（纸煤）有哩着哩又～嘞。mau$^{13}_{21}$li$^{0}$tʂʰɔk$^{5}$ li$^{0}$iəu$^{53}_{44}$fɔt$^{5}$le$^{0}$.

【□】fin$^{53}$ 动甩：～开渠！fin$^{53}$kʰɔi$^{35}_{44}$ci$^{13}_{44}$!

【□】fiet$^{3}$ 动①扔：～哩去 fiet$^{3}$li$^{0}$çi$^{53}$｜～下岗上背去 fiet$^{3}$a$^{0}$kɔŋ$^{35}$xɔŋ$^{53}_{44}$pɔi$^{53}$çi$^{53}_{44}$｜～下垃圾桶去 fiet$^{3}$a$^{0}$la$^{35}_{44}$ci$^{35}_{44}$tʰəŋ$^{21}$çi$^{53}_{44}$｜食嘿哩～……就拿以边丢嘿哩。ʂət$^{5}$xek$^{3}$li$^{0}$fiet$^{3}$…tsiəu$^{53}_{44}$la$^{53}_{44}$i$^{21}_{44}$pien$^{35}_{21}$tiəu$^{35}$ xek$^{3}$li$^{0}$. ②丢弃，遗失：～下街上了。fiet$^{3}$a$^{35}$kai$^{35}$xɔŋ$^{53}$liau$^{21}$.

t

【打□】ta$^{21}$ŋau$^{53}$ 动用糖等上色：哦，你作……上色，箇就系哦就系～哩，我等安做～哩。作颜色唠，是吧？要放糖，系唔系？哎，正想倒哩，想倒哩。～安做。作下子颜色唠，又好食，箇只打哩下子□又更好食。o$_{53}$, ȵi$^{13}$tsɔk$^{3}$…ʂɔŋ$^{53}$sek$^{3}$,kai$^{53}$tsʰiəu$^{53}$xe$^{53}$o$_{21}$tsʰiəu$^{53}$xe$^{53}$ta$^{21}$ŋau$^{53}$li$^{0}$,ŋai$^{13}_{21}$tien$^{0}$ ɔn$^{35}_{44}$tso$^{53}_{44}$ta$^{21}$ŋau$^{53}$li$^{0}$.tsɔk$^{3}$ŋan$^{13}$sek$^{3}$lau$^{0}$,ʂɿ$^{53}_{44}$pa$^{0}$?iau$^{53}$fɔŋ$^{53}$tʰɔŋ$^{13}$,xei$^{53}_{44}$me$^{53}_{44}$?ai$_{21}$,tʂaŋ$^{53}_{44}$siɔŋ$^{21}$tau$^{21}$li$^{0}$,siɔŋ$^{21}$tau$^{21}$ li$^{0}$.ta$^{21}$ŋau$^{53}$ɔn$^{35}$tso$^{53}$.tsɔk$^{3}$(x)a$^{53}$tsɿ$^{0}$ŋan$^{13}$sek$^{3}$lau$^{0}$,iəu$^{53}_{44}$xau$^{21}$ʂət$^{5}$,kai$^{53}$tʂak$^{3}$ta$^{21}$li$^{0}$(x)a$^{53}_{44}$tsɿ$^{0}$ŋau$^{53}$iəu$^{53}_{44}$cien$^{53}_{44}$ xau$^{21}$ʂət$^{5}$.

【打□□】ta$^{21}$min$^{53}$tsʰin$^{35}$ 动发颤，颤抖：酸起～ sɔn$^{35}$çi$^{21}$ta$^{21}$min$^{53}$tsʰin$^{35}_{21}$｜苦起～ fu$^{21}$çi$^{21}_{44}$ta$^{21}$min$^{53}$ tsʰin$^{35}_{21}$

【打一身沕□样】ta$^{21}$iet$^{3}$ʂən$^{35}_{44}$mi$^{53}$tsʰi$^{35}_{44}$iɔŋ$^{53}$ 形容全身湿漉漉的样子：（打水仗子）～。沕□样啊，就是欸安做么个落水一身个水呀，头发都眼珠都看唔倒哩啊，～。晓知么个安做沕□。ta$^{21}$ iet$^{3}$ʂən$^{35}$mi$^{53}$tsʰi$^{35}_{44}$iɔŋ$^{53}_{44}$.mi$^{53}$tsʰi$^{35}_{44}$iɔŋ$^{53}_{44}$ŋa$^{0}$,tsʰiəu$^{53}$ʂɿ$^{53}_{44}$e$_{21}$ɔn$^{35}_{44}$tso$^{53}_{44}$mak$^{3}$e$^{0}$lɔk$^{5}$ʂei$^{21}$iet$^{3}$ʂən$^{35}$ke$^{53}$ʂei$^{21}$ia$^{0}$,tʰei$^{13}$fait$^{3}$ təu$^{35}_{44}$ŋan$^{21}$tʂəu$^{35}_{44}$təu$^{35}_{44}$kʰɔn$^{53}$ŋ̍$^{13}_{21}$tau$^{21}$li$^{0}$a$^{0}$,ta$^{21}$iet$^{3}$ʂən$^{35}$mi$^{53}$tsʰi$^{35}_{44}$iɔŋ$^{53}_{44}$.çiau$^{21}$ti$^{35}$mak$^{3}$ke$^{0}$ɔn$^{35}_{44}$tso$^{53}_{44}$mi$^{53}$tsʰi$^{35}_{44}$?

【□】tɔi$^{53}$ 动动弹，移动，改变原来位置或脱离静止状态：横下地泥下～唔得了。uaŋ$^{53}$xa$^{53}_{44}$tʰi$^{53}$ lai$^{13}_{21}$xa$^{53}_{44}$tɔi$^{53}$ŋ̍$^{13}_{21}$tek$^{3}$liau$^{0}$.｜以只东西蛮重，拿得～啊拿唔～？i$^{21}$tʂak$^{3}$tɔŋ$^{35}$si$^{35}$man$^{13}$tʂʰəŋ$^{35}$,la$^{53}$ek$^{3}$tɔi$^{53}$ ŋa$^{35}$la$^{53}$ŋ̍$^{13}$tɔi$^{53}$.

【耷□】tait$^{5}$io$^{13}$ 形①东西被晒而干蔫的样子：箇日头你看下子箇日头几大子啊。欸，箇辣椒都辣椒苗都晒起～个。茄子叶……茄子苗哇辣椒苗哇～个。kai$^{53}_{44}$ȵiet$^{3}$tʰei$^{13}_{44}$ȵi$^{13}$kʰɔn$^{53}$xa$^{53}_{44}$tsɿ$^{0}$kai$^{53}$ ȵiet$^{3}$tʰei$^{13}_{21}$ci$^{21}$tʰai$^{53}$tsa$^{0}$.e$_{21}$,kai$^{53}_{44}$lait$^{5}$tsiau$^{35}_{44}$tu$^{35}_{53}$lait$^{5}$tsiau$^{35}_{44}$miau$^{13}$tu$^{35}_{44}$sai$^{53}$çi$^{21}$tait$^{5}$io$^{13}_{21}$ke$^{0}$.cʰio$^{13}$tsɿ$^{0}$iait$^{5}$…cʰio$^{13}$ tsɿ$^{0}$miau$^{13}$ua$^{0}$lait$^{5}$tsiau$^{35}_{44}$miau$^{13}_{21}$ua$^{0}$tait$^{5}$io$^{13}_{21}$ke$^{0}$. ②形容人无精打采的样子：昨晡涿一夜……涿一醮水，今晡人都～个。tsʰo$^{35}_{44}$pu$^{35}_{53}$təuk$^{3}$iet$^{3}$ia$^{53}$ʂ…təuk$^{3}$iet$^{3}$tsiau$^{53}$ʂei$^{21}$,cin$^{35}_{44}$pu$^{35}_{44}$ȵin$^{13}$təu$^{35}_{44}$tait$^{5}$io$^{13}_{21}$ke$^{0}$.｜昨晡洗一下昼个冷水身，人都～个。如今都还～个。洗冷水身呐真尬人呢。tsʰo$^{35}$pu$^{35}_{53}$se$^{21}$iet$^{3}$xa$^{35}$ tʂəu$^{53}$ke$^{0}$laŋ$^{35}$ʂei$^{21}$ʂən$^{35}$, ȵin$^{13}$təu$^{35}_{44}$tait$^{5}$io$^{13}_{21}$ke$^{0}$.i$^{13}_{21}$cin$^{35}_{53}$təu$^{35}_{53}$xai$^{13}_{21}$tait$^{5}$io$^{13}_{21}$ke$^{0}$.sei$^{21}$laŋ$^{35}$ʂei$^{21}$ʂən$^{35}$na$^{0}$tʂən$^{35}_{44}$cʰiɔi$^{53}$ ȵin$^{13}_{44}$ne$^{0}$.

【□】tɔk$^{5}$ 动用力急速地放置：揾一蒲（檵柴叶）啊，放下嘴里一嚼哇，箇就揪苦啦，和倒箇个口水箇只，嚼烂哩以后，退嘿手上，一～下去，就止倒哩血。ia$^{21}$iet$^{3}$pʰu$^{13}$a$^{0}$,fɔŋ$^{53}$xa$^{53}$tʂɔi$^{53}$ li$^{0}$iet$^{3}$tsʰiau$^{53}$ua$^{0}$,kai$^{53}_{44}$tsʰiəu$^{53}$tsiəu$^{53}$fu$^{21}$la$^{0}$,xo$^{13}$tau$^{21}$kai$^{53}$ke$^{53}$xei$^{21}$ʂei$^{53}_{44}$kai$^{53}$tʂak$^{3}_{5}$,tsʰiau$^{53}$lan$^{53}$li$^{0}$i$^{35}_{44}$xei$^{53}_{44}$,tʰi$^{53}$ xek$^{3}$ʂəu$^{21}$xɔŋ$^{53}$,iet$^{3}$tɔk$^{5}$(x)a$^{53}_{44}$çi$^{53}$,tsʰiəu$^{53}$tʂɿ$^{21}$tau$^{21}$li$^{0}$çiet$^{3}$.

【□□】tiet$^{3}$siet$^{3}$ 形①（东西做得）轻快又紧凑；小巧精致好用：东西做得～。tɔŋ$^{35}$si$^{0}$tso$^{53}$ tek$^{3}$tiet$^{3}$siet$^{3}$.｜我箇张斧头呀真～呢，用起来真～，真好用。ŋai$^{13}$kai$^{53}$tʂɔŋ$^{35}_{53}$pu$^{21}$tʰei$^{13}_{44}$ia$^{0}$tʂən$^{35}$tiet$^{3}$ siet$^{3}$nei$^{0}$,iəŋ$^{53}$çi$^{21}$lɔi$^{13}_{21}$tʂən$^{35}$tiet$^{3}$siet$^{3}$,tʂən$^{35}$xau$^{21}$iəŋ$^{53}$.｜我箇张镰刨哇真～。ŋai$^{13}$kai$^{53}$tʂɔŋ$^{35}_{53}$lien$^{13}$pʰau$^{13}_{44}$ ua$^{0}$tʂən$^{35}$tiet$^{3}$siet$^{3}$.｜以只茶缸子真～。i$^{13}_{21}$tʂak$^{3}$tsʰa$^{13}$kɔŋ$^{35}_{44}$tsɿ$^{0}$tʂən$^{35}$tiet$^{3}$siet$^{3}$.｜箇只人你看下子一身几～子啊。kai$^{53}$tʂak$^{3}$ȵin$^{13}_{21}$ȵi$^{13}_{21}$kʰɔn$^{53}_{44}$xa$^{53}_{44}$tsɿ$^{0}$iet$^{3}$ʂən$^{35}$ci$^{21}$tiet$^{3}$siet$^{3}$tsɿ$^{0}$a$^{0}$. ②（人长得）不笨重：人也生子蛮～。ȵin$^{13}$na$_{44}$(←ia$^{35}$)saŋ$^{35}_{44}$tsɿ$^{0}$man$^{13}$tiet$^{3}$siet$^{3}$.｜箇只人蛮～。kai$^{53}$tʂak$^{3}$ȵin$^{13}$man$^{13}$tiet$^{3}$siet$^{3}_{5}$.

tʰ

【头□】tʰei$^{13}$la$^{35}$ 名头。又称"脑壳"：～痛 tʰei$^{13}$la$^{35}_{44}$tʰəŋ$^{53}$｜以只～真痒人。i$^{21}$tʂak$^{3}$tʰei$^{13}_{21}$la$^{35}_{44}$tʂən$^{35}_{44}$iəŋ$^{35}$ɲin$^{13}_{21}$.｜以下唔多讲～了，讲脑壳个多唠。i$^{21}$xa$^{53}$n̩$^{13}_{21}$to$^{35}_{53}$kəŋ$^{21}$tʰei$^{13}$na$^{35}_{44}$liau$^{0}$,kəŋ$^{21}$lau$^{21}$kʰɔk$^{3}$ke$^{53}_{44}$to$^{35}_{44}$lau$^{0}$.

【□人】tʰət$^{5}$ɲin$^{13}_{21}$ 形让人感到肥腻，腻人：真～ tʂən$^{35}$tʰət$^{5}$ɲin$^{13}_{21}$

l

【□】lo$^{35}$ 动拖，捕捉：布狗～鸡。pu$^{53}$kei$^{21}$lo$^{35}$cie$^{35}$.

【□鸟子】lai$^{35}$tiau$^{35}$tsɿ$^{0}$ 名辣蓼草：就系一只咁个，热天絮鸡窦嘞，爱放～箇肚里，一种植物，安做辣蓼草。鲜红子个梗个。总箇有杀毒个作用。□鸟草晒燥来，去絮鸡窦。tsʰiəu$^{53}_{44}$xei$^{53}$iet$^{3}$tʂak$^{3}$kan$^{21}_{13}$cie$^{53}$,ɲiet$^{5}$tʰien$^{35}_{44}$si$^{53}$cie$^{35}$tei$^{53}$lei$^{0}$,ɔi$^{53}$fəŋ$^{35}$lai$^{35}$tiau$^{35}_{44}$tsɿ$^{0}$kai$^{53}$təu$^{21}$li$^{0}$,iet$^{3}$tʂəŋ$^{21}$tʂʰət$^{5}$uk$^{5}$,ɔn$^{35}$tso$^{53}_{44}$lait$^{5}$miau$^{53}$tsʰau$^{21}$.çien$^{35}$fəŋ$^{13}$tsɿ$^{0}$ke$^{53}$kuaŋ$^{21}$ke$^{53}$.tsəŋ$^{21}$kai$^{53}_{44}$iəu$^{35}$sait$^{3}$tʰəuk$^{5}$ke$^{53}$tsɔk$^{3}$iəŋ$^{53}_{44}$.lai$^{35}$tiau$^{35}_{44}$tsʰau$^{21}$sai$^{53}$tsau$^{35}_{44}$lɔi$^{13}$,çi$^{53}$si$^{53}$cie$^{35}$tei$^{53}$.

【□长】lai$^{35}$tʂʰɔŋ$^{13}$ 形状态词。很长：～个藤 lai$^{35}$tʂʰɔŋ$^{13}$ke$^{53}$tʰien$^{13}$｜～一条冲 lai$^{35}$tʂʰɔŋ$^{13}_{21}$iet$^{3}$tʰiau$^{13}_{21}$tʂʰəŋ$^{35}$｜松毛是～啊。tsʰəŋ$^{13}$mau$^{35}$ʂɿ$^{53}_{44}$lai$^{35}$tʂʰɔŋ$^{13}$ŋa$^{0}$.｜有条～个竹子。iəu$^{35}$tʰiau$^{13}_{21}$lai$^{35}$tʂʰɔŋ$^{13}_{21}$ke$^{53}_{44}$tʂəuk$^{3}$tsɿ$^{0}$.

【□阔】lai$^{35}$kʰɔit$^{3}$ 形状态词。很宽：渠指大硇叽个叶子箇个～个嘞，唔系舞滴针样嘞。ci$^{13}$ke$^{53}_{44}$iait$^{5}_{3}$tsɿ$^{0}$kai$^{53}_{44}$ke$^{53}_{44}$lai$^{35}$kʰɔit$^{3}$ke$^{53}_{44}$lei$^{0}$,m̩$^{13}_{21}$pʰe$_{44}$(←xe$^{53}$)u$^{21}$tiet$^{5}$tʂən$^{35}$iəŋ$^{53}_{44}$le$^{0}$.

【□】lai$^{13}$ 动死亡：～哩人 lai$^{13}_{21}$li$^{0}$ɲin$^{13}$

【□记】lai$^{13}$ci$^{53}$ 动忘记：𫜪～ maŋ$^{13}$lai$^{13}$ci$^{53}$｜莫～哩！mɔk$^{5}$lai$^{13}$ci$^{53}_{44}$li$^{0}$!｜箇只我～哩。kai$^{53}$tʂak$^{3}$ŋai$^{13}_{21}$lai$^{13}$ci$^{53}_{44}$li$^{0}$.｜渠真搞唔赢，搞起连饭都～哩食。ci$^{13}$tʂən$^{35}$kau$^{21}$ŋ̍$^{13}$iaŋ$^{13}$,kau$^{21}$çi$^{21}$lien$^{13}$fan$^{53}$təu$^{35}$lai$^{13}$ci$^{53}$li$^{0}$ʂek$^{5}$.

【□】lɔi$^{13}$ 形笨拙，不灵巧：我个手真～，画得唔好看。ŋai$^{13}$ke$^{53}$ʂəu$^{21}$tʂən$^{35}$nɔi$^{13}$,fa$^{53}$tek$^{3}$ŋ̍$^{13}$xau$^{21}$kʰɔn$^{53}$.

【浰□□哩】lei$^{13}$kəŋ$^{13}$kəŋ$^{13}$li$^{0}$ 形状态词。浓稠浑浊：蒸酒个人，蒸酒哇，酒爱好嘞，就爱用糙米蒸。欸，箇糯谷咯要分谷壳脱嘿壳去就去蒸，箇酒嘞，渠蒸倒个酒嘞冇事～，更鲜，更清，欸。tʂən$^{35}$tsiəu$^{21}$ke$^{53}$ɲin$^{13}_{44}$,tʂən$^{35}$tsiəu$^{21}$ua$^{0}$,tsiəu$^{21}$ɔi$^{53}$xau$^{21}$lei$^{0}$,tsʰiəu$^{53}_{44}$ɔi$^{53}_{44}$iəŋ$^{53}_{44}$tsʰau$^{53}$mi$^{21}$tʂən$^{35}$.e$_{21}$,kai$^{53}_{44}$lo$^{53}$kuk$^{3}$ko$^{0}$iau$^{53}_{44}$pən$^{35}_{53}$kuk$^{3}$kʰɔk$^{3}$tʰɔit$^{3}$xek$^{3}$kʰɔk$^{3}$çi$^{53}$tsʰiəu$^{53}_{44}$çi$^{53}_{44}$tʂən$^{35}$,kai$^{53}_{44}$tsiəu$^{21}$lei$^{0}$,ci$^{13}_{44}$tʂən$^{35}$tau$^{21}$ke$^{0}$tsiəu$^{21}$lei$^{0}$mau$^{13}$sɿ$^{53}$lei$^{13}$kəŋ$^{13}$kəŋ$^{13}$li$^{0}$,cien$^{53}$sen$^{35}$,cien$^{53}$tsʰiaŋ$^{35}$,e$_{21}$.｜（洗米个水）洗起嘞～嘞。se$^{21}$çi$^{21}_{53}$lei$^{13}$kəŋ$^{13}_{44}$kəŋ$^{13}$li$^{0}$lei$^{0}$.

【□】lau$^{53}$ 形错：蛮老个人就会话下子写～哩。man$^{13}$nau$^{21}$ke$^{53}$ɲin$^{13}_{21}$tsʰiəu$^{53}_{44}$uɔi$^{53}_{44}$ua$^{53}$(x)a$^{53}_{44}$tsɿ$^{0}$sia$^{21}$lau$^{53}$li$^{0}$.

【□嫲】lɔŋ$^{35}$ma$^{13}$ 名不知羞耻的女人：羞耻都唔晓得个人箇就□牯～。siəu$^{35}$tʂʰɿ$^{21}$təu$^{35}_{53}$n̩$^{13}$çiau$^{21}$tek$^{3}$ke$^{53}_{21}$in$^{13}_{21}$kai$^{53}_{44}$tsʰiəu$^{53}_{44}$lɔŋ$^{35}$ku$^{21}$lɔŋ$^{35}$ma$^{13}$.

【□人】lɔŋ$^{35}$ɲin$^{13}$ 形让人感觉肥腻、腻人：真～ tʂən$^{35}$lɔŋ$^{35}$ɲin$^{13}$

【□牯】lɔŋ$^{35}$ku$^{21}$ 名不知羞耻的人（一般指男性）：又安做～哇。～，□嫲，唔晓羞耻个人呐。羞耻都唔晓得个人箇就～□嫲。iəu$^{53}_{44}$ɔn$^{35}_{44}$tso$^{53}_{44}$lɔŋ$^{35}$ku$^{21}$ua$^{0}$.lɔŋ$^{35}$ku$^{21}$,lɔŋ$^{35}$ma$^{13}$,n̩$^{13}$çiau$^{21}$siəu$^{35}$tʂʰɿ$^{21}$ke$^{53}$in$^{13}_{21}$na$^{0}$.siəu$^{35}$tʂʰɿ$^{21}$təu$^{35}_{53}$n̩$^{13}$çiau$^{21}$tek$^{3}$ke$^{53}_{21}$in$^{13}_{21}$kai$^{53}_{44}$tsʰiəu$^{53}_{44}$lɔŋ$^{35}$ku$^{21}$lɔŋ$^{35}$ma$^{13}$.

【□】lait$^{5}$ 动平田：铁耙都耙倒唔平啊，有滴爱就～一下。也就搞平来，铁耙就耙唔平。耙是耙是耙得平，渠爱分渠～一下嘞，渠还更平。tʰiet$^{3}$pʰa$^{13}$təu$^{35}_{44}$pʰa$^{13}$tau$^{21}$m̩$^{13}$pʰiaŋ$^{13}$ŋa$^{0}$,iəu$^{35}$tet$^{5}_{3}$ɔi$^{53}_{44}$tsiəu$^{53}_{44}$lait$^{5}$iet$^{3}$xa$^{53}_{44}$.ie$^{21}$tsiəu$^{53}$kau$^{21}$pʰiaŋ$^{13}$nɔi$^{13}$,tʰiet$^{3}$pʰa$^{13}$tsiəu$^{53}_{44}$pʰa$^{13}$n̩$^{13}_{44}$pʰiaŋ$^{13}$.pʰa$^{13}$ʂɿ$^{53}_{44}$pʰa$^{13}$ʂɿ$^{53}_{44}$pʰa$^{13}$tek$^{3}_{5}$pʰiaŋ$^{13}$,ci$^{13}$ɔi$^{53}_{44}$pən$^{35}_{44}$ci$^{13}_{44}$lait$^{5}$iet$^{3}$xa$^{53}_{44}$lei$^{0}$,ci$^{13}_{44}$xan$^{13}$cien$^{53}$pʰiaŋ$^{13}$.

【□】lait$^{5}$ 助动态助词。放在动词后表示完成：有滴是封殡～嘞还放把子扇子。iəu$^{35}$tet$^{5}$ʂɿ$^{53}_{44}$fəŋ$^{35}$pin$^{53}$nait$^{5}_{3}$le$^{0}$xai$^{13}$fəŋ$^{53}$pa$^{21}$tsɿ$^{0}$ʂen$^{53}$tsɿ$^{0}$.｜右手就舞只勺，搲一勺搲～荡子肚里就揩。iəu$^{53}$ʂəu$^{21}$tsʰiəu$^{53}_{44}$u$^{21}$tʂak$^{3}$ʂɔk$^{5}$,uet$^{3}$iet$^{3}$ʂɔk$^{5}$uet$^{3}$lait$^{5}$tʰɔŋ$^{53}$tsɿ$^{0}$təu$^{21}$li$^{0}$tsʰiəu$^{53}_{44}$kʰai$^{35}$.

【□耙】lait$^{5}$pʰa$^{13}$ 名用来平田的耙，木架竹齿，四五尺宽：箇个喊～。哎渠耙哩以后，用铁耙耙哩以后，再用～。箇起有四五尺长。箇起是竹做个，喊～。kai$^{53}_{44}$ke$^{53}_{44}$xan$^{53}_{21}$lait$^{5}$pʰa$^{13}$.ai$_{44}$ci$^{13}_{44}$pʰa$^{13}$li$^{0}$i$^{35}$xəu$^{53}_{44}$,iəŋ$^{53}$tʰiet$^{3}$pʰa$^{13}_{21}$pʰa$^{13}$li$^{0}$i$^{35}$xəu$^{53}_{44}$,tsai$^{53}$iəŋ$^{53}_{44}$lait$^{5}$pʰa$^{13}_{44}$.kai$^{53}$çi$^{21}$iəu$^{35}$si$^{53}$ŋ̍$^{21}$tʂʰak$^{3}$tʂʰɔŋ$^{13}$.kai$^{53}$çi$^{21}$ʂɿ$^{53}_{44}$tʂəuk$^{3}$tso$^{53}$ke$^{53}_{44}$,xan$^{53}$lait$^{5}$pʰa$^{13}$.｜箇只深田，以等渠箇起加先讲个呢，箇呀还有一种么个竹耙。

箇个就喊～。kai$^{53}_{44}$tʂak$^{3}$ tʂ$^{h}$ən$^{35}$t$^{h}$ien$^{13}$,i$^{21}$ten$^{0}$ ci$^{13}_{21}$kai$^{53}$ çi$^{21}$ka$^{35}$sien$^{35}_{44}$kəŋ$^{21}$ke$^{53}_{44}$ne$^{0}$,kai$^{53}$ia$^{0}$ xai$^{13}_{21}$iəu$^{35}_{44}$iet$^{3}$ tʂəŋ$^{21}$ mak$^{3}$ ke$^{53}$tʂəuk$^{3}$ p$^{h}$a$^{13}$.kai$^{53}_{44}$ke$^{53}_{44}$tsiəu$^{53}_{44}$xan$^{53}_{44}$lait$^{5}$ p$^{h}$a$^{13}_{21}$.｜还有一起安做～嘞。就系箢箕做个齿呢。渠就箇～就搞么个嘞？箇塅里个大田丘就用啊箇～。就系耙嘿哩以后用打到～，就系分箇田呢耙得更平，打～。xai$^{13}_{21}$iəu$^{35}_{53}$iet$^{3}$ çi$^{21}$ən$^{35}_{44}$tso$^{53}_{44}$lait$^{5}$ p$^{h}$a$^{13}_{21}$lei$^{0}$.ts$^{h}$iəu$^{53}_{44}$xe$^{53}_{44}$miet$^{5}$ sak$^{3}$ tso$^{53}$ke$^{53}$tʂ$^{h}$ʅ$^{21}$nei$^{0}$.ci$^{13}$ts$^{h}$iəu$^{53}$ kai$^{53}_{44}$lait$^{5}$ p$^{h}$a$^{13}_{21}$ts$^{h}$iəu$^{53}$kau$^{21}$mak$^{3}$ e$^{0}$ lei$^{0}$?kai$^{53}$t$^{h}$ən$^{53}$ni$^{21}$ke$^{0}$ t$^{h}$ai$^{53}$t$^{h}$ien$^{13}_{21}$c$^{h}$iəu$^{35}$ts$^{h}$iəu$^{53}_{44}$iəŋ$^{53}$ŋa$^{0}$ kai$^{53}_{44}$lait$^{5}$ p$^{h}$a$^{13}_{21}$. ts$^{h}$iəu$^{53}$xei$^{53}$p$^{h}$a$^{13}$xek$^{3}$ li$^{0}$ i$^{35}$xei$^{53}$iəŋ$^{53}$ta$^{21}$tau$^{53}_{44}$lait$^{5}$ p$^{h}$a$^{13}$,ts$^{h}$iəu$^{53}_{44}$xei$^{53}_{44}$pən$^{35}_{44}$kai$^{53}$t$^{h}$ien$^{13}$ne$^{0}$ p$^{h}$a$^{13}$tek$^{3}$ cien$^{53}$p$^{h}$iaŋ$^{13}$, ta$^{21}$lait$^{5}$ p$^{h}$a$^{13}$.

【□白菜】lait$^{3}$ p$^{h}$ak$^{5}$ ts$^{h}$ɔi$^{53}$ 名一种白菜，用作猪菜：箇阵子有只～呀。箇阵子么个～呀？/分猪食唠。kai$^{53}_{44}$tʂ$^{h}$ən$^{53}_{44}$tsʅ$^{0}$ iəu$^{35}$tʂak$^{3}$ lait$^{3}$ p$^{h}$ak$^{5}$ ts$^{h}$ɔi$^{53}$ia$^{0}$.kai$^{53}_{44}$tʂ$^{h}$ən$^{53}_{44}$tsʅ$^{0}$ mak$^{3}$ ke$^{53}_{44}$lait$^{3}$ p$^{h}$ak$^{5}$ ts$^{h}$ɔi$^{53}$ia$^{0}$?/pən$^{35}$ tʂəu$^{35}$ʂət$^{5}$ lau$^{0}$.

【□】lak$^{5}$ 形形容体积或容积大：～也以只东西指我搞得蛮计架个东西哩。欸，箇只～哩。lak$^{5}$ a$^{35}$i$^{21}$tʂak$^{3}$ (t)əŋ$^{35}_{44}$si$^{0}$ tʂʅ$^{21}$ŋai$^{13}$kau$^{21}$tek$^{3}$ man$^{13}$ci$^{53}$ka$^{53}_{44}$ke$^{53}_{44}$təŋ$^{35}_{44}$si$^{0}$ li$^{0}$ .e$_{53}$,kai$^{53}_{44}$tʂak$^{3}$ lak$^{5}$ li$^{0}$.

【□柴篓】lak$^{5}$ ts$^{h}$ai$^{13}$lei$^{21}$ 名装蕨、松毛等柴火的篓子：（引火柴）就用～装噢。ts$^{h}$iəu$^{53}_{44}$iəŋ$^{53}_{44}$lak$^{5}$ ts$^{h}$ai$^{13}_{21}$lei$^{21}$tʂəŋ$^{35}$ŋau$^{0}$.｜装松毛个栏场安做～。懑大，箇噢体积蛮大，但是眼也懑大。欸，～样噢，系唔系啊？话你等个～。tʂəŋ$^{35}$ts$^{h}$əŋ$^{13}$mau$^{35}_{44}$ke$^{53}_{44}$laŋ$^{13}_{21}$tʂ$^{h}$əŋ$^{13}_{21}$ən$^{35}_{44}$tso$^{53}_{44}$lak$^{5}$ ts$^{h}$ai$^{13}$lei$^{21}$.mən$^{35}$t$^{h}$ai$^{53}$,kai$^{53}$ au$^{0}$ t$^{h}$i$^{21}$tsiet$^{3}$ man$^{13}$t$^{h}$ai$^{53}$,tan$^{53}_{44}$ʂʅ$^{53}_{44}$ŋan$^{21}$na$_{44}$(←ia$^{35}$)mən$^{35}$t$^{h}$ai$^{53}$.e$_{21}$,lak$^{5}$ ts$^{h}$ai$^{13}$lei$^{21}$iəŋ$^{53}$ŋau$^{0}$,xei$^{53}_{44}$me$^{53}_{44}$a$^{0}$ ?ua$^{53}_{44}$ɲi$^{13}_{21}$ tien$^{0}$ ke$^{53}_{44}$lak$^{5}$ ts$^{h}$ai$^{13}$lei$^{21}$.｜正讲个～嘞也系边上也懑大眼嘞，箇就边上底下都有眼，四向都有眼，因为渠扒个系松毛，松毛是□长啊，横横架架个东西啊，系唔系？渠就唔怕眼，咁大一只个眼都做得，箇～是。tʂaŋ$^{53}$kəŋ$^{21}$ke$^{53}_{44}$lak$^{5}$ ts$^{h}$ai$^{13}_{21}$lei$^{21}$lei$^{0}$ ia$^{35}$xei$^{53}$pien$^{35}$xəŋ$^{53}$ia$^{35}$mən$^{35}$t$^{h}$ai$^{53}_{44}$ŋan$^{21}$le$^{0}$ ,kai$^{53}_{44}$ ts$^{h}$iəu$^{53}_{44}$pien$^{35}$xəŋ$^{53}$tei$^{53}$xa$^{53}_{44}$təu$^{35}$iəu$^{35}_{44}$ŋan$^{21}$,si$^{53}$çiəŋ$^{53}_{44}$təu$^{35}$iəu$^{35}_{44}$ŋan$^{21}$,in$^{35}$uei$^{53}$ci$^{13}_{21}$p$^{h}$a$^{13}$ke$^{53}$xe$^{53}_{44}$ts$^{h}$əŋ$^{13}$mau$^{35}$,ts$^{h}$əŋ$^{13}$ mau$^{35}$ʂʅ$^{53}_{44}$lai$^{35}$tʂ$^{h}$əŋ$^{13}$ŋa$^{0}$ ,uaŋ$^{13}$uaŋ$^{13}$ka$^{53}$ka$^{53}$ke$^{53}_{44}$təŋ$^{35}_{44}$si$^{0}$ a$^{0}$ ,xe$^{53}_{44}$me$^{53}_{44}$?ci$^{13}$ts$^{h}$iəu$^{53}$m̩$^{13}$p$^{h}$a$^{53}_{44}$ŋan$^{21}$,kan$^{21}$t$^{h}$ai$^{53}$iet$^{3}$ tʂak$^{3}$ ke$^{53}$ŋan$^{21}$təu$^{35}_{44}$tso$^{53}$tek$^{3}$,kai$^{53}$lak$^{5}$ ts$^{h}$ai$^{13}_{21}$lei$^{21}$ʂʅ$^{53}_{44}$.

【□柴树】lak$^{5}$ ts$^{h}$ai$^{13}$ʂəu$^{53}$ 名一种槠类植物名：还有只～唠。xai$^{13}$iəu$^{35}_{44}$tʂak$^{3}$ lak$^{5}$ ts$^{h}$ai$^{13}$ʂəu$^{53}$lau$^{0}$.

【□柴籽】lak$^{5}$ ts$^{h}$ai$^{13}_{44}$tsʅ$^{21}$ 名一种槠类植物结的子实：～，也系同箇个苦槠子啊，角落槠样，属于一种咁个野生个干果，但是有么啊肉。有么啊用，欸。渠也分黄老鼠去食唠。欸嘿，黄老鼠就会食唠。/黄老鼠哇，果狸呀。lak$^{5}$ ts$^{h}$ai$^{13}_{44}$tsʅ$^{21}$,ia$^{35}$xe$^{53}$t$^{h}$əŋ$^{13}$kai$^{53}_{44}$ke$^{53}_{44}$fu$^{21}$tʂei$^{35}_{44}$tsʅ$^{0}$ a$^{0}$ ,kɔk$^{3}$ lɔk$^{3}$ tʂei$^{35}$ iəŋ$^{53}_{44}$,ʂəuk$^{5}$ vy$^{13}_{44}$iet$^{3}$ tʂəŋ$^{21}$kan$^{21}$ke$^{53}_{44}$ia$^{35}$saŋ$^{35}_{44}$ke$^{53}_{44}$kɔn$^{35}$ko$^{21}$,tan$^{53}$ʂʅ$^{53}$mau$^{13}$mak$^{3}$ a$^{0}$ ɲiəuk$^{3}$ .mau$^{13}_{21}$mak$^{3}$ a$^{0}$ iəŋ$^{53}$,e$_{53}$.ci$^{13}$a$^{35}_{44}$pən$^{35}$uəŋ$^{13}$lau$^{21}_{53}$tʂ$^{h}$əu$^{21}$çi$^{53}_{44}$ʂət$^{5}$ lau$^{0}$ .e$_{44}$xe$_{53}$,uəŋ$^{13}$lau$^{21}_{53}$tʂ$^{h}$əu$^{21}$ts$^{h}$iəu$^{53}_{44}$uɔi$^{53}_{44}$ʂət$^{5}$ lau$^{0}$ ./uəŋ$^{13}$lau$^{21}_{53}$ tʂ$^{h}$əu$^{21}$ua$^{0}$,ko$^{21}$li$^{13}$ia$^{0}$.｜～也磨得豆腐。箇个就榛子嘞，野生箇个一……树上结倒个嘞。黄老鼠就喜欢食嘞，系呀？lak$^{5}$ ts$^{h}$ai$^{13}$tsʅ$^{21}$ia$^{35}$mo$^{53}$tek$^{3}$ t$^{h}$əu$^{53}$fu$^{0}$ .kai$^{53}_{44}$ke$^{53}_{44}$ts$^{h}$iəu$^{53}_{44}$tʂən$^{35}$tsʅ$^{21}$lei$^{0}$ ,ia$^{35}$saŋ$^{35}_{44}$kai$^{53}_{44}$ke$^{53}_{44}$ iet$^{3}$…ʂəu$^{53}$xəŋ$^{53}$ciet$^{3}$ tau$^{21}$ke$^{53}_{44}$lei$^{0}$ .uəŋ$^{13}$lau$^{21}_{53}$tʂ$^{h}$əu$^{21}$ts$^{h}$iəu$^{53}_{44}$çi$^{21}$fɔn$^{35}_{44}$ʂət$^{5}$ le$^{0}$ ,xe$^{53}_{44}$ia$^{0}$ ?

【□】lek$^{3}$ 动摘，用指甲按或截断：也有话～啊。/还有滴就话～下滴子去。ia$^{35}_{21}$iəu$^{35}_{44}$ua$^{53}$lek$^{3}$ a$^{0}$ ./xai$^{13}_{21}$iəu$^{35}$tet$^{5}$ ts$^{h}$iəu$^{53}_{44}$ua$^{53}_{44}$lek$^{3}$ (x)a$^{53}_{21}$tiet$^{5}$ tsʅ$^{0}$ çi$^{53}_{44}$.

【□□】lek$^{5}$ tʂek$^{5}$ 形脏，不干净：身上蛮～，爱擸净下子。ʂən$^{35}$xəŋ$^{53}_{44}$man$^{13}$lek$^{5}$ tʂek$^{5}$ ,ɔi$^{53}_{44}$mi$^{13}$ ts$^{h}$iaŋ$^{53}$ŋa$^{0}$ (←xa$^{53}$)tsʅ$^{0}$.｜要话细人子个衫裤唔知几～啊，你箇件衫嘞成哩鏨刀布哇。iau$^{53}_{44}$ua$^{53}_{44}$se$^{53}$ ɲin$^{13}$tsʅ$^{0}$ ke$^{53}_{44}$san$^{35}$fu$^{53}_{44}$n̩$^{13}$ti$^{53}_{44}$ci$^{21}$lek$^{5}$ tʂek$^{5}$ a$^{0}$ ,ɲi$^{13}$kai$^{53}_{44}$c$^{h}$ien$^{53}_{44}$san$^{35}$le$^{0}$ ʂaŋ$^{13}_{21}$li$^{0}$ pəŋ$^{53}_{44}$tau$^{35}_{44}$pu$^{53}$ua$^{0}$.

【□$_{1}$】lia$^{53}$ 形①斜，不平：以嶂岭都～个。i$^{21}$tʂəŋ$^{53}_{21}$liaŋ$^{35}$təu$^{35}_{44}$lia$^{53}$ke.｜以条树都～个。i$^{21}$t$^{h}$iau$^{13}$ ʂəu$^{53}$təu$^{35}_{44}$lia$^{53}$ke.｜以扇墙都～个。i$^{21}$ʂen$^{53}$ts$^{h}$iəŋ$^{13}$təu$^{35}_{44}$lia$^{53}$ke.｜渠用来放倒～～子咯。ci$^{13}_{21}$iəŋ$^{53}_{44}$lɔi$^{13}_{21}$ fɔŋ$^{53}$tau$^{21}$lia$^{53}$lia$^{53}$tsʅ$^{0}$ ko$^{0}$. ②耷拉的：～肩膊 lia$^{53}$cien$^{35}$pɔk$^{3}$

【□$_{2}$】lia$^{53}$ 动卸除肩上的担子：～担子 lia$^{53}$tan$^{35}$tsʅ$^{0}$

【□】lian$^{53}$ 名①棱：就是么啊瓜有～个嘞？噢，箇个，箇个水饮瓜都有～呢。一～一～个。tsiəu$^{53}_{44}$ʂʅ$^{53}_{44}$mak$^{3}$ a$^{0}$ kua$^{35}_{44}$iəu$^{35}$lian$^{53}$cie$^{53}_{21}$le$^{0}$ ?au$_{21}$,kai$^{53}$ke$^{53}_{44}$,kai$^{53}$ke$^{53}_{44}$ʂei$^{21}$in$^{21}_{13}$kua$^{35}_{44}$təu$^{35}_{44}$iəu$^{35}_{44}$lian$^{53}$ne$^{0}$ .iet$^{3}$ lian$^{53}_{44}$iet$^{3}$ lian$^{53}$cie$^{53}_{21}$. ②条状凸起：你晓得箇竹子就以欸以向有只弯，躬躬子吵，系唔系？有兜劈得好个是箇还好兜子，有兜牆多劈得好个是以映有只～，以映有系～，睡倒床上都尽～。ɲi$^{13}_{21}$çiau$^{21}$ te$^{3}$ kai$^{53}$tʂəuk$^{3}$ tsʅ$^{0}$ ts$^{h}$iəu$^{53}_{44}$i$^{21}$ei$_{53}$i$^{21}$çiəŋ$^{53}_{44}$iəu$^{35}_{53}$tʂak$^{3}$ uan$^{35}_{44}$,ciəŋ$^{35}$ciəŋ$^{35}$tsʅ$^{0}$ ʂa$^{0}$ ,xei$^{53}_{44}$me$^{53}_{44}$?iəu$^{35}$te$^{35}_{53}$p$^{h}$iak$^{3}$ tek$^{3}$ xau$^{21}$ ke$^{53}$ʂʅ$^{53}_{44}$kai$^{53}_{44}$xai$^{13}_{21}$xau$^{21}$te$^{35}_{53}$tsʅ$^{0}$ ,iəu$^{35}$te$^{35}_{53}$maŋ$^{13}$to$^{35}_{53}$p$^{h}$iak$^{3}$ tek$^{3}$ xau$^{21}$ke$^{53}$ʂʅ$^{53}_{44}$i$^{21}$iaŋ$^{53}$iəu$^{35}_{21}$tʂak$^{3}$ lian$^{53}$,i$^{21}$iaŋ$^{53}$iəu$^{35}_{21}$xe$^{53}_{44}$ lian$^{53}$,ʂɔi$^{53}$tau$^{21}$ts$^{h}$əŋ$^{13}_{21}$xəŋ$^{53}$təu$^{35}_{44}$ts$^{h}$in$^{53}$lian$^{53}$.

【□光】lin$^{35}$kəŋ$^{35}_{44}$ 形状态词。毫无剩余：（芋子）毛就脱得～。mau$^{35}$tsiəu$^{53}_{44}$t$^{h}$ɔk$^{3}$ tek$^{5}$ lin$^{35}$kəŋ$^{35}_{44}$.

【□黄】lin$^{35}$uəŋ$^{13}$ 形状态词。很黄：不过渠下背像箇做滴箇个做饼个人个唔系～个箇起呀，有（黄麻脂）。pət$^{3}$ko$^{53}$ci$^{13}$xa$^{35}$pɔi$^{53}$tsʰiəŋ$^{53}$kai$^{53}_{44}$tso$^{53}_{44}$tet$^{5}$kai$^{53}$ke$^{53}_{44}$tso$^{53}$piaŋ$^{21}$ke$^{53}$in$^{13}$ke$^{53}$m̩$^{13}$pʰe$^{53}_{44}$(←xe$^{53}$)lin$^{35}$uəŋ$^{13}$ke$^{53}_{44}$kai$^{53}$çi$^{21}$ia$^{0}$,iəu$^{35}$.

【□】luən$^{53}$ 形贪玩：我箇只细子真～，真野，一天到夜跍外背嬲，唔落屋。ŋai$^{13}$kai$^{53}_{44}$tʂak$^{3}$se$^{53}$tsɿ$^{0}$tʂən$^{35}$nuən$^{53}$,tʂən$^{35}$ia$^{35}$,iet$^{3}$tʰien$^{35}$tau$^{53}$ia$^{53}$kʰu$^{35}_{44}$ŋɔi$^{53}$pɔi$^{53}_{44}$liau$^{53}$,n̩$^{13}$nɔk$^{5}$uk$^{3}$.

【□】luŋ$^{53}$ 动惊悸，悸动：就睡着哩会咁子～啊。tsʰiəu$^{53}_{21}$ʂɔi$^{53}$tʂʰɔk$^{5}$li$^{0}$uɔi$^{53}$kan$^{21}$tsɿ$^{0}$luŋ$^{53}$a$^{0}$.

ts

【□】tsio$^{35}$ 动①以锐器刺击（较重，锐锋进入）：～你一针 tsio$^{35}$ɲi$^{13}_{44}$iet$^{3}$tʂən$^{35}$｜～就硬～过去哩，～进去哩，就安做～。tsio$^{35}$tsʰiəu$^{53}_{44}$ŋiaŋ$^{53}_{44}$tsio$^{35}$ko$^{53}$çi$^{21}_{44}$li$^{0}$,tsio$^{35}$tsin$^{53}$cʰi$^{21}_{44}$li$^{0}$,tsʰiəu$^{53}_{44}$ɔn$^{35}_{44}$tso$^{53}_{44}$tsio$^{35}$.｜～你一下就这样～过哩。tsio$^{35}$ɲi$^{13}_{21}$iet$^{3}$xa$^{53}_{44}$tsʰiəu$^{53}_{44}$tʂe$^{53}_{44}$iəŋ$^{53}_{44}$tsio$^{35}$ko$^{53}$li$^{0}$.｜～嘞，欸，最准确个就～。用锋利个东西溜尖个东西就安做～。tsio$^{35}$le$^{0}$,ei$_{53}$,tsei$^{53}$tʂən$^{21}$cʰiɔk$^{3}$ke$^{53}$tsʰiəu$^{53}_{44}$tsio$^{35}$.iəŋ$^{53}$fəŋ$^{35}$li$^{53}$ke$^{53}_{21}$təŋ$^{35}_{44}$si$^{0}$liəu$^{35}$tsian$^{35}$ke$^{53}$təŋ$^{35}_{44}$si$^{0}$tsʰiəu$^{53}_{44}$ɔn$^{35}_{44}$tso$^{53}_{44}$tsio$^{35}$. ②被（像小木桩一样的东西）钉入或钻入：～倒哩蛇骨就会做祸。tsio$^{35}$tau$^{21}$li$^{0}$ʂa$^{13}$kuət$^{3}$tsʰiəu$^{53}_{44}$uɔi$^{53}_{44}$tso$^{53}$xo$^{53}$.

【□$_{1}$】tsiau$^{35}$ 动垒，堆，垛：～柴 tsiau$^{35}$tsʰai$^{13}$｜～起来，欸，～好下子，分箇柴～好下子，石头～好下子。tsiau$^{35}$çi$^{21}$lɔi$^{13}_{21}$,e$_{21}$,tsiau$^{35}$xau$^{21}$ua$^{53}$tsɿ$^{0}$,pən$^{35}$kai$^{53}_{44}$tsʰai$^{13}$tsiau$^{35}$xau$^{21}$ua$^{53}$tsɿ$^{0}$,ʂak$^{5}$tʰei$^{13}$tsiau$^{35}$xau$^{21}$ua$^{53}$tsɿ$^{0}$.｜细屋子～东西，大屋子系人。se$^{53}$uk$^{3}$tsɿ$^{0}$tsiau$^{35}$təŋ$^{35}$si$^{35}$,tʰai$^{53}$uk$^{3}$tsɿ$^{0}$xe$^{53}$ɲin$^{13}$.

【□$_{2}$】tsiau$^{35}$ 名成堆的事物：柴～ tsʰai$^{13}$tsiau$^{35}$

【□】tsiau$^{35}$ 量用于成堆的东西：一～沙子 iet$^{3}$tsiau$^{35}_{44}$sa$^{35}_{44}$tsɿ$^{0}$｜一～柴 iet$^{3}$tsiau$^{35}_{44}$tsʰai$^{13}$｜一～肥料 iet$^{3}$tsiau$^{35}_{44}$fei$^{13}$liau$^{53}_{44}$｜一～秆 iet$^{3}$tsiau$^{35}$kən$^{21}$｜一～（瓦）放倒去烧。iet$^{3}$tsiau$^{35}$fəŋ$^{53}$tau$^{21}$çi$^{53}_{44}$ʂau$^{35}$.

【□尾□屎】tsiau$^{35}$mi$^{35}$tsiau$^{35}$ʂɿ$^{21}$ 作物生长末期果实大小不一、形状不好的样子：欸，冇几大子个了。勾勾朵朵，～，咁子，～嘞。爱倒苗了。弯弯……弯个唠，一头大细个唠，就是～。e$_{21}$,mau$^{13}$ci$^{21}$tʰai$^{53}$tsɿ$^{0}$ke$^{0}$liau$^{0}$.kei$^{35}$kei$^{35}$to$^{21}$to$^{21}$,tsiau$^{35}$mi$^{35}$tsiau$^{35}$ʂɿ$^{21}$,kan$^{21}$tsɿ$^{0}$,tsiau$^{35}$mi$^{35}$tsiau$^{35}$ʂɿ$^{21}$le$^{0}$.ɔi$^{53}$tau$^{21}$miau$^{13}$liau$^{0}$.uan$^{35}$uan$^{35}$…uan$^{35}$ke$^{53}$lau$^{0}$,iet$^{3}$tʰei$^{13}$tʰai$^{53}$sei$^{53}_{44}$ke$^{53}_{44}$lau$^{0}$,tsiəu$^{53}_{21}$ʂɿ$^{53}_{21}$tsiau$^{35}$mi$^{35}$tsiau$^{35}$ʂɿ$^{21}$.

【□天打顶】tsiau$^{35}$tʰien$^{35}_{44}$ta$^{21}$taŋ$^{21}$ 形容很满的样子：猪肉子瘩满一碗呐，～啊。tʂəu$^{35}$ɲiəuk$^{3}$tsɿ$^{0}$tek$^{5}$man$^{53}$iet$^{3}$uɔn$^{21}$na$^{0}$,tsiau$^{35}$tʰien$^{35}_{44}$ta$^{21}$taŋ$^{21}$ŋa$^{0}$.

【剪刀□】tsien$^{21}$tau$^{35}$kau$^{53}$ 名一种貌似兰草的草本植物：就一种植物啊，安做～哇，像兰草个植物啊，也系绿绿子啰，像兰草唠。舞倒我欢喜倒哩，我扯一蒲下去，啊，每个分渠丢咁哩。"还～我爱做么个？"以下落尾有人来收咯，开辆车来收咯，块钱一斤，呵呵，～，哼哼，论斤收。有兜人一天搞得几百斤呢。tsʰiəu$^{53}$iet$^{3}$tʂəŋ$^{21}$tʂʰət$^{5}$uk$^{3}$a$^{0}$,ɔn$^{35}_{44}$tso$^{53}_{44}$tsien$^{21}$tau$^{35}_{44}$kau$^{53}$ua$^{0}$,tsʰiəŋ$^{53}$lan$^{13}$tsʰau$^{21}$ke$^{0}$tʂʰət$^{5}$uk$^{5}$a$^{0}$,ia$^{35}$xei$^{53}$liəuk$^{5}$liəuk$^{5}$tsɿ$^{0}$lo$^{0}$,tsʰiəŋ$^{53}$lan$^{13}$tsʰau$^{21}$lau$^{0}$.u$^{21}$tau$^{21}$ŋai$^{13}$fɔn$^{35}$çi$^{21}$tau$^{21}$li$^{0}$,ŋai$^{13}_{21}$tʂʰa$^{21}$iet$^{3}$pu$^{13}$xa$^{53}_{44}$çi$^{53}_{44}$,a$_{53}$,mei$^{35}_{44}$ke$^{53}_{44}$pən$^{35}_{44}$ci$^{13}_{44}$tiəu$^{35}$kan$^{21}$ni$^{0}$."xai$^{13}_{21}$tsien$^{21}$tau$^{35}_{44}$kau$^{53}$ŋai$^{13}_{21}$ɔi$^{53}$tso$^{53}$mak$^{3}$ke$^{53}$?"i$^{21}$xa$^{53}_{44}$lɔk$^{5}$mi$^{35}_{44}$iəu$^{35}$ɲin$^{13}_{21}$lɔi$^{13}_{21}$ʂəu$^{35}$ko$^{0}$,kʰɔi$^{35}$liɔŋ$^{21}$tʂʰa$^{35}$lɔi$^{13}_{21}$ʂəu$^{35}$ko$^{0}$,kʰuai$^{53}$tsʰien$^{13}_{21}$iet$^{3}$cin$^{35}$,xə$_{53}$xə$_{21}$,tsien$^{21}$tau$^{35}$kau$^{53}$,xŋ̍$_{44}$xŋ̍$_{44}$,lən$^{53}$cin$^{35}$ʂəu$^{35}$.iəu$^{35}$tei$^{35}_{53}$ɲin$^{13}_{44}$iet$^{3}$tʰien$^{35}$kau$^{21}$tek$^{3}$ci$^{21}$pak$^{3}$cin$^{35}$nei$^{0}$.

【□蓝】tsin$^{21}$lan$^{13}$ 形状态词。很蓝：一块天呐～个。iet$^{3}$kʰuai$^{53}$tʰien$^{35}_{44}$na$^{0}$tsin$^{21}$nan$^{13}$cie$^{53}$.

【□】tsiet$^{3}$ 动捣、舂：～麻糍样啊，去～唠。tsiet$^{3}$ma$^{13}$tsʰi$^{13}$iəŋ$^{53}$ŋa$^{0}$,çi$^{53}$tsiet$^{3}$lau$^{0}$.｜箇打麻糍呀，唔系话……渠就舞只碓臼，系唔系？去捣，我等客家人就安做～。～麻糍。kai$^{53}$ta$^{21}$ma$^{13}$tsʰi$^{13}$ia$^{0}$,m̩$^{13}$pʰe$^{53}$(←xe$^{53}$)ua$^{53}$…ci$^{13}$tsʰiəu$^{53}$u$^{21}$tʂak$^{3}$tɔi$^{53}$cʰiəu$^{35}$,xei$^{53}_{44}$me$^{53}_{44}$?cʰi$^{53}$tau$^{21}$,ŋai$^{13}_{21}$tien$^{0}$kʰak$^{3}$ka$^{35}_{53}$ɲin$^{13}_{21}$tsʰiəu$^{53}_{44}$ɔn$^{35}_{44}$tso$^{53}_{44}$tsiet$^{3}$.tsiet$^{3}$ma$^{13}$tsʰi$^{13}$.

tsʰ

【□】tsʰe$^{53}$ 动敲：呃，箇个欸电影电视肚里啊，欸从前个官呐坐倒箇个堂上欸舞条箇个么个惊堂木一～，系唔系？吓死人。ə$_{21}$,kai$^{53}$ke$^{53}$e$_{21}$tʰien$^{53}$iaŋ$^{21}$tʰien$^{53}$ʂɿ$^{53}_{44}$təu$^{21}$li$^{0}$a$^{0}$,e$_{21}$tsʰəŋ$^{13}_{21}$tsʰien$^{13}_{21}$ke$^{53}_{44}$kən$^{35}$na$^{0}$tsʰo$^{35}$tau$^{21}$kai$^{53}_{44}$ke$^{53}_{44}$tʰɔŋ$^{13}_{21}$xɔŋ$^{53}$ei$_{21}$u$^{21}$tʰiau$^{13}_{44}$kai$^{53}_{44}$ke$^{53}_{44}$mak$^{3}$kei$^{53}_{44}$cin$^{35}$tʰɔŋ$^{13}_{21}$muk$^{3}$iet$^{3}$tsʰe$^{53}$,xei$^{53}_{44}$me$^{53}_{44}$?xak$^{3}$si$^{21}$ɲin$^{13}$.

【柴□】tsʰai$^{13}$tsiau$^{35}$ 名柴垛：就系一□柴就安做～。一□个柴呀，就安做～。tsʰiəu$^{53}$xei$^{53}$iet$^{3}$tsiau$^{35}$tsʰai$^{13}$tsʰiəu$^{53}_{44}$ɔn$^{35}_{44}$tso$^{53}_{44}$tsʰai$^{13}$tsiau$^{35}$.iet$^{3}$tsiau$^{35}$cie$^{53}$tsʰai$^{13}$ia$^{0}$,tsʰiəu$^{53}_{44}$ɔn$^{35}_{44}$tso$^{53}_{44}$tsʰai$^{13}_{21}$tsiau$^{35}$.

【□】tsʰɔi$^{13}$ 动助跑：以下我等就走箇墈上～一下唠，去飙哇。ia$_{21}$(←i$^{21}$xa$^{53}$)ŋai$^{13}_{21}$tien$^{0}$tsʰiəu$^{53}_{44}$tsei$^{21}$kai$^{53}_{44}$kʰan$^{53}$xɔŋ$^{53}_{44}$tsʰɔi$^{13}_{21}$iet$^{3}$xa$^{53}_{44}$lau$^{0}$,çi$^{53}_{44}$piau$^{35}$ua$^{0}$.

【□识】tsʰən$^{21}$ʂət$^{5}$ 动理睬；搭理：唔～你。n̩$^{13}$tsʰən$^{21}$ʂət$^{5}$ɲi$^{13}_{21}$.｜欸箇只人呐以前见过下子啊，以

前咁熟个人呐，以下我话爱渠到我屋到我箇嬲下子，渠硬唔～我哟。唔～我就唔齿我。e$_{44}$ kai$^{53}$tʂak$^{3}$ɲin$^{13}_{21}$na$^{0}$i$^{35}$tsʰien$^{13}$cien$^{53}$ko$^{53}_{44}$xa$^{53}_{44}$tsɿ$^{0}$a$^{0}$,i$^{35}$tsʰien$^{13}$kan$^{21}$ʂouk$^{5}$ke$^{0}$ɲin$^{13}_{21}$na$^{0}$,i$^{21}_{13}$xa$^{53}_{44}$ŋai$^{13}$ua$^{53}_{44}$ɔi$^{53}$ci$^{13}$tau$^{53}$ ŋai$^{13}_{44}$uk$^{3}$tau$^{53}_{44}$ŋai$^{13}_{21}$kai$^{53}_{44}$liau$^{53}$xa$^{53}_{44}$tsɿ$^{0}$,ci$^{13}$ɲiaŋ$^{53}$n̩$^{13}$tsʰɔn$^{21}$ʂət$^{5}$ŋai$^{13}_{44}$iau$^{0}$.n̩$^{13}$tsʰɔn$^{21}$ʂət$^{5}$ŋai$^{13}_{44}$tsʰiəu$^{53}$n̩$^{13}$tʂʰɿ$^{21}$ŋai$^{13}$. ｜你不要理渠。不要～渠箇只人。箇只人咁大傲，你不要～渠。ɲi$^{13}_{21}$pət$^{3}$iau$^{53}_{44}$li$^{35}$ci$^{13}_{21}$.pət$^{3}$iau$^{53}$ tsʰɔn$^{21}$ʂət$^{5}$ci$^{13}$kai$^{53}_{44}$tʂak$^{3}$ɲin$^{13}$.kai$^{53}$tʂak$^{3}$ɲin$^{13}_{21}$kan$^{21}$tʰai$^{53}$ŋau$^{53}$, ɲi$^{13}$pət$^{3}$iau$^{53}$tsʰɔn$^{21}$ʂət$^{5}$ci$^{13}_{44}$.｜箇只人呐讨死嫌，你不要～渠。kai$^{53}$tʂak$^{3}$ɲin$^{13}_{44}$na$^{0}$tʰau$^{21}$si$^{21}$çian$^{13}$, ɲi$^{13}$pət$^{3}$iau$^{53}$tsʰɔn$^{21}$ʂət$^{5}$ci$^{13}_{44}$.

【□】tsʰɔit$^{3}$ 动 舞弄，表演：～把戏 tsʰɔit$^{3}$pa$^{21}$çi$^{53}$

【□】tsʰek$^{5}$ 动 往下摔：～下去 tsʰek$^{5}$(x)a$^{53}_{21}$çi$^{53}_{44}$

【□□】tsʰi$^{53}$tsʰa$^{53}$ 拟声 像砻谷的声音：砻谷～，烧火做夜。ləŋ$^{13}$kuk$^{3}$tsʰi$^{53}$tsʰa$^{53}$,ʂau$^{35}$fo$^{21}$tso$^{53}$ia$^{53}$.

【□】tsʰio$^{35}$ 动 支起（耳朵认真听）：～起耳朵 tsʰio$^{35}$çi$^{21}$ɲi$^{21}$to$^{21}$

【□】tsʰie$^{53}$ 动 耷拉：眼珠皮～下去 ŋan$^{21}$tʂəu$^{35}$pʰi$^{13}$tsʰie$^{53}$xa$^{53}_{44}$çi$^{53}_{44}$

【□】tsʰie$^{53}$ 动 打。又称"捶"：～你两下 tsʰie$^{53}$ɲi$^{13}_{21}$iəŋ$^{21}$xa$^{53}_{44}$

【□寒】tsʰien$^{53}$xɔn$^{13}$ 动 感觉寒冷；（冷得）畏寒：～就系打皮寒，就系感到冷。～是就感到蛮冷。欸，冷天就跍倒屋肚里唔多觉得噢，一出倒外背就～。tsʰien$^{53}$xɔn$^{13}$tsʰiəu$^{53}$xe$^{53}$ta$^{21}$pʰi$^{13}$xɔn$^{13}_{44}$, tsʰiəu$^{53}_{44}$xe$^{53}_{44}$kən$^{21}$tau$^{53}$laŋ$^{35}$.tsʰien$^{53}$xɔn$^{13}$ʂɿ$^{53}_{44}$tsʰiəu$^{53}$kən$^{21}$tau$^{53}$man$^{13}_{21}$laŋ$^{35}$.e$_{44}$,laŋ$^{35}$tʰien$^{13}_{44}$tsʰiəu$^{53}_{44}$kʰu$^{35}$tau$^{21}$uk$^{3}$ təu$^{21}$li$^{0}$n̩$^{13}_{21}$to$^{53}_{53}$kɔk$^{3}$tek$^{3}$au$^{0}$,iet$^{3}$tʂʰət$^{3}$tau$^{21}_{44}$ŋɔi$^{53}_{44}$pɔi$^{53}_{44}$tsʰiəu$^{53}_{44}$tsʰien$^{53}$xɔn$^{13}$.

【□】tsʰin$^{35}$ 动 呻吟：～滴子 tsʰin$^{35}$tet$^{5}_{3}$tsɿ$^{0}$

【□】tsʰiet$^{5}$ 动 撞击，用力摆动使之相互撞击：～（竹夹）放肆。tsʰiet$^{5}$fɔŋ$^{53}$ʂɿ$^{53}_{44}$.

【□钹】tsʰiet$^{5}$pʰait$^{5}$ 名 铙钹。一对金属圆片，中间凸起，各有一条钹巾系在中央，演奏时手持钹巾将两片对击。又称"钞"：～两个人打。tsʰiet$^{5}$pʰait$^{5}$iəŋ$^{21}$ken$^{53}$(←ke$^{53}$in$^{13}$)ta$^{21}$.｜你也打～，我也打～，两个人爱打出节奏来。ɲi$^{13}$ia$^{35}_{53}$ta$^{21}$tsʰiet$^{5}$pʰait$^{5}$,ŋai$^{13}$ia$^{35}_{53}$ta$^{21}$tsʰiet$^{5}$pʰait$^{5}$,iəŋ$^{21}$ke$^{53}_{44}$ɲin$^{13}_{21}$ɔi$^{53}_{44}$ta$^{21}$ tʂʰət$^{3}$tsiet$^{3}$tsei$^{53}$lɔi$^{13}_{21}$.

s

【□用】sɿ$^{35}$iəŋ$^{53}$ 形 实用的，有实际使用价值的，多功用的：箇指类某是只真～个东西。kai$^{53}$ʂɿ$^{53}_{44}$ tʂak$^{3}$tʂən$^{35}$sɿ$^{35}$iəŋ$^{53}$ke$^{53}_{21}$təŋ$^{35}_{44}$si$^{0}$.

【□】sa$^{35}$ 动 伸展，延伸：箇个～倒树边上个呢就是杉槁。kai$^{53}_{44}$ke$^{53}_{44}$sa$^{35}$tau$^{21}$ʂəu$^{53}$pien$^{35}$xɔŋ$^{53}_{44}$ke$^{53}_{44}$ lei$^{0}$tsʰiəu$^{53}_{21}$ʂɿ$^{53}_{21}$sa$^{35}$kʰua$^{21}$.

【□】sa$^{53}$ 动 ①瞟，斜着眼睛看：眼珠一～ ŋan$^{21}$tʂəu$^{35}$iet$^{3}$sa$^{53}$。②目光轻快地扫过：眼珠乱～ ŋan$^{21}$tʂəu$^{35}$lɔn$^{53}$sa$^{53}$

【□】sait$^{5}$ 动 放入水里去久煮，炖烂：就系～，就系放下水肚里去煮。tsʰiəu$^{53}$xe$^{53}$sait$^{5}$,tsʰiəu$^{53}$ xe$^{53}$fɔŋ$^{53}$xa$^{53}$ʂei$^{21}$təu$^{21}$li$^{0}$çi$^{53}$tʂəu$^{21}$.｜只有～豆子就有嘞，霉豆子冇得。tʂe$^{21}$iəu$^{35}$sait$^{5}$tʰei$^{53}$tsɿ$^{0}$tsʰiəu$^{53}_{44}$ iəu$^{35}$lei$^{0}$,mɔi$^{13}$tʰei$^{53}$tsɿ$^{0}$mau$^{13}_{21}$tek$^{3}$.｜～嘿就系放下水肚里去炆呢。比方我俫子啊，食豆角啊，渠就……食豆角渠就安做么个？渠食唔进。我就话：你放下甑……泡水肚里去～下子啊。蒸饭个时候子放下……放下箇个水肚里去，蒸饭水肚里去～下子。渠同焯下子唔同，焯下子就指稍微一过，～嘞，打比我蒸饭样，顶高一只炉子当为甑蒸饭，底下一镬水，我个豆角就放下水肚里去，你蒸几久子个饭呢，我就炆几久子，就得～几久子，就系爱煮烂来，我俫子食唔进呶。鸡髀也系哟，爱～糜，爱～烂来唠，～一下。还有蛮多东西爱～糜呢。sait$^{5}$(x)ek$^{3}$tsʰiəu$^{53}_{44}$ xe$^{53}_{44}$fɔŋ$^{53}$xa$^{53}_{44}$ʂei$^{21}$təu$^{21}$li$^{0}$çi$^{53}$uən$^{13}$nei$^{0}$.pi$^{21}$fɔŋ$^{35}_{44}$ŋai$^{13}$ɔi$^{35}$tsɿ$^{0}$a$^{0}$,ʂət$^{5}$tʰei$^{53}$kɔk$^{3}$a$^{0}$,ci$^{13}_{21}$tsʰiəu$^{53}$…ʂət$^{5}$tʰei$^{53}$kɔk$^{3}$ci$^{13}_{21}$ tsʰiəu$^{53}_{44}$ɔn$^{35}_{44}$tso$^{53}$mak$^{3}$ke$^{53}$?ci$^{13}$ʂət$^{5}$n̩$^{13}_{21}$tsin$^{53}$.ŋai$^{13}$tsʰiəu$^{53}_{44}$ua$^{53}_{44}$:ɲi$^{13}$fɔŋ$^{53}_{44}$ŋa$^{0}$(←xa$^{53}$)tsien$^{53}$…pʰau$^{35}$ʂei$^{21}$təu$^{21}$li$^{0}$çi$^{53}_{44}$ sait$^{5}$xa$^{53}$tsa$^{0}$.tʂən$^{35}$fan$^{53}$ke$^{53}_{44}$ʂɿ$^{13}$xei$^{53}_{44}$tsɿ$^{0}$fɔŋ$^{53}_{44}$ŋa$_{44}$(←xa$^{53}$)…fɔŋ$^{53}_{44}$xa$^{53}_{44}$kai$^{53}_{44}$ke$^{53}_{44}$ʂei$^{21}$təu$^{21}$li$^{0}$çi$^{53}_{44}$,tʂən$^{35}_{44}$fan$^{53}_{44}$ʂei$^{21}$ təu$^{21}$li$^{0}$çi$^{53}_{44}$sait$^{5}$(x)a$^{53}$tsɿ$^{0}$.ci$^{13}$tʰəŋ$^{13}_{21}$tʂʰɔk$^{3}$(x)a$^{53}$tsɿ$^{0}$n̩$^{13}_{21}$tʰəŋ$^{13}$,tʂʰɔk$^{3}$(x)a$^{53}$tsɿ$^{0}$tsʰiəu$^{53}_{44}$tʂɿ$^{21}$sau$^{21}$uei$^{13}$iet$^{3}$ko$^{53}$,sait$^{5}$ lei$^{0}$,ta$^{21}$pi$^{21}$ŋai$^{13}_{21}$tʂən$^{35}$fan$^{53}$iəŋ$^{53}$,taŋ$^{21}$kau$^{35}_{44}$iet$^{3}$tʂak$^{3}$ləu$^{13}_{21}$tsɿ$^{0}$tʂən$^{35}_{44}$fan$^{53}$,tei$^{21}$xa$^{53}_{44}$iet$^{3}$uɔk$^{5}$ʂei$^{21}$,ŋai$^{13}_{21}$ke$^{53}_{44}$tʰei$^{53}$ kɔk$^{3}$tsiəu$^{53}_{44}$fɔŋ$^{53}_{44}$xa$^{53}_{44}$ʂei$^{21}$təu$^{21}$li$^{0}$çi$^{53}$, ɲi$^{13}_{21}$tʂən$^{35}$ci$^{13}_{21}$ciəu$^{21}$tsɿ$^{0}$ke$^{53}_{44}$fan$^{53}$ne$^{0}$,ŋai$^{13}$tsʰiəu$^{53}$uən$^{13}$ci$^{13}_{21}$ciəu$^{21}$tsɿ$^{0}$,siəu$_{44}$ (←tsʰiəu$^{53}$)tek$^{3}$sait$^{5}$ci$^{13}_{21}$ciəu$^{21}$tsɿ$^{0}$,tsʰiəu$^{53}$xe$^{53}$ɔi$^{53}$tʂəu$^{21}$lan$^{53}$lɔi$^{13}_{21}$,ŋai$^{13}_{21}$ɔi$^{35}$tsɿ$^{0}$ʂət$^{5}$n̩$^{13}_{21}$tsin$^{53}$nau$^{0}$.cie$^{35}$pi$^{21}$ia$^{35}$xei$^{53}$ iau$^{0}$,ɔi$^{53}_{44}$sait$^{5}$mi$^{13}_{21}$,ɔi$^{53}$sait$^{5}$lan$^{53}$lɔi$^{13}_{21}$lau$^{0}$,sait$^{5}$iet$^{3}$xa$^{0}$.xai$^{13}_{21}$iəu$^{35}_{44}$man$^{13}_{21}$to$^{35}_{44}$təŋ$^{35}_{44}$si$^{0}$ɔi$^{53}_{44}$sait$^{5}$mi$^{13}_{21}$ne$^{0}$.

【□鸭嫲】sait$^{5}$ait$^{3}$ma$^{13}$ 指米煮得过烂，捞起来再用甑来蒸，但米黏成一团，蒸不熟的情况：用老办法，煮一到又捞起来用甑蒸个办法，用甑蒸个，如果你忒捞烂哩，蒸唔熟，安做～。～，饭甑肚里～，也系夹生饭，欸，也蒸唔熟哩。～，就系啯啯响箇个饭甑咯。饭甑放倒去蒸咯，箇饭煮哩以后，搂起来，卡倒，搂起来，如果你系忒煮烂哩啊，头到你忒煮绵哩个话，就饭就糜烂呐，舞做一饽啊，唔透气呀。唔透气，你倾下甑里去蒸呢，以就会让门子嘞？就会～。咽咽响，冇得气上。箇底下个气呀冲唔上。箇只时候子你就爱让门子嘞？想只么个办法嘞？舞几条□长个筷子，去箇饭甑肚里车几只眼，箇气就上嘿哩。如果你唔车箇几只眼，你就会食夹生饭，就蒸唔熟哩啊。iəŋ$^{53}$lau$^{21}$pʰan$^{53}$fait$^{3}$,tʂəu$^{21}$iet$^{3}$tau$^{53}$iəu$^{53}$lei$^{13}$çi$^{21}$lɔi$^{13}_{44}$iəŋ$^{53}_{44}$tsien$^{53}$tʂən$^{35}$cie$^{53}_{44}$pʰan$^{53}$fait$^{3}$,iəŋ$^{53}_{44}$tsien$^{53}$tʂən$^{35}$kei$^{53}$,ʮ$^{13}$ko$^{21}$ɲi$^{13}$tʰet$^{3}$lei$^{13}$lan$^{53}$ni$^{0}$,tʂən$^{35}$n̩$^{13}_{21}$ʂəuk$^{5}$,ɔn$^{35}_{44}$tso$^{53}_{44}$sait$^{5}$ait$^{3}$ma$^{13}$.sait$^{5}$ait$^{3}$ma$^{13}$,fan$^{53}$tsien$^{53}$təu$^{21}$li$^{0}$sait$^{5}$ait$^{3}$ma$^{13}$,ia$^{35}$xei$^{53}$kait$^{3}$saŋ$^{35}$fan$^{53}$,ei$_{21}$,ia$^{35}$tʂən$^{35}_{44}$n̩$^{13}_{21}$ʂəuk$^{5}$li$^{0}$.sait$^{5}$ait$^{3}$ma$^{13}$,tsʰiəu$^{53}_{21}$xei$^{53}_{21}$kueit$^{5}$kueit$^{5}$çiɔŋ$^{21}$kai$^{53}$ke$^{53}$fan$^{53}$tsien$^{53}_{44}$ko$^{0}$.fan$^{53}$tsien$^{53}$fɔŋ$^{53}$tau$^{21}$çi$^{53}$tʂən$^{35}$ko$^{0}$,kai$^{53}_{44}$fan$^{53}$tʂəu$^{21}$li$^{0}$i$^{35}_{53}$xei$^{53}$,lei$^{13}$çi$^{21}$lɔi$^{13}_{44}$,kʰa$^{21}$tau$^{21}$,lei$^{13}$çi$^{21}$lɔi$^{13}$,ʮ$^{13}$ko$^{21}$ɲi$^{13}_{21}$xe$^{53}$tʰet$^{3}$tʂəu$^{21}$lan$^{53}$li$^{0}$a$^{0}$,tʰei$^{13}$tau$^{53}$ɲi$^{13}$tʰet$^{3}$tʂəu$^{21}$mien$^{13}$ni$^{0}$ke$^{53}_{44}$fa$^{53}$,tsʰiəu$^{53}$fan$^{53}$tsʰiəu$^{53}$me$^{35}$lan$^{53}$na$^{0}$,u$^{21}$tso$^{53}$iet$^{3}$pʰɔk$^{5}$a$^{0}$,n̩$^{13}_{21}$tʰəu$^{53}_{44}$çi$^{53}$ia$^{0}$.n̩$^{13}$tʰəu$^{53}$çi$^{53}$, ɲi$^{13}_{21}$kʰuaŋ$^{35}$ŋa$^{53}_{44}$tsien$^{53}$ni$^{0}$çi$^{53}_{44}$tʂən$^{35}$ne$^{0}$,i$^{21}$tsʰiəu$^{53}_{44}$uɔi$^{53}_{44}$ɲiɔŋ$^{53}_{44}$mən$^{13}_{44}$tsɿ$^{0}$lei$^{0}$?tsʰiəu$^{53}$uɔi$^{53}_{44}$sait$^{5}$ait$^{3}$ma$^{13}$.kueit$^{5}$kueit$^{5}$çiɔŋ$^{21}$,mau$^{13}_{21}$tek$^{3}$çi$^{53}$ʂɔŋ$^{53}_{44}$.kai$^{53}_{44}$tei$^{21}$xa$^{53}_{44}$ke$^{53}_{44}$çi$^{53}$ia$^{0}$tʂʰəŋ$^{35}$n̩$^{13}_{21}$ʂɔŋ$^{35}$.kai$^{53}$tʂak$^{3}$ʂʅ$^{13}$xei$^{53}$tsɿ$^{0}$ɲi$^{13}$tsʰiəu$^{53}$ɔi$^{53}$ɲiɔŋ$^{53}$mən$^{13}_{44}$tsɿ$^{0}$lei$^{0}$?siɔŋ$^{21}$tʂak$^{3}$mak$^{3}$e$^{0}$pʰan$^{53}$fait$^{3}$lei$^{0}$?u$^{21}$ci$^{21}$tʰiau$^{13}_{44}$lai$^{35}$tʂʰɔŋ$^{13}$ke$^{0}$kʰuai$^{53}$tsɿ$^{0}$,çi$^{53}_{44}$kai$^{53}_{44}$fan$^{53}$tsien$^{53}$təu$^{21}$li$^{0}$tʂʰa$^{35}$ci$^{21}$tʂak$^{3}$ŋan$^{21}$,kai$^{53}_{44}$çi$^{53}$tsʰiəu$^{53}_{44}$ʂɔŋ$^{35}$(x)ek$^{3}$li$^{0}$.ʮ$^{13}$ko$^{21}$ɲi$^{13}_{21}$n̩$^{13}$tʂʰa$^{35}$kai$^{53}_{44}$ci$^{21}$tʂak$^{3}$ŋan$^{21}$, ɲi$^{13}$tsʰiəu$^{53}$uɔi$^{53}_{44}$ʂət$^{5}$kait$^{3}$saŋ$^{35}$fan$^{53}$,tsʰiəu$^{53}_{44}$tʂən$^{35}$n̩$^{13}_{21}$ʂəuk$^{5}$li$^{0}$a$^{0}$.

【□】si$^{35}$ 动眼皮微微合拢，眯缝着眼：～起眼珠来看 si$^{35}$çi$^{21}$ŋau$^{21}$tʂəu$^{35}$lɔi$^{13}_{0}$kʰɔn$^{53}$

【□】siau$^{53}$ 动嵌下去以起到拦阻或分隔作用：我只看倒马槽。渠个马槽咯噢，咁长，中间呢有咁个深滴子个沟。舞倒板子～下去。渠可能系嘞以边呢放水，一边放水。一边放水，一边放饲……放箇饲料，放箇个马草。欸，隔开来。安做马槽。ŋai$^{13}$tʂe$^{21}$kʰɔn$^{53}$tau$^{21}$ma$^{35}$tsʰau$^{13}$.ci$^{13}_{44}$ke$^{53}_{44}$ma$^{35}$tsʰau$^{13}_{21}$kou$^{0}$(←ko$^{0}$au$^{0}$),kan$^{21}$tʂʰɔŋ$^{13}$,tʂəŋ$^{35}$kan$^{35}_{44}$nei$^{0}$iəu$^{35}$kan$^{21}$cie$^{53}$tʂʰən$^{35}$tiet$^{5}$tsɿ$^{0}$ke$^{53}_{44}$kei$^{35}$.u$^{21}$tau$^{21}$pan$^{21}$tsɿ$^{0}$siau$^{53}$xa$^{53}_{44}$çi$^{53}_{44}$.ci$^{13}_{21}$kʰo$^{21}$len$^{13}$xei$^{53}_{44}$lei$^{0}$i$^{21}$pien$^{35}$ne$^{0}$fɔŋ$^{53}$ʂei$^{21}$,iet$^{3}$pien$^{35}$fɔŋ$^{53}$ʂei$^{21}$.iet$^{3}$pien$^{35}$fɔŋ$^{53}$ʂei$^{21}$,iet$^{3}$pien$^{35}$fɔŋ$^{53}$tsʰɿ…fɔŋ$^{53}$kai$^{53}_{44}$tsʰɿ$^{53}$liau$^{53}_{44}$,fɔŋ$^{53}_{44}$kai$^{53}_{21}$ke$^{53}_{44}$ma$^{35}$tsʰau$^{21}$.ei$_{21}$,kak$^{3}$kʰɔi$^{35}_{44}$lɔi$^{13}_{21}$.ɔn$^{35}_{21}$tso$^{53}_{21}$ma$^{35}$tsʰau$^{13}_{21}$.｜底下嘞，就做只底下箇箇筒树个底下嘞做只咁个～个东西。欸，中间舞条槽。就放只么啊去嘞？放只门槛去。门槛。放下去。te$^{21}$xa$^{53}_{44}$le$^{0}$,tsʰiəu$^{53}_{44}$tso$^{53}$tʂak$^{3}$te$^{21}$xa$^{53}_{44}$kai$^{53}$kai$^{53}_{44}$tʰəŋ$^{13}$ʂəu$^{53}$ke$^{53}_{44}$te$^{21}$xa$^{53}_{44}$lei$^{0}$tso$^{53}$tʂak$^{3}$kan$^{21}_{13}$kei$^{53}$siau$^{53}$ke$^{53}_{21}$təŋ$^{35}_{44}$si$^{0}$.ei$_{21}$,tʂəŋ$^{35}_{44}$kan$^{35}_{44}$u$^{21}$tʰiau$^{13}_{21}$tsʰau$^{13}$.tsʰiəu$^{53}$fɔŋ$^{53}$tʂak$^{3}$mak$^{3}$a$^{0}$çi$^{53}_{44}$lei$^{0}$?fɔŋ$^{53}$tʂak$^{3}$mən$^{13}$cʰian$^{21}_{44}$cʰi$^{53}_{44}$.mən$^{13}$cʰian$^{21}_{44}$.fɔŋ$^{53}$ŋa$_{44}$(←xa$^{53}$)çi$^{53}_{44}$.

tʂ

【□】tʂən$^{21}$ 名跰的俗称：以映吧？以个栏场吧？以个栏起～。i$^{21}$iaŋ$^{53}$pa$^{0}$?i$^{21}$ke$^{53}$lɔŋ$^{13}_{44}$tʂʰɔŋ$^{13}_{44}$pa$^{0}$?i$^{21}$ke$^{53}$lɔŋ$^{13}_{44}$çi$^{21}$tʂən$^{21}$.

【□$_{1}$】tʂən$^{53}$ 名蜂的毒刺：渠用来叼人个东西嘞就安做～。ci$^{13}$iəŋ$^{53}$lɔi$^{13}_{21}$tiau$^{35}$ɲin$^{13}_{21}$ke$^{53}_{44}$təŋ$^{35}_{44}$si$^{0}$le$^{0}$tsʰiəu$^{53}_{44}$ɔn$^{35}_{44}$tso$^{53}_{44}$tʂən$^{53}$.

【□$_{2}$】tʂən$^{53}$ 量用于指蜂蠚人的次数：蜂子叼人。叼你一～。fəŋ$^{35}$tsɿ$^{0}$tiau$^{35}$ɲin$^{13}_{21}$.tiau$^{35}$ɲi$^{13}_{21}$iet$^{3}$tʂən$^{53}$.

【□空事】tʂek$^{3}$kʰəŋ$^{53}$sɿ$^{53}$ 爱谈论与自己无关的闲事：喜欢～噢箇人呶。çi$^{21}$fɔn$^{35}_{44}$tʂek$^{3}$kʰəŋ$^{53}$sɿ$^{53}_{44}$au$^{0}$kai$^{53}_{44}$ɲin$^{13}_{21}$nau$^{0}$.｜～啊？就就唔归渠管个事唠，于渠无关个事唠，渠也去讲唠，就安做～唠。于渠无关个事啊，就安做空事啊。喜欢讲啊喜欢管箇起撂自家无关个事，就安做～。tʂek$^{3}$kʰəŋ$^{53}$sɿ$^{53}_{44}$a$^{0}$?tsʰiəu$^{53}_{44}$tsʰiəu$^{53}_{44}$m̩$^{13}$kuei$^{35}_{44}$ci$^{13}_{21}$kɔn$^{21}$ke$^{53}_{44}$sɿ$^{53}$lau$^{0}$,vy$^{13}$ci$^{13}_{21}$u$^{13}$kuan$^{35}$ke$^{53}_{44}$sɿ$^{53}_{44}$lau$^{0}$,ci$^{13}_{21}$ia$^{35}$çi$^{53}_{44}$kɔŋ$^{21}$lau$^{0}$,tsʰiəu$^{53}_{44}$ɔn$^{35}_{44}$tso$^{53}_{44}$tʂek$^{3}$kʰəŋ$^{53}$sɿ$^{53}_{44}$lau$^{0}$.vy$^{13}$ci$^{13}_{44}$u$^{13}$kuan$^{35}$ke$^{53}_{44}$sɿ$^{53}_{44}$a$^{0}$,tsʰiəu$^{53}_{44}$ɔn$^{35}_{44}$tso$^{53}_{44}$kʰəŋ$^{53}$sɿ$^{53}_{44}$a$^{0}$.çi$^{21}$fɔn$^{35}_{44}$kɔŋ$^{21}$ŋa$^{0}$çi$^{21}$fɔn$^{35}_{44}$kɔn$^{21}$kai$^{53}$çi$^{21}$lau$^{35}$tsʰɿ$^{35}$ka$^{35}_{44}$u$^{13}$kuan$^{35}$ke$^{53}$sɿ$^{53}_{21}$,tsʰiəu$^{53}_{44}$ɔn$^{35}_{44}$tso$^{53}_{44}$tʂek$^{3}$kʰəŋ$^{53}$sɿ$^{53}_{21}$.

【猪□子】tʂəu$^{35}$kʰu$^{53}$tsɿ$^{0}$ 名猪蹄髈：一块猪肉，一只～，一只步仪，三项东西，渠指正高亲就会多三项东西。iet$^{3}$kʰuai$^{53}$tʂəu$^{35}$ɲiəuk$^{3}$,iet$^{3}$tʂak$^{3}$tʂəu$^{35}$kʰu$^{53}$tsɿ$^{0}$,iet$^{3}$tʂak$^{3}$pʰu$^{53}$ɲi$^{13}_{21}$,san$^{35}$xɔŋ$^{53}$təŋ$^{35}$si$^{0}$,ci$^{13}$tsʰiəu$^{53}_{44}$uɔi$^{53}_{44}$to$^{35}_{44}$san$^{35}_{44}$xɔŋ$^{53}_{21}$təŋ$^{35}_{44}$si$^{0}$.｜我等欸搞得最多个就系么个嘞？～。欸，猪子个欸猪脚上箇个肘子肉哇，比较好食，欸，～。好，箇就一般～就有几只啦，一只嘞就系欸结婚个时候子高亲去送嫁，箇男方男家头爱打发一只～。欸，媒人公做媒人个人也有只～得，欸，有只～。箇是我等客家人个习惯呐系。～，□子肉就蛮好食。ŋai$^{13}_{21}$tien$^{0}$e$_{21}$kau$^{21}$tek$^{3}$tsei$^{53}$to$^{35}_{44}$ke$^{0}$tsʰiəu$^{53}$xei$^{53}$mak$^{3}$e$^{0}$lei$^{0}$?tʂəu$^{35}$kʰu$^{53}$tsɿ$^{0}$.ei$_{21}$,tʂəu$^{35}$tsɿ$^{0}$kei$^{53}_{44}$e$^{0}$tʂəu$^{35}$ciɔk$^{3}$xɔŋ$^{53}$kai$^{53}$ke$^{53}$tʂəu$^{21}$tsɿ$^{0}$ɲiəuk$^{3}$ua$^{0}$,pi$^{21}$ciau$^{53}_{44}$xau$^{21}$ʂət$^{5}$,e$_{21}$,tʂəu$^{35}$kʰu$^{53}$tsɿ$^{0}$.xau$^{21}$,kai$^{53}$tsʰiəu$^{53}$iet$^{3}$pan$^{35}$tʂəu$^{35}$kʰu$^{53}$tsɿ$^{0}$tsʰiəu$^{53}_{44}$iəu$^{35}_{53}$ci$^{21}$tʂak$^{3}$la$^{0}$,iet$^{3}$tʂak$^{3}$le$^{0}$tsʰiəu$^{53}$xe$^{53}$e$_{21}$ciet$^{3}$fən$^{35}$ke$^{53}$ʂʅ$^{13}$xei$^{53}$tsɿ$^{0}$kau$^{35}$tsʰin$^{35}$çi$^{53}_{44}$səŋ$^{53}$ka$^{53}$,kai$^{53}$lan$^{13}$fɔŋ$^{35}_{53}$lan$^{13}$ka$^{35}_{53}$tʰei$^{13}_{21}$ɔi$^{53}$ta$^{21}$fait$^{3}$iet$^{3}$tʂak$^{3}$tʂəu$^{35}$

kʰu$^{53}$tsɿ$^{0}$.e$_{21}$,mɔi$^{13}$ɲin$^{13}$kəŋ$^{35}$tso$^{53}$mɔi$^{13}$ɲin$^{13}_{21}$ke$^{53}$ɲin$^{13}_{44}$ia$^{35}$iəu$^{35}_{53}$tʂak$^{3}$ tʂəu$^{35}$kʰu$^{53}$tsɿ$^{0}$ tek$^{3}$,e$_{21}$,iəu$^{35}$tʂak$^{3}$ tʂəu$^{35}$kʰu$^{53}$tsɿ$^{0}$.kai$^{53}_{44}$ʂɿ$^{53}_{44}$ŋai$^{13}_{21}$tien$^{0}$ kʰak$^{3}$ ka$^{35}_{44}$ɲin$^{13}_{21}$kei$^{53}_{44}$siet$^{5}$ kuan$^{53}$na$^{0}$ xei$^{53}_{21}$.tʂəu$^{35}$kʰu$^{53}$tsɿ$^{0}$,kʰu$^{53}$tsɿ$^{0}$ɲiəuk$^{3}$ tsʰiəu$^{53}$man$^{13}_{21}$ xau$^{21}$ʂət$^{5}$.｜我呀也做过。箇我做过一回是蛮好食唠。渠等都话真好食唠。～，让门做啊？欸，～毎倒来洗净来以后，渠是有皮，分箇毛烧咁去，啊，毛烧咁去嘞，通身分箇个甜酒一码，甜酒哇，欸，码渠一下，全身都码一到来。以下嘞，箇个底下箇肉，底下翻开来，箇只大头个箇向，箇底下个肉嘞篓开下子来，放兜子盐去，欸，放胡椒，放辣椒，放欸放蜂……呃，放箇个酒娘，系啊？欸，然后放还加兜子油，毎倒嘞欸一箇个毎倒毎只钵子装倒，放下炉子里蒸，嗯，蒸熟来。蒸熟来以后，放下镬里，放兜子糖，酱油哇味精子箇兜咁个啊，欸，淋一到，分渠淋一到，掇倒去食，就咁个。还有就清蒸。唔爱切开来，唔爱改刀。唔爱过油，唔爱去炮。ŋai$^{13}_{21}$ia$^{0}$ ia$^{35}$tso$^{53}$ko$^{0}$.kai$^{53}$ŋai$^{13}$tso$^{53}$ko$^{53}$(i)et$^{3}$ fei$^{13}$ʂɿ$^{53}_{44}$man$^{13}$xau$^{21}$ʂət$^{5}$ lau$^{0}$.ci$^{13}_{21}$tien$^{0}$ təu$^{35}$ua$^{53}_{21}$tʂən$^{35}$ xau$^{21}$ʂət$^{5}$ lau$^{0}$.tʂəu$^{35}$kʰu$^{53}$tsɿ$^{0}$, ɲiɔŋ$^{53}_{44}$mən$^{13}_{44}$tso$^{53}$a$^{0}$?e$_{21}$,tʂəu$^{35}$kʰu$^{53}$tsɿ$^{0}$ u$^{21}$tau$^{21}$lɔi$^{13}$se$^{21}$tsʰiaŋ$^{53}$lɔi$^{13}_{21}$i$^{35}$xei$^{53}_{44}$,ci$^{13}_{21}$ʂɿ$^{53}_{44}$ iəu$^{35}_{44}$pʰi$^{13}$,pən$^{35}$kai$^{53}_{44}$mau$^{35}$ʂau$^{35}$kan$^{21}$çi$^{53}$,a$_{21}$,mau$^{35}$ʂau$^{35}$kan$^{21}$çi$^{53}_{44}$lei$^{0}$,tʰəŋ$^{35}$ʂən$^{35}$pən$^{35}$kai$^{53}_{44}$ke$^{53}_{44}$tʰian$^{13}$tsiəu$^{21}$iet$^{3}$ ma$^{35}$,tʰian$^{13}$tsiəu$^{21}$ua$^{0}$,e$_{21}$,ma$^{35}$ci$^{13}_{21}$iet$^{3}$ xa$^{53}$,tsʰien$^{13}$ʂən$^{35}_{44}$təu$^{35}_{44}$ma$^{35}$iet$^{3}$ tau$^{53}$lɔi$^{13}_{21}$.i$^{21}$xa$^{53}_{44}$lei$^{0}$,kai$^{53}$kei$^{53}_{44}$tei$^{21}$xa$^{53}$kai$^{53}$ ɲiəuk$^{3}$,tei$^{21}$xa$^{53}_{44}$fan$^{35}$kʰɔi$^{35}$lɔi$^{13}_{21}$,kai$^{53}_{44}$tʂak$^{3}$ tʰai$^{53}$tʰei$^{13}_{21}$ke$^{53}_{44}$kai$^{53}_{44}$çiɔŋ$^{53}_{44}$,kai$^{53}_{44}$tei$^{21}$xa$^{53}$ke$^{53}$ɲiəuk$^{3}$ lei$^{0}$ sak$^{3}$ kʰɔi$^{35}_{44}$xa$^{53}$ tsɿ$^{0}$ lɔi$^{13}_{44}$,fɔŋ$^{53}$təu$^{35}_{53}$tsɿ$^{0}$ ian$^{13}$çi$^{53}$,e$_{21}$,fɔŋ$^{53}$fu$^{13}$tsiau$^{35}$,fɔŋ$^{53}$lait$^{5}$ tsiau$^{35}$,fɔŋ$^{53}$e$_{21}$fɔŋ$^{53}$fəŋ$^{35}$tʰ…ə$^{0}$ fɔŋ$^{53}$kai$^{53}_{44}$ke$^{53}_{44}$tsiəu$^{21}$ ɲiɔŋ$^{13}$,xei$^{53}_{44}$a$^{0}$?e$_{21}$,vien$^{13}$xei$^{53}_{44}$fɔŋ$^{53}$xai$^{13}_{21}$cia$^{35}$te$^{35}_{53}$tsɿ$^{0}$ iəu$^{13}$,u$^{21}$tau$^{21}$lei$^{0}$ ei$_{21}$iet$^{3}$ kai$^{53}$ke$^{53}$u$^{21}$tau$^{21}$u$^{21}$tʂak$^{3}$ pait$^{3}$ tsɿ$^{0}$ tʂɔŋ$^{35}$tau$^{21}$,fɔŋ$^{53}$xa$^{53}$ləu$^{13}$tsɿ$^{0}$ li$^{0}$ tʂən$^{35}$,n̩$_{21}$,tʂən$^{35}$ʂəuk$^{5}$ lɔi$^{13}_{21}$.tʂən$^{35}$ʂəuk$^{5}$ lɔi$^{13}_{21}$i$^{35}_{44}$xei$^{53}_{44}$,fɔŋ$^{53}_{44}$ŋa$^{53}_{44}$uɔk$^{5}$ li$^{0}$,fɔŋ$^{53}$te$^{35}_{53}$tsɿ$^{0}$ tʰɔŋ$^{35}$,tsiɔŋ$^{53}$iəu$^{13}$ua$^{0}$ uei$^{53}$tsin$^{35}_{44}$tsɿ$^{0}$ kai$^{53}_{44}$tei$^{35}_{44}$kan$^{21}$cie$^{53}$a$^{0}$,e$_{21}$,lin$^{13}$iet$^{3}$ tau$^{53}$,pən$^{35}_{44}$ci$^{13}_{44}$lin$^{13}$iet$^{3}$ tau$^{53}$,tɔit$^{3}$ tau$^{21}$çi$^{53}_{44}$ ʂət$^{5}$,tsiəu$^{53}_{44}$kan$^{21}_{44}$cie$^{53}_{44}$.xai$^{13}_{21}$iəu$^{35}_{44}$tsʰiəu$^{53}$tsʰin$^{35}$tʂən$^{35}$.m̩$^{13}_{21}$mɔi$^{53}$tsʰiet$^{3}$ kʰɔi$^{35}_{44}$lɔi$^{13}_{21}$,m̩$^{13}_{21}$mɔi$^{53}$kai$^{21}$tau$^{35}$.m̩$^{13}_{21}$mɔi$^{53}$ko$^{53}$ iəu$^{13}$,m̩$^{13}_{21}$mɔi$^{53}$çi$^{53}$pʰau$^{13}$.

tʂʰ

【□】tʂʰa$^{53}$ 动 略微放入一点儿：就稍微放滴子水哦就安做～滴子水。tsʰiəu$^{53}_{21}$sau$^{35}$uei$^{35}_{44}$fɔŋ$^{53}$tiet$^{5}$ tsɿ$^{0}$ ʂei$^{21}$o$^{0}$ tsʰiəu$^{53}_{44}$ɔn$^{35}_{44}$tso$^{53}_{44}$tʂʰa$^{53}$tiet$^{3}$ tsɿ$^{0}$ ʂei$^{21}$.

【□】tʂʰo$^{53}$ 动 ①反复踩踏：用脚去～。iɔŋ$^{53}$ciɔk$^{3}$ çi$^{53}_{44}$tʂʰo$^{53}$. ②踢腾：一双脚乱～ iet$^{3}$ səŋ$^{35}_{44}$ciɔk$^{3}$ lɔn$^{53}$tʂʰo$^{53}$

【□】tʂʰən$^{53}$ 动 垂下：（吊兰）底下要～～点下来。tei$^{21}$xa$^{35}$iau$^{53}_{44}$tʂʰən$^{53}$tʂʰən$^{53}$tian$^{21}$xa$^{35}$lɔi$^{13}_{21}$.

【长□□哩】tʂʰɔŋ$^{13}$lai$^{35}$lai$^{35}$li$^{0}$ 很长的样子：箇个香蒲就系～啦。蕲艾也～个啦，咁长个蕲艾啦。欸，咁长个香蒲啦，～个。kai$^{53}_{44}$ke$^{53}_{44}$çiɔŋ$^{35}$pʰu$^{13}_{44}$tsʰiəu$^{53}_{44}$xei$^{53}_{44}$tʂʰɔŋ$^{13}$lai$^{35}_{44}$lai$^{35}_{44}$li$^{0}$ la$^{0}$.cʰi$^{13}$ɲie$^{53}_{44}$a$^{35}_{44}$tʂʰɔŋ$^{13}$ lai$^{35}_{44}$lai$^{35}_{44}$li$^{0}$ ke$^{0}$ la$^{0}$,kan$^{21}$tʂʰɔŋ$^{13}_{44}$ke$^{0}$ cʰi$^{13}_{21}$ɲie$^{53}_{44}$la$^{0}$.e$_{21}$,kan$^{21}$tʂʰɔŋ$^{13}$ke$^{0}$ çiɔŋ$^{35}$pʰu$^{13}_{44}$la$^{0}$,tʂʰɔŋ$^{13}_{21}$lai$^{35}_{44}$lai$^{35}$li$^{0}$ ke$^{0}$.

ʂ

【□嫲】ʂe$^{13}$ma$^{13}$ 名 ①傻瓜（指女性），不精明的女人：姑娘子就～。ku$^{35}$ɲiɔŋ$^{13}_{44}$tsɿ$^{0}$ tsʰiəu$^{53}$ʂe$^{13}$ma$^{13}$. ②男对女的昵称：你个～嘞。ɲi$^{13}$ke$^{53}$ʂe$^{13}$ma$^{13}$lei$^{0}$.

【□牯】ʂe$^{13}$ku$^{21}$ 名 ①傻瓜（一般指男性），不精明的男人：有话～唠，～。iəu$^{35}_{44}$ua$^{53}_{44}$ʂe$^{13}$ku$^{21}$ lau$^{0}$,ʂe$^{13}$ku$^{21}$.｜我等就话～哇。ŋai$^{13}_{21}$tien$^{0}$ tsʰiəu$^{53}$ua$^{53}$ʂe$^{13}$ku$^{21}$ua$^{0}$.｜箇智力啦……变成哩～，变成哩傻瓜。kai$^{53}_{44}$tʂɿ$^{53}$liet$^{5}$ la$^{0}$ …pien$^{53}$tʂʰən$^{13}_{44}$li$^{0}$ ʂe$^{13}$ku$^{21}$,pien$^{53}$tʂʰən$^{13}_{44}$li$^{0}$ sa$^{21}$kua$^{35}_{44}$.｜以个（裤裆棋）就最简单呢。～都会作。i$^{21}$ke$^{53}_{44}$tsʰiəu$^{53}_{44}$tsei$^{53}$kan$^{21}$tan$^{35}_{44}$ne$^{0}$.ʂe$^{13}$ku$^{21}_{44}$təu$^{35}_{44}$uɔi$^{53}_{44}$tsɔk$^{3}$. ②女对男的娇称：～嘞，咁个都唔懂呢。咁个都唔晓得，～嘞。ʂe$^{13}$ku$^{21}$lei$^{0}$ ,kan$^{21}$cie$^{53}$təu$^{35}_{53}$n̩$^{13}_{21}$təŋ$^{21}$nei$^{0}$.kan$^{21}$ke$^{53}$təu$^{35}_{53}$n̩$^{13}_{21}$çiau$^{21}$ tek$^{3}$,ʂe$^{13}$ku$^{21}$lei$^{0}$.

【水□□哩】ʂei$^{21}$tʂa$^{13}_{21}$tʂa$^{13}$li$^{0}$ 形 状态词。湿漉漉的样子：做好事就怕落水～。tso$^{53}$xau$^{21}$sɿ$^{53}$tsʰiəu$^{53}$ pʰa$^{53}$lɔk$^{5}$ ʂei$^{21}$ʂei$^{21}$tʂa$^{13}_{21}$tʂa$^{13}$li$^{0}$.

【□】ʂait$^{3}$ 动 眨：～眼珠 ʂait$^{3}$ŋau$^{21}$tʂəu$^{35}_{44}$｜一～眼 iet$^{3}$ ʂait$^{3}$ ŋan$^{21}$

【□眼】ʂait$^{3}$ ŋan$^{21}$ 副 马上，在很短的时间之内：～就到期了。ʂait$^{3}$ ŋan$^{21}$tsʰiəu$^{53}$tau$^{53}$cʰi$^{13}$liau$^{21}$.｜今晡二十五，～就到月底了。cin$^{35}$pu$^{35}$ɲi$^{53}$ʂek$^{5}$ ŋ̍$^{13}$,ʂait$^{3}$ ŋan$^{21}$tsʰiəu$^{53}$tau$^{53}$ɲiet$^{5}$ te$^{21}$liau$^{21}$.

【□】ʂait$^{5}$ 动 挤眼儿：你等两个人眼珠～么个？你两个人放势去下～眼珠哇，～么个唠？ɲi$^{13}$ tien$^{0}$ iɔŋ$^{21}$ke$^{53}$in$^{13}_{21}$ŋan$^{21}$tʂəu$^{35}_{44}$ʂait$^{5}$ mak$^{3}$ ke$^{53}$?ɲi$^{13}$iɔŋ$^{21}$ke$^{53}$in$^{13}_{21}$xɔŋ$^{53}$ʂɿ$^{53}$çi$^{53}$xa$^{53}$ʂait$^{5}$ ŋan$^{21}$tʂəu$^{35}_{44}$ua$^{0}$ ,ʂait$^{5}_{3}$ mak$^{3}$ ke$^{53}$ lau$^{0}$?

【□】ʂɔit$^{3}$ 动 轻轻地喝：～一口子，欸，你～一口子。ʂɔit$^{3}$ iet$^{3}$ xei$^{21}$tsɿ$^{0}$,e$_{21}$, ɲi$^{13}_{21}$ʂɔit$^{3}$ iet$^{3}$ xei$^{21}$tsɿ$^{0}$.

【石□】ʂak$^{5}$ tsiau$^{35}$ 名 石堆：箇马路边上一只～啦，你等骑车是注意骑摩托注意下子啦，莫钟倒哩啊，莫钟下箇上背去哩啦。kai$^{53}_{44}$ma$^{35}$ləu$^{53}$pien$^{35}_{44}$xɔŋ$^{53}_{44}$iet$^{3}$ tʂak$^{3}$ ʂak$^{5}$ tsiau$^{35}$la$^{0}$，ɲi$^{13}$tien$^{0}$ cʰi$^{13}_{21}$tʂʰa$^{35}$ʂʅ$^{53}_{44}$ tʂʯ$^{53}$i$^{53}$cʰi$^{13}_{21}$mo$^{13}$tʰɔk$^{3}$ tʂʯ$^{53}$i$^{53}$(x)a$^{53}$tsʅ$^{0}$ la$^{0}$，mɔk$^{5}$ tsʰɔŋ$^{53}$tau$^{21}$li$^{0}$ a$^{0}$，mɔk$^{5}$ tʂəŋ$^{35}$ŋa$^{53}$kai$^{53}$ʂɔŋ$^{53}_{44}$pɔi$^{53}_{44}$çi$^{53}$li$^{0}$ la$^{0}$.

c

【□】ci$^{35}$ 量根：一～禾线稻穗 iet$^{3}$ ci$^{35}$uo$^{13}$sien$^{53}$

【□】cien$^{21}$ 副语气副词，用于加强否定：昨晡夜晡～赠睡着。tsʰo$^{35}$pu$^{35}_{44}$ia$^{53}$pu$^{35}_{44}$cien$^{21}$maŋ$^{13}$ʂɔi$^{53}$ tʂʰɔk$^{5}$.

cʰ

【□粗】cʰia$^{53}$tsʰʅ$^{35}$/tsʰəu$^{35}$ 形状态词。①物体表面很粗糙，很不平滑：箇只口就～。kai$^{53}$tʂak$^{3}$ xei$^{21}$tsʰiəu$^{53}$cʰia$^{53}$tsʰʅ$^{35}$.｜擂钵嘞渠就欸箇肚里吵，就唔系光滑个，～个。li$^{13}$pait$^{3}$ lei$^{0}$ ci$^{13}_{21}$tsʰiəu$^{53}_{44}$e$_{21}$ kai$^{53}$təu$^{21}$li$^{0}$ ʂa$^{0}$，tsʰiəu$^{53}$m̩$^{13}$pʰe$_{44}$(←xe$^{53}$)kɔŋ$^{35}$uait$^{5}_{3}$ke$^{53}$，cʰia$^{53}$tsʰʅ$^{35}$ke$^{53}_{21}$.｜箇细人子有滴时候箇面上舞倒欸～啊。kai$^{53}_{44}$sei$^{53}$ɲin$^{13}_{21}$tsʅ$^{0}$ iəu$^{35}$tet$^{5}$ ʂʅ$^{13}_{21}$xei$^{53}_{44}$kai$^{53}_{44}$mien$^{35}$xɔŋ$^{53}_{44}$u$^{21}$tau$^{21}$e$_{21}$cʰia$^{53}$tsʰʅ$^{35}$a$^{0}$.｜（草席）～个。cʰia$^{53}$tsʰəu$^{35}$ke$^{53}_{21}$.｜渠就咁皮上有层箇毛，一捞嘿去～～。ci$^{13}_{21}$tsʰiəu$^{53}_{44}$kan$^{21}_{53}$pʰi$^{13}$xɔŋ$^{53}_{44}$iəu$^{35}$tsʰien$^{13}_{21}$kai$^{53}_{21}$ mau$^{35}$，iet$^{3}$ lau$^{35}$uek$^{3}$(←xek$^{3}$)çi$^{53}$cʰia$^{53}$tsʰʅ$^{35}$cʰia$^{53}_{44}$tsʰʅ$^{35}$. ②粉状物很不细腻：粉还～个。fən$^{21}$xai$^{13}$cʰia$^{53}$ tsʰʅ$^{35}$ke$^{53}_{44}$.

【□】cʰie$^{35}$ 动切割（肉）：当然小杀子因为渠锋利，所以嘞在箇个买猪肉个过程当中啊，如果渠爱去割下子啊，哪映～下子，爱有得骨头个栏场呐，过骨头就过唔得，爱～下子嘞就用小杀子去～。tɔŋ$^{35}$vien$^{13}_{21}$siau$^{21}$sait$^{3}$ tsʅ$^{0}$ in$^{35}$uei$^{53}_{44}$ci$^{13}_{21}$fəŋ$^{35}$li$^{53}$，so$^{21}$i$^{35}_{44}$lei$^{0}$ tsʰai$^{53}$kai$^{53}_{44}$ke$^{53}_{44}$mai$^{53}$tʂəu$^{35}$ɲiəuk$^{3}$ ke$^{53}$ ko$^{53}$tʂʰən$^{13}_{21}$tɔŋ$^{35}_{44}$tʂəŋ$^{35}_{44}$ŋa$^{0}$，vy$^{13}$ko$^{21}$ci$^{13}_{21}$ɔi$^{53}$çi$^{53}$kɔit$^{3}$ (x)a$^{53}_{44}$tsʅ$^{0}$ a$^{0}$，lai$^{53}_{44}$iaŋ$^{53}_{44}$cʰie$^{35}$(x)a$^{53}$tsʅ$^{0}$，ɔi$^{53}$mau$^{13}_{21}$tek$^{3}$ kuɔt$^{3}$ tʰei$^{13}$ ke$^{53}$lan$^{13}_{44}$tʂʰɔŋ$^{13}_{44}$na$^{0}$，ko$^{53}$kuɔt$^{3}$ tʰei$^{13}$tsʰiəu$^{53}$ko$^{53}$n̩$^{13}_{21}$tek$^{3}$，ɔi$^{53}_{44}$cʰie$^{35}$(x)a$^{53}_{44}$tsʅ$^{0}$ lei$^{0}$ tsʰiəu$^{53}$iəŋ$^{53}$siau$^{21}$sait$^{3}$ tsʅ$^{0}$ çi$^{53}_{44}$ cʰie$^{35}$.

【□】cʰie$^{53}$ 动硌；凸起的硬东西跟身体接触，使身体感到难受或受到损伤：箇是草席。□粗个。～人，～背囊。kai$^{53}_{44}$ʂʅ$^{53}_{44}$tsʰau$^{21}$tsʰiak$^{5}$.cʰia$^{53}$tsʰəu$^{35}$ke$^{53}_{21}$.cʰie$^{53}$ɲin$^{13}$，cʰie$^{53}_{44}$pɔi$^{53}$ləŋ$^{13}$.

【□】cʰiəu$^{53}$ 量朵。用于花朵：一～花 iet$^{3}$ cʰiəu$^{53}$fa$^{35}$｜搞唔有别么啊吗啦，我等如今都跟倒学一～花。一～哇。一～花。箇个招呼系学倒个哈！我就唔敢包哈！kau$^{21}$n̩$^{13}$iəu$^{35}_{44}$pʰiek$^{5}$ mak$^{3}$ a$^{0}$ ma$^{0}$ la$^{0}$，ŋai$^{13}_{21}$tien$^{0}$ i$^{13}_{21}$cin$^{35}_{44}$təu$^{35}$cien$^{35}$tau$^{21}$xɔk$^{5}$ iet$^{3}$ tʂʰəu$^{53}$fa$^{35}_{44}$.iet$^{3}$ cʰiəu$^{53}$ua$^{0}$.iet$^{3}$ cʰiəu$^{53}$fa$^{35}_{44}$.kai$^{53}_{44}$ke$^{53}_{44}$tʂau$^{35}$fu$^{35}_{44}$ xe$^{53}_{44}$xɔk$^{5}$ tau$^{21}$ke$^{53}_{44}$xa$^{0}$！ŋai$^{13}$tsʰiəu$^{53}$n̩$^{13}_{21}$kan$^{21}$pau$^{35}$xa$^{0}$！

【□子】cʰian$^{53}$tsʅ$^{0}$ 量大拇指与中指或食指张开的长度。也可不加“子”：一～长 iet$^{3}$ cʰian$^{53}$tsʅ$^{0}$ tʂʰɔŋ$^{13}$

【□哐□哐】cʰin$^{53}$kʰuaŋ$^{53}$cʰin$^{53}$kʰuaŋ$^{53}$ 拟声摹拟器械来回运动撞击发出的声音：箇个嘞就有种箱刨，～，安做箱刨，刨番薯丝个。kai$^{53}_{44}$ke$^{53}_{44}$lei$^{0}$ tsʰiəu$^{53}_{44}$iəu$^{35}$tʂəŋ$^{21}$siɔŋ$^{35}$pʰau$^{13}_{21}$，cʰin$^{53}$kʰuaŋ$^{53}$cʰin$^{53}$ kʰuaŋ$^{53}$，ɔn$^{35}_{21}$tso$^{53}_{21}$siɔŋ$^{35}$pʰau$^{13}_{21}$，pʰau$^{13}$fan$^{35}$ʂəu$^{13}_{21}$sʅ$^{35}$ke$^{53}_{21}$.

【轻快□□】cʰiaŋ$^{35}$kʰuai$^{53}$tiet$^{3}$ siet$^{3}$ ①（东西做得）轻快又紧凑：我箇到买张子镰铲呢，欸，我箇只阿叔就同我斗只子唔知几好个把呢，镰刨咯，镰铲呐，铲草个，箇就真系又轻快又□□又好用又锋利，欸，轻快又□□。就把斗得好哇，飘轻子。又有几大呀，箇把又细呀，就□□，揿倒手里唔胀手。又锋利子，箇张铲嘞又锋利。我择哩又择个。锋利子个铲。～，箇张铲呐～。ŋai$^{13}$kai$^{53}$tau$^{53}$mai$^{35}$tʂɔŋ$^{35}_{53}$tsʅ$^{0}$ lien$^{13}$tsʰan$^{21}$nei$^{0}$，e$_{21}$，ŋai$^{13}$kai$^{53}$tʂak$^{3}$ a$^{35}$ʂəuk$^{3}$ tsiəu$^{53}$tʰəŋ$^{13}_{21}$ŋai$^{13}_{21}$tei$^{53}$ tʂak$^{3}$ tsʅ$^{0}$ n̩$^{13}$ti$^{35}_{53}$ci$^{21}$xau$^{21}$ke$^{53}_{44}$pa$^{53}$nei$^{0}$，lien$^{13}$pʰau$^{13}_{21}$ko$^{0}$，lien$^{13}$tsʰan$^{21}$na$^{0}$，tsʰan$^{21}$tsʰau$^{21}$ke$^{53}$，kai$^{53}$tsʰiəu$^{53}$tʂən$^{35}_{44}$xe$^{53}_{44}$ iəu$^{53}$cʰiaŋ$^{35}$kʰuai$^{53}$iəu$^{53}$tiet$^{3}$ siet$^{3}$ iəu$^{53}$xau$^{21}$iəŋ$^{53}$iəu$^{53}_{44}$fəŋ$^{35}$li$^{53}$，e$_{21}$，cʰiaŋ$^{35}$kʰuai$^{53}$iəu$^{53}_{44}$tiet$^{3}$ siet$^{3}$.tsʰiəu$^{53}_{44}$pa$^{53}$tei$^{53}$ tek$^{3}$ xau$^{21}$ua$^{0}$，pʰiau$^{35}$cʰiaŋ$^{35}$tsʅ$^{0}$.iəu$^{53}$mau$^{13}$ci$^{21}$tʰai$^{53}$ia$^{0}$，kai$^{53}_{44}$pa$^{53}_{44}$iəu$^{53}_{44}$sei$^{53}$ia$^{0}$，tsʰiəu$^{53}$tiet$^{3}$ siet$^{3}$，ia$^{21}$tau$^{21}$ʂəu$^{21}$li$^{0}$ n̩$^{13}$tʂɔŋ$^{53}$ʂəu$^{21}$.iəu$^{53}_{44}$fəŋ$^{35}$li$^{53}$tsʅ$^{0}$，kai$^{53}_{21}$tʂɔŋ$^{35}_{53}$tsʰan$^{21}$lei$^{0}$ iəu$^{53}_{44}$fəŋ$^{35}$li$^{53}$.ŋai$^{13}$tʰɔk$^{5}$ li$^{0}$ iəu$^{53}_{44}$tʰɔk$^{5}_{3}$ke$^{53}$.fəŋ$^{35}$li$^{53}$tsʅ$^{0}$ ke$^{53}_{44}$ tsʰan$^{21}$.cʰiaŋ$^{35}$kʰuai$^{53}$tiet$^{3}$ siet$^{3}$，kai$^{53}_{44}$tʂɔŋ$^{35}_{53}$tsʰan$^{21}$na$^{0}$ cʰiaŋ$^{35}$kʰuai$^{53}$tiet$^{3}$ siet$^{3}$. ②（人长得）不笨重；小巧灵活：箇只人呐欸长得～。kai$^{53}$tʂak$^{3}$ ɲin$^{13}_{44}$na$^{0}$ e$_{44}$tʂəŋ$^{21}$tek$^{3}$ cʰiaŋ$^{35}$kʰuai$^{53}$tiet$^{3}$ siet$^{3}$.

【□】cʰiet$^{3}$ 动①盖。由上往下覆，遮掩：舞只茶缸盖子～稳渠。u$^{21}$(tʂ)ak$^{3}$ tsʰa$^{13}$kɔŋ$^{35}_{44}$kɔi$^{53}$tsʅ$^{0}$ cʰiet$^{3}$uən$^{21}$ci$^{13}_{44}$.｜蒸好哩，～稳盖子～倒。tʂən$^{35}$xau$^{21}$li$^{0}$，cʰiet$^{3}$uən$^{21}_{44}$kɔi$^{53}$tsʅ$^{0}$ cʰiet$^{3}$tau$^{21}$.｜莫～镬盖啦，要唔系会潽咁呐！mɔk$^{5}$ cʰiet$^{3}$uɔk$^{5}$kɔi$^{53}$la$^{0}$，iau$^{53}_{44}$m̩$^{13}_{21}$pʰei$^{53}$uɔi$^{53}$pʰu$^{35}$kan$^{21}$na$^{0}$！｜噢，有两只，一只就罩，也话罩。罩稳。欸，还有只硬话～稳呢。欸，镬盖，～稳，～稳镬盖。欸，箇饭甑呢蒸哩，装哩饭呢，爱～盖，爱～稳。渠盖个意思，欸，盖个意思。也话盖盖呀，如今个后生人就话盖盖呀。～盖是……有滴情况下就用～盖唠，就会……就会记得话～盖。欸，箇……欸，

箇个面盆肚……面盆肚里放哩鱼子，欸，记稳～稳哈，爱～稳哈，莫分渠走嘿哩哈。欸，～稳，就是盖稳。au$^{21}$,iəu$^{35}$iɔŋ$^{21}$tʂak$^{3}$,iet$^{3}$tʂak$^{3}$tsʰiəu$^{53}_{44}$tsau$^{53}$,ia$^{35}$ua$^{53}_{44}$tsau$^{53}$.tsau$^{53}$uən$^{21}$.e$_{21}$,xai$^{13}_{21}$iəu$^{35}$tʂak$^{3}$ɲiaŋ$^{53}$ua$^{53}$cʰiet$^{3}$uən$^{21}$nei$^{0}$.e$_{21}$,uɔk$^{5}$kɔi$^{53}$,cʰiet$^{3}$uən$^{21}$,cʰiet$^{3}$uən$^{21}$uɔk$^{5}$kɔi$^{53}$.e$_{21}$,kai$^{53}_{44}$fan$^{53}$tsien$^{53}_{44}$ne$^{0}$tʂən$^{35}$ni$^{0}$,tʂɔŋ$^{35}$li$^{0}$fan$^{53}$ne$^{0}$,ɔi$^{53}_{44}$cʰiet$^{3}$kɔi$^{53}$,ɔi$^{53}_{44}$cʰiet$^{3}$uən$^{21}$.ci$^{13}_{21}$kɔi$^{53}$ke$^{53}_{44}$i$^{53}_{44}$sɿ$^{0}$,e$_{21}$,kɔi$^{53}$ke$^{53}_{44}$i$^{53}$sɿ$^{0}$.ia$^{35}$ua$^{53}$kɔi$^{53}$kɔi$^{53}$ia$^{0}$,i$^{13}_{21}$cin$^{35}_{44}$ŋe$_{44}$(←ke$^{53}$)xei$^{53}$saŋ$^{35}$ɲin$^{13}_{21}$tsʰiəu$^{53}_{44}$ua$^{53}_{21}$kɔi$^{53}$kɔi$^{53}$ia$^{0}$.cʰiet$^{3}$kɔi$^{53}$ʂʅ$^{53}_{44}$…iəu$^{35}$tet$^{5}$tsʰin$^{13}_{21}$kʰɔŋ$^{53}_{44}$çia$^{53}_{44}$tsʰiəu$^{53}_{44}$iəŋ$^{53}_{44}$cʰiet$^{3}$kɔi$^{53}$lau$^{0}$,tsʰiəu$^{53}_{21}$uɔi$^{53}_{21}$…tsʰiəu$^{53}_{21}$uɔi$^{53}_{21}$ci$^{53}$tek$^{3}$ua$^{53}_{44}$cʰiet$^{3}$kɔi$^{53}$.e$_{21}$,kai$^{53}_{44}$…e$_{21}$,kai$^{53}_{44}$ke$^{53}$mien$^{53}$pʰən$^{13}$təu$^{21}$…mien$^{53}$pʰən$^{13}$təu$^{21}$li$^{0}$fɔŋ$^{53}$li$^{0}$ŋ̍$^{13}$tsɿ$^{0}$,e$_{21}$,ci$^{53}$uən$^{21}$cʰiet$^{3}$uən$^{21}$xa$^{0}$,ɔi$^{53}_{44}$cʰiet$^{3}$uən$^{21}$xa$^{0}$,mɔk$^{5}$pən$^{35}$ci$^{13}_{21}$tsei$^{21}$(x)ek$^{3}$li$^{0}$xa$^{0}$.e$_{21}$,cʰiet$^{3}$uən$^{21}$,tsʰiəu$^{53}_{21}$ʂʅ$^{53}_{21}$kɔi$^{53}$uən$^{21}$.｜首先读小学子时候子，去下屋读，箇阵子带饭。舞只碗，～下去，舞只大碗装饭，舞只饭碗～下去，嗯。以下就昼边了嘞就分箇饭碗子爱分箇饭碗子拿出来，拿出来放倒去蒸放下镬里，老师就会同我等蒸，蒸起□□响，系唔系？你爱分箇饭碗拿出来，你箇咁子～稳就冇得熟，冇得滚，蒸起唔得滚。欸就像以咁子六月份了是唔知几暖了是食冷饭，嗯，箇就唔爱蒸做得了。ʂəu$^{21}$sien$^{35}_{44}$tʰəuk$^{5}$siau$^{21}$çiɔk$^{5}$tsɿ$^{0}$ʂʅ$^{13}_{44}$xəu$^{53}_{44}$tsɿ$^{0}$,çi$^{53}_{44}$xa$^{35}$uk$^{3}$tʰəuk$^{5}$,kai$^{53}_{44}$tʂʰən$^{53}_{44}$tsɿ$^{0}$tai$^{53}$fan$^{53}$.u$^{21}$tʂak$^{3}$uɔn$^{21}$,cʰiet$^{3}$(x)a$^{53}$çi$^{53}$,u$^{21}$tʂak$^{3}$tʰai$^{53}$uɔn$^{21}$tʂɔŋ$^{35}$fan$^{53}$,u$^{21}$tʂak$^{3}$fan$^{53}$uɔn$^{21}$cʰiet$^{3}$(x)a$^{53}$çi$^{53}$,n̩$_{21}$.i$^{21}$xa$^{53}_{44}$tsiəu$^{53}_{44}$tʂəu$^{53}$pien$^{35}$liau$^{21}$lei$^{0}$tsiəu$^{53}_{44}$pən$^{35}$kai$^{53}_{44}$fan$^{53}$uɔn$^{21}$tsɿ$^{0}$ɔi$^{53}_{44}$pən$^{35}$kai$^{53}_{44}$fan$^{53}$uɔn$^{21}$tsɿ$^{0}$la$^{53}$tʂʰət$^{3}$lɔi$^{13}_{53}$,la$^{53}$(tʂʰ)ət$^{3}$lɔi$^{13}_{44}$fɔŋ$^{53}$tau$^{21}$çi$^{53}_{44}$tʂən$^{35}$fɔŋ$^{53}$xa$^{53}_{44}$uɔk$^{5}$li$^{0}$,lau$^{21}$sɿ$^{35}_{44}$tsiəu$^{53}$uɔi$^{53}$tʰəŋ$^{13}_{21}$ŋai$^{13}_{21}$tien$^{0}$tʂən$^{35}$,tʂən$^{35}$çi$^{21}_{44}$kuet$^{5}$kuet$^{5}$çiɔŋ$^{21}_{44}$,xei$^{53}_{44}$me$^{0}$?ɲi$^{13}$ɔi$^{53}_{44}$pən$^{35}_{44}$kai$^{53}_{44}$fan$^{53}$uɔn$^{21}$la$^{53}$tʂʰət$^{3}$lɔi$^{13}$, ɲi$^{13}$kai$^{53}$kan$^{21}_{44}$tsɿ$^{0}$cʰiet$^{3}$uən$^{21}$tsʰiəu$^{53}$mau$^{13}$tek$^{3}$ʂəuk$^{5}$,mau$^{13}$tek$^{3}$kuən$^{21}$,tʂən$^{35}$çi$^{21}_{53}$n̩$^{13}$tek$^{3}$kuən$^{21}$.ei$_{21}$tsiəu$^{53}$tsʰiɔŋ$^{53}$i$^{21}_{44}$kan$^{21}_{44}$tsɿ$^{0}$liəuk$^{3}$ɲiet$^{5}$fən$^{53}$niau$^{21}_{44}$ʂʅ$^{53}_{44}$n̩$^{13}$ti$^{35}_{53}$ci$^{21}$lɔn$^{35}$niau$^{21}$ʂʅ$^{53}_{44}$ʂət$^{5}$laŋ$^{35}$fan$^{53}$,n̩$_{21}$,kai$^{53}_{44}$tsʰiəu$^{53}_{44}$m̩$^{13}_{21}$mɔi$^{53}$tʂən$^{35}$tso$^{53}$tek$^{3}$liau$^{0}$. ②罩住：火缸呢面上～只火架子。fo$^{21}$kɔŋ$^{35}$nei$^{0}$mien$^{53}_{44}$xɔŋ$^{53}_{44}$cʰiet$^{3}$tʂak$^{3}$fo$^{21}$ka$^{53}$tsɿ$^{0}$.

【□】cʰiet$^{5}$ 动 搅动，拌合：～欸，就是调。嗯，去交哇。～，～羹。比方系搞箇个米豆腐啊，渠就爱放下镬里去～嘞。米粉，箇就硬爱米粉。放下镬里去～，放滴水。底下就加热欸烧火。咁子去～，～成羹。欸粥嘞就唔系咁子个。粥就硬系生米，就米，多放水，欸，多放滴水去，去炆，就炆成哩粥。欸，羹摎粥唔同。cʰiet$^{5}$e$^{0}$,tsiəu$^{53}_{44}$ʂʅ$^{53}_{44}$tʰiau$^{13}$.ŋ̍$_{21}$,çi$^{53}_{44}$ciau$^{35}$ua$^{0}$.cʰiet$^{5}$,cʰiet$^{5}$kaŋ$^{35}$.pi$^{21}$fɔŋ$^{35}_{44}$xe$^{53}_{44}$kau$^{21}$kai$^{53}$ke$^{53}_{44}$mi$^{21}$tʰei$^{53}_{44}$fu$^{53}$a$^{0}$,ci$^{13}_{21}$tsʰiəu$^{53}_{44}$ɔi$^{53}_{44}$fɔŋ$^{53}_{44}$xa$^{53}_{44}$uɔk$^{5}$li$^{0}$çi$^{53}_{44}$cʰiet$^{5}$le$^{0}$.mi$^{21}$fən$^{21}$,kai$^{53}_{21}$tsʰiəu$^{53}_{44}$ɲiaŋ$^{53}_{44}$ɔi$^{53}_{44}$mi$^{21}$fən$^{21}$.fɔŋ$^{53}_{44}$ŋa$_{44}$(←xa$^{53}$)uɔk$^{5}$li$^{0}$çi$^{53}_{44}$cʰiet$^{5}$,fɔŋ$^{53}_{44}$tet$^{5}_{3}$ʂei$^{21}$.te$^{21}$xa$^{53}_{44}$tsʰiəu$^{53}_{44}$cia$^{35}_{44}$ɲiet$^{5}$e$^{0}$ʂau$^{35}$fo$^{21}$.kan$^{21}$tsɿ$^{0}$çi$^{53}_{44}$cʰiet$^{5}$,cʰiet$^{5}$ʂaŋ$^{13}_{21}$kaŋ$^{35}$.e$_{44}$tʂəuk$^{3}$lei$^{0}$tsʰiəu$^{53}$m̩$^{13}_{21}$pʰe$^{53}$(←xe$^{53}$)kan$^{21}$tsɿ$^{0}$ke$^{53}$.tʂəuk$^{3}$tsʰiəu$^{53}_{44}$ɲiaŋ$^{53}_{44}$xe$^{53}_{44}$saŋ$^{35}$mi$^{21}$,tsʰiəu$^{53}$mi$^{21}$,to$^{35}$fɔŋ$^{53}$ʂei$^{21}$,e$_{21}$,to$^{35}$fɔŋ$^{53}$tiet$^{5}$ʂei$^{21}$çi$^{53}$,çi$^{53}$uən$^{13}$,tsiəu$^{53}$uən$^{13}_{21}$ʂaŋ$^{13}_{44}$li$^{0}$tʂəuk$^{3}$.e$_{21}$,kaŋ$^{35}$lau$^{35}$tʂəuk$^{3}$n̩$^{13}$tʰəŋ$^{13}$.

【□】cʰiet$^{5}$ 动 攀爬：～树 cʰiet$^{5}$ʂəu$^{53}$｜～竹 cʰiet$^{5}$tʂəuk$^{3}$｜～上去，～上竹上去。～嘿箇竹尾巴上去。总～总尾呀，箇尾巴就受唔了哩啊，就驼下来吵。cʰiet$^{5}$ʂɔŋ$^{53}_{44}$çi$^{53}_{44}$,cʰiet$^{5}_{3}$ʂɔŋ$^{53}$tʂəuk$^{3}$xɔŋ$^{53}_{44}$çi$^{53}$.cʰiet$^{5}_{3}$(x)ek$^{5}$kai$^{53}_{44}$tʂəuk$^{3}$mi$^{35}_{44}$pa$^{35}$xɔŋ$^{53}_{21}$çi$^{53}$.tsəŋ$^{21}$cʰiet$^{5}$tsəŋ$^{21}$mi$^{35}$ia$^{0}$,kai$^{53}_{44}$mi$^{35}$pa$^{35}_{44}$tsʰiəu$^{53}_{44}$ʂəu$^{53}$n̩$^{13}_{21}$liau$^{21}$li$^{0}$a$^{0}$,tsʰiəu$^{53}_{44}$tʰo$^{13}$xa$^{53}_{44}$lɔi$^{13}_{21}$ʂa$^{0}$.

ɲ

【□】ɲin$^{53}$ 动 将火熄灭：中途系火～下来哩就会夹生熟。tʂəŋ$^{35}$tʰəu$^{13}_{21}$xei$^{53}$fo$^{21}$ɲin$^{53}$xa$^{53}_{44}$lɔi$^{13}_{21}$li$^{0}$tsʰiəu$^{53}_{44}$uɔi$^{53}_{44}$kait$^{3}$saŋ$^{35}$ʂəuk$^{5}$.

ç

【□】çia$^{35}$ 动（双腿）张开。有“AA 哩”重叠式：～开来，系呀，～开来。～～哩唠。～开来，两只脚～开来。çia$^{35}$kʰɔi$^{35}$lɔi$^{13}_{21}$,xei$^{53}_{44}$ia$^{0}$,çia$^{35}$kʰɔi$^{35}$lɔi$^{13}_{21}$.çia$^{35}$çia$^{35}$li$^{0}$lau$^{0}$.çia$^{35}$kʰɔi$^{35}$lɔi$^{13}_{21}$,iɔŋ$^{21}$tʂak$^{3}$ciɔk$^{3}$çia$^{35}$kʰɔi$^{35}$lɔi$^{13}_{21}$.

【□】çia$^{35}$ 形 事情没办好：有滴时候欸做只事𫄧做好，也安做搞～哩。搞～哩就唔好收场啊。iəu$^{35}$tet$^{5}$ʂʅ$^{13}$xei$^{53}$e$_{21}$tso$^{53}_{44}$tʂak$^{3}$sɿ$^{53}$maŋ$^{13}$tso$^{53}$xau$^{21}$,ia$^{35}$ɔn$^{35}_{53}$tso$^{53}_{44}$kau$^{21}$çia$^{35}$li$^{0}$.kau$^{21}$çia$^{35}$li$^{0}$tsʰiəu$^{53}$m̩$^{13}_{21}$xau$^{21}$ʂəu$^{35}_{44}$tʂʰɔŋ$^{13}$ŋa$^{0}$.

【□】çiet$^{3}$ 动 ①用力按：～稳 çiet$^{3}$uən$^{21}$。②憋闷：～倒箇肚里，敨气唔出。çiet$^{3}$tau$^{21}$kai$^{53}$təu$^{21}$li$^{0}$,tʰei$^{21}$çi$^{53}$n̩$^{13}_{21}$tʂʰət$^{3}$.

【□人】çiet$^{3}$ɲin$^{13}$ 形 门窗紧闭，不透气，使人产生的憋闷的感觉：真～ tʂən$^{35}$çiet$^{3}$ɲin$^{13}_{21}$

【□】çiak$^{3}$ 量 表示不确定的数量：有～ iəu$^{35}_{53}$çiak$^{3}$ 有些，有点儿

k

【□】ka$^{53}$ 动 使眼色；用眼神暗示：眼珠～下子渠 ŋan$^{21}$tʂəu$^{35}$ka$^{53}$(x)a$^{53}_{44}$tsɿ$^{0}$ci$^{13}_{21}$

【□】ko$^{35}$ [动]①磨损：箇个刀样啊，磨久哩就～嘿哩啊。kai$^{53}_{44}$ke$^{53}_{44}$tau$^{35}$iɔŋ$^{53}$ŋa$^{0}$,mo$^{13}$ciəu$^{21}$li$^{0}$tsʰiəu$^{53}_{44}$ko$^{35}$(x)ek$^{3}$li$^{0}$a$^{0}$. ②烧尽，充分燃烧：箇指落气笼唔用木头，唔用树做，箇烧起唔得～咯。kai$^{53}$ŋ̍$^{13}_{21}$iəŋ$^{53}_{44}$muk$^{5}$tʰəu$^{0}$,ŋ̍$^{13}$ɲiəŋ$^{53}$ʂəu$^{53}$tso$^{53}$,kai$^{53}_{44}$ʂau$^{35}_{44}$çi$^{21}_{44}$n̩$^{13}_{21}$tek$^{3}$ko$^{35}_{44}$ko$^{0}$.

【搞乌□】kau$^{21}$u$^{35}$ɲia$^{53}$ [动]①捣乱：跑下渠屋下去～。pʰau$^{21}$xa$^{53}_{44}$ci$^{13}_{44}$uk$^{3}$xa$^{53}$çi$^{53}$kau$^{21}$u$^{35}$ɲia$^{53}$. ②在发生矛盾纠纷时采取不正当的或过激的行为：我等箇有只婆婆子，一只夫娘子咯神智唔清楚，渠老公嘞带倒渠去长沙整病。你话跍倒公交车上失嘿哩啰，走失嘿哩啰。两公婆去搭公交车个时候子，老公上哩车，老公先上车，等得老婆话来上车嘞，哦嗬，车门一关呶，让门捶都渠都唔箇公交车都唔停哩车唠。七十年代个事唠。好，等得渠再坐得一站路啊下来嘞还有么个？只老婆唔知哪去哩唠。欸就失咁哩啊，就咁子失嘿了。失咁哩就渠是到处去寻呐，系唔系？又冇钱吵，你不可能兴师动众大家都来帮寻吵，不可能兴师动众来寻吵。唔系只好渠自家摎箇老弟子箇只子……渠赖子还有几大子，帮寻下子，寻一阵冇得么个办法，冇得办法。箇外家就唔肯呐，老弟子，箇只夫娘子个老弟子箇只就唔肯呐，就来搞筋呐，就来讲啊。有么个讲？渠就话渠等蹭寻得唠，蹭攒劲去寻得唠，欸。以下渠箇映子就我是硬寻哩我也努力我也冇哩办法呀，老婆失嘿哩，冇哩办法，我也只好咁子寻呐。又是蹭搞倒么个蹭占倒么个面子，渠个外家就就～。搞兜么个乌□？打行头哟，跍倒渠屋下放势打行头哟，分渠个食饭桌箇兜么个啊，灶下镬头箇兜么个，罂头瓮法呀碗筷呀，一番子扮了，箇个就～，箇个就安做～唠。箇我看倒最～个就箇一回。渠落尾还搞哩乌□嘞。搞么个～？以下渠个箇只人箇夫娘子个赖子啊大哩人了，结婚了，讨老婆了。渠又来～嘞。请渠来做外氏嘞，食饭呢，请渠来做外氏嘞，渠舞倒厅子里箇个么个镜箇兜啦，舞倒箇对子箇兜，一番事乱搞哩，又～。欸，就咁个。ŋai$^{13}$tien$^{0}$kai$^{53}_{44}$iəu$^{35}_{44}$tʂak$^{3}$pʰo$^{13}$pʰo$^{13}$tsɿ$^{0}$,iet$^{3}$tʂak$^{3}$pu$^{35}$ɲiɔŋ$^{13}_{44}$tsɿ$^{0}$ko$^{0}$ʂən$^{13}$tʂʅ$^{53}_{44}$n̩$^{13}_{21}$tsʰin$^{35}_{44}$tsʰəu$^{21}_{44}$,ci$^{13}_{21}$lau$^{21}$kəŋ$^{35}_{44}$lei$^{0}$tai$^{53}$tau$^{21}$ci$^{13}_{21}$çi$^{53}$tʂʰɔŋ$^{13}$sa$^{35}_{44}$tʂaŋ$^{21}$pʰiaŋ$^{53}$. ɲi$^{13}$ua$^{53}_{44}$ku$^{35}$tau$^{21}$kəŋ$^{35}_{44}$ciau$^{35}_{44}$tʂʰa$^{35}_{44}$xɔŋ$^{53}_{44}$ʂeit$^{5}$(x)ek$^{3}$li$^{0}$lo$^{0}$,tsei$^{21}$ʂeit$^{5}$(x)ek$^{3}$li$^{0}$lo$^{0}$.iɔŋ$^{21}$kəŋ$^{35}_{53}$pʰo$^{13}_{21}$çi$^{53}$tait$^{3}$kəŋ$^{35}_{44}$ciau$^{35}_{44}$tʂʰa$^{35}$ke$^{0}$ʂʅ$^{13}$xəu$^{53}_{44}$tsɿ$^{0}$,lau$^{21}$kəŋ$^{35}_{44}$ʂɔŋ$^{53}_{44}$li$^{0}$tʂʰa$^{35}_{44}$,lau$^{21}$kəŋ$^{35}_{44}$sien$^{35}_{44}$ʂɔŋ$^{53}_{44}$tʂʰa$^{35}_{44}$,ten$^{21}$tek$^{3}$lau$^{21}$pʰo$^{13}$ua$^{53}_{44}$lɔi$^{13}_{44}$ʂɔŋ$^{53}_{44}$tʂʰa$^{35}_{44}$lei$^{0}$,o$_{44}$xo$_{44}$,tʂʰa$^{35}_{44}$mən$^{13}_{44}$iet$^{3}$kuan$^{35}$nau$^{0}$, ɲiɔŋ$^{53}$mən$^{13}$tʂʰei$^{13}$təu$^{35}_{53}$ci$^{13}$təu$^{35}_{53}$n̩$^{13}$kai$^{53}_{44}$kəŋ$^{35}_{44}$ciau$^{35}_{44}$tʂʰa$^{35}$təu$^{35}_{53}$n̩$^{13}_{21}$tʰin$^{13}_{21}$ni$^{0}$tʂʰa$^{35}$lau$^{0}$.tsʰiet$^{3}$ʂʅt$^{5}$ɲien$^{13}$tʰɔi$^{53}_{44}$ke$^{0}$sɿ$^{53}_{44}$lau$^{0}$.xau$^{21}_{44}$,ten$^{21}$tek$^{3}$ci$^{13}_{21}$tsai$^{53}$tsʰo$^{35}$tek$^{3}$iet$^{3}$tsan$^{53}$nəu$^{53}$a$^{0}$xa$^{35}$lɔi$^{13}_{21}$le$^{0}$xai$^{13}$iəu$^{35}_{53}$mak$^{3}$kei$^{53}$?tʂak$^{3}$lau$^{21}$pʰo$^{13}_{44}$n̩$^{13}$ti$^{35}_{53}$lai$^{53}$çi$^{53}$li$^{0}$lau$^{0}$.e$_{21}$tsʰiəu$^{53}_{44}$ʂet$^{5}$kan$^{21}$ni$^{0}$a$^{0}$,tsʰiəu$^{53}$kan$^{21}$tsɿ$^{0}$ʂet$^{5}$xek$^{3}$liau$^{0}$.ʂet$^{5}$kan$^{21}_{44}$ni$^{0}$tsiəu$^{53}_{44}$ci$^{13}_{21}$ʂʅ$^{53}_{44}$tau$^{53}$tʂʰu$^{53}_{44}$çi$^{53}$tsʰin$^{13}$na$^{0}$,xei$^{53}$me$^{53}$?iəu$^{53}$mau$^{13}$tsʰien$^{13}$ʂa$^{0}$, ɲi$^{13}_{21}$puk$^{3}$kʰo$^{21}$len$^{13}_{21}$çin$^{35}_{44}$sɿ$^{35}_{44}$tʰəŋ$^{53}$tʂəŋ$^{53}$tʰai$^{53}$cia$^{35}_{44}$təu$^{35}_{44}$lɔi$^{13}_{21}$pɔŋ$^{35}$tsʰin$^{13}$ʂa$^{0}$,puk$^{3}$kʰo$^{21}$len$^{13}$çin$^{35}_{44}$sɿ$^{35}_{44}$tʰəŋ$^{53}$tʂəŋ$^{53}$lɔi$^{13}_{21}$tsʰin$^{13}_{21}$ʂa$^{0}$.m̩$^{13}$pʰei$^{53}$tʂʅ$^{21}$xau$^{21}$ci$^{13}_{21}$tsʰɿ$^{35}$ka$^{35}_{44}$lau$^{35}_{44}$kai$^{53}_{44}$lau$^{21}$tʰe$^{35}$tsɿ$^{0}$kai$^{53}_{44}$tʂak$^{3}$tsɿ$^{0}$…ci$^{13}_{44}$lai$^{53}$tsɿ$^{0}$xai$^{13}_{21}$mau$^{13}_{21}$ci$^{21}$tʰai$^{53}$tsɿ$^{0}$,pɔŋ$^{35}$tsʰin$^{13}$na$^{53}$tsɿ$^{0}$,tsʰin$^{13}_{21}$iet$^{3}$tʂʰən$^{53}$mau$^{13}_{21}$tek$^{3}$mak$^{3}$e$^{0}$pʰan$^{53}$fait$^{3}$,mau$^{13}_{21}$tek$^{3}$pʰan$^{53}_{44}$fait$^{3}$.kai$^{53}_{44}$ŋɔi$^{53}$ka$^{35}_{53}$tsʰiəu$^{53}$n̩$^{13}_{21}$xen$^{21}$na$^{0}$,lau$^{21}$tʰe$^{35}_{44}$tsɿ$^{0}$,kai$^{53}_{44}$tʂak$^{3}$pu$^{35}$ɲiɔŋ$^{13}_{21}$tsɿ$^{0}$ke$^{0}$lau$^{21}$tʰe$^{35}_{44}$tsɿ$^{0}$kai$^{53}_{44}$tʂak$^{3}$tsʰiəu$^{53}$n̩$^{13}_{21}$xen$^{21}$na$^{0}$,tsʰiəu$^{53}$lɔi$^{13}_{21}$kau$^{21}$cin$^{35}$na$^{0}$,tsʰiəu$^{53}$lɔi$^{13}_{21}$kɔŋ$^{21}$ŋa$^{0}$.iəu$^{35}$mak$^{3}$e$^{0}$kɔŋ$^{21}_{13}$?ci$^{13}$tsʰiəu$^{53}$ua$^{53}$ci$^{13}$tien$^{0}$maŋ$^{13}_{44}$tsʰin$^{13}_{44}$tek$^{3}$lau$^{0}$,maŋ$^{13}$tsan$^{21}$cin$^{53}$çi$^{53}$tsʰin$^{13}_{44}$tek$^{3}$lau$^{0}$,ei$_{21}$.i$^{21}$xa$^{53}_{44}$ci$^{13}$kai$^{53}$iaŋ$^{53}_{44}$tsɿ$^{0}$tsʰiəu$^{53}_{44}$ŋai$^{13}$ʂʅ$^{53}_{44}$ɲiaŋ$^{53}_{44}$tsʰin$^{53}$ni$^{0}$ŋai$^{13}$ia$^{35}_{44}$lu$^{21}$liet$^{5}$ŋai$^{13}$ia$^{35}_{44}$mau$^{13}$li$^{0}$pʰan$^{53}$fait$^{3}$ia$^{0}$,lau$^{21}$pʰo$^{13}_{44}$ʂet$^{5}$xek$^{3}$li$^{0}$,mau$^{13}$li$^{0}$pʰan$^{53}$fait$^{3}$,ŋai$^{13}$ia$^{35}_{53}$tʂʅ$^{21}$xau$^{21}_{44}$kan$^{21}_{44}$tsɿ$^{0}$tsʰin$^{13}_{44}$na$^{0}$.iəu$^{53}_{44}$ʂʅ$^{53}_{44}$maŋ$^{13}$kau$^{21}$tau$^{21}$mak$^{3}$e$^{0}$maŋ$^{13}$tʂan$^{35}_{44}$tau$^{21}_{44}$mak$^{3}$e$^{0}$mien$^{53}$tsɿ$^{0}$,ci$^{13}$ke$^{53}_{44}$ŋɔi$^{53}$ka$^{35}_{44}$tsiəu$^{53}_{21}$tsiəu$^{53}$kau$^{21}$u$^{35}$ɲia$^{53}$.kau$^{21}$təu$^{35}_{53}$mak$^{3}$e$^{0}$u$^{35}$ɲia$^{53}$?ta$^{21}$çin$^{13}$tʰei$^{13}_{21}$io$^{0}$,ku$^{35}$tau$^{21}_{44}$ci$^{13}_{21}$uk$^{3}$xa$^{53}_{44}$xɔŋ$^{53}$ʂʅ$^{53}$ta$^{21}$çin$^{13}$tʰei$^{13}$io$^{0}$,pən$^{35}$ci$^{13}_{44}$ke$^{53}_{44}$ʂət$^{5}$fan$^{53}$tsɔk$^{3}$kai$^{53}_{44}$təu$^{35}_{44}$mak$^{3}$ke$^{53}$a$^{0}$,tsau$^{53}$xa$^{53}_{44}$uɔk$^{5}$tʰei$^{13}_{21}$kai$^{53}_{44}$təu$^{35}_{44}$mak$^{3}$e$^{0}$,aŋ$^{35}$tʰei$^{13}_{21}$uəŋ$^{53}$fait$^{3}$ia$^{0}$uɔn$^{21}$kʰuai$^{53}_{44}$ia$^{0}$,iet$^{3}$fən$^{35}_{44}$tsɿ$^{0}$pʰan$^{35}_{44}$niau$^{0}$,kai$^{53}_{21}$ke$^{53}_{21}$tsʰiəu$^{53}$kau$^{21}$u$^{35}$ɲia$^{53}$,kai$^{53}_{21}$ke$^{53}_{21}$tsʰiəu$^{53}$ɔn$^{35}_{53}$tso$^{53}$kau$^{21}$u$^{35}$ɲia$^{53}$lau$^{0}$.kai$^{53}$ŋai$^{13}_{21}$kʰɔn$^{53}$tau$^{21}_{44}$tsei$^{53}$kau$^{21}$u$^{35}$ɲia$^{53}$ke$^{53}_{44}$tsʰiəu$^{53}_{44}$kai$^{53}$iet$^{3}$fei$^{13}$.ci$^{13}_{21}$lɔk$^{5}$mi$^{35}_{53}$xai$^{13}$kau$^{21}$li$^{0}$u$^{35}$ɲia$^{53}$lei$^{0}$.kau$^{21}$mak$^{3}$(k)e$^{53}$kau$^{21}$u$^{35}$ɲia$^{53}$?ia$_{44}$(←i$^{21}$xa$^{53}$)ci$^{13}$ke$^{53}$kai$^{53}$tʂak$^{3}$ɲin$^{13}$kai$^{53}_{44}$pu$^{35}$ɲiɔŋ$^{13}_{21}$tsɿ$^{0}$ke$^{0}$lai$^{53}$tsɿ$^{0}$a$^{0}$tʰai$^{53}$li$^{0}$ɲin$^{13}$niau$^{0}$,ciet$^{3}$fən$^{35}$niau$^{0}$,tʰau$^{21}$lau$^{21}$pʰo$^{13}$liau$^{0}$.ci$^{13}_{44}$iəu$^{53}$lɔi$^{13}_{21}$kau$^{21}$u$^{35}$ɲia$^{53}_{44}$le$^{0}$.tsʰiaŋ$^{21}$ci$^{13}$lɔi$^{13}_{44}$tso$^{53}_{44}$ŋɔi$^{53}$ʂʅ$^{53}_{44}$lei$^{0}$,ʂət$^{5}$fan$^{53}$ne$^{0}$,tsʰiaŋ$^{21}$ci$^{13}_{21}$lɔi$^{13}$tso$^{53}_{44}$ŋɔi$^{53}$ʂʅ$^{53}_{44}$lei$^{0}$,ci$^{13}_{21}$u$^{21}$tau$^{21}$tʰaŋ$^{35}$tsɿ$^{0}$li$^{21}$kai$^{53}_{44}$ke$^{53}_{44}$mak$^{3}$e$^{0}$ciaŋ$^{53}$kai$^{53}_{44}$təu$^{35}_{53}$la$^{0}$,u$^{21}$tau$^{21}$kai$^{53}_{44}$ti$^{53}$tsɿ$^{0}$kai$^{53}_{21}$təu$^{35}_{44}$,iet$^{3}$fən$^{53}_{44}$sɿ$^{53}_{44}$lən$^{53}$kau$^{21}$li$^{0}$,iəu$^{53}$kau$^{21}$u$^{35}$ɲia$^{53}$.e$_{21}$,tsiəu$^{53}_{44}$kan$^{21}_{44}$cie$^{53}$.

【秆□】kɔn$^{21}$tsiau$^{35}$ [名]①稻草垛成的堆：菜园肚里几只子箇个～样 tsʰɔi$^{53}$ien$^{13}_{21}$təu$^{21}$li$^{0}$ci$^{21}$tʂak$^{0}$tsɿ$^{0}$kai$^{53}_{44}$ke$^{53}_{44}$kɔn$^{21}$tsiau$^{35}_{44}$iɔŋ$^{53}_{44}$。②引申指碗中堆得高高的肥猪肉："来来来，肥肉绑酒是真对手啦。拆嘿只～去。"我等是安做以前是爱客气呀箇整酒是，箇猪肉就，正月头呀，或者正月头或者整酒，箇个腊猪肉，系啊？腊猪肉就尽兜肥个更好食，大坨大坨，切得痞厚，又滮大一坨，搞一□，安做～。"来来来，拆嘿只～去。肥肉绑酒就真对手哇。欸，拆嘿只～去。"安做拆～。箇都系客家人个一种咁个话法子唠。"lɔi$^{13}$lɔi$^{13}_{44}$lɔi$^{13}$,pʰi$^{13}$ɲiəuk$^{3}$pɔŋ$^{21}$tsiəu$^{21}$ʂʅ$^{0}$tin$^{35}$ti$^{53}$ʂəu$^{21}$la$^{0}$.

tsʰak3 xek3 tʂak3 kɔn21 tsiau35(44)çi53."ŋai13 tien0 ʂʅ53 ɔn35(44)tso53(44)i35 tsʰien13 ʂʅ53(21)ɔi53 kʰek3 çi53 ia0 kai53 tʂaŋ21 tsiəu21 ʂʅ53(44),kai53(44) tʂəu35 ɲiəuk3 tsʰiəu53(44),tʂaŋ35 ɲiet5 tʰei13(44)ia0,xɔit5 tʂa21 tʂaŋ35 ɲiet5 tʰei13(44)xɔit5 tʂa21 tʂaŋ21 tsiəu21,kai53(44)ke53(44)lait5 tʂəu35(44) ɲiəuk3,xei53(44)a0?lait5 tʂəu35(44)ɲiəuk3 tsʰiəu53(44)tsʰin53 təu35(53)(pʰ)i13 ke0 cien53(44)xau21 ʂət5,tʰai53 tʰo13 tʰai53 tʰo13,tsʰiet3 tek3 tek5 xei35,iəu53 mən35 tʰai53 iet3 tʰo13,kau21 iet3 tsiau35,ɔn35 tso53 kɔn21 tsiau35."lɔi13 lɔi13 lɔi13 lɔi13,tsʰak3 (x)ek3 tʂak3 kɔn21 tsiau35(44)çi53.pʰi13 ɲiəuk3 pɔŋ21 tsiəu21 tsʰiəu53(44)tin35 ti53 ʂəu21 ua0.e(21),tsʰak3 (x)ek3 tʂak3 kɔn21 tsiau35(44)çi53."ɔn35(44)tso53(44)tsʰak3 kɔn21 tsiau35(44).kai53(44)təu35 xe53(44)kʰak3 ka35 ɲin13(21)ke53 iet3 tʂɔŋ21 kan21 cie53(44)ua53 fait3 tsʅ0 lau0.

【杆□帽】kɔn21 tsiau35 mau53 [名]一种针织童帽，圆锥形，下沿上翻，顶部缀有一线球，因形似稻草堆而得名：～喔，系，针织个。顶高一只子球球子，一层一层子。可以翻转起个。安做。杆□，如个草堆一样啊，安做～。kɔn21 tsiau35 mau53 uo0,xe53(44),tʂən35 tʂek3 cie53.taŋ21 kau35 iet3 tʂak3 tsʅ0 cʰiəu13 cʰiəu13 tsʅ0,iet3 tsʰien13 iet3 tsʰien13 tsʅ0.kʰo21 i35(44)fan35 tʂən21 çi21 ke53.ɔn35(44)tso53(44).kɔn21 tsiau35,y13 ke53 tsʰau21 tei35(44) i(44)iaŋ53 ŋa0,ɔn35(44)tso53(44)kɔn21 tsiau35(44)mau53.

【□天□地】kəŋ13 tʰien35(44)kəŋ13(44)tʰi53 形容声响震天：打起～呀蛮响啊。ta21 çi21(44)kəŋ13 tʰien35(44)kəŋ13(44)tʰi53 ia0 man13 çiɔŋ21 ŋa0.

【□青】kue35 tsʰiaŋ35 [形]状态词。翠绿：～个青草 kue35 tsʰiaŋ35 ke53(44)tsʰiaŋ35 tsʰau21

【□清】kue35 tsʰiaŋ35 [形]状态词。很清澈：（打清水网）本来是讲箇～个水，有鱼有鱼我都打渠一网。pən21 nɔi13 ʂʅ53 kɔŋ21 kai53(44)kue35 tsʰiaŋ35(44)ke53(44)ʂei21,iəu35 ŋ̍13 mau13(44)ŋ̍13 ŋai13(21)təu35(44)ta21 ci13(44)iet3 mɔŋ21.

【□生】kue35 saŋ35 [形]状态词。很不成熟；远未成熟：箇个柿子啊，～个啊，唔知几涩啊，系唔系？kai53(44)ke53(44)tsʰʅ53 tsʅ0 a0,kue35 saŋ35 ke53 a0,ṇ13 ti35(53)ci21 sek3 a0,xei53 me53?

【□】kue21 [动]喊叫：哑子一～，聋子听下倒。a21 tsʅ0 iet3 kue21,ləŋ35 tsʅ0 tʰaŋ35 ŋa35 tau21.

【□】kuan35 [动]拴：牛是去以面前，欸，也有两条绳，～稳个。ɲiəu13 ʂʅ53(44)çi53(44)i21 mien53 tsʰien13,ei(21), ia35 iəu35(44)iɔŋ21 tʰiau13(21)ʂən13,kuan35 uən21 ke53(44).

【□】kuen21 [形]倔强：脾气蛮～ pʰi13 çi53(44)man13 kuen21

【桄□】kuaŋ35 ua53 [名]指主持家政的能力。ua53 疑为“横”音变而来：还有只东西啦，讲一个人真会打算，真有打算，真会当家咯，箇只人蛮有～啊。桄，光窗桄子个桄。箇只人蛮有～。俗话讲啊，“食唔穷着唔穷，有划有算一世穷”，系啊？渠系讲呢，讲当家，“一个人靠死命做是空个，还爱肚子里有～”。xai13(21)iəu35 tʂak3 təŋ35(44)si0 la0,kɔŋ21 iet3 ke53 ɲin13 tʂən35 uɔi53 ta21 sɔn53,tʂən35 iəu35(44)ta21 sɔn53,tʂən35 uɔi53 tɔŋ35 ka35 ko0,kai53 tʂak3 ɲin13(44)man13(21)iəu35(44)kuaŋ35 ua53 a0.kuaŋ35,kɔŋ35 tsʰɔŋ35 kuaŋ35 tsʅ0 ke0 kuaŋ35.kai53 tʂak3 ɲin13(44)man13(21)iəu35(44)kuaŋ35 ua53.səuk3 fa53 kɔŋ21 ŋa0,"ʂət5 ṇ13 cʰiɔŋ13 tʂok3 ṇ13 cʰiɔŋ13,mau13(21)fa13(44)mau13 sɔn35 iet3 ʂʅ53 cʰiɔŋ13",xei53 a0?ci13(x)e53(44)kɔŋ21 nei0,kɔŋ21 tɔŋ35(44)ka35,"iet3 ke53 ɲin13(44)kʰau53 si21 miaŋ53(44)tso53 ʂʅ53(21)kʰəŋ53(44) ke0,xa13(21)ɔi53 təu21 tsʅ0 li0 iəu35(44)kuaŋ35 ua53".

【□泖】kuət5 lei13 [形]状态词。（汤汁）很浓稠：箇饭汤就好食啦，～呀，煮绵哩个就啊，煮烂哩个就啊。kai53(44)fan53 tʰɔŋ35(44)tsʰiəu53 xau21 ʂət5 la0,kuət5 lei13(21)ia0,tʂəu21 mien13 ni0 ke53(44)tsʰiəu53 a0,tʂəu21 lan53 ni0 ke53 tsʰiəu53(21)a0.

【□□香】kuet5 kuet5 çiɔŋ35 [形]状态词。很香：老师就会同我等蒸（饭），蒸起～。lau21 sʅ35(44)tsiəu53 uɔi53 tʰəŋ13(21)ŋai13(21)tien0 tʂən35,tʂən35 çi21(44)kuet5 kuet5 çiɔŋ35(44).

kʰ

【□】kʰau53 [动]将蛋液加水搅拌：～一下 kʰau53 iet3 xa53

【□】kʰu53 [动]挣扎，抽搐：欸，（水）又唔深渠也两下一～都死嘿哩噢。e(21)iəu53(44)ṇ13 ʂən35 ci13 ia35(53) iɔŋ21 xa53 iet3 kʰu53 təu35(44)si21 xek3 li0 au0.

【□饱】kʰue35 pau21 [形]状态词。很饱：哎呀，昨晡夜晡都硬唔想食。～个，肚子～个。莫食多哩，不宜食太多。食碗面，煮碗面。ai(21)ia(53),tsʰo35(44)pu35(44)ia53 pu35(53)təu35(53)ɲiaŋ53 ṇ13 siɔŋ21 ʂət5.kʰue35 pau21(44)ke0, təu21 tsʅ0 kʰue35 pau21(44)ke0.mɔk5 ʂət5 to35(44)li0,pət3 ɲi3 ʂət5 tʰai53 to35(44).ʂət5 uɔn21 mien53,tʂəu21 uɔn21 mien53.

【□】kʰue53 [动]胡乱说话：你不要乱～哈。ɲi13(21)pət3 iau35(44)lɔn53 kʰue53 xa(53). | 你晓得就讲，唔晓得你就不要乱～。ɲi13 çiau21 tek3 tsʰiəu53 kɔŋ21,ṇ13 çiau21 tek3 ɲi13 tsiəu53(44)pət3 iau35(44)lɔn53(21)kʰue53.

【□】kʰuɔŋ13 [动]拉扯使其扩大；用力拉开：就～开来啊，莫分渠合拢去啊。tsʰiəu53(44)kʰuɔŋ13 kʰɔi35(44) lɔi13(44)a0,mɔk5 pən35(44)ci13(44)xait5 ləŋ35(44)çi53(44)a0.

ŋ

【□记】ŋai13 ci53 [动]遗忘：会～了啊。uɔi53 ŋai13(21)ci53(44)liau0 a0.

【□】ŋau$^{13}$ 形歪斜，扭曲变形：渠个脚～个 ci$^{13}$ke$^{53}$ciɔk$^{3}$ŋau$^{13}$ke$^{53}$｜□嘴子 ŋau$^{13}$tʂɔi$^{53}$tsɿ$^{0}$ 嘴巴不正者

【□】ŋan$^{13}$ 动阻挡：从前个（床）是，四周～稳哩，就有咁阔子总够哩。ts$^{h}$əŋ$^{13}$ts$^{h}$ien$^{13}$ke$^{53}$ʂʅ$^{53}_{44}$,si$^{53}$tʂəu$^{35}_{44}$ŋan$^{13}$uən$^{21}$ni$^{0}$,ts$^{h}$iəu$^{53}_{44}$iəu$^{35}_{53}$kan$^{21}$k$^{h}$ɔit$^{3}_{5}$tsɿ$^{0}$tsəŋ$^{21}$ciei$^{53}$li$^{0}$.

【□】ŋan$^{53}$ 动硌；凸起的硬东西跟身体接触，使身体感到难受或受到损伤：箇床刀是有咁阔子，坐起～屁股。kai$^{53}_{44}$ts$^{h}$ɔŋ$^{13}$tau$^{35}_{44}$ʂʅ$^{53}_{44}$iəu$^{35}_{44}$kan$^{21}$k$^{h}$ɔit$^{3}$tsɿ$^{0}$,ts$^{h}$o$^{35}$çi$^{21}_{44}$ŋan$^{53}$p$^{h}$i$^{53}$ku$^{21}$.

【啮牙□齿】ŋait$^{3}$ŋa$^{13}$sien$^{53}$tʂ$^{h}$ʅ$^{21}$ 张嘴露牙。形容人或动物凶狠的样子：有兜人呐真冇修养，讲下子讲下子就讲起箇～，就发躁就斗滑角。iəu$^{35}$tei$^{35}_{53}$ɲin$^{13}$na$^{0}$tʂən$^{35}$mau$^{13}_{21}$siəu$^{35}$iɔŋ$^{35}_{44}$,kɔŋ$^{21}$ŋa$^{53}$tsɿ$^{0}$kɔŋ$^{21}$ŋa$^{53}$tsɿ$^{0}$ts$^{h}$iəu$^{53}$kɔŋ$^{21}$çi$^{21}_{44}$kai$^{53}_{44}$ŋait$^{3}$ŋa$^{13}$sien$^{53}$tʂ$^{h}$ʅ$^{21}$,ts$^{h}$iəu$^{53}_{44}$fait$^{3}$tsau$^{53}$ts$^{h}$iəu$^{53}$tei$^{53}$uait$^{3}$kɔk$^{3}$.｜箇狗子也会～嘞，狗子你真不要去惹，慢呢渠～趟稳来，吓死人。kai$^{53}$kei$^{21}$tsɿ$^{0}$ia$^{35}$uɔi$^{53}$ŋait$^{3}$ŋa$^{13}$sien$^{53}$tʂ$^{h}$ʅ$^{21}$le$^{0}$,kei$^{21}$tsɿ$^{0}$ɲi$^{13}$tʂən$^{35}$pət$^{3}$iau$^{53}$çi$^{53}$ɲia$^{35}$,man$^{53}$ne$^{0}$ci$^{13}_{21}$ŋait$^{3}$ŋa$^{13}$sien$^{53}$tʂ$^{h}$ʅ$^{21}$ciəuk$^{5}$uən$^{21}$nɔi$^{13}$,xak$^{3}$si$^{21}$ɲin$^{13}$.

【□】ŋɔit$^{3}$ 焖：箇是镬头去～哟。我等也冇得咁个，都系用甑蒸，爱搂一下，爱捞起来。kai$^{53}_{44}$ʂʅ$^{53}_{44}$uɔk$^{5}$t$^{h}$ei$^{13}_{21}$çi$^{53}_{44}$ŋɔit$^{3}$io$^{0}$.ŋai$^{13}$tien$^{0}$ia$^{35}_{44}$mau$^{13}$tek$^{3}$kan$^{21}$cie$^{53}$,təu$^{35}$xe$^{53}_{44}$iəŋ$^{53}_{44}$tsien$^{53}$tʂən$^{35}$,ɔi$^{53}$lei$^{13}$iet$^{3}$xa$^{53}$,ɔi$^{53}$lau$^{13}$çi$^{21}$lɔi$^{13}_{21}$.｜焖饭除哩滴把子，欸斤把子米，箇就可以镬头去焖，～滴子，安做镬头里～饭。镬头里～。～糯饭呢。本来～饭也爱搂一到唠，也爱搂一滴去唠，要舞嘿滴饭汤去唠。你唔舞嘿滴饭汤去就欸你唔舞嘿滴饭汤去渠就忒鲜哩嘞。渠就会会箇个嘞，会冇得熟嘞，就会炆……唔系就炆成羹嘞，水多哩就炆成羹。mən$^{53}$fan$^{53}$tʂ$^{h}$əu$^{13}_{21}$li$^{0}$tiet$^{5}$pa$^{21}$tsɿ$^{0}$,ei$_{21}$cin$^{35}$pa$^{21}$tsɿ$^{0}$mi$^{21}$,kai$^{53}_{21}$ts$^{h}$iəu$^{53}_{44}$k$^{h}$o$^{21}$i$^{35}$uɔk$^{5}$t$^{h}$ei$^{13}_{21}$çi$^{53}_{44}$mən$^{53}_{21}$,ŋɔit$^{3}$tiet$^{5}_{3}$tsɿ$^{0}$,ɔn$^{35}_{44}$tso$^{53}_{44}$uɔk$^{5}$t$^{h}$ei$^{13}_{21}$li$^{0}$ŋɔit$^{3}$fan$^{53}$.uɔk$^{5}$t$^{h}$ei$^{13}_{21}$li$^{0}$ŋɔit$^{3}$.ŋɔit$^{3}$lo$^{53}$fan$^{53}_{44}$ne$^{0}$.pən$^{21}$nɔi$^{13}$ŋɔit$^{3}$fan$^{53}$ia$^{35}$ɔi$^{53}$lei$^{13}$iet$^{3}$tau$^{53}$lau$^{0}$,ia$^{35}$ɔi$^{53}$lei$^{13}$iet$^{3}$tet$^{5}$çi$^{53}$lau$^{0}$,iau$^{53}_{44}$u$^{21}$xek$^{3}$tiet$^{5}$fan$^{53}$t$^{h}$ɔŋ$^{35}$çi$^{53}$lau$^{0}$.ɲi$^{13}$ṇ$^{13}$u$^{21}$xek$^{3}$tiet$^{5}$fan$^{53}$t$^{h}$ɔŋ$^{35}$çi$^{53}_{44}$ts$^{h}$iəu$^{53}_{44}$e$_{21}$ɲi$^{13}$ṇ$^{13}$u$^{21}$xek$^{3}$tiet$^{5}$fan$^{53}$t$^{h}$ɔŋ$^{35}$çi$^{53}_{44}$ci$^{13}_{21}$ts$^{h}$iəu$^{53}_{44}$t$^{h}$iet$^{3}$sien$^{35}$ni$^{0}$le$^{0}$.ci$^{13}$ts$^{h}$iəu$^{53}_{44}$uɔi$^{53}_{44}$uɔi$^{53}$kai$^{53}$ke$^{53}$le$^{0}$,uɔi$^{53}$mau$^{13}$tek$^{3}$ʂəuk$^{5}$le$^{0}$,ts$^{h}$iəu$^{53}_{44}$uɔi$^{53}_{44}$uən$^{13}$…m̩$^{13}$p$^{h}$e$^{53}$(←xe$^{53}$)ts$^{h}$iəu$^{53}$uən$^{13}_{21}$ʂaŋ$^{13}_{21}$kaŋ$^{35}$lei$^{0}$,ʂei$^{21}$to$^{35}_{44}$li$^{0}$ts$^{h}$iəu$^{53}_{44}$uən$^{13}_{21}$ʂaŋ$^{13}_{21}$kaŋ$^{35}$.｜以……我等以映子一般都唔去镬头肚里咁子直接去～。很少。只有～糯饭。只有～糯饭用……欸，箇很少咁子去～。因为渠唔好控制火哇。是因为烧柴呀，唔好控制火。i$^{21}$…ŋai$^{13}$tien$^{0}$i$^{21}$iaŋ$^{53}$tsɿ$^{0}$iet$^{3}$pən$^{35}$təu$^{35}_{44}$ṇ$^{13}$c$^{h}$i$^{53}_{44}$uɔk$^{5}$t$^{h}$ei$^{13}_{44}$təu$^{21}$li$^{0}$kan$^{21}$tsɿ$^{0}$tʂ$^{h}$ət$^{5}$tsiet$^{3}$çi$^{53}$ŋɔit$^{3}$.xen$^{21}$ʂau$^{21}$.tʂe$^{21}$iəu$^{35}_{53}$ŋɔit$^{3}$lo$^{53}$fan$^{53}_{44}$.tʂe$^{21}$iəu$^{35}_{53}$ŋɔit$^{3}$lo$^{53}$fan$^{53}_{44}$iəŋ$^{53}$…e$_{21}$,kai$^{53}$xen$^{21}$ʂau$^{21}$kan$^{21}$tsɿ$^{0}$çi$^{53}$ŋɔit$^{3}$.in$^{35}$uei$^{53}$ci$^{13}_{21}$ṇ$^{13}$xau$^{21}$k$^{h}$əŋ$^{53}$tʂʅ$^{53}_{44}$fo$^{21}$ua$^{0}$.ʂʅ$^{53}_{44}$in$^{35}$uei$^{53}_{44}$ʂau$^{35}_{44}$ts$^{h}$ai$^{13}$ia$^{0}$,ṇ$^{13}$xau$^{21}$k$^{h}$əŋ$^{53}$tʂʅ$^{53}_{44}$fo$^{21}$.｜煲仔饭就系舞只子咁个钵子吧，系唔系？直接用箇钵子去～呀，系唔系？放下火上去～个吵？蛮少。嗯，放滴子菜个，系。欸，去广东箇边就时兴，以向冇多么人用。pau$^{35}$tsai$^{21}$fan$^{53}$ts$^{h}$iəu$^{53}$xei$^{53}$u$^{21}$tʂak$^{3}$tsɿ$^{0}$kan$^{21}$cie$^{53}_{44}$pait$^{3}$tsɿ$^{0}$pa$^{0}$,xei$^{53}_{44}$me$^{53}_{44}$?tʂ$^{h}$ət$^{5}$tsiet$^{3}$iəŋ$^{53}$kai$^{53}$pait$^{3}$tsɿ$^{0}$çi$^{53}$ŋɔit$^{3}$ia$^{0}$,xei$^{53}_{44}$me$^{53}_{44}$?fɔŋ$^{53}_{44}$xa$^{53}_{44}$fo$^{21}$xɔŋ$^{53}_{44}$çi$^{53}$ŋɔit$^{3}$cie$^{53}_{44}$ʂa$^{0}$?man$^{13}$ʂau$^{21}$.m̩$_{21}$,fɔŋ$^{53}_{44}$tiet$^{5}$tsɿ$^{0}$ts$^{h}$ɔi$^{53}_{44}$cie$^{53}_{44}$,xei$^{53}_{21}$.e$_{21}$,çi$^{53}$kɔŋ$^{21}$təŋ$^{35}$kai$^{53}_{44}$pien$^{35}_{44}$ts$^{h}$iəu$^{53}_{44}$tʂ$^{h}$ʅ$^{13}$(←ʂʅ$^{13}$)çin$^{35}_{44}$,i$^{21}$çiɔŋ$^{53}$mau$^{13}_{21}$to$^{35}$mak$^{3}$in$^{13}_{21}$iəŋ$^{53}$.｜用镬头～饭。我等就箇只东西就硬会安做用镬头～饭。～出来个饭，～饭，欸，～饭。iəŋ$^{53}_{44}$uɔk$^{5}$t$^{h}$ei$^{13}_{21}$ŋɔit$^{3}$fan$^{53}$.ŋai$^{13}_{21}$tien$^{0}$ts$^{h}$iəu$^{53}_{44}$kai$^{53}_{44}$iak$^{3}$(←tʂak$^{3}$)(t)əŋ$^{35}_{44}$si$^{0}$ts$^{h}$iəu$^{53}_{44}$ɲiaŋ$^{53}_{44}$uɔi$^{53}_{44}$ɔn$^{35}_{44}$tso$^{53}_{44}$iəŋ$^{53}_{44}$uɔk$^{5}$t$^{h}$ei$^{13}_{21}$ŋɔit$^{3}$fan$^{53}$.ŋɔit$^{3}$tʂ$^{h}$ət$^{3}$lɔi$^{13}_{44}$ke$^{53}_{44}$fan$^{53}$,ŋɔit$^{3}$fan$^{53}$,e$_{21}$,ŋɔit$^{3}$fan$^{53}$.

## x

【□边】xo$^{35}$pien$^{35}$ 名加工树筒时锯掉的边角废料。又称“xo$^{35}$皮”：箇是如今有滴人话个唠，～，□皮。渠锯下来个啊，锯下来以块冇用个啊。/就最外层个唠。kai$^{53}_{44}$ʂʅ$^{53}_{44}$i$^{13}_{21}$cin$^{35}_{44}$iəu$^{35}$tiet$^{5}$ɲin$^{13}$ua$^{53}$ke$^{53}$lau$^{0}$,xo$^{35}$pien$^{35}_{44}$,xo$^{35}$p$^{h}$i$^{13}$.ci$^{13}$ke$^{53}$xa$^{35}_{44}$lɔi$^{13}_{21}$ke$^{53}_{44}$a$^{0}$,ke$^{53}$xa$^{35}_{44}$lɔi$^{13}_{21}$i$^{21}$k$^{h}$uai$^{53}_{44}$mau$^{13}$iəŋ$^{53}_{44}$ke$^{53}_{44}$a$^{0}$./ts$^{h}$iəu$^{53}_{21}$tsei$^{53}$uai$^{53}$ts$^{h}$ien$^{13}$ke$^{53}_{44}$lau$^{0}$.

【□皮】xo$^{35}$p$^{h}$i$^{13}$ 名加工树筒时锯掉的边角废料，又称“xo$^{35}$边”：箇个啊箇树哇箇个树边呐唔系箑倒箇板子安做～？kai$^{53}$ke$^{53}_{44}$a$^{0}$kai$^{53}_{44}$ʂəu$^{53}$ua$^{0}$kai$^{53}_{44}$ke$^{53}_{44}$ʂəu$^{53}$pien$^{35}$na$^{0}$m̩$^{13}$p$^{h}$ei$^{53}$sak$^{3}$tau$^{21}$kai$^{53}$pan$^{21}$tsɿ$^{0}$ɔn$^{35}_{44}$tso$^{53}_{44}$xo$^{35}$p$^{h}$i$^{13}_{21}$?

【□青】xo$^{53}$ts$^{h}$iaŋ$^{35}$ 形状态词。很绿：打比箇栽禾，我等箇晡去看哩箇个栽哩二禾，我唔系箇就烤烟田呐，系唔系？栽倒起禾□黄个，丁啮大子一条子。以咁好个天呐，咁好个日头呀，以个天气温高哇，几夜事就～，就翻青啊，就成哩青个，就～。ta$^{21}$pi$^{21}$kai$^{53}_{44}$tsɔi$^{35}_{44}$uo$^{13}$,ŋai$^{13}$tien$^{0}$kai$^{53}$pu$^{35}$çi$^{53}$k$^{h}$ɔn$^{53}$ni$^{0}$kai$^{53}_{44}$ke$^{53}_{44}$tsɔi$^{35}$li$^{0}$ɲi$^{53}$uo$^{13}_{21}$,ŋai$^{13}_{21}$m̩$^{13}$p$^{h}$e$^{53}_{44}$kai$^{53}$ts$^{h}$iəu$^{53}$k$^{h}$au$^{21}$ien$^{35}_{44}$t$^{h}$ien$^{13}_{21}$na$^{0}$,xei$^{53}$me$^{53}$?tsɔi$^{35}$tau$^{21}$çi$^{21}_{44}$uo$^{13}_{21}$ləŋ$^{35}$uɔŋ$^{13}_{21}$ke$^{0}$,tin$^{53}$ŋait$^{5}$t$^{h}$ai$^{53}$tsɿ$^{0}$iet$^{3}$t$^{h}$iau$^{13}$tsɿ$^{0}$.i$^{21}$kan$^{21}$xau$^{21}$ke$^{0}$t$^{h}$ien$^{35}$na$^{0}$,kan$^{21}$xau$^{21}$ke$^{53}$ɲiet$^{3}$t$^{h}$ei$^{13}_{21}$ia$^{0}$,i$^{21}$ke$^{53}_{44}$t$^{h}$ien$^{35}_{44}$çi$^{53}$uən$^{35}_{44}$kau$^{35}$ua$^{0}$,ci$^{21}$ia$^{53}_{44}$sɿ$^{53}_{44}$ts$^{h}$iəu$^{53}_{21}$xo$^{53}$ts$^{h}$iaŋ$^{35}$,ts$^{h}$iəu$^{53}_{44}$fan$^{35}$ts$^{h}$iaŋ$^{35}$ŋa$^{0}$,ts$^{h}$iəu$^{53}$ʂaŋ$^{13}_{21}$li$^{0}$ts$^{h}$iaŋ$^{35}$ke$^{0}$,ts$^{h}$iəu$^{53}_{21}$xo$^{53}$ts$^{h}$iaŋ$^{35}$.｜以丘田～。i$^{21}$c$^{h}$iəu$^{35}$t$^{h}$ien$^{13}_{21}$xo$^{53}$ts$^{h}$iaŋ$^{35}$.｜箇岭上～个。kai$^{53}$liaŋ$^{35}$xɔŋ$^{53}_{44}$xo$^{53}$ts$^{h}$iaŋ$^{35}$ke$^{0}$.

【□菜】xɔk$^{5}$ tsʰɔi$^{53}$ [名]草名：～嘞就一种比较叶子比较大个一种咁个草。安做～草。箇学名安做么个我就搞唔清。xɔk$^{5}$ tsʰɔi$^{53}_{44}$lei$^{0}$ tsʰiəu$^{53}_{44}$iet$^{3}$ tʂəŋ$^{21}$pi$^{21}$ciau$^{53}$iait$^{5}$ tsɿ$^{0}$ pi$^{21}$ciau$^{53}_{44}$tʰai$^{53}$ke$^{53}_{44}$iet$^{3}$ tʂəŋ$^{21}$kan$^{21}$ ke$^{53}$tsʰau$^{21}$.ɔn$^{35}_{44}$tso$^{53}_{44}$xɔk$^{5}$ tsʰɔi$^{53}_{44}$tsʰau$^{21}$.kai$^{53}_{44}$çiɔk$^{5}$ miaŋ$^{13}$ɔn$^{35}_{44}$tso$^{53}_{44}$mak$^{3}$ ke$^{53}_{44}$ŋai$^{13}$tsʰiəu$^{53}_{44}$kau$^{21}$n̩$^{13}_{44}$tsʰin$^{35}_{44}$.

∅

【□】a$^{13}$ [动]卡住，固定：～倒箇碓担子个，安做羊角。a$^{13}$tau$^{21}$ke$^{53}$tɔi$^{53}$tan$^{53}$tsɿ$^{0}$ ke$^{53}$,ɔn$^{35}_{44}$tso$^{53}$iɔŋ$^{13}$ kɔk$^{3}$.

【□子】a$^{13}$tsɿ$^{0}$ [名]卡子，固定东西的器具：羊角就一边一只个噢，一只～唠。iɔŋ$^{13}$kɔk$^{3}$ tsiəu$^{53}_{44}$ iet$^{3}$pien$^{35}$iet$^{3}$ tʂak$^{3}$ ke$^{53}_{44}$au$^{0}$,iet$^{3}$ tʂak$^{3}$ a$^{13}$tsɿ$^{0}$ lau$^{0}$.

【煀火□】ei$^{53}$fo$^{21}$tsiau$^{35}$ 将垃圾、杂草等堆在一起焚烧：我等是咁个嘞，我等以前系下箇山里个时候子就我老婆都唔知几勤快，长日分箇个箇禾坪下个箇个落屑箇兜啦扫净来，烧咁去，就系～，煀只火□。煀倒箇火□，所有个咁个垃圾箇兜都烧得着个都放倒去煀，煀倒箇火□嘞就有火土灰，又好栽菜，又搞哩卫生。哦，落尾我等一走是硬箇禾坪下就进人唔得哩，冇人来煀呀，冇人搞哇。ŋai$^{13}$tien$^{0}$ ʂɿ$^{53}$kan$^{21}_{13}$cie$^{53}_{44}$lei$^{0}$ ,ŋai$^{13}_{21}$tien$^{0}$ i$^{35}$tsʰien$^{13}_{21}$xei$^{53}$(x)a$^{53}$kai$^{53}_{44}$san$^{35}$ni$^{21}$ke$^{53}$ʂɿ$^{13}_{44}$xei$^{53}_{44}$ tsɿ$^{0}$ tsʰiəu$^{53}_{44}$ŋai$^{13}$lau$^{21}$pʰo$^{13}$təu$^{35}_{44}$n̩$^{13}$ti$^{35}_{53}$ci$^{21}$cʰin$^{13}$kʰuai$^{53}$,tʂʰɔŋ$^{13}$ɲiet$^{3}$ pən$^{35}$kai$^{53}_{44}$ke$^{53}_{44}$kai$^{53}$uo$^{13}_{21}$pʰiaŋ$^{13}_{21}$xa$^{35}$ke$^{53}_{44}$kai$^{53}_{44}$ke$^{53}_{44}$ lɔk$^{5}$ sɔit$^{3}$ kai$^{53}$tei$^{35}_{53}$la$^{0}$ sau$^{53}$tsʰiaŋ$^{53}$lɔi$^{13}_{21}$,ʂau$^{35}$kan$^{21}$çi$^{53}$,tsʰiəu$^{53}_{44}$(x)e$^{53}_{44}$ei$^{53}$fo$^{21}$tsiau$^{35}_{44}$,ei$^{53}$tʂak$^{3}$ fo$^{21}$tsiau$^{35}_{44}$.ei$^{53}$tau$^{21}_{44}$ kai$^{53}_{44}$fo$^{21}$tsiau$^{35}_{44}$,so$^{21}$iəu$^{35}_{44}$ke$^{53}$kan$^{21}$ke$^{53}_{44}$la$^{35}$ci$^{35}_{44}$kai$^{53}_{44}$te$^{35}_{44}$təu$^{35}_{44}$ʂau$^{35}$tek$^{3}$ tʂʰɔk$^{5}$ ke$^{0}$ təu$^{35}$fɔŋ$^{53}$tau$^{21}$çi$^{53}_{44}$ei$^{53}$,ei$^{53}$tau$^{21}$kai$^{53}$ fo$^{21}$tsiau$^{35}_{44}$lei$^{0}$ tsʰiəu$^{53}_{44}$iəu$^{35}_{44}$fo$^{21}$tʰəu$^{21}$fɔi$^{35}$,iəu$^{53}_{44}$xau$^{21}$tsɔi$^{35}$tsʰɔi$^{53}$,iəu$^{53}$kau$^{21}$li$^{0}$ uei$^{53}$sen$^{35}_{44}$.o$_{53}$,lɔk$^{5}$ mi$^{35}_{53}$ŋai$^{13}$tien$^{0}$ iet$^{3}$ tsei$^{21}$ʂɿ$^{53}_{53}$ɲiaŋ$^{53}$kai$^{53}$uo$^{13}_{21}$pʰiaŋ$^{13}_{21}$xa$^{35}$tsʰiəu$^{53}$tsin$^{53}$ɲin$^{13}$n̩$^{13}_{44}$tek$^{3}$ li$^{0}$ ,mau$^{13}$ɲin$^{13}_{21}$lɔi$^{13}_{44}$ei$^{53}$ia$^{0}$ ,mau$^{13}$ɲin$^{13}_{44}$kau$^{21}$ua$^{0}$ .

【□□】au$^{35}$ue$^{35}$ [名]对妈妈的旧称，今又称“婑子、阿婆、姆婆”：我等欸我等老家箇映只有一个人，渠渠七十几岁了，渠婑子还在。八九十岁。渠就……我话让门你咁子喊？喊～，～，欸嘿，欸，～。你箇系唔系～吧？ŋai$^{13}$tien$^{0}$ e$^{0}$ ŋai$^{13}$tien$^{0}$ lau$^{21}$cia$^{35}_{44}$kai$^{53}_{44}$iaŋ$^{53}_{44}$tʂe$^{21}$iəu$^{35}$iet$^{3}$ cie$^{53}$ɲin$^{13}$,ci$^{13}_{21}$ ci$^{13}$tsʰiet$^{3}$ ʂət$^{5}$ ci$^{21}$sɔi$^{53}$liau$^{0}$ ,ci$^{13}_{21}$ɔi$^{35}$tsɿ$^{0}$ xan$^{13}_{21}$tsʰɔi$^{35}_{44}$.pait$^{3}$ ciəu$^{21}$ʂət$^{5}$ sɔi$^{53}$.ci$^{13}$tsʰiəu$^{53}$…ŋai$^{13}$ua$^{53}_{44}$ɲiɔŋ$^{53}$mən$^{0}$ ɲi$^{13}_{21}$ kan$^{21}_{13}$tsɿ$^{0}$ xan$^{53}_{44}$?xan$^{53}$au$^{35}$ue$^{35}_{44}$,au$^{35}$ue$^{35}_{44}$,e$_{21}$xe$_{21}$,e$_{21}$,au$^{35}$ue$^{35}_{44}$. ɲi$^{13}$kai$^{53}_{44}$xe$^{53}$me$^{53}_{44}$au$^{35}$ue$^{35}_{44}$pa$^{0}$ ?

【暗□□哩】an$^{53}$təŋ$^{13}$təŋ$^{13}$li$^{0}$ [形]光线不足：会落水了，～。uɔi$^{53}_{44}$lɔk$^{5}$ ʂei$^{21}$liau$^{0}$ ,an$^{53}$təŋ$^{13}$təŋ$^{13}$li$^{0}$ .

【□】en$^{35}$ [动]两手捧托：～下起来 en$^{35}$na$_{44}$(←xa$^{53}$)çi$^{21}$lɔi$^{13}_{21}$ | ～起下子来 en$^{35}$çi$^{21}$(x)a$^{53}_{44}$tsɿ$^{0}$ lɔi$^{13}_{21}$

【□】en$^{35}$ [量]捧：我有到有一年去箇白果树下捡倒一～白果种子。ŋai$^{13}$iəu$^{35}_{53}$tau$^{53}$iəu$^{35}$iet$^{3}$ɲien$^{13}_{21}$çi$^{53}_{44}$ kai$^{53}_{44}$pʰak$^{5}$ ko$^{21}$ʂəu$^{53}$xa$^{53}$cian$^{21}$tau$^{21}$iet$^{3}$ en$^{35}$pʰak$^{5}$ ko$^{21}$tʂəŋ$^{21}$tsɿ$^{0}$ .

【□密】aŋ$^{35}$miet$^{5}$ [形]状态词。很稠密：密密麻麻，就生倒～哩个箇个马嘴葱欸。miet$^{5}$ miet$^{5}_{3}$ ma$^{13}_{21}$ma$^{13}_{21}$,tsʰiəu$^{53}$saŋ$^{35}$tau$^{21}$aŋ$^{35}$miet$^{5}$ li$^{0}$ ke$^{53}$kai$^{53}_{44}$ke$^{53}_{44}$ma$^{35}$tsi$^{21}$tsʰəŋ$^{35}$ŋei$^{0}$ .

【□伢子】ɔŋ$^{35}$ŋa$^{13}$tsɿ$^{0}$ [名]婴儿。ɔŋ$^{35}$ 为拟声：供～ ciəŋ$^{53}$ɔŋ$^{35}$ŋa$^{13}$tsɿ$^{0}$

【□】io$^{13}$ [形]软瘪：（花生）箇只壳嘞渠就壳嘞一进水嘞渠就～嘿哩，软嘿哩系么个。kai$^{53}$ tʂak$^{3}$ kʰɔk$^{3}$ lei$^{0}$ ci$^{13}_{21}$tsiəu$^{53}$kʰɔk$^{3}$ lei$^{0}$ iet$^{3}$ tsin$^{53}$ʂei$^{21}$lei$^{0}$ ci$^{13}_{21}$tsʰiəu$^{53}$io$^{13}$xek$^{3}$ li$^{0}$ , ɲiɔn$^{35}$nek$^{3}$ li$^{0}$ xei$^{53}_{44}$mak$^{3}$ ke$^{0}$ .

【一□子】iet$^{3}$ tsiau$^{35}_{44}$tsɿ$^{0}$ 数量词。一大堆，形容多：箇系晓得花～人工做个。kai$^{53}$xe$^{53}_{44}$çiau$^{21}$tek$^{3}_{5}$ fa$^{35}_{44}$iet$^{3}$ tsiau$^{35}_{44}$tsɿ$^{0}$ ɲin$^{13}_{21}$kəŋ$^{35}_{44}$tso$^{53}$ke$^{53}_{21}$.

【乌□□哩】u$^{35}$ʂe$^{35}$ʂe$^{35}$li$^{0}$ [形]状态词。形容黑乎乎的样子：～啦，麦米馃唔好食啦。u$^{35}_{44}$ʂe$^{35}$ʂe$^{35}$li$^{0}$ la$^{0}$ ,mak$^{5}$ mi$^{21}$ko$^{21}$m̩$^{13}$mau$^{21}$ʂət$^{5}$ la$^{0}$ . | 锡烟筒也有，渠就唔比得铜烟筒，铜烟筒拿啊手里耷黄子，系啊？锡烟筒拿啊手里乌□□哩，墨乌墨乌。siak$^{3}$ ien$^{35}_{44}$tʰəŋ$^{13}$ŋa$^{35}_{44}$iəu$^{35}$,ci$^{13}$tsʰiəu$^{53}$m̩$^{13}$pi$^{21}$tek$^{3}$ tʰəŋ$^{13}$ ien$^{35}_{44}$tʰəŋ$^{13}_{21}$,tʰəŋ$^{13}$ien$^{35}_{44}$tʰəŋ$^{13}_{21}$la$^{53}$a$^{0}$ ʂəu$^{21}$li$^{0}$ ləŋ$^{35}$uɔŋ$^{13}$tsɿ$^{0}$ ,xei$^{53}$a$^{0}$ ?siak$^{3}$ ien$^{35}_{44}$tʰəŋ$^{13}_{21}$la$^{53}$a$^{0}$ ʂəu$^{21}$li$^{0}$ u$^{35}$ʂe$^{35}_{44}$ʂe$^{35}$li$^{0}$ ,mek$^{5}$ u$^{35}_{44}$mek$^{5}$ u$^{35}$.

【乌□】u$^{35}$ɲia$^{53}$ [形]①脏而乱：蛮～ man$^{13}$u$^{35}$ɲia$^{53}$ | ～也有滴子乱糟糟个意思样，乱糟糟哩，冇几检点。u$^{35}$ɲia$^{53}$ia$^{35}$iəu$^{35}_{44}$tiet$^{5}_{3}$ tsɿ$^{0}$ lɔn$^{53}$tsau$^{35}_{44}$tsau$^{35}$ke$^{53}$i$^{53}_{44}$sɿ$^{0}$ iɔŋ$^{53}_{44}$,lɔn$^{53}$tsau$^{35}_{44}$tsau$^{35}$li$^{0}$ ,mau$^{13}_{21}$ci$^{21}$cian$^{21}$tian$^{21}$. ②做事乱来，毫无规划：还有滴就乱搞也安做蛮～。有滴做事蛮～。就事做起来呀欸做事冇路道哇。冇得规划做事，乱搞三天呐，也安做蛮～。xai$^{13}$iəu$^{35}_{44}$tiet$^{5}_{3}$ tsʰiəu$^{53}_{44}$lɔn$^{53}$kau$^{21}$ia$^{35}$ɔn$^{35}_{44}$tso$^{53}_{44}$ man$^{13}$u$^{35}$ɲia$^{53}$.iəu$^{35}_{44}$tiet$^{5}_{3}$ tso$^{53}_{44}$sɿ$^{53}$man$^{13}$u$^{35}$ɲia$^{53}$.tsiəu$^{53}_{21}$sɿ$^{53}_{21}$tso$^{53}$çi$^{21}$lɔi$^{13}$ia$^{0}$ e$_{21}$tso$^{53}$sɿ$^{53}$mau$^{13}$ləu$^{53}$tʰau$^{53}_{21}$ua$^{0}$ .mau$^{13}_{21}$tek$^{3}$ kuei$^{35}$fa$^{53}$tso$^{53}_{44}$sɿ$^{53}_{44}$,lɔn$^{53}$kau$^{21}$san$^{35}_{44}$tʰien$^{35}_{44}$na$^{0}$ ,ia$^{35}$ɔn$^{35}_{44}$tso$^{53}_{44}$man$^{13}$u$^{35}$ɲia$^{53}$.

【□】uən$^{35}$ [动]不满地斜看：眼珠～下子渠 ŋan$^{21}$tʂəu$^{35}_{44}$uən$^{35}$na$_{21}$(←xa$^{53}$)tsɿ$^{0}$ ci$^{13}_{21}$ | 也有箇个渠就会话：你～我么啊嘞？你搞么啊～我嘞？你眼珠～我做么啊嘞？ie$^{21}$iəu$^{35}$kai$^{53}$kei$^{53}_{44}$ci$^{13}_{21}$tsʰiəu$^{53}_{44}$uɔi$^{53}_{44}$ua$^{53}_{44}$:ɲi$^{13}_{21}$ uən$^{35}$ŋai$^{13}_{21}$mak$^{3}$ a$^{0}$ lei$^{0}$ ?ɲin$^{13}_{21}$kau$^{21}$mak$^{3}$ a$^{0}$ uən$^{35}$ŋai$^{13}_{21}$lei$^{0}$ ?ɲi$^{13}$ŋan$^{21}$tʂəu$^{35}_{44}$uən$^{35}$ŋai$^{13}_{44}$tso$^{53}$mak$^{3}$ a$^{0}$ lei$^{0}$ ?

【□现】$uaŋ^{21}çien^{53}$ 动凸现：欸，有兜刮瘦个人呐啊肋色骨就～呢。$e_{21}$,$iəu^{35}tei^{35}_{44}kuait^{5}$ $sei^{53}ke^{0}$ $ɲin^{13}na^{0}$ $a_{53}let^{3}$ $sek^{3}$ $kuət^{3}$ $ts^{h}iəu^{53}uaŋ^{21}çien^{53}nei^{0}$.

【□】$uait^{3}$ 动用篦梳梳头、洁发：拿倒篦去～下子 $la^{53}tau^{21}kai^{53}_{44}k^{h}ei^{53}uait^{3}$ $a^{53}tsɿ^{0}$

【□】$uek^{5}$ 动拔：～正禾秧来 $uek^{5}$ $tʂaŋ^{53}uo^{13}iɔŋ^{35}lɔi^{13}_{44}$